中華人民共和國國務院批准的重大文化出版工程

國家文化發展綱要的重點出版工程項目

新聞出版總署列爲「十一五」國家重大工程出版規劃之首

中華大典

法律典

巴蜀書社
西南師範大學出版社

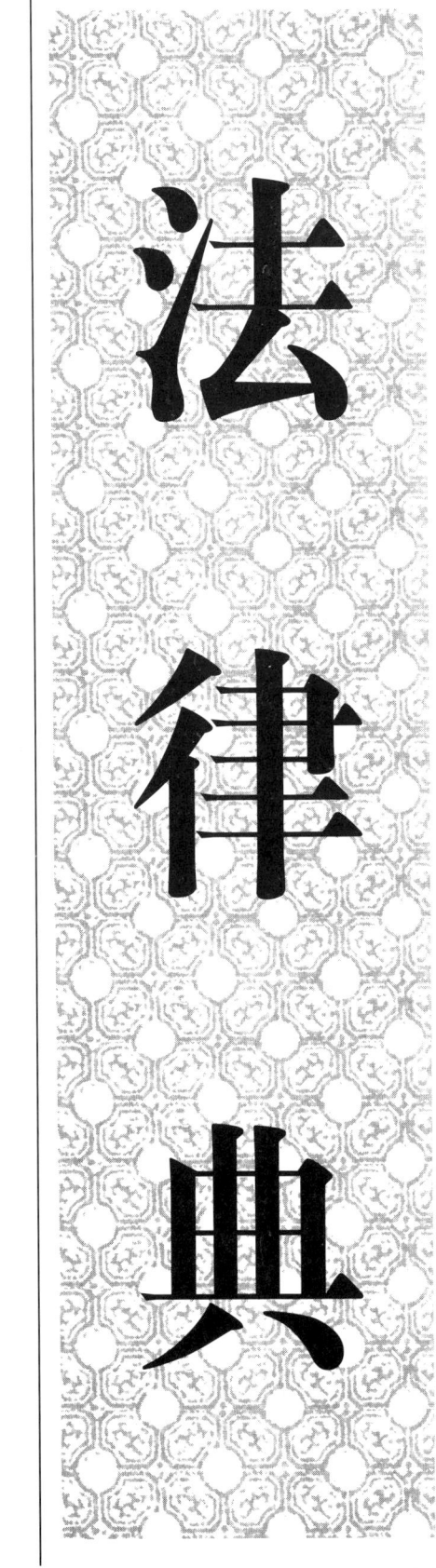

《中華大典》工作委員會

主　任：柳斌傑
金人慶
副主任：李　彥　李東生　于永湛　鄔書林　張少春
李衛紅　周和平　陳金泉　李靜海
委　員：張小影　伍　傑　朱新均　吳尚之　孫　明
王家新　徐維凡　劉小琴　毛群安　遲　計
曹清堯　彭常新　王志勇　潘教峰　姜文明
王　正　石立英　安平秋　陳祖武　詹福瑞
戴龍基　宋焕起　孫　顒　陳　昕　魏同賢
王建輝　朱建綱　高紀言　莫世行　段志洪
湯漢清　何學惠　甄樹聲　馮俊科　譚　躍
羅小衛　王兆成

《中華大典》編纂委員會

總主編：任繼愈

副主編：席澤宗　程千帆　戴　逸　吳文俊　柯　俊　傅熹年

編　委：卞孝萱　任繼愈　李明富　余瀛鰲　林仲湘　郁賢皓　馬繼興　袁世碩　席澤宗　陳美東　黄永年　章培恒　張永言　張晉藩　葛劍雄　董治安　程千帆　傅世垣　曾棗莊　龐　樸　趙振鐸　劉家和　潘吉星　錢伯城　戴　逸　張海鵬　李根蟠　吳文俊　金正耀　戴念祖　柯　俊　金維諾　白化文　汪子春　周少川　孫培青　朱祖延　傅熹年　李　申　郭書春　熊月之　柴劍虹　吳子勇　寧　可　江曉原　王渝生　吳征鎰　尹偉倫　魏明孔

《中華大典》前言

《中華大典》是運用我國歷代漢文古籍編纂的一部大型工具書。其目的是爲學術界及願意瞭解中國古代珍貴文化典籍的人士提供準確詳實、便於檢索的漢文古籍分類資料。

中國是世界文明古國之一，幾千年來纂寫和聚集的文化典籍浩如烟海。我國歷代都有編纂類書的優良傳統，具有代表性的《永樂大典》等大多已佚失，現存《古今圖書集成》編就距今也已數百年。爲了適應今天和以後研究和檢索的需要，一九八八年海内外三百多位專家學者和各古籍出版社同仁倡議，在已有類書的基礎上，用現代科學方法編纂一部新的類書《中華大典》。

國務院在關於編纂《中華大典》問題的批覆中指出，編纂《中華大典》「是我國建國以來最大的一項文化出版工程」。本書所收漢文古籍上起先秦，下迄清末，約三萬種，達七億多字，分爲二十四個典，近百個分典，内容廣博，規模宏大，前所未有。

《中華大典》的編纂工作堅持科學態度和百花齊放、百家争鳴方針。儘量採用古精校精刻本，優先採用我國建國後文獻學和考古學的優秀成果。對傳統文化中重要的不同學派的資料，兼收並蓄。運用現代圖書分類的方法，對收集到的資料，精選、精編，力求便於檢索、準確可信。

這項工作從開始起就受到中共中央、國務院和有關部門的重視和支持。國家主席江澤民、國務院總理李鵬分别爲《中華大典》題詞。江澤民的題詞是：「同心同德群策群力認真編好中華大典爲建設有中國特色的社會主義服務」。李鵬的題詞是：「繼承和弘揚民族優秀傳統文化」。全國政協主席李瑞環、國務委員李鐵映也作了重要指示，要求抓緊辦理。一九九零年五月，國務院批准

《中華大典》爲國家重點古籍整理項目。一九九二年九月，正式成立了《中華大典》工作委員會和《中華大典》編纂委員會，召開了《中華大典》工作、編纂會議。自此，《中華大典》的編纂工作由試點轉入正式啓動，逐步鋪開。

編纂《中華大典》，學術性很强，工作量很大，工程十分艱巨，全賴廣大專家學者和全國各有關高等院校、科研院所、圖書館、出版單位的鼎力支持與積極參與。大家本着弘揚中華民族優秀文化的心願，發揚奉獻精神，克服各種困難，團結協作，給這部巨大類書的出版提供了根本保證。在此謹表示誠摯的謝意。

對本書批評與建議，我們將十分歡迎。

《中華大典》編纂委員會
一九九七年四月
二〇〇六年十一月修訂

《中華大典》編纂通則

一、性質：《中華大典》（以下簡稱《大典》）是對漢文古籍（含已翻譯成漢文的少數民族古籍）進行全面的、系統的、科學的分類整理和彙編總結的新型類書，是在繼承歷代類書優良傳統、攷慮漢文古籍固有特點的基礎上，借鑒和參照近代編纂百科全書的經驗和方法編纂而成。編纂《大典》的目的，是爲學術界及願意瞭解中國古代珍貴文化典籍的人士提供各種分門別類的、準確詳細的古代漢文專題資料。

二、規模和體例：《大典》所收古籍的時限，上自先秦，下迄辛亥革命。全書共收各類漢文古籍三萬餘種，七億多字。全書體例，着重汲取清代《古今圖書集成》所採用的經目和緯目相交織這一統一框架結構的模式，同時參照現代科學的學科、目録分類方法，並根據各類學科內容的實際情況，一般將每一大類學科輯爲一典，也有將幾個相關學科共輯爲一典的。對各典名稱，均以現代學科命名，對於所收入的各種古籍資料，亦儘可能納入現代科學分類體系之中。

三、經目：大典共分二十四個典，即哲學典、宗教典、政治典、軍事典、經濟典、法律典、教育體育典、語言文字典、文學典、藝術典、歷史典、歷史地理典、民俗典、數學典、物理化學典、天文典、地學典、生物學典、醫藥衛生典、農業典、林業典、工業典、交通運輸典、文獻目録典。典以下以分典、總部、部、分部分級，分部之下的標目根據各學科特點由各典自行擬定。

四、緯目：共設置九項緯目，用以包容各級經目的具體內容：

①題解：對有關學科的名稱、概念、涵義、特點等作總體介紹的資料。

②論說：有關理論部分的資料。

③綜述：有關學科或事物的系統性資料，凡有關學科或事物的性狀、制度、範疇、特點及學科地位、發展情況等具體內容均編入此緯目中。

④傳記：有關人物的傳記資料。

⑤紀事：有關學科或事物的具體活動或事例的資料。

⑥著録：重要人物或文獻的有關著作資料，如專集介紹、序跋、藏書題記，以及有關著作的成書經過、版本源流等。

⑦藝文：有關屬於文學欣賞性的散文或韻文。

⑧雜録：凡未收入以上各緯目，而又有較高參攷價值的資料，均入雜録。

⑨圖表：根據有關經目的内容需要，圖與表附於相關專題之下，或集中彙總於某級經目之後。

《大典》以内容分類安排各級緯目，各級緯目的正文，一般以原書爲單位，按時代順序排列。每一條資料前標明出處，包括書名或作者名、篇名或卷次，以利讀者核對原書。

五、書目：每分典後附有該分典所收書之書目，書目包括書名、作者、時（年）代、版本等内容。時代以成書時代爲準，成書時代不詳者，以作者主要活動時代爲準，並遵從歷史習慣。

六、版本：《大典》在選用版本時儘量採用古人的精校精刻本，亦採用學術界通用的近、現代整理圈點本及現代學者校點整理本。

七、校點：爲儘可能保存古籍原貌，《大典》衹對底本中明顯的脱、訛、衍、倒進行勘正。古本中的避諱字一般不作改動，衹對缺筆字補足筆畫。後人刻書時避當朝人諱而改動的字，據古本改回。《大典》採用新式標點法。

一九九六年八月

二〇〇六年十一月修訂

《中華大典·法律典》編纂委員會

主　編： 張晉藩　馬建石

副主編： 楊育棠　俞榮根　朱　勇　周安平　段志洪　蔣傳光

編　委：（按姓氏筆畫排列）

丁凌華　朱　勇　汪漢卿　周安平　段志洪　侯欣一　俞榮根　郭成偉　張大元　楊永華　楊育棠　楊　堪　蔣傳光　錢大群　賴長揚　霍存福

《中華大典·法律典》序

中國是法制文明發達較早的國家之一，而且在四千餘年的發展過程中，從未中斷過，這是世界文明古國中所少有的。因此，中華法制文明的歷史具有發展的連貫性、傳承性和系統性。法文化的底蘊十分豐厚，遺留下的法制資料浩如烟海。

在精蕪雜存的法文化遺産中，不乏超越時空的民主性因素，它是中華民族偉大創造力的體現，也是理想思維的結果。

中國古代農本主義的經濟形態、宗法倫常關係的社會結構、專制主義的政治體制、儒家思想爲統治思想的文化政策，構成了中國古代特有的國情，並進而決定了中國古代法制文明的特點。諸如禮法結合，法、理、情三者的統一；倫理法占有重要的地位，重視人命、法律向社會弱勢群體傾斜的人本主義；法自君出、獄由君斷的專制主義法制環境，德禮爲政教之本，道德規範對法律規範的支撑等等。這些特點構成了獨樹一幟的中華法系，影響了周邊國家達數百年之久。

中國古代自夏商起，已有成文法。歷朝具有代表性的法典，自李悝《法經》至《大清律例》，其編纂體例均爲諸法合體、民刑不分。然就法律體系而言，由於社會關係的複雜性與多樣性，以及法律調整的針對性與適應性，使得中國古代的法律體系也爲對象不同、内容有别的部門法所構成，既有行政法律、刑事法律，也有民經法律、訴訟法律，是諸法並存、民刑有分的。

中國古代雖有極其豐厚的法文化資源，但較爲分散，缺乏必要的整理。爲了使這份寶貴的法文化史料更好地服務於法學研究，同時也爲了弘揚中國法律文化史料中的民主性精華，總結它所藴藏的豐富的治國理政的經驗，我們在《中華大典》工作委員會和編纂委員會的領導下，根據《中華大典編纂通則》的要求，彙編了《中華大典·法律典》。這是一項系統整理中國法律文化史料的大規模的文化工程。

《中華大典·法律典》分類彙集中國古代法律史料，全面反映各個歷史時期法制情況，上起堯舜，下至晚清，凡有關律令詔敕、典章制度、格式條例、司法判牘、事件案例、鄉約族規、契約文書、思想學説、人物活動等法律史料，均在收録範圍之内。

根據中華古代法律體系諸法並存、民刑有分的實際狀況，《中華大典·法律典》分爲《法律理論分典》、《刑法分典》、《民法分典》、《經濟法分典》、《行政法分典》、《訴訟法分典》等六個分典。由於中國古人並不具備現代的部門法劃分的認識，因此法制史料大多是籠統的、交錯的、界限不清的，對此加以分類，顯然是一項艱難的科學研究性質的工作。但正如爲了觀星而將滿天繁星劃分爲星座一樣，我們把史料按部門法分類歸納，也是爲了查找和使用的方便。同時也借以證明古代中國法律體系内涵的豐富，以及刑法以外的各種部門法律規範的存在和發展狀況。

自一九九四年《法律典》開始正式工作以來，我們在前人的基礎上，廣泛查閱歷代典籍與建國以來的新發現，與此同時，對於史料的真僞、記事的虚實、文字的錯漏，進行了必要的鑒别、攷訂和校勘，力求凸顯《法律典》的珍稀價值和有用性。

「以古爲鑒，可知興替」。今天的中國是歷史中國的發展，今天的法律文化是歷史的法律文化的繼受和光大。編纂和出版《中華大典·法律典》，不僅爲法學、歷史學研究者和世界各國的法學研究者提供豐富可靠的物質資料，從而奠下法學新發展的基礎，它還雄辯地昭示中國悠久法文化所具有的世界地位，這將增强中華民族的自豪感和建設社會主義强國的自信心。

盛世修典，《中華大典·法律典》力爭無愧於盛世，也無愧於後人。

《中華大典·法律典》編纂至今，已歷時十六年，期間人事變動頗多，《行政法分典》原定主編汪漢卿教授業已過世。在《訴訟法分典》、《刑法分典》和《法律理論分典》即將出版之際，《法律典》全體同仁深表悼念之忱。令人欣喜的是，在十六年時間裏，參與大典工作的一代新人，已經崛起，他們不僅是完成大典强有力的後續力量，也是弘揚與發展中華法制文明的中堅力量，我們將在總結前十六年經驗教訓的基礎上，更好地安排力量，開展工作，使各個分典均能早日問世。

從事此項具有開創性的法史類書編纂工作，掛一漏萬之處在所難免，期待讀者提出批評建議，以爲再版時修改參攷。

張晉藩

二〇一〇年七月十八日

《中華大典·法律典》編纂説明

中國法制，萌芽于堯舜時期，濫觴于夏代，源遠流長，内容豐富。反映中國四千多年法制發展變化的史料，浩如烟海，載體形式多種多樣。挖掘整理這份文化遺產，用比較恰當的組織形式編纂起來，以便學術界更好地閱覽使用，是一項十分有意義的工作。

《中華大典·法律典》是分類彙集中國古代法制史料、全面反映各個歷史時期法制情況的一部新型專科類書。上起堯舜，下至清末，凡有關律令詔敕、典章制度、格式條例、司法判牘、事件案例、鄉約族規、契約文書、思想理論、人物活動等法律史料，都在收録範圍之内。

根據中國古代法律體系的實際情況及現代部門法的理論，《法律典》分設法律理論、刑法、民法、經濟法、行政法、訴訟法六個分典。分典之下，一般設總部、部、分部三級經目。緯目主要設在分部之下。大典原設緯目有九，各分典視其史料情況，可權宜處置。有則設之，無則闕如。分典卷首有説明，卷末附引用書目。

史料分類，以其能反映的社會關係進行劃分，判罪量刑可以作為參攷依據。如戶籍管理入行政法，賦稅徵收入經濟法，丁男入籍獲得行為能力入民法，官吏貪贓即使未受到刑事處分，仍歸入刑法。

同一史料，見于不同載體者，選録原始文獻（如檔案實録、契約文書）。如無原始文獻，則視其典籍的權威性程度或記載的詳略，從善選擇。甲骨金文、竹簡帛書，係珍稀史料，如有可取者，自當選録。

史料涉及不同内容而又難以分割者，就其主要内容劃分歸類。如一案例，刑法、訴訟法之内容兼而有之，既不能分割，亦不宜删減，按上述原則，側重前者的入刑法，側重後者的入訴訟法。

史料的排列順序，按其能反映的年代而定。後人記述前朝之事者，編入前朝。如是後人對前朝事實的評述，則編入後人所在的年代。

根據大典校點通則的要求，對明顯的脱漏、訛誤、增衍等文句的處理，其方法是：脱漏者、缺少者（原文沒有記載，但須補入者，如詔令發佈之時間），查出補入，並括以方括號。錯誤、多餘的字句，一律用圓括號括起，不作删除，補入的正確字句，用方括號括起。史料中删去的内容，用「【略】」標明。

馬建石

二〇一〇年七月三十日

中華大典·法律典

訴訟法分典

主編：朱　勇　郭成偉

《中華大典·法律典·訴訟法分典》編委會

主編：朱　勇　郭成偉

副主編：江興國　劉廣安　張德美　黃道誠

編委：王宏治　田　濤　劉廣安　江興國
朱　勇　李　鐵　李建渝　李曙光
懷效峰　張德美　陳景良　鄭　秦
鄭　禄　郭成偉　高浣月　黃源盛
夏家駿　黃道誠

編者：衛　勇　王宏治　王　健　王朝輝　王新宇　方　瀟　毛永俊
田　濤　邊　媛　劉廣安　劉文平　江　眺　江興國　朱　波
朱　勇　李　超　李　鳴　李　俊　李　瑩　李　鐵　李建渝
李曙光　李祝環　伏　陽　張　生　張　松　張德美　張從容
懷效峰　陳景良　宋　玲　苗明宇　鄭　秦　鄭　禄　郭成偉
郭興蓮　高浣月　高漢成　屈超立　孫鎮平　金大寶　柴松霞
林偉明　汪　珍　孟慶超　周向陽　趙克軍　徐勇偉　楊丹東
歐陽華　崔蘭琴　施　瑋　施珊瑚　黃源盛　夏　陽　夏家駿
郝穎莉　曹全來　顧　元

《中華大典·法律典·訴訟法分典》説明

訴訟制度是法律制度的重要内容。

中國古代没有獨立的訴訟法典，涉及司法體制、訴訟程序的規定，多包容在刑法、行政法及其他相關法規中。另外，通過長期的司法實踐，在基層司法機構形成豐富的司法慣例。基於國家制定法和司法慣例，中國古代形成較爲詳備、并具有自身特徵的訴訟制度。

中國古代訴訟制度具有鮮明的理性色彩。在司法體制的設置方面，既有中央司法機構，又有不同層級的地方司法機構。適應集權化統治方式和人力、物力資源合理配置的需要，中央司法機構實行專門機構、專門職掌的體制，而在地方，則實行行政、司法在機構和職能兩方面高度合一的體制。此外，針對特別事項或特別目的，設立特别司法機構和臨時司法機構。通過這種不同層級、不同類型的司法建制，實現完整的國家司法權。

在起訴方面，既有按普通程序的區域管轄，由當事人向居住地管轄機構提起訴訟，又有登聞鼓、邀車駕等直訴方式，作爲對普通管轄的救濟和補充。

中國古代法律特别注重司法官的職責。司法官審斷案件出現差錯，無論是故意，還是過失，均應承擔相應的法律責任。就司法官在審斷案件方面所承擔的法律責任而言，這一制度，在世界範圍所有具有悠久歷史的文明古國中，表現出其突出的理性價值。在中國古代，司法官錯審、錯判案件，分别故意、過失以及加重處罰或減輕處罰，由司法官承擔不同的刑事責任。唐朝法律規定，司法官故意錯判案件，無論是故意加重（入罪），還是故意減輕（出罪），均以相差的罪與刑處罰該司法官。司法官因過失導致錯判案件，則分別過失加重、過失減輕而給予司法官不同處罰。因過失而加重對被告的定罪量刑，因其後果較爲嚴重，故司法官須承擔較重的刑事責任，法律規定，對司法官減所定罪三等處罰。因過失而減輕對被告的定罪量刑，其後果相對較輕，故司法官承擔相對較輕的刑事責任。法律規定，對司法官減所定罪五等處罰。宋明清各朝有相應規定。中國古代關於「出入人罪」的制度，既加强了司法官依法審斷案件的職責，也區別了不同的法律後果，給予錯判司法官輕重不等的處罰。

從訴訟程序上嚴格各類刑事案件的審批及相應刑罰的執行，體現了中國傳統法律「明德慎罰」的統治方略。法律規定，五刑之中，除了最輕的笞、杖刑由州、縣司法機構定罪、執行外，所有其他刑罰，包括徒刑、流刑、死刑，均須報經上機司法機構定罪、執行。其中，徒刑案件由一省最高長官審批，流刑案件的終審判決則由中央司法機構做出。而對於死刑案件尤爲重視，所有死刑案件必須經各級司法機構逐層審判，最後由皇帝本人代表最高審級，做出生效判決。唐朝確定死刑案件「三覆奏」、「五覆奏」制度，要求死刑案件必須經過皇帝本人三次或五次批准，方許執行。明清兩朝，則確定對於一般死刑案件，實行「九卿會審」制，在專門司法機構做出死刑判決的初步意見後，由朝廷各相關部門會同審理，各自提出自己的意見，最後再由皇帝本人做出生效判決。這一體制，雖有程序複雜、非司法部門干預審判等消極因素，但也反映出中國古代法律在訴訟程序上對案件審理的重視，尤其是對生命的極端重視。

古代文獻汗牛充棟。但關於訴訟法的直接史料却極少獨立成書。涉及訴訟制度的史料一般多散見於各種文物、典籍、文書中。本書編纂之初，《中華大典·法律典》總主編張晉藩教授即提出，編纂《訴訟法分典》，在史料的選取上，倡導「竭澤而漁」的原則，將中國古代文獻中所有涉及訴訟法的文獻、文物、文書等，擇其具有權威性、代表性的内容，盡可能全的收集入典。我們在收集《訴訟法分典》史料的過程中，基本遵循了這一原則，凡是涉及訴訟法，包括司法機構、訴訟程序、訴訟文書等内容的典籍史料，均有選擇地收集。

本書所選資料，主要分三大類：典籍，文物，文書。中國古代各種典籍，包括經、史、子、集，以及各朝法典、刊印成册的公文和判牘，成爲本書最主要的史料來源。各類文物，包括甲骨文、青銅銘文、簡牘文字、碑刻等，其中涉及訴訟程序的史料，也屬收集範圍。典籍、文物之外，本書收集了相當數量的訴訟文書。包括起訴狀、答辯狀、判決書、契約、文告、傳票、拘票、勘驗録等。

按照《中華大典》的統一格式，本書以經、緯目編排史料。經目的設置，以訴訟法的内容爲基準。本書在經目的設置方面，採用現代法律理論的分類方法，對古代訴訟法史料作了分類編排。共分五大類：綜論，司法機構，起訴，審判，執行。《綜論總部》收集關於訴訟理論、訴訟原則的史料，分作三部分：公正審判，嚴格程序，執法原情。《司法機構總部》收集關於司法機構的設置、變遷、職掌、司法官責任等方面的史料，分作三部分：中央司法機構，地方司法機構，特别司法機構。《起訴總部》收集訴訟程序中從立案到起訴的所有史料，分作四部分：勘驗，緝捕，起訴，調處。《審判部》收集訴訟程序中審理、判決的相關史料，分作四部分：刑訊，審判，復核，監察。《執行總部》收集訴訟程序中判決之後的相關史料，包括四部分：五刑，其他刑，監獄，恤囚。

緯目設置，按照《中華大典》的統一規定，以史料的文獻性質爲基準。本書緯目的設置，主要包括：論説，綜述，紀事，雜録，圖表等。所有史料，均在緯目上展開。

本書關於史料的編排順序，採用年代與文獻雙重標準。全書在整體上以歷史朝代的先後爲順序。所有文獻，均以其成書年代爲基準。文獻中的類書，則按其實際描述的事實發生年代爲基準。在同一朝代之内，以文獻的性質編排。本書對文獻的性質分作三類：正史，法典，其他。

中國古代文獻浩如烟海。編者聞見所囿，本書篇幅所限，在資料收集和取捨方面，不免有諸多疏漏。古代行政、司法合一，在法典編纂方面，實體與程序不分。本書以現代訴訟法理論將古代訴訟史料重新分類，也難免削足適履之過。各種不足，敬請讀者鑒别。

《中華大典·法律典·訴訟法分典》編委會

一九九九年六月

訴訟法分典目錄

綜論總部

公正審判部……五
綜述……五
紀事……二二
嚴格程序部……三七
論説……三七
綜述……四七
紀事……六六
執法原情部……八五
綜述……八五
紀事……九七

司法機構總部

中央司法機構部……一一五
綜述……一一五
紀事……二一九
地方司法機構部……二三一
綜述……二三一
紀事……二六六
特別司法機構部……二七三
綜述……二七三
紀事……二八二

起訴總部

勘驗部……二九一
綜述……二九一
紀事……三五〇
緝捕部……三九五
綜述……三九五
紀事……四五二
起訴部……四七三
綜述……四七三
紀事……五七九
調處部……六〇九
綜述……六〇九
紀事……六三一

審判總部

刑訊部……六四一
綜述……六四一
紀事……六六〇
審判部……六六九
論説……六六九
綜述……七〇五
紀事……八二九
復核部……一〇〇九
論説……一〇〇九
綜述……一〇一三
紀事……一〇八一
監察部……一一六三

綜述……一一六三
紀事……一一九五
執行總部
五刑部……一二二五
論說……一二二五
綜述……一二三四
紀事……一二七七
其他刑部……一二九一
綜述……一二九一
紀事……一三〇六
監獄部……一三一五
論說……一三一五
綜述……一三二三
紀事……一三八〇
恤囚部……一三九一
綜述……一三九一
紀事……一四三三
引用書目……一四五五

綜論總部

《綜論總部》 提要

本總部的編纂，嚴格按照《中華大典》及《訴訟分典》的有關規定執行。

本總部以全面系統地反映中國古代訴訟理論、原則爲宗旨，力求客觀公正，不帶成見。

本總部資料收集範圍，上自遠古時期，下至清末，包括經、史、子、集在内的各種典籍，各朝法典、刊印成册的公文和判牘等等，都是本總部的史料來源。

本總部分作三部分：公正審判，嚴格程序，執法原情。訴訟制度作爲中國歷史上維持社會秩序、實現社會公正的重要手段，受到歷朝統治者的重視，而公正審判、嚴格程序作爲重要的訴訟原則，爲歷代皇朝所强調。無論是思想家關於法律職能的探究，還是皇帝、大臣關於治國方略、典章制度的論述，包括各級司法官處理具體案件所信守的宗旨，多體現公正審判和嚴格程序的基本原則。同時，受儒家思想影響，在法律與道德關係上中國古代强調德主刑輔，執法原情。董仲舒首倡春秋决獄，把外在的犯罪行爲與内在的思想動機結合起來定罪量刑，以後的統治者在審理案件的時候，也大都能够在嚴格執法的同時，對於那些合乎情理但却違反法律的行爲酌情予以寬免，原心論罪、執法原情原則在案件審理過程中得到普遍遵行。

本總部有關資料選擇、標點使用、校勘原則等規定，見《中華大典》編纂通則和《法律典》編纂説明。

綜論總部

公正審判部

綜　述

《周易正義・旅》 象曰：山上有火，旅，君子以明，慎用刑而不留獄。止以明之，刑戮詳也。〔疏〕正義曰：火在山上，逐草而行，勢不久留，故爲旅象。又上下二體，艮止離明，故君子象此，以静出明察。審慎用刑，而不稽留獄訟。

《尚書・立政》 嗚呼！予旦已受人之徽言，咸告孺子王矣！繼自今文子文孫，其勿誤于庶獄、庶慎，惟正是乂之。

《尚書・吕刑》 王曰：典獄，非訖于威，惟訖于富，敬忌罔有擇言在身，惟克天德，自作元命，配享在下。

《今文尚書考證・吕刑》 非佞折獄，惟良折獄，罔非在中，察辭于差，《中論・賞罰篇》曰：賞罰不可以疏，亦不可以數。數則所及者多，疏則所漏者多。賞罰不可以重，亦不可以輕。賞輕則民不勸，罰輕則民亡懼；賞重則民徼倖，罰重則民無聊。故先生明庶以得之，思中以平之，而不失其節。故《書》曰：罔非在中，察辭于差。

又 民之亂，罔不中聽獄之兩辭。無或私家於獄之兩辭，獄貨非寶，惟府辜功，《大傳》曰：獄貨非可寶也，然後寶之者，未能行其法者也。貪人之寶，受人之財，未有不受命以矯其上者也。親下以矯其上者，未有能成其功者也。孫星衍説：《大傳》云：未有不受命以矯其上者，今文讀府爲誣，聲相近也，字亦或作誣。《周語》云：其刑矯誣。注云：以詐用法曰矯，加謀無罪曰誣。受人之財則親下以矯誣其上也。以辜功爲未有能成其功者，《漢書・律曆志》注：孟康曰：辜，必也。《一切經音義》引《漢書音義》云：辜，固也。謂規固販鬻以求利也。則辜功謂取必規固以求功也。案：孫説迂迴，恐非《大傳》之旨，姑存以俟考。《潛夫論・班祿篇》曰：三府制法，未聞赦彼有罪，獄貨爲寶者也。報以庶尤。今文尤作訧。《玉海・藝文志考》漢儒引《尚書》異字：報以庶訧。與《説文》引《周書》合，或《説文》所引亦今文也。

又 非從惟從。《大傳》曰：君子之於人也，有其語也，無不聽者，皇於聽獄乎！必盡其辭矣。聽獄者，或從其辭，或從其情。注云：皇猶況也。江聲説：據《大傳》言聽獄者，或從其辭，或從其情，則此經兩從字有從辭、從情兩誼，而斷獄必以情，當以非從貼辭，惟從貼情言也。《大傳》文見《孔叢子》引，尚有辭不可從，必斷以情二語。哀矜折獄，今文折作哲。《大傳》引孔子曰：古之聽民者，察貧窮，哀孤獨矜寡，宥老幼不肖無告。又引子曰：聽訟者，雖得其情，必哀矜之。死者不可復生，斷者不可復續也。《書》曰：哀矜哲獄。孫星衍説：今文作矜，哲即折假音字。《大傳》説：哀矜爲察貧窮，哀孤獨矜寡，宥老幼不肖無告，《洪範》無虐煢獨之指也。一作哀鰥哲獄。《漢書・于定國傳》贊曰：于定國父子哀鰥哲獄，爲任職臣。段玉裁説：矜、鰥古同音互借，借矜爲鰥，亦借鰥爲矜。班《書》字作鰥而訓哀矜，顔《注》非也。錫瑞謹案：《漢書》於明悊字作悊，而此引哲獄字作哲，其義當與明悊之悊不同。蓋班氏意以明悊字當從心，哲斷字當從口。應劭注：哲，知也。失之。又案：《鹽鐵論・詔聖篇》曰：《甫刑》制獄。疑今文有作制獄者，與古文作折獄不同。如《墨子》引《吕刑》作折以刑，《緇衣》引《甫刑》作制以刑之例。

又 明啓刑書，胥占，咸庶中正，其刑其罰，其審克之。今文啓作開，克作核。今文啓爲開，如開明、開呱呱而泣、開籥見書，可證。

《論語正義・顔淵》 子曰：片言可以折獄者，其由也與？〔注〕孔曰：片，猶偏也。聽訟必須兩辭以定是非，偏信一言以折獄者，惟子路可。正義曰：《釋文》引鄭《注》云：片，半也。魯讀折爲制，今從古。《御覽》六百三十九引鄭《注》云：片讀爲半，半言爲單辭。折，斷也。惟子路能取信，所言必直，故可令斷獄也。案：《説文》：片，判木也。從半木。片、半一音之轉，故鄭《注》即讀片爲半。《漢書・李陵傳》：令軍士人持一半冰。《注》引如淳曰：半讀曰片，此其證也。片既讀半，義亦從之。故《釋文》所載片、半之訓，即是檃括鄭義，非鄭别有注也。半言爲單辭者，《書・吕刑》云：明清于單辭。民之亂，罔不中，聽獄之兩辭。是獄辭有單、有兩。兩者，兩造具備也。單則一人具辭。《後漢・光武紀》：永平三年詔曰：明察單辭。《朱浮傳》：有人單辭告浮事者。單辭皆謂片言也。折斷者，《説文》：斷，斷也。從斤䜌艸。譚長説：折，篆文斵從手。魯讀折爲制，今從古者，《吕刑》制以刑，《墨子・尚同中篇》引作折則刑，是折、制字通。《説文》：利，裁也。從刀未。制，古文制如此。此與折斷音訓相近。《廣雅・釋詁》：制，折也。《大戴禮・保傳篇》不中于制獄，即折獄也。鄭以作折、作制義同，而《古論》出自壁中，無煩改讀，故定從古也。惟子路能取信者，言子路忠信，能取信於人也。所言必直，故可令斷獄者，言人既信子路，自不敢欺，故雖片言，必是直理，即可令依此斷獄也。《説文》：獄，確也。從犬犬從言。二犬所以守也。鄭《異義駁》云：獄者，埆也。囚證於角核之處。《周禮》謂之圜土。此云斷獄謂決斷獄中所訟事也。毛氏奇齡《四書改錯》：古折民獄訟，必用兩辭，故《周官・司寇》以兩劑禁民獄。先取兩券而合之，使兩造獄詞各書其半，即今告牒與訴牒也。及聽獄後，復具一書契而兩分之，使各録其辯，答之辭于其中，即今兩造兩口供也。是折獄之法，前券後契，必得兩具，券不兩具，即謂之單詞。單詞不治，如司寇禁凡不賫券，即自坐不直，不俟上于朝而遽斥之是也。契不兩具，則謂之不能舉契，亦不治，如《春秋》晉聽王訟，王叔氏不能舉其契，王叔奔晉是也。是半券半契，總無折理，惟子路明決，單辭可斷，在他人豈能之？案：毛説與鄭義略同。然鄭言子路能取信，故所言必直，本非誣控，故無須對質如此，乃可令斷獄。明子路以忠信感人，不止如毛氏所云明決已也。原鄭之意，亦以片言折獄，不可爲法，故若所言必直，方可令斷獄，否則仍須兩辭矣。僞孔《注》亦與鄭同。孔穎達書《呂刑》疏引此文説之云：子路行直聞於天下，不敢自道其長，妄稱彼短。得其單辭，即可斷獄者，惟子路爾，凡人少能然也。此與《論語》皇《疏》所載孫綽説同。焦氏循《補疏》即依爲説，義涉迂曲，所不敢從。

《商君書・賞刑》 所謂壹刑者，刑無等級，自卿相將軍以至大夫庶人，有不從王令、犯國禁、亂上制者，罪死不赦。有功于前，有敗于後，不爲損刑；有善于前，有過于後，不爲虧法。忠臣孝子有過，必以其數斷；守法守職之吏有不行王法者，罪死不赦，刑及三族。

漢・伏生《尚書大傳》 孔子如衛，人謂曰：公甫不能聽。訟子曰：非公甫之不能聽獄也，公甫之聽獄也，有罪者懼，無罪者恥，民近禮矣。

漢・劉安《淮南子・主術訓》 法者，天下之度量，而人主之準繩也。縣法者，法不法也；設賞者，賞當賞也。法定之後，中程者賞，缺繩者誅。尊貴者不輕其罰，而卑賤者不重其刑；犯法者雖賢必誅，中度者雖不肖必無罪，是故公道通而私道塞矣。古之置有司也，所以禁民，使不得自恣也；其立君也，所以顯有司，使無專行也；法籍禮義者，所以禁君，使無使擅斷也。人莫得自恣，則道勝；道勝則理達矣，故反于無爲。

《漢書・宣帝紀》〔宣帝元康二年〕夏五月，詔曰：獄者萬民之命，所以禁暴止邪，養育羣生也。能使生者不怨，死者不恨，則可謂文吏矣。今則不然。用法或持巧心，析律貳端，深淺不平，增辭飾非，以成其罪。奏不如實，上亦亡繇知。此朕之不明，吏之不稱，四方黎民將何仰哉！二千石各察官屬，勿用此人。吏務平法，或擅興繇役，飾廚傳，稱過使客，越職踰法，以取名譽，譬猶踐薄冰以待白日，豈不殆哉！今天下頗被疾疫之災，朕甚愍之。其令郡國被災甚者，毋出今年租賦。

《漢書・刑法志》 夫人肖天地之貌，懷五常之性，聰明精粹，有生之最靈者也。爪牙不足以供耆欲，趨走不足以避利害，無毛羽以御寒暑，必將役物以爲養，任智而不恃力，此其所以爲貴也。故不仁愛則不能群，不能群則不勝物，不勝物則養不足。群而不足，爭心將作，上聖卓然先行敬讓博愛之德者，衆心説而從之。從之成群，是爲君矣；歸而往之，是爲王矣。《洪範》曰：天子作民父母，爲天下王。聖人取類以正名，而謂君爲父母，明仁愛德讓，王道之本也。愛待敬而不敗，德須威而久立，故制禮以崇敬，作刑以明威也。聖人既躬明哲之性，必通天地之心，制禮作教，立法設刑，動緣民情，而則天象地。故曰先王立禮，則天之明，因地之性也。刑罰威獄，以類天之震曜殺戮也；溫慈惠和，以效天之生殖長育也。《書》云：天秩有禮，天討有罪。故聖人因天秩而制五禮，因天討而作五刑。大刑用甲兵，其次用斧鉞；中刑用刀鋸，其次用鑽鑿；薄刑用鞭撲。大者陳諸原野，小者致之市朝，其所繇來者上矣。

漢・王符《潛夫論・愛日》 孔子曰：聽訟，吾猶人也。從此觀之，中材以上，皆議曲直之辨，刑法之理可，鄉亭部吏，足以斷決，使無怨言。然所以不者，蓋有故焉。

《傳》曰：惡直醜正，實繁有徒。夫直者貞正而不撓志，無恩於吏。怨家務主者結以貨財，鄉亭與之爲排直家，後反覆時吏坐之，故共枉之於庭。以羸民與豪吏訟，其勢不如。是故縣與部并，後有反覆，長吏坐之，故舉縣排之於郡。以一人與一縣訟，其勢不如也。故郡縣并，後有反覆，太守坐之，故舉郡排之於州。以一人與一郡訟，其勢不如也。故州與郡并，不肯治，故乃遠詣公府爾。公府不能察，而苟欲以錢刀課之，則貧弱少貨者終無以曠旬滿。豪富饒錢者取客使往，可盈千日，非徒百也。治訟若此，爲務助豪猾而鎮貧弱也，冤之能治？

漢・崔駰《崔亭伯集・大理箴》 邈矣皐陶，翊唐作士，設爲犴狴，九刑允理，如石之平，如淵之清，三槐九棘，以質以聽。罪人斯殛，凶旅斯并。熙乂帝載，旁施作明。昔在仲尼，哀矜聖人。子罕禮刑，衛人釋艱，釋之其忠，勳亮孝文。于公哀寡，定國廣門。亹哉邈矣，舊訓不遵。主慢臣驕，虐用其民。賞以崇欲，刑以肆忿。紂作炮烙，周人滅殷。夏用淫刑，湯誓其軍。衛鞅酷烈，卒殞于秦。不疑加害，禍不反身。嗟茲大理，慎于爾官。實不可不思，斷不可不處。或有忠能被害，或有孝而見殘，吴沉伍胥，殷割比干，莫遂爾情。是截是刑，無遂爾心。以速以殛，天鑒在顔，無細不録。福善災惡，其劾甚速。 理臣思律，敢告執獄。

《太平御覽》卷二二六引《風俗通》 頃者，廷尉多牆面而苟充玆位，持書侍御史不復平議，讞當糾紛，豈一事哉！ 里語曰： 縣官漫漫，冤死者半。

《後漢書・明帝紀》 〔中元二年〕十二月甲寅，詔曰： 方春戒節，人以耕桑。 其敕有司務順時氣，使無煩擾。 天下亡命殊死以下，聽得贖論： 死罪入縑二十匹，右趾至髡鉗城旦舂十匹，完城旦舂至司寇作三匹。 其未發覺，詔書到先自告者，半入贖。 今選舉不實，邪佞未去，權門請托，殘吏放手，百姓愁怨，情無告訴。 有司明奏罪名，幷正舉者。 又郡縣每因徵發，輕爲奸利，詭責羸弱，先急下貧。 其務在均平，無令枉刻。

《後漢書・和帝紀》 〔永元十一年〕秋七月辛卯，詔曰： 吏民逾僭，厚死傷生，是以舊令節之制度。 頃者貴戚近親，百僚師尹，莫肯率從，有司不舉，怠放日甚。 又商賈小民，或忘法禁，奇巧靡貸，流積公行。 其在位犯者，當先舉正。 市道小民，但且申明憲綱，勿因科令，加虐羸弱。

《晉書・刑法志》 律之名例，非正文而分明也。 若八十，非殺傷人，他皆勿論，即誣告謀反者反坐。 十歲，不得告言人； 即奴婢捍主，主得謁殺之。 賊燔人廬舍積聚，盗贓五匹以上，棄市； 即燔官府積聚盗，亦當與同。 毆人敎令者與同罪，即令人毆其父母，不可與行者同得重也。 若得遺物強取強乞之類，無還贓法隨例畀之文。 法律中諸不敬，違儀失式，及犯罪爲公爲私，贓入身不入身，皆隨事輕重取法，以例求其名也。

又 夫理者，精玄之妙，不可以一方行也； 律者，幽理之奥，不可以一體守也。 或計過以配罪，或化略以循常，或隨事以盡情，或趣舍以從時，或推重以立防，或引輕而就下。 公私廢避之宜，除削重輕之變，皆所以臨時觀釁，使用法執詮者幽於未制之中，採其根牙之微，致之於機格之上，稱輕重於豪銖，考輩類於參伍，然后乃可以理直刑正。

《宋書・孝武帝紀》 〔宋孝武帝大明三年〕九月己巳，詔曰： 夫五辟三刺，自古所難，巧法深文，在季彌甚。 故沿情察訟，魯師致捷； 市獄勿擾，漢史飛聲。 廷尉遠邇疑讞，平決攸歸，而一蹈幽圄，動逾時歲。 民嬰其困，吏容其私。 自今囚至辭具，並卽以聞，朕當悉詳斷，庶無留獄。 若繁文滯劾，證逮遐廣，必須親察，以盡情狀。 自後依舊聽訟。

《南齊書・孔稚珪傳》 臣又聞老子、仲尼曰： 古之聽獄者，求所以生之； 今人聽獄〔者〕，求所以殺之。 與其殺不辜，寧失有罪。 是則斷獄之職，自古所難矣。 今律文雖定，必須用之； 用失其平，不異無律。 律書精細，文約例廣，疑似相傾，故誤相亂，一乖其綱，枉濫横起。 法吏無解，既多謬僻，監司不習，無以相斷，則法書徒明於帙裏，冤魂猶結於獄中。 今府州郡縣千有餘獄，如令一獄歲枉一人，則一年之中，枉死千餘矣。 冤毒之死，上干和氣，聖明所急，不可不防。 致此之由，又非但律吏之咎，列邑之宰，亦亂其經。 或以軍勳餘力，或以勞吏暮齒，獷〔猜〕〔情〕濁氣，忍幷生靈，昏心狠態，吞剝氓物，虐理殘其命，曲文被其罪，冤積之興，復緣斯發。 獄吏雖良，不能爲用。 使于公哭於邊城，孝婦冤於遐外。 陛下雖欲宥之，其已血濺九泉矣。

唐・武則天《臣軌・公正》 當公法則不阿親戚，阿親戚利，公法不行。

唐・武則天《臣軌・廉潔》 知爲吏者，奉法以利人； 不知爲吏者，枉法以侵人。

又 理官莫如平，臨財莫如廉。 廉平之德，吏之寶也。

吏能廉平，則患難遠己，故爲寶也。

唐・杜佑《通典・刑法》 孔子曰： 君子之於人也，有其語也，無不聽者，皇於聽獄乎？ 必盡其辭矣。 又曰： 聽獄者，或從其情，或從其辭。 又曰： 聽獄之術，三理必寬； 寬之術，歸於察； 察之術，歸於義。 是故聽而不寬，是亂也； 寬而不察，是慢也。 又曰： 今之聽人者，求所以殺之； 古之聽人者，求所以生之，不得其所以生之，乃刑殺焉。

《舊唐書・刑法志》 是時海內僵懼，道路以目。 麟臺正字陳子昂上書曰： 【略】觀三代夏、殷興亡，已下至秦、漢、魏、晉理亂，莫不皆以毒刑而致敗壞也。 夫大獄一起，不能無濫。 何者？ 刀筆之吏，寡識大方，斷獄能者，名在急刻。 文深網密，則共稱至公，爰及人主，亦謂其奉法。 於是利在殺人，害在平恕，故獄吏相誡，以殺爲詞。 非憎於人也，而利在己。 故上以希人主之旨，以圖榮身之利。 徇利既多，則不能無濫，濫及良善，則淫刑逞矣。 夫人情莫不自愛其身，陛下以此察之，豈非無濫矣！ 冤人吁嗟，感傷和氣； 和氣悖亂，群生癘疫； 水旱隨之，則有凶年。 人既失業，則禍亂之心怵然而生矣。 頃來亢陽愆候，雲而不雨，農夫釋耒，瞻望嗷嗷，豈不由陛下之有聖德而不降澤於人也？儻旱遂過春，廢於時種，今年稼穡，必有損矣。陛下可不敬承天意，以澤恤人？臣聞古者明王重慎刑罰，蓋懼此也。

《新唐書·高宗紀》〔永徽六年十一月〕癸巳，詔禁吏酷法及爲隱名書者。

《新唐書·劉德威傳》入爲大理卿。太宗問曰：比刑網寖密，咎安在？德威曰：在君不在臣。下之寬猛，視主之好。律：失入者減三，失出者減五。今坐入者無辜，坐出者有罪，所以吏務深文，爲自營計，非有教使然也。帝然其言。

《新唐書·徐有功傳》〔徐有功〕又上疏曰：天下員有定，比選者日多，選曹諉囑公行，囂謗滿路。唐季人多逆節，鞫訊結斷，刑慘獄嚴，革命歲久，其流弗改。事表生情，法外構理，而刻薄吏驅扇成姦。雖朝堂進表，列匭內牒，叫閽弗聽，叩鼓弗聞，使申其冤，正增其枉。誠令天官銓注有所不平、法司推斷舞法深詆、三司理匭受所上章擁塞不白者皆許臣按驗劾發，奪祿貶勞，不越月踰時，可致刑措。后納之。

宋·王欽若《册府元龜·帝王部》晉高祖天福三年正月，敕應諸道州府：刑獄慮有淹延，宜令逐處，應用禁繫人等并仰各據罪戾，詳事理，速斷遣，不得停滯，仍付所司。

三月庚午，詳定院奏前守洪洞縣主簿盧琛進策云：伏以刑獄至重，朝廷所難。尚書省分職六司，天下謂之會府。且諸道決獄，若關人命，即刑部不合不知。欲請州府凡決大辟罪人，請逐季具有無，申報刑部，仍具錄案疑事節，并本判官、馬部都虞候、司法參軍。法直官馬部司判官名銜，申聞所貴。或有案內情繇不圓，刑部可行覆勘。如此則天下遵守法律，不敢輕議刑書，非唯免有銜冤，抑亦勸其立政者。臣等參詳，伏以人命至重，而國法須精。雖載舊章，更宜條理，誠爲久當，望賜施行。從之。

五月，詔曰：刑獄之難，古今所重。但關人命，實動天心。或有冤魂，則傷和氣。應諸道州府，凡有囚徒，據推勘到。案欵一一，盡理子細。簡佇令，合格敕。其間或有疑者，准令又讞大理寺，亦宜申尚書省。省寺明有指歸，州府然後決遣。

五年三月丙子，詔曰：自大中六年已來，鳌耳稱憲，決杖流配，訴內雖有理，不在申明。今後據其所陳，與爲勘斷。鳌耳之罪，准律別科。

六年秋七月庚辰，詔曰：政刑所切，獄訟惟先。推窮須察於事情，斷遣必遵於條法。用弘欽恤，以致和平。應三京鄴都及諸道州府縣，見禁諸色人等，宜令逐處。長吏嘗切提撕，疾速決遣，每務公當，勿使滯淹。

宋·王欽若《册府元龜·帝王部》開運二年十月甲子，秘書省著作郎邊玕上封事曰：臣聞從諫如流，人君之令範；極言無隱，臣子之嘗規，蓋欲表大國之任人，致萬邦之無事，前文備載，可舉而行。伏以皇帝陛下，德合上玄，運膺下武，旰食宵衣，而軫念好生惡殺以推仁，幾措典刑，固無冤枉。然以炤臨之內，州郡尤多，若不再具舉明，伏恐漸成奸弊。臣竊見諸道刑獄，前朝曾降敕文，凡是禁繫罪人，五日一度錄問，但以年月稍遠，漸致因循。或長吏事煩，不躬親點簡。或胥徒啓倖，妄要追領證明。慮有涉於濫刑，即恐傷於和氣。伏乞特降詔敕，自今後諸道并委長吏，五日一度，當面同其錄問。所冀處法者無恨，御冤者獲伸。俾令四海九州，咸歌聖德；五風十雨，永致昌期。敕曰：人之命，無以復生。國之刑，不可濫舉。雖一成之典，務在公平。而三覆其詞，所宜詳審。凡居法吏，合究獄情。邊玕近陟周行，俄陳讜議，更彰欽恤，宜久申明。

宋·張載《横渠易説·賁》賁，亨，小利有攸往。彖曰：賁亨。柔來而文剛，故亨。分剛上而文柔，故小利有攸往，天文也。文明以止，人文也。觀乎天文以察時變，觀乎人文以化成天下。象曰：山下有火，賁。君子以明庶政。無敢折獄。

無敢折獄者，明不兼於下。民未孚也，故止可明政以示民耳。

宋·李燾《續資治通鑑長編》卷七三〔宋眞宗大中祥符三年〕己亥，上謂宰相曰：刑獄之官，尤須遴擇，朕常念四方獄訟，若官非其人，寧無枉濫！且單弱之人，不能披訴，朝廷無由知之。頃歲有縣胥醉酒，與驛遞鋪卒相毆，夜歸，胥踣於路。或以告卒言夜寒，恐僵死。卒亟往視之，則已死。有司遽執此卒，遂以毆殺人論。母訴於州，州不能察，杖之。母歸，其婦曰：何忍子之屈死！母即詣闕伐鼓，詔使案覆，又不能原其情。母坐上言失實，杖脊放歸，其婦已罄貲而去，私適他族。此不由刑官非人，以致孤弱受弊乎？

宋·李燾《續資治通鑑長編》卷八一〔宋眞宗大中祥符六年九月〕辛亥，上謂輔臣曰：掌法之官，宜務求中道，勿用深文者。如聞親民之官，有酷刑以邀譽，此甚無謂也。卿等宜詢察而遷徙之。

宋·李燾《續資治通鑑長編》卷一四 〔宋太祖開寶六年五月〕甲戌，以殿中侍御史鉅野、馮炳爲侍御史知雜，判御史臺事。上留意聽斷，專事欽恤，御史、大理官屬尤加選擇。嘗召炳謂曰：朕每讀《漢書》，見張釋之、于定國治獄，天下無冤民，此所望於汝也。賜金紫以勉之。

宋·李燾《續資治通鑑長編》卷一六五 〔宋仁宗慶曆八年八月〕資政殿學士、知陝州吳育上言：先王凝旒黈纊，不欲聞見人之過失。有犯憲典，即屬之有司，按文處斷，情可矜者，猶或特從寬宥。如此，則恩歸主上，而法在有司。人被誅殛，死亦無憾。祖宗以來，不許刑獄司狀外求罪，是以人人自安。近傳三司判官楊儀下獄，自御史臺移劾都亭驛，械縛過市，萬目隨之，咸共驚駭，不測爲何等大獄。及聞案具，乃止坐請求常事，非有枉法贓賄。又傳所斷罪名，法不至此，而出朝廷特旨。恐非恩歸主上，法在有司之意也。且儀身預朝行，職居館閣，任事省府，使有大罪，雖加誅斬，自有憲章。苟不然者，一旦至此，使士大夫不勝其辱，下民輕視其上，非所以養廉恥，示敦厚也。自古刑獄滋彰之時，誅家滅族，冤枉大半，大抵雷霆方震，人莫敢言，有司以深就深，各圖自免，或因而爲利，以希進取，使君恩不得下達，人情不得上通，感傷至和，災變百出。陛下爲四海愛戴之主，忽使道路之口，紛紛竊議，朝廷之士，人人自危，此臣所以深爲陛下痛惜之也。若儀罪未斷，臣不敢言，今事已往，且無救解之嫌，止祈聖神此後詳審庶事，無輕置詔獄，具按之上，自非情涉巨蠹，且從有司論讞，不必法外重行。如此，足以安人心，靜風俗，養廉恥，召和平，天下之幸也。

宋·李燾《續資治通鑑長編》卷一七五 〔宋理宗寶祐五年〕己酉，詔曰：朕聞政平訟理，則民安其業；告訐易俗，則禮義興行。近有司受詞，多是並緣爲姦，延及無辜，攤賴緡錢，動以萬計。是可忍也，孰不可忍！其耳目所接者，已悉蠲放，餘令御史臺覺察以聞。

宋·程頤《二程集·河南程氏文集·上謝帥師直說》 今死者之家，莫肯與醫者辨者，其故有三。以當官者無愛人之心，苟欲省事，不肯爲之窮辨，一也。與醫者習熟，不忍訟之，二也。慮今而後，難復用醫，三也。是皆以利害爲心，而無顧骨肉之義，知其冤死而不爲之辨，骨肉之義絶矣。既不能辨，則爲之詞曰：彼無惡意，又曰訟之無益矣，又曰己之命也。此皆至愚，不知義理之言。

彼有惡意，自當從故殺傷之法，此律正爲無故意者設也。辨之所以申骨肉之義，豈繫有益無益也？謂己之命，則爲人毆而殺之，亦可以不校矣。世之人，雖其父母本非死疾，爲醫所殺，隱忍而不辨者多矣。衆人觀之，亦不以爲非也。習俗之迷人也如是。今之士大夫，使馬醫治馬，誤殺馬而杖馬醫者，目所常見，耳所常聞，衆人不以爲非也。至以父母骨肉爲醫所殺而責醫者，則未嘗見。豈愛親不若愛馬乎？愚惑不思之甚也。

凡人之疾病，誤醫者多矣。若風疾與氣藥，肝病而攻脾之類，雖不中病，未能害人。其死乃病死，未得爲醫殺之也。若醫經明言下之則死，是不下則不死也。今下而殺之，與操刃而斷其喉何異？古人立法，原其意本不惡，故罪止於徒，恕之至也。若聽其妄殺人而不加治，豈爲政之道乎？

宋·李心傳《建炎以來繫年要錄》卷一八〇 〔紹興二十八年十一月〕壬戌，左正言何溥言：臣恭聞祖宗廟每遇大赦，則置看詳編置罪人一司，命官典領，以重其事。蓋置司看詳，則責任專，推類施行，則事體一。日者用事之臣，輒以私意禁錮士類，屢經恩宥，而不敢檢舉，天下扼腕。陛下躬攬之初，痛革其弊，盪瑕滌穢，與之更新。其表表在人耳目者，固已生復故官，而死加榮號矣。臣尚慮有身落幽遠，而弗克上通，家坐窮空，而無以自列；抱冤沈滯，籲天莫聞。願舉故事，選清切公明臣僚二人，取索諸色官員士人罪犯案卷，置司看詳。其應該赦移放者，一面施行，內有可疑，申三省取旨，仍責限了絶。詔俟赦降取旨。

宋·朱熹《四書章句集注·論語·顏淵》 子曰：片言可以折獄者，其由也與？子路無宿諾。片言，半言。折，斷也。子路忠信明決，故言出而人信服之，不待其辭之畢也。宿，留也，猶宿怨之宿。急於踐言，不留其諾也。記者因夫子之言而記此，以見子路之所以取信於人者，由其養之有素也。

宋·朱熹《四書章句集注·論語·子路》 葉公語孔子曰：吾黨有直躬者，其父攘羊，而子證之。孔子曰：吾黨之直者異於是。父爲子隱，子爲父隱，直在其中矣。直躬，直身而行者。有因而盜曰攘。父子相隱，天理人情之至也。故不求爲直，而直在其中。謝氏曰：順理爲直。父不爲子隱，子不爲父隱，於理順邪？瞽瞍殺人，舜竊負而逃，遵海濱而處。當是時，愛親之心勝，其於直不直，何暇計哉？

宋·黎靖德《朱子語類·易七·賁》 問：君子明庶政，無敢折獄，

《本義》云，明庶政是明之小者，無折獄是明之大者，此專是就象取義。伊川說此，則又就賁飾上說。不知二說可相備否？曰：明庶政是就《離》上說。無折獄是就《艮》上說。《離》明在內，《艮》止在外，則是事之小者，可以用明。折獄是大事，一折便了，有止之義。明在內不能及他，故止而不敢折也。大凡就象中說，則意味長。若懸空說道理，雖說得去，亦不甚親切也。學履。

山下有火，《賁》，內明外止。雖然內明，是箇止殺底明，所以不敢用其明以折獄。此與《旅》相似而相反，《賁》內明外止，《旅》外明內止，其象不同如此。問：苟明見其情罪之是非，亦何難於折獄？曰：是他自有箇象如此。遇着此象底，便用如此。然獄亦自有十三八棒便了底，亦有須待囚訊鞫勘，錄問結證而後了底。《書》曰：要囚，服念五六日，至於旬時，丕蔽要囚。《周禮・秋官》亦有此數句，便是有合如此者。若獄未是而決之，是所謂敢折獄也；若獄已具而留之不決，是所謂留獄也。不留獄者，謂囚訊結證已畢，而即決之也。僩。

問明庶政，無敢折獄。曰：此與《旅卦》都說刑獄事，但爭《艮》與《離》之在內外，故其說相反。止在外，明在內，故明政而不敢折獄；止在內，明在外，故明謹用刑而不敢留獄。又曰：麄言之：如今州縣治獄，禁勘審覆，自有許多節次，過乎此而不決，便是留獄；不及乎此而決，便是敢於折獄。《尙書》要囚至于旬時，他須有許多時日。此一段與《周禮・秋官》同意。礪。

宋・黎靖德《朱子語類・學五・讀書法下》 學者觀書，病在祇要向前，不肯退步看。愈向前，愈看得不分曉。不若退步，卻看得審。大概病在執着，不肯放下。正如聽訟：心先有主張乙底意思，便祇尋甲底不是；先有主張甲底意思，便祇見乙底不是。不若姑置甲乙之說，徐徐觀之，方能辨其曲直。橫渠云：濯去舊見，以來新意。此說甚當。若不濯去舊見，何處得新意來。

宋・李衡《周易義海撮要・旅》 火在山上逐草而行。勢不久留，故爲旅。象又上下二體，艮止離明。故君子象此，以靜止明。察審愼用刑，而不稽留獄訟。注

宋・李衡《周易義海撮要・噬嗑》 凡物之不親，由有間也物；之不齊，由有過也。齧而合之，所以通也；刑克以通，獄之利也。注所亨在刑獄，故不云元亨，刑獄非大正之道，故不言利貞。代間隔者天下之大害也，君臣父子、親戚朋友之間，有離貳怨隙者，蓋讒邪閒於其間，除去之則合矣。伊道之衰，物至於相噬以求合，教化則已晚矣，故利用獄。坡

以陰居陰，性刻而又乘剛，施之於人，張湯杜周之流，無可咎者，當位故也。房

物情不合，則成獄訟。窮其情狀，辨其辭旨，煩瀆口吻，同夫咀嚼。牧上行，欲後之人君法三皇五帝之道。劉緯《略》動而明，則否塞通矣。雷動電明，剛柔相交合一而成章，則天地亨矣。六五，柔中不當位也，施於用獄，無若柔中之爲利。蓋人君止於仁，不以明斷稱。以皋陶寧失不經，曾子哀矜而勿喜之言觀之，則不在明斷審矣。朱

宋・李衡《周易義海撮要・噬嗑》 三處下體而無位，吏之小者也常懼而弗能果敢得無咎者。以內含章明能無成而有終。牧六三，以不中不正之行而刑人。人無有服從之者。然以柔順之質，應於上九，剛明之人能辨明邪正，審察獄情，所以終無咎。胡

又 以陽居陰，失位。刑人其道未光，不能以德服人也。石以剛直之道刑於人，非艱難於正，則不吉。其亦未爲光也。王逢胇橫渠謂：五六五，柔中有剛，比臘爲易，比膚爲難。九四剛直，往必克之。然動而不正，艱貞乃吉。噬嗑取上下相噬，用刑難易耳。卦五不以君位言者，六人君不以聽訟爲主。君道不可以柔爲恆；君不可遯。明夷，失君之則，天王出，居于鄭書。出君不可旅也。決獄非人君之職，若以五爲君，則二大夫、三公、四侯，相噬何哉。朱

又 五以柔居尊，爲噬嗑之主。處剛得中，內含陽明，能斷大事者也。獄成于已成，則決之不可不畏，愼能正而懼之，則不輕用矣。牧以五噬上，噬之亦難，於剛爲得中，故噬之而服物。至於噬而後合德，下衰矣。故四之剛直，上九之剛，未免於噬。夫子曰：必也使無訟乎。叔向曰：三辟之興，皆興於叔世。聖人之意深矣。朱

宋・許月卿《百官箴・大理箴》 千載稱賢，漢張廷尉。仁哉文帝，故能用之。爲政在人，取人以身。移風易俗，黎民孔醇。幾致刑措，豈無所自。攷釋之語惡刀筆吏曰：亟疾苛察，秦是以亡。惻隱之實，過失不聞，

舉措繫風化。不可不謹。帝善其言，進進吾仁。故其爲廷尉，不以天子喜怒易其平，天下無冤民。豈惟釋之賢，能用釋之，文帝之功。張湯杜周，彼胡能忍。武帝其原。其原帝心。

宋・陳襄《州縣提綱・三不行刑》　一我醉，二彼醉，三羸瘠。蓋我醉而行刑，則易至過誤，傍觀必以爲使酒。彼醉而行刑，則醉中忿怒，不知守分，或無禮過甚，則事干刑憲，難於施行。羸疾者多因監繫日久，飲食不時，僅存皮骨，若遽加刑，必有斃於杖下者。須資以飲食，俟其稍蘇，然後杖之。

宋・陳襄《州縣提綱・判狀勿憑偏詞》　訟者之詞，大率自掩其過，而歸咎於人。甚至鑿空撰造，以欺有司。若今日甲訟乙，輒憑偏詞，以甲爲是；明日乙訟甲，又憑偏詞，以乙爲是。迨二詞並至，而吾之所判已矛盾矣。故判狀勿憑偏詞，必得活法。若其詞無理者，不加詰問，則投狀者必多，一狀之出，牽聯追逮未至有司，而其擾已甚矣。兼有一等無圖人，本欲脱狀，牽擾良民，覓賂休和，其實不敢對辯。故覽其詞無理，必反復窮詰，灼無可疑，則勿受斯妄詞者寡而良民得以安居。未見情實，不若平辭而判，俟二競俱至，然後剖決未晚。成周大司寇以兩造禁民訟，呂刑兩造具備而後師聽五辭，蓋懼其以偏詞定曲直也。

宋・陳襄《州縣提綱・示無理者以法》　官僚胥吏，明法尙寡，小民生長田野，朝夕從事於犁鋤，目不識字，安能知法。間有識字者，或誤認法意，或道聽途説，輒自以爲有理。至謀於能訟者，率利其有獲，惟恐不爭，往往多甘其辭以誘之，故彼終於傷肌膚破家產而不知悔。原彼之意，蓋自以爲是耳。使自知其無理，何苦於爭。亦嘗念愚民之亡知，兩造具備，必詳覽案牘，反復窮詰。其人果無理矣，則和顔呼之近案，喻之以事理，曉之以利害，仍親揭法帙以示之，且析句爲之解説。又從而告之曰：法既若是，汝雖訴於朝廷，俱不出是耳，使今日曲法庇汝，異時終於受罪。汝果知悔，當從寬貸。不知悔，則禁勘汝矣。

宋・陳襄《州縣提綱・通愚民之情》　健訟之民，朝夕出入官府，詞熟而語順，雖譊譊獨辯，庭下走吏莫敢誰何。良善之民，生居山野，入城市而駭，入官府而怵，其理雖直，其心戰惕，未必能通。若又縱走吏輩訶遏之，則終於泯默受罪矣。凡聽訟之際，察其愚樸平昔未嘗至官府者，須引近案，和顔而問，仍禁走吏無得訶遏，庶幾其情可通。

宋・陳襄《州縣提綱・案牘用印》　田產之訟官司，考之契要，質之鄰證，一時剖判既已明白，無理者心服無詞，有理者監繫日久，一得判輒歸，未必丐給斷憑，元案張縫，率不用印。數年之後，前官既去，無理者或囑元主案吏拆換，或賂貼吏竊去，兼主案吏若罷若死，輒隱匿詐言不存，彼迺依前飾詞妄爭。有理者須執前判，無所攷據，則前判皆爲虛設矣。凡事判案，須即用官印印縫，仍候給斷憑訖始放。

宋・陳襄《州縣提綱・隨宜理債》　官司有阿從豪民者，凡債負不問虛實，利息過倍，一切從嚴追理，則豪民必至兼幷，小民有冤亡告。又有矯是弊者，不問是非，一切不理，則豪民不敢貸。一遇歲饑，或新陳未接，小民束手，相視餓死，本欲恤之而不知反以害之，要在平心遵法而行耳。

宋・李元弼《作邑自箴・正己》　爲政之要，當須遠嫌疑，罷張設，廣聞見，杜讒佞，審情僞，察弊病，示信令，省追呼，戢人吏，抑豪強，拯孤危，奬孝友。

宋・胡太初《晝簾緒論・治獄》　刑獄，重事也。犴狴，惡地也。人一入其中，大者死，小者流，又小者亦杖，寧有白出之理。脱或差悞，胥吏奚恤其咎。必屬之令縱，可逃陽罰，亦必損陰德，詎可不加謹哉。一曰禁繫必審，二曰鞫視，必親三曰牆壁必完，四曰饑寒必究，五曰疾病必察，六曰疑似必辨，七曰出入必防。令每有私忿怒，輒置人于圄，兩爭追會未圓，亦且押下佐廳。亦時有遺至者，謂之寄收，長官多事，漫不暇省，遂致因循淹延。不知一人坐獄，闔戶抱憂，飽暖失時，疾病傳染，殆有甚可慮之事。而又有合共處不合共處者，蓋兩爭若使異牢，則有賂者可使獄吏傳狀稾，通信息，而無賂者，必被其害。孰若使之共處，可以互相察視乎？健訟之徒，樂入囹圄，因得以唆教獄辭，變亂情節。孰若別處一牢，而使之不得與餘囚相近乎？羸老之人，必察其有無疾病，或致沉重，徒見費力。婦人女子，必察其有無娠孕，胎有墮墜，無以自明，此所以禁繫之不可不審也。在法鞫勘，必長官親臨，今也令多憚煩，率令獄吏自行審問，但視成款僉署，便爲一定，甚至有獄囚不得一見知縣之面者。不知吏逼求賄賂，視多寡爲曲直，非法拷打，何罪不招？令合戒約推款，不得自行訊鞫，公事無小大，必令躬自喚上，詰問再三，頑狡不伏，盡情然後量施笞榜。《周官》有五聽之法，亦以獄情難測，不可專事箠楚也。在法一更三點，長官親自定牢。今也聽政無暇，則委佐官，飲酒相妨，則委典押。不知脱有逃逸，咎將誰執？況吏輩受賂，則雖重囚，亦與釋放安寢；無賂，則雖散禁，亦必加之縲紲，最不可不躬自檢察。昔熊子復宰暨陽，日間不時趨獄點視，夜則置一鈴，其索直達寢所。夜半掣鈴，獄卒應喏，否則必罰，由是並無不測之慮，最爲可法。此所以鞫視之不可不親也。今在在州縣獄，多有頽牆敗壁、不甚完固者，固當亟加整葺。然罪囚姦態萬狀，尤宜深防，每有獄吏受重囚賂，放其自便，日間囚以飲水爲名，將水潠壁浸漬泥濕，夜深則鑽壁踰牆，倏然而遁。吏卒睡熟，無由知覺，洎覺，則追之已無及矣。此最利害，令當審量罪囚輕重，重者勿使處近壁之匣。牆之上必加以茨，壁之內必夾以板。每五日一次，躬自巡行，相視有不完處，隨加修補。戒飭吏卒，每夜不可止留一人，直更須要每更輪流兩三人，明燭巡視諸牢。次早令出廳，先詣獄點名，然後僉押文字，日以爲常。牆壁之當完者如此。獄囚合給糧食，自當於經費支破。有因縣道匱乏而責諸吏者，不知官給尚欲減剋，而可使吏供輸乎？寧節他費，此不可節也。人當日給米二升，鹽菜錢十文，朝已晚申，立定程式，獄子聲喏報覆。令躬點視，然後傳入。其有家自送飯者，當即傳與，仍點檢夾帶毒藥、刀仗、銅鐵、器皿、文字之屬。春夏天氣蒸鬱，須與踈其牖檽，蠲其穢汙，使不至卑濕奧渫，致興疫癘。如稍向寒，便當糊飾戶牖，支給綿炭，使各得溫暖和適，可免疾患饑寒之當究者。如此不幸獄囚有以疾病告者，將奈何哉？曰此不可不察也。有實病而吏不以告者，有未嘗病而吏誣以告者，蓋吏視囚猶犬豕，不甚經意。初有小病不加審詰，必待困重方以聞官，甚至死而後告者。若有貲之囚，吏則令其詐病，巧爲敷說，以覬責出，漸爲脱免之地。此令所當深察，責在推司，日具有無疾病申令，於點視之際，又自躬加審察。如以病告者，且與召醫治療，日申增減。其甚困頓不可支者，然後責令親屬保識前去。若必待病重方始聞官者，推吏必寘於罰。不然萬一死者接踵，憲司歲計人多，令能免咎乎？又不幸獄情有疑似而難明者，將奈何乎？曰此不可不辨也。世固有畏懼監繫，覬欲早出而妄自誣伏者矣。又有吏務速了，強加拷訊，逼令招認者矣。亦有長官自恃己見妄行臆度，吏輩承順旨意不容不以爲然者矣。不知監繫最不可泛及拷訊，最不可妄加而臆度之見，最不可恃以爲是也。史傳所載，耳目所知，以疑似受枉而死而流而伏辜者，何可勝數。諺曰：捉賊須捉贜，捉姦須捉雙。此雖俚言，極爲有道。

故凡罪囚供款，必須事事著實方可憑信。不然萬一逼人于罪，使無辜者受枉罰，令得無悛於心乎？乃若獄門出入之禁，其責專在當日推司，監牢嚴行拘督，應當日而抛離不到者有罰，吏卒非係在獄而輒入者有罰。令自點察之外，許人告訐。罪人水火茶飯，各須有人監臨，事畢即入元處，不得放令閑散逐牢。內門無故不得輒開，若家屬傳送茶食，不得私令與囚相見，吏卒亦不得因而與之傳遞信息，漏泄獄情。此皆所當深致其防者也。夫縣獄與州郡不同，州郡專設一官，故防閑曲盡，縣令期會促迫財賦煎熬，於獄事每不暇詳謹，罪之小者，縣得自行決遣，罪之大者，雖必申州，而州家亦惟視縣款爲之憑擄，則縣獄豈不甚重，而令之任責豈容不曲盡縣心哉？故愚於此反覆諄複，不嫌於贅。

宋・真德秀《西山真文公大全集・諭俗榜文》　官之與民，誼同一家，休戚利害，合相體恤。爲有司者不當以非法擾民，爲百姓者不當以非理擾官。太守平時以愛人利物爲心，不啻饑渴視事云。始切切講求，已轉牒州縣官，各以四事自勉，而爲民除其十害。何謂四事？律己以廉、撫民以仁、存心以公、莅事以勤是也。何謂十害？斷獄不公、聽訟不審、淹延囚繫、慘酷用刑、汎濫追呼、招引告訐、重疊催稅、科罰取財、縱吏下鄉、低價買物是也。十者有無，所未詳知，萬一有之，當如拯溺救焚，不俟終日，務令田野安帖，愁歎不生。或民間有公共利病，太守所未及知，許明白具狀，前來陳述，但不許匿名實封，訐人私過。言而有理，即當詳酌，以次施行。爾民亦宜體太守此意，更相勸戒，非法之事莫妄作。

宋・真德秀《西山真文公大全集・諭州縣官僚》　昨曾約束民間爭訟官司，所當明辨是非，如果冒犯刑名，自合依條收坐。今聞屬縣乃有專事科罰者，遂使富民有罪得以幸免，貧者被罰，其苦甚於遭刑。日下各仰除罷。今恐屬縣有因公事而科罰民財者，截自日下，並令除罷。

宋・真德秀《政經・勸諭事件於後・清獄犴》　獄者，生民大命，苟非當坐刑名者，自不應收繫。爲知縣者，每每必須躬親，庶免枉濫。訪聞諸縣間，有輕寘人於囹圄，而付推鞫於吏手者，往往寫成章子，令其依樣供寫，及勒令立批出外索錢。稍不聽從，輒加捶楚，哀號慘毒，呼天莫聞。或囚糧減削，衣被單少，饑凍至於交迫；或枷具過重，不與湯刷，頸項爲之潰爛；或屋瓦踈漏不修，有風雨之侵；或牢牀打併，不時有蟣蝨之苦；或坑廁在近，無所蔽障，有臭穢之薰；或因病不早醫治，致有瘐死；或以輕罪與大辟同牢。若此者不可勝數。今請知縣以民命爲念，凡不當送獄公事，勿輕收禁。推問供責一一親臨，飯食居處，時時檢察；嚴戢胥吏，毋擅自拷掠，變亂情節。至於大辟，死生所關，豈容纖毫，或至枉濫。明有國憲，幽有鬼神，切宜究心，勿或少忽。

《宋會要輯稿・刑法三》 康定二年九月十七日，翰林學士聶冠卿言：天下州府勘到命官公案，內有干連收理，人數甚多，亦有情理至輕及本不合得罪，枝蔓推究，頗害良善。緣奏案之時先已決訖，法司雖行點檢，免其緣坐，亦追究不及。且愚民無知，制在官吏，誅求驅使，何敢不從？即事原情，誠可嗟憫。欲乞今後所勘命官，使臣內有干連人，須是灼然有過，於法明有正條，方得收罪。自餘連累，若須要照證，暫勾分析，事了先放，只於案後聲說。從之。

又 元豐元年四月三日，詔：宰臣吳充免進呈及簽書相州獄，候案上，中書、樞密院同取旨。令知諫院蔡確、黃履，監察御史里行黃廉就臺劾實，仍遣御藥院李舜英監之。先是，充言：御史臺鞫相州獄，連臣婿文及甫，其事在中書有嫌，乞免進呈或送樞密院。又御史上官均言：臣與蔡確治相州獄踰兩月，觀其執法刻深，不考情實。大理持天下之平，若挾情重輕其手，朝廷所宜深治也。陛下必欲令蔡確兼領其事，亦乞止就本臺與臣等參治。故有是詔。

《宋會要輯稿・刑法四》 紹興元年五月二十四日詔：自今後州縣如有合科催物色，須管明以印榜開坐實數若干，仍具一般印榜申監司。監司因出巡視行按察，不得更似日前先多科其數，然後輕重出入。違者竄嶺表，人吏決配，仍許民戶越訴。《嘉祐敕》一《宣敕》言：當行極斷決配除名之類，本犯輕者並以違制論，仍具案奏聽勅裁。《大觀尚書六曹寺監庫務通用敕》：諸稱配及編管少言地（理）〔里〕者，並（決配）五百里外。其前立定決配明文，庶使承用官司有以遵守。敕令所看詳：犯罪之人情狀輕重不一，本罪刑名自有等差，決配之法不得不異。若謂前項元無立定決配之文，立爲定法，恐或罪不稱情。今欲申明，如於逐項指揮有違犯之人，除依法定斷本罪外，取旨量輕重決配施行。從之。

《宋史・刑法志》 在仁宗時，四方無事，戶口蕃息，而克自抑畏，其於用刑尤慎。即位之初，詔內外官司，聽獄決罪，須躬自閱實，毋枉濫淹滯。

又 乾道二年下詔曰：獄，重事也。用法一傾，則民無所措手足。比年以來，治獄之吏，巧持多端，隨意輕重之，朕甚患焉。其自今革玩習之弊，明審克之公，使奸不容情，罰必當罪，用迪於刑之中，勉之哉，毋忽！三年，詔曰：獄，重事也。稽者有律，當者有比，疑者有讞。比年顧以獄情白於執政，探取旨意，以爲輕重，甚亡謂也。自今其祗乃心，敬於刑，惟當爲貴，毋習前非。不如吾詔，吾將大寘於罰，罔攸赦。

《宋史・段思恭傳》 思恭上言：赦過宥罪，議獄緩刑，苟獄訟平允，則災害不生。望令諸州速決重刑，無致淹濫，必召和氣。從之。

《金史・世宗紀上》 〔泰定四年九月〕乙酉，上謂宰臣曰：形勢之家，新識訴訟，請屬道達，官吏往往屈法徇情，宜一切禁止。

元・葉留《爲政善報事類・上疏傷冤》 漢寒朗字伯奇，魯國薛人也。永平中守侍御史，與三府掾屬共考案楚王英獄事。諸所連及，無敢以情恕者。朗心傷其冤，乃上言曲成侯劉建等無奸，專爲顏忠等所誣。後二日，車駕自幸洛陽獄，錄囚徒，理出千餘人。後遷清河太守，壽八十四。

漢袁安字邵公，汝南汝陽人。拜楚郡太守時，楚王英謀逆，辭所連繫者數千人。顯宗怒甚，吏案之急，痛自誣死者甚衆。安到郡不入府，先往案獄，理其無明驗者，條上出之。府丞掾史叩頭固爭，以爲阿附反□，法與同罪，不可。安曰：如有不合，太守自當坐之，不以相及也。得出者四百餘家。後爲司徒。子賞爲郎。京、敞最知名。京子彭，順帝初爲光祿后勳，行至清彭。弟湯字仲河少傅家學，多歷顯位，桓帝初爲司空。封安國亭侯，湯子成、次子逢字周陽以累世三公，子寬厚篤信，靈帝立爲司空。卒，子基嗣。論者以其理楚冤獄，其仁心足以覃乎後昆，子孫之盛，不亦宜乎。

元・葉留《爲政善報事類・陰德治獄》 漢于公東海郯人也，郯音談爲縣獄史，郡決曹決獄平，羅文法者，于公所決皆不恨。郡中爲立生祠，號曰：于公祠。其閭門嘗壞，父老治之，于公謂曰：少高大閭門，令容駟馬高蓋車。我治獄多陰德，未嘗有所冤，子孫必有興者。後子定國爲丞相，封西平侯。孫永爲御史大夫，嗣封傳世云。

虞經陳國武平人也爲吏，案法平允，務存寬恤。每冬月上其狀，嘗流涕隨之。嘗曰：吾雖不及于公，其庶幾乎？子孫何必不爲九卿後。孫詡音許官至尚書僕射，恭爲上黨太守。

元・葉留《爲政善報事類・平斷三疑》 柳慶字更興，河東人，爲兵部郎中，領雍州別駕。廣陵王欣魏之懿親，其甥孟氏屢爲兇横，或有告其盜牛，慶捕得實，趣令就禁。孟氏殊無懼容，乃謂慶曰：若加以桎梏，後獨何以脱之？欣亦遣使辯其無罪，孟氏由此益驕。慶乃大集僚吏，盛言孟氏倚權侵害之狀，言畢，令笞殺之。自此貴戚斂手。又有賈人持金二十斤，詣京師寄居。其人每出，常自執管鑰。無何，緘閉不異，而並失之。謂主人所竊。郡縣訊問主人，自誣服。慶疑，乃召問賈人曰：鄉鑰恒置何處？對曰：恒自帶之。慶又曰：頗與人同宿乎？曰：無。與人同飲乎？曰：日者曾與一沙門再度酣宴，醉而晝寢。慶曰：沙門乃眞盜耳。即遣捕沙門，乃懷金逃匿。後捕得，盡獲所失金。又有胡家被刦，郡縣按察，莫知賊所。隣近被囚者甚多，慶以賊是烏合，可以詐求之，乃作匿名書，多榜官門曰：我等共刦胡家，徒侶混雜，終恐泄露。今欲首伏，懼不免誅，若聽先首，免罪便欲求活。慶乃復施免罪之。榜居二日，廣陵王欣家奴面縛自首，因此盡獲黨與。每嘆曰：昔于公斷獄無私，闢高門以待封，斯言有驗，吾其庶幾乎？後陞尚書左丞，攝計部。

元・葉留《爲政善報事類・法能守公》 唐徐有功武后時爲左肅政臺侍，御史給事中薛季昶劾其黨惡，后詔詰之：公比斷獄多失出，何耶？對曰：失出乃臣之小過，好生陛下之大德。遂免爲民。尋起拜司刑少卿，與皇甫文備同按獄。文備誣有功縱逆黨，久之，文備坐事下獄，有功出之。或曰：彼嘗陷君於死，今生之，何也？對曰：爾所言者私忿，我所守者公法。嘗曰：大理人命所繫，不可阿者詭辭以求苟免。故爲獄常持平守正，以執據冤網。凡三坐大辟，將死，泰然不憂；赦之，亦不喜。所全活甚衆，酷吏爲之少衰。人以爲有功當武后革命雷電之際，而能全仁恕過，漢于張遠甚雖千載未見其比，後孫裔至河東節鉞，咸通中同平章事。裔子彥若位至中書舍人，同平章事。

元・葉留《爲政善報事類・丹陽訟者》 宋劉安民，丹陽縣吏也。持心公平。民有訟，未之官，而先之安民。安民折之，曲直各得其當。去聲自是一縣之訟，爲之頓省。後二子相繼登科，汲官至朝散大夫，湜承議郎，直秘閣，遂爲望族。

元・葉留《爲政善報事類・先閲斷案》 宋歐陽文忠公，名修，字永叔，吉州永豐人。時之大儒，每與客談論，不言文章，惟言政事。張舜民怪而問之。公曰：文章止以潤身，政事乃可及國。吾昔貶官夷陵，方當壯年，未厭於學。欲求漢史一觀，公私皆無。因取架閣陳年公案，一一披閲，其間枉直多是乖錯，以無爲有，以曲爲直，違法循情，滅親害教，無所不有。每自嘆曰：夷陵□□，尚爾如此，天下至大，固可知也。於是仰天誓心，自是遇事益加勤謹。殆今三十餘年，出入中外，忝塵三事，以此自將人望。吾必以爲翰墨致身，以吾觀之，實當時誓心一言之報。身歿之後，今爲神清宮眞人。

元・葉留《爲政善報事類・直囚械系》 宋蘇東坡，名軾，字子瞻。外祖程公逸，字仁霸，眉州人。攝錄事參軍眉山縣，有得盜蘆菔根者，所持刀誤中去聲主人。尉幸賞以劫聞。獄掾受賄，□成之。太守將錄囚，囚坐廡下，泣涕，衣盡濕。公適過之，知其冤，謂盜曰：汝冤合自言，吾爲汝直之。盜果稱冤，移獄，竟殺盜。公坐訥音木囚，罷歸，不及月，尉掾皆暴卒。後三十年，公晝見盜拜於庭下曰：尉掾未服，待公而決，前此地府欲召公暫對，我叩頭爭之曰：不可以我故死公。是以至今。公壽盡今日，我爲公荷擔而往，暫對即生人天，子孫壽祿，朱紫盈門矣。公具語家人，沐浴就寢而卒。軾幼聞此語，已而外祖父壽九十，舅氏貴顯，壽八十五。曾孫皆仕有聲，同時爲監司者三人，元孫功名益盛。尉掾子孫微矣。

元・張養浩《牧民忠告・瘴説》 深文以逞，良惡不白，此刑獄之瘴。

元・張養浩《牧民忠告・察情》 人不能獨處，必資衆以遂其生，衆以相資此訟爲德也，訟之所從起也。故聖人作《易》以訟繼師，其示警固深矣。夫善聽訟者，必先察其情，欲察其情，必先審其辭。其情直，其辭直，其情曲，其辭曲，政使強直其辭，而其情則必自相矛盾，從而詰之，誠僞見矣。《周禮》以五聲聽獄訟求民情，固不外乎此。然聖人謂：聽訟，吾猶人也，必也使無訟乎？蓋聽訟者折衷於已然，苟公其心，人皆可能也。無訟者救過於未然，非以德化民，何由及此？嗚呼，凡牧民者，其勿恃能聽。

元・張養浩《牧民忠告・别强弱》 世俗之情，强者欺弱，富者吞貧，衆者暴寡，在官者多凌無勢之人，聽訟之際，不可不察。

元・張養浩《牧民忠告・獄詰其初》 獄問初情，人之常言也。蓋獄之初，發犯者不暇藻飾，問者不暇鍛鍊，其情必眞而易見，威以臨之，虚以詰之，十得七八矣。少萌姑息，則其勞將有百倍厥初者。故片言折獄，聖人惟與乎子路，其難可知矣。

《明實録・宣德三年》〔十一月〕丁巳，勑行在都察院右都御史顧佐曰：都察院之任，所以整肅紀綱，糾察奸弊，伸理冤抑，裨益治道。比命爾居是任，所當夙夜盡心以副簡擢。然各道御史尚溺積習之弊，朋比於下，有挾公法以報私忿，深文刻薄，有重私情而忽公法，肆無忌憚。爾一時不察其奸，爲所欺侮。自今宜詳慎苟察，凡事務致明審，以合公道，毋縱有罪，毋枉非辜，庶幾刑罰公平，不負朕之所望，欽哉。上又諭十四道監察御史曰：御史之職，必先正己心，而後用法不頗，比憲綱不清，皆由所用，邪正混淆。朕簡用顧佐爲都御史各道御史不才者，多已黜罰。然其閲積習之弊，猶未盡革。或溺私情而賣公法，或假公法以報私忿。鞫訊之際，任情煆煉，深文羅織，人寧不實。自今悉宜秉公心，行公道，無欺長官，無徇私意，無枉平人，庶副朝廷任使。如或不遵，必罪不恕，欽哉。

《明實録・宣德九年》〔四月〕庚午，勑爲事官羅汝敬曰：朕進爾官職，委以重務，乃不能謹身慎行，以取罪愆。今法司論爾重律，朕特屈法伸恩，宥而復用，命充爲事官，仍往陝西總督遞年，一應稅糧提調、各衛所屯種及河渠提舉司并各處倉場收支糧草，務在區畫得宜，人不勞困，尤在敷宣德意，撫恤軍民，扶植良善。遇有訴訟，重則付都司、布政司、按察司或巡按御史究問，輕則量情責罰或付郡縣治之。若有包攬侵欺盜賣糧草及沮撓屯種，占據水利者，審問是實，不問內外官員，及權豪勢要，具實奏聞。但有便民之事，亦具奏來。自今須滌心思過，改革前非，秉公正之心，修廉潔之行，勤慎詳明，夙夜無懈。務持大體，務恤下人，毋暴刻以威，毋縱肆而生事，毋搜求細故，毋報復私怨，毋貪微利以墮儉邪之計，毋懲前事而萌苟且之心，益勵爾志，懋爾績，庶幾以蓋前愆，不負朕赦過惜才之仁。爾其欽哉！

《明實録・正統六年》〔四月甲午〕勑監察御史等官詳審天下疑獄。初，上以災異數見，諭三法司臣曰：今天下司刑官，多非其人，往往寘無辜于法。卿等宜各於屬官內，慎選廉明公恕四五員，往詳審之。於是右都御史陳智等，推選監察御史張驥，李匡、方冊、姜永，刑部郎中林厚、周得琳、彭謙、方彰，員外郎蕭維禎，主事竺淵，大理寺正李從智，評事王亮、馬豫，奏令分往各處，會同先遣審囚官及巡按御史、按察司官，於凡囚犯事可疑情可矜者悉心審讞，務在平恕。上從之。驥等陛辭賜之，勑曰：朕自臨御以來，夙夜惓惓。上體天心，下恤民命，不敢怠荒。一切徵歛，無及於下，蠲逋貸濟窮乏，庶其盡心，冀以此爲事天之實也。然邇年以來，水旱蝗蝻，無歲無之。深惟所由，必刑罰有失當歟，不然何以天戒之數也？夫死者不可復生，絶者不可復續，自古仁聖，咸致謹焉。今簡命爾等往直隸并浙江等處，清理重獄，此朕祗體天心，特以命爾。爾宜體朕心，不可違天。其專志篤慮，無或怠忽，用副朕欽天道，恤民命之誠。克舉厥職，惟爾之能，爾或弗敬，又牽於私，明有國憲，幽有陰誅，可不慎哉，可不畏哉？其合行事，宜條示於後：一、兩京直隸見監重囚，先因罪犯不明及訴冤不已，行移體勘有年久未報者，有所司恐累原問官吏，逼令里老、鄰人扶同，或不令里老、隣人知而虛寫其姓名，惟憑成案回報者。若此之弊，非止一端，汝宜錄其始末，往彼同親臨有司，拘集十年里長、親管、旗甲及老人、鄰人詳細審問，必明必慎，不可纖毫怠忽，務得實情，具奏處置。一、在外方面，三司并衛所郡縣見監重囚，除眞犯明白外，其有情犯本輕而原問官吏故入失入罪重者，或有全無情實而里老、旗甲人等挾讐陷害者，致其啣冤，赴京伸訴。朝廷已令所司辦理，或行保勘。其原問并經該官吏略不關心，以致淹禁歲月，死於非命。爾等須親臨犯人鄉里，閲其原發及翻異情詞，詳詢里老、旗甲之人，既得其實，即令監候，類奏處決，不許展轉詿累平人。果係冤枉，即與辦理；如有情罪可疑，難於剖判，具實奏來。一、方面，三司并衛所府州縣見監輕囚，如戶婚田土等項，有捏故飾詞，纏綿糾結，所司不能剖斷者；有官吏人等欲求賄賂，不得不與剖斷者；又有偏受賄賂，徇私遷延不決者。如此之弊，非止一端，動經二三年或七八年，監繫不決，歲月既久，死生難保。爾等公同其親臨官司，從公問斷。有罪者，即依律照例發落；無罪者，即皆疏放，庶獄無冤滯之弊。一、拘集衆人審問之際，原經手回申官吏不實之罪已宥不問，但慮其護短文過，不可不防。一、今專爲疑獄未明，照勘不實，有冤枉者，命爾往求眞情。其有證佐已明、招承已定、擬議已當、無冤無疑實犯之人，必有畏死捏詞妄訴以求生者，汝不可一槩寬恕，以縱有罪。一、爲政以持廉爲本，能廉則公，能公則明，如有一毫貪慾之心，不能自戒，殃禍之來，必所不免。凡所至之處，須簡靜行事，戒飭官吏不許預先拘集里老，生事擾民。或有所識親故及致仕等官，干謁囑託者，就執而罪之，重者奏聞。汝若苟徇不戒，罪不輕恕。

《明實録·隆慶三年》〔七月〕辛丑，刑科給事中魏休明條陳五事：一、懲酷刑；一、慎議讞；一、戒淹滯；一、省詞訟；一、禁廠衛。其言淹滯，言有司率泥成案，憚于平反，又多引嫌卻避，即在重辟，心知其冤，而莫爲伸理，至發遣發配之類，更更相積滯，動經數年，宜行戒飭。其禁廠衛，言番校緝獲盜賊，不問眞僞，以榜掠定之，箠楚之下，何求不得，啣冤茹痛，莫此爲甚。自今宜逆法司鞫審，如情眞罪當乃與紀功，其濫及無辜者即與縣釋，仍罪及捕者。刑部覆奏，得旨：淹禁獄囚，在外者，行所司速爲伸理，在内者，法司具以名聞。

《明實録·隆慶六年》〔正月丙戌〕刑部尚書劉自強言：往特恤刑官有爲問革官吏辨復者，此皆非勅諭所載。雖以昭雪冤誣，恐狥私市恩，徒招物議，宜一切禁止。從之。

《明實録·萬曆十二年》〔十月〕乙丑刑科給事中劉尚志條議邦刑：一曰重人命，謂人命重，不宜委兵馬；二曰清囹圄，謂附近人犯解發各府、州、縣監收；三曰愼有詞，謂將有詞者詳加推鞫，務得眞情，若事遠證亡遂爾藉口者不准。部覆，上深然之，令所司着實議行。

《明實録·嘉靖十五年》〔閏十二月庚午〕勅太師武英侯郭勛、輔臣李時夏言，審讞法司重囚。上以法官多不諳律比，任情出入，有冤濫及經會審應辦問者，又拘泥成案，不與開釋，徒爲文具，故恩詔有遣大臣審恤之條。至是，乃命三臣會法司面審在獄重囚，諭以殫心竭慮，務得眞情，以稱輕恤至意。

明·呂本《皇明寶訓·洪武卷二·教太子諸王》洪武十六年二月庚辰，太祖諭皇太子諸王曰：凡聽訟貴明，不明則刑罰不中，罪加良善，人心怨咨，有傷天和，或有大獄。必當詳審，庶免搆陷之非，鍜鍊之弊。又曰：凡賞功要當，則人心常服。蓋賞與罰二事，治天下之大權也。

明·呂本《皇明寶訓·永樂卷五·恤刑》永樂七年閏四月丙辰，行在刑部、都察院録囚。上諭侍郎吳盛等曰：古人制刑斷罪，必出至公，謂之欽恤者，欲其敬愼惻怛，使有罪者不幸免，無罪者不濫誅，一歸至當而已。後來之弊，如楚伯州犁，高下其手以敎繫囚，漢張湯舞文巧詆，操縱任心，是非失實，枉直倒置，卿等宜用爲戒，務存公道。今輕罪已定例發遣，重者必五覆奏，庶合古人欽恤之意。

又〔永樂七年〕九月壬申，上諭行在刑部、都察院、大理寺臣曰：明刑愼罰，朕之本心，是是非非，爾等當究情實。隋煬嘗時盜發，令于士澄捕之，牽連二千餘人，悉論死。大理丞張元濟怪之，推尋多非眞盜，但以謗笞不勝自誣服，其間眞爲盜者五人而已。而以被旨斬決，不復執奏，並殺之。煬帝固無道，然元濟等之罪亦大矣。朕數戒爾等存矜恤，須體朕此意，必循至公。若違朕言，致無罪之人冤抑以死，是汝等殺之，不有陽責，必有陰譴矣。

明·呂本《皇明寶訓·洪熙卷二·恤刑》〔永樂二十二年〕十二月庚戌，刑部尚書金純、太子少保兼都察院左都御史劉觀等奏刑名畢，上諭之曰：朕於刑法未嘗敢以喜怒增損，卿等鞫獄之際，亦當虛心聽察，量其情實，有罪不可幸免，無罪不可濫刑，持法明信，則人有所畏而不敢犯。若不明其情而任己輕重，或迎合朕意，使人含冤抱恨者，朕之所惡，卿等其以爲戒。卿等皆國大臣，非獨自己當存矜獄之心，如朕一時過於疾惡，處法失中，卿等更須執正，毋以乖迕爲慮，朕不難於從善也。

明·呂本《皇明寶訓·洪熙卷二·明刑》洪熙元年三月辛未朔，敕三法司曰：人命至重，卿等宜體上帝好生之德，明愼用刑，不可輕忽，務得實情，毋深文羅織，以逞功能，大理職當詳審，不可偏徇及畏憚勢要，遷合附會以致枉濫。《書》云：欽哉，欽哉，惟刑之恤哉！其敬愼之。

明·呂本《皇明寶訓·宣德卷·審刑罰》宣德三年六月丁未，上退朝御左順門，召三法司官謂曰：近來在外有司，多以犯贓得罪，此固小人重利輕身，然其間亦有君子，奉公守法，不狥私情，奸宄之徒，惡其不便於己，裝飾誣之，法司昏懦不能辨理，而自誣伏者亦有之矣。凡人一被汙陷，子孫皆以爲辱，卿等切須詳愼，是是非非，勿有所枉。

明·何棟如《皇祖四大法·心法》〔洪武十六年二月〕庚辰，上諭皇太子諸王曰：凡聽訟貴明，不明，則刑罰不中，罰加良善，人心怨咨，有傷天和。或有大獄，尤當詳審，庶免搆陷之非，鍜鍊之弊。又曰：凡賞功要當，不當則人心不服，蓋賞與罰二事治天下之大權也，不可不愼。

明·鄧士龍《國朝典故·官箴·大理寺》有虞用士，弼敎明刑。秦漢相繼，廷尉是稱。命曰大理，繇景之世。暨于今玆，一以輔治。列之九卿，有翼有承。鑑空衡平，視獄之成。簡于五辟，以正刑罰。維過斯宥，維義之合。刑不可贖，死不可生。惟爾是憑，其可不矜。易簡明慎，書戒欽恤。祗率弗違，乃德之吉。惟官惟友，惟貨惟來。終迷不復，乃禍之階。粤昔蘇公，式敬由獄。以長王國，永命攸屬。嗚呼若人，悠悠我思。爾儀爾規，服此戒辭。

明・汪天賜《官箴集要・戒先意》 判訟遇原被人犯到時，便當厲聲說與利害，曉以公道，不可狥其詞之强，要當察其情之眞。苟健訟而無理者，必能欺以其方，畏法而有理者，反自罔以非道。務必聽各盡詞，雖自己見，其曲直亦不可先將各人偏行打駡，預言某人是非，令彼不敢虛眩阿狥。待彼吐說眞情，然後徐察詳驗，以理平心折之，愼勿截其情詞而恃我有灼見，亦勿縱其巧詞而中彼之奸計。庶人不我欺，事得其情。嘗聞昔一官家，日失二雞卵，伊妻酷責其婢，而婢遂誣服之，且自言盜時之情狀。其夫疑此婢數被責而不悛，問其故，婢堅執曰：亦自不知如何好饞。終不肯改。後夫晝卧，見二鼠盜此器内二卵。再問其婢，仍前誣服。其夫後語厥妻以其故，其妻累驗之，數日皆然。然後知此婢畏打而誣服主婦先疑己之言也。蓋民即水也，顧上道之東即東，西即西，方即，方圓即圓矣，可不謹乎？偏執己見，好人諛己者，愼之。

明・汪天賜《官箴集要・勘事》 體勘事情，并判理詞訟，須將原行緊要處所抄出，或硃筆批點，一一細玩，然後取具原被人等供結，要伊從公各相會同，方與原行及告狀内相對。若與告狀原行同者，是實，反是是誣。使他明知各人勝負，日後亦自難興詞。予嘗見有人作官，將原被告供狀不令相知，不知是主何意。又勘取供結時，須一樣多取幾本，除照各該分繳衙門外，仍存一本自收，以備日後審異查用。

明・汪天賜《官箴集要・果決》 凡理斷獄訟，處置事務，皆當果決，不得狐疑猶豫，躭悞事機。若當行不即行，當斷不即斷，則吏胥投間抵隙得以行其奸弊。故爲政者以果決爲先務。

明・來知德《易經集注・噬嗑》 胏，乾肉之有骨者；離爲乾，乾之象也，六五亦同此象。三四居卦之中，乃獄情之難服者，故皆以堅物象之金者，剛也。此爻正頤中之物；陽金，居二陰之間，金之象也；變坤錯乾，亦金之象也。矢者，直也，中爻坎，矢之象也。蓋九四正居坎之中，坎得乾之中，爻爲中男，故此爻有金象，有矢象。若六五變爲乾，止有金象，無矢象矣，故止曰得黄金。且九四剛而不正，故戒之以剛直；六五柔中，故戒之以剛中，二爻皆曰得者。教人必如此也。艱者，凜凜然惟恐一毫之少忽，以心言也；貞者，兢兢然惟恐一毫之不正，以事言也。周公此象蓋極精者，非周禮鈞金束矢之説也。四居卦中，獄情甚難，故有噬乾胏堅物之象。四以剛明之才治之，宜即吉矣；但四溺于二陰之間，恐其狥于私而未甚光明，故必如金之剛矢之直。而又艱難正固，則吉矣。因九四不中正，故教，占者占中之象，又如此。

又 乾肉難于膚而易於乾胏者也，乃所治之獄匪難易之象。黄者，中也；金者，剛也。變乾，金之象也；乾錯坤，黄之象也。離得坤之中爻爲中女，則離之中乃坤土也，故曰黄金。貞者，純乎天理之公而無私也。厲者，存乎危懼之心而無忽也。無咎者，刑罰當而民不冤也。六五居尊，用刑於人，人無不服，故有噬乾肉易嗑之象。然恐其柔順而不斷也，故必如黄之中，金之剛。而又貞厲，乃得無咎，因六五柔中，故戒占者中之象，又如此。

又 何者，負也，謂在頸也，中爻坎爲桎梏。初則曰屨，上則曰負，以人身分上下而言也。滅者，遮滅其耳也，坎爲耳痛，滅耳之象也。又離爲戈兵，中爻艮爲手，手持戈兵，加于耳之上，亦滅耳之象也。上九居卦之上，當獄之終，蓋惡極罪大，怙終不悛者也。故有何校滅耳之象，占者如此，凶可知矣。

明・楊昱《牧鑑・訊讞》 南軒張氏曰：治獄所以多不得其平者，蓋有數説，吏與利爲市，固所不論，而或矜智巧以爲聰明，持姑息以惠姦惡。上則視大官之趨向而輕重其手，下則惑胥吏之浮言而二三其心，不盡其情而一以威怵之，不原其初而一以法繩之，如是不得其平者抑多矣，無是數者之患，鄆法麗於事而深存哀矜勿喜之意，其庶矣乎。在上者又當端其一心，勿以喜怒好惡一毫先之，聽獄之成，而審度其中，隱於吾心。竭忠愛之誠，明教化之端，以期無訟爲本，則非惟可以臻政平訟理之效，而收輯人心，感召和氣，其於邦本所助豈淺也哉。

明・呂坤《實政録・知州知縣之職》 訟獄不平，我爲平之，獄中囚犯果否得所，我爲恤之。

明・佚名《新官軌範・體立爲政事情》 凡問人命重情，不可自恃聰明，輒便輕易，以理推問明白，就便申詳，倘中間若有不實，不惟人命冤枉，致有凶報，抑且目下隱匿實情，事有反復，致有別詞，負累不便，務要多方設法，多使平素可托心腹之人各令緝訪，務要事得其情，刑服其罪。毋扭成案而枉其生，毋因姑息而冤其死。

明・陳子龍《明經世文編・桂彦良〈上太平治要十二條〉》 八曰審刑罰。刑罰一事，人命所係，不可不審，故《書》曰：與其殺不辜，寧失不經。欽哉，欽哉，惟刑之恤哉！蓋死者不可復生，刑者不可復續，苟不欽恤而詳讞之，則傷人必多，傷人既多，必損和氣，非所以善治也。理刑之官，必擇其公明正大仁厚之人，如漢之張釋之、于定國輩，親信而委任之，則天下無冤民，而致刑措之效矣。

明・陳子龍《明經世文編・林聰〈敦孝勸忠疏〉》 十二曰：慎刑獄以導和氣。《書》曰：欽哉欽哉，惟刑之恤哉。又曰：罰懲非死，人極於病，是刑不可以不慎也。惟皇上自御極以來，屢敕法司，詳慎刑獄，以洽好生之恩。但爲法司者，罔體此心，惟務深刻，或任好惡，或避嫌疑，或執原詞，或拘成案，不審情犯虚實，但知希指迎合。如聖旨批法司辨理者，卽與之辨理，罪雖怙終而必宥，批法司知道者，多立案不行，情雖可矜而莫伸。又有當行勘者不與之行勘，當提對者不與之提對，獄囚淹禁，經年文案屢歲不清，如此抱負不平，陳情懇訴，少者不下十有餘次，多者不下二十餘次，罪終莫逃，積憤含冤，甚傷和氣。如蒙乞敕法司，今後一應在監罪囚，務要推情鞫問，詳審重輕，不許任意狥情，鍜鍊成獄。有奉欽依法，司知道其間情有可矜疑，卽與辨理，該提對者卽與提對，該行勘者卽與行勘，毋一概立案不行，視爲泛常。如是則刑罰得中，人無冤抑，庶可以弭災異而導和氣矣。

明・丘濬《大學衍義補・崇教化・廣教化變俗》 魯恭爲中牟令，專以德化爲理，不任刑罰。邑人許伯等爭田，累守令不能決，恭爲平理曲直，皆退而自責，輟耕相讓。

臣按：教化之所以不行者，以利心勝而義心微也。民間之訟，多起於財產，兄弟以之而相鬩，骨肉以之而相殘，皆自此始也。爲守令者，苟能爲民分理而使之均平，則詞訟不興，人和而俗厚矣。教化其有不行也哉。

明・丘濬《大學衍義補・慎刑憲・詳聽斷之法》 唐德宗時，李巽以私怨奏竇參交結藩鎮，上大怒，欲殺參。陸贄以爲參罪不至死，上言，參朝廷大臣，誅之不可無名，昔劉晏之死，罪不明白，至使衆議爲之憤悒，叛臣得以爲辭。參貪縱之罪，天下共知，至于潛懷異圖，事屬曖昧，若不推鞫，遽加重辟，駭動不細。

又 陸贄言於德宗曰：夫聽訟辨讒，貴於明恕。明者，在辨之以跡，恕者，在求之以情。跡可責而情可矜，聖王懼疑似之陷非辜，不之責也。情可責而跡可宥，聖王懼逆詐之濫無罪，不之責也，惟情見跡具，詞服理窮者，然後加刑罰焉。是以下無冤人，上無謬聽，苛慝不作，教化以興。

臣按：陸贄此言，可以爲聽訟斷獄之法。而辨讒謗之法，亦具焉。人君之聞讒謗，人臣之斷獄訟，皆當以是書于座右。

明・丘濬《大學衍義補・慎刑憲・簡典獄之官》 《君陳》：王曰：殷民在辟，予曰辟，爾惟勿辟；予曰宥，爾惟勿宥，惟厥中。

蔡沈曰：言殷民之在刑辟者，不可徇君以爲生殺，惟當審其輕重之中也。

陳經曰：君之喜怒無常，情法之輕重有常，理不徇君，而狥理之中可也。君言苟是，從君可也，非從君，乃從理也。君言苟未是，則從理可也，從理乃所以從君也。

明・丘濬《大學衍義補・慎刑憲・總論制刑之義》 《禮記》：凡制五刑，必即天倫，郵罰麗於事。

陳澔曰：天之理，至公而無私。斷獄者，體而用之，亦至公而無私。凡有罪責而當誅罰者，必使罰與事相附麗，則至公無私而刑當其罪矣。

凡聽五刑之訟，必原父子之親，立君臣之義，以權之意，論輕重之序，慎測淺深之量以別之。悉其聰明，致其忠愛以盡之。

方慤曰：父子之親本乎情，故曰原，君臣之義錯諸事，故曰立。親主於愛，一於愛則刑有所不忍加，義主於敬，一於敬則刑有所不敢及。一皆如是，豈足以爲法之經哉。其或於親有所原，於義有所立者，特從法之權而已。故曰以權之也。

陳澔曰：父子君臣，人倫之重者，故特舉以言之，亦承上文天倫之意。所犯雖同，而有輕重淺深之殊者，不可概議也。故別之。所謂權也，明視聽聽，而察之於詞色之間，忠愛惻怛，而體之於言意之表，庶可以盡得其情也。

陳櫟曰：後世之民犯刑，多上失其道之所致，未必皆其民之罪。刑獄固在得其情，而不可喜得其情欲得其情，固在於悉其聰明。哀矜勿喜，尤在於致其忠愛歟。

明・佚名《折獄明珠》卷四《保結類》 妻保夫

釜魚乞命事。仁爺巡撫一方，奸回喪膽，阿夫不良，因自作孽，冒犯天台，雖云衆口爍金，敢謂縲紲非罪。憲度如肯海涵，良人豈終馮婦。轉堯天，回舜日，泣禹囚，解湯網，置此子于度外，容周處以自新，如再仍前妻兒同罪。上告。衆口爍金，積毁燒骨，出《國策》。泣禹囚，大禹見囚人下車，泣之。解湯網，湯解民三面之網，惟置一面，曰不用命者入吾網。置此子度外，光武謂隗囂之言。周處，除白虎，斬長蛟，改惡自新。馮婦，出《孟子》，喻爲善之不終也。

〔孫代巡批〕昔班昭上書而兄冤白，緹縈贖罪而父刑釋。今王氏爲夫犯罪，以死哀保，是可與班超妹淳于女相接踵也。仰府體情釋放，許令自新。

清・顧炎武《日知録・罔中于信以覆詛盟》 國亂無政，小民有情而不得申，有冤而不見理，于是不得不愬之于神，而詛盟之事起矣。蘇公遇暴公之譖，則出此三物，以詛爾斯。屈原遭子蘭之讒，則告五帝以折中，命咎繇而聽。直至于里巷之人，亦莫不然。而鬼神之往來于人間者，亦或著其靈爽。于是賞罰之柄，乃移之冥漠之中。而蚩蚩之氓，其畏王鈇常，不如其畏鬼責矣。乃世之君子，猶有所取焉，以輔王政之窮。今日所傳地獄之説，感應之書，皆苗民詛盟之餘習也。明明棐常，鰥寡無蓋，則王政行于上，而人自不復有求于神。故曰：有道之世，其鬼不神。所謂絶地天通者，如此而已矣。

清・王夫之《周易外傳・噬嗑》 噬嗑，用獄敕法者也。而初、上何以被刑邪？

陰陽之合離也有數，而其由離以合也有道。物之相協，感之以正，則配偶宜矣；時之已乖，强之以合，則怨慝生矣。九四之陽，非其位也；陰得朋以居中，然且强入而與其上下之際，則不可謂之知時而大其辨矣。爲初、上者，乃挾頗心以平物，含甘頤而和怨，其能必彼之無吐哉？以理止爭，狂戾爲之銷心；以餌勸競，猜疑所由增妒也。初、上頤之體，二、五頤之虛。業投實於虛中以使相離，而又合之，初、上之自以爲功，而不知其罪之積也。此蘇秦之所以車裂，而李嚴之所以謫死也。

清・嵇璜《清朝通典・刑四・詳讞》 臣等謹按：我朝紀綱整肅，刑讞最詳，律法例條既已屢經修定，至内外刑官審擬各案，俱於年終覆奏時，恭候睿裁，無非矜慎用刑惟平惟允，所謂辟以止辟，而刑期無刑者，至詳且盡矣。然猶慮有司奉行未當，弗克深體聖懷，言明察或失之嚴，務矜恤又失之寬，於上心之鑒空衡平而輕重視人自取者，未有得也。故自列聖以來，訓飭諄諄，往覆詳盡。我皇上敎戒庶司隨時隨案示之以大中至正之渠，不下數千萬言，用能詰奸、慝除暴亂、雪冤抑、釋矜疑，刑罰清而民服，詳讞之效也，謹依次編緝於左。至於内外問刑官有能批駁覆審及委審接辦而究出實情以成平反信讞者，多蒙特恩獎擢，風示百世，並列在刑章，以昭國家祥刑之至意焉。

清・嵇璜《續通志・刑法略三》 〔遼統和〕二十九年，以舊法宰相節度使世選之家子孫犯罪，徒杖如齊民，惟免黥面。詔：自今犯罪當黥，即准法同科。

清・畢沅《續資治通鑑》卷一三二 〔宋高宗紹興二八年〕甲辰，樞密院都承旨陳正同，言諸路奏讞死囚，例多降配，非是，帝曰：刑罰非務刻深，欲當其罪。若專姑息，廢法用例，則人不知畏，非所以禁暴戢姦。可令〔諭〕刑官，常諭〔令〕遵守成意〔憲〕。

清・張修府《谿州官牘・昭雪役目林茂等示》 爲秉公昭雪事。照得皂快頭役林茂、茶房孫太前因被謠暫革，並出示曉諭在案，嗣經本府詳細訪查其詐贓一節，實係謠傳無據。本府捫心坦白，執法公平，斷不肯縱容蠹役貽累地方，亦不能偏聽流言災及無妄。合亟示諭所有：林茂、孫太兩名，均著照常當差。再上年差捉彭應龍案之皂快頭役顔魁、陳林、馬快散役吳科一併開復。該役等各宜勤慎從公，潔身自愛，切勿自罹法網，致負本府苦心。至造言誣陷之輩，姑寬既往，並予自新。此後丁胥差役等，果有詐索實跡，准卽指名稟究。如敢再蹈前轍，顛倒是非，恐不能害人而轉以累己。天誅、國法身試者當自知之也。特示。

清・張我觀《覆甕集・申教令廣勸導等事》 一、杜扛幫可免結訟也。朝廷設官，原爲民剖是非，斷曲直。凡有訟者，本人鳴之于官，自有公斷公剖，何須衿監土豪插入扛幫，假矢公之名，行漁利之計。未事則具公呈，既事則投和息，原被爲所操縱，呈訴任其起滅，雖曰連名公呈，實抱滿腔私見。

列身衣冠之內，不事上達而甘喫此葷飯，賺此孽錢，亦可嗤矣。嗣後有眞正關名節風教，許據實公呈，其餘一切無得冒親認族，藉曰不平，妄稱公憤，致滋案牘，自隳修名也。

一、飭訟師另覓生計也。刀筆之事壞人心術，以有爲無，以小作大，以片言激怒，以巧術包准，致兩造蛇蟠蚓結，告訴不休。甚至破身家壞名節，俱于三寸兔管，使之顛倒敗亡，爲術不可不慎也。百工技藝皆足謀生，亦何必戀戀於此，過惡報應，獨于刀筆捷如影響。嗣後如有鄉愚男婦央倩代書，當存心仁厚，好言解釋，弗謂倩我代書，務在刻意深文，必置人于死地。若能投筆而起，另圖本等生涯，更本縣所厚望焉。

一、嚴打降克全身命也。好勇鬥狠乃屬不孝之一。身體髮膚莫不受之父母，以父母之遺而逞一己之勇，當場拚命相搏，輕則皮膚受傷，重則性命干繫，試看凡有命案，因門毆抵償者十居其九。爭鬥忿毆之際，何嘗念及于此，及至事後而受無限慘刑，悔亦無及矣。是以本縣於行兇打降之人于法獨重，非酷于用刑，正使其嘗之，知以自儆也。嗣後身命須要自全，寧自喫虧，切弗好勝。如今之所謂兇徒拳棍者，不但官長痛惡，而嚴戢之鄉黨亦莫不鄙賤而深嫉之者也。

一、禁賭博實杜盜源者也。賭博思以贏人之財物也，抑思我欲贏人，人亦欲贏我，則呼盧角門之時，何能操必勝之具。然在局外未嘗不知，及至局中竟不念及。今日既輸，明日復思翻本，日積月累，不覺敗家蕩產矣。從此生業不務，衣食難支，流爲鼠竊狗偷，陷于刑書法網，雖欲自新，亦不可得。嗣後吾民弗謂逢場作戲，不過消遣一時，當思擲色門牌，最足移人正性。

清·趙吉士《牧愛堂編·爲録功經過以彰激勸示》 照得法度在乎嚴明，吏書貴於勤慎。交邑廢弛之後，諸事堨茸，本縣新蒞，振作剔釐，漸有成規。第奸蠹雖去，而愚拙仍存，諸務未嫻，勢難刑措，若概加箠楚，又罰不勝罰。特立功過簿一扇，諸吏書門子一事勤慎紀功一次，一事怠錯記過一次，功過相准，許其免責；有功無過，破格獎賞；有過無功，三次必責。若作弊玩法，立時枷責，不在將功折過之數。爾等各宜自愛。

清·趙吉士《牧愛堂編·爲曉諭事》 照得本縣到任之日，即訴之神明，倘有納賄枉法神譴及身，縱徹骨奇窮，終不染爾民一指，即多方賠累，亦不取爾民一文。迄今半載，茹苦爲甘，習勞忘逸。所帶家丁馬匹盡行散遣，僅留服役小童二三人，一意保養爾地方元氣。即有興作，亦勢不得已，捐資給餼，不過勞爾民數日之力，以圖百年之安，非爲一己私也。乃有工房焦生秀者，指稱修理，嚇詐鄉愚，而爾民竟亦信爲實，然不敢首告。本縣密有訪聞，業行倉禁。爲此特諭：凡有受害人等，即時具狀申告，本縣立行正法追贓，給還原主，斷不累及首告之人。如本人不舉，被旁人首出，行賄受賄者一併坐罪，其原銀追給出首之人。本縣一片愛民實心，爾民凡有一事受害，無不可對本縣當堂告訴，慎勿自妄誆騙，徒令奸宄得志也。特諭。

清·趙吉士《牧愛堂編·爲審定班匠銀兩事》 照得交邑額設班匠銀七十一兩五錢五分腳價銀七錢七分二厘二絲四忽五微。查此項銀兩，原爲貼解在京各匠工價，自應出諸闔縣工匠，分班完納起解。順治十六年以前，竟照人丁，派之里甲，其間不無因公科歛，藉匠價爲謀利之囮者，後至康熙年間，始派各匠納課，然不論匠之衆寡，工之大小，一任賄賂權其輕重，以致貧匠賤工，苦累萬狀，吞聲忍氣，控訴無門。本縣蒞任數載，釐剔頗多，其實未暇及此。着於本月十七日喚集闔縣各匠三十五行，當堂查點，細加研訊，察其生意獲利或豊或嗇，必分計其工役粗細，明當獨當有，辨照數分班，絲毫不爽，減者本縣不任德，增者本縣亦不任怨，惟秉大公無私之見，酌定長久可守之規，知爾等亦必輸心悅服也，今將審過班匠銀兩除一面造冊粘卷存案外，擬合開列曉諭。爲此示仰各匠人等知悉：爾等各照派定銀數未遠遵行，速措完納，以憑應解。自今後決無有二三其數以愚諸匠者矣。

清·陳枚《憑山閣增輯留青新集·清弊事示》 爲清夙弊以期一新事。照得本縣縕趨幅守，荷茲劇任，如涉春冰，事無巨細，悉秉中正躬親裁決，內外人役毫不假以嚬笑，委以事權，城社之奸，復何所容？但恐積年胥役膽大包天，術工捕影，妄窺意旨，巧設騙端，鯨吞鼓頤，蠶食張吻。如一呈狀入，先計所得幾何，必如數方爲發行。一牌票出，更逐名搜括，必如數始爲投到。乃差役滿欲，更爲吏書作郵，指稱關節必須打點，或給以沉擱，給以轉詳。一案經月不舉，一詞屢次翻提。甚至內寇外連，受盜賊之月錢，捱上官之比較，此等夙蠹，言之眞可怒髮。今後有冒死犯禁者，按厥罪狀，重則發遣，輕則刺配，斷不姑縱，以執三尺。爾等亦應保惜身家，奉公遠禍，深機巧穽，難逃天網之恢恢；銛筆舞文，具凜王章之赫赫。若覬不可得之利，以干必不赦之條，剖腹藏珠，其亦愚矣。各宜惕厲，無取噬臍。特示。

清・吳碘《思誠堂集・嚴禁結黨私門示》　爲嚴禁結黨私門以全民命以省刑獄事。照得刑獄之設，朝廷不得已而用之，凡所以保全民命，刑期無刑也，本不得已之心，制爲不可犯之律。除叛盜而外，人命門毆條載獨詳，有謀殺故殺，有同謀共毆，以及威逼過失，起意加功不行勸阻各欵，備悉分明，毫忽不容假貸者。無非重視民命，使弱者不致含冤，而強者不得漏網，庶羣黎百姓各知惜身命而重犯法耳。夫民間戶婚田土諸事，彼此不能無爭，但是非自有公評，曲直須憑官斷。豈楚俗刁愚成風，不知法紀，每有些微嫌怨，輒致門狠傷生，甚或呼朋引類，互逞雄鋒，一唱百隨，蜂爭蟻門，地方不能攔阻，親友無從解紛，以致害命傷人，兇罹慘抵，無辜隣證拖累無窮，追悔所由，噬臍何及。如康熙二十年前，荆州府屬之李天玉等，因侯貞等取土修堤起釁，各執鎗棍，號召同行，毆戳溺死李漢公等七十一人後，經審明擬抵者二十有四。本部院前任法司時披閱招情，次及此案，爲荆人浩歎久矣。迨恭膺簡命，來撫楚疆，保赤情深，移風念切。乃檢查舊卷，如德安府屬之萬君之等因挖堤起釁，統衆攢毆王翔恆等一案，擬絞者一，擬流者一，擬杖者四；漢陽府屬之白雲臺等因占湖起釁統衆攢毆熊文玉等一案，擬絞者一，減等徒者一，杖者三。諸如此類，不能悉數，畧舉數事，以示衆鑑。總以見楚俗之易傷生而輕抵命者，自昔已然，深堪痛惋。今本部院自莅任以來，仰體皇仁，一意清靜休養，不耗一民錢，不取一官物，不輕出一文告，不濫准一詞訟，惟務日漸月摩，期爾四民共息囂競，以樂安身命於盛世。無如兇頑成性，門狠成風，視事載餘，命案不時見告，審招既確，法無可生。更可異者，近又有江夏民婦張阿趙赴院控魯邦直等活活打死子命，情詞內竟稱有統黨數百餘人等語，亦經見在發審矣。嗟爾愚民，誰無身家，誰無性命，誰無父母兄弟妻子朋友。鬨門場中羣焉附和，此拳彼腳，莫知爲誰。及打傷斃命，定坐首事及先下手之人，此爾民所知也，奈何踵無法之習，蹈必死之地。且每每所爭者小，所犯者重，考厥由來，非秦越人也，非不共戴天讐也。或內而兄弟叔姪，或外而戚婭隣里，或講一段婚姻，或謀數畝田土，或圖片股草場湖蕩，或爭一二逃僕嫁婢。往往恃衆逞強，夥羣鼓勇，輒致立斃人命而後止。迨至發覺到官，身禁犴狴，體受敲樸，縱然百計支吾，到底眞情畢現。及水落石出，結果歸根，不特所爭者化爲烏有，而自己之身家性命俱屬全無。父母之恩養何在，兄弟之歡愛何在，妻子之聚處何在，朋友之交遊何在。即萬一法外原情，不過須臾緩死；且恆有刑章未正，冥誅已及，種種自作，雖悔何追。本部院叨撫是邦，凡爾軍民皆吾赤子，竊恨兇橫者既羅法網於前，何忍愚頑者復干律例於後也，故不殫諄切告誡，指事曉諭。爲此示仰撫屬軍民人等知悉：覩彼前車，各宜猛省，寧弱無強，寧讓無爭，設有不平，徐俟經官申理，毋再門勇傷生，毋再罹法抵命，敦淳良之習，樂無事之天，以仰副我皇上如天好生之仁，則爾等幸甚，本部院亦幸甚。倘此後不聽本部院訓飭，敢有仍前結黨私門者，該地方保甲即便協同擒送到官，無論事理曲直，先照光棍例問擬治罪。如地方人坐視旁觀，致傷人命，事發，一體查究，坐以知有謀害不阻當救護之條。法在必行，毋得泄視。

清・徐棟《牧令書輯要・刑名上・聽訟宜慎》　親民之要，在於聽訟之勤。而聽訟則須出之以愼，兩造控爭，各持一理。理之是者，固據事直陳。即理之非者，亦強爲附會，以爭一勝。詞列證見，皆瞻徇情面，未肯遽吐眞情。或且窺官意以爲左右袒，未可據以爲實。惟在官之酌理准情，平心定斷，必待其詞之窮而後已。然亦有無可置辯，而察其容色，尙似別有隱情，中多委曲，難保非理之所無，而事之或有者，不可不設身處地，反覆深思，誘之使畢其詞。至於屢斷屢翻，亦當反己自省。或前此一時忽略，以致意見偶偏，切勿固執以護其短。若強之使從，苟能掩飾於目前，終釀爭端於事後。別經更正，即倖免吏議，亦愧悔無及矣。堂書、招書、錄供，慣於疎漏，且有受賄而故爲顚倒者，緊要之處，自應默記。俟其錄送，細核不符，即予更改。至官斷，則必官自爲之。叙案始末，必道其詳。斷案情僞，必抉其要。務令鍼孔相値，天衣無縫。以杜將來纏訟之根。訟師稔知案定如山，亦不敢復思翻異。令値堂書置堂事簿一本，以所審案由判語，挨日繕送過硃，以備去任移交。至於案結退堂，人證之分別保釋，遵結之洞中竅要，措詞結實，皆須一一權衡，不可略近草率。如有文契券約，應行發還者，飭原差立取保狀領狀送署。一面檢出發還，俾經承無可留難，亦節民財之一道。

清・徐棟《牧令書輯要・刑名上・手札節要》　地當繁劇，民刁好訟。若豫存刁訟之心，未免有畏難苟安之念。官惡民刁，而民益得逞其刁。官畏事繁，而事益以難理。積疲之習，咸由於此。欲加振頓，卻又不可太驟。惟有徹底清查，提起線索，逐事經理，完者漸多，新案自少。民知官有分曉主持，刁者無所施其技，善良有所恃而安。所謂刑罰得中，即刑罰中，教化

而大易，所謂不留獄者也。《寄張照乘書》

清・徐棟《牧令書輯要・刑名上・折獄論》 折獄以平矜釋躁，從容詳細爲主。《呂刑》曰：非佞折獄。言佞人不可以折獄也，倘恣其才辯以口給禦人，致愚民應對失措。遂謂能窮其説，塞其口，炫聽斷之長，爲同寮所莫及，是直謂之佞，不可謂之折獄。又或好用刑求，無辜必將誣服。路溫舒曰：人情安則樂生。痛則思死，箠楚之下，何求不得。況取供於刑求之下，解上每多翻異，可不慎哉？嘗見折獄，兇人多用刑求，而吉人不用也。無才者多用刑求，而有才者不用也。初入官者多用刑求，而歷練久者不用也。不佞不酷，然後可與言折獄。《易・賁》象山火，火雖明而在山下，明不及遠，故曰明庶政無敢折獄。《旅象》火山，火至明而又在山上，明無不照，故曰明慎用刑而不留獄。惟本之以公明，處之以審慎，無枉無縱，而一歸於平允仁恕，庶祥刑之遺意歟。

清・徐棟《牧令書輯要・治原》 居官大戒，第一蒙蔽。蓋上下内外，非蒙蔽無以行其奸欺也。蒙蔽之在内者，有官親家人；蒙蔽之在外者，有猾書蠹役。内外勾連，鬻情賣法。則爲官者，孤立無與，而坐聽聲名之敗裂，其亦危險矣哉。獨是官受蒙蔽，人以爲官之不明也。不知蒙蔽之害，中於不明者十之二三，中於不勤者十之七八。蓋人即智識短淺，而事事躬親，則奸欺者不能盡售其術。惟因循積壓怠玩廢弛，則顯予人以作奸叢弊之地，而欲人之不欺我也，難矣。迨乎既受蒙蔽，而後以察察之智勝之。一人之智，不足敵衆人之智，而狡黠者，或反得迎其私智而巧中之，是皆治之賊也。今欲力祛諸弊，惟有一主於勤。勤省閲，而案牘之壓閣者少矣；勤勾稽，而出入之侵欺者遠矣；鞫訊勤，而情僞悉，孰能亂我聰明？決判勤，而拘繫釋，誰得肆其魚肉？且閭閻之所惡者，訟師。勤庶獄，而雀鼠息爭，訟師之伎倆無所試。鄉里之所苦者，盜賊。勤巡閲，而萑苻遠跡，盜賊之根蔓無所滋。一勤而百事治，何蒙蔽之足患乎？至於勤之明效大驗，昭人耳目，而人不務於勤者，則自有故。蓋勤即仁也，無痌瘝在抱之隱，必不能孳孳於民事，而性情嗜好之與俱。勤即誠也，無旦明對越之心，必不能懍懍於官箴，而飲食起處之弗遑。然獨不思君上以職司責我，統四境之農桑，教化待治於官，而爲官者因循浮沈，莫之綜理，其可以對君乎？百姓以父母仰我，合衆人之疾苦，訟訴待命於庭，而爲官者，詩酒聲色莫之省顧，其可以對民乎？某與各寅好同舟泰汶，其聰明各有優絀，不能強同；其材力各有強弱，不能強齊。爲有説之辭，如徵銀多捉短封，收米揹勒尖收，買穀則短價浮量，借穀則平出尖入，以及勒借鋪戶，派累甲民，私收禮物，投拜門生，或捐監有使費，紳衿有交結，喜慶令節，暗受餽遺，日用柴薪，短發價值，但有一事，即思染指，不思養廉。常俸之外，絕少無礙之錢糧；昏夜暗室之中，焉有不知之財物。即或一時瞞過，而心中有慾，剖斷必不公平，措置必多乖戾，言動必不光明，暗地必多怨咨，事後難逃指摘。究竟所得無多，而同官掣肘，書役穿鼻，衿棍挾制，家人招搖，聲名一玷，後悔無窮矣。故必掃除慾念，堅固操持，然後可以正己，可以正人，可以興利，可以除弊也。

紀事

《史記・五帝本紀》 皋陶爲大理，平，民各伏得其實。

《史記・張釋之列傳》 頃之，上行出中渭橋，有一人從橋下走出，乘輿馬驚。於是使騎捕，屬之廷尉。釋之治問。曰：縣人來，聞蹕，匿橋下。久之，以爲行已過，既出，見乘輿車騎，即走耳。廷尉奏當，一人犯蹕，當罰金。文帝怒曰：此人親驚吾馬，吾馬賴柔和，令他馬，固不敗傷我乎？而廷尉乃當之罰金！釋之曰：法者天子所與天下公共也。今法如此而更重之，是法不信於民也。且方其時，上使立誅之則已。今既下廷尉，廷尉，天下之平也，一傾而天下用法皆爲輕重，民安所措其手足？唯陛下察之。良久，上曰：廷尉當是也。【略】

其後人有盜高廟坐前玉環，捕得，文帝怒，下廷尉治。釋之案律盜宗廟服御物者爲奏，奏當棄市。上大怒曰：人之無道，乃盜先帝廟器，吾屬廷尉者，欲致之族，而君以法奏之，非吾所以共承宗廟意也。釋之免冠頓首謝曰：法如是足也。且罪等，然以逆順爲差。今盜宗廟器而族之，有如萬分之一，假令愚民取長陵一抔土，陛下且何以加其法乎？久之，文帝與太后言之，乃許廷尉當。是時，中尉條侯周亞夫與梁相山都侯王恬開見釋之持議平，乃結爲親友。張廷尉由此天下稱之。

《漢書・孔光傳》 光久典尚書，練法令，號稱詳平。時定陵侯淳于長坐大逆誅，長小妻廼始等六人皆以長事未發覺時棄去，或更嫁。及長事發，丞相方進、大司空武議，以爲：令，犯法者各以法時律令論之，明有所訖也。長犯大逆時，廼始等見爲長妻，已有當坐之罪，與身犯法無異。後乃棄去，於法無以解。請論。光議以爲大逆無道，父母妻子同產無少長皆棄市，欲懲後犯法者也。夫婦之道，有義則合，無義則離。長未自知當坐大逆之法，而棄去廼始等，或更嫁，義已絕，而欲以爲長妻論殺之，名不正，不當坐。有詔光議是。

《三國志・魏志・高柔傳》 時獵法甚峻。宜陽典農劉龜竊於禁內射兔，其功曹張京詣校事言之。帝匿京名，收龜付獄。〔高〕柔表請告者名，帝大怒曰：劉龜當死，乃敢獵吾禁地。送龜廷尉，廷尉便當考掠，何復請告者主名，吾豈妄收龜邪？柔曰：廷尉，天下之平也，安得以至尊喜怒而毀法乎？重復爲奏，辭指深切。帝意寤，乃下京名。即還訊，各當其罪。

《後漢書・虞延傳》 〔建武〕二十三年，司徒玉況辟焉。時元正朝賀，帝望而識延，遣小黃門馳問之，即日召拜公車令。明年，遷洛陽令。是時陰氏有客馬成者，常爲姦盜，延收考之。陰氏屢請，獲一書輒加等二百，信陽侯陰就乃訴帝，譖延多所冤枉。帝乃臨御道之館，親錄囚徒。延陳其獄狀可論者在東，無理者居西。成乃回欲趨東，延前執之，謂曰：爾之人巨蠹，久依城社，不畏熏燒。今考實未竟，宜當盡法！成大呼稱枉，陛戟郎以戟刺延，叱使置之。帝知延不私，謂成曰：汝犯王法，身自取之！呵使速去。後數日伏誅。於是外戚斂手，莫敢干法。在縣三年，遷南陽大守。

《魏書・刑罰志》 先是，皇族有譴，皆不持訊。時有宗士元顯富，犯罪須鞫，宗正約以舊制。尚書李平奏：以帝宗磐固，周布於天下，其屬籍疏遠，廕官卑末，無良犯憲，理須推究。請立限斷，以爲定式。詔曰：雲來綿遠，繁衍世滋，植籍宗氏，而爲不善，量亦多矣。先朝既無不訊之格，而空相矯恃，以長違暴。諸在議請之外，可悉依常法。

又 〔延昌三年〕其年六月，兼廷尉卿元志、監王靖等上言：檢除名之例，依律文，獄成謂處罪案成者。寺謂犯罪逕彈后，使復檢鞫證定刑，罪狀彰露，案署分兩，獄理是成。若使案雖成，雖已申省，事下廷尉，或寺以情狀未盡，或邀駕撾鼓，或門下立疑，更付別使者，可從未成之條。其家人陳訴，信其專辭，而阻成斷，便是曲遂於私，有乖公體。何者？五詐既窮，六備已立，僥幸之輩，更起异端，進求延罪於漏刻，退希不測之恩宥，辯以惑正，曲以亂直，長民奸於下，隳國法於上，竊所未安。大理正崔纂、評楊機、丞甲休、律博士劉安元以爲：律文，獄已成及決竟，經所綰，而疑有奸欺，不直於法，及訴冤枉者，得攝訊復治之。檢使處罪者，雖已案成，御史風彈，以痛誣伏；或拷不承引，依證而科；或有私嫌，強逼成罪；家人訴枉，辭案相背。刑憲不輕，理須訊鞫。既爲公正，豈疑於私。如謂規不測之澤，抑絕訟端，則枉滯之徒，終無申理。若從其案成，便乖復治之律。然未判經赦，及復治理狀，眞僞未分。承前以來，如此例皆得復職。愚謂經奏遇赦，及已復治，得爲獄成。尚書李韶奏：使雖結案，處上廷尉，解送至省，及家人訴枉，尚書納辭，連解下鞫，未檢遇宥者，不得爲案成之獄。推之情理，謂崔纂等議爲允。詔從之。

《南史・循吏傳・傅岐》 〔傅〕岐字景平，仕梁起家南康王左常侍，後兼尚書金部郎，母憂去職，居喪盡禮。服闋後疾廢久之，復除始新令。縣人有因鬬相毆而死，死家訴郡，郡錄其仇人，考掠備至，終不引咎。郡乃移獄於縣，岐即令脫械，以和言問之，便即首服。法當償死，會冬節至，岐乃放其還家。獄曹掾固爭曰：古者有此，今不可行。岐曰：其若負信，縣令當坐。竟如期而反。太守深相歎異，遽以狀聞。岐後去縣，人無老少皆出境拜送，號哭聞數十里。至都，除廷尉正，入兼中書通事舍人，累遷安西中記室，兼舍人如故。

《南史・韋睿傳》 開皇十三年，〔韋鼎〕除光州刺史，以仁義教導，務弘清靜。州中有土豪，外修邊幅，而內行不軌，常爲劫盜。鼎於都會時謂之曰：卿是好人，那忽作賊。因條其徒黨姦謀逗遛，其人驚懼，即自首伏。又有人客遊，通主家之妾，及其還去，妾盜珍物，於夜逃亡，尋於草中爲人所殺。主家知客與妾通，因告客殺之。縣司鞫問，具得姦狀，因斷客死。獄成，上於鼎，鼎覽之，曰：此客實姦，而不殺也。乃某寺僧詃妾盜物，令奴殺之，贓在某處。即放此客，遣人掩僧，并獲贓物。自是部內肅然，咸稱其神，道無拾遺。尋追入京，頃之，而卒於長安，年七十九。

《北史・辛雄傳》 初，廷尉少卿袁翻以犯罪之人，經恩競訴，枉直難明。遂奏曾染風聞者，不問曲直，推爲獄成，悉不斷理。詔門下、尚書、廷尉議之。雄議曰：《春秋》之義，不幸而失，寧僭不濫。僭則失罪人，濫乃害善人。今議者不忍罪姦吏，使出入縱情，令君子小人，薰蕕不別，豈所謂賞善罰惡，慇懃隱恤者也？古人唯患察獄之不精，未聞知冤而不理。詔從雄議。自後每有疑議，雄與公卿駁難，事多見從。於是公能之名甚盛。

《北史·裴政傳》周文聞其忠，授員外散騎侍郎，引入相府。命與盧辯依《周禮》建六官，并撰次朝儀，車服器用，多遵古禮，革漢、魏之法，事并施行。尋授刑部下大夫，轉少司憲。政明習故事，又參定周律。能飲酒，至數斗不亂。簿案盈几，剖決如流，用法寬平，無有冤濫。囚徒犯極刑者，乃許其妻子入獄就之，至冬，將行決，皆曰：裴大夫致我於死，死無所恨。

《隋書·刑法志》〔梁武帝〕帝銳意儒雅，疏簡刑法，自公卿大臣，咸不以鞫獄留意。奸吏招權，巧文弄法，貨賄成市，多致枉濫。大率二歲刑已上，歲至五千人。是時徒居作者具五任，其無任者，著鬭械。若疾病，權解之。是後囚徒或有優劇。大同中，皇太子在春宮視事，見而愍之，乃上疏曰：臣以比時奉敕，權親京師雜事。切見南北郊壇、材官、車府、太官下省、左裝等處上啓，并請四五歲已下輕囚，助充使役。自有刑均罪等，愆目不异，而甲付錢署，乙配郊壇。錢署三所，於事爲劇，郊壇六處，在役則優。今聽獄官詳其可否，舞文之路，自此而生。公平難遇其人，流泉易啓其齒，將恐玉科重輕，全關墨綬，金書去取，更由丹筆。愚謂宜詳立條制，以爲永準。帝手敕報曰：頃年已來，處處之役，唯資徒謫，逐急充配。若科制繁細，義同簡絲，切須之處，終不可得。引例興訟，紛紜方始。防杜奸巧。自是爲難。更當別思，取其便也。竟弗之從。

《舊唐書·薛存誠傳》元和初，王師討劉闢，郵傳多事，上特令中官爲館驛使。〔薛〕存誠密表論奏，以爲有傷公體。會諫官亦論奏，上乃罷之。轉殿中侍御史，遷度支員外郎。裴垍作相，用爲起居郎，轉司勳員外、刑部郎中、兼侍御史知雜事，改兵部郎中、給事中。瓊林庫使奏占工徒太廣，存誠以爲此皆奸人竄名以避征役，不可許。咸陽縣尉袁僧與軍鎮相競，軍人無理，遂肆侵誣，僧反受罰。二敕繼至，存誠皆執之。上聞甚悅，命中使嘉慰之，由是擢拜御史中丞。

僧鑒虛者，自貞元中交結權倖，招懷賂遺，倚中人爲城社，吏不敢繩。會于頔、杜黄裳家私事發，連逮鑒虛下獄。存誠案鞫得姦贓數十萬，獄成，當大辟。中外權要，更於上前保救，上宣令釋放，存誠不奉詔。明日，又令中使詣臺宣旨曰：朕要此僧面詰之，非赦之也。存誠附中使奏曰：鑒虛罪款已具，陛下若召而赦之，請先殺臣，然後可取。不然，臣期不奉詔。上嘉其有守，從之，鑒虛竟笞死。洪州監軍高重昌誣奏信州刺史李位謀大逆，追赴京師。上令付仗內鞫問。存誠一日三表，請付位於御史臺。及推案無狀，位竟得雪。

《舊唐書·良吏傳·韋仁壽》韋仁壽，雍州萬年人也。大業末，爲蜀郡司法書佐，斷獄平恕，其得罪者皆曰：韋君所斷，死而無恨。高祖入關，遣使定巴蜀，使者承制拜仁壽巂州都督府長史。時南寧州內附，朝廷每遣使安撫，類皆受賄，邊人患之，或有叛者。高祖以仁壽素有能名，令檢校南寧州都督，寄聽政於越巂，使每歲一至其地以慰撫之。仁壽將兵五百人至西洱河，承制置八州十七縣，授其豪帥爲牧宰，法令清肅，人懷歡悅。及將還，酋長號泣曰：天子遣公鎮撫南寧，何得便去？仁壽以城池未立爲辭，諸酋長乃相與築城，立廨舍，旬日而就。仁壽又曰：吾奉詔但令巡撫，不敢擅住。及將歸，蠻夷父老各揮涕相送。因遣子弟隨之入朝，貢方物，高祖大悅。仁壽復請徙居南寧，以兵鎮守。有詔特聽以便宜從事，令益州給兵送之。刺史竇軌害其功，託以蜀中山獠反叛，未遑遠略，不時發遣。經歲餘，仁壽病卒。

《舊唐書·良吏傳·張允濟》張允濟，青州北海人也。隋大業中爲武陽令，務以德教訓下，百姓懷之。元武縣與其鄰接，有人以牸牛依其妻家者八九年，牛孳產至十餘頭，及將異居，妻家不與，縣司累政不能決。其人詣武陽質於允濟，允濟曰：爾自有令，何至此也？其人垂泣不止，具言所以。允濟遂令左右縛牛主，以衫蒙其頭，將詣妻家村中，云捕盜牛賊，召村中牛悉集，各問所從來處。妻家不知其故，恐被連及，指其所訴牛曰：此是女壻家牛也，非我所知。允濟遂發蒙，謂妻家人曰：此即女壻，可以牛歸之。妻家叩頭服罪。元武縣司聞之，皆大慚。又嘗道逢一老母種葱者，結菴守之，允濟謂母曰：但歸，不煩守也。若遇盜，當來告令。老母如其言，居一宿而葱大失，母以告允濟，悉召葱地十里中男女畢集，允濟呼前驗問，果得盜葱者。

《舊唐書·良吏傳·李素立》〔李〕素立，武德初爲監察御史。時有犯法不至死者，高祖特命殺之，素立諫曰：三尺之法，與天下共之，法一動搖，則人無所措手足。陛下甫創鴻業，遐荒尙阻，奈何輦轂之下，便棄刑書？臣忝法司，不敢奉旨。高祖從之。自是屢承恩顧。素立尋丁憂，高祖令所司奪情授以七品清要官，所司擬雍州司戶參軍，高祖曰：此官要而不清。又擬祕書郎，高祖曰：此官清而不要。遂擢授侍御史，高祖曰：此官清而復要。

《舊唐書・蕭遘傳》遘少負大節，以經濟爲己任，洎處臺司，風望尤峻，奏對朗拔，天子器之。光啓初，王綱不振。是時天下諸侯，半出羣盜，強弱相噬，怙衆邀寵，國法莫能制。有李凝古者，從支詳爲徐州從事，詳爲衙將時溥所逐，而賓佐陷於徐。及溥爲節度使，因食中毒，而惡凝古者譖之，云爲支詳報讎行酖，溥收凝古殺之。凝古父損，時爲右常侍，溥上章披訴，言損與凝古同謀。內官田令孜受溥厚賂，曲奏請收損下獄。中丞盧渥附令孜，鍛鍊其獄。侍御史王華嫉惡，堅執奏證損無罪。令孜怒，奏移損付神策獄按問，王華拒不奏詔，奏曰：李損位居近侍，當死即死，安可取辱於黃門之手？遘非時進狀，請開延英，奏曰：李凝古行酖之謀，其事曖昧，已遭屠害，今不復論。李損父子相別三四年，音問斷絶，安得誣罔同謀？時溥恃勳壞法，凌蔑朝廷，而抗表請按侍臣，悖戾何甚？厚誣良善，人皆痛心。若李損羅織而誅，行當便及臣等。帝爲之改容，損得免，止於停任。

《新五代史・唐臣傳・郭崇韜》河南縣令羅貫，爲人彊直，頗爲崇韜所知。貫正身奉法，不受權豪請託，宦官、伶人有所求請，書積几案，一不以報，皆以示崇韜。崇韜數以爲言，宦官、伶人由此切齒。河南自故唐時張全義爲尹，縣令多出其門，全義廝養畜之。及貫爲之，奉全義不屈，縣民恃全義爲不法者，皆按誅之。全義大怒，嘗使人告劉皇后，從容爲白貫事，而左右日夜共攻其短。莊宗未有以發。皇太后崩，葬坤陵，陵在壽安，莊宗幸陵作所，而道路泥塗，橋壞。莊宗止輿問：誰主者？宦官曰：屬河南。因亟召貫，貫至，對曰：臣初不奉詔，請詰主者。莊宗曰：爾之所部，復問何人！即下貫獄，獄吏榜掠，體無完膚。明日，傳詔殺之。崇韜諫曰：貫罪無佗，橋道不修，法不當死。莊宗怒曰：太后靈駕將發，天子車輿往來，橋道不修，卿言無罪，是朋黨也！崇韜曰：貫雖有罪，當具獄行法於有司。陛下以萬乘之尊，怒一縣令，使天下之人，言陛下用法不公，臣等之過也。莊宗曰：貫，公所愛，任公裁決！因起入宮，崇韜隨之，論不已，莊宗自闔殿門，崇韜不得入。貫卒見殺。

《新唐書・于志寧傳》永徽二年，洛陽人李弘泰誣告太尉長孫無忌反，有詔不待時斬之。志寧以爲：方春少陽用事，不宜行刑，且誣謀非本惡逆，請依律待秋分乃決。從之。

《新唐書・牛僧孺傳》徙御史中丞，按治不法，內外澄肅。宿州刺史李直臣坐賕當死，賂宦侍爲助，具獄上。帝曰：直臣有才，朕欲貸而用之。僧孺曰：彼不才者，持祿取容耳。天子制法，所以束縛有才者。祿山、朱泚以才過人，故亂天下。帝異其言，乃止。

《新唐書・王敬武傳》師範喜儒學，謹孝，于法無所私。舅醉殺人，其家訴之，師範厚賂謝，訴者不置，師範曰：法非我敢亂。乃抵舅罪。

《新唐書・魏謩傳》邕管經略使董昌齡誣殺參軍衡方厚，貶溆州司戶，俄徙峽州刺史。謩諫曰：王者赦有罪，唯故無赦。比昌齡專殺不辜，事跡暴章，家人銜冤，萬里投訴，獄窮罪得，特被矜貸，中外以爲屈法。今又授刺史，復使治人，紊憲章，乖至治，不見其可。有詔改洪州別駕。

《新唐書・戴冑傳》時選者盛集，有詭資蔭冒牒取調者，詔許自首；不首，罪當死。俄有詐得者，獄具，冑以法當流。帝曰：朕詔不首者死，而今當流，是示天下不以信，卿賣獄邪？冑曰：陛下登殺之，非臣所及。既屬臣，敢虧法乎？帝曰：卿自守法，而使我失信，奈何？冑曰：法者，布大信於人；言乃一時喜怒所發。陛下以一朝忿將殺之，既知不可而寘於法，此忍小忿、存大信也。若阿忿違信，臣爲陛下惜之。帝大感寤，從其言。

《新唐書・韓思彥傳》巡察劍南，益州高貲兄弟相訟，累年不決，思彥敕廚宰飲以乳。二人寤，齧肩相泣曰：吾乃夷獠，不識孝義，公將以兄弟共乳而生邪！乃請輟訟。至西洱河，誘叛蠻降之。會蜀大饑，開倉振民，然後以聞，璽書褒美。使幷州，方賊殺人，主名不立，醉胡懷刀而汙，訊掠已服。思彥疑之，晨集童兒數百，暮出之，如是者三。因問：兒出，亦有問者乎？皆曰：有之。乃物色推訊，遂禽眞盜。

《新唐書・徐有功傳》竇孝諶妻龐爲其奴怖以妖祟，教爲夜解，因告以厭詛。給事中薛季昶鞫之，龐當死。子希瑊訟冤，有功明其枉。季昶劾有功黨惡逆，當棄市。有功方視事，令史泣以告。有功曰：豈吾獨死，而諸人長不死邪？安步去。后召詰曰：公比斷獄多失出，何耶？對曰：失出，臣小過；好生，陛下大德。后默然。龐得減死，有功免爲民。

《新唐書・李景略傳》 李懷光爲朔方節度使，署巡官。五原將張光殺其妻，以貲市獄，前後不能決，景略覈實，論殺之。既而有若女厲者進謝廷中，如光妻云。遷大理司直。

《新唐書・李遜傳》 子方玄，字景業，第進士。裴誼奏署江西府判官。有大獄，論死者十餘囚，方玄刺審其冤，悉平貸之。累爲池州刺史。鉤檢戶籍，所以差量傜賦者，皆有科品程章，吏不得私。常曰：沈約年八十，手寫簿書，蓋爲此云。終處州刺史。

《新唐書・唐臨傳》 再遷侍御史。大夫韋挺責著位不肅，明日，挺越次與江夏王道宗語，臨進曰：王亂班。道宗曰：與大夫語，何至爾！臨曰：大夫亦亂班。挺失色，衆皆悚伏。俄持節按獄交州，出冤繫三千人。累遷大理卿。高宗嘗錄囚，臨占對無不盡，帝喜曰：爲國之要在用法，刻則人殘，寬則失有罪，惟是折中，以稱朕意。它日復訊，餘司斷者輒紛訴不已，獨臨所訊無一言。帝問故，答曰：唐卿斷囚不冤，所以絶意。帝歎曰：爲獄者固當若是。乃自述其考曰形如死灰，心若鐵石云。

《新唐書・呂元膺傳》 江西裴堪按虔州刺史李將順受賕，不覆訊而貶。元膺曰：觀察使奏部刺史，不加覆，雖當誅，猶不可爲天下法。請遣御史按問，宰相不能奪。

《新唐書・王彥威傳》 興平民上官興殺人亡命，吏囚其父。興聞，自首請罪。京兆尹杜悰、御史中丞宇文鼎以自歸死免父之囚，可勸風俗，議減死。彥威上言：殺人者死，百王共守。原而不殺，是教殺人。有詔貸死，彥威詣宰相據法爭論，下遷河南少尹。俄改司農卿。

《新唐書・儒學傳中・馬懷素》 馬懷素字惟白，潤州丹徒人。客江都，師事李善，貧無資，晝樵，夜輒然以讀書，遂博通經史。擢進士第，又中文學優贍科，補郿尉。積勞，遷左臺監察御史。長安中，大夫魏元忠爲張易之構譖嶺表，太僕崔貞慎、東宮率獨孤禕之祖道，易之怒，使人上急變，告貞慎等與元忠謀反。武后詔懷素按之，使者促迫，懷素執不從，曰：貞慎餞流人當得罪，以爲謀反，則非。昔彭越以逆誅，欒布奏事尸下，漢不坐罪。今元忠罪非越比，不宜坐餞闊之人。且陛下操生殺柄，欲加之罪，自當處決聖心，既付臣按狀，惟知守陛下法爾。後意解，貞慎等乃免。

宋・李燾《續資治通鑑長編》卷四三 〔宋眞宗咸平元年十月〕乙未，宰相張齊賢、李沆入對，上諭之曰：上下和睦，同濟王事，忠孝之誠，始終如一。齊賢曰：君爲元首，臣爲股肱，上下一體，豈有不同其心而能濟國家政事者哉。上曰：推其公共，思而後行，惟宜謹審，無至差失，況先朝皆有成憲，但與卿等遵守，期致和平爾。

先是，朝議以淳化後盡至道末續降宣敕頗爲繁密。張齊賢時爲戶部尚書，詔齊賢專知删定，監察御史王濟等同知删定。舊條，持杖行劫，不計有贓無贓，悉抵死。齊賢議貸不得財者，濟曰：刑期于無刑，以死懼之尚不畏，可緩其死乎？因與齊賢廷諍數四。濟詞氣甚厲，手疏言齊賢腐儒，不知適時之要。齊賢復表陳濟當同議定，而復有異論。上問輔臣：孰可從者？呂端對曰：立法尙寬，忌於嚴急。《周官》刑平國，用中典，此經制也。然利不百，不變法。當改革者，宜從衆議。乃詔尙書省集百官議之，并劾濟。未幾，齊賢入相。丁酉，齊賢奏：臣今在中書，不欲與庶寮爭較曲直，願收前詔。上欣然嘉其容物，遂罷集議，濟得免劾，而刑名卒如齊賢之請。自是，犯盜者歲亦不增。先是，三班不免杖罰，齊賢請以贖論，遂爲定制，論者稱其平允。

時戚里有爭分財不均者，更相訴訟，又因入宮自理於上前，更十餘斷不服。齊賢曰：是非臺府所能決也，臣請自治之。上許焉，齊賢坐相府，召訟者問曰：汝非以彼所分財多，汝所分財少乎？皆曰：然。乃命各署狀結實，即遣兩吏送甲入乙家，乙入甲家，貲財皆按堵如故，分書則交易之，訟者遂止。明日以聞，上大悅曰：朕固知非卿莫能定者。

宋・李燾《續資治通鑑長編》卷八七 〔宋眞宗大中祥符九年六月〕辛巳，比部員外郎、知齊州範航坐受財枉法，免死，杖脊黥面，配沙門島。

航爲吏，所在貪狠，持人長短，衆多憚之。上之尹京也。航宰東明，民有訟其鬻虛鈔納物者，事狀明白，按劾已就，府佐皆曰：此凶人，慮有反覆，須結正堅固，乃可上聞。洎付臺覆按，事果中變，航止罰金而已。後任河東提點刑獄，表求知博州聊城縣，雖云便於擧葬，實以是邑富饒，利於掊斂。在齊州尤狡蠹不法，笞箠無度，強取財物。其子昭爲太常博士、直集賢院，聞其醜聲，走僕齊書諫勉。航怒，重抶其僕。至是，提點刑獄滕涉、常希古發其奸贓，又揭牓令民首露，得罪狀數十條。遣御史李餗就鞫得實而竄之。昭時任江南東路提點刑獄，及受代還，至南京，上言願身爲邊卒，贖父移善地。宰臣言父子罪雖不相及，然亦當降其職任，遂令釐務，從之。昭責降在九月己未，今并書之。

宋・李燾《續資治通鑑長編》卷一〇六 〔宋仁宗天聖六年三月〕辛酉，以樞密直學士、右諫議大夫、知益州薛奎爲龍圖閣直學士、權三司使公事，右諫議大夫、權御史中丞程琳爲樞密直學士、知益州。

成都歲市布織縑數千萬以給秦、隴軍用，吏多隱剋爲姦，奎令民自相保任，預貸其直，以期會輸官，民便之。有掘地得僞蜀時中書印者，貯錦囊中，夜掛城西門，閽吏晨取以白，從而觀者以萬計，皆恟恟以爲異，奎顧主藏吏藏之，略不取視。民婦訟其子不孝，詰之，乃曰：貧無以爲養。奎出俸錢予之，戒曰：若復失養，吾不貸汝矣。其母子遂如初。上元然燈，與僚吏夜燕佛寺，有戍卒殺人於市，市人皆奔走，奎密遣捕殺之，坐客莫有知者。其臨事持重明決多類此。

宋・李燾《續資治通鑑長編》卷一四二 〔宋仁宗慶曆三年八月〕諫官歐陽修言：臣近因軍賊王倫等事，累有奏論，爲見天下空虛，全無武備。指陳後漢、隋、唐亡國之鑑，皆兵革先興，而盜賊繼起，不能撲滅，遂至橫流。又見國家綱紀隳頽，政令寬弛，賞罰不立，善惡不分，體弱勢危，可憂可懼。欲乞朝廷講求禦盜之術，峻行責下之法。兼聞搢紳之内，憂國者多有封章，皆論賊事，臣但謂朝廷見已形之患，聞衆多之言，必動於心，略知恐懼。及聞樞密院戒飭進奏官不使外人知事，方認兩省厭苦獻言之人。又見自和州奏破王倫之後，更不講求禦賊之策。又認上下已有偷安之意。殊不知前賊雖滅，後賊更多。今建昌一火四百餘人，桂陽監一火七百餘人，其餘池州、解州、鄧州、南京等處，各有強賊不少。皆建旗鳴鼓，白日入城，官吏逢迎，飲食宴樂。其敢如此者，蓋爲朝廷無賞罰，都不足畏，盜賊出沒，不能禁止。臣恐上下因循，日過一日，國家政令轉弱，盜賊威勢轉強，使畏賊者多，向國者少，天下之勢，從此去矣。

臣竊聞京西提點刑獄張師錫，爲部内使臣與賊同坐喫酒及巡檢、縣尉不肯用心，曾有論奏其言甚切。臣舊識師錫，其人恬靜長者，遲緩優柔，不肯生事，今尚有論奏，則天下無賢愚皆爲國家憂之，獨不憂者朝廷爾。嗟夫，古之知士能慮未形之機，今之謀臣不識已形之禍，以患爲樂，以危爲安。見盜賊雖多而時有敗者，遂生翫寇之意；見言事者衆而聽之已熟，遂有忽人之心。臣近曾求對便殿，伏蒙陛下語及賊事，憂形於色；及退，見宰輔閑暇從容，天下之事，深可憂矣。今建昌、桂陽賊數不少，想其爲害，尤甚王倫，在遠更合留意。今自京發兵，則道遠不及，外處就撥，則處處無兵。欲乞嚴敕大臣，鑒此已成難救之患，速講禦盜之法，頒行天下，使四方漸爲備禦，仍早擘畫，翦撲諸處見在賊數。自有賊以來，羣臣上言者，皆爲自來寬法，所以不肯用心捉賊，皆乞峻行法令。近見池州官吏各罰銅五斤，乃知言者皆不蒙聽納。臣謂大臣爲國計者，寧厭忠言之多，不厭盜賊之多，乃如此行事爾。臣前後上言賊事文字不少，仍乞類聚，擇其長者，講定法制。今大臣不肯峻法以繩官吏，蓋由陛下不以威刑責大臣，此乃社稷安危所繫陛下之事也，伏望留意而行之。

宋・李燾《續資治通鑑長編》卷三二五 〔宋神宗元豐五年四月〕知開封府王安禮言三院獄空。詔送史館，安禮遷一官，推、判官許懋、胡宗愈、劉仲熊並賜章服，軍巡判官畢之才以下十四人爲三等：第一等遷官，第二等減磨勘二年，第三等一年；吏史轉資，仍賜銀、絹、錢，爲絹千匹、銀百五十兩，錢五百千。《舊紀》書開封府獄空，《新紀》不書。

安禮事至輒斷，庭無留訟，久繫待辨者一切論決，於是以獄空揭諸府門。遼使過見，歎息稱爲異事。上曰：昔由余聘秦觀政、内史廖輩從容俎豆，以奪其謀者，秦有人也。安禮留意吏事，能駭動北國，於古無愧矣。同知樞密院呂公著從者得匿名書於道，事涉不順，公著以聞，上手封付安禮治。已而又得二本，詔：遼人在館，而此書滋多，亟捕之，無使宣布。書所斥百餘家，而其一加三人焉，中有姓薛者。安禮曰：余得之矣。薛至，詰之曰：若豈有素所不快者耶？對曰：里有以筆求售者，拒之，怏怏而去，意其見信誰也。安禮遽捕致，訊所告，皆其平時睚眦者。狀具，詔遣近侍覆之，無異辭，即日梟於市，初不逮繫一人。鮮于綽《傳信録》：或云獄空時，安禮密諭畿邑，使暫停解送公事。御史知雜滿中行彈擊之，上不說，曰：豈不知獄空朝廷美事乎？中行言獄空事不驗，又雜言和甫他事，不勝，出知無爲軍。同知樞密院呂公著奏：臣給使人於通衢中得匿名書以示臣，事涉不順，不敢不以聞。上以手詔付安禮推治，已而從中復降二本，其詞皆同。上敕諭安禮曰：遼人方在館，而此書滋多，脫流播外夷者非便，亟爲捕之。安禮視書中所載一百八十餘家，最後一書加三人焉，有薛其姓者。安禮咨邏者誠曰：治獄當治其獨爲余召薛生者來！俄而薛生至，安禮問曰：爾亦有仇怨乎？薛曰：某邑某里有某人者，居常曾以筆一束爲託，某拒之，怏怏而去，意其爲讐也。安禮曰：吾事辨矣。遣人捕之，果得，訊書中所載皆其睚眦者。安禮具其狀以聞，上遣近侍馮宗道覆之，信然，即日梟首都市，初不逮證一人，京師論譁然稱頌，以爲神明。此據田畫所作《安禮行狀》，本傳已修入，更詳之。《行狀》又云：自安石爲侍從時，常議按問自首減等法以從寬，而經問始隱者尚不得減，安禮乃言曰：臨罪而懼，人之常情，一問不服，便得全坐，則譎者得以誣具獄情，後有不承而畫案者不在減例。詔從之，著以爲令，至今全活者莫知紀極。宗室令騂有妾鬻，始售，其直數十萬，間被酒，灸敗其面，因斥於官，督歸其直。安禮曰：妾之所以直數十萬者，以善姿首也。今灸敗之，則無能自鬻，此與炮烙何異？乃奏於上，請勿復其直，并厚譴之以爲戒。上曰：令騂，書王之裔，席寵怙勢，詳克有禮，朕以近戚故，每優假之。比聞被按，踧踖如不容，且相戒毋敢犯卿。今朕爲卿罰其俸，則過于受譴矣。令騂乃仲騂，事見五年二月十五日，又十一月二日可考。後宮造油箔，始與民約，三年損者追其直。後一年，箔有損者，中官持箔詣府，詰責其直如約，詞氣甚厲。安禮曰：庸詎非置之不得其地，爲風雨燥濕所壞耶？今用之既久，乃退取其直，每如是，則無復得直者，約不可用也。大璫甘師顏居官第，頗有增建而求售者，黄門王瑜酬之善價，欲自結于甘，即以別舍質于市易，得千緡以與之。頃之，瑜且死，其母欲歸其舍，安禮曰：父母在，爲之子者妄易舍業，以成其私，非法也。俾瑜母與師顏互以錢、業爲主。師顏挾貴勢，嗜利偪下，稽其期弗肯償。安禮曰：是知瑜母月輸其息于官，故欲以困瑜家者。遂列其事。後有輸息者，令師顏承之，師顏聞之，即日還其直。自是宗室、中貴人嚴憚之。安禮既在翰林，舊制，尹京者不行詞。時高麗修貢，數以奏來上，而所用答詔以十數，有旨學士等樂爲之，執政欲人取一二通以塞旨，而上乃獨用安禮所爲者。其後爲執政，每下大詔令，與通好隣敵，多屬于安禮。已上五事，並《安禮行狀》，故刪取附入之。

宋·桂萬榮《棠陰比事·戴胄異罰》 唐戴胄爲大理寺少卿時，長孫無忌被召，不解佩刀，入東上閤。尚書僕射封德彝論監門校尉不察，罪死，當無忌贖。胄曰：校尉與無忌罪均。臣子於君父不得稱誤。《法》著：御湯藥、飲食、舟船，誤不如法，皆死。陛下錄無忌功，原之可也，若罰無忌，殺校尉，不可謂刑。帝曰：法爲天下公，朕安得阿親戚？詔復議。德彝固執，帝將可。胄駁之曰：校尉緣無忌以致罪，法當從輕，若皆過誤，不當獨死。由是無忌與校尉皆免。出本傳

宋·李心傳《建炎以來繫年要録》卷一七〇 〔紹興二十五年十二月〕右正言張修言：江南東路提點刑獄公事黄然傝㑁庸懦，昨爲兩浙轉運判官，其於漕計，漫無措畫，將一路常賦，妄行折科。民苦其擾。州郡申陳，則曰：此曹侍郎指揮也，夫何疑焉？爲江東提刑，案牘積壓，一聽人吏。乞與宮觀差遣，以協人望。從之。

宋·李心傳《建炎以來繫年要録》卷一七三 〔紹興二十六年四月〕大理評事憑巽之言：州縣獄官不躬親鞫獄，縲絏之囚，有不識獄官面者。望委監司郡守，將見行鞫獄條法畫一，刊榜於司理院當直司，并諸縣廳事之上，使晨夕觀覽，惕息奉承。從之。

又 〔紹興二十六年七月〕御史臺檢法官褚籍言：近來州縣守令類多貪墨。每有豪戶及僧道富贍者罪犯，必令獻助錢物。或作贍軍支用，或作修葺亭館，多者數千緡，少亦數百緡，更不原其所犯輕重，例作緣故釋放。此風寖長，不可不革，望俾有司嚴立法禁，並以贓論。從之。

宋·李心傳《建炎以來繫年要録》卷一七五 〔紹興二十六年十一月〕乙酉，刑部郎中孫敏修言：天下所奏獄案，下法寺擬節。除所勘刑名疑慮合行駁勘外，其閑有情節不圓，行下取會，動經歲月。望自今取會三次供報未盡徒罪以上，許令法寺貼說指定，或作兩斷行下。仍專委提刑前去審問情實，定斷歸一。如尚有不盡，及事涉疑似，即選官別勘，庶無冤滯。詔刑寺長貳看詳，申尚書省。

宋·李心傳《建炎以來繫年要録》卷二〇〇 〔紹興三十二年十一月〕乙卯，臣僚言：祖宗時，贓罪削籍配流者，雖會赦，不許放還叙用。近覩《登極赦》，命官除名追降官資，及勒停并永不收錄人，並與叙元官，甚失祖宗痛繩贓吏之意。乞自今官吏嘗經勘斷犯入己贓，並不許收叙，如有已放行收叙者，即爲改正。從之。

宋·鄭克《折獄龜鑑·裴懷古》 唐裴懷古爲監察御史時，眞定有浮屠，爲其徒誣告祝詛不道，武后怒，命按誅之。懷古得其枉，爲后申析，不聽，懷古因曰：陛下法與天下畫一，豈使臣殺無辜以希盛旨哉？即其人有不臣狀，臣何情寬之？后意解，得不誅。

按：懷古當酷吏深文之時，獨能申析誣枉，抗辭執法，始終不撓，其徐有功之流亞歟！

宋·鄭克《折獄龜鑑·李元素》 唐李元素爲御史，時東都留守杜亞惡大將令狐運，會盜劫輸絹於洛北，運適與其下畋近郊，亞疑而訊之。幕府按

鞫無狀，更以愛將武金掠服之。詔監察御史楊寧覆驗，事皆不讎。亞劾寧罔上，寧抵罪。傳致周內之，若不可翻者。德宗信不疑，詔元素與刑部員外郎崔從質、大理司直盧士瞻馳按之，亞迎，以獄告。元素徐察其冤，悉縱所囚以還。亞大驚，復劾元素失有罪。比元素還，帝已怒，奏獄未畢，帝曰：出。元素曰：臣言有所未盡。帝曰：第去。元素曰：臣以御史按獄，知冤不得盡辭，是無容復見陛下。帝意解，即道運冤狀。帝感寤曰：非卿，孰能辨之？然運猶以擅捕人得罪，流歸州。武金流建州。後歲餘，齊抗得盜，繇是天下重之。遷給事中。出《唐書》本傳。

按：運之冤，初按鞫無狀，後覆驗不讎，雖傳致周內之若不可翻者，亦非難辨也。但帝怒斥令出，又云去。元素不慴，辭不撓，卒辨其冤，而帝亦寤，斯爲難能耳。語曰：仁者必有勇。此其所以能釋冤也。

宋・鄭克《折獄龜鑑・柳渾》 唐柳渾相德宗，玉工爲帝作帶，誤毀一銙，工不敢聞，私市他玉足之。及獻，帝識不類，擿之，工人服罪。帝怒其欺，詔京兆府論死。渾曰：陛下遽殺之則已，若委有司，須詳讞乃可。於法誤傷乘輿器服，罪當杖，請論如律。由是工不死。

按：誤傷之法，罪止於是。若使深文者議之，則必坐以罔上不恭之刑矣。《舜典》曰：宥過無大。玉工非敢爲欺者，乃誤毀而備償耳，實在可宥之科。

宋・鄭克《折獄龜鑑・蒲謹密》 蒲謹密郎中初爲萬州南浦令，嘗攝幕官，時廷尉駁州獄失出死罪，謹密以爲：法者天下共守。今罪於法不當死，不爭則不可。州將曰：可與廷尉爭耶？謹密愈執不奪。及詔下他司議，而卒得不入死，州將始愧服。見曾鞏內翰所撰《墓誌》。

按：按古人守法，如張釋之、徐有功，皆與天子爭者也。而謂不可與廷尉爭，繆矣。且苟憚我之爭，則不恤彼之死，豈君子哀矜之義耶？

《宋會要輯稿・刑法三》 神宗熙寧二年閏十一月八日，遣(提)舉(司)勾當(當)公事沈衡鞫前知杭州、龍圖閣學士祖無擇於秀州，遣內侍管(擔)(押)無擇乘驛騎就對獄。又遣權御史臺推直官張景直鞫前知明州、光祿卿苗振於越州。皆以御史王子韶得其不法事故也。景直以親嫌辭，命職方員外郎徐九思代之。

二十二日，命崇文院校書張載劾苗振事。初遣徐九思，未行，而王子韶乞別選人，故改命載。於是呂公著與程顥等皆言：載賢者，不當使鞫獄。上曰：鞫獄豈賢者不可爲之？弗許。

《宋史・刑法志二》 〔仁宗〕時近臣有罪，多不下吏劾實，不付有司議法。諫官王贄言：情有輕重，理分故失，而一切出於聖斷，前後差異，有傷政體，刑法之官安所用哉？請自今悉付有司正以法。詔可。近臣間有干請，輒爲言官所斥。諫官陳升之嘗言：有司斷獄，或事連權幸，多以中旨釋之。請有緣中旨得釋者，劾其干請之罪，以違制論。許之。仁宗於賞罰無所私，尤不以貴近廢法。屢戒有司：被內降者，執奏，毋輒行。未嘗屈法以自徇也。

又 初，元祐更政，嘗置訴理所，申理冤濫。元符元年，中丞安惇言：神宗厲精圖治，明審庶獄，而陛下未親政時，姦臣置訴理所，凡得罪熙寧、元豐之間者，咸爲除雪，歸怨先朝，收恩私室。乞取公案，看詳從初加罪之意，復依元斷施行。時章惇猶豫未應，蔡卞即以相公二心之言迫之。惇懼，即日置局，命蹇序辰同安惇看詳案內文狀陳述，及訴理所看詳於先朝言語不順者，具名以聞。自是，以伸雪復改正重得罪者八百三十家。

《宋史・呂公綽傳》 初，公綽在開封府，宰相龐籍外屬道士趙清貺受賂，杖脊道死。至是，御史以爲公綽受籍旨，杖殺清貺以滅口，左遷龍圖閣學士、知徐州。方杖清貺時，實非公綽所臨。頃之，公綽亦自辨，復侍讀學士，徙河陽，留侍經筵。時久不雨，帝顧問：何以致雨？曰：獄久不決，即有冤者，故多旱。帝親慮囚，已而大雨。遷右司郎中，未拜，卒。贈左諫議大夫。

公綽通敏有才，父執政時，多涉干請，喜名好進者趨之。嘗漏洩除拜以市恩，時人比之竇申。

《宋史・王安禮傳》 蘇軾下御史獄，勢危甚，無敢救者。安禮從容言：自古大度之主，不以言語罪人。軾以才自奮，謂爵位可立取，顧錄錄如此，其心不能無觖望。今一旦致於理，恐後世謂陛下不能容才。帝曰：朕固不深譴也，行爲卿貰之。卿第去，勿漏言，軾方賈怨於衆，恐言者緣以害卿也。李定、張璪皆擿使勿救，安禮不答，軾以故得輕比。

以翰林學士知開封府，事至立斷。前滯訟不得其情，及具按而未論者幾萬人，安禮剖決，未三月，三獄院及畿、赤十九邑，囚繫皆空。書揭於府前，遼使過而見之，歎息誇異。帝聞之，喜曰：昔秦内史廖從容俎豆，以奪由余之謀，今安禮能勤吏事，駭動殊鄰，於古無愧矣。特升一階。

《**金史・刑法志上**》 時后族有犯罪者，尚書省引八議奏，上曰：法者，公天下持平之器，若親者犯而從減，是使之恃此而横恣也。昔漢文誅薄昭，有足取者。前二十年時，后族濟州節度使烏林達鈔兀嘗犯大辟，朕未嘗宥。今乃宥之，是開後世輕重出入之門也。宰臣曰：古所以議親，尊天子，別庶人也。上曰：外家自异於宗室，漢外戚權太重，至移國祚，朕所以不令諸王、公主有權也。夫有功於國，議勛可也。至若議賢，既曰賢矣，肯犯法乎？脱或緣坐，則固當減請也。

《**元史・世祖紀**》〔至元二十四年閏二月〕庚寅，大駕幸上都。札魯忽赤合剌合孫等言：去歲審囚官所録囚數，南京、濟南兩路應死者已一百九十人，若總校諸路，爲數必多，宜留札魯忽赤數人分道行刑。帝曰：囚非羣羊，豈可遽殺耶！宜悉配隸淘金。

《**元史・烏古孫良楨傳**》 烏古孫良楨字幹卿，世次見父澤傳。資器絶人，好讀書。至治二年，蔭補江陰州判官，尋丁内艱，服除，調婺州武義縣尹，有惠政。改漳州路推官，獄有疑者，悉平反之。上言：律，徒者不杖，今杖而又徒，非恤刑意，宜加徒減杖。遂定爲令。移泉州，益以能稱。轉延平判官，拜陝西行臺監察御史，劾遼陽行省左丞相達識帖睦邇賣國不忠，援漢高帝斬丁公故事，以明人臣大義。并劾御史中丞胡居祐奸邪，皆罷之，中外震懾。陞都事，猶以言不盡行，解去。

《**元史・良吏傳・楊景行**》 陞撫州路總管府推官，發擿奸伏，郡無冤獄。金溪縣民陶甲，厚積而兇險，嘗屢誣陷其縣長吏罷去之，由是官吏畏其人，不敢詰治，陶遂暴横於一郡。景行至，以法痛繩之，徙五百里外。金溪豪僧雲住，發人冢墓取財物，事覺，官吏受賄，緩其獄，景行急按之，僧以賄動之，不聽，乃賂當道者，以危語撼之，一不顧，卒治之如法。由是豪猾屏迹，良民獲安。轉湖州路歸安縣尹，奉行省命，理荒田租，民無欺弊。

《**明實録・洪武十三年**》〔正月〕甲午，御史中丞涂節告左丞相胡惟庸與御史大夫陳寧等謀反及前壽殺誠意伯劉基事，命廷臣審録。上時自臨問之。初，自楊憲誅，惟庸總中書之政，以上信任之重也，專肆威福，生殺黜陟，有不奏而行者，内外諸司封事入奏，惟庸先取視之，有病己者輒匿不聞，私擢奏差胡懋爲巡檢，營其家事。由是四方奔競之徒趨其門下，及諸武臣諛佞者多附之，遺金帛名馬玩好不可勝數。魏國公徐達深嫉其姦邪，嘗從容言於上，惟庸忌之，達有閽者福壽，惟庸陰誘致爲己用，冀得其力以圖達，爲福壽所發。誠意伯劉基亦嘗爲上言惟庸姦恣不可用，惟庸知之，由是怨恨基。及基病，詔惟庸視之。惟庸挾醫往，以毒中之，基竟死，時八年正月也。上以基病久不疑基死，惟庸益無所憚，與李善長等相結以兄女妻，善長從子佑貪賄弄權，無所畏忌。一日其定遠舊宅井中忽生石笋，出水高數尺，諛者爭言爲丞相瑞應，又言其祖父三世塚上皆夜有火光燭天，於是惟庸益自負有邪謀矣。當是時，吉安侯陸仲亨自陝西歸，擅乘驛傳。上怒，責之曰：中原兵燹之餘，民始復業，籍戶買馬艱苦甚矣，使皆效爾所爲，民雖盡鬻子女買馬走遞不能給也。責捕盜於代縣。平涼侯費聚嘗命至蘇州撫綏軍民，聚不任事，唯嗜酒色，召還，責往西北招降，達違無功。上亦責之，二人懼，惟庸陰以權利脅誘之，二人素戇勇，又見惟庸當朝用事強盛，因與往來久之益密。嘗過惟庸家飲酒，酒酣屏去左右，因言吾等所爲多不法，一旦事覺如何？二人惶懼，計無所出，惟庸乃告以己意，且令其在外收輯軍馬以俟，二人從之。又與陳寧坐省中閲天下軍馬，籍令都督毛驤取衛士劉遇實及亡命魏文進等爲心膂，曰：吾有用爾也。太僕寺丞李存義者，善長之弟，惟庸之壻父也，以親故往來惟庸家，惟庸令存義陰説善長同起，善長驚悖曰：爾言何爲者，若爾，九族皆滅。存義懼而去，往告惟庸，惟庸知善長素貪，可以利動，後十餘日，又令存義以告善長，且言事若成，當以淮西地封公爲王，善長雖有才能，然本文吏計深巧，雖佯驚不許，然心頗以爲然，又見以淮西之地王己，終不失富貴，且欲居中觀望，爲子孫後計，乃嘆息起曰：吾老矣，由爾等所爲。存義還，告惟庸，喜，因過善長，善長延入。惟庸西面坐，善長東面坐，屏左右欵語良久，人不得聞，但遥見頷首而已，惟庸欣然就辭出使指揮林賢下海招倭軍約期來會，又遣元臣封績致書稱臣于元，請兵爲外應。事皆未發，會惟庸子乘馬馳驟于市，馬奔入輓輅中傷死焉，惟庸即殺是輓輅者。上怒，命償其死，惟庸請以金帛給其家。上不許，惟庸懼，乃與善長及涂節陳寧謀起事，便遣人陰告四方及武臣之從己者。上日朝覺惟庸等舉措有異，怪之。涂節恐事覺，乃上變告。時商暠謫降爲中書省，吏亦以惟庸陰事來告。上曰：朕不負惟庸輩，何得至是？命群臣更訊惟庸，辭窮不能隱，遂吐實。戊戌，群臣奏胡惟庸等罪狀，請誅之。於是，賜惟庸陳寧死，又言涂節本爲惟庸謀主，見事不成，始上變告，不誅無以戒人臣之奸宄者。乃并誅節，餘黨皆連坐。

《明實録・洪武十四年》〔十月癸亥〕遣監察御史林願、孫榮等分按各道罪囚。時，上欲革天下刑獄壅蔽之弊，故分遣御史四出按治，凡罪重者，悉送京師從大理寺詳議。於是，願等往湖廣等處，石恆等往直隸蘇松諸府。勅諭之曰：王者順天時以修政令，古之制也。今天氣嚴肅，當修刑典。御史職在司法，伸理冤抑。今遣爾等往各處審決獄囚，其罪重者，悉送京師，令大理寺詳讞。無任情以屈法枉道以厲民，期於律，應人心，法當天理。欽哉，毋違朕命。

《明實録・永樂四年》〔五月戊午〕先是，有告故駙馬都尉富陽侯李讓家人中鹽虛買實收者，上命付錦衣衛鞫之。錦衣衛覆奏告者不實，上命六科給事中孫琳等共審之，曰，毋加榜笞，務得實情。既而琳等還白，詰得富陽侯家人實賄錦衣衛官。上曰：富陽侯之子，朕外孫，孰敢誣之？朕但慮錦衣衛故抑告者，初不慮其納賄。命付都察院鞫之，於是侯之子懇謝過丐免。上曰：法度於天下共之，豈爲私親廢？爾曹政當奉法保恩，豈可恃恩撓法。夫欺謾以苟利與賄賂以逃刑，雖爾曹亦不可得免，況爾家人乎？遂召都察院臣諭曰：宥罪可施於疏賤，而貴近不可僥免，行法必先於貴近，則疏賤可以知警，富陽侯家人其治之如律。

《明實録・宣德三年》〔四月〕壬申，行在禮部尚書胡濙等奏，近磁州判官張僎等及耆民四十人，各言郡縣官吏軍民利病，凡二百餘事。有旨令臣等會議。臣等詳其所言，有益於民可行者八十事，乞賜施行。其間有告訐人罪，及奏牘不書名，不稱臣并錯誤者，請逮治之。上謂濙曰：民之休戚，朕所欲聞，其假建言爲名告訐者付法司治，不謹及錯誤者皆不足較。較之，即言者不至矣。

《明實録・正統元年》五月戊寅，勅諭雲南都司、布政司、按察司及巡按監察御史曰：爾等具奏會審過眞犯死囚二十九名，朕已備悉其罪，勅至再會官公同審理，果無冤枉者，依律處決。蓋人命至重，法貴當罪，其中或有冤枉者，即與伸理明白，當放者就發回復業，不許徇私羅織其罪，以取己便。爾等切宜體朕欽恤之心，詳愼審録，勿致下人誣罔冤抑，以取罪愆，欽哉。

又〔九月甲午〕命淮安府知府彭遠復職。初，府知事陳道潛，私歛當宥罪囚銀帛，囚有銜遠者，誣遠與道潛俱得贓，又并誣遠爲豪民壽其仇死于獄，及受賄不驗毆死者屍。御史訊已得實，坐遠縱道潛之罪。至是，漕運總兵王瑜并淮安屬邑民連章言遠莅政勤愼行己無私，乞復遠官，故有是命。

《明實録・正統二年》〔二月戊辰〕巡撫大同宣府右僉都御史李儀下獄。先是儀舉奏管糧參政劉璉諸違法事，璉亦訐儀淫亂等事。適參將都指揮石亨欲條奏鎮守大同太監郭敬罪惡，先以咨儀，儀誤封咨帖於戶部盤糧主事文卷中，戶部以聞，致敬、亨亦相奏訐。上以儀等俱任邊寄，始令自陳，既而敬、亨俱蒙賜勅移文戒飭，容其改正自新。璉以言不盡情，復令御史體覆取死罪招停俸二年。儀雖輸罪，自負理直，辭頗欠婉，於是御史給事中交章劾儀、璉，請逮治之。上命宥璉，俟儀面白聽劾。至是，儀至，廷訊獄成，竟以瘐死。然儀實爲璉所誣，時議惜之。

又〔三月丁巳〕有繼母告陷前妻之子，法司問擬不孝重罪，大理寺評事王亮駁奏冤抑。上勅法司，今後繼母告陷前妻之子，嫁母告陷前夫之子不孝者，俱令隣佐保實，取問如律。如有冤枉，即與辯之，著爲令。

又〔七月〕癸丑，行在六科十三道劾奏行在禮部尚書胡濙等罪。初，魯王遣門正簡寧、楚王遣典膳林青詣闕俱齎王令旨領王妃冠服儀仗，禮部輒從所請以聞。上問先朝故事有王府以令旨詣部領物例否，令該司官具陳，儀制司郎中劉孟鐸等奏，洪武永樂間，案牘在南京，無以檢閱前例。於是，給事中御史劾濙等妄奏及王府官違制之罪。上宥濙等及王府官，令勿再犯，下孟鐸等獄治罪。

《明實録・正統三年》〔六月癸丑〕行在刑科給事中郭瑾，以強賊妖言之獄，多因挾讐妄引，請勅法司，凡不服辯者，詳爲體覆，庶不枉死。上曰：然，死者不可復生，法司其懼之。

《明實録・正統四年》〔四月〕辛卯，書諭慶世子秩煃曰：得奏護衛老軍楊茂春告被男女毆打，等因，具悉。既而總兵官都督史昭等遣人解送至京，付錦衣衛收問，其人不服，詞連本府工正李纓等，已令法司遣人提解問理，庶俾小人服罪，不敢欺誑人回，專此以復世子，其亮之。

《明實録・正統十一年》〔六月戊戌〕復浙江錢塘縣知縣陸樞官。樞爲其民董康所訴，事下巡按監察御史論康徒樞杖，俱輸贖。康與其弟寧等復赴京欲訴，樞捕康兄弟拷掠之，械赴理問所，寧死獄中。理問劉謙奏樞當死罪，樞奏謙挾私故入，遂與俱械至錦衣衛鞫，都察院俱坐徒還職，樞調南昌知縣。然樞實貪酷，其後卒以贓敗，瘐死都察院獄。

又〔八月戊戌〕大理寺右寺丞羅綺參贊寧夏軍務，爲陝西署都指揮僉事陳斌等奏其貪酷，下巡按監察御史覆之，以爲多虚。已而總兵官都督同知貴眞奏，復至有詆中官爲老奴等語，都察院請俟綺至論奏。及是綺至，給事中劾，下三法司鞫，坐綺贖徒還職。上改命錦衣衛鞫之，綺引伏指揮同知馬順等，遂劾右都御史陳鑑，右副都御史丁璿，刑部尚書金濂，右侍郎薛希璉、馬昂，大理寺卿俞士悦、左寺參廖莊、右寺丞張驥等蒙蔽。上責令自陳，鑑等具伏，坐綺絞，謫戍邊衛。上曰：三法司專理刑獄而不公至此，在法難宥，然既輸伏，其皆姑識之，綺罪如擬。

《明實録·天順二年》〔四月己卯〕命都察院右僉都御史葉盛巡撫兩廣，勅諭之曰：近年以來，兩廣賊寇未息，地方未寧，官吏廢法，軍民受害。今特命爾前去巡撫，凡遇人民饑荒，設法賑濟。城池頽壞，用工修理。賊盗生發，調兵勦滅。糧儲欠缺，措置足備，軍衛有司官員，能奉公守法，修舉政務者，量加奬勸。其貪酷不才，害人誤事者，從實黜罰。若軍職及五品以上文職，其奏區處，其餘就便拿問。軍民詞訟，量情發落。凡事有便於軍民者，聽爾從宜處置。應與鎮守總兵等官會同者，須從長計議而行，不許偏執違誤。朝廷以爾才堪稱任，使特專委任，爾宜輸忠效勞，殫心竭慮，務盡乃職，毋或行事乖方，自取罪愆，爾其敬之，愼之。

《明實録·成化十四年》〔九月丙子〕法司奏：據大理寺評事周茂建言，凡會審重獄之時，止有原問官在而無原審官，宜查囚人姓名，聞報原審官執赴會審以備詢考。其言亦詳愼重獄之意，自後原問、原審并接管官，仍各持文卷詣彼，遇囚人稱冤，即按卷陳其始末，從衆參詳。從之。

《明實録·嘉靖十三年》〔八月癸丑〕初，直隸閩浙並海諸群奸民，往往冒禁入海，越境回易以規利。官民追贓至海上，會奸民林昱等舟五十餘艘，前後至松門海洋等處，因與官兵拒敵，多少殺傷。尋執之，驗其舟所載，皆違禁物，指揮楊准等，遂以擒賊報。後審之爲奸商，然多拷斃獄中，按臣論其拒敵者四人罪，餘以越度邊關，謫發戍邊。

上諭：海賊私駕巨舟通市番貨，以致殺人數多，貽害地方，何乃止擬重刑四人，卻以監故者抵罪，法度寬弛，將來必致多事，其遣給事及法司官各一人，會所在按臣逮各犯備加審鞫，奏請處分。事干職官，俱俟事寧奏奪。

《明實録·嘉靖十四年》〔十二月〕庚子，以五年審録遣刑部郎中紀綉、陳曜、馮岳、張臬、王鑾、鄭朝輔、胡道芳、劉體元、陳仲録、王允脩、員外張文藻、楊伊志，主事饒思聰，大理寺正丘峻，寺副辛珍，分道恤録天下罪囚，綉比直隸，思聰南直隸江南，文藻江北，峻浙江，岳江西，臬湖廣，鑾四川，伊志福建，朝輔廣東，道芳廣西，體元雲貴，仲録陝西，耀河南，允脩山東，珍山西。上諭諸旨務公明詳愼，逐一會審辨明，勿偏執己見，陷害無辜，有虧國法。

《明實録·嘉靖十九年》〔十二月癸未〕巡按直隸御史童漢臣言，副使張意、知縣汪旦，按臣皆論其贓，方下有司驗問，而二臣乃乘時考察，詭言訐奏，流傳謗書，鼓惑人聽，宜禁治意等，從公考察。今後敢有辯誣騰謗成書布市者，錦衣衛捕繫之。

《明實録·天啓三年》〔八月己未〕内使王文進毆殺戴進忠，有旨下文進于司禮監，以餘犯付法司。刑部尚書孫瑋等謂，情詞各偏顚，未難悉説，一事而鬻柄兩樣，非所以爲畫一，請將文進勅部從公問擬。上命遵前旨行。

《盛京滿文檔案·天命六年》執阿敦阿哥。其罪由乃因挑唆大貝勒、莽古爾泰貝勒與四貝勒不和，詆毁國政，並用讒挑唆其他小貝勒。經諸貝勒商議，奏聞於汗。汗面訊擬罪。諸貝勒及衆執法大臣擬將阿敦阿哥交八旗杖斃。汗曰：爾等所斷甚當，我非憐惜此人，昔在薩爾滸時曾有言，凡有惡罪之人等，不得由我等親殺之，當囚於木柵高牆之內。今若違前言而殺之，何以取信於國人？宜囚留之。遂縛以鐵索，囚禁於牢中。

《清實録·康熙二十四年》理藩院等衙門題：厄魯特噶爾丹博碩克圖汗下沙里巴圖爾台吉來使伊特木根，於北館中毆死正白旗西圖佐領下商人王治民，應論死。

上命將伊特木根立決。并傳諭厄魯特：爾等進貢來使，沿途往返擾害民生，搶掠牲畜，以致邊境内外，百姓患苦者甚衆。朕雖稔知，以爾等遠方之人，本不諳中國法紀，無知妄行，未遽加罪，屢從寬免。嗣後貢使往來，如有攘奪爲非者，爾等率領頭目並犯法之人，皆依中國律令治罪。曾經頒旨曉諭，今爾進貢頭目並不嚴束傔從，任其擾害，將內地人毆死，干紀甚矣。先以爾等愚昧頑蠢，凡細微奪攘之罪，知而宥之，乃屢邀寬免，頻加曉諭，全不欽遵，竟至毆死內地之人。今若不按法抵罪，日後漸益恣肆，大起爭釁，未可定也。用是將毆死人命之伊特木根依律處斬，令爾等識之觀之。此後爾等其謹遵成法，嚴戢從人，毋得肆惡妄行。

又 庚子，諭大學士等：今年所擬秋決貪官甚多。若盡行處決，朕心不忍。若不行處決，貪劣之徒，何以知警。且或有贓犯雖多，而情有可矜者；或贓犯雖少，而情有可惡者。若一律議罪，殊屬未便。爾等將貪官所犯之情罪，分別輕重，朕當酌量定罪。

《清實録・咸豐十一年》 又諭：前據少詹事許彭壽奏請清理庶獄，及御史林壽圖奏行寬政以培元氣，並聲明戶部五宇鈔票各案株連太甚，各一摺。所奏甚是。朕已於登極詔內，將一切情有可原者，悉行赦除矣。我國家以忠厚開基，列聖闓澤覃敷，恩同覆幬。皇考大行皇帝尤明慎折獄，是以御極十餘年，屢頒肆赦之條，即如許彭壽、林壽圖摺內所稱，戶部五宇鈔票案內，波及至數百人，繫獄至兩三載，深可矜憫。此案從前載垣等意存羅織，藉作威福，遂至鍛鍊周內，連累多人。當此政令維新之日，自應速爲清理，所有此案內監之官員、商、民人等，均著該部詳審案情，迅速擬結，其應行省釋者，即予省釋，如有冤抑者，並速爲昭雪。總期無縱無枉，悉歸平允，至於閭閻小民，無知犯法，爲民上者，方且矜恤之不暇，乃嚴酷有司，率以苛刻爲稱職，遂至捕風捉影，罪及無辜，朕哀矜庶獄，良用惻然。著內外大小問刑各衙門，詳細查明，概行清理，即有案內要證，不得不逮繫者，亦即將案情趕緊審結，不准任意拖延，累及良民。庶敦寬大之風，用副協中之治，將此通諭內外問刑衙門知之。

清・張之洞《張文襄公全集・奏議・拏獲悖逆惑衆匪犯審明懲辦摺》

竊照上年十月，據長江水師漢陽鎮總兵周芳明呈轉，據田鎮營前哨守備王文明稟稱，漳源口地方有土客船隻經過，船上數人登岸游行，至已經封禁之土娼家內。有少年楊姓大言恫喝，勒令揭封，當經彈壓不服，旋持楊國麟名片傳該守備上船謁見，痛加阿詈，自稱係江西按察司攜有官銜燈籠，忽又稱係宗人府官，語言狂妄，形跡可疑。當將一行人等解交蘄州，經該州凌兆熊提訊，其楊姓一人，情形狂傲，言語支離，先供稱名楊國麟，即楊海樓，係廣東大埔縣人，郎中楊姓之子，由四川遊峨眉山、重慶、涪州一帶，回來將往江西龍虎山張天師處。正擬將其遞解，忽自稱係康有爲之弟，又稱係五王爺，語言多無倫次。臣等接據該州稟報後，當即提省查訊。該犯到讞局後，供詞益復變幻，初供係康有爲之第三胞弟康有章，年二十八歲。訪之各處，粵人僉云未聞康有爲有此胞弟。因詰以康有爲之祖父子女住址，及鄉試科分歷年踪跡，一概茫然不知，則又供係康有爲之族弟。查訊同行土販等，據稱該犯自四川重慶、涪州至湖北利川、宜昌、漢口，其僕從及衆人皆呼爲楊少爺，帶有楊國麟名片，又聞人呼爲楊海樓，所攜摺扇上寫有海樓字樣，一路忽稱甲午科翰林，忽稱吏部尚書楊暉廷之子，忽稱和碩親王，忽稱五王爺，忽稱宗人府查事人員。並稱有九頭獅子印、六花玉牌等物，被竊失去。其僕從皆係在川楚沿路雇覓。該犯自涪州始搭坐該土販船隻。嗣後該犯在讞局忽自稱宛平縣人，又稱係宗人府正藍旗人，眞姓眞名斷不能説出等語，父母名氏、住居地方，隨口改變，每逢問供，踞坐傲慢，並據供帶有黃馬褂、貂褂、珍珠、朝珠多件，當在漢口、漢陽當鋪。查提均無其事。其在江夏縣外監內，向同押各犯言語狂悖益甚，自稱爲天下一人，又自稱爲寡人，又自稱爲本朕，並云此間督撫兩司皆所素識。同時有在禁之犯張鴻澤、朱華山等被其煽惑，代爲書寫信件傳至外間，借銀使用，令人救伊出監，語多荒誕悖謬。當有漢口行醫之楊端臣，潛至外監窺探，信爲大貴人，一見即行跪拜。楊國麟因口授言語，令楊端臣書寫封固，交管獄官署江夏縣典史趙慶頤，交付，臣等閲看。函內大意自稱僞旨索取庫銀二百兩，令送伊往江西龍虎山等語，實爲狂悖可駭，但詩意鄙俚，有類戲劇，因署江夏縣知縣陳樹屏將該犯刑責。故函內痛詆該縣，當飭該典史將楊端臣拏獲，發交讞局，歸案嚴訊。其時正值海外逆報紛騰之際，武漢地方訛言繁興，廣播匿名揭帖自稱兵馬大元帥，糾衆爲亂，語多影射此案，以致衆情惶惑，顯係會匪互相句串，造謡生事。臣等因案情重大，督同藩臬兩司親提會鞫該犯。楊國麟供詞一味狂誕閃爍，訊其籍貫，忽南忽北，語音亦南北夾雜，絕非京城口音。詰以宗人府衙門在何處，宗人府所修玉牒係何事，以及清文清語，一概不知，大約係外省人曾到過京城，而爲時不久者。最後供係山西平遥縣人，歷舉山西太原、直隸獲鹿、天津、奉天一路城關鎮市，甚爲熟悉。據供眞名係李成能，山西、天津、山海關、奉天、吉林鋪店甚多，因游蕩破家出游各省。該犯有在上海素識之廣東連州人洪春圃，即洪金能，係髮逆洪秀全之後，武漢揭帖内所稱兵馬大元帥，即是此人。手下人馬甚多，其人能觀星象占文王課，上年八月間，曾在漢口與洪春圃見面，該犯一切舉動悖逆言詞，皆洪春圃教唆等語。臣等查該犯楊國麟即李成能，自稱僞旨，種種狂悖，句串會匪，造言惑衆，實屬罪不容誅，且該犯自川至楚沿路所帶銀兩金葉甚多，用度甚爲揮霍，如此舉動，其爲會匪無疑。因該犯行徑狂悖過甚，以致傳播外間，匪徒藉端造謡，展轉附會，鄂省人心浮動，以該犯如此悖逆狡詐，若不速爲懲辦，不足以安靖人心。當經飭將該犯楊國麟即李成能正法梟示，以息訛言，而靖地方。其楊端臣一名，訊據供稱，係江南上元縣人，曾在甘肅軍營充當書職，現在漢口行醫，與楊國麟素不相識，因外間訛言赴監探視，信爲貴人，經楊國麟口授，令伊代繕悖逆函件。朱華山一名，係潛江縣從前拏辦會匪案内留禁省監待質之犯，又已革同知銜候選知縣張鴻澤，係四川人向在沙市充當商董，於前兩年沙市焚毁華洋房屋案内奏明革職，驅逐回籍，因復潛回沙市生事，經臣之洞訪拏發府審辦之犯，乃竟不知畏罪守法，甘受楊國麟之愚，傳遞信件。雖該三犯所寫各件，俱係言詞鄙俚，文義不通，跡近瘋迷，形同戲劇，然當謡言紛騰之時，附和生事，均屬大干法紀，若擬以軍流，必致潛逃，復行生事。該三犯楊端臣、朱華山、張鴻澤應均予永遠監禁。其餘同行人等，皆係無知鄉愚小販，尚未隨同生事，分别責懲開釋。至撤任前署江夏縣典史，本任崇陽縣桂口巡檢趙慶頤，以管獄之官，於楊端臣赴外監窺探未加禁察，並將其封固悖逆函件，不行拆看，輒爲代投，雖據將楊端臣拏獲審辦，究屬咎無可辭。相應請旨，將趙慶頤即行革職，驅逐回籍，以示懲儆。在逃會匪洪春圃即洪金能，咨行廣東及沿江各省，一體嚴緝懲辦。

硃批：知道了。趙慶頤著即行革職，餘依議該部知道。欽此。

清・祝慶祺《續增刑案匯覽・刑律・決罰不如法》 安徽司審奏：委協尉湍多布因查夜，見本管看街兵長住睡熟誤差，向斥，不服。起意將其責打，以儆疲玩。事屬因公，惟自用巡夜鈎桿疊毆其臂腿等處，以致長住因傷殞命。雖非向其虚怯處所毆打，而鈎桿究非應用刑具，卽屬非法。應請旨革職，照管軍官因公事非法毆打及親自以大杖毆人致死律，杖一百、徒三年，照例折枷發落。道光十二年案。

清・潘文舫《新增刑案匯覽・刑律・辯明冤枉》 刑部等奏：光緒八年九月十四日，奉上諭：河南盜犯胡體安臨刑呼冤一案，前經梅啓照李鶴年訊明擬結，當諭令刑部速議具奏。旋據刑部奏稱：查閲原奏疑竇甚多，應俟供招到部，並行定擬此案，迭經御史風聞陳奏，其爲輿論紛紛，概可想見。究竟案情有無冤抑，若不詳愼推求，不足以成信讞。卽著李鶴年將前案人證卷宗派員妥速解京，交刑部悉心研鞫，務期水落石出，毋稍枉縱，欽此。臣部以該督等覆奏，將正盜程孤堆、王牢夭卽問擬斬立決，復牽引張鳳魁殺死王三娃一案，擬以暫行覊候辦理，實屬含糊。請將該省朦混主稿之員先行議處。奉旨著：俟定案時，聲明請旨，欽此。嗣因人證解到，究出正盜，胡體安係被鎮平縣總役劉學汶賄縱，王樹汶係屬頂替。臣部是以有剖晰王樹汶非胡體安之奏，復因知縣馬翥解到，將原辦錯謬情形呈具親供，視該督等覆奏諸多不符。臣部是以有臚陳覆審揑節之奏。又因該撫固執原議，肆行奏辦，臣部復以該省所取鄧州、知州及族鄰犯婦甘結，均稱王樹汶係光緒五年十月二十四日自家逃出，而定案則改爲係光緒四年九月，已屬自相矛盾。王樹汶既與胡廣得父子相稱，乃於胡廣得如何商謀上盜，所糾係屬何人，該犯原供均未知悉，更屬無此情理。迨贓物一無可據，乃謂胡廣得之贓，卽與王樹汶之贓無異，枉坐人罪。且以在野看守衣物之犯，科以把風接贓之條，情罪殊未允協，可否飭提覆審。此案之知府王兆蘭、馬永修質對以服其心，抑或照臣部所訊擬結等情，雙請入奏。奉旨：卽著該部定案奏結。欽此。自應欽遵辦理。臣等查王樹汶呼冤之由，總以是否另有胡體安其人爲斷，而該犯人有無冤抑，尤以是否同謀上盜爲憑，隨卽親提研訊，據程孤堆、王牢夭供認，聽從胡廣得行劫張肯堂家，在寨門持杆看人，事後分贓。程孤堆係伊素識之劉三、李大黑火燒臉糾約，王牢夭係程孤堆轉糾等情屬實。該督等所引張鳳魁殺人一案，訊之要證，何周經、鄭寛長均供稱並無程孤堆、王牢夭在内，自不得以渺杳無據之案，將罪干斬決，重犯混行。待質至王樹汶一犯，僅供認五年十月二十五日自家逃出，被胡廣得誘脅同行，逼令服役，爲之隨攜烟袋。二十七日晚伊跟胡廣得走至不認識曠野地方，衆人將衣服脱下，胡廣得令伊與不知姓名二人看守，並未告知搶劫情由。質之程孤堆、王牢夭，均供稱在外把風時，實無王樹汶在内，詰據地保金振梆供稱，王樹汶實五年十月間逃出，並非四年九月，卽差役吳全喬、四牛、振江、王城得營兵王得訓、閻城淋，書吏王靑元、王棠揩，事主張肯堂要證，趙榮潰、王殿杰亦將劉學汰如何教供王樹汶，如何誣認在縣，如何刑偪在省，如何誘串各情，逐細供明，歷歷如繪。是胡體安實係另有其人，王樹汶之不應擬死罪，均屬確鑿無疑。臣等復會同都察院、大理寺親提研鞫各犯，供皆無移異。茲復統加綜核，原審知縣馬翥到任，伊始於地方一切生疏，外而賊匪橫行，有嘗試之意；內而差幕串結，有玩弄之心。該縣出於操切，不暇詳究，又自顧考成，事事聽從劣幕指使，僅招解王樹汶一人，消弭巨案，以塞事主之口，遂致大盜狡脫，幼弱代僵。覆審知府王兆蘭、馬永修等在保全官局、舍眞情不與辦理，強坐盜贓，以此物指爲彼物；挪移日月，以兩人作爲一人。該督等不加深察，受其愚弄，二次拏獲劉學汰到省，復任其逍遙事外。第執犯證歧異，供詞遽定王樹汶駢首罪名。此衙蠹所以倖逃，覆盆所以莫雪也。總之，原審以荒謬始，以捏飾終；覆審以彌縫始，以周內終。案內實情全行消滅。惟中間唐咸仰稟涂宗瀛一奏，爲冤抑露端耳。現在案已審明，程孤堆、王牢夭係案內正盜，未便日久稽誅。王樹汶與胡體安委係兩人，雖胡體安弋獲無期，惟既據衆供確鑿，卽屬毫無疑義；劉學汰、劉全汰、劉黑十、施遊伯均據供病故。案內牽連人證甚多，未便久稽囹圄，致滋拖累，自應欽遵諭旨，卽行擬結。查律載：強盜已行，但得財者，不分首從皆斬；又例載：盜劫之案，把風接贓等犯，亦係同惡相濟，照爲首一律問擬又洋盜案，內被脅爲匪服役並未隨行上盜者，杖一百，徒三年；又，承審官草率定案，證據無憑，枉坐人罪，各擬革職；又，證佐不言實情，故行誣證，致罪有出入者，減罪人二等；又，斷罪無正條，援引他律例比附問擬，各等語。此案程孤堆、王牢夭均合依強盜已行但得財者，不分首從，皆斬律擬斬立決，請旨綁赴市曹，卽行正法，以昭炯戒。王樹汶跟隨胡廣得出外服役，當胡廣得前往行劫之時，王樹汶僅止代伊看守衣服，事前既不同謀上盜，事後亦未分受贓物，律例內並無治罪專條，自應比例問擬。王樹汶。應比依洋盜案內爲匪服役並未隨行上盜者，杖一百、徒三年例，擬杖一百、徒三年。事犯在光緒七年五月十四日恩詔以前，本應不准援減，惟念以幼稺，身受非刑，久淹囹圄，幾至慘罹大辟，應從寬准予減免。吳全、喬四身充快役，既知劉學汰等有賄放胡體安情事，並不據實舉發，輒行代爲隱瞞，事後復幫劉學汰等教令程孤堆、王牢夭作證，誣指王樹汶是胡體安，以致釀成呼冤重案，亦應按例科斷。吳全、喬四均合依證佐不言實情，故行誣證，致罪有出入，減罪人二等例，擬杖一百、徒三年。據供並未分受胡體安贓物，係屬一面之詞，難保無避就情事，應照例監候待質，俟胡體安將來能否拏獲，再行分別辦理。鎮平縣知縣馬翥初審此案，於王樹汶是否係胡體安並不虛衷研鞫，輒用非刑逼供，其於幕友塗改贓物，亦未詳細檢查，率行定案。迨王樹汶呼冤以後，業已詢知劉學汰有賄縱胡體安情事，又復聽從劣幕虛寫劉體安名字，並捏稱在押病故等情稟覆，希圖朦混，糊塗謬妄，意在故入人罪。開封府知府王兆蘭、候補知府馬永修覆審此案，於王樹汶所以呼冤之故，始終並未根究，乃捏飾各節，一味彌縫，遂將王樹汶與胡體安扭合一人，實屬鍛鍊周內。查該縣錯謬於前，該府等支節於後，厥罪惟均，若僅照草率定案予以革職，殊嫌輕縱。王兆蘭、馬永修應與馬翥均請旨卽行革職，於承審官草率定案，證據無憑，枉坐人罪，各以革職罪上酌加一等，發往軍臺效力贖罪，以示懲儆。馬翥據供母老丁單，應不准查辦留養。均係現任職官，仍恭候欽定。至程孤堆、王牢夭本係罪干、斬決人犯，該府等忽引一並無根據命案監候待質，雖與無故出入死罪有間，究屬有違定制，業已從重問擬軍臺，此層卽無庸再議合併。遵旨聲明：候補同知藏政倬，身爲派審人員，輒同署鎭平縣鄭于僑向吏役教供候補知縣丁彥廷，敎地保金振梆捏供，並勸事主冒認贓物，均屬巧於逢迎，應請旨交部議處；其餘覆審各員是否商同主稿，抑係隨同畫押之處，應俟該撫查覆，到日再行分別核辦。前任開封府知府唐咸仰暨洛陽縣張佩訓均係先行赴任，並非始終其事，大挑同知吉元訪稟此案情形，語多近實，應與並未會審，業經遞呈聲明之大挑知縣張亨嘉，均請從寬議；河南巡撫李鶴年、河道總督梅啓照以特旨交審要案，明知王樹汶冤抑，不能據實平反，徒以迴護屬員，處分朦混，奏請迨提京訊問；李鶴年復以毫無根據之詞曉曉置辯，始終固執前議，實屬辜負委任。惟均係督撫大員，應如何予以處分，伏候聖裁。前署河南按察使麟椿于招解重囚，並未詳加究詰，因犯未翻供，卽照擬勘轉前任。撫臣涂宗瀛具題，均屬疏忽，應與隨題照覆之臣部，堂司各官，請旨一併交部分別議處察議。光緒九年案。

綜論總部

嚴格程序部

論說

《尚書今古文注疏・康誥》　又曰：　要囚，服念五六日，至于旬時，丕蔽要囚。〔注〕要囚，獄詞之要者也。服念，服膺而念之。旬，十日。時三月。爲囚求生道也。蔽，斷也。〔疏〕又曰：《書》疏引顧氏云：　周公重言之也。要者，要辭。周禮鄉士云：　異其死刑之罪而要之。注云：　要之，爲其罪法之要辭。服同伏，《易・繫詞》釋文引孟京云：伏，服也。旬，十日。時，一時，謂三月也。丕者，《釋詁》云：　大也。蔽者，鄭注《周禮》云：斷也。《春秋左氏》昭十年傳云：　叔魚蔽罪邢侯，至於旬時者。《周禮・小司寇》云：　以五刑聽萬民之獄訟，附於刑，用情訊之，至於旬，乃蔽之。《鄉士》云：　辨其獄訟，異其死刑之罪而要之，旬而職聽於朝。遂士二旬而職聽于朝，縣士三旬而職于朝，皆司寇聽之。方士三月而上獄訟于國，司寇聽其成于朝。言斷獄者，據囚要辭，以論罪恐不詳慎，而誤入人於刑。當伏而思念五六日，或十日至三月，乃大斷之，爲求其生可以出之，且恐囚虛承其罪，容其自反覆也。死者不可復生，斷者不可復續。三木之下，何求不得。故君子盡心焉。

《書經集傳・呂刑》　罰懲非死，人極于病，非佞折獄。惟良折獄，罔非在中，察辭於差，非從惟從。哀敬折獄，明啓刑書胥占，咸庶中正，其刑其罰，其審克之。獄成而孚，輸而孚，其刑上備，有并兩刑。〔注〕罰以懲過，雖非致人於死，然民重出贖，亦甚病矣。佞，口才也。非口才辯給之人，可以折獄，惟溫良長者，視民如傷者，能折獄而無不在中也。此言聽獄者，當擇其人也。察辭于差者，辭非情實，終必有差，聽獄之要，必於其差而察之，非從惟從者。察辭不可偏主，猶曰不然而然，所以審輕重而取中也。哀敬折獄者，惻怛敬畏以求其情也。明啓刑書胥占者，言詳明法律，而與衆占度也。咸庶中正者，皆庶幾其無過忒也。於是刑之，罰之，又當審克之也。此言聽獄者，當盡其心了。若是，則獄成於下，而民信之，獄輸於上，而君信之。其刑上備，有并兩刑者，言上其斷獄之書，當備情節。一人而犯兩事，罪雖從重，亦并兩刑而上之也。此言讞獄者，當備其辭也。

漢・荀悦《前漢紀》卷九　〔漢景帝〕後元元年春正月詔曰：　獄者重事也，其疑獄有令讞之而後不當讞者，不爲失。

唐・杜佑《通典・禮三十五・賓禮》　外朝之法，朝有疑獄，王集而聽之，故《禮》云：　王命三公會其朝者，諸侯未去，亦於此也。廣問之義，詢於芻蕘之謀，三刺三問以定其法。

唐・杜佑《通典・刑法・守正》　故《易・旅卦》曰：　君子以明慎用刑。《周官・司寇》察獄至於五聽、三訊，罪惡著形，方刑於市，使萬人知罪，而與衆棄之。天生烝民，樹之以君而司牧之，當以至公爲心，至平爲治，不以喜賞，不以怒罰。此先哲王垂範立言，重慎之丁寧也。

《全唐文・李治〈禁留獄詔〉》　哀矜折獄，義先《呂訓》。明慎用刑，事昭姬象。朕以寡昧，嗣登宸極。思聞大猷，式隆景運。蹈冰是懼，屢想於懷中。御朽彌兢，馳襟於裕下。虛己待物，每從寬政。如聞率土州縣留獄尚繁，困於囚繫，致於病死，一歲之中，數盈二百。蓋繇上愆亭育之化，下乖堯舜之心。深責在躬，興言多媿。抑又聞之，與我理天下者其惟良二千石。今之所任，或虧政道，未詳欽恤之旨，但徇苛刻之情。幽縶困滯，證遠遐廣。寒暑相襲，風露交侵，淹乎年月，成其病苦。加以搒笞失度，桎梏違法，巧詆深文，去將安適？　獄市之寄，何其爽歟？　自茲以後，宜革前弊。罪無大小，不得稽留。其囚病患及罪輕并笞杖等，雖法有常規，恐典吏妄生威福，官人不存簡較。或顏面囑請，觸類以之。若仍舊不悛，當加重罰。布告天下，知朕意焉。

《全唐文・魏逅〈申請慎勘囚徒奏〉》　此後伏請指揮天下州縣，應所禁囚徒不許州縣廂縣大小刑獄委觀察使刺史慎選清強判官一員，於本廳每月二十六日兩衙引問，明置獄狀，細述事端。大則盡理推尋，小則立限決遣。其外縣鎮禁人，三日外具事節申本州府，仍勘問指揮。

宋・李昉《文苑英華・楊夔〈刑議〉》　議曰：　刑可以立乎？　堯舜不能去，不亦深乎？　曰：　貳於法而行之。苟違之者，是不由砥。終而紊之，則孰若嚴刑而使知畏？　姑以一宇言之：　立其牆垣，崇其閈閎，猶有穴而入者，而況於不設乎？　漢輕其法，窮民於禍矣。

《舊唐書・武宗紀》　〔唐武宗會昌元年元月〕敕：　自前中外上封論事，有所糾舉，則請留中。今後並云：　請付御史臺，不得云：　留中不下。

如事關軍國，理須宥密，不在此限。如臺司勘當後，若得事實，必奬奉公。苟涉加誣，必當反問。告示中外，明知此意。

《新唐書·刑法志》 初，太宗以古者斷獄，訊於三槐、九棘，乃詔：死罪，中書、門下五品以上及尚書等平議之；三品以上犯公罪流、私罪徒，皆不追身。凡所以纖悉條目，必本於仁恕。然自張蘊古之死也，法官以失出爲誡，有失入者，又不加罪，自是吏法稍密。帝以問大理卿劉德威，對曰：律，失入減三等，失出減五等。今失入無辜，而失出爲大罪，故吏皆深文。帝矍然，遂命失出入者皆如律，自此吏亦持平。

十四年，詔流罪無遠近皆徙邊要州。後犯者寖少。十六年，又徙死罪以實西州，流者戍之，以罪輕重爲更限。

又 凡州縣皆有獄，而京兆、河南獄治京師，其諸司有罪及金吾捕者又有大理獄。京師之囚，刑部月一奏，御史巡行之。每歲立春至秋及大祭祀、致齊，朔望、上下弦、二十四氣、雨及夜未明，假日、斷屠月，皆停死刑。

京師決死，涖以御史、金吾，在外則上佐，餘皆判官涖之。五品以上罪論死，乘車就刑，大理正涖之，或賜死于家。凡囚已刑，無親屬者，將作給棺，瘞于京城七里外，壙有甎銘，上揭以榜，家人得取以葬。

諸獄之長官，五日一慮囚。夏置漿飲，月一沐之；疾病給醫藥，重者釋械，其家一人入侍，職事散官三品以上，婦女子孫二人入侍。

天下疑獄讞大理寺不能決，尚書省衆議之，錄可爲法者送祕書省。奏報不馳驛。經覆而決者，刑部歲以正月遣使巡覆，所至，閱獄囚杻校、糧餉，治不如法者。

杻校鉗鎖皆有長短廣狹之制，量囚輕重用之。

囚二十日一訊，三訊而止，數不過二百。

凡杖，皆長三尺五寸，削去節目。訊杖，大頭徑三分二釐，小頭二分二釐。常行杖，大頭二分七釐，小頭一分七釐。笞杖，大頭二分，小頭一分有半。

死罪校而加杻，官品勳階第七者，鎖禁之。輕罪及十歲以下至八十以上者、廢疾、侏儒、懷妊皆頌繫以待斷。

居作者著鉗若校，京師隸將作，女子隸少府縫作。旬給假一日，臘、寒食二日，毋出役院。病者釋鉗校、給假，疾差陪役。謀反者男女奴婢沒爲官奴婢，隸司農，七十者免之。凡役，男子入于蔬圃，女子入于廚饎。

流移人在道疾病，婦人免乳，祖父母、父母喪，男女奴婢死，皆給假，授程糧。

非反逆緣坐，六歲縱之，特流者三歲縱之，有官者得復仕。

宋·王欽若《册府元龜·帝王部·慎罰》 肅宗乾元三年閏四月己卯，御明鳳門，大赦改元，詔曰：自古百王，欽恤刑罰。蓋以法者人之命，刑者國之權。苟或失其科條，固難措其手足頃以姦臣擅命，中典不脩，造次便行，哀矜何在？自今已後，其有犯極刑者，宜命本司，依舊三覆。庶平反之際，人謂不冤；幽明之間，理皆無濫。

宋·李燾《續資治通鑑長編》卷三二四 宋神宗元豐五年甲辰，王安禮言：准朝旨，臣僚上言取索盜賊簿欺罔事，令臣具析不同因依。勘會本府得臺牒取索籍紀盜賊姓名簿，臣爲見臺牒取簿數多，逐次計取一道。卻准臺牒：所封送諸廂賊限都簿，不應本臺所取，令封送《編敕》諸盜再犯杖州籍取姓名簿。本府遂回報：准一同敕京城、府界犯盜並刺環子，有此照據，所以更不置簿。兼臣亦曾面奏，並不知前後有何異同。詔滿中行分析。安禮又言：臣智識卑下，行能無取，誤蒙聖知，待罪天邑，凡所見明，有害無補。如言者指臣任情破法，犯分干譽，侵權自恣，橫厲無忌，尤爲竊當。凡臣奏講已曾論列利害，止於如此，今別無可分析。如朝廷已知言者不誣，乞早賜罷黜，更用舊法，以厭羣論。

宋·李燾《續資治通鑑長編》卷三三五 〔宋神宗元豐六年〕前知湖州唐淑問言：州郡有當衝要者，例修賓客往復，間有不來，謗怒隨之。常情未免顧私，其間或以廢事。吏抱案牘，走道路以取決，則有漏泄稽滯之失；小民持訴牒趨官府，則又未必知長吏所之，而訟不時決。況中外官守均有事任，臣欲乞州郡禁謁並依在京百司例。詔詳定重修編敕所立法。後編敕所乞知州、通判、縣令非假日不得出謁，即謁親屬，及職事相干，并泛遣使命，或知州、通判、提舉官、鈐轄以上者聽。

宋·黎靖德《朱子語類·朱子三·外任》 楊通老云：天下事體固是說道當從原頭理會來，也須是從下面細處理會將上，始得。曰：固是。如做監司，只管怕訟多，措置不下。然要省狀，也不得。若不受詞訟，何以知得守令政事之當否？全在這裏見得。只如入建陽，受建陽民戶訟，這箇知縣之善惡便見得。如今做守令，其弊百端，豈能盡防！如胥吏沈滯公事，邀求於人，人皆知可惡，無術以防之。要好，在嚴立程限。他限日到，自要苦苦邀索不得。若是做守令，有可以白干沈滯底事，便是無頭腦。須逐事上簿，逐事要了，始得。其爲守，一日詞訴，一日著到。合是第九日亦詞訟，某卻罷了此日詞訟。明日是休日，今日便刷起，一旬之內，有未了事，一齊都要了。大抵做官，須是令自家常閑，吏胥常忙，方得。若自家被文字來叢了，討頭不見，吏胥便來作弊。做官須是立綱紀，綱紀既立，都自無事。如諸縣發簿曆到州，在法，本州點對自有限日。如初間是本州磨算司，便自有十日限，卻交過通判審計司，亦有五日限。今到處並不管著限日，或遲延一月，或遲延兩三月，以邀索縣道，直待計囑滿其所欲，方與呈州。初過磨算司使一番錢了，到審計司又使一番錢，到倅廳發回呈州呈覆，吏人又要錢。某曾作簿，知其弊，於南康及漳州，皆用限日。他這般法意甚好，後來一向埋沒了。某每到，即以法曉諭，定要如此，亦使磨底磨得子細，審底審得子細。有新簿舊簿不同處，便批出理會。初間吏輩以爲無甚緊要，在漳州押下縣簿，付磨算司及審計司，限到滿日卻不見到。根究出，乃是交點司未將上，即時決兩吏，後來卻每每及限，雖欲邀索，也不敢遷延。縣道知得限嚴，也不被他邀索。如此等事整頓得幾件，自是省事。此是大綱紀。如某爲守，凡遇支給官員俸給，預先示以期日，到此日，只要一日支盡，更不留未支。這亦防邀索之弊。看百弊之多，只得嚴限以促之，使他大段邀索不得。賀孫。

又 楊通老問：趙守斷人立後事錯了，人無所訴。曰：理卻是心之骨，這骨子不端正，少間萬事一齊都差了！如一箇印刊得不端正，看印在甚麽所在，千箇萬箇都喎斜。不知人心如何恁地暗昧！這項事，其義甚明。這般所在，都是要自用，不肯分委屬官，所以事叢雜，處置不暇，胡亂斷去。在法，屬官自合每日到官長處共理會事；如有不至者，自有罪。今則屬官雖要來，長官自不要他來，他也只得體這般法意是多少好。某嘗說，或是作縣，看是狀牒如何煩多，都自有箇措置。每聽詞狀，集屬官都來，列位於廳上看，有多少均分之，各自判去。到著到時，亦復如此。若是眼前易事，各自處斷。若有可疑等事，便留在，集衆較量斷去，無有不當，則獄訟如何會壅？此非獨爲長官者省事，而屬官亦各欲自效。兼是如簿尉等初官，使之決獄聽訟得熟，是亦教誨之也。某在漳州，豐憲送下狀如雨，初亦爲隨手斷幾件。後覺多了，恐被他壓倒了，於是措置幾隻廚子在廳上，分了頭項。送下訟來，即與上簿。合索案底，自入一廚；人案已足底，自入一廚。一日集諸同官，各分幾件去定奪。只於廳兩邊設幙位，令逐項敍來歷，末後擬判。俟食時，即就郡廚辦數味，飲食同坐。食訖，即逐人以所定事較量。初間定得幾箇來，自去做文章，都不說著事情。某不免先爲畫樣子云，某官今承受提刑司判下狀係某事。一甲家於某年某月某日有甚干照，計幾項；乙家於某年某月某日有甚干照，計幾項，逐項次第寫令分明。一甲家如何因甚麽事爭起到官，乙家如何來解釋互論，甲家又如何供對已前事分明了。一某年某月某日如何斷。一某年某月某日某家於某官番訴，某官又如何斷。以後幾經番訴，並畫一寫出，後面卻點對以前所斷當否，或有未盡情節，擬斷在後。如此了，卻把來看：中間有擬得是底，並依其所擬斷決，合追人便追人；若不消追人，便只依其所擬，回申提刑司去。有擬得未是底，或大事可疑，卻合衆商量。如此事都了，並無壅滯。賀孫。

《宋史・杜紘傳》 紘每議獄，必傅經誼。民間有女幼許嫁，未行而養於壻氏，壻氏殺以誣人，吏當如昏法。紘曰：禮，婦三月而廟見，未廟見而死，則歸葬於家，示未成婦也。律，定昏而夫犯，論同凡人。養婦雖非禮律，然未成婦則一也。議乃定。又論：天下囚應死，吏懦不行法，輒以疑讞。夫殺人而以疑讞，是縱民爲殺之道也。請治妄讞者。不從。

明・呂本《皇明寶訓・洪武卷五・恤刑》 〔洪武十五年〕十月丙申，命刑部、都察院斷事等官審錄囚徒。

太祖曰：錄囚務在情得其眞，刑當其罪，大抵人之隱曲難明，獄之疑似難辨，故往往有經審錄，尋復反異，蓋由審刑者之失以至此耳。故善理獄者，在推至公之心擴至明之見，則巧僞無所隱，疑似無所惑，自然訟平理直，枉者得伸，繫者得釋。苟存心不公，聽斷不明，是猶舍衡以求平，揜鑑以索照，獄何由得理，事何由能直？今命爾等審錄囚徒，務以公破私，明辨惑。毋使巧爲繁滋，而疑讞不決，生者拘幽於囹圄，死者受冤於地下，非惟負朕慎刑之心，實違上天好生之意。凡錄囚之意，際必預先稽閱前牘，詳審再三，其有所訴，即與辨理，具實以聞。

明・呂本《皇明寶訓・宣德卷五・恤刑》 〔宣德元年〕五月甲午，諭三法司曰：古者孟夏斷薄刑，出輕繫，仲夏拔重囚，益其食，所以順時令，重人命也。我祖宗之時，每遇隆冬盛暑，必命法司審錄囚繫。卿等皆先朝舊臣，嘗所聞知者。朕體祖宗之心，敬慎刑獄，冀不枉民命，上格天心。今天氣嚮嚮不分，輕重而悉繫之，非欽恤之道。古人謂刑爲祥刑，以其用之至當，足以召和氣，福國家。卿等當體此心，即量情罪輕重而區別之，務存平恕，毋致深刻。

明・呂本《皇明寶訓・成化卷二・恤刑》〔成化十七年〕四月戊辰，敕諭三法司曰：朕承祖宗鴻業，爲天下萬民主，惟法天道，用刑以防姦慝，以安民生。特簡命爾等典司刑獄，冀各盡心職業，用輔朕之治理。柰何中間或有聽斷苟且而鞫問不明，或擬議迎合而比附不當，或任意妄爲出入，或徇私恣爲重輕，以致人罹冤抑，淹禁歲久，怨讟繁興，有傷天地之和。朕念及此情，甚憫然，已敕司禮監太監懷恩同爾等審錄清理之。夫既往者悉不追究，將來者豈不可痛自警省乎？今後爾大小官員，務以欽恤存心，明慎用獄，不可輕忽，不可淹滯。可矜疑者即與辯析，有冤枉者即與伸理，毋過與姑息，毋失於慘刻，庶幾刑罰得中，人心悅服，足以副朕治理，用召天地之和矣。倘不此之慮，使刑罰枉濫，害及無辜，則國有常典，罪可逃耶？爾等其欽承之。

明・陳子龍《明經世文編・劉基〈書蘇伯修御史斷獄記後〉》往歲朝廷慮天下斷獄之未審，用中書御史臺議，遣官審覆論報。僕時居山間，聞人言之山嶽震疊，如雷雨之將至，陰風鳴條，飛電爍目，豪民猾吏，竄伏如鼠，俱自期不能免，而銜冤抱痛之民莫不伸眉引項，若槁葉之待滋潤。及其至則風止雨霽，望者如敗軍之歸，而畏者如鷹隼之脫絛而得扶搖也。則怪而問於老成更事之人，咸曰：斷大獄必視成案，苟無其隙不得而更焉。因退自太息曰：苟如是，烏用是審覆者爲哉？於是大信刀筆之眞能生死人矣。既又聞諸人曰：非朝廷意也，奉命者之不恪耳。及觀國子博士黃先生所敘御史蘇公慮囚湖北所平反事，曷嘗拘於成案哉？然後知賢人所爲，固與衆人異矣。夫以一湖北之地，公一巡歷，而所平反者八事，所擿豪右之持吏而尼法者又數事，豈他道之無冤民耶，無蘇公而已矣。僕往嘗觀於牧民之以簡訟名者，之其庭，草生於階；視其几，塵積於牘；徐而訪於其鄉，察其田里之間，則彊梁橫行，怨聲盈路。問其故，曰：官不受詞，無所訴受之而已矣。大吏至，則曰：官能，不生事；民譁，非官罪也。則皆扶出之，訴者悉含詬去，則轉以相告，無復來者，由是卒護簡訟之名嗚呼，輿圖廣矣，不皆得蘇公。彼上報於朝廷者，又將獲簡事之賞矣，然後怨憤之氣，抝而爲鬪殺，激而爲盜賊，鬱而爲災沴，上應乎天，誰之咎哉？嗚呼，使人人如蘇公，刑期於無刑，不難矣。明天子在上，庶其見之，則求諸老成以爲典刑，舍是編，其奚適哉？

明・陳子龍《明經世文編・林俊〈正法守疏〉》嘉靖二年，該太監崔文題爲分豁妄捏虛詞陷害良善事。切惟祖宗設立刑部、《都察院》大理寺，謂之法司，凡大小罪犯，無不由之。錦衣衛謂之親軍，伺察諸奸細，鎮撫司鞫訊大盜妖言。洪武二十年，我太祖以鎮撫司非法凌虐，燒其刑具，以所繫囚送刑部。洪武二十六年，申明鞫刑之禁，凡罪囚俱送法司。永樂以後，任遇漸加，而職事仍舊，見之大明會典者如此。列聖相承，恪遵無易。正德年間，劉瑾、錢寧等，相繼擅權，凡意中憂惡，輒奪付鎮撫，文致成獄，以遂其奸。而祖宗之法大壞，劇盜四起，巨逆繼作，皆陛下所習聞而痛惡者。天啓我皇上入正大統，撥亂世而反之正，先朝之牢奸錮弊，一舉而剪除之，天下方仰中興之治，不意忽有此未思之舉，豈崔文有所膚愬，或假手以濟其私乎？夫法本大公，罪必居一，使宋鈺所告崔文等涉虛，自有反坐之律；所告果實，亦有必當之條，此祖宗成法，在陛下亦有所不得私者，況臣等微末之臣耶？今不待法司問結，而輒付鎮撫，是固臣等奉職無狀，只可治臣等之罪，而未可廢祖宗之法。況今風霾雨土，赤日無光，天之示戒甚明，正上下內外省身修德之日。今此小事尚爾有拂於天，萬一有大於是，將何如耶。誠恐將來之變，有不可測者。伏願皇上念祖宗之法，畏上天之戒，收回成命，仍將李陽鳳等付法司，從公問結，以爲將來之戒，則刑罰當而天下服矣。

清・龍文彬《明會要・刑三》洪熙元年二月己丑，詔曰：刑者所以禁暴止邪，導民於善，非務誅殺也。吏或深文傅會，以致冤濫，朕深憫之。自今其悉依律擬罪。或朕過於嫉惡，法外用刑，法司執奏。五奏不允，同三公大臣執奏，必允乃已。古之盛世，採聽民言，用資戒儆。今奸人往往摭拾，務爲誹謗，法吏刻深，鍛鍊成獄。刑之不中，民則無措。其除誹謗禁，有告者一切勿治。已上《大訓記》。

御批輯覽曰：法令之當否，詳審至於再三，斯已可矣。必令法司五奏，徒滋煩冗。人主詳求庶獄，或覆勘以得其平，或集議以衷於是，自不致猶有枉縱。如必待臣下執奏乃允，又開權勢下移之漸。

《清實錄・康熙二十六年》諭三法司衙門：朕惟自古帝王，撫御羣臣百姓，政教修明，治化治暢。與其繩以刑罰，使人怵惕文網，苟幸無罪，不如感以德意，俾民蒸蒸向善，不忍爲非。書稱協和萬邦。黎民於變時雍。又稱臨下以簡，御衆以寬。唐虞盛時，從欲風動，其效章章如是。朕嘗心慕隆古，力行教化，冀以感發天良，偕之蕩平正直之道。而人情囂僞，風俗頽弊，明罰敕法，國憲不可以已，雖嘗屢行矜恤，絕去煩苛，終思尚德緩刑，迺爲至治之極軌。自康熙元年以來，中外臣民，習染澆風，爭事詐僞，公行賕賂，貪冒營求，因緣請託，作奸犯科，頑鈍者恬弗知恥，奸黠者晉不畏法，以致是非乖謬，綱紀凌弛。朕親政以後，洞悉奸弊。加意釐惕，振飭憲章，務使軌律干紀之衆，莫能匿慝。法無旁貸，人無遁情，庶幾禁遏頑豪，杜塞僥倖。近見罹於罪罟者，漸覺減少。但革面未能革心，畏罪不如知恥。原夫立法之意，本欲使人難犯。今因法令嚴密，輒思苟免，苟免之心切，則彌縫之弊深。羣心日夕恐懼不寧，巧僞滋多，亦未可定。今欲崇尚德化，務存惇大，蕩滌邪穢，一切令之自新。除前經審擬完結各案及關係宮殿陵寢河道工程、侵欺正項錢糧不議外，內外見經發覺，一應枉法得贓行賄與受人員，仍革職。止免擬重辟，照例定罪、追贓；其此等未經發覺者，悉與寬免；有以諭前事，參奏訐告者，一概不准。自諭以後，中外臣民，須洗心易慮，省改前非，守法奉公，敦厲廉恥，副朕使人寡過之至意。再有干犯，自難曲宥。至於旗下閒散官員人等，及民間豪惡黨類，並無職任，乃攬說公事，交結衙門，妄行訛詐，賄囑關通，實繁有徒，朕皆稔悉。嗣後益當恪遵法紀，勿蹈故轍。如怙終不悛，發覺之時，從重治罪，決不寬貸。爾法司即通飭內外大小各衙門、八旗及內府佐領，曉諭知悉，一體遵行。

清·嵇璜《清朝通典·詳讞》 雍正元年正月諭：直省大小獄訟，民命所關，國家各設按察使以專掌之，一切州縣申詳至爾司而獄成。凡督撫達部題奏事件皆由爾司定案，任豈不重與？國家定律，所以弼教，非以厲民。是故嚴立刑書，防其或罹於法；及至斷獄，又條分縷晰，思以曲全其生。今或情例相違，牽合文法以納民於網；或有兩例並見，輒上下其手以自遂其私，安得無冤獄哉？夫折獄憑口供，而平反憑案卷。今法吏不求得情，惟求完結。州縣案卷之申詳於爾司者，多鍛鍊口供，附於律例，冀免爾司之駁查。爾司之詳督撫，督撫之揭部院者，又加文致，冀免三法司之駁查。口供、案卷如是，冤抑何從平反？咎在聽斷之初心原非欲必得其情也。今既釐剔宿弊，歸於明允，毋得因循故事，自墮奸欺，至納賄出入人罪，於法尤重，爾司其正己率下，使法無枉撓，庶幾刑措之風。六月復熱審舊例。二年三月，敕部臣詳慎刑獄。四月，定各省秋審具題法司，照朝審之例，三覆具奏。六月，刑部等衙門奏准兩廣總督孔毓珣奏生員陳爲翰打死何壯深，擬絞監候，秋後處決。奉上諭：此事尚未審得實情。何壯深係陳爲翰種地交租之人，斷無先動手打陳爲翰之理。陳爲翰定係劣衿，倚仗威勢，將何壯深踢死。此事著交與巡撫李紱，務必審出實情，具奏。若不審出實情，朕必另行遣官往審，再將陳爲翰考取增生之學道與現管之教官一併查奏。從前，朕因僧人係皈依佛教行善之流，豈可毆人致死，曾特降諭旨，著定治罪之例。夫皈依佛教之人，尚不可任其毆人致死，況在聖門讀書之人乎？既讀書而欺淩百姓，毆人致死，實大有玷於斯文，不可照常人例論。嗣後有生員欺淩百姓，毆人致死者，作何加等治罪之處。該部會同九卿定議具奏，旋經三法司奏此案。該撫仍照鬭毆殺人例擬絞監候具題，應改爲斬監候。奉旨：朕駁審陳爲翰一案，該撫審出實情，仍照前擬具題，而該部又欲駁重。朕籌之再四，若依部駁，恐將來督撫等俱有意迎合，而事情委曲有所未盡，若仍照該撫所擬，又恐將來督撫等堅執前見，不肯改易，朦朧結案，二者皆於法不得其平。朕慎重讞獄，期於盡善無弊。此案著九卿等會同詳議，尋議照鬭毆殺人律，擬絞監候。七月，諭：嗣後具題案內有一人而兩案犯罪，前案罪輕，後案審明從重歸結者，至後案。題結之日仍將前案輕罪叙入，然後就本案重罪，按律定擬。如前已擬重罪，後案罪輕，亦必將前案重罪聲明，仍歸前案定擬。如有數案犯罪者，亦必將各案所擬俱簡明叙入，最後題結本章內。三年正月，命刑部清理獄囚。十月，命法司詳閱緩決招册。又諭：刑部今年情實人犯招册，朕細加閱看，將其中情罪有一綫可原者，已降旨分別發落。緩決人犯招册，昨亦逐一閱看，見九卿所定尚有未協，著將原册細心酌量，於數日內候旨。十一月，諭：嗣後遇有盜案，務將案內之悍惡實在爲盜，及被人誘脅，或迫於饑寒，要非素行爲盜之處，一一分註明白於疏內，聲明候定。五年六月，河南巡撫田文鏡題胡大保強行雞姦致死人命，擬斬立決，法司改擬監候。奉旨：不肖惡徒因雞姦不從，勒死人命，有何可矜疑，而反從末減？若以其未成姦而改爲監候，則視雞姦爲重而轉視人命爲輕矣！有是理乎？田文鏡具題之案，經朕御覽者尚敢意爲輕重若此，則凡外省咨文由部自行定奪者，其輕重任意又可知矣！嗣後督撫咨文到部，而各部駁詰非理者，准該督撫密摺奏聞。八月，諭：刑部李茂卿打死胡君彩一案，若非爾部駁令覆審，則兇犯李茂卿脱然無罪，而屍親胡君星反坐以誣告擬流。不爲是非失實，亦且冤抑莫伸矣！今駁回覆審，該撫將一切實情審出，李茂卿擬絞監候，方成信讞。似此定稿，司官若不量加奬勵，則將來辦事實心之員何由鼓勵？嗣後此等事件，司官能細心究核，駁令覆審改正者，應量加議叙，若有妄行苛駁者，亦當加以懲戒。六年正月，敕審擬罪案毋得律例兩引。九月，命大學士、三法司、九卿會同詳查各省緩決人犯，確議分别具奏。其特旨治罪之案，亦令詳查妥議。七年五月諭：朕慎重刑獄，秋審、朝審悉命三覆奏聞。今思每日所進本内有擬以極典及斬絞立決之犯，其情罪俱屬重大，律無可寬，然朕猶欲慎審而後置之於法。此後如此等本章已閲過，票簽交與本房者，著批本官照三覆奏之例進呈三次，候朕再加詳閲，然後批發。八年十月，諭：各省命案，其應輕應重，朕確有所見者，即降旨定奪。若其情罪在疑似之間，而擬罪在可輕可重之際，朕心不能即定者，方交與九卿定議，以期平允。乃往往見九卿定議，概以減等、發落覆奏，如此則朕何不即令減等而必多此曲折乎？向後務期權衡允當，寬嚴適中，以副朕明罰敕法之至意。十一年二月，以天旱，諭：刑部大小事件應完結者完結，應改正者改正，種種弊端徹底釐剔，務期正本清源，毋再因循玩忽。六月，定法司親赴會審及朝審秋審之例。九月，諭：刑部曰：諸臣所進招冊，俱經細加斟酌，擬定情實。但此内有一綫可生之機，爾等亦當陳奏。在前日定擬情實，自是執法，在此刻勾到商酌，倘有可寬，又當原情，斷不可因已定情實，欲符前奏，難於更改，遂隱默不復再奏，執法原情，總歸於大公至正而已。十月，諭：各省秋審有不應緩決之案，經九卿改情實者甚多。如各省督撫、臬司執法科罪而九卿核情平反，或九卿據法定議而朕酌奪從寬如此，方合政體，豈有執法之官而任意於法外狥縱者乎？今九卿雖行改正，然不明白曉諭。督撫、臬司或謂九卿定擬，務從苛刻，稍存迎合之意，遂以可矜可疑之案，概以情實奏讞，其流弊尤不可言。著將改正各案逐一查明，通行申飭，俾後悉心定擬，稱朕明刑欽恤之至意。十二年九月，諭：嗣後秋審案件有應改而不改，及不應改而妄改者，從重議處。若意見或有不同准兩議陳奏請旨定奪。即衆人皆同而一人獨異者，亦准陳奏。十三年閏四月，禁革各省秋審陋習。臣等謹按：五刑之制，合理准情，一成不易。我世宗憲皇帝明罰敕法，惟允惟平。於淫凶之徒則立致典刑，而其中有一綫可原者，則必至再至三，以期無枉，不以衆惡而不察，不以獨異而見非。整飭憲章，掃除宿弊，其要總歸於天理人情之至而已矣。九月皇上御極，十月敕法司詳察直省獄詞，擬罪未妥者另議奏聞。

清・嵇璜《清朝通典・考訊》 臣等謹按：決獄之平，始於聽訟，故考訊所關綦重，所以精五聽而成信讞也。倘濫刑之不禁，則誣服者多，或完結之無期，必牽連者衆。我朝嚴立章程，於刑具之重輕頒有定式，於案情之緩急勒有限期，不待奏讞之成，早已肅清諸弊。我皇上慎重獄情，至公至當，猶恐奉法或有瞻徇。特諭直省督撫遇有要案親行研審，毋得假手下僚。責任專而聽斷益歸平允矣。

順治元年八月，刑科給事中孫襄疏請文職官犯罪先下吏部核議，如所坐重大，必請旨革職，然後送部問擬。武官隷兵部，亦如之。府州縣各官被參革職，應逮問者，行該撫按就近提訊，具獄報讞法司，但於爰書覆核，不必徑行勾攝。凡經審結之案，非奇冤積枉不得重滋株累民間。婦女輒拘訊公庭，亦傷廉恥，俱乞嚴禁。悉如議通行。二年十二月，諭：嗣後民間詞訟，在外歸撫按監司；在内，歸順天府、大興、宛平二縣五城。如有冤抑，赴通政司投告，察審送部問擬。刑部不許濫收詞訟。八年七月，申定職官有犯，未奉旨革職，毋得徑行提審。八月，增設刑部理事官十四員。十年三月，定宗室有犯除大罪請旨定奪外，餘皆斟酌輕重，永除鞭鎖之禁。十七年七月，嚴問刑官濫用夾訊之禁，凡未有眞贓確證及戶婚田土小事，概不許輕用夾訊。十八年二月，聖祖仁皇帝御極。是月，定校衛干連詞訟不服拘提之禁。諭：嗣後校衛犯罪先拏議罪，後移文鑾儀衛。

康熙十九年十二月，兵部題：内外滿漢文武問刑衙門除夾棍、拶指外，有別用非刑者，吏、兵、刑三部處分之例輕重不一。查吏部例，不論已、未致死，革職提問，兵、刑二部例，未經致死者降級調用，今應畫一。定例：凡滿漢文武官員用非刑者，俱革職，免其提問。從之。二十年，諭：刑部犯人各有應得之罪。今聞爾部枷孔大小不一，板有厚薄，賄囑者板薄而孔大，否則板厚而孔小，所帶項鎖亦有輕重，此等情弊，爾部嚴察禁止。三十七年，諭：各監口有刑具曰大鐐，與匣床無異，又短夾棍止長尺許，有大枷重一百二十斤瓦樣重板，此皆酷虐之刑，著嚴行禁止。三十九年二月，申濫用夾棍之禁。

凡內外問刑官濫用夾棍致斃人命者，嚴行治罪。其學政鹽院以及佐貳官不許擅用夾棍，如有應行刑訊事，送問刑衙門審理。雍正三年六月，部議：嗣後京城八旗提督衙門五城等處解審案件審係無干即行釋放，笞杖人犯先行懲責發落。至直隸、山海關、古北口等處應解部完結之案，笞杖人犯并證佐干連之人，俱免解部，釋放取保。倘必須審訊，再行拘提命案屍親，亦止申送口供，免其解部。直省州縣案件必須申解上司者，笞杖等犯亦取供保釋，不得濫行監禁差押。從之。

乾隆元年六月，部議：各省州縣所用刑具務照定式，不得用短夾棍及大板重枷，至徵比錢糧，應用小板輕枷，薄以示懲，下限完糧，即行釋放。又強盜、十惡、謀故殺人等重犯，仍照例用鐵鎖杻枷鐐各三道，其餘鬬毆人命以及軍流徒犯止用枷杻各一道。笞杖人犯止用鐵鎖。三年，定審擬旗民交涉案件之例。向例，奉天所屬旗民交涉案件由地方旗民官略具案情，送部審擬。應質人犯多屬牽連，及部提解駁查，往返遲延，不無滋累。至是奉諭：地方官身既親民，平日習知人情，臨時自易體訪，令就近旗民官會同承審定擬。止將罪犯解部覆訊定案，其餘一切牽連對質人於審明之日，即行省釋。五年七月，部議：御史永壽奏請佐貳微員審理批發奉委事件有應夾訊者，係上司批委詳明，上司改委印官審理係印官批委呈明印官掣回自審，其佐貳官不得擅用夾訊。九年九月，巡視西城御史舒敏奏請：五城凡有事件，必令滿漢二員進署，公同審理，其私設刑具、傳集人犯、獨行審問之處，應概行停止。從之。二十二年九月，禁止隆冬停訟。定例：每年四月至七月農忙停訟，至隆冬原無不收呈詞之例，而外省相沿亦行停訟。至是奉諭：嗣後除農忙停訟外，不得再沿隆冬停訟之陋習。應准理者，即行准理，應完結者，即行完結，以免稽滯。二十七年六月，更定旗人犯軍流徒罪不准枷責完結之例。三十五年二月，婁縣知縣謝鎮藩於客民王忝祥等被劫規避處分刑勒報竊，至將事主夾傷右足，江蘇按察使吳壇以刑夾事主已成殘廢者，律例內並無作何治罪明文，今謝鎮藩刑夾事主致成殘廢，雖例無作何治罪之條，而律內苦累事主致死，照故勘平人律斬候，則致成殘廢者，亦自應按其傷之廢疾篤疾，照故勘平人律，分別擬以徒流。部議：律載官吏懷挾私仇故勘平人者，雖無傷，杖八十。折傷以上，依凡鬬傷論。因而致死者，斬監候。又例載：官員因畏懼處分抑勒諱盜或諱盜爲竊者，均革職。若苦累事主致死，照故勘平人律治罪，官吏故勘平人因而致死者，斬監候各等語。查律稱照凡鬬傷論是折傷以上，已包廢疾篤疾在內，例稱照故勘平人律治罪，又已包折傷以上在內，是律例已屬周詳。惟在問刑衙門，按照律例分別定罪，不必重復。又立科條平人例內又稱不得刪改律文，內懷挾私仇字樣混引，故勘平人，概擬重辟。在外不核實具題，在內含混，准覆照官司出入人罪律分別定罪等語。臣等伏思：州縣官因畏避處分，苦累事主至於死傷，即屬挾私，自應從重治罪。但有等奸民倚恃事主，挾制官長，串通胥役，誣良爲盜，擇殷而噬，一經地方官查問，即以苦累上控。而州縣官恐干畏避處分之罪，不復詳審，致長刁風，亦事所必有。臣等酌議：嗣後民間呈報盜案，州縣官輒敢抑勒苦累事主至於死傷，州縣官仍照定例議罪，如有奸民以竊報強挾制官長，希圖誣良索詐者，許州縣官詳明督撫，另委別州縣官查訊，照律辦理。則承審官既無畏避處分之嫌，刁民亦無所施其挾制之技，而是竊是強，定案更得詳慎。奉旨依議。五月，奉上諭：據李侍堯奏，守備楊春榜在參將王希曾衙內自用小刀戳傷身死，請將王希曾暫行解任審究一摺。閱案內情節，疑竇頗多，著交該督悉心研鞫，務得實情，即行定擬，覆奏。至所稱委員研審一節，甚屬非是。外省督撫每遇應行審擬之案，動輒委員查訊，最爲惡習。其在尋常案件或可循用審轉成規，若事關重大及案涉疑難，亦復假手下僚，則瞻徇朦蔽顢頇之事，諸弊皆所不免，獄情何由得明？今此案以守備赴參將署中稟事，忽爾自戕，必非無因而致，當切實根究。況所驗該備屍傷共有五處，更屬可疑。人情無不知護痛者，既已自刺要害，負創已深，豈復能連戳多傷，並不縮手？其理尤人所易曉。是該備自殺情實尚在曖昧未明，該督既將王希曾提至省城，何難督率司道親行研訊使案情底裏畢露，乃必委員代審，其意何居？督撫爲朕簡任大臣，其才識自勝於僚屬，而心亦公平無所顧忌，斷獄或易得實情，何憚而不躬親鞫問，豈其自顧謂不若有司之明習吏事乎？抑狃於外任養高積習全不問事理輕重，惟恐身親讞牘之損失威重乎？朕日理萬幾，事無鉅細，莫不詳爲披省，日召諸臣講論施行。倘如該督之見，一切付諸部院核覆，竟可不身親綜覽耶？嗣後督撫於應行提審要緊案件務須率同司道等親行研審，毋得仍沿委員陋習，自取咎戾。著爲例。三十六年正月，江西按察使歐陽永琦奏：查定例，每年於小滿後十日起至立秋前一日止，如立秋在六月內，以七月初一日爲止，將枷責等輕罪人犯照例減等發落，笞罪寬免。又例載直隸各省熱審之先，審擬具題到部，遇熱審仍行減等發落。督撫熱審時審擬減等具題，雖過熱審之期，到部亦仍行減等發落，其原題時遇熱審有情罪不符駁回後具題，逾熱審亦減等完結等語，是以州縣於熱審時定擬之案，上司批轉，已屆秋涼，倘或經駁回覆審具詳者，則越時更久，竟有至冬令始奉批允發落者。祇因原審定例在於熱審期內，仍同減等寬免。臣竊以熱審之所以減免者，蓋以時當炎暑，笞杖所加更爲酷烈，是以加恩矜恤。定例之意如此，若發落之時已屆秋冬，而仍減免，似失定例本意，且爲時既久，姦匪易于勾通，胥役提前捺後，更啓避重就輕之弊。雖減免止於杖笞輕罪，但刑法所加，無論大小輕重，總宜均平畫一。據臣管見，應請將熱審減免之例總以發落之時爲準，如原審未屆熱審而在熱審時發落者，照例減免，但發落時已逾熱審即在熱審期內定擬者，不得濫邀減免，庶朝廷矜恤之例，名實相符，而刑法亦昭平允。部議如其請。四十四年三月，奉上諭：三法司題覆直隸獲鹿縣民李三邦年因姦殺死伊妻李氏并砍死伊嫂戎氏一案。按律定擬斬候，已依擬行矣。李三邦年因妻李氏與人通姦懷孕用刀砍死，復妄生猜疑，至伊兄李大邦年屋內乘伊嫂戎氏卧炕立時砍斃。此等兇犯，地方官自應迅速審辦定擬，俾兇頑知所懲創。乃此案該省自四十二年正月呈報，至十月二十七日始行審擬具題，雖本內聲明封印及承審官公出監犯患病各日期，而細核案情，並非難辦，其爲藉詞延玩，實屬顯然。向來審案定限、展限日期，原因地方或有緊急公務或案涉疑難人證不齊未能速結者，准其於本內聲明免議，及相沿日久，地方官恃有此例，既扣公出日期，又扣監犯病限，重疊聲請，冀圖延緩。該上司亦任其托故不加督責，州縣公出尚有文報月日可稽，至監犯患病，多有勒取醫生出結隨詳具報，尤屬無憑稽核。陋習如此，尚復成何治體！朕臨御四十餘年，於鉅細政務勵精圖治，未嘗片刻自安，此中外大小臣工皆所共悉。自應仰體朕意，各加整頓，何至任意延擱，竟置公事於不問耶？外省此等積習，直隸如此，即各省亦所不免。著傳諭該督撫：嗣後辦理案件，務須督率屬員振刷精神，一切案件速行完結，毋得藉有扣限，托故稽延。將此通行飭諭各督撫知之。至此案非尋常兇犯，又非難辦之案，乃恃限遲延，不可不示以懲儆。著將周元理并承辦此案各官一併交部議處。

清·嵇璜《清朝通志·刑法略》 雍正元年諭：朕惟直省大小獄訟，民命所關。國家各設按察司以專察之。一切州縣申詳至爾司成獄，督撫題達，由爾司定案。任豈不重歟？國家定律，所以弼教，非以厲民，故嚴立爰書，防其或罹於法；及於斷獄，又條分縷析，思以曲全其生。今或情例相違，牽合文法，以納民於網，或有兩例並見，輒上下其手，以自遂其私，安得無冤獄哉？夫折獄憑口供，而平反憑案卷，今法吏不求得情，惟求完結，州縣案卷之申詳於爾司者，多鍛鍊口供，附於律例，冀免爾司之駁詰。爾司之詳督撫，督撫之揭部院又加文致焉。口供案卷如是，冤抑何從平反？咎在聽斷之初心，原非欲必得其情也。今宜釐剔宿弊，歸於明允，毋得因循故事，自墮奸欺。至納賄出入人罪，於法尤重，爾司其正己率下，使法無枉撓，庶幾刑措之風。二年，諭：朕覽命案奏牘，如故殺謀殺尚少，而以鬬毆傷人者甚多。或因口角相爭，或因微物起釁，揮拳操戈，一時隕命，及至抵罪，雖悔何及？此皆愚民不知法律所致，殊可憫惻。古有月吉讀法之典，聖祖仁皇帝上諭有講法律以警愚頑一條，蓋欲使民知法不可犯，律無可寬，畏懼猛省，遷善而遠過也。爾部可摘取鬬毆殺人命數條，疏解詳明，令各省地方官刊布曉諭，俾知鬬毆律尚如此，則故殺謀殺罪更可知，互相講論，時存警惕，以化其好勇鬬狠之習，庶命案可以漸少矣。六年，諭：律例之設，乃詳察情理，揆度至當，而後定者也。審擬罪案之時，應引某條則引之，斷無輕重任意，或介兩可之理。常見奏章內往往有先引一條，復云不便，照此治罪，更引重罪以治之。此乃臣下營私之陋習，或欲以嚴刻之名，歸之於上，或冀法外之恩，巧於開脫，均非明允之道？以後外省本章有兩引條例者，駁回將情由參奏。若當引輕律，而故坐重罪，亦難逃朕之洞鑒。內外執法臣工各宜凜遵。

清·洪仁玕《資政新編·刑刑類》 一、善待輕犯，宜給以飲食號衣，使修街渠道路，綀其一足，使二三相連，以差人執鞭刃掌管。輕者移別縣，重者移郡移省，期滿釋回，一以重其廉恥，二以免生他患，庶回時改過自新。此恩威並濟之法也。

一、議第六天條曰勿殺，蓋謂天父有賞罰於來生，人無生殺於今世。然天王爲天父所命，以主理世人，下有不法，上可無刑，是知遭刑者非人殺之，是彼自縛以求天父罰之耳。雖然，爲人上者，不可不親身教導之也。

一、議大罪宜死者，置一大架圈其頸，立其足，昇至桅杆頂，則去其足下之板，以弔死焉。先彰其罪狀並日期，則觀者可以股慄自儆，又少符勿殺之聖誠焉。

十款天條，治人心惡之未形者，制於萌念之始；諸凡國法，治人身惡之既形者，制其滋蔓之多。必先教以天條，而後齊以國法，固非不教而殺矣，亦必有恥且格爾。

清・李漁《新增資治新書全集・督撫地方事》 律例爲不刊之典，則部文爲新頒之功令，誰敢或違。律例、部文而外，無所庸其條約，本都院與所屬惟有凜遵律例，奉行部文，是即本都院之條約也。

清・沈家本《寄簃文存・裁判訪問録序》 光緒乙巳九月，修訂法律館奏請派員赴日本調查裁判監獄事宜，膺斯役者爲郎中董綬金康、主事麥敬輿秩嚴。館事殷繁，於次年四月始克東渡，員外郎熙惟周楨亦相偕前往。抵東京後，適員外郎王書衡儀通奉學部命在彼，相助爲理。日本政府因吾國司法初與交涉，由司法省特簡參事官齋藤十一郎、監獄局事務官小河滋次郎導引諸人分歷各處裁判所及監獄詳細參觀，並於司法省及監獄協會開會講演。見聞所及，撮其大要，爲《裁判》四章、《監獄》二十二章，繕具清單，進呈御覽。董郎中復將輯譯所得，編纂爲書，先成《裁判訪問録》。家本讀竟而序之曰：人不能無羣，有羣斯有爭，有爭斯有訟，爭訟不已，人民將失其治安，裁判者，平爭訟而保治安者也。顧古今中外風俗不盡同，裁判之事即不能盡同。不同者而必欲強之使同，其勢必有所閡，由是阻力生焉。其在上古之世，風俗渾樸，科條簡易。中古以降，風俗趨於澆灕，事日繁劇，若仍以簡易之科條行之，能乎？是故自秦以來，裁判各自爲法。漢有讀鞫、乞鞫之律，而後世無文。《唐律》考囚不過三度，考滿不承，取保放之，而今無此法。若是之類，非止一端。此古與今之不能同也。

西國司法獨立，無論何人皆不能干涉裁判之事，雖以君主之命，總統之權，但有赦免，而無改正。中國則由州縣而道府，而司，而督撫，而部，層層轄制，不能自由。從前刑部權力頗有獨立之勢，而大理稽察，言官糾劾，每爲所牽制，而不免掣肘。西法無刑訊，而中法以考問爲常。西法雖重犯亦立而訊之，中法雖宗室亦一體長跪。此中與西之不能同也。更有相同而仍不同者。古今無論矣，但即中、西言之裁判所憑者，曰供，曰證。中法供、證兼重，有證無供，即難論決。《唐律》獄囚取服辯，今律承之。可見中法之重供，相沿已久。雖律有衆證明白即同獄成，及老幼不拷訊，據衆證定罪之文，特所犯在軍流以下者，向來照此辦理，至死罪人犯，出入甚鉅，雖有此律，不常行用，蓋慎之也。西法重證不重供，有證無供，雖死罪亦可論決。此又中西之同而不同者也。

方今世之崇尚西法者，未必皆能深明其法之原，本不過藉以爲炫世之具，幾欲步亦步，趨亦趨。而墨守先型者，又鄙薄西人，以爲事事不足取。抑知西法之中，固有與古法相同者乎。如刑之宣告，即周之讀書用灋，漢之讀鞫及論，唐之宣告犯狀也。獄之調查，即周之歲終計獄，弊訟登中於天府；宋之類次大辟，奏上朝廷也。至若大司徒所屬之鄉、遂大夫諸官，各掌鄉、遂之政教禁令，而大司寇所屬之鄉士、遂士、縣士分主國中、遂、縣之獄，與鄉、遂諸大夫分職而理，此爲行政官與司法官各有攸司，不若今日州縣官行政、司法混合爲一，尤西法與古法相同之大者。夫古法之不同於今而不行於今，非必古之不若今，或且古勝於今。而今之人習乎今之法，一言古而反以爲泥古，並古勝於今者而亦議之。謂古法之皆可行於今，誠未必然。謂古法皆不可行於今，又豈其然。西之於中，亦猶是耳。值事窮則變之時，而仍有積重難返之勢，不究其法之宗旨何如，經驗何如，崇尚者或拘乎其墟，而鄙薄者終狃於其故。然則欲究其宗旨何如，經驗何如，舍考察亦奚由哉。

泰西裁判之制，英、美爲一派，德、法爲一派，大略相同而微有不同。日本多取諸德、法，然與德、法亦不盡相同。蓋立法以典民，必視乎民以爲法而後可以保民。即如陪審官，實創自英。英本以自治爲國，故此職最重。法改民主之後，經人民要求，亦用此制，德亦仿行，然皆不若英之出於習慣之自然。故日本不用此制，而別設檢事一官。此東與西之不同者。英、美無區裁判，而德有之，日本用德制也。此西與西之不同者。凡此不同之故，亦仍親乎其國之政教風俗，有不能強之使同者。因民以爲治，無古今中外一也。

中國今者方議改裁判之制，而禮教風俗不與歐美同。即日本爲同洲之國，而亦不能盡同。若遽令法之悉同於彼，其有阻力也固宜然。我法之不善者當去之，當去而不去，是之爲悖。彼法之善者當取之，當取而不取，是之爲愚。夫必熟審乎政教風俗之故，而又能通乎法理之原，虛其心，達其聰，損益而會通焉，庶不爲悖且愚乎。日本齋藤參事所述裁判之制，頗稱詳備，凡所謂宗旨何如，經驗何如，其大端已具於是。是在講究斯法者，勿求之於形式，而求之於精神，勿淆羣言，勿膠一是，化而裁之，推而行之，斯變通盡利，平爭訟，保治安，阻力罔勿消，而勢亦無所閡矣。古今中外之見，又何必存哉。

清・沈家本《寄簃文存・刑案匯覽三編序》 從前刑部遇有疑似難決之案，各該司意主議駁，先詳具說帖呈堂。如堂上官以司議爲是，由司再擬，稿尾覆外省之語曰稿尾。分別奏咨施行。若堂上官於司議猶有所疑，批交律例館詳核，館員亦詳具說帖呈堂。堂定後仍交本司辦稿，亦有本司照覆之稿。堂上官有所疑而交館者，其或准或駁，多經再三商榷而後定，慎之至也。道光中，漸有館員隨時核覆不具說帖之事，去繁就簡，說帖遂少。光緒庚辰以後，凡各司疑難之案，一概交館詳核。於是各司員憚於煩也，遂不復具說帖。館員亦不另具說帖，徑代各司擬定稿尾，交司施行。自是館事日繁，而各司多不講求，因有人才牢落之歎。雖經堂上官諄諄告誡，而積習相沿，未之能改。故說帖亦寥寥罕覯，所可採者，惟成案矣。

余官西曹三十年，癸未秋，在奉天司主稿，凡議駁之案，必先具說帖，或擬定稿尾，再請交館。奉天轄東三省，該省官吏多不知刑名事，每年應駁之稿，有多至百餘件者。余固不敢憚煩，而同司僚友，亦互相講求，頗獲切磋之益。夫刑名關係重要，其事之蕃變，每千頭萬緒，其理之細密，如繭絲牛毛。使身膺斯責而不尋繹前人之成說，參考舊日之案情，但憑一己之心思，一時之見解，心矜則愎，氣躁則浮，必至差以毫釐，謬以千里。往往一案之誤，一例之差，而貽害無窮，豈不殆哉。《匯覽》一書，固所以尋繹前人之成說以爲要歸，參考舊日之案情以爲依據者也。晰疑辨似，回惑祛而游移定，故法家多取決焉。顧或者曰：今日法理之學，日有新發明，窮變通久，氣運將至，此編雖詳備，陳迹耳，故紙耳。余謂：理固有日新之機，然新理者，學士之論說也。若人之情僞，五洲攸殊，有非學士之所能盡發其覆者。故就前人之成說而推闡之，就舊日之案情而比附之，大可與新學說互相發明，正不必爲新學說家左袒也。

鮑之《續編》說帖，訖於道光十七年冬季，成案訖於道光十四年，通行訖於道光十八年秋季，邸抄訖於道光十八年九月。自是以後，無人續纂，以接其緒。鄂省刻有一編，所採僅咸豐、同治兩朝，亦未完備，與鮑書不能相接。余嘗得抄本《駁案集成》一書，起道光十八年，訖三十年，凡三十二卷，係律例館原本，不知爲何人所編，實可以接鮑書之緒。又得抄本道光十八年以後之《館稿》八冊，可以補《集成》之未備。光緒戊子秋，余承乏律例館，復得裒集咸豐、同治、光緒年事，如是者五年。癸巳秋，擢守天津，不復與館事，爾後見聞遂寡。間採通行數件，他未及也。丁酉夏，調守保定，省中諸幕僚見此書，咸慫恿付梓。因復手自校訂，除繁去複，排比成書，凡一百二十四卷，顏之曰《三編》，志與鮑書相接也。官事冗迫，暇晷難得，燈炧飯罷，搦管吮毫，輒自笑曰：何不憚煩也。光緒己亥秋日。

此編抄撮於京邸，編訂於天津、保定兩郡署，見者謂宜公諸世。余方籌剞劂之資，旋値庚子之變，事遂中輟，忽忽又八九年矣。今日修訂法律之命，屢奉明詔，律例之刪除變通者，已陸續施行。新定刑法草案，雖尚待考核，而事機相迫，施行恐亦不遠。此編半屬舊事，眞所謂陳迹故紙也。芟薙之功，待諸來日。姑記其緣起於此。丁未仲冬。

清・鄒容《革命軍》 文明國中，有一人橫死者，必登新聞數次，甚至數十次不止。司法官審問案件，即得有實憑實據，非犯罪人親供不能定罪，於審問時，無用刑審問理。何也？重生命也。吾見夫吾同胞每年中死於賊滿人借刀殺人濫酷刑法之下者不知凡幾，賊滿人之用苛刑於中國，言之可醜可痛，天下怨積，內外咨嗟。華人入籍外邦，如避水火。租界必設會審，如御虎狼。乃或援引故事虛文，而頓忘眼前實事。不知今無滅族，何以移親及疏？今無肉刑，何以斃人杖下？今無拷訊，何以苦打成招？今無濫苛，何以百毒備至？至若監牢之刻，獄吏之慘，猶非筆墨所〔能〕形容。即比以九幽十八獄，恐亦有過之無不及，而賊滿人方行其農忙停訟、熱審減刑之假仁假義以自飾。嗚呼！嗚呼！刀加吾頸，槍指吾胸，吾敢曰賊滿人之屠戮我！若夫官吏之貪酷，又非今世界文字語言所得而寫擬言論者也。悲夫！

清・嚴復《法意・按語》 近者中國嘗飭有司，更定刑律，乃去凌遲梟示諸極刑，而飭司法之官無刑訊。此誠聖主如天之仁，身爲斯民，所當感激歌頌於無已者。顧言事者，則以刑訊爲不可除，除且無以治獄，而寇賊奸宄滋熾。彼爲此議，夫豈不仁？蓋亦見其不可行，而後言此。夫泰西之所以能無刑訊而情得者，非徒司法折獄之有術，而無情者不得盡其辭也。有辯護之律師，有公聽之助理，抵瑕蹈隙，曲證旁搜，蓋數聽之餘，其獄之情，靡不得者。而吾國治獄，無此具也。又況譸張之民，誓言無用，鶻突之宰，惟勘不明，則捨刑訊，幾無術矣。今夫獄未定而加人以刑，天下至不仁之政也。欲去至不仁之政，而事之難如此。此吾民之所以可哀，而吾化之所以不足道也。且又知善政必全而用之，取其一而遺其餘，即其一不可得也。論者其勿言復刑訊，而言其所以行此無刑訊者，仁者用心，政如是爾。

綜述

漢・劉向《說苑・至公》 孔子爲魯司寇，聽獄必師斷，敦然皆立，然後君子進，曰： 某子以爲何？ 若某子以爲云云。又曰： 某子以爲何，若某子曰云云。辯矣，然後君子幾當從某子云云乎。以君子之知，豈必待某子之云云，然後知所以斷獄哉？ 君子之敬讓也，文辭有可與人共之者，君子不獨有也。

《後漢書・殤帝紀》 〔永元十六年〕秋七月，旱。戊午，詔曰： 今秋稼方穗而旱，雲雨不霑，疑吏行慘刻，不宣恩澤，妄拘無罪，幽閉良善所致。其一切囚徒於法疑者勿決，以奉秋令。方察煩苛之吏，顯明其罰。

《梁書・武帝紀中》 〔天監〕二年春正月甲寅朔，詔曰： 三訊五聽，著自聖典，哀矜折獄，義重前誥，蓋所以明慎用刑，深戒疑枉，成功致治，罔不由茲。朕自藩部，常躬訊録，求理得情，洪細必盡。末運弛網，斯政又闕，牢犴沉壅，申訴靡從。朕屬當期運，君臨兆億，雖復齋居宣室，留心聽斷； 而九牧遐荒，無因臨覽。深懼懷冤就鞫，匪惟一方。可申敕諸州，月一臨訊，博詢擇善，務在確實。

又 〔天監五年〕甲寅，詔曰： 朕昧旦齋居，惟刑是恤，三辟五聽，寢興載懷。故陳肺石於都街，增官司於詔獄，殷勤親覽，小大以情。而明慎未洽，囹圄尚壅，永言納隍，在予興愧。凡犴獄之所，可遣法官近侍，遞録囚徒，如有枉滯，以時奏聞。

《唐文拾遺・唐武宗〈條流遞過流囚月日時刻敕〉》 配流囚人行李所在州縣，申報到發時刻月日頗甚遲違。今再條流其遞過流囚，准律： 日行五十里，所在州縣各具月日時刻相承申報。自今更或停滯囚徒，有淹申發，其本判官罰五十，直縣令罰三十，直本典決脊杖十五。

《舊唐書・太宗紀下》 〔貞觀五年秋八月〕戊申，初令天下決死刑必三覆奏，在京諸司五覆奏，其日尚食進蔬食，內教坊及太常不舉樂。

宋・王欽若《册府元龜・憲官部》 唐高宗永徽四年，崔義玄爲御史大夫。舊例，御史臺不受訴訟。有通詞狀者，即於臺門候御史。御史競往門外收採。知可彈者，略其姓名，皆云風聞、訪知。及義玄爲大夫，始受定事，御史人知一日，劾狀，題告人姓名。則天萬歲通天元年，左臺殿中侍御史徐有功奏論天官、秋官及朝堂三司理匭使愆失，其略曰： 自陛下即位以來，海內官員一定，而天下選人漸多。掌選之曹，用舍不平，補擬乖次，應留即放，應放翻留，囑請公行，顏面罔懼。遂使囂謗滿路，怨讟盈朝，侵以爲嘗，殊無愧憚。又往屬唐朝季年，時多逆節，鞫訊結斷，刑獄至嚴。革命已來，載祀遽積，餘風未殄，用法猶深。今推鞫者恣行酷法，不依律文，妄搆異端，虛立證據，劾略爲罪，捨法用情，格律昭然，無心遵奉。斷事則不依欵占，罔據條章，狀表生情，法外構理，率心任意，輕重自由，天下稱冤，莫不據此。陛下九重嚴秘，萬機事揔，何能一一躬覽，事事親詳！近臣畏罪而不言，大臣重祿而不奏。遂使刻薄之吏，弊法未悛，士子朝臣，屏氣累息，皆不自保，恐墜網羅。又陛下令朝堂受表，設匭投狀，空有其名，竟無其實。竝不能正旨，各自訪閑。延引歲時，拖拽來去，叩閽不聽，撾鼓不聞，抱恨懷冤。呼嗟而已。至誠所感，和氣必傷。豈不由受委任者不副天心！是陛下務使直申其冤，是有司務在重增其枉，塵垢聖德，隱蔽宸聽者，是臣寺不忠不誠。死罪，死罪。臣今請考選官詮註不平，致令在外怨讟者，臣即察訪，糾而彈之。以復其曲。伏望貶考奪祿，以愧其心，罪仍依法度。其刑獄推斷之官，有行酷法、妄考、妄斷，臣即按驗，奏而劾之。獲枉狀請即付法斷罪，亦准前條奪祿貶考，以慙其德。其三司受表及理匭申冤，使不速與奪，致令擁滯，有理不爲申者，亦望准前彈奏，貶考奪祿。然臣昔處法司，猥蒙擢用。臣愚無以上荅聖造，願以執法酬恩，無縱詭隨，不避強禦，猛噬摯擊，是臣之分。如天恩允臣所奏，請降敕施行，庶不越旬時，可以除殘革弊，刑措不用，天下幸甚。制從之。

宋・錢若水《太宗皇帝實録》卷二九 〔太平興國九年三月〕甲寅，詔曰： 蓋聞刑者不可復屬，死者不可復生。故三聽行誅，聖人之所至慎； 一成不變，君子之所盡心。朕勤恤兆民，哀矜庶獄。每至三伏炎烝之際，隆冬寒沍之時，未嘗不念彼圓扉，憫茲徽纆。而猾胥奸吏，弄法舞文，或苛虐以立威，或稽留而不決。撓憲令之綱紀，傷天地之和平。而欲百姓阜安，四時順序，其可得乎？ 應天下繫囚，宜令逐處州府軍監，每十日一具所犯事由、收禁月日，聞奏。仍委刑部糾舉。

宋・錢若水《太宗皇帝實録》卷三〇 〔太平興國九年六月〕庚子，詔曰：先是六年十二月辛卯詔書應諸道刑獄長吏，每五日一録問。今天下亦幾於治矣，然頗爲煩勞。特示改更，永期遵守。今後宜令十日一録問，杖罪以下便可依理疎決。

又 〔太平興國九年七月〕乙卯，詔曰：御史府，憲令所繫，獄訟攸歸。凡在官聯皆爲要劇所。宜恪謹以承重任，彊毅以肅羣姦。豈可因循恣成，縱弛如聞。臺中鞫獄，多是委之有司。御史但雍容端坐，養高自重而已。故令羣吏爲姦，無所不至，豈所謂徇公求理、欽恤慎重之意乎？今後凡有刑獄，當推御史，並須躬親訊問研究詞情，不得信任胥吏。仍令中丞及知雜御史常加糾舉。

宋・錢若水《太宗皇帝實録》卷三一 〔太平興國九年〕八月戊寅朔，詔曰：國家撫育黎民，哀矜庶獄，累降詔敕，以儆有司。而約束之言猶有未盡，更條其事，申而明之。應兩京及諸道州府，有關競至杖罪以下，本處長吏便可躬親決斷，不必更下所司，廣有逮捕，使獄吏因緣爲姦。及遠郡刑獄有無可疑而奏案待報者，自今並禁止之。初，上謂宰相曰：朕於刑獄，尤所疚懷。今西蜀嶺南皆數千里往來。覆淹延刑禁，宜有條約。乃降是詔。

宋・李燾《續資治通鑑長編》卷五 〔宋太祖乾德二年正月〕甲辰，詔曰：廷尉斷獄，秋曹詳刑，斯舊典也。唐長興初，始立大中小事之限，而周廣順之制，不許中書專決，品式具在，固可遵行。比年以來，有司廢職，具獄來上，煩於親覽。自今諸道奏案，並下大理寺檢斷，刑部詳覆，如舊制焉。其兩司官屬善於其職者，滿歲增秩，稽違差失者，重寘其罪。

宋・李燾《續資治通鑑長編》卷二一 〔宋太宗太平興國六年十二月〕先是，諸州罪人皆錮送闕下，道路非理而死者十常六七，所坐或亹緣細微，情可憫惻。江南西路轉運副使、左拾遺張齊賢上言：罪人至京，請擇清彊官慮問，若顯負沈屈，則量罰本州官吏。自今令只遣正身，家屬別俟朝旨。干繫人非正犯者，具報轉運使詳酌情理免錮送。虔州嘗送三囚，坐市牛肉，幷家屬十二人悉詣闕，而殺牛賊不獲，齊賢悉縱遣其妻子。自是江南送罪人，歲減大半。

齊賢又言：刑獄繁簡，乃治道弛張之本。于公陰德，子孫卽有興者，況六合之廣，能使獄無冤人，豈不福流萬世！州縣胥吏，皆欲多禁繫人，或以根窮爲名，恣行追擾，租税逋欠至少，而禁繫累日，遂至破家。請自今外縣罪人，令五日一具禁放數白州，州獄別置，歷委長吏檢察，三五日一引問疏理，每月具奏，下刑部閲視。有禁人多者，卽奏遣朝官馳往決遣。若事涉冤誣，故爲淹滯，則降黜其本州官吏。或終歲獄無冤滯，則刑部給牒，得替較其課旌賞之。

宋・李燾《續資治通鑑長編》卷二五 〔宋太宗雍熙元年〕八月戊寅朔，上謂宰相曰：每閲大理奏案，或節目小有未備，移文案覆，封疆悠遠，動涉數千里外，禁繫淹久，甚可憐也。自今卿等詳酌，如非人命所繫，即與量罪區分，勿須再鞫。始令諸州笞、杖罪不須證逮者，長吏即決之，勿復付所司。羣臣受詔鞫獄，獄既具，騎置來上，有司斷訖，復騎置下之。諸州所上疑獄，有司詳覆而無可疑之狀，官吏並同違制之坐。其當奏疑案，亦騎置以聞。

宋・李燾《續資治通鑑長編》卷五七 〔宋眞宗景祐元年九月〕己亥，詔曰：先朝謹重刑章，肇置官局，俾當審克之任，列於局禁之間，蓋欲犴獄不冤，議讞必當。然皆親奉成案，伏奏禁坐，既有旨命，方封中書。而宰司以經奏之事卽爾行下，其間情狀不一，或從比附，不加參酌，殊非謹審之旨也。蓋念仕進之伍，偶經刑名之書，雖務從輕，亦難自辨。自今審刑院進案，一依舊例，批所得旨送中書看詳，如刑名允當，卽以敕文處分，勿言審刑院得旨；如其未當，則復以聞，務在平允，稱朕哀矜之意焉。

宋・李燾《續資治通鑑長編》卷七六 〔宋眞宗大中祥符四年十月〕癸卯，詔自今諸路州院、司理院繫囚死者，並遣他司官吏檢視，防其枉抑也。

宋・李燾《續資治通鑑長編》卷七七 〔宋眞宗大中祥符五年四月〕詔：比來因公中勘斷人，經年遇赦，多過闕訴枉。自今宜令制勘官，每獄具則請官録問，得手狀伏辨，乃議條決罰。如事有枉濫，許詣録問官陳訴，卽選官覆按。如勘官偏曲，卽劾罪同奏；如録問官不爲申舉，許詣轉運、提點刑獄司，卽無得詣闕赴訴。

宋・李燾《續資治通鑑長編》卷七八 〔宋眞宗大中祥符六年〕九月丁卯，詔大理寺斷案差互者，本斷官並行勘劾。申明咸平二年四月之詔也。又詔斷敕取其簡要，不必繁敍款辭所斷罪不得以取旨爲文。上曰：一成之法，朕與天下共守。如情輕法重、情重法輕之類，皆當以理裁斷，具獄以聞。

宋・李燾《續資治通鑑長編》卷三八九〔宋哲宗元祐元年六月〕左正言朱光庭言：累赦應編管羈管人，州縣尚有拘留者，乞委監司檢察，致免稽滯。從之。

宋・李燾《續資治通鑑長編》卷四七八〔宋哲宗元祐七年十月〕丙寅，詔刑部、大理寺，已發斷上公案，如遇特恩者，其已斷該赦降勿論，及全原並減外，無罪者更不必退送，若於法不該原減者，據未斷降下名件押貼子，下大理寺，批逐件引赦降，各人事狀，連法狀行下，其餘並退送。

宋・李心傳《建炎以來繫年要錄》卷一七〇〔紹興二十五年十一月〕三省樞密院言士大夫當修行義，以敦風俗。頃者輕儇之子，輒發親戚箱篋私書，訟於朝廷，遂與大獄因得美官。緣是以後，相習成風。雖朋舊骨肉，亦相傾陷，收出牘於往來之間，錄戲語於醉飽之後，況其間有曖昧而傅致其罪者，薄惡之風，莫此爲甚。臣等願陛下特降睿旨，令刑部開具前後告訐姓名，議加黜罰。庶幾士風丕變，人知循省。詔刑部聞具申省取旨。

宋・李心傳《建炎以來繫年要錄》卷一七一　紹興二十六年正月左朝散郎知筠州凌景夏守軍器監，景夏入對言陛下臨御以來，留神刑獄，屢下明詔，戒飭治獄之吏，薄海內外同心愛戴。然而有司拘於法，如大辟前勘官吏收坐者，有一案推結之文，歷時既久，官吏或有事故，或在遠方，文移取會，動經歲月。坐獄之人，不免淹繫。臣待罪筠州，本州見禁婦人阿羅殺夫陳德公事，大情已定，獄案已上，正拘此條，未有決遣之期。臣契勘阿羅自紹興二十一年入獄，今已五年，欲望睿慈，委刑部取案看詳。如阿羅情節別無未圓，先降指揮檢斷其前勘不實官吏，續次施行。仍乞立爲定制，庶不致久淹刑禁。仰副陛下哀矜庶獄之意。從之。

宋・李心傳《建炎以來繫年要錄》卷一七八〔紹興十七年十月〕丙申，權刑部侍郎徐林陳正同言：近來不住有官員雪訴被罪冤抑，其閒多係大理寺勘斷。其本寺官，因臣僚論列觀望挾情，已行罷黜，唯是舊吏尚存，顯有妨礙。欲將右治獄當出職人，日下與注授差遣，往外州縣待闕，已出職而在行在其他官司充役者準此。上曰：朕在京師時，爲開封府，頗類外方官司。如大理寺御史臺法令嚴密，官吏謹畏，無干以私者。自渡江以來，大理寺治獄官吏，極有奸弊。至於客情請託，賄賂公行，玩習既久，理宜懲革。沈該等曰：前此寺官觀望失職，已嘗汰去。惟是胥吏尚用舊人，不可不略行措置，欲依林正同所奏施行。上曰：甚善，六部出職人，亦遣離部，勿復存留。庶幾官曹稍清，姦弊頓革。

宋・李心傳《建炎以來繫年要錄》卷一七九〔紹興二十八年六月〕甲辰，樞密院都承旨陳正同言諸路奏讞死囚，例多降配，非是。上曰：刑罰非務刻深，欲當其罪；若專事姑息，廢法用例，則人不知畏，非所以禁暴戢姦。卿等可諭刑部官常令遵守成憲。〔宋史全文〕史臣曰：言刑以不殺爲仁，言法以撫摩苟安爲得策。世言俗士信哉。南劍言兵變，上曰：此但可行法。福州請寬海盜死，上曰：此姑息耳。不惟是也。以招安爲弭盜之法，以姑息爲御軍之法，淵乎哉聖人之慮也。

宋・佚名《中興兩朝聖政・淳熙十一年三月》　是日，進呈刑部侍郎曾逮奏，乞依乾道九年三月二十三日指揮，令刑部長貳郎官并刑察御史，每月通輪錄囚，具名件聞奏，庶得糾察之職稍復祖宗之制。上曰：可。令用每季仲月。於是詔令刑部、御史臺於每季仲月親錄囚徒。

《宋大詔令集・刑法中・令府界提點往來察舉諸縣刑獄詔大中祥符二年七月庚午**》**　折明惟刑，有國所重，眷上都之屬邑，擇良吏以按巡。尚慮攸司，未符欽恤，申嚴命令，俾奉詔條，督察稽留，糾懲乖失，勉修厥職，稱朕意焉。宜令開封府界提點縣鎮公事楊侃、李允恭往來察舉諸縣刑獄。如事未盡理，有所淹繫，並取案牘，躬親錄問。若曠於奉職，或致枉濫，當重行朝典。

《宋會要輯稿・刑法三》〔至道元年〕至道元年十一月二十九日，詔：審官院自今不得差京朝官往本鄉里制勘、勾當公事諸般。如中書、樞密院要京朝官差遣，並仰具本官鄉貫去處供申。其推勘官仍令御史臺亦依此指揮。

又　景德元年八月十一日，詔：諸差勘事官等，有犯贓私罪官員，並須具從來有無舉主入案，令審刑院、大理寺更加檢覆。先是，帝曰：向來中外奏薦，並令連坐，有被舉者或罹□犯，多匿舉主姓名。故有是詔。

又　天禧元年正月十日，詔：諸路轉運、提點刑獄每受朝廷降下及訴訟公事，不體事理，先取公案看詳，便於別州差官，置司推鞫，妨廢所差官職事及多煩擾。自今須詳事理施行。

又〔紹興六年〕是年十一月七日，詔諸路體量取勘公事人，刑部開具住滯尤甚者申尚書省，取旨施行。以臣僚言：諸路未結絕公事有二百八十九件，其間有自紹興二年淹延至今日故也。七年十月六日，刑部開具下項：一、鼎州爲(循)〔修〕職郎舒邦彥於安撫司使臣何商處受寄李允文激賞庫並宅庫金銀，侵欺入己，委邵州根勘。本部計一十次催促，並無回報。一、廣東經略安撫司奏，本州訪聞得進義副尉、權廣州香山鎮林智在任與本鎮副坊洪浩爲保，領黄世通不納牛皮事，林〔知〕〔智〕取乞洪浩銀七十兩等，已牒廣州送所司根勘施行。據申，林智逃走，乞下高州催勘施行。本部已勘會，自合一面移文高州，發遣前來本州根勘。計二十九次符下廣州，四次申到因依，兩次根治，即目未有結絶。詔知州、勘官各特降一官，餘當職官展二年磨勘，(遂)〔逐〕處當行人吏各杖一百，決訖勒罷，永不得充役。被受推治不回報官罰銅十斤，人吏從杖一百科斷。仍令帥司開具合降官、展年、罰銅人職位姓名申尚書省，其逐年件公事，各限十日依條勘結施行。

又　眞宗咸平六年十二月，敕：應自今敘雪活及捉賊勞績，文武官等合與不合該酬奬者，並令審刑院詳覆聞奏。景德二年五月二十一日，詔自今後雪活得人性命者理爲勞績。先是，著作佐郎曹定奏長吏雪活，乃其職分，不當更論課最。至是，判刑部愼從吉復上言，以爲長吏誤失用刑，率皆受責，雪活冤獄，曾不霑恩，懲勸之間，未協於理。故有是詔。

《宋會要輯稿·刑法四》〔天禧元年〕十月，詔：如聞諸班直、諸軍、坊監、庫務官健飲博無賴，或部分稍峻，即招誘興訟。仰今後所訴事，並須干己、證佐明白，官司乃得受理，違者坐之。或情理巨蠹，即具案以聞。

《宋會要輯稿·刑法五》〔乾道四年〕六月七日，上謂宰相曰：朕前日見疏決全是文具，可具典故將來。蔣芾奏曰：祖宗朝皆人主自臨決囚徒，不拘暑月。至景德中，盛暑臨決，遂爲定制。上曰：朕欲依祖宗故事，先令有司具囚情，前數日進入，朕親閲之，可釋者釋之，可罪者罪之，庶不爲虚文。可降指揮，今後並依祖宗典故。

元·馬端臨《文獻通考·刑考四·刑制》　開皇十五年，制死罪三奏而後決。

《宋史·太祖紀》〔開寶九年冬十月〕晚好讀書，嘗讀《二典》，歎曰：堯、舜之罪四凶，止從投竄，何近代法網之密乎！謂宰相曰：五代諸侯跋扈，有枉法殺人者，朝廷置而不問。人命至重，姑息藩鎮，當若是耶？自今諸州決大辟，錄案聞奏，付刑部覆視之。遂著爲令。

《宋史·刑法志》　帝嘗謂宰相曰：御史臺，閤門之前，四方綱準之地。頗聞臺中鞫獄，御史多不躬親，垂簾雍容，以自尊大。鞫按之任，委在胥吏，求無冤濫，豈可得也。乃詔御史決獄必躬親，毋得專任胥吏。

又　元祐元年，純仁又言：前歲四方奏讞，大辟凡二百六十四，死者止二十五人，所活垂及九分。自去年改法，至今未及百日，所奏按凡一百五十四，死者乃五十七人，所活纔及六分已上。臣固知未改法前全活數多，其間必有曲貸，然猶不失罪疑惟輕之仁；自改法後，所活數少，其間必有濫刑，則深虧寧失不經之義。請自今四方奏大辟按，並令刑部、大理寺再行審覆，略具所犯及元奏因依，令執政取旨裁斷，或所奏不當，亦原其罪。如此則無冤濫之獄。

又　又嘗諭宰臣曰：每閲大理奏案，節目小未備，移文按覆，動涉數千里外，禁繫淹久，甚可憐也。卿等詳酌，非人命所繫，即量罪區分，勿須再鞫。始令諸州笞、杖罪不須證逮者，長吏即決之，勿復付所司。羣臣受詔鞫獄，獄既具，騎置來上，有司斷已，復騎置下之州。凡上疑獄，詳覆之而無疑狀，官吏並同違制之坐。其應奏疑案，亦騎置以聞。

又　又因尚書省言，遠方奏讞，待報淹繫，始令川、廣、福建、荆南路罪人，情輕法重當奏斷者，申安撫或鈐轄司酌情決斷乃奏。門下侍郎韓維言：天下奏按，必斷於大理，詳議於刑部，然後上之中書，決之人主。近歲有司但因州郡所請，依違其言，即上中書，貼例取旨，故四方奏讞日多於前。欲望刑清事省，難矣。自今大理寺受天下奏按，其有刑名疑慮、情理可憫須具情法輕重條律，或指所斷之法，刑部詳審，次第上之。詔刑部立法以聞。

又　又詔：諸州鞫訊強盜，情理無可憫，刑名無疑慮，而輒奏請，許刑部舉駁，重行朝典，無得用例破條。從司馬光之請也。光又上言：殺人不死，傷人不刑，堯、舜不能以致治。刑部奏鈔兗、懷、耀三州之民有鬥殺者，皆當論死，乃妄作情理可憫奏裁，刑部即引舊例貸之。凡律、令、敕、式或不盡載，則有司引例以決。今鬥殺當死，自有正條，而刑部承例免死決配，是鬥殺條律無所用也。請自今諸州所奏大辟，情理無可憫，刑名無可疑，令刑部還之，使依法處斷。若實有可憫、疑慮，即令刑部具其實於奏鈔，先擬處斷，門下省審覆。如或不當，及用例破條，即駁奏取旨勘之。

又　初，京師裁造院募女工，而軍士妻有罪，皆配隸南北作坊。天聖初，特詔釋之，聽自便。婦人應配，則以妻窰務或軍營致遠務卒之無家者，著爲法。時又詔曰：聞配徒者，其妻子流離道路，罕能生還，朕甚憐之。自令應配者，錄具獄刑名及所配地里，上尚書刑部詳覆。未幾，又詔應配者，須長吏以下集聽事慮問。後以奏牘煩冗，罷錄具獄，第以單狀上承進司。既又罷慮問焉。

又　至理宗時，往往讞不時報，囚多瘐死。監察御史程元鳳奏曰：今罪無輕重，悉皆送獄，獄無大小，悉皆稽留。或以追索未齊而不問，或以供款未圓而不呈，或以書擬未當而不判，獄官視以爲常，則不顧其遲，獄吏留以爲利，而惟恐其速。奏案申牘既不刑部，遲延日月方送理寺。理寺看詳，亦復如之。寺回申部，部回申省，動涉歲月。省房又未遽爲呈擬，亦有呈擬而疏駁者，疏駁歲月，又復如前。展轉遲回，有一二年未報下者。可疑可矜，法當奏讞，矜而全之，乃反遲回。有矜貸之報下，而其人已斃於獄者；有犯者獲貸，而干連病死不一者，豈不重可念哉？請自今諸路奏讞，即以所發月日申御史臺，從臺臣究省、部、法寺之慢。從之。而所司延滯，尋復如舊。

《宋史・趙昌言傳》　先時，多遣臺吏巡察羣臣踰越法式者，昌言建議請準故事，令左右巡使分領之。會知審刑院趙安仁、判大理寺韓國華斷獄失中解職，昌言因上言：詳斷官宜加慎擇，自今有議刑不當，嚴示懲罰，授以遠官，若有罪被問不即引伏者，許令追攝。又天下大辟斷訖，皆錄款聞奏，付刑部詳覆，用刑乖理者皆行按劾。惟開封府未嘗奏案，或斷獄有失，止罪元勘官吏，知府、判官、推官、檢法官皆不及責，則何以辨明枉濫，表則方夏？望自今如外州例施地。從之。

《元典章・繫獄》　中統五年八月初四日欽奉聖旨，立中書省條畫內一款節該諸州司縣，但有疑獄不能決斷者，無得淹滯，隨即申解本路上司。若猶有疑惑不能決者，申部應犯死罪枷杻收禁，婦人去杻，杖罪以下鎖收，欽此。

明・呂本《皇明寶訓・洪武卷五・恤刑》　〔洪武十六年〕六月甲戌，刑部尚書開濟等官，議定五六日旬時三審五覆之法。

太祖曰：天下之事，不可狥名而失實，當因名而責實。近聞審覆之法，但應旬時之名，無曰今是昨非，但謂大同小異。審覆者，未必盡其心。告訴者，未必盡其情。朕深知其弊，爾宜戒之。

又　〔洪武十六年〕七月辛亥，遣監察御史往浙江等處錄囚。陛辭。太祖諭之曰：古人有言：議獄緩刑。又曰：無敢折獄。人命至重，必在詳審，不敢輕也。夫刑當其罪，猶在可務，若濫及非辜，豈可復悔，草木微物，仁心者方長不折，況於人而可忍乎？爾往慎之。

明・呂本《皇明寶訓・成化卷二・明刑》　〔成化二年〕十二月辛亥，監察御史董廷圭等言，江西等處軍民往往因細微之事，肆爲張大之詞，用老疾之人，覬免越訴之罪，或覓人抱訴。請必加之罪，則刁詐乃不得售其姦，良善得以安其業。法司議其言，宜從上命，通行內外，其果被誣枉而來訴者，法司當與辯理，勿拘此例。

明・何棟如《皇祖四大法・治法》　〔洪武二十五年二月〕戊午，上諭刑部尚書楊靖等曰：在京獄囚，卿等三覆奏，朕親審決，猶恐不當。在外獄囚繁多，任官者安得人人盡職，所擬者豈能一一當罪，自今在外所上獄囚，卿等當加詳讞，務得眞情後遣官審決，有冤者卽爲伸理，毋致良善被誣，姦邪僥倖。惟雲南道遠，若俟遣官，必致淹滯，其令本處會官詳審決之。

《明實錄・洪武十五年》　〔十月庚子〕命諸司奏事，凡大政事如選官、發兵、賑濟、賞賜、免糧、宥罪，奏牘明書所得旨意，其餘錢糧刑名諸常行事，所司如律定擬具聞，止書奏聞訖，不得輙書奉旨。如律所不載，擬有未當臨時奏請者，則備書所奉旨意。法司訊讞罪人，不許預請窺旨意所向，俟獄成奏聞。如不知事所從由者，許於所司備錄之。

《明實錄・洪武十六年》　〔六月〕甲戌，刑部尚書開濟等官，議定五六日旬時三審五覆之法。上曰：天下之事，不可徇名而失實，當因名而責實。近聞審覆之法，但應旬時之名，無曰今是昨非，但謂大同小異，審覆者，未必盡其心；告訴者，未必盡其情。朕深知其弊，爾宜戒之。

《明實錄・洪武十七年》　〔閏十月乙巳〕上諭禮部臣曰：近聞在外方面，官多侵郡縣之職，甚乖治體。其申諭之，自今民間庶事，皆自州縣始，縣有不公，則州理之。州有不公，則府理之。府有不公，則布政司理之。布政司所任非人，從按察司糾之。如仍前亂政，以擾吾民者，罪之無赦。

《明實錄・洪武二十五年》　〔二月戊午〕上諭刑部尚書楊靖等曰：在京獄囚，卿等三覆奏，朕親審決，猶恐不當。在外獄囚繁多，任官者安得人人盡職，所擬者豈能一一當罪？自今在外所上獄囚，卿等當加詳讞，務得眞情，然後遣官審決，有冤者即爲伸理，毋致良善被誣，姦邪僥倖。惟雲南道遠，若俟遣官必致淹滯，其令本處會官詳審決之。

《**明實録·永樂元年**》〔十月己酉〕大理寺卿薛嵓等奏：各布政司上所部具獄凡死罪百餘人，請分遣御史臨決。上從之。顧謂都御史陳瑛等曰：人命至命重，既絶不可復續，况治獄得情尤難，鞭樸箠楚之下，罪人成於鍛鍊者，往往有之，今百餘人之中，豈能必其皆冤枉？爾等分遣御史宜具以慎行之意書於簡以授之，使論決之時，詳探其情。非其情者，即與辨釋，必揆之以理，理不可生，然後刑之，則彼雖死無所恨矣。

《**明實録·永樂九年**》閏十二月己未，吏部尚書蹇義同六部尚書等官上言十事：【略】其四曰，刑部、都察院職典刑名，而大理寺尤專詳讞，居是職者必得其人。其官屬宜從堂上正佐官精加考覈，庸劣不稱者，黜之。貪婪苛刻者，罪之。其有作奸犯科者，責令互相糾舉，不許故縱，違者一體論罪。其五曰，舊制刑部都察院罪囚，皆送大理寺審録，無冤，然後發落。有異詞者，駁正之。所以法得其平，罪得其當。今大理寺乃同原問官會審，設有冤抑，囚何敢辯，宜令如舊制。敢再紊成法者罪之。【略】其八曰，各處人民賠納官物，多有貧難，賠償不得，而以其情告官，官不爲理，更加督促，計窮勢迫，顧投充軍，原其本情，豈所得已。今後若有此等，合準所告其賠償官物，免追。其九曰，各處逃軍、逃囚，多有藏匿山林，畏罪不出，因而糾衆爲非，宜令兵部榜諭，許以自新，就於所在官司首告，與免本罪。軍還還伍，囚送所司發落。其十曰，各處犯罪，問發北京爲民，及充軍種田者，或有逃逸，例皆全家起發。若其原籍丁多糧重，應當別差，及充軍等項，全家起發，似亦未宜。今後如有此等，止取一丁連家小先發赴屯。俟得原逃正身依律斷遣，免其全家起發。上覽而是之，命所司速行之。

《**明實録·永樂二十二年**》〔十月丁巳〕大理寺決重囚。上曰：人命甚重，帝王以愛人爲德。卿等理刑，宜贊輔德政，罔俾無辜含冤地下，傷國家之和氣。昔法吏有于死獄求生道者，天有顯報，不在其身，在其後人，卿等勉之。遂命五府、六部、通政司、六科同三法司，于承天門會審，特召大學士楊士奇、楊榮、金幼孜至榻前諭曰：此年法司之濫，朕未常不知，其所擬大逆不道，往往出于羅織煆煉。先帝數切戒之，故死刑至四、五覆奏。而法司不留意，甘爲酷吏而無愧，自今凡決審重囚，卿三人往同審有冤抑者，雖細故必以聞。遂命三法司今後審決重囚，必會三學士同審。

《**明實録·宣德二年**》〔正月壬辰〕行在刑部、都察院交章劾奏：天下朝覲官居方面，不能宣揚德化任風紀，不能振肅憲綱，爲守令不勤于撫字，司錢穀不明于出納，致人民逋逃，賦稅逋負，軍伍不清，獄訟愈繁，凡諸政事，日就懈弛，甚者徇私圖利，酷虐殃民，悉有徵驗，請正其罪。上曰：姑宥之，使改過。事不完者，再與約限令完，其老疾不勝事者，令吏部黜之。

《**明實録·宣德五年**》〔十二月〕己丑，行在刑部都察院奏：前日奏請決重囚，中有訴枉者，奉旨令三法司再審。緣諸犯皆累經詳審應決之人，今又有詞，請令公侯伯及文武大臣近侍官會審。從之。

《**明實録·宣德八年**》〔九月乙酉〕三法司請決天下重囚，勑諭之曰：朕體上帝好生之心，惓惓夙夜，惟刑是恤。今奏決天下重囚，但憑所具之詞，其間豈無冤抑者？其遣廉明官分臨各處，同三司、巡按御史及府州縣官，更詳審覆。若情犯深重，果無冤抑，聽就處決。如情有可矜，事有可疑，及不服罪者，仍監侯具奏，與之辯理，切不可輕率致人枉死。

《**明實録·宣德十年**》〔八月丙辰〕行在禮科給事中李讓言五事：一、各處鋪司鋪兵將公文不即傳遞，待至二三十角，然後發送，乞依洪武年間舊制，於封皮上塡寫時刻及鋪兵姓名，如有耽延，查究問罪。一、壩上等處草場所用馬草，小民送納艱難，各處驛馬瘦損，倒死重科害人。有司欽給馬匹倒死買補，亦爲民擾，乞將壩上等處所養馬匹，量爲減省，給與缺馬驛分應給官員，以寬民力。一、近訪得行在光祿寺，收受在外府、州、縣粟豆米糯，納戶雇人運入倉，多被廚役人等盜取，致令納戶假貸陪補，喪家蕩產。乞每月輪差御史給事中各一員，巡視關防。一、在外府、州、縣有等姦吏爲事問罪，轉解到部歸結，往往買囑解人在家延住，起滅詞訟，蠹政害民，今後此等起解人犯，務要申達上司，照限比較。一、洪武年間軍政嚴整，行伍不缺，近年內外衛所軍旗多老幼不勘，難爲調遣，蓋因該管者私役剋減，勾軍者貪求賣放所致。今法司問發邊衛充軍者，其管押之人，每每侵漁逼令在逃，乞將前項囚犯不爲常例存編在京各衛補伍，其邊衛缺軍，於附近布政司轅撥，仍申嚴戒令，但有逼軍在逃者，該管官旗一體治罪。上令該部會議行之。

《**明實録·正統元年**》〔五月丁丑〕行在兵部尚書王驥廉得遼東總兵官巫凱貪淫暴虐十有五事以聞，請究治之。上以凱在遼東，屢効勤勞，况其事風聞未實，姑宥之。令凱自陳，自今文武官有過，必詢察僚屬諸人，得實方許奏聞，若偏徇誣毀，罪亦不貧。

又　〔九月甲午〕行在浙江等道監察御史盧睿等言：　朝廷凡決死囚，必勑刑科三覆奏，重人命也。比者三覆奏畢，但令校尉詣法司，出死囚會官行刑，別無妨奸人員。臣恐犯人親屬有僞稱校尉，詐脱以逃者，乞自今特賜駕帖，付錦衣衛監刑官，率校尉，詣法司，取死囚赴市，庶無疎虞。從之。

《明實録・正統三年》　〔六月癸酉〕行在刑部尚書魏源以旱災上本部疑獄，請命各處巡撫侍郎審録，無巡撫者，分遣本部廉能官審録，庶釋究滯，以回天意。上以爲然，詔無巡撫者，今巡按清軍御史審録，仍令行在都察院亦以疑獄上通審録之。

《明實録・正統四年》　〔四月甲申〕監察御史唐愼奏：　近奉詔内外繫囚，赦所不原，有情法可疑，所司不能決者，令具狀以聞。今在京繫囚，悉承聖斷，恐在外所司，奉行未至。或被挾讎妄指，或因權勢誣害，或争佔田土、分異財産、妄作反叛强盜，或將死屍作謀殺誣人，或官司挾讎故入重罪，設有申訴者而理刑之官，或因前官鞫成罔究虚實，或原問官偏見，或同僚互生嫌疑弗爲之辨，其間豈無含冤而死者？　乞勑各處巡按御史，會都布按三司及直隸府衛正官，將見繫赦所不原，及情可矜疑之囚，俱如京例審録以聞，如有推托利害，弗從公覈實，致人冤抑死於無辜者，事發，俱重罪不宥。從之。

又　〔八月乙巳〕浙江嘉興府知府黄懋言所治人民，多係無賴，以告訐爲能，輒入京妄奏，甚至有雇人代草者，詞所連及，動百十人，曠歲無稽，善良抱冤，乞勑通政司今後嘉興有陳訴者，抑之不受。上以懋所言，天下皆然，何獨嘉興與？　命法司普禁之，今後惟謀反重情，許訴于京，餘皆自下而上，違者以躐越罪之。

《明實録・正統六年》　〔五月戊戌〕行在刑部郎中林厚奉詔，四川審獄，言八事。一、在京監禁重囚，有累訴、冤枉、逮人、照勘，久不獲斷者，請勑各衙門類録各犯緊關冤情，付諸審獄官，即與辯理，具奏處之。一、在外見監重囚，有嘗經訴冤及申詳三法司，以論擬不明駁回再詰者，請亦録各犯所訴冤情，及駁回詞語，付諸審獄官，令詳讞，具奏處之。一、辯遇重囚若俟奏允，方與疎去枷杻，歷日既久，未免瘐死，乞將合奏者，俱暫疎去枷杻，仍繫鎖鐐，俟奏允處之。一、各處有貪酷官員，或挾私怨故禁勘平人，或受賕故入人死罪者，除軍職及文職五品以上官奏請外，其六品以下，即彼逮問械京處之。一、四川州縣至京，不下數千餘里，審覆奏本，若非馳驛賫赴，不無久淹人難，而各衛府無給驛，例乞將奏本送至都布二司，類集三五起馳驛奏報。一、内外見監照勘徒杖輕囚，請亦類付諸審獄官，嚴督回報。一、獄情宜密，乞令臣等所至各府州縣與按察司委官，俱宿分司庶免嫌疑，一、臣等帶去吏典，乞水路俱與乘一船，陸路亦給與馬，所至與俱宿分司。其文冊案牘，沿途有司量給兵夫衛送。奏入，上悉從之，仍命通示審囚官知之。

《明實録・正統九年》　〔四月己酉〕山東按察副使王裕奏：　在外諸司府州縣重囚，例當巡按御史及三司官會審，或踰年始克一會，是以囚多瘐死。往者，嘗遣監察御史等官，會按察司官詳審，釋遣甚衆。今莫若罷會審之例，而行詳審之法，勑遣按察司官一員專審諸獄，庶刑獄清簡，不致淹禁。章下，都察院謂詳審特出一時恩典，而會審著令已久，難遽罷，且朝廷置按察司備正佐官慮所部闊遠，不能周至，復分數道，令佐貳官以時出巡審理冤枉。今欲遣官專審，則責歸一人，衆皆推諉。請如舊例行之，便。上命會審例仍舊，復如詳審，例定委按察司公廉官一員與按察御史同審，罪輕者，即爲決遣；　重者，錮禁以俟；　情可矜疑者，具奏處分；　有冤枉者，從公與辯；　原問官吏失出入者，姑勿問；　涉贓私者，究如律。御史及按察司委官不謹審勘，因而坐罪不當冤抑無辜者，不宥。

又　〔五月己未〕刑科給事陳傳，以天下疑獄，既皆命官會録，請兩京亦如之。上命左副都御史張琦往南京，命刑科給事中王鐸同三法司堂上官録在京者，三法司復援例請内官會録，不久，既而琦在道疾甚，以刑部侍郎馬昂代焉。

又　〔五月〕辛未，勑諭刑部右侍郎馬昂及南京三法司堂上官曰：　朕惟刑乃國家輔治之具，重刑尤民命所關。肆即位以來，祇體天地好生之心，祖宗仁厚之政，赦過宥罪，悉從寬典。數戒中外法司，務存欽恤，毋事深刻，期在刑當其罪，善知所勸，惡如所懲。近聞囹圄中重獄顧多，蓋爭訟者構稱詞以圖誣陷，鞫獄者或智識有所不周，毫厘之差，死生之決，天鑒孔昭，朕心惓切。在外囚繫已命巡按御史及按察司官清理，況輦轂之下，豈容冤濫。今特命爾昂前去南京，會同三法司堂上官審實諸司重囚，其間果有情輕而議重者，有情可矜，法可疑，所司狃於成案，不與分辯者，並與審覆，具實奏聞，以憑處置。爾等宜同德協慮，必公必明，必存敬畏，用副朕心。若情得其實，議擬當罪，使人無冤，惟爾之能。或徇私自用，推避利害，致有冤抑，即爾之辜。

明有國憲，幽有鬼神，爾等其敬慎之。合行之事幷列於後：一、會審之際，原問該道該司官吏不許干預，或有故入失入等罪，悉宥不問。爾等亦不必糾舉，其該吊查案卷俱令用印封識，付首領官送爾等處查考。一、重囚執稱冤枉，不肯承認，及有悉異必須照勘者，爾等即令原問衙門，録其原發及番異情詞，行移彼處巡按御史及按察司審刑官，令拘集里老親隣旗甲人等審勘務得實情，徑自具全。一、爾等各於本衙門，選揀通曉文案勤謹監生二三名跟隨書寫，不許帶辦事官吏。一、好生惡死，人之同情。其有眞情實犯之人，證佐已明，議擬已當，情無可矜，罪無可疑者，不許聽強辯飾非，展轉及攀指誣陷平人。一、獄囚有見照勘未至及已審過應行勘者，今夏暑方盛，令原問衙門暫釋重繫監收，俟照勘至日發落。一、審實畢日，爾昂與三法司公同具本，爾昂賚來復命。

又〔五月己未〕刑部郎中郭恂員外郎陸瑜奏：蒙推選臣等審南北直隸獄囚，乞令法司錄付重獄原詞，以憑詳審。其已辯者，暫釋桎梏，聽候裁決，若理刑官有受財枉法者，文職五品以上，亦乞許臣執問。上俱從之，但令已辯重獄，仍錮禁之。

《明實録・正統十一年》〔五月己巳〕大理寺右評事古鏞言三事：一、各處死罪稱冤，未及詳讞，原鞫者慮其反覆，或棰死獄中。乞勑審刑官徙置他獄，庶冤抑得伸，刑罰不濫。一、帶俸軍職有爲竊盜者，法司論贖徒還職，非所以勵風化。乞爲盜者黜爲民，選其家之賢者代職，庶廉恥少存，盜賊稍息。一、文職官吏有罪摘戍邊者多不諳兵事，或衰老無力，虛費糧餉。乞令當戍邊而衰老者如律輸贖，編口外爲民，庶軍有實用，糧不虛費。事下法司議：死囚稱冤徙獄，恐生奸，餘亦皆非舊制，不可從。上曰：如議。自今內外所繫重囚，必俟朝廷處分，敢有輒棰死者，必罪不宥。

《明實録・景泰二年》〔四月辛未〕巡按直隸監察御史全智言：各處鎮守軍職，濫受詞訟，得賄者，泯之不行；無賄者，轉發送問，蛔興庶獄，荼毒軍民，乞通行禁約，軍職止許操軍禦寇，毋蹈前非，違者治罪，從之。

《明實録・景泰三年》〔三月甲辰〕命錦衣衛指揮同知畢旺採訪事情，諭之曰：今後但係謀逆反叛、妖言惑衆、窺伺朝廷事情、交通王府、外夷、窩藏姦盜及各倉場庫務虛買實收關單、官吏受財賣法有顯跡重情方許指實奏聞，點差御史覆體實方許執訊，其餘事情止許受害之人告發，不許挾讐受囑，誣害良善，及將實事受財賣放，法司亦不許聽從脇制囑託，致有冤枉違法重情，罪不宥。

《明實録・景泰六年》〔二月〕壬午，命太監王誠令三法司刑科審録在京刑獄，大理寺少卿李茂等審録南京幷浙江等處刑獄。賜勑諭之曰：朕承祖宗大統，宵旰憂勤，惟以奉天恤民爲務。凡百科徵悉皆寬罷，至于賑給貧窶，惻念刑獄，尤切究心。比者四方水旱相仍，京師昏霧四塞，淵旬不解，循省所由，咎在朕躬，豈非刑獄失中，傷陰陽之和歟？數戒法司務平平恕，然積習之弊非但一日，蓋囹圄之中近有淹繫三四年八九年，遠有十餘年者含冤抱抑，非其實情。而法司往往慮其累己，止據成案，不爲伸理人之冤若，天實鑒之，致災之由，豈無所自？今特簡命爾等審錄中外刑獄，爾等其務體朕奉天恤民之意，以公剖決。大抵刑獄貴在當情，或有情輕而議重，情過而論故，情法不相當，情罪可矜疑者其悉審覆，得實奏聞區處，勿牽于思，以中國憲。人命至重，死者不可復生，爾等其敬慎之。由是中外冤獄得減，死釋遣者甚衆。

又〔十月丁卯〕福建審刑刑部郎中夏時正言：福建通番及強賊諸獄所司多牽於會問，以致淹禁而死，實坐者不足恤，而枉者可憫。請自今凡非反逆重罪，涉動戚人臣奉特旨者俱不必會問。都察院謂：時正言可從，宜通行天下諸獄，原發在都布司者，但會都布司官，在府衛者會府衛官，在按察司及巡按御史者，不必會官，即爲問結。當奏請徑以聞，如有淹滯，按察司及巡按御史治之。詔從所議。

《明實録・景泰七年》〔十月庚申〕巡按直隸監察御史李宏奏：先爲私塩禁重，少有違犯。近者會議依律科斷，因此致人縱横違犯，肆無忌憚。甚至打造大舡，私備短鎗鐵鋭，鳴鑼擊鼓，張掛黄旗，買求應捕官兵用強護送，誠恐別生事端。請如前例嚴禁。事下戶部議：宜通行各布政司並直隸等處巡撫等官，並巡捕巡司官兵人等，設法緝捕。但有仍前聚衆興販私塩者，執問徑解兵部轉發遼東鐵嶺衛充軍，妻子隨任，如是挑擔貨賣者，依律。其巡捕、巡司官兵人等，故違不行用心緝捕及已捕獲剋落私塩入己者，事發依律。受財故縱及令軍兵用強獲送者，問發充軍，若竈丁煎下余塩，許如例親送本場，交收量給在官糧米與之。賣與奸人興販者，執送問罪，知情故縱者，一體執問從之。

《明實録・成化元年》〔正月癸酉〕鎮守獨石馬營等處奉御進保奏：獨石臨邊之地，備禦官軍一時不可暫缺，近以輕罪往往逮至宣府繫獄，恐猝有警急，缺人守禦。請自今軍中詞訟必須自下而上，輕則委官鞫問，重則親臨自理。上曰：立法正不宜泥於常而忽於變，恆有警急之地，豈可以常法處之。其悉從進保言，著爲令。

《明實録・弘治七年》〔三月丁酉〕禮科都給事中吕獻等言：每歲初夏，例縱釋繫囚，笞杖輕（重）〔犯〕多從宥免，徒流以下減等發落，重囚情可矜疑者具奏定奪，正所以長民命而壽國脈也。但此例獨行兩京而未及天下，乞勅三法司議擬，南北直隸則巡按官督同諸府縣官，各布政司則鎮巡官會同三司官各準兩京例，每於四月慮囚，庶刑獄無冤。户科右給事中王綸亦（以）爲言，謂近年在外官多有貪酷不仁，圖小利而故勘平人，逞私忿而非法凌虐，有因拷訊而死者，則搜求細事諉曰因公，因久禁而死者，則虚補文移號爲有病。乞勅法司申明條例，情可矜疑者即爲平反，不拘成案，仍行天下問刑官不許仍蹈前非，如有紋死者雖曰因公亦必原其情之輕重，脱或有病亦必究其事之大小，如或任情故遣，即以其罪罪之。上命法司議處聞奏，法司議謂：舊例在外罪囚，五年一差官審録。今請不拘此例，每年四月以後各處撫按等官會審，八月以裏類奏。其有酷刑官請降調邊遠，法外刑人至死者，除名爲民。上曰：酷刑官員其令巡撫等官嚴加訪察，依法問擬，奏聞處治，不許輕縱。會審差官，仍照舊例行。

《明實録・弘治十年》〔四月〕乙酉，先是，南京都察院右〔副〕都御史張悦奏：本院并南京刑部當杖斷罪囚之時，例委御史、主事及南京錦衣衛千百户會同杖斷，緣杖所去本衛懸遠，千百户率不能早會，以致罪囚久待，校尉人等因嚇取杖錢，及杖畢日已晚不得發落，仍復收繫以待旦間，遇雨雪尤所難堪。請自今比照在京事例，止令御史、主事會同杖斷，不必再會千百户，其行杖之人，就用地方火甲，不必復用校尉爲便。得旨：僉允南京錦衣衛復以舊例執奏。事下法司再議，於是南京刑部、都察院、大理寺、錦衣衛會同議奏，請仍如悦議，從之。

《明實録・嘉靖三年》〔四月癸丑〕詔告天下合行推恩事宜：【略】一、内外衙門見問囚犯，除死罪并已發落外，其餘犯該徒、流、笞、杖及枷號者，詔書到日，悉宥其罪。官吏、監生、生員、承差知印陰陽醫生、校尉行止有虧敗倫傷化，例該充軍爲民等項，仍照例發落。奉旨勘問者，奏請定奪。一、兩京法司及在外問刑衙門，近年以來，軍民詞訟不行即時問理，又聽犯人轉展攀扯，以致淹禁日久，因而病死者，往往有之，冤抑不伸，致傷和氣。今後務要上緊問結，毋致枉濫。一、各處有等主文書算快手皂隸總甲門禁庫子人等，久戀役衙門，説事過錢，把持官府，起滅詞訟，灑派税糧，賣放强盗，誣執平民，陷害良善者，巡撫巡按、布按二司官訪察拏問發邊遠充軍。

《明實録・嘉靖十一年》〔九月〕己未，大理寺卿周期雍等應詔條上四事：一慎刑官，謂内則刑部郎中、員外郎，外則按察司長貳，皆宜慎擇久歷刑名法比閑習者銓補，毋以他官雜用。一重人命，凡中外檢覆屍傷，類多委之雜流下吏，以致骫法爲奸，自今覆驗，在京宜擇京府通判、推官縣正等官，在外宜擇郡僚邑長親行，毋轉委非人，以滋冤抑。一戒淹繫，言邇者大理之所評駁，問官多執成議，淹繫踰時，停閣不報，囚或因之瘐死獄中，乞申飭刑官，凡所駁覆，大事期以旬日，中事七日，小事五日，必如期問報，毋更稽延，違者，本寺得以參糾，在外則令按臣督察。一公聽斷，頃聞南京法司有濫受民詞，徑行論斷，而不以呈堂，及不赴廷評者，有已經評允而私改情辭者，在外重囚有不俟按臣詳允而遽以轉聞者，今在輦下庸亦有之，請勅法司，毋專聽斷，事無巨細，必付廷評，在外則聽按臣詳審。疏入，上嘉納之。

又〔十月甲申〕刑科都給事中王瑄等言，頃者審録重囚，觀者闐溢，無所見聞，原案未讀，囚辭未終，輒已引去，而當筆者手不停批，且百五十餘人造次而畢，殊非慎獄之意，乞自今廷審稍展其期，令原問衙門各以獄辭朗然宣示，使多官雜議，務服其心，如有矜疑亟與分辯，仍發旗校儆巡，毋令閑人闌入，庶獄情可得而民以不冤。上然其議，謂審録重囚，乃朝廷欽恤至意，今後會審諸臣，宜盡心詳慎，務得眞情，毋忽。

《明實録・隆慶三年》〔九月甲戌〕刑部尚書毛愷言：今災異頻仍，由刑獄冤濫必所致。其弊有六，曰濫詞，曰濫拘，曰濫禁，曰濫刑，曰濫擬濫罰。六者皆足以殃民生，召災異。宜嚴飭内外諸司禁革，犯者以輕重黜罷。上曰：爾來刑獄太過，致干天和，其行内外諸司務平恕明允，痛祛濫弊，以付朕欽恤弭災之意。苛刻害民者，在内法司，在外撫按官劾治之。

《明實録・萬曆元年》〔五月〕辛巳，南京都察院右都御史傅順奏，請遵成法：一申明憲綱，一申明職掌，一申明查盤，一申明詞訟，一申明舉劾，凡六條吏部覆行之。

《明實録·萬曆三年》〔十一月丙辰〕刑部覆奏刑科都給中嚴用和題恤刑事：一正體統，以公審勘；一恤軍犯，以杜冤濫。一清贓犯，以恤案逮；一慎辯復，以免嫌疑；一定期限，以防玩愒；一重考查，以示勸懲。奉旨，五年差官審録，係朝廷欽恤重典，今後務選老成公正精通法律的，方許差遣。復命之日，既不行考察，堂上官卻要不時體訪。有不諳刑名，行事乖方的，不時查奏降黜。餘依議行。

《明實録·萬曆七年》〔九月己未〕刑部覆：刑科都給事中周良寅，所陳朝審事宜：一議會審查。每年霜降以前將見監重犯，會同部、院、司、寺、幷錦衣衛堂上官，及科道掌印官朝審。而五府帶俸勛臣與帶俸副將等官亦與焉，所以廣兼聽也。今議以帶俸帶銜，平居無政刑之責，不宜與會。一、申戒令等事。查往年決過重犯，止會決官具本復命，別無施行。今該科建議，欲刊勑榜文，揭示通衢，以警有衆，無非使人畏罪還刑之意。奏上，報可。

《明實録·萬曆十四年》〔五月丙辰〕刑科都給事中顧問題：今歲例當五年會審，總囚數四百有奇，而可矜、可疑、可釋者，得六十餘人。何所活若是之夥也？第福不可以屢徼，恩不可以常勝，誠恐後之會審者，不問囚數之多寡，不察獄情之眞僞，率以爲例，而必求盈焉。如國法何？乞示將來五年審獄者，不得援此以爲例，且言自後會審，當以刑部爲權衡，庶事有專司，而辟宥允當矣。上曰：朕以重囚淹禁數多，冤斃可憫，故親覽招情，特加寬恤，原非著爲定數，以後若有審録不公，鑽求倖脱，臨時自當指名參劾，何必預先瀆奏。

《明實録·萬曆二十四年》〔七月己巳〕刑科都給事中侯廷佩奏，差官熟審其典甚盛，臣昨同諸臣業已會審，其輕重罪犯放釋，俱當情罪。夫臣所見者，皆已成之獄耳。其監候未成之獄，在陛下愼之而已，豈無有窮治庶獄，至於累年者乎？豈無有猥於承旨，明知故待者乎？豈無有小吏惶恐，諸所連及一切陷入者乎？豈無有見涉影響，定以無可解之辭事，類傳聲，坐以不可逃之罪者乎，至於出口招禍，發語傳喋，輸之司寇，辱之奴隸，小吏罵詈，則有不可令衆庶見者，有一於此則冤塞之氣，皆足以傷天地之和而召災變之至。昔唐憲宗問李絳曰：諫官多訕朝政，皆無事實，朕欲摘其尤者一二人，以警其餘，如何？絳對曰，此殆非上意。必有邪臣，謀壅蔽聰明也。人臣生殺，係人主喜怒，敢發口者，有幾晝夜度思，朝暮刪減，比得上達，十無一二。故人主孜孜求諫，猶懼不至，况罪之乎？臣以爲近日司寇請解曹侍御之獄，宜亟俞之。至於永戍之條，以一身之罪而禍延子孫，法爲尤毒，乞勑法司，務秉公直，一切刑獄，與其議問釋於既成之後，孰若愼議擬於未成之先。疏入留中。

明·卜世昌《皇明通紀述遺·成祖文皇帝》〔永樂元年〕上慮獄囚有淹滯冤抑，命刑部、都察院、大理寺引奏，仍依洪武中例，會官于承天門，覆審施行。

明·呂坤《實政録·狀式》古者以金矢聽辭，皆懸式於象魏，不者有誅惡無情也。邇刁風日甚，狀中叙事僅數語，而形容彼罪，張大我冤，常居十六，冀駭聞一受耳，不知波及蔓引，則無辜者爲殃。此多贖之藉而小民之憂也。

明·呂坤《實政録·風憲約·盜情十一款》一、地方失盜，保甲人等負疎虞之罪，快壯人等懼比較之嚴，彼此扶同，胡疑妄指，即將平人及曾爲竊盜及乞食貧民巧拏恠綁，異拷嚴鞫，手執失單，逼之招認，不合則捶楚亂加，偶合則招令夥盜，既招則押使同拏，仍照前法搒掠，致令展轉相誣，甚者授之口詞，使之攀咬。夫眞賊不苦審，固不招承，良民受非刑，何所不認，然則壯快之言何可據哉？以後快壯拏賊，除眞盜拒捕曾毆公差許其打傷不罪外，其餘止許綁縛鎖銬到官，掌印官先驗傷痕，如拷打骨肉有傷者，快壯重懲革役。有致命重傷者，不分盜之眞假限内身死者，許家屬告發，定擬償命。

一、眞盜所招夥盜，須差快壯訪拏。此輩一執紅票，閭閻所至驚憂，賊未獲，則攀其旁親遠族，同緝或誣其妻父母舅窩藏，索足財貨酒食，仍令遠近跟捉，抛家廢業，騷擾多端。賊既獲，則逼令攀咬富家寄贓，盈其谿壑之求，或指授讐人同盜，使受敲樸之苦，株連蔓引，人人自危。及事定告官，而昏庸有司私其快壯，仍罪告人，深可痛恨。以後快壯訪知眞賊所在，即稟所在正官同所在地方保甲同行捕捉，所在官不從，致令賊逃者，申究，但不許牽累以上無干平民。官不嚴禁，致令被害之家赴告本司得實者，掌印官以才力不及參降。

一、鄉約保甲法行，家家盡在稽掩之中，雖傭作乞丐之人，動靜出入不能欺同約及一甲四鄰耳目。假使平日爲盜，即當鬮約報官，平日善良而被賊攀誣者，即當圖約保救，要見某人平日本分，生理全無非爲。某家某日失盜，本人某日在家，如虛同罪甘結到官，問官即當存結聽保，如後訪得實而本犯脱逃者，保人一例重究，仍責緝捕。惟是同約之人皆是盜賊，便無可奈何，倘一鄉不爲盜，豈容一人爲盜，而百口保之哉？即不敢公訐爲賊，亦不肯公保眞賊矣。

一、賊犯到官，便須親審，近見幾處掌印官憚於任事，懶於推鞫，輒批佐貳首領等官令之擿詞具獄。彼官小而不擔當，識庸而不精細，惟快壯爲指揮，以夾打爲上策，況審賊而原捕在旁，但聞一語稱冤，快壯且喝且稟，甚者恨其反覆，討出外面從新拷掠，具招上堂。彼數經殘創，已自消魂，非係潑耐之人，誰敢堅執辯訴，掌印官十九抄其原供，通詳院道。如近日祁縣黄典史情未問眞，腿已夾折，深可痛恨。以後掌印官首不親問，只批佐貳者，即係極不肖，官員無論有冤無冤，以才力不及參降。三次不改者，參究拏問。

一、掌印官審盜，惟在隔別細心查其情狀。蓋眞僞之情，辭色自別，虛捏之語，辯問則窮。我多方以辯之，則掩護之術不及卒備，無備之言不及會同，往復參錯，眞情自見。至於隔別之報，盜數同、贓數同、期會同、事跡同即無贓，而盜可知矣。或言人人殊，不可驟加嚴刑，亦當耐心細鞫，或設法密訪，人命之疑獄亦然。仁人心苦，智者識精，當必自有妙法，但問刑謂之審，具招謂之詳，詳審二字，此聖王治獄之精意也。今之訊獄者，幸於此兩字留心焉，無以夾棍等酷刑爲第一審法，則冤獄必少矣。

一、失主遞失狀，未必一一皆眞，譸張者甚多，而貪冒者居半。起贓之時，快壯通同，有將本人之物勁指爲贓者，有比照失狀取一二於典當鋪以作贓者，有獲眞贓而快壯先搜其細軟入己者，有疑似之物失主記不眞而錯認者，有明見可愛之物而妄認者，有厭連累之久而妄認一二贓物殺賊以完己事者，有爲快壯所逼不得不認者。蒼南呂公云，余巡海右時有一寡婦被劫，獲盜十人，搜贓俱在，內有女鞋一對，快壯過寡婦家謂之曰鞋當有樣從之。及縣官審贓，寡婦一一俱認，問鞋，曰：我女之鞋也，問大小幾何，曰有樣，索家中樣比之，不爽毫髮，十人者無一語辯，臨刑不數日矣，而眞盜悉獲，眞贓悉出，十人者乃得釋。前贓蓋十人家物也。近日有將良民爲盜，搜其家黄裙指爲失主物者，失主認之。太原毛通判取當鋪黄裙數腰雜置堂上，失主莫知所認，妄取不一，呼良民至，則應手而得，曰此吾裙也。失主無辭而良民遂釋。以後有司審贓不可草率，但失主贓物無記，驗者不可輒坐眞贓，蓋指一物殺一人，可不慎與？

一、近日盜賊招冊，有贓無分毫，供稱花費無存者，要見賣與何人，須拘何人辯認，花費無存四字，豈宜殺人哉？至於銀錢雖難辯識，若本極貧之家，忽然使用方便，要見財物何處得來，情自難掩，諺云：指贓殺賊，如無贓而稱屈，寧舍賊可也。

一、近日治盜，有情未眞，贓未獲，而死於杖下者，有供招未具，而死於獄中者，招中泛稱，陸續監故。天道有知，人之子不可獨殺，今後除情眞贓眞詳允奉決者不拘刑死病死聽其領埋外，其贓狀無指及情節可疑而死於獄者，許屍親告發問官，即係昏庸酷暴，輕者參呈降黜，重則定擬故勘平人之律，決不輕縱。

一、首盜之人不可盡信。有首夥盜而誣一二讐人稱爲同盜者，有本身非盜而受奸人買囑假稱首盜，妄攀平人者，問官傾信其言，盡拘苦審，往往搜贓不獲，死於嚴刑。今後首賊但有一人不眞者，審有誣陷別情不准出首之律，仍問死罪。

一、眞盜脱逃，拏家屬送監。蓋其妻子平日享爲盜之利，忘勸救之言，無首報之舉，即使監追亦不爲過。至於眞盜所報夥賊，縱使脱逃原無贓物，亦將家屬送監，已欠分曉，甚有將父母兄長送監者。古者罪人不孥，況尊長乎？有將翁壻姑舅送監者，彼且忘其骨肉，況疎薄乎？此皆殃及無辜，治獄之惡政也。以後攀報在官而贓物無指者，但許案候，從容訪拏，不許將家屬送監。即係眞盜脱逃，不許拏尊屬遠屬送監。倘眞盜妻子監死獄中，即准抵罪，不許更監別屬逼要眞賊，違者以酷論。

一、世無窩主，則盜無潛踪，盜無定在而窩主有定在，盜難知而窩主不難知。有司肯嚴保甲鄉約之法，或行密訪首訐之令，但拏眞正窩主一名者，即於本犯名下追銀五十兩充賞，自首改過者免罪。以後本州縣窩主別州縣事發者，即將窩主所在掌印官以昏庸參罷。

明・丘濬《大學衍義補・愼刑憲・順天特之令》 宋太祖開寶二年五月，上以暑氣方盛，深念縲係之苦，下詔西京諸州，令長史督掌獄掾，五日一撿視，灑掃獄戶，洗滌杻械，貧不能自存者給飲食，病者給醫藥，輕繫小罪，即時決遣，無得淹滯。自是每歲仲夏必申明是詔，以誡官吏歲以爲常。

臣按：宋朝以仁厚立國，此亦其仁政之一端也。

又　太宗雍熙元年，令諸州十日一具囚帳，及所犯罪名，禁繫日數以聞，刑部專意糾察。

臣按：史太宗閲諸州所奏囚簿，有禁係至三百人者，乃下詔申嚴淹獄之戒令。今後門留寄禁取保在外，幷邸店養疾人等，並准禁囚例件析以聞，其鞫獄違限及可斷不斷、事小而禁繫者，有司奏駁之。噫，太宗以萬乘之君，處崇高富貴之位，於凡諸州所奏囚簿亦閲及之，不惟寓諸目，且動於心，既動於心，即形於言，而有申嚴淹獄之戒，且命所司件析其事目以聞。嗚呼，太宗之盡心獄事如此，當世之民，豈有無罪而就死地者哉？

明·丘濬《大學衍義補·慎刑憲·戒濫縱之失》　玄宗天寶初，李林甫爲相。起大獄以誣陷異己者，寵任吉溫、羅希奭爲御史，二人皆隨林甫所欲深淺，煆鍊成獄，無能自脱者，時人謂之羅鉗吉網。

臣按：國家置爲刑獄，有一定之名，有一定之所。祖宗成法，子孫當遵守之，不敢有加焉，可也。漢唐以來，乃有詔獄之名，及有起大獄者，是於常憲之外而更爲之異名，以羅人於死地，所以張奸臣之威，失天下之心，皆由乎此。後世人臣，有請於祖宗常獄之外別起獄者，必奸邪也。人主宜痛斥之。

《明史·刑法志二》　三法司曰刑部、都察院、大理寺。刑部受天下刑名，都察院糾察，大理寺駁正。太祖嘗曰：凡有大獄，當面訊，防搆陷鍛鍊之弊。故其時重案多親鞫，不委法司。洪武十四年命刑部聽兩造之詞，議定入奏。既奏，錄所下旨，送四輔官、諫院官、給事中覆覈無異，然後覆奏行之。有疑獄，則四輔官封駁之。踰年，四輔官罷，乃命議獄者一歸於三法司。十六年命刑部尚書開濟等，議定五六日旬時三審五覆之法。十七年建三法司於太平門外鍾山之陰，命之曰貫城。下敕言：貫索七星如貫珠，環而成象名天牢。中虛則刑平，官無邪私，故獄無囚人；貫內空中有星或數枚者卽刑繁，刑官非其人；有星而明，爲貴人無罪而獄。今法天道置法司，爾諸司其各慎乃事，法天道行之，令貫索中虛，庶不負朕肇建之意。又論法司官：布政、按察司所擬刑名，其間人命重獄，具奏轉達刑部、都察院參考，大理寺詳擬。著爲令。

刑部有十三清吏司，治各布政司刑名，而陵衛、王府、公侯伯府、在京諸曹及兩京州郡，亦分隸之。按察名提刑，蓋在外之法司也，參以副使、僉事，分治各府縣事。京師自笞以上罪，悉由部議。洪武初決獄，笞五十者縣決之，杖八十者州決之，一百者府決之，徒以上具獄送行省，移駁繁而賄賂行。乃命中書省御史臺詳讞，改月報爲季報，以季報之數，類爲歲報。凡府州縣輕重獄囚，依律決斷。違枉者，御史、按察司糾劾。至二十六年定制，布政司及直隸府州縣，笞杖就決；徒流、遷徙、充軍、雜犯死罪解部，審錄行下，具死囚所坐罪名上部詳議如律者，大理寺擬覆平允，監收候決。其決不待時重囚，報可，卽奏遣官往決之。情詞不明或失出入者，大理寺駁回改正，再問駁至三，改擬不當，將當該官吏奏問，謂之照駁。若亭疑讞決，而囚有番異，則改調隔別衙門問擬。二次番異不服，則具奏，會九卿鞫之，謂之圓審。至三四訊不服，而後請旨決焉。

正統四年稍更直省決遣之制，徒流就彼決遣，死罪以聞。成化五年，南大理評事張鈺言：南京法司多用嚴刑，迫囚誣服，其被糾者亦止改正而無罪，甚非律意。乃詔申大理寺參問刑部之制。弘治十七年，刑部主事朱瑬言：部囚送大理，第當駁正，不當用刑。大理卿楊守隨言：刑具永樂間設，不可廢。帝是其言。

會官審錄之例，定於洪武三十年。初制，有大獄必面訊。十四年命法司論囚，擬律以奏，從翰林院、給事中及春坊正字、司直郎會議平允，然後覆奏論決。至是置政平、訟理二旛，審諭罪囚。諭刑部曰：自今論囚，惟武臣、死罪，朕親審之，餘俱以所犯奏。然後引至承天門外，命行人持訟理旛，傳旨諭之；其無罪應釋者，持政平旛，宣德意遣之。繼令五軍都督府、六部、都察院、六科、通政司、詹事府，間及駙馬雜聽之，錄冤者以狀聞，無冤者實犯死罪以下悉論如律，諸雜犯准贖。永樂七年令大理寺官引法司囚犯赴承天門外，行人持節傳旨，會同府、部、通政司、六科等官審錄如洪武制。十七年令在外死罪重囚，悉赴京師審錄。仁宗特命內閣學士會審重囚，可疑者再問。宣德三年奏重囚，帝令多官覆閲之，曰：古者斷獄，必訊於三公九卿，所以合至公，重民命。卿等往同覆審，毋致枉死。英國公張輔等還奏，訴枉者五十六人，重命法司勘實，因切戒焉。

天順三年令每歲霜降後，三法司同公、侯、伯會審重囚，謂之朝審。歷朝遂遵行之。成化十七年命司禮太監一員會同三法司堂上官，於大理寺審錄，謂之大審。南京則命內守備行之。自此定例，每五年輒大審。初，成祖定熱審之例，英宗特行朝審，至是復有大審，所矜疑放遣，嘗倍於熱審時。內閣之與審也，自憲宗罷，至隆慶元年，高拱復行之。故事，朝審吏部尚書秉筆，時拱適兼吏部故也。至萬曆二十一年朝審，吏部尚書缺，以戶部尚書楊俊民主之。三十二年復缺，以戶部尚書趙世卿主之。崇禎十五年命首輔周延儒同三法司清理淹獄，蓋出於特旨云。大審，自萬曆二十九年曠不舉，四十四年乃行之。

熱審始永樂二年，止決遣輕罪，命出獄聽候而已。尋并寬及徒流以下。宣德二年五、六、七月，連諭三法司錄上繫囚罪狀，凡決遣二千八百餘人。七年二月親閱法司所進繫囚罪狀，決遣千餘人，減等輸納，春審自此始。六月，又以炎暑，命自實犯死罪外，悉早發遣，且馳諭中外刑獄悉如之。成化時，熱審始有重罪矜疑、輕罪減等、枷號疏放諸例。正德元年，掌大理寺工部尚書楊守隨言：每歲熱審事例，行於北京而不行於南京。五年一審錄事例，行於在京，而略於在外。今宜通行南京，凡審囚三法司皆會審，其在外審錄，亦依此例。詔可。嘉靖十年，令每年熱審并五年審錄之期，雜犯死罪、準徒五年者，皆減一年。二十三年，刑科羅崇奎言：五、六月間，笞罪應釋放、徒罪應減等者，亦宜如成化時欽恤枷號例，暫與蠲免，至六月終止。南法司亦如之。報可。隆慶五年令贓銀止十兩以上、監久產絕、或身故者，熱審免追，釋其家屬。萬曆三十九年，方大暑省刑，而熱審矜逢疏未下。刑部侍郎沈應文以獄囚久滯，乞暫豁矜疑者。未報。明日，法司盡按囚籍軍徒杖罪未結者五十三人，發大興、宛平二縣監候，乃以疏聞。神宗亦不罪也。舊例，每年熱審自小滿後十餘日，司禮監傳旨下刑部，即會同都察院、錦衣衛題請，通行南京法司，一體審擬具奏。京師自命下之日至六月終止。南京自部移至日爲始，亦滿兩月而止。四十四年不舉行。明年，又逾兩月，命未下，會暑雨，獄中多疫。言官以熱審愆期、朝審不行、詔獄理刑無人三事交章上請。又請釋楚宗英𪹚、蘊鈁等五十餘人，罣誤知縣滿朝薦，同知王邦才、卞孔時等。皆不報。崇禎十五年四月亢旱，下詔清獄。中允黃道周言：中外齋宿爲百姓請命，而五日之內繫兩尚書，不聞有抗疏爭者，尚足回天意乎？兩尚書謂李日宣、陳新甲也。帝方重怒二人，不能從。

歷朝無寒審之制，崇禎十年，以代州知州郭正中疏及寒審，命所司求故事。尚書鄭三俊乃引數事以奏，言：謹按洪武二十三年十二月癸未，太祖諭刑部尚書楊靖，自今惟犯十惡并殺人者論死，餘死罪皆令輸粟北邊以自贖。永樂四年十一月，法司進月繫囚數，凡數百人，大辟僅十之一。成祖諭呂震曰：此等既非死罪，而久繫不決，天氣沍寒，必有聽其冤死者。凡雜犯死罪下約二百，悉準贖發遣。九年十一月，刑科曹潤等言：昔以天寒，審釋輕囚。今囚或淹一年以上，且一月間瘐死者九百三十餘人，獄吏之毒所不忍言。成祖召法司切責，遂詔：徒流以下三日內決放，重罪當繫者恤之，無令死於饑寒。十二年十一月復令以疑獄名上，親閱之。宣德四年十月，以皇太子千秋節，減雜犯死罪以下，宥笞杖及枷鐐者。嗣後，世宗、神宗或以災異修刑，或以覃恩布德。寒審雖無近例，而先朝寬大，皆所宜取法者。奏上，帝納其言。然永樂十一年十月遣副都御史李慶齎璽書，命皇太子錄南京囚，贖雜犯死罪以下。宣德四年冬，以天氣沍寒，敕南北刑官悉錄繫囚以聞，不分輕重。因謂夏原吉等曰：堯、舜之世，民不犯法，成、康之時，刑措不用，皆君臣同德所致。朕德薄，卿等其勉力匡扶，庶無愧古人。此寒審最著者，三俊亦不暇詳也。

在外恤刑會審之例，定於成化時。初，太祖患刑獄壅蔽，分遣御史林愿、石恆等治各道囚，而敕諭之。宣宗夜讀《周官・立政》：式敬爾由獄，以長我王國。慨然興歎，以爲立國基命在於此。乃敕三法司：朕體上帝好生之心，惟刑是恤。令爾等詳覆天下重獄，而犯者遠在千萬里外，需次當決，豈能無冤？因遣官審錄之。正統六年四月，以災異頻見，敕遣三法司官詳審天下疑獄。於是御史張驥、刑部郎林厚、大理寺正李從智等十三人同奉敕往，而復以刑部侍郎何文淵、大理卿王文、巡撫侍郎周忱、刑科給事中郭瑾審兩京刑獄，亦賜之敕。後評事馬豫言：臣奉敕審刑，竊見各處捉獲強盜，多因讎人指攀，拷掠成獄，不待詳報，死傷者甚多。今後宜勿聽妄指，果有贓證，御史、按察司會審，方許論決。若未審錄有傷死者，毋得準例陞賞。是年，出死囚以下無數。九年，山東副使王裕言：囚獄當會審，而御史及三司官或踰年一會，囚多瘐死。往者常遣御史會按察司詳審，釋遣甚衆。今莫若罷會審之例，而行詳審之法，敕遣按察司官一員，專審諸獄。部持舊制不可廢。帝命審例仍舊，復如詳審例，選按察司官一員與巡按御史同審。失出者姑勿問，涉贓私者究如律。成化元年，南京戶部侍郎陳翼因災異復請如正統例。

部議以諸方多事，不行。八年，乃分遣刑部郎中劉秩等十四人會巡按御史及三司官審錄，敕書鄭重遣之。十二年，大學士商輅言：自八年遣官後，五年於茲，乞更如例行。帝從其請。至十七年，定在京五年大審。卽於是年遣部寺官分行天下，會同巡按御史行事。於是恤刑者至，則多所放遣。嘉靖四十三年定坐贓不及百兩，產絕者免監追。萬曆四年敕雜犯死罪準徒五年者，幷兩犯徒律應總徒四年者，各減一年，其他徒流等罪俱減等。皆由恤刑者奏定，所生全者益多矣。初，正統十一年遣刑部郎中郭恂、員外郎陸瑜審南、北直隸獄囚，文職五品以下有罪，許執問。嘉靖間制，審錄官一省事竣，總計前後所奏，依準改駁多寡，通行考覈。改駁數多者聽劾。故恤刑之權重，而責亦匪輕。此中外法司審錄之大較也。

凡刑部問發罪囚，所司通將所問囚數，不問罪名輕重，分南北人各若干，送山東司，呈堂奏聞，謂之歲報。每月以見監罪囚奏聞，謂之月報。其做工、運炭等項，每五日開送工科，填寫精微冊，月終分六科輪報之。凡法官治囚，皆有成法，提人勘事，必賫精微批文。京外官五品以上有犯必奏聞請旨，不得擅勾問罪。在八議者，實封以聞。民間獄訟，非通政司轉達於部，刑部不得聽理。誣告者反坐，越訴者笞，擊登聞鼓不實者杖。訐告問官，必覈實乃逮問。至罪囚打斷起發有定期，刑具有定器，停刑有定月日，檢驗屍傷有定法，恤囚有定規，籍沒亦有定物，惟復讎者無明文。

弘治元年，刑部尚書何喬新言：舊制提人，所在官司必驗精微批文，與符號相合，然後發遣。此祖宗杜漸防微深意也。近者中外提人，止憑駕帖，既不用符，眞僞莫辨，姦人矯命，何以拒之？請給批文如故。帝曰：此祖宗舊例不可廢。命復行之。然旗校提人，率賫駕帖。嘉靖元年，錦衣衛千戶白壽等賫駕帖詣科，給事中劉濟謂當以御批原本送科，使知其事。兩人相爭並列，上命檢成、弘事例以聞。濟復言，自天順時例卽如此。帝入壽言，責濟，以狀對，亦無以罪也。天啓時，魏忠賢用駕帖提周順昌諸人，竟激蘇州之變。兩畿決囚，亦必驗精微批。嘉靖二十一年，恤刑主事戴楩、吳元璧、呂顒等行急失與內號相驗，比至，與原給外號不合，爲巡按御史所糾，納續還職。

成化時，六品以下官有罪，巡按御史輒令府官提問。陝西巡撫項忠言：祖制，京外五品以上官有犯奏聞，不得擅勾問。今巡按輒提問六品官，甚乖律意，當聞於朝，命御史、按察司提問爲是。乃下部議，從之。凡罪在八議者，實封奏聞請旨，惟十惡不用此例。所屬官爲上司非理凌虐，亦聽實封徑奏。軍官犯罪，都督府請旨。請司事涉軍官及呈告軍官不法者，俱密以實封奏，無得擅勾問。嘉靖中，順天巡按御史鄭存仁檄府縣，凡法司有所追取，不得輒發。尚書鄭曉考故事，民間詞訟非自通政司轉達，不得聽。而諸司有應問罪人，必送刑部，各不相侵。曉乃言：刑部追取人，府縣不當卻。存仁違制，宜罪。存仁亦執自下而上之律，論曉欺罔。乃命在外者屬有司，在京者屬刑部。然自曉去位，民間詞訟，五城御史輒受之，不復遵祖制矣。

洪武時，有告謀反者勘問不實，刑部言當抵罪。帝以問秦裕伯。對曰：元時若此者罪止杖一百，蓋以開來告之路也。帝曰：姦徒不抵，善人被誣者多矣。自今告謀反不實者，抵罪。學正孫詢訐稅使孫必貴爲胡黨，又訐元參政黎銘常自稱老豪傑，謗訕朝廷。帝以告訐非儒者所爲，置不問。永樂間定制，誣三四人杖徒，五六人流三千里，十人以上者凌遲，家屬徙化外。

洪武末年，小民多越訴京師，及按其事，往往不實，乃嚴越訴之禁。命老人理一鄉詞訟，會里胥決之，事重者始白於官，然卒不能止。越訴者日多，乃用重法，戍之邊。宣德時，越訴得實者免罪，不實仍戍邊。景泰中，不問虛實，皆發口外充軍，後不以爲例也。

登聞鼓，洪武元年置於午門外，一御史日監之，非大冤及機密重情不得擊，擊卽引奏。後移置長安右門外，六科、錦衣衛輪收以聞。旨下，校尉領駕帖，送所司問理，蒙蔽阻遏者罪。龍江衛吏有過，罰令書寫，値母喪，乞守制，吏部尚書詹徽不聽，擊鼓訴冤。太祖切責徽，使吏終喪。永樂元年，縣令以贓戍，擊鼓陳狀。帝爲下法司，其人言實受贓，年老昏眊所致，惟上哀憫。帝以其歸誠，屈法宥之。宣德時，直登聞鼓給事林富言：重囚二十七人，以姦盜當決，擊鼓訴冤，煩瀆不可宥。帝曰：登聞鼓之設，正以達下情，何謂煩瀆？自後凡擊鼓訴冤，阻遏者罪。

凡訐告原問官司者，成化間定議，覈究得實，然後逮問。弘治時，南京御史王良臣按指揮周愷等怙勢黷貨，愷等遂訐良臣。詔下南京法司逮繫會鞫。侍郎楊守隨言：此與舊章不合。請自今以後，官吏軍民奏訴，牽緣別事，摭拾原問官者，立案不行。所奏事仍令問結，虛詐者擬罪，原問官枉斷者亦罪。乃下其議於三法司。法司覆奏如所請，從之。洪武二十六年以前，刑部令主事廳會御史、五軍斷事司、大理寺、五城兵馬指揮使官，打斷罪囚。二十九年并差錦衣衛官。其後惟主事會御史，將笞杖罪於打斷廳決訖，附卷，奉旨者次日覆命。萬曆中，刑部尚書孫丕揚言：折獄之不速，由文移牽制故耳。議斷既成，部、寺各立長單，刑部送審掛號，次日即送大理。大理審允，次日即還本部。參差者究處，庶事體可一。至於打斷相驗，令御史三、六、九日遵例會同，餘日止會寺官以速遣。徒流以上，部、寺詳鞫，笞杖小罪，聽堂部處分。命如議行。

凡獄囚已審錄，應決斷者限三日，應起發者限十日，逾限計日以笞。囚淹滯至死者罪徒，此舊例也。嘉靖六年，給事中周瑯言：比者獄吏苛刻，犯無輕重，概加幽繫，案無新故，動引歲時。意喻色授之間，論奏未成，囚骨已糜。又況偏州下邑，督察不及，姦吏悍卒倚獄爲市，或扼其飲食以困之，或徒之穢溷以苦之，備諸痛楚，十不一生。臣觀律令所載，凡逮繫囚犯，老疾必散收，輕重以類分，枷杻薦席必以時飭，涼漿暖匣必以時備，無家者給之衣服，有疾者予之醫藥，淹禁有科，疏決有詔。此祖宗良法美意，宜敕臣下同爲奉行。凡逮繫日月并已竟、未竟、疾病、死亡者，各載文冊，申報長吏，較其結竟之遲速，病故之多寡，以爲功罪而黜陟之。帝深然其言，且命中外有用法深刻，致戕民命者，即斥爲民，雖才守可觀，不得推薦。

凡內外問刑官，惟死罪并竊盜重犯，始用拷訊，餘止鞭撲常刑。酷吏輒用挺棍、夾棍、腦箍、烙鐵及一封書、鼠彈箏、攔馬棍、燕兒飛，或灌鼻、釘指，用徑寸嬾杆，不去棱節竹片，或鞭脊背，兩踝致傷以上者，俱奏請，罪至充軍。

停刑之月，自立春以後，至春分以前。停刑之日，初一、初八、十四、十五、十八、二十三、二十四、二十八、二十九、三十，凡十日。檢驗屍傷，照磨司取部印屍圖一幅，委五城兵馬司如法檢驗，府則通判、推官，州縣則長官親檢，毋得委下僚。

獄囚貧不自給者，洪武十五年定制，人給米日一升。二十四年革去。正統二年，以侍郎何文淵言，詔如舊，且令有贓罰敝衣得分給。成化十二年令有司買藥餌送部，又廣設惠民藥局，療治囚人。至正德十四年，囚犯煤、油、藥料，皆設額銀定數。嘉靖六年，以運炭等有力罪囚，折色糴米，上本部倉，每年約五百石，乃停收。歲冬給綿衣褲各一事，提牢主事驗給之。

犯罪籍沒者，洪武元年制，自反叛外，其餘罪犯止沒田產孳畜。二十一年詔謀逆姦黨及造僞鈔者，沒貲產丁口，以農器耕牛給還之。凡應合鈔劄者，曰姦黨，曰謀反大逆，曰姦黨惡，曰造僞鈔，曰殺一家三人，曰採生折割人爲首。其《大誥》所定十條，後未嘗用也。復讎，惟祖父被毆條見之，曰：祖父母、父母爲人所殺，而子孫擅殺行凶人者，杖六十。其即時殺死者勿論。其餘親屬人等被人殺而擅殺之者，杖一百。按律罪人應死，已就拘執，其捕者擅殺之，罪亦止此。則所謂家屬人等，自包兄弟在內，其例可類推也。

凡決囚，每歲朝審畢，法司以死罪請旨，刑科三覆奏，得旨行刑。在外者奏決單於冬至前，會審決之。正統元年令重囚三覆奏畢，仍請駕帖，付錦衣衛監刑官，領校尉詣法司，取囚赴市。又制，臨決囚有訴冤者，直登聞鼓給事中取狀封進，仍批校尉手，馳赴市曹，暫停刑。嘉靖元年，給事中劉濟等以囚廖鵬父子及王欽、陶杰等頗有內援，懼上意不決，乃言：往歲三覆奏畢，待駕帖則已日午，鼓下仍受訴詞，得報且及未申時，及再請始刑，時已過酉，大非刑人於市，與衆棄之之意。請自今決囚，在未前畢事。從之。七年定議，重囚有冤，家屬於臨決前一日撾鼓，翼日午前下，過午行刑，不覆奏。南京決囚，無刑科覆奏例。弘治十八年，南刑部奏決不待時者三人，大理寺已審允，下法司議，謂：在京重囚，間有決不待時者，審允奏請，至刑科三覆奏，或蒙恩仍監候會審。南京無覆奏例，乞俟秋後審竟，類奏定奪。如有巨憝，難依常例者，更具奏處決，著爲令。詔可。各省決囚，永樂元年定制，死囚百人以上者，差御史審決。弘治十三年定歲差審決重囚官，俱以霜降後至，限期復命。

凡有大慶及災荒皆赦，然有常赦，有不赦，有特赦。十惡及故犯者不赦。律文曰：赦出臨時定罪名，特免或降減從輕者，不在此限。十惡中，不睦又在會赦原宥之例，此則不赦者亦得原。若傳旨肆赦，不別定罪名者，則仍依常赦不原之律。自仁宗立赦條三十五，皆楊士奇代草，盡除永樂年間敝政，歷代因之。凡先朝不便於民者，皆援遺詔或登極詔革除之。凡以赦前事告言人罪者，即坐以所告者罪。弘治元年，民呂梁山等四人，坐竊盜殺人死，遇赦。都御史馬文升請宥死戍邊，帝特命依律斬之。世宗雖屢停刑，尤慎無赦。廷臣屢援赦令，欲宥大禮大獄暨建言諸臣，益持不允。及嘉靖十六年，同知姜輅酷殺平民，都御史王廷相奏當發口外，乃特命如詔書宥免，而以違詔責廷相等。四十一年，三殿成，羣臣請頒赦。帝曰：赦乃小人之幸。不允。穆宗登標覃恩，雖徒流人犯已至配所者，皆許放還，蓋爲遷謫諸臣地也。

《清實録·天聰九年》 上曰：朕於滿州、蒙古、漢人不分新舊，視之如一，凡人有鬥毆之事，既經控訴，宜聽法司公斷審結。聞漢人與滿州、蒙古鬥毆，各相袒庇，是不遵國法而妄行也，犯者必重懲之。

《清實録·雍正七年》 辛亥，諭內閣朕慎重民命，留心刑獄，每於讞決之際，往復審察，至再至三，是以外省每年秋審，亦照朝審之例，悉令三覆奏聞。今思每日所進本章內，有擬以極典，及斬絞立決之犯，雖其情罪俱屬重大，律無可寬。然朕心猶欲慎審而後置之於法，嗣後如遇此等本章，已閱過票簽交與本房者，著批本官員照三覆奏之例進呈三次，候朕再加詳慎，然後批發，以副朕欽恤矜慎之至意。

《清實録·乾隆四十五年》 乙亥，吏部議覆廣西布政使朱椿奏稱，士民告官之案，定例彙入命盜月報冊內。咨部統限四個月完結。但告官之事，不外刑名錢穀，與雜案無異。亦有牽涉命盜重案，及貪贓枉法等事。若非情急上控，定係逞刁妄瀆，必須早得確情。實則參革嚴究，虛則按擬反坐，俱不容遲延日久。今於正限滿日，並不接扣二參。承審之員，難保無瞻徇同官，任意延擱。請嗣後承審告官之案，照例四個月完結。如逾限不結，照命盜雜案例，接扣二參。如再不結，即照易結不結例革職。應如所請從之。

清·畢沅《續資治通鑑》卷六五 〔宋眞宗治平四年〕丙寅，詔曰：獄者，民命之所繫也。比聞有司歲考天下之奏而瘐死者多。其具爲令，提點刑獄歲終會死者之數以聞。委中書檢察，或死者過多，官吏雖已行罰，當更黜責。

清·戴兆佳《天台治略·一件勸諭買産人户速循天臺舊例了根找絶以斬葛藤以清案牘事》 照得買賣田産，不許告找告贖，此定例也。然律設大法，理順人事，事貴因地制宜，難以拘泥成法。天臺陋例，一正必有一找，又有了根，方爲賣絶，相沿成習。所以從前田産買賣，價値原多未足，今當編審大造，自宜心平氣和，率由往日陋例憑中議處，清找了根，兩不相虧，安居樂業。奈何買者故意掯勒，靳而不與，賣者爭多論少，谿壑難塡。每日本縣升堂理事時，環庭抱牘告找紛匕其中。查有果係短價，不得不行准理。雖係自拘，然而不無往來盤費守候工夫。及至公庭對簿，又當量情斷找，何苦多此一番起倒，合行出示曉諭。爲此示仰縣屬買産人戸知悉，從前田産交關，凡有應找者，買主賣主請同原經秉公議處，找價若干，立約交銀，粘同找契，具稟本縣批照用印，存執以斬葛藤。爾等速宜趁此清丈之時，了根找價，各領由單，各自立戸，所謂一了百了，永無翻騰。倘經此番清找之後，敢有再起風波，定照違禁律治罪，決不姑容。雖然天道有循環，人事有消長，貧富無定勢，田地無定主，有錢則買，無錢則賣，買産之家當知此理，不可苦抑賣産之人。眉公有詩云：一派青山景色幽，前人田土後人收。後人收得休歡喜，還有收人在後頭。又蘇掖仕至監司，家富而嗇，每置産，吝不與値，爭一文至失色，尤喜乘人窘迫。嘗置別業，與售者反覆較論甚苦，其子在傍，曰：大人可增少許金，吾輩他日亦得善價。又東海錢翁以小家致富，欲十居城中，或言某房者衆已償價七百金，將售矣，亟圖之。翁閲房，竟酬以千金，子弟曰：業有成議，今驟增價三百，得無溢乎？翁笑曰：非爾所知也。我儕小人，彼違衆而售，我不稍溢保以塞衆口，且慾未饜者爭端未息，我以千金獲七百之舍，彼之望既盈而他人亦無利我屋，歌斯哭斯，從此爲錢氏世業無患矣。已而他居多以價虧求貼，或轉贖，每匕成訟，惟錢氏帖然。此往事俱可爲訓，但買主智愚不齊，淳頑非一，安能咸悉此理。願都人士之智者、淳者，以本縣之言語之愚者、頑者，交相勸勉，俾各相安無事之天，共樂昇平世界，實所厚望焉。特示。

清·佚名《告示集·嚴禁胥役索詐示》 爲嚴禁胥役索詐以免民害事。照得本縣所准詞訟，不過爲百姓公分曲直，扶正懲奸之意。但一詞入官，原被證佐動輒數家，男罷農耕，女罷紡織，每念及此，殊堪憫惻，惟有速審速結，稍解我民之累。然有案件必當拘傳者，不得不差役拘喚，本縣雖誠諭訪察，而若輩利慾薰心，難保不行索詐，實爲民害。合行出示曉諭。爲此示仰聽審人等知悉：凡一切詞訟，差役傳喚原被人等到案，本縣不論早堂晚堂，隨時審明發落，或犯證如有已到而胥役索詐，或先行私押而差役婪求不行拏到者，許當堂直告，贓證有據，立即拏究。如爾等敢隱忍不陳，一經本縣查出，與受同罪。本物言出法隨，不肯狥役殃民。爾等勿視泛言，自蹈罪戾也。特示。

清·佚名《告示集·諭班役》 示諭各班役知悉：照得衙役犯贓，定例森嚴，本縣蒞任方新，現在訪察弊竇，痛加釐剔。各房書吏另行嚴飭外，所有各班差役或本憲提人，或本衙拘犯，一切牌票印用圖記有無需索，令本人自塡並畫押於下，固屬勤卹民隱之意，亦即爾等遠禍之道。嗣後各該役牽到差票，務於印記空處諭令填字畫押，以凴當堂查訊。如繳票到案驗無字押，即將該役以需索論，從重究處，決不寬貸。凜之慎之，莫謂言之不早也。

清・佚名《告示集・示書役》 爲嚴飭事。照得書吏各役，俱係本縣衙門效用之人，而其中頑良不一，明暗各殊。本縣志在剔除奸弊，應分別勸懲。如果奉公循謹，辦事循勤，克副本縣潔己愛民之意，自當破格獎賞。倘敢舞文作弊，藐法欺官，或生事招搖，或借端撞騙，或教唆詞訟，或包攬囚糧，或假公濟私，或陽奉陰違，種種不法，殊堪發指。一經查出，從重究處，誓不寬貸。但非預行曉諭，直待爾等有犯然後從而執法，是屬不教而誅，合先出示嚴飭。爲此示仰各房書吏及各班役知悉：爾等務須循分守法，小心供役，毋得行險僥倖，亦不得怠急從事，自干咎戾。

清・佚名《告示集・書吏速結案件》 爲嚴飭書吏速結案件事。照得一切上行事件，俱關緊要，稍有遲延，非奉飭提，即干參咎。惟有隨到隨行，隨發隨結，方爲奉公守法。本縣蒞任之初，即頒堂規，飭遵在案。乃各房書吏勤慎者少，怠忽者多，以致案件沉擱，屢奉差椒頻催，殊堪痛恨。除已往不咎外，合此再行出示。爲此示諭各房書吏知悉：嗣後悉行一到，本縣抄閱分房之後，該承發房即以查明登號，分發各房，應經發者統限三(日)內申報，應臺發者統限五日內申發報，至通緝人犯發審事件奉到，即行送票，俟獲犯或取結到案，并審結之日，押解詳報，須依完結。如果有限內不能完結者，亦即備具情由，預爲詳請寬限，如敢違延，定行究處，決不寬貸。各宜凜遵，毋貽後悔。

清・徐棟《牧令書輯要・袁枚〈答門生王禮圻問作令書〉》 書來問作令之道，甚勤且摯。夫吏治有不可學者，有可學者。天之生才，敏鈍各異。或應機立決，或再三思而後決，或卧而理，或戴星出入而後理，此豈可學哉？然行政之方，與安吏民之道，則循吏不同，同歸於治。今以縣令所當知，與才性無關者，爲足下告焉。夫治民者，州縣之職也，然治民不自民始；胥吏者，官民交接之樞紐也。家丁戚友，又胥吏交接之樞紐也。不治胥吏，不能治民；不治家丁戚友，不能治胥吏。治家丁、戚友、胥吏，奈何？曰：用之，而勿爲所用。是已其用之，而勿爲所用，奈何？曰：通之，而勿隔。是已官與吏，終日見，而無勞家人之轉通，官與民又終日見，不許胥吏之壅遏。則彼胥吏、家丁、戚友者，不過供奔走佐使之職而已矣，而何弊之能爲？且夫用戚友，不如用家丁，用家丁不如用胥吏，用胥吏不如用百姓。戚友果賢，何所不可？如其不肖，法難遽加。若家丁，則利在前，法在後矣。然家人之來去無常，胥吏之曹缺永在。其畏法媚官，甚於家丁，較可用也。胥吏之職，大都拘人集衆。若受訟時，朱書牒尾，卽令某甲喚某乙，寧不省需索而免稽遲乎？是百姓尤可用也。吾不解今之爲政者，一則曰嚴胥吏，再則曰嚴胥吏。夫胥吏卽百姓也，非鬼蜮禽獸也。使果皆鬼蜮禽獸，宜早誅之，絶之，而又何必用之而嚴之。周官所謂陳其殷，置其輔。輔，卽胥吏也，雖聖人不能不用也。然三代，上有庶人在官之祿，今既無之，則上之人宜爲若作設身想，而何嚴之爲？彼嚴者，豈不曰胥吏舞文乎，病百姓乎？夫使之舞文，病百姓者，官也，非胥吏也。試問已舞之文，判行者誰也？彼舞，而我亦隨而舞之，不自責而責人，何也？胥之權在行檄，役之權在奉檄。今之縣令，檄行若干不知，檄書云何不知，某當理不知，某當銷又不知。如是而欲除弊，雖日殺百胥吏，無益也。夫欲大權在我，莫如手記而手銷之。以州縣之繁，而謂事必親記，似屬奢闊之論。不知訟牒極多，每日所進能過百紙乎？百紙中其理者能過十事乎？每日記十事，未爲難也。次日再收百紙，大半覆詞訴詞，其應記者，又減十而得五矣。受牒十日，書所記，而召之訊，訊吏，何以不行檄，則吏窮；訊役，何以不集犯，則役窮。窮則免冠謝罪。請嗣後十日內行檄集犯，永爲例矣。檄行犯集，隨判而隨銷之。任胥役之需索，奸匪之侜張，而不出十日之期，則所費有限，枝節不多，其初情未改，訊斷亦易。彼百姓者，知十日之必結也，又何畏乎吏役而賄之。法立半年，可十日中竟無一事，此胥役之所大懼也。然民不告臟，上不訪吏，有提吾胥吏者，官自當之。不許胥吏索百姓之錢，亦不許上官胥吏索吾胥吏之錢，彼胥吏者，不懼於始而感於終乎？《康誥》曰：要囚服念，五六日，至於旬時，非速結之義乎？夫可以探喜怒，轉關鍵者，胥稟也。有減增，有株引者，檄稿也。有移換，有竄入者，供詞也。有暗阻，有明催，或早或遲者，訊期也。吾一切目覽而親裁之。許一檄，不許重檄。檄中人數空之，而待親裁。差某役亦空之，而待親裁。內銷外結，檄焚卷撤。彼胥吏何權焉？於胥吏又何誅焉？今之州縣，非不勤也。所惜者，精神在上而不在下耳。不知上行不答則嚴飭至，內幕外胥俱能相促。惟夫寡妻弱子，鄉民村戶，不遠百里而來，望官如望歲，而又無門投刺，不爲之結於浹日以內，吾心安乎？政綱既舉，首清刑罰。清之云者，非寬減之謂，得當之謂也。皋陶曰：罪疑惟輕。言罪之疑者，輕之。其不疑者，不輕也。孟子曰：省刑罰。言省察之，不使刑罰繁也。蓋刑以戒惡也，刑繁則不足以懲惡，而轉生刑之惡，以爲吾既已受刑，而無所損矣，尚有懼哉。以此生疻痏而逞毒淫者，比比焉。要知刑具而部頒之，亦無庸也。夫物之不齊，物之情也。彼衣冠孱民，加細荆而呼號不勝，何事於部頒之具，積蠹大猾，其筋骨皆習練之餘，當巨棓而含笑，囊三木而無聲，何畏乎部頒之具？吾以爲其畏者，雖應笞，亦宜寬省，以灑其恥。其玩刑者，法止杖四十，而吾以二十當之。其酷則更甚於四十。使彼知二十之委頓如此也，況四十耶？乃懍懍乎懼心生而惡念除矣。凡判尾，必親書讞。非炫才也，以便日後展卷而瞭然也。判事，必坐堂皇，非矜衆也，以觀國人之顔色，而是非使共見也。勿輕置人於獄，非徒仁也，所以清狴犴而防雜處之虞也。勿輕申詳，非專擅也，所以免捉搦而成難結之案也。勿問坐獄者之貧富，恐有成見而誤大公也。勿故反聽請者之勾求，恐事未可知而矯枉過正也。勿勸捐以安富，恐抑勒者多。勿罰鍰以遠嫌，恐徇財者惑。勿交鎖鍊於胥役，必內存之。當用者，加朱墨圍，使不得開；不當用者，不署鎖字，使不得混。勿委監獄於典史，必驟臨之，審其輕重，辨木索之有無，觀其氣色，知衣糧之剋扣。孔子曰：聽訟，吾猶人也。必也使無訟乎。此聖人甚言無訟之難，非言聽訟之易也。今之人不能聽訟，先欲無訟，不過嚴狀式，誅訟師，訴之而不知，號之而不理，曰：吾以息訟云爾。此如防川，怨氣不伸，訟必愈多，不知使無訟之道，即在聽訟之中當機立決，大畏民志。民何訟耶，所謂側弁垢顔，不投於明鏡是也。然而一鬨之獄，情僞萬出。或在案中，或在案外，聽之者，恃才恃氣，恃廉恃公，皆不足以聽也。虛以受之，靈以應之，周詳以求之，旁見側出以察之，庶足以聽也。大凡事過而嘗自悔其誤者，其誤常少。此所謂政如農功，日夜思之者也。事過，而常自信無一事之誤者，其誤必多。此所謂氣矜之隆，秦人視越人之肥瘠者也。對簿之民宜分爲六：重者獄，其次繫，其次管守，其次保釋，其次待喚，其次聽其所之。數者，能臨事料量而不容胥吏持之，則聽訟之道思過半矣。和息非不可允，但須書明曲直，以防日後之終凶。狎邪非不當嚴，但須戚屬投明，不許匪人之恫喝。律設大法，而通融者存乎人。否則，傀儡而已。案無確據，而闕疑者法乎史。否則，武斷而已。觀漢江充之巫蠱，而知贓之可栽也。觀《南史》傳炎之斷獄，而知凶器之難據也。天性之親，粢而不殊。雖父訴子，亦使自答。否則，傷慈愛矣。墳田之事，勘而後斷。雖風霜寒暑，不可辭勞，且借以巡鄉村矣。刑名之外，則有錢穀。錢穀役侵者多，民負者少，比役無益也。役又借比以索民錢，善催科者，不輕比役。但擇其負多者，召花戶而欲見之，吾未見眞花戶來而稅不登者也。慮飛灑則細刊科則，昭示鄉氓，防重耗則突取衡平。辜較一二，所謂催科中寓撫字也。

清・徐棟《牧令書輯要・汪輝祖〈勤職〉》　官之一身，實叢百務。精神稍不周到，即開左右窺伺之機。宜設粉版一方，將應辦事件隨手登記，辦一條，抹一條，自無遺忘之患。事須謹慎者，或密書手摺誌之，總不必陽詡精明，授人罅隙。然此謂意中經畫之事，若日行常件宜各立一簿，時時檢閱，具列於左：

一、稽獄囚簿。記獄囚事由及收禁年月，其待鞫而暫禁者，尤須加意，應禁應釋，隨時可辦。

一、查管押簿。管押之名，律所不著，乃萬不得已而用之，隨押隨記。大概賊盜之待質者最多。審定，則重者禁，輕者保。無干者省釋，立予銷除，命案牽連，應即時詰正取保。勢不能速結者，至四五日，斷不可不爲完結。若詞訟案件，自可保候覆訊，不宜差押。蓋管押之干係甚重，或賊押而捕縱行竊，或命押而懼累輕生。至訟案押而招搖撞騙，百弊錯出。此外尚有班房，夜閒官須親驗，以防賄縱。數年前禁革班房名目，令原差押帶私家，更難稽察，似不如仍押公所爲妥。又役之貪狡者，命案訟案及非正盜正賊，藉諭押以恣勒索，每繫諸穢污不堪之處，暑令薰蒸，寒令凍餓，至保釋而病死者不少。故非萬不得已者，斷不可押，既押須親自查驗。不設此簿，或有遺忘，勢且經旬累月，民受大害矣。

一、憲批簿記。上官批發詞訟，奉批月日，及易結難結之故余向幕劇邑，凡到館之初，即飭承稟記此簿，置之案頭，日弔卷查閱，或須審結，或可詳銷，自爲註記。其原稿牽連多人，可以摘除者，一一註明。核稿時俱行删去。遇有訟師指告，經承弊改舊稿，即可明白批示。上官提催，亦不難。將應急應緩緣由，據實詳覆，以免差擾，次第辦結，不使吏役操權。

一、理訟簿記兩造之住址遠近，及鄰證姓名。邑雖健訟，初到時詞多，然應准新詞，每日總不過十紙，餘皆訴詞催詞而已。有准必審，審不改期。則催者少，而誑者懼，不久而新詞亦減矣。手自註記，日不過數行，何至於勞。幕中爲之，已有明效。官則受詞時，可以當堂駁還。新詞斷不能多，何憚於記。故欲求無事，先在省事，此試之歷驗者也。放告須在日中，可以從容閱訊。令代書旁伺，情節不符，卽可根問，立究訟師，不致被誣者受累。安民之道，莫善於此，斷不可委佐貳收詞。

一、堂籤簿。事非急切，斷不可當堂籤提。役齎堂籤，甚於狼虎。往往人未到官，貲已全罄。余里居見此，破人家者多矣，萬一發籤，須當日訊結，若遲延一日，卽民受一日之累，如路遠人多，須至兩三日者，立簿登記，恐事冗偶忘，則役操其柄，所關非細，其籤必須蓋印發行，其他硃單硃諭，與堂籤一例，皆須蓋印，登號，以防詐僞指撞之弊。

一、堂事簿，卽值堂書登記所理之事也。凡讞斷顛末及諭辦公務，勾攝保羈，如不逐日摘敘，一有遺忘，則吏役蒙混，百弊叢生。故必於堂事完竣之時，取簿覽察過硃，攜置案頭。隨時檢閱，可與內號參考互稽，叢脞之虞，庶幾可免矣。

以上六條，皆閱歷有得之言，非紙上空談可比，凡爲牧令者，宜書一通置之座右。

清・吳士鑒《請試行地方分治摺》 聽訟折獄，守令專職，而今日之裁判不可以與昔比，昔恃果決，而今重精詳。民、刑兩訴訟法，已由法律大臣纂布，禁刑訊，准辯護，重證據，慎差傳，獄無大小，比迂餘委備，以研其理，反復曲折，以盡其情，武健之爲，一無所用。夫以中國前此讞獄之法，其率易苟簡若此，而各州縣猶積案累累，以今日裁判律繩之，事繁晷促，百案將無一舉矣。東西各國主裁判者，皆出身學堂，任以專官，終身令治法律。中國詞訟之煩，遠過西歐，而獨令地方長官兼攝，吏治之弊，患在民生。

《大清法規大全・上諭》 上諭： 向來問刑衙門承訊案件完結，各有定限，乃近來官吏積習於訟獄一事，罕能實心清理，或聽信胥役，票傳多人，或怠惰安逸，傳案不訊，或識見昏聵，聽斷無才，或瞻顧不斷，靜待和息，以致羈繫甚多，結案甚少，無罪者瘐斃，牽累者破家，冤慘情狀，不忍覩聞，爲民牧者，誰非來自民間，設身處地，何以堪此。卽使不能懍遵例限，亦豈盡泯天良？ 卽如大理院承訊春阿氏一案，現已延至年餘，尚未斷結，京師如此，外省可知。方今朝廷體恤民瘼，修訂法律，正汲汲以恤刑，保民爲務。若此等舊例所有之事，尚不能實力奉行，更何望其劃除弊根，一新吏治乎？ 特此剴切，嚴諭法部、大理院暨各省督撫，著卽通飭所屬各員，凡有自理暨承審上控、京控案件，均須隨到隨訊，虛衷研鞫，秉公定斷，務令按限清結，嚴定考核勸懲之法。京師大理院審判官及外省有司衙門發審、督審各局，必須選擇惻怛明決之員，使充此任，經此次通諭之後，仍疲玩不悛，殘民以逞，一經被人參劾控告，除將該承審之員從嚴懲辦外，定將該堂官督撫一併懲處，斷不姑寬，欽此。光緒三十四年二月初十日。

清・沈家本《敘雪堂故事刪賸》 刑部謹奏爲請旨事。准江蘇司傳抄，竊查臣部定例： 竊盜遇赦得免併計後再行犯竊，復遇恩詔後犯案到官，俱照初次恩詔以後所犯次數併計科罪。詳核例義，係指尋常恩詔而言。至元年大赦與尋常恩詔不同。諭旨內既稱已發覺咸赦除之，則其從前所犯次數自應全行赦除，不得仍在併計之列。但例內未曾分晰註明，以致各省辦理竊案，往往有將元年大赦以前所犯之案，亦照尋常恩詔後所犯數次併計科斷者。臣部亦因泥於成例，率多隨案照覆。上年九月內曾經臣部酌議通行各省，嗣後竊盜凡恭遇嘉慶元年大赦援免後再行犯竊者，俱照初犯例科斷等因。其自上年九月未經通行以前，各省所辦竊案，仍照向例併計問擬者不一而足，究屬參差，實不足以昭平允。理合奏明請旨，飭令內外問刑衙門，辦理竊盜除遇常赦仍照定例，以初次恩詔後所犯次數併計科罪外，至恭遇嘉慶元年正月初一日大赦，其赦前所犯次數無論曾否得免併計，悉予赦除，毋庸併計，復犯到官均以初犯論。其元年以後辦過併計各案，問擬絞候軍遣流徒者，應請一體查照更正，彙冊報部，庶恩澤得以普遍，而辦理亦歸畫一矣。是否有當，伏乞皇上訓示施行，謹奏請旨。嘉慶四年二月初六日奏，本日奉旨： 依議。欽此。

清・沈家本《修訂法律大臣沈家本奏酌擬法院編制法繕單呈覽摺》 修訂法律大臣，法部右侍郎臣沈家本跪奏，爲酌擬法院編制法，謹繕清單，恭摺具陳，仰祈聖鑒事。

竊維東西各國憲政之萌芽，俱本於司法之獨立，而司法之獨立，實賴法律爲之維持，息息貫通，捷於形影，對待之機，固不容偏廢也。恭讀本年五月二十七日上諭： 改按察使爲提法使，分設審判廳，增易佐治員，著由東三省先行試辦。此外直隸、江蘇兩省，擇地先爲試辦，其餘各省，統限十五年一律通行等因。欽此。爲憲政之預備，奠自強之初基，睿謨宏遠，欽佩莫名。

伏查我朝官制等書，會典至詳，然以行政而兼司法，揆諸今制，稍有未符。至如吏部處分則例，以六曹分職，審斷雖立專門，而旨在懲戒，於治事之規程，權界之劃畫，蓋缺如也。臣曩膺簡命修訂法律，上年在大理院正卿任內，適值構締伊始，深以審判官制諸多未備，非特輯專例，不足統一事權。乃飭館員考古今之沿革，訂中外之異同，分門纂輯，並令法律學堂日本教習法學博士岡田朝太郎，幫同審查。該教習學識宏富，於泰西法制靡不洞徹，隨時考證，足資甄擇，逐條由臣折衷刊定，閱八月始克屬稿。茲奉明詔渙布中外，復據法部、大理院，暨考察政治王大臣各官制清單，詳加對勘，剝膚存貞，釐定十五章，共一百四十條。凡機體之設備，審級之制度，官吏之職掌，監督之權限，一一賅載，名曰法院編制法。惟其中有爲各國之通則，而於今日之實際及中國之風習未宜因襲者，厥有數事。

一曰定額。查各國審判制度，分初級審判、地方審判、高等審判、最高審判爲四級。初級審判以判事一人專任，名單獨制，地方審判爲三人，高等審判爲五人，最高審判爲七人，名合議制。最新學說，頗主倡高等宜三人，最高宜五人者，蓋一則可節省經費，一則可精選讞員。況開庭事宜，向責之審判長一人，定額過多，非惟鄰於尸位，復恐羣議紛如，意見各執，於裁判反致阻滯。茲擬採用其說，於初級審判廳用單獨制，地方審判廳用折衷制。其事係初審者，仍用推事一人，若經預審或再審，增爲三人。高等審判廳以上俱用合議制，惟每級按照各國酌減二人，以杜濫竽。此徵於今日實際，未宜因襲者也。

一曰巡審。即巡迴裁判，日本用之於區裁判之出張所，臨時遣員裁判其事，大致與明之巡按御史及遣官審錄之制相似。中國現在審判人材尚未儲備，凡供帳之繁苛，胥吏之婪索，在所不免，利弊倚伏，無資補救。茲擬地方審判廳以上多設分廳，以分其責，必不得已，或於大理院臨時酌量派遣，但仍以特別事件且關係重要者爲限，高等審判廳以下不得援用也。

一曰休假。約在中曆自八月迨十月之間，其制仿於德國，於此時期適値收刈小麥、葡萄，故停止裁判，以免召集人證，日本因之，與中國農忙舊制同，本爲恤農而設。然吾國農忙之制，未能實行，且休假之時仍須組立休假部，審理款項財產，登記建築，及其他急迫不容稍緩者，屢事更張，徒形周折，日本近亦擬廢其制矣。此二者揆諸吾國之風俗，未宜因襲者也。

再，大理本古官，於東漢時爲廷尉，凡郡國疑讞，皆處當以報，所謂廷尉天下之平是也。逮後厥名互更，要皆專司決劾奏獄，與今日東西各國大審院、帝國裁判所、最高法院等之審理終審事件者，階級相等。顧名思義，乃全國唯一之最高法庭，宜設於京師首善之地，斯崇體制。惟各省幅員廣袤，什倍外國，如事事責令來京上告，川陸修阻，交通不便，適形拖累。查德國乃聯邦集合而成，各聯邦自爲風氣，習慣所囿，至今未能刊改。帝國裁判所設立於沙格遜國之拉布基地方，今各聯邦之高等裁判所，均有代表帝國裁判所之權。若法律問題關涉聯邦者，即於聯邦中之高等裁判所定之，關涉全國者，始於帝國裁判所定之。如巴維利亞之民事訴訟，不於帝國裁判所裁判，即其例也。茲擬折衷德制，凡距京較遠等省，即於高等審判廳內附設大理分院，視事之繁簡，酌分庭數，各庭推事強半之數，由大理院遴派，餘由該廳推事兼充。一切審判制度，俱准大理院辦理，既免遷延時日，且可省小民跋涉之勞。此又限於我國今日特別情形，而未可以各國普遍之例例之也。

編輯之旨，即本以上數端，量予變通，雖期循各國通行之軌塗，仍不睽歷世相沿之政習，謹繕清單，恭呈御覽。

查憲政編查館奏定章程，凡各項法律，均歸該館考覈，以收統一法制之效。伏乞飭下憲政編查館，照章考覈請旨頒行，以垂永制，而嚴職守。所有酌擬法院編制法緣由，謹恭摺具陳，伏乞皇太后、皇上聖鑒。謹奏。

紀事

《漢書·胡建傳》 胡建字子孟，河東人也。孝武天漢中，守軍正丞，貧亡車馬，常步與走卒起居，所以尉薦走卒，甚得其心。時監軍御史爲奸，穿北軍壘垣以爲賈區，建欲誅之，乃約其走卒曰：我欲與公有所誅，吾言取之則取，斬之則斬。於是當選士馬日，監御史與護軍諸校列坐堂皇上，建從走卒趨至堂皇下拜謁，因上堂(皇)，走卒皆上。建指監御史曰：取彼。走卒前曳下堂皇。建曰：斬之。遂斬御史。護軍諸校皆愕驚，不知所以。建亦已有成奏在其懷中，遂上奏曰：臣聞軍法，立武以威衆，誅惡以禁邪。今監御史公穿軍垣以求賈利，私買賣以與士市，不立剛毅之心，勇猛之節，亡以帥先士大夫，尤失理不公。用文吏議，不至重法。黃帝李法曰：壁壘已定，穿窬不繇路，是謂奸人，奸人者殺。臣謹按軍法曰：正亡屬將軍，將軍有罪以聞，二千石以下行法焉。丞於用法疑，執事不諉上，臣謹以斬，昧死以聞。

《後漢書・馮異傳》 自伯升之敗，光武不敢顯其悲戚，每獨居，輒不御酒肉，枕席有涕泣處。〔馮〕異獨叩頭寬譬哀情。光武止之曰：卿勿妄言。異復因閒進說曰：天下同苦王氏，思漢久矣。今更始諸將從横暴虐，所至虜掠，百姓失望，無所依戴。今公專命方面，施行恩德。夫有桀紂之亂，乃見湯武之功；人久飢渴，易爲充飽。宜急分遣官屬，徇行郡縣，理冤結，布惠澤。光武納之。至邯鄲，遣異與銚期乘傳撫循屬縣，錄囚徒，存鰥寡，亡命自詣者除其罪，陰條二千石長吏同心及不附者上之。

《南史・沈瑀傳》 〔沈瑀〕以母憂去職，起爲餘姚令。縣大姓虞氏千餘家，請謁如市，前後令長莫能絕。自瑀到，非訟訴無所通，以法繩之。縣南又有豪族數百家，子弟縱横，遞相庇廕，厚自封植，百姓甚患之。瑀召其老者爲石頭倉監，少者補縣僮，皆號泣道路，自是權右屏跡。

《新唐書・魏徵傳》 中尉仇士良捕妖民賀蘭進興及黨與治軍中，反狀具，帝自臨問，詔命斬囚以徇。御史中丞高元裕建言：獄當與衆共之。刑部、大理，法官也，決大獄不與知，律令謂何？請歸有司。未報。謩上言：事繫軍，即推軍中。如齊民，宜付府縣。今獄不在有司，法有輕重，何從而知？帝停決，詔神策軍以官兵留仗內，餘付御史臺。臺憚士良，不敢異，卒皆誅死。

宋・郭允蹈《蜀鑑・唐僖宗幸蜀》 陳敬瑄鎮西川，多遣人歷縣鎮詗事，謂之尋事，多所求取。有二人過資陽鎮，獨無所求。鎮將謝弘讓邀之不至，自疑有罪，夜亾入群盜中，而實無罪也。捕盜使楊遷誘而執之以求功。敬瑄不之問，釘於西城，煎油潑之，備極慘酷。邛州牙官阡能因公事違期，亾命。遷復誘之，能方出首。聞弘讓之冤，發憤爲盜，踰月衆至萬人。

宋・李燾《續資治通鑑長編》卷一二 〔宋太祖開寶四年六月〕仁瑀兄子因醉誤殺平民，繫獄當死，民家自言：非有憾也，但過誤耳，願以過失傷論。仁瑀曰：我爲長吏而兄子殺人，此乃恃勢恣横，非過失也，豈敢以己之親而亂國法哉！遂論如律。給民家布帛爲棺斂具。

宋・李燾《續資治通鑑長編》卷八二 〔宋眞宗大中祥符七年六月〕丙辰，詔曰：眉州通判黃瑩、知長安縣王文龜，或酗酒濫刑，或受賄鬻獄，並投荒裔，猶屈刑章，凡百搢紳，所宜申戒。

初，孫延世僞作祖父手疏，奪孫朴田，計直三百萬。提點刑獄司命瑩辨之，眉山縣尉高用納延世錢七萬，易其丁簿以爲證佐，瑩又取黃金三十兩，獄成，夾江令李幹審覆之，又取金四兩。因逐朴，悉以產付延世。樸詣闕訟冤，詔劾得實，瑩等當死，用五年十月戊午赦，特除名配本城軍，瑩隸白州，幹漳州，用韶州。

文龜在長安，醉出，迴顧市民有踞坐者，即其所杖之三十，詰朝而卒。法寺准罪當加役流，特命除名，配隸海州。因布告天下。初，有司以敕草上，第言市民踞坐，上曰：文龜欻中有迴顧二字，此最非理，不可不載。視之果然，遂益之。

宋・李燾《續資治通鑑長編》卷八三 〔宋眞宗大中祥符七年十一月〕辛丑，詔廣南東路轉運使李欣、西路轉運使高惠連對換所任。先是，樞密使寇準因對言：臣嘗稱高惠連有吏幹，可以任使，近聞其嚴酷無廉譽。上以西路近蠻徼，故徙之。因言：惠連昔上封事，且言朝廷不可用善人，善人多敗事，因述天有五行爲據。朕觀之，知其涉道淺也。王旦曰：夫天有五行，無不善之理。又所言善人，若選懦之類，誠無所用矣。如吉履善行，固人之常道，安可闕也！《傳》曰：善人，國之紀也，語曰：善人爲邦百年，可以勝殘去殺，《易》曰積善之家，必有餘慶，是也。欣，莆田人，初爲階州軍事推官，時自知州以下皆坐買馬得罪，而欣獨免，由是以清謹知名。

宋・佚名《名公書判清明集・官吏門・不許縣官砦官擅自押人下寨》 柳都砦非公家之砦，乃豪家之土牢；玉山縣非公家之縣，乃豪家之杖直。自今以始，所望縣官稍自植立，仍冀豪家痛自收斂，未欲遽作施行。所有韓逢泰、韓順孫，知縣勘杖而不行引斷，想必心知其非。況不引斷而分押下尉砦，又是心有所徇。殊不思法有明禁，赦有明條，除監司、州郡外，諸縣不得擅自押人下砦，違者從提刑司案劾。縣官、寨官不顧法理，而寧畏豪家，是自求案劾也。今後如再違犯，斷不但已。韓逢泰存亡既未可知，責在本縣，限十日根索，解赴本司審問因依。如過限不到，追管事人，次及砦官。韓順孫若果於牛無分，而輒分牛錢，貧餒若此，豈復有錢可監，放自便。榜縣及砦，仍帖取知委申。

宋・佚名《名公書判清明集・官吏門・州官申狀不謹》 何季十一打死何亞願事，只有張通判與僉廳官僉銜，卻無本府申上之文，判府臺銜書押。此係大辟公事，非特古來聖賢之所深謹，聖主所警示天下者，尤不輕也。不知此申是通判不敢呈上，初不經本府耶？或已經臺覽，而不屑僉押耶？本職昨叨節江東，吳尚書、陳侍郎知太平，趙樞相知建康，一係正任侍從，一係樞使督府，每有大辟申案，必明具銜位，親書諱字，今案牘可考也。當職每敬其審謹刑名，愛重民命，務存國家體統，而仰奉聖主欽恤之盛心者如此。今來慶元雖係侍郎領郡，然審明洞達，必不重爵位，輕民命，循吏訣，廢事體，不惟本司不應含糊，亦恐外觀窺測相業之淺深，而亦非所以盡誠協恭，相與責善之意。兼所申情理舛謬，而筆畫亦十字九乖，想不徹鈴閣之覽，只憑承吏具文，人命所係，豈應輕率如此。牒張通判監承吏別具申，限一日，仍牒府照會。

《宋會要輯稿・刑法一》〔淳熙元年〕十月九日，詔： 六部除刑部許用乾道所修《刑名斷例》，及司勳許用紹興編類獲盜推賞刑部例，並乾道元年四月十八日《措置條例弊事指揮》內立定合引例外，其餘並依成法，不得引例。先是臣僚言： 今之有司既問法之當否，又問例之有無。法既當然，而例或無之，則是皆沮而不行。夫法之當否人所共知，而例之有無多出吏手，往往隱匿其例，以沮壞良法，甚者俟賄賂既行，乃爲具例，爲患不一。乞詔有司，應事有在法炯然可行，而未有此例者，不得以無例廢法事。詔下六部看詳。至是來上，因有是詔。

《宋會要輯稿・刑法三》〔紹興三年〕十二月十一日，江南東路提刑司言： 撫州司理院見禁周七十等，爲周三十七身死公事，將及一年，淹禁坐獄，並不結絕。又本院見罪人陳俊爲行刀殺死張進，至今亦及一年有餘，未曾結絕，以致陳俊脫去枷杻，跳牆逃走，見今未獲。其司理參軍宋仲和顯是弛慢不職，已牒信州取勘。詔宋仲和先次放罷，令本路提刑司催促信州疾速取勘，具案聞奏。

元・葉留《爲政善報事類・熟審兩訟》 宋韓魏公琦鎮大名，魏之訟牒最多，事無巨細公皆親決，雖有病亦許通報決之卧內。或以任勞過當勸公分委僚屬，公曰： 兩訟在官，人之大事或生或死，或與或奪，在吾一言，其可輕

忽。身殁之後，今爲紫府眞人。《感應篇》

《明實録・嘉靖十二年》〔正月〕甲子。先是，福建左布政使查約、右參議楊瑀、都指揮王翺以賊囚林汝美等反獄遇害，都御史王應鵬、御史蘇信稱其忠義宜加褒録，給事中薛宗鎧言約等非爲國死事，特以變起倉卒不遑趨避，與蹈水火何異，難比孫燧諸臣事例。上是其言，禮部議覆謂諸臣向蒙賜葬足酬其死，不得更意加恤，周言有司議獄不當，獄成而有可矜者，不敢即置之辟，後官拘於成案莫肯平反，以致經年禁繫，按察司官多移囚府縣，獄垣庫卒少，防禦甚難，往往致有他變。嗣後重囚，俱繫按察司，不得移之府縣，罪當者，即如律論死。有仍前致失事者罪之，請著爲令。上從之。

明・應檟《讞獄稿・蘇松等處會審疏》 臣等節該欽奉勑： 朕惟刑獄重事，民命所關，兹者詔示內外問刑衙門，責令慎加審録，特命爾等前去直隸江南等處地方，會同巡按御史，督同府衛等衙門掌印等官，即將見監各項罪囚，除有限赦宥外，其餘不分赦前赦後，逐一從公會審。中間果有虧枉，即與勘問辯理。其死罪情可矜疑并稱冤有詞者，各具緊關情節作速奏請定奪。若巡按御史有事相離窵遠，徑自便宜審録，不須等候。欽此。

案照前事先該嘉靖九年十一月二十三日詔書一欵，除有限赦宥罪犯外，前後不及開者，還著在內法司會官，在外法司差官并錦衣衛各一人，前去各處，會同彼處經該官員審録罪囚。如果有冤抑，經年不得伸者，即行開具情節，作速奏報發落，勿得視如故常，欽此。

該本部衛題差臣等欽奉前勑而南行，據蘇松府衛等衙門陸續呈送過凌遲、斬、絞、徒、流，并例該充軍爲民等項罪囚共壹千陸百肆拾柒名口，俱與巡按御史胡體乾相離窵遠從宜，督同知府等官熊宇等逐一審録明白，除情無虧枉者依擬發落情，有虧枉徒罪以下徑行辯理外，數內犯該斬絞死罪李阿奎等壹拾肆名口，情有可矜金俊等捌名口，情有可疑俱合遵照勑書事理奏請定奪黃恩等貳拾柒名情罪各有虧枉俱已辯理，但干死罪亦合奏請定奪，臣等仰惟我皇上好生之德泣罪之仁，遠符舜禹，惟恐一物不得其所，故發於詔勑者，諄切如此。臣等雖以庸劣，承兹任使，亦欲策厲，用圖報稱，兹審録二府，見其訟獄獨繁，冤濫亦多，於是同心協力據事察理，得其可矜可疑可辯者若此，不敢過於縱刻別有避忌以誤陛下，但此輩幽禁年久，殊無人色，與死爲鄰，今雖暫開枷鎖，尚未得脫囹圄，即今天氣暄熱，病勢易作，萬一稍爲延緩，則受死

者必多，不無有辜恩典，乞行法司即加詳議，速賜俞允，使得早脫桎梏之苦，咸遂生全之願，則聖恩之布庶乎其無負矣。臣等不勝惓惓。計開會審，得情可矜疑，稱冤有詞，並辯問過，斬絞等罪俱合奏請定奪，犯人共伍拾陸名口。

情有可矜，斬絞犯人壹拾肆名口。

肆名：　李阿奎，係吳縣人，顧文、張先、朱順，係長洲縣人，俱直隸蘇州府。該李阿奎招正德九年奎初犯掏摸，正德十三年在官，顧文初犯竊，盜張先初犯掏摸，俱事發本府。各刺右臂。正德十五年顧文再犯掏摸，事發本府，刺左臂，嘉靖元年在官。朱順初犯掏摸事發，蘇州衛亦刺右臂。嘉靖二年張先再犯掏摸事發本府，嘉靖三年朱順再犯掏摸事發本衛，喜靖七年奎再犯掏摸，事發本府，各刺左臂。嘉靖九年六月內奎與顧文、張先、朱順各又不合，掏摸在官商人周文秀袖內銀四兩三錢四分，事發本府，問擬掏摸與竊盜，叁犯罪同，各絞罪監候。臣等會審查得李阿奎、張先初犯，顧文初再貳犯，俱在革前其，與朱順叁犯又俱在，赦限之內，雖其屢犯不悛，均非聖世之良民，但此輩之人良心喪於基業之廢，盜心發於饑寒之極，遂至放僻冒犯刑憲，於例既該奏請，原情亦在可矜。

壹名許忠招，係直隸蘇州府長洲縣民，正德五年，忠初犯竊盜事發蘇州衛，問擬杖罪，刺右臂。嘉靖三年再犯竊盜事發本府，問擬徒罪，刺左臂。嘉靖十年正月二十七日，夜忠不合竊盜在官沈呈絲緯衣服等物，遇巡夜應捕，連贓捉送蘇州衛關府，問擬竊盜，叁犯絞罪。臣等會審，得許忠雖屢犯，賊情止欲苟，且以免饑寒之急而不顧，遂陷於刑戮之慘，論跡雖類故犯推情實在可矜，況又革前一次，革後二次例該奏請定奪。

壹名林瑾招，係直隸松江府上海縣民，嘉靖二年瑾在官父林權將中錢五百文，綿紗五觔托寄在官姐夫陸廷芳收候買棺。嘉靖六年九月內瑾不合用楊木刻成上海縣僞印一顆，向留在家，嘉靖七年二月十四日林權與陸廷芳清討前寄錢紗，不還，瑾將情具狀不合用前假印印號半顆在狀妄稱赴縣告准執付在官，老人林榛帶至陸廷芳家勾取，當被陸廷芳在官弟陸廷桂首縣瑾懼燒毀訖，蒙縣令瑾另刻假印一顆，比對相同問擬僞造各衛門印信，斬罪。轉詳間該撫按官會審得本犯始以應取之財誤作極刑之僞，利未入己害已隨身，按律固難輕容，原情實堪憐憫，奏請未示，又該大理寺奏奉欽依處決，臣等會審，得本犯私造縣章自干國法固不足惜，但其雕刻已過半載，行用僅止一次，未見其有誆財害人之事，跡雖類於故犯，情實原於無知，誠有如撫按所言者，所據本犯情罪委有可矜。

貳名周欽、張昌能，俱直隸蘇州府吳縣人，該周欽招，嘉靖六年六月監故楊鈇因住在鄉幽靜要得私鑄銅錢，知欽與張昌能鑄打銅器，密來商說，你們鑄銅無甚大利，莫若到我家鑄錢覓利分用等語，比欽與張昌能各不合依允前到楊鈇家，鑄成新錢行使。間事發崑山縣，問擬，欽與張昌能匠人罪同私鑄銅錢，各絞罪，轉詳刑部駁問，臣等會審得周欽張昌能妄逞小技，私竊國利，其罪固不在楊鈇之下，但其平生藝習止知鑄打銅器，其私鑄銅錢之事，實始於楊鈇之造謀誘引，小民無知，見利易動，夫豈慮今日殺身之禍哉。今楊鈇既已監故，亦足示戒，若又將本犯處絞，情實可矜。

壹口蘇氏，招係直隸蘇州府長洲縣已故同知浦應祥繼妻。有夫已死，妾陳氏妬氏獨掌家業，密同夫讐弟浦應嗣等，譖氏外姦。正德十六年十月二十九日，夫染風癱病症，因陳氏將藥失手潑地，叱罵，被陳氏回言相抵，令氏採打，氏亦懷挾姦讐，恨不合與，今故使女來喜捉倒亂打，傷重，至十一月初四日身死，事發本府。問擬妻毆妾至死絞罪，轉詳刑部，該大理寺奏奉欽依處決節，該巡按審錄決囚等官會審，情可矜疑，奏請未蒙明示，臣等會審得已死陳氏不安爲庶之分，妄興奪嫡之心，誣姦情於他人，設謀已險施逆言於病；主爲罪益深，蘇氏痛心玷汙秉時撲殺，雖本宿昔之怨尤，伏倉卒之命，論法既有主使，原情實可哀憐。

壹名陳順招，係直隸蘇州府常熟縣民。正德五年，順買監故徐氏爲妾，因要專權，不合毀謗已死妻嚴氏過惡，譖順不和正德八年將妻休回後，妻父嚴崑央未到鄰婦張氏仍送來家收聚。正德十年七月初十日，順出飲酒，晚回，是妻嚴氏在於鄰家討火，就不合乘醉將伊扭住，徐氏亦相幫，將綿絃緊縛妻手，對順譖說，這悍婦正好打死，觸起順怒，亂打致死，事發本府。問擬順夫毆妻至死，絞罪，徐氏妄毆正妻致死，斬罪。監故訖，將順轉詳刑部該大理寺奏奉欽依處決。臣等會審得陳順訴稱順因嚴氏私姦休出，二年後因妻父送回，又私去鄰家討火，順回遇見委將採打不意致死，實切可憐，此言固未可信，切詳陳順嬖妾殺妻情固可惡，但徐氏浸潤之譖既深，入於平時膚受之愬又激發於倉卒，讀書明理者或不能辯，此況可責之庸人哉。徐氏先既使夫殺其妻，今又使夫償其命，是夫婦二人之身皆死於徐氏一人之手，委亦可憫。

壹名杜恕，招係直隸蘇州府長洲縣民。恕充本府司獄司吏嘉靖二年四月十二日酉時分，有已死邵天秩將帶酒飯進獄，與先在獄叔邵宗德喫飲，恕思邵宗德無錢將，邵天秩趕出，復進第三門，因被把門禁子徐昂阻當，就與揪打攘鬧，恕聽知到彼不合，使令徐昂將邵天秩按地責打二十下，邵天秩不服擦損右肋不肯出監，恕令徐昂搶出大門外，回至先在官李宗家，因傷身死，事發問擬。恕威力主使人毆打致死者，以主使之人爲首，絞罪，轉詳刑部該大理寺官奏奉欽依處決，該巡按御史魏有本會審，情有可矜奏請未蒙明示臣等會審，已死邵天秩雖切私情，不得於禁所出入，妄逞小忿，輒敢與門直爭橫，既無畏法之心，難同無罪之人，杜恕役司禁直，責在關防，逆推其心術之微，或有假公以濟私，止論其踪跡之著，難同威使以致死論，法不當誅，心原情終在可矜。

貳名口潘書童即沈山直隸松江府上海縣民，潘秀蘭本縣民衛國思妻。該沈山招，嘉靖二年在官潘儒在官女潘秀蘭出嫁與在官衛國思爲妻，嘉靖十年正月初三日晚，山因雇與潘儒，前到衛國思家，適因出外，山與潘秀蘭各不合在房姦宿，衛國思回家捉送本府問，擬雇工人姦家長女絞罪。臣等會審，得沈山與潘儒受雇方新主僕之分，雖在潘秀蘭與潘儒出嫁既久，父子之恩亦殺，比之姦家長在室之女者委有不同，况其平居相與，既無禮義之防，臨時苟合，豈知法網之密，罪雖合律，情實可矜。

壹名朱怡，即潘怡，招係直隸松江府華亭縣人。嘉靖八年三月初六日夜一更時分，今死陳貴潛到怡家偷盜錫面盆、衣、被轉，至廚房内盜取雞隻，間被家人潘阿狗醒覺聲張，陳貴帶前物逃至怡弟潘愷門首茅柴内潛躲，致被拘執到家，怡不合將伊左右肋腦後等處亂打，至夜身死，事發本府。問擬罪人已就拘執，及不拒捕而殺，以鬭毆殺人論，絞罪。臣等會審情亦無異，但伏覩大明律内謂，竊盜事主知覺棄財逃走，事主追逐因而拒捕者，自依罪人拒捕律科罪，此專爲竊盜拒捕者而設，其事主殺死竊盜者，未有開載。夫夜無故入人家，未至於爲盜也，已就拘執而擅殺者，罪止杖一百，徒三年，今陳貴雖離盜所，猶未棄財，乃因依罪人拒捕律科罪，一句併引前律，問擬前罪，法以過重，情有可矜。

情有可疑，斬絞犯人捌名口。

貳名口，金俊，係直隸蘇州府吳縣民。錢氏，係本縣民金瓊妻。該金俊招，故祖金顯生俊故父金璋在官叔金瓊，金璋生俊，嘉靖六年十月失記的日，俊密到叔家不合調戲在官嬸，錢氏亦不合笑允，在牀姦訖，一度以後通姦不絕，在官許瑛知證，俊慮叔告發，預要抵釋，不合令未到妻母姚氏捏稱金瓊賴俊糧銀，具告本縣，金瓊不在官母吳氏亦將俊與錢氏姦情訴蒙併行，俊與錢氏妄招金瓊欠糧追急，懷恨逼妻圖賴與俊通姦，虛情具招，在官致蒙將金瓊問擬，秋糧違限，俊不應事重各杖罪發落訖。俊又不合將情挽稱在官許霖教唆金瓊害人具訴署印，蔡同知處，俊因又令男金鳳央請在官親識金價等圈留許瑛，許霖前去酒店講，和致被許霖將俊買和，情由具首，解赴巡按胡御史審發本府，問擬，俊錢氏姦叔母，律各斬，臣等會審得金俊錢氏以嬸姪通姦，有傷風化，難逃法網，但查先後招情，既非姦所捕獲，又經本縣問結，其後斬罪不過起於許霖之訴，許瑛之證，夫律得相容隱之人不得令其爲證，許瑛既係許霖之叔，偏護之私難保，必無讐人之口，又豈可信，指姦未必得實，原情終屬可疑。

壹名，張文秀，即張奎，招係直隸松江府華亭縣民。嘉靖八年十月初七日夜，奎與已發落戴璧等載鹽撑往區塘地方，遇今知名周經池鉞與已死金奎撑船前來，各不相讓，奎等怒不合詐稱巡鹽人役，過船搬搶米布等物，奎又不合手執木扛子將金奎攔腰打落在河渰死，救撈無獲，奎等各搖脱去訖，周經因不知姓名止將打死金奎搶奪等情具告本府，批差在官，楊逵高寧挨訪得奎等平昔販鹽爲非，捉送到府問擬奎奪傷人斬罪。臣等會審，得張奎搶奪傷人情實可惡，死不足惜，但據楊逵高寧捉獲張奎之時，既無的確踪跡，又無原搶贓物，徒以其平昔販鹽之非遂指其半夜殺人之事，身屍未見撈獲，事情終難明白，若欲辯問，惟恐輕縱，若欲依擬，又恐冤濫，情有可疑。

壹名，沈四郎即沈璧，招係直隸松江府華亭縣民。嘉靖九年八月二十一日，璧因缺本，思與在官張其已死父張仁往來識熟去借銀三錢買荳，約定做腐賣學本月二十九日未時，張仁來家逼取前銀，無還，因而激怒，在家攘鬧，璧將張仁搪堵出門，伊亦拖扭不放，璧就不合狠用雙手將伊兩手捉住，故將頭撞張仁胸膛，一下著重，内傷，鄰人吳世祥等勸散回，至九月初二日氣絕身死，事發本府。問擬，璧鬭毆殺人，絞罪監候。臣等會審，沈璧執稱因貧去借已死張仁銀三錢做腐買賣，後被來家逼取，委的一時無還，激伊忿怒，搥胸叫，賴衆勸回，家自因老病身死屈問償命等語，此固未可遽信，但查張仁身死之時，委已六十七歲，據此參詳沈璧於張仁，既肯鄰好相通，必無宿昔素怨，當時若果推搡出門，蓋已自有避敵之情在，後既被拖扭及身，又可暇爲撞頭之舉，或者張仁因取無錢激怒揺胸，如本犯所執者，亦未可知其年力既衰病勢易寢，縱使撞頭得實，未必盡因致死罪，依原擬情終可疑。

壹名，張寶，招係直隸松江府華亭縣民。寶從幼過繼與今故張汴爲義男。今逃陸濂亦雇與張汴在官男張捆使喚。正德十六年十二月，官挑吴松江河，寶家被已問發金麟多派夫役，張捆嗔怪説令寶等若相見時可辱罵他一場，寶等記心。嘉靖元年正月十六日，寶等赴工行至南門，偶逢金麟寶，與陸濂各不合并已問結張得等攔擡金麟，毆打不曾成傷，金麟在官兒多麒得知，同已死義男金佑前來救護，寶不合爲首，陸濂不合爲從，寶執繂板，陸濂執磚塊，各將金佑揪髮躋倒，打傷左右肋脇等處，本月二十九日，金佑身死，事發本縣。問擬，寶與陸濂同謀共毆致死，以致命傷爲重下手者律寶爲首，絞罪，陸濂爲從，減等，杖一百，徒三年，發落訖，將寶轉詳刑部該大理寺奏奉欽依處決監候。臣等會審查得，張寶始未供招，俱稱張寶爲首，手執繂板，陸濂爲從，手執磚塊，夫繂板長物，其傷必長，何檢驗傷痕，俱係量圍，當時問官不曾定執某傷出於張寶，某傷出於陸濂，草次取供，苟且定罪，不知同謀共毆之律，專以致死傷重爲主，豈宜論其首從，況聚衆殺人者，原情不在下手，論法當究主使又恐勢鈞力敵之家志在求勝，落井下石之情初未可知，今陸濂既逃身屍，復壞證佐，多更興論亦，泯欲以一日有限之力，破十年不決之獄，似亦難矣。所據本犯情有可疑。

僞造印信壹名，胡霖，招係直隸蘇州府常熟縣民。嘉靖二年，霖因充本府書寫，用蠟雕成蘇州府印一顆，要得僞造文書昌支錢糧，比遇年荒，倉庫缺乏，未曾行使，寄藏在官表姐張氏家。嘉靖三年四月，霖因哄邀張氏已發落壻朱浩將張氏袁酒搬運出外，張氏知覺將前假印轉藏未到親吴容家，霖懼央今故張文德等立票領回燒毀，訖後，吴容又恐事發具首，本府責令另刻一顆，比對相同，問擬僞造諸衙門印信，斬罪。轉詳刑部該大理寺奏奉欽依處決。臣等會審得，胡霖僞造印章自罹法網，固不足惜，但招既稱先未行使，後亦燒毀，既無私刻僞印可驗，又無虚出文移可據，吴容之領票未見情眞，當官之雕刻恐出刑逼，終係疑獄，難從重典。

壹名，沈克賢，招係直隸蘇州府嘉定縣民。已問結談永年與已死王安寧雇與已發落殷封傭工。嘉靖七年四月初九日，王安寧牧牛經過克賢田邊食麥，克賢遇見不合揪住亂拳踢打，淡永年聽聞來與克賢互相扭攘間，談永年已問結弟談永華亦帶竹棒一根前來，克賢奪過將牛亂打斷折，又不合亂用竹改將王安寧，毆打至十一日傷重身死，事發本縣。檢出右膁肕、右肋二處傷痕，問議，克賢鬬毆殺人，絞罪。臣等會審得，沈克賢訴稱王安寧放牛食克賢田麥，雖與爭攘，並無拳手相交，屈問死罪及查里老等初勘亦稱王安寧騎牛過河奔走失跌，因而病卒故，各等因此固未可憑信，但查原招既稱沈克賢亂拳踢打亂用竹棒毆打，則其屍傷必多，何後檢驗傷痕止及二處，況獄始證於讐人之口，未經於衆見之眞，或者王安寧因跌致死，如初勘所云者，亦未可知，法雖難於辯問，情終涉於疑似。

謀殺臺名，孫聰，招係直隸蘇州府長洲縣民。嘉靖四年，聰租住葑門外賣帕營生，與已死鄰人李悦監故妻唐氏通姦情厚，因借李悦銀四兩七錢五分，後聽向唐氏説討前銀，唐氏回説無措，必然將我賣還，聽對言，不如我再找銀作爲了絶，唐氏依允，本年七月初三日，李悦被取無還，央在官俞伏爲媒將唐氏休賣與聽爲妾，除前借銀及見付財禮銀二兩五錢外，餘欠銀五錢立票與李悦收執。本年八月十三日李悦因思財禮不敷，揚言告官，聽恨在心，本月十七日，李悦來討前銀，聽約次日至承天寺前付還，十八日午後聽到卧佛寺前井亭邊坐候，李悦晚到承天寺尋聽不見到彼，聽不合詐留李悦唱曲戲耍，假醉睡卧板上，李悦不知謀情亦卧在彼，至三更時分聽見李悦睡熟，將石亂打身死，次日早在官寺鄰吴浩等將屍轉轉西首去訖，巡視應捕呈府稟蒙，巡按朱御史行驗本屍，荷包内有當票五張，并聽前票上寫俞伏作中字樣，行提俞伏，究出聽與唐氏通姦買娶情由，參聽謀殺，問擬造意斬罪，轉詳刑部該大理寺有奏奉欽依處決，節蒙巡按審錄決囚官會審，情有可疑，奏請未蒙明示遇蒙會審，訴稱原用媒禮和買李悦妻唐氏爲妾，何故未及二月復行謀死自取殺身，止因李悦死於非命，地方猜疑致問死罪，實切冤枉等語。臣等切詳謀殺固無顯跡，治獄須究眞情，孫聽謀娶唐氏，願欲已遂，雖被揚言告官，未有深讐何至輒謀殺人，自取重禍，井亭非酒食娛樂之所，遇晚又嚮晦宴息之時，孫聽縱欲設謀李悦豈肯挽留，只因買娶以致疑，遂至傳會以成罪，本犯所執前詞委亦可信，法固難於辯問，情終涉於曖昧。

情罪各有虧枉，俱已辯問斬絞，犯人貳拾柒名。

軍人逃三犯壹名，黄恩，招係直隸蘇州府嘉定縣民。正德十年，恩被訪拏，充浙江觀海衛終身軍，不合逃回，勾取間恩首衛着伍訖。正德十五年又不合逃回，事發，改發蘭州衛，遇蒙正德十六年四月二十二日赦宥得免，改發，仍發原衛，著役，因與已故沈烋爭田，向未起解，嘉靖四年又被訪拏問發天津衛，不合故違問發充軍逃回，問罪枷號三箇月，改發極邊衛，分事例逃回。嘉靖九年，本縣擬恩守禦軍逃再犯杖罪改擬鐵嶺衛，起解間不合又受已發落高津銀一兩，寫狀事發，將恩革前觀海衛逃回二次，并革後天津衛逃回一次，通論，改擬恩守禦軍人在逃三犯，絞罪。臣等會審，本犯逃回雖三犯出，惟二初犯已經投首，亦得免罪，況又革後在逃，難與革前通論。情雖可惡，法未至死，辯擬爲人作詞狀誣告人受財者，計贓以枉法，從重論，無祿人八十貫減等，律杖一百流三千里，有大誥及遇蒙恩例通減二等，杖九十，徒二年半，節該伏覩嘉靖九年十一月二十三日詔書一欵，自正德十六年四月二十二日以後有爲事問發充軍若有赦前逃回不首者，免其枷號改發，仍發原衛着役，欽此，本犯原問天津衛充軍逃回不首，合遵奉恩例免其枷號，改發，仍發天津衛着役，緣係先問絞罪，今辯問徒罪，仍發原衛充軍人犯，未敢擅便發落。

張盜窩主壹名，謝萱，招係直隸蘇州府常熟縣民。嘉靖四年失記月日，監故賊首鄭二郎等打刼不知名人船上銀米貨物回，至萱家窩藏，明知盜贓不合得分銀三兩、米六石、布一十二疋入已，鄭二郎等得銀米貨物，各自花費，事發本府。問擬，萱強盜窩主造意分贓，斬罪。臣等會審，節該伏覩大明律内一欵，強盜窩主造意，身雖不行，但分贓者，斬，若知強盜後而分贓者，計所分贓準竊盜爲從論，欽此。今查謝萱本招盜後分贓之情，乃擬強盜造意之罪，招擬原不相合，相應辯理改擬得謝萱所犯合依知強盜後而分贓，計所分贓準竊盜爲從論，一百二十貫，免刺律杖一百、徒三年有大誥及遇蒙恩例通減二等，杖八十、徒二年，係民審無力，查得問刑條例知強盜後分贓至滿貫者，俱發邊衛充軍，今謝萱分贓滿貫，例該充軍，但見奉有欽依免軍充徒合照例定發姑蘇驛擺站滿日寧家緣係先問斬罪，今辯問徒罪，未敢擅便發落。

窩主壹名，翁昌，係直隸蘇州府吳江縣民。該見監趙能招，嘉靖九年正月，能與未獲樊瓊沈山監故王勤節到在宮翁昌店賒買酒肉，筭欠店錢二千餘文，後樊瓊輒起盜心，密對能言說無錢使用，況無措還，翁昌店錢莫若，打刼財物使用，能與沈山各不合依允。本年八月初四日夜，見在官姜宰、朱進福同船在長浜泊歇，能等各不合糾同未獲周孟奎等前去刼得銀物過船，搖到翁昌河下，樊瓊將分得青帳子衣服等件，能與王勤將分銀一十兩搬寄，翁昌家不合知情收寄，能等又將餘銀八兩分與翁昌并還前酒錢，不合收受入已。本年十二月初一日事發，長橋巡檢司緝獲能等，翁昌見能事發，亦首，本司送縣。能因翁昌出首，又不合妄招稱本夜先到，翁昌說知爲盜，情由伊說，若打刼得來頓在我家支用，虛情致蒙。問擬，能王勤強盜得財，翁昌窩主造意，各斬罪，王勤監故訖。臣等會審，除趙能情眞罪當依擬監候處決外，翁昌止是知情分寄，既非造意又無共，謀，問擬前罪與律不合，除知情受寄罪名外，改擬知強盜後而分贓，計所分贓準竊盜爲從論，一百二十貫減一等，免刺，律杖一百徒三年。有大誥及遇蒙恩例通減二等，杖八十，徒二年，查係嘉靖九年十一月二十三日赦限之内免罪，緣係先問斬罪，今辯問徒罪遇宥，未敢擅便發落。

僞造印壹名，秦恩，招係直隸蘇州府吳縣民。在官袁葵充永豐倉攢典，恩亦入本倉寫發。嘉靖八年八月内，恩見本倉多餘印信手本一箇，不合密袖回家，用油紙覆映於上，描畫篆文將硃反畫印度相像，與袁葵商量假僞通關誆錢使用，被在官張信具首，巡按魏御史批行巡捕劉指揮追出恩前印，弔取本府贖罪文冊，查恩陸續誆分犯人陸松等贖罪穀銀二十九兩一錢六分，問擬，恩僞造諸衙門印信，斬罪，關府監候。臣等會審，弔驗原貯府庫假印止是油紙一條，上描硃印一顆，白紙一條，上描墨印一顆，未見雕刻成印，問擬前罪與律不合，除僞造其餘衙門文書不坐外，改議得誆騙人財物者，計贓准竊盜論一百二十貫，免刺，律杖一百，流三千里。有大誥及遇蒙恩例通減二等，杖九十，徒二年半，係民審無力，追贓完日，照例免杖，發姑蘇驛擺站滿日寧家緣係先問斬罪，今辯問徒罪未敢擅便發落。壹名，濮啓暘，招係直隸蘇州府長洲縣民。嘉靖二等年暘不合詐稱赴京領到未到糧長莊海等勘合，共誆銀三百六十兩，在已不行轉繳。嘉靖十年二月内，暘又不合造刊收糧私記小關防二十八箇，捏寫近奉巡撫案驗常年各項收頭，俱有私記關防。如遇糧長人戶上納銀絹等項收頭，就將油紙小票用私記鈐蓋給與具稟，本府圖畫與暘刊刻，乞賜准發長吳、吳江等縣，管糧縣永等官卽將鈐記派散收頭，量情給與工食不許過索。又用油紙將硃描造蘇文州府印篆文號印半顆，在上進稟，張縣丞致蒙驗明追出前印，問擬，僞造諸衙門印信，斬罪，申解本府監候。臣等會審，得本犯止於油紙上描畫，半印未見雕刻成印，問擬前罪與律不合，改議得濮啓暘所犯除僞造文書府者及不應輕罪，外合依誆騙人財物計贓准竊盜論一百二十貫，免刺，律杖一百，流三千里，有大誥及遇蒙恩例通減二等，杖九十，徒二年半，係民審無力，追贓完日，照例免杖，發姑蘇驛擺站滿日，寧家緣係先問斬罪，今辯問徒罪未敢擅便發落。

私鑄壹名，莫惠，招係直隸蘇州府吳縣民。嘉靖二年五月，惠因倒錢營生不合收買鉛錫，并置爐竈在家私鑄鉛錢，雜賣與人，本年九月初二日，監故王慶將銀一兩二錢與惠收買鉛錢六千文，雇倩不知名人航船載至已問結黃祿家河下，經過致被在官首人陳希、施逵緝知捉送，本府差官前到惠家搜出木模鉛錢，問擬，私鑄銅錢，絞罪，轉詳刑部，該大理寺奏奉欽依處決。臣等會審吊驗，莫惠原貯府庫鉛錢四箇，鉛錫一十餘觔，並無銅在內，與私鑄銅錢不同，今問前罪與律不合，改擬誆騙人財得，計贓准竊盜論九十貫，律杖一百，徒三年，有大誥及遇蒙恩例通減二等，杖八十，徒二年，係決審無力，照例免杖，發昆陵驛擺站滿日寧家，緣係先問絞罪，今辯問徒罪未敢擅便發落。

威逼期親壹名，張塾，招係直隸蘇州府崑山縣民。正德八年塾年一十六歲，私投今故道七陸惟英爲現。嘉靖九年八月還俗，本年十月初六日，塾不合去向陸惟英勒要貼銀娶妻，陸惟英被逼不過，投入魚池渰溺身死。事發，太倉州問擬，塾威逼期親尊長致死，絞罪。臣等會審，張塾訴稱陸惟英因醉跌河渰死，被有讐地方誣陷重罪，此言固不足信，但本犯與惟英各自私度，於法俱該還俗之人，與承師敎伯叔父母同者不倫，况既還俗之後，則其分義已絕，即當以凡人倫，今擬前罪與律不合，除陸惟英身屍責令本犯埋葬外，改擬因事而威逼人致死，律杖一百，有大誥及遇蒙恩例通減二等，杖八十，查係嘉靖九年十一月二十三日赦限之內，免罪緣係先問絞罪，今辯問杖罪遇宥未敢擅便發落。

因盜威逼叄名，丘玉，即丘昱。吳華，係吳縣人，周小大即周文瑞，係吳江縣人，俱直隸蘇州府民。該見監沈眞招，眞知在官賀林日前買賣積有財物，嘉靖九年五月二十三日，因見賀林與在官查氏爭告房屋，向不在家，不合叫同見獲丘昱、周文瑞、吳華各不合依聽駕船前到賀林門首浜內，住泊候至更深時分上岸，將鐵鑿撬開門壁進入賀林房內，致伊今死妻姜氏知覺驚慌奔走出外，失腳跌在門首河內渰死，眞等當盜得箱籠三隻，下船搖至地名貓兒山下，檢有衣服二十餘件，議分各散。本月二十五日，有不知名捕魚人見屍在湖漂浮，去報姜氏未到父姜華撈取棺殮，事發，本府檢驗姜氏委係被奔走跌落下河渰溺身死，問擬，因盜威逼人致死，各斬罪，監候。臣等會審，情亦無異節該伏覩大明律內一欵，本條言皆者，罪無首從，不言皆者，依首從法，欽此。今因盜威逼人致死，律無皆字之文，須依首從法，除將爲首沈眞監候詳決外，改擬得丘昱、吳華、周文瑞所犯依因盜而威逼人致死，律俱爲沈眞從，減一等，杖一百，流三千里，有大誥及遇蒙恩例通減二等，杖九十，徒二年半，係民查係，嘉靖九年十一月二十三日赦限之內，免罪緣係先問斬罪，今辯問徒罪遇宥未敢擅便發落。壹名，李紳，招係直隸蘇州府長洲縣民。嘉靖八年四月二十九日，紳見在官朱達在田，去向朱達今故妻羅氏求姦，當因四見脫奔出門，朱達辱罵，羅氏說出前情，不忿要得捉紳見官，因趕不及復到田所去訖，羅氏因思出醜，受夫辱罵忿氣自縊身死，事發，本縣問擬，紳因姦威逼人致死，斬罪。臣等會審得李紳於羅氏雖有求姦之事，原無威逼之情，問擬前罪與律不合，改擬不應得爲而爲之事，理重者律杖八十。有大誥及遇蒙恩例通減二等，杖六十，係民審無力，的決寧家緣係先問斬罪，今辯問杖罪未敢擅便發落。

因姦威逼壹名，周榮。招係直隸蘇州府長洲縣民。嘉靖八年四月二十日榮知在官周松今故妻朱氏頗有姿色，前到周松家取銀爲由，周松在外未回，不合向朱氏調戲，及故向朱氏頭額撞磕一下，隨被本婦叫嚷，散訖，朱氏因周松晚回，說知前情告理間次日夜，朱氏不忿，自縊身死，事發，本縣將榮問擬，因姦而威逼人致死，斬罪監候。臣等會審，得周榮於朱氏雖有求姦之事，原無威逼之情，問擬前罪與律不合，改擬不應得爲而爲之事，理重者，律杖八十。有大誥及遇蒙恩例通減二等，杖六十，係民審無力，的決寧家緣係先問斬罪，今辯問杖罪未敢擅便發落。壹名，周貴，招係直隸蘇州府長洲縣民。正德十三年，貴盜齊門外失記名人杉木，事發常熟縣問擬，杖罪，刺右臂。嘉靖八年，盜失記名人布被，事發，本府問擬杖罪，刺左臂。嘉靖十年二月，不合又盜已省發杜淵羊一雙，事發，本府問擬，竊盜三犯，絞罪。臣等會審，節該伏覩。

《大明律》凡木他人用工力積聚而擅取者，罪亦如盜，田野麥穀並計贓准竊盜論，免刺與以竊盜論者不同，周貴初犯盜木律該免刺，當時刺字充警自是問官之失法難併，後二犯通論問擬前罪。改擬盜芉者計贓以竊盜四十貫，律杖一百，有大誥及遇蒙恩例通減二等，杖八十，係民審無力，查得本犯先爲盜木，誤刺右臂，今合免其刺字的決寧家緣係先問絞罪，今辯問杖罪，未敢擅便發落。

三犯　壹名，王昇，招係直隸松江府華亭縣民。正德十六年三月二十日，竊盜顧龍財物當被地方送縣，問擬，徒罪，刺右臂，發雲間遞運所擺站，滿放。嘉靖三年，竊盜張璠財物，事發，本府仍擬徒罪，刺左臂，亦發前所擺站。嘉靖七年四月，又不合偷盜徐珙衣服綿布，共值鈔一百二十貫之上，事發，本縣問擬竊盜三犯，絞罪，轉詳間。臣等會審，查得王昇正德十六年三月二十日竊盜顧龍家財物隨被捉獲送縣，淹禁至六月初八日方行具招，本月初四日正遇本年四月二十二日詔書開讀之時，若有司奉行惟謹，則王昇即當放免，乃敢刺發雲間遞運所充徒滿日方纔放回，此則自是有司不能，奉行者之失，與初犯刺右臂，的革後再犯刺左臂若兩臂俱刺，赦後又犯的準三犯論事例不合，法難併後二次通論議罪。改擬竊盜已行得財者一百二十貫，律杖一百，流三千里，有大誥及遇蒙恩例通減二等，杖九十，徒二年半，係民查得本犯朱爲竊盜遇宥誤刺右臂，擺站三年滿日寧家，今合仍照前例，免其刺字，充徒釋放緣係先問絞罪，今辯問徒罪，查例釋放未敢擅便發落。

鬭毆，壹名王雷招係直隸松江府上海縣請定奪此外日期死者俱查本律毆傷法論議節該奉聖旨是仍通行內外問刑衙門，今後遇有辜限外人命要查審日期久近，情理曲直，應輕應重具奏定奪此外日期死的俱照本律論議欽此。今查已死高逮爲王雷所毆，已出辜限外二十二日纔方身死，例應照依本律毆傷法論議，除毆人成傷，輕罪不坐外，改議王雷所犯。若告范良佐詐銀五兩得實，範良佐合坐以詐欺取財，杖一百，流三千里，今虛依誣告人流罪，加誣罪三等，罪止律杖一百，流三千里，有大誥及遇蒙恩例通減二等，杖九十，徒二年半，係民審無力照例免杖，發雲間遞運所擺站，滿日寧家，緣係先問絞罪，今辯問徒罪，未敢擅便發落。壹名，龔濟，招係直隸松江府上海縣竈。嘉靖三年二月初三日夜，濟家被盜，思與已死周忻讐隙，輒要誣陷，不合叫同結義男龔貟等前去周忻家搜檢，因而搶奪被布等物，又不合私家鎖禁周忻在官男周深，詐陪盜銀二十七兩，周忻不甘，具狀告府，濟又不合向周忻嚇說赴府要執爲盜等語，周忻因用繩到於府東倉橋柵自縊身死，事發，本府問擬，誣告人因而致死，絞罪，節蒙巡按審錄等官會審，招議不合，駁問，嘉靖八年濟又不合詐稱委被周深偷盜，虛情具本奏行本府仍問前罪。臣等會審，查得嘉靖七年八月二十七日，該法司會議，誣告人因而致死，被誣之人摘引誣告人因而致死律條，與律意不合。今後凡誣告平人致累監故者，比照前律問擬，或在外別因有他故身死者，止問以應得罪名，照常發落，節題奉聖旨是，欽此。今查周忻自縊而死，雖爲龔濟訐告所致，但實在外，不曾到官，正例所謂在外身死者，合坐以應得罪名照常發落，及查搶奪、嚇詐，威逼等罪俱有。嘉靖三年四月十九日恩宥外，合依奏事詐不以實，律杖一百，徒三年有大誥及遇蒙恩例通減二等，杖八十，徒二年，係竈審無力，追贓完日，照例調場煎鹽滿日寧家，仍盡威逼，本法追埋葬銀十兩給與周深收領，以爲周忻埋葬之費，緣係先問絞罪，今辯問徒罪未敢擅便發落。

僞造印壹名，何清，招係直隸蘇州府吳縣民。清與在官許江、劉鰲專一代人頂名告給路引覓利，嘉靖九年四月，清因諳曉篆文，不合用木雕成府印一顆，在於清家做造候引二百張，內將一百五十四張令許江等陸續賣與不知名人，得銀二十三兩一錢，各分入己，本月聶知府到任，訪知別卷監故吳文瓚等僞造假引拏問，清懼，隨將假印燒毀，訖將情及不合添捏，劉鰲請請到許江家，說稱如今府引難出，不若做此假的賣銀分用比，清到許江家，說稱如今府引難出，不若做些假的賣銀分用此，請含糊應從等項虛情具狀首府，問擬，清僞造諸衙門印信，斬罪，許江、劉鰲各減等，杖一百，徒三年，發落訖，將清監候間。臣等會審，節該伏覩大明律一欵，凡犯罪未發而自首者免其罪，若自首不實以實之罪，罪之至死者聽減一等，欽此。何清自首雖不實，但至死者得減一等，今擬前罪與律不合，改擬得何清所犯除自首不實至死減一等罪名外，合依誆騙人財物者，計贓准竊盜論，一百二十貫，律杖一百，流三千里，有大誥及遇蒙恩例通減二等，杖九十，徒二年半，係民查係嘉靖九年十一月二十三日赦限之內，免罪追贓完日釋放，緣係先問斬罪，今辯問徒罪，遇宥未敢擅便發落。

強盜壹名，徐肆郎，即龔虎，招係河南開封府陳州民。虎因有未到叔龔學販買綿花，裝載蘇州府等處發賣，年久不回，不合越關前來尋訪。嘉靖七年正月初七日，有已發落朱璠因知監故徐貴日前逃出貧難，今穿好衣宿娼，疑是刼來財物，去報已發落，應捕周貴稟報。尙通判緝挐間，初八日，虎帶盤費銀一兩一錢，綿布一、口中二件，葛布、榴藍青布、褥子白布、褶白夾被青袱各一件，帕子、條鈎、搭連各一箇，錢八十一文，到楓橋地方，遇吳縣已發落民快張賢，見虎語言不一，恍忙奔走，疑與徐貴合夥，指作盜贓送縣收候，初九日，徐貴被獲，解送尙通判處招稱打刼等情，吊虎審發本縣參與徐貴，彼此口詞不同申解尙通判審問，徐貴懼刑，招稱與虎幷，未獲王三、張海等於嘉靖六年十一月二十二日，在臨清河下打刼小航船，綿布三疋，中錢三千文，分用，本月十一日，在瓜州新港口打刼未到牙人熊伍家客人胡大慶船，銀三百兩，虎得分銀七兩虛情，將虎發縣收候，問擬，徐貴強盜得財，斬罪，蒙縣審虎招與徐貴贓物，不合申取，徐貴對審俱無實跡，申解尙通判查抄徐貴原招發縣，將虎亦問前罪，該巡按魏御史審有可疑，奏奉欽依仍舊監候處決又蒙巡捕賈御史審有可疑，行縣勘問間遇蒙會審，得虎與徐貴原不相識，止因應捕緝挐，徐貴見虎語言不一，疑與同盜，被獲到官，因不爲盜，以此口詞俱各不同，被刑不過，只得照徐貴妄招前情，尤恐不的，行令瓜州巡檢司挨查熊伍家，於嘉靖六年並無客人被盜，及查虎監禁三年之上，亦無失主告認，隨委張知縣審供前情明白，呈報前來改擬越關者，律杖九十。有大誥及遇蒙恩例通減二等，杖七十，係民審無力的決給引照回寧家，緣係先問斬罪，今辯問杖罪，未敢擅便發落。

强盜壹名，馬壽，詔係直隸蘇州府長洲縣民。嘉靖元年九月二十八日夜，有監故金鑑等偸盜在官馬連田稻，壽同到彼恊打一頓，嘉靖三年二月內，失記日夜金鑑見壽河下農船一雙，偸撑間被壽撞見，捉住哀求踈放，有在官鄰人陸貴勸證，金鑑因恨在心，嘉靖六年金鑑與監故金鏜、陸楠等打刼，先在官曹雲及竊盜先在官潘珮、胡倫等財物，事發，吳塔巡檢司金鑑挾壽前讐，妄攀壽同，刼曹雲家分得鴨二十隻，鵝五隻夾海青一領，糙米五斗虛情，致蒙備解本縣，壽亦不合畏刑，妄招得分前物，致將壽與金鑑等俱問擬強盜得財斬罪，蒙巡按宗御史審有虧枉，行縣拘集里鄰蘇民望等勘明案候，又蒙巡按胡御史審有可疑，行縣研審間遇蒙會審，看得壽既與金鑑爲盜，必非一次，何後金鑑屢次爲盜俱不在例，及查原贓俱無下落，恐有虧枉，隨審里鄰馬洪等各稱壽平昔委止種田生理，並不與金鑑等同盜，止因挾讐攀害，尤恐不的，坐委署印縣丞莫自廣覆審無異，申繳前來，改擬不應得爲而爲之事理重者，律杖八十。有大誥及遇蒙恩例通減二等，杖六十，係民審無力，的決寧家緣係先問斬罪，今辯問杖罪，未敢擅便發落。

故從壹名，徐信，招係直隸蘇州府嘉定縣民。嘉靖七年信充禁子，本年六月內，縣獲在逃強盜葛奎，搜無贓物，收監，隨擬得財斬罪，本年十一月二十三日，葛奎因監月久，臂膊消瘦，致將原帶肘鐐寬鬆，信與已發落禁子龐鑾等各不合失於驗換，本夜三更時分，葛奎窺聽信等睡熟，不合脫去肘鐐，掙出押板，越牆逃走去訖，信等又各不合失於覺察，次日呈縣追究，信等俱無受財縱放情弊，給限挨捕無獲，問擬信等俱不覺失囚，徒罪，招申巡江衙門駁，回因見原申係信爲首坐信得受葛奎身上原藏銀三錢，改擬信故縱與囚同罪，至死，絞罪監候，間遇蒙會審，葛奎被獲之先委已搜檢原無贓物入監，止因月久身瘦，致將肘鐐寬鬆，因而脫逃，信亦止是失於覺察，原無受財故縱，是的將信辯問罪犯改擬，得獄卒不覺失囚者，減葛奎罪二等，律杖一百，徒三年。有大誥及遇蒙恩例通減二等，杖八十，徒二年，係民審無力，照例發姑蘇驛擺站，滿日寧家，緣係先問絞罪，今辯問徒罪，未敢擅便發落。

私鹽壹名，英頂，即殷鼒，招係直隸蘇州府太倉州民。嘉靖八年五月內，在逃孫指揮出海巡鹽，至三長沙地方見有鹽船數多，督軍追趕被各拒脫，認是在逃龔騰與鼒等通，未見獲。本年六月二十日，龔騰不合爲首，鼒與在逃魏貳、朱君德不合隨從買鹽，載至三長沙遇見張千戶，督軍追捕龔騰與鼒等棄下鹽船一隻，餘船撑脫訖，張千戶將情及稱陳千戶名下，巡軍吳旺保被衆戳傷，具呈孫指揮轉呈間本月二十八日，鼒鄰人鬱星前到鼒家起出私鹽五包臺赴本州，鼒懼，將情及添捏鬱星等販鹽及官吏受財放鹽等項虛情，混實具狀，赴巡按魏御史首行到州，本年九月十二日本州驗傷，吳旺保因恨鼒，看出官軍買放情弊，不合移作五月，妄執額上疤鼒係鼒戳傷，致蒙准訊問擬鼒私鹽拒捕斬罪，照例梟首，遇蒙審錄，查得鼒見獲私鹽，止有五包，其餘具未見獲，其稱戳傷吳旺保一節，據招則在五月乃孫指揮追捕之日，據原呈在六月二十日，又係張千戶追捕之時，彼此先後俱各不同，及查原呈俱不曾指出何人之手，况該州驗傷之時去吳旺保稱傷之日隔越五箇月，日當時既無驗傷供案，止以額上疤痕擬以前罪，終屬曖昧，因蒙勘問前罪明白，辯擬犯私鹽者，律杖一百，徒三年。有大誥及遇蒙恩例通減二等，杖八十，徒二年，係民審無力，照例發姑蘇驛擺站滿日寧家，緣係先問斬罪，今辯問徒罪，未敢擅便發落。

強盜壹名，黃棣，招係直隸蘇州府太倉州崇明縣民。正德九年間，棣移本州浮住，與已故鄰人顧文秀爭開荒田四畝成讐，正德十六年七月內，棣因年荒缺食，不合與未獲黃瑞、黃大壽竊盜已省令曹福家船一只，賣銀費用。嘉靖元年六月初六日，顧文秀與監故施福、黃貳郎等各執槍刀等械，前到本州浦家打刼衣包、銀錢、首飾分用，顧文秀慮恐事發，挾棣前讐，捏稱棣喚文秀去家，黃棣爲首，招集黃貳郎、施福與文秀到於浦家打刼，黃棣主將花被、布襖、布衫等件分與文秀，後思祖父知覺，將原贓交還黃棣收票，見證虛情具首本州，致蒙混將棣與黃貳郎、施福、顧文秀俱問擬強盜得財，各斬。顧文秀自首免罪，棣等監候間，顧文秀就將棣前田奪種訖，黃貳郎、施福各監故，將棣轉詳刑部該大理寺奏奉欽依處決節蒙巡按決囚官查無失主正贓駁問，仍擬前罪，嘉靖九年六月棣令妻施氏抱訴，巡按胡御史行府轉行本州勘明，解府取供呈詳，間遇蒙會審無異，改擬竊盜已行而但得財者一百二十貫，律杖一百，流三千里有大誥及遇蒙恩例通減二等，杖九十，徒二年半，係民審無力，初犯刺右臂，照例免杖，發姑蘇驛擺站，滿日寧家，緣係先問斬罪，今辯問徒罪，未敢擅便發落。

強盜壹名，顧昇，招係直隸蘇州府吳縣民。嘉靖六年十一月二十二日夜，監故俞三鼒、沈富、顧順叫昇不合聽從，到在官夏軾家後門用鐵鑿掘開牆洞，進內盜出豬五口，下船因見無人醒覺，復又進入撬開房門，偷出首飾銀錢等物分散。夏軾告縣致被民捕緝拏送縣，畏刑妄招打刼虛情，致蒙將昇與俞三鼒、沈富、顧順俱問擬強盜得財，斬罪，招申巡按劉御史參係竊盜駁回，仍擬前罪，俞三鼒、沈富、顧順各監故訖，將昇轉詳，又蒙巡按胡御史審係竊盜，行縣勘明，改擬竊盜得財，減等杖九十，徒二年半，初犯刺右小臂，招申本道因已轉詳照舊監候。臣等會審前情無異，合照見奉恩例再減一等，止杖八十，徒二年，刺字發姑蘇驛擺站，滿日疎放，緣係先問斬罪，今辯問徒罪，未敢擅便發落。

強盜壹名，陸衣，招係直隸蘇州府太倉州民。該監故李蘭招嘉靖元年九月，蘭與監故陸冠刼有銀錢，陸冠在官親兄陸衣後知，不合得分陸冠銀三十兩。嘉靖二年事發，崑山縣問擬強盜後分贓，徒罪，照分贓滿貫事例充軍。申蒙巡按朱御史駁回，本府改擬強盜得財，斬罪，轉詳刑部該大理寺奏奉欽依處決續蒙刑部文郎中審有虧枉，案發本府辯問，減等，杖九下，徒二年半，轉詳未示。臣等會審，情亦無異，查得嘉靖十年二月內，該刑部題正德十六年四月二十二日以後充軍不係情重未到衛者免，其解發其所犯徒杖既不在赦宥之列，俱照常發落。奉聖旨是，欽此。陸衣分贓滿貫，例該充軍，但見有前例合免其充軍，仍照原問徒罪，發姑蘇驛擺站，滿日寧家，緣先辯問徒罪，奏請未蒙明示，人犯有礙發落。

打奪壹名，業晟，招係直隸蘇州府常熟縣民。嘉靖九年正月十七日，在官朱珙、在官男朱鈇、未到義男朱三郎將潭塘河垻掘開水路一條，放船出入，晟與在官王鳳、未到素金、袁奎、姜珮、喬鶴浦進徐金、喬春、徐慶追趕前去，各不合將朱鈇、朱三郎毆打一傷，修第訖。本月二十一日朱珙告縣差在官甲首朱臻、俞宗同在官里長顧廷貴拘拏，本月二十三日，顧廷貴令未到男顧臣引領朱臻、俞宗拘拏，王鳳、袁奎、姜珮喬鶴各又不合拒捕脫散，本月二十四日朱臻、俞宗、顧廷實連名呈縣，改差快手周眞等捉拏，間本月二十九日，朱臻等不合改捏晟等圍捉臻等，綑綁夾棍被傷心腹左眼，扛擡沙灘停泊二夜虛情另狀呈縣，申提間晟等連名訴，蒙巡按宗御史行縣因見訴狀，係晟爲首責審，間晟又不合妄招顧廷貴等拏獲王鳳，被晟聚集姜澄等打奪虛情，致蒙問擬官司差人捕獲罪人中途打奪，聚至十人，晟爲首斬罪，王鳳、姜澄、姜全、沈進、朱正俱爲從各，減等杖一百徒，三年，引例充軍，詳允監候，遇蒙審錄，查得卷內朱臻等二十四日呈狀一張無晟名字，亦無打傷俞宗搶奪王鳳等情，與二十九日呈狀情詞不同，獄據初情，恐有虧枉，督同掌印同知楊言審問前情明白，及查晟等所犯俱係嘉靖九年十一月二十三日赦限之內，除王鳳等遵照釋放外，將晟辯問罪犯，改擬葉晟所犯除毆不成傷罪名外，合依不應得爲而爲之事理重者，律杖八十。有大誥及遇蒙恩例通減二等，杖六十，遇宥免罪緣係先問斬罪，今辯問杖罪，遇宥未敢擅便發落。

僞造印壹名，許堂，招係直隸蘇州府常熟縣民。嘉靖三年堂因攬充民壯，通將原承差印信官牌沉匿在家，嘉靖七年，堂因革役要得誆騙民財，不合假刻花欄木一條，印成縣批，用硃筆於舊牌背面描潤印信篆文，用水噴濕，將白紙覆上，印與舊印相同，塡寫月日，與已問發高三郎拏人誆騙未到瞿晟銅錢一百四十文、米五升，錢楫銅錢三百文朱完銅錢三百文、小布二疋、雞二背，周阿容等大麥三石四斗，各均分訖，未到甲首張倫等訪知稟，蒙洪縣丞拏堂審出前情，仍於堂家搜出存剩空白舊印紙牌二張，并舊描印信一方，今堂當官用紙照樣描潤，覆使假印一顆取訖，口詞關縣問擬堂僞諸衙門印信，斬罪，招申巡按魏御史參堂必有假印駁問，間又蒙巡撫陳都堂批行崑山縣追無原造假印，將舊牌印令堂用蠟雕成假印一顆，貯庫，仍擬則罪，遇蒙督同掌印同知楊言知縣徐淡會審，堂原止於舊批昔上潤描，並無原雕蠟印，問擬前罪與律不合，除誆騙罪名不坐外，合依僞造文書縣者，律杖一百，流三千里。有大誥及遇蒙恩例通減二等，杖九十，徒二年半，係民審無力，照例免杖，發崑陵驛擺站，滿日寧家，緣係先問斬罪，今辯問徒，罪未敢擅便發落。

斗毆壹名，張悌，招係直隸松江府華亭縣竈。已問結益阿冬先年過繼與悌使喚，嘉靖八年，悌當青村場總催，承委修理本場房屋，剩存椽木十塊，被益阿冬已死父益仁盜藏在家，悌呈不在官大使嚴璋追取，在官將益仁責打十板省發，本年四月初四日，益仁怪恨，倚老到本場候悌，拖搼用頭磕撞，悌不忿不合用右手將益仁左腮脥打訖二掌，在官李海勸散。十一日，益仁因老得氣病故，次日益仁已問結甲首謝諫因知悌打益仁二掌，挖悌打死口投問，結總甲陳侶處與已問結里長顧文璧等各嚇要告，害悌懼到官纏累不合將小綿布七疋送與陳侶，銀一兩、綿布六疋送與謝諫，銀六錢送與顧文璧，各不合嚇取入己，謝諫隨令未到弟謝璧等將屍從俗燒化，益阿冬因父身故亦就歸宗，本年七月二十四日，陳侶具首本府，悌亦將情及不合添捏顧文璧侵欺罪犯錢松官銀二十兩不行起解虛情訴，蒙併審悌人命雖虛，行財得實，問擬悌鬪毆殺人，絞罪，謝諫等各徒罪，發落訖，將悌監候，蒙巡按胡御史審無致命之傷，行府再勘，間遇蒙審錄得腮脥既非要害去處，手掌又非重大物件，豈有腮脥二掌可以死人之理，益阿冬係益仁親男，不曾得財初無一言，陳侶等不過益仁路人，既各得財又忍興詞況又隔越七十餘日方纔舉事，明是謝諫等因見張悌曾打益仁二掌，偶爾病死，挾以嚇取財物，原無買和情弊，今身屍既爲謝諫等燒毀，事情終難明白，恐有虧枉，案行知府熊宇勘問前情明白，申繳前來除毆人及不應輕罪外，若告顧文璧侵欺官銀二十兩得實，顧文璧合坐以常人盜雜犯，絞罪，今虛合依誣告人死罪未決者，律杖一百，流三千里。有大誥及遇蒙恩例通減二等，杖九十，徒二年半，係竈審無力，調場煎鹽滿日著役，緣係先問絞罪，今辯問徒罪，未敢擅便發落。

清・嵇璜《清朝通典・詳讞》 康熙元年三月，定錄供不全引律不確之禁。四年十月，刑部議霜降後冬至前續到案件該督撫即陸續審明，具題照例辦理。如已過冬至該督撫題明仍行監候，俟明年秋審。七年十月，定朝審獄冊法司人各一冊查閱。九年正月，命刑部詳勘盜案。三月，以天旱論問刑衙門一切獄訟務期平允，得情速審速結勿得株累無辜，久淹羈禁。十一年六月，命大學士會同三法司詳審重囚。謹按十七年五月，復以天時炎暑舉行是例。二十五年六月，亦如之。十二年八月，論刑部嗣後朝審會議緩決可矜可疑諸案，仍如常啓奏外，其情實重犯別用黃冊彙列罪狀及司名並犯人旗分佐領年貌姓名開列於前，其情罪仍分晰開載於後。

十一月，定秋審冊籍限七月十五日以前到部之例。十四年五月，以天旱命內大臣會同三法司詳審重囚。謹按七年五月、八年六月，兩澤愆期命內大臣會同刑部詳審重囚。嗣十六年六月、十八年四月、二十五年閏四月、二十六年四月、二十八年閏三月，悉如是年之例。十六年七月，定各省秋審繕冊送京覆覈之例。十二月，定盜案已滿三年歸秋審完結之例。十七年，定秋審事件止照原題定擬勿得將案內牽連及被害之人重提質審。十八年三月，詳審自首同行爲盜而非手刃人者應從依律論罪之議。四月，以天旱命內大臣會同三法司詳審重囚遣司官分往直省會同撫臬審錄。二十年正月，論三法司帝王以德化民，以刑弼教，必聽斷明允，擬議持平，乃能使民無冤抑可幾刑措之風。近覽法司章奏議決重犯甚多，或愚民無知身蹈法網，或由教化未孚或爲飢寒所迫，以致習俗日偷，愍不畏法，每念及此，深爲憫惻，在外督撫臬司及問刑各官審理重案，有律例未諳定擬失當草率完結者，有謬執已見改竄供招深文羅織者，有偏私索詐受囑狥情顛倒是非者，有一於此民枉何由得申以後著嚴加申飭內外，問刑各衙門務期原情准法協於至當，不得故縱市恩亦不得苛刻失入，加意詳刑，副朕欽卹民命之意。二十一年六月，命刑部清理獄囚凡應速結事情即爲歸結。謹按：二十五年六月，照此例行。二十二年三月，諭刑部問刑衙門期於審鞫精詳讞決平允而後民情悅服冤抑畢伸。近見爾部審理大小事件每多草率因循瞻狥舛錯。如聽訟之時，兩造是非自應分別定案，因意有偏私往往不問曲直，勒令和息，或逼撤原狀，含糊完結，以致奸頑倖免，良善含冤，至於審員謬執，已見聽斷不公或更改口詞，圖遂私意，或恐嚇犯證，不令直供，或妄肆株連稽延月日，或怠玩疏忽，苟且告竣，此等弊端難以枚舉。嗣後堂司各官俱著洗心滌慮一切，刑名事務令情法允協無枉無縱以副委任之意。二十三年四月，命大學士尚書等審理刑部重犯。二十四年十一月，敕法司詳審秋決人犯。二十五年六月，命内外法司詳審重囚，果可矜疑照例減等。七月，諭刑部刑獄民命攸關聽斷，雖貴精詳而案牘務無留滯，庶事得速竣，民免株連。向來凡朔一二日及齋戒日期不理刑名，因而案件閒有停積，恐聽審人犯久候拖累覆核事件遷延滋弊，嗣後遇前項日 期除循例不行刑外，其餘照常章疏事件仍行審理，啓奏務期獄無稽緩，案得早清，以副朕明慎用刑之至意。二十七年十月，定御史詳閱供招限三日說堂之例。三十六年十一月，高陽縣民張三等坐盜論罪，上以情有可疑，遣官覆審。張三等實非眞盜，釋之。三十七年十一月，上遣内地官員教導蒙古王等審理彼處盜案，會同聽斷並諭加意鞫訊不得妄殺無辜。三十九年九月，諭州縣取原供時雖不得情亦必飾詞以詳上司，覆審然後到部卽有冤抑，部内何由周知？凡爲州縣者，遇刑獄之事，初次不能審出實情，及上司批駁後審出，不妨改正，若明知已誤又復隱諱則必致有冤抑矣！又定部駁審案另委員覆審將原審不明之官議處例。四十七年二月，上遣戶部侍郎穆丹審浙江大嵐山賊案，恐賊犯妄扳平人富戶貪官奸役借行嚇詐親書諭旨，令察審時，毋得恐嚇良民以致失所，並諭除賊犯正身外，株連人等用刑尤宜謹慎。南人愚弱，一遇嚴刑卽行招認，不復得脫矣！五十年七月，刑部察審山西民陳四等聚衆搶據一案奉旨此案部議甚謬，陳四等供稱康熙四十四、四十五兩年，因本省歉收，不能度日，於康熙四十六年自山西帶婦女及親戚一百三十餘口逃荒至陝西。康熙四十八年至河南。由河南流移湖廣、貴州。此等言語顯係欺誑。自朕巡陝西等省以來，每年俱係大有。陳四等何曾遭遇饑饉，若果係流移饑民，自應徒步，荷擔，沿途乞食，爲何乘騾馬，手執刀鎗、器械，繞行各省且？如許人衆飄流數載，每日口糧若干，喂馬草料若干，俱從何處得來？謂之流民可乎？部議將陳四等妻子各發回原籍安置，伊等離家多年發回，無產業度日，更撥何處？地畝與之耕種？於此等處並不詳審，濫援今年四月釋放監禁罪人之例，朦混議奏可乎？尋定陳四斬決，爲從陳六等三十六人及婦女三十六口，分別發往伯都訥寧古塔墨爾根黑龍江給披甲人爲奴。各該省督撫並經過之地方府州縣各官降革有差。五十三年十月，敕刑部秋審奏章毋得繁複，定秋審緩決之案照舊聲明情由。五十五年七月，定會審八旗命案之例。五十七年八月，定部駁審案督撫狥庇不行改正處分。五十九年十月，諭朝審情實人犯内有遇赦免者，有不應赦免者，若不詳察分別，則明年或遇赦詔，將伊等於赦詔前混行正法殊屬可矜。著九卿科道會議除照常不赦罪犯外其餘逐一詳覈分別具奏。

臣等謹按斷獄之弊有二：或失之嚴，或失之縱。在酷吏以深文周内爲能而矯枉過正者，又復故爲寬大立意姑容。不知寬縱之害與酷虐等其民之死於狎玩與死於網羅無二致也。我聖祖仁皇帝哀矜庶獄務期明允，不使奸頑倖免良善含冤，眞以仁育以義正者矣。

清·潘文舫《新增刑案匯覽·刑律·斷罪引律令》 刑部咨豫撫奏審明原告京控各情失實，按律定擬一摺，查審理與婦女爭毆致令忿迫自盡之案，必應究明致死確情，及有無穢語詈罵情事，按例定斷。況案係京控，奏交尤不容曲爲寬減，致涉遷就此案。張二歡與無服族人張俊熙之母朱氏隣村，無嫌。嗣張二歡同父張樹行並弟張舉、張大，同及眷屬，俱在地割麥，運赴場内攤曬。朱氏帶同幼孫，往拾遺麥。張樹行向其喝阻，口角，朱氏扭住張樹行撞頭拚命。張二歡趕攏，用木鞭桿毆傷朱氏額顱。經張二歡之叔張春經過，喝住問明，勸散。朱氏卽攜其孫，負氣回歸，向其媳高氏訴述前情。經高氏勸慰，朱氏忿氣未平，復獨自一人趨至張二歡家理論。因張二歡等在地未回，家内無人，朱氏氣忿莫釋，卽在其堂屋梁上自縊。經張舉回歸瞥見，喊同路過之程三臣幫同卸救無及，氣絕殞命。高氏在家聞知，痛姑情切，亦卽輕生，投入門前井内，援救得生。信知張樹行回歸，報經該縣驗報，張二歡先已逃逸。嗣張俊熙外歸，以其母朱氏年老，未必輕生。並聞，當時張二歡弟兄家眷俱在場内，張春又係張二歡胞叔，疑被喝令共將伊母毆死，裝縊，賄仵匿傷。並疑程三臣受賄枉證，由府上控。因張二歡日久未獲，又疑書役賄縱，一時痛母情切，卽以前情作就呈詞。並因圖准添砌情節，赴都察院具控。奏解回豫緝獲張二歡，審供不諱。該撫將張二歡比，依因事用強毆打威逼人致死致命而非重傷杖一百，徒三年。例上量減一等，擬杖九十，徒二年半。張俊熙照申訴不實擬杖等。因具奏。臣等詳核案情，已死張朱氏因與該犯張二歡之父張樹行口角抓扭，其時該犯之弟張舉等眷屬多人，均經在場，僅可上前拉勸。該犯有何急情，輒用木鞭桿將張朱氏額顱毆傷？已不得謂非用強毆打。迨張朱氏心懷不甘，赴該犯家理論，自必撒潑罵鬧，何以竟無人聞知，該犯家何至寂無一人？尤非情理所有。如謂均在場内，其門戶亦必拴鎖，張朱氏又何能至其堂屋，從容自縊？而其媳張高氏並非在場事手毆之人，何以一經聞知，亦卽忿不欲生，自行投入井內？核其情節，難保非另有別情，以致張朱氏忿迫難堪，各尋短見，卽謂案情確鑿無疑，當屍子張俊熙回歸之時，伊父、伊妻未必不向伊告知伊母自縊實情，何以屢次上控不休？該犯張二歡係案內要犯，延擱三年之久，並未上緊緝拏。直至張俊熙赴京呈控，始將該犯獲案。張俊熙呈內所稱刑書高樹瑤、皂總李天佑等舞弊捺延賣放之處，未必盡屬虛捏。其路過幫同解救之程三臣，最爲此案要證，均稱患病外出，未經訊取確供。原驗縊繩，是否張朱氏攜帶前往，抑係張二歡家中之物，亦未詳晰敘明，遽行遷就定案。將張二歡照因事用強毆打威逼人致死致命而非重傷例，量減擬徒，殊不足以成信讞。至張俊熙因伊母自縊身死，情節本有可疑，張二歡又未弋獲到案，慮恐母命無償，屢次上控，均未親提，是以赴京呈訴，係屬痛母情切所致，與因別事牽控多人，希圖拖累者迥不相同。現據審明，所控均已得實，自應免其治罪。該撫將張俊熙照申訴不實律，擬以滿杖，而於所控書差舞弊等情未能研切根究。臣部礙難率覆，應令該撫再行提犯研訊，務得確情，按律妥擬具題，到日再議。臣等更有請者，律載申訴不實者杖一百，係指迎車駕及擊登聞鼓而言，因與尋常越訴不同。是以一有不實，卽擬滿杖；所誣重者，仍從重論，非僅止杖責完結也。各省京控案件，牽涉書差舞弊者，十居八九。其捏詞聳准者固多，而實在冤抑未伸者亦復不少。各省督撫如果認眞辦理，無稍遷就，訟獄自然止息。無如近年以來，外省審辦京控奏咨各案，全行審實。及審虛將原告誣告辦理者，十不得一，大半皆係調停了事。一案之中，重款則大率消彌，輕欵則略與更張，既不審實，又不辦誣。或以爲控出有因，或以爲懷疑所致，無可解説。又，以到案卽行供明爲詞曲爲原減，皆因問官將實作虛，無以服原告之心，而杜其口，懼其復控，故不肯援誣告加等治罪。每遇審虛之案類，皆牽隱申訴不實律，坐原告以滿杖罪名，而又刪去迎車駕及擊登聞鼓字樣，藉以完案。冤抑者無由昭雪，刁健者得肆譸張，不特有失律意，且使誣告加等及告重事不實等條皆成虛設，殊於吏治民風大有關係。相應請旨飭下各省督撫、將軍、都統、府尹，嗣後遇有京控交審案件，務當秉公核辦。審實則屈必爲伸，審虛則誣必加等。如情節或有可原，不妨酌減定擬，不得仍照向來積習，節刪迎車駕及擊登聞鼓字樣，摘引申訴不實律遷就完結。奉旨依議欽此。同治九年通行。

又　刑部咨奏：竊查例載：各省審理案件，尋常命案限六個月，盜劫及情重命案，欽部事件並一切雜案，俱定限四個月。其限六個月者州、縣三個月解府、州，府、州一個月解司，司一個月解督撫，督撫一個月咨題；限四個月者，州、縣兩個月解府、州，府、州二十日解司，司二十日解督撫；督撫二十日咨題。如案內正犯及要證未獲，情事未得確實者，題明展限；若隔屬提人及行查者，以人文到日起限。如有遲延、情弊，該督撫察參；若該督撫將遲延各官徇情不行題參，察出一併交部議處。又，承審命盜及欽部事件，至限滿不結，該督撫照例咨部，以限滿之日結算，再限二參四個月，仍令州、縣兩個月解府、州，府、州、臬司、督撫各分限二十日。如逾期不結，該督撫將易結不結情由詳查註明題參，照應議處。至承審官內有陞任、革職、降調及因公他往委員接審者，如前官承審未及一個月者，准其按審過日期扣展限；一個月以上離任者，准其展限一個月；分限三個月、兩個月事件，前官承審歷限過半離任者，准其扣半加展。如前官於二參限內離任者，接任官准其以到任之日起，無論六個月、四個月事件，俱扣限四個月審結。至原任官審斷未當，犯及供翻異情節，督撫另委賢員或會同原問官審理，委審之員扣限一個月，該管各上司亦統限一個月核轉具題，總以兩個月完結。如官員承審案借端巧爲掩飾，不行速結者，今該督撫題參，交與該部嚴加議處。上司徇庇不行題參，及下屬已經解審混行駁查，以致承審官違限並知屬官例限將滿，借端故爲派委，希圖展限者，一併交部議處。督撫題參遲延時日，將何月日解審駁查次數聲明，聽部查核，各等語。又，光緒七年五月初六日取上諭：刑部奏各省命盜案件辦理遲逾，酌擬稽查章程，請旨辦理一摺：各省辦理盜案件本有定限，其承審遲延者分別議處，定例綦嚴。近來各州、縣往往藉端延宕，任意躭誤，甚至捏詞扣展延擱數年，積壓朦混，弊端百出，殊非慎重刑章之道，自應彙總稽查以期周密。著各直省督撫等：自此次奉旨之日起，先將現在各州、縣詳報未結命盜案件造冊咨部。嗣後命盜等案例應題咨之件，著於各州、縣通報之後，由該督撫等彙齊造冊，按月報部一次，毋得視爲具文。如查有遲逾等弊，該部立即嚴參，以警玩洩，欽此。欽遵在案。是州、縣承審命盜等案，例有審限，卽離任接審扣展及招解上司，亦各有分限，原以杜遲延之弊，立法已極周詳。該管上司果能認具督催，自無難依限凝結。無如各省奉行日久，視爲具文，所扣審限率多藉詞延宕，是以臣部於上年五月間奏准，令外省將州、縣通詳命盜等案起限按月造冊報部，俾得稽核，以免積壓。乃查：近來各省題咨案件，州、縣案經解審，該管上司並不按照例定審限速行擬結，或混行駁查，或稱犯供狡展及犯供不符游移等詞，分作數次委審，各結審限，每次審限屆滿，復行改委，而所委各員又多係實任因公晉郡晉省無論易結之案，下屬已經解審，上司不應混行派委。試問實任人員何能留省委審久曠職守明係隨便添敘勻派處分。尤其甚者，於凶犯自首以及擅殺罪人、避重就輕之案，其情節無所爲疑難，犯供亦斷不至翻異，一經解審，該上司亦藉詞迭次委審。推原其故，由州、縣官於閭閻詞訟並不趕緊清理，該管上司亦不認眞稽催。及至定限已逾，復巧爲支詞掩飾，冀免嚴參。從此，州、縣官無所顧忌，任意遲延，竟有尋常案件壓擱至數年及一、二年不結者，雖經臣部逐案駁斥，而各省錮習已深，似此扣限者尚不一而足。現當彙查各省冊報審限之際，若任令揑敘致多延擱，縱有稽查章程，仍於實際無裨，相應申明定例，請旨飭下各省督撫、將軍、都統、府尹：嗣後所屬州、縣解審命盜等案到省，督同臬司按照例定審限妥速審結。如果有情罪未符或犯供歧異，必須委審方成信讞者，亦應分別發委首府、首縣覆審，不得委令晉省晉郡實任人員，迭□□□審限，致違成例。仍由該督撫及該臬司隨時認眞稽查督催，俾案無留滯。倘查有仍前揑敘名目，致有違逾等情，即行從嚴參辦，以復舊章而挽積習。光緒八年章程。

又 刑部奏：再臣部辦理秋審招冊，必待各省審定實緩後尾全行到部後，方能刻竣成冊，分送九卿、科道，是以各省後尾均定於五月中旬具題，臣部亦可從容辦理，於上班前十五日分送各處。今年新事人犯較往歲爲多，兼之併辦去年舊事，各省後尾到部有遲至六月及七月始行到部者。臣等督催承辦司員趕緊飭令刊刻。旬月以來，鳩集百餘工匠連夜刷印。若仍照往歲例限分送招冊，實屬趕辦不及，而節候既屆，起數又多，且進單送冊限期緊迫，上班亦不能過遲，相應請旨飭下各省督撫：嗣後審定後尾，須按例限題報，毋得遲延。若有逾限，即由臣部參處，以復舊制而重刑章。光緒八年通行。

清・潘文舫《新增刑案匯覽・刑律・鞫獄停囚待對》 刑部咨：查例載：直省地方偶值雨澤，愆期清理刑獄者，除徒、流等罪外，其各案內牽連待質及笞、杖內情有可原者，該督撫一面酌量分別減、免、省釋，一面奏聞。又，直隸各省審理尋常命案，限六個月；盜劫及情重命案、欽部事件，俱定限四個月。其限六個月者，州、縣三個月解府、州，府、州一個月解司，司一個月解督撫，督撫一個月咨題；限四個月者，州、縣兩個月解府、州，府州二十日解司，司二十日解督撫，督撫二十日咨題。按察使自理事件限一個月完結，府、州、縣自理事件限二十日審結，上司批審事件限一個月審報。又，承審命盜及欽部事件，至限滿不結，該督撫照例咨部，即於限滿之日接算，再限二叁四個月，仍令州、縣兩個月解府、州，府、州、臬司、督撫各分限二十日，各等語。又，臣部減等章、程、軍、流以下減等，向於奉旨後，臣部飛咨內外問刑衙門，于文到日扣除往返程途，統限一個月抄錄犯事全案、到配年月日期，造冊報部。臣部分別摘敘案由開單，照例題奏核覆，奏准通行在案。又，查各省審理命盜等案，問擬斬、絞人犯，例應逐層勘轉，由督撫親審專案題奏完結。軍、流人犯亦應俟府、司審詳，分別題咨完結。若遇大赦，徒罪以下人犯，核其情罪，應准援免者向辦章程原准先行釋放；其斬、絞、軍、流各犯，仍應專案並造冊報部，分別題奏核覆。至恭逢清刑恩旨：從前舊章曾有將徒罪以下准減各犯先行保釋，以冀恩膏速沛，其軍、流及有關人命擬抵人犯，仍專案咨部核覆，通行亦在案。伏思州、縣審理命盜案件，例必層層勘轉，不厭精詳，非好爲繁瀆也。誠以人命至重，生者不應負屈，死者亦恐含冤。州、縣賢愚不齊，無論奸胥猾吏高下其手因緣爲奸，所在不免；即久膺民社熟悉刑名者，有時拘泥成案附會例文，意見一偏，即不免有畸重、畸輕之弊。故由州、縣而府、州、司、道、督撫逐層詳轉，例限綦嚴，所以昭慎重而防積壓者，定例至周至密也。刑部爲各省刑名之總匯，臬司爲一省刑名之總匯。若一切案件祇由州、縣解審道、府勘定後即可釋放，向無如此體制，況斬、絞人犯擬罪定讞均以題奏奉旨之日爲定，即或所犯情輕確在准免之例，亦應俟題奏覆准奉旨之後，方能省釋。從前成案，多有外省擬以准免、不准免而由臣部改擬者，亦有臣部擬以准免、不准免而奉特旨改定者，並有案中情節支離引斷或未允協，駁令覆審另擬者，條款既難賅載，案情不少紛歧，今若于未經題奏覆准奉旨之前一律概予釋放，殊與例意未符。臣等公同悉心酌議：擬請嗣後各省審理案件，所有問擬徒、杖以下，應准援免各犯及徒罪以下應准減等各犯，准其一律先行釋放；有關人命擬徒准減人犯，亦准酌量保釋；其斬、絞及遣軍、流各犯，仍照定例解省覆審，分別情罪擬以准免、不准免，統俟臣部核准及題奏奉旨後再行遵照辦理。至減等案內查辦軍、流各犯，雖在准減之條，尚有應減之罪，更未便輕議釋放。如此酌核辦理，庶徒、杖以下情輕之犯，既准先行省釋，早沐皇仁；而軍、流以上情重之犯，仍可覆核精詳，以符定制。同治元年通行。

清・丁日昌《撫吴公牘・咨商就地正法之案照例辦理由》 爲咨商事。竊照命盜案件，例應由州縣按擬招解，該管道府復審明確，解赴臬司審解巡撫衙門勘題，奉旨交三法司核擬復奏，然後降旨正法。所以慎刑章重民命也。軍興以來，烽燧頻驚，道途多梗，於是有稟請就地正法之事。其始不過將鄰封未破各案，皆捏作現獲各犯之所爲，其弊止於開脱承緝文武處分，尚無大害。既而相沿成習，地方官恃無復審印證之員，遇事心粗手滑，不暇致詳，但以一稟殺卻了事，稍加審慎，轉似迂拘。殊不知，死者不可復生，斷者不可復續，誰非赤子？我亦蒼生，人命所關豈容輕忍。即如靖江縣吴錫珠一犯，該前縣齊令稟經批准正法，現據復審，係屬悞拿，又桃源縣王尚揚一犯，前經漕部堂將夥盜陳履正處斬梟示，而首犯王尚揚至今屢審不承，又上海縣夏錫林一犯，該前縣王令稟經批准正法，續飭蘇松太道審明，改擬杖徒，監候待質，又江陰縣陳祥郎一犯，該縣顔令稟經批准同李洪希等一併正法，續飭常州府審明，將陳祥郎改擬杖徒。以上各犯，假使其時駢首就誅，豈能復起死人而肉白骨乎？又如近日山陽縣稟請將田星沅就地正法，經貴爵閣部堂暨本部院批駁，同案解省之張學淙，現在翻供，飛飭聽候提質，乃嚴批未到，而該令已稟請漕部堂將田星沅正法矣又何從起九原而問之耶？近來江北稟請正法，飭駁覆審旋即平反之案，不一而足，令人心寒。此就地正法之請，實未能深信不疑也。江蘇軍務肅清已久，一切招解使費，業已通行禁革，所有劫盜案件，應否一律照例招解，不准再行稟請就地正法，以期詳慎而符定制之處，相應咨商，爲此合咨貴爵閣部堂請煩查照酌核定奪，挈銜通飭各屬一體遵照，望切施行。

清・丁日昌《撫吴公牘・會銜嚴飭不准就地正法》 爲通飭遵照事。照得命盜案件，例應由州縣訊明，按擬招解，該管道府復審明確，解赴司院衙門審解勘題。奉旨交三法司核議復奏，然後降旨正法，所以慎刑章、重民命也。軍興以來，烽燧頻驚，道途多梗，於是有就地正法之事。其始不過將鄰封未破各案捏作現獲各犯之所爲，其弊止於開脱承緝文武處分，尚無大害。既而相沿成習，地方官恃無復審印證之員，遇事心粗手滑，不暇致詳，但裝入曾充營勇一句空詞，即以一稟殺卻了事，稍加審慎，轉似迂拘。殊不知死者不可復生，斷者不可復續，人命所關，豈容輕忽，近來江北各屬詳報平反盜竊等案，不一而足，令人寒心。此就地正法之請，實未能深信不疑也。查江蘇地方，肅清已久，各衙門勘轉一切使費，通飭禁革。所有盜劫案件，自應照例勘，惟現在裁撤各營，難保無外來游兵散勇逗遛地方，搶劫生事，亦不得不量爲變通，迅速辦理。本部堂、本部院公同酌核：嗣後如有遣撤兵勇糾劫之案，一經獲犯訊明贓證確鑿，並有充當兵勇實據，實在法所難宥者，准其録供通稟，聽候本部堂、本部院批飭附近道府復訊明確，就地正法，俾知儆畏。其尋常盜犯，概由該管巡道府州按例審轉，不得混敘曾當兵勇空言，率請就地正法，以昭詳慎。而符定制，全亟通飭。札到該某，立即飭屬一體遵照辦理。仍將奉文日期專案申復，毋違特札。

清・許文濬《塔景亭案牘・稟江甯府許太守星璧》 竊奉憲臺批開據呈三月分詞訟冊報，已悉該令抵任未及幣月，訊結上控案五起，自理案二十九起，勤能可嘉應詳記大功二次。惟該縣上控之案月必二三起，現尚有十七起未結，仰迅速訊斷以清案牘，而省拕累等因仰見我憲臺周恤民隱策勵屬僚之至意。竊惟句容上控之多，多在客民也。客民之上控非緣以土民之衆欺客民之寡，乃緣以客民之富欺土民之貧，以客民之強欺土民之弱也。洪楊之亂，句屬適當兵衝，蹂躪最苦，肅清後人少地多，田疇不治，客民之應募而至者，汴鄂最夥，皖南次之，浙之溫臺又次之，其人皆悍。鷙耐勞遇荒即耕有主亦占。土民與之力爭則有老拳與之理論，則曰官招我來也，官利田賦之有著也，優容之二畝報一畝，三畝并二畝，亦假借之客民本強也。久之而富，則愈強。土民本弱也，久之人漸多而田漸少，田少則愈貧而愈弱貧且弱。則雖受客民之欺，亦忍而不敢與訟，非畏訟也，畏上控也。非畏上控也，畏親提也。然至忍無可忍，則又不能不粤命訴官，以圖徼幸於一擲。是故土客之訟，其原告十九土民也。究其致訟之由，亦十九客曲而土直，問官廉得其情，則土勝面客負，負則忿忿則蹶然而起曰：何物小子敢與老爹作對，這事非上省不了，不磨碎其皮骨，亦不休是故挺身上控者，必客民也。殫其財之所出，竭其力之所能，而土民於是大窘，客民之慣於上控者，何也？有所恃也，土民即在本籍，無所謂鄉親也，而財力又絀，彼汴鄂皖南溫臺之民莫不各有其鄉人焉，由商賈而幕丁而官僚，但有因緣即有門徑，但有線索即有繫援，最貪黠者，廝僕此輩所爲何來，一遇錢財官司如蟻附羶，如蚊嘬血，唆騙之巧運動之神，消息靈通，有控必准。此客民上控之所由多也。知縣遇有土客之訟，既不因其貧且弱而心有所偏，亦不因其富且強而氣爲之攝，此後每斷一案必詳錄供判以陳，在層臺既得預明其本末，斯臨事不難摘發其譸，張客民上控之風庶幾其少衰乎？不揣冒瀆披瀝上聞無任悚惶伏惟垂察。

清・沈家本《叙雪堂故事・御史嵩桂條奏裁撤總辦秋審司員》 刑部謹奏，爲遵旨議奏事。據山東道監察御史嵩桂奏，刑部總辦秋審處司員諸務專擅，請將秋審司員裁撤等因一摺，嘉慶四年三月二十三日奉硃批刑部議奏，欽此。欽遵抄出到部。臣等將該御史原奏逐條詳議，開列於後。一、該御史奏稱，刑部有總辦秋審之員，因各司案件較繁，從前堂派不過數人總率其事，後增至二十餘員之多，堂官又特派二、三人總理，致啓專擅之漸，請將總辦秋審處司員裁撤等語。查秋讞大典，民命攸關，必須彙齊比較，期於畫一。自雍正十三年奏准設立總辦秋審處，於通部司官內簡委總辦秋審滿、漢各四員專司其事，載入《會典》，謂之總看。復因磨勘黃冊、招冊，覆看九卿題本幷黃冊，進呈後輪班進朝聽候交查及每日候辦交抄速議事件，歷年又另派明敏司官十餘員，俱在秋審處行走。其滿、漢總看司員祇有總看之責，幷無總理之名。至各司員分辦秋審之責，每司堂派滿、漢司官二員分看秋審，謂之司看。每年封印後將各司官單呈堂，臣等於秋審處行走各員及各司諳習司員中公同詳愼通派，幷非由總看之員擬定。其司看各員，分省核看緩、實、矜及應商各案，各抒所見簽說彙交總看司員，復通行逐案查核加批，陸續呈堂，臣等復詳加查核應實、應緩、應矜，於司看、總看加有簽說應商者，亦逐案加批。俟各省秋審具題到部，摘出內外所擬實、緩未符各案，比較畫一，當堂面議，謂之堂議。其各司分看之員，果有意見未協，仍許各抒所見，回堂面商，幷非不全與聞，原期虛衷詳核，不存成見，此臣部歷來辦理秋審之章程也。若裁撤秋審處司員，即令各司擬辦，則情實、緩決、可矜勢必各司各樣，未能畫一，而僅於堂議時臨期猝核，亦恐舛錯紛歧，轉非平允協中之道，應將該御史所奏裁撤總辦司員之處應毋庸議。至所奏各直省恐駁改失入，未免有賄囑諸弊之處，查秋審上班時，九卿、詹事、科道公同會議，如果臣部定擬緩、實或有未協，九卿、詹事、科道俱有簽駁改正。是出入之權幷非秋審處司員所能專擅，該御史所奏亦毋庸議。

一、該御史奏稱，保舉京察多係總辦秋審之員，既派總辦秋審，復令管理贖罪處、督催所、律例館、司務廳、飯銀處、贓罰庫，以及清、漢檔房諸務等語，查京察鉅典，原以甄別賢否，臣部係刑名總匯，凡總辦秋審司員，向來均係由各司中擇其通曉律例才具出衆者選充。遇有重大案件，輪流委審，視各司官員較爲出力，是以從前京察時多有保列一等，而各司中認眞辦事之員，亦均一體保列。至若贖罪處、督催所、飯銀處，向無專設司員，歷係於司員中簡派管理。惟律例館現在奏准纂修條例，尤關緊要，臣等復公同加愼，於司員中遴選提調、纂修，以專責成。又如司務廳，設立滿、漢司務二員，贓罰庫設立滿司庫一員，清檔房設立堂主事二員，漢檔房設立堂主事二員，幷無郎中、員外郎額缺，歷來於司員中擇其公正諳熟辦事結實者選派兼管，以嚴稽查。臣部保題、保送滿官，向係清檔房承辦，漢官向係貴州司承辦，臣等皆就平日辦事能否，當差勤惰，秉公保舉，秋審處司員非但不能攙越，抑且不能與聞，幷無倚信秋審處司員之事，該御史所奏亦毋庸議。

一、該御史奏稱，恩赦鉅典，各省彙冊到部，本司摘叙案由，造冊交秋審處酌定，該處幷不列名。倘擬有錯謬，惟該司叙案、畫稿之員獨任其咎等語。查嘉慶元年恭逢大赦，又，二年三月二次欽奉清理庶獄恩旨，臣等揀派本司滿、漢司官二員專辦，將本省送到清冊摘叙案由，分別應准、不應准彙造清冊，先各畫押，復派秋審處司員覆核。如查有各司辦理參差，與條款不符者，隨案更正，秋審處覆核之員亦於冊面畫押，呈堂核定後交司辦稿具題。如有錯誤，各司承辦之員及秋審覆核之員一併議處。亦非該司叙案、畫稿之員獨任其咎，該御史所奏亦毋庸議。

一、該御史奏稱，各司簽分現審稍涉疑難之案，堂官專派總理會審，以致各司事多掣肘，且又當月之司收管各處文移現審案犯，倘遇奏事日期，各堂不能進署，伊等即代堂掣簽交司等語。查各司簽分現審，遇有疑難繁重之案，俱係各本司司員回堂請派，臣等於各司中擇其平日辦事明幹者，派令審訊，幷非專派總看司員。而本司之員亦仍會同審辦，一體畫押。如有意見不合之處，原准回堂講論，幷無掣肘之虞。再，臣部十八司逐日派滿、漢司官輪流當月，惟總看司員事務殷繁，乾隆七年舊例，總辦司員於三月初一日起停辦司事，免派雜差。嗣因總看各員多係各司掌印、主稿之員，勢不能不兼辦現審，祇於司中當月對本行文等事，仍照舊免派。其餘秋審處行走各員，仍俱一體當月，所有承收在京各處來文幷現審事件，向來堂官遇奏事日期不克進署，因現審係當月司員承收，未便即令分簽，間或特派總辦秋審司員代掣分司，實未允協。嗣後應由各堂輪掣，以昭慎重。以上各條，臣等公同酌議，是否有當，伏候訓示遵行，云云。奉旨依議。

綜論總部

執法原情部

綜述

《周易・中孚》 象曰：澤上有風，中孚，君子以議獄緩死。

《論語正義・子路》 葉公語孔子曰：吾黨有直躬者，〔注〕孔曰：直躬，直身而行。其父攘羊，而子證之。〔注〕周曰：有因而盜曰攘。孔子曰：吾黨之直者異於是：父爲子隱，子爲父隱。直在其中矣。正義曰：《說文》云：證，告也。《韓非子・五蠹篇》：楚之有直躬，其父竊羊而謁之吏。令尹曰：殺之。以爲直於君而屈於父，執而罪之。《呂氏春秋・當務篇》：楚有直躬者，其父竊羊而謁之上，上執而將誅之。直躬者請代之，將誅矣，告吏曰：父竊羊而謁之，不亦信乎？父誅而代之，不亦孝乎？信且孝而誅之，國將有不誅者乎？荆王聞之，乃不誅也。孔子聞之曰：異哉！直躬之爲信也，一父而載取名焉。故直躬之信，不若無信。高誘《注》：謁，告也。宋氏翔鳳《過庭録》：兩書所記，一誅一不誅，異者。蓋其始，楚王不誅，而躬以直聞於楚，葉公聞孔子語，故當其爲令尹而誅之。案：宋說是也。鄭此《注》云：攘，盜也。我鄉黨有直人名弓，父盜羊則證其罪。據《注》，是鄭本作直弓，必出《古》、《魯》、《齊》異文。《隸續・陳寔殘碑》：寔字仲躬。史傳雜書、《蔡中郎集》並作仲弓，是躬、弓古多通用。鄭以弓爲人名。高誘《淮南・氾論訓注》亦云：直躬，楚葉縣人也。躬蓋名其人，必素以直稱者，故稱直躬。直舉其行，躬舉其名。直躬猶狂接輿、盜跖之比。僞孔以爲直身而行，非也。隱者，《說文》云蔽也。《檀弓》云：事親有隱而無犯。鄭《注》：隱謂不稱揚其過失也。蓋子之事親，當時微諫，諭父母於道，不致有過誤。若不幸而親陷不義，亦當爲諱匿。《公羊・文十五年》：齊人來歸子叔姬，閔之也。父母之于子，雖有罪，猶若其不欲服罪然。何休《注》引此文，說之云所以崇父子之親是也。《鹽鐵論・周秦篇》：父母之於子，雖有罪，猶匿之。豈不欲服罪？子爲父隱，父爲子隱，未聞父子之相坐也。漢宣詔曰：自今子首匿父母，妻匿夫，孫匿大父母，皆勿坐。其父母匿子，夫匿妻，大父母匿孫，殊死皆上請。足知漢法凡子匿父母等，雖殊死皆勿坐；父母匿子等，殊死以下，皆不上請。蓋皆許其匿可知。皇《疏》云：今王法則許期親以上，得相爲隱，不問其罪是也。《白虎通・諫諍篇》：君不爲臣隱，父獨爲子隱何？以爲父子一體。榮耻相及。明父子天屬，得相隱，與君臣異也。程氏瑤田《論學小記》：人有恆言，輒曰一公無私。此非過公之言，不及公之言也。此一視同仁，愛無差等之教也。其端生於意、必、固、我，而其弊必極於父攘子證，其心則陷於欲博大公之名，天下之人，皆枉己以行其私矣。而此一人也，獨能一公而無私，果且無私乎？聖人之所難，若人之所易，果且易人之所難乎？果且得謂之公乎？公也者，親親而仁民，仁民而愛物，有自然之施爲，自然之等級，自然之界限，行乎不得不行，止乎不得不止，時而子私其父，時而弟私其兄。自人視之，若無不行其私者，事事生分別也，人人生分別也。無他，愛之必不能無差等，而仁之不能一視也。此之謂公也，非一公無私之謂也。《儀禮・喪服傳》之言昆弟也，曰昆弟之道無分，然而有分者，則辟子之私也。子不私其父，則不成其子。孔子之言直躬也，曰父爲子隱，子爲父隱，直在其中皆言以私行其公。是天理人情之至，自然之施爲，等級界限無意必固我於其中者也。如其不私，則所謂公者，必不出於其心之誠然。不誠，則私焉而已矣。

《論語正義・子張》 孟氏使陽膚爲士師，問於曾子。曾子曰：上失其道，民散久矣。如得其情，則哀矜而勿喜。〔注〕馬曰：民之離散，爲輕漂犯法，乃上之所爲，非民之過。當哀矜之，勿自喜能得其情。〔正義〕張栻《解》：先王之於民，所以養之教之者，無所不用其極，故民心親附其上，服習而不違。如是而猶有不率焉，而後刑罰加之，蓋未嘗不致哀矜惻怛也。若夫後世禮義衰微，所以養之教之者，皆蕩而不存矣。上之人未嘗心乎民也，故民心亦渙散而不相屬，以陷於罪戾而蹈於刑戮，此所謂上失其道，民散久矣。情者，實也，謂民所犯罪之實也。《周官・小宰》：以敍聽其情。《禮記・大學》：無情者不得盡其辭。哀矜者，哀其致刑，矜其無知，或有所不得已也。《書・呂刑》云：哀矜折獄。與此文同。《論衡・雷虛篇》引《論語》作哀憐，或是以義代之。段氏玉裁遂疑矜當作矜，矜讀如憐，恐未是也。《韓詩外傳》：昔之君子，道其百姓不使迷，是以威厲而刑措不用也。故形其仁義，謹其教道，使民目晰焉而見之，使民耳晰焉而聞之，使民心晰焉而知之，則道不迷而民志不惑矣。《詩》曰：示我顯德行。故道義不易，民不由也；禮樂不明，民不見也。《詩》曰：周道如砥，其直如矢。言其易也。君子所履，小人所視。言其明也。睠言顧之，潸焉出涕。哀其不聞禮教而就刑誅也。夫散其本教而待之刑辟，猶決其牢而發以毒矢也，不亦哀乎！《鹽鐵論・後刑篇》引此文說之云：夫不傷民之不治，而伐己之能得奸，猶弋者覩鳥獸挂罻羅而喜也。

《大學》 子曰：聽訟，吾猶人也，必也使無訟乎。無情者不得盡其辭，大畏民志，此謂知本。

《禮記・曲禮》 八十、九十曰耄，七年曰悼，悼與耄，雖有罪，不加刑焉。

《禮記・王制》 凡制五刑必即天論，郵罰麗於事。凡聽五刑之訟，必原父子之親，立君臣之義，以權之；意論輕重之序，慎測淺深之量，以別之；

悉其聽明；致其忠愛，以盡之。疑獄，氾與衆共之，衆疑赦之。必察小大之比以成之。〔孫希旦集解〕：鄭氏曰：權，平也。意，思念也。淺深，謂俱有罪，本心有善惡。盡，盡其情。小大，猶輕重。已行故事曰比。愚謂意論，若《書》言要囚，服念五六日，至於旬時，丕蔽要囚也。父子有親，君臣有義，人倫之大者也。原之者，所以本其不得已之情；立之者，所以嚴其不可犯之分。事之輕重，各有次序，意論之，以審其上下之服；情之淺深，各有分量，慎測之，以辨其故、過之分。權乎父子君臣者，衷之於倫常，以觀之於其大；別乎輕重淺深者，察之於情事，以析之於其微也。悉其聰明，則所謂忠愛者，不至於過厚而失之愚；致其忠愛，則所謂聰明者，不至於過察而傷於刻。如是，則本末兼該，明恕交盡，而所聽之訟亦庶乎能盡其情矣。氾，廣也。獄疑則廣詢之於衆，衆疑則赦之，《呂刑》所謂五刑之疑有赦，五罰之疑有赦也。小大，謂輕重也。比，附也，《呂刑》所謂上下比罪是也。成猶定也，即下文所謂獄之成也。此謂罪之無疑者，其或輕或重，必察其所當附之罪，以定其獄也。

《漢書・宣帝紀》〔宣帝地節四年九月〕又曰：令甲，死者不可生，刑者不可息。此先帝之所重，而吏未稱。今繫者或以掠辜若飢寒瘐死獄中，何用心逆人道也！朕甚痛之。其令郡國歲上繫囚以掠笞若瘐死者所坐名、縣、爵、里，丞相御史課殿最以聞。

又 詔曰：導民以孝，則天下順。今百姓或遭衰絰凶災，而吏繇事，使不得葬，傷孝子之心，朕甚憐之。自今諸有大父母、父母喪者勿繇事，使得收斂送終，盡其子道。

夏五月，詔曰：父子之親，夫婦之道，天性也。雖有患禍，猶蒙死而存之。誠愛結於心，仁厚之至也，豈能違之哉！自今子首匿父母，妻匿夫，孫匿大父母，皆勿坐。其父母匿子，夫匿妻，大父母匿孫，罪殊死，皆上請廷尉以聞。

《漢書・刑法志》〔孔子〕曰：今之聽獄者，求所以殺之；古之聽獄者，求所以生之。

漢・荀悦《前漢紀》卷九 〔漢景帝五年〕九月，詔曰：獄者，人之大命，死者不可復生。諸獄疑，雖文致於法，人心不厭者，輒讞之。

《後漢書・光武帝紀》〔建武二年〕詔曰：民有嫁妻賣子欲歸父母者，恣聽之。敢拘執，論如律。

《後漢書・章帝紀》〔元和元年〕十二月壬子，詔曰：《書》云：父不慈，子不祗，兄不友，弟不恭，不相及也。往者妖言大獄，所及廣遠，一人犯罪，禁至三屬，莫得垂纓仕宦王朝。如有賢才而没齒無用，朕甚憐之。

《北史・蘇綽傳》 人受陰陽之氣以生，有情有性。性則爲善，情則爲惡。善惡既分，賞罰隨焉。賞罰得中，則惡止而善勸；賞罰不中，則人無所措手足，則怨叛之心生。是以先王重之，特加戒慎者，欲使察獄之官，精心悉意，推究根源。先之以五聽，參之以證驗，妙覩情狀，窮鑒隱伏，使姦無所容，罪人必得。然後隨事加刑，輕重皆當，舍過矜愚，得情勿喜。又能消息情理，斟酌禮律，無不曲盡人心，而遠明大教，使獲罪者如歸。此則善之上者也。然宰守非一，不可人人皆有通識，推理求情，時或難盡。唯當率至公之心，去阿枉之志，務求曲直，念盡平當。聽察之理，必窮所見，然後拷訊以法，不苛不暴，有疑則從輕，未審不妄罰，隨事斷理，獄無停滯。此亦其次。若乃不仁恕而肆其殘暴，同人木石，專用捶楚。巧詐者，雖事彰而獲免；辭弱者，乃無罪而被罰。有如此者，斯則下矣，非共理所寄。今之宰守，當勸於中科，而慕其上善。如在下條，則刑所不赦。

又當深思遠大，念存德教。先王之制曰：與殺無辜，寧赦有罪；與其害善，寧其利淫。明必不得中，寧濫捨有罪，不謬害善人也。今之從政者則不然，深文巧劾，寧致善人於法，不免有罪於刑。所以然者，非皆好殺人也，但云爲吏寧酷，可免後患。此則情存自便，不念至公，奉法如此，皆姦人也。夫人者，天地之貴物，一死不可復生。然楚毒之下，以痛自誣，不被申理，遂陷刑戮者，將恐往往而有。是以自古已來，設五聽三宥之法，著明慎庶獄之典，此皆愛人甚也。凡伐木殺草，田獵不順，尚違時令而虧帝道；況刑罰不中，濫害善人，寧不傷天心，犯和氣！和氣損而欲陰陽調適，四時順序，萬物阜安，蒼生悦樂者，不可得也。故語曰，一夫吁嗟，王道爲之傾覆，正謂此也。凡百宰守，可無慎乎！

若深姦巨猾，傷化敗俗，悖亂人倫，不忠不孝，故爲背道，殺一利百，以清王化，重刑可也。識此二途，則刑政盡矣。

《南史・蔡廓傳》 宋臺建，〔蔡廓〕爲侍中，建議以爲鞫獄不宜令子孫下辭，明言父祖之罪。虧教傷情，莫此爲大。自今但令家人與囚相見，無乞鞫之訴，便足以明伏罪，不須責家人下辭。朝議從之。

《新唐書・裴耀卿傳》 耀卿上言：刺史、縣令異諸吏，爲人父母，風化所瞻。今使裸躬受笞，事太逼辱。法至死，則天下共之。然一朝下吏，屈挫牽頓，民且哀憐，是忘免死之恩，而有傷心之痛，恐非崇守長、勸風俗意。以雜犯抵死無杖刑，必三覆後決，今非時不覆，或夭其命，非所以寬宥之也。凡大暑決囚多死，秋冬乃有全者。請今貸死決杖，會盛夏生長時並停，則有再生之實。

宋・李燾《續資治通鑑長編》卷六九 〔宋眞宗大中祥符元年六月〕殿中侍御史趙湘言：漢章帝以《月令》冬至之後，有順陽助生之文，而無鞫獄斷刑之政，遂定毋以十一月、十二月報囚。今季冬誕聖之月，而決大辟不廢，願詔有司自仲冬留大辟弗決，俟孟春臨軒閱視，情可矜察者貸之，他論如法。上曰：此固善矣。然慮繫囚益淹久，吏或旁緣爲姦爾。

宋・李燾《續資治通鑑長編》卷一四一 〔宋仁宗慶曆三年六月〕癸丑，知諫院歐陽修言：近日四方盜賊漸多，皆由國家素無禦備而官吏賞罰不行也。臣謂夷狄者皮膚之患，尚可治；盜賊者腹心之疾，深可憂。朝廷終未嘗處置。遇有一火賊，則倉黄旋發兵馬而不思經久禁止之法。今沂州軍賊王倫所過楚、泰等州，連騎揚旗，如履無人之境。而巡檢、縣尉反赴賊召，其衣甲器械皆束手而歸之。假令王倫周游江海之上，南掠閩、廣而斷大嶺，西入巴、峽而窺兩蜀，殺官吏，據城邑，誰爲捍禦者？此可謂心腹之大憂。爲今計者，必先峻法令。法令峻則人知所畏，自趨而擊賊。請自今賊所經州縣奪衣甲，官吏並追官勒停，巡檢、縣尉除名。且如知州本號郡將，都監、監押奪領兵在城，若賊入而不能捕，知州亦勒停，都監監押仍除名。若賊發而朝廷別差人捕獲，其本界巡檢、縣尉仍坐全火不獲之罪，賊多於所領兵士、弓手者差減之。縣尉比多新進少年，皆不能捉賊，虛陷罰罪。宜下流內銓，別議選擇之格，重賞罰以誘之。自來所差巡檢下兵士不肯捉賊，又多爲州縣之患。欲請先選能捉賊使臣，令其自募兵卒，不拘廂禁軍，欲指名抽射者亦聽。凡都監、監押、巡檢因賊除名者仍勒從軍自効，俟破賊日則許敍之。詔送樞密院施行。

又 〔宋仁宗慶曆三年六月〕甲子，右正言余靖言：朝廷所以威制天下者，執賞罰之柄也。今天下至大而官吏弛事，細民聚而爲盜賊，不能禁止者，蓋賞罰不行也。若非大設隄防以矯前弊，則臣憂國家之患不在夷狄，而起於封域之内矣。南京者，天子之別都也，賊入城斬關而出。解州、池州之賊不過十人，公然入城虜掠人戶。鄧州之賊不滿二十人，而數年不能獲。又清平軍賊入城作變，主者泣告，而軍使反閉門不肯出。所聞如此，而官吏皆未嘗重有責罰，欲望賊盜衰息，何由而得？今京東賊大者五七十人，小者三二十人，桂陽監賊僅二百人，建昌軍賊四百餘人，處處蜂起，而巡檢、縣尉未知處以何罪，當職大臣尚規規守常，不立泣禁，深可爲國家憂。且以常情言之，若與賊鬭，動有死亡之憂，避不擊賊，止於罰銅及罰俸。誰惜數斤之銅，數月之俸，以冒死傷之患哉？乞朝廷嚴爲督責捕賊賞罰，及立被賊刼質、亡失器甲除名追官之法。從之。

宋・陳淳《北溪大全集・上傅寺丞論告訐》 某竊謂民生秉彝以人倫爲重，治民聽訟亦以人倫爲本，故百姓不親，五品不遜，聖人所深憂，而聽五刑之訟，必原父子之親，立君臣之義以權之，亦王制所先務，誠以美教化厚風俗所係，在此而不容緩也。共惟判府寺丞，治貴清淨，政尚中和，用刑必期于無刑，聽訟欲使之無訟，下車之始即明榜通衢，首崇輯睦之風，申明孝友之道，勸喻諄切，可謂知所本矣。今已漸及一朞，固宜人心感格，同歸于善，風流篤厚，莫不恥言人過。竊怪近日以來乃不其然，民間詞訟大概多是告訐，或蔓引其無干涉之説，或妄發其十數年之事，揆之事理無甚緊切，按之人倫大相悖戾，以兄弟均父母遺體而交相告訐，入室操戈，如何相之於何尚忠，林鼐之於林衡等類是也。以叔視姪爲猶子，姪視叔爲從父，而交相告訐，入井下石，如戴世略之於戴夢松，王振之於王椿等類是也。甚而婦姑勃谿，有違不順父母之律而不恤者。夫妻反目，有違前賤後貴之説而不顧者。似此類例，姦險百出，不可枚數，皆關人道之大經，犯天理之大戒，抑又有難露楮筆者，雖其情狀不能逃神明之鑒。然而賊害綱常、敗壞風教，莫此爲甚，此而不禁，將恐薄惡之習愈熾而醇厚之風不聞。昔舊邦君樞相傅公在此嘗勸人戶賑糶，有林仁壽者告其兄林堯壽產錢之高，合先糶穀。公判其狀曰：官司寧可無二百石穀，而兄弟告訐之風不可長。此判一出，邦人傳誦以爲神筆，聞者褫魄，無復效尤。今弊俗如此，可駭可嘆。某辱知門下，有所聞見，不敢隱默，謹具公劄申聞。欲望臺判嚴榜曉示，杜告訐之一門，明人倫之大法，以開其友睦禮遜秉彝之良心，使人人知恩義所自來，有相賙相恤之愛而無相刃相靡之薄，一還昔日清漳道院之美，豈不偉歟。或自此之後猶有循習不悛者，則用孔子拘三月之説以揉之，庶幾良心必有悔悟，天理必有還復之時矣。

宋・程頤《周易程氏傳・周易下經下・旅》 《象》曰：山上有火，旅，君子以明慎用刑，而不留獄。

火之在高，明無不照。君子觀明照之象，則以明慎用刑，明不可恃，故戒於慎明，而止亦慎象。觀火行不處之象，則不留獄。獄者不得已而設，民有罪而入，豈可留滯淹久也？

《宋史·刑法志》 宋興，承五季之亂，太祖、太宗頗用重典，以繩奸慝，歲時躬自折獄慮囚，務底明慎，而以忠厚爲本。

又 其君一以寬仁爲治，故立法之制嚴，而用法之情恕。獄有小疑，覆奏輒得減宥。觀夫重熙累洽之際，天下之民咸樂其生，重於犯法，而致治之盛幾乎三代之懿。元豐以來，刑書益繁，已而憸邪並進，刑政紊矣。國既南遷，威柄下逮，州郡之吏亦頗專行，而刑之寬猛繫乎其人。

又 知益州薛田言：蜀人配徒他路者，請雖老疾毋得釋。帝曰：遠民無知犯法，終身不得還鄉里，豈朕意哉？察其情可矜者許還。後復詔罪狀獷惡者勿許。初，令配隸罪人皆奏待報，既而繫獄淹久，奏請煩數。明道二年，乃詔有司參酌輕重，著爲令。凡命官犯重罪，當配隸，則於外州編管，或隸牙校。其坐死特貸者，多杖、黥配遠州牢城，經恩量移，始免軍籍。

又 慶曆五年，詔罪殊死者，若祖父母、父母年八十及篤疾無期親者，列所犯以聞。

元·張養浩《牧民忠告·慎獄》 人之良，孰願爲盜也，由長民者失於教養，凍餒之極，遂至於此，要非其得已也。嘗潛體其然，使父飢母寒妻子慍見徵負旁午，疹疫交攻，萬死一生，朝不逮暮，於斯時也，見利而不回者，能幾何人？甚或因而攘竊。不原其情，輒置諸理，嬰笞關木，彼固無辭。然百需叢身，孰明其不獲已哉？古人謂：上失其道，民散久矣。如得其情，則哀矜而勿喜。嗚呼！人能以是論囚，雖欲慘酷，亦必有所不忍矣。

《元史·董俊傳》 〔世祖至元年間〕時多盜，詔犯者皆殺無赦。在處繫囚滿獄。文忠言：殺人取貨，與竊一錢者均死，慘黷莫甚，恐乖陛下好生之德。敕革之。或告漢人毆傷國人，及太府監屬盧甲盜翦官布。帝怒，命殺以徼衆。文忠言：今刑曹於囚罪當死者，已有服辭，猶必詳讞，是豈可因人一言，遽加之重典？宜付有司閱實，以俟後命。乃遣文忠及近臣突滿分覈之，皆得其誣狀，遂詔原之。帝因責侍臣曰：方朕怒時，卿曹皆不敢言。非董文忠開悟朕心，則殺二無辜之人，必取議中外矣。因賜文忠金尊，曰：用旌卿直。裕宗亦語宮臣曰：方天威之震，董文忠從容諫正，實人臣難能者。太府監屬奉物詣文忠泣謝曰：鄙人賴公復生。文忠曰：吾素非知子，所以相救於危急者，蓋爲國平刑，豈望子見報哉！卻其物不受。

《明實録·洪武二十四年》 〔七月乙巳〕龍江衛吏以過罰書寫，值母喪，乞守制。吏部尚書詹徽不聽，吏擊聞鼓訴之。上召徽切責之曰：吏雖罰役，天倫不可廢，使其母死不居喪，人子之心，終身有歉。夫與人爲善，猶恐其不善，若有善而沮之，何以爲勸？詩曰：孝子不匱，永錫爾類。爾乃獨不然也。徽大慙，吏遂得而終喪。

《明實録·正統八年》 〔十月丁酉〕大理寺左評事王亮言：獄囚番異調問，展轉淹滯，請重獄調，輕獄勿調。但移駁京問官又言：居喪稼娶者，歲久已生子女，忽訐於讎，法當離，夫婦悲恨，子母號別，情實何堪？宜令法司審其不願離者。聽章下法司議，以亮言皆非律令，難從。上是其議。

《明實録·景泰元年》 〔四月丙子〕少保兼兵部尚書于謙言六事：【略】一、天地之大德曰生，靈人之大德曰好生。今天旱不雨，生意未遂，宜恤刑獄，以回天意。乞敕在京三法司、錦衣衛，通類輕重罪囚，其間情有可矜，法有可疑者，明白具奏取旨。上裁其監候聽勘而罪不致死者，暫發聽候。在外刑獄，行三司會同巡按御史詳審辦理，務在平恕得情，不許深文羅織。如此，則天意回而和氣應，雨澤降而生意遂矣。疏入，俱從之。

《明實録·萬曆十九年》 〔四月辛丑〕刑部題恤刑四款：一、恩恤宜廣。奉差官須虛心詳書，惟求至當，不拘人數，本部題覆，亦惟詳其恤之當否，不得以數多參駁。一、鞫審宜慎。獄情變僞無常，須不厭煩勞，吊取始末卷案，前後招對，細簡嚴查，臨審時詳問證佐，務得真情，以洗沉冤。一、平反宜公。恤臣主于原情，按臣主於執法。各不相戾，苟惟摘一二按臣所經參駁之獄，以爲矜恤，安用恤錄爲哉？宜去雷同，尚平允，按臣亦宜和衷，共沛德意。一、事權宜重。每恤臣所歷地方，專責理刑一員，聽其委分駁勘，府州縣正官俱不得相抗玩怠，違者揭呈，重則參奏。恤錄官事竣，亦聽該科分別考覈。部覆着如議行。

明·呂本《皇明寶訓·宣德卷五·恤刑》 〔宣德元年〕六月壬午，上御奉天門，諭三法司官曰：朕夜來觀《周書》《立政》篇有云：式敬爾，由獄以長我王國。此深有意味，蓋能敬慎用刑，不致枉濫，則仁恩浹洽足以培固國本，福祚豈不靈長？今不必論効驗，但當以敬爲主，有虞欽恤，正是此意，卿等宜夙夜勿忘。都御史劉觀等皆頓首曰：臣等敢不祗服。

又〔宣德元年〕十二月丁卯，敕法司決遣繫囚。上因謂少保夏原吉等曰：昔堯舜之世，民不犯法，成康之時，刑措不用，皆是君臣同德，故能致理。如此朕德涼薄，雖夙夜盡心，而仁化未孚，犯者益衆。卿等宜勉力匡輔，庶幾無愧古人。《書》曰：臣爲上爲德，爲下爲民。宜深存此意。

明·何棟如《皇祖四大法·治法》〔洪武十五年八月〕己酉，上諭禮部臣曰：天下郡邑申明亭，本以書記犯罪者姓名昭示鄉里，以勸善懲惡，使有所警戒。今有司概以百姓雜犯小罪書之，使良善一時過誤者爲終身累，雖欲改過自新，其路無由。爾禮部其詳議來言。於是禮部議上，自今犯十惡、奸盜、詐僞、干名犯義、有傷風俗及犯贓至徒者，書於亭，以示懲戒，其餘雜犯公私過誤，非干風化者，一切除之，以開良民自新之路。其有私毀亭舍，除所懸法令及塗抹姓名者，監察御史按察司官以時按視罪如律。制可。

明·談遷《國榷·太祖洪武十六年》〔正月〕壬子，諭刑部尚書開濟都御史詹徽等曰：論囚須原情，毋深致人罪。昨有子犯法，父求賄免，御史併論。夫父救其子，人情也，朕赦之。自今論決，必三覆奏。

明·丘濬《大學衍義補·慎刑憲·謹詳讞之議》景帝中五年，詔諸獄疑，若雖文致於法，而於人心不厭者，輒讞之。

後元年詔曰：獄，重事也，人有智愚，官有上下，獄疑者讞有司，有司所不能決移廷尉，有令讞而後不當讞者，不爲失，欲令治獄者務先寬。

明·丘濬《大學衍義補·慎刑憲·簡典獄之官》太宗時，大理少卿胡演進每月囚帳，上覽焉，問曰：其間罪亦有情可矜容者，皆以律斷。對曰：原情定罪，非臣下所敢。上謂侍臣曰：古人云：鬻棺者欲歲之疫，匪欲害人，利欲售棺，故爾今法司覆理一獄，必求深劾，欲成其考，今作何法得使平允。王珪奏曰：但選良善平恕斷獄允當者，賞之，即姦僞自息。上善之。

臣按：欲得獄平允，王珪爲選良善平恕斷獄允當者賞之。臣竊以爲斷獄之吏，固欲選良善平恕者，然其本則在人君焉。人君苟存好生之心，欽哉，欽哉，惟刑之恤，雖不賞之，彼亦不敢深刻矣。

明·丘濬《大學衍義補·定律令之制》王昭禹曰：刑雖先王原情以定罪，因事以制刑，亦當因時而爲之變通，量時而有輕重。正月之吉，布刑于邦國都鄙，爲是故也。蓋先王之灋若江河，貴乎易避而難犯，若匿爲物，而愚不識，其陷於罪，又從而刑之，不幾於罔民乎？其使民觀象者，亦使知所避而已。

又 陳大猷曰：三千者，法之正條，載之刑書者也。刑如律，比如例，法有限，情無窮。三千之屬衆矣，猶不能盡天下之情罪，以此知人情無窮而法不可獨任也。既無正律，復僭亂而無定辭，將安所據依乎？且又有此例，昔嘗有之而今不可行者矣。必無差亂其辭而妄比附，勿用今不可行之法而強比附。如漢長安賈人與渾邪王市者，罪當死，凡五百餘人。汲黯曰：愚民安所知市賈長安中而文吏以爲闌出財物如邊關乎。此類乃以不可行者比附也。

臣按：先儒謂三千已定之法，載之刑書者也。天下之情無窮，刑書所載有限，不可以有限之法而盡無窮之情，又在用法者斟酌損益之。古者任人不任法，法所載者任法，法不載者參以人上下比罪是也。以其罪而比附之上刑，則見其重，以其罪而比附之下刑，則見其輕，故於輕重之間裁酌之。然必以辭爲主，辭若僭亂，情與罪不相合，是不可行者也。當勿用其不可行之法，惟當察其情求之法，二者合而後允當乎人情法意，是乃可行者也，在審克之而已。是說雖以解經，然而萬世之下，律文所不該載者，比附之法莫切於此，所謂察之情，求之法，比之上刑不重，比之下刑不輕，而參酌於輕重之間，必允當乎人情法意，可謂得審克之意矣。

明·丘濬《大學衍義補·慎刑憲·詳聽斷之法》《論語》孟氏使陽膚曾子弟子爲士師，問於曾子。曾子曰：上失其道，民散久矣，如得其情，則哀矜而勿喜。

朱熹曰：民散謂情義乖離，不相維繫。

謝良佐曰：民之散也，以使之無道，教之無素，故其犯法也。非迫於不得已，則陷於不知也，故得其情，則哀矜而勿喜。

明·鄧士龍《國朝典故·立齋閒録一》皇上嗣位之初，即下明詔，行寬政，赦有罪，蠲逋租鉅萬計，去事之妨民者。明年，以紀元賜高年米肉絮帛，民鬻子者官爲之贖，免田之租稅幾年。分遣使者問海內患苦，賞廉平吏，罪至死者多全活之。於是刑部、都察院論囚，視往歲減三之二，人皆重於犯法。二年春二月甲子，有詔：若曰頃以訴狀繁，易御史臺號都察院，與刑部分治庶獄。今賴宗廟神靈，斷獄頗簡，其更都察院仍漢制爲御史府。專以糾貪殘，舉循良，匡政事，宣教化爲職。省御史員定爲二十八人，務爲忠厚，以底治平。二月戊辰，賜御史衣，明日己巳，以都察院舊署在太平之北，於朝謁爲難，命卽詹事府爲御史府。賜宴於新治，復命文武大臣皆預，以寵綏之。

皇上嗣登天位，念習俗之陋，貪詐者之多，以爲昔者治之以法，而犯者滋衆，豈非教化有未至歟？乃蠲逋租，赦死刑，選擢良吏以治海內，除民之所患苦而與之以所歡。而未及期年，萬姓協和，四方不變。士君子以行道輔時爲榮不貪祿位；百執事庶人以謹行保身爲常而恥言貨財。上而朝廷，下而窮邦小邑，皆思洗濯瑕眚以自歸於善，可謂盛矣。上猶以爲未也，親擇廷臣二十有四人爲採訪使，以觀風謠，燭幽隱，利民之事得以便宜行之。由是天下欣然，謂太平可立致。使者之出，莫不自奮勵，各思建明圖畫以求稱任使之意。及既事還朝，卓卓以政事聞者蓋居其半。給事中華亭徐君思勉有聞之最者也，天子以爲可用。會大同有警，俾持詔往，諭慰兵民。思勉精敏勁正，所奏舉皆切時事，其能愈彰。適山東按察司以缺官告，卽授按察司僉事。

明・來知德《易經集注・賁》 明，離象。無敢，艮象。庶者，衆也。繁庶小事，如錢穀出納之類。折獄，則一輕重出入之間，民命之死生所係，乃大事也。曰無敢者，非不折獄也，不敢輕折獄也；再三詳審而後發之意，此卽小利有攸往之理。因內明外止，其取象如此。賁與噬嗑相綜，噬嗑利用獄者，明因雷而動也。賁不敢折獄者，明因艮而止也。

明・佚名《折獄明珠・分條珥語》 脫豁類

雪枉超命，叩雪拯冤。

異冤殺命，薰天冤枉。

鏡拔黑冤，架盜殺命。

攙誣壓害，原情定罪。

不枉死非例屈戍實難瞑目，偶以罣悞屈遭飛坐，原非已辜，又非實贓，一介蟻民，不足深惜，非罪橫逆，情實可憐。覆盆冤黑，判筆淸風，乞垂提拔，死生骨肉。哀乞惠先孤獨，原情伸豁。

清・畢沅《續資治通鑑》卷一四六 〔宋孝宗淳熙八年〕甲戌，臣僚言：農田之有務假，始於仲春之初，終於季秋之晦，法所明載；州縣不知守法，農夫當耕耘之時而罹追逮之擾，此其害農一也。公事之追鄰保，止及近鄰足矣；今每遇鄉邨一事，追呼千連，多至數十人，經動〔動經〕旬月，吏不得其所欲，則未肯釋放，此其害農二也。丁夫工技，止宜先及游手，古者所謂夫家之徵是也；今則凡有科差，州下之縣，縣下之里胥，里胥所能令者，農夫而已，修橋道，造館舍，則驅農爲之工役，達官經由，監司巡歷，則驅農爲之丁夫，此其害農三也。有田者不耕，而耕者無田，農夫之所以甘心焉者，猶曰賦斂不及也；其如富民之無賴者不肯輸納，有司均其數於租戶，吏喜於舍強就弱，又從而擴肌及骨，此其害農四也。巡尉捕盜，胥吏催科，所至邨疃，鷄犬爲空，坐視而不敢較，此其害農五也。有詔：州縣長吏常切加意，毋致有妨農務。

清・畢沅《續資治通鑑》卷一四九 〔宋孝宗淳熙十一年金大定二十四年〕乙未，金主謂宰臣曰：巡狩所至，當舉善罰惡。凡有孝弟姻睦者舉用之，無行者教戒之，不悛則加懲罰。

清・嵇璜《續通志・刑法略三》 〔遼統和〕十二年詔：契丹人犯十惡，亦斷以漢律。舊法死囚屍市三日，至是一宿，卽聽收瘞。詔：叛逆之家兄弟不知情者，雖同居，亦免連坐。著爲令。

《清實録・雍正十年》 丙申，諭內閣，冬春以來，京師未得雨雪，朕與諸大臣等戒懼修省，虔誠祈禱，以冀仰格天心。聞畿輔地方，及河南、山東雨雪亦少，山西、陝西二省，雖有得雪之處，亦未周徧，朕心憂慮，深恐二麥歉收，小民難於餬口，已切諭該督撫等多方籌畫，爲思患預防之計。從來天人感召之理，捷如影響，所賴該督撫等以恤民之心，爲格天之本，果能使民氣舒暢，未有不感召天和者。至於清理刑獄，亦祈求雨澤之要務，除在京已命刑部法司清查案件，速行歸結，以免拖累外，其畿輔地方及河、東、山、陝等省郡縣繁多，有司賢否不一，其中或有聽斷刻覈濫及無辜者，或有淹滯羈留塵案莫結者，或有牽連待質致悞恆業者，該督撫大吏等當悉心體察，嚴飭屬員，速爲淸理。應釋放者，釋放。應取保者，取保，務期平允矜慎，俾閭閻各安生業。其他政令稍有不便於民者，急思力爲改圖。總在該督撫等體朕若保赤子之心，各切痌瘝乃身之念，至誠惻怛，勸求民隱，殫竭實心，普行實政，庶幾上天昭格，早降甘霖。勉之，勉之。

《清實録・雍正十二年》 又諭：朕每閱獄讞，至罪重惡極人犯，雖情理可惡，必平心靜氣，將伊致罪情由，詳加審度。苟有一線可生之路，必爲之細細推求，求其生而不得，方置之於法，不敢因一時之見而失於嚴。至情似可原者，朕推情度理，必其實有可原，然後加以矜恤，亦不敢任一時之見，而失於寬。爾等刑憲大臣，尤須詳體此意，於讞獄時，必設身處地，詳慎推求，以期允當。一案有一案之委曲，一犯有一犯之情罪，不可有意於寬，亦不可有意於嚴。大凡人之處事，始而矜持，久則漸熟，未必不輕忽任意。若於用刑之時，能常存初任刑憲之心，庶刑獄得其平，而天下無冤民矣。

《清實録・嘉慶十八年》 諭：內閣御史夏修恕奏清釐刑獄以省拖累一摺。所奏深合事理。國家明刑弼教，意本期於無刑。有罪者不容輕縱，無罪者尤不可株連。刑部雖總理讞獄，然案情較重，罪名大小，辦理自有等差。近日五城及步軍統領衙門，於尋常訟案罪止杖笞以下者，往往不察事理，概以送部了事，以致刑部現審之案，日積日多，不能速爲斷結。迨至逐案審理，其事甚細，而到案之人久羈縲絏，隸徒中飽，貲產蕩然。又或查拏案犯，不辨眞僞，輒請交部嚴鞫，及訊明無辜被累，而正犯轉得遠颺，紛紛株繫，桎梏相望，皆足上干天和。著刑部詳查定例，並酌定條款。凡輕罪細故，可由五城及步軍統領衙門審結者，俱令自行擬結。其應送部而不送部者，固當照例參處。如不應送部而率意送部者，刑部將原案駁回，並將該衙門參奏請旨。至於刑部收禁人犯，尤當審度案情。其問徒以下輕罪人犯以及干連待質之人，例應取保候審，今往往一概收禁，以致囹圄積滯，疾病顛連。甚或遭瘐斃之慘。據該御史奏稱：本年正月以來，獄犯患病及病故者，已數十起，殊堪憫惻。著刑部查明現在監禁人犯，此內凡輕罪及傳案待質者，立即清理省釋，毋稍稽滯。嗣後該堂官並隨時查察，如司員等有濫傳收禁者，均予參處。其內外問刑衙門引用律例，前曾有旨不得用雖但字樣，抑揚其詞。今或以他字代用，仍復何所區別？著再行申禁。斷案總當援引正條，如本有專律，不得改引他條，意爲重輕，文致人罪。又該御史奏請飭令刑部於承審本司之外勿另行派審一條。讞獄之道，本當專其責成。即如刑部爲執法之官，朕於一切案件，皆交該部審擬，遇有案情重大者，特派大學士九卿或軍機大臣會審，亦非事所恆有。令刑部於籤分各司之案，多派員會審，殊非覈實之法。嗣後除實有疑難重案，仍准遴派幹員會審外，其尋常案件，總責令承辦之司細心推鞫，俾令各舉其職，以杜諉卸。該堂官其加意整飭，欽恤惟刑，用協咸中之慶。

《清實録・道光元年》 正月理藩院奏：查蒙古例載，偷竊牲畜，事犯在各扎薩克所屬地方者，雖遇恩詔，不准援減；在內地者，准援減等語。前經刑部於恩詔案內，奏准悉予援免，今熱河都統奏請仍照舊例，事屬兩歧。應請將從前已經援免者，毋庸議外，其現在未經題覆之案，並嗣後蒙古竊劫，仍分別犯事地方，照舊例辦理，以歸畫一。從之。

清・嵇璜《清朝通典・刑六・雜議》 臣等謹案：獄情萬變，持議易滋。列祖以來，聖明天斷。我皇上指授所及，惟一准諸情法之平，此議刑議罰之至當者也。至於臣工之識解不一，所處之時地亦殊，其勢不能無異議。聖心惟虛己採酌而用之。故有拘泥律文，以爲得當，而實非有改易成例，按之事理而實確，凡有准駁，一奉睿裁，衷於一是而已。惟固執己見爭辨不已者，則教戒最嚴，以杜議論攻擊之漸。諸臣疊奉訓詞，講明律意，近復命定議罪出入處分議者，益知謹凜。仰遵皇上明刑弼教至意，審慎周詳，以期無枉無縱，故刑憲歸於平允，而持議罕有異同。謹擇衆議之有裨於讞獄與部議進呈而得旨允行者，著於篇。

順治四年七月，申定赦例，凡犯十惡殺人、盜官財物及強盜竊盜放火發塚、受贓詐僞犯奸、略人略賣和誘人口、奸黨讒言、左使殺人、故出入人罪、知情故縱、聽行藏匿、說事過錢之類，雖遇赦，不原其過誤。犯罪及因人連累，官吏有犯公罪，並從赦宥赦書。臨時欽定其特免及降減從輕者，不在此限。徒流人在道遇赦，計程無故遇限者，不得以赦放。若會赦在逃，雖在程限內，亦不放免。其逃者身死，所隨家口願還者，聽遷徙安置人准此。其徒流遷徙安置人已至配所及謀反叛逆、造畜蠱毒、採生折割人殺一家三人緣坐應流者，不在此限。

十年八月，定朝審事例，每年於霜降後十日，三法司會同九卿科道官，將刑部現監重囚逐一詳錄，分矜疑、緩決、情實三項具題。命下之日，矜疑者，照例減等；緩決者，仍行監禁，其情實者刑部三覆奏。聞臨刑之時，另本開列花名得旨予勾之案方行處決。謹按：三覆奏之法，是年以刑科給事中劉餘謨言於朝，行之至外省，各情實重犯秋審後法司具題，即咨行各省，無覆奏之例。迨雍正二年，特奉諭旨：凡外省重囚，經秋審情實應決者，亦照朝審之例，法司三覆具奏，誠慎重民命之意也。我皇上矜恤庶獄，每歲刑部進呈秋審情實招冊，必將逐案事由一一披覽，使獄情毫無遺漏，而各案適輕適重，又詳爲稱量。比擬有迹，雖涉疑似，而情尚一綫可原者，既於冊內折角存記，即情罪重大、法無可貸、不得已於勾之案，亦必反覆推勘。於犯事實款隨其節目次第折角，及勾到前一日與臨勾之時，必再三檢核，務俾情罪悉符。猶以各省讞牘繁多，迫於時日，披覽慮未周詳，法司虚行故事，乾隆十四年，特命朝審照例三覆秋審減去二覆，以從務實。復諭：勾後將原本進呈覆閲，再行批發。蓋明慎用刑之有合先聖而同揆者矣。

十五年五月，大理寺卿杜立德疏言：熱審事宜，每歲於小滿前具題，始通行各省，但路有遠近不同，候部文到日，方行審理，必不能依限齊結。以後外省熱審，應免具題，令各該撫按於小滿後十日舉行，在京者仍題請審理。

十七年十二月，給事中楊鼐疏言：臣伏讀上諭，凡秋決各犯俱令減等，第按律減死一等皆爲流罪，而邇來則例不同。法曹聚訟或主內流或主遠徙，未有定論。若概遵新例悉流邊遠非所以仰體皇上矜宥生全之意，請敕法司各照定例減等，部議從之。

清・嵇璜《清朝通志・刑法略》　康熙二十年，諭：帝王以德化民，以刑弼教，所關最重。近覽法司章奏，議決重犯甚多。愚民無知，或由教化未孚，或爲饑寒所迫，以致身罹法網，深可憫惻。凡問刑各官審理重案，有律例未諳定擬失當草率完結者，有膠執成見改竄供招深文羅織者，有偏私索賄受囑徇情顛倒是非者，有一於此民枉何由得伸，兹特嚴加申飭，務期持廉秉公，痛改積習，加意祥刑，以副朕尚德好生之至意。

二十二年，諭刑部問刑衙門期於審鞫精詳，讞獄平允，而後民情悦服，冤抑畢伸。近見爾部審理大小事件每多草率因循，瞻徇舛錯。如聽訟之時，兩造是非自應分别定案，因意有偏私往往不問曲直，勒令和息，或逼撤原狀含糊完結，以致奸頑倖免，良善含冤，至於審員膠執己見，聽斷不公，或更改口詞圖遂私意，或恐嚇犯證不令直供，或妄肆株連稽延月日，或怠玩疎忽苟且告竣。此等弊端難以枚舉，嗣後堂司各官俱著洗心滌慮，一切刑名事務令情法允協，無枉無縱，以副委任之意。

二十五年，諭：刑曹民命攸關，國典所繫，必以中正之心，行平恕之道？使法蔽其辜，毋縱毋枉，必得眞情，始免冤抑。若惟以深文爲能事，鍛鍊爲盡職，及獄辭既具，奏牘已成，即反覆推詳，欲求其更生之路，亦甚難矣。朕於爾諸臣章疏有情可矜疑罪未允協者，皆駁令覆審。嗣後其各體朕懷殫心竭慮，矢慎矢明，以副祥刑之意。

三十九年，諭：州縣取原供時，雖不得情，亦必飾辭，具詳上司覆覈。然後達部即有冤抑，刑部何由周知，凡承問官初審未得實情，及上司批駁後果能審出，不妨改正，若明知已誤又復隱諱，則冤抑莫伸矣，各宜虚衷詳鞫務得實情。

清・琴川居士《皇清奏議・陸祚蕃〈請特舉恤刑之差疏〉》　雲南道監察御史加一級臣陸祚蕃謹奏：爲請特舉恤刑之差，以廣皇仁，以清冤獄事。竊惟帝王之道，莫大於敬天，敬天之實，莫先於勤民。刑獄者，民命所尤關。即天心所降鑒，感應之理，至明且速，誠使獄不濫，而刑不冤，遠邇內外其宥於光天化日之中，則嘉祥自至，災殄自消，唐虞三代之隆，不難致也。我皇上御極以來，軫念蒼生，哀矜庶獄，每當讞決，慎重再三，雖禹湯之解網泣罪，何以加兹。乃又因天氣亢旱，丕渙綸音，特遣大臣將三法司已結重案詳加審理，務使情法允協，有枉必申，仰見皇上好生之德，同於天地。審理方行，甘霖立沛，精神感格，神速如此。惟是直省之重案較之三法司不啻數倍之多，其犯罪情由，不過自州縣而府，而臬司，疊審成招，申詳巡撫，遂爲不易之斷案。撫臣亦不過批府一駁，一駁再駁，一審再審，遂爲已定之爰書。其間平允固多，保無以事煩而或生疎忽，相隱而不復推求者乎？保無不肖有司或因賄賂而出入任心，或顧情面而輕重倒置乎？雖有三法司之核擬，而招冊之口供未必皆各犯之實事，亦安得親鞫其情詞，而爲之開釋也。一夫覆盆，亦足上干天和，下摧民氣，皆聖主所宜惻然動念者。令皇上奉若天道，於惠元元，既沛曠世之仁，應亟特舉恤刑之道，分行直省，盡取已結重案，而一一詳察之。不徒泥成各案之口供爲斷據，不得顧原問官之意見爲依違，親鞫各犯，察其詞貌有無冤抑，細細推敲，果有可矜、可疑，即與察明，開列事由具奏，庶天下無冤民，而恩膏遍於宇宙矣。至於應差之員，向用刑部司官，臣請更精其選，必公廉明察才獻素著之人，方能洞燭隱微，昭宣聖德也。抑臣更有請者，遣官察審，乃國家暫行不數見之恩，敬獄明刑，乃法吏經常不可移之守。今各省以次底定，海內望治方殷，正宜加意輯寧，培養元氣。伏乞天語申飭中外大小臣工，凡有刑名之責者，務皆奉法秉公，仰體皇上省刑恤民之心爲心，則有枉必申，情法允協，此臣又願於矜恤之中存修省之意，如此則民志樂，天用降康，水旱無間，盜賊不作，億萬世荷太平無疆之福矣。

清・徐棟《牧令書輯要・居官致用》　州縣首重刑名錢穀，然其實有不同者。有公式之刑名錢穀，有儒者之刑名錢穀。公式之刑名，有章程可守，按法考律，不爽而已，此幕友可代者也。儒者之刑名，則准情酌理，辨别疑難，通乎法外之意。此不可責於幕友者也。公式之錢穀，清理款項會計當而已，此幕友可代者也。儒者之錢穀，則爲民殖生爲國理財量入爲出經權在手，此非幕友所可代者也。

文字爲居官緊要之用，有不可全賴於幕賓書吏者。假使詳文稟帖，上不足以聳動上司，札諭告條，下不足以聳動百姓，則雖有良法美意，不能自達。而奸宄亂政之徒，得以施行毁害之術矣。平時專心講習，方能不全靠幕友書吏。所以致用之要，尤須以學問爲先。

清・徐棟《牧令書輯要・葉鎮〈作吏要言〉》 治民最當養其廉恥，事至爲之剖其曲直。諭以理法，則彼此之氣易平。若不論事犯之輕重，平素之良頑，遽概予杖，有終身低頭含羞無能復振者，有不復顧惜恣其所爲者，有讎恨愈深，尋釁生端，子孫數代不能解釋者。故刑，非甚不得已，未可輕動。

朱性齋曰：凡官司用刑，總宜將所以應責之故，明白曉諭。令其知罪，然後施行。倘有眞知愧悔者，不妨從輕，並可寬免。雖未加刑責，其辱已甚於刑。此中所全不少。最忌者，忿怒之下，不由聲說，遽加刑責。本犯忍痛之後，不知因何受責，則與枉責何異。每每結案之後，仍不甘心，上控枉斷者，雖係刁翻之詞，亦因審官未曾分剖所致也。

掌嘴，乃法外之刑。較笞杖稍輕，正惟視之輕，人多不甚經意，動輒二三十加之。不知臀腿尚無人見，顏面難以遮羞。且傷牙破臉，毒更甚於鞭撲。惟慎刑者知之。

清・徐棟《牧令書輯要・陳宏謀〈申明農忙分別停訟檄〉》 農忙雖有停訟之例，亦有不應停之例。如乾隆二年湖北臬司閻熙堯條奏：州縣自理詞訟，務須分別事情輕重緩急，隨時酌准，不得藉稱農忙，概置民瘼於罔聞。又乾隆四年定例，或因天旱爭水，黃熟搶割，爭娶打搶，聚衆打降等事，停訟之時，亦應准理。又乾隆十年，蔣前院條奏，地方於農忙停訟期內，凡遇墳山土地等項，務須隨時勘斷。至自理案件，倘事關緊要，或證佐人等，現非務農，即不得以時值停訟，藉詞推諉，亦不得濫差羈候，致滋擾累各等因。俱奉旨通行，遵照在案。再戶婚田土，似在應停之內。然搶親，賴婚，強娶，田地界址買賣未明，若不及早審理，必致有爭奪之事。鄰縣關拏要犯，豈能以停忙爲諉。自理已准之件，如原被現在到齊者，亦卽審結。如原被未到者，須將差票暫銷，以杜書差持票不時索擾。其不應停者，仍須拘審。總須有一番分別，明白曉諭，不可概以停訟，自置告案緩急於不問。以休息農民之舉，竟爲官衙偷閒之會。且使農民之進退無據，奔走伺應更甚於開忙也。

清・徐棟《牧令書輯要・王鳳生〈治尚明通〉》 聽訟，又非徒守其經而拘於法已也。所收民詞，千態萬狀，其事故亦百變紛呈。尤須相時因地，體俗原情，以恤民隱而通權變。何謂體俗原情？如鄉僻愚民，罔知律例。其有習俗相沿，衆皆視爲恆泛，實則犯禁令而不知者，非有以教之於先，未可驟施之以法。村曲農桑之際，是其身家性命相關，若非案涉重情，切勿簽差擾累。婦女非身有所犯，已據衆供明確者，不可喚案。姻黨互控，但爲理明曲直，毋輕予笞撻。俾固訟讎，然必須將應撻不撻之故，明白宣示。使其眞知感悔，庶不敢於再犯。尋常詞訟勾攝，如其人適值婚期，准予寬假，緩爲發落。甚或豐厚之家，有涉曖昧不明，不得已而以所獲作爲竊賊送官。雖知其情，勿發其隱。如犯者逞刁，供詞挾制，切勿輕聽，速爲責釋完案。此其事余親歷之。彼時相與無言，今且并忘其姓氏矣，何謂相時因地？夫地方強弱不同，卽民之秉質各異。非刑固不可用，卽常刑之輕重亦應隨地制宜。幷有土俗相沿之舉，事雖出於無稽，法非在所不宥。亦不得不酌爲容恕，俯順輿情。酷暑嚴寒，勿過熬審。疾行吁喘，勿便施刑。官當盛怒之時，用法務須斟酌。至胥役與現犯，形若讎讎，恐其挾有素嫌，以圖報復，尤不可使之行杖。其或輾轉相屬，假手他人，則惟臨時覺察，不必拘定擲籤之數，立卽喝止。愼利害於幾微，切不可忽。

清・李之芳《李文襄公別録・嚴禁妄殺搶擄告示》 上諭滿：漢官兵在各地方務須恪守紀律，秋毫無犯，如有騷擾情由，督撫即行題參。若徇庇不即題參，將督撫一并議處。欽此。又准部文，陷賊地方百姓，原皆朝廷赤子，一時被脅割去辮髮，今勤勞師旅，征勦賊寇，特以爲民。凡大兵所到之處，如有割辮之人持械拒敵，及竊踞城池山寨不即來降者，仍行誅戮，其餘割辮之人概予寬免，不得妄行誅戮，多方安輯，以副皇上好生之至意，至果正賊寇未必攜帶妻子而行，營中所有，大率非係擄掠民人子女，即係爲彼脅從。嗣後如殺賊之餘，賊寇所擄難民子女，許令民間認領，不得一概搶擄，以昭皇上愛養元元之意。等因。奉旨通行在案。煌煌恩旨，誰敢不遵。惟恐溫處地方百姓淪陷日久，未悉周知，愚民或懷疑畏，驚竄潛藏，致有官兵借名搜勦，乘機搶擄，合行頒示曉諭。

清・陳朝君《莅蒙平政録》 爲慎選鄉老特設印簿以息訟源以省民財事。竊照蒙當孔道，差繁役重，官民交苦，莫此爲甚。本縣涖蒙六月以來，註詳聖諭，刊布三鄉以宣講。力行保甲，申飭各社以嚴查，立大成文會，以鼓士風，除背包大害，以甦驛困。建修養濟，安插無告孤貧，廣設塾師，教訓窮民子弟。他如創牌坊而清疆界，設紙皂而絶差擾，屢禁額外之火耗，痛革行戶之陋規，清查山場之匪類，嚴拿光棍之打詐，此皆本縣書生迂闊之所爲，然一點惓惓爲地方愛百姓之苦心，明有天地，雨有鬼神，諒無不鑒而察之矣。乃到任半載，倒斃馬價已賠補四百餘金，因即本縣之艱難，痛念爾民之疾苦。當兹荒歲，十室九空，米珠薪桂，各宜省而又省，忍而又忍。本縣日不暇食，夜不安枕，爲爾百姓打算，别無生財之術，止有省費之方。爲此示仰各社鄉約人等知悉。

清・趙吉士《牧愛堂編・爲交代在即申禁指官和派事》 今新任限十月初旬到任，長接夫馬已遣迎訖，本縣即可安守先靈，不復更與他事。一應詞訟，除眞正人命强盗外，概不准收，定限重陽後三日止，毋論已結未結，各案盡行註銷。勸吾民不必終訟，以安太平。至於加丁除徭，已蒙部各具題，可免將來苦累，爾等但耑意龍門渠工，使旱地早成稻田，以享無窮樂利，官之所以爲民，民之所以報官者，盡此矣。其各諒之。

清・趙吉士《牧愛堂編・爲獎善勵惡事》 照得本縣親莅四郊，申明六諭，將交邑通俗共知之善惡引諭於六諭之中，使知善惡報應，捷如影響，欲使善者益趨於善，即惡者亦化而爲善之意也。蓋爲民父母，豈不欲子民之皆出於善。無如本縣一己之涼德，不足以表率世俗，以致我合屬子民或有偶蹈匪彝者，本縣之過也，心竊恥之。所以凡事審究得情，實動哀矜之念。故士民多有犯法，法之所斷不可假者，既難枉法以徇情，尤難徇情而受窓，不得不詳諸各憲，申明國法。若止一時小過隨即改悔者，本縣嘉與維新，不復究其既往，并且即爲獎勵，亦歷歷有人，不可枚舉。總之善善惡惡，禮無成見。昨因望日行學謁聖，有儒學生員申典告退衣頂。本縣思之，申生年纔逾壯，何故輒自告退。若因本縣申明六諭之内，有引及申典昔日爲惡，通俗呼之曰申惡人，今既改悔，可保身家等語，因之毅然自立，作絶入逃世之舉，爲改過自新之路，是本縣之所樂得而聞者，正合本縣勉勵之意。昔日見惡而惡惡之心忽變爲今日見善而好善之念，昔日一夫不獲，乃本縣之辜，今日一人向善，實本縣之幸，不覺欣欣有得。以爲天下不知耻者不可教訓，知恥則近勇，勇於爲惡之人轉而能勇於爲善，爲惡有力爲善亦有力者也。若此人者，樂得而育之於宫牆。仍復遍告我百姓曰：申生如此猛然自省，翻然改過，推此一念，何不可移起滅之巧思，爲制義之絶構，何不可移拿訛之妙手，作羽翼之名儒。諺云放下屠刀，立地成佛者，此類是也。本縣能感化一人，喜而不寐，誠恐本生未悉本縣疾惡若讐向善若渴之念，擬合出票諭知，爲此票仰門斗前去速喚本生到學，於明倫堂伺候，本縣親臨獎勵，并申文學憲復其衣頂，且加褒美，并示諭通邑，使其知改過者即爲無過，此則不失本縣獎善勵惡之初意也。若復頑冥暴棄，以爲終無可自新也，而自甘化外，必欲以惡人終。本縣不但擯之斥之，且將與直道之斯民，公論之學校，共作鳴鼓之攻未已也。其自艾毋忽。

清・趙吉士《牧愛堂編・爲曉諭事》 照得山鄉東西兩葫蘆連年秋收，家頗殷足，正安享太平之日也。近有一二奸頑，日事嘯聚，雖未傷本縣地方一草一木，然隣邑失事，無不歸怨於交山，本縣豈肯能容？是以申請官兵千名入山屠戮，斬絶根株。誠恐擾我良民，用是遣人安輯。乃首惡任國鉉等投戈叩頭，鳴誓改過。本縣不忍加誅，援本月初六日皇恩大赦，概爲寬釋，是爾地方千載一時也。夫人情所最可耻者，莫若盗賊之名，人雖至愚於賊，駡他是盗是賊，未有不大怒者。爾等頗有身家，其心爲此，不知是何肺腸也。出則畏官避讎，入則防誅懼勦，頭顱寄在肩上，妻子竄入山中，捨命一遭不能博得一飽。自謂山中好漢，問你好漢可敢明明至城市闤廟，與叫化子並坐片時否。是天下最苦而可憐者，莫若爾等作賊一輩人也。

又 照得本縣交山兩葫蘆地方素稱賊藪，所行之事所作之孽，無一不應屠戮者。但一經官兵進勦，在爾巨惡大憝，罪在當誅，其守法百姓，不無有玉石俱焚之痛。本縣念爾赤子實有賢不肖之分，然因不肖以累良善，爲爾父母，寧不惻然？近見任國鉉等將殺官劫掠巨魁趙應龍捉拿到縣，是不肖者亦有一線向化之誠，故叩謁撫憲一力擔承，許爾等改過自新，實撫憲網開一面之洪恩，本縣慈憫群黎之本意，所當自怨自艾，焚香尸祝者也。但據趙應龍所招，孽黨俱在靜樂永寧地方，確有可據，事關殺官搶劫，罪在難逭。爲此示諭交山兩葫蘆山民知悉：如有官兵在彼地方撲拿，爾等各安本業，不必疑畏驚惶。但連界之賊勢必潛逃。如有投匿交山者，爾居民即時協拿解縣。

如三五成群故爲隱匿，官兵勢必入我疆界，彼時廬舍妻孥俱無燋類。

清・田文鏡《撫豫宣化録・爲再行飭拿勢豪土棍以安良善以靖地方事》

照得賞善欲其長，惡惡欲其短，善不先賞則民無以勸，惡不加懲則民被其害。本都院欽奉簡命，撫豫兩年。從前查有善士良民，給以匾額，立加獎賞。查有劣矜惡棍，亦即出示勸諭，許其改過自新，如再不悛，方行拿究在案。此本都院急於賞善，緩於除惡，一片婆心也。續據各屬回稱，現在惡徒俱知畏法斂跡，倘再肆行無忌，即當申究。迄今日久未據各屬查報，是豈此輩果能改惡從善乎，抑或鈐制地方官使之不敢聲言乎。但稂莠不除，嘉禾不植，薜荔不剪，松柏糾纏。除再行密訪查拿外，合亟出示曉諭。爲此示仰撫屬官吏軍民人等知悉：速宜革面洗心，去頑從善，倘怙終不悛，惡覇一方，許被害之人幷鄉保公直赴地方官密稟，該地方官訪查無異，即刻密申本都院，以憑立拿赴轅，按律究處。如地方官姑容長惡，該司道亦即查實揭報。務期群惡盡除，小民安堵。若從前示諭之後，已經改過者，亦即指名詳送本都院，另加獎賞。各宜凜遵，毋得故違。

清・田文鏡《撫豫宣化録・嚴禁代女出氣登門打罵之惡風以重人命事》

照得男婚女嫁，人道大倫。男長必當娶婦以爲家，女長必當配夫以成室。則是女子出嫁之後與父母漸同陌路，與翁姑不啻親生，當移其孝順父母之心以孝順翁姑矣。此俗諺所謂生爲夫家人，死爲夫家鬼也。乃不安婦道，撒潑逞刁，或與翁姑詬誶，或與本夫打罵，即奔歸母家告訴。而爲女之父母叔伯兄弟者，既不能訓其女於平日，而使之敬戒無違，又不自知其女之不賢，而曲爲護短偏袒，即便男女成群執持器械，竟上婿門打公罵婆，勢同抄毀，非打傷人命，即威逼自縊。此風甚惡，合行嚴禁。爲此示仰撫屬官吏軍民人等知悉：嗣後務必上和下睦，夫倡婦隨，翁姑盡翁姑之道，夫婦盡夫婦之倫，叔伯妯娌姑嫂之間亦必各安其分，各守其常，不得時常吵鬧。即偶然口角，不許奔歸母家告訴，而母家亦不許糾約多人登門打罵。如敢故違，致成人命，定將奔歸告訴之女坐以主謀，喝令登門打罵之父母叔伯兄弟坐以白晝搶奪，地方官即以罷軟糾參，決不寬貸。各宜愼之毋違。

《請愼刑獄條款》卷三一、一件通行事。同治三年八月二十一日准刑部咨：福建司案呈所有前事等因，相應抄單行文，福建巡撫轉行閩浙總督、福州將軍、臺灣鎮總兵，一體遵照可也。計單等因，到本部院准此合就飭行。爲此仰司官吏即便移行各屬一體遵照辦理，仍由司刊入例冊呈送，毋遲。

計粘單一紙

刑部等衙門謹奏：爲遵旨核議具奏事，同治二年十二月二十一日，奉上諭：御史王蘭谷奏請愼刑獄謹擬四條呈覽一摺。著該部核議具奏，欽此。欽遵於二十六日抄出到部，查該御史原奏，內稱本年入冬以來，雪澤稀少，節交大寒，尚未渥沛祥霙，自應敬修人事，感召天和，敬陳管見四條等語。臣等伏思天以人爲感召，故眚災重在恤刑法準情以持平惟明愼，庶不留獄。前因京師入冬以來，雪澤稀少。節經臣等嚴飭該司員等將現審奏咨各案趕緊清釐，勒限完結。凡輕罪人犯，均令速行訊明，分別保釋，不准濫予羈禁，以清囹圄。今該御史條陳四事，臣等悉心詳核所言，尚多可採。蓋寬嚴固貴乎折衷，而斟酌尤期乎盡善。謹就該御史所奏，分議四條，恭候欽定。

一、原奏內稱，近來新章間有一事一案，情節較重，隨時懲創，特較舊例從嚴者，現當修例之時，自宜再加詳核，折衷至當，請飭參酌釐正等語。臣等查律例一書，律係一定之法，例隨時而變通。臣部辦理案件，向俱照例科斷，其有情節較重情浮於法者，均經隨時酌量懲創，以期禁暴安良。且例期簡賅，勢難瑣屑逐事設立科條，至歷年所定通行，均係因時制宜酌中擬定奏明辦理，內外遵循，不致有畸輕畸重之虞。現值臣部開館纂修條例之際，惟有督飭司員將奏定通行及內外臣工條奏應纂入例者，悉心詳核，務須寬嚴得中，以期仰副聖主明愼用刑之至意。

原奏內稱：近來刑部監犯較多，現值天時乾旱，瘟氣傳染，每致監斃。惟刑部於各衙門奏交之案倍加愼重。雖笞杖人犯及情罪可疑被人牽連者，亦俱監禁，必俟案結具奏，然後發落釋放，殊非欽恤之道。請飭刑部，嗣後凡遇奏案，仍照定例將流徒以上人犯收禁。如罪止笞杖及情罪可疑被人牽連者，到案時審察情形即行保釋，毋庸羈禁。至監候待質人犯，如有情罪較輕必須待質之犯，即先行發落等語。臣等查律載，凡徒罪以上收禁，若不應禁而禁者，杖六十。又例載，內外問刑衙門設有監獄，除監禁重犯外，其餘干連並一應輕罪人犯，即令地保保候審理。又徒罪以下人犯患病者，獄官報明承審官即行赴監驗看，是實行令地方官取具的保保出調治，俟病痊即送監審結各等語。是應禁人犯非罪至徒罪以上方准收禁，其餘干連並一應輕罪人犯均取保候審。至徒罪以下人犯在監患病，驗明屬實，亦准取保調治，定例已極詳備。凡各衙門送到人犯，節經臣等諄飭司員按照定例分別羈禁取保，其奏案內果係罪止笞杖及情罪可疑被人牽連之犯，俱飭合司員立予審明，先行交坊取保，俟審結後即行發落釋放。嗣後各衙門送到人犯，無論奏咨，仍飭該司員照例分別辦理，毋得概行收禁，以示矜恤。至監候待質人犯，因逸犯未獲，有關罪名出入，必須緝獲正兇對質者，仍俟扣滿年限時，逃犯有無弋獲，再行查辦。

又原奏內稱：應發陝甘江西安徽江蘇等省各犯，均因路途不通，一概停遣。有定罪年餘，尚未發配者，往往庾斃，情殊可憫。應令兵部迅速妥議章程，定地改發，或照原定省分趕緊起解。如中途實係阻隔，即由該地方官暫行截留，准以所留之日扣抵在配之期。俟道路可通，即行前解，不准稽延，而免壅滯等語。臣等查例載：各省遞解人犯，如遇水阻及另有事故，不能前進，即由附近州縣詳報該省督撫查看情形屬實，迅咨隣省截留，仍飭將接到人犯分別監獄大小，酌留一二十名，再令各上站挨次留禁，一俟前途疏通，即行起解等語。臣等查：由烟瘴改發極邊足四千里，並例內本應發極邊足四千里充軍及發遣新疆各犯，均經臣部按照成案奏明，暫行改發黑龍江，安置在案。至近邊邊遠人犯，現因道路梗塞，致多不能起解。該御史所奏，係爲矜卹罪囚，免致壅滯起見，應如何酌量定地，改發兵部。查五軍道里表則例，內載順天府屬軍犯，編發近邊地方者，東至抵邊不足二千五百里，南至安徽、江蘇，西至陝西，北至抵邊，不足二千五百里。及發邊遠地方者，東至抵邊不足三千里，南至安徽、浙江、湖北，西至陝西、甘肅，北至抵邊，不足三千里各等語，臣等查此二項人犯所發各省，均按道里算計。此外非係極邊，即係附近省分。今近邊邊遠各省若更議改發，未免與別項軍犯漫無區別，其仍照原定省分起解之處，既經刑部查明，例載各省遞解人犯，如遇道路梗阻不能前進者，仍由臣部體察情形，再行奏明辦理。

一、原奏內稱：近聞京城地面捕官番役，拏獲竊盜各犯，輒以酷刑私行拷訊，或將手臂懸吊，每至脫骨，或以冷水澆背，寒入臟腑，因而病斃。更有跡涉疑似並無贓證者，亦鍛鍊成獄，其中斷不能無冤抑，甚至正犯脫逃，將該犯親屬拏獲嚴拷逼供。親屬容隱，律得勿論，任意拘訊，殊違例制。請飭步軍統領衙門嚴飭捕官番役，嗣後拏獲竊盜等案，遵例不得私行拷訊，問官亦不得非法拷打，即行送交刑部審辦。倘經刑部驗明，帶有刑傷，即由刑部照例查參。其親屬無辜之人，概不得妄拏，致滋擾累等語。臣等查例載：番役將盜犯及死罪人犯私拷取供者，枷號一個月，杖一百。將軍流以下等犯私拷取供者，各遞加一等治罪。如有迫索銀錢，計贓以枉法從重論。倘承審官有非法拷打及將不應刑禁之人濫刑致斃情事，即嚴參究辦等語。是捕官番役非法私行拷訊，例禁綦嚴，若如該御史所奏，地面捕官番役拏獲竊盜等犯，酷刑私行拷訊，致有脫骨病斃及並無贓證，鍛鍊成獄，並正犯脫逃，將親屬妄拏拷迫等情，均屬大干例禁，並如何妥議章程，著步軍統領查明。捕官番役拏獲竊盜不得私行拷訊等情一節，查八旗五營番子等拏獲案件，屢經臣等嚴諭，不准私行拷訊。且於獲案解審，一經查有違例私拷情事，無不隨時懲辦。至人犯到官，凡係有關罪名者，一經審訊，斷不肯據實供招，或恃無質證供詞狡展，或居心巧詐意圖避就，每遇此等人犯到官，若失之過猛，則未免有屈抑之案，若任令捏詞妄供，則兇横狡猾之徒，轉得倖逃法網。是以臣存等飭令承審之員，於審辦案件悉心判斷，不可一味刑求，亦不可稍涉姑容，致滋輕縱，總期案得眞情，方爲明愼用刑之道。且臣衙門向設刑具，即係刑部所設官刑，此外別無非刑可用。

再原奏內稱：正犯脫逃將親屬妄拏拷迫一層，查凡遇緊要案犯，應即嚴飭查拏，倘正犯聞風逃逸，若不將其親屬拘訊，則正犯無憑拏獲，迨訊問是否知情，即行咨送刑部，應辦應釋，亦應由刑部酌辦。其餘情節較輕之案，概不拘訊親屬，免致拖累。嗣後臣等惟有隨時查察，倘有前項情弊，即行分別參懲。俾該員役等咸知儆惕，以仰副皇上愼重刑名、子惠黎元之至意。

一、原奏內稱：查強盜竊贓私密，非眼線莫知其蹤跡。被獲之盜，恨眼線將其指引，如曾經同夥，必供出以洩忿。即素未同謀，亦誣扳以報復，衆口一詞，該眼線既無可置辯，刑部向無寬免眼線之例，一經成招，不得不駢誅之。近來案件頗多，誠恐悔罪者無以自新，無辜者或遭慘戮。請飭刑部：嗣後審訊盜案，如被獲之盜供稱該眼線曾爲同夥，審有確據，比照強盜自首之例辦理，若並無確據，即予免究，不得以犯係先後拏獲供詞如一等情定案，致啓聽串誣扳之弊等語。臣等查例載：強盜若能捕獲同伴解官者，免罪。又例載：強盜除殺死人命、姦人妻女、燒人房屋罪犯深重及毆事主至折傷以上者，首夥各犯俱不准首外，其傷人首盜傷輕平復，無論事未發，而自首及聞拏投首，俱擬斬監候。又上年五月臣部議覆御史胡慶源條奏章程，嗣後傷人首盜傷輕平復，雖未傷人，行劫已至二次，及幫毆有傷行劫又至二次之夥盜，果能於犯案之後五日以內捕獲他盜及同伴解官投首者，照強盜免死減等例，發遣新疆，給官兵爲奴。如止抱贓自首者，擬斬監候。未傷人之夥盜行劫亦止一次，果能於五日限內捕獲他盜及同伴解官或抱贓自首者，均照律免罪。五日限外一月以內捕獲他盜及同伴解官投首者，亦免罪。一月以外未破案以前，捕獲他盜及同伴解官投首者，杖六十，徒一年。至破案以後，均不以首論等因。奏准通行在案。臣等查：捕役緝捕盜賊，必藉眼線指引者，原以指其底蘊，期於捕務有裨。若該眼線雖曾爲夥盜，但能悔罪，指獲同伴，則尙有畏法之心，其被獲之盜挾眼線指拏之嫌到案供扳，若概擬駢誅，未免無所區別，該御史所奏，係爲整頓捕務起見。臣等公同酌議，擬請嗣後眼線曾爲夥盜，悔罪將同伴指獲，致被同夥供出者，比照傷人首盜事未發而自首例，擬斬監候。如犯事之後五日以內指獲同伴，旋被供出獲案，審明同夥確有實據者，照強盜免死減等例發遣新疆給官兵爲奴。若並無同夥確據審係盜犯挾恨誣扳者，即予免究。如此分別核辦，庶情法兩得其平，而斷罪亦無虞枉縱矣。以上各款，臣等公同酌議，如蒙俞允，應由臣部通行各省及在京問刑衙門一體遵照辦理。臣部現已奏明開館纂修條例，俟修例時纂入例冊遵行等因。同治三年二月二十七日奏。本日奉旨議。欽此。

清・嚴復《法意・按語》 向使游于吾都，親見刑部之所以虐其囚者，與夫州縣法官之刑訊，一切牢獄之黑暗無人理，將其說何如！更使孟氏來游，及於明代，睹當時之廷杖，與家屬發配象奴諸無道，將其說更何如？嗚呼！中國黃人，其亭法用刑之無人理，而得罪於天久矣！雖從此而蒙甚酷之罰，亦其所也。況夫猶沿用之，而未革耶？噫！使天道而猶有可信者存，此種固不宜興，吾請爲同胞垂涕泣而道之。

又 中國古言刑罰之宜當罪，殆無有過於西京之張廷尉者，切理饜心，過於孟氏此章之說遠矣。三代以還，漢律最具。吾國之有漢律，猶歐洲之有羅馬律也。蕭相國明其體，而張廷尉達其用。朱博曰：太守不知經術，知有漢家三尺法而已。至哉，斯言！此漢明法吏之所以衆也。王荆公變法，欲士大夫讀律，此與理財，皆爲知治之要者，蜀黨群起攻之，皆似是實非之談。至今千年，獨蒙其害。嗚呼，酷矣！

又 吾國治獄之用刑訊，其慘酷無人理，傳於五洲，而爲此土之大詬久矣。然而卒不廢者，吏爲之乎？法爲之乎？曰法實爲之，吏特加厲之而已。故不變其法，雖上有流涕之詔，下有大聲之呼，彼爲吏者，終自顧其考成，無益也。且吾聞西士之論矣，聽訟治獄，刑訊與不刑訊，所爭者在煩簡、紆直、難易、遲速之間而已。夫不欲煩其心慮，勞其精力，爲吏者與常人同也。得一囚而炮烙之，攢刺之，矐其目，拔其齒，而使之自吐實者，其法以比之鉤距徵驗旁搜遐訪，而後得其與事相發明者，其勞佚之殊不可以道理計矣！又況處之以不學之人，束之以四參之法，使無刑訊，而遇譸張反復之囚，則其獄惟有久懸而已，烏由決乎？嗚呼！彼土之獄，所以能無刑訊而法行者，而根源所由，至盛大也。所由于敎化，所由于法制，所由于生計，實缺其一，皆不必能。不揣其本，而齊其末，此無異見彼之富以商，而立商部；見彼之強以兵，而言練兵。吾見富強之效之日遠也。可哀也已。

又 王者之赦書，君主之國之利器也。使善用之，則有得民之效。然而專制之國，無所用之，蓋以怖畏爲精神；赦宥之與怖畏，相反者也。是以無此器之利用也。

復按：孟氏論赦之言淺矣，故與歷史之事不相合也。自我言之，惟有道法立之國，可以無赦。而用赦之濫，乃至爲國民大患者，皆見于專制之朝者也。夫專制之君，亦豈僅作威而已？怒則作威，喜則作福，所以見一國之人，生死吉凶，悉由吾意，而其民之恐怖懾服乃愈至也。孟氏言赦，去於事情遠矣！

又 從中國之道而言之，則鞫獄判決者，主上固有之權也。其置刑曹法司，特寄焉而已。故刑部奏當，必待制可，而秋審之犯，亦天子親句決之，凡此皆與歐洲絕異而必不可同者也。今盎格魯國民，其法廷咸稱無上，示無所屈，其所判決，雖必依國律，而既定之後，王者一字不能易也。王者之特權，存諸肆赦而已，然亦不常用也。

紀事

《後漢書・霍諝傳》 霍諝字叔智，魏郡鄴人也。少爲諸生，明經。有人誣諝舅宋光於大將軍梁商者，以爲妄刊章文，坐繫洛陽詔獄，掠考困極。諝時年十五，奏記於裔曰：

將軍天覆厚恩，愍舅光冤結，前者溫敎許爲平議，雖未下吏斷決其事，已蒙神明顧省之聽。皇天后土，寔聞德音。竊獨踴躍，私自慶幸。謂聞《春秋》之義，原情定過，赦事誅意，故許止雖弑君而不罪，趙盾以縱賊而見書。此仲尼所以垂王法，漢世所宜遵前脩也。傳曰：人心不同，譬若其面。斯蓋謂大小歛隆醜美之形，至於鼻目衆竅毛髮之狀，未有不然者也。情之異者，剛柔舒急倨敬之間。至於趨利避害，畏死樂生，亦復均也。謂與光骨肉，義有相隱，言其冤濫，未必可諒，且以人情平論其理。

光衣冠子孫，徑路平易，位極州郡，日望徵辟，亦無瑕穢纖介之累，無故刊定詔書，欲以何名？就有所疑，當求其便安，豈有觸冒死，禍以解細微？譬猶療飢於附子，止渴於酖毒，未入腸胃，已絕咽喉，豈可爲哉！昔東海孝婦見枉不辜，幽靈感革，天應枯旱。光之所坐，情既可原，守闕連年，而終不見理。呼嗟紫宮之門，泣血兩觀之下，傷和致災，爲害滋甚。凡事更赦令，不應復案。夫以罪刑明白，尚蒙天恩，豈有冤謗無徵，反不得理？是爲刑宥正罪，戮加誣侵也。不偏不黨，其若是乎？明將軍德盛位尊，人臣無二，言行動天地，舉厝移陰陽，誠能留神，沛然曉察，必有于公高門之福，和氣立應；天下幸甚。

裔高謂才志，卽爲奏原光罪，由是顯名。

《三國志·魏志·盧毓傳》 盧毓字子家，涿郡涿人也。父植，有名於世。毓十歲而孤，遇本州亂，二兄死難。當袁紹、公孫瓚交兵，幽冀饑荒，養寡嫂孤兄子，以學行見稱。文帝爲五官將，召毓署門下賊曹。崔琰舉爲冀州主簿。時天下草創，多逋逃，故重士亡法，罪及妻子。亡士妻白等，始適大家數日，未與夫相見，大理奏棄市。毓駁之曰：夫女子之情，以接見而恩生，成婦而義重。故《詩》云未見君子，我心傷悲；亦既見止，我心則夷。又《禮》未廟見之婦而死，歸葬女氏之黨，以未成婦也。今白等生有未見之悲，死有非婦之痛，而吏議欲肆之大辟，則若同牢合巹之後，罪何所加？且《記》曰附從輕，言附人之罪，以輕者爲比也。又《書》云與其殺不辜，寧失不經，恐過重也。苟以白等皆受禮聘，已入門庭，刑之爲可，殺之爲重。太祖曰：毓執之是也。又引經典有意，使孤歎息。由是爲丞相法曹議令史，轉西曹議令史。

《晉書·良吏傳·喬智明》 喬智明，字元達，鮮卑前部人也。少喪二親，哀毀過禮，長而以德行著稱。成都王穎辟爲輔國將軍。穎之敗趙王倫也，表智明爲殄寇將軍，隆慮、共二縣令。二縣愛之，號爲神君。部人張兑爲父報讎，母老單身，有妻無子，智明愍之，停其獄。歲餘，令兑將妻入獄，兼陰縱之。人有勸兑逃者，兑曰：有君如此，吾何忍累之！縱吾得免，作何面目視息世間！於獄產一男。會赦，得免。

《晉書·良吏傳·曹攄》 獄有死囚，歲夕，攄行獄，愍之，曰：卿等不幸致此非所，如何？新歲人情所重，豈不欲暫見家邪？衆囚皆涕泣曰：若得暫歸，死無恨也。攄悉開獄出之，剋日令還。掾吏固爭，咸謂不可。攄曰：此雖小人，義不見負，自爲諸君任之。至日，相率而還，幷無違者，一縣歎服，號曰聖君。

《梁書·王志傳》 ［王志］出爲寧朔將軍、東陽太守。郡獄有重囚十餘人，冬至日悉遣還家，過節皆返，惟一人失期，獄司以爲言。志曰：此自太守事，主者勿憂。明旦，果自詣獄，辭以婦孕，吏民益歎服之。

《北史·源賀傳》 時斷獄多濫，賀上書曰：案律，謀反之家，其子孫雖養他族，追還就戮，所以絕罪人之類，彰大逆之辜。其爲劫賊應誅者，兄弟子姪在遠道隔關津皆不坐。竊惟先朝制律之意，以不同謀，非絕類之罪，故特垂不死之詔。若年十三已下，家人首惡，計所不及。臣愚以爲可原其命，沒入官。帝納之。

《北齊書·高祖十一王》 武成入承大業，遷太師、錄尚書事。湝明練世務，果於斷決，事無大小，咸悉以情。趙郡李公統預高歸彥之逆，其母崔氏卽御史中丞崔昂從父子，兼右僕射魏收之內妹也。依令，年出六十，例免入官。崔增年陳訴，所司以昂、收故，崔遂獲免。湝摘發其事，昂等以罪除名。

唐·杜佑《通典·刑法五》 孔淵之大明中爲尚書比部郎。時安陸應城縣人張江陵與妻吳共罵母［黄］，黄忿恨自縊死，遇赦。律文：子殺傷毆父母，梟首；罵詈，棄市。婦謀殺夫之父母，亦棄市。遇赦，免刑，補兵。江陵罵母，母以之自裁，重於毆傷，若同殺科，則疑重；同毆傷及罵制，則疑輕。准制：唯有傷於父母遇赦猶梟首，無罵母致死遇赦之科。淵之議曰：夫題里逆心，仁者不入；名且惡之，況乃人事。故毆傷咒詛，法所不原；詈之致死，則理無可宥。罪疑惟輕，經文之旨，非此之謂。江陵雖遇赦恩，故合梟首。婦本以義，愛非支屬；莫之所恨，情不在吳。原死補兵，有枉正法。詔如淵之議。

又 吳興武康縣人王延祖爲非，父睦以告官。新制：凡劫身，斬刑，家人棄市。睦既自告，於法有疑。時尚書何叔度議曰：設法止奸，本於情理，非謂一人爲劫，闔門應刑。所以罪及同產，欲開其相告，以出造惡之身。睦父子之至，容可悉共逃亡，而割其天屬，還相縛送。螫毒在手，解腕求全，於情可憫，理亦宜宥。使兇人不容於家，逃刑無所，乃大絕根源也。睦既糾送，則餘人無應復告，並合赦之。

《敦煌法制文書・唐永泰年代漢西巡撫使制集》 凡是勾徵，理合塡納。州申辛苦，須爲商量。作孽匪他，不可總放。量情疏決，必在州司。更牒所由，子細詳審。灼然困苦，須爲具申。如或可徵，自須切納。

五代・和凝《疑獄集・仲堪原律》 晉殷仲堪爲荆牧，有桂陽人王欽生，一旦，妄言親歿，詐服縗麻，言迎父喪。府曹依律棄市，仲堪曰：原此旨，當以二親生在而橫言死歿，情事悖逆，所不忍言，固當棄市。今欽生父實終歿，此徒有誣妄之過。遂活之。

五代・和凝《疑獄集・清獻原情》 趙清獻公抃，景祐中爲武安推官，有僞造印者，吏以爲當死。公獨曰：造在赦前，用在赦後。赦前不用，赦後不造，法皆不死。遂以疑讞之，卒免死。

五代・和凝《疑獄集・承天情斷》 宋何承天爲行軍參軍時，鄢陵縣吏孫滿射鳥，誤中直帥，雖不傷，處棄市。承天議曰：獄貴情斷，疑則從輕。昔有驚漢文帝乘輿馬者，張釋之以犯蹕罪罰金。何者？明其無心於驚馬也。故不以乘輿之重，加以異制。今滿意在射鳥，非有心於中人也。按律過誤傷人，三歲刑，況不傷乎？

宋・李昉《太平御覽》卷六四〇 南郡讞女子何侍爲許遠妻，侍父何陽素酗酒，從遠假求，不悉如意，陽數罵詈。遠謂侍：汝翁復罵者，吾必揣之。侍曰：共作夫妻，奈何相辱？揣我翁者搏若母矣。其後陽復罵，遠遂揣之。侍因上堂搏姑耳再三。下司徒鮑宣，決事曰：夫妻，所以養姑者也。今婿自辱其父，非姑所使。君子之於凡庸，不遷怒，況所尊重乎？當減死論。

《新唐書・呂元膺傳》 出爲蘄州刺史。嘗錄囚，囚或白：父母在，明日歲且不得省爲恨。因泣，元膺惻然，悉釋械歸之，而戒還期。吏白不可，答曰：吾以信待人，人豈我違？如期而至。自是群盜感愧，悉避境去。

《新唐書・列女傳》 賈孝女，濮州鄄城人。年十五，父爲族人玄基所殺。孝女弟彊仁尚幼，孝女不肯嫁，躬撫育之。彊仁能自樹立，教伺玄基殺之，取其心告父墓。彊仁詣縣言狀，有司論死。孝女詣闕請代弟死，高宗閔歎，詔并免之，內徙洛陽。

又 山陽女趙者，父盜鹽，當論死，女詣官訴曰：迫飢而盜，救死爾，情有可原，能原之邪？否則請俱死。有司義之，許減父死。女曰：身今爲官所賜，願毀服依浮屠法以報。即截耳自信，侍父疾，卒不嫁。

《新唐書・酷吏傳》 會廷珪罷，起爲辰州長史，朝集京師，與魏州長史敬讓皆奏事。讓，暉之子也，以父冤越次而奏曰：周利貞希姦臣意，枉殺先臣暉，惟陛下正罰以謝天下。左臺侍御史翟璋劾讓不待監引，請行法。玄宗曰：訴父之枉，不可不矜也；朝廷之儀，不可不肅也。奪讓俸三月，復貶利貞邕州長史。

宋・李燾《續資治通鑑長編》卷三六八 〔宋哲宗元祐元年閏二月〕給事中王震爲龍圖閣待制、知蔡州。震初附王安石以進，及司馬光當國，震不自安，欲引去。會光以州郡讞獄情理可憫、刑名疑慮得貸者衆，雖有生比，不肯用。震見光省中，曰：天下奏案一耳，前此例貸死，今何殺之？光曰：刑輕於古，致民易犯，矧刑名疑慮，引例求貸，皆古所無。震曰：漢約法三章，傷人及盜抵罪，今盜固有至死者，罪疑從輕。與其殺不辜，寧失不輕，皆聖人在上，憫元元之意也。且漢有決事比，何謂無之？明日，以光所斷當生而殺者，具其名數，誦言於朝。而御史王巖叟累奏言震不當居封駁之任，乃命出守。《舊錄》云：司馬光變亂法度，震度不能爭云云，遂求補外。《新錄》改云：司馬光爲相，震心不自安。餘並從《舊錄》。然誦言於朝事，尚須考詳，未可信也。巖叟言附。震初給事中時，去年十一月四日甲戌。又去年七月甲寅，八月癸酉可考。

宋・李心傳《建炎以來繫年要録》卷九五 〔紹興五年十一月〕甲午，權中書舍人潘良貴繳方州殺人奏案不當。上曰：殺人者死，此古今不易之法。然情有可憫，許具奏，此祖宗好生之德。第恐州縣之吏，受賕出入，略加約束可也。

宋・佚名《名公書判清明集・人倫門・因爭財而悖其母與兄姑從恕不悛即追斷》 人生天地之間，所以異於禽獸者，謂其知有禮義也。所謂禮義者，無他，只是孝於父母，友於兄弟而已。若於父母則不孝，於兄弟則不友，是亦禽獸而已矣。李三爲人之弟而悖其兄，爲人之子而悖其母，揆之於法，其罪何可勝誅。但當職務以教化爲先，刑罰爲後，且原李三之心，亦特因財利之末，起紛爭之端。小人見利而不見義，此亦其常態耳。恕其既往之愆，開其自新之路，他時心平氣定，則天理未必不還，母子兄弟，未必不復如初也。特免斷一次。本廂押李三歸家，拜謝外婆與母及李三十二夫婦，仍仰鄰里相與勸和。若將來仍舊不悛者，卻當照條施行。

宋・佚名《名公書判清明集・人品門・兵士差出因奔母喪不告而歸其罪可恕》 吳保隨直上幕，不告而歸，其罪固不可容恕。原其逃歸之故，卻係奔母之喪。古之孝子，行役則瞻望母，出使則思將母，今吳保因差出在外，母臥病則不得侍其醫藥，疾革則不得啓其手足，聞訃之日，方寸之亂，不言可知，見星而舍，猶以爲緩，尚何暇於謁告哉！昔吳起仕于魏，母死不歸，而曾子絕之，孟宗爲吳縣令，因奔母喪，自囚以聽刑，陸遜表其素行，乃得免死。然則吳保之罪，提幹必能以情宥之矣。備申提舉司，乞免行追究，仍告示兵馬司，今後如差軍兵往二千里外，約往來該四月以上，而其人有父母年老衰病，別無以次可供侍者，幷免指差。

宋・鄭克《折獄龜鑒・蘇寀》 蘇寀給事爲大理寺詳斷官時，民有父卒母嫁者，聞母死已葬，乃盜其柩而祔之，法當死。寀獨曰：子盜母柩，納於父墓，豈與發塚取財者比？請之，得減死。

按：侯瑾少卿提點陝西刑獄時，河中有民父死母改嫁，十餘年亦死，輒盜發冢取其棺與父合葬。法當大辟，有司例從輕，謹請著於令。此乃用寀所請爲例者。蓋母與後夫同穴而葬，於是發其冢取其柩，故論以劫墓見屍之法，而請人僅得減死也。孫唐卿狀元通判陝州時，民有母再適人而死者，及父之葬，子恨母不得祔，乃盜喪同葬之。有司請論如法，唐卿權府事，乃曰：是知有孝不知有法耳。遂釋之以聞。則異乎寀所請者。蓋後夫尚在，而母死未葬，獨盜其喪以歸，非發塚取棺，則法亦輕矣，雖釋之可也。

宋・鄭克《折獄龜鑒・袁彖》 南齊袁彖爲廬陵王子卿諮議參軍。子卿鎮荆州，時南郡江陵縣人苟將之。弟胡之婦爲曾口寺沙門所淫，夜入苟家，將之殺沙門，爲官司所檢，將之列家門穢行，欲告則恥，忍則不可，實已所殺，胡之列又如此，兄弟爭死。江陵令啓刺史博議。彖曰：將之、胡之，原心非暴，辨讞之日，義哀行路。昔文舉引謗，獲漏疏網，二子心迹，同符古人，陷以深刑，實傷爲善。於是兄弟皆得免死。

按：情苟可恕，過無大矣，孝子之殺牛，義士之踰獄，兄弟之爭死，皆是也。如犯夜雖輕罪，苟務立威而不原情，亦豈能恕之？此可爲宥過之鑒也。

宋・鄭克《折獄龜鑒・王罕》 王罕大卿知潭州，民有與其族人爭產者，辨而復訴，前後十餘年。罕一日悉召立庭下，謂曰：諸家皆里富人，無乃厭追逮之苦？今無狀子寒饑不能以自存，況析產之券有不明，以故久不決。人能少資之，令其遠去，後復何患乎？皆泣聽罕命，自言方對吏時，雖欲求爲此，顧不可得。於是遷所訟者於旁州，獄訟爲之衰止。

按：嚴明之術，在於察見物情，裁處事體。彼爭產者，困於寒饑；析產者，苦於追逮。理之曲直，何足深校；苟或可已，無不聽命。於是人少資之，令其遠去，則析產者所損不多，而免追逮之苦；爭產者所得不少，而脫寒饑之困。州民獄訟，亦爲衰止。豈非能察見而善裁處乎？儻忿其辨訴，加以峻罰，則物情不無所傷，而事體亦有所害，稱爲嚴明，斯失之矣。若君子，則雖昭然深察，毅然決行，而從容中理，無傷害也。豈非嚴明之懿者乎？

宋・鄭克《折獄龜鑒・王延禧》 王延禧朝議初爲岳州沅江令，歲饑，盜起，親獲十餘人，贓皆應死，法得遷官。延禧嘆曰：是皆良民，窮而爲盜，令既無以業之，又利其死，以爲己功，說何忍哉？諭被盜者悉裁其贓，盜得不死。延禧，王黃州孫也。

按：《周禮・荒政》曰：除盜賊。謂饑謹盜賊多，不可以不除也。延禧親獲十餘人，蓋以此耳。邀功希賞，非其本心，故諭被盜者悉裁其贓，使得不死。夫捕盜之官，利盜之死，譬猶矢人惟恐不傷人，其術使之然也。雖遷一官，而殺數人，榮不足言，愧何可勝？君子豈忍爲是哉！若殘民害物，罪不可赦，非窮而爲盜，計贓抵死者，則其獲賊受賞，義在懲勸，君子可以無憾也。延禧所捕，實與此異，故竊嘆云爾。於矜謹惻隱之心，人皆有之，爲物所遷，斯失之矣。故有利人之死爲己之功者，或文致於大辟，或誣人於極典，寧復能存不忍之心以貸應死之命乎？故著此事矜謹篇末，庶幾覽者有所警焉。

《宋史・太宗紀二》〔雍熙四年夏四月〕乙未，詔：諸州郡暑月五日一滌囹圄，給飲漿，病者令醫治，小罪卽決之。

《宋史・刑法志》〔紹興〕二十六年，右正言凌哲復上疏曰：漢高入關，悉除秦法，與民約法三章耳。所謂殺人者死，實居其首。司馬光有言：「殺人者不死，雖堯、舜不能以致治。」斯言可謂至當矣。臣竊見諸路州、軍大辟，雖刑法相當者，類以可憫奏裁。自去歲郊後距今，大辟奏者裁者五十餘人中，有實犯故殺、鬥殺常赦所不原者，法既無疑，情無可憫，刑、寺幷皆奏裁貸減。彼殺人者可謂幸矣，被殺者銜恨九原，何時已邪？臣恐強暴之風滋長，良善之人，莫能自保，其於刑政，爲害非細。應今後大辟，情法相當、無可憫者，所司輒奏裁減貸者，乞令臺臣彈劾。帝覽曰：「但恐諸路滅裂，實有情理可憫之人，一例不奏，有失欽恤之意。」令刑部坐條行下。

又 開寶二年五月，帝以暑氣方盛，深念縲繫之苦，乃下手詔：兩京諸州，令長吏督獄掾，五日一檢視，灑掃獄戶，洗滌杻械。貧不能自存者給飲食，病者給醫藥，輕繫卽時決遣，毋淹滯。自是，每仲夏申敕官吏，歲以爲常。帝每親視錄囚徒，專事欽恤。

又 紹興元年，監察御史婁寅亮陳宗社大計，秦檜惡之。十一月，使言者論其父死匿不舉哀，下大理寺劾治，迄無所得，詔免所居官。十一年，樞密使張俊使人誣張憲，謂收岳飛文字謀爲變。秦檜欲乘此誅飛，命萬俟卨鍛鍊成之。飛賜死，誅其子雲及憲於市。汾州進士智浹上書訟飛冤，決杖編管袁州。廣西帥胡舜陟與轉運使呂源有隙，源奏舜陟贓污僭擬，又以書抵檜，言舜陟訕笑朝政。檜素惡舜陟，遣大理官往治之。十三年六月，舜陟不服，死於獄。飛與舜陟死，檜權愈熾，屢興大獄以中異己者，名曰詔獄，實非詔旨也。其後所謂詔獄，紛紛類此，故不備錄云。

《宋史・楊覃傳》四年春，旱，覃上言：古之用刑，皆避三統之月，漢舊章斷獄報重，盡三冬之月。又唐太宗凡斷重刑日，勅減膳徹樂。今春物方盛，時雨尚愆，輦轂之下，獄係甚繁。望詔有司，死罪未得論決，俟雨降，乃復常典。仍望自今凡決重刑日，依唐故事，以彰至仁之德。

《金史・海陵王傳》文思署令閻拱與太子詹事張安妻坐姦事，獄具，不應訊而訊之。海陵怒，玉與左丞蔡松年、右丞耶律安禮、御史中丞馬諷決杖有差。玉等入謝罪。海陵曰：爲人臣以己意愛憎，妄作威福，使人畏之。如唐魏徵、狄仁傑、姚崇、宋璟，豈肯立威使人畏哉，楊國忠之徒乃立威使人畏耳。顧謂左司郎中吾帶、右司郎中梁銶曰：往者德宗爲相，蕭斛律爲左司郎中，趙德恭爲右司郎中，除吏議法，多用己意。汝等能不以己意愛憎爲予奪輕重，不亦善乎。朕信任汝等，有過則決責之，亦非得已。古者大臣有罪，貶謫數千里外，往來疲於奔走，有死道路者。朕則不然，有過則杖之，已杖則任之如初。如有不可恕，或處之死，亦未可知。汝等自勉。

《元史・太祖紀》辛卯，拜燕南諸路廉訪使，佩金虎符，賜民戶十。未幾，授斷事官，使職如故。時斷事官得專生殺，多倚勢作威，而布魯海牙小心謹密，愼於用刑。有民誤毆人死，吏論以重法，其子號泣請代死，布魯海牙戒吏，使擒於市，懼則殺之。既而不懼，乃曰：誤毆人死，情有可宥，子而能孝，義無可誅。遂幷釋之，使出銀以資葬埋，且呼死者家諭之，其人悅從。

《元史・張雄飛傳》時澧州初下，民懷反側，雄飛至，布宣德敎以撫綏之，民遂安。有巨商二人犯匿稅及毆人事，僚佐受賂，欲寬其罪，雄飛繩之益急。或曰：此細事，何執之堅？雄飛曰：吾非治匿稅毆人者，欲改宋弊政，懲不畏法者爾。細民以乏食，群聚發富家廩，所司欲論以強盜，雄飛曰：此盜食，欲救死，非強也。寬其獄，全活者百餘人。澧西南接溪洞，瑤人乘間抄掠居民，雄飛遣楊應申等往諭以威德，諸瑤悉感服。

《明實錄・洪武六年》〔七月癸卯〕常州府呂城巡檢司盤獲民無路引者送法司論罪，問之，其人以祖母病篤，遠出求醫急故無驗。上聞之曰，此人情可矜，勿罪，釋之。

《明實錄・洪武八年》〔正月壬戌〕湖州府民輸官錢三百餘萬入京，次揚子江舟覆，錢沒其半，民既代償，已而軍士有得所沒錢者，有司論當杖。上曰：士卒得錢物於水中，非盜也，釋之。

又〔三月己巳〕南雄商人以貨入京，至長淮，關吏留而稅之，既閱月而貨不售。商人訟於官，刑部議吏罪當紀過，上曰：商人遠涉江湖，將以求利，各有所向。執而留之非人情矣。且納課於官，彼此一耳，遲留月日而使其貨不售，吏之罪也。命杖其吏，追其俸以償商人。

《明實錄・洪武十五年》〔十一月〕戊辰，命都察院以巡按事宜須各處提刑按察司，俾各舉其職。凡府州縣社稷、山川、壇壝、帝王陵廟，必令修潔祭祀以時。忠臣烈士未入祀典者，孝子順孫義夫節婦未旌表者，必詢訪具實以聞。興舉學校，察吏治得失，戢豪強，均賦役，存問鰥寡孤獨廢疾無入自振者。舉行鄉飲酒禮及民間感欣慶慰宴會之際，必以齒序。伸理獄囚冤滯，稽考諸司案牘，官吏廉能者舉之，貪鄙者黜之。徵求遺逸以進諸朝，賙贍流民以復其業。倉庫錢穀，必會其贏縮。山川、道里、風俗、物產，必知其所宜。來朝之日，則條列以聞。著爲令。

《明實録・洪武十六年》〔七月辛亥〕遣監察御史往浙江等處録囚，陛辭。上諭之曰：古人有言：議獄緩刑。又曰：無敢折獄，人命至重，必在詳審，不敢輕也。夫刑當其罪，猶在可矜，若濫及無辜，豈可復悔。草木微物，有仁心者，方長不折，況於人而可忽乎？爾往慎之。

《明實録・洪武十七年》〔十二月〕乙巳，左都御史詹徽奏，太平府民有毆傷孕婦至死者，律當絞。其子乞代父受刑，奏請裁決。詔大理寺詳議，大理寺卿鄒俊議曰：子代父死，情固可矜，然死婦繫二人之命，冤曷由伸？犯人當二死之條，律何由貸？與其存犯法之父，孰若全無辜之男？詔從其議。

《明實録・洪武二十三年》〔五月戊戌〕監察御史劾奏太師韓國公李善長罪狀。先是，胡惟庸謀亂，密遣元臣封績使于元主，及惟庸誅，績懼不敢歸，後永昌侯藍玉敗元兵于捕魚兒海，獲績，善長匿不以奏。至是，有告之者，捕之下獄，訊得反狀及善長私書。刑官請逮問善長，詔勿問。於是，監察御史劾奏善長始由小吏遭遇龍興，無介冑之勞，乏匡輔之德。皇上念其閭里舊人，艱難扈從，服勤左右，多歷年所，錫之公爵，位及人臣，祿及子孫，恩覃骨肉，而善長柔姦隱匿，尸位素飡，楊憲謀叛，若罔聞知，胡陳不軌，又爲謀主。皇上累加曲貸，恬不知恩，今按得封績往來沙漠私書，有善長手跡，大逆不道，罪狀甚明。天恩寬大，尚存矜恤，王法無私，罪在不赦。不報。

又〔十二月〕癸亥，上諭刑部尚書楊靖等曰：自今惟犯十惡并殺人者論死，餘死罪皆令輸粟北邊以自贖，力不及者，或二人或三人並力輸運，仍令還家備費以行。翰林學士劉三吾等曰：聖心仁恕，垂念及此，罪人受更生之恩矣。上曰：愚民犯法，如啗飲食，嗜之而不知止，設法以防其犯，而犯者益多，推恕以行吾仁，而仁或可濟。三吾曰：三代而上，刑罰常簡，本仁恕也；三代而下，刑罰常濫，以嚴刻也。上曰：善爲國者，惟以生道樹德，不以刑殺立威。

《明實録・洪武二十四年》〔六月〕甲子，上以天久不雨，恐刑獄有冤濫者，命刑部官及監察御史清理天下獄訟。時法司奏，獄囚有夫犯死罪，其妻妄訴，援例當黥爲奴。上曰：夫犯罪而妻訴之，彼但知愛其夫而來訴耳，今以其妄而并黥之，是刑罰太過，此皆是以傷天地之和也，自今宜悉依律斷決，勿深文也。

《明實録・洪武二十六年》〔四月〕庚寅，上以天久不雨，必朝政有缺失，詔群臣直陳時事。群臣有言請疏決罪囚，上以爲然。迺詔刑官，除十惡及殺人眞犯依律外，其餘雜犯死罪令輸粟往北平以贖，徒流而下循減有差，若犯者已死，妻子拘在官者釋之，其未經審録者，刑部、都察院、大理寺即時會審，有未當者許執法覆奏，阿旨奉行者坐以其罪。

又〔五月乙卯〕陝西民有坐事謫戍邊，妻病留中途，其弟夫婦請代往監送者，聽之。御史責弟不當代兄，并罪監送者，其人訴於朝。上曰：弟之代兄，業也。監送者能聽其代，是亦有仁心矣。命賜其弟道里費，而併賞監送之人。

《明實録・洪武二十八年》六月己丑，上御奉天門勑諭文武群臣曰：朕自起兵至今四十餘年，親理天下庶務，人情善惡眞僞，無不涉歷。其中奸頑刁詐之徒，情犯深重，灼然無疑者，特令法外加刑，意在使人知所警懼，不敢輕易犯法。然此特權時處置，頓挫奸頑，非守成之君所用常法，以後嗣君統理天下，止守律與大誥，並不許用黥、刺、剕、劓、閹割之刑。蓋嗣君宮生內長，人情善惡未能周知，恐一時所施不當，誤傷善良。臣下敢有奏用此刑者，文武群臣即時劾奏，處以重刑。又曰：自古三公論道，六卿分職，自秦始置丞相，不旋踵而亡。漢唐宋因之，雖有賢相，然其間所用者，多有小人專權亂政。我朝罷相設五府、六部、都察院、通政司、大理寺等衙門，分理天下庶務，彼此頡頏，不敢相壓。事皆朝廷總之，所以穩當。以後嗣君並不許立丞相，臣下敢有奏請設立者，文武群臣即時劾奏，處以重刑。又曰：皇親國戚有犯，在嗣君自決，惟謀逆，不赦餘犯，輕者與在京諸親會議；重者與在外諸王及在京諸親會議，皆取自上裁。其所犯之家止許法司舉奏，並不許擅自逮問，合議親戚，如皇后家、皇妃家、東宮妃家、王妃家、郡王妃家、附馬家、儀賓家，魏國公、曹國公、信國公、西平侯、武定侯之家，朕皆已著之祖訓。爾五府六部等衙門以朕言刊梓，揭于官署，永爲遵守。

《明實録・洪武三十年》〔六月壬午〕上諭刑部官曰：人言法家少恩，此後世用法之過，故有是言。朕觀唐虞之世，好生之德，洽于民心，安有是言哉？爾等每論囚，引至朕前。雖詳其致罪之由，然一時裁決，恐未得其情。自今論囚，惟武臣死罪，朕親審之，其餘不必親至朕前。但以所犯來奏，然後引至承天門外，命行人持訟理旛，傳旨諭之，其無罪應釋者，持改平旛宣德意遣之。繼令五軍都督府、六部、都察院、六科給事中、通政司、詹事府，詳加審録，冤者即爲奏聞，無冤實犯死罪以下，悉如律，其雜犯死者，准贖。

又〔八月〕戊戌，都察院奏獄囚，律應死者二十四人，請以時決之。上曰：爾等倉卒論決，其中豈無情可矜法可疑者？古人云：求其生而不得，則死者與我皆無憾也！苟遽寘於法，一有不當，悞傷人命。遂命群臣審録，果得其不當死者，皆徙戍邊。

《明實録・永樂元年》〔九月〕丙申，錦衣衛引清涼寺僧言，近寺軍民牧放牲畜，蹂踐寺外之地，今捕得其人，請付法司治之。上命釋之曰：京師隙地少，居人艱於孳畜，寺外有閑地則推以便之，乃契佛濟利之心，此何必禁？

又〔十二月庚辰〕松江府奏所屬華亭縣徵收秋糧過期不完，請罪其縣官。上曰，今年蘇松間有旱澇，秋糧固難卒辦，縣官職在撫字，不得輒以此罪之，再與期限可也。

又〔十二月戊寅〕錦衣衛臣奏抵殊死罪一人，請決。上審知有可矜之情，特宥之。使屯戍興州，且諭刑部尚書鄭賜等曰：人無不可與爲善，此人一時迷誤，犯罪當死，朕矜其情，故宥之，使屯戍，在彼得改過自新，在國家得一人耕，可以食數人，則亦有利。自今罪人，於法當死，而情有可矜者，准此例。

《明實録・永樂二年》〔四月〕丁丑，上諭三法司官曰：天氣向熱，獄囚淹久必病，病無所仰給必死。輕罪而死與枉殺何異？今令五軍都督府各部六科給事中協助爾等，盡數目疏決之，凡死罪獄成者，俟秋處決，輕罪皆即決遣，有連引待辦未能決者皆令出獄聽候。復諭曰：古人治獄，每於死罪中求其或有可生之道，今不可使罪無大小皆淪于死地。刑罰公則民畏，刑罰濫則民玩，不可不謹。

《明實録・永樂四年》五月庚寅，朔。上召三法司官諭之曰：朕屢命爾等決獄，貴在明而無滯。明則有罪不與無罪者同免，滯則無罪將與有罪者同困。前日見刑部引奏遼東衛官縱軍士往高麗者，一指揮專理屯田，未嘗與知而一概逮繫，久不疏決，至于病危，假令病竟不治，此人何罪，即是爾等枉殺之。司理之職，重民命爲本；輔君之道，施行政爲務。爾等任大臣等邦憲而怠忽若此乎？今天氣已熱，除犯斬絞罪繫之，其徒流以下，皆令所在發遣，庶幾瘐死無及於輕罪。

《明實録・永樂五年》〔十月〕辛卯，通政司言紹興民〔告〕其鄉人居室違禁。上曰：未可聽。南方僻遠之處，少經兵革，宋元時居室往有之，何可一概罪以違禁？其令巡按御史驗試，但是本朝禁令之後造者抵罪，在禁令前所造，雖違法，不問。

《明實録・永樂六年》〔十一月〕丁巳，刑部、都察院、大理寺言大辟囚三百餘人，已覆訊皆實，請處決。上令行人持節諭之，有冤抑，許自陳。又召五府六部及六科官諭之曰：三百餘人，未必人人皆得其實情，有一不實，則死者銜冤。爾等更從容審之，一日不盡，則二日三日，便十日亦何害？必使其無冤。大抵人之實情難得，有言語便捷輒駕虛詞掩實情者，有訥於言，雖懷情實而口不能發者，須詳悉以聽，亦不可以刑迫之。近有僧貼匿名榜，言縣官貪污，法司推問疑一吏與之有隙，遂極榜掠，吏不勝即引服，僧之從者，憫吏無辜，赴官首其事，逮僧鞫之，果其實。向使僧之從者不言，豈不枉殺此吏？法司以刑迫人，往往有此弊。今三百餘人，寧無一二究抑？爾等其詳審之，既而得釋者二十餘人。

《明實録・永樂九年》〔四月〕壬寅，守聚寶門千戶奏，有民入城，檢其行李，得金鐲及銀數錠，於法不應。上問刑部尚書劉觀此何法。對曰：法不得以銀交易，百姓不得用金首飾。上曰：禁民交易服用，何嘗禁其藏蓄？命悉還之。顧千戶諭之曰：爾職在察詰奸細，民違法，何預爾事？令姑宥爾，如再越職厲民，必罪不宥。

又〔三月〕丙子，直登聞鼓給事中言，有縣官以贓罪謫戍邊，擊鼓陳情者，上命三法司審之，曰：無令負冤。三法司訊之，其人言實受贓，蓋年踰七十，昏眊至此，不敢逃刑，惟上天地大恩幸垂哀憫，當改過自效。三法司以聞。上曰：老而不戒，得無足恤。但臨罪能悔，可恕，姑屈法宥之，然其年已七十，雖改過，無所用，令還鄉爲民。

《明實録・永樂十一年》〔四月〕己巳，勅諭三法司官曰：爾等職典刑獄，讞議之際，必加詳審。入大辟者，先疏情實來奏，繼五覆奏，必不可(怒)〔恕〕而後誅之，則死者瞑目無憾耳。宜夙夜敬慎，毋爲深文苛察，毋以愛憎爲操舍，務使法平訟理以副朕欽恤之意，其或肆情狗私，罰及無辜，雖或目前苟逃刑憲，天地鬼神臨臨在上，不爾貸也，爾其審省之。

《明實録・宣德元年》〔十二月丁卯〕勅行在刑部、都察院北京行部、錦衣衛，今天氣寒沍，歲事將新，獄囚禁繫，深軫朕懷，其情罪不分輕重，期以三日悉具以聞，朕將親閱焉。因謂少保夏原吉等曰：昔堯舜之世，民不犯法；成康之時，刑措不用，皆是君臣同德，故能致理如此。朕德涼薄，雖夙夜盡心，而仁化未孚，犯者益衆。卿等宜勉力匡輔，庶幾無愧古人。《書》曰：臣爲上，爲德；爲下，爲民。宜深存此意。

《明實録・宣德四年》〔二月〕丁酉，勅諭三法司曰：致理之道，人倫爲先，五刑三千，不孝最大。今在外有司往往貪受賕賂，寬縱不孝。吏之壞法，莫甚於斯。勅至，但犯不孝及烝父妾收兄弟之妻爲妻，凡敗倫傷化者，在外有司，毋擅斷決，悉令送京師如律鞫治。若武官及其子弟有犯此者，不許復職。承襲，永爲定制。

又〔四月〕庚辰，監察御史張純言四事：其一，南京刑部都察院所問罪囚，例應納米贖罪者，皆送軍儲倉監候，多有無貲馴至死亡，其罪應死者不論，若非死罪而死，實有可矜。今後請令原問官司審實，果無貲力，如舊決斷。其二，近奉聖旨各衛所收支糧米皆委首領官及倉官同任其事，緣衛所首領官止一員，既掌簿書，又主出納，人才之力有限，恐至妨廢。宜添設一員俾專任爲便。其三，南京國子監生有及一二十年未得進用，有負朝廷教養之意，請令兩京監生歷事授官，相參取用，庶免淹滯。其四，風憲官爲耳目之司，任紀綱之重，糾劾百僚，肅清庶政，宜養其鋭氣，以副任使。近來風憲多懷顧忌，少有敢言，請降勅勵，令各陳所見，則風紀斯振，言路無壅。上皆從之。謂右都御史顧佐等曰：朝廷立法，凡諸司官員百工技藝之人，皆許言事，況風憲官職當言路，朕所倚信者，豈可有所顧忌爾。宜以其職喻之，若當言不言，以失職論。

又〔五月癸酉〕勅諭各布政司、按察司、直隸府州及巡按御史曰：朕荷天命，嗣承祖宗洪業，惟以保民爲心。比歲田里小民負冤赴京，陳訴者日衆，究其所由，皆因州縣不得其人，小民受虐不能自存，赴訴府州縣，府州縣受賕縱奸，往往反坐以罪。又訴于布政司、按察司及巡按御史，亦有以枉爲直，以是爲非，或淹禁致死者。由是被害者，遂赴京越訴，但求雪忿，雖死不恤。京師刑獄之繁，皆由于此。夫理訟之道，當究實情。使有罪者不逃刑，無罪者不遭枉，則横民自戢，良民自安，訴訟自簡而政平刑清矣。自今宜易心改過，去惡佑善，鋤奸植良，如復不改，致無理者肆虐不已，被害者歸怨朝廷，則國典具在，罪不可逭。

《明實録・宣德十年》〔七月甲戌〕初，山西巡按御史及三司官奏晉府千戶周禮出城，詐稱晉祠行香，實赴京奏事。上命晉王治其詐僞之罪，王引咎自責。上復書曰：比者御史三司言周禮事，蓋門禁閫防職所當言，於伯父無預，何必深自引咎？尚冀安心坦懷，以副朝廷親親之意。

《明實録・正統元年》〔四月戊午〕黜浙江都指揮徐政爲遼東衛鎮撫。政初任錦衣衛指揮僉事，備邊開原，畏懼邊警，遂棄所守，假托奏事至京。監察御史楊仕敏等被旨劾之，且及其署事錦衣時冒遣軍士詐取財賄之罪，下法司鞫問，律當斬。至是，宥死黜之。

又〔五月丁卯〕行在兵部奏：胡寇朶兒只伯犯肅州新城營，殺傷官軍二百七十人，擄掠人畜兵甲無算，都督同知王貴鎮守肅州，寇至不能折冲，及退不復追勦，堅壁不出，玩寇失機，請正其罪。上以貴在邊年久，姑記其罪，如仍怠誤，必寘於法。

又〔五月庚寅〕降行在戶部右侍郎李新爲廣東番禺縣知縣。初，新巡撫陝西，不理政事，躭於佚樂，及命巡撫大同宣府，又畏避稱疾不行。聞改差僉都御史李儀已去，方回至京。又不奏請，擅自到任。行在吏部劾新欺詐不忠，下都察院獄鞫，罪當戍邊。上從寬宥之，遂有是命。

又〔六月丁巳〕行在吏部給事中鄭泰等言：今年天下諸衛門所進須知文冊，內戶口錢糧數目違錯者多，其經該官吏右布政使石執中等三千六百五十九員，悉當究治。上宥其罪，但令移文諭戒之。

又〔六月〕壬寅，行在吏部尚書郭璡等言，監察御史邵宗爲都察院考作法律不通，宗不服，乞辯。緣宗歷任九年已經考，稱在部今右都御史顧佐等又作見任考劾。上以佐等顛倒是非，特責戒之，行在浙江道監察御史張鵬等，又擅摭宗微過劾之。上曰：佐等不存公，槩將不在任官員考退塞責，今各道御史人附會佐等，其朋奸欺罔明矣，姑記其罪，再犯不宥。

《明實録·正統二年》〔七月丁未〕降寧夏總兵官右都督史昭爲都督僉事，仍充總兵官參將；都督僉事丁信爲都指揮僉事，仍充參將參贊軍務；右都御史郭智爲監察御史，仍參贊軍務；署都指揮僉事施雲爲指揮僉事，仍舊管事。仍勑以俟勦賊有功，方復原職，如再失機，罪皆不宥。先是，昭等玩寇失機，爲兵部都察院所劾，已降勑責之。至是，廷臣議其罪狀以聞，復有是命。

《明實録·正統三年》〔二月〕辛酉，河南沔池縣學教諭陳安言：先師孔子，歷代屢有褒揚，而我朝未增封謚，乞加徽號，以顯文明。事下，行在禮部覆奏，謂孔子褒崇至極，固無以加，安奏章違式，宜治其罪。上是之，以安細故可略不問。

又〔三月乙巳〕初，襄府長史芮善以年老乞致政，王輒遣人具船送回其鄉，不行循例赴部。行在吏部請治善并長史司官吏違法之罪。上恐有傷親親之誼，特宥之。且以書報王曰：朕惟叔之聰明賢達，必不差失至此，慮爲下人欺侮，故違祖宗法度，特令長史司官吏從實回奏。芮善令致仕不問。

又〔四月〕丁卯，行在禮部尚書胡濙奏廣西太平府萬承州頭目趙保、茗盈州官族李四龍、英州頭目黄祿陪、金茗州頭目許福泰等，奉表賀正旦節，悉後期而至，請付法司治罪。上俱宥之。

又〔四月〕戊午，鎮守遼東太監王彦奏，都司缺官調用，其都指揮使劉請、定遼前衛指揮同知何海等，俱坐罪戍甘肅，乞宥之俾自效。上從之，召還，各降原職一級，備禦遼東。

又〔九月壬午〕行在六科十三道劾奏鎮守陝西右副都御史陳鎰、河南右布政使虞信罪。初，鎰屬知州林厚於信，信亦屬教諭董應幹於鎰，各求爲考試官，後皆不遂，鎰遂奏信專制自由，沮壞風紀，信亦奏鎰挾勢市恩，欺凌方回。於是給事中御史請逮鎰、信至京究治。上命法司姑記其過，且録狀示鎰、信以戒之。

又〔十月甲子〕行在通政使司右通政張隆公幹山海等處，憾欒陽驛丞賀慶迎遲，使酒酷刑，爲山東按察司僉事張守信所劾下獄，法司坐贖罪復職。上曰：隆惡行如此，其命行在吏部，降用之。

又〔十月甲申〕初，臨清縣妖賊孫智事覺，縣遣智鄰人李聚等捕之，聚縛智、李山赴官，山亦誣聚爲黨，聚懼投井死，遂逮聚兄友于獄。山東巡按御史張璘、都指揮周福、參議孫子良、僉事袁文華會鞫友，械赴京，御史高瑢坐友死罪，友訴冤事，下巡撫侍郎曹弘及山東三司重覈之，乃具得其誣狀，行在都察院以聞。上命釋友，責瑢罪狀，幅、子良、文華各罰俸三月，璘以老疾去，宥之。

《明實録·正統四年》〔三月庚申〕降遼王貴烚爲庶人。先是，王與江陵、瀘溪二郡主亂，又通千户曹廣等妻女數十餘人，非理姦死者十餘人，杖死長史杜述，擅笞荆州知府劉永，擇強壯三百餘人，強買貨物，侵占辦課湖港，強網學舍池魚，每年假以進貢於夷陵等州、江陵等縣奪軍柑橘，起州縣人夫遞送，逼死者三十人，剋減軍糧，侵占房屋，買民馬不償直，肆採獵踐田禾諸惡。上召至詣京，三法司六科十三道等官交章劾之。上以示王，王輸情服罪，諸大臣承詔論其罪，應死。上曰：爾等所論者是。遼王罔顧大倫，難承國祀，宜從廢黜降。勑諭之曰：爾府中内使審理等官，湖廣巡撫侍郎、都布按三司、巡按監察御史、荆州府衛官旗軍民人等奏，告爾凶悖頑狠，淫穢無狀，黷亂人倫，滅絶天理，傷敗風化，污辱祖宗。朕初不信，審問再三，皆有實蹟，乃遣書徧諭宗室諸王議爾之罪，今曾叔祖寧王等王，奏爾所犯，律該十惡，其罪當刑，於法無赦。朕惟祖宗之法不可得而私，猶慮法司或有傳致，特召爾來京詢其實情，令皇親太師英國公張輔等，將行在都察院奏爾所犯事，諸皇親與三法司六科交劾爾奏章并諸王議爾罪狀示爾，爾已服罪無詞。揆之國典，罪不可容，特念親親曲法寬貸，重以爾得罪祖宗神明，難奉國祀，謹遵祖訓，削去王爵，降爲庶人，令爾歸守遼簡王墳塋，歲給祿米一千石，米鈔中半兼支爾宜閉門念咎，以絶外交，改過遷善，以謝天人之譴，以釋祖宗之怒，庶幾永保天年。惟朝廷篤念親親，非是我無恩，原爾之犯，皆爾自取。古云：禍福無門，唯人自召。爾其省之省之重省之，仍賜勑徧諭諸王府。

又〔正月〕丙戌，行在禮科給事中劉海等奏孟春時，享太廟陪祀官武安侯鄭能、駙馬都尉井源王誼武進伯朱冕未祭之先，於神宮監博戲自如，宜治以不敬之罪。上曰：源等罪固不可貸，但以勳戚，姑宥之。

又〔九月己巳〕行在都察院右僉都御史張純言：諸處疑獄之報甚少，豈天下獄無冤滯可雪？蓋各官宅心不同，或忍而不仁，或短於識見，或慮有干係，請慎擇仁恕才辯御史、刑部、大理左右寺官各領勑分出，偕諸處堂上官遍詣所隸審録，有能不避利害辨白者，特賜奬諭。先是，右都御史陳智請每歲令各處都布按三司委廉明公恕官，會巡按御史審録冤疑戚終通上所辨明。上已允智言。至是，純章上，法司議謂不須遣官，第行智言。從之。

又〔十一月甲子〕山東按察司副使王裕奏：在外按察司及理問所斷事司理刑官俱有正佐，囚至多推諉，不即鞫問，延踰歲月，甚至相繼瘐死。乞照在京法司例置分囚簿，囚至，正佐以次問之，仍命巡按御史劾治怠問者罪。庶仁恩周洽，囚免瘐死。行在刑部覆奏，請如裕言。從之。

《明實録・正統七年》〔十月丙申〕行人司行人尚褫言二事：一、大臣上爲朝廷付託，下爲百官取法。有缺，固不可輕任；有過，尤不可輕辱。是以黥劓之罪不及大夫，以其離天子不遠也。今文武大臣，或被言官彈劾，或被旗校緝訪，露頂跣足，束縛奔走若繫囚然。事果實驗，情猶庶幾，或涉虚妄，不免復職。然今日衣冠之大臣，即昨日受辱之囚繫，面僚友而統屬官，能無愧於心乎？請自今文武大臣有犯未的者，命錦衣衛官召至午門，勑諸大臣以禮，會問踪跡，果驗，疏其輕重請裁，如其不驗，即奏復職。庶大臣知重而職業愈修。一、旗校緝事固不可不信，尤不可盡信。間有用心邪枉者，或爲他人報讎，或以自平私怨，倒置是非，誣陷平人，其所緝事能悉出於實乎？請自今旗校緝事務見實証，然後坐罪。如或不實，所緝者量輕重以其半坐之，庶不得乘隙報怨，濫及無辜。奏下，刑部尚書魏源等集議，謂褫言可采，但命錦衣衛官召問大臣，及坐旗校以折半罪，律例無成令。上從之，命自今旗校所察覺有訴冤者，三法司與之辯，其果爲人報讎者，必罪如律。

《明實録・正統八年》〔四月丁酉〕都察院右都御史王文等劾奏少師兵部尚書兼華蓋殿大學士楊士奇，縱其子稷爲惡，宜黜。上曰：士奇先帝舊臣，日夕輔導朝廷，焉知其子居鄉爲惡，命守官如故。翌日，六科十三道又交章劾之，上置不問。

《明實録・正統十二年》〔二月〕壬寅，勑諭府軍前衛指揮孫繼宗、及其弟紹宗、顯宗、續宗純宗曰：爾等皆朕外親，爰自先朝以來，洊膺顯爵，正當修身慎行，表勵宗族用保終譽，邇者爾族人孫奉祖父子，屢恃恩玩法，恣肆凶暴，毆人致死。法司鞫問明白，請處以重法，朕念聖母皇太后在上，特推恩屈法寬貸，姑令從戍邊衛，俾其追悔自新，用蓋前罪，朕嘗觀前代外戚族屬子弟，憑藉聲勢，肆爲暴横，卒致禍敗，歷歷可鑒。況我祖宗法度嚴明，善者必褒；惡者必罰，尤非前代可比。爾等自今宜洗心改慮，務守禮分，誡納族屬，毋仍縱肆，庶幾永保爵禄，副朕親親之意。

《明實録・正統十三年》〔正月戊戌〕吏部奏：朝覲官直隸太平等縣、廣西上林長官司典史把事人等一十四人，俱失期後至，又有在途稱病官吏二十九人，被盜遺失本冊官二人，丁憂官吏一十五人，稱考滿官一人逃回，吏一人，及失期未至府、州、縣諸衙門八十一處，俱當究治。上曰：中途逃者，令巡按御史逮治，餘俱宥罪，移文責令知警。

又〔二月乙未〕鎮守太監郭敬奏大同左參將都督僉事石亨挾私杖指揮周忠致死，及交通王府馭卒無紀諸不法狀。巡撫右副都御史羅亨信奏覆俱驗。上以亨頗能効力於邊，宥之。

又〔五月乙巳〕復吏部署郎中事員外郎趙敏官。初，敏坐鄉人訟其違禁例舉貸於人，法司鞫實，當贖徒爲民，敏執訴不已，大理寺爲奏下多官審勘來報。至是遇恩例，都察院以爲言，故有是命。

《明實録・正統十四年》〔六月丙辰〕初，刑部尚書金濂奏以福建諸司見貯沒官財物充軍賞而左布政使黄懋等，輒取建寧諸縣課銀賞之，巡礦御史羅澄劾其擅動國課，都察院請俟賊平後，下巡按監察御史鞫之。上命宥不問。

《明實録・景泰元年》〔七月戊午〕鎮守大同太監陳公等奏：七月朔日，代王忽乘肩與至公及都御史沈固所，言長史等官抵觸狀。時總兵官郭登領兵在外，王又自出城語之。是日，王遣人异郡王郡主，各送詣所選妃及儀賓家，繼令世子詣所聘妃家親迎入府。王又以刀傷長史李滋，詔巡按鎮守官按問滋等輔導無狀罪，以書諭王：繼今當遵守祖宗法度，改過自新，庶可永保富貴。

《明實録・景泰二年》〔六月丙子〕先是遣戶部主事黄琛、王澍，監察御史李鑑，往蘇松常鎮嘉湖等府，追徵尚書周忱所費糧以數十萬計，皆遠年耗用，於見在官吏糧里追陪。給事中御史請暫停止，戶部尚書金濂執奏，不從。忱自陳云：臣先總督各府糧，見彼處大戶不肯納糧，里甲逼徵小民，倍出加耗，代其遠運，以致連年負欠，臣遂於宣德八年春赴京，議將加耗并遠運腳費襯倉作囤，蘆蓆、稻草悉令大小戶自納，本年稅糧，方得完足。行之數年，餘糧積出漸多，蘆蓆、稻草並易錢入官，臣見各府或遇賑濟饑荒，補納遭風失盜糧米，買(辦)〔辦〕納官絲絹，修理舍廨廟學，攢造文冊及水旱祈禱，管糧官無馬騎坐，俱科於民，於是將所餘糧及所易錢隨時支用，有賑貸未還，遇赦宥免者，有估計時值低昂不一者。緣奉宣宗皇帝并太上皇帝勅諭，許臣便宜行事，以此支用，不復具聞。今因民人彭守學奏戶部差官勘出前項遇徵妄費錢糧，致被十三道糾劾，實臣出納不謹，罪重丘山，死有餘辜。禮部尚書楊寧亦言，忱通同官吏，妄費錢糧，罪乃在忱。而糧於民間追徵，民何以堪？況差官去惟務催科，不爲究實，如千石造橋，與准數百石；萬石蓋守，與准數千石，餘皆追還。至有拋棄產業挈家逃竄者，如此逼民，幾何不至相聚爲盜？伏望聖恩准勘正統十四年以後侵欺者徵納，以前者蠲免。詔從之。召回琛、澍、鑑，令巡撫侍郎李敏，俟秋成追究果陪納不，前者已之。既而六科十三道復劾忱自陳不實，觀其意，似謂正糧既完，餘糧已應得花費，此老奸巨猾之所爲，情實難恕，乞治其罪。詔以忱年老，寘不問。

《明實録・成化三年》〔二月甲辰〕直隸新城縣縣丞邢政上言：刑獄者用之大事也，輕重毫釐之間，死生所繫，不可不愼。切見各都、布、按三司及各府，俱有斷事理問推官等官，專理刑獄，所以少有冤抑。惟各州縣因無刑官，凡有囚徒互相推避，間有理者，情僞罔察，及議擬罪名多憑吏典，或寫發之人任意出入，中間或追無贓仗，或證佐逃亡，或同犯未獲，止憑文具鍜鍊成獄。及至呈詳，又因招擬未明，駁回再問，經年累歲不能繼結。桎梏終身，死而後已。其情理當死者，固不足惜，但情輕誣死者，豈無抱恨？衛所罪囚冤滯尤甚，傷天地之和，召水旱之災，多在於此。乞勑法司計議，直隸地方行移巡按御史，布政司所屬行移按察司分巡官，或推委在京法司官分詣各處，將見監罪囚人卷逐一詳審，情輕者即與發遣，情重無冤者候呈詳，情可矜疑者奏取上裁，如此則天意可回，災異自弭。奏入，下所司議行。

《明實録・成化七年》〔十二月甲申〕禁軍官司罰物。左都御史李賓等奏，在外官司聽斷軍民詞訟，動輒罰人財物，始則暫寄官庫以欺人，終則通同庫役以入己。其用計姦深，有爲預備稽考告訐之謀，至假立文簿，虛作支銷者。昔唐臣陸贄，有言：建官立國，所以養人，賊人取財，所以資國。今舍法而重罰，既非所以養人，罰物以爲私有，又非所以資國。使不通行禁革，則貪風愈盛，末流之弊不可勝言。今後官司於軍民詞訟，悉依律問擬，或復罰物，宜治其罪，使無爲下民之害。從之。

《明實録・成化八年》〔三月己酉〕廣東按察司奏，軍職犯法爲人告發者，必俟得旨，然後推問。故皆治事如常，及後追攝復託差遣，不即就獄，往往歲久不能結案。今欲於所告之事，審其證佐，已皆不誣，即便停俸，不得治事，庶彼不得遂其奸計。奏下法司會議：軍職犯法宜自退避，如已衆證明白，照出參奏者，惟不許治事，仍令支俸，但得旨後不就獄者，始治其罪。從之。

《明實録・成化十年》〔六月〕戊午，岷王音埑奏：乳母張氏子羅觀謫戍柳州衛，而張氏年老無他子，乞免其戍。兵部言：觀以罪謫戍，難以私恩而廢國法。上曰：羅觀母老失養，情實可矜，王以乳母故，爲之陳請，亦厚之道也。但國家之法，朕不敢私，姑放觀歸養，親終之日，仍令戍邊。

《明實録・弘治二年》〔八月己丑〕大理寺卿馮貫等，以災異言五事：一、在京重囚，每年霜降會官朝審，而在外五年始一審錄，壅積數多。秋後雖令所司審決，其冤抑者多不與辦，情可矜疑又不具奏。請每年秋後，行巡按御史會三司等官從公研審，如有冤抑即與辦理。一、諸司審錄重囚有稱冤不服者，不過調別司問理，類多拘于成案，果有冤抑無與辦者。今後，凡駁回再問者，請令調隔別衙門辦理。一、直隸等處，凡有情詞，多赴京奏告，法司逮問，往來動經年月，淹禁致死者甚多。今後，奏告宜行巡撫、巡按或都司府(衙)〔衛〕問理，就彼歸結。一、問重囚必須證佐，今強盜贓仗，多軍校買補，人命(屍)〔死〕傷，多稱錦衣衛檢驗，不會文職，故人多稱冤。今後強盜必須見獲贓仗，通送法司檢驗，人命務行法司轉勘。一、內外衙門，問擬徒罪，輕重失(論)〔倫〕，今後問擬徒罪，不分軍民舍餘，若審有力與官吏監生人等，亦將杖數徒年計筭運灰納米，贖罪發落。奏上，俱從之。

《明實録・弘治十一年》〔十一月丁未〕刑部及都察院覆奏禮科左給事中劉盂、兵科給事中蔚春所陳恤枉獄、理冤抑之奏，謂：盂等所陳，皆慎重人命之意。但成化中，已有五年一次差官審錄事例，今未及五年之期，乞下諸司查照近例，將見監重囚審錄，情眞者監候處決，其情有冤枉，事無證佐可結者，奏請定奪，不許轉委所屬勘報，及淹滯罪囚，致傷和氣。從之。

《明實録・弘治十六年》〔十二月庚申〕刑部言：重囚病故應斬首梟令者，先奉旨，春夏暄蒸之際，照常掩埋，免其斬首。但秋冬以後，有適遇聖

節及齋戒日期，例不奏刑喪等事，而七八月之交，暑氣猶酷，經日乃奏，腐
〔肉〕潰胔薰染平人，欲比照決囚事例，霜降以後、冬至以前，有病死者，如法
斬首，其餘月及遇聖節齋日者，照前相埋。從之。

《明實録·弘治十七年》〔二月甲午〕兵科給事中潘鐸奏：故事，每歲
會官審録重囚，率以一日竣事，然人命至重，今該審之囚衆多，如拘以一日則
不得從容詳審，銜冤地下者能保其必無乎？昔我太宗文皇帝，因刑部等衙
門大辟囚三百餘人復訊，皆實請決，乃召府部及六科諭之曰：三百餘人未
必皆得其情，若有不實刑死者銜冤。爾等更審之，一日不盡則二日三日，雖
十日何害？此我祖宗好生之仁，萬世所當遵也。乞今後會審，不必拘以一
日，務在從容研審，使無冤枉。法司覆奏，從之。

《明實録·正德九年》〔九月〕戊子，勑諭刑部、都察院、大理寺曰：刑
獄重事，凡斷決起發會勘駁勘等項，律例所載俱有定限，不許淹禁，今內外問
刑衙門官員不體朝廷欽恤至意，一應繫囚，或不親鞫問，或狥情受囑，或畏避
嫌疑，展轉委勘，以致監禁日久，有數年未結，至瘐死獄中者，情甚可憫。法
司其並申明律例，移文省諭，今後再有故違者，重治不貸。因近年山東、河
南、四川、江西等處，失事人員亦多淹禁者，其令各鎮巡等官查勘明白，從公
議奏定奪，故諭。

《明實録·正德十年》〔九月乙巳〕刑部都察院會審録重囚，得情可憐
殺者十六人，具獄上請。得旨，免死發戍邊衛者十二人，仍杖之百而遣之。
不孝而父母有息辭得釋者三人。

《明實録·嘉靖十四年》〔六月〕癸丑，宥原任江西左布政使梁宸死，謫
戍邊。當宸濠反，宸爲署檄發庫銀十二萬兩，法當棄市。至是，獄中上書訴
冤，言當時按察使楊璋等，皆以脇從論死，尋蒙矜恤，謫戍。事下，法司議覆
言宸被羈囚，均爲脇從，璋等既從末減，則宸亦當傳輕議。詔貸死充軍。

《明實録·隆慶五年》〔六月乙未〕刑科給事中陳三謨等言：邇者，法
司列上有詞獄囚，奉旨再問，兩造具備可以立決。獨武振等六人皆失事將
領，多係督撫諸臣所論，無可詰證，宜仍勑各撫按覈實，刻期奏報，法司從公
酌議。如未合死律即改擬上請，令其戴罪立功。若情無可原亦不得輕釋，仍
於今年秋審之後斷決一二，以爲僨師者之戒。刑部覆如議，從之。

《明實録·萬曆四年》〔四月丁卯〕刑科部給事中嚴用和條議審録三
事：一恤矜疑。古今歲大審，初舉可矜人犯，請免充戍役，不得援例；一
恤問遣。言輕重罪，俱有宥減，獨軍犯發遣如故，偏爲仁政所遺。宜令參詳，
應辯豁及末減者，即與改擬；一恤久錮。請兒監應宥免人犯，及逃犯家屬
干証，悉與保候。下法司，覆言死罪減軍，止擬終身。何以懲惡？第以本
犯，着伍役所生頂替，如無，即與開除，毋勾及原藉。如議，報可。

《明實録·萬曆十五年》〔三月庚戌〕刑部尚書舒化覆山東巡按御史毛
在爲審録罪囚內問矜疑十六條，奉旨下法司，今按臣謂，審有矜疑，行有司問
明通詳，巡按衙門參酌停妥，然後奏請。夫矜疑必請詳于御史報可，始許具
題。是恤刑官爲御史一理刑官也，何謂專勑？又審遇矜疑若干，令法司覆
行，恤刑官照數具題，是恤刑官盡受成於御史也，何謂欽差？且憲臣主于執
法，部臣主於寬恩，各有所重，原不相制，若一一盡專於御史，惟一御史足矣，
又何須五年持遣部臣恤刑爲已。奉旨，下法司卷查。先山東巡按御史毛在
題爲審録重囚，本部覆題。奉旨，巡按御史及恤刑官審録，各照舊行事，不必
紛更，今合候命下，使事權，各有所屬，職業兩不相妨。得旨。

《明實録·萬曆十八年》〔四月〕乙酉，上諭內閣，昨覽卿等所奏，具見
忠懇。朕因去歲動火，屢服凉藥過度，以致下部虛軟，雖然尚可支持，自新春
以來，心肺六經之火上攻，兩目澀瘴不能遠視，怕見風日。非朕偷逸。前已
着人傳示卿等知之，待朕疾少瘳，即與卿等面晤，卿等今說人命至重，獄情冤
抑，狴犴究結，此皆刑法不中，百姓困苦。朕雖有失感格之方，亦皆諸司奉職
乖戾。卿等還傳示刑部都察院，著行文與南北兩京並天下諸司問刑衙門，今
後務要虛心審理，勿致枉直不分，以干上天和氣，豫教事已知，仍候旨行。是
日時行等具疏候萬安，仍再申前請。不報。

明·卜世昌《皇明通紀述遺·太祖高皇帝》〔洪武二十三年〕太師李善
長自縊。郎中王國用訟其冤曰：竊見太師李善長與陛下同一心，出萬死以
得天下，爲勳臣第一。生封公，死封王，男尚公主，親戚皆被寵榮。人臣之分
極矣，志願足矣，天下之富貴無復加矣。若謂其自圖不軌，尚未可知，而今謂
其欲佐胡惟庸者，揆之事理，大謬不然。人情之愛其子必甚於愛其兄弟之
子，安享萬全之富貴者，豈肯僥倖萬一之富貴哉。善長於胡惟庸，則姪之親，
於陛下則子之親，豈肯舍子而從姪哉？使善長佐胡惟庸成事，亦不過勳臣
第一而已，太師國公封王而已，尚主納妃而已，豈復有加於今日之富貴者

乎？當元之季，欲爲此者何限，莫不身爲虀粉。世絶宮污，僅保首領者幾人哉？此善長之所熟見也。又其子事陛下，托骨肉至親，無纖芥之嫌，何得忽有深讐急變大不得已之謀哉？凡爲此者，必有深讐急變大不得已，而後父子之間或至相挾以求脱禍圖全耳，未有平居晏然，都無形跡，而忽起此謀者也。此理之所必無也。若謂天象告變，大臣當災，則殺人以應天象，夫豈上天之所欲哉？今不幸已失刑，而臣懇懇爲明之，猶願陛下作戒於將來也。天下孰不曰：功如李善長，又何如哉？臣恐四方之解體也。事枉冤延，群臣杜口，臣誠愧恥，忘其疎賤，冀陛下之感悟，臣甘就鼎鑊，無所復恨矣。

明・劉時俊《居官水鏡・批朱栻定嗣狀》 審朱燦、朱焯與朱煒，皆朱栻堂侄也，栻生男灼，蚤殤，隨繼焯，又無出，朱煒季子陛獻爲嗣，燦欲立，其子陛徵挾其老父以争，今審陛獻，陛徵於朱栻之親等耳，但以情論，立嗣者生受其養，歿賴其葬，而聲其祀也，故定嗣於歿後，則論子孫之昭穆；定嗣於生前，則聽父祖之取舍。朱栻意定於陛獻，既情意相貫，而氣脈相通矣。陛徵不得而争也。批定立案。以杜後患。

明・劉時俊《居官水鏡・批寡婦金氏狀詞》 審得方劉兩子争婚寡婦。金氏之媳金氏意定於劉，而其翁則左袒方氏子也。家聽於尊，金氏何敢自擅？比審，金氏無子，倚女爲命，劉氏子孤弱，欲贅依金氏家，金氏不無子而有子乎？方氏子家裕，能自立，故金氏之翁一利聘金，更利此子之不踞其產，而金氏亦可以逐去。既挾私意，卽爲亂命乃金氏一段至情，不可不體悉也。女斷與劉氏子成婚。

明・楊昱《牧鑑・訊讞》 陸九淵知荆門。軍民有訟者，旦暮皆得造於庭，復令其自持狀以追，爲立期。皆如約而至。卽爲酌情決之，多所勸釋。其有涉人倫者，使自毁其狀，以厚風俗。唯不可訓者，始置之法。以上皆泛言留心訊讞者。

清・畢沅《續資治通鑑》卷八一 〔宋哲宗元祐三年〕庚申，遼興中府民張化法，以父兄犯盜當死，請以身代，遼主皆免之。

清・吴任臣《十國春秋・拾遺》 江南李後主獵於青龍山，一牝狙墮網，見主，兩泪，屢指其腹，若有所告。主大怪，戒虞人守而勿殺，是夜果生二狙。還幸大理寺，録囚有大辟婦人以孕在獄，未幾誕二子。後主感狙事，罪止於流。

《清實録・天命七年》 五月壬寅，朔。上諭侍臣曰：凡遇應死、應笞、應罰之罪，必追論其功。如係勤勞有功之人，則當死者贖，當罰者免，當笞者戒飭而釋之。人之功罪，宜令相準。亦有功雖多而小、功雖少而大者，更不可不辨。其由武功授職者，必行間獲罪，乃革其官，或他事獲罪，勿議革，俾自贖。其不由武功以他途授職者，有罪則視其輕重，或議降，或議革焉。

司法機構總部

《司法機構總部》 提要

本總部的編纂，嚴格按照《中華大典》及《訴訟分典》的有關規定執行。

本總部是對夏商周直至清朝中央與地方司法機關資料的匯集整理，力圖真實地反映出中國傳統社會中央乃至地方司法機關演化的基本綫索、各級司法組織的設置、内部的隸屬關係及相互之間的配合作用等等。從而體現了中國農耕社會司法文明的不斷發展，以及自身的特色。

本總部資料的收集，力求竭澤而漁，體現出資料内容的全面性與系統性。同時，廣泛查閱與收集了上至《尚書》、《周禮》等各代歷史文獻，下迄一九一一年的有關資料。此外，還選擇了出土文獻《睡虎地秦墓竹簡》的有關内容，以及其他史書、筆記、文集中的有關内容，并對收集的資料做了精確的選擇與整理，以求比較完整地保存中國歷代司法組織機構的真實材料。并通過分析整理删去一些繁冗與重複的内容。

本總部分作三部分：中央司法機構，地方司法機構，特別司法機構，内容涉及司法機構的設置、職掌和司法官責任，還涉及各級、各類司法機構運作程序、案件處理方式、與其他機構相互關係。歷朝司法機構，在名稱上有相沿，也有變革，尤其是各級地方司法機構以及特別司法機構。在職責分工方面，各司法機構也分分合合，既有司法機構内部的職能調整，也有與其他機構的職責再分工。中國古代行政、司法合一，主要體現在地方層級。各級地方政權主官重要職責之一是處理各類司法案件。因此，有關地方司法機構處理案件的材料常與處理日常政務事件相交叉。同樣，對於地方官責任的確定，以及對地方官的考核、品評，也多從行政事務處理與司法案件審理等方面綜合考慮。

本總部有關資料選擇、標點使用、校勘原則等規定，見《中華大典》編纂通則和《法律典》編纂説明。

司法機構總部

中央司法機構部

綜　述

《**尚書·洪範**》八政：一曰食，二曰貨，三曰祀，四曰司空，五曰司徒，六曰司寇，七曰賓，八曰師。

《**尚書·立政**》周公若曰：太史！司寇蘇公式，敬爾由獄，以長我王國。茲式有慎，以列用中罰。

《**周禮注疏·秋官**》惟王建國，辨方正位，體國經野，設官分職，以爲民極。乃立秋官司寇，使帥其屬而掌邦禁，以佐王刑邦國。

刑官之屬：大司寇：卿一人。小司寇：中大夫二人。士師：下大夫四人。鄉士：上士八人。中士十六人。旅：下士三十二人。士，察也，主察獄訟之事者。鄭司農說以論語曰：柳下惠爲士師鄉士主六鄉之獄。〔疏〕刑官至二人○釋曰：自此已下論設官分職之事。云刑官之屬者，此一句摠爲刑官六十官爲目，故云之屬。云大司寇卿一人，六命小司寇中大夫二人，四命士師𡙇，秋管之考，雖下大夫亦四命，鄉士職云掌國中，國中兼百里內大鄉，以八人爲分主六鄉，其故謂之鄉士。上士八人，三命。中士十有六人，二命。旅下士三十有二人，一命。下士言旅，旅，衆也。小官理衆事也。○注士察至之獄。釋曰：訓士爲察者，義取察理獄訟，是以刑官多稱士。先鄭引《論語》，士師欲見士官理獄訟之事。案，上代以來，獄官之名有異，是以月令乃命大理瞻傷察瘡。鄭注云：有虞氏曰士，夏曰大理，周曰大司寇，天子諸侯同。故魯有司寇，晉魏絳亦云歸死於司寇。至於衰世，國異政家殊俗，官名隨意所造。故僖二十八年，晉有士榮爲大士。文十年，楚子西云臣歸死於司敗。《論語》云陳司敗，昭十四年，士景伯如楚，叔魚攝理。是後官號不同者也。

府：六人。史：十二人。胥：十二人。徒：一百二十人。

遂士：中士十二人。府：六人。史：十二人。胥：十二人。徒：一百二十人。

縣士：中士三十二人。府：八人。史：十六人。胥：十六人。徒：一百六十人。

方士：中士十六人。府：八人。史：十六人。胥：十六人。徒：一百六十人。

訝士：中士八人。府：四人。史：八人。胥：八人。徒：八十人。

朝士：中士六人。府：三人。史：六人。胥：六人。徒：六十人。

司民：中士六人。府：三人。史：六人。胥：三人。徒：三十人。

司刑：中士二人。府：一人。史：二人。胥：二人。徒：二十人。〔疏〕釋曰：在此者，案其職云掌五刑之法以麗萬民之罪，故其職在此。

司刺：下士二人。府：一人。史：二人。徒：四人。刺，殺也。三訊罪定則殺之。〔疏〕釋曰：在此者，案其職云掌三刺三宥三赦之法，亦是刑獄之類，故在此。

司約：下士二人。府：一人。史：二人。徒：四人。

司盟：下士二人。府：一人。史：二人。徒：四人。盟以約辭告神殺牲歃血，明著其信也。曲禮曰：涖牲曰盟。〔疏〕注盟以至曰盟○釋曰在此者。案其職云掌盟載之法，亦是禁戒之事，故在此。

職金：上士二人。下士四人。府：二人。史：四人。胥：八人。徒：八十人。職主也。〔疏〕釋曰在此者。案其職云掌凡金玉之戒令。又云掌受金罰貨罰，亦是刑獄之事，故在此。

司厲：下士二人。史：一人。徒：十二人。犯政爲惡曰厲，厲士主盜賊之兵器及其奴者。〔疏〕注犯政至奴者○釋曰：在此者。案其職云掌盜賊之任器，又云其奴男子入于罪隸，亦是刑獄之事，故在此也。云犯政爲惡曰厲者，厲是惡鬼殺厲之事，故以造惡爲厲也。云厲士主盜賊之兵器者，其職文也。

犬人：下士二人。府：一人。史：二人。賈：四人。徒：十六人。賈音嫁，又音古。〔疏〕釋曰：在此者，案其職云凡祭祀共犬牲。犬是金畜，故五行傳云：二白言，言之不從則有犬禍，故連類在此。犬有兩義，案說卦艮爲狗，艮卦在丑艮爲止，以能吠守止人，則屬艮以能言，則屬兊兊爲言故也。司圜：中士六人。下士十二人。府：三人。史：六人。胥：十六人。徒：一百六十人。鄭司農云：圜謂圜土也，圜土謂獄城也？今獄城。圜司圜職中言：凡圜土之刑人也，以此知圜謂圜土也。又大司寇職曰：以圜土聚教罷民，故司圜職曰掌收教罷民。〔疏〕釋曰：在此者，案其職云掌圜土之刑人亦刑獄之事，故在此。注鄭司至罷民。釋曰：先鄭所引皆當其義，故後鄭從之，但獄城圜者，東方主規，規主仁恩，凡斷獄以仁恩求出之，故圜也。

掌囚：下士十二人。府：六人。史：十二人。徒：一百二十人。囚，拘也，主拘繫當刑殺之者。〔疏〕釋曰：在此者，案其職云掌守盜賊，凡囚者刑獄之事，故在此也。

掌戮：下士二人。史：一人。徒：十二人。戮猶辱也，既斬殺又辱之。〔疏〕釋曰在此者，案其職云掌斬殺賊諜而搏之，刑罪之事，故在此。

司隸：中士二人。下士十二人。府：五人。史：十人。胥：二十人。徒：二百人。隸給，勞辱之役者。漢始置司隸，亦使將徒治道溝渠之徒，後稍尊之，使主官府及近郡。〔疏〕釋曰：以隸是罪人爲奴僕，故知給勞辱之役也。又引漢始置司隸云云者，以漢時司隸官與周同，故舉以爲況也。

罪隸：一百二十人。蠻隸：一百二十人。

閩隸：一百二十人。夷隸：一百二十人。

貉隸：一百二十人。

布憲：中士二人，下士四人。府：二人。史：四人。胥：四人。徒：四十人。憲表也，王表刑禁者。〔疏〕釋曰：在此者，案其職云掌憲邦之刑禁，故在此也。知憲不爲法而爲表憲者。又案其職云：正月之吉，執旌節以宣布于四方，而憲邦之刑禁，明憲爲表，懸示人使知者也。禁殺戮：下士二人。史：一人。徒：十二人。禁殺戮者，禁民不得相殺戮。〔疏〕釋曰：在此者，案其職云掌司斬殺戮者，以告而誅之。是禁民相戮之事，故在此也。

禁暴氏：下士六人。史：三人。胥：六人。徒：六十人。

野廬氏。下士六人。胥：十二人。徒：一百二十人。

蠟氏：下士四人。徒：四十人。

雍氏：下士二人。徒：八人。

萍氏：下士二人。徒：八人。

司寤氏：下士二人。徒：八人。

司烜氏：下士六人。徒：十二人。

條狼氏：下士六人。胥：六人。徒：六十人。

修閭氏：下士二人。史：一人。徒：十二人。

冥氏：下士二人。徒：八人。

庶氏：下士一人。徒：四人。

穴氏：下士一人。徒：四人。

翨氏：下士二人。徒：八人。

柞氏：下士八人。徒：二十人。

薙氏：下士二人。徒：二十人。

硩蔟氏：下士一人。徒：二人。

剪氏：下士一人。徒：二人。

赤髮氏：下士一人。徒：二人。

蟈氏：下士一人。徒：二人。

壺涿氏：下士一人。徒：二人。

庭氏：下士一人。徒：二人。

銜枚氏：下士二人。徒：八人。

伊耆氏：下士一人。徒：二人。大行人：中大夫二人。

小行人：下大夫四人，

司儀：上士八人。中士十六人。

行夫：下士三十二人。府：四人。史：八人。胥：八人。徒：八十人。

環人：中士四人。史：四人。胥：四人。徒：四十人。

象胥：每翟上士一人。中士二人，下士八人。徒：二十人。

掌客：上士二人。下士四人。府：一人。史：二人。徒：二十人。

掌訝：中士八人。府：二人。史：四人。胥：四人。徒：四十人。

掌交：中士八人。府：二人。史：四人。徒：三十二人。

掌察四方：中士八人。史：四人。徒：十六人。

掌貨賄：下士十六人。史：四人。徒：三十二人。

朝大夫：每國上士二人。下士四人。府：一人。史：二人。庶子：八人。徒：二十人。

都則：中士一人，下士二人。府：一人。史：二人。庶子四人。徒：八十人。

都士：中士二人，下士四人。府：二人。史：四人。胥：四人。徒：四十人。

《周禮注疏・秋官・大司寇》 大司寇之職，掌建邦之三典，以佐王刑邦國，詰四方：一曰刑新國用輕典，二曰刑平國用中典，三曰刑亂國用重典。以五刑糾萬民：一曰野刑，上功糾力；二曰軍刑，上命糾守；三曰鄉刑，上德糾孝；四曰官刑，上能糾職；五曰國刑，上願糾暴。以圜土聚教罷民：凡害人者，置之圜土而施職事焉，以明刑恥之。其能改者，反于中國，不齒三年；其不能改而出圜土者殺。以兩造禁民訟，入束矢於朝，然後聽之。以兩劑禁民獄，入鈞金，三日，乃致于朝，然后聽之。以嘉石平罷民，凡萬民之有罪過，而未麗于法而害於州里者，桎梏而坐諸嘉石，役諸司空。重罪，旬有三日坐，期役；其次，九日坐，九月役；其次，七日坐，七月役；其次，五日坐，五月役；其下罪，三日坐，三月役。使州里任之，則宥有舍之。以肺石達窮民，凡遠近惸獨老幼之欲有復於上，而其長弗達者，立於肺石三日，士聽其辭，以告於上，而罪其長。正月之吉，始和，布刑於邦國都鄙，乃縣刑象之法于象魏，使萬民觀刑象。挾日而斂之。凡邦之大盟約，莅其盟書，而登之于天府。大史、內史、司會、及六官，皆受其貳而藏之。凡諸侯之獄訟，以邦典定之；凡卿大夫之獄訟，以邦法斷之，凡庶民之獄訟，以邦成弊之。大祭祀，奉犬牲，若禋祀五帝，則戒之日，莅誓百官，戒于百族。及納亨，前王祭之日，亦如之。奉其明水火。凡朝覲、會同，前王。大喪，亦如之。大軍旅。莅戮于社。凡邦之大事，使其屬蹕。

《周禮注疏・秋官・小司寇》 小司寇之職，掌外朝之政，以致萬民而詢焉：一曰詢國危，二曰詢國遷，三曰詢立君。其位，王南鄉，三公及州長百姓北面，群臣西面，群吏東面。小司寇擯以叙進而問焉，以衆輔志而弊謀。以五刑聽萬民之獄訟，附于刑，用情訊之。至于旬，乃弊之，讀書，則用法。凡命夫命婦不躬坐獄訟。凡王之同族有罪不即市。以五聲聽獄訟，求民情：一曰辭聽，二曰色聽，三曰氣聽，四曰耳聽，五曰目聽。以八辟麗邦法，附刑罰：一曰議親之辟，二曰議故之辟，三曰議賢之辟，四曰議能之辟，五曰議功之辟，六曰議貴之辟，七曰議勤之辟八曰議賓之辟。以三刺斷庶民獄訟之中：一曰訊群臣，二曰訊群吏，三曰訊萬民。聽民之所刺宥，以施上服下服之刑。及大比，登民數，自生齒以上，登於天府。內史、司會、冢宰貳之，以制國用。小祭祀。奉犬牲。凡禋祀五帝，實鑊水。納亨，亦如之。大賓客，前王而辟。后世子之喪，亦如之。小師，莅戮。凡國之大事，使其屬蹕。孟冬，祀司民，獻民數於王。王拜受之，以圖國用而進退之。歲終，則令群士計獄弊訟，登中於天府。正歲，帥其屬而觀刑象，令以木鐸曰：不用法者，國有常刑。令群士，乃宣布於四方，憲刑禁乃命其屬入會。乃致事。

《周禮・秋官・布憲》 布憲，掌憲邦之刑禁。正月之吉，執旌節以宣布于四方，而憲邦之刑禁，以詰四方邦及其都鄙，達于四海，凡邦之大事合衆庶，則以刑禁號令。

《周禮・秋官・禁暴氏》 禁暴氏，掌禁庶民之亂暴力正者、撟誣犯禁者，作言語而不信者，以告而誅之。凡國聚衆庶，則戮其犯禁者以徇。凡奚隸聚而出入者，則司牧之，戮其犯禁者。

《周禮・秋官・禁殺戮》 禁殺戮，掌司斬殺戮者、凡傷人見血而不以告者，攘獄者，遏訟者，以告而誅之。

《周禮・秋官・條狼氏》 條狼氏，掌執鞭以趨辟：王出入，則八人夾道，公則六人，侯伯則四人，子男則二人，凡誓，執鞭以趨於前，且命之。誓僕右曰殺，誓馭曰車轘。誓大夫曰，敢不關，鞭五百；誓師曰三百；誓邦之大史曰殺；誓小史曰墨。

《周禮・秋官・朝士》 朝士，掌建邦外朝之法。左九棘，孤卿大夫位焉，群士在其后。右九棘，公侯伯子男位焉，群吏在其后。面三槐，三公位焉，州長衆庶在其后。左嘉石，平罷民焉；右肺石，達窮民焉。帥其屬而以鞭呼趨，且辟禁慢朝錯立族談者。凡得獲貨賄人民六畜者，委于朝，告于士。旬而舉之，大者公之，小者庶民私之。凡士之治有期日，國中一旬，郊二旬，野三旬，都三月，邦國期。期內之治聽，期外不聽。凡有責者，有判書以治，則聽。凡民同貨財者，令以國法行之，犯令者，刑罰之。凡屬責者，以其地傳而聽其辭。凡盜賊軍鄉邑及家人，殺之無罪。凡報仇讎者，書於士，殺之無罪。若邦凶荒、札喪、寇戎之故，則令邦國都家縣鄙慮刑貶。

《周禮・秋官・士師》 士師之職，掌國之五禁之法，以左右刑罰：一曰宮禁，二曰官禁，三曰國禁，四曰野禁，五曰軍禁。皆以木鐸徇之于朝，書而縣于門閭。以五戒先后刑罰，毋使罪麗于民：一曰誓，用之于軍旅；二曰誥，用之于會同；三曰禁，用諸田役；四曰糾，用諸國中；五曰憲，用諸都鄙。掌鄉合州黨族閭比之聯，與其民人之什伍，使之相安相受，以比追胥之事，以施刑罰慶賞。掌官中之政令，察獄訟之辭，以詔司寇斷獄弊訟，致邦令。掌士之八成：一曰邦汋，二曰邦賊，三曰邦諜，四曰犯邦令，五曰撟邦令，六曰爲邦盜，七曰爲邦朋，八曰爲邦誣。若邦凶荒，則以荒辯之法治之，令移民通財，糾守緩刑。凡以財獄訟者，正之以傅別約劑。若祭勝國之社稷，則爲之尸。王燕出入，則前驅而辟。祀五帝，則沃尸及王盥，洎鑊水，凡刉珥，則奉犬牲。諸侯爲賓，則帥其屬而蹕於王宮。大喪，亦如之。大師，帥其屬而禁逆軍旅者與犯師禁者而戮。歲終，則令正要會。正歲，帥其屬而憲禁令于國及郊野。

《周禮·秋官·掌囚》 掌囚，掌守盜賊。凡囚者，上罪梏拲而桎，中罪桎梏，下罪梏。王之同族拲，有爵者桎，以待弊罪。及刑殺，告刑于王，奉而適朝士，加明梏以適土，而刑殺之。凡有爵者，與王之同族，奉而適甸師氏，以待刑殺。

《周禮·秋官·掌戮》 掌戮，掌斬殺賊諜而搏之。凡殺其親者，焚之；殺王之親者，辜之。凡殺人者，踣諸市，肆之三日；刑盜于市，凡罪之麗於法者，亦如之。唯王之同族與有爵者，殺之于甸師氏。凡軍旅、田役，斬殺刑戮亦如之。墨者使守門，劓者使守關，宮者使守內，刖者使守囿，髡者使守積。

《周禮·秋官·五隸》 罪隸，掌役百官府與凡有守者。掌使令之小事。凡封國若家，牛助爲牽徬，其守王宮與其厲禁者，如蠻隸之事。

蠻隸，掌役校人養馬。其在王宮者，執其國之兵以守王宮，在野外，則守厲禁。

閩隸，掌役畜養鳥而阜蕃教擾之，掌子則取隸焉。

夷隸，掌役牧人養牛馬。與鳥言，其守王宮者，與其守厲禁者，如蠻隸之事。

貉隸，掌役服不氏而養獸而教擾之。掌與獸言，其守王宮者，與其守厲禁者，如蠻隸之事。

《周禮·秋官·司隸》 司隸，掌五隸之法：辨其物而掌其政令，帥其民而搏盜賊，役國中之辱事，爲百官積任器。凡囚執人之事，邦有祭祀、賓客、喪紀之事，則役其煩辱之事。掌帥四翟之隸，使之皆服其邦之服，執其邦之兵，守王宮與野舍之厲禁。

《周禮·秋官·司圜》 司圜，掌收教罷民。凡害人者，弗使冠飾，而加明刑焉。任之以事，而收教之。能改者，上罪三年而舍，中罪二年而舍，下罪一年而舍。其不能改而出圜土者，殺。雖出，三年不齒。凡圜土之刑人也，不虧體；其罰人也，不虧財。

《周禮·秋官·司約》 司約，掌邦國及萬民之約劑。治神之約爲上，治民之約次之，治地之約次之，治功之約次之，治器之約次之，治摯之約次之。凡大約劑書於宗彝，小約劑書於丹圖。若有訟者，則珥而辟藏。其不信者服墨刑。若大亂，則六官辟藏，其不信者殺。

《周禮·秋官·司民》 司民，掌登萬民之數。自生齒以上，皆書於版。辨其國中，與其都鄙，及其郊野。异其男女，歲登下其死生。及三年，大比，以萬民之數詔司寇。司寇及孟冬祀司民之日，獻其數于王。王拜受之，登于天府，內史，司會，冢宰貳之，以贊王治。

《周禮·秋官·司刑》 司刑，掌五刑之法，以麗萬民之罪。墨罪五百，劓罪五百，宮罪五百，刖罪五百，殺罪五百。若司寇斷獄弊訟，則以五刑之法詔刑罰，而以辨罪之輕重。

《周禮·秋官·司盟》 司盟，掌盟載之法。凡邦國有疑會同，則掌其盟約之載，及其禮儀。北面詔明神。既盟，則貳之。盟萬民之犯命者，詛其不信者，亦如之。凡民之有約劑者，其貳在司盟。有獄訟者，則使之盟詛。凡盟詛，各以其地域之衆庶，共其牲而致焉。既盟，則爲司盟共祈酒脯。

唐·魏徵《群書治要·周禮》 大司寇之職，掌建邦之三典，以佐王刑邦國，詰四方。一曰刑新國，用輕典。新國，謂新闢地立君之國也。二曰，刑平國，用中典。三曰刑亂國，用重典。亂國，謂篡殺叛逆之國也。以圜土聚教疲民，圜土，獄城也，聚疲民其中，困苦以教之爲善也，民不愍作勞，有似於疲也。凡害人者，寘之圜土，而施職事焉。以明刑耻之，明刑，謂明書其罪於大方板，以著背也。職事，謂役使之也。其能改者，反於中國，不齒三年。其不能改，而出圜土者，殺。以嘉石平疲民，疲民，謂爲邪惡者也。凡萬民之有罪過，而未麗於法，而害於州里者，桎梏而坐諸嘉石。役諸司空，州里任之，則宥而舍之。有罪過，謂邪惡之人，所罪過者也。麗，附也。未附於法，未著於法也。役諸司空，坐日訖，使給百工之役，役月訖，使其州里之人任之，乃赦之也。以肺石達窮民，肺石，赤石也。窮民，天民之窮而無告者。凡遠近惸獨老幼之欲有復於上，而其長弗達者，立於肺石三日。士聽其辭，以告於上，而罪其長。復，白也。長，謂諸侯及所屬吏。

小司寇舊無小司寇字補之凡命夫命婦，不躬坐獄訟。命夫，謂大夫也。命婦，謂大夫妻也。若有罪不自身坐，使其屬及子弟也。凡王同族有罪，不卽市。刑於甸師氏也。以五聲聽獄訟，求民情。一曰辭聽，辭不直則煩也。二曰色聽，色不直，則赧也。三曰氣聽，氣不直，則喘也。四曰耳聽，耳不直，則惑也。五曰目聽，目不直，則眊然。以八辟麗邦法，附於刑罰。辟，法也。麗，附也。一曰議親之辟。若今時宗室有罪先請是也。二曰議故之辟，故，謂舊也。舊也作舊知。三曰議賢之辟，若今時廉吏有罪先請是也。四曰議能之辟，能，謂有道藝者。五曰議功之辟，謂有大勳力立功者也。六曰議貴之辟，若今時吏墨綬有罪先請是也。七曰議勤之辟，謂憔悴事國者。八曰議賓之辟，謂所不臣者三恪二代之後與。

司刺，掌三刺三宥三赦之法，以贊司寇聽獄訟。刺，殺也。致三問之，然後殺。一刺曰訊羣臣，再刺曰訊羣吏，三刺曰訊萬民。訊，言問也。壹宥曰不識，再宥曰過失，三宥曰遺忘。不識，謂愚民無所識也，宥寬也。壹赦曰幼弱，再赦曰老耄，三赦曰惷愚。惷愚，生而癡騃也。赦，謂免其罪也。以此三法者求民情，然後刑殺。《荀子・王制》抃急禁悍，防淫除邪，戮之以五刑，使暴悍以變，奸邪不作，司寇之事也。《韓非子・五蠹》夫古今异俗，新故异備，如欲以寬緩之政、治急世之民，猶無轡策而御馯馬，此不知之患也。今儒、墨皆稱先王兼愛天下，則視民如父母。何以明其然也？曰：司寇行刑，君為之不舉樂；聞死刑之報，君為流涕。此所舉先王也。

《禮記・月令》〔孟秋之月〕是月也，命有司修法制，繕囹圄，具桎梏，禁止奸，慎罪邪，務搏執。命理瞻傷，察創視折，審斷，決獄訴，必端平。戮有罪，嚴斷刑。天地始肅，不可以贏。

《禮記・王制》司寇正刑明辟以聽獄訟，必三刺。有旨無簡，不聽。附從輕，赦從重。凡制五刑，必卽天論，郵罰麗於事。凡聽五刑之訟，必原父子之親，立君臣之義以權之。意論輕重之序，慎測淺深之量，以別之。悉其聰明，致其忠愛以盡之。疑獄，汜與衆共之；衆疑，赦之。必察小大之比以成之。成獄辭，史以獄成告於正，正聽之，正以獄成告於大司寇，大司寇聽之棘木之下。大司寇以獄之成告於王，王命三公參聽之。三公以獄之成告於王，王三又，然後制刑。凡作刑罰，輕無赦。刑者侀也，侀者成也，一成而不可變，故君子盡心焉。

《大戴禮記・盛德》古之御政以治天下者，冢宰之官以成道，司徒之官以成德，宗伯之官以成仁，司馬之官以成聖，司寇之官以成義，司空之官以成禮。故六官以為轡，司會均入以為軜，故御四馬，執六轡，御天地與人與事者，亦有六政。

又　是故官屬不理，分職不明，法政不一，百事失紀，曰亂也；亂則飭冢宰。地宜不殖，財物不蕃，萬民饑寒；教訓失道，風俗淫僻，百姓流亡，人民散敗，曰危也；危則飭司徒。父子不親，長幼無序，君臣上下相乘，曰不和也；不和則飭宗伯。賢能失官爵，功勞失賞祿，爵祿失則士卒疾怨，兵弱不用，曰不平也；不平則飭司馬。刑罰不中，暴亂奸邪不勝，曰不成也；不成則飭司寇。百度不審，立事失禮，財務失量曰貧也；貧則飭司空。

《大戴禮記・千乘》司寇司秋，以聽獄訟，治民之煩亂，執權變民中。

漢・劉安《淮南子・氾論訓》夫法令者，網其姦邪，勒率隨其蹤迹。無愚夫惷婦，皆知為奸之無脱也，犯禁之不得免也。然而不材子不勝其欲，蒙死亡之罪，而被刑戮之羞。然而立秋之後，司寇之徒繼踵於門，而死市之人血流於路。何則？惑於財利之得，而蔽於死亡之患也。

漢・董仲舒《春秋繁露・五行相生》西方者金，大理司徒也，司徒尚義，臣死君，而衆人死父，親有尊卑，位有上下，各死其事，事不踰矩，執權而伐，兵不苟克，取不苟得，義而後行，至廉而威，質直剛毅，子胥是也；伐有罪，討不義，是以百姓附親，邊境安寧，寇賊不發，邑無獄訟，則親安。執法者，司寇也，司寇者，水也，故曰金生水。

又　北方者水，執法，司寇也，司寇尚禮，君臣有位，長幼有序，朝廷有爵，鄉黨以齒，升降揖讓，般伏拜謁，折旋中矩，立則磬折，拱則抱鼓，執衡而藏，至清廉平，賂遺不受，請謁不聽，據法聽訟，無有所阿，孔子是也；為魯司寇，斷獄屯屯，與衆共之，不敢自專，是死者不恨，生者不怨，百工維時以成器械，器械既成，以給司農。司農者，田官也，田官者木，故曰水生木。

漢・董仲舒《春秋繁露・五行相勝》 水者，司寇也，司寇爲亂，足恭小謹，巧言令色，聽謁受賂，阿黨不平，慢令急誅，誅殺無罪，則司營誅之，營蕩是也；爲齊司寇，太公封於齊，問焉以治國之要，營蕩對曰：任仁義而已。太公曰：任仁義奈何？營蕩對曰：仁者愛人，義者尊老。太公曰：愛人尊老奈何？營蕩對曰：愛人者，有子不食其力；尊老者，妻長而夫拜之。太公曰：寡人欲以仁義治齊，今子以仁義亂齊，寡人立而誅之，以定齊國。夫水者，執法司寇也，執法附黨不平，依法刑人，則司營誅之，故曰土勝水。

《漢書・百官公卿表》 廷尉，秦官，掌刑辟，有正、左右監，秩皆千石。景帝中六年更名大理，武帝建元四年復爲廷尉。宣帝地節三年初置左右平，秩皆六百石。哀帝元壽二年復爲大理。王莽改曰作士。

《漢書・刑法志》 高皇帝七年，制詔御史：獄之疑者，吏或不敢決，有罪者久而不論，無罪者久繫不決，自今以來，縣道官獄疑者，各讞所屬二千石官，二千石官以其罪名當報之。所不能決者，皆移廷尉，廷尉亦當報之。廷尉所不能決，謹具爲奏，傅所當比律令以聞。上恩如此，吏猶不能奉宣。故孝景中五年復下詔曰：諸獄疑，雖文致於法而於人心不厭者，輒讞之。其後獄吏復避微文，遂其愚心。至後元年，又下詔曰：獄，重事也。人有愚智，官有上下。獄疑者讞，有令讞者已報讞而後不當，讞者不爲失。自此之後，獄刑益詳，近於五聽三宥之意。三年復下詔曰：高年老長，人所尊敬也；鰥寡不屬逮者，人所哀憐也。其著令：年八十以上，八歲以下，及孕者未乳，師、朱儒當鞠繫者，頌繫之。至孝宣元康四年，又下詔曰：朕念夫耆老之人，髮齒墮落，血氣既衰，亦無暴逆之心，今或羅于文法，執于囹圄，不得終其年命，朕甚憐之。自今以來，諸年八十非誣告殺傷人，它皆勿坐。至成帝鴻嘉元年，定令：年未滿七歲，賊鬭殺人及犯殊死者，上請廷尉以聞，得減死。合於三赦幼弱老眊之人。此皆法令稍定，近古而便民者也。

又 宣帝自在閭閻而知其若此，及即尊位，廷史路溫舒上疏，言秦有十失，其一尚存，治獄之吏是也。【略】上深愍焉，乃下詔曰：間者吏用法，巧文寖深，是朕之不德也。夫決獄不當，使有罪興邪，不辜蒙戮，父子悲恨，朕甚傷之。今遣廷史與郡鞠獄，任輕祿薄，其爲置廷平，秩六百石，員四人，其務平之，以稱朕意。於是選于定國爲廷尉，求明察寬恕黃霸等以爲廷平，季秋後請讞。時上常幸宣室，齋居而決事，獄刑號爲平矣。時涿郡太守鄭昌上疏言：聖王置諫爭之臣者，非以崇德，防逸豫之生也；立法明刑者，非以爲治，救衰亂之起也。今明主躬垂明聽，雖不置廷平，獄將自正；若開後嗣，不若刪定律令。律令一定，愚民知所避，奸吏無所弄矣。今不正其本，而置廷平以理其末也，政衰聽怠，則廷平將招權而爲亂首矣。宣帝未及修正。

《漢書・董仲舒傳》 臣聞天之所大奉使之王者，必有非人力所能致而自至者，此受命之符也。天下之人同心歸之，若歸父母，故天瑞應誠而至。《書》曰：白魚入於王舟，有火復於王屋，流爲烏。此蓋受命之符也。周公曰復哉復哉，孔子曰德不孤，必有鄰，皆積善參德之效也。及至後世，淫佚衰微，不能統理羣生，諸侯背畔，殘賊良民以爭壤土，廢德教而任刑罰。刑罰不中，則生邪氣；邪氣積於下，怨惡畜於上。上下不和，則陰陽繆盭而妖孽生矣。此災異所緣而起也。

臣聞命者天之令也，性者生之質也，情者人之欲也。或夭或壽，或仁或鄙，陶冶而成之，不能粹美，有治亂之所生，故不齊也。孔子曰：君子之德風(也)，小人之德屮(也)，屮上之風必偃。故堯舜行德則民仁壽，桀紂行暴則民鄙夭。夫上之化下，下之從上，猶泥之在鈞，唯甄者之所爲；猶金之在鎔，唯冶者之所鑄。綏之斯俫，動之斯和，此之謂也。

臣謹案《春秋》之文，求王道之端，得之於正。正次王，王次春。春者，天之所爲也；正者，王之所爲也。其意曰，上承天之所爲，而下以正其所爲，正王道之端云爾。然則王者欲有所爲，宜求其端於天。天道之大者在陰陽。陽爲德，陰爲刑；刑主殺而德主生。是故陽常居大夏，而以生育養長爲事；陰常居大冬，而積於空虛不用之處。以此見天之任德不任刑也。天使陽出布施於上而主歲功，使陰入伏於下而時出佐陽；陽不得陰之助，亦不能獨成歲。終陽以成歲爲名，此天意也。王者承天意以從事，故任德教而不任刑。刑者不可任以治世，猶陰之不可任以成歲也。爲政而任刑，不順於天，故先王莫之肯爲也。今廢先王德教之官，而獨任執法之吏治民，毋及任刑之意與！孔子曰：不教而誅謂之虐。虐政用於下，而欲德教之被四海，故難成也。

臣謹案《春秋》謂一元之意，一者萬物之所從始也，元者辭之所謂大也。謂一爲元者，視大始而欲正本也。《春秋》深探其本，而反自貴者始。故爲人君者，正心以正朝廷，正朝廷以正百官，正百官以正萬民，正萬民以正四方。四方正，遠近莫敢不壹於正，而亡有邪氣奸其間者。是以陰陽調而風雨時，羣生和而萬民殖，五穀孰而屮木茂，天地之間被潤澤而大豐美，四海之内聞盛德而皆徠臣，諸福之物，可致之祥，莫不畢至，而王道終矣。

孔子曰：鳳鳥不至，河不出圖，吾已矣夫！自悲可致此物，而身卑賤不得致也。今陛下貴爲天子，富有四海，居得致之位，操可致之勢，又有能致之資，行高而恩厚，知明而意美，愛民而好士，可謂誼主矣。然而天地未應而美祥莫至者，何也？凡以都教化不立而萬民不正也。夫萬民之從利也，如水之走下，不以教化隄防之，不能止也。是故教化立而姦邪皆止者，其隄防完也；教化廢而姦邪並出，刑罰不能勝者，其隄防壞也。古之王者明於此，是故南面而治天下，莫不以教化爲大務。立大學以教於國，設庠序以化於邑，漸民以仁，摩民以誼，節民以禮，故其刑罰甚輕而禁不犯者，教化行而習俗美也。

聖王之繼亂世也，埽除其迹而悉法去之，復修教化而崇起之。教化已明，習俗已成，子孫循之，行五六百歲尚未敗也。至周之末世，大爲亡道，以失天下。秦繼其後，獨不能改，又益甚之，重禁文學，不得挾書，棄捐禮誼而惡聞之，其心欲盡滅先王之道，而顓爲自恣苟簡之治，故立爲天子十四歲而國破亡矣。自古以徠，未嘗有以亂濟亂，大敗天下之民如秦者也。其遺毒餘烈，至今未滅，使習俗薄惡，人民嚚頑，抵冒殊扞，孰爛如此之甚者也。孔子曰：腐朽之木不可彫也，糞土之牆不可圬也。今漢繼秦之後，如朽木糞牆矣，雖欲善治之，亡可柰何。法出而姦生，令下而詐起，如以湯止沸，抱薪救火，愈甚亡益也。竊譬之琴瑟不調，甚者必解而更張之，乃可鼓也；爲政而不行，甚者必變而更化之，乃可理也。當更張而不更張，雖有良工不能善調也；當更化而不更化，雖有大賢不能善治也。故漢得天下以來，常欲善治而至今不可善治者，失之於當更化而不更化也。古人有言曰：臨淵羡魚，不如(蛛)〔退〕而結網。今臨政而治願七十餘歲矣，不如退而更化；更化則可善治，善治則災害日去，福祿日來。《詩》云：宜民宜人，受祿於天。爲政而宜於民者，固當受祿於天。夫仁誼禮知信五常之道，王者所當脩飭也；五者脩飭，故受天之祐，而享鬼神之靈，德施於方外，延及羣生也。

《後漢書・百官志二》 廷尉，卿一人。中二千石。本注曰：掌平獄，奏當所應。凡郡國讞疑罪，皆處當以報。正、左監各一人。左平一人，六百石。本注曰：掌平決詔獄。

右屬廷尉。本注曰：孝武帝以下，置中都官獄二十六所，各令長名世祖中興皆省，唯廷尉及雒陽有詔獄。

《後漢書・百官志三》 御史中丞一人，千石。本注曰：御史大夫之丞也。舊別監御史在殿中，密舉非法。及御史大夫轉爲司空，因別留中，爲御史臺率，後又屬少府。治書侍御史二人，六百石。本注曰：掌選明法律者爲之。凡天下諸讞疑事，掌以法律當其是非。侍御史十五人，六百石。本注曰：掌察舉非法，受公卿群吏奏事，有違失舉劾之。凡郊廟之祠及大朝會、大封拜，則(一)〔二〕人監威儀，有違失則劾奏。

《後漢書・百官志四》 司隸校尉一人，比二千石。本注曰：孝武帝初置，持節，掌察舉百官以下，及京師近郡犯法者。元帝去節，成帝省，建武中復置，并領一州。從事史十二人。本注曰：都官從事，主察舉百官犯法者。功曹從事，主州選署及衆事。別駕從事，校尉行部則奉引，錄衆事。簿曹從事，主財穀簿書。其有軍事，則置兵曹從事，主兵事。其餘部郡國從事，每郡國各一人，主督促文書，察舉非法，皆州自辟除，故通爲百石云。假佐二十五人。本注曰：主簿錄閤下事，省文書。門亭長主州正。門功曹書佐主選用。《孝經》師主監試經。《月令》師主時節祠祀。律令師主平法律。簿曹書佐主簿書。其餘都官書佐及每郡國，各有典郡書佐一人，各主一郡文書，以郡吏補，歲滿一更。司隸所部郡七。

《後漢書・輿服志下》 法冠，一曰柱後。高五寸，以纚爲展筩，鐵柱卷，執法者服之，侍御史、廷尉正監平也。或謂之獬豸冠。獬豸神羊，能別曲直，楚王嘗獲之，故以爲冠。胡廣説曰：《春秋左氏傳》有南冠而縶者，則楚冠也。秦滅楚，以其君服賜執法近臣御史服之。

《後漢書・酷吏傳》 論曰：古者敦厖，善惡易分。至於畫衣冠，異服色，而莫之犯。叔世偷薄，上下相蒙，德義不足以相洽，化導不能以懲違，遂乃嚴刑痛殺，隨而繩之，致刻深之吏，以暴理姦，倚疾邪之公直，濟忍苛之虐情。漢世所謂酷能者，蓋有聞也。皆以敢捍精敏，巧附文理，風行霜烈，威譽諠赫。與夫斷斷守道之吏，何工否之殊乎！故嚴君蚩黃霸之術，密人笑卓茂之政，猛既窮矣，而猶或未勝。然朱邑不以笞辱加物，袁安未嘗鞫人臧罪，而猾惡自禁，人不欺犯。何者？以爲威辟既用，而苟免之行興；仁信道孚，故感被之情著。苟免者威隙則姦起，感被者人亡而思存。由一邦以言天下，則刑訟繁措，可得而求乎！

《三國志·魏志·文帝紀》〔黃初元年十一月癸酉〕改相國爲司徒，御史大夫爲司空，奉常爲太常，郎中令爲光祿勳，大理爲廷尉，大農爲大司農。

又〔黃初四年〕六月壬申，詔曰：有虞氏畫象而民弗犯，周人刑錯而不用。朕從百王之末，追望上世之風，邈乎何相去之遠？法令滋章，犯者彌多，刑罰愈衆，而奸不可止。往者按大辟之條，多所蠲除，思濟生民之命，此朕之至意也。而郡國蔽獄，一歲之中尚過數百，豈朕訓導不醇，俾民輕罪，將苛法猶存，爲之陷穽乎？有司其議獄緩死，務從寬簡，及乞恩者，或辭未出而獄以報斷，非所以究理盡情也。其令廷尉及天下獄官，諸有死罪具獄以定，非謀反及手殺人，亟語其親治，有乞恩者，使與奏當文書俱上，朕將思所以全之。其布告天下，使明朕意。

《晉書·職官志》 廷尉，主刑法獄訟，屬官有正、監、評，并有律博士員。

《宋書·禮志五》 廷尉正、監、平，銅印，墨綬。給皁零辟朝服，法冠。

《宋書·百官志上》 廷尉，一人。丞一人。掌刑辟。凡獄必質之朝廷，與衆共之之義。兵獄同制，故曰廷尉。舜攝帝位，咎繇作士，即其任也。周時大司寇爲秋官，掌邦刑。秦爲廷尉。漢景帝中六年，更名大理。武帝建元四年，復爲廷尉。哀帝元壽二年，復爲大理，漢東京初，復爲廷尉。

又 廷尉正，一人。廷尉監，一人。正、監並秦官。本有左右監，漢光武省右，猶云左監；魏、晉以來，直云監。廷尉評，一人。漢宣帝地節三年，初置左右評。漢光武省右，猶云左評。魏、晉以來，直云評。正、監、評并以下官禮敬廷尉卿。正、監秩千石，評六百石。廷尉律博士，一人。魏武初建魏國置。

《南齊書·百官志》 廷尉。府置丞一人，正一人，監一人，評一人，律博士一人。

《魏書·刑罰志》 先是，皇族有譴，皆不持訊。時有宗士元顯富，犯罪須鞫，宗正約以舊制。尚書李平奏：以帝宗磐固，周布於天下，其屬籍疏遠，蔭官卑末，無良犯憲，理須推究。請立限斷，以爲定式。詔曰：雲來綿遠，繁衍世滋，植籍宗氏，而爲不善，量亦多矣。先朝既無不訊之格，而空相矯恃，以長違暴。諸在議請之外，可悉依常法。

〔永平三年〕其年六月，兼廷尉卿元志、監王靖等上言：檢除名之例，依律文，獄成謂處罪案成者。寺謂犯罪逕彈後，使覆檢鞫證定刑，罪狀彰露，案署分昞，獄理是成。若使案雖成，雖已申省，事下廷尉，或寺以情狀未盡，或邀駕撾鼓，或門下立疑，更付別使者，可從未成之條。其家人陳訴，信其專辭，而阻成斷，便是曲遂於私，有乖公體。何者？五詐既窮，六備已立，僥倖之輩，更起異端，進求延罪於漏刻，退希不測之恩宥，辯以惑正，曲以亂直，長民姦於下，隳國法於上，竊所未安。大理正崔纂、評楊機、丞甲休、律博士劉安元以爲：律文，獄已成及決竟，經所綰，而疑有姦欺，不直於法，及訴冤枉者，是攝訊覆治之。檢使處罪者，雖已案成，御史風彈，以痛誣伏；或拷不承引，依證而科；或有私嫌，強逼成罪；家人訴枉，辭案相背。刑憲不輕，理須訊鞫。既爲公正，豈疑於私。如謂規不測之澤，抑絕訟端，則枉滯之徒，終無申理。若從其案成，便乖覆治之律。然未判經赦，及覆治理狀，眞僞未分，承前以來，如此例皆得復職。愚謂經奏遇赦，及已覆治，得爲獄成。尚書李韶奏：使雖結案，處上廷尉，解送至省，及家人訴枉，尚書納辭，連解下鞫，未檢遇宥者，不得爲案成之獄。推之情理，謂崔纂等議爲允。詔從之。

《南史·宋本紀》〔大明三年二月〕甲子，復置廷尉監官。

《南史·崔祖思傳》〔崔祖思〕又曰：憲律之重，由來尚矣。實宜清置廷尉，茂簡三官。漢來習律有家，子孫並傳其業。今廷尉律生，乃令史門戶，刑之不措，抑此之由。又曰：案前漢編戶千萬，太樂伶官方八百二十九人，孔光等奏罷不合經法者四百四十一人，正樂定員唯置三百八十八人。今戶口不能百萬，而太樂雅鄭，元徽時校試千有餘人，後堂雜伎不在其數。糜費力役，傷敗風俗。今欲撥邪歸道，莫若罷雜伎，王庭唯置鍾簴羽戚登歌而已。上詔報答。

《北史·高道穆傳》 道穆又上疏曰：高祖太和之初，置廷尉司直，論刑辟是非，雖事非古始，交濟時要。竊見御史出使，悉受風聞，雖時獲罪人，亦不無枉濫。何者？得堯之罰，不能不怨，守令爲政，容有愛憎，奸猾之徒，恆思報惡，多有妄造無名，共相誣謗。御史一經檢究，恥於不成，杖木之下，以虛爲實。無罪不能自雪者，豈可勝道哉！臣雖愚短，守不假器，繡衣所指，冀以清肅。若仍更踵前失，或傷善人，則尸祿之責，無所逃罪。如臣鄙見，請依太和故事，還置司直十人，名隸廷尉，秩以五品，選歷官有稱，心平性正者爲之。御史若出糾劾，即移廷尉，令知人數。廷尉遣司直與御史俱發，所到州郡，分居別館。御史檢了，移付司直。司直覆問事訖，與御史俱還。中尉彈聞，廷尉科案，一如舊式。庶使獄成罪定，無復稽寬，爲惡取敗，不得稱枉。若御史、司直糾劾失實，悉依所斷獄罪之。聽以所檢，迭相糾發。如二使阿曲，有不盡理，聽罪家詣門下通訴，別加案檢。如此則肺石之傍，怨訟可息，蘩棘之下，受罪吞聲者矣。詔從之，復置司直。

《隋書・刑法志》 廷尉寺爲北獄，建康縣爲南獄，并置正監平。

《隋書・百官志上》 廷尉卿，梁國初建，曰大理，天監元年，復改爲廷尉。有正、監、平三人。元會，廷尉三官，與建康三官，皆法冠玄衣朝服，以監東、西、中華門。手執方木，長三尺，方一寸，謂之執方。四年，置胄子律博士，位視員外郎。

又 建康舊置獄丞一人。天監元年，詔依廷尉之官，置正、平、監，革選士流，務使任職，又令三官更直一日，分受罪繫，事無小大，悉與令籌。若有大事，共詳，三人具辨。脫有同異，各立議以聞。尚書水部郎袁孝然、議曹郎孔休源，並爲之。位視給事中。

唐・李林甫《唐六典・尚書刑部》 凡鞫獄官與被鞫人有親屬、仇嫌者，皆聽更之。親謂五服內親及大功已上婚姻之家，並授業經師爲本部都督、刺史、縣令，及府佐與府主，皆同換推。

又 刑部尚書一人，正三品；周之秋官卿也。漢成帝始置三公曹，主斷獄事。後漢以三公曹掌天下歲盡集課事，又以二千石曹主中都官水火、盜賊、辭訟、罪法事。晉初，依漢置三公尚書，掌刑獄；太康中，省三公尚書，以吏部尚書兼領刑獄。宋始置都官尚書，掌京師非違得失事，兼掌刑獄。齊、梁、陳、後魏、北齊皆置都官尚書。後周依《周官》，置大司寇卿一人。隋初曰都官尚書，開皇三年改爲刑部，皇朝因之。龍朔二年改爲司刑太常伯，咸亨元年復爲刑部。光宅元年改爲秋官尚書，神龍元年復故。侍郎一人，正四品下。周之秋官小司寇中大夫也。漢以來尚書侍郎，今郎中之任。後周依《周官》。隋煬帝置刑部侍郎，皇朝因之。龍朔二年改爲司刑少常伯，咸亨、光宅、神龍并隨曹改復。刑部尚書、侍郎之職，掌天下刑法及徒隸句覆、關禁之政令。其屬有四：一曰刑部，二曰都官，三曰比部，四曰司門；尚書、侍郎總其職務而奉行其制命。凡中外百司之事，由於所屬，咸質正焉。

又 〔刑部〕郎中二人，從五品上；《周禮》大司寇屬官有士師下大夫，蓋郎中之任也。後漢有二千石曹尚書，掌刑法，因立二千石郎曹。魏、晉、宋、齊並以三公郎曹掌刑獄，置郎中各一人；梁、陳因爲侍郎。後魏、北齊三公郎中各置二人。後周秋官府有小刑部下大夫一人。初省三公曹，置刑部郎曹，掌刑法，置侍郎一人；煬帝除侍字，又改爲憲部郎，皇朝因之。武德三年改曰刑部郎中，龍朔二年改爲司刑大夫，咸亨、光宅、神龍並隨曹改復。員外郎二人，從六品上；《周禮》大司寇屬官有上士，後周依焉，蓋員外之任也。隋開皇六年置刑部員外郎，煬帝改爲憲部承務郎，皇朝因之。武德三年改曰刑部員外郎，龍朔、咸亨、光宅、神龍並隨曹改復。主事四人，從九品上。郎中、員外郎掌貳尚書、侍郎，舉其典憲而辨其輕重。

又 都官郎中一人，從五品上；都官者，本因漢置司隸校尉，其屬官有都官從事一人，掌中都官不法事，因以名官。都官者，義取掌中都官。中都官者，京師官也。至魏明帝青龍二年，尚書陳矯奏置都官郎曹郎中。晉、宋、齊都官郎中二人，後魏、北齊一人，梁、陳爲侍郎，並掌京師非違得失事，非今都官之任。後周置秋官府，有司厲之職，掌諸奴男女，男子入於罪隸，女子入於舂饎之事，蓋比今都官郎中之任也。隋初，置都官侍郎二人，猶掌非違得失事。開皇三年，改都官尚書曰刑部，其都官郎曹遂改掌簿錄配沒官私奴婢，并良賤訴競、俘囚之事。煬帝時，都官郎置二人，皇朝因置一人。武德三年加中字。龍朔二年改曰司僕大夫，咸亨元年復故。員外郎一人，從六品上；《周禮》秋官有司厲下士二人，掌男女奴，蓋比今都官員外郎之任也。後周依焉。隋文帝置員外郎，煬帝改曰承務郎。武德三年改爲都官員外郎，龍朔、咸亨並隨曹改復。主事二人，從九品上。都官郎中、員外郎掌配沒隸，簿錄俘囚，以給衣糧、藥療，以理訴競、雪免。凡公私良賤必周知之。凡反逆相坐，沒其家爲官奴婢。反逆家男女及奴婢沒官，皆謂之官奴婢。男年十四以下者，配司農；十五已上者，以其年長，命遠京邑，配嶺南城奴。一免爲番戶，再免爲雜戶，三免爲良人，皆因赦宥所及則免之。凡免皆因恩言之，得降一等、二等，或直入良人。諸律、令、格、式有言官戶者，是番戶之總號，非謂別有一色。年六十及廢疾，雖赦令不該，並免爲番戶；七十則免爲良人，任所居樂處而編附之。凡初配沒有伎藝者，從其能而配諸司；婦人工巧者，入於掖庭；

其餘無能，咸隸司農。凡諸行宮與監、牧及諸王、公主應給者，則割司農之戶以配。諸官奴婢賜給人者，夫、妻、男、女不得分張；三歲已下聽隨母，不充數。若應簡進內者，取無夫無男女也。其餘雜伎則擇諸司之戶敎充。官戶皆在本司分番，每年十月，都官按比。男年十三已上，在外州者十五已上，容貌端正，送太樂；十六已上，送鼓吹及少府敎習。有工能官奴婢亦准此。業成，準官戶例分番。其父兄先有伎藝堪傳習者，不在簡例。凡配官曹，長輸其作；番戶、雜戶，則分爲番。番戶一年三番，雜戶二年五番，番皆一月。十六已上當番請納資者，亦聽之。其官奴婢長役無番也。男子入於蔬圃，女子入廚饍食，迺甄爲三等之差，以給其衣糧也。四歲已上爲小，十一已上爲中，二十已上爲丁。春衣每歲一給，冬衣二歲一給，其糧則季一給。丁奴春頭巾一，布衫、袴各一，牛皮鞾一量並氈。官婢春給裙、衫各一，絹禪一，鞵二量；冬給襦、複袴各一，牛皮鞾一量並氈。十歲已下男春給布衫一、鞋一量，女給布衫一、布裙一、鞵一量；冬，男女各給布襦一、鞵韈一量。官戶長上者准此。其糧：丁口日給二升，中口一升五合，小口六合；諸戶留長上者，丁口日給三升五合，中男給三升。凡居作各有課程。丁奴，三當二役；中奴若丁婢，二當一役；中婢，三當一役。凡元、冬、寒食、喪、婚、乳免咸與其假焉。官戶、奴婢，元日、冬至、寒食放三日假，產後及父母喪、婚放一月，聞親喪放七日。有疾，太常給其醫藥。其分番及供公廨戶不在給限。男、女既成，各從其類而配偶之。並不得養良人之子及以子繼人。每歲孟春，本司以類相從而疏其籍以申。每歲仲冬之月，條其生息，閱其老幼而正簿焉。每歲十月，所司自黃口以上並印臂，送都官閱貌。

又 比部郎中一人，從五品上；魏氏置，歷晉、宋、齊、後魏、北齊皆有郎中。後周天官府有計部中大夫，蓋其任也。梁、陳、隨並爲侍郎，煬帝曰比部郎。自晉、宋、齊、梁、陳皆吏部尚書領比部，後魏、北齊及隋則都官尚書領之，皇朝因焉。武德三年加中字。龍朔二年改爲司計大夫，咸亨元年復故。員外郎一人，從六品上；隋置員外郎，煬帝曰承務郎，武德三年改爲員外郎。龍朔、咸亨隨曹改復。主事四人，從九品上。比部郎中、員外郎掌句諸司百寮俸料、公廨、贓贖、調歛、徒役課程、逋懸數物，以周知內外之經費而總勾之。凡內官料俸以品第高下爲差，外官以州、縣、府之上、中、下爲差。凡稅天下戶錢以充州、縣官月料，皆分公廨本錢之利。關、監之官，以品第爲差，其給以年支輕貨。鎮、軍司馬判官俸祿同京官。鎮戍之官，以鎮戍上、中、下爲差。上鎮將給仗身四人，中、下鎮將、上鎮副各三人，中、下鎮副各二人，倉曹、兵曹、戍主、副各一人。其仗身十五日一替，收資六百四十文。凡京司有別借食本，中書、門下、集賢殿書院各借本一千貫，尚書省都司、吏部、戶部、禮部、兵部、刑部、工部、御史臺、左右春坊、鴻臚寺、秘書省、國子監、四方館、弘文館各百貫，皆五分收利，以爲食本。諸司亦有之，其數則少。每季一申省，諸州歲終而申省，比部總句覆之。凡倉庫出內，營造傭市，丁匠功程，贓贖賦歛，勳賞賜與，軍資器仗，和糴屯收，亦句覆之。其在京給用則月一申之；在外，二千里內季一申之，二千里外兩季一申之，五千里外終歲一申之。凡質舉之利，收子不得踰五分，出息、債過其倍。若回利充本，官不理。

又 司門郎中一人，從五品上；《周禮》大司徒屬官有司門下大夫，掌授管鍵，以啓閉國門。後周依《周官》。隋開皇初置司門侍郎，煬帝曰司門郎，皇朝因之。武德三年加中字。龍朔二年改曰司門大夫，咸亨元年復故。員外郎一人，從六品上；《周禮》有司門上士，後周有小司門上士，隋置司門員外郎，煬帝改曰承務郎，武德三年改曰員外郎。龍朔、咸亨隋曹改復。主事二人，從九品上。司門郎中、員外郎掌天下諸門及關出入往來之籍賦，而審其政。凡關二十有六，而爲上、中、下之差。京城四面關有驛道者爲上關，上關六：京兆府藍田關，華州潼關，同州蒲津關，岐州散關，隴州大震關，原州隴山關。餘關有驛道及四面關無驛道者爲中關，中關一十三：京兆府子午、駱谷、庫谷，同州龍門，會州會寧，原州本峽，石州孟門，嵐州合河，雅州邛萊，彭州蠶崖，安西鐵門，興州興城，華州渭津也。他皆爲下關焉。下關七：梁州甘亭、百牢，河州鳳林，利州石門，延州永和，綿州松嶺，龍州涪水。所以限中外，隔華夷，設險作固，閑邪正暴者也。凡關呵而不征，司貨賄之出入。其犯禁者，舉其貨，罰其人。古，書帛爲繻，刻木爲契，二物通爲之傳。傳，如今過所。凡度關者，先經本部本司請過所，在京，則省給之；在外，州給之。雖非所部，有來文者，所在給之。若私度關及越度，至越所而不度，不應度關而給過所，若冒名請過所與人及不應受而受者，若家人相冒及所司無故稽留，若領人、兵度關而別人妄隨之，若齎禁物私度及越度緣邊關，其罪各有差。

唐・李林甫《唐六典・大理寺鴻臚寺》 大理寺：卿一人，從三品；《尚書》云：帝曰：咎繇，汝作士，五刑有服。孔安國注曰：士，理官也。周官爲司寇。《韓詩外傳》云：晉文公使李離爲理。理，謂察理刑獄也。《史記・天官書》：斗魁四星，貴人之牢，曰大理。《漢書・百官表》云：廷尉，秦官，掌刑辟，有正、左、右監。景帝更名大理，秩中二千石。武帝復爲廷尉。宣帝置左、右廷尉平，哀帝復爲大理。王莽改曰作士，後漢復爲廷尉。魏初爲大理，後復爲廷尉，置律博士。晉置丞、主簿、明法、掾。歷宋、齊，皆爲廷尉。梁爲秋卿，班第十一。陳因之，後魏置少卿、司直。北齊及隋爲大理寺，隋置評事，皇朝因之。龍朔二年改爲詳刑寺正卿，咸亨元年復爲大理。光宅元年改爲司刑寺，神龍元年復故。兩漢卿秩中二千石，魏、晉、宋、齊、陳俱第三品。後魏第二品上，太和以後降爲第三品。隋正第三品，皇朝降爲從三品。少卿二人，從四品上，後魏置，爲第三品上；太和以後，降爲第四品上。北齊第四品，隋因之。皇朝置二人，降爲從四品上。大理卿之職，掌邦國折獄詳刑之事。以五聽察其情：一曰氣聽，二曰色聽，三曰視聽，四曰聲聽，五曰詞聽。以三慮盡其理：一曰明愼以讞疑獄，二曰哀矜以雪冤獄，三曰公平以鞫庶獄。少卿爲之貳。凡諸司百官所送犯徒刑已上，九品已上犯除、免、官當，庶人犯流、死已上者，詳而質之，以上刑部，仍於中書門下詳覆。其杖刑已下則決之。若禁囚有推決未盡、留繫未結者，五日一慮。若淹延久繫，不被推詰；或其狀可知，而推證未盡；或訟一人數事及被訟人有數事，重事實而輕事未決者，咸慮而決之。凡中外官吏有犯，經斷奏訖而猶稱冤者，則審詳其狀。開元八年敕：內外官犯贓賄及私坐成殿、公坐官當已上有合許雪及減罪者，並令大理審詳犯狀，申刑部詳覆；知實冤濫，乃錄送中書門下。其有遠年斷雪，近請除痕，亦准此。其餘具刑部格。凡吏曹補署法官，則與刑部尚書、侍郎議其人可否，然後注擬。

又 大理正二人，從五品下；秦置廷尉正一人，漢因之，與監及平謂之廷尉三官，秩千石。魏氏第六品。晉置二人，宋、齊、梁、陳並一人，品同魏氏。後魏第六品上，北齊及隋並正第六品。煬帝增置六人。皇朝置二人。龍朔二年改爲詳刑大夫，咸亨元年改爲大理正。光宅元年改爲司刑正，神龍初復舊。丞六人，從六品上；晉武帝咸寧中，曹志上書請廷尉置丞，自此始也。宋、齊、梁各置一人，第七品。陳第八品，後魏第七品。大業三年，改丞爲勾檢，皇朝置六人，增品從六品上。主簿二人，從七品上；魏、晉、宋、齊、梁、陳大理皆有主簿，晉至陳俱二人，正七品上，皇朝因而降之。錄事二人，從九品上；獄丞四人，從九品下；《晉令》有獄左、右丞各一人，宋、齊因之，史闕其品秩。梁、陳置獄丞二人，第七品；後魏、北齊亦二人，正九品下。隋置獄掾八人。歷代並以卑微士爲之。皇朝置四人，以流外入仕者爲之。司直六人，從六品上；後魏永安三年，御史中尉高穆奏置司直十人，視五品，隸廷尉，位在正、監上，不署曹事，唯覆理御史檢劾事。北齊及隋因之，並置十人，從第五品下。皇朝置六人，降爲從第六品上。評事十二人，從八品下。《漢書》云：宣帝地節三年，置廷尉平，秩六百石，員四人。其務在平刑獄，故曰廷平。至後漢光武省右平，唯置左平。魏、晉以來，不復云左，但云廷尉平。宋、齊各一人，第六品。陳第七品。後魏、北齊及隋各置一人，正第六品下，官爲評事，皇朝因之，置十二人，從八品下。大理正掌參議刑獄、詳正科條之事。凡六丞斷罪有不當者，則以法正之。凡內外官及爵五品已上犯罪至棄市者，並監決。若車駕巡幸在京，則都一人留守，以總卿貳之職；在都，則京亦如之。丞掌分判寺事。凡有犯，皆據其本狀以正刑名。六丞判尙書六曹所統百司及諸州之務，其刑部丞掌押獄。每一丞斷事，五丞同押；若有異見，則各言不同之狀也。徒已上，各呼囚與其家屬，告以罪名，問其狀款；不伏，則聽其自理。無理者，便以元狀斷定，上刑部。刑部覆有異同者，下於寺，更詳其情理以申，或改斷焉。主簿掌印，省署抄目，勾檢稽失。凡官吏之負犯並雪冤者，則據所由文牒而立簿焉。凡私坐而贖銅者，一斤爲一負；公坐而贖銅者，二斤爲一負。各十負爲一殿。其有犯人未附而會恩免者，本犯至免官已上及犯贓賄入己恩前獄成者，仍以景迹論。錄事掌受事發辰。獄丞掌率獄吏，知囚徒。貴賤、男女異獄。五品以上月一沐，暑則置漿。禁紙筆、金刃、錢物、杵梃入者。囚病給醫藥，重者脫械、鎖，家人入侍。司直掌承制出使推覆，若寺有疑獄，則參議之。評事掌出使推按。凡承制而出推長吏，據狀合停務及禁錮者，先請魚書以往，據所受之狀鞫而盡之。若詞有反覆，不能首實者，則依法栲之。凡大理斷獄，皆連署焉。

唐・杜佑《通典・職官五・刑部尙書》 唐虞之時，士官以正五刑。《周禮・秋官》，大司寇掌邦之三典，以佐王刑邦國，蓋其任也。漢成帝時，尙書初置二千石曹，主郡國二千石；又置三公曹，主斷獄。後漢光武改三公曹主歲盡考課諸州郡政；二千石曹掌中都官水火、盜賊、詞訟、罪法，亦謂之賊曹，重於諸曹。《華譚集・尙書二曹論》曰：劉道眞問薛令長在吳何作。答曰：爲吏部尙書。問曰：吳待吏部，何如餘曹？答曰：並通高選，吏部特一時之俊。劉曰：晉魏以來俱爾。獨謂漢氏重賊曹爲是，吳晉重吏部爲非。薛君曰：八座秩同班等，其選並淸，宜同一揆。若人才或多或少，選例難精。如不得已，吏部職掌人物，人物難明，謂吳晉爲得。而君何是古而非今？劉難曰：今吏部非爲能刊虛名、擧沈樸者，故錄以成人，位處三署，聽曹探鄉，論而用之耳，無煩乎聰明，賊曹職典刑獄，刑獄難精，是以欲重之。答曰：今之賊曹，不能聽聲觀色以別眞僞，縣不能斷讞之尙書也。夫在獄者率小人，在朝者率君子。小人易檢，君子難精。俱不得已，吏部宜重，賊曹宜輕也。魏靑龍二年，置尙書都官郎，佐督軍事。晉復以三公尙書掌刑獄。宋三公、比部皆主法制，又置都官尙書，主軍事、刑獄，領都官、水部、庫部、功論四曹。齊梁陳並有都官尙書。後魏亦有都官尙書，北齊都官統都官、掌畿內非違得失。二千石、掌畿外得失。比部、水部、膳部五曹。又有三公曹，掌諸曹囚帳、斷罪、赦日建金鷄等事，又掌五時讀時令。屬殿中尚書。後周有秋官大司寇卿，掌刑邦國；其屬官又有刑部中大夫，掌五刑之法。隋初有都官尚書，開皇三年，改都官爲刑部尚書，統都官、刑部、比部、司門四曹，亦因後周之名。大唐因之。龍朔二年，改刑部尚書爲司刑太常伯，咸亨元年復舊。武太后改刑部爲秋官，神龍初復舊。天寶中改爲憲部，至德初復舊。總判刑部、都官、比部、司門事。

侍郎一人。《周官》小司寇中大夫，蓋今任也。後周依《周官》。至隋，煬帝置刑部侍郎，大唐因之。龍朔二年改爲司刑少常伯，咸亨元年復舊。他時曹名或改，而官號不易。掌律令，定刑名，案覆大理及諸州應奏之事。

郎中二人。《周禮》大司寇屬官有士師下大夫，蓋今任也。漢尚書有三公曹，後漢有二千石曹，魏有都官曹，皆掌刑法、獄訟之事。歷代沿革，具《尚書》中。或爲侍郎，或置郎中，例在《吏部郎中篇》。後周有小刑部下大夫，屬秋官府。隋初置刑部侍郎，煬帝除侍字，又改爲憲部郎。武德三年，改爲刑部郎中。龍朔二年，改爲司刑大夫，咸亨元年復舊，與侍郎同。員外郎二人。隋文帝置刑部員外郎，煬帝改爲憲部承務郎。武德三年，改爲刑部員外郎。其後曹改而官不易。

都官郎中一人。漢司隸校尉屬官有都官從事，掌中都官不法事。後漢又改尚書二千石曹掌中都官水火盜賊。魏青龍二年，始置尚書都官郎，佐督軍事。晉、宋尚書都官兼主刑獄。歷代事具《尚書》中，其官例在《吏部郎中》注。後周則曰司厲。隋初爲都官侍郎，掌簿錄，配役，官私奴婢，良賤訴競，俘囚等事。煬帝除侍字，置員外二人。武德三年，加中字，減一人。龍朔二年，改爲司僕大夫，咸亨元年復舊。掌簿斂、配役、官奴婢簿籍、良賤及部曲、客女、俘囚之事。員外郎一人。《周官》曰司厲下士，蓋並今任也。後周依焉。隋改置與戶部同。

比部郎中一人。魏尚書有比部曹，晉因之。宋時比部主法制。齊梁陳皆有比部曹。後魏亦然。北齊掌詔書、律令、勾檢等事。後周曰計部中大夫，蓋其任也。隋初爲比部侍郎，煬帝除侍字。武德中，加中字。龍朔二年，改爲司計大夫，咸亨元年復舊。天寶十一年，又改比部爲司計，至德初復舊。掌內外諸司公廨及公私債負、徒役公程、贓物帳及勾用度物。員外郎一人。改置與戶部員外郎同。

司門郎中一人。《周禮・地官》有司門下大夫，掌授管鍵啓閉。歷代多缺。至後周，依周官。隋初有司門侍郎，煬帝除侍字。武德三年，加中字。龍朔二年，改爲司門大夫，咸亨元年復舊。掌門籍、關橋及道路、過所闌遺物事。

員外郎一人。《周官》有司門上士，後周依焉。後改置與戶部同。

唐・杜佑《通典・職官七・大理卿》

今大理者，亦舜攝帝位，皋繇作士，正五刑，周秋官之任。《韓詩外傳》曰：晉文公使李離爲大理，過聽殺人，自拘於廷，遂伏劍死。君子曰忠與仁。《新序》曰：楚昭王時，石奢爲理，有殺人者，奢追之，則其父也。奢曰：以父成政，不孝；不行君法，非忠。遂刎頸而死於廷。又《家語》曰：季羔爲衛士師，刖人之足。俄而衛有亂，季羔逃，刖者守門，謂羔曰：彼有缺。羔曰：君子不踰。又曰：此有室。季羔入焉。既罷，羔問曰：吾親刖子之足，而逃我，何也？刖者曰：曩者，君理人以法令，先君後臣，欲臣之免也，臣知之。臨當論刑，君愀然不樂，見於顔色，臣又知之。君豈私臣哉！天生君子，其道固然，此臣之所脱君也。孔子聞之曰：善哉！爲吏者用法，一思仁恕則樹德，如嚴暴則樹怨，公以行之，其子羔乎？秦爲廷尉，漢因之，掌刑辟，凡獄必質之朝廷，與衆共之之義也。兵獄同制，故曰廷尉。此應劭注也。顔師古曰：廷，平也。理獄貴平，故以爲號。景帝中六年，更名大理，武帝建元四年，復爲廷尉；哀帝元壽二年，復爲大理。《漢書》云：張釋之字季，爲廷尉。文帝出，嘗有人從渭橋下走，乘輿馬驚，捕之，屬廷尉。釋之奏其犯蹕，當罰金。上怒，釋之曰：法者，所與天下公共也。且以其時而立誅之則已，今既下廷尉，廷尉，天下之平也，今一傾，而天下用法皆爲之輕重，民安所措其手足乎？後又有盜高廟座前玉環者，文帝欲族之，釋之奏當棄市。上大怒，釋之曰：法如是也。今盜宗廟器而族之，如令愚民取長陵一抔土，陛下何以加其法乎？衆皆呼爲張廷尉。又張湯爲廷尉，決大獄，欲傅古義，乃請博士弟子理《尚書》、《春秋》，補廷尉史，平亭疑法。奏讞疑事，必先爲上分別其源，以揚主之明，言此自天子意，非由有司也。奏事有善則讓曰：監、掾、史某所爲也。亭者，平也，均也。又杜周爲廷尉，而善伺上所欲。客有讓周曰：君爲天下決平，不循三尺法，專以人主意旨爲獄，獄者固如是乎？周曰：三尺安出哉？前主所是著爲律，後主所是疏爲令。當時爲是，何古之法乎？三尺者，以三尺竹簡書法律也。又于定國爲廷尉，朝廷稱之曰：張釋之爲廷尉，天下無冤民；于定國爲廷尉，民自以爲不冤。王莽時，改大理爲作士矣。後漢廷尉卿，凡郡國讞疑，讞，質也。皆處當以報。傅賢爲廷尉，每冬至斷獄，遲迴流涕。又盛吉爲廷尉，每冬至節，罪囚當斷，夜省坐狀，其妻執燭，吉持丹筆，夫妻相向垂淚。又楊賜爲廷尉，乃歎曰：昔三后成功，惟殷於民，而皋繇不與焉。蓋吝之也，遂以世非法家，固辭。《漢官儀》曰：光武時有疑獄，見廷尉，曹史張禹所問輒對，處當詳理，於是策免廷尉，以禹代之。雖越次而授，亦足以厲其臣節。皆以世家爲之，而郭氏尤盛。郭躬爲廷尉。躬家世掌法，務在寬平，乃條諸重文可從輕者四十一事奏之，事皆施行，著於令。建安中，復爲大理。鍾繇以大理爲相國。魏黄初元年，改爲廷尉。鍾毓字雉叔，爲廷尉，聽君父亡沒，臣子得爲理謗；及士爲侯，其妻不復改嫁，毓所制也。歷代皆爲廷尉。梁國初建，曰大理；天監元年，復改爲廷尉。舊用黄門，後視祕書監。有正、監、平三人。元會，廷尉三官與建康三官，皆法冠玄衣朝服，以監東、西、中華門，手執方木，長三尺，方一寸，謂之執方。天監元年，詔建康獄依廷尉三官置正、監、平，革選士流，視給事中，以尚書郎出爲之，冠服與廷尉三官同。陳因之。後魏亦曰廷尉。北齊曰大理寺，置卿、少卿各一人。北齊宋世軌爲廷尉少卿，時大理正蘇珍之亦以平幹知名，寺中爲之語曰：決定嫌疑蘇珍之，視表見裏宋世軌。時人以爲寺中二絶。卒官，廷尉、御史諸囚皆哭曰：宋廷尉死，我等豈有生路！後周有刑部中大夫，掌五刑之法，附萬人之罪，屬大司寇，亦其任也。今刑部侍郎之任。隋初與北齊同，文帝時議置六卿，將除大理，盧思道奏曰：省有駕部，寺留太僕；省有刑部，寺除大理，斯則重畜産而賤刑名也。至煬帝，加置少卿二人。趙綽爲大理少卿，時有侍郎辛亶，常衣緋褌，俗云利官，文帝以爲厭蠱，將斬之。綽曰：據法不當死，臣不敢奉詔。上怒甚，令斬綽，綽解衣當斬。上使人問綽曰：竟如何？綽曰：執法一心，不敢惜死。上良久釋之。他日，又令斬二人，綽曰：此人坐當杖，殺之非法。上曰：不關卿事。綽曰：陛下置臣法司，欲誤殺人，豈得不關臣事？上曰：撼大木不動者，當退。綽曰：臣冀撼天心，何論撼木！上乃止。時薛胄爲大理卿，胄斷獄以情，而綽守法，俱爲稱職。大唐龍朔二年，改大理爲詳刑，咸亨元年復舊。光宅元年改爲司刑，神龍元年復舊。卿一人，咸亨三年十月，張文瓘兼大理卿，旬日決疑獄事四百條，莫不允當，皆無怨言。文瓘嘗有疾，繫囚相與齋禱，願其視事。上元二年改官，大理諸囚一時慟哭。開元二十一年七月，大理卿袁仁敬暴卒，繫囚聞之，皆慟哭，悲歌曰：天下不恤冤人兮，何奪我慈親兮。有理無申兮，痛哉安許陳兮。掌鞫獄，定刑名，決諸疑讞。少卿二人，永徽六年，初置少卿一人。補龍元年，又加一員。正二人，丞六人，主簿二人，司直六人，評事十二人。

正：秦置廷尉正，漢因之，後漢一人。黄霸字次公。宣帝在民閒時，知百姓苦吏急也，聞霸理法平，詔爲廷尉正。及夏侯勝非議，下廷尉獄，霸從勝受《尚書》。何敞六世祖比干，爲廷尉正，而務仁恕。時張湯亦爲廷尉，殘酷，比干常與争之，所存者千數。魏晉謂正、監、平爲廷尉三官，晉廷尉三官通視南臺持書，舊尚書郎下遷。梁制，服獬豸冠，介幘皁衣，銅印墨綬。其後皆有。魏司馬芝字子華，遷大理正。有盗官練置都廁上者，吏疑女工，收以付獄。芝曰：臧物先得而後訊其辭，若不勝掠，或至誣服。誣服之情，不可以折獄。且簡而易從，大人之化也。不失有罪，庸世之理耳。魏武從之。晉江統字應元，爲廷尉正，作《三刑議文》。隋開皇三年，增爲四員，煬帝增爲六員。大唐二人，通判寺事。龍朔二年，改爲詳刑大夫，咸亨初復舊。

丞：自晉武咸寧中，曹志上表請廷尉置丞。宋、齊、梁並因之，後魏亦然。北齊曰大理，丞一人。隋初二人，至煬帝改爲勾檢官，增爲十六人，分判獄事。大唐又曰丞，置六人。杜景佺、徐有功並爲司刑丞，與來俊臣、侯思止同制獄，人稱之曰：遇徐、杜必生，遇來、侯必死。

主簿：自魏、晉、宋、齊、梁、陳皆有，大唐置二人。

獄丞：晉有左右丞各一人，宋、齊因之，梁、陳置二人，後魏、北齊亦然。隋有獄掾八人。大唐曰丞，有四人。

司直：後魏永安二年，置司直十人，御史中尉高穆所奏置。視五品，隸廷尉，位在正、監上，不署曹事，唯覆理御史檢劾事。漢武已置司直，屬丞相府，非此司直。北齊、隋因之。隋初置十人，煬帝置十六人。大唐置六人。掌承制出使推覆，若寺有疑獄，則參議之。

評事：漢宣帝地節三年，初於廷尉置左、右平，員四人。宣帝詔曰：今遣廷吏與郡鞫獄，任輕祿薄，其爲置正平，員四人，其務平之。涿郡太守鄭昌上言曰：聖王立法明刑者，非以爲理救衰亂之起也。今明主躬垂明聽，不置廷平，獄將自正。若開後嗣，不若刪定律令。律令一定，愚民知所避就，姦吏無所弄法，今不正其本，而置廷平以理其末，代衰聽怠，則廷平將搖權而爲亂首也。宣帝始置左、右平，而三輔決録注云何比干，漢武帝爲廷尉右平，謬矣。後漢光武省右平，唯有左平一人，掌平決詔獄，冠法冠。魏晉以來，無左右而直謂之廷尉評。後魏、北齊及隋，廷尉評各一人，開皇三年，罷。至煬帝，乃置評事四十八人，掌與司直同，其後官廢。大唐貞觀二十二年，褚遂良議重法官，復奏置評事十員，掌出使推覆，後加二人，爲十二員。

監：秦置廷尉監。漢有左、右監，邴吉字少卿，爲廷尉監。光武省右監，唯有左監一人，後漢陳咸爲監，執獄多恩，議人從輕。魏晉以來無左右，而直云廷尉監。《晉起居注》云：廷尉監陸纘上表，求增築訊堂，圖畫先賢像，詔許之。隋開皇三年，罷大理監。

唐·杜佑《通典·職官九》 律學博士：晉置，屬廷尉，衛覬奏請置律學博士，轉相教授，東晉以下因之。梁曰胄子律博士，屬廷尉。陳亦有律博士。後魏、北齊並有之。隋大理寺官屬有律博士八人。大唐因之，而置一人移屬國學。助教一人，從九品上。

唐·吴兢《貞觀政要·刑法》 貞觀元年，太宗謂侍臣曰：死者不可再生，用法務在寬簡。古人云，鬻棺者欲歲之疫，非疾於人，利於棺售故耳。

今法司覈理一獄，必求深刻，欲成其考課。今作何法，得使平允？諫議大夫王珪進曰：但選公直良善人斷獄允當者，增秩賜金，即姦僞自息。詔從之。太宗又曰：古者斷獄，必訊於三槐九棘之官，今三公九卿即其職也。自今以後，大辟罪，皆令中書、門下四品已上，及尚書九卿議之。如此，庶免冤濫。由是至四年，斷死刑天下二十九人，幾致刑措。

《全唐文·韓洄〈請諸司於刑部檢事奏〉》刑部掌律令刑名，按覆大理及諸州應奏之事，並無爲諸司尋格式文。比年諸司每有予奪，悉出檢頭，下吏得以生姦，法直因之輕重。又先有敕當司格令，並書廳事之壁。此則百司皆合自有程式，不惟刑部獨有典章。訛弊日深，事須改正。敕旨宜委諸曹，各以本司雜錢置所要律令格式，其中要節，仍准舊例，錄郎官廳壁。左右丞勾當事畢，日奏其所請諸司於刑部檢事，待本司寫格令等了日停。

《舊唐書·職官志二》刑部尚書一員，正三品。隋初改都官尚書，又改爲刑部。龍朔改爲司刑太常伯，光宅改爲秋官尚書，神龍復也。侍郎一員。正四品下。龍朔爲司刑少常伯。尚書、侍郎之職，掌天下刑法及徒隸、勾覆、關禁之政令。其屬有四：一曰刑部，二曰都官，三曰比部，四曰司門。總其職務，而行其制命。凡中外百司之事，由於所屬，咸質正焉。

郎中二員，從五品上。隋曰憲部郎，武德爲刑部郎中，龍朔改爲司刑大夫。員外郎二員，從六品上。主事四人，從九品上。令史十九人，書令史三十八人，亭長六人，掌固十八。郎中、員外郎之職，掌貳尚書、侍郎，舉其典憲，而辨其輕重。凡文法之名有四：一曰律，二曰令，三曰格，四曰式。凡律，十有二章：一名例，二禁衛，三職制，四戶婚，五廄庫，六擅興，七賊盜，八鬭訟，九詐僞，十雜律，十一捕亡，十二斷獄，而大凡五百條。令，二十有七篇，分爲三十卷。第一至第七曰官品職員，八祠，九戶，十選舉，十一考課，十二宮衛，十三軍防，十四衣服，十五儀制，十六鹵簿，十七公式，十八田，十九賦役，二十倉庫，二十一廄牧，二十二關市，二十三醫疾，二十四獄官，二十五營繕，二十六喪葬，二十七雜令，而大凡一千五百四十六條。凡格，二十四篇。式，三十三篇。以尚書、御史臺、九寺、三監、諸軍爲目。凡律，以正刑定罪。令，以設範立制。格，以禁違正邪。式，以軌物程事。乃立刑名之制五焉：一笞，二杖，三徒，四流，五死。笞刑五，杖刑五，徒刑五，流刑三，死刑二。而斷獄之大典，有十惡、八議、五聽、六贓。贖配之典，具在《刑法志》。凡決死刑，皆於中書門下詳覆。凡死罪，枷而杻。婦人及流徒，枷而不杻。官品及勳散之階第七已上，鎖而不枷。在京諸司，則徒已上送大理，杖已下當司斷之。若金吾糾獲，亦送大理。凡決大辟罪，在京者，行決之司，皆五覆奏。在外者，刑部三覆奏。若犯惡逆已上，及部曲奴婢殺主者，一覆奏。凡京城決囚之日，減膳徹樂。每歲立春後至秋分，不得決死刑。大祭祀及致齋、朔望、上下弦、二十四氣、雨未晴、夜未明，斷屠月日及休假，亦如之。凡犯流罪已下，應除免官。當未奏，身死者，免其追奪。流移之人，皆不得棄放妻妾，及私遁還鄉。至六載，然後聽仕。即本犯不應流而特配流者，三載已後聽仕。其應徒則皆配居作。凡禁囚，五日一慮。凡鞫獄官與被鞫人有親屬讎嫌者，皆聽更之。凡在京諸司見禁囚，每月二十五已前，本司錄其所犯及禁時月日，以報刑部。凡國有赦宥之事，先集囚徒於闕下，命衛尉樹金雞，待宣制訖，及釋之。

都官郎中一員。從五品上。龍朔改司僕大夫，咸亨復。員外郎一員，從六品上。主事二人從九品上。令史九人，書令史十二人，掌固四人。郎中、員外郎之職，掌配役隸，簿錄俘囚，以給衣糧藥療，以理訴競雪冤。凡公私良賤，必周知之。凡反逆相坐，沒其家爲官奴婢。一免爲番戶，再免爲雜戶，三免爲良民，皆因赦宥所及則免之。年六十及廢疾，雖赦令不該，亦並免爲番戶；七十則免爲良人，任所樂處而編附之。凡初被沒有伎藝者，各從其能，而配諸司。婦人工巧者，入於掖庭。其餘無能，咸隸司農。

比部郎中一員，從五品上。龍朔爲司計大夫。員外郎一員，從六品上。主事二人，從九品上。令史十四人，書令史二十七人，計史一人，掌固四人。郎中、員外郎之職，掌勾諸司百僚俸料、公廨、贓贖、調斂、徒役、課程、逋懸數物，周知內外之經費，而總勾之。凡內外官料俸，以品第高下爲差。外官以州縣府之上中下爲差。凡稅天下戶錢，以充州縣官月料，皆分公廨本錢之利。羈縻州所補漢官，給以當土之物。關監之官，以品第爲差。其給以年支輕貨。鎮軍司馬、判官俸祿，同京官。鎮戍之官，以鎮戍上中下爲差。凡京師有別借食本，每季一申省，諸州歲終而申省，比部總勾覆之。凡倉庫、出內、營造、傭市、丁匠、功程、贓贖、賦斂、勳賞、賜與、軍資、器仗、和糴、屯牧，亦勾覆之。

司門郎中一員，從五品上。龍朔曰司門大夫。員外郎一員，從六品上。主事二人，從九品上。令史六人，書令史十三人，掌固四人。郎中、員外郎之職，掌天下諸門及關出入往來之籍賦，而審其政。凡關二十有六，爲上中下之差。京城四面關有驛道者，爲上關。餘關有驛道及四面無驛道者，爲中關。他皆爲下關。關所以限中外，隔華夷，設險作固，閑邪正禁者也。凡關呵而不征，司貨賄之出入，其犯禁者，與其貨，罰其人。凡度關者，先經本部本司請過所，在京則省給之，在外則州給之。而雖非所部，有來文者，所在亦給。

《舊唐書·職官志三》 御史臺秦、漢曰御史府，後漢改爲憲臺，魏、晉、宋改爲蘭臺，梁、陳、北朝咸曰御史臺。武德因之。龍朔二年改名憲臺。咸亨復。光宅元年分臺爲左右，號曰左右肅政臺。左臺專知京百司，右臺按察諸州。神龍復爲左右御史臺。延和年廢右臺，先天二年復置，十月又廢也。

大夫一員，正三品。秦、漢之制，御史大夫，副丞相爲三公之官。魏、晉之後，多不置大夫，以中丞爲臺主。隋諱中，復大夫，降爲正四品。《武德令》改爲從三品。龍朔改爲大司憲，咸亨復爲大夫。光宅分臺爲左右，置左右臺大夫。及廢右臺，去左右字。本從三品，會昌二年十二月敕：大夫，秦爲正卿，漢爲副相，漢末改爲大司空，與丞相俱爲三公。掌邦國刑憲，肅正朝廷。其任既重，品秩宜峻。准六尚書例，昇爲正三品，著之於令。中丞二員。正四品下。漢御史臺有二丞，掌殿內秘書，謂之中丞。漢末改爲御史長史，後漢復爲中丞。後魏改爲尉正，北齊復曰中丞。後周曰司憲中大夫。隋諱中，改爲持書御史，爲從五品。武德因之。貞觀末，避高宗名，改持書御史爲中丞，置二員。龍朔改爲司憲大夫，咸亨復爲中丞。本正五品上，會昌二年十二敕：中丞爲大夫之貳，緣大夫秩崇，官不常置，中丞爲憲臺長。今九寺少卿及諸少監、國子司業、京兆少尹，並府寺省監之貳，皆爲四品，唯中丞官重，品秩未崇，可昇正四品下，與丞郎出入迭用，著之於令。大夫、中丞之職，掌持邦國刑憲典章，以肅正朝廷。中丞爲之貳。凡天下之人，有稱冤而無告者，與三司訊之。凡中外百僚之事，應彈劾者，御史言於大夫。大事則方幅奏彈之，小事則署名而已。若有制使覆囚徒，則與刑部尚書參擇之。凡國有大禮，則乘輅車以爲之導。

侍御史四員。從六品下。御史之名，《周官》有之，亦名柱下史。秦改爲侍御史。後周曰司憲中士，隋爲侍御史，品第七。武德品第六也。掌糾舉百僚，推鞫獄訟。侍御史年深者一人判臺事，知公廨雜事，次一人知西推，一人知東推也。凡有別付推者，則按其實狀以奏。若尋常之獄，推訖斷於大理。凡事非大夫、中丞所劾，而合彈奏者，則具其事爲狀，大夫、中丞押奏。大事則冠法冠，衣朱衣纁裳，白紗中單以彈之。小事常服而已。凡三司理事，則與給事中、中書舍人、更直直於朝堂受表。若三司所按而非其長官，則與刑部郎中員外、大理司直評事往訊之。

主簿一人，從七品下。錄事二人。從九品下。主簿掌印及受事發辰，勾檢稽失。兼知官廚及黃卷。主事二人，令史十七人，書令史二十三人。

殿中侍御史六人，從七品下。令史八人，書令史十八人。殿中侍御史掌殿廷供奉之儀式。凡冬至、元正大朝會，則具服升殿。若郊祀、巡幸，則於鹵簿中糾察非違，具服從於旌門，視文物有所虧闕，則糾之。凡兩京城內，則分知左右巡，各察其所巡之內有不法之事。

監察御史十員。正八品上。貞觀初，馬周以布衣進用，太宗令於監察御史裏行。自此因置裏行之名。龍朔元年，以王本立爲監察裏行也。監察掌分察巡按郡縣、屯田、鑄錢、嶺南選補、知太府、司農出納，監決囚徒。監祭祀則閱牲牢，省器服，不敬則劾祭官。尚書省有會議，亦監其過謬。凡百官宴會、習射亦如之。

又 大理寺古謂掌刑爲士，又曰理。漢景帝加大字，取天官貴人之牢曰大理之義。後漢後，改爲廷尉，魏復爲大理。南朝又名廷尉，梁改名秋卿，北齊、隋爲大理，加寺字。龍朔改爲詳刑寺，光宅爲司刑，神龍復改。卿一員，從三品。古或名廷尉，北齊加寺字。隋品第三。龍朔爲詳刑正卿，光宅爲司刑卿，神龍復爲大理鄉。少卿二員。從四品上。卿之職，掌邦國折獄詳刑之事。少卿爲之貳。凡犯至流死，皆詳質之，以申刑部；仍於中書、門下詳覆。凡吏曹補署法官，則與刑部尚書、侍郎議人可否，然後注擬。

正二人，從五品上。丞六人，從六品上。主簿二人，從七品上。錄事二人，從九品上。府二十八人，史五十六人。正掌參議刑辟，詳正科條之事。凡六丞斷罪不當，則以法正之。丞掌分判寺事。主簿掌印，省署抄目，勾檢稽失。錄事掌受事發辰。獄丞四人，掌率獄吏，檢校囚徒，及枷杖之事。獄史六人，亭長四人，掌固八人。問事一百四十八人，掌決罪人。四直六人，從六品上。評事十二人，從八品下。掌出使推覈。評事史十四人。其刑法科目，已載於刑部

《新唐書·刑法志》 穆宗童昏，然頗知慎刑法，每有司斷大獄，令中書舍人一人參酌而輕重之，號參酌院。大理少卿崔杞奏曰：國家法度，高祖、太宗定制二百餘年矣。《周禮》正月布刑，張之門閭及都鄙邦國，所以屢

丁寧，使四方謹行之。大理寺，陛下守法之司也。今別設參酌之官，有司定罪，乃議其出入，是與奪繫於人情，而法官不得守其職。昔子路問政，孔子曰：必也正名乎。臣以爲參酌之名不正，宜廢。乃罷之。

宋·王溥《唐會要·雜録》 貞觀二年五月二日勅：中書令、侍中於朝堂受詞訟，衆庶已上有陳事者，悉令封上，朕將親覽焉。

宋·王溥《唐會要·雜記》 廣德元年七月十一日勅節文：應天下刑獄，大理正斷，刑部詳覆，下中書門下處分。

宋·王溥《唐會要·刑部·刑部尚書》 龍朔二年，改爲司刑太常伯，咸亨元年，復爲刑部尚書，光宅元年，改爲秋官尚書，神龍元年，復爲刑部尚書，天寶十一載，改爲憲部尚書，至德二載，復爲刑部尚書。

宋·王溥《唐會要·刑部·刑部侍郎》 垂拱四年四月十一日，加一員，以魏尙德爲之，長安四年十二月四日，減一員。

元和十年，以御史中丞裴度，兼刑部侍郎，時度宣慰淮西迴，所言軍機，多合上旨，故以兼官寵之，自徵兵討淮西，凡十餘鎮之兵，皆環於申蔡，未立戰功，裴度使還，且令與諸朝賢詳議，乃入奏曰，臣觀諸將，唯李光顔見義能勇，必能立功。果首敗賊於時曲，上尤賞之。

寶歷元年四月，宣中書，以諫議大夫劉栖楚爲刑部侍郎，丞郎宣授，自栖楚始也。

宋·王溥《唐會要·刑部·刑部郎中》 隋爲憲部郎，唐因之，武德三年，改刑部，加中字，龍朔二年，改爲司刑大夫，咸亨元年，復爲刑部郎中。

宋·王溥《唐會要·刑部·刑部員外郎》 貞元十二年五月，信州刺史姚驥，舉奏員外司馬盧南史贓犯，鞫按南史准例配得直典一人，每月請紙筆錢一千文，南史以官閑冗無職事，放典令歸，納其紙筆直，前後五年，計贓六十萬貫。又云，南史私買鉛燒黄丹，是日，令監察御史鄭楚相，刑部員外郎裴澥，大理寺評事陳正儀，充三司同往覆按之。將行，并召對於延英，上謂曰，卿等必須詳審推按，無令漏罪銜冤。三人將退，澥獨留奏曰，臣仔細詳覽姚驥奏狀，只如所按，南史取直典紙筆，計贓六十餘萬貫文，雖公法有違，既非巨蠹，或可務恕。上曰，此事亦應甚有，但未知燒鉛事如何。澥曰，燒鉛爲黄丹，格令不禁，姚驥所奏，准天寶十載勅，鉛銅錫並不許私家買賣貿易，蓋防私鑄錢，本文亦不言不許燒黄丹。然南史違勅買鉛，不得無罪，伏以陛下自登寶位，及天寶大曆以來，未曾降三司使至江南，今忽緣此小事，差三司使，損耗州縣，亦恐遠處聞之，各懷憂懼。臣聞開元中，張九齡爲五嶺按察使，有録事參軍告其非法，朝廷唯令大理評事往按。近大歷中，鄂岳觀察使吳仲孺，與轉運使判官劉長卿紛競，仲孺奏長卿犯贓三千萬貫，時監察御史苗丕就推。今姚驥所奏，事既無多，臣若堪任此行，即請獨往，恐不要令三司盡行。上曰，卿言是也，可召楚相等兩人來。及入，并賜坐，上謂曰，朕懵於理道，處事未精，適裴澥所奏，深叶事宜，亦不用三人總去，著一人往按問即得，卿可宜付宰臣。

太和五年四月，勅鹽鐵判官守尙書刑部郎中李石，宜守本官，自今已後，刑部郎中，諸司諸使，更不得奏請充職。

宋·王溥《唐會要·刑部·都官郎中》 隋爲都官郎，置二人，皇朝因之，置一人，武德三年，加中字，龍朔二年，改爲司僕大夫，咸亨元年，復爲都官郎中。

宋·王溥《唐會要·刑部·比部郎中》 隋爲比部郎，唐因之，武德三年，加中字，龍朔二年，改爲司計大夫，咸亨元年，復爲比部郎中。

宋·王溥《唐會要·御史臺上·御史臺》 武德初，因隋舊制爲御史臺，龍朔二年四月四日，改爲憲臺。咸亨元年十月二十三日，復爲御史臺。光宅元年九月五日，改爲左肅政臺，專管在京百司，及監軍旅，更置右肅政臺，其職員一准左臺，令按察京城外文武官僚，以中宗英王府材石營之，殿中御史石抱貞繕造焉。神龍元年二月四日，改爲左右御史臺。景雲三年二月二日，廢右臺。先天二年九月一日，又置右臺，停諸道按察使。其年十月二十五日，又置諸道按察使，廢右臺。初置兩臺，每年春秋發使，春曰風俗，秋曰廉察，令地官尙書韋方質爲條例，方質删定爲四十八條，以察州縣，載初以後，奉勅乃巡，每年不出使。鄴都故事云，臺門北開者，法司主陰，取冬殺之義，或云隋初移都之時，兵部尙書李圓通，兼御史大夫，欲使尙書省便近，故開北門。

蘇氏駁曰：此說或近之矣，若取冬殺之義，則東都臺門，亦合北開，何故南啓？況本置臺司，以察冤濫，是有國者好生之德，豈創冬殺之意，以入人罪者乎？

故事，御史臺無受詞訟之例，有詞狀在門，御史採有可彈者，即略其姓名，皆云風聞訪知。其後御史疾惡公方者少，遞相推倚，通狀人頗壅滯。至開元十四年，始定受事御史，人知一日劾狀，遂題告事人名，乖自古風聞之義，至今不改。

蘇氏駁曰，御史臺正朝廷綱紀，舉百司紊失，有彈邪佞之文，無受詞訟之例，今則重於此而忘於彼矣。故事，臺中無獄，須留問，寄繫於大理寺。至貞觀二十二年二月，李乾祐爲大夫，別置臺獄，由是大夫而下，已各自禁人。至開元十四年，崔隱甫爲大夫，引故事奏掘去之。以後，恐罪人於大理寺隔街來往，致有漏洩獄情，遂於臺中諸院寄禁，至今不改。西臺舊東鄰宗正寺，後移寺於廢右御史臺，其寺舊地，并隸臺司。故事，其百僚有奸詐隱伏，得專推劾，若中書門下五品以上，尚書省四品以上，諸司三品以上，則書而進之，并送中書門下。故事，凡天下之人，有稱冤而無告者，與三司詰之。三司，御史大夫，中書門下。大事奏裁，小事專達。

開元二十七年二月二十七日勅，御史臺宜置主簿錄事二人。

貞元七年六月二十七日勅，御史臺每月別給贓錢二百貫文，充公廨雜費用。

八年正月，御史臺奏，伏以臺司推事，多是制獄，其中或有准勅，便須處分，要知法理。又緣大理寺刑部斷獄，亦皆申報臺司，儻或差錯，事須詳定。比來卻令刑部大理寺法直較勘，必恐自相扶會，縱有差失，無由辯明。伏請置法直一員，冀斷結之際，事無闕遺，有糧料請取臺中諸色錢物量事支給，其功優等，請准刑部大理處分。勅旨，依奏。

九年二月，御史臺奏，今後府縣諸司公事，有推問未畢，輒撾鼓進狀者，請卻付本司推問斷訖，猶稱抑屈，便任詣臺司按覆。若實抑屈，所由官錄奏推典，量罪決責，如告事人所訴不實，亦準法處分。

元和四年，御史臺奏，諸道州府有違法徵科者，請委鹽鐵轉運度支巡院察訪報臺，以憑舉奏。從之。

五年二月，御史中丞王播奏，監察御史，舊例在任二十五月，轉准具員，不加，今請仍舊。殿中侍御史，舊例在任十三月，轉准具員，加至十八月，今請減至十五月。侍御史，舊例在任十月，轉准具員，加至十三月，今請減至十月。從之。

十一年九月，御史臺奏，御史同制除官，承前以名字高下，爲班位先後，或名在前，身在外，及到卻在舊人之上，後先有紊，勞逸不均，今請以上日爲先後，未上不得計月數。從之。

十二年三月，御史中丞崔植奏，當臺新除三院御史，以受旨職事先後立。

十三年十月，御史臺奏，請應除御史職事，但據上日爲先後，未上日不得計月數者，准其年九月七日勅，不逾一箇月，不在此限。行立班次，即宜以勅內先後爲定。臣伏以御史除官之時，據來處各有遠近，若據一月，使爲懲創，恐乖舊制，殊未合宜，伏緣臺司職事，各有定分，先後次第，不可逾越，若行立班次，既依勅令，公事先後，須繫到日，則院長本職，飜然在下，制置錯亂，無所遵承，行之累年，轉見其弊，伏請自今以後，三院御史職事行立，一切依勅文先後爲定，除拜上日，便爲月數，須觀積効，豈繫旬時，如有除官以後，赴職稽慢，量道路遠近，則臺司別具名聞奏，須議懲責，豈止顛倒職事而已。從之。

長慶元年十一月，御史臺奏，應十惡及殺人鬭毆，官典犯贓，并僞造計銀，劫盜竊盜，及府縣推斷訖，重論訴人等，皆是奸惡之徒，推鞫之時，盡皆伏罪，臨刑之次，即又稱冤，每度稱冤，皆須重推，與證平常，被其追擾，若無懲革，爲弊實深。伏請今後有此色賊，臺及府縣并外州，但計三度推問，不同人皆有伏款，及三度斷結訖，更有論訴，一切不重推問，限其中縱有進狀。勅下，如是已經三度結斷者，亦請受勅處聞奏執論，如本推官典受賄賂，推斷不平，及有冤濫詞狀，言訖便可立驗者，即請以重推。如所告及稱冤，推勘又虛，除本犯是死刑外，餘罪於本條更加一等。如官典取受有實，亦請本罪更加一等，如所訴冤屈不虛，其經第三度推官典，請於本法外，更加一等貶責，其第三度官典，亦請節級科處。從之。

二年正月，御史中丞牛僧孺奏，諸道節度觀察等使，請在臺御史充判官。臣伏見貞元二年勅，在中書門下兩省供奉官，及尚書御史臺見任郎官御史，諸司諸使，並不得奏請任使，仍永爲常式。近日諸道奏請，皆不守勅文，臣昨十三日，已於延英面奏，伏蒙允許舉前勅，不許更有奏請。制曰可。時段文昌自宰相出鎮庸蜀，奏諫官御史南宮郎三人爲僚佐，以某職帶臺銜，上故可之。不逾年，又奏侍御史王申伯、監察蘇景裔，留中不下。中執法舉舊章，議者以爲當。

三年十一月，御史臺奏，伏以臺司奏報，並有舊條，昨因左巡奏疏闕，已準勑科罰聞奏訖。臣今檢尋條件，本不該詳，事須添改，令可遵守，伏請添一節文，應諸司科決人致死，雖不死而事異於常，稍涉非理者，並準前條奏聞，禁城內不在此限，庶得從今已後，免有遺闕。勑旨，依奏。

寶歷元年九月，御史臺奏，常參官及六品以下分司官，比來淹延，動經累月。今後常參官分司，請勑下後二十日發，其六品以下分司，官請待臺牒到發，限外若妄稱事故不發，常參官聽進止，六品以下官，臺司舉罰兩月俸料。從之。

太和元年十二月，御史臺奏，伏以京城囚徒，準勑科決者，臣當司準舊例，差御史一人監決，如囚稱冤，即收禁聞奏，便令監決御史覆勘者，伏慮監決之時，各懷疑憚，務求省便，難究冤辭，恐至無告屈之人，失陛下好生之治。且臺司本定四推，以讞疑獄，六察職事以重，不合分外領推。伏請自今以後，有囚稱冤者，監察御史聞奏，勑下後，便配四推，所冀獄無冤滯，事得倫理。從之。

四年九月，御史奏，諸司諸使，及諸州府縣，并監院等，公事申牒臣當臺，各令遵守時限，并臣當司行牒勘事，多緣准勑推勘刑獄，或是遠方人事有冤抑，凡於關繫，盡須勘逐，事節不精，即慮滯屈。比來行牒，有累月不申，兼頻牒不報者，遂使刑獄淹恤，懼涉慢官，其間或有須且禁申，動經時月者，若無條約，弊恐轉深。臣等今勘責各得遠近程限，及往復日數，限外經十日不報者，其本判官勾官等，各罰三十直。如兩度不報者，其本判官勾官，各罰五十直。如三度不報者，其本判官勾官，各罰一百直。如涉情故違勑限者，本判官勾官，牒考功書下考，如經過所由，輒有停滯，其所由官等，節級別舉處分。其間如事須轉行文牒，諸處追尋，亦須具事由先報。旨，依奏。

九年八月，御史臺奏，京兆尹及少尹兩縣令，合臺參官等，舊例，新除大夫中丞，府縣官自京兆尹以下，並就臺參見，其新除三院御史，並不到臺參，亦不於廊下參見。此爲闕禮尤甚，伏請自今以後，應三院有新除御史等，並請勑京兆尹及少尹兩縣令，就廊下參見，冀使稟奉之禮不虧，臨制之儀可守，臺司令史，及驅使官，并諸色所由，有罪犯須科決等，或有罪犯稍重者，皆是愚人常態，不可一一奏聞，便欲隨事科舉，又緣臺杖稍細，以細杖而止大罪，必恐兇狡不懲。自今以後，如有情故難容，不足上陳聖聽者，許臣等據所犯判決杖下數，勒送京兆府，用常行杖科決訖報，冀得戒懼之意稍嚴，奸欺之心可革。勑旨，依奏。

大中元年四月，御史臺奏，伏以御史臺臨制百司糾繩不法，若事簡則風憲自肅，事煩則綱紀轉輕。至如婚田兩競，息利交關，凡所陳論，皆合先陳府縣，如屬諸軍諸使，亦合於本司披論。近日多便詣臺論訴，煩褻既甚，爲弊頗深。自今已後，伏請應有論理公私債負，及婚田兩競，且令於本司本州府論理，不得即詣臺論訴。如有先進狀，及接宰相下狀送到臺司勘，當審知先未經本司論理者，亦且請送本司。如已經本司論理不平，即任經臺司論訴，臺司推勘冤屈不虛，其本司本州元推官典，並請追赴臺推勘量事情輕重科斷。本推官若罪輕，即罰直書下考；稍重，即停任貶降，以此懲責，庶免曠官。臣今月三日，已於延英面奏，令臣將狀來。勑旨，依奏。

三年十一月，御史臺奏，應三院御史新除授月限，伏以當司官三十餘員，朝廷舊例，月限守官，年勞考績。今監察御史，以二十五月爲限，殿中侍御史十八月，侍御史十三月。所主公事，起自出使推劾諸色監，當經歷六察，糾繩官司，知左右巡使，監臨倉庫，四推鞫獄，兩彈舉事，皆無敗闕，方得轉遷。承前遠地除官，或三月五月，然始到京，所務逗遛，積延時月，年終考課，使繫虛月，官事勞苦，併在舊人，侍御史周歲而遷，或到城欲及滿歲，臨察二年爲限，或在外有至半年，致此依違，曾無督責。臣請自今已後，應當司官除新授者，並請以上後繫月，仍以上日在後者爲新人，不更數虛月。不唯分月直之勞苦，抑亦促遠來之道途。又三館奏，請御史充職等，伏以臺司三院御史，職在專臨，如繫他曹，必有所紊，況推鞫公事，察視百司，無不急急，以副期限。倘或官留此地，志在異衙，固非便宜，實亦乖當。如書府或須奏請，南宮可輟郎官，兩館忽將闕人，北省自有遺補，事理至便，兼不曠官。伏乞聖慈，察臣當司公事繫重，特勑中書門下，自此更不許三館奏取御史充職，兼見有者，亦乞落職放還。勑旨，依奏。

其年十二月，御史臺奏，三院令史，準請刑部大理寺例，許七考放選。勑旨，出使及推制獄，減二年勞，餘依奏。

四年，御史臺奏，應文武帝參官，本合朝日，及入閤進朝不到，并連請假故，久闕朝參等，臣今月二十一日，延英面奏進止，以班行務在嚴肅，令臣切加提舉者，臣伏見元和元年，御史中丞武元衡奏，止於禮部兵部吏部尚書侍郎郎官等，選舉限内，久廢朝參，雖事在奉公，猶奏請釐革。近者以久絶提舉，稍涉因循，應文武常參官，多妄請假故，不妨人事，無廢宴遊，但務便安，有虧誠敬，以至上勞聖念，俾肅朝行。臣參憲司，親承睿旨，苟或避事，實虞曠官，臣請起自今以後，文武常參官等，除准式假及疾病灼然，爲衆所知外，有以事故請假者，並望許臣舉察錄奏。其所陳假牌，請準舊例，每牒不過三日，每月不得再陳牒。如本合朝日，無故一不到，請準常條書罰。再不到，臣請倍罰，頻三朝不到，便請具名銜奏，聽進止。其進朝入閤近例，全合赴班，一不到，準常條已倍書罰，頻兩朝不到，便請具名銜奏聞，所冀臣僚稍加惕厲，班列得以整齊。勅旨，依奏。

宋・王溥《唐會要・御史臺上・東都留臺》 舊制，中都留臺官，自中丞已下，元額七員：中丞一員，侍御史一員，殿中侍御史二員，監察御史三員。

天寶十四載，安祿山犯東都，殺留臺御史中丞盧奕。奕與留守李憕，誓不避死。人吏奔散，奕在臺獨居，爲賊所執，與憕同見害。弈臨難不苟免，居位守死，太常謚曰貞烈。

大歷十年，以儉校駕部郎中兼侍御史何運，出納使蔣沇，兼爲御史中丞，仍東都留臺。

十四年七月，以吏部郎中房宗偃，爲御史中丞，仍東都留臺，充東都畿汝觀察處置使。

建中二年六月，以檢校秘書少監。永平軍節度副使鄭叔則，爲御史中丞，東都留臺，充東都畿汝觀察處置使。

貞元十六年十二月，以給事中姚齊梧，爲御史中丞，仍東都留臺。

元和二年四月，以刑部郎中兼侍御史知雜事盧坦，爲御史中丞、東都留臺。

十三年三月，以權知御史中丞崔元略，爲東都留臺。自後但以侍御史、殿中侍御史、監察御史共主留臺之務，而三院御史，亦不嘗備焉。

宋・王溥《唐會要・御史臺上・御史大夫》 龍朔二年二月四日，改爲大司憲。咸亨九年十二月二十三日，復爲御史大夫，至今不改。故事，侍御史以下，與大夫抗禮。光宅元年九月，韋思謙除右肅政大夫，遂坐受拜。或以爲言，思謙曰，國之班列，自有等差，奈何姑息爲事。其後監察又與之抗禮，至開元十八年，有勅申明，隔品致敬，其禮不改。至二十四年六月，李適之爲大夫，又坐受拜。其後監察又與之抗禮，至今不改。故事，大夫與監察競爲官政，略無承稟，至開元十四年，崔隱甫爲大夫，一切督責之，事無大小，悉令諮決，稍有忤意，列上其罪，前後貶出者過半，羣僚惕然。上常謂曰，卿爲大夫，深副朕所委也。

會昌二年十二月，檢校司徒兼太子太保牛僧孺等奏狀，奉十一月二十八日勅中書門下奏，御史大夫，秦爲上卿，漢爲副相，又漢末復爲大司空，與丞相俱爲三公，掌邦國刑憲，肅政朝廷，其任至重，品秩殊峻。望準六尚書例，升爲正三品。御史中丞爲大夫之貳，緣大夫秩崇，官不常置，中丞爲憲臺之長。今九寺少卿，及秘書少監，以國子監司業、京兆尹，幷府寺省監之貳，皆爲四品。唯御史中丞官業雖重，品秩未崇，升爲正四品下，爲大夫之貳，令不隔品，亦與丞郎出入秩同，以重其任。緣關朝廷典制，須行之可久，必得博盡羣議，詢謀僉同，望令兩省御史臺五品以上，尚書省四品以上，太子太保太常卿參議聞奏者，伏以前代帝王，建官設位之制，互有沿革，升降廢置，蓋取於一時所宜，苟得其宜，則爲當代之美。臣等伏據《六典》故事，御史大夫、御史中丞等官，歷代之制，位不常定，至於刑憲之所倚，則古今之任不殊。今陛下方宏約法之道，俾增崇品秩，同秩丞郎，蓋千年一時之盛美也。臣等又據故事，御史大夫總朝廷刑憲，掌邦國紀綱，峻其秩位，亦計所宜。御史中丞，雖官貳大夫，與大夫多不並置，專席既稱獨坐，隔品豈合迭居，今命秩資升遷，實爲允當。臣等參詳事理，衆議僉同，伏請著於典章，永爲定制。勅旨，依奏。

宋・王溥《唐會要・御史臺上・御史中丞》 隋以國諱，改中丞爲治書侍御史。武德初，因隋舊制不改。貞觀二十三年七月三日，避高宗諱，改爲御史中丞。龍朔二年二月四日，改爲司憲大夫。咸亨元年十二月二十三日，改爲御史中丞，西臺中丞同一廳。至開元二十一年，有制以賦餘修百司廨宇，西臺中丞裴寬，始以舊監察創置中丞東廳東臺，二中丞亦同廳。開元二十一年十一月，大夫崔琳奏，割秘書省東北地，迴改修造，二中丞遂各別廳。開元二十二年三月，置京畿採訪處，置使以中丞爲之。自是不改。其時，大夫是李尚隱，不充使，以中丞盧奐爲之，至永泰元年以後，遂以大夫王翊、崔渙、李渙、崔寧、盧杞等爲使，梁華故實。

元和四年七月，御史中丞李夷簡奏，京兆尹楊憑，前爲江西觀察使，贓罪及他不法事，勅副御史臺刑部尚書李鄘、大理卿趙昌鞫問，貶憑賀州臨賀縣尉。又追捕憑前江西判官監察御史楊瑗，繫在臺，命大理少卿胡珦，左司員外郎胡証，侍御史韋顗同推。初，夷簡自御史出官巡屬，憑頗疏縱，不顧接之，夷簡常切齒。又憑歸朝參，修第永寧里，廣蓄妓妾於永樂里，夷簡乘衆議，舉劾前事。及下獄，置對數日未得其事。夷簡持之益急，上聞且貶焉。上即位，以法制臨下，夷簡首舉憑罪，故時議以爲宜。然繩之太過，物論又譏其深切矣。

八年二月，僧鑒虚付京兆尹府，決重杖一頓處死，仍籍其財産。鑒虚在貞元中，以講説爲事，斂用貨利，交權貴，爲奸濫。事發，中外掌權者，更欲搖動之。有詔，初命釋其罪，時御史中丞薛存誠，不受詔。翌日宣旨曰，吾要此僧，面詰其事，非赦之也。存誠又奏曰，鑒虚罪狀已具，陛下將召之，請先貶臣，然後可取。上嘉其有守，遂令杖殺之。

其年，洪州監軍誣奏信州刺史李位，謀大逆，追赴京師，上勅令付仗內鞫問。御史中丞存誠，一日三表，請付位於御史臺。及推按無狀，位竟得雪，未幾，授存誠給事中。數月，中丞闕，上謂宰相曰，持憲無如存誠，遂復授之。

九年，裴度爲御史中丞，奏崔從爲侍御史，知雜事。及度作相，奏自代爲御史中丞。從正色立朝，彈奏不避權倖，事關臺閣，或付仗內者，必抗章疏論列，請歸有司。凡所取御史，必先質重勇退者，時論嘉之。

開成元年五月，上御紫宸殿，宰相李固言奏曰，御史中丞李玶在臺，雖無甚過，以爲人疎易，不稱此官。此官乃天下紀綱，有司繩準，苟用人非當，則紊亂典章。上曰，李玶官業，應不甚舉，然爲人豈不長厚耶？固言對曰，臣所奏緣與御史中丞不相宜，人即長厚，難任彈奏，且憲司事亦至難，官要得宜者。

會昌二年十二月，中書門下奏，諸道諸使，奏兼御史中丞。伏以御史中丞近升品秩，向外兼攝，亦宜相重。臣等商量，今日已後，諸道節度使，及度支解縣榷鹽鐵副使等，并須帶檢校四品官，方得奏請。其正郎以下，不在奏限，諸郡刺史，亦須地望雄重，兵額稍多處，方得兼授。如前任已兼中丞，須再除者，不在此例。從之。

大中三年，以御史中丞魏謩，兼戶部侍郎，判本司事。謩奏曰，御史臺紀綱之地，不宜與泉貨吏雜處，乞罷中司，專綜戶部公事。從之。

乾符三年二月四日，御史中丞李迢奏，外州府有禁繫罪人，關連京百司，請委本州除合抵極法外，疏理訖聞奏。從之。

宋・王溥《唐會要・御史臺上・侍御史》 四員，長安二年始置，內供奉在正員之外，仍不得過本數，其遷改與正官資望亦齊。舊制，庶僕五分減一，其職有六：奏彈三司，西推，東推，贓贖，理匭。凡三司理匭，則與給事中中書舍人，更直朝堂受表。臺中唯有四職，謂知雜公廨，彈事謂之推彈，廨雜今知雜侍御史，多兼省官以爲之。

武德四年，李素立爲監察御史，丁憂。高祖令所司奪情，授一七品清要官，所司擬雍州司錄參軍。上曰，此官要而不清。又擬秘書郎，上曰，此官清而不要。遂授侍御史。

貞元六年，竇羣入拜侍御史，有人誣告故尚父子儀嬖人張氏宅中有寶玉者。張氏兄弟，又與尚父家子孫相告訴，詔促其獄。羣上奏言，張氏以子儀在時分財，子弟不合爭奪，然張氏宅與親仁宅，皆子儀家事，子儀素有大勳，伏望陛下特赦而勿問，使私自退省。上從之，時人稱其知大體也。

十二年六月，侍御史竇羣奏，常參官假滿，惟三品官至王府傅已上，即於正衙參假，其餘不在此限。臣伏見諸司官，或位列通班。職居要劇，其左右丞、諸司侍郎、御史中丞、給事中、中書舍人，并是四品五品清要官，不在參假例。或彌旬曠廢，皆不上聞，或未滿一日，例不舉奏。臣今請尚書省四品官，御史臺五品官，中書門下五品官請假，並同三品例參假，曠廢必知，勤惰無隱，臣職當彈舉，輒陳事宜。勅旨，依奏。

太和三年，華州刺史宇文鼎，戶部員外郎盧允中，坐贓，文宗怒，將殺之。侍御史盧宏貞奏曰，鼎爲近輔刺史，以贓污聞，死固恆典，但取受之首，罪在允中，監司之責，鼎當連坐。帝然之，減鼎三等。

宋・王溥《唐會要・御史臺上・殿中侍御史》 隋末不置，武德五年三月二十二日，置四員。貞觀二十二年十二月九日，大夫李乾祐，奏增兩員，以李文禮張敬一爲之。文明元年，又制殿中裏行，以楊啓王侍徵爲之，準吏部式，以三員爲定額。監倉庫本是察院職務，近移入院。第一人監倉，第二人監庫。

龍朔三年五月，雍州司戶參軍韋絢，除殿中侍御史。或以爲非遷，中書侍郎上官儀聞而笑曰，此田舍翁議論，殿中侍御史赤墀下供奉，接武夔龍，簉羽鵷鷺，奈何以雍州判佐相比。以爲清議。

貞元十年四月勑，準《六典》，殿中侍御史，凡兩京城內，分知左右巡察，其不法之事，謂左降流移，停匿不去，及妖訛宿宵，蒲博盜竊，獄訟冤濫，諸州綱典貿易，賦斂違法，如此之類，方合奏聞。比者因循，務求細事，既甚煩碎，頗失大猷，宜令自今以後，據《六典》合舉之事，所司有隱蔽者，即具狀奏聞，其餘常務，不須更聞。

太和元年六月，御史大夫李固言奏，監太倉殿中侍御史一人，監左藏庫殿中侍御史一人。臺中舊例，取殿中侍御史從上第一人充監大倉使，第二人充監左藏庫使，又各領制獄。伏緣推事，皆有程限，所監遂不專精，往往空行文牒，不到倉庫，動經累月，莫審盈虛，遂使錢穀之司，狡吏得計，至於出入，多有隱欺。臣今商量，監倉御史，若當出納之時，所推制獄稍大者，許五日一入倉，如非大獄，許三日入倉。如不是出納之時，則許一月兩入倉檢校。其左藏庫公事，尋常繁鬧，監庫御史所推制獄，大者亦許五日一入庫，如無大獄，常許一旬內計會，取三日入庫句當。庶使當司公事，稍振綱條，錢穀所由，亦知警懼。勑旨，依奏。

宋・王溥《唐會要・御史臺上・監察御史》 武德初，因隋舊制，置八員，貞觀二年二月九日，御史大夫李乾祐，奏加兩員，以李義琛、韋務靜爲之。龍朔元年八月，忻州定襄縣尉王本立，爲監察御史，裏行之名始於此。《六典》又云，裏行始於馬周，未知孰是。初皆帶本官，祿俸於本官請，如未即眞，有故停，即以本官赴選。文明元年，自王賓以後，不復更銜本官，且以裏行爲名，至今不改。天后時，又有臺使八人，俸亦於本官請，餘並同監察，時人呼爲六指，吏部式，監察裏行及試，以七員爲定額。開元初，又置裏行使，無員數。監察御史職知朝堂，正門無籍，非因奏事，不得入至殿庭。在栖鳳閣南，望殿中侍御史以從觀象門出，若從天降。至開元七年三月，勑並令隨仗入閤。西監察院，即今中丞東廨是也。中丞裴寬，因修廨宇，遂移監察院於十道使院置之，舊院遂爲中丞廨宇。

杜易簡御史臺雜注云，監察御史，自永徽以後，多是勑授。雖有吏部注擬，門下過覆，大半不成。至龍朔中，李義府掌選，寵任既崇，始注得御史。李義府敗，無吏部注者，員外左右通事舍人等亦然。

蘇氏駁曰，員外郎御史，并供奉官，進名勑授，是開元四年六月十九日勑，杜易簡著雜注以後，猶四十年爲吏曹注擬矣。

興元二年十月四日勑，監察御史六人，承前所定，皆是從下次。舊例，從下又合出使，若一人出使，兼有故，則六察御史遞相移改，今請令監察從上第一人察吏部禮部，第二人察兵部工部，第三人察戶部刑部，每年終，議其殿最。

貞元二年五月，御史中丞竇參奏，得監察御史鄭襄狀，准《六典》，應郊廟祀祭，皆御史監之。蓋職在省其器服，閱其牲牢，有不修敬，則舉劾聞奏。主者嚴薦獻，交神明，監者舉過繆，糾闕誤，所務不同。準式，齋官有故，許通融行事，公事數人，可得通攝，其監察御史，唯有一人，舊例有故便闕者，伏以祀事肅恭，國家大典，苟無糾察，恐虧慎重。卻請以後，監察御史誓戒後，有假及改轉者，許續差御史，令沐浴潔服往，即冀官次有常，禮物嚴備，從之。

四年八月，檢校司徒兼太子太保李勉薨。至德初，從靈武拜監察御史，屬朝廷用武，勳臣背闕而坐，勉舉劾不敬，拘之，肅宗特原之，而謂左右曰，吾有李勉，始知朝廷之尊矣。

十一年二月，黔中監察御史崔穆，爲部人告贓二十七萬貫，及他犯，遣監察御史李直方往黔州覆按。近事，雨晦無對見者，是日雨止，上重至延英，召見直方遣焉。

十九年十二月，監察史崔薳笞四十，配流崖州。初，建中元年，勑京城諸軍諸使，及府縣，季終命御史分曹巡按繫囚，省其冤濫以聞。近年以北軍職在禁密，但移牒而已，御史未嘗至。薳在官近，不諳故事，至右神策軍云，奉制巡按，軍使等以爲持有制命，頗驚愕，軍中遽奏之，上發怒，故有此命。

元和四年五月，御史臺奏，準舊例，監察御史從下第六人，各察尚書省一司，又準興元元年十一月勑，令監察御史從上第一人，察吏部禮部，第二人察兵部工部，第三人察戶部刑部。伏以監察第一第二人，已充監察御史及館驛等使，新人出使外，並無職掌，無以觀其能否，今請守舊制，以新人分察。從之。

太和二年，郊廟告祭，差攝三公行事，多以雜品，監察御史柳璟監察，奏曰，准開元二十三年，勅，宗廟大祀，宜差左右丞相、嗣王、特進、少保、少傅、尚書、賓客、御史大夫。又準二十五年勅，太廟五享，差丞相師傅，尚書嗣郡王通攝，餘司不在差限。又元和四年，勅太廟告祭攝官，太尉以宰相充，其攝司徒司空，以僕射尚書，師傅充，餘司不在差限。比來吏部因循，不守前後勅文，用人稍輕，請自今年冬季，勅吏部准開元元和勅例差官。從之。

八年九月，御史臺奏，當司應六察官，伏準元和四年五月二十日勅，監察御史六人，分察尚書省，從下一人察吏部，其次察兵部省。伏以監察在臺，職當使役，或有出入推按，例合差遣新人，每因一人奉使，須數員轉職，既頻移易，使致因循，舉察之務，難得精審。今請除監察館驛兩處以次入，便專察吏部，其下便依次轉差，所冀察務有常，公事知守，勅旨，依奏。

開成元年正月，中書門下奏，監察太倉左藏庫御史，請於新入庶臺察中，擇精強幹用兩人，分監倉庫，全放朝謁。每月除本官俸錢外，別給見錢三十千，隔日早入。勅旨，依奏。

大中四年九月十六日，御史臺奏，准舊例，京兆府準勅科決囚徒，合差監察御史一人到府門監決。御史未至，其囚已至科決處，縱有冤屈，披訴不及。今後請許令御史到府引問，如囚不稱冤，然後許行決，其河南府准此，諸州有死囚，仍委長官差官監決，并先引問。從之。

宋・王溥《唐會要・御史臺中・館驛》 開元十六年七月十九日勅巡傳驛，宜因御史出使，便令校察。至二十五年五月，監察御史鄭審，檢校兩京館驛，猶未稱使。今驛門前十二辰堆，即審創焉。乾元元年三月，度支郎中第五琦，充諸道館驛使。大歷五年九月，杜濟除京兆尹，充本府館驛使。自後京兆常帶使，至建中元年停。大歷十四年九月，門下省奏，兩京請委御史臺，各定知驛使御史一人，往來句當，遂稱館驛使。謹按《六典》及《御史臺記》，并《雜注》，即並不言臺中有館驛使。

貞觀十九年，太宗親征遼，發定州。皇太子奏，請飛驛遞表起居，又請遞勅垂報，並許之。飛表奏事，自茲始也。

大足元年五月六日勅，諸軍節度大使，聽將家口八人，副大使六人，萬人已上鎮軍大使四人，副使三人，五千人已上大使三人，副使二人，並給傳乘。

長安四年五月二日，乘傳人使事閑緩，每日不得過四驛。

景雲二年八月四日勅，諸使至京都，經一日已上，即停乘傳驛及供給。

開元七年六月二十八日勅，專知傳驛官，一差定後，年限未終，所由不得輒迴改，并別差使，及別報句當。其年七月一日勅，諸道按察使家口，往過宜給傳遞。

十五年四月十日勅兩京都亭驛，應出使人三品已上，及清要官，驛馬到日，不得淹留，過時不發，餘並令就驛進發，左右巡御史專知訪察。

十八年六月十三日勅，如聞比來給傳使人，爲無傳馬，還只乘驛，徒押傳遞，事頗勞煩。自今已後，應乘傳者，宜給紙券。

二十三年七月十七日，新除都督刺史，并闕三官州上佐，並給驛發遣。

二十八年六月一日，勅曰，先置陸驛，以通使命，苟無闕事，雅適其宜。如聞江淮河南，兼有水驛，損人費馬，甚覺勞煩，且使臣受命，貴赴程期，豈有求安，故爲勞擾，其應置水驛，宜並停。

天寶十一載十一月五日，自今諸郡太守謝上表，並附驛遞進。

大歷十四年二月二十六日，郎官請假拜埽，宜準開元天寶中舊例，給公乘。

其年九月十七日，門下省奏，准公式令，諸給驛馬，職事三品，及爵三品已上，若王，四疋，四品已上，及國公，三品五品及爵三品已上，二疋，餘官爵各一疋。伏望今後，並約前件馬數給券，其從人，每馬一疋，許將一人。從之。其月勅節文，兩京宜委御史臺，各定知驛御史一人，往來句當，諸道委節度觀察使，各於本道判官中，定一人，專知差定訖，具名銜聞奏，并牒奏。

建中四年正月十一日，館驛置五等使料，及主人馬數。其月，詔商州度上津路館置舍。

貞元二年三月，河南尹充河南水陸運使薛珏奏，當府館驛，準永泰元年三月，京兆尹兼御史大夫第五琦奏，使人緣路，無故不得於館驛淹留，縱然有事，經三日已上，即於主人安置館存其供限。如有家口相隨，及自須於村店安置，不得令館驛將什物飯食草料，就等彼供給擬者。伏以承前格勅，非不丁寧，歲月滋深，因循久弊，今往來使客，多是武臣，踰越條流，廣求供給，府縣少缺，侮吝坐至，屬當凋殘，實難濟辦。況都城大路，耗費倍深。伏乞重降殊恩，申明前勅，絕其僥濫，俾懼章程，庶郵驛獲全，職司是守。勅旨，宜付所司，舉元勅處分。

其年六月二十二日勅，諸道進奉卻迴，及准勅發遣官健家口，不合給驛券人等，承前皆給，路次轉達，牒令州縣給熟食程糧草料。自今以後，宜委門下省檢勘，憑據分明，給傳牒發遣，切加勘責，勿容踰濫，仍準給券例，每月一度具狀聞奏。

其年十二月勅節文，從上都至汴州爲大路驛，從上都至荆南爲次路驛。知六路驛官，每一周年無敗闕，與減一選，仍任累計，次路驛官。二周年無敗闕，與減一選，三周年減兩選。

八年，門下省奏，郵驛條式，應給紙券，除門下外，諸使諸州，不得給往還券，至所詣州府納之，別給令還，其常參官府外除授，及分司假寧往來，並給券。從之。

元和四年正月勅，準元和三年諸道濫給券道勅文，總一百二十七道已上者，州府長官宜奪一季俸祿，其本州官曹官及錄事參軍，付吏部用闕，去任殿一選。

其年，監察御史元稹劾奏徐州節度使王召，傳送故監軍使孟昇喪柩還京，給券乘驛，仍於郵舍安喪柩，有違典例。

五年正月，考功奏，諸道節度使觀察等使，各選清強判官一人，專知郵驛。如一周年無違犯，與上考。如有違越，書下考者。伏以遵守條章，纔爲奉職，便與殊考，恐涉太優。今請不違勅文者，書中上考，其違越者，依前書下考，仍請永爲常式。勅旨，依奏。

其年四月，御史臺奏，御史出使及卻迴，所在館驛，逢中使等，舊例御史到館驛，已於上廳下了，有中使後到，即就別廳。如有中使先到上廳，御史亦就別廳。因循歲年，積爲故實，訪聞近日，多不遵守。中使若未諳往例，責欲逾越，御史若不守故事，懼失憲章，喧競道途，深乖事體。伏請各令遵奉舊例，冀其守分。勅旨，其三品官及中書門下尚書省官，或出銜制命，或入赴闕庭，諸道節度使觀察使赴本道，或朝覲，幷前節度使觀察使追赴闕庭者，亦准此例。先，監察御史元稹，自東臺赴闕，至敷水驛，與中使劉士元爭廳事，因士元以鞭擊元稹之面，稹跣而走，故有是命。

九年四月，自夏州至天德，復置廢館一十一所，以通緩急。時，去年迴鶻自部落南過磧，取四城柳谷路討吐蕃。西城防禦使周懷義表至，朝廷大恐，以過鶻聲言討吐蕃，意是入寇。宰臣李吉甫，以爲迴鶻入寇，且當漸絕和事，不應便來犯邊，但須設備，不足爲慮，因請置之云。

十一年十二月，門下省奏，事非急切者，不得乘驛馬。從之。

十二年十二月，復以中官爲館驛使。《六典》之制，以監察第二御史主郵驛，元和初，常以中官曹進玉爲使，恃恩暴戾，遇四方使多倨，詰之或至捽辱者，內外屢以爲言。宰臣李吉甫等論罷之，至是復置。左補闕裴潾上疏曰，伏以館驛之務，每驛各有專知官主當，又有京兆府觀察使刺史，遞相監臨，臺中有御史充館驛使，專察過闕。伏以近有敗事，上聞聖聰，若明示科條，切責官吏，據其過犯，明加貶黜，敢不惕懼，日夜勵精。若令宮闈之臣，出參館驛之務，則內臣外務，職分各殊。切惟塞侵官之源，絕出位之漸，事有不便，必誡於初，令或乖方，不必在大，當埽靜妖氛之日，開太平至治之風，澄本正名，正在今日。疏奏不報。

十三年，庫部員外郎李渤，爲潞州弔祭使。上言，畿內諸驛馬多死，上命以飛龍馬數百疋付之。

長慶元年九月，中使二人，充行營糧料館驛使。左補闕蔣防等，以非故事，恐驚物聽，上疏切諫，遂罷之。其月，復置行營糧料館驛等中使，宰臣切論，給事中封勅，諫官上疏諫止。

其年四月勅，如聞館驛遞馬，死損轉多，欲令提舉吏人，悉又推委中使，驛吏稱不見券，則隨所索盡供，既無憑據，肯有定數。自今以後，中使乘遞，宜將券示驛吏，據券供馬，如不見券，及分外索馬，輒不得勒供。下後從長樂臨皋等驛，準此勘合，如不遵守，要速聞知。仍委所在長官，當時具名銜聞奏。其常參官出使，及諸道幕府軍將等，合乘遞者，並須依格式，如有違越，當加科貶。

其年九月，時詔命授行營諸司方略，朝令夕改，驛使相望。京兆尹柳公綽獻狀訴云，自幽鎮兵興，使命繁幷，館驛貧虛，鞍馬多闕。又勅使行傳，都無限約，驛吏不得視券牒，隨口即供，驛馬既盡，遂奪鞍乘，衣冠士庶，驚擾怨嗟。於是降勅，中使傳券，素有定數，如聞近日多越券牒，宜令諸司府，據元和十四年四月五日勅，分明曉示。自今已後，如更違越，所在州縣，俱當時具名聞奏。

寶歷二年二月，鳳翔隴州觀察使上言，當管緣興元新迴斜谷路，創置驛三所，岐山縣南界，置渭陽驛。郿縣北界，置過蜀驛；寶鷄縣南界，置安途驛。其月，山南西道觀察使上言，當道新制斜谷，其中須置館驛，及創驛右界名者三，甘亭館請改爲懸泉驛，駱駝蕎館改爲武興驛，坂下館請改爲右界驛。並可之。

太和四年十月，御史臺奏，伏準《六典》故事，外官授命，皆便道之官，蓋緣任闕其人，則朝廷切於綜理。近日皆顯陳私便，不顯京國，越理勞人，逆行縣道，或非傳置，創設供承，況每道館驛有數，使料有條，則例常踰，支計失素，使偏州下吏，何以資陪。又準假寧令，官五考，一給拜埽假，今借稱幸從便路，願謁枌榆，則是展墓足以因行，赴官皆由枉道，臣今月五日，已於延英面奏，伏幸聖旨。令將伏承狀，乞起今，公私行李，勒依紀律，敢有違越，請委所司論列。勅旨，依奏。

八年八月，門下省奏，常參官私事請假，從來準例，並給劵牒，今商量，或緣家事乞假，各申私志，須約公費。自今後，應有此色假官，並任私行，門下省不得給公劵，如或事出特恩，不在此限。勅旨，依奏。

開成四年二月，門下奏，常參官寒食拜埽，今月七日，延英面奏進止，令準往例給公劵者。臣等謹檢舊案，承常參官應爲私事請假，外州往來，給劵牒，伏準太和八年八月十日勅，釐革應緣私事，並不許給公劵。今臣等商量，唯寒食拜埽，著在令式，銜恩乘驛，用表哀榮，虔奉聖旨，重頒新令，其有拜埽不出府界，假內往來者，並不在給劵限。勅旨，依奏。

會昌元年二月，御史大夫陳夷行，商量條流奏，所置館驛，鞍馬什物，兼作人多少，及功價資課，每年破用，取何色錢物添修支遣，其驛馬數勘，每驛見欠多少，速具分析奏來者。臣今商量，請準勅先牒諸州府，勘鞍馬什物作人功價糧課，並勘每年緣館驛馬占留錢數，諸色破用，及使料粟麥，遞馬草料，待諸州府報到，續具開奏。今具檢前後勅文，行用相當者，參立新格，逐意條流，除館驛弊事。

其年三月，門下省奏，準今月六日勅，中使乘劵人馬數，訪聞近日皆守勅文，不敢逾越，施之久遠，須令通濟，其遠近送諸道春衣使，須有大將衣任，量加馬一疋。勅旨，令貴必行，理須通濟，供奉官緣官傔人多，宜加遞馬一疋，春衣端午使，例外更加一疋，冬衣使，例外更加兩疋，餘並準三月六日勅。

二年四月二十三日勅節文，江淮兩浙，每驛供使水夫價錢，舊例約十五千已來，近日相仍，取索無度。蘇常已南無驛，使供四十餘千，或界內有四五驛，往來須破四五百千。今後宜依往例，不得數外供破，如有越遠，長吏已下書罪。

大中五年七月勅，如聞江淮之間，多有水陸兩路，近日乘劵牒使命等，或使頭陸路，則隨從船行，或使頭乘舟，則隨從登陸，一道劵牒，兩處祗供，害物擾人，爲弊頗甚。自今已後，宜委諸道觀察使，及出使郎官御史，并所在巡院，切加覺察。中有此色，即具名奏，當議懲殿，如州縣妄有祗候，官吏所由，節級科議，無容貸。六年二月，汴州觀察使崔龜從奏，當管三州水陸官驛，先準勅文條流，水夫其有定制，并不許行轉牒供劵外剩人，歲月滋深，仍被過客格外干求，剩索人夫別配糧料。臣今欲條流諸道節度觀察使刺史，及諸道監軍，別勅判官赴任，及歸闕庭，若有家口，及參從人，即量事祗供，其本管迎送軍將官健所由，諸色受雇人等，本道既各給程限，兼已受傭直，並請不供，伏恐使客曾得館驛分外祇供，忽此遭減，必巧言謗讟，上聞聖聽。今欲准此釐革，不敢不奏。勅旨，宜依，其諸道亦准此處分。

宋・王溥《唐會要・御史臺中・彈劾》 故事，御史彈奏，上坐日曰仗彈。至景雲三年已後，皆先進狀聽進止，許即奏，不許即止。儀鳳二年二月十九日勅，凡有彈糾，皆待大理斷招後，錄入功過。至德元年九月十日詔，御史彈事，自今以後，不須取大夫同置。故事，凡中外百寮之事，應彈劾者，御史言於大夫，大事則方幅奏彈之，小事則署名。乾元二年四月六日，勅御史臺，所欲彈事，不須先進狀，仍服豸冠，所被彈劾，有稱讎嫌者，皆冀遷延，以求苟免。但所舉當罪，則讎亦無嫌，如憲官不舉所職，降資出臺，儻涉阿容，乃重貶責。舊制，凡事非大夫中丞所劾，而合彈奏者，則具其事爲狀，大夫中丞押奏，大事則豸冠，朱衣，纁裳，白紗中單，以彈之，小事常服而已。

貞觀十一年，吳王恪好畋獵，損居人田苗，侍御史柳範奏彈之。太宗因謂侍臣曰，權萬紀事我兒，不能輔正，其罪合死。範進曰，房元齡事陛下，尚不能諫止畋獵，豈可獨罪萬紀乎？

永徽元年十月二十四日，中書令褚遂良，抑買中書譯語人史訶擔宅，監察御史韋仁約劾之。大理丞張山壽斷，以遂良當徵銅二十斤。少卿張叡册，以爲非當，估宜從輕。仁約奏曰，官市依估，私但兩和耳，園宅及田，不在市肆，豈用應估。叡册曲憑估買，斷爲無罪。大理之職，豈可使斯人處之？遂遷遂良好及叡册官。

顯慶元年八月，中書侍郎李義府，恃寵用事，聞婦人淳于氏有美色，坐事繫大理，乃諷大理寺丞畢正義，枉法使出之，將納爲妾。或有密言其狀者，上令給事中劉仁軌鞫之，義府恐洩其謀，遂逼正義自縊於獄中。上知而特原義府。侍御史王義方奏，義府擅殺寺官，陛下雖已釋放，臣不應更有鞫問。然天子置三公九卿，二十七大夫，八十一元士，本欲水火相濟，鹽梅相承，然後庶績咸熙，風雨交泰，則知人主不得獨是獨非皆由聖旨。昔唐堯至聖，失之於四凶；漢祖深仁，失之於陳豨；光武聰明寬恕，失之於龐萌；魏武勇略英雄，失之於張邈。此並英雄之主，莫不失之於前，得之於後。陛下繼聖，撫育萬方，蠻陬夷落，猶懼刑網。輦轂咫尺，奸臣肆虐，殺六品寺丞，足使忠臣抗憤，義士扼腕。縱正義自取絞縊，此事彌不可容，使是畏義府之權勢，能殺身以滅口，則此生殺之威，上非主出，賞罰之柄，下移姦佞。臣恐履霜堅冰，積小成大，請乞重勘，審正義至死之由，雪冤氣於幽泉，誅姦臣於白日。對仗叱義府令下，義府顧望不退，義方三叱，上既無言，義府趨出。義方乃讀彈文曰，義府善柔成性，佞媚爲姿，昔事馬周，分桃見寵。後交劉洎，割袖承恩，生其羽翼，長其光價。因緣際會，遂階通達，不能盡忠端節，對揚王休，策蹇勵駑，祗承皇眷，而反憑附城社，蔽虧日月，請託公行，交遊羣小，貪冶容之姣好，原有罪之淳于，恐漏洩陰謀，殞無辜之正義。雖挾山超海之力，望此猶輕，回天轉日之威，方斯更劣。此而可，孰不可容，金風戒節，玉露啓寒，霜簡與秋典共清，忠臣將鷹鸇並擊，碎首玉階，庶明臣節，請付法推，以申典憲。

龍朔二年三月，鐵勒道行軍大總管鄭仁泰、薛仁貴，殺降九十餘萬，更就磧北討其餘衆，遇大雪，兵士糧盡，凍餓死者十八九。御史大夫楊德裔劾奏曰，謹按仁泰，猥以非才，謬荷拔擢，擁旌瀚海，問罪天山，理應虔奉廟算，恭行天罰，而褊心無謀，短懷愎諫，乃肆兇殘，恣行殺戮。向若大軍初到，明諭天旨，撫納前降，招來後服，則鐵勒反善，不日斯平。仁泰素闕遠圖，莫曉機事，師徒無紀，軍令不明，遂使稽顙屈膝者，被塗炭之誅，懼死懷生者，因成絶漠之計。加以沙塞綿邈，風雪嚴凝，不量士馬疲病，不度糧食多少，乃令班師，凍餒征夫，殞斃士馬，骸胔委積，刳剔縱横，暴骨交衢，下實泉壤，深可悼恤。成規失守，明罰所誅，自聖朝削平天下以來，未有如仁泰此行，損威挫鋭之甚。仁貴貪殘有素，平尤乖方，縱矜所得，不補所喪，豈可並資誣罔。不實準繩，撫悼存亡，理宜懲肅。其仁泰等故殺降人，餓殺兵士，並請付法，以申典憲。

萬歲通天五年五月，監察御史紀履忠，劾奏御史中丞來俊臣，犯狀有五焉，一專擅國權，二謀害良善，三贓賄貪濁，四失義背禮，五淫昏狼戾。論茲五罪，合至萬死，請下獄治罪。

大足元年，張易之縱恣益横，常私引相士李宏泰占吉凶，言涉不順。御史中丞宋璟，請窮究其狀。則天曰，易之等已自上聞。璟曰，謀反大逆，無容首免，易之等分外承恩，臣知言出禍從，義激於心，雖死不恨。則天不悦，內史姚璹恐忤旨，遽宣勅令出。璟曰，天顔咫尺，親奉德音，不煩宰相，擅宣王命。則天意解，乃收易之等就臺，俄有勅特原之，仍令易之等就璟宅謝罪，璟拒而不見曰，公事當公言之，若私見，法無私也。

長安四年三月，監察御史蕭至忠，彈鳳閣侍郎同鳳閣鸞臺三品蘇味道贓污，貶官。御史大夫李承嘉，嘗召諸御史責之曰，近日彈事，不諮大夫，禮乎？衆不敢對，至忠進曰，故事，臺中無長官，御史人君耳目，比肩事主，得各彈事，不相關白。若先白大夫，而許彈則可，如不許彈，則如之何？大夫不知曰誰也，承嘉默然，而憚其剛直。

神龍三年，吏部尚書蘇環，按問鄭普恩，其妻有寵於韋庶人，特勅令對御辨析。上屢抑環而理普恩，侍御史范獻忠，歷階而前曰，臣請先罪蘇環。上問其故，忠曰，蘇環國之大臣，荷榮貴久矣，不能斬逆賊而後奏聞，今使眩惑天聽，搖動刑柄，而普恩反狀昭露，陛下曲爲申理，此則王者不死，今聖躬萬福，豈有剩天子耶？臣請先死，終不能事普恩。上意乃解，獄遂定。

其年，監察御史魏傳弓，劾奏內常侍輔信義縱暴。竇懷貞曰，輔常侍深爲安樂公主所信任，權勢甚高，常成禍福，何得輒有糾彈，傳弓曰，今王綱漸壞，君子道消，正由此輩擅權耳。若得今日殺之，明日受誅無所恨。

景龍元年九月十二日，又劾奏銀青光祿大夫西明寺主惠範，奸贓四十萬，請實於極法。上召之，有寬惠範之色。傳弓進曰，刑賞者，國家大事，陛下賞已妄加，豈宜刑所不及。削惠範官，放歸於第。

景龍二年十二月，御史中丞姚廷筠奏稱，律令格式，懸之象魏，奉而行之，事無不理。比見諸司僚寀，不能遵守章程，事無大小，皆悉奏聞。臣聞爲君者任臣，爲臣者奉法，故云，汝爲君目，將司明也，則知萬機務綜，不可偏覽也。所以設官分職，委任責成，百工惟時，以成垂拱之化，比者修一水牕，或伐一枯木，並皆上聞旋扆，取斷宸衷，豈代天理物，至公之道也。自今以後，若緣軍國大事，及牒式無文者，任奏取進止，自餘據章程合行者，各令準法處分。其故生疑滯，致有稽失者，望令準御史隨事糾彈。上從之。

三年二月九日，娑葛入寇，監察御史崔琬，劾奏兵部尚書宗楚客、侍中紀處訥，曰：立性險詖，志越溪壑，幸以遭逢聖主，累忝殊榮。承愷悌之恩，居弼諧之地，不能克意砥礪，憂國如家，遂乃潛通獫狁，納貨取貲，公引頑兇，受賂無限。且境外之交，情狀難測，今娑葛反叛，邊鄙不寧，由此賊臣，取怨中國，臣忝直指，義在觸邪，請黜巨蠹，用答大造，並請收禁。差三司追鞫。

其年五月，李尚隱與監察御史李懷讓，同奏吏部侍郎崔湜、鄭愔，有所挾附，贓污狼籍，詔監察御史裴漼按其事。時安樂公主用事，諷漼寬之，漼遂對仗重彈奏，愔竟從貶削。一說靳常所劾，恐非。

開元二年，崔日知爲京兆尹，貪暴犯法，御史大夫李傑糾劾之，反爲日知所搆。侍御史楊瑒廷奏曰，彈劾之舉，若遭恐脅，以成奸人之謀，御史臺固可廢卻。上以其言切直，遽令傑依舊視事。貶日知爲黟縣丞。

其年三月，殿中御史郭震，劾刑部尚書趙彥昭、太子賓客韋嗣立、青州刺史韋安石，曰：彥昭以女巫趙五娘左道亂常，託爲諸姑，潛相援引，既因提挈，遂踐臺階。或驅車造門，著婦人之服，或攜妻就謁，申猶子之情，同惡相濟，一至於此。又張易之兄弟，勢傾朝野，嗣立此際，結爲舅甥。神龍之初，已合誅死，天網疎漏，腰領誤全，與安石託附阿韋，編諸屬籍，中宗晏駕，削太上皇輔政之制，定阿韋臨朝之策。比時朝野危懼，人臣怨憤，臣雖才識妄庸，忝司清憲，熟見奸僻，敢不糾彈，彥昭並請法處分。於是並罷官。

建中元年三月，監察御史張著冠豸冠，彈京兆尹兼御史中丞嚴郢於紫宸殿，以郢奉詔浚陵陽渠，匿詔不時行，故使奔蹙，以歸怨於上。上即位，初，侍御史朱敖請復舊制，置朱衣豸冠於內廊，有犯者，御史服以彈。又令御史得專彈劾，不復關白於中丞大夫，至是著首行之，乃削郢御史中丞，著特賜魚袋。自是日懸衣冠於宣政之左廊，然著希楊炎之意彈郢，人頗不直之。

貞元元年三月，宰相召諫官御史宣諭上旨曰，自今上封彈劾，宜入自陳論，不得羣署章奏，若涉朋黨。初京兆尹李齊運，以公事笞萬年縣丞源邃，令左右抑捽不已，邃竟死於廷。京師不直，其妻鄭氏，告冤不已。崔縱執奏如初，御史中丞張彧繼論，御史連章彈齊運。齊運乃奏云，臣孤立爲朋黨所擠。故命宰臣宣諭焉。

元年正月，侍御史殷永免官。初，奉誠軍節度使康日知，朝覲失儀，爲御史彈奏，詔捨之。因勑御史，有節將始至，朝禮小失，勿劾。及是邠寧節度使張獻甫入閣，失儀，永廷劾之。獻甫素服待罪闕下，召見慰諭以永忘其前命，故免。

元和三年三月，御史中丞盧坦，舉奏前山南西道節度使柳晟，授任方隅，所寄尤重，至於勑令，首合遵行。一昨歸朝，固違明旨，復修貢獻，有紊典章，伏請付法。又奏前浙東觀察使閻濟美，到城之時，亦有進獻，當時勘責，稱離越州後，方見赦書，道路已遙，伏納無處者，既經鴻霈，須爲商量，已書罰訖。伏準今年正月赦文，自今已後，諸道長史有赴闕廷者，並不得取本道錢物，妄稱進奉。柳晟等既違新令，不敢不奏。初，坦既奏舉晟、濟美，二人皆待罪於朝堂。上召坦對，褒慰久之，曰：晟等所獻，皆以家財，朕已許原，不可失信。坦奏曰，赦令天下之大信也，天下皆知之，今二臣違令，是不畏法，陛下奈何以小信而失天下大信乎？上曰，朕已受之，如何？坦曰，歸之有司，不入內藏，使四方知之，以昭聖德。上稱善其言。

十五年三月，御史中丞崔直奏云，元和十二年，御史臺奏請，知彈侍御史被彈，即請向下人承次監奏，或有不到，即殿中侍御史於侍御史下立，以備其闕。臣伏以朝官入閤失儀，知彈侍御史合彈奏錯失，向下侍御史及中丞大夫，遞相彈奏，事後入本班，候監奏出閤，然後合侍御史待罪，此乃殿廷舊制，於事爲宜。今若移一殿中放彈御史之下，以防向上失錯，或殿中自錯，則擬更立何人向下，監奏繫於瞬息，只合知彈侍御史便了，不必別差殿中，既乖故實，終慮駁雜。伏請自今已後，卻依閤內故事，縱知彈侍御史自有錯失，不被彈奏，候班退監奏畢，然出待罪，冀從易便，永可遵行。奏可。

長慶四年六月，侍御史溫造，於閤內奏彈左金吾大將軍李祐，近違勑罷吏，請進馬以論。祐趨出待罪，宣勑放之。

太和二年，義成軍節度使李聽，爲魏博所敗，喪師過半，御史中丞溫造，殿中侍御史崔蠡彈之曰：賞罰不立，無以示天下，李聽按甲遷延，逗撓軍賤市抑養，奪取無異，聚農戶之耕牛，冀收孳課，奪居人之沃壤，將爲牧場，益國利民，未見其可。所和市牛，臣望總停，爲計之上。

神龍二年，京兆韋月將上書，訟皇后爲亂，中宗大怒，令撲殺之。御史中丞宋璟執奏，請按而後刑。中宗怒甚，謂璟曰：朕以爲斬訖，何故緩之？璟曰：韋言中宫爲亂於武三思，陛下不加勘問，直言斬論事者，臣恐朝野有竊議者。中宗轉怒，璟曰：請先斬臣，不然，臣不敢奉詔。上意少解，遂配流。三年八月，節愍太子誅武三思之後，安樂公主及宗楚客兄弟，幷冉祖雍李悛等，共誣構安國相王，鎮國太平公主，與太子連謀舉兵，請收制獄。上召御史中丞蕭至忠，令鞫之。至忠泣而奏曰：陛下富有四海，貴爲天子，豈不容一弟一妹，忍受人羅織，宗社存亡，實在於此！臣愚竊爲陛下不取。《漢書》云，一尺布，尚可縫，一斗粟，尚可舂，兄弟二人不相容。願陛下詳察此言。初，則天欲立相王，累日不食，請迎陛下，固讓之誠，天下傳說。足明冉祖雍等所奏，咸是虛構。上深納之，遂停鞫問。其時，左補闕吳兢上表曰：臣聞道路竊議云，宗楚客、紀處納等，誣構安國相王，以爲連謀於庶人重俊，將請下制獄。臣既參職諫曹，安敢不奏？且安國相王，實陛下同氣，六合至廣，親莫加焉，今賊臣等共加羅織，此禍亂之漸，不可不察。又王之仁孝，幽明共知，頃遭荼毒，哀毀過度，以陛下爲性命，亦陛下之手足，既孝於父母，而惡於兄弟者，未之有也。若信任讒邪，寘之於法，必傷陛下之恩，失天下之望，所謂芟刈股肱，獨任胸臆，方涉江漢，棄其舟楫，可爲寒心，可爲慟哭！自昔翦伐枝幹，假權異族者，未有不喪其宗社也，何以明之，秦任趙高，卒致傾覆；漢委王莽，遂成簒逆；晉家以自相魚肉，寰瀛鼎沸；隋室以猜忌子弟，海內塵飛。驗之覆車，安可重迹？自陛下登極，於今四稔，一子以弄兵被誅，一子以愆失遠任。唯此一弟，朝夕左右，斗粟尺布之刺，可不慎乎？

景雲二年，監察御史韓琬陳時政上疏曰：臣敢以耳目所聞見而陳之，伏願少留意省察。臣竊聞永淳之初，尹元任岐州雍縣，令界內婦人修路，御史彈免之。頃年婦人夫役，修平道途，蓋其常也，調露之際，劉憲任懷州河內縣尉，父思立在京身亡，選人有通索闕者，于時選司，以名教所不容，頃者以爲見機俊人矣，頃年國家和市，所由剋剝爲公，雖以和市爲名，而實抑奪其價，殊不知百姓足，君孰與不足矣。往年兩京與天下州縣，學生佐史，里政，以致狼狽就道，自圖苟免，伏請付法司論罪。上特原之。

七年九月，侍御史李款閣內彈奏前邠州行軍司馬鄭注曰：內通勅使，外連朝官，兩地往來，卜射財貨，晝伏夜動，干竊化權，人不敢言，道路以目，請付法司。奏未報，款連上十餘疏，由是授注通王府司馬。

九年六月，御史大夫李固言奏：知彈侍御史，自京城百司，及天下諸州府等公事，應關文法者，皆先申臺司。舊例配知彈侍御史一人，專掌其事，至朝日入閣，又對仗彈奏中外臣僚不如法者。事最繁重，又須詳精，一人當之，實恐不逮。臣商量，請知彈御史一人，專掌京城百司公事，皆彈侍御史一人，分掌諸州府之事，庶使官業各修，無所遺闕。從之。

宋・王溥《唐會要・御史臺下・諫諍》 長安四年十一月，勅於登萊州置監牧，和市牛羊。右肅政臺監察御史張廷珪諫曰：竊見國家於河北和市牛羊，及荆益等州市奴婢，擬於登萊等州置監牧，此必有人爲國用不足，或將見陶朱、公孫宏、卜式之事，而爲陛下陳其策耳。臣愚以爲齷齪小算，有損無益，爲盛明天子行於世也。何以明之，彼三人者，實爲匹夫，藉空虛之地，罄勤苦之功，畜牧積歲，增致千金。苟以一家言之，其計得也，今聖朝疆域四海，臣妾萬方，天覆地載，莫非所有，而必取於人，從牧於國，何示人之不廣，而近樹私也。況和市遞送，所在騷然，公私煩費，不可勝計。今河南牛疫處，十不存二，家家保之，豈願輒賣。今雖和市，甚於抑奪。頃者，諸州雖定估價既緣併市，則雖平準，加以簡擇，事須賄求，侵克之端，從此而出。牛羊踴貴，必倍於常，百姓私賠，即破家產。雖官得一牛一羊，百姓已失兩牛兩羊價矣！此則有損無利也。又聞君之所恃者人，人之所恃者食，食之所資者耕，耕之所恃者牛，失牛則廢耕廢耕則去食，去食則人無以生。人無以生，君將何恃？然則牛者，君國字人之本，豈有無故而取之哉？假令畜牧能遂繁，三數歲間，億萬可致，陛下豈可鬻之於中土，剖割其命爲資乎？牛之爲損則如彼，羊之無益又如此，伏願特加審慎，詳圖賴益，諸有所和市及新置監牧等，倘迴聖慮，即日停絕，天下蒼生，不勝幸甚。其後數日，御史中丞盧懷慎上表曰：臣奉使幽州推事，途經衛相等州，知河北和市，萊州監牧牛，臣聞官人百姓，當土牛少，市數又多，官估已屈於時價，衆戶又私相賠帖，既印之後，卻付本主養飼，春暮草青，方送牧所，竟無斸折，侵削實深，且民惟邦本，食乃民天，牛之不存，民將安寄？河北百姓，尤少牛犢，正坊正，每一員缺，先擬者輒十人，頃年差人以充，猶致亡逸，往年選司從容安閑，而以禮敬待，頃年選司，無復曩時引接，但仇敵估道耳。往年劾官交替者，必儲畜什物以待之。頃年替人，必喧競爲隟，手執省符，紛然不已。往年召募之徒，人百其勇，爭以自効，頃年差點勤遣，逃亡相繼，若此者，臣粗言之，不可勝數。夫量事置官，量官置人，使官稱其人，須人不虛位，除此之外，使其耕桑，任其商賈，何爲引令入仕，廢其本業，臣愚以爲國家開仕進之門廣矣，皆棄農職工商，而爭趨之，當今一夫耕而供數百人食，一婦蠶而供數百人衣，遂使公私皆無儲蓄矣，若不釐革其弊，必令致政令風化，年年不等也。

開元二年十二月，嶺南市船司右威衛中郎將周慶立、波斯僧及烈等，廣造奇器異巧以進，監選司殿中侍御史柳澤上書諫曰：臣聞不見可欲，使心不亂，是知見欲而心亂必矣。臣竊見慶立等，雕鐫詭物，置造奇器，用浮巧爲眞玩，以詭怪爲異寶。乃理國之所巨蠹，明王之所嚴罰，紊亂聖謀，汨斁彝典。昔露臺無費，明君尚或不忍。象筯非多，忠臣猶且憤歎。《王制》曰，作異服奇器，以疑衆者殺。《月令》曰，無作淫巧，以蕩上心。巧謂奇伎怪好也，蕩謂惑亂情欲也。今慶立等皆欲求媚聖意，搖蕩上心，若陛下信而使之，是宣奢淫於天下。必若慶立矯而爲之，是禁典之無赦也。陛下即位日近，萬邦作孚，固宜昭宣菲薄，廣敎節儉，則萬方幸甚。

元和十五年二月，監察御史楊虞卿，以上頻行幸盤遊，上疏諫曰：臣聞鳶鳥遭害，則仁鳥逝；誹謗不誅，則良言進。況詔旨勉諭，許陳愚誠，故臣不敢避死。竊聞堯舜受命，以天下爲憂，而未聞以位爲樂也。況北敵猶梗，西戎未賓，兩河之瘡痍未平，五嶺之妖氛未解，生人之疾苦盡在，朝廷之制度未修，邊儲屢空，國用猶缺，固未可以高枕無虞也。陛下初御宇宙，有憂天下之志，宜日延輔臣公卿，百寮執事，垂旋而問，造膝以求。四方內外，有所觀焉。今自聽政以來，六十日矣，八開延英，獨三數大臣仰奉龍顏，其餘侍從待詔之臣，偕入而齊出，何足以聞政事哉？諫臣盈廷，忠言未聞於聖聽，臣實羞之。蓋由主恩尚疎，而衆正之路未啓也。公卿大臣，宜朝夕見天子論道，賜與從容，則君臣之情相接，而理道備聞矣。方今自宰相以下四五人，時得頃刻侍座，故天威不遠，鞠躬隕越，隨旨上下，無能往來，此由君太尊，臣太卑故也。自公卿以下，雖歷踐清地，曾未祗奉天晚，以承下問，鬱塞正路，偷安倖生。況陛下神聖如五帝，其臣莫能望清光，所宜周遍顧問，惠其顏色，使支體相輔，君臣愈明。陛下求理於公卿，公卿求理於臣輩，自上下孜孜相問使進忠若趨利，論政若訴冤。如此而不聞過失，不致昇平者，未之有也！自古帝王，居安慮危之心不相及，故不得皆爲聖帝明王，小臣疎賤，豈宜及此，獨不忍冒榮偷祿，以負聖朝，伏惟陛下深憐之。上令中使宣付宰臣云：虞卿所上疏，切直可獎。後宰臣令狐楚、蕭俛、段文昌延英奏事，因以納諫爲賀。

宋·王溥《唐會要·御史臺下·推事》 顯慶五年正月，監察御史袁異式，受宰臣李義府密旨，推青州刺史劉仁軌，有所凌辱過甚。及爲侍御史，而仁軌入爲大司憲，式心不自安，後因酺倉起言之，劉公謂侍御曰：彼人對某卧而無禮，自是往事，某不介懷。式拜謝之。

龍朔二年十月，秦令言新除監察御史，推雒州長史許力士子犯法，使還將奏，諸御史謂曰：未經奏事，宜習之。笑曰：由來所便。問作手狀，又都不曉，及奏不稱臣，上問力士知否，對曰：許長史不知。上曰：對朕猶喚許長史，豈能推事？令法官重推，令言免官。

垂拱元年四月，監察御史蘇珦，按韓魯諸王獄，珦奏據狀無徵，則天召見詰問。珦執奏不迴，則天不悅曰：卿大雅之士，當別有驅使，此獄不假卿也。遂令珦於河西監軍。

長安三年九月八日，魏元忠爲張易之所構，配流嶺表，太子僕射崔貞愼、東宮率府獨孤褘等，送至郊外。易之大怒，復使人誣告，則天令監察御史馬懷素推問，續使中使促迫，諷令構成其事。懷素執正不受命，則天怒，懷素奏曰：元忠犯罪配流，貞愼等以親故相送，誠爲可貴。若以爲謀反，臣豈誣罔神明，昔彭越以反伏誅，欒布猶奏事，哭於其屍下，漢朝不坐，況元忠罪非彭越，陛下豈加追送之罪。則天意解，由是獲免，天寶四載十二月十六日勅：東西兩推，及左右巡使，皆臺司重務，比來轉差新人，數有改易，既不經久，頗紊章程。宜簡擇的然公正精練者，令始末專知，不得輒替換。若無缺失，至改轉時遲速間，以爲褒貶。

興元元年十月四日勅：知東推西推侍御史各一人，臺司以推鞫爲重務，請令第一殿中同知東推，第二殿中同知西推，仍分日受事，一人有故，同推便知，先所置推官二員，請停。

建中三年九月，御史臺奏：　其推知御史差使改移，其兩推即須改入，舊例合有推官，今請置兩員，與本推御史同推。御史縱有改移，不失根本，若非職掌見任官，手力外，請給十年充糧料等，取贓贖錢。勅旨，依奏。

元和五年四月，命監察御史楊寧，往東都按大將令狐運事。時杜亞爲東都留守，素惡運，會盜發洛城之北，運適與其部下畋於北邙，亞意爲盜，遂執訊之，逮繫者四十餘人。寧既按其事，亞以爲不直，密表陳之，寧遂得罪。亞將逞其宿怒，且以得賊爲功，上表指明運爲盜之狀，上信而不疑。宰臣以獄大宜審，奏請覆之，命侍御史李元素就覆焉，亞迎路以獄成告。元素驗之五日，盡釋其囚以還，亞大驚且怒，親追送馬上責之，元素不答，亞遂上疏，又論元素，元素還奏言未畢，上怒曰：　出俟命。元素曰：　臣未盡詞。上又曰：　且去。元素復奏曰：　臣一出，不復得見陛下，乞容盡詞。上意稍緩，元素盡言運冤狀明白，上乃悟曰：　非卿孰能辨之。後數月，竟得眞賊，元素由是爲時器重，累遷給事中，每美官缺，必指元素焉。

八月九日，御史中丞薛存誠奏：　當司應受事推勘等，臺中舊例，及興元元年十月四日，御史大夫崔縱重奏，取侍御史、殿中侍御史各二人，共成四推，猶以東西推爲名。又各分京城諸司，及道州府，爲東西之限，雙日則臺院受事，隻日則殿院受事，其中一人有故，則同推便知者，伏以所分諸司，及府州爲限，已定，事若併至，無例均分。劇者則推鞫難精，閑者則吏能莫試。今請不以東西爲限，亦不以取隻日雙日受事，但請依舊請四推御史，令輪環受事，周而復始，如此則才用俱展，勞逸必均，其餘應緣推事，須有約勒，若一一聞奏，慮煩聖聽。勅下後，請隨事條流。勅旨，依奏。

太和二年閏三月，中書門下奏：　御史臺推事，縱有特宣，亦須正勅，應朝官犯罪，准獄官令，先奏後推，格式具存，合共遵守，臣等請便提舉。勅旨，依奏。

四年八月，御史中丞魏謩奏：　諸道州府百姓，詣臺奏事，多差御史推劾，臣恐煩勞州縣，先請差度支戶部鹽鐵院官帶憲銜者推勘，又各得三司使申，稱院官人數不多，例專掌院務課績。今諸道觀察使幕中判官，少不下五六人，請於其中帶憲銜者，委令推劾。如累推有勞，能雪冤滯，若御史臺缺官，便令聞奏。從之。

宋・王溥《唐會要・御史臺下・出使》　貞觀四年，監察御史王凝，使至益州。刺史高士廉勳戚自重，從衆僚候之昇僊亭，凝不爲禮，呵卻之，士廉甚恥恚。至五年，入爲吏部尚書，會凝赴選，因出爲蘇湖令。

十七年，監察御史汲師，巡獄至長安，縣令李乾祐不知御史至，巡訖，將上馬，乾祐始來。師顧見，不言而去，乾祐深憾之。二十年四月，乾祐除御史中丞，遂出爲新樂令。

顯慶三年七月，監察御史胡元範使越巂，至益州，駙馬都尉喬師望爲長史，出迎之。先是，勅斷迎使臣，師望託言他行，元範引卻，不與相見。師望又忿憾，按轡專道，徐反駐後塵。及元範按劾其枉僧事，師望素與許敬宗善，先驛奏之。元範及迴，免官。

麟德二年十月，徵劉仁軌，次於萊，舍於驛西廳。夜已久，有御史至，驛人白曰：　西廳少佳，有使止矣。曰誰，曰：　帶方州刺史。御史令移卻，仁軌遽就東廳，既至拜憲大夫，其御史媿不自安。他日，謂侍御曰：　諸公出使，當須振舉冤滯，發明耳目，興行禮義，無爲煩擾州縣，而自重其權。指行中曰：　只如某侍御，夜到驛中西廳，所校幾何，苦死遺移，乃就東廳，豈忠恕之事耶？　願公諸勿爲也。諸御史莫不翕然自誡。

乾封二年二月，韋思謙除侍御史，與公卿相見，未常行拜禮，或勉之，約曰：　鵰鶚鷹鸇，豈衆禽之偶，奈何設拜以狎之，且耳目之官，故當特立。乃曰：　御史銜命出使，不能動搖山岳，震慴州縣，誠曠職耳。

開元五年，監察御史杜暹，往磧西覆屯，會郭虔瓘與史獻等不協，更相執奏，詔暹按其事實，史獻以金遺，暹固辭，左右曰：　公遠使絶域，不可失蕃人情。暹不得已，受之，埋於幕下。既去出境，乃移牒令收取之。

十二年四月六日勅，御史出使，非充按察覆囚，不得輒差判官，其出使日，皆於側門進狀，取處分。

十三年三月十三日勅：　御史出使，舉正不法，身苟不正，焉能正人？如聞州縣祗迎相望，道路牧宰祗候，僮僕不若，作此威福，其如禮何？　今後申明格式，不得更示威權。

大歷十四年六月勅：　郎官御史充使，絶本司務者，改與檢校及內供奉裏行。

元和四年，監察御史元稹出使東蜀，劾奏故節度使嚴礪，違制擅賦，礪雖死，其屬郡七州刺史，皆坐責罰。

六年九月，以前湖南觀察使李衆爲恩王傅。初，衆舉按屬內刺史崔簡罪，御史盧則就鞫得實。使還，而衆以貨遺所推令史，至京，有告者，令史決流，盧則停官，故衆亦坐焉。

七年閏七月敕：前後累降制敕，應諸道違法徵科，及刑政冤濫，皆委出使郎官御史，訪察聞奏。雖有此文，未嘗舉職，外地生人之勞，朝廷莫得盡知。今後應出使郎官御史，所歷州縣，其長吏政俗，閭閻疾苦，水旱災傷，並一一條錄奏聞，郎官宜委左右丞句當，並限朝見後五日內聞奏。幷申中書門下，如所奏不實，必議懲責。

宋・王溥《唐會要・御史臺下・知班》 貞觀六年八月，唐臨爲殿中侍御史，大夫韋待價責臨以朝列不整，臨曰：此亦小事，不足介意，請今日已後爲之。明日，江夏王道宗，共大夫離立私談，臨趨進曰：王亂班。道宗曰：共大夫語，何至於是。臨曰：大夫亦亂班。韋失色而退。

顯慶四年，侍御史張由古知班，凡亂班多是尚書郎，由古每唱言，員外郎小兒難共語，喚引駕鼻衡上行，朝士側目鄙之。

大足元年，王無競爲殿中侍御史，正班於閤門外，宰相團立於班北，無競前曰：去上不遠，公雖大臣，自須肅敬。以笏揮之，請齊班。當時朝議，是非參半。

景龍二年，左臺御史崔涖，彈班不肅，上表曰：臣聞叔孫通覩漢朝儀多闕，尊卑失序，所以分別上下，申明禮儀。於是羣臣知天子之至尊，高祖知皇帝之爲貴。此皆由班秩不忒，威儀容止不差，是故作孚萬邦，用刑四海者也。臣竊見在朝百僚，多不整肅，公門之內，詎合論私，班列之中尤須致敬。或縱觀敕目，或旁閱制詞，或交首亂言，或越班問事，或私申慶弔，或公誦詩篇，或笑語諠諠，或行立怠惰，承寬既久，積習如常，不增祇懼之容，實紊矜莊之典。臣謬膺推擇，叨掌糾彈，見無禮於朝廷，誠是臣之深恥。況西戎獻款，北狄來賓，恐觀中國之失儀，招外蕃之所誚。更若知而故犯，不革前非，望即停其入內，量行貶削。

開元元年正月，殿中侍御史出使盡，監察裏行翟璋知班，乃牒中書省，勘侍郎王琚，及太子左庶子竇希瓘入晚，遂爲所擠，出授岐陽縣令。

七年正月二十一日，上御紫宸殿，朝集使魏州長史敬讓，辰州長史周利貞俱欲奏事，左臺御史翟璋監殿廷，揖利貞先進。讓以父暉爲利貞所斃，不勝憤恨，遂越次而奏：利貞受武三思使，枉害臣父。璋劾讓不待監引，請付法。上曰：讓訴父枉，不可不矜，朝儀亦不可不肅，可奪一季祿而已，貶利貞爲邕州長史。

貞元十四年閏五月，侍御史殿中鄒儒立，以太子詹事蘇弁入朝，班位失序，對仗彈之。弁於金吾仗待罪數刻，特放。舊制，太子詹事，班次太常宗正卿。貞元三年，御史中丞竇參敍定班位，移詹事班在河南太原尹之下，弁乃引舊制班立，臺官詰之，乃給云：已白宰相，請依舊制。故儒立彈之。

宋・王溥《唐會要・御史臺下・雜錄》 垂拱元年正月十二日敕，兩京度人，令御史一人檢校。其月二十六日敕：御史糾獲罪狀，未經聞奏，不得輒便處分，州官府司，亦不得承受。

其年二月制，朝堂所置登聞鼓，及肺石，不須防守，其有撾鼓石者，令御史受狀爲奏。

三年十二月，鳳閣侍郎韋方質奏言：舊制有御史監軍，今未差遣，恐虧失節度，夫古將軍出師，君授之鈇鉞，閫外之事，皆使裁之。如聞被御史監軍，乃有控制，軍中小大之事，皆須承稟，非所以委專征也，以卑制尊，禮便不可。不許。

景龍元年九月十九日敕：選擇御史，令本司長官共中書門下商量，幷錄由歷進奏者。

開元十九年正月二十八日敕，左右藏太倉署，差御史監知出納，至二十一年三月十九日敕：監倉庫各定御史一人，一年一替，左右巡御史，亦各定一人，一季一替，並不得改換及差使。

天寶二年八月七日敕：所置御史，職在彈違，雜充判官，誠非允當。其諸道節度使，先取御史充判官者，並停。自今已後，更不得奏，若切須奏者，不得占臺中缺，其本臺長官充使者，不在此限。

四載十一月十六日敕，御史宜依舊制，黃卷書缺失，每歲委知雜御史長官，比類能否，送中書門下，改轉日褒貶。

至德元年七月十三日敕：風憲之地，百寮準繩。頃者有司，殊非愼擇，其御史須曾任州縣理人官者，方得薦用。

寶應二年二月二十六日，御史大夫嚴武奏，應在外新除御史赴臺，停止店肆，事亦非宜，仍令所在給公乘發遣，以爲永例。敕旨，依奏。

建中三年九月一日勅： 御史大夫中丞奏授御史，便充臺中職掌者，宜占缺，以後並依此處分。

貞元十二年十月，御史臺奏： 伏準貞元二年班序勅，諸使下三院御史，有本官是常參官兼者，即入本官班，如内供奉裏行，即入御史班。緣使下御史稍多，近例並不在内供奉班内，臣等參詳，伏請自今已後，請使下御史内供奉者，入門日，並依宣政殿前班位，次員外郎之後，在正臺監察御史之上。便爲常式，庶葉通規。勅旨，依奏。

元和六年三月，御史臺奏： 準令，用未後決囚者，請不過申時，如勅到府及諸司，已未後至者，伏乞至來日，仍請勒本司，準舊例，與御史同臨引決。勅旨，依奏。

長慶三年八月，御史臺行從印一面，出使二面，比來御史出使推按，或用廢印，或所在取州縣印文狀，伏以使臣銜命推案，事須用印，無非切要，既於所在求印，事以漏洩，伏請令有司鑄造。從之。

太和四年三月，御史臺奏： 三院御史盡入，到朝堂前無止泊處，請置祗候院屋，知雜御史元借門下直省屋後簷權坐，知巡御史元借御書直省屋後簷權坐。每日早入，至巳時方出，入前後並本所由自門下直省院西，京兆尹院東，有官地，東西九十尺，南北六十尺，請準長慶元年八月，於中書南給官地，度支給錢，置僕射祗候院例，給此地充三院御史祗候院，請度支給錢一千貫文，臺司自句當，從便起造。伏以御史風憲之職，行止有常，朝堂祗事，每日須入，從前假借，不遑啓居，或與吏伍相參，或當食無所，今伏請前件地名，及起舍價，伏乞聖慈，允臣所請。勅旨，依奏。

會昌二年九月，御史中丞李回奏： 文武常參，據品秩令式，合置引馬。臣伏以車服之制，並示等威，著在典章，所宜遵守。近者班行之士，官位已高，或以散冗自謙，或以簡便爲意，卒相倣傚，不置引馬。街衢之内，品秩莫分，事涉因循，頗乖典故，其文武常參官，起今已後，並據品秩，準例置引馬，其有合置不置，許臣司糾舉，罰一月俸料。如違犯不已，請具奏聞，庶存制度，用表官榮。勅旨，依奏。

宋・王溥《唐會要・大理寺》 龍朔二年，改爲詳刑寺，卿爲正卿。咸亨元年，復爲大理寺。光宅元年，改爲司刑寺，神龍元年，復爲大理寺。

少卿 本一員，永徽六年八月十二日，初置神龍元年，加一員，以侯善業爲之。

正 龍朔二年，改爲詳刑大夫，咸亨年復舊。

丞 本八員，天册三年十月二十八日，省兩員。

司直 武德初因隋舊制，置六員。

評事 貞觀二十二年十二月九日，置十員，掌出使推覆，後加二員，爲十二員。

貞觀元年二月二十八日，上謂封德彝曰： 大理之職，人命所懸，此官極須妙選，公宜陳其堪者。德彝未對，上曰： 戴胄忠正清直，每事用心，即其人也。于是除大理少卿。咸亨三年十月，張文瓘兼大理卿，旬日決疑獄事四百條，莫不允當，皆無怨言。文瓘嘗有疾，繫囚相與設齋，願其視事，上元二年疾卒，大理諸囚，一時慟哭。

開元八年勅： 内外官犯贓賄，及私自侵漁入己，至解免已上，有訴合雪及減罪者，並令大理審詳犯狀，申刑部詳覆。如實冤濫，仍錄名送中書門下，其有遠年斷雪近請除罪，亦准此，其餘具刑部格。

二十一年七月，大理卿袁仁敬暴卒，繫囚聞之，皆慟哭悲歌曰： 天不恤冤人兮，何奪我慈親兮，有理無由申兮，痛哉安訴陳兮。

天寶九載三月十三日勅： 大理評事，今後子弟及至親中，有未歷畿縣者，不得注授。

建中元年正月勅： 大理司評事直，授訖三日内，于四方館上表，讓一人以自代。

貞元四年十月，大理卿于頎奏： 諸處推事不盡，須重勘覆，或有誣告等，每失程期，稽滯既多，冤濫難息。諸司及諸館驛，多以大理爲閑司，文牒遞報，頗至稽滯失望。今後各令別置文例，切約所由，稍涉稽遲，許本寺差官累路勘覆，如所稽遲處分，州縣本判官，請書下考，諸司使本推官，奪一季俸料。勅旨，依奏。

元和四年九月勅： 刑部大理，覆斷繫囚，過爲淹滯，是長奸倖，自今以後，大理寺檢斷，不得過二十日，刑部覆下，不得過十日。如刑部覆有異同，寺司重斷，不得過十五日。省司重覆，不得過七日。如有牒外州府看勘節目，及于京城内勘，本推即以報牒到後計日數，被勘司卻報，不得過五日。仍令刑部大理寺具初授文牒月日，及有牒勘者，具遣牒及報牒到月日，牒報都省，及牒訪察使。各准勅文，勾舉糾訪，如有違越，奏聽進止，其有獄情可疑，宜再三詳審，非限內可畢者，即別狀分析。寺司每月具已斷未斷囚姓名事由聞奏，並申報中書門下。

五年二月：大理寺奏，當寺獄丞四員，准《六典》，合分直守獄，承前雖俸料寡薄，當寺自有諸色錢物優賞，免至虛貧。十年以來，曹司貧迫，無肯任者，遂令獄務至重，檢校絕官。今伏請省兩員，置兩員，取所省員料錢，併以優給見置者，庶令吏曹司注，職事得人。勅旨，依奏。

十五年，大理寺奏，當司府史，許七考入流。勅旨，依奏。

某年六月，敕減大理評事兩員，以增六丞之俸。

太和元年十月，大理寺奏：准吏部起請，當司府史二十員，減下三員，又勒轉選，請准勅附甲，及不減員。勅旨依奏。

開成四年二月，刑部奏，大理司直張黔牟，在寺宿直，以婢自隨，合判官一任，當徒一年。從之。

其年十一月赦節文：刑法之官，人命所繫，頃頻有詔旨，令擇才能，每當朔望，須備顧問，宜令中書門下，更加選擇。

會昌元年六月，大理寺奏：當寺司直評事，應准勅差出使，請廢印三面。比緣無出使印，每經州縣及到推院，要發文牒追獲等，皆是自將白牒，取州縣印用，因茲事狀，多使先知，爲弊頗深，久未釐革。臣今將請前件廢印，收鏁在寺庫，如有出使官，便令齎去，庶免刑獄漏泄，州縣煩勞。勅旨，依奏，仍付所司。

其年十一月，又奏請創置當寺出使印四面，臣於六月二十八日，伏緣當寺未有出使印，每准勅差官推事，皆用州縣印，恐刑獄漏泄，遂陳奏權請廢印三面。伏以廢印經用年多，字皆刓缺，臣再與當司官吏等商量，既爲久制，猶未得宜，伏請准御史臺例，置前件出使印，其廢印卻送禮部。勅旨，宜量置出使印三面。

二年十月，中書門下奏：大理寺法官，伏見衛覬稱，刑法者，國家之所貴重，而私議之所輕賤。獄吏者，百姓之所懸命，而選任之所卑下，王政之弊，未必不由此也，臣等商量，望委中書門下，精擇法官，選任不得在文學官之後，如有缺員，兼委大理卿自舉所知，舉不得人，顯加殿罰，向後御史臺取御史，數至三人以上，即須取法官一人，所冀刑法之官，皆知勸勵。勅旨，從之。

大中三年三月，大理寺奏：當寺司直評事，從前不循公理，到官便求分司，迴避出使，致令官職失守，勞逸不均。伏請從今以後，待次充使後，即往分司，如未出使，不在分司限。勅旨，依奏。

四年七月，大理寺卿劉濛奏：准文明元年四月勅：律令格式，爲政之先，有類準繩，不可乖越，如聞內外官寮，多不習律，退食之暇，各宜尋覽，仍以當司格式，書於廳之壁，俯仰觀瞻，免使遺忘。今以年代遐曠，屋壁改移，文字不脩，瞻仰無所。就中大理寺評斷之司，尤爲要切，臣已於本寺廳粉壁，重寫律令格式。勅旨：尚書省郎官，亦委都省檢勘，依舊抄撮要，即寫於廳壁。

其年十月，大理少卿崔杞奏：當寺官人，今後在寺詳斷，或出使推案，有犯贓私者，請於常式加罪一等，餘犯即准舊式。從之。

宋·王溥《五代會要·刑部》 後唐長興二年八月敕：御史臺每月支錢三百千，充曹司人力紙筆糧課。其大理寺元支二十千，刑部一同，未曾支給，宜於兩班罰錢及三京諸道贓罰錢內，每月支錢一百千，賜大理寺、刑部兩司。其刑部官吏不多，兼使紙筆校少，宜於所賜錢內，三分支與一分。其月二十九日敕：刑部、大理寺宜各置法直官兩人，仍召曉法令者充。

四年四月敕：刑部、大理寺、御史臺奏：三司官每推斷案牘時，特與免朝，恐滯推覆。法官推覆時，不得私行人事。公事畢日，朝參如常。

晉天福三年三月，詳定院奏：前守晉州洪洞縣主簿盧粲進策：伏以刑獄至重，朝廷所難，尚書省分職六司，天下謂之會府。諸道決獄，若關人命，即刑部不合不知。欲請諸州府，凡斷大辟罪人訖，逐季具有無申報刑部，仍具錄案款事節，并本判官、馬步都虞候、司法參軍、法直官、馬步司判官名銜申聞。或有案內情曲不圓，刑部請行覆勘。從之。

宋·王溥《五代會要·大理寺》 後唐長興二年八月敕：今後大理寺官員，宜同臺省例升進，其法直官比禮直官任使。兼御史臺每月支錢三百千，充曹司人力、紙筆、糧課。其大理寺先支二十千，與臺中比類錢少，宜於兩班罰錢及三京諸道贓罰錢內，每月支錢一百千，與大理、刑部兩司。其刑部人力不多，所使紙筆校少，仍於所賜錢內三分支與一分。其月十一日，大理卿李延範奏：

當寺今有要切事節，謹具逐件如後：

一件，寺司每奉敕旨斷案，准格須委法直司據罪人所犯，檢定法條，本斷官將所犯罪名，幷所檢法律及法書本卷，對驗不差，然後逐件於法狀上署名，下法定斷。伏見寺司案內，每將法直官所檢條件法狀，備錄在詳斷案。伏准格文，法直官祇合錄出科條，備勘押入案，至於引條判斷，合在曹官，仍不許於斷狀內載法直官姓名者。自今已後，其法狀，臣欲落下留充寺司案底，不錄在奏狀中，冀免元敕法狀三重在案。其本斷官仍於斷狀後具言，臣所斷前件文案，皆是將法直司所檢條法，一一周細詳認，悉是罪人所犯科條；或言將某色律條，比附詳斷，逐件參檢，並無漏落法律，及無欠少案內事節。

一件，格文內太和四年十二月三日，刑部員外張諷奏，大理寺官結斷刑獄，准舊例，自卿至司直訴事，皆許各申所見陳論。伏以所見者是消息律文，附會經義，以讞正其法，非爲率胸臆之見，騁章句之說，以定罪名。近者法司斷獄，例皆組綴詞句，漏略律文。且一罪抵法，結斷之詞，或生或死，遂使刑名不定，人徇其私。臣請今後各令尋究律文，具載其實，以定刑辟。如能引據經義，辨析情理，並任所見詳斷。若非禮律所載，不得妄爲判章，出外所犯之罪。

一件，詳刑定罪，實在法律一科，須是犯人本條，或取比附詳斷。自今後大理寺詳斷文案，祇得以本犯一條法律斷罪，不得更將稍似格律，於本條前後安排。如是罪人合以官品減等、官告贖罪之類條件，即許於法狀內次第區分。

右奉敕：大理寺每有詳斷刑獄案牘，准律須具引律令格式正文。又稱：准格詳獄，一切取最後敕爲定，後勑合破前格。今後凡有刑獄，先引律令格式有無正文，然後檢詳後敕，須是名目條件同，即以後敕定罪。敕內無正條，即以格文定罪。格內又無正條，即比附定刑。先自後敕爲比，事實無疑，方得定罪。或慮律令難明，錄奏取裁，仍當比事平情，取法直官不隱法文狀在案。本斷官祇據歷狀書法定罪，不得輒使文章，及有徵引。刑部詳覆官、法直官亦准此。兼自此御史臺、大理寺准推斷刑獄之際，刑法官及諸朝臣，不得以見所推斷人罪名合使條格，奏請改易。刑法中或有不便於事者，任其奏聞。餘依李延範所奏。

四年二月，大理正張琢奏曰：臣伏見咸通十年二月二十九日，大理少卿劉慶初奏，請於法寺置議獄堂。每寺丞詳斷刑獄畢，集大卿、二少卿、二正、六丞、四司直、八評事、十司，於議獄堂參詳，令依典式。其法官中能辨雪冤獄，迹狀尤異者，二人已上者請書上下攷，三人、四人已上者超資與官。今欲望依慶初所奏，法寺置議獄堂，凡斷公事，並集法官詳議，然後連署奏聞。天下諸州案牘，亦望本判官與副使已下，都廳會議。敕：法寺議獄，宜且於寺卿廳內；法官賞罰，宜依所奏。天下州府有疑者，判官集議；尋常案款，則准法施行。

晉天福五年六月二十七日，大理寺申：當寺自前每月公案一道，除斷狀外，須全寫三本，內一本申奏，一本送刑部，一本下本道者。伏緣近年諸處公案併多，寺司常慮淹延，況所行斷遣案文，此謂舉明條法，況本道已有元推公案，固不煩備錄施行。今欲祇錄斷狀，連敕頒宣，亦不礙於規矩。況刑部、大理寺亦是已有具案，元祇以斷覆詞降敕歸司，其諸道元推司，今欲乞准刑部例，祇降斷狀，連敕施行，所貴將來免滯刑獄。從之。

宋・王溥《五代會要・御史臺》 後唐同光二年三月三十日，御史臺奏：所除諸道節度觀察防禦經略等使、刺史、縣令及諸道幕府，兼諸司帶憲銜兼官，合納光臺錢，謹具本朝元納及減落錢數如後：兼御史大夫元納三十千，減外納一十五千。兼御史中丞元納二十千，減外納一十千。兼侍御史元納八千三百，減外納四千一百五十。兼殿中侍御史元納一十一千三百，減外納五千六百五十。兼監察御史元納一十三千三百，減外納六千六百五十。已前臺司，准本朝例及減落後所徵錢數，分析如前。應有諸道節度觀察使、刺史、經略防禦等使及諸道幕府上佐官，并諸司班行新受兼官者，並合送納前件光臺憲銜禮錢，今欲准例勒辭謝樞使官申報，兼牒兵部，勒告身案，除准宣取外，准例候送納光臺禮錢畢，朱鈔到方可給付。仍轉帖諸道進奏及諸州使院等，准前事例申報催徵，無致有隳舊規。敕：從之。

又 周顯德五年閏七月一日，御史臺申見行事件如後：應新除節度、防禦、團練、刺史、賓幕、州縣官兼帶五院憲銜，合徵光臺禮錢，如是已曾納過，准舊例不徵，兼御史大夫徵三十千，今徵六千。兼御史中丞元徵二十千，今徵四千。兼侍御史元徵八千三百，今徵一千六百六十。兼殿中侍御史元徵一十一千三百，今徵二千二百六十。兼監察御史元徵一十三千三百，今徵二千六百六十。

又 天成元年十二月十一日，御史臺奏：本朝舊例合行公事如後：應諸道進奏院，准本朝例，各合置臺巡驅使官一員，凡有公事，並合申臺巡，日逐在臺承應公事。應諸道進奏官，每四季月初及五月一日、冬至，并新除大夫、中丞，並合臺參。伏自僞朝以來，全隳舊制，今准敕命條流，請准舊例施行。應諸道節度、觀察、防禦、經略、團練使及諸州刺史，新除赴任，及郎幕上佐官等得替，及准宣進奉到闕及歸本道，並合廊參，正衙謝見辭。如遇大夫、中丞入臺，並合臺參。凡有公事，及到發日，並合申報。如違，追勘進奏官典。右僞朝已來，全隳往制，罕成倫理，頗失規繩。伏乞特降明敕指揮，免令隳紊。從之。

又 長興三年三月敕：近日累據御史臺奏，陳狀訴屈人，據狀內皆是訊鞫多時，卻曉示陳狀人送道，依次第論對，及州府追到本支證，本人又不到彼處，恐紊規繩，須行條理。宜令御史臺，今後諸色人論訟，稱已經州府斷遣後抑屈，更不出牒本道勘逐，便可據狀施行。若未經州府論訴，驀越陳狀，可具事由，勒本道進奏官差人賫牒監送本處，就關連人勘斷訖奏聞。

又 四年五月二十五日，御史中丞龍敏等奏陳事如後：

一、臺司除御史中丞隨行印，及左右巡使、監察使并出使印等外，其御史臺印一面，先准令式，即是主簿監臨。近年已來，緣無主簿，遂至內彈御史權時主持，又常隨本官，出入不定。伏緣臺中公事，不同諸司，動繫重難，常慮留滯。當申奏中堂之際，及牒州府之時，事無輕重，並使此印。今准令式，逐日有御史一員臺直，承受制敕公文。其御史臺印，今後欲勒留臺中，不令在外。選差令史一人、帖司一人同知此印。凡有諸色大案印發之時，准指揮諸司，各置印歷一道，據其事節件數，書在歷中，即於直官面前點檢印發。其印至夜封閉，俟交直轉付下次直官，共議執行。

一、御史臺事總朝綱，職司天憲，所管人吏色役最多，上至朝堂，次及班列，或在京句檢公事，或外地推勘稽遲，監守狴牢，行遣案牘，或隨從出使，或祠祭監臨，凡有係於臺司，皆須藉其人吏，俾無闕事，以贊國容。近年以來，人數極少，及月限者授官出外，爲官滿者追召未來。人力不充，公事停滯。今欲於諸州使院內量事差取十人，據臺中諸司闕人，臨時量材填補者。

一、其臺中令史，今欲條流，凡出官考滿，卻來歸司者，便具到日，申所司繫其選限。如有經年不到，追召不來，即具申堂，便乞除落姓名。

宋・王溥《五代會要・御史大夫》 後唐天成元年六月，以李琪爲特進、行御史大夫，自後不除。

宋・王溥《五代會要・御史中丞》 後唐天成元年十一月，諸道進奏官等狀：臣等今月四日，中丞上事，禮合至臺，比期不越前規，依舊傳語。忽蒙處分通出，尋則再取指揮，要明審的。又蒙問：大夫相公上事日如何？臣等云：大夫曾爲宰相，進奏官伏事中書，事體之閒，實爲舊吏。若以別官除受，合云傳語。又兼傳指揮，便令通出。臣等出身藩府，罕習朝儀，拒命即恐有奏陳，遵稟則全隳儀矩。伏恐此後到臺參賀，規則不定者。敕：御史臺是中朝執憲之司，乃四海繩違之地，凡居中外，皆俟整齊，藩侯尚展於公參，邸吏豈宜於抗禮？據觀論列，可驗輕誣，但以喪亂宏多，紀綱隳紊，霜威埽地，風憲銷聲。今則景運維新，皇圖重正，宜加提舉，漸止澆訛。宜令御史臺，凡關舊例，並須舉行，稍不稟承，當行朝典。時盧文紀初授中丞，領事於御史府，諸道進奏官來賀，文紀曰：事例如何？臺吏裔德威等言：朝廷在長安日，進奏官見大夫、中丞，如胥吏見長官之禮。及僞梁將革命，本朝微弱，諸藩強據，人主、大臣皆且姑息邸吏。時中丞上事，邸吏雖至，皆於客次傳語，竟不相見。自經兵亂，便以爲常。文紀令臺司論以舊儀相見，據案端簡，通名贊拜。邸吏輩既出，怒不自勝，相率於閤門求見，騰口諠訴。上問趙鳳曰：進奏官比外何官？鳳對曰：府縣發遞祇候之流。上曰：乃吏卒耳，安得慢吾法官。乃下此敕。

又 晉天福五年二月，以御史中丞爲清望正四品。

宋・王溥《五代會要・侍御史》 晉天福四年三月，御史臺奏：按《六典》，侍御史掌糾舉百僚，推鞫獄訟。居上者判臺知公廨雜事，次知西推贓贖三司受事，次知東推理匭。伏乞今後准故事施行。敕：宜依舊制。尋以尚書駕部員外郎、兼侍御史知雜事劉皥爲河南少尹，自是無尚書郎知雜事者。其年五月，御史臺奏：尚書郎知雜事之時，赴臺禮上，軍巡邸吏咸集公參，府司兩縣皆呈印狀。今後御史判雜上事，欲准前例。從之。

又 開運二年八月敕：御史臺准前朝故事，以郎中員外一員兼侍御史知雜事。近年停罷，獨委年深御史知雜。振舉之司，紀綱未峻，宜遵故事，庶協通規。宜於郎署中選清慎強幹者，兼侍御史知雜事。

宋・王溥《五代會要・殿中侍御史》 後唐天成二年九月二日，御史臺奏：每遇入閤日，祇一員侍御史在龍墀邊祇候，彈奏公事。或有南班參雜失儀，點檢不及，難於舉奏者。今欲依常朝例，差殿中侍御史二員，於鐘鼓樓位，各綴供奉官班出入，所輩共爲糾察。從之。

宋・王溥《五代會要・監察御史》 後唐同光二年五月，御史臺奏：准本朝故事，六察合行職事如後：吏察，應吏部南北兩曹磨勘選人，各具駁放判成人名銜，牒報分察使，及三銓應鎖銓注官後，具前銜名，擬報分察使點檢。若有踰盗，即察使舉追本行人推鞫。戶察，應戶部司諸州戶帳貢物，出給䊸符，具事件合報察使。兵察，應兵部公事，一一合報察使。刑察，應刑部法律、赦書德音、流貶、量移、斷罪輕重，合報察使。禮察，應禮部司補轉鑄印、諸祠祭料法物，合報察使。工察，應工部司工役，合報察使。右御史臺六員監察，謂之分察使。但緣曠廢，久不舉行，今欲依條貫施行。從之。

宋・王溥《五代會要・御史臺主簿》 後唐天成四年八月，御史臺孔目官閻珪狀分析：每大夫、中丞奏請雜端主事等官，承前隨廳罷任。其主簿朱穎見任，伏候敕裁。敕：諸道賓從，即隨府罷臺。主簿既爲正秩，況入選門，顯自敕恩，須終考限。朱穎宜仍舊官。

宋・王溥《五代會要・知班》 周廣順三年三月十四日，殿中侍御史賈玭、殿中侍御史劉載狀申：自漢朝次，每遇內殿起居，臺司定左右巡使先入，起居後，於殿廷左右立定，百官始入起居。有失官儀，便宜彈奏者。今後欲依入閤彈奏儀折署。奏後，宣徽使言：所奏知通事舍人喝拜，再拜訖便退。如兩巡使自有失儀，亦候班退互相彈奏。

宋・王溥《五代會要・推事》 周顯德五年閏七月一日，御史臺申：臺司見管四推：臺一推、臺二推、殿一推、殿二推。臺或准敕命宣頭，堂帖指揮送到公事，幷諸道州府論訴。准例，一人已上，三院御史從上輪次配推，兼具差定推官名銜申奏，申中書門下。如是三人已上，即本彈推勘。若四推皆有公事，外更有刑獄，即差以次官推勘，兼逐日輪差官吏臺直，點檢刑獄。

宋・王溥《五代會要・出使》 周顯德五年閏七月一日，御史臺申：臺司或准敕命宣頭，委臺司差官出外推勘刑獄，舊例於監察御史內從下差定，如是特敕定名，不拘此例。

宋・王溥《五代會要・雜録》 後唐天成四年三月二十日御史臺奏：臺中舊有格杖，近年不行，每有決遣公事，皆於河南、洛陽兩縣追借人杖。今臺中嘗有囚徒勘責，若一一於兩縣追借，又緣地里遙遠，及候差人往來，各有妨滯。今臺請置常行人杖，免有住滯公事。從之。

又 晉開運二年八月敕：今後諸御史，宜令除准式請假外，不得以私故小事請假離京，幷除奉制命差勘公事及按察外，不得以瑣細事差使出外。

又 漢乾祐三年五月，殿中侍御史竇文靖奏：臺中糾彈過失，舊有十六歷事，節次不舉明。臣訪聞朝官有便服徒步城市者，既通閨籍，實污朝風。敕：宜令御史臺常加察訪，具以名聞，當行譴逐。隱而不言，與之同罪。

又 周顯德二年四月三日敕：起今後應有自外新除御史，未經朝謝者，經過州府，不得受館驛供給及所在公禮。時有痍元晟，居秦、雍間，拜殿中侍御史，遽入秦州驛，受軍州禮。上知之，故有是敕。

宋・王欽若《册府元龜・帝王部・發號令》 十年閏五月詔曰：六卿分設，諸郡咸理，在於下人合免冤滯。如聞越局侵務，背公向私，其傷則多，爲政必紊。宜令天下州縣百司寮寀，俱守乃曹，各勤所職。或有身名尚屈，刑罰不平，職役未均，徵差無次，爰及侵奪，亦兼違負，凡人所訴，大略如斯。若縣不爲申，州必須理，州不能理，省必爲裁，上下相持，冤訟可息。自今已後，訴事人等先經縣及州並尚書披理。若所繇延滯不爲斷決，委御史採訪奏聞，長官已下，節級量貶。

又 清泰元年七月丙午，詔曰：長興二年間五月，勅：律、令、格、式六典，凡關庶政，盡有區分，久不舉明，遂致隳紊。宜令京百司，各於其間錄出本司事，裁成卷軸，或粉壁爲在廨署。本司官嘗勅宜省覽，以備顧問。自勅下至今累年，如聞諸司或以無廨宇處，竝未書寫施行。宜令御史臺差兩巡使，分巡百司局以聞。如因事未辦處與限五日，須抄錄。依元勅指揮，其諸道州縣亦有《六典》內合行公事條件，抄錄粉壁，官史長宜觀省。其律令格式事繁，昨以撮成四卷。州縣差人抄錄，以備撿尋。今後宜令御史臺每至正初，具錄前後勅文，告示諸司及諸州府，永爲嘗式。

宋・王欽若《册府元龜・刑法部・總序》 折獄致刑著於羲《易》，維明克允載於《虞書》，斯則制治在乎勅法，勅法在乎得人之義也。舜以咎繇作士，故尚書云：「咎繇作士，明於五刑，以弼五教。」又謂之大理。故《文子》曰：「咎繇喑而爲大理，天下無虐刑。」夏商之制無聞，周制大司寇掌建邦之三典，以佐王刑。邦國詰四方小司寇以五刑，聽萬民之獄訟。士師掌五禁之法，以左右刑罰，卿士、遂士、縣士、方士各聽其所治獄訟。司刑掌五刑之法，以麗萬民之罪。司刺掌三刺、三宥、三赦之法，以贊司寇聽獄訟。掌囚掌守囚及刑殺，掌戮掌斬殺，司隸掌囚執人，布憲掌邦之禁，皆治刑之官也。列國有士師，《論語》所謂孟氏使陽膚爲士師也。亦謂之理。《史記》所謂李離爲晉文公之理也。秦制廷尉掌刑辟，秩二千石。古者兵獄同制，故謂之尉。漢制尚書三公曹，主斷獄，二千石。曹掌中都官盜賊辭訟罪，法亦謂之賊曹。又御史屬官有法令，曹掌律令。廷尉秩中二千石，有正及左右監，秩皆千石。景帝中六年，更名大理。武帝建元四年，復爲廷尉。宣帝地節三年，初置左右平，秩皆六百石，掌平詔獄，冠法冠。哀帝元嘉二年，復爲大理。自孝武而下置中都官獄三十六所，各有令長之名。如宗正領都司空令丞，主置罪人；少府領若盧令丞，主詔獄，治將相大臣之類也。又置繡衣，直指出討姦滑，治大獄。不嘗置，其有大獄，則令雜治，如王嘉致都船詔獄，使將軍以下與二千石雜治之類也。其次卽令就問，如廷尉請捕衡山王，遣中尉大行卽問之類也。其當罪，又令雜議，如淮南王所犯不軌，丞相、御史、宗正、廷尉雜奏，又詔列侯吏二千石議是也。後漢置治書侍御史，選高第明法律者爲之。天下讞疑事，則以法律當其是非。廷尉卿，中二千石，掌平獄刑罰，奏當所應。凡郡國讞疑罪，皆處當以報。員吏百四十人。又省右平，尚存左平，又罷中都官以下諸詔獄。獨廷尉雒陽縣有焉。魏武初建國，改廷尉爲大理，又置律博士，又置定科郎，主定法令，都官郎主軍事刑獄。黃初元年，復以太理爲廷尉。晉制，初以三公、尚書掌刑獄。太康中省之，以吏部尚書領刑獄。又廷尉主刑罰獄訟，屬官有正、監、平，通視南臺治書，爲尚書郎下遷。又有律學博士。又置黃沙治書侍御史，秩與中丞同，掌詔獄及廷尉不當者，皆治之。後省去。咸寧中，又置廷尉丞。宋增置都官尚書，掌京師非違，兼掌刑獄。又增置刪定郎如魏之定科郎。齊廷尉置丞、正、監、平、律博士，各一人。梁初曰大理。天監元年復爲廷尉。廷尉視秘書監，丞視皇子行佐，正視正王佐，正監平三人，比舊選少。重服獬豸，冠絳幘，皂衣，銅印，墨綬。又革，置建康縣獄三官，視給事中，以尚書郎爲之。冠服同廷尉三官。元會廷尉三官與建康三官皆法官，皂衣朝服，以監東西中華門，手執方木，長三尺，方一寸，謂之執方器。又置律博士。視員外郎。後魏孝文太和中，廷尉卿品第二上，少卿品第三上，正監評丞品第五中，獄掾品從第七下。二十三年，復次職，令廷尉品第三，少卿品第四，正監評品第六，丞品第七。永安二年，復置司直事十人，視五品上，不署曹事，覆治御史簡劾事。北齊大理寺決正刑獄卿，屬官正監平各一人，律博士四人，明法掾二十四人，捉事督二十四人，掾十人，獄丞掾各二人，司直明法掾各二人。後周依《周禮》，建六官，有司寇卿、領秋官府司寇等衆職，又有刑部中大夫掌五刑之法，附萬人之罪。隋文帝改周六官，依前代之法復置都官尚書、侍郎，後改爲刑部，復置大理寺卿、少卿、正監平各一人，司直十人，律博士八人，明法二十人，獄掾八人。卿正三品，少卿正四品，正監評正六品，律博士正九品。煬帝又改丞爲勾簡官，增置十六人，分判獄事。唐制，御史大夫、中丞掌邦國刑憲典章，其屬侍御史掌推鞫獄訟，謂之東西推。凡有別勑付推者，則按其實狀以奏。尋嘗之獄，推訖斷於大理。興元元年，又詔殿中侍御史、同知、東西推分日受事，謂之四推。置刑部尚書一人，侍郎一人，掌天下刑法及徒隸勾覆關禁之政，其屬刑部郎中、員外各二人，掌二尚書侍郎，舉其典憲，而辯其輕重。都官郎中、員外各二人，掌配隸簿錄俘囚，以給衣糧藥瘡，以理訴競雪免。尚書正三品，侍郎正四品，郎中竝正五品，員外竝正六品。龍朔三年，改刑部尚書曰司刑大嘗伯，侍郎曰少嘗伯，郎中爲大夫，都官爲司僕。咸亨元年，復爲刑部。光宅元年，改爲秋官。神龍元年，復舊。又置大理卿一人，少卿二人，掌邦國折獄詳刑之事，明愼以讞疑獄，哀矜以雪冤獄，公平以鞫庶獄。正二人，掌參議刑獄，正科條之事。六丞斷罪不當，則駁正之。丞六人掌分判寺事。凡有犯，皆據其本狀以正刑名。凡六丞判尚書六曹所統百司及諸州之務，其刑部丞嘗押獄，每一丞斷事，五丞同押。若有異見，則各言之。主簿二人掌勾簡稽失。凡官吏之負犯并雪冤者，則據所由文牒而立簿焉。獄丞三人掌率獄史、知囚徒。司直六人、評事十二人掌出使。卿從三品，少卿從四品，正從五品，丞從六品，主簿從七品，獄丞從九品，司直從六品，評事從八品。龍朔二年，改爲詳刑寺，卿爲正卿，正爲大夫。咸亨元年，復爲大理，光宅元年，改爲司刑。神龍元年，復故。凡吏曹補署法官，則與刑部尚書、侍郎議其人可否，然後主擬。若存制使覆囚徒，則御史大夫、中丞與刑部尚書參擇之。凡天下之人有稱冤而無告者，御史大夫與中書門下爲三司以鞫之，大事奏裁，小事專達。三司雖按，而非其長官，則侍御史與刑部郎中、員外、大理司直評事往訊之。五代因之。歷代丞相、三公、刺史、守相、令長之從事掾屬，其孚刑獄，則有決曹、辭曹、則曹、法曹、司法、長流、刑獄之類焉。夫律令者，國之衡石；刑辟者，人之御轡。故王者慎其事，擇其官，以成欽恤之心，以致平反之治，然後上靡苛政，下無冤民，庶獄清而善氣應，其由茲乎？

宋・鄭樵《通志・職官三》 刑部尚書。唐虞之時，士官以正五刑，《周禮》秋官大司寇之任也。漢成帝時，尚書初置二千石曹，主郡國二千石。又置三公曹主斷獄。後漢光武改三公曹，主歲盡考課諸州郡政。二千石曹掌中都官水火盜賊辭訟罪法，亦謂之賊曹，重於諸曹。魏晉以來始重吏部，魏青龍二年置尚書都官郎佐督軍事。晉復以三公尚書掌刑獄。宋三公比部皆主刑法，又置都官尚書主軍事，刑獄，領都官、水部、庫部、功論四曹。齊、梁、陳並有都官尚書，後魏亦有都官尚書。北齊都官統都官、二千石、比部、水部、膳部五曹，又有三公曹掌諸曹囚帳、斷罪，赦日建金雞等事。又掌五時讀時令，屬殿中尚書。後周有秋官大司寇卿掌刑邦國，其屬官又有刑部中大夫，掌五刑之法。隋初有都官尚書，開皇三年改都官爲刑部尚書，統都官、刑部、比部、司門四曹，亦因後周之名。唐因之，龍朔二年改刑部尚書爲司刑太常伯，咸亨元年復舊。武太后改刑部爲秋官，神龍初復舊，天寶中改爲憲部。至德初復舊，總判刑部、都官、比部、司門事。侍郎一人，《周官》小司寇中大夫，蓋今任也。後周依《周官》，至隋煬帝置刑部侍郎，唐因之。龍朔二年爲司刑少常伯，咸亨元年復舊，他時曹名或改而官號不易，掌律令、定刑名及諸州應奏之事。

郎中二人，《周官》大司寇屬官有士師下大夫，蓋今任也。漢尚書有三公曹，後漢有二千石曹，魏有都官曹，皆掌刑法獄訟之事。歷代沿革具尚書中，或爲侍郎，或置郎中，例在吏部郎中篇。後周有小刑部下大夫，屬秋官府。隋初置刑部侍郎，煬帝除侍字，又改憲部郎。唐武德三年改爲刑部郎中。龍朔二年改爲司刑大夫，咸亨元年復舊，與侍郎同。

員外郎二人，隋文帝置刑部員外郎，煬帝改爲憲部承務郎，唐武德三年改爲刑部員外郎，其後曹改而官不易。

都官郎中一人，漢司隸校尉屬官有都官從事，掌中都官不法事，後漢又改尚書二千石曹掌中都官水火盜賊，魏青龍二年始置尚書都官郎佐，督軍事。晉、宋尚書都官兼主刑獄，歷代事具尚書中，其官例在吏部郎中注。後周則曰司厲，隋初爲都官侍郎，掌簿錄配沒官私奴婢、良賤、訴競、俘囚等事。煬帝除侍字，置員外二人。唐武德二年加中字，減一人。龍朔二年改爲司僕大夫，咸亨元年復舊。

員外郎一人，《周官》曰司厲下士，蓋並今任也。後周依焉，隋改置，與戶部同。

比部郎中一人，魏尚書有比部曹，晉因之。宋時比部主法制，齊、梁、陳皆有比部曹，後魏亦然，北齊掌詔書、律令、句檢等事，後周曰計部中大夫，蓋其任也。隋初爲比部侍郎，煬帝除侍字，唐武德中加中字，龍朔二年改爲司計大夫，咸亨元年復舊。天寶十一載又改比部爲司計，至德初復舊，掌內外諸司俸料、公廨及公私債負、徒役、功程、贓贖、物帳及句用度物。

員外郎一人，改置與戶部員外郎同。

司門郎中一人，《周禮》地官有司門下大夫，掌授管鍵啓閉，兩代多闕，至後周依《周官》。隋初有司門侍郎，煬帝除侍字，唐武德三年加中字，龍朔二年改爲司物門大夫，咸亨元年復舊，掌門籍、關橋及道路過所闌遺物事。

員外郎一人，《周官》有司門上士，後周依焉。後改置，與戶部同。

宋・鄭樵《通志・職官四・大理寺》 大理卿舜攝帝位，臯繇作士，正五刑。孔安國曰：士，理也。成周則秋官之任也。《韓詩外傳》曰：晉文公使李離爲大理，過聽殺人，自拘於廷，遂伏劍死。君子曰忠與仁，故後世爲之李官。秦爲廷尉，漢因之，掌刑辟。景帝以中元六年更名大理，武帝建元四年復爲廷尉，哀帝元壽二年復爲大理。後漢廷尉卿凡郡國讞疑皆處當以報，多以世家爲之，而郭氏尤盛。郭躬爲廷尉，家世掌法，務在寬平，躬乃條諸重文可從輕者四十一事奏之，事皆施行，著於令。建安中復爲大理，黄初元年改爲廷尉，鍾繇爲廷尉，聽君父已歿，臣子得爲理謗上，及爲侯，其妻不復改嫁，繇所制也。歷代皆爲廷尉，梁國初建曰大理，天監元年復改爲廷尉。舊用黄門，後視祕書監，有正監平三人。元會廷尉三官與建康三官皆法冠、元衣、朝服，以監東西中華門，手執方木長三尺一寸，謂之執方。天監元年，詔建康獄，依廷尉三官置正監平，革選士流，視給事中，以尚書郎出爲之，冠服與廷尉三官同。陳因之，後魏亦曰廷尉。北齊曰大理寺卿，置卿、少卿各一人，後周有刑部中大夫，掌五刑之法，附萬民之罪，屬大司寇。隋初與北齊同，至煬帝加置少卿二人，唐龍朔二年改大理爲詳刑。咸亨元年復舊，光宅元年改爲司刑，神龍元年復舊，卿一人，掌鞫獄、定刑名、決諸疑讞。少卿二人，正二人，丞六人，評簿二人，錄事二人，獄丞四人，司直六人，評事十二人。

臣謹按，隋文帝時議置六卿，將除大理。盧思道奏曰：省有駕部寺留太僕，省有刑部寺除大理，斯則重畜產而賤刑名也。

正秦置廷尉正，漢因之，後漢一人，魏謂正、監、平，爲廷尉三官，晉廷尉三官通視南臺持書，舊尚書郎下遷。梁制，服獬豸冠，介幘，皂衣，銅印，墨綬，歷代皆有。隋開皇三年增爲四員，煬帝增爲六員，唐二人通判寺事，龍朔二年改爲詳刑大夫，咸亨初復舊。

臣謹按，魏司馬芝爲大理正，有盜官練置都廁上者，吏疑女工，收以付獄。芝曰：贓物先得而後訊其辭，若不勝掠或至誣服，誣服之情不可以折獄。且簡而易從，大人之化也，不失有罪，庸世之理耳。魏武從之。

丞自晉武咸寧中，曹志上表請廷尉置丞，宋、齊、梁並因之，後魏亦然，北齊曰大理丞，一人，隋初二人，至煬帝改爲句檢官，增爲十六人，分判獄事。唐又曰丞，置六人。

臣謹按，唐杜正倫、徐有功並爲司刑丞，與來俊臣、侯思止同制獄。人稱之曰遇徐杜必生，遇來侯必死。

主簿自魏、晉、宋、齊、梁、陳皆有，唐置二人。

獄丞晉有左右丞各一人，宋齊因之。梁陳置二人，後魏、北齊亦然，隋有獄掾八人。唐曰丞，有四人。

司直後魏永安二年置司直十人，御史中尉高穆所請也。視五品，隸廷尉，位在正監上。不署曹事，唯覆理御史檢劾事。北齊、隋因之，隋初置十人，煬帝置十六人，唐置六人，掌承制出使推覆，若寺有疑獄，則參議之。

評事漢宣帝地節三年，初於廷尉置左右平，員四人。宣帝詔曰：今遣廷吏與郡鞫獄，任輕祿薄，其爲置廷平員四人，其務平之。涿郡太守鄭昌上言曰：聖王立法明刑者，非以爲治救衰亂之起也。今明主躬垂明聽，不置廷平，獄將自正，若開後詞，不若刪定律令。律令壹定，愚民知所避就，姦吏無所弄法。今不正其本而置廷平，以理其末，世衰聽怠，則廷平將搖權而爲亂首也。後漢光武省右平，唯有左平一人，掌平決詔獄，冠法冠。魏晉以來無左右而直謂之廷尉評。後魏、北齊及隋，廷尉評各一人。開皇三年罷。至煬帝乃置評事四十八人，掌與司直同，其後官廢。唐貞觀二十二年，褚遂良議重法官，復奏置評事十員，掌出使推覆，後加二人，爲十二員。

宋·錢若水《太宗皇帝實録》卷三〇 〔太平興國九年五月〕乙丑。詔曰：司理參軍專於推鞫研覈情實，尤在得人。如聞，諸道多闕此官。蓋吏部拘以資叙，難爲注擬。自今應有闕處，宜今本州於見任、前任簿尉判司內，選擇明敏有官業者充。秩滿當與陞奬，其罷軟不任職者，便可選官代之。先是，諸處多闕此官，而吏部以資叙相妨，難於注擬。上以庶獄爲重，不可暫闕，故委本部選擇焉。

宋·李燾《資治通鑑長編》卷七 〔宋太祖乾德四年八月〕壬寅，詔以憲府繩姦，天官選吏，秋曹讞獄，俱謂難才，理宜優異。應御史臺、吏部銓南曹、刑部、大理寺，自知雜侍御史、郎中、少卿以下，本司莅事滿三歲者遷其秩。御史中丞、尚書、侍郎、大理卿，別議旌賞。其奏補歸司勒留官令史、府史，各減一選。

宋·李燾《續資治通鑑長編》卷十五 〔端拱二年〕詔：今朝官有明於律令格式者，許上書自陳，當加試問，以補刑部、大理寺官屬，三歲遷其秩。

又 〔太宗淳化二年〕帝欽恤庶獄，慮大理、刑部吏舞文巧詆，八月，乙卯，置審刑院於禁中，以樞密直學士楚丘李昌齡知院事，兼理詳議官六員。凡獄具上奏者，先由審刑院印訖，以付大理寺、刑部斷覆以聞，乃下審刑院詳議，申覆裁決訖，以付中書，當者即下之；其未允者，宰相復以聞，始命論決。

宋·李燾《續資治通鑑長編》卷二〇 〔宋太宗太平興國四年十二月〕詔改司寇參軍爲司理參軍，以司寇院爲司理院，令於選部中選歷任清白，能折獄辨訟者爲之，秩滿免選赴集。又置判官一員，委諸州於牙校中擇有幹局、曉法律、高貲者爲之。給以月俸，如舊馬步判官之例。秩滿，上其殿最以定黜陟，有踰濫者，坐長吏而下。司理判官連坐，別本《實録》在六年十月庚午，今從本志幷書之。尋又詔諸州察司理參軍有不明推鞫，致刑獄淹滯，具名以聞，蔽匿不舉者罪之。雍熙二年八月庚辰詔或即此也，更詳之。

宋·李燾《續資治通鑑長編》卷二四 〔宋太宗太平興國八年十二月〕權知相等，右補闕，直史館田錫上疏言：【略】其次，御史臺本不禁人，今爲繫囚之所，大理寺舊來置獄，今爲檢格之司。況授人之職者，本貴當材，鞫獄以情者，自然無濫。或諸侯有大過，或百姓有深冤，乃命臺官委爲制使，憲府之風規自別，刑曹之按鞫無疑。今則或撾鼓聞天，虚詞詣闕，多差殿直、承旨，使爲制勘使臣，殊非理公之才，驟委鞫人之罪，其間有未明推劾，因致淹延，或未曉刑章，妄加深刻。既臨以制書之命，寘乎縲紲之中，人畏嚴威，誰敢拒捍，及當録問，皆伏欵詞。雖罪至徒流必該申奏，然按。既圓備，即遽施行。豈無陷於非辜，豈無失于有罪，虧陛下慈仁之旨，損朝廷欽卹之恩！此臣所謂未諭聖意之事者二也。

宋·李燾《續資治通鑑長編》卷二六 宋太宗雍熙二年八月庚辰，上謂宰相曰：朕于獄犴之寄，夙夜焦勞，比分遣使臣按巡諸道，蓋慮或有冤滯耳。因思新及第進士爲司理參軍，彼於法律固未精習，宜令諸州長吏視其不勝任者，于判司、簿尉中兩易之。

宋·李燾《續資治通鑑長編》卷三二 〔宋太宗淳化二年八月〕上欽恤庶獄，慮大理、刑部吏舞文巧詆。己卯，置審刑院于禁中，以樞密直學士李昌齡知院事，兼置詳議官六員。凡獄具上奏者，先由審刑院印訖，以付大理寺、刑部斷覆以聞，乃下審刑院詳議，中覆裁決訖，以付中書，當者即下之，其未允者，宰相復以聞，始命論決。蓋重謹之至也。《會要》稱：法官議覆居道安獄，依違鹵莽，皆坐遷謫，因置審刑院。今《實録》八月己卯初置審刑院，己卯，十二日也。九月戊戌，王禹偁等始免官，戊戌，初二日也。先後或失其序，豈禹偁等繫獄二十餘日乃論決耶？不然，《會要》誤也。今但依《實録》所書，更須攷之。司馬光《記聞》稱趙普出鎮，太宗患中書權太重，且事繁，宰相不能悉領理，向敏中時爲諫官，上言請分中書刑房置審刑院。按《實録》，向敏中雖以左司諫知制誥，初不聞有此議，《國史》及他書亦弗載，不知光何所據也。且置審刑院。其意不過欽恤庶獄耳，豈能分中書權，省其事耶？疑此說或誤，更須考之。楊億《談苑》但云審刑院本中書刑房，宰相所領之職，于是析出，亦不云中書權太重故也。

宋・李燾《續資治通鑑長編》卷六〇　〔宋真宗景德二年六月〕己卯，刑部、大理寺、三司法直官，令吏部銓選流内官一任三考以上、謹幹無過、工書判者，具名引對，試斷案五道，中格者授之。三司大理寺一年、刑部三年無私罪者，授京官。先是，悉自令史遷補，端拱中，寇準判銓，奏用士人，至是，復舉前詔。

又　〔宋仁宗嘉祐七年〕丁巳詔：審刑院奏補京朝官，初該磨勘者，自今須有舉主一員，方聽改官。

宋・李燾《續資治通鑑長編》卷六六　〔宋真宗景德四年九月〕甲戌，詔審刑院詳議、刑部詳覆、大理寺詳斷官，自令任滿，如書罰四次以上，未得考課引對，其同簽連署者件析以聞，當酌其輕重差降；任使内供職無遺曠者，歲滿優與升獎。

宋・李燾《續資治通鑑長編》卷六九　〔宋神宗熙寧六年〕乙亥，以朝集院爲律學，置教授四員。公試習律令生員義三道，習斷案生員一道，刑名五事至七事；私試義二道，案一道，刑名五〔三〕事至三〔五〕事。命官舉人皆得入學習律令。

宋・李燾《續資治通鑑長編》卷七七　〔宋真宗大中祥符五年〕三月戊辰朔，詔：自今審刑院、大理寺奏案，情狀已正，條目未備，不致妨閡者，並即許斷。若事節未備，即直指其事，委元推官照會提點刑獄司，得法寺疏駁便復推，宜詳酌，可以結絶，無別致追擾。其元推官，如事情不變未周備者，亦不須問罪。務絶滋蔓，以稱欽卹之意焉。

宋・李燾《續資治通鑑長編》卷八一　〔宋真宗大中祥符六年十二月〕大理寺言：舊制，審刑詳議官，大理少卿、詳斷官，三年滿，無遺闕，考課改官。景德中詔歲滿四經書罰者，審官院以聞，量其輕重殿降差遣，如詳刑允當，優與升獎。向來審刑詳議官，年滿雖有責罰，亦優獲差遣。而本寺詳斷官，偶有責罰不及四次者，止授知縣。則是詳斷官資序與監臨場務無異。況京朝官充刑部詳覆官、開封府諸曹參軍，任滿日，並通判諸州。今本寺日有檢斷，鮮能無累，欲望歲滿書罰不及四次者，授通判諸州，以勵官屬。詔自今兩經書罰情輕者，奏取進止。本志載此事于去年十月，又云詔兩經書罰情輕者與小州通判。今從《實録》。

又　〔宋哲宗元祐四年〕戊午，分經義、詩賦爲兩科試士，罷明法科。初，司馬光言：神宗尊用經義、論、策取士，此乃復先生王令典，百王不易之法。但王安石不當以一家私學，欲蓋先儒，令天下師生講解。至於律令，皆當官所須，使爲士者果能知道義，自與法律冥合，何必置明法一科，習爲刻薄，非所以長育人材、敦厚風俗也。至是遂罷明法科。

宋・李燾《續資治通鑑長編》卷一一〇　〔宋仁宗天聖九年〕二月，大理寺言：自今舉詳斷官，須有出身，入令録、幕職官人，曾歷録事參軍見任二年以上，有監司一人若常參官二人同罪保舉者；其嘗乙試律者，須及五考已上，乃聽舉之。凡試律義三道，疏二道，以三同爲合格，二同亦留。別試中小案三道，每道約刑名三條，其斷重罪一同若二粗，與除京官；其一粗或書札稍堪引用可取者，送寺試斷案三二十道，保明以聞。法直官試律義外，以舊案三道，計刑名十分爲率，以六分爲合格，用法不及六分，約律不及二同者罷之。仍令審刑詳議官二員、判大理寺或少卿同試於御史臺。從之。尋詔刑部舉官準此。

宋・李燾《續資治通鑑長編》卷一一一　〔宋仁宗明道元年二月〕詔選人求試律斷案者，須歷任三考以上。

宋・李燾《續資治通鑑長編》卷一一八　〔宋仁宗景祐三年六月〕甲寅，流内銓言，選人試律斷案，如律義已合格，更須斷案，一道通或二道粗，方與注優便官，從之。

宋・李燾《續資治通鑑長編》卷一二四　〔宋高宗紹興十一年〕癸亥，言者請令有官人銓試，並兼習兩場。故事，銓試有官人分五場：曰經義，曰詩賦，曰時義，曰斷案，曰律義；願試一場者聽。議者謂試之以經義、時賦、時義者，欲使之通古今；試之以《刑統》義、斷案者，欲使之明法令。宜令二者各兼一場，庶使人人明古今，通法令，而無一偏之失。事下吏部，乃命任子如所請。

宋・李燾《續資治通鑑長編》卷一四七 〔金大定二十年〕己未，金主詔：有罪犯被問之官，雖遇赦不得復職。

宋・李燾《續資治通鑑長編》卷一六四 〔宋理宗寶慶三年〕二月，癸未，詔銓部：今後司法參軍，不許以諸司年勞出官人注授。諸道檢法官，照條格差法，憲司毋得妄辟。從梁成大之奏也。

宋・李燾《續資治通鑑長編》卷二一二 〔宋神宗熙寧三年六月〕審刑院詳議官、殿中丞朱溫其權發遣大理少卿，理合入資序。於是御史中丞馮京言：溫其自北京法曹參軍，舉刑部詳覆官五年，理爲兩任。今歲五月，方舉授審刑院差遣，資序尚淺，便令權發遣少卿，超越倫輩。欲乞且於見任詳議官知州資序人內選擇，或外任臣僚有詳練法律、持守平允及資望稍深者以應明詔，使百司進退各有條序，亦所以息犇競之一端也。上諭京曰：溫其駁案有實效，此除不爲過也。知諫院胡宗愈亦言：溫其但能讀誦律疏，不知古義，不識先王爲治之體，而又資性深刻，無哀矜之意，不足以副廷尉之職。望選賢良以副大理。不聽。

宋・李燾《續資治通鑑長編》卷二一五 〔宋神宗熙寧三年九月〕己亥，命司勳員外郎權判大理寺崔台符、崇政殿說書曾布、殿中丞權發遣大理少卿朱溫其考試法官，試法官自此始。本志云：詔祕閣考合格舉人，取毋過五分。今附此。

宋・李燾《續資治通鑑長編》卷二二六 〔宋神宗熙寧四年九月〕太子中允、檢正中書房刑公事李承之爲太常丞。以駁正法寺大辟四人及刑部失覆大辟一人，特遷之。

宋・李燾《續資治通鑑長編》卷二三三 〔宋神宗熙寧五年五月〕糾察在京刑獄祝諮言：百姓犯罪，御史臺差文臣就本司同錄問取伏狀方奏斷，蓋欽重刑獄，以防出入之弊。其殿前、馬、步軍司軍人犯死罪，乃止牒審官西院，差大使臣錄問，緣大使臣少通法意，乞依開封府例，牒御史臺差官就逐司錄問。又言：三司檢法官及開封府法曹、功曹參軍遇有闕，乞於新試中法官人內差填。並從之。

宋・李燾《續資治通鑑長編》卷二四二 〔宋神宗熙寧六年二月〕檢正刑房公事李承之言：自今試刑法人，如經再試當推恩者，惟上等依例升擢外，餘並比較前得恩例併計施行，或昔重今輕者，更不推恩。從之。

宋・李燾《續資治通鑑長編》卷二四三 〔宋神宗熙寧六年三月〕己巳，詔：試中刑法莫君陳遷一官，爲刑法官；次四人送法寺試斷案，或充提刑司檢法官；次五人各循二資，十一人各循一資；餘各不依名次路分指射差遣一次；次止免試注官。京朝官比類酬獎。仍自今試法官斷案刑名約七件以上，十件以下。

宋・李燾《續資治通鑑長編》卷二四四 〔宋神崇熙寧六年四月〕以朝集院爲律學，賜錢萬五千緡，於開封府界檢校庫出息，以助給養生員。置教授四員，請給、人從視國子監直講。命官、舉人幷許入學，試中，官給食。每月公試一，私試三。公試：習律令生員義三道；習斷案生員案一道；刑名五事至七事。私試：義三道，案一道，刑名三事至五事。據墨本，熙寧六年八月癸酉，國子監丞楊完言：近詔給錢萬緡送檢校庫，召人抵保收息給律學。今生員滋多，乞增賜本錢五千緡，從之。朱本削去，云已見六十卷內。蓋墨本誤以五千緡幷入初給時故也。

又 〔神宗熙寧六年四月〕詔：自今刑法官不及兩考者，並許就試。如試中刑法，在寺供職及兩考，與推恩。

宋・李燾《續資治通鑑長編》卷二五三 〔宋神宗熙寧七年五月〕中書刑房覆考，試中刑法，第一等選人除詳斷官；第二等循兩資；第三等京朝官減二年磨勘，選人循一資；第四等京朝官減一年磨勘，選人堂除一次；第五等京朝官先指射優便差遣，選人免試注官。從之。

宋・李燾《續資治通鑑長編》卷二六三 〔宋神宗熙寧八年閏四月〕詔試刑法人上七人差充法官，餘循資堂除差遣，免試，其京朝官即比類推恩。

宋・李燾《續資治通鑑長編》卷二六七 〔宋神宗熙寧八年八月〕中書言：審刑院詳議官，大理寺詳斷官皆親書節案，乞止令圈節，付吏寫錄，幷減詳議官一員、斷官二員。從之。

宋・李燾《續資治通鑑長編》卷二七二 〔宋神宗熙寧八年正月〕乙亥，中書言：中書主事以下，三年一次，許與試刑法官，同試刑法。第一等升一資，第二等升四名，第三等兩名，無名可升者，候有正官，比附減半磨勘，餘並比附試刑法官條例。從之。

宋・李燾《續資治通鑑長編》卷二八〇 〔宋神宗熙寧十年正月〕御史彭汝礪言，乞約束刑部，毋得以公事疑難爲名，巡廳商量。詔法寺疑難公案，並具刑名並執見不同，申中書、樞密院，方得稟白，令御史臺覺察。

宋・李燾《續資治通鑑長編》卷二八七 〔宋神宗元豐元年閏正月〕又詔刑部大理寺，自今奏舉習學公事，並舉曾試刑法得循兩資以上人。

宋・李燾《續資治通鑑長編》卷二九五 〔宋神宗元豐元年十二月〕詔大理寺官吏并現在公案等並歸刑部，其當送大理獄結斷事，自來年正月後依戊午詔施行。

又 〔宋神宗元豐元年十二月〕戊午，以權知審刑院、度支郎中崔台符爲右諫議大夫、大理卿；屯田郎中、直史館、權發遣江、淮等路發運副使蹇周輔，太常博士、權判都水監楊汲爲少卿；丞及檢法官令舉官以聞。先是，上以國初廢大理獄非是，要見國初廢大理獄事因。以問孫洙，洙對合旨。於是中書言：奉詔開封府司、左右軍巡院刑獄，皆本府公事，而三司、諸寺監等凡有禁繫，並送三院，繫囚猥多，難以隔訊。又盛暑疾氣熏染，多致死亡，官司各執所見，吏屬苦於諮稟，因緣留滯，動涉歲時，深爲未便。參稽故事，宜屬理官，今請復置大理獄，應三司及寺、監等公事，除本司公人杖笞罪非追究者隨處裁決，餘並送大理獄結斷，其應奏者并天下奏案，並令刑部、審刑院詳斷。大理寺置卿一人，少卿二人，丞四人，專主推鞫，檢法官二人，餘悉罷。應合行事，委本寺詳具以聞。從之。台符等既受命作大理寺，凡十有七日而成。十七日而成，據李清臣記，墨本所書不同，朱本遂并削去。《新紀》書以開封囚猥多，復置大理獄，《舊紀》載詔語差詳。

宋・李燾《續資治通鑑長編》卷二九六 〔宋神宗元豐元年十二月〕上批：審刑院、刑部乞因併差詳議、詳斷官入試院，積未斷公案凡五百餘道，罪人幽繫囹圄，日夜待命，豈宜淹滯留壅若此，其自今月三日後官吏並勒宿。

又 〔宋神宗元豐二年正月〕知大理卿崔台符言：乞自今大理勘事，內有情法不稱者，許以三司條例斷奏，事若重密，仍依審刑院、三司、開封府例上殿奏裁。從之。

宋・李燾《續資治通鑑長編》卷二九七 〔宋神宗元豐二年四月〕甲子，知審刑院安燾言：天下奏案，視十年前增倍以上，審刑院刑部詳議、詳斷官，視舊員數頗減，乞復置詳議官一員。又詳議官遍簽刑部斷案，職事不專，乞分議官六員，每案二員連簽，若情狀可疑，未麗于法，即議官通簽。如此則疑難之獄得盡，衆議明白，罪案不致留積。詔增審刑院詳議、詳斷官各一員，罷刑部檢法官一員，餘如燾請。

宋・李燾《續資治通鑑長編》卷二九九 〔宋神宗元豐二年八月〕中書言：應朝旨置獄究治事，欲委審刑院、刑部置簿管勾，非特旨立限者，及一季未，奏下所屬催促，無故稽留若行移迂緩并所屬不催舉，並劾奏，責刑房季終點檢。從之。

宋・李燾《續資治通鑑長編》卷三〇二 〔宋神宗元豐三年正月〕戊子，詔審刑院、刑部斷議官，自今歲終具嘗失入徒、流罪五人以上，或失入死罪者，取旨連簽者二人當一人，京朝官展磨勘年，幕職、州縣官展考，或不與任滿指射差遣，或罷，本年斷絕支賜，去官不免。先是，熙寧十年，嘗詔歲終比校取旨，而法未備故也。

宋・李燾《續資治通鑑長編》卷三〇七 〔宋神宗元豐三年八月〕詔審刑院併歸刑部。以知院官判刑部，掌詳議、詳覆司事，其刑部主判官二員爲同判刑部，掌詳斷司事；詳議官爲刑部詳議官。

宋・李燾《續資治通鑑長編》卷三一二 〔宋神宗元豐四年五月〕中書言：刑房覆考試刑法官，第一等一人欲充法官，第二等下三人欲循一資，第三等上十人與堂除，第三等中八人與免試，仍陞一季名次，第三等下十二人與免試。從之。

宋・李燾《續資治通鑑長編》卷三二二 〔宋神宗元豐五年正月〕甲午，詔自今毋以大理寺官爲試院官。

宋・李燾《續資治通鑑長編》卷三三八 〔宋神宗元豐六年八月〕刑部乞：應吏部補授大理寺左斷刑官，先與刑部、大理寺長、貳雜議可否，然後注擬，仍取經試得循資以上人充，正闕以丞補，丞闕以評事補。詔刑部、吏部同立法，著爲令。其後著令：司直、評事闕，選尚書及侍郎左選人，丞闕，止選尚書左選人，仍經任司直或評事係親民資任者。以上二件，其初改官應入知縣人亦選。正闕，選丞或司直、評事見係通判以上資任者。以上所選，仍不限見任，授訖未赴。即曾失入徒已上罪已決或死罪、若私罪情重者，贓罪，或停替後未成任，各毋得入選。

宋・李燾《續資治通鑑長編》卷三四一 〔宋神宗元豐六年十二月〕壬申，詔監察御史陳師錫送吏部。師錫乞罷貢舉及太學試律義，使學者得專意經術。

上批：朝廷比年修廣學校，訓迪士類，兼用經術、法令，長育人材，俾之成就，以充任使。從政以法令爲本，師錫不達朝造法大意，乃欲罷諸生習律，倡爲詖說，惑亂士聽故也。師錫事更須考詳。蘇軾元祐初薦師錫清要侍從，奏云：神宗擢師錫第三人及第，有意大用。後爲臺官，因論舉人試律則害道德之教，不合時議，遂出補外。尋罷試律，先帝首與牽復，大用之意愈堅。當考。

宋・李燾《續資治通鑑長編》卷三七二 〔宋哲宗元祐元年三月〕尚書省言：請自今申奏強劫十人凶惡或軍賊五人以上，合降朝旨收捉者，更不送刑部，直送中書省取旨。從之。

宋・李燾《續資治通鑑長編》卷四〇九 〔宋哲宗元祐三年三月〕吏部尚書蘇頌等狀：看詳試刑法人，舊來每年春秋兩試。昨準敕，秋試已罷，即今每年只是一次春試。若依條每年申都省立定到闕日限，顯是枉煩。欲乞將試刑法人立定每年一次春試，其試人限當年二月十五日以前到闕，免逐旋申煩朝廷立限。若立此法，亦令試人每年預知試期，依限赴闕。從之。

宋・李燾《續資治通鑑長編》卷四一〇 〔宋哲宗元祐三年五月〕三省言：大理寺右治獄並罷，請依三司舊例，於戶部置推勘、檢法官，治在京應干錢穀公事。從之。《舊錄》云：元豐中，董正治官，省曹治文書，行天下；寺、監治事，止京師。戶部非治獄之官，故釐爲大理寺，復古制也。至是罷。《新錄》辨曰：戶部治錢穀公事，自是祖宗舊例，在當時最便，與元豐復古制設省、寺、監不相干涉。自元豐中至是罷四十二字删去。

宋・李燾《續資治通鑑長編》卷四四五 〔宋哲宗元祐五年七月〕己丑，刑部言：中書刑房條，舊有刑部官歲終具失入徒流罪五人，或失入死罪，或違限三分并取旨之法。自官制行，改貼刑部官序爲大理寺官，其大理寺官歲終比較，係刑部上都省取旨。其中書刑房字當改作刑部。詔從之。

宋・李燾《續資治通鑑長編》卷四四九 〔宋哲宗元祐五年十月〕自官制後，刑名並上尚書省取旨者，送中書，不上密院；事有繫邊機及軍政，或本自密院畫旨，下所在取當降特旨有所懲戒者，密院皆不見。同知院韓忠彦具其事，與三省集議：凡斷獄係前項依舊上密院，斷已三次，衆議無異言，乃同入文字。十月十四日畫可施行。既逾旬，中書侍郎傅堯俞忽獨具奏：官制行之已久，不可遽改。昨不曾商量，吏人呈押，臣以爲尋常文字，遂簽書，然臣實昏亂，不能守官，乞從顯黜，所有十四日指揮，乞不施行。內降堯俞劄子付都省，堯俞即於都堂變色出語侵忠彦，衆皆愕然。堯俞素非好辨者，衆疑其爲中書刑房吏人所誤也。後數日，堯俞又入劄子云：都堂聚議，臣實不知，略加究詰，必見詣實。然殊不言及曾簽書文字。呂大防謂劉摯曰：欽之事當與略修潤已降指揮，然欽之此舉極誤，不惟使外之邪黨窺伺，幸吾曹有閒，亦令簾中有所疑，謂吾黨欺欽之。欽之，堯俞字也。遂改十月十四日指揮云：公案係邊防者，文臣上都省，武臣上密院同取旨。是日二十六日丁巳。進呈，大防言：此事久來聚議，恐是堯俞不聽得，今改云云。堯俞進曰：如此則允當。初，堯俞欲留身白此事，大防等諭以不須留，但對衆陳之可也。劉摯謂堯俞既簽書文字，欲有所訴，謂已不知，直以爲衆人欺謾取其簽書，故劄子自云昏亂，其欲留身，蓋將就簾前嫁其欺慢之罪於衆人，賴大防等曉其說而止之。徐聞激堯俞使爲此者，實給事中范純禮也。堯俞、純禮於韓氏皆連親，事多密咨純禮。大防既信堯俞，堯俞又多謀于純禮一二輩，所以差除閒多用洛人及韓氏姻舊云。此據《劉摯日記》增入，十一月二日蘇轍云云可考。

宋・李燾《續資治通鑑長編》卷四五三 〔宋哲宗元祐五年十二月〕御史中丞蘇轍言：臣竊見大理寺、審刑院舊制，文臣、吏民斷罪公案並歸中書，武臣、員弁人並歸密院，而中書、密院又各分房，逐房斷例，輕重各不相知，所斷既下，中外但知奉行，無敢擬議。及無豐五年，先帝改定官制，知此情弊，遂指揮凡斷獄公案並自大理寺、刑部申尚書省，上中書取旨。自是，斷獄輕重比例始得歸一，天下稱明。自元豐七年十月四日奉聖旨，應緣保甲事，元係樞密院指揮取勘，及保甲司乞特斷公案，令大理寺定斷，刑部勘當申院。元祐四年六月十八日又奉聖旨，禁軍公案內流罪以下，情法不相當而無例擬斷，合降特旨者，令刑部申樞密院取旨。今年七月七日又奉聖旨，應係樞密院取旨，下所屬體量根究取勘者，候奏案到，令樞密院取旨。十月四日又奉聖旨，應官員犯罪公案，事干邊防軍政，令刑部定斷，申密院取旨。二十九日又奉聖旨，應官員犯罪公案，事干邊防軍政，文臣令刑部定斷，申尚書省，武臣申樞密院。

臣竊詳前件五項條貫，不惟斷獄不歸一處，其間必有罪同斷異，令四方疑惑，失先帝元豐五年改法本意，兼事干邊防軍政，文臣歸尚書省，則雖樞密院本職必有所不知，武臣歸樞密院，則自節度使充經略、安撫有所廢黜，雖三省亦有不得知者。事之不便，莫大於此。臣今欲乞依先帝改法之舊，應斷罪公案並歸三省，其事干邊防軍政者，令樞密院同進呈取旨而已。如此則斷獄輕重事體歸一，而兵政大臣各得其職，方得穩便。轍此奏當是十一月或十二月，今附十二月末。六年二月十日己亥乃從轍奏。十四日，上官均罷御史，論傳堯俞與韓忠彥爭辨，轍奏或此也，不知其時，今附十二月末，其從違並當考。十一月五日轍已論此。

宋・李燾《續資治通鑑長編》卷四五五〔宋哲宗元祐六年二月〕己亥，詔文武官有犯同案，事干邊防軍政者，令刑部定斷，申尚書省，仍三省、樞密院同取旨。從蘇轍爲御史中丞時所請也。去年十一月五日，又十二月末。

宋・李燾《續資治通鑑長編》卷四六八〔宋哲宗元祐六年十一月〕丁巳，詔三省、樞密院幷六曹、御史臺、開封府、大理寺人吏，並許依舊法三年一試斷案，次第推恩。

宋・李燾《續資治通鑑長編》卷四九五〔宋哲宗元符元年三月〕壬子，刑部言：請三司、樞密院吏三年一次許試刑法，依條係與法官同試，通優等人數，欲乞於法官參混考較。從之。

宋・李燾《續資治通鑑長編》卷五〇〇〔宋哲宗元符元年七月〕刑部言：今後在京官司被受朝旨，乞並依元豐四年以前指揮關報御史臺。從之。

宋・熊克《中興小紀》卷二一 時王德亦訟酈瓊等之過，乃召德以本軍，還爲都督府都統制，復命兵部尚書呂祉以都督府參謀，領之。於是中書舍人張燾見張浚，言祉書生，不更軍旅，何得輕付。浚不從。右司諫王縉乃請於都督府屬官中，選知兵者助之謀議，且留軍中，撫循訓練，以通將士之情。又直秘閣詹至，前在都督府機幕，時已去，亦貽書於浚曰：呂尚書之賢，固一時選。然如此軍恩威曲折，卵翼成就，恐不及前人。前此軍已付王德，德雖有功，而與酈瓊輩故等夷耳，恐其下不能平者。願更擇偏裨，素爲軍中所親附者，使爲德副，以通下情。浚雖然其言，未及行也。戊戌，以祉撫諭淮西諸軍。

宋・李心傳《建炎以來繫年要録》卷二九〔紹興八年五月〕吏部員外郎范同論贓吏翻異，不移前勘。乞幷初勘共不得過三次。上曰：官吏犯贓，既已斷罪，多進狀訴雪。何也？比來尤多。趙鼎曰：意在僥倖改正，然須更令體究。劉大中曰：在法雖許訴雪，卻合再勘得委實無罪，須罪元勘官吏。若所訴不實，合別科妄訴之罪。秦檜言：當送刑部。上可之。

宋・李心傳《建炎以來繫年要録》卷六〇〔紹興二年十一月〕庚申，執政進呈，朝堂所受訟牒，州郡有未決者，乞付大理。上曰：宰相進賢退不肖，用治天下，豈可以細事爲務？顧呂頤浩曰：卿可諭臨安守臣宋煇，令盡心獄訟，毋致煩紊朝廷。

宋・李心傳《建炎以來繫年要録》卷六二〔紹興三年正月〕乙丑，手詔曰：廷尉，天下之平也。曹劌謂，大小之獄，雖不能察，必以情，爲忠之屬也。可以一戰，不其然乎？可布告中外，應爲吾士師者，各務仁平，濟以哀矜。天高聽卑，福善禍淫。莫遂爾情，罰及爾身。置此座右，永以爲訓。臺屬憲臣，常加檢察，月具所平反刑獄以聞。三省歲終鈞考，當議殿最。〔中興聖政臣留正等曰：人主有好生惡殺之心，而治獄之吏，以慘酷害之。斯民固有以小罪而陷深文者，猶吾內入於機穽也。太上皇帝中興之功，出於仁恕。盜賊雖流毒於天下，而不能使人心解攜而去。蓋不忍人之政，素有以結之也。時方艱難，既以救吾民於水火，而兵革休息，又恐其隕性命於酷吏之手。聖心亦已勞矣，爲吏者，安忍高下三尺，而傷中和之政乎？紹興初，宰相欲以大理卿高誼知蘇州，太上皇帝曰：大理，人命所繫，獄官多慘刻少恩。誼，儒者。奏讞平恕，勿令補外。劉大中宣諭江西而歸，擢爲諫官。已而曰大中江西興獄頗多，若置之諫官，恐州郡觀望，遂改除祕書少。聖慮深遠，故如此。

宋・李心傳《建炎以來繫年要録》卷六三〔紹興三年三月〕大理正劉藻請：諸路獄案情犯未圓者，除命官外，更不取會。令刑寺悉行兩斷，委憲司遣官審問，定歸一斷。事下本寺，本寺奏如所請，其不可定歸一斷者，即上朝廷，酌請處斷施行。從之。

宋・李心傳《建炎以來繫年要録》卷一〇七 紹興六年十二月戊午，詔自今吏部注擬知通守令，並選擇非老病及不會犯贓與不緣民事被罪之人，仍申中書門下省審察，旬具注擬人腳色關御史臺。如非其人，許本臺彈奏，用中書講也。

宋·李心傳《建炎以來繫年要録》卷一一一 〔紹興七年六月〕倉部郎中兼權大理少卿薛仁輔言：比年以來，法官寢闕，斷刑官十四員，而應格者無三數人，試刑法官恩例增重，而每年中選者無一二人。加以數歲，恐遂曠官，望詔有司討論祖宗設法科之制，於京西、荆湖、淮南、江西每路，量立明法科解額，以收遺才。詔刑部條具中省。

宋·李心傳《建炎以來繫年要録》卷一七五 〔紹興十九年〕九月庚辰朔，大理寺丞石邦哲面對。論天下之法，宜總於大理。而一路、一司、一州、一縣，與夫在京省臺寺監有司局務，各有專法，大理不能通。設有論罪斷刑，皆出臨時取會移文待報，關決淹延。或法有重輕，供報不盡，莫得稽攷，則罪有出入之弊。欲望特詔三省，委之刑部，關會應干官司，前後被受立到專法，各録兩本，付之法寺斷刑治獄兩司，以憑遵用。事下刑部看詳如所請。明年正月己丑刑部奏下。

又 〔紹興二十六年閏十月〕乙卯，初置臨安府左右廂官二員，時城外已置南北廂官，守臣榮嶷乃請於城內增置二員，分掌訟牒，以京朝官爲之。未幾，言者以爲曲法狥情，廂官遂罷。明年六月五日，侍御史周方崇奏。今併書之。

《宋會要輯稿·刑法一·法律》 英宗治平元年十一月二日，中書門下言：新差提點兩浙路刑獄公事賈壽言：審刑院、大理寺詳斷諸色公案，並須詳定同進。如經奏斷後失錯，兩司官吏等並不在覺舉之限。然苟有失錯，不許自陳，則慮法官雖覺其失，懼於科罰，不肯自引其咎而就責。如此，則所枉之罪未必發露，徒使罪人枉陷重辟。已經奏斷，但於犯人未行決間，能自覺舉改正，許從律文原減之法。檢會今年五月七日詔：審刑院詳議、刑部詳覆、大理寺詳斷官，如斷案或定奪差失，雪罪不當，及失舉駮，曾經勘罰及三次者，並當責降。已上雖經赦降，並理爲次數。如事係重大，或有涉情弊，雖(知)〔只〕一次，亦當重行降黜。其檢法、法直官鋪條差失者亦準此。及仰刑房置簿畫時抄上，不得漏落，如次數合該責降，便仰檢舉施行。詔：今後所入事狀，並須主判官等連簽。如三次改動刑名，元斷官、議官並理爲一次勘罰。其大理寺一司不在覺舉條更不行用。及仰刑房置簿，如前敕施行。

《宋會要輯稿·刑法二·勘獄》 〔宣和〕七年六月二十二日，臣僚上言：臣願陛下亟命刑部，悉令開具見今體究與推勘未了公事以聞，取其稽滯淹久、屢推不報者，重賜降黜，以爲慢令容姦之戒。仍命刑部舉行元豐稽留奏劾之令，嚴立近限，使之結絶。若刑部失糾，亦當坐罪。詔令尚書省責限下刑(部)舉催，餘依奏。刑部失糾，令尚書立法。今修立下條：諸差官被旨推鞫追究公事，下所屬及御史臺差官就推官。無故稽違而不奏劾者杖一百。從之。

《宋會要輯稿·職官三·諫院》 諫院舊常以兩省官一員判院事，其員有左、右諫議大夫、司諫、正言。天禧元年，詔別置院。《兩朝國史志》諫院：知院官六人，以兩省官充，掌供奉諫諍。凡朝政闕失，大則廷議，小則上封。由它官領者，帶知諫院，由左、右司諫、正言供職者則否。正言、司諫亦有領它職而不與諫諍者。驅使官二人。中興之初因舊制，設左、右諫議大夫，司諫，正言，屬門下中書後省。建炎三年，詔不隸兩省，別置局於後省之側，許與兩省官相見議事，以登聞檢、鼓院專隸焉。

又 太宗雍熙五年二月，詔曰：補闕拾遺，位居諫省，榮踐清華之列，是爲獻侍之臣。朝廷之得失須論，刑政之煩苛必舉。睠玆職業，寄任非輕，上則輔大臣，次則公卿庶尹，歷朝選任，何莫由斯。苟或但務因循，止思慎(點)〔默〕，忠言讜議，寂寥無聞，有乖申諷之規，曷副建官之意。宜更舊號，特立新名，庶明立制之文，咸勵匪躬之節。其左、右補闕宜改爲左、右司諫，左、右拾遺宜改爲左、右正言。太宗欲令諫官修其職業，故改其官號，特降是詔以申明。

又 淳(熙)〔化〕五年三月，帝以三司判官多不守本職，拜疏言事悉非濟要，召總計使陳恕令曉諭，各揚其職。三司判官、左司諫張觀上章，云臣是諫官，兼述拾遺、補闕之官，是唐時武後所置，相循授任，二百餘年。方自聖朝，載新名目，言責之重，與古無殊。帝曰：朕苟拒諫，四海亦當共知，固不曾令兩省諫官不言時務。且(設)〔諫〕官之設，自古有之，仲尼所謂天子有爭臣七人是也。今張觀乃以武后妖亂之代比方朕躬，援引如此，殆無人臣之禮也。即出觀知道州。

又 至道二年二月，宰臣因對言：臺省諫官不可令與他官循資選授，諸科舉人及無出身人亦不合在除授之限。唯登進士第及器業有文學者可膺是選。帝曰：朝廷清望名，亦當擇材而授，不可易也。

又　眞宗咸平四年二月二十一日，樞密直學士馮拯等言：　看詳祕書丞陳彭年奏，乞依《六典》員數，(至)〔置〕諫議、司諫、正言爲便。眞宗諭宰相曰：　今後凡求諫官，並須精擇。

又　景德三年三月，詔曰：　國家方闡化源，大開言路。(及)〔乃〕眷爭臣之選，實爲侍從之先，當此虛懷，曾無讜議，豈詢求之未至，但循默以相高。既虧謇諤之稱，莫副詳延之意。遂使在廷之列，備陳曠職之言。將警因循，爰申戒諭。左、右諫議大夫、司諫、正言咸預軒墀之列，是爲耳目之官。所宜竭節箴規，悉心獻替，彌封闕漏，啓迪聰明，成予納(議)〔諫〕之風，顯爾匪躬之操。至若言皆詣理，事可濟時，當議必行，特加懋賞。其或尙思杜口，罔愧素言，必正典章，用懲弛慢。告於有位，知朕意焉。時直集賢院任隨上疏曰：　陛下焦勞庶政，開求諫之路，而諫議大夫、司諫、正言數員，但充位尸祿而已，請申甄(出)〔黜〕之典。帝覽而嘉之，故有是詔。他日，又謂輔臣曰：　近詔諫官、御史各令舉職言事。昨右正言陳彭年請條制貢院復宏詞科，採擇經術士。侍御史賈翺使還，言宿州買綾擾民，此皆可採。中書宜籍記之，自彭年、翺爲始。

又　天禧元年二月七日，詔曰：　朕大庇蒸民，隆興至治，彌綸闕政，交屬於庶僚；　寤寐思規，屢班於明詔。雖增虛佇，未協翹思。夫諫諍之臣，本期述嘉謀而矯狂；　風憲之任，亦當遵直指而繩愆。既列清班，宜傾亮節。儻緘默而自肆，諒考績而曷觀。況朕躬覽萬機，親披封奏，詳延百執，素靡漏言。舉職狥公，有何所避，保身箝口，(拒)〔詎〕至於斯。將戒慢官，先伸誕告；　仍旌優異，以勸傾輸。自今兩省置諫官六員，御史臺除中丞、知雜、推直官外，置侍御史以下六員，並不兼領職務。每月添支錢五十千，三年內不得差出。其或詔令不允，官曹涉私，措置失宜，刑賞踰制，誅求無節，冤濫未伸，並仰諫官奏論，憲臣彈舉。每月須一員奏事。或更有切務，即許不依次入對。雖言有失當，必示曲全；　若事難顯行，即令留內。但不得巇爲朋附，故作中傷。其諫官仍於諫院或兩省內選擇廳事，量置什器祗應。候(反)〔及〕三年，或屢有章疏，實能裨益，特越常例，別與陞遷。或職業無聞，公言罔，移授散秩，仍遺監臨。時帝謂宰臣曰：　去秋螟蝗，因自內省，天下至廣，豈民政(存)〔有〕闕〔耶〕。比聞浮議，謂朝廷當容納諫諍。殊不知每聞言事，莫非虛懷聽受。然中外未悉。且朝士中負才識者非少，直言讜論，夫豈無人。然所以官，尤須謹厚端雅之士。至於用心浮薄、爲行比周者，朕不取焉。遂以劉燁、魯宗道充是選。

又　〔天禧〕二年二月，劉燁等又請自今有公事上殿面奏。從之，仍令前一日具名以聞，俟報入奏。

又　仁宗天聖元年四月二十四日，臣僚言：　自古以來置諫官、御史者，所以防臣僚不法、時政失宜，朝廷用之爲紀綱，人君視之如耳目。先帝憂勞庶政，思聞讜言，特下詔書，舉行舊典，置諫官、御史，更互言事，深有？益。一二年間，執政之臣巇所畏忌，優加任使，因使罷之。累曾上言，復乞差除，中書終不復差。蓋臣寮不務公忠，懼其糾舉，是致頻年已來，貴近之臣多違憲法，比至彰敗，已損紀綱。伏望陛下常振朝綱，廣開言路，深防回邪，或生蒙花，復置諫官、御史三五員，令其察臣下之非違，言時政之得失，防微杜漸，無出於茲。遂詔翰林學士已下同罪，各〔舉〕太常(太)博士已上官一員，須公正清直之人，具(各)〔名〕以聞。

又　〔天聖元年〕八月二十三日，諫院言：　本院印舊以龍圖閣直學士馮元主判，今復置左正言劉隨等，合送本官。從之。

又　天聖十年七月二十七日，御史知雜陳執中言：　近以舊門下省充諫院，乞選差臣僚主判。詔諫院印並公事令石中立兼權管勾。

又　明道二年六月七日，知諫院孫祖德言：　乞下閣門，凡遇前殿殿坐日，許臣上殿奏事。詔依天禧元年二月七日指揮。

又　景祐三年八月二十九日，御史知雜姚仲孫言：　國家開諫諍之路，諫議大夫居諫官之首，豈可以年勞覃慶序遷。今已員多，恐數年之後又倍於今。詔今後遇合改轉，具履歷職任資序取旨。

又　慶曆三年八月，知制誥田況言：　有唐兩省自諫議大夫至拾遺、補闕共二十人，每宰相奏事，諫官隨而入，有所闕失，即時規正，其實皆中書、門下之屬官也。今諫議大夫無復職業，自司諫、正言、知諫院皆遺、補之任，而朝廷責其言如大夫之職矣，而地勢不親，位序不正，在朝廷間與衆人同進退，非所以表顯而異其分也。今筦庫冗散之吏尙赴內朝，豈諫諍之臣不得日奉朝請？　臣前在諫院，每聞一事，皆諸處來問。比及論列，或至後時。今若令諫官得奉內朝，則可以日聞朝廷之事矣。兼王素、歐陽修、(秦)〔蔡〕襄皆以它官知諫院，居兩省之職，而不得預其列，於體未便。欲乞今後並令綴入兩省班次，所貴名體相稱，副陛下選求之意。詔送兩制詳定。學士承旨丁度等參詳：規諫之官，號清望之選，宴閑紬繹，最爲切近。欲乞今後比直龍圖閣及修起居注例，令每日赴内朝。從之。

又 〔慶曆四年〕十一月十三日，詔如先朝置諫官六員，餘依天禧元年敕。

又 〔慶曆〕五年二月十八日，左正言錢明逸言：閤門儀制，每日上殿不得過三班。緣三司、開封府日有公事上殿外，只有一班。若有審刑院或大兩省已上班次，即其餘並皆隔下。且諫臣職在諫諍，(太)〔大〕抵言朝政得失。詔令賞罰稍稽頃刻，則事涉已行，隨而更張，國體非便。欲乞今後諫臣有本職事求對，雖已有三班外，亦聽上殿敷奏。從之。

又 〔慶曆〕七年四月二十五日，詔諫官自今除朝參外，非公事不許出入請謁。

又 〔慶曆七年〕五月一日，御史知雜李兑奏：諫院舊無條制，不私私謁上私，及有帶館職臣僚並尚省差諫院者，其起居、横行，並只在百官幕次交雜。乞應但係諫院供職臣僚今後一依臺官例，除朝參，非公事不得亂出入及看謁。所有起居、衡行並諸處集會，乞於兩省臺官例近別設幕次。其序班立，即自依本官本品。從之。

又 皇祐元年七月五日，知諫院錢彦遠等言：本院除賜到九經、三史、《册府元龜》外，别無書籍。乞於國子監應見管印本書籍除本院已有外，其餘自九經正義，子史傳記下至今文各賜一部充公用，及三(管)〔館〕、祕閣見管四庫書籍特許供借。詔：國子監院本院已有外，更賜與九經正義、曆代史書、諸子書、今文。(具借)〔其借〕館閣書，以有條約不許。

又 〔皇祐元年七月〕十三日，諫院言：本院諫官二員，從人至少，又緣班次在知雜御史之上，若出入過爲削弱，慮辱國體。乞援昨來三院御史例添人從。詔諫官每員添差街司從人二人、神衛剩員二人。

又 至和二年五月，詔臺諫不許相率上殿。時中丞孫抃等與諫官同乞上殿，有違近制，乃令輪日入對也。

又 嘉祐元年十二月一日，右司諫吕景初言：伏 詔書，今後雖遇辰牌，嘗留一班，令臺官上殿。欲望諫官同此。從之。

又 英宗治平元年五月六日，知諫院司馬光等言：本院舊有國子監所印書籍粗備，惟闕《唐書》。以國家政令多循唐制，得失之監近而易行。臣等備位諫臣，職在獻納，考尋前載，旦夕所資，乞依學士、舍人院例，特賜新修《唐書》。從之。

又 《神宗正史·職官志》：左、右散騎常侍〔各〕一人，正三品；左、右諫議大夫各一人，從四品；左、右司諫各一人，正七品；左、右正言各一人，從七品。同掌規諫諷諭，凡朝廷有闕失，大事則廷諍，小事則論奏。

又 神宗熙寧八年五月，金部員外郎、直集賢院、同知諫院范百禄言：竊聞近令諫官綴左省班，續準御史臺關報，令臣歸本官班敘立。伏以謀其政者必在其位，今修起居注行起居舍人、起居郎事，直舍人院行中書舍人事，同知諫院行司諫、正言事也。國朝兩省官不必正員，苟行其事，必立其班，所以明職分而勵官守也。今修起居注、直舍人院則綴小兩省班，同知諫院則絀而不與，非明職分、勵官守之意。詔今後特令綴兩省班。

又 元豐三年八月十日，上批：同知諫院黄顔向以疾病，精神頓弊。自居諫職，無所建明。可罷知太常禮院、國史院編修官。九月一日，知諫院蔡卞請應差除及改更事並令封駁司關報諫院。從之。

又 〔元豐〕六年四月二十六日，初以通直郎、監察御史王桓爲右正言。十月六日，初以朝請郎、試中書舍人趙彦若爲右諫議大夫。

又 〔元豐〕八年哲宗已即位未改元。八月二十二日，右諫議大夫孫覺言：官制事目格子，左、右諫議大夫，左、右補闕、拾遺，凡發令舉事有不便於時，不合於道，大則廷議，小則上封。若賢良之遺滯於下，忠孝之不聞於上，則條其事狀而薦言。從之。

又 〔元豐八年八月〕二十八日，門下省言：中書省申明，諫議、司諫、正言合通爲一法。凡有所見，並許論奏。欲送中書省申明行下。從之。

又 〔元豐八年〕十月十二日，詔倣《六典》置諫官，具其所置員以聞。十六日，詔：尚書、侍郎、給、舍、諫議、中丞、待制以上各舉堪充諫官二員。初，中旨除范純仁左諫議大夫，唐淑問左司諫，(先)〔朱〕光庭左正言，蘇轍右司諫，範祖禹右正言，令三省、樞密院同進呈。太皇太后問此五人何如，執政對協外望。章惇曰：故事，諫官皆令兩制以上奏舉，然後執政進擬。今除目從中出，臣不知陛下從何知之，得非左右所爲，此門不可浸啓。太皇太后曰：此皆大臣所爲，非左右也。惇曰：大臣當明揚，何以密薦？由是呂公著以范祖禹、韓(鎮)〔縝〕、司馬光以范純仁親嫌為言。惇曰：臺諫所以糾繩執政之不法。故事，執政初除，親戚及所舉之人見為臺諫官者皆徙它官。今皇帝幼沖，太皇太后同聽萬機，當動循故事，不可違祖宗法。光曰：純仁、祖禹作諫官，誠協衆望，不可以臣故妨賢者進，臣寧辭位。惇曰：縝、光、公著必不至有私，萬一他日有姦臣執政，援此為例，引親戚及所舉者居臺諫，蔽塞聰明，非國之福。純仁、祖禹請除它官，仍令兩制之上各得奏舉。故有是詔。

又 哲宗元祐元年二月二十八日，三省檢按上殿班，御史中丞同侍御史或殿中、監察御史一員；諫議大夫同司諫或正言一員。今御史臺見闕侍御史，諫官見闕左諫議大夫。詔：御史臺不限御史中丞、侍御史、殿中、監察御史，諫官不限同省分省，諫議大夫、司諫、正言各並許二人同上殿。

又 〔元祐元年〕十月七日，右司諫王覿言：諫官職事，凡執政過舉，政刑差謬，皆得彈奏。雖在中書後省供職，不可比中書其它屬官，得與執政相見。欲乞今後中書舍人暫闕，不許差諫官兼權。從之。先是，中書批狀令覿兼權故也。

又 〔元祐〕三年六月八日，詔左、右司諫、正言、殿中侍御史、監察御史以升朝官通判資序實曆一年以上人充。

又 〔元祐〕四年七月十二日，左諫議大夫兼權給事中梁燾言：右諫議大范祖禹除中書舍人，伏望詳酌，令祖禹且依舊供職。而祖禹亦請追還告命。詔從之。

又 〔元祐〕六年三月四日，中書舍人鄭雍言：左司諫楊康國除吏部員外郎。按(政)〔故〕事，臺諫官言事稱職，甚者不次進擢，其次亦敘遷美職。或繆妄不職，則明示降黜。今康國除員外郎，謂以稱職而遷，則員外郎在司諫之下；謂以妄言而黜，則未見降黜之因。詔楊康國改為郎中。

又 〔元祐〕七年七月二十四日，左司諫虞策言：獨員乞依例與御史臺官一(貞)〔員〕同上殿，仍乞自後諫官獨員準此。從之。八年，詔執政官親戚不除諫官。

又 紹聖三年七月十五日，三省言：近沈銖辭右司諫，已得請。復闕右司諫，未敢具除(同)〔目〕。上曰：且闕之。方選其人，雖暫闕，未有所妨。或誤除，殊為害也。

又 徽宗建中靖國元年十月十二日，臣僚上言：契勘言事官職在獻納，合要見中外事件的實以聞。朝廷緣自來除改事件及差除，許令六曹報諫官案外，即未有條法許令中外官司取索文字及會問事件，致其間合論列之事無由備知，亦不敢止憑詢訪，(使)〔便〕以為實，顯於言職大有妨闕。伏望聖慈特賜指揮，許令兩省諫官於中外官司取索會問事件。詔今後諫官案許關牒臺察，取索文字。

又 崇寧元年八月二日，臣僚上言：伏見先有臣僚上言，應兩省諫官合知事件，乞於諸處官司取索照會，所貴論列得實，上副陛下求治之意。續準朝旨，令關牒臺察，取索文字者。切以諫官所論，所以獻納天子也。今來未達天子，先報臺屬，其不可一也；有事干急速而遂成留滯，其不可二也；有理合周密，而遂成漏泄，其不可三也。以三不可而必關牒臺察者，前日用事者之私意也。蓋大臣苟為公，唯恐人之不聞見也；苟不為公，唯恐人之聞見也。以其唯恐人之聞見，故其用意沮格如此，豈聖朝開廣言路、務資獻納之意哉！臣欲乞今後諫官應有合知事件，更不關牒臺察，並許直於諸處取索，量行照會。其被受官司，仍須晝時供報，不得隱匿漏落。所貴人情利害周知，政事得失備見，而陛下視聽加廣矣。貼黄稱：竊見朝廷每緣一事，暫置一局，其有合知事件，尚許直行取索照會。今來諫官職在獻納，天下之事宜無不知，而反取索照會，復此物礙，理屬未安。詔從之。

又 二年八月二十四日，都省勘會：臺諫雖已分定所言職事，竊慮未至明白。除已降朝旨合遵守外，欲更申明行下。(課)〔諫〕官職在拾遺補闕，凡朝政闕失，悉許論奏，則自宰臣至百官，自三省至百司，任非其人，事有失當，皆得諫正。臺官職在繩愆糾繆，凡百司稽遲，悉許彈奏，則自宰臣至百官，自三省至百司，不循法守，有罪當劾，皆得糾正。從之。

又 政和元年十二月二十一日，詔：耳目之寄，臺諫是司。今言者不沽激以徼名，則畏避以趨利。或陰交貴勢，顯比近習，職所當糾，縱而弗治。(盛)〔甚〕則俛首附麗，黜鼓鼓舌詆訾。以此觀望而取世資，何所賴焉？朕宵(肝)〔旰〕圖治，懔乎以聽言為難。有言責者，宜直道而行，必覈是非，(母)〔毋〕憚大吏，(母)〔毋〕溺舊習。

又 欽宗靖康元年四月二十六日，詔：臺諫者天子耳目之臣，宰執不當薦舉，當出親擢，立為定制。六月一日，詔：朕惟頃者諫省虛位，藥石不聞，肆求忠讜直諒之士，以備諫諍之列。朕既虛心無諱，凡爾諫臣，義當自竭。自今朕躬闕失，其悉心直論，勿隱勿避，必求實是，以稱朕好直求助之意。

又　高宗建炎三年三月六日，詔：臺諫員闕甚多，令侍從官公共薦舉堪充臺諫二員。六月十日，詔諫院依祖宗法。七月十五日，詔諫院不隸門下中書後省。十月二十八日，詔：諫議大夫富直柔遇事敢諫，謀國盡忠，其所建陳，皆合大體，艱難之中，賴其獻替，以裨朕躬。可特轉一官，報行天下，使知朕優賢納諫之意。

又　〔建炎〕四年十月四日，宰執進呈諫官論列、監司體量公事滅裂等事，上天顏怡悅，顧謂範宗尹等曰：近來諫臺無有一日無章疏，亦未嘗放過一事。趙鼎曰：陛下開廣言路，獎拔言官，是以人人得盡言無隱，此朝廷美事也。

又　紹興元年十二月二十一日，右司諫方孟卿言：諫官自來於中書、門下省置廳事，蓋兩省朝廷政令所自出，祖宗以諫官居之，不無深意。切見行在諫省雖許於皇城內建置，緣未有指定去處。見今踏逐民間屋宇，凡朝廷設施任用，委是不獲即時預聞。詔：候移(林)〔蹕〕臨安，於都堂相近置局。

又　〔紹興〕二年六月二十二日，詔：臺諫言事官，係非時上殿，不合在輪對條具之數。先是，降手詔，內外侍從、省臺職事官等，限半月各述所職利害，條具以聞。及應行在通直郎以上輪對。臺諫狀：勘會言事官遇有時政利害，並係非時敷奏，恐不合在輪對條具之數。故有是詔。

又　〔紹興二年〕十二月十五日，閤門言：右諫議大夫徐俯面奉聖旨，今後凡遇有合奏稟事，並不拘早晚及假日請對。勘會臣寮內殿奏事，即不屬閤門引班。今來本官不拘早晚及假日請對，閤門即無似此體例。詔遇內殿日有急速事，令入內內侍省引對。

又　〔紹興〕四年七月十三日，臣寮言：近來諫院遇全闕官，印記掌於胥(史)〔吏〕不便。乞今後諫院全闕官，印記權令中書門下後省寄收，其諫官職事並不干預。若省劄關牒之屬，每日類聚，用印封記，候除到諫官日開拆書押，庶幾有所關防，不致漏泄散逸。從之。

又　〔紹興四年〕十月二十二日，詔：車馬進發，令諫院船次後省泊。從司諫趙霈請也。先是，降詔進發建康，故有是請。

又　〔紹興〕五年五月十八日，詔：左司諫趙霈論奏，深得諫官之體，可轉一官，賜紫章服。倘令尚書省將所奏修寫成圖進入。霈疏曰：安不忘危，治不忘亂，安危治亂之機，相爲倚伏。陛下承列聖之丕基，適丁陽九之厄運，九年於茲，秣馬勵兵，而士氣始振；興(襄)〔衰〕撥亂，而武志方伸。天時既至，人事已極。比者皇威奮張，寇戎遠遁，已肇中興之業，天其或者殆將悔禍，使至於治安乎。茲者鑾輿言還，天人和悅，遠邇乂寧，所謂安危治亂之機，正不可一日忘也。漢光武初定天下，馮異來朝，詔曰：倉卒，蕪蔞亭豆粥，虖沱河麥飯。異頓首曰：願國家無忘河北之難，小臣不敢忘巾車之恩。唐太宗既平高昌，魏(證)〔徵〕舉小白無忘在莒之事以戒之。帝曰：朕不敢忘布衣時，公不得忘叔牙之爲人也。臣亦願陛下無忘親征時，臣亦無忘扈從時，則治安可保，恢複可期矣。伏望益軫聖慮，載擴遠圖，知燕安不可懷，則前日跋履之勞不可忘也。知愷樂不可極，則百日(霄)〔宵〕旰之憂不可忘也。知前日倉卒之警，則備禦之策其可忘乎？知前日餉饋之艱，則理財之道其可忘乎？臣於此當念扈蹕之勤，殫報國之誠，指陳得失，庶幾上下共享治安之美。上嘉之，故有是命。

又　〔紹興〕六年四月十八日，諫議大夫趙霈言：伏聞近者中書舍人任申先繳奏沈與求詞頭，謂臺諫朋附。臣等備數言路，皆(州)〔出〕親(推)〔擢〕，初無先容之助。而申先公肆詆誣。臣等見各居家待罪。詔申先除集英殿修撰、在外宮觀，趙霈等日下供職。

又　〔紹興〕九年七月十六日，尚書省劄子：御史中丞廖剛言：切緣臺諫官日逐上殿，係敷奏本職公事，即與其餘官奏對事體不同。欲乞今後臺諫官遇登對，止具有無所得聖語，應記注者依條關中書門下後省外，免申閤門別無僥求文狀，所貴得體。從之。

又　〔紹興〕二十五年十二月一日，詔曰：臺諫風憲之地，振舉紀綱，糾逖姦邪，密贊治道。年來用人非據，與大臣(支)〔爲〕黨而濟其喜怒，甚非耳目之寄。朕親除公正之士以革〔前〕弊，繼此者宜盡心乃職，惟結主知，無更合黨締交，敗亂成法。當謹茲訓，毋自貽咎。右正言張修乞刻石於御史臺及諫院，從之。

又　孝宗隆興元年八月五日，諫院狀：見管吏額法司一人，令史一人，書令史一人，守當官一人，守闕守當官二人。今將法司右修職郎蕭著一人裁減，發遣歸部，乞依省罷法施行。詔依。見在人且令依舊，將來遇闕，更不遷補。

又 〔隆興〕二年十一月二十一日，詔：方今多事，理宜博謀。侍從、兩省官每日一到都堂，遇合闕臺諫者亦許會議。

又 乾道三年五月十一日，上宣諭宰執曰：昨批韓曉奏狀，知隨州林薿放罷，如此處置莫是。葉顒奏曰：臣昨見言者論罷韓曉，臣知林薿陰遣其家屬來行在，納短卷於臺諫。臣昨見言者陳令，陛下批出，可謂明見萬裏之外。陳俊卿奏曰：近日此風頗盛，惟其巧造言語，以陰中傷，是使監司不敢按郡守，郡守不敢按縣官，臣嘗見之。上曰：此風誠不可長。朕方欲手敕戒諭臺諫。

又 〔乾道三年〕十一月十九日，中書、門下後省、諫院狀：契勘兩後省、諫院人吏依條年十六聽係籍，二十以上許試。兩經試中，方補守闕守當官。遇有闕，依名次遞遷，直至令史。又實滿四年以上及五年，合行解發補官。即是七年十以上。委是年限久遠，別無寸進。緣當時省記法內無許比換副尉之文，遂於紹興二十六年九月內申明畫降旨揮，依六曹、寺、監，許行比換。後來於紹興三十二年三月內，卻將兩後省、諫院與進奏院一例袞同，不許比換。伏御史臺察案後推書吏於隆興元年三月內申明許行比換了當，兩省、諫院近具申請，刑部勘當，依六曹、寺、監年限，用抵保比換，別無違礙。竊緣兩後省、諫院係與御史臺、六曹一體官司，獨無比換，委是不均。今來即無僥冒，蓋欲補圓條法。從之。

又 〔乾道〕六年三月二十三日，諫院狀：依指揮併省吏額，見管七人，欲減二人。從之。

又 〔乾道六年〕五月二十八日，詔：舊制設兩省言路之臣，所以指陳政令得失。給舍則正於未然之前，臺諫則救於已然之後，故天下事無不理。今任是官者往往以封駁章疏太疏，憚於論列，深未盡善。自今後給舍、臺〔見〕〔諫〕凡封駁章疏之外，雖事之至微，亦毋致忽。少有未當，可更隨時詳具奏聞，務正天下之事。

又 〔乾道〕九年十二月二十七日，諫院申：契勘本院應干施行〔反〕〔及〕論列陳訴等文字，合要檢照條法，取索參用，不可時暫闕少諳熟舊人。所有本院吏額內點檢文字一名，昨畫降旨揮，勒留出職人新差監福州福清縣海口鹽倉蕭著充。今竊見御史臺、祕書省等處將出職人不妨注授存留，依舊祗應。欲望朝廷依逐處體例及本院昨存留蕭著例，將見存留點檢文字孫紹先不妨注授勒留在院祗應。候以次人出職，依此注授價替施行。從之。

又 淳熙十三年十二月九日，詔諫院減守闕守當官一人，雜司事故更不作闕。以〔農〕〔司〕農少卿吳燠議減冗食，下敕令所裁定。故有是命。

又 〔淳熙〕十五年正月八日，詔復置左、右補闕〔實〕〔拾〕遺。先是，林栗劄子論諫官侵行御史之事，至於箴規闕失，寂然無聞。願倣唐舊制，置左、右補闕、拾遺各一員，皆三年爲任。仍乞面加訓諭，以遺、補爲名，不任糾劾之職。上出以示宰執曰：林栗此說甚當。朕每欲增置諫員，但以言官多任意論人，凡臺諫初除，人已逆揣其必論某人，既而果然。若諫官止於規朕過舉，朝廷闕政，誠合古人設官之意。卿等宜考前代興置本末以聞。至〔於〕〔是〕王淮等具《唐六典》所載與本朝舊制進呈，上曰：朕樂聞闕失。若諫官專務規正人主，不事抨彈，雖增十員，亦可。於是復置此闕。

又 〔淳熙十五年〕二月七日，敕令所言：檢準〔紹〕〔雍〕熙〔二〕〔五〕年二月詔：左、右補闕宜改爲左、右司諫，左、右拾遺宜改爲左、右正言。淳熙令節文：左、右司諫爲正七品，左、右正言、監察御史爲從七品。本所看詳，今來復置左、右補闕、拾遺，欲參酌比擬，將品從、雜壓並在監察御史之上。請俸人從並視監察御史。從之。御史臺言：補闕、拾遺今參酌比擬，將品從、雜壓並在監察御史之上。每遇朝參、筵宴並忌祀行香，班於左右司諫之次，仍於臺諫幕次侍班。從之。

《宋會要輯稿・職官三・登聞院》 太祖乾〔道〕〔德〕四年六月二十三日，詔：今後應諸色進策人，並須事關利害，情絕虛浮，益國便民，言直事當者方可爲策，即不得亂引閑詞。其所進事條，仍不得過五件已上。如是已經曉示不行者，亦不得再有投進。宜令匭院候有進策人分明曉示，先取知委文狀及通指安下處所，方得投匭。如有違越，並當劾斷。如是本官官吏不切曉告，當行朝典。其餘申冤論事，不在此限。亦不得騰越，須〔曹〕〔曾〕經本處論訴，不與施行，有偏曲者，方得投匭。

又 端拱元年七月，虞部郎中張佖，狡吏挾私，遂致州縣之官因循，不修職業。欲望自今除官典犯贓，祆訛劫殺，灼然抑屈，州縣不治者，方許詣登聞院。仍付所司略問審實，須至按鞫，始與命使推窮。自餘越訴，言：遠近士庶小有訴訟，即詣鼓進狀，追捕證佐，干繫擾擾。亦有幸民作並準舊條施行。從之。

又〔端拱二年〕六月，詔：自今詣鼓人所進狀，委判院官躬親看詳。如別添改，即並進狀人送樞密院，無使邀滯。

又〔端拱二年〕十二月，理檢院言：鼓司送到進狀人，若非大段冤沉，止是因事諍論而越訴者，望勒還本州。若區斷不當，即許再來陳訴。從之。至道元年三月，詔：登聞院有稱負屈進狀人，依鼓院例印縫，引送理檢院。

又〔至道〕元年六月，勾當登聞院殿直程峻言：前開封府推官劉可濟先犯罪除名，累詣院投狀，乞引見敘理。先準勑命，應除名責降人敘理，不得收接文狀。其人繼日在院前，發遣不去。竊緣在京似此等人甚多，慮遞相効倣。欲望自今應除名責降勒停人未經恩雪，不得於登聞院及鼓司投狀。詔：自今應除名責降停(在)〔任〕人，如只是乞敘理者，不得收接文狀。內有訴屈者，即送理檢院，令取刑部、大理寺元斷公案照證，是實有冤枉，即得具事由申奏；如引無冤枉，即報登聞院，鼓司不得收接。

又〔至道〕二年三月，理檢院言：檢會勑文，(發)〔登〕聞院鼓司除常程公事依舊施行外，如有稱冤濫沉屈者，(盡)〔晝〕時引赴理檢院，收結罪文狀引見。如涉虛誑，便仰曉示不行。今據鼓司送到進狀人多是援赦恩訴理，當院看詳，未合得前項勑文，不敢申奏。望下鼓司、登聞院，自今子細看詳，如實負冤沉者，送赴當院。從之。

又〔至道〕三年二月，鼓司、登聞院言：自來兩司各得廊屋二間，在內廊西、東。今緣官員應在司，今乾元門西北廊有舊廨宇五間，欲請占爲視事之所。從之。

又〔至道〕六年正月十五日，登聞院言：乞今後除實封及申雪屈沉、告論公事外，其餘閑雜僥求文(收)〔狀〕更不收接。將所退詞狀抄節事目，於日奏內別開坐一項退狀緣由。從之。

又 景德元年四月，詔檢院：自今追官、停任、責降、貶配、逐便人經赦乞敘用者，或稱曾經刑部不蒙引見，或稱赦文雖不(皆)〔該〕說，有例合得恩澤，若已曾進狀者，不得再接。如實(核)〔該〕敘用，爲有司抑屈，明有指論，乞行推勘者，責結罪審狀，方得收接。

又〔景德〕二年四月，詔鼓司、檢院：諸色人進實封表狀，不述事由者，委主判官當面審問。如實係機密，即畫時進入。

又〔景德〕四年五月九日，詔改鼓司爲登聞鼓院，命知制誥周起、直史館路振同判。其登聞院改爲登聞檢院，命樞密直學士張詠判。仍差內品陳彥通、張延壽分爲兩院監門，不得關預公事。先有內臣勾當鼓司，自此悉罷。鼓院舊屋五間迫隘，遂益門西廊三間。檢院除舊院外，別於乾元門西北廊理檢使廨十間，後爲兵部職方圖書庫，復爲檢院。又於尚書省擇令史分掌之。文武臣僚閤門無例通進文字者並諸色人進狀，並須先經鼓院。除告軍機密事及論訴在京臣僚，即實封。如進入後與審狀異同虛妄，及夾帶他事，並科違制之罪。所論事重，依格敕施行。仍令進狀人別寫劄子，節(掠)〔略〕要切事件，連黏於所進狀前。其餘所進文狀，並先拆開，看詳定奪。或要元本文字照證，速牒合屬司分取(嗦)〔索〕。若事合施行，及所進利濟可採，便與通進。若顯有違礙，即當日內告示本人知委。如不識文字者，許陳白紙，據所論事件判院官當面抄劄詣實口詞，準此施行。仍當日內據收接到所進文狀都數，逐件開(具)坐行與不行因依因依，具單狀以聞。若進狀並過白紙人稱鼓院看詳不盡情理，即許經登聞檢院進狀論，便仰檢院詳酌事理。若鼓院所定不行爲當，即具不行緣由判押審狀，與進狀人收執與進狀。如鼓院所定不當，即具不當事件並(完)〔元〕進狀繳連進呈。其收接到所進文狀，亦於當日內具都數開坐行與不行因依，單狀以聞。其披訴人若不即時判審狀給付，即許於御史臺陳訴。其有登聞鼓院、檢院委實行遣不當者，方得接駕及繳所判審狀披訴，當付所司勘鞫。如披訴得實，判鼓院、檢院官必行朝典。如是虛妄，本人科上書詐不實之罪。未經鼓院進狀，檢院不得收接；未經檢院，不得接駕，進狀者依法科罪依。文武官及諸色人不得用無(各)〔名〕劄子，並具表狀投進。所乞留中不出，及乞隱落姓名，作訪聞內降行遣者，今後並降付所司，明具於行。珍禽異獸、妖妄文字及諸般進奉並書劄、藥方、圖書、功名德等並不得接駕功名德：疑有誤。及詣登聞鼓院、檢院投進。內妖妄文書，畫時勾喚司天監官一員看驗。委是妖妄，即對本人焚毀。如不係集斷文書，即取責分付。舉人、僧道、草澤諸色人等，如覩朝政闕失，並公私利濟，並許上言。其所業詩賦雜文及諸般撰述，不得投進，亦不得接駕進狀。如違，科違敕之罪。應代筆人增添情理，別入言詞，並元陳狀人本無枝蔓之言，而爲代筆人誘引，委有規求者，其代筆人爲首科罪。又民有詣登聞陳訴者，多稱已詣轉運使陳狀，不爲收接。自今令諸路轉運使子細詳閲。合施行者，即時指揮；不合行遣者，判書審狀付本人，方許詣闕陳訴。

是月，張詠言：文武臣僚並諸色人自作過犯，每至進狀，多以利見理訴爲名，別求僥倖。欲望自今詣鼓院、檢院進狀者，先取自來有無過犯一本，連於所進狀前同進。所述過犯如有隱落，並當除名。又文武臣僚、三司、京百司人吏因罪勒停進狀，□赦敘用者，望令鼓院告示，文官歸刑部投文，使臣即歸三班院，三司、京百司人吏即歸本屬，檢赦施行。如稱檢赦不盡，方許執判狀經鼓院、檢院陳狀。詔：所責過犯狀內隱落贓私罪者，即科除名之罪，餘皆從請。周起等又言：諸色進狀人皆妄有僥求，自今望除軍機密事、指論在京臣僚及諸色人贓汙、偷侵官物並事干人命，或自己實有屈塞等，其三司公人職掌並經三司陳狀，中書門下省、京百司人各經本司，倉場庫務即經提點諸司庫務及提點倉場所，諸班諸軍各經所管本司，在京並府界縣鎮諸色人，並經開封府或府界提點。詔：內有差遣及抽借往別處者，並於元屬司分陳狀。如不知元犯因依，即與勘會施行。餘從其請。起又言：進狀人係常程公事者，或值日晚，引進不及，望權送軍巡寄禁具聞奏。仍請令皇城司差親事官四人赴鼓院引接詞狀。又諸色人進狀，除指論軍機密事及指論在京臣僚，自餘文狀，並寫兩本，將詣鼓院。內有合退迴者，當日將一本退與本人，一本即次日進納。如係通封，即將一本依舊進呈外，餘一本亦次日進入，仍乞留中。其過白紙人取到口詞，亦依此例。詔：除留乞留中者並降付中書，餘皆從所請。

七月，路振言：先準五月十八日，諸色進狀人委逐路轉運司看詳，如不合行遣，即取審狀判書付本人。自降敕後，尚有詣院陳狀者，皆無轉運司判書文字。欲望自今令諸路轉運司收到詞狀，分作三項：一項具已結絕人數姓名，一項具見行遣次第，一項具判書審狀數目因依，並次月上旬申奏，委銀臺司看詳。或有行遣不當，並令駁疏。從之。

九年三月，登聞檢院言：軍頭司送到接駕進狀人故嶽州刺史史韶孫立兩次接駕，不執檢院判憑。據史立稱，累經檢院進狀不接。及行審問，乃是止經鼓院，未經檢院。蓋兩司(各)〔名〕稱相近，人不能辨，其史立已蒙送開封府勘鞫。竊慮今後進狀之人有恃蔭故違條貫，不執判狀，直便接駕者，望令軍頭司送開封府劾罪。如再犯者，配遠處衙前。三犯者，依法科決訖，編管如前。詔：自今進狀人令檢院分明讀示榜文，各令知委，貴免枉陷刑憲。仍取知委狀訖，給付判憑。

又〔天禧〕四年二月，同判鼓院魯宗道言：準條，凡論臣僚不公事狀，即時封進。近日以來，多有以州縣尋常細務煩瀆朝廷。今請應言受賕踰違以上罪者，即許實封論訴，自餘皆須通封。詔：自今後顯有贓汙踰違事狀及告衆者，即令實封投進，違者罪之。

五月，詔：登聞檢、鼓院手分自今於京局百司選差正名祗應，及三年者與減一選，即不得抽承闕人。

又 仁宗天聖元年九月，詔：自今諸色人詣登聞鼓院妄進文狀，稱內中肉骨肉者，便令送開封府枷項取勘，依法斷遣。

又 太平興國九年七月二十一日，判鼓院吳遵路言：進狀人狀內多有指改添注文字，準先降勑命，並令迴換，慮成住滯。今請指改處係要害事節，即令退換，自餘並用本院印訖進入。從之。

又〔太平興國九年〕八月，詔：昨降敕命，應諸色人凡有指陳軍國大事、朝政得失、大段冤枉，累經訴理，未獲辨明，或事幹機密，並許詣檢院投進。近來所進文字多不應得敕命，宜令登聞檢院，自今詣檢院投狀人，須應得敕內許指陳名目，方得投進。如進文字卻有不同，並當嚴斷。仍先取詣實審狀以聞。

又〔太平興國〕八年八月，詔：民有詣檢院進實封者，多是爭論遠年婚田公事，累經諸處斷遣者。自今令檢院，應有進實封，先責文狀。如實有枉冤，不係婚田，即得收接。其有事論婚田公事，並令依例於鼓院進狀。

又〔太平興國〕九年六月一日，詔：登聞鼓門、檢院無得輒受諸行軍副使、上佐、文學、參軍奏狀。時有妄求恩澤，至起訟者，因有是戒。

又 景祐元年二月六日，中書門下言：檢會近日有諸色人詣檢匣進狀，妄稱軍國機密，多是希求身名。今後如依得先降敕文即收接，仍(敢)〔取〕責審狀一處連。從之。

六月十七日，御史中丞韓億言：準敕，取勘鼓司官吏不合收接馬季良乞致仕文狀。切以朝廷比置鼓司，蓋使人申理冤枉，豈未經奏禀，便許退還？其鼓司官吏更不取勘。仁宗以韓億即合具奏取旨，不合擅納敕書，特釋之，仍取勘鼓司官吏。法寺言，登聞鼓院李晟當贖金，詔亦釋之。

又 慶曆五年五月十三日，詔登聞鼓院今後不得收接蠻人文狀。以溪州彭仕義等差人齎狀求進，帝令實封，於樞密院送納，乃有是詔。

又 元祐三年十一月四日，三省言：今裁定登聞鼓院、檢院並中書省差，俸錢依在京分數。從之。中興之初，因舊制置局於闕門之前。舊在宣德門外，隸門下省。建炎三年，專隸諫院。監官舊額二員，以文臣充。常除一員，舊稱判官。今從臣僚之請，改稱監院。主管檢匣內侍一員。舊制：檢匣一座，櫃擎四人，(今)〔令〕親從官充。今不差。今以手分三人舊有書寫人一名，今不差。掌收接命官、諸色人(接)〔投〕進機密軍國重事、軍期、朝政闕失、論訴在京官員不法及公私利濟之事。今權以小匣一面，差承送親事官擎背，以匣投進文字。鼓院置監官及稱謂，如檢院之制。手分二人，書寫人二名，掌大禮奏薦敕斷及致仕遺表，已得旨恩澤、試換文資、改正過名、陳乞再任之事。舊設諫鼓一面，置看鼓及下奏共二人，以三省大程官充。今並不差置。以承送親事官(役)〔投〕進文字。兩院(關)〔闕〕官，許互權。全闕，即上諫院，從朝廷差官云。

又 〔紹興三年六月〕十五日，御筆以江陰軍進士李韜、蘇白上書，輒違詔旨，不詣檢院而伏闕，令臨安府差人押歸本貫，所上書令看詳。上詔宰執曰：朕於獻言者未嘗有所拒也，況韜等所言皆細務，非有詆訐之語繫，顧不當伏闕爾。向來靖康伏闕之風，皆李綱輩啓之，卒成變亂。令尚書省檢坐前後不許伏闕旨揮，出榜曉諭。

又 〔紹興〕六年八月二日，詔：登聞檢、鼓院並去替半年，方許差人。其已差下替人並見闕未到人，並別與差遣。或歸吏部注授之人，特依省罷法，與指射差遣一次，願就宮觀嶽廟聽。

又 〔紹興〕十年八月十七日，臣僚言：伏見國家置(儉)〔檢〕、鼓院，所以廣言路，通下情也。祖宗求言之要，著在甲令，蓋有名件。遠方士人初莫之知，往往肆瞽言，輒議國家大事，如登用大臣、謀任元帥之類。乞令檢、鼓兩司將甲令所載名件分明揭示，使之曉然，皆知朝廷延納之意在此不在彼。自今凡有獻陳，必與保人偕來，逐院監官躬親審之。如依得祖宗事目，即為進呈。從之。

又 〔紹興〕十一年六月六日，監檢院王習言：準詔，虞宰所進樂府，可令檢院給還。今後獻無益之言，不幹政體者，檢、鼓院不得收接，仍令出榜曉示。切見自來投進文字皆係實封，官司無從檢察。其投進文字人多是書鋪保人同共商量。乞今後進狀與貼黃事目及審狀異同，將書鋪保人並送所屬行遣。從之。仍詔不得因而別致阻節。

又 〔紹興〕二十二年六月二十一日，上宣諭宰執曰：檢、鼓兩院近日絕少論利害文字，恐有阻節，可下所屬檢察。

又 〔紹興〕二十七年三月二十四日，戶部侍郎王俁奏：切見舊制登聞鼓院在正陽門南之西廊，院在門西之北廊，檢院亦相距不遠。大廈深嚴，密邇皇城，蓋所以增重其事，昭示四方。往者權臣擅朝，人情冤抑，不欲上聞，此官殆廢。是時官府治所無不增修，獨檢、鼓兩院雜於比屋之間，不過數椽，淺露狹隘，僅能揭榜而已，殆非仰稱陛下通達下情之意。望申嚴所屬，討論舊制。詔令工部措置。本部下將作監委官相視，檢、鼓院據臣寮所請，移於正陽門外，切恐士庶疑惑，難於陳訴。欲乞各於舊址增展地步，重修蓋公廳、吏舍及入出門屋，以周圍牆。其左右民舍有礙，以其他隙地給還。從之。

又 〔紹興〕二十八年十月二十七日，右正言朱倬言：臣聞設敢諫之鼓，置理檢之司。凡以通下情，達冤抑，故其實封條目，鼓院有八布，檢院有六外，此則通封投陳，約束周備。初鼓院，次檢院，次理檢，此其序也。若所陳與事目異，不得收接，此其法也。而兩院出未嘗服應元立事目約束，是至微杪之事悉瀆嚴宸，有傷事體。望特加訓飭，凡與上項條目相應、次序不越者，方得收受。又試給事中楊椿言：近多有前執政大臣子孫或勳臣戚里之家干求差遣恩澤之類，臣恐自此日滋奔競之風，有害廉退之義。望明降指揮，今後似此者不與施行，兼令下有司約束禁絕。詔令諫院照檢、鼓條法看詳措置，申尚書省取旨。今看詳兩院進狀條目此奏無首，疑有脫誤。，檢院係機密軍國重事、軍期、朝政闕失、論訴在京官員、公私利濟，許收接。鼓院係公私利濟、機密、朝政闕失、言利害事、論訴本處不公、理雪抑屈、論訴在京官員通封、大禮奏薦、敕斷、致仕遺表恩澤、已得指揮恩澤、試換文資、改正過名、陳乞再任通封許接。所有約束斷罪，非不詳備。蓋緣日近因循，並不舉行，是致將僥求差遣、希冒恩澤、坊場債負微秒之事一例收接。欲乞自今後令兩院官吏每遇進狀人，須管躬親審問。如委是依得條目，方得收接；若實封外面題寫與狀内所陳不同，依上書詐不實科罪。理檢院依此。又臣僚乞進狀人次第經由理檢院。本院契勘：在法，諸進狀初詣登聞鼓院，次檢院，次理檢院。又檢準《國朝會要》，祖宗時理檢院言：檢會敕文，登聞院鼓院除常程文字依舊施行外，如有稱冤濫沉屈者，晝時引赴理檢院，取結罪文狀。如涉虛妄狂誕，便仰曉示不行。欲乞下理檢院，照應祖宗舊法。從之。

又〔紹興十八年十月〕二十八日，登聞檢院言：上書進狀人自來召士著有居止之人委保，往往以獻陳公私利濟爲名，其中多是夾帶論訴告訐及語言狂妄，不應上聞之事。比至追證，即行走逸，蓋緣所責保人甚輕。欲乞今後應上書進狀人如係有官人，即召本色有官人；進士、布衣，即召見在上庠生；僧道百姓召臨安府土著有家業居止之人，軍人召所屬將校各一人作保，仍令逐院籍書鋪戶繫書保識，方許收接投進。從之。

又孝宗紹興三十二年八月二十三日，已及位未改元。詔：省部係政令之原，人吏它日出職，當在民上，所宜廉謹，以立基本。詢聞積習成弊，官員士庶理訴公事，必先沮抑。法雖可行，賄賂未至，則行遣迂迴，問難不已。若取(永)〔求〕如欲，則雖不可行，亦必舞法，以遂其請。傳聞四方，何以率勸。自今有此等被抑之人，許詣登聞鼓院陳訴，當議重寘於法。其陳訴人雖曾行賂，與除其罪。

又隆興元年八月十四日，(設)〔詔〕登聞檢院、鼓院監官各二員，各減一員，以右諫議大夫王大寶等條具併省，故有是命。

又乾道三年六月二十一日，監登聞檢院李木言：今檢、鼓院雖隸屬諫垣，旬申理檢院，不過已放逐便人姓名。至於所訴之曲直詳悉，曾不與聞，則理檢之實廢矣。欲望陛下因理檢院之名，責理檢之實。上問理檢院今尚存否，奏云：理檢之名雖存，其實已廢。上曰：甚有補於治道。令後省參照典故條畫。於是給事中王曮等奏：本朝天聖七年始制匭函，專命御史中丞爲理檢使。自元豐改官制以後，中丞銜内始不帶理檢使。今檢、鼓院依政和門下後省令隸屬諫院，而御史臺猶存理檢院之名。檢、鼓兩院旬申，不過已放逐便人姓名而已，誠與元置理檢使本意不同。臣等今看詳，欲以檢、鼓兩院依舊隸諫院外，如遇進狀人稱冤濫沉屈者，引送御史中丞，子細審問。如中丞缺，即付以次官。内有事體稍重者，特旨降付臺諫，依給、舍擬定事理施行。從之。

又〔乾道三年〕閏七月十五日，宰執進呈畢，上論理檢院故事，因謂葉顒等曰：朕常思祖宗創立法度，以貽後人。後世子孫不能保守，極可惜。葉顒等奏曰：祖宗創法垂統，亦甚艱難。子孫萬不能守，一旦失之可惜，誠如聖諭。上曰：創之甚難，壞之甚易。蔣芾奏曰：臣常記元祐三年進士第一人李常寧廷試策，破題四句云天下至大，宗廟社稷至重，百年成之而不足，一日壞之而有餘，當時以爲名言。上曰：誠爲名言。芾又奏曰：所謂壞者，非一日遽能壞也。人主一念慮之間，不以祖宗基業爲意，則事事放例，馴致敗壞。故繫人主每欲自警戒，常恐一念慮之失。如陛下憂勤恭儉，厲精政事，而於念慮之間常自警戒，雖古之聖帝賢王，用心不過於此。上曰：朕非獨自警戒而已，又且憂後世子孫不能保守爲可惜。顒等皆曰：此乃國家靈長之憂，陛下之言至此，天下之幸，宗廟社稷之福也。

又〔乾道三年〕十二月四日，宰執進呈劉廷老投匭上封事云：究目前之利病，應詔書之所求，而乃論訴劉才邵之子恩澤不當事，言甚猥細。上曰：此非上書本意。蔣芾奏曰：欲押歸本貫如何？上曰：如此甚好。

又〔乾道〕四年七月十三日，檢院言：檢會天聖七年八月詔：昨降敕命，應諸色人凡有指陳軍國大事、朝政得失、大段冤枉，累經訴理，未獲辨明，或事幹機密，並許詣檢院投進。近來所進文字多不應得敕命，宜令登聞檢院，自今詣院投狀人，須應得敕内指陳名目，方得投進。如進文字卻有不同，並當嚴斷，仍先取詣實審狀以聞。

又景祐元年三月六日，中書門下言：檢會(過)〔近〕日有諸色人詣檢匭進狀，妄稱軍國機密，多是希求身名。今後如依得先降(救)〔敕〕文，即收接，仍取責審狀一處連進。詔檢坐祖宗故事，令尚書省出榜於登聞檢院曉諭。

又〔景祐元年三月〕十四日，詔：諸色人詣檢院投進文字，已有指揮約束。如歸正人投進文字，並許收接，取責審狀。内有希求狂妄，亦依條斷罪。

又〔景祐元年〕八月十七日，監登聞鼓院翟畋言：本院省記一司舊條例，收接四方士庶、命官、諸色人等投進文字通封實封狀，計一十六件。實封狀：　公私利濟、機密、朝政闕失、言利害(利)〔事〕、論訴本處不公、理雪抑屈、論訴在京官員，已上八項，並係摺角實封。　不通封狀：　大禮奏薦、敕斷、致仕恩澤、遺表恩澤、已得指揮恩澤、試換文資、改正過名、陳乞再任，已上八項，並通封。　本院依得逐項事目，方許收接投進。　本院於紹興三十二年十月內準尚書省劄子，勘會自來訴事，合詣登聞鼓院進狀。　訪聞本院多以狀不如式及召保等退難留滯，不即收接，致訴事之人徑邀車駕唐突，顯屬未便。　得旨，今後諸色人訴事，須先詣登聞鼓院進狀，本院官晝時點勘所陳事理，即時收接投進，不得非理沮抑退難。　仍限三日，不候請寶，出給告示，放令逐便。　如不曾經由鼓院，往自唐突，依見行條法指揮科罪。　今來登聞檢院條例，投進文字事目共止有六項：　機密、朝政闕失、公私利濟、軍期、軍國重事、論訴在京官員。　本院切見檢院未(成)〔承〕(大)〔乾〕道四年六月內黃榜約束進狀人指揮已前，四方士庶往往將理雪冤抑及夾帶論訴告訐，語言狂妄，不應上聞文字，詐作公私利濟爲名，實封投進。　今來檢院已承黃榜指揮，門前張掛，致進狀人盡赴鼓院，投進文字。　內有詞訴冤抑、請給恩賞差遣等奏狀，多是不曾經由次第，徑赴本院投進，今來若不收接，慮有違前項聖旨指揮。　欲望朝廷詳酌，明賜指揮，行下本院，以憑遵守。　詔依檢院已得指揮，令尚書省給榜。

又　〔景祐〕七年三月三日，詔：　今後士庶進狀，軍國重事、朝政闕失、邊防機密、軍期重害、公私利濟、論訴在京官員，許於檢院投進。　其餘應進狀訴事，並赴鼓院投匭。　仰訴事人於狀前開坐經由，官司結絕告示，令檢、鼓院官當面審實。　仍令保狀內明言委保某人，陳訴某事，方許收接進入。如狀降付朝省，稍涉異同，並依條斷罪。　若檢、鼓院失行點檢，官吏亦科違制之罪。　如看詳所訴委是理直，即將前來理斷失當官吏，具名取旨行遣。中書門下省檢正諸房公事司馬伋奏：　勘會進狀訴事，在法次第經由所行失當，方許投匭。　伏覩太祖皇帝乾(道)〔德〕四年六月詔，應諸色人進狀申冤論事，不得驀越，須經本處，不與施行及偏曲，方得投匭。　及太宗皇帝至道元年七月詔令，諸州吏民詣鼓司、登聞訴事者，須經本屬州縣、轉運司不爲理，有司乃得授。　照得日來詣闕進狀之人，有不經省部陳理，不候所屬結絕，有昨日詣都省陳詞，今日便行進狀者。　及有未經諸處官司理斷，恣行驀越違戾。　伏覩眞宗皇帝景德二年四月(照)〔詔〕，應實封表狀不述事由，委判官當面審(結)〔問〕。　如實係機密，晝時進入。　又四年詔，應實封進狀，如進入後與審狀異同及夾帶他事，並科違制之罪。　照得日來有事爭競産業、理雪過名、陳乞恩賞、補敍官資之類，輒作公私利濟、軍期、機密，紊瀆天聽，委是欺罔。　故有是命。

又　〔景祐七年〕七月二十五日，宰執進呈韓玉伏闕所上書。　上問：檢院收接文字皆先觀之乎？　虞允文等奏曰：　舊不如此，因今年三月內司馬伋申請指揮，令先審而後進。　上曰：　此指揮未盡善。　且玉所訴刺字效用，非軍(欺)〔期〕乎？　梁克家奏曰：　如訴張權，亦是在京官員。　但檢院以爲所問前後異同，故不收接耳。　上曰：　要是應得項(自)〔目〕，院官沮之非是，罷免。　虞允文奏曰：　恐太重。　上曰：　可降一官，仍取檢、鼓院見行條令再與理會。　虞允文等奏曰：　容(聞)〔開〕具取旨，行下敕令所別行修定。

又　〔景祐七年〕十一月二十四日，檢鼓院言：　本院收接進文字，職務至重，其人吏慮恐因漏泄傳播於外，及非理抑退，不爲收接。　今後遇有投進實封文字，輒盜拆窺泄傳報，事干(幾)〔機〕密重害者流二千里，非重害者徒三年，終事無害者杖一百。　非理退所進文字，亦從杖一百斷罪。　其因而乞取錢物者，依監臨主司受財科罪。　從之。

又　淳熙三年七月十三日，約束書鋪進狀。　既而執政言：　諸色人進狀訴理不實，自有條法。　近來書鋪止是要求錢物，更不照應條法，理宜約束。　上曰：　書鋪家崇飾虛詞，妄寫進狀，累有約束。　不若行遣一二人，自然知畏。　可令刑部檢坐條法行下，檢、鼓院出榜曉諭。

又　〔淳熙〕四年九月十七日，令兩院照應格目收接論訴。　既而臣僚言：　檢、鼓兩院，其建官之意雖均，而所掌之事則異。　比年(寢)〔寖〕有違戾，交互收接，至於論訴不平、陳乞恩賞之類。　乞檢坐條法，申嚴行下兩院，照應格目，常(均)〔切〕遵守。　如有違戾，罰在必行。　從之。

又　〔淳熙〕十三年十二月九日，詔：　登聞檢、鼓院書寫人各減一人，看管剩員各減一人。　以(農)〔司〕農少卿吳燠議減冗食，下敕令所裁定，故有是命。

又　淳熙十六年七月三日，監登聞檢院黃灝言：　竊見四方婚田之訟，經檢、鼓院投進，行下有司，所宜即爲予決。今乃多有經歷歲月，再三陳訴，跡涉煩黷，或事非冤枉者。乞令有司立爲定式，應今後降出進狀，自所屬省部行下所委官司，所委官司行下州縣索案。及州縣將案申上，各限若幹日。其案牘亦各隨多寡立限，使之看定。如有稽違，並令所屬省部檢察，按劾以聞。嚚訟之人所訴無理，塵紊天聽，擾害善良，亦當行下科斷。如此則進狀施行，事加嚴重，於體甚便。從之。

又 慶元三年十月二日，司農卿、兼知臨安府趙師言：祖宗置檢、鼓二院，實古昔立諫鼓、嘉石之遺意。邇歲以來，頑狠之人公然騰越，至有事屬細微，巧詞飾說，一經所屬，不待施行，遽投檢鼓，或徑伏闕，或邀車駕陳訴。匪獨輕法嫚令，褻瀆不恭，複有事涉虛妄，懼其章露，故欲撓蔑有司。檢、鼓二院自有明載條令，蓋謂經從次第所行失當及無所施行，方許投匭進狀。仍著令，諸進〔狀〕令詣鼓院，次檢院。如所行非理抑退，許連所判審狀，邀車駕陳訴。國家下情之通，可謂委曲〔許〕〔詳〕盡。今乃無所忌憚，違戾日甚。乞下檢、鼓院，繼今遇詞訴，雖經由州郡，監司、臺部、朝省，已爲受理而未予奪當否，或已結絕而無給到斷由者，不得收接。其有輒伏闕及妄邀車駕陳訴之人，並從臨安府照條科罪，所訴事不理。仍令刑部申嚴累降詔旨並前後所定條法，俾諸路提刑司遍牒郡縣，使人通知。從之。

又 〔慶元三年十月二日〕同日，大理卿陳倚言：棘寺近奉禦寶封下進狀，理訴婚田等事一十六件，皆是監司州縣自可理斷者。其間有不曾次第經由官司，或雖曾經由，不候與奪，及有已經官司定斷，自知無理，輒敢越望天庭，進狀妄訴，於貼黃上旨定乞送大理寺，顯是全無忌憚。今後應有進狀訴事，乞從自來體例，先次降付尚書省，量度輕重，合與不合送司，取旨施行。從之。

又 〔慶元〕五年正月二十九日，諫議大夫陳自強〔言〕：自備數諫列，檢、鼓二院雖在所隸，然不過日知投進名件。至於陳訴之曲直、施行之始末，理斷之當否，曾不預聞，有隸局之名，而無審究之實，甚非責任之本意。欲望明詔大臣，今後朝廷遇有施行進狀事件，即劄下諫院照會，俾得以隨事稽考。若所送官司理斷之不當，結絕之淹延，並許劾奏，以行責罰。或進狀人所訴虛妄，亦坐以上書詐冒不實之罪。庶幾檢、鼓二院不爲虛設，而臣之職守亦不爲虛領矣。併乞循舊制，應進狀訴事人並於狀前畫一開坐經由官司，結絕次第，仍令保人於狀內甘立虛妄罪罰，雖無斷由，聽與投進。如是則冤民得以伸雪，而嚚訟亦不至於瀆聞。從之。

又 開禧三年十二月二十六日，臣僚言：國朝因唐舊制置檢匭，以通下情。天聖七年，仁宗皇帝頒降詔旨，凡有指陳軍國大事、朝政得失、大段冤枉累經訴理未獲辯明，並許投進。乾道四年，孝宗皇帝備舉天聖詔文，給黃榜下登聞檢院曉諭。近年以來，上書進狀者日益稀少，權臣畏人議己，沮抑下情，不令上達。今日朝廷清明，大開言路，乞檢照孝宗皇帝典故，令三省給降黃榜付登聞檢院曉諭士庶，凡軍國大事、朝政得失及事屬冤抑者，並許上書投進，本院官吏不得沮遏。如所言可行，即與施行；如不可行，亦與容納，庶幾下情皆得上達，亦可以爲更化之助。從之。

又 嘉定三年十一月一日，臣僚言：比來進狀全無(犯)〔紀〕律，皆不候所屬官司結絕，或雇倩代名，或隱下情節，以脫行遣，或恃此以淩轢承行官司，因求脫免。至若卑賤豪右之家，下及寺院，亦用管幹姓名，率然進狀。乞下檢院，自今遇有進狀，須本家合爲狀首人，並以次知首尾家屬，方許陳理，即不許管幹人出名。庶幾法不廢於上，情可遍於下。從之。

又 〔嘉定〕十六年九月十二日，臣僚言：周設路鼓，立肺石，以達窮民。凡惸獨老幼之情，無日不徹於下。國家檢、鼓二院，實周制也。生民之休戚，軍國之利病，函封騰之，曾不崇朝，遂登睿覽。其視君門萬裏，如在咫尺。二院隸於諫院，進(收)〔狀〕之見於施行者，尚書劄下諫院，使知清朝無壅之意，德惠優渥，可謂極矣。然愚民之狃頑亡賴者，第知欲快一己之私忿，不知仰瀆九重之至尊，有事理情法之不可行者，投進之詞源源不已，何其敢爾不憚煩也。乞行下檢、鼓院，應干進狀，並遵舊制，必先經鼓院，次經檢院，兩院互相關會。投進至三者，分明開說係第三狀，俾從省部詳與看詳。如情法未協者，令所屬亟行改斷；如元斷已當，初無可改者，即行告示。今後不許妄有進狀或輒敢伏門，其有違者，酌情施行。庶幾既可伸小民之冤，複可爲健訟之警。從之。

《宋會要輯稿・職官三・訴理年》 哲宗元祐元年閏二月四日，三省言：元豐八年三月六日赦恩已前命官、諸色人被罪，今來進狀訴理，據案已依格法。慮其間有情可矜恕，或事涉冤抑，合從寬減者，欲委官看詳聞奏。詔御史中丞劉摯、右諫議大夫孫覺看詳以聞。

二月十四日，管勾看詳訴理所言：　看詳進狀訴理人不若立定期限，竊慮無以結絕。欲乞應熙寧元年正月已後至元豐八年三月六日赦前命官、諸色人被罪合行訴理，並自降今來指揮日與限半年進狀，先從有司依法定奪。如內有不該雪除，及事理有所未盡者，送本所看詳。從之。

又　〔元祐元年〕八月六日，右正言王覿言：　臣伏見今年閏二月五日赦節文，勘會元豐八年三月六日赦恩已前命官、諸色人被罪，今來進狀訴理，據案已依格法。慮其間有情可矜恕，或事涉冤抑，合從寬減者，委官看詳奏聞。並今年三月十五日赦節文，赦前命官、諸色人被罪合行訴理，限半年進狀。臣竊聞自有上件朝旨，置局以來，凡有情可矜恕、事涉冤抑，獲申雪者甚多。中外人情既知朝廷哀矜冤抑，故見今陳訴者未已。而旦夕半年之限將滿，竊恐疏遠銜冤之人聞詔後時，未及自陳者尚衆。臣欲乞指揮下訴理所，更與寬展日限，庶幾銜冤之人皆得洗雪，可以推寬聖恩，感召和氣。貼黃稱：　檢會元豐公式令，諸赦書許官員訴雪過犯。自降赦日二年外投狀者，不得受接。即是常赦許官員訴理，刑部猶限二年。若該元豐八年三月六日赦恩者，刑部自須至來年三月六日(赦恩者刑部)方不接狀。所有今來訴理所日限訴〔理〕理〔訴〕所，欲乞依前項令文，展至元祐二年三月五日終。如此則凡經刑部定奪，不該雪除者，訴理所皆詳看施行訴理所。詔展訴理所日限至元祐二年三月五日終。

又　元符元年三月十四日，詔：　熙寧元年正月以後至元豐八年三月六日赦前命官、諸色人被罪合行訴理，並限半年進狀，先從有司依法定奪。如內該有雪訴，及事理有所未盡者，送管勾看詳訴理所。

又　〔元符元年〕六月二十五日，御史中丞安惇言：　伏思神宗皇帝勵精圖治，明審庶獄，天下莫不知之。而元祐之初，陛下未親政事，姦臣乘時議置訴理所，凡得罪於元豐之間者咸爲雪除，歸怨先朝，收恩(思)〔私〕室，儻出姦意，不可不行改正。欲乞朝廷委官將前元祐中訴理所公案看詳，如合改正，即乞申明得罪之意，複依元斷施行。詔蹇序辰、安惇看詳。內元狀陳述及訴理語言於先朝不順者，具職位、姓名以聞。

《宋會要輯稿·職官一五·刑部》　刑部主覆天下大辟已決公(按)〔案〕，旬奏獄狀，舉駁其不當者，及官員犯罪除免、經赦敘用，定奪雪理給牒，以朝官一員或二員主判。又有詳覆官，舊六員，亦京朝官充，淳化元年置，主定奪公事，分覆旬奏獄狀，後止三員。景德三年，別增一員，專舉駁大辟公案，共四員。又有法直官一員。

又　《兩朝國史志》：　刑部判事二人，以御史知雜已上或朝官充。凡律令、刑法案覆讞禁之制令並存，掌覆天下大辟，舉其違失而駁正之，及詳定京朝官、三班幕(府)〔職〕州縣官員犯解免敘理出雪之事。詳覆官四人，法直官一人，並以選人充。令史十二人，驅使官一人。元豐改官制，舊審刑院、糾察在京刑獄司並歸刑部。尚書一人，侍郎一人，郎官一人，分左、右治事，左以詳覆，右以敘雪。吏額：　主事一人，令史四人，書令史九人，守當官八人，貼司十八人，都官、比部、司門皆無所掌，各以朝官一員主判。

又　太祖開寶七年，詔：　負犯選人應出雪牒，仰刑部具犯由、有無贓罰刑名罪贖南曹審問判成。

又　太宗雍熙四年十一月，詔應刑部大理寺所斷諸道公(按)〔案〕，詳酌事理，可斷者即斷，不須駁回，更不重勘。

又　淳化元年五月，詔刑部置詳覆官六員，專閱天下案牘。

又　眞宗景德元年正月，詔：　今後每發赦書德音，差人到省抄寫勘讀。內川、廣、福建、荊湖七路並先以發遣。八月，詔刑部、大理寺，今後京朝官使臣公(按)〔案〕論決訖，具所犯情罪，刑名報審官、三班院。從度支副使馬景之奏也。

又　〔景德〕二年六月，詔審刑院、刑部凡會問公事，並須公牒往來。七月，上封者言：　刑部舉駁外州官吏失入死罪，按準斷獄律從徒流，失入死罪者減三等徒二年半，公罪分四等定斷。官減外徒二年，爲首者追官，餘三等徒罪並止罰銅。伏以法之至重者死生之際，幕職州縣初歷宦途，未諳吏事。長吏明知徒罪不至追官，但務因循，不自詳究。又雍熙三年七月敕，權判刑部張佖起請失入死罪不許以官當贖，知州、通判並勒停。咸平二年編敕之時，輒從刪去，致長吏漸無畏懼，輕用條章。乞自今失入死罪不至追官者斷官銜替，候放選日注僻遠小處官，連書幕職州縣官注小處，京官、朝官任知州、通判，知令錄、幕職授遠處監當，其官高及武臣內職臨時取旨。從之。九月九日，詔御史臺差官勘事量大小給限，牒報刑部提舉。十四日，詔：　刑部每遇頒行赦令，並晝時分明謄寫勘讀。三司每部差五十人，以職員一人管押赴省，及盡取三館、祕閣楷書、官告院書吏分寫。仍於發赦半月前預牒抽差，人寫兩道，於第一幅背寫姓名，如稽緩鹵莽，有誤頒行，具名聞奏。審刑、大理寺降赦前十日，錄官員名銜送刑部，至(前)一日時赴省，與詳覆、法直官分勘。每敕第一幅背書姓名，如差錯稽緩，有誤頒行，並行朝典。如非時發敕書不及預牒者，即時抽取，至日特差中使一人點檢催促了畢。

又　〔景德〕三年十二月，詔：　刑部極刑案庫應奏到斷訖公(按)〔案〕，從銀臺司降下後，分與詳覆官看詳。內有不當，即行駁疏。若無不當，入庫置曆拘轄。遇有訴冤，檢取照證。專差令史一人知庫，法直雜事司簽書，詳覆官一員監掌，判部官通押。每官吏年滿，依歷交割，給付解由，候經三年已上奏取指揮。宣敕、公用錢、紙庫各差令史一人，轉歷開閉支給亦差詳覆官一員掌，自今置歷輪差。令史二人，剩員二人，通晝夜在省，詳覆、法直官〔各〕一員押宿。

又　〔景德〕四年十一月，詔：　刑部正名、承闕私名二十三人，今後諸處不得抽差。凡收私名，亦仰御史臺提舉試驗書劄，收錄姓名。

又　大中祥符二年五月，詔：　諸州奏獄空，須司理州院、倚郭縣俱無囚繫，方爲獄空。每奏到，委刑部將旬奏禁狀一處點對。如應得元敕，特降詔獎諭。十二月，詔：　南曹選人投應合會問去處，令刑部據合定公私遺闕、贓濫罪名，須分明定奪。如有異同，令刑部、大理寺同商量，從長歸著報曹。

又　〔大中祥符〕四年閏五月，刑部言：　自來諸州旬申禁勘設有用條不當，自可舉駁，不必別錄按奏，乞自今只具單狀以聞。從之。

又　〔大中祥符〕五年五月，詔刑部今後奏到斷訖禁軍大辟(按)〔案〕，具情罪申樞院。十月，詔：　刑部斷奏命官、使臣、將校、軍人、色役公人，並於狀內今詳字下寫所犯罪人腳色。其今詳字所行法不用，止舊存留鋪法。命官、使臣、將校按犯輕重、赦前後贓私罪引條書斷外，內公罪(是)〔實〕輕，不須條出罪名。合斷罪處須簡徑節(掠)〔略〕合用格條，不須廣錄閑詞，交雜款狀。所引格、敕亦須簡徑鋪坐。如外州斷奏不當，除失出入罪名，合行駁勘，其元檢勘官吏於奏狀止定罪名勘鞫外，有失出入杖已下及半年徒罪，只於斷狀略言，雖有失(有)〔出〕入，合不行勘。

又　〔大中祥符〕七年六月，詔：　外州失入死罪，經省寺舉駁勘斷官吏訖，令刑部明具駁難誤錯因依下審刑院看〔詳〕節(掠)〔略〕送中書，降下刑部牒，與進奏院告報。八月，詔：　刑部今後專令詳覆、法直官具逐處奏到旬申大辟人數置簿抄錄拘管，候奏到斷訖，奏對簿勾銷。限外不到及有注滯，即勘會舉行。

又　乾興元年仁宗已即位未改元十一月，詔：　諸處奏到見禁文狀並斷訖公(按)〔案〕，自來承進銀臺司先送中書，後送刑部看詳，虛滯日數。宜令承進銀臺司自今更不送中書，直送刑部。

又　仁宗天聖元年十二月，知審刑院滕涉言：　當院每準吏部南曹連到刑部、大理寺牒定奪選人公私罪名，內大理寺稱止是收理，別無勘到情款；或稱該赦釋放，無憑定奪，致南曹依條重移當院定奪，此蓋詳斷官避事，住滯選人。望自今如將可行定奪罪名依前避事不(定詳)〔詳定〕，從院司申舉。詔：　流內銓南曹自今選人常例會問過犯公私罪名，仰止會問刑部，令本部檢定關報。

又　〔天聖〕二年十月，判刑部燕肅言：　每赦書德音，即本部差書吏三百人謄寫，多是差錯，致外州錯認刑名，失行恩賞。乞自今宣訖，勒楷書寫本，詳斷官勘讀，匠人彫板印造發遞。從之，仍差詳議、詳斷官各一員勘讀。

又　〔天聖〕七年十一月，詔自今刑部不得接見賓客及縱入閑雜人。

又　〔天聖〕十年五月十日，詔：　法寺斷奏(按)〔案〕牘，舊以元勘(按)〔案〕納中書本房，歲久毀腐。自今委大理寺每斷奏後一月，實封關送刑〔部〕遣吏別置簿曆管勾，立便於中書刑房點對承領，用堂印封送赴省，置庫架閣，無得交雜損失。如諸處合要照證，即上曆封送，常切拘收。內有連按下三司者，亦繳封刑部，刑部每季差詳覆官一員提舉。苦管勾、手分差替出官，並須交割，違者當行朝典。

又　〔天聖十年〕八月四日，刑部言：　本部凡追到已斷告敕，寄省司毀抹。近降編敕，令所在注毀，限十日申省。又附令敕合追官如丁憂停任，舊告敕若兩任作一任，當(牘)〔牒〕刑部置簿拘管。只緣凡降斷並不計道數，即省司不見得曾與不曾丁憂停任，慮追索不足，因循散失，望申誡諸路晝時關送當部。從之。

又　慶曆二年四月九日，刑部言：　凡承受審官院、三班院、吏部南曹會問諸色官員過犯度數，例委手分檢簿抄錄，主判官書牒迴報，多有漏略。

欲委詳覆官每季輪一員監勒檢閱，繫檢供報，著爲定制。從之。

又 審刑院，淳化二年置，元豐三年八月併歸刑部。糾察在京刑獄司，大中祥符二年置，元豐三年併歸刑部。《神宗正史・職官志》：凡其屬有三：曰都官，軍大將及徒隸名籍之事隸焉；曰比部，鉤考帳籍及贓罰、欠負之事隸焉；曰司門，津梁、道路及國門幾察之事隸焉。舊以刑部覆大辟案，而增置審刑院詳讞，其京百司刑禁則隸糾察司。官制正名，悉歸刑部。凡官十有三：尚書一人，侍郎二人，郎中、員外郎、刑部各二人，都官、比部、司門各一人。《哲宗職官志》設官十有二，尚書、侍郎各一人，餘同。尚書、侍郎、郎中、員外郎。尚書掌天下刑獄之政令，而侍郎、〔郎〕中、員外郎分治其事。凡制勘、(案)〔按〕劾、審錄、奏讞、糾察、程督則隸左檢察定奪，除雪、敘複、移放則隸右。格不載者，同尚書通領。其都官、比部、司門事亦如之。若御史臺或詔獄錄問辟(因)〔囚〕及三品以上官以侍郎，餘以郎官。大祀則尚書蒞誓，薦熟則奉大牲，大禮肆赦，則侍郎授赦書，承旨釋囚。分案八，設吏五十有二。《哲宗職官志》分案十二，置吏同。

又 神宗熙寧元年二月十六日，大理寺言：敕閣自來輪差詳斷、法直官兼監，半年一替。緣斷官日詣審刑院商量文字，及中書、樞密勾喚不定，難爲專一監守。欲乞專差檢法官二員監敕閣，更不輪管本寺紙庫、錢庫、簽書銓曹、審官院文字。及移法直官房依舊於閣下，仍差歸司官二人、府吏二人同共管勾。舊條審〔刑院〕、刑部、大理寺不許賓客看謁及閑雜人出入，如有違犯，其賓客並接見官員並從違制科罰。乞並親戚不許入寺往還，所貴杜絕姦弊。從之。

又 〔熙寧元年〕五月二日，知審刑院齊恢等言：本司近年已來文案稍多，全藉官員曉夕斷奏，雖早入晚出，有大理寺一司常制，然其間不勤所職往(議)〔諸〕處看謁之人，深慮廢事。欲乞今後應審刑院、大理寺官除休務假日外，其餘合(人)〔入〕本司日分並不得於諸處看謁，所貴盡心職事，不離官次。從之。

又 〔熙寧元年〕十二月十三日，詔：自今被舉試刑部法寺官者，流內銓收闕便注正官。如就試人不中，別與差官遣並以後來到銓名次、資序注擬。先是，每歲試刑法官必於二月八日。內有離任赴今試不及而稽留以待後試者，是致本任闕官常至半年。而就試不中，又法許複歸任，故銓部亦不敢使闕，州縣患之。故有是詔。

又 〔熙寧〕二年十二月二十四日，看詳銀臺司文字所言：諸處奏到大辟罪人斷訖文案，今後只申尚書刑部，仍令本部詳覆，候歲終具都數以聞。從之。

又 〔熙寧〕三年三月二十四日，詔：審刑院、大理、刑部詳議、詳斷、詳覆官初入以三年爲一任，再任以三十月爲一任，仍逐任理本資序。欲出，即與先任滿半年指射差遣，第三任滿出者仍與堂除，若本司更舉留者亦聽。若任內失錯稽違多、駁正少，既不許舉留。其審刑能駁正大理寺誤斷徒以上刑名，與等第酬獎；其失錯稽違者，責罰亦如之。刑部、大理寺並準此。遇南郊前一季許約斷案外，餘除朝旨送下急速公案外，更不得約舊法奏斷絕，乞宣付史館其罷之。其支賜都數比舊量與增添，致年終比較逐官斷罪有無失錯稽違及駁正刑名，分三等第給之。

又 〔熙寧三年〕八月，令殿前步軍司今後大辟罪人並如開封府條例送糾察司錄問。

又 〔熙寧三年〕十一月八日，詔尚書刑部：諸州奏到災傷，朝廷差官體量安撫，及量輕重降(不下)〔下三〕司指揮，付逐處長吏收掌施行，中書畫時上簿拘管。令置逐路災傷簿，委法直官專切封掌。凡遇送下捉賊酬獎，令一就檢簿定奪係與不係災傷，明具合該酬獎等文狀申奏。如有差錯，其本部官吏取旨，重寘之法。

又 〔熙寧〕四年六月九日，中書刑房言：刑部詳覆官如疏駁得諸處斷遣不當大辟罪，每一人與減一年磨勘。如失覆上件公事，每一人即展磨勘一年。累及四人，即衝替。從之。

又 〔熙寧四年〕七月二十七日，御史知雜鄧綰言：乞諸州收禁大辟罪，晝時具單狀兩本申提刑司，本司繳連一本申刑部，本部上簿拘管，候逐州奏案到日對簿鉤銷。如有不到，即行勘會，仍委中書非時取索刑部拘管簿書點檢。詔：如已作大辟申刑部，後來勘得卻非大辟，申刑部照會。

又 〔熙寧〕八年，罷詳議、詳斷官親書節案，止令節略付吏，仍減議官一、斷官二。此據《職官志》，不得其月日。

又 〔熙寧八年〕二月十八日，中書言：堂後官王袞等編定命官四等過犯，乞付有司。更不置詳定命官過犯及看詳編配罪人所兩局，遇赦令刑部比例定奪，上中書施行。從之。

又 〔熙寧八年二月〕二十九日，審刑院詳議官、殿中丞朱大簡等言：昨定審官西院差澧州都巡檢康昺不如法，御史臺劾大簡遷延不決，會赦銜替。緣大簡欲赴中書、樞密院巡白，以故稽期，非弛於職，而樞密院按置以法。詔審刑院、大理寺自今中書、樞密院送定公事，依條定奪，毋得巡白。

又 〔熙寧〕九年十二月二十二日，詔自今頒降條貫，並付刑部雕印行下。

又 〔熙寧〕十年五月十四日，刑部言：諸處斷宣敕自經治平大水，頗多散失，亦有本處元不關到者。雖曾關而吏胥隱漏，檢會之際，或容僥倖。至於官員犯罪，並劫賊僞造印三等公案，略不以時架閣。凡有取索，動經歲月，其間羇旅之人尤可矜憫。欲乞〔討〕〔計〕會審官東西院、流內銓並入內內侍省，取已斷官員宣敕與本部宣敕，比對職位、姓名，如有漏落，更互抄錄，以補其闕。仍重編排，自慶曆三年爲始。其熙寧元年至九年終三年公案別架閣，略具元犯因依、姓名申提點刑獄司類聚繳納，本部月輪詳覆官二員與主簿互計會，合屬處抄錄編排。從之。

又 元豐元年閏五月十二日，詔刑部、大理寺自今奏舉習學公事，並舉曾試刑法得循兩資以上人。

又 〔元豐元年〕十二月十八日，置大辟獄。詔天下奏案並刑部、審刑院詳斷。於是刑部言：本部於斷案素所不習，應大理寺舊官吏令盡歸刑部，以大理寺詳斷官爲刑部詳斷官，仍以大理見斷案付之。

又 〔元豐〕二年二月三日，詔審刑院、刑部：近因併差詳議、詳斷官入試院，積未斷公案五百餘道，罪人幽繫囹圄，日夜待命，豈宜淹滯留壅如此，其自今月三日後官吏並勒宿。六日，審刑院、刑部請以審官東院地爲審刑院，太常禮院地爲刑部詳斷司。從之。

又 〔元豐二年〕二月二十四日，詔審刑院、刑部自今留滯公案及二百道，官吏勒宿。《職官志》云：是歲詔審刑院、刑部官吏免宿直，如積案至二〔百〕即宿。四月二十六日，知審刑院安燾言：天下奏案視十年前增倍已〔上〕，審刑院、刑部詳議、詳斷官視舊員數頗減，乞復置詳議官一員。又詳議官？簽刑部斷案，職事不專。乞分議官六員，每案二員連簽。若情狀可疑，未麗於法，即議官通簽，如此則疑難之獄得盡，衆議明白，罪案不致留積。詔增審刑院詳議、詳斷官各一員，罷刑部檢法官一員，餘如燾請。

又 〔元豐〕五月八日，知審刑院安燾言：比年詳議官以文案繁多，責重賞輕，除者多不願就。乞以二年爲一任，任滿減磨勘二年。自刑部差者已及成資，先依刑部任滿法推恩。未成資者，補及成資推恩後別理一任。從之。

又 〔元豐〕六月二十六日，詔：審刑院、刑部遇科場及試刑法，流內銓、三班院人並於試前半月選官申中書，審刑院三人，刑部七人。候差試官畢，據闕差權正官，到限一月了絕已分文字，過限不支添給。以刑法官多差考試，而候差權官稽滯案牘，從逐司請也。

又 〔元豐〕七月十六日，詔在京獄案有繫囚者，法官先斷奏。從知大理卿事崔臺符請也。

又 〔元豐〕八月十二日，中書言：應朝旨置究治事，欲委審刑院、刑部置管勾，非特旨立限者及一季未奏下，所屬催促。無故稽留若行移迂緩，並所屬不催舉，並劾奏，責刑房季終點檢。從之。

又 〔元豐二年八月〕二十二日，詔刑部詳斷、檢法官再任，並二年爲一任，任滿詳斷官減磨勘二年，檢法官減一年。以刑部言詳斷官、檢法官雖許再任，無願就者，故優其恩也。詔增判刑部官俸視大理寺。據《職官志》係元豐二年事。

又 〔元豐〕三年。詔刑部、審刑院斷案及詳定事半年不能決者，以狀上中書、樞密院書字下

又 〔元豐〕正月七日，詔大理寺鞫罪人，依開封府例報糾察司。後大理寺乞旬具徒以上事報糾察司，許之，開封府準此。仍詔糾察司如察訪得雖非徒已上，而出入不當，許索文案點檢。二十四日，詔：審刑院、刑部斷議官自今歲終，具嘗失入徒、流罪五人已上或失入死罪者取旨。連簽者二人當一人，京朝官展磨勘年，幕職州縣官展考，或不與任滿指射差遣，或罷本年斷絕支賜，去官不免。先是，熙寧十年嘗詔歲終比較取旨，而法未備故也。

又 〔元豐三年〕八月九日，詔審刑院併歸刑部。以知院官判刑部，掌詳議、詳覆司事。其刑部主判官二員爲同判刑部，掌詳斷司事，詳議官爲刑部詳議官。

又 〔元豐〕四年七月十三日，詔刑部貼例擬進公案並用奏鈔。其大理寺進呈公案更不上殿，並斷訖送刑部。貼例不可比用及罪不應法輕重當取裁者上中書省。二十五日，詔：敘復不以官高下並歸尙書刑部。內合取旨及職任非吏部者，並上中書省。

又 〔元豐四年〕十一月八日，詔罷刑部公案，半年一次法官赴中書斷絕。

又 〔元豐〕五年二月，上批：新判尙書刑部何正臣自擢置朝廷以來，未嘗踐履刑獄職任，可改差判尙書兵部兼知審官東院。

又 〔元豐五年〕四月二十三日，太中大夫、大理卿崔臺符守刑部侍郎。侍郎自是始正除，尙書闕。

又 〔元豐五年〕六月二十六日，詔：自今特旨衝替，無公案者，令中書隨特旨定事理輕重；敘復者，不以官高下，並歸尙書刑部。

又 〔元豐〕六年三月六日，尙書刑部言：舊刑部詳斷官公案斷訖，主管論議、改正、注日，方過詳議官覆議。有差失問難，並於檢尾批書，送斷官具記改正，上主判官審定，然後判成錄奏。自二司並歸大理，斷官爲評事、司直，評官爲丞，所斷案草不由長貳，日者斷案類多差忒。欲乞分評事、司直與正爲斷司，丞與長貳爲議司。凡斷公案，先上正看詳當否，論難改正，簽即注日，然後過議司覆議。如有批難，具記改正，長貳更加審定，然後判成錄奏。從之。

又 〔元豐六年〕八月二十八日，尙書刑部言：乞應吏部補授大理寺左斷刑官，先與刑部、大理寺長貳雜議可否，然後注擬。仍取經試得循資已上人充，正闕以丞補，丞闕以評事補。詔刑部、吏部同著爲令。其後著令：司直、評事闕，選尙書及侍郎左選人；丞闕，止選尙書左選人，仍經任司直或評事係親民資任者。已上二件，其初改官應入知縣人，亦選正闕，選丞或司直、評事，見係通判已上資序者。已上所選，仍不限見任。授訖未赴，即曾失入徒已上罪已決，或，或停替後未成任，各毋得入選。

又 〔元豐〕七年八月一日，門下省言：刑部奏鈔宣德郞樂京據例當作情理稍輕，不擬選注。京本坐言役法，本部不敢用例。詔樂京情重，刑部引例不當。

又 〔元豐七年〕十月一日，御史蹇序辰乞令諸路提點刑獄司每季具已論決詳覆大辟事狀以聞，付刑部注籍點檢，案治失誤。詔提點刑獄司季申刑部。

又 〔元豐〕八年十二月五日，刑部言：令提刑司檢法官覆州縣官小使臣等公罪杖以下案申吏部、大理寺注籍，則法官可以專於讞獄。從之。

又 哲宗元祐元年五月一日，三省言：舊置糾察在京刑獄司，蓋欲察其違慢，所以加重獄事。向罷歸刑部，無復申明糾舉之制。請以異時糾察職事悉委御史臺刑察兼領，刑部毋得幹預，其御史臺刑獄令尙書省右司糾察。從之。

又 〔元祐元年〕十三日，刑部言：舊刑部覆大辟，係直詳覆司。自官制行，詳覆案歸逐路提刑司，刑部不復詳覆，亦不置吏。今當復置詳覆案。從之。

又 〔元祐元年〕八月二十七日，詔將來明堂，刑部留郞官一員免赴受誓戒，專一發遣斷赦文字。

又 二年十月六日，罷吏、戶、刑部長貳保任郞官治狀法。初，文彥博建明，朝廷爲之定令，諫官論其非是，罷之。

又 〔元祐〕四年五月九日，尙書省言：六曹寺監吏額並關防約束，欲罷吏籍案，內外役人增減等止合隨處行遣。應出職而入流，並直達吏部都官。欲罷配隸案，所掌配籍併歸刑部擧敘案。從之。

又 〔元祐四年〕七月二十七日，詔刑部今後有覆大辟不當，並先下本處分析，候到開具以聞。

又 〔元祐四年〕十月二十三日，刑部言：元豐刑部格，制勘案主鞫獄，根究體量過犯。逐案所行，首尾相干，有合行事節，卻行往復，顯見煩費。欲將制勘、體量案併爲一案，所行事體相照。從之。

又 〔元祐〕五年七月二十六日，刑部言：中書刑房條舊有刑部官歲終具失入徒、流罪五人或失入死罪或違限三分並取旨之法。自官制行，改貼刑部官字爲大理寺官。其大理寺官歲終比較，係刑〔部〕上都省取旨，其中書刑房字當改作刑部。從之。

又 〔元祐五年〕九月二十二日，詔刑部：今後官員犯公罪杖已下，依赦文及有正例別無違礙者，關吏部施行。

又 三十日，詔：應檢擧前任執政官如丁憂者服月日，許通理期限。

其罷執政官後因事落職降官，令中書省依條施行，(貴)〔責〕授散官，令刑部檢舉。

又　〔元祐五年〕十二月二十七日，詔刑部(默)〔點〕檢大理寺差失，每兩件比三省點檢得一件，比較施行。

又　〔元祐〕六年二月十日，詔：文武官有犯同案，事干邊防軍政者，令刑部定斷申尚書省，仍三省、樞密院同取行。

又　徽宗建中靖國元年七月十七日，中書省、尚書省勘會朝散大夫、權刑部侍郎周鼎、承議郎、刑部員外郎許端卿奏乞應用元符敕編配過人内全行刪去編配者與放逐便，其損減地理，及爲刺面配或刺配改爲編管之類者，一切改正等事。臣僚上言：久來條制，凡用舊條已斷過，不得引新條追改。今已用元豐舊條斷過編配人，乃用刑部看詳新條改正。鼎爲刑官，盡以元豐之舊條爲重法而改之。命下刪改之日，姦人狥(無)〔舞〕，顯屬挾情亂法，伏望早降睿旨黜責鼎等。詔周鼎降授朝奉大夫，許端卿降授奉議郎。

又　崇寧二年二月二十九日，刑部狀：看詳元豐官制立都官吏籍案、配隸案，昨因元祐元年内頒降到門下中書後省元豐七年十二月進呈修立本部條，將配隸案、移放案撥併入刑部隨事撥卻行案，一人。至元祐四年，修立到吏額指揮内又將配隸案注籍撥入刑部隨事撥卻行案，不行案，各一人，吏籍案全行廢罷，人吏亦行銷減。其所掌無選限吏人及内外役人廢置、增減，勘當出職等事，止隨處行遣。應出職而合入流各補授大將、軍將者，並直達吏部都官。再詳上項所廢事務，吏籍案事放在諸處，即已失總領，逐處亦不專一。除移放、編配人及受理詞狀點檢移放犯由一節係門下中書後省元豐七年修立進呈外，其餘併廢案分，即與屯田掌營田、職田、官莊，元祐改入戶部；虞部掌金銀、坑冶、山澤，元祐改入金部，合行改正事體一般。所有都官吏籍、配隸案及人額合改正依元豐官制格目外，其移放、編配罪人及撥過吏人，欲乞依元豐七年已進呈條格，依舊隸刑部。從之。

又　大觀元年八月二十九日，臣僚上言：伏見刑部、大理寺官並緣李無咎事乖謬，而刑部又以納樣小黃錢指揮行下他路，惑亂衆聽。朝廷雖以降官，然其事傳播已廣，行遣未厭衆論。臣切惟刑曹、理寺實總邦之憲禁，其斷刑、議法必爲天下所取正。今朝廷已行之令，文牘甚明，前日已斷之人姓名可見，而乃漫然不省，輕移文牒，傳笑四方，有辱國體。若或議辟斷罪差繆，若此一成，莫可追及，實死生舒慘之所繫，其爲害豈特此而已？況成命頒行，天下莫不聞知，朝廷省寺之重，使人緣此得以輕議，非所以嚴法令也。然刑部以二事失當，而錢法指揮尤爲惑衆，是罪固有輕重之不同，則罰亦宜從而異也。伏望聖慈更賜詳酌施行，二事失當官更降一官，依下項：降授朝奉郎、試兵部尚書兼侍讀左膚降〔授〕承議郎，降授朝請大夫、尚書刑部郎中朱維降授朝散大夫，降授朝請郎、守尚書刑部員外郎遊百揆降授朝散郎。政和元年三月二十九日，左右司奏：刑部狀：臣僚上言乞今後別路委官定奪推治合要公案或勾人，並許所委官直牒追取。三追不報，雖五報不圓，並許直申逐路提刑司取勘，仍申尚書刑部催促。如事幹監司，即申尚書省乞行取勘。詔：所言實可杜絶推托姦倖，庶冤抑必得辨正，宜商量措置約束。

又　〔大觀〕七年四月十七日，刑部尚書慕容彦逢奏：欲乞應命官犯罪合該全原勿論者，並限一月結絶。有故聽申所屬量度，仍申刑部照會。無故稽違，即從本部依條奏劾。如蒙聖允，乞詔有司立法施行。從之。

又　宣和元年二月二十二日，詔：分官設屬以董庶務，比來偷惰不職，廢公營私。刑部吏人詐冒聖旨，侵紊賞罰，凡二十餘事，省部長貳屬官漫不省察，何足倚辨？仰尚書省具名取旨，悉行沙汰。薛嗣昌能舉覺，可轉兩官，降詔奬諭。郎中張仲綱按發轉兩官，以爲不職之勸。通議大夫、守刑部尚書兼詳定一司敕令《九域圖志》薛嗣昌可特授正議大夫，朝議大夫、尚書刑部郎中張仲綱可特授中奉大夫。五月四日，臣僚上言：恭惟神宗皇帝躬堯舜之獨知，興文武之墜典，熙豐盛烈，粲然畢陳。陛下述而行之，彌二十年，元豐成憲，務在循守。而近者省曹尚敢公肆欺罔，違陛下已行之詔，害元豐已成之法，上下相蒙，增減制書，詐冒功賞，跡其情實，當在不赦之域。臣願據所聞以誦焉。臣伏見刑部今進擬案吏人職級七及第一等功，手分五及第一(第)〔等〕功，各陞一名。無名可陞，減半年出官。職級係使臣，減半年磨勘，選人(陛)〔陞〕半年名次，每歲(陛)〔陞〕不得過半年，有餘聽入流，比類用之。此元豐進擬案條格，已經崇寧看詳，而陛下詔令，所當循守，而不可衡改者也。政和八年十月，本部輒敢欺罔天聽，妄行奏請，稱除詳覆案已有賞罰條格外，有進擬案，若不陳請，慮無以懲勸，乞依詳覆案賞罰條格施行，別不衡改見行條法。臣勘會元豐進擬案已有上條分明，而本部稱未有條；（令）〔今〕來奏請實有衝改，而本部稱無衝改，欺罔詐冒，其罪明矣。且元豐詳覆案依法郎官駮正大辟一名減一年磨勘，吏人駮正失入大辟一名減一年磨勘，吏人駮正失入大辟一名轉一資，無資可轉及不願者出官日減一年磨勘。若進擬案則不然，職級駮正大辟七人方依元豐法作七及第一等功減半年磨勘，已有政和七年分比較案牘照驗。今乃官吏上下相蒙，公肆欺罔稱無條法，乞依詳覆賞，如此即是進擬案依元豐舊法駮正大辟七人合減半年磨勘者，今則每名計賞一名減一年，七人減七年，比舊增及十倍以上。元豐詳覆案條法稱吏人駮正失入大辟一名轉一資，無資可轉及不願者出官日減一年磨勘。若進擬案依此推賞，已係衝改舊條，罪不可貸。然又有名爲就輕，其實僥倖之甚者。臣看詳本部元奏請稱應轉資人吏係使臣者，每資只與減二年磨勘；係副尉者，依使臣法比折收使。如此即是進擬案依元豐法駮正大辟七人合減半年磨勘者，今則每名計賞，若使臣、副尉駮正一名減二年，七名減十四年，比舊增及二十倍已上，詐冒欺誕，不已甚乎！刑部奏請乞依詳覆案法，係政和八年十月二十七日，若本部官吏於奏請以後有駮正大辟人數，方可依今年奏請每名減二年磨勘。今本部保明又複用逢格改法，將未曾奏請以前合得半年酬獎並減二年磨勘施行。本部既稱並不衝改見行法令，即是自來無條，何爲複用逢格改法，捨輕賞從重賞，案牘具在，罪狀甚明。近者本部具官吏推賞姓名除使臣等十餘人外，其郎官數人一歲之間有通計減及十一年者，將欲關司勳覈實行賞。而人吏董詵、王拯、李寘等自知元係欺罔詐冒，慮他司或朝廷取索元條問難，發摘己罪，乃就關子中將元奏得旨全文擅減卻別不衝改見行條法八字，意欲官司不知，以遂其（詐）冒之志。郎官聶宇忽覺非便，堅執不肯簽書，對衆宣言，此正是增減制書，詐冒功賞，衝改元豐舊法，尋白長貳，罪狀遂彰。元奏請官若能循省前愆，投誠君父，自劾其罪，猶不失事君之義。迺複怙終遂非，借辭飾說，再罔天聰，妄亂奏請，稱勘會若依詳覆案元豐舊法亦恐太厚，乞與減半推賞。臣勘會本部元奏請稱進擬案比之詳覆案事體頗重，今卻稱若依詳覆案元豐舊法亦恐太厚。蓋本部但知欲蓋前愆，巧辭欺〔罔〕，以減半賞爲辭，殊不知元豐舊法增減一日不可也。往者國子監官妄奏衝改國子監條法，有害政體，陛下天威震赫，即正典刑，長史遞職與郡遞職：據文意當爲褫職之誤。，僚佐罷斥歸銓。今刑部妄奏賞格，係欺誕詐冒，暗衝元豐成法，增減制書，僥倖不發，厥罪甚大。若不痛行懲責，切慮欺罔之徒衝改舊法，以幸萬一，無所忌憚，欲望聖慈特降睿旨，取問聶宇，若果如臣言，乞將有罪官並行黜責。仍乞將人吏付司推鞫，已未推賞人，並行改正，一循元豐法令施行，所貴杜絕姦倖，人知所警。詔薛嗣昌罷刑部（刑）尚書，落職提舉西京嵩山崇福宮，放謝辭，其元奏請指揮並改正，更不施行。人吏令大理寺取勘，具案聞奏。

又　〔宣和〕四年三月二十七日，刑部尚書蔡懋奏乞編修獄案斷例。詔令刑部編修大辟斷例，不得置局添破請給。

又　高宗建炎三年四月十三日，詔刑部郎官以二員爲額，吏人減半。

又　紹興四年五月二十三日，詔：今後吏部奏抄刑部斷案，每抄案上省，限次日報御史臺。其間經涉日久，無故留滯，許本臺彈劾。

又　〔紹興〕七年七月二十八日，詔：諸路州軍奏勘公事，令刑部開具稽滯尤甚三、五處申尚書省取旨施行。從刑部尚書胡交修請也。

又　〔紹興〕二十一年七月二十五日，詔：今後官員擅行科率及應因害民之事被罪情理深重者，依已降指揮，更不注知州軍監、通判、知縣差遣。內有所犯情輕之人，開具所犯因依申取朝廷指揮施行。

又　〔紹興〕二十六年閏十月十三日，詔：刑部見任郎官依元豐舊法分左、右廳治事。今後依此。先是，右司郎中汪應辰言：國家累聖相授，民之犯於有司者常恐不得其情，故特致詳於聽斷之初；罰之施於有罪者常恐未當於理，故復加察於赦宥之際。是以參酌古意，並建官師，上下相維，內外相制，所以防閑攷覈者纖悉曲備，無所不至也。蓋在京之獄曰開封，曰御史，又置糾察司，以幾其失斷。其刑者曰大理，曰刑部，又置審刑院，以決其平鞫之與讞。各司其局，初不相關，是非可否，有以相濟，無偏聽獨任之失。此臣所謂特致詳於聽斷之初也。至於赦令之行，其有罪者或敘復，或內徙，或縱釋之。其非辜者則爲之湔洗。內則命侍從、館閣之臣置司詳定，而昔之鞫與讞者皆無預焉；外之益、梓、夔、利去朝廷遠，則委之轉運、鈐轄司，而提點刑獄之官亦無預焉。蓋以獄訟之初既更其手，苟非以持平強恕爲心，則於有罪者或疾惡之太甚，於非辜者或遂非而不改，故分命他官以盡至公，此臣所謂複加察於赦宥之際也。迨元豐中，更定官制，始以大理兼治獄事，而刑部如故。然而大理少卿二人，一以治獄，一以斷刑；刑部郎官四人，分爲左、右，左以詳覆，右以敘雪，雖同寮而異事，猶不失祖宗所以分職之意。本朝比之前世，獄刑號爲平者，蓋其並建官師，所以防閑攷覈有此具也。中興以來，百司庶府務從簡省，大理少卿往往止於一員，則治獄斷刑皆出於一，然則獄之有不得其情者，誰復爲之平反乎？刑部郎官或二員，或三員，而關掌職事初無分異，然則罰之有不當於理者，又將使誰爲之追改乎？望詔執事刑部、大理寺之官，雖未能盡復祖宗之舊，亦當遵用元豐定制，庶幾官各有守，人各有見，參而任之，反復詳盡，以稱陛下欽恤之意，亦以爲後世法。詔令吏、刑部看詳，申尚書〔尙〕〔省〕取旨。故有是命。

又　〔紹興〕二十七年二月二十一日，詔：刑部郎官循行督遣，如勘鞫失實，事理妨礙，直行移送。今後御史點檢或有移送公事，許依刑部已得指揮。

又　〔紹興〕三十年五月一日，詔：刑部進擬案並大理寺右治獄法司、手分今後遇闕，許刑寺並六曹寺監正貼司以上並大理寺左斷刑法司本司正貼司以上，各令所屬保明無過犯、守行止之人，並依三衙人吏條法春秋附試，候試到合格人姓名關送所屬收補。內進擬案主事遇闕，將本案試到人依名次遞遷。先是，刑寺胥吏有闕，例是長貳臨期差官量試收補，或抽差塡闕。至是臣寮有請，從之。

又　紹興三十二年孝宗已即位未改元七月二十一日，詔刑部四司主事、令史、承闕書令史各減一年出官，該遇皇帝登寶位也。

又　孝宗隆興元年五月十九日，編類聖政所言：昨承指揮令兼敕令所，今本所已行省罷，其敕令所合依已降指揮併歸刑部。從之。

又　〔隆興〕七月二十六日，詔六部長貳除尙書不常置外，置刑部侍郎一員，郎官二員。從右諫議大夫王大寶等議也。

又　〔隆興〕八月三日，刑部言：依指揮條具併省吏額，見管主事一名，令史四人，書令史九人，守當官八人，正貼司一十八人。今減守當官二人，正貼司三人。今將減罷人籍定，以後有闕，依名次撥塡。詔依，見在人且令依舊，將來遇闕，更不遷補。

又　乾道元年五月二十四日，詔：法令禁姦，理宜畫一。比年以來，旁緣出入，引例爲弊，殊失刑政之中。應今後犯罪者，有司並據情理直引條法定斷，更不奏裁。內刑名有疑，令刑部、大理寺看詳指定聞奏，永爲常法，仍行下諸路遵守施行。其刑〔部〕部字原闕，據上文補。、大理寺見引用例冊，令封？架閣，更不引用，仰刑部遍牒諸州，仍出榜曉諭。

又　〔乾道元年〕六月二十二日，詔：將今後命官曾因臣僚監司論列按發，不曾經所司推勘體究之人，並免約法。贓私罪狀明白，送所司根勘，具案取旨。從刑部侍郎方滋請也。

又　〔乾道〕二年正月五日，詔：今後人戶除許越訴事外，餘並依條次第，經由，各仰本處分明與奪合行備坐所斷因依告示。如所斷不當，方許繳連告示，依法次第，經由陳訴。若無結絕告示及已經理斷再行陳狀，並不得受理。如依前越訴，依法科罪。其已經官司陳訴，見爲行遣，不候結絕，又複經他處論理，即合更不施行。如依前違戾，重作行遣，仍令刑部鏤板遍牒行下。

又　〔乾道〕十月九日，中書門下省言：已降指揮，〔令〕〔今〕後命官曾因臣僚監司論列按發不曾經所司推勘體究之人，並免約法。臣僚論列贓私罪狀明白，送所司根勘，具奏取旨。今來州軍按發命官不曾經推勘，或體究未曾該載。詔行下刑部、大理寺應有州軍按發命官不曾經所司推勘體究之人，亦依監司所按命官事體，並免約法施行。

又　三年十月十七日，詔令刑部檢坐累降〔諸〕路監司帥守州軍等處申奏文字書塡實日指揮，申嚴遍牒行下，日後尙敢違戾，當職官吏並重作行遣。先是，三省、樞密院勘會：近來諸路州軍等處申奏文字多有違戾，或揭改添塡。及諸處都統申奏亦各空日，是致難以稽考。故有是命。

又　〔乾道〕六年五月四日，中書門下省言：刑部吏額遇有差出人名闕，今以次正貼司承權支破七分請給，卻於額外無請私名內差塡正貼司名闕，顯是溢額。詔令將應差出手分許以正貼承權支破七分手分請受，其正貼司職事只令本人兼行，更不差私名承塡。同日，刑部言：依指揮條具併省吏額，本部所掌擬斷獄案等係是劇曹，除詳覆、糾察、進擬案係指差在外諳曉刑法人不得併省外，本部人吏見管四十人：主事一名，令史四人，書令史九人，守當官八人，今從下敦減一人；正貼司十八人，今從下敦減三人。本部除已減罷五人，通以三十五人爲額。其所減人數各係有請受正額之人，除敕令所見差人承權，候修書了畢，發遣歸部，卻依名次罷權。其敦減人，並行遞遷，欲依名次給據，候將來額內有闕，依名次撥塡施行。詔並依擬定各從下裁減，將來見闕日，依名次撥塡。其減下人願依條比換名目者聽。八月十七日，刑部言：近來勘鞫體量公事間有不當去處，雖於案後收坐，下監司州軍等處依條施行，並不依條限取索拖延，致得該恩或有離任及事故之人方始回報。其間卻稱見移文他處會問，動經歲月，不能結絕。

今措置應案後收坐官吏，仰被受去處即時行下，所屬將合收坐官吏具職位、姓名、事因，內有取伏辨之官，亦仰專差人監督共責，各除程限五日具申朝廷。若有拖延去處，從本部將被受官司開具因依申朝廷先賜施行，庶得不致遷延，避免朝典。從之。

又 〔乾道六年〕九月十七日，詔令刑部行下諸路州軍，今後應有犯狂盜合編配之人，並於案內聲說有無家屬申奏。

又 〔乾道〕七年十一月二十七日，詔〔今〕〔令〕刑部將乾道新修條令並申明戶婚續降指揮編類成冊，送敕令所看詳，鏤板遍牒施行。

又 〔乾道〕九年閏正月十九日，都省勘會刑部獄案，見不住催促上省行遣。切慮〔投〕下文字之人不即依時赴省投納，或承受去處阻節留滯，欲令刑部專委郎官將書印圓備合上省案狀除緊急不可待時文字經赴案房投下外，日具單子計定件數，令當行人吏親身齎抱至都司當廳投下，都司畫時付案房。如有阻節退回，亦仰當廳執覆都司，聽置曆收附訖，令案房將所下文字點檢。或有住滯，赴廳呈稟，將投下文字人重行斷遣。若案房不即收留及別作阻節，並從提點申舉，依條施行。從之。

又 三月二十二日，詔令刑部長貳、郎官並監察御史每月通輪一員，分作兩日往大理寺、臨安府親錄囚徒，仍具名件聞奏。

又 七月三日，樞密院言：勘會因犯彊盜等配充屯駐諸軍重役之人，往往例皆短少，或癃老殘疾，不堪執役，虛塡闕額，理宜措置。詔令刑部自今後將配諸軍充重役人並免配屯駐軍，各隨所配地理遠近分配諸州軍牢城收管。

又 淳熙四年正月二十三日，詔：自今春秋頒進冊，從刑部長貳點檢無差錯漏落，方得繳〔中〕〔申〕。以本部申到春頒進冊，多有錯漏，都省上其事，故有是詔。二月十四日，刑部言：每歲比試本部掌法胥吏，乞許六曹、寺監應係私名貼司以上附試。如遇手分有闕，先補試中人。如無試中人可差，許且依今法於六曹、寺監手分以上抽差。內有願比換副尉者，依本部專法比換。其諳曉次第人，依大理寺右治獄法司選留再〔住〕〔任〕條賞施行。如係從私名試中經差手分人，即於本部比換法上添通入仕及十年方許比換。從之。五月九日，刑部郎官梁總言：昔韓琦在中書日，盡取斷例編次綱目，封縢謹掌。每當用例，必自閱之。竊謂今之斷例正亦〔斷〕類此，乞明詔刑部，以斷例委之長貳或郎官封鐍收掌，用則躬自取閱，庶幾定罪用刑在官而不在吏。從之。

又 〔淳熙四年〕六月五日，詔：刑部將擬斷案狀照自來體例依條擬定特旨，〔中〕〔申〕尙書省，仍抄錄斷例在部，委長貳專一收掌照用。以都省言：刑部擬斷案狀，後來並不比例，係本部照情犯輕重臨時參酌擬定特旨申省取旨。近降指揮拘收斷例，自今斷案別無疑慮，依條申省取旨裁斷。如有情犯可疑合引例擬斷事件，申尙書省參照。今來刑部將合奏裁案狀一例不擬特旨上省，照得已降指揮內即無令刑部不擬特旨之文，其本部自合依舊，於已降旨揮別無相妨。故有是詔。

二十八日，詔：刑部自今將情法相當、別無疑慮案狀依條施行外，有情犯可疑，即於已抄錄在部例冊內檢坐體例，比擬特旨申省。如與例輕重不等，亦令參酌擬斷，申取指揮。既而中書省言：諸路州軍申奏獄案依已降指揮，刑部敕令所刪訂修立到斷例共九百五十餘件，左右司拘收掌管。自今刑部、大理寺斷案如無疑慮，依條申省取旨裁斷。有情犯可疑合引例擬斷事件，申省參照施行。仍抄錄斷例在部，委長貳專一〔狀〕〔收〕掌。今刑部所申案狀雖有擬立特旨，並不曾檢坐體例申省。竊慮處斷輕重不倫，未應已降指揮。故有是命。

又 〔淳熙〕八年七月四日，刑部侍郎賈選言：乞自今刑寺駁勘取會獄案文字，令進奏院專置錄匣，排列字號、月日、地理，當官發放。所至鋪分即時抽摘，單傳，承受官司依條限具所會並施行因依，實書到發日時，用元發〔緣〕〔錄〕匣回報，庶幾違滯之處易於稽考。從之。

又 〔淳熙〕十年八月十三日，刑部侍郎曾逮言：乞下本部自今應擬貸刑名並開具斷例之相類者，然後酌其輕重，用小貼聲說，以取朝廷裁斷。如於重罪不失而小有不同，並免駁問，庶幾有司如意參酌，謹以引用擬斷，以副陛下欽恤之意。從之。

又 〔淳熙十年〕十二月十三日，詔：刑部在役與投名人吏每遇銓試，並合附試刑法合格者並超一等遷補，仍不得於大理抽差人吏行案，令刑部看詳措置以聞。詳見大理寺。

又 〔淳熙〕十三年十二月九日，詔刑部並進擬案共減書令史一人，貼司二人，私名一人，主事一人。以司農少卿吳燠議減冗食，下敕令所裁定，故有是命。

又　淳熙十六年十一月十八日，刑部侍郎吳博古言：　本部一司崇寧專法奏獄及緣法(今)〔令〕事應議者，召大理寺丞以下議。　緣近有專降指揮大理寺官不得出謁，以致未敢照用舊法。　乞今後本部遇有合議刑名，許從舊法請大理寺官赴部商議。　從之。

又　紹熙元年十月十一日，大理正季洪言：　伏(問)〔間〕臣僚申請，命官因監司州軍按發不曾經推勘或體究，後因到部截會，並免約法。　指揮既行，咸以爲當然，猶有可議者。　按章內稱曾差官體究，若備坐體究到事因，則據以約罪，人亦何辭。　然其間蓋有止稱已曾體究，有司拘文，亦未免與之約法。　或所犯狼藉，偶不言及曾經體究，遂致倖免，勢須行下取會，動涉歲月，復有留滯之孅。　乞詔監司郡守今後按發官屬，如委曾體究到事因，不得泛言已曾體究，庶幾有司據憑約法，人自無辭。　從之。

又　紹(興)〔熙〕五年七月一日，登極赦文：　應命官因臣僚論列，或監司守倅(接)〔按〕發，不曾經取勘，一時約作過犯，可並與除落，依無過人例施行。

九月十四日，明堂赦文：　應命官下班祗應、副尉因罪特旨及依法合該展期或展年磨勘，監當展任、降資、殿降名次、展年參選、罰短使，並特與放免。同日赦：　應命官犯公罪徒以下，案後收坐而案狀未到者，可以刑寺照赦定斷結絕。

又　慶元六年五月十四日，詔：　命官曾經論列按(刻)〔劾〕降官放罷委無絹繫之人，日下批書放令離任。　如妄作緣故，不與批書，在內委御史臺覺察，在外令監司按劾，仍許被冤抑人及家屬越訴。　二十五日，刑部員外郎王資之言：　大觀舊法，諸尚書省更造到春秋頒敕令格式二冊，春以正月十五日、秋以七月十五日以前進入聽裁。　南渡以來，刑部進呈頒降，至今不敢少怠。　其間並是中外臣僚平居暇日議論精審，朝刪夕改，然後建(立)〔於〕朝，臺諫、給舍咸以爲是，然後頒行。　日來止是頒下州郡，而不及縣鎮。　夫縣鎮於民爲最近，裁決公事，多致抵(抵)〔牾〕，獄訟以之不息，良民受害不少。　乞今後遇春秋一頒鏤板，其縣鎮並同州郡一例頒降。　從之。

又　嘉定十二年七月七日，臣僚言：　竊見大理寺右治獄法司間有闕人，即以正貼司就貢院收試。　今刑部進擬案法司擬斷諸路州軍獄案，事體尤重，卻以六曹寺監私名就試，此等入未久，年齒尚幼，結連成黨，雷同入院，互相指教，僥緣偶中，即充法司，(詣)〔請〕給等依書令史例幫行，又且補授、轉官，賞典非輕，大爲僥倖。　況私名既不練歷於擬斷，獄案必致差誤。　乞將進擬案法司已補承信郎方得作闕，許六曹曾經貢院試中已補(克)〔充〕正貼司之人經刑部陳狀，就貢院附試，候試中且令帶本處正貼司舊請於進擬案習學，候已補官法司及一年離司，卻行補正。　從之。

《宋會要輯稿・職官一五・審刑院》　淳化二年置，在右掖門內。　掌詳讞大理寺繫〔囚〕案牘而奏之。　以朝官一人或二人知院事。　有詳議官六人，以朝官充，書令史十二人。　先是，天下案牘先定於大理，覆之於刑部。　太宗慮法吏舞文，因置審刑院於中書門之西，凡具獄案牘，先經大理斷讞。　既定，關報審刑，知院與詳議官定成文草奏訖，下丞相府。　承相又以聞，始命論決，蓋重慎之至也。

又　太宗淳化二年八月，以樞密直學士李昌齡知審刑院。　初，散騎常侍徐鉉外族之女蕭氏與姑爲訟，法官議覆依違鹵莽，皆坐遷謫，因置審刑院，命近臣領之。

又　(淳化)四年六月，詔審刑院應罪人當坐極典公案，依法定斷後，內有情理可憫者，仰體量事理，別具奏聞。

又　(咸平)二年正月，權大理寺事尹玘言：　準至道三年二月李璦起請？　大理寺斷案，審刑院詳覆，各有程限。　大理寺斷到公案，審刑院如必然用法未當、出入刑名須合改正者，即指出不當事節分明劄問，不得妄有駁難。　近見審刑院劄問大理寺，多不指出不當事件，只以疑詞覆問，致案牘稽遲，欲乞再申明。　詔審刑院凡劄問刑名事節，一依前敕施行。

閏三月，詔審刑院每奏案，先具簡當法狀進入，以減奏讞之繁。　三年十一月，詔：　州府軍監旬奏禁狀自今並送審刑院看詳，有滯留者以聞。

又　(咸平)五年四月二十四日，詔：　近日審刑院每有詳議連書奏上，不能執正，多所依違。　自今並須盡公結奏。

六月二十二日，詔：　審刑院詳議官自今不限在職月日，但本官及三年無違闕，即引對遷官。

又　景德元年八月，詔審刑院斷案牘自今大事限十日，中事七日，小事五日，從御史知雜李濬之請也。

九月，詔：　律敕所著則條目有常，案問之詞則情狀不一。　若法寺以無條議罪，比附或爽於重輕； 中書以經奏奉行頒下，有虧於審慎。 至於仕進（士件）〔之伍〕偶掛（州）刑名之書，雖則已務從輕，如聞猶難自辨，則使有隱者何由上達，負屈者無以獲伸。 將更盡於詳明，宜聊從於釐革。 今後宜令審刑院進呈公案，一依舊例覆奏後，批所得指揮送中書，委自中書看詳。 如刑名已得允當，即出敕。 除具法寺斷語外，便以敕文處分，更不得錄審刑院所批指揮。 如是刑名未當，即仰中書別具進呈，務在平允，亦具法寺斷語出敕處分。

四年七月，詔： 審刑院凡有法寺奏斷公案，皆具詳議奏覆。 其今後宜令本院除（爲）官吏贓私踰濫、爲事慘酷及有刑名疑悞者依舊奏覆，其餘刑名已得允當者即具封進，仍以黄帖子擬云刑名已得允當，乞付中書門下施行。時王濟等上章乞廢審刑院，帝因令宰臣更爲約束。

又 大中祥符二年二月二十五日，詔審刑院、御史臺、開封府案牘速即斷奏，以方春慮淹繫也。

又 天禧五年二月九日，知審刑院宋綬言： 諸州刑奏並斷畢，無見留案牘。 詔獎綬等，仍賜緡錢，（事）〔宣〕付史館，群臣詣閤門上表賀。 後奏斷絕，賜緡錢、付史館如例，而不上表賀。

又 仁宗天聖二年十月，審刑院滕涉言： 本院案牘稍多，每斷奏稽延，頗滯刑禁。 欲乞每遇天慶、乾元等五節前後各一日並正節日共三日住奏大辟公案，其餘公案只乞正節一日住奏。 從之。

又 景祐四年四月九日，右諫議大夫郎簡乞今後詳斷刑名未得允當，許勾斷官赴院詳議。 詔審刑院有公事須商量，即詳議官與知院同書字勾喚。

又 嘉祐六年八月，徙審刑院於右掖門之西。 院舊在長慶門東，併其地入中書而徙之。

十月十二日，知審刑院傅求言： 本院未便事件如舊制。 審刑院元在右掖門內，易爲關防。 今移出外臨街，與審官院、禮院相鄰，逐日車馬喧鬧。 竊緣本院日有奏到公案不少，院門別無關防，欲乞依在京糾察司例專差皇城司親事官二人把門，免致別有漏泄，本院剩員十人束縛文字。 今來本院屋共六十餘間，雖有上下番剩員二人，難爲看管。 乞於十人內特留四人看管屋宇、官物、公案等，仍乞依衆詳議官所破剩員例支給口食。 並從之。

又 神宗熙寧元年五月二日，知審刑院齊恢等言： 本司近年已來文案稍多，全藉官員曉夕斷奏，雖早入晚出，有大理寺一司常制於其間，不勤所職，往諸處看謁之人，深慮廢事。 欲乞今後應審刑院、大理寺官除休務（暇）〔假〕日外，其餘合入本司日分並不得於諸處看謁，所貴盡心職事，不離官次。 從之。

《宋會要輯稿・職官一五・法官》 太祖乾德四年八月十二日，詔： 應刑部、大理寺見任及今後授官，並以三周年爲滿。 如常在本司區別公事，至滿日便與轉官。 如有疎遺，不在此任限。 太宗太平興國七年八月，詔曰： 朕以刑法之官重難其選，如聞自來月給，隨例折支。 宜令三司自今後少卿、郎中已上料錢於三分中二分特支見錢，員外郎已下並全支見錢。 如他官任刑法官者，亦依此例。

又 （瑞）〔端〕拱二年十月，御劄： 朝臣、京官等，（今）〔令〕御史臺告諭，有明於格法者，許於閤門自陳，當議試可送刑部、大理寺充職。 其大理寺滿三年無遺闕，一依元敕改轉。

又 眞宗咸平二年三月，詔： 審刑院舉詳議官，自今宜令大理寺試斷案三十道，取引用詳明，操履無玷者充任。 初宰臣張齊賢奏審刑院舊例舉詳議官，令刑部只試斷案二道，俱通則便令赴職，仍多改賜章服。 竊詳所斷案牘皆取其事小者以試之，是以多聞中選。 眞宗曰： 如此則求人不精，何以懲之？ 齊賢因請釐革。

四月，知審刑院雷有終言： 大理寺斷官每有公案定斷刑名，經申奏後內降付審刑院詳議。 其議官看詳或寺司定斷刑名重輕未允，即劄下本寺問難。 其本斷官（路）〔略〕無所執，隨而入狀改定，謂之覺舉。 且法寺出入刑名，朝廷略無劾問，甚非欽恤之義也。 欲乞自今若將杖罪入徒或徒罪（人）〔入〕杖，其本斷官具名銜以聞，下本寺就勘取旨。 或杖、笞罪，即依舊取覺舉官狀改正，更不行勘。 從之。

八月。 判大理寺王欽若言： 本司近日文奏甚簡，請止留詳斷官張維等八人，其張文普等四人望令省罷。 詔從之。 文普等悉授近便知縣。

又 〔咸平〕六年十二月，詔： 自今有乞試法律者，依元敕問律義十道外，更試斷徒已上公案十道。 並於大理寺選斷過舊條律稍繁重輕難等者，拆去元斷刑名、法狀、罪由，令本人自新別斷。 若與元斷並同，即得爲通。

如十道全通者，具狀奏聞。乞於刑獄要重處任使六通已上者，亦奏加獎擢。五通已下，更不以聞。

又　景德元年四月，詔御史臺、刑部、大理寺推直、詳覆、詳斷官年未滿，諸處不得輒有奏舉。先是，推直官等有缺，即令兩省給、舍已上保舉而授之。至有憚於案讞，或別求舉奏改授他職，故有是詔。

又　〔景德〕二年三月二十四日，詔：自今所舉大理寺斷官、刑部詳覆官已試斷案五道，遣官與二司互考。又審刑院言：準敕與刑部、大理寺詳定，自今投狀乞試格法並審官院、流内銓等處引見時，乞試人並依元敕試律義十道合格外，更試斷案三道，兩道通者奏取進止。所有奏舉到詳覆、詳斷，揀選到法直官，並審官、銓司引見時不曾乞試特奉聖旨與試人等，止試斷案三道，通二道者爲合格。其兩項人所試斷案以斷敕内取一人犯罪多者情疑與試，合得元斷刑名同，即爲通。如罪犯易見者，取兩人情款與元斷刑名同，即爲通。仍依近敕，並差官與刑部、大理寺交(牙)〔互〕考試。詔從所請，内試到三粗者卷子仰繳連以聞，別取進止。其選到審刑、詳議官亦準此。

五月，詔：刑部自今每定試斷案人前一日，差覆官一人親往大理寺，委判寺、少卿等臨〔時〕旋差斷官一人。與差去官同案，則不得令手分檢取。仍據所借道數令判寺官實封，具公文晝時牒送刑部，只在本廳收掌，亦不得下所司收直。候引試日，當面與同監試官驗認大理寺元封，拆開揀試，去卻法狀、斷語，兼令詳覆官等同共監試。令所試人自新別斷，其餘通否次第一依前後條貫施行。

六月，詔：刑部、大理寺、三司法直官、副法直官等，自來以令史轉充。自今應法直官、副法直官令銓司於見選人中選流内官一任成三考、幹謹無(遣)〔遺〕、習書判者，具名引見，試斷案五道，差官與刑部、大理寺、三司交(牙)〔互〕考試，以可者充，三司、大理寺滿一年、刑部滿三年無私罪並與京官。先是，端拱中樞密直學士(冠)〔寇〕準上言，至是申明之。

九月，詔：審刑院詳議、刑部詳覆、大理寺詳斷官自今任滿如書罰四次已上，未得考課引對，其同簽連累者件析以聞，當酌其輕重差降任使。内供職無遺曠者，歲滿優與〔升〕奬。

又　大中祥符元年正月，詔曰：刑罰所施，益資乎審克；(儀)〔議〕讞之任，當慎於選掄。咨乃仕進之流，能明科律之要，各宜自薦，式協旁求。應京朝官有閑習法令、歷任無贓濫者，許閤門進狀，當遣官考試。如有可採，即任以審刑院詳議官。初，審刑院、刑部、大理寺皆闕屬官，累詔朝臣保任及較試，皆不中選，乃有是詔。

又　八月，知審刑院朱選舉太子中允彭愈、光祿寺丞張有則，又知審刑院事劉國忠舉大理寺丞閻允恭堪充詳議官。詔刑部尚書溫仲舒、給事中張秉同考試。而太子詹事、權判刑部慎從吉暨省寺衆官覆視仲舒等所試通粗不同，而仲(書)〔舒〕等又引禮部侍郎魏庠等前試大理寺丞裴常、前武昌軍節度推官慎鍇、前荆南觀察推官崔育材所定通粗爲比。詔令百官集議，吏部(寺)〔侍〕郎張齊賢等議裴常、慎鍇亦不中程。詔奪其官，彭愈亦罷。

又　〔大中祥符〕三年四月，權判大理寺王秉式言：本寺官屬多避繁重，自今望令權詳斷官未替，不得別求任使。如實不明法律，委在寺官體量以聞，方許外任。正詳斷及檢法官年滿，亦俟替人方得出寺。從之，其權詳斷官以半年爲限。

又　〔大中祥符〕六年四月，判大理寺王曾等言：自咸平元年編敕後至大中祥符五年八月，續降詔敕千一百餘道，及諸路案内引到行用詔敕並新編敕、三司編敕、農田敕共三千六百餘道，内有約束一事而詔至五、七者，條目既廣，慮檢據失於精詳，望差官删定。詔令編敕所依咸平删録。

六月，詔：自今應京朝幕職州縣官乞試斷案者，委考試官等躬親就庫密揀公案親自封記，候試時於中更選合要道數，依元敕精加考試，不得仍前令庫胥簽檢，致有漏泄。其所試斷案須是引用格敕分明，方始定斷合用何罪，勿使鹵莽。如違，其所試官並重寘之法。其大理寺應係新舊草檢、宣敕等庫，自後並差官封敕，毋使人吏擅有開閉。初，中書以試律人名進呈。宰臣王旦言：從來已有差遣，或已授遠官，雖是法寺要人，恐涉規避，已不施行。其間預試而中選者，亦甚僥倖。緣選人未經六考，無兩人同罪薦舉，則無階升陟。此輩雖六詳練格法，或考試不精，則(幸)〔倖〕者多矣。或權於審刑院則例改章服，歲滿又加等使，以此尤須得人盡公程試。帝曰：如卿所言，誠有所試，斷案往往先知。洎至定刑則第曰合入徒罪、合入杖罪，即不指陳犯何條格致得某罪。自今選官精加考試，仍更條約。故有是(詁)〔詔〕。

十二月，大理寺又言：　舊制審刑院詳議官、大理少卿、詳斷官三年滿無遺闕考課改官。景德中，詔歲滿四經書罰者，審官院以聞，量輕重殿降差使。如詳刑允當，優與升奬。向來審刑詳議官年滿，雖有責罰，亦優獲差使。而本寺詳斷官偶有責罰不及四次者，止授知縣，則是詳斷官資敘與監臨場務無異。況京朝官充刑部詳覆官、開封府諸曹參軍任滿日，並通判諸州。今本寺日有檢斷，鮮能無累。欲望歲滿書罰不及四次者授通判諸州，以勵官屬。詔自今兩經書罰情輕者奏進取旨。

又　〔大中祥符〕八年閏六月，詔：　京官充刑部、大理寺職任及御史臺主簿、三司檢法官，不得便服街行及市肆下馬，委御史臺糾察之。

十月，詔自今無得舉京朝官充大理寺檢法官。

又　天禧元年六月十四日，詔：　大理寺自來所舉官內幕職州縣官須及兩任六考。今後但曆任及五考已上，並許係舉。從本寺之請也。

又　二年正月，詔審刑院詳議官自今歲滿，並令中書依例差遣。

二月，大理寺言：　準大中祥符七年九月?，判寺盛度言本寺斷官八員，檢法官二員。近年權差官充，多不精習法律，望依咸平二年?，令審刑、大理寺、刑部衆官舉奏。時詔依其請，令所舉須經兩任六考。今臣等參詳，準天禧元年五月敕，舉奏幕職州縣官但曆任及四考已上施行，本寺欲乞比類前敕但曆任五考已上，並許保薦。仍於法官將滿前一月具名以聞，所冀精詳法律，得遂公平。從之，仍令自今所舉官先審刑院試律義五道，具通否以聞。

閏四月，右正言劉燁上疏言：　在京別注曹掾之官，近日多因臣僚陳乞差授，自今望下銓曹精擇寒素之士，無得以權勢親屬充選。從之。

又　〔天禧〕四年四月三日，審刑院、刑部、大理寺言：　衆官參詳今後斷官、法直官於年限未滿前先次舉官，內舉到幕職州縣官須曾有奏舉主者，先還審刑院試律義五道得通三者。若斷官即更試斷中小案一道，仍取斷?合用律文者。如所試合得元斷?，即申奏施行。如試律但通二已上，及斷案雖不合元斷刑名，但引用條法、節略案款稍知次第，亦自審刑院聞奏，送大理寺試案二十道，委判事官保明，具可否以聞。其法直官先試義外，並斷中小案，稍知使用條法次第，不必與元斷法狀一同，但參驗曾習法律者，並依例以聞，送大理寺試公事三兩月，亦委判寺官保明可否以聞，後更不得舉京官充斷官。詔從之。並刑部詳覆、法直官亦準此。

又　仁宗天聖元年三月，判大理寺張師德等言：　參詳詔條，選人求試充法官，自來下法〔寺〕考試能否。伏緣所試斷公案並是在〔寺〕府吏寫錄行遣，及掌管敕庫，皆知所犯罪人姓字並元斷刑名，苟或漏泄，即有誤精求，欲望自今並令御史臺考試。從之，仍令審刑院、大理寺知判官內〔論〕〔輪〕差一員，與斷官一員赴御史臺同共考試。

又　〔天聖〕二年六月，詔：　自今三司檢法官有闕，令流內銓依公揀選保明以聞，其三司使副更不得保舉。

八月十二日，詔：　審刑院今後所舉詳議官並須先會問本人，如願充職，方得奏舉。其年滿詳議官，候替人到交割，即得離院。先是，同判貝州韓錫言：　昨爲審刑院舉充詳議官，準中書劄子發遣赴闕。臣今情願不就詳議官，乞仍舊任。帝許之，因有是詔。

十月，吏部流內銓磨勘到選人王揆等八人曆任功過引見。仁宗曰：　內有逐任出入人罪者，今後勿差充刑獄官。

又　〔天聖〕三年四月，審刑院言：　近敕所舉詳議官並須會問本人，如願充職，方得奏舉。以此深煩往複，頗亦非便，自今乞更不會問。從之。

又　〔天聖〕四年十一月二十三日，詔：　今後舉到大理寺詳斷、檢法官年滿日，且與一任家便知縣後，即與同判差遣。其見在寺官員年滿日差遣，一依舊例施行。

又　〔天聖〕五年九月二十一日，中書門下言：　檢會去年十一月得旨：　今後大理寺詳斷官、檢法官年滿日，且與一任家便知縣後，即與同判差遣。其今後舉到刑部詳覆官年滿日，欲依大理寺官例施行。從之。

又　〔天聖〕六年十二月八日，詔：　自今詳議官須是曾歷在京刑法司升朝官方得奏舉充職，其詳斷、詳覆、法直官亦須幕職州縣官內選舉精練(恪)〔格〕法者充。如到職後卻有法律生疏，稍涉私徇，其先舉官重寘之法。

又　〔天聖〕七年九月，詔：　今後所舉法官令審刑院、刑部、大理寺知院、主判官等，令同罪保舉。

十一月，詔：　自今刑部、大理寺舉幕職州縣官充詳覆、詳斷、法直官等，如職任內犯入己贓，其舉主並當同罪。或舉主不至追官、停任及該赦原免並遇減降者，具情理取旨，或降官秩，或降差遣。如職任外犯贓罪，於所犯人下減二等，更不取旨。若在任及離任後犯私罪，其舉主更不收理。

又 〔天聖〕九年二月，詔：自今後所舉大理詳斷、法直官，須有出身令錄已上，歷任中曾充司法或錄事參軍，或職官各成資官者。詳斷、法直官闕，並須先取索目前乞試斷案人但歷五考已上者，（今）〔令〕衆官將元試卷看詳，取其通數稍多、引用不失者，並許保舉，更不拘資品。若其間無人，或未知行止，即且依前項指揮舉官。其考試所舉之人，律義依舊只試五道，內問疏義二道，以二道已上爲中。更試中小案三道，其案取約三道刑名，兼以重罪引用律條者合試，若得一通或二粗，即免試公事，便除京官。若試得一粗，或書劄稍堪引用有取者，亦與聞奏，送本寺試斷案三二十道，如堪充職任，本寺主判官已下保明以聞。其所試如重罪同輕罪內差錯一件刑名，亦許爲同；或輕罪不同重罪，引用刑名正當高下差誤一等，於杖、徒、流、死刑名不差者，亦許爲粗。其法直官依舊試律義外，亦以舊案三道試鋪引法，仍以都引刑名條數十分爲率，得六分同者爲合格。試日，令審刑院差詳議官二員，大理寺差判寺或權少卿一員，御史臺同試其所舉人。並須見在任及歷任曾有轉運、發使一人，或（太）〔文〕武升朝官二人同罪（奉）〔奏〕舉，依銓格合充舉主人數者，方得奏舉。若充大理寺詳斷、檢法官年滿（迎）〔遞〕再任者亦聽。如轉官及三周年，便與磨勘，候再任滿日與折一任知縣差家便通判。自是刑部詳覆、法直官亦據此詔。從之。其合該轉官資年限，即依舊例。如願再任者，亦聽。

又 明道二年十一月，詔刑部：天下旬奏公事，令法直官與詳覆官分定看詳。候二年滿日，如在任舉駁覆奏公事別無不了，即乞與轉京官。更一年滿日，別舉官充替。

又 景祐二年二月九日，中書門下言：審刑院、大理寺、刑部當職官員供職懈慢，今後並須早入晚出。所有公案文字，仰逐旋結絕，仍令御史臺覺察。從之。

又 〔景祐〕三年十一月三日，新判湖北路轉運使司徒昌運言：乞今後詳斷官滿日，依敕選充審刑詳議官。詔：自今審刑詳議官有闕，於年滿詳斷官內選充，免試公事。如未有年滿者，即於外任曾歷詳斷、詳覆官內保舉，曾出入人罪者勿舉。

又 寶元元年六月，三司檢法官孫杭言：三司刑名之有疑者，乞如開封府例許至大理寺商議。從之。

又 康定元年三月七日，大理寺言：據詳斷官郭昌等〔狀〕，今後案牘應係法寺定斷者，其（生）〔主〕行之人受賕者，請以枉法論。從之。

又 皇祐四年三月十四日，詔：大理寺詳斷官自來大事限三十日，中事二十日，小事十日，審刑院遞各減半，然不分有無禁囚者減限之半。其益、梓、利、夔、廣南東西、福建、荆湖南〔北〕等州軍，即依急案例斷奏。

又 嘉祐六年八月二十九日，詔：審刑院、大理寺日有諸路州軍奏到公案，慮失於審愼，或致滯留，今後審刑院、大理寺詳議、詳斷官闕，直令知院、判寺少卿與學士院、御史臺、舍人院同罪輪舉法律精熟、論議通明之人以聞，餘依詔條。仍令詳議、詳斷官每至月終，各具所斷未了公案道數，承受月日，朱書大、中、小事，元限月日作單狀，仰知院、判寺少卿於次月五日以前類聚繳連以聞，其詳議、詳斷官更不得差諸處勾當。

又 英宗治平元年十一月二日，中書門下言：新差提點兩浙路刑獄公事賈壽言，審刑院、大理寺詳斷諸色公案，並須詳定同進。如經奏斷後失錯，兩司官吏等並不在覺舉之限。然苟有失錯，不許自陳，則慮法官雖覺其失，懼於科罰，不肯自引其咎而就責，如此則所枉之罪未必發露，徒使罪人枉陷重辟。已經奏斷，但於罪人未行決間，能自覺舉改正，許從律文原減之法。檢會今年五月七日詔，審刑院詳議、刑部詳覆、大理寺詳斷官如斷案或定奪差失、雪罪不當及失舉駁，曾經勘罰及三次者，並當責降。已上雖經赦降，並理爲次數。如事係重大，或有涉情弊，雖只一次，亦當重行降黜。其檢法、法直官鋪條差失者，亦準此。及仰刑房置簿，畫時抄上，不得漏落。如次數合該責降，便仰檢舉施行。詔：今後所入事狀並須主判官等連簽，如三次改動刑名，元斷官、議官並理爲一次勘罰。其大理寺一司不在覺舉條，更不行用，及仰刑房置簿如前敕施行。

又 神宗熙寧元年二月十六日，大理寺言：敕閣自來輪差詳斷、法直官兼監，半年一替。緣斷官詣審刑院商量文字及中書、密院勾喚不定，難爲專一監守。欲乞專差檢法官二員監敕閣，更不輪管本寺紙庫、錢庫、簽庫、書銓曹、審官院文字。及移法直官房依舊於閣下，仍差歸司官二人、庫府史二人同共管勾。舊條審刑院、刑部、大理寺不許賓客看謁及閑雜人出入，如有違犯，其賓客並接見官員並從違制科罪。乞並親戚不許入寺往還，所貴杜絶姦弊。從之。

五月六日，御史臺言：看詳奏舉乞試法官等條制，今與審刑院、大理寺衆官將前後所降指揮參詳到六條，委得經久可行，所有今日以前應係試法官？劄乞更不行用。從之。

又〔熙寧〕三年三月二十五日，詔（詔）〔試〕用法官條貫，候法官皆是新法試到人，即依此施行。立定試案鋪刑名及考試等第式樣一卷，頒付刑寺及開封府、諸州，仍許私印出賣。

九月，令考試法官所分爲三等考定所試之人，如無合入上等之人，即止從本寺，仍逐場未得駮放，合各具等第通數以聞。

又〔熙寧〕五年五月十四日，詔：大理寺詳斷官每二人同共看詳定斷文案外，更於奏狀上繫銜，仍同點檢。從本寺所請也。

《宋會要輯稿・職官一五・糾察在京刑獄司》 眞宗大中祥符二年七月四日詔曰：國家精求化源，明愼刑典，况輦轂之下，斯謂浩穰，獄訟之間，尤爲繁劇，苟聽斷稍乎於閲實，則蒸黎或陷於非辜，伏念軫懷，當食與嘆，宜申條制，式示哀矜，輟軒墀近侍之臣，逮風繩違之士，察其枉橈，舉彼稽留，庶遵隱悼之規，以召和平之氣，宜差知制誥周起，侍御史趙相糾察在京刑獄，其御史臺、開封府應在京刑禁之處，並仰糾察具逐處斷遣徒已上罪人，旋具供報，內有未盡理及淹延者，並須追取元按者詳舉駮申奏。若是曠於舉職，致刑獄有所枉濫，別因事彰露，其所委官必當重寘之法，更有令條貫事件，仍仰擘畫開坐以聞。先是眞宗謂宰臣曰：如聞京即刑獄多是平九。去年六月開封府勘進士篸符械紫庭中，暴裂其背而鞫之無狀。交暑之時，罪未見情，橫罹虐罰，良可嗟惻。故命特置官局以斜按之。十八日詔：給兩縣手力十人，步軍司剩員軍士四人。十九日詔：應在京府刑獄司局，每日具已斷見禁輕重罪人因由，供糾察司其殿前馬步軍司，徒已上亦依此。供報應外廂巡。凡有編管寄留人，每日一申，及責保門留守卒產，限知在者十日一申。若三司開封府逐日結絶，不了公事，送軍巡府院。廂界四排岸軍禁者，皆須明上印曆，於因由內，別項開坐。若三司、御史臺別無禁繫，即十日一報，糾察司若有公事，亦報因由。

八月三日，糾察在京刑獄周起等言，在京刑禁不少，若止憑逐處按牘或節狀者詳，慮有曖昧，無由辯其枉濫。望詔在京應有刑獄處見禁已決人，如實屈抑，及官吏非禮拷掠情狀灼然冤枉者，並先諸糾察司陳狀，如經勘覆，實有枉濫，其原推斷官吏并嚴寘於法。如所訴不實，故欲翻變者，亦重行斷勘。其未經本司陳訴，不得輒詣檢鼓進伏。從之。四日詔：糾察官每日依審官院例，御廚給食。

九月，詔：糾察刑獄官自今看詳日狀如所犯稍重，及情理涉疑禁紫稍多淹延未斷，即仰暫勾罪人，及碎狀就本司審問。若至大辟及密切事務，即委糾察一員，就往審問。如至翻覆與同，即委移司推鞫。十月詔：糾察刑獄官如有公事上殿，即赴內殿，起居仍免常朝。

又〔大中祥符〕三年三月，糾察刑獄司言：伏覩犯罪經赦後事發，準律有離之。正之之文。令法司離正之外，仍科本罪，用法似深。帝曰：比行赦宥，事發不免其罪，理合商量。但此事行之已久。宰臣王旦曰：經赦不自陳首，非有發露，無由離之、正之，所以律文有赦後不首之罪，且事有幽隱，而經赦既不自首，發則亦覆免於罪，於理非便。遂令法寺參議以聞。

又〔大中祥符〕五年四月九日：詔應曾經糾察在京刑獄司申奏下御史臺禁勘大辟罪人法成公按者，委御史臺於郎中已上牒請錄問。訖再於中書舍人以上、丞郎以上再請錄問。二十五日詔：開封府見勘逐公事并於別處陳詞稱未盡理者，並且妄本府照勘諸實斷結。如已經勘斷及有違條貫日限者，別限旨。六年二月，詔：糾察刑獄司錄問大辟罪人，仰逐處并要切人悉送本司。

又〔大中祥符〕八年十二月：詔應在京諸處主掌刑獄官吏，如有與糾察司手分往還，仰覺察以聞。天禧三年十月，詔：糾察刑獄司自今免鞫劾公事，如有足奪，即仍舊。光是糾察官品夷簡言：本司累奉詔旨勘鞫定奪公事，或止將公按詳閲，亦無妨礙。若勘鞫公事，即動須追逮罪人辨證詞理，顯是廉置刑獄不便。故令止之。

又仁宗天聖八年六月：詔自今御史臺凡有刑獄文字，更不供報糾察司。嘉祐五年九月八日：詔備錄大中祥符二年七月四日，始置糾察在京刑獄司敕書下本司，今後每月差到官，令看詳遵守施行。

又神宗熙寧三年八月，令：殿前步軍司，今後大辟罪人，並如開封府條例，送糾察司錄問。

《宋會要輯稿・職官一七・御史臺》《兩朝國史志》：御史臺：大

夫、中丞、侍御史知雜事、侍御史、殿中侍御史、監察御史、殿中侍御史裏行、監察御史裏行、主簿。大夫國朝未嘗除，以中丞爲臺長。凡中丞無正員，則以兩省給諫權。自中丞以下，掌糾繩內外百官姦慝，肅清朝廷紀綱，大事則廷辯，小事則奏彈。以郎中、員外兼侍御史知雜事爲之貳。其屬有三院：一曰臺院，侍御史隸焉。二曰殿院，殿中侍御史隸焉。三曰察院，監察御史隸焉。凡祭祀、朝會則率其屬正百官之班序，以御史二人充左、右巡使，分糾不如法者。文官違失，右巡主之；武官違失，左巡主之。凡祭祀則兼監祭使。三院御史四人。官卑而入殿中侍御史、監察御史者謂之裏行，景祐元年置，以三丞以上嘗歷知縣人充。慶曆三年，以兩人爲額。凡文武(嘗)〔常〕參班簿、祿料、假告皆巡使分掌。又別置推直官二人，專治獄事。凡推直有四推，曰臺一推、臺二推、殿一推、殿二推。主簿一人，掌受事發辰，勾檢稽失，兼簿書、錢穀之事。主事一人，令史十六人，主推四人，書吏四人，朝堂引贊官一人，副引贊官一人，知班三人，引事司一人，驅使官六人，四圍驅使官五人。中丞一人，秩從三品，總判臺事。侍御史一人，秩從六品。殿中侍御史二人，秩從七品，分糾朝班。殿中而上言事。監察御史六人，秩從七品，分領六察，隨事糾正，及監祭、定謚皆屬之。檢法官一人，秩從八品。主簿一人，秩從八品。檢掌凡刑法、錢穀各一人，從八品。掌凡簿書及架閣吏額。前司主管班次三人，引贊官兼令史一人，副引贊官兼令史一人，知班驅使官兼書令史五人，驅使官兼書令史五人，守闕驅使官五人，四推、主推各一人，書吏共三人。六察戶察書吏四人，貼司三人；刑察書吏二人，貼司二人；吏、禮察書吏各二人，貼司各一人；兵、工察書吏、貼司各一人。

又 〔紹興〕二十六年十二月，詔六察貼司共存留六人、知雜司法司各一人，後減六察書吏，共以八人爲額。以上《中興會要》。

又 《神宗正史・職官志》御史臺大夫，從二品；中丞，從三品；侍御史，從六品，各一人。大夫掌肅正朝廷綱紀及以儀法糾治百官之罪失，而中丞、侍御史爲之貳。凡其屬有四：殿中侍御史二人，正七品，掌言事，分糾大朝會及朔望六參官班序。監察御史六人，從七品，掌以吏、戶、禮、兵、刑、工之事，分京百司而察其謬誤，及監祠祭、定謚。檢法官掌檢詳法律，主簿掌鉤考簿書，各一人，從八品。歲遣御史詣三省、樞密院檢察付受稽失，其應彈治事聽長貳或言事官論奏，非吏察官司亦如之。應狀牒並參議連書，惟彈章則否，無所(開)〔關〕白。凡察事，小事則舉正，大事則糾劾，各籍記其多寡、當否，歲終條具殿最，以詔黜陟。大禮儀仗則中丞爲使，中都推鞫命官或重繫繫，旬以囚由報臺，有詔獄則言、察官輪治。文武官卿監、防禦使以下到闕，授任之官應參謝辭者引見，御史體驗老疾，則試以拜起、書劄。凡事經州縣、監司、寺監、省曹不能直者，受其訟焉。舊以中丞兼理檢使，侍御史兼知雜事，殿中侍御史兼左、右巡使，監察御史兼監祭使。及行官制，定員分職，實領其事，而使名悉罷。分案十有一，設吏四十有四。以上《續國朝會要》。三京留守司御史臺：西京於分司官內差一員權闕，或特差官權判掌；南京止令留守、通判權掌；後北京置臺，專差官領。今則三京皆有正官領之。以上《國朝會要》。

又 眞宗景德四年六月，詔翰林侍讀、侍講、樞密(眞)〔直〕學士各舉常參官一員充御史。八月，詔三院御史令本臺採聽聲譽，不稱職者(直)〔具〕名以聞。

又 大中祥符二年七月，詔右僕射張齊賢、戶部尚書溫仲舒、右丞向敏中、御史中丞王嗣宗、知雜御史盧琰各舉材堪御史一人。三年四月，詔：御史臺今後委臺官勘事，如闕人，即申中書。四年八月，詔：自今御史須文學優長、政治尤異者特加擢拜，遇慶恩不得以他官轉入。五年，詔三院御史除差出外任及在京涖它局之外，定以六員爲制。九年二月，詔：三院御史舊三年爲滿者，自今在臺供職並止二年。若曾糾彈公事，顯是修職，候滿日特升陟。如全無振舉者，當議比類對換別官外任差遣，仍令本臺勘會在職事狀及有無功過詣實以聞。時殿中侍御史李餗援高弁、兪獻卿例求補外郡。中書言弁在職歲餘，以親老求歸侍，特命知淄州。獻卿累更任使，得知(穎)〔潁〕州。餗裁通判一任，入臺始周歲。元詔以三年爲例，眞宗因命差減年限。

又 天禧元年二月八日，詔：御史臺除中丞、知雜、推直外，置侍御史已下六員，並不兼領職務，每月添支十五千，三年內不得差出。二年正月，御史中丞趙安仁言：三院御史自今望並給御寶印紙曆，錄彈奏事。從之。二月四日，詔右諫議大夫樂黃目、知制誥陳知微於常參官中舉公清強明、材中御史者各一員。從御史中丞趙安仁之請也。四年四月，詔知制誥祖士衡、錢易、御史〔知〕雜劉燁、直龍圖閣魯宗道、馮元各於太常博士已上官舉御史一人。十一月，殿中侍御史王耿言：自今臺官或因譴累除差充知州依舊外，其充通判及監當官者並望比類對換別官。從之。時侍御史、知鳳翔府臧奎差客司宋炎與都巡檢使朱能教柘枝，降通判寧州，仍爲御史。因耿言，以奎爲都官員外郎。

又 乾興元年正月，御史言見闕臺官三員，詔御史中丞王臻、知雜御史王曙於太常博士已上合入同判者各舉兩員充。七年八月，上封者言：舊制三院御史供職後多出爲知州，近歲即差充省府判官、轉運使，或改賜章服，其間多由知縣舉充者，若至知州，已免三任通判。近王沿、李紘、朱諫並是知縣，只一任省府推判官，便作轉運使副，賜金紫，深爲僥倖，乞自今請罷曾任知縣者。

又 仁宗寶元二年十二月十五日，手詔付中書曰：自今御史闕官，並依先朝舊制具兩省班簿來上，朕自點一名令充御史，免憲司朋黨之欺。先是，令中丞、知雜薦補御史之闕，而孔道輔舉姻家王素，仁宗以爲比周。故革其制而復故事，因令翰林學士丁度舉而易之。

又 慶曆二年正月，詔：御史臺舉屬官，故事太常博士以上兩任通判三人中御筆點一人。如聞難於得人，自今聽舉一任通判及三丞該磨勘者二人選之。以中丞賈昌朝上言也。三年六月，御史臺請選舉御史六員，而罷權推直官。從之。四年八月，詔自今除臺官，毋得用見任輔臣所薦之人。五年五月，御史梅摯等言：臣等既不領他務，自來章奏劄子秪露白實封。竊觀本臺有出使、監察二印空閑，乞權借用。詔如有合奏文字，許用本臺印行使。

又 皇祐二年十二月，詔：自今如臺官相率上殿，並先申中書門下取旨。三年十月，仁宗宣諭宰臣曰：諫官、御史必用忠厚淳直、通明治體之人，以革澆薄之弊。

又 嘉祐元年九月，出侍御史范師道知常州、殿中侍御史趙抃知睦州。中書雖有臺官二年出知州條，然久不用。宰臣劉沆特申明下臺，至是師道等有請而出之。三年八月，詔今後舉臺官不拘在京與外任，並行舉奏。從權中丞包拯之請也。四年五月，詔自來兩府大臣嘗所舉薦者不得爲臺官條約除之。以慶曆嘗有此禁，而帝務推心大臣，故內降手詔除之。

又 英宗治平二年六月三日，命江東轉運判官、屯田員外郎范純仁爲殿中侍御史，權發遣三司〔鹽〕鐵判官、太常博士呂大防爲〔臨〕〔監〕察御史裏行，皆英宗親選也。近制，御史有闕則命翰林學士與中丞、知雜迭舉二人，禦筆點其一。至是闕兩員，舉者未上，內出純仁、大防姓名而命之。三年二月十二日，中書門下言：近詔翰林學士承旨張方平等限一日內依條於太常博士已上曾歷一任通〔前〕〔判〕成資已上，或歷通判一年已上堪充三院御史，逐人保舉兩人以聞。如三丞內有合該磨勘者，亦聽。詔：如少得資序合入三院御史之人，許於數內舉陞朝官知縣已上資序人一員充御史裏行。侍御史、殿中侍御史、監察御史，舊制通爲言事官，間詔中丞、翰林學士舉之。七月十四日，詔：今後臺諫官並以二年爲一任。其言事稱職，有益時政者，候別指揮，仍候任滿日令中書勘會取旨。

又 神宗熙寧二年七月六日，詔：御史有闕，委中丞奏舉，不拘職高下兼權。如所舉非其人，令言事官覺察聞奏。初，上患御史多不稱職，以所舉者資序所限，令具條貫進呈，而有是詔。

又 元豐元年七月一日，上批：御史臺有定奪刑名及承詔治獄，皆有司所不能決者。丞屬須得人，乃可以弼佐官長，副朝廷欽卹之政。推直官盧肇、馮如晦年齒衰遲，資性疲愞，不足稱辦職事，可並送審官東院，令本臺舉官以聞。十二月八日，詔三院御史人增剩員四人，以舊止給六人，番上故也。十二日，御史舒亶言：今法度之在天下，其官吏之治否猶有監司按視焉。至於京師之官府，乃漫不省治，而御史莫得行其職也。誠使應在京官局御史得以檢察按治，一切若監司之於郡縣，庶幾人知畏嚮，而法度有所維持，是亦周官之遺意。詔：取編敕所海行在京官司見行條貫並一時指揮，並錄送御史臺。如官司有奉行違慢，即具彈奏。除中書、樞密院外，仍許暫索文字看詳。後御史中丞李定言：乞依故事複置吏、兵、戶、刑、禮、工六案，點檢在京官司文字。每案置吏二人，罷推直官二員。從之，仍增置臺官一員。《職官志》：中丞李定言：故事，臺案有內外彈、雜事、四推、五使、六察獨廢，復置吏、兵、戶、刑、禮、工六案，分行檢察，即繫繫之。

又 元豐三年四月七日，詔太子中允、館閣校勘、監察御史裏行范鏜罷主管國子監，太子中允、權監察御史裏行黃顏知諫院，兼主管國子監。太子中允、權監察御史裏行何正臣爲館閣校勘，罷幹當三班院。以御史專領六察，故差遣悉罷。後鎧又自言見判尚書禮部，亦罷之。十五日，御史臺言：奉詔復置六察，在京官司今請以吏部及審官東、西院、三班院等隸吏察，戶部、三司及司農寺等隸戶察，刑部、大理寺、審刑院等隸刑察，兵部、武學等隸兵察，禮、祠部、太常寺等隸禮察，少府、將作等隸工察。從之。二十二日，權御史中丞李定言：奉行朝廷法令以致之民者諸路監司，〔而〕無鉤考之法。（令）〔今〕令御史臺分察官司違慢，若推此法以察諸路監司，宜無不可者。以戶案察轉運提舉官，以刑案察提點刑獄，如此則內外官司各勤職事，朝廷法令不至隳廢。從之。二十七日，詔：御史臺六察案官三年爲一任，以所糾劾官司稽違失職事多寡爲殿最，中書置簿，以時書之，任滿取旨陞黜。五月一日，詔：御史臺復六察案，創法之始，職事甚劇，無容久闕正官，以稽功緒。其見闕御史二人，令李定限十日以名聞。月增添支錢中丞二十千，察案御史十千。初，御史臺請非應奏者從臺闕所屬鞫罰吏人或改正，不許。又請諸路提舉官、提點刑獄已隸臺檢察，開封府界提點、提舉司、發運、撥發，提舉、提點鹽事，羅便糧草、市易、鹽稅、坑冶、鑄錢、茶場、淤田、營田司及河北屯田司、陝西制置解鹽司、經制熙河路邊防財用司、措置陝西緣邊四路邊防公事司外，都水監丞、同提舉買馬監牧司（鄰）〔麟〕府路軍馬司、諸路經略、總管、安撫、鈐轄司亦合隸臺檢察。故有是命。六月二日，御史臺言：六察案點〔檢〕諸司庫務坊監，乞行劄子。上批：六察於諸司非統臨之官，在理不當行劄子。見須式令，唯中書行聖旨用劄子。往時官府僭妄行遣，臺察自合糾正，而不知省察，尚有承妄申請，可劄與知。十月一日，御史臺言：御史所分察案，每半年令中丞、知雜取旨更易。然御史到任月日先後不齊，其更易乞分上、下半年。從之。十一月六日，詔御史六員，令三員分領察案，三員專言事。二十六日，御史臺言：御史分領察事，逐員各領二案。而六案文字繁簡不同，難以次第分定，欲以一員領吏、工，一員領兵、刑，一員領戶、禮。從之。五年正月二十二日，侍御史知雜事滿中行言：元豐四年下半年終，御史分察案合取旨更易。詔宇文昌齡領吏、工案，王祖道兵、刑案，豐稷戶、禮案。二月四日，權知開封府王安禮言：本府奏斷公案，御史臺一例取索。竊以公事已奉旨斷，方更點檢，於（禮）〔理〕不順，欲乞自今不許取索。從之。後御史臺言：刑察案於開封府取索公案，本府稱已準朝旨奏決公案，不許御史臺取索看詳。公事未結案雖有人論訴，不許取索。已結案係奏斷，本府又奏乞不許取索公事，則是事在官司，而所行稽違，許人赴臺理訴乃爲空文。若訪聞官司鍛鍊人罪，出入刑名，既無案卷，則無從考察，深恐六察之法文具實隳。詔令開封府送公案與御史臺。五月十一日，詔：入內內侍省不隸御史臺六察，如有違慢，委言事御史彈奏。其尚書六曹分隸六察。十八日，詔兩省官各舉敏明不撓可爲御史宣德郎以上員二人。六月十四日，詔尚書省得彈奏六察御史失職。八月四日，詔三省、樞密院、秘書省、殿中內侍、入內內侍省聽御史長官、言事御史彈糾。先是，置監察御史，分六察，隨所隸察省曹寺監，而三省至內侍省無所隸，故以長官、言事御史察之。十一月一日，上批謂輔臣曰：御史分察中都官事已多矣，又令案舉四方，將何以責治辦，且於體統非是。可罷御史察諸路官司，如有不職，令言事御史彈奏，著爲令。十二月十一日，詔御史臺秋、冬季序差御史一員赴三省點檢諸房文字稽滯，毋得干預其事及見執政。六年正月三日，詔造軍器及戰車所不隸御史工察。十七日，詔御史六察罷上、下半年〔更〕易法。二十四日，尚書省乞都司置御史房，主行彈糾御史察案失職並六察殿最簿。從之。二月十八日，三省言：御史臺六察案官以二年爲一任，欲置簿各書其劾糾之多寡、當否爲殿最，歲終條具取旨陞黜，事重者隨事取旨。從之。三月四日，詔：御史臺察官察諸司稽違，皆按法舉察。即諸司所施行失當，雖無法，亦聽彈劾以聞。十七日，御史張汝賢言：彈奏之文宜存大體，有司議罪欲察細微。乞自今察案劄子徑坐要切因依具彈辭進呈，別錄照用情節條貫在後，以備聖問。從之。四月三日，御史翟思言：法有漏泄察事者杖一百。臺分言、察，正欲使察官按法而治其稽違，而法所不及，理容可議，則有責在於言官。蓋言、察理勢相須，宜不與別司同體。況朝夕同見丞、雜議事，豈有所不聞，則事勢之實果不能自異。臣欲乞除見推司事雖言事官不許與聞外，其餘言事官通知，不爲漏泄。從之。二十四日，尚書左右司言：御史臺察開封府不置承受條貫聚廳供呈曆，據刑部、編敕所〔定奪〕，各言所察允當。然看詳敕意，止爲外州縣立法，於開封府似無所礙。其因臺察後旋置曆，亦御史所當察。詔依刑部、編敕所定。五月十一日，御史黃絳等言：按《唐六典》，侍御史糾舉百僚，推鞫獄訟；監察御史分案尚書六司，糾其過失。今之言事官大率如唐侍御史之職，察官乃監察御史之職。國朝舊制有四推之名，而三院御史皆預領焉。今推鞫獄事獨付察官，而近準朝旨又以六曹定奪公事，亦送本察，即於檢察職事有嫌。兼言事御史於簽書行遣公事全然稀少，欲乞別定條制，以正分守。詔令〔定〕奪文字送本曹。如合再定，即送御史臺本察。同日，御史黄絳等又言：事之最難者莫如疑獄，夫以州郡不能決而付之大理，大理不能決而付之刑部，刑部不能決而後付之御史臺，則非甚疑獄必不至付臺再定。若御史聯事之衆，非如大理、刑部，必不能勝其責矣。近有旨定奪文字送本曹，如合再定，即送本察。臣愚以謂與奪刑名，事體重大，宜仍舊衆官參定，餘事則隨曹付察，如此則大小繁簡，皆得其稱，是正疑讞，罕有不當。其後刑部請諸鞫獄言事御史輪治，其定奪刑名則衆官參定，餘事隨曹付察。從之。十九日，御史黄絳言：準六察敕，諸彈奏文字本察官與丞、知雜通簽，即舊所領任内事，丞、知雜免簽書，諸案互察。看詳諸案互察，止謂察官有舊領任内事合彈劾，於義有嫌，理當互送。(令)〔今〕諸案元不承互察妨礙事，既不相關，無從察舉。若一案有失，泛責諸案，乃是一官兼有六察之責，恐法意本不如此，大理寺取索互察官吏姓名，未敢供報。詔自今諸案申臺移察，應申不申，從私坐，其互察除之。六月一日，詔御史臺六察案各置御史一員。閏六月十一日，御史臺言：先準詔每半年輪御史一員，取摘三省諸房簿，點檢稽滯差失，未有輪差及置局取吏之法。詔三省各一員，言事、察官序差，以本臺吏就逐省點檢。十月四日，御史中丞黄履言：準敕諸鞫獄言事御史輪治，緣御史共置九員，六員分領六察，其言事官止三員，欲乞言事、案察御史輪治。從之。七年正月二十三日，尚書左、右司狀，御史房置簿書，御史六曹官糾劾之多寡、當否爲殿最，歲終取旨陞黜。御史房舉發逐察不當及失察不盡等事，歲終亦乞比較。從之。二月十七日，詔：御史臺以侍御史知雜事爲侍御史，不帶知雜事。以言事官爲殿中侍御史，六察官爲監察御史，侍御史恩數並如知雜事。左、右巡使及監(察)〔祭〕使名並罷，左右巡案令本臺隨事併入朝堂百司案，驅使官仍除去四圍字，主簿、檢法官仍舊各一人。四月十九日，詔：自今有司上獄空，令御史臺刑察按實。上以開封府、大理寺比歲務爲獄空，恐希賞不實也。八月二十一日，詔寺監諸司應有稽違，係所轄省曹寺監失點檢者，亦令臺察彈奏。

又 哲宗元祐元年五月二日，三省言：舊置糾察在京刑獄司，蓋欲它司總領，察其違擾，所以審重獄事。今罷歸刑部，無複申明糾舉之制。請以異(議)〔時〕糾察職事悉委御史臺刑察兼領，刑部(每)〔毋〕得干預，其御史臺刑獄令尚書省右司糾察。從之。二十三日，尚書省請六察旬奏改作季奏。從之。二年五月二十六日，詔闕臺官，令學士院舉官二員，兩省諫議大夫以上同舉四員，御史中丞、侍御史同舉二員以聞。六年八月六年八月，詔左右司諫、正言、殿中侍御史、監察御史以陞朝官通判資序實曆一年以上人充。初，太皇太后宣諭曰：近時臺諫官多是新進，未甚更事，所論不知朝廷大體，近於求名。可依祖宗故事，選用曆第二任通判人充。司空呂公著言近制舉官不以資序，因檢會舊制而有是詔。四年四月十八日，詔應臺察事已彈察後及一月以上遇赦降者，其稽違本罪不得原減，從侍御史盛陶言也。

又 (高宗紹興)〔哲宗紹聖〕元年，臣僚言：在京官司無不隸六察者，惟糾察刑獄司職事獨歸御史。凡審問獄囚事既親領，苟有不當，無復彈治，恐非嚴重獄事之意。又本臺刑獄皆朝廷所付治，輕重可否宜取決於上。今令右司糾察，甚非尊朝廷、正官名之意。詔御史臺見領舊糾察司職事內合審錄問者歸刑部右曹，餘悉仍舊。六月十五日，詔：差殿中侍御史井亮採就左司，郭知章就右司，同取索六曹四月以前未了文字，催促結絕。如違滯多日，或故作迂曲會問，或行遣不當者，人吏等第勘罪，郎官籍記姓名類欵聞奏。從左司諫翟思請也。七月二十五日，監察御史劉拯言：元豐中御史臺置六察案，治省曹及諸官司違慢，以防有司之弛墮不職者。元祐七年五月十八日立法，除事干刑名因陳訴外，餘未結絕，皆不得取索。至九月三日，因臣僚言其不便，方許取索一年已上未絕公案點檢。且元祐七年諸曹未絕事纔一千二百餘件，今蒙朝廷委御史點檢，總六千件，已四倍前日，其養成有司稽違之弊如此，望依元豐條。從之。二年四月七日，殿中侍御史郭知章、監察御史董敦逸言，乞循先帝之法，詔內外兩制及臺諫官等各舉才行一人。詔吏部尚書許將、戶部尚書蔡京、御史中丞黄履、翰林學士蔡卞、翰林學士錢端、禮部尚書林希、戶部侍郎王震不拘資序，各舉堪備任使二員以聞。二年四月二十七日，殿中侍御史董敦逸言：請應隸本臺所察處依在京刑獄條例，許本察官非時就往點檢簿書。詔自今每遇上、下半年，詣三省、樞密院點檢訖，許暫赴本察所隸官司檢察。是年十二月十七日，再降詔同此。

又 哲宗元符元年，詔復六察聞奏舊制。二年，御史中丞安惇言：元豐法，每半年輪臺官就三省點檢，各有日限。又恐文簿未明，須呼吏指說，難於限內詳究。詔許展日。元祐大臣不務悉心政事，遂改元條，聽於限內了畢。被差御史觀望，闕三四日便稱別無稽滯差失，竊恐因此(寢)〔寖〕失先朝遣官檢察之意。詔並依元豐法。

又　徽宗崇寧元年十月十七日，詔御史臺糾察案依元豐格隸刑部，其元祐元年五月二十日指揮勿行。二年八月二十四日，都省勘會：臺官雖已分定所言職事，竊慮未至明白，除已降朝旨合遵守外，欲更申明行下。諫官職在拾遺補闕，凡朝政闕失，悉許論奏，則自宰臣至百官，自三省至百司，任非其人，事有失當，皆得(課)〔諫〕正。臺官職在繩愆糾繆，凡官司稽違，悉許彈奏，則(自)宰臣至百官，自三省至百司不循法守，有罪當劾，皆得糾正。從之。四年六月二十七日，奉議郎、試御史中丞兼侍讀朱諤劄子奏：六察官彈治稽違不法，乃是本職。兼本臺條格內即並不該載察官賞罰，近蒙朝廷較考全年察事，量多者推賞，蓋出異恩。而察官不安職分，僥倖改法。臣(遇)欲乞今後全年比較，除察事分數至少合入殿法者依舊責罰外，其察事數多之人更不推賞，庶使本臺察官各安職守，以逭倖賞之謗。詔劄付御史臺照會。

又　大觀二年六月十六日，臣僚言：御史臺分置六察，所以察治稽違，實紀綱法度之所賴。今殿中六尚以供奉爲職，事目繁重，尤當嚴整，而臺不得察。辟雍、大晟府，禮樂之所自出，亦不得檢視。至於筭學、太官局、翰林、儀鸞司，其爲職局無異於他司，悉皆援例免察，臣所未諭也。乞自今皆隸六察。從之。

又　宣和元年三月十四日，中書省言：臣僚上言：恭惟陛下勵精庶政，凡曰御史，必親加除擢，方賴以伺察違法慢令之吏，庶以上廣陛下明目達聰。邇來官司職事曠闕，漫不省察，日甚一日，豈可概舉。若六察其以違法不當事件聞之朝廷，即送刑寺約法，其引赦原免者十常八九。間有朝廷灼見情犯，特令決罰。或不該赦宥者，又復遷延月日，以俟八節前後禁刑日結絶而已，如此則何憚而不爲奸哉！前後察彈治不法事件不知具幾章而被決罰者百無一二，行移往來，徒爲文具，官司翫習，恬不爲怪。是致本臺取索文字，率多稽滯滅裂，無複畏憚。臣恐臺綱不振，而陛下法度日以弛矣。朝廷若將六察所彈之事治胥輩，量其罪之小大，示以必罰，其違法慢令尤重者則取旨施行，如此則人人知警，官修其方，吏宿其業，紀綱複振，詔令必行，無敢弗虔者。檢會臣僚上言，伏見邇來官司因循苟簡，習爲常態，藐視臺察，若不足畏者。彼意不過謂稽留失行，罪止罰金。一遇赦恩，又可原免，事之改正與否在己未有利害也，故一切頑悍如此。矧事有因不隸察官司牽制而不得行者，臺臣既難以催督，而稽違容倖官司又復得以爲辭，久而縱之，則蹈襲不虔者愈衆矣，豈不負陛下平日訓敕勉勵之意乎！臣猥當言責，目(都)〔睹〕斯弊，不勝憤懣，伏望睿旨嚴賜約束。自今官司稽違有累經彈奏而猶不治者，雖該赦恩，亦乞重賜責貶。見今隸察官司有稽違當改正、而不隸察官司合行報應結絶者，望從本臺催督，如或違慢，按罪以聞，所貴臺綱振肅，事無底滯。詔：今後官司稽違，三經彈劾違慢如故者，吏檕人許直送大理寺，以違制論，餘依奏。臺察事大者不以赦降原減，餘申明行下。二十七年二月二十一日二十七年，詔：刑部郎官循行督遣，如勘鞠失實，事理妨礙，直行移送。今後御史點檢或有移送公事，許依刑部已得指揮。三十年四月二十七日，詔以神宗命臺臣舉忠純體國之人補御史詔重刊於御史臺。六月四日，詔察官職守今後依官制施行。

又　紹興元年九月十二日，侍御史沈與求言：契勘省部百司稽違，許御史臺彈察。元豐中分置六察，察案書史歲終比較彈察稽違功績而賞罰之。昨因王黼用事，舊法遽廢。詔並依舊法施行。二年十二月十七日，詔御史臺全闕長貳，所有檢法官、主簿闕，特令殿中侍御史曾統奏辟天頭。三年正月十七日，詔：御史臺每季專委本察官一員，躬詣大理寺及應有刑獄去處點檢禁囚，淹留不決或有冤濫，並(其)〔具〕當職官職位、姓名以聞。四月九日，三省進呈鄒沉都堂審察，仍令上殿。上曰：鄒浩之弟，故飲權之飲權：當誤。據下文所述疑爲旌擢。臣徐俯曰：鄒浩亦有子柄。上曰：直臣之子，旌擢用之，使複爲御史言事，聳動四方，亦足爲國家之光也。六月五日，三省進呈：殿中侍御史曾統除秘書少監，闕官，欲於監察御史鄭作肅、李長民二人中取旨差權。上曰：今有侍御史，殿中亦不必權，二人且令專於糾察。八月二十二日，御史臺主簿陳祖禮言：謹按臺令，兩院御史有分(請)〔詣〕三省、密院取摘點檢之文，監察御史有輪詣尚書六曹按察之制。凡奉行稽違，付受差失，咸得糾彈。渡江之後，始不克行，孰謂公朝，尚茲闕典，乞依舊例施行。從之。續本臺申：檢準令節文，諸上下半年輪兩院御史四人就三省、樞密院取摘諸房文簿等點檢，中書、尚書省以仲月中旬，門下省、樞密院以仲月下旬。本臺勘會，依上條自來中書省以仲月中旬，門下省以孟月下旬，合輪官兩員詣兩省點檢。今來門下省、中書省已並爲一省，本臺即未敢便依上條作兩省輪官前去。詔依點檢中書省簿書條例施行。十月十七日，御史臺言：六察案日逐不住承受諸色論訴，本臺除已將海行敕令等檢用外，有事干一司條制者，合將逐處一司條法參照施行。緣隸察官司自來各將一司見行條法及續降指揮編類成冊，赴臺以備檢照。比年條冊散失，諸處官司亦不復供檢。伏望許從本臺移文，應隸臺察官司將見一司條法及續降指揮重別編類赴臺照用，今後如有續降指揮，亦乞依此關報施行。從之。二十四日，詔臨安府等處依開封府隸察條格權隸臺察，候車駕回鑾日依舊。十一月十二日，殿中侍御史常同言：國朝自元豐三年始置六察於御史臺，上自諸部寺監，下至倉場庫務，皆分隸焉，糾察稽違，以詔廢置，循名責實，百職修舉。崇寧以後，因人廢法，故皇城司以鄆王提領，閤門、賓省、四方館以內侍鄧文誥提領，皆申請不隸臺察，至今因之。而秘書省昨緣廢罷複置，本省申明畫一，亦乞不隸臺察。以一時申明而壞累朝之成憲，其可乎！契勘靖康中監察御史餘應求嘗奏請知閤門王植妄奏，以謂閤門與御史臺互彈，不合屬臺察。夫互彈者，朝班失儀耳。至於閤門簿籍、公案稽違差失，若不許本臺點檢取索，則慢令違法之事無所誰何，恐非立法之本意，欲望凡舊屬臺察官司並令遵依舊制。從之。四年九月十九日，侍御史魏矼言願詔三省、樞密院常切遵守舊典，遇(納)[兩]院御史詣省院檢察日，除實係機密邊事外，悉令取索點檢。如有違戾，即具彈奏，將當行人吏送所屬根治施行，庶幾稍知忌憚，可以杜絶姦欺。詔並依祖宗自來條例施行。十一月四日，監察御史張(絢)[絇]言：恭奉聖旨留治臺事，(通)[適]當君父臨戎、臣子竭志圖報之秋，有所聞見，悉宜論奏。緣臣本臺即今別無有司關報，應干事務無從稽察。望令留守司遇有承受朝廷文字及諸處採報，從權劄付臣照會。其留守本司處置事務，亦乞指揮許留守司簽廳逐時關申本臺，庶幾千慮一得，或可裨助聽察。從之。(二)[五]年四月一日，詔監察御史田如鼇可除郎官。因宣諭宰執曰：臺臣耳目之官，朕未嘗不謹此選。然必試之六察，度其可用，方敢除言事官。沈與求曰：臺臣與朝廷分持紀綱，要須得沉厚練達之人，則論事不苟，可以仰副聖意。上曰：用沉厚練達之人極是，然朝廷與臺諫當爲一家，不可分而爲二。若朝廷所行，臺諫輒詆之，臺諫所論，朝廷輒則沮之，事何由濟？趙鼎曰：朝廷與臺諫實相爲表裏。仁宗朝王旦爲伯，韓琦爲司諫，一日琦至中書白事，旦謂琦曰：高若訥輩擇利而行，范仲淹未免近名，如司諫章疏甚好。以此見先賢用心不分彼此。與求曰：臣與趙鼎皆蒙陛下擢自臺臣，故敢詳論及此。

又 孝宗隆興二年三月十三日，詔晁公武除樞密院檢詳諸房文字。先是，公武由吏部郎中除監察御史。公武言：竊見慶曆中詔自今臺官毋得用見任輔臣所薦之人；至嘉祐四年，詔自來大臣所舉薦者不得爲臺官條約除之。兩者俱載國書。哲宗初政，中旨除范純仁、蘇轍爲諫官，皆大臣呂公著、司馬光等所薦，蓋用嘉祐詔也。於是章惇曰：故事執政除所薦之人見爲臺諫者皆徙他官，不可違祖宗法。蓋引慶曆詔也。議者謂公著、光雖賢，其事不可悉從。惇雖奸，其言不可盡棄。紹興二十一年正月二十一日，宰執進呈乞差衢州守臣。上曰：可差曹筠，臺諫無大過惡當優假之，以來言者。先是，筠任侍御史，以言失當罷，至是復用。

《宋會要輯稿・職官一七・御史中丞》 太宗太平興國四年，以戶部郎中侯(陟)爲左諫議大夫、權御史中丞事。雍熙三年七月，以屯田郎中、知制誥趙昌言爲御史中丞，知制誥正爲中丞始也。端拱二年，右諫議大夫王化基權御史中丞事，始特定班制，正衙常參立中丞塼位，內殿起居立本官班。趙昌言拜御史中丞，太宗宴金明池，特召預焉。憲官從宴自昌言始也。

又 眞宗咸平五年五月，以禮部尚書溫仲舒兼御史中丞，尚書兼中丞始也。大中祥符元年十月，以御史中丞王嗣宗兼工部侍郎。時覃慶，故加兼官。天禧元年十二月，以景靈宮副使、尚書右丞兼宗正卿趙安仁爲御史中丞兼尚書右丞，左、右丞兼中丞始也。

又 至和三年五月十二日，權御史中丞張昇言：蒙差判吏部流內銓，竊聞御史中丞久不領別司。詔與免之。

又 神宗熙寧二年閏十一月，權御史中丞呂公著言：今後除中丞者如官不及諫議大夫，即乞更不帶官，只除權御史中丞。候罷日，卻與舊官。或朝廷推恩，即於舊官上遷轉。詔官未至諫議大夫，並守本職兼權。故事，官未至諫議大夫者，自正言而上皆除右諫議大夫。九年十月五日，右正言、知制誥、知諫院鄧潤甫爲右諫議大夫，權御史中丞。近制除中丞，官未至諫議大夫者，並守本官職兼權，更不遷官。潤甫以宰相屬官，不可長府，乃複遷右諫議大夫。十一月七日，權御史中丞鄧潤甫言：諸路置局編修制敕官，非假日不許看謁及接見賓客。今御史中丞以言事爲職，若須假日接見賓客，即無由聞知外事，乞免謁禁。詔臺諫官兼局不許接見賓客處許見客。元豐三年正月二十一日，詔權御史中丞李定兼職頗多，罷詳定重修編敕，以安燾代之。四月二十七日，詔權御史中丞李定罷判太醫局除放欠負，以領察事也。八月二十三日，詔自今朝廷所送御史臺公事，止令中丞與本察御史根治。五年四月二十六日，承議郎、直龍圖閣徐禧知制誥、兼權中丞。初，召禧試知制誥，禧辭，不許。既就試，即命兼中丞。禧言：中丞糾彈之官，赴舍人院行詞似有妨嫌，乞免赴直。二十六月，詔禧守本官試中丞。七月三日，詔御史中丞舒亶舉任言事或察官十員。六年六月九日，詔御史中丞、門下中書外省官各舉人材堪充言事(政)〔或〕治察御史五員。七年三月十三日，御史中丞黃履乞與侍御史張汝賢同薦御史。從之。二十一日，詔御史中丞雜壓在六曹侍郎之上。八年五月十二日，詔御史中丞黃履舉堪充監察御史二員以聞。哲宗元祐元年正月十四日，詔御史中丞黃履、侍御史劉摯同舉御史二員。二月二十二日，詔新除御史中丞劉摯令舉監察御史二員。二十八日，三省檢按上殿班：御史中丞，或侍御史、或殿中、監察御史一員，諫議大夫同(諫司)〔司諫〕或正言一員。今御史臺見闕侍御史，諫官見闕左諫議大夫。詔御史臺不限御史中丞、侍御史、殿中、監察御史，諫官不同省，別省諫議大夫、司諫、正言各並許二人同上殿。二年五月二日，詔御史中丞傅堯俞、侍御史王巖叟同舉監察御史一人。二十六日，詔闕臺官，令學士院舉官二員，兩省諫議大夫以上同舉四員。御史中丞、侍御史闕員，詔御史中丞舉官二員。兩省諫議大夫已上未曾舉監察御史，同舉二員以聞。六年閏八月十四日，御史中丞鄭雍言：故事，御史有闕，詔本司薦屬官，以正名(衆議)〔舉職〕。自官制初行，御史中丞與兩省合舉。按今兩省官屬門下、中書，與聞政事，互舉既非故事，省官體更有嫌，乞止從本臺奏舉。如稍涉己私，即重行降黜。詔御史中丞舉殿中侍御史二員，翰林學士、中書舍人同舉監察御史二員，給事〔中〕舉監察御史二員以聞。二十二日，御史中丞鄭雍言：近奉旨令御史中丞舉殿中侍御史二員，翰林學士、中書舍人同舉監察御史二員，給事中舉監察御史二員。臣爲風憲之地，責任所專，儻使官屬多由他司所薦，恐非朝廷責任之本意。如未許本臺專舉，且乞用故事專舉一次。如以御史員尚少，即用兩番互舉之法。詔令御史中丞更舉監察御史二員以聞。七年八月二十二月，詔令御史中丞、侍御史並翰林學士、中書舍人各同舉臺官二員以聞。元符元年七月十九日，詔御史中丞安惇舉堪充臺官二員以聞。十一月十六日，詔御史中丞安惇舉監察御史二員以聞。三年十一月六日，徽宗已即位未改元。新授試御史中丞、修國史兼實錄修撰王覿奏：近準告授前件職，已告謝訖，見伺候正謝赴臺供職次。竊緣御史臺受詞訴及有六察等公事，難以分減日力赴史院。兼國史、實錄並係宰臣提舉，於臺職亦有妨嫌，所有修國史兼實錄修撰，伏望特降睿旨許令免罷。詔覿依治平二年二月二十八日賈黯例三五日一赴院。左正言任伯雨等言：史院係宰相監修，今中丞乃爲屬官，朝夕相見，恐非所以重風憲、遠嫌疑之道。二十六日，詔覿改除翰林學士。徽宗政和三年正月十七日，御史中丞王甫奏：臣頃奉詔參詳官制格目，方事之初，嘗乞差總領官，仍乞避宰執。被旨委鄭居中，居中方領祠宮居家，不與朝廷政事。臣是時承乏諫路，不以糾察百官爲職，與之參詳，於理無嫌。臣今待罪憲臺，居中知樞密院，若尚與居中共事，實於分義有所未安。欲望聖慈特降睿旨，許臣罷參詳官職事。從之。七年正月八日，朝請郎、試御史中丞陸蘊奏：臣嘗論列省臺寺監等官，應以親嫌合行回避，仰蒙聖恩曲垂聽覽，已降睿旨施行。

又 高宗紹興八年正月十八日，御史中丞常同辭免支賜銀絹各一百五十疋兩。詔不允，令學士院降詔。十二月二十四日，御史中丞勾龍如淵、右諫議大夫李誼、殿中侍御史鄭剛中奏：今有朝廷利害，臣等欲於今月二十四日赴都堂見宰執商議。從之。次日，又奏所議未盡，乞再於今月二十五日赴都堂商議。從之。十四年五月二十日，詔紫宸殿上壽、集英殿宴，如至日闕中丞，牒官權攝。今後筵宴遇闕中丞準此。(三)〔二〕十六年九月二十七日，御史中丞湯鵬舉言：近緣論列故相秦檜、孫埍等，不能仰體陛下終始禮遇大臣之意，乞除一在外宮觀。詔：鵬舉比乞追奪檜、埍等職名，所言甚公。然朕既已許其保全，義難中輟。今乃未喻朕意，遽求去位，豈所望哉！令學士院降詔不允，不得更有陳請。紹興三十二年十一月十五日，孝宗已即位未改元。詔敷文閣待制辛次膺除御史中丞。二十一日，詔次膺已(降)〔除〕中丞，殿中令閤門扶掖，殿上免拜。孝宗乾道(元)〔九〕年六月十六日，詔左諫議大夫姚憲可除御史中丞。憲奏：伏蒙聖慈，以臣除御史中丞，賜銀絹各一百五十疋兩，臣不敢祇受。所有降下合同憑由司支賜銀絹文字二件，臣已繳連牒入内侍省收管外，伏乞睿照。從之。

《宋會要輯稿·職官十七·殿中侍御史》 政和元年十月四日，臣僚言：朝會之儀，祖宗例以殿中侍御史分糾朝班，元豐有著令。然每遇朝會前一日，殿中侍御史輪當臺宿，或不赴，例差監察御史或他官權攝，既非諳熟，往往自懼失儀，何暇彈糾。乞應朝會前一日，殿中侍御史當職或見推勘並免宿直，從本臺以次官權宿，所貴殿中職事振舉。從之。(建炎)〔紹興〕已降指揮，禦垂拱殿四參官起居，並將來禦文德、紫宸殿，依臺儀合用殿中侍御史二員分立，東西相向，糾彈失儀之官。緣自今止有殿中侍御史一員，欲乞每朝參於監察御史内從上牒官權攝殿中侍御史職事。從之。

又 元祐六年四月二十四日，戶部員外郎楊畏爲殿中侍御史。從中丞趙君錫舉也。五月二十日，楊畏以母老辭。從之，仍令君錫別舉官二員以聞。二十八日，詔楊畏依前降告命充殿中侍御史。從君錫再舉也。政和三年正月二十四日，朝奉郎、殿中侍御史郭沔奏：緣臣近論列儀鸞司監官柳忞等不安分守，擅乞增添俸給，及忞自投汙賤，躬取溺器等事，奉聖旨令臣再行分析。契勘臣昨論列柳忞等擅乞增添俸給等事，已於第一劄子中各條具忞等元初自陳因依訖。所有忞躬取溺器寔狀，亦於去年十二月二十六日依奉聖旨具析奏申，稱衆臺臣見之。其時臺臣係侍御史洪彦昇、監察御史許尚志、方禧，與臣同在幕次中侍班次，並見柳忞前件事跡，咸有憤疾之語，蓋非止臣獨見而私爲之説也。惟臣狂瞽之志，動輒妄發，既乏剛明擊邪之論，但多滋蔓致訟之辭，遂使柳忞公然抵諱還視臣前累奏事寔殆盡虚妄。伏望特賜施行。詔郭沔罷殿中侍御史、通判信州。

《宋會要輯稿·職官一七·監察御史》 監察御史宋初，御史多出外任，風憲之職以他官領之。太平興國三年，詔本司自薦屬官，俾正名舉職，用太常博士張巽爲監察御史。天禧元年，詔別置御史六員，不兼他職，月須一員奏事，專任彈舉，有急務聽非時入對，以殿中丞劉平爲監察御史，用新詔也。《長編》云：平爲鹽鐵判官，復兼省職。天聖元年，上封者以爲言，仍用鞠詠、王軫爲察官。(嘉祐)〔元豐〕四年，中丞韓絳請置裏行。從之。嘉祐五年，詔秘書、殿中、内侍省不隸六察。如有違慢，委言事御史彈奏。七年，大正官名，以言事官爲殿中侍御史，六察官爲監察御史，掌吏、戶、禮、兵、刑、工之事，在京百司，而察其謬誤。八年，詔監察御史兼言事，殿中侍御史兼察事。徽宗時，如辟雍、大(成)〔晟〕府等學、太官局、翰林、儀鸞司、東、西上(閣)〔閤〕門、客省、引進、四方館，皆不隸臺察。崇寧間，大臣欲其便(已)〔己〕，而南臺御史亦有不言事者。自大觀臣僚申請，而殿中六尚、辟雍、大晟府等學、太官局、翰林、儀鸞司皆隸六察。自餘應求有言，而東、西上(閣)〔閤〕門、客省、引進、四方館複隸御史。仁宗天聖四年五月，以太常丞桑慥授監察御史，出於中旨特除也。慥有至行，朝廷聞其名而特命之。以父抃年高無兼侍，乞免。從之。

又 元祐五年四月八日，詔給事中鄭穆、中書舍人王巖叟、左、右諫議大夫劉安世、朱光(庚)〔庭〕同舉監察御史二員以聞。六月二十二日，詔御史中丞蘇轍、侍御史孫升同舉監察御史二員以聞。七月八日，三省言：御史中丞蘇轍、侍御史孫升同舉到監察御史二員，内一員不曾實歷通判，不應條，一員與執政官礙親，令蘇轍、孫升同別舉官二員。轍、升言：檢會元祐三年六月九日尚書省劄子，三省同奉聖旨，左、右司諫、左、右正言、殿中侍御史、監察御史並用陞朝官通判資序實歷一年以上人，舉官準此。臣等竊見後來所用諫官如吳安詩、劉唐老、司馬康三人，並非實歷通判之人，緣上件所降朝旨係諫官、御史並用實歷通判一年，即無分別。今來人才難得之際，若臺官獨拘苛法，必至闕官。況自立法以來，前後本臺及兩制官並不曾舉到實曆通判可用一人，以塞明詔，足見此法難以久行。伏乞特依近用諫官體例，於臣等前來所舉人中選擇除用，免致言事之官久闕不補。詔依條別舉。元豐六年十二月二十五日，詔門下中書外省同舉言事御史二員。八年十月十七日，詔監察御史兼言事，殿中侍御史兼察事，仍減監察御史二員。宣和三年三月二十三日，監察御史餘應求言：竊惟御史(買)〔置〕六察，所以肅紀綱，督曠怠，故上自省部寺監，下至百司庶府，皆隸焉。近年以來，迺有因臣僚陳乞不隸臺察者，以臣所職禮察觀之，如東、西上(閣)〔閤〕門、客省、引進、四方館是也，則其他察又可知矣。今陛下既遵奉祖宗舊制，欲乞凡近年特許不隸臺察者並依舊制。皆從之。宣和三年七月二十四日，臣僚言：著令，監察御史詣三省、樞密院檢點簿書畢，聽往所隸官司點檢。近來因循，未嘗推行，致寺監庫務等處稽違廢弛，無復畏憚。詔依元豐法。高宗建炎元年五月，詔臺官隨從巡幸，許差破親隨監察御史以上各二名、檢法官、主簿各一名，依親事官例日支食錢，候回鑾日罷。紹(興)[聖]二年十二月三日，詔御史臺六察案復置監察御史三員分領。先是，元豐八年冬，詔減監察二員，令殿中侍御史兼領，而察官亦許言事，至是命複之。同日，詔：今後臺諫官並舉未陞朝官以上，不拘資序。仍令翰林學士蔡京、御史中丞黄履各舉堪充監察御史官三員以聞。紹(興)[聖]三年七月二十二日，詔職事官監察御史已上因罪罷黜，並給告。從中書舍人葉祖洽請也。紹(興)[聖]四年正月十七日，詔吏部尚書黄履、翰林學士承旨蔡京、翰林學士林希各舉監察御史一員。六月十四日，詔翰林學士承旨蔡京、翰林學士蔣之奇、權吏部尚書邢恕各舉監察御史二員以聞。十一月十七日，詔諫議大夫已上各舉堪充監察御史一員。紹興十一年十月二十八日，御史臺言：檢准本臺令節文，諸監察御史闕，牒殿中侍御史權，仍奏知。每員止權一察，餘察官兼。若闕員多，兩院御史分領。又總例節文，稱諸兩院御史者，謂殿中侍御史、監察御史。契勘監察御史即日止有一員，正管兵察，所有其餘察見今闕官，本臺除已依上條差殿中侍御史胡大明權禮、吏察，監察御史陳時舉兼戶、兵、刑、工察職事外，奏聞事。從之。紹興十三年九月二十二日，詔：大禮依舊例差監察御史二員糾彈，其監察司手分依條例差三人點檢行遣，令給色號，依明堂大禮例下所屬關借敕入壇殿號。十七年十月十七日，詔每遇季秋差監察御史按視檢察永祐等攢宮。紹興二十二年三月一日，詔今後遇得旨，令臺諫赴都堂議事，及特令薦舉同看詳文字，監察御史並合干預。隆興二年八月十二日，詔每年秋季輪差監察御史檢察安穆皇后攢宮。九月二十九日，監察御史王稽中言：臣先自宮祠召赴行在，令內殿奏事，擢臣監察御史。王之望素昧平生，然士大夫皆言臣是之望所薦，臣不能必其然否。今之望既除執政，臣若不迴避，清議不容。況龔茂良亦係王之望所薦，今茂良既已迴避，乞改差臣宮觀或外任差遣，庶允師言。詔：王稽中乃朕親擢，非王之望所(屬)[薦]，不當過爲迴避。

又 (乾道)八年正月二十二日，詔令御史臺開具六察所隸覺察彈劾事件，並見今監察御史所分管職事申尚書省。二月七日，宰執進呈御史臺覺察彈劾事件分隸六察。虞允文等奏曰：從來覺察彈劾，殿中與長貳通行，其六察則點檢所隸百司簿書之稽違耳，祖宗時監察御史卻許言事。上曰：今既分隸六察，可許隨事彈奏。自此臺綱肅清矣。八日，詔：御史臺覺察彈劾事件並分隸六察。今後如有違戾去處，許監察御史隨事具實狀覺察彈劾聞奏。

又 元豐三年正月十七日，監察御史丁執禮、權監察御史裏行舒亶、何正臣自劾赴景靈宮誤乘馬入偏門。詔釋之。執禮等固乞行法，上批可依所乞，從違令贖，而命卒不下。

《宋會要輯稿・職官十七・御史裏行》 神宗熙寧二年十月二十二日，詔三院御史及裏行今後有公事，並許直牒閤門上殿。從御史裏行張戩、程顥所奏也。元豐四年六月十三日，詔監察御史裏行王祖道罰銅十斤，滿中行六斤。先是，判司農寺舒亶言：本寺未了文字數百件，未了帳七千餘道，催罰錢三百九十餘千，未架閣文字七萬餘件，朝廷已送大理寺根究。伏緣建置六察，正以督治官司違慢爲職，今並不彈奏。祖道、中行自劾，嘗權戶察故也。景祐元年四月二十四日，御史中丞韓億等言：竊見唐朝(魯)[曾]置御史裏行，欲乞於三丞內曾經知縣差使者舉充，候二年滿即與正御史，供職二年即與省府判官或轉運差遣。從之，仍令韓億、楊偕各舉兩員聞奏。

又 御史知雜舊制常以郎中、員外兼侍御史知雜事，專掌臺事。中丞闕，亦專判。元豐七年，詔侍御史知雜事爲侍御史，不帶知雜事，今併入三院，推直官、檢法官、主簿並附。仁宗皇祐四年五月十八日，御史知雜陳升之言：蒙差同糾察在京刑獄，閤門俾赴垂拱殿起居，緣舊例著位外庭，兼領職局，未有赴內殿者。詔與免之。至和元年九月十二日，侍御史範師道首乞諫院及知雜御史，如當擢用，不計資任深淺，並且令任三司副使，其曆三部，方改授待制。詔今後諫官、知雜御史除改旋取進止。治平三年三月，詔自今知雜御史衣綠者告謝日令閤門取旨。先是，知雜呂景初判尚書刑部，仍賜五品服。初，景初衣綠，入謝既改賜章服，故有是詔。元豐三年，詔：中書官司違慢應面奏者，令御史臺丞、知雜同本察官上殿，或具聞奏，餘申中書。元豐五年，詔試起居舍人兼崇政殿說書蔡卞試侍御史知雜事。先是，上欲以卞爲知雜御史。蔡確、王安禮皆以親嫌爲請，上曰：已嘗面諭卞，卞亦以此辭，其人有守，必不肯蔽附。故有是命。元豐五年四月六日，詔侍御史知雜事滿中行罷臺職，爲直集賢院、知無爲軍。初，中行言：王安禮奏御史臺取籍記盜賊名簿，乃本府日用文書。及令分析，乃上言以臺牒別取簿數多，遂奏逐次止取一簿隱落前奏虛稱日用文書一節，此乃安禮前後欺罔不實。上以中行奏事不實不當，故絀之。《事文類聚》：宋以中丞爲長，知權。

《宋會要輯稿・職官十七・三京留司御史臺》《兩朝國史志》：三京留司御史臺管勾臺事各一人，以朝官以上充，掌拜表、行香、糾舉違失。凡（史）吏有令史、知班、驅使官、書吏各一人。以上《續國朝會要》。眞宗咸平六年四月，詔西京留守司御史臺置令史、驅使官二人祗應，按院管勾兩班。大中祥符七年十一月，詔：西京留守司御史臺今後行香拜表，不以官班高下，止以知府兼留守爲首。先是，刑部郎中、直昭文館趙湘知河南府，右諫議大夫陳象輿權御史臺事。象輿自以官高，立班湘上，衰老倨慢，本路轉運司以爲言，故有是命。天禧四年四月，以翰林學士承旨、兵部侍郎晁迥進工部尚書，集賢院學士，判西京留司御史臺，迥累表引年求解近職故也。他官止云權，迥以三品故云判。仁宗慶曆五年九月，詔置南京留司御史臺。七年六月二十一日，詔置北京留司御史臺，仍差太常少卿馬絳管勾。皇祐三年正月十八日，以光祿少卿張子立權管勾西京留司御史臺公事。至和元年七月二十一日，太子太師致仕杜衍言：臣男訴秘書丞通判應天府，乞候成資日就差管勾南京留守御史臺公事。詔候今任滿，差權替年滿闕。衍以引年退居，仁宗卹其耆德，特從所請，非常例也。嘉祐六年九月，以龍圖閣直學士、尚書工部侍郎李柬之爲刑部侍郎、集賢院學士、判西京留司御史臺。柬之以老自請，從之。以上《國朝會要》。神宗熙寧二年十二月二十五日，詔：令三京留司御史臺添權判或管勾官一員，仍差大卿監並職司以上差遣人，須精神不至昏昧，堪任釐務者充，三十箇月滿替。三京留司御史臺皆有常員，至是增員以待卿監監司之老者。國子監亦增之。及宮觀仍不限員，以待知州之老者。三年正月二十六日，詔應乞留司御史臺差遣除兩制以上臨時取旨外，餘候到闕體量定差。七月二十七日，詔：應三京留司御史臺添支，大兩省、大卿監及職司資序人依本人見任官，知小郡、知州資序人依本人見任官通判例，武臣卽比類施行。若遙郡已上罷任及遙郡南班官元係文資，內有功績殊異者，別取旨。四年四月十八日，新知許州、端明殿學士兼翰林侍讀學士、右諫議大夫司馬光權判西京留司御史臺。元豐五年九月十六日，詔：應尚書吏部陳乞留臺宮觀、國子監人，年六十以上兼用執政官恩例者，通不得過三任。崇寧元年七月十一日，中書省言：熙寧中詔臣僚曆監司、知州有衰老不任職者，使食宮觀俸給，自後添支屢經裁減，而諸州供給亦無定例。今以熙、豐以來條制，參立三京留司御史臺、國子監、諸州宮觀嶽廟提舉管勾等官添支例爲八等差。七十以下，不得過三任；七十以上曾任侍御史兩任，寺監長官及職司中散大夫以上一任。從之。

宋・劉筠《刑法叙略》 折獄致刑著於羲《易》，維明克允載於《虞書》，斯則制治在乎。勑法勑法在乎得人之義也，舜以咎繇作士，故《尚書》云：咎繇作士，明于五刑，以弼五教。又謂之大理。故《文子》曰：咎繇喑而爲大理，天下無虐刑。夏商之制無聞，周制大司寇掌建邦之三典，以佐王刑邦國詰四方。小司寇以五刑聽萬民之獄訟，士師掌五禁之法以左右刑罰，卿士遂士縣士方士各聽其所法獄訟。司刑掌五刑之法以麗萬民之罪，司刺掌三刺三宥三赦之法，以贊司寇聽獄訟，掌囚掌守囚及刑殺，掌戮掌斬殺，司隸掌囚執人，布憲掌邦之禁，皆治刑之官也。列國有士師，《論語》所謂孟氏使陽膚爲士師也。亦謂之理，《史記》所謂李離爲晉文公之理也。秦制，廷尉掌刑辟，秩二千石古者兵獄同制，故謂之尉。漢制尚書三公曹主斷獄，二千石，曹掌中都官盜賊辭訟罪法，亦謂之賊曹。又御史屬官有法令曹，掌律令。廷尉秩中二千石，有正及左右監，秩皆千石。景帝中六年更名大理。武帝建元四年復爲廷尉。宣帝地節三年初置左右平，皆六百石，掌平詔獄，冠法冠。哀帝元壽二年復爲大理，自孝武而下置中都官獄三十六所，各有令長之名，如宗正領都司空令丞主罪人，少府領若盧令丞主詔獄，治將相大臣之類也。又置繡衣直指出討姦猾，治大獄，不常置，其有大獄則令雜治。如王嘉致都船詔獄，使將軍以下與二千石雜治之類也。其次卽令就問，如廷尉請補衡山王，遣中尉大行卽問之類也。其當罪又令雜議，如淮南王所犯不軌，丞相御史宗正廷尉雜奏。又詔列侯吏二千石議是也。後漢置治書侍御史，選高第明法律者爲之，天下讞疑事則以法律當其是非。廷尉卿中二千石，掌平獄刑罰，奏當所應，凡郡國讞疑罪皆處當以報。員吏百四十人。又省右平，尚有左平，又罷中都官以下，諸詔獄獨廷尉雒陽縣有焉。魏武初建國，改廷尉爲大理。又置律博士，又置定科，卽主定法令，都官郎主軍事刑獄。黃初元年復以大理爲廷尉，晉制初以三公尚書掌刑獄，大康中省之以吏部尚書領刑獄。又廷尉主刑罰獄訟，屬官有正監平，通視南臺治書，爲尚書郎下遷，又有律學博士，又置黄沙治書侍御史，秩與中丞同，掌詔獄，又廷尉不當者皆治之後省去，咸甯中又置廷尉丞，宋增置都官尚書，掌京師非違，兼掌刑獄，又增置删定郎如魏之定科郎。齊廷尉置丞、正、監、平、律博士各一人，梁初曰大理，天監元年復爲廷尉。廷尉視祕書監，丞視皇子行佐，正視正王佐。正監平三人，比舊選少，重服獬豸冠絳幘皁衣銅印墨綬。又革置建康縣獄三官視給事中，以尚書郎爲之，冠服同廷尉三官。元會廷尉三官與建康三官皆法官，皁衣服朝以監東西中華門，手執方木長三尺，方一寸，謂之執方器，又置律博士，視員外郎。後魏孝文大和中廷尉卿品第二上，少卿品第三上，正監評丞品第五中，獄掾品從第七下。二十三年復次職，令廷尉品第三，少卿品第四，正監評品第六，丞品第七。永安二年復置司直事十人，視五品上，不署曹事，覆治御史簡劾事。北齊大理寺決正刑獄卿屬官正監平各一人，律博士四人，明法掾二十四人，捉事督二十四人，掾十人，獄丞掾各二人，司直明法掾各二人。後周依《周禮》建六官，有司寇卿領秋官府司寇等衆職。又有刑部中大夫掌五刑之法，附萬人之罪。隋文帝改周六官，依前代之法復置都官尚書侍郎，後改爲刑部，復置大理寺卿，少卿正監平各一人，司直十人，律博士八人，明法二十人，獄掾八人。卿正三品，少卿正四品，正監平正六品，律博士正九品。煬帝又改丞爲勾簡官，增置十六人分判獄事。唐制御史大夫中丞掌邦國刑憲典章，其屬侍御史掌推鞫獄訟，謂之東西推。凡有別勅付推者則按其實狀以奏，尋常之獄推訖斷於大理。興元元年又詔殿中侍御史、同知、東西推分日受事，謂之四推。置刑部尚書一人，侍郎一人，掌天下刑法及徒隸，勾覆關某之政，其屬刑部郎中員外各二人，掌二。尚書侍郎舉其典憲而辨其輕重，都官郎中員外各二人掌配隸簿錄俘囚以給衣糧藥療，以理訴競雪冤。尚書正三品，侍郎正四品郎中竝正五品，員外竝正六品。龍朔二年改刑部尚書曰司刑太常伯，侍郎曰少常伯，郎中爲大夫，都官爲司僕。咸亨元年復爲刑部，光宅元年改爲秋官，神龍元年復舊，又置大理卿一人，少卿二人，掌邦國折獄詳刑之事。明慎以讞疑訟，哀矜以雪冤獄，公平以鞫庶獄。正二人，掌參議刑獄正科條之事，六丞斷罪不當則駁正之。丞六人，掌分判寺事，凡有犯皆據其本狀以正刑名。凡六丞判尚書六曹所統百司及諸州之務，其刑部丞嘗押獄，每一丞斷事，五丞同押若有異見，則各言之，主簿二人掌勾簡稽失，凡官吏之負犯並雪冤者則據所由文牒而立簿(爲)〔焉〕。獄丞二人，掌率獄吏知囚徒，司直六人評事十二人，掌出使。卿從三品，少卿從四品，正從五品丞從六品，主簿從七品，獄丞從九品，司直從六品，評事從八品。龍朔二年改爲詳刑寺卿，爲正卿，正爲大夫。咸亨元年復爲大理，光宅元年改爲司刑，神龍元年復故。凡吏曹補署法官，則與刑部尚書侍郎議其人可否，然後主擬。若存制使覆囚徒，則御史大夫中丞與刑部尚書參擇之。凡天下之人有稱冤而無告者，御史大夫與中書門下爲三司以鞫之，大事奏裁，小事專達。三司雖按而非其長官，則侍御史與刑部郎中員外大理司直評事往訊之。五代因之。歷代丞相三公刺史守相令長之從事掾屬其孚刑獄則有決曹、辭曹、賊曹、法曹、司法、長流、刑獄之類焉。夫律令者，國之衡石刑辟者，人之銜轡，故王者慎其事擇其官，以成欽恤之心，以致平反之治。然後上靡苛政，下無冤民，庶獄清而善氣應，其由兹乎。

宋·許月卿《百官箴·刑部尚書箴》 陽居大夏，陰積空虚，任德不任刑，此天地好生之心與？守位曰：仁在積取舍，積此禮義，久有天下，積彼刑罰，二世秦亡，人主觀此效驗。孔明或謂，教化不如法令。彼胡不觀觀周與秦能一天下不嗜殺人。五代深刻，爲我毆民。天祐太祖，堯舜性仁，讀書而嘆，得堯舜心：四凶之罪投竄而已，憲網之密，哀此後世，惻隱一念，有意措刑。上帝監之，萬世爲君。萬世爲君，是誰之力，太祖之仁，與天無極。陽九厄運，旋即中興。人心未忘，太祖之仁。宴紫雲樓，俯念愚氓。藩侯苛虐，朕斷不容，枉法殺人，方鎮跋扈，置而不問，焉用刑部？人命至重，當如是乎？錄案以聞，刑部審諸，是不仁者，能壅吾澤？太祖懲之，民受其福。豈肯聽彼，殺人如嬉。動以軍法，於民行之。洙泗有言，欲善民善，何以殺爲，盍亦自反。反身而誠，風行草偃。不教而殺，是謂罔民。教而不身，民亦弗從。教化既行，習俗自美。成康刑措，如是而已。式敬由獄，長我王國。侍臣司禁，敢告攜僕。

宋·許月卿《百官箴·大理箴》 千載稱賢，漢張廷尉仁哉，文帝故能用之。爲政在人，取人以身，移風易俗，黎民孔醇，幾致刑措，豈無所自。攷釋之語惡刀筆吏曰：亟疾苛察，秦是以亡。惻隱之實，過失不聞，舉措繫風化，不可不謹。帝善其言，進進吾仁。故其爲廷尉，不以天子喜怒易其平。天下無冤民，豈惟釋之賢，能用釋之，文帝之功。張湯杜周，彼胡能忍。武帝其原。其原帝心。堯舜率天下以仁，民偃如風。桀紂率天下以暴，民應如響。其所令反其所好而民不從，未聞堯舜而喜惡來，未聞桀紂而用皋陶。向使桀紂令其臣以恤刑，彼從其意不從其令。夫子不云乎，聽訟吾猶人，必也使無訟。盍亦反諸心，物格知至意誠心正，身修家齊國治天下平。堯舜好仁，天下景從。尚焉用訟，允也無刑。一念之差，上僅萌芽，下以尋丈。誅不勝誅，欲齊其末，逾勤寖遐。卿臣司士，敢告掃除。

宋・王林《燕翼詒謀録》卷一　今之司理參軍，五代之馬步軍都虞候判官也，以牙校爲之，州鎮專殺，而司獄事者輕視人命。太祖皇帝開寶六年七月壬子，詔州府並置司寇參軍，以新及第《九經》、《五經》及選人資序相當者充。其後改爲司理參軍。

又　尉職警盜，村鄉急鬬，憚經州縣者多投尉司，尉司因此置獄，拷掠之苦，往往非法。咸平元年十月己丑，有詔申警，悉毁撤之，詞訴悉歸之縣。蓋後生初任，未歷民事，輕於用刑，縣令權輕不能制伏，民受其殃，此令一行，至今無敢犯者。

宋・錢易《南部新書・己》　〔唐〕大歷十四年六月，勑御史中丞董晉、中書舍人薛播，給事中劉迺宜充三司使，仍取右金吾將軍廳一所，充使院，并西朝堂置幕屋，收詞訟。至建中二年十一月停，後不常置。有大獄，卽命御史中丞、刑部侍郎、大理卿充，謂之大三司使。次又以刑部員外郎、御史、大理寺官爲之，以決疑獄，謂之小三司使。皆事畢日罷。

宋・洪邁《容齋續筆・漢獄名》　漢以廷尉主刑獄，而中都它獄亦不一。宗正屬官有左右都司空，鴻臚有別火令丞、郡邸獄，少府有若盧獄令、考工共工獄，執金吾有寺互、都船獄，又有上林詔獄、水司空掖受祕獄，暴室、請室、居室徒官之名。《張湯傳》蘇林曰：《漢儀注》獄二十六所。《東漢志》云：孝武帝所置，世祖皆省之。東漢自唐雖鞫囚非一處，然不至如是其多。國朝但有大理及臺獄。元豐、紹聖間，蔡確、章子厚起同文館獄之類，非故事也。

宋・洪邁《容齋續筆・棘寺棘卿》　今人稱大理爲棘寺，卿爲棘卿，丞爲棘丞，此出《周禮・秋官・朝士》，掌建邦外朝之法。左九棘，孤卿大夫位焉；右九棘，公侯伯子男位焉。鄭氏注云：植棘以爲位者，取其赤心而外刺也。棘與棗同，棘之字兩朿，相並棗之字，兩朿相承，此所言者今之棗也，然孤卿大夫皆同之。則難以獨指大理。《王制》云：正以獄成告于大司寇，大司寇聽之棘木之下，料後人藉此而言。鄭注亦只引前說，此但謂其入朝立治之處，若以指刑部尚書，亦可也。《易》坎卦係用徽纆寘于叢棘，以居險陷囚執爲詞，其義自別。

宋・王應麟《玉海・淳化審刑院》　二年八月己卯置。

太祖始用士人治州郡之獄，太宗尤重用典刑，哀矜之詔，歲輒有之。刑部設詳覆之員，諸路命糾察之使。淳化又置察刑院於禁中，防大理刑部之失。凡具獄，先上二司，然後關報。審刑事從中覆，然後下丞相府，丞相府又以聞，始命論。其重謹之備如此。祥符二年七月丁巳，置糾察在京刑獄司，周起、趙湘領之。

宋・王應麟《通鑑答問・置廷尉平》　或曰：《路溫舒傳》宣帝初卽位，上書言尚德緩刑。《通鑑》載於地節三年，何歟？曰：溫舒之書曰初登至尊，蓋在卽位之初。《刑法志》云：宣帝卽位，溫舒上疏，上深愍焉，迺下詔置廷平。《帝紀》地節三年初置廷尉平，故《通鑑》載溫舒上書於是年也。或曰：《志》云於是選于定國爲廷尉，求明察寬恕，黃霸等以爲廷平。攷之《百官表》，于定國地節元年爲廷尉，非置廷平之年也。《黃霸傳》云：宣帝卽位，聞霸持法平，召以爲廷尉正。《通鑑》載於本始元年。皆與《志》異，何歟？曰：定國爲廷尉已三年，霸爲正不爲平，此《志》之誤也。曰：《志》云：孝武禁罔寖密，宣帝自在閭閻，知其若此。《黃霸傳》云：自武帝末用法深，昭帝幼，霍光秉政，上官桀等作亂，光既誅之，遂遵武帝法度，以刑罰痛繩羣下，繇是俗吏上嚴酷以爲能。宣帝在民間，知百姓苦吏急，然則秦有十失，其一尚存，非獨武帝之過，亦霍光之過歟？曰：政有因有革。武帝用法之深，霍光因而不革，繩下益峻，不可謂知時務之要。宣帝好觀《申子・君臣篇》，所用多文法吏，忠厚之澤斬焉。《志》謂獄刑號爲平矣。號云者，名然而實否也。霍光不務德教而務刑罰，既失於前，重以魏相之嚴毅，趙廣漢之誅相實爲之，能稱上意，不能正君心，大臣輔德之責未盡，乃取文王之罔攸兼者而躬聽之，此鄭昌所謂理其末也。以刑名繩下，以法律爲《詩》《書》，帝之治體可見。精神雖強，元氣已索，不待優游不斷之主，而漢業之衰已兆矣。然則正其本當何如？曰：臨下以簡，御衆以寬，道之以德，齊之以禮，是謂能省刑本。鄭昌乃以刪定律令爲先，抑末矣。

宋·佚名《名公書判清明集·官吏門·儆飭》 本司乃九州刑獄所在，關繫匪輕，中間外官入僉廳，不知事體，徇人情，壞法度，書信絡繹，甚至賫傳簡牌，入僉廳囑託訟事，遂使僉廳爲市易關節之地。昨嘗屢以此意拜聞，已蒙聽信，但日子既久，又恐解弛，更望堅守勿踰。又當職每蒙程右司見諭云，本司僉廳見諭某事，已行訖。當職自反，未嘗託僉廳懇州郡以事，不知何爲有此。此外又欲諸位於每日入僉廳之時，只須帶穩實廳子一名當直，卻令都吏別差一名貼司在僉廳候，如討案牘，只換貼司告報案分取討，不可令廳子擅入案中，聽探動息，庶幾本司事體不至敗壞。區區末路，實藉保全，切冀矜體。

元·馬端臨《文獻通考·職官考六·刑部尚書》 隋初有都官尚書。開皇三年，改都官爲刑部尚書，統都官、刑部、比部、司門四曹，亦因後周之名，唐因之。龍朔二年，改刑部尚書爲司刑太常伯。咸亨元年復舊。武太后改刑部爲秋官。神龍初復舊。天寶中改爲憲部。至德初復舊。總判刑部、都官、比部、司門事。

侍郎一人。《周官·小司寇》中大夫蓋今任也。後周依《周官》。至隋煬帝置刑部侍郎。唐因之。龍朔二年，改爲司刑少常伯。咸亨元年復舊。他時曹名或改而官號不易。掌律令，定刑名，案復大理及諸州應奏之事。

郎中二人。《周官》大司寇屬官，有士師，下大夫蓋今任也。漢尚書有三公曹。後漢有二千石曹，魏有都官曹，皆掌刑法獄訟之事。歷代沿革，具尚書中，或爲侍郎，或置郎中，例在吏部郎中篇。後周有小刑部下大夫，屬秋官府。隋初置刑部侍郎。煬帝除侍字，又改爲憲部郎。武德三年改爲刑部郎中。龍朔二年改爲司刑大夫。咸亨元年復舊，與侍郎同。

員外郎二人。隋文帝置刑部員外郎。煬帝改爲憲部承務郎。武德三年改爲刑部員外郎。其後，曹改而官不易。

都官郎中一人。漢司隸校尉屬官有都官從事，掌中都官不法事。後漢又改尚書二千石曹，掌中都官、水火、盜賊。魏青龍二年始置尚書都官郎，佐督軍事。晉、宋尚書都官兼主刑獄。歷代事具尚書中，其官例在吏部郎中注。後周則曰司厲，隋初爲都官侍郎，掌簿錄、配役、官私奴婢、良賤、訴競、俘囚等事。煬帝除侍字，置員外二人。武德三年加中字。減一人。龍朔二年改爲司僕大夫。咸亨元年復舊，掌簿斂、配役、官奴婢簿籍、良賤及部曲客女、俘囚之事。

員外郎一人。《周官》曰司厲下士，蓋並今任也。後周依焉。隋改置與戶部同。

比部郎中一人。魏尚書有比部曹，晉因之。宋時比部主法制，齊、梁、陳皆有比部曹，後魏亦然。北齊掌詔書、律令、句檢等事，後周曰計部中大夫。蓋其任也。隋初爲比部侍郎，煬帝除侍字。武德中加中字，龍朔二年改爲司計大夫。咸亨元年，復舊。天寶十一載又改比部爲司計，至德初復舊。掌內外諸司公廨及公私債負、徒役、公程、贓物賬及句用度物。

員外郎一人。改置與戶部員外郎同。

司門郎中一人《周禮·地官》有司門下大夫，掌授管鍵啓閉，歷代多闕，至後周依《周官》，隋初有司門侍郎，煬帝除侍字，武德三年加中字，龍朔二年改爲司門大夫，咸亨元年復舊。掌門籍關橋及道路過所闌遺物事。

員外郎一人周官有司門上士，後周依焉。後改置與戶部同。

元·馬端臨《文獻通考·職官考十·大理卿》 隋初置十人，煬帝置十六人，唐置六人，掌承制。出使推覆。若寺有疑獄則參議之。評事，漢宣帝地節三年初於廷尉置左右平，員四人。宣帝詔曰：今遣廷吏與郡鞫獄，任輕祿薄。其爲置正平員四人，其務平之。涿郡太守鄭昌上言曰：聖王立法明刑者，非以爲理，救衰亂之起也。今明主躬垂明聽，不置廷平，獄將自正。若開後嗣，不若刪定律令定。律令定，愚民知所避就，姦吏無所弄法。今不正其本，而置廷平以理其末。代衰聽惑，則廷平將搖權而爲亂首也。宣帝始置左右平。而《三輔決錄》注云，何比干漢武帝爲廷尉右平，謬矣。後漢光武省右平，唯有左平一人，掌平決詔獄，冠法冠。魏晉以來，無左右而直謂之廷尉平。後魏北齊及隋，廷尉、平各一人。開皇三年罷。至煬帝乃置評事四十八人，掌與司直同。其後官廢。唐貞觀二十二年，褚遂良議重法官，復奏置評事十員，掌出使推覆。後加二人爲十二員。

監。秦置廷尉監，漢有左右監。邴吉，字少卿，爲廷尉監。光武省右監，唯有左監一人。魏晉以來，無左右而直云廷尉監。隋開皇三年，罷大理監。

《宋史·刑法志一》 先是，藩鎮跋扈，專殺爲威，朝廷姑息，率置不問，刑部按覆之職廢矣。建隆三年，令諸州奏大辟案，須刑部詳覆。尋如舊制：大理寺詳斷，而後覆於刑部。凡諸州獄，則錄事參軍法掾參斷之。自是，內外折獄蔽罪，皆有官以相覆察。又懼刑部、大理寺用法之失，別置審刑院讞之。吏一坐深，或終身不進，由是皆務持平。

又 眞宗性寬慈，尤慎刑辟。嘗謂宰相曰：執法之吏，不可輕授。有不稱職者，當責舉主，以懲其濫。審刑院舉詳議官，就刑部試斷案三十二道，取引用詳明者。審刑院每奏案，令先具事狀，親覽之，翌日，乃候進止，裁處輕重，必當其罪。

又　初，眞宗時，以京師刑獄多滯冤，置糾察司，而御史臺獄亦移報之。八年，御史論以爲非體，遂詔勿報。祖宗時，重盜剝桑柘之禁，枯者以尺計，積四十二尺爲一功，三功以上抵死。殿中丞於大成請得以減死論，下法官議，謂當如舊。帝意欲寬之，詔死者上請。

又　刑部分四按，大辟居其一，月覆大辟不下二百數，而詳覆官纔一人，明道二年，令四按分覆大辟，有能駁正死罪五人以上，歲滿改官。法直官與詳覆官分詳天下旬奏，獄有重辟，獄官毋預燕遊迎送。

又　舊法，刑部郎官四人，分左右廳，或以詳覆，或以敍雪，同僚而異事，有防閑考覆之意。南渡以來，務從簡省，大理少卿止一員，刑部郎中初無分異，獄有不得其情，法有不當於理者，無所平反追改。二十六年，右司郎中汪應辰言之。詔刑部郎官依元豐法，分左右廳治事。

《宋史·刑法志三》　又因尚書省言，遠方奏讞，待報淹繫，始令川、廣、福建、荆南路罪人，情輕法重當奏斷者，申安撫或鈐轄司酌情決斷乃奏。門下侍郎韓維言：天下奏按，必斷於大理，詳議於刑部，然后上之中書，決之人主。近歲有司但因州郡所請，依違其言，即上中書，貼例取旨，故四方奏讞日多於前。欲望刑清事省，難矣。自今大理寺受天下奏按，其有刑名疑慮、情理可憫，須具情法輕重條律，或指所斷之法，刑部詳審，次第上之。詔刑部立法以聞。

又　帝以國初廢大理獄非是，元豐元年詔曰：大理有獄尚矣。今中都官有所劾治，皆寓繫開封諸獄，囚旣猥多，難於隔訊，盛夏疾疫，傳致瘐死，或主者異見，歲時不決，朕甚愍焉。其復大理獄，置卿一人，少卿二人，丞四人，專主鞫訊；檢法官二人，主簿一人。應三司、諸寺監吏犯杖、笞不俟追究者，聽即決，餘悉送大理獄。其應奏者，并令刑部、審刑院詳斷。應天下奏按亦上之。五年，分命少卿左斷刑，右治獄。斷刑則評事、檢法詳斷，丞議，正審；治獄則丞專推劾，主簿掌按籍，少卿分領其事，而卿總焉。六年，刑部言：舊詳斷官分公按訖，主判官論議改正，發詳議官覆議。有差失問難，則書於檢尾，送斷官改正，主判官審定，然後判成。自詳斷官歸大理爲評事、司直，議官爲丞，所斷按草，不由長貳，類多差忒。迺定制：分評事、司直與正爲斷司，丞與長貳爲議司。凡斷公按，正先詳其當否，論定則簽印注日，移議司覆議，有辨難，乃具議改正，長貳更加審定，然後判成錄奏。

又　元祐初，三省言：舊置糾察司，蓋欲察其違慢，所以謹重獄事，罷歸刑部，無復糾察之制。請以糾察職事委御史臺刑察兼之，臺獄則尚書省右司糾察之。三年，罷大理寺獄。初，大理置獄，本以囚繫淹滯，俾獄事有所統，而大理卿崔臺符等不能奉承德意，雖士大夫若命婦，獄辭小有連逮，輒捕繫。凡邏者所探報，即下之獄。傅會鍛煉，無不誣服。至是，臺符等皆得罪，獄乃罷。八年，中書省言：昨詔同外，歲終具諸獄囚死之數。而諸路所上，遂以禁繫二十而死一者不具，即是歲繫二百人，許以十人獄死，恐州縣弛意獄事，甚非欽恤之意。詔刑部自今不許輒分禁繫之數。紹聖二年，戶部如三司故事，置推勘檢法官，應在京諸司事干錢穀當追究者，從杖已下即定斷。

又　〔元祐〕三年，復置大理寺右治獄，官屬視元豐員，仍增置司直一員。大理卿路昌衡請：分大理寺丞爲左、右推，若有翻异，自左移右。再變，即命官審問，或御史臺推究。不許開封府互勘及地分探報，庶革互送挾仇之弊。徒已上罪移御史臺。命官追攝者，悉依條。若探報涉虛、用情托者，并收坐以聞。

《宋史·李昌齡傳》　是秋，初置審刑院於禁中。凡獄具上奏，先申審刑院，印付大理、刑部斷覆以聞，又下審刑中覆裁決，以付中書，當者行之，否則宰相聞以論決。

又　下詔御史臺，合行故事並條奏以聞，獄無大小，自中丞以下皆親臨鞫問，不得專責所司。

《宋史·周起傳》　初置糾察刑獄司，因命起，起迺請諸已決而事有所枉及官吏非理榜掠者，並聽受訴，從之。

《遼史·刑法志上》　〔遼聖宗〕嘗敕諸處刑獄有冤，不能申雪者，聽詣御史臺陳訴，委官覆問。往時大理寺獄訟，凡關覆奏者，以翰林學士、給事中、政事舍人詳決，至是始置少卿及正主之。猶慮其未盡，而親爲錄囚。數遣使詣諸道審決冤滯，如邢抱樸之屬，所至，人自以爲無冤。

又　故事，樞密使非國家重務，未嘗親決，凡獄訟惟夷離畢主之。及蕭合卓、蕭樸相繼爲樞密使，專尚吏才，始自聽訟。時人轉相效習，以狡智相高，風俗自此衰矣。故太平六年下詔曰：朕以國家有契丹、漢人，故以南、北二院分治之，蓋欲去貪枉，除煩擾也；若貴賤异法，則怨必生。夫小民犯罪，必不能動有司以達於朝，惟內族、外戚多恃恩行賄，以圖苟免，如是則法廢矣。自今貴戚以事被告，不以事之大小，并令所在官司按問，具申北、南院覆問得實以聞；其不按輒申，及受請托爲奏言者，以本犯人罪罪之。

《金史・章宗紀一》〔大定二十九年八月〕壬寅，制提刑司設女直、契丹、漢兒知法各一人。

《金史・章宗紀三》〔承安四年三月〕司空襄、右丞匡、參知政事揆請罷諸路提點刑獄，從之。

又〔承安四年〕夏四月癸亥，改提刑司爲按察使司。

《元史・世祖紀十二》〔至大元年六月〕丙辰，御史大夫塔思不花言：殿中司所職：中書而下奏事者，必使隨之以入；不在奏事之列者，聽其引退；班朝百官朝會失儀者，得糾劾；病故者，必以告。請如舊制。又言：舊制，內外風憲官有所彈劾，諸人勿預。而近有受賕爲監察御史所劾者，獄具，夤緣奏請，託言事入覲，以避其罪。臣等以爲今後有罪者，勿聽至京，待其對辨事竟，果有所言，方許奏陳。皆從之。

《元史・武宗紀二》〔至大二年八月己未〕尚書省臣言：中書省尚有逋欠錢糧應追理者，宜存斷事官十人，餘皆併入尚書省。又言：往者大辟獄具，尚書省議定，令中書省裁酌以聞，宜依舊制。從之。

又〔至大三年正月〕乙巳，令中書省官吏如安童居中書時例存設，其已汰者，尚書省遷敍。省樞密院官，存知樞密院七員、同知樞密院事二員、樞密副使二員、僉樞密院事二員，同僉樞密院事一員。增御史臺官二員，御史大夫、御史中丞、侍御史、治書侍御史各二員。

又〔至大三年十月〕庚申，敕：尚書省事繁重，諸司有才識明達者，並從尚書省選任，樞密院、御史臺及諸有司毋輒奏用，違者論罪。

《元史・成宗紀》中書省臣言：舊制京師州縣捕盜，止從兵馬司，有司不與，遂致淹滯。自今輕罪乞令有司決遣，重者從宗正府聽斷，庶不留獄，且民不冤。從之。

《元史・廉希憲傳》〔至元〕五年，始建御史臺，繼設各道提刑按察司。時阿合馬專總財利，乃曰：庶務責成諸路，錢穀付之轉運，今繩治之如此，事何由辦？希憲曰：立臺察，古制也，內則彈劾奸邪，外則察視非常，訪求民瘼，裨益國政，無大於此。若去之，使上下專恣貪暴，事豈可集耶！阿合馬不能對。

明・呂本《皇明寶訓・洪武卷五・恤刑》洪武十七年閏十月癸丑，命天下諸司刑獄皆屬刑部，都察院詳議平允，又送大理審覆，然後決之。其直隸諸府州刑獄，自今亦準此令，庶幾民無冤抑囚。謂刑官曰刑者，人君用之以防民，君之於民，如天之於物。天之道，春生秋斂，而論天之德則曰生君之道，仁育義制，論君之德則曰仁夫王良。善御豈在於策，周公善治，豈在於刑。所謂刑者，輔治之具，是以用之不可不詳，故每令三審五覆，無非求其生而已。

明・何棟如《皇祖四大法・治法》〔洪武十七年三月〕丙寅，詔改建刑部，都察院、大理寺、審刑司、五軍斷事官公署于太平門之外。太平門在京城之北，以刑主陰肅，故建于此。勅曰，肇建法司于玄武之左，鍾山之陰，名其所曰貫城，蓋法天之貫索也。是星七宿，如貫珠環而成象，乃天牢也。若中虛而無凡星于內，則刑官無邪私，政平訟理，獄無囚人。若凡星處貫內者，刑官非人，若中有星而明者，貴人無罪而獄。今法司已法天道，建置爾諸職事，各勵乃事，當以身心法天道而行之，如貫之中虛，則獄清而無事，心靜而神安，鑒玄武之澄波，睇鍾山之蒼翠，以快其情，庶不負朕肇建法司之意也。爾其欽哉。

明・孫旬《皇明疏鈔・應詔陳言時政疏》一、正憲體。臣惟爲治有體，不得相侵，其在憲臣尤所當正。近見本院問完囚犯有奏辨者，都察院或改行巡按御史問理。臣愚竊謂本院乃臺官之長，原問亦御史也。審允又有南京大理寺也，乃因犯人欲改行巡按而輒從之，似非憲體所宜，合無今後都察院將前項奏辨囚犯仍行本院與之詳鞫，若問完再奏，要調隔別衙門則行南京刑部以更聽之，若該部問完又奏改調從都察院參詳，果涉矜疑，獄情重大，方與奏行南京三法司會問。其本無冤枉，捏詞奏擾者，不拘次數，勿與准行，或咨來本院詳審得實亦就立案，以杜幸免之姦，以省拘證之擾可也。

《明實錄・吴元年》〔冬十月〕壬子，置御史臺及各道按察司。御史臺設左右御史大夫，從一品。御史中丞，正二品，侍御史，從二品。治書侍御史，正三品。殿中侍御史，正五品。經歷，從五品。都事，正七品。照磨、管勾，正八品。察院監察御史，正七品。各道按察司按察使，正三品。副使，正四品。僉事，正五品。經歷，正七品。知事，正八品。照磨，正九品。以湯和爲左御史大夫，鄧愈爲右御史大夫，劉基、章溢爲御史中丞，文原吉、范顯祖爲治書侍御史，安慶爲殿中侍御史，錢用壬爲經歷，何士弘、吴去疾等爲監察御史。基仍兼太史院使。上諭之曰：國家新立，惟三大府總天下之政。中書，政之本。都督府，掌軍旅。御史臺，糾察百司，朝廷紀綱，盡繫於此。而臺察之任，實爲清要，卿等當思正己以率下，忠勤以事上。蓋己不正則不能正人，是故治人者，必先自治，則人有所瞻仰。毋徒擁虚位而漫不可否，毋委靡因循以縱姦長惡，毋假公濟私以傷人害物。《詩》云：剛亦不吐，柔亦不茹。此大臣之體也。卿等勉之。又諭御史大夫湯和曰：卿以武臣而位處文職，當求儒者講論。自古人臣立身行己事君治人之道，盡心所事，以成功業，他日名書史册，垂耀千載，豈不美哉！和頓首謝。

《明實録・洪武六年》〔九月〕丁未，更定有司申報庶務法。國初凡有司庶務，若戶口、錢糧、學校、獄訟之類，或每季或每月，具其增損見在之數書於册，縣達於州，州達於府，府達於行省，類咨中書，吏牘煩碎，而公私錄糜費。又有司決獄笞五十者，縣決之。杖八十者，州決之。一百者，府決之。其徒罪以上，其獄送行省。由是，州縣或受臟減重從輕，省府或弄法中輕入重，文穢駁議，囚繫淹連。至是，命中書省、御史臺詳議，務從簡便，乃革月報爲季報，以季報之數類爲歲報。凡府州縣輕重獄囚，即依律斷決，不須轉發。果有違枉從，御史按察司糾劾，令出天下便之。

《明實録・洪武七年》〔八月〕辛丑，刑部侍郎茹太素言三事：一栓舉卷宗。自中書省内外百司，悉聽監察御史、按察司檢舉，而臺家互相檢舉，法則未盡善。在內，監察御史文卷，御史臺檢舉；在外，按察分司文卷，總司檢舉；總司文卷，守省御史檢舉。獨御史臺行過文書，未有定考，宜令守院監察御史一體檢舉。二言勘司初設官吏數少，難以磨勘天下錢糧，請增設官吏各分爲科。三言在外省衛凡會議軍民事務有不相合，往往遲誤。今後會議請用按察司官一員，糾正是非，以爲證驗。書奏，上命磨勘司增設司令一員，司丞五員，首領官五員，書吏二十人，典史四十人，分爲四科。其檢舉會議之法，亦如所言。

《明實録・洪武十四年》〔十一月〕己亥，復置大理寺及審刑司以平理庶獄。大理寺卿一人，正五品。左右少卿各一人，從五品。左右寺丞各一人，正六品。其屬，左右寺正各一人，正六品。左右寺副各二人，從六品。左評事四人，右評事八人，正七品。胥吏六十二人。凡刑部、察院、五軍斷事官、直隸府、州、縣罪囚，左寺理之。十二布政司，右寺理之。審刑司，左右審刑，各一人，正六品。左右詳議，各三人，正七品。司吏十人，凡大理寺所理之刑審刑司復詳讞之。

《明實録・洪武十七年》〔十一月〕丁丑，五軍斷事官邵文德言本司與刑部、都察院皆掌天下刑名，而刑部分設四部，各有郎中、員外郎、主事，都察院置十二道，有監察御史以分掌之部，又有尚書侍郎，院又有都御史，以總其綱。猶慮壅滯不決，惟斷事官。獨員，實難其任。乞增置員數，分隸五府，各掌其事，庶幾獄訟易理而無稽違之患。上命廷臣議之，吏部尚書余熂定議，五軍都督府宜各設左右斷事二人，提控案牘一人，司吏三人，典吏六人，以分理刑獄。從之。

《明實録・宣德七年》〔四月〕壬子，行在都察院奏所擬巡撫侍郎與巡按監察御史按察司文移事例。先是，勑侍郎分巡各處撫恤人民，遇有訴訟重者，付布政司、按察司或巡按監察御史鞫問。時吏部右侍郎趙新往江西。江西按察司謂非六部統屬承行詞訟，多不回報，新咨行在禮部取明降禮部奏，欲行都察院，令按察司遵勅行之。上曰：朕遣侍郎四出巡撫，令以詞訟之大者，付二司與御史，不惟欲重其任，其大體亦當如是。然諸司文移各有體統，其與都御史顧佐議擬以聞。於是，佐上言：聖朝内設監察御史，外設按察司。凡諸司官不公不法，皆得糾舉。故與諸司無承行，所以重耳目之寄，崇紀綱之司也。今侍郎趙新欲令按察司以問完詞訟回報。蓋刑名重事，乃刑部、都察院所掌。縱使按察司回報，不惟其難擅決斷，抑恐其專肆妄爲。又慮御史按察司被其狹制，曲法阿從，以致顛倒是非，出入人罪，此尤不可。請令各處巡按御史及按察司，自今遇有巡撫侍郎送到訴訟，其間果係切要重事，則遵勅問理，奏解赴京決遣，如有干礙軍職及五品以上文官及當奏之事，則奏請裁決，仍照例呈都察院。乞勅禮部移文令新等，自今凡有事，務止行移布政司及府州縣轉行巡按御史、按察司行之，若非切要重事，不得一概徑行。上是其言。

《明實録・隆慶元年》〔十二月乙酉〕刑部覆戶科都給事中魏時亮奏

請令撫按官於聽屬詞訟，無論大小，不得批發軍職及異途小官問理，守巡等官俱宜親行聽斷，有司等官亦務秉公訊決。又農工方亟請暫止受詞，并釋輕罪以便耕耨。佐貳官如有違例擅受民詞者，罪之。得旨，近來司府官避事怠職，其于訟詞弗親聽理，一槩批委所屬，以故作弊多端，百姓受害，殊非朝廷設官爲民之意，今後有蹈此者，撫按官即指名民奏治。

明・朱瞻基《御制官箴・刑部箴》 聖人制刑，輔治弼教，掌邦之禁，惟仁之蹈，咨爾刑部，卿佐暨屬。惟公乃明，惟明能燭。匪廉弗公，勉篤于行。惟敬惟慎，毋忘哀矜。死獄求生，何昔之德。移情就律，何今之刻。深文巧詆，寔民之賊。如鑑如衡，刑乃弗忒。毒威以逞，下情鬱堙。私意以行，枉直失眞。司命之寄，毫絲罔僻。罪疑惟輕，庶鮮冤抑。天不可違，民不可罔，斷不可續，應則如響。往體予仁，欽哉勿渝。庶幾祥刑，有永令譽。

明・朱瞻基《御制官箴・大理寺箴》 有虞用士，弼敎明刑。秦漢相繼，廷尉是稱。命曰大理，繇景之世。暨于今茲，一以輔治。列之九卿，有翼有承，鑑空衡平，視獄之成。簡于五辟，以正刑罰。維過斯宥，維義之合。刑不可贖，死不可出。惟爾是憑，其可不矜？易簡明慎，書戒欽恤。祗率弗違，乃德之吉。惟官惟友，惟貨惟來，終迷不復，乃禍之階。粤昔蘇公，式敬山獄，以長王國，永命攸屬。嗚呼若人，悠悠我思。爾儀爾規，服此戒辭。

明・朱瞻基《御制官箴・都察院箴》 歷代建官，皆有御史，任之耳目，委以網紀。糾違繩愆，激濁揚清，用獻嘉言，惟直與明。祖宗之制，有長有貳。其下之屬，凡十有四。敷達民隱，察舉官邪，必究大體，毋尅毋頗，必由中道，毋過不及。毋以賄遷，毋以勢懾。敦仁之存，篤義之行，冰霜之清，松栢之貞。凡爾憲臣，敬慎以勖。庶幾朝政，資爾以肅。婞婟緘默，徒取克位。職是用弛，國則何賴？必端諸心，必脩諸己，庶懋爾績，庶輔予理。

明・沈德符《萬曆野獲編・補遺・内閣・輔臣掌都察院》 都察院之長，即漢御史大夫，號爲亞相。今爲風紀重臣，主糾察百僚，未有以閣臣兼者。本朝惟有嘉靖六年丁亥張永嘉，隆慶四年庚午趙内江二人而已。張初用大禮暴貴，又起大獄以媚郭勳，遂以侍郎學士兼掌西臺，下三法司官刑部尚書顏頤壽等，原問官山西巡按御史馬錄等於獄，盡反張寅、李福達之案，獄成，戍斥者百餘人。永嘉因以功進兼文淵閣大學士，再晉尚書，仍掌院事。次年，晉少保始歸閣，趙因高新鄭踞吏部，欲非時考察科道，恐人議之，乃以内江掌院共事。然舉計典時，趙多所牴牾，察完未匝月，高即嗾門人吏科都給事中韓楫論其庸横。趙辯疏直發其謀，云横非庸人所能也，臣眞庸臣耳，若拱乃可爲横臣，且有楫爲之腹心羽翼，他日將不可制。其言甚辨，終不勝而去。二公兼署，雖各有本末，然總非制也。張寅即妖賊李福達，人人知之。著辨者亦衆，後蔡伯貫於蜀被擒，其讞詞中載有甚詳，雖永嘉以一時私臆，且邀上命，刻欽明大獄錄，以鉗天下。而是非終不可滅，福達孫仍以叛誅。庚午，高趙同事，所斥謫臺垣如魏時亮，陳瓚等數人，俱先後起廢，登八座，稱名臣，則閣臣領憲，亦未足爲重也。

明・談遷《國榷・惠宗建文二年》 〔二月癸亥〕改大理寺曰司，左右寺正曰都評，寺副曰副都評，左右司各設評事六。甲子，改都察院曰御史府，置察院一，省監察御史，定二十八人。

又 〔三月〕辛巳，改詹事府爲御史府，便朝謁，左都御史耿清爲御史大夫，副都御史練子寧爲御史中丞，賜宴于新治。

明・談遷《國榷・成祖永樂二年》 九月己亥，朔，辛丑，復大理寺左右評事。

明・余繼登《典故紀聞》卷十七 嘉靖時，都給事中周瑯言：律令所載，凡逮繫囚犯，老疾必散收，輕重以類分。枷杻薦席，必以時飭，涼漿暖匣，必以時備。無家者給之衣米，有疾者給之醫藥，淹禁有科，疏決有詔，此祖宗良法美意。今無論輕重，概爲幽囚，動引歲時，主者苦爲讞覆之煩，吏卒憚於防閑之久，奏未成而罪人之骨已糜矣。伏乞嚴爲禁約，酷吏知警，而民命無枉。世廟深然其言，令今後中外理官務平心推鞫，不得任意出入，以致冤濫。在外責之監司，在京令部院及科道糾察。但有用法深刻致戕民命者，即黜爲民，即才守可觀，不許推薦，務期用刑得中，以稱朕欽恤之意。

又 嘉靖時，侍郎張璁等言：祖宗設立刑部、都察院、大理寺，謂之法司，所以糾正官邪，清平獄訟也，設立東廠、錦衣衛，謂之詔獄，所以緝捕盗賊，詰訪奸宄也。夫職業之廢，謂之曠官，職掌之奪，謂之侵官。今後凡貪官冤獄仍責之法司提問辯明，若有陷情曲法，聽廠衛覺察上聞。凡盗賊奸宄，仍責之廠衛緝訪捕獲，然必審問明白，送法司擬罪上聞。庶於事體爲當。世廟深以爲然，詔如議行。

明・陳子龍《明經世文編・上言十事疏》 其五曰，舊制刑部都察院罪證之。因一時之疑，立百世之法，本一人之事，爲衆人之則。臣請自今遇三法司有疑獄，會衆詳讞有可爲法者，亦乞送翰林院纂集爲帙以示天下。

貞觀中，大理卿胡演進月囚帳，太宗曰，其間有可矜者，豈宜以一律斷。因詔凡大辟罪，令尚書九卿讞之。

臣按：罪至大辟，罪之大者也。人命至重，死者不可復生，今憑一吏之見據一簡之書，致一人於不可復生之地，安能保其皆當罪而無冤哉！太宗詔凡大辟罪不以一律斷，而必令尚書九卿同讞之，重人命也。

又 宣帝置廷平，季秋後請讞，常幸宣室齋居而決事。

明·丘濬《大學衍義補·慎刑憲·簡典獄之官》 宣帝本始四年，詔曰，間者吏用法，巧文寖深，是朕之不德也。夫決獄不當，使有罪興起也。邪，當重而輕，使罪者起邪心。不辜蒙戮，父子悲恨，朕甚傷之。今遣廷史與群鞫獄，任輕祿薄，其爲置廷平，秩六百石，員四人，其務平之以稱朕意。於是選于定國爲廷尉，求明察寬恕，黃覇等以爲廷平，季秋請讞時上，帝幸宣室齋居而決事，獄刑號爲平矣。

臣按：漢既有廷尉，而又立廷平，後世以大理寺平允法司刑獄，其原蓋出於此。本朝，設大理寺卿一人，少卿寺丞各二人，又分其屬爲左右二寺，設正副評事。凡刑部都察院所問罪獄，必俟平允，然後法司定罪，若罪名不當，駁回再問。

明·丘濬《大學衍義補·定律令之制上》 禁殺戮官名掌司斬殺戮者，凡傷人見血而不以告者，攘獄者，遏訟者，以告而誅之。

鄭玄曰，掌殺戮者，禁民不得相殺戮，司，猶察此四者，告於司寇罪之也。斬，殺戮，謂吏民相斬、相殺、相戮者。傷人見血，見血乃爲傷人耳。

吳澂曰，攘獄謂罪人之劫獄者遏訟，止遏民訟也。

臣按，人君爲生民之主，必使之相安養以全其生，彼其相斬相殺相戮，及傷人見血而不以告，則必殺傷人者之强衆，而被殺傷者之寡弱也。與夫獄已具而攘奪之，訟將興而遏止之，則民之情將鬱而不伸，下之惡將長而益熾，國之法將格而不行。苟不設官以掌之，使有如是者，則以告之於其長，則民寡弱者，含冤而莫訴。强衆者，稔惡而不悛，氣久鬱則無聊，力不敵則捨死而亂，由是生矣。

清·畢沅《續資治通鑑》卷七四 〔宋神宗元豐二年〕甲子，知審刑院安

囚，皆送大理寺審錄，無冤，然後發落，有異詞者駁正之，所以法得其平，罪得其當。今大理寺乃同原問官會審，設有冤抑，囚何敢辯？宜令如舊制，敢再紊成法者罪之。

明·丘濬《大學衍義補·慎刑憲·詳聽斷之法》 司刑，若司寇，斷獄弊訟，則以五刑之法詔刑罰，而以辨罪之輕重。

鄭玄曰：詔刑罰者，處其所應否，如今律家所署法矣。

賈公彦曰：司寇斷律之時，司刑則以五刑之法詔刑罰。刑罰並言者，刑疑，則入於罰，故也。

臣按：後世於刑部問擬罪囚，而以大理寺平允，亦此意。

又 《王制》：…司寇正刑明辟，以聽獄訟，必三刺，有旨無簡，不聽。成獄辭，史掌文書者。以獄成告於正，士師之屬。正聽之，正以獄成告於大司寇，大司寇聽之棘木外朝之卿位。之下，大司寇以獄之成告于王，王命三公參聽之，三公以獄成告于王，王三又，當作宥。然後制刑。臣按，本朝之制，凡有刑獄皆掌于法司，而平允於理寺。理寺具成獄上諸朝，及秋後將處決乃集文武大臣，會審于外廷，卽此制也。

又 小司寇以五刑聽萬民之獄訟，附于刑。用情訊之，至於旬乃弊之，讀書則用法。

又 士師，掌官中之政令，察獄訟之辭，以詔司寇，斷獄弊訟致邦令。

明·丘濬《大學衍義補·慎刑憲·謹詳讞之議》 太宗以爲，古者斷獄，必訊於三槐九棘之下，今三公九卿，卽其職也。乃詔死罪，中書門下五品以上及尚書，平議之。

臣按：今制令文武大臣議死囚與此同。然當秋後會議之時，大臣一時會集，法司承行官吏，雖卽其犯由，當衆先讀。然成案或有文致，具成文理，一時猝急，未易詳究，乞爲明制。每歲會議重囚，先期法司備將會議罪囚所犯事由，及其招擬，通行知會，中間若有可疑可矜者，詳具明白，當衆辨詰，聯名以聞，如此則會議不爲虛應故事，而民之犯罪死者無冤矣。

又 唐制，天下疑獄讞大理寺不能決，尚書省衆議之，錄可爲法者送秘書奏報。

臣按：唐制凡大理寺所不能決之疑獄，尚書省會衆議定，錄可爲法者，送秘書省。秘書省者，文學侍從之臣所聚之處，欲其引古義，質經史，以

燾言：天下奏案，視十年前增倍以上，審刑院、刑部詳議、詳斷官，視舊員數頗減，乞復置詳議官一員。又詳議官偏簽刑部斷案，職事不專，乞分議官六員，每案二員連簽；若情狀可疑，未麗於法。即議官通簽。如此，則疑難之獄得盡，衆議明白，罪案不致留積。詔：增審刑院詳議、詳斷官各一員，罷刑部簽法官一員。餘如燾請。

又〔宋神宗元豐二年〕辛巳，詔：今歲特奏名明法改應新科明法人，試大義三道。又詔：京朝官、選人、班行所試經書、律令大義、斷案，上等三人，循一資；中等三十四人，不依名次注官；下等七十人，注官。

清・畢沅《續資治通鑑》卷一一二〔宋高宗紹興三年〕乙丑，詔曰：廷尉，天下之平也。曹劌謂小大之獄，雖不能察，必以情，爲忠之屬，可以一戰。不其然乎！可布告中外，應爲吾士師者，各務仁平，濟以哀矜。天高地卑，福善禍淫，莫遂爾情，罰及爾身。置此座右，永以爲訓。臺屬憲臣，常加檢察，月具所平反刑獄以聞。三省歲終鈎考，當議殿最。

清・畢沅《續資治通鑑》卷一一六〔宋高宗紹興六年〕丁丑，詔：納粟別作名目授官(人)，毋得注親民、刑法官，已授者並罷；自今到部隱漏不實者，抵其罪。時論者謂：縣令，民之師帥，刑罰之官，人命所係，不可輕以授人。比年軍興，以納粟得官者，不謂之納粟，或以上書文理可采，或作獻納助國，與理選限。原朝廷之意，欲激勸其樂輸，使得爲官戶，而銓曹別無關防之法，近年以來，固有得縣令，亦有得司法者。此曹素未嘗知政務，直以多資，一旦得官，若遂使之臨縣議刑，其不稱職必矣。欲下吏部立法關防，仍先改正。故有是旨。

清・畢沅《續資治通鑑》卷一三〇〔宋高宗紹興二十五年〕丁卯，詔曰：廷尉爲天下平，而年來法寺惟探大臣旨意，輕重其罪，致民無所措手足，舞文弄法，莫此爲甚。所冀端方之士，詳覈審復，一切以法而不以心，俾無冤濫，副朕丁寧之諭。

清・畢沅《續資治通鑑》卷一四七〔宋孝宗淳熙七年〕壬寅，祕書郎李巘言：太平興國元年，詔學究兼習律令而廢明法科，至雍熙二年，復設明法科，以三小經附，則知祖宗之意，未嘗不使經生明法，亦未嘗不使法吏通經也。宜略倣祖宗舊制，使試大法者，兼習一經及小經義共三道爲一場。帝曰：古之儒者，以經術決疑獄，若從俗吏，必流於深刻，宜如所奏。然刑與禮相爲用，且事涉科舉，可令禮部條具來上。既而禮部請第四場經義，大經一，小經二，從之。

清・嵇璜《續通志・刑法略二》宋法制因唐及五代之律令格式而隨時損益，按《玉海》云：國初用唐律令格式，外有後唐同光刑律統類，清泰編敕，晉天福編敕，周廣順類敕，顯德刑統皆參用焉。太祖懲五代藩鎮專殺之弊，建隆中詔：天下斷大辟，録案牘及判官法直官等名聞奏，下刑部覆視。諸州獄則録事參軍與司法掾參斷之。按《宋史・刑志》，此下又有懼刑部大理寺用法之失，別置審刑院讞之。考審刑院之設，《太宗本紀》及《通考》皆云淳化二年八月置，並無太祖置審刑院之文。《宋志》蓋襲汪應辰疏而誤者，今刪。

又〔宋淳化元年〕淳化初置刑部詳覆官六員，專閲天下所上案牘，勿復遣鞫獄。又置御史臺推勘官二十人，皆以京朝官爲之。凡諸州有大獄則乘傳就鞫。臨遣，賜以裝錢；還，必召問所推事狀，著爲定令。自是大理寺杖罪以下，須刑部詳覆。又所駁天下案牘未具者，亦令詳覆乃奏。

清・嵇璜《續通志・刑法略四》泰定元年八月敕：以刑獄復隸宗正府，依世祖舊制，刑部勿與，置扎爾固齊四十二員理之。又敕武官坐罪制授者以聞，敕授者從行省處決。

清・查繼佐《罪惟録・憲宗紀》〔成化二十年五月〕以太監陳準代尚銘提督東廠。準令其下曰：大逆告我，非此，有司事也，勿預。久之，有非其罪而被籍沒者，下準，準不忍，逡巡累日，整衣冠自經。

清・查繼佐《罪惟録・兵志・京城巡捕》國初置兵馬指揮司，譏察奸僞。登極後，每夜發巡牌，旗士領之。已復改命衛所鎮撫官，而掌之中府。永樂中，塡置五城指揮司。宣廟初立，增候卒五百人，兵馬司給卒百人，相兼夜巡。成化中，始令錦衣衛指揮同御史督兵馬緝捕。久之，撥團營二百人協捕。孝廟初立，嚴里甲之法，家給縣牌，縣之門，具書籍貫丁口名數，有異言異服者聽摘發。尋設把總都指揮，職巡捕。正德中，增選團營軍，多至四千人，而特置參將員名，請勅提督。初制，官軍三千六百人巡邏京城內外，南至海子，北至居庸，西過蘆溝橋，東抵通州，地遠不及遍。于是言官調上六事，曰樹柵門，聯什伍，分巡邏，置瞭望，習武藝，定掌格。嘉靖中，增巡捕官軍至五千人。未幾，額定一萬一十八名，馬半之。

清・龍文彬《明會要・刑一》〔弘治〕十四年，五府六部衙門言：今後惟叛逆等事，方差錦衣衛官校齎駕帖。其餘但下法司，轉行巡撫、巡按官勘問。有應解京者，就彼差官押解。帝命准行。

《大清法規大全·上諭》 上諭：本日憲政編查館奏核訂法院編制法，並另擬法官考試任用、司法區域分劃，及初級暨地方審判廳管轄案件各暫行章程，繕單呈覽一摺，朕詳加披閱，均係參考列邦之制度，體察中國之情形，斟酌釐定，尚屬周妥。立憲政體，必使司法、行政各官，權限分明，責任乃無諉，亦不得互越範圍。自此次頒布法院編制法後，所有司法之行政事務，著法部認眞督理。審判事務，著大理院以下審判各衙門，各按國家法律審理。從前部院權限未清之處，即著遵照此項奏定各節，切實劃分，其應欽遵逐年籌備事宜，清單籌辦，各級審判廳並責成法部會同各督撫，督率提法司切實籌設。應需司法經費，著該部會同度支部隨時妥籌規畫，以期早日觀成。至考用法官，尤關緊要，該部堂官務須破除情面，振刷精神，欽遵定章舉辦。嗣後各審判衙門朝廷既予以獨立執法之權，行政各官即不准違法干涉。該審判官吏等遇有民、刑訴訟案件，尤當恪遵國法，審斷持平，設或不知檢束，或犯有贓私各款，一經覺察，必當按律治罪，以示懲儆，而維法紀。其有關宗室案件，著另訂細則辦法，奏明請旨，餘著照議辦理，欽此。宣統元年十二月十八日。

《大清法規大全·司法權限·司法區域分劃暫行章程》 第一條 大理院設於京師，以全國爲其管轄區域，其夫理分院管轄區域，由大理院核明，咨送法部奏定之。

第二條 高等審判廳，京師及各省省城各設一所，其管轄區域如左：

一、京師高等審判廳，以順天府轄境爲其管轄區域。

二、各省高等審判廳，以各該省轄境爲其管轄區域，其有總督、巡撫及邊疆大員駐所，併距省會遼遠之繁盛商埠，得設高等審判分廳。

第三條 地方審判廳，京師及直省，府、直隸州各設一所，但府、直隸州詞訟簡少者，得不設地方審判廳於該府直轄地面或首縣，及該州初級審判廳內由鄰近府、直隸州地方審判廳分設地方審判分廳，直隸廳有屬縣者，與直隸州同。

第四條 地方審判廳管轄區域如左：

一、京師地方是判廳，以京師內外城，及京營地面爲其管轄區域。

二、直省府、直隸州地方審判廳，以各該府。直隸州轄境，爲其管轄區域。

第五條 順天府各州縣及直省各廳州縣，應設地方審判分廳，其詞訟簡少者，得合鄰近州縣共設一分廳，其距府、直隸州最近者，即由該府、直隸州地方審判廳，或分廳管轄之，不另設地方審判分廳。

第六條 各廳州縣地方審判分廳以各該廳州縣轄境爲其管轄區域。

第七條 初級審判廳，順天府各州縣、直省廳州縣各設一所，以上其僅設一所者，管轄區域與該地方審判分廳管轄區域同。府有直轄地面者，與廳州縣同。

第八條 順天府及直省得酌擇著名繁盛鄉鎮，設初級審判廳若干所。

第九條 所有本章程內各級審判廳未定區域者，順天府所屬由該府核明，外省由該省提法司酌擬呈請督撫核明，分別咨送法部，奏定之。

第十條 本章程與法院編制法同時施行，其施行細則，另由法部定之。

《大清法規大全·法律部·司法權限·法部奏酌擬司法權限摺並清單》 竊維臣部職掌司法，爲國家法治所繫。內謀全國之治安，外增法權之鞏固。使版圖之內，無論何國人民，胥受治於法律之下，其關繫甚重，其條理至頤，非細爲分析、立之準則，不足以昭一代之法治。臣等前者核議官制並陳明辦法一摺，即遵照王大臣奏定法部節略及清單所開各條，申明臣部權限。大端已具，原可逐漸推行。惟司法一權意義極精，包含甚廣，而於各級審判尤具有相維相繫之道。當茲改章伊始，臣部不能不謹守職權，盡其管理監督之責，然每致牽連轇葛，阻力旋生，此司法權限所亟宜規定者也。夫所謂司法者與審判分立，而大理院特爲審判中最高之一級，蓋審判權必級級獨立，而後能保執法之不阿。而司法權則必層層監督，而後能無專斷之流弊。考之東西各國，莫不皆然，此之謂司法行政權。由此析之，即分二義，一爲司法，即王大臣原奏法部節略所稱大辟之案，由大理院或執法司詳之法部，以及秋朝審大典，均聽法部覆核。此外，恩赦特典，則由法部具奏等語，此臣部所有司法權之明證也。一爲行政，即王大臣原奏法部官制清單第一條所開，法部管理民事、刑事、牢獄並一切司法上之行政事務，監督大理院、直省執法司、高等審判廳、地方審判廳、鄉讞局及各廳局附設之司直局，調查、檢察事務等語，此臣部所有行政權之明證也。由行政權復析之，曰區畫權，曰調查權，曰執行權，曰任免權，即臣等核議官制奏稱司法官吏之進退，刑殺判決之執行，廳局轄地之區分，司官警察之調度，皆係法部專政之事等語是也。夫司法一語之中，端緒之繁如此，而每一權之中，又各有其事項。現今臣部現審既交大理院接收，則臣部覆核之事，即相因而至。民刑案件各有輕重，大理院占最高裁判之一部分，則各級審判卽待漸改設立，而接收民政部之豫審，以及向來問刑衙門之現審，皆臣部所應豫籌。司直一官現擬改爲檢察，大理院中附設之檢察總廳本隸於臣部，而對於大理院爲監督之機關，故王大臣原奏大理院官制清單第十二條有總司直承法部尚書之命之明文。此外審判官自推丞以至推官俱有會商請簡會同奏補之語，固在在皆有彼此相涉之關繫。此中認眞經理，輒相齟齬；遇事牽就，又虞放棄。臣等忝膺重寄，不敢自負委任，謹就司法權限悉本王大臣原奏，兼東西各國之長，擇其切要者逐條繕具清單，恭呈御覽，請旨遵行，庶臣部有所率循，而法權可收統一之效，臣部幸甚，大局幸甚。謹奏。光緒三十三年四月初三日，奉旨：依議，欽此！

謹擬司法權限清單恭呈御覽

一、大理院自定死刑之案，皆送法部核定，將人犯送法部收監，仍由大理院主稿會同具奏。秋後人犯於完案後移送法部監禁，朝審册本由法部核議實緩，再由法部及欽派大臣覆核。黄册專由法部進呈。

一、外省秋審事宜仍照向章辦理。

一、大理院自定遣軍、流、徒之件，由大理院定稿後咨送法部查照例章辦理。

一、大理院自定專案軍流以下之件，由大理院自行具奏，咨報法部備案。

一、高等審判廳、地方審判廳成立後，其犯罪案件分詳部院，由大理院覆核後，咨法部核定，由法部主稿會同大理院具奏。其遣軍流徒以下案件，均詳法部辦理。

一、速議之件，外省奏請奉旨後，專由法部核議。如情罪不符者，咨交大理院，俟供勘到後，援律駁正，仍由法部具奏。

一、彙案死罪之件，外省具奏奉旨交法部議奏者，應令各省將供勘分達部院，由大理院覆核。限十日咨法部核定，即由法部具摺覆奏，如有情罪未協者，仍咨大理院駁正。

一、外省尋常軍流以下咨案，應由法部覆核。笞杖等案，造册報部。

一、大理院官制，因檢查總廳隸於法部，及請簡請補員缺，皆須會商，即應會同法部具奏。其推丞及總檢查，由法部會商大理院，請簡推事及檢察，由法部會同大理院奏補。

一、各級審判廳官制員缺及分轄區域、設立處所，由法部主稿會同大理院具奏。

一、法部監督各級審判廳、檢查廳，由法部議定處分。

一、死刑由法部宣告行，令該管檢察官監視行刑，其監察廳未成立以前，暫由法部派員會同原審官。

《大清法規大全・監視行刑・大理院奏釐訂司法權限摺並清單按語》

准法部咨稱本部具奏司法權限一摺、清單一件，於光緒三十三年四月初三日軍機處交片，奉旨：依議。欽此遵即鈔錄原奏清單，咨行前來。臣等伏查上年改變官制，欽奉懿旨，命法部專任司法，臣院專掌審判，恭繹諭旨原以法部與臣院同爲司法之機關，法部所任係司法中之行政，臣院所掌係司法中之審判，界限分明，可無疑義。司法獨立爲異日憲政之始基，非謂從前刑部現審辦理不善，故事更張也。臣等恭承簡命，夙夜祗懼，以衙門初設，既無經費之可籌，而臣院承受之大理寺夙稱閒曹，又乏人才之可用。且中國積習大都不願爲刑官，加之律例較繁，非平日極意講求，臨事亦不適於用。故自去年十月以來，僅就素所深知者，於法部及各衙門前後奏調七八十員，以爲開辦之基礎，綢繆數月，粗有端倪。臣等竊維審判分權，係屬創舉，內則樹直省之準的，外則繫各國之觀瞻，其事極爲重要，而其中最難分析者，則莫如司法權限。法部固以司法行政爲職權，而臣院亦爲司法之審判，其事皆有互相維繫之故，即其權遂有互相出入之虞。憲法精理，以裁判獨立爲要義，此東西各國之所同也。臣院爲最高之裁判，環球具瞻以徵其信用，今死罪必須法部覆數，秋朝審必須法部核定，權限未清，揆諸專掌審判之本意，似未符合。然謂法部必一切罷去，亦非事理之平，蓋裁判人材未經預備，而外省刑政分析尚難預期，斯不得不斟酌情形沿用舊制，此臣等所能見諒於法部者也。司法之行政事務，爲法部應有之權，此亦東西各國所同者也。用人爲行政之一端，臣等固所深悉。但各國法理昌明，學校林立，法律思想普及全國，其高等法學畢業之人，皆足備法官之登進取才。初不爲難，故可由司法省大臣專任其事，試驗之法雖由司法省主持，而大審院及控訴院判事，實兼充試驗委員，非謂裁判人員，遂不預聞用人之事也。今中國法學甫有萌芽，收效至速，亦在數年以後，勢難懸事待人。臣等調用各部院人員亦屬不得已之舉，刑名判決關係至重，若不親加試驗，難期得力，設有貽誤，咎將誰歸？如云用人之權應由法部，此應俟各學堂法律人才造就著有成效，各省審判官俱由法部任用之後，臣院用人之事，亦同歸之法部。今茲尚非其時，此則法部所宜見諒於臣等者也。自古創辦之舉，皆不能無所扞格，然必酌理準情，蘄有濟於公事。且官制清單、其執掌事宜，欽奉懿旨，本有核議妥籌之語，誠以更張伊始，不厭求詳，總期脈絡貫通，方能推行無阻。是以各部奏定官制，均就本署實在情形斟酌變通，前者臣院與法部各堂官往返晤商，欲將彼此權限酌量定擬合詞請旨遵行，乃商未就緒，而法部已自行具奏。查閱清單所開十二條有與臣等已經商定者，有與臣等商而未定者，其中尚無窒礙各條，臣等自當欽遵辦理。惟第一條臣院自定死刑之案，及朝審册事宜，尚須稍加釐正。第五第六兩條尚須添入臣院會同具奏。第九條臣院官制業經恭逢懿旨，仍著各該堂官自行核議，似未便再會法部。至臣院推丞、推事等官，必須得力人員，經臣等試驗有素，而後量能任用，方足以鼓舞羣材。若以他衙門之堂官而定此衙門之員缺情形，既未必周知，而以本衙門之庶僚更聽他衙門之任用，鑒別恐難於允當，似應仍由臣等請簡奏補，以專責成。凡此四條或與法權相關，或與事實不便，臣等再四籌維，必重加釐訂，始無窒礙。謹就原開清單，加具案語恭候欽定，請旨遵行。謹奏。光緒三十三年四月十二日，軍機大臣面奉諭旨：著與法部會同妥議，和衷商辦，不准各執意見，欽此。

謹將法部原擬司法權限清單，加具案語恭呈御覽

一、大理院自定死刑之案，咨送法部核定，將人犯送法部收監，仍由大理院主稿會同具奏。其秋後人犯，於完案後移送法部監禁。朝審册本由法部核議實緩，再由法部及欽派大臣覆核。黄册專由法部進呈。

謹案：各國裁判制度，皆以大審院爲全國最高審判之地，定擬各案，惟死罪送交司法大臣執行。如情罪或有可原，則由司法大臣奏請減免，並無駁審之權。卽釐訂官制，王大臣奏呈法部節略所稱法部祇能監督、裁判、處理其司法上之行政事務，不能干涉其裁判權是也。若大理院自定死刑之案，猶須咨送法部核定，似與原定官制節略及各國辦法均不相符，竊恐貽笑外人，而治外法權之收回迄無效果。臣等現擬通融辦法，凡臣院審定死罪之案，鈔錄紅供奏底，連摺稿送由法部，覆覈會畫以後，係立決人犯卽送交法部收監，以便執行處決；係秋後人犯，俟會奏後，移送法部監禁。至朝審册本係臣院自審，及京師地方審判廳以上審理之案，查外省秋審人犯必須各省自擬實緩，先行奏聞，則京師各審判衙門定擬秋後人犯，亦應由臣院審擬實緩，咨由法部覈辦。黄册則由法部進呈。

一、速議之件，外省奏請奉旨後，專由法部核覆，如情罪不符者，咨交大理院，俟供勘到後，援律駁正，仍由法部具奏。

謹案：外省重大案件，如奉硃批法部速議具奏者，自應由法部核議。若情罪不符，既咨交臣院駁正，則具奏之日，亦應會同臣院以備聖明垂問。

一、彙案死罪之件，外省具奏奉旨交法部議奏者，應令各省將供勘分送部院，由大理院覆核。限十日咨法部核定，卽由法部具摺覆奏。如有情罪未協者，仍咨大理院駁正。

謹按：彙奏之件，既由臣院覆判，則檢查例案及查核減等等項，恐需時日。擬於供勘到後，以二十日爲限，咨送法部覆奏，若由臣院駁正者仍須會銜具奏。

一、大理院官制，因檢察廳隸於法部，及請簡請補員缺，皆須會商，卽應會同法部具奏。其推丞及總檢察由法部會商大理院。請簡推事及檢察由法部會同大理院奏補。

謹按：光緒三十二年九月二十日欽奉懿旨：大理寺著改爲大理院，專掌審判。原擬各部院等衙門職掌事宜，及員司各缺，仍著各該堂官自行核議，會同軍機大臣奏明辦理等因，欽此。臣等數月以來，業經核議竣事，今謂應會同法部具奏，顯與慈諭不符，似應仍遵原旨，由臣院會同軍機大臣奏明辦理。至檢察總廳職掌，實與審判相關，蓋各國之有檢事官，藉以調查罪證、搜索案據，其宗旨在於護庇原告權利，與律師之爲被告辯護者相對立，而監督裁判。特其一端，該檢事官廳大都府設於裁判衙門，故大理院官制清單列入檢察各官職是故也。至推丞推事等官，以今日開辦伊始，應由臣院請簡奏補，以一事權，而免貽誤。異日法學材多，法部

編制法纂定、頒行，自可部院會商，公同奏請。若檢察廳丞及檢察官職任雖與審判相維繫，而所司爲行政事務，應俟官制奏定後會同法部請簡奏補。

《大清法規大全·內官制·大理院奏添設看守所協理差使並酌擬保獎片》 再臣院看守所事繁責重，民政部步軍統領衙門奏送案件，大都強盜、搶奪等項，爲多其人類屬不逞之徒，拘繫一隅，尤應嚴於防範。所官四員，僅如從前之司獄，循環值班，其所恃以爲全所之督率者，第有所長一人，實屬不敷分布。查從前刑部提牢額設滿漢二員，輪流當差，始足以節勞逸而重刑獄。臣等略仿其意，擬添設一看守所協理，不作額缺，由臣等擇院內相當人員專派差使，與所長分治事務，即與所長分肩責任，庶羈管罪犯，益昭慎重。至從前刑部提牢之制，如由主事充當者，向係一年限滿，由刑部堂官奏保補缺，如由員外充當者，一年限滿亦奏保陞階，獎勤勞，即所以資鼓勵，用意至爲深遠。臣院事同一律，亦擬仿其意將年限酌量變通。此後如看守所長當差二年，勤慎無過者，擬保陞。臣院推事看守所協理當差二年，勤慎無過者，擬保陞。臣院看守所長俾任事者，不至向隅，庶足以激厲羣材，各盡職守，如蒙諭允，請以命下之日起，遵照辦理，並咨明吏部存案。倘該員等不稱職任，臣等當隨時參撤，斷不敢稍涉牽就，致有踈虞，謹奏，光緒三十四年四月二十一日，奉旨依議，欽此。

《大清法規大全·審判·法部奏宗室訴訟仍由大理院裁判片》 再查向來宗室與民人涉訟案件，均係由部派員赴府會審。覺羅案件，則由府派員赴部會審。此外步軍統領及各衙門奏交之案，凡奉旨交部審訊者皆由刑部承審，實以行政而兼任司法之事。自釐定官制以來，臣部即經定止。審判所有以上各案，均改歸大理院辦理。惟核之此次修律大臣所定法院編制法草案，其於宗室等民事案件及步軍統領奏交各案，應歸何處審判，並無規定明文。即大理院從前奏定審判權限，亦係略分等級，尚未奏請實行。現在京師各級審判廳漸當成立，若按各國法律言之，宗室民事當以高等審判廳爲始審。惟會府及奏交之例，本爲各國所無，是高等審判廳既無會府之權，地方審判廳又非奏交之地。值茲司法獨立方始萌芽，全國裁判尚未能一律普變，若將宗室及奏交各案遽行分送各級審判廳承審，深恐職司太微，不足以昭慎重。擬請將室宗覺羅民刑訴訟，仍歸臣院特別裁判，其步軍統領衙門及各衙門奏交之案，暫由臣院審判，以固法權，而歸畫一。俟將來法院編制法實行時，再行查照編制法辦理。謹奏。光緒三十三年十月二十九日，奉旨：依議。欽此。

《大清法規大全·憲政編查館奏核訂法院編制法并另擬各項暫行章程摺併清單》 奏，爲遵旨核訂法院編制法，并別擬各項暫行章程，謹繕清單恭摺具陳仰，祈聖鑒事。光緒三十三年八月初二日，修訂法律大臣沈家本奏酌擬法院編制法開單請飭下憲政編查館考核一摺，奉旨：憲政編查館知道單併發，欽此。欽遵鈔錄原奏并清單知照，前來恭查欽定逐年籌備事宜，清單內載，法院編制法應於宣統元年頒布，等因。欽遵在案。竊維司法與行政分立，爲實行憲政之權輿。上年欽定逐年籌備事宜清單，令各省分期籌設各級審判廳，即爲司法獨立之基礎，而法院編制法所以明定等級，劃分職權，尤爲籌設各級審判廳之準則。臣等檢閱原奏清單，都十五章一百四十條，舉凡機關之設備，及其職掌權限規定綦詳。於採用各國制度之中，仍寓體察本國情形之意，尚係折衷擬訂，惟其中尚有應行增損者數端。謹參照最新法理，證以現在實情，逐次修正，以期完美。原奏於條文之內，往往附加小註，查律文以謹嚴爲主，註釋律義不能與條文混爲一事。今擬一概刪除，其條文意義未足者，仍別加欵項，以期明顯。又原奏於法官品級詳爲區分，查法院編制法，在規定審判廳之辦法權限，其性質屬乎法律。至規定品級等項，則屬乎命令之事。今擬改爲總括之語，其品級及俸給等項詳細辦法，由法部別行釐訂，奏交臣館覆核辦理。又，原奏臚列初級審判廳管轄事件，查審判管轄事件，爲訴訟之要端。現訴訟律及民商各律、刑律尚待編訂，若於編制法約舉一二，亦屬偏而不全。而地方及初級審判各廳，即須開辦所有第一審管轄案件，亦須明定辦法，乃有遵循。謹另擬初級暨地方審判廳管轄案件暫行章程，以便施行。又原奏書記課內錄事以外別設書記生，查書記生係臨時雇用，無庸列入定章。今擬刪改，除典簿、主簿外，一律稱爲錄事。又，原奏於考用法官分劃司法區域，現行辦法均未詳及，謹另擬法官考試任用暫行章程、司法區域分劃行章程各一種，以杜濫竽而免紛歧。其餘條文詞義未協，及字句歧異之處，均經詳細商酌，分別改正，釐定爲十六章一百六十四條，并附暫訂暫行章程三種。謹分別繕具清單，恭呈御覽，伏候明降諭旨，欽定頒行，用資法守。至從前法部會奏各級審判廳試辦章程，業經臣館咨准該部通行試辦在案。該章程各條有已定之於法院編制法者，應行作廢，其餘仍應照行以資辦理。此外法部、大理院奏定各項章程，有與法院編制法所載不符者，應請飭下一律改正，以歸劃一。再，法院編制法之制定，固爲改良審判之用，而訴訟律不同時頒布，則良法美制，恐亦牽掣難行。現距訴訟律告成施行之期尚遠，而法院編制法立待施行。臣等公同商酌，擬請飭下修訂法律館將訴訟律内萬不容緩各條先行提出，作爲訴訟暫行章程，并會同法部查明中國訴訟積弊，奏明請旨嚴禁。則新舊交替，各得其時，自可收相得益彰之效。現在過渡辦法，無逾於此。其法院編制法内，定有律師，即屬外國之辯護士，關係於審判者甚大。查東西各國，俱特定辯護士法，各有嚴重規定，以示範圍。吾國籌辦審判伊始，自應由法律館擬訂律師單行法，奏交臣館覆核遵行，以期一貫。抑臣等更有進者法院編制兹既特頒法典，則行政司法各官權限皆有一定，法部及大理院以下京外各級審判、檢察廳，均應一律欽遵辦理。若仍聽其牽連轇轕，不惟審判權難收級級獨立之實效，而不能保執法之不阿。抑且司法權徒擁層層監督之虚名，而或易滋專斷之流弊。是宜於定制頒行之始，切實聲明，凡從前法部大理院權限未清之處，自此次法院編制法頒行以後，即應各專責成。擬請嗣後屬於全國司法之行政事務，如任用法官，劃分區域，以及一切行政上調查執行各項，暨應欽遵籌備事宜清單籌辦者，統由法部總理主持，毋庸會同大理院辦理。其屬於最高審判暨統一解釋法令事務，即由大理院欽遵國家法律辦理。所有該院現審死罪案件，毋庸咨送法部覆核，以重審判獨立之權。凡京外已設審判廳地方，無論何項衙門，按照本法無審判權者，概不得違法收受民刑訴訟案件。其有不服各該廳判決之上控案件，應查照訴訟律及奏定審判訴訟各章程審結，亦均毋庸覆核解勘致涉紛歧。其外省未設審判廳地方，一應彙奏專奏死罪案件暫准由該院照章覆判具奏，咨報法部施行。一俟各直省、府、廳、州、縣地方初級各審判廳成立之日，均遵定律、定章審結，届時再將覆判各節，一律删除。其秋朝審制度，現在新刑律尚未頒布實行，亦應照舊由法部辦理庶事，實不虞窒礙權限，各有範圍，洵足尊重法權，可期推行便利。惟是部院之權限既定，則審判之責任宜專。查大理院審判宗室覺羅案件，例應會同宗人府，而其辦法向分會府、府會兩種，均係沿刑部現審舊制而來，然該院既爲全國最高審判機關，無論民刑各科俱用合議，已非復刑部發司承審之比。宗人府職掌崇隆，原與審判衙門有別，若仍拘會審舊制，是徒存該署有名無實之會審，致國家之司法權不能獨立，何以昭示統一？似非朝廷預備立憲之本旨。查日本皇族訴訟事件，向歸控訴院審理，不由宫内省參與，雖審級與齊民不同，而其得享法定裁判之權利則一，維持司法，此爲最要。盛京宗室覺羅案件，現亦歸審判廳管理。京師事同一律自應變通舊制，將宗室覺羅案件由審判衙門欽遵法律獨立審判，毋庸由宗人府會審其業。由審判衙門判定罪名者，應如何照例執行之處，暫由宗人府查照向章分别辦理，俟新刑律頒布實行後，再定通行辦法，以重刑制而示大公。惟宗室覺羅案件向歸大理院審判，大理院係最高終審衙門，一經斷定，即無處上控，其權利轉不能與齊民相等。查日本之控訴院，即吾國之高等審判廳，擬請嗣後宗室案件如係民事兩造俱屬有爵宗室者，由宗人府自行辦理；其餘宗室覺羅與旗民涉訟案件，由高等審判廳審理。如係刑事，凡宗室有犯在流遣以上，由大理院審理；徒罪以下及覺羅有犯，均由高等審判廳審理；不服該廳之判斷者，皆得上控於大理院。如此辦理，庶於崇重法權之中，仍寓優待屬籍之意。既使宗藩枝葉得法律之保障而益尊，抑令朝廷法官因獨立之精神而益重。至宗室覺羅案件，例應行文遺抱傳質等事，仍遵照向例及現行章程，逕由該院及該廳分别受理。以上各端，或曾經該部院先後奏陳，或已據各臣工疊次條議，現由臣等審度情形，實均爲司法行政分權最要最急之務，應即請旨遵行。其應另訂詳細辦法者，應按照此次奏定各節，由法律館於擬定訴訟暫行章程時分别釐定，奏交臣館覆核，奏明辦理。此外直省創設各級審判廳，凡屬司法行政監督權限，一以法院編制法爲準繩。其餘行政各官與司法各官事，權既不相統屬，即不得互相侵越。倘有故違本法者，由法部查明，據實糾參，請旨辦理。再，審判得失爲人民生命財產所關，亦爲將來改正條約所繫。任用苟不得其人，則上足以損法令之威嚴，下適以召閭閻之藐玩，衆心散失，貽患無窮。現在財政困難，各直省不惜增加數百萬之負擔，以籌設數十百之審判衙門，原爲清理訟獄、保持公安起見。倘以庸闇陋劣之員濫竽充數，則經費擲之於無用，各該廳且將爲釀禍之媒。擬請飭下法部，嗣後於考試任用各項法官時，務須欽遵頒定暫行章程，嚴切奉行，不得稍存寬假。其京外已設各級審判檢察衙門，亦應於明年舉行第一次考試後，定期將各該衙門所有實缺、候補、調用各員認眞甄別，按照此次章程所定各科目，補行考驗，分別汰留。惟各該司法衙門事屬創辦，固不免懸缺，待人未便過予限制。然與其裁汰於事後，何若愼重於事前？擬請暫爲分別辦理，凡非推事及檢察官者未經照章考試，無論何項實缺人員，不得奏請補署法官各缺。其現有各項候補推事及檢察官，由該部堂官查驗果係通曉法律、長於聽斷之員，准其出具切實考語，奏請補署現懸各缺。如無前項人員，仍應欽遵定章任用，總以法官悉合資格爲主，俾策成效而洽輿情。惟官吏以考試而來，則倖進之門自絕。而人材以培養而出，則造就之法宜先。若未蓄艾於三年，猝欲取材於一旦，竊恐筆述口答之所得，或不免空疎，塗飾以爲工。擬請飭下學部通行各省督撫，就京外現設及將來續設法政、法律各學堂次第擴充，以期通材日出，藉爲審判檢察之取資。仍一面別籌獎勵研究法學之方，使法律智識逐漸普及，於司法前途，裨益實非淺鮮，斯則籌辦審判時所宜兢兢注意者也。至於審判各獨立執法權限既重，考成宜嚴，其能審判公平、克盡厥職者，法律自當一一爲之保障。倘有不當行爲，按法應予懲戒者，亦須明定專條，庶幾範圍不過。擬請飭下法部迅將法官懲戒暫行章程會商擬訂，奏交臣館覆核，請旨頒行，以飭官箴而肅法紀。所有核訂法院編制法暨另擬各項暫行章程緣由，是否有當，謹恭摺具陳，伏乞皇上聖鑒訓示，謹奏。宣統元年十二月二十八日，奉上諭：已恭錄本部之首，謹將核訂法院編制法繕具清單，恭呈御覽。

《清實錄・雍正元年》 添設刑部現審司，辦理在京八旗命盜及各衙門欽發事件。從刑部尚書佛格等請也。

《清末籌備立憲檔案史料・軍機大臣奕劻等覆奏覈議法部官制並陳明辦法大要摺光緒三十二年十二月十八日**》** 軍機大臣・和碩慶親王臣奕劻等跪奏，爲覈議法部官制，並陳明辦法大要，定權限而分職掌，以裕憲法之始基，恭摺仰祈聖鑒事。

光緒三十二年九月二十日欽奉懿旨：刑部改爲法部，專任司法。又原議各部院等衙門職掌事宜及員司名缺，仍著各該堂官自行覈議，悉心妥籌，會同軍機大臣奏明辦理等因。欽此。臣等跪聆之下，感悚莫名。竊維理刑一官關係重大，現今易名法部，其範圍更廣，其組織更難，由舊以入新，似因而實創，受任以後，博訪深思，累月圖維，始有端緒。伏讀欽定大清律例一書，原有吏律、戶律、兵律、工律名目，精深閎遠，無乎不該，第時代既早，故商律、路律諸端尚未議及。若近今東西各國則有公法、私法，行政法、國際法，以及民法、民事訴訟法、刑法、刑事訴訟法，類皆萃全國議會之精神，復參以百年民情之習慣，斟酌妥善，顜若畫一。司法衙門乃總匯而實行之，使舉國之人胥受治於法律之內，故內而各部省之法制歸其綜理，外而大審院、控訴院、地方裁判所、區裁判所一切受其監督，固非徒管理刑名稽覈案件已也。今夫作室者必先立其基礎，而後牆宇可循序而施，行遠者必先定其指歸，而後跬步可計程以赴。臣等深維今昔之時勢，熟審中外之機宜，以稟宸謨，悉心籌畫，固不敢矜言遠馭，遽涉於張皇，亦不敢狹小規模，自隳其職守，謹就愚慮所及，爲皇太后、皇上縷析陳之。

一、在申明權限也。從來事機敗壞由於權限不分，玆當改制之初，自應愼之於始。比者法部專任司法，大理院專掌審判，明諭煌煌，固已釐然悉當，則凡司法官吏之進退，刑殺判決之執行，廳局轄地之區分，司直警察之調度，皆係法部專政之事，應由臣衙門隨時奏明辦理。至於直省刑事稿件，原議官制法部及大理院，均有覆覈明文，蓋以生命所關，倍當矜愼，改章伊始，不厭求詳。擬由各直省分達部院，經大理院覆判咨部覈定，即由法部具摺請旨施行。如有情罪未符，仍咨回大理院自行駁正，如此則司法審判各有主持，而事權不至淆亂矣。

一、在分定職掌也。刑部向設十七司，分掌各省刑事，案牘綦繁，原議改爲六司，恐滋竭蹶。且部中所屬皆刑罰事項，牽連轇轕，難以類分，既當循守舊章，尤待擴充新政。玆擬遵設承政、參議兩廳綜轄部務，設參事四員襄理，更由各司派員會辦，不設專缺，此其綱領也。外設八司，曰審錄，曰制勘，曰編置，曰宥恤，曰舉敍，曰典獄，曰會計，曰都事。事則裒益其簡繁，官則平均其職掌，仍飭各司按省按事酌量分股，各專責成。其事涉繁雜難以類從者，設收發一所以包括之。至應設之七、八、九品京官錄事，除由臣部筆帖式考選改充外，量才委用，務令舉能其官，無替厥職，而庶事不虞叢脞矣。

一、在廣行調查也。變制之初，百端草創，非體察我國人民之程度，採訪列邦制作之精詳，必不能任用適宜，推行無阻。日本明治初政，銳意更新，急注意於法律之改良，分遣賢能徧游歐美，歸而釐定法制，驟進富強，亦前事之師也。中國此時舉辦新政，若禁刑訊，若重證人，各直省讞局之積習若何，各地方監獄之内容若何，擬選明達司員委令回籍分行查察，尤明達者酌派游歷東西各國，絜短較長，務取彼國之所優，以補我國之不足。惟遠游必需重費，考察貴有專門，多數派充實非易易，俟陸續規畫，擇員分遣，以宏探討則備觀摩。此臣等所妥籌而思爲憲法儲其用者也。

一、在彙訂法律也。現在各部院改定官制，舊時法律當有變更，此衙門之法律與他衙門之法律互相抵觸者，在所不免，且航路、電礦、工商諸律日有發明，若不求劃一之規則，受治者必將無所適從，而舞文者轉得任意出入。查美國官制，各部皆有法官協同經理，立法誠善。但中國法學尚鮮專長，不必慕其名而在師其意，且與律例一書有吏、戶、兵、工諸律之旨相合。擬請飭下各部院衙門，將現行則例全咨法部，由臣等派員詳細稽覈，如應行例案有互相牴牾之處，會同該部院堂官酌量修改，以歸統一而免參差。此又臣等所妥籌而思爲憲法集其成者也。

至於欲才能之樂爲用，則祿糈不得不籌，欲任使之得其人，則遴選不能不預。以及廳所之如何增析，監獄之應否改良，所有一切應辦事宜，容臣等次第籌商，續行具奏，謹先將法部官制繕具清單恭呈御覽。如蒙俞允，由臣等分别保薦、請簡、請補。

所有覈議官制及陳明辦法大要，謹會同軍機大臣恭摺具陳，伏乞皇太后、皇上聖鑒訓示。謹奏。

《清末籌備立憲檔案史料・修訂法律大臣沈有本等奏酌定司法權限並將法部原擬清單加具案語摺光緒三十三年四月初九日》 修訂法律大臣・大理院正卿臣沈家本等跪奏，爲臣院創辦伊始，諸務艱難，謹就司法權限，酌加釐定，恭摺仰祈聖鑒事。

准法部咨稱：本部具奏司法權限一摺，清單一件，於光緒三十三年四月初三日軍機處交片，奉旨依議。欽此。遵即鈔錄原奏清單，咨行前來。臣等伏查上年改變官制，欽奉懿旨，命法部專任司法，臣院專掌審判。恭繹諭旨，原以法部與臣院同爲司法之機關，法部所任係司法中之行政，臣院所掌係司法中審判，界限分明可無疑議。司法獨立，爲異日憲政之始基，非謂從前刑部現審辦理不善故事更張也。臣等恭承簡命，夙夜祇懼，以衙門初設，既無經費之可籌，而臣院承受之大理寺，夙稱閒曹，又乏人才之可用。且中國積習，大都不願爲刑官，加之律例較繁，非平日極意講求，臨事亦不適於用，故自去年十月以來，僅就素所深知者，於法部及各衙門前後奏調七八十員，以爲開辦之基礎，綢繆數月，粗有端倪。

臣等竊維審判分權，係屬創舉，内則樹直省之準的，外則繫各國之觀瞻，其事極爲重要。而其中最難分析者，則莫如司法權限，法部固以司法行政爲職權，而臣院亦爲司法之審判，其事皆有維繫之故，卽其權遂有互相出入之虞，憲法精理以裁判獨立爲要義，此東西各國之所同也。臣院爲最高之裁判，環球具瞻，以徵其信用，今死罪必須法部覆核，秋朝審必須法部核定，權限未清，揆諸專掌審判之本意，似未符合。然謂法部必一切解去，亦非事理之平，蓋裁判人材未經豫備，而外省刑政分析尚難豫期，斯不得不斟酌情形，沿用舊制。此臣等所能諒於法部者也。

司法之行政事務爲法部應有之權，此亦東西國所同者也。用人爲行政之一端，臣等固所深悉，但各國法理昌明，學校林立，法律思想普及全國，其高等法學畢業之人，皆足備法官之登進，取才初不爲難，故可由司法省大臣專任其事。其試驗之法，雖由司法省主持，而大審院及控訴院判事，實兼充試驗委員，非謂裁判人員遂不預聞用人之事也。今中國法學甫有萌芽，收效至速，亦在數年以後，勢難懸事待人。臣等調用各部院人員，亦屬不得已之舉，刑名判決關繫至重，若不親加試驗，難期得力，設有貽誤，咎將誰歸。如云用人之權應由法部，此應俟各學堂法律人才造就著有成效，各省審判官俱由法部任用之後，臣院用人之事，亦同歸之法部，今兹尚非其時。此則法部所宜見諒於臣等者也。

自古創辦之舉，皆不能無所扞格，然必酌理準情，蘄有濟於公事，且官制清單，其職掌事宜，欽奉懿旨本有核議妥籌之語。誠以更張伊始，不厭求詳，總期脈絡貫通，方能推行無阻，是以各部奏定官制，均就本署實在情形，斟酌變通。臣院與法部各堂官往返晤商，欲將彼此權限酌量定擬，合詞請旨遵行。乃商未就緒，而法部已自行具奏。查閲清單所開十二條，有與臣等已經商定者，有與臣等商而未定者，其中尚無窒礙各條，臣等自當欽遵辦理。惟第一條臣院自定死刑之案及朝審册事宜，尚須稍加釐正。第五、第六兩條，尚須添入臣院會同具奏。第九條，臣院官制業經恭奉懿旨，仍著各該堂官自行核議，似未便再會法部。至臣院推丞推事等官，必須得力人員，經臣等試驗有素，而後量能任用，方足以鼓舞羣材。若以他衙門之堂官而定此衙門之員缺，情形既未必周知，而以本衙門之庶僚，更聽他衙門之任用鑒別，恐難於允當，似應仍由臣等請簡奏補，以專責成。凡此四條，或與法權相關，或與事實不便，臣等再四籌維，必重加釐訂始無窒礙。謹就原開清單，加具案語，恭候欽定，請旨遵行。

所有司法權限酌加釐訂緣由，謹恭摺具陳，伏乞皇太后、皇上聖鑒訓示。謹奏。

附清單

謹將法部原擬司法權限清單加具案語恭呈御覽。

一、大理院自定死刑之案，咨送法部核定，將人犯送法部收監，仍由大理院主稿會同具奏。其秋後人犯於完案後，移送法部監禁，朝審册本由法部核議實緩，再由法部及欽派大臣覆核，黄册專由法部進呈。謹案各國裁判制度，皆以大(審)〔理〕院爲全國最高裁判之地，定擬各案，惟死罪送交司法大臣執行，如情罪或有可原，則由司法大臣奏請減免，並無駁審之權。即釐訂官制王大臣奏呈法部節略所稱，法部祇能監督裁判處理，其司法上之行政事務，不能干涉其裁判權是也。若大(審)〔理〕院自定死刑之案，猶須咨送法部核定，似與原定官制節略及各國辦法均不相符，竊恐貽笑外人，而治外法權之收回，迄無效果。臣等現擬通融辦法，凡臣院審定死罪之案，鈔錄紅供奏底連摺稿送由法部覆核，會畫以後，係立決人犯，即送交法部收監，以便執行處決，係秋後人犯，俟會奏後移送法部監禁。至朝審册，本係臣院自審及京師地方審判廳以上審理之案，查外省秋審人犯，必須各省自擬實緩，先行奏聞，則京師各審判衙門定擬秋後人犯，亦應由臣院審擬實緩，咨由法部核辦，黄册則由法部進呈。

一、速議之件，外省奏請奉旨後，專由法部核覆。如情罪不符者，咨交大理院，俟供勘到後，援律駁正，仍由法部具奏。謹案外省重大案件，如奉硃批法部速議具奏者，自應由法部核議。若情罪不符，既咨交臣院駁正，則具奏之日，亦應會同臣院，以備聖明垂問。

一、彙案死罪之件，外省具奏奉旨交法部議奏者，應令各省將供勘分達部院，由大理院覆核，限十日咨法部核定，即由法部具摺覆奏。如有情罪未協者，仍咨大理院駁正。謹案彙奏之件，既由臣院覆判，則檢查例案及查核減等等項，恐需時日，擬於供勘到後，以二十日爲限，咨送法部覆奏。若由臣院駁正者，仍須會銜具奏。

一、大理院官制，因檢察廳隸於法部及請簡請補員缺，皆須會商，即應會同法部具奏。其推丞及總檢察，由法部會商大理院請簡，推事及檢察，由法部會同大理院奏補。謹案光緒三十二年九月二十日欽奉懿旨，大理寺著改爲大理院，專掌審判，原擬各部院等衙門職掌事宜及員司名缺，仍著各該堂官自行核議，會同軍機大臣奏明辦理等因。欽此。臣等數月以來，業經核議竣事，今謂應會同法部具奏，顯與慈諭不符，似應仍遵原旨，由臣院會同軍機大臣奏明辦理。至檢察總廳職掌，實與審判相關，蓋各國之有檢事官，藉以調查罪證，搜索案據。其宗旨在於護庇原告權利，與律師之爲被告辯護者相對立，而監督裁判特其一端。該檢事官廳，大都附設於裁判衙門，故大理院官制清單，列入檢察各官，職是故也。至推丞推事等官，以今日開辦伊始，應由臣院請簡奏補，以一事權而免貽誤。異日法學材多，法院編制法纂定頒行，自可部院會商公同奏請。若檢察廳丞及檢察官，職任雖與審判相維繫，而所司爲行政事務，應俟官制奏定後，會同法部請簡奏補。

《清末籌備立憲檔案史料·法部尚書戴鴻慈等奏酌擬司法權限繕單呈覽摺光緒三十三年四月初三日》 經筵講官·法部尚書臣戴鴻慈等跪奏，爲酌擬司法權限，繕具清單，請旨遵行，恭摺抑祈聖鑒事。

竊臣部職掌司法，爲國家法際所係，內謀全國之治安，外增法權之鞏固，使版圖之內無論何國人民，胥受治於法律之下，其關係甚重，其條理至賾，非細爲分析，立之準則，不足以昭一代之法治。臣等前者核議官制，並陳明辦法一摺，即遵照王大臣奏定法部節略及清單所開各條，申明臣部權限，大端已具，原可逐漸推行。惟司法一權，意義極精，包含甚廣，而於各級審判，尤有其相維相繫之道。當茲改章伊始，臣部不能不謹守職權，盡其管理監督之責，然每致牽連轇轕阻力旋生，此司法權限所亟宜規定者也。

夫所謂司法者與審判分立，而大理院特爲審判中最高之一級，蓋審判權必級級獨立，而後能保執法之不阿，而司法權則必層層監督，而後能防專斷之流弊。考之東西各國，莫不皆然，此之謂司法行政權。由此析之，即分二義，一爲司法，即王大臣原奏法部節略所稱，大辟之案，由大理院或執法司詳之法部，以及秋朝審大典，均聽法部覆核，此外恩赦特典，則由法部具奏等語。此臣部所有司法權之明證也。一爲行政，卽王大臣原奏法部官制清單第一條所開，法部管理民事刑事牢獄，並一切司法上之行政事務，監督大理院、直省執法司、高等審判廳、地方審判廳、鄉讞局，及各廳局附設之司直局，調度檢察事務等語。此臣部所有行政權之明證也。由行政權復析之曰區劃權，曰調度權，曰執行權，曰任免權，卽臣等核議官制奏稱，司法官吏之進退，刑殺判決之執行，廳局轄地之區分，司直警察之調度，皆係法部專政之事等語是也。

夫司法一語之中，端緒之繁如此，而每一權之中，又各有其事項。現今臣部現審旣交大理院接收，則臣部覆核之事，卽相因而至，民刑案件，各有輕重，大理院占最高裁判之一部分，則各級審判卽待漸次設立，而接收民政部之預審，以及向來問刑衙門之現審，皆臣部所應預籌。司直一官，現擬改爲檢察，大理院中附設之檢察總廳，本隷於臣部，而對於大理院爲監督之機關，故王大臣原奏大理院官制清單第十二條，有總司直承法部尚書之命之明文，此外審判官自推丞以至推官，俱有會商請簡會同奏補之語，是在在皆有彼此相涉之關係。此中認眞經理，輒相齟齬，過事牽就，又慮放棄。臣等忝膺重寄，不敢自負委任，僅就司法權限悉本王大臣原奏，兼採東西各國之長，擇其切要者，逐條繕具清單，恭呈御覽，請旨遵行。庶臣部有所率循，而法權可收統一之效，臣部幸甚，大局幸甚。

所有酌擬司法權限緣由，是否有當，伏乞皇太后、皇上聖鑒訓示。謹奏。

附清單

謹擬司法權限，繕具清單，恭候欽定。

一、大理院自定死刑之案咨送法部核定，將人犯送法部收監，仍由大理院主稿會同具奏。其秋後人犯於完案後，移送法部監禁，朝審册本由法部核議實緩，再由法部及欽派大臣覆核，黄册專由法部進呈。

一、外省秋審事宜，仍照向章辦理。

一、大理院自定遣軍流徒之件，由大理院定稿後咨送法部查照例章辦〔理〕。

一、大理院自定專案軍流以下之件，由大理院自行具奏咨報法部備案。

一、高等審判廳、地方審判廳成立後，其死罪案件，分詳部院，由大理院覆核後，咨法部核定，由法部主稿會同大理院具奏。其遣軍流徒以下案件均詳法部辦理。

一、速議之件，外省奏請奉旨後，專由法部核議。如情罪不符者，咨交大理院，俟供勘到後，援律駁正，仍由法部具奏。

一、彙案死罪之件，外省具奏奉旨交法部議奏者，應令各省將供勘分達部院，由大理院覆核，限十日咨送法部核定，卽由法部具摺覆奏。如有情罪未協者，仍咨大理院駁正。

一、外省尋常軍流以下咨案，應由法部覆核，笞杖等案，造册報部。

一、大理院官制，因檢察總廳隷於法部，及請簡請補員缺，皆須會商，卽應會同法部具奏。其推丞及總檢察，由法部會同大理院請簡，推事及檢察，由法部會同大理院奏補。

一、各級審判廳官制員缺，及分轄區域設立處所，由法部主稿會同大理院具奏。

一、法部監督各級審判廳、檢察廳，由法部議定處分。

一、死刑由法部宣告，令該管檢察官監視行刑。其檢察廳未成立以前，暫由法部派員會同原審官監視行刑。

《清末籌備立憲檔案史料・御史徐定超奏司法官制關係憲法始基應加釐正統一摺宣統元年二月二十七日》 京畿道監察御史臣徐定超跪奏，爲司法官制關繫憲政始基，擬請詳加釐正，以規充一，恭摺仰祈聖鑒事。

竊立憲之要，以三權分立爲先。司法一權，動關擧國之秩序，與人民之治安，東西各邦，莫不同力一心，維持司法獨立，而膺是任者，亦得遵憲法之規定以自盡其職守。凡國內之審判、檢察，皆受其監督命令，是以事無紛歧之患，責無旁貸之虞，此其明效大驗也。國家自光緒三十二年改設法部、大理院，大綱所在，釐然秩然。惟是改章之初，辦理尚多歧鬩，若不加釐定，成效安期，憲法前途不無阻礙。九年預備，聖訓煌煌，當釐正官制之期，籌統一司法之效，臣不揣冒昧，謹就管見所及，爲我皇上縷晰陳之。

謹案：光緒三十二年九月二十日欽奉懿旨，刑部改爲法部，專任司法。嗣據法部奏定官制職掌單開，法部管理全國民事、刑事、監獄及一切司法、行政事務，監督大理院、直省提法司，下及各審判、檢察廳。是行政之權，應統於法部，覆覈之責，卽惟部是司，各省案件，無庸分達，以期迅捷。

而大理院奏呈統計表摺內稱，直省案件應行指駁者，由院擬稿咨送法部會奏，似於司法權限未甚分明，聞部院交涉之事，尚多類此。雖前此曾有和衷之奏，恐積久或滋轇轕之端。此應釐正者一也。

查部院妥議權限一摺，總檢察廳丞員缺，會同法部開單請簡。案立憲之國，設各級審判，又設各級檢察以相對待，所以重法權，慎獄訟，意至善也。總檢察廳之於大理院，有監察、糾正之權，若令院卿會保廳丞，不啻爲其僚屬，安能獨立而盡其責任。頗聞該廳有類贅疣，時多掣肘，最高檢察之職務不完，則全國司法之機關易窒。大理院卿既爲特簡之官，總檢察廳丞，似應仍照覆覈官制王大臣原奏，總司直一官，秩正三品，並改爲特簡，庶體制相當，互相維繫。此應釐正者二也。

又查各國司法統計之例，最高等審判之統計報告，皆送司法總署，會編一册，以報於內閣及議院。日本司法省統計年報民刑事各册，皆首列大審院，次及控訴院與各裁判所，此其明證。案上年六月法部奏統計表摺稱，除大理院奏准自行辦理外，止列京師高等以下各審判、檢察廳之表，而大理院及總檢察廳不與焉。大理院統計表摺稱，臚列覆判案件，似與法部刊列各省罪刑重見複出，不啻有二司法部，內無以專責成於邦憲，外無以一觀聽於列強。此應釐正〔者〕三也。

夫法部者，司法之綱領也。大理院者，審判之極地也。必先規部院之統一，斯可規京省之統一。三十二年奏定官制，法部舉敍司事務內開，直省執法司使之履歷，並開單請簡事項，上年復諭令於各省城及各商埠，限一年內籌備高等審判廳。竊維外省之審判、檢察，必以提法司爲之樞，乃可推行無弊。擬請諭令各直省，於三年內一律改設提法司，直隸於法部，而節制於督撫。更飭法部詳議一切規制，庶高等以下各級廳可以次第設立，由省而府，而縣，而鄉，等級既備，綱目畢張，散爲萬殊者，仍歸於一貫，司法有獨立之權，斯憲政有觀成之日。此應釐正者四也。

臣之愚慮，以司法關繫綦重，八年期限至速，苟有所見，不敢緘默不言，擬懇飭下會議政務處議奏施行，於憲政不無裨助。所有規劃司法統一緣由，是否有當，謹恭摺具陳，伏乞皇上聖鑒訓示。謹奏。

《清末籌備立憲檔案史料・大理院正卿定成等奏請提前籌議大理分院事宜摺宣統三年三月初七日》 花翎・大理院正卿臣定成等跪奏，爲各省高等審判廳成立，亟應將大理分院事宜，提前籌議，酌擬辦法，恭摺仰祈聖鑒事。

查法院編制法第四十條內稱，各省因距京較遠，或交通不便，得於該省高等審判廳內設大理分院。又四十七條內稱，大理院及分院辦事章程，由大理院奏定各等語。誠以中國幅員寥廓，戶口殷繁，如繩以各國成例，將終審之權概集於中央，必致鞭長莫及，故變通其制，酌量情形，增設分院，意至美法至善也。上年各省高等審判廳丞依次簡摺，本年各省高等審判廳一律成立，則司法之與行政彼此劃分，自不能仍襲舊貫。在從前訴訟案件，由府而道，而司，而院，歷級較多，且嚴懲越訴，是以京控案件，十無一二。今既廢覆核之制，寬控訴之階，則上告事件，必逐漸加增。第川、藏、秦、隴，地偪西陲，桂、粵、滇、黔，遠暌南服，如概責令奔赴京師，誠恐有閶闔九重，呼籲無聞之感，而湮滅證據，拖累無辜，皆勢所必至。是分院之經畫，實難稍緩須臾。臣等公同商酌，擬請於甘肅省設一分院，而以陝西、新疆屬之，四川省設一分院，而以駐藏大臣轄境屬之。此外雲、貴合設一分院，兩廣合設一分院，仍就總督轄境以爲管轄，俟司法區域另行劃分之後，再行隨時酌量變更。

至分院官制，編制法除由本院選任外，係由高等審判廳兼任，二庭以上置監督推事一員，其品級之高下，法部原定司法官制並無明文。竊謂分院對於下級審判，雖無監督之權，而於解釋法律，聽斷訟獄，實握最高之樞紐，究與高等及地方之分廳體制不同。際此新陳遭遞，階級觀念未盡剗除，且高等審判廳丞秩係四品，如以普通推事承乏其間，恐各級易生輕玩，即兩造之受質成者，亦無以堅其尊崇之志。似應量予變通，擬請各省大理分院設置推丞一員，並加少卿銜，以別等級而肅觀聽，其餘推事，仍照編制法辦理。在臣院推丞職守，本係兼一庭長，質言之，實即簡任之推事，揆諸編制法並無不符。

以上各節，事關官制，伏乞飭下憲政編查館照章核議，請旨施行。其分院應辦事宜，俟擬定後，會商法部辦理。至總檢察分廳，編制法內並未規定，應由法部詳議具奏。

所有酌擬設立大理分院辦法緣由，謹恭摺具陳，伏乞皇上聖鑒訓示。謹奏。

《清末籌備立憲檔案史料・郵傳部主事陳宗蕃陳司法獨立之始亟宜豫

防流弊以重憲政呈宣統二年十月二十七日》 四品銜・郵傳部路政司主事陳守蕃謹呈，爲司法獨立，造端伊始，亟宜豫防流弊，以重憲政而保民生，恭呈仰祈代奏事。

竊維憲政之本，首重三權分立。三權者，立法權、司法權、行政權也。立法權以國會行之，司法權以審判聽行之，行政權以內閣行之。有是者，謂之立憲，無是者，謂之非立憲，此通義也。我國籌備憲政，定自先朝，直省各級審判廳，皆定於本年試辦，畫分權限，組織機關，漸進有資，推行有序，此不獨中國臣民將來之福，抑亦全球憲政未有之光。惟是籌辦之初，事易疏略，一或不慎，則流弊所及，不可勝言，謹敢竭其愚誠，爲我皇上縷晰陳之。

夫司法獨立，首重者法。今日新刑律雖已編訂，而實行尚未有期，民法、商法、刑事訴訟法、民事訴訟法則頒布之期尚遠，登記法非訟事件手續法之類，更無論矣。言司法獨立，僅於審判之機關，推事、檢察之組織，稍事更張，而於司法之精神則未也。然法者虛器，新法雖未備，而舊法尚可遵行，苟得其人，猶足以治。夫所謂司法人才者，非普通知識之謂也，必於新律確有研求，舊律亦多經驗，乃能勝審判之任而無疑。而今日所謂法官者何如也？ 查考試法官章程，應考之資格有四： 法政畢業生也，刑幕也，舉貢也，五品以下之京外官也。四者之資格不同，而於新舊律例之知能，偏而不全，則一法政畢業生，於新律略有所知矣，而於舊律之經驗已嫌不足。且其所業者，必由於法政學堂。乃環視各省，除直隸、浙江、江蘇、福建、廣東而外，設學者已鮮，畢業者更無其人。刑幕一項，所長者在舊律之經驗，而於新律又無所知，然即此富於經驗之人，大都瞻顧遲疑，裹足不至，其來者非新進則僞託者也。舉貢暨五品以下京外官二項，以言新律，既無以造就於先，以言舊律，亦非必經驗有素。而設爲是項者，以爲姑設一格，冀其或能就範而已矣。於搜羅法學之意少，而疏通舊學之意多，毋亦與朝廷慎重司法之心有未合歟。

雖然資格之失既已如彼，然苟嚴格以試之，分科以取之，則眞才可以入彀，不肖不致濫竽，猶得半之道也。而今日考試之法又何如？ 考試之科目，中外兼舉，新舊幷列，既已包括靡遺，其所選用之襄校官，限於現在之人才，斷難求全而責備，則毋亦各取所長，以分校一二之科目已耳。乃取舊日科舉之制度，分房校士，總攬諸科，於是明於此者，或昧於彼，得其舊者，不謀其新，輕率操觚，冒昧從事，舍精義而求楷法，棄法理而取詞章，而法官之登進濫矣。

且不但此也，考試之科條既經法部奏定，御史趙熙又奏請認眞辦理，亦經議覆施行，禁令本極嚴密，乃奉行不力，視爲具文。懷挾者，當扶出而不扶出，固以鈔襲爲工矣。交談者，當禁止而不禁止，且以口耳傳遞矣。狡黠者易爲工，拘謹者多失敗，而法官之登進又濫矣。故此次法官揭曉以後，所取之士，詎無一二賢者，而僥倖登第者，徒亦實繁。或不知法律爲何事，或不知審判爲何官，或以學部屢試不第之學生，褎然上列，或以從未讀律冒名妄充之刑幕，竟獲優選。其尤甚者，狂易喪心之輩，犯禁無恥之流，亦皆倖列高科，巍然學者。以此託民生，寄民命，授以民事、刑事之柄，予以判決、判覆之權，諸事草創，端緒茫然，訟庭初開，毫無歷練，誠恐非獨不能企各國司法獨立之盛軌，且較之中國舊日司法未獨立者，流弊更無窮也。

雖然既往之失，無可言矣，實行憲政，期以宣統五年，司法獨立更不容或緩矣。當無可如何之中，籌補偏救弊之術，雖非本論，而較之因循敷衍者，固有進焉。蓋今日所謂法官者，推事而外則有檢察，而與推事相輔而行者，實不止檢察一端，律師也，司法警察也，執達吏也，偵探員也，此皆與推事、檢察相維，會不可以偶缺。譬之築室，梁棟之外，有榱桷焉，有櫼楹焉，有門戶焉，有一不具，室屋不成。司法猶是也，推事爲審判之主體，檢察、律師，司法警察數者，爲審判之補助，檢察既設，而律師以下無聞，是得其一而失其二也，舉其偏而遺其全也。

請言律師，律師之用，所以宣達訴訟者之情，而與推事相對待，有推事而無律師，則推事之權橫而恣。今推事設矣，而錄用律師，必遲至一二年以後，則奚以故，或謂律師關繫甚重，必待造就相當之人才，始可設立，否則弊與舊日之訟師等固也。然推事關繫尤重於律師，奚爲不待諸人才造就以後。或謂考試法官與考試律師同年幷舉，事務太繁，故不可不分年籌辦。然法部所司爲何，豈幷此一請派考官豫備試卷之勞，而亦靳之。此所未解者一也。

司法警察不過警察中一部分耳，而自司法方面言之，則拘執罪犯，搜查證據，非司法警察莫屬。夫今日每一州縣名役數十，白役數千，事由以辦，弊亦由以滋，司法獨立，必不能不裁汰也固矣。然裁汰之後，司法警察又復不備，則一切事件將仍用舊日之差役而變其名乎？抑姑爲寬縱，以待司法警察之成立乎？抑將盡使推事、檢察，躬自執行乎？此所未解者二也。

至於執達吏事尤卑矣，配送文書，徵收罰鍰，殆與舊日之差役同，而任用須經考試，充當須納證金，防之者至周，故任之者亦重。今以各省審判廳計之，不下數千所，計當須用數萬人。此數萬人者，亦必限以資格，略知教育，稍有身家，非如舊日之差役等也。而今日執達吏章程尚未頒布，毋亦以爲其事不足重，他日取諸其人而皆是耶？則差役之弊，見於今者，將復見於後也。此所未解者三也。

偵探員者，探訪刑民疑難事件，以補警察所不足也。警察尚未成立，安能遽言偵探。然中國幅員遼闊，戶口滋繁，狡僞之情，變幻之態，百出而不窮，雖有偵探之至精者，尚無以盡其變，又安能恃此不出戶庭之推事、檢察，遂能盡民之辭耶？故今日司法上之偵探，實與推事、檢察、警察相倚而相成，非可或有偏廢也。而今日法部尚未有籌設偵探之舉。此所未解者四也。

夫此四者皆爲司法上必要之條件，有一不備，司法無由成立，即強行成立，其弊亦與舊日之州縣等，又曷貴有此司法獨立爲也。夫今日言憲政者，莫不托於分年籌備之說。然天下之事，有可分者，有不可分者：田夫農耕，春播種，夏溉耨，秋收穫，此可分者也。收穫之際，或刈以鐮，或束以繩，或取其穗，此不可分者也。不可分者而強分之，事必不治，今日司法徒設法官，而不設律師各項，其弊何以異此。爲今之計，宜請飭下法部，迅將律師考試章程、管理章程、懲罰章程編訂施行，并會同民政部商定司法警察之辦法及權限，而執達吏之任用，偵察員之養成，皆各嚴定章程，轉飭各省提法使認眞籌辦，務與各級審判廳稍緩開辦，以待各種組織之完全。否則徒以推事、檢察爲司法獨立之具，則賢者苦於無所贊助，不能有爲，不肖者轉以事得自專，敢於恣肆，非司法前途之福也。

抑更有請者，法律館之設三年矣。此三年中，僅編訂刑法四百數十條，民商各法皆未頒布，不知館中諸臣所司爲何，而竟疲緩如此。誠宜嚴定期限，飭令將各種法律陸續編纂，奏交資政院核議施行，庶審判得有遵循，司法不成虛設，尤根本之計也。

宗蕃昔年備官刑曹，嗣後留學東瀛，於彼邦司法之規模，略加考究，回國以後，復任京師地方審判廳，故於中外審判情形，粗有所得。竊覩今日司法獨立緩急先後之序，間有未宜，關於民生者至重，關於憲政者尤可憂，故不覺言之激切如此。

愚昧之見，是否有當，理合請代奏皇上聖鑒。謹呈。

《宣統政紀》卷一九《考察憲政大臣李家駒奏考察日本司法制度并編日本司法制度考呈覽摺》 考察憲政大臣李家駒奏：考查日本司法制度，編成日本司法制度考，分訂二册呈進。

查司法獨立之制，創始於法蘭西，厥後歐洲大陸諸國疊相仿效，司法獨立制度遂爲各國通行不易之規。蓋司法獨立，則裁判事務悉委諸裁判官，司法大臣不得干預。然其中亦自有辨者，則司法權與司法行政之關繫也。裁判民事、刑事之權，謂之司法權，而關於司法之行政事務，則謂之司法行政，司法大臣雖不得干預裁判，而有監督行政之權。此司法獨立之性質也。

日本維新之初，司法行政雜糅不分，各項法典無一完善，各國領事駐在日本，皆有裁判權。朝野上下，引爲深恥，乃鋭意以整飭司法編定法典爲事。計其司法制度，改進共分四期，乃完全而無遺憾。至編纂法典，事尤繁難，刑法改正四次，民法三易稿而成，商法再易稿而成，民刑訴訟亦屢經手續。此日本司法制度之沿革也。

明治二十七年，司法制度規模已具，於是首與英國改訂條約，使英國僑民悉服從日本法律，其後德、法、美、粵諸國相繼行之。三十二年以後，日本司法權，對內對外完全獨立。此日本司法獨立之效果也。

我國現當豫備立憲，握要以圖，約有數事：一、審判獨立，宜切實籌辦，一、審判人員，宜加意培植，一、編定刑律，宜分期進行，一、民律商律，宜調查習慣，一、民刑訴訟律，宜從速編纂。

《行政綱目》 謹按：司法事務純屬國家行政，東西各國皆以屬諸中央政府，由司法大臣主之。其各地方審判官長，亦以司法大臣所派官吏之資格行之於各地方。惟是司法大臣所掌事務，乃司法行政之事務，絕不與審判事務相混。審判官之進退，由司法大臣按照法律執行。至於審判事務，則決不容干預。此爲司法獨立之要義。我國現在頒布法院編制法院編制，業經欽奉諭旨，將司法行政事務與審判事務明確分析。當實行之。初，司法行政事務應如何分配，誠不可不預爲籌及。若仿各國通例，則當悉屬直接官治，而不容有所謂間接官治者。至於地方官治，更不待言。惟就現在情形而論，尚有必經之階級，未能一蹴而幾，則間接官治所不能廢。考司法行政事務：有關於人事者，有關於財政者，其關於人事者，如審判官之任免等事，必由法部大臣直接處理，以符司法獨立之本旨，其關於財政者，如審判廳之設置；監獄之改良等事，則不妨暫委督撫籌辦，而爲間接官治。亦權宜之計也。

清・劉拱宸《居官慎刑録・請免濫禁慎引律疏》　竊惟國家之設監獄，原以收禁重罪之人。是以各省人犯，罪重者收監；罪輕者或令人取保，或交人看守。本人亦自知所犯甚輕，無潛逃私逸之事。獨有刑部衙門，遇八旗部院、步軍統領衙門以及五城御史等交送人犯，不論曾經審問與否，亦不論事情之大小與犯罪之首從，一經鎖送刑部，即收人囹圄之中，聽候質審。以致獄卒之需索欺凌、吏胥之恐嚇詐騙，備極困頓，百弊叢生，甚至有傾家殞斃者。及至定案時，而斬絞軍流重犯原無多人，其餘不過徒杖笞責之罪，甚至有偶爾干連、審係無辜、應行釋放者。如今年二月間，刑部清查案件，省釋者二百餘人即此類也。臣細求其故，國家定例，原不如是，祇因陋習相沿。彼拘送之衙門初不計其到部之苦，而刑部官員又以審嚴毋縱可告無過，遂至常行而不改也。似應特頒諭旨，令九卿悉心妥議：凡衙門奏聞交送刑部及自行拏送刑部之人，何等當收禁監獄，何等當取保看守，分別定例，詳慎遵行。如此則濫禁之弊可除，而於刑名不無裨益。再者，律例之文，各有本旨。而刑部引用之時，往往刪去前後文詞，摘中間數語即以所斷之罪承之，甚至有求其仿佛而比照定擬者。此間避重就輕，避輕就重，司員之藉以營私，吏書之高下其手，皆由此而起。臣思都察院、大理寺與刑部同爲法司衙門，若刑部引例不確，應合都察院、大理寺駁查改正。倘駁而不改，即令題參。如院、寺扶同朦混，或草率疏忽，別經發覺，則將都察院、大理寺官員一併加以處分。如此，或亦清刑名之一助也。

清・劉拱宸《居官慎刑録・刑部題名記》　外自提刑按察司所定三流以上罪，内自八旗五城御史諸案牘，統歸於刑部十四司，每歲報聞而輕重決之。至於新舊條例，宜歸畫一。非時矜恤，務廣德意。天下督撫之所帥以奉行者，惟視刑部之所頒下而已。蓋《易》之取象刑獄者有二：明在上，威在下曰噬嗑。威在上，明在下曰豐。噬嗑象曰明罰勑法。先儒以明罰者所以示民而使之知避，勑法者所以防民而使之知畏，此皆設於未用刑之前。故明在上，威在下，正今刑部職也。若威在上，明在下，則曰折獄致刑。特奉上之法以致之民，良有司之職而已。故刑者人命所繫，而天下人命尤繫於刑部之一官，可不慎哉。我朝忠厚立國，皇上御極，兢兢惟刑之恤。每歲論囚，多所寬赦。臨決之際，涕泣減膳，猶時諭三法司以無枉濫失人。好生之德，洽於人心，宜乎致刑措不難矣。然予觀自古皋陶爲士，終身不遷其官，若漢之于定國、陳寵、何比干，皆家世治律，明習法比，故吏不得因緣爲欺。今部掾史長子孫，其中輕重之例，惟意所擬，居官者對案茫然，但僥倖無事，速去而已。予兄弟先後蒙恩，迭掌邦禁，雖稍欲有所施設，亦以遷除之急，未盡展布也。以是求刑之無冤，以仰稱聖天子清問之至意，豈不難哉？雖然，不可不盡心也。一案之誤，動累多人。一例之差，貽害數世，不惟其時之久暫也。梁統以重刑，一疏而禍湛門族；路溫舒求尚德緩刑，子孫顯宦。殃慶之積，不待其久也。且身有去留，名姓不滅，百世而下，悠悠之口，誰復相借乎？觀此題者，庶亦懼而知警。

清・劉拱宸《居官慎刑録・道光二十年河南巡撫潘鐸咨》　據河南巡撫潘咨稱：准刑部咨，乾隆五十九年正月初七日奉上諭：嗣後各省彙查遣犯，毋庸具奏，着於每年十月截數咨報軍機處、刑部，限十二月初間咨齊，即由軍機大臣會同該部彙奏，各欵均着照此辦理。欽此。又乾隆五十九年四月二十六日准軍機處咨：班館一事，改於每年十月内咨部及軍機處，查核辦理，務於十二月初間咨齊，毋庸具奏各等因。遵照在案。茲屆道光三十年彙報之期，查明中府州並所屬問刑衙門均無設立班館、私置刑具等弊，除咨軍機處、吏、兵部外，相應咨明等因前來，除將原咨移付山西司彙辦外，相應咨覆該撫可也。

清・沈家本《寄簃文存・歷代刑官考序》　官制之因革損益，代各不同，即一代之中，或亦先後不同。刑官之制，尤爲糾紛，非覼舉而詳究之，不能得其變遷之故。日者欽奉明詔，改定官制，設局詳議，纂爲一編。在他官之當討論者，尚不過名稱之改易，案牘之區分，惟刑官之制，新舊大相徑庭，其關係乎他日之政治者，得失是非，正非一言所可罄也。因述歷代刑官之制，粗加考論，輯爲二卷，得失是非，大略可覩矣。編既成，而序之曰：

《傳》稱：自顓頊以來，以民事命官。《周禮》曰：設官之分職，以爲民極。是則國家之設官，爲民事設也。《家語・禮運篇》王肅注：官，職分也。有一官即有一官之職分，故任是官者，必皆能各盡其職分，而後國家乃非虛設此官。此設官之本義也。稽之於古，未聞無是事而虛設一官者，亦未聞設一官而可以不事其事者；未聞任是官而不必問是官之職分當如何乃克盡者，亦未聞任是官而不必問職分之相當不相當可以漫居是官者。此理之易曉者也。則請更言其弊：進取之路，升轉之階，但爲人謀，不以事計，遂有無一事而增數官者，其弊一。伴食之流，竊祿之輩，不親公牘，世亦相容，遂有作此官而不作一事者，其弊又一。不考例案，未敍年資，應對偏工，奔走無誤，遂有職分不必盡而升擢可邀者，其弊又一。甲署敍勞，乙署授秩，事非所習，位在人前，遂有職分不相當而冒昧從事者，其弊又一。凡此諸弊，與設官之本義實相剌謬。在他官皆不當如此，況安民和衆其關繫重要尤在刑官，而可以蹈常襲故不思變計乎。至於祿薄籌增，多一官即多一官之俸給，度支告絀，區畫爲難，此又關乎國用，不可不計及者也。古者士之仕也，以行道也，故爲貧而仕者，必辭尊居卑，辭富居貧。委吏乘田，孔子爲之。自此義不明，而急流競進，利祿爲心，用不必才，官失其守，此治道之所以日衰也，良可慨已！若夫刑官變遷之故，苟即是編而討論之，得失是非，亦可了然。何者與古同，何者與古異，何者古當因，何者古當革，因時損益，必得其宜，是在主之者。

清・沈家本《敍雪堂故事・秋審招册先期分送九卿》 山西道御史戈濤奏稱：查每年八月，刑部會同九卿、詹事、科道等官，在天安門外慮審各省重犯招册，所以集衆議而平庶獄，典至鉅也。凡豫班者，均宜虛衷商榷，以仰副我皇上慎重民命之至意。惟是刑部招册，向係臨期散給，爲時迫促，册籍繁多，雖竭力披覽，試恐有不能詳細之處。仰懇勅下刑部，嗣後秋審屆期，將各省招册於十五日以前即分發各衙門，俾得從容繙閱克守厥心，庶幾會讞大典益昭慎重，云云。奉硃批：所奏是，依議行。

清・沈家本《敍雪堂故事・朝審歸秋審處會辦》 舊制，秋審係四川司辦理，朝審係廣西司承辦。乾隆元年，秋審設立總辦處綜理其事。二十三年，朝審亦會同總辦處辦理。

清・沈家本《敍雪堂故事・存儲黃册》 秋審情實招册，康熙、雍正年間均在內閣存儲。自乾隆二十七年奉旨，於勾到後即將招册發交刑部存儲。五十三年奉旨，令繳進銷毀，因有應須查辦照核之處，奏明准留十年。當將乾隆四十三年至五十三年黃册存留本部，俟已過十年再行繳進。其餘黃册，自乾隆二十四年起至四十二年止，共計一千一百七本，付交方略館銷毀。

清・沈家本《敍雪堂故事・上班五日前分送會審各衙門人犯招册》 乾隆二十八年奏准：嗣後秋審，屆期刑部將各省招册於十五日以前即分發各衙門，俾得從容繙閱。嘉慶七年奉上諭：御史瞿曾輯奏稱，秋審册籍遲會審前一、二日始行分送，不暇詳閱，請定於十數日前送閱一節，尚屬可行。嗣後此項册籍，著該部飭司於秋審上班十數日前分送大學士、九卿、詹事、科道，以便伊等細心研勘。以上二條見《臺規》。十二年，山東道監察御史覺羅德祥奏請於上班半月以前分送各衙門，并將刑部擬改之件於招册按起黏簽註明等因一摺，奉旨：德祥奏請將刑部秋審招册于上班半月以前分送各衙門，并請將擬改之件俱令於招册內按起黏簽註明，以便共加考核等語。各省秋審本章向來原係陸續具題到部，刑部爲刑名總匯，援情定罪，務須詳慎參求。是以定例於上班之前五日，始將各省招册分送大學士、九卿、詹事、科道等官，預加校核。而招册內刑部凡有擬改之件，亦即於上班日宣讀，俾衆官共知。原令各據所見，公同商核。玆據該御史所奏，以送閱招册之日較遲，未能先期研勘。但事關秋讞大典，其各省招册應否照擬之處，刑部必當詳加核定。儻因分送各衙門招册須在上班半月以前，或於讞典稍有草率，亦殊非慎重民命之道。該御史所奏是否可行，著刑部堂官悉心妥議具奏。經刑部奏稱，查各省秋審題本，自雍正十三年奏明定例，於五月內具題到部。嗣於嘉慶五年，因部臣辦理迫促，酌改於四月內到部。惟是各省情形不同，如雲南、貴州、兩廣、四川等遠省，本年應辦秋審係於上年對封印前截止，間有於四月內題報到部者。至福建以次等近省，係本年開印以後直至三月三十日始行截止，勢難於四月內具題。雖經臣部節次嚴催，總須五月底始能陸續題到。臣等於各省具題到日，即飭各該本司及覆看、總看滿、漢司員，覆加詳核，將內外不符、應行改擬照覆之處，逐起黏簽，分送各堂。臣部堂官，按册批閱，於七月初旬先由承辦各司員會同商榷，是爲司議。臣部堂官於七月中旬再行公同商定，分別實緩可矜，是謂堂議。其有案情介乎實緩之間者，往往反覆辯論，至再至三，甚有堂議後數日始能商定者。誠以秋審大典，人命至重，不厭精詳，斷不敢急圖竣事，致涉草率。其秋審招册自各省具題到日，陸續刊刻刷印，晝夜趕辦，亦須至七月二十日以後方能裝釘完竣。九卿上班會審總在八月初旬，以會審稍遲，則趕繕黄册本章，恐致貽誤，是以各衙門招册僅能於上班前數日内分送。嘉慶七年御史瞿曾輯奏請將秋審册籍定於十數日前分送，欽奉諭旨著於上班數日前分送。仰惟睿慮周詳，臣部辦理情形已在聖明洞鑒之中。今據該御史奏稱，務於上班半月以前分送，固爲慎重刑章，詳細研勘起見。惟是臣部辦理招册，期限緊迫，向來上班數日前分送，已屬盡力趕辦，勢不能再爲那展。應請仍遵前奉諭旨，於上班數日前分送，以昭慎重。所有該御史奏請務於上班半月以前分送之處，應毋庸議。又，該御史所奏刑部擬改之件，俱於招册内按起黏簽註明，然後分送各官，各官簽商亦於上班五日前送交刑部彙核一節。查秋審，刑部改事及科道簽商，均宜慎密。比至上班，再將應商、應改之件對衆宣讀，共見共聞，刻即公商定議，庶各衙門吏役不致有早通消息，撞騙招搖情弊。若將擬改事件及科道簽商先期互送，不惟衙門衆多，册籍浩繁，此數日内勢難偏行分送。且於未經上班之前，某省秋審有無更改，某案朝審如何擬定，紛紛傳播。秋審近省不無偵探之人，朝審在京尤易啓招搖之弊。所有該御史奏請刑部擬改之件於招册内簽明，各官簽商於上班五日前分送彙核之處，亦毋庸議云云。奉旨依議。二十一年諭： 御史孫世昌奏請將秋、朝審册籍早送詳閲一摺。秋讞大典，與議各員自應悉心詳覈。每年九卿、科道所閲招册，刑部於七月二十日後始行分送，距上班日期祇三四日，未免稍促。嗣後刑部堂議，著較向來移前數日，其招册亦可趕早分送，俾得從容覈閲，以昭詳慎。二十四年諭： 御史張元模奏刑部分送招册日期，請議添數日一摺，刑部辦理各省招册，於秋、朝審前十日咨送九卿、科道等衙門，原議日期已足敷覈勘。玆據該御史奏，刑部咨文於十日前送到，其分送招册不能容符十日之限。著刑部遵照原定限期，務將咨文、招册一併趕早分送，俾各衙門得以悉心核勘，以昭慎重。道光五年，因御史萬方雍奏請將刑部議定改擬各案看語彙齊繕刻，於會議上班前五日分送九卿、詹事、科道。光緒十八年十二月，御史文郁奏請將秋、朝審招册於上班前十日分送。經刑部奏稱，臣部每年辦理各省秋審不下一千七、八百起，或多至二千餘起，向係先期派定初看、覆看司員飭令各司，各司承辦司吏將題結各

案造具略節清册。初看、覆看各員，自開印以後即行閲看，擬定實緩矜留，彙交總辦秋審處，由總看司員悉心詳核。凡實緩矜留之界在疑似者，加批記商，分日呈堂。臣等公同逐起詳核。俟各省督撫具題秋審後尾於六月内一律到部後，與臣部所擬實緩覆加查對，如有内外所擬不符者，臣等於堂議之日公同商定。其應入朝審各案，向以七月十五日爲截止日期。必須俟截止之後，所有節略清册方能造齊，逐起擬定實緩。故每年堂議總在七月下旬，所有秋、朝審各案實緩矜留，至爾時方能一律擬定，再由臣部循照定例奏請欽派大臣覆核。

朝審各案，約計覆核大臣覆奏已在八月中旬，臣部又須將改擬各案看語彙齊繕刻，方能與招册一併分送九卿、詹事、科道各衙門，定期上班，此臣部招册不能早送之實在情形也。查分送招册，從前本以前十日爲期，後因繕刻改事看語，須一併分送，遂以前五日爲期，歷年辦理，并無遲誤。應請嗣後秋、朝審各案招册，仍照道光年間章程，於上班前五日與改事看語一併分送九卿、詹事、科道各衙門，以昭慎重而免貽誤云云。奉旨依議。

清・沈家本《叙雪堂故事删賸・九卿上班日期》 乾隆十九年： 八月十九日審起，九月二十日審竣。

二十二年： 八月十八日審起，二十九日審竣。

二十三年： 八月十八日審起，九月初三日審竣。

二十五年： 八月十九日審起，九月初五日審竣。 九月初十三日朝審念稿。二十三年同。

二十八年： 八月十八日起，九月初四日竣。 朝審： 九月初八日會審念稿。

三十年： 八月十八日起，三十日止。九月初八日朝審念稿。

三十一年： 八月二十一日起，九月初五日竣。九月初八日朝審。

三十二年： 八月十八日起，九月初四日竣。九月初七日朝審。

三十三年： 八月十八日起，三十日竣。九月初三日朝審。

補十八年： 八月十八日起，九月初六日竣。

三十四年： 八月二十日起，二十八日竣。分六日審。九月初三日朝審。

三十五年： 八月二十日起，二十六日竣。九月初三日朝審。

三十六年： 同上。八月二十九日朝審。

三十七年：九月初三日朝審。
三十八年：九月二十八日朝審。
三十九年：八月十九日起，二十五日竣。九月十七日朝審。
四十一年：八月十九日起，二十四日竣。八月二十八日朝審。
四十二年：八月十九日起，二十六日竣。九月初三日朝審。
四十三年：八月十八日起，二十二日竣。八月二十八日朝審。
四十四年：八月二十日起，二十五日竣。八月二十八日朝審。
四十五年：八月二十九日朝審。
四十八年：八月十九日起，二十二日竣。二十四日朝審。
四十九年：八月十八日起，二十一日竣。二十四日朝審。
五十年：八月十八日起，二十四日竣。内十九、二十、二十三三日不審。二十六日朝審。
五十一年：八月十八日起，二十一日竣。二十四日朝審。
五十三年：八月十九日起，二十四日竣。内二日不審。
五十四年：八月十九日起，二十一日竣。
五十五年：八月二十四日起，二十六日竣。
五十六年：八月十八日起，二十一日竣。
五十七年：八月十八日起，二十一日竣。
五十八年：八月十八日起，二十日竣。
五十九年：八月十八日起，二十日竣。
六十年：八月十八日起，二十日竣。

紀事

《春秋左傳正義·僖公二十八年》 衛侯與元咺訟，爭殺叔武事。甯武子爲輔，鍼莊子爲坐，士榮爲大士。大士，治獄官也。《周禮》：命夫命婦不躬坐獄訟。元咺又不宜與其君對坐，故使叔鍼莊子爲主，又使衛之忠臣及其獄官質正。元咺，傳曰：王叔之宰，與伯叔之大夫坐獄於王庭，各不身親。蓋今長吏有罪先驗史卒之義。〔疏〕注大士至之義○正義曰：《周禮》獄官多以士爲名，鄭玄云：士，察也。主察獄訟之事者。《周禮》命夫命婦不躬坐獄訟，小司寇職文也。鄭玄云：爲治獄吏褻尊者也。躬，身也，不身坐，必使其屬若子弟也。《喪服傳》曰：命夫者，其男子之爲大夫者。命婦者，其婦人之爲大夫妻者。凡斷獄訟皆令競者坐而受其辭，故云不躬坐也。《大司寇》云：以兩造禁民訟，以兩劑禁民獄。鄭玄云：訟謂以財貨相告者，獄謂相告以罪名者。對文則小別，散則可以通獄訟，皆爭罪之事也。元咺不宜與君對坐，故使鍼莊子代，衛侯爲坐獄之主，甯子爲輔，輔莊子也。以甯子位高，故先言之，士榮亦輔莊子，舉其官名以其主獄事，故亦使輔之，與晉之獄官對理質正元咺也。所引傳曰在襄十年。衛侯不勝，三子辭屈。殺士榮，刖鍼莊子，謂甯俞忠而免之。

《論語注疏·微子》 柳下惠爲士師，孔曰：士師典獄之官。三黜，人曰：子未可以去乎？曰：直道而事人，焉往而不三黜。孔曰：苟直道以事人，所至之國俱當復三黜。枉道而事人，何必去父母之邦。〔疏〕柳下至之邦○正義曰：此一章論下惠之行也。柳下惠爲士師者，士師，典獄之官也。三黜者，時柳下惠爲魯典獄之官，任其直道，羣邪醜直，故三被黜退。人曰子未可以去乎者，或人謂柳下惠曰：吾子數被黜辱，未可以去離魯乎？曰：直道而事人，焉往而不三黜，枉道而事人，何必去父母之邦者，答或人不去之意也焉，何也？枉，曲也。時世皆邪，己用直道以事於人，則何往而不三黜乎？言苟直道以事人，所至之國俱當復三黜，若舍其直道而曲以事人，則在魯亦不見黜，何必去父母所居之國也。○注士師典獄之官○正義曰：士師即《周禮》司寇之屬，有士師、鄉士，皆以士爲官名。鄭玄云：士，察也。主察獄訟之事，是士師爲典獄之官也。

《史記·酷吏傳·張湯》 張湯者，杜人也。其父爲長安丞，出，湯爲兒守舍。還而鼠盜肉，其父怒，笞湯。湯掘窟得盜鼠及餘肉，劾鼠掠治，傳爰書，訊鞫論報，并取鼠與肉，具獄磔堂下。其父見之，視其文辭如老獄吏，大驚，遂使書獄。

父死後，湯爲長安吏。周陽侯始爲諸卿時，嘗繫長安，湯傾身爲之。及出爲侯，大與湯交，徧見湯貴人。湯給事內史，爲甯成掾，以湯爲無害，言大府，調茂陵尉，治方中。

武安侯爲丞相，徵湯爲史，時薦言之季補御史，使案事。治陳皇后巫蠱獄，深竟黨與，於是上以爲能，稍遷至太中大夫。與趙禹共定諸律令，務在深文，拘守職之吏。已而趙至遷少府，湯爲廷尉，兩人交驩，兄事禹。禹志在奉公孤立，而湯無知以禦人。始爲小吏，干沒，與長安富賈田甲、魚翁叔之屬交私。及列九卿，收接天下名士大夫，已心內雖不合，然陽浮慕之。

是時，上方鄉文學，湯決大獄，欲傳古義，乃請博士弟子治《尚書》、《春秋》，補廷尉史，亭疑法。奏讞疑事，必豫先爲上分別其原，上所是，受而著讞法廷尉絜令，揚主之明。奏事即譴，湯應謝，鄉上意所便，必引正監掾史賢者，曰：固爲臣議，如上責臣，臣弗用，愚抵此。罪常釋。間即奏事，上善之，曰：臣非知爲此奏，乃監、掾、史某所爲。其欲薦吏，揚人之善解人之過如此。所治即上意所欲罪，予監吏深禍者；即上意所欲釋，與監吏輕平者。所治即豪，必舞文巧詆；即下戶羸弱，時口言，雖文致法，上財察。於是往往釋湯所言。湯至於大吏，內行修，交通賓客飲食，於故人子弟爲吏及貧昆弟，調護之尤厚。其造請諸公，不避寒暑。是以湯雖文深意忌不專平，然得此聲譽。而深刻吏多爲爪牙用者，依於文學之士。丞相弘數稱其美。

及治淮南、衡山、江都反獄，皆窮根本。嚴助、伍被，上欲釋之，湯爭曰：伍被本畫反謀，而助親幸出入禁闥爪牙臣，乃交私諸侯，如此弗誅，後不可治。於是上可論之。其治獄所排大臣自以爲功，多此類。於是湯益尊任，遷爲御史大夫。

《史記・酷吏傳・王溫舒》 王溫舒者，陽陵人也。少時椎埋爲姦。已而試補縣亭長，數廢。爲吏，以治獄至廷史。事張湯，遷爲御史。督盜賊，殺傷甚多，稍遷至廣平都尉。擇郡中豪敢任吏十餘人，以爲爪牙，皆把其陰重罪，而縱使督盜賊，快其意所欲得。此人雖有百罪，弗法；卽有避，因其事夷之，亦滅宗。以其故齊趙之郊盜賊不敢近廣平，廣平聲爲道不拾遺。上聞，遷爲河內太守。

素居廣平時，皆知河內豪姦之家，及往，九月而至。令郡具私馬五十匹，爲驛自河內至長安，部吏如居廣平時方略，捕郡中豪猾，郡中豪猾相連坐千餘家。上書請，大者至族，小者乃死，家盡沒入償臧。奏行不過二三日，得可事。論報，至流血十餘里。河內皆怪事其奏，以爲神速。盡十二月，郡中毋聲，毋敢夜行，野無犬吠之盜。其頗不得失，之旁郡國，黎來，會春，溫舒頓足歎曰：嗟呼，令冬月益展一月，足吾事矣！其好殺伐行威不愛人如此。天子聞之，以爲能，遷爲中尉。其治復放河內，徙諸名禍猾吏與從事，河內則楊皆、麻戊，關中楊贛、成信等。義縱爲內史，憚未敢恣治。及縱死，張湯敗後，徙爲廷尉，而尹齊爲中尉。

又 而溫舒復爲中尉。爲人少文，居廷惛惛不辯，至於中尉則心開。督盜賊，素習關中俗，知豪惡吏，豪惡吏盡復爲用，爲方略。吏苛察，盜賊惡少年投缿購告言姦，置伯格長以牧司姦盜賊。溫舒爲人讇，善事有埶者；卽無埶者，視之如奴。有埶家，雖有姦如山，弗犯；無埶者，貴戚必侵辱。舞文巧詆下戶之猾，以焄大豪。其治中尉如此。姦猾窮治，大抵盡靡爛獄中，行論無出者。其爪牙吏虎而冠。於是中尉部中中猾以下皆伏，有勢者游聲譽，稱治。治數歲，其吏多以權富。

溫舒擊東越還，議有不中意者，坐小法抵罪免。是時天子方欲作通天臺而未有人，溫舒請覆中尉脫卒，得數萬人作。上說，拜爲少府。徙爲右內史，治如其故，姦邪少禁。坐法失官。復爲右輔，行中尉事，如故操。歲餘，會宛軍發，詔徵豪吏，溫舒匿其吏華成，及人有變告溫舒受員騎錢，他姦利事，罪至族，自殺。其時兩弟及兩婚家亦各自坐他罪而族。光祿徐自爲曰：悲夫，夫古有三族，而王溫舒罪至同時而五族乎！

溫舒死，家直累千金。後數歲，尹齊亦以淮陽都尉病死，家直不滿五十金。所誅滅淮陽甚多，及死，仇家欲燒其屍，屍亡去歸葬。

自溫舒等以惡爲治，而郡守、都尉、諸侯二千石欲爲治者，其治大抵盡放溫舒，而吏民益輕犯法，盜賊滋起。南陽有梅免、白政，楚有殷中、杜少，齊有徐勃，燕趙之間有堅盧、范生之屬。大羣至數千人，擅自號，攻城邑，取庫兵，釋死罪，縛辱郡太守，都尉，殺二千石，爲檄告縣趣具食；小羣（盜）以百數，掠鹵鄉里者，不可勝數也。於是天子始使御史中丞、丞相長史督之。猶弗能禁也，乃使光祿大夫范昆、諸輔都尉及故九卿張德等衣繡衣，持節，虎符發兵以興擊，斬首大部或至萬餘級，及以法誅通飲食，坐連諸郡，甚者數千人。數歲，乃頗得其渠率。散卒失亡，復聚黨阻山川者，往往而羣居，無可奈何。於是作沈命法，曰羣盜起不發覺，發覺而捕弗滿品者，二千石以下至小吏主者皆死。其後小吏畏誅，雖有盜不敢發，恐不能得，坐課累府，府亦使其不言。故盜賊寖多，上下相爲匿，以文辭避法焉。

《史記・酷吏傳・義縱》 義縱者，河東人也。爲少年時，嘗與張次公俱攻剽爲羣盜。縱有姊姁，以醫幸王太后。王太后問：有子兄弟爲官者乎？姊曰：有弟無行，不可。太后乃告上，拜義姁弟縱爲中郎，補上黨郡中令。治敢行，少蘊藉，縣無逋事，舉爲第一。遷爲長陵及長安令，直法行治，不避貴戚。以捕案太后外孫脩成君子仲，上以爲能，遷爲河內都尉。至則族滅其豪穰氏之屬，河內道不拾遺。而張次公亦爲郎，以勇悍從軍，敢深入有功，爲岸頭侯。寧成家居，上欲以爲郡守。御史大夫弘曰：臣居山東爲小吏時，寧成爲濟南都尉，其治如狼牧羊。成不可使治民。上乃拜成爲關都尉。歲餘，關東吏隸郡國出入關者，號曰寧見乳虎，無値寧成之怒。義縱自河內遷爲南陽太守，聞寧成家居南陽，及縱至關，寧成側行送迎，然縱氣盛，弗爲禮。至郡，遂案寧氏，盡破碎其家。成坐有罪，及孔、暴之屬皆犇亡，南陽吏民重足一迹。而平氏朱彊、杜衍、杜周爲縱牙爪之吏任用，遷爲廷史。軍數出定襄，定襄吏民亂敗，於是徙爲定襄太守。縱至，掩定襄獄中重罪輕繫二百餘人，及賓客昆弟私入相視亦二百餘人。縱一捕鞫，曰爲死罪解脫。是日皆報殺四百餘人。其後郡中不寒而栗，猾民佐吏爲治。

是時趙禹、張湯以深刻爲九卿矣，然其治尚寬，輔法而行，而縱以鷹擊毛摯爲治。後會五銖錢白金起，民爲姦，京師尤甚，乃以縱爲右內史，王溫舒爲中尉。溫舒至惡，其所爲不先言縱，縱必以氣淩之，敗壞其功。其治，所誅殺甚多，然取爲小治，姦益不勝，直指始出矣。吏之治以斬殺縛束爲務，閻奉以惡用矣。縱廉，其治放郅都。上幸鼎湖，病久，已而卒起幸甘泉，道不多治。上怒曰：縱以我爲不復行此道乎？嗛之。至冬，楊可方受告緡，縱以爲此亂民，部吏捕其爲可使者。天子聞，使杜式治，以爲廢格沮事，棄縱市。後一歲，張湯亦死。

《史記・酷吏傳・杜周》　杜周者，南陽杜衍人。義縱爲南陽守，以爲爪牙，舉爲廷尉史。事張湯，湯數言其無害，至御史。使案邊失亡，所論殺甚衆。奏事中上意，任用，與減宣相編，更爲中丞十餘歲。

其治與宣相放，然重遲，外寬，內深次骨。宣爲左內史，周爲廷尉，其治大放張湯而善候伺。上所欲擠者，因而陷之；上所欲釋者，久繫待問而微見其冤狀。客有讓周曰：君爲天子決平，不循三尺法，專以人主意指爲獄。獄者固如是乎？周曰：三尺安出哉？前主所是著爲律，後主所是疏爲令，當時爲是，何古之法乎？

至周爲廷尉，詔獄亦益多矣。二千石繫者新故相因，不減百餘人。郡吏大府舉之廷尉，一歲至千餘章。章大者連逮證案數百，小者數十人；遠者數千，近者數百里。會獄，吏因責如章告劾，不服，以笞掠定之。於是聞有逮皆亡匿。獄久者至更數赦十有餘歲而相告言，大抵盡詆以不道以上。廷尉及中都官詔獄逮至六七萬人，吏所增加十萬餘人。

《史記・酷吏傳・趙禹》　趙禹者，斄人。以佐史補中都官，用廉爲令史，事太尉亞夫。亞夫爲丞相，禹爲丞相史，府中皆稱其廉平。然亞夫弗任，曰：極知禹無害，然文深，不可以居大府。今上時，禹以刀筆吏積勞，稍遷爲御史。上以爲能，至太中大夫。與張湯論定諸律令，作見知，吏傳得相監司。用法益刻，蓋自此始。

《史記・酷吏傳・減宣》　減宣者，楊人也。以佐史無害給事河東守府。衛將軍青使買馬河東，見宣無害，言上，徵爲大廄丞。官事辨，稍遷至御史及中丞。使治主父偃及治淮南反獄，所以微文深詆，殺者甚衆，稱爲敢決疑。數廢數起，爲御史及中丞者幾二十歲。王溫舒免中尉，而宣爲左內史。其治米鹽，事大小皆關其手，自部署縣名曹實物，官吏令丞不得擅搖，痛以重法繩之。居官數年，一切郡中爲小治辨，然獨宣以小致大，能因力行之，難以爲經。中廢。爲右扶風，坐怨成信，信亡藏上林中，宣使郿令格殺信，吏卒格信時，射中上林苑門，宣下吏詆罪，以爲大逆，當族，自殺。而杜周任用。

《史記・酷吏傳・尹齊》　尹齊者，東郡茌平人。以刀筆稍遷至御史。事張湯，張湯數稱以爲廉武，使督盜賊，所斬伐不避貴戚。遷爲關內都尉，聲甚於寧成。上以爲能，遷爲中尉，吏民益凋敝。尹齊木彊少文，豪惡吏伏匿而善吏不能爲治，以故事多廢，抵罪。上復徙溫舒爲中尉，而楊僕以嚴酷爲主爵都尉。

《史記・酷吏傳・周陽由》　周陽由者，其父趙兼以淮南王舅侯周陽，故周陽因氏。由以宗家任爲郎，事孝文景帝。景帝時，由爲郡守。武帝即位，吏治尚循謹甚，然由居二千石中最爲暴酷驕恣。所愛者，撓法活之；所憎者，曲法誅滅之。所居郡，必夷其豪。爲守，視都尉如令；爲都尉，陵太守，奪之治。與汲黯爲忮，司馬安之文惡，俱在二千石列，同車未嘗敢均茵伏。由後爲河東都尉，時與其守勝屠公爭權，相告言，勝屠公當抵罪，(議)〔義〕不受刑，自殺，而由棄市。

《漢書・酷吏傳・寧成》　寧成，穰人也。以郎謁者事景帝。好氣，爲人小吏，必陵其長吏；爲人上，操下急如束溼薪。滑賊任威。稍遷至濟南都尉，而郅都爲守。始前數都尉步入府，因吏謁守如縣令，其畏都如此。

及成往，直陵都出其上。都素聞其聲，於是善遇，與結驩。久之，郅都死，後長安左右宗室多犯法，於是上召成爲中尉。其治效郅都，其廉弗如，然宗室豪桀人皆惴恐。武帝卽位，徙爲內史。外戚多毁成之短，抵罪髠鉗。是時九卿死卽死，少被刑，而成刑極，自以爲不復收，乃解脱，詐刻傳出關歸家。稱曰：仕不至二千石，賈不至千萬，安可比人乎！乃貰貸買陂田千餘頃，假貧民，役使數千家。數年，會赦，致產數千萬，爲任俠，持吏長短，出從數十騎。其使民，威重於郡守。

《史記·酷吏傳》 太史公曰：自郅都、杜周十人者，此皆以酷烈爲聲。然郅都伉直，引是非，爭天下大體。張湯以知陰陽，人主與俱上下，時數辯當否，國家賴其便。趙禹時據法守正。杜周從諛，以少言爲重。自張湯死後，網密，多詆嚴，官事寖以秏廢。九卿碌碌奉其官，救過不贍，何暇論繩墨之外乎！然此十人中，其廉者足以爲儀表，其污者足以爲戒，方略教導，禁姦止邪，一切亦皆彬彬質有其文武焉。雖慘酷，斯稱其位矣。至若蜀守馮當暴挫，廣漢李貞擅磔人，東郡彌僕鋸項，天水駱璧推咸，河東褚廣妄殺，京兆無忌、馮翊殷周蝮鷙，水衡閻奉朴擊賣請，何足數哉！何足數哉！

《漢書·朱博傳》 〔朱博〕徙爲山陽太守，病免官。復徵爲光祿大夫，遷廷尉，職典決疑，當讞平天下獄。博恐爲官屬所誣，視事，召見正監典法掾史，謂曰：廷尉本起於武吏，不通法律，幸有衆賢，亦何憂！然廷尉治郡斷獄以來且二十年，亦獨耳剽日久，三尺律令，人事出其中。掾史試與正監共撰前世決事吏議難知者數十事，持以問廷尉，得爲諸君覆意之。正監以爲博苟強，意未必能然，卽共條白焉。博皆召掾史，幷坐而問，爲平處其輕重，十中八九。官屬咸服博之疏略，材過人也。每遷徙易官，所到輒出奇譎如此，以明示下爲不可欺者。

《漢書·循吏傳·黃霸》 黃霸字次公，淮陽陽夏人也，以豪桀役使徙雲陵。霸少學律令，喜爲吏，武帝末以待詔入錢賞官，補侍郎謁者，坐同產有罪劾免。

【略】自武帝末，用法深。昭帝立，幼，大將軍霍光秉政，大臣爭權，上官桀等與燕王謀作亂，光旣誅之，遂遵武帝法度，以刑罰痛繩羣下，繇是俗吏上嚴酷以爲能，而霸獨用寬和爲名。

會宣帝卽位，在民間時知百姓苦吏急也，聞霸持法平，召以爲廷尉正，數決疑獄，庭中稱平。守丞相長史，坐公卿大議廷中知長信少府夏侯勝非議詔書大不敬，霸阿從不舉劾，皆下廷尉，繫獄當死。霸因從勝受《尚書》獄中，再踰冬，積三歲乃出，語在《勝傳》。勝出，復爲諫大夫，令左馮翊宋畸舉霸賢良。勝又口薦霸於上，上擢霸爲揚州刺史。三歲，宣帝下詔曰：制詔御史：其以賢良高第揚州刺史霸爲潁川太守，秩比二千石，居官賜車蓋，特高一丈，別駕主簿車，緹油屏泥於軾前，以章有德。

《漢書·酷吏傳》 孔子曰：導之以政，齊之以刑，民免而無恥；導之以德，齊之以禮，有恥且格。老氏稱：上德不德，是以有德；下德不失德，是以無德。法令滋章，盜賊多有。信哉是言也！法令者，治之具，而非制治清濁之原也。昔天下之罔嘗密矣，然(不)〔姦〕軌愈起，其極也，上下相遁，至於不振。當是之時，吏治若救火揚沸，非武健嚴酷，惡能勝其任而媮快乎？言道德者，溺於職矣。故曰：聽訟吾猶人也，必也使無訟乎！下士聞道大笑之。非虚言也。

漢興，破觚而爲圜，斲琱而爲樸，號爲罔漏吞舟之魚。而吏治蒸蒸，不至於姦，黎民艾安。由是觀之，在彼不在此。高后時，酷吏獨有侯封，刻轢宗室，侵辱功臣。呂氏已敗，遂夷侯封之家。孝景時，鼂錯以刻深頗用術輔其資，而七國之亂發怒於錯，錯卒被戮。其後有郅都、甯成之倫。

《漢書·酷吏傳·田廣明》 田廣明字太公，鄭人也。以郎爲天水司馬。功次遷河南都尉，以殺伐爲治。郡國盜賊並起，遷廣明爲淮陽太守。歲餘，故城父令公孫勇與客胡倩等謀反，倩詐稱光祿大夫從車騎數十，言使督盜賊，止陳留傳舍，太守謁見，欲收取之。廣明覺知，發兵皆捕斬焉。而公孫勇衣繡衣，乘駟馬車至圉，圉使小史侍之，亦知其非是，守尉魏不害與廐嗇夫江德、尉史蘇昌共收捕之。上封不害爲當塗侯，德轑陽侯，昌蒲侯。初，四人俱拜於前，小史竊言。武帝問：言何？對曰：爲侯者得東歸不？上曰：女欲不？貴矣。女鄉名爲何？對曰：名遺鄉。上曰：用遺汝矣。於是賜小史爵關內侯，食遺鄉六百戶。

上以廣明連禽大奸，徵入爲大鴻臚，擢廣明兄雲中代爲淮陽太守。昭帝時，廣明將兵擊益州，還，賜爵關內侯，徙衛尉。後出爲左馮翊，治有能名。宣帝初立，代蔡義爲御史大夫，以前爲馮翊與議定策，封昌水侯。歲餘，以祁連將軍兵擊匈奴，出塞至受降城。受降都尉前死，喪柩在堂，廣明召其寡妻與奸。既出不至質，引軍空還。下太守杜延年簿責，廣明自殺闕下，國除。兄雲中爲淮陽守，亦敢誅殺，吏民守闕告之，竟坐棄市。

《漢書·酷吏傳·田延年》 田延年字子賓，先齊諸田也，徙陽陵。延年以材略給事大將軍莫府，霍光重之，遷爲長史。出爲河東太守，選拔尹翁歸等以爲爪牙，誅鉏豪彊，姦邪不敢發。以選入爲大司農。臣，卽日議決，語在《光傳》。宣帝卽位，延年以決疑定策封陽成侯。

先是，茂陵富人焦氏、賈氏以數千萬陰積貯炭葦諸下里物。昭帝大行時，方上事暴起，用度未辦，延年奏言商賈或豫收方上不祥器物，冀其疾用，欲以求利，非民臣所當爲。請沒入縣官。奏可。富人亡財者皆怨，出錢求延年罪。初，大司農取民牛車三萬兩爲僦，載沙便橋下，送致方上，車直千錢，延年上簿詐增僦直車二千，凡六千萬，盜取其半。焦、賈兩家告其事，下丞相府。丞相議奏延年主守盜三千萬，不道。霍將軍召問延年，欲爲道地，延年抵曰：本出將軍之門，蒙此爵位，無有是事。光曰：卽無事，當窮竟。御史大夫田廣明謂太僕杜延年：《春秋》之義，以功覆過。當廢昌邑王時，非田子賓之言大事不成。今縣官出三千萬自乞之何哉？願以愚言白大將軍。延年言之大將軍，大將軍曰：誠然，實勇士也！當發大議時，震動朝廷。光因舉手自撫心曰：使我至今病悸！謝田大夫曉大司農，通往就獄，得公議之。田大夫使人語延年，延年曰：幸縣官寬我耳，何面目入牢獄，使衆人指笑我，卒徒唾吾背乎！卽閉閤獨居齊舍，偏袒持刀東西步。數日，使者召延年詣廷尉。聞鼓聲，自刎死，國除。

《漢書·酷吏傳·尹賞》 尹賞字子心，鉅鹿楊氏人也。以郡吏察廉爲樓煩長。舉茂材，粟邑令。左馮翊薛宣奏賞能治劇，徙爲頻陽令，坐殘賊免。後以御史舉爲鄭令。

永始、元延間，上怠於政，貴戚驕恣，紅陽長仲兄弟交通輕俠，臧匿亡命。而北地大豪浩商等報怨，殺義渠長妻子六人，往來長安中。丞相御史遣掾求逐黨與，詔書召捕，久之乃得。長安中奸猾浸多，閭里少年羣輩殺吏，受賕報仇，相與探丸爲彈，得赤丸者斫武吏，得黑丸者斫文吏，白者主治喪；城中薄暮塵起，剽劫行者，死傷橫道，枹鼓不絕。賞以三輔高第選守長安令，得壹切便宜從事。賞至，修治長安獄，穿地方深各數丈，致令辟爲郭，以大石覆其口，名爲虎穴。乃部戶曹掾史，與鄉吏、亭長、里正、父老、伍人，雜舉長安中輕薄少年惡子，無市籍商販作務，而鮮衣凶服被鎧扞持刀兵者，悉籍記之，得數百人。賞一朝會長安吏，車數百兩，分行收捕，皆劾以爲通行飲食羣盜。賞親閱，見十置一，其餘盡以次內虎穴中，百人爲輩，覆以大石。數日壹發視，皆相枕藉死，便輿出，瘞寺門桓東，楬著其姓名，百日後，乃令死者家各自發取其尸。親屬號哭，道路皆歔欷。長安中歌之曰：安所求子死？桓東少年場。生時諒不謹，枯骨後何葬？賞所置皆其魁宿，或故吏善家子失計隨輕黠願自改者，財數十百人，皆貰其罪，詭令立功以自贖。盡力有效者，因親用之爲爪牙，追捕甚精，甘耆姦惡，甚於凡吏。賞視事數月，盜賊止，郡國亡命散走，各歸其處，不敢闚長安。

江湖中多盜賊，以賞爲江夏太守，捕格江賊及所誅吏民甚多，坐殘賊免。南山羣盜起，以賞爲右輔都尉，遷執金吾，督大姦猾。三輔吏民甚畏之。

數年卒官。疾病且死，戒其諸子曰：丈夫爲吏，正坐殘賊免，追思其功效，則復進用矣。一坐軟弱不勝任免，終身廢棄無有赦時，其羞辱甚於貪汙坐臧。愼毋然！賞四子皆至郡守，長子立爲京兆尹，皆尙威嚴，有治辦名。

《漢書·酷吏傳·嚴延年》 嚴延年字次卿，東海下邳人也。其父爲丞相掾，延年少學法律丞相府，歸爲郡吏。以選除補御史掾，舉侍御史。是時大將軍霍光廢昌邑王，尊立宣帝。宣帝初卽位，延年劾奏光擅廢立，亡人臣禮，不道。奏雖寢，然朝廷肅焉敬憚。延年後復劾大司農田延年持兵干屬車，大司農自訟不干屬車。事下御史中丞，譴責延年何以不移書宮殿門禁止大司農，而令得出入宮。於是覆劾延年闌內罪人，法至死。延年亡命。會赦出，丞相御史府徵書同日到，延年以御史書先至，詣御史府，復爲掾。宣帝識之，拜爲平陵令，坐殺不辜，去官。後爲丞相掾，復擢好畤令。神爵中，西羌反，彊弩將軍許延壽請延年爲長史，從軍敗，西羌，還爲涿郡太守。

時郡比得不能太守，涿人畢野白等由是廢亂。大姓西高氏、東高氏，自郡吏以下皆畏避之，莫敢與牾，咸曰：寧負二千石，無負豪大家。賓客放爲盜賊，發，輒入高氏，吏不敢追。浸浸日多，道路張弓拔刃，然後敢行，其亂如此。延年至，遣掾蠡吾趙繡桉高氏得其死罪。繡見延年新將，心內懼，卽爲兩劾，欲先白其輕者，觀延年意怒，乃出其重劾。延年已知其如此矣。

趙掾至，果白其輕者，延年索懷中，得重劾，即收送獄。夜入，晨將至市論殺之，先所按者死，吏皆股弁。更遣吏分考兩高，窮竟其奸，誅殺各數十人。郡中震恐，道不拾遺。

三歲，遷河南太守，賜黃金二十斤。豪彊脅息，野無行盜，威震旁郡。其治務在摧折豪彊，扶助貧弱。貧弱雖陷法，曲文以出之；其豪桀侵小民者，以文内之。衆人所謂當死者一朝出之；所謂當生者，詭殺之。吏民莫能測其意深淺，戰栗不敢犯禁。按其獄，皆文致不可得反。

延年爲人短小精悍，敏捷於事，雖子貢、冉有通藝於政事，不能絕也。吏忠盡節者，厚遇之如骨肉，皆親鄉之，出身不顧，以是治下無隱情。然疾惡泰甚，中傷者多，尤巧爲獄文，善史書，所欲誅殺，奏成於手，中主簿親近史不得聞知。奏可論死，奄忽如神。冬月，傳屬縣囚，會論府上，流血數里，河南號曰屠伯。令行禁止，郡中正清。

是時張敞爲京兆尹，素與延年善。敞治雖嚴，然尚頗有縱舍，聞延年用刑刻意，乃以書諭之曰：昔韓盧之取菟也，上觀下獲，不甚多殺。願次卿少誅罰，思行此術。延年報曰：河南天下喉咽，二周餘斃，莠(甚)〔盛〕苗穢，何可不鉏也？自矜伐其能，終不衰止。時黃霸在潁川以寬恕爲治，郡中亦平，婁蒙豐年，鳳皇下，上賢焉，下詔稱揚其行，加金爵之賞。延年素輕霸爲人，及比郡爲守，褒賞反在己前，心内不服。河南界中又有蝗蟲，府丞義出行蝗，還見延年，延年曰：此蝗豈鳳皇食邪？義又道司農中丞耿壽昌爲常平倉利百姓，延年曰：丞相御史不知爲也，當避位去。壽昌安權此？後左馮翊缺，上欲徵延年，符已發，爲其名酷復止。延年疑少府梁丘賀毁之，心恨。會琅邪太守以視事久病，滿三月免，延年自知見廢，謂丞曰：此人尚能去官，我反不能去邪？又延年察獄史廉，有臧不入身，延年坐選舉不實貶秩，笑曰：後敢復有舉人者矣！丞義年老頗悖，素畏延年，恐見中傷。延年本嘗與義俱爲丞相史，實親厚之，無意毁傷也，饋遺之甚厚。義愈益恐，自筮得死卦，忽忽不樂，取告至長安，上書言延年罪名十事。已拜奏，因飲藥自殺，以明不欺。事下御史丞按驗，有此數事，以結延年，坐怨望非謗政治不道棄市。

初，延年母從東海來，欲從延年臘，到雒陽，適見報囚。母大驚，便止都亭，不肯入府。延年出至都亭謁母，母閉閣不見。延年免冠頓首閣下，良久，母乃見之，因數責延年：幸得備郡守，專治千里，不聞仁愛教化，有以全安愚民，顧乘刑罰多刑殺人，欲以立威，豈爲民父母意哉！延年服罪，重頓首謝，因自爲母御，歸府舍。母畢正臘，謂延年：天道神明，人不可獨殺。我不意當老見壯子被刑戮也！行矣！去女東歸，埽除墓地耳。遂去。歸郡，見昆弟宗人，復爲言之。後歲餘，果敗。東海莫不賢知其母。延年兄弟五人皆有吏材，至大官，東海號曰萬石嚴嫗。次弟彭祖，至太子太傅，在《儒林傳》。

《後漢書・酷吏傳・王吉》 王吉者，陳留浚儀人，中常侍甫之養子也，甫在《宦者傳》。吉少好誦讀書傳，喜名聲，而性殘忍。以父秉權寵，年二十餘，爲沛相。曉達政事，能斷察疑獄，發起姦伏，多出衆議。課使郡内各舉姦吏豪人諸常有微過酒肉爲臧者，雖數十年猶加貶棄，注其名籍。專選剽悍吏，擊斷非法。若有生子不養，即斬其父母，合土棘埋之。凡殺人皆磔屍車上，隨其罪目，宣示屬縣。夏月腐爛，則以繩連其骨，周徧一郡乃止，見者駭懼。視事五年，凡殺萬餘人。其餘慘毒刺刻，不可勝數。郡中惴恐，莫敢自保。及陽球奏甫，乃就收執，死於洛陽獄。

《後漢書・酷吏傳・黃昌》 黃昌字聖真，會稽餘姚人也。本出孤微。居近學官，數見諸生修庠序之禮，因好之，遂就經學。又曉習文法，仕郡爲決曹。刺史行部，見昌，甚奇之，辟從事。

後拜宛令，政尚嚴猛，好發奸伏。人有盜其車蓋者，昌初無所言，後乃密遣親客至門下賊曹家掩取得之，悉收其家，一時殺戮。大姓戰懼，皆稱神明。

朝廷舉能，遷蜀郡太守。先太守李根年老悖政，百姓侵冤。及昌到，吏人訟者七百餘人，悉爲斷理，莫不得所。密捕盜帥一人，脅使條諸縣彊暴之人姓名居處，乃分遣掩討，無有遺脫。宿惡大姦，皆奔走它境。

初，昌爲州書佐，其婦歸寧於家，遇賊被獲，遂流轉入蜀爲人妻。其子犯事，乃詣昌自訟。昌疑母不類蜀人，因問所由。對曰：妾本會稽餘姚戴次公女，州書佐黃昌妻也。妾嘗歸家，爲賊所略，遂至於此。昌驚，呼前謂曰：何以識黃昌邪？對曰：昌左足心有黑子，常自言當爲二千石。昌乃出足示之。因相持悲泣，還爲夫婦。

視事四年，徵，再遷陳相。縣人彭氏舊豪縱，造起大舍，高樓臨道。昌每出行縣，彭氏婦人輒升樓而觀。昌不喜，遂敕收付獄，案殺之。又遷爲河內太守，又再遷潁川太守。永和五年，徵拜將作大匠。漢安元年，進補大司農，左轉太中大夫，卒於官。

《後漢書·酷吏傳·李章》　李章字第公，河内懷人也。五世二千石。章習《嚴氏春秋》，經明教授，歷州郡吏。光武爲大司馬，平定河北，召章置東曹屬，數從征伐。

光武即位，拜陽平令。時趙、魏豪右往往屯聚，清河大姓趙綱遂於縣界起塢壁，繕甲兵，爲在所害。章到，乃設饗會，而延謁綱。綱帶文劍，被羽衣，從士百餘人來到。章與對讌飲，有頃，手劍斬綱，伏兵亦悉殺其從者，因馳詣塢壁，掩擊破之，吏人遂安。

遷千乘太守，坐誅斬盜賊過濫，徵下獄免。歲中拜侍御史，出爲琅邪太守。時北海安丘姓夏長思等反，遂囚太守處興，而據營陵城。章聞，即發兵千人，馳往擊之。掾（吏）〔史〕止章曰：二千石行不得出界，兵不得擅發。章按劍怒曰：逆虜無狀，囚劫郡守，此何可忍！若坐計賊而死，吾不恨也。遂引兵安丘城下，募勇敢燒城門，與長思戰，斬之，獲三百餘級，得牛馬五百餘頭而還。興歸郡，以狀上帝，悉以所得班勞吏士。後坐度人田不實徵，以章有功，但司寇論。月餘免刑歸。復徵，會病卒。

《後漢書·酷吏傳·周紆》　周紆字文通，下邳徐人也。爲人刻削少恩，好韓非之術。少爲廷尉史。

永平中，補南行唐長。到官，曉吏人曰：朝廷不以長不肖，使牧黎民，而性讎猾吏，志除豪賊，且勿相試！遂殺縣中尤無狀者數十人，吏人大震。遷博平令。收考姦臧，無出獄者。以威名遷齊相，亦頗嚴酷，專任刑法，而善爲辭案條教，爲州内所則。後坐殺無辜，復左轉博平令。

建初中，爲勃海太守。每赦令到郡，輒隱閉不出，先遣使屬縣盡決刑罪，乃出詔書。坐徵詣廷尉，免歸。

紆廉絜無資，常築墼以自給。肅宗聞而憐之，復以爲郎，再遷召陵侯相。廷掾憚紆嚴明，欲損其威，乃晨取死人斷手足，立寺門。紆聞，便往至死人邊，若與死人共語狀。陰察視口眼有稻芒，乃密問守門人曰：悉誰載藁入城者？門者對：唯有廷掾耳。又問鈴下：外頗有疑令與死人語者不？對曰：廷掾疑君。乃收廷掾考問，具服不殺人，取道邊死人。後人莫敢欺者。

徵拜洛陽令。下車，先問大姓主名，吏數閭里豪彊以對。紆厲聲怒曰：本問貴戚若馬、竇等輩，豈能知此賣菜傭乎？於是部吏望風旨，爭以激切爲事。貴戚跼蹐，京師肅清。皇后弟黄門郎竇篤從宫中歸，夜至止姦亭，亭長霍延遮止篤，篤蒼頭與爭，延遂拔劍擬篤，而肆詈恣口。篤以表聞。詔召司隸校尉、河南尹詣尚書譴問，遣劍戟士收紆送廷尉詔獄。數日貰出。帝知紆奉法疾姦，不事貴戚，然苛慘失中，數爲有司所奏，八年，遂免官。

後爲御史中丞。和帝即位，太傅鄧彪奏紆在任過酷，不宜典司京輦。免歸田里。後竇氏貴盛，篤兄弟秉權，睚眦宿怨，無不僵仆。紆自謂無全，乃柴門自守，以待其禍。然篤等以紆公正，而怨隙有素，遂不敢害。

永元五年，復徵爲御史中丞。諸竇雖誅，而夏陽侯瓌猶尚在朝。紆疾之，乃上疏曰：臣聞臧文仲之事君也，見有禮於君者，事之如孝子之養父母；見無禮於君者，誅之如鷹鸇之逐鳥雀。案夏陽侯瓌，本出輕薄，志在邪僻，學無經術，而妄搆講舍，外招儒徒，實會姦桀。輕忽天威，侮慢王室，又造作巡狩封禪之書，惑衆不道，當伏誅戮，而主者營私，不爲國計。夫涓流雖寡，浸成江河；爝火雖微，卒能燎野。履霜有漸，可不懲革？宜尋吕産專竊之亂，永惟王莽篡逆之禍，上安社稷之計，下解萬夫之惑。會瓌歸國，紆遷司隸校尉。

六年夏旱，車駕自幸洛陽錄囚徒，二人被掠生蟲，坐左轉騎都尉。七年，遷將作大匠。九年，卒於官。

《後漢書·酷吏傳·董宣》　董宣字少平，陳留圉人也。初爲司徒侯霸所辟，舉高弟，累遷北海相。到官，以大姓公孫丹爲五官掾。丹新造居宅，而卜工以爲當有死者，丹乃令其子殺道行人，置屍舍内，以塞其咎。宣知，即收丹父子殺之。丹宗族親黨三十餘人，操兵詣府，稱冤叫號。宣以丹前附王莽，慮交通海賊，乃悉收繫劇獄，使門下書佐水丘岑盡殺之。青州以其多濫，奏宣考岑，宣坐徵詣廷尉。在獄，晨夜諷誦，無憂色。及當出刑，官屬具饌送之，宣乃厲色曰：董宣生平未曾食人之食，況死乎！升車而去，時同刑九人，次應及宣，光武馳使騶騎特原宣刑，且令還獄。遣使者詰宣多殺無辜，宣具以狀對，言水丘岑受臣旨意，罪不由之，願殺臣活岑。使者以聞，有詔左轉懷令，令青州勿案岑罪。岑官至司隸校尉。

《後漢書·酷史傳·陽球》 陽球字方正，漁陽泉州人也。家世大姓冠蓋。球能擊劍，習弓馬。性嚴厲，好申韓之學。郡吏有辱其母者，球結少年數十人，殺吏，滅其家，由是知名。初舉孝廉，補尚書侍郎，閑達故事，其章奏處議，常爲臺閣所崇信。出爲高唐令，以嚴苛過理，郡守收舉，會赦見原。

辟司徒劉寵府，舉高第。九江山賊起，連月不解。三府上球有理姦才，拜九江太守。球到，設方略，凶賊殄破，收郡中姦吏盡殺之。

遷平原相。出教曰：相前莅高唐，志埽姦鄙，遂爲貴郡所見枉舉。昔桓公釋管仲射鉤之讎，高祖赦季布逃亡之罪。雖以不德，敢忘前義。況君臣分定，而可懷宿昔哉！今一蠲往愆，期諸來効。若受教之後而不改姦狀者，不得復有所容矣。郡中咸畏服焉。時天下大旱，司空張顥條奏長吏苛酷貪污者，皆罷免之。球坐嚴苦，徵詣廷尉，當免官。靈帝以球九江時有功，拜議郎。

遷將作大匠，坐事論。頃之，拜尚書令。奏罷鴻都文學，曰：伏承有詔勑中尚方爲鴻都文學樂松、江覽等三十二人圖象立贊，以勸學者。臣《聞》傳曰：君舉必書。書而不法，後嗣何觀！案松、覽等皆出於微蔑，斗筲小人，依憑世戚，附託權豪，俛眉承睫，徼進明時。或獻賦一篇，或鳥篆盈簡，而位升郎中，形圖丹青。亦有筆不點牘，辭不辯心，假手請字，妖僞百品，莫不被蒙殊恩，蟬蛻滓濁。是以有識掩口，天下嗟歎。臣聞圖象之設，以昭勸戒，欲令人君動鑒得失。未聞豎子小人，詐作文頌，而可妄竊天官，垂象圖素者也。今太學、東觀足以宣明聖化。願罷鴻都之選，以消天下之謗。書奏不省。

時中常侍王甫、曹節等姦虐弄權，扇動外內，球嘗拊髀發憤曰：若陽球作司隸，此曹子安得容乎？光和二年，遷爲司隸校尉。王甫休沐里舍，球詣闕謝恩，奏收甫及中常侍淳于登、袁赦、封昱、中黄門劉毅、小黄門龐訓、朱禹、齊盛等，及子弟爲守令者，姦猾縱恣，罪合滅族。太尉段熲諂附佞倖，宜並誅戮。於是悉收甫、熲等送洛陽獄，及甫子永樂少府萌、沛相吉。球自臨考甫等，五毒備極。萌謂球曰：父子既當伏誅，少以楚毒假借老父。

球曰：若罪惡無狀，死不滅責，及欲求假借邪？萌乃罵曰：爾前奉事吾父子如奴，奴敢反汝主乎！今日困吾，行自及也！球使以土窒萌口，箠朴交至，父子悉死杖下。熲亦自殺。乃僵磔甫屍於夏城門，大署牓曰賊臣王甫。盡沒入財産，妻子皆徙比景。

球既誅甫，復欲以次表曹節等，乃勑中都官從事曰：且先去大猾，當次案豪右。權門聞之，莫不屏氣。諸奢飾之物，皆各緘縢，不敢陳設。京師畏震。

時順帝虞貴人葬，百官會喪還，曹節見磔甫屍道次，慨然抆淚曰：我曹自可相食，何宜使犬舐其汁乎？語諸常侍，今且俱入，勿過里舍也。節直入省，白帝曰：陽球故酷暴吏，前三府奏當免官，以九江微功，復見擢用。愆過之人，好爲妄作，不宜使在司隸，以騁毒虐。帝乃徙球爲衛尉。時球出謁陵，節勑尚書令召拜，不得稽留尺一。球被召急，因求見帝，叩頭曰：臣無清高之行，横蒙鷹犬之任。前雖糾誅王甫、段熲，蓋簡落狐狸，未足宣示天下。願假臣一月，必令豺狼鴟梟，各服其辜。叩頭流血。殿上呵叱曰：衛尉扞詔邪！至於再三，乃受拜。

其冬，司徒劉郃與球議收案張讓、曹節，節等知之，共誣白郃等。語已見《陳球傳》。遂收球送洛陽獄，誅死，妻子徙邊。

《梁書·良吏傳·何遠》〔何遠〕性剛嚴，吏民多以細事受鞭罰者，遂爲人所訟，徵下廷尉，被劾數十條。當時士大夫坐法，皆不受立，遠度已無贓，就立三七日不款，猶以私藏禁仗除名。

《陳書·宗元饒傳》〔宗元饒〕遷御史中丞，知五禮事。時合州刺史陳裒贓汙狼藉，遣使就渚斂魚，又於六郡乞米，百姓甚苦之。元饒劾奏曰：臣聞建旗求瘼，實寄廉平，褰帷恤隱，本資仁恕。如或貪汙是肆，徵賦無猒，天網雖疎，茲焉弗漏。謹案鍾陵縣開國侯、合州刺史陳裒，因藉多幸，預逢抽擢，爵由恩被，官以私加，無德無功，坐尸榮貴。譙、肥之地，久淪非所，皇威剋復，物仰仁風。新邦用輕，彌俟寬惠，應斯作牧，其寄尤重。爰降曲恩，祖行宣室，親承規誨，事等言提。雖廉潔之懷，誠無素蓄，而稟茲嚴訓，可以厲精。遂乃擅行賦斂，專肆貪取，求粟不厭，愧王沉賑，徵魚無限，異羊續之懸枯實以嚴科，實惟明憲。臣等參議，請依旨免裒所應復除官，其應禁錮及後選左降本資，悉依免官之法。遂可其奏。吳興守武陵王伯禮，豫章內史南康嗣王方泰，竝驕蹇放横，元饒案奏之，皆見削黜。

《舊唐書·宦官傳·李輔國》 至德二年十二月，加開府儀同三司，進封郕國公，食實封五百戶。宰臣百司，不時奏事，皆因輔國上決。常在銀臺門受事，置察事廳子數十人，官吏有小過，無不伺知，即加推訊。府縣按鞫，三司制獄，必詣輔國取決，隨意區分，皆稱制敕，無敢異議者。

《舊唐書·酷吏傳·吉頊》　吉頊，洛州河南人也。身長七尺，陰毒敢言事。進士舉，累轉明堂尉。萬歲通天二年，有箕州刺史劉思禮，自云學於張憬藏，善相，云洛州録事參軍綦連耀應圖讖，有兩角騏驎兒之符命。頊告之，則天付武懿宗與頊對訊。懿宗與頊誘思禮，令廣引朝士，必全其命。思禮乃引鳳閣侍郎李元素、夏官侍郎孫元通、天官侍郎劉奇石抱忠、鳳閣舍人王處來庭、主簿柳璆、給事中周潘、涇州刺史王勔、監察御史王助、司議郎路敬淳、司門員外郎劉愼之、右司員外郎宇文全志等三十六家，微有忤意者，必搆之，楚毒百端，以成其獄。皆海內賢士名家，天下冤之，親故連累竄逐者千餘人。頊由是擢拜右肅政臺中丞，日見恩遇。

明年，突厥寇陷趙、定等州，則天召頊檢校相州刺史，以斷賊南侵之路。頊以素不習武爲辭，則天曰：賊勢將退，藉卿威名鎮遏耳。初，太平原有術士溫彬茂，高宗時老，臨死封一狀謂其妻曰：吾死後，年名垂拱，即詣闕獻之，愼勿開也。垂拱初，其妻獻之。狀中預陳則天革命及突厥至趙、定之事，故則天知賊至趙州而退。頊初至州募人，略無應者。俄而詔以皇太子爲元帥，應募者不可勝數。及賊退，頊入朝奏之，則天甚悦。

聖曆二年臘月，遷天官侍郎、同鳳閣鸞臺平章事。時易之、昌宗諷則天置控鶴監官員，則天以易之爲控鶴監。頊素與易之兄弟親善，遂引頊，以殿中少監田歸道、鳳閣舍人薛稷、正諫大夫員半千、夏官侍郎李迥秀，俱爲控鶴內供奉，時議甚不悦。初，則天以頊幹辯有口才，偉儀質，堪委以心腹，故擢任之。及與武懿宗爭趙州功殿中，懿宗短小俯僂，頊聲氣凌厲，下視懿宗，嘗不相假。則天以爲卑我諸武於我前，其可倚與！其年十月，以弟作僞官，貶琰川尉，後改安固尉。尋卒。

初，中宗未立爲皇太子時，易之、昌宗嘗密問頊自安之策，頊云：公兄弟承恩既深，非有大功於天下，則不全矣。今天下士庶，咸思李家，廬陵既在房州，相王又在幽閉，主上春秋既高，須有付託。武氏諸王，殊非屬意。明公若能從容請建立廬陵及相王，以副生人之望，豈止轉禍爲福，必長享茅土之重矣。易之然其言，遂承間奏請。則天知頊首謀，召而問之，頊曰：廬陵王及相王，皆陛下之子，先帝顧託於陛下，當有主意，唯陛下裁之。則天意乃定。頊既得罪，時無知者。睿宗即位，左右發明其事，乃下制曰：故吏部侍郎、同中書門下平章事吉頊，體識宏遠，風規久大。嘗以經緯之才，允膺匡佐之委。時王命中否，人謀未輯，首陳返政之議，克副祈天之基。永懷遺烈，寧忘厥効。可贈左御史臺大夫。

《舊唐書·呂元膺傳》　呂元膺字景夫，鄆州東平人。貞元初，論惟明節制渭北，延在賓席，自是名達於朝廷。惟明卒，王栖曜代領其鎮。德宗俾栖曜留署使職，咨以軍政。累轉殿中侍御史，徵入眞拜本官，轉侍御史。丁繼母憂，服闋，除右司員外郎，出爲蘄州刺史，頗著恩信。嘗歲終閱郡獄囚，囚有自告者曰：某有父母在，明日元正不得相見。因泣下。元膺憫焉，盡脱其械縱之，與爲期。守吏曰：賊不可縱。元膺曰：吾以忠信待之。及期，無後到者，由是羣盜感義，相引而去。元和初，徵拜右司郎中、兼侍御史知雜事，遷諫議大夫、給事中。規諫駁議，大舉其職。及鎮州王承宗之叛，憲宗將以吐突承璀爲招討處置使。元膺與給事中穆質、孟簡，兵部侍郎許孟容等八人，抗論不可，且曰：承璀雖貴寵，然內臣也。若爲帥總兵，恐不爲諸將所伏。指諭明切，憲宗納之，爲改使號，然猶專戎柄，無功而還。出爲同州刺史，及中謝，上問時政得失，元膺論奏，辭氣激切，上嘉之。翌日謂宰相曰：元膺有讜言直氣，宜留在左右，使言得失，卿等以爲何如？李藩、裴垍賀曰：陛下納諫，超冠百王，乃宗社無疆之休。臣等不能廣求端士，又不能數進忠言，孤負聖心，合當罪戾。請留元膺給事左右。尋兼皇太子侍讀，賜以金紫。

尋拜御史中丞，未幾，除鄂岳觀察使，入爲尚書左丞。度支使潘孟陽與太府卿王遂迭相奏論，孟陽除散騎常侍，遂爲鄧州刺史，皆假以美詞。元膺封還詔書，請明示枉直。江西觀察使裴堪奏虔州刺史李將順財贓狀，朝廷不覆按，遽貶將順道州司戶。元膺曰：廉使奏刺史贓罪，不覆檢即謫去，縱堪之詞足信，亦不可爲天下法。又封詔書，請發御史按問，宰臣不能奪。

《新唐書·裴漼傳》　時朝堂别置三司決庶獄，辨爭者輒擊登聞鼓。漼上疏曰：諫鼓、謗木之設，所以達幽枉，延直言。今詭猾之人，輕動天聽，爭纖微，若然者，安用吏治乎？帝然之，於是悉歸有司。漼惡法吏舞文，或挾宿怨爲重輕，因獻《獄官箴》以諷。

《宋會要輯稿·刑法一》 眞宗咸平二年二月，詔審刑院舉評議官，自令宜令大理寺試斷案三十道，取引用詳明，操履無玷者充任。初，宰臣張齊賢奏審刑院舊例舉詳議官，令刑部只試斷案二道，倶通則便令赴職仍多改賜章服，竊詳所斷案牘皆取其事小者以試之，是以多聞中選。眞宗曰：如此則求人不精，何以懲之？ 齊賢因請釐革四月知審刑院雷有終言。大理寺斷官每有公案定斷刑名經申奏後内降付審刑院詳議，其議官看詳或寺司定斷刑名輕重未允，即劄下本寺問難，其本斷官各無所執，隨而入狀改定，謂之覺舉。且法寺出入刑名，朝廷略無劾問，甚非輕恤之義也。欲乞自今若將杖罪入徒或徒罪入杖，其本斷官具名銜以聞，下本寺就勘取旨。或杖笞罪遞互出入，即依舊取覺舉官狀改正，更不行勘。從之。

元·蘇天爵《滋溪文稿》卷三《浙西察院題名記》 世祖皇帝既一四海，詔立行御史臺于大江之南，歲命監察御史六人，分行三省及十道憲司，于以振肅綱維，省觀俗化，察吏貪廉，詢民利病。凡有聞見，悉聽舉行省，府藩方吏牘又從而稽核焉，其任不亦重歟？ 江浙行省總閫浙江東二十餘郡，地大人衆，其獄訟之所興，錢穀之所出，視他省爲劇，六察之官歲按臨者號稱不易，至正八年，監察御史承直郎前進士高昌普公，原理朝列大夫海岱劉公廷幹，以是秋九月由建業巡行，歷浙入閩，周數千里。明年二月復歸至杭。凡所經過郡，入留必旬餘。民之訴訟者，聽之。事之廢馳者，舉之。官吏材能者，薦之。貪暴者，黜之。孳孳奉公，無不盡心。耆老爲之驚嘆，官僚爲之震悚。

《元史·成宗紀三》 〔大德六年正月丙午〕江南僧石祖進告朱清、張瑄不法十事，命御史臺詰問之。帝語臺臣曰：朕聞江南富戶侵占民田，以致貧者流離轉徙，卿等嘗聞之否？ 臺臣言曰：富民多乞護璽書，依倚以欺貧民，官府不能詰治，宜悉追收爲便。命卽行之，毋越三日。詔自今僧官、僧人犯罪，御史臺與内外宣政院同鞫。宣政院官徇情不公者，聽御史臺治之。

《元史·仁宗紀一》 〔皇慶元年〕冬十月戊辰朔，有事于太廟。己巳，敕繪武宗御容，奉安大崇恩福元寺，月四上祭。辛未，賜大普慶寺金千兩，銀五千兩，鈔萬錠，西錦、綵段、紗、羅、布帛萬端，田八萬畝，邸舍四百間。丁丑，禁諸僧寺毋得冒侵民田。辛巳，罷宣政院理問僧人詞訟。以蘄縣萬戶府鎮慶元，紹興沿海萬戶府鎮處州，宿州萬戶府兼鎮台州。戊子，省海道運糧萬戶爲六員，千戶爲七所。特授故太師月兒魯子木剌忽榮祿大夫、知樞密院事。辛卯，罷諸王斷事官，其蒙古人犯盜詐者，命所隸千戶鞫問。壬辰，詔收至大銀鈔。敕諸衛漢軍練習武事。置羣牧監，秩正三品，掌興聖宮位下畜牧。癸巳，詔置汴梁、平江等處田賦提舉司，掌大承華普慶寺貲産。給雲南增戍軍鈔二萬五千錠。丙申，太白犯壘壁陣。

《元史·仁宗紀三》 〔延祐六年〕三月丁巳，以天壽節，釋重囚一人。(乙)〔己〕未，給鈔賑濟上都、西番諸驛。辛酉，斡端地有叛者入寇，遣鎮西武靖王搠思班率兵討之。詔以御史中丞禿禿合爲御史大夫，諭之曰：御史大夫職任至重，以卿勳舊之裔，故特授汝。當思乃祖乃父忠勤王室，仍以古名臣爲法，否則將墜汝家聲，負朕委任之意矣。丙寅，改懷孟路爲懷慶路。特授翰林學士承旨八兒思不花開府儀同三司、大司徒。己巳，太陰犯明堂。敕：諸王、駙馬、宗姻諸事，依舊制領於内八府官，勿徑移文中書。封諸王月魯鐵木兒爲恩王，給印，置王傅官。免大都、上都、興和、大同今歲租稅。癸酉，太陰犯日星。甲戌，太陰犯心。壬午，賜大興教寺僧齋食鈔二萬錠。禁甘肅行省所屬郡縣釀酒。

《明實錄·弘治十七年》 〔八月〕乙丑，刑部主事朱塗奏：舊例刑部所問罪囚，議擬既成，送大理寺審錄，有擬罪不當、獄情未明及囚人稱冤者，則駁之。乃者左右二寺，分外用刑，使更其獄辭，展轉淹滯，甚者不能全生。乞令仍遵舊規，毋得擅加(考)〔拷〕掠。大理寺卿楊守隨覆奏：本寺之職，雖止於參駁，然所審罪囚，每有受財私和，隱匿重情者，問刑之官或察究不詳，以致獄辭牽合，本寺往往審得其實，而因徒姦頑不服，未免量加刑罰。况本寺亦號法司，自永樂年間額設刑具，豈爲分外？ 亦豈有情罪已明而復加刑罰使改其獄詞者乎！ 臣等姑以朱塗本司送審罪囚言之，有張文學者，因毆人而踐死其幼女，乃賂其人以解，妄稱有驢駕踏之而死，而本司聽之。有高三漢者，盜其未婚之嫂，事覺而逃，本司乃令其兄伐認，左右二寺旨究其實駁之。其他權貴，大率類此。令塗所奏，雖以修省爲由，恣其心未必盡出公道，但問刑者固有自用聰明，而審刑者亦或至於過當，宜申明禁戒，令兩京法司，各遵諸司職掌問擬審錄，務在同寅協恭，不許徇私忿忽，其所用刑罰，亦各量情輕重，毋得彼此執拗以致濫刑久禁。上從之，令今後各遵職掌舊制，毋得互相偏拗，有乖體統。

《明實録・萬曆四十七年》〔七月壬午〕錦衣衛掌衛事都指揮使駱思恭題：臣衙門實與刑科職掌相關，凡奉旨提人必用駕帖，繇刑科僉名，然後遵行。昨歲該幷給事中姚若水册封去後，今又外轉全署無官，閣部催請，不啻舌敝穎禿，至今懸缺。諸事猶可稍緩，惟是逮人旨入，即刻差官賫捧駕帖起程，回奏須臾不敢稽留。今遼事決裂請逮之。疏屢上，萬一允行，臣欲候請料臣，恐謂稽旨罪也。欲奉命而行，恐謂違例，亦罪也。伏乞皇上將見在候命刑科給事曾汝召、韓繼思逮賜允補，刻期任事，庶僉帖有人，明旨不稽留中。

又〔八月乙丑〕大學士方從哲題：昨兵部接出聖諭逮問遼東經略楊鎬。天威赫然，遠邇震聳，繼接吏科及錦衣衛揭帖，皆言奉旨提官，其駕帖名繇刑科給事中，僉名官較賫捧前去，然後地方官有所憑據，令刑科缺官日久，見有候命曾汝召、韓繼思二員伏望即賜允用，俾令署印以完奉旨逮問之事。不報。

明・卜世昌《皇明通紀述遺》〔嘉靖三十九年〕七月，刑部尚書鄭曉閑住時，刑部以通政司類送永清衛軍餘蕭文學等狀，行在城兵馬司轉行通州昌平州武清縣提人，該巡按御史鄭存仁牌禁不許提解，刑部乃引大明會典、大明律，問刑條例題，將附近各該州縣詞訟仍照舊規於通政司投送本部問理，大理寺評允發落，不許故違成憲，恣肆抗阻奉旨。着照律例行存仁回京亦疏論，曉欺罔事，下院科會勘曉復疏辯，上以曉肆意辯瀆褫職編氓。

明・沈德符《萬曆野獲編・内閣・輔臣掌都察院》 都察院之長，卽漢御史大夫，號爲亞相。今爲風紀重臣，主糾察百僚，未有以閣臣兼者。本朝惟有嘉靖六年丁亥張永嘉，隆慶四年庚午趙内江二人而已。張初用大禮暴貴，又起大獄，以媚郭勛，遂以侍郎學士，兼掌西臺，下三法司官刑部尚書顔頤壽等，原問官山西巡按御史馬録等於獄，盡反張寅、李福達之案。獄成，戍斥者百餘人，永嘉因以功進兼文淵閣大學士，再晉尚書，仍掌院事。次年晉宮保，始歸閣，趙因高新鄭踞吏部，欲非時考察科道，恐人議之，乃以内江掌院共事，然舉計典時，趙多所牴牾。察完未匝月，高卽嗾門人吏科都給事中韓楫，論其庸橫，趙辨疏直發其謀，云横非庸臣所能也，臣直庸臣耳，若拱乃可謂横，且有楫爲之腹心羽翼，他日將不可制。其言甚辨，則不勝而去。二公兼署，雖各有本末，然總之非制也。張寅卽妖賊李福達，人人知之，著辨者亦衆，後蔡伯貫□於蜀被擒，其讞詞中，載其事甚詳。雖永嘉以一時私臆，且邀上命，刻欽明大獄録以箝天下，而是非終不可滅，福達孫仍以叛誅。庚午高、趙同事，所斥譎臺垣，如魏時亮陳瓚等數人，俱先後起廢，登八座，稱名臣，則閣臣領憲，亦未足爲重也。

明・王世貞《弇山堂別集・皇明異典述七・用給事御史》 高帝時給事中品秩不甚崇，而所選皆正途，至永樂中，不無猥雜，其他以國子生廕恩得者所不道。姑記之，則貴州清遠衛軍羅義上建文君，請與燕講和，下獄。文皇下京師，卽日破械出之，拜戶科給事中，明年遷左參議。復以長史司吏楊勉爲給事中，後遷都給事中。又永樂中淮安山陽縣民訟師丁珏，誣告里中富人妖言惑衆，坐死者十餘人，法司薦其忠直，特拜刑科給事中。

御史除授。正統四年，以刑部照磨陳嶷，司務楊恕、李儼、陸瓛，行人司副劉克產，序班王盛，正字沈寅，孔目劉烈，審理副郭鉦，按察司經歷計珩，副斷事楊綱，鹽井提舉邵盤，縣丞安珝、趙瑜，試御史。五年，以序班張鏞、孫睿、趙倫，斷事張文昌，知事康榮，照磨張禮，判官胡信，縣丞酈傑，教授上官民瞻，教諭韓楊、鄭顒，訓導鄭觀、曹泰、成規、齊韶、王巍、陸僖、唐震，實授御史。自後始專以進士、行人、中書舍人、博士、推官、知縣、國子監官，而雜職不與矣。然猶有國子監生，天順後始革。

明・王世貞《弇山堂別集・皇明異典述七・郎中坐法改御史》 正德四年，戶部郎中劉繹以公事罰運遼東米千石，又賠補浥爛草束，舉家囚繫，本身杖。比百日不能償，上疏哀懇，乞充齋膳徒夫或炒鐵煎鹽。下都察院查，釋前罪，降級外任，送吏部。尚書張綵言其素有才守，改降監察御史，清理兩浙鹽法。因禍得福，亦一時極異之典也。

明・王世貞《弇山堂別集・皇明異典述八・在京尚書御史特敕》 故事，臣僚奉特旨者有敕，若部院大臣，拜命履任而已。獨宣德中於兵部尚書許廓有敕，謂前尚書張本，能體朕心，上汲汲於國事，下惓惓於兵民，專意畢慮，夙夜不懈，剗弊舉廢，各有條理。其卒也，朕念之不忘，眷求賢能，以繼其任。爾廓久任於朝，諳練政務，特陞兵部尚書。膺茲重寄，惟秉忠瀝誠，勤以涖事，廉以率下，審察必明，謀慮必周。如政有不通，弊有當革，利有當建者，毋憚面陳，朕將擇而行之。毋怠毋忽！又敕都察院右都御史顧佐，謂爾佐剛直廉正，簡在朕心。今特畀茲任，其竭誠盡力，必公必明，恪恭夙夜，毋憚勤勞。彈劾愆謬，毋避權要，毋枉良善，毋縱奸宄。其各道見任御史，宜審擇之，凡廉謹公正老成惇厚者，俱留在職，其不達政體，不諳文移，貪淫無恥及犯贓罪者，悉送吏部降黜。公差給假丁憂者，亦如之。務盡至公之道。所闕御史，即行吏部慎選，自今不許濫授。爾其欽哉！正德敕左都御史劉宇等，令其持廉秉公，正己率屬。各道御史務令奉職守法，淸白自律，夙夜匪懈。一應政務，悉依《諸司職掌》及憲綱施行。言事必存大體，治事必循舊章。凡有章奏，必先呈稟，爾等指實奏聞，黜幽陟明，舊典具在。仍行南京都察院一體施行。嘉靖敕兵部侍郎兼學士署掌都察院張璁，謂御史論事，不知大體，責人不究虛實，望風捕影，往往失眞，一倡衆和，期於必勝。巡按在外，又不能正己律下，惟知以聲勢加人。激揚官屬，則以喜怒爲取舍，鞫問刑獄，則任己情爲出入。如山西馬錄，惑於朋言，欲陷一家無罪之人於死地，勘官轉相附會，釀成大獄。一省如此，他處可知。爾張璁宜宣揚朕意，昭示各官，痛自懲創，勉圖修省。事君以不欺爲主，律下以正己爲先。論事必明大體而抑細故，論人必伸君子而抑小人。鞫獄惟平惟允，勿憚五過之疵，當官惟愼惟勤，勿忘三事之訓。勿矯抗以要名，勿偏私以玩法。庶幾不愧風紀之任，不忝耳目之官。仍行南京都察院一體施行。後列欵凡五條。

《明史・馮恩傳》 馮恩，字子仁，松江華亭人。幼孤，家貧，母吳氏親督教之。比長，知力學。除夜無米且雨，室盡濕，恩讀書牀上自若。登嘉靖五年進士，除行人。出勞兩廣總督王守仁，遂執贄爲弟子。

擢南京御史。故事，御史有所執訊，不具獄以移刑部，刑部獄具，不復牒報。恩請尙書仍報御史。諸曹郎譁，謂御史屬吏我。恩曰：非敢然也。欲知事本末，得相檢覈耳。尙書無以難。已，巡視上江。指揮張紳殺人，立置之辟。大計朝覲吏，南臺例先糾。都御史汪鋐擅權，請如北臺，既畢事，始許論列。恩與給事中林士元等疏爭之，得如故。

清・龍文彬《明會要・職官四》 崇禎十五年，徐石麒爲刑部侍郎。時帝以刑馭下，法官引律，大抵深文附會，予重比。石麒奉命淸獄，推明律意，校正今斷獄之不合於律者十餘章，先以白同官，以次審理十三司，囚多寬減。然廉公一持大法，赫然無敢干犯者。

又 鄭三俊爲刑部尙書，以文武諸臣詿誤久繫者衆，請令出外候讞。因論告訐株蔓之弊，乞敕內外諸臣行惻隱實政 內而王臣訊鞫，非重辟不必參送法司。外而撫按提追，非眞犯不必盡解京師。刑曹決斷，以十日爲期。帝皆從之。

司法機構總部

地方司法機構部

綜述

《周禮注疏·秋官·大司寇》都士中士二人，下士四人，府二人，史四人，胥四人，徒四十人，家士亦如之。都家之士主治都家吏民之獄訟，以告方士者也，亦當言每都。〔疏〕注都家至每都○釋曰：在此者，此官雖闕，義理可言，以其稱士，則知主獄。故鄭云：都家之士主治都家吏民之獄訟，以告方士者也。必知王家不置都上而云都家之士者，以其都司馬使王自爲之，家司馬家自置司馬。以司馬主軍事重，故王置都司馬，此刑事輕於軍，故都家王皆不置都士。但已有方士主其獄，故使都家之士以獄告也。

又 縣士掌野。鄭司農云：掌三百里至四百里，大夫所食。晉韓須爲公族大夫，食縣。玄謂地距王城二百里以外至三百里曰野，三百里以外至四百里曰縣，四百里以外至五百里曰都。都、縣、野之地，其邑非王子弟、公卿大夫之采地，則皆公邑也，謂之縣，縣士掌其獄焉。言掌野者，郊外曰野，大揔言之也。獄居近野之縣獄在二百里上，縣之縣獄在三百里上，都之縣獄在四百里上。〔疏〕注鄭司至里上○釋曰：先鄭意遂士既主二百里三百里。又案：載師職小都任縣地在四百里中，故云掌三百里至四百里。云大夫所食，云晉韓須爲公族大夫食縣者，既載師職云：小都任縣地一也。案《昭五年》：楚薳啓彊曰：晉韓襄爲公族大夫，韓須受命而使矣。注云：襄，韓無忌子也，爲公族大夫。須起之門子言：雖幼已任出使。如是韓須不爲大夫，言受命而使，明時爲公族大夫，但年幼，或此注當爲韓襄知食縣者。下有十家九縣，注云：韓氏七邑是也。玄謂地距王城二百里以外至三百里曰野，三百里以外至四百里曰縣，四百里以外至五百里曰都。鄭言此者，欲明此三處之中有三等公邑，故更云都、縣、野之地。其邑非王子弟公卿大夫之采地，則皆公邑也者，王子弟依三等臣分爲三處，公在五百里疆地，卿在四百里縣地，大夫在三百里稍地。給此三等采地之外，皆是公邑，故云則皆公邑。案，載師注：使大夫治此公邑之民，二百里三百里其大夫如州長，四百里五百里其大夫如縣正。云謂之縣士掌其獄焉者，主三等之獄，揔謂之縣士也。云掌野者，郊外曰野，大揔言之者，爾雅云。郊外曰野，非謂郊外二百里之中，縱四百及五百里皆得謂之野，是以遂人亦云掌野，野亦謂百里。郊外至五百里皆稱野，故鄭彼注及此注皆云郊外曰野是大揔而言也。鄭言此者，欲見縣士云掌野，掌三百里外至五百里三處之獄皆是野耳。云獄居近者，從鄉士掌國中已外，遂士掌四郊，皆據近而言。明此，縣上三等獄以次據近而置，云野之縣獄在二百里上，縣之縣獄在三百里上，都之縣獄在四百里上者。以三處獄皆名縣者，自二百里外有稍縣、都縣居中，故皆以縣獄爲名。若言野、縣、都，據本爲稱。若然云掌野，則三處揔名野。及歷言之，則惟三百里得名野者，以其以外四百里五百里有縣、都之名。還指本號二百里中地，雖有稍名，縣士既言掌野，不得不存一野以爲獄名故也。案，載師云：公邑在甸地，則二百里中亦有公邑。縣士惟掌三百里已外，其二百里獄，遂士兼掌之矣。

又 凡四方之有治於士者造焉。謂讞疑辨事先來詣，乃通之於士也。士主謂士師也，如今郡國亦時遣主者吏詣廷尉議者。〔疏〕注謂讞至議者○釋曰：謂四方諸侯有疑獄不決，遣使上王府士師者，故云四方之有洎於士者。知士是士師者，以其士師受中，故知疑獄亦士師受之也。云造焉者，謂先造詣訝士乃通之士師也。讞白也，謂諮白疑辨之事，漢時獄官號廷尉也。

又 方士掌都家。鄭司農云：掌四百里至五百里公所食。魯季氏食於都，玄謂都王子弟及公卿之采地，家大夫之采地，大都在畺地，小都在縣地，家邑在稍地。不言掌其民數，民不純屬王。〔疏〕注鄭司至屬王○釋曰：先鄭意縣士既掌曰百里中，故此方士掌五百里之中。云公所食者，謂載師所云大都任疆地者也。引魯季氏食於都者，謂諸侯大都與三公同。後鄭不從，謂都王子弟及公卿之采地，家大夫之采地者，欲見此經都是載師大都任疆地，小都任縣地，家是家邑，任稍地。王子弟親者與公同，百里。稍疏者與卿同，五十里。更疏者與大夫同，二十五里。引載師職大都在疆地以下爲證者，是不從先鄭之驗。若先鄭以采地唯在四百里五百里之中，載師何得有三等之差乎。是以後鄭縣士自掌三等公邑之獄，方士自掌三等采地之獄，且縣士掌三等公邑之獄，親自掌之，若方士掌三等采地之獄，遙掌之，采地自有都家之士掌獄，有事上於方士耳。云不言掌其民數，不純屬王者，采地之民雖在王畿之內，屬采地之主，類畿外之民，屬諸侯，故云不純屬王。

又 曰：訝士掌四方之獄訟。鄭司農云：四方諸侯之獄訟。〔賈公彥疏〕注鄭司至獄訟。釋曰：案《尚書·呂刑》云：四方司政典獄，據諸侯爲言，此訝士亦云掌四方獄訟。又下文諭罪刑于邦國，皆言諸侯之事。故先鄭云諸侯之獄訟也。

《周禮·秋官·縣士》縣士，掌野，各掌其縣之民數，糾其戒令而聽其獄訟，察其辭，辨其獄訟，異其死刑之罪而要之。三旬而職聽於朝，司寇聽之，斷其獄，弊其訟於朝，群士司刑皆在，各麗其法，以議獄訟。獄訟成，士師受中。協日刑殺，各就其縣，肆之三日。若欲免之，則王命六卿會其期。若邦有大役聚衆庶，則各掌其縣之禁令。若大夫有邦事，則爲之前驅而辟；

其喪，亦如之。凡野有大事，則戮其犯命者。

《周禮・秋官・鄉士》 鄉士，掌國中，各掌其鄉之民數而糾戒之。聽其獄訟，察其辭，辨其獄訟，異其死刑之罪而要之。旬而職聽於朝，司寇聽之，斷其獄，弊其訟於朝，群士司刑皆在，各麗其法，以議獄訟。獄訟成，士師受中。協日，刑殺，肆之三日。若欲免之，則王會其期。大祭祀、大喪紀、大軍旅、大賓客，則各掌其鄉之禁令，帥其屬夾道而蹕。三公若有邦事，則爲之前驅而辟；其喪，亦如之。凡國有大事，則戮其犯命者。

《周禮・秋官・遂士》 遂士，掌四郊，各掌其遂之民數而糾其戒令。聽其獄訟，察其辭，辨其獄訟，異其死刑之罪而要之。二旬而職聽於朝，司寇聽之，斷其獄，弊其訟於朝，群士司刑皆在，各麗其法，以議獄訟。獄訟成，士師受中。協日，就郊而刑殺，各於其遂肆之三日。若欲免之，則王令三公會其期。若邦有大事聚衆庶，則各掌其遂之禁令，帥其屬而蹕。六卿若有邦事，則爲之前驅而辟；其喪，亦如之。凡郊有大事，則戮其犯命者。

《周禮・秋官・訝士》 訝士，掌四方之獄訟，諭罪刑於邦國。凡四方之有治於士者造焉。四方有亂獄，則往而成之。邦有賓客，則與行人送逆之。入於國，則爲之前驅而辟。野亦如之。居館，則帥其屬而爲之蹕，誅戮暴客者。客出入，則道之。有治，則贊之。凡邦之大事聚衆庶，則讀其誓禁。

《睡虎地秦墓竹簡・法律答問・辭者辭廷》 今郡守爲廷不爲？爲殹（也）。辭者不先辭官長、嗇夫。可（何）謂官長？可（何）謂嗇夫？命都官曰長，縣曰嗇夫。

《睡虎地秦墓竹簡・法律答問》 可（何）謂署人、更人？耤（藉）牢有六署，囚道一署旞，所道旞者命曰署人，其它皆爲更人；或曰守囚即更人殹（也），原者署人殹（也）。

《後漢書・百官志五》 〔縣〕尉主盜賊。凡有賊發，主名不立，則推索行尋，案察奸宄，以起端緒。游徼掌徼循，禁司奸盜。

《後漢書・百官志五》 亭有亭長，以禁盜賊。本注曰：亭長，主求捕盜賊，承望都尉。

《南史・宋本紀》 〔元嘉八年〕閏六月乙巳，遣使省行獄訟，簡息徭役。

《南史・梁本紀》 〔天監五年〕夏四月甲寅，初立詔獄。詔建康縣置三官，與廷尉三官分掌獄事，號建康爲南獄，廷尉爲北獄。

唐・杜佑《通典・職官十五》 〔州〕司法參軍：兩漢有決曹賊曹掾，主刑法。歷代皆有，或謂之賊曹，或爲法曹，或爲墨曹。《後漢書》曰：周燕，宣帝時爲郡決曹掾。太守欲枉殺囚，燕數諫不聽，遂殺囚。囚家詣闕稱冤，詔遣覆考。燕謂太守曰：願謹定文書，皆署燕名，府君但言時病而已。使收燕，燕遂死之。燕有五子，皆至刺史、太守。又黃昌亦爲郡決曹史。又郭弘爲潁川郡決曹掾，治獄至三十年，用法平正，郡內比之東海于公。隋以後與功曹同。隋陳孝意爲東郡司法書佐，太守蘇威欲殺一囚，固諫，不許，乃解衣請先受死，乃止。後至侍御史、汝州刺史。大唐掌律令、定罪、盜賊、贓贖之事。

又 〔州〕司戶參軍：漢魏以下有戶曹掾，主民戶。後漢陸續、李郃皆仕郡爲戶曹史，郃官至司空。北齊以下與功曹同。大唐掌戶口、籍帳、婚嫁、田宅、雜徭、道路之事。

《舊五代史・唐書・明宗紀》 〔天成元年十二月〕庚戌，御史臺奏：京城坊市士庶工商之家，有婢僕自經投井，非理物故者。近者已來，凡是死亡，皆是臺司左右巡舉勘檢，施行已久，仍恐所差人吏及街市胥徒，同於民家，因事邀脅。臣詢訪故事，凡京城民庶之家，死喪委府縣檢舉，軍家委軍巡，商旅委戶部。然諸司檢舉後，具事由申臺，其間或枉濫情故，臺司訪聞，即行舉勘。如是文武兩班官吏之家，即是臺司檢舉。臣請自今已後，並準故事施行者。詔曰：今後文武兩班及諸道商旅，凡有喪亡，即准臺司所奏施行。其坊市民庶軍士之家，凡死喪及婢僕非理物故，依臺司奏，委府縣、軍巡同檢舉，仍不得縱其吏卒，於物故之家妄有邀脅。或恐暑月屍柩難停，若待申聞檢舉，縱無邀脅，亦須經時日。今後仰本家喚四鄰檢察，若無佗故，逐便葬埋。如後別聞枉濫，妄有保證，官中訪知，勘詰不虛，本戶鄰保並行科罪。如聞諸道州府，坊市死喪，取分巡院檢舉，頗致淹停，人多流怨，亦仰約京城事例處分。

宋・包拯《包孝肅奏議集・請令提刑親案罪人》 臣伏見國家設按刑之司，蓋慮郡縣長吏或不得人，刑罰冤濫，俾之糾察，而大獄出入，未尚按問細故增減，即務舉劾，是小過必察而大罪不訶，何以副聖人欽恤之意哉。今敢略舉一二以明之。臣昨任端州日，獄中重囚七人，具案已就，適會提刑司巡歷將至，聞其未斷，即遷延引避。又隣近春，州禁勘罪人，追捕甚衆，縲繫二百餘日。凡該大辟罪者四五人，徒罪不少，亦不聞提刑司推究淹延之狀。洎轉運司取公案，委官定奪，果有失入死罪等。雖官吏悉行重典，而死者不可復生，竊恐天下刑獄似此冤枉者至多，雖前後累降詔勑丁寧，罕或遵守。臣欲此今後諸州，凡勘大辟罪不以軍賊百姓五人已上幷出，違日限者，並委提刑司晝時親往審問決斷，所冀刑獄無或冤濫。

宋・司馬光《司馬温公文集・爲孫太博乞免廣南轉運判官狀》 臣昨自滑州簽判，就除本州通判，未及半歲。今又蒙恩授前件差遣，於臣忝冒，實踰涯分，供命陳力，豈宜復辭。鄙若止臣一身，崎嶇困苦，雖更遠役，靡不甘心。敢以微誠，輕煩聖聽。念臣二親垂白，思戀鄉里，兩任滑州，去家差近，迎侍朝夕，往來如意。甘脆供須，頗爲私便。一日離側，倚門致念。況復貪榮，遠從吏道，其在人子，何心自安。轉運判官，國家近置，推擇委任，務在得人。以臣愚疏，恐難堪稱。伏惟聖慈，詳求幹敏，授以此職，令臣且充滑州通判。終滿一任，庶得官政無廢，侍養不缺，君親之際，恩義兩全。棄骨殫身，曷云補報。

宋・許月卿《百官箴・提點刑獄箴》 亹亹眞宗，仁天光被。選遣刑使，追述先帝。四方典獄，慮有私蔽。一夫受冤，即召災沴。眞宗此心，上通於天。祈天永命，欽恤一念。列聖繼繼，有加無已。宗廟再安，常必由之。俗吏舞文，以殺爲功。屬吏阿意，雷然苟同。戕天生生，戾我祖宗。亦有懦夫，務爲姑息。不問是非，罪人是出。五木笞箠，見其可憐。安知受害，尤甚此焉。長養虎狼，赤子是食。姑息之愛，自謂陰德。以是爲仁，仁之賊也。戾我祖宗，其實一也。登州獄事，安石主之。長惡惠姦，民□□之。殺人十惡，不許案問。自首減死，天理弗順。反謂遵也，壽考康寧。子孫蕃衍，天報其仁。議國法而懷私利，有所爲則望其報。安石心術，此焉蓋暴。如得其情，哀矜勿喜。未聞不得，遽可縱之。皋陶明刑，乃可無刑。未聞摸稜，獄訟可清。無赦之國，其刑必平。歲歲赦宥，何益是□。肆赦之法，以待眚災。三年一赦，義安在哉。其所赦者，眚乎災乎。民之數赦，恣爲罪辜。仁於惡人，弗仁於善。以是爲仁，違仁甚遠。盍亦反本，敎化留情。明刑弼敎，降典折刑。仁澤流通，民自不犯。焉用姑息，焉用苛慘。唐虞三代，豈不終復。獄臣司臬，敢告宮伯。

宋・李燾《續資治通鑑長編》卷六 〔宋太祖乾德三年七月〕是月，始令諸州錄參與司法掾同斷獄，從宗正丞趙郃之請也。

宋・李燾《續資治通鑑長編》卷二七 〔宋太宗雍熙三年三月〕是月，始用士人爲司理判官。

宋・李燾《續資治通鑑長編》卷二九 〔宋太宗端拱元年正月〕庚辰，詔諸道州、府不得以司理參軍兼涖他職。

宋・李燾《續資治通鑑長編》卷三七 〔宋太宗至道元年正月〕詔諸處長吏無得擅斷，徒、杖刑以下，聽與通判官等量罪區分。

宋・李燾《續資治通鑑長編》卷五九 〔宋眞宗景德二年四月〕先是，諸路部送罪人至闕下者，軍頭司引對便坐，皆即決遣，或刑名疑互，無所詳準。庚子，詔自今委本司召法官一人審定以聞。《會要》云：本司言開封府獄囚當引見不坐格律，請再送司錄定斷。上慮其久繫，故有是詔。

宋・李燾《續資治通鑑長編》卷六一 〔宋眞宗景德二年八月〕庚寅，令益、梓、利、夔諸州營內鎭將，不得捕鄉村盜賊、受詞訟。

宋・李燾《續資治通鑑長編》卷六四 〔宋眞宗景德三年十月〕初，右諫議大夫、知杭州薛映臨決鋒鋭，州無留事。時起居舍人、直史館姚鉉爲轉運使，亦雋爽尚氣，檄屬州當直司毋得輒斷徒以上罪。映即奏：徒流杖笞，自有科條，苟情狀明白，何須繫獄，以累和氣？請詔天下，凡徒流罪人，於長吏前對辨無異，聽遣決之。朝廷既施用其言，鉉與映滋不協。映遂發鉉納部內女口，鬻鈆器多取其直，廣市綾羅不輸稅，占留州胥，在司擅增修廨宇。上遣御史臺推勘官儲拱劾鉉得實，法寺議罪當奪一官，特詔除名，爲連州文學。拱亦奏映嘗召人取告鉉狀，坐贖銅九斤，特釋之。因下詔以戒諸路轉運使。

宋・李燾《續資治通鑑長編》卷六六 〔宋眞宗景德四年七月〕癸巳，復置諸路提點刑獄官。先是，上出筆記六事，指其一謂王旦曰：勤恤民隱，遴揀庶官，朕無日不念也。所慮四方刑獄官吏，未盡得人，一夫受冤，即召災沴。今軍民事務，雖有轉運使，且地遠無由知。先帝嘗選朝臣爲諸路提點刑獄，今可復置，仍以使臣副之，先命中書、樞密院擇官具名進內。上曰：河北、陝西，地控邊要，尤須得人，取性度和平有執守者。故親選授太常博士陳綱、李權、李及，自餘擬名以聞，咸引對於長春殿遣之。所至專察視囚禁，審詳案牘。州郡不得迎送聚會。所部每旬具囚繫犯由，訊鞫次第申報，常檢舉催督。在繫久者，即馳往案問。出入人罪者移牒覆勘，劾官吏以聞。諸色詞訴，逐州斷遣不當，已經轉運使批斷未允者，並收接施行。官吏貪濁弛慢者，具名以聞，敢有庇匿，並當加罪。仍借緋紫，以三年爲任，增給緡錢，如轉運使之數。內出御前印紙爲歷，書其績效，中書、樞密院籍其名，代還考課，議功行賞。如刑獄枉濫，不能擿舉，官吏曠弛，不能彈奏，務從畏避者，寘以深罪。

宋・李燾《續資治通鑑長編》卷六八 〔宋眞宗大中祥符元年正月〕詔軍頭引見司，自今諸處部送罪人至司，先上其數，如近休假，即日以聞。

宋・李燾《續資治通鑑長編》卷七〇 〔宋眞宗大中祥符元年十月〕詔行在諸色人有犯罪並赴行宮都部署馬知節，諸軍即送殿前副都指揮使劉謙量罪區斷，情理重者以軍法從事，不須奏聞；所在州縣犯罪人送軍頭司，未得引見，令樞密院詳度指揮。上虔心祀事，不欲決罰，且慮小民輕冒禁法，故預戒之。自降詔至訖事，未嘗戮一人，惟二人犯徒流者。

宋・李燾《續資治通鑑長編》卷七五 〔宋眞宗大中祥符四年四月〕壬申，詔諸州勿遣司理參軍監莅場務。

又 〔宋眞宗大中祥符四年五月〕己亥，以主客郎中李巽爲度支郎中、兩浙轉運副使，司勳郎中王矩爲工部郎中，京西轉運副使。初，遣官提點刑獄，至是代還，命資政殿大學士向敏中等較其殿最，以嘗活冤獄者爲第二等，皆遷秩，朝臣爲轉運使，使臣知州。餘爲第三等，授近地知州、監、軍。巽、矩竝入第二等故也。

宋・李燾《續資治通鑑長編》卷七九 〔宋眞宗大中祥符五年十月〕詔廣州鈐轄兼提舉在城煙火盜賊事。

又 〔宋眞宗大中祥符五年十月〕丁巳，以知制誥陳堯咨權同判吏部流內銓。舊制，選人皆用奏舉乃得京官，而士有孤寒不爲人知者，堯咨特爲陳其功狀而陞擢之。

又 〔宋眞宗大中祥符五年十月〕庚子，遣使馳驛分詣廣南、荆湖、福建、江南、京西諸路，與轉運提點刑獄司、知州、通判、鈐轄、都監，簡選雜犯配軍人，徙隸近地本城。老病不堪醫治者，放從便。少壯者，部送赴闕，當寘上軍；如不願量移赴闕，亦聽。

宋・李燾《續資治通鑑長編》卷八四 〔宋眞宗大中祥符六年五月〕癸巳，權知開封府劉綜言：本府鞫罪，刑名有疑者，舊例遣法曹參軍詣大理寺質問，參酌施行。近日止移牒，往復多致稽緩，請循舊例。許之。

又 〔宋眞宗大中祥符六年六月〕是月，詔：自今應京朝、幕職、州縣官乞試斷案者，委考試官等就庫密揀公案，親自封記，候試時於中吏選合要道數，依元敕精加考試，不得仍前令庫胥檢簽，致有漏泄。其所試斷案，須是引用格敕分明，方始定斷合得何罪，勿使鹵莽。如違，其所試官並重寘之法。其大理寺應係新舊草檢宣敕等庫，自後並差官封鎖，無使人吏擅有開閉。初，中書以試律人名進呈，宰臣王旦言：從來已有差遣或已授遠官，雖是法寺要人，恐涉規避，已不施行。其間預試而中選者，亦甚僥倖。緣選人未經六考，無兩人同罪薦舉，則無階升陟。此輩雖云詳練格法，或考試不精，則僥倖者多矣。或擢於審刑院，則例改章服，歲滿又加等差使，以此尤須得人盡公程試。帝曰：如卿所言誠有之，所試斷案往往先知，洎至定刑，則但曰合入徒罪、合入杖罪，即不指陳犯何條格，致得某罪。自今選官精加考試，仍申條約。故有是詔。

宋・李燾《續資治通鑑長編》卷一一〇 〔宋仁宗天聖九年五月〕知府州折惟忠言，本州俗雜蕃漢，舊以牙校掌刑獄，近詔以本州司法王定爲司理參軍，不能諳曉蕃情，請且如舊制，從之。

宋・李燾《續資治通鑑長編》卷一一六 〔宋仁宗景祐二年四月〕辛酉，詔諸路提點刑獄司，事有冤濫而繫人命者，雖未經轉運司，亦聽受施行。

宋・李燾《續資治通鑑長編》卷一二二 〔宋仁宗寶元元年六月〕丙子，三司檢法官孫抗請三司刑名之有疑者，如開封府例，許至大理寺商議，從之。抗，黟人也。

宋・李燾《續資治通鑑長編》卷一四三 〔宋仁宗慶曆三年九月〕壬辰，翰林學士、端明殿學士兼翰林院侍讀學士、中書舍人李淑罷翰林學士，爲給事中，出知鄭州。權知開封府吳育言淑前在府多褻近吏人故也。育領府事才數日，發大姦吏一人流嶺外。又得巨盜，積贓萬九千緡。獄具而輒再變，衆疑其冤，帝遣他吏按之，卒伏法，由是京師肅然。

宋・李燾《續資治通鑑長編》卷一四三 〔宋仁宗慶曆三年九月〕詔諸路提點刑獄司專管勾巡檢盜賊公事。

宋・李燾《續資治通鑑長編》卷一五八 〔宋仁宗慶曆六年正月〕乙巳，龍圖閣學士、給事中、權知開封府楊日嚴罷開封事，判官、祠部員外郎田京知蔡州，推官、太常博士、祕閣校理楊孜知濮州，並坐繫囚送獄而道死也。

宋・李燾《續資治通鑑長編》卷一九八 〔宋仁宗嘉祐八年六月〕兵部郎中、權判大理寺陳太素知明州。太素常爲大理詳斷官、審刑詳議官、權大理少卿，又判大理寺，任刑法二十餘年，朝廷有大疑獄則必召與議。太素推原人情，以傅法意，衆皆釋然，自以爲不及。雖號明習法令，然所論建亦或有不中。每臨案牘，至忘寢食，大寒暑不變。子弟或止之，答曰：囹圄之苦，豈不甚於我也！在大理以耳疾，數求罷，執政以爲任職，弗許。久之，乃出守。太素常謂：有司議法，當據文直斷，不可求曲當。求曲當，法所以亂也。

宋・李燾《續資治通鑑長編》卷二一一 〔宋神宗熙寧三年五月〕詔以京朝官曾歷通判、知縣者四人，分治開封府新舊城左右廂。凡鬬訟，杖六十已下情輕者得專決；及逋欠、婚姻兩主面語對定，亦委理斷。其先所差使臣並罷之。從權知開封府韓維請也。

宋・李燾《續資治通鑑長編》卷二一七 〔宋神宗熙寧三年十一月〕宣撫司言：近廢陝西路湖城縣爲鎮，緣人戶繁多處，若止令使臣等管勾，恐不曉民事。乞勘會更有似此鎮分，竝依京東路條例，委監司舉親民京朝官管勾，許斷城內杖以下公事。從之，仍令諸路勘會合差京朝官監鎮處以聞。

宋・李燾《續資治通鑑長編》卷二三五 〔宋神宗熙寧五年七月〕詔開封府日推判官一員監勘公事，以御史蔡確言：府中每有訴訟，官吏止略取問，而所不能決者即付司獄，謂之入紗子。鞭笞束縛，既得以自專，往往顛倒曲直，使無罪誣服，一有飜異，復加鍛鍊，益甚於前。陛下仁愛元元，去其疾苦，欲使窮陬遐服，政平訟理，而近在京師，咫尺觀闕，民冤吏横如此，安可不加整治？故有是詔。

宋・李燾《續資治通鑑長編》卷二六五 〔宋神宗熙寧八年六月〕詔諸州法司、當直司、司理院、推司、州院專差勘事司吏，委提舉司相度，隨宜立定人數。法司毋過三人，當直推勘司毋過四人，月給食料錢雖多，毋過十二千，法司習學毋過兩人，食料錢毋過五千，以裁減役人廢罷耆戶長、壯丁等錢充。司農寺度事務繁簡，增損人數，依轉運司吏行倉法。初止行於江寧府，至是，司農寺請行之諸州。又爲立稽違差失許法司糾舉賞罰法，自事務繁處爲始。

宋・李燾《續資治通鑑長編》卷二七七 〔宋神宗熙寧九年七月〕辛酉，上批：河北、京東時有結集羣盜，攻劫鎮市，殺傷官吏，聞多是新條所配河清軍亡。其條近雖已衝革，然前此配人已多，若不措置，河上廂軍營率與州郡相遠，上下羈束不嚴，後日爲患不細，可速相度指揮。先是，中書言：河清兵近經揀選，諸埽各闕人，乞令河北、陝西等路除凶惡劫賊并合配鄰州及沙門島人外，並刺配河清指揮，俟諸埽人足止之。時已不用此法，而復降是詔。

宋・李燾《續資治通鑑長編》卷二七九 〔宋神宗熙寧九年十二月〕權御史中丞鄧潤甫言：河北、京東、福建等路盜賊竊發甚衆，往往殺戮人民，焚蕩廬舍，甚者至於劫束官吏，攻略縣鎮，詔書督捕，連年不能討。雖以累歲荒旱，穀價翔貴，而無賴小人得以連結黨與，猖狂恣行，然亦由諸縣弓手衰弱不振，不足以制盜。臣伏見舊制，弓手大縣百四十人，其次百人，少者不減七八十人，名爲一人充役，然遇捕督強寇，則餘夫盡起。鄉黨親戚既爲之耳目伺察，而人徒之衆，氣勢之倍，又足以制勝。荷戈轉鬬，奮不顧難，何也？以門戶徭役所在故也。如此，故郡縣之間盜發輒得，國家所以太平，百年內外無患。人安故鄉而不敢輕去者，以制盜有此也。今自河北等五路諸縣弓手，多者三十人，其次二十人，又其次十五人，則氣勢之衰弱不振已可知矣。其餘上番保甲、義勇，又半月一易，彼懷區區苟且之心，儌幸旬日罷去，而欲使之與狂寇爭一旦之命，其理固已難矣。若其他路分，裁減弓手亦有過多處，臣恐盜賊滋長，未能撲滅。夫爲國家計，當防微杜漸，不可以忽。昔漢孝武時，縣官多故，兵旱相乘，民起爲盜，惟其不稍禁，遂至於依阻山澤，吏不能禽，浸淫日廣，戰鬬死亡不可勝數，而繡衣直指之屬出矣，則制盜少術不以漸也。臣欲乞下諸路監司，量縣之大小，盜賊疏數，增募弓手，使之勢足以勝盜，而盜有畏憚，則四方之民蒙被德澤矣。送司農寺相度以聞。

宋・李燾《續資治通鑑長編》卷二九二 〔宋神宗元豐元年九月〕癸巳，御史何正臣言：近減罷樞密院檢詳官李深除荆湖南路提點刑獄，案深刻薄陰險，今爲監司，士論尤不協，聞深妻黄姦穢事在安州，適當境上，而付以案刺之任，實玷朝命，望追罷之。詔改深知壽州。

宋・李燾《續資治通鑑長編》卷二九八 〔宋神宗元豐二年六月〕中書言：刑房奏斷公案，分在京、京東西、陝西、河北五房，逐房用例，輕重不一，乞以在京刑房文字分入諸房，選差錄事以下四人專檢詳斷例。從之。

宋・李燾《續資治通鑑長編》卷三三一 〔宋神宗元豐五年十二月〕丙子，詔：諸承務郎以上及幕職州縣官並未入官人，歷任無私罪徒及入官贓、失入死罪，並勒停，衝替後已經一任者，許試刑法。無人奏舉，聽於吏部及所在官司投狀乞試。見在外任官及授黄河地分見闕者，不許就試。諸舉官試刑法者，尚書刑部官、大理長貳歲各十人，侍從、三省、六曹、御史、開封府推判官及監司各七人。

宋・李燾《續資治通鑑長編》卷三三八　〔宋神宗元豐六年八月〕詔：自今強盜應捕者，諸路下提點刑獄司，開封府界下提舉賊盜巡檢公事司，更不下他司。

宋・李燾《續資治通鑑長編》卷三五七　〔宋神宗元豐八年六月〕癸酉，尚書省言，乞自今大理寺于推斷應奏及上尚書省者，更不先申本曹。從之。

宋・李燾《續資治通鑑長編》卷二五九　〔宋神宗元豐八年九月〕詔：繁劇去處、重法地分，吏部所用知州、通判、知縣，並在京庫務、寺、監、丞闕六十餘處，並歸中書取旨選差。

宋・李燾《續資治通鑑長編》卷三七二　〔宋哲宗元祐元年三月〕三省言，昨罷諸路提點刑獄司管勾，而開封府界遂令提點司主之，竊慮錢物久而侵紊。詔開封府界置提點刑獄官一員，依諸路提點刑獄職事，仍以葉溫叟爲之，罷提舉府界盜賊司。罷提刑司管勾當考，不知初置此管勾何事，恐是管勾常平。此有脫字。葉溫叟是月五日方以權秦鳳路提點刑獄爲陝西路提點刑獄，忽有此移改，當考。

宋・李燾《續資治通鑑長編》卷三七六　〔宋哲宗元祐元年四月〕尚書省言：遠方奏讞待報者甚衆，動經歲月，淹禁罪人，極爲不便。欲川、廣、福建、荆湖南路罪人係情輕法重合奏斷者，申安撫或鈐轄司酌情決斷訖奏。從之。

宋・李燾《續資治通鑑長編》卷三八三　〔宋哲宗元祐元年七月〕刑部言：權知徐州馬默奏：昨都轉運司指揮，凡軍人偷盜本司物，並申本司牒安撫司行刺配，望看詳所犯情輕者，並給公據放還。今請如所奏，委提刑司看詳，仍具放還人數、犯因由以聞。從之。

宋・李燾《續資治通鑑長編》卷三八五　〔宋哲宗元祐元年八月〕監察御史孫升言：近降朝旨，糾察在京刑獄司隸御史臺刑察，開封府奏斷公案，乞許取索。詔：開封府徒罪已上公案，依奏許取索。

宋・李燾《續資治通鑑長編》卷四一四　〔宋哲宗元祐三年九月〕詔省律學博士一員，學生不給食。《舊錄》云：往時仕者慢不知律，及聽獄訟，則諮於吏以決事，遂建律學，置博士員，給食學者，使學而後從政。司馬光初以爲非，至是建明，故有此詔。《新錄》辨曰：方是時司馬光之薨久矣，乃云光以爲非，至是建明，大抵稍革前日之事，必以光爲稱首，皆私意也，合刪去。

宋・李燾《續資治通鑑長編》卷四一八　〔宋哲宗元祐三年十二月〕詔開封府軍巡院復置判官一員，以罷大理寺治獄也。

宋・李燾《續資治通鑑長編》卷四四五　〔宋哲宗元祐五年七月〕樞密院言：諸路主兵官及使臣等犯法，下所屬鞫治，及案到大理寺論法，乃上尚書省取旨。慮有元犯情重，或事干邊防，合原情定罪者，既元自樞密院行下，當申樞密院取旨。從之。

宋・李燾《續資治通鑑長編》卷四五四　〔宋哲宗元祐六年正月〕權知開封府王巖叟言：左右廳隸推官各二員，公事詞狀初無通管分治明文。請除事繫朝省及奏請逐廳通管外，其餘公事詞狀並據號分治，庶無留壅。從之。

宋・李心傳《建炎以來繫年要録》卷二九　〔建炎三年十一月〕辛亥，江東南路轉運司言：近旨江州、建康府守臣並帶制置使，止用制置軍事，不用常法處斷將士罪名，及抽取器甲兵級。今江州制置司乃用制置二字行遣他州事務，如刑獄財賦及差官權領州事，竊慮州縣無以適從，望仍令提刑轉運司用條行遣。從之。

宋・李心傳《建炎以來繫年要録》卷六一　〔紹興二年十二月〕詔諸路制勘公事徒罪以下，並令宣諭官酌情斷遣以聞。四川分鎮路分，令宣撫鎮撫司遣官結絕，以權刑部侍郎章誼言諸路製獄二百餘，遠者數年不決，干繫日久，故有是命。

宋・李心傳《建炎以來繫年要録》卷一〇七　〔紹興六年十二月〕江州進士孫復禮投匭訟德安令黄覿不法，御筆令監司究實。上諭大臣曰：復禮亦須知管，如體究所訟不實，即痛與懲戒，檢鼓院止許士庶陳獻利害。倘挾私怨，有所中傷，不惟長告訐之風，亦非求言本意。

宋・李心傳《建炎以來繫年要録》卷一五四　〔紹興十五年十月〕大理評事郭唐卿面對，論諸州錄事參軍不得專一治獄事。上謂大臣曰：獄重事也，官不歷事，則一出胥手，不勝其弊矣。

宋・李心傳《建炎以來繫年要録》卷一六四　〔紹興二十三年三月〕司農寺主簿盛師文面封。論諸州都監，諸縣巡尉，擅置刑獄，乞申嚴法禁。詔刑部申嚴行下。

《宋會要輯稿·刑法三·勘獄》〔淳化二年〕七月十六日，詔：訪聞諸州事應刑獄公事，若是州府受情，須至經轉運司論訟。其間須富豪形勢之輩，卻於轉運司請求司吏揀選州縣將欲任滿之人推勘。令逐路轉運司今後並須使副親自差強幹能勘事人，不得更似日前，致有違越。

又〔宣和〕六年四月一日，尚書省言：提舉兩浙路鹽香茶礬事李弼據申，獄官推勘鹽茶公事不當，已有奉行違戾徒二年不以赦降去官原減條法外，今相度諸州獄司官吏逐年承勘私鹽茶公事，如無違戾不當，欲乞量立賞格。從之。

《宋會要輯稿·刑法四·配隸》〔嘉泰三年〕七月三日，前知漳州方銓言：爲民之害者，莫甚於猾吏；而爲民害之尤者，又莫甚於已黥之猾吏。今之士大〔夫〕乃有蓄之私家以爲鷹犬，收之官府以爲爪牙。民之被害者，雖欲執之以聞於官，則彼已黥矣，尚何所顧藉，往往亦逡巡而退卻。乞行下諸路，委自提刑覺察，庶幾姦猾不爲民害。從之。

《宋史·太宗紀》〔雍熙元年六月〕己丑，遣使按察兩浙、淮南、西川、廣南獄訟。

《宋史·太宗紀》〔淳化三年五月〕己酉，以旱遣使分行諸路決獄。

《宋史·仁宗紀》〔慶曆七年六月〕辛酉，詔天下知縣非鞫獄毋得差遣。

《宋史·神宗紀》〔熙寧七年三月〕庚戌令諸路監司察留獄。

《宋史·徽宗紀》〔崇寧五年十一月〕辛亥，併京畿提刑入轉運司。

《宋史·高宗紀》〔紹興三年五月〕乙丑，罷諸州在任守臣所辟通判。

又〔紹興六年五月〕戊寅，以四川監司地遠玩法，應有違戾，令制置大使按劾。

《宋史·孝宗紀》〔淳熙五年二月〕辛未，申嚴武臣呈試法。詔二廣毋以攝官人治獄。

《宋史·理宗紀》〔景定三年閏九月〕丙午，詔：應知縣罪罷，雖經赦，毋注緊、望闕，著爲令。

《宋史·刑法志一》淳化初，始置諸路提點刑獄司，凡管內州府，十日一報囚帳。有疑獄未決，即馳傳往視之。州縣稽留不決、按讞不實，長吏則劾奏，佐史、小吏許便宜按劾從事。帝又慮大理、刑部吏舞文巧詆，置審刑院於禁中，以樞密直學士李昌齡知院事，兼置詳議官六員。凡獄上奏，先達審刑院，印訖，付大理寺、刑部斷覆以聞。乃下審刑院詳議申覆，裁決訖，以付中書省。當，即下之；其未允者，宰相覆以聞，始命論決。蓋重慎之至也。凡大理寺決天下案牘，大事限二十五日，中事二十日，小事十日。審刑院詳覆，大事十五日，中事十日，小事五日。三年，詔御史臺鞫徒以上罪，獄具，令尚書丞郎、兩省給舍以上一人親往慮問。尋又詔：獄無大小，自中丞以下，皆臨鞫問，不得專責所司。自端拱以來，諸州司理參軍，皆帝自選擇，民有詣闕稱冤者，亦遣臺使乘傳按鞫，數年之間，刑罰清省矣。既而諸路提點刑獄司未嘗有所平反，詔悉罷之，歸其事轉運司。

又至道四年，復置諸路提點刑獄官。先是，帝出筆記六事，其一曰：勤恤民隱，遴柬庶官，朕無日不念也。所慮四方刑獄官吏，未盡得人，一夫受冤，即召災沴。今軍民事務，雖有轉運使，且地遠無由周知。先帝嘗選朝臣爲諸路提點刑獄，今可復置，仍以使臣副之，命中書、樞密院擇官。又曰：河北、陝西，地控邊要，尤必得人，須性度平和有執守者。親選太常博士陳綱、李及，自餘擬名以聞；咸引對於長春殿遣之。內出御前印紙爲曆，書其績效，代還，議功行賞。如刑獄枉濫不能擿舉，官吏曠弛不能彈奏，務從畏避者，寘以深罪。

又〔景德〕四年，復置諸路提點刑獄官。先是，帝出筆記六事，其一曰：勤恤民隱，遴柬庶官，朕無日不念也。所慮四方刑獄官吏，未盡得人，一夫受冤，即召災沴。今軍民事務，雖有轉運使，且地遠無由周知。先帝嘗選朝臣爲諸路提點刑獄，今可復置，仍以使臣副之，命中書、樞密院擇官。又曰：河北、陝西，地控邊要，尤必得人，須性度平和有執守者。親選太常博士陳綱、李及，自余擬名以聞，咸引對於長春殿遣之。內出御前印紙爲歷，書其績效，代還，議功行賞。如刑獄枉濫不能擿舉，官吏曠弛不能彈奏，務從畏避者，寘以深罪。

《宋史·刑法志二》臨安府左右司理、府院三獄，杖直獄子以無所給，至爲無籍。七年，詔：人月給錢十貫，米六斗，每院止許置一十二人。時州縣獄禁淹延，八年，詔：徒以上罪入禁三月者，提刑司類申刑部，置籍立限以督之。其後，又詔中書置禁，奏取會籍，大臣按閱，以察刑寺稽違，與夫不應問難而問難，不應會而會者。

又　三衙及江上諸軍，各有推獄，謂之後司。獄成，決於主帥，不經屬官，故軍吏多受財爲奸。光宗時，乃詔通曉條制屬官兼管之。廣東路瘴癘，惟英德府爲最甚，謂之人間生地獄。諸司公事欲速成者，多送之，自非死罪，至即誣伏，亟就刑責以出。五年，臣僚言之，詔本路諸司公事應送別州者，無送英德府。

《金史·刑法志上》〔大定〕十七年，陳言者乞設提刑司，以糾諸路刑獄之失。尚書省議，以謂久恐滋弊。上乃命距京師數千里外懷冤上訴者，集其事以待選官就問。

《通制條格·户令·務停》　大德三年八月，中書省御史臺呈：百姓爭論田宅婚姻良賤之事，有經十餘年未得結絶，往往赴訴朝廷。照得舊例，自十月一日受理至三月一日住接詞狀，事關人衆，不能結絶，候務開日舉行。比年以來凡爭田宅戶婚公事，調弄淹延，直待務停，及至十月終檢舉，逗留半年，又復入務，積久不決，冤民受害。都省議得：今後應告上項公事，須自下而上，先從本處官司歸理，比及務停，須要了畢。若事關人衆，依例入務，才至務開，即便舉行。如地遠事難，又復不能了畢，明立案驗，要見施行次第所以不了情節，再許務停一次，本年農隙必要結絶，不許更入務停。其有見問未斷輒亂陳告，本管上司、廉訪司並不得受理。如已斷訖，陳詞告冤，須追元問文卷，參照衆詞。若擬情節別無不完，中間所見不同，從公改議。如緊關情節未問便行擬斷，委有可疑，取元問官吏招伏，聽別委官推理。若事可歸結，不應務停，及多經入務而不了，本管上司、廉訪司官隨事治罪。若事見問而受理並已斷相應改斷者，罪亦如之。

《元典章·捕盜官·縣尉專一巡捕》　至元八年二月，尚書吏部承奉尚書省劄付判送刑部呈，下縣亦合依中縣例，另設縣尉一員，專一捕盜事。批奉都堂鈞旨，送吏部講究擬定可否。連呈奉此當部，呈奉尚書省劄付該議。得下縣巡尉，候取勘定數舉呈定奪外，據上中下縣已有另設縣尉去處。今後本官不須署押縣事，止令專一巡捕勾當。

《元典章·捕盜官·下縣添設縣尉》　大德八年十二月，湖廣行省准中書省咨吏部呈照，奉中書省判送刑部呈該下縣，除兩廣、雲南、四川、甘肅、遼陽僻遠去處近後定奪，腹裏江南擬添縣尉一員，專一巡捕相應。蒙都省准擬，連送本部照勘，銓注通類，聞奏施行。承此。除遵依外，今來照得腹裏江南下縣，合添縣尉去處，除見缺依例銓注外，所有在先已除主簿兼尉，於內多有見任未滿，已除未任官員，各添縣尉，未曾銓注，即目到選。從九人員數，多壅滯不能遷調，爲此本部議得腹裏江南授除簿尉已未到任員數，合依已授止管縣事，任回依例遷用，參詳添設縣尉，擬合通行銓注，專一巡捕，具呈照詳准，呈劄付吏部依上銓注外，都省咨請，依上施行。

《元典章·捕盜官·減併額設巡檢事理》　大德十年三月，湖廣行省准中書省咨，大德十年正月二十六日奏過事內一件，吏部官人每，俺根底與文書到選的九品人每，員多缺少，不能遷調，有各處設着的巡檢的勾當，重有外處，多委付着無根腳的人，有這巡檢，每於九品人員內委付，受勑牒印信俸錢，合依舊麼道。説有俺商量來，他每的言語是的，一般內外合設的巡檢，於九品人內委付，得替的人每，應得的另勾當裏定奪委付呵。怎生奏呵，奉聖旨那般者，欽此。都省區處到合行事理除外，合行開坐咨請照驗見設巡檢，除要緊必合設置外，若有濫設去處，以遠就近，從公減併，仍具合存設，並減併定處所開咨，以憑注授施行。

一、各處行省所設巡檢考滿者，咨省定奪；未及考滿者，從行省於錢穀官等職內委用，通理月日，依舊升遷。不及一任人員，如係告廕並提控案牘例應充者，於雜職內委用，考滿，各理本等月日，依例升遷。如係違例根腳淺短之人，從本省於雜職內遷用。

《元典章·告敘·濫保罪及原保》　至元三十年，中書省照得各處行省咨到任滿得替官員解由，往往根腳差別，實歷俸月不同，及保中就陞人員，亦多資品爭縣，不應轉入流品，有礙選法，未便又准。湖廣行省咨壽昌府同知忽都不花保趙崇乙先受建昌路新城縣尹，孝廉不任，即無冒詐，請定奪。准此審問，得本人年甲腳色爭差，送刑部，取到趙崇乙狀，另斷罷職不敘，及咨本省取濫保招伏外，都省議得今後例應赴都求仕人員，須要所在官司依式保勘，一切完備，別無詐冒不實，依例移咨定奪。若有似此濫保，不應罪及原保人員。咨請照會，依上施行。

《元典章·鞫獄·推官專管刑獄》　元貞二年七月，御史臺承奉中書省劄付江浙行省咨紹興路申：至元二十四年添設推官一員，到任以來，專管刑獄，一同著押到官行移文字，不管其餘府事。元貞元年閏四月二十三日准浙東海右道廉訪司牒，該吳祥等取受公事，牒呈內推官、南承務，與其餘府官一同署押。檢照至元二十五年八月江淮行省准尚書省咨刑部呈，爲益都路推官王承務呈：切見隨路推官，與官府一體通管府事，凡遇鞫問罪囚，必須究問，同署之人，或有他故不齊，未敢獨員鞫問，罪囚盈獄，淹禁不決。今後委令隨路推官，專於刑獄，其餘一切府事，並不簽押，亦無餘事差占。凡遇刑名詞訟，推官先行窮問，須要獄成，與其餘府官再行審責，完僉案牘文字。或有淹禁，責在推官。可免隨路推官失職越局之罪，抑以少副朝廷設官恤刑之意。本部參詳，若准推官王承務呈，專管刑獄，相應都省准呈，遍行照驗。大德七年八月　日江西行省准中書省咨：該推鞫刑獄，大與其他庶務不同。諸囚事發之源起，自巡尉司縣官吏公明廉敏者，固亦有之。然推問之術，少得其要，况雜進之人十常八九，不能洞察事情，專尚捶楚，期於獄成而已。甚至受賂枉法，變亂是非，顛倒輕重，欲使獄無枉濫，其可得乎？庶囚徒所犯，小則決刺徒流，大則人命所係，不加詳審，害政實深。事既到路，推官應須先自細看文卷，披詳詞理，察言觀色，庶得其情。且古者察獄之官，先備五聽，如就州縣審理，尤且究心。此皆推官之責也。若差調奪於外，餘事擾其中，雖欲留情獄事，不可得矣。今擬路府推官，仍舊專管刑獄，通署刑名追會文字，其餘事務，並不僉押。

《元典章・鞫獄・鞫囚公同磨問》 中統四年七月，中書省奏准條畫內一款：鞫勘罪囚，仰達魯花赤管民官一同磨問，不得轉委通事必闍赤人等推勘。如違，仰宣尉司究治。

《元典章・聽訟・軍官不許接受民詞》 至元二十一年五月二十四日，承奉福建行省札付：該本省所設各路鎮守並省都鎮撫衙門，止是專一提調軍馬，鎮遏地面勾當，其餘一切事務，合從有司承管。今體知遇有往來諸色經商買賣客旅人等，鎮守司並省都鎮撫司往往自出給差引、文憑，及接受民間一切詞訟，其間恐有不無違錯者，事發，深爲未便。由是仰諸行下各司，今後除名奕交替還家軍人，許令本司出給文引外，據諸人告給文引及一切民間詞訟，從本路總管府處依理施行。

《元典章・問事・人吏不得問事》 大德六年三月，行臺准御史臺咨，該先准來咨，浙東道申府州司縣刑名、詞訟、計囑陳訴行省並宣尉司已下衙門，輒差令史宣使人等，與各處一體禁治。相應呈奉到中書省劄付，都省議得：刑名詞訟情犯多端，若有必須委官追問事理，合聽從公選差。果有僥倖之徒，計囑陳訴，或官司不應受理，及所委人員擅作威福，事有偏狥，理宜糾治除外，仰照驗施行。承此看詳，刑名詞訟，果有必須委官追問事理，除朝省外，各衙門輒差令史宣使人等，宜與廉訪司書吏奏差，一體禁止。相應呈奉中書省劄付，依已行事理施行。

《元典章・約會・竈户詞訟約會》 大德六年八月十四日，行臺准御史咨，承奉中書省札付來，呈山東廉訪司申照刷山東鹽運司文卷內：但凡竈戶人等爭告，一切相關詞訟，本司止委書吏奏差無職人員與各處官司一同歸問，具呈照詳。送刑部照得欽奉聖旨條畫內一款：諸投下並諸色，遇有詞訟，從本處達魯花赤管民官約會本管官斷遣。如約會不至，及不服斷者，申部究問。欽此。本部議得，竈戶與軍民官相關詞訟，理合所委鹽司官與管民官，一同取問歸結。相應都省准擬，仰照驗施行。

《元典章・約會・竈户詞訟約會》 延祐六年七月二十八日，江浙行省准樞密院咨准承奉中書省照會河南行省咨，廬州路備烏江縣申准縣尹王承務關照得，至元三十一年定例，管民官奧魯官運司並投下相關公務事等，管民官與同各管官司約會一同歸結，如若行移三次不至者，止從管民官勾攝一干人等，依例歸結。重者申部詳斷外，切照本縣所管諸色等處，軍屬家小與民相參住坐，今後莫若除出。在管軍人與民相關，依例約問。據離營軍屬餘丁爭鬭等事，聽管民官勾問，庶得事體歸一。本省若依所擬，凡遇軍民相干詞訟，在營軍人依例約問，離營軍屬餘丁，若依腹裏，管民官就問緣逓。南路府州縣衙門，俱無兼管奧魯職名，伏慮未應宜令，合干部分，定擬相應咨請照驗。准此送據刑部呈議得河南行省咨稟軍民相關詞訟，除出犯在姦盜詐僞以及刑名重事，例從有司處歸斷外，據兩邊相爭地土、鬭毆、婚姻、良賤、家財、債負、宗族繼絕，一切事務，合行約會，倘三徧不到來，管民官歸斷，已有欽奉聖旨，通例行之已久。別難更議，具呈照詳得此。都省除已移咨河南行省依上施行外，可照會施行。

《元史・仁宗紀三》〔延祐六年正月〕帝御嘉禧殿，謂扎魯忽赤買閭曰：扎魯忽赤人命所繫，其詳閱獄辭。事無大小，必謀諸同僚。疑不能決者，與省、臺臣集議以聞。

《元史・世祖紀十一》〔至元二十三年正月〕設諸路推官以審刑獄，上路二員，(中)〔下〕路一員。陞龍興武寧縣爲寧州，以分寧隸之。

《元史・成宗紀》 戊子，詔僧人犯奸盜詐僞，聽有司專決，輕者與僧官約斷，約不至者罪之。

《元史・刑法志》 大德八年四月，詔諸路畏吾兒、合迷里自相訟者，歸都護府；與民交訟者，聽有司專決。

又 諸廉訪分司官，每季孟夏初旬，出録囚，仲秋中旬，出按治，明年孟夏中旬還。其憚還違期，託故避事者，從監察御史劾之。諸廉訪司分巡各路軍民，官吏有過，得罪狀明白者，六品以下牒總司論罪，五品以上申臺聞奏。諸廉訪司官，擅封點軍器庫者，笞三十七，解職別敍。諸官吏受贓，事主雖不告言，監察御史廉訪司察之，實者糾之。諸行省官及首領官受賂，隨省廉訪司察知者，上之臺，已下就問。諸行省理問所見問公事，廉訪司輒逮問者，禁之。諸職官受贓，廉訪司必親臨聽決，有必不能親臨者，摘敵品有司老成廉能正官問之。諸被按官吏，有冤抑者，詣御史臺陳理。所言實，罪被告，所言虚，罪告者，仍加等。其有故摭按問官吏以事者，禁之。諸按問職官贓，毋遽施刑，惟衆證已明而不款伏者，加刑問之，軍官則先奪所佩符而問之。諸風憲官吏但犯贓，加等斷罪，雖不枉法亦除名。諸方面之臣入覲，輒斂所部官吏俸錢備禮物者，禁之。違者罪之。

又 諸有司事關蒙古軍者，與管軍官約會問。諸管軍官、奧魯官及鹽運司、打捕鷹坊軍匠、名投下管領諸色人等，但犯強竊盜賊、僞造寶鈔、略賣人口、發塚放火、犯姦及諸死罪，並從有司歸問。其鬬訟、婚田、良賤、錢債、財產、宗從繼絶及科差不公自相告言者，從本管理問。若事關民戶者，從有司約會歸問，並從有司追逮，三約不至者，有司就便歸斷。諸州縣鄰境軍民相關詞訟，元告就被論官司歸斷，不在約會之例。斷不當理，許赴上司陳訴，罪及元斷官吏。諸僧、道、儒人有爭，有司勿問，止令三家所掌會問。諸哈的大師，止令掌教念經，回回人應有刑名、戶婚、錢糧、詞訟並從有司問之。諸僧人但犯姦盜詐僞，致傷人命及諸重罪，有司歸問。其自相爭告，從各寺院住持本管頭目歸問。若僧俗相爭田土，與有司約會；約會不至，有司就便歸問。諸各寺院稅糧，除前宋所有常住及世祖所賜田土免納稅糧外，已後諸人布施并已力典買者，依例納糧。諸管民官以公事攝所部，並用信牌，其差人擾衆者，禁之。

又 諸軍官不法，各處憲司就問之，樞府不得委官同問。

又 諸軍民風憲官有罪，各從其所屬上司訴之。諸民間雜犯，赴有司陳首者聽。諸告言重事實，輕事虚，免坐；輕事實，重事虚，反坐。

《明實録・永樂十一年》 〔二月辛亥〕設貴州等處承宣布政使司。初，思南宣慰使思宗鼎兇狠淫虐，生殺任情，與其副使黃禧構怨累年，互有奏訐，朝廷雖惡宗鼎，然以田氏世守其地，曲予保全，而改黃禧爲辰州府知府。思州宣慰使田琛，亦與宗鼎有怨，禧暗結琛使圖宗鼎，宗鼎及琛數相攻殺。禧既得志，肆橫虐民，民甚苦之。琛自稱天主，妻爲地主，長官文得、楊光海等稱文武臣。禧爲大將，與琛連兵攻思南，宗鼎挈家走。琛殺其弟，發其祖宗墳墓，而戮其母屍，盡掠其人畜貲財，所過殘害其民。宗鼎訴於朝。屢勅田琛、黃禧赴闕自辨，皆拒命不至。自知不爲朝廷所容，遂有逆謀，潛使姦人張勝，依託教坊司官史勉得出入祇應，將伺便爲變。事覺命行人蔣庭瓚往召之，而勅鎮遠侯顧成以兵五萬壓其境。兇黨叛散，琛等就擒，與黃禧相繼械送京師，皆引服。琛妻冉氏尤強悍，復遣人招誘臺羅等寨蠻人苗普亮等爲亂，冀朝廷遣琛還招撫，因得免死。上聞之，詔有司禁錮琛等。以宗鼎雖橫恣，然窮蹙自歸，得末減。使復職，歸思南。而宗鼎奏言，必得報怨家，以絶禍根。上以其素兇惡，今幸免禍，猶不自懲，而欲逞忿，民將有不勝其害者。遂留之京師，月給俸祿。宗鼎怨望，出誹言，因發其祖母陰事，謂始與黃禧姦，實造禍本，而竊損其衣食，欲殺之。祖母亦發宗鼎縊殺親母，瀆亂人倫等事。上命刑部正其罪。諭戶部尚書夏原吉等曰：朝廷初命田琛、田宗鼎分治思州、思南，正欲安其土人，乃皆爲土人之害。琛悖逆不道，构扇旁州，妄開兵釁，屠戮善良，抗拒朝命，已正其罪。宗鼎尤爲凶驁，絶滅倫理，罪不可宥。其思州、思南三十九長官司，宜加意撫綏，可更置府州縣，而立布政司總轄之。其原設長官司及差稅，悉仍舊。所當行之事，卿等詳議以聞。原吉等議，以思州二十二長官司分設思州、新化、黎平、石阡四府，思南十七長官司分設思南、鎮遠、銅仁、烏羅四府，其鎮遠州、婺川縣亦各隨地分隸，而於貴州設貴州等處承宣布政使司，以總八府，仍與貴州都司同管。貴州宣慰司，其布政司官屬，俱用流官，府以下參用土官。從之。遂命吏部選授布政司及府縣官，以行人蔣廷瓚、河南左參政孟驥俱爲右布政使。改河南右參政陳後名爲右參政，山西左參議王理、河南按察司副使張翥、江英，俱爲左參議，副使鄒銳、僉事丘陵、進士周宗保，俱爲右參議，授進士崔彥俊、王恭等爲府州官。

令廷瓚等率至貴州，隨缺定注。廷瓚嘗與擒田琛等之謀，故陞用之。

《明實録・宣德五年》〔八月癸巳〕江西按察司副使石璞言，按察司舊置僉事分蒞各道，照刷文卷分理詞訟。比來多因差委不得專理，致訟者越訴，事須追問，淹延歲月，移文督促，案牘愈煩。乞令僉事專于所分之道，往來巡歷，遇有訴訟即爲追理。或有營造軍需之務，亦俾之催督。其歲輸糧稅，只令布政司府州縣官催運爲宜。上曰：洪武中有定制，只如舊行之。

《明實録・宣德五年》〔十二月乙酉〕監察御史林英言：天下都司設斷事司專理刑獄，已有定制。而各衛所及守禦千戶所設鎮撫以理刑獄，撫鎮武人多不諳文移，不通律意，甚至有不識一字者，刑獄往往委之於吏及識字軍，致是非不明，獄囚淹滯冤枉者多。乞令天下衛所援都司斷事司之例，別設一員專理刑獄，或選諳法律者授以經歷，吏目協理刑獄，庶免淹滯之患。上曰：別設官，非舊典，但宜擇人用之。

《明實録・正統十年》〔十二月壬寅〕巡按雲南監察御史史濡言：雲南諸獄呈詳，既於御史，復於參贊軍務侍郎，復於鎮守太監，中多不達刑名，各持一說，殊無定論。乞廷臣會議，使政無多門，事有所歸。上議三法司議，咸以爲審刑名於御史，此定律；參贊鎮守官，無著令。雲南諸獄呈詳宜如律。從之。

《明實録・正統十三年》〔八月〕壬申，南京監察御史呂昌，以刑部奏請諸巡視御史不得理訟，上言：御史，朝廷耳目，凡事必命以巡觀者，正欲章其姦弊也，豈有陳告姦弊及坐視不爲理耶？誠如刑部奏，則豪强愈肆，而御史之遣無用矣，宜令今後南京所遣御史，訟非所應管者，毋得理，有告應管姦弊，理之如故。上是之，但戒其不得生事害人。

《明實録・萬曆十四年》〔六月〕甲申，巡視中兵馬司湖廣道御史徐大化題爲南北法臣意見不一，乞勑詳議，以一法守。刑部尚書舒化言：五城詞訟不當准受與夫人命不當簡詳，事體不當歸結，非是。《會典》載巡視京城御史，凡事有奸弊，聽其依法受理送問，豈曰無受辭問理之責？五城之事，旋問旋結，設則批辭，亦止數日。刑部久則累月，少則一月。即笞杖納贖，亦無旬而來休羣兩遣而質之設及送問，率泫然流涕不願也。甚事事而究竟，而送問勢，必囹圄成市，挃搭若林。欲以便民，反以害民。臣等誠所未喻。有旨，京城詞訟聽五城御史受理，速決，以便小民，應成招擬罪者，送刑部問斷。令部科議詳。

《明實録・萬曆十四年》〔七月乙未〕先是，刑部尚書舒化等奏言五城之事，大略謂一切詞呈不當准受與夫人命不當簡詳，事體不當歸結。御史徐大化謂非是。至是，南京刑部尚書姜寶陳言，謂五城御史宜聽受呈詞。奉旨下議，化覆言本部條議詳確，似難別議，大化遂極言五城有依法受理之條，刑部有滯留失業之弊，又稱舊賊之設，即律令警跡遺意也。上命京城詞訟，小事聽五城御史受理速決，以便小民，成招擬罪者送刑部問斷，且令部院同該科議擬詳悉開款。于是舒化遂反覆言五城宜受理，不宜問罪，又不得濫罰及簡詳刺字也。且謂舊賊凶脅，猶爲不妥。如來秉良等一起，始以賊充者，既以脅爲賊，始失寨而誤用，既以誤用而大焉應用，殆不可也。力將本部及巡城事宜開款上請，有旨：既會議明白，著各永遠遵守，不許侵越職掌，妄議紛更。

《明實録・萬曆四十五年》〔八月庚申〕先是，盧溝橋刼鞘之事，上命各官往俸拏賊，攤賠課銀，併以守禦地方專責遷捕。至是，兵部議：國初設五城兵馬司，職專巡捕後以夜禁爲重，弘治間始設捕營。其間節次條例，增改不一，至萬曆十三年來，自卯至申責成兵馬司，自酉至寅責成巡捕營，各自分管，畫爲定規，三十餘年。白晝失事，巡捕無與焉，說者謂條總之令不行於火甲，故白晝之罪不及於官軍，而盧溝橋刼鞘一事，獨不少寬於捕營，宜及今亟爲酌議，歸諸畫一。如臺臣所議。計右哨食糧尖哨二百名，以爲二班，每班一百名，分爲五隊，每隊二十名，自盧溝橋起，至廣寧門止，畫定信地，常川駐防，勿以晝夜爲限。凡遇錢糧解到，良鄉兵快自縣送至盧溝橋巡簡司，本司分兵自蘆溝橋送至廣寧門。其南城輪撥兵書與弓兵同自蘆溝護送至廣寧門，弓兵與兵番交割，兵番復自廣寧門送至京。一有失事，良鄉至盧溝，責在良鄉縣，蘆溝至廣寧門，責在南城宣化坊與右哨及巡簡司，廣寧門至京責在南城宣北坊，而解官包折兵夫，則良鄉或巡司預申，責在解官。至於沿途保長鄉天，宛平縣會同宣化坊嚴行申飭。倘有卒然之警，互相應援，以此定緝盜之責，即以此業失事之罰。若夫都重二城以內，一切白晝搶劫，仍係兵馬專責，與捕營無預。捕營夜巡責成如故，仍著爲令。上是其議。

明・何楝如《皇祖四大法・治法》〔洪武六年〕秋九月己亥，朔。丁未，更定有司申報庶務法。國初，凡有司庶務，若戶口、錢糧、學校、獄訟之類、或每月具其增損見在之數，書於冊，縣達於州，州達於府，府達於行省，類咨中書吏，牘煩碎而公私多糜費。又有司決獄，笞五十者，縣決之；杖八十者，州決之；一百者，府決之；其徒罪以上具獄，送行省。由是州縣或受贓滅重從輕，省府或弄法加輕入重，文移駁議，囚繫淹連。至是命中書省御史臺詳議，務從簡便。乃革月報爲季報，以季報之數類爲歲報，凡府州縣輕重獄囚，即依律斷決，不須轉發，果有違枉，從御史按察司糾劾。令出，天下便之。

又 〔洪武十四年〕冬十月壬子朔癸亥，遣監察史林願、孫榮等分按各道罪囚。時上欲革天下刑獄壅蔽之弊，故分遣御史四出按治，凡罪重者，悉送京師，從大理寺詳議。於是願等往湖廣等處，石恆等往直隸蘇松諸府。勑諭之曰：王者順天時以修政令，古之制也。今天氣嚴肅，當修刑典，御史職在法司，伸理冤抑。今遣爾等往各處審決獄囚，其罪重者悉送京師，令大理寺詳讞。無任情以屈法，枉道以厲民，期於律應人心，法當天理。欽哉。毋違朕命。

又 〔洪武十七年四月〕其四，凡民有犯笞杖罪者，縣自斷決，具實以聞。其五，犯徒流罪者，具擬其罪，申州，若府以達布政司定擬。其六，有犯死罪者，縣擬其罪，申州，若府以達布政司、布政司達刑部定擬。雜犯者，准工贖罪；眞犯者，奏聞，遣官審決。其七，凡諸司獄訟，當詳審輕重，按律決遣，毋得淹禁。其八，民間詞訟，務自下而上，不許越訴。以上八事，頒布天下，永爲遵守。

又 〔洪武十七年閏十月〕乙巳，上諭禮部臣曰：近聞在外方面官，多侵郡縣之職，甚乖治體。其申諭之，自今民間庶事皆自州縣始，縣有不公，則州理之，州有不公，則府理之，府有不公，則布政司理之，布政司所任非人從按察司糾之，如仍前亂政以擾吾民者，罪之無赦。

明·呂坤《實政録·明職·司獄官之職》 監中人犯，多非良民，縱是徒罪充軍，那非違條犯法。况頸上長枷，更是重刑，但係強賊，尤爲死鬼，朝思暮想，只求撞網脫籠，得便乘機，便要劫囚反獄。司獄官若肯用心關防，無縫鎖鎖在鐐頭，白日不消帶，肘密櫺框，框住手腳，夜間更須輪防，縱在荒坡野地，豈能插翅騰空。况監牆門戶重重，乃重犯脫外，往往獄官吏禁踈慢之罪，百口何辭。至於囚犯發解出門，州縣官吏昧目昏心，全不堅牢鐐鎖，又不揀選兵夫，嚴加申諭。夫囚犯懷百計脫死之心，解夫無一念防奸之意，力惓心慵，情熟志懈，忽然逃走，盡坐受贓。踈虞失守，解夫固難辭罪，然賣放罪囚，與囚同罪，解夫豈不習聞？安肯以三五錢銀，替人死罪？彼久囚窮困，又安得許多財物買求性命哉？當發解之時，鬆羈絆之計，獄官吏禁不能逃其責矣。至於牢頭獄霸，行暴毆人，當衣奪食，放錢賣飯。或囚犯入門而本囚未得入口，或囚糧到獄而本囚不得霑恩。穢汙不肯掃除，病疾不報調理。忍寒受熱，叫號不徹於公堂；抱屈含冤，心事難白於官府。女監縱吏卒姦淫，輕犯將重枷凌虐。如此作官，必有天禍。明理者知監倉乃陰德之地，獄官乃方便之人。犯法存哀矜之心，時加體悉；重犯嚴關防之法，不肯凌虐。斯爲稱職，而子孫享其餘慶矣。

明·呂坤《實政録·明職·按察司之職》 廉訪之職，《風憲約》、《獄政》備言之矣。古者御史大夫掌西臺，行秋令，蓋熏蒸氤氳之氣，至秋始清；發生長養之機，至秋始肅，察奸刑罪，蓋癉惡之司也。後以中臺不便於察外吏，乃設按察司爲外臺，彈壓百僚，震懾群吏。藩司以下，皆得覺舉，實與御史大夫表裏均權。厥後和同溺職，乃事權歸兩院，而體統屬三司矣。所可嘆者，司曰按察司，官曰按察使，按察謂何？但以刑名爲職掌，人亦以刑名吏目之。棄其尤重，而獨任兼銜，可謂之提刑司、提刑使乎？今內外詳皆轉都察院，人未嘗以都察院爲刑曹，奈何按察司獨謂刑名乎？舊日山西臬司，以明刑弼教，分扁兩坊，而堂上對聯，又以五刑三尺作偶，余俱更之。云至於刑名一事，尤多可言。夫廷尉，天下之平提刑者，一省之平也，遣戍充徒，一失其平，皆得理枉伸冤。今也強盜人命，非兩院批駁，竟不與聞矣。夫死刑必由按察司轉京詳者，豈爲直指代勞哉？謂必按察司以爲可殺，而後以聞；果情法無當於心，則呈駁不嫌於再。至於一省眞正強盜人命，郡縣俱當申報，問明之日，俱當照詳。看得可疑，一體批問。案候按臺定奪，以憑同異平反，如是，庶不失提刑之職。百官不法，時加體訪，可訓迪者訓迪，可督責者督責，可獎戒者獎戒。其應參挐論劾，指事開陳兩院，使一省官吏，視憲使如雷霆，莫不潔己愛民，勤政集事。宋人謂之天垣執法，人代閻羅，如是，庶不失按察之職。若一崇長厚，百無聽聞，賢否取正於府官，依樣署考，重輕定擬於院道，代之轉詳，則法司之權，非人我侵而我自失之矣。此何官也，而可自失其權哉？惟執事者留意。

明·呂坤《實政録·明職·守巡道之職》 守巡兩道，非爲陪巡設，亦非止爲理詞設也。一省之內，凡戶婚、田土、賦役、農桑，悉總之布政司；凡劫竊門殺、貪酷、奸暴，悉總之按察司。兩司堂上官勢難出巡，力難兼理，故每省四面計近遠分守巡令之督察料理，所分者總司之事，所專者一路之責。凡一路之官吏不職，士民不法，冤枉不伸，奸蠹不除，廢墜不舉，地糧不均，差役偏累，衣食不足，寇盜不息，邪教不衰，土地不闢，流移不復，樹蓄不蕃，武備不修，城池不飭，積貯不豐，訟獄不息，教化不行，風俗不美，游民不業，鰥寡孤獨疲癃殘疾之人不得其所，凡接於目者，皆得舉行。聽於耳者，皆得便宜。應呈請者，呈請兩院施行，應牌劄者，牌劄各州縣條議。督責守令詳密如主婆，守令奉法，恐懼如嚴師。務使一路風清弊絕，所部事理民安，入其疆無愁嘆之聲，見其民無憔悴之色，然後用一飱中火坐司，下咽亦自安然。收一床枕席被褥，着身亦自妥貼。本院做秀才時，曾見親臨本道追陪直指，經歷吾邑，民間疾苦不問一聲，邑政短長不談一語，朝暮道旁迎送，每日院內作揖。直指閉門，則兩道取贖互送折呈，行票互設酒席，問縣官索要戲子，恕該房水陸不豊。出門之日，鼓吹旌旗，前呼後擁者，每長一二里，夫馬催隨供張迎送者不減數百人，饑疲於奔命，騷擾於閭閻者，不止數百家，蓋三過吾邑，一事未行而百費豪奢。百般難事，留州縣茶坐，則沾沾煦煦，皆虛夸色笑之言。批州縣文書，則婉婉曲曲，無切問直駁之語，下司無不感激，以爲盛德。蓋嘉靖末年時事，近日諸君子約已愛民，肅僚勤政，必不然矣。夫兩道之位不爲不尊，權不爲不重，所以董督守令，愛養蒸黎，修舉政事者也。六品以下蠹政虐民者，皆得拏問，寧至甘言溫色、作此謙厚態乎？昔在春秋，三大夫皆同僚也。孔子中大夫耳，與下大夫言猶侃侃有剛直之氣，豈謂臨屬乃中怯外柔，若是，其何以正體統而肅紀綱乎？何以策不振而懲不法乎？何以令能行而禁能止乎？何以興治道而起頹風乎？然則一路不治，千里未安，其故可知已。至於取贖雖非入已，而查贖亦須體人。往日無礙名色已屬欠通，而預支候還，尤爲可笑。州縣動輒那借官銀，庫吏每以侵欺坐罪，粘一牌票查盤，甚損去後名節。此兩院司道通弊。近日各處稱冤，已經申飭前官拖欠，後官補賠矣，吾黨愼無復然。

明・呂坤《實政録・明職・同知通判推官之職》 府總州縣之政，事務繁多，又設佐貳以分之。同知、通判之職掌不同，大率清軍、捕盜、水利、鹽法、管糧、管馬，而推官則專理刑名者也。刑名，余詳之《風憲約》。捕盜，余詳之《獄政》。而清軍、水利、管糧，似不必專曹設職，故余獨不言三官職掌。惟是查盤一事，府佐所同，而利不勝言，余每病之，何者稱物者？必持衡，照物者必持鑑。今應查應盤錢糧，必須我有底冊以爲衡鑑，方能印證彼弊，知其有無今也開除收在，止憑所查州縣造來收解，起存亦據收掌人員開送，侵欺者徑不登造，冒破者巧爲彌縫，查盤官何從而知之？夫求隙於塗塞之餘，洗垢於湯沐之後，即有一二發摘，祇是犯人踈拙，乃於庫銀輕重毫厘、倉穀多寡升合、草束底蓋浥爛，便問侵欺徒贖，人夫點閘不到，馬匹鞍伏不齊，解發批收違限，多問有力不，合是查盤者兩院科贖之官也。且其跟從吏書，自有應得常例，即嚴刑亦不懲誡，果何術能盡關防其？不肖者簡敖自尊，以敬慢爲賢否。苛刻爲事，以搜索爲精明。所在官員甚者，以酒席花弊相牢籠以報門遠接相媚悅，而採訪開報官吏土豪，半由積年皂快，多出窩訪通家近，雖名爲革訪，其實賢，否從來豈能心通耳報乎？賢者知過求之無益。也一以安靜爲事，銀收庫簿，倉遞厫經，或掣封抽斗，或指一概千，或任憑所在官員捏報幾名罪贖，又非查盤本意。以後查盤官吏，先於兩院領上次查盤底冊，雖難盡憑，尚有半據。其餘情節微細、事體含糊，不必概入供招，不必概擬有力。總之一罪衆攤，牽累多人，或貧棍坐贓，多延年限，何益之有？至於錢糧拖欠，州縣間點欠戶三二十名，親審不完緣故，其待支錢糧不應動支，而輒申請動支，如本色解剩之類，官吏從重參究，責令扣俸抵補。庶苟且之吏不得寅緣以破法而倉庫錢糧不至借名而乾沒矣。

明・呂坤《實政録・風憲約・提刑事宜》 本司執九重法紀，司三晉生靈，凡笞杖以上，訟不得其情，刑不得其當者，皆得提勘平反，務俾生者無覆盆之嘆，死者甘伏劍之心，方爲稱職。昔孔子論德禮刑政，猶分本末，今德禮不敢問，設以政道之，而民不從，即用殺，吾猶忍。邇來治世，只恃齊之以刑四字耳，果皆道之以政者乎？以刑齊之，而當其罪，即用殺，吾猶忍。邇來鞫獄，只恃嚴加拷掠一法耳，果自信無冤民乎？夫人情一語之冤，不關榮辱，猶且裂眥急喉，反覆辯白，至指天誓日而不肯下，況妄加鞭笞，誤以徒流，甚者鬱九泉不化之氣，爲千古飲恨之魂乎？夫決獄弗愼，有司之罪，專百十郡邑之刑名，而騃然若聾瞽，則提刑者非罪之魁耶？所有應禁應行事，宜願與百執事審圖肱，願與同志者共之耳。意激切而語直戇，褊急自慚。然明罰勅法，責在當司，倘不厭煩屑，而一涉盼一沉思，油然下膏澤以潤蒼赤，即有深憾於余，余固甘之矣。仰府州掌印官，即將發下書冊通行所屬正佐首領官員，一體遵行，勿得視爲文具。抄案依准呈來。

山西等處提刑按察司按察使呂爲申明職掌以肅吏治以奠民生事。照得本司謬膺風紀，吏治民生皆有專責。顧民生之未奠有六，追呼苦於太濫，問斷苦於太淹，擬罪苦於太密追贖苦於太刻，拘禁苦於太易，隸卒苦於太縱。此六者，皆提刑事也。吏治之不肅，亦有六，虛文日甚而實政亡，厚道日隆而公法廢，人事日精而民務疎，頹靡日甚而振舉難，懵昧常多而精明少，爲家念重而爲國輕。此六者，皆按察事也。本司履任數月，本無意於科條。邇來審聽諸獄，觀察群吏，賢者常半；質美而意向不殷，志確而才識不逮者，亦常半；下焉者不盡無也。賢者嫌於自賢，既不肯以所得告友邦友邦，亦自賢也，而不得聞賢者之告，則當告莫若余。余豈容終隱默哉？昔余爲令兩邑，才短而心實苦，其告百執事者，誠非所能，亦得之折焉。此豈希王賀陰德，避甯成陰譴？要以仰體上帝好生之心，將順聖天子欽恤之意耳。

清·畢沅《續資治通鑑》卷二　〔宋太祖建隆二年〕詔：緣邊諸寨有犯大辟者，送所屬州軍鞫之，無得輒斬。

又　〔宋太祖建隆三年〕癸巳，詔：縣復置尉一員，在主簿下，凡盜賊、鬬訟，先委鎮將者，命令與尉領其事；自萬戶至千戶，各置弓手有差。五代以來，節度使補署親隨爲鎮將，與縣令抗禮，凡公事專達于州，縣吏失職。至是還統于縣，鎮將所主，不及鄉邨，但郭內而已。從樞密使趙普言也。

清·畢沅《續資治通鑑》卷十五　〔宋太宗淳化元年〕辛卯，令刑部置詳覆官六員，專閱天下所上案牘，勿復遣鞫獄吏。置御史臺推勘官二十人，並以京朝官充。若諸州有大獄，則乘傳就鞫，陛辭日，帝必諭之曰：無滋蔓，無留滯。還，必召問所推事狀。著爲定令。

清·畢沅《續資治通鑑》卷三十　〔宋眞宗大中祥符五年〕壬申，上封者言：諸州軍司法參軍多不得其人，致刑法差枉，望令吏部銓司謹擇明法出身者授之。帝以示輔臣，王旦言：明法雖習律文，亦須有才識。頃法官闕，多取屬縣簿、尉習刑名者代之，今請令銓司參酌施行。從之。

清·畢沅《續資治通鑑》卷一六四　〔宋理宗紹定二年〕己卯，臣寮言：請令戶部下諸路監司，凡民訟，依次第官司結絕，如未經予奪，不得索案改送，先從臺部常切遵守。從之。

清·畢沅《續資治通鑑》卷一六五　〔宋理宗紹定二年〕丁巳，臣寮言：請(令)〔今〕後非軍期、大辟、劫寇等事，州不得差人下縣，縣不得差人下鄉，常令監司覺察。從之。

又　〔宋理宗紹定三年〕冬，十月，辛酉，臣僚請下吏部：今後縣典獄官，須曾歷三考，有縣令舉主三員，無過犯人，許注，毋得破格輕授。或監司、帥守辟置，亦令吏部審實合格，方許放行。從之。

清·畢沅《續資治通鑑》卷一七七　〔宋理宗景定三年〕戊寅，蒙古詔：諸路管民官理民事，管軍官掌兵戎，各有所司，不相統攝。

清·畢沅《續資治通鑑》卷一八七　〔元世祖至元二十三年〕丁酉，設諸路推官以審刑獄，上路二員，中路一員。

清·畢沅《續資治通鑑》卷一九七　〔元武宗至大四年〕辛巳，罷宣政院理問僧人詞訟。

清·畢沅《續資治通鑑》卷一九八　〔元仁宗皇慶元年〕癸卯，敕諸僧犯姦盜、詐僞、鬥訟，仍令有司專治之。

清·畢沅《續資治通鑑》卷二〇一　〔元英宗至治二年〕壬寅，以行省平章政事復兼總軍政，軍官有罪，重者以聞，輕者就決。

清·畢沅《續資治通鑑》卷二〇七　〔元順帝元統二年〕丁巳，詔：蒙古、色目犯奸盜詐僞之罪者，隸宗正府；漢人、南人犯者，屬有司。

又　〔元順帝至元三年〕庚申，詔：除人命重事之外，凡盜賊諸罪，不須候五府官審錄，有司依例決之。

清·嵇璜《續通志·刑法略四》　〔元至元三年〕三年七月又詔：除人命重事之外，凡盜賊諸罪，不須俟五府官審錄，有司依例決之。

清·龍文彬《明會要·刑二》　洪武初，決獄：笞五十者，縣決之；杖八十者，州決之；一百者，府決之；徒以上具獄送行省，移駁繁而賄賂行，乃命中書省、御史臺詳讞，改月報爲季報；以季報之數，類爲歲報。凡府州縣輕重獄囚，依律決斷，違枉者，御史、按察司糾劾。至二十六年，定制：令布政司及直隸府州縣，笞杖就決，徒流、遷徙、充軍雜犯，死罪解部審錄，行下，具死囚所坐罪名上部詳議。如律者，大理寺擬覆平允，監收候決。其情詞不明或失出入者，大理寺駁回，改正再問。駁至三，改擬不當，將當該官吏奏問，謂之照駁。若亭疑讞決而囚有翻異，改調隔別衙門問擬。二次翻異不服，則具奏，會九卿鞫之，謂之圓審。三四訊不服，而後請旨決焉。

三十年，令五府、六部、都察院、六科、通政司、詹事府詳審罪囚。《會典》。又置政平、訟理二旛，諭刑部曰：自今惟武臣死罪，朕親審之。餘俱以所犯奏，然後引至承天門外，命行人持訟理旛，傳旨諭之。其無罪應釋者，持政平旛，宣德意遣之。已上《刑法志》。

《清實録・雍正八年》 又諭，朕聞有數省督撫藩臬，不能約束書吏者，其胥役人等，狐假虎威，無惡不作，而督撫衙門爲尤甚。其名有內外班之分，內班總管案件，外班傳遞信息，朋比作姦，種種嚇詐，飽其貪壑則改重爲輕，拂其所欲則，批駁不已。即如廣東各案盜犯未獲，無論年月遠近，不拘盜犯多寡，總督書辦，概於冬季，寫票差提承緝之吏目典史巡檢，齊至肇慶，示期比責其陋規，則有院房年節禮，每員到彼，各送書辦銀三四十兩，遂准回任，若微員無力餽送，則差押不放，甚至稟請杖責。此粵省之弊端也。至於各省督撫書役，則有承舍旗牌等名，皆自號爲差官，該督撫給票差遣，亦用差官字樣，而通省吏民遂莫不以差官目之。平日踞坐班房，包攬詞狀，每於府州縣官，謁見督撫之便，私行囑託，濫准枉斷，及差往他處，則肩輿逾分，馬掛智纓，儼然官長。沿途拜會有司，需索夫馬餽送，此輩狡猾性成，或以小忠小信，趨奉本官，得其歡心，間或委其訪察屬員事跡，則假公濟私，作威作福，其害更不可言矣。從來胥吏之爲患，有關吏治。在精明廉察之督撫，自能覺照而防範之。而庸懦之督撫，爲所欺而不知，受其累而不悟者，正不少也。又如藩司掌通省之錢穀，臬司掌通省之刑名，案牘如山，不得不仗熟練之書役，爲之辦理。而其中百弊叢生，舞文弄法之處，不可悉數。朕素知此輩之情狀，已經定例嚴申禁約，今再行訓飭，是在督撫藩臬等，約束於平時，訪察於臨事，不因熟悉條例而輕聽其言，不因善承使令而誤墮其術，秉公駕馭，用意防閑。一有見聞，即加懲治。不存姑息之見，不留回護之心。如此則若輩雖欲舞弊而不能，雖欲玩法而不敢矣。儻任封疆岳牧之寄，於一二管轄之書吏，不能使之安分守法，革面洗心，又安能察吏安民，詰姦禁暴，成移風易俗之治乎？朕深爲庸懦之督撫藩臬恥之。

《清實録・嘉慶二十年》 己酉，諭內閣：御史蘇繹奏請飭吏治而清庶獄一摺。所奏是。民間詞訟，全在州縣官勤於聽斷，隨時速結，藉以旌別淑慝，俾良姦知所勸懲，實乃爲政之要。是以向例於州縣自理詞訟，設有循環印簿，申送上司考覈，以杜積壓。乃近日視爲具文，不過按月申送一次，全無稽察。不獨戶婚、田土之件，經年累月，案牘塵積，即命盜重案，亦往往逾限不結，此訟獄所以日滋也。朕日誡內外臣工，痛改因循疲玩積習，而沈溺此習實未有若州縣之甚者，可恨極矣。我國家之大弊，實在州縣之因循。州縣之因循，實在大吏之怠玩。而用此怠玩之大吏，其咎在予不明。總而言之，予不知人，咎將誰委？惟自恨耳。州縣受國家牧民之責，所治之地，數十萬生民所仰賴，此雖早夜孜孜，講求教養之法，猶恐不逮，乃下劣者縱飲博以自佚，疏慵者託詩酒以鳴高，其於民生之休戚，地方之利弊，漠然不以關心。遇有訟案，任意遷延，使待訊公庭者，坐廢四民之業，而姦胥蠹役，利於多延時日，得就兩造干證揣量肥瘠，恣意需索。種種流弊，不可勝言。於是良懦者因屈抑以求伸，姦黠者更矯誣以思逞，及赴訴上司衙門，該上司復不爲申理，仍發交原問官審斷，以致來京控案，日益增多。朕每於步軍統領、都察院等衙門奏上時，閱其事情稍輕者，發交該督撫親提審辦，其案關重大者，特派部院大臣前往按訊。每訊一案，往返旬時，而該大臣本部院衙門事務，派人兼攝，或亦不能如本任者之專志竭誠。推原其始，總因各州縣玩視民瘼，各上司漠不相關所致。如此而望吏治、民風日有起色，其可得乎？督撫職任封圻，務各整綱飭紀，警惰起積，於所屬州縣，必以政平訟理爲考成。綜覈名實，大彰黜陟，勿徇私以廢公，毋舍本而求末，行之以實，持之以久，而民不被正德厚生之化者，未之有也！其州縣申送詞訟循環簿，該督撫責成司、道、府、州詳細稽考，隨時舉報，分別勸懲，毋得互相容隱，以崇法制。予同軍機大臣，盛暑揮汗書此肺腑之言，及至督撫衙門，一覽了事，束之高閣，予可欺，天可欺乎？慎之！將此通諭直省各督撫知之。

《清實録・道光元年》 乙酉，諭內閣：軍機大臣會同刑部議奏奉天省旗民事件，請仍照舊章，悉歸州縣審理一摺。所議是。國家設官分職，各有專司，奉天省所屬州縣，自乾隆四十四年經刑部議定，凡遇旗民詞訟事件，悉歸州縣審理，迄今四十餘年，毫無窒礙。原以州縣管理詞訟是其專責，若如該將軍所奏單旗事件，即令旗員辦理，旗員於刑名例案，非所素習，強使聽訟，必難保其明允。設武職人員任性妄爲，其弊尤不可言。至謂旗員一切處分，與州縣一體查參。若無專司，旗人易於玩視，京城五營與各省綠營武職，均與司坊州縣官一例開參。豈能令武職各員，俱赴文職衙門共理詞訟？該將軍所奏尤爲非理，所有奉天州縣旗民事件，著仍照定例，悉歸州縣自行審理，旗員不得干預。惟該州縣於尋常人犯，並不移知旗員，率行查拏刑訊，殊干例禁，著奉天府尹飭知各州縣，除緊要重案仍照舊例准其自行查拏外，其餘尋常案犯均知會旗員拏解，如仍前率拏，交該將軍指名參處，以符定制。

清・劉衡《庸吏庸言・稟嚴束書役革除蠹弊由》 敬稟者，案奉憲臺批，卑縣稟復石柱廳徐令革除蠹役一案，奉批：該令馭役素嚴，仰將如何約束書役緣由，據實稟復等因。奉此。卑職復查，安民之道，除蠹爲先。天下無不愛民之官，而愛民之政不能下逮者，良由蠹等內外勾連，牢不可破，務以阻撓而扞格之。而愛民者，往往或至於厲民。夫律設書役，以供差遣，原不能盡除不用。惟若輩罔顧急公，只知骫法，所賴本管官束縛而馳驟之，俾知畏法不敢放膽肆行。倘稍有犯，立予嚴懲，免致釀成案件，則可以保百姓之身家，即所以全役等之性命，並藉以自顧考成，豈非善事？卑職前在家鄉，親見衙蠹之害民，甚於盜賊。大抵役爲甚，書次之。今幸隸仁帡，得親訓迪，頗知以痛除蠹役爲務。自到墊江、梁山、巴縣以來，放告收呈，或準或駁，概係當堂當時批明榜示其已準者。如具呈時兩造俱到，卑職諭令等候片時，俟批呈畢，本日即爲訊結。此毋庸差喚者也。如彼造未到，查非顯然犯法，被告必然逃匿之案，則於呈尾批明，即令中証或約鄰人等，轉飭被告，定於某日自行赴質，以免差傳字樣。亦鮮有逾期抗匿不到者。此亦毋庸差喚者也。其有不能不用差傳之案，則分別道里之遠近，人數之多寡，事情之難易，限以到案日期，亦即於收呈之日，即時出票簽差。所差之役，卑職於初到任之三五日點卯時，只留經制數十名。其餘概行革黜，不留一人。其留者，榜示城鄉，榜內載明。此榜無名者，俱係革黜字樣。並當堂將留者姓名掣簽，掣得名次註冊，以次差遣，不許役等於差票上自行簽名，送案求標。其尋常戶婚田土錢債等案，一票一差，從無一票二差之事。依限則記功，逾限則立責，決不姑寬，亦不以功抵過。

或該差躲匿，則用連坐之法，窮治該差之總頭及初點卯時所取連環保狀內之保人，務獲懲治而後已。是以卑職並無逾期不到之案。有具呈之日即結者，有一兩日即結者，至遲亦不過二十日之例限。惟巴邑錢債轇轕追繳遷延，不能不稍延時日耳。且一案只有一呈。蓋有告呈而無訴呈，其有訴呈者，多於臨審時遞出。至催呈則除錢債案外，自來未接一紙。是以差役雖甚狡獪，雖善詐騙，只因立限緊嚴，遂至無從下手。再，查役等擾民多在命、盜案件。卑縣緝竊各匪，卑職令保甲、團鄰守望稽查，準其扭送。其案發而已逃逸者，不能不簽押捕役，卑職亦酌予捕費，嚴禁開花。至報有命案，卑職親赴相驗，只用刑、仵、皂各一名，從不帶差及家人下鄉。所有命案正犯，仰蒙福庇，俱係保鄰送案，或犯自投首。既巴邑繁劇命案較多，亦無差拏之犯。若案內要証未到，則於相驗時告知其親鄰，定期於某日到縣赴質。諭以一訊即釋，決不留難，並先給以來城盤費數十文，或百餘文。該干証等共知不致拖累，惠然肯來，從未有疑慮躲匿而逾期不到者，則亦毋庸差喚者也。迨招解之前三五日內，卑職遴選家貲殷實之差二人，取具連環的保，給以盤費、解費，令其帶犯招審。是以卑職在墊、梁、巴三邑所辦命案，從未出差拘喚一人一証。此則仰賴福庇，幸無逸匿之犯。故卑縣之民，得以幸免命案差傳之擾也。至撥頭一項，墊、梁、巴三邑俱有此名目。墊、梁業已革除。巴邑事繁，勢難淨盡。但小差有犯，則嚴懲票內標名之正役，不準小差代受刑責，是以差等畏法，不敢滋事生端。再，查差等嚇詐鄉愚，固藉多帶散役，尤在妄用鎖鍊。卑職於票差內印用不鎖二字，大圖章一顆，與私押人証等弊一概革除。曾刊定票差章程四條，粘於喚票之後幅，令鄉民一目了然。庶承票之差不敢肆行無忌。茲謹將章程印刷一紙，恭呈慈鑒。至若房書之弊，多在捺擱案件，勾結訟師，圖翻已結之案。卑職隨時懲治，絕不姑寬。然尚無承票之陋習。卑職伏思，州縣衙門，百弊叢集，而莫甚於役，役借官以剝民，官斷無忍於縱役之理。無柰有助役爲虐者，即官所用之門丁是也。役有大過，則爲之緩頰而通信焉，令其巧爲彌縫。役有微勞，則爲之張大而粉飾之，令其長邀恩寵。卑職至愚，以爲欲除蠹弊，先馭門丁。未有信用門丁而獨能翦除蠹弊者。區區管窺，所及知無當也。卑職素沐訓誨，頗知愛民，即知力去其病民者。或者乃以卑職爲寡恩苛刻，卑職不恤也。蓋宰官一身，衆生託命。嘗自念窮措大博得一官，何苦自沈孽海，有利既不能興，乃有弊亦不能革。眼看著蠹役放開手膽，朘我膏脂，猶復膜視旁觀，不爲之拊心援手。縱逃吏議，難免冥誅。豈但上負憲恩，下辜民望。卑職雖甚顓愚，極知震惕。茲奉前因，謹將卑職嚴束書差，不敢縱蠹作孽之苦心，率意陳詞，冒昧無狀，敬以質之大人。未審有當於學道，愛人之心之治於萬一否。伏乞訓示。爲此具稟。

計附呈卑縣差票後幅粘連章程一紙。

今將差役承票章程開列於後。

一、票內所簽之差，除正身外，不許私帶白役。若票只一差，而帶至三人票，只兩差，帶至四五人者，准被害人鳴鑼喊稟。

一、各差承票傳喚人証，不許妄用鎖鍊。若票內註有用鎖二字，方準用鎖。倘敢妄用鎖鍊，準被害人鳴鑼喊稟。

一、差役承票喚案，票內註有到案限期。如果依限到案，該差記功一次，補差一票。其記大功一次者，補差三票。若逾限，一日記過一次，二日責十板，三日責二十板，四日以上，定將該差枷責，革役。

一、該差喚出被告、人証，立即告知房書，開單送審。不許私行押候。雖係昏夜，亦應稟明定奪。倘人已到而延不稟審，逾兩時者，責五板，逾一夜者，責一十板，逾一日一夜者，責二十板，逾兩日，枷責，革役。許被害人鳴鑼喊稟，或當堂回明。

以上四條，該差等各遵毋違。本縣執法素嚴，決不姑寬。切勿以身試法。特諭。

清・劉衡《庸吏庸言・札各牧令嚴禁蠹役由》 為嚴禁蠹役事。照得安民之道，除蠹為先。而衙蠹之兇，差役為甚。天下無不愛民之官。然愛民之政往往不能下逮者，良由蠹役內外勾連，從中扞格。而愛民者，或至於厲民。夫律設衙役，以供差遣，原不能盡除不用。惟若輩概係匪徒，不顧急公，只圖作弊，不可以理喻，不可以情動，不可以德化，不可以恩結。所畏者，法而已矣。全賴本管官束縛而馳驟之，俾知畏法不敢放開手膽。但經有犯，立予嚴懲，免致釀成案件，則可以保百姓之身家，即所以全役等之性命，並藉以自顧考成，豈非善事。本府前在家鄉，並先年遊跡所經，親見蠹役之害民，甚於賊盜。蓋賊盜既畏事主之喊拏，尤懼官差之捕獲。役則藉官勢以肆惡。一票到手，嚇詐百端。大而命盜案件，罔陷無辜，贓可栽誣，供能逼串。其小焉者，首賭不必起有賭具，稟姦不必獲在登時，承緝則任指夥窩，弔贓則妄稱銷寄，以及多帶幫差，擅用鎖鍊，私押人証，訟師、地棍、店主，悉與狼狽為奸。彼良民者，但經票上有名，一訟之費，動輒破家，冤苦莫伸，輒尋自盡。該役等蠹惡如此，既經發覺，即當盡法嚴懲，俾受害者帖然心服。則雖未能約束於平時，尚不徇庇於事後。猶得援自行審辦之文，照例免議，乃計不出此，反為之竭力彌縫。無論知情徇縱，律有明文。即使倖逃吏議，清夜自思，為民父母，當如是乎？此外省之積習也，川省近蒙大憲訓迪，吏治蒸蒸，保屬尤為謹飭。惟蠹役害民，則在所不免。本府到任已屆兩月，接閱民詞，概係控差索詐之案，豈盡揑情聳飾耶？迴思我輩少時，羣居言志，無不願做好官。一行作吏，豈遂頓易肺腸。蓋官本愛民，斷無忍於縱役之理。即役，亦本畏官斷，無敢於害民之事。無柰有庇役助役為之綫索者，則官所用之門丁是也。役有過，則彌縫之。微勞，則張大之。丁以役為爪牙，役結丁為耳目。本官濡染既久，性情嗜好漸為所移，以為用役則事事順手，不覺好惡，為之顛倒，遂有寄役以心腹者。不知役已弄官於股掌也。而公事不可問矣，而元氣剝削盡矣。本府管見以為，欲除蠹役，先馭門丁。未有信用門丁，而獨能翦除役弊者。該縣州馭下尚嚴，可與道此。本府故敢以此言進。札到，務期再勵精神，專力除蠹。但使有犯必懲，便可免其上控。此即自全之道也。但官稱父母，須刻刻以民為心，以民為事。何於蠹役而愛惜護庇之，使擾吾民也。本府前在埜、梁、巴、綿時，刊有票差章程四條，粘於差票之後，鈐用印信，令鄉民一目了然。承票之差，不敢肆行無忌。是以差等尚不多事，倖免事端。而區區之心，因得以見信於百姓。計自到蜀以來，五年四任，無一上控之案。即本州、本府，未受一詞，非其明驗耶？茲發去原刷章程一紙，仰即照刊多刷，每差票之尾粘連一張。犯者必懲，切勿寬貸。則蠹弊除，而愛民之心與政乃能下逮矣。一切遵照辦理，毋違。速速。此札。

清・劉衡《庸吏庸言・札商各牧令官須自做慎用門丁由》 為札商事案。據昭化縣稟覆，本府札發嚴禁蠹役、並刊發票差章程一案，據覆稱，將命宣詞，尤賴門丁而出納等語。本府查，設立門丁以供傳宣出納，律例並無其文。夫賓客寅僚往來傳帖，各衙門設有柬房，即跟班茶房可兼其事，何庸專設門丁？至於傳呼胥役，出納文書，則有看守宅門之官役。例設轉桶，原有深心，亦不必門丁經手。况本官日坐堂皇，或兀坐二堂，重門洞開，檢點簿書，俱係親手。若告誡吏役，則當堂可以面諭，更無庸門上傳宣。夫牧令官稱父母，是以例定儀從，不用迴避牌，以其親民也。若於咽喉之地添一阻隔之物，致令親民之官與百姓氣脈不通，則官民交病矣。蓋此輩為利而來，見識淺鄙，斷無敦品明理可備諮訪之人，祇工於作弊而已。假而曰有才可用，則尤宜加倍防閑。彼門以外之蠹役、刁書，其初原不敢公然舞弊，必先於門上探聽消息，久則串成一氣。官之一言一動，外間纖悉週知。而勾控私押，擱案誣拏諸弊，從此起矣。甚則有牽鼻反唇之事。本府前在廣東，曾見一縣奉文緝一要犯，選差勒限，懸賞一千圓。差於限內獲犯解縣。門丁李某，令差且押犯私館。語官云：犯已遠颺，增三千圓，則可。官不得已，許二千圓，仍不得犯。欲比差則門丁匿差，且爲緩頰，竟如數予三千圓，始將所獲之犯交出。此一事也。又見一縣，稅契盈於原額幾倍。一官到任，門丁曾某串吏爲奸，佯語官云：此地頻年短稅，柰何？官愕然求策。則徐曰：盍令戶書包辦乎？不可，則強之。官頷之。吏則佯爲不受命也者。遲之旬日，門丁佯迫之，吏乃勉強應命。官以爲倖免賠累也，待門丁有加禮，而不知所獲乃倍蓰也。其後某官卒，以挪缺掛彈章。此又一事也。皆向所目擊者，此類不可枚舉。然特不利於官而已，其貽害於民者，更甚焉，則更難悉數矣。大抵若輩所最不喜者，官有惠政，官有廉名，必多方阻撓之，使惠績不及於民，且使官廉而民仍不免於費。又必肆行污蠛，乃能售其招搖射利之私。且其巧於迎合也。官喜樸誠，則僞爲椎魯。官喜伶俐，則強作聰明。官信之，固正用其欺。官疑之，則反行其詐。處處樹黨，種種夤緣。官即精明，頗難跳出圈套之外，深可畏也。此弊各省皆然，保屬恐亦不免。本府平情論事，以爲官果聰強出衆，實有駕馭之方，自不妨設立閽人，聽其拏事。否則手持太阿，授人以柄，未有不陰受其害者。即不僨事，而官非自做難以捫心。況我輩讀書從政，聰明才識，自與庸衆不同。即使資僅中材，而蓮花幕下，儘有嘉賓，豈不足備諮諏而資集益。顧必旁落於廝養輿臺之賤，其意何居？且舉地方最切要重大之件。皇上大憲，所鄭重寄託於官，而復稽查之，鈐制之，防閑之者，竟傾心拱手而畀之，降志相從，惟命是聽。是直以信君子者信小人，且以未肯遽施之君子者，竟兒戲而付之小人，則與前代任胥小信奸邪者，何以異哉？毋惑乎覆車之接踵也。即謂官之用之也，未必盡出於信任之誠，不過藉之以代勞耳。我輩以窮措大，博得一官，恩深任重，當思官係何人，而令若輩代勞乎？況若輩何所圖，而肯盡瘁？其心力以代我勞乎？又況一切公事，總須親閱親訊，親自經心，究竟不能脫然事外，則若輩亦何能代我勞乎？管見以爲，與其畫依樣之葫蘆，何若下砭身之藥石。如果革門丁而不用，固徵實力實心。倘係衝途萬不得已計，莫如用一無用之人，如耳聾口吃之類。只令傳帖，並不假以事權，不干與公事，不與書差熟識接談。如此，則官能自做，而刁書蠹役失所憑依。德政可以下行，民隱不難上達，事一而功十矣。本府才具短拙，自揣無駕馭門丁之才。是以服官以來，雖屢任衝繁之缺，所有家人，只令伺應茶飯、跟班諸雜役，無所謂管理案件及傳諭書役，主張公事之門。公自粵至川，廿年七任，所辦公事，並不因未設門丁致形竭蹶，且無一上控之案。此賢刺史、令尹所共見共聞者。合行札飭該牧令，關心民瘼，貫耳賢聲，尙其克自振拔，用門丁而不爲門丁所用焉，斯可矣。總之，本府此番商確，乃據理而言，非一家言也。乃循例而行，非我行我法也。本府苦口苦心，現身說法，且舉半生閱歷所見所聞所知者，傾倉倒廩而出之，蓋惟痛癢之相關，不覺腹心之款布。區區誠悃，尙其鑒旃。至於能行與否，自有主裁，毋相強也。商之商之。特札。

今將本府作牧令不用門丁，所有書役送進案件及發出案件章程列後。

一、二堂之東，設長棹一張。棹上分界數格，每房一格。八房則分爲八格，九房則分爲九格。格內正中，油書某房送進字樣。又，另立粉牌數塊，每房一塊。牌上亦油書某房送進四字。所有各房送進之案件，令該書自送於棹上某房格內，以某房粉牌壓之，免被風吹，且一目了然。

一、二堂之西，設長棹一張，棹上分格及粉牌，俱照東棹製備。但棹上格內油書發某房三字，粉牌所書亦如之。所有內署發房之案件，令簽押家人放於棹上某房格內，以某房粉牌壓之。

一、東棹之旁，設磬或小竹梆一具。其各房送進案件，立即敲磬或擊梆三聲，以便收入核辦。其發出時，只須一看門人役指喊某房，令其自進二堂收去。

一、各處差役，都係分鄉分里，另製一小書箱，照鄉里分格。所有各鄉里差人稟帖，或繳銷差票，俱令其自行放入書箱之各格內。其發出者概係當堂面給。

清・劉衡《庸吏庸言・勸諭書吏告示》 爲曉諭書吏守法行善事。照得各衙門設立書吏，佐助本官分辦公事，期滿之日，例準考職授官，理宜守法。本縣以爲，公門中好修行爲書吏者，不但守法，兼可積德。若果能隨事隨時留心行善，必有好報。是以本縣於書吏中，遇有無心過失，多從寬宥。原以書吏雖係在官人役，究有體面，與各班差役不同。養爾等之廉恥，即以激發爾等之天良也。試觀前明表表名臣，如徐況諸公，皆由吏員出身。本朝吏員仕至大位者，不一而足。至於吏員之子孫，顯秩清班，更難枚舉。那一個不從行善得來。若不肯行善，又復行惡，即使獲免王章，斷不能倖逃陰譴。屈指算去，歷歷無差。報應之機，公門尤捷，良可畏也。爲此示仰各房知悉，爾等務將後開各條，懍懍奉行，便是行善。各宜自愛，毋以本縣之言爲迂闊也。

計開

一、該房親族有田土、錢債、婚姻及一切細故，可以調處者，急宜勸令和息，不許倚恃身在衙門，唆令興訟。

一、不許唆令人犯妄攀，以致開花搭橋，拖累多人。

一、訊明釋放人證，不許私押。若差役有私押情事，亦責成該房稽查密稟。

一、出票喚人，最宜慎重。語云：一人到官，一家不安。嗣後差票內不許妄用拘字及濫用鎖拏二字。

一、案內有押候人證，亟宜稟催速審。如本縣別有公事，偶爾遺忘，準爾每日催稟一次。

一、案內緊要人證已到一二可以審訊者，立即送審，不得以人証尚未齊全，延不稟請，致滋拖累。

一、詞內及供內情節牽涉閨閫婦女，或事屬曖昧，準爾回明摘刪，不許徑行列名叙稿送簽。

一、叙供不許增刪情節。其有語太支離、本應節刪者，回明定奪。

一、禁押枷號各犯，時加照料。大寒、大暑，尤宜加意。

一、舊有漏規，如紙張、飯食之類，以資辦公，且爲數無多，相沿已久，原難遽革，但不許額外多索。至命案紙張、油燭，概係本縣逐案捐廉辦理，爾等不得索取分文。如敢違禁私取，計贓嚴辦。

以上各條，各宜懍遵。違者決不寬宥。

清・何啓、胡禮垣《新政真詮・新政論議》 自今新政既行，宜每縣設一總巡捕官；每一墟場市鎮村鄉河泊，俱設巡查幫辦，少者一人，多者二三人；每一幫辦所統捕役，少者數人，多者數十人。捕役聽命於幫辦，幫辦聽命於總巡捕官。總巡捕官之署，宜設於知縣官署之側；各幫辦駐劄之處，必設電線電話之機，以達總巡捕官署，使消息之遞傳捷速，而應變盡合機宜也。地方無事，則幫辦捕役爲巡查街道；遇有違法犯禁，害及地方者，則聲明勸諭，使民知所避忌。遇有議院告諭整頓地方者，則到處解明，使民知所趨向，如古之司市、司虣等職是也。若地方有變，如劫掠鬭毆之事，捕役則爲之拿獲犯人，或爲讀法彈壓，事止乃已。如不能止，則幫辦以電報傳達於總巡捕官，總巡捕官則發電附近之幫辦，督同捕役往而協助，事止乃已。若其事爲倡亂之事，非一二幫辦之捕役所能彈壓者，則總巡捕官可盡調全縣之捕役，及請於近處之軍營，調其協助，如此而揭竿之變，烏合之徒，未有不立地肅清者也。

清・田文鏡《撫豫宣化録・再行明白曉諭事》 照得本都院前禁各當舖不許濫收賊贓一檄，原爲杜絶盜源起見，檄内開載甚明。必面生可疑形踪詭秘之人，即當嚴加盤詰根由，須有熟識保人，方許收當，並非令其一槩取保也。今訪得本地各鄉村寒士貧民攜帶衣物赴城鎮當店押當銀錢，該當舖亦令尋覓保人，以致保人需索保錢，殊爲苦累。此皆地方官怠玩成習，並不曾將本都院先發檄文細心寓目，及各當商奉行不善，又不能明白解釋諭令，悉知檄中之意，致使良法病民，深爲痛恨，合亟曉諭。爲此示仰撫屬軍民並當商人等知悉：嗣後本地之人，即非平日熟識，其面貌並非可疑，形踪並無詭秘，言語並不支吾，衣物整齊，較爭價值者，俱係實在貧民，不必令其尋保，即將本人姓氏住址問明，登入號簿，照價當給。如敢故意掯勒不當，許被掯人等赴地方官稟究。本都院查出定以不職糾參，決不寬恕。倘該州縣不細閱前文告示，實力奉行，以致貧民被掯，緩急莫濟，本都院亦必嚴參。若並非本地之人語音，各別行止慌張，囊括多衣，零星倒亂，物多價賤，即便肯當者，如無保人，仍不許當。倘不細加盤詰，濫收入當，一經別州縣獲賊供招，即差捕員飛行查起，令事主當官認領，即將當商以違禁濫收治罪。後悔無及，各宜凜遵，毋再違錯。須至告示者。

清・祝慶祺《刑案匯覽・刑律・斷獄》 奉尹咨：昌圖廳所轄地方遼闊，遇有命案，可否令照磨代驗，咨請部示一案。原咨内稱，昌圖從前所管僅止百餘里，今新添荒地二百餘里，約計共有四五百里。又有相驗蒙古案件至千餘里不等，該廳一人，實有顧此失彼之虞。若請鄰封代驗，各有地方事件，不能常時往請代驗。可否照黔蜀等省之例，遇有命案距城三百里者，准令照磨代驗，塡格取結，送交該廳承審辦理之處咨部示覆等因。查黔蜀等省，遇有命案，印官公出，例准經歷等官代驗。各省府州縣內，有與黔蜀等省相似者，亦准一體酌量辦理。又廣西凌雲縣屬命案去縣治在三百里者，定例亦准令縣丞代驗。是各省所屬府州縣內，有與黔蜀等省相似及距縣在三百里者，准令佐貳、佐雜等官代往相驗。定例原有明文，今該府尹所稱昌圖廳管轄地方，約計共有四五百里，又有蒙古事件，該廳一人有顧此失彼之虞，自屬實在情形，似應如所咨，嗣後昌圖廳所屬命案，應即比例，如距該廳在三百里以外者，准令照磨帶領諳練吏仵前往代驗，寫立傷單，取結送交該廳。承審如有勘驗不實，增減傷痕情弊，即將該照磨分別照例議處。其訊無別故之自盡病斃等案，亦准取結埋驗，仍由該廳通詳立案。至距廳不及三百里之命案，仍照舊例辦理。道光二年說帖○道光七年，奉尹咨請岫巖鳳凰城各廳亦照昌圖廳之例，距廳在三百里以外者，准令分防巡檢代驗，已併纂例。

《大清法規大全·司法權限·初級暨地方審判廳管轄案件暫行章程》

第一條　民事案件之管轄依左列各款規定辦理：

第一，初級審判廳之管轄

一　關於錢債涉訟案件，

二　關於田宅涉訟案件，

三　關於器物涉訟案件，

四　關於買賣涉訟案件。

右四款之訴訟物以價額不滿二百兩者爲限。

五　旅居宿膳費用案件，

六　寄存或運送物品案件，

七　僱傭契約案件，其日期以在三年以下者爲限。

八　其他民事案件訴訟物價額不滿二百兩者。

第二，地方審判廳第一審之管轄：

一　前項一二三四款案件，其訴訟物價額在二百兩以上者，

二　親族承繼及分產案件，

三　婚姻案件，

四　其他不屬初級審判廳管轄之民事案件。

第二條　訴訟物之價額準起訴時之價值定之。

第三條　凡以一案請求數件者，將其訴訟物之價額合併計算，其以利息賠償及訟費等隨案請求者，不算入訴訟物價額之內。

第四條　因擔保債權涉訟者，其訴訟物之價額準擔保物之價額定之。若擔保物之價額多於債權之額者，以債權額爲準。

第五條　刑事案件之管轄，依左列各款規定辦理。

第一　初級審判廳之管轄

一　依現行刑律罪該罰金刑以下者，

二　依其他法令罪該罰金二百圓以下或監禁一年以下或拘留者。

第二，地方審判廳第一審之管轄

一　依現行刑律罪該徒流刑以上者，

二　依其他法令罪該罰金二百圓以上或監禁一年以上者。

第六條　刑事案件係數人共犯者，從其罪重者之管轄。

第七條　地方審判分廳之民刑案件管轄權，與地方審判廳同。

第八條　民刑案件管轄有不明確者，由受理之審判廳報由上級審判廳指定之。

第九條　民刑案件管轄錯誤於未判決前覺察者，應移交該管轄之審判廳辦理。

第十條　因刑事案件而附帶民事者，不論價值多寡，應併入該刑事案件辦理。

第十一條　初級暨地方審判各廳，除本章程規定外，有以其他法令定其管轄權者，應依各該法令辦理。

第十二條　本章程與法院編制法同時施行。

《大清法規大全·審判·法部奏地方審判廳內增設民刑兩庭摺》　竊臣部總持法權，有監督裁判之責，自改訂官制議設四級裁判，隨於光緒三十年六月十二日，酌擬京內外各級審判廳職掌事宜，會同軍機大臣、大理院，奏定地方審判廳於重罪爲始審。於輕罪爲第二審，取外國合議制，以三承審官主之，舉一人爲之長，並聲明京師內城設立一廳，外城設立一廳，每廳設廳丞一人，分立民刑各兩科，科各二庭，每庭設推事六人，內外城各二十四人，掌審理刑事、民事案件。復以創辦伊始，經費待籌，擬請權設一廳，略增庭數各等因，當經奉旨允准，在案嗣於是年冬僅將內城地方審判廳設立，分民刑各兩科，科各二庭，每庭遵設推事六人，若以原定內外兩廳，額缺計之不過祇得其半。現查該廳自開辦以來，每月承審之案，不下二百餘起，其間管轄區域之廣，受理詞訟之多，不獨視初級審判廳爲最繁劇，即較之高等審判廳，與最高

裁判之大理院，亦實有日不暇給之勢。臣等統籌全局，深懼案牘繁多致滋貽誤，自以添設外城一廳爲要義。顧籌款維艱，一時究難猝辦，臣等公同商酌，竊以案件既日增而月益，設廳又事鉅而費難，擬請仍遵前奏，略增庭數辦法，即於內城地方審判廳內，增設民刑各一庭，每庭暫設推事三人，以一人爲之長，承審民刑各案件，每庭設錄事二人，藉供繕寫。而地方檢察廳內亦擬暫設檢察官一員，分理蒞庭監察事宜，庶幾各專責成，俾免延誤。俟外庭審判廳建設後，即將增庭員缺分撥如額，以符定章。似於矜慎訟獄之中，兼寓撙節經費之意。如蒙諭允，臣等遵即慎選明於法律，長於聽斷之員，派赴該廳任事，如果實在得力，再行遵照定章，奏請試署，以昭慎重，謹奏。宣統元年閏二月初二日。奉旨，知道了，欽此。

《大清法規大全·各級審判廳試辦章程》 第四章 各級檢察廳通則

第九十七條　檢察官統屬於法部大臣，受節制於其長，對於審判廳獨立行其職務。其職權如左：

一、刑事提起公訴；
二、收受訴狀，請求豫審及公判；
三、指揮司法警察官逮捕犯罪者；
四、調查事實，蒐集證據；
五、民事保護公益陳述意見；
六、監督審判並糾正其違誤；
七、監視判決之執行；
八、查核審判統計表。

第九十八條　凡屬檢察官職權內之司法行政事務，上級檢察廳有直接或間接監督之權：

一、總檢察廳丞監督總檢察廳及其下各級檢察廳；
二、高等檢察長監督高等檢察廳及高等審判廳，管轄區域內之各檢察廳；
三、地方檢察長監督地方檢察廳及所附置地方審判廳。管轄區域內之各檢察廳。

第九十九條　各級檢察廳職官缺額如官制，但初級檢察廳得由法部酌委行走員。由檢察長官分配班次，輪流值宿，收受訴訟狀。於本廳檢察官因病或其他事故，不能辦公時，亦可委任代理。

第一百條　檢察廳之補助機關如左：司治警察官、營翼兵弁、地方印佐各員。

第一百一條　檢察廳就審判廳管轄區域內負檢察之責任，但不得干涉審判事務。

第一百二條　各級檢察廳聯爲一體，不論等級之高下，管轄之界限，凡檢察官廳行職務，均可由檢察長官之命，委任代理。

第一百三條　凡刑事，雖有原告，概由檢察官用起訴正文提起公訴。其未經起訴者，審判廳概不受理。現行犯附帶犯罪、僞證罪，可不經檢察官起訴，而爲豫審或公判，但必須通知檢察廳存案。

第一百四條　凡起訴時，須指明一定之被告人，其有不知姓名，而或知其形狀及犯罪形迹，或遺物足資憑證者，均可請求搜查或豫審。若全無犯罪形迹時，須俟警察訪查確實後起訴。

第一百五條　凡起訴時，或應付豫審，或應付公判，由檢察官臨時酌定。

第一百六條　凡經檢察官起訴案件，審判廳不得無故拒卻。被害者亦不得自爲和解。

第一百七條　凡應公訴案件，不問被害者之願否訴訟，該管檢察廳當即時起訴。但通姦、誹謗等罪須親告者不在此限。如檢察官非因過失妄爲起訴，致他人無辜受害者，依《懲戒處分規則》行之。

第一百八條　檢察官應由法部發給執照，遇有現行犯，事關緊急時，得指揮巡警、兵弁搜索逮捕。

第一百九條　檢察官收受訴狀，須於二十四小時內移送審判處。

第一百十條　豫審或公判時，均須檢察官蒞庭監督，並得糾正公判之違誤。

第一百十一條　檢察官對於民事訴訟之審判，必須蒞庭監督者如左：婚姻事件、親族事件、嗣續事件。以上事件，如審判官不待檢察官涖庭，而爲判決者，其判決爲無效。

第一百十二條　凡不服審判廳之判決，於上訴期限內聲明不服之理由，呈請上訴者，檢察官應即申送上級檢察廳。

第一百十三條　檢察官得隨時調閱審判廳一切審判案卷，但須於二十四小時內繳還。

第一百十四條　凡判決之執行，由檢察官監督指揮之。

第一百十五條　凡死刑，經法部宣告後，由起訴檢察官監視行刑。

第一百十六條　檢察廳每日辦公時間，以十小時爲率，入夜概不收受訴狀。但重要案件不在此限。

第一百十七條　各檢察官辦公時間、值宿班次，由該廳長官因時宜而分配之。

第一百十八條　各級審判廳審判統計表，非經各該檢察廳查核，不得申報。

第五章　附則

第一百十九條　本章程施行期間，自各級審判廳開辦之日爲始，俟法院編制法及民事、刑事訴訟法頒行後，本章程即停止施行。

第一百二十條　本章程之規定，如有未盡事宜及不適於用之處，得由法部奏請增改。

《大清法規大全・審判・法部奏酌擬各級審判廳試辦章程摺》　竊臣部於本年八月初二日議覆：各省覆奏民刑訴訟法擬請展限，詳覈妥擬摺內，聲明各級審判廳開辦在即，先由臣部督飭司員編纂試辦章程，奏請施行等因。在案。數月以來，悉心考究各國審判辦法，其程途要非一蹴可幾。惟查升任直隸總督袁世凱奏定《天津府屬審判廳試辦章程》，當法律未備之時，爲權宜開辦之計，調和新舊，最稱允協。洵足爲前事之師。第天津開一省之先，而京師實各省之準，此次辦法繫乎全國司法機關，其規定自應更求完密。既於該章程所試行者採用獨多，復取修律大臣沈家本奏呈，法院編制法草案，詳加參封，務期損益適中，悉臻妥善。

茲擬編次之法，以總綱居首，釋民刑之定義；次審判通則，明司法之權能，次訴訟通則，詳呈訴之方法；次檢察通則，盡補助之作用；而以附則終之，定施行之期間。凡爲五章，每章之中自分節目，都爲一百二十條。雖細則尚有未賅，而大端差已略舉。所尤要者，閭閻之釁隙，每因薄物細故而生。苟民事之判決咸宜，則刑事之消弭不少。惟向來辦理民事案件，僅限於刑法之制裁，今審判各廳，既分民事爲專科，自宜酌乎情理之平，以求盡乎保護治安之責。茲擇其簡要易行者，量爲規定，庶與刑事顯有區別，而適足相成。至訟費一節，係比照天津《審判現行之例》，而更從輕。蓋訴訟所用之費，取償於輸服之人，乃東西各國之通例。而又有酌量減免之法，以救其窮。不知者或且以爲詬病。抑思一切院廳設備，官吏俸糈，無非出自公家，若訟費尚須仰給度支，焉得人人而濟？且此項規費，亦向來所不能無。與其隱忍誅求，不如明定限制。此又臣等所熟思焉，不得不豫爲釐定者也。要之，世無不弊之法，而貴有杜弊之人。臣等日與編纂各員及該廳丞等迭次討論，重加考正。並將草案鈔交臣院，逐條詳覈，意見亦復相同。惟有督飭各廳認眞舉辦，務令躬任勞怨，逐漸推行，以副朝廷整頓法治之至意。所擬試辦章程，謹另繕清單，恭呈御覽。並請飭下憲政編查館覈議。其未經議覆之先，擬暫由各廳先行試辦。俟覆奏奉旨後，再行遵照，並通行試辦審判省分，以昭劃一。謹奏。光緒三十三年十月廿九日。奉旨，依議。欽此。

《大清法規大全・審判・庫倫辦事大臣延祉等奏庫倫刑案日多擬請添設理刑司員摺》　竊查庫倫地方，向稱事簡。近年民人出口日盛，且有由恰克圖外來者。其間良莠不齊，往往滋事，一經到官，便須審理。而辦理商民事務章京，多半未諳律例。每核案件，不免參差。而印房滿蒙漢章京等又係兼理庶務，於刑律亦非所素習。是以覆核各案，僅有檢查律例，而尋章摘句，挂漏仍多。況辦理商民事務章京衙門，止有禁房，向無監獄，遇有命盜案件，核擬後向解多倫廳寄監，一經部駁，仍須提訊。長途往返，亦實堪虞。自應選擇素習刑民之員，方足勝任。奴才等公同商榷，擬照熱河都統衙門辦法添設理刑司員。一員由法部於正途候補人員內，揀選熟習例案數員，咨由理藩部帶領引見，奉旨圈出後，由部發給勘合烏拉票，赴庫專理刑名。其差限、資俸以及差滿甄別、獎留，均照理藩部《司員筆帖式等差滿向章》，屆時查看核實辦理。該司員既不兼他項差使，自應優給薪水，藉以養廉。擬按月籌給薪水銀一百兩。縱或攜有家口，當亦不至不敷。如此辦理，不惟詳審刑外名，即滿蒙漢章京等亦可。藉資學習洵於地方，大有裨益。如蒙俞允，俟命下之日，由奴才等分咨各部，欽遵辦理。謹奏。宣統元年閏二月初八日。奉硃批：著照所請該部知道。欽此。

《大清法規大全・審判・法部奏籌辦外省省城商埠各級審判廳補訂章程辦法摺》　竊臣部奏定統籌司法行政事宜分期臚列，開單覆陳一摺，宣統元年閏二月二十七日，奉旨：交憲政編查館核議。欽此。欽遵。在案。查臣等原奏，係預籌九年應有辦法，事項繁多，尚未據該館核定。惟前奉憲政編查館、資政院會奏各部分年籌備事宜，清單内開本年籌辦外省省城商埠各級審判廳，法部各省督撫同辦，限明年一律設立。爲時既已過迫，自不能不預爲規定，以免臨期貽誤。現在省城如奉天業經成立，吉、黑兩省亦俱籌設商埠。如天津、營口均先後奏報開辦外，其餘或甫在規畫，或尚少端倪。即就奏咨有案省分而言，其悉心研究，竭力從事者，尚多疑難待剖之端，而意圖速成，以趨簡便者且，不知有行政、司法之別。似此分途異轍，莫定指歸，即使程限無愆，而良楛雜陳，恐亦事勢所不免。臣部職司所在，責有專歸，若不先示準繩，何以固法權而昭統一？如定各廳之組織，明審判之等差，別事物之管轄，釐官吏之職權，此《法院編制法》所有事也。推事檢察等員應如何資格黜陟進退，各官應如何依據，此《法官登進懲戒章程》所有事也。訴訟和解宜遵如何程式，判決執行宜循如何節次，此《訴訟法》所有事也。此等法律章程類，非一時所能頒布，而以上指陳各事，又悉爲各級審判廳所不能無，則欲示籌辦者以津逮之途，自宜先定簡要之歸，俾爲權宜之用。斷斷然矣。竊查臣部前年奏定《京師高等以下各級審判廳試辦章程》，就中綱舉條分，略具《法院編制法》及《訴訟法》大要。現據編查館咨覆，准其通行。試辦。今就關於各直省者，量加補訂八條，俾率循不至無方，而推行可期盡利。至應設廳所員額，擬照臣部原定京外各級審判廳官制，兼采《法院編制法》草案，復酌量省埠情形，擬定爲《編制大綱十二條》。此外籌款用人及一切關係各廳事項，擬別定爲《籌辦事宜四款》。雖體制未盡完全，第當此甫經創立之時，形式既已粗陳，斯精神自當流貫一。俟將來各種法律次第頒行，此項章程條款即當改歸一律，俾免歧趨，是有裨於初基，並無梗於進步。除原定試辦章程無庸再行繕呈外，謹將補訂章程及編制籌辦各條目，分繕清單，恭呈御覽。如蒙俞允，即由臣部通行，各該省一體遵照籌辦，並咨交憲政編查館存案，暫爲依限考核之據。其餘應行損益及未盡事宜，擬由各督撫臣隨時會商，臣部分別奏咨辦理。抑臣等更有請者，國家帑項豈容稍涉虛靡，況在司農仰屋之時，更宜力求撙節。然司法獨立，特爲憲政之綱，維審判廳即其精神之所寄也。乃或過持減嗇之義，意存敷衍，其甚者至欲以地方官署爲審判廳，即以地方官兼充推事。於司法、行政分立之意，實大相逕庭。況省城爲郡邑模楷，商埠繫中外觀聽，前所以定分年籌備之制者，正欲令財力紓緩，得以布置從容。今臣等所擬辦法，係專爲籌辦省城、商埠各級審判廳而言，編制已極簡約，所冀各疆臣凜遵立憲。諭旨：勉爲其難，將來推廣府、廳、州、縣、鄉、鎮各級審判廳，或有應行變通之處，應俟隨時考查，臨期再議。若夫省城商埠，則當以此次所擬爲範圍，不得再行減縮。此臣等與各督撫所宜共勉者也。謹奏。宣統元年七月初十日。奉旨：依議。欽此。

擬補訂高等以下各級審判廳試辦章程。凡八條

一、原章第七條各級審判廳管轄區域，係專指京師内外城而言；外省各級審判廳之管轄區域，應查照此次擬定籌辦事宜第四款辦理。

二、原章第三十二條對於外國人訴訟，得用本廳繙譯官；外省各級審判廳，或臨時雇用繙譯，或設置專員，應視訟事繁簡、經費盈絀，酌量辦理。惟以能傳達訴訟、審判之本意爲斷。其雇用繙譯之費，應歸本人自理。至錄供叙案，仍當主用漢文。遇有必須嚴密、慎重之案，其供辭、證據可於漢文之外，附存外國文。

三、原章第四十五條遇有交涉案件，由廳申部行文，外交官知照外國公署；外省各審判廳，遇有此等案件，其祇須知照駐在該省之外國領事者，可由該廳申請督撫，或移知關道，就近直接知照。其應與外國公使館交涉之件，仍申部辦理。

四、原章第五十條、五十一條、五十六條、六十四條之訴訟狀及委任狀、上訴狀，凡外省有審判廳之處，應俟本部奏定。訴訟狀紙章程頒行後，一律遵照辦理，不得歧異。

五、原章第六十條、六十一條，上訴期限，各省刑事展爲十日；民事展爲二十日。若因天災及意外事變，至逾定限者，仍准上訴，但須於呈内詳細聲明。其未設初級審判廳及未設地方審判廳之處，上訴期限應除去在途之日計算。

六、原章第八十七條之訴訟費，各省得斟酌情形，量爲增減。但其增減之數，不得過原額十分之五，且須先將酌定數目咨部考核，并列表懸示，俾衆周知。其第八十九條至九十五條各項，亦可照此辦理。

七、原章第九十九條職官額缺，外省各級審判廳應查照此次擬定編製大綱及籌辦事宜辦理。

八、原章及此次補訂各條，應於各審判廳開辦之時廣行刊布，俾境内人

民一體知悉。

《大清法規大全・各級審判廳試辦章程・各級審判廳試辦章程》

第一章　總綱

第一條　凡審判案件，分刑事、民事二項，其區別如左：

一、刑事案件，凡因訴訟而審定罪之有無者，屬刑事案件。

二、民事案件，凡因訴訟而審定理之曲直者，屬民事案件。

第二條　凡登記事件，由該管初級審判廳照登記章程行之。

第三條　凡本章程未規定者，依舊章行之。無舊章者，由法部酌核辦理。

《大清法規大全・審判・各省城商埠各級審判廳籌辦事宜》 一、經費，按照擬定編制大綱，稱量籌足度支部統一財政未實行以前，籌措之權應歸督撫督同藩司或度支司任之，所有開辦費須特別籌撥，應用其常年各費。如省城商埠舊有之發審清訟等局，其事既移歸審判廳管理，則年支各款，以及該問刑衙門如刑幕束脩招解公費，及其他因審理詞訟所有之款，現有已籌辦公經費，四川等省應就其公費內酌量劃提，均可劃提。其照章所收之訴訟費及各項罰金，除向章應解部之外，亦均應充各廳常年之用。再有不足，飭司籌繼仍將籌措情形并豫算表目咨部考核。

二、建設，法庭及辦公處所，自以從新建築爲合宜，如財力實有不給，儘可就各項閒廢公局處所酌量修改，但不得與現在之各行政官署混合，以清界限。

三、用人，內外審判檢察各廳屬於本部直轄，所有一切官員，請簡奏補委用之權均應歸宿本部，以與各行政官區別。京師既已實行，各省自應一律照辦。惟創辦之始，法官考試任用章程未實行以前，宜略予變通，今擬辦法如左：

高等審判廳廳丞、高等檢察廳檢察長，由本部擇員豫保臨時請簡，各督撫亦得就近遴選，或指調部員先行咨部派署，不得徑行請簡。

推事、檢察官各員，由督撫督同按察使或提法使認眞遴選品秩相當之員，或專門法政畢業者，或舊係法曹出身者，或曾任正印各官者，或曾歷充刑幕者，抑或指調部員俱咨部先行派署。典簿、主簿、所官、錄事各員，由督撫飭按察使或提法使認眞考試現任候補各員，及刑幕人等，拔取資格程度相當者，分別咨部派署委用。

以上各員除請簡者應由本部奏請簡用外，凡明年成立之省城商埠審判、檢察各廳一切應行奏補員缺，在法官考試任用章程未實行以前，均應作爲署任。俟該章程奏明實行後，考核成績再行分別奏補。

四、管轄，各省城高等審判廳管轄全省訴訟，各府廳州縣地方審判廳管轄全境訴訟，當各鄉鎮初級審判應各府廳州縣地方審判廳未徧設之時，擬定訴訟管轄之權限如左：

省城商埠初級審判廳之轄境不必但以城垣商場爲限，應酌量形勢戶口，如附近之地實爲該審判廳力所能到且勢宜兼及者，即劃定爲該廳管轄之界。凡界內訴訟事件，（原被告有一爲界內人或皆非界內而出事在界內者皆是。）地方官不得受理，有投告錯誤或發現犯罪之時，當指令自赴該廳，或移送該檢察廳赴訴。其界外詞訟案件，仍暫歸府廳州縣官照常收受審理。

地方審判廳轄境內之鄉鎮，其詞訟雖暫歸府廳州縣官受理，有不服時仍可依照試辦章程就該地方審判廳上訴。該檢察廳於收受訴狀時，應按試辦章程第六條各級審判廳管轄案件之區別，查其應以本廳爲第二審者，即照章歸本廳審判。應以高等審判廳爲第二審者，民事令自赴該廳起訴，刑事移交高等檢察廳辦理。未設地方審判廳之府、廳、州、縣依法遞控到省之案，向歸臬司或發審局審理者，俱應向省城高等審判廳起訴，由該廳按照前條區別應以本廳爲第二審者判決之後，許其照章向大理院上訴。應以本廳爲終審者，判決時并宣告該案無上訴於大理院之權。惟此項案件係專指依法遞控，曾經該地方官判斷有案，且未逾上訴期限者而言。如並未在該地方官署呈控之案，一概不與受理，並不許向督撫及各司道衙門越訴，仍飭回該府廳州縣聽候判。斷非照新章上訴於大理院之京控案件，由京師發回原省審訊者，由該省高等審判廳照前條區別第二審終審判決後，呈明督撫及按察使或提法使分別奏咨結案。

清・丁日昌《撫吴公牘・札取存署詞批堂事原簿》 爲札取事。照得民間詞訟，關乎身家性命。專賴爲民父母者，於收呈之初，分別准駁。即准之後，速審速結。本部院前在藩司任內，一再諄飭，並將詞訟及監押人犯按月飭報在案。茲查各府州縣，批斷詞訟，向有存署之詞批堂事各簿，係按期按日，登註明晰。本部院昨赴江甯，於經過各府縣，業已順道取閱。其餘各處，未經調核，除俟彙閱仍即發還外，合亟排單札取。札到該某立即遵照，速將存署之詞、批堂事原簿，定限文到日，星夜固封，逕送到院，以憑彙核。此係專札特取之件，只將原簿包封，立刻即送。不必另鈔塗改，致失本來面目。幸勿刻延，致干嚴查，切切特札。

加標　堂事批詞，不免與詞訟月報，小有參差。本部院斷不以此吹索，務望放心。將原冊於文到日，連排單，立刻封繳。本部院即照程限屈指以待。幸勿刻稽，爲盼。

清・丁日昌《撫吳公牘・批臬司詳蘇州府道飭議給禁押犯證批差衣糧由》　差役乃庶人之在官者。苟未犯法，猶吾赤子也。豈可不分皂白，但見差役二字，概以棍徒、匪類待之哉。州縣額設各役，人數無多，皆有承值事件。欲其正身解犯進省，勢有所難。且一案解省，由司而院，動需數月。若犯供翻異，或因案情未協，另行委審，則更遥遥無期。司府書差零星使費，往往惟解役是問，故正身差役多不敢來。無非僱倩貧民乞丐頂名充數。受僱者皆赤貧無業之徒，冀伴犯進監，得官捐飯食錢文，以糊其口。司府各役知，其一身皮骨僅存，别無所有，亦遂無如之何。而縣役轉藉僱替以紓其累，則又有迫之使然者矣。聞此等伴犯解役，均係三縣捐給口糧。然非用人得當，隨時親自稽查，則官捐十錢，若輩僅獲其六七。若責令原解州縣於起解之初，豐其資斧，無論人犯在省時日之久暫，不得而知，經費之多寡，無從預定，即使良有司，肯發婆心，寬爲之備，此等解役，本非誠實之流，但顧目前，不免隨手浪費，且或覬有贏餘，本署不無侵扣之弊，到省或轉有需索之人，仍無實濟。似莫如由三縣將此等伴犯解役，留意撫恤，所捐飯食錢文，務令足資果腹，勿任從中尅扣。煥則清其居處，寒則授以棉衣，每月朔望，與犯人一體點驗，親加查問，似較官樣文章，差爲切實。雖三縣每年多費一二百千，而每年於此救濟數人，保全數命，不爲不值也。諸君子其熟籌之。仍錄報爵閣督部堂查考。並候批示。繳。

《清末籌備立憲檔案史料・御史吴鈁奏釐定外省官制請將行政司法嚴定區别摺》　掌京畿道監察御史臣吴鈁跪奏，爲釐定外省官制，請將行政、司法嚴定區别，分期實行，以維法權而杜亂本，恭摺仰祈聖鑒事。

竊臣前見總司核定官制王大臣奏稱：今日積弊之難清，由於權限之不分，以行政官而兼有立法權，則必有藉行政之名義，創爲不平之法律，而未協與情。以行政官而兼有司法權，則必有循平時之愛憎，變更一定之法律，以意爲出入。以司法官而兼有立法權，則必有謀聽斷之便利，制爲嚴峻之法律，以肆行武健，舉人民之生命權利，遂妨害於無窮。其言深切著明，洞見癥結，於立憲各國之精義，昭若發矇。惟是變更伊始，欲一舉而臻完全之域，其勢有所不能，方今普通教育甫有萌芽，上下議院一時未立，則立法權不能驟與行政權分離，實朝廷不得已之苦衷，爲臣民所共喻。至司法獨立，揆時度勢，最爲切實可行。

伏讀本年九月二十日上諭：刑部著改爲法部，專任司法，大理寺著改爲大理院，專掌審判等因。欽此。仰見聖明燭照，於審判權與法務行政權之區别，辨析至精。以大理院爲全國最高之法院者，即爲全國審判官與一切行政官封峙分立之基礎。嗣大理院奏請定審判權限一摺內稱：中國行政、司法二權，向合爲一，今者仰承明詔，以臣院專司審判，與法部截然分離，自應將裁判權限等級區劃分明，次第建設，方合各國憲政之制度。至各直省審判衙門，應俟官制釐定，由法部咨商各督撫次第籌設等因。奉旨依議。欽此。是則各省審判制度之應行變通，早爲聖明所俞允。中外有識之士，皆謂此次釐定官制，惟司法分立一事，最得預備立憲之本原，莫不延頸企足以待法院編制之成立。然而繩墨之吏安其所習，蔽於其所希聞，或爲種種疑似之談以相撓阻。揣其命意不外三端，一曰國民程度之未及，一曰審判人才之不足，一曰行政官權力之寖微而已矣。夫以中國人民爲不應受獨立法院之審判者，此不通事理之言也。至内地通商口岸各國租界，羣行其領事裁判之權，未聞以華民程度太低致生異議。彼方用其審判於中國人民，而我轉謂本國人民不應受獨立法院之審判，臣誠痛之。至嫌審判人才之不足，其説似矣，然昔日之州縣不外科舉、勞績、捐納三途，未必素習審判之事，一旦身任行政官，遂舉一切民刑訴訟付之審判而不疑。今若行政與審判分離，向之以兩事責一人者，今惟以一人專一事，夫兼營旁騖，上智猶苦其難，用志不紛，中材亦堪自勉，而轉慮人才之不足，此又臣之所未喻也。至謂行政官權力寖微，則尤屬一偏之見，夫官吏所以有行政權者，乃國家予之也，權之所在，雖以督撫大員，不必親身斷獄而其權自尊。若夫假審判之權以自便其作威作福之私，而肆其武健嚴酷之手段，此正聖世所不容，而宜加屏斥者也。臣考東西各國古制，其行政、司法初亦不分，迨後法理日精，漸圖分立。行政官得盡心於教養，而無濫用權力之事，故民事日新。司法官得以法律保障人民，故獄無冤滯。倘法權獨立果有妨行政官之權力，則彼各國何不守其自古相傳之舊俗，而好爲是紛紛也。且使行政、司法併爲一官，而無害於長治久安之計，固不妨置爲緩圖，乃臣熟察世界各國之情形與夫內地民生之疾苦，竊以爲司法分立關乎時局安危者甚大，而有萬不可以再遲者，請爲我皇太后、皇上剴切陳之。

夫國家者主權所在也，法權所在，即主權所在，故外國人之入他國者，應受他國法堂之審判，是謂法權。中國通商以來，即許各國領事自行審判，始不過以彼法治其民，繼漸以彼法治華民，而吾之法權日削。近且德設高等審判司於膠州，英設高等審判司於上海，日本因之大開法院於遼東，其所援爲口實者，則以中國審判尚未合東西各國文明之制，故遂越俎而代謀。更以東三省近日情形言之，長春以南徧地有日人，長春以北徧地有俄人，既徧住日、俄之人民，勢將設日、俄之法院，民習於他國之法律，遂忘其爲何國之子民，法權既失，主權隨之，言念及此，可爲寒心。夫及今而改良審判，其收效亦須十餘年，溯甲午至今，曾幾何時，添開口岸已十餘處，此後十餘年中，雖內政竭力整頓，外權且日進而無窮。若復因循苟安，坐待法權之侵奪，則逃犯不解，索債不償，赴愬多門，人心大去，無論治外法權不能收回，恐治內法權亦不可得而自保矣。是司法制度之不可不分立，關乎外交者其一也。

臣嘗觀自古致亂之故有二，一則由於民財之窮盡，一則由於訟獄之不平。顧民財窮盡，尚有拊循賑恤之方，惟以訟獄不平激成變故者，則鬱怒猝發而不可收。泰西各國百年以來，皆病行政官之專橫，而改設法堂公判之制，由是民氣漸靖，治化日隆。中國審判向由州縣兼司，簿書填委，積弊叢生，非延擱多時，即喜怒任意，丁役視爲利藪，鄉保借爲護符。往往一案未終而家產蕩盡，一差甫出而全村騷然，遂致驅民入教，干涉橫生，民教相仇，變起不測，匪徒乘機煽惑，釀爲厲階，是國家欲藉州縣官以宣德達情，而州縣官以濫用法權，反致民離衆叛。推原其故，則以州縣事繁，既須撫字催科，而又勞形訴訟，跋前疐後，兩無所居，賢者竭蹶不遑，不肖者遂恣睢自逞。且審判一事須平日熟諳法律，而案情萬變，悉待推求，行政官以日不暇給之躬，用之於非其素習之事，必致授權幕友，假手書差，枉法濫刑，何所不至。又以層層節制，顧忌良多，未免曲徇人情，無獨立不撓之志。若使司法分立，則行政官得專意愛民之實政，而審判官惟以法律爲範圍，兩事既分，百弊杜絕。是司法制度之不可不分立，關乎內政者又其一也。

事勢之孔急如彼，斯制之易行如此，即不宣布立憲，揆之聖世恤民保邦之意，尚當毅然決行，況明詔既頒，國是既定，毋論官制如何遷就，惟此司法分立之宗旨萬不宜爲浮說所搖。方今訴訟各法漸次編成，法政學堂漸次設立，雖審判各廳不能使全國同時並舉，而預備之法實行之期，或分省而試行，或分年而舉辦，必須籌畫於事始，豈宜更俟諸異時，應請飭下釐定官制王大臣悉心核議具奏，迅賜乾斷施行，海內幸甚。臣不勝迫切屏營之至。

謹恭摺具陳，伏乞皇太后、皇上聖鑒訓示。謹奏。

《清末籌備立憲檔案史料・山東巡撫袁樹勛奏山東籌辦審判廳並請變通府縣審判廳辦法及初級審判廳權限摺》 頭品頂戴・署理兩廣總督・山東巡撫臣袁樹勛跪奏，爲遵照預備憲政清單籌辦審判，並懇變通府縣審判廳辦法及初級審判廳權限，以利推行而維治體，恭摺仰祈聖鑒事。

竊維司法獨立，名詞則新，而意義則古。虞廷明刑，皋陶惟知執法，秋官設屬，鄉遂俱有專司，誠以教養事繁，不能兼治獄訟。漢、唐而降，職守漸淆，聽斷奉若神明，居官視爲殿最。在關閉之世，或南面行簡而有餘，洎門戶大通，恐惟日兼營而不足，在內多冤滯之獄，在外攘裁判之權。臣於本年二月間，曾將籌辦審判先行預備情形，附片奏明在案。

查九年期限清單，自本年起至宣統七年，逐年均有應行籌辦之事，依期成立，不容延緩。若非有總匯之區，爲之提綱挈領，則督催無自，深恐貽誤將來。爰與司道等籌商，援照本年廣西撫臣奏設審判籌辦處成案，即在省城擇地設立，於本月二十四日開辦，名曰山東全省審判廳籌辦處，委藩、學、臬三司爲總辦，加派嫻習法政人員，分充會辦各職務，以助進行。俟全省審判成立，或新官制實行，提法司已有專職，無容另設機關，即將該處裁撤，以一事權而免糜費，此爲目今籌審判入手要義。其事實所應籌辦者：

一曰審判人才之養成。除上次奏明將法政學堂速成班改爲司法講習科，次第增加，以養成審判官外，預計各處審判成立後，此項推事、檢察及典簿、主簿、錄事、書記、承發吏、庭丁、檢驗各員，東省一百零七州縣，需人至少在二千以上。僅恃司法講習科之附設，斷斷不敷。茲擬飭按察使及濟南府署發審局委員，候補人員曾任差缺者，於法政學堂附設夜課，專授民、刑、商法及訴訟法，並外國之審判例，俾有經驗之官吏，得以擴張其知識。而令曾在京外各法政學堂畢業之優秀者，擇尤派充發審局幫審委員，俾有學問之學生，得增長其閱歷。另飭巡警學堂添設司法警察班，並飭法政學堂籌辦檢驗吏養成所，儲之於未設審判以前，用之於既設審判以後。此已籌辦者一。

一曰審判地所之分配。例如山東之濟南爲省城，可爲商埠，煙台、周村、濰縣雖同爲商埠，而商務之繁簡，人口之多寡懸殊。初級審判應設幾所，每所職員應置若干，民、刑應分幾庭，推、檢應設幾缺，平昔訴訟習慣，出入用度，衙署應否建設，管轄如何分區。現在已派員分投調查，爲設置之預備。此已籌而待辦者一。

一曰審判經費之預計。支出之大宗，爲官吏之俸薪，爲辦公之費用，爲衙署之建設或租借。入款之大宗，爲固有之官款，爲民事訴訟之例銀，爲照章之罰款，出入必不能相抵且或懸殊，本在意計之中。惟現在財政困難，各省一律，東省不敷尤鉅，既挹注之無方，亦羅掘之殆盡。此已籌而不能即辦者三。

此臣籌辦山東全省審判廳之大概情形也。然萬事以財爲母，有財而後有用。臣統觀九年籌備，惟審判爲至繁重，用財亦爲最多。而知原定府縣審判廳辦法，初級審判廳權限，有不能不斟酌變通，以求適於吾國之事實者。謹竭一得之愚，以備聖明採擇。

查九年期限清單，第四年籌備府廳州縣城治各級審判廳，第五年籌備鄉鎮初級審判廳，是每府廳州縣城治，至少必設地方審判廳一所、初級審判廳一所，鄉鎮平均計算，每處必在四所以上。以此類推，則每一廳州縣，必有地方審判廳一所、初級審判廳五所。又據法院編制法，初級審判廳須置一員或二員以上之推事，初級檢察所須置一員或二員以上之檢察官，是每一廳州縣之初級審判廳，須設官二十員左右矣。地方審判廳既分民、刑兩庭，又兼用合議制，合計推事長、庭長、推事、檢察長、檢察官，總在十員以上，俸給太少則不足以養人之廉，即不能責人以事。茲平均計算，每員歲以六百兩計，則俸薪一項，每一廳州縣，歲費已在二萬左右矣。加之典簿、錄事、書記、承發吏、庭丁、檢驗吏各項俸薪，與其他辦公費用，至少亦須萬金，是一廳州縣當歲費三萬兩左右，合吾國二十二行省各府廳州縣計之，歲費約以五千萬兩計，而建築等費尚不在內。既慮國家無此人才，抑亦斷無此財力。變通之法爲何，則試先求之事實。查吾國州縣之面積，與日本之縣大異，平均計算，每縣約當日本之二郡，人口多寡迥異，訴訟繁簡亦殊。若照上項編制權限辦理，轉虞事務過簡，而新設各官，不無冗濫閒散之嫌。今議者以日本司法制度爲標準，而不知其名稱與實際大相懸殊，於是有爲權宜之計者，謂宜以州縣權兼推事長，其意亦在袪冗濫而節糜費。然司法與行政混合，其弊已人人能言之，即謂過渡之際，不妨暫予通融。然當憲政頒布之時，又值期限促成之會，與其補苴而違背立憲之原則，不如變通以斬合現在之情形。臣愚以爲宜於府直隸州設立地方審判廳一所，而於有轄地之府及廳州縣設立初級審判廳一所或二所，似此轉移，於事實既無窒礙，而全國此項經費，可銳減十分之九有奇。

若然則編制舊案，亦須有量爲變通之處。查法院編制法，初級審判廳止能審判二百兩以下之民事，監禁一年罰金百元以下之刑事。今既於有轄地之府及廳州縣，但設初級審判廳，則案情稍大者，勢必遠涉該管之府直隸州，拖累遲延，民情必不甚便，而府直隸州之地方審判，轉有日不暇給之虞。臣竊以爲宜將初級審判廳權限，略予擴張，民事以五千兩以下爲限，刑事以十年以下監禁爲限。如此斟酌變通，則司法獨立之實，既可舉行，一面培養人才，任使或不虞其少，一面預籌經費，節省已實覺其多。事關全國籌辦審判，微臣利害相權，琴瑟不調，改絃更張，出於必不獲已。

所有東省遵照預備憲政清單，籌辦審判並懇變通府縣審判辦法，及初級審判權限各緣由，除分咨政務處、憲政編查館、大理院、法部查照外，芻蕘之見，是否有當，理合恭摺具陳，伏乞皇上聖鑒訓示，並敕下各該部院衙門核議施行。謹奏。宣統元年六月初七日奉硃批：該衙門議奏。欽此。

《清末籌備立憲檔案史料·浙江巡撫增韞奏浙江籌辦各級審判廳情形摺》 浙江巡撫奴才增韞跪奏，爲遵照豫備憲政清單，籌辦審判廳情形，恭摺臚陳，仰祈聖鑒事。

竊維司法獨立，創論於英儒洛克，至法儒孟德斯鳩著萬法精理，而其說大昌，嗣是風靡歐美，均以此爲立憲政體之要素。蓋憲政之精神，司法與立法、行政三權並重，惟各有行使其權之特別機關，而後其權乃能健全而無缺，理勢然也。周制掌訟獄之官，如鄉士、遂士、縣士、訝士等，各有專司，爲秋官所屬，而州長、縣正之職掌，關於教養行政者，別屬於地官，無兼治訟獄之事，是我國郅治時代，司法與行政原分離而獨立。秦、漢以降，郡縣守令皆以行政官兼任司法，而酷吏之嚴刑峻法，每鍛鍊周內入獄，以矜其能，論者又惡其不仁。然此非獨其人之過，蓋以一身兼行政、司法，適足以爲酷吏之藉也。沿流至今，外人且藉口司法制度之不善，而領事裁判權遂有迫我不得不許容之勢。國權攸繫，自宜亟謀挽回，朝廷豫備立憲，改良司法制度，俾各級審判廳分年籌備，依限成立，非獨明罰勑法已也，而鞏固國權之道亦在是。奴才忝膺疆寄，敢不勉力圖度，計日程功。謹將浙江現在應行籌辦之實在情形，爲我皇上陳之。

浙省二廳一州七十五縣，按法部奏定各級審判廳制度，除省城高等審判廳不計外，全省應共設地方審判廳七十八所，每一地方審判廳之下，酌量地域之繁簡，道里之遠近，平均各城治鄉鎮，至少應共設初級審判廳三所，合計二百三十四所，而省城及商埠應特別加增，尚不止此數。事屬創舉，關係至爲重要，而逐年籌備端緒，又極紛繁，非特設一總匯機關，恐不足以利推行而資統攝。現於省城設浙江審判廳籌辦處一所，關於審判廳一切事宜，即責成該處籌書辦理，以臬司爲總辦，內設法制、籌備兩科，分科治事。委派曾習法政人員，充科長科員等差，並選任洞悉法政才具幹練者，爲該處參事，商承總辦，統籌一切事宜。業於六月初二日開辦，俟全省審判廳成立，即將該籌辦處裁撤。此統籌全局，設立審判廳籌辦處之實在情形也。

各級審判廳既應設三百，推事、檢察等職，約計需二千餘人，明年僅省城及商埠各級審判廳成立，亦須推事、檢察等百餘人，是養成審判人才，即爲籌辦審判廳之第一要義。奴才相其緩急，飭於審判廳籌辦處內，附設審判研究所，專爲養成省城及商埠各級審判廳應用人才，遴聘翰林院編修孫智敏爲該所監督，招考合格人員入所研究。此項人員，自以法政畢業者爲最相宜，以其講習有素，事半而功倍也。惟浙省法政學堂去年畢業者爲數無多，且考列最優等及優等者，率已派委差缺及襄辦各局所事務，未便使朝移夕轉，反致紛紜。擬俟今年冬季該學堂講習科畢業與去年畢業者合同考試，拔其尤者，約可得八十人，即爲審判研究所甲班，定於明年正月間開班，限八箇月畢業。另招文理優長，粗有法政知識者爲乙班，提前辦理，即於今年七月間開班，限十五箇月畢業。每班畢業後，均令實地練習三箇月，俾學理與事實融會貫通，然後分別委用。豫計明年年內，省城及商埠各級審判廳，均可一律成立。至各廳州縣各級審判廳，需才孔多，尤宜先期造就，已飭令法政學堂分設法律別科，專攻法律各學，陸續招考，限三年畢業。豫計至宣統七年，全省審判廳一律成立時，此項人員亦足敷用，不患有乏才之歎矣。此籌備養成審判人才，設審判研究所及法律別科之實在情形也。

凡事必有經驗，而後其中之得失利害始明。審判廳既爲創舉，使明年省城及商埠各級同時成立，事體一有未諳，而影響甚大，即臨時亟圖補救，亦貽誤恐多。且審判研究所學員畢業後，即行實地練習，其練習之地，舊設之發審局，既形勢扞格，不能相通，若僅恃講堂之指授，仍不免有捫燭扣盤之誚。擬於明年春先設模範審判廳一所，選派法政畢業且於審判素有經驗者，充該廳職員，試習審判，並研究其利害得失，隨時改良進步。數月以後，於推辦審判事宜既有把握，並可爲研究學員實地練習之所，誠一舉而兩得。迨省城商埠各級審判廳一律成立，該模範審判廳即行歸併，並將原有人員分布於各級審判廳，以資熟手。此擬提前設立模範審判廳，以備試習之實在情形也。

至各項經費，除廳州縣各級審判廳隨時設法籌備外，明年省城及商埠各級審判廳，須一律成立，爲期既迫，非籌定專款，不足以剋期集事。已飭藩、運兩司協商妥籌，指撥備用。此外未盡事宜，仍隨時由奴才督飭該籌辦處，詳慎規畫，奏咨辦理。

除將審判廳籌辦處章程及審判研究所章程分咨外，所有遵照豫備憲政清單，籌辦審判廳情形緣由，理合恭摺臚陳，伏乞皇上聖鑒訓示。謹奏。

硃批：該衙門知道。

《清末籌備立憲檔案史料・憲政編查館大臣奕劻等覆奏查核錫良所奏解釋法令紛歧并窒礙情形摺》 臣奕劻等跪奏，爲遵旨查核具奏，恭摺仰祈聖鑒事。

宣統二年十一月初三日據東三省總督錫良奏，解釋法令，議論紛歧，據實直陳一摺，奉硃批：該衙門查核具奏。欽此。由軍機處將原摺鈔交前來。臣等覆查該督原奏所稱各節，不外以未設審判廳地方，循例解勘提審事宜，劃歸高等審判廳辦理，爲解釋紛歧之端，並臚舉窒礙情形，請旨飭下臣館，查明覆奏等因。自屬爲慎重刑獄起見。惟綜其疑義所在，並非臣館前後奏咨之果有紛歧，實由於已未設立審判廳地方之易生誤解。查籌辦審判各廳之制，定自先朝，籌備次序，以省城商埠爲先，而府廳州縣次之，鄉鎮又次之。京外辦法，既須按年而遞進，即院司權限，亦不免因時爲轉移。宣統二年，爲直省城商埠審判廳應行遵限成立之年，各該省省城已非未設審判廳地方之比，院司爲省會行政衙門，自應劃清權限，以專責成。是以臣館咨覆山東巡撫文內所稱，未設審判廳地方，已結案件如果查有情節可疑，罪名未協者，應由司行令該管檢察廳，分別提起非常上告或再審，均歸高等審判廳審理。其尋常招解到省之案，不論翻供與否，均歸該廳勘轉報司，分別照章辦理等語。原文即已聲明，以本年直省高等審判廳依限成立後爲限。誠以直省省城，如果已設高等審判廳，則一省最高審判事宜，自不能不變通舊例，改定職權，若聽其糅雜糾紛，司法安有獨立之日。前次臣館咨行山東巡撫原文所稱，未設審判廳地方已結案件等語。其未設審判廳字樣，係指省城以外之府、廳、州、縣未設審判廳地方者而言。其省城已設有高等審判廳者，查照歷次館部奏案，自應照已設審判廳地方辦理。

至臣館核定法院編制法原奏及議覆法部死罪施行辦法原奏，並核覆吉林提法司呈請解釋原文所定應照新章，或暫循舊例之處，均聲明以各該地方已未設立審判廳爲標準。一届直省高等審判廳成立之後，從前院司勘審事宜，劃歸該廳管理，辦法本屬一貫，規定似無不符，既非另生條文，遂未聲請更正。現在直省招解事務，業經臣館會同法部於上年十二月二十四日具奏，酌擬變通辦法，以道、府、直隸廳州覆審爲止。並經聲明各省督撫，於該管行政事宜，煩重倍於往日，若再令疲勞於案牘，則一省最高行政，勢必致曠廢於無形。至提法司特設專官，尤應以司法、行政事務爲急。解勘之例，原屬審判範圍，自以責成審判各官爲適法等因。奉旨允准通行。欽遵在案。該督所稱院司循例勘轉一層，現既奏准變通，應即毋庸置議。

至原奏所陳窒礙八端：

一曰院司提審案件，定有司法特別之規，不容再有更張等語。查未設審判廳地方之府、廳、州、縣，所有原審已結、未結案件，一應上控提審事宜，查照奏案，現應統歸各直省高等審判廳審理，奉省自未便兩歧。該省前次奏設特別地方審判廳，核與欽定法院編制法規定不符，擬即請旨飭下該督即行裁撤，以一事權。

二曰高等未設分廳，遽責以處理全省之事，審判慮有不當等語。查直省高等審判廳成立後，向歸臬司或發審局審理案件，俱應歸高等審判廳管轄，法部業於宣統元年奏准通行有案。上年臣館會同法部具奏變通死罪招解辦法摺內復經聲明，凡已設有高等審判廳省分，若不遵照臣館奏進法院編制法原奏所稱已設審判廳地方奏定辦法辦理，則管轄限於一隅，目前之事務過簡，刑讞之經驗無多，將來地方以下審判廳一經成立，上訴事件日漸增加，必致有猝難因應之慮，其何以策成效而促進行等語。是高等審判廳既已設立，依法應轄及全省各府、廳、州、縣，審判廳未遍設以前，亦不能不責以處理全省之事，正所以策逐漸進行之功。如審判果有不當，檢察果有不周，按照奏定死罪施行辦法，本不患無救濟之途，似無庸鰓鰓過慮。

三曰四級三審已成定制，自非人民請求上訴，本無招解勘轉之法，高等審判廳豈可沿用州縣辦案成規，自紊其例等語。查刑事上訴係檢察官應有職權，本不必盡人民請求始行提起，查上年十二月法部會奏，順天府奏拏獲盜犯，擬請暫時變通，咨交大理院審辦一摺內開，直省高等審判廳成立後，各該省未設審判廳地方，所有原審未結例須提省各案暨已結各案。遇有情節可疑，或罪名未協例得發局另審者，並與尋常招解到省之案，不論原供有無翻異，均應統歸各該高等審判廳審勘，分別報司照章辦理等因。是未設審判廳地方所有已結、未結各案件，高等審判廳既有審判之權，該檢察廳即有分別行其職權之責，此項辦法雖屬一時權宜之計，而實足以樹司法、行政分權之基，尚不得謂爲自紊其例。

四曰高等審判廳適用解勘之法，此項案件應否開庭公判，應否檢察莅庭等語。查解勘一項，向例仍須訊鞫，現又改爲覆審，尤屬審判範圍，自應遵行開庭莅庭之制，一應辦法，應照該廳現審案件辦理。

五曰大理院覆判之制尚在，高等廳勘轉之案安歸等語。查大理院覆判直省案件，本爲暫行辦法，臣館奏進法院編制法摺內曾經聲明，俟各直省審判廳成立後，均遵定律定章審結，届時再將覆判各節一律删除等因。是大理院覆判之案，皆係督撫奏咨之案。現在直省高等審判廳既已成立，從前省城行政各衙門例管一應審勘事宜，臣館會同法部業經奏明，均欽遵宣統元年十二月二十八日特旨劃歸該省高等審判廳辦理，毋庸再由院司勘審。凡經由高等審判廳審理之案，均毋庸督撫奏咨，以符司法、行政分權之實等因。奉旨俞允通行。欽遵在案。嗣後各直省高等審判廳審理案件，無論係已設審判廳地方依法遞控之案，或未設審判廳地方覆審、提審之案，除案照欽定初級暨地方審判廳管轄案件暫行章程，應以該廳爲終審者外。其應以該廳爲第二審者，毋庸再由大理院覆判。如有不服，仍得上訴於大理院，並得查照死罪施行辦法原奏所定隨時提起非常上告或再審。如此辦理，司法事務可以漸近統一，既不必憑奏咨以爲最高覆判之據，而報部仍依死罪施行辦法原奏所定，無所謂與奏案不符，又可藉上訴以爲伸理冤抑之途，而廳判確定有期，執行自無窒礙。所稱廳判雖決，仍無絲毫之效，衡以現今辦法，其弊當不至此。

六曰高等廳之於州縣，既非上級官吏，即無監督之權，各州縣遇案送廳，縱使原判極偏，亦復無從駁正等語。查司法官吏，朝廷既予以獨立執法之權，則審判應以公平爲主，該審判各官雖不能監督州縣，而亦不受州縣之監督，如果州縣原斷極偏，應即依法駁正。至每案必須判決，既無任意發回之煩，定讞各盡職權，自無心有未安之慮。

七曰向例州縣刑事案件，徒罪解府，遣流解司，死罪解院，倘令一律歸應招解，則解府之徒亦當改爲解省，非所以恤纍囚等語。查招解之例，臣館會同法部業已奏准一律變通，原奏聲明所有未設審判廳地方各州縣，問擬徒流遣罪尋常命盜案，一切死罪人犯，均經本管府及直隸州覆審，距府直隸州窵遠者，由府及直隸州委員前往覆審。其由府直隸廳州初審案件，經該管道覆審，距道窵遠者，由道委員前往覆審，如覆審無異，即錄供定讞，詳司核辦等因。奉旨允准通行在案。是嗣後未設審判廳地方各州縣問擬刑事案件，不惟徒罪毋庸解省，即遣流以上人犯，亦均以經道、府、直隸州覆審而止，既非一律歸廳，實隱寓矜恤纍囚之意。原咨規定辦法，僅以向由院司審勘者爲限，並無徒罪亦須解省明文，原奏似不免有所誤會。惟查臣館上年會同法部奏准變通招解辦法摺內所稱，由府、直隸廳州初審案件，經該管道覆審，或委員前往覆審一節。查光緒三十三年奏呈各直省官制通則清單第十七條內載，所有管理地方之守巡各道，一律裁撤等因。近年以來，各省遵章裁撤者已復不少，應即再爲聲明，擬請嗣後凡府及直隸廳州之無本管道者，其初審案件，由鄰封道覆審。如人犯過多提解不便，得由該道委員前往覆審，覆審無異，即錄供定讞，報司核辦。其向歸首道所轄及無本管道而距省或高等審判分廳較近之府直隸廳州，初審案件則由該省高等審判廳或分廳覆審，其報司報部辦法，均遵照死罪施行辦法原奏所定辦理。此外府、直隸州治所地方之已設有審判廳者，除應歸現設地方審判應管轄區域外，其該府、直隸州所屬州縣問擬人犯，統暫歸該府、直隸州治所之地方審判廳覆審，其報司報部辦法，均遵照死罪施行辦法原奏所定辦理。至原奏所稱覆審無異，詳司核辦一節。除經由審判廳所審案件查照新章辦理外，凡屬未設審判廳地方道、府、直隸州覆審案件據報到司後，查有情節可疑，或罪名未協者，由司行令高等檢察廳，遵照館部奏案分別辦理。其該司查無前項情形之案，係死罪及遣流例應實發人犯，由該司將全案供判送由大理院，均照向章覆判，分別奏咨，報由法部施行。其係遣流例不實發暨徒罪人犯，即由該司札令執行後，再行錄敍供判，逕報法部存案。如此分別辦理，雖招解之法已廢，而道、府、直隸州覆審案件，既准赴廳上訴，以示朝廷矜慎庶獄之心復須由院覆判，以防官司出入人罪之失，過渡辦法莫善於此。此則因該督奏陳解省窒礙之端，特爲詳晰區分，庶足以利推行而規劃一。

八曰奉省鬍匪鴟張，凡屬立決盜犯部准就地正法，本不在常犯解勘之例，倘與尋常死罪一律辦理，勘者既無平反之實，解者殊增疏脫之虞等語。查臣館原咨山東巡撫文開各節，本以例應解由院司勘轉者爲限，至就地正法之犯，並無令其一律辦理明文，即毋庸虞其疏脫。惟就地正法一項，本係軍興以來一時權宜之計，現既遵奉先朝明詔，籌辦審判各廳，上年十二月又復欽奉特旨，予各審判衙門以獨立執法之權，四級三審特立專法，尤不應羣趨簡便，致有草菅人命之虞。查法部議覆署理兩廣總督袁樹勛奏，廣東盜風甚熾，仍請照歷年變通章程辦理各摺，業於就地正法之案，嚴示限制，聲明各省實係土匪、馬賊、會匪、游勇嘯聚藪澤，抗拒官兵形同叛逆者，仍暫准就地正法，其餘不得仍援就地正法章程，先行處決等因。又內閣會議政務處奏，核覆法部議覆御史吳緯炳奏尋常盜犯請一律照例解勘摺內亦經聲明，除東三省根本重地，現尚剿辦鬍匪，以及各省實係土匪、馬賊、會匪、游勇嘯聚藪澤，抗拒官兵形同叛逆者，仍暫准就地正法外，其餘尋常盜案，均應一律覆勘詳辦，以昭詳慎等因。均先後奏奉諭旨，允准通行。欽遵各在案。細繹閣部原奏，既云抗拒官兵，自係指派兵剿辦時而言。凡由軍營官兵登時於軍前拏獲者，暫准訊明稟請軍令，立予就地正法。此外事後捕獲人犯，但有拒捕情形，只能按律治罪。誠以罪人拒捕，現行刑律列有專條，與抗拒官兵者，情事確有不同，仍應遵照現行法令，送交審判衙門或地方官衙門訊辦，不得率行處決，致有冤濫之虞。總之，就地正法之案，向來辦法，僅不層遞解勘，現在層遞解勘之定例既廢，則就地正法之限制宜嚴，若概從簡便，設或枉殺無辜，殊非所以仰副朝廷矜恤民命之意。該省翦匪鴟張，如果派令軍營官兵前往剿辦，按照法部奏案，確係暫准就地正法之犯，即係以軍令從事，既不在問刑定罪之例，則與高等審判廳應行審理案件，尤屬各不相妨。

凡此皆就該督所陳窒礙情形逐一爲之疏證，既不敢迴護原咨，蹈解釋紛歧之弊，亦未便稍涉遷就，紊司法獨立之規。至該督所請將奉省未設審判廳地方，一應死罪案件仍照定章辦理之處，查臣館會同法部業已奏准變通死罪招解辦法，通行欽遵在案。所請應毋庸議。如蒙俞允，即由臣館咨行該督並通行各省督撫一體欽遵辦理。

所有遵旨查核具奏緣由，是否有當，理合恭摺具陳，伏乞皇上聖鑒訓示。謹奏。

《清末籌備立憲檔案史料・憲政編查館大臣奕劻等奏核議順天府奏陳各級審判制度及現行清訟辦法摺宣統三年三月二十九日》 臣奕劻等跪奏，爲遵旨核議順天府奏陳各級審判制度暨現行清訟辦法，恭摺會陳，仰祈聖鑒事。

宣統二年二月三十日軍機大臣欽奉諭旨：順天府奏臚陳第三屆憲政事宜，並各級審判制度暨現行清訟辦法，請飭詳議一摺，著該衙門議奏等因。欽此。由軍機處遵旨將原摺鈔交到臣館臣部，所有該府尹臚陳第三屆籌備憲政事宜，業由臣館照章彙案辦理。其原奏所陳順天府屬各級審判制度，尚有不能不詳加研求者四端，並陳明順天清訟辦法，分別請飭詳議各節。臣等按照原奏，反覆審核，撮其要義，不過劃分司法區域及劃分司法權限兩大端。在該府尹衡量時宜，於籌備審判力事研求，尚係循名責實之意。惟司法制度既奉特旨頒行，雖京府、外府情形各有不同，然法院編制究應以整齊畫一爲主。若於京畿首善之區，先紊審判獨立之制，似非所以重憲政而促進行。臣等謹就該府尹原奏，逐加核議，敬爲我皇上一一陳之。

原奏內稱：京師高等審判廳既與各省同級，而監督之權，於各省則有提法司，於京師則直隸法部，在審判遞級上行，原無窒礙，而法部監督及於初級，不免繁瑣。且今日之籌辦，不能不責成地方行政長官，即各廳之行政，未嘗不關涉地方行政權限。若以下級歸府尹，則上級行政與下級行政不一貫，若並下級歸法部，則各廳行政與地方行政必兩妨。自非別有明文，凡法令之能通行各省者，轉不便於順天等語。查京師特設高等審判一廳，轄及順天全府，已與外府審判制度辦法不同。直省提法司之設，誠以我國疆域遼闊，事屬改制，端緒紛繁，無論邊腹省分，司法、行政之權，既非中央一部所能遙領，故目前辦法，不能不以其司法監督權委任於該司，而仍令受成於臣部。至順天府屬州縣僅二十有四，體制雖崇於外府，而轄境則小於省區，且近在京畿，一切司法行政事務，實臣部監督權所能及，是以未設提法專司，原以爲省節財力，統一事權之計。至司法、行政監督權之施行，法院編制法業已詳悉規定。京師高等審判廳廳丞，對於順天府屬地方以下各級審判廳司法、行政事務，京師地方審判廳廳丞及其他順天府屬地方審判分廳監督推事，對於各該下級審判廳司法、行政事務，均各有監督之權，而皆依法應受臣部之監督。層遞而上，系統釐然，初級既非僅直接監督於部，自無繁瑣之虞，司法又復與地方行政分權，尤無不便之弊。至於今日之籌辦，本地方行政長官應有之責成，各廳司法、行政關係地方行政，此在法律上當然有共助之義，斷難以監督不屬之故，而有此疆爾界之嫌，況京師高等以下審判各廳，成立已歷數年，向由臣部直接監督，事理並無窒礙，此時若必議歸府尹，不惟有乖定制，恐亦妨礙法權。查臣館前次奏進法院編制法摺內聲明，各級審判廳，凡屬司法、行政監督權限，一以法院編制法爲準繩。其餘行政各官與司法各官，事權既不相統屬，即不得互相侵越，倘有故違本法者，由法部查明據實糾參等語。業經奉特旨，照議辦理通行。欽遵在案。該府尹所稱，自非別有明文，轉不便於順天之處，法院編制法既有明文，應仍令欽遵辦理。其籌辦審判一節，查修正逐年籌備事宜清單內載，本年爲續辦各級審判廳之年，明年爲直省府、廳、州、縣城治各級審判廳一律成立之年。順天府屬除京師各級審判廳已由臣部於光緒三十三年一律籌設外，其餘各州縣應如何趕緊籌辦之處，應請旨飭下該府尹，迅速擬具本年應行籌備辦法，隨時咨報臣部核辦。

原奏又稱：京師地方審判廳，其管轄區域祇及京師內外城及京營地面，是大、宛兩縣所轄餘境應劃屬他分廳。在各國司法、行政，各分區域，不必相符，以案牘全在法庭，而裁判各有定藉也。詳覽司法區域章程各條，皆以不與行政區域相歧爲主，原以司法獨立之初，尚多關涉地方行政之事，區域相歧，則條理易紊，執行多阻。今破兩縣轄境，使城外遠隸他分廳，既不便於赴訴之人，且於戶婚田土案件，尤多轇轕，以兩縣合隸一廳，則首善之地慮其太繁，以一縣分屬兩廳，則牽連之事慮其多糾。或移兩縣於城外，而劃京師爲特區，或分審判爲兩廳，而依舊界爲轄境等語。查欽定司法區域分劃暫行章程第五條內載，順天府各州縣應設地方審判分廳，其詞訟簡少者，得合鄰近州縣共設一分廳，其距府最近者，即由該府地方審判廳管轄之，不另設分廳等語。又臣館會奏遵議山東巡撫袁樹勛等奏，變通府、廳、州、縣地方審判廳辦法摺內聲明，嗣後各府直隸州之有同城州縣者，應照章共設一地方審判廳，或一分廳等語。又欽定司法區域分劃暫行章程第九條內載，所有本章程內各級審判廳未定區域者，順天府所屬，由該府核明分別咨送法部奏定等語。查大、宛兩縣行政區域，將來應否變更，應俟釐定外省官制時，再行核明彙案辦理。現在京師地方審判廳，既奏定以京師內外城及京營地面，以外之屬於大、宛兩縣轄境者，應否別立一地方審判分廳，或援距府最近之條，即由京師地方審判廳管轄，而於內外城以外之屬於該兩縣轄境及京營地面，酌設初級審判廳若干所。除京營地面由臣部自行籌辦，另案請旨遵行外，其在內外城及京營地面以外之屬於該兩縣轄境者，應否別立分廳，或即由京師地方審判廳管轄。並其餘州縣，應如何分別專設分廳，或共設分廳及酌設初級審判廳之處，應由該府尹遵照定章，迅速核明咨部核辦。其順天府屬應需司法經費，應由該府尹遵照歷次奏案，籌擬辦法，咨由臣部遵旨會同度支部奏明辦理。該府尹所請或移兩縣於城外，或分審判爲兩廳，均應毋庸置議。

原奏又稱：順天一府其屬二十有四，地大訟繁，自非直省一府之比，章程既以一高等審判廳專轄順天，又以一地方審判廳專轄內外城，本與外府審判編制有別，而獨於所屬州縣建設分廳，仍從外府與直隸州之例。夫外府之得設分廳者爲便民也，得不設分廳者爲省費也。順天轄境遼闊，且爲首善觀瞻所繫，規模不宜儉於外府。外府以一地方審判廳轄全境，其所設分廳皆在轄境以內，今京師地方審判廳亦包括二十四屬，是於總廳轄境以外設分廳，而京城以外無地方審判廳矣等語。查京師地方審判廳管轄區域，照章本有一定，並無包括二十四屬明文。其餘順天府屬州縣所以定爲僅設地方審判分廳者，原以國家財力有限，地方繁簡不同，若每一州縣必設地方審判一廳，規制必力求完備，經費恐多有不敷。故臣館核定法院編制法時，特立地方分廳之制，不外乎便民省費之謀。且管轄區域，順天府屬州縣與直省州縣所設分廳辦法一律，並無一在本廳轄境以內，一在本廳轄境以外之別，原奏似不免誤會。況地方審判分廳，所有管轄民刑案件之權，按照欽定初級暨地方審判廳管轄案件暫行章程，其權限與地方審判廳同，規模雖儉，審級不殊，似無庸斤斤以外府爲比例。順屬州縣既多貧瘠之區，而國家財政又有困難之患，籌設分廳，尚不免左支右絀，而必謂京城以外多設地方審判廳，規模始爲不儉，恐非折衷緩急輕重之道。至謂首善觀瞻所繫，然既特設高等、地方各廳於京師，所有建築法庭等事，臣部業經請撥專款，尅日經營，似不致猶嫌簡陋。惟順天府屬州縣情形究有不同，如果審量財力，能於繁盛地方再設地方審判廳一二處，未爲不可，仍應由該府尹切實通籌，擬定辦法，照章咨報臣部核辦。

原奏又稱：順天州縣旗民雜處，凡詞訟所自起皆外府所不聞，雖受治於法權者同等，而法庭行政與地方行政之交涉，實與外府迥殊。遵內務府去年奏案，以詞訟分歸慎刑司、審判廳，而順天州縣又仍有訊辦案件，其範圍當若何，權限當若何，必法令有明文而後規畫可預定。蓋民刑分庭之締構有闊狹，即籌辦經費之多寡有增損等語。查旗民案件，既非大理院特別權限之比，自應按照律例，一律辦理。順天府屬州縣地方，各該審判廳成立後，凡向由該州縣訊辦之案及照欽定初級暨地方審判廳管轄案件暫行章程，各該廳有管轄權者，皆歸各該廳審判，範圍本有一定，權限不患不明。至民刑酌分廳數，此爲籌辦時亟須詳核之事，應由該府尹分別擬具辦法，咨報臣部核辦。

以上四端，臣等係謹遵頒行法令及歷次奏案以爲之引伸證明，其於順天府現在情形，亦復詳加體察，應令一律遵辦，以期京畿審判早日觀成，用副朝廷注重憲政之至意。原奏所稱順天清理積訟，爲目前要事，而辦法尤難，京畿數百里中，內府莊園，王公圈地，所在皆是，一紙文書，便成原告，屢經追究，完結無期。論司法獨立，既有成立之高等審判廳，應即以各屬上訴案件悉隸該廳，行政官吏亦樂委卸責成。惟是清界催租，每在地方行政範圍之內，即審判歸廳，而辦理仍不能不責諸州縣。況積年案牘，散在各州縣衙門，舊例新律，勢難盡出一貫，驟以委諸法庭，案情猝難了解，審查仍歸州縣，判斷即多周折，而法官復不得侵地方行政之權，則禁格既生，傳集更累。將來司法一律成立，新案必歸法庭，決無疑義，現當籌備限內，審判權與行政監督權應如何暫行變通，冀能刻期蕆事等語。查順天府屬未設審判廳地方各州縣，照例仍負問刑之責，積訟如何清理，應由該府尹行查各該州縣，自奉文之日起，究有積案若干，分別勒限完結，係刑事案件，凡例應解勘者，均於定擬後，遵照臣部上年十二月會奏該府尹奏拏獲盜犯請變通咨交審判摺內所定辦法，將供勘人犯報由該府尹咨送京師高等審判廳覆鞫。其各州縣判結之案，有不服上訴者，均令逕赴京師高等檢察廳呈控，由高等審判廳審理，以廣人民伸訴之途，而符司法獨立之制。至舊例新律，雖難盡出一貫，然既係現行，無論地方官司，或審判官吏，訊辦案件，均應以法令爲范圍，何致委諸法庭，即有猝難了解之弊。此外清界催租事件，果屬行政范圍，自應概由地方官辦理，如其涉及訴訟，應歸民刑審判者，定章具在，勢不能聽令權限混淆。凡在已設審判廳地方，俱歸該廳辦理，其有執行判決，應須地方官爲之協助者，彼此以法令爲準繩，當無互相侵權之事。該府尹所請審判權與行政監督權，應如何暫行變通之處，應請毋庸置議。

所有遵議緣由，是否有當，理合恭摺會陳。

再，此摺係憲政編查館主稿，會同法部辦理，因往返會商，是以覆奏稍遲，合併陳明。伏乞皇上聖鑒。謹奏。

《清末籌備立憲檔案史料・憲政編查館大臣奕劻等奏地方審判廳管轄區域范圍間有疑義分別規定片》 再，查司法區域分劃暫行章程第四條載，直省府、直隸州地方審判廳，以各該府、直隸州轄境爲其管轄區域等語。本條所稱該府、直隸州轄境字樣，係指府之有直接轄境暨直隸州之直接轄境而言。其直接轄境以外之所屬州縣，應照本章程第五條酌設分廳，並非以一地方審判廳而轄及該府州所屬州縣全境也。查臣館於上年五月會奏議覆山東巡撫袁樹勛等奏變通府、廳、州、縣地方審判廳辦法摺內聲明，若州縣城治僅設初級審判廳，即將其權限擴至以十年以下監禁爲限，命盜案件亦不能管理。命盜案件爲民間所常有，若皆令赴郡城控審，貧窶小民斷無此力量，案證人等亦皆拖累無窮，殊非恤民之道。是以臣館上年奏進司法區域分劃暫行章程，特將各府、廳、州、縣附設及共設地方審判廳辦法，分別詳悉規定，早於因地制宜之中，寓有省節財力之意。嗣後省城暨各府直隸州之有同城州縣者，應照章共設一地方審判廳，或一分廳。其各州縣之詞訟簡少者，照章又得合鄰近州縣共設一分廳各等語。業經奉旨俞允通行。欽遵在案。

現在直省籌辦各廳，於該地方審判廳管轄區域范圍，多因解釋章程，間有疑義，咨詢到館，自應詳悉聲明。擬請凡府、直隸州有直接轄境者，即以其直接轄境爲該地方審判廳管轄區域。凡無直接轄境之府有屬縣二縣同城者，即查照奏章共設一地方審判廳，而以各該縣轄境爲該廳管轄區域。其縣治不在府城而有二縣同城者，即共設一地方審判分廳，而以各該縣轄境爲該廳管轄區域。此外廳、州、縣或專設一地方審判分廳，或合鄰近州縣共設一分廳，或距府、直隸州最近者，即由該府、直隸州城治所設地方審判廳管轄，均遵照定章辦理。

至共設一地方審判廳或分廳之各府、直隸州、廳、州、縣地方，應如何分別酌設初級審判廳一所以上，由該省提法司遵照本章程第九條酌擬呈請督撫核明，分別咨送臣部核辦。如二縣同城已共設有地方審判廳者，其分設初級審判廳之處，應即同時籌辦，以利推行而免歧異。至府、直隸州審判廳已經成立地方，其屬縣之未設初級審判廳及地方審判分廳者，一應初審案件仍暫歸地方官照例辦理。其上訴案件，暫應查照臣部前次奏定省城商埠各審判廳籌辦事宜管轄專條所載，遇有經州縣判決不服案件，即就該地方廳直接上訴。當收狀時，由檢查廳查明該案係應以本廳爲第二審者，即歸本廳審判，應以高等審判廳爲第二審者，應即分別民事、刑事，令自赴該廳起訴，刑事即由該廳移交高等檢察廳辦理。一俟各該州縣地方審判分廳陸續成立，該管上訴事宜，即行劃歸管轄。

如此分別規定，揆諸法理，既屬相符，案之事實，亦無窒礙。理合附片會陳，伏乞聖鑒訓示。謹奏。

《清末籌備立憲檔案史料・憲政編查館大臣奕劻等奏官吏犯法應視情事不同分由審判廳或行政衙門受理以清行政司法權限片》 再，查刑律爲國之常憲，無論官民有犯，均有同等制裁，此東西立憲各國之所同，即吾國亦早有此不刊之例。惟現行刑律所載官吏犯法各條，有純粹屬於刑事審判範圍者，亦有應屬於行政審判，或懲戒審判范圍者。故同一觸犯現行刑律，而斷罪則事隸法曹，處分則向歸吏議，訊辦之情形既異，即制裁之方法各殊，是以臣館奏進修正逐年籌備事宜清單規定行政審判院法，應於本年頒布。至文官、法官懲戒各章程，均爲官規內重要之件，亦限於本年頒布施行，正所以示行政審判、懲戒審判應與刑事審判劃清界限之意。

現在以上各項法令，尚未釐定頒行，而京師暨直省城商埠各級審判廳，業已先後依限成立，現行刑律，自應由審判各官於施行刑事審判時分別適用。惟官吏犯罪情事不同，若並應屬行政審判、懲戒審判者，而亦歸通常審判衙門管轄，未免有權限不清之弊。查官吏違法，例準人民向該管上司衙門呈控，現制司法既應獨立，内而部院各行政衙門，外而院、司、道、府各行政衙門，按照法院編制法，不準受理民刑訴訟案件，如並官吏違法應予處分者，而亦不準受理，殊無以廣人民救濟權利之途。擬請嗣後除職官有犯應按現行刑律分別科罪者，如犯事在已設審判廳地方，由該管檢察廳隨時提起公訴，逕由該管審判廳審理，及犯事在未設審判廳地方，暫歸各該省高等審判廳審理外，其餘官吏違法事屬因公，按照律例，應予以革職、降調、罰俸及一應參罰各處分者，係行政官吏由該管上司隨時查覺之案，即由該管上司各按律例辦理，如有人民呈控之案，並應由該管上司衙門查明照例辦理。此外一應民刑訴訟案件，不論是否上訴，暨官吏犯罪應按刑律定擬者，概不準各該行政衙門違法受理。其官吏違法之案，如係經該管上司查覺，或由人民控告，而查核案情，仍應按刑律斷罪，不在尋常參罰處分之列者，自應送交該管檢察廳起訴，以清權限。如係法官，即由該省提法司查明報由法部覆核，暫照現行處分則例，分別奏明請旨辦理，一俟行政審判院法、文官法官懲戒各章程頒行後，屆時一律欽遵辦理。

臣等爲劃分行政、司法權限起見，理合附片具陳，伏乞聖鑒訓示。謹奏。

清·佚名《告示集·嚴禁訟棍院札》 札爲嚴禁訟師光棍，以安良民事。照得直隸各州郡風俗不同，大概尚俱淳樸，士農工商安分守己者居多。亦有一種匪徒，或粗通文理，不能考試，或身列青衿，不思上進，習於刀筆，遇事生風，名爲訟師。如兩家因戶婚、田土、錢債、口角爭訟細故，事出偶然，初無必報之心，或經親友和處，兩願寢息。訟棍則從中播弄，粘親帶故者，僞關切之名，肆如簧之舌，詭被人欺侮，若不控官伸理，將來難以爲人，許以代寫呈詞，以洩其忿。如遇爭產奪繼之家，爲出爭之人唆使，非以先前分產不公，即以現在之過繼出于強伯，爲應繼承業者謀，則又不使毫有推讓之情。甚至人命案件，遇兇首則先教以狡供，及至兇犯成招後，又唆令親屬赴府赴省稱冤具控。遇屍親則又多方甚言其事，牽累多人，從中漁利。此粘親帶故之訟棍，名爲愛之，其實害之。即或與兩造素無親故，而平日既鴟張其能訟之名，一聞有前項事件，必大言自詡，何不報托于我，包寫包告，操必勝之權。凡此訟棍之伎倆，本部堂早曉。無奈愚民無遠識，不知小不忍則亂大謀，非因素日瓜葛認爲關愛，即妄聽訟棍之大言，信爲神明，遂甘心興訟。及官批駁，則又爲駕控虛詞，裝點情節，以必准爲得意，不計審虛之反坐。愚民不悟，墮其術中，不知出入城市，上下府州省會往來花用是誰資財廢時失業，是誰之咎？而訟棍等跟隨吃喝，洋洋得意，不惟兩造耗費資財，而拖累更難言矣。迨至問官審得實情，水落石出，訟棍即抽身局外，而原告受反坐之罪，後悔無及。凡此愚民之妄聽訐告，情殊堪憫，而訟棍播弄興詞，實爲可恨。又有一種棍徒，平日遊手好閑，不知禮法，或以窩賍爲事，或以色娼爲能，引誘良家子弟，肆其取覓之法。或藉端訛索，騙取人財，或逞兇肆橫，嚇詐人資，或見人良善而遇事欺凌，或見人殷寔而尋事陷害，或恃勇好鬥，動輒講打，自稱好漢，以致子孫不能遂其讀，農民不能盡其力，商賈百工不能保其業，其爲害更爲可惡。若不嚴禁重懲，則四民其何以安？除出示曉諭幷嚴密訪拿外，合行札飭。札到該司立即一體實力？訪察查拿，小則用重枷示懲，大則分別輕重，按律嚴辦，投彼遐方，不得稍有玩縱。至辦理地方詞訟，隨到隨審，使曲直判然，是非立辨，不可一審不明，留歸再審，不可一審已略尚存姑息，則訟師無可逞奸。爲遇降毆訛詐之案，返究起釁寔情，查明有無犯案。即初犯亦必重懲，以儆將來。若犯在二三次者，必參法而從重定擬。則光棍自知斂跡。要之，事能早結，則民人少一日之在官，即少一日之拖累，而胥役人等，既少恐嚇之端，即本官亦免失察之累。務須諄飭各地方官，共體本部堂務安良善之心，凡有害于民之事，均各悉心體察，見諸行事，參改因循之習，庶邪莠去而嘉禾得植，暴虐除而良善得安，此本部堂所厚望也。戒之慎之，仍將遵辦緣由先行切實稟復。此札。

《淡新檔案·〔立合約字〕銅鑼灣等八莊聯絡各莊規條》 立合約字。銅鑼灣莊，九湖高埔莊，樟樹林、三座屋繼武莊、芎中七莊，四湖莊等，爲聯絡各莊，設立章程，以肅莊規，以靖地方事。切弭盜固貴立設，而保善尤在聯莊。誠以莊聯則□弱可安，法立則宵小知懼，邇來風俗日乖，弊端四起，所有匪徒擄捉勒贖，強搶紮屋。若不早立章程，其害何極。予等目擊時艱，爰集衆莊等議定規條，凡在約内人等，倘有事務陽奉陰違，徇情庇袒，查出送官究辦。所議之後，各莊諸姓務宜父教其子，兄勉其弟，各安生業，共享大平，豈不美哉。今將所議規條開列于左：

一議：　匪徒擄搶、毀屋等情，該匪徒膽敢拒捕，有能當場格殺賊匪一名者，給賞花紅銀陸元；　有能當場生擒賊匪一名者，給賞紅銀拾陸元，若□□□殺傷者，公議請醫調治；　若重傷疾廢者，公給養生銀叁拾元；　倘若不測致斃者，公給出立嗣銀捌拾元，此銀由公議給而行。所議是寔。

一議：　各莊倘有大小事情，先行投明公理處，倘若不遵，稟官究辦。倘各莊□有窩藏賊匪，接贓引透者，查明稟官嚴辦。所議是寔。

一議：　約內人被匪徒擄捉、毀屋等事，公傳知號炮爲憑，每家壯丁隨即向前追趕，如有一名不到，查出稟官究治。所議是寔。

一議：　莊內人被賊匪強欺、擄捉、牽牛、毀屋，衆人同心協力，有當場拏獲賊匪一名，給賞花紅銀四元，由公酌議給發。所議是寔。

一議：　約內莊人捉賊解費賞封，係由莊衆酌議而行。所議是寔。

立合約字人

謝鎮安　李林旺
謝阿賊　李鼎添
邱德生　賴阿開
劉合昌　曾阿連
賴細番　吳定官
劉捷雲　吳阿□
吳阿安　黃阿田
邱細妹　陳武番
曾阿仁　羅阿傳
賴天福　彭阿旺
陳琰合　吳福粦
李騰華　涂阿五
陳阿三
陳世綸
陳阿二

同治拾年十一月日

《淡新檔案・福建巡撫岑爲通行查禁事（福建巡撫岑札飭新竹縣將勒索弊端趕緊革除並嚴飭各差役不準再藉案勒索）》　太子少保、頭品頂戴、兵部尚書、福建巡撫部院、一等輕車都尉岑爲通行查禁事。照得本部院奉命渡臺督辦防務，不惟備禦外侮，舉凡害民之人，皆宜隨時殄滅，以安民生。茲據經過地方紳民、公差、各縣衙門書差，每遇詞訟事件，需索收呈，傳呈堂訊和息各項，使費愈加愈多，復有暗擺名門，任意勒索，種種害民深堪痛恨。除出示嚴禁外，合行札飭。爲此，仰該縣遵照，即將前項弊端趕緊革除，並嚴飭各差役，不準再籍案勒索，倘敢故違，一經查出，定盡法懲辦，仍將該縣縱容之處，據實奏參，毋謂言之不預也，凜遵。特札。

右札仰新竹縣。準此。

八月初四日奉光緒七年八月初三日

監印官試用縣丞劉光燦。

《淡新檔案・□□□章程　淡水廳八房辦案章程》　計開列〔八房辦〕案章程：

一、陞授官員，報捐貢監，及登掛各書卯冊，應歸吏房辦理。

一、開設蔗廍、牛磨、當餉，及地丁、錢糧、耗羨，示禁小錢，並設秤等項，應歸戶總辦理。

一、報墾田園，陞科賦稅，及倉務、正供、採買、屯餉、配運官穀等項，應歸糧總辦理。

一、控爭田土、第宅，及田房稅契，抗欠佃、社、業戶各租，僉與保長、總董、莊正副，編造門牌，分別良莠，應歸戶、稅房辦理。

一、學校、考試、義節、名分、慶謝、婚姻、祀產、祭祀、祀典、學租、行香、唱禮、祈禱雨晴、寺祝、廟僧、道士、團頭、屠戶，及尋常姦情，控爭墳山，示禁賣買鴉片，栽種芙蓉，應歸禮房辦理。

一、海洋港汊，開挖澳口，發給商漁船牌照，及拏獲海洋盜匪，船上禁物，並船隻遭風擱淺，被搶，奔轅喊冤呈控，營兵報欠錢債，遞解革兵回籍，又在澳居民滋事，登註各班役卯，應歸兵房辦理。

一、□□（賭）博、私宰、結會、打架、姦拐、捲逃、強姦、輪姦、剪辮，首告子弟賭蕩，生番殺人，人有急事，奔轅喊冤呈控、扭交，及赴案控驗傷痕，並告發塚刼棺、毀墳滅骸、戕傷□穴等案，又指明傷痕呈請辜醫，二比滋事，鄉保稟請諭止，已保辜死者不必批準辜醫字樣，不論因何事由，應歸刑房辦理。如保辜無指明傷痕，諭止無鄉保稟報，仍照事由，分別歸辦註□。□案依死（日歸辦），驗傷按日對班次第輪辦。□□□□□□均依呈報日歸辦。再(命案)歸死日，由來已久。然向議，如係夜晚致斃，以上半夜別，但黑夜之間，難定時刻，易致爭端。今改議，夜間致死命案，自申至寅，歸是日值刑，如係卯刻斃命，即屬明晨管局，歸明晨之日值辦。總之，以天明爲斷。倘出門致斃，呈控不知死日，係見屍之日歸辦。如無見屍之日，即歸呈報值刑之日歸辦。

一、興築、製造軍工木料，及油車、鐵舖、鑄戶，並一切工匠、皮寮飯店、開濠、鑿池、埤塘、溝圳、拏獲私載鐵鍋、硝磺、鉛藥等項，應歸工房辦理。

一、兵民控欠錢債，及批發，仰訊等項查尋常新事者，應歸承發房辦理。

一、公出，勘驗，往返程途，及在公館，署前遞收新呈，應歸隨行書辦理。如在公座遞收，則不得歸隨行。

一、公出鄉征，久住在艋，沿途及到公館十日之內，遞收新詞，歸行各書分辦。十日外，仍照本衙章程歸辦。倘十日內有命盜、搶劫重案，亦應與各經管辦理。隨行不得混爭。

一、接奉各憲札檄，及各屬詳稟，營汛咨移係新事者，以文後押(塡日子)爲準，查照事由，分別歸辦，如有列款粘抄，歸首條之經管承收，分付各經管遵辦。至接奉一切刑例，應止收存備考，(統)□□經管，俾有專責。其歷年應辦例案，係各值經管，照章仍歸自辦外，有收(新)□□□歸辦文件，今參舊議，概以文後塡押日子，歸之値刑收辦明白，將案卷交刑總收檔，以免散漫，日久不至遺失。今特更議，永爲定程，均苦樂之中，仍寓責成之意也。

一、批駁未準呈詞，暫交承發房收貯後，再遞呈批準者，檢同未準呈詞，查明呈內所告何事由，呈後墨押何日子，應歸何房，分別發交，毋許承發房私匿竊辦，致干查究。

一、案斷結，另作新詞瞞翻者，查出，歸還原案經承辦理。舊議，檢前歸後，殊不順理。茲特更正，永爲定程。

一、呈內臚列三房、四房事由，抽爲標賞。以上十五條，毋論巨細利害，(承引)歸辦，各書永遠□□。倘此外尚有一二未錄(以下缺)。

紀事

《梁書・樂藹傳》〔樂〕藹性公強，居憲臺甚稱職。時天監初長沙宣武王將葬，而車府忽於庫失油絡，欲推主者。藹曰：昔晉武庫火，張華以爲積油萬石必然。今庫若有灰，非吏罪也。既而檢之，果有積灰，時稱其博物弘恕焉。

《梁書・止足傳》元徽中，〔顧憲之〕爲建康令。時有盜牛者，被主所認，盜者亦稱已牛，二家辭證等，前後令莫能決。憲之至，覆其狀，謂二家曰：無爲多言，吾得之矣。乃令解牛，任其所去，牛逕還本主宅，盜者始伏其辜。發姦擿伏，多如此類，時人號曰神明。

《舊唐書・德宗紀下》〔貞元十六年〕十二月乙巳，貶大理卿李正臣爲衛尉少卿，正臣爲御史彈劾下獄，不堪其辱而死。

《舊唐書・良吏傳下・崔隱甫》崔隱甫，貝州武城人，散騎侍郎儦之曾孫也。祖濟，太子洗馬。父元彥，太平令。隱甫，開元初再遷洛陽令，理有威名。九年，自華州刺史轉太原尹，人吏刊石頌其美政。十二年，入爲河南尹。十四年，代程行諶爲御史大夫。時中書令張說當朝用事，隱甫與御史中丞宇文融、李林甫劾其犯狀，說遂罷知政事。

隱甫在職強正，無所迴避。自貞觀年李乾祐爲御史大夫，別置臺獄，有所鞫訊，便輒繫之。由是自中丞、侍御史已下，各自禁人，牢扉常滿。隱甫引故事，奏以爲不便，遂掘去之。又憲司故事，大夫已下至監察御史，競爲官政，略無承稟。隱甫一切督責，事無大小，悉令諮決，稍有忤意者，便列上其罪，前後貶黜者殆半，羣僚側目。是冬，敕隱甫校外官考。舊例皆委細參問，經春未定。隱甫召天下朝集使，一時集省中，一日校考便畢，時人伏其敏斷。帝嘗謂曰：卿爲御史大夫，海內咸云稱職，甚副朕之所委也。

《舊唐書・良吏傳下・李尚隱》李尚隱，其先趙郡人，世居潞州之銅鞮，近又徙家京兆之萬年。弱冠明經累舉，補下邽主簿。時姚珽爲同州刺史，甚禮之。景龍中爲左臺監察御史。時中書侍郎、知吏部選事崔湜、及吏部侍郎鄭愔同時典選，傾附勢要，逆用三年員闕，士庶嗟怨。尋而相次知政事，尚隱與同列御史李懷讓於殿廷劾之，湜等遂下獄推究，竟貶黜之。時又有睦州刺史馮昭泰，誣奏桐廬令李師等二百餘家，稱其妖逆，詔御史按覆之。諸御史憚昭泰剛愎，皆稱病不敢往。尚隱歎曰：豈可使良善陷枉刑而不爲申明哉！遂越次請往，竟推雪李師等，奏免之。

俄而崔湜、鄭愔等復用，尚隱自殿中侍御史出爲伊闕令，懷讓爲魏縣令。湜等既死，尚隱又自定州司馬擢拜吏部員外郎，懷讓自河陽令擢拜兵部員外郎。尚隱累遷御史中丞。時御史王旭頗用威權，爲士庶所患。會爲讎者所訟，尚隱按之，無所容貸，獲其姦贓鉅萬，旭遂得罪。尚隱尋轉兵部侍郎，再遷河南尹。

尚隱性率剛直，言無所隱，處事明斷。其御下，豁如也。又詳練故事，近年制敕，皆暗記之，所在稱爲良吏。

《新唐書・唐扶傳》〔唐儉〕子扶，字雲翔，仕歷屯田郎中。大和五年，爲山南宣撫使。內鄉倉督鄧琬負度支漕米七千斛，吏責償之，繫其父子至孫凡二十八年，九人死於獄，扶奏申釋之。詔切責鹽鐵、度支二使，天下監院償逋繫三年以上者，皆原。

宋・李燾《續資治通鑑長編》卷六八〔宋真宗大中祥府元年四月〕司封郎中、知審刑院劉國忠言，去年至今，天下奏案定斷外，止有十一道在寺。

宋・李燾《續資治通鑑長編》卷八九〔宋真宗天禧元年四月〕乙酉，著作郎劉燁爲右正言。時準別詔置諫官，燁首預其選。上曰：諫官、御史之任，實難其人。當須識朝廷大體，達政刑要道，言必詣理，乃爲稱職耳。燁，溫叟之子也。嘗知龍門縣，羣盜殺人，燁捕得之，將械送府，恐道亡，皆斬之，衆伏其果。

通判益州，召還。時王曙治蜀，或言其政苛暴，因對，上問曙治狀與淩策孰愈，燁曰：策在蜀，歲豐事簡，故得以寬假民。比歲少歉，盜賊間發，非誅殺不能禁，然曙所行，亦未嘗出陛下法外也。上善之。曙峻法以繩盜，賊贓無輕重一切戮之，衆股慄。居數月，盜賊屏竄，蜀外戶不閉。嘗有卒夜告其軍謀亂者，曙立辨其僞，斬之。民安其政，以比張詠，號前張後王。

宋・李燾《續資治通鑑長編》卷九六〔宋真宗天禧四年八月〕詔諸路勸農提點刑獄官，自今奏事，緣戶賦農由，則署勸農司；刑獄格法，則署提點刑獄所。

宋・李燾《續資治通鑑長編》卷一〇八〔宋仁宗天聖七年八月〕壬子，詔：戎州夷人犯罪，委知州和斷之。若漢人，即正其法。及三年不生事者，特遷一資。

宋・李燾《續資治通鑑長編》卷二一二〔宋神宗熙寧三年六月〕判刑部劉瑾舉權柳州軍事判官宋諤試刑名，中書言諤嘗試律，賂吏人，竊斷案，欲不許。上批：緣試法雖實通律，亦恐不免如此。諤令就試無害，苟不中格，自當退黜。

又〔宋神宗熙寧三年七月〕屯田郎中、廣濟河都大管勾輦運霍交知金州。上批：交前日進對奏請二事，觀其識見鄙淺，全不曉習法令，不可獎拔，可選官代之。

又〔宋神宗熙寧三年七月〕詔：自今疏決或及開封府界、三京，令于初得旨日取旨，仍與在京同日降指揮。限指揮到，停案決聽旨。四京諸縣更不差官。應犯杖罪并降從杖以下，止委本縣，依次日朝旨施行。

宋・李燾《續資治通鑑長編》卷二七八〔宋神宗熙寧九年十月〕詔：京東西路將官數人，各部兵馬三五百往來捕盜，並無專責，紛拏漫散，騷擾人民。可令提點刑獄錢勰差使臣每一名於逐將下選募兵士五十人，不拘遠近，會州縣併力督捕，仍發遣將官歸任。自今賊盜須州縣力不能制，方許將官督捕。

又〔宋神宗元豐元年閏正月〕癸巳，詔任緣邊及黃河地分官試刑法者並須任滿；待闕在一季內者，亦如之。

宋・李燾《續資治通鑑長編》卷三八五〔宋哲宗元祐元年八月〕乙未，詔開封府大辟公案應依斷者，令本府依舊條申奏斷遣。

宋・李燾《續資治通鑑長編》卷四九四〔宋哲宗元符元年正月〕壬寅，刑部言：監司按發公事合推鞫者，不得送廨宇所。在州、軍，合送本州及置司者罪。從之。

宋・李燾《續資治通鑑長編》卷四九六〔宋哲宗元符元年三月〕大理寺言：乞應大理寺、開封府承受內降公事，並依旨勘斷，各不得奏請移送。從之。

宋・李燾《續資治通鑑長編》卷四九九〔宋哲宗元符元年六月〕丁亥，大理寺言：人吏每三人爲一保，保內因本職犯贓罪，許經官舉發。知而不舉者，減犯人罪三等。即事發逃亡，量所犯輕重，均備賞錢或監錮收捉。其衆人不得保者，相度去留，申尚書省。從之。

《宋史・高宗紀》〔紹興二十二年冬十月〕〔庚辰〕以黃岩縣令楊煒誹謗，除名，萬安軍編管；知臺州蕭振落職，池州居住。

又〔紹興二十四年冬十月〕是月，以通判武岡軍方疇通書胡銓及他罪，除名，永州編管。

《宋史・田京列傳》 入爲開封府判官，坐械囚送獄道死，出知蔡州，徙相、邢二州，復提點河北刑獄事。

《金史・宗雄傳》 蒲帶，大定末，累官同簽大睦親府事。章宗即位，初置九路提刑司，蒲帶爲北京臨潢提刑使。詔曰：朕初即位，憂勞萬民，每念刑獄未平，農桑未勉，吏或不循法度，以隳吾治。朝廷遣使廉問，事難周悉。惟提刑勸農採訪之官，自古有之。今分九路專設是職，爾其盡心，往懋乃事。自熙宗時，遣使廉問吏治得失。世宗即位，凡數歲輒一遣黜陟之，故大定之間，郡縣吏皆奉法，百姓滋殖，號爲小康。或謂廉問使者，頗以愛憎立殿最，以問宰相。宰相曰：臣等復爲陛下察之。是以世宗嘗欲嘗欲立提刑司而未果。章宗追述先朝，遂於即位之初行之。

明・王世貞《弇山堂別集・皇明異典述三・給事中巡撫》 永樂十九年，遣給事中馬俊等同尚書蹇義、金純等巡行天下，撫安軍民。俊往南直隸，葛紹祖往四川，王勵往河南，李瑒往陝西，許能往浙江，章雲往江西，徐初往福建，陶衎往北直隸，劉渙往山東，劉蓋往湖廣，艾廣往廣東，蕭奇往山西，楊春往廣西。正統十四年，命吏科都給事中張固往河南裕州，兵科都給事中葉盛往陳州等處，敕其招撫流移，耕種生理。仍提督各衛所操練軍馬，固守城池，如有賊寇生發，相機勦捕，毋致滋蔓。

《淡新檔案・竹南二保總理彭繼生等爲規殘俗敗互舉調護懇給諭戳以便奉公以保地方事》 具僉稟。治下竹南二保總理彭繼生、徐佳福，隘首金樹福，廩生劉廷珍、陳德熙，生員邱龍章、黃文龍、吳文瀾、李宴林、曾肇楨、劉廷翰，貢生劉聯科、劉聯超，監生彭嘉謨、吳耀南、劉容光暨莊耆鋪佃戶等，爲規殘俗敗，互舉調護，懇給諭戳，以奉便公，以保地方事。切國家有律令之政，政舉而□□。閭閻有條約之規，規殘而俗敗，維時若不互調章程，遴妥辦理，將地方其何護乎。緣銅鑼灣等莊，地屬山隅，人煙稠密。溯從前叨蒙王化規條，整肅人心，向義風俗醇美，□亦盛世黎民，嬉遊於□□化日之下哉，豈邇來俗壞風頹，人心不古，每有外處匪徒入境擄搶，亦有本處宵小，引誘窩藏，□膽十八成群，日則途伏伺掠，夜則明火攻劫，種種惡習，指難勝屈。無他由，其中辦理之人不端，以致□殘廢，即風俗亦由此而頹敗，□□□有一二□居鄰莊，瞻彼俗殘如此，責雖無關心寔□□□□□□□□聚議，凡銅鑼灣等莊必先淸莊，繼仝合約聯莊，使□□可拒□不得作□□□□□□□□□荷此任。故即日經衆舉得妥人生員李逢年，公事諳練，爲人誠寔，兼有家室，可以倡聯莊約束，辦理公務，俾將來有各處匪徒肆起，亦可協力同濟，即銅鑼灣等處，不致有漏網匪徒。如能地方安靖，豈非仁憲之鴻恩，實百姓感德之難忘也。但未稟蒙給發約首諭戳，難有約首之名，無約首之實，偶有事故在草野，固可執約而行，恐事不測，在朝廷其何以憑見乎。不得不連名僉叩，伏乞仁憲大老爺俯念地方攸關，恩準給發李逢年約首諭戳，以便辦理聯莊公務，以靖地方。

分府周批：

銅鑼灣莊一帶，逼近內山，難保無土匪出沒□□，擄誠舉一得□□人辦理淸莊聯莊，俾資約束呼應。原於守望有益□，□恐所舉非人，則假公濟私，武斷鄉曲，百姓反遭魚肉。故前據李逢年等稟，設保安局，賴廷芳等稟設聯莊局一□不準者，非故靳之。著難□人也，茲據該總理等，稟舉武生李逢年爲約首，酌議規條，懇請給戳施行。察核規條尙屬簡妥。惟各條所需經費，皆混稱由公議給，由衆酌議，究竟出□何處□，須先時秉公指定，則臨時鳩指方無高下輕重之弊，著再妥議，到日核示飭遵。

計粘約白一紙

又保結狀一紙

同治拾年拾貳月十一日具僉稟銅鑼灣莊

生員劉廷翰⊕　莊耆芎蕉灣謝鎭安⊕
曾肇楨⊕　中心埔謝阿澤⊕
李宴林⊕　七十份邱德上⊕
吳文瀾⊕　四湖莊劉合昌⊕
黃文龍⊕　三座屋賴細番⊕
邱龍章⊕　繼武莊劉提雲⊕
廩生劉廷珍⊕　樟樹林吳阿安⊕
陳德熙⊕　高埔莊徐燕鼎⊕
貢生劉聯科⊕　九湖莊曾阿仁⊕
劉聯超⊕　福興莊賴天福⊕
監生彭嘉謨⊕

吳耀南㊉
劉容光㊉

《淡新檔案・〔保結狀〕總理彭繼生徐佳福隘首金樹福暨莊耆舖佃户等具狀保結生員李逢年堪以當爲銅鑼灣等莊聯莊約首》 具保結狀人總理彭繼生徐佳福、隘首金樹福暨莊耆、舖、佃户等，今當大老爺臺前，保結得生員李逢年一名，公事諳練，爲人誠實，兼有家室，堪以當爲銅鑼灣等處聯莊約首，辦理公務，生等不敢扶同冒保，合具保結狀是寔。

同治拾年拾貳月日具保結狀人

《淡新檔案・頭役高登、徐祥、姚景仝叩首跪叩稟爲選舉不遵乞迅單提訊充事頭役徐祥等因郊舖夫首陳未等不願充當官夫首稟讀新竹縣知縣提訊充當》 臺下一皂、一快、三皂頭役高登、徐祥、姚景仝叩首跪叩

稟。爲選舉不遵，乞迅單提訊充事。緣本城原設挑夫首額缺一名，約束散夫，凡遇大小差事，計有若干擔額，即著該夫首備辦，免致延誤。祇爲該缺，毫無出息，虧資苦辦，以使懸缺日久，乏人承充。茲蒙著役等遴選舉辦等因。遵即妥議，就役等三班，每年各津出錢拾仟文，計每年參拾仟文。其往來宿夫自爨店，每年俱各津出番銀肆元，以此貳項彌補挑夫首虧負之資，亦屬可行之處。查有原當郊舖夫首陳未、陳沙、紀吉、蔡進發等，素有夫額，堪以充當斯缺。但役等著此數人，選其一人，出爲承充，伊等堅執不從。若不稟懇憲單，仰役等提到訊充，誠恐久懸，延誤公事。理合將情稟乞大老爺電奪施行。沾叩。

〔批〕候即飭提訊奪。

光緒柒年九月廿八日仝叩

《淡新檔案・皂快總役倪源、許來等爲懇準接充恩訊給發諭戳併懸牌示知以便奉公而專責成事》 具稟。臺下皂快總役倪源許來等，爲懇準接充 恩迅給發諭戳，併懸牌示知，以便奉公而專責成事。緣因二皂頭役蔡鍼誤公示革，額應接充，所遺斯缺，未便久懸。茲役等遴選一快站堂役施芳，爲人誠寔，公事諳練，矢勤矢慎，兼之有家有室，堪以接充二皂頭役，催糧催稅得以專責。但未稟懇，役等罔敢擅便。理合加具認充、保結，稟乞

恩主大老爺，俯準給發諭戳，一面懸牌示知，寔爲德便。沾叩。

計粘認充、保結各一紙

正堂方　批：

準如所請充當，候飭房註冊，一面分別吊銷給發諭戳，以憑奉公。充保結狀附。

光緒拾肆年六月廿五日叩

《淡新檔案・署新竹縣　正堂方爲懸牌示知給發諭戳事新竹縣知縣方祖蔭懸牌示知並給發諭戳施芳接充二皂頭役》 欽加五品銜、特授埔裏分府、署新竹縣正堂方爲懸牌示知給發諭戳事。照得本衙門額設各班頭役，均有責成。茲據皂、快總役倪源、許來稟稱：以原充二皂頭役蔡鍼玩誤要公，業蒙示革，但所遺額缺，未便曠懸。查有站堂役施芳，在署奉公有年，緝捕勤能，爲人誠寔，有家有室，堪以接充二皂役缺。取具認、保各結，稟請給發諭戳，飭頒承充等情到縣。據此，除稟批示，並給發諭戳懸牌示知外，合行懸牌示知發給諭戳。爲此牌，仰閤衙書役及保內民番人等一體遵照，毋違。須牌。諭，仰接充二皂頭役施芳即便遵照，所有已革蔡鍼經手事件，應接辦者，均歸該役收管辨理。嗣後如遇保內命盜要件，務宜隨時稟報，一面緝獲解案，但不準擅自私押，至帶徵供屯、錢糧、紅白契各款公事，尤宜按卯繳清，毋得侵漁短欠，始勤終怠，致干革究不貸。切切。特諭。

計發戳式一顆

右牌示諭仰前銜單。仰皂快總役倪源許來，立將已革二皂頭役蔡鍼原領諭戳，剋日吊出繳銷，並將保內各公事及看管人犯，如數點交接充二皂頭役施芳接收看管。仍將接交情形，稟覆赴

縣，以憑察查。去役毋稍刻延，火速。須單。

右單仰光緒拾肆年六月廿九日兵承呂祥正堂方行。

《淡新檔案・皂快總頭役倪源・許來爲選舉接充懇準給發諭戳奉公以專責成事》 具稟。臺下皂快總頭役倪源許來，爲選舉接充，懇準給發諭戳奉公，以專責成事。緣有原充二皂頭役林興誤公，蒙革在案。惟此時冬令將屆，護衛地方正急，況催糧公事，又難稍緩，遺缺未便曠懸日久。茲於班內選得林才一名，爲人誠寔，公事熟悉，兼有家室可靠，似堪勝任接充斯缺。但未稟蒙恩準。不敢趨前效勞，理合取具認充、保結狀，粘連稟乞大老爺一筆陽春，恩准林才一名，接充二皂額缺，并給諭戳奉公，以專責成。沾感。切叩。

計粘認充、保結狀貳紙

正堂方批：

查二皀頭役林興，任性妄爲，奉公疲玩，業經斥革在案。茲據該役等選舉林才充當，取具充保結狀，稟請給諭前來，准予所請充當，候發給諭戳承領，一面懸牌示知可也。充保結狀附。

光緒拾伍年玖月廿五日具稟

《淡新檔案・〔認充結狀〕林才認充得蒙准賞充二皀頭額缺》 具認充結狀人林才，年四十四歲，原籍永春州，今當

大老爺臺前，認充得才蒙准賞充二皀額缺，所有紅白契及催懲（徵）錢糧，自宜小心辦理，不敢侵漁、玩誤情弊。合具認充結狀是寔。

〔批〕附卷。

光緒拾伍年玖月　日具認充結狀林才㊉

《淡新檔案・〔保結狀〕皂快總頭役倪源・許來保得林才一名接充二皂額缺》 具保結狀。臺下皀快總頭役倪源許來，今當

大老爺臺前，保得林才一名，接充二皀額缺，所有紅白契及催懲（徵）錢糧，自宜小心辦理，不敢侵漁、玩誤情弊。如有此情，惟源等是問。合具保結狀是寔。

〔批〕附卷。

光緒拾伍年玖月日具保結狀

《淡新檔案・竹北二保咸菜甕局董生員劉耀黎衛璧奎爲據情稟明邀恩裁奪事》 具稟竹北二保咸菜甕局董生員劉耀黎、衛璧奎，爲據情稟明，邀恩裁奪事。切有打牛崎莊民人許阿十、許阿戇，與四處愚民，未聞禁令，採籐犯禁，於本月十八日，遇勇丁截獲籐條二十九擔。因不聽阻，以致口角，均皆□□□□□局丁劉壽□□□許阿十、許阿戇即行稟報。今蒙票差嚴拏，始知犯禁，難逃罪咎，遂託舉充總理謝有時、嫛戶連日邑前來求息，認罪遵罰。且云：二人皆係獨子，家貧親老，舉家全靠養育，又兼農忙採茶之候，猶恐誤耕等語。但事經稟案，不敢擅便。現擬將籐作價認賠，可否邀恩，悉聽鴻裁。刻下四鄉盡知禁令森嚴，再不敢入山擅取。生等忝在奉公，理合據情稟明。伏乞

協臺大人，如保赤子，懇　恩電察施行。沾叩。

正堂方批：

現當舉辦招撫，凡番界内草木，不得擅行砍伐，固已早申禁令。乃許阿十等，竟敢違禁採取，實屬愍不畏法。本應嚴拏懲辦，以爲玩視禁令者戒。據稟：該民等家貧親老，農事方殷，自應寬其既往。惟是以截獲之籐條，作認賠之罰款，求免示責過輕，應再酌量議罰，庶儆將來，而免效尤。著即遵照。

《淡新檔案・〔切結狀〕曾道隆具切結狀認充總理》 具切結狀人曾道隆，今當

大老爺臺前，結得隆認充總理之責，自應奉公謹慎，勤勞無怠，不敢玩誤公事。如有此情，隆願甘坐罪。理合具切結狀是實。

〔批〕附卷。

光緒拾壹年十二月　日具切結狀人曾道隆㊉

《淡新檔案・新竹縣正堂方爲給發諭戳以便奉公事新竹縣正堂方祖蔭諭仰總理曾道隆遵照凡有鄉村雀角細故務須出爲排解勿生事端》 欽加五品銜、特授埔裏撫民分府、攝理新竹縣正堂方爲給發諭戳，以便奉公事。案查竹南二保銅鑼灣街莊總理林思贊，因案示革，所遺斯缺，尚未接充。茲據貢生劉聯科稟舉曾道隆，爲人誠實，公事諳練，謹慎勤勞，堪以充當斯缺，粘連認保各結，懇請給發諭戳前來。除批示外，合行給發諭戳。爲此諭，仰總理曾道隆即便遵照，迅將將發去戳記查收奉公，凡有鄉村雀角細故，務須出爲排解，勿使生端。倘逢盜賊竊發，責成該總理督率莊民拏犯解究，仍謹遵保甲條款，悉心辦理，勤慎奉公，但不准藉端索詐鄉民，以及作奸犯科，致干查究。凜之，切切。特諭。

計發戳記壹顆

右諭仰銅鑼灣總理曾道隆

光緒拾壹年拾貳月十八日承糧總正堂方　行

《淡新檔案・紳董貢生張濟川、生員衛璧奎、生員劉耀藜等爲僉舉總理懇恩准給諭戳以專責成事》 具僉稟。治下紳董貢生張濟川生員衛璧奎生員劉耀藜等，爲僉舉總理懇恩准給諭戳，以專責成事。緣蒙憲臺面諭，就地僉舉總理。生等查得莊耆謝有時，爲人誠寔，公事諳練，誠堪充當斯任，蒙諭之後，自當極力奉公，不敢貽誤。理合呈明，伏乞大老爺察奪施行。沾叩。

正堂方批：

謝有時准予充當總理，以專責成。惟該生等並未出具保結呈送，著即循例趕緊補送，毋延。充結附。

光緒十二年二月初八日具僉稟紳董貢生張濟川⊕

生員衛璧奎⊕

生員劉耀藜⊕

附注：私記二枚。

司法機構總部

特別司法機構部

綜　述

《周禮・秋官・方士》　方士：掌都家，聽其獄訟之辭，辨其死刑之罪而要之。三月而上獄訟於國，司寇聽其成於朝，群士司刑皆在，各麗其法，以議獄訟。獄訟成，士師受中，書其刑殺之成，與其聽獄訟者。凡都家之大事聚衆庶，則各掌其方之禁令。以時修其縣法，若歲終，則省之而誅賞焉。凡都家之士所上治，則主之。

宋・王應麟《玉海・宋朝敕局》　天聖編敕，始有詳定編敕所，別命官領之。熙寧後，詔修一司敕令，則又以編修諸司敕式所爲名。元祐改熙豐之法，則又以重修敕令所爲名。建炎四年六月丁丑，詔敕令所將嘉祐政和條制對修成書，大理卿王衣請以詳定重修敕令所爲名。後三日庚辰，命宰臣范宗尹提舉，參政張守同提舉。紹興元年八月戊辰，上重修敕令格式及申明看詳等，自是迄于三十年秋，敕局所修書又一千八百六十三卷，通海行法爲二千六百二十卷有奇。政和元年十二月十七日，始頒行敕令。三十一年，遂罷之。三十二年六月甲午，修上皇聖政，復置敕令所。乾道四年十一月，刪修建炎後續旨，乃以重修敕令所爲名。六年十一月乙未，又以詳定一司敕令所爲名，置提舉官二，同提舉一，詳定一，刪定五。自乾道後，新修之書又三千一百二十五卷。淳熙十五年四月，林栗請省無用之費。六月戊辰，罷敕令所。紹熙二年五月癸丑，復置詳定敕令局。慶元二年二月丙辰，復置編修敕令所。國初刪修刑統，但屬大理。劉摯曰：神宗元豐中，命有司編修敕令，凡舊載於敕者，多移之於令。蓋違敕之法重，違令之罪輕，見神宗仁厚之德，哀矜萬方，欲寬斯人之所犯，恩施甚大也。建隆初，編敕四卷，百有六條。興國中，增至十五卷。淳化倍之。咸平增至萬八千五百五條，芟其煩亂，可爲敕者二百八十有六條，總十一卷，當時便其簡易。祥符七年，又增至三十卷，千三百七十四條。天聖中，有司言敕復增至六千餘條，命官刪定。詔中外使言敕之得失。民之所欲，因而循之；民之所病，革而化之。消息盈虛，與時偕行，析言破律之姦，奇請他比之衆，庶幾盡革。天聖中，呂夷簡以貳政之臣同定編敕，厥後二府遂爲故實。蓋進而參道，揆於一堂之上；退而明法，守於三尺之中，皆大臣事也。

晉有定科郎。裴楷爲之。宋元嘉十八年三月戊申，置尚刪定郎官。張永爲之齊尚書刪定郎王植，梁刪定郎蔡法度。陳永定元年十月，置刪定郎治律令。後周柳敏小司馬監修律令。

《易》之大象言刑獄者凡五：《噬嗑》、《賁》、《旅》、《豐》是也，然皆因《離》體以發其義。《中孚》外實內虛，其象似《離》解互，體有《離》，故亦曰議獄緩死、赦過宥罪。《豐》之象曰：雷電皆至。豐，君子以折獄致刑。折獄必照其情實，惟明克允；致刑以威於姦惡，惟斷乃成。蕭何次律令，房喬定格式。鄭昌以刪定律令爲正本，班固以刪定律令爲清原。古之人垂憲象，魏屬民讀法，明白洞達，日星垂而江河流也。伯夷以《禮》典折民，仲舒以《春秋》決獄。晉鑄刑鼎，仲尼譏之。鄭鑄刑鼎，叔向責之。典曰五典，教曰五教，得罪於教則用刑。聖人之治，以德爲化民之本，而刑特以輔其所不及。聖人法有盡，而心則無窮。刑賞有疑，常屈法以申恩，不使執法之意勝其好生之德。聽參皋呂，稱侔于張。法令者治之具，而非制治清濁之原也。治教政刑謂之典，天下之大常也。太宰所掌，獨謂之建，以此典太宰之所定也。几閣之盈，難於徧睹；錐刀之末，虞乎盡爭。法正則民慤。廣宣主恩，建立明制，爲一代之法。古之知法者能省刑。刑者，民之司命也。天討有罪，非人也，文王罔敢知非君也。世重世輕，其惟審克；予宥子辟，無或詭隨。哀矜勿喜，小大以情。元者善之，長開闢之。元有善而無惡，有德而無刑。反善而有惡，懲惡而有刑。用刑之端，初不始於聖人也。

古者因情而求法，故有不可入之刑。後世移情而合法，故無不可加之罪。刑乃天下之威，非君之私權也。刑者律也，比者例也。三千之律，猶不能盡天下之罪，不免上下以求其比。天下之情無窮，而法不可獨任也。呂刑上下比罪，無僭亂辭。采緹縈之言，納溫舒之奏。道揆明於上，法守明於下。《易》稱敕法，《書》著祥刑。靁電皆至，天威震耀。五刑之作，是則是效。威實輔德，刑亦助教。聖王仰視法星旁觀習坎。先春風以播恩，後秋霜而動憲。古人之論刑，不曰惟克天德，自作元命，則曰凡制五刑，必即天論。蓋用刑之權出於天，人主與有司特奉行之耳。任非其人，命曰褻天。

《宋史·刑法志三》 天下疑獄，讞有不能決，則下兩制與大臣若臺諫雜議，視其事之大小，無常法，而有司建請論駁者，亦時有焉。

《通制條格·捕亡·巡警》 大德四年九月，中書省刑部呈：大都路申：右衛軍營見於永清縣所轄地面置立，其本縣見設尉司弓兵即係職掌捕盜，雖是本衛編立牌甲，自行巡捕，止合拘鈐軍人，終非有司。擬合令永清縣於本衛關廂巡捕。本部議得：右衛關廂如遇火盜生發，既責有司官兵捕限根緝，合依大都路所擬。省准。

《通制條格·軍防·巡軍》 大德八年三月，中書省刑部呈：大都兵馬司專爲捕盜先奏奉聖旨節該：拏賊的貳阡軍不交差使，則交管拏賊者。欽此。今官都諸衙門，不干賊盜，呼喚首領官吏着落根勾一切人數，必須差使巡軍頭目，動輒妨占旬月。若有違限，將首領官吏追呼決責，不能着司理會公事。本部議得：兵馬司除奸盜、誘略、詐僞、放火、賊情、一切非違及奉都堂鈞旨緊急事務外，其餘衙門根勾人等，合令所在官司根喚。都省准擬。

皇慶元年二月，中書省奏：八剌脫因題奏，有司官勾當裏差佔着巡軍弓手的上頭，巡禁的勾當怠慢了，今後有司官其餘勾當裏不得差佔，專一巡捕者。麽道。奏呵，那般者。麽道聖旨了也。欽此。

皇慶元年六月，中書省刑部呈：議得弓兵之設，本以巡警賊盜。其各處起納諸物，不分貴細麄重，一概差撥官兵護送，實妨巡捕。合咨各處行省，除貴細物貨依例止差弓兵，其餘麄重物貨不須防送押運人等。敢有違例佔騎弓手馬匹者，各處官司就便究治。都省准呈。

明·朱元璋《教民榜文》 自古人君代天理物，建立有司，分理庶務，以安生民。當時賢人君子惟恐不爲君用，及爲君用，無不盡心竭力，效其勤勞，顯父母，榮妻子，立美名於天地間，豈有壞法之爲。所以官稱其職，民安其生。朕自混一四海，立綱陳紀，法古建官，內設六部都察院，外設布政司、按察司、府州縣名雖與前代不同，治體則一。柰何所任之官多出民間，一時賢否難知，儒非眞儒，吏皆猾吏，往往貪贓壞法，倒持仁義，殃害良善。致令民間詞訟，皆赴京來，如是連年不已。今出令昭示天下民間：戶婚田土鬬毆相爭一切小事，須要經由本里老人里甲斷決，若係姦盜詐僞人命重事，方許赴官陳告。是令出後，官吏敢有紊亂者，處以極刑。民人敢有紊亂者，家遷外化。前已條例昭示，爾戶部再行申明。

一、民間戶婚田土鬬毆相爭，一切小事不許輒便告官，務要經由本管里甲老人理斷。若不經由者，不問虛實，先將告人杖斷六十，仍發回里甲老人理斷。

一、老人里甲與鄉里人民，住居相接，田土相隣，平日是非善惡，無不周知。凡因有陳訴者，即須會議從公部斷，許用竹篦荆條，量情決打。若不能決斷，致令百姓赴官紊煩者，其里甲老人，亦不杖斷六十，年七十已上者不打，依律罰贖，仍着落果斷。若里甲老人循情作弊，顛倒是非者，依出入人罪論。老人里甲合理詞訟：

戶婚　田土　鬬毆　爭佔　失火　竊盜　罵詈　錢債　賭博　擅食田園瓜果等　私宰耕牛　棄毀器物稼穡等　畜產咬殺人　卑幼私擅用財　褻瀆神明　子孫違犯教令　師巫邪術　六畜踐食禾稼等　均分水利

一、凡老人里甲剖決民訟，許於各里申明亭議決。其老人須令本里衆人推舉平日公直、人所敬服者，或三名五名十名，報名在官，令其剖決。若事干別里，須會該里老人里甲公同剖決。其坐次，先老人，次里長，次甲首，論齒序坐。如里長年長於老人者，坐於老人之上。如此剖判民訟，抑長幼有序，老者自然尊貴。

一、老人理詞訟，不問曾朝覲未曾朝覲，但年五十之上，平月在鄉有德行有見識衆所敬服者，俱令剖決事務，辯別是非。有年雖高大見識短淺，不能辯別是非者，亦置老人之列，但不剖決事務。

一、本里老人遇有難決事務，或子弟親戚有犯相干，須會東西南北四隣里分，或三里五里衆老人里甲剖決。如此則有見識多者，是非自然明白。

一、老人里甲剖決詞訟，本以便益官府，其不才官吏敢有生事羅織者罪之。

一、老人有犯罪責，許衆老人里甲公同會議審察所犯眞實。輕者就便剖決，再不許與衆老人同列理訟。若有所犯重者，亦須會審明白，具由送所在有司，解送京來，不許有司擅自拏問。若有司擅自拏問者，許老人具由來奏，罪及有司。

一、老人中有等不行正事，倚法爲姦，不依衆人公論，攪擾壞事者，許衆老人拏赴京來。

一、老人毋得指以斷決爲由，挾制里甲，把持官府，不當本等差役，違者家遷化外。

一、鄉里中，凡有姦盜詐僞人命重事，許赴本管官司陳告，其官吏明知此等不係老人里甲理斷，一概推調不理者，治以重罪。若里甲老人合理之事，頑民故違號令，徑直告官，其當該官吏不即挾斷發與斷理，因而稽留作弊，詐取財物者，亦治以重罪。

一、姦盜詐僞人命重事，前例以令有司決斷，今後民間，除犯十惡強盜及殺人，老人不理外，其有犯姦盜詐僞人命，非十惡非強盜殺人者，本鄉本里內自能含忍省事，不願告官，繫累受苦，被告伏罪，亦免致身遭刑禍，止於老人處決斷者，聽其所以，老人不許推調不理。若里老人等已行剖斷發落，其刁頑之徒事不干己，生事訴告，攪擾有司，官吏生事羅織，以圖賄賂者，俱治以罪。

一、民間詞訟，已經老人里甲處置停當，其頑民不服，展轉告官，捏詞誣陷者，正身處以極刑，家遷化外。其官吏人等不察所以，一概受理，因而貪贓作弊者，一體罪之。

一、老人里甲剖決民訟，毋得置立牢獄，不問男子婦人犯事，不許拘禁，晝則會問，晚則放回。事若未了，次日再來聽問。敢有監禁生事者，治以重罪。

一、里甲老人，凡本管人民有事自來陳告，方許辯理。若民些小詞訟，本人自能含忍，不願告訴，若里甲老人風聞尋趂勾引生事者，杖六十。有贓者以贓論。

一、民間一里之中，若有強劫盜贓，逃軍逃囚，及生事惡人，一人不能緝捕，里甲老人即須會集多人擒拏赴官。違者以罪罪之。【略】

一、本鄉本里，但有無藉潑皮，平日刁頑爲非作歹，不受教訓，動輒把持挾制，此非良善之民，衆老人嚴加懲治。如是仍前不改，拏送有司，解赴京來。若有司循情脱放不解者，許老人奏聞。

一、鄉里有等頑民，平日因被老人責罰，懷挾私恨，以告狀爲由，朦朧將老人排捏妄告者，事發，頑民治以重罪。

一、朝廷設官分職，本爲安民，除授之際，不知賢否，到任行事，方見善惡。果能公勤廉潔，爲民造福者，或被人誣陷，許里老人等遵依大誥內多人奏保，以憑辯理。如有贓貪害民者，亦許照依先降牌內事例，再三勸諫。如果不從指陳實跡，綁縛赴京以除民害。凡保奏者須要衆皆稱善，綁縛者須要衆知其惡，務在多人，方見公論。若止三五人十數人稱其善惡，人情偏向，朝廷難以准信。若見官長正直，設計引誘貪贓，或以贓物排陷，妄行綁縛，及有不才官員，因是平日與其交通賄賂，卻稱爲善，妄來保奏，如此顛倒是非，亂政壞法，得罪深重，豈能保其身家。

一、民間詞訟，已令自下而上陳告，越訴者有罪，所司官吏往往不遵施行，致令越訴者多。今後敢有仍前不遵者，以違制論的決。

一、榜文內坐去事理，皆係教民孝弟忠信禮義廉恥等事，所在官吏老人里甲人等，當體朝廷教民之意，各宜趨善避惡，保守身家，常川遵守奉行，毋視虛文，務在實效。違此令者，各以所犯罪之。

一、直隸府州縣，從監察御史，在外而布政司府州縣，從各道按察司常加申明，務要依榜文內事理永遠遵守。敢有視爲泛常，不行申明者，治之以罪。

一、凡理訟，老人有事聞奏，憑此赴京，不須文引所在，開隘去處，毋得阻當，餘人不許。如有假作老人名目齎此赴京言事者，治以重罪。

《明實録·天啟七年》〔正月庚寅〕南京巡視京城河南直御史夏敬承疏奏：歲終舉劾，得旨：據奏京師五方雜處，姦盜易生，各該御史彈壓，南北一體。北有廠臣飭法明刑，弭奸緝盜嚴毖，具見協力奉法之誼。

明·申時行《明會典·漕運理刑》 理刑主事一員，駐淮安，專理漕運詞訟。凡刑名，俱遵依總督衙門節年題准議單事理，問擬發落，不得輒受軍民他詞。舊例：每三年差滿員缺，刑部移咨吏部選補。隆慶三年，刑部題准，但遇漕運理刑更替之期，本部選差刑名、疏通主事一員，前去接管，不必移咨另補。其題差始正統間，後時或停復，至萬曆八年又革，以其事屬督糧參政帶管。十一年復設。

明·沈德符《萬曆野獲編·禁衛·錦衣衛鎮撫司》 錦衣衛，初以儀鑾司改設，後改拱衛司，其後又改爲親軍使司。爲二十二衛禁軍之首，不復隸都督府。至永樂而任寄漸重，及英憲兩朝，委以心膂，乃至秋後大廷審錄重囚。其堂上官，遂得與三法司及各部大臣會讞，而雄峻無可加矣。至世宗南巡江漢，一切前驅使、護蹕使，及整搠、鹵簿、防護、屬車諸使，俱以本衛堂上充之。於是陸炳得於行宮救火，建捧日之勳，兼拜公孤，與進士恩榮宴而極。若鎮撫司者，在外各軍衛俱有之，其任本理獄訟，惟錦衣爲重。洪武二十年，太祖聞其拷訊過酷，盡焚刑具，歸其事於刑部，罷廢其官，天下如脫水火。永樂間復設，然不過如外衛止立一司耳。俄又設北鎮撫司，專管詔獄，而以軍匠諸事屬之南鎮撫司，於是北司之名亞於東廠。其初重大事情，一訊之後，即送法司定罪，不具審詞。至成化初用參語覆奏，而刑官始掣肘矣。然猶未有印也，成化中葉，又添鑄北司印信，一切刑獄不復關白本衛堂官，即堂官所下行者，亦徑自具奏請旨，堂官不得與聞，遂與東廠稱表裏衛門。西曹奉行恐後矣，東廠設有旗校，與錦衣同詗機密。然其人俱從本衛撥去，以尤儇巧者充之，彼此偵探，盤結膠固，以故廠衛未有不同心者。然東廠能得之內廷，因輕重上下其手，而外廷間有一二扞格。至本衛則東西兩司房訪緝之，北鎮撫司拷問之，鍛鍊完密，始入司寇之目，即東廠所獲大小不法，亦拏送北司，再鞫情由，方得到貫城中。法官非膽力大於身者，未易平反也。

明·沈德符《萬曆野獲編·禁衛·錦衣帥見首璫禮》　緹帥體甚隆，與東廠並重，朝廷有大獄，則不復專任北司，惟錦衣帥與廠璫並讞。如今上元年王大臣事，則朱希孝與馮保鞫之；癸卯皦生光事，則王之楨與陳矩鞫之。且馮陳俱司禮印公，而並列共事，無低昂也。惟余兒時，聞劉守有每謁首璫必叩頭，歸邸面如死灰，蓋劉儒家子弟，尚不甘儕奴隸也。然其體何以異朱帥，意者璫在事時，彼仗其力得印耶。

《大明令·刑令》　凡軍官有犯取受，在內除都督府官并各衛指揮、千戶，從御史臺奏聞，六品以下，議擬施行。在外監察御史巡歷去處，軍官有犯取受者，密切實封，呈臺奏聞，區處施行。

明·應檟《大明律釋義·雜犯·拆毀申明亭》　凡拆毀申明亭房屋及毀板榜者，杖一百，流三千里。

釋義曰：　各州縣設立申明亭，凡民間應有詞狀，許耆老里長准受於本亭剖理，及書不孝不弟與一應爲惡之人姓名於亭，以示懲戒，所以使人心知懼而不敢爲惡也。板榜以板爲之，亦書朝廷所行勸善懲惡之言、興利除害之事，於各衙門前張掛，使人皆得通曉，亦皆教民之要務也。拆毀之者，則是違背國法，敢於爲惡，故杖一百，流三千里。

明·汪天賜《官箴集要·衛所聽訟》　軍職多貪污主，令軍餘人等捏告平民人命違式房屋隱藏逃軍等事，牽告婦女在內，移文會問。詐騙財物，須禁屬縣不許承行，俱申本府定奪。本府但行屬照勘回文，俱不提人。

明·汪天賜《官箴集要·老人剖斷詞訟》　民間詞訟，情弊萬端，官府問理，則人被久禁。吏典受贓，顛倒是非，多有破家蕩產者。照依教民榜事例，除強盜官吏受贓自問，其告竊盜等事，置立簿扇，就於詞狀上編號，用印鈐蓋定，限俱發該管老人剖理明白，賫執原詞，帶領原被赴官完銷。原告無詞，被告認罪，將告取財物田產等件送還，即便放回。如爭論不決，則令老人引原被將各人口詞赴城隍廟焚祝禮拜，人懼神明降罰，則自輸情伏罪矣。其中頑惡尤甚者，或罰紙筆官用，或罰充膳夫門子等役，或令其修學。或謂如其不來，或謂老人不能問理，若何？曰：　過三日則查出行屬追來完銷，老人不能問理則拘人到官。若別都公直老人同問，或謂老人多不得人，如何？曰：　府州縣官亦未盡得賢才，豈老人皆得公直之人，但棄其所短，用其所長，捨舊取新，庶幾可也。

清·查繼佐《罪惟録·錦衣志》　洪武初，置儀鑾司，掌侍衛法駕、鹵簿，使冠文冠。十五年，改爲錦衣衛，設指揮使等官，冠武冠。所統曰將軍、力士、校尉。凡大朝會，介列左右，從校五百人番值，與金吾、龍驤、虎賁等，凡八衛稱親軍，不隸大都督府。上或徑下衛鎮撫司雜治，取詔行，不經法曹。二十年後，錦衣官頗恣，嘗舞文。上悉火其榜掠諸毒具，尋詔內外獄毋得上錦衣衛。衛品秩在《職官志》。【略】

永樂七年，復立東廠，佐錦衣刺事，內官一人主之。【略】時錦衣衛例猶從刑科都給事給駕帖，都察院堂上官給批，未即專行。

《明史·刑法志三》　東廠之設，始於成祖。錦衣衛之獄，太祖嘗用之，後已禁止，其復用亦自永樂時。廠與衛相倚，故言者並稱廠衛。初，成祖起北平，刺探宮中事，多以建文帝左右爲耳目。故即位後專倚宦官，立東廠於東安門北，令嬖暱者提督之，緝訪謀逆妖言大奸惡等，與錦衣衛均權勢，蓋遷都後事也。然衛指揮紀綱、門達等大幸，更迭用事，廠權不能如。至憲宗時，尚銘領東廠，又別設西廠刺事，以汪直督之，所領緹騎倍東廠。自京師及天下，旁午偵事，雖王府不免。直中廢復用，先後凡六年，冤死者相屬，勢遠出衛上。會直數出邊監軍，大學士萬安乃言：「太宗建北京，命錦衣官校緝訪，猶恐外官徇情，故設東廠，令內臣提督，行五六十年，事有定規。往者妖狐夜出，人心驚惶，感勞聖慮，添設西廠，特命直督緝，用戒不虞，所以權一時之宜，慰安人心也。向所紛擾，臣不贅言。今直鎮大同，京城衆口一辭，皆以革去西廠爲便。伏望聖恩特旨革罷，官校悉回原衛，宗社幸甚。」帝從之。尙銘專用事，未幾亦黜。弘治元年，員外郎張倫請廢東廠。不報。然孝宗仁厚，廠衛無敢横，司廠者羅祥、楊鵬，奉職而已。

正德元年殺東廠太監王岳，命丘聚代之，又設西廠以命谷大用，皆劉瑾黨也。兩廠爭用事，遣邏卒刺事四方。南康吳登顯等戲競渡龍舟，身死家籍。而衛使石文義亦瑾私人，廠衛之勢合矣。瑾又改惜薪司外薪廠爲辦事廠，榮府舊倉地爲內辦事廠，自領之。京師謂之內行廠，雖東西廠皆在伺察中，加酷烈焉。且創例，罪無輕重皆決杖，永遠戍邊，或枷項發遣。枷重至百五十斤，不數日輒死。尙寶卿顧璿、副使姚祥、工部郎張瑋、御史王時中輩並不免，瀕死而後謫戍。御史柴文顯、汪澄以微罪至凌遲。官吏軍民非法死者數千。瑾誅，西廠、內行廠俱革，獨東廠如故。張鋭領之，與衛使錢寧並心緝事恣羅織。廠衛之稱由此著也。

嘉靖二年，東廠芮景賢任千戶陶淳，多所誣陷。給事中劉最執奏，謫判廣德州。御史黃德用使乘傳往。會有顏如環者同行，以黄袱裹裝。景賢即奏，逮下獄，最等編戍有差。給事中劉濟言：「最罪不至戍。且緝執於宦寺之門，鍛煉於武夫之手，裁決於内降之旨，何以示天下。」不報。是時，盡罷天下鎮守太監，而大臣狃故事，謂東廠祖宗所設，不可廢，不知非太祖制也。然世宗馭中官嚴，不敢恣。

萬曆初，馮保以司禮兼廠事，建廠東上北門之北，曰內廠，而以初建者爲外廠。保與張居正興王大臣獄，欲族高拱，衛使朱希孝力持之，拱得無罪，衛猶不大附廠也。中年，礦稅使數出爲害，而東廠張誠、孫暹、陳矩皆恬靜。矩治妖書獄，無株濫，時頗稱之。會帝亦無意刻核，刑罰用稀，廠衛獄中至生青草。及天啓時，魏忠賢以秉筆領廠事，用衛使田爾耕、鎮撫許顯純之徒，專以酷虐鉗中外，而廠衛之毒極矣。

凡中官掌司禮監印者，其屬稱之曰宗主，而督東廠者曰督主。東廠之屬無專官，掌刑千戶一，理刑百戶一，亦謂之貼刑，皆衛官。其隸役悉取給於衛，最輕黠猥巧者乃撥充之。役長曰檔頭，帽上鋭，衣青素襈褶，繫小絛，白皮靴，專主伺察。其下番子數人爲幹事。京師亡命，誆財挾讐，視幹事者爲窟穴。得一陰事，由之以密白於檔頭，檔頭視其事大小，先予之金。事曰起數，金曰買起數。既得事，帥番子至所犯家，左右坐曰打樁。番子即突入執訊之，無有左證符牒，賄如數，徑去。少不如意，搒治之，名曰乾醡酒，亦曰搬罾兒，痛楚十倍官刑。且授意使牽有力者，有力者予多金，即無事。或靳不予，予不足，立聞上，下鎮撫司獄，立死矣。每月旦，廠役數百人，掣簽庭中，分瞰官府。其視中府諸處會審大獄、北鎮撫司考訊重犯者曰聽記。他官府及各城門訪緝曰坐記。某官行某事，某城門得某奸，胥吏疏白坐記者上之廠曰打事件。至東華門，雖夤夜，投隙中以入，即屏人達至尊。以故事無大小，天子皆得聞之。家人米鹽猥事，宮中或傳爲笑謔，上下惴惴無不畏打事件者。衛之法亦如廠。然須具疏，乃得上聞，以此其勢不及廠遠。甚有四人夜飲密室，一人酒酣，謾罵魏忠賢，其三人噤不敢出聲。罵未訖，番人攝四人至忠賢所，即磔罵者，而勞三人金。三人者魄喪不敢動。

莊烈帝即位，忠賢伏誅，而王體乾、王永祚、鄭之惠、李承芳、曹化淳、王德化、王之心、王化民、齊本正等相繼領廠事，告密之風未嘗息也。之心、化淳敍緝奸功，廕弟姪錦衣衛百戶，而德化及東廠理刑吳道正等偵閣臣薛國觀陰事，國觀由此死。時衛使惕廠威已久，大抵俛首爲所用。崇禎十五年，御史楊仁願言：「高皇帝設官，無所謂緝事衙門者。臣下不法，言官直糾之，無陰訐也。後以肅清輦轂，乃建東廠。臣待罪南城，所閱詞訟，多以假番故訴冤。夫假稱東廠，害猶如此，況其眞乎？此由積重之勢然也。所謂積重之勢者，功令比較事件，番役每懸價以買事件，受買者至誘人爲奸盜而賣之，番役不問其從來，誘者分利去矣。挾忿首告，誣以重法，挾者志無不逞矣。伏願寬東廠事件，而後東廠之比較可緩，東廠之比較緩，而後番役之買事件與賣事件者俱可息，積重之勢庶幾可稍輕。」後復切言緹騎不當遣。帝爲諭東廠，言所緝止謀逆亂倫，其作奸犯科，自有司存，不宜緝，并戒錦衣校尉之横索者。然帝倚廠衛益甚，至國亡乃已。

錦衣衛獄者，世所稱詔獄也。古者獄訟掌於司寇而已。漢武帝始置詔獄二十六所，歷代因革不常。五代唐明宗設侍衛親軍馬步軍都指揮使，乃天子自將之名。至漢有侍衛司獄，凡大事皆決焉。明錦衣衛獄近之，幽縶慘酷，害無甚於此者。

太祖時，天下重罪逮至京者，收繫獄中，數更大獄，多使斷治，所誅殺爲多。後悉焚衛刑具，以囚送刑部審理。二十六年申明其禁，詔內外獄毋得上錦衣衛，大小咸經法司。成祖幸紀綱，令治錦衣親兵，復典詔獄。綱遂用其黨莊敬、袁江、王謙、李春等，緣借作奸數百千端。久之，族綱，而錦衣典詔獄如故，廢洪武詔不用矣。英宗初，理衛事者劉勉、徐恭皆謹飭。而王振用指揮馬順流毒天下，枷李時勉，殺劉球，皆順爲之。景帝初，有言官校緝事之弊者，帝切責其長，令所緝送法司，有誣罔者重罪。英宗復辟，召李賢，屏左右，問時政得失。賢因極論官校提人之害。帝然其言，陰察皆實，乃召其長，戒之。已緝弋陽王敗倫事虛，復申戒之。而是時指揮門達、鎮撫逯杲怙寵，賢亦爲羅織者數矣。達遣旗校四出，杲又立程督併，以獲多爲主。千戶黃麟之廣西，執御史吳禎至，索獄具二百余副，天下朝覲官陷罪者甚衆。杲死，達兼治鎮撫司，搆指揮使袁彬，繫訊之，五毒更下，僅免。朝官楊瑄、李蕃、韓祺、李觀、包瑛、張祚、程萬鍾輩皆鋃鐺就逮，冤號道路者不可勝記。蓋自紀綱誅，其徒稍戢。至正統時復張，天順之末禍益熾，朝野相顧不自保。李賢雖極言之，不能救也。

鎮撫司職理獄訟，初止立一司，與外衛等。洪武十五年添設北司，而以軍匠諸職掌屬之南鎮撫司，於是北司專理詔獄。然大獄經訊，即送法司擬罪，未嘗具獄詞。成化元年始令覆奏用參語，法司益掣肘。十四年增鑄北司印信，一切刑獄毋關白本衛。即衛所行下者，亦徑自上請可否，衛使毋得與聞。故鎮撫職卑而其權日重。初，衛獄附衛治，至門達掌問刑，又於城西設獄舍，拘繫狼籍。達敗，用御史呂洪言，毀之。成化十年，都御史李賓言：錦衣鎮撫司累獲妖書圖本，皆誕妄不經之言。小民無知，輒被幻惑。乞備錄其書名目，榜示天下，使知畏避，免陷刑辟。報可。緝事者誣告猶不止。十三年，捕寧晉人王鳳等，誣與瞽者受妖書，署僞職，幷誣其鄉官知縣薛方、通判曹鼎與通謀，發卒圍其家，搒掠誣伏。方、鼎家人數聲冤，下法司驗得實，坐妄報妖言，當斬。帝戒以不得戕害無辜而已，不能罪也。是年，令錦衣衛副千戶吳綬於鎮撫司同問刑。綬性狡險，附汪直以進。後知公議不容，凡文臣非罪下獄者，不復加箠楚，忤直意，黜去。是時惟衛使朱驥持法平，治妖人獄無冤者。詔獄下所司，獨用小杖，嘗命中使詰責，不爲改。世以是稱之。

弘治十三年詔法司：凡廠衛所送囚犯，從公審究，有枉即與辨理，勿拘成案。正德時，衛使石文義與張綵表裏作威福，時稱爲劉瑾左右翼。然文義常侍瑾，不治事，治事者高得林。瑾誅，文義伏誅，得林亦罷。其後錢寧管事，復大恣，以叛誅。

世宗立，革錦衣傳奉官十六，汰旗校十五，復諭緝事官校，惟察不軌、妖言、人命、強盜重事，他詞訟及在外州縣事，毋得與。未幾，事多下鎮撫，鎮撫結內侍，多巧中。會太監崔文奸利事發，下刑部，尋以中旨送鎮撫司。尙書林俊言：祖宗朝以刑獄付法司，事無大小，皆聽平鞫。自劉瑾、錢寧用事，專任鎮撫司，文致冤獄，法紀大壞。更化善治在今日，不宜復以小事撓法。不聽。俊復言：此途一開，恐後有重情，即夤緣內降以圖免，實長亂階。御史曹懷亦諫曰：朝廷專任一鎮撫，法司可以空曹，刑官爲冗員矣。帝俱不聽。六年，侍郎張璁等言：祖宗設三法司以糾官邪，平獄訟。設東廠、錦衣衛，以緝盜賊，詰奸宄。自今貪官冤獄仍責法司，其有徇情曲法，乃聽廠衛覺察。盜賊奸宄，仍責廠衛，亦必送法司擬罪。詔如議行。然官校提人恣如故。給事中蔡經等論其害，願罷勿遣。尙書胡世寧請從其議。詹事霍韜亦言：刑獄付三法司足矣，錦衣衛復橫撓之。昔漢光武尙名節，宋太祖刑法不加衣冠，其後忠義之徒爭死效節。夫士大夫有罪下刑曹，辱矣。有重罪，廢之、誅之可也；乃使官校衆執之，脫冠裳，就桎梏，朝列清班，暮幽犴獄，剛心壯氣，銷折殆盡。及覆案非罪，即冠帶立朝班。武夫捍卒指目之曰：「某，吾辱之，某，吾繫執之。」小人無所忌憚，君子遂致易行。此豪傑所以興山林之思，而變故罕仗節之士也。願自今東廠勿與朝儀，錦衣衛勿典刑獄。士大夫罪謫廢誅，勿加笞杖鎖梏，以養廉恥，振人心，勵士節。帝以韜出位妄言，不納。祖制，凡朝會，廠衛率屬及校尉五百名，列侍奉天門下糾儀。凡失儀者，即褫衣冠，執下鎮撫司獄，杖之乃免。故韜言及之。迨萬曆時，失儀者始不付獄，罰俸而已。世宗銜張鶴齡、延齡，奸人劉東山等乃誣二人毒魘呪詛。帝大怒，下詔獄，東山因株引素所不快者。衛使王佐探得其情，論以誣罔法反坐，佐乃枷東山等闕門外，不及旬悉死。人以佐比牟斌。牟斌者，弘治中指揮也。李夢陽論延齡兄弟不法事，下獄，斌傅輕比，得不死云。世宗中年，衛使陸炳爲枝，與嚴嵩比，而傾夏言。然帝數興大獄，而炳多保全之，故士大夫不疾炳。

萬曆中，建言及忤礦稅璫者，輒下詔獄。刑科給事中楊應文言：監司守令及齊民被逮者百五十餘人，雖已打問，未送法司，獄禁森嚴，水火不入，疫癘之氣，充斥囹圄。衛使駱思恭亦言：熱審歲舉，俱在小滿前，今二年不行。鎮撫司監犯且二百，多抛瓦聲冤。鎮撫司陸逵亦言：獄囚怨恨，有持刀斷指者。俱不報。然是時，告訐風衰，大臣被錄者寡。其末年，稍寬逮繫諸臣，而錦衣獄漸清矣。

田爾耕、許顯純在熹宗時爲魏忠賢義子，其黨孫云鶴、楊寰、崔應元佐之，拷楊漣、左光斗輩，坐贓比較，立限嚴督之。兩日爲一限，輸金不中程者，受全刑。全刑者曰械，曰鐐，曰棍，曰拶，曰夾棍。五毒備具，呼謈聲沸然，血肉潰爛，宛轉求死不得。顯純叱咤自若，然必伺忠賢旨，忠賢所遣聽記者未至，不敢訊也。一夕，令諸囚分舍宿。於是獄卒曰：今夕有當壁挺者。壁挺，獄中言死也。明日，漣死，光斗等次第皆鎖頭拉死。每一人死，停數日，葦蓆裹尸出牢戶，蟲蛆腐體。獄中事秘，其家人或不知死者日。莊烈帝擒戮逆黨，冤死家子弟望獄門稽顙哀號，爲文以祭。帝聞之惻然。

自劉瑾創立枷，錦衣獄常用之。神宗時，御史朱應轂具言其慘，請除之。不聽。至忠賢益爲大枷，又設斷脊、墮指、刺心之刑。莊烈帝問左右：立枷何爲？王體乾對曰：以罪巨奸大憝耳。帝愀然曰：雖如此，終可憫。忠賢爲頸縮。東廠之禍，至忠賢而極。然廠衛未有不相結者，獄情輕重，廠能得於內。而外廷有扞格者，衛則東西兩司房訪緝之，北司拷問之，鍛煉周內，始送法司。即東廠所獲，亦必移鎮撫再鞫，而後刑部得擬其罪。故廠勢強，則衛附之，廠勢稍弱，則衛反氣凌其上。陸炳緝司禮李彬、東廠馬廣陰事，皆至死，以炳得內閣嵩意。及後中官愈重，閣勢日輕，閣臣反比廠爲之下，而衛使無不競趨廠門，甘爲役隸矣。

錦衣衛陞授勳衛、任子、科目、功升，凡四途。嘉靖以前，文臣子弟多不屑就。萬曆初，劉守有以名臣子掌衛，其後皆樂居之。士大夫與往還，獄急時，頗賴其力。守有子承禧及吳孟明其著者也。莊烈帝疑羣下，王德化掌東廠以慘刻輔之，孟明掌衛印，時有縱舍，然觀望廠意不敢違。而鎮撫梁清宏、喬可用朋比爲惡。凡縉紳之門，必有數人往來蹤跡。故常晏起早闔，毋敢偶語。旗校過門如被大盜，官爲囊橐，均分其利。京城中奸細潛入，傭夫販子陰爲流賊所遣，無一舉發，而高門富豪跼蹐無寧居。其徒黠者恣行請託，稍拂其意，飛誣立搆，摘竿牘片字，株連至十數人。姜埰、熊開元下獄，帝諭掌衛駱養性潛殺之。養性泄上語，且言：二臣當死，宜付所司，書其罪，使天下明知。若陰使臣殺之，天下後世謂陛下何如主？會大臣多爲埰等言，遂得長繫。此養性之可稱者，然他事肆虐亦多矣。

錦衣舊例有功賞，惟緝不軌者當之。其後冒濫無紀，所報百無一實。吏民重困，而廠衛題請輒從。隆慶初，給事中歐陽一敬極言其弊，言：緝事員役，其勢易逞，而又各類計所獲功次，以爲陞授。則憑可逞之勢，邀必獲之功，枉人利己，何所不至。有盜經出首倖免，故令多引平民以充數者；有括家囊爲盜贓，挾市豪以爲證者；有潛搆圖書，懷挾僞批，用妖言假印之律相誣陷者；或姓名相類，朦朧見收；父訴子孝，坐以忤逆。所以被訪之家，諺稱爲剗，毒害可知矣。乞自今定制，機密重情，事干憲典者，廠衛如故題請。其情罪不明，未經讞審，必待法司詳擬成獄之後，方與紀功。仍敕兵、刑二部勘問明白，請旨陞賞。或經緝拿未成獄者，不得虛冒比擬，及他詞訟不得概涉，以侵有司之事。如獄未成，而官校及鎮撫司拷打傷重，或至死者，許法司參治。法司容隱扶同，則聽科臣并參。如此則功必覆實，訪必當事，而刑無冤濫。時不能用也。

內官同法司錄囚，始於正統六年命何文淵、王文審行在疑獄，敕同內官興安。周忱、郭瑾往南京，敕亦如之。時雖未定五年大審之制，而南北內官得與三法司刑獄矣。景泰六年命太監王誠會三法司審錄在京刑獄，不及南京者，因災創舉也。成化八年命司禮太監王高、少監宋文毅兩京會審，而各省恤刑之差，亦以是歲而定。十七年辛卯命太監懷恩同法司錄囚。其後審錄必以丙辛之歲。弘治九年不遣內官。十三年以給事中丘俊言，復命會審。凡大審錄，齎敕張黃蓋於大理寺，爲三尺壇，中坐，三法司左右坐，御史、郎中以下捧牘立，唯諾趨走惟謹。三法司視成案，有所出入輕重，俱視中官意，不敢忤也。成化時，會審有弟助兄鬭，因毆殺人者，太監黃賜欲從未減。尚書陸瑜等持不可，賜曰：同室鬭者，尚被髮纓冠救之，況其兄乎？瑜等不敢難，卒爲屈法。萬曆三十四年大審，御史曹學程以建言久繫，羣臣請宥，皆不聽。刑部侍郎沈應文署尚書事，合院寺之長，以書抵太監陳矩，請寬學程罪。然後會審，獄具，署名同奏。矩復密啓，言學程母老可念。帝意解，釋之。其事甚美，而監權之重如此。錦衣衛使亦得與法司午門外鞫囚，及秋後承天門外會審，而大審不與也。每歲決囚後，圖諸囚罪狀於衛之外垣，令人觀省。內臣曾奉命審録者，死則於墓寢畫壁，南面坐，旁列法司堂上官，及御史、刑部郎引囚鞠躬聽命狀，示後世爲榮觀焉。

成化二年命內官臨斬強盜宋全。嘉靖中，內臣犯法，詔免逮問，唯下司禮監治。刑部尚書林俊言：宮府一體，內臣所犯，宜下法司，明正其罪，不當廢祖宗法。不聽。按太祖之制，內官不得識字、預政，備掃除之役而已。末年焚錦衣刑具，蓋示永不復用。而成祖違之，卒貽子孫之患，君子惜焉。

清・趙申喬《趙恭毅公自治官書類集・到任懸示轅門入款》

一、本都院正己率屬，禁絶餽送，闔屬文武大小官員，概不許沿習故套，借稱合節生辰，混投一揩，違者參處，該吏傳稟一併重責。

一、本都院素性簡樸，且俸金有限，每日需用不過米薪菜腐等件，俱發現銀錢，照依時價平買，並不濫取一物，虧損絲毫。如買辦人役尅扣價值，攙換低潮，或賒支，或掯勒，擾害鋪行者，許即赴轅稟究。

一、地方大弊大害，關係國計民生，以及貪官蠹役壞法害民者，許直書事情陳告，聽候查奪，其餘一切細故，揑詞謊聳，或舊事翻新，牽告無辜者，除不准外，提代書重究。

一、本都院總理錢穀兵刑，凡欽部事件，各屬員自能依限速結，倘玩愒相沿，愆期遲悞，即提經承嚴行察比。如敢偪倩搪塞，除重責解差外，仍拿正身加等治罪，併將本官照例報參。

一、各屬官員均有地方之責，或因公事稟見，該吏如敢需索門包，故意阻攔者，察出定行究治，其府屬官員事畢即回，不得逗留觀望，違者參處。

一、本院關防嚴密，凡鉅細政務悉係親裁，如書吏門子承舍等役交通內外，借端撞騙者，察出立拿究處，重則杖斃。

一、凡解審人犯遠近不等，盤費維艱，務須隨到隨解，以便示期審訊，即便發回。如有棍蠹包攬指稱衙門陋規，需索使費，許本犯當堂稟明，立拿究追不貸。

一、本都院職司風紀，首在察吏安民。湖南吏治極壞，民生日促，總由上司朘削州縣，而州縣尅剝小民，私徵重耗，官蠹分肥，以致閭閻貧困，愁怨不堪。

清・田文鏡《撫豫宣化録・嚴禁賫送本摺承差家人騷擾塘站事》 照得賫送題奏本摺，關係緊要，沿塘應付遲延，固爲不可，而賫送承差家人横行騷擾，尤干法紀。本院恭奉特旨，補授巡撫，蒞任伊始，本摺較多，誠恐賫送人役途次肆横，一路需索銀錢，下程酒席，嫖妓宿娼，稍不隨意，鞭撻兵房馬夫，甚至到州縣公堂宅門出言不遜。自京回轉，又復多帶私物，重壓背包。種種不法，殊堪痛惡。除密訪查拿外，合行嚴禁。爲此示仰沿途塘站官吏人等知悉：嗣後如有本院承差家人到站，驗明牌票，即應備捐備塘馬前進，不許片刻停留。如有前項諸弊，該管塘站官即便據實密稟以憑，立置大法。倘畏縮狥隱，以致此輩猖狂無忌，本院查出，定以罷軟飛參。如各塘馬匹疲瘦，致悞緊急公務，亦干未便。各宜凜遵，均毋有違。須至告示者。

《刑部現行則例・名例》 應行議罪官員，該督撫題參，或係刑部具題。查取職名，到日者，刑部停其具題，咨送該部議處，至遇赦者，亦停其具題，刑部即行議結。

《刑部現行則列・名例》 議政王、九卿會審重犯之事併秋審事件，俱在西長安門內在金水橋西會審。

《大清法規大全・司法警察・法部等奏定營翼地方辦事章程光緒三十三年十二月》 一、京師既有各級審判衙門，所有呈詞口喊，步軍統領衙門概不接收。

一、步軍統領衙門既有地面緝捕之責，所有拿獲、動兇、鬭毆、拐帶、娼、賭、命盜等案，由步軍統領衙門録取大概供詞，分別解送辦理。

一、無名身死及自盡案件，并拿獲、動兇等案，應由營翼報知步軍統領衙門，通知該管檢察廳相驗。

一、營翼官當場拿獲之案，一面將人犯解赴步軍統領衙門，一面通知就近檢察廳會同前往犯事地方，分別相驗或踏勘。並由步軍統領衙門録取大概供詞，解送該管檢察廳。

一、步軍統領衙門所屬營翼，遇有拿獲、解送刑事案件，所有案內傳喚、取保、緝捕、搜查各事其緊急者，由檢察廳專電通知步軍統領衙門，轉飭營翼辦理。隨後補行文書。其尋常事件，由檢察廳逕行通知營翼執行。如不經步軍統領衙門，解原脫俟補。

一、營翼拿獲無需勘驗之案，應解送步軍統領衙門。録取大概供詞，查照審判廳章程，移送該管檢察廳。

一、通緝案件，應由各該廳通知步軍統領衙門轉飭營翼官，照例協拿。

一、京控案件，除外省業由臬司或高等審判廳辦結之案，不服上控者，應由大理院收受外，其未經斷結到京具控者，仍照向章辦理。

一、五營地面詞訟，除南營外，步軍統領衙門向章笞杖罪名，擬結。徒流以上罪名，咨送大理院。現京營審判尚未設廳，擬笞杖由本管衙門議結。流徒以上罪名，送地方審判廳。其所需訴訟狀紙，應由法部送步軍統領衙門，轉飭營訊地面，照章辦理。

一、擬結案件仍照向章，兩月彙咨法部一次。

一、步軍統領衙門如有未結之案，應行移交者，即查照法部奏明接收豫審廳辦法，一律分期交代。俾昭慎重。

一、營翼官辦理司法事務之功過，應由步軍統領衙門查照《緝捕賞罰成例》核辦。

一、特交之案，應遵照廷寄，分別辦理。

一、步軍統領衙門解送審判廳，應行管收之。輕罪人犯，可酌請由本衙門暫看。

一、奏交各案，仍送大理院。其宗室犯罪，不論輕重，及宗室與平民涉訟之民事案件，遵照奏定章程，仍由步軍統領衙門咨送大理院會同宗人府訊辦。

一、此章程自具奏奉旨之日起爲施行之期。

《大清規大全・司法警察・法部等奏定司法警察職務章程光緒三十三年十二月廿四日**》** 第一節 總綱

第一條 凡司法警察人員，以下列各項人員充之。一巡官，二巡長，三巡警。

第二條 凡司法警察人員，有協助檢察廳執行檢察事務之責。

第三條 凡巡警廳長官，於執行檢察事務，與檢察廳長官有同一之執權，但其事如係檢察廳所及辦者，務必聽任檢察官辦理。

第四條 凡司法警察人員，當執行檢察事務時，對於檢察廳長官，應受其調度、指揮。與對於巡警廳長官同。

第五條 凡檢察廳需用司法警察人員時，應先知照巡警廳轉飭辦理。

第二節 逮捕人犯

第六條 凡逮捕人犯，應以審判衙門所發印票爲憑。由檢察廳備文送交該管巡警衙門，轉飭司法警察人員執行。檢察廳於有犯罪之嫌疑及人犯所在地，有不甚明確者，隨時摘錄事由，移知巡警廳轉飭偵探。

第七條 凡現行犯，得由巡警逕行逮捕。帶至廳區，先行訊問。除違警及犯部廳所定各項罰則，屬於行政處分者，應即判決外，其餘解由總分廳備文，派警送交檢察廳辦理。但左列各項人員，有犯罪者，應即電告檢察廳，以待處分，一面報告本管長官。

一、宗室覺羅；二、職官；三、外國人；四、軍人。

第八條 凡有現行犯在警廳區詢問時，供出之案内要犯及巡警偵探確實之要犯有逃走之虞者，經該管長官之許可後，先行逮捕，俟交送檢察廳。取有收據時，並捕發拘票。

第三節 搜查證據

第九條 凡審判廳應行查取證據時，由檢察廳知照該管警廳轉飭司法警察人員，會同檢察官前往。

第十條 凡左列各項司法警察各員，經本管長官之許可，得逕行搜查。

一、現行犯在警廳區詢問時，發覺之證據；二、在警廳區告訴告發或自首，應行查取之證據；三、巡警偵探所得之證據。

第四節 護送人犯

第十一條 凡由警廳區送交檢察廳之人犯，如經庭訊，須聽候再訊者，應由檢察廳派人解回原送之警廳，飭區取保聽傳。

第十二條 凡獲送人犯應有一定之時刻。但關於重要人犯不在此例。

第十三條 凡獲送人犯至檢察廳，在訂定時内，應隨到隨收，發給收據。

第十四條 凡獲送人犯於檢察廳，未經收受以前，如有逃脫情事，應由原解巡警擔其責任。

第五節 取保傳人

第十五條 凡審判廳應行傳集人證質訊者，應由檢察廳知照原送警廳，飭區辦理。

第十六條 凡人證應行候訊者，由警廳區取具鋪戶水印保結或印結，及殷實妥靠之人保結。如無保可取者，應仍送交原審判衙門管收。應隨到隨收。

第六節　檢驗屍傷

第十七條　凡檢驗屍傷，司法警察各員應候檢官到場，會同辦理。如有傷幾於死，迫不及待者，得先行錄取生供。

第十八條　凡斃於道路者，應由該管廳區電告檢察廳，從速派員前往檢驗。

第十九條　凡非命死於家宅者，其檢驗等事照上條辦理。

第二十條　凡檢驗後，其確係自盡，並無別情者，即由檢察廳發給擡埋票，以便擡埋。而重衛生至情節重大之案，應先飭棺殮，俟審判廳訊結後，再由檢察廳給票飭令擡埋。所有擡埋票概發交屍親。無親族者，概由警區代爲處理。

第七節　接收呈詞

第二十一條　凡關於命盜、殺傷案件，警區得接受呈詞，移送檢察廳辦理。其民事訴訟概不收理。

第八節　附則

第二十二條　凡案件如係由他項衙門送交者，其搜查、逮捕、護送、取保等事，應由各該原送衙門自行辦理。

第二十三條　凡處決罪囚，警廳區除派巡警彈壓照料外，其護決差使仍照舊章歸營縣辦理。

第二十四條　以上各條均係暫行試辦。將來如有應行修改之處，可由法部大理院各級檢察廳隨時會同民政部巡警廳商榷，分別修改。

紀事

《元史・武宗紀一》　己(酉)〔丑〕中書省臣言：　阿失鐵木兒請遣教化的詣河西地採玉，馱攻玉沙需馬四十餘匹，採玉人千餘。臣等以爲不急之務勞民，乞罷之。又言：　近百姓艱食，盜賊充斥，苟不嚴治，將至滋蔓。宜遣使巡行，遇有罪囚，即行決遣，與隨處官吏共議弭盜方略，明立賞罰，或匿盜不聞，或期會不至，或踰期不獲者，官吏連坐。又言：　江浙行省海賊出沒，殺虜軍民。其已獲者，例合結案待報，宜從中書省、也可札魯忽赤遣官，同行省、行臺、宣慰司、廉訪司審錄無冤，棄之於市。其未獲者，督責追捕，自首者原罪給粟，能禽其黨者加賞。有旨：　弭盜安民，事爲至重，宜即議行之。封諸王也先鐵木兒爲營王。以乳母夫斡耳朵爲司徒。

《元史・成宗紀一》　詔各處轉運司官，欺隱奸詐爲人所訟者，聽廉訪司即時追問，其案牘仍舊例於歲終檢之。陞福建鹽提舉司爲鹽轉運司，增捕私鹽人賞格。

又　〔元貞元年九月〕壬辰，湖州司獄郭玘訴浙西廉訪司僉事張孝思多取廩餼，孝思繫玘於獄。行臺令監察御史楊仁往鞫，而江浙行省平章鐵木而逮孝思至省訊問，又令其屬官與仁同鞫玘事，仁不從，行臺以聞。詔省臺遣官鞫問，既引服，皆杖之。諸王小薛部衆擾民，遣官按問，杖其所犯重者，餘聽小薛責之。

又　〔元貞元年十月〕甲寅，中書省、御史臺臣言：　江浙行省平章明里不花陳臺憲非便事，臣等議，乞自今監察御史廉訪司有所按覈，州縣官與本路同鞫，路官與宣慰司同鞫，宣慰司官與行省同鞫。制曰可。

《元史・成宗紀二》　〔大德二年五月〕樞密副使塔剌忽帶犯贓罪，命御史臺鞫之。己酉，太陰犯左執法。庚戌，吉、贛立屯田。減中外冗員。

又　〔大德五年七月癸亥〕中書省臣言：　舊制京師州縣捕盜，止從兵馬司，有司不與，遂致淹滯。自今輕罪乞令有司決遣，重者從宗正府聽斷，庶不留獄，且民不冤。從之。

《元史・成宗紀四》　〔大德七年十月乙未〕陞甘州爲上路。設刑部獄吏一員，以掌囚徒。

《元史・仁宗紀一》　六月己未朔，京師地震。癸亥，秃忽魯等以災異乞賜放黜，不允。丙寅，京師地震。辛未，以參知政事許(思)〔師〕敬綱領國子學。乙亥，詔諭僧俗辨訟，有司及主僧同問，續置土田，如例輸税。

《元史・仁宗紀二》　〔延祐二年〕九月丁未，張驢以括田逼死九人，敕吏部尚書王居仁等鞫之。己酉，太陰犯房。甲寅，日色如赭。辛酉，太白犯左執法。壬戌，蔡五九衆潰伏誅，餘黨悉平，敕賞軍士討捕功，并官其死事者子孫。己巳，徙曲尤倉於赤斤之地。賜諸王別鐵木兒永昌路及西涼州田租。

《元史・和尚傳》　〔至元〕二十六年，加明威將軍，遷淮西江北道提刑按察使。時桑哥秉政擅權，勢焰熏灼，人莫敢言。千奴乘間入朝，見帝於柳林，極陳其罪狀，帝爲之改容。未幾，桑哥伏誅，又上言其黨猶布中外，宜早處分。改立肅政廉訪司，進廣威將軍，授江北淮東道肅政廉訪使。

三十一年，遷江東建康道肅政廉訪使，丁祖母憂，服闋。東平、大名諸路有諸王牧馬草地，與民田相間，互相侵冒，有司視強弱爲予奪，連歲爭訟不能定。乃命起千奴治之，其訟遂息。

《明實録・洪武四年》〔二月〕癸酉，中書省奏：各處都指揮使司統屬諸衛，凡有軍官軍人詞訟，宜設斷事司以理之。斷事一人，正六品；副斷事一人，正七品。從之。

《明實録・宣德二年》〔五月〕癸未，增置浙江布政司理問所副理問一員。先是，巡按浙江監察御史吳訥奏：浙江地大人衆，詞訟繁多，雖因人民好訟，亦是官司不能分理，以致刑獄不清。乞增置副問一員。從之。

《明實録・宣德六年》〔十二月〕庚子，命南京法司不得理在外訴訟。時姦僞之徒，欲誣陷良善，多搆虚詞，赴南京訐告。南京法司輒逮問，致有濫死無辜者。上聞之，命行在刑部、都察院移文禁止。凡有告訐者，俱送北京。惟京城軍民詞訟許其鞫問。

《明實録・正統十三年》〔冬十月辛酉〕浙江備倭署都指揮僉事脱網奏：沿海衛所告訐日盛，多者牽連百餘人，其赴理道遠，有誤邊備。中間無重情而所連多者，請就令按察司巡海官聽理。上可其奏。

《明實録・正德十二年》〔七月丙戌〕除大理寺評事沈光大名，降司務林華外任。時有錦衣衛校卒喧爭三法司道上，華出不避，因杖之。校卒語不遜，光大復杖而囚之。朱寧遂奏：校乃執駕人役，二人擅辱之，違例。有旨：執光大、華俱下錦衣衛獄拷訊，且令法司從重擬罪。法司擬光大贖杖畢調用，華復職。乃黜光大爲民，華降一級調外。時廠衙聲勢赫奕，諸司行事少拂其意者，輒遭中害。校卒每至各部白事，呼卿佐爲老尊長，卿佐亦降顔禮遇之。體競陵夷，公法掣肘，論者每太息焉。

《明實録・正德十六年》〔七月癸亥〕巡按山東御史胡松請裁革東廠官校，如不可驟革，則宜申明舊章，令謹守約束，不得越理民詞，參預外事。其關防非祖宗制，請亟毀之。兵部覆言：東廠設自文廟，頃有旨勿革，而御史復以爲言，宜敕東廠自舉其職，無越舊制。上從之，命驗關防所在以聞。

《明實録・嘉靖四十四年》〔五月〕甲寅，先是，有矯詔往雲南鷄足山建醮者，自稱爲大眞人，府贊教梁廷材、巡撫都御史呂光洵信之，因令有司致齋供具。及是事竣，以聞。上大怒，命錦衣衛緝捕重治之。

《明實録・萬曆三十八年》〔十月壬辰〕先是，尚膳監太監馮進朝家人相嚷致死詰告，刑部發宛平縣簡究。知縣李嗣善刑訊之，進朝怨，誣奏嗣善索錢肆虐職官。有旨：令部院查明具奏。而司禮監太監高昇又黨怨之，上震怒，命將李嗣善同進朝下法司推問，禮科右給事中周永春以非法官之體，疏嗣善明於奉法，而昧投鼠之忌。我皇上赫然震怒，付諸法司，不聽近付侍單詞而聽法司面質，可謂至明。惟是因一近侍而處縣官，且並行法司提問，從此灰縣官執法之心，長近侍驕横之氣，漸不可長。蓋京師宛、大兩縣日問刑名，強半干連宦官，而又鑽求之實甚多，故爲京縣者不難熟軟脂，常難戇直執法。今以執法故，身罹法司，後爲京縣者遇干連宦官事情，輒不敢問，稍或執法，而宦官以索賄誣之，且不難并鞫法司矣。是法司之廷乃宦官洩忿報怨之地，而執法之吏，不免有觸阱畏噬之虞，將來誰肯爲皇上執三尺者？竊恐輦轂從此多事，甚非國家之利也。伏乞將知縣李嗣善免行法司并問留中。

《明實録・萬曆三十八年》〔十一月壬戌〕刑科右給事中周日庠上言：王一第，雄縣百姓也。親兄王用爲崇府承奉，其祖父所遺家產豈眞出王用官囊？不行題請，擅自抄沒。令甲謂何據，稱以奉銀三千付彼開當，藩體崇重，何當下操商賈之行？往聞内廷諸璫或病故，或別有事故，奉旨抄沒，止意本璫身傍所有，安得概行原籍而搜擄及於父兄？民無二王，權不兩擅，任急抄沒至及隔省，不居然朝廷行事乎？此案藩無法無君之罪，當亟議者也。東廠緝拏止都城内外，眞正奸盜方據實緝報。雄縣距京數百里，一切不法，下有道府，上有撫按，豈該廠威令所及之區？擅發牌票，縱令兇棍多人搶擄。其中王一第非奸細，又非盜賊，何以堪此？御史揭稱，未辯眞假，假則罪在各棍，如眞，則該廠何說之辭？前此視事初，遽聽左右撥置都城内外，凡是供衣食之家，無不被其騙害，今且逞狼虎于畿南數百里外。此外漸及各省，漸及各邊，又何所不至，此該廠無法無天之罪，當亟議者也。廖鳴華綰綬爲一縣之主，境内有大奸大害，當即時聞道府，以轉報兩院，乃崇藩擅行抄沒不報，東廠擅行打嚇不報，快手生員鄉虎族惡等棍亂搶王一第家財不報，且受五百之金，出示封門，稱一第家財盡屬王有，又東機妝變產銀三百，當補銀一千五百，藩廠此舉不反爲貪令贓私之一藉耶？此廖鳴華之無法無君，當亟議者也。夫宗藩縱肆不簡，縣令貪懦無爲，自有正法。臣未敢擅議，惟李浚老悖無知，左右撥置，借以營私，浚一日在事，都城內外一日不得聊生，似宜責令投閑，另擇謹慎一人以司廠務。不報。

《明實録·天啟六年》〔十二月己亥〕先是，蜀府左護衛指揮何起登以不法，爲巡按四川御史陳睿謨訪拏。蜀王奉銓言：臣府侍衛之官，與各衛逕屬有司者不同，乞照依會典，有司不許逕自行拏，各官若有事犯，必須移文長史，司臣自遵祖制正法懲戒，弗敢姑息。刑部尚書薛貞言：蜀藩儀衛，官員實繁有衆，其間守法者固多，踰閑者亦不少，如左護衛指揮何起登坐有贓私，豈盡風影，御史以朝廷法治，王府官自不應避貴。今蜀府援例奏請，亦欲存藩體耳。然藩體當隆法紀，亦宜肅除何起登行拏外，嗣後巡方按部訪有倚衛不法，啓請親王，然後提問，庶不因崇體以礙法，亦不因執法以傷體。得旨：皇祖篤念親藩，賜之侍衛，其賢否獎戒聽之。該府何起登著王自行懲治。以後王府員役有不法的，還遵祖制，啓王鈐束，有司官不得擅自訪拏。

明·談遷《國榷·神宗萬曆元年》〔萬曆元年九月〕署刑科右給事中侯于趙，請今後廠衛獲盜必送法司研審，如罪眞方論功，毋誣執扶同，部覆從之。

清·查繼佐《罪惟録·錦衣志》 嘉靖初，革傳奉官，錦衣自指揮下汰十之八，復汰旗校十之五，而令舊臣都指揮駱安治錦衣。聶能遷者，故錦衣千戶，亦在汰中。大禮議起，具疏是璁、萼，得擢指揮，領鎮撫事，尋坐怨望，戍嶺南，至瘐死。代之者爲王佐。佐謹願，有志介。會劉東山者，知上故卹昭聖皇太后弟昌國公鶴齡兄弟，益誣鶴齡等毒魘、咒詛。佐謬爲厚東山者，探得其情，論誣罔法反坐。中外以佐安慈慶，曲成上孝，稱社稷臣云。卒，贈二階，爲左都督。自是陸松、陳寅，皆興國衛士，咸信愼，不能有所上下。寅以老乞休，特典也。以左都督代寅爲陸炳。或云炳曾負上脫行宮火，上德之，故以指揮數遷，驟貴。嘗捶殺兵馬指揮，爲御史所抨，詔弗問。炳故暱大學士嵩，已御史糾炳諸不法，言欲從中下捕治，炳賂言不得，至長跪泣謝罪，乃已。于是啣言刺骨，爲助嚴嵩發言所與邊師關節書，得誅言。而嵩有炳，益喜，多布耳目，睚眦無不立碎。咸寧侯仇鸞以大同師入援，總天下兵權，每易視大學士嵩，而獨意憚炳。炳亦曲承之，不敢與鈞禮。及鸞病死，輒發其陰事，以謀反族之。累加太保，兼太子太傅。東廠馬廣、極密李彬，咸以耆宿握重自恣。炳前後刺其罪，獄死，凡中外豪貲，滿萬以下，少酒食過，輒收而籍沒，無遺者。然浮慕義名，僞恭士大夫，往往緩士大夫獄，俟上怒解，以是縉紳間有聲。司禮錦、相嵩，咸與結婚姻。侍西院，贊青詞，加兼少傅，食伯爵俸。炳又益遴緹騎驍勇者七千人，凡駢脅超乘騎射之士，又以千計，仰度支部可十五六萬人，諸曹事無所不關白，方鎮督撫大臣非交故而錢通者八九，給事御史自屈跪門下者亦十三四。朱望孝者，成國公希忠介弟也，以兄任數遷至左都督，加太保，雖寬然長者，亦卑事炳惟謹。炳卒，贈忠誠伯，予謚蔭。

隆慶元年，革錦衣官旗八十一人。三年，復汰錦衣冒濫官旗一千餘人。

萬曆初年，錦衣官較爲首輔張居正所持，莫敢肆，至於恭江陵家人子遊楚濱上座，盛讌會。四十年，內使羣毆駙馬都尉冉興讓於大明門外，興讓掛冠逃。錦衣奉詔緝訪不得，奪興讓父官。明年，趙思聖爲鄭貴妃託帶刀侍衛東宮，將不利太子，武人王日乾發之。閣臣向高密請福王速之國，以絕羣疑。久之，別坐日乾詔獄，思聖不問。四十三年，男子張差以鄭氏指，梃擊東宮，事敗，郎中邢士相以御史劉廷元初讞定獄風魔，提牢主事王之寀餂得其實上聞，獄竟不白，遂爲《要典》三案之一，羅織最蔓，極慘。天啓元年，上御文華門，有風男子張適安頂充直駕較尉，大言保駕來遲，主公有罪等語者再，逮治，詔肅朝儀。四年，以魏黨許顯純掌北鎮撫，理刑，後陞錦衣左都督。魏黨崔應元右都督，管司事。言官周之綱、許譽卿、劉廷佐交章請勿輕用立枷之刑，不聽。已而錦衣都督田爾耕以魏忠賢黨，稱緝獲人命功，廕一子錦衣百戶，尋加原廕正千戶，陞二級。忠賢以司禮監管廠事，敍緝獲功，廕弟姪錦衣百戶一。首輔向高引罪乞歸，有云：駕貼之拿人漸不可長。五年，鎮撫顯純以逆魏指，誣織衆正趙南星、楊漣、左光斗等，百法鍛鍊，勇爲三案報復，至誣楊鎬、熊廷弼入賂停刑，內監王安因緣壞法，波連屠戮，不可數。隨以錦衣衛同事李不矜、周顯祚、王受善等依傍門戶，並坐削籍。于是競尚酷烈，以爲能其官。于是忠賢歷以緝獲有功，歷廕弟姪都督僉事二人，都督同知二人；又比封疆例，封姪良卿左都督肅寧伯，世襲；又錦衣指揮使一人，孫鵬翼世襲錦衣指揮僉事。其以別功陞廕者不與。客氏廕錦衣指揮使世襲。魏黨劉忠廕錦衣正百戶一人，王體乾、梁桂、石化琳、涂文弼、李文學、劉學孟、李之榮等，俱錦衣指揮僉事世襲。梁棟、王永貞、石元雅、王朝輔、袁隱儒、李實、崔文龍、涂文輔、蘇體乾俱錦衣都督同知世襲。毅廟立，魏逆辭東廠，不許。

以定策勳，加忠賢及崔呈秀、監體乾、信邸舊監涂應元各廕錦衣衛指揮使一人。已而魏敗，其黨盡付法，而客氏子侯國興之廕都督者亦被極刑。

崇禎元年，以禁旅功，廕太監曹化淳錦衣千戶一人，袁禮、楊朝選、盧志德各百戶一人。十二年，敘緝奸功，本廠太監王之心、曹化淳各百戶一人。十五年，都御史劉宗周上言六事：一、獄詞悉聽法司；一、三品以上官有罪必會詳乃付司寇，不聽。安廟立，以扈駕功，內降王鏞、王無黨各授錦衣指揮使世襲。科臣陳子龍請慎名器，極言內降之非。禮臣錫疇請竟罷廠衛。不聽。科臣汝霖直云：廠衛之設，飛誣告密，內外交通，神器互借，不已何待？坐戇激，罰俸。

隆武中，吳江錢六洲者，以字行。崇禎初，少隨其父應唐藩之聘，父爲藩掌書記。王愛養六洲爲義子。已而王入高牆，父死于賊，六洲扶母逃歸吳。乙酉，王入閩，六洲從，以扈蹕勳授錦衣衛僉事。虛都督銜以待于忠肅隸之後，而六洲掌堂事。時有諸生高維城，字百雉，嘉興人，父鄉薦文燁。其祖係國初錦衣世襲百戶，靖難中以擁戴不力，降嘉興所百戶。乙酉，維城攜先世誥命，間關走閩。授文資，不受。以祖蔭仍錦衣百戶，改司僉，陞指揮使，改僉事。以駕帖未下，便提人，坐廷杖，謫廣東。適唐主生長子，援赦免議。閩敗逃歸。而六洲亦歸隱嘉善。

清・丁日昌《撫吳公牘》 行臬司

爲札知事。據該署司申送江北，積案分別已未審解及犯故酌歸外，結三項開折，呈送前來查。漕部堂咨送積案，尚有沭陽縣桑夢柱。因續姦未遂，戳傷本婦盧張氏身死一案。犯已病故。業據贛榆縣於同治六年三月內，奉委驗明詳報。當經批司在案，現送摺內，漏未開除。又豐縣詳遇赦援免酌歸外結，除孫連珠王聖布二案外，尚有同時並詳之許庭現一案。未據該司詳結，摺內亦未聲明。又徐海道，詳宿遷縣賊犯路民悞，移竊謝氏行船一案。又蕭縣民人梁豁子，疑竊毆傷魯胡氏，致令氣忿投水身死一案。又蕭縣民人趙大八，戳傷無名竊賊，身死一案，現經本部院查照原詳核咨，均應扣除外，其餘各案，業經開單，分札各該州縣，先行檢卷送司核辦。合行鈔札飭知。札到，該司即便一體分飭遵照。毋任遲延。切切特札。

《清實録・雍正元年》 吏部疏奏：京畿四路捕盜同知缺出，應令該督撫於現任屬員內揀選。如本省無人，請於筆帖式等官內揀選。從之。

清・沈家本《叙雪堂故事・知縣杖斃鋪户案》 陝西總督楊應琚奏：鳳翔縣知縣李莊挾私故勘平人致死一案，奉旨，三法司速議具奏。斬犯一名李莊年五十歲，係直隸永平府遷安縣人，原任陝西鳳翔府鳳翔縣知縣。據陝甘總督楊應琚奏准吏、刑二部咨，乾隆二十八年五月初十日奉上諭：鄂弼泰奏參鳳翔縣知縣李莊杖斃鋪戶李信一摺，其事甚堪駭異，非尋常劣員情事所應有，而該撫僅援濫刑斃命之例爲詞，於例意失之遠矣。州縣官員因鞫訊公事，任性乖張，或用非刑，或責不如法，以致對簿之人邂逅傷死，此乃謂之濫刑。今李莊以署內需布，今本縣布行平民辦交，復聽信家人事後抑勒找補。甚至以所求不遂，盛怒疊杖而立斃。是始以所部買人爲其魚肉，後以縣官威勢肆其草菅，不獨與濫斃科條絕不相蒙，即以鬥毆抵命常法揆之，彼乃一時起釁，既無勒索重情，兩造平人又無官民定分，校此猶爲霄壤。又豈得抵監候足蔽厥辜？李莊著即革職拏問，交與該督嚴審，定擬具奏。欽此。該臣等看得，參革鳳翔縣知縣李莊杖斃鋪戶李信一案。緣乾隆二十八年二月二十五日，李莊因署內需用布疋，并欲製備各項人役號衣，令家人孫二赴鋪買布，孫二即赴東關李信、曹璸夥開鋪內看定白布一卷，內止淨布二十八疋，又包皮短布二節，照布行鋪規應作三十疋售賣，議定每疋價銀五錢八分，共銀十七兩四錢。孫二聲言尚欲照買二卷，李信答以止存一卷，孫二隨令將看定一卷與未看一卷俱送署領價。復至王舉元鋪內看定布一卷，亦連皮作布三十疋，議定每疋價銀五錢六分五釐，共銀十六兩九錢五分，亦令送署領價。迨李信送布二卷至署，孫二因未看之卷粗鬆短狹，不及看定之布，慾行退還，李信情願讓銀一兩四錢，止作十六兩，孫二依允，兩卷共給銀三十三兩四錢。又，王舉元送布至署，亦照原議之價給領，孫二隨將買布發銀總數籠統回覆。至四月初五日，李莊取用布疋，查點每卷不及三十疋之數，即向孫二查問，孫二始將布疋實數及交易行規分晰回明。李莊以包皮僅可抵算一疋，止有布二十九疋，何云每卷三十疋。且既係按疋議價，何以二十九疋布領三十疋價銀，遂疑布行欺騙并疑孫二串通作弊。初六日，傳李信訊問，適李信外出未到，李莊掌責夥計曹璸，著落找尋。至初七日下午，李信、王舉元一同投案。李莊訊問情由，勒令找補，并欲治欺詐之罪。李信等不服，出言頂撞，李莊氣忿，令皂役王元正、王起登將李信、王舉元各責二十五板。詎李信受杖出署，行至署東昏迷蹲地，至掌燈時候殞命，供認前情不諱。查李莊任內買用布疋，本屬私用，乃於事後勒令找補不遂，輒將無辜平民盛怒杖責致斃，實屬挾私逞忿，草菅民命。除家人孫二、皂役王元正等分別擬以枷杖外；李莊合依官吏挾私故勘平人致死者斬律，應擬斬監候，歸入本年秋審案內情實。該臣等審得李莊身爲知縣，乃因買布短少，勒找不遂，輒將無辜鋪戶立斃杖下，殊屬殘酷，李莊應情實。

清·沈家本《敘雪堂故事·科布多烏里雅蘇臺死罪人犯由將軍辦理》

乾隆四十五年六月初二日奉上諭：　據明善將門殺科布多商民王思禮之民人王廷相照例送刑部辦理一案，援引無論金刃他物絞監候律，明善將此等兇犯定擬解送京刑部辦理，雖係從前舊例，但路途遥遠，委派官兵獲送，倘於途間逃逸，復致紛紛緝拏，反於事無益。現在伊犁、新疆等處遇有此等事件，俱在各該處辦理，科布多地方雖小，自宜解送烏里雅蘇臺將軍辦理。況烏里雅蘇臺將軍處現有部員，則此等事件尤當照新疆之例在本處審訊定擬。著將該犯王廷相即由科布多派委官兵解送烏里雅蘇臺將軍，照明善援引之律擬以絞監候辦理外，仍將此案由該將軍核奪，入於秋審彙題。嗣後烏里雅蘇臺、科布多遇有此等事件，俱照此辦理。著爲令。

起訴總部

《起訴總部》 提要

本總部的編纂，嚴格按照《中華大典》及《訴訟法分典》的有關規定執行。

本總部以全面系統地反映中國古代的起訴制度爲宗旨，力求客觀公正，不帶成見。

本總部資料收集範圍，上自遠古時期，下至清末，包括經、史、子、集在内的各種典籍，各朝法典、刊印成册的公文和判牘、檔案，以及出土的簡牘、碑刻等等文物史料，都是本總部的資料來源。

本總部分作四部分： 勘驗，緝捕，起訴，調處。 涉及案件處理的第一程序： 起訴。 中國古代在案件處理中實行辭訟下始制，所有案件，不論重大、輕微案件，不論死刑案件、笞刑案件，均從基層司法機構啓動。 州縣正印官承擔了全部司法案件的受理責任。 案件輕重在司法機構方面的差别，主要體現在案件審結程序中。 在辭訟下始體制下，所有案件的現場勘察、證據收集、嫌疑人緝捕等職責，均首先集中在州縣基層。 因此，現場勘驗的粗詳，證據的真僞，嫌疑人是否歸案，整個案件的審判質量，首先決定於州縣司法機構對於案件起訴程序的運用。 另外，傳統司法中，并非所有案件均由官府受理，鄉官里正、地方耆老、家族族長等對於民事案件以及輕微刑事案件均有管轄權。 他們處理糾紛的的主導原則是各方允協與人際和諧，使用的手段以調解爲主。 實際上即便是官府衙門，在受理此類案件時，也很少嚴格的適用法律，這些畢竟是民間細故，調處是歸常用的手段。 無論是家族、鄉里的調解，還是州縣的調處，均體現了中國古代對於和諧秩序的追求。

本總部有關資料選擇、標點使用、校勘原則等規定，見《中華大典》編纂通則和《法律典》編纂説明。

起訴總部

勘驗部

綜述

宋·謝深甫《慶元條法事類·刑獄門》 乾道六年八月十六日尚書省批狀州縣檢驗之官並差文臣，如有闕官去處，覆驗官方差右選。本所看詳：檢驗之官依法自合差文臣，如邊遠小縣委的闕文臣處，覆檢官權差識字武臣，今聲說照用。

又 諸屍應驗初覆同而不驗，或受差過兩時不發，遇夜不計下夜准此。或不親臨視，或不定要害致死之因，或定而不當，謂以非理死爲病死，因頭傷爲脇傷之類。各以違制論，即憑驗狀致罪已出入者，不在自首覺舉之例。其事狀難明，定而失當者，杖一百，吏人行人一等科罪。

又 初驗屍格目

某路提點刑獄司，照每副排定字號，發付某字號：

某州或縣於　年　月　日時據　狀乞檢屍首，本案人吏　承行於　日　時差　齎牒官初檢。本官廨舍至泊屍地頭計　里，人吏姓名，押批，本案官某官姓名押。

初檢官具位姓名　某時承受將帶仵作人　人吏　於　日　時到地頭，集耆甲　保正副　乃已死人親，如是親兄，即塡云親兄，如是堂兄，即塡云堂兄之類。初檢到已死人痕損數內致命，因依的係要害，致命身死分明，各於驗狀親簽，於當日　時差　齎初檢軍狀保明申某處，仍於當時對衆入　字號遞具狀繳連格目申本司，照會人吏姓名，押批，初檢官職位姓名押。

右本司措置在前，仰州縣照應格目，先行實塡三本，付初檢官，候驗訖實塡，並驗狀，仰初檢官以一本發赴州縣，一本給付血屬，如無血屬，即將所餘格目一本繳回。一本具日時字號狀，入急遞，徑申發赴本司，如點檢得申繳違時、計程遲滯、勘驗不實、仵作行人公吏耆保等輒有情弊，及乞受騷擾，並仰諸色人除程限三日赴司陳告，出限更不受理。妄有陳訴，亦當勘斷施行。如所告得實，即支賞錢一百貫文，其官員定當按治，吏人等送獄限勘，依法決配的不容恕，各仰知委　年　月　日給。

仵作人　耆甲

保正副　人吏

已死人親　行兇人

初檢官職位姓名　押

某官某路提點刑獄公事姓　押

又 覆驗屍格目遇有第三次以後准此

某路提點刑獄司，照每副排定字號發付某字號

某州或縣，於　年　月　日　時據　狀乞驗屍首，已差官初檢訖　月　日　時差　齎牒官覆檢本案官廨舍至泊屍地頭計　里，人吏姓名押批，本案官某官姓名押。

覆檢官具位姓名　某時承受，將帶仵作人　人吏　於　日時到地頭，集耆甲　保正副　乃已死人親如是親兄，即塡云親兄，如是堂兄，即塡云堂兄之類。覆檢到已死人痕損數內致命因依的係要害，致命身死分明，各於驗狀親簽畢，其屍即時責付血屬買棺木埋瘞。若其家貧乏，或無主之家，即合勒行兇人陪備，或其人委實又無力可出，即且令耆保應錢買用，州縣依價給還，並不得燒化。如違今來約束，依前燒化，日後致有詞訴，其覆檢官與保正、耆甲、仵作行人吏必有情弊，定當根究施行。仍於當日　時差　齎牒驗單狀保明申某處，仍於當時對衆入　字號遞具狀繳運格目申本司照會，人吏姓名押批覆檢官職位姓名押。

右本司措置在前，仰州縣照應格目，先行實塡三本，付覆檢官，候驗訖實塡並驗狀，仰覆檢官以一本發赴州縣，一本給付血屬，如無血屬，即將所餘格目一本繳回。一本具日時字號狀入急遞徑申發赴本司，加點檢得申繳違時、計程遲滯、勘驗不實、仵作行人公吏耆保等輒有情弊，及乞受騷擾，並仰諸色人除程限三日赴司陳告，出限更不受理。妄有陳訴，亦當勘斷施行。如所告得實，即支賞錢一百貫文，其官員定當按治，吏人等送獄根勘，依法決配，的

不容恕，各仰知，委　年　月　日給
仵作人　耆甲
保正副　人吏
已死人親　行兇人
覆檢官職位姓名　押
某官某路提點刑獄公事姓　押

又　諸驗屍報到過兩時不請官，若請官違法，或受請違法而不言，或牒至應受而不受，或初覆驗官吏行人相見而漏露所驗事狀者，各杖一百。若驗訖不當日內申所屬者准此。

又　諸縣承他處官司，請官驗屍，有官可那而稱闕，若闕官而不具事因申牒，或探同牒至而托故在假避免者，各以違制論。

又　諸檢覆之類，應差官者，差無親嫌干礙之人。

又　諸命官所任處有任滿賞者，不得差出驗屍者，聽差。

又　諸驗屍，州差司理參軍，本院囚別差官或正有司理一院准此。縣差尉縣尉，闕即以次差簿丞，縣丞不得出本縣界。監當官皆闕者，縣令前去。若過十里，或驗本縣囚牒最近縣，其郭下縣，皆申州，應覆驗者並於差初驗官日，先次申牒差官。應牒最近縣而百里內無縣者，聽就近牒巡檢或都巡檢。內覆驗應止牒本縣官而獨員者准此，並謂非見巡捕者。

又　諸死人未死前，無緦麻以上親在死所若禁囚，責出十日內及部送者同。並差官驗屍，人力女使經取口詞者差。因及非理致死者，仍覆驗，驗覆訖，即爲收瘞。仍差人監視親收瘞者付之。若知有親戚在他所者，仍報知。

又　諸屍應覆驗者在州申州，在縣於受牒時牒屍所最近縣，狀牒內各不得具致死之因。相去百里以上而遠於本縣者，止牒本縣官。獨員即牒他縣。

又　諸請官驗屍者，不得越黃河江湖。江河謂無橋梁處，湖謂水漲不可瘞者。及牒獨員縣。郭下縣聽牒，牒至即申州差官前云。

又　諸驗屍應牒近縣，而牒遠縣者，牒至亦受驗畢申所屬。諸屍應牒鄰縣驗覆，而合請官在別縣，若百里外，或在病假，不妨本職非。無官可那者，受牒縣當日具事因，在假者具日時。保明申本州及提點刑獄司，並報元牒官司，仍牒以次縣。

又　諸初覆驗屍格目，提點刑獄司依式印造，每副初覆各三紙，以千字文爲號鑿定，給下州縣，遇檢驗，即以三紙先從州縣填訖，付被差官候檢，驗訖從實填寫，一申州縣，一付被害之家，無即繳回本司。一具日時字號入急遞，徑申本司點檢。遇有第三次以後檢驗，准此。

又　諸因病死，謂非在囚禁及部送者。應驗屍，而同居緦麻以上親，或異居人功以上親至死所而願免者，聽。若僧道有法眷，重行有本師，未死前在死所，而寺觀主首保明各無他故者，亦免。其僧道雖無法眷，但有主首或徒衆保明者准此。

又　諸命官因病亡，謂非在禁及部送者若經責口詞，或因卒病，而所居處有寺觀主首，或店戶及鄰居並地分合干人保明無他故者，官司審察聽免檢驗。

又　紹熙三年七月十二日尚書省批下刑部申乞遍牒，諸路監司州軍應有飜異公事，仰所屬將飜辭子細備錄，繳連申部後，批從所申事理施行。

《宋會要輯稿・刑法六》　眞宗咸平三年十月詔：今後殺傷公事，在縣委尉，在州委司理參軍，如闕正官，差以次官，畫時，部領一行人躬親檢驗，委的要害致命去處，或的是病死之人，只仰命官一員，畫時檢驗。若是非理致命及有他故，即檢驗畢，畫時申州，差官覆檢詣實，方可給與殯埋。若其遠處縣分，先委本縣尉檢驗，畢，取鄰近相去一程以下縣分內，牒請令尉或主簿。一程以上只關報本縣令佐覆檢。獨員處亦取鄰州縣。最近者覆檢詣實，即給屍首殯埋，申報所隸州府，不得推延。

又　大中祥符六年二月一日詔曰：京邑至大，閭閻實繁，每有喪亡，重行檢視，或在鬱蒸之候，頗稽藏瘞之期，爰覩奏對，請從簡便，然則民命至重，刑政攸先，官司所陳固軫盡傷之念，命令將出，彌增欽恤之懷。宜令開封府自四月至八月死亡者，不須覆檢，餘月仍舊施行。

又　天禧二年五月十三日權知開封府樂黃目言：應有非理致命及諸般殺傷人屍首，如檢驗覆檢官吏等定奪，得致命去處，大事得正；或有小可，聲說傷損去處不同，別無妨礙，不係要害致命去處者，只從違制失科罪。如是鹵莽，不切定奪，出入致命去處即從違制。從之。先是本府官司檢定金刃殺傷屍，它官覆檢，則以爲筆撻所害，初檢官坐是差繆，從違制徒三年科罪。至黃目言其刑名頗重，故條約之。

又　〔天禧〕三年九月十六日詔：今後三月以後，八月以前，應有非理致命公事，只本州縣差官覆檢；九月以後一依元敕施行。

又 仁宗天聖元年四月十二日審刑院大理寺言：諸道州縣分每有非理殺傷公事，過夏月請官覆檢，去隣縣遥遠之處有所未便，欲望自今應諸處覆檢屍首，不以冬夏，並依咸平三年十月敕施行，其天禧三年九月敕更不行用。從之。

又 〔天聖〕二年四月十二日詔：諸處有病患及非理致命身死者，須候再差官覆檢，方得埋瘞外，州闕官處頗有淹滯，炎暑多致傷壞，因有異同，枉與詞訟，宜令今後所差官須集干連人分明檢驗，具有無他故定上。自四月一日後至九月更不覆檢，春冬依舊施行。

又 〔天聖〕三年十一月詔：今後春冬月在京及畿内縣鎮，除非理致命事有不明，兩爭並干礙勘照、死刑須合覆檢者即以前敕差官覆檢外，其餘自縊割投水、病患，諸般致死事理分明者，檢驗後屍首主别無詞説，即給付埋殯，更不覆驗。

又 明道二年十二月十七日河東路提刑點獄張仲君言應刑獄司内有要切罪人病患者，乞差不干礙官隔手看驗。從之。

又 景祐三年四月三十日開封府言：舊制公私家婢僕疾病三申官者，死日不須檢驗或有夾帶致害，無由覺察，望别爲條約。詔：今後所申狀内無醫人姓名，及一日三申者，差人檢驗，餘依舊制。

又 〔景祐〕五年七月二十一日大理評事林概言：伏覩編敕，應殺傷及非理致命公事，在縣委尉，在州委司理參軍，晝時躬親集衆檢驗，委的要害致命去處，申本屬州軍差官覆檢，給與埋殯；縣尉即檢驗訖，於最近州縣有雙員處請官覆檢。受請官不得推避。竊詳，諸縣只當於最近州縣有二員處郤官覆檢，今來不明上件敕意，每有非理死傷公事，縣尉檢驗纔畢，多就近移牒本縣，今便行覆檢。欲乞今後縣尉檢驗訖，於别州縣最近處請官覆檢，不得一例移牒。從之。

又 康定二年二月十七日詔：自今諸縣令佐受到諸縣牒覆檢者，須本縣簿尉及監當官員闕，縣令獨員在縣，方聽依條免去。哲宗元祐七年七月十一日殿中侍御史楊畏言：在京刑獄姦弊，近開封縣申李寶病癰死，及本臺牒府差官覆檢，乃拷掠致死，其糾察在京刑獄一司既歸臺察，今後若有禁囚死亡，乞從御史臺差官依條檢驗施行。

又 宣和六年六月十八日淮南西路提刑雷壽松奏：殺人公事，有司推鞫，以驗定致死之因爲據，兩檢驗官吏多是規避，並不即申驗狀，動經旬月；若所驗致死之因不實、不盡，而獄情疑貳未決，或兩詞互有陳論，雖欲再差官覆檢，則其屍已是壞爛，難以辨明，往往遷就挾同結斷，甚者受賂請託，以時增改，蓋緣從來未有定申發驗狀條限。今欲乞應驗屍官吏候驗限，當日具驗狀中所屬，仍於狀内分明書填驗畢申發日時。如違限，仍乞立斷罪刑名，詔依所乞，發達限，從杖一百科罪。

又 高宗紹興三十二年閏二月六日臣僚言：在法，檢驗之官，州差司理，縣差縣尉，以次差丞簿監當。若皆闕，則須縣令自行。至於覆檢，乃於鄰縣差官。若百里之内無縣，然後不得已而委之巡檢，三尺具在，不可不守。方今州縣之官，視檢驗一事，不肯親臨，往往多以事辭免，率委之巡檢。蓋緣巡檢武人，其間多出軍伍，致有不識字書者，姦胥猾吏因得其便，往往是非曲直，顛倒徇情。乞申嚴檢驗之條，其初驗官須委司理、縣尉、丞簿，不許以事辭免。至於覆驗，如委無官，可差，仰所在州縣選差曉事識字巡前去，如有不虔，重寘典。從之。

又 孝宗乾道元年五月二十六日臣僚言：近日州縣所差檢驗官，其間多有素昧書畫，庸懦畏避之人，乞今後遇有差檢驗官，令守選擇諳曉世務者，内武臣仍差識字有心力人。從之。

又 淳熙元年五月十七日浙西提刑鄭興裔言：檢驗之制自有成法，州縣視爲閑慢，不即差官或所差官遲延起發，或因道里隔遠，憚於寒暑，卻作不堪檢覆或承檢官不肯親臨，合干人等情弊百端，遂使冤枉不明，獄訟滋繁，今措置格目行下所屬州縣，每一次檢驗依立定字號，用格目三本，一申所屬州縣，一付被害之家，一申本司照會，並依格目内所載事理施行，並繳格目一本，令刑部鏤板頒下，諸路提刑司依此施行。從之。與裔措置格目云：一某處於某年、某月、某日、某時據某人狀乞驗屍首，本案人吏某人承行於某日、某時，差某人賫牒某處官初檢，本官廨舍至泊屍地頭計幾里，人吏某人押批本案，某官覆檢亦如之。一初檢官某時承受，將帶仵作某人，人吏某人於某日、某時到地頭，集耆甲某人、保正副某人及已死人親，如是親兄，即填云親兄；如是堂兄，即填云兄之類。某人初撥到已死人某人痕損數内致命因依，的係要害致命身死分明，各於驗狀親簽，於當日、某時差某人賫初檢單狀，保明申某處，仍於當時對證，入某字號遞具狀繳連檢檢目申本司照會，人吏某人押批，初檢官職位姓名。覆檢官某時承受，將帶仵作某人、人吏某人於某日、某時至地頭，集耆甲某人、保正副某人及死人親如是親兄，即塡云親兄；如是堂兄，即塡云堂兄之類。某人覆檢到已死人某人痕損數內致命因依，的係要害致命，身死分明，各於驗狀親簽畢，其屍即時責付血屬買棺木埋瘞；若其家貧乏或無主之家，即合勒行兇人陪備；或某人委實，又無力可出，且令耆保應錢買用，本縣依價給還，並不得燒化。如違今來約束，依前燒化，日後致有詞訴，其覆檢官與保正、耆甲、仵作、人吏必有情弊，定當根究施行，仍於當日某時差人齎覆檢單狀保明申某處，仍於當時對衆，入某字號遞具狀繳連格目申司照會，人吏某人押批覆檢官職位姓名。

又　〔嘉泰三年十一月十一日〕又赦文：應命官本犯係公罪，在任不曾經取勘，及已去官，監司州軍不檢照去官條法，輒差人追捕拘繫，赦到日並與釋放。開禧二年嘉定二年明堂赦亦如之。

又　嘉泰元年正月二十八日臣僚言：近日大辟行兇之人，鄰保逼令自盡，或使之説誘，被死家，賂之錢物，不令到官。嘗求其故，始則保甲憚檢驗之費，避左證之勞；次則巡尉憚於檢覆；又次則縣道憚於勘鞫結解，上下蒙蔽，欲知省事，不知置立。官府本何所爲，今若縱而不問，則是被殺者反爲妻子親戚乞錢之資，甚可痛也。乞明指揮：凡有殺傷人去處，如都保不即申官，州縣不差官檢覆，及家屬受財私和，許諸色人告首，並合從條究治，其行財受和會之人，更合計贓重行論罪。從之。

又　嘉定四年十二月二十二日江西提刑徐似道言：推鞫大辟之獄，自檢驗始。其間有因檢驗官司指輕作重，以有爲無，差訛交互，以故吏姦出入人罪，弊倖不一，人命所繫豈不利害。伏見湖廣廣西憲司見行刊印正背人形，隨格目給下檢驗官司，令於損傷去處，依樣朱紅書畫，橫斜曲直，仍仰檢驗之時唱喝傷痕，令衆人同共觀看。所畫圖本衆無異詞，然後著押，則吏姦難行，愚民易曉。如或不同，許受屈人徑經所屬訴告。乞徧下提刑司徑行關會樣一體施行。從之。既而刑部取索所刊正背人形式樣，參酌大理寺申稱湖南提刑司格式，稍爲詳備，乞下諸路提刑司體倣施行。

宋・宋慈《洗冤録・驗傷及保辜總論》　按殺人之獄，謀故者少，鬭毆者多。而鬭毆之律，重在保辜，謂以毆傷之人，責付毆者，調理醫療，照律立限，限滿之日，定罪發落。蓋毆傷者之親屬，苟非慈親孝子，鮮不利其死以爲索詐財物之地，而毆人者惟恐其抵償，則凡可以生全之者，無所不至。是保辜之設，正欲全活兩人性命，乃律之良法美意也。凡宰州縣者，一有鬭毆之事，著地方即時首報。若告者已至，而地方未報，即重責之。人命屍親，不是父兄伯叔，便是弟姪妻子。被毆之日，即解衣共見，須問被毆之人年若干歲，某月某日某時，被某某用何兇器毆打某處，見今某處斜傷，長若干，闊若干，某處圓傷，橫若干，圍若干，青色紅色，有腫無腫，曾否皮破骨裂，某某見證，即照狀式，告辜到官，喚問地方。果係重傷，即不許扛擡赴驗。恐破傷處中風致殞。即時親行匹馬肩輿，少帶人從，詣彼相驗，登記傷痕，限以保辜日期，責令兇犯領至家中，用心調治，案候在官。身死之日，即照狀式告檢官，照辜狀原供傷痕依法檢驗，致命等傷，稍有疑似，即加審覆，能詳慎於始，即可爲他日干連人等全活數命。果係裝誣，明立交案，以杜後端。果係眞犯，即取具供招，以塞求請。仍嚴責吏仵眼同原被干證，取四不扶同甘結。定招擬罪之時，更須詳慎，務使情節了然明白，此心確然無疑，庶生死兩不含冤，亦省後來駁勘。躭延歲月苦累多人。如被毆不告辜限者，除登時打死，及在三日之內者，姑准檢究外，其餘死後告人命者，須防假傷誣詐。若人命不先告官，而乘機糾衆扛屍上門，搶財傷人者，抵塡之外，亦須引例問斷。其辜限日期係隔月者，要查大建、小建，此生死出入之界，不可不慎也。大抵屍當速相，而不可輕檢，骸可詳檢，而不可輕拆。凡上司官招擬批駁，情節不明者，止審情節，屍傷欠確者，方檢屍傷，不得一概煩擾。凡相毆有致命之處，有致命之傷，頂心、顖門、耳根、咽喉、心坎、腰眼、小腹、腎囊，此速死之處。腦後、額顱、胸膛、脊背、脇肋，此必死之處。肉青黑皮，破肉綻骨，裂腦出血流，此致命之傷，致命之傷，當速死之處，不得過三日。當必死之處，不得過十日。若當致命之處，而傷輕，或極重之傷，而非致命之處，雖死於限內，當推別情，不可一概坐死，況死於限外乎。

保辜爲人命關頭，一經告官，務須親眼驗看。按傷勒限，倘失調殞命，計算時刻，以定辜限內外。並將被傷時刻，明立文案。

《補注洗冤集録集證》附考：鬭毆律載手足他物傷辜限二十日，金刃湯火傷，辜限三十日。又例載餘限各十日。折跌破骨墮胎，不論手足他物，辜限五十日，又餘限二十日。

《詳刑要覽》載：馬宗元父麟毆人被繫，守辜而傷者，死將抵法。宗元推父毆人時與其人死時，在限外四刻。因訴於郡，得原父死。此名例稱日，以百刻之法也。

乾隆九年，刑部駁浙江德清縣民謝文瑞推跌蔡存孝磕傷身死，雖在餘限十日之內，而右肋究非致命之傷，即云兩肋傷重，亦可致死。但據驗屍格，僅塡青癥，並無損折情形。則其傷本輕，何致因傷身死。再查《洗冤錄》內載，幼時跌撲，平日爭毆，雖入平復，而其痕不滅。是骨雖有傷痕，但新舊有別，不得誣執。

乾隆十年，刑部駁陝西米脂縣民常士弼刃傷常年有玨，適屆保辜正限三十日身死。凡遇人命案件，必先驗明傷痕，究訊何時何刻受傷，立限保辜。或係限内限外一刻身死者，即應於疏內聲明。照例議擬。蓋因受傷之重輕，以定日期之多寡。若不立一定限期，則擬罪無從，科斷而用刑，易致錯悮。故從前律註稱：過辜限一刻，即爲限外。又名例註稱：犯罪違律，計數滿，乃坐是也。雖此一刻，豈即爲生死之緊關情節。然立法不得不如是，法有所窮，則以其權，聽之於天，正所謂奉若天道也。

《補注洗冤集錄集證》附記：《驗傷及保辜總論》内云：毆傷之人，責付毆者醫治。後又云，領至兇犯家中，蓋足此未盡之語，但既在其家，則飲食起居之際，安知不緣此而別生事端，安知不緣此而陰被毒害者。且貧富不同，若兇犯無半畝之宅，一粒之炊，又當若何？至利親屬之死以爲索詐之地，稍有人心者不爲，亦不待孝子慈親而後不忍出此。若果係孝子慈親，亦斷不忍令其親其子竟付兇犯之家。此保辜律内，止言責令醫治，而不言責令領至家內，正爲此也。

宋・宋慈《洗冤錄・檢驗總論》 事莫重於人命，罪莫大於死刑。殺人者抵，法固無恕，施刑失當心則難安。故成招定獄，全憑屍傷檢驗爲眞。傷眞招服，一死一抵。俾知法者畏法，民鮮過犯，保全生命必多。倘檢驗不眞，死者之冤未雪，生者之冤又成，因一命而殺兩命數命，仇報相循，慘何底止。人命重獄，關係匪小，被傷之人，未死以前，全在官司據報即時親驗，註明受傷在何要害之處，辨別輕重。立限、保辜、醫治，冀其平復。即死後復驗定抵，可免通身拆檢之慘。至受傷已死，人命更須即日相驗。屍未變動腐爛，傷之輕重分寸易於執定塡格，遲久屍潰肉化，恐防揑假溷眞。此人命之第一關鍵也。印官帶領仵作迅速前往，令作奸犯科之徒，忙中難以措置。相驗初死之屍，先看頂心、髮際、耳竅、鼻孔、喉內、糞門、產戶。凡可納物去處，恐防暗插釘籤之類。無故，然後沿身相驗。若果應檢，須於未檢之先，詳鞫屍親鄰證兇犯，令實供明。某以何物傷某何處，立明供狀。隨即親督吏仵，帶同兩造，齊至屍所，如法檢報。定執要害致命係在某傷，或見於體膚肢肉，或已破斷入骨，青紅紫黑顏色，圍圓長短分寸，手足他物兇器，輕重新舊，比對傷痕，件件明白。屍格挨次親手塡註，不得假手吏胥。切勿厭惡屍氣，高坐遠離，香煙熏隔，任聽仵作喝報，吏胥塡寫，以致匿重報輕，減多增少。況人命自縊、自刎、服滷、服毒、火燒、水溺種種致死不同，必細察審視，各情輸服，方成信案。否則仵作吏書作奸舞文，檢驗之後，開兇犯之巧辯，屍親之告發，訟師挑唆，光棍挾詐，每致獄案難成。別委檢驗，蒸骸剔骨，死者慘遭洗罨，音遏生者拖累不堪，是皆檢驗不速不實之弊也。

凡檢驗遇有大段疑難，須更廣爲訪察。庶幾無誤，如鬬毆限內身死，痕損不明，若有病色曾使醫人師巫救治之類，多因病患而死，若不訪則不知也。然訪察亦不可專任一人，仍宜善使之，不然，適足自誤。

凡人命事情，屍親未曾遠出，不即時告發，而告於一年之外，及不係有服之親，而旁人訐告；及不係正告事情而開於黏單之中者，不問虛實，俱不宜妄准。

凡檢屍，雖有親屬乞免檢，亦須察其有無屍首在原地所，方可領狀。有隨行吏仵，及合干係人，或聲張四鄰，先期縱其走避，只捉遠鄰或老人、婦人、未及成丁人塞責。或不得已而用之，只可參互審問，終難憑以爲實，全在斟酌。又有行兇人，將切證眞供，故令藏匿，自以親密人，或地客、佃客，出官誣證，不可不察。

凡行兇器仗，索之少緩，則行兇之家，藏匿移易，妝成疑獄，干係甚重。初時必先急爲收索，以憑參照傷痕大小闊狹，定驗無差。或行兇器仗未到，不可分毫增減，防他日索到異同。

凡檢屍，須先令親屬及鄰保識認是否本屍，或屍首經久肨脹腐爛，識認不眞，須先問原著甚衣服色樣，有甚記號，及身上有甚疤痣處，令分明立狀訖，方可檢驗。

凡驗狀，須開具屍首原在甚處，如何頓放，彼處四至，有何衣服在彼，逐一檢點名件。其屍首有無雕青鍼灸瘢痕，生前有何缺折肢體，及傴音雨僂音樓，曲背也拳跛、音頗禿頭、青紫黑紅色痣、肉瘤蹶腫、諸般疾狀，皆要一一於驗狀聲說開載，以備推勘。及有不得姓名人屍首，後有親屬呈告者，須驗狀證辨。至獄囚軍人無主死人，驗狀尤須詳慎，不可稍有疎略。

凡上官數批檢問，非以求同，正謂恐有冤抑，相與平反耳。若承委官員不以人命爲重，或恐前官怨恨，不敢異同，或因犯者富豪，不肯開釋；或觀望上官之批語，以爲從違，或描寫向來之成案，以完已事。倘有毫髮冤情，其罪重於初審。凡委勘人命重事務須持虛秉公，細加鞫審。蓋同勘一事須定此事虛實，同勘一人卽係此人生死，不可有一毫私意於其閒也。

致命重傷，當致命要害處，死於登時或三日之內。原告干證定執某物毆某處，只宜於所毆之處，檢驗傷痕，既免死者翻屍，又免生者冤誣。蓋人生自少至壯，或失足磕跌，或疾病捶按，或生瘡被擊，或負重著堅，血不流行，傷輕而新著骨色紅，日久則消，傷重而久著骨色青，終身不散。常有原告證人，本說耳根一下打死，而通身檢驗，動輒數十處傷痕。上司以傷痕不對爲駁詞，問官增毆打情節爲比對，有左右傷痕，尺寸青紅不差分毫者，如云毆傷，豈兩手執一般兇器毆擊時更無輕重於其閒乎。有昏夜醉後群毆，而定執爲某人打某處，雖毆者亦不能自知其所毆之處，自記其所毆之數，而況證人乎。大抵共毆，只坐毆人，因由檢傷則重原傷的處，愼無刻舟膠柱，致有冤情，愼勿含糊模棱，致有歧誤。

凡聚衆打人，最難定致命痕。如死人身上有兩痕皆可致命，此兩痕若是一人下手，則一人問抵；若是兩人下手，則一人償命，一人不償命。須是兩痕內斟酌得最重者爲致命。最重謂先論緊要處，次論傷痕淺深闊狹。

凡傷多處，只指定一痕，係要害致命。凡檢問人命招由，多有混開磕撞傷痕，以致事無明決，夫將身就物謂之磕，與物相遇謂之撞。其傷止在仰面頭額等處，自損不甚重，雖傷未必至死。原無向後磕撞傷損背肋之理。若因鬭毆打跌，致傷腦後背肋者，蓋由兇犯用強，推跌傷重，因而致死。務要辨驗仰面仆面，看是重傷輕傷，不得妄報磕撞傷痕，庶使刑無枉縱。

《補注洗冤錄集證》附考：狀告人命，拘集犯證，追起兇器，立時親往相驗。乘原被不及商謀，易得眞情。先問屍親，因何起釁，何人用何物，致傷何處，共有幾人幾傷，何人親見；次問干證，是否眞情；再問被告，是否相符。取有口供，然後對衆相驗，有與供詞不符，及傷仗不確者，卽與辯明塡註屍格。生前死後，傷痕長寬，分寸不同。蓋生前被毆，血凝氣滯，其傷發現，迨調養數日，著傷輕處結痂收斂。死後分寸自然短小，總以死後所驗傷痕分寸爲憑。

相驗屍傷，先看受傷部位如何寬大，再查傷痕分寸。如果部位闊狹相符，則塡註自無錯悞。若傷痕寬闊，而受傷地步較小，此傷定接連他處。如耳根部位，僅止數分，若受傷至一寸有餘，自必接連腮脥等處，應於格內註明：耳根連腮脥長若干字樣，餘倣此。

屍格內偏左、偏右，專對顖門頂心而言，其餘左右不得加以偏字。

屍身連受多傷，其兇手亦應有傷，否則恐有助毆之人。

受傷路死或被禽獸殘毀者，先看屍旁有無腳跡血跡，及衣服有無嚙損血跡，勘明形跡，再舁屍相驗。

《補注洗冤錄集證》附記：新舊傷痕之辨，閱《福患全書》有云：新傷有血暈，瘀而紅活。舊傷則澹黑而乾枯，甚爲易辨。然亦不必在致命之處，若當時中於要害之處，其人久登鬼籙，何以至於今日哉。如檢骨有此，唯令仵作驗明生前磕撞舊痕，屍格照依塡註。卽令再檢，可無他議矣。倘抹而不載，致滋苦主口舌，上司借斯查詰，又將何以對詞乎。此論實爲精透，故附錄之。

前附考云：屍格內偏左偏右，專對顖門頂心而言。其餘左右不得加以偏字等語。查屍格內塡明偏左偏右者，僅此顖門頂心兩處，而余在南城指揮任內，所驗各傷，如不在部位之正中者，則塡某處偏左，某處偏右，某處近上，某處近下字樣，歷奉刑部核覆有案。

前附考云：受傷路死或被禽獸殘毀者，先看屍旁有無腳跡血跡等語，然須看其死於何處，如在沙子地上，則有腳跡；若在平坦堅實地面，則無腳跡矣。至血跡之說，更屬懸虛。凡死後被犬殘者，其肉白色無血，然必有犬嚙痕可據，不必執定腳跡、血跡也。余所驗犬殘者甚多，故就親見者，附記之。

宋・宋慈《洗冤錄・條令》 諸屍應驗而不驗；初覆同或受差過兩時不發；遇夜不計，下條准此。或不親臨視；或不定要害致死之因；或定而不當，謂以非理死爲病死，因頭傷爲脇傷之類。各以違制論。即憑驗狀致罪已出入者，不在自首覺舉之例。其事狀難明，定而失當者，杖一百。吏人行人一等科罪。

諸被差驗覆，非係經隔日久，而輒稱屍壞不驗者，坐以應驗不驗之罪。淳祐詳定。

諸驗屍，報到過兩時不請官者；請官違法或受請違法而不言；或牒至應受而不受；或初覆檢官吏行人相見及漏露所驗事狀者，各杖一百。若驗訖，不當日內申所屬者，准此。

諸縣承他處官司請官驗屍，有官可那而稱闕；若闕官，而不具事因申牒；或探伺牒至，而託故在假避免者，各以違制論。

諸行人因驗屍受財，依公人法。

諸檢覆之類應差官者，差無親嫌干礙之人。

諸命官所任處，有任滿賞者，不得差出，應副檢驗屍者，聽差。

諸驗屍，州差司理參軍，本院囚別差官，或止有司理一院，准此。縣差尉。縣尉闕，即以次差簿、丞。縣丞不得出本縣界。監當官皆闕者，縣令前去。若過十里，或驗本縣囚，牒最近縣。其郭下縣，皆申州。應覆驗者，並於差初驗〔官〕日先次申牒差官。應牒最近縣，而百里內無縣者，聽就近牒巡檢或都巡檢。內覆檢應止牒本縣官而獨員者，准此。〔並〕謂非見出巡捕者。

諸監當官出城驗屍者，縣差手力伍人當直。

諸死人未死前，無緦麻以上親在死所，若禁囚責出十日內及部送者同。並差官驗屍。人力、女使經取口詞者，差公人。因及非理致死者，仍覆驗。驗覆訖，即爲收瘞。仍差人監視。親戚收瘞者，付之。若知有親戚在他所者，仍報知。

諸屍應覆驗者，在州申州，在縣，於受牒時牒屍所最近縣。狀牒內，各不得具致死之因。相去百里以上而遠於本縣者，止牒本縣官。獨員即牒他縣。

諸請官驗屍者，不得越黃河江湖。江河謂無橋梁，湖謂水漲不可渡者。及牒獨員縣。郭下縣聽牒，牒至即申州，差官前去。

諸驗屍，應牒近縣而牒遠縣者，牒至亦受，驗畢申所屬。

諸屍應牒鄰近縣驗覆，而合請官在別縣，若百里外，或在病假，不妨本職非。無官可那者，受牒縣當日具事因，在假者具日時。保明申本州及提點刑獄司，並報元牒官司，仍牒以次縣。

諸初、覆檢屍格目，提點刑獄司依式印造，每副初、覆各三紙，以千字文爲號鑿定，給下州縣。遇檢驗，即以三紙先從州縣塡訖，付被差官。候檢驗訖，從實塡寫。一申州縣，一付被害之家，無即繳回本司。一具日時字號入急遞，逕申本司點檢。遇有第三次〔以〕後檢驗，准此。

諸因病死謂非在囚禁及部送者。應驗屍，而同居緦麻以上親，或異居大功以上親至死所而願免者，聽。若僧道有法眷，童行有本師，未死前在死所，而寺觀主首保明各無他故者，亦免。其僧道雖無法眷，但有主首或徒衆保明者，准此。

諸命官因病亡，謂非在禁及部送者。若經責口詞，或因卒病，而所居處有寺觀主首，或店戶及鄰居，並地分合干人保明無他故者，官司審察，聽免檢驗。

諸縣令、丞、簿雖應差出，須當留一員在縣。非時俱闕，州郡差官權。

諸稱違制論者，不以失論。《刑統・制》曰：謂奉制有所施行而違者，徒二年，若非故違而失錯旨意者，杖一百。

諸監臨主司受財枉法二十匹，無祿者二十五匹，絞。若罪至流，及不枉法贓五十匹，配本城。

諸以毒物自服，或與人服，而誣告人罪不至死者，配千里。若服毒人已死，而知情誣告人者，並許人捕捉，賞錢五十貫。

諸緦麻以上親因病死，輒以他故誣人者，依誣告法。謂言毆死之類，致官司信憑以經檢驗者。不以蔭論，仍不在引虛減等之例。即緦麻以上親自相誣告，及人力、女使病死，其親輒以他故誣告主家者，准此。尊長誣告卑幼，廕贖減等，自依本法。

諸〔有〕詐病及死、傷受使檢驗不實者，各依所欺減一等。若實病、死及傷，不以實驗者，以故入人罪論。《刑統・議》曰：上條詐疾病者，杖一百。檢驗不實，同詐妄減一等，杖九十。

諸屍雖經驗，而係妄指他屍告論，致官司信憑推鞫，依誣告法。即親屬至死所妄認者，杖八十。被誣人在禁致死者，加三等。若官司妄勘者，依入人罪法。

《刑統・疏》：以他物毆人者，杖六十。見血爲傷。非手足者，其餘皆爲他物，即兵不用刃，亦是。

《申明刑統》：以鞾鞍蹋人傷，從官司驗定，堅硬即從他物，若不堅硬，即難作他物例。

諸保辜者，手足〔毆傷人〕限十日；〔以〕他物毆傷人者二十日；以刃及湯火〔傷人者〕三十日；〔折目〕折跌肢體及破骨者〔三〕〔五〕十日。限內死者，各依殺人論。諸醫人者，各依他物法。辜內墮胎者，墮後別保三十日，仍通本毆傷限，不得過五十日。其在限外，及雖在限內以他故死者，各依本毆傷法。他故謂別增余患而死。假毆人頭傷，風從頭瘡而入，因風致死之類，仍依殺人論。若不因頭瘡得風而死，是爲他故，各依本毆傷法。

乾道六年〔八月十六日〕，尚書省〔此〕〔批〕狀州縣：檢驗之官，並差文官，如有闕官去處，覆檢官方差右選。

本所看詳：檢驗之官，自合依法差文臣，如邊遠小縣，委的闕文臣處，覆檢官權差識字武臣。今聲說照用。

嘉定十六年二月十八日勅：臣僚奏：檢驗不定要害致死之因，法至嚴矣，而檢驗失實，則爲覺舉，遂以苟免。欲望睿旨下刑部看詳，頒示遵用刑寺長貳詳議：檢驗不當，覺舉自有見行條法，今檢驗不實，則乃爲覺舉，遂以苟免。今看詳：命官檢驗不實或失當，不許用覺舉原免。餘並依舊法施行。奉聖旨依。

宋・宋慈《洗冤錄・檢覆總說上》 凡驗官多是差廳子虞候，或以親隨作公人、家人各目前去。追集隣人保伍，呼爲先牌，打路排保，打草踏路，先馳看屍之類皆是。搔擾鄉衆，此害最深，切須戒忌。

凡檢驗承牒之後，不可接見在近官員、秀才、術人、僧道，以防姦欺，及招詞訴。仍未得鑿定日時於牒，前到地頭約度程限，方可書鑿，庶免稽遲。仍約束行吏等人，不得少離官員，恐有乞覓。遇夜，行吏須要勒令供狀，方可止宿。

凡承牒檢驗，須要行兇人隨行，差土着，有家累田產、無過犯節級教頭，部押公人看管。如到地頭，勒令行兇人當面，對屍子細檢喝。勒行人、公吏對衆隣保當面供狀。不可下司，恐有過度走弄之弊。如未獲行兇人，以隣保爲衆證。所有屍帳，初、覆官不可漏露。仍須是躬親詣屍首地頭，監行人檢喝，免致出脫重傷處。

凡檢官遇夜宿處，須問其家是與不是兇身血屬親戚，方可安歇，以別嫌疑。

凡血屬入狀乞免檢，多是暗受兇身買和，套合公吏入狀，檢官切不可信憑，便與備申，或與繳回格目。雖得州縣判下，明有公文照應，猶須審處，恐異時親屬爭錢不平，必致生詞，或致發覺，自亦例被，污穢難明。

凡行兇器仗，索之少緩，則姦囚之家，藏匿移易，粧成疑獄，可以免死，干係甚重。初受差委，先當急收索。若早出官，又可參照痕傷大小闊狹，定驗無差。

凡到檢所，未要自向前，且於上風處坐定，略喚死人骨屬，或地主、湖南有地主，他處無。競主，審問事因了，點數干係人及隣保，應是合於檢狀着字人齊足，先令劄下硬四至，如同人吏向前看驗。若是自縊，切要看吊處及項上痕；更看繫處塵土曾與不曾移動，及繫吊處高下，元踏甚處，是甚物上得去繫處，更看垂下長短，項下繩帶大小，對痕寬狹；細看是活套頭死套頭，有單掛十字繫，有纏繞繫，各要看詳。若是臨高撲死，要看失腳處土痕蹤跡高下。若是落水淹死，亦要看失腳處土痕高下，及量水淺深。

其餘殺傷病患，諸般非理死人，劄四至了，但令扛舁明淨處，且未用湯水酒醋，先乾檢一遍。子細看腦後、頂心頭髮內，恐有火燒釘子釘入骨內。其血不出，亦不見痕損。更切點檢眼睛、口齒、舌、鼻、大小便二處，防有他物。然後用溫水洗了，先使酒醋蘸紙搭頭面上、胸脇、兩乳、臍腹、兩肋間，更用衣服蓋罨了，澆上酒醋，用薦席罨一時久，方檢。不得信令行人只將酒醋潑過，痕損不出也。

宋・宋慈《洗冤錄・檢覆總說下》 凡檢驗，不可信憑行人，須令將酒醋洗淨，子細檢視。如燒死口內有灰；溺死腹脹，內有水；以衣物或濕紙搭口鼻上死，即腹乾脹；若被人勒死，項下繩索交過，手指甲或抓損；若自縊，即腦後分八字，索子不交，繩在喉下，舌出，喉上，舌不出，切在詳細。自餘傷損致命，即無可疑。如有疑慮，即且捉賊。捉賊不獲，猶是公過，若被人打殺，卻作病死，後如獲賊，不免深譴。

凡檢驗文字，不得作皮破血出。大凡皮破即血出。當云：皮微損，有血出。

凡定致命痕，雖小當微廣其分寸。定致命痕，內骨折，即聲說；骨不折，不須言，骨不折，卻重害也。或行兇器仗未到，不可分毫增減，恐他日索到異同。

凡傷處多，只指定一痕係要害致命。

凡聚衆打人，最難定致命痕。如死人身上有兩痕，皆可致命，此兩痕若是一人下手，則無害；若是兩人，則一人償命，一人不償命。須是兩痕內，斟酌得最重者爲致命。

凡官守戒訪外事，惟檢驗一事，若有大段疑難，須更廣布耳目以合之，庶幾無誤。如斗毆限內身死，痕損不明，若有病色曾使醫人，師巫救治之類，即多因病患死。若不訪問，則不知也。雖廣布耳目，不可任一人，仍在善使之，不然，適足自誤。

凡行兇人，不得受他通吐，一例收人解送。待他到縣通吐後，卻勾追。恐手腳下人，妄生事搔擾也。

凡初、覆檢訖，血屬，耆正副、隣人，並責狀看守屍首。切不可混同解官，徒使被擾。但解兇身、干證。若獄司要人，自會追呼。

凡檢覆後，體訪得行兇事因不可見之公文者，面白長官，使知曲折，庶易勘鞫。

近年諸路憲司行下，每於初、覆檢官內，就差一員兼體究。凡體究者，必須先喚集隣保，反復審問。如歸一，則合款供；或見聞參差，則令各供一款，或併責行兇人供吐大略，一併繳申本縣及憲司。縣獄憑此審勘，憲司憑此詳覆，或小有差互，皆受重責。簿尉既無刑禁，隣里多已驚奔，若憑吏卒開口，即是私意。須是多方體訪，務令參會歸一。切不可憑一二人口說，便以爲信，及備三兩紙供狀，謂可塞責。況其中不識字者，多出吏人代書，其鄰證內，或又與兇身是親故，及暗受買囑符合者，不可不察。

隨行人吏及合干人，多賣弄四鄰，先期縱其走避，只捉遠鄰或老人，婦人及未成年人塞責。或不得已而用之，只可參互審問，終難憑以爲實，全在斟酌。又有行兇人恐要切干證人（眞）〔直〕供，有所妨礙，故令藏匿，自以親密人或地客、佃客出官，合套誣證，不可不知。

頑囚多不伏，於格目內兇身下塡寫姓名押字，公吏有所取受，反教令別撰名色，寫作被誣或干連之類，欲乘此走弄出入。近江西宋提刑重定格目，申之朝省，添入被執人一項。若虛實未定者，不得已與之就下書塡；其確然是實者，須勒令僉押於正行兇字下。不可姑息詭隨，全在檢驗官自立定見。

宋・宋慈《洗冤錄・溺死》 若生前溺水屍首，男仆卧，女仰卧，頭面仰，兩手兩腳俱向前，口合，眼開閉不定，兩手拳握，腹肚脹，拍着響，落水則手開，眼微開，肚皮微脹。投水則手握，眼合，腹內急脹。兩腳底皺白不脹，頭髻緊，頭與髮際、手腳爪縫，或腳着鞋則鞋內各有沙泥，口鼻內有水沫及有些小淡色血污，或有搕擦損處，此是生前溺水之驗也。蓋其人未死必須爭命，氣脈往來，搐水入腸，故兩手自然拳曲，腳罅縫各有沙泥，口鼻有水沫流出，腹內有水脹也。

若檢覆遲，即屍首經風日吹曬，遍身上皮起，或生白皰。

若身上無痕，面色赤，此是被人倒提，水搵死。

若屍面色微赤，口鼻內有泥水沫，肚內有水，腹肚微脹，眞是淹水身死。

若因病患溺死，則不計水之深淺，可以致死，身上別無它故。

若疾病身死，被人拋掉在水內，即口鼻無水沫，肚內無水，不脹，面色微黃，肌肉微瘦。

若因患倒落泥渠內身死者，其屍口眼開，兩手微握。身上衣裳並口、鼻、耳、髮際並有青泥污者，須脫下衣裳，用水淋洗，酒噴其屍，被泥水淹浸處，即肉色微白，肚皮微脹，指甲有泥。

若被人毆打殺死，推在水內，入深則脹，淺則不甚脹，其屍肉色帶黃不白，口眼開，兩手散，頭髮寬慢，肚皮不脹，口、眼、耳、鼻無水瀝流出，指爪罅縫並無沙泥，兩手不拳縮，兩腳底不皺白，卻虛脹。身上有要害致命傷損處。其痕黑色，屍有微瘦。臨時看驗，若檢得身上有損傷處，錄其痕跡，雖是投水，亦合押合干人赴官司推究。

諸自投井，被人推入井，自失腳落井屍首，大同小異，皆頭目有被磚石磕擦痕，指甲、毛髮有沙泥，腹脹。側覆卧之，則口內水出。別無他故，只作落井身死，即投井推入在其間矣。所謂落井小異者，推入與自落井，則手開，眼微開，腰身間或有錢物之類；自投井，則眼合手握，身間無物。

大凡有故入井，須腳直下，若頭在下，恐被人趕逼，或它人推送入井。若是失腳，須看失腳處土痕。

自投河、被人推入河，若水稍深闊，則無磕擦沙泥等事；若水淺狹，亦與投井、落井無異。大抵水深三四尺，皆能淹殺人，驗之果無它故，只作落水身死，則自投、推入在其間矣。若身有繩索及微有痕損可疑，則宜檢作被人謀害，置水身死。不過立限捉賊，切勿卹一捕限，而貽罔測之憂。

諸溺河池，行運者謂之河，不行運者謂之池。檢驗之時，先問元申人，早晚見屍在水內？見時便只在今處，或自漂流而來？若是漂流而來，即問是東、西、南、北？又如何流到此便住？如何申官？如稱見其人落水，即問當時曾與不曾救應？若曾救應，其人未出水時已死，或救應上岸才死？或即申官，或經幾時申官？

若在江、河、陂、潭、池塘間，難以打量四至，只看屍所浮在何處，如未浮打撈方出，聲說在何處打撈見屍。池塘，或坎穽有水處可以致命者，須量見淺深丈尺，坎阱則量四至。江、河、陂、潭屍起浮或見處地岸，並池塘坎阱，係何人所管？地名何處？

諸溺井之人，檢驗之時，亦先問元申人，如何知得井內有人？初見有人時，其人死未？既知未死，因何不與救應？其屍未浮，如何知得井內有人？若是屋下之井，即問身死人自從早晚不見？卻如何知在井內？凡井內有人，其井內自然先有水沫，以此爲驗。

量井之四至，係何人地上？其地名甚處？若溺屍在底，則不必量，但約深若干丈尺，方摝屍出。

屍在井內，滿脹則浮出尺餘，水淺則不出。若出，看頭或腳在上在下，先量尺寸。不出，亦以丈竿量到屍近邊尺寸，亦看頭或腳在上在下。

檢溺死之屍，水浸多日，尸首胖脹，難以顯見致死之因，宜申說頭髮脫落，頭目胖脹，唇口番張，頭面連遍身上下，皮血並皆一概青黑褪皮。驗是本人在井或河內，死後水浸，經隔日數，致有此。今來無憑檢驗本人沿身有無傷損它故，又定奪年顏形狀不得，只檢得本人口鼻內有沫，腹脹。驗得前件屍首，委是某處水溺身死。其水浸更多日無憑檢驗，即不用申說致命因依。

初春雪寒，經數日方浮，與春夏秋末不侔。

凡溺死之人，若是人家奴婢或妻女，未落水先已曾被打，在身有傷，今次又的然見得是自落水或投井身死，於格目內亦須分明具出傷痕，定作被打復溺水身死。

投井死人，如不曾與人交爭，驗屍時面目頭額有利刃痕，又依舊帶血，似生前痕，此須看井內有破瓷器之屬，以致傷着。人初入井時氣尚未絕，其痕依舊帶血，若驗作生前刃傷，豈不利害！

宋・宋慈《洗冤錄・自縊》 自縊身死者，兩眼合，唇口黑，皮開露齒。若勒喉上，即口開，牙關緊，舌抵齒不出。又云齒微咬舌若勒喉下，則口開，舌尖出齒門二分至三分。面帶紫赤色，口吻兩角及胸前有吐涎沫，兩手須握，大拇指，兩腳尖直垂下。腳上有血瘾，如火灸斑痕，及肚下至小腹並墜下青黑色。大小便自出，大腸頭或有一兩點血。喉下痕紫赤色，或黑淤色，直至左右耳後髮際，橫長九寸以上至一尺以來。一云丈夫合一尺一寸，婦人合一尺。腳虛，則喉下勒深；實，則淺。人肥則勒深；瘦則淺。用細緊麻繩、草索在高處自縊，懸頭頓身致死，則痕跡深；若用全幅勒帛及白練項帕等物，又在低處，則痕跡淺。低處自縊，身多卧於下，或側、或覆。側卧，其痕斜起，横喉下；覆卧，其痕正起，在喉下，起於耳邊，多不至腦後髮際下。

自縊處須高八尺以上，兩腳懸虛，所踏物須倍高如懸虛處。或在床、椅、火爐、船倉內，但高二三尺以來，亦可自縊而死。

若經泥雨，須看死人赤腳或着鞋，其踏上處有無印下腳跡。

自縊，有活套頭、死套頭、單繫十字，纏繞繫。須看死人踏甚物入頭在繩套內。須垂得繩套寬入頭，方是。

活套頭，腳到地並膝跪地，亦可死。

死套頭，腳到地並膝跪地，亦可死。

單繫十字，懸空，方可死，腳尖稍到地，亦不死。

單繫十字，是死人先自用繩帶自緊項上後，自以手繫高處。須是先看上頭繫處塵土，及死人踏甚處物，自以手攀繫得上向繩頭着，方是。上面繫繩頭處，或高或大，手不能攀及不能上，則是別人吊起。更看所繫處物伸縮，須是頭墜下去上頭繫處一尺以上，方是。若是頭緊抵上頭，定是別人吊起。

纏繞繫，是死人先將繩帶纏繞項上兩遭，自踏高繫在上面，垂身致死。或是先繫繩帶在梁棟或樹枝上，雙襀垂下，踏高入頭在襀內，更纏過一兩遭。其痕成兩路，上一路纏過耳後，斜入髮際；下一路平繞項行。吏畏避駁雜，必告檢官，乞只申一痕，切不可信。若除了上一痕，不成自縊，若除下一痕，正是致命要害去處。或覆檢官不肯相同書填格目，血屬有詞，再差官覆檢出，爲之奈何？須是據實，不可只作一條痕檢。其相疊與分開處，作兩截量，盡取頭了，〔畫取樣子〕，更重將所繫處繩帶纏過，比並闊狹並同，任從覆檢，可無後患。

凡因患在床仰卧，將繩帶等物自縊者，則其屍兩眼合，兩唇皮開，露齒，咬舌出一分至二分，肉色黄，形體瘦，兩手拳握，臀後有糞出。左右手内，多是把自縊物色至繫緊，死後只在手内。須量兩手拳相去幾寸以來。喉下痕跡紫赤，周圍長一尺餘，結締在喉下，前面分數較深。曾被解救，則其屍肚脹，多口不咬舌，臀後無糞。

若眞自縊，開掘所縊腳下穴三尺以來，究得火炭，方是。

或在屋下自縊，先看所縊處楣梁枋桁之類，塵土衮亂至多，方是。如只有一路無處，不是自縊。

先以杖子於所繫繩索上輕輕敲，如緊直，乃是。或寬慢，即是移屍。大凡移尺別處吊掛，舊痕挪動，便有兩痕。

凡驗自縊之屍，先要見得在甚地分，甚街巷，甚人家，何人見，本人自用甚物，於甚處搭過，或作十字死積繫定，或於項下作活積套。卻驗所着衣新舊，打量身四至，東、西、南、北至甚物，面覷甚處，背向甚處。其死人用甚物踏上，上量頭懸去所吊處相去若干尺寸，下量腳下至地相去若干尺寸。或所縊處雖低，亦看頭上懸掛索處，下至所離處，並量相去若干尺寸。對衆解下，扛屍於露明處，方解脱自縊套繩，通量長若干尺寸。量圍喉下套頭繩圍長若干。項下交圍，量到耳後髮際起處，闊狹、横斜長短，然後依法檢驗。

凡驗自縊人，先問元申人，其身死人是何色目人？見時早晚？曾與不曾解下救應？申官時早晚？如有人識認，即問自縊人年若干？作何經紀？家内有甚人？卻因何在此間自縊？若是奴僕，先問僱主討契書辨驗，仍看契書上有無親戚，年多少，更看元吊掛縱跡去處。如曾解下救應，即問解下時有氣脈無氣脈，解下約多少時死，切須子細。

大凡檢驗，未可便作自縊致命，未辨子細。凡有此，只可作其人生前用繩索繫咽喉下或上要害，致命身死，以防死人別有枉横。且如有人睡着，被人將索勒死吊起所在，其檢官如何見得是自縊致死？宜子細也。

多有人家女使、人力，或外人於家中自縊，其人不曉法，避見臭穢及避檢驗，遂移屍出外吊掛，舊痕移動，致有兩痕。舊痕紫赤有血癊，移動痕只白色無血癊。移屍事理甚爲明，要公行根究，開坐生前與死後痕。蓋移屍不過杖罪，若漏落不具，覆檢官不相照應，申作兩痕，官司必反見疑，益重干連人之禍。

屍首日久壞爛，頭吊在上，屍側在地，肉潰見骨，但驗所吊頭。其繩若入槽，謂兩耳連頷下深向骨本者。及驗兩手腕骨、頭腦骨皆赤色者是。一云齒赤色，及十指尖骨赤色者是。

宋·宋慈《洗冤錄·被打勒死假作自縊》 自縊，被人勒殺或算殺假作自縊，甚易辨。眞自縊者，用繩索、帛之類繫縛處，交至左右耳後，深紫色，眼合唇開，手握齒露，縊在喉上則舌抵齒，喉下則舌多出，胸前有涎滴沫，臀後有糞出。若被人打勒殺，假作自縊，則口眼開，手散髮慢，喉下血脈不行，痕跡淺淡，舌不出，亦不抵齒，項上肉有指爪痕，身上別有致命傷損去處。

惟有生勒未死間，即時吊起，詐作自縊，此稍難辨。如跡狀可疑，莫若檢作勒殺，立限捉賊也。

凡被人隔物，或窗櫺或林木之類勒死，僞作自縊，則繩不交，喉下痕多平過，卻極深，黑黯色，亦不起於耳後髮際。

絞勒喉下死者，結締在死人項後。兩手不垂下，縱垂下亦不直。項後結交，卻有背倚柱等處或把衫襟搊着。

即喉下有衣衫領黑跡，是要害處氣悶身死。

凡檢被勒身死人，將項下勒繩索，或是諸般帶係，臨時子細聲説。纏繞過遭數，多是於項後當正或偏左右繫定，須有繫不盡垂頭處。其屍合面地卧，爲被勒時爭命，須是揉撲得頭髮或角子散慢，或沿身上有搕擦着痕。

凡被勒身死人，須看覷屍身四畔，有扎磨蹤跡去處。

又有死後被人用繩索繫扎手腳及項下等處，其人已死，氣血不行，雖被繫縛，其痕不紫赤，有白痕可驗。死後繫縛者，無血癊，繫縛痕雖深入皮，即無青紫赤色，但只是白痕。

有用火篦烙成痕，但紅色或焦赤，帶濕不乾。

宋·宋慈《洗冤錄·論沿身骨脈及要害去處》 夫人兩手指甲相連者小節，小節之後中節，中節之後者本節，本節之後肢骨之前生掌骨，掌骨上生掌肉，掌肉後可屈曲者腕，腕左起高骨者手外踝，右起高骨者右手踝，二踝相連生者臂骨，輔臂骨者髀骨，三骨相繼者肘骨，前可屈曲者曲肘，曲肘上生者臑骨，臑骨上生者肩髃，肩髃之前者横髃骨，横髃骨之前者髀骨，髀骨之中陷者缺盆，缺盆之上者頸，頸之前者顙喉，顙喉之上者結喉，結喉之上者頰，頰兩旁者曲頷，曲頷兩旁者頤，頤擊兩旁者頰車，頰車上者耳，耳上又法，用新綿於骨上拂拭，遇損處必牽惹綿絲起。折者，其色在骨斷處兩頭，又看折處，其骨芒刺向裏或外，毆打折者，芒刺在裏，在外者非。

髑髏骨有他故處骨青，骨折處帶淤血。

子細看骨上有青暈或紫黑暈，長是他物，圓是拳，大是頭撞，小是腳尖。四縫骸骨內一處有損折，係致命所在，或非要害，即令仵作行人指定喝起。

攤罨檢訖，仵作行人喝四縫骸骨，謂：屍仰卧，自髑髏喝，頂心至顖門骨、鼻梁骨、頦頷骨並口骨並全，兩眼眶、兩額角、兩太陽、兩耳、兩腮頰骨並全，兩肩井、兩臆骨全，胸前龜子骨、心坎骨全。

左臂、腕、手及髀骨全，左肋骨全，左胯、左腿、左臁肕並髀骨及左腳踝骨、腳掌骨並全。

右亦如之。

翻轉喝，腦後乘枕骨、脊下至尾蛆骨並全。

凡驗元被傷殺死人，經日屍首壞，蛆蟲咂食，只存骸骨者，元被傷痕，血粘骨上，有乾黑血爲證。若無傷骨損，其骨上有破損，如頭髮露痕，又如瓦器龜裂，沉淹損路，爲驗。

毆死者，死傷處不至骨損，則肉緊貼在骨上，用水衝激亦不去，指甲蹙之方脫，肉貼處其痕損即可見。

驗骨訖，自髑髏、肩井臆骨，並臂，腕、手骨，及胯骨、腰腿骨，臁肕、膝蓋並髀骨，並標號左右。其肋骨共二十四莖，左右各十二莖，分左右，係：左第一、左第二、右第一、右第二之類，莖莖依資次題訖。內脊骨二十四節，亦自上題一、二、三、四，連尾蛆骨處號之。並胸前龜子骨、心坎骨亦號之，庶易於檢湊。兩肩、兩胯、兩腕皆有蓋骨，尋常不係在骨之數，經打傷損，方入衆骨係數，不若拘收在數爲良也。先用紙數重包定，次用油單紙三四重裹了，用索子交眼扎繫作三四處，封頭印押訖，用桶一隻盛之，上以板蓋，掘坑埋瘞，作堆標記，仍用灰印。

行在有一種毒草名曰賤草，煎作膏子售人。若以染骨，其色必變黑黯，粗可亂眞。然被打若在生前，打處自有暈痕，如無暈而骨不損，即不可指以爲痕，切須子細辨別眞僞。

宋・宋慈《洗冤錄・蛇蟲傷死》　凡被蛇蟲傷致死者，其被傷處微有齧者曲鬢，曲鬢上行者頂，頂前者顖門，顖門之下者髮際，髮際正下者額，額下者眉，眉際之末者太陽穴，太陽穴前者目，目兩旁者兩小眥，兩小眥上者上(臉)〔瞼〕，下者下(臉)〔瞼〕，正位能瞻視者目瞳子，瞳子近鼻者兩大眥，近兩大眥者鼻山根，鼻山根上印堂，印堂上者腦角，腦角下者承枕骨，脊骨下橫生者髖骨，髖骨兩旁者釵骨，釵骨下中者腰門骨，釵骨上連生者腿骨，腿骨下可屈曲者曲瞅，曲瞅上生者膝蓋骨，膝蓋骨下生者脛骨，脛骨旁生者骱骨，骱骨下左起高大者兩足外踝，右起高大者兩足右踝，脛骨前垂者兩足趺骨，趺骨前者足本節，本節前者小節，小節相連者足指甲，指甲後生者足前趺，趺後凹陷者足心，下生者足掌骨，掌骨後生者踵肉，踵肉後者腳跟也。

檢滴骨親法，謂如某甲是父或母，有骸骨在，某乙來認親生男或女，何以驗之？試令某乙就身刺一兩點血，滴骸骨上，是的親生則血沁入骨內，否則不入。俗云滴骨親，蓋謂此也。

檢骨須是晴明。先以水淨洗骨，用麻穿定形骸次第，以簟子盛定，卻鋤開地窖一穴，長五尺，闊三尺，深二尺，多以柴炭燒煅，以地紅爲度，除去火，卻以好酒二升，酸醋五升，潑地窖內，乘熱氣扛骨入穴內，以藁薦遮定，蒸骨一兩時，候地冷取去薦，扛出骨殖向平明處，將紅油傘遮屍骨驗。

若骨上有被打處，即有紅色路微廕，骨斷處，其接續兩頭各有血暈色，再以有痕骨照日看，紅活，乃是生前被打分明。

骨上若無血廕蹤，有損折，乃死後痕。切不可以酒醋煮骨，恐有不便處。此項須是晴明方可，陰雨則難見也。

如陰雨不得已，則用煮法。以瓮一口，如鍋煮物，以炭火煮醋，多入鹽、白梅同骨煎。須着親臨監視，候千百滾取出，水洗，向日照，其痕即見。血皆浸骨損處，赤色青黑色。仍子細驗，有無破裂。

煮骨不得見錫，用則骨多黯。

若有人作弊，將藥物置鍋內，其骨有傷處反白不見。解法見驗屍門。

若骨或經三兩次洗罨，其色白與無損同，何以辨之？當將合驗損處骨，以油灌之，其骨大者有縫，小者有竅，候油溢出，則指令乾，向明照，損處油到即停住不行，明亮處則無損。

一法，濃磨好墨塗骨上，候乾即洗去墨，若有損處，則墨必浸入，不損則墨不浸。

損黑痕，四畔青腫，有青黄不流，毒氣灌注四肢，身體光腫面黑。如檢此狀，即須定作毒氣灌着甚處致死。

宋・宋慈《洗冤録・牛馬踏死》 凡被馬踏死者，屍色微黄，兩手散，頭髮不慢，口鼻中多有血出痕，黑色。被踏要害處便死，骨折腸臟出；若只築倒，或踏不着要害處，即有皮破癮赤黑痕，不致死。驢足痕小。

牛角觸着，若皮不破，傷亦赤腫。觸着處多在心頭胸前，或在小腹脇肋，亦不可拘。

宋・宋慈《洗冤録・硬物（痁）〔瘖〕死》 凡被外物癮（痁）〔瘖〕死者，肋後有癮（痁）〔瘖〕着紫赤腫，方圓三寸四寸以來，皮不破，用手揣捏得（筋）〔肋〕骨傷損，此最爲虚怯要害致命去處。

宋・宋慈《洗冤録・外物壓塞口鼻死》 凡被人以衣服或濕紙搭口鼻死，則腹乾脹。

若被人以外物壓塞口鼻，出氣不得後命絶死者，眼開睛突，口鼻內流出清血水，滿面血瘢赤黑色，糞門突出，及便溺污壞衣服。

宋・宋慈《洗冤録・塌壓死》 凡被塌壓死者，兩眼脹出，舌亦出，兩手微握，遍身死血淤紫黯色，或鼻有血或清水出。傷處有血瘢赤腫，皮破處四畔赤腫，或骨並筋皮斷折。須壓着要害致命，如不壓着要害不致死。死後壓，即無此狀。

凡檢舍屋及牆倒石頭脱落壓着身死人，其屍沿身虚怯要害去處若有痕損，須説長闊分寸，作堅硬物壓痕，仍看骨損與不損。若樹木壓死，要見得所倒樹木斜傷着痕損分寸。

宋・宋慈《洗冤録・跌死》 凡從樹及屋臨高跌死者，看枝柯掛挈所在並屋高低，失腳處蹤跡或土痕高下，及要害處須有抵隱或物擦磕痕瘢。若內損致命痕者，口眼耳鼻內定有血出。若傷重分明，更當子細驗之，仍量撲落處高低丈尺。

宋・宋慈《洗冤録・受杖死》 定所受杖處痕闊狹，看陰囊及婦人陰門，並兩脇肋、腰、小腹等處，有無血瘢痕。

小杖痕，左邊横長三寸，闊二寸五分；右邊横長三寸五分，闊三寸。各深三分。

大杖痕，左右各方圓三寸至三寸五分，各深三分，各有膿水，兼瘡週迴亦有膿水淹浸、皮肉潰爛去處。

背上杖瘡，横長五寸，闊三寸，深五分。如日淺時，宜説，兼瘡週迴有毒氣攻注，青赤皶皮緊硬去處。如日數多時，宜説，兼瘡週迴亦有膿水淹浸，皮肉潰爛去處，將養不較，致命身死。

又身訊腿杖，而荆杖侵及外腎而死者，尤須細驗。

宋・宋慈《洗冤録・驗罪囚死》 凡驗諸處獄內非理致死囚人，須當徑申提刑司，即時入發遞鋪。

宋・宋慈《洗冤録・劄口詞》 凡抄劄口詞，恐非正身，或以它人僞作病狀，代其飾説，一時不可辨認。合於所判狀內云：日後或死亡申官，從條檢驗。庶使豪強之家，預知所警。

宋・宋慈《洗冤録・針灸死》 須勾醫人驗針灸處是與不是穴道，雖無意致殺，亦須説顯是針灸殺，亦可科醫不應爲罪。

宋・宋慈《洗冤録・服毒》 凡服毒死者，屍口眼多開，面紫黯或青色，唇紫黑，手足指甲俱青黯，口眼耳鼻間有血出。甚者，遍身黑腫，面作青黑色，唇捲發皰，舌縮或裂拆爛腫微出，唇亦爛腫或裂拆，指甲尖黑，喉、腹脹作黑色，生皰，身或青斑，眼突，口鼻眼內出紫黑血，鬚髮浮不堪洗。未死前須吐出惡物，或瀉下黑色，穀道腫突，或大腸穿出。

有空腹服毒，惟腹肚青脹而唇、指甲不青者；亦有食飽後服毒，惟唇、指甲青而腹肚不青者；又有腹臟虚弱老病之人，略服毒而便死，腹肚、口唇、指甲並不青者，卻須參以他證。

生前中毒，則遍身作青黑，多日皮肉尚有，亦作黑色，若經久，皮肉腐爛見骨，其骨黲黑色。

死後將毒藥在口內假作中毒，皮肉與骨只作黄白色。

凡服毒死，或時即發作，或當日早晚，若其藥慢，即有一日或二日發。或有翻吐，或吐不絶，仍須於衣服上尋餘藥，及死屍坐處尋藥物器皿之類。

中蠱毒，遍身上下、頭面、胸心並深青黑色，肚脹，或口內吐血，或糞門內瀉血。

鼠莽草毒，江南有之亦類中蠱，加之唇裂，齒齦青黑色。此毒經一宿一日，方見，九竅有血出。

食果實金石藥毒者，其屍上下或有一二處赤腫，有類拳手傷痕，或成大片青黑色，爪甲黑，身體肉縫微有血，或腹脹，或瀉血。

酒毒，腹脹，或吐瀉血。

砒霜野葛毒，得一伏時，遍身發小皰，作青黑色，眼睛聳出，舌上生小刺皰綻出，口唇破裂，兩耳脹大，腹肚膨脹，糞門脹綻，十指甲青黑。

金蠶蠱毒，死屍瘦劣，遍身黄白色，眼睛塌，口齒露出，上下唇縮，腹肚塌。將銀釵驗，作黄浪色，用皂角水洗不去。

一云如是：只身體脹，皮肉似湯火皰起，漸次爲膿，舌頭唇鼻皆破裂，乃是中金蠶蠱毒之狀。

手腳指甲及身上青黑色，口鼻内多出血，皮肉多裂，舌與糞門皆露出，乃是中藥毒、菌蕈毒之狀。

如因吐瀉瘦弱，皮膚微黑不破裂，口内無血與糞門不出，乃是飲酒相反之狀。

若驗服毒，用銀釵，皂角水揩洗過，探入死人喉内，以紙密封，良久取出，作青黑色，再用皂角水揩洗，其色不去。如無，其色鮮白。

如服毒中毒死人，生前喫物壓下，入腸臟内，試驗無證，即自穀道内試，其色即見。

凡檢驗毒死屍，間有服毒已久，蘊積在内，試驗不出者，須先以銀或銅釵探入死人喉訖，卻用熱糟醋自下罨洗，漸漸向上，須令氣透，其毒氣熏蒸，黑色始現。如便將熱糟醋自上而下，則其毒氣逼熱氣向下，不復可見。或就糞門上試探，則用糟醋當反是。

又一法，用大米或占（黏）米三升炊飯，用淨糯米一升淘洗了，用布袱盛，就所炊飯上炊饋，取鷄子一箇，鴨子亦可打破取白，拌糯米飯令勻，依前袱起，着在前大米占（黏）米飯上，以手三指緊握糯米飯如鴨子大，毋令冷，急開屍口，齒外放着，及用小紙三五張，搭遮屍口、耳、鼻、臀、陰門之處，仍用新綿絮三五條，釅醋三五升，用猛火煎數沸，將綿絮放醋鍋内煮半時取出，仍用糟盤罨屍，卻將綿絮蓋覆。若是死人生前被毒，其屍即腫脹，口内黑臭惡汁噴來綿絮上，不可近。後除去綿絮，糯米飲被臭惡之汁亦黑色而臭，此是受毒藥之狀。如無，則非也。試驗糯米飯，封起，申官府之時，分明開説。此檢驗訣，曾經大理寺看定。

廣南人小有爭怒賴人，自服胡蔓草，一名斷腸草，形如阿魏，葉長尖，條蔓生，服三葉以上即死。乾者或收藏經久，作末食亦死。如方食未久，將大糞汁灌之可解。其草近人則葉動。將嫩葉心浸水，涓滴入口，即百竅潰血。其法急取抱卵不生鷄兒，細研和麻油開口灌之，乃盡吐出惡物甦，如少遲，無可救者。

宋・宋慈《洗冤録・病死》　凡因病死者，形體羸瘦，肉色痿黄，口眼多合，腹肚多陷，兩眼通黄，兩拳微握，髮髻解脱，身上或有新舊針灸瘢痕，餘無他故，即是因病死。

凡病患求乞在路死者，形體瘦劣，肉色痿黄，口眼合，兩手微握，口齒焦黄，唇不着齒。

邪魔中風卒死，屍多肥，肉色微黄，口眼合，頭髻緊，口内有涎沫，遍身無他故。

卒死，肌肉不陷，口鼻内有涎沫，面色紫赤。蓋其人未死時，涎壅於上，氣不宣通，故面色及口鼻如此。

卒中死，眼開睛白，口齒門，牙關緊，間有口眼喎斜，並口兩角、鼻内涎沫流出，手腳拳曲。

中暗風，屍必肥，肉多滉白色，口眼皆閉，涎唾流溢。卒死於邪祟，其屍不在於肥瘦，兩手皆握，手足爪甲多青。或暗風，如發驚搐死者，口眼多喎斜，手足必拳縮，臂腿手足細小，涎沫亦流。已上三項大略相似，更須檢時子細分別。

傷寒死，遍身紫赤色，口眼開，有紫汗流，唇亦微綻，手不握拳。

時氣死者，眼開口開，遍身黄色，量有薄皮起，手足俱伸。

中暑死，多在五、六、七月，眼合，舌與糞門俱不出，面黄白色。

凍死者，面色痿黄，口内有涎沫，牙齒硬，身直，兩手緊抱胸前，兼衣服單薄。檢時，用酒醋洗得少熱氣，則兩腮紅，面如芙蓉色，口有涎沫出。其涎不粘，此則凍死證。

饑餓死者，渾身黑瘦，硬直，眼閉口開，牙關緊禁，手腳俱伸。

或疾病死，值春夏秋初，申得遲，經隔兩三日，肚上、臍下、兩脇肋骨縫有微青色。此是病人死後，經日變動，腹内穢污發作，攻注皮膚，致有此色。不是生前有他故，切宜子細。

凡驗病死之人，纔至檢所，先問元申人，其身死人來自何處？幾時到來？幾時得病？曾與不曾申官取責口詞？有無人識認？如收得口詞，即須問元患是何疾病？年多少？病得幾日方申官取問口詞？既得口詞之後，幾日身死？如無口詞，則問如何取口詞不得？若是奴婢，則須先討契書看，問有無親戚？患是何病？曾請是何醫人？喫甚藥？曾與不曾申官取口詞？如無，則問不責口詞因依，然後對衆證定。如別無它故，只取衆定驗狀，稱說，遍身黄色，骨瘦，委是生前因患是何疾致死。仍取醫人定驗疾色狀一紙。如委的衆證因病身死分明，元初雖不曾取責口詞，但不是非理致死，不須牒請覆驗。

宋・宋慈《洗冤錄・湯潑死》 凡被熱湯潑傷者，其屍皮肉皆拆，皮脫白色，着肉者亦白，肉多爛赤。

如在湯火內，多是倒卧，傷在手足、頭面、胸前。如因鬥打或頭撞、腳踏，手推在湯火內，多是兩後脉與臀腿上或有打損處，其皰不甚起，與其他所燙不同。

宋・宋慈《洗冤錄・火死》 凡生前被火燒死者，其屍口鼻內有煙灰，兩手腳皆拳縮；緣其人未死前被火逼奔掙，口開氣脈往來，故呼吸煙灰入口鼻內。若死後燒者，其人雖手足拳縮，口內即無煙灰。若不燒着兩肘骨及膝骨，手腳亦不拳縮。

若因老病先火燒死，其屍肉色焦黑或捲，兩手拳曲，臂曲在胸前，兩膝亦曲，口眼開，或咬齒及唇，或有脂膏黄色，突出皮肉。

若被人勒死拋掉在火內，頭髮焦黄，頭面渾身燒得焦黑，皮肉搐皺，並無揞漿皮去處，項下有被勒着處痕跡。

又若被刀殺死，卻作火燒死者，勒仵作拾起白骨，扇去地下灰塵，於屍首下淨地上用釅米醋、酒潑，若是殺死，即有血入地鮮紅色。須先問屍首生前宿卧所在，卻恐殺死後移屍往他處，即難驗屍下血色。

大凡人屋或瓦或茅蓋，若被火燒，其死屍在茅瓦之下；或因與人有讎，乘勢推入燒死者，其死屍則在茅瓦之上。兼驗頭足，亦有向至。

如屍被火化盡，只是灰無條段骨殖者，勒行人鄰證供狀：緣上件屍首，或失火燒毁，或被人燒毁，即無骸骨存在，委是無憑檢驗。方與備申。

凡驗被火燒死人，先問元申人，火從何處起？火起時其人在甚處？因甚在彼？被火燒時，曾與不曾救應？仍根究曾與不曾與人作鬧，見得端的，方可檢驗。

或檢得頭髮焦拳，頭面連身一概焦黑，宜申說，今來無憑檢驗本人沿身上下有無傷損他故，及定奪年顏形狀不得。只檢得本人口鼻內有無灰燼，委是火燒身死。如火燒深重，實無可憑，即不要說口鼻內灰燼。

宋・宋慈《洗冤錄・屍首異處》 凡驗屍首異處，勒家屬先辨認屍首。務要子細打量屍首頓處四至。訖，次量首級離屍遠近，或左或右，或去肩、腳若干尺寸。支解手臂、腳腿，各量別計，仍各寫相去屍遠近。卻隨其所解肢體與屍相湊，提捧首與項相湊，圍量尺寸。一般係刃物斫落。若項下皮肉捲凸，兩肩井聳皺，係生前斫落；皮肉不捲凸，兩肩井不聳皺，係死後斫落。

宋・宋慈《洗冤錄・殺傷》 凡被人殺傷死者，其屍口眼開，頭髻寬或亂，兩手微握，所被傷處要害分數較大，皮肉多捲凸。若透膜，腸臟必出。

其被傷人見行兇人用刃物來傷之時，必須爭競，用手來遮截，手上必有傷損。或有來護者，亦必背上有傷着處。若行兇人於虛怯要害處一刃直致命者，死人手上無傷，其瘡必重。若行兇人用刃物斫着腦上頂門、腦角後髮際，必須斫斷頭髮，如用刀剪者。若頭頂骨折，即是尖物刺着，須用手捏着其骨損與不損。

若尖刃斧痕，上闊長，內必狹。大刀痕，淺必狹，深必闊。刀傷處，其痕兩頭尖小，無起手收手輕重。鎗刺痕，淺則狹，深必透簳，其痕帶圓。或只用竹鎗尖、竹擔斡着要害處，瘡口多不齊整，其痕立圓不等。

凡驗被快利物傷死者，須看元着衣衫有無破傷處，隱對痕血點可驗。

又如刀剔傷腸肚出者，其被傷處，須有刀刃撩劃三兩痕。且一刀所傷如何卻有三兩痕？蓋凡人腸臟盤在左右脇下，是以撩劃着三兩痕。

凡檢刀鎗刃斫剔，須開說屍在甚處，向當，着甚衣服，上有無血跡，傷處長闊深分寸，透肉不透肉，或腸肚出，脅膜出，作致命處。仍檢刃傷衣服空孔。如被竹鎗尖物剔傷致命，便說尖硬物剔傷致死。

凡驗殺傷，先看是與不是刀刃等物，及生前、死後痕傷。如生前被刃傷，其痕肉闊，花文交出。若肉痕齊截，只是死後假作刃傷痕。如生前刃傷，即有血汁，及所傷痕瘡口皮肉血多花鮮色，所損透膜即死。若死後用刀刃割傷處，肉色即乾白，更無血花也。蓋人死後血脈不行，是以肉色白也。

此條仍責取行人定驗，是與不是生前、死後傷痕。

活人被刃殺傷死者，其被刃處皮肉緊縮，有血廕四畔。若被支解者，筋骨皮肉稠粘，受刃處皮肉〔緊縮〕骨露。

死人被割截，屍首皮肉如舊，血不灌廕，被割處皮不緊縮，刃盡處無血流，其色白。縱痕下有血，洗檢擠捺，肉內無清血出，即非生前被刃。

更有截下頭者，活時斬下，筋縮入；死後截下，項長，並不伸縮。

凡檢驗被殺身死屍首，如是尖刃物，方說被刺要害，若是齊頭刃物，即不說刺字。如被傷着肚上、兩肋下或臍下，說長闊分寸後，便說，斜深透內，脂膜、肚腸出，有血污，驗是要害被傷割處致命身死。若是傷着心前肋上，只說斜深透內，有血污，驗是要害致命身死。如傷着喉下，說深至項，鎖骨損，兼周迴所割得有方圓不齊去處，食係氣係並斷，有血污，致命身死。可說要害處。如傷着頭面上，或太陽穴、腦角後髮際內，如行兇人刃物大，方說骨損，若腦漿出時，有血污，亦定作要害處致命身死。如斫或刺着，沿身不拘那裏，若經隔數日後身死，便說將養不較，致命身死。

凡驗被殺傷人，未到驗所，先問元申人曾與不曾收捉得行兇人？是何色目人？使是何刃物？曾與不曾收得刃物？如收得，取索看大小，着紙畫樣；如不曾收得，則問刃物在甚處，亦令元申人畫刃物樣。畫訖，令元申人於樣下畫押字。更問元申人，其行兇人與被傷人是與不是親戚，有無冤讎。

宋・宋慈《洗冤錄・自刑》 凡自割喉下死者，其屍口眼合，兩手拳握，臂曲而縮，(死人用手把定刃物，似作力勢，其手自然拳握。)肉色黃，頭髻緊。

若用小刀子自割，只可長一寸五分至二寸，用食刀即長三寸至四寸以來，若用磁器，分數不大。逐件器刃自割，並下刃一頭尖小，但傷着氣喉即死。

若將刃物自幹着喉下、心前、腹上、兩脇肋、太陽、頂門要害處，但傷着膜，分數雖小即便死；如割幹下深及不係要害，雖三兩處，未得致死。

若用左手刃，心起自右耳後，過喉一二寸；用右手，必起自左耳後。傷在喉骨上難死，蓋喉骨堅也。在喉骨下易死，蓋喉骨下虛而易斷也。其痕起手重，收手輕。(假如用左手把刃而傷，則喉右邊下手處深，左邊收刃處淺，其中間不如右邊。蓋下刃太重漸漸負痛縮手，因而輕淺，及左手須似握物是也。右手亦然。)

凡自割喉下，只是一出刀痕，若當下身死時，痕深一寸七分，食係氣系並斷；如傷一日以下身死，深一寸五分，食係斷，氣係微破；如傷三五日以後死者，深一寸三分，食係斷，須頭髻角子散慢。

更看其人面愁而眉皺，即是自割之狀。(此亦難必。)

若自用刀剁下手並指節者，其皮頭皆齊，必用藥物封扎，雖是刃物自傷，必不能當下身死，必是將養不較致死。其痕肉皮頭捲向裏。如死後傷者，即皮下捲向裏，以此爲驗。

又有人因自用口齒咬下手指者，齒內有風，着於痕口，多致身死，少有生者。其咬破處瘡口一道，周迴骨折，必有膿水淹浸，皮肉損爛。因此，將養不較，致命身死。其痕有口齒跡，及有皮血不齊去處。

驗自刑人，即先問元申人，其身死人是何色目人？自刑時或早或晚？用何刃物？若有人來認識，即問身死人年若干？在生之日，使左手使右手？如是奴婢，即先討契書看，更問有無親戚及已死人使左手使右手？並須子細看驗痕跡去處。

更須看驗，在生前刃傷，即有血行，死後即無血行。

宋・宋慈《洗冤錄・驗他物及手足傷死》 律云：見血爲傷。非手足者其餘皆爲他物，即兵不用刃，亦是。

傷損條限，手足十日，他物二十日。

斗訟勅：諸罶人者，依他物法。

元符勑申明《刑統》：以韡鞋踢人傷，從官司驗定，堅硬即從他物，若不堅硬，即難作他物例。

或額、肘、膝拶頭撞致死，並作他物傷痕。

諸他物是鐵鞭、尺、斧頭、刀背、木桿棒、馬鞭、木柴、磚、石、瓦、麁布鞋、衲底鞋、皮鞋、草鞋之類。

若被打死者，其屍口眼開，髮髻亂，衣服不齊整，兩手不拳，或有溺污內衣。

若在辜限外死，須驗傷處是與不是在頭，及因破傷風灌注，致命身死。

應驗他物及手足毆傷，痕損須在頭面上，胸前、兩乳、脇肋傍、臍腹間、大小便二處，方可作要害致命去處。手足折損亦可死，其痕周匝有血廕，方是生前打損。

諸用他物及頭額、拳手、腳足堅硬之物撞打，痕損顏色其至重者紫黯微腫，次重者紫赤微腫，又其次紫赤色，又其次青色，其出限外痕損者，其色微青。

凡他物打着，其痕即斜長或橫長，如拳手打着即方圓，如腳足踢，比如拳(寸)〔手〕分寸較大。凡傷痕大小定作(掌)〔拳〕足他物，當以上件物比定，方可言分寸。凡打着兩日身死，分寸稍大，毒氣蓄積向裏，可約得一兩日後身死；若是打着當下身死，則分寸深重，毒氣紫黑，即時向裏，可以當下身死。

諸以身去就物謂之磕。雖着，無破處，其痕方圓，雖破亦不至深。其被他物及手足傷，皮雖傷而血不出者，其傷痕處有紫赤暈。

凡行兇人若用棒杖等行打，則多先在實處，其被傷人，或經一兩時辰，或一兩日，或三五日以至七八日十餘日身死。又有用堅硬他物行打，便致身死者，更看痕跡輕重。若是先驅捽被傷人頭髻，然後散拳踢打，則多在虛怯要害處，或一拳一腳便致命。若因腳踢着要害處致命，切要子細驗認行兇人腳上有無鞋履，防日後問難。

凡他物傷，若在頭腦者，其皮不破，即須骨肉損也。若在其他虛處，即臨時看驗。若是屍首左邊損，即是兇身行右物致打，順故也。若是右邊損，即損處在近後，若在右前，即非也。若在後，即又慮兇身自後行他物致打。貴在審之無失。

看其痕大小，量見分寸，又看幾處皆可致命，只指一重害處，定作虛怯要害致命身死。

打傷處皮膜相離，以手按之即響，以熱醋罨(罨)〔之〕則有痕。

凡被打傷殺死人，須定最是要害處致命身死。若打折腳手，限內或限外死時，要詳打傷分寸闊狹後，定是將養不較，致命身死。面顏歲數，臨時聲說。

凡驗他物及拳踢痕，細認斜長方圓，皮有微損。未洗屍前，用水灑濕，先將葱白搗爛塗，後以醋糟，候一時除，以水洗，痕即出。

若將櫸木皮罨成痕，假作他物痕，其痕內爛損黑色，四圍青色，聚成一片，無而虛腫，捺不堅硬。

又有假作打死，將青竹篦火燒烙之，卻只有焦黑痕，又淺而光平，更不堅硬。

宋・宋慈《洗冤錄・婦人》 凡驗婦人，不可羞避。

若是處女，劄四至訖，舁出光明平穩處，先令坐婆剪去中指甲，用綿札，先勒死人母親及血屬並鄰婦二三人同看驗是與不是處女。令坐婆，以所剪甲指頭入陰門內，有黯血出，是；無即非。

若婦人有胎孕，不明致死者，勒坐婆驗腹內委實有無胎孕。如有孕，心下至肚臍，以手拍之，堅如鐵石；無即軟。

若無身孕，又無痕損，勒坐婆定驗產門內，恐有他物。

有孕婦人被殺或因產子不下身死，屍經埋地窖，至檢時卻有死孩兒。推詳其故，蓋屍埋頓地窖，因地水火風吹，死人屍首脹滿，骨節縫開，故逐出腹內胎孕孩子。亦有臍帶之類，皆在屍腳下。產門有血水，惡物流出。

若富人家女使，先量死處四至了，便扛出大路上檢驗。有無痕損，令衆人見，以避嫌疑。

宋・宋慈《洗冤錄・驗屍》 身上件數，正頭面：有無髻子髮長、若干頂心、顖門、髮際、額、兩眉、兩眼、或開或閉，如閉，擘開驗眼睛全與不全。鼻、兩鼻孔口、或開或閉齒、舌、如自縊，舌有無抵齒。頦、喉、胸、兩乳、婦人兩嬭膀心腹、臍、小肚、玉莖、陰囊、次後，撚兩腎子全與不全。婦人言產門，女子言陰門。兩腳大腿、膝、兩腳臁肕、兩腳腕、兩腳面、十指爪。

翻身：腦後、乘枕、項、兩胛、背、腰、兩臀瓣、有無杖痕穀道、後腿、兩曲脷、兩腿肚、兩腳跟、兩腳板。

左側：左頂下、腦角、太陽穴、耳、面臉、頸、肩膊、肘、腕、臂、手、五指爪、全與不全，或拳或不拳。曲脷、脇肋、胯外、膝外、臁肕、腳踝。

右側亦如之。

四縫屍首須躬親看驗：頂心、顖門、兩額角、兩太陽、喉下、胸前、兩乳、兩脇肋、心腹、腦後、乘枕、陰囊、穀道，並系要害致命之處。婦人看陰門、兩嬭膀。

於內若一處有痕損在要害，或非致命，即令仵作指定喝起。

衆約死人年幾歲，臨時須子細看顔貌供寫，或問血屬，尤眞。

凡檢屍，先令多燒蒼朮、皂角，方詣屍前。檢畢，約三五步，令人將醋潑炭火上，行從上過，其穢氣自然去矣。

多備葱、椒、鹽、白梅，防其痕損不見處，藉以擁罨。仍帶一砂盆，並揎研上件物。

凡檢覆，須在專一，不可避臭惡。切不可令仵作行人遮閉玉莖，產門之類，大有所誤。仍子細驗頭髮內，穀道、產門內，慮有鐵釘或他物在內。

檢出致命要害處，方可押兩爭及知見、親屬令見。切不可容令近前，恐損害屍體。

被傷處須子細量長、闊、深、淺、小、大，定致死之由。

仵作行人受囑，多以芮一作茜草投醋內，塗傷損處，痕皆不見。以甘草汁解之，則見。

人身本赤黑色，死後變動作青黳色。其痕未見，有可疑處，先將水灑濕，後將葱白拍碎令開，塗痕處，以醋蘸紙蓋上，候一時久除去，以水洗，其痕即見。

若屍上有數處青黑，將水滴放青黑處，是痕則硬，水住不流；不是痕處軟，滴水便流去。

驗屍並骨傷損處，痕跡未見，用糟醋潑罨屍首，於露天以新油絹或明油雨傘覆欲見處，迎日隔傘看，痕即見。若陰雨以熱炭隔照。此良法也。或更隱而難見，以白梅搗爛，攤在欲見處，再擁罨看。猶未全見，再以白梅取肉，加葱、椒、鹽、糟一處研，拍作餅子，火上煨令極熱，烙損處，下先用紙襯之，即見其損。

昔有二人鬥毆，俄頃一人僕地氣絕。見證分明。及驗，出屍乃無痕損。檢官甚撓。時方寒，忽思得計。遂令掘一坑，深二尺餘，依屍長短，以柴燒熱得所，置屍坑內，以衣物覆之。良久，覺屍溫，出屍以酒醋潑紙貼，(則)致命痕傷遂出。

擁罨檢訖，仵作行人喝四縫屍首，謂：屍仰卧自頭喝，頂心，顖門全，額全，兩額角全，兩太陽全，兩眼，兩眉，兩耳，兩腮，兩肩並全，胸、心、臍、腹全，陰腎全，婦人云產門全，女人云陰門全。兩髀、腰、膝，兩臁肕，兩腳面，十指爪並全。

左手臂、肘、腕並指甲全，左肋並脇全，左腰、胯及左腿、腳並全。右亦如之。

翻轉屍，腦後、乘枕全，兩耳後、髮際連項全，兩背胛連脊全，兩腰眼、兩臀並穀道全，兩腿、兩後䐐、兩腿肚、兩腳跟、兩腳心並全。

宋・宋慈《洗冤錄・覆檢》 與前檢無異，方可保明具申。萬一致命處不明，痕損不同，如以藥死作病死之類，不可概舉。前檢受弊，覆檢者烏可不究心察之，恐有連累矣。

檢得與前驗些小不同，遷就改正；果有大段違戾，不可依隨。更再三審問干系等人，如衆稱可變，方據檢得異同事理供申。不可據己見，便變易。

覆檢，如屍經多日，頭面胖脹、皮髮脫落、唇口翻張、兩眼迸出、蛆蟲咂食，委實壞爛，不通措手，若系刃傷、他物、拳手足踢痕虛處，方可作無憑覆檢狀申。如是他物及刃傷骨損，宜衝洗子細驗之，即須於狀內聲說致命，豈可作無憑檢驗申上。

覆檢官驗訖，如無爭論，方可給屍與親屬。無親屬者，責付本都埋瘞，勒令看守，不得火化及散落。如有爭論，未可給屍。且掘一坑，就所簟物舁屍安頓坑內，上以門扇蓋，用土罨瘞作堆，周圍用灰印印記，防備後來官司再檢覆。仍責看守狀附案。

宋・宋慈《洗冤錄・初檢》 告狀，切不可信，須是詳細檢驗，務要從實。

有可任公吏，使之察訪，或有非理等說，且聽來報，自更裁度。戒左右人，不得鹵莽。

初檢，不得稱屍首壞爛，不任檢驗，並須指定要害致死之因。

凡初檢時，如體問得是爭鬥分明，雖經多日，亦不得定作無憑檢驗，招上司問難。須子細定當痕損致命去處。若委是經日久變動，方稱屍首不任擺撥。

初檢屍有無傷損訖，就驗處襯簟屍首在物上，復以物蓋。候畢，周圍用灰印，記有若干枚，交與守屍弓手、耆正副、鄰人看守，責狀附案，交與覆檢。免至被人殘害傷損屍首也。若是疑難檢驗，仍不得遠去，防覆檢異同。

宋・宋慈《洗冤錄・疑難雜說下》 有檢驗被殺屍在路旁，始疑盜者殺之。及點檢沿身，衣物俱在，遍身鐮刀砍傷十餘處。檢官曰：盜，只欲人死取財。今物在傷多，非冤仇而何？遂屏左右，呼其妻問曰：汝夫自來與甚人有冤仇最深？應曰：夫，自來與人無冤仇。只近日有某甲來做債，不得，曾有剋期之言，然非冤仇深者。檢官默識其居，遂多差人分頭告示側近居民：各家所有鐮刀盡底將來，只今呈驗。如有隱藏，必是殺人賊，當行根勘！俄而，居民賫到鐮刀七、八十張。令布列地上。時方盛暑，內鐮刀一張，蠅子飛集。檢官指此鐮刀問爲誰者，忽有一人承當，乃是做債尅期之人。就擒訊問，猶不伏。檢官指刀令自看：衆人鐮刀無蠅子。今汝殺人血腥氣猶在，蠅子集聚。豈可隱耶？左右環視者失聲嘆服，而殺人者叩首服罪。

昔有深池中溺死人，經久，事屬大家因仇事發。體究官見皮肉盡無，惟髑髏骸骨尚在。累委官，不肯驗，上司督責至數人，獨一官員承當。即行就地檢骨。先點檢，見得其他並無痕迹。乃取髑髏淨洗，將淨（熱）湯瓶細細斟湯灌從腦門穴入，看有無細泥沙屑自鼻竅中出，以此定是與不是生前溺水身死。蓋生前落水，則因鼻息取氣，吸入沙土，死後則無。

廣右有兇徒謀死小童行，而奪其所賫。發覺，距行兇日已遠。囚已招伏：打奪就，推入水中。尉司打撈，已得屍於下流。肉已潰盡，僅留骸骨，不可辨驗，終未免疑其假合，未敢處斷。後因閱案卷，見初驗體究官繳到血屬所供，稱其弟元是龜胸而矮小。遂差官覆驗，其胸果然，方敢定刑。

南方之民，每有小小爭競，便自盡其命而謀賴人者多矣。先以櫸樹皮罨成痕損，死後如他物所傷。何以驗之？但看其痕裏面須深黑色，四邊青赤，散成一痕，而無虛腫者，即是生前以櫸樹皮罨成也。蓋人生即血脈流行，與櫸相扶而成痕。若以手按着，痕損處虛腫，即非櫸皮所罨也。若死後以櫸皮罨者，即苦無散遠青赤色。只微有黑色，而按之不堅硬者，其痕爲死後罨之也。蓋人死後，血脈不行，致櫸不能施其效。更在審詳元情，屍首痕損邪邊長短，能合他物大小，臨時裁之，必無疏誤。

凡有死屍肥壯無痕損，不黃瘦，不得作病患死；又有屍首無痕損，只是黃瘦，亦不得據所見只作病患死檢了。切須仔細驗定因何致死，唯此等檢驗是誤人也。

凡疑難檢驗，及兩爭之家稍有勢力，須選慣熟仵作人，有行止畏謹守分貼司，並隨馬行，飲食水火，令人監之，少休，以待其來。不如是，則私請行矣。假使驗得甚實，吏或受賂，其事亦變。官吏獲罪猶庶幾，變動事情，枉致人命，事實重焉。

應檢驗死人，諸處損傷並無，不是病狀，難爲定驗者，先須勒下骨肉次弟等人狀訖，然後剃除死人髮髻，恐生前被人將刃物釘入顖門或腦中，殺害性命。

被殘害死者，須檢齒舌耳鼻內，或手足指甲中，有簽刺筭害之類。

凡檢驗屍首，指定作被打後服毒身死及被打後自縊身死、被打後投水身死之類，最須見得親切，方可如此申上。世間多有打死人後，以藥灌入口中，誣以自服毒（藥）〔者〕；亦有死後用繩吊起，假作生前自縊者；亦有死後推入水中，假作自投水者。一有差互，利害不小。今須仔細點檢死人在身傷痕，如果不是要害致命去處，其自縊、投水及自服毒，皆有可憑實跡，方可保明。

宋・宋慈《洗冤録・疑難雜説上》 凡驗屍，不過刀刃殺傷與他物鬥打、拳手毆擊，或自縊、或勒殺、或投水、或被人溺殺、或病患數者致命而已。然有勒殺類乎自縊；溺死類乎投水；鬥毆有在限內致命而實因病患身死；人力、女使因被捶撻在主家自害自縊之類，理有萬端，並爲疑難。臨時審察，切勿輕易，差之毫釐，失之千里。

凡檢驗疑難屍首，如刃物所傷透過者，須看內外瘡口，大處爲行刃處，小處爲透過處。如屍首爛，須看其元衣服，比傷着去處。屍或覆臥，其右手有短刃物及竹頭之類，自喉至臍下者，恐是酒醉攧倒，自壓自傷。

如近有登高處或泥，須看身上有無財物，有無損動處，恐因取物失腳自傷之類。

檢婦人無傷損處，須看陰門，恐有自此入刀於腹內。離皮淺則臍上下微有血沁，深則無。多是單獨人求食婦人。

如男子，須看頂心，恐有平頭釘；糞門，恐有硬物自此入。多是同行人，因丈夫年老婦人年少之類也。

凡屍在身無痕損，唯面色有青黯，或一邊似腫，多是被人以物搭口鼻及罨捣殺；或是用手巾布袋之類絞殺，不見痕，更看（頂）〔項〕上肉硬即是。切要（者）〔看〕手足有無繫縛痕；舌上恐有嚼破痕；大小便二處恐有踏腫痕。若無此類，方看口內有無涎唾；喉間腫與不腫。如有涎及腫，恐患纏喉風死，宜詳。

若究得行兇人當來有窺謀，事跡分明，又已招伏，方可檢出。若無影跡，即恐是酒醉卒死。

多有人相鬥毆了，各自分散。散後，或有去近江河、池塘邊洗頭面上血，或取水吃，卻爲方相打了，尚困乏；或因醉相打後頭旋，落水淹死。落水時尚活，其屍腹肚膨脹，十指甲內有沙泥，兩手向前，驗得只是落水淹死分明。其屍上有毆擊痕損，更不可定作致命去處，但一一劄上驗狀，只定作落水致命，最捷。緣打傷，雖在要害處，尚有辜限，在法雖在辜限內及限外以他故死者，各依本毆傷法。注，他故謂別增餘患而死者。今既是落水身死，則雖有痕傷，其實是以他故致死分明。曾有驗官爲見頭上傷損，卻定作因打傷迷悶，不覺倒在水內。卻將打傷處作致命，致招罪人飜異不絶。

更有相打散，乘高撲下卓死亦然。但驗失腳處高下、撲損痕瘢、致命要害處，仍須根究曾見相打分散證佐人。

凡驗因爭鬥致死，雖二主分明，而屍上並無痕損，何以定要害致命處？此必是被傷人舊有宿患氣疾，或是未爭鬥以前，先曾飲酒至醉，至爭鬥時有所觸犯，致氣絶而死也。如此者，多是腎子或一箇或兩箇縮上不見，須用溫醋湯蘸衣服或綿絮之類罨一飯久，令仵作行人以手按小腹下，其腎子自下，即其驗也。然後子細看要害致命處。

昔有甲乙同行，乙有隨身衣物，而甲欲謀取之，甲呼乙行，路至溪河，欲渡中流，甲執乙就水而死。是無痕也，何以驗之？先驗其屍瘦劣大小，十指甲各黑黯色，指甲及鼻孔內各有沙泥，胸前赤色，口唇青斑，腹肚脹，此乃乙劣而爲甲之所執於水而致死也。當究甲之元情，須有贓證以觀此驗，萬無失一。

又有年老人，以手搗之，而氣亦絶。是無痕而死也。

有一鄉民，令外甥並鄰人子將鋤頭同開山種粟，經再宿不歸，及往觀焉，乃二人俱死在山。遂聞官。隨身衣服並在，牒官驗屍。驗官到地頭，見一屍在小茅舍外，後項骨斷，頭面各有刃傷痕；一屍在茅舍內，左項下、右腦後各有刃傷痕。在外者，衆曰先被傷而死；在內者，衆曰後自刃而死。官司但以各有傷，別無財物，定兩相併殺。一驗官獨曰：不然。若以情度情，作兩相併殺而死可矣；其舍內者右腦後刃痕可疑，豈有自用刃於腦後者？手不便也。不數日間，乃緝得一人，挾讎併殺兩人。縣案明，遂聞州，正極典。不然，二冤永無歸矣！大凡相併殺，餘痕無疑，即可爲檢驗。貴在精專，不可失悞。

宋・宋慈《洗冤録・發塚》 驗是甚向，墳圍長闊多少，被賊人開鋤，墳土狼藉，鍬鋤開深尺寸，見板或開棺見屍。勒所報人具出死人元裝着衣服物色，有甚不見，被賊人偸去。

宋・宋慈《洗冤録・死後蟲鼠犬傷》 凡人死後被蟲鼠傷，卽皮破無血，破處周迴有蟲鼠齧痕蹤跡，有皮肉不齊去處。若狗咬則痕跡麄大。

宋・宋慈《洗冤録・死後仰卧停泊有微赤色》 凡死人項後、背上、兩肋後、腰、腿內、兩臂上、兩腿後、兩曲脷、兩腳肚子上，下有微赤色。驗是本人身死後，一向仰卧停泊，血脈墜下，致有此微赤色，卽不是別致他故身死。

宋・宋慈《洗冤録・遺路死》 或是被打死者，扛在路旁，耆正只申官作遺路死屍，須是子細。如有痕跡，合申官，多方體訪。

宋・宋慈《洗冤録・男子作過死》 凡男子作過太多，精氣耗盡，脱死於婦人身上者，眞僞不可不察。眞則陽不衰，僞者則痿。

宋・宋慈《洗冤録・醉飽後築踏內損死》 凡人喫酒食至飽，被築踏內損，亦可致死。其狀甚難明，其屍外別無他故，唯口鼻、糞門有飲食並糞，帶血流出。遇此形狀，須子細體究曾與人交爭，因而築踏。見人照證分明，方可定死狀。

宋・宋慈《洗冤録・虎咬死》 凡被虎咬死者，屍肉色黃，口眼多開，兩手拳握，髮髻散亂，糞出。傷處多不齊整，有舌舐齒咬痕跡。

虎咬人多咬頭項上，身上有爪痕掰損痕。傷處成窟，或見骨，心前、胸前、臂腿上有傷處，地上有虎跡。勒畫匠畫出虎跡，並勒村甲及傷人處鄰人供責爲證。一云虎咬人月初咬頭項，月中咬腹背，月盡咬兩腳。貓兒咬鼠亦然。

宋・宋慈《洗冤録・酒食醉飽死》 凡驗酒食醉飽致死者，先集會首等對衆勒仵作行人用醋湯洗檢。在身如無痕損，以手拍死人肚皮膨脹而響者，如此卽是因酒食醉飽過度，(腹)脹(滿)心肺致死。仍取本家親的骨肉供狀，述死人生前常喫酒多少致醉，及取會首等狀，今來喫酒多少數目，以驗致死因依。

宋・宋慈《洗冤録・雷震死》 凡被雷震死者，其屍肉色焦黃，渾身軟黑，兩手拳散，口開眼皺，耳後髮際焦黃，頭髻披散，燒着處皮肉緊硬而攣縮，身上衣服被天火燒爛。或不火燒傷損痕跡，多在腦上及腦後，腦縫多開，鬢髮如焰火燒着，從上至下，時有手掌大片浮皮紫赤，肉不損，胸、項、背、膊上，或有似篆文痕。

宋・宋慈《洗冤錄・車輪拶死》　凡被車輪拶死者，其肉色微黄，口眼開，兩手微握，頭髻緊。

凡車輪頭拶着處，多在心頭胸前，並兩脇肋。要害處便死，不是要害不致死。

宋・宋慈《洗冤錄・驗鄰縣屍》　凡鄰縣有屍在山林荒僻處，經久損壞，無皮肉，本縣已作病死檢了，卻牒鄰縣覆。蓋爲他前檢不明，於心未安，相攀覆檢。有如此類，莫若據直申：　其屍見有白骨一副，手、足、頭全，並無皮肉、腸胃。驗是屍經多日，卽不見得因何致死。所有屍骨，未敢給付埋殯，申所屬施行。不可被公人紿，作無憑檢驗。

凡被牒往他縣覆檢者，先具承牒時辰、起離前去事狀，申所屬官司。值夜止宿。及到地頭，次第取責干連人罪狀，致死今經幾日，方行檢驗。如經停日久，委的皮肉壞爛，不任看驗者，卽具仵作行人等衆狀，稱：　屍首頭、項、口、眼、耳、鼻、咽喉上、下至心胸、肚臍、小腹、手、腳等，並遍身上下，屍脹臭爛，蛆蟲往來咂食，不任檢驗。如稍可驗，卽先用水洗去浮蛆蟲，子細依理檢驗。

宋・宋慈《洗冤錄・驗狀説》　凡驗狀須開具：　死人屍首元在甚處，如何頓放，彼處四至，有何衣服在彼，逐一各檢劄名件。其屍首有無雕青灸瘢，舊有何缺折肢體及傴僂、拳跛、禿頭、青紫、黑色、紅誌、肉瘤、蹄踵諸般疾狀，皆要一一於驗狀聲載，以備證驗詐僞，根尋本原推勘；　及有不得姓名人屍首，後有骨肉陳理者，便要驗狀證辨觀之。今之驗狀，若是簡略，具述不全，致妨久遠照用。況驗屍首，本緣非理，獄囚、軍人、無主死人，則委官定驗，兼官司信憑檢驗狀推勘，何可疏略？　又況驗屍失當，致罪非輕。當是任者，切宜究之。

宋・宋慈《洗冤録・小兒屍並胞胎》　有因爭鬥因而殺子謀人者，將子手足捉定，用腳跟於喉下踏死。只令仵作行人以手按其喉，必塌，可驗眞僞。

凡定當小兒骸骨，卽云十二三歲小兒。若駮問：　如何不定是男是女？　卽解云：　某當初只指定十二三歲小兒，卽不曾説是男是女，蓋律稱兒，不定作兒是男女也。

墮胎者，准律未成形像杖一百，墮胎者徒三年。律云墮，謂打而落，謂胎子落者。按五藏神論：　懷胎一月如白露；　二月如桃花；　三月男女分；　四月形像具；　五月筋骨成；　六月毛髮生；　七月動右手，是男於母左；　八月動左手，是女於母右；　九月三轉身；　十月滿足。

若驗得未成形像，只驗所墮胎作血肉一片或一塊。若經日壞爛，多化爲水。若所墮胎已成形像者，謂頭腦、口、眼、耳、鼻、手、腳、指甲等全者，亦有臍帶之類。令收生婆定驗月數，定成人形或未成形，責狀在案。

墮胎兒在母腹內被驚後死胎下者，衣胞紫黑色，血蔭軟弱。生下腹外死者，其屍淡紅赤，無紫黑色，及胞衣白。

宋・宋慈《洗冤錄・四時變動》　春三月，屍經兩三日，口、鼻、肚皮、兩脇、胸前肉色微青。經十日，則鼻、耳內有惡汁流出，胖匹縫切，脹臭也脹。肥人如此，久患、瘦劣人，半月後方有此證。

夏三月，屍經一兩日，先從面上、肚皮、兩脇、胸前肉色變動。經三日，口鼻內汁流，蛆出，遍身胖脹，口唇翻，皮膚脱爛，皰胗起。經四五日，髮落。

暑月罨屍，損處浮皮多白，不損處卻青黑，不見的實痕。設若避臭穢，據見在檢過，往往誤事。稍或疑處，浮皮須令剝去，如有傷損，底下血瘀分明。

更有暑月九竅內未有蛆蟲，卻於太陽穴、髮際內，兩脇、腹內，先有蛆出，必此處有損。

秋三月，屍經二三日，亦先從面上、肚皮、兩脇、胸前肉色變動。經四五日，口鼻內汁流，蛆出，遍身胖脹，口唇翻，皰胗起。經六七日，髮落。

冬三月，屍經四五日，身體肉色黄紫微變。經半月以後，先從面上、口、鼻、兩脇、胸前變動。

或按在濕地，用薦蓆裹(角埋瘞)[著]，其屍卒難變動。更詳月頭月尾，按春秋節氣定之。

盛熱，屍首經一日卽皮肉變動，作青黯色，有氣息。經三四日，皮肉漸壞，屍脹，蛆出，口鼻汁流，頭髮漸落。

盛寒，五日如盛熱一日時，半月如盛熱三四日時。

春秋氣候和平，兩三日可比夏一日，八九日可比夏三四日。

然人有肥、瘦、老、少，肥、少者易壞，瘦、老者難壞。

又，南北氣候不同，山內寒暄不常，更在臨時通變審察。

宋・宋慈《洗冤錄・洗罨》 宜多備糟、醋。襯屍紙惟有籐連紙、白抄紙可用，若竹紙，見鹽、醋多爛，恐侵損屍體。

舁屍於平穩光明地上，先檢驗一遍，用水衝洗。次挼皂角洗滌屍垢膩，又以水衝蕩潔淨。洗時下用門扇，簟席襯，不惹塵土。洗了，如法用糟、醋擁罨屍首。仍以死人衣物盡蓋，用煮醋淋，又以薦席罨一時久，候屍體透軟，卽去蓋物，以水衝去糟、醋，方驗。不得信行人說，只將酒、醋潑過，痕損不出。

初春與冬月，宜熱煮醋及炒糟令熱。仲春與殘秋，宜微熱。夏秋之內，糟、醋微熱，以天氣炎熱，恐傷皮肉。秋將深，則用熱，屍左右手，肋相去三四尺，加火熁，以氣候差涼。冬雪寒凜，屍首殭凍，糟、醋雖極熱，被衣重疊擁罨，亦不得屍體透軟。當掘坑長闊於屍，深三尺，取炭及木柴遍鋪坑內，以火燒令通紅，多以醋沃之，氣勃勃然，方連擁罨法物、襯簟舁屍置於坑內，仍用衣被覆蓋，再用熱醋淋遍。坑兩邊相去二三尺，復以火烘。約透，去火移屍出驗。冬殘春初，不必掘坑，只用火烘兩邊，看節候詳度。

湖南風俗，檢死人皆於屍旁開一深坑，用火燒紅，去火入屍在坑內，潑上糟，醋，又四面用火逼良久，扛出屍。或行兇人爭痕損，或死人骨屬相爭不肯認，至於有三四次扛入火坑重檢者。人屍至三四次經火，肉色皆焦赤，痕損愈不分明，行吏因此爲姦。未至一兩月間，肉皆潰爛，及其家有論訴，差到聚檢官時，已是數月，止有骨殖，肉上痕損並不得而知。火坑法獨湖南如此，守官者宜知之。

宋・宋慈《法冤錄・驗未埋瘞屍首》 未埋屍首，或在屋內地上或床上，或屋前後露天地上，或在山嶺溪澗草木上，並先打量頓屍所在四至、高低，所離某處若干。在溪澗之內，上去山腳或岸幾許？係何人地上？地名甚處？若屋內，係在何處？及上下有無物色蓋簟？訖，方可舁屍出驗。

先剝脫在身衣服，或婦人首飾，自頭上至鞋襪，逐一抄劄。或是隨身行李，亦具名件。訖，且以溫水洗屍一遍(了)、〔乃〕驗，未要便用酒醋。

剝爛衣服，洗了，先看其屍有無軍號，或額角、面臉上所刺大小字體計幾行或幾字，是何軍人。若係配隸人，所配隸何州？軍字亦須計行數。如經刺環，或方或圓，或在手背、項上，亦計幾個。內是刺字或環子曾艾灸或用藥取，痕跡黯淡及成疤瘢，可取竹削一篦子於灸處撻之可見。

辨驗色目人訖，卽看死人身上甚處有彫青，有灸瘢，係新舊瘡疤，有無膿血，計共幾個；及新舊官杖瘡疤，或背或臀；並新舊荆杖子痕，或腿或腳底；甚處有舊瘡瘤瘢，甚處是見患，須量見分寸；及何處有黯記之類，盡行聲說。如無，亦開寫。

打量屍首，身長若干，髮長若干，年顏若干。

宋・宋慈《洗冤錄・驗墳內及屋下攢殯屍》 先驗墳係何人地上，地名甚處。土堆一個，量高及長闊並各計若干尺寸，及屍現攢殯在何人屋下，亦如前量之。

次看屍頭腳所向，謂如頭東腳西之類，頭離某處若干，腳離某處若干，左右亦如之。對衆爬開浮土，或取去攢磚，看其屍用何物盛簟，謂棺木，有無漆飾？薦，有無沿〔椽〕及蕟簟之類？舁出開拆，取屍於光明處地上驗之。

宋・宋慈《洗冤錄・無憑檢驗》 凡檢驗無憑之屍，宜說頭髮褪落，曲鬢、頭面、遍身皮肉，並皆一概青黑，皽皮壞爛，及被蛆蟲咂破，骨殖顯露去處。

如皮肉消化，宜說骸骨顯露，上下皮肉並皆一概消化，只有些小消化不及，筋肉與骨殖相連。今來委是無憑檢覆。本人生前沿身上下有無傷損它故，及定奪年顏形狀、致死因依不得。兼用手揣捏得沿身上下，並無骨損去處。

宋・宋慈《洗冤錄・驗壞爛屍》 若避臭穢，不親臨，往往誤事。

屍首變動，臭不可近，當燒蒼朮、皂角辟之，用麻油塗鼻，或作紙擄子搵油塞兩鼻孔，仍以生薑小塊置口內。遇檢，切用猛閉口，恐穢氣衝入。未須用糟、醋，頻量劄四至訖，用水衝去蛆蟲穢污，皮肉乾淨，方可驗。

令新汲水澆屍首四面。

屍首壞爛，被打或刃傷處痕損，皮肉作赤色，深重作青黑色，貼骨不壞，蟲不能食。

宋・宋慈《洗冤錄・白僵死瘁死》 先鋪炭火，約與死人長闊，上鋪薄布，可與炭等，以水噴微濕，卧屍於上。仍以布覆蓋頭面肢體訖，再用炭火鋪擁令遍，再以布覆之，復用水遍灑。一時久，其屍皮肉必軟起，乃揭所鋪布與炭看。若皮肉軟起，方可以熱醋洗之。於驗損處，以葱、椒、鹽同白梅和糟研爛，拍作餅子，火内煨令熱，先於屍上用紙搭了，次以糟餅罨之，其痕損必見。

宋·宋慈《洗冤録·驗骨》 人有三百六十五節，按一年三百六十五日。

男子骨白，婦人骨黑。婦人生骨出血如河水，故骨黑。如服毒藥骨黑，須子細詳定。

髑髏骨。男子自頂及耳並腦後共八片，蔡州人有九片腦後横一縫，當正直下至髮際別有一直縫；婦人只六片，腦後横一縫，當正直下無縫。

牙有二十四，或二十八，或三十二，或三十六。

胸前骨三條。

心骨一片，嫩如錢大。

項與脊骨各十二節。

自項至腰共二十四髄骨，上有一大髄骨。

肩井及左右飯匙骨各一片。

左右肋骨，男子各十二條，八條長，四條短；婦女各十四條。

男女腰間各有一骨，大如手掌，有八孔作四行。

手腳骨各二段，男子左右手腕及左右臁肕骨邊，皆有捭骨；婦人無兩腳膝頭各有顴骨，隱在其間，如大指大；手掌腳板各五縫，手腳大拇指並腳第五指各二節，餘十四指並三節；

尾蛆骨若豬腰子，仰在骨節下。男子者其綴脊處凹，兩邊皆有尖瓣，如（稜）〔菱〕角，周布九竅。婦人者其綴脊處平直，周布六竅。

大小便處各一竅。

骸骨各用麻、草小索或細篾串訖，各以紙簽標號某骨，檢驗時不至差誤。

宋·陳襄《州縣提綱·面審所供》 吏輩責供多不足憑，蓋彼受賂所責多不依所吐，往往必欲扶同牽合，變亂曲直，山谷愚民目不識字，吏示讀不實，若憑所供輒斷而不面詰之，則貧弱之民無辜而受罪矣。凡吏呈所供必面審其實，如言與供同，始判入案，或言與供異須勒再責，若供不當廳而令其下司，則豪強之人、教唆之徒公然據司案而坐指揮叱咤，變亂情節，善良之人有冤無告矣。

宋·陳襄《州縣提綱·案牘用印》 田產之訟，官司考之契要，質之鄰證，一時剖判，既已明白，無理者心服無詞，有理者監繫日久，一得判輒歸，未必丐給斷憑。元案張縫率不用印，數年之後，前官既去，無理者或囑元主案吏拆換，或賂貼吏竊去，兼主案吏，若罷若死，輒隱匿詐言不存，彼廼依前飾詞妄爭。有理者須執前判，無所考據，則前判皆爲虚設矣。凡事判案須即用官印印縫，仍候結斷憑訖始放。

宋·李元弼《作邑自箴》 大率詞訟須是當廳果決面論罪名，不爾即生枝蔓。其情輕法重，於理可恕欲從輕科者，便令當廳勘狀，若稍稽緩，吏人受賂遂成枉法，贓二十貫文官員例當衝替。

又 買賣有契要而輒相昏賴者，不必勾人，稍行根治便見本情。

又 婚田曖昧者，只勾近鄰近親人照證。

宋·鄭興裔《鄭忠肅奏議遺集·請行檢驗法疏》 臣觀聖王之治天下，法而已。法立，則民利，法廢則民病。法者，所以安良善戢奸宄也。臣賦性迂疎，昧於法令，伏蒙陛下過於獎借，不以臣爲不才，累擢監司之任，臣受恩知報，日夕兢惕，恆思除弊興利，上副君父責成之意，下免屍位素餐之誚。竊謂立法之利民者莫如檢驗一策。臣歷按福建、浙東，逮今蒞任浙西，每見諸州縣積玩成風，檢驗之法無復存者，惟是任胥吏納賄賂出入律令，議事不原於法意，論刑不本於人情，執文以致罪，順旨以成獄，斷案前後移易譾決，多不以實。煢煢小民扼於貪汙官吏，眞情末由上達，以故冤抑不得伸，而無辜者時受枉法之累。經將不肖屬員逐一據實劾奏區處外，輒就管見措置格目條例行下所屬州縣，每一次檢驗，依立定字號，用格目三本，一上所屬州縣，一付被害之家，一申本司照會。凡州縣受詞遣官檢驗，受牒起發皆注日時，於上關防詳密，州縣官吏不得肆其欺朦。除分界福建兩浙屬下州縣，行之已有成緒。竊意推而措之天下，無不可行。謹具檢驗格目臚列奏聞，仰祈睿照親留省覽，考量得失，如或可採，即賜裁定永著爲令，宣詔諸路提刑司一體舉行，庶於國法民瘼少助萬一。臣無任虔懇悚切之至，取進止。

《宋史·刑法志二》 淳熙初，浙西提刑鄭興裔上《檢驗格目》，詔頒之諸路提刑司。凡檢覆必給三本：一申所屬，一申本司，一給被害之家。紹興法，鞫獄官推勘不得實，故有不當者，一案坐之。乾道法，又恐有移替事故者，即致淹延，乃令先決罪人不當，官吏案后收坐。至是，所司請更定死罪依紹興法，余依乾道施行，從之。其后，有司以覆勘不同，則前官有失入之罪，往往雷同前勘。帝知其弊，十四年，詔特免一案推結一次。於是小大之獄，多得其情。二廣州軍獄吏，畏憲司點檢送勘之害，凡有重囚，多斃於獄。臣僚以爲請，乃詔二廣提刑司詳覆公事，若小節不完，不須追逮獄吏，委本州究實保明。遇有死者，必根究其所以致死。

又 江西提刑徐似道言：檢驗官指輕作重，以有爲無，差訛交互，以故吏奸出入人罪。乞以湖南正背人形隨《格目》給下，令於傷損去處，依樣朱紅書畫，唱喝傷痕，衆無异詞，然后署押。詔從之，頒之天下。

元·馬端臨《文獻通考·刑考六·刑制》 淳熙元年五月詔，頒行浙西提刑司使鄭興裔檢驗格目於諸路提刑司。初興裔言，諸州縣檢驗之弊，遂措置格目行下所屬州縣，每一次檢驗依立定字號，用格目三本，一上所屬州縣，一付被害之家，一申本司照會。州縣受詞，差官檢驗，受牒起發皆注日時，於上關防詳密，州縣不得爲欺。朝廷善之，乃行於諸路。

《元典章·儒吏考試》 〔至元六年〕元發事頭某年月日據某州備某司縣申，該據某人狀告，貼題備錄全文，直至告訖施行。得此殺人即云尋某委官初覆檢過致命根因，殺傷即云尋勒醫上驗過被傷去處，賊盜須云委官驗過本家失盜蹤跡。移文縣尉，並下所屬地分及牒鄰境官司，捉賊施行。間准某處官司公文，該據某人狀告，某年月日緣何認是前項賊人，以此親手捉獲監押赴官。因贓敗露者即云並贓一就赴官，涉疑捉獲者即云緣由疑是賊人盤捉到官，非盜賊云即將犯人勾捉到官。縣司略行問得賊人某招伏與事主元申，並捉事人見告，俱各相同。追獲贓仗，勒令事主認過，委是被強曰劫，竊曰盜。本物。非盜賊止云略行問得犯人某招伏並與某人元告相同。契勘逐人所招，事干刑名，縣司地卑不敢留問，今將正犯人某人枷項紐手，事主某捉事人某散行，同贓杖一就差人牢固監押，前去乞收管施行。以上皆據盜賊爲例，其余罪犯隨時變之。府司收管，問得逐人所招，並與來解相同。若便有問出情罪，即云除與來解作何過犯，爲此移文甚處勘會，所犯情由，去後回准牒文照得並與賊某元指相同。若有令捕人數及並問者，即云行移某處勘會及就窟捉，所指賊人去後回准牒文發到上項人數就令逐人面對並元指相同。今將正犯人某行枷扭手，干連人某捉事人某散行，差人監押前去伏乞照驗，收管施行。

《元典章·儒吏考試·府司勘責到逐人文狀·正犯人招欵》 一、名某見年若干，身無疾病，如有疾謂殘廢篤疾之類。本貫某處，附籍是何色目人氏，除高曾祖父母父母先已亡歿外，在家見有是何人口，備親寫贓姓名各二年甲杖罪以下不須開寫。以上人口各無疾病。有則須云除某元患是何疾症外其全人口各無疾病。見有產業各各即干即目，應當是何差役，除外別無家口，產業亦不是奴賤。自來並無過犯，備有鄰人主首，並無籍責册諳顯，與一干人無讎不親，令據實招説，先爲如何事上於某年月日作何過犯，如何到官，盜賊先爲艱難無圖運，如何知得某處某家有才，以此發心。於某年月日早晚時分，空手或持是何器杖，緣由某家何處越牆入去撥開某空房門，或於某處家開窟穴，如何盜出財物，經由何處出來，到家點得所盜物件各各若干，在後於內破使見在各各若干，在後至某月日緣何發覺被捉到官。強盜須問某人爲首，某人爲從，各執是何器杖，如何施威入去。何人在外把風，何人在內收拾財物，如曾殺傷事主。須問某人用何器械於某亾身何處殺傷，俸爲打傷，劫到財物卻由何處出來。至於某處點得各各件數內某人分得到某物多少，破使現在各各若干餘與竊盜同。謀故殺一人須問被殺人在前某年月日有何仇嫌，至幾時發心將某窺害，幾時就於某處用何器杖於某亾身何處殺傷身死。若有爲從加功之人須問如何計合情由，行害時某人下手某人如何加功其屍，棄於何處，至某月日緣由取獲。偽造鈔須問始初何人造意，如何會得雕造法度。同犯人數須問某人抄紙，某人雕板，某人印造，某人使印記，某人愼料號共印造到凡貫伯文料例各各若干數內已行使説若干，現在若干幾年月日緣甚敗露，被捉到官，隣首會無知情。追到元使作杖所刻版印造到偽鈔當官一一認過，委是造偽各各本物，鬭毆殺人須問始初爭鬭緣故在前有無仇嫌，共毆須問原謀下手先後各各輕重，去處須見那時致命或在後因傷身死致被何人告發到官。私藏軍器須問初欲如何用度情由，指定本家元有或他處致到各開名件緣由敗露追搜到官。毒藥須問始初行毒情由，如何知得其藥可以害人性命緣由發覺到官。戲殺須問在先曾無相戲，中間有無他隙，當時如何因戲致殺緣由，其餘罪犯視此爲例，自始初發意中間營爲至在後敗獲必要首尾明白。所有追到贓伏，已蒙某處官司當廳勒令認過，委是各各本物，某故殺人已蒙官司追到元使某物勒令認過委是當時殺人器杖。造偽鈔所有追到元使作仗所刻印板造到偽鈔當官勒令認過委是各各本物。軍器所有造到某物幾件當官認過委是本家元藏軍器。毒藥所用不盡藥物已蒙官司當作勒令認過委是親手修合毒藥。殺人追到元使某物已蒙官司勒令認過委是當時行凶器械勾到見證指説相同。爲某所犯事干刑名，申解前來，今蒙取問所責前項詞因，並是指實，除今犯外，自前至今別不曾作下其餘重罪。有則須云除今犯外在前某年月日曾作是何過犯，已經某處官司，如何斷訖，此外更無其餘重罪即不是在逃應合殺捕之人，亦無隱匿同黨，知情受分，典賣寄藏贓器，勾引窩藏過致資給干犯人等行，盜時並無傷犯事上招責不實事情。謀故殺人亦無隱匿情事，同謀共殺之人聞毆時不是與某素有仇嫌故行毆殺。毒藥亦無隱匿同謀教令修合之人其貨藥人實不知情。僞鈔亦無隱匿同謀教令僞造之人鄰首並不知情其他難犯即云亦無同謀知情一切干犯人等已供服欵外更無招責不盡之情若蒙官司隔別磨問，或別因事發露，但與令狀不同，除當本罪外，更甘誣官罪犯不詞所有。某招伏：不合於某年月日爲首，糾合某人，糾作何罪犯，或信從某人糾合，與某並某作何罪犯。二罪以上，即云：又不合於某年月日作何罪犯，執給是實。

一、名婦某人，見年若干，身無疾病，保某處附籍是何人戶某人正妻，與未定婚成親時，兩家各無違礙，在前不曾犯罪，經斷亦不是奴賤及倡優之家，備有隣人主首，並元籍青册，諳顯與一干人無仇不親，今據實招說得云云，餘與前狀並同。

一、名奴婢某，見年若干，身無疾病，係某處是何人戶某人元買元虜家主驅奴，幾年月日，本使配到家婢或贖到駈婦某人爲妻，生到男女各各年甲除外，別無梯已人口財產，備有隣人主首並青册，諳顯與一干人無仇不親，今據實招責同前。結諱須該寫本主並不知情

《元典章・儒吏考試・干連人詞因》 一、名某人，見年若干，身無疾病，係某處附籍，是何色人戶，至徒以上問寫家口杖罪以下不開今爲某人，作何過犯，指出如何事上，以此干連到官，據實招說，云云所具前項招責情由，並是指實，別無虛誑，若蒙官司照依見招斷遣，甘伏元詞，執結是實。

一、名指證人某，年甲籍貫，依上開寫，今據實分析云云，爲某係見證上，一就申解前來，所責前項詞因，並是端的，別不是暗受買告，虛相扶同，亦無隱匿指證不盡事理，與一干人無仇不親，如虛當罪，執結是實。

一、名捉事人某，年甲腳色同前，今據實分析備具，捉獲緣由爲係促事人上，一就申解前來，所據前項詞因，並是指實，別無虛誑。緣某別不是官中差設應捕之人，亦不是失賊地分當該合捕人數，及不會承准諸人告報然後捉獲，亦無相籍威力爭功人等，若蒙照依犯人見招徵斷，准伏無詞，執給是實。

一、名事主某，年甲籍貫同前，今據實分析，云云爲係被盜事主，一就申解前來，所通前項詞因，並是指實，追得贓物，當官認得，委是被盜正贓，所估價錢亦無虧損。若蒙照依犯人見招徵斷，准伏無詞，執給是實。

一、名奴主某，人甲疾狀同前。今據實分析，云云所通前項詞因，並不詣實，今當官認得某人委是本家無逃駈奴，別無詐認，備有申官判憑，左鄰人主首，諳顯見招罪犯並不知情。若蒙官司依法裁斷，准伏無詞。

一、名苦主某，年甲籍貫同前。今據實分析，云云爲某係苦主，一就申解前來。所通前項詞因，並是詣實。據身死某人在日，若干年甲，委無疾狀詞，不是奴賤，生前亦無作下過犯，備有鄰人主處，並青册，諳顯與一干人無仇不親。若蒙照依已招徵斷，准伏無詞。

一、名被傷某人，年甲籍貫同前。今據實分析，云云爲係被傷人上，一就申解前來。所通前項詞因，並是詣實，別無虛誑。某處無被傷損，已是平復。眇目折支即云某處元被傷損再令醫工驗得云云驗傷摘用如蒙官司照依犯人所招斷決，准伏無詞，執給是實。

《元典章・儒吏考試・抄白追會事件》 屍

一、據某處申，委官初復驗到身死人某致命根因，已將屍首責付家屬某人權行埋瘞。

初檢官某將引仵作行吏某等，初檢某人屍首公身，別無他故，外驗得。云云名隨下項所該致命根由摘用

復檢官將不干礙行吏某等復檢得某人屍首，並與初檢相同。初檢時仰面，復驗時合面，初復驗官不許相見。

勒屍。驗得本屍，口開眼瞪，頂上勒痕黑色，圍圓長若干寸，深闊若干分，食氣顙塌，項痕交匝，委是被人勒死。自縊者舌出項根不匝

攧死。驗得本屍，某處被破骨損，深淺長闊各分寸若干。委是生前墜落崖下，或墜坑中，因傷致命身死。

凍死。驗得本屍，項縮腳拳，兩手抱胸，遍身粟肉色黃緊，委是凍死餓死。驗得本屍，腈肚貼腔，身體黃瘦，委因饑餓身死是的。

辜內病死。驗得元傷去處，已是平復，別無行風入瘡痕迹。其屍肌體瘦弱，肉色痿黃，口眼皆合，兩手舒展，某處或有新針炙盤痕在旁，或有是何藥貼，問得屍親或奴說，稱曾請某醫看治，勾問得，委係患某病證，曾用上件藥餌調治。驗是辜內別增餘患身死的。

罪囚被勘身死。驗得本屍，兩大腿外破傷，長闊深淺各若干分寸，圍圓赤腫多少，驗是生前因被拷勘，痛氣攻心，致命身死。

若驚諕死。驗得本屍，目瞪口開，兩手舒展，猶若怕怖之狀，委是生前驚諕，致命身死。

毒藥死。驗得本屍，唇破舌爛，口內紫黑，手指甲青，以銀釵探入咽喉中，少時取出，其釵黑色，驗是生前中毒身死。

車碾死。驗得本屍，肉色微黃，口眼皆開，手握髮緊，某處有傷，云云驗是生前被車碾死身亡。

燒死。驗得本處，皮焦肉爛，手腳攣縮，口鼻耳內皆有灰燼，委是生前被火燒死。如已死棄不中者，口鼻耳內無灰盡。

杖瘡死。驗得本屍，兩臀上各有破傷，斜長幾寸，闊幾寸，深至骨，上有血痂，委是杖決，因風透串，致命身死。

落井投水。驗得本屍，肉色濆白，口開眼合，肚皮胖脹，指甲內有沙泥，其水深八尺以上，委是生前落井投河，致命身死。如死後棄水中者，十指甲內無沙泥。

刃傷死。驗得本屍，某處破傷一處，長闊分寸若干，其傷皮肉齊截，驗是刃傷致命身死。咽喉上傷云食氣系斷。腦上云腦破，見有血出，疑傷其他處，隨痕驗。

病死。驗得本屍，形體瘦弱，肉色痿黃，口眼俱合，兩手微握，沿身或有炙盤，驗是生前因病身死是的。

自縊死。量得梁高幾尺以上，其屍兩腳懸虛，舌出，項痕不匝，驗是生前自縊身死。

馬踏死。驗得本屍，肉色微黃，兩手舒展，頭髮寬慢，某處有傷一處，長闊各若干，口鼻耳內或有血處，驗是馬踏身死。

棒毆死。驗得本屍，眼開手散，頭髮寬慢，肚皮不脹，除沿身輕傷外，某處有傷一處，長闊若干分寸，此係要害去處，驗是棒毆身死。

自割死。驗得本屍，口眼俱合，兩手拳握，肉黃髮聚，項下有傷一處，長若干寸，深若干分，食氣嗓斷，驗是生前以刀自割身死。

刺死。驗得本屍，口眼並開，頭髮披散，兩手微握，有傷云云處傷。驗是刺中致死身死。

壓死。驗得本屍，舌出睛迭，耳鼻口內皆有血出，驗是生前牆倒屋塌，壓傷致命身死。

傷

一、勒醫工某，驗得某人左眼上青腫一處，圍圓三寸，用手劈開，其睛已損，神水散盡，全不見物，久遠不堪醫治，驗是他物或拳手所傷。

一、勒醫工某，驗得某人左眼周回青腫三寸，用手劈開，驗得其睛初因痛氣攻疰，瞳人虧損，微見物，其目已眇，久遠不能醫治，驗是拳手或他物毆傷。

一、辜內平復。驗得某人左太陽穴上有傷一處，斜長三寸，闊一寸，上有血污，驗是他物所傷，辜滿再驗，得已足平復，更無他故。

一、勒醫工某，驗得某人左臂青腫一處，圍圓三寸，揣得骨損折，辜滿再驗，得已成蘆節，有妨執物，即同廢疾，久遠不堪醫治。若二支廢，即同廢疾。

一勒醫工驗得某人，面黃脈亂，頭痛腹高，恍惚多睡，試令唾入水中，其唾沉重。

一、勒醫工驗得某人，兩手脈息不勻，面色痿黃，頭痛腹脹，霍亂吐血，委是中毒刑證。

一、勒醫工驗得某人，脈患沉遲，面色青白，腹肚微脹，驗得落水所傷。

一、勒醫工驗得某人，上唇微綻，當門去訖一齒，其所落連帶血肉，比對齒臼鄰牙相同，認是他物所傷，辜滿再行驗得其傷已平。

一、勒醫工驗得某人，左手大拇指節二節因棍打折，辜滿再驗，得委成蘆節，有妨執物，即成殘疾。

一、勒醫工驗得某人，頭上偏左方寸無髮，取到捽落頭髮，其根連帶米肉，比對見存髮色，長短相同。

一、勒醫工某，驗得某人某處有傷一處，斜長一寸，闊一分，驗是刃物所傷。

一、勒醫工驗得某人左脇下青紫一處，圍圓三寸，口邊見有凝定血污，驗是因拳手所傷，以致內損吐血。

一、勒穩婆某，驗得婦人某，所隨身小係幾箇月，驗是因毆墮落，其母別無傷損。

一、勒穩婆某，驗得本婦乳頭變色，子脈方行，委有幾個月身孕。

病

一、勒醫工某，驗得某人自小失音，與人語言，以手指畫應答，委是喑啞，同得廢疾，不堪醫治。

一、勒醫工某，驗得某人要背低曲，骨節蹉跌，初因如何損折，委同廢疾，久遠不堪醫治。

一、勒醫工某驗得某人兩手脈證，元因風邪傳入心經，致使精神恍惚，喜怒悲樂不常，言語訛亂，不別親疎，已成篤疾，久遠不堪醫治，本家見有申官憑驗。

一、勒醫工驗得某人兩手脈證，先因心氣不足，感受風邪入於經絡，致使神情恍惚，口內常有涎沫，舉動狂亂，與人語言不依問答，委是癡病合動廢疾。

一、勒醫工某驗得某人左右手足不遂，語言蹇澀，時發昏亂，委是中風病證，同得廢疾久遠，不堪醫治。

一、勒醫工某驗得某人左右手臂腳腿元因，如何損折血氣，俱定已成蘆節手足云不能舉用腳腿云不能行步同得廢疾。

一、勒醫工某驗得某人兩手脈證，先因內感風毒，散於經絡，致使鼻梁崩塌，眉髮脫落，偏身瘡癩，行步艱難，已成篤疾，久遠不堪醫治。

一、勒醫工某驗得某人，元因某臟風虛，男子云腎女子云血攻注兩耳，以致閉塞不通聲聞，即同廢疾，久遠不堪醫治。

一、勒醫工某驗得某人兩眼，元因痛氣不散，翳膜遮睛，全不見物，委是同得廢疾，久遠不堪醫治。一目音驗元得疾證。

一、勒醫工某驗得某人項右頷下，先因血氣凝聚，結成癭腫，其大如杵，即同廢疾，久遠不堪醫治。

一、勒醫工某驗得某人左腿，瘡腫膿血，常血已成，久漏同得殘疾，不堪醫治。

一、勒醫工某驗得某人，手無二指，足無二指，手足無大拇指，元因如何，傷損委同殘疾，不堪醫治。已上隨時指用俱屬殘疾之證。

一時暫所患疾，證皆須醫工臨時診驗，難以具載此類多般，恐或差悞。

物

一、贓金銀：　勒行人某驗得係是幾成金銀，或章上有甚字鑿記。　用法物件重若干，別無假僞。

一、孳畜：　牛曰隻；　馬曰匹；　羊曰口；　驢騾曰頭。　牝牡毛色歲印記，皆須開寫。

一、勒鐵匠某人驗得某人元使殺人刀子，連靶長若干尺寸，闊若干寸，分尖刀鋒利，堪以害人性命，不同應禁軍器。

一、勒某人驗得某人元使行兇棍棒，係是木長幾尺幾寸，圍徑大頭幾寸幾分，小頭幾寸幾分，若將行使，堪以殺人。

一、將私鹽：　勒當該官司驗得比乏官鹽，味色芒頭，俱各不同，委是私鹽，用法物秤重若干。

一、勒醫工某人驗得某人元造蠱毒，其藥不出方，書味香氣，委是造成蠱毒，堪害人性命。

一將某人元使弓箭，驗得係甚面其樺弓一張、弦全，箭幾十隻，翎扣箭頭全堪以施射，即係應禁軍器。

一、將某人元使手刀驗得係鷹翎刀，連鞘通長幾尺幾寸，刀鞘全尖鋒刃利，堪以害人性命，委同應禁軍器。

一、槍弩衣甲皆係應禁軍器例，須依上辨驗。

一、僞鈔勒庫官庫子合千人驗得，比眞鈔字樣，懸別料號，不明紙色，曾暗印無迸珠，合同不一，委是僞鈔，不堪行用，助令人犯，再行刁造，比驗相同。

一、凡濫僞之物事發，皆須行人辨驗。

一、將某人元使毒藥，勒醫工某驗得係行某藥，爲未照得本章所載，其性大熱有毒，依方炮製可以入藥，若人生食，堪以損人。

一、某人造到僞印，勒識會篆文不一，字體懸別。

一、假銀驗得微帶黑色，滲銀俱係鑽成，委是白錫造到假銀。

一、諸濫僞之物及僞造所用作仗，皆須行人辨驗，穿窬、發塚、殺人之物亦同。

一、某人元使擊其磚石，量得長濶、厚薄、圍圓若干，若以擊人，輕則致人損傷，重則害人性命。

一、某人元使勒死某人，皮條驗得係甚皮條，長濶若干尺寸，若用繫人咽頸，實可害人性命。

一、某人元造僞鈔物件，驗得甚本鈔板幾片，各開貫陌，料例合用，印子幾個，大小朱印幾顆，委是造僞之物。

一、某人被燒房舍，委官驗得燒訖甚房幾間，委係有人居止，在旁某處亦有賤人出入踪跡，其燒不盡木植，已是不堪架造。

一、委官驗得其家甚屋那間剳開窟穴一處，可以容人出入，及那壁院牆內外，各畫到圖本。

一、委官驗得某家房門關纂俱折，櫃蓋破碎，認是賊人行劫。及於牆外某處，覷得亦有出入蹤跡，畫到圖本。

官

一、某官狀指見帶是何官職，行下某處，追到所授，宣敕委官辨驗，得別無冒僞，將抄白對讀，無差的本分，付該犯家屬收掌，聽候去訖。非犯除名此疑不用

據

一、某指某人元係本家在逃駈奴，照過元買文契無僞，照過戶籍俱各相同。

一、某指到官贓馬一匹，委是某人處買到，追索元契，委官辨驗，得別無詐冒不實。

一、凡文憑例須照勘者依上開。

申

一、某指某人係是本家在逃駈奴，追到元申，官判憑委某官驗得別無詐冒，及在逃拐帶物色，與某處元申相同。

一、某狀招所盜某家財物，追到事主元申文狀，委官照過，與某人所責相同。

一、將追到贓物勒事主某人當官認得，委是被蓋元劫本物，別無詐認。

一、將到官贓仗物犯人，當官認得委是元盜正贓，或元使器仗別無詐認。

一、某指係某家駈奴，勾到本主，當官認得委是本家在逃駈，奴別無詐認。

同

一、某指爲官根腳，尋下司縣，勒合干官司勘會，得某委是某年月日承伊故父某人官資蔭，別無詐冒，照過無行文案相同。

一、某指某人妻，尋行下某司縣，勒鄰首人等勘會，得委是依理，求到正夫與妻定婚成親，時兩家各無違礙犯姦者。云自前不曾犯姦，經斷亦不是娼優之家，照籍相同。

一、某指元曾犯姦盜，經斷行下合屬，或牒某處照過元斷，文案相同。

一、某指與某有讎，尋行下合屬州縣，勒合干鄰舍人等勘會，得某在前委是有何讎嫌，如曾經斷，須云照過元行，文卷相同。

一、某指某人關親尋行下合屬，官司勘會，得某人係某是何親戚，問得鄰首同宗，指證相同。

一、捉事人某指係某鄰首姓尋行下本縣，勒合干鄰差設捕盜，及出賊地方當該應捕之人，與賊人及事主別不關親。

一、某指係某處某家駈奴，行下本司縣，勒合干鄰首人等勘會，得委是某人駈奴，照籍相同。

勘

一、苦主某人指身死某人腳色，行下甚處勘會，得被殺人某在日若干年甲，生前別無疾狀，即不是奴賊及在逃應合殺捕之人，與行兇人無執不親，照籍相同。

一、至徒以上人行下合屬，勒當該鄰首人等勘會，得在家應有人口年甲，並與所責無異。某人見有是何疾證外，其餘人口並無疾病，除今犯外，在前更不會作下。其餘重罪，亦不是在逃應合殺捕之人，見有物業，除已責付當該鄰首知管，取致不致，失散罪狀。

估

一、將見獲贓物，或無見在開坐名件移牒，或下元犯某處估計去後回准某處公文，或據申該勒合干人依犯時月日實直，當官估各物價，取到別無高擡小估，甘罪文狀。

見到官估到價若干。

未追或破使懸估到若干。正贓非見在者皆懸估並從中價

一、將某略到某人家奴，行下本屬官司，勒合干牙保，依犯時月日，估到實直若干，取到並無高擡小估，執給文狀。

一、某放火燒訖某家財物，行下本司縣，勒合干行人，依犯時月日估到價鈔若干。

招

一、據前斷某公事在錯移文某處，取到當該官吏招訖，失出失入情罪。
一、某指如何過犯，鄰首人等各不知情，行下本司縣，勒合干鄰首人等招訖失覺察情罪。

私造衣甲　佯修善事　夜聚明散　造僞鈔　煎私鹽　強盜

一、某指幾年月日早晚時分經由何處盜訖某家財物，取到當該置鋪去處，捕盜官巡禁不嚴，招伏。盜官庫財物者本庫當該直宿官吏亦合取招許吏官物並合取招

辨

一、本府州官公坐對衆將犯重刑人某至徒人某，對各人家屬同行引審，明示罪名結定，已招詞因，並是端的別無冤枉，取到服辨文狀。

審

一、某年月日有本道肅政廉訪司某官牒會合審重囚，爲此將犯重刑罪囚某人同卷發去，審問去後，回准公文。該將卷照過，令不干礙人吏引審，得犯人某狀招見年若干，別無疾病，所有腳色，備細詞因，已青在官。今據實招伏，不合於某年月日作何過犯於幾年月日，蒙巡按某官令不干礙人吏對獄卒人等，再三引審結定，已招情款，並令覆審，委定親通本犯，實情別無冤枉。若准某處已招任蒙依法處斷施行，取到服審文狀，已令雙手點訖指文，請依式連銜開申施行。

《元典章・儒吏考試・收竪事件》　贓

一、將到贓物少者就寫多者另開責付事主某人收管去訖，若係官發某處寄收，聽候施行去訖。
一、將某官乞索贓物多少責付本主收管去訖，恐嚇之贓亦同。
一、將某官元受某人枉法贓物若干，發下某庫權行收管去訖。
一、某人元受某人禁物若干，照得即係彼此俱罪之贓，發下某庫寄收，聽候沒官去訖。
一、將私鹽若干牒付某處運司收管去訖。
一、將某人元造毒藥若干如法封裹，標題發下贓罰庫，聽候棄毀去訖。
一、將到官贓馬幾疋餘畜亦仝行下某司縣，權行牧養聽候去訖。非官畜即給主。
一、僞鈔一切僞物追獲到官，下庫寄收，聽候燒毀施行去訖。

仗謂弓箭槍刀棍棒等器仗

一、將行兇器仗某物發下贓罰庫收管去訖。
一、將應禁軍器某物封記隨解發去。
一、將某人元造僞鈔作仗發下某去寄收，聽候毀壞去訖。

人

一、將逃奴甲先已摘斷，分付本主某人收管了當至徒者非。

物

一、某人元給良書責付本人收管去訖。
一、將追到某縣甲乙文案發下本縣收管去訖。
一、將僧了公據毀訖戒牒發下架閣庫，權行收管去訖，贓之物合還官主者如此開寫。

寧

一、將事主省會寧家去訖，苦主未徵償命錢者，即去聽候徵償去訖。
一、將提事人甲省會寧家聽候給賞去訖。
一、將干連無罪人某省會寧家去訖。

捕

一、據未獲在逃賊人某行下會屬常川收捕去訖。

還

一、將某官發下某處依舊還職去訖，軍則還軍餘人。

《元典章・儒吏考試・還役去訖謂罪者》

保

一、據某人狀招如何有失覺察罪犯行下本司縣，招保知者去訖。

配至徒罪人今亦申部。

一、將某人依舊收禁聽候配役去訖。　禁

一、將犯重刑人甲送獄牢固收禁，聽候　符文施行。右具如前所據歸勘到前項情欵，並是端的保結是實伏乞。
中書刑部　詳酌施行謹具申。
聞謹錄狀上　牒件狀如前謹牒。
年　月　日依式

《元典章・庶務》　依例處決詞訟，至元十年六月，彰德路承奉中書戶

部符文，該契勘本部，上承都省，下臨隨路諸司局及遇諸王位下各投項一切民間大小公事，照得自中統建元以來，累降條詔，及省部格例，莫不遍下各路，通知其應斷軀良諸色戶計，定奪差發稅糧，課程鹽法，諸項錢谷，祇待軍馬鹽糧草料，理斷婚姻土地公私債負，各路自合依條處決。今隨路所申，止是備據府州司縣文解，一聽本部裁決，爲見不完，必當勘，當又須頻舉連催，徒費紙扎而已。及諸赴部告狀人等，其中事理，至甚明白，往往稱說本路不肯依理歸斷，致令往復生受。茲蓋判署官吏不爲用心，以致上下文繁，事同稽緩，不副朝廷選任之意。今後凡事其有關礙上司必合申覆者，須要勘會完備，照依擬定申呈，其餘事務，並聽各路依條處決。其或所擬不完，所申不當，定將判署官吏依例責罰施行，先具依應准行文狀申呈。

《元典章·屍首檢驗埋瘞》 至元十一年七月初七日，御史臺承奉中書省札付來呈山東遼東道提刑按察司申：遇有身死不明之人，官司初復檢訖，不行埋瘞，將屍移於棚樹棧閣，以致風日曝吹，蛄蛞咕嘬，時值夏月，皮膚綻裂，脂肉潰流，薰觸天地，神明見之，無不感傷。卑司今欲擬改如初，復檢過屍骸，責付屍親埋瘞。遇無屍親者，將屍責付停屍地主、鄰佑權行收埋，插立木標，標寫年顔形貌，使行旅見以廣傳，令屍親知而來認。實愈棧閣，以厚風俗，送兵部定擬，回呈議得，依准按察司所擬，是爲相應都省准呈。

《元典章·漂流屍首埋瘞》 及月餘，親見所歷河水之中，時復有漂流被死人屍，合面仰卧，順波而下，手足舒張。裸形者有之，沿身帶傷者有之，皮肉潰亂者有之，連衣用繩綁縛者亦有之。訪諸路人，莫知所以，愚憶通惠、御河、會通等水，南北通貫，江淮河海達乎？京城其間，富商大賈並得代還家，聽除之任官員人等，往來經行，上項屍身多係圖財戕殺，及挾仇致命、鬬毆誤傷，或有主奴相害，奚能一一遍數，因而拋棄於急流頹波，其水混混不舍晝夜，浸經日久，脹爛腐潰，似望無迹可尋，此賊人之主意也。經過官民，豈不見之，畏避引匿，視以爲常，恬然略不顧問，致死不明身屍，啣冤於黄泉之下，安能伸雪，殺人賊徒偷生於塵世之間，幸而得免。卑職目覩斯事，未容不言，擬合遍行督責，當該官司設法嚴加禁治，毋致信此所犯，如不時儻遇此等人屍漂流至其所管地界，即合行撈出水，檢驗本屍，浴身有無傷損，穿帶何等衣服，搜求可疑，顯驗男女，各各形貌，書寫木牌，將屍岸側埋瘞，就便將牌釘立墳前，以備屍親識認。仍便開坐行移鄰境官司，多方緝捉，犯人得獲，研究明白，依例處斷。不惟無辜死者得償其冤，抑不致屍骸暴露薰觸天地，乖傷和氣也。呈乞照詳得此，咨請照詳准此，本臺具呈照詳得此，送據刑部呈，照得至元十一年七月云云至都省，准呈奉此，除遵依外，今承見奉本部議得河道漂流無主屍首事，理合准監察御史，遍行照會，依上施行，相應具呈，照詳得此，都省准呈，咨請依上施行。

《元典章·賊贓詳審本物》 大德三年四月日，江南行省照得賊盗之以贓物爲先，承捕弓兵緝探未明，限期已到，卻乃捉捕疑似之人，贓物無一可堪，追索或勒取於被盗之家，或責辦於頭目之手。甚至捕人自爲收買捏合，以爲正賊眞贓，誣服之人，已經煆煉，何敢不承，若主之家，但圖得贓，亦復妄認，憑此結案，以致無辜之人，枉遭誅滅淹禁，而身死者不可勝計，議得各路仰遍行合屬。今後捕盗官司，凡遇受理被劫詞狀，須要審問所失物件，備細件目，令事主封記用印關防，迴避捕人，勿得令其知會。將元告所失物件發下捕人根索，直候根到贓物，然後令元告事主，當官一同開封下驗。如與元告相同，即是眞贓，如有差異，別行根索，似望不至泛濫，省府除外，合下仰照驗施行。

《元典章·刑部·告事非全虚》 告事非全虚例，大德十年十月二十三日，御史臺咨奉中書省劄付來呈，備監察御史呈：桓州人戶韓伴驢等告本州官教化州判等不公，除知州高孛羅歹所招不合，將帶高州祗候張得進前來，以致本人置備酒食於人戶處，齊斂鈔兩，罰俸半月，教化州判不合擅自離職，迤北尋馬糧，決二十七下罷職外，原告人韓伴驢等誣告教化州判，大德九年七月三十日，接受魏三中統鈔五定。對問得卻係祗候人王甫，將鈔二錠收受入已，依枉法例斷訖四十七下，革去。看詳韓伴驢等誣告罪犯，欲依重事告虚例，全科卻緣一項事，除已將過錢人王甫斷訖，或將所剩杖數斷決，不見所守通例宜令合干部分定擬具呈照詳。送刑部議得，知州高孛羅歹州判教化所犯，依准臺擬外，原告人韓伴驢等所告教化州判，於過錢季交加處，受魏三中統鈔五定，對問得係祗候王甫將鈔二定過與教化，不曾接受入已，將王甫斷罪革去。韓伴驢等雖招，原告教化州判取受不實，終是魏三曾令王甫將鈔二定過付，既非所告全虚，依例難議科罪，都省議得，今後所犯，量事輕重，詳情議罪，餘准部擬除外，仰依上施行。

《元典章・醫學・試驗獄醫》 皇慶二年三月，中書省咨刑部呈奉省判，茶陵州民戶譚時升陳言，路、府、州、縣獄醫，皆是據憑醫工提領差撥，醫治中間多係不諳方脈之人，或雇覓不畏公法之人，惟利是務，代名當役。但有罪囚患病，其獄卒人等，止是報答，病證分數，其當該案分，以爲補襯案卷之用，如是死損初復檢驗屍傷，官吏以鄰封往來爲念，暗令仵作行人會情符合屍帳申復上司，其間抑屈萬端。今後官醫提領，差到醫人，提調刑獄官令醫工提領，再三試驗，過方許收。係監察御史、肅政廉訪司糾彈。但有收係不諳方脈，因而死損罪囚，將提調官并官醫提領科決黜斷，醫人嚴加懲斷，發下合屬，與民一體當差送刑部。得差撥獄醫，合依所言，試驗委用。如或不諳方脈，濫送醫工、官醫，提領人等量情科罪，提調官亦行究治。仍將濫選之人革去外，據初、復檢驗屍傷，官吏私相會情符合一節，已有呈准通例，別難再議，具呈照詳得此，都省准呈，咨請依上施行。

元・張養浩《牧民忠告・慎獄》 故事，承檢屍之牒則剋時而行，重人命也。其或行焉而後時，時焉而不親蒞，親焉而不精詳，罪皆不輕也。其檢之之式，又當徧者筮，仕者不可以不知。

元・王結《文忠集・善俗要義・明要約》 作事謀始，古人所貴，後世文約契券，蓋亦謹始之道，所以防其爭且欺也。近年風俗偸薄，巧僞日增，凡田宅婚姻債負，良賤偶因要約不明，多致爭訟，昏賴紊亂官府，動涉歲年。干礙平人，妨誤生計，亦有詐立契約，公肆欺謾者。然理曲之人終亦敗露，身負罪責，名陷凶徒，竟亦何得也。今後民間婚姻田宅等事，及兩相貿易，合立文約者，皆須分明開寫年月價值期限證佐，以備他日檢勘。防閑既密，爭告漸稀，欺僞之徒自有刑憲，是亦善風俗止詞訟之一事也。

《大明令・刑令》 凡所在重刑，須要追勘，一切完備，在京申御史臺，在外從監察御史、提刑按察司，審錄無冤，有司結案待報。若犯人翻異，或家屬稱冤，聽牒移准。

又 凡諸人自縊、溺水身死，別無他故，親屬情願安葬，官司詳審明白，准告免檢。若事主被強盜殺死，苦主告免檢者，官爲相視傷損，將屍給親埋葬。其獄囚患病責保看治而死者，情無可疑，亦許親屬告免檢。復外據殺傷而死者，親屬雖告，不聽免檢。

又 凡檢屍圖式，各府刊印，每副三幅，編立字號，半印勘合，發下州縣。如遇初、復檢驗屍傷剋時，委官將引首領官吏、仵作行人，親詣地所，呼集應合聽檢人等，眼同仔細檢驗，定執生前端的致命根因。依式標注，署押，一幅付苦主，一幅粘連附卷，一幅繳申上司。其初、復檢驗官司行移體式，並依已行舊制。

又 凡竊盜已離盜所，事主追逐，因而拒捕，被事主殺死者，須驗事主，在身有傷，依律勿論。若無所傷，有司體勘其賊是否警跡爲盜之人、與事主有無讎嫌明白，歸斷。

又 凡諸人自縊、溺水身死，別無他故，親屬情願安葬，官司詳審明白，准告免檢。若事主被強盜殺死，苦主告免檢者，官爲相視傷損，將屍給親埋葬。其獄囚患病責保看治而死者，情無可疑，亦許親屬告免檢。復外據殺傷而死者，親屬雖告，不聽免檢。

又 凡檢屍圖式，各府刊印，每副三幅，編立字號，半印勘合，發下州縣。如遇初、復檢驗屍傷剋時，委官將引首領官吏、仵作行人，親詣地所，呼集應合聽檢人等，眼同仔細檢驗，定執生前端的致命根因。依式標注，署押，一幅付苦主，一幅粘連附卷，一幅繳申上司。其初、復檢驗官司行移體式，並依已行舊制。

《大明律・故禁故勘平人》 若故勘平人者，杖八十；折傷以上，依凡鬬傷論；因而致死者，斬。同僚官及獄卒，知情共勘者，與同罪；至死者，減一等；不知情，及依法拷訊者，不坐。若因公事，干連平人在官，事須鞫問，及罪人贓仗證佐明白，不服招承，明立文案，依法拷訊，邂逅致死者，勿論。

《大明律・檢驗屍傷不以實》 凡檢驗屍傷，若牒到托故不即檢驗，致令屍變，及不親臨監視，轉委吏卒，若初復檢官吏相見，符同屍狀及不爲用心檢驗，移易輕重、增減屍傷不實、定執致死根因不明者，正官杖六十，首領官杖七十，吏典杖八十。仵作行人檢驗不實，符同屍狀者，罪亦如之。因而罪有增減者，以失出入人罪論。若受財故檢驗不以實者，以故出入人罪論。贓重者，計贓以枉法從重論。

《大明律釋義》曰：人命當即檢驗，則屍傷未變，易於得實，而吏卒之人見利易動，不可專托初覆檢官不相沿襲則異同互見。故托故不即檢驗而轉委吏卒，初覆檢官面說符同，及雖親臨而不用心，將屍傷移輕爲重，易重爲輕，或多而減少，或少而增多，以致被傷之處不實，數死之根因不明者，正官杖六十，首領官杖七十，吏典杖八十，仵作行人檢驗不實符同屍狀亦杖八十。故曰罪亦如之。因其檢驗不實以致犯人之罪有增減者，以失出入人罪律論。因而受財而故檢驗不實者，以故出入人罪律論。贓重則計贓以枉法論輕，則以故出入論。故曰各從重論。

明・王肯堂《王儀部先生箋釋・斷獄・檢驗尸傷不以實》 第一節，凡問人命，全憑證佐與屍傷，蓋證佐者，見打之人，屍傷者，被打之迹。證佐猶有扶同，而屍傷則不容僞者，然惟初檢驗之時，其死未久，其傷甚明，若久則發變潰爛，難於定執。故初檢屍傷必須正官，不可轉委吏卒，致有扶同增減之弊。牒到卽檢，不可託故遷延，致有發變潰爛之弊。若牒到不卽檢驗，及檢驗而不親臨監視，故行轉委吏卒，致有增減傷痕，或雖親檢而初檢與覆檢官吏，相見扶同屍狀，不爲用心檢驗，皆非所以重人命也。移易者，如腦傷移作頭，腿傷移作肋，傷同而受傷之處不同也。輕重者，如赤色本重，報作微紅，淡色本輕，報作紫黑，受傷之處雖同，而傷之輕重不同也。增減者，如有傷而減作無傷少傷而增作多傷之類是也。如於傷痕斜長圍圓分寸間有所增減皆是。又或檢驗屍傷雖實而定執要害致死根因不明。如先勒後縊。先傷後病及共毆而下手傷重之人不的之類皆是也凡有此等。正官杖六十。首領官杖七十當該吏典杖八十。凡正官行事。則首領該吏隨之。故得連坐若仵作行人。檢驗不實扶同官吏捏報屍狀者亦論如吏典之罪。以杖八十坐之其官吏仵作人等。承委檢驗有所不實。因而致令官司議罪有所增減者，各以失出入人罪論。失出減五等，失入減三等，吏典守領官正官，依上遞減，仵作行人，亦如吏典之罪，其失出入之罪輕者，仍以檢驗不實科斷。

第二節，若官吏仵作人等，有因受人之財，而故行檢驗不實，致罪有增減者，以故出入人罪論。若一人受財，自以故出入論，其餘不知情者，止依失論遞減。計其入已之贓，重於故出入之罪者，以枉法論。贓輕而出入之罪重者，從出入論。故曰各從重論。

條例

第一條誆騙情重事例，在詐欺官私取財條，俱不分首從，發邊衛充軍。

第二條無故自縊溺死及被盜殺者，止與相視免檢。

按舊本令各府刊印檢屍圖式每副三幅，編立字號，半印勘合，發下州縣。如遇初覆檢屍傷，劃時委官，將引首領官吏仵作行人親詣地所，呼集應合聽驗人等，眼同仔細檢驗，定執生前端的致命根由，依式標註署押，一幅給與若王一幅黏連附卷，一幅申繳上司。

明・王肯堂《王儀部先生箋釋・愼刑説・人命》 殺人之獄，謀故者少，鬬毆者多，而鬬毆之律重在保辜。謂以毆傷之人責付毆者調理醫療，照律立限，限滿之日，定罪發落。蓋毆傷者之親屬，自非慈親孝子，鮮不利其死以爲索詐財物之地，而毆人者惟恐其死，要己命抵償，則凡可以生全之者無所不至。是一件相打公事，活得兩人性命，乃律之良法美意也。每見官府遇此等狀詞，多視爲末務，不卽拘審相驗。傷痕卽已相驗，亦不責付被告調理，恣原告之所爲，故被傷者十死八九。既死之後，知法者赴官陳告而已。玩法者，扛屍上門，聚衆打搶，囊篋一空，門牕盡碎。然後告官，官府又不卽時相驗，雖卽時相驗，又往往差委佐貳首領，其可信任者已少矣。及至檢驗之時，檢官嫌其凶穢，不肯近屍。又犯人杻鎖跪棚，多不同看，惟有屍親仵作，喝報屍傷，或多增分寸，或亂報青紅。間有犯人與屍親爭傷，而檢官竟不經目，止執一筆爲仵作謄錄耳。及再更檢官，再更仵作，或暗賣屍格，約與雷同分寸。或意欲輕重，多增疑似傷痕，駁而又駁，檢而又檢，是死者既以挺刃喪命於生前，又以蒸刷分屍於身後，何其酷哉。今勸宰州縣者，凡有鬬毆之事，着地方卽時首報，若陳告者已至，而地方未報，卽重責之。人命屍親，不是父兄伯叔，便是弟姪妻子，被毆之日，卽自解衣，眼同見證。要見被毆之人，年若干歲，某月某日某時，被某人某人用何兇器毆打某處，見今某處斜傷，長若干，闊若干，某處圓傷，橫若干，圍若干，青色紅色，有腫無腫，曾否皮破骨裂，某某見證，卽照狀式告辜到官。官審地方，果係重傷，卽不許扛擡到城，恐破傷處中風致殞。卽時親行，或委廉明佐領，匹馬肩與，少帶人從，督同折傷科醫士，攜帶合用膏散，詣彼相驗，登記傷痕，令醫敷貼整理，限以保辜日期，責令兇犯領至家中，用心調治。案候在官，身死之日，卽照狀式告檢。官照辜狀原供傷痕依法檢驗，平時常讀洗冤等錄，臨期務須親驗致命等傷，稍有疑似，卽加審覆，耐煩一刻，卽可爲他日干連人等全活數命。果係裝誣，明立文案，以杜後端。果係眞犯，卽取具供招，以塞求請。仍嚴責吏仵，眼同原被干證，取四不扶同甘結，定招擬罪之時，更須萬分詳愼，務使情節了然明白。此心確然痛快，庶生死兩不含冤，亦省後來屢駁屢勘，耽延歲月，苦累多人耳。如被毆不告辜限者，除登時打死，及在三日之內者，姑准檢究外，其餘死後告人命者，俱以假傷騙詐，及自毆誣人論，不准眞正人命。若人命不先告官，而乘機糾衆，扛屍上門，搶財傷人者，縱是眞的，抵命之外，亦須引例問遣。其辜限日期係隔月者，要查大建小建，此生死出入之界，不可不愼也。大抵屍當速相而不可輕檢，骸可詳檢而不可輕折，凡上司官招擬批駁情節不明者，止審情節屍傷欠確者，方檢屍傷，不得一概煩擾，以致生死苦累，獄情畫地人命關天，爲民父母者，念之哉，念之哉。

有致命之處，有致命之傷，頂心、顖門、耳根、咽喉、心坎、腰眼、小腹、腎囊，此速死之處。腦後、額角、胸膛、背後、脇肋，此必死之處。肉青黑，皮破，肉綻，骨裂，腦出，血流，此致命之傷。致命之傷，當速死之處，不得過三日。當必死之處，不得過十日。若當致命之處而傷輕，或極重之傷而非致命之處，雖死於限内，當推別情，不可一概坐死，況死於限外乎。

一致命重傷，當致命要處，死於登時，或三日之內，原告干證，定執某物毆某處，只宜於所毆之處檢驗傷痕，既免死者翻屍，又免生者冤誣。何者，人生一世，自少至壯，或失足磕跌，或疾病捶按，或生瘡被撃，或負重着堅，血不流行，傷輕而新着骨色紅，日久則消重傷而久，着骨色青，終身不散。試將病死之人，細細蒸刷，果全身一副白骨，則檢驗眞足憑信。近日問官全不理會，原告證人，本說耳根一下打死，而渾身檢驗，動輒數十處傷痕。上司以傷痕不對爲駁詞，問官增毆打情節爲比對。有左右傷痕，尺寸青紅，不差分毫者。如云毆傷，豈兩手執一般兇器，毆撃時更無輕重於其間乎？有昏夜醉後羣毆，而定執爲某人打某處，雖毆者亦不能自知其所毆之處，自記其所毆之數，而況證人乎。大抵共毆，只坐毆人因由，檢傷，則重原傷的處。愼無刻舟膠柱，致有冤情。愼勿含糊模稜，致開駁竇。昏夜被殺，見證無人，及屍無下落者，只宜案候密訪，不可妄意猜疑，鍛鍊成獄。近世奈無摘伏之明，多成附會之罪。書曰：罪疑惟輕。又曰：寧失不經。皋陶爲士，猶過愼如此，吾儕學識，未必過於皋陶，奈何必欲牽合羅織，以陷人於死地耶。

明・王肯堂《王儀部先生箋釋・愼刑説・盜情》 失主遞失狀，未必一一皆眞，譸張者甚多，而貪冒者居半。起贓之時，快捕通同，有將本人之物硬指爲贓者，有比照失狀取一二於典當舖以作贓者，有獲眞贓而快捕先攫其細軟入已者，有疑似之物失主記不眞而錯認者，有明見可愛之物而妄認者，有厭連累之久而妄認一二贓物殺賊以完已事者，有爲快捕所逼不得不認者。蒼南呂公云：余巡海右時，有一寡婦被劫，獲盜十人，搜贓俱在。内有女鞋一對，快捕過寡婦家謂之曰，鞋當有樣，從而予之。及縣官審贓，寡婦一一俱認。問鞋，曰，我女之鞋也。問大小幾何，曰，有樣。索家中樣比之，不爽毫髮。十人者無一語辯。臨刑不數日矣，而眞盜悉獲，眞贓悉出，十人者乃得釋。前贓，蓋十人家物也。近日有將良民爲盜，搜其家黃裙指爲失主物者。失主認之，司刑者取當舖黃裙數腰，雜置堂上，失主莫知所認，妄取不一。呼良民至，則應手而得曰：此吾裙也。失主無辭，而良民遂釋。以後有司審贓，不可草率，但凡失主贓物無記驗者，不可輒坐眞贓。蓋指一物以殺一人，可不愼歟。

明・王肯堂《王儀部先生箋釋・愼刑説・姦情》 姦情原無證見，易誣而難明，故律稱非姦所捕獲勿論。姦婦有孕，罪坐本婦者，蓋愼之也。以後凡告姦情，卽本婦招承，亦勿准理，安知非本夫逼使騙賴，又安知非本婦有所希圖乎。且婦女不至有孕，卽姦亦勿問姦，亦所以全婦女之名節，而免凌逼之性命。爲人父母，不當如是耶。若淫奔在逃，及被人捉獲，則無詞矣。

明・王肯堂《王儀部先生箋釋・檢驗尸傷指南・驗尸事理》 檢驗乃係兩項，人命方始發覺，須先將身屍查看一番，備棺暫殮，方可質審，謂之驗屍。驗者，勘其大略也。審質雖明，必得眞傷爲據，又將身屍或骨殖細細查看，以便定罪，謂之檢屍。檢者，勘其詳確也。驗則仵作只具傷痕結狀，檢則檢官按格切註，以爲成案。然血肉之傷發變，卽屬游移，初時一驗，亦當與檢竝加，愼重者也。

驗屍事理

屍有四縫，如右所列，驗時須依後開次序看驗。凡有傷損，卽令仵作指報抄記。如頂心、顖門、腦角、額角、太陽、目眥、鼻山根、耳根、結喉、血盆、胸前、乳脇、軟肋、心腹、小腹、承枕、穀道、陰囊，婦女陰戶、乳傍，皆係要害致命，尤宜詳審。傷色以紫黯微腫爲最重，次重紫赤腫，又次者赤與青。紅紫爲新，青黑則久。所關匪細，必須分別。

正面

頭面看有無瘢痳翳鬚髮　量長短　頂心
顖門　髮際　額角
兩眉　兩眼看開合　目眥
鼻　山根　口看開閉
齒全否　舌有無抵齒　頦
喉　胸　兩乳婦人乳傍
脇　肋　心
腹　臍　小腹
玉莖　陰囊婦人陰戶　腎子看全否
兩大腿　膝　兩臁
兩腿腕　兩腳面　十指
十指甲

背面

腦後　承枕骨　兩胛
背脊　腰　兩臀有無杖痕
穀道　兩腿　兩䐐脉
兩腿肚　兩腳根　兩腳板

左側

腦角　太陽穴　左耳
左耳根　左頰　項
肩　髆　肘
腕　臂　手
五指　五指爪

右側與左同

明・王肯堂《王儀部先生箋釋・檢驗死傷指南》　凡欲檢屍，先出牌令搭棚廠，多備糟葱椒食鹽白梅醋等類，以備罨蓋傷痕之用。

至屍所先於上風坐定，令燒皂角蒼术降香以辟臭惡，或用真蔴油搽鼻孔，蘇合香丸塞鼻亦可。

檢肉屍

檢屍次序，止作兩面與驗法作四面不同。從正面頭上檢起，解頭髮，量長多少，分開頂髮，檢頂門顖門，左右兩太陽穴，擘雙睛，鼻孔口齒舌。臉上須看有無刺字，或已用藥爛，去字痕黯淡，及成疤者，用竹篦於痕處撻之卽現。看兩耳連喉下，左右兩臂、手掌、手背、十指、指甲、心胸、兩乳、乳傍、脇肋、臍大肚、小腹、陰囊、外腎、玉莖、婦人產門，左右兩大小腿、腳、腳底板、十趾、趾爪，番身背面看腦後承槐骨、頸項、背脊，臀後看有無笞杖痕，并看糞門。

屍上傷痕，或是何處傷，傷痕或青或紫，或赤或黑，或有血，或無血，並量大小長闊深淺，令仵作指定報明，押屍親干證認確，以硃筆填入屍格，令各書押於屍格之上。或有雕青炙疤，瘡痕之屍，亦須開填屍格之內。

屍格式

面式　某府某州某縣某年某月某日檢驗到某人屍形		
一仰面		
頂心有無色傷俱硃填下同	偏左	
偏右	偏左顖門	偏左
偏右	額顱	額角
兩太陽穴	兩眉	眉叢
兩眼胞	兩眼	雙睛
兩頰顋	兩耳	兩耳輪
兩耳垂	兩耳竅	鼻根
鼻準	兩鼻孔	人中
上下唇朐	上下齒	頷頦
咽喉	食氣顙	兩缺盆穴
兩肩胛	兩腋胑	合膊
兩胐脉	兩手腕	兩手心
十指	十指肚	十指尖

十指甲縫	胸堂	兩乳		
心坎	肚腹	兩脇		
兩肋	肚臍	兩胯		
小腹	陰囊	玉莖		
外腎	婦人產門（處子曰陰門）			
兩腿	兩膝	兩臁肕		
兩腳腕	兩腳面	十趾		
十指爪				
一、合面				
腦後	髮	髮際		
兩耳根	項頸	兩臂膊		
兩肐肘	兩手腕	兩手背		
十指指甲	脊背	脊膂		
兩後肋	兩後脇	腰眼		
兩臀	穀道	兩腿		
兩䐐䐐	兩腿肚	兩腳踝		
兩腳根	兩腳心	十趾	十趾肚	十趾爪縫
一對衆定驗得某人果因某處致命				
一驗屍人等	正犯某	干犯某	干證某	屍親某

右件前項致命根由，中間但有脫漏不實，扶同捏合增減，屍傷檢驗官吏人等，情願甘認罪責，無辭，保結是實。

年　月　日　司吏某

首領官某

檢屍官某俱書押

明・申時行《明會典・勘事》　凡各地方遇有重大獄情，及宗藩事變，應合差官體勘者，或欽差刑部堂上官一員，會同都察院，大理寺，錦衣衛各堂上官，或內臣勳戚，或差本部司屬官一員，會同科道官，俱奉旨前往有事地方勘問。其堂上官，領勑諭，司屬官領勑，或關領欽給關防，及領兵部勘合。取吏部吏典，俱照審錄事理，題請關給事完回部，一體題繳。

明・申時行《明會典・檢屍》　凡刑部遇有應檢屍傷，該司付行照磨所，取到部印屍圖一幅。先時止行順天府大興宛平二縣委官，如法檢驗、填圖，各取結狀繳報。今多行委五城兵馬，如屍傷不一，及執詞不服者，然後改委府縣，其自縊溺水身死無詞者，止行城相驗。如情詞不一，仍行檢驗。若尊長毆死卑幼，據律不應償命者，亦止相驗不檢。并各省直府州縣檢驗事例開後。

洪武元年令，各府刊印檢屍圖式，每副三幅，編立字號半印勘合，發下州縣。如遇初覆檢屍傷劃時委官，將引首領官吏，仵作行人，親詣地所，呼集應合聽驗人等，眼同仔細檢驗，定執生前端的致命根因，依式標註署押，一幅給與苦主，一幅黏連附卷，一幅申繳上司。其初覆檢驗官司，行移體式並依已行舊制。凡諸人自縊溺水身死，別無他故，親屬情願安葬，官司詳審明白，准告免檢。若事主被強盜殺死，苦主自告免檢者，官爲相視傷損，將屍給親埋葬。其獄囚患病，責保看治而死者，情無可疑，亦許親屬告免檢覆外，據殺傷而死者，親屬雖告，不聽免檢。嘉靖三十九年奏准，凡遇檢驗屍傷，必擇該城廉幹兵馬一員，先行檢驗，再調各城覆檢。如有前後屍傷不一，原被告不服者，方再改委京縣知縣。或京府推官，復行詳檢，仍行在外，屬府者，必通判推官，屬州縣者，必知州知縣，親自檢驗，毋得輒委雜職下僚，及縱仵作吏書受財作弊。

明・申時行《明會典・類填勘合》　洪武二十六年定，凡本衙門遇有追贓提人，合行下各布政司，直隸府州，追問刑名，并取招斷決等項。開寫犯人姓名，鄉貫住址，贓物名項，并備細緣由，移付廣東部。置立文簿，逐件附寫，每布政司府州，類至四五件，六七件，案呈本部，照依原編定字號勘合文簿。將案呈事件，通具手本，差官於原編底簿內，附寫明白，前赴內府刑科，關填勘合完備領回本部，押字用印，照會布政司，劄付直隸府州施行。二十九年，令刑部每司各設勘合卷。其各項卷內，遇有應行下各布政司，及直隸府州者，俱付該司自行類塡勘合。其有不係所隸地方開付該隸司分轉行。三十二年，令本部各司勘合，仍付廣東清吏司類塡每年終。各布政司，直隸府州，將奉到勘合，開立前件，責差該吏齎捧赴部註銷。

明・海瑞《海瑞集・續條約册式》 一、江南民風刁僞，往往以人命誣人，希圖一檢，中彼毒計。官司少不及察，被告名爲兇手，破家受刑，苦惱百般。原告招誣，一徒罪耳。所誣之刑，不能少償被誣之毒萬分之一。今後府縣官有告人命，速拘衆證審問。獄貴初詞，稍遲而設計裝詞，不可信矣。況人命，獄之重者乎！ 若果下手是眞，方親相視。死人受傷，先由皮膚，後及骨肉，外無傷痕而內有傷色，無是理也。相視無傷，不許聽檢。今人往往駕爲遍身亂打之説，覬新舊痕中希圖一中。萬一遠方日久，不可相視，不得已聽檢者，須令原告供是某處打傷，某處打傷，口詞在案。檢驗既畢，參酌新舊痕色，取合打傷口詞。誣告必加重刑，不曾下手卽行疏放。人命至重，誣人以人命亦至重，均之不可輕視也。

一、本院到任先後年問擬斬絞等項罪人，往往苦訴冤抑。人情僥倖求免，未必可信。然一時草率，一時誤聽，十人中二三負屈或有之。本院少與准理，蓋以府縣親民，本院隔遠，且一應干證人員住居府縣。今後各府州縣於一應囚犯，不必其人有無訴狀，不必本院有無批行，細加詢訪，的係虧抑者徑申本院。除本院得以自專審實開豁，不必言矣。其他經參詳者，可以題請。別院俱已定擬者，尙有會議。天下事止求箇是而已。民之父母，顧忌觀望，坐視冤抑，可以爲民父母哉！ 屈一夫，屈一婦，天之霜旱隨之。事有關係，日後本院得之，先時府縣不與申救者，以罷軟不職參論。

明・佘自强《治譜・贓盜門・告盜不足信》 失狀有不足憑信者。曾有一家因鬬毆殺人，遂以車載屍，告作陣上殺死強盜，無賴棍徒或因婚姻田土小忿，打網害人，多有以盗情引狀者，故被盜後即令地方報官，親自踏勘，不惟可以識盜情，亦可以杜謊狀也。尤可恨者，窮棍刁徒本未失盜，而故扮失主，串通捕役，平白指良爲盜。如劉勿所審出吳江事，此等罪大惡極，不可不重處。

明・佘自强《治譜・詞訟門・田土》 田土一事有因疆界爭者，有因買賣爭者，有因推收爭者，有因價值爭者，有因回贖爭者，俱不可不爲之處。如疆界不明但查原丈虧口，令中人隣佑處分。又不明則親往看之，徑自委官，未免多事。如係爭買，一儘本家，二儘業主，三儘近隣。如本家業主近鄰必欲減價，則聽其別賣。糧米不明則査戶首糧數，及當日原文虧口，又恐有豪強飛詭，小民懦弱，田盡賣而米尙存者。價値多寡，則問之民風土俗，證之印證交單，至應贖與否則有原契原中在。如原契已改，原中已故，但驗之筆跡，若賣主力不能贖，又赴告者，多是意在加添，假名回贖耳。須是斟酌，加添之例，固不可開，虧折之事，亦不謂無，審處而詳問，其風俗可也。按四方則例不同，典田典屋又不同。如典田者，典主已有籽粒之利，五年減半贖取十年洗手交還典屋如獲佃金同此。如無佃金，典主亦已住居，可以作利，還卒便當退還。雖風俗不同，天理人情。大約所爭不遠，在人審酌之耳。

明・吕坤《實政錄・提刑事宜・人命》 人命招情批詳到日即時解任赴檢，當場審定，即日便具招申。如承委官眞係有疾及萬不得已事情，文到當即具辭，以便別委。洗冤條令赴檢不許過兩時，具招不許過當日，可謂至嚴矣。以後委官但批到三日不赴檢，後五日不具招者，官以才力不及註考，其赴檢日期亦要詳開以便查核，若提問犯人所在州縣，關到當日不拘，拘到當日不發者，問官即於申呈內明開占悋疎緩緣由，庶罪有所歸，不致相累。獄貴初情，謂犯事之始，智巧未生，情實易得。數審之後，買免多方，機械雜出是矣。須知初勘者，何官果檢驗者，掌印正官乎，識見精明乎，持法廉正乎，鞫獄虛愼乎，則初情乃確案也。倘初委佐貳首領陰陽省祭，老人才識昏短，而群小輕忽操守，卑污而供招苟且，若是而初情寧可貴乎。故招情不厭反覆，要以求當而已成案無拘也。

檢驗之時，承委官嫌其凶穢皆不近屍，又犯人杻鎖跪棚多不同看，惟有屍親仵作喝報屍傷，或多增分寸，或亂報青紅，間有犯人與屍親爭傷而檢官竟不經目止執，一筆爲仵作謄錄耳。及再更，檢官再更仵作或暗賣屍格約與雷同分寸，或意欲輕重多增疑似傷痕，以致兩檢不同，每駁四五檢者，終始未能歸一，是死者既以挺喪命於生前，又以蒸煮分屍於身後，冤讐未雪，暴露連年，則檢官不愼之罪也。以後掌印正官凡遇人命事情，嚴責吏仵眼同原被干證取四不扶同甘結，便須萬分詳愼，務使情節了然，明白此心，確然痛快，庶生死兩不含冤，亦省後來屢駁屢勘，躭延累戚累苦多人耳。

明・吕坤《實政録・提刑事宜・盜情》　失主遞失狀未必一一皆眞譸張者，甚多而貪冒者居半。起贓之時快壯通同，有將本人之物勁指爲贓者，有比照失狀取一二於典當鋪以作贓者，有獲眞贓而快壯先搜其細軟入已者，有疑似之物失主記不眞而錯認者，有明見可愛之物而妄認者，有厭連累之久而妄認一二贓物殺賊以完已事者，有爲快壯所逼不得不認者。蒼南呂公云：余巡海右，時有一寡婦被劫，獲盜十人，搜贓俱在，內有女鞋一對，快壯過寡婦家，謂之曰，鞋當有樣從之。及縣官審贓，寡婦一一俱認，問鞋曰：我女之鞋也。問大小幾何，曰有樣。索家中樣比之不爽毫髮。十人者無一語辯。臨刑不數日矣，而眞盜悉獲，眞贓。悉出，十人者。乃得釋，前贓蓋十人家物也。近日有將良民爲盜，搜其家黃裙指爲失主物者，失主認之。太原毛通判取當鋪黃裙數腰，雜置堂上，失主莫知所認，妄取不一。呼良民至則應手而得曰：此吾裙也。失主無辭而良民遂釋。以後有司審贓不可草率，但失主贓物無記，驗者不可輒坐眞贓。蓋指一物殺一人，可不慎與。

明・吕坤《實證録・風憲約卷・人命》　致命重傷，當致命要處，死於登時或三日之內，原告干證定執某物毆某處，只宜於所毆之處檢驗傷痕。既免死者翻屍，又免生者冤誣。何者人生一世自少至壯，或失足磕跌，或病疾捶按，或生瘡被擊，或負重着堅。血不流行，傷輕與新傷着骨則紅，日久或消。重傷與久傷着骨則青，終身不散。試將病死之人細一蒸刷，果全身一副白骨，則檢驗眞足憑信。

明・吕坤《實證録・風憲約卷・盜情》　以後快壯拏賊，除眞盜拒捕曾毆公差許其打傷不罪外，其餘止許綁縛鎖銬到官。掌印官先驗傷痕，如拷打骨肉有傷者，快壯重懲革後，有致命重傷者，不分盜之眞假，限內身死者，許家屬告發，定擬償命。

明・吴遵《初仕録・檢屍傷》　凡遇人命固當檢驗，然須先問生前因何讐恨，爲何謀害，是何時節，在何地方，用何器械，何人下手，何人證見。鬭毆相爭須問人多人少，何人打其致命去處，何人的係兇身。如威力制縛與威逼人死，相近而實則不同，皆須一一究問根由，事有顯迹，然後登場檢驗。倘一涉虛誣者，卽與相與辨豁，毋得輕檢，破人身家，且貽死者蒸髓折骸之苦，不可不慎。及檢驗時，多帶人役，以防兩讐爭鬭。登場務須整肅，所帶人役，問有二家親識，着令迴避。遇夜宿歇去處，亦須別遠嫌疑。年遠屍體，要見埋藏土色新舊，毋得疎虞以致盜換。如近時覆檢者，依期前往，毋得怠緩，以致發變。凡屍春則三日，夏則一日，秋則五日，冬則十日故也。初覆檢驗吏仵不許相見，以致扶同。檢驗之法，先須關請屍圖，臨時身帶衣香口食薑蒜，坐於上風去處，拘喚屍屬親隣，略節審問事因，檢點於礙之人，供狀畫字了當。先令仵作人等，以屍爲主量定四至，然後與同人吏上前看驗，并勒兇身當面對屍仔細驗看傷痕。倘兇身脫逃未獲，衆證明白，卽同獄成。然亦未可輕漏語言，以致吏仵弄奸詐索可也。如自縊，先看項下八字繩痕，再看系結繩頭，去處塵土有無移動，并繫處高下腳踏何物，及繩帶大小痕跡對同，看是活套頭死套頭，或單掛或十字纏繞，各要詳審明白。若是跌蹼死者，須看失腳處泥土高低，溺水死者須看投溺處及量水淺深。生前溺水男覆女仰，手腳向前，口合眼開，肚腹口鼻有水流出，指甲有泥。死後推入水者口眼不閉，兩手撒開，肚不飽脹，鼻中無水。若他物打死則口眼開，髮髻亂，手不拳。自割則刀瘡起手重收手輕，喉骨上難死，喉骨下易死，食氣系斷方死。若火燒者，若服毒藥死者，口開，面青紫，唇舌紫黑，指甲青，口鼻血出，或身發疱。若受杖死者，打着處瘡痕闊狹，男看陽囊，女看陰門，俱有傷，兩脥腰眼小腸有無瘡痕。若有病死者，形體羸瘦，肉色痩黃，口眼閉合，肚腹低陷，身上或有針灸瘢痕，卽是病死也。凡問人命重情，不可自恃聰明，輕易申詳，以致冤濫，或招謗讟。務要事得其情，刑當其罪，毋狃或案而枉其生，毋固姑息而冤其死。

明・佚名《新官軌範・詞訟》　凡鬭毆者，俱要當日陳告拘拿到官，驗實有傷，責令直日醫生帶同原被害告人於廨處眼同醫治，供給湯藥，平復回報。如傷重不堪調理，須呈白究治，將原犯入監。

明・汪天賜《官箴集要・檢驗屍傷》　凡檢驗屍傷，係干人命，最爲重事，不可不謹。如《洗冤録》等書不可不時常檢閱。但本境有致死屍傷，正官隨即將帶吏仵人等前去登場檢驗，定執致命根因，須要親詣屍場，相驗明白，不可差委吏仵。若隣境官司關牒覆檢，亦須依期前去，不可怠慢，因而發變屍首春則三日，夏則一日，秋則五日，冬則十日。兩處初覆檢驗，官吏不許相見，惟恐扶同屍狀之疑。若有過夜，至宿歇去處問其不是兇身血屬親戚，方可安歇，以避嫌疑。更須約束皂隸吏仵人等，毋得擅離出入，亦不許血屬閑人説話。凡檢驗之法，身帶衣香口食薑蒜前去檢所，務要自向前俱於上風處坐定，喚屍屬及親隣略節審問事因，檢點一應干礙檢屍之人供狀畫字了當。先令仵作人等以屍爲主打量定四至，然後與同人吏近前看驗，勒行兇人當面對屍子細檢看痕傷，如是未獲行兇人，以隣堡衆證檢驗明白，所有屍帳未可漏露。又防吏仵人等出脱重傷，賣弄作弊。假如自縊，先看吊處項下痕傷，更看繫緊索處塵土，曾無移動，并繫處高下腳踏何物，得到繫處，更看垂下長短頸下繩帶大小，對痕沿闊狹，看是活套頭、死套頭，有單掛，十字纏繞，各要詳明。若是跌撲死，須看失腳處土高下，及量水淺深。生前溺水則男覆女仰，手腳向前，口合眼開，肚腹、口鼻有水流，指甲有泥。死後推入水則口眼不開，兩手撒，肚不脹，鼻無水。若他物打死則口眼開，髮鬐亂，手不拳。自割則刀痕起手重，收手輕，喉骨上難死，喉骨下易死，食氣系斷方死。若火燒者口鼻內有煙火，手足拳縮。若熱湯潑皮，骨折脱，肉白多爛。若服毒藥，死者口開，面青紫，唇舌紫黑，指甲青，口鼻血出，或身發疱。若受杖死者，打着處瘡痕濶狹，男看陰囊，女看陰門，俱有傷，兩胦腰眼小腸有無瘡痕。若有病死者，形體羸瘦，肉色萎黃，口眼閉合，肚腹低陷，身上或有針灸瘢痕，即是病死。大概檢驗大意不過如此而已。

清・稽璜《續通志・刑法略二》〔宋嘉定四年〕江西提刑徐似道言：檢驗官指輕作重，以有爲無，差訛交互，以故姦吏出入人罪，乞以湖南廣西見行刊印正背人形，隨格目給下，令於傷損去處，依樣朱紅書畫，唱喝傷痕，衆無異詞，然後署押。詔從之，頒天下。

《大清律例・起訴・檢驗屍傷不以實》 凡官司初檢驗屍傷，若承委牒到，託故遷延不即檢驗，致令屍變；及雖即檢驗，不親臨屍所監視，轉委吏卒；憑臆增減傷痕。若初檢與復檢官吏相見，扶同屍狀；及雖親臨監視，不爲用心檢驗，移易如移腦作頭之類。輕重如本輕報重，本重報輕之類。增減，如少增作多，如有減作無之類。屍傷不實；定執要害致死根因不明者；正官杖六十，同檢首領官杖七十，吏典杖八十。仵作行人檢驗不實，扶同屍狀者，罪亦如吏典，以杖八十坐之。其官吏仵作，因檢驗不實而罪有增減者，以失出入人罪論。失出減五等，失入減三等。

若官吏仵作受財故檢驗不以實致罪有增減者，以故出入人罪論；贓重於故出故入之罪者，計贓，以枉法各從重論。止坐受財檢驗不實之人，其餘不知情者，仍以失出入人罪論。

條例

一、遇告訟人命有自縊自殘、及病死而妄稱身死不明、意在圖賴詐財者，究問明確，不得一概發檢，以啓弊竇。其果係鬥殺、故殺、謀殺等項當檢驗者，在京，委刑部司官及五城兵馬司京縣知縣；在外，委州縣正印官。務須於未檢驗之先，即詳鞫屍親、證佐、凶犯人等，令其實招，以何物傷，何致命之處，立爲一案。隨即親詣屍所，督令仵作如法檢報，定執要害致命去處，細驗其圓長、斜正、青赤、分寸，果否係某物所傷，公同一干人衆，質對明白，各情輸服，然後成招。或屍久發變，青赤顔色亦須詳辯，不許聽憑仵作混報擬抵。其仵作受財，增減傷痕，扶同屍狀，以成冤獄，審實，贓至滿數者，依律從重科斷。不先究致死根因明確，概行檢驗者，官吏以違制論。

一、諸人自縊溺水身死，別無他故，親屬情願安葬，官司詳審明白，准告免檢。若事主被強盗殺死、若主自告免檢者，官與相視傷損，將屍給親埋葬。其獄因患病、責保看治而死者，情無可疑，亦許親屬告免覆檢。若據殺傷而死者，親屬雖告，不聽免檢。

一、凡人命重案，必檢驗屍傷，註明致命傷痕。經檢明，即應定擬。若屍親控告傷痕互異者，許再行覆檢，勿得違例三檢，致滋拖累。如有疑似之處，委別官審理者，所委之官帶同仵作親詣屍所，不得吊屍檢驗。

一、凡外省駐防旗人遇有命案，該管旗員即會同理事，同知、通判，帶領領催，屍親人等，公同檢驗。一面詳報上司，一面會同審擬。如無理事、同知、通判之處，即會同有司官，公同檢驗，詳報審擬。

一、凡人命呈報到官，該地方印官立即親往相驗。止許隨帶仵作一名，刑書一名，皂隷二名。一切夫馬飯食俱自行備用，并嚴禁書役人等，不許需索分文。其果係輕生自盡、毆非重傷者，即於屍場審明定案，將原、被、鄰、證人等釋放。如該地方印官不行自備夫馬、取之地方者，照因公科斂律議處。書役需索者，照例計贓分別治罪。如故意遲延拖累者，照易結不結例處分。若係自盡，并無他故，屍親捏詞控告，按誣告律科斷。如刁悍之徒借命打搶者，照白晝搶奪例擬罪。仍追搶毀物件，給還原主。其勒索私和者，照私和律科斷。勒索財物入官。至該管上司於州縣所報自盡命案果屬明確無疑者，不得苛駁，准予立案。若情事未明，仍即秉公指駁，俟其詳覆核奪。

一、大縣額設仵作三名，中縣額設二名，小縣額設一名。仍於額設之外再募一二人，令其跟隨學習，預備頂補。每名給發《洗冤錄》一部，選委明白刑書一人，與仵作逐細講解。每人撥給皂隸工食一名，學習者，兩人共撥給皂隸工食一名。若有曖昧、難明之事，果能檢驗得法，洗雪沉冤，該管上司賞給銀十兩。其有檢驗故行出入、審有受賄情弊者，照例治罪，不許充役。

一、地方呈報人命到官，正印官公出，壤地相接不過五六十里之鄰邑印官未經公出，即移請代往相驗。或地處寫遠，不能朝發夕至，又經他往，方許派委同知、通判、州同、州判、縣丞等官。毋得濫派雜職。其同知等官相驗，塡具結格通報，仍聽正印官承審。如有相驗不實，照例參處。

《欽定理藩院則例・偷竊下・搜贓》 凡搜贓須同見證前往，不容搜者，以賊論。

《欽定理藩院則例・審斷・相驗蒙古等命案》 蒙古與民人有關人命事件，照例由同知、通判、州縣自行相驗，詳報部員會審。若止係蒙古命案應行相驗者，各處駐紥部員即於各該處就近會同同知、通判、州縣，帶領仵作驗明屍身，會同該扎薩克審明報院，由院照例具奏完結。

《大清法規大全・檢驗・法部會奏議覆東督奏吉省擬設檢驗學習所改仵作爲檢驗吏給予出身摺》 內閣抄出東三省總督徐世昌等奏，吉省擬設檢驗學習所，改原設仵作爲檢驗吏，并比照吏員給予出身，俾資策勵一摺。光緒三十四年九月初四日，奉硃批該部議奏，欽此。欽遵抄出到部查原奏內稱，據吉林提法司吳燾詳刑事案內之檢驗於司法部中最爲重要，例載各州縣分別繁簡額設仵作數名，各給洗冤錄一部，選明白刑書代爲講解，由該管府州隨時提考，立法本極周詳。惟是仵作一項，舊例視爲賤役，稍知自愛者，每不屑爲，衝繁之區，求其嫻諳文理者，已屬絕無僅有。至簡僻州縣，尋常鬬毆事件，報驗傷痕，尚恐未能了然。遇有開檢重案，瞠目束手，拖累益深，殊非慎重民命之道。刻吉省審判檢察各廳以次成立，擬於高等審判廳內，附設檢驗學習所，一區調各屬識字仵作，并招考本省二十歲以上聰穎子弟若干名，入所肄習。除洗冤錄應行研究外，附課生理剖解等學，擇其普通淺近關係檢驗者，派員逐日講解，并陳列骨殖模型標本，以資目驗。定期一年畢業，發給文憑，分派各州縣承充仵作，改名爲檢驗吏，優給工食，并比照刑書一體給予出身，以資鼓勵等語，詳由該督等奏請立案前來。臣等竊維檢傷之法，外國責之法醫，中國付之仵作。法醫係專門學問，必先由學堂畢業，於一切生理解剖諸術，確然經驗有得，始能給予文憑。故業此者，自待不輕，即人亦無敢賤視。而仵作則係其黨私相傳授，率皆稚魯無學。平昔於宋慈《洗冤錄》一書句讀，且難遑言討論，各該州縣既視爲無足重輕。故例內所載選明白刑書逐細講解，及由該管府州隨時提考之事，歷久幾等具文。若卒遇相驗之事，但令該仵作當場喝報，應役有人，即以爲事可立辦。甚至本地幷無仵作，移借鄰封，人品之良否不過問，技業之精否不及知，即工食之微，胥置之不復理論之列，於是若輩亦遂甘處下流，咸以命案爲市，而注傷塡格本重報輕者，有之增少作多者，有之種種弊端不可究詰。馴至案懸經歲，屍屬忿爭朽骼腐胔，或且誤遭蒸檢，是雖盡法以繩，其後而生者，已控無可控，死者實冤益加冤，怨讟相循，慘何底止。禮月令：瞻傷察創視折，繼之以審斷。決獄訟必端平，誠有味乎？言之而見，初情之不可不愼也。玆據該督等轉據該司擬請設所學習，并改原仵作爲檢驗吏，優給工食等語。係爲愼重民命起見，洵屬司法上最要之圖。惟查相驗一事，係檢察官應盡之職權。該省既於高等審判廳內設檢察一廳，自應責成檢察長妥爲經理。而所稱一年畢業，恐爲時過促，未必有成績可觀。然遽照各國設立專科，又慮緩不濟急，似不如略倣前學務大臣奏定師範初級簡易科辦法，以一年半爲期，仍於卒業時，嚴加甄擇，合格者派撥各州縣承充。不及格者，即令留所補習，以資深造。至此等檢驗之才，吉省既形缺乏，各直省亦大致相同。其在審判檢察各廳未成立以前，似均可於法政學堂內附設此科，亦較捷獲而節縻費。臣等公同商酌擬請嗣後設有審判等廳省分，應於上級廳內附設檢驗學習所一區，調取各屬識字仵作，并招考本省二十歲以上聰穎子弟若干名責令檢察長督同入所肄習仍照例各給《洗冤錄》一部派員講解，此外生理解剖等學，亦應擇其普通淺近關係檢驗者，附入課程，并陳列骨殖模型標本，籍資考證，定期一年半畢業，發給文憑，分派各州縣專司相驗等事。舊日仵作名目即改爲檢驗吏，優給工食，其未經設立審判各廳者，即在法政學堂內添設，由該督撫等體察情形辦理。如此分所傳習，俾人知嚮學，獄盡無冤，實於改良刑政不無裨益。該督等又稱舊例仵作與馬快同科，均應禁錮，揆諸庶人，在官與士，同祿之義，實乖平允。溯查前兩江總督沈葆楨奏請給予仵作出身，格於成例，未經允行。蓋彼時風氣未開，一切均沿舊今制。聖明在上，闓澤旁敷，即蜑戶、咸與維新有教無類矧仵作本隸編氓，又復効力公家，奔走夙夜，尤當解除禁錮，一視同仁。仰懇飭部核議，准將檢驗吏即原設仵作照刑科吏員，一體給予出身等語。吏部查定例在京各衙門書吏缺出，令承充之人報明實在籍貫，取具同鄉書吏保結，將原籍係某府、某州、縣并現在居住地方三代姓名，於結內詳悉聲明，該衙門即照結內所開咨行吏部，轉行取結，以結到之日，准其著役。又各省吏攢由布政司衙門給發吏照，以領到吏照之日，作爲著役日期。又在京事簡書吏，各省吏攢五年役滿，試以告示申文各一道，令各堂官及各督撫自行嚴密考試，按其文理優劣，分別去取，將錄取者，分爲二等，以從九品未入流，二項送部註册選用等語。今該督奏請改原設仵作爲檢驗吏，并比照吏員給予出身等因，自應查照定例核議，惟此項檢驗吏，既擬設所肄習應於畢業時，由該管衙門造具籍貫名册，註明畢業等第，報部備案，即以充役之日，作著役日期，扣足五年役滿，勤慎無過，應請准其查照各省吏攢考職之例，一體考試，將錄取者，分爲二等，以從九品未入流，兩項送部註册選用。并隨案飭取文憑，繳部以杜重役等弊。如蒙 諭允，臣等即咨 復該督等，并通行各直省，一體遵照，仍劄飭臣部奏，設之總檢察各廳，妥訂規則，酌給經費，先在京城設立一區，以慎庶獄，而儲吏才，再此摺係法部主稿，會同吏部辦理，合併聲明。謹奏，宣統元年二月二十二日，奉 旨依議，欽此。

《大清法規大全・檢驗・刑部奏核議恤相驗條奏摺》 前准政務處咨前兩江總督劉坤一，湖廣總督張之洞會奏變法第二摺恤刑獄一條，與現在修改刑律足資考證，摘錄原奏，咨行前來，查原奏恤刑獄酌擬九條，除教工藝等條，前經臣部另行奏准通行。省刑責等條，業由修訂法律大臣核議具奏外，其恤相驗一條，經修訂法律大臣議，由臣部奏明辦理，查該督等原奏內稱，凡有命案應相驗者，驗屍棚廠，官吏夫馬之費甚多，均取之被告家不足，則派之族鄰。小村單戶，則派之一半里外之遠。鄰間有恤民之吏，自備夫馬帳棚。嚴禁差役科派。然亦不過百之一二，終無禁絕之法。查四川有三費局，由紳、民、糧戶捐辦，一爲招解費，一爲相驗費，一爲夫馬費，民甚便之。行之已三十年，此事似宜令各州縣就地籌款，務以辦成。爲度仍責州縣輕騎簡從。不准縱擾，違者嚴參等語。臣等查例載，凡人命呈報到官，該地方印官立即親往相驗，祇許隨帶仵作一名，刑書一名，皂隸二名，一切夫馬，飯食，俱自行備用，并嚴禁書役人等，不許需索分文。如該地方印官不行自備夫馬，取之地方者，照因公科歛律議處。書役需索者，照例計贓分別治罪等語。定例本極周密，是以臣部歷年以來遇有內城及香山等處各營房旗人命案，飭令當月司滿漢司員，帶同仵作，皂隸前往相驗，每名酌給飯食京錢數千，其夫馬皆由該司員等自備，驗畢即回，仵作人等不離左右，無從需索。遵循至今，尚覺風清弊絶，似毋庸另立相驗費名目。至各省督撫如果關心民瘼，嚴飭所屬州縣，遇有命案相驗，一切夫馬廠食，照例自行備用，并嚴禁差役需索，違者參處治罪。該官吏差役人等，自不致科派，無所顧忌。若如原奏，命案相驗官吏夫馬之費甚多，均取之被告不足，則派之族鄰小村單戶，則派之一半里外遠鄰，實屬大干例禁。若不亟圖整頓，何以除積弊而恤民生。該督等洞悉情形，欲籌絶妙之法，採用四川三費局章程，法至良，意至美，應如所奏，請 旨飭下各省督撫，體察地方情形，一面咨取四川省三費局章程。仿照斟酌辦理，一面責令各州縣嗣後遇有相驗，毋許差役科派需索，有犯按照律例分別議處治罪。仍令各省將辦理此項驗費，詳細情形。咨報臣部，以備查核。總之，恤民之吏，輕騎簡從，夫馬所費無多，即無公費，斷不肯科派累民。若遇不肖州縣，即有公費，難保不仍前縱擾。總在各督撫隨時認眞稽查，有犯必懲，則鄉民可免科派之累矣。謹奏，光緒三十二年 月 日奉 旨依議，欽此。

清・剛毅《審看擬式・審看論略》 審看之目，由來已久。應劭《漢儀》派曰：每至歲時，令通義理，明習法律者，巡行郡國，審定科比，覆看事實，毋或枉縱是也。唐律令格式曰詳看，周刑統曰察看，其義則同，歷代相沿用之。審者，詳審各犯供詞之同異情僞也。看者，察看所犯情節之輕重，而加以斷語也。不曰斷，而曰看者，由下請上，不敢遽定之詞。實卽獄之判語。唐宋以來，試士，詩、賦、經、義、表、頌而外，加判詞一道。國初鄉會試，亦復以之蓋猶古者大學訊。囚之遺制，而明慎用刑之意，卽寓乎其中。吾剛公以西曹秋讞之巨手來撫三晉，亟以此日課羣吏，茲復輯刊《審看擬式》津逮仕途，不特深心教育於刑政大有裨益，夫亦由古之道非創爲是以強人學習也。閱者當知此書命意之所在。

辦案敘供之法，吾公所刊《牧令須知》已詳悉言之。而審看尤爲通案之綱領。獄詞之結脈，猶文章之有論斷，有總結也。凡定一獄，既將各犯供詞逐一錄叙明白，看是應科何罪，比擬何律，立定主意，於審看中擇其緊要關鍵，總叙一段，其情節之輕重曲直，全在此處著眼，極宜用心剪裁，煩簡得當。太煩則語意複沓，而眉目不清。太簡則案情疏漏，而比擬隔礙。布局運筆，須字字有法。其情事相類者，用消納之法。其詞語瑣碎者，用總括之法。譬如滿屋散錢，收拾貫串，使全案供詞融成一氣。切忌支離斷續，前不顧後。而情節之關繫罪名出入者，更須逐一點清，分明界限，庶於所援律例不至牽混游移。

案之疑信，在夫情與形勢。罪之輕重，則準之於理，起釁緣由，情也。爭毆殺傷，形勢也。是非曲直，理也。審看中，須將案中眞情與當日之形勢，用筆描寫，一一活現，宛如在場親見一般。然後參論其是非曲直之，理斟酌比擬，再四推敲。如權之稱，輕重累黍無差。如度之絜，長短毫釐悉協。獄成之後，便如鐵鑄。審轉解省之時，即或犯者受人唆弄，斷不能於非情非理之中別圖翻異。所謂情眞則罪當也。

《清實錄·康熙五一年》〔十二月甲子〕諭大學士等曰：朕辦事有年凡人命審擬事件，要期悉當乎理。今陳汝咸條陳應照宋時《洗冤錄》較定致命傷痕處所畫一，除鎗、刀、弓箭、銅鐵等器械外，木棍等俱不作兇器。夫人命事件，有拳毆腳踢、木棍毆打致死者，若酌兇器輕重，定罪之輕重，則事必致舛錯，如針乃最微之物，將針刺人致死，豈可因針非殺人兇器，而免其罪乎？孟子云：可使制挺以撻秦楚之堅甲利兵。由此觀之，木棍亦兇器也。

《命盜初報限期·嚴定命盜案件初報限期》一件通行事。咸豐十一年五月十五日准吏部咨考功司案呈前事等因，相應抄單知照可也。計單一紙等因，到本部院准此，合就飭行。爲此仰司官吏即便移行，各屬一體遵辦，仍由司刊刷例本呈送。計粘單一紙內閣抄出。咸豐十年八月十五日奉上諭：林揚祖奏請嚴定命盜案件初報限期一摺，各省地方官命盜案件承審招解，例有定限，而勘驗詳報向無定期，往往任意遲延，以致諸弊叢出，非嚴定初報限期章程不足以除積習。着照林揚祖所請，嗣後各省州縣凡遇命盜案件，一經報到，立即前往勘驗，盜案限三日，命案限五日，先將大概情形切實通稟，如有遲至二十日者，即奏請交部議處。倘敢諱匿不報，別經發覺，從重究辦。餘着所議，辦理，該部知道。欽此。欽遵。抄出到部應如該署督所奏，盜案於勘驗後限三日，命案限五日通稟，如延至二十日始行具稟者，記大過一次，十五日記大過三次，遲延二十日通稟，即照應申不申律罰俸六個月。查係有心諱匿不報，仍照諱盜、諱命本例議處。再查命盜案件並未獲犯，先已通稟，僅止詳報遲延十日，免議，十日以上，未及一月，罰俸一年。今擬通稟遲延二十日，罰俸六個月，其詳報遲延未及一月者，應仍照例再議，罰俸一年。至已經獲犯詳報遲延，向照事件遲延例議處，查事件遲延不及一月者，罰俸三個月。今擬該州縣如已獲犯，至二十日始行通稟，仍照應申不申律罰俸六個月，查有詳報遲延未及一月者，仍罰俸三個月，其通稟通詳均應於勘驗之日起限，限不准俟二十日通稟之後再起通詳之限。如能於驗勘後，盜案三日，命案五日即行通詳，是辦事尚覺迅速，自毋庸再議以通稟遲延處分。除通行各直省督撫府尹一體遵辦可也。

清·徐棟《牧令書輯要·刑名上·聽訟》凡無證之詞，有思理亦能得之。傅炎爲山陰令，有野父爭鷄。炎問各何以食鷄。一云粟，一云豆。乃破鷄得粟而罪言食豆者。范邵爲浚儀令，有二人挾絹於市互爭。邵斷令各分一半去。後遣人密察之，有一喜一愠之色。於是擒之，遂服罪。顧憲之爲建康令，有盜牛者，與本主爭牛。憲之乃令解牛，任其所去。牛竟歸本家，盜者服罪。于仲文爲固安太守，有任杜兩家各失牛。後得一牛，兩家爭認。仲文令各驅牛羣至，乃放所認者。牛向任家羣中，遂責杜氏。單煦爲清平郡使，有二盜殺人。捕治不承。煦縱使之食。甲食之既，乙不下咽。執而訊之，果殺人者。單安仁爲浙江按察司副使，金華民訟丞受金。安仁曰：丞賢，奈何訐之。令圖所受金長短方圓狀。圖畢，復命諸佐證圖之。圖人人殊，遂抵訟者罪。數事皆思理之極細者。（無證之詞有思理）凡審詞訟，但以心入其中，詳細研求，必有所見。李南公知長沙縣，有嫠婦攜兒以嫁，七年兒族取兒婦謂非前子。訟於官，南公問兒年，族曰九歲，婦曰七歲。問其齒，曰去年毀矣。南公曰：男八歲而齔，尚何爭，命歸兒族。程明道爲晉城令，富民張氏子父死未幾，有老父至門曰，我汝父也。來就汝居，且陳其由。張氏子驚疑，相與詣縣辨理。老父曰，某業醫遠出，妻生一子，貧不能養，以與張氏。某年月日某人抱去。某人見之。明道曰，歲久矣，汝何記之詳也。老父曰，書於藥法册後，歸而知之。因命以其册進。册中書曰，某年月日，抱兒與張三翁。明道問：張氏子汝年幾何？曰三十六。又問：汝父年幾何。曰：七十六。遂謂老父曰，是子之生，其父才年四十人。卽謂之翁乎。老父驚駭，遂服罪。高定子知夾江縣，鄰邑有爭田十餘年不決。部使者以屬定子，定子察知僞爲質劑。其人不服。定子曰：嘉定改元，詔三月始至縣，安得有嘉定元年正月文書耶，兩造遂決。三事皆研求之極細者。心人其中必有所見

凡讞訟，祇看其大處。大處可據，其小節雖有不合，不必泥也。凡訊訟證，祇詢其中之有知者。有知者之言既合，其無知者雖有異詞，不必泥也。大抵鄉井愚民，見理不眞，是非之辨，本不足據。加以推鞫之間，游詞無定，往往口之所言，非其心之所命。若以其椎魯齷齪，謂其言爲必可信，鮮不誤矣。讞訟祇憑大可據處。

吳祐爲膠東侯，相於爭訟者，每爲和解。陸象山知荆門軍，於爭訟者多所勸釋。寓詞訟原有可以勸釋之處，凡事關親族，遽繩以法，則其情愈睽。事關紳士，遽直其事。則其色不解，而尋釁搆難將未已矣。官爲勸釋，亦杜釁止訟之一道也。審訟爲之勸釋。

《周禮》：聽買賣者以質劑。質劑，令之契券也。聽民買賣之訟，舍契券，固無可依據。然鄉曲愚民，目不識字，卽粗能搦管，斷難一一清晰。若買者黠，則授稿賣者，使依書焉，其中界畫可盡信乎。不得一概以契爲憑，而不詳加推鞫也。契券多買者授稿詞訟有不待審，卽得者：有必詳審，始得者；有雖詳審而不能得者。不能得者，當緩之。令且散去，俟再推鞫。切勿遽斷，遽斷則誤矣。呂文清謂凡事怕待，待者，詳處之謂。蓋詳處之，則思慮自出，必無不中也。不得其情勿遽斷。

凡讞訟依違不決，最能累民。易：訟，利見大人，惟九五足以當之。以其陽剛中正，有大人之德也。蓋陽則明無不燭，剛則果而善斷，中正則無少偏倚，有是三者，而後可以斷訟。而要之本於陽明。凡聽訟不能決，皆由於不明。不明，則不能照其所藴，而操其所短。使民服從，而無後言。故游移不斷，或屢審焉，而仍不能斷。訟一日不結，民一日不安。其爲累也大矣。訟不決最累民

召伯爲政，常出就蒸衆於阡陌隴畝之閒，而聽斷訟事。吳祐爲膠東侯相，民有爭訟訴者，常身到閭里重相和解。任昉爲新安太守，每曳杖徒行，有通詞訟者，就路決焉。凡因事往鄉。卽以其鄉訟牒，帶置肩輿中，暫駐其里，爲之訊斷。了得一案，省得百姓一累。便民莫要於此矣。往鄉聽訟

凡骨肉興訟，最關風化。當以天理民彝感動之。感而不動，然後爲判曲直。切勿加刑。韓延壽爲左馮翊。行縣，民有昆弟訟田者。延壽曰，幸備爲郡表率。不能宣行教化，令骨肉爭訟，自傷風化。卽日移病，不聽事。因閉閤思過，於是訟者自相責讓，願以田相移，終死不復爭。許荆爲桂陽太守，嘗行春到耒陽縣，有蔣均者，兄弟爭財互訟。荆對之嘆曰：吾荷國重任，而教化不行，咎在太守。乃顧使吏上書陳狀，乞詣廷尉。均兄弟感悟，各求受罪。張萇年爲汝南太守，郡人劉宗之兄弟分析家產，惟一牛單，不決。訟於郡庭，萇年見而悽之，謂曰：爾曹以一牛，故致此競，脫有二牛，必不爭。乃以己牛一頭，賜之。於是，境中各相戒約，咸敦禮讓。鄭宏爲陽羨太守，民有弟用兄錢者，爲嫂所責。未還，嫂詣宏，宏爲叔還錢。兄聞之，慚愧自繫於獄，遂遣婦賫錢還宏，宏不受。況逵爲光澤縣尹，嘗有兄弟爭田者，逵曰：吾視若貌非不恭友者，授以伐木之章，親爲諷詠解說，於是兄弟皆感泣求解，知爭田爲深恥。韋景駿爲貴鄉令，有母子相訟者，景駿曰：令少不天，常自痛。爾有親而忘孝乎。教之不孚，令之罪也。因嗚咽流涕，付授孝經。於是母子感悟，請自新，遂爲孝子。此皆善於感動者也。骨肉興訟，當有以感動之。

凡事關倫紀，最宜扶持。不扶持，則倫紀墮矣。倫紀墮，則風俗壞矣。何由而致治乎。胡霆桂爲鉛山主簿時，私釀之禁甚嚴。有婦訴姑私釀，霆桂詰曰，汝事姑孝乎？曰孝。曰既孝，可代姑受責，以私釀律笞之。李孝壽爲開封府尹，有舉子爲僕所凌，牒欲送府。同舍生勸止乃釋。戲取牒，效尹書判云，不勘案決杖二十。僕持詣府，告其主倣尹書判，私用刑。尹卽追主，備言本末。尹幡然曰，所判正合我意。如數予僕杖而謝舉子。二事善扶人紀，而出以機警，更覺綽有餘趣。扶持倫紀

凡詞訟牽連婦女者，於吏呈票稿內卽除其名，勿勾到案。其有不待呼卽至者，不許上堂。祇訊男丁結案，其有大案待質者，祇喚到一次。先取其供，卽令歸寓。遞解婦女，令於二門外聽點，其犯姦尚在疑似者，亦免喚訊。祇就現犯訊結。凡所以養其廉恥亦維持風敎之一端也。勿令婦女上堂

清・徐棟《牧令書輯要・刑名上・仕學一貫錄》 地方官詞訟，無日無

之。最足見居官者之明暗，而亦戒飭平反革薄從忠之一大段工夫也。慨自人心變詐，明明被毆，而稱殺傷。分明爭財，妄云搶劫。又或牽引其父兄，連及其婦女，意謂未辨是非，且先使追呼擾動耗財以洩其忿，更其引誣賴人命。尤極慘酷，或以奴僕脅主人，或以頑佃誣業主，或以卑幼制尊長，有親人逼死而乘機索詐者，有冒認親族而毀門壞屋者。種種誣罔，不可枚舉。官長止以屍場一驗了事。而豈知其魚糜肉爛，鯨吞虎噬，已無所不至哉。此弊不除，人心益險。事變益多，官府亦應接不暇矣。吾謂戶婚田土當視其情詞虛實，不宜濫准不准者，必指批其不准之故。毋使再來翻瀆，不可粗心浮氣，略觀大意。以不得混瀆一語，批出了事。其准者，則必親問，不可聽其講和。問則必速，不可稽延拖累。審明則必斷結，不可含糊。逐出候示，又起探聽打點之弊。投詞之日，使原告證佐同時到案。當堂取證佐確供，倘詰出黨惡誣證之弊。不待被告到案，證明先懲其誑證，打幫之罪。其有情節可審者，則限日投審。原告情虛，固必加罪三等。而證佐則尤必加重。不過一二月閒，扛幫積弊，無情誣訟，卽可去其七八矣。誣命一事，直是父子兄弟閒，以死爲利。暴屍滅法，揣其情節，與手刃無異。是必嚴誣告加三等之法，懲一警百。更榜示告諭，則親族利死之心，末俗搬搶之惡風，亦可從此漸息。

清・徐棟《牧令書輯要・刑名上・訪案》 訪聞之案，如人命私和，須先傳地保嚴訊確情，再行按名查拘。兇徒聚衆結盟，邪教斂錢惑衆。宜伺其聚集之時，出其不意，密往親拏。光棍擾害地方，確有舊案可憑，抑或畏其兇惡，首告無人，而偵知得實，立傳被害之家訊明。無難摘發者，自應嚴拏究辦。此外則必須詳慎。蓋官既深居簡出，無非得自傳聞，恐寄耳目於他人。而其人先不足信，其藉以招搖圖利，挾嫌濟私者，固不足道。卽或輾轉相傳，亦難保無誤聽旁言，暗中傾陷之弊。一經聽信，則身在局中。未必能以虛衷化其成見，以後事多窒礙轉爲束縛者，比比有之。萬一疑難之案，情節支離，毫無證據，而罪名出入，生死攸關，若兩造均非所願，而自爲解說。倘屬情理可原，則姑任闕疑，俯從所請，以省事安民，亦通權之道也。

清・徐棟《牧令書輯要・刑名上・編審》 近時編審案件，每以原告兩月不到，輒爲照例詳銷。及其以前情上控，又作新案辦理，亦屬了而未了。夫編期示審，鄉民未盡周知。且恐差役受被告賄屬，不爲傳知原告，故意捺延。豫爲註銷地步，其弊不可不防。餘所涖之邑，先諭各房查明積案若干，統造總册一本。再從中摘出：某都某圖，計有若干起，分造各册。各按都圖出示，註明某起係原告，某控被告某事由，限於憶某月日帶審。並於示首聲明，如果原告外出，速令家屬趕傳。如不願終訟，或赴案具息。或具結交差保代銷，經此次曉諭之後，倘再遲延兩月不到，明係情虛畏審，卽予照例註銷等語。就近實貼，仍彙集通縣積案，挨敘編審日期，曉示大堂。自是所編之案，無不如期投案，每日三數起，隨到隨審。有審必結，其僅係鼠牙雀角，無關罪名。但爲理其是非，不必施之夏楚。故亦無始終抗違之人，余宰蘭谿六閱月，審結積案六百餘起，內息案居三分之一，而無一案以原告不到，詳銷者。令人動謂詞訟繁多之處，彼原圖准不圖審，卽其言信然。苟有勤事之官，亦可力反其習。

清・徐棟《牧令書輯要・刑名下・保辜》 凡保辜者先驗傷之重輕，或手足，或他物，或金刃。各明白立限，手足及以他物傷，限二十日，金刃及湯火傷，限三十日，餘限各十日。折跌肢體及破骨墮胎者，無論手足他物金刃，皆限五十日，餘限二十日。或平復，或成廢，或身死，或因傷不因傷，分別正限內外論罪。照一日九十六刻扣限，聲明大建小建時刻。

例載凡遇有鬭毆傷重不能動履之人，聞報即行帶領仵作驗看，不許扛擡赴驗。

例載正印官親詣驗看外，其離城窵遠之區，及繁冗州縣。委係不能逐起驗看，許委佐貳巡捕等官驗報。仍聽印官定限保辜。

謀殺傷不准保辜。過失傷不責保辜。又例載毆大功以下尊長，雖死於餘限外，不論保辜夾簽聲明。

清・徐棟《牧令書輯要・刑名下・論命案》 一、生傷勿輕委驗。驗傷塡單，例取保辜，何等慎重。或乃委之佐雜，不知兩造報傷，多先囑託仵作。故仵作喝報後，印官猶必親驗，以定眞僞。佐雜則惟據仵作口報而已，何足深信。且某傷爲某毆，須取本人確供。辨其形勢器物，萬一傷者殞命，此卽擬抵之據。生前之供狀未明，死後之推求徒費。犯供翻異，案牘糾纏，率由於此，則何如親驗之可恃也。

一、命案受詞，卽宜取供，呈報命案，非屍親卽地保。宜立刻究問，釁由及鬬毆之狀，受傷之處，細細詰問，察看供情虛實，自可得其要領。蓋屍親等甫至縣城，未暇受訟師指揮，代書寫詞，不敢大改情節。且鄉民初見官長，尚有懼心。立時細鞫，眞情易露，往余在甯遠，蔣良榮劉開揚自斃誣人二案，皆於初報時，訊有疑竇。不致冤濫平民，故知初報卽訊，是最要關鍵。若被告亦到，則更可對簿明確矣。

一、相驗宜速，一面訊供，卽一面簽役。無論寒暑遠近，卽往傳驗，以免犯證入城，得投訟師商榷，中途犯到，卽擇可以栖息之處，提犯鞫問。使其猝不及備，得情自易。

一、驗屍宜親相親按，地方官肩利害莫如驗屍。蓋屍一入棺，稍有游移翻供，便須開檢。檢驗不實，卽干吏議。或致罪有出入，便不止於褫職。相驗時，仵作報傷之處，須將屍身反覆親看。遇有發變，更須一一手按以辨眞僞。時當盛暑，斷不宜稍避穢氣。且心堅神定，穢亦不到鼻孔。余屢試之，若有鬼神呵護者，驗畢指定眞傷。令兇手比對，痕合然後棺殮。自無後慮。如兇手未到，或係他物傷者，傷痕分寸，尤須量准。異日追起兇器比合，可成信讞。

一、當場奉《洗冤録》，最可折服刁徒。刁悍屍親，或婦女潑横，竟有不可口舌爭者。執發變爲傷據，指舊痕爲新毆，毫釐千里，非當場詰正，事後更難折服。宜將洗冤録逐條檢出，與之明白講解。令遵録細辨，終能省悟。此亦屢試有效，切不可憚半日之煩，貽無窮之累。

一、詳開檢宜愼，拆骨洗蒸，最爲慘毒。疑似之閒，出入重大，遇有屍親翻控，先檢原詳圖格，逐一精研。實有枉抑疑竇，然後詳檢，則問心無愧。倘係屍親妄聽誤告，須細細開導。果能悔悟，自可陳請上官提審取結免檢。蓋檢而無傷，不惟死者增冤，復令生者坐罪。而曰我依律辦也，是耶非耶。

一、命案出入，全在情形。情者起釁之由，形者爭毆之狀。釁由曲直，秋審時之爲情實，爲緩決，爲可矜，區以别焉。爭毆時所持之具，與所傷之處，可以定有心無心之分。有心者，爲故殺，必干情實。無心者，爲鬬殺，可歸緩決。且毆狀不明，則獄情易混，此是出入最要關鍵。審辦時必須令仵作與兇手照供比試，所敘詳供宛然有爭毆之狀在目，方不游移干駁。

一、人命宜防牽連，前明徐相國階柄政時，作家書示子弟。尚誡命案不可牽涉，何況尋常百姓。往往有兇犯赤貧，累歸詞證者。故在官閲報詞，非要緊人證，卽當場省釋。不令入城，應取保者，訊後立追保狀。然猶聞有官保私押之事，一日不歸，則其家一日不安。如之何勿念，至路斃案件，差保無可生法，每將地主牽入，此則眞屬無辜。尤須禁絶，核稿時更宜字字檢點，以防株累。

清·劉拱宸《居官慎刑録·請刑獄慎初招疏》 竊惟巡方之職掌，以敕法明刑爲先；而刑法之允協，以情眞罪當爲主要。期於無冤民無留獄二者盡之矣。臣入境以來，披閱罪囚案卷充棟，以民命關係最重，雖炬燼漏撤，不敢忽略一字。但最可嘆者，十有餘年之久而不能定一案。有一案未定而已監斃多人者，原其淹滯之由，或因人命傷格彼此參差，盜情口供前後懸殊，以致屢駁屢異，茫無成讞。臣以爲，欲從頭整頓，立法澄清，則端自初招始。請以人命言之，人命有謀殺、故殺、鬬殺、誤殺、劫殺、過失殺之不同，而總以檢驗爲主。初招檢驗傷格，人命定案之胚胎也。必官之公而且明者，推鞫得情，則到底不錯。不然，仵作得以高下其手，則以輕爲重，以重爲輕，人命鮮不失其實矣。後雖批駁愈多，口詞益亂。臣以爲，檢驗之最喫緊者此也。日來檢驗之官，惡其蒸臭，多置屍於數十步之外，一任仵作喝報。且有累月不檢，經年不報者，其間弊不勝窮。請勅部懸一重法：凡檢官不親驗，致有捏報者，嚴加一處分之法。檢驗過五日，致有朽變者，嚴加一處分之法。再驗仍用初驗仵作致有扶同者，嚴立一處分之法。如此，則承問者知所儆戒，初招無不眞確矣。再查前朝有《洗冤録》一書，辨别人命傷痕細於牛毛。臣謂，有大清律以勅其法，兼參《洗冤録》以折其疑，則人命不致草菅，而一代之詳刑定矣。請以盜情言之。盜有强盜、竊盜、窩盜，得財、不得財，同行、不同行之别，而總以緝捕爲主。緝捕初獲口詞，盜情定案之胚胎也。必官之明而且斷者，訊讞有法則徹底不冤。不然，捕役得以煅煉其間，則以有爲無，以無爲有，而盜情鮮不失其眞矣。後雖桁楊益嚴，供吐益妄。臣以爲，捕役之最喫緊者，此也。日來，督緝之法官，既任其參罰，盡假手於踧緝之人。非刑攻拷，或指鹿爲馬；波及善良，或牽引别案。以消積件，弊難盡究。請勅部議，頒木榜：凡緝拿賊盜有不俟官審，擅用腦箍、竹簽等刑，致良民畏刑妄供者，官役加等治罪。有不俟結案定罪、捶楚斃命、一案監故多人者，官役加等治罪。初次供招已定，不許續扳兩案。未經面質，不許附會。如此，則承問者知所畏惕，而訟獄無不清理矣。

清·王又槐《辦案要略·論詳案》 報詞者，乃通案之綱領，要與口供針孔相對，貴於簡明、切實，最怕牽扯纏擾。屍親遇有人命，多有捏砌牽連，輕重不實。若勒令改換，刁徒籍爲口實。若據詞敘詳，情切不符，案難歸結。夫命案重情，全以驗勘情形、傷痕與犯證各供爲憑，僅據屍親一面之詞，何足取信！查地方保甲例有稽查命盜之責，閭閻巨細爭斗事件，無不投知地保。地保既經查驗，則兩造之曲折周知，虛實輕重自有公論。當其發覺之初，一同來報，雖未必直言無隱，亦不至旁生枝節，是地保之報詞乃案中之綱領也。其地保呈內，只令敘明某人因何身死，查有何傷，曾否起獲凶器、捉獲凶犯，證佐何人，住居何地數語而已，屍親之呈，只以報同前，由一語帶過，不必贅敘。至黑夜被盜情形、贓物，惟事主深知，強竊盜案又當以事主報詞爲主。如有以竊報強，及混稱多人、捏開多贓，與驗勘審訊不符者，飭令據實呈明，詳報不可依樣葫蘆。

〔增注〕事主報詞失實，原所難免。若使勘驗不符，彼既折服供明，自無妨更正。若猶未也，只可據情詳報，仍將勘驗不符之處於詳內逐一聲明，一面設法嚴緝贓賊，苟能破案，自不難水落石出。如贓賊未獲，遽以勘驗不符，必令據實呈明，轉恐迹近抑勒，似非所宜。且居官苟素洽民情，即偶有強竊盜案，小民亦自不肯欺誑，此又在平日之勤政愛民也。

從來難結之案，半由報詞不實而起。人多畏屍親之上控，每有裝敘屍親混控之詞，而與後敘口供不相侔者。或有從供內先自辨駁報詞，而增添疑竇，愈洗愈混者。或有竟照報詞牽扯多人，混敘一番口供者。以致一駁再駁，如亂絲之無頭緒可理，皆由裝敘報詞之未協也。夫萬事胚胎，皆由州縣。州縣論斷公平，無情之詞勿聽，上司揣度情理，持平之論何疑？刁民既敢虛詐而妄言，有司何妨剛正而果斷？果其見事透徹，問心無私，又何必參差其說，以啓上司之疑哉？屍親刁告，如和奸誣作強奸，鬬毆混稱謀故，自盡賴作毆斃，一凶牽告多人之類，臨審驗時，反復開導，自可輸服。如所控屬虛，認得明白，屍親刁頑不服必須上控，先將眞正確情敘案通報，其上控之詞另案詳復。若有誣捏，照例坐誣，并根究訟師，庶刁健者知所警戒。

敘勘情形各省不一，或有繪圖貼說者；或有敘入詳內而不繪圖者，或敘詳而又繪圖者。總要分晰清楚，令閱者如同親睹。遇盜竊、強奸、殺奸、自刎等案，處處形迹尤須驗得確切，敘得明白。自縊命案，其縊處高低尺寸，及有無墊腳物件，檀梁大小，塵土動靜，縊繩長短粗細，套頭式樣，均須逐一聲明。至無關案內之閑房道路，不必冗敘。若孤村獨戶，四面所距村莊，道路里數有關涉者，亦須開明。其盜竊刨墳及仇、盜未明大案，注明有無墩臺營房，相離里數。定例離墩鋪五里者，作有墩鋪防兵論。路斃，受傷及無傷而被禽犬殘毀者，屍旁腳迹、血迹，并攜帶遺物，俱要敘明。

填注屍傷，查明受傷部位是否與傷痕分寸相符，方無錯誤。若傷痕寬闊而受傷部位較小，此傷必接連他處。如耳根部位僅止數分，若受傷至一寸有餘，自必接連腮頰等處，須聲明耳根連腮頰字樣。餘可類推。

傷痕分寸要與凶器及受傷情形相符。如《洗冤錄》載：若行凶人於虛怯要害處，一刀直致命者，其瘡必重。又用小刀子自割，只長一寸五分至二寸等論之類。須將物之輕重、大小，傷之深淺、寬窄，人之情形、勢力，三者比對較勘，并與《洗冤錄》論無異，方能吻合。

傷痕形狀，要與凶器相符，如《洗冤錄》載：斜而長則爲木器傷，圜而不整、尖而三角則爲磚石傷是也。

金刃傷形狀稍異者，文內須將金刃式樣聲明，以免疑惑。又例載凶器內有秤錘名目，而秤物之秤荷亦名秤錘。罪名出入攸關，須當分晰明白。

例載：凶器之刀是專備行凶殺人，不堪他用，故罪科遣戍。如褲刀、順刀、兵器及備防御有鞘者是也。若鐮刀、小刀、草刀、菜刀，凡民間日用所需者，止照刃傷論。凡遇持刀傷人、殺人案件，文內須聲明刀之名目，不可單言刀也。

敘傷要照屍格，聲明致命某處、某傷，不致命某處、某傷，并長闊深淺分寸、顏色，不可但稱某處某傷而不照寫致命不致命也。至無傷之處，又不必聲明。其有死後殘毀別傷，及生前瘡杖舊痕，亦須分別填明，取具仵作供結。至於屍格內偏左、偏右，專對囟門頂心而言，其餘左右不得加以偏字致令混淆。敘完各傷之後，點出委系因何身死一語，最宜詳慎，不可率混致有出入。

服毒自盡，取驗盛藥器皿有無餘剩毒藥，敘入詳內。婦人輕生自縊、自戕、投水病斃，下身無傷者，取具屍親免驗甘結；若告稱謀故、毆死、服毒、跌傷及處女因奸致死者；又當驗明下身，以免日後誣指翻控。若男子，下身不論有傷無傷，從無免驗也。

跌者從高而下，所傷多在腿足及臂膊。如系人推而跌者，所傷多在頭面及兩手腕，此《洗冤錄》所論也。然從高而跌，亦須看其立腳之地步，跌落之形勢。如其人一腳站立不穩，在半實半空之地，不甚高處而跌，及坐於危地而自跌者，傷在腿足及臂膊。若行走慌張，遭物絆腳而跌落山崖特深澗，及站立高樹之上而滾跌崎嶇處所，幷懸崖垂頭探物而自跌者，有傷及頭面，不可誤認系人推跌也。

屍傷，間有與《洗冤錄》載不符者，須將受傷情形及不符緣由叙入仵作供內。要認得眞切，說得確當，不可任意故翻。若有不符傷痕塡入格內，而不叙具仵作口供辨明者，定干駁詰。

檢骨，以開檢之日起限，另有格式，與屍格不同。傷有疑難，取仵作口供入詳，將疑難緣由及《洗冤錄》證據，逐一供明，庶免駁詰。又必訪查鄰封諳練檢骨仵作，詳明關提，留於內署，免致賄囑作弊。

清・陳枚《憑山閣增輯留青新集・嚴禁惡捕線盜扳窩示》 國法昭然，孰敢違悖。詎意奸惡捕役愍不畏死，凡遇強竊事案，不將眞犯上緊緝獲，先瞷殷懦鄉愚，指窩指盜，任意私拿，多在深林僻地，古廟庵觀空房冷屋之內。非刑弔拷，五毒備至，名爲做索言之慘不忍聞。當此生死呼吸之際，何求不得，隨所意授，矢口招承，清白無辜之人頃刻即成眞盜。於是恣其勒詐，傾家蕩產，賣子鬻妻，無不飽其虎吻乃復公然私放。又慮事後告發，故當弔拷之時，埋勒親供，留爲左劵，使被害者備受慘苦，緘口難言。若或詐索不遂，即以拷勒口供爲憑，粧點私藏，嚇令到官照供直認，少有更改，倍加嚴刑。嗟此雖雖之民，心膽墮地，只顧目前暫緩痛楚，含糊供認，地方官以獲盜爲倖，以奸捕之刑拷勤供，奉爲金科玉律，冀圖急案，誰肯細心推勘。卽司府各官拘泥初招，亦不暇更端平反，孰知差之毫厘，失以千里，無辜之民憑空枉陷。有按未結而拖累庾死，卽間有一二昭雪而身家早已破碎，及至眞盜就獲，則又勒囑扳窩株連妄指，統兇肆捉，勢若抄家搶劫姦淫無所不至。橫行箴法，言念及此，奸捕之惡罪不勝誅。他處皆有，惟獨杭嘉湖寧紹爲尤甚。除一面密訪嚴拿從重究處外，合行嚴禁。曉示，仰官役軍民人等知悉，嗣後敢有前項惡捕誣良諸弊，許被害人等據實指名呈告，以憑嚴拿審實，盡法處死。若在深林僻地空房古廟私行弔拷，許地方鄰佑僧道密報就近有司，添差協拿，將惡捕嚴禁通詳，從重究擬。如有通同容隱，事發一體治罪。該管官嚴加申飭，據實揭報。敢再狗縱殃民，定卽一併題參。本部院法在必行，斷不姑貸。

清・雅爾圖《雅公心政錄》卷二 一、被盜需索。民間被竊被劫，自應立即差捕緝拿。應驗者單騎減從，前往勘驗。今各屬凡遇事主呈報竊劫，經承則索出票紙包，捕役則索發腳盤費往驗。則人夫跟役無不索取飯食，事主贓未追獲已費多少閑錢。且捕役陸續生法，無有底止，民間有失賊又遭官之謠，是以事主甘於諱匿，盜風焉得不熾。各州縣務須嚴加查察，杜絕前弊，以免苦累事主。

一、相驗需索。州縣相驗身屍，止應隨帶刑書一名，仵作一名，皂快各一名。驗係眞命，卽帶兇犯回縣，驗係，假命，立押領埋當場完結。書役不許頃刻離官，方免弊竇。今各屬相驗，必隨帶多人，無論眞命假命，俱令搭棚結綵。跟隨之人幷不捐給飯食，任其四散需索。驗畢之後，吏仵人等不率同回縣，以致騙誘嚇詐，百弊叢生。小康之家費皆已出，貧乏之戶閭村派斂。各州縣當嚴除此弊，毋得縱役害民。

清・雅爾圖《雅公心政錄》卷三 今豫省賭博拿獲到官，每令其輾轉扳扯，以致仇口借端洩忿，胥役教供訛詐，殊爲良善之害，合行飭禁。爲此，仰司官吏照牌事理，卽便通飭所屬，各於境內細加訪查，將光棍衙役久慣窩賭之家，指名出票拿究，務須當場拿獲賭具及同賭之人，其會場聚賭者，於逢會之日出票差役查拿，當晚或次日繳銷。至於不時巡查，見卽獲報，乃係地方鄉保之責。一切衙役不得無票擅拿，如各役於平日巡查他事之便，訪有賭博，必須稟官出票，方許往拿。如不能拿獲贓據，仍以誣拿治罪。再地方官承審賭博之案，仍遵照律文止據見發爲坐，不得任其誣扳濫及，庶各役不敢借賭訛詐而良懦亦得安枕矣。該州縣仍將此檄出示曉諭，幷移營知照，如奉行不力，以致賭風熾盛，衙役訛詐賄縱冤誣平民者，一經本部院訪聞，或被害告發官，則嚴參役拿杖斃，決不姑貸。愼之毋違。乾隆五年閏六月二十五日。

清・李漁《新增資治新書全集・禁妄報人命示》 爲再行飭禁妄報人命以甦民累事。照得江南積弊，地方人命，無論眞僞，保甲索詐不遂，卽行申報，以致小民生者拖累，死者暴露，爲害不淺。本司深悉其弊，是以前經申禁，凡果眞正謀故毆殺，方許保甲具實申報，其投河自縊路倒幷失腳落水等項，許屍親立時收殮掩埋，不許保甲妄報。屢經出示嚴禁，不謂猶有踵習故弊，仍前不法者。今聞上河地方張瑞義男安兒，於初五日失腳落水身死，被保甲通報應縣，乃該縣印官，不行察明，差役四出，致胥役居爲奇貨，希圖索詐，不容掩埋。假令果係眞命，該廳縣亦當隨行親驗，即着暫殮，亦不應差役肆擾。況係失腳落水，原非眞命，差拘勒措，將欲何爲乎？藐法殃民，殊可痛恨。除立拿保甲縣役究處外，姑再嚴行飭禁。爲此示仰闔省軍民，并保甲人等知悉：嗣後凡地方人命，如果係謀故毆殺，方許保甲申報。至於投河自縊失腳落水等項，俱聽家屬掩埋，一概不許妄報。如保甲仍前不遵，借端妄報，及該地方官擅行差擾，許被害之人即赴本司喊稟，以憑立拿究處，決不再宥。

清·朱奇政《同安紀略·命案示》 爲嚴禁屍親告命牽累無辜事。本月某日，奉院憲檄行爲示審不得眞情等事，內開人命案件，屍親混指，不盡眞兇全要詰問明白，又開嚴禁屍親質命，不許牽涉一門。捧讀之下，仰見憲廉訪察不遺。查得此種惡俗，皆由訟棍主唆，所以屍親每遇命案，居爲奇貨，甚至舍下手之眞兇不問，而飄空影射於無干之人。本不知鬬毆之故而指爲主謀者。有之，本不在鬬毆之傷而指爲元兇者有之，受他人之賄而囑托報怨者有之，涎富人之金而索詐遂欲者有之。或一門大小盡行株連，迨至庭訊，傷伏不符，情節不合，問官用盡精神，費盡推敲，及至眞情審出，而被誣之人已不勝焦頭爛額之慘矣。言念及此，心爲惻然。合行嚴禁，以副憲仁。爲此示諭闔邑人等知悉：嗣後屍親告報命案，務要開明眞正元謀下手之人，不許妄扯無辜，牽害一門。如敢因循陋習，故違憲令，仍前混誣者，屍親依誣告反罪，訟棍主唆問罪。法在必行，斷不姑徇，各宜凜遵，毋忽。

清·王鳳生《宋州從政錄·保甲勸戒條約告示》 兵快應捕人役誣執平人做賊，綑縛苦拷，詐騙財物，公差下鄉打詐需索者，立即指實，連名報官。若畏懼不報者，該鄉集甲者，一體重究。

清·李璋煜《視已成事齋官書·通飭摘傳鄰證毋許牽連札》 札某州縣知悉，查定案必憑鄰證，而累人首在牽連。民間命雜各案動輒涉及多人，并非目睹在場而指爲見證，甚至遠隔數里而引爲切鄰，始禍只是一家而族姓姻親誣以主使，相鬥只是一人而父子兄弟執爲共毆，其出自事主之本心不過羅織洩忿，竟由於書役之意見因而訛索多方，種種弊端，不堪枚舉。該牧令親民之事諒所素知，凡一案到官之初，核其情節，逐層詰問，其案外牽連之人，無難立見，出票之時，摘其近鄰確證，傳三四人到案，已足定讞，萬勿概行提訊，反遂訟師延累之計。至於涉及婦女，事非姦盜，悉予刪除。諺云：堂上一點硃，民間一滴血。此言雖淺，實牧民者所聞而痛心者也。望之切切。

清·劉衡《庸吏庸言·札各屬自盡命案應遵例屍場結案由》 札爲自盡命案，宜遵例屍場結案，以免拖累事。查戶婚田土等案，例限二十日完結。所以寬其限者，良以此等尋常案件，民即被誣，尚可從容剖辯，不致受累。若命案牽連，役等奉差，勢同狼虎，不但被告、干證苦累，難堪，即地主、鄰人，但有名字到官，亦俱飲泣吞聲，任其剝噬。假而官肯早結，如自盡命案，即在屍場取結，何至吾民苦累耶。查例載，凡人命係輕生自盡者，即於屍場定案，將原、被、鄰、證人等釋放。如該地方官故意遲延拖累者，照易結不結例處分各等語。所以禁延緩而懲拖累也。合行札飭，札到，該州縣嗣後自盡人命，驗無別故，務須遵例，即於屍場取結結案。一切原、被、鄰、證，立即釋放。萬勿帶一人進城。蓋一進城，無論書差等撞騙勒索，關係官聲，釀生事件。且以當場可了之案，而必令無罪之民，跋涉往來，舉家驚擾，即使不甚受累，尤不免失業廢時。揆之父母之心，終難膈膜。本府查釋放人證，並非難辦之事。只須賢父母在屍場，略耐煩一兩刻，便可取結完事。許多方便，又不要花費一文，何樂不爲。總之，事關命案，遲結一刻，則民多含一刻之冤。早放片時，則民先脫片時之累。賢刺史、令尹，視民如傷，斷無自盡之案，可結不結，而帶人進城，故行延緩之理。原可毋庸諄囑，惟成例昭然。本府曩時恪遵罔懈用，特申明例文，轉行知照，所望謹防拖累，刻刻留心。則百姓之受福無窮。即長官之種德無量也。仰將如何辦理緣由，及曾否遵照定例，自備夫馬飯食，少帶人役相驗之處，一併稟覆。毋違。特札。

清·劉衡《庸吏庸言·嚴禁捕役妄拏告示》 爲嚴禁捕役妄拏事。照得例設捕役專司緝賊，誠以賊息則民乃安，法甚善也。若妄拏無辜及教賊誣扳良民，律有明條罪名斬絞。煌煌功令，誰敢故違。乃本邑捕役承票緝賊，往往將票內無名之人捉影捕風，到處嚇詐，甚則商令伊夥假報竊案。迨經奉緝，又將伊等平日豢養之賊及曾經犯竊旋即改悔之人捉送到官，教令誣扳某人接買贓物，某人知情同夥，遂至一案輾轉波連十數人至二三十人不等，層層剝削，良善破產傾家，不可勝數。吾民受害已深，實堪憫惻。本縣在江西也是百姓，設身處地何能堪此。令躬膺民社，官稱父母，若明知地方有如此大害不爲痛革，是本縣從蠹殃民，亦即民之賊也。本縣之子孫豈但被捕役誣陷耶？除逐案嚴懲外，合行列款出示嚴禁。爲此示仰軍民人等知悉，嗣後捕役不帶本縣印票，及印票內無名之人憑空指爲某衙門某賊所扳向爾索詐者，準被告之人立即著入赴縣鳴鑼，本縣大堂懸有大鑼一面，立將該差嚴究，斷不使爾等絲毫受累也。毋違，特示。

清·劉衡《庸吏庸言·勸諭書吏告示》　一、不許唆令人犯妄攀以致開花搭橋拖累多人。

一、訊明釋放人證，不許私押。若差役有私押情事，亦責成該房稽查密稟。

一、出票喚人最宜慎重。語云：「一人到官，一家不安。」嗣後差票內不許妄用拘字及濫用鎖拏二字。

一、案內有押候人證，亟宜稟催速審，如本縣別有公事偶爾遺忘，准爾每日催稟一次。

一、案內緊要人證已到一二可以審訊者，立即送審，不得以人證尚未齊全，延不稟請，致滋拖累。

一、詞內及供內情節牽涉閨閣婦女或事屬曖昧，准爾回明摘删，不許徑行列名敘稿送簽。

一、敘供不許增删情節，其有語太支離，本應節删者，回明定奪。

清·劉衡《庸吏庸言·嚴禁藉命擾害及賞格告示》　爲嚴禁藉命圖利事。照得人命案件，最能擾害地方。本縣向在外省遊幕多年，曾見地方官辦理命案，接受報呈，故意遷延。先差兇役爲前站，向被告索取夫價飯食及紅袍銀兩，并押令搭蓋棚廠。及其往驗，則又多帶家人差役，動輒數十人，多則百人，乘轎至一二十頂之多。甚則出票則有票費，招解則有解費，如係路斃及無屍親之案，則向地保及所在地主鄰佑幷二三十里內之富室科派各項銀錢。以致訟師放膽敢於妄控牽累，其被告者家產傾盡，而族鄰及二三十里之富民亦被嚇索，致令鷄犬不安。嗟乎，知縣者民之父母也，不能以德化民，致令釀成命案，已屬可愧，乃竟藉命圖利，從今書差詐擾，其與強盜何異乎。本縣銳意圖治，除弊爲先，誠恐無心誤蹈，合行列欵示禁。爲此示諭合邑軍民人等知悉，爾等居住所在倘不幸而有命案，將後開各條逐一遵照可也。

計開：　一、速報。地方有一命案，地保及屍親鄰證不分雨夜立即赴縣報明。現在大堂懸有大鑼一面，准其鳴鑼喊稟，不必具呈。如或遲延，定行嚴究。

一、速驗。本縣據報亦不分雨夜立即赴驗。

一、不帶家人及門號房廚子。

一、不發前站。

一、不用頭鑼高帽民壯。

一、只帶書辦一名仵作一名，皂隸一名。

一、不要搭蓋棚廠。

一、不要夫價。轎夫，挑夫俱係本縣捐廉自雇。

一、不要飯食。本縣自備飯食。基書辦一名，仵作一名，差役一名，每名每日本縣各給飯食錢捌拾文。

一、不要差費。本縣捐廉辦理。

一、不要紅袍銀兩及一切陋規。

一、不許妄開鄰證。

一、不許妄控幫兇。

一、不許妄指傷痕。

以上各條本縣實心果力，斷不食言。書差等倘敢指官撞騙及自行索詐，準被害人鳴鑼喊稟。其地保屍親聽信訟師遷延緩報及妄告牽累者，照例嚴究。

清·劉衡《庸吏庸言·嚴除蠹弊告示》一　日冒證。有種匪類專以作干證爲事，得了這邊銀錢喫喝，便幫這邊，得了那邊的銀錢喫喝，又幫那邊，若兩邊都得，則兩邊都幫。供詞含混，一味騎牆，甚有冒認爲人祖父母、父母者。至於兄弟妻子無不可以假借其餘，冒認屍親，冒領賊贓，不一而足。吾民因此破家的不少。

清·張修府《谿州官牘·嚴禁各役示》　不准私行收押。提到人證，立即告知該房稟候定奪。如有私押遲延者，查明責革。

清·張修府《谿州官牘·曉諭閩屬示》　爲勤求忠告以勵官箴事。照得本府行部龍山訪拏積惡土匪彭應龍正法示衆，業經稟報各憲在案。嗣聞郡城各處流言播揚，有本署役目林茂得受龍邑鄉民酬謝錢八百千之說，當提該役目再三研訊，堅供並無其事，而茶房孫太轉述謠傳，臨審則供詞恍惚。除將林茂孫太即行斥革聽候確查嚴究外，合亟出示曉諭。爲此示仰闔屬紳耆弁兵民人等知悉：爾等既有此謠，必知該役目所得錢文係何人所出，何人過付，何日兌交，是否該役目一人得受，抑係本府及幕友家丁書吏差役夥同分肥，此案之外某案某人行賄幾何，有無證據。限十日内被詐者立即投轅自首，傳言者亦宜據實面陳。再本府到任以來，除脩金火食節壽常規外，勒索寅屬紳民一切贓物共有若干，並望確切臚陳清數，速控憲轅以存直道之公，以免官箴之玷。或係匪棍憑空捏造，則，功令具在本府，亦不能自居敗類任長刁風。本府莅郡年餘，辦防半載，愧無實惠及民，惟夙夜兢兢，忍饑自守，明有國法，幽有鬼神，倘敢陽矢正言，陰違初志，不特難逃參劾，抑先甘伏冥誅。爾等各有天良，本府願聞己過，其直言之，毋隱。特示。

清・郎錦騏《檢驗合參・自序》 甞記唐司刑太常伯李公有言曰：聽訟莫難於疑獄而命案部位傷痕尤有關鍵，法官審是斯可言明久矣。又按晁謹爲刑官時，曾圖二人形説分別正背部位，以爲檢驗之佐證。惜其説不傳於後。可見古人於讞獄首重人命，以人命有驗屍檢骨之別，其傷痕淺深虛實久近，亦迥不相同，察奸辨微，固不能不三致意焉，攷檢驗之法雖已備載《洗冤錄》中，第其説散見錯出，講求匪易，而蒸檢骸骨事，非恆有其周身筋絡部位既未鑄有成式，僅按圖以稽，恐易淆混，且屍格與骨格詳略亦殊，莫爲註釋明晰，臨事者或多歧誤。余甞欲仿鑄鼎象物之遺意，製爲木偶，以資攷證，聊致哀矜愨惻之旨。宦轍奔馳，因循未果，時時引以爲咎。顧歷官三十餘年矣，由閩而燕而豫旋來桂管決獄不下千百案。自柳州移守桂林，讞獄益多，惟慎之又慎，不敢掉以輕心。其可疑者，如檢臨桂縣莫唐氏、柳城縣民韋逢勝，皆下部受傷殞命，其傷皆現於合面腰眼骨第五節接連方骨，而莫唐氏牙根裏骨又有血廕，核與《洗冤錄》所載凡傷下部之人不分男女，其痕皆現於上。又傷小腹身死，腰間方骨必紅色之語相符。其附考内分別男女之説，未可執一而論。至莫唐氏生前右乳受傷，啓檢則現於右肋骨之前，亦格中之所未載。又《洗冤錄》附攷内稱，檢自縊死者，腦後有小釵骨三根，受傷可驗。而《洗冤錄》内并無小釵骨之説。檢靈川龔順英之案，其耳後實有小釵骨，受傷紅色處所與備考之言無異，乃因骨格未載，不便填報，仍填耳根骨微紅色。由此類推，凡獄涉疑難不能盡信於書者，不知凡幾。因按人身三百六十五節，分別屍骨，鏤爲木偶二具，一一標識，庋置庫中，俾他日檢骨得以依形論辨，或不致蹈謬誤，亦以遂夙昔之志。且與僚屬及幕中諸君子共相商搉，將《洗冤錄》注解各條，於屍格内附入骨格，依次分晰聲叙，何處互相發明，何處内外稍異，庶閲者一目瞭然，以省尋繹之煩。余所檢臨邑各案及阮春畬刺史著説數條，皆附於後，更屬同人出其秘錄，將所見檢地金刃手足他物自縊自殘湯火疑難各成案，摘集成卷，就正於梁桐儕司馬，互相考證，所見略同。遂付梓人，以公同好，匪敢謂標新領異，即此可爲圭臬，不過略師李晁二公之用心，或亦愚者千慮必有得之意，是爲序。道光九年歲次己丑秋八月，知廣西桂林府事。古雁門郎錦騏謹識。

清・郎錦騏《檢驗合參・屍格仰面五四種》 一、屍格仰面致命頂心

骨格填頂心骨。

《洗冤錄・附考》註稱：捏傷腎子死者，傷癊於頂骨上，有碎路紅色，或紫赤。又悶死者，頂骨紅色，或裂碎。又被硬物通入糞門死者，頂骨上有十字樣碎路紋。

二致命偏左右。

骨格無。

《洗冤錄・附考》註稱：此偏左右專對顖門頂心而言，其餘左右不得加以偏字。

三致命顖門。

骨格填顖門骨。

《洗冤錄・疑難雜説》載：將人致死，或經久腐爛無跡可憑者，但檢驗顖門一骨，諺稱天靈蓋必浮出腦殼骨縫之外少許，其骨色淡紅、或微青，皆因罨絶呼吸，氣血上湧所致。

又《雜証》載《醫宗金鑑》云：顛頂骨，男子三叉縫，女子十字縫。一名天靈蓋，位居至高，内函腦髓以統全體。是天靈蓋，即頂心骨，非顖門骨也。

又《洗冤錄集説》云：童體未毀者，顖門骨不合，已毀者，顖門骨合。

又《補遺》載：檢驗軟骨碎裂，如日久咽喉軟骨脆碎風化，如石灰無可檢

驗者，但檢驗顖門骨，必浮出腦殼骨縫之外，少許骨色淡紅，或微青。

再查《附考》內稱：男子下部有傷，癊於牙根裏骨。婦人下部有傷，則癊於顖門骨，或胯骨等語。此分別男女之說，然余現辦柳城縣民韋瀡勝，及檢臨桂縣民婦莫唐氏，下部受傷致斃二案，均現於合面，腰眼骨第五節，接連方骨，有紅色，而莫唐氏牙根裏骨亦有血癊，頂心則無。正與《洗冤錄》載凡傷下部之人不分男女，其痕皆現於上。又傷小腹身死，腰間方骨必紅色之語相符。

所有附考，分別男女之說，未可執一而論也。

又備考云：肚臍、小腹乃中焦下焦皮肉易潰之所，頭頂骨、顖門骨居中，至正處有圍圓三四寸許，紅赤色。此外兩邊前後各骨，或黃、或白，俱如常，與檢傷陰莖致死同，但彼多一牙根處可驗耳。

又，婦人因產門傷斃，皮肉俱化者，顖門骨并架骨俱紫赤色。註云：架骨橫環小腹之下，與後尾蛆骨相連者也。查架骨圖格所不載，惟檢婦女屍門內及之。

四致命額顱。

骨格塡：額顱骨。

查賓州牧《阮春畬著說》內稱：凡檢自縊人骨，如額顱、頂心及左右耳根，手腳指尖骨，均係赤色，或淡紅色血癊，方是生前縊死。

五致命兩額角。

骨格亦塡：兩額角。查檢骨圖合面，尚有額角後部位，屍圖內仰面亦分左右，而屍格內左右字樣并未刊列。

查《阮春畬著說》內稱：屍圖與屍格，稍有不同者，如仰面致命額角一穴，合面致命脊膂一穴，圖內則分左右，格內并未註明左右字樣。如遇受傷，均應查照屍圖，於格內分別註明爲是。

六致命兩太陽穴。

骨格亦塡：兩太陽穴。

七不致命兩眉。

骨格塡：兩眉稜骨。

八不致命眉叢。

骨格無。

查《洗冤錄・驗屍》條云：凡眉叢、食氣嗓、前後肋、莖物、髮際、穀道，圖格雖稱不致命，然傷重即死，驗時最爲緊要。

九不致命兩眼胞。

骨格無。

十不致命兩眼睛。

骨格塡：兩眼眶骨。

十一不致命兩腮頰。

骨格塡：兩顴骨，及兩腮頰骨。

十二不致命兩耳。

十三不致命兩耳輪。

十四不致命兩耳垂。

骨格俱無。

十五致命兩耳竅。

骨格亦塡：兩耳竅。

十六不致命鼻梁。

骨格塡：鼻梁骨。

十七不致命鼻準。

十八不致命兩鼻竅。

十九不致命人中。

二十不致命上下唇吻。

骨格俱無。

二十一不致命上下牙齒。

骨格塡：上下齒。

《洗冤錄》載牙有二十四，或二十八；或三十二，或三十六。

又《集證》引《洗冤錄備考》云：凡人生前受傷身死，至開檢時，其齒必落，有血癊。

又，踢傷腎囊、陰門死者，牙根裏骨，及上腭俱有紅赤色，傷左則居右，傷右則居左，傷正則居中，蓋因腎囊陰戶受傷，疼痛難忍，牙齒狠咬，以致上下牙齒脫落，血凝骨裏，奔往頂心，所以致現紅色。

二十二不致命口。

骨格填： 上下口骨。

二十三不致命舌。

骨格無。

二十四不致命頷頦左右。

骨格填： 頷頦骨，及頰車骨。

《洗冤錄集證》註稱： 頷頦骨，即俗名下巴骨，上載齒牙，頰車，即下牙牀骨，承載諸齒，能咀食物，有運動之象，故名曰： 頰車。 其骨尾形，如鈎，上控於曲頰之環。

二十五致命咽喉。

二十六不致命食氣嗓。

骨格填： 嗓喉結喉骨，共四層，係脆骨，如日甚久，亦腐不可檢。

二十七不致命兩血盆骨，《洗冤錄論》沿身骨脈內稱： 缺盆骨。

骨格填致命兩血盆骨。

《洗冤錄・附考》內稱： 檢骨與驗屍，其傷有內外、深淺不同。 故圖格亦有致命、不致命之別。 左右血盆骨，在驗屍圖內註，係不致命，乃指在外傷痕而言，在《洗冤錄・論沿身骨脈》內載： 髀骨中陷之缺骨，即血盆。註云： 髀骨中陷之血盆骨，嗓喉上之結喉，曲鬢上之頂心骨，眉際末之太陽穴，與皆鼻山根、印堂、腦角幷斜骨之下腰門，皆致命要處，檢時最宜細看，他骨一傷不過成殘疾，此數處若傷，立時畢命等語。 是以部頒骨格圖，即按照《洗冤錄》所載，將血盆骨註爲致命，見乾隆三十八年條例。

二十八不致命兩肩甲。

骨格填： 兩肩井臆骨，及兩橫髃骨，兩飯匙骨。

查《洗冤錄》載論沿身骨脈內載云： 肩髃之上尚有臑骨一項，格內不載。 臑骨、臑字音如，係嫩骨也。

肩井，及左右飯匙骨，各一片。 見《洗冤錄・驗骨門》。

二十九不致命兩腋胑。

骨格無。

查《洗冤錄》圖格所載： 血盆、肩甲、腋胑雖稱不致命，然內通筋骨，傷重則死。

三十不致命兩胳膊。

骨格亦填： 兩胳膊骨。

三十一不致命兩肭脙。

查肭脙、腿肚，雖不致命，傷重，亦可殞命。

三十二不致命兩手腕。

骨格填： 兩肘骨、兩臂骨、兩髀骨、兩手踝、兩手外踝、兩腕骨，部位較詳。

《洗冤錄》及集證內稱： 髀骨，共有四處，此兩髀骨婦人無； 乃臂骨邊之輔骨也。 其橫髃骨之前，尚有髀骨，格內不載。 又脛骨旁生之骱骨，幷名髀骨，婦人無。 格內亦未聲敘，惟琵琶骨，共名髀骨，於格內註明。又，兩肩、兩胯、兩腕、各有蓋骨，若經打損傷，方入於衆骨數內。

三十三不致命兩手。

三十四不致命兩手心。

骨格填： 兩手掌骨十塊。

《洗冤錄集證》載《醫宗金鑑》云： 腕骨，即掌骨，乃五指之本節。 其骨大小六枚，湊以成掌，非塊然一骨也。 上接臂，輔兩骨其外側之骨，名高骨，亦名踝骨。

三十五不致命十指。

骨格填： 兩手十指骨。 二十八節。

三十六不致命十指肚。

三十七不致命十指甲縫。

骨格俱無。

一十指甲縫，雖不致命，如簽刺暗害，將養不效，亦可死。

三十八致命胸膛。

骨格填： 龜子骨，即胸前三骨，係排連有左右。

三十九致命兩乳。

骨格無。

余現檢臨桂縣民婦莫唐氏一案，生前被毆右乳，而檢骨時，其傷現於右肋骨，記之存查。

四十致命心坎。

骨格填： 心坎骨。

《洗冤錄》載：心骨一片，狀如錢大。又，《集證》云：心骨，即心坎骨。又，備考云：胸膛內，有一護心軟骨，損此骨者，立斃，其骨青紫色。又，《醫宗金鑑》作蔽心骨，又名鳩尾骨。

四十一致命肚腹。

四十二不致命兩肋。

四十三致命兩脇。

四十四致命臍肚。

骨格俱無。

《洗冤錄》載：凡傷肚腹、小肚身死者，皮肉消化，須驗腰間方骨，有四方眼者，其骨必紫紅色，此均虛軟部位，日久消鎔，無傷可驗。惟有檢頂上顖門各骨一法，已於顖門下詳細註明。

又《附考》云：大腹、小腹皆無骨，傷癊於肋骨上。

又《洗冤錄備考》載稱：腰肋虛軟，致傷腐爛，無傷可檢。從肋骨上至耳根、頭腦各骨，俱有紅赤色，傷左在左，傷右在右，未受傷諸骨，俱黃白色，此檢骨法，係康熙十六年，湖北蘄水縣仵作廖章，奉關致陝西，檢鄭官女被本省巡撫妻兄王三元鎗傷左脇身死案。

再查屍圖，肚臍之下，有小腹部位格內不刊。乾隆四十七年，奉新縣審辦余元位踢傷呂盛庭小腹右腎囊身死一案，訊據仵作潘榮供稱：屍格內止載臍肚，并無小腹部位，惟《洗冤錄》刊繪屍圖內腹下，註有小腹二字，再下即係腎囊，莖物居中，貼緊囊上，實與小腹相連。原檢呂盛庭毆踢傷痕，系在小腹部位之末，帶着腎囊，傷痕斜圓。因格內未刊小腹部位，故於臍肚之下報填等語。見抄本。又查，另本多填小腹左右字樣，存參。

又《阮春畬著說》內載：刑部咨覆南撫伊查本部頒發屍圖部位，本屬詳備，奉行已久，今該撫咨稱，屍格小臂膊小腹未經指定名色，相驗之詳慎之意，但查屍圖內，致命臍肚、小腹均已分載明晰，其屍格原可照屍圖一例填註，至小臂膊，雖於格圖未經註明，但非致命之處，向來內外衙門凡遇相驗屍傷時，俱填手腕近上，胳膊近下辦理，從無錯誤。屍圖、屍格係屬奏定頒行，且非關係緊要，未便猝議更添等語。錄之以備查考。小臂膊，見於盜賊律內註明云，上不過肘，下不過腕。

四十五不致命兩胯。

骨格填：胯骨前左右。

四十六不致命莖物。

四十七致命腎囊。婦人產門，女子陰戶。

骨格無，惟註：婦女產門之上多羞秘骨一塊，傷者致命。

《洗冤錄集證》內稱：凡傷腰腎者，死後必笑。又云：腎囊原通顖門孔竅，一經受傷，熱血上升，顖門骨竅即有血癊。又傷陰莖致死者，齒根必有赤紅色血癊，其被傷致死，檢骨法與肚腹等處傷同。

又《附考》內稱：凡傷腎囊、陰戶而死者，屍未腐時，均須驗傷，不得錯會驗骨之意，以頂心現紅、牙根血癊等語，聲叙裝點致多錯誤。

四十八不致命兩腿。

骨格填：兩腿骨。

四十九不致命兩膝。

骨格填：兩膝蓋骨。

《洗冤錄》檢骨門載：兩足、膝、頭，各有顩骨，隱在其間，如大指大，係格內所未載者。

五十不致命兩臁肕。

骨格填：兩脛骨：兩䯒骨。䯒骨婦人無。

五十一不致命兩腳腕。

五十二不致命兩腳面。

骨格填：兩足踝、兩足外踝、兩肢骨、兩足掌骨、趺骨十塊，部位較詳。

《洗冤錄集證》內稱：肢骨在脛骨之下，本節之上。

又《洗冤錄》載：手掌、腳板各五縫，手腳大拇指并腳第五趾，各二節，餘十四指并三節。

五十三不致命十趾。

骨格填：十趾，共二十六節，又兩腳跟骨，共八塊。

五十四不致命十趾甲。

骨格無。

清・郎錦騏《檢驗合參・屍格合面三六種》 一屍格合面致命腦後

骨格填腦後骨

《洗冤錄》云：男子自項及耳並腦後，共八片。蔡州人有九片。腦後橫一縫，當正直下至髮際，別有一直縫。婦人只有六片，腦後横一縫，當正直下無縫。

二不致命髮際

骨格填致命乘枕骨左右婦人無左右

《洗冤錄集證》載：《醫宗金鑑》云：乘枕骨，形狀不同，或如品字，或如山字樣，或如川字，或圓尖樣或如月牙形，或如偃月形，或雞子形。

三致命兩耳根

骨格填：兩耳根骨

《洗冤錄備考》內稱：凡檢自縊死者，其腦後髮際下，左右有小釵骨三根，分男女。男長一寸五分，女長一寸。繩痕八字偏左，則右釵骨斷，偏右則左釵骨斷，單繫活套頭則左右髮際骨相連，釵骨縫，有紫紅色，或微紅色，係血凝聚所致，并將釵骨圖形於下：確鑿可據。而《洗冤錄》內并無小釵骨之說。余檢靈川縣，龔順英縊死之案，其耳後實有小釵骨，並有紅色，受傷處所與備考之言無異。因骨圖未載，不便填報，仍填耳根骨，微紅色。凡檢驗有類此者，不妨推此參酌。又集證註云：耳門骨上，即曲頰下，即頰車兩骨之合縫鉗也。耳門內上，上通腦髓，亦關靈明。

四不致命項頸

骨格填：項頸骨第一節致命，第二節三節四節五節，皆填不致命。

《洗冤錄》載：項與脊骨各十二節。

又註稱云：自項至腰，共二十四䯝骨，䯝音垂，上有一大䯝骨，人身項骨五節，背骨十九節，合之得二十有四節，是項之大䯝，即在二十四骨之內。又《集証》註稱：類經圖翼，背骨除大椎外二十一椎，下有尾骶骨，是自項大椎，至尾骶骨共二十三骨也。此云：自項至腰共二十四䯝，集說恐僞。肩井，飯匙在內，屢詢檢官，連項大䯝骨，實得二十四骨，今骨圖註：項骨五節，背骨十九節，內方骨一節，在尾蛆骨之上，是連項大䯝及尾蛆骨共二十五節矣。須知尾蛆骨不入脊背行下，此即據後肋而言之，非前肋有此骨數也。骨格於此處部位，又列不致命琵琶骨，亦名髀骨。

《洗冤錄附考》載：乾隆五十一年，雲南按察使司，特奏驗屍圖格，內請照檢骨式，添入琵琶骨等。因經刑部議得，驗屍圖內骨皆不載，而獨載有血盆骨一處，因血盆骨部位皮破流血，則係不致命，若傷至損骨，則立時畢命，是一骨有致命不致命之分，若琵琶骨與左右肩甲相連，同係不致命，相驗時，遇琵琶骨有傷，則就左右肩甲近下之處，皆可按照部位填註。而自不致與致命之脊背，兩相混淆，況屍傷就沿身皮肉筋脈捏揣相驗。而檢骨式則人身共三百六十五節骨殖甚多，部位臚列僅添一二處，必致挂一漏萬，即脊背一處，骨有六即，亦惟第一節爲致命。驗屍圖內又安能按照骨節部位，逐一添註耶？所奏添琵琶骨之處，毋庸議。

《阮春畬著說》內稱：自縊死者，項頸及耳根，頷頦腦後髮際各骨，俱有傷痕，蓋縊痕八字不交斜向耳後順上故也。或云：止耳根骨有傷其頷頦，項頸等骨有傷無傷，不可拘定。見檢骨條附考又被勒死者，止項頸骨一處有傷，或腦後胸前及手腳有磕撞傷痕。見檢骨考

五不致命兩臂膊

六不致命兩肐肘

七不致命兩手腕

八不致命兩手背

九不致命十指

十不致命十指甲

骨格俱無，統照仰面屍圖胎膊骨下填報

十一致命脊背

骨格填：脊背骨第一節致命，其二節不致命，兩旁横出者髖骨，又三節四節五節六節俱不致命。髖音寬。

《洗冤錄集證》引《醫宗金鑑》云：胯骨即髖骨，此云脊背第二節兩旁横生者髖骨，說本洗冤錄論沿身骨脈條內，查此本條內云：脊骨下横生者髖骨，髖骨兩旁釵骨，釵骨下中者腰門骨，釵骨下連生者腿骨等語。

十二致命脊膂

骨格填：脊膂骨第一節致命，其二節三節四節五節六節七節均不致命。

十三不致命兩後肋

骨格填：兩肋骨共二十四條，即釵骨婦人多四條。

《洗冤錄》稱：左右肋骨，男子各十二條、八條長，四條短，婦人各十四條。

又《集證》註云：男肋左右骨各六，女各七。

又《附考》云：乾隆三十九年，浙江慶元縣檢民婦吳吳氏，肋骨止有十二條。有髀骨，無羞秘骨與男骨同。

又乾隆四十六年，浙江慶元縣檢民黄有高，左右肋骨，各十一條，合對筍竅相符，自屬生成骨相之異。

又洪都師云：外書異骨說，如晉重耳駢脇，是肋骨不類，文之明脊骨連腦，是脊骨不類，張獎譽口齒於三十六之外，另多四齒，是齒骨不類；胡敏叔兄弟三人，其手十指，各生六節，是指骨不類；張文昌膝骨大如腿，是膝骨不類；他如平人肋骨僅有十六、十八條，齒骨亦有二十三、四箇不等，天地化育，稟氣厚薄，賦質不齊如此。

凡男女脇傷，俱瘀於肋骨，傷右脇死者，自右肋骨、及右耳根骨、右頭腦骨，俱有紅赤色；左脇受傷亦然。

又肚腹、小腹受傷，瘀於肋骨上，如生前被打折骨者，其肋骨鋒鋩處，必有血瘀，死後打折者，則無血瘀。

十四致命兩後脇

骨格無

十五致命腰眼左右

骨格塡：腰眼骨第一節致命，其二節三節四節五節均不致命。又方骨致命。

《洗冤錄集證》註云：腰眼骨，即圖之腰門骨，疑難雜說之命門骨也。另有架骨一塊，與尾蛆骨相連，横環小腹之下。

又《洗冤錄》云：男女腰門各有一骨，大如掌，有八孔作四行樣，小腹等處受傷，現於方骨，已於肚腹條下註明。

又《附考》云：傷右腰肋死者，自右腰肋骨、右耳根骨、右頭腦骨、須有紅赤色，左腰肋受傷亦然。

十六不致命兩臀

骨格於此處列胯骨後左右一項

論胯骨，查字典，髖音寬，又音坤體也，臀骨也。

又《醫宗金鑑》云：胯骨即髖骨。而檢骨格云：脊背第二節、兩旁横生者髖骨，說本論沿身骨脈條內，二說不同，存以備考。

十七不致命穀道

骨格塡：尾蛆骨。男人九竅，婦人六竅。

《洗冤錄》稱：尾蛆骨若豬腰子，仰在骨節下，男子者，其綴節處凹，兩邊皆有尖瓣，如稜角周布九竅。婦人者，其綴脊處平直，周布六竅，大小便處各一竅。

又《集證》註云：男綴脊兩旁稜角九竅，女平布六竅，男督脈行背，女任脈行腹。

又乾隆四十八年，浙江富陽縣民何盛榮妻蔣氏，被何加鳳推跌，原驗尾蛆骨活動，覆檢婦人綴脊處，不似男子有凹、有尖瓣鉗住，實因脊綴平直從外拏捏骨尖活動，誤報損傷。

十八不致命兩腿。

十九不致命兩曲脷。

二十不致命兩腿肚。

二十一不致命兩脚踝。

二十二不致命兩脚跟。

二十三不致命兩脚心。

二十四不致命十趾。

二十五不致命十趾肚。

二十六不致命十趾甲縫。

骨格俱無，統於仰面左右腿骨下塡註。

《洗冤錄》云：凡人三百六十五節，按周天三百六十五度，男子骨白，婦人骨黑。

又《集證》引《明冤錄》云：婦人生前出血如河水，故骨黑，如服毒藥骨黑，須仔細詳之。

《附考》云：男婦周身骨節不同者，骨格所註，有兩髀骨，有兩髀骨，男子有，婦人無。乘枕骨婦人無左右。

又有兩肋骨，婦人多四條。尾蛆骨，男子九竅，婦人六竅。

又《驗骨條》云：自頂及耳、並腦後，男子骨八片，婦人六片。

又《醫宗金鑑》云：顚頂骨，男子三叉縫，女子十字縫。據此男婦不同，應有七處，並羞秘骨，共八處也。

又《阮春畬著説》內載：乾隆五十九年，湖南靖州會檢廡陽縣民婦張福蓮骨殖，自項頸及尾蛆骨純黑，頭骨微黄黯，將次變黑，胸前及胯骨均參差花黑，兩足及手掌純黑，惟兩臂、兩腿、十手指骨，白色。據辰谿縣老仵作唐明云：女子未分經以前骨全白，分經以後參差漸黑，與年遞加，五十歲後，則全黑矣。福蓮之骨如是，蓋因出嫁一載，生年十九歲，故也。又檢福蓮肋骨，只有二十四條。據唐明云：婦人肋骨雖有二十八條，然多出之四條，短而脆，日久即腐化無存。又檢福蓮有兩髀骨。據唐明云：南省婦人有髀骨者，極多，與《洗冤錄》所載不同。又檢福蓮無羞秘骨。據唐明云：羞秘骨如指頭大，蓋在架骨之上，其薄如指甲，極柔脆，日久即腐化，故檢無此骨。又檢福蓮有胯骨，無架骨。據唐明云：胯骨分左右，形如月牙，其兩骨梢頭鑲攏處，即名架骨等語，照此聲叙，奉部覆准在案，惟架骨一項，如其所言，則產門兩邊之骨，可以開合，與婦人生產交骨開合之義相符。但《洗冤錄》云：架骨橫環小腹下，似非鑲攏之義，且云與尾蛆相連，而不與胯相連，更非胯骨梢頭可知，殊難憑信。然又何以檢無架骨，錄俟考訂。

原驗自縊身死，委員覆檢，係毆傷後、被人拉勒致死，假裝自縊。并婦人骨殖，與部頒骨格多寡不符，錄以備考。原驗已死楊蘇氏問年二十一歲，驗得仰面致命額顱，不致命右眉，相連右眼胞，并右腮頰，拳傷各一處，微腫，紅色。致命咽喉上縊痕一道，斜入腦後，八字不交，紫紅色。十指肚血墜，餘無別故，委係自縊身死。塡格通詳後，經縣訪得蘇氏出殯時，墳前演戲數日，物議沸騰，難保無另有致死別情，稟請委員會審。據屍翁楊綏章、工人王來意兒供出：蘇氏係被伊姑田氏、夫次妻魏氏毆勒致斃。又起有血衣，其爲並非自縊無疑，必須檢驗定案。稟由臬司督同道府大員，於嘉慶二十二年五月十六、七、八等日，前赴蘇氏埋葬處所，起出屍棺，如法蒸檢，檢得蘇氏骨殖，致命顖門骨浮出腦殼骨縫之外少許，微紅色，內有血絲三點，額顱骨正中傷一處，紅色血暈，左傷一處，紅色血暈、右傷一處，紅色血暈不致命右眉稜骨傷處，微紅色血暈，右眼眶骨傷一處，微紅色血暈，上齒十五箇，脫落一箇，下齒十二箇，脫落十箇，俱黄白色。致命嗓喉結、喉骨腐爛無存；不致命兩髀骨存，骨格原註婦人無，今檢驗有，兩手掌骨原註十塊，該氏生就八塊，兩手十指骨，有血暈淡紅色，不致命兩髀骨存，原註婦人無，今該氏有。合面致命、兩耳根骨、并不致命項頸骨第一節至第五節均無故，兩肋骨共二十四條，註云：即釵骨，婦人多四條，該氏生就共止二十條。湊對筍竅相符，左肋第二條有紅暈，其餘上下骨殖，俱白色，委係生前毆傷，後被人拉勒致死，假裝自縊，究出蘇氏之姑楊田氏，因與工人王來意兒通姦，被媳蘇氏撞見，誘令同陷邪淫不允，并被當場揭破姦私，起意商同王來意兒致死。取出廡繩一根，擲於炕上，田氏在蘇氏前面，將兩手攢住，即令王來意兒與伊子次妻魏氏，一齊幫同下手，魏氏因與蘇氏平日有嫌，亦聽從取繩，跕立蘇氏背後，將繩套住蘇氏咽喉，王來意兒在魏氏右邊身旁，用手揪住蘇氏兩肩膀，往前侭力向推，并用右膝頂住蘇氏身後，魏氏將繩用力往後拉緊逾時蘇氏即不能動彈。田氏順勢一推，蘇氏身軀項帶廡繩倒跌炕下，左手墊壓左肋處所，手帶銀鐲，以致墊傷左肋，第二條，頭面貼地，口內噴血，立時殞命。將楊田氏等分別擬議奏結，嘉慶二十年直隸清苑縣案。

清・吕芝田《律法須知・論命案》 一、驗傷爲第一事。其受傷未死之時，呈報到案，定例不准擡驗。地方官即應親詣，或委佐貳代驗，訊明下手之人，差拘押令醫治，并訊明毆打時刻，責取保辜，注明月日時刻受傷。蓋限外十日內，二十日外，乃生死出入關頭，若不註明月日時刻，但寫日期，如此月二十五日辰時受傷，至下月初五日午時身死，照時計算，則在十日以外，照日計算，則在十日限內，可不愼歟，如醫不痊，因傷身死，或因他故身死，并現致死，呈報到案，即帶吏仵往驗。印官公出，捕官即申請鄰封代驗，看明該屍身穿衣服色件，如路斃者并查所帶何物，令仵作確證。將屍身傷痕，分別致命不致命、傷之輕重顏色、分寸平腫及有無皮破骨損、係何物毆打，何傷最重致死，逐一報明塡格。其未死之前，曾驗有傷處，曾否平復，均須驗明塡註。印官亦須親身逐一看過，相符則已，或不合，即問仵作。若發變，用指按之，硬即是傷，輭則發變，應細詳辨，即令追起傷杖兇器，與傷比對，是否相符，硃對帶同貯庫。當場遂訊起釁情由，將屍傷訊明。何人毆打何處，係何器械，及毆打情形，何人目覩。如有服制者，訊明服制；如係受毒，即問毒藥來歷，賣者是否知情，不厭精詳。即令將屍用棺收殮。如係傷死，須將棺木硃封，交與地保收管淺厝，取結附卷備查，并取仵作不致增減傷痕扶捏甘結存卷。其有當場查訊，情有未確，而初報有十日之限，儘可將人證帶同覆訊明確，再行敘報，不可草率，以致將來棘手。至於多傷之案，但查致命，有必死速死之分。其因何物最重身死，應查洗冤錄參考。其通報文，止須敘正親呈報一張，其保正有報，止須敘據保正報同前由，餘詞不必穴敘。其未死時告毆，驗傷者，當敘原詞及原驗生時傷痕，及所供詞同醫生供，據報病故之呈。查敘死之時刻，不可忽漏，再敘屍身離城遠近，當即單騎減從，帶領吏仵，前詣屍所。如眞命查敘住屋朝向，進數間數，死於何進何間之內，或死於屋外，及道路、田地、池塘，地主何人。其係短見輕生自盡者，可酌量情形，應敘與否。其路斃無名之人，所遺衣服，逐件敘入。查該屍身穿何衣褲鞋襪，如頭上有帽者，應查敘頭戴何樣帽；身上有血迹者，應查問何處有血迹。將屍擡放平明地面，脫去週身衣服。如係婦女，親丁求免脫底衣，即敘脫去上身衣服，據該屍親同稱下身查明，幷無別故，求免脫衣等情，隨取具甘結附卷，准其免脫底衣外，隨令如法相驗。據仵作某人喝報，驗得已死男女人某，約若於歲其無姓名者即敘不知姓名，遵用銅尺量得身長幾尺幾寸有敘胸高幾寸膀闊幾寸腸亦有不敘仰面面色何色，週身何色，將屍身有傷處逐一喝報。合面將有傷處俱報出，其無傷處，止報餘俱無故。驗畢，卑職覆加親驗無異，當取傷仗，比對相符，硃封帶回貯庫。飭令將屍棺殮淺厝，取具仵作不敢扶捏甘結附卷。隨當場查訊，據各供云云，其口供止將緊要確情查敘。第一要乾凈，所有混雜不實、游移疑似之供，及一切太鑿之語，俱不宜一併敘入，以致將來成招時，或審出別情，不能洗脫，有煩駮詰之處。如係短見輕生，與人無尤者，即請批示之案；如係口角爭毆微傷，氣忿自盡者，或因威逼無傷，如查明無實在可惡情節者，加看擬詳議結。如眞命不加看，止敘將某某收禁，某某等取保省釋，再行研訊，起釁致死有無謀故各確情，按擬詳解外，合先塡格錄供，具文通報。其調姦致死，重傷自縊，不盡案情。照案聲說，再行研訊云云，此不過鬭毆殺人之格式耳，非大概均如此也。

一、驗傷最宜詳愼。查長闊深圓，傷有分寸，青紅紫赤，傷有淺深，其金石竹木，以及手足他物，痕有輕重，砍戳毆踢搕擦，迹有大小。雖有不同，而因色辨傷，因傷辨械，要有相因之勢，惟在驗時，留心體認，庶能傷確情符。每驗一傷，按照屍格逐一登塡，註明長寬若干，或圍圓若干，係某械傷。如係踢死、蹬死者，須取兇犯所穿鞋靴比對。凡屬在場互毆以及正兇，均須逐一驗明。生傷亦註明係何械傷，不得稍留疑竇，自不致搖惑案情也。或所驗情形，與屍親原報不符，即當場詰正，倘不肯輸服，令指出再驗，以杜日後刁翻。其有兇器不獲者，亦將查起無存緣由，聲明備查。他如謀殺致死，如勒死、溺死、毒死，而察驗傷迹，推加情形，要無二理。

一、塡註屍傷，查明受傷部位，是否與傷痕分寸相合，方無錯悮。若傷痕寬闊，而受傷部位較小，此傷必接連他處，如耳根部位僅止數分。若受傷至一寸有餘，自必接連顋頰等處，須聲明耳根連顋頰字樣，餘可類推。

一、傷痕分寸，要與兇器及受傷情形相符。如《洗冤錄》載，若行兇人於虛怯要害處，一刀直致命者，其創必重。又用小刀自割，長一寸五分，至二寸等傷之類，須將物之輕重大小，淺深寬窄，人之情形勢力，三者比對較勘，幷與《洗冤錄》論無異，方能脗合。

一、傷痕形狀，要與兇器相符。如《洗冤錄》載，斜而長則爲木器傷；圓而不整，尖而三角，則爲甎石傷也。

一、生前死後，所驗傷痕，長闊分寸不同。蓋生前只據受傷發現喝報，迨調養幾日，傷輕處結痂收斂，覆驗時，分寸自然短少，總以死後所驗爲憑。

一、刃傷最狹，皮肉捲後則已闊。拳傷之闊，不及二寸，若連瘢暈量，則二寸有餘。他傷皆可類推，驗者當量其實在受傷分寸，不得量其捲縮瘢暈分寸，故刃傷之闊可不必量，但量長可也。

一、金刃傷形狀稍異者，文內須將金刃式樣聲明，以免疑惑。又例載兇器內有稱錘名目，而稱物之稱荷亦名稱錘。罪名出入攸關，須當分晰明白。

一、例載兇器之刀，是耑備行兇殺人，不堪他用。故罪科遣戍。如褲刀、順刀、兵器，及備防禦有鞘者是也。若鐮刀、小刀、草刀、菜刀，凡民間日用所需者，止照刃傷論。凡遇持刀傷人殺人案件，文內須聲明刀之名目，不可只言刀也。

一、部議各省州縣，遇有命盜案件內，金刃兇器，俱應貯庫，以備鑄造軍械之用。每屆五年查辦一次，報部存核，詳尾須聲明貯庫彙報變解字樣，不可同木器等物，概稱結案銷燬也。

一、應抵命案，棺殮未久，徑行開驗。若殮埋日久，屍身諒已腐爛，兩造供詞不符，或供情已確，而傷痕未明者，取結通詳請檢。其雖有傷痕，罪非應抵，毋得概行請檢，致死者有蒸刷之慘也。

一、凡死後殘毀別傷，及生前瘡杖舊痕，亦須分別塡明，取具仵作供結。至於屍格內偏左偏右，專指顖門頂心之旁而言，其餘左右，不得加以偏字，如咽喉之旁即是項頸，不得曰咽喉偏左偏右，餘可類推。敘完各傷之後，點出委係因何傷身死一語，最宜詳愼，不可混率，致有出入。

一、服毒自盡，取驗盛藥器皿，有無餘賸毒藥，敘入詳內。婦人輕生自縊、自殘、投水、病斃，下身無傷者，取具屍親免驗甘結。若告稱謀故毆死、服毒跌傷，及處女因姦致死者，又當驗明下身，以免日後誣指翻控。若男子下身，不論有傷無傷，從無免驗也。

一、誤食毒物而死者，須查明毒藏何處，買自何人，有無同食之人，及餘賸之物，取驗作證。

一、銀鍼試毒，必須用眞紋銀打成，方可信用。銀匠每多抽眞換假，或以低色搭配，即當面亦有弄弊，有司不知而誤用，難以辨傷。惟有多發紋銀，飭造二三根，另喚工匠，抽鎔一根，仍存足色，其鍼始可備用。

一、毒藥殺人，有故買製和，秘謀害者；有備毒禽蟲獸物，收藏不妥，因而誤殺者，此乃罪名輕重攸關，秉鈞者，當虛衷審辨；握管者，須細心酌核。

一、沙脹及陰證不治而死者，《洗冤錄》？載手足指甲皆青黯，或青紫，甚則頭面及遍身紫黯。此因血敗成色，不可錯認服毒。

一、跌者從高而下，所謂傷多在骰足及臂膊，如係人推而跌者，所傷多在頭面及兩手腕，此《洗冤錄》所論也。然從高而跌，亦須看其立腳之地步，跌落之形勢，如其人一腳站立不穩，在半實半空之地，不甚高處而跌，及坐於危地而自跌者，亦有傷及頭面，不可誤認係人推跌也。

一、屍傷間有與《洗冤錄》載不符者，須將受傷情形，及不符緣由，敘入仵作供內，要認得眞切，說得確當，不可任意故翻。若有不符傷痕，塡入格內，而不敘具仵作口供辨明者，定干駁飭。

一、凡殺姦之案，要在相驗時，察看情形，有無行姦確據。如係登時殺死，或正行姦之時，及姦甫畢，或姦畢同宿，其必裸體，或不穿小衣，即驚覺而起，其殺必在卧房內外，斷不在已屋之外，其殺處應勘地上有無血迹。且捉姦殺姦，雖係倉猝之際，姦夫姦婦在於生死之間，必有聲張之勢，或有拒敵之事，鄰人斷無不知。即有無姦情，亦難掩人耳目，悉心體究，眞僞立見。

蓋姦情暗昧，姦所獲姦，登時殺死，眞僞罪名，所關懸殊，不可不詳愼推求實情。至於已就拘執而擅殺，更難瞞鄰人也。再如捉姦，姦夫逃脫，逐至門外而殺，及聞姦數日而殺，尤難瞞過鄰人也。但恐鄰人畏累，狡不供明，應論以供明無累，案可即結，若思推捏，反累提質，自必吐眞情矣。然此等案件，防有縱容，更恐有幫同下手之人，辨詳尤當詰淸，不可不審明情節情形，以致干駁無休也。

一、報路死之人，相驗屍有傷痕，必驗屍旁地上有無血迹，其衣帽等項有無血迹；或從他處移來，路有血滴蹤迹者，須跟尋由來；或死已多日，屍有殘缺，而別處查驗無傷；或被鳥雀啄食，或係豬犬拖殘，均應細細驗明，於文內詳細聲敘具報，示招屍屬認領。其或於未經通報之先，有來認屍，須訊明所供年貌、衣服並遺物是否相符，如果符合，取具甘結給領。若不相符，或係錯認，令其再行訪尋，不得遽准給領，以防垂涎遺物冒認。至訊明，眞是屍親，應問死者係因何事出外，有無同伴之人，或於此處，訪其兇手蹤迹，易於緝獲也。

一、因傷中風身死之案，關係生死出入，全在相驗時細驗其傷風之輕重。但洗冤錄止載傷在限內或限外身死，或因誤中風，面色必黃痿。其於雜說內有中暗風，口眼皆閉，涎垂流溢。又云口眼多喎斜，手足拳縮。而醫家云，傷在頭面者受風，頭面必腫，手足必拘攣，蓋頭爲六陽之首故也。傷在身體者，其手足不拘攣，傷處必腫。又云，無論傷在何處，其頂心必腫。此說雖未載於洗冤錄，然醫書所載，自必不謬，惟驗此等傷，大抵因傷中風，與病中風相類，必有口眼喎斜，牙關緊閉之事。而傷口進風，風浮於內，亦必腫，理固然也。將醫之說，附此備考，但文內須聲說受風形狀，並取醫生切供，方免駁詰。若毆有致命重傷，每部駁云，即不傷風，亦必致死，不准減等。蓋因例載，原毆傷輕之文，以傷本輕不至於死，而因風致死，故得減；而毆有重傷，在所必死，不因風而減，雖是懲兇頑，然竟有重傷而或不致死者，又在驗報時，酌情妥辨也。

一、驗自盡之案，若身負重傷，及驗而無傷，而情形可疑者，如縊死，應勘其所弔處，梁塵有無滾亂，及墊腳之物有無泥土腳迹，腳底鞋底土色是否一樣。若梁塵無滾亂情形，高弔又無接腳之物，或泥雨時及濕地，墊腳之上無腳印，鞋底土色各別，則防係別人弔起，假作自縊。蓋勒死後弔起，有傷痕情形可驗可辨。更有將其先醉以酒，昏沈擡來弔起者，即與自縊無異，全在相驗時體察細鞫，自無不得實情。

一、驗溺死之案，其自淹者，男僕，有銀在身則不僕；女仰，頭面仰，手足俱向前，手微握，腳底皺白，手指有泥沙，口鼻有水沫。或有擦損處，至死後推於水中者，即無各項情形矣。然通報文內，均須分別聲敘，勿以自盡存心，草草驗報，而不推求，致使正兇漏網，更恐他事發覺，而取相驗不實之咎。

一、檢驗自縊者，手足俱垂，血氣凝注，牙齒、手指尖骨，俱帶赤色。或血氣墜下不均，則十指尖骨，赤白不同，若俱白色，非縊死也。又有將帶先繫項頸，然後登高弔挂，八字不交者，頭向左側，傷在左耳根骨，頭向右側，傷在右耳根骨。如纏繞繫有一道交幣者，傷在項頸骨，皆須酌看形勢。被勒者多有制縛搕揕等傷，或牙齒脫落，指尖骨白色無血暈。凡自縊與被勒被搭死者，頂心及左右骨有血暈。或又云縊死者無血暈。

清·呂芝田《律法須知·命案格式附》 附檢驗通報文敘奉批文牌等因到縣。奉此，卑職查某人埋葬屍棺處所，在縣城某鄉，離城若干里土名，某隨即訊取某人願檢屍棺甘結，其結內開全敘遵於何年、月、日，單騎減從，隨帶諳練仵作某人普屍親等，於某月、日，至該村埋棺處所。正值天氣晴明，某墳即在路旁田旁、塘旁、山上、下，墳上蓋有泥土石板、磚灰等項。諭令土工悉行除去，露出棺木一具，驗明棺口、四圍、棺蓋從俗，幾釘亦俱完全，並未損折。當令屍親某人認明棺木，據稱某人原殮屍棺，隨飭起棺蓋親驗，該屍皮肉消化無存。又令某等近前細視形似，並令認明當日驗殮情形，亦各指稱係某人屍棺屬實，就經當場取具，切實認狀。飭令仵作將屍骨逐一取出，先用淨水洗刷潔淨，再用白布拭乾，次第排定，即以細鐵線穿成形骸，置放簟內，傍掘地窖一穴，長五尺，闊三尺，深二尺，用柴炭燒煆地紅，除去火炭，潑入酒醋，擡骨入窖，以藁薦棉絮遮定。蒸骨二時，扛出窖外，移至平明地面，用黃油新繖遮骨，眼同對衆如法檢驗，問據屍屬某，口報屍生前若干歲，據仵作某喝報，驗得已死男子婦人某屍骨一具，量長尺寸，仰面有傷處喝報無傷處不報覆加逐細親驗，無異，隨當場塡格。除已驗無故各骨及無骨處所，皮肉消化，無憑檢驗等處，均毋庸塡註格內。當將所檢骨殖逐項分開，用紙包封，各於對面黏連騎縫上標號，分別左右註明何骨，點明包數，貯入預備新木桶內，下用紙鋪墊，上用蓋鎖固，桶外原有鐵箍兩道，扣釘鐵瓣，桶口周圍復加密釘鐵瓣加貼印封幾條，如誣告蒸檢者，即敘查此案；屍屬誣告供，應訊究坐誣。給與屍屬領存，俟案定，飭令安埋。未便交領若交鄉保看守，又恐狡賴棍徒藉稱滋弊復起翻異，應請暫行貯庫，俟案定，飭令安埋。先取領狀並取仵作不敢增減遺漏隱匿甘結附卷，隨當場查訊接敘口供，各等供據此，除將某人等收禁，某某保釋，再行研訊實情，按擬詳解外，合先將檢驗緣由塡格錄供，具文通報。

附檢地通報，式照前敘牌文。奉此，遵於日帶同仵作詣處，正值天氣晴明，眼同人犯督同仵作，照依《洗冤錄》載，將焚屍地上掃淨，用柴燒紅，除火，將胡麻撮上。少頃，用箒埽去，麻內有油沁入土中，宛似人形。據仵作報稱，打量地上人形，長四尺有餘，頭顱上有胡麻聚結一處，圍圓五寸；又脊背上有胡麻聚結一處，長三寸，寬四分；右臂膊有胡麻聚結一處，長三寸，寬四分左右；臁肕各有胡麻聚結一處，圍圓一寸。黏連之處，埽亦不動，實係生前被毆身死，復行燒煆。親驗無異，隨將檢獲燒殘各骨硃標封，固取具各結附卷，容再研訊實情，按擬詳解外，所有遵奉檢驗緣由，理合具文通報。

附相驗自縊初報格式爲某事年、月、日，據某處甲保報前事，詞稱云云。今日又據報，同前由據此查地附近城南，即帶同刑仵前詣屍所，勘得該屍係用絲帶弔於本家格子門上，自弔處至地量，高尺寸，兩腳離地尺寸，係用木椅墊腳，弔上踢翻。勘畢，飭令將屍解放平明地面，眼同保甲、鄰佑、屍親人等如法相驗。據仵作喝報，已死某人，問年歲，身長尺寸，仰面，面色紫，兩眼閉，口微閉，上下牙齒全，舌抵齒不出。驗得致命咽喉上縊痕一道，斜長七寸，寬五分，深二分，紅紫色，斜入髮際，八字不交，係用絲帶縊傷。兩手伸，十指微握，肚腹下墜，兩腳伸，週身驗無別故，委係生前自縊身死。覆加親驗無異，當場塡格，取結附卷。屍飭棺殮浮厝，縊帶帶回貯庫。就即查訊，據保鄰屍親人等供云云，各等供據此，除將等分別禁、保候，另行研審。因姦羞忿，自盡致死確情，按擬解勘外，所有驗訊緣由，理合錄供塡格，具文通報。

清·呂芝田《律法須知·論竊盜賊》 凡報盜劫、及臨時行強、拒捕、搶奪、竊賊贓滿貫之案，均應同營汎會勘出入情形。印官公出，應移請鄰封代勘。將事主房屋照向，多少進數，多少閒數；盜賊或撬門、或撞門而進；

勘明門上有無斧鑿所撬，及木石所撞形迹。如係挖洞，應量洞口大小，門內洞口，有無火煤、火把、油撚器械等物； 查明墩臺遠近，及事主有無兩鄰； 訊明事主，盜之入內情形，見盜幾人，有無掛鬚塗面，何處聲音，贓在何處被劫，有無細、毆、燎、烤等傷，姦淫放火架送等事，切實口供。再訊保鄰、更夫、救獲人等，有無聽聞聲響，果係眞正被盜，四鄰斷無不知，室內不無淒涼慘苦光景。假則事主家屬，神情似屬恍惚，口供亦多不對，此全在驗勘時，細心體究也。

清・呂芝田《律法須知・論命案》 凡驗墮胎，塡產門有惡血流出。

清・林則徐《林則徐集・通飭各屬選練仵作札》 札各屬知悉：

照得各州縣辦理命案，全憑相驗； 而相驗得實，全靠仵作。蘇省命案繁多，且常有檢骨之案，乃訪查仵作中熟諳者甚少。現在數次開檢，爭傳丹徒仵作經啓坤前往。以江蘇若大省分，而檢驗專恃一人，已屬可詫； 況經啓坤年逾八十，安能久用。亟宜廣爲選募，加意講求，以免臨時缺乏。

查定例： 大縣額設仵作三名，中縣二名，小縣一名。額設之外，再募一二人，今其跟隨學習。每名給發《洗冤錄》一部，揀選明白刑書與之講解。如能明白，則從優給賞； 倘有悖謬，則分別責革。州縣召募非入，懈於查察，以及額缺虛懸，不行募補，俱應查參議處。若州縣不將仵作補足，因而私侵工食銀兩者，革職提問。立法如此鄭重，可見仵作之關係非淺，何得平時聽其缺額，絕不講求，遇有蒸檢之案，官吏俱皆束手，輒思借才鄰邑，紛紛稟請飭調，殊非愼重人命之道。合行通飭。札到，該某速飭（即）各州（縣）將額設仵作，募足充數，令其認眞學習，挑選諳熟之人，遵照部頒《洗冤錄》，將檢骨驗屍之法，詳細講明傳受。該某每月當堂考問數次，如果講解明白，從優獎賞； 倘講解錯謬者，初次責罰，二次枷示，三次革役，另行募充。毋得缺額不補，懈於查察，侵蝕工食，致干參處！ 凡一府所屬有開檢之案，由府傳知鄰近屬縣，派撥仵作兩三名前往學習，庶閱歷多而見識定，不致混行塡報，可免檢驗不實之咎。

再州縣爲親民之官，人命至重，凡有檢驗，必須親自動手，細辨屍傷輕重，正兇自無枉縱。若避忌臭穢，遠坐而觀，香煙熏隔，任聽唱報，不復親手捫按，設有弊誤，咎將誰歸？ 各宜懍遵，毋怠！ 仍將遵辦緣由稟覆。特札。

清・佚名《告示集・遠道赴訴候訊者不得居住在官人役房屋并於狀式歇家姓名下註明作何生理》 爲示禁事。照得詞訟案內，兩造人証原盡爲土著之人，其遠道赴訴候訊者，皆於城中租住店房。狀式必註明歇家姓名，並令歇家投具保狀，原以防其詐僞，兼恐於提訊時避不到案也。本署司等訪得近日控案，兩造人証間有居住在官人役房屋者，試思事既經官人役，豈可稍有沾涉，縱房主極知自愛，其如房客之請托何？ 故或此造幸而得理，則彼造詭以潛通聲氣爲詞，或其人而病亡，則屍親方爲勾串仇家致斃，往往因此興訟，該歇家反致受累無窮。且難保不肖書差借衙門打點之名，資其撞騙，效訟棍教唆之技，任其誣扳，甚至顚倒是非，遷延歲月，不罄其所有而不止。近年來訟獄繁興，未始不由于此。除委員密訪查拏外，合亟示禁。爲此示仰軍民人等知悉： 嗣後爾等如事關切己遠道而來赴訴候訊者，務須租僦民間店房居住，不得居住在官人役房屋。狀式歇家姓名下註明作何生理，以憑查考。至各衙門一切在官人役亦不得留住控案兩造人証，致滋弊端。其本案差承不許貪利容留，如有故違，除訊有招搖教唆情事，按律懲辦外，定將該人役責革不貸。本署司言出法隨，愼勿以身嘗試也。毋違，特示。

清・佚名《告示集・關防示》 爲關防詐僞事。照得本縣世守清廉，性成耿確，讀書鍵戶，夙凜四知，入世寡交，惟鄰一介。自蒙簡發攬轡，志在澄清前署，矢心無欺夙夜。凡有知親族各勵廉隅，即屬臧獲奚奴亦發約束。九流三教，素絕往來。墨客山人，從無交接。玆蒙憲德委署，恐有捕風捉影之徒，潛謀蜃結蜮張之計，或指系聯葛藟，或稱地屬枌榆，或通竊附家，或謬詡親誼，種種情弊，難以枚舉。除密訪查拏外，合行出示曉諭。爲此示仰閤邑紳士軍民人等知悉： 凡有前項不法棍徒在外指稱本縣名色藉事招搖撞騙者，許各項人等立即扭拿赴縣，以憑盡法究處。倘敢容隱，一併連坐。本縣盟心似水，執法如山，各宜恪遵，毋貽后悔。特示。

清・佚名《告示集・札飭州縣勘驗毋許多帶夫役》 爲通飭遵照事。照得民間遇有命盜事件，無論地保屍親事主呈報到官，該地方官立即單輿減從，親詣勘驗。刑仵之外，毋許多帶僕役，藉端需索流弊，定例綦嚴，理當各知遵守，以昭功令。今本府訪聞郡屬各縣，凡遇下鄉踏勘相驗等事，跟隨人役過多，即使嚴加約束，恐不能保其必無需索酒食夫馬情事，甚至所對不遂，作踐事主，屍親受冤無伸。本官聲名于是敗壞。與其波及於事後何方檢點於機先。本府歷經有司之任，頗知此中隱微。潔己方能奉公，上行自然下效。除已往不究外，合行通飭札遵。札到該縣嗣後凡遇下鄉踏勘命盜等案，務須先立點單，輕輿減從，不得多帶吏役。更毋許暗地跟隨，搔擾地方。倘敢陽奉陰違，一經覺察，官參役處，斷不輕貸。各宜凜遵毋違，特札。

清·佚名《告示集·札飭府縣清釐積案》 照得設官分職，原以爲民命事。若漠不關心，即屬曠官溺職。本署司屢權臬篆，凡接見屬員，無不諄諄告誡，不啻舌敝唇乾，而文檄通行，更硯穿穎脫矣。乃體察各屬，以言捕務則竊逃之横行如故也，以言案牘則訟牒之沉擱如故也。本署司惟廢弛自懼，雖屢加訓飭所屬，疲軟依然，是本署司不能以誠心感格，方引以爲愢。然本署司一片苦心，形於楮墨，而所屬見之僅視爲具文，兼有並不寓目者。試午夜自思，身爲民牧，當如是乎？亦何以自安耶？近奉上諭，以越東有捺擱斃命之案，通飭各省至嚴至切。是以利害而論，州縣官延案不辦，累月積年，拖累多人。該管知府又漫無覺察，一經上司糾劾，其罪名何若乎？各該員即不爲陰騭計，不爲聲名計，寧不爲官職身家計耶？合再通飭，札到該府立即督率所屬，振刷精神。凡捕務案牘一切事宜，實力講求，自立課程，黽勉查辦。俾政事日就肅清，地方日有起色，下不負民，上不負國。轉積弊爲上理，是所望於賢太守耳。正己可以率屬，察吏可以安民。望切至屬，此番大聲疾呼之後，仍有仍安積習不自振刷者，本署司自有辦法，莫謂言之不預也。

清·佚名《告示集·民間買産之契例應隨時校税》 爲曉諭事。照得民間買産之契例應隨時報税，所以昭信據而裕國課。故例有匿不税契笞責追價之條，審理詞訟有白契不足爲憑之斷。前因業戶置産，每多吝惜小費，匿契不税。歷奉憲行查禁，示諭在案。詎屬民人税契者，仍復寥寥，顯有隱匿。推原其故，皆因架書不驗契紙之報税與否，違例過割所致。合再出示曉諭。爲此示仰架書及該業戶人等知悉：嗣後凡有置買田地山塘房屋，務須照例先將應納税契銀兩自行報税，粘發司頒印尾，再行推收過割。如或先行過糧，匿契不税，一經察出，或被首告，定即按例治罪，照追半價入官。其不驗印契混與推收之架書，一併革責，決不寬貸。凜遵毋違，特示。

清·沈家本《寄簃文存·無冤録序》 大辟之獄，自檢驗始。《禮·月令》：孟秋之月，命理瞻傷察創，視折審斷。據蔡邕之説，皮曰傷，肉曰創，骨曰折，骨内皆絶曰斷。瞻焉，察焉，視焉，即後世檢驗之法也，而其法不傳。秦、漢已下，亦未聞有檢驗之書。宋嘉定中，湖南、廣西刊印《正背人檢驗格目》，江西提刑徐似道言之於朝，四年，詔頒行於諸提刑司，名曰檢驗正背人形圖。此爲今屍格之所自始。宋時有《内恕録》等書，言檢驗之事，皆不傳。至淳祐中，宋慈會粹諸書，爲《洗冤集録》，此又冤録之名所自始也。其後又有《平冤録》及《無冤録》，法家謂之檢驗三録。顧《洗冤録》官司奉爲鴻寶，而平冤、無冤二《録》傳本獨希者，蓋二《録》多採宋《録》之説，世人視爲重儓而忽略之。詎知二《録》遞相祖述，後之所説，多可以補正前人之説，相輔而行，不可廢也。

紀事

《睡虎地秦墓竹簡·封診式·經死》 爰書：某里典甲曰：里人士五(伍)丙經死其室，不智(知)故，來告。即令令史某往診。令史某爰書：與牢隸臣某即甲、丙妻、女診丙。丙死(屍)縣其室東内中北辟權，南鄉(向)，以枲索大如大指，旋通系頸，旋終在項。索上終權，再周結索，餘末袤二尺。頭上去權二尺，足不傅地二寸，頭北(背)傅辟，舌出齊唇吻，下遺矢弱(溺)，污兩卻(腳)。解索，其口鼻氣出渭(喟)然。索迹椒(椒)鬱，不周項二寸。它度毋(無)兵刃木索迹。權大一圍，袤三尺，西去堪二尺，堪上可道終索。地堅，不可智(知)人迹。索袤丈。衣絡禪襦、帬各一，踐。即令甲、女載丙死(屍)詣廷。診必先謹審視其迹，當獨抵死(屍)所，即視索終，終所黨有通迹，乃視舌出不出，頭足去終所及地各幾可(何)，遺矢弱(溺)不毆(也)？乃解索，視口鼻渭(喟)然不毆(也)？及視索迹鬱之狀。道索終所試脱頭；能脱，乃其衣，盡視其身、頭發中及篡。舌不出，口鼻不渭(喟)然，索迹不鬱，索終急不能脱，死難審毆(也)。節(即)死久，口鼻或不能渭(喟)然者。自殺者必先有故，問其同居，以合(答)其故。

《睡虎地秦墓竹簡·封診式·出子》 爰書：某里士五(伍)妻甲告曰：甲懷子六月矣，自晝與同里大女子丙斗，甲與丙相捽，丙僨庰甲。里人公士丁救，別丙、甲。甲到室即病復(腹)痛，自宵子變出。今甲裹把子來詣自告，告丙。即令令史某往執丙。即診嬰兒男女、生發及保之狀。有(又)令隸妾數字者，診甲前血出及癰狀。有(又)訊甲室人甲到室居處及復(腹)痛子出狀。丞乙爰書：令令史某、隸臣某診甲所詣子，已前以布巾裹，如衃(衃)血狀，大如手，不可智(知)子。即置盎水中榣(搖)之，音(衃)血子殹(也)。其頭、身、臂、手指、股以下到足、足指類人，而不可智(知)目、耳、鼻、男女。出水中有(又)音(衃)血狀。其一式曰：令隸妾數字者某某診甲，皆言甲前旁有干血，今尙血出而少，非朔事殹(也)。某賞(嘗)懷子而變，其前及血出如甲□。

《睡虎地秦墓竹簡・封診式・穴盜》 爰書：某里士五(伍)乙告曰：自宵臧(藏)乙復(複)結衣一乙房內中，閉其戶，乙獨與妻丙晦臥堂上。今旦起啓戶取衣，人已穴房內，獘(徹)內中，結衣不得，不智(知)穴盜者可(何)人、人數，毋(無)它亡殹(也)，來告。即令令史某往診，求其盜。令史某爰書：與鄉隸臣某即乙、典丁診乙房內。房內在其大內東，比大內，南鄉(向)有戶。內後有小堂，內中央有新穴，穴獘(徹)內中。穴下齊小堂，上高二尺三寸，下廣二尺五寸，上如豬竇狀。其所以埱者類旁鑿，迹廣寸大半寸。其穴壞在小堂上，直穴播壞，柀(破)入內中。內中及穴中外壞上有厀(膝)、手迹，厀(膝)、手各六所。外壤秦綦履迹四所，袤尺二寸。其前稠綦袤四寸，其中央稀者五寸，其歱(踵)稠者三寸。其履迹類故履。內北有垣，垣高七尺，垣北即巷殹(也)。垣北去小堂北唇丈，垣東去內五步，其上有新小壞，壞直中外，類足歫之之迹，皆不可爲廣袤。小堂下及垣外地堅，不可迹。不智(知)盜人數及之所。內中有竹柖，柖在內東北，東、北去廦各四尺，高一尺。乙曰：□結衣柖中央。訊乙、丙，皆言曰：乙以迺二月爲此衣，五十尺，帛里，絲絮五斤葉(裝)，繆繒五尺緣及殹(純)。不智(知)盜者可(何)人及蚤(早)莫(暮)，毋(無)意殹(也)。訊丁、乙伍人士五(伍)，曰：見乙有結復(複)衣，繆緣及殹(純)，新殹(也)。不智(知)其里可(何)物及亡狀。以此直(值)衣賈(價)。

《睡虎地秦墓竹簡・封診式・毒言》 爰書：某里公士甲等廿人詣里人士五(伍)丙，皆告曰：丙有寧毒言，甲等難飲食焉，來告之。即疏書甲等名事關諜(牒)北(背)。訊丙，辭曰：外大母同里丁坐有寧毒言，以卅餘歲時罨(遷)。丙家節(即)有祠，召甲等，甲等不肯來，亦未嘗召丙飲。里節(即)有祠，丙與里人及甲等會飲食，皆莫肯與丙共桮(杯)器。甲等及里人弟兄及它人智(知)丙者，皆難與丙飲食。丙而不把毒，毋(無)它坐。

《睡虎地秦墓竹簡・封診式・亡自出》 鄉某爰書：男子甲自詣，辭曰：士五(伍)，居某里，以迺二月不識日去亡，毋(無)它坐，今來自出。問之名事定，以二月丙子將陽亡，三月中逋築宮廿日，四年三月丁未籍一亡五月十日，毋(無)它坐，莫覆問。以甲獻典乙相診，今令乙將之詣論，敢言之。

《睡虎地秦墓竹簡・封診式・厲(癘)》 爰書：某里典甲詣里人士五(伍)丙，告曰：疑厲(癘)，來詣。訊丙，辭曰：以三歲時病疕，麋(眉)突，不可智(知)其可(何)病，毋(無)它坐。令醫丁診之，丁言曰：丙毋(無)麋(眉)，艮本絕，鼻腔壞。刺其鼻不疐(嚏)。肘厀(膝)到兩足下奇(踦)，潰一所。其手毋胈。令譹(號)，其音氣敗。厲(癘)殹(也)。

《睡虎地秦墓竹簡・封診式・賊死》 爰書：某亭求盜甲告曰：署中某所有賊死、結發、不智(知)可(何)男子一人，來告。即令令史某往診。令史某爰書：與牢隸臣某即甲診，男子死(屍)在某室南首，正偃。某頭左角刃痏一所，北(背)二所，皆從(縱)頭北(背)，袤各四寸，相耎，廣各一寸，皆臽中類斧，腦角出(頤)皆血出，柀(被)污頭北(背)及地，皆不可爲廣袤；它完。衣布禪帬、襦各一。其襦北(背)直痏者，以刃夬(決)二所，應(應)痏。襦北(背)及中衽污血。男子西有鬃秦綦履一兩，去男子其一奇六步，一十步；以履履男子，利焉。地堅，不可智(知)賊迹。男子丁壯，析(皙)色，長七尺一寸，髮長二尺；其腹有久故瘢二所。男子死(屍)所到某亭百步，到某里士五(伍)丙田舍二百步。令甲以布帬剡貍(埋)男子某所，侍(待)令。以襦、履詣廷。訊甲亭人及丙，智(知)男子可(何)日死，聞譹(號)寇者不殹(也)？

《睡虎地秦墓竹簡・封診式・□□》 □□某爰書：某里士五(伍)甲、公士鄭才(在)某里曰丙共詣斬首一，各告曰：甲、丙戰刑(邢)丘城，此甲、丙得首殹(也)，甲、丙相與爭，來詣之。診首□髮，其右角痏一所，袤五寸，深到骨，類劍迹；其頭所不齊𦝡𦝡然。以書讂首曰：有失伍及菌(遲)不來者，遣來識戲次。

《睡虎地秦墓竹簡・封診式・封守》 鄉某爰書：以某縣丞某書，封有鞫者某里士五(伍)甲家室、妻、子、臣妾、衣器、畜產。甲室、人：一宇二內，各有戶，內室皆瓦蓋，木大具，門桑十木。妻曰某，亡，不會封。子大女子某，未有夫。子小男子某，高六尺五寸。臣某，妾小女子某。牡犬一。幾訊典某某、甲伍公士某某：甲黨(倘)有(它)當封守而某等脫弗占書，且有罪。某等皆言曰：甲封具此，毋(無)它當封者。即以甲封付某等，與里人更守之，侍(待)令。

《南史·循吏傳》 齊高帝輔政，以山陰獄訟煩積，復以琰爲山陰令。賣針、賣糖老姥爭團絲來詣琰，琰挂團絲於柱鞭之，密視有鐵屑，乃罰賣糖者。又二野父爭鷄，琰各問何以食鷄，一人云粟，一人云豆。乃破鷄得粟，罪言豆者。縣內稱神明，無敢爲偷。琰父子並著奇績，時云諸傳有《理縣譜》，子孫相傳，不以示人。

五代·和凝《疑獄集》卷之一《張舉燒猪》 張舉，吳人也，爲句章令。有妻殺夫，因放火燒舍，乃詐稱火燒夫死。夫家疑之，詣官訴妻，妻拒而不承。舉乃取豬二口，一殺之，一活之，乃積薪燒之，察殺者口中無灰，活者口中有灰。因驗夫口中，果無灰，以此鞫之，妻乃伏罪。

五代·和凝《疑獄集》卷之一《季珪鞭絲》 宋傅季珪爲山陰令，有賣糖、賣針老母爭絲一團，訴之季珪。季珪令掛絲於柱鞭之，有少鐵屑焉，乃罰賣糖者。

五代·和凝《疑獄集》卷之一《孫亮辨蜜》 吳廢帝孫亮，字子明。嘗暑月遊西苑，方食生梅，使黃門以銀瓶並蓋就中藏吏取蜜。黃門素怨藏吏，乃以鼠屎投蜜中，啓言藏吏不謹。亮即呼吏，吏持蜜瓶入，亮問曰：既蓋之，復覆之，無緣有此，黃門非有求於爾乎？吏叩頭曰：彼嘗從臣覓宮席不與。亮曰：必爲此也，易知耳。乃令破鼠屎，燥。亮笑曰：若鼠屎先入蜜中，當內外俱濕。今內燥者，乃枉之耳。於是黃門伏罪。

五代·和凝《疑獄集》卷之一《惠擊羊皮》 後漢李惠嘗爲雍州刺史，有負薪負鹽者爭一羊皮，各言其藉背之物。惠因謂州吏曰：擊羊皮即可知主。羣下默然。惠乃令置羊皮席上，以杖擊之，見少許鹽屑，使爭者視之。負薪者乃伏其罪。

五代·和凝《疑獄集》卷之一《孫登比彈》 《吳志》：孫權長子登，字子高，爲太子。嘗出，有彈丸飛過，令左右求之。見一人操彈佩丸，咸以爲是，辭對不伏。從者請捶之，登不聽。使求飛過彈丸比之，不類，遂釋之。

五代·和凝《疑獄集》卷之三《孫寶秤餅》 漢孫寶爲京兆尹，有賣鐶散者今鐶餅也於都市，有一村民相逢，擊落鐶散者皆碎，村民甘填五十枚，賣者堅稱三百餘枚，因致喧爭。巡者領赴大尹，引問，無以證明。大尹令鞫吏買鈈散一枚，秤知分兩，乃都秤碎者，細折元數，其賣主承伏虛誑之罪，村民獲雪，衆謂神明。

五代·和凝《疑獄集》卷之八《李公驗欅》 尚書李南公知長沙縣日，有鬥者甲強乙弱，各有青赤痕。南公以指捏之，曰：乙眞，甲僞。訊之果然。蓋南方有欅柳，以葉塗肌，則青赤如毆傷者。剝其皮橫置膚上，以火熨之，則如棒傷，水洗不下。但毆傷者血聚則硬，僞者不硬耳。

五代·和凝《疑獄集》卷之八《章辯朱墨》 侍御史章頻知彭州九隴縣時，眉州大姓孫延世爲僞契奪族人田，久不能辯。運使委頻驗治，頻曰：券墨浮朱上，決先盜用印而後書之。既引伏，獄未上，而其家人復訴於轉運，更命知華陽縣黃夢松覆案，亦無所異。黃用是召爲御史。

五代·和凝《疑獄集》卷之八《江分表裏》 陵州仁壽縣有里胥洪氏，利鄰人田，紿之曰：我爲收若稅，免若役。鄰人喜，剗其稅歸之，逾二十年，且僞爲券，以茶染紙，類遠年旨，訟之於縣。縣令江某即中取紙券，展開視之曰：若遠年，紙裏當色白，今表裏如一，僞也。訊之，果伏。

五代·和凝《疑獄集》卷之八《王珣辨印》 少師王珣知昭州日，有誣告僞爲州印文書，獄久不決。吏以印文不類，珣索景德舊牘，視其印文則無少異。誣者乃服。蓋其文書乃景德時者。

五代·和凝《疑獄集》卷之九《劉沆取鄰證》 丞相劉沆知衡州日，有大姓尹氏欲買鄰人田莫能得。鄰人老而子幼，乃僞爲券，及鄰人死，據之。其子訟二十年不得直。沆至又訴，尹氏出積歲戶鈔爲證。沆曰：若田百頃，戶鈔豈特收此乎？始爲券時嘗問鄰乎？其人多在，可取爲證。尹不能對，遂伏罪。

五代·和凝《疑獄集》卷之九《澤民釋僧》 汪澤民爲平江府推官，有僧淨廣，與他僧有憾，久絕往來。一日邀廣飲，廣弟子急欲得師財，且苦其捶楚，潛往他僧所殺之。明日訴官。他僧不勝拷掠，乃誣服。三經審錄詞無異，結案待決。澤民取行兇刀視之，刀上有鐵工姓名，召工問之，乃其弟子刀也。一訊吐實，即械之而出，他僧人驚以爲神。

五代・和凝《疑獄集》卷之九《提舉驗杖》　宋提舉楊某爲越錄事參軍，郡守治盜嚴，凡保內捕賊不獲，則被盜物責保長償之。有一人家被盜，持杖追擊仆地，執送保長。保長苦之，乃即械繫解官。適盜死，郡因治保長制死，獄具。後公閱狀云：左肋下致命一痕長寸二分，中有白路，必背後追擊，是其死非因保長制縛也。獄吏爭案已成，公不聽，即追詰元捕賊者，果得其情。索致杖首，有制證益明。乃引法止坐保長杖罪，免死。後二公子登進士，雖曰有命，然其心可尚也。

宋・鄭克《折獄龜鑑》卷一《司馬悅》　後魏司馬悅，爲豫州刺史。有上蔡董毛奴，齎錢五千，死於道路。或疑張堤行劫，又於堤家得錢五千，堤懼楚掠，自誣言殺。悅疑不實，引毛奴兄靈之問曰：殺人取錢，當時狼狽，應有所遺，曾得何物？答曰：得一刀鞘。悅取刀鞘視之，曰：此非里巷所爲也。乃召州內刀匠示之。有郭門者，言此刀鞘，其手所作，去歲賣與鄰人董及祖。悅收及祖。詰之具服。靈之又於及祖身上，認得毛奴所服皁襦，遂釋張堤。出北史司馬楚之傳，悅其孫也。舊集不載。

按悅所以能使及祖服罪者，雖有智算，亦偶然耳。向若賊不遺刀鞘，或鞘非州內刀匠所作，何從知及祖爲賊耶？其可稱者，哀矜審謹，合於中孚議獄緩死之義，故卒能獲賊以釋冤也。認鞘事又見迹賊門。

宋・鄭克《折獄龜鑑》卷二《許宗裔》　王蜀時，有許宗裔守劍州。部民被盜，燈下識之，迨曉告官。捕獲一人，所收贓物，唯絲絇紬線而已。宗裔引問，繫囚訴冤，稱是本家物，與被盜人互有詞說。乃命取兩家繰車，以絲絇量其大小，與囚家車軖同。又問紬線胎心用何物？一云杏核，一云瓦子。因令相對開之，見杏核，與囚款同。於是被盜人服妄認之罪，巡捕吏當考決之辜。指顧之間，便雪冤枉。舊不著出處，驗贓事又見證慝門。

宋・鄭克《折獄龜鑑》卷二《王珣》　王珣少卿知韶州，有告僞爲州印者，繫獄久不決。吏持其文不類州印，珣爲索景德以前舊牘，視其印文則無少異，誣者立雪。蓋吏不知印文更時也。見王珣丞相所撰墓誌。

按：此非告者造誣也，但見其不類而告之耳。所印文書景德時事，當索景德以前舊版校之，吏不思此，乃令人繫，亦可憐哉！唯珣盡心，於是獲釋。不然，則必冤死矣。

宋・鄭克《折獄龜鑑》卷五《子產》　鄭子產聞婦人哭，使執而問之，果手刃其夫者，或問何以知之，子產曰：夫人之於所親也，有病則憂，臨死則懼，既死則哀，今其夫已死，不哀而懼，是以知其有姦也。舊出獨異志。

按：《疑獄集》又載兩事。【略】近時小說亦載一事，張詠尚書鎮蜀日，因出過委巷，聞人哭，懼而不哀，亟使訊之，云：夫暴卒。乃付吏窮治，吏往熟視，略不見其要害。而妻教吏搜頂髮，當有驗。及往視之，果有大釘陷其腦中。吏喜，輒矜妻能，悉以告詠。詠使呼出，厚加賞勞，問所知之由，令併鞫其事。蓋嘗害夫，亦用此謀，發棺視屍，其釘尚在，遂與哭婦俱刑於市。此三事始末略同，皆用子產語，以察姦者也，或疑張、韓之事後人傅會爲之，然則上虞孟嘗，臨淄曹攄，所論孝婦亦可疑矣。古今雖殊，事理無異，適然相似，何足致詰？當知子產言猶可用。郭申錫給事，初爲常州晉陵尉。民有號泣訴其弟爲人所殺者，申錫察其色懼而不哀，曰吾得賊矣。執而訊之，果兄殺弟。見本傳。此其事異而理不異，豈非亦用子產之言以察姦乎？蓋言苟中理，無時不驗。非若譎詐，忌人窺測，已陳芻狗，用輒欽定四庫全書爲祟也。王者發政，必占古語，盡心君子焉可忽哉。

宋・鄭克《折獄龜鑑》卷五《江某》　江某郎中知陵州，仁壽縣有洪氏，嘗爲里胥，利鄰人田，紿之。曰：我爲若稅，免若役。鄰人喜，劃其稅，歸之，名於公。上踰二十年，且僞券，茶染紙類遠年者，以訟。某取紙即伸之，曰：若遠年紙，裏當白，今表裏一色，僞也。訊之，果服。見李泰伯主簿所撰墓誌。江衢州開化人失其名。

按：僞券之姦，世多有之，巧詐百端，不可勝察，著此二事，亦足以鑒也。

宋・鄭克《折獄龜鑑》卷五《黃昌》　後漢黃昌，爲宛令。政尚嚴猛，好發姦伏。有盜其車蓋者，昌初無所言，後乃密遣親客，至門下賊曹家掩取得之。悉收其家，一時殺戮。大姓戰懼，皆稱神明。出後漢書本傳舊集不載按：賊曹主盜賊事，而盜令君車蓋，正如周紆爲召陵侯相，廷椽憚其嚴明，欲損其威，而晨取死人斷手足立寺門，是姦猾之吏與令爲戲者也。有以勝之，則其黨皆畏戢；無以勝之，則其黨皆侮。玩故昌初無所言，猶兵法初如處女敵人開戶也，掩取得之，猶兵法後如脫兔敵不及拒也。此其所以勝姦之術也。夫一車蓋，亦何所直？嘗試縣令，人必非遠。察其情狀，猶涉疑似，驗其物色，遂見端的。於是掩取，理無不得也。昌發姦伏，可謂有術。然悉收其家，一時殺戮，則殘酷已甚矣。此乃前代長吏法許專誅之過也。今但取其察姦之術耳。酷吏之事，善人所惡，何足道哉！

宋・鄭克《折獄龜鑑》卷六《張舉》 張舉，吳人也，爲句章令，有妻殺夫，因放火燒舍，稱火燒夫死，夫家疑之，訴於官，妻不服，舉乃取豬二口，一殺之，一活之，而積薪燒之，活者口中有灰，殺者口中無灰，因驗屍，口果無灰也。鞫之服罪。舊不著出處，按和凝所著二十九條，皆以時代爲次，其書舉事在吳人之末晉人之前，豈非孫氏之臣乎，但先既云吳廢帝孫亮則此宜云吳，張舉不當於姓名下言吳人耳，句章屬會稽郡。

按：孫寶以饊散一枚之重爲證，而詆言三百枚之慝顯矣。張舉以死豬口中之灰爲證，而詆言夫燒死之慝顯矣，是謂慝未顯者，以物證之，則不可諱也。然則莊遵守屍而首有蠅集爲覈姦有效，豈若張舉驗屍而口無灰入爲證慝盡理乎？

宋・鄭克《折獄龜鑑》卷六《范純仁》 范純仁丞相知河中府時，錄事參軍宋儋年會客罷，以疾告，是夜暴卒，蓋其妾與小吏爲姦也。純仁知其死不以理，遂付有司案治。會儋年子以喪柩歸，移文追驗其屍，九竅流血，睛枯舌爛，舉體如漆。有司訊囚，言寘毒鼈胾中。純仁問：鼈胾在第幾巡，豈有中毒而能終席耶？必非實情。命再劾之。乃因客散醉歸，寘毒酒盃中而。之此蓋罪人以儋年不嗜鼈而爲坐客所共，〔知〕且其後巡數尚多，欲爲他日飜異逃死之計爾。見范忠宣公言行錄。

按：凡善覈姦者，必善鞫情也。若不得實情，則後必飜異，而姦人得計矣。推覈之際，戒在疏略，是故漢史稱嚴延年之治獄也，文案整密，不可得反。雖酷吏無足道，然於此一節亦有取焉耳。

宋・鄭克《折獄龜鑑》卷六《歐陽煜》 歐陽煜都官，知端州，有桂陽監民爭舟相毆死，獄久不決，煜出囚，坐廷中，去其桎梏，而飲食之，訖，還於獄，獨留一人。留者色動，煜曰：殺人者汝也。囚不知所以然，曰：吾視食者，皆以右手持匕，汝獨以左，今死者傷右肋，此汝殺之明也。囚泣曰：我殺之不敢以累他人。見歐陽修參政所撰墓誌

按：煜以觀其驗狀云：傷右肋死，故因飲食視所用手。彼獨左手持匕者，乃是毆殺之人也。以此爲證，其辭自屈，與錢維濟辨誣之術同矣。苟非盡心察獄，則亦豈能然耶。

宋・鄭克《折獄龜鑑》卷六《李處厚》 太常博士李處厚，知廬州慎縣，嘗有毆人死者，處厚往驗屍，以糟胾灰湯之類薄之，都無傷迹。有一老父求見，曰：邑之舊書吏也，知驗傷不見迹，請用赤油繖日中覆之，以水沃屍，迹必立見，處厚如其言，傷迹宛然。自此江淮間往往用其法。見沈括《內翰筆談》。

按：凡據證折獄者，不唯責問知見辭欵，又當檢勘其事，推驗其物，以爲證也。則驗傷者宜盡心焉。故書南公捏痕事，又以處厚沃屍事繼之也。

宋・鄭克《折獄龜鑑》卷六《程顥》 程顥察院，初爲京兆府鄠縣主簿，民有借其兄宅以居者，發地中藏錢。兄之子訴曰：父所藏也。令言：無證左，何以決之？顥曰：此易辨耳。問兄之子曰：爾父藏錢幾年矣？曰：二十年。遣吏取千錢視之，謂曰：今官所鑄錢，不五六年則遍天下，此錢皆爾父未居前數十年所鑄，何也？按《宋文鑑》及《伊洛淵源錄》皆作爾父藏錢幾何時矣？曰：四十年矣。彼借宅居幾何時矣？曰：二十年矣。即遣吏取錢十千，視之，謂借宅者曰：今所鑄官錢不五六年即遍天下，此錢皆爾父未藏前數十年所鑄，何也？文義較明晰。其人遂服，令大奇之。見程頤侍講所撰行狀。

按：旁求證左，或有僞也，直取證驗，斯爲實也。彼言地中藏錢，是其父所藏者，取錢驗之，皆古錢也，又豈能選擇古錢藏之耶，以此爲證，妄訴明矣，是故其人不敢不服也。

宋・鄭克《折獄龜鑑》卷六《李南公》 李南公尚書知長沙縣時，有鬭者，甲強而乙弱，各有青赤痕。南公召：使前，自以指捏之。曰：乙眞而甲僞也。訊之，果然。蓋南方有櫸柳，以葉塗膚，則青赤如毆傷者，剝其皮，横置膚上，以火熨之，則如棓傷者，水洗不落，但毆傷者，血聚則硬，而僞者不然，南公乃以此辨之也。聞之士林。

按：鬭毆之訟，以傷爲證，而有此僞，豈可不辨？故特著焉。

宋・陸九淵《陸九淵集・與張監》 又有大囚，其犯乃在某未到任時。到此未久，卽見一人來投牒，乃被人殺之家，訟當陽勘囚情節未盡，觀其辭，卽知其爲健訟者。已而聞之，果無狀之人，以好訟不已，常遭徒刑矣。卽判送當陽縣，令從公盡情根勘，不得稍有鹵莽。沈宰亦在郡，某亦常摘其詞中所訟與相反覆。沈宰謂大囚在獄，只得盡情，出入皆不可，其事皆親自研

勘，不在吏手。觀沈宰序說本末，果皆不苟。及其解本軍，軍院猶研究有節目未盡者，竟追縣吏斷遣，今奏案上矣。健訟之人，自憲使之至，卽投牒於憲臺。計其投牒之日，乃在此間奏上之後。憲臺遂索案，比既奏，又先申憲矣。然既索案，只合發往。前月方得牒改送司理院，且言已專人發案下。然其案逮今未至，司理院亦無從照勘。本軍相尋有兩奏案，一後奏者下已久矣，此案獨未下，豈憲臺致疑於其間，以上聞也。此事本末甚詳，當時憲臺但以其詞與所疑令本軍具析，則其事渙然矣。刑獄淹延，亦憲臺之任。其囚已於絞刑上定斷，獨以殺人無證，法當奏裁。縱令別勘，其情與其刑皆不能有所加。

宋・桂萬榮《棠陰比事》卷上《高防校布》 周世宗時，高防知蔡州。部民王義爲賊所劫，捕得五人，繫獄窮治，賊狀已具，將加極刑。防復取贓閱之，召義問：所失衫袴，是一端布否？曰：然防令校其幅尺，廣狹疎密不同，囚乃稱冤。問：何故服罪？曰：不任捶楚，來速死耳。居數日，獲本賊。而五人乃免。防歸本朝，終於左丞。

宋・佚名《名公書判清明集・户婚門・羅琦訴羅琛盜去契字賣田》 趙宅買羅琛庚難字號晚田一畝二角二十二步，既有契字，又繳到受分關書，即無批破，交易已正，縱有不明，亦非知情。今據羅琛親兄羅琦陳狀，謂是本位已曾買入，復被羅琛偷去干照，轉行典賣。盜竊之事，理或有之。但羅琦並無片紙執手，考之省簿，又是兄弟合爲一戶，稅錢苗退受，復無稽考，官司將何所憑退回交易。其田合與照契爲業。又據羅琛所供，此田元係典與姊夫謝瑜，又有一兄羅球，亦係連關受分，必能知證，況是親戚兄弟，自宜從公和對。如當來委有曲折，合就羅琛名下監還價錢。

宋・佚名《名公書判清明集・户婚門・高七一狀訴陳慶佔田》 據鄉司供首，陳文昌起立高七一詭名，尋出引告示歸併，已係陳文昌承認，入本戶訖。今高七一輒來陳狀，謂自己所置田產，不應歸併陳文昌戶。及索干照呈驗，稅錢一百二十，有令契立價錢五十貫，已是不登。又於內即無號數畝步，別具單帳於前，且無縫印。鄉原體例，凡立契交易，必書號數畝步於契內，以憑投印。今只作空頭契書，卻以白紙寫單帳於前，非惟稅苗出入可以隱寄，產業多寡皆可更易，顯是詐欺。勘杖六十，照陳文昌責狀歸併。尋具案引斷，係高七一當廳責狀歸併，再與照行免斷。

宋・佚名《名公書判清明集・户婚門・争山各執是非當參旁證》 照得曾子晦與范僧爭論山地，自有兩項。一項雞籠山，已經使、府結絕，不當復問，今來所爭，卻是宋家源頭山。此山元是楊三六業，賣與范崇，契內具出四至分曉，載錢陸貫，乃紹熙九年十二月立契，至紹熙三年四月到官，此范僧之所據也。後來阿黃同男范僧將黃梔園幷山賣與曾大機宜，載錢六貫二百文，卻不曾具山之四至，以嘉定二年九月日請紙，於紹定二年八月投稅，此曾子晦之所執也。在法：交易只憑契照。既是范僧同母親將此山立契，賣與曾子晦，則既賣之後，寸土株木，自當還曾子晦掌業，縱有元契，豈可復用，在范僧夫復何說？詰其所爭者，不無由焉，蓋曾子晦所執之契內明言，男將風疾，無錢醫治，自是范僧小時阿黃立契，范八依書，范僧亦置於其間。但曾子晦以爲范僧親簽，而範僧以爲不曾簽契領錢；曾子晦以爲范僧親領，而范僧以爲不曾領。爲曾子晦之說，以爲當初果不曾立契，范僧何不爭於三十年前，而卻爭於子晦既論之後；爲范僧之說，則以爲當初果曾賣與曾子晦，何爲半年不肯把契出官，卻先以假僞文書執出冒占。在法：典賣過二十年，錢主俱存，而兩詞枘鑿如此，況書契之人並無一存，可以爲證。本廳既難根究，何緣可得實情，故未免令兩家在外和對，其意無他，亦以曾子晦乃得業之家，范僧乃失業之主，雖愚者已知其有鄭、息之勢，所以官司再三勉以虞、芮之成，蓋欲彼此永絕訟根，免至頻頻紊煩官府耳。今兩家既堅執所長，當職只得從公區處。蓋宋家源之山，厥直甚微，而山上所植松杉之木，爲利則甚夥。范僧未興伐木之斧，此山固不知其孰主，范僧既賣木之後，曾子晦即經官有詞，是兩爭之意不在山，而在木也。反復兩家之詞，斷之以平心之論，蓋曾子晦以阿黃嘉定二年所賣立契而主此山則可，以曾子晦父知府所載寶慶元年支書而主此山則不可。緣支書所載之山，係土名宋家源，與宋家源頭想是兩處，況又是宋五山四至之口，又有一至范家山，不知曾子晦之與宋五交易，在阿黃之先耶，亦在後耶？唯是曾子晦當初不便將此契出官呈覆，卻先把支書以爲憑，宜乎范僧之嘵嘵不已，故官司以其支書者，幷以此契疑之。外此又有一說，可以參證，據范僧之兄范八曾將黃梔園典曾子晦交易，建陽鄉例，交易往往多批鑿元分支書。曾子晦以爲黃梔園及宋家源頭山並不曾批鑿，而范僧執以爲只是黃梔園曾批，而此不係賣過，即不曾批。今范僧所分支書見留在使府司戶廳，若是兩項山園俱不曾批，則曾子晦之説爲是，此山合還曾宅管業；　如是黄梔園曾批，則范僧之説爲正，而曾子晦之契尤有可議。此本文字既難得參詳，使、府嚴限，不敢有違，案具所擬事理申，取自使、府別委官點對結絶，庶得公當。契書合給還取領。

宋・佚名《名公書判清明集・户婚門・無證據》　饒操無子，養應申以爲子，儻果有庶出之親子，不自撫育，併母逐去，以嫁其僕李三，非人情也。今李三之子李五，謂其母懷孕而出，以嫁李三，自陳歸宗，何所據而然也。準法：諸別宅之子，其父死而無證據者，官司不許受理。李五生於李三之家，年踰二十，父未嘗以爲子，其無證據也決矣。李三，饒操之僕也，二十年間，往來饒操家，不知其幾，必嚴主僕之分，欲爲子者果如是乎？據李五所供，謂是生母之出，母實逐之，理固有此，第母死十年之後，饒操身故十年之久，非一朝夕，饒操胡爲一併棄逐。初母死而不持母之喪，今父死而欲分父之業，夫豈可行！越年二十，明居李三之家，而陰爲饒操之子，天下豈有無父之國哉？夫父子，天性也，不可以强合，縱是其己之所出，而父不認，亦無可强之理，矧爲僞乎？昔衛太子歸詣北闕，公車以聞，是否未可知也，衆方艱於區處，京尹雋不疑乃叱從吏收縛，謂太子得罪先帝，亡不即死，今來自詣，是罪人也，詔獄而竟得其僞。夫大義所在，古今不易之理，家國雖異，其理則同，以義斷之，何所容喙。緣李五出沒於族人之家，往往多有主之者，若問族長，必有出而證其實。大概饒操過房應申，族多不平，乘機抵巇，〔三〕令得以騁。若果崇篤族義，其行以公，當操存日，何不俾正父子之名於一時，絶紛爭之禍於他日。胡爲操死之後，遽相扶持，以圖終訟，族義之薄，莫甚於此。郡縣所斷，反覆辯證，如見肺肝。今之爲政，非曰知之艱，必須行之果也，及至無訟，家已用喪，卒墮族人之姦。李五勘杖一百，編管鄰州。李三本是饒操地客，押出縣界，有詞決配。

宋・佚名《名公書判清明集・户婚門・争業上》　吳肅嘉定十二年一契，曲到吳鎔帝字號田六畝二角，官字號田二畝三十步，約限九年，亦已投印，其間聲載批破祖關去失，上手不在行用，無不分明。吳肅拘收花利，過割税苗，凡經五年。近有吳檜遽來爭占，吳肅入詞，追到在官，就索干照。據檜齎出　紹興二十年其祖吳武成賣與吳鎔之曾祖吳四乙赤契一紙，又於空紙後批作淳熙八年贖回，就行租賃。與元佃人耕作。且當元立契雖可照證，厥後批鑿何所依憑？　況元契既作永賣立文，其後豈容批回收贖？縱所贖果無僞冒，自淳熙八年至今，已歷四十二年，胡爲不曾交業？若曰就行佃賃，固或有之，然自吳四乙至吳鎔凡更四世，未有賃田可如是之久者。準法：諸典賣田宅，已印契而訴畝步不同者，止以契内四至爲定；其理年限者，以印契之日爲始，或交業在印契日後者，以交業日爲始。又準法：諸理訴田宅，而契要不明，過二十年，錢主或業主死者，官司不得受理。吳檜所齎干照已經五十餘年，其間破碎漫滅，不明已甚，夫豈在受理之數。所批收贖已經四十餘年，其田並未交業，仍在元户，豈應不以吳肅交業爲正？原其爭端，實以吳鎔不曾繳納上手，尋將與元出產人吳檜通同昏賴。吳檜乃吳鎔之叔，同惡相濟，爲謀已深。彼吳肅故爲聚斂之家，前後交易未必無違法之契，近因本縣根究一二，已行懲斷，故嗜利之人從而萌昏賴之心。夫豈知民訟各據道理，交易各憑干照。在彼則曲，在此則直，曲者當懲，直者當予，其可執一，以墮姦謀。吳鎔初焉附合，　志在得田，不思姦計果行，亦不免盜賣之罪。及送獄根勘，供招自明。吳鎔、吳檜各勘杖六十，廢契毀抹入案，田照吳肅交易爲業。

宋・佚名《名公書判清明集・户婚門・争業下》　吳生所訴范僧妄認墓山事，索到兩家契照，昨送司戶看詳。據申范僧兄弟三人，長誠之，次元之，末位僧，開禧三年已立支書分析印訖。曾宅係於嘉定元年十月内買范元之雞籠山下之山，范七六爲牙，涉三十餘年，賣主范元之已身故，無憑喚封，申府帖縣，差無礙保正，再集隣從公勘會。今建陽縣申，據保正常吉同隣人鍾五九等稱，范元之嘉定四年身故，即無子孫。又稱雞籠山下有曾知府、盧安人、江孺人三墳三十餘年，又有王家古墳，即不曾見范僧有喪安葬在山。又稱開禧三年，范僧經官分析范元之在日分得晚田，賣與夏秀才，園賣與華氏兒，黄梔園併山賣與曾知府宅。某照得所爭之山，范元之賣與曾宅在嘉定元年，范元之身故在於嘉定四年，范僧今以淳熙三年之契　爭理，謂山内有所養母阿黄及兄誠之兩墓，曾宅又指爲王氏古墓。但范僧不爭於曾宅安厝之時，而爭於曾宅陳論之後，今勘會即無范僧有墓在山之説，曾宅掌業安厝既已年深，合還曾宅照契管業，所有山内見在墓穴，亦不許曾宅開掘。仍帖縣照應，取臺旨。奉王侍郎臺判，諸典買田宅經二十年，而訴典買不明者，不得受理。曾知府所買范元之墳山三十年，若是范僧分業，何不於曾宅所買之時陳訴。況錢、業主俱亡，亦不在論理之限。門示范僧，　餘照僉廳所擬行。

宋·佚名《名公書判清明集·後村先生全集》 致死公事至檢驗而止，檢驗有疑至聚檢而止。賴信身死，據聚檢官所申，痕瘡惟左眉一擦痕，兩膝各有一磕痕，兩手十指指甲俱碎，驗是溺水身死。一船二三百人，不能泅者皆不死，而兩渡子獨溺死，可見平日稔惡，鬼得而誅　此去年三月二十七日事也，其日都保并買撲人與地分各不曾申，亦無血屬之詞，卻係本縣自行舉覺。然單內明言渡子不量渡船力勝，只要乞取燒香客人錢，攬載既多，船遂平沉，亦足以見兩渡子身死之由。賴進者，乃死人賴信之父，自厥子溺死，了無一字經縣，經隔一月，至四月二十三日始經州行下，而枝蔓之獄興矣。騷擾本縣之人可也，又擾及隣境之人，將及一年，賴進之訟愈健，縣吏之訐愈行。始則謂丘班子用石抛打賴信下水，繼又謂裴丙用拳打賴四左眉。以聚檢格目考之，拳痕擦痕，要自不同，豈可捏合遷就，以擦爲拳。當職白首州縣，見此等事多矣，賴信溺死分明。賴進受役勢家，買撲人渡，交通縣吏，妄於子死一月之後，旋生枉死情節，致興大獄。知縣明不能察，受教於吏，本司隔遠，止憑血屬偏詞。當職若非親履兩縣，亦未知上件曲折。賴進從輕勘杖一百，編管五百里，一行人並放。榜縣門，推吏送饒州根勘，帖問知縣及檢驗官失實之罪。

元·葉留《爲政善報事類·囚服掘屍》 魏高柔陳留人也文帝時爲廷尉護軍，竇禮近出不還，營司以爲亡，表言逐捕，沒其妻盈及男女爲官奴婢。盈連至州府稱冤自訟，莫有省者。乃詣廷尉，柔問曰：爾何以知夫不亡。盈曰：夫事母恭謹，又哀兒女，是非不顧室家者。柔重問曰：你夫不與人有冤讐乎？對曰：無又問：不與人交錢財乎？對曰：嘗出錢與同營士焦子文，求不得。適子文坐事繫獄，柔呼子文問所坐，言次復問曰：汝頗曾舉人錢否？子文曰：不敢。柔察其色動，遂曰：汝昔舉竇禮錢，何言否也？汝已殺禮，便宜早服。子文於是自首殺禮本末埋藏處所，柔便遣卒承子文辭往掘，禮即得其屍。詔復盈母子爲平民。柔後轉太常，旬日遷司空，後遷司徒，進封安國侯，轉太尉。年九十薨。

元·葉留《爲政善報事類·檢屍以實》 陳洎爲開封府功曹，章獻臨朝，族人杖死一卒。洎當檢屍時，中使絡繹，吏懼，欲以病聞。洎正色曰：彼實冤死，奈何懼罪驗不以實。爾曹勿預，吾當任咎。乃手自爲牘，以白府尹程琳。琳曰：用心如此，前程非琳所及。亟馳入奏，雖大忤旨，太后原其族人，洎亦不及罪。自此顯名，不數年，歷官臺府，終於三司副使。其孫傳道履常皆以詞章，爲時聞人，陰德之報也。

《宋史·陳薦傳》 陳薦字彥升，邢州沙河人。舉進士，爲華陽尉。盜殺人，棄屍民田。薦出驗，有以移屍告者。田主又殺其母。縣欲聞致殺二人，以逭薦失盜之責。薦不可，曰：焉有誣人以自貫者邪！已而獲盜。

《明實錄·洪武二十七年》〔六月〕庚午，丹徒縣民實良有仇家，告其子自斷其指，良乃訴於朝，言：臣嘗得疾，臣子卧冰爲禱，又絶食三日而禱皆不愈，既而刲股及以指燃灰服之，遂愈，非無故而傷肢體者。命法司驗之得實，遂釋之。

《明實錄·正統十一年》〔四月壬子〕陝西寧夏前衛指揮僉事任信奏：參替軍務大理寺右寺丞羅綺，妄費財力以建淫祠，勒徙居人以展察院，又數與淫婦私，受官吏賕，侵士卒獵，甚至掘發古塚以爲戲，其書吏稍諫沮之，輒考掠反致其罪，違法縱肆，不可勝言。寧夏操備署都指揮僉事陳斌亦奏綺如信章，綺奏：信以官軍千人私役於都督同知黄眞，臣嘗劾之，故眞與信共圖傾臣。上命巡按御史按察司覈實以聞。

《明實錄·成化二十三年》〔五月戊申〕貴州豐寧長官司土官楊泰與把事楊和有隙，誘至廣西泗城州農兵九千於鐵坑等一百一十七寨殺掠子女，焚毁廬合。守臣遣人拘治不伏，巡撫都御史謝昶移文兵部處分，時昶已被劾去任，兵部請移貴州、廣西鎮巡等官究治。上然之，泰等即令二處守臣拘治，不許縱惡，因責問貴州鎮守巡按等官不亟馳奏之故，已而太監張(成)〔晟〕、總兵官都督僉事吳經、巡按御史王鑑之咸伏罪，且言勘處未明，未敢輕奏，昶乃不俟覈實輒(動)〔獨〕移文兵部。詔謂勘處邊事，不會同具奏，法當究治，但既伏罪，姑宥之。成仍馳勅切責，經、鑑之俱停俸三月，其事速令完報。

又〔五月〕壬戌，調監察御史吳珍爲江西永新縣知縣。先是，珍巡監河東，有訐其受鄉人饋者，坐贓當除名，珍上章訴。上命三法司、錦衣衛勘問，仍坐贓罪，既而珍訴枉不已，令法司詳勘以聞，乃調外任。

《明實錄·弘治十五年》〔四月甲子〕時山西布政司參議王璠、山東按察司僉事馬(鑾)〔鸞〕等五人，以考察不謹，冠帶閑住。各上疏自(辦)〔辨〕，有旨令所(在)〔司〕查勘以聞。於是六科十三道交章劾之，謂璠等姦狀已明，乃違例摭拾妄奏，請治以罪，命仍待查勘至日處之。

《明實錄・弘治十六年》〔三月戊子〕巡按遼東監察御史王獻臣奏：三衛達子近牆下營，需索塩米，廣寧衛守備都指揮張天祥等，伏兵與之告語，因知建州進貢夷人至石河鋪，遂遣家僮張通等射傷夷人，繼入達於營殺獲幼男百餘人，又獲告語達子首八級，其營內所斬首燒燬九十顆，而轉賣官軍幼男達婦首二十餘級，得銀二千餘兩。下兵部覆議，謂御史所奏，與鎮巡等官先次報捷事相背馳，請遣官按覈。命大理寺左少卿吳一貫、錦衣衛都指揮僉事楊玉往勘，務得其實以聞。

《明實錄・正德十六年》〔七月己巳〕兵科參奏鎮守陝西太監劉寶假以進貢，恣行科索，關中之民恨入骨髓，頃御史曹珪疏其罪惡，未見允行，及寶自陳，乃令回京別用。寶罪大法輕，未足示懲，兵部請逮問之。得旨，寶已罷勿問。於是兵部執奏，言御史曹珪劾寶事皆有驗，不宜以私昵廢法，上乃令御史珪覆按所劾事以聞。

《明實錄・嘉靖二年》〔二月癸酉〕南京給事中魯綸、監察御史史梧等言，往者甘肅總兵李隆鼓衆倡亂，殺都御史許銘，又故縱首惡取無罪四人斬首滅口，太監董文忠、分守總兵官李義、都指揮支永等，或坐視不救，或符同糾結，乞明正隆罪，而按鞫文忠等。都察院覆議，李隆前已奉旨捕獲擊獄按訊，請逮文忠等併問。得旨：文忠姑勿逮，李義等巡按御史同鎮撫官速勘以聞。

《明實錄・嘉靖二十五年》〔十月戊子〕七月中虜十萬餘騎由寧塞營入犯保安西，掠慶陽環縣等處，總督陝西三邊侍郎曾銑疏陳其狀，且言諸文武將吏庸儒觀望之罪，部覆請遣科臣覈視，得旨：今玆大事顧輕，第令巡按御史勘明具奏。方虜之入深也，銑率標兵數十駐塞門，乃遣中軍官原任參將李珍統之出塞，直擣虜巢於馬梁山，後斬首百餘級而還，銑復以其捷聞，而巡按御史成唐則言虜深入幾及千里，駐內地且半月，慶陽從來被虜入民居甚夥。今且四望斷烟火矣，在我主客兵馬無論數萬，悉潛跡匿跡踵，曩時迎送故套無敢一與虜遇者，幸陰雨浹旬，泥陷馬滑，弓膠弦解，人以慶陽山路深峻，虜乃殺偵道者自引去，不然其禍猶不止，此請置諸將重刑，以懲後之玩敵殃民者。疏俱下，部議謂銑唐所稱功罪各罰，須稽驗明確，方可議行賞別。上令仍依前旨趣御史亟爲勘實，甄別功罪以聞。

《明實錄・嘉靖二十六年》〔十二月辛酉〕鎮守甘肅總兵官仇鸞有罪，詔錦衣衛遣官校逮捕之。鸞在甘肅日久，貪縱酷虐，恣爲不法。初，總督曾銑以防秋調取河西兵馬，鸞執不發，銑參鸞沮撓軍機，且歷詆其科尅乖戾狀。上以秋防屆期，鸞姑奪俸示罰，其所劾論事情，令按臣查勘。鸞知不可掩，乃益狂悖無顧忌。至是，銑復上言：甘肅孤懸西北，三面阻虜，今以鸞故士衆離心，網紀解弛，平居實有厝火積薪之形，一旦恐致土崩瓦解之患。鸞罪蓋擢髮不可數，臣請舉其大者。將官有地方軍馬之任，而鸞自副總兵蕭漢以下，無不一一求索兼金寶馬以百千計，以致各官相率效尤，肆爲朘削。鸞又侵尅衛所月糧，科取班軍銀兩，充軍官犯悉素其厚賂，而選委湖場草束各絡以印票，而分派私役軍匠，日且百人。虐殺無辜，歲以十計，至其狂誕不恭，肆爲欺罔。去歲，果園堡之捷，輒報虜酋狼台吉爲我軍所馘，今狼臺吉固自在也。且奪獲駝馬半入私閑，隨從輿臺盡帶功次。以致一鎮人心洶洶不服，不亟黜之恐成他變。上覽疏大怒，乃令錦衣衛選差官校，逮繫來京訊治。既而巡按甘肅御史張雨復言鸞黷貨養孽，大失番夷心六事，巡撫甘肅都御史楊博復詳疏其欺罔貪暴三十事，俱下兵部，覆稱所奏多係夷情，且人命十餘，贓私鉅萬，事體重大，必須勘究分明，乃可正法。詔巡按御史秉公覈實，速具狀以聞。

《明實錄・嘉靖二十八年》〔十一月丁亥〕巡按直隸御史張登高言：臣前委官查盤涿州倉庫錢糧，究出庫役徐進表等侵尅庫銀九百餘兩，法應坐戍邊衛。臣以知州王得良掌印正官，乃不覺察可疑，方再行駁問進表，自知罪重，不候歸結，逃詣京師，訴之錦衣衛。陛下遂以陸炳之言，捕治得良，臣恐近京頑民皆得效尤，在外諸吏無所執恃矣，請下其事於所司臬與知州有礙，則國典具在，如進表以僞情逃避，則法紀尤所當嚴。上以所奏涉回護，命錦衣衛捕登高送鎮撫司，考問明白以聞。

《明實錄・萬曆三十一年》〔十一月〕辛巳，大學士沈一貫、朱賡奏言：蒙發下逆犯皦生光所作岸遊稿併臥榻傍帖一紙，臣等一一看詳，空詞繁言，無足推求事實，惟其誣訟有作一首，內有君父塵喉舌，庶欲或國本，皇運恆安流三句似有關係，然亦含糊難明也，臣等才識淺陋，未能深詳，惟聖明洞察。

《明實錄・泰昌元年》〔十月〕戊辰，遼東經略熊廷弼再疏辯，且求勘問，言：遼自三路覆沒，再陷開原，臣始驅羸卒數百人踉蹌出關，行至杏山而鐵嶺又報陷。當是時中外洶洶，皆謂遼必亡，若不能以旦夕待而今何以轉亡爲存，地方安堵，舉朝帖席而卧也？此非不操練，不部署，不拊戢，專事工作而尙威刑者所能致也。惟是臣之操法與向來異，向來地方操練，但合營裝塘衝打以完故事，即將官敎演，亦但每軍面試一回，不過三百人，而日已云暮。臣則不然，每將令於城外各擇一區地爲敎場，如管兵千人者該四十隊，每隊二十五人設一燕兒窩而立於其下，就本隊中擇善射者五人以一教四，自卯至午如法教演，日每百回、七八十回乃已。騎射槍砲俱然，仍令彼此主客互逐，隊與隊逐，熟而合之於總，總與總逐，熟而合之於哨，哨與哨逐，熟而合之於營。臣嘗謂以督撫操軍不若以將官操軍，以將官操軍不若使軍自操。人但見臣不恆親下操，又嘗外巡，不暇時時親下操，遂謂臣不操練。如臣不操練閑住，兵將何用？是必不圖滅賊，不圖性命歸家然後可，而臣復何心？蓋此議起自去秋臣初任時，見贊畫新兵無用，撥供採草斫棍挑壕等役，贊畫見其軍多逃，遂倡言軍士做工不得操練以自文，而閱臣因爲之廣其傳，以至於今。此兵馬不訓練之説也。至謂臣擁兵十萬餘不能大入大創，小入小創，斬賊擒王，而殃民蹙地爲狡虜所笑者，第斬賊擒王之事，於此日之兵之將且勿易言也。凡用兵須總兵將官兵馬得力才能濟事，今總兵中惟賀世賢略短取長敢於陣戰，侯世祿精悍而初臨大敵，劉孔胤善收拾城守行伍而戰陣非長，將官惟尤世功、朱萬良等爲軍中白眉求，大將如前日劉綎輩，諸將如梁汝貴、徐九思輩，已不可得。而各鎮兵馬又皆四五屢遷之餘，無一而非敝賦下駟者，發與總兵將官皆力辭不受。川兵、土兵、毛兵心雖齊法雖整，亦強弱參半，而平原曠野不能與戰騎相馳逐。昨通查各兵雖有十二萬之數，而實在堪戰者内除土川毛兵三項不挑外，其餘挑選精壯十不得其二三，餘無奈何，只得令充守城、採草、放馬以及火兵之役。至於馬匹損瘦短少更不可言。今言者第見遼中今日被臣收拾後之人情光景，遂謂援兵陸續出關，必一一可戰而不能戰，以爲經略罪，而抑知夫兵馬之不能戰一至此極也。今箭催而張帥殞命，馬上催而三路僨帥，臣於今日何敢輕率，如欲大入大創，小入小創，爲斬賊擒王之事。且將各邊精兵再調三四萬成一西北兵勢，水藺各土兵調一二萬成一川土兵勢，然後進取亦未爲晚，而非今日病臣罪臣所能及也。於是科臣魏應嘉、臺臣馮三元、張修德復極論之謂其硬口飾辯，有欲罪以靡耗失事者，有欲罪以託病脱卸者，有欲罪以捏造逆榜者。廷弼請即以三臣行勘，得旨：科道魏應嘉、馮三元、張修德與經略熊廷弼屢相奏擾，若不速勘，無以明功罪，即著魏應嘉等前往遼鎮會同彼處撫按勘明從實具奏。浙江道御史吳應奇言遼事自宜行勘，勘官必當另遣。上怒其述旨擅減三字爲不敬，兵科都給事中揚漣亦力言不可，而輔臣方從哲等謂：從來勘事必身在事外乃得公平，若以言事之人即勘所言之事，即一一得實，詎肯降心俯首，彼此爭執歸結無期。得旨：言官、經略日以遼事互相奏擾，故著魏應嘉等前往會勘，今卿等奏稱言事之臣即勘所言之事有所未便，著部院公舉風力科臣一員，前往遼東會同經略撫按官作速從公從實勘明回奏，聽朕裁處。與勘諸臣，不得再來瀆擾。

《明實錄・天啟三年》〔十月戊寅〕復南昌府知府湯道衡原職。初，戶部主事楊紹震奏道衡在戶部時侵盜太倉銀兩，有旨逮付法司。戶部尚書李宗廷等親率司屬同紹震驗視之，鐵門重扃，草木蒙茸，盜庫絕無踪影，法司因奏請還職。從之。

《明實錄・天啟六年》〔四月辛巳〕川貴總督朱燮元報四川撫按同總兵李維新設間懸謀殺奢寅，阿友、阿引乘賊寅大醉熟睡，同苗老虎、栢發、李明山入房刺死，放火大呼，攜家來奔，賊營覺知，追至一碗水，見官兵相接，砲聲震天，不敢前進。但一時慌懼，不能割級，致被火焚，見有餘骨，有隨七者竊出投獻，審訊的確，將餘骨併黨惡候解，章下兵部。

《明實錄・天啟七年》〔四月辛丑〕巡視京營給事中虞廷陛疏言，捉獲妖僧妙鮮身藏火具，供稱大同左衛白蓮教頭部鸞等誘約入都密焚草場，命行查郭鸞等誘約情節，再行刑部擬罪。

明・楊昱《牧鑑・訊讞》許宗裔典劍州，有於燈下認賊，曉告官捕之，所收贓惟繰絲紬卷，不禁考掠，遂誣伏送州。因言其物乃是家有，與失主互爭，即命收兩繰車，又問紬卷各用何物爲胎心，囚云用杏核，失主言瓦子。開是杏核，仍以絲繩安於車釭，亦與囚車合，其枉獲雪。

又 劉崇龜鎮南海，有富商子泊舟江邊，以言挑岸上一妙姬曰：昏黃當到宅。姬無難色，夕果啓扉待少年。未至，有盜入，欲行竊。姬不知，即就之。盜謂見執，以刀刺之，遺刀而逃。少年後至，踐其血。仆地，捫見死者，爭出，解維而去。明日，其家隨血跡至江岸，人云：夜有某船徑發去。官差人追獲，拷掠備至，具實吐之，惟不招殺人以刀。視之乃屠家物，崇龜託演武集合境庖丁宰殺，既集，復曰：已晚，留刀於廚，明日再至。潛以殺人之刀換下一口來。早各來請刀，獨一屠最後，見刀曰：此非某刀，乃某人之刀耳。命禽之，則已竄矣。於是以死囚代少年，侵夜斃於市。竄者聞而歸，遂禽伏法。杖少年以夜入人家罪。

明・海瑞《海瑞集・陳舜興人命參語》 陳舜興告被寧都縣富惡田東會克瀅取穀，打死雇工人李福興，廣財賄匿屍傷，蒙申本道參駁，仰興國縣檢驗招解。參審得李福興之死，若由會戰打傷所致，舜興之刁盡可脇制會克瀅矣，何爲十五日方爭鬧，十六日即憑李習科、李文盡還穀數，略無難詞，略不少措一二。據十六日還穀之情，可知十五日無打傷之事。稱十五日打，至初六日死，歷二十二日不行告官，在舜興能久容之乎？陳舜興家離縣三十餘里，初六日死，直至初八日方具告，是則何故！李習科稱十五日爭鬧，只舜興、會戰二人，並無福興在旁，舜興口亦並未題及福興。諸人衆口一詞，稱福興初三日到縣爲李明憲作證，是一如常好人。初四日省發回，至賴國榮家吃飯，方說今日偶潮熱懶飲食。醫人李明珊稱初六日請醫治是霍亂症。又克貫將金首飾囑地方李文初八日出首狀，實言實事，或可信據也。人命以屍傷爲據。近時民風刁僞，往往駕爲遍身亂打之說，蓋欲於新舊痕疑似間混求一中，爲圖賴計也。凡人廝打一時氣忿或不知傷處，打後其傷處必痛，其傷處必有紅紫色，先由皮膚，後及骸骨，未有外無傷痕而內有傷色者。縱其人突然倒死，其親人啓手足驗皮膚，必深知之。徒稱遍打，必是誣捏。故人命當以原告指定某處有傷、某處有傷爲據。舜興初詞稱遍身亂打，是刁風故語也。至本府審，稱拳打心坎肚腹，未檢之先固問，亦止稱心坎肚腹。醫人稱是霍亂，舜興稱是心前與腹內痛請醫，是舜興以心坎肚腹爲必傷處也。肚腹雖消化，而該縣初相驗已無傷痕，至覆檢則心坎全無傷色。豈非病霍亂心腹痛，舜興意料此處必有傷也，而爲此言耶！況審衆證霍亂俗作何醫，稱村人多是刺手指血。福興手指節多是紅色，非刺手而血未散使然乎？左肋第五根骨若在上節頭近心坎處疑似間，亦可言矣。今紫黑傷色乃前肋之末，計其處當在身之左旁，而非近中之處。紫黑色凝聚，或生前側卧或他故致傷，未可知也。去死年月稍近，故其色不甚陳。去死年月日爲遠，骨傷猶存；皮膚血散，故相視無色。人情求免讎怨，一係人命干證，多是不肯招認見打。今衆證明白，未可盡執爲據，而原告口供則可憑也。原告不供之傷，豈可指爲今日致死之證。況以手足毆人，保辜限止二十日。福興之死，已出保辜限外，行三十餘里到官爲人作證，縱是十五日果有打傷，是亦平復後別故身亡也。原無打傷死由，霍亂似是實情。

明・海瑞《海瑞集・徐繼人命參語》 桐廬縣民徐繼有妹徐氏嫁與戴五孫爲妻，母湯氏將銀叁兩借與戴五孫營利，繼屢取無還。吏潘天麒頂父里長管造黄册，投戴五孫家歇。戴五孫遇繼，將銀買酒請繼。說起前借銀叁兩，兩相爭鬧，繼就不合用石亂打，將伊推落塘內身死。又用大石將屍壓沈。具告按察司批府帖縣問，擬徐氏因姦謀殺親夫凌遲處死，潘天麒姦夫斬罪，繼謀殺人從而加功絞罪。申府解司駁批杭州府劉推官審問，隱下姦情，改擬鬥毆殺人絞罪，申司轉詳巡按楊處批允，後蒙都察院招送大理寺駁回，發仰桐廬趙知縣、建德林知縣、遂安羅知縣會審，仍問徐氏凌遲，潘天麒斬罪，繼絞罪。至四十年二月蒙巡按崔臨府會審，徐氏哭訴已生有二子一女，豈忍至此等語，致蒙駁批分守道行府轉發淳安縣究明。參審得戴五孫之死，止是徐繼因取銀三兩致爭打死。與潘天麒、潘小毛並無相干。本院審批建德縣胡知縣參究，曲盡其情矣。原擬天麒、小毛同行謀死，尤不可通者。此是極大之惡，極難行之事，極不可對人言之語。謂天麒、徐氏謀而行之可也。乃徐氏以之謀於其兄，天麒以之謀於其僕，非有多財可以結人心而縫其口者，事可行乎？天麒、徐氏果行謀殺，恐不若是之愚而謀及多人也。謂徐繼一時氣忿打死可也。與妹與僕從容坐謀，此正天理不泯之時，時出從容，事不爲利。天理在人，不應遽至無所可否，惟謀是依若是也。戀姦夫謀殺親夫，婦人淫惑亦間有之，但徐氏與五孫生有二男一女，丈夫可棄，母子天性，於人情似當念其子女因念及其夫。且徐氏於天麒謀爲之妾爾。研審衆證，謂天麒充農民未參。五孫雖貧，天麒非富，兩人家業不甚相遠。天麒有正妻在上，徐氏爲妾，其苦其樂尚未可知也。徐氏何所利而必欲爲之。參看前後情節，止是因取銀忿爭打死。天麒、小毛皆是畏刑捏招，恍惚成獄，殊非情實。

明·海瑞《海瑞集·何耀宗争坟地参語》　淳安縣民何耀宗與何孟榮等合有土名陣嶺墳地一處。嘉靖二十六年何孟榮貪圖風水，將父何民彦屍棺安葬始祖何環墳右。後何仲榮思有剋蔭不均，告蒙院府斷令遷葬，何孟榮執不肯遷。耀宗將祖母王氏屍棺壓葬何民彦塚上。何玄輔、玄龍亦各將父祖屍棺浮殯墳旁。何孟榮捏各將母骸骨盗毁抛散具告按察司，批壽昌彭知縣踏勘，各造新墳，有紊昭穆，令各遷移。孟榮不服，又告分守道，批委本縣勘問。參審得何氏陣嶺墳山，左葬太祖考妣，右葬高祖考妣，共四穴。已於其下開生壙八穴，正爲後日子孫定計也。何孟榮乃不遵派定次序，惑於風水，逼祖盗葬。自何孟榮一葬之後，人人不甘，財力不敵如何玄輔、何應宗、何玄龍，則浮殯何民述、何民魁、魯氏柩於上；財均力敵如耀宗者則逼葬王氏於下。疊疊塚墓，形如魚鱗，皆孟榮一葬啓之。况孟榮葬父之後，弟何仲榮、何季芳告剋蔭不均，蒙察院裴斷令遷移，各出田二畝賣銀合葬父母，孟榮抗違至今。何民彦一穴當遷，不待今日而從定也。孟榮告稱祖墳地一丈八尺，所指何民彦葬地尚在一丈八尺之内，焉得復有何包三等地。且墳地葬祖，一派子孫混該得分，未分界止，包三焉得指地私買！明是孟榮謀地獨葬，不協衆人心，故將已死何包三名目巧爲抵飾。小酉地何瀾子、何民厚等已葬三穴，何浦子、何民述等已葬三穴，似已均平。耀宗果有掘棄屍骸，則張氏屍骸自先壓葬於民彦之上矣。耀宗原無將張氏骸骨毁棄，不必待族長何玄輔説無此生人之言而後可見也。拌木銀三十兩，孟榮始惑於風水則背弟盗葬其父，今日得銀則吝留在己，告官使用，派弟均出。孟榮有利於己則爲之，且與原議已出葬父，弟出葬嫡母并庶母費用之約不合。三十兩内留起三兩爲孟榮遷父使用，恐亦不當與也。耀宗不甘於衆人得分之地孟榮獨擅其利，自合告理爲當，乃暮夜謀葬，不會人知。雖未掘至何民彦塚穴，而懸繩直下壓何民彦塚磚三寸，葬己祖母，乃壓伯祖之上，情皆可惡。其生壙二穴尚未葬柩，何耀宗謂與何孟榮祖共造者，何孟榮謂是何耀宗祖獨造者，斷二家各承一穴，就遷王氏、何民彦於其内。其何玄輔等陣嶺浮殯屍棺，盡令起去。再勘得陣嶺、小酉二處地步已盡，日後子孫俱不許再行殯葬，以滋争訟。

明·海瑞《海瑞集·邵守愚人命參語》　淳安縣邵守愚與弟邵守正共承祖遺塘一口，輪年養魚。嘉靖三十六年輪該守愚，屢次被盗。八月二十三夜一更時分邵守正約同程週去塘盗魚，守愚帶同義男邵天保執鎗去塘捕盗。程週窺人影步聲，即背魚網去脱訖。邵守正被邵守愚一鎗戳倒，當叫一聲，再加狠力連戳五鎗身死。次早伊母宋氏告縣，蒙洪知縣審得，若是誤殺，不宜連戳六鎗，似有讎恨。遂安朱知縣審問守愚連戳六鎗，似非誤殺。壽昌彭知縣問擬守愚依同居卑幼引人盗物若有殺傷者，依殺緦麻弟律絞，解府轉詳，巡按御史王處駁回分巡道，看得招情亦欠合律，行府轉委本縣檢究。參審得宋氏詞内，告有指魚看魚夫縱盗魚，律不致死之説。檢得耳竅亦有塘泥在内，則與程週同盗之情似實。又稱六人謀殺一人，口舌之多，豈能久而不敗露。五人出財買一人獨認，財物實跡焉得久不外聞。况邵守正親兄弟邵守中、守和男邵太禮，與守愚等係同宗兄弟，住址相鄰，耳目切近，詢訪三年，杳無可擄，則計供買認之情似虚。殺賊不死，賊必反傷。其連戳六鎗者，蓋亦未知其死與未死，多戳使之必死，亦勢所必至也。守正被戳豈無痛聲，然止一痛聲，未有别樣説話。黑夜敵賊，危迫荒忙，兄弟相盗，思慮不及，恐不能就一痛聲而辨其爲兄弟他人也。登時殺死，未就拘執，似不當以同居卑幼引他人盗己家財物有殺傷者依殺傷緦麻弟律絞論罪。

明·海瑞《海瑞集·胡勝榮人命參語》　淳安縣民胡勝榮與兄胡勝祖、勝佑、弟勝恭，邵時重争山，勝祖病死，捏稱邵時重打傷。本縣湯縣丞檢驗。勝榮見得檢無致命傷痕，與勝佑、外甥邵鏞共謀買硃開桶點搽，仍用火熾。蒙府仰掌印官再一鞫檢。參審得凡人被打傷死，其血凝聚，多是隱隱骨中，微見於外。重則血暈紫紅，謂之紫則兼帶黑色，輕則紅色淡紅色。然血凝聚於骨，其紅與硃脂色鮮明顯著不同，會經檢驗者能辨之。所以凡檢屍先用酒醋蒸罨，使脱去污濁，傷色易見。報傷時又對日罩以油傘，值天陰雨看色不别白則改檢。初開勝祖屍桶，頭顱上鮮紅連片，遠四五丈地旁觀之人，皆以硃脂之色疑之。詰其所以，勝榮稱是湯縣丞檢畢，硃判封條封屍骸致之。視其封條又是半破，日眼硃色淡薄，獨非三人共事之時，自疑其用硃之過，將外面扯破封皮置於桶中，以爲日後解釋地耶！所點之硃和以膠脂，復經火熾，是以雖洗刷數次，盆水已紅，其骨不免紅色。後用磁瓦刮之，頭顱硬處紅去無跡，至於縫痕鬆糙骨紅跡則存。然硃脂色與打傷色，一隱一顯，一凝死一流活，懸絶可辨。村民止欲置人於死，用硃過多，不知屍傷原無此等顯顯色也。打傷胸膛骨色當在外，今紅色多在内。此亦是村民止知圖賴人，當下手時不知此骨孰向内孰向外也。兩圖十遞人等，皆稱初檢未見有此傷色。看得勝祖屍色鮮明顯著，雖幽暗處不能藏，朦瞽未甚者亦或可見。衆目所視，父子兄弟間有不能曲爲掩匿者。初檢官豈容不行查報，初檢仵作豈容生計隱瞞。加刑勝佑，輒吐情實，邵鏞謂報己爭產之讎，勝榮、勝佑謂報己爭山之讎。初檢無傷，因用硃脂塗搽，皆實詞也。天理在人，不容終掩。

明・海瑞《海瑞集・吴萬人命參語》 遂安縣民吴萬有嫂吴阿伊，有菜園一處，與萬住屋相近。園外有水坑一道，原用石板一塊架橋往來。青香挑糞去園澆菜，因失橋石行走不便叫駡。萬聞駡聲令義男法才將伊扯到家内，萬用手足打踢一頓後，方仁等將青香扶回，氣絶身死。告府批分水縣檢究，覆委壽昌李知縣檢審，申解本府覆審。各犯執詞互異，況屍傷前後不同，帖仰建德胡知縣覆檢審。萬妄招先毒青香等情，遇蒙巡按崔臨府審駁本府委官再檢，蒙府批仰淳安縣從公檢究。參勘得青香之死，係是吴萬毒打所致，無可疑矣。惟服毒一節，則難擬定，如萬所訴謂伊氏毒賴。審得伊氏老寡，寡媳幼孫外，獨有青香一人，種菜、擔水、舂米、運柴，百凡使用。一日無青香則無人使用矣，與萬無甚深讎，毒死青香，自翦手足，此必無之事也。若謂吴萬打傷青香，自料必死，因下毒爲脱身計，然初五日打傷，至初九日方死。方仁等初七日送青香還伊氏，萬去阿伊家十五丈餘地步，青香步行回不用人扶，伊氏肯收領青香，不謂必死也。萬何故卽以決死視之，因用毒藥。下毒藥則必死無疑，萬雖能輾轉巧計，圖賴伊氏，然事亦在兩疑間。出此入彼，難於先料。萬雖打傷青香，死生尚未可知。本家義女如幸不死，萬得乾淨脱身矣。於事未可必，或得脱身者萬不之求，乃於必死之中巧爲之計，自置其身於危險地耶？萬毒青香憑一冬蓮說耳。冬蓮稱分水、建德縣檢驗未曾到官，壽昌縣檢驗到官畏刑不得已隨聲招認。所稱豆腐花，恐豆腐花亦非伴毒之具也。伊氏自稱青香回并不曾說及萬下有毒。青香果被萬毒，怨恨深矣。該縣差里遞審問萬，請方仁等送回面見主母，何故獨不一言及之。萬能買里遞曲爲掩蔽，送回之人均是二家共親。方仁係是方氏親父，衆口所在，或難買之掩蔽也。里遞可買，青香眞心，能禁之使不言耶？獄貴初詞，嚴州之俗，人家多蓄砒礵斷腸草毒菜蟲，一遇忿爭取諸左右。故服毒致死，比比有之。本府縣先年有服毒不給葬埋碑文，可知此風沿襲日久，犯者非青香一人也。阿伊與萬爲讎，自稱初八日到青香牀頭見有一碗，心甚疑之，將碗取出破碎。初九日死或因此所致。則阿伊亦疑青香回日，自服毒也。安知初五日之毒，非青香自服，因所服偶少，或嘔吐出故不死耶？遂安縣初問情詞，并里遞衆人之口，似或可信也。獨青香自服，無人見證，難爲擬議。然以罪疑惟輕之義推之，則謂萬以毒灌香因爲脱身計，恐屬穿鑿非情實也。緣事干人命，卑職識見卑淺，未敢擅便。謹述前後情節，并屍傷連人解審。

明・海瑞《海瑞集・吴吉祥人命參語》 建德縣民吴吉祥與義父吴湘、堂叔吴鑭各居另食。吉祥投吴湘家傭工。吴鑭到山盜砍柴，與吉祥相遇扭捎，吉祥抽柴一根亂打吴鑭身死。吴湘告府，行金推官覆審。吴澐又告分巡道，批府行委建德林知縣問，擬吉祥僱工人毆小功親死者斬招解，發白推官覆究。吴澐堅執吴湘主使吉祥打死等情，改擬吴湘威力主使人毆打律絞招詳，巡按楊處批允，巡按裴改吉祥毆死題奉審決。至嘉靖三十六年減刑，郎中余會審改擬吴湘斬罪，致伊不甘，具本辯行都察院轉發壽昌彭知縣審勘，委是吉祥毆死。申府蒙批吴鑭獄情反覆不一，又與審録大異，帖委淳安縣會同遂安縣再加詳究。參審得吴鑭之死，實是吉祥奪柴打傷所致。節次經審，俱擬吉祥抵死，人無異詞。其致此獄再詳者，蓋恤刑一出，罪人各懷求免之心。適遇湘與吴拱翠訐告成讎之後，吉祥倚靠拱翠，故極口稱冤。拱翠當是見年里長，審録緊急，一干證人出己顧倩。拱翠應對官府，衆人隨聲和同，復讎有機，故對衆誓證。觀拱翠從前皆稱吉祥毆打，至與吴湘訐告之後，改稱吴湘，其情亦可見矣。吴湘計使吉祥脱逃，遂誣指吉祥打死，似亦一說可通。但審吉祥孑然一身，絶無父母妻子親人。吴湘果欲誣指吉祥，則憑依鄰里，縛送官司，力證其罪，儘可脱然無累也。吉祥口氣，似非癡愚之人。萬一因計令脱逃之言，悟己必至抵罪之故，遠逃不返，罪將誰歸？吴湘必欲以己之罪移之吉祥，不當出此下策也。細審吴澐詞意，止是不欲吉祥賤人抵伊父命，故牽扯吴湘不肯休歇。不告奴僕而誣指主人，以求抵敵，今日人情之常。據吴澐止告吴湘，遂以爲案，恐亦未得吴澐眞實之情也。計令脱逃，吉祥心窮辭遁；對衆誓證，拱翠假事復讎。再三研審，參究無異。

《清實録・道光二十四年》 辛酉，諭内閣：前據刑部奏請覆驗康陳氏屍傷，當經派令賽尙阿、祝慶蕃會同刑部詳細覆驗。茲據奏稱覆驗康陳氏屍傷，委係自縊身死，取具原驗各官結稱眼同覆驗，實係自縊等語。此案康王氏，先在北城坊承認因姦商同姦夫石文平，謀勒親姑康陳氏身死，罪名甚重，該犯等何以遽行承認，並康陳氏因何自縊根由，仍著賽尙阿、祝慶蕃會同刑部悉心研鞫，務得確情，按律定擬具奏。

《清實錄・咸豐十年》〔八月〕丙子，諭内閣：林揚祖奏，請嚴定命盜案件初報限期一摺，各省地方官命盜案件，承審招解，例有定限，而勘驗詳報，向無定期，往往任意遲延，以致諸弊叢出，非嚴定初報限期章程，不足以除積習。著照林揚祖所請。嗣後各省州縣，凡遇命盜案件，一經報到，立即前往勘驗。盜案限三日，命案限五日，先將大概情形，切實通稟，如有遲至二十日者，奏請交部議處。儻敢諱匿不報，別經發覺，從重究辦。

《清實錄・光緒三年》〔四月〕庚寅，諭内閣：豐紳等奏飭派司員覆驗命案一摺，據稱黑龍江監生王景殿京控崔振福句串委員托山，將伊胞兄王景順打傷斃命作爲自縊一案，復經呈控，覆驗不明，請飭另派刑員帶領仵作檢驗等語。著盛京刑部揀派司員帶領仵作前往黑龍江詳細覆驗，以成信讞。

又〔八月〕又諭：御史戈靖奏查驗監斃人犯請飭查辦一摺，據稱七月二十七日經刑部知照，監犯李二順病故，次日前往相驗，查有服毒情形。該犯係搶奪財物案内從犯，因首犯未獲，監候待質多年，因何遽致服毒，情節可疑。請旨查辦等語。著該部查訊明確，據實具奏。

清・郎錦騏《檢驗合參・姜榮序》先君植齋公，筮仕山左，道光二年二月權篆嶧縣，僅十七日，即瓜代。其間有殺死一家四命者，及交卸前二日，又報有馬蘭鎮王瞎義及某同死於場園空屋者。驗得一死於自縊，一死於小腹刃傷透膜，裝點自戕。蓋以死者手執小刀，刀頭彎曲一寸，故知裝點自戕。隨緝兇錄具初供，收禁本任。豐陽楊公回任，旋稟以相驗不實，恐係兇手將人殺死，以先君所驗自縊者所窺，因而勒死滅口，以自縊爲被勒，稟請開檢，適又兇犯京控，咨回本省，嗣經飭委滕縣湯公世培，鄒縣陳公學山，會同現任及先君原驗官添派歷城老仵作畢逢泰，開檢。得原驗自縊者天靈蓋并不浮出腦殼骨縫之外，其骨色亦無淡紅或微青，并將絲棉屢揩腦殼骨縫，亦不掛住，確係自縊，與洗冤錄載將人致死，或經久屍肉腐爛無跡可憑者諺稱天靈蓋必浮出腦殼骨縫之外少許其骨色淡紅或微青，皆因罨絕呼吸氣血上湧所致者，不同，以是原驗無訛，得免嚴議。因思開檢之事，細入毫髮，罪名及處分關係匪輕，每欲集證，以重人命，奈余足跡未遍，見聞不廣，而僅作尉於涇陽，未能採集。適邑人陵零聶蘭芷明府，贈以雁門郎靜谷太守所輯檢驗集證，檢驗合參如獲連城之璧，先得鄙人之心，當抄示前令，兩當堂弟熊渠亦慫恿付刻，用公同好，是爲之序。

清・郎錦騏《檢驗集證・湯泡傷》乾隆三十七年，新喻縣藍清八潑湯，泡傷竊賊郭貴生身死。驗得脊背，右連脊膂，及右後肋、右後脇、腰眼、有湯泡傷一處，長一尺二寸，寬四寸，起有浮泡，其泡破處，有膿水漬出，右臂膊連肐肘有湯泡傷一處，長八寸五分，寬二分，并起有皰，皰破處有膿水漬出，報畢云云。訊據生供，因在胡端七店傍經過，順取牆邊鋤頭一把，前走被藍清八追至，用滾水湯泡傷，等語。

清・郎錦騏《檢驗集語・勒死骨》驗得，已死王有巽屍骨，除咽嗓骨腐爛，餘骨完全。問生年三十五歲。屍骨量長四尺九寸。仰面，致命顖門骨，浮出腦殼骨縫外少許，淡紅色，係罨絕呼吸，氣血上湧所致。合面，致命項頸第一節，并不致命第二節，有繩痕一道，長一寸二分，寬一分半，紫紅色，有血暈，係繩勒傷，餘無別故，委係生前被勒身死。又檢得成粵乾髑髏一具，查生年若干歲。仰面，致命顖門骨一傷，圍圓一寸二分，淡紅色，有血暈，嗓喉結喉骨，久已腐爛。合面，致命項頸骨第一節，接連不致命第二節骨，紫黯色，有血瘢，均係勒傷。此條係道光元年十一月内，與業縣詳檢成觀陵勒死伊姪成粵乾案。

清・郎錦騏《檢驗集證・患扣頸傷寒自縊身死》勘得，陽義高店房三間，中係堂屋，堂屋右邊有木梯一座，樓上空房一間，木牀一架，鋪有草席，屍已解下。據陽義高指稱：游月蜜周布褲帶，縊於横枋上，兩膝跪在樓板上，自樓板至枋，量高四尺二寸，枋上灰塵滾亂，勘畢。將屍如法相驗，據仵作喝報，驗得仰面，面色發變，眼閉唇微開，舌抵齒。致命咽喉上有縊痕一道，圍繞至右耳邊微上，髮際量長八寸二分，八字不交，痕寬散漫，係布帶自縊痕。兩手微握，兩大拇指垂，肚腹墜下。合面，十指甲赤色，穀道糞出，實係患扣頸傷寒自縊身死。道光五年，湖南新化縣案。

清・郎錦騏《檢驗集證・打胎未下身死》乾隆五十九年，樂安縣黃會氏，服紅花麝香等藥，打胎未下身死。驗得，肚腹堅硬，按有胎孕，致命産門血水流出云云。

清・郎錦騏《檢驗集證・溺斃後裝傷先於開檢時被屍親搶去骨殖後復起獲再行啓檢》 先勘得，謝庭蔭屍棺停放嶺地，棺蓋未釘，有揭動形跡，當飭啓棺查驗。該屍皮肉均已消化，僅存骨殖。勘畢，飭令如法蒸檢，據仵作唱報，檢得謝庭蔭屍骨鼻孔內有泥沙，當用清水沖洗，頭顱間有泥沙流出。飭令再檢右額角，左肋骨傷痕，屍親原供有傷之故。因是午天陰，仵作不能辨認，飭將頭顱內洗出泥沙，用白布瀝乾，包裹封記，將屍骨用桶裝貯，俟次日再驗。詎謝上業糾率族內多人，擁至屍場，將屍骨連桶搶去，後經起獲查驗，原檢據記竹籤，繫存會同覆檢，據仵作某喝報，已死某髑髏骨一具，問生年幾歲，週身骨殖完全。檢得仰面，致命右額角有痕一道，斜曲形，上細下粗，相連兩截，共長六分，上截三分，僅寬一線，下截三分，寬一分，黃暗色，無癊暈，骨未損，係被水中尖石擦磕，原痕上又加刀尖劃痕，左肋骨第五條有損痕一道，長四分，寬一分，損口芒刺，內外白色，無血癊，第六條有損痕一道，長三分，寬不及一分，損口齊，白色無血癊。均係死後毀折痕，其餘仰合，週身并無別故，前於某月日，檢得鼻竅內有泥沙，用水沖洗頭顱。內有泥沙流出，委係溺水身死。嘉慶十七年，横州案，已刻粤西成案三編。

清・郎錦騏《檢驗集證・檢推溺身死骨殖被水浸爛殘缺不全并令屍子滴血辨認》 前詣該處，據劉答切指出理屍處所，查看墳堆，業已被水沖刷，僅存形跡。刨去浮土查驗，屍已腐爛，無憑相驗，詳明啓檢。飭令將屍骨逐一檢齊，查點，仰面頂心骨、顖門骨、兩額角骨，俱爛缺，上下牙齒，共存二十三個，頷須骨、兩顋頰骨、兩耳竅，俱爛缺，嗓喉、結喉骨腐爛無存，兩膝蓋骨、兩足踝、兩足外踝、兩腿骨，俱爛缺，左腳掌骨、趺骨三塊腐爛無存，右腳掌骨、趺骨爛缺。合面，腦後骨腐爛無存，乘枕骨、兩耳根骨，俱爛缺，兩髖骨腐爛無存，方骨、尾蛆骨俱爛缺，餘骨俱全。查訊劉谷切供稱：當日伊與王南一將彭茂林屍身掩埋，未開深壙，該處係屬河岸，江水不時長發水漫，已及兩載，是以骨殖多有爛缺等語。當飭如法蒸檢，據彭金氏供報：已死彭茂林，生年三十八歲。據仵作侯紹喝報，檢得髑髏骨一具，用熱水灌入腦門，有細泥沙從骨孔中流出，餘俱無故，實係溺水身死，報畢。親驗無異，復令屍子彭狗兒，刺血滴入頭骨，及後腿骨上，均沁入骨內，其爲實係彭茂林屍骨無疑。將劉谷切等按擬，詳題經部照覆。嘉慶十六年，湖南永定縣案。

清・郎錦騏《檢驗集證・火器傷人越二百八十餘日仍因本傷潰爛身死》 驗得，已死步飛，問年若干歲。仰面，致命小腹鎗子傷一處，圍圓三分，平復，腎囊下潰爛窟窿四個，一個圍圓五分，三個俱圍圓二分，血污透內。不致命、左腿鎗子傷二處，均圍圓一分，平復。合面，致命右腰眼鎗子傷一處，潰爛圍圓一寸一分，透內，餘無別故，委係因傷潰爛身死。飭取鉛子，與傷處比對，相符。訊因步飛被社光先用鳥鎗放傷，後因傷處內潰、由穀道前爛出鉛子，調治無效，所以延至二百八十餘日，仍因本傷潰爛殞命。題結有案，係道光六年，直隸大名縣案。

清・郎錦騏《檢驗集證・扇柄毆傷》 仰面，致命偏左有扇柄傷一處，斜長六分，寬四分，血癊紅色。致命腎囊有石墊傷一處，斜圍四寸，血癊紫紅色。合面，致命腦後左，有扇柄傷一處，斜長五分、寬三分，血癊紅色，餘無別故。

清・郎錦騏《檢驗集證・赤脚踢傷》 致命腎囊一傷，長二寸、寬五分、紫紅色，血癊有趾痕，係赤腳踢傷。凡赤腳踢傷，大概係横長，其長一寸二分、一寸五分，至二寸餘不等，寬五分，七分不等，顏色紫紅、紫黯不等，俱血癊有趾痕，亦間有無趾痕者。

清・郎錦騏《檢驗集證・竹根傷》 致命頂心偏右一傷，斜長八分、寬三分，兩頭抵骨紫赤色，中間皮未破，深紅色。致命右額角一傷，斜長八分、寬三分，兩頭皮微破，深紅色，中淡紅色。合面，致命腦後右一傷，斜長八分，寬三分，兩頭深一分，紫紅色，中深紅色，均係竹根傷。

清・郎錦騏《檢驗集證・竹條傷》 不致命兩手腕，有紅痕數道，係綑縛傷。致命胸膛五傷、左乳八傷，右乳七傷，心坎四傷，相連一片，紫赤色，量長寸餘，及二三寸不等，參差不齊，係竹條傷。不致命右腿十傷，右臁肕十二傷，俱長一寸七、八分不等，寬二分，紫赤色，係竹條傷。致命右耳根一傷，圍圓二寸，紅腫，係木器戳傷。不致命右臂膊有舊刺竊盜二字。致命脊背十三傷，俱長二、三寸不等，寬二分，紫赤色。不致命左後肋九傷，右後肋十傷，俱長一、二寸不等，寬二分，紫赤色，俱係竹條傷，餘無別故。委係生前被毆身死。

清・郎錦騏《檢驗集證・失火燒死》 驗得，髮辮燒燬，頭面連身焦黑，口鼻內有烟灰，兩手腳拳縮，兩手指、左腳面、右腳趾，俱燒燬無存。

清・郎錦騏《檢驗集證・湯潑死》 某處至某處傷一片，直長七寸五分、寬四寸四分，皮破肉爛，赤色，係糟水泡傷。履勘糟鍋，量高寬深尺寸。

清・郎錦騏《檢驗集證・臀坐壓傷》 不致命左手腕一傷，彎曲手腕、手背接連。致命胸膛左肋一傷，圍量一尺五寸，紅色，係臀坐壓傷。其如何坐壓已見驗屍門內。又不致命左手腕接連胐脥一傷，長九寸寬三分，微紅色，係坐壓傷。

清・郎錦騏《檢驗集證・毆踏傷》 不致命左後肋一傷，斜長四寸三分，上寬二寸一分，下寬一寸二分，肋骨折斷一條，紫赤色，有血瘢，係腳踏傷。不致命右後肋一傷，圍圓三寸二分，紫紅色，有血瘢，係拳傷。委係生前受傷身死。飭令用拳腳比對，各傷相符。

清・郎錦騏《檢驗集證・礮火傷》 左腮頰下連致命咽喉右邊一傷，斜長三寸五分，寬二寸四分，皮肉爛。合面，不致命左臂膊連左肐肘，至左手腕、手背一傷，長一尺七寸，寬二寸，皮焦，微裂肉，紅色，俱係藥火傷。

清・郎錦騏《檢驗集證・竹銃傷》 致命咽喉左一傷，如綦豆大，致命胸膛左一傷，如黃豆大，俱皮破血出，深透內。又左胳膊云云照填，惟不寫深透內，係竹銃砂子打傷。

清・郎錦騏《檢驗集證・火鉗烙傷》 仰面，不致命，左右胐脥，均有火烙傷痕。致命小腹接連兩傷，均圍圓八分，深透內，焦黑色，係燒紅鐵鉗戳傷。

清・郎錦騏《檢驗集證・毆後燒死》 先勘得，張金貴耕種之土，名三舍地場三坵，係零星官荒，砂石夾雜，不能成熟。又勘得張金貴住屋什物，概被燒燬，附近并無鄰居。查張劉氏屍身，仰卧，右邊屋基灰爐內勘畢。飭令如法相驗，驗得仰面，致命左額角一傷，斜長五分，寬三分，骨損有血瘢，係木器傷。口鼻內有烟灰，兩手拳縮，兩腳拳縮，其餘遍身皮破，肉俱已燒爛，作膏黃色，委係生前受傷，後被火焚燒身死。

清・郎錦騏《檢驗集證・以死者髮辮勒死》 致命咽喉上，髮辮勒痕，相連二道，各寬二分、深一分，紫赤色，自右邊頸項起，遶圍纏勒，圍長八寸五分，辮痕交匝髮辮，量長一尺二寸五分。打辮紅繩長一尺一寸，比對勒痕相符。

清・郎錦騏《檢驗集證・勒死》 驗得，仰面，面色紫，兩眼開，口開，舌抵齒未出。致命咽喉上有繩痕一道，平繞周匝，一作環繞，項後八字交匝。經圍量長七寸五分、寬二分、深一分，紫黑色。合面，穀道有糞污，餘無別故，委係被勒身死。飭起棉繩一條，量長二丈二尺，比對勒痕相符。又驗咽喉下有結痕一個，圍圓一寸五分，深二分，血瘢，紫赤色。又帶痕一道，圍長九寸，橫纏項頸，結締右耳下。

清・郎錦騏《檢驗集證・搯傷跌斃揑報自縊檢骨》 頂心骨淡紅暈，牙齒紅色。項頸骨裏，血瘢，腦後骨，右背骨，尾蛆骨，俱有墊磕傷痕，十指尖，并無血瘢，係搯傷跌地身死。乾隆五十一年，湖北建始縣尹黃氏案。

清・郎錦騏《檢驗集證・搭死骨》 顖門骨、有淡紅色，浮出腦殼骨少許，係被搭咽喉，血氣上湧所致。

清・郎錦騏《檢驗集證・搯傷咽喉身死骨》 仰面，致命顖門骨、浮出腦殼骨縫少許，淡紅色，係罨絕呼吸，血氣上湧所致。合面，左耳根骨一傷，斜長七分，寬五分，紫紅色，有血瘢，係右手第二指按傷，其餘骨殖，反復細驗，并無別故，委係生前被傷身死。

清・郎錦騏《檢驗集證・布帕縛口氣閉身死》 仰面，面色紫赤，有血瘢，兩眼微開，口鼻有血水流出，兩手腕有繩痕一道，紫赤色，有血瘢，兩腳有繩痕一道，淡紅色，有血瘢。合面，穀道腫突糞出，餘無別故，委係生前氣閉身死。起出白布帕一條，量長三尺三寸，寬九寸，連繩帶回貯庫。據溫二貴供，伊將事主兩手屈轉背後，叫鄧亞三用絢牛草繩縛住兩手，伊亦解下絢牛麻繩，縛住兩腳。事主躺地喊叫，伊與鄧亞三又用腰繫布帕，從事主口上纏過，結住後腦，正欲跑走，事主在地亂滾，掙鬆口上布帕，大聲喊叫。伊又令鄧亞三將布帕連事主口鼻繫緊，事主不能出聲等語。桂平賊犯溫二貴等，搶奪牛隻，謀殺事主覃文廣案。

清・郎錦騏《檢驗集證・吊拷致死》 仰面，面色紫赤，眼開，口開，自頭面項頸，至肩甲胸膛俱紫黯色。不致命右手腕，與合面不致命左手腕，各有繩痕四道，均長二寸二分，各寬二分，青色。不致命左右腳腕，各有繩痕四道，每道均長二寸二分，各寬二分，青色。合面，不致命兩腳胐脥，各有棍傷一道，每道橫長二寸五分，寬八分，紅色，餘俱無故，委係生前縛吊致死。

據兇犯某供，伊令陳住子捉住死者兩手，伊在身邊拏出麻繩，將死者兩手背縛，推倒在地。又將繩頭縛住死者兩腳，跼作一團，跼局曲也。尋了一條柴棍，穿入腿灣，同陳住子擡到路旁墳邊，擱在墳圈石上，將死者身子倒掛，逼他招出贓賊，因頭面倒垂，血凝氣閉，變了臉色，解下身死。

清·郎錦騏《檢驗集證·墜胎身死》 驗得，李鄧氏面色黃瘦，兩眼閉，口閉，肚腹低陷，產門微開，有血水流出。週身肉色萎黃，形體羸瘦，餘無別故，委係生前墜胎，致病身死。

清·郎錦騏《檢驗集證·墜胎冒風身死》 仰面，面色青，眼口歪斜，口內有涎沫流出，兩手微握，肚腹脹，產門有血水流出，兩腳微曲，委係生前墜胎後，冒風身死。

清·郎錦騏《檢驗集證·毆後咽喉塞布氣閉身死骨》 週身骨殖完全。仰面，不致命右顋頰骨，上下牙根，右頷頦骨，相連一傷，斜長二寸六分，寬一寸九分，紫紅色，有血暈，係鞋底傷。致命咽喉內藍布一團，係生前塞入口內，右血盆骨一傷，斜長九分，寬三分，不致命左臂骨連髀骨一傷，斜長一寸二分，寬三分，俱紫紅色，有血暈，係竹片傷。左膝蓋骨連腿骨一傷，斜長二寸四分，寬七分，紫紅色，有血暈，係柴棍傷。合面，不致命左後肋骨第五條、第六條，相連一傷，圍圓二寸四分，紫紅色，有血暈，係拳傷，餘無別故。

清·郎錦騏《檢驗集證·毆後落水身死骨》 仰面，致命頂心偏左一傷，圍圓不整，斜長五分，寬三分，紫紅色，有血暈，係木器傷。鼻竅腦殼用水灌進，傾出有泥沙。不致命第六、第七條左前肋骨，共一傷，圍圓一寸六分，紫紅色，有血暈，係拳傷，餘無別故。

清·郎錦騏《檢驗集證·毆後落水身死》 仰面，兩眼開，口開。致命額顱連右額角一傷，橫長一寸八分，寬一寸五分，紫紅色，有血癊，係木器傷。右腮頰一傷，斜長一寸五分，寬五分，紫紅色，有血癊，係竹器傷。口內有水沫流出，兩耳竅、鼻竅有泥沙，兩手散，手心皺白，十指甲縫有沙泥。合面，髮際有沙泥，兩腳心皺白，十腳趾甲縫有沙泥，餘無別故，委係生前被毆，受傷落水身死。

清·郎錦騏《檢驗集證·幼孩驚風身死》 羅瑞仔於初三日上午伏棹睡卧，被宗宜拍棹，驚醒。羅瑞仔受嚇，於是夜身發潮，熱，次早手足牽動，患成驚風病症，至晚殞命。報縣，驗得仰面，面色黃，兩眼胞俱開，兩眼睛歪斜，兩臂胳脥拳曲，兩手心微黃色，肚腹低陷，穀道穢污云云。

清·郎錦騏《檢驗集證·中風死》 仰面，眼微開，口眼歪斜，口內有涎沫流出，兩腳十趾甲，淡青色。合面，兩手十指甲，淡青色，委係中風身死。又驗，口眼歪斜，牙關緊閉，兩手拘牽，兩腳拘攣。

清·郎錦騏《檢驗集證·烟袋銅頭毆傷身死》 驗得，仰面致命額顱銅器傷一處，月牙形，斜長六分、寬三分、深二分，浮腫，皮破有膿血，骨未損。

清·郎錦騏《檢驗集證·受傷後冒風身死》 仰面，面色黃，眼口歪斜，口鼻有涎沫。合面，不致命右肐肘一傷，斜長二寸五分、寬一分；左手背一傷，斜長一寸五分、寬一寸，俱已結痂，骨未損，血痂擦破，傷口浮腫，週圍腫脹，委係生前受傷，後冒風身死。

清·郎錦騏《檢驗集證·中寒身死陰症》 驗得某，面色微黃，兩眼閉，上下唇吻，微青色，口閉。不致命胸膛，有微紅色一處，紅暈浮散，不計分寸。兩手握肚，腹平，莖縮小，餘精流出，兩腿伸，十指甲青黯，餘無別故，實係中寒急症身死。此案審係，行姦後，閉房門中寒身死，即《洗冤錄》所載陰症是也。

清·郎錦騏《檢驗集證·疝氣死》 腎囊腫脹，青色，光亮，按捺不堅硬，係疝氣。

方書，三陽急爲瘕，三陰急爲疝，男子有七疝寒水筋血氣抓癩是也。疝音訕，臣意胗之，曰湧疝也，令人不得前後溺溲。《史蒼公傳》疝氣客於膀胱，膀胱水府也。博雅膀胱謂之脬正，字通膀胱，重九兩一銖，縱廣九寸，盛溺九升九合，廣二寸半，上系小腸，下聯前陰。《白虎通》膀胱肺之府。廣韻腹中水府。正義曰脬亦作胞。

清·郎錦騏《檢驗集證·服壯藥排拍不效發腫身死》 仰面，面色青，兩眼開，上唇吻青，口開，用銀針探試，尚無毒氣，舌縮。兩手拳握，腹脹。合面，不致命右臂膊一傷，斜長二寸三分，寬一分，紅色，係鞋底拍傷。十指甲青，不致命左右兩腿，俱紫紅成片，微腫，係鞋底拍傷，餘無別故，實係生前服壯藥，排拍不效，發腫身死。

清·郎錦騏《檢驗集證·患斑痧身死》 驗得仰面，面色發變，兩眼合，兩手微握，兩胳脥有青筋紫紅癊，肚腹低陷，兩腳直。合面，十指甲青黑色，遍身有紅斑，用銀釵探入咽喉、穀道，以紙密封良久，取出驗，係白色，委係生前患斑痧身死。

清·郎錦騏《檢驗集證·僵屍》 飭令仵作起出屍棺，查看并無損動，揭開棺蓋驗，係僵屍，擡放平明地面云云。塡傷與報驗屍同。

清·郎錦騏《檢驗集證·雷殛死骨》 週身骨殖俱全，各骨俱焦黑色，餘無別故，委係生前雷殛身死。

清·郎錦騏《檢驗集證·酒醉身死》 山東高唐州監生趙允迪，酒醉身死。驗得屍身軟弱，上下牙根白色，用銀針在咽喉內如法試探，取出黃白色，委係醉死。

清·郎錦騏《檢驗集證·雷擊死》 勘得該處土名肖屋背坪，監生賴鼎書屋一所，坐西向東，由左邊大門而進，中係廳堂，冲破右邊屋，有火硝形，該屍上身無衣，勘畢。驗得仰面，面色發變，黃色，左額角雷擊傷一處，圍圓二分，深三分，皮破緊硬，焦黑色，兩眼胞微開，兩眼睛黃色，兩鼻竅血水流出，上下牙齒全，口微開，兩手散，肚腹火燒篆交痕一條，長二寸六分、寬四分，皮肉緊破，焦黃色，腎囊微脹。合面髮散如焰火燒焦，穀道出血，週身黃黑色，委係生前雷擊身死。乾隆四十一年，江西雩都縣案。

清·郎錦騏《檢驗集證·雞姦不驗糞門駁語》 梁六保果與許廷獻雞姦日久，何至因許廷獻不買草帽，微嫌，輒爾堅拒，至死不從。且查乾隆五十三年刑部議覆，廣東雞姦被殺案內，律例雖無查驗，曾被雞姦之人糞門明文，但強姦處女，則有驗明陰戶是否處女之例，已可類推。且死者既無，生供則必驗明死者糞門，是否寬鬆，方可爲通姦之據，等語。今梁六保糞門曾否驗明寬鬆、未據報叙，殊屬率混，飭再研審解勘。

清·郎錦騏《檢驗集證·應傷》 仰面，口內有血污，用水洗淨。致命咽喉右邊破損，係烟袋嘴戳傷，不致命右頷頦下浮腫，圍圓一寸三分，紅色，係喉內受傷應出。

清·郎錦騏《檢驗集證·檢服鴉片烟身死骨》 檢得，仰面，不致命口骨上下，不致命齒上下均青黯色。致命結喉骨，致命心坎骨，不致命兩手十指骨，二十八節，不致命十趾骨，共二十六節。合面，不致命尾蛆骨，俱青黑色，其餘週身骨節，俱青色，餘無別故，實係生前吞服鴉片烟毒身死。

清·郎錦騏《檢驗集證·檢內損身死骨》 檢得，週身骨殖均白色，無故。報畢，親驗無異。并據仵作胡吉回稱：《洗冤錄》載：內損死者，口鼻內有血水流出，檢骨無痕可驗。現據屍妻見證，僉供嚴鉦沅被追跌地，當時口內有血水流出。是嚴鉦沅，實係生前被追跌地，內損身死，是以檢骨無痕等語。道光二年湖南，瀏陽縣案。

清·郎錦騏《檢驗集證·死後戳傷眼睛》 眼胞一傷，圍圓一寸二分，深透內，皮破睛瞎白色，無血癊，係死後鐵器戳傷。

清·郎錦騏《檢驗集證·箭傷》 致命胸膛，有鐵頭竹箭一枝，拔出查驗，傷長八分，寬六分，深透內，有血污，係生前被箭射傷身死。

致命腎囊，有鐵頭竹箭一枝，穿透，拔出，腎子脫落，難量分寸，有血污。

清·郎錦騏《檢驗集證·鐵釘釘傷》 驗得，某生傷，致命頂心、及腦後髮辮內，各釘有鐵釘一枝，傷口腫脹。即傳醫生用藥，欲行拔出。據稱這人是難救治，如今鐵釘未曾拔出，還是活的，若拔出鐵釘，頃刻即死，不敢醫治。訊問某昏迷不能言語，列單附卷，飭取保辜調治。

驗得，某死傷，仰面，致命頂心，有鐵釘一個，釘頭縮入腦後二分，拔出鐵釘，皮骨破傷，圍圓七分半，深透內，傷口腫，流膿血。鐵釘長二寸五分。合面，致命腦後髮辮內有鐵釘一個，鐵釘縮入皮內，不及一分，拔出鐵釘，皮骨碎，傷，圍圓七分，深透內，傷口腫，流膿血。鐵釘量長，二寸六分。兩手腕、兩腳腕，有縛痕，餘無別故，委係生前鐵釘釘傷身死。

清·郎錦騏《檢驗集證·木扁挑毆傷手指潰爛身死》 不致命左手中指一傷，皮破潰爛，上節脫斷，有膿血，係木扁挑毆傷，越十九日身死。

清·郎錦騏《檢驗集證·木扁擔連打傷》 不致命左右兩腿，俱有傷一片，圍約一尺，俱紫紅色，係木器傷。據曾宗供、伊令向順富睡在地下，用木扁擔打四下。

清·郎錦騏《檢驗集證·綑縛塞口氣閉身死》 仰面，面色紫赤，眼口俱開，上牙舊時脫落兩個。不致命兩手腕，各有繩痕兩道，云云。委係生前被綑縛塞口，氣閉身死。

清·郎錦騏《檢驗集證·死後裝縊》 咽喉上有縊痕二道，透過項頸，每道量長七寸，各寬二分、深一分，白色，無血癊，係死後套傷。

清·郎錦騏《檢驗集證·布帕縛死》 驗得，仰面不致命上門牙脫落兩個，牙根有血癊，係碰傷，自口至髮際，有橫痕一道，係布帕縛傷，左手腕一傷，橫長一寸一分；右手腕一傷，橫長一寸，俱寬三分、深一分，青紅色，係繩絪傷； 右膁肕一傷，斜長一寸、寬二分，微紅色，係碰傷。合面，致命腰眼一傷，横長一尺、寬三分、深一分，青紅色，係繩綑縛傷。不致命、左腳大趾一傷，圍圓一寸二分，青紅色，係瘀傷。

清·郎錦騏《檢驗集證·繩拉項頸氣閉身死》 仰面，致命咽喉上一傷，紫紅色，繩痕平繞，係拉傷。不致命左臂膊、兩臂各有傷一處，參差不齊，難量分寸，係擦傷，實係繩拉身死。

清·郎錦騏《檢驗集證·手指甲搭傷》 仰面，面色紫黑，眼開，口開，舌不出，亦不抵齒。致命、咽喉左畔，指搭痕一個，有血瘀，咽喉右畔，指甲痕三個，有血瘀，俱紫紅色，係手指搭傷。另有繩痕，在兩手腕、兩腳腕。

清·郎錦騏《檢驗集證·布袋搳勒咽喉致斃》 仰面，致命咽喉連食氣嗓一傷，皮肉堅硬，紫紅色，横長六寸三分，係布袋壓勒身死。犯供： 某按住某兩腳，某騎在身上，拏出身帶裝米布袋，放在某項頸，緊貼咽喉，兩手執住布袋，兩頭用力拏勒，立時殞命。

清·郎錦騏《檢驗集證·棍壓咽喉致死》 仰面，兩眼開，口開，舌抵齒。致命咽喉上一傷，横長一寸九分、中寬七分，左右微尖，紫黯色，有血瘀，係木棍壓傷。

清·郎錦騏《檢驗集證·搭死推棄塘内》 致命咽喉上有紅痕一道，横長四寸三分，寬五分，紅色，咽喉左有指痕一點，圍圓九分，右接連四點，圍圓七分，下一點，圍圓五分，均紫紅色，係左手指搭傷。不致命左手灣至手腕，手背，接連致命胸膛左肋一傷，圍量一尺五寸，俱紅色，係臀坐壓傷。十指甲縫無泥沙，實係生前被搭身死。據犯供： 將死者李先左手横放胸膛，伊將臀坐壓，致傷李先左手腕，手背幷胸膛、左肋，李先以右手向推，伊亦用右手捏住，左手緊搭咽喉，隨即身死，推棄塘内。

清·郎錦騏《檢驗集證·搭傷咽喉又復掛吊越三日身死》 石門縣覃庭璋手搭陳女咽喉，強姦，越三日身死。司簽以陳女既經被搭咽喉，又復裝縊掛吊，何以幷不立斃，越三日後，始行身死？ 覆詳陳女上吊不過頃刻，即被某趕至解下，故沒縊痕。《洗冤錄》載： 自割喉下如三、五日死者，深一寸三分，食嗓斷、氣嗓不斷，可見咽喉受傷，原有三、五日始死。陳女喉嗓不斷，故能延隔三日，等因完結。

清·郎錦騏《檢驗集證·搭傷》 致命咽喉一傷，横長二寸九分、寬四分，紫紅色。有血瘀，左長食指痕，右短大指痕，係用手搭傷。又致命咽喉上一傷，横長五寸，寬五分，左邊有指痕四個，右邊有指痕一個，俱紫紅色，有血瘀，係手搭傷。

清·郎錦騏《檢驗集證·扯傷咽喉氣閉身死》 仰面，面色微赤。致命右額角一傷，口微開，舌抵齒。致命咽喉繩痕一道，長一尺、寬三分、深二分，紫紅色，繩痕不交。不致命兩胐脥左直，右微曲，兩手腕左直，右微曲。

清·郎錦騏《檢驗集證·氣閉致死骨》 檢得，已死蔣梁氏屍骨。除咽喉骨腐爛，餘骨完全，量長四尺三寸。仰面，致命顋門骨浮出腦殼骨縫外少許，淡紅色，係罨絶呼吸，氣血上湧所致。合面，不致命右肋骨由上數下，第一條、第二條，相連一傷，圍圓七分不整，有血暈，骨斷，係右塊傷，委係生前受傷身死。

清·郎錦騏《檢驗集證·鎗裂鐵飛炸傷身死》 仰面，左肥頰，有火燒焦疤痕。不致命食氣嗓一傷，斜長九分、寬五分，氣嗓已斷，深透内，皮肉焦，赤色。不致命兩胳膊、十指、均有燒焦疤痕。致命右乳上一傷，斜圓不整，紅色，血癧，係木鎗柄撞傷，餘無別故，委係生前鎗裂鐵飛炸傷身死。係鬱林州陳忠章案。

清·郎錦騏《檢驗集證·服百足蟲身死駁查》 四川敘州府隆昌縣民婦鄧氏，與鄧才瓏通姦，毒死親夫鄧某一案。詳請啓檢，司批查中毒身死之案，情形不一，如中砒礵等毒，其屍骨固屬青黑，如中金蠶菊銀黝等毒，則骨殖並無痕跡。今鄧氏所稱，百足蟲與扁豆根是否有毒，能否殺人。《洗冤錄》内既未開載，則服百足蟲而死者，其屍骨應作何色，似遽難指定，倘檢驗屍骨並不青黑，恐亦未能竟指作無毒之憑據。疑似之間，更滋淆惑，應再提犯，悉心推鞫，並取百足蟲扁豆根，令該犯等照前焙乾，雜鷄犬試食，察其情形，揆其事理，詳細研求，細加考證。再行詳請委員覆檢，庶死者不致徒遭蒸刷之慘，而生者亦可期無枉縱。再查乾隆四十年，有湖北崇陽縣民、汪撰南，與黄氏通姦，毒死本夫王勝才，及氏翁姑子女一家五命，案内驗明奏辦，可以稽考。

清·郎錦騏《檢驗集證·中鳥鎗傷》 驗得致命肚腹，有砂子眼七點，或作鐵砂眼。均如菉豆大，傷口焦黑色，深透内，係鳥鎗砂子傷，委係生前被鳥鎗打傷身死。

又驗得，致命額顱右邊一鎗子傷，穿透內，由合面致命，腦後左邊而出。額顱右邊進鎗子處，圍圓九分，腦後左邊出鎗子處，圍圓一寸八分，俱皮口展骨破，有有血污，亦進鎗子處大，出鎗子處小者。

又驗得，不致命右肩甲一傷，圍圓八分、深五分，相連一傷，圍圓六分、深三分，俱焦黑色，右腿亦中砂子，焦黑色，係鳥鎗傷，均起有砂子。

又驗得，不致命左右腿肚，俱有砂子痕十數點，黑色係鳥鎗傷。

又驗得，致命胸膛一傷，圍圓三分，有血癊，焦黑色，係鳥鎗傷，係用黃豆代砂子。

清・郎錦騏《檢驗集證・罨悶身死》 仰面，面色紫黯，兩眼胞開，兩眼睛微突，口微開，舌有嚼破痕，不致命左胳膊一傷，皮微破，係擦傷下身。據屍父張添中結求免驗，餘無別故，實係生前被罨悶身死。

清・郎錦騏《檢驗集證・毒草》 驗得仰面，面色赤黑，兩眼開，口開，口鼻內有血水流出，口內有草渣碎末，肚腹脹，青黑色，十趾甲青黯。合面，十指甲青黯，用銀簪釵探入咽喉穀道，以紙密封，良久取出，青黑色，用皂角水洗擦不去，餘無別故，委係生前毒斃，中毒身死。一作被毒身死。又驗上下唇吻捲縮，牙根青黑色，餘同前。

清・郎錦騏《檢驗集證・自縊傷痕八字交匝》 康熙五十五年，崑山縣民沈登縊死一案。據仵作驗供，沈登繫頸的繩子，最細的是草繩，一頭打結，一頭穿在結內，結內做了圈子，伸進頭去，繩是活套，一頭攏來繩深入繩之處有淺深，名爲步步緊，所以雖是八字交匝，實是自縊，現有繩痕可驗，並無別故。

清・郎錦騏《檢驗集證・原毆傷輕結痂生肌後將血痂抓落抽風身死駁頂》 直隸灤州民賈士臺，誤毆張永久傷風身死，奉部以賈士臺毆傷張永久左額角皮破骨塌，驗係致命重傷，且於五十日保辜限內身死，與原毆傷輕之例不符，駁飭妥擬，司看覆稱，查額角係突起之處骨乃堅硬之物，既經打塌，謂不破損，誠難憑信。但張永久當毆傷之時，即將蒲絨掩裹瘡口，及至保辜驗傷，已經結有血痂，未便再行開看，致使透入風邪。故僅可量其口之分寸、骨之低塌，實未能保無破損傷痕。第已死之後，瘡痂既落，若果骨有破損，不特傷痕顯著，抑且按之聲響。今據訊仵作驗報屍傷，已經長有新肉，形如榴子，無從見骨，按之並無碎骨聲響。查骨與肉相連，骨既破裂，自有潰血流溢，皮肉豈能再長，茲張永久傷處現有新長肉色，則其骨損之處，已經接湊生肌，似屬可信。況查額角係要害之所，設果受傷深重，自必骨裂腦出，昏暈難甦，乃張永久尚能飲食如故，力作依然，曾無痛楚之狀，止覺癢而難忍，蓋因新肌始長，血脈融和，故爾如是。初非瘡發之象，揆厥情形，則張永久未經受有重傷，自屬昭然，至所以塌而不破，抽風不潰之故，亦因毆打之時，雖經微損，未至拆裂，故僅較他處稍低，而不露有破口。至新肉雖長，尚未堅固，若不加謹保護，猶能透入風邪，致成抽風重症然惡血已無，凝結在內，而於內仍未潰也。且查張永久於雍正十年二月初五日被毆受傷，迨至二十四五等日，肌已漸長，乃因生肌發癢，抓落血痂，於三月初一日風始抽發，至初六日殞命。據屍姪張宏謨供稱口吐沫子，兩手牽動，嘴眼歪斜等證。則確係抽風所致，已無疑義，仍請照例擬結。又府看內云：凡人跌打破頭緊緊包裹，不使透風，便能痊可，但日後受傷之處，必有塌疤，比比皆是，其所以塌而不平者，蓋因當時曾經骨損也。至查張永久生前瘡癢抓撓，揭去包絨，抓破皮痂，曾流血膿，隨後復用蒲絨包紮，血雖止息，而風已入腦。仵作路旺供稱風邪透入經絡，傷口便不潰爛。訊之屍親，張宏謨稱，伊叔頭顱初時打破，瘡口亦未潰爛，若是潰爛，豈能即生肉，合口此言，切近人情道理。

清・郎錦騏《檢驗集證・檢活埋》 開棺取出屍骨，安放平明地面，排成人形，如法洗檢。據報：仰面，致命頂心骨，紅色，係被罨悶活埋所致。乾隆五十一年，棗陽縣檢活埋高德賢屍骨，致命頂心骨，淡紅色，參差不齊，浮出腦殼外一線許，總門骨紅色，上下牙齒微紅色，有血癊，聳脫，兩腕骨、兩脛骨有繩痕，紅色，實係活埋氣閉身死。

清・郎錦騏《檢驗集證・手按咽喉致死》 驗得仰面面色赤，兩眼胞閉，兩眼睛在內，上下牙齒全，口微開，舌抵齒。致命咽候有按傷一處，橫長三寸五分，寬五分，右有大手指抓痕一處，左有二中指相連抓痕二處，血癊紫紅色。兩手微握，十指微屈，肚腹微脹，委係生前按傷身死。據犯供：因被死者扭住胸衣，仰跌擲下，連伊帶壓身上，死者又將伊髮辮揪住，伊負痛，用右手按住死者咽喉，死者揪緊不放，伊情急圖脫，又用力一按，死者將手鬆放，神色改變，伊連忙走起，詎已氣閉身死。乾隆五十九年，安遠縣民蕭三榮按傷小功服兄蕭萬雅身死案。又致命咽喉有手指按傷，並排三處，上一處，橫長九分，寬四分，中一處，橫長一寸二分　、寬四分，下一處，橫長六分，寬四分，俱血瘀紫黯色。自咽喉至食氣嗓，中空三寸無傷，不致命食氣嗓有手指按傷一處，斜長六分，寬五分，血瘀紫黯色。

清・郎錦騏《檢驗集證・扭毆跌入糞池穢氣衝心内損致死恐係因毆吐血駁頂》　益陽縣民，李在位與劉玉田，互扭，同跌糞池，劉玉田受穢内損身死。原驗仰面，面色，兩眼睛黄色，兩手心黄，致命胸膛，左心坎、左脊背各傷俱已平復，穀道污穢，兩腳心黄，實係内傷身死。奉院批劉玉田如果僅因跌溺，事在片刻，縱水深數尺，斷不致衝心内損，若謂當時救起吐血，遂指爲確憑。而先被毆致命胸膛、心坎、脊背三處傷，俱青紫，又安知非因傷吐血耶？且現在庭訊之時，李正位亦供認因傷身死，則非被淹所致，似屬無疑，駁飭確審。嗣據覆詳查，此案前據報驗劉玉田生傷時，據供伊被李在位用拳毆傷，並無妨礙，惟因彼此扭結，伊失足跌入糞池，吃下糞水數口，穢氣衝心，實難忍受，經救起後，當即作嘔吐血，現在心内難過，等供在卷，先未聲敘入詳，實屬疎忽，兹復傳到醫生周受堂，訊據供稱：　嘉慶元年三月初五日，蒙撥醫生調治劉玉田傷痕，據説先被李在位用拳毆傷胸膛、心坎、脊背三處，並無妨礙，後因兩下扭結，跌落糞池，他吃了幾口糞水穢氣衝心，實難忍受，起來就作嘔吐血，現在心内難過的話。醫生胗他脈息，左手心肺脈弦急，右手脾肺脈大，是穢氣衝傷心肺所致，先用參麻解毒引，後用清心解毒湯，與他調治，因他胃氣閉塞，不思飲食總不見效，到三月十七日身死。他被毆各拳傷先俱平復，實因觸穢内損，並非被毆内傷，可以具結。復提該犯李在位查訊，據供是日伊與劉玉田爭鬧，伊先用拳毆傷他胸膛、心坎、脊背，他並無被毆難受情形。因兩下扭結，同跌糞池，伊撲在劉玉田身上，沒吃糞水，劉玉田吃了幾口糞水，救起後當作嘔吐血，説穢氣衝心難過，後來劉玉田被毆各傷均已平復，因觸穢内損，醫治不效身死，果因受傷吐血，何能與伊扭結毫無妨礙？　前在　代院大人前供説：　劉玉田因傷身死是説他觸穢以致内傷，但未能供得明白等供。據此查劉玉田先被李在位拳毆胸膛等處，尚能與李在位扭結，並無危殆情形，迨失足跌入糞池，吃下糞水，救起即作嘔吐血，聲稱傷處無礙，惟穢氣衝心難受，有生供足據。嗣各傷俱已平復，因胃氣閉塞，醫治不效身死，又有醫生供證可憑。其爲觸穢内損斃命，可無疑義將李在位依鬬毆殺人，擬絞問抵，審解完結。

清・郎錦騏《檢驗集證・檢驗殺後燒死骨》　乾隆十六年五月初七日，據淮河總保甲具報，當帶刑仵前詣勘得：　袁朝玉原住草屋幾間坐東朝西，又南北橫屋二間，俱被火燒燬，屋外週圍俱係大山，並無鄰近烟戶。涂相身死在北骨橫屋地上，其生前仰身在地，是以仰面、皮肉俱已燒化，無憑相驗。隨飭仵作查照檢骨格，逐加細驗。據仵作孫某喝報，驗得涂相仰面，頂心偏左骨已燒化成灰，偏右骨有血灰凝結，用油潤去，現傷一道，長一寸，寬二分，赤色，係刀傷。總門、額顱、額角，兩眉，眉叢，兩眼睛，鼻梁骨，左一半燒化成灰。左太陽腮頰骨，燒化成灰。上下牙齒，燒化成灰，頷頦骨，燒化成灰，兩胳膊，與合面肐肘及、兩手腕、兩手掌、十指骨、燒化成灰，左前肋下兩骨，有血灰凝結，用油潤去，現傷一道，各斜長五分，寬二分，赤色，係刀傷。兩膝、兩臁肕、兩腳腕、兩腳板、十腳趾骨，俱燒化成灰，其餘骨殖，俱已燒酥。合面脊背起，至兩腿止，稍有皮肉，其色膏黄，兩臀下有糞穢，兩腳踝、兩腳跟骨，俱燒化成灰。實係砍傷後火燒身死。報畢，親驗相符。當場塡格取結，又於焚屍處所，掃除灰燼，用炭燒熱將醋潑上，親加查驗。地上有人形，左手伸，右手不現，兩腿及足不現，頂心偏右處，有血跡，鮮紅色，左肋處，有血跡，鮮紅色。驗畢，問仵作孫某，涂相頭上諸骨，何以半邊成灰、半邊尚存？　據供涂相偏右有刀傷，必然血往右走，故此燒不化。左首無傷，定然血枯，故此燒化。又問：　凡人胳膊、肐肘臁肕骨，均比肋粗大，何以涂相胸前，兩肋尚存，白骨、胳膊、臁肕、等骨、反被燒化？　據供胸前肋骨、裏面有臟腑潤澤，不得即燒成灰，至於肐肘臁肕遇火必然捲縮，四面火燒以致成灰。又問：　地上左手有形迹，右手及兩腿俱無，又是何故？　據供涂相左手，想是被倒下之柱壓住，不得拳縮，所以地下現形。兩腿及右手定是縮起，以故地下無形。

清・郎錦騏《檢驗集證・服砒毒發後越六日身死》　乾隆五十四年，龍南縣民蕭金聲案，奉司批，查信石其性猛烈，且原驗唇舌焦裂，受毒情形深重，何以延至六日始行斃命？　訊據仵作供：　蕭金聲所服砒石，即《洗冤錄》所載，生砒毒，性本緩，祗因蕭金聲先患痧氣甫愈，又輸錢熬夜，腹臟虚弱，以致毒入臟腑，登時發作，似覺深重，後經醫生用菉豆湯並解毒藥療救，腸胃毒氣稍解，拖延至第六日始斃，其所以不致速死者，是當日解救，至第六日仍死，因砒毒已蘊然在臟，藥力難達，故死後現出唇舌焦裂情形，並無別故。

清・郎錦騏《檢驗集證・又檢窪坑》 乾隆五十五年，湖南武陵縣，僧麓菴毆斃僧豁然一案，龍陽縣會同帶領吏仵，並押僧麓菴前詣谷山，會勘燒屍窪坑，並查驗起存牙齒殘骨，與原驗無異。飭令按照檢地之法，先將此炭燒坑，次以胡麻撒上，用箒掃淨，麻內有油沁入土中，現出人形。據屍兄某供報，已死僧某，生年若干歲。據仵作某喝報，打量地上人形，長四尺八寸，偏左有胡麻纍結，斜長一寸許，寬四分餘，腦後有胡麻纍結，斜長一寸許，寬四分餘，將胡麻掃去，用猛火再燒熱土，潑以糟水，又燒極熱，烹醋，用金漆桌覆上，停久掉轉桌面，有暈痕，如氣蒸水，與人形無異，偏左腦後兩處傷痕，悉行現露，實係生前毆死燒燬，報畢。覆驗無異，塡格取結，殘骨仍令罐貯厝埋。

清・郎錦騏《檢驗集證・遣犯墜鍊身死》 乾隆五十七年，德安縣遞解遣犯，傳章凝在卡房住宿，墜鍊身死。仰面，咽喉下有鍊痕一道，斜入左右耳根髮際，量長九寸、寬四分、深二分，另案於此處添如鍊形三字。八字不交，血瘀，紫色，委係墜鍊身死，用鐵鍊比對，縊痕相符。

清・郎錦騏《檢驗集證・壓死祗傷鼻準人中》 乾隆五十七年，新建縣詳陳正斯，被茶簍倒下壓傷脊前，撲跌，止傷鼻準人中。據仵作供、陳正斯因彎身拾柴，被茶簍壓下，撲跌倒地，鼻準人中並非平實部位，是以獨致磕傷，身上穿有衣服，房地又係平坦，故未受傷。

清・郎錦騏《檢驗集證・自行失跌傷在頭面》 嘉慶八年，義寧州詳段邦發從高墈失跌身死。勘得該處土名角頭山一嶂，山腳墈上有路一條，上通州城下達武寧墈下係亂石沙灘，墈邊有泥土踩損形跡，自墈上至灘，量高一丈四尺，該屍卧於灘上，灘上石塊驗有血跡，離灘一丈有餘，即係大河，附近並無居民，勘畢。驗得致命頂心，偏左有磕傷一處，斜圍九分，皮破血出，傷口參差不整，致命額角，左有磕傷一處，橫長八分、寬五分，左肩甲有磕傷一處，斜圍一寸二分，俱血瘀紅色參差。不致命左膝有擦傷一處，斜圍一寸五分。合面兩腳踝各有擦傷一處，斜圍九分，俱血瘀紅色，委係生前跌傷身死。據仵作楊京選供查驗段邦發傷痕，實係跌死，但《洗冤錄》載：跌者從高面下，或失足自絆，其力在下，則所傷多在腿足及臂膊，然其或左或右，又皆止傷半邊，如係人推而跌者，則其力在上，所傷多在頭面及兩手腕等語。詰問段邦發如果失足跌下，何以傷在頂心及偏左額角，覆供《洗冤錄》載：跌者失足自絆其力在下，所傷多在腿足臂膊，係指尋常高處跌下而言，若實在高處跌下，人頭重腳輕，亦有頭先着地，故止稱多在腿足臂膊，並未說是必在腿足臂膊，開載原是活語。今段邦發本係病體，又從高墈側身跌下，兩腳無從用力，自然傷及頭面，況左膝右腳踝原有傷痕，其總門偏左額角肩甲各傷均在左面，實與錄載失足自絆或左或右止傷半邊相符。

清・郎錦騏《檢驗集證・自殘》 仰面，致命頂心連偏右一傷，斜長一寸三分、寬二分，深至骨，致命總門一傷，斜長一寸三分、寬二分、深至骨，俱皮肉捲縮有血污均係刀傷。眼口俱合牙關緊，右手拳握，左手垂下，委係生前自砍致命身死。用力自扎身死，屍首兩目緊閉，如被人所扎，兩目開張，屍首散直。係嘉慶十二年，都察院奏山東民初樂善赴控案內抄出。

清・郎錦騏《檢驗集證・傷痊病故毀傷屍骨》 檢得毛有勝仰面，致命頂心骨左一傷，斜長一寸二分，微有血瘀，骨未損，係刀傷。頂心骨擊碎一孔，碎骨脫落無存，孔口左邊有裂縫一條，右邊有裂縫二條，孔口及裂縫俱白色，無血瘀，係死後傷，餘無別故，委係生前受傷，係因病身死。報畢，親驗無異，查頂心骨左，即屬屍格內之偏左，係屬致命部位，今既檢有血瘀，何以又稱因病身死？ 隨提該仵作查訊，據稱偏左係致命之處，如果傷痕沉重，斷不能延至五十四日始行斃命，即檢驗血瘀，其色甚微，是係傷將平復。另患病症，以致氣血未能消盡，委係因病身死等語。又查頂心孔內碎骨，並未脫落棺內。隨提某人查訊，據稱毛有勝死後，伊主使某人，將其頂心骨擊碎，因有皮肉包連，碎骨並未脫落。當將屍身抬至空地，用沙土掩蓋，恐係屍身腐爛，後碎骨脫落沙土之內等語。當令該犯指定停屍處所，飭差於沙土內掏獲碎骨二塊，湊合孔處相符，尚缺碎骨一小塊，無從尋獲。當場塡格，取結骨殖，用桶裝貯，交保看守。嘉慶十六年羅城縣案。

清・郎錦騏《檢驗集證・跪審後自縊骨》 檢得覃丕顯髑髏骨一具，仰面，致命頂心、總門、額顱骨，均淡紅色。不致命上齒，有九個紅色，不致命兩頰車骨微有血瘀，嗓喉、結喉骨，腐不可檢。不致命左手腕骨，內有五塊，微有血瘀。右手腕骨內有四塊，微有血瘀。不致命十指尖骨，赤色，有血瘀。不致命左膝蓋骨一傷，橫長五分、寬二分，紫黑色，右膝蓋骨一傷，橫長九分、寬一分，紫黑色，係跪傷。不致命、十指節骨，俱有血瘀。合面，致命兩耳根骨，紫紅色，有血癊，係縊痕。致命項頸骨，第一第二兩節，微有血癊，餘無別故，係生前自縊身死。據仵作某指稱，檢驗自縊骸骨，《洗冤録》內載明：兩手腕，並頭腦骨，皆赤色。現檢情形，正與洗冤録所載相符，至自縊時，氣閉血湧，是以頂心等骨及上齒，均有紅色，與腎囊受傷，血凝上下牙根骨裏者不同，委係自縊身死。原驗覃丕顯咽喉下，有縊痕一道，横長一尺零二分，寬二分，紫黑色，有血癊，斜入兩耳後髮際，八字不交，兩手微握，大拇指垂下，肚腹墜下，兩膝蓋紅腫，係跪傷，兩臁肕，微紅色，兩腳直腳尖垂下。合面兩腳腿肚，微紅色，係跪後血氣下垂所致。嘉慶十六年，內貴縣參案。

清·郎錦騏《檢驗集證·毆後服鹽滷》 驗得已死香兒，面色發變，兩眼俱閉，左眼黑珠戳破半個，左腮頰有手指擰傷一片，左胳膊云云，共木器傷四處，胸前有手爪傷痕，身不發皰，肚腹不脹，十指俱禿，委係被毆後，自服鹽滷身死。見嘉慶二十一年條例一百二十五頁。

清·郎錦騏《檢驗集證·刃扎致命肚腹透膜腸出又將莖物割去半截節次審明確係自戕》 驗得已死趙青峯，問年若干歲。仰面面色潰爛，兩眼胞閉，口閉，左手直伸不能彎曲，右手軟可以彎曲，致命肚腹近，右刃傷一處，斜長一寸二分，寬二分深透膜，腸出，皮肉捲縮。不致命莖物，刃割去半截，圍圓一寸七分，兩腿伸，餘無別故，委係自行扎傷身死，飭取小刀比對屍傷相符。訊明趙青峯係在豐潤縣，爲山西人王汝勛開設臨裕當內作夥，被鋪夥杜楊浩出言穢辱，氣忿自戕身死。屍妻趙師氏、總稱：伊夫趙青峯係被杜楊浩父子謀害，惟原驗趙青峯右手彎曲，確係自戕，本無疑竇，因既割何以復扎，情節疑似。節次委員會審，一載有餘，逐層推求，不遺餘力，檢核《洗冤録》，並無自行扎割致傷，與被人扎傷，其傷口有何區別之處，是此案開檢，既不足憑，全憑供證定讞，歷訊案內，衆供僉稱趙青峯扎由自戕，並無別情，而屍妻趙師氏堅稱，既扎其腹，何能復割腎莖，顯係被人謀害，不肯輸服，控經都察院咨回提省審辦，旋有給事中以案未確實，並問官役有得賄情事，奏奉諭旨勅交直督審辦。先將歷審情形具奏，奉硃批此案總有疑竇，扎傷是本人，割傷是他人，從此根究，必得實情。欽此。復又根究再四，委因杜楊浩與趙青峯均在王汝勛所開臨裕當鋪充當鋪夥，杜楊浩指當外借錢文另立字號，放賬生息，趙青峯恐財東算賬，至鋪勸令歇業不久，與之爭吵，並以趙青峯會經長支鋪錢及借錢娶妻之言窘辱，因而先割莖物，欲令杜楊浩開門圖賴，後因杜楊浩不肯開門，立逼算賬，復又自扎肚腹殞命，衆證確鑿，案無疑義，卽照衆證明白之例，按例擬罪，覆奏完結。嘉慶二十二年直隸豐潤縣案。

清·郎錦騏《檢驗集證·山頂燒屍毋庸檢地》 嘉慶二十四年，直隸廣昌縣住民張和尙，毆傷伊妻劉氏身死，復聽從伊父張三元燒燬屍身一案。訊因口角起釁，毆妻致死，其父張交三元慮子犯罪，又無錢棺殮，起意將屍燒化。隨將屍身擡至山頂，用柴燒焚，骨殖無存，報縣勘訊。因燒屍處所，崎嶇凹凸，間雜石塊，不能檢驗。復訊隣地人等，供證確鑿，初報詳內聲明燒屍滅跡之案，本應檢地，今因山頂崎嶇，不能檢驗，且供證傷處已明，毋庸檢地，繪圖申送，旋經擬罪完結。

清·郎錦騏《檢驗集證·樓上燒死無可檢驗》 嘉慶二十四年，永福縣盜犯馬添財等，行劫蘇有享家，因事主居樓抵禦，不能劫財，放火燒死，無可檢驗。當於詳內聲稱，隨帶刑仵馳抵該處，飭令檢驗。蘇有享住屋基內，存有骸骨七堆，其餘衣箱、鍋碗什物均被燒壞。當飭將各骨殖移放平淨地面，對衆相驗。據仵作許貴喝報，驗得蘇有享家，骨殖七堆，問據地保，屍媳供稱蘇有享，年若干歲，某某年若干歲，各骨殖均被燒碎，無可檢驗，報畢親驗無異。查《洗冤録》載：活人燒死，骨殖丟地聲響。又載屍被火燒，無可檢驗者，取仵作親隣供狀，查明燒燬情由，據證論擬等語。卑職親將各骨殖，內有未燒化者，檢取當場丟地作響聲，實係生前被火燒死，屍骨俱已不全，無憑塡格，取結繪圖附卷，並捐給棺木，飭將各骨殖收殮。

清·郎錦騏《檢驗集證·檢撈獲無名屍骨多具並零星骨殖》 道光三年，土田州民陸工千等，毆死貴州民王景堯等六人，棄屍山洞積水中。後被發覺，起出髑髏十三顆，並零星骨一百餘件，無從分別何具係何人之屍。當於詳內聲稱：因各骨多少參差，礙難按圖塡格，當卽編列號次，飭令如法蒸檢。據屍親人等供稱：查已死王景堯等，年若干歲，並據仵作喝報，檢得某洞起出有傷髑髏七具，及零星各骨。第一號髑髏骨一具，某處一傷，斜長紫紅色，有血暈，係木器傷，第二號髑髏一具，云云各傷，分別塡寫，至第七號止，又第八號頷頦骨一傷，斜長青紫色，有血暈，係木器傷，第九號某處一傷，亦分別塡寫，至幾十號止，均係生前受傷身死。又檢得某洞起出無傷髑髏骨六具，及零星各骨，第一號髑髏骨一具，顖門上有舊瘡孔，尖長五分，穿透孔口光滑，骨色白，額顱骨青暗色，俱無血暈，係生前染患毒瘡痕跡，無傷。第二號髑髏骨一具，右太陽、右額角、右眉稜骨破碎，有水浸青色，無傷。第三號云云，第四號云云，第五號髑髏骨，第六號髑髏骨，均碎不計塊，陳腐剝蝕，無從檢驗，第七號頷頦止存牙齒六個，第八號血盆骨二條，無傷。又檢得某洞起出有傷無傷各骨，第一號云云，又某骨一節，均有傷，紅色，骨邊齲朽，不辨係何物致傷，報畢。逐加親檢無異，當場取結，分別列册塡註，並究出某洞多餘有傷之頭顱骨二具，係某人因某事致死，某人棄屍該洞，又訪查該洞常有土民，將病死及路斃乞丐、痲瘋丟棄洞內，作爲葬地。詢之村老某等，供俱無異，並取具土田州官防，及附近民人等印，甘各結，附卷。

清・郎錦騏《檢驗集證・原驗自戕屍親執爲被殺檢明定案》　已死李光會，問年若干歲。驗得仰面，面色黃，兩眼閉，上下牙齒咬緊，口微開。致命咽喉下刃傷一處，自右耳後起，至咽喉，斜長一寸四分，寬一分，皮肉開，深透食氣嗓，起手處重，收手處輕，食氣嗓斷，左胳膊軟，可以彎曲，與咽喉平，右胳膊硬，伸不能彎曲，係左手持刀自刎身死，與《洗冤錄》所載，自戕情形相符。訊明李光會因患瘋迷病症，自刎咽喉殞命。惟屍父李鉞據稱：被黃寶樹雞姦不遂殺死，赴京控告。行提屍棺來省，委員開棺驗視，李光會屍身皮肉消化，骸骨顯露，因左手皮肉腐化，小指脫落，李鉞口稱小指被刀削去，必係黃寶樹用刀砍李光會咽喉，李光會用左手迎護，致被削落，即可將黃寶樹治罪，不肯蒸檢。委員細加看視，實係腐爛脫落，並非刀削，飭令指定傷痕具結。復從棺內，檢出李光會左右手十指骨節俱全，並無短少，亦無刀砍痕跡，又檢看咽喉骨，腐爛無存，隨令仵作如法蒸檢遍身骨殖俱黃白色毫無傷痕旋將李鉞照誣告律治罪奏結。道光三年直隸開州案。

清・郎錦騏《檢驗集證・拳傷及毆傷小腹瘡傷骨》　檢得已死黃漢祥屍骨完全，問生年若干歲。仰面不致命右下牙根裏骨一點，圍圓一分、紫紅色，係小腹受傷現紅，不致命。左肋第三、四條骨接連一傷，圍圓一寸二分、紫紅色，係拳傷。餘無別故。親驗無異，隨查葉世茂原供，拳傷黃漢祥左脇，並小腹左邊，今檢無傷痕。當即訊問仵作譚勝，查葉世茂當日供認毆傷黃漢祥左肋左脇，並小腹左邊身死。今止驗得左肋一傷，那左脇與小腹左邊並無痕跡。據報下牙根裏骨有紫紅色一點，是小腹受傷現紅。查洗冤錄載：凡傷下部之人，男子之傷現於上下牙根裏骨，又小腹受傷，與腎囊傷同。又抓破腎囊，驗時顖門血紅，上下牙齒落等語。今檢驗黃漢祥止右下牙根裏骨有紫紅色一點，因何上牙根裏骨並不現紅，顖門亦無血紅，牙齒也不脫落，覆供黃漢祥當日被葉世茂用拳打傷左肋，這是有骨可檢，如今已檢出拳傷，那左脇與小腹左邊係是虛怯處所，皮肉消化，無憑檢驗，《洗冤錄》也不會開載，毆傷兩脇應檢何骨。故此左脇拳傷，無憑檢報那小腹受傷，況《洗錄》載，凡傷下部之人，男子之傷現於上下牙根裏骨，傷左則居左，傷右則居右，原不會指明上下都應現紅。今黃漢祥屍骨右下牙根骨裏有紫紅一點，這就是小腹受傷，明驗至小腹受傷，《洗冤錄》載，有與腎囊受傷仝字樣，但顖門血紅，上下牙齒脫落，原指係抓破腎囊疼痛難忍，纔有這樣情形。黃漢祥小腹左邊係被拳毆傷，非抓傷腎囊可比。故此止右下牙根裏骨有紫紅色不致顖門血紅，上下牙齒脫落等語。

清・郎錦騏《檢驗集證・溺水骨》　檢得，某週身骨殖並無傷痕。仰面，頭顱骨用熱水灌入，鼻孔中有泥沙流出，委係生前落水身死。

清・郎錦騏《檢驗集證・鐮刀砍傷》　頂心偏左一傷，斜長二寸二分，寬二分。起刀處深透內損骨，收刀處見骨，血污皮肉捲縮，紫紅色，係鐮刀砍傷。

清・郎錦騏《檢驗集證・剪刀戳傷》　致命咽喉下有一傷處，有血污，斜長三分，寬一分，深透內，係剪刀戳傷。

清・郎錦騏《檢驗集證・按勒咽喉身死骨》　驗得，已死林氏。仰面，不致命左右頷頦骨，十指尖骨，十趾尖骨，俱白色，無血暈。合面，致命腦後骨，左右兩耳根骨，俱白色，無繩痕；不致命項頸骨、第三節裏面一傷，橫長五分，寬三分，紫紅色，有血暈；尾蛆骨，白色無血暈，其餘週身上下骨殖，俱白色，並無別故，委係生前按勒咽喉身死。又原驗林氏致命咽喉一傷，橫長三寸九分，寬四分，紫紅色，左右平過，無八字痕形。合面，髻散漫，不致命項頸一傷，圍圓二寸八分，皮微損，痕色不整，係墊擦傷。

清・郎錦騏《檢驗集證・身首異處》　仰面致命咽喉，接連合面項頸一傷，圍圓一尺二寸，咽喉食氣嗓項頸骨俱斷，頸骨參差不齊，頭落皮捲，骨凸筋縮血污，係刀傷，兩肩甲聳突，右肩甲有刀掛傷一處，餘無別故，委係生前被殺身死。

清・郎錦騏《檢驗集證・驗生前砍下頭顱並死後砍傷殺姦》 勘得某處住屋一間，坐西向東，屋內用竹排隔開兩截，後截係臥房。某與某氏二屍俱在臥房，床前床邊及地下有血跡。左隣某，右隣某，勘畢繪圖附卷，隨令仵作將屍擡出平明地面，脫去上身藍布短衫一件，下身不穿褲，如法相驗。據仵作某喝報，驗得已死某，將首級湊合屍腔，長四尺八寸，項頸週圍皮捲，骨凸血污，係生前用刀割下。驗得已死某氏，將首級湊合云云，致命胸膛連心坎一傷，直長八寸，寬六分，骨裂皮肉不捲縮，無血瘢，係死後砍傷。又驗頭顱連身屍量，長三尺五寸，一驗添頭髮散亂四字，將頭顱湊合項頸一傷，痕跡相符，致命咽喉連項頸俱斷，圍寬七寸，皮肉捲縮，骨凸有血污，係刀傷。又頭顱連屍身湊合，痕跡相符，仰面致命咽喉連項頸割斷傷口齊，皮不緊縮，無血瘢，白色，係死後砍傷。又驗得頭顱一顆，口開，項頸縮，皮肉有血污，屍身頸骨凸出筋縮皮捲，有血污，兩肩聳皺，一驗生前砍頭，腔有小孔，死後則無。

清・郎錦騏《檢驗集證・挑刀砍缺》 致命偏右兩傷。前一傷，橫長一寸，寬二分，皮破骨損，骨口嵌有刀口鐵片一小塊。後一傷，斜長六分，寬一分，皮破骨損，均係挑刀砍傷。起出凶器長柄挑刀一把，查驗刀口缺一小塊，將偏右所嵌刀口缺片，取出湊合，比對傷痕相符。

清・郎錦騏《檢驗集證・墊傷胎孕身死》 驗得仰面，致命肚腹高心下至臍肚，以手拍之堅知鐵石，係有孕數月。左脇一傷，長三寸、寬一寸，紫紅色，係木櫈墊傷，產門有血水流出，餘無別故，實係墊傷胎孕身死。

清・郎錦騏《檢驗集證・被姦受傷身死》 驗得仰面，面色紫，兩眼胞開，兩眼睛紅色，口微開，產門紅腫有餘精流出。合面兩肐肘有擦傷一片，週身紫紅色，餘無別故，委係被姦受傷身死。

清・郎錦騏《檢驗集證・鞋尖踢傷》 腎囊一傷，下半截紅腫，緊貼左右腎子，各現紫紅色一點，腎子未碎，係鞋尖踢傷。

清・郎錦騏《檢驗集證・應傷骨》 上牙根裏有邊骨紫紅色，圍圓樣，係膝蓋跪壓左脇應傷。合面致命腰間方骨一傷，圍圓一寸二分不整紫紅色，係拳毆肚腹應傷。

致命腰間方骨有紫紅色，係左脇被打應傷。

清・郎錦騏《檢驗集證・强姦幼女》 陰戶皮破二分，微腫帶血，委係姦污。

清・郎錦騏《檢驗集證・病後推跌致死骨》 仰合面，週身骨殖白色，並無傷痕，頂心並上下牙根裏骨，及腰間方骨，無現紅云云。詰問仵作，現據某供認：手推某右臂膊一下，某側跌坐地，右臂兩臂該有傷痕，爲何檢無傷痕，是否震損臟腑。供某原說用手勾某右臂膊一推，某側跌坐地，其勢不重，故此兩臂膊、兩臂，無傷。若是震損臟腑，諒有腰間方骨，或牙根裏骨現紅，如今檢驗無痕，並未內傷。又問：今檢某屍骨無傷，當日被某推跌坐地，如何就卽身死？又供，大凡人被推跌，不是震損臟腑，就是氣喘痰壅，俱可致命。現據屍妻某氏供說：某生前患有冷症，兩腿發腫。船戶某又說：某被推坐地，就氣喘不止。這明是病體虛弱，被推跌地，痰壅氣喘身死，云云。

清・郎錦騏《檢驗集證・推跌吐血已止越二日惡寒發熱腹痛身死仍以內損論》 原驗，唐陶氏仰面，面色發變，致命額顱有磕傷二點，微去粗皮，參差不齊，兩眼胞口俱微開，兩手微握，肚腹低陷，兩腿伸舒。不致命兩膝，各有磕傷一點，微青色，餘無別故。實係生前磕傷後，因病身死。奉駁陶氏被拖之時，當卽吐血，死未及旬，恐係內損致斃。覆審據屍夫唐文學供：龍奉揪住妻子頭髮，拖跌撲地，磕傷額顱、兩膝，那時妻子飯飽後，被拖跌地，口內吐血，當用童便兌酒給服。初八日以後，妻子不時惡寒發熱，常叫腹痛，伊因貧沒有延醫調治，到十三日，妻子身死，伊因妻子血已止住，過了兩日，纔惡寒發熱，以爲染患病症，報蒙本縣主相驗，把他腹痛情形供出後，蒙本縣主覆訊，伊纔一一供明。本縣主說是內損身死，只求嚴審。又奉駁唐陶氏被龍奉拖跌吐血後，伊夫唐文學卽用童便和酒兌服，血已止住，越二日後，不時惡寒發熱，頻稱腹痛，謂爲內損身死，有何證據？案關出入必須考證明白，方成信讞。覆詳考之《醫宗金鑑》內載，有傷損腹痛之症，惡寒發熱者，血氣兩傷之語，核與唐陶氏致死情形相符，此其明證。

清・郎錦騏《檢驗集證・推跌內損身死駁頂》 原驗許氏，仰面，致命額顱，接連右額角一傷，圍圓二寸五分，皮微破，紅色，係磕傷。合面，不致命右臂一傷，圍圓六寸五分，右腿一傷，斜長四寸二分、寬五分、紫紅色，係跌傷。穀道污穢帶血，餘無別故，實係因傷內損身死。奉司駁以許氏被李晚推跌，致傷右臂右腿均非致命。是夜許氏又復泄瀉，其致死之由，因病因傷，尚未確實。覆詳據某供，當向許氏左肩一推，許氏側跌倒地，跌傷右臂右腿。李晚跑走，許氏不能起身，其母某氏扶卧牀上，許氏因跌內損，肚疼泄瀉，是夜許氏下牀大便，黑暗中失足跌地，又磕傷額顱，接連額角，扶起褲內大便有血，調治不效致死。據仵作供，相驗許氏屍身，額顱接連額角磕傷甚輕，右臂右腿雖非致命，傷痕頗重，所以喝報，因傷身死。穀道污穢，原帶有血，褲上亦有血污，伊一時草率，僅報穀道污穢，並未分晰指報。

清・郎錦騏《檢驗集證・刎傷深長駁頂》 衡山縣原驗劉澤南，仰面，面色發變，兩眼胞開，兩眼睛上視，上下牙齒緊閉，口開，致命咽喉上有傷一處，皮破捲縮，寬一寸，橫長四寸二分，深一寸七分，食氣嗓俱斷，左手握，右手散，係左手持剃頭刀自刎。

院批： 查《洗冤錄》載： 用小刀割咽喉死者，只長一寸五分至二分，兩手拳握。今劉澤南用剃頭小刀自刎身死，據驗傷痕寬一寸，橫長四寸二分，深一寸七分，右手散，其左右傷痕深淺又未詳晰驗明，不便草率覆詳。查《洗冤錄》載： 自刎死者，如用右手執刀自刎，則右手彎曲，左手執刀自刎，亦然。若係別人執刀戳死者，左右手皆直，不能彎曲，等語。今驗明劉澤南係左手持刀，自刎身死，是以左手握，右手散。核與《洗冤錄》載： 自刎情形相符，並訊據仵作某供稱： 劉澤南係用左手持刀，由右耳根後割至左邊，必係當時將頭向右旋轉，況剃刀鋒利，非別項小刀可比，死者急欲自盡，下手勢重，以致傷寬一寸，橫長四寸二分，深一寸七分，食氣嗓俱斷，當時身死。且驗明右邊起手深，左邊收手淺，兩眼睛上視，牙關緊閉，口開。實係生前自刎身死等情，所供似屬情理，核與原驗無異。至左右傷痕深淺，係經書某漏未入詳，已將該書責懲，覆批以剃刀鋒薄，氣嗓在右，既用左手自割，卽傷右邊氣喉，自必負痛漸縮，何能傷寬一寸，長四寸二分？ 與《洗冤錄》載： 用小刀自割分寸不符，再詳查《洗冤錄》載，若用左手，刃必起自右耳後，過喉一二寸。又載右手最活，稍痛卽知，而力軟，非若左手力勁，非至極痛，不能知覺，是左右持刀自刎，原有下手輕重之分。今劉澤南係用左手持刀，由右耳後割至左邊，因上下皮肉捲縮，從捲縮處量起，故傷寬一寸，至剃刀鋒刃雖薄，究比別項小刀鋒利，死者急欲自盡，左手勢重，原係頃刻之事，況左手力勁，非比右手活動，稍痛卽知，故起手一割，不覺疼痛，漸縮以致由右至左，橫長四寸二分等因完結。

清・郎錦騏《檢驗集證・發痧身死誣告毆斃檢骨》 仰面，不致命頷頦骨，左有綠色一條，長一寸，寬六分。致命左血盆骨內外有綠色，長一寸四分，右血盆骨內外有綠色，長七分。不致命右肋，第三節骨，有淡綠色一條，長八分，寬三分，第八節骨有綠色一條，斜長一寸六分，寬三分，俱無血癊。兩手指甲、兩腳趾甲，俱青黃色，其餘各骨細檢，並無別故，委係生前發痧身死。據仵作供稱，檢驗該屍頷、頦等骨，均屬綠色。查潮地學武的人，生前多服壯藥，死後骨帶綠色居多，實在不是傷痕。質之屍親，據供： 某生前曾經習武，果屬吃過壯藥等語。查《洗冤錄》載： 凡傷下部之人，其痕皆現於上。男子之傷，現於牙根骨裏等語。今某所控某被某拳毆，左脇傷重致死，如果屬實，傷痕應現於牙根裏骨，今檢驗某牙根裏骨，係淡黃色。又查《洗冤錄》載： 肚腹受傷，須檢腰間方骨，有四方眼者，其骨必紫紅色等語。查兩脇卽屬軟肋，與肚腹相近，又恐現於腰間方骨，復檢驗某腰間方骨，係屬白色，並無痕跡，其非脇下受傷無疑。再原驗該屍右眼胞，脊背有傷痕，今檢右眼、脊背等六節，皆屬白色，隨訊。據仵作供稱，原報右眼胞上下傷痕一條，長止三分，寬止半分，皮微破，係屬指甲抓傷。脊背一傷，僅止黃豆大，淡紅色，係磕傷。兩處傷痕，皆係浮面輕微皮肉消爛，故此驗無傷痕等語。當場塡格取結云云。

清・郎錦騏《檢驗集證・烏痧脹》 仰面，面色微青，眼合，唇微青，兩手十指甲微青，肚腹微青，用銀簪從喉內探視，微黑，洗之卽去，其餘遍身反覆相驗，並無別故，實係病死。訊據仵作供稱，查洗冤錄中，論毒篇內有云： 岐黃書中有青筋一症，卽俗云所謂烏痧脹，凡此等症候及陰症不救者兩手足指甲皆青黯，或盡青紫，甚則頭面及遍身皆紫黯，緣其血敗，積而成色等語。又驗服毒用銀簪註云： 人既死雖，非服毒未免有穢，故銀簪亦作黑色，但洗之卽去，唯其中毒，雖洗數次，其色青黑，不能鮮明等語。今已死某，面唇、十指甲、肚腹微青，與洗冤錄青筋脹陰症等病相同。又用銀簪探視，洗之卽去，實係病死，等情親核無異。

清・郎錦騏《檢驗集證・中毒身死並死後殘毀屍骨》 驗得已死梁遠文，問年若干歲，週身骨殖完全。仰面顖門骨、連左太陽骨、破裂碎爛，共分八塊。自顖門橫至右太陽骨，又有裂痕一條，長三寸三分，俱無血癊，係死後傷。上下牙根俱微青色，胸膛心坎骨裏面青黑色，外面青黯色，左右飯匙骨俱青黯色，左手指尖骨五個，右手指尖骨廢爛一個，現存四個，俱青黯色。兩手指甲，三個廢爛，共存七個，俱青黯色。兩胯骨、兩腿骨微青色，左右膝骨、脛骨、䯒骨、腳踝骨、腳掌骨、兩趾尖、腳跟骨俱黃色，趾甲九個廢爛，尚存一個，黃色。合面項頸骨至脊背骨、脊膂、腰眼骨、方骨、尾蛆骨，俱青黑色。左右肋骨俱青黯色。仰面左肋骨自上數下第八條，有裂痕一條。合面左後肋骨自上數下第八條有裂痕一條，俱無血癊，係死後裂傷，餘無別故。委係生前中毒身死，並死後殘毀屍骨。

清·郎錦騏《檢驗集證·燒死二人檢地》 遵奉檄委，前赴永興縣，密帶仵作，幷集犯證，前詣焚屍處所，令僧太和並江令侯指出燒屍地面，照依洗冤錄內開，如法燒檢，將草芟盡多用柴薪燒地極熱，掃去餘火，遍撒胡麻，有頃用箒輕掃，現出排立人形兩個，一左一右，左影上數寸，右影略下數寸，俱頭東腳西，其左屍影，胡麻於頭上連右耳根並右脇左腳等處結聚，右屍影，惟額顱有胡麻結聚，其餘胡麻一掃落盡，並無粘戀，惟有傷之處連結不散，胡麻之油沁入土內，竟成人形。而傷處油跡更多，復將燒熱之地，潑以糟水膏醋，又用明亮漆桌覆蓋，逾時取驗，亦內有爍映人形二個，其傷亦與地上結聚胡麻之處相符，麻油之跡映於土地，其分寸方圓，糢糊不甚明白，顏色亦難辨認。當將左屍傷痕驗量，額顱接連左耳根一傷，斜長三寸餘，寬約一寸餘。右後脇一傷，長約二寸，寬約一寸餘。左腳一傷，斜長約二寸餘，寬約七分。右屍傷影頭顱一傷，斜長二寸五分，寬約一寸，餘俱無故。

清·郎錦騏《檢驗集證·檢地》 查人命全以屍，傷爲憑。今某屍已燒燬，無從檢驗。應照洗冤錄檢地，以憑定擬。隨於某年月日，天氣晴明，帶同吏仵，製備金漆桌，胡麻糟醋等物，前往該處地方，喚集屍親人證，指出燒屍處所，飭令仵作檢有被燒殘碎零骨六十八件，色俱焦黑，且皆細小，不能洗檢。對衆如法檢地，燒令極熱，撒上胡麻，掃平，迨油沁入地，已具人形，其偏左被傷之處，胡麻結聚沾戀，其餘各處毫不戀結。隨將偏左所戀之胡麻掃去，猛火再燒，潑以糟水，又燒極熱，烹以膏醋，急以新金漆桌，覆上少頃，取驗桌面，全具人形。據仵作某喝報，驗得死某，問年若干歲，屍形量長四尺五寸，仰面偏左一傷，斜長一寸四分，寬五分，其餘各處，並無痕跡。委係生前受傷身死，親驗無異。當場塡格取結，檢存燒殘碎骨，封交屍屬收領。

清·郎錦騏《檢驗集證·刃傷風毒內蘊並不潰爛燥起白痂延至一月身死》 嘉慶三年，鄱陽縣民計家回，戳傷胞兄計又祥身死。詰問仵作計又祥所受之傷，已經透膜，其死應速，何以七月初五日受傷，至八月初二日始行身死？傷口何以並不潰爛？據稱此傷雖已透膜，但透入不多，左肋並非致命部位，所以受傷雖重，不致速死。至破口傷痕，若風毒內蘊，傷口燥起白痂，並不潰爛。計又祥原受傷痕，傷口起有白痂，因洗冤錄並未載有傷口起痂之說，故未喝報。又詰醫生計又祥果係因傷身死，何以傷口並不潰爛？據稱查《醫宗金鑑》開載：破口傷痕，風毒內蘊，不發於外，燥起白痂。計又詳所受傷痕，實因毒氣內蘊，所以傷口不即潰爛。

清·郎錦騏《檢驗集證·用刀自戳》 食氣嗓傷口一處，對穿咽喉，皮不斷，右邊刀口寬八分，左邊刀口寬六分，傷口齊截，皮肉捲縮，食氣嗓俱斷，係從右食氣嗓橫戳，至左咽喉而出，刀刃向外，左手散，左臂直，右手緊握，左臂彎曲，餘無別故，實係生前用右手持刀，由食嗓戳傷身死。

《檢驗集證·自刎》 仰面，兩眼微開，口閉，咽喉上一傷，横長三寸五分，深透內，右深左淺，食氣嗓並斷，皮肉捲縮，有血污，係刀傷，左手軟，可彎曲，右手直，餘無別故，委係生前用刀自抹咽喉身死。

清·郎錦騏《檢驗集證·樹上自縊》 勘得，松木嶺離大寧墟約里許，該屍仰卧樹下。據李自達指稱：李勝即在松樹上，用布帶縊死，伊瞥見解放等語。隨飭如法相驗，驗得仰面，面色發變，兩眼閉，口開，舌出，齒三分。咽喉下有縊痕一道，横長九寸，寬五分，深一分，紫赤色，有血癊，斜入兩耳後，直上髮際八字不交，兩手握，大拇指垂下，肚腹墜，兩腳直，腳尖垂下，委係生前自縊身死，報畢。親驗無異，飭將縊帶比對縊痕相符，塡格取結。屍飭棺殮，縊帶帶回貯庫。

清·郎錦騏《檢驗集證·謀吊裝縊》 勘得，唐大拔，鋪屋一所，兩間。左係堂屋，右係店房，中有木梯一張，豎靠樓枋。屍已解下，項上繫有絲帶一條，交成死結。據唐大拔指稱：該屍原吊木梯高處，並未踏物，當將絲帶解下，按照懸挂量演，查看上面繫帶處高，手不能攀，頭緊抵上，腳懸空，所踏無物，並非自縊情形，勘畢。驗得，已死楊幗妹頭髮散亂，面色微變，兩眼開，不致命左腮頰接連耳輪，致命耳根有傷一處，紫紅色，係掌傷，口閉，舌不出，致命咽喉上有痕一道，紫赤色，横長九寸，圍繞周匝寬三分、深一分，斜至右耳後，有結締痕跡淺淡，係絲帶吊傷，不致命左手五指甲縫青黑色，右胯有抓傷一處，長九分，寬四分，紅色，實係生前受傷身死。

清·郎錦騏《檢驗集證·用鐵鍊拴在棹脚自縊》 查勘自縊處所，在於某處，案棹在左邊脚下，棹脚，量高二尺七寸，棹面寬二尺二寸。某係用鐵鍊拴繫案棹近座棹脚，懸過棹面，垂挂自縊。懸挂處離棹面長九寸，該屍頸頭倒卧在地，左脚直伸，右脚盤坐，鐵鍊旋轉頸後，取杖輕敲，鐵鍊緊直不鬆。勘畢，驗得，仰面面色紫赤，兩眼合，口開，舌抵齒不出，致命咽喉鍊痕一道，長九寸五分，寬三分，深一分，從兩耳後直上髮際，八字不交，血癮紫紅色，兩手握，餘無別故，委係縊死。

清·郎錦騏《檢驗集證·門環側吊自縊》 勘得，唐長古房門兩扇，上扇釘有鐵環，離地三尺，鐵環上套有鎖一把。據唐長古指稱：唐亥瓏用自己繫襪麻繩兩根，接長繩頭拴住鎖上，用繩套頭縊死。頭面向外，左膝跪地，側卧，麻繩約三尺，業經燒燬等情。勘畢，隨詣屍所，荒坪一塊，離唐長古家約兩箭遠。驗得，面色紫赤，兩眼合，口閉，舌抵齒不出，咽喉上有麻繩痕一條，長七寸五分，寬二分，深半分，紫赤色，斜入左耳邊，八字不交，係生前自縊傷，兩拳縮，肚腹兩腿俱紫黑色，穀道糞出。

清·郎錦騏《檢驗集證·自縊男骨》 檢得，已死鄭廷梅仰面，不致命兩眼眶骨白色，不致命十指尖骨赤色。合面，致命腦後骨赤色，致命左耳根骨微紅色，斜長八分、寬一分，右耳根骨紅色，斜長七分、寬一分，俱有血暈，腰間方骨白色，餘無別故。

清·郎錦騏《檢驗集證·在塔上跌下身死》 仰面，面色紫赤，頂心有舊刀痕一條，長一寸、寬一分，右腮頰一傷，斜長九分，寬四分，去粗皮，紅色，係跌地擦傷，口、眼、耳、鼻內均有血水流出，上牙兩邊舊脱一個，右手小指舊少二節，穀道有糞，實係生前因跌內損身死。此案係無名男子，在塔觀看，在塔第七層跌下，供證確鑿。報驗並無損傷，據實詳報，恐干駁詰，詳作無名男子，上至第二層，坐在向西北門檻上看江，正脚踏塔簷，站起失足，滑跌坐地，身向右側倒，以致內損，並擦傷右顋頰，所有傷痕，俱係添塡。

清·郎錦騏《檢驗集證·震傷臟腑身死》 致命小腹左邊一傷，斜長一寸四分，右邊一傷，斜長一寸三分，俱紫紅色，係兩手掌傷。合面穀道有糞水流出，委係生前飯後推跌，致傷臟腑身死。又仰合面均有石磕傷，穀道有糞水血污流出，餘無別故，委係生前飯後被跌，震傷臟腑身死。查某失跌後扶起，卽捧肚腹喊痛，其爲飯後震傷臟腑無疑。

清·郎錦騏《檢驗集證·自縊女骨》 某年月日，天氣晴明，帶同仵作屍親犯證，前詣停棺處所，飭令啓棺，舁出屍身，如法蒸檢。據仵作喝報，檢得葛韋氏髑髏骨一具，問生年六十三歲，週身骨殖俱全，惟嗓喉結喉骨日久腐爛無存。仰面，頂心骨縫內有青紫色，顖門骨赤色，上下牙齒二十八個，俱赤色，生前脱落三個，兩手腕骨十指尖骨俱赤色，致命腦後骨赤色，兩耳根俱有繩痕，項骨節上左右骨尖凸處，有青紅色，餘無別故，實係生前自縊身死。

清·郎錦騏《檢驗集證·推跌痰壅身死》 仰面面色發變，口開，有涎沫流出，左手有繩繫痕，寬四分、深一分，紅色，係麻繩傷，實係生前痰壅氣閉身死。

清·郎錦騏《檢驗集證·拉跌内損》 口內有血沫，小便血污內衣，穀道糞出。

清·郎錦騏《檢驗集證·飽後推跌內損》 仰面，面色發變，兩眼微開，口開，有飲食流出，肚腹脹，兩手握，實係生前內損身死。據某供：死者被某人推跌，當時口吐酒飯，過後復又吐出飯食，並有紅絲，不能飲食。

清·郎錦騏《檢驗集證·醉飽跌死》 驗得，兩眼胞開，口開，有血水流出，肚腹膨脹。又仰面，面色微赤，眼微開，口微開。不致命左腮頰有傷一條，左血盆骨有傷一條，俱微破，係指甲抓傷，肚腹脹，右腎子縮上，用溫醋湯蘸罨，以手按小腹，腎子始下。合面，穀道有飲食，帶血水流出，餘無別故。

清·郎錦騏《檢驗集證·自砍斷手》 面色黃，兩眼胞微開，左手腕一傷，齊掌週圍砍斷，皮肉緊縮，傷畔有血癮，係刀砍傷。右手拳握，軟可彎曲，肚腹平塌，兩脚舒伸，餘無別故。

清·郎錦騏《檢驗集證·乂傷》 致命咽喉一傷，橫長二寸八分、寬三分，微紅色，有血癮。係手指乂傷。

清·郎錦騏《檢驗集證·搓斷頭頸骨身死》 驗得不致命項頸一傷，紅腫，按捺骨斷，頭向左偏，係用兩手捧頭搓傷身死，餘無別故。

清·郎錦騏《檢驗集證·久被雞姦》 查驗某，糞門寬鬆，並不緊湊，與屢次被姦情形相符。

清・郎錦騏《檢驗集證・雞姦已成》 查驗穀道開，內裏紅腫，委係鷄姦已成。

清・郎錦騏《檢驗集證・雞姦被毆身死》 驗得仰面，致命額顱一傷，圍圓三寸六分，左太陽一傷，圍圓三寸七分，均去粗皮，係砂石擦傷。不致命左手腕接連胦胳胑一傷，長九寸，寬三分，微紅色，係壓傷。致命胸膛接連右肋一傷，橫長九寸、寬三分，微紅色，係墊傷。合面，穀道破損血出，餘無別故。

清・郎錦騏《檢驗集證・酒醉失足跌傷在頭面》 駁查盧永茂、酒醉回歸，本係熟路，又執燈籠，何致跌斃，如係失足或自絆臨高而下，則所傷應在腿足臂膊，茲屍傷多在頭面，係被人推跌所致。《洗冤錄》載甚明，該仵作憑何喝報，失跌身死？ 屍親、證佐竟不加查，均各扶同混供，更必有賄和情事。復據仵作供，盧永茂失跌之處，在尚家寨木橋岩坎下，溪邊岩坎上，有小路一條，量寬一尺，係梭沙子路，坎上茅草有壓倒形跡，坎下溪邊石上有血跡，自坎至溪量高一丈六尺，前驗該屍左肩甲、右手腕、右手背均有磕擦傷痕，並非僅在頭面。據屍子供稱： 伊父盧永茂年已八旬，精力就衰，且梭沙路窄，兼之酒醉，頭重腳輕，向下築跌，是以頭面傷多，委係酒後失腳築跌情形，並非被人推跌。據見證某等供，盧永茂是夜在盧茂元店飲酒，盡歡而散，盧茂元尚留住宿，非有宿怨深仇，自無推跌情事，實無賄和扶同混供。

清・郎錦騏《檢驗集證・自殘後痧脹死》 驗得，已死丁學海仰面，面色發變，頂心中一傷，直長一寸三分，頂心右一傷，直長一寸一分，咽喉一傷，橫長一寸五分，均皮破血流，業已結痂，其痕起手稍重，收手輕，俱自行用刀劃傷，兩手足指甲皆青黯，肚腹發變，腎囊縮小，穀道糞污，其餘遍身並無別故。實係生前自殘後，痧脹身死。據仵作供： 《洗冤錄》載，岐黃書中之烏痧脹症候，速死不救，兩手足指甲皆青黯，或盡青紫等語。又醫書症治準繩內載： 霍亂卽俗名絞腸痧，其症心腸猝痛，嘔吐下痢，轉筋入腹，卽斃，甚則囊縮。今驗丁學海頂心等處，自刎各傷，雖當致命之處，但傷不甚重，且已結痂，原不致命，現據見證孟韓氏供稱，是日丁學海復至譚田氏家，索賠被竊牛價，行走說話如常，移時忽稱心腹疼痛，嘔吐不止，未久卽時斃命，況腎囊縮小，兩手足指甲均係青黯，用銀針探試，無毒，其爲痧脹身死無疑，情願具結。

清・郎錦騏《檢驗集证・驗活埋》 飭令仵作，刨開泥土，細看屍身，尚未腐爛，將屍扛放平明地面，解除綑縛繩帶，對衆如法相驗。據仵作某喝報，驗得某仰面，面色赤黑，兩眼胞開，眼睛突，有血水流出，兩手腕各有繩痕一道，每道長一寸六分、寬三分，紫紅色，胸膛肚腹俱赤黑，兩腳腕各有帶痕一道，長一寸八分，紫紅色。合面穀道有糞，突出，餘無別故，委係生前活埋，入土氣閉身死。

清・郎錦騏《檢驗集證・石上燒屍》 據該犯等，指出焚屍處所，係在冲內石上。查勘石塊，均有碎裂形跡，曾經雨水冲刷，已無燒存灰燼。查與《洗冤錄》內開載： 焚屍若於有山石焚燒，則以石之碎裂爲憑，與此條所驗相符。

清・郎錦騏《檢驗集證・痧氣兼服毒》 仰面，面色青黑，上下唇吻，捲縮翻裂，牙根青黑色，兩手微握，餘驗與毒草同。又驗上下唇吻紫黑，舌尖裂折，並據繳出藥碗一隻，驗有砒礵。

清・郎錦騏《檢驗集證・吞鴉片烟》 驗得仰面，面色青黑，口內有血水流出，右手大、食、中指。俱有鴉片烟膏粘結，心坎肚腹青色，十指甲俱青黑色，穀道突出，用銀針探入口內、穀道，取出，俱青黑色，用皂角水揩洗不去，實係生前吞烟，毒發身死。

清・郎錦騏《檢驗集證・信石灌入兩耳》 致命左耳竅一傷，潰爛浮腫，有血水流出，右耳竅紅腫，委係生前耳內受毒，潰爛身死。

清・郎錦騏《檢驗集證・火薰氣逼身死》 驗得，兩眼開，口開，舌抵齒，兩手微握，肚腹脹，穀道有糞穢，遍身驗無傷痕，委係生前被火氣薰蒸身死。

又遍身發皰，各竅有血水流出。

清・郎錦騏《檢驗集證・煤火薰死》 仰面，面色發變，兩眼睛突，口開，舌出，兩鼻竅有血水，兩手微握，肚腹膨脹，穀道大腸突出，有血水，遍身發皰，遍驗並無傷痕，委係生前被火薰逼身死。

清・郎錦騏《檢驗集證・壓死》 仰面，兩眼突出，口開，舌出，不致命左眼連左腮頰一傷，圍寬二寸五分，三角樣不整，皮破，紅色，委係生前被壓身死。

清·郎錦騏《檢驗集證·咬傷》 某處皮破紅腫，有牙齒痕二個，係口咬傷。左手第五指，連背，一連三傷，每傷各長一分，皮損，係齒咬傷。又右面有齒痕四個，紫紅色，左手大指第二節，皮內潰爛，有膿血，係咬傷。自左手大指，至手背連肐肘，俱紅腫，餘無別故，委係生前因傷身死。

清·郎錦騏《檢驗集證·樹枝壓死》 勘得，古城坡松山，有松樹數十株，內一株砍倒在地，量長九丈七尺，樹梢圍圓六寸，旁有枝節。該屍仰卧樹梢之旁，據葉承棣指稱，葉何氏卽被此樹壓死。查驗樹有血跡，勘畢，飭令如法相驗，驗得仰面，致命顖門連偏右一傷，斜長四寸五分、寬二寸六分，骨碎，腦漿流出，係樹枝壓傷，餘無別故，委係生前壓傷身死。

清·郎錦騏《檢驗集證·監犯墜鍊身死》 嘉慶十七年，鬱林州監犯陳中典案。遵卽帶領刑仵馳詣鬱林州監。勘得，監房東西兩邊各一座，內上下各設木柵欄一個，該犯在東邊下一間木柵外，頸帶鐵鍊扭鐐完全，柵內鋪有板牀，板上有糞污，板離地一尺三寸，離柵口一尺二寸，柵欄兩旁，各有橫檔一根，自橫檔至板牀，量高三尺一寸。據禁卒某供，稱：該犯出恭回柵，伊將鐵鍊搭繞右邊橫檔上，該犯帶鍊撲跌板外，離地七寸等語。勘畢，飭將屍身移放平地，脫除鐵鍊扭鐐，并原穿紅衣褲，眼同屍親人等，如法相驗。據仵作某喝報，驗得監犯某，左面刺凶犯二字，仰面，致命咽喉鍊痕一道，長九寸三分，寬四分，八字不交，紅色，穀道糞污，委係患病墜鍊身死，將鐵鍊比對，墜痕相符。

清·郎錦騏《檢驗集證·刑夾死骨》 檢得，某左右兩腳踝骨，內外各一傷，斜長二寸、寬一寸六分，四圍有血癊，紫紅色。左腳外踝骨傷痕，中間有紫黑血暈一點，如黄豆大，左右腳骨，俱帶紅色，委係生前被夾身死。

清·郎錦騏《檢驗集證·掌責杖責繩捆跪墊身死骨》 檢明，張增受兩眼眶骨、顴骨均有掌責傷，手指骨有繩縛傷，腿骨有杖責傷，膝蓋骨、脛骨、肢骨，足掌骨，趺骨。趾節骨均有跪墊傷，骱骨下有鐐磕傷，委係因傷身死。

清·郎錦騏《檢驗集證·咬落舌尖》 刑部審程某，調姦僕婦張吳氏，被吳氏咬落舌尖。查驗程二舌尖，被咬處所，圍圓紅腫。

清·郎錦騏《檢驗集證·咬落唇尖》 刑杰調姦子媳吳氏。驗得，刑杰下唇內，咬落一塊，灣長一寸二分、寬六分，與原皮合驗相符。

清·郎錦騏《檢驗集證·自咬舌尖身死》 驗得，仰面，面色黄，兩眼開，有血水流出，舌尖咬斷五分，左邊略帶未斷，傷處捲縮，有齒痕，舌根腫脹，閉塞咽喉，委係生前自咬舌尖身死。

清·郎錦騏《檢驗集證·行房後自飲凉水致成陰症身死誤作毒斃》 道光八年，直隸長垣縣民田東方，因身死不明，報縣。驗得田東方仰面，面色紫，兩眼胞脹，兩眼睛微突，兩鼻竅，有血，上下唇吻微裂，口微開，有血，舌縮起泡，十指甲青，胸膛青，有小泡，肚腹脹，莖物有餘精。報係服毒身死，並用銀釵如法探入該屍口內，良久取出，作青黑色，用皂角水擦洗不去。詰訊田東方受毒之由，係因與妻杜氏不睦，是夜田東方欲飲凉水，該氏挾恨，將信末倒入水中，給與伊夫喝飲，以致毒發斃命。據供：詳報因查夫妻不睦，事屬尋常，何致起意謀害？恐有曖昧別情，提府督訊，究出田東方因年輕縱慾，漸致虛勞，是夜，與妻杜氏行房兩次，過飲凉水，陡患陰症身死。因《洗冤錄》載：患陰症死者，與服毒情形相似，報縣往驗時，屍身微有發變，仵作充役不久，不能辨別，認爲服毒身死。田杜氏以伊姑誣指其毒死親夫，遂爾誣服。至原驗胸膛青色起泡，亦因用蒸過醋糟罨起，旋經審正完結。

清·郎錦騏《檢驗集證·婦女金刃致命三傷驗明確係自戕因屍殳赴京呈控辨論定案》 驗得李陳氏，問年若干歲。仰面面色黄，兩眼胞閉，口微開。致命咽喉下扎傷一處，斜長六分、寬一分，深透內，紫紅色。致命心坎、肚腹正中扎傷一處，正長六分、寬一分深透、膜，堅硬有孕，兩腿伸、並無別故，委係自行扎傷身死，飭取小刀比對，各傷相符，並將該屍左手比試，可以彎曲至傷處，填註圖格、詰訊屍翁李本立等，堅稱陳氏實係自行扎死。屍殳陳大訓執稱陳氏被人謀害，控經都察院咨回提省，委據保定府。因《洗冤錄》載：生前以刀自割身死，其屍口眼俱合，兩手拳握。註云：死人用手把定刃物，以作力勢，其手自然拳握，又自刎之情各殊，口眼亦當微辨，如係氣鬱而刎者，眼雖閉而不緊，口則微張，緣其氣懣，終於不舒故也。又自刎死者，如用右手執刀自刎，則右手軟死後一二日內，右手可彎曲，左手直不能彎曲，左手執刀自刎亦然，等語。今查核原驗陳氏屍格，兩眼閉，口微開，其咽喉下一傷，尙屬輕淺，心坎肚腹二傷俱已透內，其爲先扎咽喉，後戕心坎、肚腹無疑。訊據陳氏夫李三錫供稱：該氏生前做活，習用左手，而該屍左手又能彎曲至傷處，核與《洗冤錄》載自戕情節相符。質訊屍殳陳大訓亦無別詞，覆奏完結。道光五年萬全縣案。

清・郎錦騏《檢驗集證・被人扎死狡供自戕節次委員檢明確係被殺》

道光五年，直隸東明縣，有山東菏澤縣兵役，赴東明查拏要犯，致將民人李庚扎傷斃命一案。報縣驗得仰面，面色黄，兩眼胞閉，口微開，不致命右胳膊，刃傷一處，長四分、寬二分、深一分，皮開肉綻，兩手微握，致命肚腹、刃扎傷三處，兩處均斜長五分、寬深均二分，一處斜長四分，上寬不及一分、下寬一分、深一分，俱皮破肉綻。又相連刃扎傷二處，俱斜長一寸、寬三分、俱深透內，腸子流出。合面，致命脊背劃傷一處，長二寸一分，寬一分，皮破血凝，委係被扎身死。經東省屢提兵役研訊，僉稱李庚實係自戕身死。與東明縣原驗兩歧，由山東撫院派委兖沂曹李道，曹州王守，馳抵東明，會同開驗。李庚屍身尚未腐爛，間有發變，兩胳膊、兩手，因春氣發動，屍軀綿軟，兩胳膊可拉之使直，亦可彎之使曲，兩手捏之，卽可拳握，釋手卽微握，其餘刃扎傷痕，核與東明原驗相符。飭取菏澤縣解來凶刃比對傷痕均不符合。兖沂曹李道以李庚肚腹連受七傷，兩手自應護痛，今兩手無傷，似非被扎，執定自戕身死。卽經東明縣稟蒙移知山東撫院，改委新任兖沂曹楊道，會同直隸通永李道，覆訊。因查原呈之李庚自戕凶刀一把，刃寬七分，背濶一分，如用此刀直扎透內，則傷口長寬，必與刀刃分寸吻合，今核屍圖塡註，肚腹腸出兩傷，俱斜長一寸，俱寬三分，傷伏迥不相符，且二傷俱係上尖下圓，直長相並，查驗起獲兵役各器械比對，圖註傷痕內有二齒手鉤兩把，係菏澤縣差役張得與馬得山分執之物，內馬得山原執鐵鉤一把，核對肚腹腸出兩傷分寸適相符合，究出李庚實被馬得山用雙齒鐵鉤鉤傷。至右胳膊等處亦經訊出，係營兵孫繼庭等所傷，並非自戕。吊查歷年辦過被扎身死舊案，亦間有眼閉口開之狀，其兩胳膊可曲可伸，係因死逾兩月，時交春令，週身綿軟所致。旋將馬得山等擬議奏結。

清・郎錦騏《檢驗集證・木高底鞋踢傷》 左胯一傷，圍圓三寸八分，紅腫三角樣，係腳穿木高底鞋踢傷。右脇一傷，横長一寸五分，寬五分，紫黯色，有血癊，係鞋頭踢傷。起出鞋隻，比對相符。

清・郎錦騏《檢驗集證・鞋頭踢傷》 小腹一傷，圍圓三寸四分，紫赤色微腫，有血癊，係鞋頭踢傷。又腎囊右邊一傷，斜長一寸，寬三分，紫赤色，浮腫堅硬，係鞋頭踢傷，兩腎子全。

清・郎錦騏《檢驗集證・燒屍滅跡將地翻犁注水不能檢地》 勘得，何孔瀚住處、山僻門外空坪一塊，坪邊有田數坵，內有一坵，田土翻犁，堵水在內。據何孔瀚指稱，卽係燒屍之處，田邊有港一道，水深三尺許，勘畢。隨飭何孔瀚指出棄骨處所，眼同撈獲零碎骨六十五塊，均難分辨部分，內有手指尖骨二節，牙齒三個，係屬明顯可辨，隨飭封固標記，復令將田水車乾，淘出淤泥查驗，並無形跡。據仵作劉才回稱：何孔樹屍身係在乾田燒燬。今何孔瀚將田土翻犁，車水堵入，現雖車涸，現出淤泥，檢地不能成具人形，無憑驗出傷痕等語。並飭在於何孔瀚家，起獲行兇木扁擔一根，驗有血跡，復查《洗冤錄》內將人打死，燒燬棄擲，無骨可檢，載有檢地一法。今何孔瀚將何孔樹致死，燒燬滅跡，其燒屍之處，原係乾田，復經翻犁注水，檢地不能成具人形，無傷可檢，惟於田邊港內，撈獲零碎骨，內有手指尖骨二節，牙齒三個，係屬明顯可辨其爲何孔樹殘骨無疑。並據犯媳何小劉氏指證確鑿，卽可據供定案，將何孔瀚按律定擬，題准部覆。道光三年，湖南零陵縣案。

清・顧麟趾《山右讞獄記・董三株楊三移屍一案》 山西朔州屬邢家河村一帶，素不產煤，居民割取河灘蒿草，以資炊爨。嘉慶二十四年六月初八日，村民董三株同妻何氏，幷妻繼父楊三。皆在河灣割草。何氏，乃楊三妻之前夫女也，素與楊三有姦，其母、其夫皆未之覺。是日楊三因見董三株割草遠去，卽引何氏在蘆葦密處乘便續姦，適被亦在河灣割草人李更彩撞見，楊三驚走。李更彩陡起淫心，挾制逼姦。何氏不從，喊叫其夫。董三株聞聲奔至，見李更彩揪扯其妻，一時氣忿，卽將手中耙草雙齒撓鉤向鉤，維時李更彩正雙手抱住何氏之腰，彎身往下按拏，遂鉤傷李更彩右小肚及胯下。李更彩卽放開何氏，轉身來奪撓鉤，未及奪住，其時董三株已將撓鉤倒執在手，復用鉤柄向其打去。不意傷及李更彩左太陽穴倒地。楊三因未走遠，聞鬧亦卽轉回，幷拾得柴棒一根，在李更彩臂腿等處，同董三株亂打，各洩其忿。適有董三株同院人賀三，經過勸散，詎李更彩因傷重，旋卽殞命。董三株畏罪，與楊三商明移屍免害，約賀三幫抬屍身，賀三不允。楊三卽以事敗，定然扳害恐嚇，賀三無奈允從。候至夜，三人卽潛移李更彩屍身，至富東村捐職賈島豌豆地內。其時荳苗長尺許，董三株撥開荳苗，拋屍於地，仍以荳苗覆蓋屍身，幷以亂草一把，將李更彩割草鐮刀，壓放草上，置於屍旁，裝點割草，被人打死情狀。且可希冀野獸嚙食，或寢其事而散。此李更彩身死之實在原委也。越日，鄉地查見報案，州牧飭差傳到地主。屍屬。旋往勘驗，誤將所受之鈎傷，認爲鎗尖所戳。蓋因傷之圍圓，形相似也。且疑係地主及巡田人，喝禁割草，格鬬致死，窮究地主賈島，并詢問巡田工人姓名。賈島即以其傭工人吉二城，向派巡田告。吉二城，貌甚陋，而性復稍癡。適因其袴上多垢，不便見人，又無可更換者，故翻穿之以飾羞。并因隨其傭主，趕赴屍場，騎無鞍瘦馬，致傷臀肉，淋血數點於袴襠上。州牧傳訊吉二城，見其貌兇狠，且查見其袴反穿，并襠上染有血迹，更信其爲殺人兇犯無疑。鎖帶回州，嚴加追訊。吉二城始則不認，嗣因州牧以風聞縛到各見證，皆畏刑誣指。更有劉根拴者，因受本村鄉地邢和囑，堅供確見吉二城，因誣賴李更彩，藉割草偷竊荳莢，并將李更彩所割草一撮撩棄，李更彩不依，彼此爭鬧。吉二城先用矛子戳去，李更彩以鐮刀格架，被吉二城矛子格落。李更彩彎身去拾鐮刀，吉二城即倒執矛子，用柄毆打他頭上、身上幾下。伊因在隣地鋤田，瞥見往勸，吉二城當即走去。李更彩尚蹲在荳苗地上叫罵，并言少息，即去尋吉二城之傭主議論。伊即復去耘田，不知李更彩於何時斃命等語，力指證之。又兼州官威以三木，誘以不死，吉二城因己係孑身，無所依戀。且囚有口糧，可以不勞而飽，竟照劉根拴云云，依樣葫蘆供認。此又吉二城癡愚誣服之原委也。至追究矛子，吉二城始則供稱藏在主家。及質訊賈島，非特堅供未有藏匿兇器情事，且以吉二城六月初八、九等日實同其所覓短工十人，在其家門前地內，幫鋤田草，并未一去巡富東村荳田。曉曉爲吉二城辨冤。州牧傳到十人，質訊之下，因供詞游移，不足爲憑，遂惡賈島強辨，先請褫革功名。後以兇器無著，難以定案。乃復周內賈島，坐以不言實情，應得之罪，招解到府。賈島仍剌剌不休。府尊巴公提集人證復訊，吉二城又供稱，實因矛子及其袴上，污有血跡，恐人瞧破，隨往山溝洗濯，不意山水陡下，將矛子沖失無蹤。其主實不知情。再四駁詰，矢口不移。巴太守勘轉時，以賈島既無藏匿兇器情事，不過多爲工人一辨，何可妄入人罪，於是隨招申請免賈島罪，并請開復其職。而臬憲趙雪村先生，以賈島既不知情，何以迴護傭工如此之甚，其中保無主使別情。且案由已咨部，豈能任該府州，起滅自由，致干部詰。隨即檄行朔平府，提人覆訊，取供送核。一面將已招解到省之吉二城，飭發太原府，督余究詰。隨據朔平府申到覆訊各供，與初招無異。余披閱至再，覺要證劉根拴，供雖堅確，而輒轉扳扯作證者，尚有十五人，供甚支離。吉二城之胞姊，同列證中，而其供亦頗閃爍，不足爲案中之鐵證。復核原驗屍册，李更彩太陽穴一傷，骨損而最重。查太陽穴，猝受骨損重傷，勢必立時昏倒，其屍應壓於荳苗上，何以反掩蓋於荳苗之下？又死者之鐮刀，已被矛子格落，應遠拋去。其所割之草，既被吉二城撩棄，自應飄散。復何以勘得鐮刀一把，散草一撮，仍同安放於屍側？以理推之，情更未見其確。況命案全憑兇器，吉二城供其袴與矛子，均因血污，故向山溝洗濯，猝被山水將矛子沖失，亦應究出山溝處所，往下游尋覓。何竟置之不問？且吊驗其袴上血迹，似無洗過形狀。則兇器之下落，亦屬似是而非。因將疑竇回明臬憲。蒙允提全案來省，集訊各供，仍無確據。余不得已，虔禱於省城隍神前，得籤語有，禍起婦人四字，甚異之。隨查案中，有案外牽扯一童子楊通泰，曾供其向在河灣蘆葦灘上牧羊，並詢得蘆葦灘去富東村賈島荳地，只百餘步。忽爾私心揣度，該童子是日設或在彼放牛，望見殺人。亦未可知。且藉其名通泰二字，姑與之談，或使案情得通，我心得泰，亦無聊之極思耳。不意釁起殺姦，竟從童子口中出。初余喚童子於密室中，以言詐其供，該童子笑而不語，余更疑其必有見聞。因密令幹役在彼，誘其吐露眞情，余即出隱於窗外。聞楊通泰說：李更彩之死，我卻知道，只是不敢說。說了我就不得活了。余急步進室中，用好言開導，并命取錢菓誘之曰：爾好好說明，有本縣作主，保爾無事，且可得這菓子錢文。否則，取板子來打爾，爾眞不得活了。於是楊通泰，將伊耳聞董三株殺人移屍，一一供出。查董三株，及幫同移屍之賀三，亦在案外牽扯之列，同來省門。旋喚來隔別訊之，不待用刑，均即承招。昭昭神靈，眞使人毛髮悚然也。正兇既得，回明臬憲，即委鄒牧往提何氏、楊三等到案，一鞫各具服辨。至誣指吉二城案中之十六人證，均俯首請罪。訊之主使劉根拴，堅指吉二城之邢和，供稱：伊係邢家河鄉地，知事出其村，恐吉二城不承招，州官必差役各村查訪。倘得眞情，定然往勘殺人地方，以迎合州官之意，唆使劉根拴捏供堅指，造此孽端，並非與吉二城有嫌怨也。聞之恨甚，重責四十板。案既平反，州官以自行審出實情，亦得免咎云。

清·顧麟趾《山右讞獄記·張種德指控族人竊去衣服銀兩一案》 戊辰年秋七月，余權夏縣篆，卷查前任移交閏五月初五日縣屬之太平莊武生張種德，指控族人張振興，竊其家及其同居族人張俊德衣服、銀兩一案。查張種德有祖遺坐東向西，前後院住房一所，其妻已故，同其子張積玉、媳張郝氏住前院，將後院典給族人張俊德居住，設有腰門，以別內外。腰門外安有石磨一座，門內牆角，豎有木椽十數根。後院右邊，有胡同一條，內亦設門，可通街道。張俊德因與張種德同走前門，故胡同門，雖設常關。復查張振興，曾犯竊有案。其家門與胡同門相並，初五日夜，適借居於外，初六日黎明歸家。首先瞥見門前有皮衣一件，並胡同門大開。張種德聞知被竊，因見胡同內積土上，印有腳踪，遂對衆強比振興之足，大小相符。此張種德所以指控其竊。前官所以信而不疑也。及余集訊時，亦以張振興爲正賊無疑。然眞贓未獲，難以定案。因思張振興家，前官未去搜查。或贓尚有匿於家者，亦未可知。乃出其不意，搜之。入其門，見院中北向，設有高臺，供奉斗香。其母年約七十餘，額上有似雞子大一腫塊。詢其故，乃云爲其子冤，日夜叩禱斗姆，其額因叩頭而腫。余聽其言，察其形。未敢遽信，窮搜之下，贓物毫無。又有與振興同居張樊氏之室，未便搜查，旋卽赴失主家，勘驗賊蹤。見張種德住屋，及其子室，均如懸罄，其子房門上，搭有舊染綢片一方。張俊德母子反復相看，復彼此竊笑。余觸見之，心稍稍動矣。然究不敢遽指爲贓物也。次早，張種德忽有獲得張樊氏典當失物票，據爲張振興竊情莫逃之呈，投入。卽傳張樊氏到案。該氏供稱，典物實係張郝氏，早閒令其代當。余睹張樊氏，形似三姑六婆之類，其語復近支吾，恐爲知情分肥，飾詞搪塞。正在疑慮，見當票上註有執當人姓名、住址，詢之吏役。均云：歷年有誤當賊贓受累情事，故當店公議，凡收當物，必將執當人姓名，住址，註於票上。遂飭役往查各當店，自閏五月初六日起，至今日止，凡有太平莊人所當物件之檔册，概行提來。去不多時，役來告曰：賊有蹤可尋矣。太平莊寄居之孫常娃、溫成林二人者，乃無室家，素作短工之人，今當有綢緞女衣，頗似失單中物。余聞之，旋卽簽拘二人到案，隔別研訊。二人均稱當物係張積玉病中囑其代當。其供如出一口。喚張積玉質對，張積玉卽自認託當情節。詢其衣之由來，稱係其妻，向其妻姊家所借。余念事出一族，尚可將就了結。惟願張種德見機引咎，卽可免傳其媳。詎開導之下，張種德反堅請傳其媳到案。余慮奸徒，知事經敗露，或豫囑其媳，待傳時情出短見，乃飭令張樊氏同差往喚。誠以張樊氏望伸冤，必不肯疏於防範。乃郝氏到案，對質之下，口似懸河，案幾爲其辯脫。余不得已，詐令其夫張積玉，同差往取其家餘贓，果幸又在其妻室中香爐灰內，起得當票十數紙，查驗皆贓物。其時張郝氏詞雖窮，猶捏稱竊情，係其小姑車張氏夫婦所爲；留此當物，以塞其口；張樊氏及溫、孫二姓所代當者，卽其所留之贓物也。當差傳車張氏，及其夫車高娃至。詰訊之下，車高娃則茫然。車張氏供稱，伊因父兄同其族叔張俊德，均有事他出，張俊德之母妻，亦各歸其母家，伊來爲嫂伴。嫂因家道日貧，兄無門告借貲本貿易，起意竊偷其族叔。伊始應允，遂同嫂往竊。因腰門上鎖，敲扭不落，嫂卽立於石磨上，將伊抱送上牆，伊從牆角所豎木椽上，溜下後院，扭落門箱各鎖，揀竊銀器，並綢緞、棉夾女衣三十餘件，分作三包，拋過腰門，嫂皆運藏屋內。伊復拋出羊皮男袍一件，嫂以皮衣難以藏匿，欲仍拋入後院，不意皮衣，牽挂於胡同牆角上，嫂卽用木鍬頂送，又復墜於胡同門外。伊能溜木椽而下，不能爬椽而上，因開通胡同門，慌張逸回。嫂復起意，將其父所存些須布疋、銀兩一併竊取，將前門大開，裝點賊由前門而進，以便掩蓋。其夫實未同竊。余因胡同內現有男子腳蹤，何得謂其夫未夥竊？正研鞫閒，非特車張氏代其夫呼冤，張振興忽匍匐於堂上，稟稱，胡同內之腳蹤，實係其往來所踏，緣瞥見胡同門大開，又見門前遺衣，知其族人被竊。意欲入而告之，不意內無一人，恐反累己，遂跑出。故日前比對其足相符。今其冤已白，故敢實陳，免累他人云云。張郝氏知無可遁，旋亦吐實，案得定讞。此案張種德始而誣控，尚出有因，既則知情，復栽贓陷害，情已可惡。乃於眞贓全獲、案無罅隙之際，尚不知俯首請罪，猶忿忿誣稱張振興與其媳有姦，遂同夥竊。此等無恥惡徒，不加重懲，不足以快人心。重責之下，擬以遣發。爰書定後，察知張郝氏之父、車張氏之翁，皆素以刀筆營生者，顯係三家孽端累積。蒼蒼有此一報。且幸余一堂訊結，否則三家已定議，以苦累事主，刑求婦女上控矣。

清·顧麟趾《山右讞獄記·造傷因風身死一案》 余攝隰州，有麥底鎭鄉約呈稱，甲與乙口角，甲自拾石造傷滿頭。現在，顱門破處，中風身死等情報案。余問鄉約：甲何日造傷？何日殞命？何不早呈報？約曰：甲造傷已逾十二日，先因事已和息。昨日甲死，衆尚擬息。約不敢承擔，是以呈案等語。余卽日輕騎詣驗，甫入村門，忽見碑後飛出紅紙半片，上書一財字，隨風旋轉，已疑案有蹊蹺，詎該村尚有一約同屍屬投呈攔驗。余云：既已到此，先至廟中，訊取大概供詞。奈衆供甲乙在曠野爭鬭，其時無人目擊。惟聞乙醉，與甲口角，不知甲因何故，忿拾石塊自傷云云。余隔訊未同報案之約，供稱，乙向甲服禮時，聲稱我莫打爾。甲曰，爾莫打我嗎？該約不期將手上至頭顱，比甲打勢。言未畢，手卽縮回，旋以他語支吾。刑訊之，堅諱而不肯吐實。余心更有疑焉。遂往驗，甲額偏列石傷，皮微破，骨不損，且半已平復。惟顖門傷一處，因風潰爛。擦去膿血，詳加驗看。傷口雖小，而形三角，似非圓石所毆。心誌之。往勘爭鬭之處，乃旱河一道，徧地皆石，閒有甎瓦，近地無人家，惟坡上有一外委衙門。余意及僻地州縣之武弁，每多擅理民詞，或甲乙因控到此，亦未可知。卽飭役往投刺。役回稟，該弁調考，已去月餘。令傳各汛兵來問。衆兵稟稱：本官去任，衙門空閒。伊等因務農事，久未進署。余詰之曰：衙門雖空，豈無人看守，未免欺我過甚。該汛兵見余有怒色，始稱有一小兵在署，卽傳到。訊其姓氏，乃名劉發財，觸起初見財字，余心動，遂設法誘供。劉發財知不能諱，卽將所見吐出。據供：昔日乙人醉鄉，扭甲喊冤。伊以本官公出回復。甲乙仍揪扭至此地方，伊亦隨來。見甲坐地駡乙，乙先毆甲一掌，甲更生忿，稱説我不用爾打，遂拾石子在頭上亂擊。乙曰：爾不必造傷訛我。卽拾得甎一小塊，向甲頭上打了一下。伊卽上前，將乙手中甎奪下丢棄，并勸伊等走散等語。余令找出前毆之甎，甎尖上有血染痕跡。對衆比驗，傷痕符合。乙亦知罪莫逃，旋具服辨。援引當致命之處傷輕，因風身死十日外問流之條，擬詳申報。嗟嗟，鬼神之説，莫道無之。財字先見，足徵冤魂之不滅。設或驗時，以自造之傷均在額上，顖門傷口謂非自擊，已無可憑。卽有三角形痕，少有可疑。甎石區別，亦無考證。疏忽之咎，誰復責之，然不免死者含冤地下耳。此案甲冤所以昭雪者，一在鄉約突比手勢，一在甎尖所染血痕，否則劉發財雖供確見，又焉知非畏刑、挾怨信口混供耶？流罪雖輕，無辜可憫。值此事涉疑似之案，罪疑惟輕，甯失不經其言當三復云。

清・顧麟趾《山右讞獄記・木梳鎮質庫被竊一案》 余權襄陵篆時，有木梳鎮止當候贖質庫中被竊。店主來報案，據呈稱：守店身股小夥趙、王一姓，告稱某日夜約三更時，有賊不知從何處來，將近存貨物後樓旁小門，用刀撬開，扭落後樓門鎖，竊去衣服、手飾，由大門出去。并賊防過廳住人出捕，先將前後門用快子拴牢。後樓院内留有油捻，且有焚亮草灰一堆。越夥驚覺欲喊，賊卽以手執油捻點燒紙窗嚇禁等情。余往勘得大門樓一座，過廳五間，兩暗三明，中設櫃檯。訊據，趙、王卽在過廳各宿一室，後卽貯貨樓房五間，樓旁設有小門一合。外則偏院，可通大門。所有院落，俱張鐵絲天網，賊不能由屋下，知賊必乘閒先潛入偏院躲藏無疑。查看撬門、扭鎖各狀，與報呈同，心知賊必熟人。否則，何由知貯貨後樓并知過廳有人住宿也。及查驗窗燒痕，只一焦洞，焦紙外向，火燄所烘形亦在外。是油捻既由内出，監守者必有通同情弊矣。問所燒窗紙處，卽趙姓所居屋。余心誌之，不卽指破。勘畢，飭役帶趙、王二姓至署。先訊王姓。年十七，供稱，是夜伊先未覺賊之響動，後趙夥到其房内，聲稱有賊，卽開伊住房窗扇，跳出趕捉。伊亦出去查看，賊已無蹤。趙夥卽去通知店主等語。余見王姓不識駁，卽形怒色。意謂，賊情不應向伊盤詰也。余亦以趙姓油滑，難以口舌爭勝，乃見其額上有黑滯色一團，遂詐稱余素識相，指其額曰：爾本好人，因被賊星光照，故一時不由己，同人作此糊塗事。使跪對鏡屏自照，詎趙竟信余爲眞識相，神色之閒漸露懼狀。余卽乘機謂之曰：我不要賊，祇要贓。贓若起出，卽可了案。趙姓仍強作不知者。余乃令其出取店保，并一面釋王姓回村。此留趙姓傳語同夥地步耳。過一日，果有一人來，與趙姓偶語多時。余所暗派察趙姓舉動之役來稟。余知趙已中計。卽使鄉約回村，不許先動聲色。待一半日，在村中所積糞草堆内或空廟閒窰牆穴等處，徧加尋查，不意贓物，忽抛在鄉約門首，并有匿名帖一紙。上稱見贓在某草堆中，欲不管此閒事，恐贓被人取去，遺累村中好人。若出頭送案，又恐官加疑受累。所以送交鄉約處。云云。鄉約喜，來呈交贓物字據。余卽令前差同鄉約指，拘所偶語人來，比對筆跡相符。一刑求之，卽行供吐。緣賊姓侯，年甫及冠，與趙至交，時同酒食，因欠肆中賬項，無力歸償。兩人之父教嚴，不敢向乞錢文。於是，商同作賊。旁門撬痕，後樓扭鎖，皆趙預爲之。所以外拴過廳門者，意防王姓驚覺，出識侯面。衣服、首飾，亦趙預竊包袱，藏在樓梯之後。侯因黑暗，摸取不得，趙故給其油捻，燒窗送出。趙復令侯拾草一堆點燒，將油捻棄地，裝點賊依亮上樓，竊物情狀。誠極狡譎。然念二人竊係初犯，其父皆村之淳良，於是不忍照例詳辦，各責問板一百，開其自新之路，飭取其父各領回管束，文狀銷案。余瓜代時，侯、趙兩姓之父，各執木梳一副，特在境外候送，且曰：感恩莫報，惟精選得此，稍伸芹獻。余受之，既而思曰，梳爲理髮而製，天其警余鞫案，必細心如髮，爬羅剔抉，若木梳然，使毫髮無遺憾歟。

清・顧麟趾《山右讞獄記・拳傷左眼次日身死一案》 余任孝義縣事，秋九月，呈報，乙被甲拳傷左眼，次日身死一案。詣驗時，乙眼胞傷雖青紅，而腫甚微，睛固無恙。又未連及致命之太陽穴。復徧加詳驗屍身各要害處，均屬無故。是乙之殞命，顯非因傷。然既推驗死無別情，而甲之罪何由減，屍主之心何以服？正躊躇間，忽見死者袴襠，有糞一片。隨查看糞色淡黃，稀而不臭。遂疑死非登時，糞不致於驚出。卽或內損糞出，色必黑臭，何致有水糞也？於是隔別鞫訊，以甘言誘屍母，乃得致死之端倪。蓋緣死者年雖壯而體弱，且日沈湎於酒。與甲鬪之後，經村長查知，爲犯村規，同甲拴在廟廊簷下議罰，次日游街示儆。至三更始釋回。乙既侵寒，又未食晚飯，次早米粒猶未沾唇，村長卽來喚。忿飲燒酒，自行徧跑街巷。走熱後，痛飲冷水兩大瓢。經衆勸回，卽稱不快，少時大瀉，額汗出而氣絶各等供。查乙入醉鄉，肺已受病，復酒後忿奔。氣壅肺張之際，過飲冷水，以致熱毒遏入肺經。肺主皮毛，與大腸相表裏。又兼體弱腹枵，因之一瀉氣脫。傷雖因毆，死不由傷，此其明驗也。余卽援此立判，屍主亦具服辨。設當日傷及太陽穴少許，雖致命傷輕，例有當推別情之議。屍主必以傷狡執，上官必以傷駁詰，爰書遽定，未易言也。記此以見毫釐千里之差。非特可爲甲幸，亦可爲余幸耳。

清・顧麟趾《山右讞獄記・因傷藥誤身死一案》 昔榆次縣有呈報甲擲磚毆乙，誤傷乙父前左肋，越六日死一案。查乙父年逾七旬，左肋傷處骨未損，腫已全消，微有青紅色少許，仵作遂混以發變唱報。余雖當責仵作，而甲乙仍互相爭論。余曉之曰：發變，先從虛卻處起。今青紅色見於肋骨之上，望去尚有瘞腳。其爲傷無異議。惟詰乙何以不早報案，對曰：因甲挽隣衆求息，并延醫來治，是以未控。余卽飭傳醫至。問：爾初見傷如何？用何藥調治？曰：見傷紅腫，約圍圓有二寸許，令服湯劑二方。吊取藥方查看。一用大黃、芒硝，一用黨參、黃芪。余微笑，而佯詰之曰：大黃爲下淤血，此方服後當作瀉。乙曰：瀉一日夜。復詰之曰：糞當有血。曰：無血。余卽飭役鎖醫項。醫問故，余曰：醫家治病，宜先諒病人氣體。乙父年已七旬外，如風中燭，爾驟用大黃，已失治理。況并投芒硝峻味，其人何以堪之。醫書固云，有病病當之。今傷微而藥峻。若爾不知藥味用左，次方何卽用參芪，補其元氣？乙父之傷，固由於毆，乙父之命，實喪於藥。律有庸醫殺人之條，爾自思之，罪能逃乎？然釁由甲肇，咎不能辭，當將甲在屍場，痛加責懲，并罰備棺木、衣衾，飭書役同屍子視殮。余先赴村廟小憩，留此空閒，爲隣衆勸息，并爲醫請釋地步。果不一時，屍子來廟，願具遵依。隣證亦苦爲醫求釋。余初仍佯不允，體察屍子情出眞誠，因而準結銷案。此案若據理驟斷，屍子定不甘服。因罪移於醫，且痛加責甲，更罰出棺殮之費，屍子恨必少釋，更不忍使醫受累。隣衆之勸說，尤有詞矣。問官用心良苦，蓋慮鄉愚難以例意曉耳。死不由傷之案，於此類推。爰書之，以質當世之知己云。

清・顧麟趾《山右讞獄記・幼童墮井身死一案》 榆次甎井村有某姓童，甫六齡。遣送衣姑家，死於道經某所種黃蘿蔔地之井內等情，呈報到案。詣驗屍身，委因淹斃。勘得菜地角頭，逼近他人地畝岸下，前後數武，開設兩井。既離大道較遠，復非人可繞行之捷徑。是失足落井，已無疑義。再查訊所送姑衣，已收訖。其姑所給麵餅二枚，尚懷而藏之。又可釋劫奪害命之疑。惟可究詰者，在該童或順便竊食蘿蔔，經地主瞥見，趕逼落井一層耳。但據衆稱，黃蘿蔔不甚值錢，偶有取食者，地主每不顧問。且察看地主人，其樸實。雖畏累伏地，神色坦然。卽趕逼屬實，該童既可繞越前井，何又落入後井。此亦一小疑竇。余在井邊繞視沉思，見井口內甎砌缺處，有一小洞，疑蛇穴。忽稠人中有言，莫非雀窩否？余因蹲地，用煙袋頭探入洞內，果帶出雀毛、雀糞。卽查看前井，無缺洞，其爲該童探取雛雀，閃入井內無疑矣。遂指告屍父。該屍父亦惟痛哭，無他語。吁，雀於井內爲窩，所不常有。此案若稍涉粗心，必不得此一隙破疑。地主苦累姑勿論，屍屬追問死由，其將何辭以對。余幸得聞人語，其有默啓之者哉。

清・顧麟趾《山右讞獄記・自刎一案》 榆次任內，曾驗一婦人，因與夫反唇，順用剃刀自割項下，傷口自左耳根，直抵右項頸骨，收手重於起手，并且刎自屋中，斃於簷下。尸屬以身死不明呈控。誠可怪也。幸勘得死者住房一間，進身淺狹，除設土炕之外，地餘無幾。查自炕沿下起，至檻外，滴有一帶血跡。訊據屍夫，供稱，其妻斜坐炕沿，用剃頭刀刮面，伊在其妻身後，坐論家務，因而口角。其妻生忿，順用剃頭刀自刎，伊驚見，急掣其妻肘，欲便奪刀，詎刃已及頸肉，刀隨肘轉，傷反深長。伊見血出心悸，手未及鬆，身向後退，閃出門外，其妻屍身亦卽乘勢帶倒簷下。實無他故。卽驗試死者，右臂彎曲，可以扶到起手傷處。手指微握，似執刀狀，兩眼微開，睛向右瞟，確係自刎。有人在右掣奪之情形也。案本無奇，錄此以見勘驗宜詳，庶不至有所冤抑耳。

清·顧麟趾《山右讞獄記·酒醉落坑身死一案》 山西渾源州詳，有甲在乙店飲酒大醉，夜步出店，落在道旁坑內身死一案。詳風聲敘，該屍前肋有韭菜寬，紅色月牙傷痕一道。查驗坑內，無片瓦塊石，土亦鬆浮，不知傷由何來？廉訪汪筆山先生，以屍傷未得其實，行提人證到省，委余確究。余訊出乙開歇店，藉以聚賭。其店內對設土坑兩座，相去數尺。一備人眠，一爲賭桌。因賭踹缺炕沿，用磨石一盤補砌。一日夜，乙因甲無錢，不容同賭。其時甲已飲入醉鄉，立在睡炕沿上叫罵。乙忿上炕，掌毆甲背，不期甲撲磕對炕磨石上，坐築於地，登時氣絶無救。乙懼，商同賭人，移屍店外，棄入坑內。喜夜無人，可掩已罪。地保查見，報經州牧詣驗。屍身輭弱，齒牙動搖，且有酒氣，卽以酒斃定案。奉檄委肅州牧開驗屍骨：所落牙根閒有紅色血癊，其肋骨無傷可驗，仍以酒損殞命申詳。廉訪以屍傷仍未查實，難成信讞，檄提屍骨至省復驗。二州牧同蒞省，竟以余苛意挑案，喜功見長，偏陳上官。幸筆山先生素知余，不爲所動。余聞之駭異。當持手抄《撿骨集證》所載：凡生前受傷身死，撿骨時，齒必落有血癊。至酒醉身死，僅載齒牙動搖，并無牙紅之説。今落齒有癊，謂非受傷，吾未之信，方與辯論，奈《洗冤錄集證》翻刻之板，删去其注，二州牧卽以余捏造爭執。余覓得先刊正本，付之閲看，始杜其口。詎知仵作受賄，不如法蒸洗，連朝檢驗，傷仍不現。余察出弊端，仵作不敢再匿，蒸洗之後，復用熱燒酒浸濕肋骨，向日照驗，根根骨間現出紅活血癊，排到一處，恰符月牙痕狀。甲冤得申，二州牧始自知愧矣。

清·顧麟趾《山右讞獄記·陳敬典被毆身死一案》 道光元年十月二十四日，余所任榆次縣屬之鳴謙鎮。報有開設花布店之陳敬典，在店被毆身死，并失去布二十餘疋、錢十四千有零，繭綢大衫、藍布夾襖各一件到案，據屍弟陳天興同屍子陳文書呈稱，陳敬典於二十二日將晚由家至鋪。二十三日早屍子陳文書前往鋪中見鋪門上鎖，至二十四日下午，不見其父回鋪，告知族人，即同往開鋪門查看。櫃戶門亦上鎖，陳敬典不知於何日被賊毆死於櫃戶地下，頭蓋零星雜色布片，并破皮馬褂一件等因，余閲報呈，因案情詭異，先行差傳屍屬隣人到案，隔別研鞫。訊得陳敬典家居鳴謙莊上，去鳴謙鎮里許。向在鎮上開設花布店，自本自做，并無鋪夥。有子三人，長文登，次文科，皆不得其歡心。季子陳文書最不孝，特鍾愛之。是以鋪中只許其季子往來，長子、次子不容一止足。十月二十二日，因家有土木工，傍晚歸去查看，與其季子因事生氣，旋即回鋪。陳文書亦因氣回戶中，睡至更餘復起，執燈籠出家門去，至三鼓始回。次早，伊因備工作人飯食，往其父鋪中向討米麪，見鋪門外鎖，旋向對門酒店查問其父何故鎖門，酒店主答曰：爾父係一人生意，每出鋪即上門鎖，我焉得而知之？伊走去，至黃昏又至鎮上，向鋪隣白鷺振稱説其父外出，鋪門雖鎖，內未上閂，恐夜間有不虞，央該鋪將內通鋪旁門暫開，放伊過去上好門閂。白鷺振即令鋪夥開門，伴其過去，見其慌慌張張將鋪門閂好，并在櫃房門外執燈籠一照，彼時鋪中櫃檯邊之穀囤外，狼藉許多穀子，其脚踹過亦未之覺。白姓鋪夥，見穀在地，指問其故，伊茫然，旋回轉白姓鋪中，未肯稍歇而去。二十四日早，伊忽至白姓鋪中，向該鋪夥稱囤外穀子，伊已查明，係其父前日糶穀時抛灑下的。言畢又悤悤去。至日晡，伊手執矛子，悤忙由通京大道旁走去，撞遇其所欠肉店主。問其何往，答云往尋其父。該肉店主説，爾父主顧均在鎮之左近，爾來此路，不是尋父。疑其賭輸欲逃，遂向其逼討欠錢，攔回後，伊於下午又至白鷺振鋪中，稱其父兩日未回，伊疑其父在鋪中尋了短見，令開旁門放其過去查看。白鷺振斥其妄言，不允。伊強之，白鷺振無奈，開門，仍令鋪夥伴其過去，伊一至櫃房門外，即喊其父死在櫃房中了。白姓鋪夥即趕去，在櫃房門縫中瞧看屬實，令其急切開門，伊不答，即走去，亦未見其有悲痛狀。少閒，其兄叔及族人來查看時，衆又目擊其遠立在櫃房門外，探頭探腦。種種情狀，不無令人生疑。至傳伊到案，見其眇一目，貌甚不端。兼查見其衣襟及鞋襪上有血點，并其左肩上淡血指印痕三道。問其血之由來，曰不知。訊及其兄、叔，均道其兩日內神色甚形恍惚等語。余雖心有疑，究不敢向其據訊。惟不令同赴屍場，意在如果是伊所爲，可以死傷，備質其供之符合與否。乃派家丁同縣役羈管署內，不令其足一至宅門外。蓋以防串供耳。旋帶同一干人證，會營前往。先勘得嗚謙鎮西有十字街一道，街北有已死陳敬典坐西朝東鋪房三間，中一間開門，兩旁板窗。鋪房內設有櫃臺一座，上有燈盞頭一個。櫃臺兩旁，有高糧及穀囤各一個，地上灑有穀子。鋪房南牆下，有旁門一，與白鷺振後院賃房相通，素日關斷。鋪房後，南北側房兩間：南係廚房，北係櫃房，中有小院。櫃房門在鋪房四牆角，向東開設，門旁放有打煤木柄鐵錘一個，柄末有刀削形。櫃房內向南開窗，窗門上有血指印痕。房內有土炕，旁有鐵通條一根，上有血迹，尖頭似係擦過。靠窗放屜木桌一張，桌上放有燈臺底截一個，展有賬簿一本。內一行賬目未經登完。賬簿上放有筆一枝。房內有木箱兩口，蓋開，內無布疋、銀錢。已死陳敬典，仰面躺卧，頭蓋藍布羊皮破馬褂一件，雜色零星布片。查驗各門，均無撬損痕蹟。訊問開門鎖匙，均稱係陳文書所給。勘畢驗屍，照傷塡格。回縣後，一面偏貼賞格，勒差訪拿兇身。一面以有意無意之間，逐日與陳文書探詢。將及兩月，非特兇身毫無踪影，且採得楡次縣衆之言及屍屬口風，皆指在陳文書一邊。甚至陳文書之母對余曰：太爺是一縣之官，非我一家之官。今聞爲我家事操心甚苦。我夫之仇，能出固幸。否則，是我夫命中該無人抵償。太爺可不必過勞精神等語。其言似有意回護其子，使余勿深究。余疑團因之更結。欲刑求之又不敢，無可奈何。一日漏下三更，詭招陳敬典魂來，希冀恐嚇得供，不意陳文書即於是夜叩頭曰：我實說了罷。遂供稱，十月二十二日更餘，伊睡歇，忽想起次早無米麪備工做人飯食，故復起來往鎮上，與父親商量。維時父親正在登賬。令我次早來取。我說，往返二三里，又何必使我多走路。父親生氣說，半夜三更我向何處去賖取米麪。養得爾若許大，尚不能替我的力，多走幾步路，還不耐煩。我聽了亦就生氣，說，既要修房子，就該早備工做人的吃喝。既無吃喝，又修甚麼房子。父親嗔我頂嘴，就放下筆，走來揪住我的髮辮，往下摯按，用拳在我背上很打。我著急，順拾炕邊放的鐵通條，向上連戳幾下，不知戳傷何處。只聽父親說：好兒子，戳打起老子來了。將通條奪去，即用通條在我背上復打。我那時，又順拾炕邊放的打煤鐵錘向上打去，不料傷著父親頭上，只聽呵呀一聲，就仰跌倒地，不做聲了。我見父親受了重傷，心上害怕，就要逃走，不知何故，總找不見門。回頭聽得父親又哼哼起來，心想父親活轉來，必不與我干休，不如打死了滅口，所以又拿起鐵錘，在父親頭臉上打了幾下。打畢，又自忖度：若不裝點盜殺，哥叔們必向我盤問，恐難抵賴。是以裝點賊偷的形狀等語。余究其錢布藏在何處？答曰：我如何敢藏錢布，自取敗露，我將錢布陸續運棄在大道旁，誰人拾去，即誰倒運。余又問：爾既打了，又因何將布衣掩蓋屍頭？答曰：打後見那樣子甚害怕，心上又不忍，故掩蓋。問：因何鎖門？答曰：二十二日，我先在家中與父親生氣，人所其知，晚上我出門去，家中又知道。我鎖門的意思，原冀多延幾日，查知，我好狡賴。問：次日又因何往問隣家？曰：此我故意使人不疑云云。反復研鞫，矢口不移。余聽其供，歷歷如繪，且以未至屍場，所供鐵錘、通條戳打情狀，又一一與屍傷符合。此孽爲其所造，似無可疑。既而思之，錢布所失不貲，即陳文書運棄道旁，若果有人撿去，非二三人不能負行，非車馬不能拉載，且撿得者，必在黎明，其時路上行人，諒已不少，豈竟無一人聞見者。其供似有不實不盡。復向其追究，伊繳出繭綢人衫一件爲證。幸余初閱失單時，以錢布難別眞僞，惟繭綢地道有別，可以備考。密訊屍妻，供稱繭綢地道，伊卻不識。惟所失之繭綢衫，係牛骨鈕扣，并衫底襟上有香火所燒焦洞一個。余遂默誌而未宣。查其所繳之衫，雖係牛骨鈕扣，卻無香火燒痕。余不敢以案無贓據，顢頇定讞。乃以緝盜通詳，亦不過希冀寬限，可以緩究底裏。詎署本道余、署本府楊均爲悠悠之口，聳動其聽，竟以余諱辦逆倫重案，大加申飭。余謂崑劇十五貫，男女同行，贓錢如數，尚且案涉冤枉，況此案原贓未得，寸磔罪名，焉敢輕定。本府復稱，逆倫何須贓定，況所失之繭綢衫由陳文書繳出，案尚有游移耶？余微哂之而不答。道府不解余意，以余藐視上官，竟擬具稟揭，幸署廉訪岳松亭先生，持不可，乃止。是時葉健庵方伯，亦以余不刑訊隣佑爲非是。因而，從其意指者皆責余。屍屬亦有後言。余無奈，一日，飭屍屬環立櫃房牆外，同書役在內大聲疾呼，四外毫無所聞。緣陳敬典死在套房，牆高屋窪，聲息莫能外達故也。於是屍屬服，人言息，而余乃得從容訪出正兇矣。有鄭玉幅子及閻正、韋世德者，三人藉隸縣屬，同村居住。其村去嗚謙鎮三里許。閻正、韋世德，素不爲匪。鄭玉幅子向事穿窬。本劉姓，自幼經鄭雲撫養爲子，即從鄭姓。道光元年十月二十二日，鄭玉幅子與韋世德至閻正家閒談，各道貧苦，閻正起意偷竊，鄭玉幅子、韋世德允從。是夜閻正，攜帶鐵小瓜錘防身，鄭玉幅子、韋世德徒手，二更時行抵嗚謙鎮。因韋世德手足有疾，令其在村外等候。閻正與鄭玉幅子，至事主陳敬典鋪門首，鄭玉幅子見門未關，留閻正在鋪外接贓。伊先潛赴櫃房門外，探看得陳敬典低頭登賬，木箱上有布疋衣服，近在櫃房門口，伊闖身進內竊取，被陳敬典回頭瞥見，即出向趕，揪住其衣，并用鐵通條毆打。鄭玉幅子情急，起意行強，奪過通條劃戳，傷陳敬典唇吻咽喉等處。閻正聞鬧趕進，用鐵小瓜錘，毆傷其偏左顖門各部位，陳敬典倒地，磕傷腦後。鄭玉幅子放下通條，順拾陳敬典炕旁打煤鐵錘，毆傷其眼胞顋頰，陳敬典當即斃命。鄭玉幅子、閻正即搜得錢布衣服，鄭玉幅子先將櫃房窗門閂好，復用碎布片及事主破皮馬褂一件，掩蓋屍頭，并將通條磨擦。又用事主桌上小刀，將打煤鐵錘柄木上血迹削去。旋將衣服、錢布綑運門外。閻正攜出燈盞頭放在鋪房櫃臺上，將囤內穀子拋灑地上少許，又尋鐵鎖兩把將櫃房、鋪房各門上鎖，圖裝近地人偷竊情形。并將鎖匙一併帶去。分攜贓物，同至村外，尋見韋世德，告知情由，將贓物攜至鄭玉幅子家，將錢文俵分。鄭玉幅子隨將閻正之鐵瓜錘并鎖匙藏在其家草房炕洞內，布疋衣服藏放木桶。迨後屍屬查見屍身，點明失去錢布，及藺綢大衫藍布夾袍各一件，投約稟報後，鄭雲查見衣布，向鄭玉幅子盤出前情。鄭玉幅子將布疋零星剪開，陸續攜至村外賣錢，分給閻正與鄭雲彼此花用。初余禁賭最嚴，陳敬典案出之後，故弛其禁。一日，鄉約郭秉科閒步於呼盧場中，無意笑指賭人云：縣官忽寬賭禁，想係要在賭場中破案。陳敬典案犯，不要就在此場中。鄭玉幅子適在場內，正抓起骰子，聞言不禁一驚，將骰子丟在盆外。郭秉科心異之，旋察得其有賣布情事。於十三日，往向鄭玉幅子查問布疋來歷，鄭玉幅子支吾。郭秉科稱欲報官究訊，鄭玉幅子恐致破案，將衣布交鄭雲，至永和當鋪當錢，作路上盤費，即於次早起身脫逃。郭秉科稟案，余即親詣鄭玉幅子家并永和當鋪，起出原贓。驗得藺綢大衫係牛骨鈕扣，底襟焦洞一個屬實，將鄭雲拿獲，訊供監禁，鄭玉幅子逃至多倫諾爾，將竄迹蒙古地界，大雪三日不能去，經縣役拿獲，帶回審悉。當時閻正等一併獲案，起出兇器。訊供詳辦後，詰訊陳文書前日之供究從何來。答曰：我兄叔往店查看父親屍身，我雖害怕，遠立在一邊，聽得兄叔指屍傷說像以通條、鐵錘戳打下的。我因案下盤問，想是要在我身上出案，恐受刑責，是以照兄叔指說的兇器捏供的。問其衣上之血，答曰：我先亦不自知，故案下查問，無以登答。後來慢慢尋思，想起二十二日曾幫同族人宰豬，大約濺染上的豬血。問其二十二日更餘，究往何處去？答曰：實往隣家賭錢。質之同賭人及宰豬主，供均吻合。又問其因何連日慌張，并欲逃走。據稱，二十二日傍晚，父親與我生氣後，走出門時，曾有我生得這樣兒子，還要做甚麼人，到不如死了好。伊因聽此言，次日鎮上值集場，正是做買賣日子，斷不鎖門外出討賬。伊見鋪門上鎖，已有疑惑。後又兩日不見父親回來，恐父親果眞因氣尋了短見，實吃罪不起。且先兩年前，在太原縣晉祠鎮上，遇見一算命人，說我三十六歲上有大難星，禍起家門。我問可躲得過，他說出了門，便躲過了。我今年正值三十六歲，是以我連日心神慌亂，想躲往京中去各等語。嗟嗟，事之會逢其適有如是哉。余審理此案，固因陳文書形迹可疑，然實未敢一事刑求。不意其尚隨官之意旨，誣服淩遲重罪。在彼固屬癡愚，聽訟者可不靜觀而據加以三木耶？誌此以見斯案之不成冤獄，實余之萬幸云爾。

清・顧麟趾《山右讞獄記・張建基誣姦殺害一案》 辛未夏四月，汾陽縣申報所轄莊子村張建基捉獲其妻靳氏，與慈雲寺僧人法隴通姦，登時殺死，援律勿論。詳情立案後，旋有靳氏弟靳宗寬以張建基與媳原氏姦，惡其姊不容，乃誘僧人法隴至家誣與其姊有姦，一併殺死等情，赴臬司呈控。時廉訪，浙人陳香谷先生也。見詳控出入大相逕庭，委余訊原告確供。余詰之再四，靳宗寬一無指據，惟極口爲姊呼冤。觀其人頗誠實，情亦迫切，諒控非無因，遂以實情上覆，非集訊不足以成信讞。廉訪即委余往提人犯，並令乘便密訪。余奉檄後尋思，密訪必須借因，庶不致露圭角，可得實情。因念汾陽縣屬有舊識郭姓者，可以假稱尋郭姓索欠，改裝易服，一路藉聽塗說。幸事合成巧，該縣有一郭家寨子，經由莊子村過。余探得此信，私喜曰天助我矣，即匹馬前行，將近村，日尚未晡，知該村非尖宿站，無策止足，正躊躇閒，狂風陡作，雨勢將來，余又喜曰可藉詞矣。於是策馬飛投，見一村老在門樓下，余下馬長揖，誘以甘言，乞借一席地避風雨。老者果許余容膝於廟中廊下。該村有廟三：一廟僧鎖門去。一廟設壇祈雨，禁閒人入。其引余憩息之地，正已死法隴住持之廟也。余見廟額，頗驚異。故佯問僧人爲誰？老者歎曰：廟僧法隴已被人殺之矣。余又作驚狀曰：余乃孤客，何可住此兇地？老者笑曰：殺不在此。指村中一高大門牆曰：殺在彼。余暗誌之，問殺之由。老者即止之曰：勿多言。余見村衆已環立而視，故亦不復再問。少閒，老者去。見兩工作人進廟，似亦借宿者，目灼灼知非安分徒，兼且酒氣侵入。余暗計此二人或知梗概，姑留其伴宿，可藉酒誘其言。遂殷勤致問，頗浹洽，并爲余秣馬購酒食。既昏，閒人散去，即閉廟門，邀二人同飲。待半酣，以言餂之。不意此二人皆張建基之怨家也。得幾杯酒中趣，情不自禁，即將張建基挾嫌謀命、誣姦營求各情節，一一爲余言之。余曰：爾何以知之甚詳？答曰：白書殺人，豈能盡掩人耳目？況村人田二保、賀三廝、賀錦成三人皆所目擊者。更有張建基之女三女子，不甘其母受此污名，被殺時與其父吵鬧號哭。故隣右村人皆確知姦是誣也。余曰：既有三人見殺，張建基何所恃而無恐，竟敢如此行爲？答曰：三人聞其女子喊救，往看而人已殺訖，即閃出，張建基與三女子均未及見。余曰：其女子既不甘心，何不往訴上家？答曰：張建基恐事洩漏，後此不容三女子更見一人。且近聞三女子已鎖禁偏院中，不日將置之死地矣。又問：張建基現安在？答曰：他聞靳宗寬上告，今早進縣打探，尚未回村也。余又閒談他事，旋各就寢，欹枕忖度，此案雖有端倪，然二人一面之詞，必須趕緊根究，方能水落石出。迨雞鳴，則見引余入村之老者忽排闥入曰：爾非私訪至此乎？余大驚。又見老者曰：怪怪，每夜男女鬼哭叫於村，徹夜不絕，昨晚忽無聲息。吾故早起來問也。余見老者動疑，即云：聞郭家寨子路歧出，幸代覓一引路人。老者允諾，其疑乃釋。余至郭家寨子，遣引路人去，即由彼逕投汾陽縣，覓余囑在縣城等候之僕從，更衣往謁縣尹。該縣尹某曰：此案供證確鑿，毫無疑義。旋命僕赴庫中取來二紙，上揩有污穢，分別男女遺精。謂曰：此不足爲姦據耶？余閲之，亦不與爭。次早，余將詣勘，忽聞該縣典史某先行，余恐洩漏風聲，倘將三女子等藏匿，則冤難雪矣。即命引馬者飛馬由小道趕去，比入村，遠見村衆皆指余相笑語。余直至張建基門前，問典史王某尚未到，心竊喜之。須臾王某至，即邀同入張建基家，打開偏院門鎖，喚出三女子。果蓬頭垢面，涙濕衣衫。一見余，即爲其母哭訴顛末。及余傳到田二保等，同訊之，供均歷歷如繪。張建基見指證鑿鑿，情無可逃，亦吐實矣。查是案，始緣僧人法隴通醫術，張建基素貧，且得危疾，法隴憐而治之，病痊後，復厚贈金，使之貿易，張由是起家。於是，感其恩德，視法隴爲生佛矣，其妻女均見面不避。而法隴亦不知避嫌，每遇張建基家事，認爲己事，常相干預，遂生物議。嗣張建基稍有積蓄，未免顧惜顔面，遂有疏遠法隴之意，而法隴未之知也。適有人擬聘張建基女，事在游移，法隴得知，遂拍胸應承，且云其女即我女也，我往説之，不患張建基不允從。由是議聘親者，鄙薄張建基，遂將此事中止，張建基聞之，則更恨入骨矣。張建基有子二，均完娶。長媳賀氏甚賢，其次媳原氏，行止輕佻。張建基雖未與原氏有禽獸行，而語言動静閒，頗露意，其妻靳氏窺破之，始而勸，既而鬧，復防範甚嚴，以故夫婦遂成吳越，原氏亦有怨意。一日，法隴送菜至，適張建基他出，其妻接待甚殷，坐良久始去。原氏藉此欲洩其恨，乘閒以不潔語入其翁耳，張建基遂動殺機。二月二十五日，張建基藏刀備酒，邀法隴飲，法隴飲入醉鄉，張建基乘勢出刀砍殺之。復由廚下牽其妻至客屋，同砍下頭顱。并恐嚇女媳，不許聲張，即裝點殺姦情狀，往縣揑報。串通門丁書役，改白晝爲夜半，揑污水作遺精。縣官草率定案。此張建基挾恨誣姦，殺害法隴靳氏，揑報賄囑完案之原委也。嗟嗟，此案若非柏臺委令密訪，照詳率結，幾成冤獄。今幸得昭雪，即帶犯回縣。該縣恐干嚴議，余慰之曰：無患，今雖平反是案，仍作會同審出實情。某感余言，以先已訪明審正檢舉辦理，坐張建基以疑姦謀命律，擬斬。門丁書役均輕擬釋，仵作科軍罪，原氏另行議結。余追録此，以見天網恢恢，疏而不漏，人心得毋凜凜耶。

清・顧麟趾《山右讞獄記・孫廷會指控窩竊一案》 余攝臨晉縣事，有某村民孫廷會指控某村素窩竊賊，擾害鄰里。前月三十日夜，其場院所貯穀草千餘束，被該村人竊取一空。余詰其所據，乃呈出在其場院拾得寸許繩頭，上有某村某人名姓爲證。余問記姓名於繩上者是何色人？答曰：是該村一財戶。余曰：其家既有錢，豈肯行竊？曰：由雪地踹得腳蹤草屑，均至該村止，故敢指控。余問：該村可當大道，抑屬僻徑？曰：該村門當大路。余曰：該村既當大路，草車往來不知凡幾，何所見而云草屑即爾家物？誣竊之罪，爾村愚無知，勿誤蹈法網。亟去。孫廷會尚怏怏未下堂，詎某村鄉約張禮長率同該村人張方鎖多人來投公呈，云，孫廷會誣指其村衆爲竊，勢不與兩立，來請公判。余知臨晉人素刁悍，凡事一不如意，即性命以之。此案被告，來勢忿忿，若不爲分皂白，釀成事端，咎將誰諉？遂就現在堂下之兩造先鞫之，聊探其孰是孰非也。睹鄉約張禮長目閃閃，知其性詭譎，與之談無益。乃擇衆人中一尙樸實者，姑先問其村戶若干？均業何事？村之內外有無孤廟空窰，爲外來乞丐棲身之所？幷此事原告所指控者某人何以不來？爾一班無干涉人反來投訴？至糾約爾等來者係何人？某人之繩頭上書姓名又屬何故？樸實者不知余意，答曰：村皆窮戶，少恆業，惟某一家稍有飯喫，因修葺住房，所用繩索，均向隣族借來，恐事竣錯還，因將各家及己之姓名均記於繩頭上。某本欲來，因現核算其家葬事賬目無暇。鄉約以孫廷會誤指村人作賊，故約村衆先來告。某蒙傳訊既到。村外有張方鎖空窰三閒，現有從河南來乞丐夫婦兩人借居之。余聽到某家葬事及有乞丐借居空窰云云，遂急問曰：某家於何日安葬？曰：前月三十日。問其葬地在何處？曰：在村口。問：去孫廷會場院若干遠？曰：不遠。問：抬柩之夫役，係由外村覓來，抑本村人？曰：均係本村人。問姓氏，則曰不知。余曰：新墓必有人看守？曰：有，即抬柩者。問畢，令役帶去一邊。遂硃書數行字，密授意於幹役，即拍案大呼：帶張方鎖來。許斥之曰：爾同河南乞丐偷去草束，尙敢恃無質證，糾鄉約來挾制事主？鄉約與某已供明矣。遂喚鄉約，幹役即帶鄉約遠跪於堂階下，余將硃字擲給之，曰：速往窰中起來。鄉約不知所以，正待問，而張方鎖又不及顧問鄉約，幹役已亟帶鄉約去。張方鎖雖狡猾，不知余是詐，惧揣鄉約等已經吐實，乃俯首亦供云，伊因守其家新築墓，適遇大雪，主家雖給烘火柴草，不敷竟夜之需，有乞兒因寒來就火，道及孫廷會場院積有穀草，無人監守，可以取幾束來繼火。伊即起意偷竊，賣錢使用。與守墓人商允，往竊殆盡。因用綑柩之繩綑草，不意繩索糟爛，縛束時將繩頭扯斷，遺在場院，被孫廷會拾得指告。鄉約聞控查知，恐案下究出實情，貽村人羞，且欲分餘潤，故糾衆來投公呈，意在藉此朦混案下，將事主制服。後有所爲，則人莫敢再饒舌矣。先供者亦同竊之夥有草現存其家，可起以驗。非惡其吐實而誣扳也。質之鄉約及衆人，皆俯服。余以鄉約既已查知竊情，不來呈首，反敢糾衆朦混。若余稍不加意，遂其挾制事主之計，異日該村人民肆竊更無忌憚矣，情實刁詐，重責四十，荷校示儆，其餘分別責釋。孫廷會初雖冒昧呈控，旋亦形有悔心，不意其事投呈之日，即得結案，喜出望外，叩感而去。

清・顧麟趾《山右讞獄記・閻鈞以誣姦逼命上控一案》　太平縣閻店村民入閻鈞，以誣姦逼命爲詞，節次上控。卷查呈稱，其女嫁於曲沃縣蒙城鎮富戶翟步青之嗣父翟某爲妾。翟某妻許氏，與本鎮之惡徒常時霖通姦，被閻氏窺破。常時霖即欲閻氏同陷邪淫，閻氏嚴拒斥辱。常時霖懷恨，知辛虎兒時服閻氏之役，遂商通翟步青，約辛虎兒至其家醉之以酒，脱其衣袴，縛其四體。乘閻氏被棒毆傷頭顱昏迷，及辛虎兒尙在醉鄉之際，即車載送縣。行至半塗，辛虎兒酒醒不依，復被衆攢毆，不知辛虎兒如何投入道旁井內身斃？縣官驗訊，既不嚴究致死辛虎兒情由，復不察閻氏屋小牀窄，有十齡義子同榻，復有許氏僱用之婆子張王氏伴宿，已無容姦之地。且是夜抬人入室之時，其義子尙在挑燈讀書，幷張王氏適由廚下烹茶出院，目擊各冤情。惟一味究其女姦，苦刑逼供，幾使其女被拶死於堂。口控經府案，又復偏聽。故冒死上控，求雪奇冤等因。復查據翟氏鄰族，僉稱常時霖行八，平素結識曲沃、太平、聞喜三縣之衙蠹，遇事生風，魚肉鄉愚，人皆側目而視，呼之爲八爺。常時霖與翟步青嗣父有通家稱，許氏見面不避。翟某故後，常時霖仍不避瓜李之嫌，時與許氏坐談，鄉里頗有物義。閻氏素有賢聲，幷無醜名云云。又辛虎兒在常時霖家啣杯一節，鄉里皆知之。是其姦情，以隣族隱約之詞，似已爲其稱冤。而路上行人之口，又復均爲閻氏播呼冤枉。且上官風聞，常時霖將翟步青貲財任意揮霍，染指者不一而足。因而各憲疑團百結，凡問官以閻氏姦爲確者，皆不容遽上爰書。適余自孝義瓜代返省，檄委訊究。余閱卷內常時霖有無與許氏通姦及其主謀誣姦各緊要關鍵，前問官均未向翟步青一加盤詰。余物傳翟步青到案，稍加駁詰，供即支離。遂再三研鞫，嚇之以刑，翟步青即將常時霖所作爲，和盤托出。供稱，其嗣父某一妻一妾，閻氏尙口給，善周旋，故鄉里稱其賢。許氏反是。其嗣父年未三十而逝，妻妾均未生育，許氏在族人中擇伊爲嗣，閻氏螟蛉他姓子，以故素不睦。閻氏欲平分家業，另立門戶，許氏不允所請，閻氏悍鬧不休。閻氏與其姑乳母子辛虎兒有姦，醜聲尙未外揚。而常時霖先有所聞，遂起意捉姦，送官斷逐，藉可保全其家業。其母喜爲得計。候至四月二十二日，辛虎兒同伊在常時霖場院飲酒散後，辛虎兒即潛往閻氏房中續舊。伊察知之，奔告常時霖。即招集其黨人，排闥捉獲。閻氏因事已敗露，顧離夫家。許氏首肯，常時霖制不可，旋車載送縣。至中塗，辛虎兒乘押送人假寐之閒，不知如何脱縛逃走，押送人知覺，尾追之，聲言走脱要犯，呼集路人，幫同擒拿。辛虎兒逃走無路，投入田旁井內而死。閻氏姦情非誣，而其母實無敗行，矢口不移。余得此端倪，即提常時霖訊究。該犯雖狡譎，而尚畏三木，亦即俯首，將其垂涎翟氏家貲，詐謀捉姦等情，一一吐出。常時霖既爲禍魁，罪有應得，故先收囹圄。其時，余察得有辛姓者，非辛虎兒一族，亦曲沃一小財戶，素與常時霖有隙，欲藉閻氏乘機反誣，希圖洩其宿忿。知閻氏囊橐空洗，願出鉅貲助閻氏訟。閻氏因使其父閻鈞，賄招王炳、王發先、沈如蘭等一班訟棍，爲其畫策。王發先爲之捉筆，即以翟許氏鄉里物議爲由，以圖姦未遂，誣姦洩恨、架詞上控。辛姓者又復暗中遣人，代閻氏散播冤聲。及常時霖入獄後，辛姓者之願已遂，已有不再過求之意。余復揚言差緝，辛姓者竟載餘貲遠去，不復爲閻氏助費矣。王發先等既失所望，常時霖又羅而置之囊下，爲其謀主。余乃藉此訪獲各犯，究出串供反誣并賄囑張王氏扛幫各情節，始釋各憲疑慮，容余追訊閻氏矣。閻氏甚狡展，而刑又不能加。幸余與翟步青比隣裴洪先閒談。裴密告余曰：風聞閻氏昔日曾與其工人趙年成子有苟且情事，被許氏察知逐去。余意此說果確，閻氏非節婦可知，即關提趙年成子到案，一經嚴詰，即歷歷如繪，供出成姦年月，及行姦之所，又指出揉落五月身孕，胎骨尚埋在閻氏室中。余猶慮其賄串，而未之信。詎閻氏一見趙年成子即色變，惟剖辨不休而已。余試之曰：凡婦女曾經產事，肚皮即有識別，當飭官媒婆驗看。該氏惶悚，堅不容驗。余乃乘機不分晝夜，爲之熬審。然祇得以好語誘之，仍不敢以威逼之也。至五日夜，該氏始發天良，感余將常時霖治罪，笑指余曰：我對你說罷。供其與辛虎兒姦情屬實，并是夜姦畢，辛虎兒戀情堅卧，不急走去，以致被捉，及伊乘閒釋縛使逃等情，出具服辨。余既幸免貽戚，且喜上憲寬厚，不興大獄。附錄說貼一紙，備載案多疑竇，所以其難其慎耳。

熬審案證，將及兩月，仍無絲毫誣姦破綻，堪以入手。即翟步青錢廣，常時霖勢大，不得不聽從指使。但常時霖現入囹圄，無威可畏，案證人等，均已磨到刑難復加地步，豈竟無一人惜命，而皆貪翟步青之利，所供不少有參差耶？即謂案證之供，或由賄串。而據翟閻氏供詞及案中情節細加推敲，誣姦不確，情有多端：如辛虎兒之死，若果有從車拉下，毆斃投入井中等情，正翟閻氏指爲誣姦之確據，豈肯諉爲昏迷不知？且辛虎兒投井，事在白晝，又在三十里外之鄭村。該村之鄉地井主、居人，未必均畏常時霖之威，偏得翟步青之賄，一概扶同隱飾也。辛虎兒既無虧心，焉甘自盡？翟閻氏果有冤抑，當夜鄉隣已如林立，豈有不呼冤喊救？若以鄉隣皆常時霖之黨，呼救無益，何以一路亦甘默默？即稱受傷流血昏暈，查時已延半夜之久，路有三十里之遙，恰待辛虎兒投井而後醒。此說豈其然乎？該氏果眞昏迷不醒，鄉地車夫未必敢載將死之人送縣。況該氏在曲沃、臨汾之供與省供互異。此案以姦爲誣，未確一也。四月下旬，南路天氣較熱，諒已有人路宿乘涼。且正值農忙，更必有人徹夜看青，常時霖即勢橫鄉里，未必毫無畏憚，敢從門外縛人誣姦。況訊得常時霖仇家衆多，翟閻氏又多幫訟之輩。辛虎兒果從門外擡入，其仇家即或畏累，不敢出證。翟閻氏之黨，於未經常時霖招去之先，斷無不搜尋確據，豈徒託常時霖家喫酒，翟家捉姦之空言，而爲之幫訟耶？況翟閻氏有父閻鈞、舅張明福并辛虎兒之胞弟辛貓娃等，亦必竭力採訪，以求各伸其冤。今閻氏惟以從門外擡入一層，捏稱眼見，外此再無一毫指證。其說果可以爲眞乎？再辛虎兒即或眞在常家飲入醉鄉，無論常家至翟家距有二里許，當綑擡時即大醉不知，毫無聲息。而擡到翟家、及走於路上，爲時既非一刻，酒醉亦應少醒。乃自縛至死，并未驚問所以然之故，而竟茫然投井。想辛虎兒癡不至此。況衆手強剝人衣，定有扯裂痕跡，今辛虎兒之衣袴并無一毫損裂，衣袴均似自脱情形。以姦爲誣，不確二也。且提到翟閻氏被褥，上有血污，辛虎兒之衣袴亦有濺血。或以人可擡入硬誣，而血跡豈難裝點？未便以血之符合，即斷爲有姦之據，誠哉斯言，但翟閻氏既能將提燈、持棒、跳窗開門之人一一認明，而自到堂至今何不將撩衣進房之人指出？況衣袴非細小之物，當撩入房内時即慌忙，豈無知覺？何以訊之茫然。若謂於捉姦之後撩入，其血從何而來？追訊衆供，辛虎兒臂雖有傷二處，皮未破，他處更無破傷，與縣塡屍格相符。惟翟閻氏頭有破傷，其衣胸前流有血迹爲證。且從其房内取出藍本單袱一條，血迹滿污，顯係不容人拘執、滾濺所致。提到被褥時，該氏堅不認單袱爲己物。其中已有趨避情節。如謂常時霖知該氏頭上有破傷，起意裝點有姦之狀。奸人心胸，固不可測。但何所取意，必以一單袱爲據。以姦爲誣，不確三也。再裝點捉姦，或稱捉自該氏卧床，稍有疑竇。即稱捉自該氏外房，均足以取信於人。乃必欲商通捉自樓上。用意之深，未必若斯。此以姦爲誣，不確四也。又常時霖果與翟許氏有姦，因閻氏理斥挾嫌，復因與辛虎兒宿仇，故執辛虎兒，而誣該氏之姦此等緊要情節，勢必敘入初呈。何待延得訟師王發先，始行添敘。獄貴初呈。王發先所供，反誣抵賴，已無疑義矣。且追訊翟閻氏指姦之據，供稱：常時霖在翟許氏房中唱曲本，并曾帶小旦二人到翟許氏房內閒嬉。訊以小旦姓名，不知也。訊以何班之旦，不知也。常時霖即與許氏有姦，翟許氏既非明娼又非小戶，常時霖即或敢唱曲本，亦未必敢彰明較著若此。此以姦爲誣，不確五也。又翟閻氏初到曲沃，案(暗)下囑託鄉地辛恆寬轉囑其做飯婆子張王氏，供稱與該氏一房睡宿，并因此拜辛恆寬爲寄父一節。及裴洪先等供出翟閻氏先與其工人趙年成子有姦、未行聲張等語，該氏堅不承認。如謂此等情事，均係受賄使然。即拜辛恆寬爲寄父，該氏亦供認屬實。及訊其家僱過工人姓名，雖三五月間，俱能一一供出，而獨趙年成子，在其家服役已歷七八年之久，其姓名反支吾許久，必轉問其父，始能供出。此處無銀三十兩已情見乎詞矣。今之以姦爲可疑者，惟翟閻氏與翟氏及其小姑同住一院，翟閻氏竟敢旁若無人留辛虎兒宣淫徹夜。此卻案中疑竇。第翟閻氏時與翟步青打鬧，其悍潑可知。翟許氏又蓄意縱姦伺隙。諺云色膽包天。辛虎兒情不自禁，竟中翟許氏之計。此亦事所恆有。又翟閻氏房內，尚有十齡義子，辛虎兒毫無避忌。亦案中疑竇。但孩子多鼾睡達旦，即使有時而醒，該氏既藏有姦夫房內未必點燈，義子何由知卧榻之側，尚有他人同睡耶？即有時知覺，或餌之以食，嚇之以毆，亦足使之緘默矣。至常時霖揮霍翟步青之家貲，訊得伊始則主唆恐嚇，意在欲潤己囊。既而串囑案證，不供出主謀，并賄散翟閻氏之黨羽，均係欲脫己罪起見，以致案中疑竇百出。是常時霖一犯，固屬罪魁禍首，法所難容。但案在揆情度理，未便以事涉隱微，外多物議，即任翟閻氏之狡展，再苦案證於嚴刑矣。除逐堂所訊供情錄記外，茲將案中大概情形，詳細再敘，備候憲參。幸此一紙上得動憲聽，案遂結。

清・祝慶祺《刑案匯覽・刑律・斷獄》 川督咨吳錫九因伊女曾吳氏溺斃誤執傷痕疊控一案。查吳錫九所控曾士璉毆斃曾吳氏假作自溺前經檢驗，並無毆死重傷。髑髏骨內洗有泥沙，其爲實係自溺斃命，已無疑義，乃復誤執傷痕翻控檢驗，實屬不合。惟該犯所指腸出、耳根骨斷各傷，均屬有因，並非疑出無據，與憑空誣告人命者有間。吳錫九係曾吳氏之父，應照期親尊長誣告人命，致蒸檢卑幼身屍，照誣告人死罪未決律治罪，擬流加徒例量減一等，杖百，總徒四年。該犯係曾士璉妻父，應再減一等，杖一百，徒三年。一至初驗仵作張文高將陰戶腸出之處並未喝報，而復檢仵作杜松林又將骨殖跌斷，以致吳錫九懷疑妄控殊屬不合，未便以業經責懲，免其重科。張文高、杜松林，應各照不應重律杖八十，革役。嘉慶九年說帖。

又 雲南按察使奏查部頒檢骨格式載明，脊背係致命脊背，左右爲琵琶骨，係不致命。洗冤錄所載屍圖並無琵琶骨，夫骨格爲檢骨而設。洗冤錄專備驗屍之用，但洗冤錄載有血盆骨，而續頒骨格亦復因之。誠以此項部位無論驗屍、檢骨均爲辨論所宜，及似應於洗冤錄驗屍圖內添入琵琶骨部位，庶不致混淆等因。查驗屍圖內骨皆不載，而獨載血盆骨一處，因血盆部位在屍傷係不致命，檢骨則係致命。一處部位而有致命不致命之分，所以屍圖內專行開載，前於乾隆三十八年，廣西巡撫請示案內，臣部以血盆骨一處本係要害處，所如僅止皮破血流，則係不致命，若一經傷致骨損，則立時斃命。是一骨有致命不致命之分，正爲辨論所宜，及非若琵琶骨之概以不致命爲斷也。今該按察使因洗冤錄載有血盆骨，欲將琵琶骨一併添入，已屬不倫，且查檢格內，琵琶骨與不致命之左右肩甲相連，相驗時若遇琵琶骨有傷，則就左右肩甲近下之處皆可按照部位詳細填注，自不致與致命之脊背兩相混淆，況屍傷就其沿身皮肉筋脈揣捏相驗，而檢骨格式，則人身有三百六十五節，骨殖甚多，僅添一二處必致掛一漏萬，即脊背骨有六節，亦惟第一節爲致命，驗屍圖內又安能按照骨節部位逐一添注，即所請添入琵琶骨之處，應毋庸議。乾隆五十一年奏准案。照所見集錄。

又 直隸司查例載：自盡命案屍親人等藉命打搶者，照白晝搶奪例擬罪，仍追搶毀物件等語。詳查定例之由係雍正三年以前之例，館中無案可稽。其屍親藉命鬭毆，遍查新舊律例並無作何議擬之文，惟參酌藉命搶之例尚應照凡人搶奪例治罪，則藉命爭鬭之案，亦止應照凡人鬭毆科斷明矣。今直隸省房保子案內，房繼言等因出嫁姪女宋房氏自縊身死，將氏翁姑宋煥根、宋亢氏毆扎成傷，本罪止應擬笞，該督擬以不應重杖，似可照覆。乾隆五十一年說帖。

又 奉尹咨：昌圖廳所轄地方遼闊遇有命案可否令照磨代驗咨請部示一案原咨內昌稱：昌圖從前所管僅止百餘里，令新添荒地二百餘里，約計共有四五百里，又有相驗蒙古案件至千餘里不等，該廳一人實有顧此失彼之虞。若請鄰封代驗，各有地方事件不能常時往請代驗，可否照黔、蜀等省之例，遇有命案距城三百里者，准令照磨代驗塡格取結送交該廳承審辦理之處，咨部示覆等因。查：　黔蜀等省遇有命案印官公出例，准經歷等官代驗；　各省府州縣內有與黔、蜀等省相似者，亦准一體酌量辦理。又，廣西淩雲縣屬命案去縣治在三百里者，定例亦准令縣丞代驗。是各省所屬府州縣內有與黔、蜀等省相似及距縣在三百里者，准令佐貳、佐雜等官代往相驗，定例原有明文。今該府尹所稱昌圖廳管轄地方約計共有四五百里，又有蒙古事件，該廳一人有顧此失彼之處，自屬實在情，形似應如所咨。嗣後圖廳所屬命案，應卽比例如距該廳在三百里以外者，准令照磨帶領諳練吏件前往代驗，寫立傷單，取結送交該廳承審。如有勘驗不實增減傷痕情弊，卽將該照磨分別照例議處，其訊無別故之自盡病斃等案，亦准取結埋驗仍由該廳通詳立案。至距廳不及三百里之命案，仍照舊例辦理。道光二年說帖

道光七年奉尹咨請岫巖鳳凰城各廳，亦照昌圖廳之例：　距廳在三百里以外者，准令分防巡檢代驗。已併纂例。

又　廣西撫奏土民韋太權韋佈觀各毆傷盧培莫賢身死，承審之河池州蘇榮坪草率具詳一摺。查：　已革河池州知州蘇榮坪於土民韋太權等毆斃人命之案，並不立時往驗，以致土目盧廷贊等乘機訛詐勒令屍親攔驗，該參員又不詳察虛實作爲已驗。既據訊非有心故出，自應照失出本律科罪。至該省所引改造口供、故行出入革職之條，本係遠年舊例，不惟與律不符，且以失出之案而引故出之例，亦屬未協。該司改依斷罪失出減五等放而還獲，聽減一等，律擬杖六十、徒一年，係屬按律辦理。稿尾查律載：　官司故出入人罪，全出全入者以全罪論，若斷罪失於出者各減五等放而還獲，聽減等一等語。此案：　已革河池州知州蘇榮坪於土民韋太權韋佈觀各斃一命，並不立時往驗，以致土目盧廷贊等乘機指官訛詐，假捏斑痧醉跌情節，勒令屍親具呈攔驗，該參員又不詳察虛實，作爲已驗具詳，致將應擬絞罪二犯全行失出，既經該撫訊明並無聽囑故出情弊，自應卽照斷罪失出律科斷。該撫將該革員僅擬革職，與律不符，蘇榮坪應改依斷罪失出於出者減五等放而還獲，聽減一等律，於韋太權等絞罪上減一等杖六十、徒一年，卽行定地發配。嘉慶二十年說帖。

清・潘文舫《新增刑案匯覽・刑律・檢驗屍傷不以實》　刑部奏浙江餘杭縣民婦葛畢氏毒斃本夫一案，訊明相驗不實，枉坐人罪之承審各員，並妄行控驗之屍親人等，按律分別擬結查。例載：　州縣承審逆倫罪關淩遲重案，如有失入，業經定罪招解者，按律定擬。又律載：　檢驗屍傷不實罪有增減者，以先入人罪論；　又斷罪失於入者，減三等，並以吏典爲首，首領官減吏典一等；　囚未決，聽減一等。又例載：　承審官草率定案，證據無憑，枉坐人罪者，革職。又律載：　誣告人死罪未決杖一百，流三千里加徒役三年。又例載：　地方官長隨倚官滋事慫令妄爲，累及本官，罪至流者，與同罪。又律載：　制書有違者，杖一百；　又，不應爲而爲之者，笞四十；事理重者，杖八十各等語。此案仵作沈詳，率將病死發變屍身誤報服毒，致入淩遲重罪，殊非尋常，疎忽可比，合依檢驗不實，失入死罪未決，照例遞減四等，擬杖八十，徒二年，已革餘杭縣知縣劉錫彤。雖訊無挾仇索賄情事惟始則任聽仵作草率相驗，繼復捏報擦洗銀針，塗改屍狀，及刑逼葛畢氏等誣服，並囑令章溶函致錢寶生誘勒具結，羅織成獄，僅依失於死罪未決，本律擬徒，殊覺輕縱，應請從重發往黑龍江效力贖罪，年逾七十不准收贖。杭州府知府陳魯於所屬州縣驗錯誤，毫無覺察，及解府督，審憑刑訊混供具詳定案，復不親提錢寶生究明砒毒來歷，實屬草菅人命。甯波府知府邊保誠，嘉興縣知縣羅子森、候補知縣顧德恆、龔世潼經學政委審此案，未能澈底根究，依附原題，候補知縣鄭錫滜係巡撫派令密查案情，並不詳細訪查，率以無冤無濫會同原問官含糊稟覆，厥咎惟均，俱應依承審官草率定案、證據無憑、枉坐人罪例，各擬以革職。巡撫楊昌濬據詳具題，不能查出冤情，京控交審不能據實平反，意涉瞻徇學政，胡瑞瀾以特旨交審要案，所訊情節既有與原題不符之處，未能究詰致死根由，詳加覆驗，草率奏結，歲致二命慘罹重辟，惟均係大員，所有應得處分恭候欽定。按察使蒯賀蓀失入死罪，本干律議業已病故。湖州府知府錫光等覆審此案，尚未擬結，均免置議。劉錫彤門丁沈彩泉在屍場，與仵作爭論，堅執砒毒，實屬任意妄爲，合依長隨倚官滋事慫令妄爲，累及本官，罪至流者，與同罪，律擬杖一百，流三千里。沈喻氏因伊子速死可疑，喊救相驗，並未指控何人謀毒；　與誣告人謀死人命不同，且府讞時，妄供盤出謀毒各情，係由痛子情切所致，應與誣告人死罪未決滿流加徒律上量減一等，擬杖一百，總徒四年。王心培、王沝、沈體芒不知底細，輒隨同沈喻氏混供，亦屬非是惟到案卽將實情供明，尚非

始終誣證訓導。章濬卽章掄香，係杭州府幕友，輒爲劉錫彤向同村藥鋪錢寶生函囑，亦有不合葛畢氏揑供楊乃武商令謀毒本夫，訊由畏刑所致，惟與楊乃武同居時不避嫌疑，致招物議衆供僉同，雖非奸私實據，究屬不守婦道，應與王心安等各依不應重律，擬杖八十，章濬革去訓導，楊乃武訊無與葛畢氏通姦確據，但就同食教經而論，亦屬不知遠嫌，復誣指何春芳在葛家頑笑，雖因圖脫己罪，並非有心陷害，究係獄囚誣平人有違定制，律應杖一百，業已革去舉人，免其再議。姜位瀧劉澱臣寫給沈喻氏字帖，訊爲資助旅費起見，殊屬多事，各依不應輕律笞四十。此案情節較重，雖事犯在光緒元年正月二十日，恩詔以前所有應得罪名均請不准援免，以昭懲戒。陳湖卽陳竹山，勸令錢寶生誣認實砒，本干律擬，業經監斃，應與在籍病故之錢寶生均毋庸議；　沈體芒容留親戚逃徒倪錦雲在家，本有不合，業已擬杖，免其重科，應與訊無爲。本縣長子索詐之阮德，並未在葛家頑笑之何春芳，並未干預公事之劉海昇，並與舊僕書信往來之主事文超，及並無不合之錢姚氏等，亦毋庸議，提到葛品連屍棺，既經復驗明確屍屬，並無爭論，仍交浙江原解委員知縣袁來保等連仵作沈詳門丁沈彩泉，並原卷解交浙江巡撫，分別定地發配，飭聞領埋其律，應收贖之沈喻氏、葛畢氏並罪，應笞杖之王心培、王淋、沈體芒、姜位瀧、劉澱臣等均由臣部分別折責，追取贖銀，將全案人證連陳湖屍棺飭坊遞籍保釋埋葬，未到免提省累奏奉上諭，前因給事中王書瑞奏浙江覆訊民人葛品連身死一案，意存瞻徇特派胡瑞瀾提訊嗣據，該侍郎仍照原擬具奏經刑部以情節歧異議駁，旋據都察院奏浙江紳士汪樹屛等聯名呈控降旨，提交刑部審訊，經刑部提集人證，調取葛品連屍棺，驗明實係因病身死，並非服毒，當將相驗不實之知縣劉錫彤革審。並據御史王昕奏承審大員任意瞻徇復諭，令刑部澈底根究茲據該部審明定擬此案，已革餘杭縣知縣劉錫彤，因誤認屍毒，刑逼葛畢氏，楊乃武妄供，因姦謀斃葛品連，枉坐重罪，荒謬已極，著照所擬從，重發往黑龍江效力贖罪，不准收贖。前杭州府知府陳魯於所屬知縣相驗錯誤，毫無覺察，並不究明確情，率行具詳，實屬玩視人命。甯波府知府邊保誠，嘉興縣知縣羅于森，候補知縣顧德恆，龔世潼承審此案，未能詳細訊究，草率定案，候補知縣鄭錫滜經巡撫派令密查案情，含混稟復，均著照所議革職，巡撫楊昌濬據詳具題，既不能查出冤情，迨京控復審，又不能據實平反，且於奉旨交胡瑞瀾提訊後，復以問官，並無嚴刑逼供等詞，曉曉置辯，意存迴護，尤屬非是。侍郎胡瑞瀾於特旨交審要案，所訊情節既與原題不符，未能究詰根由，詳加覆驗，率行奏結，殊屬大負委任，楊昌濬，胡瑞瀾均著卽行革職，餘著照所議完結人命重案，罪名出入攸關，全在承審各員盡心研鞫，期無枉縱。此次葛品連身死一案，該巡撫等訊辦不實，始終迴護，幾至二命慘罹重辟，殊出情理之外；嗣後各直省督撫等於審辦案件，務當督率屬員悉心研究，期於情眞罪當，不得稍涉輕率，用副朝廷明愼用刑至意。欽此光緒三年通行。

清・沈家本《秋讞須知・案尾京控》

報驗審解，屍妻王氏因誤聞馮蘭欲辦留養，恐夫命無抵，遂以謀殺揑孤等情由府控院，復來京在步軍統領衙門呈控咨交，審供不諱。醫死緦麻姪。

殞命，韓風妮希圖抵制，自用刀戳務左脇，首驗訊詳。屍兄朱觀光因誤聞傳言，以挾嫌斃命等情先後赴府及臬司衙門控告，復來京赴步軍統領衙門呈控咨交云云。

報驗訊詳，屍妻榮氏痛夫情切，疑被張汝堂扎斃，遂以訛化借故殺等情由府赴司呈控，復添砌情節，遺抱來京，赴步軍統領衙門具控，奏奉諭旨交審提訊，供認不諱。

報驗審訊，梅景新案內餘人，係逝擊之子梅長青圖脫父罪，砌詞來京，赴步軍統領衙門呈控咨交。

報驗投首訊詳，屍子張伯直痛父情切，即以沉冤未雪來京赴都察院呈控，奏奉諭旨飭交。

屍子李乾得以葉光富兇逃匿，曾往紀章漢家查問，被訊受飭，又因痛母情切，起意拖累洩忿，自作呈詞，添砌情節，來京在提督衙門呈控咨交。

報驗革審，屍兄趙盈妮以父子揑稱共毆賄書舞弊等詞京同，赴步軍統領衙門呈控咨交。

報驗提訊，許輝皋畏罪，京控咨交。

報驗飭緝，張問寅因犯未弋獲，心疑差役賄縱，由府司赴院控告，批縣比緝，并將不力職名咨參在案。至□年□月□日，經差役將張大忽拏獲，張同雲痛弟情切，復以群毆鎗斃等情來京，在步軍統領衙門呈控咨交。

劉聞彬畏罪，因事由劉宗漢父子索欠起釁，即以慘遭兇斃等情報驗提訊，劉宗漢等堅不承招，亦奇誣枉等詞先後赴臬司及巡撫衙門控告，批州未及審辦，劉宗漢復添砌情節，遣抱來京，赴步軍統領衙門呈控咨交。

符椌南即以伊與諶姓爭毆，曾氏攏護，不知被何人毆傷身死等情報驗審訊。諶耀祖慮受拖累，亦以架扛毀槍等詞先後由府及臬司衙門控告，尚未提審，諶耀祖復添砌情節，來京赴步軍統領衙門呈控咨交。

報縣驗審，將□□依律擬絞，尚未勘轉，而□□及□□先後赴省陳控，覆審將□□仍照原擬，經□題准部覆，□□□懷未釋，復赴京在都察院呈控奏交。

報驗審訊，幅洛分畏罪，捏詞在都統衙門呈告，并遣底伯勒、湌勒克在理藩院呈控，先後咨交，審供不諱。幅洛分係喀爾沁公旗頭等塔布囊。

《武定土司檔案・稟孟老四死屍處及被火傷痕》 遵將差頭尹煜、鄉約魯正貴、土目那振興等奉批前往毆鳳，胡元控告被火燒死孟老四死屍處所跟同胡元及毆鳳之子季國福，里長張子芳等看明。孟老四被火傷痕逐一開明呈閲。計開：

一、孟老四被火燒死。男屍一軀。在毆鳳麥地半坡小冲内。

一、孟老四死屍頭朝西、腳朝東、面朝北、背朝南，窄楞睡着。

一、頭髮申擋在後，小乾柴上頭發根下一撰不燒，左右耳上被火燒一撰。

一、耳朵、下巴殼、嘴皮、鼻子、被火燒爛，舌頭抻出五分燒糊。

一、脖子燒糊。

一、胸膛燒爛。一、脊背燒糊。一、左手燒糊五指卷。一、右手燒爛。一手臂燒彎。一、手脂燒縮，皮爛。一、肚皮燒爛。一、右肋皮燒糊。一、右肋皮燒爛。一、左右庇股爛皮。一、左腳腿燒爛，一、左腳脂燒爛。一、左腳底板燒起皮。一、左腳小脂四個在下插地，一、大腳脂在上燒裂皮。一、右腳大趾横擔在小樹上。一、右腳腿皮燒爛。一、右腳燒爛斷骨。一、右腳底板及腳趾五個全不燒。一臀皮燒爛。一、自屍頭量上二丈五尺見有燒斷蘭布裹腳三小塊。一、自裹腳在處量上二丈五尺見有血迹五尺。一、自有燒剩麻布大小五塊。一、自麻布在處有血處量上一丈一尺見有爛壯布包頭一塊，彎刀一把，皮索一根，爛鞋一支。

一、以上一節俱係燒樹成灰。

一、自彎刀在處量上一丈五尺見有撬鋤一把、烟袋一根。

一、自烟袋在處量上一丈六尺見有小横路一條，路上首見有連根倒小樹一顆。

一、屍右邊下首毆鳳麥地一凹筆姑山一大嶺。

一、屍左邊毆鳳筆姑山三嶺半凹至甘胡二姓燒苞谷(大)山一大嶺，兩大凹。其火甘、胡二姓苞谷山頭燒過，毆鳳筆始山頭燒下。死屍在處上首胡元口稱系毆鳳着人在伊筆姑山，屍在左邊三嶺上接火合將屍傷及放火情由具實稟明，伏乞上恩查核施行。

道光十一年三月十八日那振興、尹煜、鄉約魯正貴等面稟呈投。

《武定土司檔案・稟孟老四屍身安葬請准銷案》〔道光十一年四八月〕茂連鄉土目那振興謹稟大老爺鈞座：敬稟者，竊土目於三月廿日面奉鈞諭飭令土目帶領自願將孟老四屍身領回安葬，以息訟端。孟有亮、孟朝貴、孟甘民、胡文元等前往孟老四屍在處所，協同掩埋安葬。土目即着頭目沙現麟前往該處協同里長張子芳、錢天錄等跟同安埋孟老四屍身。茲據沙現麟張子芳、錢天錄等稟稱於三月廿三日跟同孟有亮、孟基民業將孟老四屍身安葬已畢，懇請轉稟銷案。土目復查無異，理合據實稟明，伏乞上恩賞准鑒察銷案，頂恩無暨矣，爲此具稟。須至稟者。

道光十一年四初一日具稟土目那振興。

三月三十日着胡忠赴州呈投。

《武定土司檔案・相驗屍場所用各項什物》 相驗屍場所用各項什物開後。計開：

青棚一座、香爐一座、硃盒筆架簽筒全、檀香五兩、公案桌一張、椅子一把、掉圍一付、銀朱一兩，册筆一排、判筆大小各一支、青友墨參胡，申文紙三刀、草紙三刀、卦供桌一張、天羅網三十個、草席一床、麝香五小(錢)、香油五斤、條香三千、麻黄一兩、大鐵鍋二口、甘草一兩、水桶一對、瓢貳把、烏梅一兩、葱三十把、竈一座、棺木一口、酒醋四十斤、乾苦葛十斤、薑拾斤、蒼朮八兩。

起訴總部

緝捕部

綜　述

《**後漢書・光武帝紀上**》〔建武三年秋七月〕庚辰，詔曰：吏不滿六百石，下至墨綬長、相，有罪先請。男子八十以上，十歲以下，及婦人從坐者，自非不道、詔所名捕，皆不得繫。當驗問者卽就驗。女徒雇山歸家。

《**唐律疏議・捕亡**》諸罪人逃亡，將吏已受使追捕，而不行及逗留；謂故方便之者。雖行，與亡者相遇，人仗足敵，不鬭而退者：各減罪人罪一等；鬭而退者，減二等。即人仗不敵，不鬭而退者，減三等；鬭而退者，不坐。

〔疏〕議曰：依捕亡令：囚及征人、防人、流人、移鄉人逃亡，及欲入寇賊，若有賊盗及被傷殺，并須追捕。其罪人逃亡，謂犯罪事發而亡，囚與未囚幷是。將吏已受使追捕者，謂見任武官爲將，文官爲吏，已受使追捕罪人。而不行及逗留，謂故作迴避逗留及詐爲疾患不去之類；雖行，與亡者相遇，人兵器仗足得相敵，不戰鬭而退者：各減罪人罪一等，謂罪人合死，將吏處流三千里之類。鬭而退者，謂人仗足敵，鬭而退者，減二等；若罪人應死，將吏合徒三年。即人仗不敵，謂賊多兵少，或器仗不敵，不鬭而退者，減三等，罪人應死，將吏徒二年半。鬭而退者，不坐，謂人仗不敵，計盡力窮，知難而退者，不坐。

即非將吏，臨時差遣者，各減將吏一等。三十日内能自捕得罪人，獲半以上；雖不得半，但所獲者最重：皆除其罪。雖一人捕得，餘人亦同。若罪人已死及自首各盡者，亦從免法；不盡者，止以不盡人爲坐。

〔疏〕議曰：即非將吏，謂非見任文武官，即停家職資及勛官之類，臨時州縣差遣，領人追捕者，各減將吏罪一等。雖非將吏，奉敕差行者，亦同將吏之法，不在減一等之限。三十日内自捕得罪人，獲半以上，謂十人逃亡，獲得五六者；雖不得半，但所獲者最重，假有徒、流、死囚一時逃走，捕得死罪一人，雖不得徒、流九人：仍除其罪。雖是一人捕得，衆共失囚之人幷同免法。若罪人已死，謂自死及被他人殺，若能歸首，十人俱盡者，亦從免法；若罪人自首不盡，止以不盡之人，準罪爲坐。

限外，若配贖以後，能自捕得者，各追減三等；即爲人捕得及罪人已死，若自首，各追減二等。已經奏決者，不在追減之例。餘條追減準此。

〔疏〕議曰：失罪人經三十日，追捕不得，無官蔭者或配徒、流，有官蔭者或已徵贖，此後能自捕得罪人，各追減前所斷罪三等。即他人捕得及罪人身死訖，若罪人自首，各得追減二等。注云已經奏決者，不在追減之例，謂將吏以下失罪人，其罪已經奏決徒、流、笞、杖之類，不在追減之例。餘條追減準此，謂亡失寶印及不覺失囚等，稱追減者，若事經奏決，亦不在追減之例，故云餘條準此。

又　諸捕罪人而罪人持仗拒捍，其捕者格殺之及走逐而殺，走者，持仗、空手等。若迫窘而自殺者，皆勿論；

〔疏〕議曰：捕罪人，謂上條將吏以下捕罪人。而罪人乃持仗拒捍，仗謂兵器及杵棒之屬。其捕者以其拒捍，因而格殺之；及罪人逃走，捕者逐而殺之，注云走者，持仗、空手等，慮其走失，故雖空手，亦許殺之；若迫窘而自殺，謂罪人被捕，逼迫窮窘，或自殺，或落坑阱而死之類：皆悉勿論。

即空手拒捍而殺者，徒二年。已就拘執及不拒捍而殺，或折傷之，各以鬭殺傷論；用刃者，從故殺傷法；

〔疏〕議曰：謂罪人空手，雖相拒捍，不能爲害，而格殺之者，徒二年。若罪人已被拘執，及元無拒捍之心，而殺或折傷之，各依鬭訟律，以鬭殺傷論；用刃者，從故殺傷法。

罪人本犯應死而殺者，加役流。即拒毆捕者，加本罪一等；傷者，加鬭傷二等；殺者，斬。

〔疏〕議曰：謂罪人本犯合死，已就拘執及不拒捍而捕殺之者，加役流。即拒毆捕者，加本罪一等，假有罪人，本犯徒三年，而拒毆捕人，流二千里。

傷者，加鬭傷二等，假有拒毆捕者折一齒，加凡鬭二等，合徒二年之類。殺捕人者斬，捕人不限貴賤，殺者合斬。

又 諸被人毆擊折傷以上，若盜及強姧，雖傍人皆得捕繫，以送官司。捕格法，準上條。即姧同籍內，雖和，聽從捕格法。

〔疏〕議曰：有人毆擊他人折齒、折指以上，若盜及強姧，雖非被傷、被盜、被姧家人及所親，但是傍人，皆得捕繫以送官司。捕格法，準上條，持仗拒捍，其捕者得格殺之；持仗及空手而走者，亦得殺之。其拒捕、不拒捕，并同上條捕格之法。即姧同籍內，言同籍之內，明是不限良賤親疏，雖和姧，亦聽從上條捕格之法。

問曰：親戚共外人和姧，若捕送官司，即於親有罪。律許捕格，未知捕者得告親罪以否？

答曰：若男女俱是本親，合相容隱，既兩俱有罪，不合捕格、告言。若所親共他人姧，他人即合有罪，於親雖合容隱，非是故相告言，因捕罪人，事相連及，其於捕者，不合有罪。和姧之人，兩依律斷。

若餘犯，不言請而輒捕繫者，笞三十；殺傷人者，以故殺傷論；本犯應死而殺者，加役流。

〔疏〕議曰：若餘犯，不言請，謂非毆擊人折傷以上、若盜及強姧、或和姧同籍內，此外有犯，須言請官司，不得輒加捕系，如捕繫者，笞三十；因而殺傷人者，以故殺傷論。本犯應死，謂餘犯合死，捕而殺者，合加役流。

又 諸追捕罪人而力不能制，告道路行人，其行人力能助之而不助者，杖八十；勢不得助者，勿論。勢不得助者，謂隔險難及馳驛之類。

〔疏〕議曰：追捕罪人，謂將吏以下據法追捕，及在律文聽私捕繫。而力不能拘制，告道路行人，其行人力能助之，謂行者人杖堪制罪人，而不救助者，行人合杖八十。勢不得助者，謂隔川谷、垣籬、塹柵之類，不可踰越過者及馳驛之類。稱之類者，官有急事，及私家救疾赴哀，情事急速，亦各無罪。

又 諸捕罪人，有漏露其事，令得逃亡者，減罪人罪一等。罪人有數罪，但以所收捕罪爲坐。

〔疏〕議曰：捕罪人，謂上條將吏以下受使追捕。而有漏露應捕之事，令使罪人逃避者，漏露之人減罪人罪一等。注云罪人有數罪者，假有一人，或行強盜，兼復殺人，又欲謀叛：若爲謀叛而捕，漏露者唯從謀叛減一等；若爲賊盜或殺人而捕，漏露者即從賊盜、殺人上減一等，不論謀叛。故云但以所收捕罪爲坐。

未斷之間，能自捕得，除其罪；相容隱者爲捕得，亦同。餘條相容隱爲捕得，準此。即他人捕得，若罪人已死及自首，又各減一等。

〔疏〕議曰：未斷之間，謂漏露之罪，未經斷定。能自捕得罪人者，除其失囚之罪。相容隱者爲捕得，謂同居及大功以上親、外祖父母、外孫、若孫之婦、夫之兄弟及兄弟妻，奴婢、部曲爲主捕得，并同身自捕獲，皆除其罪。注云餘條相容隱爲捕得，準此，假如上條將吏受使追捕罪人致失者，相容隱捕得，亦與自捕得同。故云亦準此。即他人捕得，若罪人已死，謂自死及被他人殺者皆同，及自首，又各於罪人上更減一等，總減罪人罪二等。

《全唐文・殷侑〈請禁度支鹽鐵等官收繫罪人奏〉》 度支鹽鐵轉運戶部等使下職事，及監察場柵官，悉得以公私罪人於州縣獄寄禁，或自致房收繫，州縣官吏不得聞知，動經歲時，數盈千百。自今請令州縣糾舉，據所禁人事狀申本道觀察使，具單名及所犯聞奏。

宋・謝深甫《慶元條法事類・職制門》 諸賊盜發，州取索捕盜官印紙批書，而違限者杖一百，監司所至不取索印紙點檢減二等。

又 諸奉使有所追攝，雖被制，皆報所屬官司，不得直行收捕，事涉機速，聽先捕獲，仍取所屬公文發遣。

又 諸賊盜發，本州即時注籍，強盜及殺人賊限三日奏。兇惡群盜入界，或已經奏至出界，雖不曾作過，准此。及申提點刑獄提舉盜賊司，謀反及州縣鎮寨內劫盜或諸軍結集強盜，若強盜七人以上者，仍申轉運司。仍批書捕盜官印紙，監司所至取索印紙點檢。提點刑獄司每歲六月十二月終，各具諸州已獲及滿百日未獲火數，限次季以聞。強盜每月一次具已未獲人數，申尚書刑部。

《宋會要輯稿・刑法二》 〔宣和七年〕三月十三日中書省、尚書省言：諸路當職官多是亂出頭引下行，過收買物色，行人見其數目甚多，少肯應副，即便收送下廂。本廂禁繫，動是旬日，不免貴價隣州隣路收買應副，且免杖責，遠方尤甚。民戶無所告訴，良可憫恤。詔官員收買物將行人輒送廂收禁者，以違制論。仍令廂司置簿，如有送廂公事，即時抄上，巡押、州縣按察官、監司、廉訪出巡點檢。如違，按劾以聞，當重真典憲。

又　紹興四年四月十二日，大理寺丞韓仲言：近因泗州申請，獲僞齊姦細，依化外姦細推賞轉官。或恐遠方兇悍之徒貪賞，妄殺良善，爲害滋大。乞應知有姦細，並告官司收捕，依條結賞。若擅收捕致殺傷，不經官司勘證者，爲首人坐以故殺傷人罪。契勘江、湖、閩、廣之遠，西北士民流寓者衆，若被誣執，因而遇害，其(其)必不能遠赴行在伸訴。仍乞鏤板遍行。詔刑部限三日勘當。

又　〔嘉定十年〕八月二十九日，臣僚言：比日以來，海多寇盗，剽掠平民，如廣之多槳船，溫、台之捕魚船，所至爲害。沿海官兵皆相爲囊橐，一旦有警，不肯極力追捕，間有捕獲，類多故縱。乞行下沿海州軍及逐州巡捕等官，應界分之火遇有劫盗，立限緝捉，踰時刻不獲者，即行責罰。或行劫之盗續被他處捉獲，兵級與賊一同坐罪，其官屬有失覺察，重賜鐫責。從之。

又　〔紹熙二年六月〕十二日，臣僚言：沿邊無賴之民，渡淮行劫，殺人放火，蹤跡敗露則復竄淮南。有司究治，乃比附亡叛歸本所，減二等坐之。今淮北作劫而復歸淮南，正以淮之南作窠穴耳。乞明詔有司申嚴行下沿邊州郡，出榜曉諭，一季之後作過徒伴供通贓證分明者，並照現行條法。罪不致死，合從寬貸，亦乞照應已降指揮分配屯駐軍施行。從之。

宋・李心傳《建炎以來繫年要録》卷六九　〔紹興三年十月〕詔：捕獲強盗，雖無被主姓名，而贓滿已經論決者，許推賞。先是，太常少卿唐恕言：舊法獲盗不知被主姓名，則不該賞。故江湖間有舉舟盡遭屠戮，蹤迹絶滅，官司雖知，終不掩捕。蓋既知無激勸之方，又欲逃捕盗之責。法久姦生，望賜更改，故有是命。

宋・李心傳《建炎以來繫年要録》卷九一　〔紹興五年七月〕詔尚書省復置御史刑房，專主本臺所上彈劾文字。仍令六部申嚴部人結保之法。每三人或五人結爲一保，遞相覺察。凡保中有人犯罪逃走，許大理寺監錮同保人追捉須管敗獲。如有不獲，並與同罪，本部不得申請占留。其逃走改名復來部中之人，並重行決配。保人輒敢容隱者，亦與同罪。仍許諸色人告，用本臺請也。自建炎省併吏額，御史刑房不專置，左右司亦不聞有所檢察，每御史案吏輒亡去。大理卽乞先次結絶，吏復更名歸部，姦弊百出，故本臺以爲請。

宋・李心傳《建炎以來繫年要録》卷一六四　〔紹興二十三年六月〕丙子，右正言史才言：諸路州軍起綱，赴行在所交納，至有折欠之數，並將合干人押下排岸司追理，排岸非刑法官司，無所研問。得其人，晝則使監守，夜則寄禁錢塘、仁和兩獄中。身爲囚繫，欲償無路。欲望並令卽時具名數申解所屬，見得有侵資貿易之弊者，送大理寺推治。其過誤損失，並押下元起綱處，依法備償，附綱起發。從之。

宋・李心傳《建炎以來繫年要録》卷一七一　〔紹興二十六年正月〕癸丑，詔州縣有犯疆竊盗，須管督責巡尉嚴限收捕，不得抑令鄰保出備賞錢。所通窩贓及寄贓等人，州委通判，縣委知縣，親行審問詣實，方得勾追，如有虛妄，加本罪一等。若承勘官司教令供通人吏決配，勘官取旨黜責。時言者謂諸縣巡尉不用心捕強盗，反令鄰保備賞捉捕，百端擾之，及捕到官，卻令攤有力之家，悉追入獄，恣行乞取，望嚴禁止。上曰：朕深知之，惟得一好守臣，此弊自革。不得人，約束雖嚴，不能禁也。於是降旨行下。

宋・李燾《續資治通鑑長編》卷一二　〔宋太祖開寶四年二月〕上以令、尉捕賊，先定日限，其已被批罰者，或遂絶意追捕，乃詔：自今雖限外獲賊者，令有司備書於籍，以除其罰，但不得敍爲勤績。其累經殿降，法當停免者，不用此制。此據本志。《新》、《舊録》無之，不得其日。

宋・李燾《續資治通鑑長編》卷一六　〔宋太祖開寶八年十二月〕令諸州凡逮捕罪人，必以白長吏，所由司不得直牒追攝。

宋・李燾《續資治通鑑長編》卷五二　〔宋眞宗咸豐五年五月〕庚戌，皇城司言親從第二指揮使馬翰稱在京有群賊，願自緝逐收捕。上謂輔臣曰：朕尹京日，聞翰以緝賊爲名，乃有三害：都市豪民懼其糾察，常厚賂之，一也；每獲賊贓，量以當死之數送官，餘悉入己，且戒軍巡吏不令窮究，二也；常畜無賴十餘輩，俾之偵察，其擾人不下於翰，三也。顧其事未彰敗，不欲去之。自今捕賊，止委開封府，勿使翰復預其事。

宋・李燾《續資治通鑑長編》卷九四　〔宋眞宗天禧三年十月〕詔糾察刑獄司自今免鞫劾公事，如有定奪卽仍舊。先是，糾察官呂夷簡言：本司累奉詔旨，勘鞫定奪公事，或止將公案詳閲，亦無妨礙。若勘鞫公事卽動須追逮罪人，辨證詞理，顯是兼置刑獄，不便。故令止之。

宋・李燾《續資治通鑑長編》卷九七　〔宋眞宗天禧五年八月〕甲寅，洛州團練使、駙馬都尉王貽貞言：諸州捕盗限内不獲，其三大戶、弓手、典吏並行決罰。伏緣典吏止行遣文書，與弓手、三大戶情或不等，望自今三限不獲，從杖八十區斷。詔可。

宋・李燾《續資治通鑑長編》卷一一八 〔宋仁宗景祐三年五月〕詔：比刑部定諸縣令、尉捕獲強盜，非因躬親者，皆不應格，甚非所以激勸之道。自今有能設方略遣人捕殺全伙七人、不全伙十人及凶惡者三人以上，宜比類酬賞之。

宋・李燾《續資治通鑑長編》卷二八〇 〔宋神宗熙寧十年二月〕詔河北、京東路轉運司，強盜罪至死該案問減等者，未得斷，具析以聞，候盜賊稀少日取旨。以強盜多因案問減死，配他郡，逃還鄉里，讎害告捕之人，人不敢告捕，而盜賊益多故也。

宋・李燾《續資治通鑑長編》卷三〇〇 〔宋神宗元豐二年九月〕定州路安撫使韓絳言，北界崔士言屢至安肅軍刺事，結東京商人蘇文圖寫河北州軍城圍地理，士言爲本軍百姓誘至閻臺村南兩界首執之。詔士言未過南界，遽已捕執，慮別致引惹，自今緝知北界奸細，須誘入省地，方許收捕，仍詔告捕蘇文，賞錢千緡，班行內安排。

宋・李燾《續資治通鑑長編》卷三二四 〔宋神宗元豐五年三月〕知桂州張頡言：昌化軍劾符破結九人犯持杖彊盜殺人，罪皆死。緣係捕盜官招誘令解下弓刀，支與酒食，然後擒縛。若從捕獲法，慮致生黎疑懼，將來無以示信。詔釋之。

宋・李燾《續資治通鑑長編》卷三四六 〔宋神宗元豐七年六月〕永興軍路提點刑獄司言：軍賊王沖久於商、虢州界作過。除依條立賞外，乞親捕獲人與班行官員；設方略或鬬敵捕殺徒伴優與遷官。幷召募土人，日支錢米，選捕盜官統領，令分路入山緝捕。從之。

宋・李燾《續資治通鑑長編》卷三四六 〔宋神宗元豐七年六月〕御史蹇序辰言：畿內縣民相繼被強盜，畏懼無敢發告。乞案驗巡捕官曠慢不職，重加黜責。詔開封府界提點司究實以聞。

宋・李燾《續資治通鑑長編》卷三六五 〔宋哲宗元祐元年二月〕刑部言，荊湖南路轉運司狀，邵州蒔竹縣歸明人戶龍仁米殺人未獲，乞依誠州立賞捕殺，從之。

宋・李燾《續資治通鑑長編》卷三八六 〔宋哲宗元祐元年八月〕詔：強盜州縣力不能制，或凶惡巨蠹十人以上，先選募本州不係將兵收捕。不足或無，卽牒將官選募軍馬，非將副駐劄處知州選募，仍捕盜官統之。若軍馬二百人以上，牒將副一員親行，並聞奏，違者委安撫總管鈐轄司奏劾，著爲法。

宋・李燾《續資治通鑑長編》卷四一七 〔宋哲宗元祐三年十月〕戊申，刑部言：河北東路提點刑獄司奏請，遇有凶惡及群黨賊盜，委通判提舉捉殺，許差禁軍十二人，給器械隨行。詔差三十人，歸任日罷。

宋・李燾《續資治通鑑長編》卷四六四 〔宋哲宗元祐六年八月〕戶部言：未獲罪人，於法雖不許告捕，理合召人告捕者，聽量立賞錢，不得過五十貫，杖以下不得過三十貫。已會恩而事干財穀要切照證者，聽長官審量裁減。從之。

宋・李燾《續資治通鑑長編》卷四六五 〔宋哲宗元祐六年閏八月〕辛酉，刑部言：強盜發，而所臨官司不覺察，致事發他處，或監司舉劾者，候得替，以任內曾覺察，功過相除外，每火降名次一月至三季止。捕盜官降名次外，五火杖六十，十火或凶惡五火者，仍奏裁。其非吏部差注官，依所降月數展磨勘，並不依赦原。從之。

宋・李燾《續資治通鑑長編》卷四八四 〔宋哲宗元祐八年五月〕尚書省言：訪聞諸路兵夫，多被姦惡之人以貨賣熟食爲名，陰加屠害。其部轄官司地分干繫人，又以弊源深遠，刑名至重，不切擒捕，只以逃走爲名，致無由究治。緣未有特立告捕賞罰專條，其本縣令佐，及部轄兵夫官司，幷地分人、同隊兵夫等，亦各未有覺察賞罰連坐之法，合付刑部立法。從之。

宋・李燾《續資治通鑑長編》卷四八九 〔宋哲宗紹聖四年七月〕秦鳳路提刑陳敦夫言：捕賊盜給賞，官司故爲留難，乞重其責。大理寺立到告捕獲強盜應給賞，轉資，而官司無故留難者，杖一百。從之。

宋・李燾《續資治通鑑長編》卷四九六 〔宋哲宗元符元年三月〕樞密院言，京東、西路安撫提刑司奏，乞依元豐五年詔，巡檢下全置士兵緝捕盜賊。從之。其所招士兵，仍須本州及隣州有戶籍者。無戶籍有主戶一名委保者，亦聽招刺。

宋・李元弼《作邑自箴・處事》 諸案架閣文字外，封上題寫架閣人吏姓名花字押應點數上聲勑書，逐一以案卷勘對，遂無漏落。上司帖牒，逐司置一牌，長尺許，前刻曰某司帖牒，後貼紙一幅，逐一自書了即勾押當掛目前諸牓示，責主管人領狀連入案，不用者勾收毀抹訖，朱批元領，狀後官押。逐案置發引帖簿抄上所給日限，令承差人批領去日時。

捉事人多不置簿，拘轄只憑公案，往往重疊支了賞錢。

宋・胡太初《晝簾緒論・聽訟》 凡與一人競訴，詞內必牽引其父子兄弟七五人，甚至無涉之家，偶有宿憾，亦輒指其婦女爲證。意謂未辨是非，且得追呼一擾，費耗其錢物，凌辱其婦女。此風最不可長，令須察其事勢輕重，止將緊要人點追一兩名，若婦女未可遽行追呼，且須下鄉審責供狀，待甚緊急方可引追。

宋・朱熹《晦庵先生朱文公文集・約束榜》 一、訪聞街市逐時有不逞之徒與軍兵欺壓善良，毆打百姓，生事作鬧。出榜都市，張掛曉示，如有前項違犯之人，斷罪監納，先下拳錢五貫文，每五日一限，納錢三百文入官內。軍兵押下所屬，次第問當。

一、今後遍下諸縣諸官用符簽廳，請判押檢職官連銜書押行下，專下逐縣逐官用帖如常式，仍先行下諸縣照會。

一、詞狀當日職官分類呈押。具式呈。

一、詞狀帖牒下外諸縣者，索案除程一日，追人除程兩日，五人以上去縣百里以上者，除程三日。案官鑿定日限，案吏朱批某月某日，限滿申展者，都廳先次類聚呈押。一日者不展，兩日者許一展，三日者許再展。再展而不到者，都廳指定帖某巡尉差人追呼，呈押行下。

一、在城差人盜追公事，各置印曆，緊限不展，次緊限許一展，再展而不到者，訊承差人。長限日展並簽廳批鑿，不再呈押內。長限，每三展一押。長限如監醫之類。

一、當限文字並午牌以前到午後，即是違限，不得收接。如違申舉。

一、符牌申狀到事有常式事。如盜賊發露，當催捕判回申，當催甲抄劄口詞，檢驗屍首，當差官及官員陳乞批書之類，並即時押訖，送所屬案，分行遣精判行下，如無施行事類聚判，照有祖及施行，未到即簽廳擬呈。

一、簽廳告報諸縣諸官廳大字書寫文狀，須如中指面大，即擬貼述大概，卻於狀內抹出緊要情節，便見曲折，不然又須書寫一過，枉費工夫。

一、三獄直日，開拆司先次呈押，餘聚抽牌押文字，訖退不得再上。如有未了文字都吏次早揀牌入筒，取覆抽押。內戶刑案事繁，許次早呈押。

一、都簽廳申四項，奉臺判後，三項修入見行約束。

一、照對日逐諸案銷生事號簿，蒙約束遇九日銷對。竊慮積壓。今乞次日委官點對，逐一批銷，書絕乞候九日呈點。

一、照對人戶侵白紙，止爲有緊切事干人命劫盜等。今來受狀，不問事理輕重，有白紙三四十紙，訪聞皆是書鋪邀求，致令投陳紊煩官司。今乞告示書鋪，如是準前邀阻人戶，致使府間得授門紙人，曾經書鋪不爲寫狀之人，乞賜喚上斷治施行不應受理，即行擇退。

一、準台判案除程一節，追人除程兩日，五人以上在縣百里以上者除程三日，不到帖巡尉追人一日者，不展。今欲乞再展一限。兩日者許一展，今欲再展一限，通三限。三日者許再展，亦通三限。

《通制條格・捕亡・追捕》 至元八年二月，中書省刑部呈：北京路申，各縣俱有巡尉，惟錄事司兼管捕盜，遇有失過盜賊依限不獲，即不見合停錄事或緣判俸給。刑部議得：元奉中書省劄付，止令錄事司捕盜，別無擬定何員兼管明文。擬令錄事司官輪番巡捕，遇有失盜，止坐捕官員。省准。

又 至元五年閏正月，中書右三部益都路申，捕盜正官遇有公出或病疾事故，時暫委官權管，若有失盜，並正官任內有不獲賊人，新官替下，未審如何停俸？省部相度：捕盜官捉賊，即是本職。如疾病公出事故，擬令本處其餘正官時暫兼管。若有失盜，違限不獲正賊，止取捕盜官招伏，依例停罰。據捕盜官任內未獲賊人，既已替下，不須定奪。

又 至元十年五月，中書省兵刑部呈：博州路王阿丁被賊燒訖房舍，縣尉羅旺貳限不獲賊人，得替新任縣尉劉源末限不獲。議得：去官未及限滿，後官亦非界內，各免停罰。弓手依例斷決。都省准擬。

又 至元二十三年二月二十七日。欽奉聖旨節該：賊根底民官軍官一起鎮壓者。賊生發呵，一處拿者。賊根底拿不獲呵，罪過他每根前要者。欽此。

又 至元二十三年三月，中書省兵刑部據益都路申：軍人和尚牛群內被盜牛隻，經隔貳拾餘日才行申官，委的難以追襲捉賊。若同被盜財物一例責罰捕盜官兵，實是虛負。省部相度：如事主委的不曾隨即申官，督勒合捕盜官兵常川根捉正賊，得獲追勘。

《**通制條格·賞令·獲逃驅**》延祐二年七月二十二日，也可扎魯忽赤奏：薛禪皇帝時分，逃驅被捉獲呵，將拐帶的財物，三分内一分與拿獲人充賞有來，那勾當在後往罷了來。如今百姓每爲不與賞麼道，見逃驅呵，多不肯拿有。准奏呵，依在前體例裏三分内將一分與拿住人充賞呵，怎生？奏呵，那般者，麼道聖旨了也。欽此。

《**元文類·捕亡篇**》凡囚之在獄而亡，在流而亡，軍士之臨陣而亡，舉家而亡，奴婢之背主而亡，凡有罪而在亡者，捕之各有律。

《**元史·刑法志**》諸奴婢背主而逃，杖七十七；誘引窩藏者，六十七。鄰人、社長、坊里正知不首捕者，笞三十七；關譏應捕人受贓脱放者，以枉法論。寺觀、軍營、勢家影蔽，及投下冒收爲户者，依藏匿論，自首者免罪。諸告獲逃奴者，於所將財物内，三分取一，付告獲人充賞。諸逃奴拒捕，不曾致傷人命者，杖一百七。

又 諸各路在城録事録判，分番巡捕，若有失盗，止坐巡捕官。諸職官非應捕之人，告獲反賊者，陞二等用。諸告獲强盗，每名官給賞錢至元鈔五十貫，竊盗二十五貫，親獲者倍之，獲强盗至五人與一官。諸捕獲弑逆兇徒，比獲强盗給賞。諸隨處鎮守軍官軍人，親獲强竊盗賊者，減半給賞。

又 諸捕盗官，輒受人遞至匿名文字，枉勘平人爲盗，致囚死獄中者，杖九十七，罷職不叙；正問官六十七，降先職二等叙；首領官笞四十七，注邊遠一任；承吏杖六十七，罷役不叙；主意寫匿名文書者，杖一百七，流遠；遞送匿名文書者，減二等；受命主事遞送者，減三等。

又 諸捕盗官受財故縱賊囚者，與犯人同罪，已敗獲者，徒杖並減一等。

明·應檟《大明律釋義·捕亡·應捕人追捕罪人》 凡應捕人，承差追捕罪人，而推故不行，若知罪人所在而不捕者，減罪人罪一等，限三十日内能自捕得一半以上，雖不及一半但所獲者最重，皆免其罪。雖一人捕得，餘人亦同。若罪人已死及自首各盡者，亦免罪，不盡者，止以不盡之人爲坐。其非應捕人，臨時差遣者，各減應捕人罪一等。受財故縱者，不給捕限，各與囚同罪，贓重者，計贓，以枉法從重論。

釋義曰：凡受役於官而得追捕人者皆曰應捕，如今之里長皂隷弓兵民快民壯巡捕官軍之類是也。罪人，有罪之人也。承官差而追捕罪人或推故不行，若知罪人所在而不捕。是不奉公之命也，故比罪人之罪減一等。若罪人數多則就其罪重者滅之，仍限三十日内追捕不獲然後決。若限内能自捕得一半以上雖不及一半但所獲得罪最重之人，皆免其罪。雖一人捕得而同差之人皆得免也。或雖不曾捕得而罪人已死或自首各盡者，謂死盡首盡也，亦免其罪死未盡首未盡則以不盡之人罪坐，應捕之人減一等，非應捕人，原非役於官者，特官府臨時差遣之耳，如今府縣差在城人下鄉勾攝之類也。以其原非應捕之人，故不行不捕得減應捕之人罪一等。蓋通減罪人罪二等也，亦給捕限，限内捕得一半或所獲最重或罪人已死自首皆與應捕同得免罪。受財故縱。指應捕及臨時差遣之人，則不給捕限，卽與囚同罪至死者絞。贓罪重於罪人之罪從枉法論，贓罪輕於罪人之罪則從罪人之罪論，故曰從重。

明·應檟《大明律釋義·捕亡·罪人拒捕》 凡犯罪逃走拒捕者，各於本罪上加二等。罪止杖一百，流三千里。毆人至折傷以上者，絞。殺人者，斬。爲從者各減一等。若罪人持杖拒捕，其捕者格殺之，及囚逃走，捕者逐而殺之，若因窘迫而自殺者，皆勿論。若已就拘執及不拒捕而殺，或折傷者，各以鬭殺傷論。罪人本犯應死而擅殺者，杖一百。

釋義曰：鬭毆律有拒毆追攝人罪，專指追徵錢糧勾攝公事未有所犯也，此則以犯罪拒捕者而言，自不同耳。凡犯罪爲差人追捕而亡命逃走，或拒所差人不服追捕，除死罪不復加等外，流罪以下各於本罪上加二等。罪止杖一百，流三千里。因拒捕而毆所捕人至折傷以上者，絞。殺死所捕之人者，斬。隨從之人減一等。如逃走拒捕減爲首者一等，則於本罪上止加一等也。折傷殺死減爲首者一等，則杖一百流三千里也，格鬭也未在禁曰罪人已在禁曰囚。大應捕人因拒捕而格殺罪人，因逃走而逐殺囚人，或因被逐窘迫而自盡，此其勢不得不然，俱勿論捕人之罪。若因與罪人已就拘執及不拒捕而捕之者，若殺之或折傷者，恐啓捕人妄殺之漸，故各以鬭殺傷論捕人之罪，此指非死罪者言。若本犯應死而擅殺之者，亦杖一百。

明·應檟《大明律釋義·捕亡·盗賊捕限》 凡捕强竊盗賊以事發日爲始，當該應捕弓兵一月不獲强盗者，笞二十，兩月笞三十，三月笞四十；捕盗官罰俸錢兩月，弓兵一月。不獲竊盗者，笞一十，兩月笞二十，三月笞三十；捕盗官罰俸錢一月。限内獲賊及半者免罪。若經隔二十日以上告官者，不拘捕限。捕殺人賊與捕强盗限同。令曰：凡常人捕獲强盗一名，竊盗二名，各賞銀二十兩。強盜五名以上，竊盜十名以上，各與一官。名數不及折筭賞銀，應捕人不在此限。強竊盜止追正贓給主，無主者沒官。若諸人典當、收買盜贓不知情者，勿論，止追原贓。其償於犯人名下追徵給主。

釋義曰：事發日謂發於官之日也。強盜甚於竊盜，故捕強盜不獲之罪重於竊盜。若被盜之後經隔二十日以上告官者，則盜去已遠，踪蹟將泯，未易緝捕，故不拘一月、兩月、三月之限，而坐罪罰俸也。捕殺人賊亦與捕強盜同限，一月不獲笞二十，兩月不獲笞三十，三月不獲笞四十，官罰俸兩月，經二十日以上者亦不拘限。

明・王肯堂《王儀部先生箋釋・捕亡・應捕人追捕罪人》 釋曰：巡捕軍與弓兵。及衙門正役，官府選充者，原以差捕爲役，而承差遣追捕犯罪人或逃亾之人者，謂之應捕人。其餘皁隸民壯保甲里長，不拘在官在外人役，原非以追捕爲責，而官府臨時暫差遣者，謂之非應捕人。應捕人已承差遣而託故不行，及明知罪人所在而不卽追捕者，各減罪人所犯之罪一等。夫罪人未到官，則其罪未定，何所據以爲減乎？蓋自衆證明白，卽同獄成者言之也。若罪人數多，則就其罪重者減一等。戴罪，責限三十日追捕。如不獲然後決之。若限內能自捕得一半以上或雖不及一半，但獲犯罪最重之人，皆得免罪，以捕獲之功可贖也。雖一人捕得，同捕之人皆免罪。此皆字，指獲一半及獲重囚二者而言。若不曾捕得而罪人已死，或自行赴官出首各盡，無有一人不死不首者，則無用捕矣。故亦得免罪。如罪人死未盡、首未盡者，則以不盡之罪減一等坐之。如十人在逃，止有五人身死，或止五人自首者，止以不死不首之五人所得罪犯減等坐應捕之人。其非應捕人而官府臨時差遣者，或不行，或不捕，或不盡，各減應捕人一等，是通減罪人二等矣。亦給捕限，限內捕得一半，或所獲罪重，或罪人已死，自首皆與應捕人同得免罪。受財故縱，指應捕非應捕二項而言，不給捕限，不分應捕人、非應捕人各與囚之最重者同罪。至死者仍以首從全科之。所受之贓重於犯人之罪者，以枉法從重論。前曰減罪人罪一等，是罪人雖未到官，其罪已可擬矣，此曰與囚同罪，而不言罪人，蓋受財故縱，至死全科，故必罪人到官，招承定擬而後可以論故縱者之罪耳。或謂故縱而不受財者，律無明文，然知罪人所在而不捕，卽故縱也。責限根捕，須於大誥項下云，緣各人俱未責限根捕，各捕限內捕得一半以上，或所獲罪重，皆免罪。限內不獲，送回依擬發落。受財故縱者，雖不給捕限，能於未斷之間自捕得者，止依受財枉法科斷。與囚同罪者，止於絞監固緩決，俟逃囚獲日審豁。

明・王肯堂《王儀部先生箋釋・捕亡・罪人拒捕》 釋曰：此條之目曰犯罪逃走，曰犯罪拒捕，曰拒捕毆人至折傷以上者，殺人者，此罪人之正律。曰罪人，已就拘執，及不拒捕而殺，或折傷。曰罪人本犯應死而擅殺，則又言捕人之事也。鬭毆律有拒毆追攝人之條，與此條相似而不同，拒毆追攝條，或其人該輸稅糧未納，或官府應行事務未幹，不曾深得罪於官者是也。此罪人拒捕條，或被人訐告不法，或因竊盜人財，事主追逐，或犯罪在官，脫走而拒捕是也。二者難於分別，人多誤用，不可不詳也。

第一節逃走拒捕，俱平說，或作一串，則下文各字難通矣。觀名例律事發在逃，自首得免逃罪二等可見，凡人犯罪事發，或逃走，或拒捕，是罪之上又有罪焉。各於本罪上加二等，罪止杖一百，流三千里。其本犯應死者，自依常律，因拒捕而毆所捕人至折傷一齒以上者監候絞。止於成傷者，罪不至絞，殺人者監候斬。爲從者，各減一等。如逃走拒捕，減爲首者一等，則是於本罪上止加一等。已折傷殺死，減爲首者一等，則杖一百，流三千里也。凡囚走，須事發應該問罪而逃者方坐。若一舉提不到，卽招逃走，不論本罪之有無，獲日一概加二等，非律意矣。

第二節罪人持仗而拒捕，則捕之者格鬭不得不力，囚在繫而逃走，則捕之者追逐不得不急。若囚窘迫而自殺，則亦有取死之道，故皆勿論。曰持仗，曰囚，曰逐，曰窘迫，俱緊關字眼。

第三節若囚人已就拘執，及雖逃走，不拒捕而捕者殺之，或毆至折傷者，各以鬭毆殺傷論。此就犯該笞杖徒流，囚之不應死者言之。若本犯有應死之罪而逃，應捕人擅殺之者杖一百，不言折傷，勿論可知也。問曰：如有應捕及無干人，不因公務而擅殺罪囚者，何斷？答曰：應死擅殺，必須爲公。今既不因公務爲私而殺應死罪囚，合照常人謀故論。此律本爲捕亾者而言，近見問刑衙門往往於常人擅殺應死之人，亦引此律。夫人雖犯死罪，惟秉法者可以殺之。若果常人擅殺，止杖一百，則獄卒凌虐罪囚，罪囚之中固有應死者矣，何以曰凌虐至死者絞乎？死罪囚令人自殺，既曰死罪囚矣，何又曰下手之人以鬭殺論乎？或謂未在禁曰罪人，已在禁曰囚人，此理固然。然名例律犯罪共逃亾，其輕罪囚能捕獲重罪囚而首告者免罪。捕亾律應捕人追捕罪人，推故不行，若知而不捕，減罪人罪一等。受財故縱者，各與囚同罪。則罪人亦謂之囚可也。若專謂未禁爲罪人，則囚有脫監越獄，在逃拒捕殺傷人者，將眞之何典耶。若罪人逃走，其捕者遂而殺之，及窘迫而自殺者，不當勿論耶。又如知情藏匿罪人亦不言囚，則藏匿逃囚者，豈別有律耶。則囚雖謂之罪人亦可也。故律凡云罪人，或云罪囚者皆互相通之詞。惟劫囚，則特言禁囚耳。

明・王肯堂《王儀部先生箋釋・捕亡・盜賊捕限》 第一節事發日謂發於官之日也。強盜之情甚於竊盜，故捕強盜不獲之罪，重於竊盜。總捕官與應捕弓兵不同，故弓兵計月論笞，官必三月不獲，然後罰俸，以官總大綱也。若一月二月不獲，卽坐官以罰俸，則罪重於弓兵矣。不獲強盜者罰兩月，竊盜者一月，罰俸解見吏律。限內謂一月二月三月之內也。限內獲賊及半者，官與弓兵俱免罪，以捕獲之功，可以補過也。本律止言捕官罰俸，而未及印官，載條例內。

第二節若被盜之家，經隔二十日之上始行告官者，則去失事之日已遠，蹤跡將泯，未易追捕，故不拘捕限緝獲，坐罪罰俸。至於殺人之賊，其罪與強盜無異，故其捕限亦同。弓兵亦計月加笞，官亦罰俸兩月。經二十日以上告者，亦不拘限並如上項擬斷。此捕賊，須於三月限外不獲方問罪。

條例

第一條此例分兩段看，前節指州縣之有城池，及設有衛所同駐者。後節指州縣原未設有城池者。打劫倉庫獄囚，殺死職官，聚至百人三項，就失盜之重者言，半年以裏及再限三個月拏獲免罪者，所住俸糧，仍准補支。其全無拏獲一句，就半年言，及再限內不能盡數拏獲一句，就再限三個月言。

第二條民間被劫，不分城內外，卽時獲者，印捕官俱免罪。獲半者，照例開支。問罪俱坐違制。

第三條隱匿，除應申上而不申上笞罪，問違制。撫按容隱，問事應奏不奏。

第四條卽時擒獲者，不惟免罪，亦且論功敘用紀錄。或謂論其祖父之功勳，錄其失盜之過犯，謬矣。

《唐律》：　諸鄰里被盜劫，及殺人告而不救助者，杖一百，聞而不救助者，減一等，力勢不能赴救者，速告隨近官司，若不告者，亦以不救助論，其官司不卽救助者，徒一年，竊盜者，減二等。此議似亦可以備今日之採。蓋強盜劫殺，若但嚴於捕人而不嚴於鄰里，但責官捕之失事於既劫後，而不責鄰里之救助於正劫時，則盜終不可得而絶也。此等事在保伍法中非不詳備，第恐視爲具文，奉行不力耳。

明・王肯堂《王儀部先生箋釋・愼刑説・聽訟》 民間苦事，莫甚於株連。健訟刁民，往往一詞牽告三二十人，報讐罔利，中間緊關犯證，十無二三。此等奸頑，豈宜聽信。各掌印官凡遇受詞日期，俱要當堂審問，無干者卽與勾除，毋得一概發房出票，苦累小民。

勾攝犯人，動差皂快，此庸吏之套習，實小民之大殃也。近日革弊愛民之官，多用原告自拘。夫兩讐相見，勢必起爭，妄稱抗違，以激官怒。亦有添差地方保伍同拘者，此是換名之皂快，需求凌虐，與皂快同。至於原告係是婦人，自拘尤爲不便，若止以原狀或紅票付告人，令其通與干證。干證持之，呼喚被告，約會同來，果係冤誣，聽從被告訴狀，至日同理。則干證者事內之人，畢竟不免到官，彼若有所需求，自是有人買囑，亦不恃勾攝之勢矣。是閭閻省一皂快之害而公堂餘一差遣之人也。賢吏其熟思之。

上司批詞，果係徒罪以上，方許差人勾攝。凡公差勾攝，往返百里者，不得過限三日。若第五日不投到者，計日加責。仍問犯人有無需索凌虐，或用十數手牌，上書公差有無需索凌虐七字，其有無二字，令犯人自塡，聽審之時執進。庶限近不得久行呑噬，防嚴不得大肆貪殘，卽不能盡革奸弊，然省一分一分受賜，省一人一人免害矣。

皂快拘人到城，引領相識飯店，任情破費酒食，招包娼婦，心滿意足纔來投到。或妄稟人犯不齊，或指稱關卷未到，有司不察，或令各討保人，或令原差帶押，甚者掛搭輪押，經年累月。放趙甲而留錢乙，賣正犯而拘家屬，種種擾民，皆問官惰慢之罪。以後詞訟，無論難易拘究，但令差役依限解審，貧民得早完結。

吏書騷擾科索，全憑牌票，有司硃押牌票，多不經心，彼或乘僉發厭倦之時，或當事機旁午之會，便將一二十張口稱未完前件，用印判日，中間言語重輕，任其標寫，事體緩急，任其報票。紅單一出，打點卽來，遂意，則將票停閣，不足，則再三行催。有司信實，何曾查某事曾催幾次，某票有無回銷哉。監司騷擾郡邑，守令騷擾閭閻，此居其半。掌印官將一切前件，分作急中緩三等，爲三袖摺，責令該房自限某事何日可完，即註摺上，難完者許其稟官，易完者照限督催，分別既明，方准出票。有司每日看摺勾銷前件，一事完即勾一事，違限者計日加責，是官斧而吏鑿也。彼且辦事之不暇，而何暇愚我以行私哉。

明・王肯堂《王儀部先生箋釋・慎刑説・盗情》 眞盗所招夥盗，須差捕快訪拏。此輩一執紅票，閭閻村落，所至驚擾。賊未獲，則攀其旁親隣佑同緝。或誣其至親近族窩藏，索足財貨酒食，仍令遠近跟捉，拋家廢業，騷擾多端。賊既獲，則令其攀畝富家寄贓窩頓，株連蔓引，谿壑不盈不止。或指授讐人同盗，桁楊敲朴，以快其私，指鹿爲馬，人人自危。及事定告官，而不察者猶狥蔽衙役，仍罪告人，深可痛恨。以後捕緝各役，訪知眞賊所在，即稟所在正官，同所在地方、保甲協力捕捉。所在官不從，致令賊逃者，申究，但不得牽累以上無干平民。

《明實録・洪武三年》〔六月戊辰〕詔：自今武官有犯，非奏請不得逮問。

又〔十二月戊辰〕詔：軍官有犯，必奏請，然後逮問。

《明實録・洪武十七年》〔閏十月〕甲寅，上謂吏部臣曰：設官分職以爲民也。曩者諸司任用非人，常遣官屬吏卒下鄉逮捕追督，迎送供給，甚爲民患，已嘗下令禁止。近河南府仍遣永寧縣官下鄉拘捕通卒，民甚若之。此豈良有司所爲？宜即逮治。仍申明禁令，使天下知之。

《明實録・洪武二十一年》〔二月〕庚戌，命自令天下有司官，凡入流品以上犯罪者，皆須奏聞，方許逮問。

《明實録・洪武二十八年》〔七月〕甲寅，上諭兵部臣曰：近東外衛所，遇有寇盗卒起，守禦指揮千戶不親率兵勦捕，但遣百戶旗手領之。是以失機誤事。自今各衛所地方，設有寇三四十人，即調官一二百人。寇有數百人，即調數千人，刻期捕獲，毋令滋蔓。如指揮千戶不躬率士卒，及調兵失律誤事者，罪之。于是兵部榜示天下。

《明實録・永樂十一年》〔三月〕丙午，六科給事中言：比以京城多盗，命五城兵馬捕之。今月餘不獲一人，請治其罪。皇太子曰：給事中言是。但初未有期限，今限二十日。不獲，停俸。又二十日不獲，罪之。遂召五軍都督及各衛官諭之：近獲劫盗，多是軍校及功臣家人，皆爾等不鈐束之過，後再有犯，罪當隨坐。

《明實録・洪熙元年》〔九月癸丑〕行在兵部尚書張本奏：兵政未清，請分遣大臣各處清理，并列清理事例八條。一、聞一各處逃軍，榜文到日，限三月內自首，與窩家及里隣人等俱免罪。再限一月收拾盤費，有司差人管解，不許遲延。若限內不首，被人禽獲到官，逃軍并里隣人等依律治罪。就點親屬里隣人等，管解窩家，收發附近衛所充軍。若窩家係軍人，調發邊塞衛分充軍。或窩藏人等能自首到官，止坐逃軍之罪，餘人免坐。如窩家懼罪不擒赴官，將逃軍轉遞他所藏匿者，不分軍民俱發煙瘴地面充軍。所在官司知情故縱者，依律坐罪。如果逃來暫賃房屋安歇，本家不知逃情者，不坐。官府毋得羅織生事，擾害良善。一、逃軍正身未獲，先將戶丁解補，仍責限里甲親隣人等，根要。正身得獲，替出戶丁寧家。若逃軍未勾之先，已行起解，日久不到衛所，差人管押戶丁挨查。如果未到就將戶丁收補，俟正身至日放回，該衛所不許留難。一、逃軍不許指以告狀爲由，故意遷延生事，擾害良善。設有應訴事件，止許家人代理，若在中途被長解人等侵損，許告所在官司整理，將長解人等嚴加懲治，事情重者依律問罪，仍速將逃軍接遞，不許指此爲由，縱容遷延，違者治罪。一、勾丁補役務要照例勾解。如果丁盡戶絶，當該州縣具由，類造文册，差人具奏。仍將官吏里隣人等不致賣放軍役重耳保結文狀，繳送兵部查理。若軍戶下本有人丁，比先捏作朦朧無勾。即便改正勾解，與免前罪。若又扶捏回申，事發之日。軍丁發邊遠充軍。原保結里隣人等，將發附近衛所充軍。官吏依律坐罪。一、各處有司起解逃軍及軍人軍丁，務要量地遠近定立程限，責令長解人等，依限管送，各該都司衛所交付。若長解人等縱容，在家遷延，不即起程，以致違限，半年之上者，依律治罪。一年之上者，長解人亦發附近衛所充軍。一各處解發自首軍人，補役軍丁，除腹裏地方衛分，一千五百里之內，不與口糧。其餘一千五百里之外，扣算路程經過，官司應付行糧。日支米一升，過期不與。不首逃軍，不在應付之例。一各處巡檢司官吏兵牌，職專巡捕，今後敢有縱容縱境內軍民人等之家隱藏逃軍不行擒拿，許親臨上司，并巡按監察御史按察司官，嚴加稽考懲治。一歲之間若被人盤獲十名之上者，拿問如律。一、勾軍人員違限一年之上，許巡按監察御史，按察司官就拿解京問罪。其違法情重者，不拘限期拿解，奏請定奪。如是，有司官吏里甲人等，特頑破調遷延不行勾解，俱依躭悞公事律的決。上皆從之。

《明實録・宣德二年》〔十二月丙子〕復舉行捕盗法，行在兵部言：曩者霸州固安盗賊爲患，皇上命御史監、錦衣衛官巡捕。令所在軍民編爲什伍，置巡警鋪嚴察慎防，盗用屏息。比者通州處盗賊復作，諸如故事，遣官巡捕，申明其禁。從之。

《明實録・宣德三年》〔二月乙丑〕行在都察院左都御史劉觀言：擒獲强盗已有陞賞之例，然捕盗之法貴嚴，嚴則人不敢爲盗，捕者亦皆盡力。自今强盗劫掠地方，軍衛有司官吏并里鄰，俱發充軍。仍令緝捕，兩月得獲者，免罪。限外不獲，依例發遣。其强盗已獲者，鞫問是何衛所州縣，若軍則罪其管軍者，民則罪其官吏里老四鄰。如此則人知所警畏。上曰：此令不無太嚴，更與群臣議之。

《明實録・宣德五年》〔七月戊申〕行在通政司右參議何懷輝言，通州張家灣至北京中途花園等處，每有强盗劫掠甚至殺傷人命，請于人烟稀少之處，或六里或十里，設冷鋪置兵巡捕。上命行在錦衣衛，差能幹官領校尉緝補，若假擒賊爲名擾人者，治罪不宥。

《明實録・宣德六年》〔二月〕辛丑，行在刑部奏：山西都司呈詳犯人二十五人，皆强盗殺人劫財，不分首從，應斬，請處決如律。其有同行强盗三十五人未獲，俟捕獲日論理。上曰：未獲者既多，安知其中無異詞者？姑存之以俟質對，庶不濫及無辜。

又〔二月乙丑〕四川按察僉事王處敬奏：比者蠻寇出沒寧番衛境内劫殺行旅，衛遣千戶帥聚等巡捕，漫不用意。臣已移牒都司捕賊，請治聚等罪。上以都司曠職，降勑切責之。令督官軍捕賊，不得賊，不宥，仍命巡按御史治帥聚等如律。

《明實録・景泰六年》〔四月丙子〕有學官爲生員誣陷贓罪，械至京，自經於逆旅。事聞都察院，請通行天下禁約。凡生員有以奉師束修贄見儀物爲贓，搆詞誣陷者，官司鞫實即與分豁，毋一概論贓，其生員誣陷師長，眞情既暴白，仍械京治罪，從之。

《明實録・正德三年》〔六月甲午〕兵部言：近緝捕逃軍，一概置之於法，劫之使爲惡，群之使合謀，非善計也。乞令在京者，自命下日爲始，限三月內赴部投首，免其送問，發各學衛供役。在外者，自移文至日爲始，限三月內赴清軍御史，及布按二司清軍官投首，一體免罪，解發補役。限外不首告者，仍照舊例緝捕。從之。

《明實録・正德十年》〔閏四月丁卯〕提督都指揮桂勇奏：營軍下場牧馬，逃者罪止杖，故人易犯，而逃者日衆，請議處。兵部覆議：自今逃者許把總等官即時開報緝捕，一月內獲及自首者量治；三月者，於場所枷號一月；三月以上者，追奪原馬，送法司問罪，調邊衛，其把總管隊等官已從實開報者，以十分爲率，逃至一分者，停俸一月；三分以上者，停俸三月，免逮問，若未開報不論分數多寡，逮問如例，該衛所緝捕三月以上不獲者，衛十名，所二名，一體停俸逮問，提督官通計多寡，本部奏處。從之。

明・沈德符《萬曆野獲編・禁衛・駕帖之僞》祖制，錦衣衛拏人，有駕帖發下，須從刑科批定，方敢行事。若科中遏止，即主上亦無如之何。如正統王振，成化汪直，二豎用事，時緹騎偏天下，然不敢違此制也。弘治十八年，南京御史李熙等奏，邇者小人徐俊、程眞，妄造謠言帖子，特給駕帖，密差錦衣官校，至南京緝拏所指王昇，遠近震驚。然兵部無此官，亦無此事，官校轟然而來，寂然而返。後日奸人效尤，又不但如所指而已。刑部覆奏，駕帖之出，殊駭聽聞，奸人僞造，爲害尤大。上命錦衣衛，查累朝有無駕帖由外提人事例以聞，然則此帖不但刑科不曾與聞，即上於祖宗故事，亦偶未記憶。甫逾月而上升遐，其事遂不窮究。孝宗何等聖仁，而魍魎晝行至此。未幾逆瑾擅柄，入黨縱横，已萌蘖於此矣。美業難終，信哉。今駕帖拏人，從無不由刑科，亦無敢僞造，不知弘治間何以有此一事。今上初元，王大臣事起，馮璫密差數校至新鄭，聲云欽差拏人，脇高文襄令自裁，家人皆慟哭，高獨呼校面詰，索駕帖觀之，諸校詞窮，謂廠衛遣來奉慰耳，非高諳故典，幾浪死矣。

明・沈德符《萬曆野獲編・内監・東廠》東廠之始，不見史傳。王弇州考據，以爲始於永樂之十八年。引萬文康疏爲證，意者不謬。其始偵伺非常，蓋尙慮義師靖難，未厭人心耳。然而中官之横始此矣。至成化間，憲宗設立西廠以寵汪直，不特刺奸之權，熏灼中外。並東廠官校，亦得譏察，京師洶洶，上用閣部大臣商文毅，項襄毅等諫，罷之。御史戴瑨，阿直獻諛，上令復設。又數年而直爲其同類掌東廠尙銘者所搆，直始出領邊事，不復入。西廠亦罷，然而東廠之熾如故也。武宗委政群小，復設西廠，以谷大用兼領，又邱聚掌東廠，兩廠對峙，用成化故事。未幾復設内行廠於榮府舊倉，劉瑾躬自領之，軍國大柄，盡歸其手。東廠： 西廠幷在詞伺中，於是邏卒四出，天下騷然。瑾敗俱革，止存東廠。蓋當事諸公，尙謂文皇額設，而不知東廠與各省鎭守內臣，俱非太祖初制也。以故世宗初年，盡革天下鎭守，而東廠不罷，幸主上太阿獨操，廠衛俱不得大肆。迨至今上，憲天法祖，宮府凜凜，而廠衛大抵相倚爲重。如己丑錦衣大帥劉守有一逐，而廠璫張鯨遂繼之，則掌司禮印者張誠，實與聞焉。內廷故事，監印與廠，必兩人分掌，蓋以東廠領敕給關防，提督官校，威焰已張，不宜更兼樞密耳。世宗朝，麥福、黃錦輩始得兼領，此後或分或合，唯今上初元，馮保以印帶廠，而王大臣事起，時故相高新鄭幾不免。賴掌衛朱希忠與江陵相，力懇保得解。今則上癸卯，陳矩亦以印帶廠，而皦生光事起，時次相沈歸德幾不免。亦賴矩力，抗諸異說而得解。蓋二權幷在一人，故能回天乃爾。然則宰輔軀命，懸於東廠矣。

明・陳子龍《明經世文編・乞嚴賞罰以禁盜賊奏狀》 照得衛所官軍，本爲防奸禦侮，緝捕盜賊，征討不庭而設，非徒費軍實，張虛聲而爲觀美也。且雲南地方，諸種蠻夷雜處，其人兇悍好殺，不以盜賊爲耻，盔甲鎗刀弓箭挨牌等項軍器，家家有有之，動輒三五十人，或一二百人，結爲群黨，各執軍器，流劫村寨，抄搶家財，殺死人命，或截路搶劫商旅貨物，略無忌憚。各處雖有哨堡巡司，及巡捕官軍，非惟賊衆軍寡，不能抵敵，亦繇馭之無法。所以不能成功，何也？伏睹大明律失悞軍事，及主將不固守條內，別無與賊對敵殺傷官軍罪，坐管軍頭目之人。況勝負兵家之常，雖智如良平，勇如信布，亦不能保其必勝，奈何近來庸愞不才頭目，因向時領軍將校，或以輕進被參，或以損軍得罪，以此遇賊，先以退縮保軍爲心，略無向前勦賊之志，幸而稍得其利，輒便虛增首級，妄報功次，以圖陞賞，不幸而折損官軍，就行隱匿不聞，設辭遮掩以避其罪，況進則有死而無功，退則有生而無罪，如此，爲將校者，誰肯提軍出戰，爲士卒者，誰肯奮不顧身？此官軍遇賊所以不能成功者然也。設若臨陣奮勇與賊對敵而死者，厚恤其家，不罪領軍之官。若能成功，厚加賞賚，其臨陣退縮，不能奮勇効死，致賊猖獗，殺害良民，失陷地方，照依軍法處治，設或鼓之再戰，誰敢退縮，誰不向前，此馭之之法也。如此，則賊不期破而自破，功不必成而自成矣。且雲南強賊，比之它處數加十倍，雖曰習俗之使然其致之也，則有繇焉或土官令家奴糾合部民而爲之，或管莊之人招引無籍軍而爲之，盜以土官幷管莊之人爲主人。贓俱藏於其家誰敢前去搜捕？此雲南強盜所以多於他處也。況雲南去京萬里，非可以朝發而夕至。若將問成該決強盜照依常例，奏請至秋後，然後行刑，動經監候一年之上或二三年者，亦有之。比及奏請至日或死於獄中而不受刑者多矣，將何以警兇惡而快人心。乞勑該部計議，今後官軍人等與賊對敵而死者，官給銀物以卹其家，本管頭目督軍同戰救援不及者不罪如或有功次，量加賞賚，若遇賊退縮，不能奮勇不能督戰，及見同征軍士被圍，故不救援者，俱以軍法處治。土官幷管莊之人縱賊爲非者，亦治以重罪仍將今後拿獲幷見問未結強盜，都布按三司會問明白同見監已問結強盜，俱引赴鎭守總兵巡撫按等官處會審無冤，委官押發市曹就便處決，仍將首級發於打劫地方梟掛示衆，然後具奏，如此則賞罰當而官軍知所勸，法令嚴而盜賊不敢肆矣。

明・高攀龍《行政全書・責成州縣約》 一、勾攝止差里長。非眞正強盜人命巨惡，不得濫差皂快下鄉，以滋詐擾。是造福小民第一義。

一、婦人非犯姦及人命，及被公婆夫男所訟，俱不許拘。

一、輕犯罪人，不得輕送監鋪，致染瘟疫，及爲牢頭索詐。婦人不係大辟，及勘合追贓家屬，雖娼婦亦勿濫禁。

一、吏書門皂，暱之縱之，皆縣令也。衆胥役分其利，一縣令受其名。所宜猛省。

又 一、盜賊地方大害。必有窩家，必與捕快交通。平日當密訪窩家，及通盜捕快，置之於法。一有生發，即行嚴捕必擒獲而後已。此等風采彰聞，自然盜賊屛息。乃不肖有司，護盜如子。既欲邀盜息民安之譽，又避上司地方多盜之責任。往往深怒失主呈告，反責捕快詐誣。其甚者，與盜相通，納其貨賄，致盜賊以此縣便於行劫，縱橫無忌，失主不敢告，捕快不敢擒，釀成大亂，恆必由之。所當痛以爲戒。

明・佚名《折獄明珠・分條珥語・罪人拒捕類》 藐視國法，搶奪人犯，藐官牌同故紙，輕國法若弁髦，五票嚴拘。拒頑不赴，毆傷捕兵，扯毀官票，欺公抗法，極惡梗民，撓法拒捕，威過閻王。

明・王守仁《十家牌法・南贛公移告諭・申行有司十家牌法》 自今務令各甲各自糾舉甲內，但有平日習爲盜賊者，卽行捕送官司，明正典刑。其或過惡未稔尙可教戒者，照依牌諭報名在官，令其改化自新，官府時加點名省諭。又逐日督令各家，輪流沿門曉諭覺察，如此則奸僞無所容而盜賊自可息矣。

境內或有盜竊即令此輩自相挨緝。

明・吕坤《實政録・鄉甲約》 大奸大惡久慣行兇報惡紀惡動輒與人爲讐者，許同約百家連名指寔。用手本封固，差約中一人密稟，州縣掌印正官差的當兵快當時鎖拏扭解本院。

又 鄉約有犯除徒流以上，自有應得罪名外，其餘紀惡呈報訪知等事，不係告發者，只是朴責重者，枷號，不許問罪。

明・吕坤《實政録・辯盜》 獄情之難察，惟盜爲最，人情所深恨亦惟盜爲最。故人命據證佐其事易明，驗屍傷，其跡易見，即有買證相誣，未必嚴刑暴加情可緩推，冤終見白。盜賊則不然，昏夜不知誰何，快壯無由緝捕。

明・吕坤《實政録・風憲約・聽訟十二欵》 民間苦事莫甚於株連。健訟刁民往往一詞牽告三二十人，報讐網利。中間緊關犯証，十無二三。此等奸頑豈宜聽信，各掌印官凡遇受詞日期，俱要當堂審問，無干者即與勾除，毋得一概發房出票，累苦小民。

一、勾攝犯人動差皂快，此庸吏之套習，實小民之大殃也。近日革弊愛民之官多用原告自拘，夫兩讐相見勢必起爭，妄稱抗違以激官怒，亦有添差地方保伍同拘者，此是換名之皂快需求淩虐與皂快同至於原告係是婦人自拘尤爲不便，若止以原狀或紅票付告人，令其遞與干証，干証持之，呼喚被告約會同來，果係冤誣，聽從被告訴狀，至日同理則干証者事內之人畢竟不免到官，彼若有所需求，自是有人買囑，亦不恃勾攝之勢矣。是閭閻省一皂快之害而公堂餘一差遣之人也。賢者試一思之。

一、上司批詞，果係徒罪以上，方許差人勾攝。凡公差勾攝往反百里者，不得限過三日，若第五日不投到者，計日加責，仍問犯人有無需索淩虐，或用十數手牌，上書公差有無需索淩虐七字，其有無二字令犯人自塡，聽審之時執進，庶限近不得久行吞噬，防嚴不得大肆貪殘，即不能盡革奸弊，然省一分，一分受賜，省一人，一人免害矣。

一、皁快拘人到城，引領相識飯店，任情破費酒食，招包娼婦，心滿意足，纔來投到，或妄稟人犯不齊，或指稱關卷未到，有司不察，或令各討保人，或令原差帶押，甚者掛搭輪押，經年累月，放趙甲而留錢乙，賣正犯而拘家屬，種種擾民，皆問官惰慢之罪。以後詞訟，無論難易，拘究但過三月不結者，問官以才力不及註考。

一、吏書騷擾科索，全憑牌票。有司硃押牌票多不經心，彼或乘忙倦之時，或當微曖之會，便將一二百張，口稱未完前件，用印，判日中間言語輕重，任其亂寫事體緩急，任其報票，紅單一出打點即來，遂意則將票停閣，不足則再三寫催，有司信實，何曾查某事曾催幾次，某票有無回銷哉。監司騷擾郡邑，守令騷擾閭閻，此居其半。掌印官將一切前件到日，分急中緩三等爲三袖摺，責令該房自限某事何日可完，即註摺上，難完者許其稟官，易完者照限督催，分別既明，方准出票，有司每日看摺勾銷前件，一事完，即勾一事，違限者計日加責，是官斧而吏鑿也。彼且辦事之不暇，而何暇愚我以行私哉。

一、問事，以投到先後爲序，不許吏書以受財多寡爲後先，但本日投到者，本日即問，雖極忙，不得過二日，其狀內情節罪名未問之先，預爲料理，一問之後，即時畫供，當堂分付，某人應徒幾年，某人應杖幾十，審力有無塡寫印票，無力者即時杖釋，有力者令其自限何日完納，即將發落，單票付與干証，令其催納，如果難完干証至日改限蓋。干証住居多與犯人相近，押保催納最爲便宜，不猶愈於皂快乎？

一、凢審贓審力先看犯人力量，如果力量不堪，干証不肯保押者，多係貧難，棍徒入官給主之贓不宜多坐，仍不宜逼認有力以致追迫太苦，前件難完，上下俱不便也。

一、律有五笞之罪，世豈無犯笞之人。近日問官全不引用笞律，只用不應得爲而爲，又只用事理，重者至於下不合二字，全不照管律條。如鬬毆傍人則曰不合不行勸阻，徒夫在逃則曰不合鎖押乞食招如，此類甚多，皆是律外生法，科索無罪。以後律條無罪而妄下不合字樣，及有應得罪名，輒用不應得爲而爲，事理重者，不分批詞自理俱以違制濫科，先拏承行吏書問官另議。

一、凡問事畢係申詳上司者，除擺站以上拘禁候詳發落外，其餘即日釋放，止令歇家報名，聽候詳久之日，將發落單票給與歇家轉付干証討限完納，不許一概羈留，其事在別州縣者移文別州縣，催納實收即令申繳，如有違延者，許問事衙門呈究。

一、犯人發驛原爲工作，如京師炒鐵運炭之類，近日恐其逃走，止令押鎖乞食，甚失本意。以後徒罪人等，有做一切官工者，官給飯食一日准一日，自備飯食一日准二日，有情願驛中奔走効勞者，與做工同申准原批司道折限滿日釋放。

一、發配，名輕於充軍，而實等於死罪，彼慣奸積猾，或買免驛吏，或挾制驛丞，或尋情囑托，公然在家覔人點站不待言矣，其窮苦老疾及家中無供之人乞食不前坐卧濕地，或官吏要索横肆凌虐，至於傷命只報相埋，情甚可恨。近日問官，有因誣告人杖罪加三等而入於徒者，誣告死罪未決何以加焉，此泥於法而不達於理者，其官之才識可知。驛官如遇病囚，即申州縣調理，或掌印官驗明，姑令保放調養，或收入州縣調養，病痊照日補役，但有不呈州縣而報死者，該驛官吏以凌虐致死，提問罷斥果係別情者，定擬抵罪。

一、革前應赦罪犯被人告發者，或財物當給主，或地宅當還人，依律處斷，重加責治可矣。近見各衙門，往往以萬曆十年以前事犯擬罪，而吏犯赦前過名依舊降格，甚悖。明詔問刑，衙門不可不知。

明・佘自强《治譜・贓盗門・拿盗票》 凡拏盗之票，不可未得眞盗混混差拏。即已得直盗，緝拏餘黨，亦不可不寫名字住址、年貌明白。若糊塗混拏，家家可嚇索矣。宜云爲拏盗事，照得某盗供某人同夥，合行拏審眞僞。除本犯外，不許差人妄至鄰家，侵害詐嚇。如違重究。計開，拏盗一名，生幾十歲，貌有鬚無鬚，面白面黑，住居某處，贓若干，以下即硃標空字。如此則嚇人之弊少矣。

明・劉時俊《居官水鏡・杜誣詐》 諺云，應捕如夜叉鬼廣捕，牌如閻君攝命符牌。所到處雞犬俱盡，或指趙甲爲趙乙，或即李丙爲張丁，又或干連人犯，與盗賊皂白不分，又或綽號排行擇淳民東西詐騙，有賄則眞盗賣放，無賄則良善混拿。比到官，或憑巡司拷詢，或委捕廳鞫審，此輩復串同機局，煅煉無辜，指誣良善，破家枉命，民間大害莫過於此。本職特加愼重，行緝止眞賊盗眞窩主，牌開某身材、某面貌、某地居住。若排行綽號，必即時審定眞名，稍有疑似混供及舊案混載者，即一筆勾斷，以免詐嚇。諸所供寄贓、變贓、買贓、投托人戶多係誣指，即眞亦未必知情，止開小票不用捕牌，仍據實註明，並批與窩盗不同等語，以免恐嚇。押到即行親審，不委捕官，則指扳誣陷之計無所用，而應捕無能爲矣。

明・佚名《初仕要覽・愼捕》 婦女勿輕捕

告者故牽，以圖污辱，差者易藉以肆需求。宜於出票之時，量行摘免，審有姦盗，捕未晚也。

宗室勿輕捕

事干宗室，大者啓王申上司，小者置之省事，不爲廢法。

儒紳勿輕捕

儒紳體面，寧厚毋薄。即倉場雜職與監生生員，亦應優禮。除重大事情依法捕治外，其細小及牽連不得輒捕。知則票內摘除，不知則捕到先釋。

匿名帖內人勿輕捕

隱匿姓名文書若將送入官及官受理者，律有明禁。

上司差人勿輕捕

投鼠忌器，有犯法難縱者，具文密申，聽有自處。

牽告人多勿概捕

刁民架網索騙，往往牽扯多人，宜先摘拘數名，審果所干乃捕。

狼猺獞狫勿輕捕

夷人最怕見官，概捕易至逃竄。先摘拘一二名，審問其他，可宥者宥之。

家人共犯勿概捕

叛逆劫殺同，行共坐，其他罪坐家長，應免科者即應免提，勿依狀而概捕之，墮奸民一網打盡之計。

捕巡官非盗情勿許捕

巡捕巡檢多出異途，擅詞濫差最爲民害，與府首領縣佐貳犯者俱應嚴禁。

營堡官非盗情勿許捕

防守追勦營堡之事，擅詞拘擾非所得爲。干係地方，呈該州縣酌行則可。

明・吴遵《初仕録・謹僉押》 僉押之際，吏書倚以爲奸，尤宜防範。逐日六房照依隔日所開公文件數。挨次僉押。先盡上司申呈，次及本衙門。牌票一有發行，即時立案，毋得後時攙補，虚擡月日，非惟悮事，亦以長奸。其僉押時，須將原來文移查對否、施行及應僉押者，應仍令高唱僉押，明說此起文書爲其事，該如何區處，略節情由，幷指出緊關詞語，以便檢閲。一應來文須親手開拆，先看封條上開件數，及封內文移年月殊語。應留看者留看，應發房者發房。遇有機密重情，即袖進衙待計定後發行，愼毋輕泄，以致敗事。其發行文書當令吏人對面點封，以防夾帶、洗改情弊。嘗聞奸吏有將本不差字樣故先洗改，眩惑上人。如來文原甲字改作乙字，仍又改乙爲甲，雖明辯者卻於甲字生疑，而不知本來是甲，固已中其奸矣。如緊關文書，不宜入遞，或密差人，或親齎投遞，以防停攔開拆之患，不可不察。

明・佚名《居官必要爲政便覽・居官格言・信牌》 一三六九受狀之日，務留意詳情。准行者即標日上薄，照名項牌。不准者就批寫不准字樣，次日聽審之時先將不准者審虛逐出。准行者唱名給與信牌，令其送到被告之家，依限一同見官，就行問斷。其事情重者，仍舊差人行拘監候，問理施行。

明・佚名《居官必要爲政便覽・居官格言・信牌式》 某縣爲受理詞狀事，仰被告依限前來繳牌，聽候問理，免致差人擾害，違限者依律治之，須至牌者。

計開某里犯人幾名

趙甲　錢乙　孫丙　李丁

右仰差原告　周戊　准此

正德十四年三月　日　吏典吳己承

信牌押

定限日銷繳

清・畢沅《續資治通鑑》卷六 〔宋太祖開寶四年〕帝以令、尉捕賊，先定日限，其已被批罰者，或遂絶意追捕。乙未，詔：自今雖限外獲賊者，令有司備書於籍以除其罰，但不得敍爲勤績。其累經殿降法當停免者，不用此制。

清・畢沅《續資治通鑑》卷一一五 〔宋高宗紹興九年〕詔：福建、廣東帥臣措置團結瀕海居民爲社，擒捕海賊。

時寶文閣直學士連南夫論海寇之患，謂：國家每歲市舶之人數百萬，今風信已順而舶船不來，聞有乘黄屋而稱侯王者，臣恐未易招也。願令委州縣措置團結瀕海居民，五百人結爲一社，不及三百人以下附近社，推材勇物力人爲社首，其次爲副，社首備坐聖旨給帖差捕。蓋濱海之民，熟知海賊所向，今聽其會合，如擒獲近上首領，許保奏，優與補官，其誰不樂爲用！乃下張守、曾開相度，如所請。

清・畢沅《續資治通鑑》卷一四七 〔宋孝宗淳熙六年〕丙寅，敕令所言捕盗不獲，應決而願罰錢者聽，帝曰：捕盗不獲，許令罰錢而不加之罪，是使之縱盗受財也。

清・畢沅《續資治通鑑》卷一七五 〔宋理宗淳祐十年〕壬申，詔：百司庶府及諸道監司以下，毋以私怒寄收入於縣獄，有罪應收者，結絕不許過三日。

清・畢沅《續資治通鑑》卷一九二 〔元成宗元貞二年〕乙巳，立捕盗賞格。諸人能告捕者，強盗一名賞鈔五十貫，竊盗半之，應捕者又半之。皆徵諸犯人；無可徵者，官給之。

山東西道廉訪使陳天祥上疏曰：盗賊之起，各有所因，除歲凶誘之天時，宜且勿論。他如軍旅不息，工役洊興，厚斂煩刑，皆足致盗。中間保護滋長之者，赦令是也。赦者，小人之幸，君子之不幸。彼強梁之徒，執兵殺人，有司盡力以擒之，朝廷加恩以釋之，且脱縲累，暮即行劫，既不感恩，又不畏法。夫凶殘悖逆，性已預定，誠非善化所能移，惟嚴刑以制之可也。天祥既上疏，乃嚴督有司追捕，自其所部，南至漢江二千餘里，多就擒者。

清・嵇璜《續文獻通考・刑一》 〔元成宗元貞二年〕八月定告捕盗例：強盗一名，賞鈔五十貫；竊盗半之，應捕者又半之，皆徵諸犯人，無可徵者，官給。至泰定二年十二月京師多盗，達實特穆爾請處決重囚，增調邏卒，仍立捕盗賞格，從之。

又 〔元成宗元貞元年〕先是至元二十年九月史弼陳弭盗之策，爲首及同謀者死，餘屯田淮上，帝然其言，詔以其事付弼，賊黨耕種内地，其妻奴送京師，以給鷹坊人等。至是御史臺臣言，内地盗賊竊發者衆，皆由國家赦宥所致，乞命中書立爲條格，督責所屬，期至盡滅。制曰可。

元史陳天祥傳曰：　山東西道廉訪使陳天祥奏，盜賊之起，各有所因，除歲凶委之天時姑且勿論，他如軍旅不息工，役洊興，厚斂繁刑，皆足致盜，中間保護滋長之者，赦會是也，赦者小人之幸，君子之不幸，前人言之備矣。彼強梁之徒各執兵仗，殺人取貨，不顧其生，有司盡力以禽之，朝廷恩以釋之，且脫縲囚，暮即行劫，復勒有司結限追捕，賊皆視爲故常，既不感恩，又不畏罪，兇殘悖逆，習與性成，誠非善化能移，惟有嚴刑可制，於是立爲條格嚴督諸司禽殺積盜，南到江漢二千餘里，無得脫者。後武宗至大元年正月，中書省臣言，近盜賊充斥，苟不嚴治，將滋至蔓，宜遣使巡行，遇有罪，即行決遣，與隨處官吏共議弭盜方略，明示賞罰，或匿盜不聞，或期會不至，或踰期不獲者，官吏連坐。

清・龍文彬《明會要・刑四》　嘉靖元年十二月辛丑，刑科都給事中劉濟言：　故事：　廠衛有所逮，必取原奏情事送刑科，簽發駕帖，今千戶白壽齎帖至，并無原奏，索之不與，未便簽發。而壽執：　自來駕帖送科，皆開寫事略，會同署名，實不係御批原本。兩人列詞並上，而帝先入壽言，竟絀濟議。

又　故事，廠衛有所逮，必取原奏情事送刑部發簽駕帖。駕帖發下，須從刑科批定。若科中遏止，即主上亦無知之何。如王振、汪直二豎用事時，緹騎偏天下，尚不敢違此例也。

《大清律例・刑律・罪人拒捕》　凡犯罪事發而逃走，及犯罪雖不逃走，官司差人追捕，有抗拒不服追捕者，各於本罪上加二等，罪止杖一百，流三千里；本應死者無所加。毆所捕人至折傷以上者，絞監候；　殺所捕人者，斬監候；　爲從者，各減一等。

若罪人持杖拒捕，其捕者格殺之，及在禁或押解已問結之囚逃走，捕者逐而殺之，若囚因追逐窘迫而自殺者，不分囚罪應死不應死，皆勿論。

若囚雖逃走，已就拘執；　及罪人雖逃走，不拒捕，而追捕之人，惡其逃走，擅殺之，或折傷者；　此皆囚之不應死者。各以鬥殺傷論。若罪人本犯應死之罪，而擅殺者，杖一百。以捕亡一時忿激言，若有私謀，另議。

條例

一、凡罪犯業經拿獲，捕役借稱設法制縛，誤傷其命者，仍照已就拘執而殺之律，以鬥殺論。倘捕役受人賄囑，將罪人致死者，照謀殺人首從律治罪。

一、強盜拒捕殺傷官兵之案，除同夥傷人之時該犯不在一處者仍照例擬罪外，其同在一處，或三五成群，雖非下手之人，既在旁目睹，即係同惡共濟，法所難寬，即行斬決。

續纂條例

一、賊犯持杖拒捕，爲捕者格殺，不問事主鄰佑俱照律勿論。如有攜贓逃遁，鄰佑人等直前追捕倉卒毆斃，或賊勢強橫，不能力擒送官，以致毆打戕命者，照事主毆打至死減鬥殺罪二等例，杖一百，徒三年。若業已拿獲，輒復疊毆，或捕人多於賊犯，倚衆共毆，及恃強逞凶致斃者，仍照罪人不拒捕而擅殺律擬絞監候。共毆之餘人，仍照律杖一百。

一、竊盜拒捕刃傷事主、姦夫拒捕刃傷應捉姦之人，依例照折傷以上擬絞外，若傷非事主，并非例得捉姦之人，以及別項罪人拒捕，如毆所捕人至折傷，及殘廢篤疾在折傷以上者，方依律擬以絞候。其但係刃傷，仍照律加本罪二等問擬。

《大清律例・刑律・稽留囚徒》　凡應徒、流、遷徙、充軍徒囚斷決後，當該原問官司限一十日內，如原定法式鎖杻，差人管押，牢固關防，發遣所擬地方交割。若限外無故稽留不送者，三日，笞二十；　每三日加一等，以吏爲首科斷。罪止杖六十。因稽留而在逃者，就將當該提調官住俸勒限嚴捕；　吏抵在逃犯人本罪發遣，候捕獲犯人到官替役，以囚至配所之日疏放。

若鄰境官司遇有囚遞到，稽留不即遞送者，罪亦如之。稽留者，驗日坐罪；致逃者，抵罪發遣。

若發遣之時，提調官吏不行如法鎖杻，以致囚徒中途解脫自帶鎖杻在逃者，與押解失囚之人同罪。分別官吏，罪止杖一百，責限擒捕。

并罪坐所由疏失之人。受財者，計贓，以枉法從重論。統承上言。

條例

一、秋審人犯解省之時，俱令各州縣徑行解司，仍報明該管各府。審後亦即由司給發護牌，分發各州縣收禁。仍彙文行知各該府。

續纂條例

一、各省起解秋審人犯，各州縣如有相距在七十里以外不及收禁者，該地方官預期選撥幹役，前赴寄宿之處，傳齊地保，知會營汛，同原解兵役支更巡邏、防範。審後發回一體辦理。倘有疏脫及縱放等情，將各該役，俱照原解兵役一體治罪。

一、凡外遣人犯，務令依限解赴。如有患病應留養者，山海關以內州縣，責成直隸總督查察；山海關以外州縣，責成盛京將軍及奉天府府尹查察。必驗明患病確實，具結申請，方准照例留養。如有本係無病及病已痊愈，率行捏結，及漫無覺察任其遷延者，即將各該州縣及該旗員等，嚴查參處。并飭各屬將每年有無患病留養人犯及已未起解之處按季報明。該督該府尹造冊報部查核。直省遞解人犯，一體照此辦理。

《大清律例·刑律·知情藏匿罪人》 凡知他人犯罪事發，官司差人追喚，而將犯罪之人藏匿在家，不行捕告，及指引所逃道路，資給所逃衣糧，送令隱匿他所者，各減罪人所犯罪一等。各字，指藏匿、指引、資給說。如犯數罪，藏匿人止知一罪，以所知罪，減等罪之。若親屬糾合外人藏匿，親屬雖免罪減等，外人仍科藏匿之罪，其事未發，非官司捕喚而藏匿，止問不應。其已逃他所，有輾轉相送，而隱藏罪人，知情轉送隱匿者皆坐；減罪人一等。不知者，勿論。

若知官司追捕罪人，而漏泄其事，致令罪人得以逃避者，減罪人所犯罪一等；亦不給捕限。未斷之間，能自捕得者，免漏泄之罪。若他人捕得，及罪人已死，若自首，又各減一等。各字，指他人捕得及囚死、自首說。

《大清律例·刑律》 一、直隸、各省審理人命及搶奪、發掘墳墓事件，定限六個月；盜案定限一年。如案內正及犯要證未獲、情事未得確實者，題明展限。按察司自理事件，限一個月完結；府州縣自理事件，俱限二十日審結；上司批審事件，限一個月審報。若隔屬提人及行查者，以人文到日起限。如有遲延情弊，該督撫察參。若該督撫將遲延各官徇情不行題參，察出，一并交部議處。

一、凡承審命盜及欽部事件，至限滿不結，該督撫照例咨部，即於限滿之日接算，再限四個月。如逾限不結，該督撫將易結不結情由詳查，註明題參，照例議處。至承審官內有升任、革職、降調及因公他往、委員接審者，准其展限一個月完結，不許又另起限。如有不肖文武官員承審案件，借端巧爲掩飾，不行速結者，令該督撫題參，交與該部嚴加議處。上司徇庇不行題參，及下屬已經解審，混行駁查以致承審官違限，并知屬官例限將滿，借端故爲派委，希圖展限者，一并交部從重議處。督撫題參遲延時，將何月日解審、駁查次數聲明，聽部查核。

一、凡承審土苗案件，俱以獲犯到官日爲始。盜案限一年，命案、竊案限六個月，雜件限四個月。限滿不結，照例咨參，接扣限期完結。如仍不審結，該督撫照例題參。若該犯居官所轄地方，該土官准州縣移會，徇庇不行拿解，經督撫核實題參，將土官革職，擇伊子弟之賢者承襲。若該犯居隔屬、隔省者，以文到日爲始，限四個月拿解。如庇匿不解，交部議處。如果凶犯實係在逃，俱限六個月承緝。限滿無獲，交部分別議處。

一、盜案如有隔省關查口供，必需時日者，許申詳督撫，咨部展限兩個月。其通省行查之事，令督撫查明，將最後送到逾限之府州縣職名附參，照欽部事件例交部議處。

一、盜案果有虛實情形未分、盜贓未確、限內不能完結者，許承審有司據實詳報，該管上司核實，即行報部，准其展限四個月。倘承審官有將易結之盜案濫請展限，該督撫漫爲咨部者，有司官照易結不結例革職，轉詳之司道府州及咨部之督撫，一并交部分別議處。

一、刑部行文五城兵馬司、大、宛二縣查拿之案，如關係偷盜倉庫錢糧并隱匿要緊重犯，即於文內添注要犯，勒限緝拿字樣。限滿無獲，照京城定例議處。其餘尋常命盜，始限滿無獲，照外省定例議處。倘該管官不行呈報題參，察出一并交部議處。其五城兵馬司承追贓罰變產等項，如限滿不完，照大、宛二縣承追雜項錢糧例議處。如該御史不行開送，察出將該御史一并交與吏部議處。仍令該司坊官將歷年承追之項造具清冊三本，一送刑部、一送都察院，一送該城御史查核。

一、凡交界地方失事，探實贓盜之處，無論隔縣、隔府、隔省，一面差役執持印票，即行密拿，一面移文關會。拿獲之後，仍報明地方官，添差移解。其一應竊匪、窩賭、窩娼等類，有竄入鄰境者，亦照此例，一面差役往拿，一面關會協緝。倘有疏縱牽制，不行緝拿，交部分別議處。捕役借端騷擾，越境誣拿平民，照誣良爲盜例治罪。

一、凡京城內有強盜劫財傷人者，該汛值宿領催、兵丁，俱枷號四十日，斥革發落。步軍統領、總尉、副尉、步軍校，俱交部分別降罰。賊犯限一年緝拿。獲半者，開復；如不獲，又失事者，降調。若正陽、崇文、宣武三門關廂內失事者，該汛兼轄三營武職及文職兵馬司官，俱交各該部降罰，專汛千把總及馬步兵丁，各杖一百。賊犯限一年緝拿。全獲者，開復；緝拿一半者，免其議處；不及一半者，仍照定例議處，不獲者，兼轄各官俱降調，千把總俱革職，兵丁枷號四十日，斥革發落。賊犯交接管官緝拿。

一、凡隔省關提人犯，承問官一面詳請督撫移咨，一面差人關會隔省該地方官，添差協緝。如擅給批牌，竟行拘提，及隔省地方官徇庇不行協緝，均交部議處。至本省内隔屬關提人犯，亦行令該地方官添差拘提。如違例擅自拘拿者，捕役照誣良爲盜例治罪，原差地方官交部議處。關提人犯，謂關提尋常對質人犯。若盜賊匪人，不用此例。

一、凡承緝各官，有假借别州縣所獲之盜指爲本案盜首，别州縣亦扶同搪塞，或先報盜首脱逃，或捏報盜首病故，後經發覺者，將從前假借扶同隱匿捏報之該地方文武各官，交部議處。其鄰境他省之文武官有能拿獲别案内首盜、夥盜，質審明確者，該地方文武各官交部分别議叙，兵役分别酌量給賞。至夥盜内有首出盜首、即行拿獲者，全免其罪。若不在夥内之人首出盜首，即行拿獲者，地方官從優給賞。捕役拿獲盜首者，亦從優給賞。若盜首不獲，將承緝捕役家口監禁勒比。如獲盜過半之外又獲盜者，地方官亦酌量給賞。若州縣賄盜狡供，展轉行查希圖銷案者，照易結不結例治罪。

一、苗蠻地方，一有失事，該防汛官即帶兵追捕，地方官即差役嚴拿，一面申報上司，并移會鄰近營汛，協力窮追。如未能弋獲，查明凶犯本名，確係何處賊蠻，會同該衙門添差緝獲。如徇庇不發，并承審官不嚴行追究，及文武官弁明知案犯下落，不實力擒拿，以致逃匿者，并交部議處。若捕役搜捕案犯牽累良民，照誣指良民爲盜例，從重治罪。

一、凡捕役串通盜犯，教供妄認别案盜犯，以圖銷案，州縣官失於覺察，審出，交部議處；捕役照誣良爲盜發邊遠充軍例，減一等，杖一百，徒三年。如有賄買情弊，以枉法從重論。

一、鄰縣關提人犯，限文到二十日拿解。逾限不發，交部議處。聽信地保、差役捏稱并無其人，并久經外出，空文回覆，掯不發人者，地方官議處外，其地保、差役照不應律治罪。受財者以枉法從重論。藏匿要犯，按律究擬，本犯從重問斷。

續纂條例

一、凡各省州縣，遇有強劫拒捕等重案，立即選差幹捕擒拿，一面將失盜情形申報所轄之府州及關移接壤别屬之州縣，其專轄之知府知州立即通飭閩屬，各選派幹捕，懸立賞格，分路偵緝。無獲則一體比追。其非本府州所屬，而境地相接之州縣，如遇移關一到，亦即照此協力差捕搜拿。

一、黔省苗疆地方承審命盜案件，各照原定分限，命案三個月，盜案五個月，審理完結。其加展兩月三月之例，概行停止。

《大清律例·刑律》 一、凡問發充軍人犯逃回，原犯實犯死罪、免死充軍者，照免死減等發遣人犯逃回例，分别有無行凶爲匪定擬。若係雜犯死罪以下充軍者，初犯枷號一個月，仍發本衛；再犯枷號兩個月，調極邊衛；若犯至三次者，枷號三個月，調發烟瘴充軍。其有在逃遇赦者，不分初犯、再犯、三犯，俱免枷號，仍發原衛。

一、凡發遣黑龍江、寧古塔等處人犯逃走，若拿獲時有拒捕者，查明該犯係免死減等發遣或係平常發遣人犯，各照逃走後復行凶爲匪例，分别定擬。

一、凡行凶發與披甲人爲奴之犯，伊主或給親戚，或親攜來京，或差做買賣來京，永行禁止。若伊主搬移來京，亦留下另給披甲之人爲奴。

一、凡在京問擬徒罪人犯，除順天府所屬民人仍令府尹發配外，其餘各省民人俱遞回，各該督撫照伊原籍應發地方發配充徒。俟年限滿日，交原籍地方官管束。若係強、竊盜及光棍案内之犯，不許出境。倘有私自出境，依不應重律，杖八十。其管束不嚴之地方官交部議處。仍令五城、大、宛二縣并巡捕營，嚴行查拿。倘有前項人犯容留京城潛住發覺者，將地方官交部議處。總甲人役并知情容留之房主，各依不應重律，杖八十。如有旗人容留居住，將知情容留之房主，若係另户，并族長；若係家人，并伊主及領催；各鞭八十。該佐領驍騎校交部議處。

一、流犯在配所脱逃，一面移咨原籍地方勒限查緝，一面令配所該管官懸立賞格，勒限一百日嚴緝。將該犯拿獲到案時，先發布政司，枷號兩個月，責四十板，再加徒役三年。其看守之保甲斥革，免罪。如逾限不獲，一名者，將保甲照不應重律，杖八十；每一名加一等，罪止杖一百。該管官并兼轄官俱交該部分别議處。其流犯，原籍地方亦令懸立賞格，勒限嚴緝。如該犯之族長、保甲、房主、鄰佑人等查出舉首者，免罪。若知情容隱，或經旁人首告，或被别處拿獲，將原籍容隱之族長、保甲、房主、鄰佑，俱照不應重律，杖八十。如原籍地方及别省將該犯拿獲，亦解原發配之布政司，枷責加徒。

一、原犯流罪人犯，初次脱逃，枷號一個月，責四十板，加徒役三年；二次脫逃者，枷號兩個月，責四十板，加徒役四年；　三次脫逃者，改發邊衛充軍。若係免死減等流犯，初次脫逃者，枷號兩個月，責四十板，加徒役四年；二次，改發邊衛充軍；　三次，調極邊衛充軍。

一、在川流民犯罪，遞回原籍，復逃至川者，如無爲匪，照逃人例，杖一百，遞回原籍；　如有爲匪，所犯在杖一百以下者，并杖六十，徒一年；　如所犯在徒一年以上者，各照所犯之罪，加一等問擬。其遞回原籍之時，行文原籍地方官嚴行管束。如有復逃入川，及川省該地方官將逃回人犯失察容隱，俱按逃回名數，交部議處。其原籍地保人等，若於該犯出境之時隨即呈報，在一百日限内或經該管官拿獲，或經別處拿獲，俱准免罪。逾限不獲，將地保照因人連累致罪例，減罪人罪二等發落。倘有知情隱匿者，與犯人同罪，罪止杖一百。受財故縱者，以枉法計贓治罪。其川省之地保人等，如有知情受賄等弊，亦照原籍地保分別治罪。

續纂條例

一、遞解軍流徒遣及發回原籍收管審訊等犯，務於批文内載叙事由，開明該犯年貌疤痣箕斗，令沿途地方查明轉遞。如有中途僱倩頂替情事，除本犯解役人等照例究擬治罪外，將僉差不慎之員分別議處。如原文内未經開載，將原解之員照例議處。

一、充軍常犯，至配後責令照例當差，不得任其閑散。如有脫逃，係附近充軍者，初次枷號一個月，調發邊衛；　二次枷號兩個月，調發邊遠；　三次枷號三個月，調發極邊烟瘴。其本犯邊衛邊遠者，各以次遞加調發。至極邊烟瘴脫逃者，改發黑龍江等處給與披甲人爲奴。即令拿獲之州縣，一面收禁，一面關查配所原案，究明有無行凶爲匪及脫逃次數，將應行改調之處，申詳督撫，咨部核擬完結，毋庸遞回原配審斷。其尚未到配中途脫逃以及流犯三次脫逃，例應改調者，均照此例辦理。

《大清律例·刑律·應捕人追捕罪人》　一、隔屬、隔省密拿強盜及人命案内應擬斬絞重犯，有縱令劫奪及徇庇不解，其該管官題參解任。如在隔省，移咨會參解任，俟獲犯審明具題開復。該管之鄉地甲鄰嚴拿究治。若本無搶犯徇庇等弊，而捕役賄縱捏稱被劫者，將捕役照誣告律治罪。原參之員即行開復，誤聽捕役之員交部議處。

一、步軍統領衙門番役，只許於京城内外五城所屬地方緝拿人犯。既經拿獲，屬提督管轄者，限即日送該管營弁轉送提督衙門；　屬五城管轄者，限即日送該管官轉送御史衙門。如稽留數日始行送官，將番役究明私拷、勒索情弊，分別定擬。如有得財縱放，照衙役犯贓例治罪。其地屬州縣者，行文州縣僉差擒捕，必須番役擒捕者，奏聞請旨後行。

一、脫逃要犯，務將該犯年貌、籍貫、有無鬚痣詳細開明，行文通緝。各州縣於文到之日差捕認緝。一面塡寫印票，分給各鄉總甲，遍行訪察。如果遍緝無踪，年底出具印甘各結，轉詳咨部。仍令接緝務獲，知照銷案。

一、緝捕強盜、人命或關係要緊案内人犯，如有逃逸，一面行文八旗并提督五城協力緝捕，一面牌行直隸附近京城之涿州、良鄉、通州、昌平、河間等處州縣。部文到日即行捕緝，再行補報督撫。

一、凡王公等之辛者庫家人等，有犯命盜重案脫逃者，該衙門查拿之時，即行文知會伊主協同捕緝。一年限滿不獲，將辦理包衣事務官交部議處。其該管王貝勒貝子公等，各罰俸一個月。未獲逃犯，仍照案協同緝拿。

一、五城司坊等官，若於途次遇有凶徒不法等事，不論何城，并准當時拘執，錄取口供，詳解該城御史審訊，一面報明本城御史存案。其有曖昧隱避等事，亦許密詳該城御史查拿。仍密詳本城存案，造册送院注銷。倘該役借端訛詐，駕詞妄稟，及司坊官擅作威福，拘拿自審，或縱役滋擾，該御史題參，分別議處治罪。若押坊捕役因非本管地方，明知故縱，及有受賄情弊，嚴加治罪。大、宛二縣亦不論五城主該縣所屬，遇有凶犯不法等事，亦一體緝拿。

續纂條例

一、凡官司勾攝罪人，已在該犯家拿獲，如有爲首糾謀，聚至三人以上，持械打奪傷差者，即照中途奪犯例，分別殺傷治罪。若并未糾約聚衆，實係一時爭鬥，拒毆，致有殺傷，仍照各本律定擬。其非本案罪犯，及非所勾捕之人，毋論在途在家，俱以凡鬥論。差人借端滋擾，照例從重治罪，地方官交部議處。

一、州縣廣緝重犯，不得濫給緝票。先將該犯年貌案由并差役年貌籍貫及所差名數，一面詳明督撫，知照各該省，一面改用通關，給與差役攜帶在身，密行偵緝。如有踪迹，即將通關呈報該地方官，添差拿解。如緝無踪迹，仍投換回文，以爲憑驗。倘有濫給印票及差人僱倩白役代緝，以及借端勒索，照例治罪。其僉差不慎之承緝官照例嚴加議處。

《欽定理藩院則例・偷竊下・拿獲賊犯賞給馬匹》 哈薩克私入卡倫偷竊官兵牲畜案內，賊犯就獲，將贓馬一半給還事主，一半存公。於存公馬匹內，以一半賞給獲賊之人。

《欽定理藩院則例・限期・熱河都統所屬州縣官承緝專條》 一、平泉等四州縣民人與蒙古雜處，遇有盜劫之案人犯在逃，免其題參，照命盜緝凶之例扣限查參。其餘人命竊案暨各項逃人，向照內地州縣之例議處，仍照舊例辦理。武職捕盜之員，亦照舊列覆辦。

一、平泉等四州縣搶劫、竊盜、人命路斃案件，無論事主人犯係蒙古係民人及不知姓名住址者，人命、搶劫、盜案責令地方有司官暨捕盜營汛員弁承緝，照例按限開參，竊案仍入年終功過案內報部辦理。武職於命案向無承緝處分，毋庸參處。設有確知人犯旗分、姓名、住址及該管臺吉、章京姓名并到案人犯供出應質之蒙古人之姓名、住址及該管臺吉、章京姓名者，該地方官毋得派役徑行往拿，均申報該理事司員轉飭該旗，於奉文日起出派章京、坤都等官，在於蒙古營村界內承緝，按限照例開參，仍責令有司及捕營汛員弁等，於各所屬地方內一體承緝，以免疏漏。如獲犯過半兼獲首犯者，照例免議。其地方官批差緝役在於蒙古營村踩獲本案人犯踪迹，亦令會同該處屯長協同擒拿，呈送該旗。添差轉解審理一切案件於審結後，均仍行知該旗備案。

《欽定理藩院則例・限期・內扎薩克喀爾喀等處移復土默特旗下咨支定限》 歸化城土默特地方之命盜案內，有關提內外扎薩克等旗之人犯及咨查事故并特令緝拿者，喀爾喀四部落定限六個月，內扎薩克各旗定限四個月，該扎薩克等如逾限推諉不將人犯解送，不即查復案情，遷延時日者，由承辦官申報該上司即行指名參奏，報院分別議處。

《欽定理藩院則例・限期・熱河都統關提所屬卓索圖昭烏達二盟人犯定限》 熱河都統關提卓索圖、昭烏達人犯，如遇命盜重案，該盟長於奉文之日，一面出派明幹章京執持印文徑赴該扎薩克處拘提，一面知會就近地方官添派兵役，給與車輛解送。先將何日可以解到之處呈報都統，到案後，由該都統札知該盟長備案。倘逾期不到，由該都統參奏。逾限一月以上者，將承辦押解之蒙古章京等革職，三年無過方准開復，該扎薩克罰俸六個月，協理臺吉罰五牲畜，盟長罰俸三個月。逾限三月以上者，將承辦押解之蒙古章京等革職，該扎薩克罰俸九個月，協理臺吉罰一九牲畜，盟長罰俸六個月。解送遲延之地方官照例開參。其尋常案件，該扎薩克奉文之日立即拘傳，備交地方官轉解，將轉解之名、數目、日期各於文內聲明。解到後，由該都統札知該盟長備案。倘逾限不到，由該都統參奏，視其逾限日期照解送命盜重案人犯逾限例遞減科斷。地方官一并附參。如係奉旨關提之犯，無論係何案情，但有逾限期各照本例加一等擬議。倘關提人犯有患病脫逃等事由該扎薩克立即備文聲明，查實患病者，酌予限期，限滿起解。脫逃者，照逃犯例勒限緝捕。限滿有無弋獲分別辦理。如現有其人，該盟長扎薩克有意徇庇留難不肯起解者，一經查出，即由該都統參奏，交院嚴加議處。其解犯程限，限日行六十里。

《欽定理藩院則例・限期・緝捕逃犯分別獎懲》 凡緝捕命盜逃犯，該扎薩克出派官兵。初次勒限三個月，限內緝獲，官員賞一九牲畜，兵丁賞五牲畜。限滿無獲，官員罰三牲畜，兵丁鞭六十。二次勒限六個月，限內緝獲，官員賞六牲畜，兵丁賞四牲畜。限滿無獲，官員罰四牲畜，兵丁鞭八十。三次勒限九個月，限內緝獲，官員賞四牲畜，兵丁賞三牲畜。限滿無獲，官員罰五牲畜，兵丁鞭一百。四次勒限一年，限內緝獲，官員賞三牲畜，兵丁賞二牲畜。限滿無獲，官員革職鞭六十，兵丁枷號一個月。未獲之犯，該將軍大臣盟長通行緝捕。另人拿獲者，按人犯數目賞給牲畜。四次限內人犯就獲，該扎薩克加一級。限內無獲，罰扎薩克俸一年。所需獎賞在各該旗存公備賞項下動用。於初次起限文內將何項逃犯、出派何官、於某日起限之處詳晰聲明。逾限無獲，該將軍、大臣、盟長徑行照例罰牲，責處展限接緝，毋庸按限行文。四次限滿無獲，再將該扎薩克及承緝官兵職名一并報院。四次限內人犯緝獲，亦將該扎薩克及承緝官兵職名報院辦理。倘原派承緝官員有逃亡病故者，一面報院，一面照例派員接緝，毋庸等候院咨。

《欽定理藩院則例・限期・歸化城土默特地方承緝定限》 一、歸化城土默特地方人命盜劫案內脫逃蒙古人犯，該同知、通判詳報後，由該副都統委派土默特官員承緝。自派出之日起，命盜案犯初次勒限六個月，逾限不獲，將承緝不力之員記過一次，展限一年緝捕。二次逾限不獲，將承緝不力之員一年之內應升之處停其開列，再限一年緝捕。三次逾限不獲，將承緝不力之員罰五牲畜。承緝偷竊等項案內脫逃人犯，初次勒限六個月，逾限不獲，將承緝不力之員記過一次，展限一年緝捕。二次逾限不獲，將承緝不力之員一年之内應升之處停其開列，仍報部注册。其未獲人犯通行緝捕，如一年之内將原案人犯全行緝獲，其停升之處准予開復，應升之缺照常列名。其續派接緝之員逾限不獲，亦記過一次。

一、歸化城土默特地方各案脱逃蒙古人犯，其不知旗分佐領者，另行派員承緝，如知其旗分佐領，實係土默特人犯，即責成該佐領照承緝之例勒限緝捕。逾限不獲，亦分别記過停升。既經處分之後，能將原緝人犯全行緝獲者，報院開復，免其停升，於應升之處照常開列。如知該犯係别旗之人，一面派員緝捕，仍行令該扎薩克嚴拿治罪。如人犯在該旗地方藏匿不行縛送，經歸化城官員訪獲或被他人首出，罰該旗扎薩克一九牲畜，將賞緝獲出首之人。如非别旗人犯捏報别旗者，俟拿獲人犯審明後，將捏報之員照窩隱盜例議處。

一、歸化城土默特官員承緝各案蒙古逃犯，逾限不獲應罰牲畜，逐案各限一年交出，將所罰牲畜存公，以備獎賞急公效力之人。該員等雖經處分，如能將原案人犯全行緝獲者，其記過之案准其查銷，未納牲畜免其交納。

一、歸化城土默特承緝蒙古逃犯之員，初次限内將盜犯全行緝獲者，准其記錄三次。如緝獲他人承緝之犯，准其加一級。命案人犯全行緝獲者，准其記錄二次。如緝獲他人承緝之犯，准其記錄三次。劫竊等案人犯全行緝獲者，准其記錄一次。如緝獲他人承緝之犯，准其記錄二次。并准認次酌給牲畜以爲獎賞。如過應罰五牲畜之案，一案准其以記錄一次抵銷，四案准其以加一級抵銷，一切升遷准計加級記錄辦理。

《欽定理藩院則例・限期・盛京吉林將軍大臣各衙門關提所轄哲哩木錫林郭勒烏蘭察布三盟人犯定限》 一、盛京、吉林、黑龍江將軍大臣及附近各盟之直隸等省督撫各衙門關提哲哩木、錫林郭勒、烏蘭察布三盟人犯，如遇命盜重案，該將軍大臣專差徑赴該旗守提，無庸知會地方官，即由該旗加差解送。解到後，由該將軍大臣札知該盟長備案。其尋常案件，該將軍大臣於行提文内按照例定程限，限以解送到案日期。該扎薩克於奉文之日立即拘傳，專派員役起解，將起解人名、數目、日期各於文内聲明。解到後，由該將軍大臣札知該盟長備案。倘逾限不到，查明逾限日期并人犯有無患病脱逃，該扎薩克是否留難徇庇情由，均照熱河都統關提卓索圖、昭烏達二盟人犯例辦理。

《欽定理藩院則例・邊禁・越邊被獲三日内起解》 一、凡越邊逃走之人被扎薩克等緝獲，將逃來人犯於三日内起解，送院。若過三日，將扎薩克王、貝勒、貝子、公、臺吉、塔布囊罰俸三個月。

《刑部現行則例・捕亡》 叛逆賊犯緝拿已滿三年未獲者，將官交與該部。叛逆犯案均應令其案緝。

《大清法規大全・訴訟法・刑事規則・捕逮》 第二十一條　凡有犯謀殺、故殺、強劫、盜竊或他項重大之罪，准由巡捕或被損害之人，或知情目擊之人，不持拘票，將該犯捕送應管之公堂審訊。

第二十二條　凡在道路犯罪者，准由值班巡捕不持拘票捕送公堂審訊。

第二十三條　無論何人，如在道路見有人犯重大之罪，准其不持拘票捕送公堂審訊。

第二十四條　如有殷實之人指控道路之人犯罪，巡捕不持拘票，即將被指之人捕送公堂審訊。

第二十五條　如在道路犯違警罪或情節較輕之罪，且犯罪者似係殷實之人，即不得將該犯捕拏，祇須問明姓名、住址、事業，請公堂發票，傳令聽審。

第二十六條　凡犯謀殺、故殺、強劫、盜竊或他項重大之罪，准巡捕長不持拘票，逕入房院之内搜捕。

第二十七條　除以上所載各條外，非奉有適當公堂簽發之拘票，概不准逕入房院或在道路擅行捕拏。

《大清法規大全・訴訟法・刑事規則・拘票搜查及傳票》 第二十八條　凡將人誤行捕拏或拘禁者，准受害者將其人並指告及主使之人向公堂控訴，按律治罪，或照民事案件辦法索取賠償。

第二十九條　凡票分左列三種，俱由有權審判該案公堂之官員簽發：

一、拘票，將犯人即時拘提；

二、搜查票，直入房院搜查犯人或贓物；

三、傳票，傳令被告於所限時日内到堂。

第三十條　以上各票，由該公堂管轄境内之差弁或巡捕持票施行。

第三十一條　凡公堂准人所請發以上各票，不得向發票人索取票費，違則查明官員或差弁，或巡捕，分別降革懲處。

第三十二條　凡拘票、傳票，須將原告、被告姓名、事業、住址並被控事件，及犯罪月日逐一載明。

第三十三條　凡巡警員弁或平民別項人請發拘提及搜索房院等票者，必須在承審官前具呈簽押宣誓，該承審官查明所具呈詞實係近理可信，始准簽發。如情節支離或迹近挾讎妄控，均有駁斥之權。

第三十四條　凡人被人控告、拘提，若審明所告不實或罪不至於拘提者，即將控告之人處以罰金，並令賠償。房院誤被搜查者亦同。

第三十五條　凡犯輕罪之人，如有一定住址，祇發傳票，不得即發拘票。

第三十六條　凡被告奉到傳票後，應即依限到堂，如有疾病及不得已之事故，須豫向公堂聲明，以便展期，若屆期不到又不聲明，不到之原委者，可發拘票拘提。

第三十七條　前條所載抗傳不到之被告，既經拘提到案後，應使其取保或由殷實人擔保，或存保證銀於公堂，將其釋放。惟銀數務須適中。

《大清法規大全・訴訟法・刑事規則・關提》　第三十八條　凡關提逃往公堂管轄境外之刑事被告人，無論係在何處，公堂於未發票之先，令請發拘票人清心矢誓，並察核呈內所稱犯事及藏匿各節，實屬可信，然後准其所請，簽發拘票，另備公文，飭令差弁或巡捕前往關提。

第三十九條　關提被告之拘票內須將原告、被告姓名、住址、事業、被控事件，犯罪月日及逃匿處所逐一載明。

第四十條　持票之差弁或巡捕親賫公文至被告逃匿處所之公堂呈遞，經該公堂官員驗明該票合格，即於票內簽押蓋印，添派差弁或巡捕數名，協同持票之差弁或巡捕前往偵緝。

第四十一條　緝獲之後，將該被告解至協緝之公堂，審明實係票內所指之人，即交持票之差弁或巡捕解回發票之公堂審訊。

第四十二條　如協緝之公堂審明被拏之人並非拘票所指之人，或其人向在該處居住，並非藏匿，應即釋放，或其人係應提之人，能取具妥保，保其必到發票之公堂聽審者，則令取保釋放。

第四十三條　如解至發票之公堂，原告不能證實其罪，被關提之人可向公堂控原告並主使，及指引之人，按律分別治罪或索取賠償。

《大清法規大全・訴訟法・刑事規則・拘留及取保》　第四十四條　凡人無論所犯何罪，如非有裁判權之公堂，不得將該犯審判拘留或監禁。

第四十五條　凡人無論所犯何罪，被拏之後立刻送公堂審訊，自被拏至審訊之時，拘留不得逾二十四小時。

第四十六條　凡人被拏，如因人證不齊或因他故，不能於二十四小時內審訊，准由承審官展限，至多不過七日，期滿即將該犯提堂審訊。若人證尚未齊集或因有合理事故，不能審訊者，准將該案再行展限。惟每次展期均不得逾七日，統計展期亦不得逾十次，儻逾十次尚不能審判者，公堂應將被告人取保釋放。

第四十七條　除叛逆、謀殺、故殺、強劫並他項重罪之案不准取保外，其餘各案，被告均應准其取保候審，於停審期內亦不得將被告拘留。

第四十八條　凡被告遵傳到案，如審訊未完，展期再審，應准其歸家，令依限到堂聽審。

第四十九條　凡例應拘留之被告，於審訊中應另置一所，不得與已定罪之犯人同獄監禁。例准取保，尚未覓有保者亦同。

《清實錄・康熙二十一年》　己卯，兵部議覆寧古塔將軍巴海疏言，巡邏採參官兵，請議給賞定例，以示勸懲。應如所請，視緝獲多寡，分別議叙。得旨：　盜採人參，官兵蹤跡緝獲者，視所獲多寡議叙，甚爲允當。但恐非係採參之人，妄有拘執，奪其資財，俾孑身採捕他物者，無故罹害，亦未可知，嗣後有犯此者，作何處分，爾部再議以聞。尋議：　巡踪章京兵丁誣拏無辜之人，將章京革職，兵丁枷號兩個月，鞭一百。若奪取財物者，將章京革職，交與刑部議罪。兵丁枷號三個月，鞭一百。其打蜂蜜水獺人等，執信票在分內地界行走，如巡蹤章京兵丁圖功誣拏，奪取財帛等物者，亦照誣拏無辜之人治罪。或無信票，或有信票而不在分內地界行走，往別地界行走，或於信票內人數之外，多帶偷刨人參等行走者，仍照常緝拏。從之。

《清實錄・雍正十二年》〔七月〕壬午，九卿遵旨議覆，五城司坊等官，途次遇有鬬毆、酗酒、騙詐等事，應不論何城地方，准其當時拘執，押送該城司坊官錄供，詳解該城御史審訊發落。若拘泥疆界，不即執送，以致案犯脱逃者，巡城御史察出題參。至曖昧隱僻不法等事，各司坊官訪聞的確，亦不論何城地方，准其密詳該城御史查拏究治，並密詳本城御史存案。儻該役藉端訛詐，駕詞妄稟，以及司坊等官藉此擅作威福者，該城御史查參，交部分別議處。再大興、宛平二縣，與五城地方交錯，無論五城並該縣所屬，遇兇徒不法等事，亦准一體緝拏，從之。

《清實録・道光二十五年》 諭内閣：各省地方遇有越獄脱逃及竊盜等案各犯，向俱責成該州縣營汛上緊嚴緝，其勒限月分往往多寡不同，有無分別定限之處，著吏兵兩部查明具奏。尋奏：各省監犯越獄脱逃及劫盜等案，均按疏防勒限，其題參疏防限期，各照案情定限。近來各省督撫往往奏請先行交部議處，並從嚴摘頂勒限緝拏，視案情輕重予限期多寡。原屬格外從嚴，部議先照防範不嚴例，降一級留任，仍勒令該督撫照部限開參。又道光十九年議定：如獲犯在本案正限之外，雖經該督撫奏請開復員弁頂帶，仍按例限參處，遵行在案。報聞。

《清實録・道光二十七年》 又諭：據耆英等奏，民夷互鬭，毆斃夷人六名，該夷親屬，亟求伸辦，現撈獲夷屍四具，趕緊查辦一摺，粤省民夷未協，屢經耆英等諭令該地方官設法勸諭，妥爲彈壓，無滋事端。兹復有居民與夷人互鬭之案，以致被害夷人親屬刻欲前往黄竹岐地方滋鬧，該督等業經剴飭該夷目安撫各夷，並照會英酋噫吡畤，告以此案必爲查辦，著即明白曉諭，以安其心，即一面嚴飭文武各員，務將此案正兇，設法捕拏。分投細訪，按名弋獲，查起各屍，從嚴懲辦。仍一面密飭水師各營及守臺弁兵加意防範。再據奏訪聞該處民人有被夷人致死二命，是否屬實，亦著該督等確切查明，妥爲辦理務使各得其平，勿令有失民心，是爲至要，將此由四百里諭令知之。

《清實録・同治五年》 〔七月〕壬午諭内閣：長善奏，請清查旗籍並變通銷檔章程等語。山海關旗營往往有逃回遣犯，仍在該旗營房暗地出入，溷跡潛伏，若不嚴行查拏，實爲地方邊防之害。著長善嚴飭該管協領等隨時訪查，如有由配逃回，及作奸犯科人犯，無論銷除旗檔並在營房民居潛住者，一經查出即行拏解，按律懲辦，並著隨案聲明，將該管官處分概予寬免。儻不肯認眞查拏，知情故縱，或別經發覺，即將該管各官嚴參懲處。

《清實録・同治六年》 〔十月〕諭軍機大臣等寶鋆等奏，内倉近有賊犯偷竊，請飭嚴拏一摺，内倉近日失去麻袋、米石等項，據該倉筆帖式吉淩阿訪查被竊情形，係賊犯王七兒等黑夜折傷半步橋橋幫，由地溝隱入，直至西長安門，由大清門内東朝房越入偷竊。現在新米將次入廒，若不嚴密拏辦，難保不更肆偷竊。内倉禁地，賊犯竟敢潛入，該地面官弁等並不認眞稽查，實屬不成事體。著步軍統領衙門即派妥幹員役，按照單開各犯，逐名嚴拏，毋令聞風逃逸。原單著鈔給閱看，將此諭令知之。

《失察邪教處分酌擬限期》卷二八 一件通行事，咸豐三年七月念四日，奉巡撫部院王憲案，咸豐三年七月十四日，准吏部咨考功司案呈本部奏前事等因相應抄單知照，可也。計單一紙等因到本部院，准此，合就飭行，爲此仰司官吏，即便移行，欽遵辦理，仍刊入例冊頒送，計粘單一紙。

咸豐三年四月初五日，准刑部咨稱内閣抄出二月二十日，奉上諭怡王奏陳閩省緝匪情形，懇恩寬免失察處分一摺。匪犯糾結滋擾，亟應嚴拏懲辦，惟地方官失察處分綦重，往往因一犯經歷數縣，一縣牽連數官，慮被輾轉糾參，累及通省，並有自經訪獲，復因另犯潛往數日不能免議，以致上司各官相率迴獲，養癰貽患。所奏自係實在情形，此時查辦匪犯，正當吃緊之際，若非破其痼疾，斷難專以責成，著王即行嚴飭所屬文武各員，認眞查拏，一有匪徒結會或衆，斂錢傳習滋事，如能隨時覺察，立即掩捕破案，並將傳染之犯，悉予擒拏懲辦，或將外來奸細偵探弋獲，俾免勾結。均准將該地方官應得失察處分悉予寬免。四川懲辦匪徒有就地正法之案，閩省山海錯處，奸匪易滋，即可仿照辦理，以儆兇頑。倘地方官仍有縱匪不辦，或諱飾消弭者，該督撫即行據實嚴參，不得巧爲開脱，轉滋流弊。該部知道，欽此。欽遵到部，並抄録原奏，移咨前來本部。恭查嘉慶十八年十月二十三上諭：吏、兵二部具奏酌議失察邪教處分各摺，直省地方遇有奸民倡立邪教，惑衆斂錢，甚至釀成叛逆重案，該管文武各官，如能先事覺察，及早查拏破案，自應寬其既往，以勸緝捕，以杜諱飾。即如此次直隸、山東、河南三省，均有奸民結衆滋事。該管督撫溫承惠，同興、長齡及所屬府縣，均未治其罪。此内如同興能先事拏獲，究出首犯林清姓名、住址，又能將山東滋事賊匪迅速剪除，是以迭加恩賞，優予甄叙。至溫承惠因所屬地方有逆首林清突犯禁門，爲從來未有之事，又復剿辦遲延，是以明示懲處。賞罰各有權衡，非一律科以失察之咎也。朕詳閲吏、兵二部所議，如該管文武各官於邪教叛案，能先行訪聞，將案犯迅速緝獲，無論事之久暫，不特免其處分，亦毋庸照兵部所議，送部引見。該督撫奏聞時，朕必立沛恩施優加獎擢，或因匪黨衆多，職微力不能辦，立時密報上司，及咨會隣境查拏破案者，准其功過相抵，不必照本例減等議處。倘明知故縱，始終掩匿不報，事發從重治罪。若屬員詳報，該上司隱飾不辦者，卽將該上司黜革治罪，詳報之員概免議處。其在任毫無覺察，經後任官舉發者，前任官俱照原例降革，如此明定章程，嗣後該管文武各官當曉。然於失察過輕，諱匿罪重，認眞緝捕毫無瞻顧。庶奸匪不能潛匿，吏治、民風可期日臻整肅，欽此。又查例載失察邪教處分，如果怠玩因循釀成重案，將州縣官革職，府、州降二級調用，道員降一級調用，兩司降二級留任，督撫降一級留任，俱毋庸查級議抵。其先由上司、隣境訪拏，該員能協仝獲犯，照本例減等議處。其有前官在任毫無覺察，經後任州、縣查出舉發者，將前任官革職，如係惑衆斂錢並非滋事重案者，將不行查拏之州、縣官降二級調用，府州降一級留用，道員罰俸一年，兩司罰俸九個月，督撫罰俸六個月。其或私相傳習，尚無惑衆斂錢顯跡者，州縣官不行查禁降一級調用，府州罰俸一年，道員罰俸九個月，兩司罰俸六個月，督撫罰俸三個月。由後任官查出，前任官降二級調用。若匪犯脱逃潛匿在境，別經發覺，亦將州、縣降二級調用，俱公罪等語。推原例意，防患不得不周，故立法不得不重，不能以後任而寬前任之處分，以一縣而免數縣之處分也。茲據督等奏稱，每獲一犯，必須根究由來，輾轉糾參各該員，雖知失察過輕，諱匿罪重，然與其不諱而累及通省，何如不辦而倖免一時。上下相蒙，牢不可破，欲於積重難返之際，力圖掃除，更張之方，仰懇恩施俯准，將福建省失察會匪文武各官暫予寬免處分，庶各員無所避忌，得以核實辦理，所奏係爲整頓地方起見，誠如聖諭，自係實在情形，准其悉予寬免，飭令該撫實力遵行，惟立法與時爲變通，而除患尤期其迅速，倘日久蔓延，必致養癰貽患，地方官於匪犯糾結滋擾時，能認眞查辦，則寬其既往，所以策其目前。如仍相率因循，則恃無處分，益復無所顧忌，該督等奏懇特恩，暫予寬免。原係因時制宜之意，然不明定限期，竊恐轉滋流弊，本部公同酌議，應請自奉旨允准之日起，定以一年爲限，在年限內查拏破案者，如有一犯經歷數縣，一縣牽連數官，其從前應得失察處分，悉予寬免。如仍前玩弛已逾一年之限者，無論失察、諱匿，仍各照定例辦理，以昭勸懲，而符定制。庶奸匪不致潛藏，吏治可期整肅矣等因咸豐三年四月三十日，奏本日奉上諭，前據怡王奏閩省緝匪情形，請將地方官失察邪教處分暫予寬免，當經降旨允准，原爲因時制宜，俾地方各員不致心存瞻顧，得以核實辦理。茲據吏部奏酌擬限期，請明定章程一摺，朕詳加披閱，立法固貴變通，除患尤期迅速。倘地方官恃無處分，於匪犯糾結滋擾之案，相率因循，則寬其既往，轉致貽患將來。必應明定限期，以杜流弊，着照所請，卽自此次奉旨之日爲始，定以一年爲限，在一年限內查拏破案者，如有一犯經歷數縣，一縣牽連數官，其從前應得失察處分，悉予寬免。如仍前玩弛已逾一年之限者，無論失察、諱匿，仍各照定例辦理，以示限制，並着該部通行各直省，一體遵行，欽此。

又 一件欽奉事，咸豐三年七月十五日，准兵部咨職方司案呈內閣抄出吏部奏查明失察邪教處分，酌擬限期等因一摺，咸豐三年四月三十日，奉上諭，前據怡王奏閩省緝匪情形，請將地方官失察邪教處分，暫予寬免。當經降旨允准，原爲因時制宜，俾地方各員不致心存瞻顧，得以核實辦理。茲據吏部奏酌擬限期請明定章程一摺，朕詳加披閱，立法固貴變通，除患尤期迅速，倘地方官恃無處分，於匪犯糾結滋優之案，相率因循，則寬其既往，轉致貽患將來，必應明定限期，以杜流弊，着照所請，卽自此次奉旨之日爲始，定以一年爲限，在一年限內查拏破案者，如有一犯經歷數縣，一縣牽連數官，其從前應得失察處分，悉予寬免。如仍前玩弛已逾一年之限者，無論失察、諱匿，仍各照定例辦理，以示限制。並着該部通行各直省，一體遵行，欽此。欽遵到部，相應恭錄諭旨，行文該撫，欽遵查照外，查此案既經吏部將文員酌定期限，其武職自應一律核辦，嗣後武職，如有失察此等案件，在一年限內查拏破案者，概予寬免。如逾一年之限，應令各該督撫悉照文職，一併附參。庶免岐異，以昭畫一可也等因到本部院，准此查此案先准吏部咨，業經行司移行，遵照在案，今准前因，合就飭行。爲此，仰司官吏卽便移行各鎮協營，一體欽遵辦理，毋遲須案。

清・嵇璜《清朝通典・刑七・雜議》 乾隆三十五年二月，江蘇按察使吴壇奏： 例載凡將良人誣指爲盜，及寄買賊贓，捉拏考打，嚇詐財物，或以起贓爲由，沿房搜檢搶奪財物，除犯死罪外，其餘不分首從俱發邊遠充軍。誣指送官，以誣告論。又載捕役人等奉差緝賊，其人本係良民捏稱，踪跡可疑，素行不軌妄行，拿獲。及雖犯竊有案，已改惡爲善，人所共知，仍復妄拿所獲之人，不論平人竊盜，私行拷打，嚇詐財物，逼勒認盜，俱照誣良爲盜例治罪。各等語，細繹前例之義，稱誣指良民爲盜，則舉重以該輕，及寄買賊贓，則舉輕以例重，故向來辦理誣良案件，不論所誣之或強或竊，以及誣指寄贓，均照此例，一有捉拿拷打詐財搜檢等項情事者，問發充軍，其無前項情事，止於誣指送官者，卽照誣告例按其所誣之輕重加罪三等，分別枷、杖、徒、流，而不及軍、遣，絞例之義，則以捕役捏稱踪跡可疑，素行不軌，妄拿良民，及將改惡爲善舊賊，仍復妄拿拷詐逼勒，苦累無辜，是以亦照誣良爲盜例并擬充軍，而於誣竊誣強有無區別之處，亦未分晰指示，玆臣因辦理案件詳加細核，誣良之罪固當以有無拷詐等情，分別輕重第查誣告輕罪加等，止於滿流。卽誣告至死罪未決亦止滿流而止。搶竊滿貫罪止絞候，誣指送官并未拷詐，照誣告死罪未決例，擬以滿流，亦尚平允。若誣指良民爲強盜，審實卽應斬決，雖無拷打嚇詐等項情事，而較誣指爲竊之案，則輕重懸殊，以應將前例內誣指良民爲盜一句，酌改爲誣指良民爲竊，再於本條之末，添入若誣指良民爲強盜，雖無拷打嚇詐情事，亦發邊遠充軍。如有拷詐等情，卽發往極邊烟瘴數語，並將後例內俱照誣良爲盜例治罪一句，改爲俱照誣良爲盜例，分別強、竊治罪。俾誣強、誣竊，輕重犁然，胥役人等咸知，一經誣盜，立卽擬軍，拷詐逼勒，卽發烟瘴。畏懼遠戍，不敢輕犯，庶誣詐之風可息，緝捕之功益力，而江南多盜之區，亦可漸冀減少矣。部議，從之。六月部議福建巡撫溫福條奏：嗣後拏獲偷渡臺灣客民，如尚在陸路客店道路未登舟以前者，客頭、船戶、客民俱照本例減等發落。如已登舟無分大船、小船，已未出口，將客頭、船戶、客民，卽照偷渡本例分別充軍，滿徒，不得分別已未到臺，予以寬減。至不法客頭、船戶內有積慣在沿海村鎮引誘包攬招集男婦老幼數至三十人以上者，無論已未登舟，一經拏獲，卽將客頭、船戶年力強壯堪任耕作者，發遣新疆給種地兵丁爲奴。如年已衰邁，及有殘疾者，改發雲、貴、兩廣極邊烟瘴充軍。其爲從及澳甲、地保、舵工人等，均照定例分別辦理。至拏偷渡客民務必嚴究沿海、陸路在何村鎮客店會集，將該處兵役、澳甲、地保客店究明，或係知情賄放，或止於失察，悉照偷渡原例，分別治罪。如巡查之兵役止於失察，杖一百。澳甲、地保、客店人等，照鄰保社長減本管頭目鈐束不嚴例杖七十。若有賄縱情弊，計贓從重論。若兵役、澳甲人等，能於拏獲客店聚集，及首報偷渡客民，雖本汛亦照拏獲偷渡客民計名給賞，其賞銀仍照向例令地方官先行墊給，俟定案後，於偷渡船隻變價充公銀內，給還。仍咨報戶、兵二部查核，如有不肖兵役、澳甲人等，將并非偷渡之人，輒行妄拏，圖功邀賞者，亦按其妄拏名數，分別懲治。若有挾嫌、嚇詐情事，仍照本例從重問擬。至拏獲偷渡客民，務必嚴行究出沿海、陸路在何村鎮客店會集，將該處文武員弁，或係知情，或止失察，悉照本汛失祭偷渡原例，分別參處。其沿海、陸路文武能於客店聚集時，拏獲及首報偷渡客民者，雖在本汛亦照拏獲偷渡，按起獎勵。若將并非偷渡之人輒行妄拏，圖功邀賞者，審實卽行從重參處。

清・琴川居士《皇清奏議・請定兵役緝盜賞罰疏》 直隸古北口提督臣布蘭泰謹奏：爲謹定兵役緝盜之賞罰，以嚴汛守，以靖地方事。竊查直隸爲畿輔重地，五方輻輳，良莠錯居。臣自抵任提督一月以來，接見各屬呈報盜竊案件六十餘起，除本家當時擒獲之外，兵役弋獲者寥寥數人。夫苟汛地稽查嚴密，則宵小何能托足犯事。卽行弋獲，則贓物未至花銷。國家設兵衛民，星羅碁列，原以剪除奸宄，寧謐地方爲首務。若乃因循成習，怠玩成性，既不能弭盜於未萌，又無以緝盜於已往，自非有以整飭而激勸之，其何以肅營伍，而嚴汛守也。臣思激勸之道莫善於賞罰，行則人思鼓舞振作，以盡力於所事。伏查定例，地方失事，專汛兼轄之弁員，均有疎防降罰之處分。弋獲則有加級紀錄之優叙。外委千把總二參不獲，有重責二十棍之罰，是各弁員之賞罰，固爲嚴且備矣。至於汛兵則遇強竊事件，三月不獲，僅予三十四十之笞，及其已獲，從前雖有該管營員酌量給賞之文，而未議及何項支給，究屬有名無實。唯緝獲別汛盜賊，有令失事地方官捐給賞銀之成例耳。是罰既輕而賞復有缺，由是汛兵遇有本汛盜竊案件，前無可冀之賞，後無可懼之罰，因之平時在汛務，爲偷安苟且以自便。迨夫失事報官，則與地方捕役彼此觀望，任賊遠颺而不顧，而盜案因有弁員之參處，尚知戒懼。竊案并無勒緝之拘提，任意疎虞，此所以盜竊多而弋獲少也。夫盜之生也，始於行竊，既而習慣成夥以行盜，由來有漸。是盜固當防竊，尤未可輕縱。臣請嗣後直省地方遇有盜竊案件，專汛官弁一面申報上司，一面選差訊兵協同地方官役踹緝，如一月不獲，該管轄官弁照依督捕有司之例，按月提比，每案將承緝汛兵重責二十棍，勒限嚴緝務獲，倘能一月內緝獲本案首盜者，照依緝獲別汛之盜賊一月以內之例，賞銀二十兩，獲夥盜者，每名賞銀十兩，緝獲竊盜者，按每三名酌給半賞銀十兩。一月以外緝獲本案首盜者，照依緝獲別訊盜賊一月以外之例，給銀十兩，緝獲夥盜一名者，酌給半賞銀五兩，緝獲竊盜者，每三名亦給半賞銀五兩，其緝獲妖言妖書以及強竊窩家、響馬、老瓜、掘塚等賊，均照首、盜、夥分別給賞，緝獲掏摸亦照竊盜等次賞給其支給之處。臣查現在各營俱有恩賞生息，及公費銀兩，除給紅白費用外，尚有盈餘，即於此內酌量支給，以公濟公，另冊報銷，似可益地方，而勵營伍。罔非聖澤之汪洋，如節次緝獲本汛別汛首盜，夥盜五名以上，竊賊掏摸十名以上者，驗其才技弓馬，以次考拔。步拔戰，戰拔騎，騎兵則給以額外。外委把總頂戴，隨汛差捺，如捺防謹慎准其遇缺宴補，以示勸勵。若有私拷等情察出，按律例治罪，賞懸於前，罰隨於後，賞無糜於公帑，罰非責以非分，用隨其才而不溢功，從其厚而非過，俾各汛兵和賞之足據，而罰之可慮去其怠慢，作其勇往防範于平時，追擒於已往，庶盜風寢息，而閭閻獲安堵之休。鼠竊潛銷，而地方享無事之福矣。臣蒞任之時，提屬營汛，已過題定巡查之期，容俟聖駕覇州行圍，臣扈從事畢，再照例親往巡查，如有應行酌定事宜，另摺恭奏，請旨遵行外，今據現在各屬呈報盜竊情形，不敢稍自寬假，用竭千慮之愚，冒昧陳奏。

清・琴川居士《皇清奏議・請嚴鄰境緝捕疏》 掌陝西道監察御史臣祝棟跪奏，爲請嚴鄰境緝捕責成，以杜規避，以靖匪徒事竊，臣見近日浙江巡撫長麟參奏該省石板殿被盜，文武員弁捏報匿稟一案，又山東巡撫吉慶參奏江南山東會勘黑水洋面互相推諉一案，均奉旨嚴辦在案凡有地方之責者，自必咸知儆惕，各思振奮，惟是鄰近省分壤地，交錯所在多有，如果互相防範，則合兩境之力以辦一偶之事，應較專管地面更爲周密。詎地方官心存領域，平時既不協力稽查，遇事輒互相推諉，惟冀不在所轄境內，即可置身局外，不思往返查勘動需時日，匪徒因得遠颺。所以狡黠之徒往往尤於壤接境連之區肆其出沒，如黑水洋於五十二三等年被劫五案，距今六七年之久，犯未弋獲，而江南、山東尚復爭論界址，其明徵也。伏見我皇上整飭官方，凡遇地方緊要重案人犯，屢獲鄰境要犯者，無不從優鼓勵，予以引見頻加擢用，實屬仁至義盡。乃地方官仍不免鰓鰓以界址爲辭，推原其故，則以本境責在承緝，鄰省不過協緝，責成不專，竟可視爲海捕具文。倖而獲犯且可仰邀優叙，此所以咫尺之地，出此入彼必須爭執。況海洋一帶若爲傍岸，猶有道里可稽，如係洋面則浩渺無涯，風浪所逐難辨程途，就令失事者，重往識認亦難確指處所，最易爭執之端，豈可因界址未明，竟將重案懸嚴。臣愚以爲，凡屬兩境毗連之地，除尋常犯案仍專歸本省辦理外，其有海洋盜劫重案界處兩省者，即將兩境員弁一并體定爲承緝，呈報立即互相咨照會同截拏，該督撫仍各派鎮道大員親往督辦，如有觀望不力者，即行指名嚴參，如此則接連境界承緝之責彼此如一，推諉之習無所復施，不惟兩省堵截獲犯較易，平時亦必協辦同心互相防範，匪徒不敢覬覦海洋，益就寧謐矣。

清・郭嵩燾《郭嵩燾奏稿・廣東盜犯懇請變通例文辦理疏》 奏爲廣東盜犯有須變通例文辦理之處，恭摺具陳，仰祈聖鑒事。

竊查律例乃朝廷之大法，推本人情，體察時勢，舉其大綱，而各省民情，變幻百出，有同一例文而情事迴不相侔者，承平日久，官吏習爲寬容，皆務避重就輕，不肯認眞辦理。廣東民情獷悍，用法尚嚴，因循既久，風俗日壞，一二強幹之吏，懲辦盜匪，法外用刑，駭人聽聞。若已故潮州府知府吳均，在任致斃盜匪動以千計，至今民尸祝之。咸豐四年紅匪之亂，前督臣葉名琛搜捕餘匪至數十萬人，地方安靜四五年之久，洋人入城，變端驟起，而土匪無稱亂者，良由各州縣縱盜養奸，醞釀太深，一經懲創，亦可少收其效，至使百姓以用殺爲快。而當時盜風稍獲止息，轉瞬又加熾者，實以例文拘牽太甚，中材以下，以循例爲能，一時之整頓萬不能敵數十百州縣之醞釀。臣等體察情形，歷考從前奏定省例，有爭需量爲變通者數端：

如例載打單捏造圖記，夥衆嚇詐，爲首發邊遠充軍，爲從杖徒，其無圖記者，爲首亦止於杖徒。此條專爲廣東沿海地方有此風氣而言。臣等考求廣東盜風之盛，農夫販豎，交耳密語，即起行劫，惟盜賊之有根柢者，乃始托於打單。凡打單必勾結各路村莊，分黨四出窺伺，盜首出具姓名圖記，勒派數目，惟所需索。故行劫暫而打單常；行劫勞而打單逸；行劫隱而打單顯；行劫猝至，被劫者人手稍強，猶或勉爲抵拒，打單則沿途密布黨羽，稍拂其意，登時號召，擄掠一空，從無敢與爲忤者。行劫、打單，相倚爲用，而勢益橫，獨恃有罪不至死之例，每破一案，自認打單，即不能科以重罪。道光三年拿獲打單匪犯何靈忠等，訊有搶劫擄贖重情，仍分別擬斬，聲明打單輕罪不議。臣等以爲打單、行劫，本無二致，原情定法，各有攸宜。應請打單夥衆至三人以上，及帶有刀械火槍者，均以盜論。

又例載捉人勒贖，任意凌虐及自盡者，爲首斬候，無凌虐重情，止圖獲利，關禁勒贖，爲首遣發新疆，爲從均減擬。其後續增條例，分別擄捉人數次數，及擄捉幼童婦女，各依本罪加等問擬。此條亦專爲廣東福建有此風氣而言。臣等查廣東擄捉之案，約分二端：械鬭私忿，互相擄禁，以鬭狠爲意，不必圖利；盜賊擄捉，或起意擄禁勒索，或因行劫，見其家老父幼子，擄去詐贓，其家至不敢報案，忍心出資回贖，有苛索不遂，竟至斃命者，此則專主圖利，而凶狠爲甚。蓋盜賊行劫，劫所能取而已，擄捉勒贖，則所不能取者直令事主自括所有奉之。臣等以爲其罪當加於強盜一等，豈可更從輕擬。各州縣積習相沿，凡詳報擄贖之案，必援例文加并無凌虐一語，以爲從輕問擬之地。縉紳大族，被人扭捉關禁逼勒，其爲凌虐，何以加茲！故以事論，凡擄捉者罪惟均；以情論，則械鬬私忿當以有無凌虐定罪，盜賊擄捉求財，何庸更問其有無凌虐。詳繹例文依本罪加擬之處，亦因擄贖科罪太輕，仍按所犯本罪情節輕重加等問擬。而自咸豐五年經部議准盜案一依本律科罪，各州縣辦案乃反因有擄贖情節，遷就例文，區別等第。是因擄捉而反寬其行劫之罪，於義尤爲乖舛。臣等以爲擄捉勒贖，但係盜犯，皆應斬梟；因私忿互相擄禁，始行分別加擬，以符定例。

又例載將腹裹人口用強略賣與境外土官、土人峝寨去處圖利，比依將人口出境律，擬絞候；誘捉婦人子女，爲首絞候，爲從杖徒；若以藥餅及一切邪術迷拐幼小子女，爲首絞，爲從發極邊充軍。廣東近年略賣人口出洋之案，例無專條，而情節特重。緣英、法各國開墾南洋諸島，募人傭工。奸猾之民，因而略賣人口漁利。屢經拿案，未一嚴懲，積久遂至橫行。愚民被其脅誘，動輒數十百人載出海外，與洋人交易，多索買價。被買者語言不通，自以爲受雇傭工，一經出洋，永無下落。其略賣人口夥黨，船戶勾通共謀，并無分首從。人口數十，關閉倉底，謂之買豬崽。其事較之誘拐子女爲加慘，其情較之人口出境爲倍重。臣等以爲宜明定罪名。凡洋人招工出洋，准其開設招工所，聽人投充。但有指引情事，即按人數科罪。設計誘騙略賣者皆斬。

又廣東省例載道光二十四年奉部議：拿獲洋盜，供認行劫重情，如無事主報案，仍應照案行查，勘訊明確，不得以并無事主報案，遽照犯供定讞等語。臣等查盜案緝捕，參限甚嚴，又例須賠贓。各省地方呈報盜案，常至凌歷州縣，亦恃例文之足以相脇制也。廣東劫案繁多，不獨不能追贓，即盜犯亦不易獲，乃至以呈報盜案爲大忌，需索磨難，使不得伸訴。百姓亦遂以報案爲累，相爲隱忍。被劫民戶，或係鄉村居民，或係店鋪，或係經過客商。江洋劫案，則本省客商與外省客商參半。大率報案者十之一，未經報案者十之九。至有致斃事主，無人報案者，各州縣鄉村小路詳報無名男子被殺報驗，皆盜案而無主名。間獲一犯，就所供認二三案行查，各縣動須傳訊事主，補勘補詳。或事隔數年，事主無可傳訊，即不能定讞。盜賊享行查之利，事主反受拖累之苦，滯礙已多。至於洋盜行劫，率在大海風濤之中，搜贓殺人，焚燒船隻，即事主亦不知名姓，行劫地方又不知坐落何縣，故海洋報案至少於內地，獲案行查之難亦更甚於內地。武營拿獲盜船，有贓，有供，有凶械，有正盜，有伙黨，甚或有血跡可證，而必責令地方官勘詳，舍近而求諸遠，舍實而求諸虛，每訊一盜犯，文移往復，疑難萬端，亦見數十年來釀亂之由，此又省例之急當變通者也。

以上四條，多係廣東專例，與近年辦理盜案依本律科斷，實多抵牾。州縣官能顧考成，已屬難得，既難保其有奉公之心，亦難望其整飭地方之意，每於辦理此等盜案，因循瞻顧，不能成讞。臣等身任封疆，爲朝廷宣法禁奸，自應明定例文，使與本律不至參差，庶州縣有所循守，以持刑罰之平，而不以瞻徇廢法，其廉幹之吏，亦可不至以非刑立威，於廣東除暴戢奸之意，似亦甚有關係。請旨飭下刑部依照本律酌中定議，俾有遵循。

是否有當，謹合詞恭摺具奏，伏乞皇太后皇上聖鑒，訓示施行。謹奏。

清・郭嵩燾《郭嵩燾奏稿・請獎拿獲鄰境要犯人員片》 再，署南海縣知縣候補同知羅澣隆，居官廉謹，素有聲譽。此次拿獲東莞盜犯葉烏欖頭等多名，該署縣懸賞購綫，籌給經費，出力爲多。又代理化州知州試用知縣張欽泰，前於搜剿信宜餘匪，疊次稟報情形，遇事敢爲，具有條理。嗣石城縣正豐店被劫案內，該代牧拿獲要犯方良、周點、謝亞初、吳強、郭亞意、鍾效妹、陳滿等七名，解歸石城縣并案辦理。當以該員辦事認眞，密扎高州府知府蔣超伯就近查詢其官聲，據該府稟稱：信宜股匪竄擾州屬寶墟時，該代牧保守州城，獨力經營；後信宜周坑股匪滋擾，該代牧復能派勇三百名赴信宜助剿。其勇糧經費，一由局紳勸捐經理，絲毫不染，操守亦見清潔。以上二員，可否援照拿獲鄰境要犯之例，均請加恩以本班盡先補用，出自皇上天恩。其張欽泰化守城接伏勞績，仍應匯附信宜保案另獎，以昭激勸。謹附片陳奏，伏祈聖鑒。謹奏。

清・郭嵩燾《郭嵩燾奏稿・請獎擢拿獲巨盜之都司守備片》 再，廣東劫盜肆行無忌，其著名大頭目，黨羽或聯數府縣，交通勾結，盤踞甚深。臣等蒞任之初，訪知東莞縣屬大埗墟盜魁葉烏欖頭，黨羽甚多，大爲民害，當密扎營縣設法拿辦。未數日而附城西榮巷時昌銀店被劫，拿獲首犯陳亞積、李亞松等多名。又數日而城内清風橋廣裕銀店被劫，拿獲首犯吳亞先、葉華仔等多名。臣等以會垣劫案，一歲中至三四次之多，必有著名積匪潛伏勾通。密加考問，廉知兩案均葉烏欖頭爲首。蓋廣東大弊在本地土音不能通知，每遇劫案巨盜，差役自度不能捕獲，即先隱其名。是以盜首愈縱而愈横，盜民亦因之愈熾。葉烏欖頭一犯，經扎營縣訪拿之後，竟敢潛匿省城，連次行劫，而仍無舉其名者。劫盜之横行，紀綱法度之廢弛，均可想見。

因查署廣州協中軍都司題補三江口協中軍都司保應熊、補用守備廣州城守營千總鄧安邦，緝捕素稱勤能，即經密飭嚴拿葉烏欖頭，務獲到案，并語以獲犯優保，否即參辦。該二員往來奔馳，經營數月，節次招集練勇，設法購綫。自去年十一月至令，始將葉烏欖頭拿獲。當於會訊後恭請王命，先行正法，以昭炯戒。其餘要犯，除吳亞先、葉華仔等外，續經拿獲哨牙仔、沙樓全、蕭亞保、何亞通、陳亞名、龍亞江、黄亞安、周華支、何九仔等多名正法，省城街道略爲之肅清，數月未犯劫案。似此積年巨患，設法捕除，人心稱快。而該二員於奉委後，并先後拿獲别案疊次行劫要犯李亞會、劉亞坤、劉亞妹、梁亞禮、黄志三、賴亞旺、梁亞堅、樊亞金、樊亞祖、樊綿羊蘇、樊運通、周亞富、黄亞作、李幹等至十四名之多，皆係著名巨盜，洵屬緝捕認眞，奮勉出力，與尋常巡緝盡職者實有不同。合無吁懇皇上天恩，破格獎擢。都司保應熊應請以游擊盡先補用；候補守備鄧安邦，咸豐五年克復和平縣案内經提臣昆壽擬保都司，賞换花翎，訖未出奏，應仍請以都司陞用，賞换花翎。臣等爲整飭捕務起見，可否飭部照准之處，出自皇上逾格鴻施。謹會同提臣昆壽附片陳奏，伏乞聖鑒。謹奏。

清・郭嵩燾《郭嵩燾奏稿・保獎獲盜人員懇酌量變通并陳廣東治盜情由片》 再，臣等於同治二年十二月十一日接准部咨：同治二年九月初六日内閣奉上諭：駱秉章奏請將獲盜人員仍復送部引見舊例等語。向例獲盜人員俱係交部分别議叙，即所獲盜犯較多，亦止於送部引見。自咸豐五年部議章程，凡獲盜人員有拿獲斬梟斬決一案六名以上，或兩案三案每案均在三名以上者，勿庸分案議叙，俱准督撫核實保奏，給予應陞官階，免其送部引見。原以四方多故，盜賊横行，獎勵不妨稍優，庶緝捕可收實效。乃自此例一開，獲盜請獎之案層見疊出，其認眞緝捕者固不乏人，而詐僞日滋，或竟徇親友之請托，以盜犯相贈遺，在予之者以首先獲盜讓人邀功，而自居協獲，仍免處分；有受之者毫無勞績，優獎幸邀。似此貪緣爲奸，巧於干進，殊於吏治有礙。嗣後獲盜人員，仍照舊例送部引見。其由督撫指定官階專摺保奏章程，着即停止，以杜幸進，而重名器。欽此。仰見皇上循名核實、慎守舊章之至意。

臣等前札飭都司保應熊、守備鄧安邦緝拿要犯葉烏欖頭，尚在未奉部文之前。廣東節次辦理軍務，臨時應許與獎叙，事後於應獎各員遺漏常多，人皆以在官之言無足憑信。臣等方謀力矯其弊，又親見保應熊等經營賠墊，多獲巨犯，與尋常緝捕情形有别，不敢不據實奏懇恩施，以稍資鼓勵。

抑臣等更有請者：國家立法，獎能懲奸而已。權衡緩急輕重之宜，考求虛實情僞之辨，責在督撫。督撫喜貪緣，何途不可巧進？督撫重名器，何事可以幸邀？咸豐五年部議獲盜給與優獎章程，專爲整飭捕務起見，亦以軍興以來，保獎人員百位平時。而寇亂之興，其原多起於劫盜。得一捕盜之良吏，亦足以稍遏亂萌。若但令送部引見，徒使奔走煩費，無益於陞階。在平時循資濡滯，得之自以爲榮；在此時保案紛繁，得之反以爲苦。恐并獲盜議叙一節，亦成虛文。值此寇亂方張之日，吝一階之賞，阻人以可圖之功，是直視此時捕盜反輕於平時也。駱秉章所奏，或四川有此弊端，欲以概之天下。臣愚以爲尋常盜案，雖至斬梟斬決，原可無庸保獎，至或舉發巨案，或拿獲著名大盜，核其勞績，幾與戰功無異，似仍應酌量給予優獎，俾有所激勸。應請旨敕下部臣另議具奏，略與變通，於捕務不無裨益。

臣等又見抄報戶科給事中王憲成奏刑部纂修條例，有應行參酌者四條，其第一條，辦理盜犯新章宜稍加區别等語。臣等查刑部賊盜原律，凡得贓者不分首從皆斬。敬繹律文，豈不知情節各有重輕，而斷以一語，以防治刑者之意爲高下，亦緣賊盜糾衆行劫，罪本無可逭也。雍正五年，九卿定議，分别法所難宥，情有可原，纂入例册。乾隆二十六年，復經刑部議：伙盜轉糾黨羽，俱擬斬決，不得以情有可原聲請。其時海宇綏和，法令修明，朝廷仁政得以下究，而固不肯稍寬有罪，以示有所姑息。列聖之心，先後同符。竊見近數十年州縣辦案，不惜磨難平民，而憚於懲辦匪類。遇有盜案，設法解脱。遂使無形之中，善氣日益消磨，惡氣日益增長，以釀成今日盜賊之患。文宗顯皇帝知其流弊，於辦理劫案一依本律問擬。胡林翼巡撫湖北，張亮基、駱秉章先後巡撫湖南，皆以懲辦盜賊、匪類，振興百姓之氣，而各州縣狃於積習，反復沉錮，避重就輕，改盜爲竊，仍所不免。

至於廣東，盜風之盛尤非各省情形可比。臣等檢查案卷，比較情實，嘗以爲疑。迨經採訪民情，始略知其梗概。蓋廣東民氣素強，嗜利輕生，乃其本性。盜賊之多，百倍他省。州縣防劫盜處分，先於報案時勒令改輕情節。又遞呈有費，行票有費，勘案有費，百計困苦之，而贓犯終無一獲。愚民苦需索之擾，相率容忍，不敢報案。其力能具控者，或因捕獲一犯，牽引數案，勉強成讞，以圖寬免處分。積之久，而著名大盜皆能自脫於法，於是差役可以庇盜矣，紳士可以豢盜矣，互相勾結，悍無顧忌。猶恃律文不分首從皆斬一語，非捕獲伙黨數人不能了案。若如王憲成所奏，除首盜一二名外，其餘伙黨皆屬可原，將益開州縣自便之門，以成差役縱盜之計。且查廣東劫盜，傷斃人命者十九，其不致斃命者十一。緣凡爲盜者，人各挾一洋槍，藏一順刀。事主畏伏藏匿，方能幸免於死。臣等檢閱各州縣詳報盜案，於傷斃人命一節，必稱事主尾追，被落後一賊拒捕斃命。是即傷斃事主重情，亦不過歸幷爲首一二人，含胡問抵。新章如此從嚴，州縣猶不盡遵照，若再加輕減，是未經傷斃人命，雖懷殺人之具，嚇禁強奪，皆可援照迫於飢寒得財而未傷人，概邀寬典。鼠偷狗竊，可云迫於飢寒；伙衆行劫，殺人放火，以爲飢寒所迫，可乎？又搜贓與接贓把風，爲事不同，爲盜一也。如葉烏欖頭連劫省垣重地，所供要犯十餘人，未經拿獲者僅連亞幅、葉成濟、葉幅三犯，而供稱連亞幅亦係盜魁，極有勇力，每次劫案，派令把風，是把風接贓，有時罪更浮於搜贓。必欲以國家寬大之恩，施之盜賊，竊以爲非宜。臣等每次會訊盜案，於爲首要犯反復研訊時，不免懷疑故常，以爲加恩盜賊，莫如加恩承緝盜賊之文武官吏，使之不爲處分所累，有餘力以求眞盜。若復於刑部原律，加入情有可原一條，是盜賊殺人，官吏莫之能禁，官吏殺盜賊，例文反能禁之。以此行之休養無事之時則可，以此行之今日則不可；以此行之他省猶可，以此行之廣東則大不可。是以今日治盜，有從嚴無從寬，有速斷無久稽，非直寇亂方急，宜求禁暴之方，醞釀太深，尤爲救弊之術，亦律文本意固如是也。又賊盜與被脅從逆之犯，情形實有不同。被脅從逆者，罪重而情實可矜；盜賊行劫，誰從有脅制之？非負性凶強，何至懷刃肆行搶掠？廣西之逆匪、河南之捻匪，無一不起於盜賊。故盜賊、匪類同科，而必不可與被脅者同科。但顧矜恤盜賊，則愚民百姓之氣，益將鬱而不申。臣等實不忍文宗顯皇帝除暴救時之心，又誤於書生之見，致辦理多所滯礙，不敢不竭其狂愚，先事具陳，吁懇皇上天恩，幷將臣等摺片交刑部核議，或亦不無萬一之裨。

以上二條，皆於廣東治盜情由尤有關係，謹附片縷陳，伏乞聖鑒。謹奏。

清・彭鵬《古愚心言・申飭旗民窩逃示》 爲申飭窩逃事。照得三邑旗民雜處，又距京師百餘里，爲逃人最易淵藪之地。惟稽察嚴則聞風者裹足不入，而民之窩隱，吏之失察，庶幾免矣。近解逃人閻得亮，幷及居停胞弟閻得明，查得明晉人妻蜀人盤頭穿耳，在南關錯河橋河邊當鑪，不入家甲，不由稽查。抗言身屬某旗，旗主住玉田，現住三邑，多年倚靠各庄頭。踪跡詭秘，與閻得亮一轍概行解部。解旗犯非解窩主也，將藉威靈褫其魄而落其膽，乃置得明不問，以擅解窩主題參，例降一級。聞爾旗人中遂謂自取參罰後當悔艾不思。緝盜查逃，本縣事也，豈因降級而畏縮懈怠爲爾等所玩乎？除閻得明部發不究外，爲此申飭闔邑旗民知悉：凡有旗人至本縣地方或住家或種地或有眷或無眷，如閻得明類，本庄旗戶自行具結不具結者，照例鞭二十七，取結立案。其本庄幷無旗戶庄民，妄自勾引私自容留，察出兩罪幷治，仍將旗人照來歷不明拿解。本縣但知爲地方除患，合例不合例，皆非本縣所能趨避者也。特示。

清・彭鵬《古愚心言・嚴飭儒童冒籍示》 爲科試在卽，嚴飭儒童冒籍事。照得士之發軔必自童子科，始爾洵士初赴縣試，報名僅一十九人，皆由圈投後不能自餬，絃誦之聲今昔迥絕耳。本縣建義學，置膳田，延義師，代爾束脩，諄諭父兄送子弟讀書，無日無時而不誘掖獎勸，幸而漸至四十人。以四十人三年科歲中得進二十四名，稍能摻觚者不患不靑其衿矣。若旗戶冒民他處冒籍，夤緣勾引爲逋逃藪，保無孤寒灰心改業之慮。特示於衆曰：查投旗人混入民戶應試，現奉部行處分最嚴，又各州縣籍貫不容紊亂，部頒學政條約凜如也。本縣添司提調各有專責，遇此兩種人，或暗賂保廩朦結，或混稱院試投考，冒進洵庠，定將發到印榜停掛，星赴通州面稟學院除名補額，斷不使藉才銅臭，已將矢言矢諸先師廟，爾洵士保廩互相譏察，懷之愼之，十年敎養，起衰可期，莫謂洵無人也。

清・張我觀《覆甕集・嚴謹隄防等事》 照得馬快一役專司捕務盤詰羈緝，此馬快之責也。其如捕役視賊爲衣食淵藪，其間窩縱賄蔽推諉捺擱弊端，不一而足。名爲羈緝，實藉捕役名色於強竊中覓生計耳。但縣屬坊都廷廣人烟，何啻數萬戶，經制捕快名數無幾，以通縣之廣，僅責之數人巡緝，欲長保無警，似亦難事。是以奉憲設立每坊都啚練總總甲料理公務之外，因其身在本地，凡人戶姓名行逕是所熟悉，若有往來閃爍踪跡可疑之人，卽當協同甲首根詢，一體盤詰究遂，使此等無可托足，便無能下手。本縣蒞任以來，時刻以弭盗安民爲念，無奈風猶未熄，不得不再立賞罰之格，以收其效。如馬快承緝失案能獲眞賍賊者，本縣必量緝獲之遲速，賍賊之多寡，捐銀設上中下之科，以奬之。上賞給銀四兩，中賞給銀二兩，下賞犒以酒肉。若積至二案而不獲一者，責十五板，罰銀一兩，仍按限二七日。嚴比三案者，重責二十板，枷號一個月，罰銀二兩。至五案者，重責四十板，枷號兩個月，罰銀三兩。五案以上除枷責革役外仍罰銀五兩。總甲承查本坊都啚，一季內無失竊見報者，本縣給賞銀二兩；失竊一案者，責十板，罰銀三錢。二案者，責二十板，罰銀六錢。三案者，責三十板，罰銀九錢。以外五錢遞加，杖止四十。練總兼管坊啚以三案爲率，賞罰如總甲之數。練總總甲於每月遞有無失竊結狀，以便稽查。如此，則捕役與各總練庶幾有畏憚責罰之嚴，踴躍功賞之利，捕獲不致虛應故事，保甲併得實力奉行。至於甲內人戶，亦自須時刻隄防，謹愼門戶，與其追悔於事後，莫若防範於事先。再獲賊到案，審明實係眞賊，俟賍完枷責後別屬者，遞解原籍安插。本境者，取具該犯親族鄰總保結，仍令朔望赴縣過堂畫卯，免其終流匪類，以致流毒，各宜奉遵毋違，須至告示者。

清・張我觀《覆甕集・曉禁事》 照得關廂近地，係錢糧倉獄所在，務宜加謹巡守，着意隄防。近今鼠竊頻仍，不止村莊郊野，卽郡城之內，城垣遼闊，約計數萬戶烟，其間稽察不嚴，恐致匪人托足。本縣前夜親自巡查，見有柵欄深夜不閉，捕總呼之不來，甚爲可駭。更慮覬覦宵人，每混雜於夜戲觀場之所，飄流敗類輒竊藏於呼盧設局之家，若不一體飭禁巡邏，則地方焉能安然無警。爲此示仰縣屬軍民人等并各坊坐捕總練知悉：弗謂時非隆冬，可無嚴謹，要知夜夜防賊，自來俗語云然。嗣後每遇定更之後，柵欄須早爲嚴扃，毋得一任開閤，來去自由。坐坊捕役須不時警跡，毋得仍前高卧，致干失察。總甲有地方之責，凡有甲內游手好閑之輩，面生可疑之人，須時時飭諭，刻刻稽察，毋得任其流蕩，爲照□隱干咎。再賭博，尤宜禁絶。設有開場聚賭者，立卽挾具連人，首縣以憑重處。至於居民亦當自保身家，每甲每夜派出一人輪流巡值。其演戲徹夜，不但有違憲禁，抑且無益，亟行禁止。摘伏發奸，必先自近及遠，本縣初蒞視事，一切錢糧案件正在料理清查，俟有就緒，便當由城市以及鄉鎮，一例力行。保甲務使盗盡迴戈，民皆安枕，是本縣所望。爾等悉當力遵凜行，須至告示者。

清・張我觀《覆甕集・遵行紙皂等事》 照得紙皂之設，誠恐愚昧無知之輩並梗頑不化之流，不知刑法之當懷而蹈三尺不寬之典。本縣旣惡其頑，更憫其愚，是以再三曉諭，多方勸戒，不過欲使吾民各安生業，杜絶訟端也。奈差役擾攘，不無需索酒食之費，日月躭延，必有抛業守候之累。本縣小事不行濫准，前示條析已明，卽或應爲准理者，遵奉上憲令其原告自拘，自拘不到卽發紙皂嚴限帶訊，違限籤拿重處，今特預爲出示曉諭。爲此示仰庶民人等知悉：除人命盗賊賭博打降外，概不出差，止令原告自拘，拘不到案，卽發紙皂。爾民恪遵，案件早結，速歸本業，庶免拖累躭延之苦。但紙皂旣發，或付原告稟，或付原告，或付總甲，有不卽通知詞內人犯並抗違不遵，毁棄紙皂者，一併重處，決不輕貸。爾民愼之毋忽。特示。

清・李之芳《李文襄公別録・示禁兵棍搶奪》 爲禁戢兵棍曠野搶奪以安商民事，照得西興關口錢江西岸乃商民買販往來絡繹孔道，其間牧馬營廝每於沙灘曠野窺有孤客遠商負販貨物攜挈行囊，艶目欺心，往往結黨成群，中途邀截，或搜奪行李、或搶剝衣帽，譁然四散。旣無地方救應，復鮮官兵追擒，遂使孤立無援，鳴冤莫助。杭紹通衢大道，商民裹足難行，殊非法紀。除經差官巡拏外，合行示禁。爲此示仰商民人等知悉：嗣後往來錢塘江岸西興渡口，倘遇有不法兵廝及地方奸棍恃強搶奪貨物行李衣帽者，卽時喊鳴。該地方巡邏官兵協力追擒，連人贓解赴本部院軍前，以憑會審重究。倘巡邏官兵坐視不救，聽其搶奪遁逸者，許受害商民記明時日經過何處失何物件曾否喊鳴，防守官兵因何不救，據實赴轅門呈稟，立行查出以扶同容隱一體治罪，決不輕貸。

清・李之芳《李文襄公別録・示禁渡夫勒詐》 夫拉扯行人遂使人貨兩離，伴侶疎失，形同邀截。及孤客登舟，名爲載頭延捱招攬，挨擠滿船，猶不輕易開行。常至潮頭，驟到激浪排空，危險異常，悍然不顧。每遇霜雪之朝，風雨之夕，行人忍飢受凍，慘不可言。幸而將近江岸，復停楫中流，迫索重資，校諸尋常不至數倍不止。更窺隻身行囊，沙灘遼闊四顧無人之時，揹留不還。種種肆害，殊爲可恨。除見在責令巡察官兵查拏解究外，合行出示嚴禁。爲此示仰該地方民人及過往客商人等知悉：嗣後如有渡口舟人不遵碑禁，仍前攘奪行李，多載人貨，延捱不開，乎江勒掯銀錢等弊，俱許被害於登岸時喊鳴，該地方卽行捉拏，其巡察官兵協力追擒，押解本部院轅門，以憑重責枷示。如該地方徇縱及巡察官兵賄脫，訪出一體嚴拏重究不貸。

清・李之芳《李文襄公別録・關防詐僞告示》 今莅任方新，誠恐有等無藉棍徒不知利害，或假認宗黨，或冒認親朋，或謬指師父淵源，或妄述譜牒世好，勾引土棍，廣布聲援，借徑居停，潛通線索，不惟詐騙小民，寖至招搖屬吏，庸愚誤信其奸，往往自投法網。本部院冰霜礪志，鐵石爲心，除一面親行訪拏仍檄各屬密緝外，合行曉諭。爲此示仰所屬文武官吏軍民人等知悉：卽便恪遵禁約，設法密緝，如有各項奸徒，指稱何等名色，潛藏何方寓所，勾連某處衙蠹，交接何官，關說何事，曾否索物受贓，有無被害証佐，俱許一一訪確，立擒諸犯，火速研審。若果事屬有據，卽按光棍定例擬以重罪，詳解前來，以憑親究明白，具題正法。倘地方官奉行不力，失於覺察，抑或通同容隱，不行捉獲申解，一經本部院訪聞，及被他人首告，卽將徇庇聾聵劣狀指名題參。法在必行，斷無寬假。務各洗心滌慮，痛革非爲。若待禍及身家，則已噬臍無及，莫謂本部院約法不早也。

清・李之芳《李文襄公別録・示諭遵嚴保甲舉首奸宄》 愚民不諳法度或因循不首，或傳送居停，凡有干連，並罹重典，且有跡涉疑似共塡牢獄，迨至審明省釋，業已皮骨僅存。亦有正犯脫逃，責比親鄰，牽涉經年，廢時失業。以彼奸徒貽殃骨肉。流毒地方如此，凡我良民亟當同心協力，各相稽察，勿將保甲視爲虛文，果能實意奉行，奸宄自難容跡。如有親族鄰里在外爲非，一有見聞，立時舉首到官，除此敗類，保全衆家身命，不致玉石同焚。今東陽縣出首之人，本部院現加奬賞。以後如有首報或擒解者，自必一體犒給。凡彼奸徒須知地方守法者多，黨惡者少，耳目難遮，發覺最易，與其盡命刀頭，死爲叛鬼，何不迅息狂謀自求活路。倘或怙惡不悛，陰相勾結，譬如禽獸不可化誨，天網恢張，盡殺無赦，念頭一錯，噬臍莫及。本部院念通省老幼男女皆我赤子，不惜諄切告誡，冀令家喻戶曉。爲此示仰合屬軍民人等知悉：嗣後城市鄉村各要遵守，保甲加意盤查，凡游手游食素行不端，交結匪類，出入無常，以及來歷不明，形踪詭秘者，務須密速稽察。倘有勾黨聚謀，散劄倡亂眞情，立刻報官拏解。本家親族出首者依律免罪，斷不株連，卽奸徒夥黨有能悔悟投首，並從寬貸，如能擒獲夥犯解官，與平人一體給賞。但有知情容隱藏匿者，事發之日並置大法。爾民須將本部院示內情節仔細思量，互相警戒，各安本業，其保身家。咸宜凜遵，毋貽後悔。

清・李之芳《李文襄公別録・嚴禁賭博告示》 爲緝拏賭博奸徒以靖盜源以安地方事。照得呼朋聚賭多係游手無藉之徒，輸極無聊則亡命犯法之事無不可爲。故語云賭近於盜，況今世風日變，呼盧不已，轉爲葉馬弔之風浸淫遠近，忘餐廢寢，晝夜不絕。於是奸棍乘機串同旗營豪惡開場放賭，探聽良家子弟殷懦愚民，引誘入局，拈頭設阱，潛藏高樓密室，深巷幽居，婦女司門，踪跡詭秘。贏則流連忘返，輸亦無計脫身，遂使勒票滾利，傾蕩家財，窘辱兇威，准折妻女。更有一種惡棍，糾合旗丁，身藏賭具，匿於冷街僻巷，廟宇神祠，喝采擲骰，巧誘無知，執籌行詐。又或群聚通衢，藉名擲色，遇有擔負行人，蜂攢搶奪。種種無良，不可枚舉。地方印捕等官漫無巡察，總甲捕役縱庇扶同，馴致奸徒肆無忌憚，強劫公行，率由於此。本部院屢申告誡，全無改悔，總以軍前遙遠，未經懲創，賭風日熾，盜患難除。今當旋省加意剔釐，一面密飭該管官緝拏嚴究外，合再禁諭。爲此示仰官役兵民里甲人等知悉：嗣後凡有窩藏賭博聚衆呼盧以及鬬混江打馬弔者，許該坊里保總甲鄰佑執獲籌具，報明該縣嚴拏。如係民人，卽照例擬罪具詳，如係綠旗營兵解赴本部院軍前盡法懲處，如係滿營旗廝卽行申解，以憑帶赴公衙門會同將軍照例重治。有經旁人首告審實必將該地方里甲人等連坐院究擬，或係本部院訪確差拏定將印捕各官照失察例參處。言出必行，斷不寬假。衙役里甲人等亦不許借端騷擾，及刁惡地棍捏情誣首加等治罪。愼之毋忽。

清・趙吉示《牧愛堂編・諭交山雨葫蘆山民》 本縣清夜念之，爲爾輩淚下。是以着捕衙傳本縣之意，按所編保甲丁冊，挨戶招回，各自安居樂業，毋得驚疑。其爾有名賊首，或來投首，或各尋生路，若復三五成群，仍作山中遺孽，俾上司聞之，定行屠戮，本縣必不能寬，數賊首之誅，以全兩葫蘆好百姓也。言盡於此，愼之思之，特此再諭。

清・趙吉示《牧愛堂編・爲安良民以靖地方事》 爲照節准汾陽、清源、靜樂各縣關文，奉臬司憲牌，爲申報劫掠殺官失盜等事，關提會勦，紛紛到縣，查得清源殺官一案，係靜樂縣積窩李宗盛、大盜蘇正明等，業已調請大兵搗巢撲剿。昨准靜樂檄文，大盜蘇正明、蘇萬遇、曹伏虎、強三、段南強等，俱已就獲，巨窩李宗盛密困周紅山，檄會協拿過縣，除一面移兵會撲外，此殺官大盜就擒，清源盜案可結。

清・李漁《新增資治新書全集・防盜諭》 照得涇陽一縣爲全省要衝，巴蜀孔道，旌蓋絡繹，商賈紛馳。然來往人多，則奸宄易匿，四方雜處，則蹤蹟難稽。況此都人士素負殷實之名，今雖十室九空，人莫之信。本縣自蒞任以來，周知民隱，目擊時艱，卽具賈長沙之血誠，亦不敢輕爲隕涕，以人盡視爲昔日之涇陽，不知爲今日之涇陽也。惟於勸課農桑外，急爲未雨綢繆之計，申嚴保甲之令，向已行之，惟恐視爲具文，昨又再加嚴飭。但仕商業雜之地不同於荒陬僻壤，朝散暮集，此去彼來，一有稽查不到，卽爲奸宄所潛。目今刦鄉刦城處處見告，豈有向不著名之地，不爲強横所遺，素擔虛譽之邦，反爲覬覦所不及者哉？合行嚴飭。爲此示仰居民人等知悉：嗣後各嚴門戶，早閉晏開，刻刻以防患爲心，時時以被盜爲慮。庶幾安不忘危，備兇得吉。尤望紳衿耆老勸誡凡民，使之化惰爲勤，變弱成勇，一聞盜警，爭先捍禦。有能殺賊暨活擒者，本縣定有賞格，斷不食言。

清・李漁《新增資治新書全集・禁諱盜》 爲申嚴弭盜之方兼飭諱盜之弊，以靖地方以安民生事。照得有司身寄百里，保障一方，須令四郊無犬吠之驚，百姓享燕安之福，始於厥職無忝。今聞無屬地方盜風彌熾，或暗襲堡塞，或明刦鄉村，或要截道途，或窺視城郭，而該管印官尸位坐觀，有同木偶，該捕員役，偷安忽視，竟若罔聞，不惟漫無緝獲，亦且隱不上申。迨經本部院察出行查，則又多方掩飾，百計彌縫。不曰事屬烏有，則曰穿窬小盜，以明火執杖之公行指爲暗中摸索，以嘯聚燎原之横舉稱爲釜內游魂。甚至拿獲盜犯，審出供招，明知行刦有地，失主有人，贓物有據，其爲眞盜無疑矣，而州縣等官慮從前之未報，恐參罰之及身，因而寬假出脫，不以法繩徑行釋放。是功令愈嚴而法網愈漏，法網愈漏而草竊愈多，此風不戢，長此安窮，非止現在之盜賊不能化爲良民，吾恐異日之良民亦將變爲盜賊耳。合行嚴飭。爲此仰道官吏嚴檄所屬印官，責令捕快人役在於該管境內不時巡緝，凡遇面生可疑之人卽加盤詰，隄防既嚴，盜自斂跡。倘再泄泄從事，致賊生發而隱匿不報，及以強諱竊，以竊諱無者，或被失主告發，或經本部院訪聞，定將印捕等官飛章參處，經承捕快等役立置死地。迨至彼時纔知盜不可諱，上不可欺，卽欲求爲輕參小罰而不能也。愼之勿忽。

清・李漁《新增資治新書全集・通諭八縣》 照得逃人之法極嚴，說起令人深慄，以理論之，既有如此重法，就該人人怕死，一遇輕生可疑之輩，卽使不是逃人，也該疑作逃人，地保隣佑人等嚴加盤詰，不許容留，方纔扯得直過。奈何尚有明明知是逃人，留者自留，當首者不首，以致一旦事發，舉數十人之身家以狥之。癡愚百姓古來原有，但止有不學好之愚民，未有不怕死之愚民，卽或有之，亦是自己不學好，以致陷於死地，而不怕未有他人不學好，陷自己於死地而不怕之愚民也。近來容隱逃人而不行出首者，請問那箇是不學好之人，那箇是怕死之人。不料從古未有之愚民，恰好都生在今日，豈非怪事。本府下車數月，喜得八屬地方有福，不曾犯出逃人，可見此等愚民吾地尚少。但恐徼倖從前，難保日後，又恐現在原有只是不曾發覺，故揭出此段議論，命爾等百姓知之。但願爾等人人怕死，卽是地方之福，亦本府及諸縣令之福也。

清・李漁《新增資治新書全集・禁假冒逃人》 爲嚴拿假扮逃人以靖地方事。照得逃人經過地方，每每借端擾掠，小民畏其扳害，任憑攫取，莫敢與爭。船戶及解役人等，又復借此居奇，代爲設網，所獲之物，多寡量分，此各省商民之通患也。本部院洞悉其害，到任之後，卽已通行各屬官吏，凡押解逃人，俱着嚴加鎖扭，照限遞解，不許沿途停泊，以滋紛擾。此係眞正逃人，猶加防範若此。乃近來又有一種亡命奸徒，因見逃人獲利，無端幻出詭謀，十數成群，改頭換面，以一二凶狠之輩，假扮逃人，自加鎖扭，其餘或扮解役，或扮船戶，横行河道，搶掠行舟，商民目爲眞正逃人，方拱手遜避之不遑，焉敢與之對敵？由是闖入客船，肆行擄掠，此輩之爲害，更甚於眞正逃人。本部院熟知此弊，故於要緊河道，密布兵船，雖爲防賊，亦使之捕獲奸徒。乃近來蘇、松、常、鎭等府地方，城守江防船隻及各塘擺撥之兵，星布棋列，其爲詰奸防賊計者，亦既嚴且密矣。聞得猶有此種奸輩，不時作祟於其間，不知各路官兵，平日所司何事，卽使眞正逃人，沿途生事，亦爲國法所不宥，況屬假冒者乎？除嚴行申飭外，合行出示曉諭。爲此示仰各水陸汛守官兵知悉：嗣後務要不時巡邏，嚴加稽察。如遇解逃船隻經過，驗有解役批文，卽行照限遞解，無許遲留生事。倘有前項奸徒，假冒逃人名色擾害商民，立刻綁送該營將，以憑解究。如仍前袖手不顧，縱使殃民，其該管將弁，立行拿參究處。各營官目，仍每月具有無假冒逃人，及拿過起數甘結，呈送該營將彙繳，以定各官功過，無得有違。

清・楊捷《平閩紀・示各營訊》 爲嚴飭押解逃人逃兵之法以杜擾害以安民生事。照得各旗逃人與各營逃兵，皆身犯法紀，例有應得罪名，既經緝獲，則長解之。原差與沿途汛防護解官兵，自當照例嚴加鎖杻，以防逃逸，以免貽累，久有成規，豈容疏懈？乃近日訪聞沿途押解逃人，漫無拘束，聽其逍遥，道上遇有單身孤客，輒搶奪其衣服銀錢，致其呼天搶地，哀號莫訴，甚至各標營護解逃兵者，因見逃人攫取隨意，莫敢誰何，遂以逃兵自冒爲逃人。

清・楊捷《平閩紀・示雙門等處》 訪聞有等奸猾牙行藉口禁海，竟將船米暗囑停泊外港，通同高擡價值，希圖覓利，不顧兵民困苦，并有守口兵丁借端攔阻，殊可痛恨。除經差役齎持令箭查緝外，合行示諭。爲此示仰兵民人等知悉： 凡港口有新到米船，俱聽駕入大橋灣泊發賣，不得聽信牙行包攬代發。如有奸猾棍惡從中作弊，包攬代糴，高擡時價，併守口官兵借端攔阻者，許諸色人等協力擒解本將軍轅門，以憑審實，從重究處，決不輕貸，各宜凜遵毋忽，特示。

清・陳朝君《莅蒙平政録》 爲盤詰匪類稽查流民以靖地方事。照得時値寒冬，防衛宜嚴，兼以隣封薄收，恐有無賴奸民，不務本業，或因資用困乏，或因衣食艱難，流來蒙境，晝則乞化，夜或行竊，貽害地方，深爲未便。爲此示仰社耆約地人等知悉，嗣後各該管地方，務要小心稽查，如遇言語支離，形踪詭異之人，嚴加盤詰明白。每晚帶領壯丁人等，卽赴荒墳空廟，逐細搜查，倘有匪人在内歇宿，立刻協力擒拿，送縣審明，按律治罪。特示。

清・田文鏡《撫豫宣化録・嚴禁賭博以杜命盗之源事》 照得清律，首嚴開場誘賭，立法皇皇。又查現行條例，分别一等二等，枷責有差，場屋入官，自應凜遵無犯。乃訪得豫省惡習，每於鬧熱場集，置放寶案，鋪設賭蓆，不論他鄉别縣，無賴惡少群聚角逐，巡查捕役鄉約地方逐處抽取規例。規例到手，不但不查拿解究，抑且狗隱出結。地方官耳目有限，豈能周知，因而賭風日盛，肆無忌憚。獨不思賭博一事，所關最大，或索取賭賬，剥衣奪物，鬭毆致命者有之，或無物償還，逃往他方，短見自盡者有之。況愈貪愈賭，愈賭愈貧，始則鼠竊狗偷，繼則糾夥行劫，若不將此輩盡塡於法，何以禁絶命盗之源。除檄飭各該地方官嚴行查拿外，合亟出示嚴禁。爲此示仰撫屬軍民人等知悉： 嗣後務宜痛改前非，各安本業，倘敢仍前故犯，許諸色人等當場現獲賭具財物，禀報到官，卽將財物賞給拿首之人。或有關礙，并許密首，領役飛拿。如同賭之人，據實出首，免其治罪，仍追還所輸財物。賭犯按照定例枷責，放頭抽頭之人加倍治罪，場屋入官，仍在各犯名下量罰充賞。捕官捕役鄉約地方不時嚴查，有犯必報，如敢抽取規例，狗容不報，與賭犯同罪。寶案賭蓆鋪放何人門首，何人地内，卽將地主以窩家論；隣佑照保甲法并究。地方印官視爲具文，不實力查拿嚴究，一經本署院訪聞，或經告發，定以失於覺察，照溺職例飛參，決不寬貸。此係本署院愛恤民命，杜絶盗源，一片婆心，各宜凜遵，均毋有違。慎之，慎之！

清・田文鏡《撫豫宣化録・關防詐僞事》 照得本都院賦性廉介，冰蘖自茹。歷宦四十餘年，深沐國恩，矢志圖報。甸宣半載，謝絶交游，凡有宗黨戚友，或筮仕中外，或在京肄業，從無一人奔走風塵，往還官舍，爾軍民人等素所稔知。今又恭奉特旨巡撫中州，受恩愈深，報効愈切，法紀重地，益用澄清，合行出示曉諭。爲此示仰撫屬文武官吏軍民人等知悉： 倘有不法棍徒指稱本都院親知名色，在外招摇撞騙，許諸色人等立卽禀明，所在官司嚴拿解轅重究。如或妄冀攀援，扶同狗隱，一經訪聞，定將容留之地方官白簡從事，歇家里隣發問刑衙門，按律治罪，決不寬貸。各宜凜遵，慎之毋忽。

清・田文鏡《撫豫宣化録・嚴拿强竊窩家以杜盗源事》 照得盗賊潛踪必有棲身托足之所，欲杜盗源，先拿窩主，此嚴保甲法中第一要着也。訪得各州縣坐里捕快之家，以及僧庵道院囉戲廈處，尤爲盗藪，更有惡宦劣衿倂生吏員各衙門書辦皂快營兵汛卒，自恃以爲官役，不能訪拿，里地不敢過問，肆意窩養，坐地分贓，殊爲民害。但平日窩賊之家極易訪察，必有遠方來歷不明匪類，時常往來，早晨黑夜多有閒人出入，形踪詭秘之狀，本家原無幾人，多買酒肉食物，或群聚賭博，彈唱，耍拳習捧，或常有衣服首飾攜出當賣，種種情形，斷難欺瞞附近耳目，鄉地隣佑無有不知，何難捕獲？總因地方官怠玩，不設立賞格，實力查拿，應捕之人與賊打成一片，而鄉地隣佑又視爲無與己事，互相容隱，以致盗賊盤踞，地方不寧。查定例内開武官拿獲眞正大盗窩主者，題請紀録； 拿獲小盗窩主者，督撫旌賞； 隣里出首窩主番捕捉獲窩主者，以所起贓私一半給賞。或窩主悛改前惡，擒盗出首，免其應得罪名。又定例内開藏匿强盗窩主之隣佑知窩盗情由不行首告者，照例責四十板等語。本署院恭膺皇上殊恩，畀署撫篆，正當戢盜安民，以盡撫綏軍民之職，特將定例拈出，通行曉諭。爲此示仰撫屬文武官弁軍民人等知悉：凡在城市關廟村莊鎮店逐戶挨查，不時稽察，如有前項窩家，不論諸色人等，俱許據實擒捕首告，地方官審實照例議叙給賞。如敢通同狗隱，一經發覺，照例連坐。挾讎妄扳者，依誣告律治罪。印捕汛弁不實力查訪窩主，徒以月取甘結，夜泒巡更，以完保甲，具文查出，立刻參處，決不姑容。各宜凜遵毋違，須至示者。

清・田文鏡《撫豫宣化録・爲嚴飭查拿老瓜賊以安行旅以靖地方事》 照得老瓜賊貽害客商最慘最惡，其種種設謀陷害，奸詭伎倆，凡老於江湖久慣行客莫不盡知。彼知被人識破，難於再行，近又另設新法害人，不但人不及防，而巡查官役亦難稽察，更爲詭秘。本都院不得不明白曉諭，使衆共知共聞，亦不得不設法查拿，使彼容身無地。訪得老瓜賊身穿破爛衣服，假扮遠來乞丐，三五成群，曉散夜聚，寄身於空廟空窰車屋草棚之內。凡黄昏五鼓遇有孤身及一二人行客，即行謀害，或用刀殺死，或用繩勒死，隨將被害客人衣服剝取，換上所穿破爛衣服，旁置籃筐、打狗棒、碗箸之類，粧成乞兒被殺模樣。地方官視之認爲讎殺，惟緝確兇，並不勒比慣捕嚴拿惡賊，以致彼得肆行無忌。故近日各屬所報路死人命甚多，查定例此等案件，俱限三個月審明讎盜。題參何等嚴切，地方官豈可不實力查拿？本都院特設一杜源絶流之法。一嚴禁歇家飯舖早放行人，將本都院牌文編成斗方小告示，刊刻清楚，刷印多張，凡境內大小歇店并庵觀寺廟塘房墩舖，凡通行商之處，遍行實貼。通曉如勸世文一般，使客商聞知，不敢孤身暗地行走。一將各處空廟空窰空塘房墩舖盡行壘塞，車屋草棚稭棚內，俱令本家不時早晚查看，不許住歇一人在內。庵觀寺廟中有住持僧道者，概不得擅自容留。一凡大街小鎮遇有賣藥、拆字、說書、唱曲、打卦、筭命、看相、弄猴、弄蛇、耍拳、打彈、變戲法、擺碁勢、打流星等匪類，概行嚴逐出境，如敢抗違，即稟官究明，押解原籍。此杜其源也。至於遠來乞丐，除老人婦女幼童及瞎眼瘸腿殘廢疾病之人，地方官或收入養濟院，或令孤貧頭管束，許在地方討喫活命。若強壯少年毫無殘廢疾病者，即刻拿送地方官問明，遞回原籍收管。再嚴飭鄉地保甲長牌頭民壯兵役，早晚稽查，務使此輩無處存身。此絶其流也。合行出示曉諭。爲此示仰撫屬軍民人等知悉：嗣後遵照本都院所設杜源絶流之法，實力奉行，務使老瓜賊絶跡，地方寧謐，行旅無虞，如敢虚應故事，所管地方有一起路死人命，除印捕各官題參外，定提經承民壯捕役鄉地人等，解轅究處。該府州不加稽察，一任屬員怠玩者，查出并參不貸。如歇家早放行人，事犯之後，照律治罪外，仍不許再開歇店，并將擋槽之人一體究責。各宜凜遵，毋得視爲泛常，自貽伊戚，特示。

清・雅爾圖《雅公心政録》卷四 爲分別緝拿外省盜犯以專心志事。照得本部院前因豫省盜案繁多，是以飭令各官無分本省外省，凡有盜犯概行緝拿。數月以來，報獲甚多，奸匪稍知斂跡。所有前法自應量爲區別，況概拿則心志不專，或致反有疎漏，合行飭遵。爲此仰司官吏照牌事理，即便轉飭府廳州縣及委捕各官，嚴飭各捕役，嗣後凡本省盜犯逃至外省，或外省盜犯行劫本省之案，并外省案內盜犯逃入本省者，嚴行緝拿。其外省之案盜犯又在外省者，除前檄奉旨所拿行劫衙署盜犯外，其餘一概不得越省混拿。至本省盜案遠年者，務照已獲盜犯供出之姓名，近年者務有眞實贓據，不得因疑似之間即行拘繫，以致悞拿良民。有干重究捕役，惟知邀賞，不顧利害，爾印委各官身家攸繫，愼勿悞聽捕役，致罹嚴譴也，愼之毋違。

清・雅爾圖《雅公心政録》卷五 一、沿途盤詰匪類藏匿在境者，保甲易於稽查，至於外來之賊，經過之盜，去來無定，追攝甚難。各州縣於入境村莊及打尖住宿處所，建設卡房一間，每處泒撥健役二名，五日一換。該保正亦每日輪撥壯丁二名，無分晝夜，凡遇面生可疑之人，經過投宿即行盤詰，或尾隨偵探。露有形跡，擒拿送官，究訊得實，照例給賞。如有疎縱，事發挨查責儆。歇店飯舖亦一體稽查，如有可疑或即擒拿，或通知保甲坐捕盤詰，倘敢疎忽，發覺一并治罪。至於走索跑解弄猴打拳秧歌戲法以及外來賣藥唱曲之人，一概查拿送官遞解。庵觀寺院歇店飯棚不許容留，塘汛兵丁亦一體盤詰，獲縱功過悉照健役壯丁賞罰。倘敢借端生事，誣良私拷訛詐等事，一經告發訪聞，按律究治。

一、申嚴禁令。從來盜賊每起於飢寒，飢寒多由於嫖賭，至迎神賽會爲邪教之囮，夜戲空窰爲藏奸之地，欲絶其流，必清其源。各地方如有賭博窩娼邪教夜戲迎神賽會等事，保正村長牌甲鄰佑坐捕守卡人等，立即嚴拿送官究治。如人衆不能就擒，或凶惡不服拘繫，許稟官差委員役擒拿。至於會場集市押寶賭錢，尤易招集匪類，更應嚴拿。孤廟空窰堅固壘塞。再，外來盜賊每於昏夜入境，劫截搶奪多在早晚失事，嗣後夜巡守卡及塘汛兵丁遇有夜行之人，即行盤詰。如言語支離，送官究問。各坊店亦無許旅客起早夜行，倘敢玩縱，嚴拿重究。

一、守望巡防。盜賊之來俱係乘虛而入，各州縣城鄉集鎮以及大小村莊，每夜務須派撥更夫二名，各執梆鑼，壯丁二名，各持器械，徹夜巡查。一遇有警，小則自行擒拿，大則梆鑼亂擊，村衆群起追捕，獲賊照例給賞。如巡查不謹，致有失事，按名責懲。再，從前失事更夫人等，每稱在前街巡查，賊從後街入室，或稱在東街巡查，賊從西街入室，巧卸脱罪。嗣後無分前後東西，務須周流巡查，不得於失事之後，捏詞掩飾。如梆鑼亂擊，鄰佑保甲人等不即接應赴援者，照例治罪。

一、連界互拿。州縣連界地方最易藏奸匿匪，往往此邑事發即逃往彼邑者，若必移關掛號，則人犯聞風遠遁。嗣後如連界地方，許差役執持印票，一面徑拿，一面移文關會，添差協解。所在地方官民不得攔阻。如有越境誣良私拷訛詐等事，仍許該地方官關會究審，毋許狥庇。如遇緊要重犯，委員往拿，以免奪犯拒捕賄縱之弊。

一、原籍協緝。向來奸匪出外犯事，俱係失事地方官承緝，原籍州縣漠不相關。是以鄉地鄰佑每有隱庇捏覆情弊，但本犯原籍則有親屬族鄰可以跟追踪跡，較之犯事地方難易懸殊。嗣後一應人犯出外犯事，令原籍地方官一體協拿，以杜隱庇捏覆之弊。

清·戴兆佳《天台治略·一件嚴飭飯鋪不許容留奸宄靖地安民事》 照得盜賊竊發，由於地方之有窩家，而窩家之敢膽大公行，又由於鄰總之稽查不力，或竟有明知而故縱者。我天邑野曠山深，道路叢雜，宵小易於藏蹤，而飯舖歇家尤爲納污藏垢之所。前經出示禁飭并飭鄰總稽查在案，誠恐日久法弛，合再出示嚴禁。爲此示仰該飯鋪及黨總鄰甲知悉：嗣後如有異言異服面生可疑、行踪詭秘及遊僧野道等項匪類到地，立即會同協擒解縣，以憑查訊，分别詳解驅逐。如敢窩留藏匿，鄰總通仝狥隱，訪聞告發，定行嚴拿，一並盡法重處，斷不姑寬。各宜凜遵，毋貽後悔。

清·戴兆佳《天台治略·一件嚴飭新正夜巡以靖地方事》 照得小民終歲勤勞，焦心竭力，靡有寧日。惟至新正，錢糧之追呼少緩，租債之逼迫暫寬，骨肉聚首，親朋往還，觴酒陶情，彼此稱賀，一年之内民間樂事，全在履端之始。然未免苟安旦夕，偷惰之念易起，不特好飲逞兇，因小忿而釀大禍，即安分閉戶，貪閒熟睡，未能遠慮。鼠竊狗偷之輩遂乘機潛入，無論貧富，若輩進門，斷無空過。到得開印報官，差捕緝查，而物件已化烏有，徒滋捕役之騷擾，終歸無益。即幸而獲賊獲贓，本縣從重治罪，斷不姑息，而受害之家已費盡無限心計，無數工夫矣。本縣身爲民牧，時時爲地方百姓籌畫，與其事後而多惆悵，曷若先事而慮萬全。爲此示仰各坊都黨總知悉：際此昇平無事之日，爲未雨綢繆之計，照排門單式十家一甲，每甲派撥二名，每夜於街頭巷衕擊柝巡哨，遇有匪人即刻扭稟。如或人衆，即喊鳴地鄰併各鄉村結保之人，協力擒拿。庶奸宄藏踪，民得安枕。其民居稠密之村，或半月一月一週，即烟村四五家，或五日十日一週。每夜一甲，不過二人之辛苦，而十家便享無窮之福利。此雖屬本縣思患預防之策，實亦古人守望相助之意。爾等務期實心奉行，勿生怠玩。該黨總仍將輪班值日、姓名造冊送縣，以憑查察。嗣後倘有失竊等情，先將值夜更夫報名究處。本縣言出法隨，斷不姑縱，各宜凜遵毋忽。

清·戴兆佳《天台治略·一件禁革加派考試供應事》 照得台邑連歲不登，今年又遭亢旱，小民困苦已極。本縣承乏斯土，撫綏無術，正在中夜起坐愁不自安之際。兹准前署縣顧移送交盤各冊前來，内有本府在縣考試並學憲考試供應銀兩，加派各都差追抵補，不勝駭異。因思目下新舊錢糧，奉憲催征催解，急如星火，百姓辦納正供尚爾艱難，何堪額外派征苦累，爲此示仰闔縣士民知悉：所有前署縣差追各都考試供應銀兩，盡行豁除免追，敢有不法差胥結連地棍，仍然借端指派，私收分肥，許爾民即刻據實赴縣具稟，以憑嚴拿重處，斷不姑容。特示。

清·張五緯《講求共濟録·定州任内頒發曉諭保役等應分别拴縛不法之人示諭》 爲出示曉諭事。照得各村鄉地在村辦公自有稽查之責，一稍涉怠慢，固咎歸鄉地，而遇事應否拴縛，亦當各有區別，不得濫行拴帶。譬如聞拿竊賊，必須賊贓全獲，方許該鄉地等捆送稟究。若有棍徒在村執持金刃、棍棒及各器械等物逞兇，應同村衆奪獲器械，將逞兇之人先行拴縛，稟明差拘。至姦情，又有應捉之人，俟通知該鄉地等，始應協同鄰族綁縛，隨同稟報，聽候差拘。俱不得擅自一人拴送。若漫忽從事，不論有無器械，姦盜眞否，一經旁聞或挾私忿，率自概行拴帶，雖拴係有罪之人，而該鄉地等亦難辭其濫拴之咎也。現有四家莊李進福喊稟汪李二姓僱覓工，人只與汪姓傭，趁伊酒後村言，向勸混罵，被汪姓之親誼地方李季拴縛一案，已訊明。李進福于不干己之事，酒後村言混罵，已見多事，地方李季以雀角細事，并不善爲調停，因與汪姓爲親誼，仗恃頭役，自將李進福拴縛，亦屬不合，業將地方李季、李進福均各責懲外，合行示諭。爲此示仰闔屬鄉地人等知悉：爾等各宜凜遵，不得效尤前轍，自取罪戾，凜之慎之，特示。

清·張五緯《講求共濟録·保定府任內頒發嚴飭各店家巡防竊賊示諭》 爲嚴飭巡防以靖地方事。照得省會重地，五方雜處，而城內唐家衚衕向爲仕宦所居，其餘關廂歇店亦多商賈輻輳。如果巡防嚴密，何至宵小潛踪。近年公舘客寓報竊頻聞，獲賊甚少。本府前在旅邸，不禁同深憂慮。查開店之家得人錢，房專藉住客經營，分應代爲看守，謹愼門戶，夜則鳴鑼擊柝，俾鼠竊聞聲遠避，自無失事之虞。不惟住客得以安枕，即店主亦可免累矣。除遵照憲定舊章派委各員督率縣役分路查拿竊匪外，合行出示曉諭。爲此示仰該店主人等知悉：嗣後務須小心，愼選勤壯店夥，響擊梆鑼，徹夜巡更。如店夥怠惰不聽使令，或有串竊分贓情事，許該店主隨時另換，並將玩法之店夥送官究處。倘敢姑容狥隱，一據報竊，定將該店主一併提究，照例分別着賠，枷責示衆，決不寬貸。各宜凜遵毋違，特示。

清·左輔《念宛齋官書·保甲規約示》 爲詳示保甲規條事。照得境內所編牌甲，經本縣親查核定，所有各戶門牌已散給張掛矣。爾等當思保甲二字之義，非虛設門牌，欲使牌甲相保也。欲使相保必使相聯，聯則遠近一氣，休戚相關，利害與共，是合十家百家之人爲一心，即合十家百家之人保一家，爾百姓身家永遠之利。所有規條詳示於後，其各凜遵，違抗提究。

一、嚴連坐。今定十家爲一牌，即以十家爲一家。爾等地近情親，出入見面，各家一動一息無不周知。倘一家冒法，關係身家性命，九家當動不忍之心，竭力勸阻，使之改悔。如或不從，即應首報，官爲懲治，庶幾不至稔惡。如既經袖手於前，又復容隱於後，若非朋比爲奸，即屬落阱不救，九家均與犯同罪，斷勿輕恕。如有容留外來面生可疑之人，及夜聚曉散拜神飲酒形跡詭秘者，即不必向本犯查詰，致使驚疑掩藏，當即星飛密稟，以憑立拿究辦。首報得實，即行重賞。至牌內有孝弟節義之男婦，睦姻任恤急公好義之善士，即行舉報，除本人分別旌奬外，九家一同奬賞。

一、謹守望。已定十家連坐之法，內匪可以不生，然不能禁外匪之不入。民間雖貧富不齊，皆有衣物資糧，藉供事育之用，乃橫遭竊盜，致不聊生，及報官緝捕，破案無日，即眞盜既得而原贓盡銷，追出些微，不償十之一二，而事主稟報催追，官府履勘傳質，捕役需索飯食盤纏，又增種種勞費，誠民間一大害也。民以責之官，試思官一手足之烈，能爲合邑數萬戶之百姓守家乎？官又責之捕役，按卯比追，又試思州縣權勢所屬尚不能靖匪，乃責此素無行極下賤十數輩之捕役，能有濟乎？然民間失事？官罹處分，何也？若曰功令當行，保甲內有守望相助一條，何不遵行，以致失事，此官吏處分無可置辯也。古來靖匪安良，除守望相助四字並無別法。然則官與捕均不能代爾等守望，仍爾等之自爲守望也。守者守近，望者望遠，相助者如守者望者。知有竊盜之警，或鳴號鑼，或放號銃，九戶聞聲，一齊叫呼起捕，此本牌之相助也。前後左右，俱有鄰牌，本牌有警，鄰牌居守，皆集此鄰牌之相助也。民間雖無禁械，而耰鋤門杖扁桃柴斧等件，何一非追逋制暴利器？如此相聯，聲勢壯盛，倘有盜賊至則成禽，豈能任其逞暴而去，餘亦望風知畏，不敢生心，而全境皆安，永無失事之患矣。

一、牌甲長但藉其勤勞，助我安戢州縣，且將以禮貌加之，並非差役及尋常地保之比，凡一切勾追伺應之事，並不累及。

一、一牌之內挨次守望，如有孀孤老廢，家僅婦女，並無壯丁，及本人遠館外貿，在官應役，或肩挑步擔營作短工竟日勞苦，家無次丁者，均免其輪派巡守，並不准餘戶令其貼補錢文，同牌之戶均當相諒，以敦任睦之誼。

一、牌內紳富家有僮僕雇工，但須督率認眞巡防，不煩親身執事。並令酌捐燈油之費，幫貼貧戶。

一、畸戶或十餘家或七八家止可編作一牌，不必拘定十家之數，或止有一二戶，不能與別牌聯屬者，即不必派令守望，但附於近牌，一律稽查。

一、牌內公置竹梆或木欜，擊以巡守，又另備號鑼或號銃，與各戶及鄰牌相約，如一處有警即鳴鑼，或點銃，各戶丁壯俱聞聲叫呼，執械起集，一同追逐。如有一戶不起者，公同議罰。有失盜者，本牌九家及相聯輪守之牌戶，均有罪。如僅被小竊，則止罪本牌牌頭及輪守之家，除責處外，令其賠償失物，不必連累餘戶。

清·左輔《念宛齋官書·鄰里保助示》 爲諄諭鄰里相保相助以弭害安

業事。照得鄰里之誼，首重救恤，以地近情親且勢足相及也。故一家犯罪，鄰里不舉首者有罪。一家被難，鄰里不救援者有罪。蓋以鄰里共處，誼若至親，勿以一家視一家，須合衆戶成一戶，然後情聯勢盛，一切外侮，禦之有餘，故有鄰里之家奸匪不敢輕犯。自風俗惡薄，隣誼罔敦，遂以各掃門前、莫管他人之説横據胸中，爲藏身取巧之計。其情既散，其勢遂孤，是以奸盜匪徒乘閒淩侮。本州查得今夏雙溝熊宏昌店被劫一案，該店在市廛稠密之地，本人叫號望援，乃四周鋪戶居民俱各關門屏息，任群匪恣意擄攫而去。以情親地近之隣誼，及遭患難，並不如陌路之人，人心至此尚可問乎？假如該鋪被劫之時，各戶聞聲接應，持械叫呼，開門繞捕，盜可盡擒。即不然亦能嚇使速逃，無失財物，再亦可以尾識蹤跡，俾官役易於追拏。乃祇自幸無失，漠置不理，坐使環列之廛市子若孤莊，横受外匪(荼)〔荼〕毒，可嘆，可恨！且更有可懼者，盜知此處鄰里彼此不顧，益無畏忌，將復生心，别路群匪亦共聞風狡逞，彼坐視不救之鄰里保能幸免乎？是避害者適以趨害，即自爲計亦未得也。本州痛風俗人心之惡薄，而欲爲地方弭害於將來，故爲爾等剴切言之。自諭之後，爾等鄰里務敦情好，聯爲一氣，遵照本州示論保甲之法，實力奉行，共相救援。如能當時捕獲盜匪，按名給賞，即格殺致死照例勿論，仍行給賞。如有一家違異退縮者，衆戶鳴鼓共攻，報明本州，查明被失貲財若干，先著賠償，再究其是否潛與盜通，及何以坐視不救，各情分別辦理，勿謂言之不早也。各宜凜遵，特示。

清・左輔《念宛齋官書・保甲巡防示》 爲曉諭紳民遵行保甲巡防之法，以靖匪安良事。照得編查保甲，輪戶守望，特保甲中一事，而靖匪安良即在乎此。茲者冬令將屆，宵小易生，且地當水陸之交，徑塗錯雜，鹽硝各匪出沒無常，稍一容留，乘間搶竊，尤爲居民之害。守望之法不可不嚴，爲此特諭各鄉保紳士居民人等知悉，爾等務遵保甲章程，協力守望。查保甲之法，十家爲一牌，十牌爲一甲。每牌十家，置備燈牌梆鑼，輪流守望，互相應援，此定制也。若各保邨莊戶數多寡遠近聚散情形不同，不能拘定十家一牌之制者，但就近大小畸零莊戶，審度便宜形勢，聯爲一牌。每夜輪派人夫若干名，於在外要地巡查瞭望。一有驚動，急鳴號鑼，賊盜三下，火燭四下。或點放號銃。一人叫呼，人人相應，戶戶俱起，持械追擒，悉力救護，如此則合衆人爲一人，衆戶爲一戶，聲勢連絡，壯盛內外，匪徒自然畏懼潛逃。即有火燭之虞，亦得早爲撲救，永無失事之患矣。至各市鎮內柵欄巷門，著即速修整完固，巡守之時，柵內外俱要傳喚相應，毋稍玩忽。本州即將編查保甲，而保甲中守望一條，實目前急務，先行諄諭遵行，仰該鄉保協同各紳士即日與居民合議遵論辦理，毋負本州弭盜安良之至意。此諭。

清・左輔《念宛齋官書・禁瓊州漢奸差役入黎峝滋擾示》 除札飭各州縣嚴禁查拏解究外，合就出示曉諭，爲此示諭該黎人等，所有米穀貨物許其自行出易，嚴禁漢奸入黎買賣、放債，至催征黎糧之法，即遵照該府稟定章程，官爲定期，使歸黎總赴官完納，以杜催差入黎滋擾，及兵書包攬之弊。至官拘要重人犯，悉著黎總勾拘送官究辦，差役不許徑入搜捕滋累。如黎總玩狥，即案律治罪。其官兵差役有盤詰巡防之責者，止准在峝口稽查，亦不得擅進黎地藉端需索。倘敢故違，亦許該黎等指名呈控究辦。爾黎人等尤宜安分守法，耕鑿採捕，各謀生計，永樂昇平無事之福，如敢私行逞憤，致有搶奪殺傷之事，斷不稍有姑息，定行從重治罪。各宜凜之，特示。

清・李璋煜《視已成事齋官書・禁差役私押平民示》 奉官帶候人犯，毋得需索淩虐。若非奉官吩咐，一概不許私押。各役如敢故違，察出革懲不貸。

清・李璋煜《視已成事齋官書・嚴巡緝札》 爲札飭認眞緝捕事。照得南韶等屬河道，支港紛岐，通達江楚，匪徒出沒，搶劫頻聞。始興仁化江口一帶，尤屬緊要，各處水道均有哨船，陸路要隘亦設卡房，一體派撥弁兵，分別遊巡駐緝，布置已極周詳。經費預爲籌備，果能按段稽查，隨時整頓，收實效而杜虚靡，於地方始有裨益。除會同南韶連鎮札飭各都守并各縣遵照外，合併札飭。札到該州，即便遵照。與營弁一體督飭兵勇人等，毋分風雨晝夜，梭織巡緝有匪即拏，有案必破，并須於上下交接處所，互相會哨，協力兜捦，免致此拏彼竄，均毋任聽偷安，致干未便，速速。特札。

清・李璋煜《視已成事齋官書・緝盜示》 一曰謹防禦。強盜勢雖兇悍，而畏捕獲之心。未嘗不惴惴也。若重門厚柵，有以遏之，必虞事泄援來，脫身莫及。嗣後各鄉街巷，務須一律堅造柵門，各家輪人看守，啓閉以時，俾賊盜無從窺伺。

一曰聯守望。強盜肆劫必有往返經由之處，合衆圍拏，必可就獲。嗣後各鄉務須就近聯絡，或鑼或鼓，家各置以爲號。盜發之處擊之，始聞者以一擊爲節，次二次三，俄頃之間數里傳聞。各守險要以堵捕之，盜無所遁。

一曰嚴辦渠魁。凡盜夥中必有桀黠尤著者，劫成則專獲重利，案破每匿避多方。嗣後遇有失事案件，地方官務須設法嚴緝正盜渠魁按辦。庶不致網漏吞舟，桃僵李代。

一曰寬予投首。過而能改，聖賢不棄，況上盜多屬脅從，購賞實爲良策。倘絶其自新之路，遂終於怙惡之途。嗣後如有情眞悔罪自首者，果能拏獲夥盜多名，准予免罪，以符例意，而勉新圖。

清・李璋煜《視已成事齋官書・通飭嚴辦竊盜札》 札某州府廳知悉：

查除莠卽以安良，害民首爲竊盜。地方强盜案件，處分綦嚴，司土者尚能預爲防範，至於鼠竊狗盜，往往視爲尋常，漫不加意。或一身飄泊，或三五成群，賭局是其生涯，賭場是其巢穴。夜則暗施其伎倆，晝則自儕於平人。有時乘屋而踰牆，有時穿穴而入室。衣雖破絮，失之則妻子皆寒，米雖數升，負去則翁媪長餓。既東鄰而復西舍，一夜豈止兩家，既今夕而復明宵，一家不啻疊次。吾民終歲勤苦，何堪囊橐蕭條，不告則有匿報之咎，奉緝又來無厭之求，受之者魂夢皆驚，言之者能無愧怍交集邪？惟願賢太守督飭所屬州縣，念切民艱，痛除積惡，杜捕役豢養之萌，申匪徒窩留之禁，勤捕緝以拔其根株，籌經費以資其偵探，嚴懲扳誣反噬以絶其延累，驅逐賭匪强匄以清其窩巢，務使閭閻安堵，民物恬和。若徒舉一二案予以杖刺，而民間仍復有日不聊生之勢，非本署司所望於賢有司者也。愼之，切切。

計開章程於後

一、本境逃盜與鄰境盜犯均應一體嚴緝也。查任内有承緝逃盜未獲之案，例准將拏獲鄰境盜案抵銷。如拏獲鄰境盜案，必須本任無承緝未獲之案，方准奏請送部引見。是本境未獲盜案承緝之責尤重。近來各州、縣於鄰境盜犯尚肯留心訪緝，以爲升擢地步，而本境竊盜案件，十無一獲，徒存邀功之心，轉置承緝之責於不問。嗣後各州縣本境新舊未獲竊盜案件，實力緝拏全獲。如有拏獲鄰境盜犯之員，查明本境實無承緝未獲竊盜之案，方予優獎。倘本境尚有竊盜未獲之案，只准功過相抵，不准濫予奬勵，以昭覈實而杜冒濫。

一、保甲宜認眞編查也。編查保甲，爲稽察奸宄第一要法。挨戶懸掛門牌，其戶口人丁歷歷可稽。如有一家藏匿匪徒，鄰佑甲長皆得呈首。如此互相稽查，則宵小無從托足。各屬地方遼闊，村落零星，以及支河汊港紛岐之處，每每失事，苟無窩家容留分贓，匪徒何由藏匿。嗣後各屬於鄉間各村莊，尤當親身實力編查保甲，逐戶塡給門牌懸掛，取具連環保結，互相稽查。如有一家窩留匪類，十家連坐。地保坊快人等，如敢包庇狥隱，察出斥革究辦。其有一村中分隸兩州縣者，會同編查，嚴諭地保坊快人等，不分畛域，毋得遇事推諉。至沿河添設船隻，梭巡各屬，向有舊章，務須移行營汛，一體實力查察督巡。諭令往來行船，於酉刻及早停泊人烟稠密處所，不准夜行，亦不准於曠野村停泊，以期聯絡而免失事。

清・李璋煜《視已成事齋官書・通飭治潮六法札》 一、擄案不可徒事弔放也。查擄人勒贖，最爲可惡。從前僅擄男子，近則無論家貲。從前僅擄鄰鄉，近則不分恩怨。從前僅擄富戶，近則波及婦嬰。從前則狙人於途，近則攫人於室，更有將人擄去，當與大鄉，居爲奇貨，展轉移禁，漸至莫知踪跡。方其議贖時，尋一殷實之家代爲擔承，事後無控方肯放回。地方官接據呈報，僅以弔放了事，並不獲犯究辦，以致擄匪視爲利藪，愈肆鴟貪，甚有經官弔放，仍敢減半取贖，謂之官弔民贖者。無怪隨弔隨擄，或此鄉甫行弔放，而彼鄉又復擄贖。此等擄匪將擄去之人關禁凌虐，勒索多銀，其兇惡情形，擢髮難數。若不極力整頓，無以除醜類而靖閭閻。嗣後該縣遇有擄贖之案，卽刻多帶差役前往弔放。查明關禁何處，卽時弔出，一面嚴拏擄匪，盡法懲辦。將禁人房屋焚毁，并查明庇縱之本房，勒令交出擄匪，或可挽此頹風。該縣務須破除積習，毋再事從前之寬縱也。

一、捕務不可寬貫承差也。查民間遇有搶劫等案，事切剝膚。一經控告，自應趕緊緝拏，按例究辦。若任意延擱，一聽差役卧票不行，勢必盜逸贓銷，日久無獲。殊不知某鄉何人，素非善類，某村何人，向不安分，在承差皆所習知。良由地方官並不上緊嚴催，該差亦從而怠玩，甚至得錢則賣放眞犯，無錢則波累無辜。差役之慾壑未塡，良善之身家已破。卒之眞贓正賊，未嘗拏獲到官，爲害閭閻，何可勝道？近來搶劫案件，上控纍纍，而破獲者甚少。此皆寬貫承差之故。嗣後該縣遇有搶劫等案，務須趕緊出票，立定期限，嚴行比拘。果能獲犯迅速，自應量給花紅。如敢有意玩延，卽當拘限嚴比，該承差一受比責之苦，自必上緊緝拏。庶盜賊不至遠颺，案情易於破獲矣。況壞蟲群飛，非無依附，鄉中著名鬭匪恆與黠役交通，緩則受其餽送而

相容，急則誘其就捡以自解。既獲之後，不准黠役捏稟患病，衿耆聯名保回。稂莠除而嘉禾生，是所望於賢令尹也。【略】

一、耳目必應廣爲布置也。查各屬州縣管轄數百鄉，袤延數百里，所屬之地方甚廣，一人之耳目難周，公事繁多，必須時時辦理。既不能獨執己見，自不妨參以人言，惟州縣日夕所見，均屬書差，若專聽書差之言，若輩惟利是圖，或假公濟私，力爲慫慂，或因事挾恨，故意株連。稽查不到之時。勢必被其朦混，夫州縣爲親民之官，於所屬衿耆，時時接見，十室之邑，必有忠信，此輩素行公正者，當不乏人。鄉間之一動一靜，斷難逃衿耆之耳目，嗣後該縣於平日接見公正衿耆，務將鄉閭何人安分，何人玩法，有何著名積慣匪徒，逐細查詢，密爲存記。遇案用資印証，一面責成分轄之縣丞巡典，再爲就近密訪，仍於臨事酌之以理，準之以情，則遇事瞭然。書差亦無從朦蔽，至於衿耆，亦復優劣不齊，劣者之鬼蜮伎倆，與書差等，此又在有司之冰鑑自操，免墮術中也。

清・徐棟《保甲書・廣存・查邪教》 然罪魁只在斂錢惑衆之人，若鄉曲愚民，茹素念經，志在求福，一爲煽誘易墮術中，是其情尚可原，又未便玉石俱焚。故律禁雖嚴而朝廷寬大之詔亦准被惑愚民自首免罪，爲民父母者顧可不教而誅乎？余在平湖，因查保甲，訪有習教斂錢聚衆唸經之事，當即按名密拘，起獲圖像經卷，分别首從，照律詳辦。並問合邑村莊多染是習，若不芟其枝葉，勢將滋蔓難圖。適於保甲換冊之時，各坊鄉耆咸集，因密與之約。令轉告各坊內甲長牌首，限日挨戶查明，如有茹素唸經歸教之戶，曉以利害，勸令改悔。俟余親蒞該鄉之日，飭令帶赴投首，繳經開葷，具結免罪。仍飭牌首甲長鄉耆遞相保結，如敢再犯，隨時送究。倘有抗不遵令，准牌首獲交地保送案究治。其并無習教，各坊亦令鄉耆甲長牌首出具，不致隱匿扶同切結。使其層層約束，各有責成一面。摘敘簡明告示，挨順地段，排序日期，訂於某月日躬蒞某坊宣講聖諭。鄉耆牌甲即帶齊歸教投首各戶於其鄉公所伺候諭話，飭地保先期頒示頒貼到日如前舉行，并當場剴切諭令茹葷飲酒，統計改教者六百二十餘人，隨彙造一冊，遵例申報臬司衙門備案。

清・徐棟《保甲書・成規・保甲事宜》 此係各坊保甲循環冊式，其另戶冊簽標平湖縣某某坊第幾甲，另戶循環冊亦如之。冊面註地保某某冊註第幾甲第幾牌，另戶某某年月生理丁口，或犯窩竊或聚娼賭，容隱奸拐諸不法事，曾否犯案一一聲明，暫交地保收管。如果不知改悔，令該保隨時稟報提究。其曾犯窩竊有案之另戶，倘該坊報有竊案，飭地保嚴行盤詰，責令隨同捕保查緝務獲。

清・王鳳生《宋州從政録・查辦保甲告示》 二則挨查外來生人，細密嚴謹，四方盜賊，無處容身。百姓們無鷄犬之驚，睡好自在覺。三則使本牌人丁及住房住廠之人，都有稽查盤問，使他不得出外爲非，免得他犯了重罪連累我，有窩主之憂。

清・王鳳生《宋州從政録・約正勸懲條約》 凡鄉集甲者，該地方有命案，不得干連傳訊，盜賊案不得責成緝捕，以杜擾累。

清・鄭端《政學録・審查盜情》 以後快壯拏賊，除眞盜拒捕曾毆公差，許其打傷不罪外，其餘止許綁縛到官。掌印官先驗傷痕，如拷打骨肉有傷者。快壯重懲革役。

清・丁日昌《撫吴公牘・通飭嚴禁短差押解》 爲通飭事，據淮安府稟稱，竊照寶應縣接遞解回鹽城縣徒犯僧本歷等商同批差章谷頂替賄縱一案，前奉批司飭府提訊，章谷堅稱該犯等向伊情懇回家攜取川費，令僧本舟等暫替，實無賄縱情事。催據寶應令稟，復以同批兵役均已病故，無從送質等情。惟查遞解人犯，例應一犯兩解。乃近來各州縣因經費不敷，往往短解，以致疏脱。並滋賄縱情弊，相習成風，實屬不成事體。應請寬其既往，通飭各州縣，嗣後務須照例遞解等情到本部院。據此，查各州縣遞解人犯，竟敢藉以經費不敷，任聽違例短解，以致人犯時有疏脱。甚至有僱替賄縱情事，實屬漫不經心，既往姑准不咎，第積習相沿，伊於胡底，亟應嚴行查禁以挽因循。除批示外，合行通飭。札到該州縣立即遵照，嗣後遞解人犯，務須照例一犯兩解，不得再蹈故轍，致干嚴參。仍將奉文日期具報，毋違，切切。特札。

清・佚名《治浙成規・查緝逆匪馬朝柱等各犯規條》 浙江按察使司臺呈稟竊查楚逆馬朝柱等奸謀敗露，竄跡潛蹤。此等匪犯罪大惡極，實爲覆載所不容，神人所共憤，理應上緊追拏，尅期就獲，早正典刑，以彰國法而快人心。乃緝經多載尚無獲報，以致上厪聖懷復頒諭旨，嚴飭實心踹緝，務期必獲。凡爲臣子，跪聆之下，實有寢食難安者。茲蒙憲臺諭令，細心熟籌，多方設法，酌妥定議稟覆等因，本司竊思，馬朝柱等狐兔伎倆即甚狡黠，究在六合之內，如果承緝之員稽查嚴密，斷難倖漏。查本省先於乾隆二十年正月間曾經前司議請，飭令各該府於佐雜各員內遴選勤慎精細一員，隨帶丁役數名，令其專司查緝，易服改裝，溷跡商民行旅之內。在於所屬各州縣地方，無分曉夜，凡有窮鄉僻壤，人跡可通，及鄰境毘連，行踪雜沓之處，周流偵緝。遇有行爲詭秘，面生可疑，與原行之馬朝柱等犯聲音年貌相似者，卽行密拏，交該地方官悉心研鞫，密速馳報。果能緝獲逆匪，詳請議叙丁役重加賞給。倘虛應故事，亦卽列揭報參等情，詳奉批允，通飭遵照在案。是專員巡查立法原已周詳，乃行之載餘。其委員曾否實力，各府杳無稟報。誠如憲飭名爲設法嚴緝，終不免於故事虛文。本司悉心籌畫，應請嗣後各委員照前周流探緝，每到一處，務卽關會該地方官添差幹役跟同密緝。於出境之後，卽將該委員到境出境各日期及經歷某某等市鎮村莊據實稟報本府。該府於每季之終卽行彙稟。院司各衙門查考。至浙省地方，北達江蘇，南通閩廣，江右與鄰省聯界之處，係往來要道。商旅絡繹，易於溷跡藏奸，尤須加慎稽查。如秀水縣之王江涇，則與江南交界；衢屬之常山縣，則與江西交界；江山縣則與閩省交界，此三處應令各該府另行專委幹員前往駐紮，常川查緝。第佐雜微員廉俸有限，所有往返舟輿及隨役飯食等項在所必需，未免資斧維艱，必致畏縮不前，難臻實效。應請飭令各該府於所屬無礙贓罰閑款，每員每月酌給銀三兩。如贓罰閑款不敷，請於藩鹽二庫查明閑款，酌動湊給，以資路費。仍定以半年之限，令該府於限滿日報明，另委幹員更替，以均勞逸。設果緝獲要犯，官則保薦陞用，役則照例重賞。如是則各委員自無不奮往直前，踴躍從事。而各上司衙門又皆其所稽考，自不致有名無實，虛應故事，似於緝務不無裨益。至奉飭議或應懸立重賞，或應徧給告示，或應廣購認識該犯之眼目，隨同認緝。或於農隙時編查保甲以清其源之處。竊查見利必爭人之恆情。若非動以厚利，誰肯爭先？出力則懸立重賞，誠不可少。伏查乾隆十七年間曾奉督憲懸立賞格，有能探訪蹤跡，擒獲正犯馬朝柱送官者，無論兵役民人，賞給銀五百兩。若知馬朝柱蹤跡，密行首報，因而擒獲者，賞給銀三百兩。通行遵照在案。其憲臺衙門及兩司道府廳縣未經懸賞，其餘從犯作何給賞，亦未奉行知。今本司酌議，如能拏獲正犯馬朝柱送官者，撫憲暨督憲衙門共賞給銀一千兩，藩臬兩司共賞給銀一千兩，道府廳縣共賞給銀一千兩。若知馬朝柱蹤跡，首報因而擒獲者，撫憲暨督憲衙門共賞給銀六百兩，藩臬兩司共賞給銀六百兩，道府廳縣共賞給六百兩。其獲送首報從犯者，各衙門俱照正犯銀數減半給賞。庶各貪圖厚賞，無不爭先恐後，協力緝拏。第若出示徧行曉諭，又恐聲張太甚，轉使各逆犯聞風遠颺，就獲無期。本司管見，甚應懸立賞單，於賞單之內首列各逆犯姓名、年貌、籍貫，次列各衙門分別賞給銀數，仍於單末註明倘有希圖冒賞，妄拏捏首者，照誣告律從重治罪字樣。令各該地方官刊刻刷印，傳集各鄉保，每人散給多張，令其徧行傳諭，自可家喻戶曉。至浙省距楚省窵遠，其楚省認識逆犯之人，恐一時難於購覓。卽覓有其人，而幅員遼闊，勢難周歷，似屬無益。且楚省口音與浙省迥殊，今既頒發賞單，而於單內註有年貌籍貫，設遇有聲音年貌與逆犯相類者，已不難卽時盤獲，似更無需認識之人而始可弋獲也。惟力行保甲，實爲詰奸良法。蓋既動以厚賞，又當惕以利害，務令地方官於編查之時，諄切誡諭，俾知窩留容隱罪干連坐，自必交相儆戒，實力稽查。而逆匪無從托足，游魂不致久竄矣。緣奉前因，相應查議稟覆，是否有當，伏候批示。遵行等情。於乾隆二十一年六月十八日稟奉巡撫部院楊批：所稟緝拏逆犯馬朝柱等各條均屬妥協，仰卽飛飭各該府遵照辦理，毋得怠忽疏縱，致干參咎。仍速擬賞單式樣呈送，核發各州縣刊給可也。並候督部堂批示繳。又奉宮保督部堂喀批：據議分設委員，懸立重賞，刊單通曉各情由，均極周密，如稟通飭實力遵照，毋致虛應故事，致干嚴譴。仍候撫部院批示繳。

又，浙江按察使司台會同布政使司富詳爲遵奉議覆事會議得溫處道議稟緝拏逆犯馬朝柱等各款，奉憲臺批：飭會核議詳等因到司。本司等遵卽會同，悉心確核如所稟。各犯流離多載，憔悴風塵，非復平時故態，漆身吞炭何不可爲？若必拘泥年貌，反生疑似。況所開年貌難於記憶，內中已獲未獲錯綜在內，難於分別。請將未獲之十三名年貌另刊小摺，給與官弁兵役隨身攜掛，以便物色一條。查前項匪犯現在各處嚴拏，伊等冀圖狡脫，自必變易姓名，毀形改裝，誠未可過於拘泥。但其大概模樣，究亦不甚相遠，且楚省口音與浙省迥異，若舍原開之年貌籍貫，則人盡可疑，恐更無從物色。其未獲各犯年貌，現經本司稟奉轉飭各屬，於賞單內開列在案。今據稟請另行刊給小摺，亦爲簡便。應如所請，將馬朝柱等未獲各犯照依前頒賞單內所列年貌，另刻小摺，分給緝捕官弁兵役隨身攜掛，不時開看，熟記形像，加意查緝，毋得率行輕縱，致有漏網。又如所稟請咨明江楚兩省募與認識馬朝柱等之人，送浙分段查緝一條，查廣募作眼之處，前奉憲臺飭議，卽經查議，以浙省距楚窎遠，其楚省認識逆犯之人，恐一時難於購覓。即覓有其人，而幅員遼闊，勢難周歷，似屬無益。且楚省口音與浙省迥殊，今既頒發賞單，而於單內註有年貌籍貫。設遇有聲音年貌與逆犯相類者，已不難即時盤獲，似更無需認識之人而始可弋獲等因，議覆奉批遵照在案，應毋再議。又如所稟僧道乞丐宜留心體察，棚民宜留心帶查，及關隘之稽查宜嚴，雨夜海㟼之查察宜加周密各條，查此等匪犯計窮路盡，冀延殘喘，或削髮空門，或流爲乞丐，或飄泊道途，竄匿山海，均未可定，誠宜隨時隨處留心稽察。應如所請通飭各屬於名山大刹、敗院古廟以及城市鄉村，凡遇有外來游僧流丐，務即嚴行盤詰。於浙東棚民，多在深山窮谷之中。海㟼廠戶更在人跡不到之區，奸良不一，更易溷跡。各處關隘雖係晨啓夜閉，本無禁夜放行之時，但往來雜遝，亦屬良莠莫辨，均應嚴督地保、棚長、巡哨、弁兵、巡攔，人役實力稽察，毋許懈縱。但不得藉端滋事，違則嚴處。又如所稟選役查緝，每季給與口糧銀兩於各班衙役工食之內扣給一條，查各屬捕役本有額設工食，令其專司緝務。至於別班衙役，均有應辦事件。若將伊等工食扣除他給，恐難枵腹從事。且前經本司議請懸立數千金重賞，無論兵役民人，若知有馬朝柱等蹤跡，密行首報拏獲者，即行分別賞給。則承緝各役自必貪圖重賞，踴躍爭先，不至懈弛。似應聽各該州縣自行察其勤惰，酌量捐賞以示鼓勵，毋庸置議。是否允協，擬合詳候察核示遵等情，於乾隆二十一年七月二十七日詳奉巡撫部院楊批：據議殊屬妥協，仰即通飭各屬遵照辦理。務令官役弁兵隨時隨處留心稽察，毋許怠忽疏縱，以及藉端滋事，致干參咎。仍將應緝各條移行溫處道，一體飭遵，餘已悉。仍候督部堂批示繳。又奉宮保督部堂喀批如詳移行遵照。仍候撫部院批示。繳。

清·佚名《治浙成規·通緝逃犯以州縣奉文日起扣限六個月結覆務於覆文內聲明奉文送結各日期》　浙江按察使司台呈詳爲飭查事，查得通緝逃軍等犯奉憲臺，以例應扣限六個月取結，咨覆查閱詳內，或扣限二年，或扣限半年，或竟不聲叙辦理，並不畫一。又軍營逃人郭世奉等九案，均請本部堂咨覆。住兒等四案，請撫憲衙門咨覆檄司查明因何扣限兩歧，及分詳請咨緣由詳覆。并查明一定限期應歸何衙門，咨覆之處，查議詳覆等因。本司查通緝事件向例，原係扣限一年咨覆。嗣乾隆十五年酌減限期，定例各項人犯脫逃無獲，均以六個月起限查參等語，始以六個月扣限，但前陞司任內有奉刑部咨緝逃犯阿党阿一案，扣限一年未奉部詰。是以近來扣限不無歧異，但事關部件，扣限詳咨，自應畫一。應請嗣後一切通緝逃犯事件，均照定例扣限六個月取結咨覆，畫一辦理，至於通緝之案，奉憲臺准咨者，應詳請憲臺咨覆，奉撫憲衙門准咨者，應詳請撫憲衙門咨覆。再，向來查參事件，原有以准咨之日起限者，亦有以州縣奉文之日起限者，本無一定章程。今查通緝事件，若以准咨之日起扣限，六個月結覆，則離省窎遠之州縣司府行文轉輾需時，未免爲期太促，不能實力緝捕。應請遵照乾隆十一年吏部議覆御史范咨文，均以該州縣奉文之日起限，係何縣遲延，即將何縣查參。並請通飭各府州縣，於具結申覆文內聲明何日奉文，扣至何日限滿，以便扣限詳請咨覆，庶無歧誤。緣奉飭議相應查議詳復，應否如斯，伏候憲臺察核示遵等情。於乾隆二十一年閏九月初一日詳奉巡撫部院楊批：據詳已悉，仍候督部堂批示繳。九月三十日奉宮保督部堂喀批如詳飭遵。仍候撫部院批示。繳。

清·佚名《治浙成規·酌定緝捕事宜》　浙江按察使司台呈詳爲檄飭提比等事，查得滿貫竊案贓數繁多，消變匿易，果能勒捕上緊緝拏，原不難於立時獲破。無如各該州縣在承緝之員畏顧處分，尚知實力督緝，而接緝之員則以例無議處，莫不因循怠忽，以致巨賊漏網，弋獲無期。若不嚴定章程，誠無以示懲創。茲奉督憲以滿貫巨案，本員於限內去任，接任之員應如何勒限飭緝，逾限不獲如何記過以儆之處，議詳覆奪等因，當即轉行各府查議，去後茲據陸續議覆前來，本司覆加察核。其各該府所議勒限緝拏、分別功過之處大略相同。應請嗣後滿貫竊案，如本員於限內去任，其接緝之員亦照承緝之例，於到任日爲始，勒限六個月緝拏，贓賊務獲究報。如已逾限全無弋獲者，飭記大過二次；若首犯未獲，止獲夥犯又未及半者，記大過一次。但未獲者既已分別記過，而已獲者不予記功，無以示勸。應請於六個月限內首從全獲，或獲賊過半並獲首犯者，飭記大功二次，或止獲首犯而夥犯未獲，或夥犯獲半而首犯未獲者，各記大功一次。倘此案未獲而彼案已獲，准其功過相抵。如此庶各上緊嚴拏不致懈忽，似於緝務不無裨益。至奉飭本司衙門提比捕役，凡管押之經承守提之差役，與行刑之皂隸人等向多需索規禮。此輩索之縣捕，縣捕索之竊賊，勢必另偷新贓以應提比之用，轉致地方愈多失事。此弊尤應剔除。該司提比之時，務須解批一到立刻發落，不可遲延。仍留心防察，毋任司承司役仍前需索滋弊之處？查司書司差或藉此需索規禮，實竄遠，多至千餘里，少亦六七百里。一經提解，奔馳往返逾月經旬，恐於緝務反致曠誤。且此數府贓多重案本屬稀少，如遇贓至滿貫及拒捕傷人之案，亦就近歸於巡道衙門，於春秋兩季季底各提比一次，免其解司再查盜案。承緝官員數參之後，卽有案緝免參之例。原以案經年久，犯已遠颺，偵緝稍難，是以案緝免參。今捕役承緝竊案，若無分新舊，一概提比，似覺無所分別。應請嗣後凡遇大小竊案，各衙門提比六次之後，則案已三載之久。卽責令各該州縣自行比緝，免其提比。如此立法，提比不致過煩，易於遵守。如該州縣仍有不依期解比者，卽照從前詳定成例，分別記過詳參，以儆玩違。至獲賊免比亦爲激勸良法，自後各本捕名下如能拏獲滿貫、拒捕重案一案，司道府廳各免提比一次。拏獲一百二十兩以下至一百兩一案，道府廳各免提比一次。拏獲一百兩以下一案，府廳各免提比一次。拏獲五十兩以下一案，該廳免其提比一次。如此則各捕皆知所懲勸，無不奮往緝賊，可收實效矣。緣奉前因，相應議覆伏候憲臺核示飭遵。再從前詳定緝捕事宜甚多，難於稽核，轉致廢弛。今本司摘其緊要者，彙錄一冊，呈請憲臺鑒定，以便刊佈，永遠遵守等情。

今附送緝捕規條：

一、彙單提比之法。查從前詳定，按贓數之多寡分提比之限期，原欲使捕役知儆，不敢懈弛之意。但州縣額設捕役僅止數名，平時既須巡邏地方，而差緝解犯半多外出。且有夥盜衆多之案，卽全數管押，尚有不敷解府解司解院候審，往返動經旬日。況各屬程途遠近不一，而各捕名下承緝事件又多。若逐案專提應比，竊恐此案甫經提比釋回，而彼案專提之文又至，是使捕役僕僕道途，雖分身亦莫能應兼之上下盤纏使用，費無所出，勢必縱竊分肥以資酬應。是欲使之拏賊而反迫之縱賊，若不酌量變通，擾累不淺。嗣後仍照詳定限期，本司衙門於春秋兩季之底將各屬所有應比之滿貫拒捕傷人案件，無論多寡，彙開一單檄行提比。該縣卽將單內各案查明承緝各役姓名拘齊批差，解司應比一次。巡道衙門亦於夏冬兩季之中，將各屬應比之贓在一百二十兩以下案件，無論多寡，開單彙提解比一次，不必逐案專提，以省繁擾。其府廳衙門仍照舊列彙提，毋庸再議。至本司衙門。爲刑名總匯，設遇姦殺、放火，聚衆干係城池倉庫及江洋大盜等項，并連次被竊各重案，或捕役怠惰不緝、婪賄縱放情弊，經事主赴司呈控，核其情節，必須專檄提究者，仍

難保其必無。仰見憲臺鑒察周詳，無微不燭。本司現在遵奉，凡遇解批一到，立提責比發回，以杜掯索之弊。但此等情弊，府廳衙門或亦所不免。本司現亦嚴飭各屬一體留心防察，實力剔除。再嘉府議請各衙門提比捕役。本本司於三九兩月解比，巡道正五七十一等月解比。該府於二四六八十十二等月解比，定期分限，不致重疊受責等語。本司伏查，從前提比之法，乾隆十三年詳定。杖徒小竊專責捕盜同知提比，罪至杖流者，知府隔月提比，贓至滿貫及拒捕傷人者，本司提比。又乾隆十四年詳定，贓至滿貫及拒捕傷人案件，本司衙門於春秋兩季之底各提比一次，巡道於夏冬二季之中將贓在一百二十兩以下案件各提比一次，府廳衙門仍照舊例彙提通飭遵行，由來已久。迨至上年六月間，復據紹同知議詳定，以滿貫以上者，捕盜同知每月提比一次，該府兩月提比一次，巡道三月提比一次，本司每兩季提比一次。一百二十兩以下至一百兩者，該同知亦每月提比一次，該府三月提比一次，巡道半年提比一次，本司免其提比。一百兩以下至五十兩者，該同知兩月提比一次，該府半年提比一次，巡道免其提比。五十兩以下者，該同知三月提比一次，該府免其提比。如能拏獲者，計其案數分別免比。原以捕役慣多玩縱，設法勒比，不妨過嚴之意，第以通歲而計。如滿貫以上者，同知提比十二次，知府提比六次，巡道提比四次，本司提比二次，共二十四次。一百二十兩以下至一百兩者，同知提比十二次，知府提比四次，巡道提比二次，共一十八次。一百雨以下者，同知提比六次，知府提比二次，共八次。五十兩以下者，同知提比四次，巡統計司道府廳各衙門共須提比五十四次矣。夫州縣歷年報竊之案多，或數百件。少亦不下數十件。而所設捕役不過數名，一捕名下所承緝者各有贓多贓少之案。贓多者此捕，贓少者亦卽此捕也。一歲之內各衙門提比至數十餘次，則分頭應比之不暇，尚奚暇緝賊乎？且解廳未回而本府差提已至，解府未回而司道之差提又至，竊恐各捕分身乏術，而欲責令如期解比，勢所不能，徒滋苦累。似乎立法未爲盡善，此該府所以有分月解比之請也。本司管見，似不若循舊制，略爲變通，應請嗣後贓至滿貫及拒捕殺傷人者，仍照向例。本司衙門於春秋兩季季底各提比一次，一百二十兩以下至一百兩者，巡道衙門於夏冬兩季季中各提比一次，其一百兩以下案件專責知府於春秋兩季季中各提比一次，五十兩以下案件，捕盜同知於夏冬兩季底各提比一次，俱須開單彙提，不得逐案單提。至溫處金衢臺等府，距省

應本司隨時專檄提解，不在彙比之限。如此分別辦理，庶省陸續提比之繁，而捕役亦可安心緝捕矣。此係乾隆十四年詳定。

一、抗解懲創之法。查州縣詳報失竊之案纍纍不絶，而獲犯者十無二三，皆由州縣玩視民瘼，不行督緝所致。前署司業經條議，凡係滿貫并拒捕傷人之案，司道府廳衙門分別按季輪比。而州縣仍視爲具文，任聽經胥串擱，代爲朦混申詳，由是捕玩賊熾，民無安息。嗣後無論司道府廳提比之期，該縣一次不解，記過一次，二次不解，記過二次；三次不解，飭記大過三次。獲犯詳銷，若行提三次之後，仍不解比，卽以縱捕詳揭，仍請照前司議詳請嚴緝捕等事，案內分別獲犯之多寡，罪犯之輕重，量爲記功給賞。唯是按季輪比，立法雖良。誠如憲諭弊竇，亦所當察。經胥舞弊是其長技，遂其欲則朦混延擱，需索不遂卽濫行差提。是多一提比之衙門，卽多一費用之苦累。亦應照前署司酌議，司道府廳將應比各役另造清冊，置諸几席。遇應提比之期，加意親查，如有濫提需索及朦混延擱諸弊察出，卽將該胥役嚴行革究。要在提比之員時時留心查察弊竇。而各州縣如期解比，不爲庇縱，上下實力辦理，則胥役無從施其伎倆，而縣捕亦無從賄囑矣。此係乾隆十四年詳定。

一、禁除代比之法。查捕役與盜賊聲氣相通，如果實力跴緝，不特報案可以盡獲，卽奸匪亦無容足之地。無如若輩以豢賊爲活計，縱令肆竊。小則索取規禮，大則逐案分肥，焉肯捕獲送官，自棄利藪？故勒比雖嚴而規避愈巧，每逢上司飭提，或懇求本官護庇不解，或賄囑經承延挨破調。及專差守催，又倩僱無賴頂替代杖。此奸捕毫無忌憚，積案何能獲報？是以欲除胥小之蹤，要在嚴比玩捕。不除代杖之弊，提比仍屬具文。應請通飭各州縣，凡贓賊逾限不獲，立傳承緝正捕僉差解比。倘敢飾詞庇縱，專拏經承重處，仍將該州縣詳記大過。先將額設捕役實在姓名、住址、年貌逐名查驗，詳註冊內。由府彙呈，以便臨比查對是否，僱倩斷難掩飾。如查造不實，及對非正身，除受僱之人重究，并差拏該捕倍處外，定將該州縣詳記大過。此係乾隆十二年詳定。

一、捕役獎賞之法。查捕役工食額定無多，巡緝解比往返之盤費皆取給於此。若有罰而無賞，既不能養其身家，復不能免於刑責，誰肯充此苦役？其縱竊分贓，勢所必至。第捕役拏獲強盜，例得按名給賞。而拏獲竊盜，雖有酌量給賞之文，並無應賞若干之數。故州縣以捕役之獲賊乃其分內之事，從無量爲賞給，以示鼓勵。嗣後凡捕役拏獲罪應斬絞之賊犯，每名賞銀十兩；應擬軍流者，每名賞銀五兩；徒罪以下每名賞銀二兩，均於州縣備公項下照數支給。如能拏獲鄰境贓賊，亦按罪犯之輕重，關會失事之地方官加倍給賞，統於詳報獲賊文內，將賞過銀數據實聲明。倘有鄙吝之員揑報扣減情弊，別經訪查，責令倍給以示儆。若地保人等首報得實，一體給賞。妄拏揑首，按律坐誣。先將賞格出示曉諭，凡捕役違限不獲，查拏嚴比。如畏比脫逃，立提該捕的屬監禁究追，毋任縱颺。此係乾隆十二年詳定。

一、州縣勸懲之法。查定例，州縣申報竊案於歲底彙查，按其緝獲多寡，量記功過。乃節年造報，不論州縣之大小，報案之多寡，但以獲賊曾否過半，分別功過。其獲賊過半，詳請記功者，大率皆偏小之縣，竊案本屬稀少。若衝繁大邑報竊既多，獲半頗難，不但無功之可邀，且欲求免過而不得，似於勸懲之道未得其平。應請將各州縣分爲三等，如五方雜處，素多盜賊者，每年統計已獲未獲皆不及二十案，功過相抵；已獲二十案之上，記功一次，每十案遞加功一次；未獲二十案以上，記過一次，每十案遞加過一次。如衝繁首邑地方遼闊者，每年統計已獲未獲皆不及十案，功過相抵；已獲十案之上，記功一次，每五案遞加功一次；未獲十案以上，記過一次，每五案遞加過一次。如地方簡僻，民情樸厚者，每年統計已獲未獲皆不及五案，功過相抵；已獲五案之上，記功一次，每三案遞加功一次；未獲五案以上，記過一次，每三案遞加過一次。凡遞加功過至二次者，俱改爲大功。過一次仍按已獲未獲，准其以功抵過。統俟歲底，令各府悉心區別造冊，送司彙核轉呈。倘敢諱竊不報，一經查出，嚴行揭參。俾功過不致冒濫而勸懲攸分。凡有志向上者，自必重懸賞格，勒限勒比。庶盜賊可弭，良民得以安枕。此係乾隆十二年詳定。

一、以賊捕賊之法。查盜賊糾夥行竊，原係聲氣相通，去跡來蹤亦唯若輩獨能偵探。惟有立法稍嚴，使其不敢輕犯。以盜捕盜卽可搜其夥黨。嗣後除竊贓犯該軍流死罪，毋庸釘帶鈴枷外，其竊賊窩主罪止杖刺者發落之後，遵照前憲李頒式掛鈴小枷釘帶三年。罪應擬徒者限滿回籍，亦帶鈴枷三年。各發該犯原住處所，派撥某都某圖或某街某村，令其充警巡緝。民間失物卽向彼要。倘能獲放火一名，大盜二名，卽行開釋，仍賞銀二兩。如能獲慣賊積窩四名，初犯新賊六名，審問得實，亦准開釋，仍令該地保管束，毋致走脱。每月初一、十五於分管地方許討錢一文。居民藉其巡緝，亦所樂從。但不許越地多索，如有勒詐滋擾、越地多索情事，許保甲排鄰稟究，仍於朔望赴縣點卯，查驗小枷。若有毁壞，重責三十大板。倘敢希圖開放，妄指誣拏，從重究處。至不能拏賊者，能於三年之内毫無過犯，安靜悔艾，取具親族鄰保保結，准其開放。復萌故智，并將保結人等一體連坐。倘三年之内脱枷潛逃，拏獲嚴審。如係該保知情故縱，一併究處。仍將該犯從新釘帶三年。其三年開放之後，復又再犯者，如竊贓五十兩以下，除照律擬杖外，先用大枷枷號一個月，枷滿發落。五十兩以上律應問徒者，因其再犯徒一年者，枷號二十日，每等遞加五日，按其問徒年分先行枷號示衆。滿日發配，限滿回籍。同枷杖各犯仍各釘帶鈴枷三年，亦照前議，許其獲賊開放。所備鈴枷并所賞銀兩，均於備公項内動支。如備公不敷，於外結贓贖，或閑款項下詳請撥給，統於歲底彙冊報銷。如此立法嚴密，則竊賊畏懼，不敢輕犯。而以盜捕盜則匪類行蹤亦可搜尋。更定有功過賞罰則，兵捕保甲自能協力巡查，文武員弁亦必上緊督緝矣。此係乾隆十四年詳定。

一、嚴禁坊捕盤踞之弊。查乾隆六年刑部於一件請嚴禁捕役分地坐緝之弊等事，案内議覆左都御史陳條奏：禁革分坊坐捕，并上司提比，止許請免一次等因。通行遵照在案，無如各屬日久廢弛。卽紹屬之仍有坐捕，嘉府之仍有坊捕，分鄉稽查，雖經按季輪流，但已盤踞三月之久，則一方之匪類業爲結聯，受獻包庇，事所必有。應再行通飭各屬照例止許撥捕分佈巡查地方，頻數更替。毋得仍前分鄉稽查盤踞三月之久，致有受獻護匪之事。仍飭各該府時加留心查察，如有日久奉行不力以致盜賊潛藏、報失頻聞者，卽行據實揭參。此係乾隆十四年詳定。

一、嚴禁管押縱賊之弊。查州縣拏獲竊賊到案供認行竊者，無論情罪輕重，向例俱概行監禁。該州縣往往因夥犯未獲，或候批詳發落，交與捕役管押，以致該捕教供囑扳，或私放行竊，或受賄捏病保出，均屬違例。除嚴行申飭查參外，該府所稟拏獲竊賊到案，該州縣卽行收禁，俟審詳批結之日提出發落取保。不得交差鎖押及取保先釋之處，應再通行各府嚴飭各州縣遵照，違者查參。此係乾隆十四年詳定。

以上各條，均係歷年詳定規條，相應彙録呈送憲臺鑒定施行等情，於乾隆二十一年十月二十七日詳奉巡撫部院楊批：如詳，移行遵照。仍候督部堂批示繳。又奉宫保督部堂喀批：如詳，通飭遵照。從前詳定事宜摘敘，頗覺簡明，并卽照冊刊佈，永遠遵行。仍候撫部院批示繳。

清・佚名《治浙成規・詳參疏防章程》 浙江按察使司台呈詳，爲特飭議詳事，乾隆十七年六月十一日奉前任巡撫部院覺羅雅批德陞司呈詳，查得竊盜拒捕之案，情罪不一，其應參疏防與否，原應遵照成例，分别查辦。而浙省向來辦理，不無參差。今蒙憲臺飭將竊盜拒捕，作何分别查辦，妥議通詳，畫一辦理等因，仰見審慎至意。本司遵查定例，竊盜一夥至於十人以上，雖不行强，地方官難辭咎戾。其疏防諱盜等項處分異也。但追逐拒捕，其中情形亦甚不一。有未經得財者，亦有已經得財者。各屬每有拘泥律文，得棄字樣，遂謂既已得財並未棄還，卽屬臨時拒捕。殊不知律文棄財字樣，原以其贓現在手不卽棄還，跡近護贓格鬭，故特明著其文。若究明所得之贓先已藏匿别處，不及棄還，或先經夥賊攜去，無贓可棄。一聞事主知覺，卽畏懼奔逃，本無格鬭之心，因被追而逐之，不得不拒，實無護贓之念，此則情急求脱，與棄財者何異？歷考成案，類此情形皆以罪人拒捕科罪，豈得與臨時拒捕同論？且律載臨時拒捕殺傷人皆斬，俱照强盜例查參議處。又竊盜臨時同夥拒捕，與白晝夥衆搶奪殺傷人者，若未經獲賊并雖獲賊而爲首及下手之凶犯未獲者，俱照强盜案件初報，卽將專兼統轄各官揭參疏防，勒限比緝，悉照强盜例分别議處。若已獲有爲首下手凶賊惟夥賊未經查獲者，免其概參疏防等語。是竊盜拒捕應參疏防者，係專指夥衆十人以上及臨時同夥拒捕殺傷人者而言。其事主知覺棄財逃走，因事主追逐而拒捕者原不在查參之例。蓋臨時拒捕是格鬭以圖財，而追逐拒捕乃情急以求脱，其情罪迥殊，故辦理亦各。註云：得財不得財皆斬，須看臨時二字是律意所重者，全在是否臨時，不在於得財不得財。卽此可見，今既云逃走又云追逐，則已離盜所，卽非臨時。若因其先已得財，將情急求脱之案與護贓格鬭者一例查參，則竟漫無區别，誠與律義未符。應請嗣後除竊盜十人以上，并臨時同夥拒捕，及白晝夥衆搶奪殺傷人者，俱照往例請參疏防。其追逐拒捕殺傷人者，果係護贓公然格鬭，此與臨時拒捕無異，亦請查參疏防外，其餘概免查參。再查例内所謂臨時同夥拒捕者，原指同夥在場肆行拒捕者而言。蓋藉勢行凶，强行顯著，是以應照强盜例一體查參。若拒捕之時夥犯先行奔逸，並未同拒，亦未在場，則係一人拒捕。此正與一人行劫者情事相同，似亦應免參疏防，以符例義。至歸安縣汪汝龍呈報失竊被賊拒傷一案，據稱追至河干，贓已下船，無贓可棄。但是否情急求脫，抑係護贓格傷，尚未取有賊犯確供，應俟審明覆到，另行核辦。是否有當，伏候憲臺察核批示，以便通飭遵照，畫一辦理等情。奉批如詳，通飭遵照，畫一辦理，仍候督部堂批示繳。又奉宮保督部堂咯批：揭參疏防，固應循照定例。但浙屬諱盜之風甚熾，一遇呈報被盜，總以抑勒事主改供規避處分爲事，竟置贓盜於勿問。是開參條例固當分晰，而諱匿抑勒苦累各條并責成該管道府稽查揭報之處，亦當痛切告誡，力除捏飾規避之惡習。仰卽一併分晰定議，具詳以憑批行通飭。至詳內數人行竊，一人拒捕及追至河干無贓可棄二條，分晰尚未確切。如夥犯先已奔逸，一賊落後被追，情急拒脫，謂之一人拒捕，宜也；若夥賊搬贓先行，一人在後抵禦，是較一人行劫已多搬贓之夥賊矣。又如追至河干船已開行，方是無贓可棄。若贓現在船，逞凶拒脫，開船而去，與護贓格鬬何所分別？浙屬類此依附開脫凶賊冀免處分之案，指不勝屈，更當詳慎分別，杜絶援引規避之端。并卽再爲分晰確議，並詳察奪。仍候撫部院批示繳等因。遵行各府查議去後，今據陸續議覆前來。該本司台覆查，得竊盜拒捕分別查參疏防一案，先經前司議詳，竊盜十人以上，并臨時同夥拒捕，及白晝夥衆搶奪殺傷人者，俱照往例請參疏防。其追逐拒捕殺傷人者，果係護贓公然格鬬，與臨時拒捕無異，亦請查參疎防。其餘概免查參。又拒捕之時夥賊先已奔逸，並未同拒，亦未在場，則係一人拒捕，與一人行劫相同，亦應免參疎防。至歸安縣汪汝龍呈報失竊被賊拒捕一案，據稱追至河干，贓已下船，無贓可棄，但是否情急求脫，抑係護贓格鬬，應訊取確供。另詳等情，奉憲以夥賊先已奔逸，一賊落後，被追情急拒脫，謂之一人拒捕。若夥賊搬贓先行，一人在後抵禦，是較一人行劫已多搬贓之夥賊。又追至河干，船已開行，方是無贓可棄。若贓現在船，逞凶拒脫，開船而去，與獲贓格鬬何所分別，批飭分晰議詳等因。伏查乾隆二年刑部議覆直省郭亮之等案，內稱不畏事主，不走而挺身格鬬以圖財，其情強方爲臨時拒捕。畏事主逃走而拒脫，原無格鬬之心，雖傷人亦宜斷以罪人拒捕等情。又乾隆十三年刑部議覆貴省張槐行竊拒捕一案，以張槐當事主驚覺聲喊，卽行奔逸，並無挺身格鬬情形。其所竊之贓已爲杜友亮挑負先逃。張槐於被追時無財可棄，拒捕時無贓可護，是該犯止係求脫，並非護贓，自應以追逐拒捕等情指駁。又乾隆十八年刑部議覆雲省馬得保行竊拒捕一案，以馬得保竊得唐會臣褂褲，已交夥賊攜去。復自進房竊取其箱，事主驚喊，馬得保卽轉身外跑，被唐會臣追及，抱住不放，情急圖脫，拔取小刀戳傷唐會臣肐肘等處殞命。是馬得保聞喊業已棄之逃走，其拒捕戳傷事主，實係被擒求脫所致，並無護贓格鬬情形。按情引律，罪止斬候等情，指駁各在案。歷次議駁，更爲不易之論。今本司詳繹律義，參以成案，似前陞司所議各條均屬相符，應仍請照議，通飭各屬畫一遵辦，以免錯誤駁詰之煩。至奉飭浙屬諱盜之風甚熾，所有諱匿抑勒苦累各條，并責成該管道府稽查揭報之處，亦當痛切告誡，力除惡習，卽一併分晰具詳等因。查定例，州縣官將盜案隱諱不報，或諱強爲竊者，俱行革職。又地方官畏疏防承緝處分，借端嚇阻事主，抑勒改供諱盜不報者，照諱盜例革職。又凡盜案不得因事主以強賊具報，反借端吹求縱放。衙役需索喫食財物，更換衙門，將事主提審苦累。若有將事主苦累致死者，革職治罪。又州縣諱盜及苦累事主致死，該管各上司俱分別降調留任。是抑諱苦累例禁何等森嚴，豈容希圖規避處分，任意妄爲。誠如憲批，應行分晰指明，痛切告誡，并責成該管道府嚴行稽查。如有前弊，立卽揭報。倘徇隱不報或失於查參，別經發覺卽一並照例參處。庶各知儆惕而積習可除矣。是否允協擬合，詳候憲臺察核批示，以便通飭遵照等情。於乾隆二十一年十月二十六日詳奉巡撫部院楊批：如詳，通飭遵照。仍候督部堂批示繳。又奉宮保督部堂喀批：如詳，通飭畫一遵照。至一人拒捕，一人臨時行強之案，一年限滿不獲，均照盜案例查參。昨准部咨行司在案，并卽通飭遵照。仍候撫部院批示繳。

又　浙江按察使司台呈詳，爲移究事，查得歸安縣通詳蔡百梁等行竊事主俞犇長家臨時行強一案。緣蔡百梁與落沙沈、彭一昌、邱白花、朱老八、徐四、沈二、張阿三，均係乞食貧民。乾隆二十一年四月二十一日同在安吉州枯廟歇宿。蔡百梁因無處求乞，欲往安邑地方竊荳充飢，糾合落沙沈等同行。卽於次日同夥八人行至橫嶺頂上。蔡百梁見俞犇長家牆壁坍損，起意商竊，衆各允從。候至更餘，潛赴事主門首，徐四越牆進內，開門放入。蔡百梁、落沙沈、彭一昌、邱白花、沈二等令張阿三、朱老八在外接贓，徐四又撬開房門，竊取茶葉筍乾，先行遞出，交與張阿三等看守。復又進竊時，落沙沈在房門上一碰，用煤火照亮，將事主驚覺，將落沙沈拉住不放。落沙沈嚇稱戳死。事主仍不放手，徐四、邱白花遂拾地上草繩，同落沙沈將事主綑縛。事主之兄喊叫，亦被落沙沈等綑住。各犯搜劫衣米等物而逸，旋被汛兵拏獲。張阿三移縣究訊，供出同夥姓名，先後弋獲落沙沈、蔡百粱、彭一昌、朱老八，錄供通詳奉飭緝究查參。嗣據該府縣以獲盜過半，聲請免參疏防到司。因查供情未明，復飭確訊。去後茲據該縣研訊明確，由府具詳前來本司，復加察核。其起意糾夥止圖行竊，因事主驚覺，用繩綑縛，復又攫取多贓，顯係臨時行強，而非護贓拒捕，似無疑義。查奉頒簡易冊內開有全獲盜犯，或獲盜過半兼獲盜首，訊無窩線，毋庸開參疏防，統於審題案內聲敘等因。今此案同夥八人已獲蔡百粱、落沙沈、張阿三、朱老八、彭一昌五名，獲盜過半，且已獲盜首，又無窩線，應遵定例免參疏防。除飭將現犯先行審解，一面勒緝逸盜徐四、邱白花、沈二務獲，究報外，合先據文詳候憲臺察奪。抑本司更有請者，竊盜臨時行強案件，如全獲盜犯，或獲盜過半兼獲盜首，訊無窩線者，例得免參疏防。至竊盜臨時拒捕之案，惟獲有首犯、下手凶賊，方准免參。若爲首及下手凶賊未獲，則餘犯雖已盡獲，仍應開參，不在免參之列。是例內應免應參，各有不同，但臨時行強與臨時拒捕，同有強形，易於淆混，全在究明攫贓之先後爲斷。如於事主知覺之後，復敢公然攫取其財，斯謂臨時行強，此卽律內所載公取是也。若於攫贓之後，事主知覺向捕，始行抗拒，是乃護贓拒捕，非臨時行強也。今各該屬遇有此等案件，所報情形率屬模糊，其攫贓之先後總不查訊明白，於臨限之時，率請免參，一經駁查卽已逾限。卽如此案逾限數月之久，今始詳覆，設或覆到核其情節應參，豈不有費周章？實爲玩誤本司。伏查乾隆十三年四月內吏部議覆江蘇翁臬司條奏內開疏防四月限期，以巡撫具題之日爲止，不便專以四月之限，悉歸州縣啓屬員寬縱之習等語，是疏防雖有四月限期，州縣原應早爲出詳，扣留院司詳題地步。是以現在江省應參一切疏防之案，俱令初詳妥敘，開揭附送，聽候臨期察核轉參，從無延誤，立法最爲妥協。應請通飭各屬，嗣後亦照江省之例。凡遇盜案以及竊盜臨時行強、臨時拒捕暨搶奪殺傷人等案，務於初報文內備敘勘訊確切情形，卽於文尾開敘印捕各官職名，并是否巡檢管轄，有無墩鋪，相隔幾里，各官有無帶印公出，逐一聲敘，通報該府。於初報文到之日，卽將府廳各職名并將是否同城，有無帶印公出，逐一聲明，具文報明。院司各道於初報文到之日，亦卽開敘統轄職名，并聲明有無帶印公出，先期移司。如有情形未確，奉批駁查，該府州縣總須於半月內查明覆司。本司察核應免參者，卽行轉詳請免。如應轉參者，存俟屆期。如無報獲卽徑行詳參，倘或臨限已經獲盜，該州縣卽行訊明切實情形、夥犯確數及有無窩線，錄供備文，專差馳投以憑添敘入詳。如已具題，卽將限內獲盜緣由轉請咨部免議。如此庶查參疏防之案，悉皆依限辦理，不致延誤，是否有當，合併附陳。伏候憲臺察核示遵等情。於乾隆二十一年十一月初二日詳奉巡撫部院楊批：如詳，免參，仍飭將現犯速行審解，一面勒緝逸盜徐四等務獲究報，餘通飭遵照。仍候督部堂批示繳。又奉宮保督部堂喀批：如詳免參，所有前准提督送到武職疏防職揭，並候移還，一面飭速審擬，并勒緝逸盜徐四等，務獲究報，餘照議通飭遵照。仍候撫部院批示。繳。

清・佚名《治浙成規・稽察捕役私押賊犯》 浙江按察使司李爲遵批議詳事，議詳嘉興府條稟：竊盜并窩主罪止杖責者，加枷號，及確估竊贓嚴懲囑扳，案內附請申禁捕役私押賊犯，竊照惡捕之得以誣良囑扳，皆起於私押私拷。雖屢經申飭，凡獲到賊犯，不論罪之輕重，務須卽時收禁。案未審結，雖患病亦不許提監。無如各州縣尚有玩忽不遵，更有獲賊多月並不錄供通報者。在捕役拏住賊犯，既不卽行稟解，先行任意鎖阱私家，及至稟解，而州縣官又不卽行審訊，且交原捕暫管。更有審後仍交押候。於是日復一日，蹉跎延擱以致私行嚇逼，囑誣放鷹，百弊叢生。并請再行通飭，嗣後捕役拏獲賊犯，務須隨獲隨解，隨到隨審。帶到犯人先須詰問，捕役從何訪聞，於何處何人家內獲住，離城若干里，途次有無躭延私阱。然後再驗犯人有無拷傷、刺過字跡，訊其被拏因由，獲解處所，日月是否與捕役所供相符。若審有私押遲解情弊，卽將該捕重處。然賊人之畏惡捕，更甚於畏官法。審問賊案，必須嚴密，審時更不許原捕站立兩旁，擅自唬嚇提撥，以致不敢吐露實情。審後，如果確賊，卽行收禁，仍時加密察，亦不許捕役擅至監門，與禁卒犯人交接通風。如人贓現獲之犯，可以隨詳請結者，通限二十日之內具詳。如尚須拘提夥犯，查起贓物者，務於十日之內先行錄供通報，依限審結。其先後詳報文內，務將各犯到案日期，有無誣扳窩夥買贓，於何日差委員役，何人前往查喚起贓，何日投到審釋，逐一據實開出。並須詰清各犯的實姓名、住址、有無房產、前後竊過幾次、各計贓若干，一切緊要關鍵均須切實敘明，以便稽核。并飭將各捕役年貌、花名、住處、寓所開造清冊，分送府廳存案。該府廳州縣不時密遣親信人役前往各處。查察有無私押人犯，隨時提究。此番通飭之後。再有故違，將應禁賊犯交捕管押，任意遲延，隱匿不報，草率審問，混行差拏，擾累無辜，不究囑扳，模稜請結以及刪抹緊要情節，含糊籠統，希冀蒙混者，該管知府一面嚴提經捕究處，並卽具揭詳參。如初次訊供確鑿，不得不行拘訊，後能審出囑扳實情，依例問擬，全不袒庇者，所有失察職名概請寬免。如此勤慎查審，有犯必懲，則匪賊蠹捕自能各知儆惕，不但可杜誣扳滋累，亦可以絶其串供翻異、買脱縱漏之弊矣。是否允協理合，詳請憲臺察核批示遵行等情。於乾隆二十五年十一月二十四日詳奉巡撫部院莊批：如詳，移行遵照，仍嚴飭各該府留心稽察，據實查參。仍候督部堂批示繳。

清·佚名《治浙成規·贓不滿百無劫拒情形保長勘查稟報停止兵捕會勘》 浙江按察使李呈：爲謬抒管見等事，查得仁和縣詳，事主報竊贓不滿百，詞無劫拒情形，止令該保勘明，協同事主具報，毋庸兵捕，會勘滋擾等情，奉批查議。本司查鄉民愚懦，遇有小竊，若概令文武會勘，事主慮恐守候滋累，反致隱忍不報，亦未可定。是以前詳議請贓在百兩以下，別無強拒情節者，令兵捕協同保鄰確勘，將進出情形稟覆，概免文武會勘，詳奉批允在案。今該縣以捕役恃有勘查之權，每至事主家，假勘查之名多方需索，稍不遂欲卽指非外來之賊，究問本家奴僕傭工，藉稱帶官稟訊多方擾累，以致失竊之家每多隱忍不報，胥小益得遂志等語。查捕役敢於需索事主，皆由本官疎縱，失於覺察所致。若果約束嚴明，稽查周密，若輩自知畏懼守法。但蠹捕貪婪，每多無風生浪，既假以事權，難保其必無藉端生事。是兵捕會勘非惟無益於民，而反致滋累，應如所請，嗣後凡百兩以內平常失竊事件，俱令該管保長於事主投明之時卽勘查進出情形，失贓確數，協同事主據實稟報。所有兵捕會勘之處卽行停止。如保長扶同捏混，察出重處，勿少寬貸。再本司更有請者，浙中失竊事件，每有事主恨賊竊擾，於報呈內添捏強劫拒捕情詞，以圖官捕上緊比緝，以致往返批查，殊滋案牘。應請通飭各屬徧行諄切曉諭，嗣後民間失竊報呈務須據實直書，如再有捏詞混報，定將該管保長及事主一并按例治罪。如果實有強拒情節而地方官規避處分，抑勒諱飾，或被事主告發，或經上司查出，立卽嚴揭請參。庶官免批駁之煩，民無勘訊之累，是否允協理合，詳候憲臺察奪，等情。於乾隆二十八年六月二十二日詳奉巡撫部院熊批： 如詳，通飭將事主以竊爲強杖一百之例出示曉諭。至地方官先存成見，抑勒諱飾，其情更屬可惡，應立卽據實嚴揭請參，餘照行。仍候督部堂批示。繳。

清·佚名《治浙成規·浙省辦理海口營務緝捕各條章程》 巡撫部院王奏，爲確核海口營務實在情形並歷年辦理章程，遵旨據實覆奏仰祈聖鑒事。竊臣承准軍機大臣字寄，嘉慶四年正月十二日奉上諭：有人條奏近來洋盜充斥，皆由搶劫商船糧食，暗地勾通行戶，重價購米，得以久留。請一例禁止，並於海口陸路添設重兵等事。此等情節，沿海各地方諒所不免，但應如何設法辦理，朕難以懸斷。著傳諭凡有海疆將軍、督撫等，各就該處地方海口情形悉心確核，務使洋面日漸肅清，而於商民仍無妨礙，各抒所見，據實奏聞，候朕指示施行。其水師各營作何訓練整頓之處，亦著一併詳議具奏。所有原片著抄寄閱看，將此各傳諭知之。欽此。遵旨寄信前來，臣跪讀之下，仰見我皇上廑念海疆，弭盜安民，整飭戎行之至意。伏查浙省海洋南連福建，北接江南，綿亘一千餘里，島嶼叢雜，向聽民人居住者四百八十一處。臣於嘉慶元年八月內到任，其時適有安南匪船自粵閩來浙，在洋伺劫。原任督臣魁、陞任撫臣吉均在甯台一帶督緝。臣卽馳赴台州，接印任事，卽會同督飭三鎮舟師緝拏，並將沿海島嶼要隘情形逐一確查，詳悉詢訪。查弭盜之法，貴乎先清其源。該匪等在洋往來伺劫，若無島嶼居民接濟米糧，代消贓物，則盜匪口食無資，贓物無由變價，亦斷不能在洋久留。是欲清盜源，必先絶通盜之人爲要務。但島嶼盈千，居民數萬，亦不敢造次，致釀事端。是以公同商酌，先將著名窩盜消贓之處查拏嚴辦，庶可懲一警百，各小島咸知警惕。臣訪悉距台州所屬海門外一百二十里有上大陳山一處，孤懸外海，向係閩民盤踞其中，良莠雜處，多係通盜消贓之匪。因未識該山人數之多寡，島嶼之情形，不便冒昧。臣卽以編查保甲爲名，派委通曉閩語之署照磨葉萬根，帶同縣役十餘人前往查看訪詢。據該員回稟，人數不過數百，及勘明該山情形，繪圖前來。臣一面具奏，一面飭調黃巖鎮岳壐帶領兵船密赴該山查拏，搜獲有名盜匪及通盜消贓接濟食物各犯四十九名。在該山起獲刀鎗火藥等項，均經臣審明，分別斬梟發遣。其餘種山閩民，原籍有家屬者遞回原籍，無家屬者分發浙省不近海洋各州縣，交保安插。並將該山房屋草寮全行拆毁焚燒，勒石永遠封禁，不許閩民再來居住。並出示嚴禁，有犯必懲，以後各山島居民稍知畏懼。復恐此等貪利奸徒仍有濟盜消贓之事，臣於各要隘分派文武員弁嚴密稽查，又拏獲代盜打造鐵刀之陳梅，代盜置買火藥之林窓、梁宗山、潘兆開，代盜打造鐵礮並代盜置造刀械竹盔火藥之許阿青、蕭齊等。經臣俱照洋盜一律定擬奏請斬梟辦理在案。近年以來，各島嶼居民知查拏嚴緊，漸知守法，消贓濟匪之犯比前日少。臣與督臣魁商定，閩浙兩省各鎮，不分畛域，遇盜上下挑擒。此數年來兩省會合緝捕，勦撫兼施，投首拏獲得共四千餘名。現在僅有蔡牽一幫及零星土盜，東捕西逃，尚未弋獲。臣惟有督飭三鎮舟師實力擒捕，以期肅清洋面。至於海口陸路添設重兵一節，臣在浙三年，每當緝捕緊要之時，誠恐兵船追捕緊急，或有盜匪登岸逃竄，飭經會同提臣在於緊要口岸酌調附近各營兵丁，自一百數十名至二三百名不等，各帶鎗礮器械分別防守。去年拏獲盜犯洪協、王棟等九十餘名，即係守口兵丁拏獲，奏明分別辦理。臣隨時相度情形酌辦，似可毋庸常川添設重兵，虛糜糧餉。再查，商貨原貴流通，粵閩來浙商船並非僅販洋貨，即烟、糖、木植等物無所不有，未便將販貨之船一律禁止。即如關東所產之豆石，江浙所產之棉花，與夫粵閩二省所出之烟、糖、木植等類，均爲民用所需，一旦禁止，勢必物價日昂，似於民情均多未便。其保護商船之法，經臣奏明，於三鎮兵船上下巡緝之便，帶領商船同行，既不致有誤緝捕，又可保護無虞。自奏辦之後，被劫之案較前漸少。現在商民稱便，貨物流通，似可毋庸更張。至浙省水師兵丁，從前本未諳習，上船嘔吐者誠不乏人。自乾隆六十年陞任黃巖鎮孫全謀到任之後，該鎮熟悉水務，訓練有方。水師營弁兵丁跟隨出洋緝捕盜匪，衝風破浪，皆能勇往追擒。孫全謀陞任廣東，接任之黃巖鎮岳璽，本係陸路副將，因孫全謀陞任之時，經臣暫委接署。該員竟能涉歷波濤，督率將弁，拏獲多盜，奉旨賞戴花翎，補授總兵。定海鎮李長庚，籍隸福建，曾任水師多年，尤爲熟諳。溫州鎮林起鳳數年水師，亦尚熟習。三鎮等督率舟師往來緝捕，並護送難番，保護商船，將弁兵丁終年在洋，未能登岸，似毋庸另備船隻練習。至於陸路各營，臣係滿州世僕，弓馬騎射幼曾學習。所有各營馬步騎射鳥鎗藤牌，臣於閱兵時即在弁兵內看有技藝優嫻、馬步熟練者，挑爲教習，分給各營教演。臣亦時加訓練。倘有衰老充數及缺額糜餉情弊，臣查出據實嚴參，斷不敢諱飾姑容。所有臣三年辦理緝捕洋盜章程並海洋情形，敬繕清單恭呈御覽。理合遵旨據實覆奏，伏祈皇上睿鑒，訓示遵行。謹奏。

謹將浙江省辦理緝捕洋盜事宜敬繕清單恭呈御覽。

一、水師三鎮酌定船隻兵數，擇要停泊巡緝事宜，查浙省洋面自南至北綿長一千數百里。南首北關山與閩省交界，係入浙門戶，最爲扼要。經臣酌，擬溫州鎮配船四十隻，每船配兵四十名，共兵一千六百名。即交該鎮統領在於閩省交界之北關山停泊巡緝，以堵南來盜船。又，石塘地居浙洋適中，與玉環廳相去不遠。黃巖鎮配船三十隻，每船配兵四十名，共兵一千二百名。即在石塘一帶巡探，與溫州鎮兵船上下策應。至北洋之石浦，向爲盜匪出沒之所，與定海縣相去不遠。酌派定海鎮配船三十隻，每船配兵四十名，共兵一千二百名。即在石浦一帶往來巡緝，如遇盜船，與黃巖鎮兵船上下挑擒，聲勢亦屬聯絡。並於各鎮帶領兵船之外，復又每鎮派給釣船十一隻，每船配兵十名，扮作漁戶，以爲誘擒及報信之用。三鎮共派船三十三隻，共配兵三百三十名以上，共派大小兵船一百三十三隻，共配兵四千三百三十名。因該兵等所得月餉無幾，離營出海不能自裹日糧，每名日給口糧銀三分；巡防差探弁兵離汛不遠，每名日給口糧銀二分，以資食用。查前任撫臣長奏明，裁汰水師馬兵餉乾銀二萬五百五十兩，核計兵丁口糧不敷支用。又經臣查明藩庫歷年積存平餘閒款銀六萬餘兩。奏請動支給發，核實報銷。

一、嚴禁米石出洋。查濱海地方往往有奸牙、鋪戶貪圖重利，通盜濟匪，將米石偷運出洋接濟盜船之事。不可不嚴行查禁，以清盜源。先經前撫臣長奏明，無論文武員弁兵役民人，有能拏獲偷漏出洋米石，即將所獲米石全行給賞，以示鼓勵。臣到任後，復又剴切出示嚴行禁止。並因漁船出洋採捕均須備帶食米，恐其中影射濟匪。復經通飭各屬遇有出口船隻，責成牙行先將船照赴縣呈驗，查對舵水名數，程途遠近，每名每日准帶食米一升五合。核明共應帶米若干，填給三聯米票一張，令船戶赴行買米。即留船內作據一張，截給米牙照依印票數目賣給，一張存縣備查。守汛員弁驗明船戶所執印照，稽查米數，如有浮多，立拏解究。

一、嚴禁奸徒偷漏硝磺火藥出洋濟匪。查海洋盜匪每遇商船即施放鎗炮，肆行劫掠，兵船追捕亦有放炮抵拒之事。此種硝磺火藥若非沿海不肖兵丁及花爆店戶圖利偷賣，即係奸徒私行濟匪。經陞任撫臣吉奏明，飭令地方官并各口委員實力稽查，并咨明出產硝磺之山東、河南、江西、湖廣等省，督飭州縣於官爲給照採買之外，不許絲毫出售，夾帶滋弊。臣到任後又經節次出示。嚴禁，并通飭沿海州縣，不許藉稱製造花爆，致滋影射透漏。如有違犯，立拏究辦。

一、嚴禁私販鐵斤鐵器出洋。查節年拏獲洋盜，搜獲鎗炮器械，顯係奸徒貪圖重利，私買別項鐵器賣給盜船，改造鎗炮。先經陞任撫臣吉嚴查飭禁。臣到任後，復經奏明，飭令各屬，如有內地商民攜帶農具鐵器等物赴沿海州縣售賣者，俱令報明地方官，給與照票。經過各口岸逐一稽查，以杜偷漏出洋之弊。倘有並無照票私販鐵器出洋之犯，卽行嚴拏，從重辦理。並通飭濱海州縣，將沿海口岸開設鐵鋪一概搬移城內，並立行頭隨時稽察，毋許打造違禁鎗炮等項，以杜接濟盜匪。

一、設立甲長嶴長稽查通盜匪犯、販私違禁食物等弊。查保甲之設，原以清民戶，而稽流匪，立法最爲周詳。浙省甯波、台州、溫州三府屬沿海各島嶴，向俱設立保甲門牌以資稽查。恐日久廢弛，地方官不能實力奉行，以致良莠雜處，奸匪叢生，每爲盜匪所誘，貪得重利，或爲探聽信息，或爲消變贓物，接濟口糧淡水，勢所不免。臣到任後，當卽嚴飭沿海各屬凡村莊市鎮及海洋島嶼，每十家爲一甲，設甲長一名，按戶分給門牌，開載戶口、年歲，責令甲長稽查。每十甲設總甲一名，每一鄉一都則設總保一名，一山一島則設嶴長一名，俾致稽查約束。如有私通盜船，消贓濟匪及容留外來匪類、面生可疑之人，責成甲長嶴長立卽據實具報送官究處。如有知情容隱，卽將甲長等一并從重治罪。臣仍於督緝洋匪之便，委員順道抽查，留心盤詰，務使奸徒無可容身，海洋可期寧謐。

一、酌擬兵船乘便護送商船，以免盜劫。查商民挾貲在洋貿易，與其孤舟獨行，每致船貨被劫。似不若候大幫兵船隨同開駕，可保無虞。且賊匪在洋無劫奪之利，被獲干梟示之條，或可日就歛戢。該商等不遭劫掠，資本日豐，實屬兩有裨益。當經臣出示曉諭，如有商船由乍浦、甯波出口赴溫台一帶銷售者，卽在各海口會齊，隨同定海兵船南至海門收口，再俟黃巖兵船往南巡捕，隨帶至溫州。其有欲赴閩省者，卽由溫州兵船送至北關山，俟閩省舟師巡哨至彼，隨同前往。南來者亦候過北兵船，相隨同行。是遇賊仍可緝拏，商船又得藉以保護，實屬一舉兩得。如此明白示諭，各商民無不樂從。其時臣在海門一帶督緝，見有商船三十餘隻適黃巖鎮。臣岳璽正在開赴北洋巡緝，臣面囑該鎮將各商船帶同前往。嗣該鎮自北回南，又將在定海守候，商船四十餘隻一併帶回，毫無疏虞。臣見行之有效，復經札商督提二臣，皆以爲事屬可行，隨咨明三鎮仿照辦理，并經臣奏明在案。惟是商民趨利若鶩，往往有希圖取巧，各自開行，想比衆船早到，以期貨可速消，得利較厚，不候兵船護送，孤舟開行致被劫奪，亦所不免。并恐日久弊生，復嚴禁弁兵人等不許藉端需索。果能持之以久，則盜匪在洋無可劫之船，海洋自必漸就肅清矣。

一、訓練水師弁兵視水如陸。查浙省此數年來因洋匪未靖，三鎮水師兵丁終年在洋未能登岸，皆能衝風破浪，遇盜奮勇追擒，自比在海口港汊內虛放鎗炮操演攻打者更得實效。

一、稽查兵船偷減逗遛之弊。三鎮帶兵出洋，向來責成甯紹溫處二道逐名點驗兵數，督令駕船開行，將開行日期稟報，并令該道給發用印小旂編列號數。每至有居民之處，將小旂一桿給與嶴甲，令其呈送。該管州縣衙門轉報該管巡道查考。臣到任後，節經移行提鎮，遵循舊章辦理，現在三鎮水師弁兵實無暈船嘔吐之事。

以上各條均係歷年辦理水師緝捕章程，是否有當，伏乞訓示遵行。於嘉慶四年正月二十五日恭摺覆奏。二月十四日奉到御批：覽奏俱悉。總在汝等平素留心訓練，整飭營伍以衛生民。朕曾於甲辰年隨駕南巡至杭，營伍騎射皆所目覩，射箭之虛發，馳馬人墮地，當時以爲笑談，此數年來果能訓練乎？至於洋盜，尤宜嚴緝，總當力禁海口出洋販船內如米豆鐵器等項，洋盜無所接濟，自然渙散矣。勉爲良臣，以副委任。特諭，欽此。又於弭盜之法，貴乎先清其源句，旁奉御批：此語是，欽此。又於若無島嶴居民接濟米糧句，旁奉御批：是極，欽此。又於查拏嚴緊、漸知守法句。旁奉御批：確否？欽此。又於不分畛域，遇盜上下兜擒句，旁奉御筆密圈。又於現在僅有蔡牽一幫句，旁奉御批：此賊務獲。欽此。又於似可毋庸常川添設重兵句，旁奉御批：是，欽此。又於虛糜糧餉句，旁奉御批：原令汝等相度辦理，朕非必欲行也。欽此。又於未便將販貨之船一律禁止句，旁奉御批：是惟應嚴加查察犯禁之物耳。欽此。又於民情均多未便句，旁奉御批：是極。欽此。又於似可毋庸更張句，旁奉御筆密圈。又於陞任黃岩鎮孫全謀句，旁奉御批：此人實好。欽此。又於接任黃岩鎮岳璽句，旁奉御批：此人亦好。欽此。又於定海鎮李長庚句，旁奉御批：不知其人，遇便實奏。欽此。又於溫州鎮林起鳳句，旁奉御批：不知其人，遇便實奏，欽此。又於緝捕洋盜章程單內，奉御批：所辦俱是，惟應實心實力，莫作空談。欽此。又於嚴禁米石出洋句，旁奉御批：最要，欽此。又於偷漏硝磺火藥出洋濟匪句，旁奉御批：更要。欽此。又於嚴禁私販鐵觔鐵器出洋句，旁奉御批：最要。欽此。又於保甲之設原以清民戶而稽流匪句，旁奉御批：最好。總在得人。欽此。等因。於嘉慶四年二月十五日奉文行司。

清・佚名《治浙成規・獲鹽卽時秤驗厰鹽失竊無商竈報縣案據仍治以售私之罪偷竊鹽觔照販私問擬仍刺字》 鹽驛道蕭爲遵批飭議事，本道核議得柯橋一鎮，爲甯紹兩郡水陸通衢，界連三江、錢清兩場，竈地私鹽，易於出沒，雖時有獲報，而該巡檢條稟各弊，亦在所不免。查巡鹽兵役，得規故縱，久奉例禁，屢奉憲飭，地方文武員弁，均有巡緝考成，自無不實力查究，第恐日久法弛，應如該府所請，申明定例，再行通飭，并令巡員在於要隘處所，長川查察，則兵役梟竈無可施其伎倆。至於獲解鹽觔，中途挖減，留難折耗，甚至高下其手，以多秤少開脫罪名，反稱獲解之員浮報希功等弊，雖由承審衙門臨時查辦，但與其懲治於事後，莫若防範於事先。亦應如該府所議，嗣後巡員拏獲私鹽，當犯秤驗觔數通報解縣。該縣再加復秤，如有數目多寡不符，立卽檢查確實究詳，以杜滋弊。如係巡役拏獲到官，鹽觔卽時秤驗，毋任羈留弊混，并查明獲鹽日時、程途里數，有無遲延。倘敢栽私誣重，照例從重嚴究。則挖減、折耗、秤少之弊，不禁自絕矣。又如狡供鹽係厫內偷挖，商竈聞風，卽以厫鹽被竊等詞，捏報場員，暗於照會，承審衙門未免瞻徇等弊，查厫鹽失竊，令該商竈赴縣報緝。多則該縣親勘，少則移場勘報。倘於獲犯之後，混供偷挖，查無商竈報縣失竊案據，雖經報場，概不准行，仍提商竈，治以售私之罪。則商竈無從規避，而梟徒亦難狡飾。再據該府議稱，匪盜偷竊鹽觔，意在變賣，實與販私無異。如紹郡各屬辦理此等案件，皆照竊盜本律計贓科罪。查販私四十觔以上，卽擬杖枷。如或數至盈千累百，卽分別流徒，誠以巨夥小販害公誤課，是以另立專條，而竊盜贓至五十兩以上，及一百兩以上，始行分別徒流。今核之紹屬鹽價，每百觔不過一兩二錢，竊鹽三四千觔，估贓僅止四五十兩。查販私之徒，尚以資本漏課營生。而竊盜偷挖鹽觔更虧。商竈課本較之販私偷竊罪名懸殊，實啓輕脫之漸，似非肅清鹽政之意。亦應如該府所請，嗣後各屬拏獲私鹽，審係偷竊，不得計贓定罪，均照販私律問擬，並依本法刺字。計贓重者，仍從重論。庶奸徒無從狡脫，而斷罪亦歸平允矣。是否允協理合，核議轉詳，伏候憲臺察核批示，等情。於乾隆四十年二月初五日，詳奉鹽部院三批：送到樣示，驗明發回，仰卽照式抄發各縣場通頒曉禁，倘有違犯，卽照新例，究擬詳報，並飭實力奉行，仍取各縣場遵依報查繳。

清・佚名《治浙成規・緝捕章程》 浙江布政按察使司爲議詳事，道光元年五月初五日奉巡撫部院帥憲札內開案照弭盜所以安民，地方官如果認眞緝捕，奸宄無可潛踪，閭閻自能安堵。本部院蒞任兩月有餘，據各屬詳報，竊盜各案查無虛日，有遲至一月後始行具詳者，甚有遲至兩三月之久者。其獲賊破案十無一二，緝捕之廢弛，已可概見。殊不思牧令爲民父母，當無不欲其樂業安居，共登衽席。而竊盜之害民，在稍爲有力者，尚不致遽破身家。其負苦食貧者，敗絮之衣，升斗之米，一被竊去，舉家立受飢寒，其或因此窘迫自盡。乃地方官接據報呈，視爲尋常竊案，漠不關心。迨至出票緝拏，已在經旬累月之後，賊匪遠颺，無從跟緝。卽使正賊捕獲，而原贓已早經消變。至於捕役之豢賊，其疏縱固不待言。且有奉票緝拏，先索事主之飯食車舟，不滿其慾，捺票不行，失事之家反致多受擾累。其瀕海地方盜劫橫恣，巡洋舟師既不實力緝捕，而兵役復得規庇盜，行戶又貪利消贓，以致匪徒益無畏忌，非獨爲害商民，且恐海洋亦因此滋生事故。本部院欲籌安民之策，先求弭盜之方。曾經通飭道府，各按地方之情形，以除因循之錮習，抒所聞見，縷晰稟呈。茲據各道府稟覆前來，擇其敷陳切當者，合行發飭核議。札司卽會同藩司將摺內各條悉心商議，如有窒礙難行及條款未周之處，再加籌酌妥定章程，詳候察核以便通飭各屬，一體遵照施行，等因。並奉發清摺二扣。又奉巡撫部院帥批嘉興府稟嘉屬緝捕章程清摺呈核，由奉批查緝捕盜賊章程前經札發清摺二扣行令會同藩司酌定詳核，飭遵在案。茲據嘉府稟呈，嘉屬緝捕各條亦多可採。仰按察司會同布政司一併籌酌妥議，詳候察核，以便通飭遵辦毋遲。仍候督部堂批示稟摺並發，仍隨詳繳。又奉兼署總督部堂顏批，同前由奉批據稟緝捕章程是否可行，仰浙江按察司核議詳覆飭遵，併候撫部院批示繳摺并發，仍繳示稿存各等因。奉此，仰見憲臺周諮博採，弭盜安良之至意。本司等遵將奉發各清摺會同，悉心籌議，開摺呈送。惟查有治法尤貴有治人。浙省緝捕一項成規載有舊章。又歷年補議條款，亦復不少。而各屬竊劫之案總未少減，推原厥故，恐各該州縣未能實力奉行，以致捕盜良法徒成紙上空談，仍屬有名無實。此次立定章程，應請嚴飭各州縣認眞遵辦，毋得視爲虛文。如有仍前怠玩從事，竊劫頻聞，卽以捕務廢弛，列揭請參，次則詳請記過。各該府有表率之責，亦飭嚴行督緝，不時稽察，勿任陽奉陰違。庶匪類無可駐足，而盜風可期漸息矣。是否有當，擬合詳候憲臺察核批示，以便通飭遵照。爲此備由具冊，呈乞照詳施行，須至呈者。

計呈清摺一扣。

謹將奉擬弭盜各條開摺呈

電

今開：

一、杭嘉湖道摺開竊盜等案勘報宜速也。查地方強劫之案，例應無分風雨遠近，立往會勘，卽時通報。乃現查報劫詳文有遲至一月以後者，其報竊之件且遲至兩三月不等。既非隔屬關提，又非連堂集訊，何至如此躭擱？皆由積習因循，應勘不勘，應估不估，報賊倘且遲延，緝賊安能上緊？更恐有改諱消弭，抑勒事主情弊。今州縣動稱民間以竊報劫，以少報多，獨不思劫竊情形迥異，如果立時親勘，一目了然，則捏報者立破其謊，不禁自止。其贓少之案，亦緣地方官不以爲意，候覆無期，以致浮開逾貫，冀爲上緊。果能勤恤民隱，彼豈盡昧天良？嗣後可否通飭州縣，報賊之文，劫案限三日，大竊限六日，小竊限十日，以杜遷延隱飾之弊。並飭遍示民間，凡被竊被劫，總於次日卽行據實呈縣，不許稽遲。庶捏劫添贓之風亦可少息一條。本司等查，已據事主呈報，不卽詣勘通詳，本例有處分。無如各州縣積習相沿，凡遇盜竊之案，竟有遲至累月始行通報者，誠難保無改諱消弭，抑勒事主情弊。且緝捕稍遲，贓消賊遁，破獲尤難。應如所議，通飭各州縣，凡遇報劫之案限三日，逾貫及貫竊案限六日，小竊之案限十日，卽將勘估情形通詳飭緝，逾延記過。如有諱飾抑勒，照例嚴參。至事主以竊報盜，或浮開贓物，事亦恆有，並請飭府曉諭，務令據實呈報，不得稍有添捏。察出，照例究懲。又摺開捕役宜明賞罰以昭激勸也。查州縣額設捕役，大縣不過六人，小者四人二人，而盜竊之案偏多，已屬不敷巡緝。又司道府廳皆因提比，更致奔走不遑，奚暇緝賊？且卽獲一重犯而投批解審，伴犯貼監亦皆該役之事，既須僕僕道途，又有層層使費，是因獲賊而添苦累，誰願爲之？又查州縣衙役向分快壯皂捕四班。別班差使常有調劑，惟捕役專司緝盜，其事獨難，而其名目較之三班尤爲下賤。聞此間充捕之家無人肯與爲婚，是以州縣中不但不能添募，甚至徒懸額缺，虛無一人。其願充者又皆豢賊分贓，無惡不作，勢使然也。今欲使之得力，大約有三：一曰給費。解省之犯罪應斬絞者，官給銀三十兩，軍流減半，皆於州縣庫儲贓罰項下准其支用。如無存項，由本官捐廉給予，以作解審盤費。並飭司府衙門，將解審舊規應裁者裁，應減者減，捕役不惟不累，且有餘潤可沾，自必踴躍從事。二曰加賞。每獲杖罪一犯，賞銀二兩；罪名重者，每等遞加銀二兩；起出贓物，又按其所估成數加賞十分之一，亦由州縣籌捐賞給，以期人贓並獲。三曰幫捕。每報一案，無論劫竊大小，皆派一捕役爲專捕，而另派壯快皂班內一人爲幫捕。一同獲犯者賞銀均分，而解審乃歸專捕。若係獨獲則賞銀解費俱歸獲犯之人，將無獲者從重責處。如專捕幫捕屆限均無獲犯，該州縣將專捕自行提比，幫捕解府廳請比，再限一月無獲，巡道衙門將專捕幫捕輪流提比，總以一人留緝，不使因比廢捕。若贓在五百兩以上，一月無獲，將專捕之家屬收禁。兩月無獲，將幫捕之家屬收禁；統俟獲犯之日，始行省釋。庶諸役均有懲勸，不敢玩延。其州縣額捕統飭募充足數，毋許稍有短缺一條，本司等查，捕役招解賊犯，前於嘉慶二十三年，經前署臬司舒議，令地方官給予路費，詳奉批飭遵照在案。查各屬地方情形不同，距省遠近亦異，其賞給銀數似難畫一。州縣儲庫贓罰亦爲數無幾，不敷動給。應請仍飭各州縣自行酌定數目，通稟存案，隨時捐廉給賞，以昭核實。其加賞一節，查成規內拏獲斬絞賊犯一名，賞銀十兩；軍流一名，賞銀五兩；徒罪以下，每名賞銀二兩。應飭各州縣遵照成規辦理，毋庸再議。至提捕比緝，久經分別案情輕重，司道府廳按季提比，刊列成規。惟一捕承緝一案，如逢比限，誠恐因此廢緝。應如所議，通飭各屬每案派一捕役爲專捕，另派壯快皂班內一人爲幫捕，屆限無獲，分別輪流提比。贓在五百兩以上者，一月無獲，將專捕之家屬收禁；兩月無獲，將幫捕之家屬收禁；統俟獲犯日釋放。所有額設捕役，飭令募充足數，毋許缺少。又摺開犯案舊匪管束宜嚴也。查贓犯初次發落之後，例應交保管束。而所交之保卽傳自捕役，且有並不到案。卽令交保者摻縱之權，由於捕役而豢養之弊卽從此起。或恣索謝禮，或勒講年規，捕有無厭之求，犯無自新之路，是驅之爲匪也。應請嗣後初犯之賊，飭令地方官傳同的保，當堂交領其保領之人，或係鋪戶，或係農民，須有恆業者方准保結，概不假手捕役。如該捕有勒索規禮，許保人鳴官究治。若無前項保人，其爲積匪可知，卽行照律收充警跡，令其懸帶鈴枷。其枷式用木板横長各一尺五寸，厚二寸，邊用鐵板釘固，四角各懸響鈴一個，發交地保充警。遇該處失竊之案，責令巡緝。每月朔望令地保帶赴州縣點卯，以一年爲限。如無過犯，稟官疏枷。若能捕獲竊盜至三名以上者，不論已未滿限，概行疏釋，准令自新，仍於冊內註明，再犯加倍懲治。是既收以盜察盜之用，復啓化盜爲良之機，於捕盜似有裨益。至上年恩赦釋回之犯，尤宜時刻稽查，務嚴勿縱一條，本司等查，刺匪再犯案件不一而足，可知交保管束之例竟成虚設，以致該犯等無所顧忌，故智復萌。應如所議，通飭各州縣凡遇賊犯發落，務須傳同素有恆業之的保，當堂交領，不得假手捕役。如該捕勒索規禮，許保人鳴官究治。若無前項保人，卽照成規釘帶鈴枷交保充警。責令巡緝朔望點卯，一年無過，准予疏枷。如能捕獲竊盜三名以上，隨時疏釋，予以自新。至上年遇赦釋回之犯，業經本臬司議令地方官酌給資本交領保回，在本坊傭工執業。並於朔望點卯，一年後，如果安分守法，聽其自便。詳奉批允通飭遵照在案，請免贅議。又摺開巡船宜加整飭也。查嘉湖一帶與蘇省之平望八尺太湖均相毗連，支河汊港漁船出沒，向爲盜藪。歷派佐雜巡緝，定期更替，核其緝獲案數，分別記功。立法固爲周密，無如船隻稀少，佐雜微員又不能多帶人役，不過月領公費，以資逍遥。州縣獲有案犯拏銜稟報，可邀記功。若竟無獲亦不記過，尚未足以示懲勸。應請嗣後飭令各州縣酌量地方大小，添捐巡船，輪派頭役數名，隨同巡員探緝。凡地方刼竊案件，知照巡員。如有報獲人贓，仍按其案情輕重分別記功。能獲巨盜大窩者，破格超拔。案多獲少者，分別記過。倘有藉端滋擾，誣良詐財，從重懲辦示儆。地方官按季將巡員勤惰賢否開明實蹟，摺報察核一條，本司等查，嘉屬委員巡緝，亦於二十三年經前署臬司舒議詳，每員選帶頭捕一名，散捕二名，水手二名，共坐一船。並令各縣遇有新報竊案，一起卽抄單移知巡員偵緝，奉批遵照在案。且現據嘉興府議稟，各縣均經添捐巡船，自四隻至二十隻不等，派役探緝立法已爲妥善。第巡員獲犯卽可邀功，無獲並不記過，誠恐啓其懈怠之心。應如所議，各巡員如有報獲人犯，分別記功。案多獲少，分別記過。仍按季將各員勤惰賢否由該府開明彙報，以示懲勸。其湖屬巡員亦應照此辦理。又摺開糧船歸次之時，宜就近專派武職大員稽查彈壓也。查糧船舵水縴夫人數衆多，本係無賴之徒，隨時烏合，好勇鬭很，靡惡不爲。近年以來歸次較早，俟至開行約有半年，氣候加以時當寒冷，盜竊愈滋。邇來報案，多稱北直口音是其明証。且聞糧艘開行之前，藉起剝爲名，截留商旅船隻，無貨儎者勒錢賣放，有貨儎者搬搶一空。地方官到船拏犯，則通幫水手出拒，竟至無如之何。兇惡情形，莫此爲甚。應請嗣後糧艘歸次之時，責成杭嘉湖三協副將酌帶弁兵駐劄所轄河口，早晚巡查。並飭總運官將各船舵水花名清冊開送該協查考。有犯事者，立時指拏，抗拒者，稟明嚴辦，庶足以弭盜賊而儆兇頑一條，本司等查，糧船水手人數衆多，率皆獷悍之徒，誠恐爲匪滋事，責令該管運弁查明水手年貌籍貫，取結造冊送查。并於回空時移行所屬營縣，嚴行管束在案。惟該營縣不過選撥兵役數名前往查禁，而兵役等覩其聲勢兇惡，勢必畏首畏尾，仍屬於事無濟。應如所議，嗣後糧艘歸次之時，應請憲臺札飭杭嘉湖三協副將派委遊守駐劄水次，會同各縣及各幫衙所，該管運弁實力稽查彈壓。如有搶奪爲匪并截留客船詐錢情事，立卽嚴拏解究。又摺開賭博乃盜賊之媒，宜清其源也。查浙西賭風甚熾，陸路既有賭局，水次復有花賭。船雖由奸民開設，要皆有蠹役包庇，甚至賭船上有公然懸立司道旗號燈籠者，此卽省中各衙門差役爲之主持，使州縣不敢過問也。職道上年蒞任後，訪得蹤跡，曾經飭縣拏獲。就中卽有職道衙門快差包攬其事，當經革役懲辦。現屆蠶絲入市，貿易孔多，正賭場誆誘之候，盜賊由此繁滋。若逐處委員搜查，恐涉騷擾，祇可密札州縣認眞訪拏。但關涉上司衙門差役，地方官往往瞻顧，未肯深求。應請嚴飭該州縣，每獲一起，務須根究。包庇主持之人，嚴辦一二，以儆其餘，毋許稍有隱飾。庶在官人役知所畏懼，而攤場局賭之犯無所恃以不恐，則賭風漸戢，盜風因以漸清矣一條，本司等查，賭博例禁綦嚴，駕船誘賭，罪名尤重。若胥役包庇，甚至懸立司道旗號燈籠，肆行無忌，更干法紀。應如所議飭令各州縣嚴密查拏，每獲一起，務須跟究包庇之人。如有關涉上司衙門差役，亦卽據實稟請押發，從重究辦，毋稍瞻徇隱飾，以杜盜源。

一、甯波府摺開應懸重賞以破盜案也。土盜行劫，大率皆係沿海民人。而盜後分贓，亦卽在沿海地面，其附近居民斷無不知之理。畏事者知情不首，利財者容隱不言。似當飭令各地方官，凡遇報劫到官，卽密令各莊地保傳諭附近居民，暗行赴官通線。俟破案後，如起獲無主盜贓，酌賞十之一二。如贓已花消，能因此而獲盜者，官以案情之大小，定賞予之重輕，不必明言出首之人俾無顧忌。如係誣指，卽嚴治其罪，信賞必罰，則小民惟利是圖，斷無知而不報者。似此立法，凡遇盜後分贓之案，可以立破矣，等語。本司等查，土盜類皆沿海民人，其行劫分贓，附近居民豈無聞見？第因事不干己，相率容隱，若非給予重賞，不足以破其積習。應如所議，飭地方官凡遇報劫到案，卽密令各莊地保傳諭附近居民赴官通線，俟獲犯後，分别給賞，並不必明言出首之人，俾無顧忌。又摺開應嚴飭海口官弁細心查驗，以防冒混也。凡盜劫之貨，非在沿海同夥俵分，卽進口交行消賣。漁船行劫客貨進口者，在漁船斷無客貨之理，關口自不難一望而知。其或劫客船連照而來者，此則最易朦混。然此等盜案既能連船照而來，非將事主水手致死，卽係落海竄逃，其牌照必不齊全，面貌必不相符。應飭巡查海口員弁查明牌照是否齊全，面貌是否相符。如有可疑，卽行盤詰，送交地方官嚴審，俾無冒混。如守口員弁及書役等有藉端勒揹，許令客商稟究。庶盜貨不能進口，而消贓之技可窮。技可窮則盜亦不禁而自絶矣，等語。本司等查，海口船隻進出，本應驗明牌照及水手人等面貌，方准開行。若漁船行劫客貨，連照而來，定多不合之處，應如所議，嚴飭守口員弁查明牌照是否齊全，面貌是否相符。如一有可疑，卽行盤詰，送交地方官嚴審。倘該員弁及書役人等有藉端勒揹，亦許客商稟究。又摺開應飭各行戶認眞查詰，使盜船無遁情也。查盜船入行消貨，難保無關口被其朦混而過者。盜劫之案，類皆漁戶，必不知各貨之產於何地，出處之時價若干，貨色之是何分别。倘有情弊，不難一詰而明，似亦究極遁情之一法也，等語。本司等查，客商投行貨物多寡不一，行戶焉能逐細查詰？而行戶又豈盡屬可信之人？稍一不愼，轉啓藉端訛詐、擾累商旅之漸。所有該府請飭行戶查詰貨物之處，似屬窒礙難行。惟漁戶冒充客商情形自别，該行戶果能實心查察，亦可從此破獲。應請飭地方官諭令各行戶，遇有行蹤詭秘之人，察看得實卽行密稟拘訊。徇隱不報，一體治罪。其眞正客商不得故意刁難干究。又摺開宜嚴飭舟師巡緝，以絶無贓可破之盜也。盜贓消於內地，尚可設法破案。若消在外洋，四通八達，外藩之客，路遠人遙，實屬無可稽考，此非關口行戶懸賞等法之可破也。似應專責巡洋舟師認眞巡察，使盜匪咸知斂跡。而該管員弁亦不致視爲具文，稍有懈忽，則洋面可冀肅靖矣等語。本司等查，漁匪劫得客貨，自必急於消售，或慮進口嚴查，卽在外洋賣給外藩之客，誠無可稽考。應如所議，嚴飭巡洋舟師認眞巡察，如遇漁匪有將客貨在洋消賣者，立卽擒拏解究，不得稍有疏縱。又摺開漁船護帶遭風迷路商船，宜明定章程，以杜勒索滋訟也。查海洋遼闊，風信靡常，各省商船來浙貿易擱淺，阻風迷路損壞，事所常有，不得不藉漁船以爲救護。而若輩惟利是圖，一經招帶，或爭先恐後，或藉勒謝資。甚有強取牌照以爲質索，立筆據以爲憑者，串牙勒贖，爲害非輕。而不肖商船，更有事後圖賴謝資，捏報盜劫者，頗爲不少。卑府於上年議定章程，詳經護關分别咨行，刻板曉示：凡遭風損壞迷路商船願帶者，止准帶進鎭關，以杜串勒。尤必須視路之遠近，定謝資之多寡，并嚴禁漁船紛爭強奪，如有違犯，從嚴究懲。此杜絶捏報柔遠恤商之法，亦弭盜之一助也，等語。本司等查，遭風迷路客船，原許漁戶乘便護帶進口。但該漁戶視爲奇貨可居，或有彼此爭奪及串牙勒索謝資情弊，而不肖客商事後圖賴，更難保無捏報被劫之事。今該府於上年議定：漁戶護帶遭風迷路客船，止准帶進鎭關，以杜串勒。視路之遠近，定謝資之多寡，并嚴禁紛爭強奪。詳經護關道咨行刊示辦理，甚爲妥善。應如所議，飭令查照詳定章程，實力行之，不得始勤終怠。

一、嘉興府摺開嘉興縣共設巡船十隻，每船派捕役一名，水手三名，捐給錢文，分路巡緝。一月中暗遣家丁往查二三次，察其勤怠及獲犯輕重，報案多寡，分别重賞提比。水路要隘添建柵欄，謹司啓閉陸路，廣募捕役，捐資巡防。民間挨戶支更，併委員督巡。又秀水縣設立巡船四隻，派押捕一名，正捕二名，散捕水手十二名，分派駕緝。船上書插秀水縣巡船旂號，各捕船給與姓名紙條，密派家丁每日收條，以考勤惰。陸路派坊捕四名，以兩名爲一班，十日更替。給發巡籤捐給燈油，每夜三更三點起身，五更三點回署繳籤，並將緝案立簿，分别提比。又嘉善縣設立水陸柵欄，捐資巡船二十隻，賞給經費，分差三班頭役督捕晒緝。選派家丁四名，帶同地保分段巡查，居民挨戶支更。各捕役承緝新舊案件，設立卯簿，逢十提比，視其破案多寡，分别獎賞。比責地保，亦視所管區內有無失竊之案，分别功過。如功至三次者，賞給銀牌；過至三次者，提案重比；浮於三次之外者，革役另募，准其功過相抵。又海鹽縣添設水旱木柵，諭令村民募僱柵夫，挨戶支更。并飭捕役移撥兵丁，督同巡查，察其緊懈，分别賞懲。每月初間移委縣丞馳赴四鄉，抽查一次，務令木柵堅固，各夫齊備，并遵行保甲以絶窩家。又平湖縣設立養捕章程，并添募幹捕，分坊巡緝。於額給工食之外，每名每月添給錢米。遇有

清・佚名《治浙成規・解犯鐐銬酌定觔兩數目不許輕薄》 浙江按察使司歐陽呈爲詳請批示飭遵事查得遞解人犯，各屬每以鐐銬輕薄勒揹留難，拒不接收，互相刁頓。經前司李於一件詳請咨明事案內通飭務照江省例置備鐐重二觔四兩，銬重一觔四兩，刊鏨縣名，遵照辦理。乃各屬仍不遵辦，以致彼此混爭，茲據杭嘉湖三府議請，遵照前定觔兩，每縣製備鐐銬各五副，刊鏨縣名，呈府驗發，如遇接遞人犯查有鐐銬輕薄者，將本縣合式鐐銬加添一副，轉解下遞縣分交卸，將所添鐐銬給還原解帶回繳儲等情，奉批速核詳奪等因。本司查鐐銬一項，原因遞解人犯中途恐致疏虞而設，前司仿照江省之例定有一定觔兩而各屬藐不遵循任意擅用輕薄鐐銬，致啓刁揹推諉之端，殊乖政體，必須立定章程以專責守。應如該府等所議，通飭各屬每縣製備鐐銬各五副，鐐重二觔四兩，銬一觔四兩，毋許意爲輕重，刊鏨縣名，呈府驗發備用。如遇重罪人犯查有鐐銬輕薄者，卽將本縣合式鐐銬加添一副解至下遞縣分，交卸之時卽將原添鐐銬給還原解帶回繳儲，幷於轉解文內註明係某縣加添不得揹留字樣。下遞之縣照此接辦，如有將上遞加添鐐銬揹留不聽帶回及藉稱鐐銬單薄留難不收致犯疏虞者，卽將留難不收之縣嚴揭請參，毋許再行混用輕薄鐐銬鬆鎖細鍊。倘有不遵，經首先接遞之縣查明更換，許該縣將鐐銬詳送解犯縣分，本府驗明立提經差重責，並將該縣記過飭償換備刑具價值，如此則起解接遞各有責成，可免懈忽諉誤之弊，而重犯亦不致疏虞矣。是否有當，擬合詳候憲臺察核批示，以便通飭遵照辦理，並請咨明鄰省一體照辦，實爲公便，等情。於乾隆三十三年二月二十四日奉巡撫部院熊批：如詳，通飭遵照辦理，並候咨明鄰省一體照辦。仍候督部堂批示繳。又奉宮保總督部堂崔批：如詳，通飭遵照，仍候撫部院移咨鄰省一體照辦。此繳。

清・佚名《治浙成規・閩浙辦理洋面捕盜事宜各條章程》 奏爲欽遵諭旨，悉心籌議洋面捕盜事宜，恭摺覆奏，仰祈聖鑒事，竊臣等先後承准廷寄內開嘉慶四年八月初六日奉上諭，御史黃照條奏立法防禦沿海盜劫一摺，據稱福建商船載貨至數千擔者，請照兩廣之例，准令攜帶礮位器械以資拒盜。令濱海州縣每年親到村莊稽查保甲，將福建漁船之雙桅雙篷者悉令撤去，使不得遠適大洋，通賊獲利。各汛有能拏獲盜船者，如無失主具領，請將船併貨照例賞給。其商船被劫不行救護及隱匿不報者，照例治以縱賊之罪。每年當三四等月南風盛發時，令各省鎮將弁兵於盜船出入要隘分佈堵截，至九十

重大案件，酌給費用。如能獲犯，從優獎賞。並將竊案立簿稽查，分別某坊竊案多寡，定以寬嚴提比。查拏窩家，盡法痛懲，釋回賊犯，捐給營生資本，每月朔日點卯。數月之後，果各安分，賞給銀牌坊捕名下。有報失之案，按限提比。如無報竊，分別年月，賞給錢文袍褂花紅。拏獲逃軍流徒及重罪賊犯，或鄰境命盜，從優獎賞。每月望日傳齊各捕查比，四鄉巡船四隻，每船捕役一名，水手三名，分駕巡緝。又石門縣於東南西北四路分段晝夜巡查，每段各捐備巡船一隻，每船僱募水手二人，撥捕役二人，加意巡緝。每人日給飯錢一百文，捐廉按五日給發一次。該捕所巡地段如有失竊之案，先比記過，勒限五日一比，如能拏獲賊匪，雖非本案正犯，准其功過相抵。能獲正犯，一起賞銀一兩，再有多餘，以次遞加。嚴禁漁船夜捕編號稽查。將額設鹽捕二十八名，照捕役巡段之例，每路各派鹽捕四名，乘坐船隻，協捕巡緝。並派家丁密察，以別怠勤。又桐鄉縣於水路要隘之處，各設巡船一隻，每船捕役二名，營兵水手各一名。每日其給錢五百文，責令分段查緝，督同巡檢，察其勤惰，量爲賞罰。陸路設立柵欄，諭令居民僱夫看守，辰啓酉閉，十家派出一人擊柝支更。捕役破獲竊案，分別大中小酌賞。有獲強劫重案，從優獎賞。如無破獲，立簿三八提比。禁止夜捕夜渡，多設捕役巡緝。幷嚴行保甲，有犯連坐，各等情。本司等逐加察核，該府各屬議立各條，如嘉興等縣各設立巡船，分段派巡，自四隻至十隻二十隻，雖多寡不同，悉屬因地制宜。惟嘉興、平湖兩縣所議，每巡船派捕役一名，水手三名，查捕役一人，形勢尚單，恐不足以資偵緝。而水手三人，亦未免過費。應照嘉慶二十三年前署臬司舒詳定委巡章程，飭令每船酌派頭捕一名，散捕二名，水手二名，較爲妥善。並飭秀水等縣一體照辦。至捕役解審賊犯給予路費，現於杭巡道摺內議令各州縣視其地方情形，距省遠近，定數賞給，以期責歸畫一。其餘各條，各縣俱係按照地方形勢籌議舉行。若海鹽之嚴查保甲，平湖之重戢窩家，石門桐鄉之禁止漁船夜捕，尤得緝捕之要。應請均如所議，嚴飭實力奉行，不得徒託空言等情，於道光元年八月二十二日詳奉巡撫院師批：據議緝捕章程如詳，通飭各屬認眞遵辦，毋得視爲虛文。倘再仍前怠玩，以致竊劫頻聞，輕則記過，重則揭參。俾各牧令知所儆懲，並飭各該府嚴行督緝稽察，勿任陽奉陰違，並干重咎。仍候督部堂批示繳，各摺稟存。又奉兼署總督部堂顏批：如詳，通飭遵照。仍候撫部院批示錄報繳摺存。

等月北風盛時則截其歸路等語，所奏於洋而捕盜事宜似有所見，著傳諭閩浙江南廣東山東各督撫將該御史條奏五款悉心妥議，是否可行，據實具奏。原摺併著抄寄閱看，欽此。遵旨寄信前來，臣等跪讀之下，仰見我皇上周諮博採，期於綏靖海疆之至意。臣等遵將該御史黃照條奏五款，就閩浙兩省地方情形及歷辦章程悉心籌議，爲我皇上陳之：

一、該御史奏稱，向例商船不許攜帶鎗礮器械，恐其藉此爲匪，又虞在洋被劫，轉資賊用。自乾隆五十六年四月內兩廣督臣福康安酌定章程一摺，經奉上諭：內海商船亦准帶礮。時係廣東奉到廷寄，並未通行。現在福建省船仍沿舊例，不准攜帶。但商船既有本縣牌照，又行戶連環保結，行戶皆有身家，畏法之人決不濫保匪徒。又自例禁以來，洋盜鎗礮火藥器械甚多，並非劫自商船。徒令無礮械之商民聽其肆掠，臣愚以爲廈門貨船如販艚、艍仔二種，載貨無多，向係小家行戶保結，不足深信。應令其同幫之船連環互保，毋庸給予礮械。其大家行戶保結之商船載貨至數千擔者，每船水手數十人。自洋盜肆劫以來，商船出洋皆候風汛，結幫而行，合數船之人不下數百。若每船准令攜帶數十觔重礮四位，酌添水手四名，各帶防身器械，即遇盜船，商民顧惜資本生命，又有礮械協力拒鬭，盜亦難以得志。所帶礮械註明船照內出入口時，守口官弁按照查驗，遇有歇業換主，照數繳官，以備撥用，等語。臣等伏查出洋巨艦載貨至數千擔之多，不但販貨商人資本豐厚，即船戶成造工價亦須數千金，斷無通盜濟匪之理。若給予礮位器械，俾有自衛之具，實足以捍禦盜匪。前據福建陞任臬司劉烒奏請，將閩省商船樑頭在一丈三尺以上者，照廣東商船之例給予礮位器械，欽奉諭旨敕交臣書汪等核議，業經遵旨會議，請如所奏辦理。所有浙江省商船名目，雖與閩省不同而大小相等，應請照福建臬司所奏樑頭在一丈三尺以上者，一體准給礮位器械；樑頭在一丈三尺以下者，概不准給，以示限制。仍於礮械之上鐫刻船戶姓名，將礮位火藥器械數目註明船照內。出入口岸時責成守口員弁核照查驗，遇有歇業換主，照數繳官。如有隱匿不繳或私行製造並未鐫刻姓名者，一經口岸查出，即照夾帶軍器律治罪。

一、該御史奏稱沿海村莊舊有保甲，但保甲之行，地方官不過循例出票，胥役人等派收陋規，造冊詳報並未實力奉行。充甲長者非懦弱無能則狥庇貪縱，於緝匪安良之道毫無實際。應請令瀕海州縣每年親到村莊稽查一次，甲長務擇鄉鄰所畏服者充役。甲內有交通洋匪及私出行劫，確有憑據，許其即行稟拏。如有扶同狥隱及分贓受賄等弊，一經發覺，分別治罪，等語。臣等伏查，保甲爲弭盜之良法，歷經辦有章程。近年以來，接水消贓各犯多有甲長指引捕獲者，是保甲之法已有成效。茲該御史奏稱甲長務擇鄉鄰所畏服者充役，甲內有交通洋匪及私出行劫，確有憑據，許其稟拏。如分贓受賄扶同狥隱，分別治罪，等語。自屬覈實之意，應如所奏辦理。惟所請瀕海州縣每年親到村莊稽查一次，其意似密而實疏。查每年稽查一次，爲時甚暫。奸匪聞知地方官將至本村，何難預先躲避。不若責令於因公下鄉之便，出其不意，隨時抽查，窩藏者猝不及防，逋逃者急不及避，如有來歷不明之人，立即究問。庶匪徒無所逃遁而不行舉首之甲長亦無可狡飾。臣等惟有督率各州縣實力奉行，不使虛應故事，以收實效。

一、該御史奏稱海濱漁戶素資網罟之利，向時遠出捕採皆所不禁，或不得魚偶亦爲賊。自盜船肆劫以來，若輩通賊獲利倍於捕魚，遂相率爲之。其船向泊海邊，並不報官，查驗立桅扯篷，往來自便，或去而不來，或來而復去，且與盜船多同鄉里或係親戚，尤難究詰。名爲漁船實則無形之盜也。此而不除，盜船根株斷不能絕。請將福建漁船小者毋庸置議，其大者帶有雙桅雙篷，悉令撤去桅篷，使不得遠適，止在海邊捕採，朝出暮歸。責成澳甲隨時稽查，有擅帶桅篷者，即稟官究治。澳甲隱匿不稟，一併嚴究。則聲息不通，盜匪勢孤，不能猖獗，等語。臣等伏查定例，商漁船隻不分單桅雙桅，悉從民便。造船時呈明州縣官查取，澳甲族鄰各供結方准成造，報縣驗明印烙字號姓名，然後給照。仍令一年期滿赴原籍換照，逾限不換，不准出洋，是以閩浙兩省漁船俱准用篷桅。蓋緣海面與內河不同，舟行必藉風力，若如該御史所奏，盡將篷桅撤去，漁船斷不能出洋採捕。查兩省沿海貧民藉捕採爲生者不下數萬家，一旦絕其生計，竊恐所謂無形之盜將盡驅而爲盜矣。查此項漁船向來責成各汛口員弁實力稽查，出口時驗明有無夾帶淡水食米及違禁器械，進口時查明魚鱶之外如有別項貨物即根究來歷以杜消贓之弊。臣等到任後復督飭稽查，防範甚屬嚴密，似不必因噎廢食。所有該御史奏請將漁船撤去桅篷之處，應毋庸議。

一、該御史奏稱，海邊多水師將弁分駐。凡島嶼洝澳可以泊船之處，俱有汛防兵丁，聲勢極相聯絡，皆以防盜也。而盜船不能長居海中，多在近山水面遊弈，或停泊洝澳，風平乃敢出洋行劫。防汛之兵豈無見聞，乃數年未有拏解者，大抵非畏其凶惡，則受其賄買。然使徒畏其凶惡不敢向拏何難？稟明本官仍乃隱忍不言，其爲賄買不辯自明。定例汛地客船被劫，汛官有應得處分。奉行日久，多𡡉婀了事。若不大加整頓，恐沿海汛兵皆爲盜船所用。請申嚴定例，嗣後各汛有能拏獲盜船者，如無失主具領，將船併貨照例賞給在汛官兵並予超拔。如盜船寄泊汛内不卽向拏，與商船在汛内被劫不行救獲，及據報而不轉申者，一經發覺亦照例治以縱賊之罪。使汛防皆知顧忌不致仍前廢弛，等語。臣等伏查，盜船在洋劫掠，不能長住一處，亦從無收泊汛口港澳自投機穽之事。其散夥登岸或坐杉板小船上岸偷水，被兵役拏獲者不可勝計，歷經審辦有案。該御史奏稱數年未有拏解，蓋未知審奏之案，故有此已甚之詞。惟是沿海汛守兵丁爲數衆多，其中奸良不一，或有如該御史所奏受盜賄囑，徇隱故縱者，亦難保其必無。臣等隨時查察，有犯必懲，決不敢𡡉婀了事。至於拏獲盜船無主貲財，閩浙兩省久有章程，俱係全數賞給原獲官兵。惟無主盜船與貲財貨物不同。必須召買有人方能得價。弁兵獲盜解官之後，仍應隨同出洋。不能從容尋覓售主，勢必日久朽爛，有名無實。是以向例惟拏獲盜船俱留營配緝，並不一併賞給。應請仍如舊定章程辦理，毋庸更張。

一、該御史奏稱水師官兵每年有會哨之例，其中勇往者固不乏人，而偷安者亦所時有。往往領兵齎糧而出，寄泊偏僻洝澳，糧盡而歸。或盜船已去，佯爲追捕，便可就勢回棹，曠職誤公，莫此爲甚。又艇匪出劫必由廣東洋面，多在春夏南風盛發時，其去也多在秋冬北風盛發時。其船本不甚多，皆内賊爲之黨羽。竊以每年當三四等月，各省鎮將弁兵於盜船出入要隘分布堵截，令不得乘風而出；至九十等月北風盛時，則截其歸路。如此盜匪不能遊弈自如，又復協力追捕，或可漸就殲除。然必先事預防方克有濟。若俟聞報點兵急遽從事，將哨船尚未出洋而盜已遠颺矣，等語。臣等伏查，水師出洋巡哨，向例有上班下班，雙月單月之分，總巡專巡分巡之目。嗣因洋匪充斥，業將水師各營分列南北爲犄角之勢。閩省以泉州之崇武爲界，崇武以南派令南澳、銅山、金門及提標後營四鎮將巡緝崇武以北派令海壇、閩安、烽火暨金利右營四鎮將巡緝。浙省溫州鎮配船四十隻，在閩浙交界之北關山巡緝，以堵南來盜船。黃巖鎮配船三十隻，在石塘一帶巡探，與溫州兵船上下策應。定海鎮配船三十隻，在石浦一帶巡緝，俾得聲息相通，遇有盜船卽可上下知會，合力截拏。是於定例巡哨之外，業已酌量變通，預爲派撥。并飭沿海營縣將洋面有無盜船遊弈，及官兵船隻經過收泊處所，按五日一次稟報臣等。復不時選差將備賫持令箭於各海口密行查察，立法已極周密。該御史所奏官兵往往領兵齎糧而出，寄泊偏僻洝澳，糧盡而歸等語，此乃當年廢弛之舊習，迥非近日整飭之情形。至於海洋浩淼無涯，南北東西惟其所向，與陸路有要隘可守者不同，兵船何能遍布海洋，截其來去。至夷匪春夏乘南風而來，秋冬乘北風而去，此論其常。然其來去之遲早亦無一定，並非恰在三四等月。卽如上年夷匪船隻於三月内由奧入閩，本年在七月初間始至閩洋，此其明証。如必計月防緝，萬一該匪先期而至，後期而歸，適如該御史所奏聞報點兵必致急遽從事，應仍請按照閩浙二省現在緝捕章程，隨時酌量辦理，毋庸更張。以上五條，臣等謹就現在情形悉心會議，恭摺覆奏，伏乞皇上睿鑒訓示。再浙江巡撫係臣書兼署，毋庸會銜合併聲明。謹奏。於嘉慶四年九月二十一日恭摺覆奏籌議洋面捕盜事宜，先經抄摺移付在案，今於嘉慶四年十一月初三日在杭州府奉到硃批：所議俱妥，移知玉德照辦可也。欽此。又原摺内竊恐所謂無形之盜句，旁奉硃批：是。欽此。又應請仍如舊定章程辦理毋庸更張句，旁奉硃批：是。欽此。相應恭錄移付撫院衙門欽遵施行，等因。於嘉慶四年十一月十一日奉文行司。

清・劉衡《庸吏庸言・不用差役傳案票稿》 爲傳知自行投案事。據某人以□□等詞控某人一案。查所控係□□細，故某人正當投案訴明，斷無不到案之理。不必差傳。爲此，卽著原告某人，持此傳票，交給鄉約某。該鄉約接到此票，卽速告知被告某人。定於□月□日，自行到縣，投案鳴鑼，立卽訊結。其要證某人等，卽著兩造自行邀齊赴案。一切要件，亦各檢齊，臨審呈驗，以免另行往返，致有守候拖累之苦。均無違誤，須票□加硃批。此係本縣恐吾民受差役擾害，故設此票。爾等須體我一片苦心，屆期自行投案，一訊卽結，既不耗費錢文，又不廢時失業。幸勿觀望遷延可也。

清・劉衡《庸吏庸言・嚴禁捕役妄拏告示》 爲嚴禁捕役妄拏事。照得例設捕役，專司緝賊。誠以賊息，則民乃安，法甚善也。若妄拏無辜，及教賊誣扳良民，律有明條。罪名斬絞，煌煌功令，誰敢故違。乃本邑捕役，承票緝賊，往往將票内無名之人，捉影捕風，到處嚇詐。甚則商令伊夥，假報竊案。

追經奉緝，又將伊等平日豢養之賊，及曾經犯竊旋卽改悔之人捉送到官，教令誣扳某人，接買贓物，某人知情同夥。遂至一案輾轉波連十數人，至二三十人不等。層層剝削良善，破產傾家不可勝數。吾民受害已深，實堪憫惻。本縣在江西也是百姓，設身處地，何能堪此。今躬膺民社，官稱父母，若明知地方有如此大害，不爲痛革，是本縣縱蠹殃民，亦卽民之賊也。本縣之子孫豈但被捕役誣陷耶？除逐案嚴懲外，合行列款出示嚴禁。爲此示仰軍民人等知悉：嗣後捕役不帶本縣印票，及印票內無名之人，憑空指爲某衙門某賊所扳，向爾索詐者，准被告之人立卽著人赴縣鳴鑼。本縣大堂縣有大鑼一面，立將該差嚴究，斷不使爾等絲毫受累也。毋違。特示。

今將嚴禁捕役誣良妄拏及各役妄用鎖鍊，各款列後：

一、捕役到鄉，爾等須問明來歷，查驗有無印票，如並無本縣印票妄行拏人及起贓者，准被害人著人赴縣鳴鑼喊稟。

一、捕役到鄉，雖執有本縣印票，而所指拏之人，票內無名者，准被害人著人赴縣鳴鑼喊稟。

一、捕役及一切差役到鄉承票喚人，所喚之人雖係票內有名，但姓名之旁並未硃標鎖字，或票鈐有不鎖二大字圖章，而該差竟敢妄行用鎖，索得銀錢始行開放者，准被害人到案時口稟，以憑追贓算息給領。

以上三條，本縣爲吾民革除蠹害，一片苦心。既不費錢，又不費力，但經鳴鑼喊稟，或當堂面稟，不必具呈，立予究辦，爲吾民伸冤吐氣。若本縣僅付空言，不能實力爲爾作主，尚靦然爲民父母耶？請試之。特示。

清·劉衡《庸吏庸言·札各牧令相驗宜遵例自備夫馬少帶人役由》 爲札飭命案相驗，應遵例，自備夫馬飯食，少帶人役，以全民命事。照得本府生長江鄉，宦遊嶺表。竊見外省命案，毋論毆殺、自盡、路斃，一經報官，書差等視爲奇貨，勾串門丁，先發幹役爲前站。前站到鄉，輒勒令約保及被告或鄰佑人等，搭蓋棚廠，預備席棹，並向被告人証索取夫價、飯食等項錢文，動輒費錢數十千，或百數十千。迨官往驗，差恐少帶人役，不能任意索詐，輒嚇稟本官，妄稱風聞屍親糾約多人，恐有不遜，宜多帶丁役以助威。官有戒心，輒帶領百十人，或數十人，肩輿怒馬，蜂擁而來。所到之鄉，雞犬驚匿，任役詐擾，不飽不休。若係無屍親之案，則向地主、山主、塘主、屋主及所在遠近鄰佑，勒派各項銀錢。故往往一路斃之案，案內牽連鄰証數十人，家產悉傾。甚則延及二三十里內之富戶。謂之望鄰，亦被嚇詐破家。竭良民有限之脂膏，供衆蠹無厭之吮吸，地方元氣索然盡矣。此其累民者也。又況帶人過多，難於稽查，其中必有指官撞騙之人。屍親微有風聞，勢必不服，往往不肯領屍，或將屍身搶匿，或將屍棺擊破，甚則有毆差、碎轎、辱官之事。卽不至此，而屍親以疑役者疑官，官或親塡屍格，則疑爲刪減傷痕，官如簡叙供招，則疑爲開脫重罪。因而訟師放膽，訐告無休。而疑似之間遽騰官謗。上司不得不提省發審，遂使讞局之委員，主稿之憲幕，承案之書隸，皆得持柄而搖。且逾限處分、部議，隨之，種種花銷，層層荆棘乃至。同官齒冷，上憲心疑。雖平時眷注優隆，亦爲之頓替，幸得保全回任，而所費已不支矣。此其自累者也。而更有甚焉者，百姓至愚，彼見地方官每相驗一場，被告、鄰証便須花費，甚至傾家，因此些小事故，輒萌短見，意以爲拚卻一命，便可害人受累，以致輕生之案，愈驗愈多。一歲之中，一隅之地，亦添出許多命案。嗟乎！夫馬飯食，所值幾何，乃以計較些微之故，致令無罪之民相率就死。是剝民之財，又戕民之命也。言之憮然則皆多帶人役，濫派夫馬飯食之所致也。此江鄉嶺表一帶惡習也。川省尚不至此。查例載，凡人命呈報到官，該地方官立卽親往相驗，止許隨帶仵作一名，刑書一名，皂隸二名，一切夫馬飯食，俱自行備用，並嚴禁書役人等，不許需索分文。如該地方官不行自備夫馬，取之地方，官照因公科斂律議處，書役計贓治罪各等語。法至嚴也。本府查相驗，如果少帶人役，其夫馬飯食錢文，如係本官自備，每案不過一二千文。卽極遠之處，亦不過三、四千文。數本無多，並不甚費。若派之於民，則每案至少亦須數十千文。分賢侯一勺之泉，存小民十家之產。何樂不爲？假而曰，可爲而不可爲，是己之橐則積及錙銖。民之膏，則擲同糞土。毋論違例，且不近情。況乎效尤尋死命案，由此日多。既忍心而顯絕其生涯，復順手而暗驅之死路。官稱父母，我有兒孫，試一捫胸，能無芒背？管見以爲，我輩卽遇最瘠之區，此項錢文雖典鬻朝衣必須自備。蓋不獨保民財，實以全民命也。本府在粵八年，在川四任，所有相驗命案，因恐帶人稍多，難於查察，不得不恪遵定例，止帶仵作一名，刑書一名，其皂隸二名，則減爲一名，令兼僕事，並與轎夫輪流持傘，轎夫四名，長途酷暑則六名，或加一馬，以節夫力。通其不過十人，此外從未多帶一人。自攜小菜一包，飯則隨時鬻之市肆。其書差一切夫馬飯食，俱係捐發。且所帶之人，令其在輿前、案前伺應，不許趲前落後，寸步擅離。犯者不宥。如此則人人皆在眼前，稽查較易，可免索詐撞騙諸弊。而所部百姓，見自盡者不能害人，徒死無益，因此不肯尋死。久之，輕生之案，一年不過兩三起。是所費有限，而所補實多。此本府身試之，而有奇驗者。今量移來此，怵目爰書，服膺成例。每遇錄囚、讞獄，未嘗不掩卷徬徨。起而拊心揮淚，諸君子現宰官之身，度衆生之命，香花座上應證前緣，我佛慈悲，何待鈍根人饒舌。惟本府窮措大耳，自問下愚受恩深重，別無本領，積有愚誠，以此協寅恭即以此圖報稱而已。敢以曩作令時相驗告示錄稿一通，附質公堂，用資納牖。至於解費一項，原、被、鄰、証，誰爲應派之人派則坐贓。本府未嘗躬蹈，且數亦無多，捕爲合理。敢併及之迂疏之見，愧不通方，殆可爲知者道，難與外人言也。笥篋藏之，希勿宣示，恐爲忌者口實，又且曰沽名也。商之。特札。

附：　作牧令時相驗告示稿

爲相驗事。照得本縣親赴該處相驗，不帶簽押跟班，不帶茶房號房，不帶廚子，不用頭鑼高帽，不發前站，不帶差役，不用民壯，只帶轎夫四名，刑書一名，仵作一名，皂班一名。本縣自帶小菜一包，其轎夫差役人等，每人每日，本縣各給予飯食錢捌拾文，均不許爾等預備飯食，並不許搭蓋棚廠。只許借備方棹一張，開水一壺。所有舊規夫價及一切漏規銀兩，概行革除。本縣斷不受爾等一文，喫爾等一飯。其書差人等，倘敢勒索及招搖撞騙，地保約保倘敢藉端科派，本縣大堂懸有大鑼一面，許被害人鳴鑼喊稟，立即枷革。又，本縣賞給死者棺材錢一百文。此示，實貼屍場，毋違。特示。

清·劉衡《庸吏庸言·稟緝盜之法用捕役不如使民自捕並嚴禁誣害由》

敬稟者，案奉憲臺札開，地方遇有盜竊案件，自應勤求捕務。該縣近來盜風漸息，仰將如何緝捕緣由，據實稟明，等因。奉此，仰見大人除虣安良，勤求治理之至意。卑職伏思盜竊，本係齊民，原知畏法。而其敢於鴟張者，蓋天下無不豢賊之捕役。以捕捕賊，適以賊濟賊耳。是以官馭捕以法，則賊颺。官假捕以權，而賊熾。卑職愚以爲，弭賊之道，用捕不如使民自捕。蓋捕與賊近，賊之踪跡捕知之。民亦與賊近，賊之行徑，民亦微窺之。然捕甘賊之利，故匿之惟恐不深。民苦賊之害，故除之惟恐不盡。則與其使捕捕賊，似不如聽民捕賊，且許其送賊。賊知民之可以捕而送之也，必內自危，相率裹足矣。然而民之心欲除賊，民之力能敵賊，而往往逡巡不敢捕而送之者，無他，恐爲賊累也。賊何以累民？曰送賊需費，無費則官不爲理。理則賊且妄供，或牽引送者之子弟，及其親鄰。官輒信而理之，迨事白，而家破矣。況有不白者乎？且捕賊必擒賊，擒則難免擅殺、擅傷，及制縛諸事。官輒引法繩之。然則非賊累民，官累之也。然則如之何使送賊者之免於累也？卑職愚以爲，其要殆有三焉。一曰官爲速理，勿聽丁役阻送人索送費。一曰勿聽賊反噬。一曰勿苛求捕者過失。如此則民膽壯，賊氣餒矣。夫而後民乃敢送賊，賊乃不敢敵民也。有不遠去者乎？他如強丐之爲賊媒，客保之爲賊諜，在在宜防。是在地方官振作精神而已矣。所難者，官予民以送賊之權，眞賊息，而誣賊之風以起。民知賊之可以捕而送之也，不特棍蠹藉以誣害善良，即送賊者，亦遂有挾嫌妄拿，囑賊妄扳之事。此流弊所必不免者。治賊而不察誣，百密一疏，良法壞矣，尤不可不慎也。至於擅摘瓜果，律有專條，不得謂之爲賊。此鄉鄰習見之事，情既可原，所當加以矜恤者。梁邑地闊而衝東南北三面，山深路僻，素爲盜竊出沒之區。卑職上年到任，酌定送匪章程六條，稟準本州，列款示諭士民等。輒以爲便，同心協力，先後獲送竊賊及帶刀綹匪三十餘起。均經卑職隨時詳辦。其稍涉誣陷者二起，亦痛懲詳辦在案。因此捕役失權，誣風亦熄。賊匪不能託足，棍蠹亦遂遠颺。仰蒙福庇，刻下地方較爲安靜。茲奉前因，謹將卑職查緝賊匪，不用捕役而使民自捕，並嚴禁誣陷各情形，據實稟復。並繕送匪章程，呈請訓示。

謹將送匪章程列後

一、失主或客保、鄰佑人等，有能捕獲賊匪送官者，本縣大堂簷下懸有大鑼一面，準其鳴鑼喊稟。不必具呈，立予審訊。審實，除賊匪究辦外，賞送者以酒飯，仍查照道理之遠近，送人之多寡，酌給盤費錢文，以示獎勵。如挾嫌妄拏，照例治罪。

一、各鄉保甲內，如有容留賊盜之窩家，許鄰佑投告，客保赴縣鳴鑼喊稟，不必具呈。本縣立予審究。審實，立辦。告人給賞。若容隱不舉，照例連坐。如挾嫌妄稟，照例治罪。

一、遇他處匪徒結夥入境，毋論有無搶奪生事，在場市責成場頭、客長，在鄉間責成鄉約、保正，一體持械，協力趕逐。但經綹竊得贓，即准擒拏送縣，鳴鑼喊稟，不必具呈。立審，審實，從優重賞。

一、城鄉各棧房、飯店、腰店，設立循環號簿，注明來蹤去跡，一月一換，以便稽查。如敢容留啯匪、賊匪住宿，及賣給飯食者，該約保將該犯捆送到縣，鳴鑼喊稟，不必具呈。若容隱不舉，別經發覺，治以窩匪之罪。

一、各保甲內，遇有外來年壯惡丐，恃衆強討，毋論老幼男婦，准其各執木片、竹枝，並力驅逐。丐等如敢撒賴，准其扭送，鳴鑼喊稟，不必具呈。立予審究。務使人人有逐匪之權，處處無容匪之地。庶匪徒稍知斂跡。其送匪之人，加以慰勉，亦酌給花紅。如係本地乞人，及老幼孤寡，則宜賙恤，不在此例。

一、賊犯供出買贓之人，本縣立發諭單。單內硃書贓物，並查照賊犯所賣之價，當堂捐給半價錢文。將發來錢數，亦用硃書，卽令失主，或到案之鄰証人等不必簽差持單及錢，邀同附近公正紳耆或客保，向買贓之人贖贓。其貪賤買贓之人，毋論是否知情，概免深究。俱於單內硃書誤買免坐，但須交出原贓，不必到案字樣，均免到案，以省拖累。且可迅速得贓，以定賊之眞假。如訊係積慣窩家及代賊銷贓者，仍按名拏究。

以上各條，均經卑職於到任時列款示諭在案。

清・汗乃劍《鄉守輯要合鈔・詰生面》 至於游食乞丐，三五成群，遊方僧道術數可怪之人，立地驅逐。若覺有弊，卽時拘守其人，分報約長查究。

清・汗乃劍《鄉守約輯要・耆民分方緝捕法》 城市鄉村遵照保甲之法，加謹隄防，僅可自守。但三吳之地，四通八達，江海湖泖之盜倏忽聚散，莫能蹤跡。須專委耆民，分方緝捕，乃爲有益。各掌印官選擇殷實行止慣經捕盜之人數名，互相保結，塡給文帖，充爲耆民，分畫信地，往來巡緝。如遇盜賊生發，督同保長甲長人等併力擒拏解問，從重犒賞。捕獲眞正強盜十名以上者，給與門扁，三十名以上者，查照領兵耆民事規給與冠帶，以示優異。若有失事及在各該地方生事騷擾妄拏平人，連名保甲之人，一體從重問遣，先將舉過耆民姓名。分過信地。呈報查考。

清・佚名《保甲章程》 至於擒捕盜賊，切不可因持有器械亂毆亂砍致罹擅殺之罪，拿獲之後卽當綑縛送縣稟候訊究，照例定擬。該牌甲各有稽查之責，如見有言語各別形迹詭秘之人，當加意盤詰，如係匪犯立拿稟究。若係過往流民立時驅逐出境，切不可容留徇隱，致滋貽害。

清・佚名《告示集・嚴禁捕役串通拳竊分贓示》 爲嚴禁捕役串通窩家拳竊分贓以靖地方事。照得捕役之設，原爲弭盜安良，平時固宜巡查，臨事尤當踹緝，俾賊盜潛踪，閭閻安枕，豈容勾窩拳竊，擾害紳民。今本縣涖任以來，查閱新舊呈詞，報竊之票甚多，且有數月之中竟被竊三四次者，並無一案緝獲。宵小如此橫行，良善何由寧謐？揆厥由來，因緣窩主之招引容留，實由捕役之貪肥故縱以致，任其肆竊，坐地分贓，以爲衣食之具。及至事主呈報票差緝賊，不往四鄉查緝竊賊之有無，先向失主計較盤纏之多寡，需索到手，仍然在家卧票不緝。若逢提比稍嚴，積匪先令遠颺鼠竊，妄拏砥塞，幷有誣拏平民拷打屈認，拏獲正賊唆令妄扳，希冀索詐。種種不法，殊堪痛恨。除密行訪拏究辦外，合行出示嚴禁。爲此示仰闔屬軍民人等知悉：爾等務宜各安本業，毋得勾引來歷不明之人窩藏肆竊，擾害居民。該捕役等尤各實力巡緝，有犯必獲，切勿貪圖漁利，知情縱容。倘有不遵示禁，仍前卧票不緝，及有拳竊分贓情事，一經訪聞，或被告發，當卽盡法究罪，決不稍貸。

清・佚名《告示集・諭快頭整飭散役》 正堂諭快班總頭知悉，照得身充衙役理應守法奉公。查該班散役中循分供役者固多，而兇橫滋事者亦復不少，皆由該頭役不加區別，濫收匪類所致。除有犯必懲外，合先諭知該頭役於本班散役中大加整飭，如有生性惡劣，慣爲酗酒滋事之徒，據實稟明，以憑究革。倘再因循姑容，致釀事端，本縣唯該總頭是問。其各凜遵，特示。

紀事

《睡虎地秦墓竹簡・封診式・□捕》 爰書：男子甲縛詣男子丙，辭曰：甲故士五(伍)，居某里，迺四月中盜牛，去亡以命。丙坐賊人□命，自晝甲見丙陰市庸中，而捕以來自出。甲毋(無)它坐。

《漢書・淮南王傳》 元狩元年冬，有司求捕與淮南王謀反者，得陳喜於孝家。吏劾孝首匿喜。孝以爲陳喜雅數與王計反，恐其發之，聞律先自告除其罪，又疑太子使白嬴上書發其事，卽先自告所與謀反者枚赫、陳喜等。廷尉治，事驗，請逮捕衡山王治。上曰：勿捕。遣中尉安、大行息卽問王，王具以情實對。吏皆圍王宮守之。中尉、大行還，以聞。公卿請遣宗正、大行與沛郡雜治王。王聞，卽自殺。孝先自告反，告除其罪。孝坐與御婢姦，及後徐來坐蠱前後乘舒，及太子爽坐告王父不孝，皆棄市。諸坐與王謀反者皆誅。國除爲郡。

《北齊書·高祖十一王傳》任城王湝，神武第十子也。【略】天統三年，拜太保、并州刺史，別封正平郡公。時有婦人臨汾水浣衣，有乘馬人換其新靴馳而去者，婦人持故靴，詣州言之。湝召城外諸嫗，以靴示之，紿曰：有乘馬人在路被賊劫害，遺此靴焉，得無親屬乎？一嫗撫膺哭曰：兒昨著此靴向妻家。如其語，捕獲之。時稱明察。

《北史·高謙之傳》孝昌中，行河陰令。先是有人囊盛瓦礫，指作錢物。詐市人馬，因而逃去。詔令追捕，必得以聞。高謙之乃僞枷一囚，立於馬市，宣言是前詐市馬賊，今欲刑之。密遣腹心，察市中私議者。有二人相見忻然曰：無復憂矣！執送案問，悉獲其黨。并出前後盜處，失物之家，各得其本物，具以狀告。尋正河陰令。

《北史·神武諸子傳》彭城景思王浟字子深，神武第五子也。【略】武定六年，出爲滄州刺史。爲政嚴察，部內肅然。守令參佐，下及胥吏，行游往來，皆自齎糧食。浟纖介知人間事，有濕沃縣主簿張達，嘗詣州，夜投人舍食雞羹，浟察知之。守令畢集，浟對衆曰：食雞羹何不還他價直也？達即伏罪，合境號爲神明。又有一人從幽州來，驢馱鹿脯，至滄州界，脚痛行遲，偶會一人爲伴，遂盜驢及脯去。明旦告州，浟乃令左右及府僚吏分市鹿脯，不限其價。其主見脯識之，推獲盜者。轉都督、定州刺史。時有人被盜黑牛，背上有白毛。長史韋道建謂中從事魏道勝曰：使君在滄州日，禽姦如神。若捉得此賊，定神矣。浟乃詐爲上符，市牛皮，倍酬價直。使牛主認之，因獲其盜。建等歎服。又有老母姓王，孤獨，種菜三畝，數被偷。浟乃令人密往書菜葉爲字，明日，市中看菜葉有字，獲賊。爾後境內無盜，政化爲當時第一。

《北史·韓褭傳》〔韓褭〕出爲北雍州刺史。州帶北山，多有盜賊。褭密訪之，並豪右所爲也，而陽不之知，厚加禮遇，謂曰：刺史起自書生，安知督盜？所賴卿等共分其憂耳。乃悉召桀黠少年素爲鄉里患者，置爲主師，分其地界，有盜發而不獲者，以故縱論。於是諸被署者莫不惶懼，皆首伏曰：前盜發者，並某等爲之。所有徒侶，皆列其姓名，或亡命隱匿者，亦悉言其所在。褭乃取盜名簿藏之，因大牓州門曰：自知行盜者，可急來首，即除其罪。盡今月不首者，顯戮其身，籍沒妻子，以賞前首者。旬日之間，諸盜咸悉首盡。褭取名簿勘之，一無差異，並原其罪，許以自新。由是群盜屏息。

宋·王溥《唐會要·車宫官》〔元和〕十三年正月，京兆少尹知府事崔元略奏：諸司諸軍諸使追府縣人吏所由及百姓等。比來府縣除賊盜外，所有推勘公事相關者，皆行公牒。近日多不行文牒，率自擒捉。禁繫之後，府縣方知。其中人吏所由，亦有姦猾，爲無憑據，妄生推枉，又難辨明。其百姓等聽被追捕，緣無公牒，多加恐動，致有逃匿。今後望降勅旨，應請諸軍諸使要追府縣人吏百姓等，非盜賊外，並令行移文牒。所冀官曹免相侵擾。從之。

宋·鄭克《折獄龜鑒·蘇無名獲盜》唐則天時，太平公主庫中失所賜寶器。天后怒，督捕甚峻，官吏震恐。有湖州別駕蘇無名，善擒姦擿伏。游徼衢中遇無名，相與請之至縣，請見長史。長史問之，請聞朝廷。天后召見，無名對曰：請寬府縣，盡以捕盜吏卒付臣，不過數日，決爲陛下獲盜。天后許之。無名戒吏卒於東北門伺察，有人十餘輩，衣衰絰，出赴北邙，即躡以報。果見諸人至一新冢，設奠，哭而不哀；既徹奠，又巡行冢旁，相視而笑。無名喜曰：得之矣。遂使吏卒盡執之，而發其冢，剖棺視之，寶器在焉。天后問：以何術獲盜？對曰：臣無他術，但識盜耳。臣到都日，正見此輩出葬，便知是盜，但未知葬處。今清明拜掃，計必出城，尋逐蹤跡，可以得之。哭而不哀者，所葬非人也；巡冢而笑者，喜墓無傷也。向若陛下迫促府縣，此賊計急，必取而逃矣。天后稱善，遷秩二等。

宋·鄭克《折獄龜鑑·包拯》近時小說載朝散大夫錢龢一事云：龢嘗知秀州嘉興縣，有村民告牛爲盜所殺，龢令亟歸，勿言告官，但召同村解之，遍以肉餽知識，或有怨即倍與。民如其言。明日，有持肉告民私殺牛者，龢即收訊，果其所殺。此乃用拯鉤慝之術者。蓋以揣知非讎不爾，故用此譎，使復出告也。昔趙廣漢善爲鉤距，以得事情。晉灼云：鉤，致也。距，閉也。蓋以閉其術爲距，而能使彼不知爲鉤也。夫惟深隱而不可得，故以鉤致之，彼若知其爲鉤，則其隱必愈深，譬猶魚逃於淵，而終不可得矣。是故史稱：唯廣漢至精能用之，他人效者莫能及也。此數君子，材智過人，亦庶幾焉。

宋·鄭克《折獄龜鑑·張敞》盜賊不得，獄訟必多，其當察而治之，亦與奸慝等矣。是以舊集有彭城書菜、元膺擒舉之類。凡十餘事，今則因而列此六門也。〔張〕敞以偷盜治偷盜，督察之術，莫善於此，故首著焉。若後漢黄昌爲蜀郡太守，密捕盜帥一人，脅使條陳諸縣强暴姓名、居處，分遣掩討，無有遺脱，宿惡大姦，奔走他境則又猛政之尤者，抑亦用敞察盜之術歟！

宋・鄭克《折獄龜鑑・吕元膺》 唐吕元膺鎮岳陽，因出游覽，有喪輦駐道左，男子五人衰服隨之，元膺曰：遠葬則汰，近葬則簡，此必詐也。亟令左右搜索，棺中皆兵刃，乃擒之。詰其情，對曰：欲過江劫掠，故假爲喪輦，使渡者不疑。又有同黨數輩，已在彼岸期集，悉捕獲以付法。舊不著出處。

按：蘇無名察盜之術，正與元膺察賊相類，柳氏叙訓有一事云：柳公綽爲襄陽節度使，歲歉，鄰境尤甚，有齊衰者哭且獻狀曰：遷三世十二喪於武昌，爲津吏所遏，不得出。公綽覽之，即命軍候擒其人，破其柩，皆實以稻米。蓋葬於歉歲，不應并舉三世十二喪，故知其詐耳。雖非劫取者，而與元膺搜舉事頗相類也，故附著之。然議者以爲閉糴，非美不足爲法令，但取其明察，慮有他姦，故著爲察賊之鑒耳。

宋・程頤、程顥《二程集・行狀・李寺丞墓志銘》 會劇賊戴小八攻害數邑，朝廷患之，命御史督視。仲通時承尉乏，與其令謀曰：劉右鵲、石門羅姓者，皆健賊，詔捕之累年矣；小八不能連二盜以自張，吾知其無能爲也。當説使自効，則賊爲不足破矣。乃遣人諭二盜。皆曰：我服李君仁信久矣，願爲之死。然召我亦有以爲信乎？仲通即以其符誥與之，且約曰：某日當以甲二百來見我於邑中。衆皆恐懼，仲通曰：彼欲爲惡，雖不召將至。且吾信於邑人，彼亦吾人也，何懼乎？乃將二盜，與之周旋，卒得其死力，遂斬小八，盡平其黨。

宋・佚名《名公書判清明集・懲惡門・峒民負險拒追》 樊如彬負恃險遠，招誘逋逃，雄震一方，多行不義，其罪已不可恕。本縣奉師司之命，屢追不出，遂委其徒以捕之。使其果有劫奪之事，本府已因阿鍾有詞，下縣追究矣。是非曲直，官司自當從公處斷，決無白休之理。樊如彬若自理直，自合即日出官，與羅邦臣供對，則有冤何患其不伸。而乃藏伏不出，卻公然見之申狀，謂即點集四十峒徭丁，去相讐殺，斬首申解，語言悖戾，志在脅持，大不敬也，至冒上也。原其所以敢於如此者，蓋當是時鄰郡叛寇之勢方熾，此曹將謂官司已莫能誰何，往往欲襲是跡而動，故先張虚聲，以相恐喝，官司一或示弱，則必將結黨乘機，强弓毒矢，撞搪呼號，以求逞矣。今雖未至此極，然履霜堅冰，所由者漸。若不早爲之所，則長此將安窮乎？《春秋》無將之刑，漢法不道之誅，此其類矣。本合明正典刑，以遏亂略，姑且從輕，決脊杖十五，配潭州，全家移徙前去，具因依申大使司，乞押送飛虎軍牢固收管，永不放還。郭念二身爲省民，輒入溪洞，爲其鷹犬，持慢書，造府庭，略無懼罪之意。同惡相濟，難從末減，決脊杖一十二，配本城，永鎖土牢。所有阿鍾訴羅四六行劫事，此則當與追究，帖押羅邦臣下縣，監追羅四六一行緊要人赴府供對。阿鍾寄厢，候對畢日押發。樊如彬所占耕陸時義没官田，拘入府學。如樊如彬自有己業田産，仰阿鍾逐一開具地名、頃畝及佃户姓名，齎干照赴僉廳點對，帖縣爲拘收租課，許逐年經安撫司給引，付親人前來請領。先給據爲照，如願典賣，聽從其便。

《元典章・脱囚》 至元三年六月，中都路申巡軍馬百户侯甫齎實封文字，前去眞定路，捉獲僞鈔劉皮，自合與本處添差弓手，監押到眞定府交割，卻不合轉分付弓手孟進監押，以致在逃罪犯，法司擬怠慢事重，杖八十，部擬量決四十七下。

又 至元三年六月，平陽路弓手鄭進監送賊人謝奈僧沿路在逃罪犯，法司擬減囚罪二等，合徒二年，部擬決七十七下。

《明實録・宣德三年》 〔十一月庚申〕總兵官都督蕭授奏，貴州都司都指揮僉事李政等，招捕都匀衛豐寧長官司賊首羅文蕩，貴州宣慰司谷把寨苗人單子裸等俱向化復業，惟羅父蕩稔惡日久，今械送京師，請正其罪，以警其餘。

《明實録・宣德六年》 〔二月〕壬戌，四川南溪富順犍爲諸縣强賊，白晝劫掠民財，總兵官都督陳懷及都司、布政司俱遣人捕之。官軍被賊殺傷，時副都御史胡廣督採木于蜀劾奏。都司布政司官不能選人率兵剿捕，以致殺傷無辜，請治其罪。遂勅懷及四川都司、布政司、按察司、巡按監察御史曰：南溪富順犍爲等縣，屢有强賊劫掠，常勅爾懷或親領兵或遣官領軍捕之，至今尚未寧息，反爲賊所傷，爾懷及四川三司官，罪可逃乎？其即會議，設法捕賊，如再稽延，一體論罪。

《明實録・宣德九年》 〔正月甲戌〕雲南總兵官太傅黔國公沐晟及雲南都司、布政司、按察司、巡按監察御史奏：楚雄府黑石江及泥坎村銀場，軍民盜礦，千百爲群，各執兵攘奪。又車里頭目通事進貢，還至臨安府石屏州，所得賜物悉爲強賊所劫。又楚雄縣賊者紫等，糾合武定軍民府賊者惟等劫掠軍民，殺死巡檢張禎，射傷把事李忠。又定邊縣阿芷里等處有強賊持兵劫掠景東等衛。又大理府蒙化州楚雄府姚州等處，皆有盜出沒。上以敕諭晟及三司并巡按御史曰：爾等鎮撫雲南，宜摧兇惡以安良善，今賊縱横如此，不能擒捕，所職何事？敕至即計議設法分調官軍土兵兼勤捕或招諭，俾之安業，期三閲月皆安靜，過期不靖，方面官以下皆有罰。有能擒強盜，首官給賞如例。或盜能自首者，與免本罪，亦如例賞。

《明實録・正統三年》〔十月丙辰〕行在都察院右副都御史賈諒、錦衣衛指揮僉事倪正奏：臣等獲劫獄強盜十四名，付徐州監候處決。今知州湯惟堅及守監千百戶范珣等，寬縱致盜久獄，徐州衛指揮徐麟等，明知強盜越城不即追捕，俱當究治。上曰：強盜既獲而復脱，咎將誰歸？都察院其責問諒、正在彼何爲？惟堅即執問如律，麟等降爲事官住俸，俱責限追捕。御史給事中以諒、正推罪飾非，交章劾奏，欲罪之。上曰：姑宥之，策令用心設法挨捕。

《明實録・正統五年》〔三月〕甲寅，甘肅總兵官定西伯蔣貴等奏：莊浪衛都指揮同知魏榮，不嚴守備，以致達賊潛入土豹嶺，大肆殺掠，及令西寧衛指揮袁海等追勦，又畏縮不前，俱宜究治。上曰：榮姑釋之，再犯不宥，其餘畏縮失哨官軍，令巡按御史執問如律。

又〔五月甲辰〕鎮守陝西都督同知鄭銘奏：保安王府內使楊堅訴本府小旗徐斌，擅開官倉盜粟易驢，斌亦訴堅與內使王聰典仗朱九思買民淨身，稱爲內使，擅選儀賓，隱占校尉，非法用刑，俱宜究治。上命都察院械堅等至京鞫之。

《明實録・正統七年》〔十一月己巳〕江西泰和縣民奏少師兵部尚書兼華蓋殿大學士楊士奇子稷豪横不法百餘事，詞所連者，幾千人，事下都察院。士奇自陳稷冥頑不肖，并已失教狀，且以所連者衆，乞令法司量逮之。上命執稷并連重者三百餘人至京，其餘巡按御史等官收驗以聞。

又〔十一月癸亥〕福建都指揮同知孫安，爲所部指揮奏其貪婪不法數事，都察院請下巡按御史先收諸所連者，鞫狀果及安，具聞請逮。上命既執安鞫之。

又〔正月壬午〕吏部言：福建左布政使方正誘取福州中衛已故指揮單剛妻馬氏爲妾，按察使謝莊誘取福州左衛指揮張欽女爲妾，又俱在福州右衛百戶陳亮家挾妓飲酒，荒縱無度，爲鎮撫鄭誠、軍吏陳初所奏。下巡按監察御史陳永廉問，已得其情。莊等乃以朝覲在途，稱病不至，請置之法。上命法司逮治之。

又〔三月甲申〕直隸安慶府通判胡暕等坐受屬縣餽金，爲巡按監察御史周銓所按，暕等亡入京，訐奏銓酷刑逼陷狀，且言逼陷人有至死者。都察院請收暕等驗狀，事果涉銓，以聞。上命錦衣衛遣官并執銓鞫之。

《明實録・正統十年》〔四月〕庚戌，秦府審理正秦弘、紀善、陳彬等交章奏承奉正劉全內典膳侯介等十七人，從史王陵辱府屬箠死軍校諸不法事。上命都察院遣錦衣衛官并弘等執鞫之，仍以書諭王。

《明實録・正統十三年》〔十月〕己未，山西右參政林厚見有貧鬻子女以輸王府祿米者，憐之，自倡率官吏爲代輸，因奏請各郡王府祿米俱輸代府廣贍倉。懷仁王府教授萬鍾，以不得與其事銜之，因奏厚公差娶所屬故指揮張安妻申氏爲繼室。事下，巡按監察御史請逮厚及鍾等治罪，從之。

《明實録・景泰三年》〔閏九月〕乙酉，左副都御史劉廣衡奏湖廣僉事胡貫進表如京，兵科給事中劉清以事回自貴州，俱於新州受知州陳範所科道里費，今範爲民所訐辭逮貫等，詔俱俟其至，執問之。

《明實録・景泰四年》〔二月甲辰〕鎮守福建右少監戴細保奏清瀾巡檢司倭賊登岸，殺傷巡檢葉旺，攻進城內，劫掠人財，其備倭都指揮僉事傷海、王玉俱回家，失於提督官軍守備，以致把總指揮千百戶周鼎等，亦各不用心覘捕。宜治其罪，命巡按御史執問如律。

又〔五月〕己未，山西按察使俞本奏巡按監察御史白良輔侍酒狂蕩、侮慢親王諸不法事。命錦衣衛千戶陳綱覆實執之。監察御史徐瑄等奏良輔嘗奏劾本移勘未報，今本奏良輔，實虛未明，若止執良輔，恐後方面官果貪污姦惡，御史畏其報復，不敢復言，互相蒙蔽，貽患非輕。乞併執本鞫實，各正其罪。從之。

又〔六月癸巳〕遼東戍卒李福惠、妖僧王海等，潛於旋峯塘，聚謀爲亂，福惠稱唐太宗後，僞號太清國，授海國師，并其徒康不再隨等爲總兵部指揮等官，流亡軍民爲其誘迫者已數百人。提督軍務左副都御史寇深等，覘得其狀，遣備禦都指揮僉事周瑛等捕獲，械送京師。命都察院鞫之。

《明實録・景泰五年》〔正月丙寅〕巡按山東監察御史謝曠劾奏邊東巡守指揮千百戶李宗等，不行鈐束，致旗軍出境採獵。守備都指揮僉事李武，號令不嚴，以致各官怠惰，俱宜究治。詔置武不問，餘命曠執鞫之。

《明實録・景泰六年》〔二月〕癸卯，福建都布按三司等官奏：近於福寧縣地方擒獲賊人紀十二神等，賊黨鄭懷冒敗走未獲，又於青香爐擒獲賊人張景參等五名，賊首王孝心、金希懷等乘夜走回，未獲。帝命兵部即移文左副都御史劉廣衡等，定限督令鎮守三司等官，務要日下得獲，但推托怠慢，重罪不宥。

《明實録・景泰七年》〔五月己丑〕初，滿剌加國正副使李靄等來朝貢。至廣東新會縣，靄以犯姦自戕死，副使巫沙等已訖事，還鴻臚寺。通事馬貴等憑番人亞末首請稱靄有夜光、珍珠并猫睛石未進，朝廷信之，遣員外郎秦顒并貴帶回亞末等乘傳至廣東，會官追取。至是，鎮守廣東并巡按三司等官及顒等，會奏將靄男女行禮逐一檢閱，別無前項寶物，命擒貴等送法司，如律治之。

《明實録・天順元年》〔三月丁卯〕故都督同知錢貴妻陳氏訴貴之弟禮放曠無賴，欺其孫孤弱，使酒忿詈，嘗訴於法司，已令其別居矣。今禮又奏乞屋舍，仍圖同居，乞勅歸南京守祖墳，毋令爲國戚玷。上命錦衣衛執禮訊之。

又〔五月乙亥〕工部右侍郎霍瑄先以參政掌大同府事時，嘗爲鎮守太監韋力轉恕其送回都御史年富家衆杖之十餘。至是，瑄奏之且言力轉宴輒命妓爲戲，僭用金器如王者，復強取所部女子爲妾，諸不法事。上怒，遣人執之。

又〔十二月丙辰〕山西太原衛經歷趙縉，先任御史巡按蘇州府有貪酷名，後陞山東僉事，事露坐罪爲民。縉遷延京師，屢陳冤，遇赦，有詔降經歷，尋以考察例令官帶閒住。至是，又令其子至京陳冤。上怒，命巡按御史收問之。

又〔十二月庚戌〕鎮守宣府太監栢玉總兵官武強伯楊能奏保守備龍門都指揮僉事黃瑄充遊擊將軍，協同參將周賢，調度軍馬。兵部以其所奏違例，劾玉、能等罪。上命玉、能具實以聞，而令巡按御史執瑄鞫之。

《明實録・天順二年》〔二月己亥〕鎮守甘肅太監蒙泰奏，懷安驛地方賊突入搶掠，其把總守備指揮僉事雷玘等，追見賊人，不行督軍征剿，以致失機誤事，宜治其罪。上命巡按御史執問之。

又〔二月癸卯〕巡按胡廣監察御史馬文升奏哨守東安縣地方指揮使事歐綱，永州衛哨楠指揮趙斌，不行嚴督官軍守備，以致苗賊聚衆掠劫劉村等處，搗燬房屋，殺掠人財，宜治以重罪。上命文升執問如律。

又〔六月己卯〕福建都司奏：昨進慶賀表，道經鹽運司，遇運使劉璣乘肩輿不下，軍士誚其不敬，璣怒挾之。上命按察司執璣鞫之。

又〔七月丁亥〕初，太子太保兼吏部尚書何文淵在景泰時，因言官論其貪縱，自言己有廢立皇儲功，詔書所云：父有天下，傳之子，天佑下民作之君，實已屬對得釋罪致仕。及上復位，文淵懼，縊死。致仕知府獨稽文淵受業弟子也。至是，令人至京發其事，并舉其子南京禮部主事喬新等諸不法，云：文淵之死，寔諸子逼以脱禍。於是喬新輩，亦令人告稽爲侍郎鎮守廣東時，代黃竑爲易儲之疏章俱上。上怒，遣錦衣衛官收稽等赴京鞫之。

《明實録・天順三年》〔九月辛卯〕義勇後衛指揮鄒叔尋，嘗往來忠國公石亨家，講論遁甲兵法，及太乙書數，被行事校尉緝知以聞。上命執叔尋送法司鞫之，亨置不問。

又〔十月己巳〕代王仕壥奏，景泰元年盜發祖妣徐氏墳，又盜山陰王、懷仁王、昌化王府中財，當時邊事方殷，道阻未及奏。聞今盜又發鄉寧郡主墳，破其棺，棄其屍，竊金銀器。乞嚴捕之，明正典刑，以警將來。上命巡撫巡按官刻期委衛所府縣巡檢司急捕之，怠緩者，御史具名以聞罪之。

又〔十月辛亥〕陝西涼州衛百戶安洪，與其庶叔爭貲產，庶叔之母訟洪嘗亂其妹，爲叔所毆，洪亦訴庶叔強奪其產，致其父驚憤而死。事下巡按陝西監察御史郭文覈之，洪因舉人王謙以金，賂文求脱罪，文執謙并所賂金，以聞，請以洪付己鞫治。都察院左都御史寇深等劾文不振風紀，致謙敢以私謁，且不避嫌，而欲自鞫，失風憲體，請執文等來京究問。從之。

《明實録・天順四年》〔正月癸卯〕錦衣衛指揮同知逯杲上章言忠國公石亨，怨望愈甚，與其姪孫石後等，日造妖言，爾者光録寺失火，亨曰：此天也。且畜無賴二十餘人，專伺朝廷動止，觀其心，實怏怏懷不軌。

上以章示在廷文武大臣，皆曰：亨罪大不可宥。上曰：亨罪於法難容，朕念其微勞累，曲法寬宥，特令閒住以保全之，今乃不自悔悟，敢背義孤恩，肆爲怨謗，潛謀不軌，錦衣衛執來會百官廷鞫之。

《**明實録・天順四年**》〔二月壬子〕巡按廣西監察御史吴綽奏：强賊攻梧州府，哨守指揮蕭瑛踰江避之，賊遂攻破城池，殺虜官民及官庫財物，請執瑛及守禦等官，究治其罪。上從之。

又〔九月甲戌〕先是有旨，西天佛子鎖南釋剌日給酒食卓面，至是死，光禄寺援例終百日停給。事聞，上怒，命掌寺事禮部右侍郎蔚能等，自陳擅停之罪，能等具以實奏，特令錦衣衛執能及其署丞一人，下鎮撫司獄鞫之。

又〔十二月庚寅〕鎮守廣西左少監朱詳等奏：十一月二十四夜，蠻賊攻破藤縣北門入城，哨守官軍指揮張能等開南門而逃，賊遂縱火焚毁官民廨舍，公私財物子女劫掠無遺。事下，兵部請令鎮守總兵等官嚴督官軍捕賊及巡按御史執能等究治律，從之。

《**明實録・天順五年**》〔三月〕甲辰，敕代王仕壥曰：近因王奏繳到定安王幷居順郡主儀賓許琮互相訐告，非理情詞，不止一端。王爲親父，平日不能教訓子女，使遵禮法，以致骨肉讎嫌如此，及定安王與許琮俱於王處訐告，在王自合嚴加懲治，豈可聞於朝廷？今既舉發，不可不見明白。特差司禮監左少監懷恩、駙馬都尉石璟及錦衣衛千户馮珤前來王處整理。王宜召定安王幷拘許琮等一干人證到府，就同差去内外官員從公究問虚實，要見的確，緣由。問畢，且令定安王幷居順郡主聽候發落，先將許琮等，差人押解來京處治。

《**明實録・天順六年**》〔三月〕戊申，命巡按直隸及巡鹽監察御史出榜，招撫私販鹽徒，拘留脅從小民有能自首者，免本罪發遣寧家。時南京守備魏國公徐承宗等官，及南京六科十三道，各奏鹽徒劉奋子聚衆二千餘人，朱華、熊能能聚衆三百餘人，李景初、田宗等各聚五百餘人，駕使船隻往來江湖，與販私鹽，劫奪財物，拒捕殺傷官軍，哄誘小民上船役使，拘留累年，除捕獲者赴南京刑部問理外，誠恐各徒延蔓日久，爲患不細，奏乞區處。上命承宗等如法緝捕，兼有是命。

又〔十月〕己巳，給事中程萬里、袁芳、孫敬、夏時、張璿輪直登聞鼓。有軍妻擊鼓伸冤，萬里等以故事祭祀齋戒日，不奏刑名，不受其狀，掌錦衣衛事都指揮門達劾其蒙蔽，萬里等引故事自解。上命錦衣衛執究之。

《**明實録・天順七年**》〔閏七月戊午朔〕行事校尉言貴州僉事徐宗，爲同年主事周英造進士牌，接受指揮李信等科斂銀二十五兩入己。四川都指揮張英索所部指揮等官白金二百五十兩及姦淫事。上命錦衣衛遣官往執之。

又〔閏七月〕壬午，先是代府鎮國將軍仕𡐓淫樂婦高桃兒，又殺州民田泰，私瘞井中。事覺，仕𡐓負黄袱執兵，馳馬欲赴京，至洪洞縣，普潤驛爲州官，勸請回府。上敕内官李廣徵仕𡐓及事内所連者赴京，仍書諭代王，命速發之。

又〔十二月〕丁酉，楚府通山王季𡐤奏：弟鎮國將軍季塗故女漢川郡君儀賓方規素凶惡，已戴罪革冠帶，仍長惡不悛，夜潛入婺川郡君家，伺隙爲姦，爲儀賓陳瑛所獲，又數逼將軍爲請復官，每言欲刺殺陳瑛將軍，恐其無賴，已收繫之。上命錦衣衛械以來。

《**明實録・天順八年**》〔正月戊辰〕廣西流賊夜入廣東清遠衛，守備指揮王瓚等委城走避，都指揮尹通、按察僉事王鼎爲賊所執，指揮馬龍被殺，軍民死者甚衆，賊燒燬城樓，盡劫官庫及民財而去，既而通、瓚、鼎俱用銀贖回，鎮守左監丞阮隨以賊攻破城門，並乞治瓚等失機之罪。章下兵部，請令江西清軍御史馳往廣東，同巡按御史執問如律。從之。

又〔四月癸未〕是日日食不見，下天文生賈信於獄。先是，欽天監正谷濵等奏，日食三分十四秒，酉正二刻初虧，日入酉正三刻見食者，僅五十秒，食不及分，例不救獲。時天文生賈信奏該食六分六十秒，酉初初刻初虧見復圓者，尚有二分六十七秒。濵等朦蔽天象，上命臨時測候。至是，果不見食，上曰：天象重事，信所言失實，非惟術數不精，抑且事涉輕率，其逮治之。

《**明實録・成化元年**》〔四月壬辰〕六科給事中劉觀、十三道監察御史朱鉉等劾奏户科都給中童軒奉敕撫按四川賊寇方命誤事，乞明正其罪。命法司逮問。

又〔八月己丑〕廣東按察司僉事鄺彦譽奏：高要縣境屢被流賊攻劫，殺虜人畜，而都指揮楊璟及指揮王芳，楊遜、姚玉、王珊等擁兵目衛，縱賊殃民，宜究其罪。上命巡按御史逮治之。

又〔九月壬申〕臨泉王鍾鏶占毁民居，山西按察司按之。鍾鏶令儀賓孫恕囑按察使程鑑求庇，不從，王府遂發鑑違例收參承差吏與等事，巡按御史賈俊以聞，命罪恕如律，而逮鑑問理。

《明實録·成化三年》〔二月壬寅〕分守肅州右參將都指揮王裕，成化二年七月行取赴京，求賂於所部，挾重貨以行。既陞職，復之治所，所挾猶有餘，至甘州爲邏者所發，有司執其子及家僮鞫問，併得在道淫濫狀，於是鎮守巡撫等官連章劾奏，都察院請逮至京廷鞫之。詔可。

《明實録·成化四年》〔十一月甲申〕四川總兵官右部督萬成等奏，謀報番賊欲攻小壩關，守關官馮和率兵採捕，至西雲與賊遇，戰，敗之，奪回被虜人畜，收車欲還，而賊五百餘突出殺死百戶曹大等三十二人，溺水死者十二人，虜去十二人，奪回人畜復爲所掠。上命兵部移文成等，令盡心勦賊，仍令巡按御史，逮分守地方官衛治之。

又〔十一月乙亥〕遼東總兵官都督同知趙勝奏：十一月初六日，虜賊千餘，至斡羅村攻指揮傅斌營。指揮胡珍率軍來援，被賊射死，既而都指揮莊鑑等領軍二百赴斌營，併力禦敵，至暮，賊退。事下兵部，請移文趙勝等度量賊情緩急連謀戰守，以固成功，其失機官，令巡按御史逮治之。

又〔十一月己卯〕鎮守松潘副總兵都督僉事盧能奏：巡視指揮閻斌等領軍巡視邊境，至廟千溝，番賊三百餘突至斌等與戰，殺賊數衆，我軍死者亦相當。事下兵部，覆奏宜行能等遣人往番寨撫諭，使歸所虜軍民，仍以首賊依夷俗處治，以警其餘。若賊冥頑弗率，即相機剿捕，以清地方。斌等失機罪，宜令巡按御史逮治從之。

《明實録·成化五年》〔七月戊申〕四川總兵官右都督芮成奏：巡撫都御史汪浩專權貪暴，及巡按御史馮斐受賂害人共三十三事。命給事中虞瑤、刑部郎中何衷、錦衣衛千戶金璋往按之。成繼上二奏，皆訐浩，浩遂奏成貪淫不法四十四事。下刑部，覆奏會都察院議請推選廷臣代回二人聽理，詔錦衣衛差官逮之。

又〔九月〕壬寅，刑部郎中彭韶、監察御史季琮下錦衣衛獄。初，錦衣衛指揮周彧奏請武強、武邑二縣空閒地。事下戶部差主事戴土會巡按御史黎福按視，皆民所墾闢輸賦者，因據籍步之，每畝百步之餘，皆沒入爲餘田，得七十四頃有奇，或不滿。復言於上，改命韶暨琮覆按，韶往不復步田，但以前占田賦不實罪其民，并罪或家僮之任其事者以聞，因言田皆貧民恒產，近在京畿之內，不當動擾，以失其心，況土多瘠薄，尤當使其得以歲代培養，地力豈可役而奪之。且自劾不能步田之罪。詔以田歸諸民，因責畿等邀名方命昧於大體，命錦衣衛逮治之。

《明實録·成化六年》〔九月癸巳〕巡按山東監察御史費瑧奏，廣寧前屯衛分巡花光等營百戶宗愷等，及按伏指揮僉事董俊、備禦都指揮僉事盛鑑、守備寧遠等處都指揮僉事崔勝，俱不行嚴鞫，巡守地方，以致寇入境，搶虜人畜，俱當逮治。上命崔勝姑記其罪，餘皆逮治之。

《明實録·弘治十二年》〔二月辛卯〕改巡撫大同贊理軍務都察院右僉都御史劉瓛爲大理寺左少卿。先是，勘事官給事中吴世忠等言：大同邊備廢弛，皆瓛及鎮守太監孫振、總兵官种英等欺罔所致，請通行逮問。上俱宥之，命取瓛回京別用。瓛至京，監察御史王鼎復劾之，其疏與瓛改官之命同，下科遵再交章論列，謂非黜瓛無以息物議，不允。

《明實録·弘治十五年》〔七月戊戌〕初，監察御史張智、劉嶢二人，以同道相善，已而(蕘)〔嶢〕被命兩淮巡鹽，託智稱貸於人，智乃爲言楊州富商金瑄，得白金五百〔兩〕，智以百兩遺(蕘)〔嶢〕而匿其餘，(蕘)〔嶢〕少之，智又爲貸義官鄭和三百兩而復匿其半，(蕘)〔嶢〕猶以母歸無資，智乃以所匿金爲己物資之，冀得重息。有錦衣衛百戶王觀者，亦與智善，因智邀(蕘)〔嶢〕飲其家，乃先匿樂婦一人及夜出之，復令一人僞爲緝事校尉，直入脇(蕘)〔嶢〕，(蕘)〔嶢〕恐，〔乃〕貸王觀金賂之以泯其事，智實知其謀而不以告也，於是(蕘)〔嶢〕爲三人所持，既之任而三人者皆至，以鹽倍償其金猶不饜，復爲飛語以脇之，(蕘)〔嶢〕因悒鬱成疾而死。聞者莫不詬智而爲(蕘)〔嶢〕不平，於是監察御史韓普劾智朋謀規利以陷其僚，而嶢妻亦訟於官，命捕王觀、金瑄、鄭和等及智鞫問，觀亡去未獲，智對〔簿〕不服，南京六科十三道官復交章劾智憸邪無恥，宜重譴以正士風。有旨捕觀益急，竟不得，智以人繫無証，卒得輕釋云。

《明實録·正德十一年》〔六月丙子〕先是，永清衛軍餘張鶴、武功衛軍匠韓章等聚黨於京城內外爲盜，官司捕之，急逃江淮間行掠者數歲，復連交河縣人沈漢至京，改姓名，詐稱錦衣衛舍人及校尉名目，揑撰旨意云差往浙江等處收買器玩，驛遞皆應付之，至徐州事覺，官司捕獲，併得其僞造御寶、假關、假批之類。奏聞，詔以其情犯深重，令逮繫至京治之。

《明實録·正德十四年》〔七月丙辰〕命緝事衙門廉捕寧府課者於京師，并飭沿途官司設法盤詰。先是，太監蕭敬傳旨，近聞沿途遠近皆有寧府人伺過往來，使命令緝事衙門并移文各該地方緝訪，有獲，以軍功陞賞。兵部具覆，故有是命。自是邏卒滿道路，行旅多遭羈執，有死於獄者矣。

又〔七月丙辰〕論捕妖賊功，加太監張鋭祿米一百二十石，仍各屋陞其子姪一人三級，東廠錦衣衛每捕獲妖言，輒蒙重賞，至有豫設邏卒於卿村，誘引愚民爲非，尋以妖言發之，以致以法，法司知其冤，不敢與辯，至是廠衛旗校言賊人劉掌、孟貴等爲妖言聚衆數百人於河南地方，將爲亂，尋捕獲之，遂以爲謀逆，命三法司會鞫，擬凌遲處死。仍詔有司督捕未獲者，於是兵部言，鋭寧提督有功，宜加獎賚，故有是命。

《明實録・正德十六年》〔五月壬申〕臨漳王府輔國將軍祐椋招聚姦徒劉得、趙節等，多爲不法，横虐小民，有司按其事，輒爲椋所脅，即藩維大吏亦往往有被誣訐者，巡按河南御史汪淵列狀以問，詔捕得等治罪，自令姦徒投入各王府，撥置爲非者，撫按官徑自捕治，毋貸。

又〔七月甲寅〕罕東左衛襲都督僉事日羔剌等，詣京師奏乞賞賜，禮部以爲虜人越例要賞，且番文不由通政司輒自奏御，蠢虜固不足責，伴送舍人蘇林等乃不爲省諭又失關防，宜罪如律。得旨，蘇林等俱下巡按御史逮問。

又〔七月己巳〕廣西道御史王琳言，逆彬用事時，百戶周琪夜不收，王有成雖武夫小卒，而能直言發其逆謀，相繼陷死，宜賜表揚，以爲忠義之勸。已革遊擊李興及吴達子總兵朱振，參將楊玉、宋贇、左欽及馬昂、柯琳、惠茂等皆逆彬之黨，宜加譴戮，以爲奸邪之戒。都察院覆奏，得旨：李興等下巡按御史逮問，琪等命所司覈實優恤之。

又〔七月辛酉〕巡撫山東都御史王珝劾奏太監張陽、都指揮僉事魏璽黨附江彬，矯先帝命，挾皇鹽百艘貿易荆襄間，所至爲害。璽聞彬敗，與指揮李剛、千戶劉政俱亡，璽獨爲邏者所獲，諸奸利事皆有驗，宜按問。巡按御史范永鑾亦以爲言，事下戶，部言：陽所貿物，皆前輸之官奉旨處分矣，而璽等所犯在有司，宜詔撫按官驗問如律。上乃命徵璽下吏，捕未獲者並鞫之。詰責陽，令自以狀對。

《明實録・嘉靖十二年》〔六月〕庚子，趙府庶人祐椋潛入京上疏言，頃撫按官奏臣罪狀，皆革前往事，業已蒙恩奪祿，而按臣王儀聽前御史胡效才挾私面囑，復爲捃摭入奏。都御史毛伯溫前按河南時，以臣阻其擅用肩輿，迄今爲恨，得奏亟爲題覆，致臣重譴，遷發高牆。臣嘗建醮祈禱皇嗣，而彰德府知府王天民謾言訕誚，無人臣禮，臣欲奏之，未果，天民乃更譖臣被罪，日爲天民所迫，控訴無由，故冒敢死入奏，乞遣官按其事之先後，以白其冤，願停子奉國將軍厚爐及女泰和縣君祿，以贖其罪。事下法司議，僉謂祐椋先後事狀質證俱在彼中，宜遣法司及錦衣衛官各一人往勘。於是，上命大理寺右寺丞張景華及錦衣衛指揮僉事陳寅往同撫按官會勘，并逮天民下獄，從公究詰，奏請處分，送祐椋還府，令伯溫儀各回籍聽勘，果有報復冤抑等情，併從參奏。

《明實録・嘉靖十五年》〔四月庚子〕順天府儒士潘謙、錦衣軍匠金桂各上疏請遷顯陵於天壽山，有旨下禮部參看，尚書夏言等言：往者，錦衣衛千戶陳昇等嘗以奉遷顯陵爲言，陛下既奉聖母慈訓而寢格之矣，頃以皇上謁見七陵，乃累朝未舉之典，而預建山陵，又常情所難之事，愚不知聖志所在，逆謂將有奉遷顯陵之心，且流言喧嘩不獨細人而已，今潘謙等望風進言，必有奸人指使，以嘗試朝廷，希冀非望，不一重示懲創，恐無以警戒將來。上深然其言，詔謙等希圖進用，妄議陵寢，俱下錦衣衛執送法司拷訊。

又〔七月乙未〕禮部辦事進士盧楩，復上疏請自今當除吏銓司預疏選人之甲第，備列内外之負缺，請上量裁多寡，不使銓司得有所意必於其間，庶鑽刺請托之風可熄。又請凡臺諫糾劾諸臣昧風聞及惡聲醜詰，毋以瀆天聽，其交章之外特有論列者，限以三人而止。上謂選法已如舊行，楩復瀆奏無忌，下吏部參看，於是吏部侍郎張邦奇等言：楩旬日中，再上封事妄議選法，欲以吏事煩人主，其言限人進諫，尤非政體宜罰。上命錦衣衛執楩下鎮撫司獄，尋移法司議罪，論贖杖，仍辦事。

又〔八月庚辰〕巡按陝西御史伊敏生，覈報十八年虜犯鎮番地方功罪，參先任守備指揮劉宇等防禦疎虞，鎮守甘肅太監廖斌縱舍人廖文、高明奪功妄報，請各正其罪。上命按臣逮劉宇并廖文等驗治，以廖、斌去任，姑貸之。

又〔十二月丁亥〕巡按湖廣御史桂榮劾上御史褒善所劾平蠻將軍新寧伯譚綸罪狀，諸恃勢營私，誅求剝削，悉有實跡計贓以萬計。上命法司逮綸按問。

《明實録・嘉靖二十四年》〔十一月戊辰〕命錦衣衛逮河南巡撫都御史雒昂巡按御史王三聘至京訊鞫。先是，徽王以鈞州徵解祿糧不時，怒讓知州陳吉不爲理，又嘗以他事榜笞本府軍校，於是長史李應時遞遂率衆毆辱吉，吉不勝憤，與應時等各相告言并發徽王所爲不法事，王具疏自訟。上怒，趣命械吉至京，以昂等不早具奏，并逮之。

又〔十一月壬申〕先是，八月二十日，虜以千餘騎夜襲遼東松子嶺，殺鹵甚衆，靉陽守備張文瀚死焉。至是，巡按御史劉廷儀言文瀚之死，由巡撫都御史盧蕙、總兵趙國忠及把總指揮吴國臣等縱寇失職，宜分别功罪以示勸懲。得旨革國忠任蕙視事未久，姑宥之。文瀚如例優䘏，國臣等下巡按御史逮問。

《明實録・嘉靖二十五年》〔三月辛酉〕宣府副總兵崔天爵稱疾，乞致仕。總督侍郎翁萬達言，天爵方大虜二十三年寇邊時，不能出一陣，坐削秩戴罪立功，近以防秋微勞，乃許贖罪還級，今未二月而遽稱病避事遠害，宜治。且天爵科尅，暮年尤甚，罪可斬。奏入，上命錦衣衛發官校捕繫詔獄，科尅事下，巡按御史驗問。

又〔九月辛未〕巡按遼東御史張鐸勘土長勝堡指揮孟儒、長勇堡指揮王勳虜入不能禦，延殺降夷守邊者以掩罪，當斬。副總兵郝承恩、指揮孫楝等相容隱爲奸，併宜併治。詔繫儒勳獄待決，承恩發戍，楝等逮問。

又〔十二月乙巳〕湖廣守備太監廖斌遣長隨夏忠進皇莊子粒銀，至河南新鄉，爲盜所劫。忠以聞，上怒，令河南巡撫柯相戴罪捕賊，巡按御史侯度、分巡僉事劉佐、分守參政常時平、衛輝府知府李用和、新鄉縣知縣侯東及衛輝懷慶衛所官徐國楨等，俱令錦衣衛逮至京，送鎮撫司拷問，侯竟斃杖下云。

《明實録・嘉靖二十六年》〔七月丙辰〕山東曹縣河決城池漂没人民，死者甚衆。工科都給事中劉大直劾河道都御史詹瀚等，得旨命巡按御史查覈以聞。已御史黨承賜奏瀚及副使張九叙等隄防失策，詔奪瀚俸二月，九叙等下御史逮問。

又〔閏九月〕庚子，原任山西平陽府知府陞陝西按察司副使聶豹，先以虜寇太原，借口軍興，大括部民，財多者千金，少者百數十，約入銀三萬二千六百餘兩。又出儀賓蘇仁死罪，罰銀五十兩，及諸罪贖鍰俱指充修濬城濠及募兵費，又令寺觀煮粥賑飢借處宗儀祿俸以支銷之，至改儒學東一渠亦支費千餘金，科道官盧勳、陳儲秀劾其貪肆，下山西撫按官勘報。至是四年矣，撫按官凡數易，始以其事覆，謂豹心本無他，第先勸罰而後申呈，既支用而請查覈，事涉過專，且初以虜患破格勸借，而所支銷有未盡爲軍餉用者，則不爲無罪耳。部院會覆謂豹贓非入己，難議罷黜，今以養病回籍，請准以原職致仕。上謂豹假公擅括民財至二萬餘兩，又改擬死罪，輒罰銀五千，殊違法恣肆，令錦衣衛逮至京鞫問。

又〔閏九月〕辛卯，巡按湖廣貴州御史賈大亨、蕭瑞蒙各言銅仁鎮筸叛苗未平，二省撫鎮官討賊不力，動相咎讓，事機相左，大有可虞，今湖廣雖調兵六萬，運餉二十萬。而貴州之師期而不至，則湖廣兵難獨進，進師無期，勢必久屯，見餉二十萬奄忽坐銷，更須繼運，民益勞而變，且生兼將卒雖多率驕惰難用，如此而責戰於土官，又偃蹇不肯聽，苗知我之易與也，從而乘之則六萬人可一呼而潰，臣所謂大可虞者以此。又四川西陽寔鎮筸銅仁後門，今止責成湖廣不及四川，則苗易逋竄，師將罔功。臣竊計征苗非合三省力不可。欲合三省力，非設總督重臣不濟，惟上裁察。事下兵部，集諸臣會議：近奉明命切責二省守臣，討必奏功有日，若復留候總督不惟廟謨，前後背馳，抑恐諸臣彼此觀望，老師匱財坐失事機，況湖廣已調兵六萬，貴州聞亦集師四萬，合十萬之衆，止征三千之苗，果能併力夾攻，勢如拉朽，即日奏捷，未可知也。今止宜責成三省守臣而嚴飭諸土官戮力用命，得旨總督官不必增設，兹苗寇令，兩省撫鎮官遵照明旨協心尅期剿平。如或仍前觀望牴牾憤事，罪在不赦。四川撫鎮官亦令督兵防邊策應諸土官，有懷奸不用命者，撫臣以實參奏，貶削重罪之。各巡按御史專隨軍紀功有罪者，即時劾奏，毋泛言隱護致緩軍機，爾部臣亟馳檄諭之。已端蒙復論分守參議楊僎、守備指揮吴時春養寇罪。上命停俸勦賊，俟事寧奏處四川事。巡按御史袁鳳鳴劾貴州巡撫都御史王學養寇玩兵，以致苗夷猖獗，流毒異省，詔錦衣衛差官校逮至京鞫治。

又〔十月丙辰〕刑科給事中張鍊論巡撫山東都御史今推督兩廣何鰲當巡撫時，值單縣妖賊竊發，不能防遏於初，以致蔓延成亂，雖漸底削平，而防師匱餉焚劫殺戮已無救矣，比秦捷詔巡按御史查甚勘，而不及邀乃違旨會勘，又妄引事例，輒請開俸，頃兩廣缺提督，吏部復以鰲請未有僨事於山東，而能成功於兩廣者也，仍乞以鰲下吏部詰問。申飭巡按官查覈功罪以聞。上命錦衣衛械鰲至京詰問，又以吏部堂上官聞淵等推舉不公，各奪俸三月，該司官二月，與推者一月，尋降鰲福建布政司右參議。

《明實録・萬曆二年》〔二月丙寅〕兵部覆江西撫按凌雲翼、燕儒宦題南昌府豐城縣萬曆元年十二月十三日夜強盜越城劫庫。夫南昌近湖素稱多盜，況當入覲之年，署印率皆佐貳，近年舉行條鞭之法，守庫吏多係棍徒。據豐城報失二千七百餘兩，後乃六千餘兩，或出吏書侵匿，或起內奸勾引，情實有之。不然豐城巨邑豈二十餘寇未至夜分所能奪門出入耶？合行撫按嚴限緝捕，限萬曆二年十月具奏。得旨，縣庫被劫賊情重大，撫按官不嚴參處，只朦朧奏報，爾部又寬限至十月，上下姑息擬彌縫，何得盜息民安，嚴大紀、周於德都住俸緝捕，其餘依擬。

《明實録·萬曆二十四年》〔二月己亥〕刑科都給事中侯廷佩題張誠一事，已經孫道査籍無容議矣，第霍文炳以一卑僕驟冒顯職，家貲鉅萬私蓄違禁寶物，罪惡滔天，令反懼法脱逃，宜嚴拏文炳一二親屬訊鞫，庶法不漏網而三窟無可逃之奸矣。從之。

《明實録·萬曆三十年》〔三月乙亥〕吏部尚書李戴等言：臣司屬所嘗按治者，孫心葵等以受財論死，姚繼聖等以受財置獄，已經御史奏聞，乃諸奸事發即逃，令入不得致詰。夫事在衙門，臣固慮有遺明，奸在左右，臣亦防其竊。伏今無賴大猾內外通同鴟張鼠伏，就擒者什一，陸梁者什九。乞勑下法司，將前後假印假憑咨內有名人犯嚴爲搜索，務使書吏不得憑城依社，遊客無復書晝伏夜行，則五禁以明，八柄在握，所關於吏治非淺鮮矣。詔嘉納之。

《明實録·萬曆四十七年》〔正月癸卯〕援將佟國祚以叛逃。先是，陝西固原遊擊佟國祚領兵援遼，於萬曆四十六年九月二十八日，師次昌平，國祚聞伊父原任總兵鶴年降奴，遂萌叛志，給各官領兵先行，至二十九日又詭稱家人佟六漢亡，卽差牢投邵進忠等分役追趕，國祚遂得隻身輕騎脱逃以去。據總督薊遼汪可受及陝西總督三邊楊應聘、巡撫李起元、總兵祁繼祖奏聞相同，法應擒逮，兵部覆請以聞。上命捕治之。

《明實録·泰昌元年》〔九月乙酉〕大學士劉一燝、韓爌臣等辦事在閣，蒙發兵部覆請罪帥李如栢、如楨，本有文書官沈應兆口傳聖諭：初登大寶，着從寬處。臣等仰見皇上寬仁慎重之意，但二弁罪狀久著中外，人心其憤，新政之始，賞罰宜明，仍從部覆究問。庶國法可伸，封疆可振。是日首輔方從啓在告也，得旨：逮問如律。

《明實録·天啟二年》〔十月癸酉〕南城御史溫皋謨言：強盜高養吾出沒近畿，白蓮教首周應元潛住南海子，乞嚴捕緝以靖亂萌。得旨：本內夥盜，著督捕官協同該地方道府設法擒拏，捕盜宜密宜速，乃奉旨劄行，何以稽延旬餘，經承員役，著嚴查究治。

又〔十一月己未〕御史練國事言：元兇雖擒，餘黨尚伏。近沛縣林汝翥盤獲妖人李英等，帶有令旗一箱，上書妖言，次第編號，鈐蓋妖印。據供教主見在大同居住，其黨西通川蜀、北連醜虜、中據汴梁，又先於鳳陽等處暗集人馬，約期舉事，乃知天下之爲徐鴻儒者尚多也。乞速賜擒敎主正大法，仍勑各省直密緝邪黨，剪除解散，勿使滋蔓。上謂妖黨未殄，着撫按官督率有司曉諭，解散其傳旗招集奸徒，務要緝獲以鎮亂萌。林汝翥紀録優叙。

《明實録·天啟三年》〔七月〕庚子巡視京營給事中彭汝楠等疏陳捕務：一曰省馬匹。捕營軍額一萬一千，馬五千餘匹，此五千匹者不聞操練，皆各衙門縉紳書辦借用，合無量減其半，留若干爲哨把下夜番役捕緝之用，兵部堂司及該提督參將中軍把總應用大小馬各量存若干匹，其餘悉行裁革，每歲但存一千匹便可省公帑萬餘金。一曰選番役。捕營番役向無額設，卽以哨把充之，月糧一石，於各軍無異，而解比則獨居其苦，諸軍百計求脱，又有一種土番驀地鑽充生事詐錢，無所不至。宜照州縣捕例額設軍番，城內外各總分別繁簡，多者二十名，少者十五名，參將中軍舊無番役各量設十名，爲不時協捕之用，除額糧一石外，每名月給工食銀六錢，以稍優其勞，其銀即於裁革馬錢內支給。一曰重夫哨。捕軍獨兩掖四哨，設有夫哨一千二百名，月加行糧四斗五升，例用善射者充之。無奈鑽充滋多，化爲袖手之長班，宜令該部會同臣等公同揀選，必六矢中三，年力指壯者方唯充役，否則革去，而又覈其住址年貌疤痣籍之於冊，以待不時點驗。一曰嚴查覈。京軍虛冒捕營爲尤甚，欲清虛冒，莫如勤查點，每月初六日不論上下班悉聽兵部分撥將軍教場等處，俟巡視科道督班員外及該提督同日分頭點驗，年貌疤痣不合者革去，各縉紳水夫菜戶一概查革，撥令還營，以充守哨之用。一曰信賞罰，該提督參將中軍果能設有方略捕獲劇盜，各把總該管地方有能捉獲強盜五起以上，竊盜十起以上者，聽臣等據實題叙，卽與陞遷，其怠玩不謹者，並聽不時參處，年終舉劾，卽以一年之內通計有無捕賊，曾否縱盜，直書起數，分別功罪，奏請處分，該部應陞應革宜照實跡迅速處分。一曰肅夜禁。數載以前，長安道上向夜人跡稀少，呼哨梆鈴之聲不絶於耳，尚有騎馬下夜者，今宜申明舊制，更靜以後無故夜行者一概拘拏送鋪，各委官把巡人後有馬者務要擺馬遊巡，無馬者擊梆傳哨，炤派信地嚴加防緝，該參將把總務要常川下夜查炤，其有巡緝嚴謹地方經年無事者，功更倍於事發收捕之人。一曰清捕客。每遇獲賊，該把總聽憑番役通同賊□，攀東指西，概行拘訊拷問甚慘，應嚴行申飭，以後各該總捕獲眞盜須登時面審，立摘□詞，具由申報，不許展轉攀誣，如有株連無辜逆刑拷打者，該把總並番役參送法司追贓，依律究擬。部覈，得旨：捕務委宜整頓，這所奏深中積弊，俱依擬行。

又〔十二月己酉〕□兵部尚書趙彥言：平遼總兵官毛文龍稱異弟毛雲龍結當姚中節、鄭可贊等，雄行蒞法，刻兵剝商，造謗肆忿，大義滅親，具疏糾參。看得毛雲龍結黨造謗搆釁生戎，不若令雲龍還都門聽本部訊其顛末再爲酌處，中節等令登撫拏送來京質審發落。從之。

《明實録・天啟五年》〔三月甲戌〕刑科都給事中周之綱疏言：吏部原考察貪酷等官，均宜行原籍提追，不可任其延緩。而四川僉事徐清尤貪毒異常，宜盡沒所有入官，果有掠歸貴州子女，審明具奏。又言：游士任所用牙爪胡維寧宜細查，其來京情繇，張思任緝拏未到，貴地方官毋以空文回復。得旨：各省直拏問貪官立限追贓，徐清貪淫尤甚，著行該撫按嚴加窮究，其私掠貴州子女審明具奏。胡維寧已有旨，張思任久拏到，務在必獲，以彰法紀，該部院知道。

又〔十一月己酉〕錦衣衛緝獲妖僧詞連揚州府知府劉鐸。得旨：劉鐸身出正途，心懷僞黨，議切時政，哆口妄言，既有詩句圖書足憑，著扭解夾京，與妖僧本福對理。

《明實録・天啟六年》〔六月甲午〕巡視庫藏給事中蘇兆先緝獲攬頭周應特匿焰硝總計四萬二千六百斤，乞勑下法司究贓正法。得旨：焰硝係軍國急需，五年不解，堆放道房，是何法紀？攬頭周應時著送法司究贓治罪，仍行該撫按將逃回解役胡朝進提解來京嚴究，并查印信眞假，以正三尺。

又〔閏六月甲子〕東廠太監魏忠賢題緝獲妄法書手史大仁等爲犯官李明柱、李承恩脫罪，布金方震孺、劉鐸。以犯罪之人敢當重賄，爲人脫罪，乞勑下錦衣衛拏送鎮撫司究問。從之。

又〔閏六月丁未〕遣錦衣衛千戶王蒞民往徽州提拏吳養春等。先是，東廠魏忠賢奏徽民吳榮告吳養春家資巨萬，交結縉紳霸占黃山，盜賣木植，近間黃山取木之旨，挾資打點，希求停侵。奉旨拆毀天下書院，吳養春不遵明旨，巧立名色，改爲書館。令子吳繼序同汪特胤在內看書，招聚朋黨，養春付與未到官男子吳逢元、方中凡本銀三千兩，在於天津做鹽，因吳逢元、方中凡俱回徽州，遂將天津本銀付胡君實掌，以備有事打點京中使費取用，養春又付鄭一城等本銀七萬兩，在於揚州做鹽有弟吳養澤，因家財不均，具告撫按成讎，養春父子將親弟養澤謀死，復將七歲孤子嗣鵬酖死，希圖鯨吞，爲惡多端，抗旨情弊具告到廠，具題，得旨：欺君抗旨，久霸山場，犯人胡君實、吳養叔、程夢庚、許應章、應薦、茅培俱著該廠監候，其未獲吳養春、吳用譽、吳那宰、汪時胤、吳繼序、吳逢元、方中凡、吳維武著錦衣衛差的當官旗前去，與同撫按提拏，扭解來京，一併究問。所有賣來木贓銀數多，并著撫按嚴拏家屬、經管人等監候追贓解進以助大工。

《清實録・乾隆四十六年》戊寅，又諭：據福康安奏，接奉嚴拏逃犯游貴論旨，即飛飭文武員弁，嚴密羅拏，旋據內江縣知縣李恩書等，在該縣長沖地方，將游貴盤獲，現在審明正法等語。前因游貴原籍四川，恐其脫逃後，或仍潛回本籍，是以諭令福康安，於該犯行走交界處所，派員嚴緝，今已盤拏就獲，所辦甚好。於摺內批示矣。至此等遣犯脫逃之案，節次諭令各省督撫，嚴行查緝。乃各督撫並不留心，是以奏報就獲者，其屬寥寥，即如湖廣一省，昨據舒常奏到，未獲逃兵，尚有一百五十餘名。可見外省於此等案件，往往視爲具文，不能督飭屬員實力盤緝，以致各該犯等倖逃法網，殊非緝匪安良之道，著再傳諭各督撫，於此等逃犯，務須嚴飭各屬，慎密偵探，設法查拏，毋使該犯等得以匿跡遠颺，致稽顯戮。

《清實録・乾隆四十八年》〔十一月〕又諭：據何裕城奏，泌陽縣兵役拏獲在配脫逃免死發遣盜犯王二，審明即行正法一摺。該犯王二，籍隸唐縣，於發遣後起意逃回原籍，行至泌陽縣，被兵役拏獲，可見該犯等在配脫逃，自必因思念家室潛回本省，現在王二一犯認眞捕緝即能拏獲。各督撫等，於此等脫逃案件，果能接准部咨，飭屬上緊嚴緝，於原籍地方查拏，斷無不即時弋獲之理。総由地方官平日既不能留心偵訪，遇有應行查拏之犯，視爲海捕具文，僅以一奏了事，殊非緝匪懲奸之道。嗣後各督撫等，務宜督飭文武員弁，於各逃犯奉准部咨後，加意飭屬於原籍附近地方設法嚴拏，不得仍前怠玩，致匪犯潛蹤，倖逃法網，所有拏獲逃犯王二之泌陽縣知縣，楊鳴岐尙屬留心，著交部照例議叙。並將此通諭各督撫知之。

又 諭曰：刑部進呈朝審冊内，戶部筆帖式皂保等捏造契紙，指房誆銀一案，内有滿洲閒散世良家人范得祿從中説合，嚇詐銀兩，先事在逃。經刑部移知步軍統領衙門，並五城一體嚴緝，迄今已逾半載，尙未就獲，該犯因已敗露，畏罪先逃，自不敢復在京藏匿，若潛往他省，亦未可定。除就近傳知步軍統領各衙門，仍行嚴拏外，著傳諭各省督撫，一體嚴緝務獲，毋得視爲通緝具文，致令漏網。

又 諭軍機大臣等：據富躬奏，阜陽越獄要犯李四、武六逃至山東曹州府地方，被兵役盤獲，現已咨明就近審辦等語。該犯等同謀越獄，罪不容誅，逃至山東曹州府地方，即被兵役盤獲，可見東省查緝，尙屬認眞，此事何以未據明興奏到，著傳諭明興，即將該二犯審明正法，迅速具奏。至曹縣兵役盤獲要犯應酌量獎賞。但外省積習，地方官與營員拏獲要犯，非串同捏稟，希圖分得賞項，兼避處分，即彼此爭功，並著明興查明是兵是役，覈實酌賞，毋致牽混，其未獲六犯，即著該撫等嚴飭各屬設法邏緝，務期全獲正法，毋致一名漏網，將此由五百里傳諭明興富躬，並諭薩載知之。

《清實録・乾隆五十八年》 諭軍機大臣等：前據郭世勳奏，廣東瓊山縣有原犯鎗手發配貴州軍犯黃漢章，逃回原籍，改名黃天衢，在外教讀，因被人首告，經瓊州府飭役訪拏，該犯聞信脱逃一案。所有不行查拏之歷任地方官，已照部議分別降調議處矣。黃漢章以發配軍犯，膽敢逃回原籍，改名教讀，漏網二十餘年，復因被人首告，聞信查拏，又經竄逸，情節甚爲可惡。不可不迅速緝拏，按律治罪，現在曾否弋獲，尙未據該署督奏到。瓊州四面重洋，恐該犯聞拏緊急，或潛行渡海，竄匿隣省，均未可定。著傳諭郭世勳，嚴飭兩粵各屬文武，設法偵緝，務期就獲，並著廣西巡撫、福建督撫，一體飭屬，嚴密查拏，毋任要犯遠颺，致稽顯戮。

又 諭軍機大臣曰：圖桑阿奏綏遠城斬犯雪格在監自縊一案，先據該官典史報稱，該犯在監病故，經右衛同知扎爾杭阿，以原報該犯係十月初十日患病，次日即經身故，情有可疑，稟請派員查驗，經圖桑阿派委綏遠城理事同知福柱前往驗看，雪格實係在監自縊身死，與原報不符，奏明移交該撫審辦，此案雪格既係在監自縊，何以該典史捏稱病斃，其中必有規避處分，賄囑捏飾情弊，著傳諭蔣光奎，即將該典史革職拏問，提同禁卒人等，嚴切審究，務得實情，毋任稍有狡飾。

又 又諭曰：陳淮奏拏獲黔省淫惡脱逃兇犯審明辦理一摺，已批交該部知道矣。此安李老五一犯，因姦謀殺本夫，復將屍首燒埋滅跡，拏獲到官，膽敢復行脱逃，實屬不法已極，該撫因在貴州巡撫任内曾經審辦，調任江西後，以該犯原籍臨川即飭該縣嚴密查緝，獲犯正法，俾兇徒不致漏網，尙屬留心。陳淮著交部議叙，其拏獲兇犯之臨川縣典史任治，督同縣役擒獲報解，亦屬認眞，著送部引見，以示鼓勵。

又 諭軍機大臣曰：伍拉納等奏審明在逃之逸盜，及隨同奪犯之黨夥，分別正法定擬一摺。已明降諭旨，照該督等所擬完結矣。但該兵役等偵見緝捕時，林尊族人林榮，撞遇起意糾夥持械趕至中途，膽敢砍傷兵役，乘間脱逃，實屬目無法紀，此等黨惡逞兇之徒，不可任其漏網，著傳諭伍拉納、浦霖嚴飭所屬文武員弁，將林榮一犯上緊緝拏，並從前在逃之嚴山等，亦著一併嚴緝務獲，毋任遠颺稽誅。但恐該犯等聞拏緊急，或竄往廣東鄰省，亦未可定。並著郭世勳一體飭屬嚴拏務獲。除就近傳知刑部堂官，將此各諭令知之。

又 又諭曰：伍拉納奏，審明糾衆訂盟，併逞兇殺人，輪姦婦女之首從各犯，分別正法定擬一摺，已交軍機大臣會同該部覈議速奏矣。此案伍拉納因查閱營伍，行抵漳州，一據道員史夢琦稟稱，會同營縣拏獲首從各犯二十七名，即暫駐漳州，督率該道等訊明，將各犯分別正法定擬。俾兇徒不致稽誅，辦理甚爲迅速，所有訪獲此案各犯之道員史夢琦，及會同督拏之營縣員弁，俱著該督查明，咨部議叙，嗣後各省督撫，遇有此等兇惡案犯，不但於巡查時一經訪獲，應照伍拉納所辦，就近審明速結。即非巡查之期，聞有此等情罪重大之案，亦當於督撫中，一人立時親往查辦，即如前此浙江省閙漕一案，該撫吉慶一聞稟報，即日前往查拏，將要犯剋期就獲，訊明正法。因其辦理妥速，特加獎賞。各該督撫於地方要案，皆當仿照速辦。正所謂化大爲小，庶足儆兇頑於未猖獗，而良善以安。不得安坐省城，提犯審訊，以致屬員觀望延宕，或致別生事端，將此通諭知之。

《清實録・乾隆五十九年》 戊子，諭：前因畢沅於查辦邪教一案，既經接到川省札會，竹谿縣有奪犯毆差之事，並未早行具奏，又不親往督緝，止派委臬司道府前往會拏，該督安坐省城，厥咎甚重，業經明降諭旨，將畢沅降補山東巡撫，摘去花翎並罰交督撫養廉八年，以示懲儆矣。本日又據秦承恩奏：接據臬司稟報，帶同委員等，續獲夥犯邱正魁等三十五名，又於途次盤獲趙顯章等二名，先後獲犯共一百十二名，現俟楚省拏獲之樊學鳴等解到後，即與蕭貴等面質，嚴究等語。此案邪教雖由該省破案，且前後獲犯已有一百餘名，但似此大案，秦承恩接據該府稟報止派臬司分往查拏，亦未親赴該處。其未親往之咎，與畢沅無異，秦承恩著罰養廉三年，分作六年半扣繳，以示薄懲。至外省督撫辦理地方事件，非失之不及，即失之太過，所有邪教一案，因係蔓延數省，搜出經卷內又有違悖字句，甚至奪犯傷差，已非小案。畢沅身爲總督，無刑名、錢、穀繁案，是以罰重。秦承恩亦並未親往查拏，是以罰輕。若各省督撫等，因見畢沅以此獲咎，遇有地方尋常事件亦紛紛前往，致涉張皇又非鎮靜之道，督撫等受朕厚恩，簡任封圻，辦理事務，自當權其緩急輕重酌中妥辦，固不可養尊處優，亦不可輕舉妄動。嗣後各督撫等務宜隨時斟酌妥協辦理，以副朕諄諄訓誨至意。

又　又諭曰：福康安奏審訊邪教案犯韓隴、胡胖子、陳金玉等供情一摺，內稱福康安奉諭，或親赴楚豫查拏，或提犯質審，道途遙遠，實有鞭長莫及之勢。倘或中途稍有疎虞，於事轉有未便等語。此事福康安初次奏到，該犯等傳教惑衆，蔓延數省，似屬大案，是以屢降諭旨，令福康安酌量，或親至豫楚等省督辦。今據該督撫等陸續奏到，先後獲犯，已不下數次同行，或致別生事端，此爲最要。又據畢沅奏，於邪教匪犯，平日既無覺察，迨鄰省發覺，又不馳往督拏，實屬疎誤遲延等語。畢沅久任封圻，實不料其錯謬至此，今已降補山東巡撫，仍當實知愧改，以圖稍贖罪愆。福寧未到之先，仍當督飭地方文武，將福康安咨緝各犯，上緊嚴拏，勿任兔脫遠颺，再干重戾。將此各諭令知之。

又　又諭曰：蘇凌阿等奏，邪教案犯劉之協，先經河南另案關審，於十月初九日解至扶溝，該縣不即收禁，僅交差管押，以致該犯乘間兔脫，轉捏稟劉之協與安省差役于姓，一同潛逃，現提訊太和縣原解縣差余洛供，該役解犯至扶溝收管後，取有該縣印信回照爲憑，是該犯之逃，係在解到扶溝收管之後等語，並據穆和藺奏，請將扶溝縣知縣劉清鼐革職，留於地方協緝，並自請與藩司吳璥、臬司陳文緯，一併交部議處等語。所奏大奇，邪教一案，自福康、安秦承恩奏到，降旨交湖北、河南各處通緝，已將數月，該縣豈尚未聞知，即云劉知協係因竊案先行關審，但知字與之字，音本相同，有何分別，該縣關到劉之協後，即應從此根究，何得置若罔聞，並不留心收管，致被要犯潛逃，況安省差役解到後，該縣業經給與印信回照，又何得捏稟安省差役與之同逃，希圖諉卸，此等玩誤劣員，豈得止以革職協緝，參奏完事。劉清鼐著即革職，拏交刑部治罪，穆和藺、吳璥、陳文緯，及該管道府，俱著交部嚴加議處。穆和藺身任巡撫，吳璥、陳文緯身任兩司，平日不能留心整飭，以致所屬地方官，於此等關提要犯，漫不經心，致有疎脫，若復任其坐擁厚廉，不足示懲。穆和藺著罰養廉五年，即時完繳，吳璥、陳文緯並著各罰養廉三年，亦著即行完繳，以爲玩誤地方者戒。所有劉之協一犯，即著責成穆和藺、吳璥、陳文緯三人親往分投督拏，務期速就弋獲，如不能即時拏獲，致令遠颺漏網，恐伊等不能當此重戾，其革職拏問之扶溝縣劉清鼐，並著穆和藺，遴派妥員，小心管押，迅速送部，倘途中再任疎懈，致該員有畏罪自戕等事，必將穆和藺立寘重典，不能再爲寬貸也。

又　〔十月甲戌〕諭前據勒保奏，在甘肅隆德縣地方拏獲邪教案犯劉松，究出該犯舊徒劉之協籍隸安徽，當經降旨令蘇凌阿等密速查拏究辦，玆據蘇凌阿覆奏，接奉諭旨後，因甫入武闈內簾，諸生雲集，候考未便，不俟終場出闈他往，當即飛飭江蘇臬司熊枚馳往督拏等語。所辦甚是，前次畢沅在湖廣總督任內，接准川省咨文查拏奪犯、毆差匪徒，畢沅在省城並無應辦要務，安坐衙齋，止派委司道等前往會拏，並不親往督緝，是以將伊降補巡撫。令蘇凌阿適值辦理闈務，若不俟終場遽行出闈前往安徽，則諸生雲集考試之時，轉涉張皇而駭觀聽。自不應親往查辦，外省督撫辦理地方要務，或躭於安逸坐守，省垣或見畢沅因此獲咎又不論事體輕重，率俱親往查辦非過即不及皆所不免令蘇凌阿能知緩急，深爲得當，著賞大荷包一對，小荷包四個，以示奬勵。現在劉之協一犯，已有周樽陳用敷，先後前往查拏無難就獲，蘇凌阿出闈後即不前往亦可，朕於臣工功過賞罰一秉至公，如畢沅之玩，視要案，則加以降黜，若蘇凌阿之斟酌得宜，即予以奬賞，各督撫，嗣後遇有應辦要務惟當權衡緩急，辦理得中以副委任。

《清實録·乾隆六十年》〔二月〕諭軍機大臣曰劉之協係於上年十月內逃回太和旋即起身潛往湖北樊城藏匿，迄今已及數月。湖北地方官何以漫無覺察並不緝拏。況安省委令吳甸華赴楚查拏，係於正月初七日起身，計算程期早到湖北，並未據福寧將督同查緝緣由具奏，安省距湖北甚近，豈隣省委員到彼緝犯，尚毫無聞見耶？ 又陳用敷摺内稱：委令吳甸華馳赴樊城，查拏劉之協，並咨會惠齡委員協拏等語，惠齡接到陳用敷知會。即應一面具奏，一面親往樊城，今事隔二十餘日，竟未據惠齡奏及，其故殊不可解，著傳諭福寧即暫留湖北，親往督緝，不必急於前赴兩江新任，若該督業已起程，於何處接奉此旨，即於何處迅速馳回樊城，總須俟到劉之協就獲後，一面派委妥員解京，一面再赴新任。

又 又諭：本日因蘇凌阿奏遊擊楊天相外委沈春發誣良爲盜一案，已降旨將楊天相等革職拏問矣，此事據蘇凌阿參奏情形看來，該將弁誣良爲盜，已有十分之八九。吳淞相去不遠，蘇凌阿何以不即提楊天相、沈春發到案審明，一併具奏，且取閱陳大用前奏之摺内稱該將弁等將盜犯獲解前來，發交寶山縣監禁等語，是張茅等十二名，陳大用已與之見面，而此事先由亓九叙轉報，該鎮更無未見張茅等，遽行具報之理，各處拏獲尋常竊犯，尚應先訊供詞，再行收禁，況洋盜重案斷無不略一審問，輒將十數人發縣收監，是陳大用前此之率行具奏，竟係明知楊天相所報情形未確，不過欲借此入告，以爲見長地步，蘇凌阿務當遵照諭旨秉公嚴鞫，不可參奏於前，又復遷就於後，魁倫、長麟之覆轍具在，不可捨己爲人，方今綱紀肅清。朕辦理庶獄，悉皆準情酌理，雖一夫不使稍有冤抑，況洋盜重案，關係十二人生命，豈可意存周内，屈抑無辜，即如福建年來辦理洋盜，聞多有妄拏充數之事，伍拉納等並不虚衷研鞫，現在伊等身獲重戾，未必不由於此，此即天理昭然，甚屬可畏。當引以爲戒，蘇凌阿能據實平反，尚得大臣之體，但不可如長麟、魁倫之欲，化大爲小，顢頇了事也。蘇凌阿現已起程前赴海口督緝，所有楊天相、沈春發二人自己就近提到，或業經審出裝點各實情，發摺在途，亦未可定。蘇凌阿向來辦事，尚屬認眞，諒不至模棱完案，有負委任也，將此再諭，令知之。

又 〔八月〕諭前因陳大用於拏獲海洋盜船一案，並不訊問供詞，輒將盜犯飭縣監禁具奏，朕以陳大用祇係糊塗不曉事體，僅交部嚴加議處。本欲俟部議上時，量予加恩。昨據蘇凌阿奏，訊明被拏張茅等十二人均係福建詔安縣人，向來雇船在上海等處販運貨物，領有詔安縣船照腰牌可憑，隨查驗吳淞進口出口號簿，與張茅等供詞月日相符，並訊據各行戶僉稱該船實係裝運貨物，並非匪船，該游擊楊天相外委沈春發既不查驗船照，又未訊供，輒飾詞裝點具報，現提同各犯秉公研訊等語，是前此陳大用之率行具奏，竟係明知此案拏獲盜船情形未確，不過借此入告，以爲見長地步，幾至冤及無辜，實屬可惡，陳大用著即照部議革任，其遊擊楊天相、外委沈春發已降旨革職拏問，交蘇凌阿嚴審定擬，陳大用亦俟蘇凌阿歸案審擬具奏。

《清實録・嘉慶元年》 乙酉，諭軍機大臣等：現在審訊解到賊犯曾世興等，據供劉之協、姚之富、張富國爲邪教首犯，都在襄陽彭家疃左近居住，爲賊匪主謀。看來首逆竟在襄陽一帶勾結屯聚，不可不速爲擒捕。永保等須將供出有名賊首悉數擒獲，則渠魁已得，其夥黨自必瓦解，可以不攻而潰。至棗陽賊匪勦散後，首逆劉之協等或聞湖北查拏緊急，潛入豫境，亦未可定，著景安督率所屬，留心偵緝爲要。再，昨已降旨，專交永保總統督辦，以期事權歸一。今恆瑞、景安懇留永保督辦，適與朕旨相合，而永保並不拘泥，亦能知事體緩急，均堪嘉奬。行軍之道，全在和衷，今永保等能以公事爲重，同心併力，自可剋期集事。但勦捕賊匪總以擒獲首逆爲要，雖據奏鎗箭斃賊，不計其數，究有若干如劉之協等曾否殲斃，若徒將被裹平民殺戮，雖多何益？ 且賊首竄往他處，仍可勾連煽聚，豈能一鼓撲滅？ 此次因彼此和衷加奬賚，並非因殺賊之功也，將此各傳諭知之。

又 壬寅，諭軍機大臣等：畢沅奏誘斬賊目楊起元，該犯雖爲賊匪總頭目，但係鄉勇楊宗周誘令軍犯王之亮斬首投獻，並非畢沅等督兵擒獲，今乃自以爲功，深爲伊等羞之。現在賊目既經殲斃，賊勢自更窮蹙，畢沅等應知愧勵，上緊攻打。至楊起元充當官役，膽敢糾衆抗拒，情實可惡，所有該犯家屬，必須按名拏獲，治以緣坐重罪，毋使漏網。惠齡等亦未能直擣灌灣腦，擒拏賊首張正謨，復以榔坪賊勢猖獗，請兵策應，此外一籌莫展。惠齡等與其駐兵株守，何若速將賊勦洗，就近與文圖移兵前赴榔坪攻勦。即畢沅等亦應將當陽縣剋期肅清，前往協勦，豈得各守一方，轉爲賊匪牽綴以致榔坪之賊任其肆擾。今思孝感之賊本屬不多，明亮已帶兵一千前往搜捕，昨又據德光奏亦帶兵赴彼協勦。諒此烏合么麿，無難即日掃除。明亮等須速爲勦滅，即與德光將兵全數帶往榔坪，奮力攻擊，儻一時未能勦淨，祇須明亮在彼搜勦，令德光帶兵先赴榔坪攻勦。庶賊匪不致日聚日衆，四出滋擾。至張家壋一帶賊匪，經永保等分路奮擊，將賊營二十餘處全行焚燒，殲賊甚多，深爲可嘉。又永保奏，訊據獲犯供稱張家壋賊匪，係劉起榮、張護國、李大樹爲首，姚之富已往鍾祥，劉之協不知下落，是該處賊首尚在竄逸，並據稱探得賊匪往東南逃遁，自必向鍾祥一帶復行竄聚，鍾祥祇有總兵楊秀在彼，較爲單弱，若張家壋之賊竄入，賊數增多，永保等須悉力追勦，殲淨無遺，即日移兵鍾祥，當陽槲坪一帶，相機勦捕，迅速集事，將此各傳諭知之。

《清實録・嘉慶三年》 諭軍機大臣等，刑部議駮河南省審擬盜劫江蘇銅山縣巡檢衙署一案，所駮甚是，已依議行矣。此案巡檢衙署雖建在鄉村，即或房閒狹小，但其規模款制自與民房不同，且盜犯等皆係該縣民，人生長其閒，豈於本地官署平日全未之知，亦無此理。該撫並未詳細審究，率據該犯一面之詞，遽請監禁待質，殊屬非是。至此案首夥多犯，現在僅獲一名，亦應上緊緝拏。著傳諭倭什布即將此案遵照部駮，另行改擬具題。其未獲各犯，並著李奉翰、費淳飭屬嚴拏務獲，毋任漏網。

《清實録・嘉慶二十二年》〔六月〕辛卯，諭：內閣給事中陸泌奏嚴緝匪之條，以佐保甲所未及一摺。緝匪之法，全在地方官實心盡力，各於所屬境內，密訪嚴拏，奸匪無遁跡，則要犯自不能漏網。若僅設立科條，責令奉行，而該地方官亦即以虛應故事爲塞責，是仍不免於具文。如該給事中所稱，在官吏役人數衆多，恐有匪徒混跡，但使經書、皁快、雜役人等，各具連環保結，不辨皁白，概行加以猜疑。且一經具有互結，轉可不加察覈於剔奸之道，仍爲無益。地方官本當周知所屬，況書役人等，近在耳目之前？尤當留心查察，不使藏奸。若捕役例支工食，不敷日用，汛兵鋪堡坍損，無可棲身，其應須酌給養贍，修葺完整之處，本係地方應辦之事，至鄉保地鄰，飭令首報；寺觀寓店，加意巡查；安置流民，應查形蹤詭祕之人；羅戲賽會，豫杜奸宄邪慝之漸，此皆地方官留心緝捕者，必應一一計及，總在行之以實，隨時隨地訪查嚴密，不使稍有疎懈，則匪徒無從託足，閭閻日臻寧戢矣。將此通諭知之。

《穆宗實録・同治六年》〔七月〕又諭：麒慶奏土默特八支箭丁與旗員互控一案，因該貝子久不在旗，兩造抗匿不出，案懸未結，請飭回旗會辦一摺。土默特貝子索特那木色登現在京城，著理藩院飭令迅速回旗，督同該協理旗員等，稟由正副盟長派委妥員，前往會同迅速將該箭丁富汰等拘傳到案，並將原案被控之旗員阿昌阿等解交熱河都統衙門，以憑訊辦。該貝子之父已革貝子德勒克色楞係曾經獲咎，閉門思過，仍不准隨同回旗，索特那木色登於各案清結後，即著來京。

《清實録・光緒元年》〔二月〕又諭：銘安奏發遣宗室目無法紀，請添派大員會審一摺，已革宗人府筆帖式移居宗室富明與劉廷玉互控錢債一案，兩造各執一詞，自應聽候審訊。乃富明輒因差役往傳要證，膽敢喝令多人毆打官差，實屬目無法紀。著添派崇實會同銘安秉公覈訊確情，按律定擬具奏，並著該將軍府尹等飭將案內要證王訓、胡九安一體嚴緝，務獲歸案審訊，以成信讞。

《聖訓》卷一〇六 嘉慶六年十月辛酉。上諭軍機大臣等：長麟奏《審擬漢民私赴番地，謀毆肇釁，并鐵布生番挾嫌搶奪》一摺。此案，王一、血保等，以內地民人，私赴番地，被逐出境，又挾嫌謀毆，將番衆鷄子賣錢分用，以致番子等糾衆報復，將伊家牛支財物，搶奪泄忿。在番衆固屬不法，而推其致釁之由，實屬漢民滋事。若只將該番嚴辦，轉似內地祖護漢民，無以折服番衆之心；而此等滋事漢民，亦無所示儆。長麟審擬此案，將漢民王一、血保等三人擬發吉林，番民察克擬發廣東，兩無偏向，所擬尚爲允協，已交刑部核議矣。至摺內所稱，請將首先被獲之番民木茲力一犯，寬免治罪等語。木茲力始雖聽糾搶奪，嗣因患病，并未同行；且能將案內各犯，拿獲過半，尚知畏懼。不但該番罪名應予寬免，并著長麟量加獎賞，所有現在未獲各犯，諭令幫同查拿。伊等聲息相通，易於蹤跡，案犯無難弋獲也。

清・祝慶祺《刑案匯覽・刑律》 福撫題：縣丞馬士鴻帶領胡榮拏賭，因賭匪陳文貴跑入游清懷所住瓦窰廠內，即從矮牆爬出逃逸。胡榮等同民人劉觀善進廠查拏，游清懷阻攔，並聲稱陳文貴業已逃逸，不容進內。劉觀善將游清懷毆傷，該縣丞令將游清懷等帶回，行至署前，游清懷斥責劉觀善不應幫同混拏，互相爭罵，劉觀善順拾地上柴片戳傷游清懷心坎倒地，胡榮等將其扶進署內，迨縣丞馬士鴻回署訊問游清懷不應攔阻搜查，詎游清懷因傷重含糊答應，語言不明，該縣丞疑其逞刁，將游清懷笞責，游清懷因心坎被戳傷重殞命，將馬士鴻於劉觀善絞罪上量減一等，擬杖一百，流三千里，經本部以案情未協，駁令覆審，旋據將馬士鴻改照故勘平人致死斬候律上量減一等，擬流加重，發往新疆充當苦差。嘉慶十八年案。

又 川督咨：守備楊英將賊犯楊貴捉拿踹壓毆打，以致因傷身死，將楊英比照監臨官因公事於人虛怯去處非法毆打至死律，杖一百，徒三年。嘉慶二十四年案。

又　直督題：　外委蔡升棍責監生湯汝楨身死一案。查：　歷年辦理武弁責斃人命之案，其應否擬抵，總以死者是否有罪爲斷。蓋武弁雖例不准理民詞，究有查緝之責，如死係賭匪賊犯，向俱酌情照監臨官因公事非法毆打致死例，擬徒。若死者係屬無罪之人，即應照毆死平人一律問擬。此案：湯汝楨因族弟湯德順被控，經吏目飭差傳訊，湯汝楨見票内名姓不符，不令族弟赴審，在街與差役嚷鬧，並非不應管之事。該外委蔡升路過喝問，因其出言無狀，即帶至署中，復因其混罵，喝令兵丁將其棍責致斃。查：　湯汝楨不過飲醉在街，與差役嚷鬧；　非匪徒賊犯可比，即因其恃醉罵官，亦應移送有司審辦，乃輒喝令兵丁將其棍毆致斃，實屬逞忿作威。死者既係平人，自應照毆死平人律科斷，該省將蔡升依威力主使人毆打致死律，擬絞監候；兵丁陳幅依爲從擬流，情罪均屬允協，應請照覆。

又　嘉慶元年直督題外委王敏曾棍責民人顧梅身死一案。查：　王敏曾係灤州稻地汛外委，因民人顧梅在裘魏氏家持刀逞兇，裘魏氏令工人王自富等將顧梅捆送至稻地汛管束。時因該弁公出，王自富等浼，該汛兵丁高成玉等，送至澗河汛約束。經澗河汛把總榮巖詢問，因顧梅出言頂撞，棍責十下，仍不輸服，令王自富等自行送赴灤州。顧梅因挾該汛兵丁高成玉押送之嫌，在該弁署前嚷罵，該弁，回汛聽聞出而喝斥，顧梅即向辱罵，該弁氣忿，意欲壓其兇横，令兵丁熊昆山等將顧梅揿按，在臀腿棍責十五下。因其滚轉致傷右胂脉，並墊擦傷右胯右膝等處，殞命。將王敏曾依威力主使人毆打因而致死律，擬絞監候。經本部照擬，題覆在案。

《武定土司檔案・管事潘文華等呈爲藉銜管押籲天憐救事》　具呈管事潘文華等，係雲南府祿豐縣住民。呈爲藉銜管押籲天憐救事。緣易門、羅次二邑積欠祿邑代雇軍務大差、夫馬折價銀數千餘百兩。馬立綱等節訴縣府主多年，疊蒙批准移催飭催數次，該二邑視爲具文抗不解繳，至節後鄉保頭人苦受賠累不堪。馬立綱等始由司撫憲具訴，請批訊究清款。乃上年九月十一日投訴撫轅，蒙恩委員問供，准取東升店保在外聽候。嗣蒙仰按察司轉飭雲南府另查原案，秉公訊斷詳報，由司核明具詳，并無發交昆明縣管押遞解之批。初三日晚被縣差曹發等將馬立綱傳至昆明縣衙門，鎖押土地祠四個月，枉受羈勒需索之苦。訴經府主臬憲批府轉飭該縣開釋遞解回縣受審。因斷未公，民等扶同馬立綱於七月二十六日投訴。撫轅門准取煤炭房店保在外聽候批示，即日夜静時又被昆明縣差王發榮、余宏亮等傳至該縣衙門管押土地祠，仍前稱奉撫憲大人批示收審管押。嗣後查批，仍蒙批抑按察司即飭雲南府查詳核奪，毋任延訟等語。亦無發交昆明縣管押之批。苦懇該差討保不准，求見縣主懇釋不容，仍前羈勒有需索之意。可憐祿窮民伕，易、羅二邑墊辦事務大差夫馬雇價銀數千兩，節經控究未得分釐，疊被差役私行管押，需索錢文衣服之慘情，實難甘心。叩懇憲天垂慈，賞飭開釋或准取保免受羈押啃索之苦，頂祝公侯萬代矣。爲此籲訴。

嘉慶二十五年八月初一日具呈人潘文華

吏大人批：　此案已批司飭查詳報，何以縣差將其擅行管押？仰按察司即飭昆明縣查明釋放聽命，回籍聽候。仍飭將該差因何管押之處查稟核究，詞發仍繳。

《清代巴縣檔案匯編・逃犯緝拿・乾隆二十三年十月二十八日巴縣緝牌》　爲報明事。

案奉各憲飭緝伍思本，具報被竊拒捕歐傷緣由到縣。奉此，合行差緝。爲此牌差該役前去，無分疆界，嚴緝此案正賊正贜務獲。稟請該管文武太爺衙門，挂號添差，押解回縣，以憑審詳。事關憲件，去役毋得滋擾。如違重究不貸。速速須牌。

《清代巴縣檔案匯編・逃犯緝拿・乾隆二十五年四月二十二日重慶捕府信牌》　爲咨會事。

乾隆二十五年四月十六日，承四川重慶府正堂護理分巡川東道務印加三級紀錄七次書牒移，乾隆二十五年四月十二日奉護理四川分巡川東道重慶府正堂書憲牌，乾隆二十五年三月二十七日准按察司咨，乾隆二十五年三月十二日奉總督部堂開憲牌，乾隆二十五年三月初七日準荆州將軍咨右司案呈，奉發據右翼蒙古協領呈稱：　本翼正紅旗蒙古防衛五十八，年五十四歲，身高面微赤，有髮，無麻，頭戴水晶石頂冬帽，身穿荔枝色綾面皮袍，藍布皮馬褂，白布衫、白布褲，脚穿白布襪，青緞靴，乘騎棗騮川馬，帶俸銀四十兩，於二十五年二月初一日逃走，祈行查拿等情，發司相應呈請咨行查拿可也。等因。呈堂。

據此，相應咨會，爲此合咨，請煩查照轉飭省屬地方官查拿，等因，到本部院。准此，除咨提督都統外，合就檄行，爲此仰司官吏，查照來牌準咨事理，即便通飭各屬，照依年貌服色，一體嚴緝逃旗五十八，務獲解報，毋違。奉此，擬合就移。爲此合咨貴道，煩爲查照移内奉行準咨事理，希即轉飭所屬，一體照依年貌服色，嚴緝逃旗五十八，務獲解報。如果實無其人，即令出具不致容隱印結，由該管府州廳加具總結，於年底具文申賫，以憑轉賫施行。等因。准此，擬合就行。爲此行府官吏，查照牌内準移奉行事理，文到即便轉飭所屬照依年貌服色，一體嚴輯逃旗五十八，務獲解報。如果實無其人，即令出具不致容隱印結，由府加具總結，於年底具文，徑賫臬司，并報本道查考，毋違，等因。奉此，擬合就行。爲此，行縣該吏查照牌内事理，文到卽於所屬境内照依年貌服色，一體嚴緝逃旗五十八，務獲解報。如果實無其人，即出具不致容隱印結，於年底徑賫本府，以憑結報，仍報本捕府查考，毋違。須至牌者。

右牌行巴縣准此。

《清代巴縣檔案匯編・逃犯緝拿・乾隆二十五年八月十一日貴州巡撫周咨文》 爲遵例詳請通緝事。

據貴州按察司詳稱，乾隆二十五年七月十三日據遵義府詳稱，乾隆二十五年七月初八日據仁懷縣詳稱，案查乾隆二十四年十二月二十一日，據縣屬蔡謝氏具控一件亂姦拐事。堂侄蔡天孝與伊媳潘氏通姦，於乾隆二十四年九月初四日將潘氏拐逃，找尋無踪。十二月二十一日具報到縣，當經前縣陳丞具由通報，懸賞勒限嚴緝，并請通緝本省一體協緝在案。

卑職於本年三月十二日到任，又復選差干役，懸立賞格嚴行緝拿，乾隆二十五年六月二十日限滿，該犯無獲，業將承緝接緝各職名詳送請參。案查該犯蔡天孝及逃婦潘氏，屢經差緝，查無蹤迹，勢必遠颺他省，若非詳請通緝，終難戈獲之期。查定例，重犯脱逃，日久無獲於初參限滿，即請分咨鄰省通緝。等語。今此案拐犯蔡天孝，屢緝無獲，除再選差幹役懸賞勒緝務獲外，理合開具年貌事由，及脱逃年月日期清冊。具文請查核轉請咨緝。等情到府。

據此，卑職遵查此案，初參限滿犯無戈獲，業將承緝接緝各職名詳奉咨參在案，除飭選差勒緝務獲究報外，誠恐該犯蔡天孝、逃婦潘氏遠颺他省。茲據該令造具各年貌事由，及脱逃年月日期清冊前來，理合轉請憲臺俯賜查核轉請分咨通緝，深爲公便。等情到司。據此，除批飭嚴緝務獲究報外，相應據冊詳送。伏候憲臺查核分咨各省督撫憲飭所屬，按照冊開年貌事由，一體嚴緝拐犯蔡天孝、逃婦潘氏，務獲解黔收審，實爲公便。等情到本部院。據此除批飭嚴緝逃犯務獲究報外，相應咨緝。爲此，合咨貴部院，請煩查照，希即轉飭貴屬按照冊開年貌事由，一體嚴緝拐犯蔡天孝、逃婦潘氏務獲，解黔收審。仍祈見復施行。須至咨者。計咨送冊一本。

《清代巴縣檔案匯編・逃犯緝拿・乾隆二十五年九月重慶督捕府緝拿遣犯信牌》 爲報逃事。

乾隆二十五年九月初十日，承本府正堂書移前事移開，乾隆二十五年九月初二日，奉分巡川東道張憲牌，乾隆二十五年八月二十九日準按察司咨，乾隆二十五年八月十一日奉總督部堂開抄案，乾隆二十五年八月初七準刑部咨，安徽司案呈，據黑龍江將軍咨稱：遣犯歐賢，係行劫安徽涇縣王大鑒鹽店案内□死□遣給廂紅旗披甲王世德爲奴。歐賢年五十二歲，身矮面紅微鬚，於本年五月初一日逃走，相應咨報。等因前來。據此，應行文□□當將歐賢查拿務獲解報可也。等因。到本部院。準此，合就檄行。爲此，仰司官吏照依部文内事理，即便轉飭各屬將逃遣歐賢一體嚴緝務獲，詳情報部，毋違。奉此，擬合就移。爲此合咨貴道，煩爲查照移内奉行準咨事理，希即轉飭所屬，將逃遣歐賢一體嚴緝務獲詳解。如果查無其人，即令出具不致容隱印結，由該府廳州加具總結，并於年底匯造清冊申送，以憑轉賫施行。等因。準此，合就檄行。爲此，仰府官吏查照牌内準移奉行准咨事理，文到即便轉飭所屬，將逃遣歐賢一體嚴緝務獲詳解。如果查無其人即令出具不致容隱印結，由府加具總結，於年底匯造清冊，徑賫臬司，并報本道查考毋違。等因。準此，擬合就行。爲此，行縣該吏遵照牌内奉行事理，文到即於所屬地方，將逃遣歐賢一體嚴緝務獲詳解，如果實無其人，即出具不致容隱印結，於年底具文徑賫本府，以憑加結轉報。仍報本捕府查考毋違。須至牌者。

右牌行巴縣準此

《清代巴縣檔案匯編・逃犯緝拿・乾隆五十二年五月巴縣禀》 敬禀者。

本年五月十二日，奉本府接奉憲札，内開直隸大名戕官案内首逆段文經，要犯劉勤河，南伊陽戕官案内逸犯周老千、王進城等，均未就獲，前蒙公督堂札，知直豫兩省俱委能事知縣，帶領眼目赴川密緝。等因。當即通飭各屬嚴密搜捕，總期毫無滲漏。派委佐雜人員專司緝捕，并查探他省委員蹤跡，飛稟在案。查直隸委員并河南委員毛師沆，約計起程，均應早已到川，速將近日查緝情形及直豫兩省委員何日到川緣由，先行據實飛稟，一面實力偵捕要犯段文經等務獲，早正典刑，以快人心等因。奉此，卑職遵查此案前奉憲檄，當即移營選差查緝，并飭縣丞典史改裝易服，帶同幹役分頭嚴密查拿外，卑職在於本城內外旅店河干親自巡查，如有該犯段文經蹤跡，即行拿獲報解，不敢疎懈。卑職遵查，卑縣所屬地方，并無直隸委員及河南委員毛師沆到境，查拿情形，所有奉札查拿要犯段文經等緣由，合先徑稟憲臺俯賜查核。爲此，謹稟臬、府。

重慶府正堂批：且緩。

《清代巴縣檔案匯編・逃犯緝拿・乾隆三十九年六月巴縣緝拿逃奴信票》 爲差緝事。

本年六月十四日，據孝里七甲生員王化溥、張於海具報婢女木香、桂香逃走無踪等情。據此，合行差緝。爲此票差該役前去協同鄉保，即在縣屬境內嚴緝逃奴木香、桂香各正身，務獲赴縣，以憑訊究。去役毋得遲延滋事，如違重究不貸。速須票。

計開：　逃奴木香年二十四歲，身中材，面紫，身穿藍布衫藍布褲，頭搭藍布帕，大腳，腳穿杠青鞋。桂香年二十一歲，身中，面微白，身穿藍布衫藍布褲，頭搭白布帕，大腳，腳穿月藍布鞋。添名：　彭子美之子彭世佐跟要。

《淡新檔案・署新竹縣正堂徐單仰三班頭役高登、徐祥、姚景迅即往傳原當郊鋪夫首陳未、陳沙、紀吉、蔡進發等赴縣以憑訊奪》 欽加同知銜、調授新舖竹縣正堂徐單。仰三班頭役高登、徐祥、姚景，迅即往傳原當郊鋪夫首陳未、陳沙、紀吉、蔡進發等各正身，限即日內稟帶赴縣，以憑訊奪，該差等毋得玩延干咎。速速。

右單仰

光緒柒年拾月三日承兵總

縣正堂徐行

《淡新檔案・頭役徐祥、高登、姚景叩首跪叩稟爲遵單帶到稟訊事徐祥等傳到原郊鋪夫首陳沙等四名》 稟

臺下一快一皂三皂頭役徐祥高登姚景叩首跪叩稟。爲遵單帶到稟訊事。緣蒙單，仰迅即往傳原當郊鋪夫首陳未、陳沙、紀吉、蔡進發等稟訊等因。蒙此，遵即往傳，但陳未一名，逃不見面，是以傳得伊子陳萬一名，並陳沙一名、紀吉一名、蔡進發一名，共四名，帶到前來，理合稟訊，伏乞大老爺察奪施行。沾叩。

計夾繳憲單一道

正堂批：

即帶訊奪，單銷。

光緒柒年拾月初八日叩

《淡新檔案・淡水同知准臺灣府關移奉巡撫楊牌飭查廳蠹拘禁酷勒一案飭糧總書張陞、陳璧趕辦》 □□，毋輕信地保查覆，毋濫授佐雜訊供，隨到案之後先，權事理之輕重，以次□□內一月，掃數完結，其中設有原告畏質潛逃，或被證逃亡物故，無從拘訊，即按例詳銷。或事非重大，無關風化倫常，非常赦所不原，兩造不願終訟者，□□飭清釐之後，各屬如再因循，不審不覆，該管上司，立即揭參。如該上司不揭，即併一照□庇例參　奏辦理，並移行。於文到之日，出具限內不結，願甘參處遵依備案。該□□摘敘各衙門積案事由，挨順年月，於二日內彙總，繕具清摺呈送，以憑察核，毋違等因。奉此，除開冊呈送

院憲查核外，合亟飛飭備札，仰府速即遵照，□□查辦。如應解司嚴審者，即將犯卷迅速詳解，以憑勘轉。其應由道府提審查辦者，并即勒限催提，議擬詳司察轉，其無須提訊，責成該縣審詳者，務須□□公定斷，毋輕信地保查覆，毋濫授佐□訊供，隨到案之先後，權事理之輕重，以次趕辦，定限文到五日，掃數完結詳報。間或有原告畏質，要證逃亡，事非重大，無關風化倫常，非常赦所不原，兩造不願終訟者，或准請息，或按例詳銷，不得仍前因循。倘再不審不覆，及應解犯卷，不行解審，該府即行嚴揭請參，毋稍徇違。□□□□先將現在查辦緣由，并出具內不結，願甘參處遵依各三本，送司以憑呈送備案。至本司衙門移道，并批發各府、州、廳、縣，各詞訟案件未經辦結者，亦復不少，此次既□□□□釐，尤應一體辦理，迅速移行所屬各廳、縣，暨該府衙門一律著承，先行趕緊查開事由，挨順年月分晰，登註將如何辦理緣由，於二日內彙總，繕具清冊，星飛送司，以憑核辦。案關奏明清查塵案，

限期緊迫，均勿違延，致干參咎，火速等因。計抄冊一本，內開：　一件。廳蠹疊刑等事。乾隆四十七年四月十八日，奉署撫部院楊牌行：　查淡水廳民陳喜，呈控廳蠹莊德等，誣稟伊兄陳諒等採買，拘禁酷勒差禮一案到府。蒙此。查此案先爲廳蠹疊刑等事，業經備移查訊各去後，延今未准□移解，現奉憲催嚴切，未便延緩。茲蒙前因，合再開單移催，爲此備關，煩依事理，刻將單內所開陳喜控莊德等一案，查照前移供看，及陳喜續控各情節，即日齊犯□議擬，解府以憑轉解道憲訊詳。案關奏明清釐要件，未便再延，致干參處，切速、切速等因。計粘單一紙。准此，查此案先准關移，業經付辦去後，茲准前因，合再催□。爲此付，仰糧總書張陞、陳壁，即將單開陳喜控告莊德等一案，遵照來文事理，毋再違延干咎，速速。須付。

計粘單一紙

乾隆伍拾肆年柒月十九日給

付行

《淡新檔案·一快糧差鄭安爲煽謗阻撓遷怒兇毆稟乞電察拘究事》　臺下一快糧差鄭安叩首叩稟。爲煽謗阻撓遷怒兇毆，稟乞電察拘究事。切安充當一快班下糧差，奉公有年，勤慎守法，催趕供屯各款公項，按卯塡繳，罔敢貽誤。因革役蔡雲誤公示革，遣伊妻弟詹評、莊裕等，到供屯各戶造謠煽惑，謗稱不日丁大老到任，伊欲復充對保，公項暫完，以致各戶觀望，催趕維艱，經頭役陳元稟明在案。無如蔡雲不思課項關重，不自斂跡，更敢遷怒。於雲此本月初五日，偵安到插趕收公項，膽黨詹評等，將安扭到伊舊館，蔡雲擅用煙筒毒毆。泣思供屯國課攸關，豈容蔡雲煽惑阻抗，糧差乃憲臺設立，奚堪遷怒呈毆，知法犯法，莫此爲甚。不蒙恩迅，差勇嚴拘究辦，竊恐造謠誹謗，煽惑阻撓，現際收成，公項難收，累比情慘，不得不瀝情稟叩，伏乞大老爺電察，差勇拘究，俾公項有賴，沾感，切叩。

批革役蔡雲，前因惑衆抗糧，經陳元稟報批飭嚴拏究辦在案。乃竟不知斂跡，尤敢挾恨逞兇，更屬目無法紀，應即添派幹役壯勇協同，限拏究辦。該差仍即認眞催令各業戶，趕將公項完繳，不得藉此玩延，致干併究。

閏五月初九日叩

《淡新檔案·署淡水分府唐爲勒拘押候究辦事署淡水分府唐飭快總役吳陞協同總保壯勇勒拘革役蔡雲詹評莊裕三名》　欽加府銜、署淡水分府唐爲勒拘押候究辦事。本年五月二十七日，據一快頭役陳元稟稱：　有革役蔡雲，膽敢遣伊妻弟詹評、莊裕等，到役該管保內，阻擋供屯各款公項，以致各佃觀望不完，仍佈散謠言，不日伊必復充對保。又本月二十日，具帖請保內各總董、保正，酌議對保，罔知蓄何狡謀，稟請出示曉諭各莊總董、保正，傳知佃戶按期完納等情。據此，查例載額設差役，由官點充，豈革役所能延請保正酌議，即可私自估辦，藐玩已極，除出示曉諭，併稟批示外，合飭勒拘。爲此票，仰快總役吳陞，協仝總保壯勇，立即勒拘革役蔡雲、詹評、莊裕三名各正身，限日內拘帶赴轅，以憑究辦，該總頭役毋稍狥延，致干併究，火速。

右票仰

前銜爲出示諭佃按期完繳事。照前稿敘至云云，除飭差勒拘究辦外，合行出示曉諭。爲此示，仰竹南一、二保總董、保正、莊正副、業佃人等知悉，爾等須知正供有關碾放兵餉，屯租按季散給屯丁，務須年清年款，顆粒難容蒂欠，自示以後，各宜遵照，按期完繳清款，毋許誤聽謠言，自取罪戾。倘敢故違，一經察出，或被指稟，定即差拏究追，各宜凜遵毋違，特示。

右出示

咸豐柒年閏五月廿二日承糧總稿行

《淡新檔案·由奉宮保撫部院札開衙門控告訟費暗擺名目各情概行革除倘敢故違定盡法懲辦由》　新竹縣正堂施一件。奉宮保撫部院札開：　衙門控告訟費，暗擺名目各情，概行革除，倘敢故違，定盡法懲辦由。

承刑總

光緒柒年捌月日卷

《淡新檔案·臺北府一快頭役陳輝、長班役周合爲遵飭守提催請解訊事府差陳輝、周合稟請新竹縣正堂徐錫祉將侯二、紀二、葉二等三名點交解府》　臺北府一快頭役陳輝長班役周合叩首叩稟。爲遵飭守提催請解訊事。本年正月二十九日，奉府憲票飭：　守提被告差役徐祥即徐傳二、門丁侯二、紀二，過付人證葉二，原告革役楊祥各正身，剋日協同縣差稟帶赴轅，以憑質訊詳辦等因。蒙此，除原告楊祥在府候訊，不復解外，經役稟請守提在案。蒙將徐祥、即徐傳二一名先行點交解府，役敢不凜遵，但際大憲文催提訊，不能延緩，又兼革役楊祥疊呈催訊。但案內人證若無提齊，勢必不能研質，雖將徐祥一名先解，亦屬無益。茲守候日久，難保府憲責以玩誤急公，其咎何逃，惟冀俯曲下役當差維艱迅將侯二、紀二、葉二三名一同點交解府，以便提同稟訊，仰懇鴻慈僉允，勿任宕延，寔為德便，蒙票前因，理合據情催請，伏乞大老爺俯迅提解。施行，切叩。

批　被搭門丁侯二等，應歸另案解質，該役等先將徐祥押解質訊，可也。

光緒九年二月廿三日叩

《淡新檔案・臺北府正堂陳為札催解訊事臺北知府陳星聚札催新竹縣正堂迅將被告徐祥等連同卷宗解府質訊》札新竹縣

欽加三品銜、臺北府正堂、加一級、隨帶加八級、紀錄四次陳為札催解訊事。案奉撫憲張札：據該縣革役楊祥具控案犯徐傳二即徐祥，串通權丁侯二、紀二，買屬復充等情一案。蒙批：該役因公斥革，猶敢任意嘵瀆，寔屬藐玩，惟所稱徐傳二即徐祥，前經犯案革去，何得變名復充門丁，受賄有無寔據，仰臺北府確切查明，一並提案質訊，分別究追懲辦具報。此案務須澈底根究，斷不准稍涉含糊，致干未便，切切。呈發仍繳等因，蒙此，當經札飭解辦，並派差守提去後，迄今日久，未據押解來府。茲據楊祥具保投到前來，合行札催。為此札，仰該縣立即遵照，先今來札，迅即提集被告徐祥即徐傳二，門丁侯二、紀二，過付葉二爺中正身，連同卷宗，剋日點交府差，並派差協仝押解赴府，以憑質訊詳辦，分別寔究虛坐，案奉憲批，綦嚴該縣毋再稍延，致干未便。火速，切速，特札。

光緒九年三月初二日札

九年三月初七日奉

《淡新檔案・署理新竹縣正堂方為飭拘嚴拏事新竹縣正堂方祖蔭飭差協同總保馳赴打牛崎莊嚴拿許阿十許阿戇等赴縣究辦》欽加五品銜、特授埔裏分府、署理新竹縣正堂方為飭拘嚴拏事。本年二月十八日，准管帶棟字副營、兩江協鎮都督府袁移開：本月十七日，據撫懇局丁劉壽稟稱：奉諭，前往截阻出山籐草各物，適有打牛崎莊民許阿十、仝伊姪許阿戇，率帶三十餘人，挑籐出山。丁等向阻，該民人竟敢逞兇拒捕，并丁等截獲籐條二十九擔，均被砍碎，稟請拿辦等情。據此云云照文敘至，而伸禁令等因。准此，合行票飭。為此票，仰對役，迅協總保，立即馳往打牛崎莊，嚴拏許阿十、許阿戇等正身，限五日內鎖帶赴縣，以憑究辦。去後毋得刻延干咎。火速、火速。右票差對役陳福、陳才

光緒十二年二月十九日承糧總

正堂方行

《淡新檔案・管帶棟字副營袁移請差拘嚴辦事》　批：　即速票差解辦簽核并送。限十九日送。

移文

二月十八日到

管帶棟字副營、兩江儘先即補協鎮都督府、隨帶加二級袁為移請差拘嚴辦事。竊本月十七日，據撫懇局丁勇劉壽等稟稱：本月□□□前往截阻出山籐草各物，適有打牛崎莊民人許阿十仝伊姪許阿戇，率帶三十餘人挑籐出山。丁等向阻，該民人竟敢逞兇拒捕；并丁等截獲籐條二十九擔，均被砍碎，稟請拿辦等情。據此，因思此次辦理撫懇事宜，憲諭：所有各番社樹籐、通草，禁止附近民人入山採取。均令化番自行採伐，由官收賣，使□□獲價。稍有贏餘，撥濟撫番經費，俾各化番亦可藉資生計等因。奉此，遵經會商設局，次第舉辦。詎邇日竟有不法莊民，相率入山，割取籐條，砍伐樹木，當飭敝營弁勇，協全局丁，擇要理拿。該打牛崎莊民人許阿十等，竟敢拒捕，實屬藐玩已極。當此開辦伊始，非請從嚴拿究，何以儆刁橫而伸禁令。理合備移。為此移請貴縣，希煩查照來移事理，迅賜簽差，限拿打牛崎莊許阿十等到案嚴辦，俾刁橫知儆，撫務有賴，寔叨公便。須至移者。

右移

欽加五品銜、特授臺灣埔裏撫民分府、署理新竹縣正堂方

光緒十二年二月十八日移

《淡新檔案・案由案准管帶棟字副營袁移拏打牛崎許阿十等私出籐草移請拘訊究辦由》　縣正堂方一件。案准管帶棟字副營袁移：拏打牛崎許阿十等，私出籐草，移請拘訊究辦由。

承糧總

光緒拾貳年貳月日卷

《淡新檔案・案由據頭重坑童生莊士英僉稟鍾阿海開場聚賭叩請拘究由》　正堂沈一件。據頭重坑童生莊士英等僉稟鍾阿海開場聚賭，叩請拘究由。

承刑總

光緒拾柒年正月日卷

《淡新檔案・頭里坑童生莊士英莊耆廖榮軒等爲恃符設賭賺良局吞懇准嚴拘懲辦以安靖地方事》 具稟。頭重坑童生莊士英、莊耆廖榮軒、郭上榮、黃達卿等，爲恃符設賭，賺良局吞，懇准嚴拘懲辦，以安靖地方事。切英等居處頭重坑莊，兼逢數年災旱情慘莫當，突有賭棍鍾阿海開場設賭，每日上莊假爲生理，賺集人家良幼子弟到局擺賭，各子弟賭輸無錢，海則串出中見，向伊生借重利僱算，及父兄知覺，數常滋鬧，誠恐釀成大禍。英等每勸他設賭寔干例禁疊阻，不惟不遵，反敢恃符斥辱，擦掌磨拳，聲稱伊賺局之子弟與英無干，若有人敢稟，即行捕殺腳脛等語。英思地方之害，無過賭場。貧者之子弟，賭輸偷雞吊狗，甚致迫爲匪徒。富者之子弟賭輸，被父兄懲責，不敢回家，漂流浪蕩，情慘何極。非蒙憲天拘懲出示嚴禁，而賭局不除，必致四民失業，英不忍坐視，不得不據實稟明青天大老爺，廉明清正，恩准拘懲出示而安靖地方。公侯奕世。沾叩。

批：准出示嚴禁。倘鍾阿海等再敢違禁聚賭，即行拘案懲辦可也。違式合斥。

光緒十柒年正月廿七日具稟童生莊士英

莊耆郭上榮

廖榮軒

黃連卿

《淡新檔案・署淡水分府丁爲玩法蠱民等事淡水分府丁曰健爲張阿喜等居奇謀利社倉拒不出借仰對保頭役訊平價糶並嚴押相關人物到府**》** 欽加府銜、署淡水分府丁爲玩法蠱民等事。本年四月二十三日，據紅毛港莊總理姜國華等稟稱：現在青黃不接，米價高昂，詎有殷戶張阿喜串同大窩口羅阿水等不遵憲示平糶，私造小斗，抬價居奇，甚敢將公貯社倉義穀七百餘石，抗不出借，貧民乏食，懇准諭糶發借，等情。據此，除批示外，合飭押糶拘究。爲此票，仰對保頭役迅協總保，立即嚴押張阿喜、羅阿水等，速將所存米谷，發社倉義谷，平價出糶，借給民食，一面嚴拘後開有名被稟，傳同原稟人等各正身，限三日內稟帶赴轅，以憑訊究，該差均毋違延，干咎。速、速。

計開：被稟張阿喜、羅阿水，具稟總理姜國華、保正羅鳳章、甲長許進添、牌長陳長生、彭天雲、劉阿富、陳阿有、陳林秀、陳阿旺、莊耆彭雲盛、張窗元、張傅元

右票差對保高昇

咸豐伍年肆月廿六日承糧總

稿行

起訴總部

起訴部

綜述

《周禮注疏·地官·大司徒》　凡萬民之不服教，而有獄訟者，與有地治者聽而斷之；　其附于刑者歸于士。不服教，不厭服於十二教，貪冒者也。爭罪曰獄，爭財曰訟。有地治者，謂鄉州及治都鄙者也。附，麗也。士，司寇士師之屬。鄭司農云：士榮爲大士。或謂歸于圜土，圜土謂獄也，獄城圜。〔疏〕凡萬至于士〇釋曰：　上以禮樂化民，而萬民不猒服十二教，則鬭爭起。有獄訟者，將斷割之時，恐其獄訟不審，故與其有地治者謂治民之官，共聽而斷之。若有小罪則司徒決之。其附於五刑則歸於士，使秋官士師之等斷之。〇注不服至城圜〇釋曰：　云不服教，不猒服於十二教，貪冒者也者，上以十二教教民，使不貪冒，其民有不猒服於十二教，即是貪冒之人也。猒有二種，有嫌猒，有猒飫之猒，謂若祭禮有陰猒之類是也。此言不猒服十二教者，謂不猒飫服行十二教也。又云爭罪曰獄，爭財曰訟者，案《秋官大司寇》云以兩造禁民訟，以兩劑禁民獄。獄訟相對，故獄爲爭罪，訟爲爭財，若獄訟不相對，則爭財亦爲獄，其義具在《秋官》釋之。云有地治者，謂鄉州及治都鄙者也者，司徒主六鄉，明知有鄉州也。案上經布教於都鄙，明地治之內兼有都鄙可知。云附麗也者，案《秋官》云麗於法。案《尚書·呂刑》越茲麗刑，故以附爲麗。云士司寇士師之屬者，案秋官有士師、鄉士、遂士、縣士，並主獄訟之事，故云士師之屬也。司農云《春秋傳》曰者，僖公二十八年，衛侯出奔，及其反國，誤射殺弟叔武，元咺訴於晉，衛侯與元咺訟，晉使士榮爲大士而聽斷之。引此者，欲見有獄必有訟，有訟者不必有獄。故彼是爭罪之事，而言衛侯與元咺訟。云或謂歸於圜土，圜土謂獄也者，司農之意，此經士或爲土字，因即解士爲圜土，圜土即獄也。云獄城圜者，更解圜土之意。圜土之義，具在《秋官·司圜》職也。

《周禮注疏·地官·質人》　凡治質劑者，國中一旬，郊二旬，野三旬，都三月，邦國朞。期內聽，期外不聽。謂賫券契者來訟也，以期內來則治之，後期則不治，所以絕民之好訟，且息文書也。郊，遠郊也。野，甸稍也。都，小都大都。【略】〔疏〕注謂賫至大都〇釋曰：　云謂賫券契者來訟也者，云此經摠上質劑與書契來訴者。知郊是遠郊者，以其內有國中外云野，野，遠郊之外，明知郊是遠郊也。知野是甸稍者，郊外曰野，是大摠之言。下有都，都是四百、五百里，明此是二百里甸、三百里稍可知。又知都中含大都小都者，此質人摠聽畿外，明此都兼大小二都可知。

《周禮注疏·秋官·大司寇》　以兩造禁民訟，入束矢於朝，然後聽之。訟，謂以財貨相告者。造，至也。使訟者兩至，既兩至，使入束矢乃治之也。不至，不入束矢，則是自服不直者也。必入矢者，取其直也。《詩》曰：其直如矢。古者一弓百矢，束矢其百个與？〔疏〕以兩至聽之〇釋曰：　此并下二經論禁民獄訟，不使虛誣之事。言禁者，謂先令入束矢，不實則沒入官。若不入，則是自服不直，是禁民省事之法也。〇注訟謂至个與〇釋曰：　云訟謂以貨財相告者，以對下文獄是相告以罪名也。此相對之法，若散文則通，是以衛侯與元咺訟，是罪名亦曰訟。云古者一弓百矢者，《尚書·文侯之命》，平王賜晉文侯，及僖二十八年，襄王賜晉文公，皆云彤弓一，彤矢百，故知一弓百矢。云束矢其百个與者，彼是所賜，此乃入官，約同之，故云與以疑之。《泮水》詩云：束矢其搜。毛云：五十矢曰束。彼鄭從之者，彼或據在軍矢數，與受賜者異，故從毛傳也。

又　以兩劑禁民獄，入鈞金，三日乃致于朝，然後聽之。獄，謂相告以罪名者。劑，今券書也。使獄者各賫券書，既兩券書，使入鈞金，又三日乃治之，重刑也。不券書，不入金，則是亦自服不直者也。必入金者，取其堅也，三十斤曰鈞。【略】〔疏〕以兩至聽之〇釋曰：　此一經聽爭罪之事，與上聽訟有異。此則各遣持劑之書契，又入金不入矢，三日乃致于朝者，皆謂以獄事重於訟事。故鄭云重刑也。〇注獄謂至曰鈞〇釋曰：　云獄謂相告以罪名者，對前相告以財貨爲訟也。云劑今券書也者。《小宰》云：聽賣買以質劑。《質人》云：大市以質，小市以劑。鄭《小宰》注云：簿書之最目，獄訟之要辭，皆曰契。則劑謂券書者，謂獄訟之要辭，若王叔氏不能舉其契是也。三十斤曰鈞，《律歷志》文。

又　凡遠近惸獨老幼之欲有復於上而其長弗達者，立於肺石，三日，士聽其辭，以告於上而罪其長。無兄弟曰惸。無子孫曰獨。復猶報也。上謂王與六卿也。報之者，若上書詣公府言事矣。長，謂諸侯若鄉遂大夫。【略】〔疏〕凡遠至其長〇釋曰：言遠近者，無有遠近，畿外畿內之民，皆有惸獨老幼之等。云欲有復於上而其長弗達者，謂長官不肯通達，審知其貧困者，故須復報於上，如此之類，是上窮民，即來立於石也。〇注無兄至大夫〇釋曰：　鄭知惸是無兄弟者，《王制》已有孤獨鰥寡，不見惸，則惸是無兄弟可知也。是以《尚書·洪範》亦云：無虐惸獨，而畏高明。孔云：惸，單無兄弟也。無子曰獨。云無子孫曰獨者，案《王制》唯云老而無子曰獨。今兼云孫者，無子有孫不爲獨，故兼云無孫也。鄭不釋經老幼者，老則無夫無妻，幼則無父可知，故不釋也。知上是王與六卿者，六卿並知國政，皆得受冤怨，故兼六卿言之。云長謂諸侯若鄉遂大夫者，訴冤之人，天下皆是，故長亦兼天下，故以畿外諸侯及畿內鄉遂大夫，皆得爲長也。若然，不言二等采地之主及三公邑大夫者，在長中可知，故舉外內以包之也。

《周禮注疏・秋官・朝士》 凡士之治有期日，國中一旬，郊二旬，野三旬，都三月，邦國朞，期內之治聽，期外不聽。鄭司農云：謂在期內者聽，期外者不聽，若今時徒論決，滿三月，不得乞鞫。【略】〔疏〕凡士至不聽○釋曰：云凡士之治有期日者，即上文鄉士聽訟于朝者。鄉士一旬，遂士二旬。期日，即上鄉士遂士之等，獄訟成，來於外朝職聽，遠近節之，皆有期日。云國中者，謂獄在國中，據鄉士。云郊二旬者，謂獄在郊，據遂士。云野三旬者，謂野之縣獄三處皆是野。云都三月者，謂方士掌都家。云邦國朞者，謂訝士雖不云期日，差之，邦國當訝士所掌。云期內之治聽，期外不聽者，所以省煩息訟也。

《周禮注疏・秋官・司約》 若有訟者，則珥而辟藏，其不信者服墨刑。鄭司農云：謂有爭訟罪罰，刑書謬誤不正者，爲之開藏，取本刑書以正之。當開時，先祭之。玄謂訟，訟約，若宋仲幾、薛宰者也。辟藏，開府視約書。不信，不如約也。珥讀曰衈，謂殺雞取血釁其戶。【略】〔疏〕若有至墨刑○釋曰：訟，謂爭約劑不決者。云則珥而辟藏者，謂以血塗戶，乃開辟其戶，以出本約劑之書勘之。○注鄭司至其戶○釋曰：司約所掌，唯約劑之書，先鄭以爲爭訟罪罰刑書，及以珥爲祭。後鄭皆不從，而謂訟約若宋仲幾薛宰者。案定元年正月，晉魏舒合諸侯之大夫于狄泉，將城成周。宋仲幾不受功，曰：滕、薛、郳，吾役也。薛宰曰：宋爲無道，絕我小國於周，以我適楚，故我常從宋。晉文公爲踐土之盟曰：凡我同盟，各復舊職。若從踐土，若從宋，亦惟命。宋仲幾曰：踐土固然。又士彌牟曰：子姑受功，歸，吾視諸故府。仲幾曰：縱子忘之，山川鬼神其忘諸乎？此是訟約法，故引之爲證。云殺雞者，以《雜記》云：割雞，當門，其衈皆於屋下，言衈，故知用雞也。

《周禮注疏・秋官・司盟》 有獄訟者，則使之盟詛。不信則不敢聽此盟詛，所以省獄訟。【略】〔疏〕有獄至盟詛○釋曰：此盟詛，謂將來訟者，先使之盟詛，盟詛不信，自然不敢獄訟，所以省事也。

《睡虎地秦墓竹簡・法律答問》 家人之論，父時家罪殹(也)，父死而誧(甫)告之，勿聽。可(何)謂家罪？家罪者，父殺傷人及奴妾，父死而告之，勿治。

又 公室告〔何〕殹(也)？非公室告可(何)殹(也)？賊殺傷、盜它人爲公室；子盜父母，父母擅殺、刑、髡子及奴妾，不爲公室告。

又 子告父母，臣妾告主，非公室告，勿聽。可(何)謂非公室告？主擅殺、刑、髡其子、臣妾，是謂非公室告，勿聽。而行告，告者罪。告〔者〕罪已行，它人有(又)襲其告之，亦不當聽。

又 可(何)謂州告？州告者，告罪人，其所告且不審，有(又)以它事告之。勿聽，而論其不審。

《北史・循吏傳・竇瑗》 〔竇瑗〕上表曰：臣伏讀《麟趾新制》至三公曹第六十六條：母殺其父，子不得告，告者死。三返覆之，未得其門。何者？案律：子孫告父母、祖父母者，死。又漢宣云：子匿父，孫匿大父母，皆勿論。蓋謂父母、祖父母小者攘羊，甚者殺害之類，恩須相隱，律抑不言，法理如是，足見其直。未必指母殺父，止子不言也。今母殺父而子不告，便是知母而不知父，識比野人，義近禽獸。且母之於父，作合移天，既殺己之天，復殺子之天，二天頓毀，豈容頓默？此母之罪，義在不赦，下手之日，母恩卽離，仍以母道不告，鄙臣所以致惑。如或有之，可臨時議罪，何用豫制斯條，用爲訓誡？恐千載之下，談者諠譁，以明明大朝，有尊母卑父之論。以臣管見，實所不取。詔付尚書。三公郎封君義立判云：母殺其父，子復告母，母由告死，便是子殺。天下未有無母之國，不知此子，將欲何之？既於法無違，於事非害，宣布有司，謂不宜改。瑗復難云：局判云：母由告死，便是子殺。天下未有無母之國，不知此子，將欲何之？瑗案典律，未聞母殺其父而子有隱母之義。既不告母，便是與殺父同。天下可有無父之國，此子獨得有所之乎？事遂停寢。

《唐律疏議・鬬訟》 諸誣告人者，各反坐。即糾彈之官，挾私彈事不實者，亦如之。反坐致罪，準前人入罪法。至死，而前人未決者，聽減一等。其本應加杖及贖者，止依杖、贖法。即誣官人及有蔭者，依常律。〔疏〕議曰：凡人有嫌，遂相誣告者，準誣罪輕重，反坐告人。即糾彈之官，謂據令應合糾彈者，若有憎惡前人，或朋黨親戚，挾私飾詐，妄作糾彈者，幷同誣告之律。反坐其罪，準前人入罪之法，至死而前人雖斷訖未決者，反坐之人聽減一等。若誣人反、逆，雖復未決引虛，不合減罪。本應加杖者，謂誣告部曲、奴婢流罪，若實，部曲、奴婢止加杖二百；既虛，誣告者不流，亦準杖法反坐。單丁應加杖者，亦依決杖反坐。及贖者，謂誣告老、小、廢疾，若實，即前人合贖；虛，即反坐者亦依贖論。即誣官人及有蔭者，假有白丁誣七品官流罪，若實，官人即合例減、官當；如虛，反坐還得流罪。誣告有蔭之人，事合減、贖；反坐之者，不得準前人減、贖法，幷眞配徒、流。是名依常律。

若告二罪以上，重事實及數事等，但一事實，除其罪；重事虛，反其所剩。即罪至所止者，所誣雖多，不反坐。

〔疏〕議曰：　若告二罪以上，重事實，假有甲告乙毆人折一齒，合徒一年；又告人盜絹五疋，亦合徒一年；　或故殺他人馬一疋，合徒一年半。推殺馬是實，毆、盜是虛，是名告二罪以上，重事實。又有丙告丁三事，各徒一年，此名數事等，但一事實，除其罪。重事虛，反其所剩者，假如甲告乙盜絹五疋，合徒一年；　又告故殺官私馬牛，合徒一年半。若其盜是實，殺馬牛是虛，即是剩告半年之罪，反坐半年，故云反其所剩。即罪至所止者，所誣雖多，不反坐，假有告人非監臨主司因事受財百疋，勘當五十疋實，坐贓五十疋，罪止徒三年；　剩告五十疋，爲罪至所止，不反坐之類。

其告二人以上，雖實者多，猶以虛者反坐。謂告二人以上，但一人不實，罪雖輕，猶反其坐。若上表告人，已經聞奏，事有不實，反坐罪輕者，從上書詐不實論。

〔疏〕議曰：　告二人以上，罪雖實者多，猶以虛者反坐，以其人、事各別，故得罪不同。注云謂告二人以上，但一人不實，罪雖輕，猶反其坐，假有人告甲乙丙丁四人之罪，三人徒罪以上并實，一人笞罪事虛，不得以實多放免，仍從笞罪反坐。若上表告人，已經聞奏，事有不實，反坐罪輕於上書不實，準從上書詐不實，處徒二年。不應反坐者，無罪。假如甲上表告乙兩個徒一年，一實，一虛，準律既免反坐，於甲無上書不實之罪。

又　諸告小事虛，而獄官因其告，檢得重事及事等者，若類其事，則除其罪；　離其事，則依本誣論。

〔疏〕議曰：　告小事虛，而獄官因其告，檢得重事者，假有告人盜驢，檢得盜馬，其價又貴，是爲得重事。及事等者，假如告盜甲家馬，檢得盜乙家騾，其價相似，是爲事等。若類其事，謂騾、馬、驢等，色目相類，所告雖虛，除其妄罪。離其事者，謂告人盜馬，檢得鑄錢之屬，是離其事，則依本誣論，仍得誣告盜馬之罪。此條爲依告狀檢贓生文，不同獄官狀外求罪之例。

又　諸誣告人流罪以下，前人未加拷掠，而告人引虛者，減一等；　若前人已拷者，不減。即拷證人，亦是。誣告期親尊長、外祖父母、夫、夫之祖父母，及奴婢、部曲誣告主之期親、外祖父母者，雖引虛，各不減。

〔疏〕議曰：　誣告死罪，自有別制。唯誣告人流罪以下，前人未加拷掠，而告人自引虛者，得減反坐之罪一等。若前人已拷者，無問杖數多少，然後引虛，即不合減。即拷證人亦是，謂雖不拷被告之人，拷傍證之者，雖自引虛，亦同已拷，不減。其誣告期親尊長以下，及奴婢、部曲誣告主之外祖父母以上，雖即引虛，各不合減。

問曰：　律云：　前人未加拷掠，而告人引虛，減一等。未知前人已經斷訖，然後引虛，合減以否？

答曰：　律文但言已加拷掠，不言事經斷訖。拷訖已傷，律有成制；　斷訖未損，理合減科。若事經奏訖，不合追減。及已役、已配，亦是已損已傷前人，計與拷掠義同，不在減科之例。

又　諸告祖父母、父母者，絞。謂非緣坐之罪及謀叛以上而故告者。下條準此。

〔疏〕議曰：　父爲子天，有隱無犯。如有違失，理須諫諍，起敬起孝，無令陷罪。若有忘情棄禮而故告者，絞。注云謂非緣坐之罪，緣坐謂謀反、大逆及謀叛以上，皆爲不臣，故子孫告亦無罪，緣坐同首法，故雖父祖聽捕告。若故告餘罪者，父祖得同首例，子孫處以絞刑。下條準此者，謂告期親尊長，情在於惡，欲令入罪而故告之，故云準此。若因推劾，事不獲免，隨辯注引，不當告坐。

即嫡、繼、慈母殺其父，及所養者殺其本生，并聽告。

〔疏〕議曰：　嫡、繼、慈母者，名例并已釋訖。此等三母殺其父，及所養父母殺其所生父母，并聽告。若嫡、繼母殺其所生庶母，亦不得告。故律文但云殺其父者聽告。

問曰：　所生之母被出，其父更娶繼妻，其繼母乃殺所出之母，出母之子合告以否？

答曰：　所養父母，本是他人，殺其所生，故律聽告。今言出母，即是所生，名例稱：　犯夫及義絕者，得以子蔭。即子之於母，孝愛情深，顧復之恩，終無絕道。繼母殺其親母，準例亦合聽告。

又問：　嫡、繼、慈母，有所規求，故殺子孫，合得何罪？　又，子孫得自理訴以否？　此母或被出，或父卒後行，若爲科斷？

答曰：　子孫之於祖父母、父母，皆有祖父子孫之名，其有相犯之文，多不據服而斷。賊盜律：　有所規求而故殺期以下卑幼者，絞。論服相犯，例準傍期；　在於子孫，不入期服。然嫡、繼、慈、養，依例雖同親母，被出、改嫁，禮制便與親母不同。其改嫁者，唯止服期，依令不合解官，據禮又無心喪，雖曰子孫，唯準期親卑幼，若犯此母，亦同期親尊長。被出者，禮既無服，幷同凡人。其應理訴，亦依此法。

又 諸告期親尊長、外祖父母、夫、夫之祖父母，雖得實，徒二年；其告事重者，減所告罪一等；所犯雖不合論，告之者猶坐。即誣告重者，加所誣罪三等。告大功尊長，各減一等；小功、緦麻，減二等；誣告重者，各加所誣罪一等。

〔疏〕議曰：告期親尊長、外祖父母、夫、夫之祖父母，依名例律：幷相容隱，被告之者，與自首同；告者，各徒二年。告事重於徒二年者，減所告罪一等，假有告期親尊長盜上絹二十五疋，合徒三年，尊長同首法免罪，卑幼減所告罪一等，合徒二年半之類。注云所犯雖不合論，謂期親以下，或年八十以上，十歲以下，若篤疾，犯罪雖不合論，而卑幼告之，依法猶坐。即誣告期親尊長，得罪重於二年徒者，加所誣罪三等，假有誣告期親尊長一年半徒罪，加所誣罪三等，合徒三年，此亦是計加得重於本罪，即須加。告大功尊長，各減一等，謂告得實，徒一年半；重於徒一年半者，即減期親罪一等。假有告大功尊長三年徒，減期親一等，處徒二年。告小功、緦麻尊長，雖得實，同減期親二等，合徒一年；告事重者，亦減期親尊長二等。假有告三年徒，雖實，徒一年半之類。誣告重者，謂誣告大功、小功、緦麻重者。各加所誣罪一等，假有誣告大功尊長一年半徒，加所誣罪一等，合徒二年；誣告小功、緦麻尊長徒一年罪，亦加所誣罪一等，徒一年半之類。

即非相容隱，被告者論如律。若告謀反、逆、叛者，各不坐。其相侵犯，自理訴者，聽。下條準此。

〔疏〕議曰：小功、緦麻，非相容隱，被告之者，不得同於首原，各依律科斷，故云被告者論如律。若告謀反、逆、叛者，謂期親尊長以下，犯謀反、逆、叛三事，以其不臣，故雖論告，不科其罪。其相侵犯，謂期親以下、緦麻以上，或侵奪財物，或毆打其身之類，得自理訴。非緣侵犯，不得別告餘事。注云下條準此，謂下條告緦麻以上卑幼，雖有罪名，相侵犯，亦得自理。

問曰：告期親尊長竊盜三十疋，依撿二十五疋實，五疋虛，合得何罪？

答曰：律云：一事分爲二罪，罪法若等，則累論。罪法不等，即以重法幷滿輕法。按尋此狀，正當累幷之條，將重幷輕，總爲三十疋，減所告罪一等，便合處徒三年。

又 諸告緦麻、小功卑幼，雖得實，杖八十；大功以上，遞減一等。誣告重者，期親，減所誣罪二等；大功，減一等；小功以下，以凡人論。

〔疏〕議曰：稱緦麻、小功，即外姻有服者亦是。其相隱既得減罪，有過不合告言，故雖得實，合杖八十。告大功卑幼，減小功一等；期親卑幼，又減一等。誣告重者，謂誣告期親重於杖六十者。減所誣罪二等，猶如誣告弟侄九十杖罪，合減所誣二等，合杖七十。若告大功，減一等，合杖八十。若告小功以下，以凡人論，仍得杖九十。

問曰：女君於妾，依禮無服。其有誣告，得減罪以否？

答曰：律云：毆傷妻者，減凡人二等；死者，以凡人論。若妻毆傷殺妾，與夫毆傷殺妻同。又條：誣告期親卑幼，減所誣罪二等。其妻雖非卑幼，義與期親卑幼同。夫若誣告妻，須減所誣罪二等；妻誣告妾，亦與夫誣告妻同。

即誣告子孫、外孫、子孫之婦妾及已之妾者，各勿論。

〔疏〕議曰：誣告子孫、外孫、子孫之婦妾者，曾、玄婦妾亦同；及已之妾者：各勿論。其有告得實者，亦不坐。被告得相容隱者，俱同自首之法。

又 諸部曲、奴婢告主，非謀反、逆、叛者，皆絞；被告者同首法。告主之期親及外祖父母者，流；大功以下親，徒一年。誣告重者，緦麻，加凡人一等；小功、大功，遞加一等。即奴婢訴良，妄稱主壓者，徒三年；部曲，減一等。

〔疏〕議曰：日月所照，莫匪王臣。奴婢、部曲，雖屬於主，其主若犯謀反、逆、叛，即是不臣之人，故許論告。非此三事而告之者，皆絞，罪無首從。注云被告者，同首法，謂其主雜犯死罪以下，部曲、奴婢告之，俱同爲首之法，奴婢獲罪，主得免科。奴婢爲主隱，雖告，準名例律，相容隱告言，自合同首。今律文重言同首法者，以相隱條無相隱字故。告主之期親及外祖父母者，流，不言里數者，爲同加杖二百。大功以下親，徒一年，稱大功以下，小功、緦麻亦同。此等幷謂告得實。誣告重者，謂所誣之罪重於徒一年。緦麻，加凡人一等，若誣告主緦麻親徒一年，加一等，合徒一年半；小功，徒二年；大功，徒二年半之類。大功以下諸親，犯有輕重，應計等級加者，但重於徒一年，皆準此加法。即奴婢訴良，妄稱主壓者，謂奴婢本無良狀，而妄訴良，云主壓充賤者，合徒三年。不同誣告主者，開其自理之路。部曲，減一等。其主誣告部曲、奴婢者，即同誣告子孫之例，其主不在坐限。

又 諸誣告本屬府主、刺史、縣令者，加所誣罪二等。

〔疏〕議曰：誣告本屬府主等，加所誣罪二等者，謂誣告一年徒罪，合徒二年之類。若告除名、免官、免所居官等事虛，亦準比徒法加罪。其有緦麻以上親，任本屬府主、刺史、縣令者，自依告親法；若告尊長，各從重論。

又 諸投匿名書告人罪者，流二千里。謂絶匿姓名及假人姓名，以避己作者。棄置、懸之俱是。

〔疏〕議曰：有人隱匿己名，或假人姓字，潛投犯狀，以告人罪，無問輕重，投告者即得流坐。故注云謂絶匿姓名及假人姓名，以避己作者。棄置、懸之俱是，謂或棄之於街衢，或置之於衙府，或懸之於旌表之類，皆爲投匿之坐。假人姓名，經官司判入，言告人罪，從違令科。非是投匿，所以科違令。投匿告祖父母，科絞；告期親卑幼，減凡人二等；大功，減一等；小功以下，以凡人論。匿名書告他人部曲、奴，依凡人法。是大功相犯，不合減一等、二等，他皆仿此。告緦麻以上親部曲、奴，即依減法。

得書者，皆即焚之，若將送官司者，徒一年。官司受而爲理者，加二等。被告者，不坐。輒上聞者，徒三年。

〔疏〕議曰：匿名之書，不合檢校，得者即須焚之，以絶欺詭之路。得書不焚，以送官府者，合徒一年。官司既不合理，受而爲理者，加二等，處徒二年。被告者，假令事實，亦不合坐。若是書不原事，以後别有人論告，還合得罪。輒上聞者，合徒三年。若得告反逆之書，事或不測，理須聞奏，不合燒除。

問曰：投匿名書，告人謀反、大逆，或虛或實，捉獲所投之人，未知若爲科罪？

答曰：隱匿姓字，投書告罪，投書者既合流坐，送官者法處徒刑，用塞誣告之源，以杜奸欺之路。但反逆之徒，釁深夷族，知而不告，即合死刑，得書不可焚之，故許送官聞奏。狀既是實，便須上請聽裁；告若是虛，理依誣告之法。

諸告人罪，皆須明注年月，指陳實事，不得稱疑。違者，笞五十。官司受而爲理者，減所告罪一等。即被殺、被盜及水火損敗者，亦不得稱疑，雖虛，皆不反坐。其軍府之官，不得輒受告事辭牒，若告謀叛以上及盜者，依上條。

〔疏〕議曰：告人罪，皆注前人犯罪年月，指陳所犯實狀，不得稱疑。違者，笞五十，但違一事，即笞五十，謂牒未入司，即得此罪。官司若受疑辭爲推，并準所告之狀，減罪一等，即以受辭者爲首，若告死罪，流三千里；告流，處徒三年之類。即被殺、被盜，爲害特甚，或被人決水、縱火漂焚財物，盜即不限强、竊，漂焚不問多少，告者皆須明注日月，不合稱疑。推問雖虛，皆不反坐。若稱疑者，官司亦不合受理；即雖受理，官司亦得免科。其軍府之官，亦謂諸衛及折冲府等，不得輒受告事辭牒。告謀叛以上及盜者，依上條爲受即送官司之法。

又 諸爲人作辭牒，加增其狀，不如所告者，笞五十；若加增罪重，減誣告一等。

〔疏〕議曰：爲人雇倩作辭牒，加增告狀者，笞五十。若加增其狀，得罪重於笞五十者，減誣告罪一等，假有前人合徒一年，爲人作辭牒增狀至徒一年半，便是剩誣半年，減誣告一等，合杖九十之類。若因雇倩受財，得贓重者，同非監臨主司因事受財坐贓之罪，如贓重，從贓科；贓輕者，從減誣告一等法。

即受雇誣告人罪者，與自誣告同，贓重者坐贓論加二等，雇者從教令法。若告得實，坐贓論；雇者不坐。

〔疏〕議曰：上文爲人作辭牒，雖復得物，不雇誣告，因有加增，得減誣告一等；此文即受雇誣告人罪者，謂彼此同謀，本共誣構，情規陷害，故與自誣告罪同。贓重者，坐贓論加二等，假有得絹十疋，受雇誣告人一年半徒，坐贓論，十疋合徒一年，加二等，即徒二年之類。雇者從教令法，依下條教令爲從，減受雇者一等，仍得一年徒。若告得實，坐贓論，謂受絹十疋，告得實事，合徒一年之類。雇者不坐，以其得實，故得無罪。

又 諸教令人告，事虛應反坐，得實應賞，皆以告者爲首，教令爲從。

〔疏〕議曰：教令人告，事虛應反坐，謂誣告人者，各反坐；得實應賞，謂告釀禁物度關及博戲、盜賊之類令有賞文，或告反、逆臨時有加賞者：皆以告者爲首，教令者爲從。

問曰：律云：得實應賞，皆以告者爲首，教令爲從。未知告得賞物，若爲作首從分財？

答曰：應賞在令有文，分賞元無等級，既爲首從之法，須準律條論之，又不可徒、杖別作節文，約從杖一百之例：假如教人告杖一百罪虚，即告者爲首，合杖一百；教令爲從，合杖九十，即從者十分減一。應賞義亦準此。假有輕重不同，并準十分爲例。

即教令人告緦麻以上親，及部曲、奴婢告主者，各減告者罪一等；被教者，論如律。若教人告子孫者，各減所告罪一等。雖誣亦同。

〔疏〕議曰：其有教令人自告緦麻以上親，或教人部曲、奴婢告主者，告實及誣，各減告者罪一等。其告緦麻以上親，即尊者坐重，卑者坐輕；部曲、奴婢告主，皆絞。故云各減告者罪一等。被教者，論如律，謂被教告緦麻以上親及告主，各得本罪。若教人告子孫者，告子孫本既無罪，各減所告罪一等，雖是死罪，亦減死處流。注云雖誣亦同，謂雖教誣告，亦減罪一等。既上條祖父母、父母誣告子孫、外孫、子孫之婦妾及己之妾，各勿論；此條但云教人告子孫，各減所告罪一等，既外孫以下，亦準教令告子孫法；減所告罪一等。教人部曲、奴婢告主期親以下，雖無別理，亦合有罪：教告主期親及外祖父母者，科不應爲重；教告主大功以下、緦麻以上，科不應爲輕。雖無正文，比例爲允。

又 諸邀車駕及撾登聞鼓，若上表，以身事自理訴，而不實者，杖八十；即故增減情狀，有所隱避詐妄者，從上書詐不實論。

〔疏〕議曰：車駕行幸，在路邀駕申訴；及於魏闕之下，撾鼓以求上聞；及上表披陳身事：此三等，如有不實者，各合杖八十。注云即故增減情狀，有所隱避詐妄者，從上書詐不實論，謂上文以理訴不實，得杖八十；若其不實之中，有故增減情狀，有所隱避詐妄者，即從上書詐不實論，處徒二年。

自毁傷者，杖一百。雖得實，而自毁傷者，笞五十。即親屬相爲訴者，與自訴同。

〔疏〕議曰：邀車駕以下，訴人所訴非實，輒自毁傷者，皆杖一百。若所訴雖是實，而自毁傷者，笞五十。即親屬相爲訴者，親屬，謂緦麻以上及大功以上婚姻之家。爲訴者，與自訴同，自邀車駕以下，虚、實得罪，各與自訴罪同。

又 諸越訴及受者，各笞四十。若應合爲受，推抑而不受者笞五十，三條加一等，十條杖九十；

〔疏〕議曰：凡諸辭訴，皆從下始。從下至上，令有明文。謂應經縣而越向州、府、省之類，其越訴及官司受者，各笞四十。若有司不受，即訴者亦無罪。若應合爲受，謂非越訴，依令聽理者，即爲受。推抑而不受者，笞五十。三條加一等，謂不受四條杖六十，十條罪止杖九十。若越過州訴，受詞官人判付縣勘當者，不坐。請狀上訴，不給狀，科違令，笞五十。

即邀車駕及撾登聞鼓，若上表訴，而主司不即受者，加罪一等。其邀車駕訴，而入部伍内，杖六十。部伍，謂入導駕儀仗中者。

〔疏〕議曰：有人邀車駕及撾登聞鼓，若上表申訴者，主司即須爲受。不即受者，加罪一等，謂不受一條杖六十，四條杖七十，十條杖一百。其邀車駕訴人，輒入部伍内者，杖六十。注云部伍，謂入導駕儀仗中者，依鹵簿令：駕行，導駕者：萬年縣令引，次京兆尹，總有六引。注云：駕從餘州、縣出者，所在刺史、縣令導駕，并準此。儀仗依本品。若訴人入此儀仗中者，杖六十。

問曰：有人於殿庭訴事，或實或虚，合科何罪？

答曰：依令：尚書省訴不得理者，聽上表。受表恒有中書舍人、給事中、御史三司監受。若不於此三司上表，而因公事得入殿庭而訴，是名越訴。不以實者，依上條杖八十；得實者，不坐。

又 諸强盜及殺人賊發，被害之家及同伍即告其主司。若家人、同伍單弱，比伍爲告。當告而不告，一日杖六十。主司不即言上，一日杖八十，三日杖一百。官司不即檢校、捕逐及有所推避者，一日徒一年。竊盜，各減二等。

〔疏〕議曰：强盜及以殺人賊發，被害之家及同伍共相保伍者，須告報主司者，謂坊正、村正、里正以上。若家人同伍單弱，不能告者，比伍爲告，每伍家之外，即有比伍，亦須速告主司。當告而不告，謂家有男夫年十六以上，不爲告者，一日杖六十。主司不即言於所在官司，一日杖八十，三日杖一百，須計去官司遠近，準行程外爲罪。官司不即檢校，謂隨近受告官司，不即檢校、捕逐，及與隨近州、縣、鎮、戍、府、監等相推，或假以餘事辭托者，一日徒一年。若是竊盜，從同伍以下，各減二等。謀殺人已傷及殺部曲、奴婢，比竊盜不告科之。

《英藏敦煌文獻》斯四六七三《神龍散頒刑部格》 官人被推劾罪，事跡分明，擬爲訴辭，規避不對，或經恩赦，求請證徒。若得重推，多有翻動，或使過之後，州縣容翻，宜審詳元狀。如事驗明白，身雖未對，不須爲理，必稱枉酷，任經省論。州縣不得輒受申訴。其告事人，但審引虛，先決杖六十，仍各依法處斷。支證翻者，亦同此科。

唐・李林甫《唐六典・尚書刑部》 凡在京諸司見禁囚，每月二十五日已前，本司錄其所犯及禁時日月以報刑部。來月一日以聞。凡有冤滯不申欲訴理者，先由本司、本貫；或路遠而躓礙者，隨近官司斷決之。即不伏，當請給不理狀，至尚書省，左、右丞爲申詳之。又不伏，復給不理狀，經三司陳訴。又不伏者，上表。受表者又不達，聽撾登聞鼓。若惸、獨、老、幼不能自申者，乃立肺石之下。若身在禁繫者，親、識代立焉。立於石者，左監門衛奏聞。撾於鼓者，右監門衛奏聞。

唐・吴兢《貞觀政要・論刑法》 貞觀二年，太宗謂侍臣曰：比有奴告主謀逆，此極弊，法特須禁斷。假令有謀反者，必不獨成，終將與人計之。衆計之事，必有他人論之。豈藉奴告也！自今奴告主者不須受，盡令斬決。

《全唐文・周太祖〈禁越訴敕〉》 致理安邦，必先刑政。分爭辨訟，各有職司。內則臺省官僚，外則州縣曹局。共承寄任，同體憂勤。苟衆務之有條，則蒸民之無怨。向來百姓訴訟，不得越次訴論。近日繼有便詣朝廷，不經州縣，宜再止絶，免致踰違。今後百姓凡有訴論，及言災沴，先訴於縣，縣如不治，即訴於州，州治不平，訴於觀察使。或斷遣不當，即可詣臺省。如或越次訴論，所司不得承接。如有抵犯，準律科懲。其訴事文狀，或自手寫，或是雇人，並於狀後書其名姓並住止處所。如無人寫狀，許過白紙事條，並須爲己，如或容訴，是挾阿私，鞫得其情，必議嚴斷。若所經處所斷遣不平，致詣朝廷，長史、推司當行讁罰。

宋・李昉《文苑英華・申冤制》 門下：九重嚴邃，非叫閽之可聞。萬邦遐曠，因表疏而方達。朕尊居黄屋，乃心《詔令》作心念蒼生，微物不安，每切納隍之。慮一人失業，更軫宵衣之懷思。欲下情上通，無令壅隔，所以明四聰者也。其官人百姓等有冤滯未申，或獄訟失職，或賢才不舉，或獻納《詔令》作進獻謀猷。如此之流，任其投匭，凡百士庶，宜識朕懷。神龍元年二月二十七日

宋・李昉《文苑英華・着服六年判》 兖州人平辯受業於田才，才亡，辯着服六年，廬於墓側。刺史以爲違經越禮，妄造異端，禁錮三年。辯妻遣小女上策稱冤。廉察彈刺史刑獄不當。

對

田才地居鄒魯，家習文儒，業擅籯金，道光珍席。夙漸昇堂之教，早傳藏壁之書。學市攸開，几筵爰設，故得詢凝請益，還如北海之前，函丈摳衣，更似西河之上。平辯雩川童子，闕里諸生，常因閉戶之勤，豫受專門之業，庶祈榮於青紫，希變采於朱藍。日就月將，罰一作菽水之恩何極，陵夷谷徙，頹山之痛已深。舊宅淒清，空聞絲竹，遺壇寂寞，無復琴歌。嗟二物之長，收願百身而奚贖，方思重服，用表深衷。一對松楸，六遷檀柘，曩時儒肆，喜遇祥鱣。今日凶廬，悲逢吊鶴，論情雖會於寧戚，遽理未允於通途。刺史職在宣風，政乖道俗，沉憂六載，亦可驚嗟。積禁三年，固其未得。少女以卿冤伏奏，雅叶於鷄鳴；大使以糾慝彈豪，正諧於隼擊。即宜錄奏，伏聽宸衷。

宋・李昉《文苑英華・告密判》 雍州申綿州告密囚王禮，告本州人有謀反，行至散關，夜已將半，關吏以其夜到不爲開門。禮緣事急，遂越關而度。至留守所，告關令趙秀並自首越關事。到神都法司，斷秀應爲而不爲。主簿批爲不當舉牒議卿，判秀當知反而不告，下符科結秀，輕廉使披訴仰正斷。

對

王禮生於劍表，長自巴中，身在重關之外，心馳魏闕之下。踰岷越障，雖効赤城，觸網冒羅，遂縈丹筆，何者？但緣謀反律有明條，本州既不告言，他邑寧且寢默？必也同夫兆一作風火應合，控彼星昴，何須乘夜犯關，侵宵越棧，異田文之徑度，不聽鷄鳴，殊孫龍之縱辨，無論馬色，雖未詳其五聽，聊請扣其兩端，告密縱使非虛，越關無宜首免。

宋・李昉《文苑英華・子行盜判》 得甲告其子行盜，或誚其父子不相爲一作容隱。甲云：大義滅親。

對

法許原情，慈通隱惡，俾恩流於下，亦直在其中。甲齒忝人倫，忍傷天情，義方失教，曾莫愧于父頑。攘竊成姦，尚不爲其子隱。道既虧於庭訓，禮

遂闕於家肥。且情比樂年，可謂不慈傷教。况罪非石厚，徒云大義滅親，是不及情，所宜致詰。

宋・王溥《唐會要・尚書省諸司上》 開元二年四月五日勅： 在京有訴冤者，並於尚書省陳牒，所由司爲理。若稽延致有屈滯者，委左右丞及御史臺訪察聞奏。如未經尚書省，不得輒入于三司越訴。

宋・王溥《唐會要・御史臺上》〔貞元〕九年二月，御史臺奏： 今後府縣諸司公事，有推問未畢，輒撾鼓進狀者，請卻付本司推問斷訖。猶稱抑屈，便任詣臺司按覆。若實抑屈，所由官錄奏推典，量罪決責。如告事人所訴不實，亦準法處分。

宋・王欽若《册府元龜・帝王部・招諫一》 夏禹以五音聽治。五音，宮、商、角、徵、羽。懸鐘、鼓、磬、鐸，置鞀以待四方之士。爲號曰： 教寡人以道者，擊鼓。道和陰陽，鼓一聲以節五音，故擊之。喻寡人以義者，擊鐘。鐘，金也，義取斷喻，故擊鐘。告寡人以事者，振鐸。鐸，鈴。金口木舌合爲音聲，告事非一品，故振之也。語寡人以憂者，擊磬。磬，石也。聲急，憂亦急務，故擊磬也。有獄訟者，搖鞀。獄訟一辨於事，故取小鞀屬之。

宋・王欽若《册府元龜・刑法部・定律令五》〔唐太和〕八年二月，中書門下奏： 准貞元二十一年六月六日勅訴事人不得越州縣臺府便經中書門下陳狀者。近日狡猾論競，皆不待州、府推斷，便來詣闕。非惟煩黷天聽，實亦頗啓倖門。請自今已後，有此類，先科越訴罪，然後推勘。

又〔周世宗顯德四年〕七月，詔曰： 准令諸田宅婚姻，起十一月一日至三月三十日，州縣爭論，舊有釐革，每至農月，貴塞訟端。近聞官吏因循，由此成弊。凡有訴競，故作逗遛，至時而不與盡辭，入務而卽便停罷。強猾者因茲得地，孤弱者無以自伸。起今後，應有人論訴物業、婚姻，取十一月一日後許陳詞狀，至二月三十日權停。如有未了絕者，仰本處州縣亦與盡理勘逐，須見定奪了絕。其本處官吏如輒違慢，並當重責。其三月一日後至十月三十日前，如有婚田辭訟者，州縣不得與理。若交相侵奪，情理妨害不可停滯者，不拘此限。

《舊五代史・唐書・趙光允傳》 先是，條制： 權豪強買人田宅，或陷害籍沒，顯有屈塞者，許人自理。

宋・竇儀《宋刑統・婚田入務》 准《雜令》，謂訴田宅、婚姻、債負，起十月一日，至三月三十日檢校，以外不合。若先有文案交相侵奪者，不在此例。

臣等參詳，所有論競田宅、婚姻、債負之類，債負謂法許徵理者。取十月一日以後，許官司受理，至正月三十日住接詞狀，三月三十日以前斷遣須畢，如未畢，具停滯刑獄事由聞奏。如是交相侵奪及諸般詞訟，但不干田農人戶者，所在官司隨時受理斷遣，不拘上件月日之限。

宋・竇儀《宋刑統・告祖父母父母告嫡繼慈養》 諸告祖父母、父母者絞。謂非緣坐之罪，及謀叛以上，而故告者。下條准此。卽嫡、繼、慈母殺其父，及所養者殺其本生，並聽告。

疏： 諸告祖父母、父母者絞。注云，謂非緣坐之罪，及謀叛以上，而故告者。下條准此。議曰： 父爲子天，有隱無犯，如有違失理，須諫諍起恭起孝，無令陷罪。若有忘情棄禮而故告者絞。注云，謂非緣坐之罪。緣坐謂謀反、大逆及謀叛以上，皆爲不臣，故子孫告亦無罪。緣坐同首法，故雖父祖，聽捕告。若故告餘罪者，父祖得同首例，子孫處以絞刑。下條准此者，謂告周親尊長，情在於惡，欲令入罪而故告之，故云准此。若因推劾，事不獲免，隨辯注引，不當告坐。又云，卽嫡、繼、慈母殺其父，及所養者殺其本生，並聽告。議曰： 嫡、繼、慈母者，《名例》並已釋訖。此等三母殺其父，乃所養父母殺其所生父母，並聽告。若嫡、繼母殺其所生庶母，亦不得告，故律文但云殺其父者聽告。

問曰： 所生之父母被出，其父更娶繼妻，其繼母乃殺所出之母，出母之子合告以否？ 答曰： 所養父母，本是他人，殺其所生，故律聽告。今言出母，卽是所生。《名例》稱犯夫及義絕者，得以子蔭。卽子之於母，孝愛情深，顧復之恩，終無絕道。繼母殺其親母，准例亦合聽告。又問： 嫡、繼、慈母有所規求，故殺子孫，合得何罪？ 又子孫得自理訴以否？ 此母或被出，或父卒後行，若爲科斷？ 答曰： 子孫之於祖父母、父母，皆有祖父子孫之名，其有相犯之文，多不據服而斷。《賊盜律》，有所規求而故殺周以下卑幼者絞。論服相犯，例准旁周，在於子孫，不入周服。然嫡、繼、慈、養，依例雖同親母，被出改嫁，禮制便與親母不同。其改嫁者，唯止服周，依令不合解官，據禮又無心喪，雖曰子孫，唯准周親卑幼。若犯此母，亦同周親尊長。被出者，禮既無服，並同凡人，其應理訴，亦依此法。

宋・竇儀《宋刑統・告周親以下子孫違犯教令供養有闕》 諸告周親尊長、外祖父母、夫、夫之祖父母，雖得實，徒二年。其告事重者，減所告罪一等。所犯雖不合論，告之者猶坐。卽誣告重者，加所誣罪三等。告大功尊長，各減一等，小功、緦麻減二等。誣告重者，各加所誣罪一等。卽非相容隱，被告者論如律。若告謀反、逆叛者，各不坐。其相侵犯，自理訴者聽。下條准此。

疏： 諸告周親尊長、外祖父母、夫、夫之祖父母，雖得實，徒二年。其告事重者，減所告罪一等。注云，所犯雖不合論，告之者猶坐。又云，卽誣告重者，加所誣罪三等。告大功尊長，各減一等，小功、緦麻減二等。誣告重者，各加所誣罪一等。議曰：告周親尊長、外祖父母、夫、夫之祖父母，依《名例律》，並相容隱，被告之者，與自首同，告者各徒二年。告事重於徒二年者，減所告罪一等。假有告周親尊長盜上絹二十五匹，合徒三年，尊長同首法免罪，卑幼減所告罪一等，合徒二年半之類。注云，所犯雖不合論，謂周親尊長以下或年八十以上，十歲以下，若篤疾，犯罪雖不合論，而卑幼告之，依法猶坐。卽誣告周親尊長得罪重於二年徒者，加所誣罪三等。假有誣告周親尊長一年半徒罪，加所誣罪三等，合徒三年。此亦是計加得重於本罪，卽須加。告大功尊長，各減一等，謂告得實，徒一年半，重於徒一年半者，卽減周親罪一等。假有告大功尊長三年徒，減周親一等，處徒二年。告小功、緦麻尊長，雖得實，同減周親二等，合徒一年。告事重者，亦減周親尊長二等。假有告三年徒，雖實，猶徒一年半之類。誣告重者，謂誣告大功、小功、緦麻重者，各加所誣罪一等。假有誣告大功尊長一年半徒，加所誣罪一等，合徒二年。誣告小功、緦麻尊長徒一年罪，亦加所誣罪一等，徒一年半之類。又云，卽非相容隱，被告者論如律。若告謀反、逆叛者，各不坐。其相侵犯，自理訴者聽。注云，下條准此。議曰：小功、緦麻，非相容隱，被告之者，不得同於首原，各依律科斷，故云被告者論如律。若告謀反、逆叛者，謂周親尊長以下，犯謀反、逆叛三事，以其不臣，故雖論告，不科其罪。其相侵犯，謂周親以下、緦麻以上，或侵奪財物，或毆打其身之類，得自理訴。非緣侵犯，不得別告餘事。注云，下條准此，謂下條告緦麻以上卑幼，雖有罪名，相侵犯亦得自理。

問曰：告周親尊長竊盜三十匹，依檢二十五匹實，五匹虛，合得何罪？答曰：律云，一事分爲二罪，罪法若等，則累論。罪法不等，卽以重法併滿輕法。案尋此狀，正當累併之條，將重併輕，總爲三十匹，減所告罪一等，便合處徒三年。

諸告緦麻、小功卑幼，雖得實，杖八十。大功以上遞減一等。誣告重者，周親減所誣罪二等，大功減一等，小功以下以凡人論。卽誣告子孫、外孫、子孫之婦妾及己之妾者，各勿論。

疏：諸告緦麻、小功卑幼，雖得實，杖八十。大功以上遞減一等。誣告重者，周親減所誣罪二等，大功減一等，小功以下以凡人論。議曰：稱緦麻、小功，卽外姻有服者亦是。其相隱既得減罪，有過不合告言，故雖得實，合杖八十。告大功卑幼，減小功一等，周親卑幼又減一等。誣告重者，謂誣告周親重於杖六十者，減所誣罪二等。猶如誣告弟姪九十杖罪，合減所誣二等，合杖七十。若告大功以上，減一等，合杖八十。若小功以下，以凡人論，仍得杖九十。

問曰：女君於妾，依禮無服，其有誣告，得減罪以否？答曰：律云，毆傷妻者，減凡人二等，死者以凡人論。若妻毆傷殺妾，與夫毆傷殺妻同。又條，誣告周親卑幼，減所誣罪二等。其妻雖非卑幼，義與周親卑幼同。夫若誣告妻，須減所誣罪二等，妻誣告妾，亦與夫誣告妻同。

又云，卽誣告子孫、外孫、子孫之婦妾及己之妾者，各勿論。議曰：誣告子孫、外孫、子孫之婦妾者，曾玄婦妾亦同，及己之妾者，各勿論。其有告得實者，亦不坐。被告得相容隱者，俱同自首之法。諸子孫違犯教令，及供養有闕者，徒二年。謂可從而違，堪供而闕者。須祖父母、父母告乃坐。

疏議曰：祖父母、父母有所教令，於事合宜，卽須奉以周旋，子孫不得違犯。及供養有闕者，《禮》云七十貳膳，八十常珍之類，家道堪供，而故有闕者各徒二年，故注云，謂可從而違，堪供而闕。若教令違法，行卽有愆，家實貧窶，無由取給，如此之類，不合有罪。皆須祖父母、父母告者，乃坐。

臣等參詳，諸道州府民俗，間有患瘟疫之疾者，悉便骨肉相棄，絕人看侍，以至死亡，亦不躬親葬殮，人倫之弊，莫甚於斯。應有上件邪俗未除之處，委州縣長吏以下，常加訪察，重行決斷。

宋・竇儀《宋刑統・奴婢告主罪誣告本屬刺史縣令》 諸部曲、奴婢告主，非謀反、逆叛者，皆絞。被告者同首法。告主之周親及外祖父母者流，大功以下親徒一年。誣告重者，緦麻加凡人一等，小功、大功遞加一等。卽奴婢訴良，妄稱主壓者，徒三年，部曲減一等。

疏議曰：日月所照，莫匪王臣，奴婢、部曲，雖屬於主，其主若犯謀反、逆、叛，卽是不臣之人，故許論告。非(謀逆)[此三]事而告之者，皆絞，罪無首從。注云，被告者同首法。謂其主雜犯死罪以下，部曲、奴婢告之，卽同自首之法，奴婢獲罪，主得免科。奴婢爲主隱，雖告，准《名例律》相容隱，告言自合同首，今律文重言同首法者，以相隱條無相隱字故。告主之周親及外祖父母者流，不言里數者，爲同加杖二百。大功以下親徒一年，稱大功以下，小功、緦麻亦同。此等並謂告得實。誣告重者，謂所誣之罪重於徒一年，緦麻加凡人一等。若誣告主緦麻親，徒一年，加一等，合徒一年半，小功徒二年，大功徒二年半之類，大功以下諸親，犯有輕重，應計等級加者，但重於徒一年，皆准此加法。卽奴婢訴良，妄稱主壓者，謂奴婢本無良狀，而妄訴良，云主壓充賤者，合徒三年，不同誣告主者，開其自理之路。部曲減一等。其主誣告部曲、奴婢者，卽同誣告子孫之例，其主不在坐限。

諸誣告本屬府主、刺史、縣令者，加所誣罪二等。

疏議曰：誣告本屬府主等，加所誣罪二等者，謂誣告一年徒罪，合徒二年之類。若告除名，免官、免所居官等事虛，亦准比徒法加罪。其有緦麻以上親任本屬府主、刺史、縣令者，自依告親法，若告尊長，各從重論。

宋・竇儀《宋刑統・投匿名書告人罪被囚禁不得告舉他事》 諸投匿名書

告人罪者，流二千里。謂絶匿姓名，及假人姓名，以避己作者，棄置、懸之俱是。得書者，皆即焚之，若將送官司者，徒一年。官司受而爲理者，加二等，被告者不坐。輒上聞者，徒三年。

疏： 諸投匿名書告人罪者，流二千里。注云，謂絶匿姓名，假人姓名，以避己作者，棄置、懸之俱是。議曰： 有人隱匿己名，或假人姓字，潛投犯狀，以告人罪，無問輕重，投告者即得流坐。故注云，謂絶匿姓名，及假人姓名，以避己作者，棄置、懸之俱是。謂或棄之於街衢，或置之於衙府，或懸之於旌表之(顯)〔類〕，皆爲投匿之坐。假人姓名經官司判入言告人罪，從違令科，非是投匿所以科。違令投匿告祖父母科絞、告周親卑幼減凡人二等，大功減一等，小功以下以凡人論。匿名書告他人部曲奴，依凡人法。是大功相犯，不合減一等、二等，他皆倣此。告緦麻以上親部曲奴，即依減法。又云，得書者，皆即焚之，若將送官司者，徒一年。官司受而爲理者，加二等，被告者不坐。輒上聞者，徒三年。議曰： 匿名之書，不合檢校，得者即須焚之，以絶欺詭之路。得書不焚，以送官府者，合徒一年。官司既不合理，受而爲理者，加二等，處徒二年。被告者假令事實，亦不合坐。若是首不原事，以後別有人論告，還合得罪。輒上聞者，合徒三年。若得告反逆之書，事或不測，理須聞奏，不合燒除。

問曰： 投匿名書告人謀反、大逆，或虛或實，捉獲所投之人，未知若爲科罪？ 答曰： 隱匿姓字，投書告罪，投書者既合流坐，送官者法處徒刑，冀塞誣告之原，以杜姦欺之路。但反逆之徒，釁深夷族，知而不告，即合死刑，得書不可焚之，故許送官聞奏。狀既是實，便須上請聽裁。告若是虛，理依誣告之法。

准唐大中二年九月七日敕，比來多有無良之徒，妄於街衢投置無名文狀，及於箭上，并於旗幡上，肆爲姦言，欲以惑聽。自今以後，如有此色，宜准寶曆三年正月十八日敕，令所在地界，便於當處焚毀蘊藏，不要聞奏。

諸被囚禁，不得告舉他事，其爲獄官酷己者聽之。即年八十以上、十歲以下及篤疾者，聽告謀反、逆、叛，子孫不孝，及同居之內爲人侵犯者，餘並不得告。官司受而爲理者，各減所理罪三等。

疏： 諸被囚禁，不得告舉他事，其爲獄官酷己者聽之。議曰： 人有犯罪，身在囚禁，唯爲獄官酷己者得者，自餘他罪，並不得告發。即流囚在道，徒囚在役，身嬰枷鎖，或有援人，亦同被囚禁之色，不得告舉他事。又准《獄官令》，囚告密者，禁身領送，即明知謀叛以上聽告，餘准律不得告舉。又云，即年八十以上、十歲以下及篤疾者，聽告謀反、逆、叛，子孫不孝，及同居之內爲人侵犯者，餘並不得告。官司受而爲理者，各減所理罪三等。議曰： 老小及篤疾之輩，犯法既得勿論，唯知謀反、大逆、謀叛，子孫不孝，及闕供養，及同居之內爲人侵犯，如此等事，並聽告舉，自餘他事，不得告言，如有告發，不合爲受。官司受而爲理者，從被囚禁以下減所推罪三等。假有告人徒一年，官司受而爲理，合杖八十之類。

問曰： 有人被囚禁，更首別事，其事與餘人連坐，官司合受以否？ 答曰：《斷獄律》云，被囚禁不得告舉他事。此既首論身事，非關別告他人，縱連旁人，官司亦合爲受，被首之者，仍依法推科。

宋・竇儀《宋刑統・犯罪陳告告赦前事 告人罪不得稱疑》 諸犯罪欲自陳首者，皆經所在官司申牒，軍府之官不得輒受，其謀叛以上及盜者聽受，即送隨近官司，若受經一日不送，及越覽餘事者，各減本罪三等。其謀叛以上有須掩捕者，仍依前條承告之法。

疏議曰： 犯罪未發，皆許自新，其有犯罪欲自陳首釋曰： 首字皆讀爲狩，首者自告其罪也。者，皆經所在官司申牒，但非軍府，此外曹局並是所在官司。軍府之官，謂諸衛以下、折衝府以上，並是領兵曹司，不許輒受首事。其謀叛以上是重害，及盜賊之輩，並即須追掩，故聽於軍府陳首。軍府受得，即送隨近官司。其受首謀反、逆、叛者，若有支黨，必須追掩，不得過半日。及首盜者，受經一日，不送隨近州縣，及越覽餘事者，減本罪三等。假有告人脫戶，合徒三年，軍府受而爲推者，合徒一年半之類。其謀反、逆、叛，爲有支黨，事須掩捕，仍依前條承告之法，謂若滿半日不掩，還同知而不告之罪。謂謀反、大逆不告俞死，謀大逆、謀叛不告者流。

諸以赦前事相告言者，以其罪罪之。官司受而爲理者，以故入人罪論，至死者各加役流。若事須追究者，不用此律。追究謂婚婚、良賤赦限外蔽匿，應改正徵收及追見贓之類。

疏： 諸以赦前事相告言者，以其罪罪之。官司受而爲理者，以故入人罪論，至死者各加役流。議曰： 以赦前事相告言者，謂事應會赦，始是赦前之事，不合告言，若常赦所不免，仍得依舊言告。假有會赦監主自盜得免，有人輒告，以其所告之罪罪之。謂告徒一年贓罪者，監主自盜，即合除名，告者還依比徒之法科罪。官司違法受而爲理者，以故入人罪論。謂若告赦前死罪，前人雖復未決，告者免死，處加役流。官司受而爲理，至死者亦得此罪，故稱各加役流。若官司以赦前合免之事彈舉者，亦同受而爲理之坐。又云，若事須追究者，不用此律。注云，追究謂婚姻、良賤赦限外蔽匿，應改正徵收及追見贓之類。議曰： 事須追究者，備在注文。不用此律者，謂不用入罪之律。注云，追究謂婚姻、良賤赦限外蔽匿，謂違律爲婚，養奴爲子之類，雖會赦須離之、正之。赦限外蔽匿，謂會赦應首，及改正徵收，過限不首，若經實簿帳不首，不改正徵收。及應徵見贓，謂盜詐之贓，雖赦前未發，赦後捉獲正贓者，是爲見贓之類，合爲追徵。

問曰：准誣告條，至死而前人未決，聽減一等，流罪以下，前人未加拷掠，而告人引虛，得減一等。又准官司入人罪，若未決放，聽減一等。有誣告赦前死罪，官司受而爲推，得依此條減罪以否？答曰：依律，以赦前事相告言者，以其罪罪之。官司爲理者，以故入人罪論。此是赦前之罪，並不許言告。論實尚無減例，誣告豈得減之。不至死者，俱無減法，至死者，處加役流。

諸告人罪，皆須明注年月，指陳實事，不得稱疑，違者笞五十。官司受而爲理者，減所告罪一等。卽被殺、被盜及水火損敗者，亦不得稱疑，雖虛皆不反坐。其軍府之官，不得輒受告事辭牒。若告謀叛以上及盜者，依上條。

疏議曰：告人罪，皆注前人犯罪年月，指陳所犯實狀，不得稱疑，違者笞五十。但違一事，卽笞五十，謂牒未入司，卽得此罪。官司若受疑辭爲推，並准所告之狀，減罪一等，卽以受辭者爲首。若告死罪流三千里，告流處徒三年之類。卽被殺、被盜，爲害特甚，或被人決水縱火，漂焚財物，盜卽不限強竊，漂焚不問多少，告者皆須明注日月，不合稱疑。推問雖虛，皆不反坐。若稱疑者，官司亦不合受理，卽雖受理，官司亦得免科。其軍府之官，亦謂諸衛及折衛府等，不得輒受告事辭牒。告謀叛以上及盜者，依上條爲受，卽送官司之法。

准律，誣告人者各反坐。卽被殺、被盜及水火損敗者，亦不得稱疑，雖虛皆不反坐者。臣等參詳，若有因被殺盜漂焚之後，便故意誣告，別懷挾恨之人，並非猜疑，情在陷害，致官司傷其人者，減所誣罪二等，未加拷掠者又減二等。其非故意挾恨，陷害誣告者，准律文處分。

准唐會昌元年六月六日敕節文，自今以後，應有朝官及上封事人進章表論人罪惡，並須證驗明白，狀中仍言請付御史臺案問，不得更云請留中不出。如軍國要機，事關密切者，不在此例。推勘後如得事實，必獎奉公，苟涉加誣，當令反坐。

宋・竇儀《宋刑統・爲人作辭牒教令人告事》 諸爲人作辭牒，加增其狀，不如所告者，笞五十。若加增罪重，減誣告一等。卽受雇誣告人罪者，與自誣告同。贓重者，坐贓論，加二等。雇者從教令法。若告得實，坐贓論，雇者不坐。

疏：諸爲人作辭牒，加增其狀，不如所告者，笞五十。若加增罪重，減誣告一等。議曰：爲人雇倩作辭牒，加增告狀者，笞五十。若加增其狀，得罪重於笞五十者，減誣告罪一等。假有前人合徒一年，爲人作辭牒，增狀至徒一年半，便是賸誣半年，減誣告一等，合杖九十之類。若因雇倩受財，得贓重者，同非監臨主司因事受財坐贓之罪。如贓重，從贓科，贓輕者，從減誣告一等法。又云，卽受雇誣告人罪者，與自誣告同。贓重者，坐贓論，加二等。雇者從教令法。若告得實，坐贓論，雇者不坐。議曰：上文爲人作辭牒，雖復得物，不雇誣告，因有加增，得減誣告一等。此文卽受雇誣告人罪者，謂彼此同謀，本共誣構，情規陷害，故與自誣告罪同。贓重者，坐贓論，加二等。假有得絹十匹，受雇誣告人一年半徒，從贓論，十匹合徒一年，加二等卽徒二年之類。雇者從教令法，依下條，教令爲從，減受雇者一等，仍得一年徒。若告得實，坐贓論，謂受絹十匹，告得實事，合徒一年之類。雇者不坐，以其得實，故得無罪。

諸教令人告事虛，應反坐，得實應賞者，皆以告者爲首，教令爲從。卽教令人告緦麻以上親，及部曲、奴婢告主者，各減告者罪一等，被教者論如律。若教人告子孫者，各減所告罪一等。雖誣亦同。

疏：諸教令人告事虛，應反坐，得實應賞者，皆以告者爲首，教令爲從。議曰：教令人告事虛，應反坐，謂誣告人者，各反坐。得實應賞，謂告齎禁物度關，及博戲、盜賊之類，令有賞文，或告反逆，臨時有加賞者，皆以告者爲首，教令者爲從。問曰：律云，得實應賞，皆以告者爲首，教令爲從。未加告得賞物，若爲作首從分財？答曰：應賞在令有文，分賞元無等級，既爲首從之法，須准律條論之，又不可徒杖別作節文，約從杖一百之例。假如教人告杖一百罪虛，卽告者爲首，合杖一百，教令爲徒，合杖九十，卽從者十分減一，應賞義亦准此。假有輕重不同，並准十分爲例。又云，卽教令人告緦麻以上親，及部曲、奴婢告主者，各減告者罪一等，被教者論如律。若教人告子孫者，各減所告罪一等。注云，雖誣亦同。議曰：其有教令人自告緦麻以上親，或教人部曲、奴婢告主者，告實及誣，各減告者罪一等。其告緦麻以上親，卽尊者坐重，卑者坐輕。部曲、奴婢告主皆絞。故云各減告者罪一等。被教者論如律，謂被教告緦麻以上親及告主，各得本罪。若教人告子孫者，告子孫本既無罪，各減所告罪一等，雖是死罪，亦減死處流。注云，雖誣亦同，謂雖教誣告，亦減罪一等。既上條祖父母、父母誣告子孫、外孫、子孫之婦妾及己之妾各勿論，此條但云教人告子孫各減所告罪一等，既外孫以下亦准教令告子孫法，減所告罪一等。教人部曲、奴婢告主周親以上，雖無別理，亦合有罪。教告主周親及外祖父母者，科不應爲重。教告主大功以下、緦麻以上，科不應爲輕。雖無正文，比例爲允。

宋・竇儀《宋刑統・越訴》 諸越訴及受者，各笞四十。若應合爲受，推抑而不受者，笞五十，三條加一等，十條杖九十。卽邀車駕及撾登聞鼓，若上表訴，而主司不卽受者，加罪一等。其邀車駕訴而入部伍內，杖六十。部伍謂入導駕儀仗中者。

疏：諸越訴及受者，各笞四十。若應合爲受，推抑而不受者，笞五十，三條加一等，十條杖九十。議曰：凡諸辭訴，皆從下始，從下至上，令有明文，謂應經縣而越向州、府、省之類。其越訴及官司受者，各笞四十。若有司不受，卽訴者亦無罪。若應合爲受，謂非越訴，依令聽理者，卽爲受推，抑而不受者，笞五十。三條加一等，謂不受四條，杖六十，十條罪止，杖九十。若越過州訴，受詞官人判付縣勘當者，不坐。請狀上訴，不給狀，科違令笞五十。又云，卽邀車駕及撾登聞鼓，若上表訴，而主司不卽受者，加罪一等。其邀車駕訴而入部伍內，杖六十。注云，部伍謂入導駕儀仗中者。議曰：有人邀車駕及撾登聞鼓，若上表申訴者，主司卽須爲受，不卽受者，加罪一等，謂不受一條，杖六十，四條杖七十，十條杖一百。其邀車駕訴人，輒入部伍內者，杖六十。注云，部伍謂入導駕儀仗中者。依《鹵簿令》，駕行，導駕者，浚儀縣令引，次開封尹，總有六引。注云，駕從餘州縣出者，所在刺史、縣令導駕，並准此。儀仗依本品。若訴人入此儀仗中者，杖六十。

問曰：有人於殿庭訴事，或實或虛，合科何罪？答曰：依令，尚書省訴不得理者，聽上表。受表恆有中書舍人、給事中、御史三司監受。若不於此三司上表，而因公事得入殿庭而訴，是名越訴。不以實者，依上條杖八十，得實者不坐。

准周廣順二年十月二十五日敕節文，起今後諸色詞訟，及訴災沴，並須先經本縣，次詣本州、本府，仍是逐處不與申理，及斷遣不平，方得次第陳狀，及詣臺省，經匭進狀。其有驀越詞訟者，所由司不得與理，本犯人准律文科罪。應所論訟人，並須事實干己，證據分明，如或不干己事，及所論矯妄，並加深罪。其所陳文狀，或自己書，只於狀後具言自書，或雇倩人書，亦於狀後具寫狀人姓名，居住去處。如不識文字，及無人雇倩，亦許通過白紙。若是州縣不與申理，及推斷謬濫，致人上訴者，委逐處長吏舉奏，以防冤滯。

宋·竇儀《宋刑統·邀車駕撾鼓上表自訴事自毀傷及剺耳》 諸邀車駕及撾登聞鼓，若上表以身事自理訴，而不實者，杖八十。卽故增減情狀，有所隱避詐妄者，從上書詐不實論。自毀傷者，杖一百。雖得實而自毀傷者，笞五十。卽親屬相爲訴者，與自訴同。

疏：諸邀車駕及撾登聞鼓，若上表以身事自理訴，而不實者，杖八十。注云，卽故增減情狀，有所隱避詐妄者，從上書詐不實論。議曰：車駕行幸在路，邀駕申訴，及於魏闕之下撾鼓，以求上聞，及上表披陳身事，此三等如有不實者，各合杖八十。注云，卽故增減情狀，有所隱避詐妄者，從上書詐不以實論。謂上文以理訴不實，得杖八十，若其不實之中，有故增減情狀，有所隱避詐妄者，卽從上書詐不實論，處徒二年。又云，自毀傷者，杖一百。雖得實，而自毀傷者，笞五十。卽親屬相爲訴者，與自訴同。

議曰：邀車駕以下，訴人所訴非實，輒自毀傷者，皆杖一百。若所訴雖是實，而自毀傷者，笞五十。卽親屬相爲訴者，親屬謂緦麻以上，及大功以上婚姻之家，爲訴者，與自訴同。自邀車駕以下，虛實得罪，各與自訴罪同。

准唐大曆十二年四月十二日敕，自今以後，有擊登聞鼓者，委金吾將軍收狀爲進，不得輒有損傷，亦不須令人遮擁禁止，其理匭使擔任投匭人投表狀於匭，依常進來，不須勒留副本，並妄有盤問，方便止遏。

臣等參詳，應有剺耳及諸自毀傷而訴事者，先決臀杖十下，然後推鞫。所訴之事，各隨虛實別斷。

宋·謝深甫《慶元條法事類·職制門》 諸色人告獲州縣公吏犯罪勒停，謂於不該收叙及未該收叙者放罷編配再行投募充役，以元犯給賞：杖罪，錢一十貫；徒罪，錢二十貫；流罪，錢三十貫。

宋·謝深甫《慶元條法事類·文書門》 諸奉行手詔及寬恤事件違戾者，許人越訴。

又 諸官司被受續降條制內有許人告捕者，並曉諭叁日，外方許告捕。

《宋大詔令集·禁越訴詔》 設官分職，委任責成。俾州縣以決刑，見朝廷之致理，若從越訴，是紊舊章。自今應有論訴人等，仰所在曉諭，不得驀越陳狀，違者無科越訴之罪，卻送本屬州縣，據所訴依理區分。如是已經州縣論理，不爲施行，及情涉理由，當職官吏並當深罪。仍令諸州府於要路粉塗壁，揭詔書示之。

宋·李心傳《建炎以來繫年要録》卷三七 〔建炎四年九月甲寅〕言者論近州縣之吏，贓貪頗衆，欲望應官員犯入己贓，許人越訴，其監司守令不卽案治，並行黜責，庶使舉刺之官，不敢坐視，贓吏既去，民皆樂生。從之。

宋·李心傳《建炎以來繫年要録》卷六七 〔紹興三年八月〕己酉，給事中黃唐傳言：近下求賢之詔，未聞有畫一奇出一策者，而告諭州縣及訴人之過，則多有之。此非陛下求言本意，望降詔旨，應自今上書言事，毋有所諱，惟不許因書告他，訐人過失。詔檢鼓院榜諭。

宋·李心傳《建炎以來繫年要録》卷七六 〔紹興四年五月〕詔監司郡守常切幾察贓吏犯法、巡尉失職，並仰劾奏。如失覺察，取旨重行。時禮部員外郎兼祕書省著作佐郎郭孝友言：今東南州縣，無水旱之災，夷狄之禍，而居無尺椽，爨無盛煙者，贓吏害之，盜賊擾之耳。郡縣有贓吏，乃煩朝廷遣使以黜陟之，是按察之官不稱職也；鄉邑有盜賊，乃煩朝廷命將以招捉之，是討捕之官不勝任也。願陛下申命有司，禁貪墨於未發之前，消姦宄於未形之際。監司郡守不覺察，當免，巡尉將校不斷捕，以重論。如此則贓吏革心，盜賊破膽，民安而物阜矣。故有是旨。

宋・李心傳《建炎以來繫年要録》卷九〇 〔紹興五年六月辛未〕尙書省言：訪聞四川州縣官，以朝廷在遠，並緣軍興，貪墨狼籍。按察官坐視不省，致贓吏得以自肆，久爲民患。契勘黄大本、于淙、莫憲章已行斷配，宜檢坐已斷並行遣池州知通。令宣撫司鏤榜諸州縣，自今官員犯入己贓，許人越訴。如監司州郡阿庇不卽察治，令宣撫司劾奏，重寘典憲。

宋・李心傳《建炎以來繫年要録》卷九一 〔紹興五年七月庚辰〕詔尙書省復置御史刑房，專主本臺所上彈劾文字。仍令六部申嚴部人結保之法，每三人或五人結爲一保，遞相覺察。凡保中有人犯罪逃走，許大理寺監錮同保人追捉須管敗獲，如有不獲，並與同罪。本部不得申請占留，其逃走改名復來部中之人，並重行決配。保人輒敢容隱者，亦與同罪。仍許諸色人告，用本臺指也，自建炎省併吏額，御史刑房不專置，左右司亦不聞有所檢察。每御史案吏，吏輒亡去，大理卽乞先次結絶，吏復更名歸部，姦弊百出，故本臺以爲請。

宋・李心傳《建炎以來繫年要録》卷九二 〔紹興五年八月〕太府寺丞兼都督府幹辦公事王良存請州縣之獄，所禁罪人，並須當職官常加審問，躬定牢戶。其不應拘繫及入禁不書歷之人，許被禁之家越訴。增重法禁，期於必行，從之。令刑部看詳立法。

宋・李心傳《建炎以來繫年要録》卷九七 〔紹興六年正月〕癸巳，殿中侍御史王縉言：諸處推鞫公事，惟姦贓之吏，多挾智數，重賄獄司。追理干繫，停緩歲月，使陳訴及照證之人，各有退心，然後贓狀可以昭雪。其堅執不退者，往往非理致死，欲乞委諸路提刑司檢法官看詳。有情款異同，而申報病死者，研究情實，如有冤枉，具申朝廷。庶幾官吏不致輕害人命。從之。

宋・李心傳《建炎以來繫年要録》卷一六三 〔紹興二十二年正月〕丁巳，大理評事莫濛面對，言州縣常賦秋苗，官耗義倉，各有定數，而別立名色，而民戶至有納一二倍纔及正額者。止資官吏侵欺盜隱，無補用度，乞令有司檢坐條法揭示，許民越訴。從之。

又 〔紹興二十二年五月〕辛丑，右諫議大夫林大鼐言：比來遐方多有健訟之人，欺紿良民，舞玩文法，州縣漕憲未結絶，則申冤於部，於臺，於省。官司眩於偏詞，必與之移送重定，外方往往觀望，爲之變易曲直。欲今後所送，如婚田差役之類，曾經結絶官司，須具情與法敍述定奪因依，謂之斷由。人給一本，厥有翻異。仰繳所結斷由於狀首，不然不受理，使官司得以參照批判，不失輕重，而小人之情狀不可掩矣。將來事符前斷，卽痛與懲治，可使戶婚訟簡，臺省事稀，亦無訟之策也。上曰：自來應人戶陳訴，自縣結絶不當，然後經州，經監司，以至經臺，然後到省。今三吳人多是徑至省，如此則朝廷事多，可從所奏。

宋・李心傳《建炎以來繫年要録》卷一七三 〔紹興二十六年七月〕右正言凌哲言：陛下深念比年臣僚，有緣誣告不測之罪，投竄遐裔，無路自明，迺因郊賜赦，曠然與之昭洗。於是中外之士，交章公車，陳詞臺省，以自訴辨雪者，殆無虚日。聖恩寬大，悉命有司量其情實，或除罪籍，或復元官。冤憤既伸，萬物吐氣，甚盛德也。臣竊見比來檢鼓院上封者滋多，頗涉冒濫。如其所犯，元因語言疑似之類，或可矜憫。至於姦贓狼籍，已經按治，蹟狀顯著，人所共知者，亦復巧飾詞理，公肆誕謾，或稱向曾違誤權臣所致，例圖解免。今陛下方開公正之路，而小人乃欲啓僥倖之門，此尤清議之所不容也。又況此曹嗜利之人，與生俱生，未易悛革，儻復齒夷途，再臨民社，必且益務掊尅，以殘虐吾民，無所忌憚，其害將有甚於前日矣。伏望特詔有司，應自今陳雪過名之人，並須檢會元犯事因。如係贓罪已經勘劾者，乞止依元斷條法施行。庶使貪汙知畏，官曹浸清，實天下幸甚。詔刑部看詳取旨，其後本部言，命官犯罪，若元因論訴按發，鞫勘贓證結錄，別無翻異。已行斷遣者，並欲具元斷因依，分明告示。其餘特被罪，或因緣連累斷遣之人，後來有司看詳，委有冤抑，卽行開具因依，申取朝廷指揮。從之。

宋・李心傳《建炎以來繫年要録》卷一九九 〔紹興三十二年五月〕癸卯，言者論大理寺推獄，多取賄賂。凡以罪赴寺者，率縛之暗室，以木爲拳，或用藤杖擊之，必厭所欲而後已。貧者至鬻妻子以爲賄賂。詔刑部長貳覺察，許越訴。

《宋會要輯稿・刑法一》 〔紹興六年〕十二月二十九日，臣僚言：蜀中四路差官，著於條令甚詳。昨頒降《吏部七司法》，付之逐路，藏於有司，當職官不能遍曉，參選官(慢)〔漫〕不及知，姦吏舞文，爲害甚大。乞令成都府路轉運司翻印關諸路，依紹興新書，許人收買，所貴人皆曉然。有不依法者，聽於逐路提刑、安撫司陳訴改正。從之。

《宋會要輯稿·刑法二》〔宣和〕五年五月二十七日，中書省言：訪聞外路縣官多有不恤民力、抑勒侵擾事件。鄉村陳過詞狀，未論所訴事理如何，卻先根刷陳狀人戶下積久不問蠲放分數、倚閣年限，並行催索，百姓避懼，遂致不敢到官披訴冤抑。或因對證，勾追人戶到縣，與詞狀分日引受。若遇事故，有遷延至五七日不能辨對了當。非理拘留，妨廢農事。又有保正長、甲頭之類，日限分催稅數，仍令三日赴縣衙出頭比磨期限，迫促趨赴下辨。鄉村地里窵遠，多是不得及時催督，皆屬未便。今乞轉運司覺察，如有上項去處，並行止絕，日後常切點檢。仍遍行曉示鄉村知悉。勘會租稅輒勾催稅人赴官比磨已有法禁外，縣道民訟與追會到公事，並合每日受理行遣，不當分日引受。其人戶有欠，自合平日催督，若遇赴訴，卻根刷出戶下積欠催索，顯是故爲抑塞，並屬違法。詔令戶部坐條申明，及遍下諸路監司，常切覺察點檢。如有前項違慢去處，並仰按劾施行。

又〔建炎二年〕五月十一日，曲赦河北、陝西、京東路。昨降詔曰：今後如聞見任官有涉疑異志者，止許經不干礙官陳告，如跡狀明白，委非誣罔，即收捕付獄以聞。如輒一面擅行殺戮，事雖有實，亦坐擅殺官吏之罪。仍仰上下覺察，爲賊反間、妄亂語言姦細，許諸色人捕捉赴官，比常格倍賞推恩。又詔：聞軍旅及小民內有頑惡凶悍之人，輒敢淩犯官吏，欺壓良民，苟不如意，誣以姦細之名，反中賊計，遂使被誣者枉遭刑戮。令帥司編下所部，出榜約束，立賞錢三百貫，許人捕捉，並從軍法處斷。

又〔紹興元年〕五月十四日，詔曰：朕遭時艱難，盜賊蜂起，比分遣將帥，招來平蕩，而民力久困，不可枝梧。訪聞縣令貪緣爲姦，廉者取羨餘，悅權貴，爲進身之術；貪者充家，民無所聊，朕甚憫惻。雖累降指揮，州縣不得非理科率，緣其間實因軍期急切，有不得已合須索之物，竊慮州縣假此聲勢，過數率斂，爲害不細。仰自今後州縣如有似此合科物色，須管明以印榜開坐實數於前，次具鄉村戶口若干，依等第每戶合出若干，仍具一般印榜申監司，因出巡親行按察，不得更似日前先多科其數，然後輕重出沒。如違，官竄嶺表，人吏決配。仍許民戶越訴。

又〔淳熙十二年十一月二十二日〕同日赦：州縣酒坊多就人戶賒糴米麥，不支價錢，即將酸黃酒擡價折還，或因節朔、吉凶、修造之類，抑勒酤賣，監繫追納官錢，顯屬騷擾。可令監司常切覺察，如有違戾去處，按劾以聞，仍許人戶越訴。十五年明堂赦同。

又〔淳熙十二年十一月二十二日〕同日赦：州縣以權勢親戚過往幹託，輒於鄉村差借人夫，顯屬違法。仰監司常切覺察，按劾以聞，仍許人戶越訴。十五年明堂赦同。

又〔淳熙十六年二月〕十六日，戶部郎中豐誼言：沿江並海深水取魚之處，乞許令衆戶舟楫往來，從便漁業，勿有所問，不得容令巨室妄作指占，仍舊勒取租錢。雖昔係耕種之地坍落，今爲深水，亦不在占據之限。豪強尚敢違戾，州縣儻或縱容，即許人戶越訴，擇其首倡，重作懲戒。從之。

又慶元元年八月十七日，詔有司檢坐見行條法，給榜下州軍縣鎮，今後現任官收買飲食服用之物，並隨市直，各用見錢，不得於價之外更立官價。違，許人戶越訴。在外令監司按劾，在內令御史臺覺察。

又〔嘉泰三年〕十一月十一日南郊赦文：訪聞形勢之家違法私置獄具，（僻）〔擗〕截隱僻屋宇，或因一時喜怒，或因爭訟財產之類，輒將貧弱無辜之人關鎖饑餓，任情捶拷，以致死於非命。雖偶不死，亦成殘廢之疾。被苦之家不敢伸訴，深爲可憫。自今赦到日，仰守臣多立賞牓，遍示縣鎮，嚴行禁止。如有（祠）〔詞〕訴到官，須管盡情根究，依法施行。或州縣奉行不虔，仰提刑司按劾，月具有無違戾以聞。

又〔開禧〕三年正月十六日，行在榷貨務狀：行在務場每歲收趁課額八百萬貫，應副左藏西庫，就支大軍給（遺）〔遣〕及朝廷封樁財計。建康一千二百萬貫，鎮江四百萬貫，應副淮東總領所給（遺）〔遣〕屯戍軍馬支費，並解發上供封樁之數，事繫重害。今諸州府卻依安撫司行下，更不顧客販，茶鹽舟船並行拘（膚）〔敷〕。設有不敷之人，便作有悞軍期行遣，遂使客人畏懼，不肯興販，三務所收課利全然稀少。乞指揮下三務場遍牒曉諭興販茶鹽客人知委，有茶鹽船經本務場陳乞，送鋪戶保明詣實，給黃旗公據收執興販，州縣等處不得妄有拘擾。違，仰客人指實越訴，將官吏重行施行。從之。

又〔開禧三年〕十月十七日，臣僚言：乞申飭諸路監司，嚴切覺察部內，如有因科買而不還價錢，以和糴而輒作姦弊，即州追都吏，縣追典押及承行人吏，並行決配，仍許人戶越訴。內守令縱容，情理巨蠹，即併按劾以聞。從之。

又〔嘉定五年〕九月二十八日，臣僚言：竊見漳、泉、福、興化，凡濱海之民所造舟船，乃自備財力興販牟利而已。朝廷以備邊之務不可弛，間籍定其數，更番以備防托。奈何州縣創例科取，胥吏並緣搔擾百出，利歸於下，怨歸於上。乞行下漳、泉、福、興化等郡禁戢，沿海諸邑，凡大小海船除防托差使外，應干科斂無名色錢並行蠲免。如溫、台、明等有海船去處，亦一例禁戢，毋得非法科取。若水居小船，不應丈尺，不得拘籍騷擾。如違，許船戶越訴，官吏計贓，重寘典憲。從之。

又〔嘉定八年十二月〕三十日，臣僚言：比者旱蝗爲孽，民食奏艱，朝廷經理，不遺餘力，蠲廩朝奏夕可，惠至渥也。臣久歷州縣，備究疾苦，凶年饑歲，惟中戶最可憫憐。蓋中人之家，入僅償出，粒米狼戾，尚鮮蓋藏，不幸遇災，自救不給，州縣例行科抑，使之出粟，期會督迫，逾於常賦，鬻田貸室，轉糴應輸。富者乘時高價取贏，反逐其吞並之計；胥吏並緣推排，以飽谿壑之欲。乞行下應旱荒州縣，出粟賑糶，未免亦科及中戶，當量察其有無，不可專論產錢，多方招誘，不可專事抑勒。如官司過於暴刻，胥吏緣此取受，許人戶越訴，當擇其甚者重寘典憲。從之。

又〔嘉泰〕六月十六日，德音赦文：勘會蘄、黃州並管下縣鎮民戶，昨緣避地，流移渡江，今欲復業之人，應隨行衣物牛具驢馬之類，並不得邀阻收稅，舟船免力勝。如有違戾，許民戶越訴。仍多出文牓曉諭。

又〔嘉泰九月十日〕又赦文：勘會保正副依條止掌煙火、盜賊、橋道等事，訪聞官司動用，一切取辦，如修葺材料、差顧夫力，勒令催科，並是違法。仰今後州縣遵守條令，不得汎有科擾。如違，許充役之家越訴。仍仰監司覺察，按劾聞奏。

又〔紹興三年七月〕二十二日，詔：江北流寓之人賃屋居住，多被業主騷擾，添搭房錢，坐致窮困。又豪右兼並之家占據官地，起蓋房廊，重賃與人，錢數增多，小人重困。令臨安府禁止，仍許被抑勒之人詣府陳告。根究得實，將業主重行斷遣，其物沒納入官。本府不爲受理，許詣朝省越訴。

又〔紹興三年七月二十二日〕同日，詔：宗室及有蔭不肖子弟多是酤私酒，開櫃坊，遇夜將帶不逞，殺打平人，奪取沿身財物。令臨安府寅夜密行收捕，如獲上件作過之人，先行收禁枷訊，具奏聽旨。

又〔紹興〕五年八月二十四日德音：應潭、柳、鼎、澧、嶽、復州，荊南、龍陽軍，循、海、潮、惠、英、廣、韶、南雄、虔、吉、撫州，南安，臨江軍，汀州管內，訪聞逐路州縣昨因捕盜，創置軍期司，行移公文，追科差役，猾胥姦吏以此恐嚇良善，無所不至。今來軍事已定，仰提刑司委官點檢，並行住罷。如尚敢存留，按劾以聞，當議重寘典憲。又前項管內州軍應見收藏驅虜到人，或展轉雇賣買人，知情至今未令逐便，如限滿依舊拘留，並從略人爲女使法科罪。鄰保知而不糾，減犯人罪一等，許被虜人或親屬次第陳訴。

又〔紹興二十六年〕七月十三日，御史中丞湯鵬舉言：逐州私置稅場，廣收醋息，信有所入，盡歸公庫，恣己所用。波及僚屬，兼局添給所在有之，如蘇、湖、秀之兵職、曹官，令佐請給，其間月有二三百千者，而居民、僧道、店鋪、舟船經由場務，無不科斂以納醋息，其害不可言者。伏乞申嚴守倅，遵依紹興敕令，按月支見任供給，違者並以自盜論，令臺諫、監司按〔刻〕〔劾〕。從之。

又〔紹興二十六年〕九月一日，太學錄萬成象言：昨者大臣專國，權傾天下，乃於始生之日受四方之獻，寶貨珍奇，輻湊其門。至於監司、州郡，轉相視效，屬吏諂奉，爭新効奇。屯兵所在諸將，遺賂金珠綵帛，貲以萬計。甚者給綵張樂，百戲迎引，所至騷然，逾於誕節。夫以州郡而爲朝廷之儀，人臣而享天下之奉，名分不正，未有甚於此者，乞嚴禁止。詔令有司立法。刑部立法，諸內外見任官因生日輒受所屬慶賀之禮，及與之者，各徒一年，所受贓重者坐贓論。

又〔紹興二十六年九月〕十一日，太學博士何俌言：伏見元降指揮，將送饋折會之類紐計過數者，皆以贓坐。近年監司、郡守十一日，太學博士何(益)〔蓋〕有供給之外遞相送遺，公行博易，月至千緡者。至於官屬，往往虛創名件，謂之兼局、提點、檢察、監催之名，其所入亦有月至二三百緡者。而閑慢小官合得供給奉錢，或虛折酒醋，或累月倚閣，其爲不均如此。望下按察官司嚴行禁止，悉遵見行條法。從之。

又〔紹興二十六年〕十月十九日，詔：訪聞街市貨賣熟藥之家，往往圖利，多用假藥，致服者傷生，深爲惻然。自今後賣藥人有合用細色藥，敢以他物代者，許其家修合人陳首。如隱(敝)〔蔽〕，卻因他人告首者，與貨藥人一等斷罪，並追賞錢三百貫，先以官錢代支。其犯人不理有官及蔭贖，並依不如本方殺傷人科罪。令臨安府及諸路州縣出榜曉諭。

又　〔紹興二十六年〕閏十月十五日，刑部看詳臣僚劄子：　在法，州縣違法差雇夫轎車馬之類及驅逐街市賣物村民，並以違制論，不以赦降原減。官吏亂作名色拘占舟船者徒一年科罪，並許人戶越訴。其州縣見任官私役工匠，即未曾申嚴禁約。今欲乞見任官如敢於所部私役工匠，營造己物，依律計庸準盜論。若緣公興造，即具事因送所屬量事差撥，仍依籍內姓名從上輪差，務要均平，及令所役官司〔擾〕〔優〕支雇直。如有違犯，並許人戶越訴。監司不行覺察，依條科罪施行。從之，仍令敕令所編入成法。

又　〔紹興〕二十五年十一月二十七日，三省、樞密院言：　頃者輕儇之子輒發親戚箱篋私書訟於朝廷，遂興大獄，因得美官。緣是之後，告訐成風。考簡牘於往來之間，錄戲語於醉飽之後，雖朋舊骨肉，實相傾陷，薄惡之風，莫甚於此。乞令有司開具前後告訐姓名，議加黜罰。詔令刑部開具取旨。

又　〔紹興〕二十六年正月二十四日，御史湯鵬舉言：　乞申嚴州縣，今後應有告訐私事者或雜以公事，不許受理，則事不干己之法必行，而此風自息。稍或不悛，追證不實者，重寘編配。從之。

又　〔紹興〕三十年三月十四日，臣僚言：　今錢塘南山士庶墳墓極多，往往與〔刑〕〔形〕勢之家及諸軍寨相鄰，横遭包占平夷，其子孫貧弱，不能認爲己有。乞令臨安府出牓，嚴行禁約，並本縣官吏不得受賂容情，擅行給佃。如有違犯，仰人戶徑詣臺府越訴，重行斷治。從之。

《宋會要輯稿·刑法三》　太祖乾德二年正月二十八日，詔曰：　設官分職，委任責成，俾郡縣以決刑，見朝廷之致理，若從越訴，是紊舊章。自今應有論訴人等，所在曉諭，不得驀越陳狀，違者先科越訴之罪，卻送本屬州縣依理區分。如已經州縣論理，不爲施行，及情涉阿曲，當職官吏並當深罪。仍令於要路粉壁揭詔書示人。

又　〔太祖乾德三年〕明年六月三日，宋州觀察判官何保樞上言：　民爭訟婚田，多令七十以上家長陳狀，意謂避在禁繫，無妨農務，又恃老年不任杖責，以此紊煩公法。欲望自今應年七十以上不得論訟，須令以次家人陳狀，如實無他丁而孤老惸獨者不在此限。從之。

又　太宗太平興國二年九月八日，有司言：　詔問老而訟不實者不可以加刑，當詳定其法。准《名例律》，八十以上、十歲以下及篤疾，聽告謀反叛逆、子孫不孝及同居之內爲人侵犯者，餘並不得論告。官司受而爲理者，各減所理罪三等。又乾德四年六月〔訟〕〔詔〕，七十以上爭〔詔〕〔訟〕婚田，並令家人陳狀。又律，家人共犯，止坐尊長，於法不坐者歸罪其次。疏云：　於法不坐者，謂八十以上、十歲以下及疾患者。自今應論訟人有篤疾及年七十以上，所訴事不實，當坐其罪而不任者，望移於家人之次長；　又不任，即又移於其次。其論訟人若老及篤疾，當其罪不任者，論如律。從之。

又　雍熙四年四月四日，詔曰：　悼耄之歲，刑責不加，斯聖人養老念幼之旨也。然則爭訟之端，不可不省；　姦險之作，抑亦多途。或有恃以高年，多爲虛誕者，並從乾德四年六月詔書從事。先是太平興國二年九月詔書，老人論訟事虛，罪其次家長。至是有司以爲或不知情，虛坐其罪，請依乾德詔書，七十以上不得論訴，當令宗族中一人同狀，官乃爲理，若實孤老即不在此限，乃下此詔。

又　太宗淳化二年正月二十六日，詔：　荆湖、淮南、江南、兩浙、西川、嶺南管內諸州民訴水旱害田稼，自今夏以四月三十日，秋以八月三十日，違限者更不得受。

又　至道元年三月十五日，詔：　諸道州府軍監，今後部下吏民有再詣闕陳訴，朝廷勘鞫，事皆不實者，更改陳訴，州不得爲理，即禁錮，具前後事狀奏取進止。

又　〔至道元年〕五月二十八日，詔曰：　古者二千石不察黄綬，故事丞相府不滿萬錢，不爲移書，所以明慎經制而斥去苛碎，各守職分而不至踰越也。今分建轉運之任以按察風俗，州縣吏皆文學高第，朝廷慎選。甘棠聽訟，固惟舊焉；　肺石稱冤，安及於此！應諸路禁民不得越訴，杖罪以下縣長吏決遣，有冤枉者即許訴於州。

又　〔眞宗咸平六年〕十一月十七日，詔曰：　國家選擇群材，明慎庶獄。列州縣之職，屬在審詳；　委漕運之臣，俾其聽察。而詣闕越訴，頑猾亦多，不顧憲章，〔忘〕〔妄〕陳文狀，洎行推鞫，頗有紊煩。特舉詔條，用清刑辟。應論訴公事，不得驀越，須先經本縣勘問，該徒罪以上送本州，杖罪以下在縣斷遣，如不當，即經州論理。本州勘鞫，若縣斷不當，返送杖罪，並勘官吏情罪，依條施行。若本州區分不當，既經轉運司陳狀，專委官員或躬親往彼取勘，盡理施行。情理重者，備錄申奏，仍於鄰路差官鞫問斷遣，若實有不當，干繫官吏一處勘訖，結案申轉運使。流罪以下先次決放，死罪及命官具按聞奏。

如轉運使收接文狀，拖延避事，不切定奪，致詣闕陳論，差官制勘，顯有不當，即並勘轉運司官吏。如公然妄興論訴，玷瀆官員，該徒罪以上者，逐處決訖，禁奏取裁。其越訴狀，官司不得與理。若論縣許經州，論州經轉運使，或論長吏及轉運使，在京臣僚，並言機密事，並許詣鼓司、登聞院進狀。若夾帶合經州、縣、轉運論訴事件，不得收接。若所進狀內稱已經官司斷遣不平者，即別取事狀，與所進狀一處進內。其代寫狀人不得增加詞理，仍於狀後著名，違者勘罪。州縣錄此詔當廳懸掛，常切遵稟。

又　景德二年六月十三日，詔：諸色人自今訟不干己事，即決杖枷項，令衆十日。情理蠹害，屢訴人者，具名以聞，當從決配。恐喝贓重者處死，被恐喝者許陳首，免其罪。

又　景德二年七月十三日，詔：自今詣闕論事人，須具州縣施行不當、曾經轉運使披訴日月，鼓司、登聞院乃得受之。越訴虛妄論如法。

又　景德二年七月十四日，詔曰：先是咸平六年十一月敕，禁論訴驀越。近日詣闕進狀人多稱轉運司不爲收接，及至降敕施行，多未經轉運司陳狀。自今應論訴稱州縣斷遣不當者，轉運使即時收接，看詳施行。如合候務開，及別有違礙格敕、不合施行者，亦當面告示，取索知委結罪狀。如所訴事理合與施行，轉運使行遣不當，不與收接，須詣闕披陳者，並具曾經轉運陳訴日月，因依，方許詣鼓司、登聞院進狀。若將來勘鞫，卻有虛妄，依法科罪。從河北轉運使劉綜之請也。

又　景德四年五月十三日，詔：自今文武官無例於閤門上封者，並諸色人並許詣鼓院進狀。本院官看詳，其告機密及論訟在京官吏，許實封進內，自餘刑訟冤枉、朝政闕失、民間利害，並許上言。事有可採，亦依例進入，違理不可行者罷之。其鼓院不行，如本人稱不盡情，即許詣檢院披訴。仰詳事理，如委是允當，即判書狀付之；如實不當，即繳連聞奏。如檢院不判審狀給付，即許御史臺陳訴。其兩院委實行遣不當者，方得邀車駕進狀，兩院官必行朝典；如涉虛妄，科上書詐不實之罪。如未經鼓院進狀，檢院不得收接；未經檢院，不得邀駕進狀。如違，亦依法科罪。如是令人代筆爲狀，即不得增添情理，別入言詞。並元陳狀人本無枝蔓論奏事，被代筆人誘引、妄有規求者，以代筆人爲首科罪。

又　大中祥符元年正月二十九日，詔曰：朕務闢言路，期清化源，念庶獄之斯繁，多蒸人之誤犯，宜遵寬簡，式示哀矜。前詔條約接駕進狀，又近日以來，所犯猶衆，悉坐徒刑，頗軫朕意。雖從減等，尚恐未明，特審載於情由，免陷人於刑法。自今車駕出，如入內內侍省送到接駕人等，仰軍頭司官密詢事宜訖，內有未依敕命經歷逐處者，具錄劄子，分明曉示。如堅(乞)〔訖〕施行，即取責(乞)〔進〕施行。如稱不細認敕命誤來接駕進狀者，取乞不施行狀，當議更不勘罪。若內稱已曾經歷逐處、依得敕命者，即不取狀，本司逐色具狀實封聞奏，候御寶批出，即得施行。先是內出條約，邀車駕陳狀人及禁中所錄進狀數，詔樞密曰：下俚愚民，不知條法，偶來進狀，便至重刑。今後更令引見司逐名據事理及曾與不曾經鼓、檢院進狀，具合經某司行遣，內中但批合與指揮，免使愚民陷於法也。時上元行幸，訴事希恩者衆，有司舉前詔，悉以違(治)〔制〕論，特詔寬其罰焉。

又　〔大中祥符〕四年九月十日，詔：自今訴訟，民年七十以上及廢疾者不得投牒，並令以次家長代之。若己自犯罪及孤獨者論如律。

又　〔大中祥符〕五年四月二十四日，詔：比來因公事勘斷人經年遇赦，多詣闕訴枉。自今宜令制勘官，每獄具則請官錄問，得手狀伏辨，乃議條決罪。如事有濫枉，許詣錄問官陳訴，即選官覆按。如錄勘官委實偏曲，即劾罪同奏；如錄問官不爲申舉，許詣轉運、提刑司，即不得詣闕越訴。

又　〔大中祥符〕六年三月十七日，開封府勘三司磨勘吏訟判官楊嵎款狀，帝曰：此誠申嵎行遣不當。大凡因公事送人吏付有司劾問，須俟推鞫得實，法寺定斷，方見刑名，豈有行下文字便須合招違敕罪？致小吏興訟，是不解事。役使公人，雖然可恕，其如顯是違敕文？不欲因人吏責降，嵎特免追官，與監當，元訴人決杖停職。

又　〔大中祥符〕七年三月十三日，殿中侍御史曹定言：諸州長吏有罪，恐爲人所訟，即投牒本州首露，雖情狀至重者亦以例免。請行條約。詔自今知州、通判、幕職官、使臣等首罪，如實未彰露，則狀報本路轉運使，令檢格條，縱當原免，亦書於曆。

又　〔大中祥符七年〕九月十日，詔：如聞外州百姓詣登聞院釘足斷指訴事者，有司以妄自傷殘，並先決杖，流離道路，深可嗟憫。自今並送所屬州縣，依法決罰。時忻州有民詣檢院釘手訴田，帝因謂宰臣曰：朕頃莅京府，有蘄州女子訴父經縣理田產被杖，千里而來，不爲田而爲父也。此事或有枉撓，即傷和氣。因有是詔。

又　天禧元年十月十一日，詔：　如聞諸班直、諸軍坊監庫務官健，飲博無賴，或部分稍峻，即捃摭興訟。今後所訴事並須干己，證佐明白，官司乃得受理，違者坐之。情或巨蠹，具案以聞。人員被欺嚇者，仰自首露，並釋其罪。

又　〔天禧〕三年六月九日，詔：　兵部郎中、直史館陳靖，頃以典領藩條，決遣民訟，知胥徒之納賄，列事狀以上言。既斂怨於寺司，遂受誣於吏議。載披封奏，深用軫懷。非汝瑕疵，宜從洗滌。靖先知泉州，有民張績、張雅訟父產，績、雅皆假子。靖奏條理待報，未下，又覆奏其事，並發法寺胥吏受請納貨得實。既而法官摘靖奏中有必是不經聖覽之語，以爲指斥乘輿，抵靖私罪。及是靖訴雪前事，故有是詔。

又　天禧三年七月十八日，詔：　今後有進狀稱累經勘斷不當，披訴抑屈事，下本路轉運司或提點刑獄司，詳所陳，取索前後公事案看詳，如實有抑屈，未盡情理，〔堪〕〔勘〕斷不當，即仰依公盡理施行訖奏。如勘斷已得允當，即告示知委。如不伏，再陳訴，即勘本人情罪區分。如是指論本路轉運、提刑司，即下別路施行。

又　天禧五年五年六月九日，詔：　廣南路民訟命官不公者，須本官在任及得替未發，事實干己及條詔許訴者，乃得受理。如已離在路，除犯贓及私罪徒已上，即委轉運、提點司體量，證佐明白非誣構者，乃得追攝。自餘杖以下私罪，飛驛以聞。

又　仁宗天聖八年八月一日，詔：　登聞檢院今後諸色人投進實封文狀，仰先重責結罪狀，如委實別有冤枉沉屈事件，不係婚田公事，即與收接投進。如拆開卻夾帶婚田公事在內，其進狀人必當勘罪，依法斷遣。所有爭論婚田公事，今後並仰指登聞鼓院投進，依前後條貫施行。

又　〔仁宗天聖〕九年八月九日，審刑院言：　請自今鞫劾盜賊，如實枉抑者，許於慮問時披訴。若不受理，聽斷訖半年次第申訴，限內不能翻訴者，勿更受理。從之。

又　景祐元年六月十五日，中書門下言：　檢會條貫，諸色人訴論公事，稱州軍斷遣不當，許於轉運司理訴，轉運不理，許於提點刑獄陳訴者，慮諸色人方欲轉運披理，卻值出巡地遠，難便披訴。自今如因提點刑獄巡到諸般公事，未經轉運理斷者，所訴事狀顯有枉屈，即提點刑獄收接，牒送轉運司，即不得收接常程公事。從之。

又　〔景祐〕三年七月七日，淮南轉運副使吳遵路言：　民被骨肉指論本父亡沒，元是異姓養男，奪卻田業。年歲既遠，事理不明，欺罔幼孤，規圖賄財。乞自今論伯叔以上尊親是違律養男，其被養本身、所養父祖並已亡歿，官司不在受理之限。奏可。

又　康定二年正月二十六日，詔：　自今諸討捕獲劫賊，須於現任州軍、轉運司陳狀，保明申奏。如官司不爲申奏，或自因事故離任，許參選日進狀敘陳，送刑部定奪。如定奪未了，限一年別具申訴，送別司再定。委是刑部不當、本人妄訴，並依法施行。如不曾進狀及披述經隔三年，更不在敘述之限。

又　慶曆七年三月十七日，權御史中丞高若訥言：　近年以來，犯罪之人已經斷遣卻來訴雪者，多下逐處看詳定奪，除合別行根勘結絕外，有定奪得顯是理訴不實及更有妄論他人或帶不干己事者，乃至再三進狀，紊煩朝廷。定奪得不合訴雪者，承例多止報罷。以此狂愚之輩僥倖理雪，亦有官司因循爲之雪罪者。一成之法，遂可苟免。欲乞今後理雪罪名者，除定奪得合行別勘斷遣外，如顯然不實及妄論他人或帶不干己事者，令逐處分明聲說勘罪，依法施行。如經三度虛妄論訴不息者，委執政臣僚量遠近取旨安置羈管，所冀稍抑姦妄。從之。

又　〔慶曆七年〕十月二十二日，詔：　今後命官犯罪，經斷後如有理雪者，在三年外更不施行。

又　皇祐元年十一月十三日，詔：　民有訴冤枉而貧不能詣闕者，聽投狀轉運、提點刑獄司，附遞以聞。

又　〔皇祐〕五年八月一日，詔：　災傷之民訴於轉運司而不受者，聽逐州軍繳其狀以聞。

又　嘉祐三年閏十二月七日，詔：　中外有陳敘勞績或訴雪罪狀，中書批送省司者，謂之送殺，更不施行。自今宜令主判官詳其可行者，別奏聽裁。

又　〔嘉祐〕四年十月十二日，詔：　應今日以前因過犯經斷，有司引用刑法差誤，後來爲礙條貫，三年外不許理雪，致久負冤抑者，並仰經所在投狀以聞，當議別委官司定奪改正。

又　〔嘉祐〕五年五月四日，詔：訴訟不得理應赴省訴者，先詣本曹。在京者先所屬寺監，依尚書省本曹，次御史臺，次尚書都省，次登聞鼓院。六曹諸司寺監行遣不當，並詣尚書省。

又　徽宗崇寧三年六月十八日，中書省言：勘會命官、諸色人陳乞理訴功罪之類，稱熙寧、元豐條制因元祐改更，既行看詳勘當，卻係熙寧、元豐舊有條例；或係別無定制，出於朝廷臨時詳酌處分；或所訴事理，計其年限，依條釐革。詔今後如有似此妄亂陳訴之人，並量輕重取旨施行。

又　政和元年二月五日，詔：應邀車駕陳訴人係尚書省釐會事，可令左右司置籍拘管，候結絕勾銷，月具已未與決名件進入。

又　政和四年七月四日，中書省言：勘會官司承受諸色人詞訴，狀內稱上命及與民作主之類，其受狀之官便將陳狀人根勘，及一面具奏待罪。上件言語(言)雖不當稱，緣愚民無知，別無情意，即與言語不順事體有異。詔今後官司承受諸色人詞訴，狀內有上件語言者，並勿受理，令別陳狀。

又　政和八年閏九月十四日，臣僚言：伏覩州縣聽訟，其間或有冤濫，即詣監司申訴，而監司多不即爲根治，但以取索公按看詳爲名，久不結絕，或只送下本處，或不爲受理，致無所控告。自來非無法禁，蓋官吏玩習，恬不介意。雖廉訪使者許摭實以聞，而訟牒難以悉陳，上瀆天聽。臣愚欲乞詔有司立法，諸路監司有能改正州郡所斷不當，總其實數，歲終考校，以爲殿最，庶幾訴訟獲申，以副陛下愛民之意。詔臣僚所言切中今日監司之弊，可措置立法行下。

又　政和八年十月十三日，臣僚言：臣自到臺，日閱四方詞訟，訴酬賞稽違者率居其半。遠者至十餘載，近者或五六年，結恨銜冤，深可憐憫。夫賞不踰月，欲人知爲善之利也，今留滯如此，何以勵之使勸乎！臣究其所以然，爲弊有七：酬賞保明，自有條式，所屬未嘗參對，致省曹點照不完，施行取會，又不如期應報，其弊一也。邸吏承受文狀，不即時投下，候伺求覓，視多寡爲後先，至有沉匿經年而不上者，其弊二也。六曹猾吏倚法爲姦，賄賂公行，則洗垢吹毛，曲爲沮抑，其弊三也。間有不圓，理須整會，則自應會問，徑行催促，卻令重別保明，便作結絕，其弊四也。掌典代替，文案並不交承，多有漏落，無憑舉催。其弊五也，司勳勾複，專務自營，謂稽留之罰輕而差失之罪重，故根蔓牽連，以問難爲得計，其弊六也。省曹行遣，無故稽違，於法自當彈奏，然經隔歲時，率以赦恩原免，故公然無所忌憚，其弊七也。凡此積有歲年，胥吏舞文，惟有力者往往緣姦而得志，孤寒寡援者一歸於無可柰何。近者胥吏因循，不以爲事，日趨於廢弛，而終更赴訴者稽留待報，困於羈旅，皆由此也。陛下循名責實，設慶賞以馭群臣，而輕重與奪之權乃歸胥吏。然此數者，關防舊有成法，若但申明行下，深恐玩習，徒爲虛文。兼聞六曹住滯酬賞無慮萬計，願頒睿旨，別行措置，見今積壓，立限催督，尚有違戾，則赦恩不原。庶幾賞信必行，人無觖望。詔尚書省取六曹未結絕名件，應賞未賞如言者所論，開具以聞，當行黜責。輒隱漏不實，以違詔，赦降不原。

又　宣和元年十二月六日，臣僚言：省部應年月未絕公事，並行根刷，責近限結絕。仍乞今後省部催促究治，每及二年以上而未結絕者，並類聚申朝廷，勘會住滯因依，取旨黜責。庶幾諸路警畏，不敢慢易，而理訴之人早獲伸雪。詔依奏，仍限一月。

又　高宗建炎四年二月二十三日德音：昨差張浚爲川陝京西湖北路宣撫處置使，見在秦州置司，所有川陝等路去行在地里迂遠，民間疾苦無由得知，或負冤抑，無緣伸訴，仰宣撫處置司詢訪疾苦以聞。民有冤抑，亦仰經宣撫處置司陳訴。

又　紹興元年十一月十三日，詔：官員犯入己贓，許人越訴，其監司、守倅不即究治，並行黜責。從知瓊州虞開請〔也〕。

又　〔紹興〕四年十二月十一日刑部言：臣僚劄子乞立法應入戶於條許越訴，而被訴官司輒以佗故據摭者，隨其所訴輕重，以故入人罪坐之。本師看詳：立法諸入戶依條許越訴事，而被訴官司輒以他事據摭追呼赴官者，家屬同杖八十，若枷禁、捶拷者，加三等。欲乞遍牒施行。從之。

又　〔紹興〕六年十二月十九日，江州進士孫復禮進狀訟德安令黃䂓等，御筆批令監司體究已，下本路漕司施行。上曰：孫復禮亦須知管，如體究所訟不實，即痛與懲誡。撿鼓院止許士庶陳獻利害，儻挾私怨，有所中傷，不惟長告訐之風，亦非求言本意。

又　〔紹興〕十二年五月六日，詔：帥臣、諸司、州郡，自今受理詞訴，輒委送所訟官司，許人戶越訴，違法官吏並取旨重行黜責。在內令御史臺彈糾，外路監司互察以聞。仍月具奉行有無違戾申尚書省。紹興令，諸州訴縣理斷事不當者，州委官定奪；若詣監司訴本州者，送鄰州委官。諸受訴訟應取會與奪而輒送所訟官司者，聽越訴，受訴之司取見詣實，具事因及官吏職位姓名，虚妄者具訴人，申尚書省。

又〔紹興〕二十二年五月七日，臣僚言：今後民户所訟如有婚田、差役之類，曾經結絶，官司須具情與法敘述定奪因依，謂之斷由，人給一本。如有翻異，仰繳所給斷由於狀首，不然不受理，使官司得以參照批判，或依違移索，不失輕重。將來事符前斷，即痛與懲治。上宣諭宰臣曰：自來應人户陳訴，自縣結斷不當，然後經州，由州經監司，以至經臺，然後到省。今三吴人多是〔經〕〔徑〕至省，如此則朝廷多事，可依奏。

又〔紹興〕二十六年七月三日，臣僚言：比年臣僚有緣誣告不測之罪，投竄遐裔，無路自明者，迺因郊赦，與之昭洗，甚盛德也。然中外陳訴辨雪，檢、鼓院上封者滋多，頗涉冒濫。如其所犯元因語言疑似之類，誠可矜憫，至於姦贓狼籍，已經按治，跡狀顯著，人所共知者，亦復巧飾詞理，公肆誕謾，咸稱向曾違忤權臣所致，例圖解免。望詔有司，應自今陳雪過名之人，並須檢會元犯因事。如係贓罪已經勘劾者，乞止依元斷條法施行。刑部看詳，命官犯罪，若元因人户論訴及因監司、郡守按發鞫勘，贓證結按，曾經録問，别無翻異，已行斷遣，如日後陳訴者，欲具元斷因依分明告示。其餘一時被罪或因緣連累等斷遣之人，若有訴雪，從有司更行看詳。委有冤抑，即行開具因依，申取朝廷指揮。從之。

又〔紹興〕二十七年七月二十二日，侍御史周方崇言：民間詞訴，必有次第經〔曰〕〔由〕，若僥妄躐越，則坐之以罪。苟情理大有屈抑，官司敢爲容隱，乃設爲越訴之法，而敕令該載者止十數條。比年以來，一時越訴指揮亡慮百餘件，頑民反恃此以擾官司，獄訟滋長。望行下刑部，將一時許越訴指揮非編敕所載，並令敕令所重加删除，以省訟牒。從之。

又〔紹興〕二十八年八月二日，上諭大臣曰：近來州縣人户詞訴稍多，既經監司，又經臺省，又復進狀乞送大理寺，比比皆是。無他，其弊有二：其一不治妄狀，其二受理官司沿襲舊例，卻送元來去處。如此，不唯善良受弊，無所赴愬，而訟牒紛紜，至有一二十年不決者。卿等竊爲措置。於是詔諸色人進狀及詣朝省陳訴州縣等處理斷不當公事，送所屬曹部施行，仰今後不得卻送所訴官司，别委官司，立限依公結絶。若所訴虚妄，依條施行。候結絶訖，申尚書省，令本省置籍拘催。如有違戾，三省覺察取旨。

又〔紹興〕三十年十月七日，詔：應民間訟牒，有事不干己，並仰參照成憲，依公施行。其訴州縣不法，自當受理，不許輒加以告訐之罪。左正言王淮之請也。

又〔孝宗隆興〕二年正月五日，三省言：人户訟訴，在法先經所屬，次本州，次轉運司，次提點刑獄司，次尚書本部，次御史臺，次尚書省。近來健訟之人，多不候官司結絶，輒敢隔越陳訴，理合懲革。詔除許越訴事外，餘並依條次第經由，仍令刑部遍牒行下。

又〔孝宗隆興二年正月〕二十日，臣僚言：伏覩刑部關牒，不許人户越訴，甚爲至當。然州縣、監司所受詞訟，多有經涉歲月不爲結絶者，欲乞行下刑寺，將州縣、監司詞訴分别輕重，立限結絶。如限滿尚未與決，許人户次第陳訴。從之。

又〔孝宗隆興二年〕八月十三日，臣僚言：伏見御史臺訟牒日不下數十紙，皆由州縣斷遣不當，使有理者不獲伸，無辜者反被害，遂經省部，以至赴臺。乞令御史臺擇其甚者，具事因與元斷官吏姓名奏劾取旨行遣。從之。

又乾道元年正月一日大禮赦：應過犯經斷人依條限三年外，不許雪訴。如元因有司違法勘斷不當，實在五年内者，並經所屬投狀以聞，當議責改正施行。

又〔乾道〕二年七月九日，臣僚言：比來民訟至有一事經涉歲月而州縣終無予決者，緣在法縣結絶不當而後經州，州又不當而後經監司。乞自今詞訴在州、縣半年以上不爲結絶者，悉許監司受理。從之。

又〔乾道四年〕七月十三日，臣僚言：竊惟守令治所部之兇頑犯法者，監司、郡守〔刻〕〔劾〕所隸之贓私不法者，皆所以奉行天子之法也。比年多有所部之民、所隸之吏曾遭治劾者，往往懷怨挾恨，公肆論訴。使其訟得行，則爲守、令、監司者殆將縮手而不敢問矣。小人長惡不悛，何所忌憚！望特降指揮，如敢以私事訟元治劾之官者，更不究問虚實，即以告訐之罪罪之，庶幾此風衰息。從之。

又〔乾道四年七月〕十六日，三省言：邇來健訟之人多巧作緣故，妄經臺省越訴，理合措置。應所訴事並須依條次第經由，仍真謹書寫，通不得過五百字，亦不許連粘畫一單子在前。應遇詞狀日，輪都司官一員點檢，如不依式該説，已經某處結絶者，並即時退還。所受訟牒，專一置簿抄上，赴左右司斟量行遣。或已經陳辭，見送有司看詳定奪，如限外未有結絕，或官司理斷不當者，方許經朝廷陳訴。應陳詞人除軍期急速、事干人命許越訴外，餘敢於宰執馬前投陳白紙及自毀傷者，並不得受理。從之。

又 〔乾道〕五年七月一日，大理寺丞魏欽緒言：越訴之法，前後申嚴非不詳備，今有所訟至微而輒以上聞者，又有冒辜而伏闕者，則越訴之法殆爲虚設。欲望明詔有司，嚴立法制，庶幾人稍知畏。詔送刑部看詳。

又 〔乾道〕六年八月二日，宗正少卿兼權戶部侍郎王佐言：朝廷慮猾吏之爲民害，故開冒役越訴之門。然頑民姦巧，往往假此爲脅持縣道之計，甚至舉論闔縣之吏。乞自今有論訴冒役者，必須指陳所犯及收敘不當因依，如敢挾私妄訴，與重作行遣。從之。

又 〔乾道六年八月〕六日，刑部侍郎王秬言：近日訟訴滋繁，其弊有二：一曰妄訴之弊，二曰改正之弊。夫訟有當決於州縣、監司者，有當決於省部、朝廷者。州縣頑民狃於健訟，例皆投牒省部，紊煩朝廷。乞自今除身負冤抑，事繫利害方許陳訴，其餘瑣屑並不許受理，則妄訴之弊可以少革。刑部訟雪過犯，前後非一，其間亡辜坐累固不爲無人，然巨姦積惡，有不可不正典刑者。小人粉飾事情，百端伸訴，蓋未嘗治其誕妄之罪。乞自今遇有訟雪過犯之人，令別勘官司精加覆治，果有冤抑，即與洗滌。如妄有陳列，更與重作行遣，則改正之弊可以少革。從之。

又 〔乾道〕七年三月三日，中書門下省檢正諸房公事司馬伋言：近有爭〔訟〕產業、理雪過名之人，輒作公私利濟、軍期機密文字具奏，紊瀆天聽，委涉欺罔。乞自今遇有士庶進狀陳訴，並赴鼓院投匭，方許進入。從之。

又 〔乾道七年〕十二月十四日，臣僚言：民間詞訟多有翻論理斷不當者，政緣所斷官司不曾出給斷由，致使健訟之人巧飾偏詞，紊煩朝省。欲望行下監司、州縣，今後遇有理斷，並仰出給斷由。如違，官吏取旨行遣。從之。

又 〔乾道〕九年十一月九日大禮赦：勘會命官犯罪，曾經體究勘鞫，被斷之後雪訴冤抑，已有別定、別勘條法。其元因官司按發，一時直降指揮先次停罷、降官衝替之類，不曾經體究根勘，或有實負冤抑，緣無理訴條限，有司拘文，不爲受理，情實可矜。可並與照別定、別勘年限施行。同日赦：勘會民間諸色人訟訴事節，州縣、監司各有結絕日限。近來官司往往縱容人吏，故作遷延，或枝蔓行遣，希望求囑，至有經涉歲月不爲結絕者，使實被枉之人困於逆旅，其當職官恬不加恤。今赦到日，將應未結絕名件限一月依公結絕。如違，許人戶越訴。

又 〔淳熙〕五年八月十三日，知平江府單夔言：詞訟改送，止欲別議是非，使不失實而已。若前斷之官已經移替，自不妨復付之本處，於事既已無嫌，更得舊訟悉理，民無遠赴之患。從之。

又 〔淳熙〕六年九月十六日明堂赦：命官雪訴罪犯，刑寺見得委實冤抑，合行改正，所有元斷月日若再令陳乞，卻致往返虛延歲月。可令刑寺一就看定，申尚書省。

又 〔淳熙六年〕十月十六日，詔諸路監司：自今應有脅持州縣訴不干己者，籍定申聞臺省，候將來再犯，累其罪狀，重寘典憲。先是，刑部尚書謝廓然言：郡縣、臺省訟牒繁夥，皆閭里亡賴憑藉囂訟，以爲囊橐。縱使守令稍有風力，猶不免其指摘舊例已行之事，撰造無根難明之謗，甚者俟其任滿到〔闕〕〔刺〕，公然攔拽，淩辱無禮。故近來州縣坐是愈不可爲。故有是命。

又 〔淳熙〕七年六月十三日，詔監司、郡守：應所屬官吏或身有顯過而政害於民者，即依公按刺。或才不勝任而民受其弊者，亦詳其不能之狀，俾依近例，改授祠祿，不得務從姑息，致有民訟，方行按刺。若廉察素明而的知其興訟不當者，則當爲白其是否，以明正其妄訴之罪，不得一例文具舉覺。

又 〔淳熙七年〕十二月十六日，詔：自今獄事委送鄰郡，或鄰郡追逮稽慢不遣，令具申監司，從監司差人追發。若被訴人在禁而詞主再追不出，即將被訴人先次知責。

又 〔淳熙〕九年八月二十六日，詔諸路監司：自今人戶訟訴有合送別州追人索按推治者，止就鄰近州軍，仍不得過五百里。

又 〔淳熙〕十五年八月二十六日，詔：諸路凡有訟事，斟酌大小輕重，於送獄之際不許輕率。仍令刑獄長貳常切稽考，御史臺常切覺察。

又 淳熙十六年閏五月七日，大理卿陳倚言：近來人戶理訴婚田等事，皆有監司、州縣自可理斷者。其間有不曾次第經由官司，或雖曾經由，不候與奪，及有已經官司定奪，自知無理，輒便越經天庭進狀妄訴，於帖黃指定乞送大理寺，顯是全無忌憚。乞今後應有進狀訴事，從自來體例，先次降付尚書省，量度輕重，合與不合送寺，取旨施行。從之。

又　紹熙元年六月十四日，臣僚言：州縣遇民訟之結絕，必給斷由，非固爲是文具，上以見聽訟者之不苟簡，下以使訟者之有所據，皆所以爲無訟之道也。比年以來，州縣或有不肯出給斷由之處，蓋其聽訟之際不能公平，所以隱而不給。其被冤之人或經上司陳理，則上司以謂無斷由而不肯受理，如此則下不能伸其理，上不爲雪其冤，則下民抑鬱之情皆無所而訴也。乞諸路監司、郡邑自今後人戶應有爭訟結絕，仰當廳出給斷由，付兩爭人收執，以爲將來憑據。如元官司不肯出給斷由，許令人戶徑詣上司陳理，其上司即不得以無斷由不爲受理，仍就狀判索元處斷由。如元官司不肯繳納，即是顯有情弊，自合追上承行人吏，重行斷決。從之。

又　紹熙五年九月十四日明堂赦：州縣民戶詞訴已經朝省、監司受理，行下所屬州縣追究定奪之類，往往經涉歲月，不與斷理，使實負冤抑之人無由伸雪。仰諸路監司催促，限一月依公結絕。如仍前遷延，許人戶越訴，將當職官吏重作施行。自後赦並同。

又　慶元元年六月二十一日，知臨安府錢象祖言：日來頗多滯訟，乞戒飭御史、監司常切覺察。有翻理不決之訟，必差官吏分互委送，閱實審訂，使是非枉直咸得其當。至有經投匭進狀者，亦先從都司詳所屬曹部見今所行果有未盡，朝廷別委清強明練之吏重爲看定。從之。

又　慶元四年十月二日，臣僚言：百姓有冤，訴之有司，將以求伸也。今民詞到官，例借契錢，不問理之曲直，惟視錢之多寡。富者重費而得勝，貧者銜冤而被罰。以故冤抑之事，類皆吞聲飲氣。乞行禁止。從之。

又　開禧元年六月二十一日，臣僚言：乞下諸路郡縣，應干獄訟並令照條令理斷，如有淹延數年、重爲民害者，委監司糾察。如監司不糾察，或自爲淹延者，從臺諫論奏。從之。

又　〔開禧元年〕十一月十一日，監登聞鼓院章燁言：進狀之弊，有一事而累經進狀，或經年而未曾結絕者，是法令之不立、賞罰之不行故也。前來奏劄所以願重朝廷之事體，申飭諫院，自今進狀，凡所送官司除程，與限一月結絕，仍具結絕因依備申諫院。如違限不與結絕，或結絕、或未結絕而所斷不當，以致冤民再進狀者，許諫院稽考，隨事輕重劾奏而責罰之。或官司結絕已得公當，而頑民健訟，復敢虛妄進狀者，當從狀尾所甘坐以上書虛妄不實之罪，務在必行。如是，則冤枉可以伸，嚚訟可以息。從之。

又　〔開禧元年十一月〕十三日，臣僚言：州縣之間獄訟繁多者，告訐未盡革也。蓋罷役胥徒與夫武斷鄉曲、頑賴無業之人，交相表裏，窺伺善良。始則捜剔疑似，鈐制恐脅，詐取財物；繼以巧飾虛詞，公形訴牘。州縣類多不察，與之受理，根連株逮，鍛鍊非辜；加以貪刻之吏利其資財，抄估籍沒，肆其慘毒。間有得直者，固已家破産亡，而所誦告訐之人未嘗反坐，不過科以不應爲不干己之罪而已。乞行下監司、州縣，申嚴告訐之禁。官吏有敢故縱違犯者，重寘典憲，其告訐之人照條反坐。從之。

又　〔嘉定〕三年四月二十四日，臣僚言：詞訴之法，自本屬州縣以至進狀，其資次遼絕如此。今捨縣而州，捨州而監司，等而上之，至於臺省，乃有不候所由官司結絕而直敢進狀，或至伏闕。乞自今進狀，如係臺省未經結絕名件，許令繳奏取旨，行下所送官司，催趣從公結絕。如所斷平允，即從斷施行；如尚未盡，卻行一按追究。即不得徑行追會根勘，則紀綱正而刑罰清矣。從之。

又　〔嘉定〕五年八月一日，臣僚言：乞自今令左右司以進狀之籍照程限稽考，必令所送官司分辨曲直，申上朝省，見得日前所斷果有屈抑，將官吏重寘之罪。若所訴事未經定奪而輒詣鼓院者，都司勿與施行。本無屈抑而妄言屈抑者，必與懲治。從之。

又　〔嘉定〕七年九月十九日，臣僚言：四方投匭之辭，正緣屢涉有司，未平兩造。及上達簾陛之前，乃必分枉直之地，若復付之悠緩，終將無所予決。乞明敕有司，今後應經匭院進狀，都省竊詳，嚴限送部，盡索前後所斷，照法指定，不許復行改送。如委屬冤枉，即與申雪。或元斷已當，嚚訟不悛，必加懲治。本部逾限不爲結絕，或致再詞，仍議官吏稽違之罰。則天聽尊嚴，民情洞達，朝省訟牒立至簡清，益廣聖主明目達聰之意。從之。

又　〔嘉定〕十年十一月四日，臣僚言：近年強宗大姓武斷尤甚，以小利而漁奪細民，以強詞而妄興獄訟，持厚賂以變事理之曲直，持越訴以格州縣之追呼，大率把持官吏，欺壓善良。乞戒飭監司、守臣，其有訟訴，必詳加審察。已結絕者則取索斷由，重加審定；未結絕者則立限催斷，具由情節。如見得委有情弊，予奪不公，即與追治承吏；若乃憑恃兇狡，飾詞越訴，意在挾持，即將犯人嚴與根究，必罰無赦。從之。

又　〔嘉定〕十二年十二月二日，臣僚言：夫民必有爭而後(刑)〔形〕於訟。訟之所起，始於其鄉而達於其邑，使邑有賢宰，則訟可息，爭可定。自其縣未足以平其心，然後訴之於州，州又未足以平其必，然後訴之於監司，已出於其勢之不得已，孰知其又有經臺部而猶未止者。乞下此章，申儆州縣，凡有民訟，隨時斷遣。或遇臺部送下狀詞，亦仰監司及所部郡縣察詳事理，疾速施行。其或以獄爲市，淹延歲時，紊亂曲直，臣當次第覺察以聞，重寘典憲。從之。

又　太祖乾德四年閏八月五日，詔：應先隔在劍外人蜀平來認田宅者，如已過十五年，除本戶墳塋外，不在理訴。

又　慶曆二年十月五日，〔詔〕：訪聞諸處有嚎子恃其罰贖，遇小有水旱，即糾集人衆，爲辭牒之首，妄擾州縣。自今後不得聽爲狀首，如違，鞫實奏斷。

又　哲宗紹聖元年八月二十六日，左正言張商英言：許州陽翟縣豪民蓋漸家貲累巨萬計，女兄弟三人，有朝士之無耻者利其財，納其仲爲子婦，以漸非蓋氏子，關通州縣，訟而逐之，三分其財而有之。蓋漸無所生養父母，法合承分，詣朝省理訴，終爲勢力者所扼。欲乞送不干礙官司推究情弊，以伸沉冤。詔令戶部選差郎官依公根勘，具案以聞。

又　〔哲宗紹聖元年〕十一月十六日，左司諫〔張〕商英言：〔穎〕〔潁〕昌府百姓蓋漸遮執政馬首聲冤，稱侍御史來之邵滅絶本家祭祀，規奪父祖財產。臣以之邵在風憲之任，爲小民毀辱，不自奏辨，〔送〕〔遂〕具劄子論奏，蒙送戶部選郎官看詳。按法，諸義子孫身雖存而所養所生父母、祖父母俱亡，被人及自有所論訴，各不得受理。據臣所聞，蓋漸曾有姑證是庶生親姪男，又有改嫁母阿張證是義男，於法皆不可用。乃是所養祖父母於其母嫁之後，養以爲孫，於條正是義孫。若無所生父母，即官司不當受理，此訟止是片言可決。訪聞潁昌府公按內自有之邵手書，欲將蓋氏住宅兑換房錢。審若有之，知情明甚。文昌從官，舉動如此，深可嗟駭。望早賜施行。同並後由此罷。商英坐蓋漸事，紹聖二年八月罷左司郎中，添差監商州酒稅。

又　高宗紹興二年三月十七日，兩浙轉運司言：准紹興令，諸鄉村以二月一日後爲入務，應訴田宅、婚姻、負債者勿受理。十月一日後爲務開。竊詳上條入務不受理田宅等詞訴，爲恐追人理對，妨廢農業。其人戶典過田產，限滿備贖，官司自合受理交還。緣形勢、豪右之家交易，故爲拖延至務限，便引條法，又貪取一年租課，致細民受害。詔應人戶典過田產，如於入務限內年限已滿，備到元錢收贖，別無交互不明，並許收贖。如有詞訴，亦許官司受理，餘依條施行。

又　〔高宗紹興二年〕是年八月十五日，臣僚言：法之有務限，要所以大爲之防，今若一決其防，不免於爭競。但既在務限前投狀，自可申〔飾〕〔飭〕有司，嚴行理贖，或寄錢在官，給據爲憑業。今若改法，恐有其弊，至於害民。戶部契勘，人戶典田年限已滿，於務限前收贖，自有見行條法。若於務限內年限已滿，或未滿，錢、業主兩情願收贖，自聽從便。若有論訴，自合依紹興務限條法。

又　〔高宗紹興五年〕閏四月十日，戶部言：賣田宅，依法滿三年而訴，以利息、債負準折，或應問鄰而不問者，各不得受理。邇來田價增高於往昔，其賣、典之人，往往妄稱親鄰〔至〕及墓田鄰至不曾批退；或稱卑幼瞞昧，代書人類百端規求。雖有滿三年不許受理條限，緣日限太寬，引惹詞訟。詔典賣田產不經親鄰及墓田鄰至批退，一年內陳訴，出限不得受理。

又　〔高宗紹興〕五年八月二十四日德音：應潭、郴、鼎、澧、嶽、復州，荊南、龍陽軍，循、梅、潮、惠、英、廣、韶、南雄、虔、吉、撫州，南安、臨江軍，汀州管內，訪聞昨來作過首領，多是占據民田，或雖不占據而令田主出納租課。今來既已出首公參，尚慮依舊拘占，人戶畏懼，不敢爭訟，仰州縣多出文榜曉諭，限一月陳首，退還元主。如依前占吝，許人戶陳訴，官爲斷還。

又　〔高宗紹興〕十三年六月二十八日，大理寺參詳：戶部所申違法典賣田宅，陳訴者依敕自十八歲理限十年，係謂典賣田宅之時年小，後來長立，方知當時違法之類，即合依自十八歲理限十年陳訴。其理三年限自陳，係謂陳乞恩賞、理訴罪犯之類，與十〔件〕〔年〕事理不相干。欲依本部看詳施行。從之。

又　〔高宗紹興〕十九年十二月十三日，權尚書戶部侍郎宋貺言：湖湘、江淮之間，昨經寇盜，多有百姓遺棄田產。比年以來，各思復業，而形勢戶侵奪地界，不許耕鑿。欲望立法誡飭。戶部措置，欲乞下江南東西、荊湖南北、淮南東西路安撫、轉運、提刑司，檢坐見行條法，出榜曉諭。如被上戶侵奪田土之人，仰赴官陳訴。若干當人係白身或軍人，即仰依條重行斷遣；如有官人，即同形勢、官戶人家，並具情犯、姓名申朝廷，依法重作施行。州縣觀望，不爲受理，仰監司按劾。其四川、兩浙東西、二廣、福建、京西路亦乞依此。從之。

又 孝宗隆興元年四月二十四日，大理卿李洪言：務限之法，大要欲民不違農時，故凡入務而訴婚、田之事者，州縣勿得受理。然慮富強之家乘時恣横，豪奪貧弱，於是又爲之制，使交相侵奪者受理不拘務限。比年以來，州縣之官務爲苟且，往往借令文爲説，入務之後，一切不問，遂使貧民横被豪奪者無所伸訴。欲望明飭州縣，應婚、田之訟，有下戶爲豪強侵奪者，不得以務限爲拘。如違，許人戶越訴。從之。

又 淳化三年七月十六日，詔：訪聞諸州事應刑獄公事，若是州府受情，須至經轉運司論訟。其間須富豪形勢之輩，卻於轉運司請求司吏揀選州縣將欲任滿之人推勘。令逐路轉運司今後並須使副親自差強幹能勘事人，不得更似日前，致有違越。

又 〔淳化三年七月〕三十日，峽路轉運使崔邁言：川峽之民好訟，皆稱被本州抑屈。又闕官抽差，乞今後如非疑獄及不關人命，只依元敕行遣，減去同共勘斷二人，仍乞縣令之中容選清強差使。詔逐路轉運司今後應勘事，只差勘官一人。如公案了當，依舊例請錄問官、檢法官一員。或有大段刑獄公事，臨時取旨。

又 仁宗天聖二年六月一日，右巡使張億言：伏〔觀右〕〔睹在〕京官員過犯，下臺差官取勘，乞今後更不於開封府抽差，所司只就本臺差人勘鞫。中書門下奏：臺司自有四推人吏，限以年歲，遷轉出職，而公事至少，絶無勞績，乞依億所奏。從之。

又 仁宗天聖四年四年六月二十三日，中書門下言：據安州奏，轉運司差荊南府節度推官徐起到州置院，取勘本州官吏，爲不覺察參軍崔道升衷私逃走歸鄉事。凡推勘公事，須事理稍大，或錢穀、刑獄，或事干兩詞，須要對定勾追干證者，即合特置院推勘。今詳安州公事情理，顯然於理不須差官置院。兼檢會今年閏五月八日敕命，條貫分明，欲申明告諭。從之。

又 〔景祐〕元年正月五日，京東路提點刑獄崔有方言：今後應承準宣敕推勘公事，除命官、使臣、將校或死罪及情理切害者奏聞外，其餘流罪以下，雖所受宣敕內言具案聞奏，並乞推勘條敕先次斷遣。詔流罪以下除指定姓名具案聞奏外，其餘幹連人並依推勘條施行。

又 〔景祐〕四年正月十三日，詔：諸州勘大辟罪人，結成公案，聚聽錄問，或罪人翻變，骨肉申冤，本處移司差無幹繫官吏推勘。或再翻變，即申轉運、提刑司差官推勘。

又 寶元二年五月一日，兩浙路提點刑獄周陵言：今後命官犯罪係州府禁勘者，乞案成錄問後，並就近申轉運或提刑司，於轄下別郡選差官吏再行錄問。如事理分明，即繳案申奏；若事無證據，顯有抑屈，即明具抑屈不平事件申本司，別差不干礙官員覆勘。從之。

又 慶曆二年十一月六日，詔：今後御史臺鞫獄自依舊令外，或有別制委官劾事，合止所劾臣僚朝參者，不得直牒閤門，並從御史臺關報。從御史中丞賈昌朝之請。

又 〔慶曆〕七年十月十二日赦書：應諸道州府軍監諸色人詣闕披訴冤枉事，自來行下諸路轉運、提刑司差官置院推勘，甚有狗情偏曲，及所差官不曉道理，承前勘鞫，致元訴之人冤狀不伸，例遭重斷。憫其抑塞，宜令中書門下別爲約束者。詔今後應有訴冤枉事，中書置簿籍其姓名、事件，封元狀下本路轉運司，如已經轉運司，即下提刑司，選清強官置院推勘，務要窮究事端，伸理冤枉。候斷放日，具節略公案入馬遞開奏，中書對簿銷落。推勘官如在任三次差勘，別無翻異，特與理爲勞績；如或準前鹵莽，別致詞訟，亦當嚴行降黜。

又 〔皇祐〕五年九月二十二日，侍御史毋湜言：伏睹祖宗朝有中外臣僚公事發露，多送御史臺推勘，當時群臣頗有畏懼。自承平既久，此制漸隳，官吏犯法，罕有置御史獄者。近日道士趙清貺等請求公事，干連執政大臣，固宜於御史詔獄。竊恐今後習以爲常，有事干大臣，止於所司及差官推勘。儻不能盡公伸法，或容苟免，則挾私冒禁者豈有懼朝廷之意也！乞今後公事不以大小，但干涉執政臣僚者，並乞送御史臺勘鞫，冀新人聽，以協公議。仍須降詔旨，以爲定式。詔應有合行取勘公事，並臨時取旨。

又 紹興六年正月二十五日，殿中侍御史王縉言：乞應置司推鞫公事有干證及陳訴等人死於獄中，及拷掠慘毒、責出即死者，候結案訖，令提點刑獄司委檢法官取索(碎)〔詞〕款看詳，有詞款異同而申報病死者，研究情實，如有冤枉，即具事因申尚書省。從之。

又 〔紹興八年〕六月八日，刑部言：今後諸路州縣及推判官司勘鞫公事，雖有緣故，若經一年之外不決者，並具因依申本路提點刑獄司，備申刑部及御史臺，看詳有無冤滯，申取朝廷指揮施行。從之。

又 紹興九年八月三日，臣僚言：契勘廣右避遠，□禁每多淹延，其弊有三：其一，監司輕於按發，不加審劾，或所勘與所按不同，則疏駁移推，必欲如其所按。又諸郡申請移推、詳覆之類，皆不即報應，有及三五月者，率以爲常。其二，罪人易於翻異，多緣奸吏之所教令。每一移推，旋改情節，或自招伏而令家屬稱冤，或故爲不圓以使監司疏駁，或沉溺遞角以致奏案不到，遷延歲月，以待按發之官去任。或徒伴有死亡者，然後計囑官司，盡脱其罪。其三，追證取會及差官審録之類，一涉他州，互相推避，文移往返，動經歲月。以上三弊，皆有成法，特有司奉行不虔，遂致弛廢，欲乞檢坐申嚴行下，遵守按察施行，從之。

又 紹興十三年閏四月二十九日，刑部言：今後翻異及駁勘公事，應合該二案勘結官吏内有替移者，免行拘留鞫，令供願於某處聽候供狀結罪狀，如不在元指去處，令提刑司具因依申朝廷，先次施行。從之。

又 紹興十四年四月三日，詔刑部將半年以上未結絶公事開具名件，行在委本部，外臺委所屬監司，量事輕重，責限催促結絶。内月日稍遠者，取問因依申奏。仍檢舉前後已得指揮，申嚴約束，如敢違戾，並（當具）〔具當〕職官吏申尚書省，取旨施行。其不係申奏、本處一面論決公事，或有淹留，許被追幹證之家越訴。

又 紹興十五年正月十日，刑部言：勘會監司差官推鞫公事，如録問有翻異，或家屬稱冤，依法合行移文鄰路提刑、轉運司差官別推。今來淮南路提刑司係本路轉運司通行主管，若逐司有翻異或稱冤，合依法別推公事，欲乞移文鄰路提刑、轉運司差官施行。從之。

又 紹興二十一年十一月十七日，刑部言：臣僚陳乞禁約健訟之人，本部欲於見行條法指揮外，其訴事不干己並理曲，或誣告及教令詞訴之人，依法斷訖，本州縣將犯由、鄉貫、姓名籍記訖，縣申州，州申監司照會。若日後再有違犯，即具情犯申奏斷遣，從斷訖再注。仍先次鏤板曉諭。從之。

又 紹興二十二年五月七日，臣僚言：今後民户所訟如有婚田、差役之類，曾經結絶，官司須具情與法敘述定奪因依，謂之斷由，人給一本。如有翻異，仰繳所給斷由於狀首，不然不受理，使官司得以參照批判，或依違移索，不失輕重。將來事符前斷，即痛與懲治。上宣諭宰臣曰：自來應人户陳訴，自縣結斷不當，然後經州，由州經監司，以至經臺，然後到省。今三吳人多是（經）〔徑〕至省，如此則朝廷多事，可依奏。

又 紹興二十二年八月六日，大理正孫敏修言：州縣胥吏因緣推究強、竊盜罪人，而教令虚通贓物，追逮無辜，因而受賂。又有推鞫強盜，捕盜官希賞，求囑獄吏，鍛鍊平人，誣服其罪，奸詐不可概舉。欲望申嚴法禁行下，仍令監司覺察似此去處，重作行遣，庶幾刑無濫及。從之。

又 紹興二十三年十月十一日，大理寺丞環周言：乞自今後結解公事，不得退還下縣。如委有情節不圓，長官審實推鞫，依限結斷，庶使吏不得容奸，民受其賜。刑部看詳：在法，犯徒以上及應奏者送州。若本州見得所勘情節未圓，事礙大情，委合取會事件，仰行下所屬取會，斷結施行，即不得將解到罪人退送下縣，重行勘結，庶免囚徒迂往，淹延刑禁。今看詳，欲行下諸州軍，各仰常切遵守。從之。

《宋會要輯稿・刑法六》 太宗太平興國七年五月九日，知相州張仲容言：諸州兵馬監押、郎幕使臣等，或因小事，直送百姓、軍人赴所司禁繫，皆不牒報。欲望自今先具罪犯申本州，詳酌事理禁留。從之。

又 〔大中祥符〕九年四月二十三日，詔三京、諸路大辟罪，獄既具而非理致罪死者，委糾察提點刑獄官察之。

又 〔政和四年〕四年八月十七日，權發遣京畿提點刑獄公事林箎奏：乞應今後獄司取會獄事，其承受官司再催不報，故作不完者，並令獄司除申所屬官司施行外，在京徑申御史臺，在外申提刑司，依法案治。從之。

又 〔徽宗大觀〕六年正月二十五日，刑部尚書慕容彦逢奏：勘會奏案等專條，入遞後限一日，以申奏姓名、日時、引號牒進奏院。如承本院報未到者，别録以聞，仍稱説再申奏事因入遞，牒會依上法。凡此以防遺滯，欲使繫囚早獲決遣。臣竊見諸州從前多不舉行上條，其未到進奏院，亦無文籍拘催。今欲乞諸州不依限牒會，依案申詳覆違限條科罪。仍令進奏院。

又 宣和三年十二月二十四日，詔：應在禁罪人，官司避免檢察官點檢，輒（私）〔移〕他所者，以違制論，許被禁之家越訴。仍委監司、廉訪使者覺察。

《宋會要輯稿・刑法七》 〔建炎〕三年四月二日，詔：自來將帥行軍，諸軍於軍前犯罪，或違節制不用命，自合於軍前處置外，若軍馬已還行在，諸軍犯罪至死，申樞密院取旨斷遣。

又〔紹興二年〕七月十一日，詔：令諸軍統制官鈐束所部官兵，應有陳訴事務，並須依條次第經由朝廷施行，不得依前隔驀。如違，其越訴人當議重作行遣；統兵官容縱，亦仰取旨施行。各具依稟申樞密院。以樞密院言：勘會行在諸軍兵級，凡有陳訴事務，自合經本軍統兵官陳乞。近來諸軍官兵有陳乞本身恩賞、換授之類，往往不由所轄越訴，理宜約束。故有是詔。

又　孝宗隆興元年九月二十二日，臣僚〔言〕：命官斷罪，其始悉由刑部、大理寺擬定刑名。今於既斷之後，遇有雪訴，卻付外路監司委官看定，徇情出入，則是外路監司及得駮正刑寺，事屬倒置。乞自今遇有命官陳訴元斷不當者，並不許送外路監司，先委大理寺官參酌情法，保明申部，再委刑部郎官、長貳重行看定，續次申省，送左右司審詳取旨施行。從之。

《宋會要輯稿·食貨六三》〔天禧二年〕六月詔：民有訴理田地，非是相侵奪者，並依舊制，俟務開日理決。先是，河北提點刑獄上言民有詣闕訴田者，詔令本州依理施行。官司被詔，雖在農務，即追理之，頗妨農業，故命條約。

《宋會要輯稿·食貨六四》〔乾道四年〕冬十有二月甲辰，詔兩浙江東西路：乾道五年夏稅和買折帛錢並權與減半輸納一年，如州縣過取一文以上，許計人戶詣檢鼓院進狀陳訴。

《宋會要輯稿·食貨六九》〔紹興三年〕六月五日，江南東路轉運司言：本路管下州縣，如有歸業人戶被州縣沮抑，不即給還產業之人，欲經監司陳訴，若未有監司到彼，許寔封狀詞，專委逐州通判接授，不得開拆。每十日一次類狀，專差人齊申就近監司根治施行。從之。

又　紹興三年九月八日戶部言：【略】人戶被州縣沮抑，無力前詣監司陳訴，及監司未巡歷到彼，許寔封狀詞越通判廳陳訴，本官接受，不得開拆，每十日一次類聚，專差人賚申就近監司，縣委丞依此賚申通判通判，申監司承受，即時根治。監司每遇出巡，隨行出榜曉諭，如有人戶陳訴，州縣沮抑不得，即給付，及奉行不虔、隱匿曉示，並仰按治施行。詔並依。若州縣監司官吏稍有沮仰，並從杖一百科罪。

宋·李燾《續資治通鑑長編》卷五　〔宋太祖乾德二年正月〕乙巳，禁民越訴。

宋·李燾《續資治通鑑長編》卷七　〔宋太祖乾德四年閏八月〕丙寅，詔吏民先陷蜀踰十五年者，除墳塋外，其田宅不得理訴。

宋·李燾《續資治通鑑長編》卷三四　〔宋太宗淳化四年十月〕京畿民牟暉擊登聞鼓，訴家奴失豭豚一，詔令賜千錢償其直，因語宰相曰：似此細事悉訴于朕，亦爲聽決，大可笑也。然推此心以臨天下，可以無冤民矣。

宋·李燾《續資治通鑑長編》卷六〇　〔宋眞宗景德二年七月〕己未，詔詣闕訴事人，須因州縣理斷不當，曾經轉運使訴理月日，鼓司、登聞院乃得受。

宋·李燾《續資治通鑑長編》卷六八　〔宋眞宗大中祥符元年正月〕先是，更置登聞鼓院及檢院，禁民越訴。有司以國家既受瑞行慶，會上元車駕出遊，訴事希恩甚衆，有司以違制論，悉從徒坐。上憫愚民不曉科禁，辛卯，詔自今邀車駕越訴者，令有司告諭而寬其罰。

宋·李燾《續資治通鑑長編》卷八〇　〔宋眞宗大中祥符元年三月〕權知開封府劉綜，言貴要有交結富民，爲之請求，或假託親屬，奏授爵秩，緣此謁見官司，煩紊公政，請加抑止。庚戌，下詔風厲，各令自新，繼今復然者，重寘其罪。

宋·李燾《續資治通鑑長編》卷八二　〔宋眞宗大中祥符七年三月〕殿中侍御史曹定，言諸州長吏有罪，恐爲人所訴，卽投牒自首，雖情狀至重，亦以例免，請行條約。詔自今知州、通判、幕職官、使臣等首罪，如實未彰露，則以狀報轉運司，雖格當原，亦書於歷。

宋·李燾《續資治通鑑長編》卷八三　〔宋眞宗大中祥符七年八月〕詔京城鬭競願送開封府者並聽，本廂巡檢不得斷決。外州巡檢亦准此各送所屬。

又　〔宋眞宗大中祥符七年九月〕癸巳，忻州民詣登聞檢院釘手訴田，有司以妄自傷殘，當先決杖。上聞之，謂宰相曰：朕憶有蘄州女子詣闕爲父訴田，遂致被杖，其實千里而來，不爲田而爲父也。此事或有枉撓，則傷和氣矣。卽詔送本州。

宋·李燾《續資治通鑑長編》卷九〇　〔宋眞宗天禧元年十月〕丙子，詔：如聞諸班直、諸軍坊監場務官健，飲博無賴，或部分稍峻，卽捃摭興訟。今後所訴事並須干己，證左明白，官司乃得受理，違者坐之。或情理巨蠹，卽具案以聞。

宋・李燾《續資治通鑑長編》卷九七 〔宋眞宗天禧五年六月〕詔： 廣南路民訟命官不公者，須本官在任，及得替未發，事實干己，及條詔許訴者，乃得受理。如已離任在路，除犯贓及私罪徒以上，卽委轉運提刑司體量證佐，明白非誣陷者，乃得追攝。自餘咸飛驛以聞。時侍御史燕肅言： 嶺南最處遐遠，攝官校吏多務阿私，命官輩順之以情則息姦，糾之以法則聚怨。其無良者，或遭刑責，或違請求，伺其得替，將到闕庭，因犯微釁，興起訟詞。官司不詳事理大小，卽行追對，往來萬里煙瘴之鄉，或懼迢遞，便卽欵伏，以此負譴，亦可憫傷。又有懼致此患，務於因循者。望行條約。故有是詔。肅，益都人也。嘗知臨邛縣，民苦吏追擾，肅削本爲牘，民訟有連逮者，書其姓名，使自召之，皆如期而至。

宋・李燾《續資治通鑑長編》卷一一四 〔宋仁宗景祐元年〕閏六月戊午朔，詔天下有能告殺人者，賞錢五萬，賜杭州學田五頃。

宋・李燾《續資治通鑑長編》卷一六六 〔宋仁宗皇祐元年五月〕乙酉，起居舍人同知諫院李兌、禮部員外郎侍御史知雜事何郯、監察御史陳旭等言： 比歲臣僚有繳奏交親往還簡尺者，朝廷必推究其事而行之，遂使聖時成告訐之俗。自今非情涉不順，毋得繳簡尺以聞，其於官司請求非法，自論如律。從之。

宋・李燾《續資治通鑑長編》卷一六七 〔宋仁宗皇祐元年十一月〕辛丑，詔民有冤，貧不能詣闕者，聽訴於監司，以其狀聞。

宋・李燾《續資治通鑑長編》卷一九一 〔宋仁宗嘉祐五年六月〕六月乙丑，詔戒上封告訐人罪或言赦前事，及言事官彈劾小過或不關政體者。時殿中侍御史呂誨言： 故事，臺諫官許風聞言事者，蓋欲廣其採納，以輔朝廷之闕失。比來中外臣僚多上章告訐人罪，既非職分，實亦侵官。甚者詆斥平素之缺，暴揚曖昧之事，刻薄之態，寖以成風，請懲革之。故下是詔。王偁《東都事畧》： 詔曰： 朕聞前代之稱治者，君臣同心，上下輯睦，人知禮義之節，俗無激訐之風，何其德之盛也！朕雖弗敏，竊嘗慕焉。自今臣僚如有輒上封章告人罪及以赦前事言者，並當訊劾之。言事之臣雖許風聞，宜務大體，如事關朝政，無憚極論，自餘細故，勿須察舉。

宋・李燾《續資治通鑑長編》卷二二五 〔宋神宗熙寧四年七月〕辛丑，詔案察之司，採訪所部官屬罪犯不得出牓召人告論，其犯私罪杖以下離任，無得案發。

宋・李燾《續資治通鑑長編》卷二四五 〔宋神宗熙寧六年六月〕壬辰，司農寺言： 開封酸棗、陽武、封邱縣民千餘人赴寺訴免保甲教閱，已牓諭無令越訴。蓋畿縣令、佐或非時追集，以故致訟。胙城一縣，未命教閱而訴，並下提點司按察。上批： 今正當農時，非次追集，於百姓實爲不便。令提點司劾違法官吏以聞，自今仍毋得禁民越訴。

宋・李燾《續資治通鑑長編》卷三二六 〔宋神宗元豐五年〕甲申，詔： 訴訟不得理，應赴省訴者，先詣本曹，在京者，先所屬寺、監，次尚書省本曹，次御史臺，次尚書都省，次登聞鼓院。六曹諸司、寺、監行遣不當，並詣尚書省。

宋・李燾《續資治通鑑長編》卷三四二 〔宋神宗元豐七年正月丙寅〕中書省言： 尚書都省門狀： 刑部牒，有賣肉人擅入比部門，已送開封府。省門授事不稟都省，其使臣欲上簿。上批： 本差內侍守門，止爲與外廷臣僚無交涉，得以盡情議察出入。若申解一賤隸令稟都省，則動有忌憚，何事不廢？自今但干違令出入事，命官奏聞，吏史以下送所屬。

宋・李燾《續資治通鑑長編》三五〇 〔宋神宗元豐七年十二月辛巳〕詔諸軍雖非出戍，因差使不宿於家，其妻犯姦，許鄰人告。

宋・李燾《續資治通鑑長編》卷三八一 〔宋哲宗元祐元年六月〕甲寅，下詔曰： 朕惟先帝臨御以來，講求法度，務在寬厚，愛物仁民。而搢紳之間，有不能推原朝廷本意，希旨掊克，或妄生邊事，或連起犴獄，積在源流，久乃知弊。此羣言所以未息，朝廷所以懲革也。敕正風俗，修振紀綱，茲出大公，蓋不得已。況罪顯者已正，惡鉅者已斥，則宜蕩滌隱疵，闊略細故，不復究治，以累太和。夫疾之已甚，孔子不爲，御衆以寬，有虞所尚，爲國之道，務全大體。應今日前有涉此事狀者，一切不問，言者勿復彈劾，有司毋得施行，各俾自新，同歸美俗。布告中外，體朕意焉。《舊錄》云： 時先帝法度廢改殆盡，前朝所用之官，棄逐無一人在廷，乃降是詔。然彈劾罪斥相繼不已。《新錄》辨曰： 當時既有所竄逐，慮在職者不安，故降手詔，以示寬恩，此朝廷仁厚之至也。既云前朝所用之臣，無一人在廷，彈劾不已，則安用此詔，其說非是。自時先帝至不已刪去三十五字。下詔以六月二十八日甲寅，此據《舊錄》。王覿奏議乃云六月八日，不知何故，當考。呂大防《政目》六月二十八日手詔諭懲革政事之意，卽此詔也。其頒降則在七月十一日，蓋緣言者紛紜，踰旬乃宣布耳。

宋·李燾《續資治通鑑長編》卷四七七 〔宋哲宗元祐七年九月甲辰〕刑部言：欲常法地分窩藏強盜，不該配遠惡沙門島者，許人告，依重法地分窩藏人，給賞錢及財産之半。其依上條許捕者，亦准此支給。從之。

宋·李燾《續資治通鑑長編》卷四九五 〔宋哲宗元符元年三月丁巳〕是日，誅虎翼卒趙立。立有訕上語，斷手足口舌，腰斬。告人與都虞候曾布因言：近日謗訕者多，度日前亦非無此等語，但告訐者少爾。比因賞告者，而開封及三帥司此獄相屬不絶。若稍寬犯人及勿賞告者，且嚴責本轄人員覺察，則庶幾稍止。上曰：既告有實，何可不賞？布曰：小人無知，輕易謗訕，非不痛懲而不可遏。但恐告者寖多，誅殺亦廣，於觀聽爲不足爾。馬步軍都虞候曹誦以立故乞罷軍政，詔釋其罪。《布錄》丁巳，虎翼卒誅，曹誦罷軍政，詔釋罪。

宋·李燾《續資治通鑑長編》卷四九八 〔宋哲宗元符元年五月乙丑〕詳定一司敕令所言：州縣倉糴納斛斗級行重法者，每三人爲一保，保内因本職犯贓罪，許經官舉發。知而不舉者，減犯人罪三等。即事發逃亡，量所犯輕重，均備賞錢，或監錮收捉。其衆人不保者，相度去留。如諸色人告獲，除酬賞外，願充贓子者，聽承替。從之。《新錄》削，此月丁亥可考。紹聖四年十二月戊申，初立互保法。

宋·熊克《中興小紀》卷三五 五月，殿中侍御史林大鼐言：民間有事，先訴於縣，結絶不當，然後經州，以次及監司臺省。今兩浙民訟，監司州縣未決，多徑至臺省。請申舊法禁止。辛亥，上諭宰執曰：如此則朝廷多事。從之。

宋·熊克《中興小紀》卷三六 有利州民王孝先，邀駕訴知閬州王陞慘酷不法事。辛卯，上諭宰執，宜押送本路監司究實。蓋上慮蜀道遙遠，追逮爲勞也。上欽恤刑罰，屢形詔旨。至於纖悉委曲，聖慮如此，守臣不知體至懷宣實惠，乃或背公狥私，逞威廢法，鉗民之口，無復忌憚。銜冤窮民，豈能人人詣闕自訴，付之有司，審其虛實，明典刑待之？使長民皆知奉法，究心民事，以厚風俗，誠措刑之本也。

宋·王栐《燕翼詒謀録》 士大夫治小民之獄者，縱小民妄訴，雖虛妄灼然，亦不反坐，甚而聽其驀越，幾於摟攬生事矣。曾不思善良之民，畏官府如虎狼，甘受屈抑，不敢理雪。而奸猾之民，以恐脅把持爲生，與吏囊橐，視官府如私家，肆行不忌。士大夫墮其計中，爲其所困，殊不自覺，良可嘆也。太祖皇帝乾德二年正月己巳，詔應論訴人不得驀越陳狀，違者科罪。開基創業之初，首念及此，慮爲善良害也。眞宗咸平元年七月，詔所訴虛妄，好持人短長，爲鄉里害者，再犯，徒；三犯，杖，訖械送軍頭引見司。苟能舉而行之，庶幾妄訴者息矣。

宋·黎靖德《朱子語類·禮七·祭》 今若有箇人不經州縣，便去天子那裏下狀時，你嫌他不嫌他？你須捉來打，不合越訴。

宋·黎靖德《朱子語類·論語二十六·憲問篇》 如人相訟，初間本是至沒緊要底事，喫不過，胡亂去下一紙狀。少間公吏追呼，出入搔擾，末梢計其所費，或數十倍於所爭之多。

宋·朱熹《晦庵先生朱文公文集·約束榜》 一、契勘諸縣民訟人戶，自合從條次第經陳，其公事各有條限，民戶越訴亦有斷罪刑名。往往縣道不能結絶，遂至留滯，引惹詞訴；兼又有人不候本縣照限追會圓備予決，便即先行經州，紊煩官府。今立限約束，自截日爲始，應諸縣有人戶已訴未獲，盜賊限一月，鬬毆折傷連保辜通五十日，婚田之類限兩月，須管結絶，行下諸縣遵從外，如尙有似此民訟，亦照今來日限予決。若縣道違期不行結絶，方許人戶赴州陳訴，切待先追承行人勘斷，再立限驅催。其縣道又不了絶，致人戶再有詞訴，定追押錄科斷外。今仰民戶，經由書鋪依式書狀，仍於狀内分明聲説，的於某年月日經縣陳訴，已經幾日本縣不結絶，以憑行遣。如不明注經縣月日，或不候限滿，妄稱已過所立日限陳述，致追承行人到州，見得元經月日未及，其人戶連書鋪並行收坐，仍毀劈書鋪名印，若經本州一月未滿，狀詞亦不許再行。

一、官人、進士、僧道、公人謂訴己事，無以次人，聽自陳。聽親書狀，自餘民戶並各就書鋪寫狀投陳。如書鋪不寫本情，或非理邀阻，許當廳執覆。

一、狀詞並直述事情，不得繁詞帶論二事。仍言詞不得過二百字。一名不得聽兩狀。並大字依式眞謹書寫。如有干照契據，並未盡因依，聽錄白連粘狀前。

一、如告論不干己事，寫狀書鋪與民戶一等科罪。

一、民戶詞訴，不應爲狀首人，自不當出名。其應爲狀首人，並要正身。

如實有事故，得用以次人，仍聲說因依，年月若干，有無疾蔭，婦人有無疾蔭、娠孕，於前從實開具。或有罪應科決，臨時妄行供說，先契勘元寫狀書鋪。

一、書鋪如敢違犯本州約束，或與人戶寫狀不用印子，便令經陳，紊煩官司，除科罪外，並追毀所給印子。

一、人戶陳狀，本州給印子，面付茶食人開雕，並經茶食人保識，方聽下狀，以備追呼。若人戶理涉虛妄，其犯人並書鋪、茶食人一例科罪。

一、契勘人戶多有不問事節緊慢，不候行押詞狀日分，輒行攔轎下狀，或投白紙。今立約束：攔轎狀詞並不受接。並所投白紙止是理訴婚田債負，即非緊切利害事件，亦非貧窶鰥寡孤獨無告之人，顯無忌憚，紊煩官府。自今後除貧窶、老病、幼小、寡婦，或被劫盜，並鬬毆殺傷，事干人命，初詞許於放詞狀日投白紙外，自餘理訴婚田債負，或一時互爭等事人戶，須管經由書鋪，依式書狀，聽引狀日分陳理。如有似此違約束之人，定當重行斷罪。

一、引押狀詞日分，預批曆，請台判輪委職官一員或兩員，就大廳側畔用硃劃號數，監用朱批事因。

一、引押詞狀，除初經州狀外，其有事祖狀，並各令案吏貼擇出案祖，用硃批出緊要情由，元詞月日，作如何施行，某處已未結絕事因請判。

一、本州鼓角樓所有牌二面，內東畔一面係軍州官下馬牌，西面係人戶詞訟牌。蒙安撫到任，移西畔詞訟牌於東，自新開雕屈牌一面，安在詞訟牌之上，差使臣一員監當。並置曆一道付監管官，如有投牌之人，抄上姓名，押赴使府出頭，取候台旨施行。其牌墨漆雕字，具說有實負屈緊急事件之人，仰於此牌下跂立，仰監牌使臣即時收領出頭，切待施行。如敢將閑慢事件，不候引狀日分，妄作緊急坐牌，定行勘斷。

一、照得日逐所受入匣追索人案文字，置外引開排時刻，責鋪兵依限走傳，如違限，委官先追押錄重斷。

一、類狀名色：官吏受財枉法，將吏侵剋役使，殺人行劫，殺略姦盜，聚衆鬬打，或抵拒官司，豪家大姓侵擾佔奪細民田業，姦污婦女，鬬打見血，官員、士人、公人、軍人、僧道執狀，已上當使廳引押。訴婚田地、訴分析、訴債負，鬬打不見血，差役，陂塘，已上都廳引押。

一、引押詞狀，元係雙日；引押公事，元係隻日。蒙安撫到任，以隻日引押詞狀，雙日引押公事。

一、狀式：某縣某鄉某里姓名，一、年幾歲，有無疾蔭，合爲狀首，堪任杖責，係第幾狀。一、所訴某事合經潭州。一、即不是代名虛妄，無理越訴，或隱匿前狀，如違，甘伏斷罪號令。右某，入事明注年月，指涉某人某事盡實，限二百字。須至具狀披陳，伏候判府安撫修撰特賜台旨。【略】

一、詞狀當日職官分類呈押。貝式呈

一、詞狀帖牒下外諸縣者，索案除程一日，追人除程兩日，五人以上、去縣百里以上者除程三日。案官鑿定日限，案吏朱批某月某日。限滿申展者，都廳先次類聚呈押，一日者不展，兩日者許一展，三日者許再展。兩展而不到者，都廳指定帖某巡尉差人追呼呈押行下。

一、在城差人監追公事，各置印歷，緊限不展，次緊限許一展，再展而不到者訊承差人。長限日展並簽廳批鑿，不再呈押，內長限每三展一押。長限如監醫之類。【略】

一、三獄直日開拆司先次呈押，餘案抽牌押文字訖退，不得再上。如有未了文字，都吏次早揀牌入筒取覆抽押。內戶刑案事繁，許次早呈押。【略】

一、照對人戶投白紙，止爲有緊切事干人命劫盜等。今來受狀，不問事理輕重，有白紙三四十紙。訪聞皆是書鋪邀求，致令投陳紊煩官司。今乞告示書鋪，如是準前邀阻人戶，致使府問得投白紙人曾經書鋪不爲寫狀之人，乞賜喚上斷治施行，不應受理，即行擇退。

一、照應近據諸縣申到人戶理訴婚田債負，皆稱目今正是青黃不接之際，告示候務開日施行。使司契勘人戶互訴婚田爭地，多是有力上戶之家佔據他人物業，或是遷延不肯交錢退贖，或是抗拒不伏赴官理對，只要拖延衮入務限，使下戶被苦無能結絕。檢準律令：諸婚田入務，若先有文案交相侵奪者，不在此例。況今本州多是禺田，只有早稻收成之後，農家便自無事，可以出入理對。在田亦少施工未獲之利，自可退業以還有理之家。諸縣爭論田地詞訴，可以承行理對，不必須候十月。使司已於六月十八日符長沙等一十二縣遵守施行訖。

宋・佚名《名公書判清明集・人品門・僧道》 宗室久據寺居，誣賴騙挾，何所不至，豈可輕信其說。況主僧如義頗有見識，未必有此，且從本州所行。續據趙時靄狀訴上件事，尋朱批因依，呈奉臺判。若僧行出外惹謗，猶有可言，今趙保義據中居住，使小婢遍走方丈，一不從所求，即以姦事誣脇，豈不大爲陰隙之累。如義前日之行，不爲不是，但須從容明白而去耳。本州若察其果無罪，以一般寺院兩易，亦所以全之也。牒報。

又　僧家以無爭爲三昧，以知事而越經本司，訴住持僧，此自不當與之施行，又何必押下縣，禁獄追對。牒南康軍徑自區處，申。但州郡差住持，若或出於私，則人必不服，此是根源。知郡賢明，所差必公，當無此慮。

宋・佚名《名公書判清明集・人品門・公吏》　訟公吏取受，多因縣官好惡之偏，所以經府，豈可罪其越訴。主簿所斷具當，從申行下。

宋・佚名《名公書判清明集・懲惡門・把持》　大凡市井小民，鄉村百姓，本無好訟之心。皆是姦猾之徒教唆所至，幸而勝，則利歸己，不幸而負，則害歸他人。故興訟者勝亦負，負亦負；故教唆者勝固勝，負亦勝。此愚民之所重困，官府之所以多事，而教唆公事之人，所以常得志也。當職疾惡此曹，如惡盜賊，常欲屏之遠方，以禦魑魅。但以人心陷溺已久，誅之不可勝誅，姑示薄懲兩名，當廳責決配狀，如今後再惹詞訴，不以輕重，定行決配。

宋・佚名《名公書判清明集・懲惡門・奸惡》　本是夏千一，先作夏時富名，今又作夏申名，可見姦猾。及至喚狀，又逃避不出，就保識人名下押上取問。仍榜示：應今後投狀人不許作兩名，如作兩名者，開拆司並不許收受。

宋・佚名《名公書判清明集・人倫門・兄弟》　在法，已分財產滿三年而訴不平，及滿五年而訴無分違法者，各不得受理。翁曄、翁顯係親兄弟，其父翁宗珏在日，有田五十八種，於淳熙十二年分撥與二子，各得田二十九種。宗珏慶元六年死；翁曄將所得田二十九種盡行典賣，及曾將共段田陪併與弟翁顯，原契見存。翁顯又曾執親隣，就丁政遠邊贖得翁曄原典田，及作翁團名，典得魏齊箕田。鄉民辛勤，增置些小田業，豈是容易。翁曄已死，其子翁塡覬覦乃叔物業，輒妄入詞，稱是翁顯將在衆錢物置到田產，欲行均分。自淳熙十二年至今，已及三十六、七年，翁顯執贖幷置到田業，皆是嘉泰已後，及有是嘉泰十一年者，豈得是在衆錢物？委是被人教唆，妄生詞訴，且免斷，契給還翁顯，餘人幷放。

宋・李元弼《作邑自箴・規矩》　見禁未斷公事並差役未定，如有人撰造語言，起動人戶者，許諸色人陳告。

宋・李元弼《作邑自箴・勸諭民庶牓》　一、誤放牛馬之類踐食田苗，或蓋屋築牆偶侵疆界，地主未得經官陳訴，先且以理咨問犯人，犯人便須謝過陪備退還，若是不伏，便仰告官，罪必有歸。

一、凡有賊發火，起仰鄰保，立便遞相叫喚，急疾救應，不須等候勾追，卻致悞事。若官司點檢，或保衆首說有不到之人，其牌子頭幷地分幹當人一例勘決。

一、鎮市鄉村有行止不明無圖運作過之人，並開櫃坊，沽賣私酒之家，仰地分幹當人或鄰保密來告官。若或隱情因事彰露，被別保人戶告發，其鄰保及幹當人的不容恕。

一、應陳狀理會事其見行未絕者，緣新官到已自剗刷催促外，切慮人戶爲見新舊官交替之際，再將已經縣司理斷事煩紊官方，並仰陳狀人於狀內分明聲說，今來所理會事即未曾經本縣理斷，如後異同，甘罪不詞。

一、應人戶自執去判狀，須是付耆長正身，仍取批收憑由收掌。

一、應寫狀鈔之人縣司已籍定姓名，各給木牌於門首張掛，並有官押印子於鈔上印號。仰人戶子細詢問，即不得令無木牌印子人書寫狀鈔之類。如人戶自能書寫，即於狀鈔上稱說係其親書，並須楷書寫。

狀式

某鄉某村耆長某人，耆分第幾等人戶，姓某，見住處，至縣衙幾里，如係客戶，即去係某人客戶，所論人係某鄉村居住至縣衙幾里，右某年若干，在身有無疾蔭，婦人即云有無娠孕及有無疾蔭。今爲某事，伏乞縣司施行。謹狀。

年月　日　姓某押狀

一、應籍定寫狀鈔書鋪戶不得爲見縣司指揮，不係籍人不得書寫狀鈔，卻致邀難人戶，多要錢物。如察探得知，必定開落姓名。

一、應百姓年七十或篤疾及有孕婦人，並不得爲狀頭。

一、應係州城下居住人戶不得詣縣中陳狀。此一項唯倚郭縣可用。

一、應官私債負今並寬給日限還納，不得更似日前故作拖延。

右各知委　年月　日

宋・李元弼《作邑自箴・寫狀鈔書鋪戶約束》　某縣今籍定書鋪戶某人許令書寫狀鈔諸般文字，具約束下項：

一、詞狀前朱書事目。

一、狀鈔中緊切處不得揩改。

一、據人戶到鋪寫狀先須子細審問，不得添借語言，多入閑辭及論訴不干己事。若實有合訴之事，須是分明指定某人行打或某人毆罵之類，即不得稱疑及虛立證見，妄攀人父母妻女赴官，意在淩辱。若勘見本情，其寫狀人亦行勾勘。

一、不得爲見不係籍人不得書寫狀鈔等，便輒邀勒人戶，多要錢物，方肯書寫。如縣司察探得知，必行根治。

一、已有判狀，或文帖勾追對會事理，並已認還錢，未了再押出頭，並不得寫狀卻來煩紊官方。如有詞說，但隨着到當官分析。

一、百姓年七十或篤疾及有孕婦人，並不得爲狀頭。

宋・李元弼《作邑自箴・處事》 凡遭旱蝗水溢，須早出牓示幷狀式，不可直候逼限出牓，有悞遠鄉披訴，既預有四色牌子圖，豈敢妄來陳狀。

又 縣事多處詞狀，限辰時前着到，限巳時前繳跋，再限之類，限午時前，仍置四大箱，箱額釘牌子曰詞狀，曰着到，曰繳跋，曰再限，過時收之。如此則無積下公事，緊切者不在此限。

宋・陳襄《州縣提綱・聽訟無枝蔓》 詞有正訴一事而帶訴他事者，必先究其正訴，外帶訴事須別狀。蓋聽訟不宜枝蔓，枝蔓則一事生數事，曲直混淆，追逮必繁，監繫必久，吏固以爲喜，而民乃以爲病矣。若夫枝派異而本同一事者，又不可以是論。

宋・陳襄《州縣提綱・禁擾役人》 爭役之訟多起於縣家非泛科需。案非泛猶云非常，蓋宋時有此語。期限嚴迫，不時鞭撻，兼吏輩每限過取，役未滿而家破，故力爭以冀倖免，若盡絕非泛科需，量地遠近立限，凡事皆酌其輕重而少寬之，又嚴禁吏每限亡過取，則人樂其優恤，爭先願充，又何競之云。

宋・陳襄《州縣提綱・受狀不出箱》 出箱受狀，其間有作匿名假名狀投於箱中者。稠人襍遝，莫可辨認，兼有一人因便投不要緊數狀及代名數人者，要當於受狀之日自西廊，整整而入至庭下，且令小立，以序撥三四人相續執狀，親付排狀之吏。吏畧加檢視，令過東廓聽喚姓名，當廳而出。非惟可革匿名假名之弊，且一人止可聽一狀，健訟者不得因便投數詞以紊有司。

宋・陳襄《州縣提綱・告訐必懲》 鄉間之弊，莫大於奸民得志而良民受害。夫安分之人，業在田畝，自幼至老，足未嘗躡官府事，切於己尚隱忍不欲訟。其有不務農業專事健訟者，欺其善懦，往往搜求其短，誣告挾賂。縣令不明，則吏寘之獄，枝蔓追究，必破其家。縣令苟明，追證既備，罪有所歸，則誣告者懼罪，不待理斷而妄飾其詞，今日走郡，明日走監司，脫其轉送或索案，則又因循迤邐以幸脫矣，此奸民所以終於得志而良民受害。故凡投詞有事不干己者，必加懲治，無使脫判，以害良民。

宋・陳襄《州縣提綱・禁告訐擾農》 頑民健訟，事或干己猶有可諉，事不干己，可不力懲？且冒占逃絕戶產，若匿牙稅之類，在法固許人告，使告果得實，豈但追逮。奈有一等無圖之人，不務農業，當農事正急時，輒乘間以此誣告，擾農民邀挾錢物。方其訴時，未必一一知其實，惟擇善懦或有讎之家泛然入詞，以僥倖其一中。且如告一戶冒占畫一不下數十項，有司追究不盡，則恐終不能絕詞。若悉追究，則牽連動是數十人，淹延動是數月。都保之追逮，鄰里之供證，一鄉騷然，良民業在務農，耕耘一失其時，則終歲饑餒。往往不憚厚賂以求和，或不賂則至於有司窮究，得直彼不過負妄訴之罪，而被訴之家所損已多矣。在法諸婚田之訟，自二月以後爲入務，今縣家多畏誣告者之健訟，兼或撰造經郡若監司脫判送下，往往未必入務。故不務農之人得以乘其農急而規財，使務農者不得安業。要當候務開日追究，或係郡若監司送下，亦宜具此利害申聞。

宋・陳襄《州縣提綱・誣告結反坐》 近世風俗，大率初入詞輒以重罪誣人者，不可不察。如白日相毆於路，則必誣曰劫奪，入於其家而相競則必誣曰搶劫，與其婦女交爭則必誣曰強姦，墳墓侵界則必誣曰發掘骸骨。似此類其眞實者豈可謂無，但鑿空假此以爲詞訟之常談者可怪耳，甚至公然以大辟誣人，略不知懼。且有一人病且死，與甲初無預，而甲妄認親屬，誣乙毆死。乙固知其無罪，然事屬大辟，有司不敢不受，勢須委二官檢覆，吏胥之追求，里保之乞覔，一鄉騷然，幸值明有司早得脫而其家已破矣。或吏用事寘之縲絏，卒未得直，故良善畏事之家往往多厚賂求休息，爲甲者無故而獲千金，故鄉俗目之曰經紀。萬一乙不賂至有司，淹延日久，窮見實情，甲之罪不過杖一百耳。蓋縣家凡一事解郡，所費不貲，或郡吏求庇疏駁，罪反及身，故縣家多從末減，此風所以滋長而無忌憚也。似此誣告，必先勒結反坐，果誣必結解盡法而行，庶懲一戒百。內有畏反坐者，輒令老人婦人入詞，故老人須追子，婦人須追夫，同結反坐後追究。

宋・胡太初《晝簾緒論・聽訟》 孔子曰：聽訟，吾猶人也，必也使無訟乎。人情灘靡，機事橫生，已難使之無訟，惟盡吾情以聽之而已。縣道引詞類分三八，始至之日多者數百，少者亦以百數。令憚其煩，遂有展在後次併引者，不知省訟固自有道，若憚煩拖後，積壓愈多，雖竭其精神難理矣。或謂不拘日子，有狀即受，可免積壓然。縣家事多，若日日引詞，則訴牒紛委，必將自困。不若間日一次引詞，卻將鄉分廣狹分搭，遇一則引某鄉狀，遇三則引某鄉狀，遇五遇七遇九各引某鄉狀，不得攙越，庶幾事簡易了。且彼有一時忿激，便欲投詞，需日稍久，怒解事定，必有和勸而不復來者，此其當行者一也。分鄉定日，此止可爲常事，設若鬬毆殺傷水火盜賊不測等事，亦俾待次不亦晚乎？卻如前之說置鑼於縣門之外，不以早晚咸得自擊鑼鳴，令即引問，與之施行。若有事情急迫，合救應者便與救應，合追捕者便與追捕，合驗視者便與驗視，卻不可因循失事，此其當行者二也。詞訟到官，類是增撰事理，妄以重罪誣人，如被毆必曰殺傷，索財必曰劫奪，入其家必誣以作竊，侵墳界必誣以發墓，此類眞實固有而假此以覬有司之必與追治者，亦多要當明立榜文，嚴反坐之法。須令狀尾明書如虛甘伏反坐六字，異時究竟果涉虛僞，斷當以其罪罪之，則人知畏而不敢飾詞矣。此其當行者三也。【略】縣道每有姦狡頑嚚之人，專以教唆詞訟把持公事爲業，先當榜文曉諭，使之盡革前非，若有犯到官，定行勘杖刺環，押出縣界，必懲無赦。凡遇引問兩爭應答之辭與狀款異，此必有教唆把持之人也，須與研窮根勘，重寘于罰，此其當行者五也。【略】不應爲有罪不許因事告事，法令昭然。而今之爲令者喜聞人家隱微，於是告訐之風滋長，甚至收人白劄子見之施行，於是愈忌憚，妄行指摘，而民無寧居之日矣。此亦合預行榜諭。告訐者未問虛實，先坐不應爲罪，若狀詞本訴之外因而告首其家隱微者，亦勿聽理，併先坐罪，此其當行者七也。

宋・黃震《黃氏日抄・交割到任日鏤榜約束・刑獄》　獄司事莫重於人命，一一自有明條。惟縣吏反監體驗下下鄉賣弄盡出其手，一下便非本情。及追捕一行人回縣詐錢，不即時於地頭書填格目。及茶食引保人揞定保正通同打話，將干繫人視貨輕重爲操縱出入，及取入門款官，不即時到獄，停朝隔宿，又不親面審供點對元情，及尉司獄司皆以己配老吏穿款變亂本情。及保正闕役處隅官坐視，不即時收捕凶身，以致淹延，凡此六項，自今部內並請一切更新，有犯斷斷不恕。此外又有譁徒專將身死不明四字，把持村民作血屬經官，官司便作致死事行移，三年五載後雖終成白休，而干連人已皆瘐死。一方生聚爲之蕭然，賊害吾民，莫此爲毒。兼鄉民畏此無端之擾，無人肯充保正，違誤公私事務，不可勝述，皆此曹禍之也。今當職第一以理雪民命爲重，亦第一以痛革誣訴爲急，仰縣道發覺官司，遇此詞訴必審問的是被死人親父母，或無父母身未曾娶的是被死人親兄弟，或無父母兄弟的是被死人妻子，必單身人被死方許次第有服紀止一人出名作血屬。須說被死來歷，證見痕傷，分曉責反坐狀體驗得實，即依條不移時填入格目。捨此泛稱血屬，云有某親身死不明，或不知人命着落之類，皆是譁徒教唆雷同舌本，並不許縣道輕受。其自縊自溺自刑自害，招死攧死小兒女，與將久病死人稱被嚇殺，諸般抵賴，既非被殺，皆不應作大辟事施行，爲吏人通同脅詐之計。昨見官司受此詞訴，則小人反因之而輕生，或不受此詞訴，則小人自因之而惜命。若不受理，救人無限，諸縣皆膺百里民社之寄，謹之謹之，違定按劾。

宋・黃震《黃氏日抄・交割到任日鏤榜約束・詞訴》　詞訴惟命官犯贓者受，吏犯枉法贓已經州縣者受，事屬本司曾經州縣所斷委未平當者受，其餘小事各有司存，或不經次第官司直經朝省臺部脫送本司者，當點對據實回申，決不輕行。白帖權攝人仰日下去官，其或惹詞，追勘黥配。

宋・黃震《黃氏日抄・詞訴約束》　古者帝王親行巡狩以察四方諸侯，至漢，遣六百石吏察郡國二千石長吏以代親行，謂之刺史，至本朝謂之監司，故世稱外臺爲天子耳目之官。但擇州縣官不奉法爲民者去之，則百姓自然安跡，非代州縣受詞訴爲一路聚訟之委也。近來此意不明，部內之官或橫縱害民而不問，反不捐細大，務以聽訟爲盡職。遂使豪右譁健之徒紛然競集，隔千里遼邈不接之地，信一時張皇無實之說，牌匣絡繹，專卒旁午驅迫，州縣騷動，閭里雞犬亦不得其寧，是豈朝廷設監司之本意哉？當職交印後二十日之間閱過舊案千餘件，率多煩碎虛誕不當受理之事。前此幕官徒以司存所仰贓錢默有拘礙，往往經隔三年五載不決，以俟監贓耳。今當職贓錢先已榜放，舊事逐日疏決，以冀司存一淸，上下相安。司案乃呈舊例，求托詞訴約束，當職每日五鼓出廳，非避懶之人也。詞訴亦須受理，但擇其關係之大者方受，且分次第先後耳。

第一次先理命官犯贓狀　右除日前舊事免問外，截自今年三月初六日當職交割以後，如有州縣官下至巡尉監當取受民財，仰被詐人指陳的實證佐，先責反坐狀留身，訖經追被訴之官赴司究對，依條施行，更不行尋常帖問具析追吏根究等虛文故事，此項候聖節後四月十三日受詞。

第二次理豪家把持公事狀　右亦截自當職交割後，有寄居富室敢預公事自殘其鄉里者，仰被害人指實陳告，施行一切如前，此項候五月十三日受詞，此日有別項緊切事併附受詞。

第三方理其他本司合受事　右舊事逐日剖決，不待催詞，新事自有次第，官司不當越訴。自此一月一放狀，亦以命官犯贓豪家把持事爲先，其狀先否先判。

又　漢置十三部刺史，以六條按察，專爲郡國不能奉法養民者設。國朝之置監司，即漢人之置刺史，其職固自有在非使代州縣受詞訴爲一道聚訟之委也。法曰：縣斷不平，許經州，州斷不平，許經監司。蓋亦防州縣長吏萬一受賕曲斷而然。其曰許云者，又必察其所斷眞有不平而後受，非以次第而至，必指爲受訟之地與州縣等也。近世承平日久，風俗日變，豪家蠶併小民，必反其鋒以越訴侵占，富家不納王賦，必匿其形以越訴欺詐，如此等類，不一而足。閭里坐此蕭條，縣道坐此敗壞，根本所繫，令人痛心。本司今亦遇三受詞，但非事屬本司已經州縣而所斷不平者，決不受理。其有事雖屬本司，而不經州縣，幷不經本司乃越經朝省臺部脫狀送下者，並具狀繳申，不敢施行。仍先申照會備榜司前使衆通知，其餘條畫自有法在。

又　照會當職已入州治，合受民詞，今預期開列約束下項：

一、詞訴總說。訟乃破家滅身之本，骨肉變爲冤讎，鄰里化爲仇敵，貽禍無窮，雖勝亦負，不祥莫大焉。但世俗惑於一時血氣之忿，苦不自覺耳。撫州禮義之鄉，何有於訟，近亦間負珥筆之謗，識者固羞之。況當饑歉之餘，正宜省事之日，譬如病後，將息爲上，又豈人戶爭訟之時。惟是當職德薄，不足以任教化之責，恐或者未能忘訟，勉爲依例開放，以通民情。

一、詞訴條畫。不經書鋪不受，狀無保識不受，狀過二百字不受，一狀訴兩事不受，事不干己不受，告訐不受，經縣未及月不受，年月姓名不的實不受，披紙枷布枷自毀咆哮故爲張皇不受，非單獨無子孫孤孀輒以婦女出名不受。應受者隔夜抛箱，當日五更聽狀，並先立廳前西邊點名聽狀了則過東邊之下。

一、詞訴次第。國家四民士農工商應有詞訴，今分四項，先點喚士人聽狀，吏人不得單呼士人姓名，須稱某人省元，其爲士而已。貴與蔭及子孫有官用幹僕聽狀者，隨附士人之後，幹僕卻呼姓名，然須有本宅保明方受。士人狀了方點喚農人，須是村鄉種田務本百姓方是農人。農者國家之本，居士人之次者也，餘人不許冒此吉善之稱。農人狀了方點喚工匠，應干手作匠人，能爲器具有資民生日用者皆是。工匠狀了方點喚商賈，行者爲商，坐者爲賈，凡開店鋪及販賣者皆是。四民聽狀之後，除軍人日夕在州有事隨說不須聽狀外，次第方及雜人，如伎術師巫游手末作末作謂非造有用之器者牙儈舡稍妓樂岐路幹人僮僕等皆是雜人。此外又僧道，亦吾民爲之。然據稱超出世俗，不拜君王，恐於官司無關，官司不欲預設此門。

一、詞訟日分。自六月爲始，每月初三日受在城坊廂狀，六月初三日私忌，改用初四日初八日受臨川縣管下鄉都狀，十三日受崇仁縣郭及鄉都狀，十八日受金谿縣狀，二十三日受宜黃縣狀，二十八日受樂安縣狀。自後月分周而復始，其有不測緊急事自不拘此限，但常事不許挾緊急爲名。

宋・黃震《黃氏日抄・榜論諸州住行不切詞訴》　大江以西山水秀拔，最號人物淵藪，間有所稟之偏者流於俠而好勝，遂招珥筆之譏議者，惜焉。今當職交事之初，披閱訟牒，多非緊要，此等縱欲規害所怨，其自身亦豈能晏然而坐勝乎？不知亦何苦而爲此哉。時事尙艱，神明甚近，聖君大臣方憂勞於其內，邊臣戰士誓奮死於其外，我輩官吏士民皆當竦然自立，改心擇行，且相與保全自家一段元氣，以契天地，以體朝廷。奈何於宗族鄰里之間忍於相讎，甚至士大夫不能自免，何其溺於舊習尙不知變乎？仰案呈連日已斷，不切舊事，備榜各郡市曹，請從今自悔爲忠厚之歸，毋犯有司也。

宋・黃震《黃氏日鈔・又再榜諭吉州詞訴》　當職自交割後四五十日之間，已判過吉州不切公事七八百件，今住司人來尙復有之，豈眞吉州人之健訟，亦本司舊弊輕易泛受，誤人於多訟之地耳。今幷住行使吾吉州之人各知好惡，守分相安，一變前日之爲，以洗健訟之謗也。

宋・黃震《黃氏日鈔・引放詞狀榜》　當職近因時艱未寧，不敢輕受詞狀，嘗出曉諭。誓與吾民，且皆以息心省事，祈天乞命爲急，吾民未甚相信，多擸狀入司。前收受人戶訴命官犯贓錄櫃內，今自六月內爲始，明出受詞日分，須至約束下項：

一、除前項勸諭息訟外，有不能小忍而必欲訟者，亦擇而後受。非經州縣次第官司不受，非已斷不平不受，非戶絶孤孀而以婦人出名不受，自刑自害狀不受，着布枷紙枷狀不受，投自紙狀不受，事不干己不受，事不屬本司不受，一狀訴兩事不受，不明該年月姓名實跡不受，匿名狀不受，狀過二百字不受，不經書鋪不受。

一、六月十八日受常平司狀，六月二十八日受鹽司狀，自此每十日一輪流，五更一點受狀，當日聽判。

元・馬端臨《文獻通考・刑考五・刑制》 周太祖廣順二年，敕民有訴訟，必先歷縣、州及觀察使處決，不直，乃聽詣臺、省；或自不能書牒倩人者，必書所倩姓名、居處，若無可倩，聽執素紙，所訴必須己事，無得挾私妄訴。

《宋史・太祖紀一》〔建隆三年八月〕乙未，用知制誥高錫言，諸行賂獲薦者許告訐，奴婢鄰親能告者賞。

《宋史・仁宗紀三》〔皇祐元年冬十一月〕辛丑，詔民有冤、貧不能詣闕者，聽訴於監司以聞。

《宋史・徽宗紀三》〔政和七年五月〕以監司州縣共爲姦贓，令廉訪使者察奏，仍許民徑赴尚書省陳訴。

《宋史・刑法志二》〔崇寧六年〕又定令：凡應承受御筆官府，稽滯一時杖一百，一日徒二年，二日加一等，罪止流三千里，三日以大不恭論。由是吏因緣爲姦，用法巧文寖深，無復祖宗忠厚之志。窮極奢侈，以竭民力，自速禍機。靖康雖知悔悟，稍誅姦惡，而謀國匪人，終亦末如之何矣。

《金史・章宗紀二》〔承安二年正月〕乙酉，勅職官犯贓私不得訴于同官。

《金史・哀宗紀上》〔正大元年五月戊申〕詔刑部，登聞檢、鼓院，毋鎖閉防護，聽有冤者陳訴。

《元典章・政紀》 諸鬭訟之人，往往直赴省部陳告，照得至大三年六月初八日承奉中書省扎付：先欽奉聖旨條畫，諸告人罪者，皆須明注年月，指陳實事，不得稱疑。誣告者抵罪反坐。及不得越訴，經官告事，越本管官司者，笞五十。若本處官司理斷偏屈及應合回避者，合赴上司陳告。欽此。又至元十四年七月欽奉聖旨條畫內一款：訴訟人先從本管官司自下而上依理陳告，若理斷不當，許越提刑按察司陳訴。又誣告者，亦仰治罪。欽此。除欽遵外，議得政貴有常，事當歸本，內外庶務，各有攸司，苟肯盡公，事無不理。設立宣慰司、路、府、州、縣，任專撫字，本期政簡民安。臺察、廉訪司職居撫劾，固當繩愆糾謬。況復外分行省，內列六部都省，總其宏綱，提挈振舉，期於不紊而已。近年以來，上下官府因循苟且，凡民間爭訟，不爲用心裁決，變亂是非，風憲之官，失於檢察，宣慰、廉訪司莫爲伸理，致使告人不問事之大小、途之遠近，往復赴都省陳訴，中間亦豈盡無實詞？責其自下而上拒之，恐負屈莫伸；受之，慮挾奸欺妄。若不立法關防，終恐弊源難塞。今後內外官府，依例於籍記人吏內遴選諳練官事循良無過之人，給付條印，書寫詞狀，訴訟人等應告一切公事，欽依累降聖旨條畫，自下而上陳告，若指陳不明，及不應告言而書寫者，將書狀人嚴行斷罪。事若應受，所在官司須要炤例疾早歸斷。或理斷不當，許經所屬上司以次陳告，亦仰依上斷決，毋使虛調文移。如事應接受，或循私妄生枝節，不爲受理，縱受理，不即從公與決，故延其事，日久不行結絶，許赴本管上司陳訴，量事立限歸結，違者在外行臺廉訪司、在內監察御史糾察究治。已告公事，各處見問未畢，指以偏向爲詞，不得輒赴上司陳告。若聽斷已定，而告者詳其詞理未盡、情有可疑，即當接受，取元斷始末緣由。如已斷公當，別無枉屈，准擬施行，其所告不應，不得受理，將退狀明白標寫合退緣故，當該人吏書名畫字，退付告人，仍須置簿，將退受文狀依上附寫，每月一次署押。監察御史、廉訪司常加炤刷，但有退受不應，即將判署正官首領官隨事究問。如告人所執退狀別無批寫緣由，雖稱已曾陳告，並難憑准，仍將朦朧妄告之人依越訴例斷決發還，以絶欺詐繁冗之弊。行省、行臺、廉訪司一體施行，仍多出榜文曉示。

《元典章・行臺》 諸訴訟人先從本管官司自下而上依理陳告，如有冤抑，經行中書省理斷不當者，仰行御史臺糾察。

又 諸違行御史臺指揮，及上御史臺訴以不實，或訴訟人咆哮陵忽者，並行斷罪。

《元典章・內臺》 諸訴訟人等，先從本管官司陳告，如有冤抑，民戶經左右部，軍戶經樞密院，錢穀經制國用使司，如理斷不當，赴中書省陳告，究問歸著。若中書省看循或理斷不當，許御史臺糾彈。

《元典章・體察》 隨處兇徒惡黨，不務本業，以風聞公事，妄構飾詞，告論官吏，恐嚇錢物，沮壞官府，此等之人，並行究治。

又　訴訟人等先從本管官司自下而上以次陳告，若理斷不當，許赴提刑按察司陳訴。若越訴及誣告者，欽依聖旨事意施行。

又　諸有罪被問人不得妄行指射問事官吏，若果有合告言事理，候本宗事了結絕聽告。

又　訴訟人自下而上，若已經合屬官司斷訖，察司稱冤者，須詳審詞理，視其所斷，若實有不應行移再問，其見問未決並越訴者，不得受理。

《元典章·自害·輕生自殞勿理》　至元十七年正月，江西道宣慰司榜文內一款，諸路、府、州、司、縣或有投河自縊，及服食毒藥、鼠莽草等類，多因借貸無償，或以碎細言隙一朝之忿，自殞其身，與鬭毆殺傷者不同，所在官司不問事體輕重，便將人命公事行遣，縱無人告，輒以訪聞勾攝，以致牽連無辜，罔不受害，使司議得今後非因鬭毆、殺傷，自行投河自縊及服食鼠莽草死者，如別無他故，官司無得理問。庶幾人各愛其身，不以輕生陷人爲利。無人首告，亦不得訪問勾攝。仍仰各路官司常切禁約，違者治罪。

《元典章·控告》　監察御史呈：體察得在都左右巡院，自春至秋，陳告毆詈者不肯奉分歸結，卻行准訖攔告，計四十四起。竊見一等不畏公法小人，無故行兇，毆詈良民。雖有告發到官，當該官吏故意遷延，縱令行兇人或恃權勢，或行賄賂，或有轉托他人關節，或馳騁兇暴恐嚇告者，百端需要。原告人自願攔告休和，文狀到官，擅便准攔了。當不惟如此，使貪得爲其弊，小人敢肆其惡，善人無地可容，深爲未便。又見刑部重刑卷內，鬭毆殺人起數甚多。詳此，蓋自官司自來禁斷不嚴，及聽從攔告，使行兇之徒不知畏懼，以致毆人至死。況兼毆人詈人，俱係刑名事理，舊來並無攔告體例，所據左右兩院前項准攔事理，即係違錯，合行糾呈外，今後有毆詈人者，告論到官，不許攔告，須要取責明白，招證詞因，約量所犯的決，庶使兇暴日消，詞訟日簡，乞照詳事。省府相度，據左右兩院前項准攔事理，照勘取責明白，招伏詞因，擬定呈省，仍仰遍行合屬。今後凡有毆詈人者，告發到官，不許攔告，取責明白，招證詞因，依理歸斷施行。

《元典章·原告·原告就被論問》　至元六年十二月二十一日，御史臺奉中書省札付來，呈山東東西道提刑按察司申，各州縣軍民相關詞訟，合無依舊例，原告就被論官司陳告等事，省府相度鄰近州縣與本管司縣軍民戶計相關詞訟擬就，被論官司歸對，毋得照驗施行。

《元典章·原告·原告人在逃》　至元十年五月日，中書省准尙書省咨刑部呈節次奉到省判送據並諸人陳告事理，行下本管官司歸對。其原告人在逃逗遛，不能結絕。爲此照得舊例，諸人告罪官司鞫問是虛，未經招伏，在逃百日跟捕不獲者，被告人召保知。在品官即聽復職，任滿日給解由求仕。今照勘到各處申到原告人未經對證，在逃已過百日，跟捕不獲，有無照依舊例施行。本省照得，即係爲例之事，咨請照驗事。都省爲此聞奏上位。欽奉聖旨：原告人若走了呵，被論人至一百日不生受罪，甚麼兩箇月尙遠，或一箇月，或四十日不見呵，有勾當的便勾當去者。這般走了的狀頭並虛告論人的，一兩箇教處死者。欽此。

《元典章·被告·被告官吏迴避》　大德三年八月，御史臺據河南道廉訪司申，車秀於至元三十一年十二月二十七日，告邳州官吏不公。十二月二十八日，本州官吏以貼書曹國政等，告車秀毀罵州官。憑彭城等指證取招枷項號令加重杖，斷五十七下身死。前後情節，中間羅織，因而致傷人命。今後凡言告官吏不公之人，所犯被告官吏並合迴避。呈奉中書省札送刑部議得，邳州達魯花赤禿魯述失、知州趙際既無取到招伏，欽遇詔恩，別無定奪。都省准擬議得：凡言告官吏不公之人，所犯被告官吏理宜迴避，仰照驗施行。

《元典章·被告·被問乾淨卻告》　御史臺奉中書省札，大德元年四月初四日奏過事內一件：阿老瓦丁說各衙門裏行的官吏人，有問過被問的，其間摭拾著見問的官吏告的人每有呵。先乾淨了他底勾當之後，告者又告監察廉訪司官吏取受的人每有呵。依在先例，赴御史臺裏告者看循呵。別衙門裏告者說，有俺衆人商量來，自被問的。其間告見問的休告者，候乾淨了自己的勾當呵，然後告者告監察廉訪司官人每的，上頭無有聖旨來，則依先聖旨體例裏行呵。怎生聽讀過奏文呵，奉聖旨，您商量來的勾當每都是也，依著您這商量來的行者。欽此。

《元典章·首告·婿告丈人造私酒》　大德七年十一月二十五日，山東宣慰司准中書刑部關，承奉中書省判送本部呈山東宣慰司關，濟寧路備碭山縣申，王頭口告丈人劉通醞造私酒取訖。犯人劉通招狀其告人王頭口，係劉通下財招到養老不出舍女婿，承繼戶門，與男無異，宜同自首。本部議得：王頭口既係劉通下財招到養老女婿，承繼戶門，理同父子恩義，今乃王頭口棄滅人倫，卻行告訐。劉通醞造私酒，即非重事，合准本路所擬，比同自首免罪。據王頭口不約量，懲戒以厚風俗，相應具呈照詳，奉都堂鈞旨，送刑部依上施行。

《元典章·首告·駈口道本使私鹽》　延祐二年三月十九日，行省准中書省咨刑部呈山東鹽運司申固提場司申弓兵楊義狀呈：　延祐元年四月十一日，探馬赤索郎古歹駈口吳自當對義，首告有使索郎古歹自煎熬私鹽。鹽合用將上頭，私鹽呈發到官取訖。索郎古歹招伏，不合煎熬私鹽八觔，除食用外，有鹽二觔，及取到首鹽人吳自當不合告，使索郎古歹招伏，卑司參詳。駈口吳自當挾恨，使索郎古歹將依弟兄分散，及因打罵本人，對固提場巡鹽弓手楊義處，首告伊使索郎古歹掃刮減土。煎熬私鹽，除食用外，有餘剩鹽二觔，楊義撥發到官，合同自首原免。若將吳自當不應首告，本使煎熬私鹽科斷。本司不曾斷過此例，誠恐差池，申乞明降。照得至大二年九月十一日欽奉詔恩內一欵：　節該如有子證其父，奴訐其主，及妻妾弟姪干名犯義者，一切禁止。欽此。本部參詳吳自當所招違別禁例，不應告訐。本使索郎古歹掃刮減土、煎熬私鹽情罪，其索郎古歹合同自首原免。吳自當所犯量情擬決七十七下。分付伊使，如蒙准呈，以爲通例，遍行照會。相應具呈照詳，都省咨請依上施行。

《元典章·代訴·老疾合令代訴》　至元九年八月，中書兵刑部承奉中書省判送御史臺呈陝西、四川道按察司申，該爭告戶婚、田宅、債負、驅良差役之人。於內有一等年老篤廢殘疾人等具狀陳訴，其官府哀憫此等之人，恐有冤抑，多爲受理，卻是本人倚賴年老篤疾，故告少壯作活之人，羈伴隨衙，意望倦憚不爭。如此誣妄陳訴若便，反坐抵罪，爭奈逐人不任刑責。若不受狀，妄生事端，外面是非，官府不免受狀。或干證人指證無理衷私逃走，赴本管上司言告，致被問見，實蹟終是難脫，虛罪卻緣在前。雖以罪罰贖目，今未見定例，似難處決。批奉都堂鈞旨，送兵部議定，連呈奉此。省部議得：　年老篤廢殘疾人等，如告謀反叛逆、子孫不孝，及同居之內爲人侵犯者聽。其餘公事，若許陳告，誠恐誣枉，難以治罪。合令同居親屬人代訴。若有誣告，合行抵罪，反坐原告之人。都省準擬議得，合令同居親屬，通知所告事理的實之人代訴，除已札付御史臺照會外，仰照驗施行。

《元典章·代訴·禁治當户令幹人代訴》　大德三年二月，奉行省御史札付據江西道廉訪司，申爲江西地面刑豪富戶，令佃客幹人代訴詞訟事。今後隨處稅戶，除令佃戶種田納租外，毋得非理驅使。如有主使興訟論訴公事，及代爲主戶冒名陳告之人，取問是實，痛行懲治。果有年老篤廢等疾，止令同居親屬通知所告事理之人代訴。如此庶望日漸弊除，名安事簡，申乞照詳。得此憲臺相度諸人訴訟，自有定例，各處受理官司，宜當詳審除外，仰依上禁例施行。

《元典章·代訴·閒居官與百姓爭論子姪代訴》　大德七年十月二十一日，江西行省准中書省咨，御史臺呈河南廉訪司申，照得多有得替閒居官員與百姓爭訟，署押公文行移，並不赴官面對，使小民生受不便。莫若今後得代官員，凡與百姓爭訟，不得以公文往來，令本官赴有司陳告，或子孫代訴，相應具呈照詳，送禮部照擬回呈。照得至元二十五年十一月十二日，承奉尚書省判送禮部呈議得，閒居官員，若恃賴曾任職官，其有違犯條格取受侵欺私罪，合從有司勾問，其餘干涉指例行移本處，見任官卻不得因而欺遏擾攘，不安奉都堂，鈞旨准呈，送禮部行移，照驗施行。奉此。已經行移，合屬依上施行。去訖。今奉前因本部參詳，職官得代，除犯取受侵欺私罪，或干涉指證，擬合照依至元二十五年十一月十二日呈准都省定例施行外，據爭訟田土、婚姻、錢債等事，合令子孫、弟姪或家人代訴，相應具呈，照詳得此。都省議得，致仕得代官員，即同見任，凡有追會公事，依例行移。事關侵欺取受私罪，自有應問官司。其爭訟婚姻、田債等事，合令子孫、弟姪或家人陳訴，卻不得因而侵擾不安。除外咨請遍行照會施行。

《元典章·代訴·不許婦人訴》　皇慶二年十二月初九日，承奉江浙行省札付准中書省咨刑部呈：　彰德路申備本路府判田奉訓牒訴訟老幼婦人當片口告，或具文狀，嘗以理法言語諭之，未暇罪責，冀歸自省，追改前過。近已憲司委斷安陽等處人戶告爭田土、房舍、財產、婚姻、債負，積年未絕等事，照得原告被論人等，於內有一等不畏公法、素無慚恥婦人，自嗜鬭爭，妄生詞訟，裝飾揑合，往往代替兒夫、子姪、叔伯、兄弟赴官爭理；　及有一等對證明白、自知無理倚賴婦人，又行執拒，起生僥倖，不肯供說實詞，甚者別生自端。在後體知復有一等年幼寡婦，意逞姿色，故延其事，日逐隨衙，樂與人衆雜言，戲謔勾引，出入茶肆酒家，宿食寄止僧房道院，中間非理無所不言，習以爲常，官不爲禁。甚矣！　婦道有傷，風化合無，今後不許婦人告事。若或全家果無男子，事有私下不能杜絶，必須赴官陳告，許令宗族親人代訴，所告是實，依理歸結。如虛不實，止罪婦人，不及代訴。乞照詳明降。得此。本部議得，婦人之意，惟主中饋，代夫出訟，有違理法，此等僥倖，在在如是，不加禁約，敗俗彌深。以此參詳，凡婦人代替男子經官告辨詞訟，合准所言，通行禁止。若果寡居無依，及雖有子男，別因他故妨礙事須論訴者，不拘此例。如蒙准呈，偏行照會相應。都省准擬，依上施行。

《**元典章・越訴・越訴的人要罪過**》 大德十一年，江浙行省准中書省咨大德十一年九月初一日中書省特奉聖旨：不揀甚麽勾當，告的人有呵，依著立定的體例，當訴的每根底，自下而上告者麽道。恁省諭行文書者，越訴的人每依體例要罪過者麽道。是聖旨了也。欽此。

《**元典章・越訴・越訴轉發原告人**》 至元二十四年七月二十二日，江西行省據吉州路申，人民詞訟之劇，多有不候本路歸結，越經省府按察司控訴。及至受理，行下歸問，卻有原告人不行前來歸對，必須勾追，躲閃遷延，不能杜絶。今後訴訟人等，如有不候本路歸結，輒便越訴告狀人，合無轉發本路歸對，乞照詳。本省議得：各路爭告戶婚、田產、家財、債負、強竊、盜賊，一切刑名公事，若各路偏狥，理斷不公，詳令直赴上司陳告。如有越訴告狀之人，即便轉發，合屬斷罪歸結外，仰照驗依上施行。

《**元典章・越訴・告論官吏不越訴**》 至元二十六年月日，行御史臺近據江東浙西道各狀申，諸人赴本司訴訟人等，除依例省會，自下而上陳告外，據合論官吏因事取受錢物，未審合無受理乞明降事，得此移准。御史臺咨奉到尚書省札付該來呈：今後告論官吏取受不公，若依越訴，一例不受，則是知而不舉。呈乞照詳。事得此，都省相度。按察司係糾彈之官，若有告論官吏受贓不公，依例追問。合下仰照驗依上施行。

《**元典章・越訴・告罪不得越訴**》 中統四年正月，欽奉聖旨，宣諭燕京路總管府條畫內一欵：節該諸告人罪者，皆須明注年月，指陳實事，不得稱疑。誣告者抵罪反坐，不得越訴。若有本處官司理斷偏向，及應迴避者，許令赴部或斷事官處陳告。

《**元典章・告攔・田土告攔**》 大德十一年五月，江浙行省准中書省咨，近據汴梁路封邱縣王成與祁阿馬相爭地土，差委前臨江路總管李偶歸斷，回呈行據汴梁路申，解到一干人證對問，間有原告人王成、被告人祁阿馬及干證人等連名狀告，緣爲成等遞相赴上司陳告，見爭地一頃一十六畝半，蒙中書省委官前來歸斷，將成等勾到官，欲行歸結。間在外有知識人鄭直等，將成等勸和。即因冬天寒冷，連累人衆，以此成等自願商議休和。義將見爭土地各除地段，對衆另立私約，合同文字分張外，並不是官司上下抑勒如此。攔告已後，各不翻悔，如有翻悔之人，成等情願甘當八十七下，更將前項土地，盡數分付與不悔之人永遠爲主，再不赴官爭告，乞施行得此。卑職照得王成、祁阿馬相爭地土，自至元三十年四月內，祁阿馬與王成自願將地均分於延津縣劉縣甲處告攔。在後，王成翻告，汴梁路卻行受理，改委蘭陽縣李主簿歸問，致使各人互相爭理，一十餘年紊亂，官府不得杜絶。以此參詳民間詞訟甚多官，自休和者十無一二。縱有原告、被論初到自願告攔，在後稍有違意，卻稱抑勒爲由，復興訟端，有司不詳原斷，便行接狀歸問，不惟使僥倖之徒欺心爲理，恣意爲非，實是官府不爲明辨使之然也。致令興訟不絶，深爲未便。今王成又自休和，如蒙准呈，偏行禁止。凡告婚姻、地土、家財、債負外，不違法者，若已攔告，所在官司不許輕易再接詞狀歸問，如違，從廉訪司照刷究治相應，送禮部參詳。王成與祁阿馬所爭地土，如准省委官所擬准令各人告攔，均分相應。今後，凡告婚姻、土地、家財、債負，如原告、被論人等自願告攔休和者，准告之後，再興訟端，照勘得別無違錯事理，不許受狀。庶革繁擾，官府具呈照詳，都省議得王成與祁阿馬見爭地土，准擬告攔。今後凡告婚姻、田宅、家財、債負若有願告攔，詳審別無違枉，准告已後，不許妄生詞訟，違者治罪除外，咨請照驗施行。

《**元典章・稱寃**》 官吏革前取受錢物，廉訪司已行追問，赴御史臺奉使宣撫稱寃。札付本道照勘取問之際，欽遇詔赦，罪經釋免，合原還職。前件議得：官吏取受格前稱寃，行移照勘追問之際，既遇赦免，再無取到招伏，欽依革撥，合令還職，如及缺期，已注代官，別行求仕，相應都省准擬，仰依上施行。

《**元典章・稱寃・稱寃赴臺陳告**》 至大四年閏七月十八日，江西廉訪司承奉行臺札付，准御史臺咨，監察御史呈：近爲尚書省恣意行事，沮壞臺網，致令被問經斷官吏人等，往往稱寃，不明施行。間累經欽遇詔赦，擬合革擬例難照勘議。擬今後若有告監察御史廉訪司官吏枉問人員，合依原奉聖旨事意，赴御史臺陳告。如所告是實，原問官吏當罪。誣告者，依例加等斷決，具呈照詳得此。於至大四年四月十四日，奏過事內一件：設官置吏，爲安百姓。分揀是非有來，如今委付來的官人每，不尋思養百姓，科一分雜泛呵，加添著科的上頭。百姓每生受有更因事要了肚皮，是的卻做不是，不是的卻做是的。上頭爲那般。世祖皇帝立御史臺廉訪司交糾察的緣故，是這的有來。如今被擾的衆百姓上位根底到不得近的臺裏告，遠的廉訪司裏告呵，要肚皮來的官人每，對證者招伏了。斷罪來的，枉斷罷。俺麼道一面詞，上位根底交奏了的。也有官人每的冤抑，便達知上位，百姓每冤抑，上位根底不能達知，爲那般做著。稱冤的人，多有似這般明白勾當裏窒礙著。監察御史及廉訪司官，懼怕著勾當裏，不肯向前。有一兩箇肯向前行的，緣故這的有俺商量來。今後廉訪司官，俺好生的選揀著，上位根底奏可憐見呵。俺儘氣力拯治，依著世祖皇帝立來的聖旨體例裏稱冤的人，臺裏告者，臺官每分揀者。上位根底奏呵，怎生奏呵？那般者麼道聖旨了也。又奏尚書省沮壞臺綱的上頭，監察廉訪司官枉斷罷。俺麼道省裏臺裏稱冤的人多有，如今俺待問呵，赦前勾當有奏呵，赦前勾當您休問者。今後稱冤的人，臺裏稱冤，您依體例分揀者，麼道聖旨了也。欽此。

《元典章・告事・諸人言告虛實例》　大德七年二月二十八日，中書省咨：今後諸人言告事內一切，若重事得實，輕事招虛，擬合免罪。輕事若實，重事誣者，依條反坐，庶望少革僥倖之弊。如蒙准呈，遍行各處行省照會，相應具呈都省。准擬施行。

《元典章・誣告・誣告官吏斷罪》　至大元年，行臺近據來申准廉訪司牒：近來犯贓經斷之人，摭拾原問官吏，赴上司稱冤，信憑一面詞，因犯除名不敘者，卻得敘用，官吏反被誣執，貪婪之人因得快意，但公正有爲之人，豈肯向前？莫若今後被問經斷之人，如有冤抑，先赴御史臺陳告，受理照勘。犯人若果冤抑，隨即改正，仍治原問官吏不應枉問之罪。若對問得已斷別無冤抑，再斷本人誣告罪犯，庶使問事官吏肯爲盡心詳察實情，不致枉問，被斷之人別無冤抑，不致紊煩。上司誠爲便益，申乞照詳，得此。已經移咨御史臺照詳去訖。照得近奉聖旨節該：今後告監察廉訪司官吏每不公，外枉問來的人有呵，依在先的聖旨體例裏，御史臺裏告者。若合問呵，問的是實了，被告的官吏每根底，依體例要罪過者，若虛呵，告的人每根底，加等斷罪者。欽此。

《元典章・聽訟・站官不得接受詞訟》　至大元年四月初五日，行臺據江浙監察御史呈：竊惟朝廷設官分職，各有攸司，責任既專，網維不紊，此古今通制也。兼諸詞訟，已有欽奉聖旨條畫，并都省元行定例。今體知隨處水馬站赤遇有爭告、婚姻、田宅、家財、戶役一切詞訟，避有司難於誣詐，往往裝飾虛詞。計會站赤陳告其本站提領人等，不體所居職役，不詳所告虛實，輒便受理，備申本路。其當該上司又不駁問究治，據便准申，行下合屬，是致攪亂正理，執紊煩，問則無由可推，決則無理可斷，欲罷不罷，此皆受理不明之過，實爲蠹政。今畧舉各站祇應庫子例，於站戶餘糧內，差撥一名，上下半年交替，就准里正、主首戶役。設若不從公理斷合，自下而上，經諸本管官司陳告。其鎭江路備馬站於大德十一年七月至十二月五箇月間，接受所差庫子媿萬五等三名具狀，誣告備由本路輒將無餘糧站戶差換勾擾四名。又衢州路龍游縣人戶董應辰，告馬戶人李尙之於大德十一年閏三月二十一日，將典田價錢中統鈔一十三定，已賫到本縣，收貯在官。照勘追問，原告是實，於十月十一日，議擬令董應辰管業收租。其李尙之不行赴縣收領原價，不待本宗公事結絕，卻經馬站告論當縣該吏王簪、貼書方惠等取受訖中統鈔三十五兩，本站受狀，備申總管府，差委路吏汪子垕與本縣一同追問，輒憑李尙之表弟楊菊孫作見付人，將被告貼書方惠等監禁取問，以致各人稱冤。除將違錯當該官吏取問另行外，看詳各處站官，多係省臺公使、首領面前隨使人等，類皆不諳官事，使居此役，祗待使人管幹馬疋、船隻、鋪陳什物一切事務，乃其職也。站戶詞訟，自是有司之責，不應站官私受詞狀。若不禁治，不惟紊亂官府，實爲蠹害良民，不便。呈乞照詳施行。得此。本臺除外，仰照驗行移合屬禁治。

《元典章・聽訟・巡檢不得接受民詞》　大德三年四月十五日，江西行省於二月初九日欽奉詔書內一欵節該：政令有所未便，吏弊有所未去，民瘼有所未除，仰差去官與本處官，應便釐革者，即與釐革。欽此。除外一件：各處巡尉司職專捕盜，例禁不許接受民訟，今各處捕盜司、巡檢司除額設司吏、弓手外，又行將引潑皮無名弓手提控人等，將帶空頭文引，與里正、主首、局幹人等捏合事端，私受白狀，及有被盜之家，多以事主不行告發爲詞，差人看踏賊踪，帶領無名子弟動計三五十，執把軍器，勾擾平民，監鎖弔打，搶奪財物，破家喪產，民甚苦之。今仰本路遍行合屬，將濫設弓手截日盡行革去，仍嚴切禁治。捕盜官司受理白狀，若是依前違犯，嚴行治罪。

《元典章・聽訟・出使不得接詞訟》　出使人不得接詞訟大德六年九月二十二日，江浙行省准中書省咨該杭州路道錄事司申：已斷爲良蔡臘梅自願出家，訓名思茂，有朝廷差來官速古兒赤、禿滿等卻行接受張阿樊文狀，將祭思茂取發本省參詳。蔡臘梅既廉訪司歸問，得不係樂人子女，抑令爲娼，已斷爲良，自願出家。今次禿滿等因事到杭州，卻接張阿樊文狀，行移道錄司取發，以致不絶。若依已斷，相應今後出使人員除本宗事外，似此理問詞訟，合無禁止，咨請定奪。送刑部議得蔡臘梅既是已斷爲良，本婦棄俗出家，合准行省所擬。據隨朝諸衙門出使人員理問詞訟，其於本事不同，似難禁止，合咨行省。若有擾民害公、所行不法人員，具寫原委、衙門、姓名、不法事跡，開咨都省，臨事區處，相應具呈照詳。都省議得今後諸衙門出使人員，除本宗事外，毋得接理詞訟，若果有必合上聞事理，實封申呈，合干上司，餘准部擬咨請。照驗施行。

《元典章・聽訟・詞狀不許口傳言語》　大德七年閏五月十七日，江西行廉訪司承奉行臺札付，准御史臺咨，承奉中書省札付刑部呈：照得近年以來，一等訴訟僥倖之徒，爲所告之事無理，往往裝揑節詞，越驀本管官司，直赴都省陳告；亦有口傳都堂鈞旨，送下白狀，令本部施行，其於事體，甚爲不便。以後果有必合告着受理文狀，宜從都省署押明白批送，遵依施行。具呈照詳。得此。照得各部諸衙門人員，本欲呈身識面，或因細事妄作疑似，輒赴都堂稟說，立案施行，其於事體，深爲未便。都省議得今後除緊急事務必合稟覆者，須經左右司、參議府一同稟說，常事止勑公文。其餘人等口傳言語，不許奉行，餘准所擬。除外，仰依上施行，承此。

《元典章・聽訟・狀外不生餘事》　至元八年九月，尚書戶部呈：契勘應訟人等，多於原告事外，增加事狀，理宜約束，送刑部。檢擬得舊例：訴人皆不得於本爭事外，別生餘事，摭拾見對人及本勘官吏。若實有干已，候本爭事結絶，別行陳告。是爲相應。省府再行公議，得訴訟人等於本爭事外，不得別生餘事。及被論人對證原告事理未經結絶，其間若被論人卻有告論人對證原告人公事，指陳實跡，官司雖然受理，擬候原告被論公事結絶，至日舉行，擬合遍行照會。爲此移准中書省咨議，得據訴訟人等於本爭事外，不得別生餘事一節，謂如原告人若有急告公事，候見告公事結絶了畢，受理官司再令具狀陳告，餘者依准所擬。請照驗，就便依上施行。

《元典章・聽訟・詞訟不許里正備申》　至元三十一年六月十七日，江西道廉訪司備袁州路推官石承務呈：竊謂詞訟之繁簡，係民官之政令，今見大江以南，鄉都、里正、社長、巡尉、弓手人等，恃爲官府所設之人，事不干已，輒爲體訪，申作事頭，當該官司不詳事體，依憑勾攝，民皆受苦，官吏相籍爲奸故也。今後除地面嘯聚、強竊、盜賊、殺人、僞造寶鈔、私宰牛馬，許令飛申，其餘一切公事，聽令百姓赴有司從實陳告，鄉都、里正、主首、社長、巡尉、弓手人等不許干預，所處民戶有詞告官，官司詳審詞理，若有指陳不明及無證驗或泛濫瑣碎不應受理者，即與明白分別，省會退還，自然訟簡民安，乞呈照詳。得此。憲司准呈，可依上施行。

《元典章・聽訟・告罪不得稱疑》　中統五年，欽奉聖旨條畫內一欵節該：諸人告罪者，皆須明注年月，指陳實事，不得稱疑。誣告者抵罪反坐。如有論告本管官司者，許令直赴上司陳告，其餘並不得越訴。如果有冤枉屢告不理以及決斷不公者，亦許直赴上司陳告。欽此。

《元典章・聽訟・至元新格》　諸獄訟原告明白，易爲窮治。其當該官司凡受詞狀，即須仔細詳審。若指陳不明及無證驗者，省會別具的實文狀，以憑勾問。其所告事重急應掩捕者，不拘此例。

又，諸民訟之繁，婚、田爲甚。其各處官司，凡媒人各使通曉不應成婚之例，牙人使知買賣田宅違法之例，寫詞狀人使知應告不應告言之例，仍取管不違，甘結文狀，以塞起訟之源。

又，諸論訴婚姻、家財、田宅、債負，若不係違法重事，並聽社長以理論解，免使妨廢農務，煩紊官司。

又，諸詞訟若證驗無疑，斷例明白，而官吏看詳故有枉錯者，雖事已改正，其原斷情由仍須究治。

諸系囚聽訟事理，當該官司自始初勾問，及中間施行，至末後歸結，另置簿朱銷，其肅政廉訪司專以照刷，無致淹滯。

《元典章・問事・哈的有司問》　皇慶元年三月二十九日，福建省宣慰奉江浙行省札付，准中書省咨，至大年十一月二十五日，特奉聖旨：哈的大師只管他每掌敎念經者，回回人應有的刑名、戶婚、錢糧、詞訟、大小公事，哈的每休問者，交有司官依體例問者。外頭設立來的衙門，並委付來的人每革罷了者。麼道聖旨了也。欽此。

《元典章・問事・僧人互告違法及過鈔》 延祐元年八月日，行臺札付准御史臺咨來咨浙西廉訪司申，杭州路僧人崇圭告信寺主姦占良婦，非違不法。與和尚相告不同，兼錢塘縣吏吳壽之取受，必須信寺主指證方問。照得皇慶二年六月十七日，欽奉聖旨：節該管民官休管和尚者。云云。欽此。看詳各寺住持頭目，與本寺僧人互相言告，非違不法，並僧人干礙取受等事，未審如何歸問，咨請照詳。准此。呈奉中書省札付，該送刑部議得：各寺住持頭目，與本寺僧人互相言告，非違不法事理，宜令鄰近寺院和尚頭目結絕。若官吏取受於內，干礙僧人過錢出錢，必合歸到既係一連。監察御史廉訪司依例追問，相應具呈，照詳都省，仰依上施行。

《元典章・刑部》 有堪信證佐明白顯跡，然後官司受理可得而推也，止依所告而已。本狀之外，不可推也。告狀明白，別無證佐，猶不得論，况私家無名文簿狀草檢目，傍求入罪，豈所謂慎刑約法，使無留獄之道哉！近年以來，省部臺院百司官吏搜檢私家文簿狀草檢目，於上但寫官吏人等取受錢物，不察虛實一面。捉拿到官，逼勒承伏，從實分說。不招，非法拷打，懼怕凌辱，虛招贓鈔。罷職不敘冤屈無伸問有是實，理合欽依聖旨事意，指陳實事經由，係籍書狀眞寫淨本甘結抵罪反坐，罪犯明白告論，且如御史臺監察御史廉訪司糾彈官吏取受不公，監臨處所多有斷罷人員，省部制下路府州軍公錯私罪，亦有斷罪員數司縣親臨百姓部內有犯法者，以刑齊之。聽斷雖明，不能使人無怨，人之有怨，誣枉則生焉。或有把持官府凶徒惡黨之人，窺伺上司搜檢文簿狀草，得此理訴，恃此姦生，公事私讐影射已罪虛搆異端，揑合文簿狀草檢目妄寫，司縣官吏人等取受不公，若司縣倣此亦枉路府州軍，其路府州軍枉於省部，其有司挾仇皆得誣妄御史臺監察御史廉訪司，餘枉所屬上司仇嫌私曲，置罪於人，或以輾轉人告言，執把文簿狀草，專候搜檢待對，坑陷官吏，罪及無辜，苟容成事雪冤，正中姦人之意。誣枉官吏等取受不公，止是斷罪罷閒尤且不可，倘有虛寫諸人有犯十惡謀叛以上罪名，拷訊承伏，枉遭刑憲，死者不復生，父子不相保，妻子配隸，家資籍沒，冤枉無由所伸，蓋因文簿狀草，別無抵罪反坐。越訴之罪，亦無匿名投書之責。起訟之源，皆由此也。其私置文簿狀草檢目，別無原告姓名證佐顯迹，又無抵罪反坐，結罪眞本文狀即與匿名書無異，圓狀告人尚然嚴禁。

《元典章新集・約會・回回諸色户結絶不得的有司歸斷》 延祐七年二月日，江西廉訪司奉行臺劄付，准御史臺咨，奉中書省劄付延祐六年九月二十二日奏過事內一件：世祖皇帝聖旨，累朝皇帝聖旨，教諸色人户各依本俗行者麼道，至今諸色人户各依著本俗行，有事其間裏，合結絶的勾當有呵結絶者，不得的有司裏陳告，教有司官人每歸斷呵，怎生奏呵，奉聖旨那般者。欽此。都省仰欽依施行。

《元典章新集・約會・財賦佃户詞訟》 延祐七年七月日，江浙行省准中書省來咨，准中書省咨徽政院呈：財賦佃戶詞訟公事，行據松江府等處議，得財賦承佃佃戶除辦納租課，但有施欠，本管衙門就便追理。外據相爭詞訟，及刑名重事，宜從有司歸結。咨請照詳。准此。又據徽政院呈，亦為此事送。據刑部呈：照得先呈奉省劄，本部議得諸人承佃財賦府田土，辦納租課，但有拖欠，從本衙門追理。其餘一切詞訟，如不係本府親管戶計，合令有司依例歸結，相應得此。都省除外，合下仰照驗，依上施行。得此。本省議得徽政院雖承財賦，別無親管戶計，承佃佃戶皆係有司內差撥，與攢攔人等，辦課一體。若使再行，議擬緣佃戶人等承佃官田念畝，依例納租，即與辦課攢攔不同。既以呈，准諸人承佃財賦府田土，辦納租課，中間但有拖欠，從本衙門追理。其餘一切詞訟，如不係本府親管戶計，合令有司依例歸結。別難再議，合依已行照會，相應得此。都省咨請，依上施行。

《元典章新集・約會・僧俗相干詞訟》 延祐七年十一月日，江西行省准中書省咨宣政院呈：延祐七年四月十二日奏過事內一件：行宣政院官人每，俺根底與將文書來，和尚每除犯姦盜、詐偽、致傷人命重罪有呵，依舊例交管民官歸問外，其餘僧俗相爭的勾當有呵，與行省宣政院宣慰司管民官一同約會歸結者。和尚不檢甚的勾當有呵，諸衙門官人每添氣力者，更行宣政院的文書，與行省並各路行移者，這般聖旨有來。如今行宣政說他每有合的勾當呵，依著本例裏，與各路並各寺院住持約會問呵，有司家推稱著掩無本例與住持約會麼道，為這般上頭勾當裏，好生窒礙。有如今依著世祖高皇帝以來累降聖旨，但凡僧俗相犯的勾當有呵，行省各路諸衙門官人每，添氣力做伴當者。這般行了聖旨，不添氣力，不做伴當，別了的官人每奏將來，要罪過者，俺行與省家文書呵，怎生奏呵，奉聖旨那般者。欽此。

《元典章新集・約會・軍民相干詞訟》 至治二年，鈔到福建宣慰司延祐六年七月十七日奉江浙行省劄付，准樞密院咨，准中書省照會河南行省咨，廬州路備和州烏江縣申准：縣尹王承務關照得至元三十年定例，管民官、奥魯官、運司並投下相關公事，管民官與各管官司約會，一同歸結，如行移三次不至，止從管民官勾攝一干人等，依理歸結，情重者申部詳斷。切照本縣所管諸色等處軍屬家小，與民相參住坐，今後莫名除在營軍民人與民相鬬，依例約問。據離營官屬餘丁爭鬬等事，聽管民官勾問，庶得事體歸一。本省若依所擬，凡遇軍民相干詞訟，在營軍人依例約問，離營軍屬餘丁若依腹裏管民官就問。緣迤南路府州縣衙門，俱無兼管奥魯職名，伏慮本應，宜令合干部分，定擬相應，咨請照詳。准此。送據刑部呈議，得河南行省咨稟，軍民相干詞訟，除犯姦盜、詐僞、刑名重事，據從有司歸斷外，據兩爭地土、鬬毆、婚姻、良賤、家財、債負、繼絕等事，合行約問三遍，不來，管民官歸斷。已有欽奉聖旨通例，行之已久，別難更議。

《元典章新集·朝綱·不許越訴告狀》 至治元年四月　日，江南行臺准御史臺咨，承奉中書省劄付，至治元年二月二十三日奏過事內一件：近間御前告狀的多了，有覷他每文書呵，多一半從下合於衙門裏不告，徑直皇帝根底告的。也有告狀呵，從下路、府、州、縣裏告了。不行呵，合上頭衙門裏告。有越訴呵，合要罪過。有從下不告，徑直皇帝根底，要罪過呵，怎生奏呵。奉聖旨從下告了，不行呵，省院臺合干的大衙門裏告者。這衙門裏官人每有理不行呵，我根底告者。越訴徑直我根底告的，要罪過者，欽此。都省欽依施行。

《通制條格·户令·訴良人口》 至大四年閏七月，中書省御史臺呈訴良人監押給親不便等事。户部議得：今後訴良之人，勘會明白，委令事發官司先給公據，止於所在權且羈留，行移元籍，取發親屬，齎公文前來，即便給親完聚。如無親屬，男子去就，從其所欲，婦人願召嫁者，亦聽自處。都省准擬。

《元史·世祖紀二》 〔至元元年八月〕詔新立條格：詞訟不得隔越陳訴。

《元史·世祖紀四》 〔至元八年二月〕敕：凡訟而自匿及誣告人罪者，以其罪罪之。

又 〔至元八年三月〕敕：有司毋留獄滯訟，以致越訴，違者官民皆罪之。

《元史·世祖紀九》 又言：自今應訴事者，必須實書其事，赴省、臺陳告。其敢以匿名書告事，重者處死，輕者流遠方；能發其事者，給犯人妻子，仍以鈔賞之。

又 〔至元二十年〕敕凡盜賊必由管民官鞫問，仍不許私和。

《元史·成宗紀三》 〔大德五年七月〕中書省臣言：舊制京師州縣捕盜，止從兵馬司，有司不與，遂致淹滯。自今輕罪乞令有司決遣，重者從宗正府聽斷，庶不留獄，且民不冤。從之。

又 〔大德六年正月〕詔自今僧官、僧人犯罪，御史臺與內外宣政院同鞫。宣政院官徇情不公者，聽御史臺治之。

《元史·成宗紀四》 〔成宗大德八年四月丙戌〕凡諸王、駙馬徵索，有司非奉旨輒給者，罪且罷之。詔諸路畏吾兒、合迷里自相訟者，歸都護府，與民交訟者，聽有司專決。

《元史·仁宗紀一》 〔皇慶元年十二月丁亥〕敕回回合的如舊祈福，凡詞訟悉歸有司，仍拘還先降璽書。

《元史·英宗紀一》 〔延祐七年十二月〕丁卯，鐵木迭兒、拜住言：比者詔內外言得失，今上封事者，或直進御前。乞令臣等開視，乃入奏聞。帝曰：言事者直至朕前可也，如細民輒訴訟者則禁之。

《元史·文宗紀二》 〔天曆二年二月戊戌〕諸傭雇者，主家或犯惡逆及侵損己身，許訴官，餘非干己，不許告訐，著爲制。

《元史·百官志三》 致和元年，以上都、大都所屬蒙古人并怯薛軍站色目與漢人相犯者，歸宗正府處斷，其餘路府州縣漢人、蒙古、色目詞訟，悉歸有司刑部掌管。

《元史·刑法志一》 諸有司事關蒙古軍者，與管軍官約會問。諸管軍官、奥魯官及鹽運司、打捕鷹坊軍匠、各投下管領諸色人等，但犯強竊盜賊、僞造寶鈔、略賣人口、發塚放火、犯姦及諸死罪，並從有司歸問。其鬬訟、婚田、良賤、錢債、財產、宗從繼絕及科差不公自相告言者，從本管理問。若事關民戶者，從有司約會歸問，並從有司追逮，三約不至者，有司就便歸斷。諸州縣鄰境軍民相關詞訟，元告就被論官司歸斷，不在約會之例。斷不當理，許赴上司陳訴，罪及元斷官吏。諸僧、道、儒人有爭，有司勿問，止令三家所掌會問。諸哈的大師，止令掌敎念經，回回人應有刑名、戶婚、錢糧、詞訟並從有司問之。諸僧人但犯姦盜詐僞，致傷人命及諸重罪，有司歸問。其自相爭告，從各寺院住持本管頭目歸問。若僧俗相爭田土，與有司約會；約會不至，有司就便歸問。諸各寺院稅糧，除前宋所有常住及世祖所賜田土免納稅糧外，已後諸人布施幷已力典買者，依例納糧。諸管民官以公事攝所部，並用信牌，其差人擾衆者，禁之。

《元史·刑法志二》 諸爲盜，並從有司歸問，各投下輒擅斷遣者，坐罪。諸鬭毆殺人，無輕重，並結案上省部詳讞。有司輒任情擅斷者，笞五十七，解職，期年後，降先品一等敍。

又 諸婚田訴訟，必於本年結絕，已經務停而不結絕者，從廉訪司及本管上司，正官吏之罪。累經務停，而不結絕者，卽與歸結，不在務停之限，違者罪亦如之。

《元史·刑法志四》 諸告人罪者，須明注年月，指陳實事，不得稱疑。誣告者抵罪反坐，越訴者笞五十七。本屬官司有過，及有冤抑，屢告不理，或理斷偏屈，幷應合迴避者，許赴上司陳之。諸訴訟本爭事外，別生餘事者，禁。其本爭事畢，別訴者聽。諸軍民風憲官有罪，各從其所屬上司訴之。諸民間雜犯，赴有司陳首者聽。諸告言重事者，輕事虛，免坐；輕事實，重事虛，反坐。諸中外有司，發人家錄私書，輒興獄訟者，禁之。若本宗事須引用證驗者，仍聽追照。其搆飾傳會，以文致人罪者，審辨之。除本宗外，餘事並勿聽理。諸敎令人告緦麻以上親，及奴婢告主者，各減告者罪一等。若敎令人告子孫，各減所告罪二等。其敎令人告事虛應反坐，或得實應賞者，皆以告者爲首，敎令爲從。諸老廢篤疾，事須爭訴，止令同居親屬深知本末者代之。若謀反大逆，子孫不孝，爲同居所侵侮，必須自陳者聽。諸致仕得代官，不得已與齊民訟，許其親屬家人代訴，所司毋侵撓之。諸婦人輒代男子告辨爭訟者，禁之。若要寡居，及雖有子男，爲他故所妨，事須爭訟者，不在禁例。諸子證其父，奴訐其主，及妻妾弟姪不相容隱，凡干名犯義，爲風化之玷者，幷禁止之。諸親屬相告，幷同自首。諸妻訐夫惡，比同自首原免。凡夫有罪，非惡逆重事，妻得相容隱，而輒告訐其夫者，笞四十七。諸妻曾背夫而逃，被斷復誣告其夫以重罪者，抵罪反坐，從其夫嫁賣。諸職官同僚相言者，並解職別敍，記過。諸告人罪者，自下而上，不得越訴。諸府州司縣應受理而不受理，雖受理而聽斷偏屈，或遷延不決者，隨輕重而罪罰之。諸訴官吏受賂不法，徑赴憲司者，不以越訴論。諸陳訴有理，路府州縣不行，訴之省部臺院，省部臺院不行，經乘輿訴之。未訴省部臺院，輒經乘輿訴者，罪之。諸職官誣告人枉法贓者，以其罪罪之，除名不敍。諸奴婢〔誣〕告其主者處死，本主求免者，聽減一等。諸以奴告主私事，主同自首，奴杖七十七。

又 諸寫匿名文書，所言重者處死，輕者流，沒其妻子，與捕獲人充賞。事主自獲者不賞。諸寫匿名文字，訐人私罪，不涉官事者，杖七十七。諸投匿名文字於人家，脇取錢物者，杖八十七，發元籍。諸見匿名文書，非隨時敗獲者，卽與燒毀；輒以聞官者，減犯人二等論罪。凡匿名文字，其言不及官府，止欲訐人罪者，如所訐論。

《元史·敬儼傳》 〔至大二年〕舊俗，民有爭，往往越訴於省，吏得並緣爲奸利，訟以故繁。儼令下省府，非有司，不得侵民，訟事遂簡。

《大明令·刑令》 凡告事者，告人祖父不得指其子孫爲證，告人兄不得指其弟爲證，告人夫不得指其妻爲證，告人本使不得指其駈奴婢爲證。違者，治罪。

又 凡訴訟皆須自下而上，明注年月，指陳實事，不得稱疑。誣告抵罪，及坐越訴者，以不應論，拘該官司。如應受理而不爲受理者，許赴上司陳告。

又 凡鬭毆詞訟犯人，依律保辜。若有招罪重者，依法監禁；罪輕者，保管在外。其餘原告、證佐、干連人等，毋令隨衙，妨廢生理。違者，究治。

又 凡年老及篤廢、殘疾之人，除告謀反、叛逆及子孫不孝，聽從赴官陳告外，其餘公事，許令同居親屬，通知所告事理的實之人代告，誣告者，罪坐代訴之人。

凡差使人員，不許接受詞狀，審理罪囚。違者，以不應論。

又 凡訴訟之人，有司置立口告文簿一扇，選設書狀人吏一名。如應受理者，即便附簿發付書狀，隨即施行。如不應受理者，亦須書寫不受理緣由明白，附簿官吏署押，以憑稽考。

明·應檟《大明律釋義·訴訟·越訴》 凡軍民詞訟，皆須自下而上陳告，若越本管官司輒赴上司稱訴者，笞五十。若迎車駕及擊登聞鼓申訴而不實者，杖一百。事重者從重論，得實者免罪。

釋義曰：越訴謂軍不由所衛，民不由州縣，而之府部司府也，衛所、州縣親民之官易於得情，故越訴笞五十。若有軍伍錢糧等事合赴上司告豁者，不在越訴之限。迎車駕謂於車駕出入之時迎而訴之也。登聞鼓在西長安門，民有冤不得伸者，許擊鼓訴之，所以防壅蔽也。申訴不實杖一百，若其事情重大，該得斬絞流徙之罪者，自從重論，不在杖一百之律。得實者不坐。

明·應檟《大明律釋義·訴訟·投匿名文書告人罪》 凡投隱匿姓名文書告言人罪者，絞。見者即便燒毀，若將送入官司者，杖八十。官司受而爲理者，杖一百。被告言者不坐，若能連文書捉獲解官者，官給銀一十兩充賞。

釋義曰： 誣告有反坐加誣之罪。人尤有妄告而不畏者，若匿其姓名而告言者，苟得行之，則假此以陷人於罪者多矣。民安所措其手足哉？故犯者處絞，見而不燒毀送入官司者杖八十，官司不爲立案受而施行者杖一百。被告言者不論虛實俱不坐，若捉獲其人並其所投文書解官者，賞銀一十兩，皆所以杜誣罔之風也。

明·應檟《大明律釋義·訴訟·告狀不受理》 凡告謀反逆叛，官司不即受理掩捕者，杖一百，徒三年，以致聚衆作亂，攻陷城池，及劫掠人民者，斬。若告惡逆不受理者，杖一百。告殺人及強盜不受理者，杖八十。鬭毆婚姻田宅等事不受理者，各減犯人罪二等，並罪止杖八十，受財者計贓以枉法從重論。若詞訟原告被論在兩處州縣者，聽原告就被論官司告理歸結，推故不受理者，罪亦如之。若都督府各部監察御史按察司及分司巡歷去處應有詞訟未經本管官司陳告，及本宗公事未絕者，並聽置簿立限發當該官司追問，取具結狀繳由勾銷。若有遲錯不即舉行改正者，與當該官吏同罪。其已經本管官司陳告，不爲受理，及本宗公事已絕，理斷不當稱訴冤枉者，各衙門即便勾問。若推故不受理及轉委有司，或仍發原問官司收問者，依告狀不受理律論罪。若追問詞訟及大小公事，須要就本衙門歸結，不得轉委，違者隨所告事理輕重以坐其罪。謂如所告公事合得杖罪，坐以杖罪；合得笞罪，坐以笞罪，死罪已決放者同罪，未決放減等，徒流罪抵徒流。

釋義曰： 朝廷設官，所以治民之訟，故軍民告狀而軍民官司不爲受理，則隨其所不受理之事而輕重其罪，掩出其不意也。謀反逆叛，乘其未發而掩捕之，則易爲力，至於聚衆作亂、攻陷城池、劫掠人民，則爲害者大而治之難矣，皆由其不即受理掩捕所致也。故斬罪止杖八十，謂如犯人該杖六十，徒一年，官司減二等，杖九十，是過於杖八十矣，而不坐杖九十之罪也。受財之罪重於不受理之罪，則從受財論，受財之罪輕於不受理之罪，則從不受理論。原告人少，被訴人多，故在兩州縣聽原告就被論，所以省民力也。若被訴官司不爲受理，其罪亦如上所論也。國初五府六部官皆奉命出巡，其後設巡撫都御史，則府部無出巡者矣。軍民詞訟未經本管衛所府州縣官司陳告，或已至官而未經結斷，並置簿立限發當該官司追問，取具歸結緣由於原簿上對款勾銷。若承受之後，或遲而不完，或錯而不當，而巡歷官不舉行改正，與當該官司同受遲錯之罪。其或詞訟已經本管官司陳告而不爲受理，及有公事雖已歸結，而理斷不當稱訴冤枉者，巡歷官即當勾問。若推故不受理及轉委有司，或仍發原問官者，並依告狀不受理之罪論之。追問詞訟公事必就本衙門歸結，不得轉委，恐久妨民也。故隨所告事理輕重以坐其罪。

明·應檟《大明律釋義·訴訟·誣告》 凡誣告人笞罪者，加所誣罪二等，流徒杖罪加所誣罪三等，各罪止杖一百，流三千里。若所誣徒罪人已役，流罪人已配，雖經改正放回，驗日於犯人名下追徵，用過路費給還。若曾經典賣田宅者，着落犯人備價取贖。因而致死隨行有服親屬一人者，絞，將犯人財產一半斷付被誣之人。其被誣之人致死親屬一人者，犯人雖處絞，仍令備償路費取贖田宅。又將財產一半斷付被誣之人養贍。至死罪所誣之人已決者，反坐以死。其被誣之人已經處決者，犯人雖坐死罪，亦令備償路費，取贖舊宅，斷付財產一半養贍其家。未決者杖一百，流三千里，加役三年。無財產斷付者止科其罪。其被誣之人詐冒不實反誣犯人者，亦抵所誣之罪，犯人止反坐本罪。謂被誣之人本不曾致死，親屬詐作致死或將他人死屍冒作親屬誣賴犯人者，亦抵絞罪，犯人止反坐誣告本罪，不在加等備償路費取贖田宅斷付財產一半之限。若告二事以上，重事告實，輕事招虛，及數事罪等但一事告實者，皆免罪。若告二事以上，輕事告實，重事招虛，或告一事誣輕爲重者，皆反坐。所剩若已論決，全抵剩罪，未論決，笞杖收贖，徒流止杖一百，餘罪亦聽收贖。謂誣輕爲重至徒流罪者，每徒一等折杖二十。若從徒入流者，三流並准徒四年，皆以一年爲所剩罪折杖四十。若從近流入至遠流者，每流一等，准徒半年，爲所剩罪亦各折杖二十。收贖者謂如告一人二事，一事該笞五十，是虛一事，該笞三十，是實。即於笞五十上准告實笞三十外，該剩下告虛笞二十，贖銅錢一貫二百文。或告一人一事，該杖一百，是虛一事，該杖六十，是實，即於杖一百上准告實杖六十，該剩下告虛杖四十，贖錢二貫四百文。及告一人一事，該杖一百，徒三年，是虚，一事該杖八十，是實。卽於杖一百徒三年上，准告實杖八十外，該剩下告虚杖二十。徒三年之罪，徒五等該折杖一百，通計杖一百二十。反坐原告人杖一百，餘剩杖二十，贖銅錢一貫二百文。又如告一人一事，該杖一百，流三千里，於内問得止招該杖一百，三流並准徒四年，通計折杖一百四十，反坐原告人杖一百，餘剩杖四十，贖銅錢二貫四百文之類。若已論決，並以剩罪全科，不在收贖之限。至死罪，而所誣之人已決者，反坐以死，未決者止杖一百，流三千里。若律該罪止者，誣告雖多，不反坐。謂如告人不枉法贓二百貫，一百二十貫是實，八十貫是虚，依律不枉法贓一百二十貫，以上罪止杖一百，流三千里，卽免其罪。其告二人以上，但有一人不實者，罪雖輕，猶以誣告論。謂如一人告二人，一人徒罪是實，一人笞罪是虚，仍以一人笞罪上加二等反坐原告之類。若各衙門官進呈實封誣告人及風憲官挾私彈，事有不實者，罪亦如之。若反坐及加罪，輕者從上書詐不實論。若獄囚已招伏罪，本無冤枉，而囚之親屬妄訴者，減囚罪三等，罪止杖一百。若囚已決配而自妄訴冤枉，摭拾原問官吏者，加所誣罪三等，罪止杖一百，流三千里。

釋義曰：告人不以其實曰誣，誣告人以笞罪，於笞罪上加二等，誣告人以杖徒流罪，於杖徒流上加三等，亦罪止杖一百，流三千里，不論已決配未決配，皆加等也。被誣徒罪人已役流，罪人已配，必有用過路費，皆由誣告者有以致之，故其後辯理明白，雖經改正放回，仍查其發遣之後用過數目，於誣告人名下追徵給還。若被誣人曾將其田宅典賣爲路費者，則令誣者備價贖還。有服之親義當隨行，故於徒役流配之所致死其一人，由誣告者之過也，故處絞而斷付其財産一半，無服之人無隨行之義，或隨行致死，由自取之，非誣告者之過也，故律專言致死有服之親疏，議謂致死平民亦當與親屬並絞，則非矣。若徒未役流未配，雖有用過路費、典賣田宅、致死有服親屬，皆不論也。言致死隨行有服親屬之罪而不言致死被誣人之罪，何也，蓋已告於官而不能明官之責也。故官吏有故入故出之罪，若故勘故禁淹禁而致死者，皆歸罪於官吏而此不言之也。誣告人絞斬死罪而所誣之人已決，其後辯理明白，反坐誣告人以死，仍令備償路費、取贖田宅、斷付財産一半，以養其家，未決者杖一百，流三千里，又於流所加役三年。貧之者止科其罪，不在備償取贖斷付之限。被誣之人反誣誣告之人，亦抵所誣之罪，誣告人止坐本罪，蓋彼此相誣，故不加等也。告人二事以上，重事實輕事虚，或數事罪等而有一事告實，可免其罪。若重事招虚輕事告實，或告一事誣輕爲重，則不可免矣，故反坐所剩之罪。若被誣人已決則全抵所剩，如告人杖一百徒三年，於内止杖六十徒一年，得實剩下告虚杖四十徒二年，反坐告人也。未論決，笞杖收贖如告人杖一百於内，止笞五十，得實剩下告虚杖五十，反坐，告人收贖鈔三貫也。徒流止杖一百，餘罪收贖，如告人杖一百流三千里，折杖二百四十，於内止杖六十徒一年，折杖一百二十，得實剩下告虚杖一百二十，反坐告人止坐一百，餘二十收贖鈔一貫二百文也。誣輕爲重至死罪而所誣之人已決者，反坐以死，未決者則杖一百，流三千里。上文誣告人死罪未決，是全誣平人於死，故雖流三千里尤不足以示戒，而又於配所加役三年，此則被論者不免於罪，特不合誣至於死耳，故但流而不加役也。誣告雖多不反坐，蓋律自死罪之外止於杖一百，流三千里而已。罪止於此，則誣告雖多，豈得反坐哉。註云：三流準徒四年，除三年爲徒外，剩一年是二等徒也，每徒一等折杖二十，故折杖四十，此從徒入流者也。又云每流一等准徒半年，指二千五百里、三千里而言，亦各折杖二十，則半年亦徒一等，故亦各折杖二十，此從近流入至遠流者也，二者自不同也。告二人以上與告一人二事以上者不同，故内有一人不實其罪，雖輕於告實之人，猶以誣告之律論，不得如輕事招虚得免罪也，況重於告實者之人，烏得免乎。各衙門官通大小而言，風憲官專指科道按察司官，言爲其得糾劾諸司故也。私謂讐嫌挾私，則不循公論矣，罪亦如之。謂如誣告人者或加等或反坐，所剩或全抵剩罪，或流而加役不加役之罪也。若反坐加等之，罪不及於杖一百徒三年者，則從上書詐不以實論，杖一百徒三年又不拘於此律，蓋杜其欺君之漸也。囚之親屬自爲囚妄訴者，減囚罪三等罪，止杖一百，若囚令親屬代訴，則罪在囚不在親屬矣。囚已決配而自妄訴，摭拾原問官吏過失，加所誣罪三等，亦杖一百，流三千里，其在役限之内妄訴者，又當從已徒而又犯徒之律論之。

明·應檟《大明律釋義·訴訟·干名犯義》 凡子孫告祖父母、父母，妻妾告夫及夫之祖父母、父母者，杖一百，徒三年。但誣告者絞。若告期親尊長外祖父母，雖得實，杖一百，大功杖九十，小功杖八十，緦麻杖七十。其被告期親大功尊長及外祖父母，若妻之父母並同，自首免罪。小功緦麻尊長得減本罪三等。若誣告重者各加所誣罪三等。加罪不至於死，若所誣尊長徒罪已役，流罪已配，雖經改正放回，依誣告人律，驗日於犯人名下追徵用過路費給還，若曾經典賣田宅者，着落犯人備價取贖，因而致死隨行有服親屬一人者絞，仍令備償路費取贖田宅，又將犯人財產一半斷付被誣之人養贍。至死罪所誣之人已決者處死，亦令備償路費、取贖田宅、斷付財產一半養贍其家。未決者杖一百，流三千里，加徒三年。其告謀反大逆謀叛窩藏姦細，及嫡母繼母慈母所生母殺其父，若所養父母殺其所生父母，及被期親以下尊長侵奪財產，或毆傷其身，應自理訴者，並聽告，不在干名犯義之限。若告卑幼得實，期親大功及女婿亦同，自首免罪，小功緦麻亦得減本罪三等。誣告者期親減所誣罪三等，大功減二等，小功緦麻減一等。若誣告妻及妻誣告妾，亦減所誣罪三等。若奴俾告家長及家長緦麻以上親者，與子孫卑幼罪同，若雇工人告家長及家長之親者，各減奴婢罪一等，誣告者不減。其祖父母、父母、外祖父母誣告子孫外孫子孫之婦妾及己之妾若奴婢及雇工人者，各勿論。若女壻與妻父母果有義絕之狀，許相告，言各依常人論。義絕之狀，謂如身在遠方，妻父母將妻改嫁或趕逐出外，重別招壻，及容止外人通姦。又如本身毆妻至折傷，抑妻通奸，有妻詐稱無妻，欺妄更娶妻，以妻為妾，受財將妻妾典雇，妄作姊妹嫁人之類。

釋義曰：子孫於祖父母、父母，妻妾於夫及夫之祖父母、父母，卑幼於本宗及外姻期親以下尊長，皆名義所係，有罪當相容隱，告者即為干犯名義也。故雖得實，亦有杖一百，徒三年，杖一百、九十、八十、七十之罪。但言被告期親大功尊長及外祖父母，妻之父母並同，自首免罪，小功緦麻尊長得減本罪三等，則祖父母、父母、夫及夫之祖父母、父母之罪不論，可知矣。但誣告者絞，則誣輕為重者亦絞矣。誣告期親以下尊長之罪重於杖一百、九十、八十、七十之罪，各加其所誣罪三等，亦罪止杖一百，流三千里而已。若所誣之尊長徒罪已役，流罪已配，雖改正放回，而其用過路費、典賣田宅，與凡人無異，故註言追給取贖，並同凡人也。至云致死隨行有服親屬亦絞死，罪已決者反坐以死，未決者杖一百，流三千里，加徒三年。蓋罪止於死而已，故雖誣其尊長亦不得復加也。謀反逆叛窩藏外國奸細，係干國家，不得為親者諱。嫡繼慈所生母殺其父，所養父母殺其所生父母，又人倫之變，亦當各為其所重。期親以下尊長侵奪其財產，或毆傷其身，又皆有不得已之情，故並聽赴官陳告，不以干犯名義之罪罪之。尊長告卑幼得實，則期親大功女壻亦與期親大功尊長妻之父母同得免罪，小功緦麻亦於所當得之本罪得減三等。誣告者雖尊長，亦不免於罪，則以卑幼被誣之罪而視其親疏或減三等二等一等也。夫誣告妻，妻誣告妾，亦減所誣之罪三等，蓋夫服妻、妻服妾俱一年，故其誣罪亦與期親同。若妾誣妻，自在誣期親尊長之律，故不特設也。奴婢告家長或家長緦麻以上之親，曰親皆兼尊卑而言，蓋自奴婢視之則卑幼亦尊長也，亦以子孫告祖父母父母、卑幼告尊長之罪坐之，故曰罪同。雇工人告者減奴婢一等，誣則不減。若祖父母父母於子孫及子孫之婦妾，若己之妾，外祖父母於外孫，家長於奴婢雇工人，其名義尤尊，故雖誣亦勿論。夫妻以義而合，義絕則凡人矣，故女壻於妻之父母義絕者，許相告，言各以凡人論，不在自首免罪及杖七十之限也。

明・應檟《大明律釋義・訴訟・見禁囚不得告舉他事》 凡被囚禁不得告舉他事，其為獄官獄卒非理凌虐者，聽告。若因囚禁被問更首別事，有干連之人，亦合准首依法推問科罪。其年八十以上，十歲以下，及篤疾者，若婦人，除謀反逆叛，子孫不孝，或己身及同居之內為人盜詐侵奪財產，及殺傷之類，聽告。餘並不得告。官司受而為理者，笞五十。

釋義曰：《名例律》云：犯罪已發而又犯罪從重科斷，被囚禁即犯罪已發之人也。又曰，八十以上十歲以下及篤疾犯殺人應死者，奏取上裁盜及傷人收贖，餘並勿論。又曰，婦人止杖一百，餘罪收贖，此等之人恃其罪輕，易於誣人，故設此律。被囚禁不得告舉他事，如因毆傷人被禁，不得告人侵占田宅之類，惟被司獄之官吏非理凌虐，不得不告，或因囚禁被問而因首別事，如因毆傷人被禁，而又首曾占某人田宅之類，官司皆合依法推問，不得如告舉他事而不受理也。老幼篤疾婦人除謀反逆叛，子孫不孝，或己身及同居之人為人盜詐侵奪殺傷之類，聽其告官，其餘並不得告，官司亦不得受而為理。

明・應檟《大明律釋義・訴訟・軍民約會詞訟》 凡軍官軍人有犯人命，管軍衙門約會有司檢驗歸問，若姦盜詐偽，戶婚田土，鬭毆與民相干事務，必須一體約問，與民不相干者，從本管軍職衙門自行追問。其有占恡不發，首領官吏各笞五十。若管軍官越分輒受民訟者，罪亦如之。

釋義曰：人命重事，非軍官所能獨理，故必約有司檢驗歸問，其他奸盜詐偽田土鬬毆之事與民相干者，亦約會，與民不相干者，聽其自追問也。軍官行提民人，有司行提軍人，若占恡不發者，各首領官吏笞五十，軍官越分輒受民詞，亦笞五十，故曰罪亦如之。

明・應檟《大明律釋義・訴訟・教唆詞訟》　凡教唆詞訟，及爲人作詞狀增減情罪誣告人者，與犯人同罪，若受雇誣告人者，與自誣告同，受財者計贓以枉法從重論。其見人愚而不能伸冤，教令得實，及爲人書寫詞狀而罪無增減者，勿論。

釋義曰：　教唆謂人不能告狀而教之告，不欲告狀而使之告也，或人欲告而不能作詞代者，於其本欲告之情罪或增或減以誣告人者，與犯人同罪。如犯人得杖罪亦得杖罪，犯人得徒流罪亦得徒流之罪也。受雇於人而冒其姓名以誣人者，與自誣同。言卽其誣告人也受財，謂受人財而爲作詞狀以誣人者也，重以枉法論，輕以誣告論，故曰從重論。人有冤抑不能自伸，教令而不失其眞，人有口詞不能自書，代寫而不改其實，則勿論其罪，以其非欺罔也。

明・應檟《大明律釋義・斷獄・鞫獄停囚待對》　凡鞫獄官推問罪囚，有起內人伴見在他處官司停囚待對者，雖職分不相總攝，皆聽直行勾取文書到後限三日內發遣，違限不發者，一日笞二十，每一日加一等，罪止杖六十，仍行移本管上司問罪督發。若起內應合對問同伴罪囚已在他處，州縣事發見問者，聽輕囚就重囚，少囚從多囚。若囚數相等者，以後發之囚送先發官司併問。若兩縣相去三百里之外者，各從事發處歸斷，違者笞五十。若違法將重囚移就輕囚，多囚移就少囚者，當處官司隨卽收問，仍申達所管上司究問，所屬違法移囚之罪若囚到不受者，一日笞二十，每一日加一等，罪止杖六十。

釋義曰：　停囚待對，謂停已獲之囚而待同伴到日對問也。凡鞫刑獄之官推問罪囚，有起內人伴見在他州縣，此則一事發於此而未發於彼也，鞫獄官停囚待對，雖於他州縣職分不相總攝，皆聽其直行勾取文書到後，彼州縣官吏限三日內發遣，違限不發者，許原鞫官行移其本管上司問罪，仍督發遣起內應合對問。罪囚已在他處州縣見發問者，此則一事而發於兩處也，故以輕就重，以少就多，若輕重多少相等，則以後發從先發也。若兩縣相去三百里之外，則路遠難於相就，不論輕重多少前後，聽其各自歸斷也。若違此而以重就輕，多就少，而當處官司亦當隨卽收問，仍申達其所管上司究問其違法移囚之罪。凡此皆所順民之情而哀矜之意見矣。

明・應檟《大明律釋義・斷獄・獄囚誣指平人》　凡囚在禁誣指平人者，以誣告人論。其本犯罪重者，從重論。若官吏鞫問獄囚，非法拷訊，故行教令誣指平人者，以故入人罪論。若追徵錢糧，逼令誣指平人代納者，計所枉徵財物坐贓論，其物給主。其被誣之人無故稽留三日不放回者，笞二十，每三日加一等，罪止杖六十。若鞫囚而證佐之人不言實情，故行誣證，及化外人有罪，通事傳譯番語不以實對，致罪有出入者，證佐人減罪人罪二等，謂證佐人不説實情，出脱犯人全罪者，證佐人減犯人全罪二等。若增減其罪者，亦減犯人所得增減之罪二等之類。　通事與同罪。　謂化外人本有罪，通事誣同傳説出脱全罪者，通事與犯人同得全罪。若將化外人罪名增減，傳説者以所增減之罪坐。通事謂如化外人本招承，杖六十，通事傳譯增作杖一百，卽坐通事杖四十。又如化外人本招杖一百，通事傳譯減作笞五十，卽坐通事五十之類。

釋義曰：　在獄之囚誣指無罪之人，以誣告人論，其原犯罪重於誣指之罪，則以原犯論。官吏鞫獄或以刑逼囚人誣指平人者，官吏以故入人罪論，囚人不坐。若追徵錢糧，而逼令應納之人誣指不應納之人代納者，計所枉徵之數以坐贓律論，枉徵之數給主。被誣之人謂被獄囚誣指及官吏逼令誣指之平民也。證佐之人不言實情，故行誣證，致罪有出入者，證佐人減罪人二等，通事傳譯番語之官也不以實對，致罪有出入，通事則與犯人同罪，以其與證佐之人分不同也。

明・王肯堂《王儀部先生箋釋・訴訟・越訴》　第一節，凡軍民爭論事理，其一應詞訟，皆須自下而上，先從拘該官司陳告。軍有所衛都司，民有縣州府省，又在內有六部都察院，在外有提刑按察司及分司。若驀越本管官司，而輒赴上司衙門稱訴者，其所訴事情雖實，亦笞五十。若有不實者，自依誣告律科斷。蓋下之於民也親，其於事也易得其實，故詞訟自下而上，則卑官得以盡其職，尊官得以視其成，此越訴之所以有罪也。若曾在本管官司陳告而不受理，或受理而虧枉不服，方赴上司陳告者，則不在越訴之限矣。

第二節，若軍民人等，迎候車駕出入，及擊登聞鼓申訴，而情有不實者杖一百。其事重於杖一百者，如誣重重者，則從反坐剩罪論。如全誣重者，則從誣告加等論。若得實者免罪，既得實矣，何罪之免？蓋迎車駕及擊登聞鼓申訴，亦承越本管官司而言，是亦有罪矣。夫越訴得實而猶坐者，所以明體統也。奏訴得實而免罪者，所以達民隱也。衡儀仗而訴事不實者絞，奏事而詐不以實者，杖一百，徒三年。何皆不與此同？蓋衝突儀仗，罪本坐死，何況軍民訴事不實者乎？此所謂杖一百者，謂於仗外俯伏以聽者耳。凡各衙門官進呈實封誣告人，若反坐及加罪輕者，從上書詐不以實論，何有於軍民訴事誣人者，此杖一百者，謂其所誣反坐及加罪輕者，當與官司進呈實封不同耳。

條例

第一條，擅入午門等門訴冤同，而有奉旨勘問不勘問之異，俱問擅入午門。及違制之罪，引此例枷號。

第二條，假以建言爲由，是總句，下分二項：挾制官府是一項，將姦贓不明事情污人報讐，是一項。問奏事詐不以實，引本例行。登聞鼓下，長安門外，撒潑喧呼，自刎自縊，本犯問誣告，教唆主使之人，依教唆詞訟律。

第三條，前項人員俱以公事到京，有等無籍之徒，把持其短詐嚇財物者，故立此例，設謀奏告。或謂當依奏事詐不以實及誣告律，不知原詞既立案不行，何由知其虛實。此節重在欺詐嚇取財物，自當依恐嚇詐欺取財，計贓准盜論，而奏告之虛實所不論也。若不曾取財，仍不得引此例。

第四條，江西等處，仍天順間舊例之文，賈客不止江西，江西亦非首省，似宜改此二字。

第五條，冒頂，問受僱誣告人律，代爲奏告，問奏事不實。或誣告律，占騙財產問誆騙，計贓准盜論。

第八條，經該官員，即考察考覈，論劾與事之人。曰別項贓私，不干己事，則直指察覈中事，若干己事奏告者，不得引此例明矣。

第十條，挾制，有贓問恐嚇，無則問違制、主使之人。問教唆詞訟，或教誘犯法受贓，依枉法行求。

明・王肯堂《王儀部先生箋釋・訴訟・投匿名文書告人罪》

釋曰：凡與人有讐，不指實告官，卻隱匿自己姓名，或詭寫他人姓名，訐人陰私過惡，或投擲官府衙門，或黏貼通衢要路，陷人之罪以快己私。此等之人，惡其既告言人罪，而又使人不可究詰，故坐以監候絞，雖實亦坐。然亦須連人捉獲，方問死罪，不得妄指。觀下連文書捉獲之文，其意可見，蓋既隱匿姓名矣，知其爲何人而罪之乎？若盡素有讐隙之人而對其筆跡，則固有假手他人者矣，筆跡有相類者矣。死罪，極刑也，而可臆斷以輕加人乎？又若假寫詞帖，遞與緝事校尉陷人，及空紙用印，虛捏他人文書，買囑鋪兵遞送害人，詐他人姓名，註附木牌，進入內府，不銷名字，意在陷害他人，皆比依此律擬絞。見者即便燒燬，不許傳示，違者問不應笞罪。若將送入官司，則姦言得達於上矣，故杖八十。官司受而爲之聽理，則姦言得行於上矣，故杖一百。雖其所投之事，皆有指實而被告言之人不坐。若於將投未投之時，有能連人與文書捉獲解官者，官給賞銀一十兩。所云連文書，乃其人隨身攜帶未投之文書也。此條固重匿名，尤重告人罪，若泛是罵詈之語，不曾訐發陰私過惡，或無所訐人之姓名，皆於此律不合，不可妄引。

明・王肯堂《王儀部先生箋釋・訴訟・告狀不受理》

釋曰：首節是告狀不受理之正律，二節至五節所謂推故不受理，亦如上之罪，遲錯不行改正與當該官吏同罪，依告狀不受理論罪，隨所告事理輕重以坐其罪，則皆因告狀不受理而推言之也，律所載反叛惡逆等外。他若放富差貧水旱災傷，告狀不受理，各自有本律，此條幷投匿名文書告言人罪條內官司受理之罪，俱罪坐所由。

第一節，謀反大逆及謀叛機密事情，關係社稷安危，豈容坐視，故承告而不即受理掩捕者，雖不失事，亦杖一百，徒三年，因其不行先事掃除，以致賊勢滋蔓，聚衆作亂，攻陷城池，劫掠人民者，坐監候斬。惡逆，如子孫謀殺祖父母、父母之類，係干風化淑慝，豈容漫視，故承告而不受理者，杖一百。告殺人及強盜，則一身一家之禍，兇惡在所必究，故不受理者，杖八十。告鬭毆婚姻田宅等事，事雖稍輕，亦關民風偸薄，故不受理者各減被論犯人之罪二等，罪止杖八十。如賦役不均，檢踏災傷，有正律者，自依本條科斷。若接受被論人財物不爲受理者，並計入己之贓，如贓罪重於不受理者，依枉法論。不受理之罪，重於贓罪者，以不受理論，故曰從重。蓋謀反逆叛之事至大，而惡逆次之，殺人及強盜又次之，鬭毆婚姻田宅等則常事耳，故罪各有差。

第二節，應理詞訟，原告與被論之人有在兩處州縣者，聽原告就被論本管州縣衙門告理歸結，恐其有所偏護，又所以省民力也。其各該官司，但有自分彼此，推托別故，不與受理者，隨其所告事情，亦論如不受理惡逆、殺人、強盜、鬭毆、婚姻、田宅等事，及受財之罪，惡其有所推避也。若被論有犯，自應在被論本管官司申理，不可越境而治也。

第三節，部院監察御史、按察司及分司官，巡歷去處，應有軍民詞訟，若未經本管官司陳告，是越訴不准行矣。及雖陳告而見問本宗公事，文卷未經結絶，是見禁囚告舉他事，不准行矣。並聽置簿立限，發本管當該官吏追問，取具歸結緣由，回報勾銷。若當該官吏，稽遲失錯，而巡歷官員，於其遲者不卽舉行，錯者不卽改正，各與原問遲錯官吏同罪。

第四節，其已經本管官司陳告而不爲受理，及問完本宗公事，文卷已絶，而或有理斷不當，稱訴冤枉者，巡歷官員卽便勾問。若推故不與受理，及不親自鞫審，而轉委有司，或仍發原問官司收問者，各隨其輕重事情，依告狀不受理之律論罪。

第五節，若各處有司本管衙門，追問民間詞訟及承告，或批發一應錢糧工作等項，大小公事，須要就本衙門歸問斷結，不得轉行批委隔別官司，致有冤濫擾害，違者各隨所告事理輕重以坐其罪。如被論人合得笞罪，則坐以笞，合得杖罪，則坐以杖。此不依告狀，不受理論罪者。本管有司，係近民親下之官，復有轉委，顯係怠職，故重其罪也。若佐貳首領，仍是本衙門官，轉委不妨矣，此不與上條相貫。上言巡歷官員，勾問詞訟，不得轉委有司，蓋謂正經有司不爲受理及理斷不服之事，原問既執成心，同官亦礙體面，若轉委之，則冤枉何由而伸，故不許也。然有司受理詞訟，其公事亦有轉委他人者，是亦不得爲無罪也。

明・王肯堂《王儀部先生箋釋・訴訟・誣告》 釋曰：此條作四段看。自誣告起至加役三年，以無罪全誣者言。若告二事以上至猶以誣告論以有罪而誣告者言。若各衙門官一節，又通有罪無罪言。末節專自已問結者言之，大意謂全誣者不折杖，誣重者依律折杖，全誣至死未決者不折杖，又加役，誣輕至死未決者不折杖，亦不加役也。

第一節，告人不以實曰誣，而誣告事情，又有輕重。誣告人笞罪者，所誣尚輕，故加所誣之罪二等。誣告人流徒杖罪者，則所誣重矣，故加所誣之罪三等。不論已決配未決配，皆加等也，惟誣告人死罪，則論已決未決坐罪耳。雖誣至三流亦罪止杖一百，流三千里，不加人於絞。若所誣徒罪之人已着役，流罪之人已發配，其後雖經訴辯改正，被誣之人已經放回，必須計驗其自被逮以至放回之日數多寡，於誣告犯人名下，追徵用過路費給還。若有曾經典賣田宅作爲路費者，着落犯人備價取贖。驗日之説不同，或云以僱工錢論，每日照例追償，或云以所得罪贖法論，二者皆非路費之正意，還當審其所費，官爲折衷追之爲是。則所謂驗日，亦不過計其久近之意。典賣田宅，須是作路費方合律。大抵備償路費，取贖田宅，二者統説。若典賣田宅爲路費，則但取贖田宅，不必又追給路費矣，其理可知。此等卻要於招由上説得明白。因而致死被誣人隨行有服親屬一人者，犯人坐絞，監候，除償費贖産外，仍將犯人財産一半，斷付被誣之人養贍。隨行，不止謂隨至配所同住者，卽暫時供送者亦是。有服親屬，所該者廣，別律所稱犯流者，妻妾從之，父祖子孫欲隨者聽，則專指相隨同住者而言。或者因此，遂謂除祖父子孫之外，皆非應該隨行之人，雖致死不坐，則非矣。謂之有服，則但有服者皆是，惟無服之人無隨行之義，其或有願隨者，律雖不禁，而致死亦非律之所重也。律言致死隨行有服親屬之罪。而不言致死被誣人之罪，若誣告人至死罪，而所誣之人或絞或斬，已經處決，其後或因人告發，或因親屬辯訴，誣告犯人反坐以原誣之死罪，亦令備償取贖，斷付養贍。若所誣之人未決者，犯人杖一百，流三千里，仍於配所加徒拘役三年。今有大誥減訖流罪當杖一百，總徒四年，不坐流者惜其生，加役者惡其情也。誣告人過失殺者，亦擬告人死罪未決誥減，後云仍盡過失殺本法，依律收贖。

第二節，其誣告人徒流死罪，若犯人果係貧乏，無可備償路費、取贖田宅，亦無財産可以斷付者，止科加誣之罪。

第三節，其被誣已經役配之人，理雖得直，但不曾致死親屬，詐作致死。或將他人死屍冒作親屬，因而反誣犯人者，亦抵誣人致死。隨行有服親屬之罪，已決者絞，未決者杖一百，流三千里，而犯人止坐本誣告人徒流之罪，不在加等，及備償取贖斷付之限。一議得趙甲所犯，若告錢乙先年將伊誣告，問擬徒罪煎鹽，因而將供送姪趙丙累死。得實，錢乙合坐以誣告人徒罪，因而致死隨行有服親屬一人者，律絞。今虛，依被誣之人，詐冒不實，反誣犯人者，亦抵所誣之罪。至死罪而所誣之人未決者，律杖一百，流三千里，加役三年。問曰：假如乙誣告甲窩藏逃戶，該杖一百，而甲反誣乙越度關津，該杖九十，亦得以反誣抵罪否？答曰：反誣犯人者，謂不曾致死親屬，詐作致死之類。今乙誣告甲，甲亦誣告乙，俱係他事，甲乙合各抵本誣之罪，俱不加等。蓋以彼此雖各有誣，若兩加之，則乙終係先告，若止加乙，則甲亦誣乙，故俱不加等爲是。誣告應加等，而兩相誣者不加。誣告人徒罪已役，流罪已配，用過路費，典賣過田宅，應令其賠償取贖。至於致死親屬，則又應將財産一半斷付養贍，而兩相誣者，不償，不贖，不斷付。

第四節，上文所謂誣，皆自全誣者言之，故此下又言告二事以上，輕重虛實，其不全誣者之發落。告人二事以上，重事告實，則受告人應得重罪，雖輕事招虛，而無所加於人之罪也。告人數事罪等，使其皆實，在罪人猶當從一科斷，況今一事得實，則已足見其人之罪，而餘事雖虛，亦不得謂之全誣矣，此所以皆免誣告之罪也。唐律云：諸告小事虛，而鞫獄官因其告，檢得重事。及事等者，若類其事，則除其罪，離其事，則依誣論。類其事，謂如告人盜驢，檢得盜馬，是爲得重事，而驢馬似乎相類，告人盜甲家馬，檢得盜乙家騾，是爲事等，而馬騾亦是相類，所告雖虛，除其妄罪。離其事者，謂如告人盜馬，檢得鑄錢，事原非類，則依本誣論，仍得誣告盜馬之罪。

第五節，若告人二事已上，輕事告實，重事招虛，或告一事誣輕爲重，中間雖不全誣，而被誣之人除應得罪名外，皆謂之剩罪矣，故皆反坐所剩其不實之罪。若已論決，不問笞杖徒流，全抵剩罪。無力的決，做工擺站哨瞭、有力納米等項贖罪，不在折杖收贖之限。若未論決，則雖有所誣，而其人未經受刑，故笞杖，則全許其收贖。徒流則杖一百，而餘罪聽其收贖。笞杖，謂不限徒流罪所剩，但係五十以下，皆爲笞罪，一百以下，皆爲杖罪。所剩止餘笞杖，則可見其得實者已多，故許其全贖以寬之也。若剩杖六十，徒一年以上，是謂所剩之徒流，觀其所剩者多，則可見其得實者少，故不許其全贖以懲之也。折杖之法，專爲誣至徒流，便於計數而設。此所謂誣輕爲重，至徒流而止，若誣重至死者在下節，不在收贖之限。凡誣重至徒流罪者，每徒一等，折杖二十，其五等徒。共折杖一百，又五徒皆包杖一百，如杖六十，徒一年，折杖通計一百二十，蓋杖一百上加一等，卽徒一年，故折杖當一百二十也，徒一年半，折杖一百四十，徒二年，折杖一百六十，徒二年半，折杖一百八十，徒三年，折杖二百也。若從徒入流者，三流並準徒四年，皆以一年爲所剩罪。折杖四十，流三等，皆包杖一百，徒三年，折杖二百，通計折杖二百四十。若從近流入至遠流者，每流一等，準徒半年，爲所剩罪，亦各折杖二十。其三等流，共折杖六十，又流三等，皆包五徒，折杖二百，蓋徒三年上加一等，卽流二千里，故折杖當二百二十也。流二千五百里，折杖二百四十，流三千里，折杖二百六十。其零數不可總算者，考名例律舊註所載笞一十，贖銅錢六百文，僱工錢一日，爲銅錢六十文，則一下之杖，一日之徒，皆銅錢六十文也。故杖一十下，可以準徒十日，可知如杖一百三十，準杖六十，徒一年零十日杖一百五十，準杖七十，徒一年半零十日之類，必如此扣算，庶乎不差也。收贖之說，原註已明，老幼廢疾收贖，不問笞杖徒流，收贖有差，誣告收贖，誣輕爲重未論決者，笞杖收贖，徒流止杖一百，餘罪亦聽收贖，老幼廢疾、徒流皆直照徒年限收贖。誣輕爲重，徒流皆折杖，照杖數收贖，此其異也。官司出入人罪折杖，又與誣告折杖不同。見官司出入人罪條下。一說徒流已論決者，但以折杖剩罪全抵之，不坐徒流，若然，則凡誣杖爲徒者，無所全抵，且比之官司出入人罪爲重矣。或以告人杖六十，徒一年，今以其杖六十，併入徒一年，折杖二十，通杖八十。若止告笞二十是實，則杖已包笞，除訖二十，反坐剩杖六十，非也。使其所告杖九十是實，杖六十，徒一年是虛，則將何所除，而所謂徒一年者，反比之杖九十爲輕矣。或又謂本註，惟從徒入流者，乃準徒折杖，亦非也。所謂告人流三千里，於內止招杖一百，反坐原告杖一百，餘剩杖四十收贖者，獨非註乎？或又以笞杖徒流收贖，謂所剩笞杖徒流之罪，亦非也。蓋徒流通計折杖，其所剩罪雖依笞杖數目收贖，然皆謂之剩杖，故遇蒙恩例但通減二等收贖，雖笞罪剩杖，亦不作釋放。不然，則下云至死罪，亦可謂之剩死罪耶？蓋上段言笞杖徒流死罪者，謂全誣抵坐者也，此言笞杖徒流死罪者，謂誣重反坐者也。

第六節，若誣重至死罪而所誣之人已處決者，照凌遲斬絞，反坐原告人以死。未決者，止杖一百，流三千里。此止字非罪止之，止以不加役及不償費贖產斷付養贍，故言止耳。夫誣告致死則一，而有加役不加役之殊，何也，蓋上文誣告人死罪未決，是全誣平人於死，故雖流三千里猶不足以示戒，而又於配所加役三年。此則被告人不免於罪，但不合誣至於死耳，故但流而不加役也，此非剩罪，故不折杖。

第七節，若律該罪止者，如不枉法贓一百二十兩以上，罪止杖一百，流三千里之類，則誣告者，雖多於一百二十兩，而其罪無所加，故不反坐，以其無可反坐故也。此所告在一人者則然。

第八節，至告二人以上，雖云得實，但其中有一人不實者，罪雖輕，猶以誣告加二等科罪。假如告十人，九人是實，一人是虛，猶科誣告一人之罪，不以九人之得實而原之。蓋在餘人雖爲得實，在此一人，則爲無辜也。若告叛逆重情，全誣十人以上者，有例問發邊衛充軍，在教唆詞訟條下。以上俱自誣重反坐之罪言之。

第九節，若各衙門軍民大小官誣捏事情，進呈實封至御前，誣告人及風憲官懷挾私讐，彈劾事情有不實者，亦各論如誣告。或誣輕爲重，笞杖徒流死罪之律或加等，或反坐所剩，或全抵剩罪，或加役，或不加役，若反坐加等之罪，輕於杖一百徒三年者，依上書詐不以實科斷，杖一百，徒三年。夫迎車駕擊登聞鼓，申訴不實者，杖一百。官進呈實封誣告人，及風憲挾私彈事不實，則罪亦如誣告。在民則輕之，在官反重之，何也？蓋妄訴者，意在脫己之罪，故從輕；妄奏者意在陷人之罪，故從重。所以杜其欺君之漸也。

第十節，獄囚已招伏，罪本無冤枉，而囚之親屬，妄爲出名辯訴冤枉，其意亦止欲爲之脫罪耳，故減囚罪三等，罪止杖一百。若囚罪笞杖已決，徒流已配，而自妄訴冤枉，摭拾原問官吏挾讐逞怨，希圖陷害原問官而告者，加所誣之罪三等，罪止杖一百，流三千里。若在役限之內妄訴者，當從已徒而又犯徒律科之。

全誣　釋曰：凡全誣者，不用折杖，亦不論已決未決，笞議得趙甲所犯，若告錢乙將伊罵辱得實，錢乙合坐以罵人律，笞一十。今虛，依誣告人笞罪者，加所誣罪二等律，笞三十，減等笞二十，的決寧家。

杖議得趙甲所犯，若告錢乙飲酒撒潑得實，錢乙合坐以不應事重律，杖八十。今虛，依誣告人杖罪加所誣罪三等律，杖六十，徒一年，減等杖一百，的決寧家。

徒流亦如此議。

死罪未決　議得趙甲所犯，若告錢乙偷盜糧價銀滿數得實，錢乙合坐以常人盜官物八十兩律絞，今虛，依誣告人死罪未決律，杖一百，流三千里，減等杖一百，徒三年，做工滿日隨住。

雖准徒已發做工，亦坐未決，議加役三年，舊有例准徒四年，亦未見引用。

死罪已決　議得趙甲所犯，合依誣告人死罪已決者，反坐以死律絞，監候處決。

反誣犯人　議得趙甲等所犯，趙甲若告錢乙，因伊誣告杖一百，徒三年，將姪趙丁累死得實。錢乙合坐以誣告人，因而致死隨行有服親屬一人律絞，今虛，依被誣之人詐冒不實反誣犯人者，亦抵所誣之罪至死未決律，杖一百，流三千里，錢乙依犯人止反坐本罪律杖一百，徒三年，俱減等。趙甲杖一百，徒三年，錢乙杖九十，徒二年半，俱送做工，滿日隨住。

此備一體式耳，作招時能自核算，即不必用，蓋必不得已而後用之也。

誣輕爲重，及輕事告實，重事招虛，反坐所剩。

釋曰：已論決，全抵剩罪。未論決，笞杖收贖。徒流止杖一百，餘罪亦聽收贖。

笞人笞

未決　議得趙甲所犯，若告錢乙行兇攘鬧得實，錢乙合坐以不應得爲而爲之事理律，笞四十。今止告錢乙罵人笞一十是實，合依輕事告實、重事招虛反坐所剩律笞三十，減等笞二十，係剩杖，依律收贖隨住。

已決　依輕事告實、重事招虛，反坐所剩，已論決，全抵剩罪律笞三十，減等律笞二十，的決隨住。

笞人杖亦照此議。

笞人徒

未決　議得趙甲所犯，若告錢乙打折伊左臂得實，錢乙合坐以折人肢律，杖一百，徒三年，折杖二百。今止告錢乙以手毆人成傷，笞三十是實，依誣輕爲重，反坐所剩律，杖一百七十，止杖一百，餘罪收贖減等杖九十，的決寧家。

已決　依誣輕爲重，反坐所剩律杖一百七十，準杖八十，徒二年零十日，減等杖七十，徒一年半零十日，做工滿日寧家。

笞入流

未決　議得趙甲等所犯，趙甲若告錢乙將伊兩腿打折得實，錢乙合坐以折人兩腿律杖一百，流三千里，折杖二百六十。今止告錢乙以他物毆人成傷，笞四十是實，合依誣輕爲重反坐所剩律，杖二百二十，止杖一百，餘罪收贖。錢乙以他物毆人成傷，律笞四十，俱減等。趙甲杖九十，錢乙笞三十，各的決寧家。

已決　依誣輕爲重反坐所剩律，杖二百，準杖一百，徒三年。錢乙依以他物毆人成傷律，笞四十，俱減等。趙甲杖九十，徒二年半，錢乙笞三十。趙甲做工，錢乙已經論決勿論，各隨住。

杖入杖，杖入徒，杖入流，亦如笞議。

徒入徒

未決　議得錢乙等所犯，錢乙依竊盜已行而但得財者，七十兩律，杖八十，徒二年。趙甲若告錢乙偷盜伊銀一兩得實，錢乙合坐以竊盜得財八十兩律杖九十，徒二年半，折杖一百八十。今止告錢乙杖八十，徒二年，折杖一百六十是實，合依誣輕爲重反坐所剩律，杖二十，俱減等。錢乙杖七十，徒一年半，趙甲杖一十，錢乙做工，趙甲係剩杖，依律收贖隨住。

已決　俱減等。錢乙杖七十，徒一年半，趙甲杖一十。查得趙甲先誣錢乙，減得杖八十，徒二年，已經論決，送工部做工半年。今辯得錢乙止坐杖七十，徒一年半，合將錢乙多決過杖一十，準徒十日，仍送工部貼徒一年五個月零一十日。趙甲的決，各着役。

徒入流

未決　議得錢乙等所犯錢乙依奏事詐不以實律，杖一百，徒三年。趙甲若告錢乙發掘伊父趙丙墳塚，暴露椁槨得實，錢乙合坐以發塚見棺槨律，杖一百，流三千里，折杖二百六十。今止告錢乙杖一百，徒三年，折杖二百是實，依輕事告實，重事招虛，反坐所剩律，杖六十，俱減等。錢乙杖九十，徒二年半，趙甲杖五十，錢乙送工部做工滿日。趙田係剩杖，依律收贖，各隨住。

已決　俱減等。錢乙杖九十，徒二年半，趙甲杖三十。查得錢乙先被趙甲誣告杖一百，流三千里，已論減等杖一百，徒三年，送工部做工一個月未滿。今辯得錢乙止坐杖九十，徒二年半，合將多決過杖一十，準徒十日，仍送工部貼徒二年四個月零二十日，滿日趙甲的決，各隨住。

近流入遠流

未決　議得趙甲等所犯錢乙依竊盜已行而但得財者一百兩律，流二千里。趙甲若告錢乙偷盜伊銀二兩得實，錢乙合坐以竊盜得財者一百一十兩律，杖一百，流二千五百里，折杖二百四十。今止告錢乙杖一百，流二千里，折杖二百二十得實，合依誣輕爲重，反坐所剩律杖二十，俱減等。錢乙杖一百，徒三年，趙甲杖一十。錢乙雖辯前罪，緣二死三流同爲一減，仍照先擬徒限做工，趙甲係剩杖，依律收贖，各隨住。

已決　餘俱照前擬趙甲的決。

反坐所剩則例

釋曰：　凡誣告人革前不首事情，止於不應上加罪，今在外問刑，衙門多忽此。

誣笞爲徒　如本犯笞三十，誣告杖六十，徒一年，五徒皆包杖一百。又徒一等，折杖二十，通該一百二十。除告實笞三十，未論決合坐剩杖九十，收贖銀六分七釐五毫。或作剩杖五十，非。

誣杖爲徒　如本犯杖八十，誣告杖八十，徒二年，徒三等折杖六十，又包一百，通該折杖一百六十。除告實杖八十，未論決合坐剩杖八十，收贖銀六分。或作剩杖六十，非。

誣輕徒爲重徒　如本犯杖七十，徒一年半，誣告杖一百，徒三年。每徒一等，折杖二十。今徒五等，折杖一百，除告實徒一年半折杖四十，未論決，合坐剩杖六十，收贖銀四分五釐。若各加包杖一百，乃總除之亦同。或作剩杖九十罪。

誣笞爲流　如本犯笞五十，誣告杖一百，流三千里。三流皆包徒三年，折杖二百，並準徒四年，以一年爲所剩罪，折杖四十，通該二百四十。除告實笞五十，未論決。合坐剩杖一百九十，止杖一百，餘九十。收贖銀六分七釐五毫。

誣杖爲流　如本犯杖九十，誣告杖一百，流二千五百里，折杖二百四十。除告實杖九十，未論決合坐剩杖一百五十，止杖一百，餘五十，收贖銀三分七釐五毫。疏議以流二千里，折杖二百二十，流二千五百里，折杖二百三十，至流三千里乃折杖二百四十，非也。

誣徒爲流　如本犯杖八十，徒二年，誣告杖一百，流三千里，折杖二百四十。除告實杖八十，徒二年，折杖一百六十，未論決。合坐剩杖八十，收贖銀六分。或作剩杖一百，非也。

誣近流爲遠流　如本犯杖一百，流二千里，誣告杖一百，流三千里。每流一等，准徒半年爲所剩罪，折杖二十。今流三等，准徒一年半，折杖六十，除告實流二千里，折杖二十，未論決，合坐剩杖四十，收贖銀三分，若各加包五徒，折杖二百，乃總除之亦同。或作剩杖二十，非。

條例

第一條，平人謂無罪之人，即全誣也。考與禁爲二事。嘉靖間，大理寺等衙門會題得誣告而累死被誣之人，摘引誣告人因而致死，律條科斷，與律意不合，相應改比誣告人，因而致死隨行有服親屬一人律絞。今後凡有誣告平人，致累監故者，俱比照前例問擬。或患病在外，別因他故身死者，止問以應得罪名，照常發落。如此，則於律意不違，而情法相當矣。故增此例，至今不改。

第二條，挾告詐財者，問恐嚇取財計贓準竊盜論。

第三條，挾制官府，陷害良善，依前條。詐騙財物，有被訪人買脫者，有買訪所仇之人者，衙門人役依枉法，姦徒依詐欺誆騙，買脫人依行求，報復私讐窩訪者，就所纂事件應得罪名，依誣告法反坐。

第四條，與刁軍刁民條相似，此專指已得財者言，故有計贓滿數之說。恐嚇準竊盜論，一百二十兩爲滿數也。若未得財，引上條結黨陷害良善例。

明・王肯堂《王儀部先生箋釋・訴訟・干名犯義》 釋曰： 此律當與親屬相爲容隱及犯罪自首二條參看。

第一節，凡子孫告祖父母父母，妻妾告夫及夫之祖父母父母者，雖得實，亦杖一百，徒三年。但誣告者絞。若卑幼告期親尊長，外孫告外祖父母，雖得實，亦杖一百。告大功，亦杖九十。小功亦杖八十。緦麻亦杖七十。其被告之期親大功尊長，及外祖父母，若妻之父母，並同自首免罪。不言祖父母父母、夫、夫之祖父母父母者，舉其輕足以見義矣。外祖父母，等於期親，妻之父母，殊於緦麻，其得同首免之例者，義重於服也。若被告之小功緦麻尊長，得減所告得實之本罪三等，不言無服之親，依名例得減一等。若誣告者，計所反坐之罪，重於杖一百杖九十八十七十之罪者，各加所誣之罪三等。如告期親尊長該杖六十，徒一年，是重於杖一百，則於所誣杖六十，徒一年上加三等，該杖九十，徒二年半之類。其加罪不入於絞，此加等，卽於其所告罪名上加等，卽加凡人誣告罪三等耳，不當於凡人加誣之罪上又加之，亦不可於尊長減罪上加之。蓋律云： 期親大功同自首免罪，小功緦麻。得減本罪三等。若於減罪上加誣，則告期親大功者免罪之上無復有加三等之理，而告小功緦麻者雖加猶不加矣。若所誣尊長徒罪已役，流罪已配，死罪已決，及致死隨行親屬者，其流罪財產各如小註盡誣告本法科斷。死罪未決者，杖一百，流三千里，又加役三年，而不得同於凡人也。不言反誣者，蓋尊長被卑幼誣告，而反誣卑幼，由卑幼先犯義也，宜勿論。若卑幼被尊長誣告，而反誣尊長，則各當坐本律。卑幼誣尊長重者，亦該加所誣罪三等，不比常人兩相誣者之不加等也。問曰： 告常人涉虛，笞罪加二等，杖以上加三等。誣告祖父母父母，夫之祖父母父母者絞。今告期親尊長涉虛，重者亦止加誣三等，何也？答曰： 誣告常人而官府不爲辯理，被告之人無辜陷害，故加二等加三等。若誣告期親尊長，縱不辯明，而大功以上尊長，得同自首免科，小功緦麻亦得減罪三等，故所誣重者，亦止加誣罪三等也。至若告祖父母、父母，夫之祖父母、父母，事雖得實，猶坐杖徒。若無其事而妄告，是與罵詈何異，故坐以絞，固不可以一律論也。

第二節，上文所言名分所係，義得容隱，既相告言，是干犯也，故不得不重其罪。至子孫卑幼，告言尊長謀反大逆，謀叛，窩藏姦細，是係干國家，不得爲親者諱。及嫡母、繼母、慈母、所生母殺其父，若所恩養父母，殺其本生父母，又人倫之變，當各爲其所重。及被期親以下尊長侵奪其財產，或毆傷其身體，是亦剝膚之災，情不容已，皆應自理訴者，並聽卑幼據實陳告，不在干名犯義之限。其被告之事，各依本律科斷，不用容隱之人告言，並同自首免罪之律。此段止言尊長，不言父母祖父母者，有所不忍言也。

第三節，若尊長告卑幼得實，其期親大功，及女婿亦同自首免罪，小功緦麻，亦得減本罪三等。蓋女婿本殊於緦麻，其告實得同自首者，亦義重於服也。此不言子孫妻妾外孫及無服之親，依名例得同自首免減之法。若誣告卑幼應反坐者，其期親得減所誣本罪三等，大功減二等，小功緦麻減一等。若夫誣告妻，及妻誣告妾者，亦得減其所誣之罪三等。此誣告總以卑幼被誣之罪，視其親疏而各爲減等也。

第四節，若奴婢告家長及家長之緦麻以上親者，與子孫卑幼罪同。此親字。兼尊卑言，自奴婢視之，雖卑亦尊也。告而得實者，於家長則杖一百，徒三年，於期親則杖一百，大功則杖九十，小功則杖八十，緦麻則杖七十。誣告家長者絞。期親以下，若誣告重者，各加所誣之罪三等。若僱工人。則與奴婢爲有間矣，故告家長。及家長緦麻以上親得實者，各減奴婢罪一等，至誣告者不減，係家長亦絞。期親以下亦各加所誣三等，又不得減奴婢一等也。然奴婢下本無罪可減，須照子孫項下減之。

一議得某人所犯，依僱工人告家長，減奴婢告罪同子告父一等律。按奴婢僱工人，得爲家長隱，而家長不得爲奴婢僱工人隱。奴婢告家長，罪同子孫，子孫有罪，爲父祖所告，得依於法得相容隱者相告言，聽如罪人身自首法免罪。而奴婢僱工人被告得實，則不同自首，不得免罪也。

第五節，祖父母誣告孫，父母誣告子，外祖父母誣告外孫，祖父母、父母誣告子孫之婦妾，夫誣告妾，家長誣告奴婢僱工人，各得勿論，以其名義尊也。不言妻之父母誣女壻者，在緦麻親中矣。

第六節，若女壻與妻之父母，果有義絶之狀，如本註中身在遠方以下，則妻父母有義絶之狀，本身毆妻至折傷以下，則女壻有義絶之狀。夫妻以義合，義絶則同凡人矣，許其互相告言，各依常人論斷，不在干名犯義，及得同自首，與杖七十之限也。無義絶之實，而告義絶之事者，仍以親斷觀此，則翁壻亦惟於義應絶之事，許相告言，依常人論。其他如互相盜詐，侵奪諸事，本同首免可知。而自期以下親屬相犯，其不關礙倫理者，又可以類推矣。律中無妻之父母毆壻一條，蓋女壻毆妻至折傷則云義絶，各依常人論，則妻之父母，毆壻至折傷，亦云義絶，亦當同凡人論矣。

凡卑幼告期親以下尊長，但誣卽坐加等，雖一事不實，不作輕事招虛，及誣輕爲重，但至死罪非全誣，則同凡人不加役耳。若尊長告卑幼，但輕事得實，仍同誣輕爲重，與雖誣告死罪，並得減等。若誣小功緦麻卑幼死罪，其反坐只就死罪上減一等，非謂於常人誣死已決上減作坐流加役也。

明・王肯堂《王儀部先生箋釋・訴訟・教唆詞訟》 釋曰：凡他人本不欲告狀，而乃教令唆使興搆詞訟，及爲人作寫詞狀，而將原告欲訴之情，被告應得之罪或增或減，於各衙門誣告人者，與犯人同罪，隨犯人所得反坐笞杖徒流之罪，或加等，或全抵，或收贖，或加役，同一科斷。至死已決者，減一等，杖一百，流三千里。其爲親屬誣告者，亦從本法。若受人僱倩而爲之出名誣告人者，與自己誣告反坐加等加役之罪同。至死已決者，亦抵以死，或謂受僱誣告，卽冒僱之者之名，非也。誣有唆僱之分，故律有輕重之別，與犯人同罪者，至死，則得減一等。與自誣告同者，至死則不減矣，故均一爲人誣人也。而異其文者，以其有受財者耳。受財句總承上説，計其入己之贓，以枉法從重論。如誣罪重於贓，則從誣告論，贓罪重於誣，是從枉法論。若見人愚懦，不能伸訴冤枉而教令之，於其事情，皆能得實，則不爲教唆。及爲人書寫詞狀，而罪無增減，則不爲誣告，故勿論此僱人誣告之人。律不明言其罪，或依有事以財行求擬斷，似亦未妥。

條例

第一條，除越訴越關，依奏事不實，受財問枉法，出錢問行求，仍分首從。

第二條，用財人依行求，受僱寄人依枉法，軍校匠舍，及因事至京人員將原籍詞訟，因便奏告，無贓問違制，有贓亦問枉法行求。

明・王肯堂《王儀部先生箋釋・訴訟・見禁囚不得告舉他事》 第一節，他事是他人之事，別事是自己之事。謂凡犯罪見被囚禁之人，不得告舉身外他事。若被獄官獄卒非理凌虐，如毆傷其身，或尅減衣糧，及需索財物者，皆聽其於所司陳告。若應囚禁之人，見被鞫問，而更自首曾犯別事，其有干連追對之人，亦合准首，依法勾提，推問科罪不在不得告舉他事之限。蓋囚在禁而許其告人，恐有妄噬，囚被虐而禁其不告，則冤抑無伸，囚被問而更首別事，是無告人之心，固法之所不禁也。

第二節，人年八十以上十歲以下，及篤疾之人犯罪，律該勿論，婦人該免徒流。此四等人，惟謀反逆叛，子孫不孝，或己身及同居之內，爲人盜詐侵奪財產，及有所殺傷之類。殺傷二字，亦兼人己言，此皆事情重大患害迫切，聽其告理。亦必同居無人，或同居者見被鎖執，方准代告，其餘並不准告。以其罪得收贖，難以加誣，恐故意誣告害人也。官司受而爲理者，笞五十，原詞立案不行。

明・王肯堂《王儀部先生箋釋・訴訟・官吏詞訟家人訴》 釋曰：內外軍民見任見役官吏，與人爭論婚姻錢債田土等事，聽令家人出名告官對理，不許官吏自以公文行移追問，違者笞四十。蓋以公文而行私事，未免恃勢以凌人，故禁之。此止言婚姻等，舉輕也，而重者可知矣。

明・王肯堂《王儀部先生箋釋・訴訟・誣告充軍及遷徙》 第一節，充軍止下死罪一等，在法中亦至重也。凡誣告人律該充軍罪名，如官吏選用軍職，詐稱軍人不當差役，僧道私創庵院，豪民隱蔽差役之類，係民誣，則抵充軍役，係軍誣，則發邊遠充軍。然必全誣乃坐，或謂此誣告不分全誣及誣重，皆一體抵罪，非也。觀誣告遷徙明云加所誣罪三等，則實指全誣言之。若誣告引例充軍者，止依律該罪名，加誣與誣輕爲重者，各不在抵充及發邊衛之限。

第二節，若官吏故將無干平人，頂替他人缺伍軍役者，以故出入人流罪論，杖一百，流三千里。此係有人犯該充軍，而將此人頂替之，故脫軍者爲出，替軍者爲入，其實則一而已。此與上節不分已未發遣皆坐，蓋照誣告徒流反坐法也。若同僚官一人有私，自依故論，其餘不知情者，止依失出入人罪遞減，不署文案者不坐。

第三節，若誣告人說事過錢者，律該遷徙。遷徙之罪，謂遷離鄉土一千里之外。今定制免其遷徙，但於三流並準徒四年上減半，準徒二年，流自二千里爲始，故曰比流減半。說事過錢，無祿人減受錢人二等，有祿人減一等，罪止杖一百，遷徙。若誣告人徒罪者，則該加所誣罪三等。而遷徙在五刑之外，其上無可加之罪名，則於比流減半，準徒二年上加三等。二年徒之上，是二年半。二年半之上，是三年。二年之上，是流二千里，該流二千里也。此於徒上加誣，不得於笞杖上加三等，故曰併入所得笞杖通論。假如誣告有祿人枉法贓，無祿人過錢一兩，受錢人該杖七十，過錢人減二等，該笞五十，遷徙。今虛，卽將笞五十之罪，併入流二千里內通論，合坐以笞五十，流二千里，謂之併入所得笞罪通論，不得於笞上加誣也。又如誣告有祿人枉法贓，有祿人過錢十兩，受錢人該杖九十，有祿過錢人減一等，杖八十，遷徙。今虛，卽將杖八十之罪，併入流二千里內通論，合坐以杖八十，流二千里，謂之併入所得杖罪通論，不得於杖上加誣也。然又要見誣告人說事過錢者，加徒不加杖，至大誥項下，則減杖，仍減流二千里，從徒三年算也。此與議說事過錢者不同，說事過錢，大誥項下減杖不減徒。律言遷徙之罪有數條，此特舉說事過錢者，蓋凡遷徙，皆杖一百，惟說事過錢，則有或笞或杖而遷徙者，故特舉以示義耳。若誣告人額外濫充吏卒，結攬寫發文案，稅糧過限一年，妄稱主保小里長之類，俱當依此擬斷。舊律說事過錢，遷徙一千里外，比流減半，準徒二年。今律說事過錢者，杖一百，徒二年。疏議謂年七十以上，十五以下，及廢疾之人，誣告人充軍者，既不可以抵充，當如官吏故將平人冒頂軍役，以故出入流罪，收贖銀四錢五分，蓋準名例也。於義爲可從。

明・王肯堂《王儀部先生箋釋・斷獄・鞫獄停囚待對》 釋曰：停囚待對，謂停已獲之囚而待同伴到日對問也。首節見在他處官司，是一事發於此而未發於彼也，下節已在他處州縣事發，是一事而發於兩處也。

第一節，凡各衙門鞫獄官，推問罪囚，有同起事內緊關干對人伴，見在他處州縣官司，而此處停囚，專待其人對問者，鞫獄官雖與彼處官司職分不相統攝，皆聽移文直行勾取。文書到後，彼處官司，不得自分彼此，限三日之內，將所勾待問人犯，發遣對理。如違限占悋不發者，一日笞二十，每一日加一等，延至限外五日之上，罪止杖六十，仍將違限不發緣由行移彼處本官上司，問其違限之罪。令將人伴督併發遣，不曰人犯而曰人伴，以未經鞫問，未知有罪與否耳。

第二節，若同起事內，應合對問之罪囚，其事已在他處州縣發覺，見被鞫問者，是彼此俱屬應鞫，不問本處他處官司，俱聽輕罪囚，移就重罪囚，或人少罪囚，移就人多罪囚。若囚人數目相等者，則以在後事發之囚，送先發官司併問。若兩縣相去三百里之外，則路遠恐致疎虞，難以相就，不論輕重多少前後，聽其從事發之處各自歸斷，不必併問。違者笞五十。若該州縣故違移囚就問之法，反移重以就輕，移多以就少者，是意在推避也。其輕囚少囚之當處官司，隨將送到囚人收問，仍將移囚就問緣由申達彼處本官上司，究問所屬官吏，違法移囚之罪，卽前笞五十是也。違法移囚，雖有罪，然當處官司遇囚到不卽收受互相推避者，則亦計日以定其罪，與上文違限不發之罪同，蓋律之惡停囚不斷也如此。問罪官吏，俱擬納米還職。

條例

第一條，遷延不及三箇月，問事有期限而違律不引例住俸遷延過三箇月以上，官吏俱引例住俸，候事結補交，半年不到，問違制。

第二條，勘檢人命，推故不卽赴勘，除牒到不卽檢驗與不行會勘，俱問違制。

明・王肯堂《王儀部先生箋釋・斷獄・獄囚誣指平人》 第一節，凡在禁罪囚，但許告舉獄官獄卒非理凌虐，及見被鞫問，更首別事之類，此外不得告舉他事。若有誣指無罪平人者，隨所誣指之罪，以誣告人加三等論之。其獄囚本犯罪名，重於加誣之罪者，自從原犯之重罪論。

第二節，非法拷訊，故行教令。迫之以不得不從，因執其口詞以誣陷平人於罪，非故入而何？此當以全罪科者也。其罪未決，聽減一等，但坐官吏本囚不坐。

第三節，若官司追徵逋欠錢糧，逼令納戶誣指無干平人代納者，計所枉徵過平人財物，坐贓論。二兩以下，笞二十；至五百兩之上，罪止杖一百，徒三年，以其贓非入己也。枉徵之物，追給還代納本主。

第四節，被誣之人，指前三項所誣者言。官司業已追問明白，無故將被誣人稽留聽候有過三日不放回者，笞二十，每三日加一等，至十五日之上，罪止杖六十。比上條不放原告之罪重者，以其被誣故也。

第五節，若官司推鞫罪囚，其事内證佐之人有所偏庇，不言實情，故行誣證，及化外之人有罪，而通事人傳譯番語，有所偏私，不以實對，致官司斷罪各有所出入。若證佐人出入人全罪者，減犯人全罪二等。此律註不言入人之罪，而云之類者，固已該之矣。若增減其罪者，亦減犯人所得增減之罪二等，謂如犯人本杖六十，證佐杖一百，增杖四十，即坐證佐人杖二十。又如犯人本杖一百，證佐笞五十，減杖五十，即坐杖三十之類。若化外人有罪，而通事者扶同傳説，出脱全罪者，與犯人同得全罪。若將化外人罪名，增減傳説者，亦坐通事以所增減之罪。律註已明，不須贅述。此云致罪有出入，蓋主本囚已決放者而言。

明・王肯堂《王儀部先生箋釋・慎刑説・聽訟》 小事不宜輕問罪。凡戶婚田土，鬭毆相爭，一切細故，雖係州縣有司應理之事，然一紙投入公門，輒關小民身家重累，所以膺民社之責者，每於刁徤之風，嚴加禁戢，正不欲愚民之罹於法網耳。若係奸盜詐僞、人命重罪等項，則律有常刑，自當留心細鞫，申詳定案。其餘輕小事情，止批里鄰耆老。從公議息，不必遽爲刑訊，而予以終訟。則案牘不致煩擾，而清慎之名著矣。牧民者宜體此意。

明・王肯堂《王儀部先生箋釋・慎刑説・人命》 屍親遞攔詞，除卑幼於尊長，須要根究明白，斟酌准理外，其親祖父母之於子孫，夫之於妻，但遞攔詞免問者，果非致命破損重傷，死於當日，不必過於搜求，即與準理，立案備照。其人命事情，屍親未曾遠出，不當年告發，而告於一年之外，及不係有服之親，而傍人訐告，及不係正告事情，而繫於切思之下，開於粘單之中者，不問虛實，俱不准理。如有妄准以興大獄，擾害多人者，其人之賢不肖可知矣。

明・何棟如《皇祖四大法・治法》 〔洪武元年十二月〕丁卯朔己巳，置登聞鼓于午門外，日令監察御史一人監之。凡民間詞訟，皆自下而上，或府、州、縣，省官及按察司不爲伸理，及有冤抑重事不能自達者，許擊登聞鼓，監察御史隨即引奏。敢沮告者，死。其戶婚、田土諸細事皆歸有司，不許擊鼓。

又 〔洪武十七年十二月〕甲寅，刑部左侍郎葛循言，凡民赴通政使司訴狀者，本司代其奏聞，即同親奏，有不實者，宜以迎車駕及擊登聞鼓伸訴不實律罪之，所誣罪重者，從重論。上曰：通政司訴狀不實，止可同諸司訴狀不實論。若如所議，豈不太重，第以誣告抵罪可也。

又 〔洪武二十七年四月〕壬午，命民間年高老人理其鄉之詞訟。先是州郡小民，多因小忿輒興獄訟，越訴于京，及逮問多不實，上於是嚴越訴之禁。命有司擇民間耆民公正可任事者，俾聽其鄉訴訟。若戶婚、田宅、鬭毆者，則會里胥決之，事涉重者，始白於官，且給《教民榜》使守而行之。

明・呂本《皇明寶訓・洪熙卷二・恤刑》 永樂二十二年五月戊子，上爲皇太子監國，謂刑部、都察院臣曰：軍民詞訟，自下而上，陳告已有定律。今頑民動輒赴京赴訴，及逮問，十率五六不實，雖平民終無罪，然道路往還數千里，不耐辛苦而死者多矣。今後所告非重事，悉發巡按監察御史及按察司理問，無干涉者，就遣寧家，有罪者送赴京。

明・呂本《皇明寶訓・宣德卷五・審刑罰》 〔宣德元年〕六月戊寅，富峪衛故指揮使張晦庶子奪嫡，官行在刑部不能正嫡，反得罪，擊鼓訴冤，始得白。上曰，此刑部之不明也，使其不擊鼓再訴，則庶襲而嫡廢，如公義何？遂諭三法司官曰：凡聽兩造之辭，必明必審，不明而枉直倒置，人將謂朝廷用爾等不當，而怨誹興矣。其可不慎。

明・呂本《皇明寶訓・宣德卷五・恤刑》 宣德五年十二月丁亥，直登聞鼓給事中年富奏，重囚二十七人以奸盜當決，擊鼓訴冤。切詳各犯臨刑畏死，煩瀆朝廷，不可宥。上曰：登聞鼓之設，正以達下情，何謂煩瀆。自今凡死囚擊鼓訴冤者，必如例錄情詞以進，令法司與辯。若蒙蔽及阻遏，罪直鼓者。

明・朱元璋《明太祖集・問斷事官敕》 五常之道，重莫重於君臣、父子。然而夫婦之道猶爲甚焉。

邇來關中、漢中民人告失妻於妻家，數告，有司不理。其夫親捕奸夫。今有司止將奸夫作私茶爲由解赴京師，不以略人妻女爲重。朕特命爾理，今不見來聞，果何詢焉？敕至，晚朝來奏。

《明實録・宣德六年》 〔六月〕乙卯，上臨朝論通政司官曰：今官軍別無調遣，止是運糧。比者小人懷姦，輒造誣詞牽連告訐，以求苟免。今後運糧官軍有訴訟者，皆遣還平江伯，運糧事畢送法司鞫問。著爲令。

又 〔六月丁未〕南京刑部侍郎段民奏：近蒙皇上嚴軍民越訴之禁，犯者杖一百。盡室發遼東充軍，已著爲例。切見在京軍民，亦有不經所管官司，徑赴通政司告理者，蓋緣京衛例不問囚，應天府雖問罪囚，不自決遣，悉以歸刑部及通政司受詞，俱屬刑部審問發落，難比在外驀越赴京妄告之例。請敕所司：凡在京軍民，有赴通政司及南京守備官處訴告得實，及誣輕爲重，告二三人以上誣多實少者，皆依律論斷。如盡虛詞誣陷良善者，則如榜例。從之。

《明實録・宣德十年》〔五月丙申〕河南南陽縣知縣李桓圭言：舊制詞訟皆自下而上陳告，今江西等處人民越訴者問發充軍，已有禁例，但姦詐之徒稔惡罔悛，多群聚於張家灣等處騙害鄉民，或匿名代人告訐，或附名牽告，別境良善其被誣者，多因累致死。宜申明禁約，並行兵馬司搜索發遣。上命行在禮部議行。

《明實録・正統三年》〔三月甲辰〕行在刑部奏：近者民訟官，多摭拾妻妾幼女，幸其受辱，以快私忿。請申明舊制，凡民訐官長，宜量加責罰，婦女非犯姦、惡、殺人及毆罵舅姑、不孝等罪，並免提問。從之。

《明實録・正統四年》〔閏二月己丑〕時運糧官旗人等，多有棄糧，來京告訐刑部，請今後運糧官旗人等，有訐訴該管指揮千百戶者，即將原告遞回運糧，完日將應問軍職，另行奏請提問。從之。

又〔七月〕丙辰，太常寺卿徐初奏：本寺神樂觀樂舞生朱崇奴等，或戀俗私逃，或搆訟求脱役，乞如永樂中樂舞生牛復例，謫令戍邊，以爲將來之戒。事下，行在禮部覆奏：謂罪有輕重，律具明條，牛復坐毆詈提點周原眞，發充軍，蓋出太宗皇帝特旨，不可援此以爲例，宜令法司鞫問如律。從之。

又〔九月丁巳〕命三法司：今後凡在邊操備官軍有陳訴者，若係謀逆重情，隨即具奏處治，其餘小事，將原告遞回原處，操備畢日問理。若在巡撫巡按并按察司官處陳訴者，亦准此例，不許輒便提對，有誤邊備。

《明實録・弘治十七年》〔閏四月辛酉朔〕命禁軍民奏訴泛及七八人以上及境外人摭入旁事者，不得准理，仍治其告人。以巡撫江西都御史張本言吉安瑞州等府刁民妄起詞訟故也。

《明實録・弘治十八年》〔十二月辛未〕慶成王奇湞奏：本府輔國將軍奇滔因小忿輒自赴京具奏，乃勞遣中官送之。後有類此者，宜令外衙門遣官押送，庶不違於祖訓。事下刑部，覆奏：將軍、中尉送以部寺屬官，庶人送以辦事官，郡縣主官仍送以中官。得旨：今後將軍而下越訴者，不必館理，止令辦事官送回本府嚴加管束。

明・申時行《明會典・伸冤》 國家設登聞鼓以伸理冤抑，通達幽滯。其一應奏告之例，已具載《刑律訴訟》。下凡係鼓狀者，載此。洪武元年，置登聞鼓於午門外，日令監察御史一人監之，凡民間詞訟，皆須自下而上，或府州縣省官，及按察司官不爲伸理，及有冤抑，機密重情，許擊登聞鼓。監察御史隨卽引奏，其戶婚、田土、鬭毆、相爭、軍役等項，具狀赴通政司，並當該衙門告理，不許徑自擊鼓，守鼓官不許受狀。後又移置於長安右門外，令六科給事中，並錦衣衛官各一員，輪流直鼓。收狀類進，候旨意一出，卽差該直校尉，領駕帖備批旨意於上，連狀並原告押送各該衙門問理。其有軍民人等，故自傷殘，恐嚇受奏者，聽錦衣衛守鼓官校執奏，追究教唆主使寫狀之人治罪。所奏事情，立案不行。正統元年令，凡秋後處決重囚，內有訴冤枉者，直鼓給事中，接受本狀封進，仍批校尉，手令馳赴市曹，暫免行刑，聽候請旨。成化十九年題准，兩京法司及各處撫按察司等，問刑衙門，問發官吏軍民人等，有冤枉者，止許將實情伸訴，以憑隔別委官勘理。不許倚恃刁潑，妄捏別項贓私不干己事，混誣原問官員。敢有故違，原問充軍者，發極邊衛分，原問爲民者，發口外，軍職有犯，監候奏請定奪。嘉靖五年，諭法司問理詞訟，須分辯曲直，從公處斷，使人無冤。近來中外問刑官，往往任意偏聽，不審察事情。或徇私受囑，不畏法度，顛倒是非，致令銜冤負屈之人，輒入禁中伸愬，至有自縊死者，良可矜憫。法司卽申明律例戒諭所屬，通行內外衙門。如再有斷獄不明，致各犯伸理者，若所愬得實，原問官從重究治。其有爲人囑託者，問刑官指實參究，容情不奏者，聽兩京科道糾劾。若科道官囑託，及知有囑託，容隱不劾者，一體治罪。緝事衙門，亦務密訪奏治，但毋挾私誣陷。六年，奏准凡奏訴冤枉，果有緊關該辯情節者，原經巡撫等衙門，則行巡按，原經巡按衙門，則行巡撫，先將見在人卷查審，有冤方許提人證辯，無冤仍依原問。奏詞立案，不許一槩提人，致累平民。七年，議准重囚家屬，於臨決前一日，卽訴鼓狀，該科薄暮封進。凡有應決應留囚數姓名，次日午前傳出，午後不須覆奏，卽便行刑。十年，議准重囚家屬，俱於二覆奏命下之日，投遞鼓狀，該科參詳，與三覆奏本一同封進，取旨行刑。十四年，奏准今後有糾同扛幫嚇騙財物捏寫虛情具奏，及令婦女假裝男子，進入午門奏本跪叫冤屈者，問擬徒杖罪名，仍引例發遣。

明・吴遵《初仕録・嚴告訐》　放告明開告示，或三或六或九。每放告牌出，挨圖逐里進入，每十紙一封，當堂鈐記，收入箱内，以防抵換抽滅。公門大書越訴笞五十，誣告加三等。着實舉行，勿作漫言，致民輕訟。嚴禁頭門儀門皂隸，遇放告日大開，不許攔阻需索，其有機密重情，隨時進告，不在此限。凡告衙門中詐索者，許大聲喊告，以防壅隔。情輕者卽時責遣，情重者補詞立案。凡准詞訟，勾攝不用公差，止批仰本圖里長拘唤，大小俱不落房，用半印掛號承發，再用一墨圖書上刻示本縣詞訟，止差里長一牌，不到者改差皂隸，再不到者卽頑民矣，不問事之曲直，定行重治。除人命强盗奸騙外，其戶婚田土願和者聽等語，印於狀尾。如已和息，里長止帶原被告銷繳。有願取供，杜後日爭端者，取供照律發落存卷備照事，輕者卽時省發。其有人扶捏者，重治以警其餘，有不願和息，各執强辭者，始拘于証人犯問理。如有叔姪兄弟爭產者事，係干名犯義，俱以倫理大義曉之，責其卑幼者，不得已暫令收監，使其自悔乃已。如有詞訐閨門，非的有敗露者，不必輕信濫拘，以傷風化。至於用刑有年踰六十並有疾者，貸之，不得已令其在官子弟代之。其有情重宿惡不悛者，不在此限。

明・佚名《居官必要爲政便覽・刑類》　任後出告示諭，知照依格式每狀不過三行，每行不過五十字。年月後無寫狀人姓名住址者不准，一狀牽告二事者不准。其戶婚田土等事許依告期，若人命、强盗、鬬毆及土豪勢要窩訪重情，不拘期限。臨期將告狀盡行收完，省令衆人次日聽候，將狀當晚看完，應准者標判，無理者將狀後批寫因何不准，次日俱貼於大門外，使各人知之，安心休息，不致復行告擾。

明・佚名《居官必要爲政便覽・放告》　示仰一應告狀人等，除人命、强盗重情不拘日期，其餘戶婚、田土、鬬毆等項，俱照後開日期遞狀，次日聽審。敢有不經本縣告理趣赴上司越訴者，先將的親家屬收監，以待問完發下之日，依律問擬罪名，仍連累兩隣並里老，一體責罰不恕。

遞狀日期：

初三日，初四日聽審。初六日，初七日聽審。初九日，初十日聽審。十三日，十四日聽審。十六日，十七日聽審。十九日，二十日聽審。二十三日，二十四日聽審。二十六日，二十七日聽審。二十九日，三十日聽審

正德十四年三月日示

明・海瑞《海瑞集・示府縣嚴治刁訟》　撫院海示：照得江南刁訟太甚，本院已約府縣官無憚煩瑣，不爲姑息，正欲變刁訟之風爲淳睦之俗也。近見各府縣申到招詞，往往兩可調停，含糊姑息。本院不能備言。大抵狀詞准行，則便得利。俗有種肥田不如告瘦狀之說，誠哉言也。乃知刁訟盛行，皆府縣官號而召之。至論民情土俗，則又以健訟爲說。何故？爲此仰各府縣官曉諭各百姓，今後告狀須從實致詞，不得一語架空，自取重罪。其各官今後斷訟，除非已自訟事，迫不得已陷不知者，與之量情議罪。並吏書作害，告及官府，乃官府不能鈐束之過。鄉官安静，族人家人作害，其實皆是倚靠鄉官名色，不可執以誣告論之。外此絶無相干，生端波及，一一執律擬罪。如仍前兩可姑息，如狀求追銀，則曰念彼貧難姑量追，人命不曾下手，亦招量給埋葬之類者，定以故出入人參論不恕。

明・海瑞《海瑞集・示府縣狀不受理》　撫院海示：照得刁訟惟江南爲甚。詈無上事百端架誣，蓋不啻十狀而九也。本院已諭令各府縣官，始無憚煩，終無姑息。痛之使畏，庶乎事可衰止。迄今反坐招詳，尚有姑念貧民愚民之説。各官徒知一念之差，情可矜恤。不知矜此一人，壞千萬人，不能治一人之誣，必召千萬人之訟。其間身有穢跡，畏彼刁訐，餙之曰姑念貧民愚民亦有之。刁訟曰盛，非府縣官召之而使之來也耶？又告狀人往往稱府縣官告不受理。軍民赤子，府州縣官父母也。凡爭鬬戶婚，雖是小節，當爲剖分。衣食等項，當爲處理。若先億其誣捏，十狀九誣，棄九人之誣，而一人之實亦與其中矣。況十人中或不止一人之實，十人中一人爲冤，千萬人積之，冤以百以十計矣。不能執我嚴法，使誣者懼之不來，乃併實者棄之，使含冤之人不得伸雪，可以爲民父母哉！惰者不肯受罪，懦者不能執法，其事均不可通。爲此再行曉諭，今後凡民間小訟，州縣官俱要一一與之問理。若果無情盡辭，雖小必治。甚則監之枷之，百端苦之。如有仍前寬縱，復爲姑念之説，與不受理者一併治罪。若曰多之不可勝理也。夫人有痛之而不知畏者乎！始不免於多，終當享其逸。若置之不理，年年月月，止是如此多而已矣。民怨且詈，防民之口，甚於防川，府縣能一日逸於民上耶！始無憚煩，終無姑息，本院的見得民情官法，恰是如此。各官信之行之，毋自貽悔。

明・吕坤《實政録・提刑事宜・狀式》　古者以金矢聽辭，皆懸式於象魏，不者有誅惡無情也。邇刁風日甚，狀中叙事僅數語，而形容彼罪張大我

冤，常居十六，冀駭聞一受耳，不知波及蔓引，則無辜者爲殃，此多贖之藉而小民之憂也。今定爲式，各衙門一體遵行，倘違式濫准，官可知矣。

凡各府州縣受詞衙門，責令代書人等俱照後式填寫，如不合式者，將代書人重責枷號，所告不許准理。

人命告辜式 不許多報一處，不許妄增一分，違者看明重究，路遠告辜不得過五日

本縣某里某人爲毆傷事。有某父伯、叔姪、兄弟、妻子年若干歲，本月某日某時與某人爲某事多不過四字相爭，被某執拏磚石、金刃他物或用拳腳將某父、伯、叔、姪、兄、弟、妻、子頂心打有斜傷一處，青、紅色，長若干，闊若干。耳根打有圓傷一處，青、紅色，有無骨破圍若干，横若干。見今着床不食某人某人見證，爲此擡扶到官。伏乞相看案候保辜，責令本犯尋醫調治，上告。

人命告檢式

本縣某里某人爲人命事。某月某日有某父、伯、叔、姪、兄、弟、妻、子被某人毆打傷重，某醫調治，不痊，至某日某時身死。除傷痕已經報官案候外，伏乞檢驗施行，上告。

告盜情狀式 不許多開一物，不許多報一盜，違者重究，仍不准理

某州某縣人某人爲盜情事。某月日更時分，不知名强竊盜約有幾名，各持凶器，剜透牆房，暗偷出，或打開門牕，將某拏住，用刀杻火燎劫去某物某物若干件，係甚花樣，有何記號銀錢若干數。整錠、散碎，或人口俱驚散，或輪姦某婦女保甲人等俱來通不救護，或追趕不前，或不知去向伏乞案候嚴拏，上告。

告辯盜狀式

某府州縣某人爲辯冤事。某平日作何生理，原因某事，不過四字與見獲賊犯某人有讐，某人某人知證。某日某夜某實在某處何幹，某人某人見證。今被某賊攀誣同盜，况某見在某鄉約保甲管教。乞批本約查訪，平日果否非爲，容其保救，庶不苦死黑獄，上告。

告姦情狀式

某府某縣某人爲姦情事。財娶到妻、兒婦某氏或妹女某名，年若干歲，被某人誘姦日久，拐帶財物若干，到某地方潛住。或云强姦不從見打，剳某處傷痕，或强姦已成，見扯破何衣，奪下何物，氏喊叫何人聽証。或不堪羞忿，某日某時自縊、刎、投井身死，某人某人證，上告。

告打詐狀式

某府州縣某人爲打詐事。某月日某人某人指稱衙門，指拏盗情將某拏住，指何情由，用何凶器，在於某處拷打，見有某傷，詐去財物若干，某人某人證，上告。

告地土狀式 田宅同，賣過十年者不准

某府某縣人某人爲地土事。某年月同中某人某人買到某人民、軍、匠地若干，價錢若干，已、未經過割，被某人侵占，自量得幾十幾畝幾分幾釐，隣佑某人某人證，上告。

告婚姻狀式 割襟换帽，原無禮聘者不准

某府某縣人爲婚姻事。某年月日同媒某人將第幾男某人用財禮或聘禮若干，定某人第幾女小名爲妻，一向未曾行禮；行禮幾次。至某月日不行，知會用某人某人爲媒，改定與某人爲妻，未曾、已經成婚，上告。

告賭博狀式 自告者不準

某府某縣某人爲賭博事。某月日某人某人幫某弟、姪、子、孫陸續贏去錢若干，物若干，賣房地若干，某人開場，見奪攤場某物，上告。

告凌奪狀式 孤幼被人凌奪同此式

某府某縣某人爲凌奪事。氏某年月喪夫，有子女、無子女遺下房若干，地若干，頭畜若干，糧食若干，衣服若干。情願守節，被某伯、叔、兄、弟上門打幾次，罵幾次，奪賣某物，又將氏暗許某人，强來逼取，某人某人證，上告。

告保盜狀式 不在鄉約保甲者即係奸民，犯盜不准保救

某府某縣鄉約保甲隣佑某人等共百十人爲冤枉事。本約幾甲某人，平日作何生理，本分善良，並無非爲等事。委因與某有讐，或係快壯某人詐財唆咬。伏乞審明保在，倘有狗情懼惡、妄保眞賊者，事發，某等同罪，脫逃某等，訪拏結狀，情願入招粘卷，所保是實，上告。

告貪污狀式

某府州縣某人爲貪污事。某年月日爲何緣故被某官、吏某人索詐某銀、物若干，某人過付，可審，上告。

告故勘狀式

某府州縣某人爲故勘事。某年月日被某官、吏挾讐詐財，故將某人勘拏，監禁拷打身死，指某人証，上告。

告科斂狀式

某府州縣某人爲科斂事。某年月日被某將官或中軍，千把，總旗牌，千百隊長，地方保甲約正副講吏，里老遞年某人某人指稱何項名色，科派某人某人銀、物若干。某人審証，上告。

告侵欺狀式

某府州縣某人爲侵欺事。某年月日被庫吏、斗級、大戶、屯頭某人收掌某項銀、物某人侵盗或於內侵欺若干。指某人某簿審證，上告。

告賣軍狀式

某府州縣某人爲賣軍事。某年月日被兵房吏、書某人將某衛逃軍某人受銀、貨若干，隱匿不解，卻將隔里平人妄拿頂解。指某人與軍黄冊證，上告。

告飛軍狀式

某府州縣某人爲飛軍事。某年造寫軍冊，被某里里老、書手某人受某都某衛軍人某人銀、貨若干，將軍以同姓飛入本里，見今將某拘拏。指某年軍冊證，上告。

告包攬狀式

某驛馬號某人爲包攬事。某年月日被本驛積年把持驛遞，某人包攬某人馬騾，故不走差。指某人與差簿證，上告。

告窩訪狀式

某府州縣某人爲窩訪事。被某人專一纂捏無影事蹟，交結訪事人役，某年月日挾騙某人銀、物若干。指憑某人證，上告。

告土豪狀式

某府州縣某人爲土豪事。某年月日有某缺用、食向某借銀若干兩，粟若干石，羔利過本幾倍。伊將某私家拷打，逼將妻、妾、子、女、房、地、頭畜准折。指某人證，上告。

告財產狀式

某府州縣某人爲財產事。某祖、父某故遺下房幾所，地若干畝，資本銀若干兩，首飾衣服若干件，應該某與某伯、叔或兄照枝派均分，今某某倚恃尊長，盡行覇去，不分指遺約。或親隣某人證，上告。

告錢債狀式

某府州縣某人爲錢債事。某人因缺用，於某年月日向某借去銀若干兩，粟若干石，加三出利，指中人某人并借約證。今某人至今幾年，本利分文不還，或止還本利若干，尚欠若干，屢討延調不與，上告。

告欺害狀式

某府州縣某人爲欺害事。被某與某素有某隙，今某倚恃豪強，於某月日將某無故羅毆，指某人證。又至某月日暗將某成熟田苗用棍撲倒，約有幾畝，上告。

告唆誣狀式

某府州縣某人爲唆誣事。某里某人與某或地土相爭，酒醉互嚷以此結讐，指某人證。今某或因盗賊，或因人命事犯，被某唆某，將某掛告同，盗毆乞准審豁，上告。

告詭隱狀式

某府州縣某人爲詭隱事。被某里某人將自己地土詭寄欺隱若干，躲避重差，減扣額糧某人或黄審冊證，上告。

告抗糧狀式

某府州縣某人爲抗糧事。某人見種地若干糧石，至今升合不納，妄作荒逃，致某受比賠累，乞准拘究，仍將揭過銀兩責令本犯起利，上告。

告重收狀式

某府州縣某人爲重收事。庫吏、大戶某人徵收某項錢糧，不遵部司法馬大等，高稱每兩加耗若干。某人某人證，上告。

明·吕坤《實政録·風憲約·人命》 屍親遞攔辭，除卑幼於尊長須要根究明白，斟酌准理外，其親祖父母之於子孫，夫之於妻，但遞攔詞免問者，果非致命破損重傷，死於當日，不必過於搜求，即與准理立案，備照其人命事情，屍親未曾遠出，不當年告發而告於一年之外，及不係有服之親而旁人訐告，及不係正告事情而擊於切思之下，開於粘單之中者，不問虛實，俱許准理。如有妄准以興大獄，以擾多人者，問官之不肖可知矣。

明·吕坤《實政録·聽訟》 民間苦事，莫甚於株連。健訟刁民，往往一詞牽告三二十人，報讐網利，中間緊關犯證，十無二三。此等奸頑，豈宜聽信？各掌印官凡遇受詞日期，俱要當堂審問，無干者即與勾除，毋得一概發房出票，累苦小民。

明·佚名《新官軌範·體立爲政事情》 置立木牌一面，吊掛面裏影壁之上。遇接狀之日，告狀之人牌下立站，聚有三五個人，將牌手執赴縣遞狀。若把門之人敢有當攔揹要財者，許令告狀之人口告痛責。

又 告示衆告狀之人，每月三六九日方許遞狀。立定牌下立站，執牌進入，餘日不許打攪。其人命、強盜等項重情，不在限次。

又 將狀子不分有理無理，俱各接下，省令告狀之人俱各明日來朝聽審。當夜用心將狀逐一參看。可受理者，緊關去處細筆標下，次日只在紅筆去處審理。如無理者，將狀扯毀趕出。若中間十分冤枉者，日後未免再來告理。如無理者，灰心罷詞。

又 凡告，大小詞狀上無寫狀之人姓名、貫址者，俱不准理。

明・劉時俊《居官水鏡・桐城到任禁約》 一、簡詞訟以息刁風。訪得本治素號民淳，近亦好訟。類無重大情節，多係田僕兩端，原大祲後，田野草萊，求售濟急，人民餓莩，投主活生。纔遇有年，業主假贖索添，人奴飽思颺去，牽告不止，兩俱困窮，此皆訟師積歇刁唆以階厲也。今與爾小民約，事逾三年經兩主者，田主非倚勢鯨吞，奴僕非橫豪強占者，俱不准理，仍行責治其刁唆之人，追出枷號，以息刁風。

一、禁越訴以免拖累。本縣與爾呼吸相通，凡有疾苦冤抑事情，任爾前來陳說，一一與爾分豁。有等頑民，不論事情大小，無端添捏，驀越告訴，冒籍關提。不思在被告發解羈保種種浮費，固有變產鬻兒之苦。在原告牽扯結連，動經歲月，亦有得不償失之嗟。人則害矣，於爾何利？除已往不究外，今後有仍前越訴或冒各縣籍貫者，如詞批本縣，先行責治後，方虛心問理。如上司親提或批行別縣，本縣亦不卽解發，仍申請原詞批縣追出刁唆之人，並本犯枷號重責，痛懲之後，亦與虛心問理。決不食言，各宜知悉。

明・莊起元《漆園卮言・禁省詞訟告示一道》 金華府蘭谿縣爲禁省詞訟，以培善俗，以息刁風事。照得爲治之道，太上貴因，最下與爭，故《易》著嗑噬之義，《詩》稱雀角之誣，所以懲訟凶而著無情，不貴聽訟而貴無訟之意也。兩京而外，浙號首省，東西分界，風氣異宜，饒瘠之土既不相如，澆淳之民亦甚懸絶，宜其忍情性以無爭，置橫逆於不校。而今有大謬不然者，介鷄起釁，使酒速殃。一朝小忿，貽患身親。夫陳寔居隣，訟者恐爲所短，彥方在里，不善不欲使知。民有良心，胥知愧悔。而爾輩以競逞爲嘗套，倖勝爲奇策，及今不止。長此安窮，曾不思一詞在官，舉家皇皇。囊橐全罄，于吏胥，桁楊半及於子姓，吾睹其害，未睹其利。況連年受旱溢之災，比屋蒙饑饉之苦，吾方欲與民休息乎無爲，而爾亦須體悉吾靖綏至意。無事夙敦親睦，有事尤善調和，非重大事情如人命盗賊等外，其餘些微芥蒂，兩釋猜嫌，永無詬誶。小之融睚眦之怨，大之捐禍敗之端，皆自不好訟得來。倘或仍前思逞，必以三尺從事，并將狀訟焚於公庭，決不輕貸。

明・莊起元《漆園卮言・再禁省訟告示一道》 蘭谿縣爲重申禁諭省訟安民事。好訟之害，結怨不休，無訟之樂，貽安無量。前示已諄諄勸勉，不啻詳悉，而訟風猶不少衰止，何也？豈獨行胸臆私逞知譎而然與？抑別有教唆沒溺誤聽所致耶？自主成亂，偏聽生奸，無一可者。況自今農務方殷，田苗始茂，正可親勤穟穮，力事麃蓘，而伺候衙門，擔誤畎畝，東作之務既荒，西成之望何有，是使鄉閭有深怒積怨之釁，而婦子無高廩盈室之慶也。爲此特再宣明，勸爾速反田廬，早加芸耨，一切官司悉置勿問。雖當收成之後，苟非緊要大事，萬不得已，亦一概不與准理。本縣雅慕澹泊無爲之化，而厭薄深文之吏勝其民而自以爲愉快者，甚無謂也。吾民思之。

明・堵胤錫《榷政紀略・申禁令・科贓依律》 一、本部專督稅務，軍民詞訟各有司存。近有刁棍裝頭誣告串差，騷擾本部。稔知此弊，一切禁革，不行准理。惟有眞正侵匿課料者，指名據贓，方許稟冤。

一、商民人等，或有横受冤抑，赴部告理，或有採據事實，赴部首陳。把門人朋此爲奸，擅行攔阻，致鬱下情者，許擊鼓喊稟，重責革役不貸。

明・文林《溫州集・溫州府約束詞訟榜文》 一、各縣每里置立詞訟簿一扇，用圖書鈐記，須憑里中衆民告保公直老人一名給與收掌。凡遇發來及自受詞訟，務要開立前件，畧寫斷過緣由，以憑府縣查考。

一、各縣每里憑糧里老或遞年保舉行止端莊、衆所推服耆民一名，次保老實、眞楷書狀人一名，本縣給與耆民圖書并簿一扇。圖書須掌印官親寫號數，并押字雕刻成文，令其收掌。凡遇本啚有人果受冤屈，老人不能斷理者，許赴書狀人寫狀書。狀人必須審問的確，方與書帋，然後領至耆民看過。耆民再行細細審訪情詞，果實，方錄眞狀，後親押字，用圖書掛號，然後書狀人將代寫某狀并日期書於簿，以憑契勘。如無鈐號者，俱不准理。每狀一紙，酬勞白米二升，給與書狀人。若有虛捏不實，耆民並書狀人一體坐罪。

一、官吏僧道公人及大族有司訟者，並聽親自書狀，其餘民戶並各就書狀人錄寫。如書狀人不寫本情或非理邀阻，多索財物，或耆民故意不急爲審實掛號者，許當聽執覆。

一、詞訟並直述事情，不得繁詞帶論。二事仍不過百字，並大字依式眞謹書，有未盡者，錄白粘連狀前。

一、如論不干己事及不依式者，并扶捏妄告書狀人，一體科罪。

一、狀後塡寫城中歇家姓名，居止某處，以便追呼。不眞者連書狀人科罪。一時歇家更改者，遞狀時明白開報。

一、糧長專管催糧，總甲專捕盜賊，耆民專提調，栽種及聽上司差遣，圩長專管水利，多是舊制。今各役妄自准狀判理，實係故違。今後犯者，問以違制，仍枷號塗面示衆。其有府縣批與問理者，不在此例。

一、民戶詞訟並要正身，不得令婦人老幼抱訴。如實有事故，並須聲說，違者俱罪不准。

一、老人聽訟條限，婚姻、田土限一箇月歸結。鬬毆輕者限十日，重者連保辜限三十日歸結。爭占限二十日歸結。失火限十日歸結。竊盜見獲者限三日歸結，未獲者限二箇月歸結。罵詈限十日歸結。賭博限十日歸結。錢債限三個月歸結。擅食田園瓜果限十五日歸結。棄毁器物稼穡等事限十五日歸結。卑幼私擅用財限二十日歸。私宰耕牛限十日歸結。畜産咬傷人限十日歸結。均分水利限二十日歸結。子孫違犯敎令限十五日歸結。師巫邪術限十五日歸結。六畜踐食禾稻等限十日歸結。

一、前件老人務要限内結絶，違限者坐罪，限外不結絶者方許人户赴書狀人依式寫狀到縣告理。縣限比老人再加二十日，又不能理，至過限期者，方許於府上告理。仍於狀内明白聲說於某年月日經某老人處陳訴，某年月日到縣陳訴，已經違限幾日，不得結絶，然後契勘施行。其或不候限過，妄稱已過，所立日期，查有虚捏者，書狀人並行坐罪。

一、狀式：　告狀人某人，年幾歲，某縣某都某啚，有無疾病，狀告某事。狀後云：　即不敢越訴，或隱匿限期，如違，甘伏斷枷號。某處大人施行，不得稱青天廉明等語。字様俱照中指面大　某年月日，告狀人某人狀，書狀人某，勘驗耆民某人，歇家某人，住某處。

一、耆民幷書狀人如敢違犯本府約束，果有實情，故爲勒掯，或不用圖書使令徑陳紊煩官司，除科罪外，定追毁所給圖書。

一、各逃走義男，聽本主於本生父母里分告取，如里老不即發遣，及容本家執吝違限，至一箇月不能結絶者，連將里老指實告來，以憑通行究治。

一、各縣總甲，止許在城及鄉鎭人烟輳集處所設立，其餘鄉都盡行除革。但有盜賊，俱照依《敎民榜文》，着里老自行緝捕，敢有仍前在鄉冒稱總甲，治以重罪。以上各款，凡我一郡老者則以此告壯者少者，賢者則以此告愚者不肖者，使風淳俗美，獄空詞簡，當職多留幾年。不然，我雖不去，病亦催逐矣。宜省，宜省。

明・汪天賜《官箴集要・招引告訐》　告訐乃敗俗亂化之原，有犯者自當痛治，何可勾引？今官司有受人實封狀與出榜，召人告首，陰私罪犯，皆係非法，不可爲也。

明・陳子龍《明經世文編・周忱〈起滅詞訟疏〉》　伏讀洪武間《敎民榜文》及近年《建言榜文》，歷言民間詞訟自顧息者聽，事不干己而相告訐，及官吏羅織以媒賄賂者有罰。果有冤抑實情，亦宜以次陳訴；果有全家被害，方許親隣申訴。近者刁民不遵，獄詞騰涌，一則圖賴人民，一則牽連雜事。蓋人命可以聳動官府，驚嚇鄉民，雜事卒難窮治，可以欺詐取財，箝制官吏，及至發遣充軍擺站納米運磚，又復逃潛，變易姓名，起滅詞訟。臣請除反叛重事外，餘俱照欽定榜例，以次陳訴，庶幾獄訟得清。

明・陳子龍《明經世文編・白昂〈灾异六事疏〉》　其六，止虚僞以息刁風。今各處軍民人等來京奏訴詞訟，其中實少虚多。刁猾之徒，意欲竦動官府，往往駕空捏詞，訴一事而添捏數端，告一人而牽連十數，上以欺誑朝廷，下以冤陷良善。今後一應詞訟奏本，宜定與計字則例，或三百，或四百，詞狀字數亦宜依此。有故違者，通政使司省令改正，然後接受。或出榜曉諭，使之知禁，毋得縱其虚誕之詞。

明・陳子龍《明經世文編・桂萼〈應制條陳十事疏〉》　登聞鼓投詞，卽古設肺石以達窮民之制，其司鼓官卽古之朝士，職主通壅蔽而已。今乃不然，合乞嚴爲禁約，不許聽三法司、原問官囑託立案，則冤抑之民受寬恤之恩矣。或曰：　嚴司鼓之禁有説乎？　臣曰：　國朝設登聞鼓，令匹夫匹婦皆得自盡，原問官不敢偏私，三法司不敢扶同，所以通壅蔽也。近者軍民有犯，原問官恐其執辨，則預囑司鼓官爲之立案，是登聞鼓之設，本爲通壅蔽，今反爲壅蔽之所矣。軍民冤抑無聊，有犯鬭自刎，以致皇上震驚。司鼓官乃不自反，顧請皇上嚴門禁，拒告訴，杜冤抑之口，積怨憤之氣，使匹夫匹婦，叫苦咒咀，聲聞於天，以致凄風苦雨，水旱災傷之變，此其大者也。今欲禁之，無他焉，在我皇上特勑廠衛分投緝訪，密記起數，逐日面奏，禁約司鼓官，再如前扶同立案不行者，治如邀截實封者律，則太祖之法復行，何壅蔽之足患乎？

明・陳子龍《明經世文編・王翺〈便宜五事疏〉》　四川所屬吏典，自洪武至今，多不給由，在鄉起滅詞訟，把持官府，良民受害。若立限許令自首免罪，其不首者，事發之日，皆發附近衛所充軍屯田，里老人等隱匿者，各治以罪，則訟息民安，政清事理。

明・佚名《折獄明珠・分條珥語・替人告狀類》　違律教唆，扛幫健訟，隱眞飾僞，射影瞞官，蠹害良民，虛空架揑，刁奸搆禍，良善受害，欺公藐法，吹毛求疵，以老賣刁，教猱升木。

明・佚名《折獄明珠・分條珥語・教唆類》　智囊包括奸謀，筆刀殺人姓命，刁徒健訟，良善遭殃，心中蛇蝎，筆下風波，顛倒是非，主唆嫁禍。刁訟教唆，若不指鹿爲馬，定是畫蛇添足，妄揑黑冤，飄空架陷，取信官府，荼毒乎民。

明・佚名《折獄明珠・盗賊類・告窩盗》　殄賊安民事。仇僯某窩引強盗，突于某日二更時分明火衝家，財貨什物劫去一空，冤同海獄，乞天拘究，追償財物，除害安民，銜恩上告。殄，滅也

訴

燭奸遠害事。某素守分，毫不非爲，奸豪被盗，誣身窩引，白日劫擄，有何贓証，伏乞仁臺作主劈冤斡善。上訴。斡善，謂矜斡其良善。

〔朱侯審語〕審得鄭翊三不務本，不逐末，行檢已啓人疑；作保頭，作賭局，窩戶所由此矣。第賊情，太上捉獲，其次論贓，再次扳扯，今三者俱無，則韓興之告，恐亦誣陷意也。許令保結，改惡從善。

明・佚名《折獄明珠・呈狀式・告公差》　虎差嚇詐事。貧守清規，毫無過犯，仇賊某誣扳良民，虎差某奉若天語，買票同夥激捉抄家。老幼驚惶，勒銀八兩，打發非刑，拷打難當。白日暗天冤沉海底，乞台法勦。安民上告。

訴

黑天冤陷事。身充捕兵，奉公守法，捉獲老賊，夏四八當官口報窩家王昊三票差懦拘，照名挨捉毫不敢枉，豈惡拒捕打脱，返揑勒詐。切思詐財，必須有証，仇賊眞僞自分。叩天除盗分冤。上訴。

〔蕭公審語〕審得劉盛充當應捕，屢犯不悛，久遣訪拿，俱被脱免。闖知賊扳王昊三，隨鑽票承拘，合夥昊春等圍屋激捉，勒索打發，搜擄家財，惡不可言。劉盛本當引例，但念捉獲眞盗，姑從末減擬徒，但所得之贓，合追入官，餘吳春等量問不應。強盗夏四八窩主王昊三，候另案歸結。

明・佚名《折獄明珠・補遺人命類・告累死》　累死事。閻王大戶某與兄爭界咬恨半年，陡今自砍杉木，安贓黑陷，喝令虎僕強綑兄至伊家，困繫土牢，不鎖絶食，揑誣呈縣，屈受非刑，生生累死。極大冤枉，白晝暗天。哀哀上告。

訴

究盗燭冤事。惡某盗砍墳樹，憑里獲贓，告縣拘審，發監賄保領出。逾月喉瘋暴死，與貧無干。刁棍某飄誣累死，聳台架騙不思伊兄在家病故，殆非繫獄身亡，細審細查，何爲累死乞憐杜禍。安民上訴。

〔丁府主審語〕審得倪進盗砍吳魁墳樹，贓出後園。彰彰然經里鄰之目睫者，縣拘赴審繫監，越信宿而歇家領出。逾月，病喉瘋，食不下咽，大命遂終。天乎人也，何尤倪。達因兄身死，遂執爲辭，冤稱累死人命。殊不知本縣發監，非私牢也，二日而旋釋放，非滯獄也，何爲累死？然則訟人命者，固不若訟賊情者之爲眞哉。但進已死矣，罪無他及。魁雖遭訟，寔係無辜，倪達未合妄告，姑免究。信宿，詩一宿曰宿，再宿曰信。食不下咽，謂其食之不能呑咽也。

明・佚名《折獄明珠・補遺人命類・告墮胎》　毆命墮胎事。禍因蔣某與惡許某互毆，恠某言公，觸怒奮打，孕妻急救，被踢傷胎，流血暈地，幸某扶回，墮下男孩，妻危朝露。叩令保辜上告。

訴

揑誣陷命事。身與某爭，碓相毆極惡，某助凶叢打，搶奪網帽，隨投里長，勘証惡虧。計置僞胎，誣飾抵陷。乞台電燭，不遭奸害。上訴。

〔朱侯審語〕爭碓而廝毆，細事也，踢婦而墮胎，則罪重矣。若云計置僞胎，此帶血孩兒從何處得來，合擬以法，毋得他辭。

明・佚名《折獄明珠・補遺人命類・告保辜》　急救男命事。男田與某連界，惡虎阻截水路。立視苗枯，舉家失望，懇惡分蔭，觸兇恨打，額傷可証。即今命若懸絲，恐後冤枉莫伸，預乞保辜，情急上告。分蔭，謂分水而蔭田也。

明・丘濬《大學衍義補・慎刑憲・詳聽斷之法》 《大司寇》：以兩造禁民訟，入束矢於朝，然後聽之。以兩劑禁民獄，入鈞三十斤金三日，乃致于朝，然後聽之。

鄭玄曰：訟，謂以財貨相告者。造，至也，使訟者兩至，既兩至，使入束矢，乃治之也，不至、不入束矢，則是自服不直者也。必入矢者，取其直也。詩曰：其直如矢。古者一弓百矢，束矢其百箇歟。獄，謂相告以罪名者。劑，今券書也，使獄者，各齎券書，既兩券書，使入鈞金，又三日乃治之重刑也。不券書，不入金，則是亦自服，不直者也。必入金者，取其堅也。

或問朱熹曰：如此，則不問曲直，例出金矢，則實有冤枉者，亦懼而不敢訴矣。曰：此須是大切要事，如平常事，又別有所在，如劑石之類。

臣按：方言於公者，訟也，因而守之者，獄也。蓋爭而不已，必至於訟，訟而不已，必至於獄。方其爭訟之初，彼此有辨而皆至於公，以兩造聽之而無所偏受，則不直者自反，而民訟自禁矣。及其成獄之際，彼此各具券書而質於公，以兩劑聽之而無所偏信，則不直者自反，而民獄自禁矣。入束矢，然後聽之，矢以自明其直，而矢之爲利直行者也。入鈞金然後聽之，金以自明其不可變，而金之爲物，則堅剛而不變者也。既受三十斤之金，又延三日之久，取其所甚愛，使民因惜物以致恩，不卽聽而待三日，使民因遲滯而自省。古惜先王不輕受民之訟，致民於刑也，非特以全民之生，亦所以厚民之俗歟。

又 《噬嗑》：九四，噬乾胏肉之帶骨者，與胾同。，得金矢利艱貞，吉。

朱熹曰：《周禮》獄訟入鈞金束矢而後聽之，九四以剛居柔，得用刑之道，故有此象言所噬愈堅，而得聽訟之宜也。然必利於艱難正固，則吉。

臣按：金取其堅，矢取其直，言訟者，必堅必直，然後聽之。被其辭理不直，而執意不堅者不聽也。乾胏，亦取其堅，言聽訟者，亦必剛直而堅固於事之有梗者，能決斷而無難，然後得聽訟之宜也。要必訟者難於訟，非不得已不訟也，而所訟者，必據理直而執辭堅，聽者難於聽，非得其情不但已也。而所聽者，皆存心正而守理固，如是則得聽訟之宜，而用刑之道，亦於是乎得矣。

又 《詩序》：《行露》，召伯聽訟也。其二章曰：誰謂雀無角，何以穿我屋。誰謂女無家，何以速我獄。雖速我獄，室家不足。其三章曰：誰謂鼠無牙，何以穿我墉牆，誰謂女無家，何以速我訟。雖速我訟，亦不女從。

訴

脫賊反誣事。某曉慣賊，某父子來池盜魚，被身捉獲，返遭打脫，執網可證。賊知理虧，揑告保辜，計圖搪脫。情弊顯然，乞台拘剪，安靜地方，上訴。搪脫，謂抵塞脫罪也。

〔周侯審語〕審得趙丙恃強霸截水路，錢乙開池放水，兩下廝毆。理勢又然，丙何逞凶執鋤傷乙之額門。不知阻截水路，王法不宥；傷人之額，情惡可恨。反以盜魚文飾，徒區區執一網爲証，獨不思水從池出，毆憑見人，截水之罪，亦復何辭。丙合調養錢乙之額安痊無傷。申報取供。

明・佚名《折獄明珠・補遺人命類・告人命翻招》 挽潢洗冤事。祖遭豪某活殺。父被賄陷擬絞，中正言公坐徒，母痛懸梁已故，幼弟繼亡，止存蟻命，逃奔天台。罪非叛逆，屠滅全家，鐵壁銅城，冤無訴路。懇天發怒迅雷，激破冤門。上告。屠滅，殺戮之意。鐵壁銅城，謂四面攔截之固。

〔鄧代巡批〕據告稱三代抱荒，倘有若是之慘者，有司之咎也。仰府毋拘成案，即覈明申報。覈，詳審的實也。

〔吳公審語〕審得汪某與夏某爭基，搆忿鬥毆。汪某逞凶打死夏十三，死於革宿，傷証已明，擬抵不枉，安可狥情屈法，俾殺人者同於兒戲，則王律不足憑矣。但汪某父斃於獄，妻死子亡，三棺暴露，一敗塗地，亦足以見天報之速也。弟夏某以一命而累死汪某三人，則夏十三之冤已雪，而汪某之禍亦慘矣。原情末減，相應擬戍。雪，洗也。戍軍也，謂充軍也。

明・佚名《折獄明珠・衙門類・告生員》 潑儒害民事。無耻生員某吸髓害民，衣巾大盜風水呑謀不遂，唆某混爭山界，縣未歸結，又速告府，身遭纏害，處價買和。惡復呑山，祖骸難保，極苦極冤，號天上告。

訴

海冤一洗事。恪守學規，屢叨優列，窮年兀抱一經，素履公門絕跡，耻爲不義，忍犯墨刑蹇轅土豪某爲富不仁，強占某祖山，央身求息。豈料彼不聽從，反誣主唆。平地陷阱，怒甲私乙，乞施化雨春風，培植公門桃李，懇究因依上訴。

〔吳公審語〕審某既忝學宮，當遵聖訓，胡爲以謀地之故，拋擲經書，侮弄刀筆，主唆詞訟，而受人十兩贓銀乎？庠有若人寔爲梗化，合速黜退，以正儒風，不然，是泮水中養鯨鯢，士林中生荊棘矣。

臣按：民有血氣之爭，有利欲之嗜，所以不能無訟。雖以文王之化，召公之教，當時之民，猶有不曾禮聘而詐爲聘女之訟，况後世民僞日滋之後乎。然當是時也，上有文王之聖以爲之君，下有召公之賢以爲之方伯，民欲爲詐而詐卒不行，此易之訟所以尚乎？九五，中正之大人也。後世詞訟之興，多起於戶婚田土。然成周盛時，田有井授，故無爭者，而所爭者婚姻耳，此蓋訟之最小者。然天下事，何嘗不起於細微，聖人刪詩，所以存之以爲世戒。

明・丘濬《大學衍義補・慎刑憲・議當原之鮮》 武帝時，二千石有罪先請，宣帝時，又詔六百石位大夫有罪先請。

臣按，後世人臣有罪先請，然後逮治，始此。

明・丘濬《大學衍義補・慎刑憲・伸冤抑之情》 《周禮・大司寇》：以肺石赤石達窮民。凡遠近惸無兄弟獨無子孫老幼之欲有復猶報也於上，而其長弗達者，立於肺石三日，士聽其辭，以告於上而罪其長。

鄭玄曰：窮民，天民之窮而無告者。

王安石曰：立三日然後聽之，則又惡民之瀆其上，則上瞶眊而不渫，雖誠無告，反不暇治矣。

臣按：先儒謂肺者氣之府，而外達乎皮毛，惸獨老幼，天民之窮無告者，其微弱也，猶國之皮毛焉。心之氣靡不通之也，不通，則疾病生焉，故用之達窮民，其有取於是乎？立於肺石三日者，審究考核，得其情實，然後以其辭告於上，罪其長焉。先王之時，民之窮困無告者皆得達於上，牧長不敢遏，左右不能蔽，盡天下之惸獨老幼無一人不得自言其情，又豈有無罪而罹於深文密網者哉？

朝士掌外朝之法，左嘉石文石，平罷民焉，右肺石赤石，達窮民焉。

朱申曰：嘉石設於左，平罷急之民，使之自強於善。肺石設於右，達窮困之民，使之申其情。

大僕，建路鼓於大寢之門外，而掌其政以待達窮者，與遽令聞鼓聲，則速逆御僕與御庶子。

鄭玄曰：大寢，路寢也。其門外則內朝之中。窮，謂窮冤失職，以達於王。遽，傳也。

王安石曰：路鼓四面，示欲四方無所不達。大寢之門外，自外至者莫近焉，則欲其聞之速也。

臣按：吏治不能以皆善，民情未易以上達。是以成周盛時，思所以通幽隱之情，防壅隔之患，於是有肺石、路鼓之設焉。民之窮困者，則俾之立肺石之上，使人人得而見焉，見之，斯知其爲窮矣。民之冤仰者，則俾之擊路門之鼓，使人人得而聞焉，聞之，斯知其爲冤矣。肺石設於外朝，大司寇掌之，而聽之者朝士也。朝士見有立肺石者，則以達司寇，司寇以復諸王。路鼓在寢門之外，大僕主之，而守之者御僕也。御僕聞有擊鼓聲者，則以達大僕，大僕以聞諸王。穨然其人，立於朝著之間，無不見者。朝士雖欲不達司寇，司寇雖欲不達諸王，不可也。塡然其聲，鳴諸路寢之中，無不聞者，僕御雖欲不聞大僕，大僕雖欲不聞天子，不能也。是以閭閻之幽，悉達於殿陛之上，甿庶之賤，咸通乎冕旒之前。民無窮而不達，士無冤而不伸，此和氣所以暢達，而天地以之而交，治道以之而泰也歟。

清・嵇璜《續通志・刑法略三》 〔遼〕景宗保寧三年，以穆宗廢鐘院，窮民有冤者無所訴，故詔復之，仍命鑄鐘，紀詔其上，道所以廢置之意。

又 〔遼統和〕二十四年詔：主非犯謀反大逆及流死罪者，其奴婢無得告首。若奴婢犯罪至死，聽送有司，其主無得擅殺。

又 〔金明昌元年〕九月制：諸盜賊聚集至十人或騎五人以上，所屬移捕盜官捕之，仍遞言省部；三十人以上聞奏。違者杖百。制強族大姓不得與所屬官吏交往，違者有罪。

清・嵇璜《續通志・刑法略四》 〔元〕世祖中統二年九月，諭諸王駙馬：凡民間詞訟毋得私自斷決，皆聽朝廷處置。

又 〔元至元〕四年，始禁僧官侵理民訟。

又 〔元元貞〕二年正月詔：諸王公主駙馬非奉旨，毋罪官吏。

又 〔元大德〕八年二月敕：軍人姦盜、詐僞，悉歸有司。

又 〔元天曆二年〕二月詔：諸傭雇者主家或犯惡逆及侵損己身，許訴官。餘非干己，不許告訐。著爲令。

又 〔元〕順帝元統二年三月詔：蒙古色目人犯姦盜、詐僞之罪者，隸宗正府。漢人、南人犯者屬有司。

清・嵇璜《續文獻通考・征榷六》 〔宋〕光宗紹熙二年八月，寬兩淮榷鐵之禁，至是祀明堂大赦詔曰：諸路州縣坑冶興發在觀寺祠廟、公宇、居民墳地及近墳園林地者，法不許人告，亦不得受理。訪聞官司利於告發，更不究實，多致擾害。自今許人戶越訴，官司幷訟者，重置典憲。及有坑冶停閉，苗脈不發之所，州縣勒令坑戶虛認歲額，提點鑄錢司覈實追正。

清・嵇璜《續文獻通考・刑二》〔元文宗天曆〕二年二月詔諸傭顧者，主家或犯惡逆及侵損，已許訴官，餘非干己，不許告訐。著爲令。

成宗即位之初，御史楊桓上時務，其一請禁奴婢相告訐者。元貞元年，有奴告主者，主被誅，詔即以其主所居官與之。平章政事博果密言，若此必大壞天下之風俗，使人情愈薄，無復上下之分矣。帝悟，爲追廢前命。大德元年三月，扎爾古齊都爾蘇受賂，爲其奴所告，毒殺其奴，坐棄市。

清・畢沅《續資治通鑑》卷五〇〔宋仁宗皇祐元年〕乙酉，李兑、何郯、陳旭等言：比歲臣僚有繳奏交親往還簡尺者，朝廷必推究其事而行之，遂使聖時成告訐之俗。自今非情涉不順，毋得繳簡尺以聞；其官司請求非法，自論如律。從之。

清・畢沅《續資治通鑑》卷一三〇〔宋高宗紹興二十五年〕壬午，刑部開具到前後告訐人：右朝奉郎張常先任江西運判，告訐知洪州張宗元與張浚書並壽詩；右通直郎、直祕閣汪召錫，左從政郎莫汲，並告訐衢州寄居官趙令衿有謗訕言語；〔右〕朝散郎范洵，告訐和州教授盧傳霖作雪詩，稱是怨望；左朝奉郎、提舉兩浙路市舶陸升之，告訐親戚李孟堅將父光所作文籍告人及有譏謗語言；左從政郎、福建鎮〔路〕安撫司幹辦公事王洧，任兩浙轉運司〔使〕催綱日，告訐知常州黃敏行不法等事；追官勒停人前右通直郎、明州鄞縣丞王肇，誣告程緯慢上無人臣之禮等語言；降授承信郎雍端行，任監潭州潭縣酒稅，告訐本縣丞鄭玘、主簿賈子展，因筵會酒後有嘲訕語言；福建進士鄭煒，告吳元美譏謗等事。帝曰：此等須重與懲艾，近日如此行遣，想見人情歡悅，感召和氣。於是並除名勒停，常先送循州，召錫容州，汲化州，洵梅州，升之、煒雷州，洧南恩州，肇高州，端行賓州，並編管。洧，鐵子。端行，蜀人，祖孝聞，崇寧舉進士南省第一，坐上書詆斥〔廢〕死。父子純，建炎間爲右職，隸趙哲軍，哲誅，子純亦編置，張俊憐之，復授端行一官，至是抵罪，後不知所終。

清・查繼佐《罪惟錄・刑法志》〔宣德〕二年，詔軍民詞訟必自下而上。時奸人黠吏，本管官司知必理屈不勝，輒行誣奏，以快一時。及廷鞫，十常九虛，而被訐者已破敗極矣。上以御史裴俊言，除軍民機密重事許實封，餘不許越控。違者枷示三法司府衛之門。

清・畢沅《續資治通鑑》卷一八六〔元世祖至元十九年〕乙丑，和爾果斯言：自今應訴事者，必須實書其事，赴省臺陳告。其以匿名書告事，重者處死，輕者流遠方。能發其事者，給犯人妻子，仍以鈔賞之。又，阿特哈瑪專政時，衙門太冗，虛費俸祿，宜依劉秉忠、許衡所定，併省爲便。皆從之。

清・龍文彬《明會要・刑四》成化六年，給事中宮榮言：近年鼓下詞狀，不與覆奏辦理，致使冤抑控訴無所。自後當與研審明白回奏，不許一概立案。其直鼓官亦須詳看，曾經他處具告不行者，方與封進。從之。

又〔弘治〕十八年，奸人徐俊等造謠，言：帝遣官齎駕帖至南京，有所捕治。已而知其妄。南京御史李熙等言：陛下於此事，威與明少損矣。倘奸人效尤，妄以蜚語中善類，害何可勝言？事下法司，亦力言駕帖之害，帝納之。

又 洪武元年十二月己巳，置登聞鼓於午門外，一御史日監之，非大冤及機密重情不得擊。擊即引奏，敢阻告者罪。後移設於長安右門外，六科、錦衣衛輪收以聞。

又〔成化〕二年二月乙亥，諭直登聞鼓給事中曰：朝廷慮刑獄有冤，下情不能達，故設登聞鼓。然前代置院設官，託耳目於一人，非兼聽廣覽之道。我國家命六科輪直，最得其當。爾等毋畏權勢，無欺孤煢，惟其所言，即時爲達，庶幾事無壅蔽，幽隱畢聞。

《大清律例・訴訟・越訴》凡軍民詞訟，皆須自下而上陳告，若越本管官司，輒赴上司稱訴者，即實，亦笞五十。須本管官司不受理，或受理而虧枉者，方赴上司陳告。

若迎車駕及擊登聞鼓申訴而不實者，杖一百；所誣不實之事重于杖一百者，從誣告重罪論；得實者，免罪。若衝突儀仗，自有本律。

條例

一、凡車駕行幸瀛臺等處，有申訴者，照迎車駕申訴律擬斷。車駕出郊行幸，有申訴者，照衝突儀仗律擬斷。

一、擅入午門、長安等門內叫訴冤枉，奉旨勘問得實者，枷號一個月，滿日，杖一百。若涉虛者，杖一百，發邊遠衛所充軍。其臨時奉旨止拿犯人治罪者，所訴情詞不分虛實，立案不行，仍將本犯枷號一個月發落。

一、凡跪午門、長安等門及打長安門內石獅鳴冤者，俱照擅入禁門訴冤例治罪。若打正陽門外石獅者，照損壞御橋例治罪。

一、凡姦徒身藏金刃欲行叩閽，擅入午門、長安等門者，不問所告虛實，立案不行，仍仗一百，發邊衛充軍。若違禁入堂子跪告者，杖一百。

一、凡假以建言爲由，挾制官府，及將曖昧不明姦贓事情汚人名節，報復私仇者，文武官俱革職，軍民人等皆發附近充軍。其有曾經法司、督撫等衙門問斷明白，意圖翻異，輒於登聞鼓下及長安左右門等處自刎、自縊、撒潑、喧呼者，拿送法司追究。教唆、主使之人俱杖一百、徒三年。其因小事糾集多人，越牆進院突入鼓廳，妄行擊鼓謊告者，將首犯亦照此例治罪，餘人各減一等發落。如有捏開大款，欲思報復，并將已經法司、督撫衙門斷明事件意圖翻異，聚衆擊鼓者，將首犯照擅入午門、長安等門叫訴冤枉例，發邊遠衛所充軍，餘人亦各減一等發落。加究出教令、主使之人，身雖不行，亦照首犯治罪。

一、曾經考察、考核被劾人員，若懷挾私忿，摭拾察核官員別項贓私，不干己事，奏告以圖報復者，不分見任、去任，文武官俱革職爲民，已革者問罪。奏告情詞不問虛實，立案不行。

一、直省客商在於各處買賣生理，若有員欠錢債等項事情，止許於所在官司陳告提問發落。若有驀越赴京奏告者，問罪遞回。奏告情詞不問虛實，立案不行。

一、爲事，官吏軍民人等赴京奏訴一應事情，審係被人奏告，曾經督撫或在京法司見問未結者，仍行原問各該衙門，并問歸結。若曾被人在督撫或在京法司具告事發，卻又朦朧赴隔別衙門告理，或隱下被人奏告緣由，牽扯別事赴京奏行別衙門勘問者，查審明白，俱將奏告情詞立案不行，仍將犯人轉發原問衙門收問歸結。若已經督撫或在京法司問結發落，人犯赴京奏訴冤枉者，方許改調，無礙衙門勘問辦理。

一、軍民人等干己詞訟，若無故不行親賫，並隱下壯丁，故令老、幼、殘疾、婦女、家人抱賫奏訴者，俱各立案不行，仍提本身或壯丁問罪。

一、凡驀越赴京及赴督撫、按察司官處，各奏告機密重事不實，并全誣十人以上，屬軍衛者，發邊衛充軍；屬有司者，發邊外爲民。

一、在外刁徒身背黃袱，頭插黃旗，口稱奏訴，直入衙門，挾制官吏者，所在官司就拿送問。若係干己事情，及有冤枉者，照常發落。不係干己事情，別無冤枉，并追究主使之人，一體問罪。屬軍衛者，俱發邊衛充軍；屬有司者，俱發邊外爲民。

一、凡生員越關赴京，在各衙門謊捏控告，或跪牌并奏瀆者，將所奏告事件不準，仍革去生員。杖一百。

一、凡在外州縣有事款干礙本官，不便控告，或有冤抑審斷不公，須於狀內將控過衙門審過情節開載明白，上司官方許受理。若未告州縣，及已告州縣，不候審斷越訴者，治罪。上司官違例受理者，亦議處。

一、戶婚、田土、錢債、鬭毆、賭博等細事，即於事犯地方告理，不得於原告所在之州縣呈告。原籍之官亦不得濫准行關，彼處之官亦不得據關拘發，違者分別議處。其於事犯之地方官處告准關提質審，而彼處地方官匿犯不解者，照例參處。

一、旗、軍有欲陳告運官不法事情者，許候糧運過淮，并完糧回南之日，赴漕司告理。如赴別衙門挾告詐財者，聽該管即拿送問，犯該徒罪以上，調發近邊充軍。

一、詞訟未經該管衙門控告，輒赴控院、司、道、府，如院、司、道、府濫行准理，照例議處。其業經在該管衙門按理，復行上控，先將原告窮詰，果情理近實，始行准理。如審理屬虛，除照誣告加等律治罪外，先將該犯枷號一個月示衆。

《大清律例・刑律・投匿名文書告人罪》　凡投貼隱匿自己姓名文書告言人罪者，絞監候。雖實亦坐。見者，即便燒毁。若不燒毁將送入官司者，杖八十。官司受而爲理者，杖一百。被告言者，雖有指實不坐。若於方投時能連人與文書捉獲解官者，官給銀一十兩充賞。指告者勿論。若詭寫他人姓名詞帖，訐人陰私陷人；或空紙用印，虛捏他人文書，買囑鋪兵遞送；詐以他人姓名，注附木牌，進入內府，不銷名字，陷人得罪者，皆依此律絞。其或係泛常罵詈之語，及雖有匿名文書，尚無投官確據者，皆不坐此律。

條例

一、凡凶惡之徒，不知國家事務，捏造悖謬言詞，投貼匿名揭帖者，將投貼之人及知而不首者俱擬絞立決。旁人出首者，授以官職。奴僕出首者，開戶。

一、凡布散匿名揭帖及投遞部院衙門者，俱不准行。仍將投遞之人拿送刑部，照例治罪。不行拿送者，交該部議處。接受揭帖具題及審理者，革職。若不肖官員唆使惡棍粘貼揭帖，或令布散投遞者，與犯人罪同。如該管官不嚴加察拿，別有發覺者，將司坊官、專汛把總、步軍校及巡城御史、兼轄營官、步軍副尉、總尉、統領，俱交該部分別議處。步軍營兵及司坊衙役幷枷號三個月，杖一百。

一、駐防旗人與民人姦匪交結，捏寫匿名揭帖，傾陷平人者，查獲之日，本犯即行正法，父母妻子俱發黑龍江給披甲人爲奴。

《大清律例・刑律・告狀不受理》　凡告謀反叛逆，官司不即受理差人掩捕者，雖不失事。杖一百，徒三年。因不受理掩捕，以致聚衆作亂，或攻陷城池，及劫掠民人者，官坐斬監候。若告惡逆，如子孫謀殺祖父母、父母之類。不受理者，杖一百。告殺人及強盜不受理者，杖八十。鬬毆、婚姻、田宅等事不受理者，各減犯人罪二等，幷罪止杖八十。受被告之財者，計贓，以枉法罪與不受理罪從重論。

若詞訟原告、被論即被告在兩處州縣者，聽原告就被論本管官司告理歸結。其各該官司自分彼此，或受人財，推故不受理者，罪亦如之。如上所告事情輕重，及受財枉法從重論。

若各部院、督撫、監察御史、按察使及分司巡歷去處，應有詞訟，未經本管官司陳告，及雖陳告而本宗公事未結絕者，幷聽部院等官置簿立限，發當該官司追問，取具歸結緣由勾銷。若有遲錯，而部院等官不即舉行改正者，與當該官吏同罪。輕者，依官文書稽程十日以上，吏典笞四十；重者，依不與果決，以致耽誤公事者，杖八十。

其已經本管官司陳告，不爲受理，及本宗公事已絕，理斷不當，稱訴冤枉者，各部院等衙門即便勾問。若推故不受理，及轉委有司，或仍發原問官司收問者，依告狀不受理律論罪。

若本管衙門追問詞訟，及大小公事，自行受理，幷上司批發。須要就本衙門歸結，不得轉行批委，致有冤枉擾害。違者，隨所告事理輕重，以坐其罪。如所告公事合得杖罪，坐以杖罪；合得笞罪，坐以笞罪；死罪已決放者同罪，未決放減等；徒流罪抵徒流。

條例

一、每年自四月初一日至七月三十日，時正農忙。一切民詞，除謀反、叛逆、盜賊、人命，及貪贓壞法等重情，幷姦牙，鋪戶騙劫客貨，查有確據者，俱照常受理外，其一應戶婚、田土等細事，一概不准受理。自八月初一日以後，方許聽斷。若農忙期內受理細事者，該督撫指名題參。

一、各省，州，縣及有刑名之廳衛等官，將每月自理事件作何審斷與准理、拘提、完結之月日逐件登記，按月造冊，申送該府、道、司撫督查考。其有隱漏、裝飾，按其干犯，別其輕重，輕則記過，重則題參。如該地方官自理詞訟有任意拖延，使民朝夕聽候，以致廢時失業，牽連無辜小事，累及婦女，甚至賣妻鬻子者，該管上司即行題參。若上司徇庇不參，或被人首告，或被科道糾參，將該管各上司一幷交與該部從重議論。

一、各府、州、縣審理徒、流、笞、杖人犯，除應行關提質訊者，務申詳該上司批准，照例展限外，如無關提應質人犯，該州縣俱遵照定限完結。倘敢陽奉陰違，或經發覺，或經該上司指參，將承問官交部照例分別議處。

一、州、縣自行審理一切戶婚、田土等項，照在京衙門按月注銷之例，設立循環簿，將一月內事件塡注簿內，開明已、未結緣由。其有應行展限及覆審者，亦即於冊內注明。於每月底送該管知府、直隸州知州查核，循環輪流注銷。其有遲延不結、朦混遺漏者，詳報督撫咨參，各照例分別議處。

一、卑幼擅殺期功尊長，及屬下人殺傷本管官，幷妻妾謀死親夫、奴婢毆故殺家長等案，俱情罪重大，應令承審官于人犯到案之日上緊鞫訊明確，具詳上司審題，不得恃有例限致稽時日。其孕婦有犯，仍照新定例行。

一、案內要犯要證，如果患病沉重，勢難鞫訊起解者，該管上司委正印官確驗，將所患何病，具結申報，方准展限。每案統計病限，總不得逾三個月。如有犯多之案，不能依限痊愈者，該督撫委官確驗情形，酌量限期，奏聞請旨定奪。如有揑報，及扶同出結者，嚴參議處。

一、州縣詞訟，凡遇隆冬歲暮，俱隨時審理，不得照農忙之例停訟、展限，該管巡道嚴加察核，違者照例揭參。

一、州縣審理詞訟，遇有兩造俱屬農民，關係丈量踏勘，有妨耕作者，如在農忙期內，准其詳明上司，照例展限，至八月再行審斷。若查勘水利界址等事，現涉爭訟，清理稍遲，必致有妨農務者，即令各州縣親赴該處，審斷速結。總不得票拘至城，或至守候病農。其餘一切呈訴無妨農業之事，照常辦理，不准停止。仍令該管巡道嚴加督察，查核申報。如州縣將應行審結之事，借稱停訟稽延者，照例據實參處。經管道府如不實力查報，該督撫一並嚴參例處。

《大清律例・刑律・誣告》凡誣告人笞罪者，加所誣罪二等。流徒杖罪，不論已決配、未決配。加所誣罪三等，各罪止杖一百，流三千里。不加入於絞。若所誣徒罪人已役，流罪人已配，雖經改正放回，須驗其被逮發回之日，於犯人名下追徵用過路費，給還被誣之人。若曾經典賣田宅者，著落犯人備價取贖，因而致死隨行有服親屬一人者，絞監候。除償費贖產外，仍將犯人財産一半斷付被誣之人。至死罪所誣之人，已決者，依本絞斬反坐誣告人以死；雖坐死罪，仍令備償取贖，斷付養贍。未決者，杖一百，流三千里，就於配所加徒役三年。

其犯人如果貧乏，無可備償路費、取贖田宅，亦無財産斷付者，止科其罪。

其被誣之人詐冒不實，反誣犯人者，亦抵所誣之罪，犯人止反坐本罪。謂被誣人本不曾致死親屬，詐作致死，或將他人死屍冒作親屬，誣賴犯人者，亦抵絞罪；犯人止反坐誣告本罪，不在加等、備償路費、取贖田宅、斷付財産一半之限。

若告二事以上，重事告實，輕事招虛，及數事不一，凡所犯罪同等，但一事告實者皆免罪。《名例》律：罪各等者，從一科斷。非逐事坐罪也。故告者一事實，即免罪。

若告二事以上，輕事告實，重事招虛；或告一事，誣輕爲重者，除被誣之人應得罪名外，皆爲剩罪。皆反坐以所剩不實之罪。若已論決，不問笞杖徒流，全抵剩罪；未論決，所誣笞杖收贖；徒流止杖一百，餘罪亦聽收贖。謂誣輕爲重至徒流罪者，每徒一等，折杖二十。若從徒入流者，三流并准徒四年，皆以一年爲所剩罪，折杖四十。若從近流入至遠流者，每流一等，准徒半年爲所剩罪，亦各折杖二十。收贖者，謂如告一人二事，一事該笞五十是虛，一事該笞三十是實；即于笞五十上，准告實笞三十外，該剩下告虛笞二十，贖銀一分五厘。或告一人，一事該杖一百是虛，一事該杖六十是實；即于杖一百上，准告實杖六十外，該剩下告虛杖四十，贖銀三分。及告一人，一事該杖一百，徒三年是虛，一事該杖八十是實，即于杖一百，徒三年上，准告實杖八十外，該剩下告虛杖二十，徒三年之罪，徒五等該折杖一百，通計杖一百二十，反坐原告人杖一百，餘剩杖二十，贖銀一分五厘；又如告一人一事該杖一百，流三千里，于内問得止招該杖一百，三流并准徒四年，通計折杖二百四十，准告實杖一百外，反坐原告人杖一百，餘剩杖四十，贖銀三分之類。若已論決，并以剩罪全科，不在收贖之限。至死罪，而所誣之人已決者，反坐以死；未決者，止杖一百，流三千里。不加役。

若律該罪止者，誣告雖多不反坐。謂如告人不枉法贓二百兩，一百三十兩是實，七十兩是虛，依律不枉法贓一百二十兩之上，罪應監候絞，即免其罪。

其告二人以上，但有一人不實者，罪雖輕，猶以誣告論。謂如有人告三人，二人徒罪是實，一人笞罪是虛，仍以一人笞罪上加二等反坐原告之類。

若各衙門官進呈實封誣告人，及風憲官挾私彈事有不實者，罪亦如告人笞杖徒流死，全誣者坐之，若誣重反坐及全誣加罪輕不及杖一百，徒三年者，從上書詐不實論。以杖一百，徒三年科之。

若獄囚已招伏罪，本無冤枉，而囚之親屬妄訴者，減囚罪三等，罪止杖一百。若囚已招伏，笞杖已決、徒流已配，而自妄訴冤枉，摭拾原問官吏過失而告之者，加所誣罪三等，罪止杖一百，流三千里。若在役限内妄訴，當從已徒而又犯徒律。

條例

一、誣告人因而致死被誣之人，委係平人，及因拷禁身死，或將案外之人拖累拷禁致死一、二人者，比依誣告人因而致死隨行有服親屬一人絞罪，奏請定奪。若誣輕爲重，及雖全誣平人，卻係患病在外身死者，止擬應得罪名發落。

一、姦徒串結衙門人役，假以上司察訪爲由，纂集事件，挾制官府，陷害良善，或詐騙財物，或報復私仇，名爲窩訪者，審實，依律問罪，用重枷枷號兩個月發落，該徒流者，發邊衛充軍。

一、無籍棍徒私自串結，將不干己事捏寫本詞，聲言奏告，詐贓滿數者，准竊盜論，贓至一百二十兩以上者爲滿數不分首從，俱發邊衛充軍。若妄指宮禁親藩，誣害平人者，俱枷號三個月，照前發遣。

一、凡詞狀，止許一告一訴，告實犯實證，不許波及無辜及陸續投詞、牽連原狀内無名之人。如有牽連婦女，另具投詞。倘波及無辜者，一概不准，仍從重治罪，承審官於聽斷時，如供證已確，縱有一、二人不到，非係緊要犯證，即據見在人犯成招，不得借端稽延，違者議處。

一、凡告言人罪，不即赴審，輒行脱逃者，除將被誣及證佐俱行釋放外，脱逃犯人獲日，所告之事不與審理，仍以誣告擬罪。

一、凡實係切己之事，方許陳告。若將弁剋餉，務須營伍、管隊等頭目率領兵丁公同陳告，州縣徵派，務須里長率領衆民公同陳告，方准受理。如違禁將非係公同陳告之事，懷挾私仇，改捏姓名，砌款粘單，牽連羅織，希圖准行妄控者，除所告不准外，照律治以誣告之罪。

一、偷參爲從人犯誣扳良民爲財主，及率領頭目者，不論旗、民，枷號兩個月折責，照例發遣。

一、八旗有將伊祖父時，或係養子、或係分戶年久之人子孫復行混告者，該部題參，係官革職，係平人枷號兩個月，鞭一百。如有訛詐逼勒等情，被害人告發審實者，照嚇詐律治罪。

一、挾仇誣告人謀死人命，致屍遭蒸檢，爲首者絞候；爲從杖一百、流三千里。其有審無挾仇止以誤執傷痕誣告蒸檢者爲首，發邊衛充軍。爲從滿徒。其官司刑逼招認妄供者，革職。審出實情者，交部議叙。

一、期親以上尊長按律不應抵命者，若誣告人謀死人命致蒸檢卑幼身屍，仍照誣告人死罪未決律治罪。其餘親屬尊長，律有應抵之條者，如誣告謀死人命致蒸檢卑幼之屍，及卑幼誣告致蒸檢尊長之屍，俱照例擬絞監候。

一、控告人命，如有誣告情弊，即照誣告人死罪未決律治罪。不得聽其自行攔息。其間或有誤聽人言，情急妄告，於未經驗屍之先盡吐實情，自願認罪，遞詞求息者，訊明該犯果無賄和等情，照不應重律治罪完結。如有教唆情弊，將教唆之人仍照律治罪。該地方官如有徇私賄縱者，指名題參，照例分別議處。

一、詞內干證，令與兩造同具甘結。審係虛誣，將不言實情之證佐按律治罪。若非實係證佐之人，挺身硬證者，與誣告人一體治罪，受贓者計贓以枉法從重論。地方官故行開脱者，該督撫題參，交部嚴加議處。

一、直省各上司有恃勢抑勒者，許屬員詳報督撫，即行題參。若該督撫徇庇不參，或自行抑勒者，仍准其直揭部、科。該部、科查明具奏，將原揭一并行令該督撫，據實確查審實，將該上司交部議處。若屬員已知上司訪揭題參，即摭砌款迹，捏詞誣揭部科者，該部、科查明參奏，將該員解任，并將原揭行令該督撫據實確審。如審係誣揭，題參到日，將該員革職。一事審虛，即行反坐其被參之本罪，輕於所誣之罪者，照誣告律治罪。倘本罪有重於誣告者，仍於本罪從重歸結。武職悉照文職例行。

一、有舉首詩文書札悖逆譏刺者，除顯有逆迹，仍照律擬罪外，若祇是字句失檢，涉於疑似，并無確實形迹者，將舉首之人即以所誣之罪依律反坐。承審官不行詳察，輒波累株連者，該督撫科道察出題參，將承審官照故入人罪律，交部議處。

一、凡捏造姦贓款迹，寫揭字貼，及編造歌謠，挾仇污蔑，以致被誣之人忿激自盡者，照誣告人因而致死隨行有服親屬一人例擬絞監候。其鄉曲迂民，因事爭角，隨口斥辱，并無字迹者，仍各依應得罪名科斷。

一、凡子孫將祖父母父母死屍，挾仇誣告他人謀害，致屍遭蒸檢者，比照毁棄祖父母父母屍律擬斬監候。其有并非挾仇、止以誤執傷痕、告官蒸檢者，照誣告人死罪未決、杖一百流三千里，加徒役三年律治罪。

《大清律例・刑律・干名犯義》 凡子孫告祖父母、父母，妻妾告夫及告夫之祖父母、父母者，雖得實，亦杖一百，徒三年；祖父母等，同自首者免罪。但誣告者，不必全誣，但一事誣，即絞。若告期親尊長、外祖父母，及妾告妻者，雖得實，杖一百；告大功，得實，亦杖九十；告小功，得實，亦杖八十；告緦麻，得實，亦杖七十。其被告期親、大功尊長，及外祖父母，若妻之父母，及夫之正妻，并同自首免罪；小功、緦麻尊長，得減本罪三等。若誣告罪重於干犯本罪者，各加所誣罪三等。謂止依凡人誣告罪加三等，便不失於輕矣。加罪不入於絞。若徒流已未決，償費，贖產，斷付，加役，并依誣告本律。若被告無服尊長減一等，依《名例》律。

其告尊長謀反大逆、謀叛、窩贓、姦細，及嫡母、繼母、慈母、所生母殺其父，若所養父母殺其所生父母，及被期親以下尊長侵奪財產，或毆傷其身，據實應自理訴者，并聽卑幼陳告，不在干名犯義之限。其被告之事，各依本律科斷，不在干名犯義之限，并同自首免罪之律。被告卑幼同此。又犯姦及越關，損傷於人於物不可賠償者，亦同。

若告卑幼得實，期親大功及女婿，亦同自首免罪；小功、緦麻，亦得減本罪三等。誣告者，期親減所誣罪三等，大功減二等，小功、緦麻減一等。若夫誣告妻，及妻誣告妾，亦所誣罪三等。被告子孫、妻妾、外孫及無服之親，依《名例》律。若誣卑幼死未決，仍依律減等，不作誣輕爲重。

若奴婢告家長及家長緦麻以上親者，與子孫、卑幼罪同。若僱工人告家長及家長之親者，各減奴婢罪一等；誣告者不減。又奴婢、僱工人被告得實，不得免罪，以《名例》不得爲容隱故也。

其祖父母、父母、外祖父母誣告子孫、外孫、子孫之婦、妾，及己之妾，若奴婢及僱工人者，各勿論。不言妻之父母誣女婿者，在緦麻親中矣。

若女婿與妻父母果有義絶之狀，許相告言，各依常人論。義絶之狀，謂如身在遠方，妻父母將妻改嫁，或趕逐出外，重別招婿及容止外人通姦。又如女婿毆妻至折傷，抑妻通姦，有妻詐稱無妻，欺妄更娶妻，以妻爲妾，受財將妻妾典僱，妄作姊妹嫁人之類。

條例

一、八旗有將家人爲養子、分戶、開戶之人年久，值伊原主之子孫庸懦，或至絶嗣，伊等自稱原爲養子，或謊稱近族兄，反行欺壓，希圖佔產爭告者，審明，係官革職，枷號一個月，鞭八十；平人枷號三個月，鞭一百。將養子、分戶、開戶之檔銷毀，仍給與原主子孫爲奴。

一、凡奴僕首告家主者，雖所告皆實，亦必將首告之奴僕仍照律從重治罪。

《大清律例·刑律·見禁囚不得告舉他事》 凡被囚禁不得告舉他人之事，其爲獄官獄卒非理凌虐者，聽告。若應囚禁被問，更首己之別事，有干連之人，亦合准首，依法推問科斷。

其年八十以上，十歲以下，及篤疾者，若婦人，除謀反、謀逆、子孫不孝，或己身及同居之內爲人盜、詐、侵奪財產及殺傷之類聽告，餘并不得告。以其罪得收贖，恐故意誣告害人。官司受而爲理者，笞五十。原詞立案不行。

條例

一、年老及篤疾之人，除告謀反、叛、逆及子孫不孝，聽自赴官陳告外，其餘公事，許令同居親屬通知所告事理的實之人代告。誣告者，罪坐代告之人。

《大清律例·刑律·教唆詞訟》 凡教唆詞訟，及爲人作詞狀，增減情罪誣告人者，與犯人同罪。至死者，減一等。若受僱誣告人者，與自誣告同。至死者不減等。受財者，計贓，以枉法從重論。其見人愚而不能伸冤，教令得實，及爲人書寫詞狀而罪無增減者，勿論。姦夫教令姦婦誣告其子不孝，依謀殺人造意律。

條例

一、代人捏寫本狀，教唆或扛幫赴京及赴督撫并按察司官處，各奏告強盜、人命重罪不實，并全誣十人以上者，俱問發邊衛充軍。

一、凡將本狀用財僱寄與人赴京奏訴者，并受僱、受寄之人，屬軍衛者，發邊衛充軍。屬有司者，發邊外爲民。贓重者，從重論。其在京匠役人等并各處因事至京人員，將原籍詞訟因便奏告者，各問罪，原詞立案不行。

一、凡民人投充旗下及賣身後，或代伊親屬具控或將民籍舊事具控者，概不准理。

一、內外刑名衙門，務責里民中之誠實識字者考取代書。凡有呈狀，皆令其照本人情詞，據實謄寫，呈後登記代書姓名。該衙門驗明，方許收受。如無代書姓名，即嚴行查究。其有教唆增減者，照律治罪。

一、訟師教唆詞訟，爲害擾民，該地方官不能查拿禁緝者，如止係失於覺察，照例嚴處。若明知不報，經上司訪拿，將該地方官照姦棍不行查拿例，交部議處。

一、凡僱人誣告者，除受僱之人仍照律治罪外，其僱人誣告之人，照設計教誘人犯法律，與犯法人同罪。

《大清律例·刑律·軍民約會詞訟》 條例

一、在外軍民詞訟，除叛逆機密重事許提鎮、副參、游守等官接受，會同有司追問外，其餘不許濫受。凡戶婚、田土、鬭毆、人命一應詞訟，悉赴該管衙門告理。軍衛有司不係掌印官，不許接受詞訟。

一、緝捕官役，惟於京城內外察訪不軌、妖言、人命、強盜重事。其餘軍民詞訟及在外事情，俱不許干預。

一、凡旗人謀、故、鬭殺等案，仍照例令地方官會同理事同知審擬外，其自盡人命等案，即令地方官審理。如果情罪已明，供證已確，免其解犯，仍由同知衙門核轉。倘恃旗狡賴，不吐實供，將案內無辜牽連人等先行摘釋，止將要犯解赴同知衙門審明。如該同知事外苛駁，借應質名色濫差提擾，該上司立即提參。

一、凡各省理事廳員，除旗人犯命盜重案仍照例會同州縣審理外，其一切田土、戶婚、債負細事，赴本州縣呈控審理。曲在民人，照常發落；曲在旗人，錄供加看，將案內要犯審解廳發落。至控告在官人犯，不論原被，經州縣兩次拘傳，別無他故，抗不到案者，將情虛逃避之犯嚴拿治罪。

一、各處理事同知遇有逃人案件，并旗人與民人爭角等事，俱行審理，不必與旗員會審。

一、川省瀘州土流接壤地方，倘有詞訟，照軍民約會之例，令該州同與該土司公同核報。

一、八旗案件，俱交刑部辦理。該旗有應參奏者，仍行參奏。

《大清律例・刑律・官吏詞訟家人訴》 凡官吏有爭論婚姻、錢債、田土等事，聽令家人告官對理，不計公文行移，違者笞四十。

《大清律例・刑律・獄囚誣指平人》 凡囚在禁誣指平人者，以誣告人加三等論。其本犯罪重於加誣之罪者，從原重者論。若本囚無誣指平人之意，官吏鞫問獄囚，非法拷訊，故行教令誣指平人者，以故入人全罪論。

若官司追徵逋欠錢糧，逼令欠戶誣指平人代納者，計所枉徵財物，坐贓論；罪止杖一百、徒三年，以贓不入己也。其物給代納本主。其被囚誣指之平人，無故稽留三日不放回者，笞二十；每三日加一等，罪止杖六十。

若官司鞫囚，而證佐之人有所偏徇不言實情，故行誣證，及化外人有罪，通事傳譯番語，有所偏私不以實對，致斷罪有出入者，證佐人，減罪人罪二等。證佐不說實情，出脫犯人全罪者，減犯人全罪二等。若增減其罪者，亦減犯人所得增減之罪二等之類。通事，與同罪。謂化外人本有罪，通事扶同傳說，出脫全罪者，通事與犯人同得全罪。若將化外人罪名，增減傳說者，以所增減之罪坐通事。謂如化外人本招承杖六十，通事傳譯增作杖一百，即坐通事杖四十。又如化外人本招承杖一百，通事傳譯減作笞五十，即坐通事笞五十之類。

《欽定理藩院則例・首告・禁止代控》 凡呈控事件祇准本人或遣抱告呈控，若本人并不知情，由他人代控者，概不受理。

《欽定理藩院則例・首告・出首之人擇主歸投》 凡出首人罪之人及掛誤之人，有應於本旗內聽其情願歸投者，除管旗之王、貝勒、貝子、公、協理臺吉、塔布囊及伊等之子孫名下，不准歸投外，其不管旗之王、貝勒、貝子、公，閑散臺吉、塔布囊名下，任其擇主歸投。

《欽定理藩院則例・首告・出首之人酌給罰物》 凡出首事件所罰物內，給首者一半。

《欽定理藩院則例・首告・越訴誣告》 蒙古等凡有爭控事件，先在該扎薩克處呈控。倘負屈，許在該盟長處呈控。如盟長等不秉公辦理，許原告人將曾在該扎薩克處呈控、如何辦理，復在該盟長處呈控、如何判斷之處開明，赴院呈控。由院詳覆案情，或仍交盟長等辦理，或應遣大臣辦理之處請旨。倘不在該扎薩克處呈控，又不在該盟長處具控，徑行赴院具控者，不論是非，臺吉、官員罰三九牲畜，屬下家奴鞭一百。係尋常事件，仍交該扎薩克、盟長等辦理。如關人命重案，由院詳訊，應派大臣辦理之處具奏請旨。若已在該扎薩克、盟長處控告，均辦理，與例相符，無庸置議。如扎薩克等辦理不公，將扎薩克等議處。如盟長等辦理不公，將盟長等議處。如所控不實，按事之輕重，將原告之人反坐其罪。

《欽定理藩院則例・罪罰・蒙古來京互控照越訴例加重定擬》 凡蒙古互控事件，如未在該扎薩克及盟長等處呈告，徑行來京具控者，照越訴例加重，臺吉、官員於罰三九牲畜本例上，加罰一九牲畜。屬下、家奴於鞭一百本例上，加枷號兩個月。

《欽定理藩院則例・違禁・事出兩造不得私議完結》 凡事出兩造不准私議完結，若私議完結，係扎薩克王、貝勒、貝子、公、臺吉、塔布囊各罰俸一年，其不管旗之王、貝勒、貝子、公、臺吉，塔布囊及蒙古官員均罰二九牲畜，平人鞭八十，仍由官審理。

《欽定理藩院則例・入誓・出首之人毋庸入誓》 凡首告人罪，不令出首之人入誓，令被告人入誓。

《欽定宗室覺羅律例・宗室控告地畝案件解京質訊》

凡宗室告假出京除宗室婦女，無論指稱何事，俱不准告假出京外，其宗室內有採立墳塋及因採立墳塋之便，就近查辦地畝具呈到府者，責令該族長等查明該宗室之地畝坐落何州、縣、某村莊，共有若干段，現係何人承種，并取具該宗室不敢在外州縣控告滋事甘結，一併出具切實圖片呈報，始准給假。若莊頭佃戶人等有揹租、霸地、盜典、侵蝕并有串通州縣書吏人役舞弊各情事，宗室應在京控告。已告假外出者應回京控告，不准在州縣涉訟。案內有應訊人證由本府勒限飭提解京審辦。有須眼同勘丈者，呈明四至，令家人前往勘丈。無家人，由本府行文，令該州縣官親往代勘，不准聽莊頭佃戶遷返蒙混，以至案久不結如宗室內有令婦女出控徑赴他衙門嘵瀆者，無論所控曲直，均將伊夫男錢糧酌罰示懲。應行提審者，由府行文該管地方，予限一月，即將要證飭提解京訊辦。倘限滿不到，由本府予限咨行該督嚴飭地方官於限內提集人證解京審辦。倘再逾限，本府行文該督查取職名送府咨部先行議處，仍勒限趕緊提解人證。若逾三限，仍復徇庇稽遲，即由本府奏交該督指名嚴參，以儆疲玩。光緒十六年奏准章程由戶部核辦；現遵章改歸大理院會辦，其與旗民無涉者，由府核辦。

《欽定宗室覺羅律例·宗室以不干己事具控照例治罪》 凡宗室覺羅同以不干己事具控詐騙者，如審明藉端訛詐屬實，應援現行刑律不應爲律辦理，毋庸援照違制律重科。宣統三年三月十四日奏准。

舊案：宗室覺羅有向接收呈詞衙門告訐事件，若察其事不干己，顯係詐騙不遂者，立案不行，即將該宗室覺羅同咨送本府，照違制律杖一百，實行責打四十板。如有妄揑干己情由聳准，及至提集人證質審，仍係訛詐不遂揑控者，係宗室，即將頂戴摘去，再行一體覺羅同嚴追。主使教誘之人，狡辯不認，板責訊問。除控款虛誣，罪應斬絞者，仍照向例辦理外，其餘誣揑之案，無論詐贓多寡，已未入手，但經一同商謀，即不分首從，俱請旨發往吉林安置，到配仍重責四十板。其主使教誘及添威助勢各犯，無論旗民爲首、爲從，均發近邊充軍。先行枷號三個月，滿日即行發遣。旗人照例銷除旗檔。儻該宗室覺羅同所控得實，但有因串詐不遂、揑情圖准情事，亦即照此例定擬，不准以事出有因，量爲援減。原註：每年按季由府刊刷諭旨，咨送各該處出示曉諭，並傳知遠近支各族轉諭所屬宗室，均敍入後條。

道光八年十二月二十五日，奉上諭：宗室誼屬天潢，理宜整飭行止，守分安常。從前風俗醇僕，宗室人等最爲安靜。嗣因沾染陋習，間有一二不肖之徒，不知自愛，蕩檢踰閑，近來積習更深，往往以不干己事，挺身出控，藉端訛詐。不一而足。此風斷不可長，若不明定科條，何以警刁頑而挽頽俗。著軍機大臣會同宗人府、刑部，酌議條例具奏，欽此。遵旨會議得，嗣後宗室覺羅人等告訐之案，察其事不干己，顯係詐騙不遂，因而控告者，該管衙門立案不行，仍將該原告咨送宗人府，照違制律杖一百，實行重責四十板。如敢妄揑干己情由聳准，及至提集人證審辦，仍係訛詐不遂、串結揑控者，即將該原告先行摘去頂戴，嚴行審訊，並追究主使教誘之犯。儻狡辯不承，照例先行板責。訊問審係控款虛誣，除坐誣罪應斬絞者，仍照向例請旨辦理外，其餘誣控之案，無論詐贓多寡，已未入手，但經商謀揑控，不分首從，俱實發吉林安置，到配仍重責四十板以示懲儆。其主使教誘以及添威助勢之犯，無分軍民人等，不分首從，均照例發往近邊充軍，仍先加枷號三箇月，滿日再行發遣。係旗人，照例銷除旗檔一律辦理。即使所控得實，但因串詐不遂、揑情圖准者，亦即照此例定擬。不准以事出有因，量爲援減，俾使咸知儆戒，漸挽澆風。道光九年正月二十三日具奏。欽奉上諭：朕因宗室近來積習，往往以不干己事具控，藉端訛詐，降旨令軍機大臣會同宗人府、刑部酌擬條例具奏。茲據查明定例，分別從嚴酌議：嗣後宗室覺羅人等告訐之案，察其事不干己顯係詐騙不遂者，該管衙門立案不行，仍將該原告咨送宗人府，照違制律杖一百，實行重責四十板。如敢妄揑干己情由聳准，及至提集人證質審，仍係訛詐不遂、串結揑控者，即將該原告先行摘去頂戴，嚴行審訊，並追究主使教誘之犯。儻狡辯不承，照例先行板責訊問。審係控款虛誣，除坐誣罪應斬絞者，仍照向例請旨辦理外，其餘誣揑之案，無論詐贓多寡，已未入手，但經商謀、揑控，不分首從，俱實發吉林安置，到配仍重責四十板，以示懲儆。其主使教誘以及添威助勢之犯，無分軍民人等，不分首從，均照例發近邊充軍。仍先加枷號三箇月，滿日再行發遣。係旗人照例銷除旗檔，一律辦理。即使所控得實，但因串詐不遂、揑情圖准者，亦即照此例定擬，不准以事出有因，量爲援減。著宗人府、刑部即各纂入例冊，永遠遵行。並由宗人府刊刷條例，通傳近支、遠支各族及八旗滿洲旗分，咨行步軍統領衙門出示曉諭，務令周知，用示朕明刑弼教之至意。欽此。原案照刊以備查核

《刑部通信章程·光緒八年九月初十日刑部湖廣司奏》 謹奏：爲接收京控呈詞，酌擬分別辦理，請旨遵行事。內閣抄出湖南巡撫卞寶第奏，京控交審案件，事涉細微及未經本省控告者，飭發該管道提審；情重者親提審訊等因。光緒八年八月初九日，奉旨知道了。欽此。查原奏內稱：京控案件，小民冤抑莫伸，必當爲之昭雪。問官意存迴護，必當予以親提。立法無嫌周密。至於田土、錢債細故，本無冤屈重情，未在本省控告，遽行赴京呈訴，亦無慮問官迴護，似宜分別辦理。今查京控案件，如上項細故混爭，或未在本省控告，此類寔多。一經咨交，即應將被告及證佐人等紛紛提省，遠或千餘里，近亦數百里，川資旅費，需用浩繁，曠業廢時，生機坐困，故凡牽連拖累，莫不受害無窮。仰體皇仁，將咨案之事涉細微及未經本省控告者，飭發該管道就近親提審明議擬，咨司酌定後核咨銷。其奉旨交審事件並咨案之情節較重者，仍督同臬司親提審訊，以期輕重得宜。恤小民苦累之情，杜訟棍株連之計。等因，具奏。抄出到部，查該撫所奏各情，自係矜恤無辜、免受

拖累之意，應如所奏辦理。抑臣等更有請者：近來京控之多，不獨湖南一省爲然。如直隸、山東、河南、湖北等省，每年總不下百數十起。其因該州縣聽斷不公，令小民冤苦莫伸，情急來京呈訴者固多，而以口角微嫌，意圖牽累，捏情妄控者亦所在恆有。迨經發回審明，多係釁起田土、錢債細故，未便以偶爾牽涉之詞遽予反坐，擬以笞杖完結者，十居八九。核其情罪，非特不應專咨報部，亦較尋常外結之案爲輕。其讞語不曰事出有因，卽曰懷疑誤控，甚或以爲到案卽行供明，並非始終狡執。千篇一律，比比皆是。遂致刁狡之徒，明知控告重情，審虛不過問擬杖責，因而添砌情節，任意羅織多人，罔知顧忌。在准理各衙門因所控均係被屈事件，情詞又極迫切，不得不照例接收，一經發交外省，傳證提人，道途之跋涉，公庭之守候，受害已不堪言。誠有如該撫所奏者。竊以本應州縣自理之件，紛紛提解該上司審辦，非特體制不合，且外省呈詞或有准、有駁，京控則無案不准，即無案不提。刁健者仍得肆其讀譸張、爲幻之術，以陰行其傾陷良善之計。是提審本欲爲民伸冤，而反致爲民滋累。似不如就所控呈詞中分別應收不應收，杜其奸謀，所全當更不少。如謂禁絕太甚，恐不免或有屈抑。不知朝廷設官分職，各有專司，州縣即或有不肖，而督撫臬司均係封疆大吏，萬無不爲百姓伸雪冤枉之理。若不控經本省上司，率行驀越赴京，心目中尚有法紀耶？督撫身膺疆寄，臬司總持刑名，區區詞訟，均不能爲民申理，必待來京控訴，又安用此大吏爲也？臣等復恭查嘉慶二十五年上諭：各省民人赴都察院呈控案件，向來有奏聞者，有咨回者，有駁斥者。嘉慶四年，朕降旨不准駁斥，以防壅閉，係指案情重大者而言。若如賈允升所奏，無論案情大小，不准駁斥，卽不准發還，則一切戶婚，田土、錢債細事，一經京控，悉皆奏咨辦理，亦於政體非宜。國家設官分職，大小相維。若以部院衙門理及瑣屑之務，則直省地方官所司何事。且近來訟風日熾，使奸民臆計赴京控訴，必當一概准理，豈不益長刁風，倍增訟獄，拖累株連，流弊更大。等因，欽此。臣等詳繹聖訓，一切細故呈詞既不准收受，則以細故越訴京控者更不應收其呈詞。可知臣等公同商酌，擬請旨飭下都察院及步軍統領衙門，嗣後遇有京控案件，須將該原告詳細審問。如情詞諸多支離，並未在本省督撫衙門控過，其呈詞概不准接收。如寔有情節重大，發交各省審辦之案，亦祈飭下各省督撫，督同臬司、巡道，虛衷研鞫，務得確情。寔則立予平反，虛亦照例坐罪，不准以事出有因及懷疑誤控等詞，曲爲遷就，俾知法在必行，非寔有冤情，斷不敢輕爲嘗試，庶刁風或可少息，於吏治似尚有裨益。臣等爲清理訟端起見，是否有當，謹恭摺具奏。伏乞皇太后、皇上聖鑒，謹奏。光緒八年九月初十日。奉上諭：刑部奏接收京控呈詞，酌擬分別辦理一摺。前據湖南巡撫卞寶第奏京控咨交案件，事涉微細，本無冤屈重情，未在本省控告，亦無慮問官迴護，即發該管道就近視提審擬。該部查議卞寶第所奏各情，係爲矜恤無辜，免受拖累起見，即著照卞寶第所擬辦理，並通行各省一體照辦。至各省京控案件，寔因州縣官聽斷不公，案情重大，冤苦莫伸，情急來京呈訴，自應照例准理，其有以口角微嫌及一切細故，意圖牽累，捏情妄控者，一經發交本省傳提人證，輾轉滋累，是徒使刁狡者得遂其傾陷之計，良民受害不可勝言。著都察院、步軍統領衙門，嗣後遇有京控案件，務將原告原呈詳細審察。如控詞瑣屑、情節支離，並未在本省督撫衙門控過，即予駁斥，不准接收。並著各省督撫，於京控交審之案，督同臬司、巡道，虛衷研鞫，務得確情。寔則立予平反，虛亦照例坐罪。不準以事出有因及懷疑誤控等詞，曲爲遷就擬結，以儆刁詐而安善良。欽此。

《大清法規大全・訴訟法・第三章民事規則》第一節　傳票

第八十九條　凡民事案件如索債、索賠償、索回房屋，或田地等案，宜用傳票往傳，俱不准用拘票。

第九十條　凡控訴原告，將所控事件，繕具控詞，赴合宜公堂呈遞。若係錢債、賠、償等事，注明數目，有合同或契約者，鈔黏附呈，並敍明兩造之事業、住址。

第九十一條　公堂接控詞後，即簽發傳票，票內須將所控事件，簡晰敍明。

第九十二條　凡傳票由公堂飭堂弁親交被告，有時須原告指傳者，則令原告同往。

第九十三條　奉傳票之堂弁，如未能親交被告，即將傳票留與其親屬轉交。

第九十四條　堂弁交到傳票之後，即向公堂申覆銷差，並於傳票冊內，將親交或轉交之處註明。

第二節　訟件之值未逾五百圓

第九十五條　凡原告所訟之款，或估計該案之值數，未逾五百圓者，傳票須註明審期。該期由發票之次日起算，在七日以外，一月以內。

第九十六條　按傳票後，被告或所延律師，可任便赴公堂查閱原告所呈各項文件，公堂不得攔阻。

第九十九條　被告如呈遞訴詞，公堂鈔錄一份，令堂弁交與原告看閱，不遞者聽。

第九十八條　公堂已定審期，被告無故不到案聽審者，查明備票委係交給，仍將該案照例審訊。

第九十九條　被告對於前條之審訊，如有不甘服者，於一月內赴公堂遞呈申訴。如公堂察核訴詞近理，應准覆審，逾限不准申訴。

第一百條，公堂已定審期，原告無故不到案者，即將該案注銷，堂票等費，應否責令原告全繳，憑公堂核奪。

第三節　訟件之值逾五百圓者

第一百一條　凡原告所訟之款，或估計該案之值數逾五百圓者，傳票毋須注明審期，惟令被告於接傳票之七日內，赴公堂報到，或延律師代往亦可。

第一百二條　於前條之限內，被告無故不報到者，公堂查明傳票委係交結，原告可申請公堂據所控情節，照例審訊，公堂即准如所請。令原告呈遞詳細控詞，定期審訊。

第一百三條　如被告雖未依限報到，而於未審該案之前補行報到者，仍以依限報到論，應否令被告繳納以前堂費，憑公堂核奪。

第一百四條　若被告查閱原告控詞，過於浮泛，或不詳晰者，可申請公堂，令原告將原呈更補。

第一百五條　被告欲查看在原告處之信契等件，以備覆辯者，可申請公堂飭令原告取出。然公堂宜先察其緣由，不爲無理，方可准其所請。

第一百六條　被告報到後，即須呈遞覆詞，伸辯曲直。

第一百七條　若被告報到一月後，尚不呈遞覆詞，除公堂展限外，原告可請公堂催令被告從速呈遞。

第一百八條　原告得接被告覆詞後，於一月之內，不向公堂申請定期審訊，被告即可申請公堂將該案注銷。

第一百九條　原告訴詞及被告覆詞，俱已呈遞公堂，可允原告之請定期審訊，並傳知兩造各帶證人，屆時前往候審。

《大清法規大全·訴訟法·第五章中外交涉案件》　第二百五十一條　凡關涉外國人案件，俱依現行條約審訊。

第二百五十二條　凡外國人控告中國人之刑事民事案件，公堂之承審官須遵中國現行法律並本法辦理，不得有徇私及偏倚畏累等情，悉憑公理裁判，一若尋常中國人民訟案無異。

第二百五十三條　中國人民，無論信奉何教，俱屬朝廷赤子，應一律保護。如遇平民與教民，或教民與教民爭訟，不得因教歧視，務須持平審判，一若尋常訟案無異。

第二百五十四條　凡刑事案件，應治罪之人以法律明文爲斷，如被控之事，並非犯現行刑律、或本法所揭罰則、或各該地方現行專例、或巡警章程，概不得將被告治罪。

第二百五十五條　凡條約所准外國官員陪審之各公堂，或在通商口岸，或他處，當中外所訂現行各條約未改之前，審判一切案件，俱依左列各項辦理。

一、外國人控告中國人，如係刑事案件，承審官均依本法並中國現行法律審判。

二、外國人控告中國人，如係民事案件，承審官亦依前項審判。仍可以兩造所訂之合例、合同，或兩造所共認之本地貿易習慣法爲準則，務宜一秉至公，不得偏袒。

第二百五十六條　如原告或被告於公堂判詞有不甘服者，准其依本法上控。

第二百五十七條　如外國人在內地犯案，於該犯解交駐箚最近之該國領事官，按該國律例治罪。

第二百五十八條　凡中國人控告外國人之刑事或民事案件，由被告本國領事官審訊，中國官在堂陪審。

第二百五十九條　如外國人在中國境內犯事，該犯之本國並未與中國訂立條約，或未遣領事官駐箚者，該犯由中國公堂拘拏，審訊得實，即按中律治罪。

第二百六十條　前條所指之外國人在中國欠債，被中國人控告時，中國公堂有審判此等案件之權。

《大清法規大全・訴訟法・修訂法律大臣沈家本等奏進呈訴訟法擬請先行試辦摺》 竊維法律一道，因時制宜，大致以刑法爲體，以訴訟法爲用。體不全無以標立法之宗旨，用不備無以收行法之實功，二者相因，不容偏廢。是以上年臣等議覆御史劉彭年停止刑訊摺內，擬請先行編輯簡明訴訟法等因奏明。在案查中國訴訟斷獄附見刑律沿用唐明舊制，用意重在簡括。揆諸今日情形，亟應擴充，以期詳備。泰西各國訴訟之法，均係另輯專書復析爲民事、刑事二項，凡關於錢債、房屋、地畝、契約及索取賠償者，隸諸民事裁判。關於叛逆、僞造貨幣、官印、謀殺、故殺、強劫、竊盜、詐欺、恐嚇、取財及他項，應遵刑律定擬者，隸諸刑事裁判，以故斷弊之制秩序井然，平理之功如執符契。日本舊行中律，維新而後，踵武泰西，於明治二十三年間先後頒行民事、刑事、訴訟等法，卒使各國僑民歸其鈐束，籍以挽回法權。推原其故，未始不由於裁判、訴訟咸得其宜。中國華洋訟案日益繁多，外人以我審判與彼不同，時存歧視； 商民又不諳外國法制，往往疑爲偏袒，積不能平。每因尋常爭訟細故釀成交涉問題，比年以來，更僕難數，若不變通訴訟之法，縱令令事事規仿，極力追步，眞體雖充，大用未妙，於法政仍無濟也。中國舊制，刑部專理刑名，戶部專理錢債田產，微有分析刑事民事之意。若外省州縣，俱係以一身兼行政司法之權，官制攸關，未能驟改。然民事刑事，性質各異，雖同一法庭而辦法要宜有區別。臣等從事編輯，悉心比絜，考歐美之規制，款目繁多，於中國之情形未能盡合。謹就中國現時之程度，公同商定簡明訴訟法，分別刑事民事，探討日久，始克告成。惟其中有爲各國通例而我國亟應取法者，厥有二端。一宜設陪審員也。考《周禮・秋官》司刺掌三刺之法，三刺曰訊萬民，萬民必皆以爲可殺，然後施上服下服之刑。此法與孟子國人殺之之旨隱相吻合，實爲陪審員之權輿。秦漢以來不聞斯制。今東西各國行之，實與中國古法相近。誠以國家設立刑法，原欲保良善而警凶頑，然人情譸張爲幻，司法者一人知識有限，未易周知，宜賴衆人爲之聽察，斯眞僞易明。若不肖刑官，或有賄縱曲庇、任情判斷及舞文誣陷等弊，尤宜糾察其是非。擬請嗣後各省會並通商鉅埠及會審公堂，應延訪紳富商民人等，造具陪審員清冊，遇有應行陪審案件，依本法臨時分別試辦。如地方僻小，尙無合格之人，准其暫緩，俟教育普被，一體舉行，庶裁判悉秉公理，輕重胥協輿評，自無枉縱深故之虞矣。一宜用律師也。按律師一名代言人。日本謂之辯護士。蓋人因訟對簿公庭，惶悚之下，言詞每多失措，故用律師代理一切質問對詰覆問各事宜。各國俱以法律學堂畢業者給予文憑，充補是職。若遇重大案件，則由國家撥予律師，貧民或由救助會派律師代伸權利，不取報酬補助，於公私之交，實非淺鮮。中國近來通商各埠，已准外國律師辯案，甚至公署間，亦引諸顧問之列。夫以華人訟案，籍外人辯護，已覺扞格不通，即使遇有交涉事件，請其伸訴，亦斷無助他人而抑同類之理。且領事治外之權，因之更形滋蔓，後患何堪設想。擬請嗣後凡各省法律學堂俱培養律師人才，擇其節操端嚴法學淵深，額定律師若干員，卒業後考驗合格，給予文憑，然後分撥各省，以備辯案之用。如各學堂驟難造就，即遴選各該省刑幕之合格者，撥入學堂，專精斯業，俟考取後，酌量錄用，並給予官階，以資鼓勵。總之，國家多一公正之律師，即異日多一習練之承審官也。以上二者，俱我法所未備，尤爲挽回法權最要之端，是以一併纂入。綜計全編，分爲五章，凡二百六十條，敬謹繕具清單，恭呈御覽。如蒙俞允，並請明降諭旨，宣布中外一體遵行。至刑法、民法等項，容俟陸續編纂成書，隨時奏聞，合併聲明。謹奏。光緒三十二年四月初二日，奉上諭： 法律大臣沈家本、伍廷芳等奏刑事、民事、訴訟各法，擬請先行試辦一摺，法律關係重要，該大臣所纂各條，究竟於現在民情風俗能否通行，着該將軍督撫都統等體察情形，悉心研究其中有無扞格之處，即行縷晰條分，據實具奏，欽此。

《大清法規大全・各級審判廳試辦章程》 第三章訴訟

第一節 起訴

第四十六條 凡刑事案件因被害者之告訴，他人之告發司法警察官之移送，或自行發覺者，皆由檢察官提起公訴。但必須親告之事件，如脅迫、誹毁、通姦等罪，不在此限。

第四十七條 於公訴時，並請求追還贓物，賠償損害及恢復名譽者，曰附帶私訴。

第四十八條 凡民事案件，非本人或其代理人不得訴訟。

第四十九條 凡訴訟概用訴狀，但有特別規定者不在此限。

第五十條 刑事訴狀應塡寫左列各項：

一原告之姓名、籍貫、年齡、住居、職業。二被告之姓名，籍貫、年齡、住居職業。若爲原告所不知者，即不塡寫亦可。三被害之事實。四關乎本案之證人及證物。五赴訴之審判廳及呈訴之年月日。

第五十一條　民事訴狀應塡寫左列各項：

一原告之姓名、籍貫、年齡、住居、職業。二被告之姓名、籍貫、年齡、住居、職業。若爲原告所不知者，即不塡寫亦可。三被害之事實。四關於本案之證人及證物。五赴訴之審判廳主呈訴之年月日。

第五十一條　民事訴狀應塡寫左列各項：

一原告之姓名、籍貫、年齡、住所、職業。二被告之姓名、籍貫、年齡、住所、職業。三訴訟之事物及證人。四請求如何斷結之意識。五赴訴之審判廳及呈訴之年月日。六黏鈔可爲證據之契券或文書。

第五十二條　職官婦女老幼廢疾爲原告時，得委任他人代訴。但審判時有必須本人到庭者，仍可傳令到庭。

第五十三條　左列人等不得充當代訴人：

一婦女。二未成丁者。三有心疾及瘋癲者。四積慣訟棍。

第五十四條　凡遣代訴，須附呈委任狀。但祖孫、父子、夫婦及胞兄弟代訴者，不在此限。

第五十五條　凡代訴人於訴訟上之行爲及供述均作爲本人之代表，但左列各項須經本人之許可，始得爲之：

一上訴。二和解。三拋棄訴訟物。四承認被告之請求。

第五十六條　委任狀應塡寫左列各項：

一、委任人及代訴人之姓名、籍貫、年齡、住所、職業。二、代訴人與委任人之關係。三、委任之原因。四、委任之權限。五、代訴之年月日。

第五十七條　凡訴訟，除刑事外，准原告呈請註銷訴狀。

第二節　上訴

第五十八條　上訴之方法如左：

一、控訴。凡不服第一審之判決，於第二審審判廳上訴者曰控訴。二、上告。凡不服第二審之判決，於終審審判廳上訴者曰上告。三、抗告。凡不服審判廳之決定或命令，依法律於該管上級審判廳上訴者曰抗告。

第五十九條　非左列人等不得上訴：

一、刑事上訴：　檢察官，原告人或被告人，代訴人。二、民事上訴：　原告人或被告人，代訴人。

第六十條　凡刑事上訴，自宣示判詞之日始，限於五日內呈請原檢察廳移送上級檢察廳。

第六十一條　凡民事上訴，准用前條之規定，但其期間以十日爲限。

第六十二條　凡上訴不得越級爲之，並不准翻供及改變事實。

第六十三條　凡在未決監獄內欲上訴者，呈請監獄官轉呈原檢察廳移送上級檢察廳。

第六十四條　上訴狀須塡寫左列各項：

一、上訴人之姓名、籍貫、住所、年齡、職業。二、原審判廳。三、原審判廳之判詞。四、不服之理由。五、赴訴之審判廳。

第六十五條　凡逾上訴期限而不上訴者，其原判詞即爲確定。但因天災或意外事變之障礙，准其聲明，於原檢察廳查無虛僞，仍許上訴。

第六十六條　上訴人除檢察官外，准其呈請註銷上訴狀。

第六十七條　上訴人經兩次傳案不到者，其上訴狀即行撤銷。

《大清法規大全・訴論・法部奏籌訂狀紙通行格式章程摺》　奏爲籌訂訴訟狀紙通行格式，並擬由部頒發狀面。謹將詳細章程開單，請旨飭遵，以資考核而愼庶獄。恭摺仰祈聖鑒事。光緒三十三年十月，內臣部以京師開辦審判各廳，會同大理院，奏請由部試辦訴訟狀紙摺內聲明，數月後，果能推行便利，再由部精製印紙，酌定詳細章程，將所定格式奏請頒發各省遵行，以收司法統一之效等因。奉旨依議，欽此。彼時各省審判廳成立之期未定，未敢驟然推廣，致令稍滋紛擾。嗣經憲政編查館、資政院會奏籌設外省各級審判廳，明定期限，逐漸觀成。而京師自審判廳成立以來，訴訟狀紙行之兩年有餘，民間尚無不便，是以臣部於本年具奏分年籌備事宜，即將推廣訴訟狀紙一項，列入第二年應辦事件單內。並經館臣核准，奏令遵行在案。竊維獄訟之興，基於詞狀，既關兩造之曲直，而司法官之審定是非，亦即以此爲依據。無論東西各國，均有法定狀式以爲之程。即中國各問刑衙門，亦多由公家製成格式，聽民陳訴，俾不至有壅遏之虞。惟各直省舊日呈狀，率皆自爲風氣，無一定之成規，其參差不齊，不足以謀劃一者，患猶小其規制不備，使胥吏代書，得以因緣爲奸者，害滋大。且徵收費用限制毫無，任意誅求，尤爲民病。至已設審判省分，如奉天、吉林、黑龍江，暨直隸、天津等處，雖能自定新式，以期整齊，似覺彼善於此。然詳細調查，或種類太繁，或命名未審，或程式不一，或價目過重，甚且民、刑不爲區分，印紙復多苛細。若長此因循，不爲法律上正式之規定，誠恐積久相沿，將法庭益爲積弊之叢，而訴訟更增需索之苦。且各省省城、商埠審判廳將於明年成立，尤應預定程式，俾昭整飭而便遵循。臣等公同籌議，擬請就京師審判廳現行之訴狀，分別民、刑，定爲八類，其餘如限狀、交狀、領狀及和解狀，各省亦皆有習慣之取求。若不明定成規，無由藉祛宿弊。均經詳加釐定，妥擬格式，並每種各製一狀面，通共晰爲十二種，各刊印精細花紋粘貼狀紙之上，以杜僞造。在京，則狀紙、狀面俱由臣部製造，照前奏發行。在各省，則由臣部頒發狀面，其狀紙即由各該督撫飭知提法使或按察使，遵定部頒狀紙式樣，仿照刻印，連同部頒狀面粘合成帙，一體發交各級檢察廳，聽民購用，並不得於部定價目以外任意多取，庶幾清訟便民，法規可漸致整齊。仍由各該管官按照所收成數，以五成解部爲製造工料之資，其餘五成截留本省，自行妥定章程，分別酌撥，以助司法行政之用。謹將一應事宜酌擬部章二十條敬繕清單，恭呈御覽。如蒙俞允，即由臣部督飭官設印刷局，將狀面精工制造，擬於明年春間一律頒行。凡在已成立之各級審判廳訴訟者，均須切實遵用，違者不與受理。並將章程摘要刊刻狀面之後，俾示大信而昭慎重。如有官吏違章收取者，應由該管長官隨時查明，嚴加參處。臣等爲統一法制，兼慎庶獄起見，所有遵章擬辦訴訟狀紙，請旨推廣各省緣由。謹恭摺具陳，伏乞皇上聖鑒訓示。再臣部前經奏明頒發此項狀紙，會同大理院酌定章程在案查狀紙一項，本臣部行政職權，且印刷分配各事，均派部員經理，自應由臣部專司籌辦，是以毋庸會院合併聲明。謹奏。宣統元年十二月二十三日，奉旨依議。欽此。

《大清法規大全·審判·法部等會奏京師各級審判由部試辦訴訟狀紙摺并單》竊維依狀鞫獄，律有明條，誠以狀詞爲兩造訴訟之原，官吏審判之據，雖與別項文牘不同，而情僞所生，關係究爲重要。《周禮·大司寇》一篇，首列兩劑鈞金之制。厥後漢有獄辭，六代有訴牒，即近世東西各國，亦於訴訟書類均莫不有法定狀式，以爲之程，誠重之也。中國各直省問刑衙門，雖有呈狀格式，然未經臣部規定，率皆自爲，風氣參差不齊。其重視法律者，或故爲繁苛之條件，使民隱不得上陳。其重視民隱者，或又棄置不用，聽民間隨意具呈，授訟師以舞文之漸。甚至一詞之入，需費煩多，而官考代書又往往勾串吏差，肆其婪索。種種弊竇，以孳以繁。聽訟一端，日形叢脞，不僅騰誚列邦已也。方今司法獨立，既以臣院專司審判，爲推行憲政之初基，而京師創設高等以下審判廳，尤爲直省各級審判之標準，若不將訴訟狀紙先行釐定，何以便民情而去宿弊，示顜若畫一之規？茲經臣等會商，釐定格式，分爲五等：一曰民事訴狀，凡關於民事原告者用之；二曰刑事訴狀，凡關於刑事原告者用之；三曰辯訴狀，凡被告人，無論民事刑事皆用之；四曰上訴狀，凡關於上控者用之；五曰委任狀，凡遣抱呈訴者用之。層級不覺其煩，名實亦屬相副。復查升任直隸督臣袁世凱奏辦天津府屬審判章程，內稱一切狀紙由廳發賣，並遵章貼用印紙。行之數月，民間翕然從風，良由費省而事便，無從上下其手等語。可知法古宜今，有利無害。夫民情不甚相遠，法制取乎大同，所有狀紙一項，天津既由一府漸及全省，臣部即可由京師推行各省。現在各級審判廳開辦在即，臣等謹將各項狀紙擬就簡明章程，恭呈御覽。如蒙俞允，應由臣部督飭官設印刷局所照式製造，分別發由臣院暨高等以下各級審判廳，聽民購用，並加蓋發行處戳記，庶便稽核。其有命盜重件，急切不及具呈者，仍照常准民喊控，以免延遲，並令各級檢察等官實力查驗，隨時咨部，俾資考核。俟試辦數月，果能推行便利，再由臣部置備印刷機器，精製印紙，會同臣院酌定詳細章程，將所定格式奏請頒發各省遵行，以收司法統一之效。臣等爲清訟便民、整齊法規起見，謹奏。光緒三十三年十月二十六日。奉旨：依議。欽此。

謹將試辦訴訟狀紙簡明章程開列清單，恭呈御覽。

第一條　訴訟狀紙係奏定先從京師辦起，無論旗、漢官民，關於民事訴訟、刑事訴訟在各審判廳具呈者，一律遵用。

第二條　訴訟狀紙自奏定之日起，所有京城舊式狀紙一律停止，其自行任便用紙寫呈者，概不受理。

第三條　訴訟狀紙分爲五種如左：

一、刑事訴狀，凡刑事原告於第一審審判廳呈訴者用之；

二、民事訴狀，凡民事原告於第一審審判廳呈訴者用之；

三、辯訴狀，凡民事被告、刑事被告於各審判廳呈訴者用之；

四、上訴狀，不論民事、刑事，控訴上告或抗告者用之；

五、委任狀，不論民事、刑事，具委任抱告者於訴狀外附用之。

第四條　訴訟狀紙無論何種，每紙定價當十銅圓十枚，作爲紙張印刷發行等費。

第五條　凡刑事，由檢察官或司法警察官、營汛兵弁及地方官發覺之案，概由檢察官起訴，不用狀紙。

第六條　訴訟狀紙由部指定官設印刷局所印刷，分交大理院及各審判廳發行之。

第七條　凡審判官署於發行訴訟狀紙時，皆須加蓋各該官署發行處所戳記，以備稽核。

第八條　訴訟狀紙如須推廣外省時，應由法部體察情形，酌定詳細章程，另行奏明辦理。

第九條　凡於狀紙定價外任意需索者，照受贓律計贓論罪。

第十條　凡未經法部允准，而擅行仿造狀紙及私售者，計其紙數，得科以一兩以上、二十兩以下之罰金。

第十一條　每月發行各項狀紙若干，應由各審判官署分別咨報、申報，以八成解部爲紙張等項銷費。

第十二條　各項狀紙格式，嗣後如有應行變通及增加種類之處，由法部援案試辦，奏請遵行。

《清實録・天命元年》　秋七月己巳朔，上諭議政大臣五人曰：凡事不可一人獨斷，如一人獨斷，必致生亂。國人有事，當訴於公所，毋得訴於諸臣之家，其有私訴者，曾付以鞭索，俾執而責之。前以大臣巴圖魯額亦都有私訴於家者，不執送，已治以罪。兹更加申諭，傳於國中，凡貝勒諸臣，有罪當束身，静聽任公斷，有執拗不服者，加以重罪，其束身静聽者，如例審斷。凡事俱五日一聽斷於公所，其私訴於家者，即當執送，有不執送而私行聽斷者，亦如額亦都治罪。

《清實録・天聰六年》　庚戌，諭曰：凡有訐告諸貝勒者，斷離本主與否，前已詳諭定例矣，其餘彼此訐告者今更詳悉定例。凡訐告之人，務皆從實，如告兩事以上，重者審實，輕者審虛，免坐誣告罪，仍准原告離主。如告數款，輕重相等，審實一款，亦免坐誣告之罪。如所告多實，及虛實相等，原告准離其主。所告多虛，原告不准離主。所告兩事以上，而輕者實，重者虛，與告一事，而情輕訴重者，審實坐被告以應得之罪，其原告仍坐誣訴罪，不准離主。若子告父，妻告夫，及同胞兄弟相告，果係反叛逃亡有異心，於上及諸貝勒者，許告，其餘不許。若有告者，被告照常審擬，原告罪亦同，不准離主。所以嚴禁者，以此乃古聖王之成法，故今倣而行之耳，前禁不許亂倫婚娶，亦此意也。

《清實録・雍正八年》　刑部議奏，從前設立鼓廳衙門，以達民間冤抑。原派科道輪流巡值，嗣因歸與通政司管理，未派專員，致有誣妄越訴之人，踰牆混行擊鼓。請飭通政司，每月派參議一員，輪班掌管，遇有擊鼓之人，訊取確供，奏聞請旨。其有因小事突入謊告者，首犯杖一百，徒三年，餘人減一等。若捏告大款，欲思洩忿，及將法司已經斷明事件，妄圖翻案者，首犯發邊遠衛所充軍，餘人減一等，如有教令主使之人，各照首犯治罪。從之。

《清實録・乾隆六年》　〔五月〕又諭：從來誣告越訴，最爲良民之害。蓋一州一縣之内，必有一二狡黠之徒，以殷實之家爲可擾，稍不遂意，輒尋釁興訟，且捏造謊詞，拖累株連，以洩私忿。更或未控州縣，即控道府，未控道府，即控院司，比比皆是。爲有司者，審理詞訟，既得其虚誑之情，而不治以誣告之罪。爲大吏者，濫准詞訟，不思上下之體，而但沽肯管事之名。於是刁健之人，以興訟爲得計，而告訐成風，閭閻不勝其擾累，深可痛恨。雖誣告、越訴律有明條，而實力奉行者少。嗣後州縣審理詞訟，凡理屈而駕詞誣控者，必按律加等治罪。若故行寬縱，經該上司查出，以罷軟論。凡未經在下控告者，院司道府不得濫准，其業經在下控理，復行上控者，必其情理近實，先將原告窮詰，然後准理。若發審屬虚，誣告與越訴二罪並坐，如此，庶刁徒共知斂跡，而良懦小民，均享無事之福矣。其如何酌量定例之處，著刑部妥議具奏。尋議奏：誣告越訴，如審理屬虚，除照誣告加等律治罪外，先在該地方枷號示衆，以儆刁頑。若州縣既經審出控告屬虚，故行寬縱，照罷軟例議處。如院、司、道、府濫行准理，照上司違例受理例議處。從之。

《清實録・嘉慶十一年》　〔七月〕諭内閣：御史牟昌裕奏請申明舊例，嚴禁匿名訐告，以杜刁風一摺。據稱近來京城屢有匿名揭帖之案，各該衙門不敢壅於上聞，節經奏請查辦，一面將匿名之人訪拏治罪。固已法紀章明，惟是被訐之人無論是否屬實，一經官司審辦，即不免拖累之苦。請申明舊例，飭下問刑衙門，遇有此等案件，照例概不准行，仍將匿名揭告之人查拏治罪等語。定例，凡投貼隱匿自己姓名文書告言人罪者，絞監候，雖實亦坐。立法綦嚴，原以懲刁奸而防傾陷，但若將所投貼書詞燒燬不辦，是使匿名之人轉得置身事外，無從根究懲治。況所訐告者，如僅係瑣屑細故，原可置之不論，儻指控情節，案關重大，亦豈容概不奏聞？總俟奏上時，朕權衡輕重，分别應行查辦與否，隨時指示。即如從前兆昌誣告興德保謀逆重情一事，因查辦後將匿名之兆昌究出，按律坐罪，興德保得以昭雪。又近日朱壬訐告沈慶簾一案，亦因查辦後，始將匿名之朱壬訪獲，而於沈慶簾亦未有拖累羈禁之處。是陳奏揭告之事，與嚴懲匿名之人，原兩不相妨，並可就訐告字跡，令被控者辨認訪緝。且匿名訐告者，雖查究得實，仍照例科以絞候。若審係虛誣，並應從嚴定罪，豈不更使挾嫌仇扳之徒知所儆懼乎？嗣後遇有此等案件，惟當一面奏聞，一面嚴拏匿名之犯按律治罪，無任隱匿漏網。

《清實録・嘉慶十二年》〔三月〕又諭：左都御史賡音等條奏，各省來京控案，應請分别查辦一摺。據稱嗣後都察院收閲控案，果係案關重大，實在冤枉，曾赴該管上司呈訴，不爲伸理，及官吏骫法營私，確鑿有據者，即奏請查辦。若未經在本籍地方及各上司先行具訴，並現在審辦尚未結案，遽行到京控告者，即咨行各該省歸案速結等語。所奏非是。各省民人來京控訴，其案關重大者，固應奏明辦理。若未經在本籍地方具訴，遽行驀越來京者，正可奏明覈辦，治以越訴之罪。至外省審辦未結之案，或因案情屈抑，奔赴來京控訴，若不具奏審訊，冤獄何由昭雪？即或逞刁挾嫌，砌詞妄控，亦可隨時懲辦，以杜訟端。今賡音等概請咨回原省審辦，自係因近日各省控案繁多，憚於逐件具奏，豈大臣敬事之道？朕日理萬幾，勤求民隱，即各衙門奏事較多，從未倦於披閲，若以改奏爲咨，免致煩瀆，遂將該衙門應奏之件，率意抑擱。是名爲仰體朕躬，實則自耽安逸。賡音等著傳旨申飭，嗣後總當酌量案情輕重，分别奏咨，不得將現辦章程妄思更改，其戶婚、田土、錢債細務各案，仍照例將原呈發還，聽其在地方官衙門呈告申理，以符體制。

《清實録・嘉慶二十年》〔十二月〕癸丑，諭內閣：御史舒英奏州縣自理詞訟毋任積壓一摺。地方詞訟，原應隨時訊斷，依限完結。若民人先在本州縣呈控，或積壓不辦，或審斷不公，赴上司衙門申訴，自不得仍發本州縣審辦，致滋迴護屈抑。至所稱請將簡缺州縣積至十案以上者，即不准調。繁缺州縣，積至二十案以上者，即不准保薦題升。州縣衙門牒訴紛紜繁劇之區，一日可至數百起，何由截數？且恐各牧令欲博訟簡之名，意存消弭，憚於接收呈詞，使民情益無從剖訴，是防弊而適以滋弊也。該御史所奏不可行。

《清實録・嘉慶二十二年》〔三月己巳〕又諭：御史謝崧奏申嚴匿名揭帖律例，以挽澆風一摺。隱匿姓名告言人罪，律應繯首，立法至爲嚴切。原以此等陰狡之徒，計圖傾陷，故重懲以息刁風。然此律久已頒行，而匿名揭帖仍纍纍不絶。在其人豈盡不知此律，其心以爲蹤跡詭祕，或可倖逃緝獲，遂爲此明知故犯之舉。朕所以飭令查辦者，原欲將作奸之徒設法拏獲，按律懲治，以儆其餘。是以凡經破案者，俱按律治罪，從不寬貸。且有數案祇飭拏投遞揭帖之人，並未將所控之人、所控之事查訊究辦者，若事無鉅細，一概付之不問，恐亦不能因此即無匿名揭帖之事。人情澆薄，一切姦盜治罪之條，律載甚詳。然斷獄者甫執法於前，犯科者仍接踵於後，豈獨此匿名揭帖一事，遂能朝令夕止？總之，察奸正以除慝，使鬼蜮不能倖逃，庶澆風日漸斂戢，未可執一而論也。

又〔四月〕己亥，諭內閣：國家設官分職，原以天下之大，萬民之衆，一人不能獨理，是以自督撫、司、道、府、州、縣，使之遞相統屬，以分寄治民之責。地方大小獄訟，先由州縣聽之。州縣審斷不公，方准控訴於本管知府、直隸州、知州。府、州復不爲申理，再由道司，以至督撫，定例不准越訴。其有案情重大、歷控本省衙門，屈抑無申者，准其來京控訴，由都察院、步軍統領等衙門奏聞辦理，以達窮民之隱。乃近來京控之案日多，往往有案本細微，不於本省衙門具控，亦或有人命等案，控經本省衙門，正在緝兇提訊、不候聽斷，輒行驀越赴京者，呈詞內捏砌重情，冀圖聳聽。或因此將該管官解任革職交審，及辨明誣妄，再令開復回任，而該員已不勝其拖累；又或有職官犯罪，經該督撫上司參奏革審，未經定案，遣其家屬來京控告，以圖挾制；其問擬軍、流人犯到配後，復有脫逃來京及遣屬控告，以冀翻案者。民情上達，本以開除壅蔽，乃刁風日長，竟視以賤陵貴、以卑犯尊爲故常，訟牘繁滋，詐僞百出，其所關於風俗人心者甚鉅，不可不明立科條以遏其漸。其應如何將越訴、誣告罪名，酌量加重，著交刑部分晰詳議具奏。

又〔五月〕壬子，諭內閣：國家勤卹民隱，凡直省訟獄有冤抑莫伸者，准其來京呈控，代爲申理。原恐覆盆之下，日月照臨所不及，恃以通達下情，開除壅蔽，意至善也。乃人情譸張爲幻，或案本細微，而架詞聳聽，或事皆虛誕，而捏砌重情，以致案牘繁滋，弊端百出。歷經刑部奏定，將越訴、誣控人犯，於本例加等治罪，又各遞加一等。現已無可復加。本日該部議請，嗣後在問刑衙門呈控事件者，令於呈尾將代作之人，註明姓名籍貫住址，一併傳案詳訊。一經審屬虛誣，將具呈人照例反坐，代作者與犯人同罪。其主唆之人，起意者仍以爲首論，或審明另有唆訟別案，即照積慣訟棍例治罪。若呈內不將代作姓名、住址開載，不准收理，集訊時代作之人提傳未到，又別無證佐，即將所控立案不行分別注銷，所奏殊未允協斷不可行。具呈之人，知有不寫代作人姓名，不准收理之例，何難詭託寫人，以求准理？又或將素有分隙者豫爲冒寫，以圖拖累，皆情事所必有。其代作呈詞者，案情審實，與伊毫無所益，一經審虛，罪與原告同科。其人豈肯自將姓名載入呈內？勢必假捏詭名，脱身事外，及審虛坐誣之時，人本烏有，何從提訊？是科條愈繁，巧詐愈滋，於防僞除奸之道，相去益遠。而抱屈銜冤之眞情，無處申訴。上干天和，下害民命，朕不忍爲也。莫若明白曉諭，俾小民簡而易遵。嗣後凡有控告事件者，其呈詞俱責令自作，不能自作者，准其口訴，令書吏及官代書。據其口訴之詞，從實書寫，如有增減情節者，將代書之人照例治罪。其唆訟棍徒，該管地方官實力查拏，從重究辦，毋稍輕縱。庶訟源既清，而訐告之風自可漸息矣。其屬員被參後，誣揭上司者，均各於應得罪名上加一等治罪一條，著照該部所議行。又諭：本日刑部奏恩豐倉蘇拉傅長受，砍傷王立兒，復自行劃傷一案。審明傅長受實因舊患瘋病復發，砍傷王立兒，並自行劃傷，移時殞命，別無起釁根由。因思瘋病就痊者，其病根未除，仍或不時舉發。定例：素患瘋病之人，不准服官著役，乃日久因循，往往務爲姑息，不行查察。著通行曉諭，嗣後紫禁城內，及圓明園附近各處，無論官員、兵丁以及蘇拉茶房皂役人等，凡有神氣恍惚、瘋病形跡者，俱即查明，飭令解退，不准當差行走，並著總管內務府大臣查明所屬官役人等，一律辦理。經此次曉諭之後，儻不認眞查察，致有因瘋滋事者，定將該管官嚴懲不貸。

《清實録・同治九年》 庚午，諭内閣：巡視五城給事中慶承等奏，宗室覺羅人等，如在外城滋事被獲，請照舊例辦理，及宗室覺羅婦女如有具控案件，必須抱告，無庸自行赴案等語。著宗人府及問刑各衙門申明定例，遇有宗室覺羅人等犯事到官，遵照舊例辦理。宗室覺羅婦女呈訴冤抑，須有抱告，不准自行出名具控，以符定例。

《清實録・光緒二十年》 〔四月〕壬申，諭内閣：都察院奏清理京控案件，以矜庶獄而免稽延一摺。據稱，該衙門接收京控呈詞，分別奏案、咨案，定期三個月咨催趕辦。近來各省督撫等官，並不認眞稽覈，逾限未結者，亦不將承審職名開送。推原其故，皆緣督撫不爲親提，承審官互相袒庇，率以懷疑誤控事出有因二語調停迴護。又藉口於犯供狡展，要證未齊，遷延懸閣，似此玩泄因循，殊屬不成事體。若不勒限整頓，何以清積牘而雪民冤？著各直省將軍、督撫等，遵照該衙門所奏，統於文到之日，予限半年，將積年未結各案，分別查銷審結。如逾限不結，即著照例參處。其十九年四月以後奏咨各案，仍照向章，依限審結，不得再有遲延積壓，用副朝廷矜恤庶獄至意。

《盛京滿文檔案・天命六年》 至於小事，即令地方官與爾屬下小官，同堂公斷。若是大事，不可擅行審斷，須送汗城理事大衙門，由衆人審斷。我不准於各地擅行審理，若擅自審理，恐爲不公者袒護，貪財者納賄，倒置是非，妄加剖斷，尤甚者，爲有讎之人，借讎殺人。

《盛京滿文檔案・天命七年》 〔天命七年正月〕二十六日，汗諭衆漢人曰：我國維生之道，乃事之曲直，秉公聽斷。凡不受下人之財賄者，心術正直善良之人，酌情晉陞。凡庇護邪惡貪財之人，予以降職。諸凡案件，先交守堡、備禦。守堡、備禦審訊後，交參將、遊擊。參將、遊擊審訊後，交都堂、總兵官。都堂、總兵官審訊後，告於八貝勒。小事則由八貝勒共同審理結案。大事則奏聞於汗。八王以下，守堡以上各官，不可獨斷，皆集於衙門，共同審理。若各就本衙門獨自審理，貪財徇庇，妄加剖斷，恐獲罪於天。所謂衆人聽斷，乃此也！等語。

《盛京滿文檔案・蒙古等妄行越訴誣告》 乾隆三十九年六月本院奏准定例：蒙古等凡有爭控事件，務令先在該扎薩克王、貝勒處呈控。倘負屈，許令在盟長處呈控。如盟長等又不秉公辦理，許令原告之人將曾經在該扎薩克處控告如何辦理，復在該盟長處控告如何判斷之處，按款開明，赴院呈控。由院詳核案情，或應仍交盟長等辦理，或應差派大臣辦理之處，酌議具奏請旨。

《清代巴縣檔案匯編・欺詐・乾隆五十三年七月二十二日重慶府札》 爲嚴禁無故喊冤，以安良善事。照得民間冤抑，原許控官伸訴，是以各衙門設立代書，據情直陳，按期投遞，果有不平，地方各官，斷無不爲伸理，豈容事出無端，平空擾累。乃渝郡地方，往往有等無賴刁民，串通胥吏，朋比爲奸，動輒假捏事故，赴署喊冤，各衙門見此，迫不及待之狀，勢必事關重大，即行出單差喚。試思命盜重情，尚須具呈控告，何以事無影響。反致呼吁無門。揆厥由來，若等本無受屈之情，豈有准理之案，不過借名喊冤，實希索詐，迨至對質公庭，非訛匪微嫌，即無聊圖賴。涇渭攸分之際，而守分良民，已受無窮之荼毒。此等惡習，若不嚴行禁革，奚使善良安業？除分移嚴拿外，合就札行。爲此仰縣官吏，即便出示曉諭，并移行縣丞等衙門，一體遵照。嗣后毋許混行喊冤，出單拘喚，致滋擾累。仍將出示禁革緣由，具文報查，毋違。此札。

清・琴川居士《皇清奏議・蔣伊〈請申嚴誣逆之條疏〉》 巡視中城陝西道監察御史臣蔣伊謹奏：爲請申嚴誣逆之條，以杜民害事。臣思奸惡不鋤，必傷善類。值今民生困頓之時，地方官吏更宜加意撫綏。乃有奸民夥告，或修小怨或瞰殷懦，每借叛逆裝頭誣害良善，刁惡之風，長此安窮。其在不肖有司，樂借烏有之辭，指爲可居之貨，株連蔓引，非刑拷訊，即至水落石出，審虛反坐，而良民之膏血半銷於官吏之筐篋矣。臣近閱邸報，見川湖督臣蔡毓榮所奏樊司鐸一案，則因黃鏡拾獲廢劄，誣砌多人。河南撫臣佟鳳彩所參徐上登一案，則誣告張寶謀叛殺擄，該管官公同研訊，悉屬子虛，此其明徵矣。臣查反坐之條，遇赦不宥，定例甚嚴。而奸惡之徒，依然弁髦國法。伏乞勅下各直省督撫，申嚴誣逆之條，通行曉諭，如有首告通逆、窩盜等情，應赴該地方官告理，不許越訴將弁衙門，其承問官即行立刻審鞫，刻期定案。不得耽延時日，以來賄賂之門；不得牽累無辜，以擾耕桑之戶。重懲一二誣告之奸徒，即保全數十輸租之赤子。臣更有請者，貪吏受贓，業有常刑，嗣後如借叛逆爲名，枉法受贓者，應加等治罪，其於今日之民生，未爲無補也。

清・吕芝田《律法須知・論命案》 人命事件，各有起釁根源，實爲通案關鍵。如因姦起釁者，事屬曖昧，尤易捏飾，必究明有何確證，當場雖無確證，平日或投送親鄰人等，均須問取切供。苟無確據，當場即應詰證，勿聽該犯畏罪狡供，混爲錄報，以致案情失宜。又如但經調戲，本婦羞愧自盡之案，事關風化，罪較鬭毆尤重。間有於事過數日之後，或另與人因事口角，短見輕生者，屍親輒以從前之事具控。此間出入，所關甚重，須查訊明確，慎之於始。

清・徐棟《牧令書輯要・刑名上・陳宏謀〈越告〉》 赴上控告者，查係原未在縣控告，即係越控，或予責處，或批赴縣具告。已告而未審者，上司察核月報冊內。如捏造已結，立即指名行提縣承究處。如原造未完，即發簽勒限十日內審結。於該月自理詞訟內，登覆每日完結字樣通報。至於已審斷結之事，如所告情事，已無可疑，即可指明批駮不准。如尚有可疑，未甚平允，止批仰某縣，送卷查閱。該縣止須將審後黏連之卷，即日送詳。詳文止須數句，不必錄供敘案。上司查閱斷案平允者，將卷隨詳批發。并令將刁告之人，提到責處，不須再審。如不平允，然後提審。赴司道以上具告者，將縣卷發府提審改擬。知府審明，止將讞語敘入連縣卷送閱，不必敘供，具詳以省繁牘。但不得仍發原審衙門，致滋回護冤累。如此分別辦結，層層責成，官無濫准批查之煩，民難施捏詞翻告之計矣。

清・徐棟《牧令書輯要・刑名上・裕謙〈諭各代書牌〉》 府屬各縣衛生監軍民人等，每遇命盜重件暨戶婚田土細事，來府呈控，往往詞內列有多名，其實僅止一二人到府，甚至甫經遞呈，即行潛匿。試問伊等既來告狀，焉有不親身到郡。又焉有不候批示，旋即回歸之理。其中顯有冒名捏控，及包告扛訟情弊。亟應嚴行稽察，嗣後凡有來府遞呈之人，該代書必先向歇家查詢明確。果係本人告狀，即列本人名目。如有多人聯名告狀，亦必查明人俱來郡，始准開列。詞內若無其人，不得混行開列。本府每逢告期，親自收呈，按名傳詞。倘詞內有名，臨點不到，即惟該代書是問。至收詞後，批已榜示，聽其自便。若批未榜示，或傳本人，或傳抱告。不到，即惟該歇家是問。代書與歇家，無不通同一氣，均宜留心。毋稍玩忽，致干重懲。

清・徐棟《牧令書輯要・刑名上・裕謙〈再諭各代書牌〉》 定例：凡有控告事件，其呈詞責令自作。不能自作者，准其口訴，令官代書，據詞從直書寫。如有增減情節者，將代書之人照例治罪。又婦人非有切己重情，不准告舉他人之事。因其罪得收贖，恐有誣告害人情弊。嗣後凡來府遞呈之人，如執有詞稿者，該代書問明代作詞人姓名。或係本人自作，分別填註詞面。如係依口代寫，即註明代書作稿字樣。遇有婦人來府遞呈，當即問明因何不聽伊夫出名具告緣由。若係孀婦，亦須問明有無子嗣，其子現年若干，逐一於詞內聲敘明白，方准投遞。至有頂帶人員，遇有呈控事件，進士舉人則須問明科分，生員武生則須問明入學年分，貢監職員，則須問明何項貢監，何項職員，何年月日報捐，執照是否帶來，或現存何處。俱於詞首詳細註明，以杜揑冒頂替等弊。均毋故違，致干咎戾。該代書務體本府勤求民隱、懲刁安良之意，斷不得因有此論，藉端刁難。倘敢故意勒措，察出定卽究辦不貸。

清·徐棟《牧令書輯要·刑名上·何士祁〈詞訟〉》 幕友擬批於副狀，官過目畫押，然後墨筆幕友録於正狀，過硃發榜，此通例也。然輾轉稽遲，榜未懸而批詞已洩。莫如閲定畫押，卽令清書至二堂寫榜。簽押家人眼同對明，卽加印加硃發出。實貼頭門，然後過批。既不匆忙，亦可免弊。所批呈詞宜先發榜。

官之所取於民者甚多，民之所望於官者，惟訟案爲最急。其拖累困苦情況，臆說中言之詳矣。須先與書差約，送稿送簽，以三日爲限。傳齊稟到，亦以三日爲限。路遠人衆者，限五日。簽稿遲延，傳書面訊。稟到遲延，傳差面訊，姑且勿責，再寬一限，卽標於原票之上。如再不到，則薄責之。再寬一限，仍標於原票之上，如再不到，則重懲之。再限三日，如竟不到，非原告情虛，卽不願終訟，暫時註銷。總不轉票改差，以累兩造。民知官於訟事不逾二旬，則上下相孚，而書役需索可減矣。已准呈詞必宜速訊。

訊而不結，則兩造守候。訛言煩興，其弊甚於不訊。大約能詳細看卷，虛衷推求，勿厭煩，勿疑惑，似亦無難決之獄。卽或有補傳人證，查弔契據，亦不得過一二日以累小民。總之，不結，不如不審；不審，不如不准。訊案必須斷結。

詞訟無論繁簡，皆甚叢雜，而其緊要者不過數端。一爲上控之案，一爲倫常重案，一爲鬬毆傷重之案。一爲近於局詐之案，與命案盜案而已。命盜案例有限期，勢難遲緩，其他案則見官之勤惰焉。須將緊要之案，設立一簿。以差爲經，每差空十餘頁，每案標明事由，經承年月，空五六行，以備登記。幾時轉票，則記之。幾時催審，則記之。幾時上司札催，則記之。按五日一查，其有一差名下，案多而不傳到，轉票而不稟復者，擇尤責處，每於停徵之後，將手記之案，及所未記者，清理一次。使知詞訟一事，官所經心，則安業者多而民受福矣。差票皆硃標卽日或三日，此陋習也。須於票稿上，自標日期，而手記於簿。至期查比，更爲緊要。手自標記。

清·李之芳《李文襄公别録·申嚴反坐禁止白呈》 爲嚴别呈狀，并申明反坐之法，以杜陷害，以安民生事。照得浙省連遭荒祲，民不聊生。本部院痌瘝在心，下車之初，卽嚴禁官蠹弁兵，不許生端擾害，務使爾民安分樂業，庶幾快覩雍熙。至於詞訟一節，原爲申理冤抑，不意近來人情刁險，輕聽訟師煽惑，揑駕不根，欺證官府。動將白呈混瀆，或一呈而言累千百，或一事而牽犯多人。甚至案已生塵，急同拯溺，事如風馬，慘過剝膚。非稱倚勢抄屠，卽指統兵劫殺。論相加之暴，則似人盡九頭；計被詐之贓，又若家藏金穴。縱横筆底，總是子虛，問其肺肝，只圖一准，不思事卽經官，豈逃法訊？反坐之律，何等森嚴！而乃不自三思，好爭健訟，小則拋荒生計，大則貽禍身家，苟是良民必不出此爲此。示諭闔屬軍民人等知悉：嗣後各宜安居守分，不得聽信訟棍扛唆，致干法紀。果有重情奇冤，萬不容已，必要一字不虛，言言皆實。照例於每月初二日赴控，亦止紳衿學校方許具呈，一應民詞，皆用格眼狀式具告。至於反坐之律，原不止論全虛，譬如告人三命內二命情眞，自治二命以應抵之辟，一命若虛，必加以一命反坐之條。告贓百兩內九十兩情眞，自治九十兩以應得之罪，十兩情虛，必加十兩以反坐之法。一權利害，何苦爲之。倘敢不遵狀式，仍連寫呈狀等字樣白呈混擾者，除不准外，定行嚴提重處，決不姑貸。

清·李之芳《李文襄公别録·示禁門兵需索》 或買易大小貨物，俱不得仍前抽取。一切婚喪迎送，亦不得攔截吹求。如敢故違，一經本部院巡拏訊確，必加重處。并許受害人等備將經過某門，月日，被搶何物，被詐何財，明白開列，徑赴本部院轅門，據實鳴告。即行按日查拏，立加究治。法在必行，愼毋身試。各宜凜遵。

清·李漁《新增資治新書全集·陳資始〈臨行勸民息訟諭〉》 爲申嚴刁訟之禁，以抑頹風，以安善類事。照得詞訟之累人，勝於水火盜賊，忍耐之利，已過於商販經營。爲爭片紙輸贏，費千百貫難尋之錢鈔，能忍一時性氣，保數十年勾享之家資。況山東何地，今日何時，爾百姓從快刀烈火之中，逃得出這條殘命，洗家蕩產之後，留得住幾貫餘錢，還不想做一分好人家，終日喜爭樂訟，爲衙門書役作生涯，遊客抽豐尋活計，不知爾等是何肺腸。豈東民大難雖除，餘劫未盡，必欲使民間財物盡數攪完而後已乎？自本道莅任之初，卽已諄諄告誡，勸爾等止訟息爭，嗣後又不時申飭。豈料爾等刁獪成風，至死不變，本道每一次放告，則鼠牙雀角之訟盈庭，呼冤號屈之聲塞耳，甚至伺候本道出門，跪街攔馬，沿途拉轎，備極諸般激烈情形。本道因驅逐不開，只得暫爲准理。既爾民間冤枉，若是其多，人命抄劫狀詞，批准不盡，何以問官審結之後，招報前來，強半皆屬子虛？索令本道追悔從前，不如不准之爲愈也。想爾等呼冤號屈，攔馬拉轎之時，竟似有不共戴天之讐，若不勝彼，寧死勿生之意。乃今詞狀審虛，錢財是你用，罪贖是你完，刑罰是你受。這等看來，以前喫虧都是假，今日受屈纔是眞。以前喫些小虧，尚且不肯忍耐，如今受此大屈，自然有死無生。乃究竟不曾氣死，依舊活在世上，仍與讐人共戴一天。若肯把這番忍耐性情用在未曾告狀之先，不知省了多少錢財，免了多少耻辱，又少結了多少冤家。想到此處，則以後雖有極大怨讐，亦當付之不較，何况睚眦之讐與一朝之忿乎？故氣死不可告狀，與餓死不可做賊，同一理也。今本道這些説話，雖爲告過謊狀喫過大虧者而言，爾民有未曾告狀未曾喫虧，與從前告過謊狀而反徼倖得勝者，俱不可不知警戒。輸過狀詞的人以後不想告狀，得過嬴頭之輩將來正要傾家，塞翁得馬，未必非禍。今本道這番告諭，警誡輸家之意少，提醒嬴家之意多，不可不加體認。本道蒞青州數年，自媿德行涼薄，不能變化風俗，移易民情，以致爾民健訟如故。乃今本道解任在邇，臨去之人，不當饒舌，但念在此數年，未嘗有一事加惠爾等，臨行若無片言爲贈，則是始終相負，于心何安。將此等藥石之語刊刻成書，爲爾民諄諄勸諭，爾民其各深思。

清・李漁《新增資治新書全集・張汧〈禁刁訟〉》 爲禁止刁訟以安民業事。照得金體實質，鎔劍則凶；水性雖平，因風而險。磯之則激，不平斯鳴。處身非三代之世，化民無罪己之官，不能必其無訟也明矣。所怪人心不古，刁悍成風，每因醉詈夙嫌，釀成殺人讐怨。或以婚産細故，裝砌叛霸虛詞。非越州縣而道呈，則舍督撫而部控，甚至通狀叩閽，迷天謅謊，止圖洩忿眼前，不顧後來歸結。及至控准之後，仍發該督撫及地方官據實審擬，並未因其刁悍稍枉國法以殉之，依然自下而上由外而內。事茍近實，則坐被告以應得之罪，與在外控告者無異。稍有誣罔，其冒瀆反坐之罪曾饒過誰。法不干人，愚民自干于法耳。除條約申飭外，合再出示曉諭。爲此示仰道屬士民人等知悉：果有深沈冤枉未得昭雪，不係赦前，經下司屢控未行，或受贓賄致屈者，方許據實陳告，載明年月，隨事直書，不得舞文揑架，逞刁越訴。如或肆三面之雌黄，扇兩頭之風火，改小裝大，翻舊爲新，視良懦爲几上之肥，糾群狐爲腋間之羽。或恃衙門蠹主，線索通靈；或受奸人唆撥，字句巧飾，輕搆譸張之訟，不避罔上之愆。審至水落石出，不覺齒閉唇封。一到此時，無論本道心限于法，不能爲爾輩稍寬，即爾輩法加于身，亦無自寬之術矣。

清・李漁《新增資治新書全集・賈漢復〈彌訟〉》 爲折贖新法甚嚴，窮黎輕訟宜慎，痛加曉諭，以醒愚頑事。照得本部院奉命撫豫，伸冤理枉，分所宜然，除暴安良，尤屬素志。故每月于初二十六日，放告二次，原恐撫屬地方，有貪污官役，嚼害軍民，強悍勢豪，凌虐良懦，期爲一方雪此冤抑耳。乃有等刁惡奸險之輩，乘機營私，借端圖害。或情本虛誣而揑成不易之理，或事原細小而張爲莫大之冤。夥計攢謀，扛幫硬證，此狀未結，彼狀復興，不至饜足其欲而不止。及至審明涉虛，以誣告反坐，不過薄擬一杖。計其所騙之資，除贖罪之外，尚多餘羨。又値本部院憫恤窮民，概此豁免，所以無賴棍徒自喜得計，由是囂風日長，而囂訟日滋。更有無知愚民，止爲田土小嫌，戶婚細事，片語不合即行瀆告。殊不知近奉新例，擬杖一百，贖銀三十五兩，即至輕減等，亦不下二十餘兩。爾民兵火之後，蓋藏有幾。目前所藉以資生者，不過幾石餘糧。年來五穀頗登，糧米甚賤，糶空倉廩，尚不勾完一綆，試問爾民終歲勤苦，卻是爲何？若無積貯之家，又必傾貲破産，賣子鬻妻，甚至于終年敲扑，殞命獄底，此又勢所必至者也。本部院言念及此，不勝痛心。故七月十六日，據士民投狀六十一紙，內擇其情理重大者，量准十一紙，其餘盡付祝融，正爲是也。除出牌曉諭外，合再通示申諭。爲此示仰撫屬軍民人等知悉：示後爾等各守本分，即有微嫌小隙，當自忍耐。

清・李漁《新增資治新書全集・俞滋慧〈下車第一示〉》 勸民息訟以安本業事。照得本業遂則民生厚，民生厚則風俗醇。然所以遂本業者，惟不輕搆訟一事乃喫緊關頭。茲本縣下車伊始，職在親民，要知親民喫緊關頭，亦即在使民無訟。願爾軍民人等，遵我誠諭，保爾身家，勿因微嫌小隙之難忍，而動思興訟。勿受奸徒刁棍之唆使，而輒駕虛詞。勿惹差役上門，而受無厭之誅求。勿惹刑責上身，而忍難堪之痛楚。勿舍家庭宴樂，反尋歇店之淒涼。勿抛閭里安閒，自討路途之跋涉。省訟師干証需索之錢，留衙門歇家使用之費，併力急公輸課，逍遙樂業于盛世之間，豈不至樂？苟或不慎，一字公門，九牛難拔，費盤纏，悮正事，荒時日，討煩惱，諸苦備嘗，雖悔何及？倘有事屬剝膚，萬不獲已者，須遵本縣限期，進詞告理。惟人命強盜重情，方許不時呈報。至戶婚田土等情，雖經告准，仍許親友解紛，使有訟者復歸無訟，是本縣之素志也，必不苟求。特此布告。

清・李漁《新增資治新書全集・俞滋慧〈下車第二示〉》 爲申飭止訟安民之規，嚴懲詭息養奸之弊，以杜欺瞞，以防刁黠事。照得本縣忝膺親民之寄，常切保赤之懷，首務解忿息爭，以期刑清政簡。下車伊始，出示通知，雖不能使民無訟，亦不至訟獄繁興。每當批牘，不亟濡毫，雖情眞事確，仍再思而行。遇告息求和，不待計而決，區區片念，在在期孚。不料上理未臻，流風滋溺，因窺樂靜喜恬之志，遂起陰煽陽撲之端。或藉訟以詐財，財詐而懇息。或託勢以銷狀，狀銷而復興。或捏干証之名，或託里隣之口。原不通被，被不通原。罔畏雷電之章，擅弄魍魎之影。即於死生至大之事，視爲眞僞倏飜之情。解鈴繫鈴，原出一手，欲生欲死，豈伊異人。巧設津梁，工塡慾壑，殊爲可恨。爲此再行申飭：嗣後凡有稟息狀詞，務要犯証各正身，當堂面遞，以便審息，立斷葛藤。務使兩造心平，無滋蔓草。敢有故違，仍前欺准誑息者，定拿本犯嚴懲。

清・李漁《新增資治新書全集・張一魁〈勸民息訟〉》 照得本邑既稱淳安，顧名思義，民風宜歸淳朴。近日則犬類刁頑，尙氣健訟，名爲淳而實則漓，固亦有心世道者之憂也。爾民但思兵火餘生，災荒殘喘，今日幸得安全，即爲大福。想到從前苦境，尙有何怨不可相忘，何讐不可消釋，尙忍爲此無益之爭，有損之控乎？倘事屬剝膚，萬不容已者，須遵本縣示定日期，進詞告理。惟人命强盜重情，方許不時呈報。至于戶婚田土，雖經訐告，有親友能爲解紛者，悉聽。爾等從公具息，必不苟求。如有故違，責究不貸。

清・李漁《新增資治新書全集・王元曦〈禁濫准詞訟〉》 爲嚴禁濫准詞訟，輕批衙官，以安民生事。照得寶婺兵火之餘，留此孑遺喘息未甦，奄奄欲盡。官斯土者，正宜百意撫綏，多方休息，惟恐或擾，百姓始有更生萬一之望。本院自下車以來，聞得浙中有等神棍自號訟師，耑一唆挑百姓，起訟興詞，至婺郡則尤甚。他處訟師，尙是唆民起訟，此處訟師，專是代民奸訟。視殷實可啖之家，偶遇小事小故，輒代駕虛詞，竟投官府。以疾病老死者爲人命，以微債索逋者爲劫奪，以產業交易戶婚干連者爲强佔，爲悔賴。不獨被告不料，亦且原告不知，流弊流毒，非大加嚴禁，力障狂瀾，將無底止。乃聞近來有司，不以此爲痛心，反以此爲得計，朝朝放告，日日投詞，片紙隻字，無不批行。承牌者，有正差，有副差，有接差之差，有提差之差，鑽幹不休，四道並出。或恣鷹拿于爪牙，或假貪狼于羽翼。拘攝之票一來，中人之產立盡，似此吮吸已屬難堪，不謂愈出愈甚，更添一種烹肥分噬之舉。有等衙官，專在堂官面前奴顏婢膝，趨承幫湊，得其歡心，因而串通內衙之主文，又憑央堂上之吏胥，上下關通，結成一片。縣官詞訟山積，那能件件自理，又思衙官趨炎附熱，豈可無事相酬，遂以批審爲代勞之具，兩造爲贈答之資。內之主文，外之吏胥，又從傍玉成，擇其題目大、被告多者，貼以浮簽，盡批佐貳。佐貳亦遂多罰穀石，重擬罪名，以此圖報。當下更以此招致將來，一詞到手，原被勒其餽獻，胥吏嗾使調停，止較金錢之多寡，即爲聽斷之輸贏。彼佐貳下役，餓眼饞口，幸而有此一日，如調饑而得粱肉，惟恐肚皮難塡；如積渴而得酒漿，恨不一吸立盡。要錢不已，必至絲麻布絹盡入網羅，狗彘雞豚悉爲携載。尤可恨者，少不遂意，則回誣本官，或假爲擲碎牌票，或借口欺藐小官，因而大其名曰拒捕，役以是誣之官，官以是誣之堂，而告狀百姓至此遂不知死所矣。一家不已，延及親朋，親朋不已，延及村落，村落不已，延及里圖。嗟嗟，不捕盜賊而捕百姓，眞正拒捕之盜賊反畏之如神明，不敢聲喘之，百姓反殘之如蟲蟻。一紙狀詞，遂成賣男鬻女之文券；一張牌票，竟是傾家喪命之靈符。不畏天道，亦當上畏朝廷王法；不顧百姓，亦當回顧自己兒孫。本院念此，幾逾身受。除訟師惡棍，着落府廳細訪嚴拿，以待懲處外，其佐貳批詞，合行申飭。爲此示仰官吏人等知悉：此後各宜改絃易轍，猛圖自新，與民休息。凡事關重大，當爲申理者，許批付原告，令其自拘自投，隨投隨問，隨問隨結，不得妄遣差役，尤不得輕批衙官。其一切挑唆情詞，細故呈狀，須以法言巽語嚴禁苦勸，務期使民無訟。敢再有干批狀詞，借口拒捕，巧行抄詐者，本院訪聞，佐貳官定行重責立逐，衙役必以犯贓處死。利歸鼠輩，怨貽官箴，雖至愚所不爲，而謂長民者爲之也？專此布告，其式聽之。

清・李漁《新增資治新書全集・麻勒古〈禁民刁訟〉》 爲禁止健訟祛革刁風事。本部院奉命總制兩省，以察吏安民爲務，興利除弊爲心，夙夜兢兢，如恐不及。自入境以來，即有當路呼搶，必皆停轡詳詢，雖情詞俱不相符，亦不呵叱懲責，姑行誡諭遣發。今到任之初，尤以聽訟爲民命所係，即行放告，志在清釐理冤，惟慮不達。及至唱名，親加研問，確核其情。或臚列多款，茫無指寔。或牽引成案，一概株連。或告人命劫奪，而並未控於當時。或愬戶婚田土，而竟不由於本縣。或被犯現經問罪，而尙欲深求。或原告先已審虛，而更思翻案。或贓證俱在，遠年又非切己。或重情不告正犯，反涉旁人。誕妄不根，難以枚舉。本部院一一窮詰，無詞可對，即曉曉陳訴，愈見支吾。更有狀詞迫切，臨期不到，前何故而上控，今何故而潛藏。此皆毫黠匪民，恣肆譸口。亦有愚頑無識，悞聽訟師，立熘眞情，何煩再造？以及士子違例，條陳紛然，混瀆、雜流，不安本分，妄有干求，並應嚴究，以戢刁風。但本部院莅政之初，原爲欲備晰民隱，令其控告，姑從寬宥，免責逐去。除原狀不准外，合應嚴禁。爲此示仰闔屬官吏軍民人等知悉：惡不可終，恩不可再。自示之後，務須恪遵法度，安守職業，息爭止訟，以樂太平。若非眞正沈冤，毋逞一朝小忿，如有仍前妄訐，定行重究，一干法網，悔不可追。各宜愼悉，須至示者。

清·李漁《新增資治新書全集·周有德〈列單止訟諭〉》 爲誣告新例甚嚴，愚民每多犯法，再行諄諭，以期猛省事。照得近日有新例：誣告及撥唆者，俱照所誣反坐，代人控告者處死。立法何等嚴切。乃東省健訟刁民，愍不畏死，無論事之大小，一不遂意，便砌瞞天大狀，設計害人。豈知兩造對質，是非難掩，及至審虛，按以新例治罪。刁民訟師，何苦不痛加省改，徒貽傾家喪命之禍？本部院哀憐此等愚民，誠恐無知犯法，只說朝廷立法雖嚴，問官行法必恕，未必誣告之人箇箇反坐，不妨以身試之。殊不知以身試法者，從前業有多人，現在破家亡身，悔之無及，但爾等未見榜樣耳。今將誣告而犯重罪者摘出數人，臚列於後，曉諭通知，使一切健訟頑民齊看樣子，着實省悟，痛改惡習，安分息爭。如果有含冤負屈，情不容己者，不妨據實直書，以便臨審質對，愼勿仍前捕風捉影，牽累無辜，希圖聳准，欲快一時之小忿，致付身家性命于一擲也。本部院此番示諭，實出一片婆心，爾等急宜猛省，無再忽視。

清·黎士弘《理信存稿·行七縣止訟告示》 照得信屬俗薄風澆，好事健訟。今逢恩詔普頒，已往罪惡，悉皆豁免。凡有以赦前事告者，遵奉部文，先將原告責四十板。爾各屬百姓咸宜洗心滌慮，盡革前非，做一日太平之民，便享一日無事之福，乃仍恃強鬬險，些小角氣即起訟端。爾等試思原無終身不可解之冤仇，何故興此極無情之紙筆。所告官府豈眞明鏡犀懸，即圖報怨求伸，不過意欲消耗人錢財而止。不知爾一字入官，其中衙役之需索，爾已自討欺凌；保歇之科求，爾已先行費用。至於訟事輸贏，爾豈即能預料？以此肩挑心畫，朝量暮算如珠如玉之金錢，而徒爭閒氣，遂致家破人疲，一敗而不可收拾，豈不可惜可憐乎？更有一種刁棍，事屬細微，何妨就事鳴官，乃騰駕虛詞，揑造單款，鋪列蒲紙，牽累多人。及至審出眞情，涉虛反坐者屢屢。爾等試再四思量，爾止與一人訐告爲仇，何故使旁人株累，致干証人等抛荒田業，道路奔馳。聽審或數月經年，重大則收監坐獄，每見一案未了，原被已皮骨俱穿，証佐則死亡過半。止因爾一紙控告，遺害無休，則即此一事，已即爲王法之所不原，天理之所不宥矣。每一言之，眞堪切齒。爲此仰七縣四民人等，各宜細閱本廳肝膈之言，家傳戶諭，大改前非。凡可得已之事，忍耐寬心，不失爲純良長者。即係難忍之氣，曲聽旁人解釋，亦可萬事冰銷。切勿輕入公門，致于法網。如出示之後，有敢以赦前之事告人者，除行各屬縣遵照部文不准行理外，定照新旨先將原告重責四十板。至于詞訟之內動輒開列款單者，無論是非虛實，除款單不究外，仍將本告監責，申詳院道按律重擬，坐以誣告流徒。庶刁誣少靜，民得安生。本廳莅任數載，民瘼關心，雖愛民之心甚切，而懲奸之法亦嚴。各宜遵守，共挽頹風，倘獲刑措不用，共享昇平，則尤本廳之所深願也。

清·魏際瑞《四此堂稿·禁濫准詞狀》 爲嚴飭聽訟之方以端無訟之本事。照得浙風好訟，固由百姓刁詐多端，實因有司濫准詞狀。其間刁民敢於挾仇逞私，揑詞誣告者，蓋明知官府貪婪，衙役橫暴。原告狀詞一入，被告即須安排酒席，打發差人，餽送官府，糜費種種，不一而足。中人之產立可傾消，是以不計日後輸贏，且圖目前快意。有司復行鬻獄賣奸，以直作曲，經承差役因官挾詐，任意呑肥。視原告如引至之媒，以被犯爲杌上之肉。乃至刁風愈熾，訟獄煩多，下民之殃，皆由於上。合行嚴示禁飭，爲此示仰撫屬各官知悉：此後務宜潔己平心，一洗前弊。凡小爭小忿者，當面誡諭，逐出不行。即有應准之詞，不許濫差多役，嚴飭貼差，以杜詐索。有誣告者，必行反坐；有眞罪者，必受上刑。獄訟之清，首在誣告反坐，干証同罪，此爲濫准詞狀而設，故略言之。民知犯法有誅，誣告自害，必能謹愼歛戢，詞訟自希。本院惟以訟獄之盛衰妙定汝有司之優劣，據行黜陟，信不汝欺。至於官役受贓枉獄，此尤分外犯法害民，定然立刻題參，置之極典。戒之勉之，須至示者。

清·魏際瑞《四此堂稿·禁溫州刁訟》 爲嚴飭健訟以遏刁風以肅法紀事。照得本院莅任一載，無事不欲汝民相安。故凡利之當興，害之當除者，莫不盡心盡法，以求安定。即詞訟一節，既立告期，復申條約。誣告者必定反坐，屢審者屢次駁批，不顧豪強，不狥情面，封狀囑托，一概禁除，總期冤抑得伸，奸僞不作。所以爲汝百姓之心，不但本院行之無改，即所屬百姓亦皆習見習聞矣。何意浙民刁健成風，而溫郡所屬誣詐尤甚。或串里串姓，混作公呈。或詭名地名，捏爲私訐。或被証拘執，而原告逃潛。或婦女出頭，而夫男藏匿。冒藉越境，袖狀懷呈，擠轎扳鞍，假號詐哭。又或只係一事而夾遞數詞，今日已收而明日又遞。本院原爲愛護汝民，汝等反恃本院無私，輒爲驕詐，如此頑愚，實可痛恨。合行嚴示禁飭，爲此示仰溫屬士民人等知悉：急宜滌除積習，痛改刁風。凡呈告事情，本院必發審狀官逐名細詰。如有一犯前項奸僞者，立刻重責枷號，盡法究處。其有應准詞狀，亦必先將原告羈候，方拘被證。雖非常法，實因汝等奸頑，不得不加嚴密。至於攔路叫哭，跳水擠扳，雖與奸僞有分，仍是刁頑未戢。如有犯者，定重責二十板。汝等當思本院立法嚴切，非欲苛刻汝民，總期使汝等刁詐不行，各保財命，以成本院息訟安民之志。即今題免坍荒，親身踏勘，不避暑雨嶮巇之苦，不動一草一粟之供。何非愛汝之深，憂汝之切，汝反不能抑體。乘此訐詐紛紛，本院亦何恤此刁民而不知窮治哉。法在必行，慎毋輕犯。

清・洪若皋《南沙文集・嚴禁濫訟示》　爲嚴禁濫訟以遏刁風事。照得臬司職掌刑名，期在伸冤理枉。如有地方衙蠹土豪，詐害無辜，贓證有據，或懦弱良民及孤兒寡婦，重大事情，有司被勢要賄壓，冤抑無伸，方許直書年月，據事控告，准與審理。迺本月放告之下，疊訟盈案，積紙幾至數千。及查閱情詞，非稱夥盜，劫掠資財千金萬金，則稱讐家刃殺父兄弟姪數命，一狀牽連數十人，一詞羅列數十事，無年無月，無證無贓，希圖混准。又有無知愚頑，一切戶婚田土債務墳山概形告牘。閩俗刁風，莫此爲甚。查地方失事，文武俱有責成，匿報有罪，緝追有條，功令何等森嚴。使果有被劫重情，地方何無通報？至眞正人命，自有地隣保甲報明縣官，委員相驗，定傷通詳，豈容光棍通同訟師，以告狀爲生涯？平昔瞰有殷實鄉民愚懦可欺者，借重情題目，一網打盡，希圖批發府廳縣衙門，預先串買該衙門差役，夥同到地，逐名吸詐，指稱打點。甚至移甲就乙，輾轉騙害。蹊壑既饜，原告飽颺，差役以無人回銷，了此一本公案。更有一種奸棍，逆知謊狀不准，央囑各衙門及游客鄉紳名帖夾送，簽定批某衙門。既准之後，告棍狠差，三五成羣，沿家鎖弔，剝脂吮髓，科十費一。仍轉囑營求註銷，甚至無藉惡徒，買囑丐兒乞婦，背黃執播，沿街禮拜，呼冤喊救。總之百千虛詞粧點，無非數種訛棍圈套。本司稔知弊害，已非一日。除一概不准，并已往不究外，合行禁飭。爲此示仰閤屬官吏紳士軍民人等知悉：嗣後除眞正冤枉，及衙蠹土豪詐贓有據，重大事情，許直書被害年月，原被証佐住址，逢期赴告。查係實情，准與伸理。如有仍前混捏劫掠人命虛詞，伙告伙証，牽連無辜，希圖詐害，并不依日期攔街叫喊，及囑求名帖夾送等弊，除不准外，飛拿本告立斃杖下，訟師歇家一併嚴刑重究。至於戶婚田土，自有司存，更毋得瀆詞取戾。本司執法如山，各宜遵守，毋自噬臍。

清・洪若皋《南沙文集・再禁訛棍誣告示》　爲再禁訛棍誣告，以肅刁風事。照得閩俗誣告之害，惡習相沿，其來已舊。本司視事之初，卽嚴行禁飭，訛棍潛踪，將近兩月。邇來刁風復熾，一種愍不畏死之徒，耑以告狀爲生涯，捏一紙劫掠人命虛詞，鎮日沿衢伏路，叫苦呼冤。或攔馬攀輿，或行賄央求，逆知上司事務殷繁，勢必批發承問衙門。往往預先串通該衙門經承差役，打點承票行拘。一經批發，告棍奸差，夥同到地，逐名科歛，包攬免提銷案。鄉民懼見官府，富者盡產傾囊，貧者賣妻易子。婪壑既飽，通同回官，或稱原告杳無踪跡，或稱被犯並無住址。承問之官摘發無術，苟簡因循，是以凡經批發詞狀，從未有承問官審結一件以詳覆者。百姓何辜，遭此荼毒。更可異者，原告捏張爲李，被犯指越爲秦，詞內籍貫，無非省城閩侯；縣衛行提住址，盡是外郡七府一州。尤可異者，一狀牽連十數名，狀身之內若干名，計開之下又若干名，承問衙門行提時又私添若干名，告棍藉奸差爲爪牙，奸差藉經承爲腹心，百千良民之脂膏，盡供一伙訛棍之刁筆。本司每當繙閱之下，不勝髮指眥裂。如告劫也，則稱遭強數十凶，包頭露刃明伙殺掠，或黑夜屠門，或中途截劫，非數百金，卽幾千兩。既係黑夜，何知姓名；既係中途，何知住址。其告命也，則稱統衆幾十餘人，揮拳列械，立時斃命。或拋屍無踪，或傷痕確據。非其父兄，卽其子姪。既係拋屍，何處溝渠；既係傷痕，何人檢驗。種種誣捏，不審自明。除將已經批發各衙門詞狀盡數弔回親審，立剖眞僞外，合再出示禁飭。爲此示仰通省官吏士庶軍民人等如悉：嗣後如有劫掠重情，立赴該地方汛防文武各官投報，擒拿眞賊，搜獲眞贓眞仗，通詳發審。眞正人命，務投報縣官，檢驗眞傷眞痕，確供的證，通詳審擬，並不許借端越告。或地方果有匿賊不報，有司果有眞命賄擱，方許直書年月，據實陳控，准與伸冤。如仍前假冒籍貫，裝揑重情，株連無辜，沿街叫喊，及囑託求准等弊，除誣詞不准外，定密拿告棍，立刻嚴刑處死，并拿訟師歇家，立斃杖下。至於承問各衙門，凡奉批發詞狀，務逐件清理，毋使差棍通同，飽贓擱案，經年不結，致刁風熾盛，良民罹殃。本司見在查事親審，察出此等情弊，定立拿該衙門經承差役，一併嚴刑處死不貸。本司洞奸若火，疾惡如讐，法在必行，愼保性命，毋自貽慼。

清·鄭端《政學録·審查盜情》 有致命重傷者，不分盜之眞假，限内身死者，許家屬告發，定疑償命。

清·鄭端《日知堂文集·狀式》 爲酌發狀式事。照得古以金矢聽辭，懸式象魏，明白顯易，共知共聞。雖兩造俱陳，而天良難昧，枉直不謬，而是非自明。及至人心不古，以健訟爲能，口不能達，又惟代書是聽。彼代書者，止圖利己，何惜陷人。若不酌定程式，勢必蔓引無辜。除面諭長吳兩縣，親查考土著誠實之人，給以花押圖記臨期書寫外，合再示知闔屬人等一體遵行，並將狀式開列於後，違式者一概不准。

人命告辜式不許多報一處，不許妄增一分。違者看明重究。路遠告辜不得過五日。本縣某里某人爲毆傷事。有某父伯叔姪兄弟妻子年若干歲，本月某日某時與某人爲某事多不過四字相爭，被某執拏，磚石、金刃、他物，或用拳脚。將某父伯叔姪兄弟妻子打有某處傷痕，青、紅色長若干，闊若干，圍若干，橫若干，有無骨破，見今着床、不食某人，某人見証。爲此據實呈報，伏乞相看，案候保辜，責令本犯尋醫調治。上告。

人命告檢式　本縣某里某人爲人命事。某月某日有某父伯叔姪兄弟妻子被某人毆打傷重，某醫調治不痊，至某日某時身死。除傷痕已經報官案候外，伏乞檢驗施行。上告。

告盜情狀式不許多開一物，不許多報一盜，違者追究，仍不准理　某州某縣某人爲盜情事。某月某日某更時分，強、竊盜約有幾名，各持兇器剜透牆房暗偷出，或打開門窗將某拏住，用刀剳火燎，劫去某物，某物若干件，係甚花樣，有何記號銀錢若干數整錠、散碎，或人口俱驚散，或輪姦某婦女保甲人等俱來，通不救護，或追趕不前，或不知去向。伏乞案候嚴拏。上告。

告辯盜狀式　某府州縣某人爲辯冤事。某平日作何生理，原因某事不過四字與現獲賊犯某人有讐，某人某人知證，某日某夜某實在某處何幹，某人某人見證，今被某賊攀誣同盜，況某見在某鄉約保甲住居，人人共知。乞傳本鄉甲查訪平日果否非爲，容其保救，庶不苦死黑獄。上告。

告姦情狀式　某府某縣某人爲姦情事。財娶到妻、兒婦某氏或妹女某名，年若干歲，被某人誘姦日久，拐帶財物若干，到某地方潛住。或云強姦不從，見打剳某處傷痕。或強姦已成，見扯破何衣，奪下何物，氏喊叫何人聽證。或不堪羞忿，某日某時自縊刎頸、投井。身死。某人某人證。上告。

告打詐狀式　某府州縣某人爲打詐事。某月日某人某人指稱衙門，指拏盜情將某拏住，指何情由，用何兇器，在於某處拷打，見有某傷，詐去財物若干，某人某人證。上告。

告地土狀式田宅同　某府某縣人某人爲地土事。某年月，同中某人，某人買到某人地若干，價錢若干，已、未經過割，被某人侵占。自量得幾十幾畝幾分幾釐，鄰佑某人證。上告。

告婚姻狀式　某府某縣人爲婚烟事。某年月日，同媒某人，將第幾男某人用財禮或聘禮若干、定某人第幾女某名爲妻。一向未曾行禮，行禮幾次。至某月日不行，知會用某人某人爲媒，改定與某人爲妻未曾，已經成婚。上告。

告賭博狀式　某府某縣人爲賭博事。某月日某人某人幫某弟姪、子孫陸續贏去錢若干，物若干，賣房地若干，某人開場見奪攤場某物。上告。

告陵奪狀式孤幼被人陵奪，同此式　某府某縣某人爲陵奪事。氏某年月喪夫有子女，無子女遺下房若干，地若干，頭畜若干，糧食若干，衣服若干。情願守節，被某伯叔兄弟上門打幾次，罵幾次，奪賣某物。又將氏暗許某人，強來逼取，某人某人證。上告。

告保盜狀式不在本鄉約保甲者不准保救　某府某縣鄉約保甲鄰佑某人等共百十人爲冤枉事。本鄉幾甲某人平日作何生理，本分善良，並無非爲等事，委因與某有讐，或係快壯某人詐財唆咬。伏乞審明保在，倘有狥情懼惡，妄保眞賊者，事發某等同罪，脫逃某等訪拏結狀，情願入招粘卷。所保是實。上告。

告貪污狀式　某府州縣某人爲貪污事。某年月日爲何緣故，被某官吏某人索詐某銀物若干，某人過付可審。上告。

告故勘狀式　某府州縣某人爲故勘事。某年月日被某官吏挾讐詐財，故將某人拘拏監禁拷打身死，某人證。上告。

告科斂狀式　某府州縣某人爲科斂事。某年月日被某官吏某人某人指稱何項名色，科派某人某人銀物若干，某人審證。上告。

告侵欺狀式　某府州縣某人爲侵欺事。某年月日被庫吏收書某人收掌某項銀物，某人侵盜，或於內侵欺若干，某人某簿審證。上告。

告詐騙狀式　某府州縣某人爲詐騙事。被某人專一纂捏無影事蹟，交結衙門人役，某年月日挾騙銀物若干，某人證。上告。

告勢豪狀式　某府州縣某人爲勢豪事。某年月日有某缺用，食向某借銀若干兩，粟若干石，算利過本幾倍，伊將某私家拷打，逼將妻妾，子女，房地，頭畜準折，某人證。上告。

告財產狀式　某府州縣某人爲財產事。某祖父某故遺下房幾所，地若干畝，資本銀若干兩，首飾衣物若干件應該某與某伯叔或兄照枝派均分，今某某倚恃尊長，盡行霸去，不分遺約或親隣，某人證。上告。

告錢物狀式　某府州縣某人爲錢物事。某人因缺用，食於某年月日向某借去銀若干兩，粟若干石。中人某人，并借約證，今某人至今幾年分文不還，屢討延調不與。上告。

告欺害狀式　某府州縣某人爲欺害事。被某與某素有某隙，今某倚恃豪強，於某月日將某無故羅毆，某人證。又至某月日將某田地房舍占去，約有幾畝幾間。上告。

告唆誣狀式　某府州縣某人爲唆誣事。某里某人與某或地土相爭，酒醉互嚷以此結讐，某人證。今某或因盜賊，或因人命事犯，被某唆某將某掛告同盜毆乞准審豁。上告。

告詭隱狀式　某府州縣某人爲詭隱事。被某里某人將自己地土詭寄，欺隱若干，躲避重差，減扣額糧。某人某冊証據。上告。

告抗糧狀式　某府州縣某人爲抗糧事。某人見種地若干，糧石至今升合不納，詭作荒逃。致某受此賠累。乞准拘究。上告。

告重收狀式　某府州縣某人爲重收事。庫吏收書某人徵收某項錢糧，不遵部司法馬大等，高稱每兩加耗若干，某人某人證。上告。

以上約略有此數件，類此者倣而行之，總以直書眞情，不必泛引虛詞。

一、户婚田土口角小嫌，捏名重大，希圖誑准者，審出定行重處。

一、狀詞牽累多人及被證過三名者不准。

一、不據事直訴，分外粘連款單者，不准。

一、初詞之外，又行續稟，改名换姓者，不准。

一、干証不係鄰佑，不書住址者，不准。

一、非奸情牽告婦女者，不准。

一、赴院陳訴必開某年某月日，曾告某衙門，審斷不明，冤抑難伸。有審語則抄粘審語，無審語則開被某衙役某勢豪光棍阻攔，不許申訴。審實摘拏懲處，如虛反坐。

一、告貪官污吏，無贓款實據過付確証年月日期者，不准。

一、告私徵苛派，無款項數目年月証據者，不准。

一、人命強盜，例由該州縣通申批審，未經斷結即行越訴者，不准。

一、羅織舊事，希圖害人者，除不准外，仍查拿重處。

一、告狀人必開某府某州縣人，今歇寓某街某巷某人之家，代書某人。即用縣發圖記爲憑，並備副狀一，存案一，批發違式混寫者不准。至於聽信訟師，不用代書圖記，私自串同張大虛詞者，除不准外，仍嚴拿治罪。

清・鄭端《日知堂文集・江撫再諭》　本院承乏江蘇，時將及期，健訟之習雖僅去一二，而尚留七八，自愧學淺德薄，不能奉宣聖化。思所以移風易俗者而無由，惟有省事一著，無大利亦無大害，又恐屬員不察，漸就苟簡怠忽之久，反致叢脞。除出示通行曉諭外，今將九月告期所准狀詞批注於後，較上次未免稍多而細故間亦不遺，正以示敎闔屬，以見吏治民生，原相表裏，父母子民義難膜視。耐煩即省事之本，平情乃息爭之道，未有安坐無爲而致上理者。故不得已而思變通，以求宜民宜俗之方，非好事也。凡我官民其共諒之，特示。再前日兩縣考取代書，仍不據事直錄，多屬無根虛詞。再敢如此，定行責革，斷不姑留。又示。

清・劉澤霖《蒞鳳簡言・嚴禁捏款刁訟示》　爲嚴禁捏款刁訟之風以除民害事。照得人非上古，訟所不免，即有萬不得已，執詞控告，但期伸己冤枉，非以借此害人。無奈民風刁惡，良心盡喪，列款粘單，捏詞織句，計贓私則累百盈千，指證佐則拖張帶李，冤情滿紙，惡跡多端。在上臺以除蠹安民爲心，不得不准；在問官以理冤雪枉爲政，不得不審。及爲推究細訊，則捉影捕風，盡屬烏有，描頭畫角，多半虛誣。及當呈詳上臺，猶恐支飾批駁甚嚴，問官恐不得情，訪求愈切，一駁再駁，一審再審，蓋不獨被告之苦楚難言，求死不得，卽干証之拖累益甚，欲生無由。而原告揚揚自喜，縱志快心，詈不少悛，尤無忌憚。嗟乎，世無奸惡，惟捏款之人眞奸惡也；世無刁棍，惟健訟之人眞刁棍也。以一紙而害一家，以一字而害一人，論其計爲一網之打，論其毒爲蝮蝎之螫，論其形爲含血之噴，論其勢爲借刀之殺，是世之奸惡刁棍，莫有過於此者矣。

朝廷深知此弊，痛加懲創，嚴款訐之禁，申反坐之條，歷經遵依在案。無如此輩愍不畏死，以爲得計，愈出愈奇，其在秦中，鳳爲尤甚。鳳乃衝地，差役繁苦。鳳乃瘠壤，收成淡薄，錢糧急如星火，逋欠不容分毫，而民窮財盡，剜肉醫瘡，亦云極矣。卽安分守己，尚恐不保朝夕，猶然喜爲爭訟，互相告訐，單款並陳，希圖誑准。以致催提比較，官役受累，案牘經年不清不結，百姓更因之而逋逃，錢糧更因之而拖欠，貽害無窮，作祟不小。似此惡弊，深可痛恨。合行出示嚴禁。爲此示仰各州縣軍民人等知悉：自示之後，各宜洗心滌慮，安分無爭。卽有控抝，據實直告，不得粘列款單，不得牽累証佐，不得借年遠之事以粧點目前，不得借他人之惡以移掇被犯。如有不遵嚴示，輒敢仍前罔作，以單款害人者，不論憲批自理，先拏原犯重責三十板，方行審理。如虛，加等治罪之外，卽照虛款中坐贓。卽使審有實據，亦斷令各半賠納贓私，並查究代書主謀，一併治罪，斷不少爲假借，以長告訐之風。本府言出惟信，萬勿以害人之計自害其身，速自悔悟可也。須至告示者。

清・劉澤霖《莅鳳簡言・禁止詞訟示》 爲勸民息爭免訟以厚風俗事。照得邇年軍需緊急，催科未停，又路當衝衢，徭役不息。而鳳郡百姓，典衣賣產，十室九空，血汗已枯，困窮至極。正當盡力南畝，克勤克儉，黽勉急公，蚤完國課，爲保身養家之計。何得又以戶婚田土鬭毆小事，閒言閒氣，致興訟端，爾百姓以訟爲易事耶？寫狀詞有費，發差票有費，央房科有費，請証佐有費，往來食用盤纏有費，是未見輸贏，其費不知多少矣。費無益之閒錢成訟，何如納本身之正糧爲得乎？且詞訟一興，未見完結，彼告此訴，牽纏不了，以致身爲在官人犯，田不得耕，衣不得織，土地荒蕪，妻子啼號。此時卽欲止而不訟，事由官長，不得自主，雖則懊悔噬臍無及矣。況告者未必便贏，往往情虛反坐，大則充軍問徒，小則決杖納贖，本欲害人，反以害己。且健訟之徒，天理不容，結冤結恨，貽禍後人，又歷歷可驗。是興訟之不利如此，吾民窮困，何苦爲之？總由爾民愚蠢無知，只圖目前，不思利害之故耳。本府忝領一郡，與爾民痛癢相關，本府爲爾民父母，爾民爲本府子孫。如子孫以閧爭破家，父母之心豈能安然歡喜？本府在爾鳳郡已半載有餘，此衷此念，諒所共曉。故不憚繁瑣，諄諄勸諭，願爾民以本府之心爲心，是卽淳良百姓矣。前捏款妄控之風，爾民已聽本府之言，似覺少息，但近閱詞狀，尚多牽連網誣，未能使民無訟，本府猶爲痛心。但此中一概不准，旣恐爾民冤抑無訴。若姑准批發該縣，則以催糧緊急，案牘繁多，該縣又未便爲爾民審理，是以動經歲月，雖准無益。嗣後爾民果有人命強盜抗糧重情，許赴本府告理，其餘些小事故，可止則止，不必再爲瀆擾。倘萬不得已，就近州縣依理控愬，未必枉斷，亦不必遠來本府伺候告訴，徒勞往返。倘有故違，三十大板，一面大枷，本府未肯以子孫相待也。合行出示嚴禁。爲此示仰八屬軍民人等知悉：自示之後，遵依前言，各各洗心悔過，力改舊習。閧爭小忿，冰消雪化，務期早早完糧，同享太平日子。父與父言慈，子與子言孝，鄉里與鄉里言和睦。擯棄健訟，羞言詞狀，生當堯舜之世，共爲熙皞之民。本府卽飲鳳翔一勺水，其受苦民之惠多多矣。本府肝膈之言，勿作紙上空談，共相傳說，恪爲遵守可也。特示。

清・張我觀《覆甕集・申嚴船脚等事》 照得曹娥地方，乃屬通衢大道，商賈往來如織。近訪有等不法棍徒，勾聯鼠竊，名爲脚船，每遇客貨到地，蜂攢勒僱，一經墮局，任將行李貨物趲前落後，使彼照顧不全，竟可恣意偸竊。若有知覺理論，反謂誣良肆毆。可憐異客窮途，雖欲呈告，恐躭時日，只得飲恨而返，以致若輩無所畏憚。今際隆冬，商販雲集，若不亟爲查禁，貽害無窮。除委東關驛就近巡查外，合行出示嚴禁。爲此示仰牙埠船脚車夫以及行旅人等知悉：嗣後各宜改絃易轍，凡有貨物過壩，務須任客僱募，不得仍前強勒偸竊貨物。敢有違犯，許被害之人卽稟該驛拿解赴縣，以憑盡法究處。爾船脚各相稽察，內有陽奉陰違者，卽行舉報。如有此等之人，各具連環互保，有犯同坐，甘結送查。自此挨察，則宵小之輩無可托足，在爾等亦分清白矣。各宜凜之。特示。

清・張我觀《覆甕集・飭諭事》 照得考取代書，原欲使與兩造叙明事之始末，理辯曲直耳。近閱呈詞，多有訟師起稿，代書膽清用戳。故爾事多蔓牽，小題大作，唆訟不已，以致案牘廣積，檢閱紛繁。及當堂審訊，公道自在，鬼神難欺，雖據巧詞如簧，終必曲直攸分。是以上憲屢行飭禁，何物訟師，猶故頑梗不化。今特出示飭諭取録代書知悉：嗣後呈狀，必據原告口吐眞情，代書據實自寫，不許用其來稿。如有來稿，必查閲稿係何人所作，狀尾開註做稿姓名，以憑根究。倘或代書狥庇不註，一併查究不貸。特諭。

清・張我觀《覆甕集・申教令廣勸導等事》 俗語云：婦人一入衙，三世莫結親。雖地有南北之分，而理無彼此之別。今會邑無論大小事件，每多婦女呈訴，甚至沿路喊冤，不惜臉面，何至于此？嗣後婦女出官遞呈，罪坐夫男。本縣爲一邑令長，事無巨細，俱當言及，况此有關風化者乎？

清・張我觀《覆甕集・訴訟一秉虚公等事》 照得本縣職爲通邑令長，民無賢不肖，均屬赤子。既爲爾等慮之詳，不得不爲爾等言之切。夫敎養百姓，原屬職所當爲，優待縉紳，豈敢禮有或缺？若不款接紳衿人情，何以周知利弊，何由興革？故不論紳衿耆老，有進一典利之策，使閭里盡蒙其庥；除一作弊之奸，俾衆庶悉受其庇。此等高賢，枉顧本縣，必延爲上賓，待以殊禮。奈會俗好訟，屢經諄諭勸誡，至再至三，其如俗之不改何？一經涉訟，好勝之心日熾，鑽謀請託，無所不至。因有茹葷好貨之徒，遂乃肆其漁獵，以爲不得於此，必得於彼。本縣矢志如山，必不爲浮言移易。歷任半載有餘，爾小民自然深悉也。且公道自在人心，王章決不容僞，豈可信其牢籠，任彼顛倒？合行示曉。爲此示諭紳衿士庶人等知悉：本縣款接紳衿，所詢者不過風俗民情，與一切地方利害興革，使吾民安土樂業，必不肯以暮夜無知，許人私謁，亦不敢以豪門勢燄，聽彼情詞。今喜在籍與游宦諸先生見諒樸誠，非公不至，惟慮有等所謂撞木鐘者，或藉父兄弟男之聲勢，或假交遊氣誼之相知，無論情之眞僞，理之枉伸，一概包攬。小民誤聽而受其籠絡欺騙者，正復不少。不幸而有訟事，遂致枉費脂膏，如事理果直，何待講求，倘情事若虚，求亦無濟，爾小民當急自猛省也。嗣後若有面言情分，定當面叱之，若以簡札乞求，必刷之照壁間。本縣西北率直之人，絶無委曲。在講求者，尚須自愛，在鑽謀者，亦須聆悉耳。須至告示者。

清・張我觀《覆甕集・頒設狀式等事》 照得本縣新涖茲土，未悉民風，是以一切事宜，不敢率爾舉行，恐貽躁妄失實之誚。獨是告訴呈詞，乃民間被抑含冤情不能已之事，是須虚衷聽受，亟當伸理者也。本縣於每日收受詞狀一百數十餘紙，卽焚膏披閲。其間或有片紙率書字跡潦草，或有叙述情節語句支離，或有田地婚烟一無憑據，或有原被證佐並不列名，或架重大之情而誑聽，或摭瑣屑之事而瀆呈，或一事而進數十之續詞，或一詞而贅無干之節畧，或翻舊案而捏造新題，或代旁人而稱爲切己。大都影響，不少虚詞，究之實跡眞情，十無一二。若不頒一定式，使知遵照奉行，何由訟獄得清，下情是達。合亟曉示通飭。爲此示仰縣屬人等知悉：今本縣刊定狀式，凡有情眞事實，果係被屈受冤者，賫狀倩本縣所考取之代書人明白直書，至期親身赴縣唱名投遞。若唱名不到，僱倩他人，有違狀式，事涉虚誣者，槩不准理。再詞訟止許一告一訴，不得陸續投遞，定例開載甚明，更當一體遵奉，毋許仍前混呈疊訴，滋擾取尤。要知訟獄之興，起于一時憤激，成于一言忤觸，更有扛幫好事，爭勝負以爲能；刀筆訟師，唆原被而圖利。及至讞成案結，業已財去囊空，何苦因口舌牙角之微嫌，竟甘棄士農工賈之本業。其間得喪，必能辨之。諸色人等，果能事事克己，步步遜人，則何至成訟，亦何有于訟耶？本縣偶因飭曉之示，竊附勸諭之文，不過欲寧人息事，以厚民生，非敢望事簡刑清，以耽晏樂。宜各恪遵凜悉。須至告示者。

清・趙吉士《牧愛堂編・爲勸士事》 本縣愛之禮之，未識面而聞名者，本縣亦莫不敬之重之。至於輟詩書而躬商賈之行，借衣頂以爲護身家之符，此其人或爲貧所使，或爲富所累，蓋亦人情之常，本縣但悲其無志，而不足責也。更有越禮犯分之輩，訐告官吏而無忌，毁訔前輩以爲能，因而把持衙門，興滅詞訟。求其所欲，不過數兩數錢，竟不知其爲名敎罪人。本縣痛恨之下，又復憐之，勸戒之餘，時更望之。凡人爲不善有力，則爲善亦有力。倘能頓改前非，自愛其鼎，本縣當直詳學憲，謂諸生悉守卧碑，奉條約，蔑檢踰閑。他郡自有，平原獨無，或亦上憲所首肯者，卽屢奉駁查。本縣寧受抗違狥庇之參處，不易化惡從善之本懷。諸生鑒此苦心，幸無相負。

清・趙吉士《牧愛堂編・一件爲黄册之攢造當寛等事》 但官防嚴密，大堂訊鞫，聞見難周，凡歷來積弊及賄漏隱報等情，許爾公正弱甲受累諸人等每日大堂投文時具詞首稟。誠恐畏勢不敢聲説，但投匣內封進。本縣寸心自明，不必指出投首者姓氏，以招爾一身之怨也。

清・陳枚《憑山閣增輯留青新集・施宏〈申禁刁民具詞捕衙示〉》 爲再行嚴飭恪遵功令事。奉本府憲牌內開，照得佐貳受詞，久干嚴禁，夾棍酷刑，非命盜重情，不許擅用。均奉旨憲禁例，諄諄戒諭，嚴且切矣。近聞有等不肖屬員，罔遵功令，推勘細事，而擅行夾訊。佐貳等官，敢於濫受民詞，狥私曲斷，顛例晃非，種種滋弊，難以枚舉。除現在密訪詳參外，合行嚴飭。仰縣即便轉飭所屬各官：嗣後凡承奉審勘事件，非命盗重情不許擅加酷刑，妄行夾訊。至於民間詞訟，俱聽印官審理。如佐貳仍前違例受詞，枉法滋弊，一經訪聞告發，定即列揭詳參，斷不姑貸。等因到縣，奉此爲照，居官奉職，各有定例。凡佐貳官擅受民詞，降一級調用。正官失察，罰俸一年。承審官將不應夾訊之人行夾，降一級，另用非刑者革職。載在令典。本縣宰臨已經四載，不肯濫准一詞，不忍輕用桚夾。蓋以訟費人財，刑損人命，惜物力，養天和也。惟是世澆俗戾，健訟者詞必無情，正官斥其虛誣，必向散員膚愬，以散員易於強准也。況散員喚質有力者，便可立而對簿，要夾要倉，把持任意，此樂於赴控者一也。無力者亦以易於求請，要和要審，起滅自如，此樂於赴控者一也。更有一種訟棍，教唆害人，以多訟久訟爲貴，即些小之事，哄人分頭呈告。一詞投堂，必以一詞投衙，堂詞未准，衙詞先行，堂詞已結，衙詞未完，纏延月日，便於取利，此樂於赴控者又一也。尤可痛恨者，村鄙好事保長，將人家婦姑夫妻之反唇，捏以不孝不貞之題目，寫一報呈混遞騙，得准查二字，則勾領皂隸，拴同惡黨，恐嚇婦女，局賺懦愚，武斷包攬，詐酒婪錢。官受不美之名，彼收自然之利，此樂於赴控者又一也。臨邑原無佐貳，止設捕衙一員，民詞投受，屢經飭禁在案。今奉前因，除重刑之禁，另檄該衙官攢外，合將受詞一條再示曉禁。嗣後爾人民務須洗除健訟舊習，其有大于律例敗傷風化，大冤大枉，必不可已之事。許赴本縣呈告，或親拘，或批衙，靜候公斷，不得希圖起滅把持，私向該衙混控。本縣現今差役在於大門不時稽查，查有以詞赴衙投遞者，係生員牒送儒學牧管，係庶民先責三十板，并同原詞詳憲究處。倘該衙不奉批發，擅自喚審，立即揭報請憲處分。至於訟棍虐民，現奉憲訪，保長生事，現奉憲禁。敢有故違，身命攸係，爾人民毋思害人，竟至害官，仍以自害也。本縣執法如山，斷不姑狥，自貽失察之咎。各各凜遵，須至示者。

清・朱奇政《同安紀略・飭各役示》　爲訪聞積弊未除亟行飭禁事。照得本縣恭膺簡命，百里重寄，苞苴之念，洗心誓絕，想見諒於爾民矣。數日除坐堂之外，時刻坐串堂辯理公事，惟勤惟慎，不暇自逸。一應詞訟，隨到隨審，舌敝穎禿，亦不厭煩，誠欲使爾民有情卽伸，無妨本業也。訪得同俗衙蠹積弊，每每拘犯到城，承役未飽其慾，不爲稟審。甚至羈留飯店，坐無名之監，需索常規，受無罪之罰。本縣內堂靜坐，無事可審，爾民城廂守候，有冤難伸。視爲故常，恬不之怪，累民妨業，殊可痛恨，合行飭禁。爲此嚴飭承役人等並原被犯證知悉：嗣後在訟，人犯到齊，承胥抑勒不行稟審者，許受害人卽時喊稟，以憑究處。或被告守候已久，原告刁捎不出者，許被告同原差稟明，立行銷案。至於詞內除姦盜外，一應牽連婦女，概行免拘，一家父子兄弟，不許並拘，卽案犯間有未齊，亦可審結。且農務正殷，如中証處明二比願息，當堂具結，卽正銷案寧家。更有詞內要犯關拘需時者，爾等稟明取保，亦着歸家務農，判日示審，不許仍前借端延擬，希圖懸擱。

清・雅爾圖《雅公心政録》卷四　爲嚴禁健訟誣告之惡習以安民生事。照得本部院到任以來，見豫民淳樸，是以凡百措施，務以安靜培養爲事。如通融緩急，使耕耨及時，減利輕租，使積逋易楚。禁官役之擾累，嚴盜賊之竊劫。本部院不知費幾許心血，招若干怨尤，整頓調停，培植休養。今一年以來，雖不能家給人足，而閭閻之間，漸有盈寧之象。凡爾士民，如能退讓謙和，安分守業，自然上召天和，連年豐稔，則通省一百九邑，將必盡爲樂郊，熙熙恬恬，豈不至快？乃有一種健訟之徒，或男女口角，即捏稱強姦。或索取債負，即指爲局賭。親族無嗣，即爭分其產，不顧禋祀之有無。兄弟析財，每陰謀多取，不念手足之參商。久賣之地，非曰暫當，即稱折準，以圖翻賣找價。已結之案，不曰狥情，即稱受賄，以冀變亂是非。圖人妻女，猶以活割賴婚爲詞；謀奪墳塋，反架毀骸平塚具控。滿紙奇冤，及批發審理，毫無影響。此等刁徒，及主唆代筆之人，若不盡法究處，不但良懦無由安枕，且乖戾之氣流毒地方，必致感召災眚，大負本部院夙興夜寐孜孜求治之意。合再嚴禁，爲此示仰撫屬士庶軍民人等知悉：嗣後務須平心和氣，安分守法，共樂昇平。果有大冤大枉，直書具控，本部院自當准理，爲爾等昭雪。若架捏虛詞，造言陷害，如于閱呈之時察出，定即嚴拿重責。如批發審出，定照誣告反坐，並根究訟師，一體治罪。法在必行，斷不稍爲姑息，致留此等刁徒貽累良民，並招災眚也。各宜凜遵，毋貽後悔。須至示者。出示轅門并鼓樓云。

清・雅爾圖《雅公心政録》卷五　爲查拏訟師以息誣告之源事。照得搆訟一事最易破家，必須實有冤抑，方可投具呈稟。乃有一種無賴棍徒，倚衙門爲利藪，借刀筆作生涯，比匪朋奸，結交胥役，搖唇鼓舌，顛倒是非，逢人聳其告訐，遇事便起風波，毫無影響，幻出蜃樓海市，慣用機謀技能換日偷天，羅織無辜，牽連婦女。無識之人悞墮術中，一經混准，先則會書差送開手，任其科泒，繼則講鋪堂謝吏役，聽其開銷。至于已準未審之時，則抄詞送審，稟到催拘，借名侵冒。而且每日茶坊酒肆，飯食草料，肆行花費，甚至夤緣撞騙，無所不至。幸而得勝，則矜奇炫能，引爲己功，索謝不已。倘或受虧，不曰官府狥情，則稱吏書受賄，上控不休。更有事虛畏審，故尋枝節延挨拖累者。亦有兩造不願終訟，而訟師把持不容歇手者。往往一訟未終，原被俱至傾家，是訟師之害最爲慘毒。合行查挐。爲此示仰撫屬士民人等知悉：嗣後一應詞訟，務須據事直書，切毋投托訟師，任其播弄，致受其害。該地方官審理案件，稍有虛誣，即根究訟師，嚴行處治。如誣告之人應擬反坐，能將訟師據實首出者，將訟師照誣告治罪，本人諒從寬減。該司道府州縣仍不時訪察，如有訟師盤踞衙門，教唆詞訟者，即行嚴挐。本部院亦現在遣人密訪，有即提究。該州縣失察，或聽斷時並不查究，分別參處，毋違。特示。乾隆六年二月十七日。

清・吴碘《思誠堂集・嚴禁鼓衆黨抗示》 爲嚴禁鼓衆黨抗以申法紀以安民生事。照得安分守己，謂之良民，糾聚生事，卽爲光棍。仰蒙朝廷視民如傷，若保赤子，於是欽頒律例，設爲科條以整齊之。又恐愚民習於非僻，欲其潛移默化，務歸淳良，復蒙頒行上諭十六條以勸戒之，所以爲爾軍民身家性命之計至詳且切矣。本部院前於楚撫任內，見湖北民間往往有因戶婚田土細事啓釁爭鬭，輒或號召多人，呼朋引類，羣聚攢毆，多傷人命，絞流徒杖，分別抵擬者，不一而足。其餘逃死他鄉，拖累監斃者，又不可勝言。本部院憫愚民之無知，怪結黨之惡習，已經諄諄告誡，出示曉諭，冀爾軍民人等體我至誠，父子兄弟共相勸勉，各惜身命而重犯法耳。玆復恭膺特簡，總制全楚，任大責重，夙夜飲冰茹蘗，罔敢卽安。一應日用什物薪水蔬米俱發現銀平買，絲毫不累官民，一意清靜休養，期與爾軍民共樂昇平。乃察訪民風，檢查卷案，見北南兩湖有因差糧人命等事，動輒恃衆逞頑，執持鎗棍，蜂屯蟻聚，羣焉附和，甚至鳴鑼扯旗，讙譁搶奪。此是第一非常不法異事，乃楚民爲奸棍蠱惑，視爲故常。往往見告初時，雖此唱彼和，似若衆忿，未得指名，到底水落石出，首倡之人明有王法，幽有鬼神，累衆害人，必無倖免之理。且敝俗刁風日久，不行悛改，將來執法難寬，窮究懲創，又恐玉石俱燼，所傷實多。念此刁愚，可勝嘆惋。爾等所以聚集衆人奔走讙呼者，不過輕聽奸徒，以爲衆口示公，易於動上官之聽。不知如果有錢糧眞正賠累，及差徭不均，疾苦難堪者，合當陳訴有司，若有司不理，卽據實上控，倘一控未清，不妨至於再，至於三，使事屬眞情自然爲區處清理。卽或詞多失實，跡涉健訟，終是良民。若肆然阻抗不納，及羣衆囂然拒攝，則是天地間之亂民矣。豈有亂民而爲法可輕宥者乎？是使不肖有司反得以藉口誅鋤，而無知之赤子反自陷於大罪而不可逭矣。至如有人命等情，冤抑莫伸者，陳訴有司，如有司不公不明，處斷未能平允，卽據實上訴，一訴未伸，至於再，至於三，是非眞僞自有分曉。若或軍或民羣聚讙譁，抗檢抗審，甚至憤辱凶犯，恃衆報復，甚至凌脅問官，把持黨訕，是以有理之冤屈苦主，被害之無辜良民，而反成犯法之光棍惡徒矣。光棍糾聚蜂擁，例所最重，爲首立斬，爲從俱絞，爾等楚地軍民獨不知乎？奈何踵不法之習，蹈必死之地耶？本部院教宥情殷，撫綏念篤，共期風移俗美，故不惜深切曉諭。爲此示仰督屬軍民人等知悉：各宜守分遵法，自愛身家性命，如有賠累冤抑萬不得已之情，而有司不爲分理及處置乖舛者，據實赴各該管上司衙門控訴，自然理直得伸，免累昭豁。若此示後，不聽本部院諄諄訓飭，敢有仍前輕信奸徒鼓煽，聚集多人，結黨抗脅，附和生事者，地方官卽據實詳報，擒拿解究。無論事理曲直，先照光棍例治罪，決不姑寬，以長刁風。法在必行，毋貽後悔。特示。

清・趙申喬《趙恭毅公自治官書類集・告示・飭查詐僞示》 爲飭查詐僞以肅法紀事。照得本都院恭膺帝簡，巡撫湖南。矢竭愚拙之誠，上報君恩，下甦民困。一應案牘，俱親自裁決，並不假手他人。本籍江南，距湖南數千餘里，並無宗族子弟在外經商遊學，且素性落落，衰暮之年，知交稀少。至於雜流遊棍尤所痛絕，恐有無藉之徒假托招搖，希圖撞騙，殊干法紀，合行飭查。爲此示仰撫屬官吏軍民人等知悉：如有外來之人，指稱本都院宗戚知交，潛投茶店，或詭言拜謁，或托名體訪，察其語詞荒唐，形踪詭秘者，立行擒拿，併歇家一同解院，以憑究訊，照光棍例發落。其地方官不行稽察，或墮奸術，定以知情通同，從重參處。各宜凜遵，毋得泛視。

清・趙申喬《趙恭毅公自治官書類集・告示・禁藉陛見私派示》 爲特行曉諭以杜私派事。照得湖南私派累民，借端生風，深可痛恨。本都院涖任五載，已經嚴行飭禁在案。兹本都院自正月前往江南恭迎聖駕，叩請聖安，及今回署，往返兩月有餘，盤費五十餘金，俱係支俸備用，誠恐不肖官吏借名科泒，婪利肥囊，上違功令，下害民生。合行出示曉諭。爲此示仰撫屬軍民人等知悉：如有地方不法劣棍拴同不肖官蠹指稱本都院接駕名目，私泒絲亳者，許受害之人據實首告，以憑立拿。棍蠹杖斃，官即參革究追，其通同與受不行首報者，一經本都院察出，定照例治罪，仍將失察該管上司以狗庇嚴參，法在必行，決不稍貸。爾等官吏毋得忽視。特示。

清・趙申喬《趙恭毅公自治官書類集・告示・禁佐貳擅理民詞示》　爲嚴禁雜職婪贓害民以肅法紀以期安輯事。照得審理詞訟，責成印官，佐貳不得擅受民詞，久經嚴飭在案。至於首領雜職，止以備公務差遣，原無審理詞訟之例。乃有印官怠惰偷安，不理政事，且以批詞作照看，以兩造當人情，甚至典檢吏目，儼然承問之官。勾通內幕，裏外朋奸，有詳卽久，無説不行，因而劣衿土棍，交結贓官，見事生波，扛幫取利。蓋此輩微程有限，既無遠大可期，謂上司察訪難周，故爾刑威不怕。一詞到手，總無空放之生；百計婪財，那顧剜心之痛。而印官方且喜其逢迎，不加禁止。更有貪其暮餽，留作私門，竟以百姓之膏脂，供此等之魚肉，本都院確有訪聞，不勝痛恨。除現在參拿盡法究處外，合行出示嚴飭。爲此示仰闔屬軍民人等知悉：凡一應詞訟，俱聽印官審理。如有佐貳擅受民詞，及印官不自理詞訟，批發典檢吏目，與典檢吏目出一票，差一役，或拘人犯，或派陋規，許被害人等即扭執原役原票赴轅首告，以憑參究。其印官并上司失察，一併參處。法在必行，斷不姑貸。

清・趙申喬《趙恭毅公自治官書類集・告示・禁健訟擾民示》　爲嚴飭無知健訟以杜棍擾以安民生事。照得物情不平，爭訟乃生，未有無知健訟如湖南今日之甚者。狀不准不止，訟不勝不休，且不論事情之輕重，併不知衙門之大小，戶婚田土，必以告院爲能；叫枉呼冤，似有剝膚之痛。每當放告，必擁擠盈廷；卽偶公出，輒攔輿投控。及經披閱，多係平常細事。或是屢告未准，且下屬承審而必從上訴，理虧被議而百計圖翻。甚至架空中之閣，鼓不風之波，累幅長篇，盡是無根浪語。婦女老幼都成習慣，油腔總由於藐法。訟棍欺騙愚頑，代做一詞，卽得一詞之利；替寫一紙，卽獲一紙之錢。一告不准，則哄以再告，一事未了，而便牽彼事。迨至眞情敗露，究其寫作姓名，或稱請過路人代寫，或云倩算命人代做，執迷不悟，甘受牢籠。誣告而不顧反坐之條，拖累而竟蹈破家之慘，殊堪痛恨，亦可矜憐。除訪拏訟棍究處外，合行出示嚴飭。爲此示仰撫屬軍民人等知悉：嗣後凡投遞一切呈狀，俱要開明寫作姓名，住址何處，以憑據詞查問，不得以過往推命之人混供卸責。如詞內不直書寫作姓名，除不准外，定行提究不貸。

清・趙申喬《趙恭毅公自治官書類集・告示・禁刁訟示》　爲嚴飭事。照得本都院蒞任之始，例應放告，但恐刁唆訟師拴通積棍，捏詞誑聳，或翻舊爲新，或裝小成大，希圖一准。詐害多端，殊屬不法，合行嚴飭。爲此示仰撫屬軍民人等知悉：如果貪官蠹役款蹟有據，及重大事情曾赴司道府縣控告不與准理者，許遵照頒式直書情節，至期當堂投遞，以凴閱奪。其刁訟積棍前項等弊一經察出，定行依律究擬，併提代書重處，斷不輕貸。再，四月至七月俱係農忙，停訟。嗣後概不許攔街賣喊，違者立拿枷責，毋得混擾取咎。

清・戴兆佳《天台治略・一件嚴禁在官人役保歇訟犯事》　照得本縣系出新安，家居郎步，自童年束髮授書，晨昏定省，凜遵行矩言方之嚴訓。迨徼倖釋褐以來，過庭時面命耳提，惟以潔己愛民爲兢兢。今承乏天台，就道之日，母氏執手叮嚀曰：爾其行矣，仰附先哲後塵，入官伊始，務絕苞苴，謝請託，庶上不負朝廷，下無違義方之訓。本縣跪而識之，不敢忘。蒞任以來，繩趨幅守，時切冰淵之懼，案無大小，一秉理法，矢公矢愼，躬親裁度，毫不寄耳目于經胥，置腹心于親友。不料有憨不畏法之蠹書徐象乾、光棍倪建章，大膽撞歲招搖。業經訪聞得實，盡法重處矣。今訪得尚有不法經胥，違禁招留四鄉有事人犯，或原呈或被告，在家保歇，深可痛恨。除現在密訪嚴拿外，合行出示嚴禁。爲此示仰闔屬軍民人等知悉：凡本縣聽審，詞訟俱于原差帶到人犯唱名之後，當堂披閱原卷。是非曲直，據理按法，臨時剖斷，絕無成竹，內外人役，從不假以事權。爾民諒有見聞，嗣後如犯事在官，有理沒理，只須靜候審斷，不得往投衙役爲歇家，徒爲此輩影射。如敢故違，察出先責後審。其從前審過案件，或有無知愰被騙去銀錢者，許卽據寔指名具稟，以憑嚴究，追給原贓。被騙之人卽准自首免罪，並不治以以財行求之例。爾等萬勿顧慮，觀望不前，至於在官各役，當念身命爲重，速速奉公遠禍。倘仍然保歇訟犯者，重則立斃杖下，輕則分別遣配，斷斷不爲稍寬。以骫三尺，各宜猛省，勿貽後悔。特示。

清・戴兆佳《天台治略・一件嚴禁積蠹虎棍結黨害民事》 照得本縣恭膺簡命，來牧兹土，夙夜自矢，加意撫綏，以無負聖天子視民如傷之意。但念稂莠不除，則嘉禾不植，強梁得志，則懦弱吞聲。台民散處山陬，遠隔城市，多有地棍結連黨羽，欺壓小民，武斷鄉曲，以非爲是，陷害善良，種種不法，深可痛恨。更有一種積蠹，起滅詞訟，包攬錢糧。愚民偶有爭鬬，便謂身家在其掌握。平居吸髓嚼膚，有事捏詞恐嚇，串合地棍，擇懦飛噬，私窩贓賊。蠹以棍爲牙爪，棍以蠹爲羽翼，鄉城聯絡，横覇一方，小民受屈無伸。本縣爲民父母，誓必剪除積惡，以消民害。但念教誡未施，遽申國典，殊非法外施仁之意。爲此特行痛切曉諭：除眞正巨魁首惡斷難開宥者，如張脱天、王汝中、姜叔楷、周季赤、鄭忠恆、陳從讜等，現在訪確拿究外，其有聞風知畏，消阻閉藏，痛改前非，反刁爲馴者，本縣既往不追，開以自新之路。倘若怙終不悛，頑梗不化，或經本縣訪確，或被受害告發，一面嚴拏，一面通詳，立置重典，身家俱破，悔之何及。爾輩清夜自思，速宜猛省，戒之慎之，須至示者。

清・戴兆佳《天台治略・一件示諭放告日期事》 照得訟獄之興，最能耗財廢業。蓋呈狀一入公門，吏胥皆視爲奇貨。卽本縣嚴行禁飭，或免需索，而跋涉道途，守候審理，盤纏費用，勢不能免。故爾民遇非意相加之事，苟能情恕理遣，自可弭訟息爭。然人心浸薄，世俗日漓，保無強凌弱，衆暴寡，小加大，公私害者。况台邑刁健成風，頑梗不化，若不經官司審斷，安能雪枉除奸。今屆八月，正當遵例開期，受理詞訟。爲此示仰闔邑軍民人等知悉：除眞正人命強盜打降抄殺奇冤異枉，許不時赴縣首告外，其餘一應戶婚田土錢債鬬毆諸務，親族鄰保難以處明者，只須據事直書，遵照頒發狀式書寫端正，俱于三六九日期當堂投遞，候本縣閲准審理。敢有刁唆棍徒包攬詞訟，把持起滅，詐害良善，一經本縣察出，立拿枷斃，仍將聽唆原告嚴行治罪。至有一種不法刁棍，不遵告期，駕捏虛詞，攔輿喊叫，繞署鳴冤者，除原狀不准外，定行重處，決不輕貸。特示。

清・戴兆佳《天台治略・一件嚴禁富户捎找捎贖刁民告找告贖事》 照得大律開載，凡告爭田產，但係五年之上幷雖未及五年驗有出賣文契是實者，不許再贖，告詞立案不行。至於找價一項，現奉撫憲通行飭令，勒石永禁。催取碑摹，煌煌功令，炳若日星，曷敢違抗。但此一賣不容再贖，一價不許再找，迺據他處之契明價足者而言，若在天台，則有難以一例施行者。天台田土交關，有正必有找，有賣契而無搗根，不許推收過戶，所以買賣時立契成交，買主故意留難，短少價值，以存日後搗根地步。賣者急於求售，姑且忍氣吞聲，以爲將來翻騰張本。惡習相沿已久。是從前大小一切田土買賣，若不分已絶未絶，概以不贖不找之法繩之，在買者坐擁膏腴，固志得而意滿；在賣者剜肉無塡，嘔心無血，能不喁喁然向隅而泣乎？然天台百姓，又最貪而最黠，若一開斷贖斷找之門，無論價未足，根未搗而税未過之活產，皆紛紛抱牘前來，卽賣經數十餘年，搗找數番人戶，辦糧之絶產，亦投訟棍主維駕虛瀆控，希圖朦混。訟端蠭起，案牘星繁，深可痛恨，合行出示嚴禁。爲此示仰縣屬四民人等知悉：示後不計年月遠近，如正契之外，已有搗根票約，而賣主捎不付税者，許買主速卽赴稟，立押印收。若止有正契，果未經擣根者，亦許賣主請同原經公人與買主議明，遵循俗例，照依時值足價呈驗契券，印收完糧，以斬葛藤。敢有買主欺壓鄉愚，恃横捎勒，定按律照豪強吞併之罪罪之。倘本無可處可找，猶然平地風波，違例刁瀆，一經審出眞情，必然重責枷示，以儆奸頑，決不稍爲寬假。如邛三儒與吳金奴訐告一案，榜樣具在，毋得玩違，後悔莫及也。雖然，凡買田富戶，寬柔長厚者固多，而刻薄寡恩者亦復不少。司馬溫公有云：積金與子孫，子孫未必能用。積田與子孫，子孫未必能守。不如積陰德於冥冥之中，使子孫受用不盡。此言良可三復。蓋今日賣田之窮人，是卽當年刻薄寡恩買田之富室子孫也。本縣忝爲一邑之長，妄思易俗移風，歸眞返樸，故長言之不足，又不憚反覆勸勉。願我天臺買田富戶其共勉之，且共勸焉。特示。

清・戴兆佳《天台治略・一件歳值賓興場期伊邇勸諭生監各專肄業毋得出入衙門興詞搆訟以副大典事》 照得賓興大典，三載始一舉行，在朝廷教育人材，不求成於旦夕，在多士精進大業，期報國以文章，所以名儒宿學，原不以臨場日月爲咿唔急着也。然養雖豫矣，氣擾則淆；功雖深矣，心分必亂。古人於操觚握管之時，恆具慘淡經營之致者，歛氣以專心也，乃妨功奪志，莫如詞訟一項。我台邑素稱好訟，而生監爲尤。本縣蒞任以來半載，於兹每當堂親收呈稟，齊民十無三四，大約生監居多。披閲情節，俱屬無關緊要，甚至做干証、遞公呈、具和息，以種種不干己事，屢行匍匐公庭，又大約生監居多。習以成風，恬不爲怪。獨不思生監出入衙門，新例嚴禁，况年當大比，正多士摩勵以須之日，何堪務此雀角鼠牙之事乎？今值開期，合行出示勸諭。爲此示仰闔縣士民知悉：除上憲批提案内有生監姓名，及生監事關切己，係命盜姦拐詐贓等項重情，仍行分别候審告理外，其一切戶婚田土口角錢債細故，爾生監當念時値場前，功名爲重，正宜寧神靜思，共惜寸陰，只須愬之親族中鄰，從公調處，可已則已。卽有必不可已，俱俟場後，赴縣告理歸結，目下且以衙門守候之工夫，改爲鷄窻攻苦，以公庭對簿之智巧移向經史鑽研，以打點呈狀之心思轉做場中舉業，從此學精技熟，左右逢源，轉瞬折桂蟾宫，看花上苑，飛黄騰達，鼓吹休明，顯親揚名，以爲宗族交遊光寵，豈非生平樂事？視夫出入衙門，興詞搆訟，以致抛荒學業，困頓終身者，其相去爲何如耶？諒不以本縣今日一篇勸諭之言爲迂疎而寡當也。本縣傳家衣鉢，只此自怡，歷世箕裘，頗堪持贈。爾多士其勉乎哉。特示。

清・戴兆佳《天台治略・一件嚴飭代書事》 照得衙門官代書之設，稽查匿名，杜絶譌狀。是以現行則例，内開凡寫狀之人，令其寫録告狀人眞情控告，若教唆詞訟及爲人作詞狀增減情罪，駕詞誣告，以致傷財害俗者，嚴拿治罪等語。今台邑百姓刁健成風，每以極瑣屑細微之事裝點虚情，寫呈控告，甚至將十餘年前李柯各任内久經審斷之案，帶葉牽枝，從新說起，連篇累牘，刺刺不休。至于原被名字，更翻疊換。披閲之下，目眩神煩，深可痛恨。

清・紀大奎《紀愼齋先生全集・諭什邡縣民各條告示》 一、骨肉爭訟惡習必加倍重懲也。查有兄弟叔姪，或因爭産搆訟，或因婦女起衅，罔顧天倫，全無禮義，既甘同於禽獸，又何惜其身命，必加嚴刑，無貽後悔。

一、捏詞興訟之風必嚴懲也。民間詞訟，但當據實呈訴，果有屈抑，自能照雪。若架虚捏飾，冀圖朦混，不知當堂一訊，決然難逃鑒察，徒自取重責，何益於事？

一、刁健好訟之徒必嚴懲也。查有無情之詞，業經批駁，旋又瀆呈。又或已經斷明，復又翻控，此等刁健莠民，重法處治，實由自取。

一、唆訟訟棍必嚴懲也。民間鄉愚，往往聽人挑唆，受人包覽，動輒搆訟。此等唆棍必用嚴刑處治，死不足惜。

清・張五緯《講求共濟録・特頒註解誣告律條諄勸地方貧富士庶大小商賈》 凡人有事告狀，須要說實話，那人該問什麽罪，官府自然依律斷問。若將無作有，以輕爲重，捏造情節告人，叫做誣告。一經官府審出實情，就要把誣告的人照所告别人的罪各分别輕重加等反坐。愚民不知律法，動不動說無謊不成狀，那知告准了，少不得要審出實情來的，何苦捏造情節，自投法網呢？今特把誣告一條講解與你們聽。

凡告人事情該問徒流杖責等罪，審出是誣捏的，就把這告狀的人照所告那人的罪名各加三等治罪。若誣告人徒流等罪，或把那個人已經發遣，因而路上拖死跟隨去的有服親屬一人，這誣告的人就問絞罪，秋後處決。若誣告的人斬絞死罪，那個人已經處決了，後來審出實情，那死的不能復生，就要把這誣告的人反坐死罪償命。若還未曾處決，不但要打四十板，流三千里，還要多充三年徒。再誣告平民，拖累他坐監受刑，以致身死，把原告問絞，秋後處決。再誣告人謀死人命，勢必將死屍蒸洗檢驗，更覺悛惡，這誣告的人問絞，秋後處決。凡有聽受賄囑妄供的干證併捏報傷痕的仵作都打四十板，徒三年。如唆使誣告併代人作詞狀誣告，或本非證佐挺身插入硬證這等人，都與誣告犯人一樣治罪。還有一等受人僱倩替他誣告的，併自己不出名僱人誣告的本犯，要照設計教誘人犯法與犯法人都照誣告一樣問罪。從來誣告的多因聽了訟師的主唆，裝點出許多情節，思量害人。那知水落石出，别人陷害不來，自己身家性命倒受害了。可見那教唆興訟的人良心最是險惡，萬萬不可聽他播弄，誣告害人。所說教唆告狀誣告害人的人並不專指會寫會做的纔爲唆訟，就是族房隣保親戚内都不免有教唆的人。近日人心不古，忿爭情事不一，銀錢房屋弟兄爭産，或戶婚田土親族互控，凡這些事總有一邊有理，一邊無理。那無理這邊經手的或曾在場的這些族隣親眷人等，果能苦口勸他，說出利害阻他，他本無理，又見說的說勸的勸，不但不敢打官司，這一場事就頃刻化解了。何爲化解，是化了這場事，就解了兩家的怨，解了怨就解了兩家的仇。凡嫌怨總由不平而起，仇恨大抵積怨而成，可見結怨成仇，總因聽人唆播。凡城鄉市鎮中有專門做狀的訟師，這等人並不掛招牌，民間就有告狀事，那理曉得某處有某人會做狀子的，總是這邊人替他打聽，爲他指引，還要替他與訟師說合，做好狀子替他到衙門去買狀式，請官代書寫。還要頂名替他去遞，無論告得准與不准，任意肥己，胡亂開銷。這告狀的人先就花費銀錢了。准了再遞催詞，又要叫他花費。倘或不准，事不容已，更要叫他用錢。再告或由他打點求准，或竟指官撞騙。其中有本州縣已結，所斷甚公而唆使赴府道司院翻控者，有已准並未審而赴各上司衙門越訴者，有因本州縣批駁赴上司衙門捏控者。凡民間有一事到官，兩造無人主唆，及原被均係貧苦，隣證族保中又無挾仇的人，兩造的事由必須當官一斷者，就是官審欠明，堂斷稍偏，也可速審速結。若是家道有餘，生意興旺的人家，兩邊族保隣證不必其中都是壞人，就是無恆産恆業的一作了詞證，也都不顧兩邊息事，或藉此騙錢用，或藉此混飯吃。所以有原告投到被告不到，被告投審原告上控未審，不叫去應審，既審又叫去翻告，拖累一年半載，不結的官司甚多，因此破家蕩産的人家不少。知道他這些錢財怎麽用完的，都是花在唆訟訟師作中作證，及書役們這班人身上去了。除花了銀錢，還要受惡氣，受磨折，受拖累。所以説人生在世，非有眞大冤枉，切不可輕易打官司。若偶爾想到爭財爭物爭氣的事要打官司，纔動念的時候，有父母的想想自己身從何來，有田産的想想家財從何而有。如家有父母，自己不在家侍奉父母，倒叫父母在家擔驚受怕，眠食不安，眞是孝子，想到這裡，再沒有不忍耐過去的事。家計豐厚人家，若是祖父遺下來的，享這現成家事，也當思先人創業艱難。就是自己白手成家，也曾費過多少心力，算計所爭幾多田地，幾多財利，一打官司就要花費幾多的銀錢，合計花費的多，爭回的少，想到這裡也就看破不肯與之爭訟了。如弟兄爭産，不過多寡厚薄之間，兄弟吃了虧，自然是哥哥得了便宜，就是哥哥吃了虧得便宜的總是自己的兄弟。俗語説得好，便宜不落外方，爲什麽同胞手足不肯叫他多佔一分家財，倒把家財讓於人瓜分了去。兄弟們的氣受不得，難道那書辦衙役們的氣到受得的？家庭相待平常受不得，難道那鎖押拖累的苦楚到受得麽？都能這樣想，自然就不氣不貪，那些忿事的念頭自然頓息，官司就打不成了，那裡還去受這些奸惡人的計害。這講的是士商富戶家資豐厚的不可打官司。至于家計貧寒，或挾親族借貸不遂之嫌揑詞誣告，止圖批准私和，不願到官質審，像這樣的官司，民間狠不少。及至要和不得成，其勢又不能不到官，一經審出誣告實情，輕則重枷重杖，重則照例治罪，到底詐不到手。仔細想想，人家的田産錢財還是人家的，豈不是白做了一場惡人。這總是纔要告狀的時候，沒有好人勸阻，反有壞人唆播，所以就冒昧糊塗的做了。俗語説得好，前悔容易後悔難。原説人凡做事都要想前想後，不可輕舉妄動，況要興詞入訟。告人，豈有不想到底自己有理無理，告准了狀人家會訴不會訴。或者被控之人忠厚或係寡婦孤兒，但他們旁邊豈無公道之人幫他訴冤的。就便有人幫詐詐得錢文也要平分，到自己名下又得多少。還有個用了的時候，你的錢用了，告狀的念頭歇了，那人心裡恨如何肯了。就算本人怕事肯了，旁人不平也不容他了。欺詐良人動了公忿，到那時候你想了也不得了。若説是別有宿怨，不過要拖累洩忿，到那審虚受刑之時，豈不是到讓人家洩了忿，還要叫人家添個恨。可見圖詐誣告的連那些挾嫌誣告的，到底沒有一個得便宜，有好收成結果的。至那做訟師教唆人家告謊狀的人，原圖從中取財，及至究出實情，到要同那誣告的人一樣治罪。重則斬絞，輕則流徒枷責，是要從中得財反把自己身家性命都傾陷了，又要這錢財何用。如今詳細把利害講解與你們聽，凡爾士商軍民此後遇有控告等事務，要前思後慮，仔細想想再告。其向來代寫代做訟師及親族中詞證內因事播弄藉以洩忿的，漁利的，都要猛省痛改，各去洗心改業，共爲端人正士，毋再忿不顧身，窮不要臉，有負委婉勸誨，苦心良言。

清・張五緯《講求共濟録・大名府任内頒發嚴禁轎夫代書不許詐索告狀人錢文示諭》 爲嚴禁詐索事。照得民間遇有冤抑不得不赴府呈控者，自應遵照告期呈遞，亦有路遠不得依限而至，亦准酌其事之輕重分別攔輿喊稟，並于到任後嚴諭代書，不許多取需索。初不知本府輿夫亦有向攔輿遞字人索錢之事。查代書爲人寫作呈詞，原有應得紙筆之資，尚不准其任意多取，若與輿夫則毫無關涉，何以亦有索錢之擾害，遞字人何以肯給錢文，遂致相沿成習，竟致明目張膽嫌少爭多扭結硬要之事。推原其故，自係該轎夫等恃其行止自如，若不給錢文不停肩止步，是以攔輿士民有不能不從其強索之愿。至于本府回署，凡有輿前遞字者，俱令隨至大堂收呈，正爲杜弊除累，使轎夫無可施其伎倆。乃不意照常需索，並有扭結硬討，實屬強横不法。除將該夫等重責革役外，合行示禁。爲此示仰代書及新換轎夫人等知悉：嗣後代書務須據理直書，不得貪圖多資，代爲揑詞誣告，亦不可任意勒索及刁難窮人，如違，查出斷不姑寬。其新換轎夫不許仍蹈前轍，致干重究。均毋玩延，特示。

清・左輔《念宛齋官書・禁飭聚考童生示》 諭諸童或有事訴官，只許本人自稟，不得違禁邀衆，希圖挾制。

清・左輔《念宛齋官書・寧國府條諭》 禁歇家煽誘外邑及遠鄉人民赴郡。控理必有歇家，有等歇家，知訟者家頗殷實，人可誘欺，便生利心，多方播弄。非設計主謀爲訟師之引線，即幫閒湊趣爲嫖賭之牽頭，迷陣既張，渾魚可摸，必令委曲纏訟，吸盡脂膏而後已。本署府已訪有多人，知再不悛，立拿枷斃。

清・王鳳生《宋州從政録・約正勸懲條約》 鄉集甲書承值之後，倘因熟識衙門，藉此包攬錢糧詞訟，及插身幫訟情事，除立即斥退外，仍照例究辦。

清・李紱《穆堂別稿・主諮詢利弊告諭》 凡我粵西紳衿軍民人等，或得于旁觀之清，或出于風聞之確，或念切維桑之急，或身在利病之中，心所及知，口所欲言，毋謂上下相隔，不能遽通，勿以忌諱爲嫌，難于指斥。一切官吏得失，民間利弊事，無大小悉聽條陳。或獨抒讜論，或公具呈詞，每日隨公文投進，本部院立時披覽。倘有益于吾民，不憚勞，不惜費，當興者興，當革者革。如或假此造言，中傷善類，本部院自能細心體訪，公聽並觀，必不爲奸民指使即急遽苟且，致有過當之舉。其或官吏人等懼有妨礙，輒將條陳之人恐嚇攔阻壅塞言路者，許即赴轅喊禀，以憑立提重究。爲此傳知，毋隱毋畏，故茲告諭。

清・李璋煜《視已成事齋官書・禁越訴示》 照得三八放告，原有定期，投遞紅白禀單，久干例禁，在州縣衙門，非遇命盜要案迫不及待之事，尚不准濫行瀆訴，况本司衙門邪？五月初一日，有攔輿遞禀之藉隸潛山寄居儀徵之葛玉金，並未在縣遞呈，率行來轅越訴。經本署司提至當堂，薄加責懲，發交江寧縣訊供遞回儀徵縣審辦，嚴究所控虛實，分別辦理矣。嗣後如有不遵告期攔輿遞禀者，除原禀擲還外，定將遞禀之人交縣重責，再行訊問本案，以杜刁風，而符定制。此示。

清・李璋煜《視已成事齋官書・禁越控示》 爲曉諭事。照得控告案件，定例應由有司衙門起，若行越訴，律有治罪專條。本道昨因潮屬擄人勒贖之風日熾，蠻鄉大族私開人當，百端凌虐，得財方休。甚有經官弔放，仍然勒贖，忍心害理，蔑視王章。若非大加懲創，不足以安良儒而戢兇頑。是以出示許被擄之家，隨時赴轅禀控，此乃本道拯民水火之至意。今聞有自行藏匿而告人擄捉者，有人已回家，而尚指爲禁藏者，有欲圖聳收而於別項案情內添揑擄人者。上以誠感，下以僞應，爾等不信本道諄諭之言，乃墮訟師唆挑之計，譸張爲幻，殊屬逞刁。再，一切詞訟放告，例有定期，今所屬士民，每於本道出轅時，以無戳紅呈，紛紛攔遞，甚有已經行催行提，仍任意嘵嘵瀆訴者，非特有違定式，抑亦不成體制，合併曉諭。爲此示仰闔屬士民人等知悉：嗣後凡有詞狀皆當書寫式呈，取具保狀，蓋用代書戳記，於告期投控。如有攔輿呈遞者，無論紅呈式呈，概不接收。告期所遞呈詞內，有未赴縣府呈控，或雖赴縣府呈控，未奉批示，輒行違例越控者，亦擲還不閱。惟擄人一項，情眞事實者，仍許隨時禀控。若查有虛揑，定行交地方官懲處，以儆刁風。其各凜遵毋違，特示。

清・李璋煜《視已成事齋官書・嚴禁刁訟示》 爲嚴禁刁訟以挽頹風事。照得律嚴誣告，尤重教唆，功令煌煌，豈容違犯。茲查得該縣屬民情刁狡，好訟成風，上控之案，率皆職員生監或老人婦女列名，且聞有案外刁徒醵金相助，援捐職監，濫廁紳衿，以爲護符，從此唆弄是非，扛訟漁利。或藉人命而揑端抄搶，或稱竊盜而誣指搜贓，佔官山則混指坌骸被挖，控私債則砌稱擄捉凌毆，海市蜃樓，憑空結撰。而被控者亦復邀投黨類，互作聲援，搆怨既成，無不架揑上控，以爲制勝抵飾。迨經官司集審，眞情欲露，或奉拘喚稍嚴，又必添砌賄弊，圖聳批提，以遂其延宕拖累之計。及至奉准批行，均多延不赴質，蓋揑控者不圖審，審則証佐集而虛情多露。唆訟者不欲結，結則怨衅消而需索無由。遂爾抗傳匿審，拖累無窮，于風俗民心大有關係。除訪明姓名，飭縣隨時查拏懲辦外，合亟嚴禁。爲此示諭該縣屬衿耆及軍民人等一體知悉：嗣後務各安分守法，平心靜氣，可含忍者含忍，可解釋者解釋。如果須控官申理者，皆當依事直書，由本身自行出名具告，勿再妄聽訟師挑唆播弄。年老有次丁者，以次丁出名，有夫男者，以夫男出名，亦毋得以老人婦女出頭，一經票傳，隨取的保投案聽審。爾刁衿等，須各從此斂跡，尚可寬其既往，不事追求。若仍倚恃護符，惟利是圖，鼓其簧舌，肆其刀筆，妄行播弄，把持刁抗，立即飭拏，從嚴懲辦。王法具在，斷不能容，雖有頂帶，亦不足恃也。其各凜遵，毋貽後悔。特示。

清・李璋煜《視已成事齋官書・禁添砌具呈聳聽示》 爲曉諭事。連日細閱輿呈，類多添砌聳聽，半出訟棍之手，反將本案眞情，全行抹煞。赴訴者被其愚弄，而控情轉不得伸，往往有外縣民人，寄信省中，爲之代寫代遞者。此等惡習，洞察無遺。嗣後如有似此，一概不錄，斷不使奸徒遂其訛詐之計也。此示。

清・李璋煜《視已成事齋官書・禁會茶會鄉滋事示》 本署府查例載，

直省刁民，假地方公事強行出頭，逼勒平民，約斂抗糧，聚衆聯謀，斂錢搆訟。或果有冤抑，不於上司控告，擅自聚衆至四五十人者，照光棍例爲首擬斬立決，爲從擬絞監候。

清・張修府《谿州官牘・勸戒書吏示》 三八放告，本府親自收呈，不准私代傳遞。如違立革。敢有串通代書勾結訟棍揑飾聳聽者，斥革重究。

清・張修府《谿州官牘・諭飭代書示》 爲嚴諭遵守事。照得本府考取代書饒德初、李及時兩名，業經取具保結頒給戳記。惟查代書弊竇甚多，合行示諭嚴飭：爾等遇有告狀之人，無論事之巨細，均向本人查問，明確依口直書，不准增減情節，尤不許串同書役及一切訟棍妄砌誣攀。本府每逢三八日親自收呈，如查有供呈不符者，除立拏訟棍等嚴辦外，并提該代書訊明責革，原保之人連坐，決不寬貸，無違。特示。

清・張修府《谿州官牘・嚴禁誣良示》 爲嚴禁誣害以安良善事。照得去歲黔粤兩匪犯我邊境，屢撲龍山，各屬亦多驚擾。本府催集援兵協力堵勦，城鄉紳民明白大義，踴躍從公，練勇籌捐，備著勞績。業經稟詳上憲，俟撤防後擇尤核請獎敍在案。惟念各處鄉村多被焚掠，良民罹害，軫悼尤深。今幸逆氛遠颺，農功無害，自宜各歸舊業，安定室家。第恐有無賴痞棍，挾嫌誣逆，甚至收留難民昂價勒贖，種種擾民，尤堪痛恨。除本府親歷各縣察看情形會督文武員弁妥爲安撫外，合亟示諭。爲此示仰闔屬紳士軍民人等知悉：愚民畏賊脇從，希圖免死，未必盡出於有心。如查出實係從匪之家，證據確鑿，方准由公正團紳稟請究治。倘敢任意挾嫌妄稟，希圖羅織多人，藉端訛索，並收留逃難子女索價措勒，以及地痞勾引土匪游勇騷擾鄉村，或經訪聞，或由被害之家指名稟府，立卽鎖拏，並究明唆使痞棍，一併治以軍法，決不稍寬。本府目擊流離，心殷撫字，斷不容虎狼之輩復擾閭閻也。各宜懔遵毋違。特示。

清・張修府《谿州官牘・頒給代書條約示》 照得府署代書，例應按年更換，現經本府秉公考取李遇春、張連陞二名，除頒發戳記外，查代書一項，爲小民傳述情辭，關係頗重，若不嚴示條約，何以清蠹弊而杜訟源？合再示飭該代書，務遵後開各條勤慎從事。儻敢狃於積習，陽奉陰違，一經查出，輕則責革，重則照例治罪，勿謂言之不預也。切切。特示。

計開條約：一、撰擬詞狀務須依口直書，不許增減一字，倘查有串唆誣陷情事，照訟棍例究辦。

一、詞狀字句但取明白簡捷，不准填砌浮詞，如已恩再恩曷敢冗瀆之類。尤不許用挾制語，如縣印只一官儼有二之類。違悖語，如不沐提究王章烏有之類。模糊影響語。如告行賄不填賄數並過付之人，告抄搶不填目擊干證，告毆傷不填受傷部之類。卽稿係自來，須令改正，方代謄寫。違者除駁斥外，隨時查究。

一、自來詞稿或婦女出名，均須問明作詞人姓名住址，據實註後。倘敢溷塡自稿及捏造姓名，除立提告狀人責究外，該代書加等嚴懲。

一、無論代擬稿自來稿，舊詞不錄前批，新詞不錄縣案原呈及批語者，均係有心朦溷，酌量究懲。

一、副狀潦草訛脫或與正狀不符者，究責。

一、無論新舊詞由該代書擬稿蓋戳，准取筆資三百文，自稿蓋戳一百文，毋許額外需索。倘敢貪取重貲，將無作有，或代爲包攬，夤緣種種，招搖撞騙者，照書役詐贓例酌定罪名。

以上各條，切宜小心遵守，果能一年無過，酌加獎賞。如有違犯，決不姑容。本府言出法隨，爾等其身試之，毋悔。

清・劉衡《庸吏庸言・嚴除蠹弊告示》 爲嚴除蠹弊事。照得爲治之道，首在安良，而安良莫先於除蠹。本縣訪得縣屬有等土棍，結連衙蠹，藉訟擾害，其弊有五。良民被害，動輒破家。本縣在江西也是百姓，今服官來此，既訪聞地方有此種串蠹之局、扛蠹之人，若不力爲禁止，是本縣縱蠹殃民，尙靦然居民上耶？今將蠹弊五條開列於後。

計開：一曰勾控人家不要緊的事，本人原莫有告狀的心，被蠹等從中挑撥，自誇熟識書差，包告包准。哄得人告了狀，卻樣樣都要花錢，百般敲剝，一年半載，借債賣田，家貲已盡，案還未結，吾民因此破家的不少。

一曰歧控人家不要緊的事，被蠹等引他這個衙門一狀，那個衙門又一狀，四五處衙門差役一齊承票捉人，鬧得鷄犬不安。此處結了，彼處未結，吾民因此破家的不少。

清・劉衡《庸吏庸言・牧令理訟十條》 一、嚴飭代書，一切呈詞，宜直敍情節也。到任之初，卽應照例考代書。不妨多取數人，當時給戳當差者兩三人。此外數人記名候補，概行榜示。其現在當差者，諭令遇有告狀之人，無論事之巨細，均向其人查問明確。依口直書，不準增減情節。違者不宥。

本官於大堂收呈時，卽向遞呈之人逐細訊問口供。如有供詞與呈詞不符者，立傳該代書入內署，嚴究詞稿之所自來，及該原告係何人引來，同來者共有幾人，一面親筆書簽，立拏該原告同來之人。必究出眞正訟師，嚴辦而後已。一面將該代書枷責，革役，交保嚴束。以記名候補之代書挨次充補。如此則代書破膽，再不敢增減情節。而訟棍遠颺，訟案日少矣。所可哂者，川省州縣考代書，向有陋規之說，此壯夫之所不爲，尤自愛、愛民者所宜厲禁也。

一、接收呈詞，宜當堂親收，本日批示也。牧令爲親民之官，自應當堂親自收呈，卽時批示。若延至三日或五日，而後批發，是此呈未批，後狀復來，書差棍蠹，因緣爲奸。甚則有賄買批語之說。種種弊端，皆由此起。何若臨蒞大堂，親自收呈，於接呈時向告狀人逐細詰問，卽用五聽之法，或懾以盛怒，或入以遊詞。彼訟者自田間而來，初見官長，訟師之浸潤未深，其人尚樸，其膽尚虛，其口亦訥，眞假是非不難立剖。較之喚案集訊之時，眞情尤爲易得。其有理不甚足者，逐層批駁，文不厭煩，當時卽行榜示，其情節支離、有心播弄者，卽時取結立案，立予薄懲，自可以破莠民之膽矣。其已準者，亦卽日批出榜示，則較之遲遲批示者，已快至數日。由是而迅速差傳，可審卽審。其尚非切要之人證，不必齊全，可結卽結。其無關緊要之供情，不妨從略。如此又快至十數日，或數十日。棍蠹雖刁，無從下手，則諸弊悉除矣。其亦州縣官息訟而杜誣告之一道乎？

一、出票簽差，宜確定限期，親查號簿也。訟牒既准，卽應差傳人證赴審。惟差役承票到手，任意需索，不飽不休。其所以能需索之故，則由於官司之延宕。而官司之延宕，由於立限之不親自稽查。是以此造到案，而彼造未傳。甚至兩造俱到，而捏稱尚有未到之人證，故爲捱延。致令訟者官未見面，而家已半傾。皆由不親查限簿，因而不催比原差之故。卑府前在牧令時，除命、盜案立卽出票外，其一切戶婚，田土已准之案，簽差出票，總以收呈之次日辰刻爲率，斷不稍延。仍計道路之遠近，人數之多寡，案情之難易，親自酌定到案之日期，硃註於票，墨註於簿。近者，定以卽日及一、二、三日，各予以餘限一日。遠者，定以四、五、六、七、八日，各予以餘限二日。每日晨起，親閱限簿。屆期者，卽硃書小票，喚某案原差某人到堂問話字樣，催令依限速到。到則記功，逾則重處，決不姑寬。如此則所立限期並非虛應故事，無不到之案矣。且立限既嚴，棍蠹雖刁，無從下手，諸弊悉除矣。謹將卑府作牧令時刊刻限期簿式刷就一條呈覽。

告狀姓名	爲　　事控　　案　房
	限　　日銷扣。至　　日限滿，差

【略】

一、狀不輕准，准則必審，審則斷不許和息也。民間細故，或兩造關係親鄰，其呈詞原不宜輕準。誠以事經官斷，則曲直判然。負者不無芥蒂，往往有因此搆怨，久而釀禍者，不但耗費民財已也。其有不能不準之案，既經批準，卽應喚來審訊。實則究治，虛則坐誣，斷斷不準告息。蓋一準告息，則訟棍逆知狀可息銷，便敢放心告狀。卽使憑空結撰，概屬虛詞，但須於臨審之前數刻，一紙調停，事卽寢息。其詭密之情形，鬼蜮之伎倆，官既未訊，無由得知。彼誣告者，竟終其身，無水落石出之時。訟案之所以日滋，訟師之所以肆毒，未必不由於此。州縣官既准之詞，不許告息。其亦息訟而杜誣告之一道乎？

一、審理詞訟，甯速毋遲也。民間詞訟，例限二十日完結，自應卽時審理。若稍爲延緩，則舊案未結，新案復來，愈積愈多，小民受累。一訟之費，動輒破家。輕則激而上控，甚則釀成命案，其害不可勝言。況訟案毋論遲速，終須審結。在一到卽審者，固須用一番心，卽拖延緩審者，亦須用一番心。是同一用心也，並不因遲審便可省卻用心。其速審者，不過用心略早些耳。況停鹽生鹵，遲之日久，則訟師插入，枝節横生，轉致難於收拾。較之速審者，難易懸殊。是不肯早用其心者，必致多費其心。不但累民，且以自累。其失多矣。州縣官於一切訟案，果能隨到隨審，隨審隨結，則棍等雖巧於播弄，而策未畫定，案已澈底審明，且取有確結，不能再翻。如此則諸弊悉除，自可無一上控之案。其控案較多者，卽其平日不理民事，因而不得民心之確據也。似應以控案之有無多寡，分別功過。至於有控案而能虛心審訊詳銷，則功過尚可相抵。如既有控案，而又不能依限完結，或固執迴護，不肯認錯更正，則是玩僻性成，無可策勵。卽照易結不結之例，詳請議處，亦不爲過。

一、審結一案，必須當堂硃書判語也。民間命案，及械鬭巨案，其起釁之由，往往基於細故，不可不慎也。如些小錢債、尋常口角之類，其事微矣。既經控官，不准則已，一經准理，倘審斷不甚明切，或雖已明切，而審後神思偶倦，遽爾退堂，令差入帶兩造在外間，照堂上面斷之語出結。毋論堂斷之言，聽者不甚了了，即甚了了，而兩邊棍蠹各從而挑撥之，必至兩造之結各執一詞，與堂斷之言，俱不符合。甚則書役高下其手，意致供與結，亦自兩歧，或故留漏洞，或故示矛盾，以爲翻異地步。如此則未有不翻案，及釀成他故者。此硃判之所以必不可少也。每案審斷既畢，毋論事之大小，官且勿遽退食，即於堂皇之上，將面論之斷語，硃書於點名單。年月之內，其日公事稍簡，則備叙全案之由。若十分忙冗，亦應將緊要斷語，明切書之。書畢，令兩造將硃判自讀一遍。如鄉愚不識字，則飭房書大聲宣讀，俾兩造傾聽明白，則是非曲直，訟者各自了然。然後令原差帶兩造入內堂，照硃判，各具遵結。照例粘連成卷，鈐印存案。如此，則供與結不至兩歧。而通案人證之結，亦歸一律。書史無從高下其手，且可杜日後抽換諸弊。即將來或有翻異，而展卷瞭如指掌，可免混爭也。

一、審斷設有錯誤，亟宜自行改正，以免上控也。自理案件審斷時，如果虛衷，何至舛錯。但案情百出，變詐多端，況繁劇之區，牘詞冗雜。地方官縱極聰強，不能保其必無失誤。或事後檢點及之，或訟者陳詞再懇，愛民者均須虛心覆核。果有可商之處，即應立予平反。蓋臨下與事上，並無二理。詳上之件，設或失誤，例有檢舉之文。聽訟亦然。不但失誤當改也，即微有偏倚，未能恰到好處，亦不妨一再推求。若必以爲官之於民，體制所在，斷無認錯之理，竟爾迴護前非，恐原審既有不盡之情，則負屈者必有不平之愬。是小民上控之滋多，未必不由於長官自信之太過也。夫牧令官稱父母，可謂親矣。親則無不可白之隱，親則無不可轉之機。但求無負於吾民，何必自諱其小失。若因文過，而致上控，是欲自諱而轉以自彰。既累民，又自累也。卑府作令十餘年，無一上控之案。即本州本府，亦未受一詞，非必所斷俱允協詳盡也，特斷後一再思之，但有錯處、偏處，即無憚改正耳。總之，官果愛民，則聽斷必然公允。即間有未協之處，但無私心，民亦無不諒之，未有遽行上控者。夫既無私心，又何妨更正乎？

一、尋常案件，定於三、八放告日，當堂收呈。此外各日，切勿濫收也。夫小民錢債、田土、口角，一切細故，一時負氣，旁有匪人聳之，遂爾貿貿來城，忿欲興訟。實則事不要緊，所欲訟者，非親即友，時過氣平，往往悔之。官若隨時收呈，則雖有親鄰，不及勸阻，而訟成矣。一經官爲訊斷，曲直分明，勝者所值無多，負者頓失顏面。蓄忿漸深，其害有不可勝言者。且官即清廉，結案即極神速，訟者自田間來，人地生疎，斷不能一無所費。此長官任事太勇之過也。若官非三、八日，斷不收呈，則訟者欲告之日，未必適逢放告之期。此數日中，有關愛之親鄰爲之勸解，則詞狀未投，欲告者舊情未斷，爲所欲告者顏面無傷，不難杯酒釋恨矣。夫如此，則訟端漸少，和氣所蒸，可以兆豐年，而釀厚俗，又不僅惜民之財已也。此愛民者所宜體量及之者也。倘自詡聰強，收呈不以其時，能則能矣，毋亦不恤民隱乎？況更有藉此巧取者，吾烏乎知之。至如命盜、鬭傷、搶親等案，則應各就地方情形，擇其尤要者，酌定十條或八、九條，刊刻宣示，准其隨時喊稟。或於大堂懸鑼，準告者鳴鑼。官聞鑼聲，立即訊辦，則又不必具呈矣。

一、究出訟棍必須嚴懲也。民間些小事故，兩造本無訐訟之心。彼訟棍者，暗地刁唆，誘令告狀。迨呈詞既遞，魚肉萬端。甚至家已全傾，案猶未結。且有兩造俱不願終訟，彼此求罷，而訟師以慾壑未盈，不肯罷手者。爲害於民，莫此爲甚。地方官果能實力稽查，多方案訪，並於當堂收呈及審理訟案時，遇有情涉虛誣者，立即帶回內署，究明詞係何人所作，何人教誘，細詢其年貌、住址，即由內署密出簽票，責成妥役，嚴慎查拏。大抵此輩住房，總不離官衙左右。須於夜闌人靜，或黎明時，親自圍拏。且搜其唆訟確據，如呈稿、抄批之類。獲案後，情重者照例詳辦。其稍輕者，仿照蕭山汪龍莊先生學治臆說所載，將該犯鎖置堂柱，令其鵠立，看本官審斷他案。間日責決數板。旬月之間，未有不憊甚告饒者。雖極繁難之缺，但須辦一、二案，懲兩、三人，則若輩聞風喪膽，外來者裹足，本籍者革面矣。抑卑府更有請者，州縣官審理詞訟，如審係被告理曲，但非再犯，其杖、笞以下罪名，不妨寬免，只令對衆長跪，已足示懲。蓋予負者以改過自新之路，即留勝者以有餘不盡之情，亦長官造福之一端也。若審係原告情虛，則必須依律照例加等嚴懲，斷斷不宜姑息。庶誣告者知畏，而訟日稀矣。抑又有請者。牧令爲執法之官，而用法至枷杖而止。枷杖之外，不得自專，原不宜輕視枷杖。惟既用枷杖，則必須臨莅大堂，於萬目共覩之地，示以不測之威，並震以難回之怒。如擊案疾呼，離座挺立之類，不妨稍參權術，俾與浩然之正氣相輔而行。務令觀者人人曉然，於官之所深惡而痛絶者，專在於此，則一懲百警。此後轉可以緩罰而省刑。此子產之所以稱惠人也。總之，官縱慈祥，而懲治棍蠹，絶不可露一矜憐之語，與稍假以和霽之容。一爲所窺，或被旁觀冷眼看破。此後人人玩法，措手尤難。此不但治訟棍爲然，其書差及一切莠民，似皆宜用此法。

清・劉衡《庸吏庸言・鳴鑼條款》 一、告結盟拜會、謀爲不軌者。

一、告捕役妄拏及教賊開花者。

一、告差役無票妄拏者。

一、告差役私押者。

一、告差役詐贓者。

一、告差役作賊及窩賊者。

一、告棍徒唆訟及誣告者。

一、報人命案者。

一、報盜案、搶案、竊案及搶親案者。

一、捆送嘓匪及強丐者。

以上十條，俱許喊稟。本縣大堂簷前懸有大鑼一面，准其鳴鑼。本縣一聞鑼聲，立即出堂訊究。十條之外，照例具呈。特示。

清・樂天子《折獄奇編・做狀十段錦》 黃公誡曰：未作琹堂稿琹堂，子賤爲單父宰垂簾鳴琴，故稱縣令曰琹堂。先思御史臺。不諳曉也刀筆理，反受檻車災。噫！旨哉言乎。愚夫不知其理，妄訟鼠牙。以至公庭辨折，竟坐招非。是本欲制人，而制於人。本欲信冤，而詘於冤。此倒持太阿劍名而自割其肉也，惜哉！故凡事之大小，經投都中之狀，必須酌量如法。有隱，有顯，有奇，有正。出罪而入罪，開門而闗門，譬之良將用兵，操縱闔闢，變幻化也叵測，此百戰而百勝者也。如都狀一詞，府縣一詞，上司又易一詞。事雖眞實，辭語參差，官府寧不猶豫也。故都中之狀，不同上司之狀者，名曰枯藤纏樹。根步不寔而欲苗之秀蔓也得乎。茲列十段錦，額于其首，俾學者以見大意云。

第一段

此款名曰硃書。必要先將事情起止前後精細詳論，明白按事而立硃語。或依律，或借意，必與截語相應。愼之愼之。

第二段

此款名曰緣由，迺當先事迹之根源也。務與計由，成敗相應，不可脱節，不可繁多，不可簡畧。

第三段

此款名曰期由，迺事從某年某月某日而成也。其年或遠或近，寘狀中或前或後，不可重用。

第四段

此款名曰計由，乃事之顯蹟從何起，爲入罪之路也。務宜斟酌，不可繁褋失節，不可脱空含糊。

第五段

此款名曰成敗，乃計由之後，或成或敗，爲入辠之門也。茲段誠爲一狀主宰，務宜包含前後，謹防攻破。

第六段

此款名曰得失，乃狀中之奇謀也。可置證由之前，可置證由之後，聽人所用。此爲脱罪之路，詳之詳之。

第七段

此款名曰證由，論成敗得失之後，必有見證也，誠爲一狀輔佐。恐有偏護辨論不一，須要量人斟酌。此脱罪之門也，毋忽毋忽。

第八段

此款名曰截語，乃一狀中總斷也。務要句合律，字字精奇，言語壯麗。如狀中有此一段名闗門狀，則府縣易爲決斷。無此一段名開門狀，恐人犯乘隙瞰入辨變。大抵狀詞不可太闗門，亦不可太開門。諒情半開半闗者，妙哉妙哉。

第九段

此款名曰結尾，乃狀中之尾也。先要遵奉官府，後要闡發易之意明律法，務宜詳而用之。

第十段

此款名曰事釋，但言告訴之後，二三四字而已。如剪害安民超負杜騙、敦倫正俗、含冤苛語，量情用之爲妙。

右十段錦之法，取其事，作其詞，俱要字字超群，句句脱俗，款款合律。

言語緊切，事理貫串，則智囊包括，筆陣縱橫，舌戰英稚，無不勝矣。

清・樂天子《折獄奇編・法家體要》 大凡治世有情理法二者，在我興訟告人，須防彼人裝情敵我，如小事可已則已。不宜起釁，必不得已，迫切身家，然後舉筆。先原情何如，次據理按法何如，熟思審料如與人對奕然。酌量彼我之勢，攻守闔闢之方，一看深於一着，末掉如何結局，智炳幾先，謀出萬全，則制人而不受制於人。此百戰而百勝也。是故初投本縣狀詞，須字字縝密停當，則長技在我，任他人機巧變詐，無隙可乘。諺云：百丈高樓從地起。是也。如或縣狀疎畧，次投府道加密，到臺院又加密，恐吊卷審勘，事雖眞寔，詞語參差，官府能不猶豫也耶？達此奧義，方爲作手。

大凡作狀，猶今文之有破題破承起股正講小繳大結也。先後務要順序，脈絡貴在相聯，有起有伏有正有奇，有入罪，有出罪，有開門，有閉門，得其法則善。猶明珠走盤，賞心奪目，不逸於範圍之外。有不戰，戰必勝矣。如不得其法則不善，如倒提太阿，以柄受人，寧免反刺之凶乎？當事者須愼思之。

清・樂天子《折獄奇編・法家管見》 一、凡人無眞犯死罪，切不可以死罪加之，恐防反坐。

一、凡七八人共打死一人，只宜以一二人者爲首，令不可脫，餘畧放寬。恐官府不肯以七八人償一人之命，只得問原告招誣罪故也。

一、凡官府不問賢否，俱不肯問人不孝，謂于官自有礙也。不肯離人婚姻，謂于陰德有虧也。如遇此事，切不可代人張主。若里排大衆呈舉，不在此例。

一、凡與人訐告，必先料彼之所恃者何事。如所恃者在勢力，當先破其勢力之計。所恃者欲到官，先當破其到官之計。引而伸之，虛虛實實、實實虛虛，人之變詐盡矣。

一、凡彼之謀此，猶此之謀彼也，不可謂我勝彼負，我智彼愚。必先計我如此所行，彼以何策應之，一路着畫，任彼之來，自無臨時倉遑失錯之意。

一、詞訟之事，與行兵無異。我若決告，反示以不告之形，使不防備。我若不告，反示之以必告之狀，使之畏懼。

一、凡詞狀不可太文，亦不可太俗。情節要審，事由要緊，使一人見群然即有爲我不忿之意。然後可以必官內之準理也。

一、凡豪傑之士，豈能萬無一失，告則必勝哉。但須審己有理，則力舉而行之。彼若輸服，準其處和。審己無理之事，則密下而息之。彼若倔強，即豪強之意方行鬥敵。如此則盛名可保，而出人頭地矣。

清・樂天子《折獄奇編・納紙則例》 一、凡眞犯死罪，強盜竊盜，充軍逃軍逃囚逃匠，四外爲民。錠回抄劄人口，各有本等俱免紙。

一、文武官監生生員吏典，知印承差，僧道，欽天監天文生，太醫院醫生，里長糧長老人職官正妻總旗應襲舍人，俱納官紙。其餘軍民人等有狀者，皆納告紙。無狀者皆納民紙，無罪供明者納紙，省發者免紙寧家。

一、凡原告，只一人係交官紙，每名該銀二錢五分。上官交成叁錢。

一、凡被告，或非一人，係交民紙，每名該銀一錢二分五厘。上官交成一錢五分。

一、凡訴狀之人，亦同原告交官紙。

清・佚名《治浙成規・嚴禁書差門丁傳詞坐承坐差等弊》 巡撫部院楊憲札內開：查民間詞訟事件，除人命盜劫重案，許令隨時控告外，其餘戶婚田土鬬毆細事，並非迫不及待者，向有放告日期，聽民投呈。原不許書差勾串代遞包攬，訛詐，致滋民累。今訪聞浙省各州縣向有陋習，不依告期，賄囑書差轉交管門家丁，隨時遞進，名曰傳詞。此等呈詞，書差與家丁等均已先受其賄，不論是非，概行准理。即遇廉明自愛之員，集訊公斷，爲之伸雪，而受害之民已廢時失業，傾家蕩產，得不償失。更有不肖之員，從中染指，任意枉斷，其弊有不可勝言者。又有書差人等，暗中出錢，買定日期，輪其値日，凡遇大小事件，皆其承辦，不聽官爲僉點，名曰坐承坐差，幾致視爲私業。以當官之公事，爲若輩之利藪。甚至挾仇誣告，擇殷而噬，搭臺串詐，百弊叢生。並有不法之徒，仗其權勢，擇其坐日，輒將所欲需索拖累之人，扭交私押，恣意妄爲。且於審結案件，往往聳恿翻異，操縱無忌，以致詞訟愈繁，民累愈深。言之實堪痛恨，不可不嚴行查禁。除另行飭發告示刊石示禁外，合先札司立即轉飭各屬，將傳詞及坐承坐差之弊一概嚴禁。自此次札飭之後，除命盜重情隨時呈告外，其餘詞訟事件，祇許按照告期投呈，聽候該州縣核明情節眞僞，控詞曲直，分別准駁。所有承辦書差，均着官爲僉點，不准有傳詞及坐承坐差名目，致滋弊端。該州縣等限文到五日內取具，各書差遵奉甘結申送，一面將辦理緣由稟覆查考。如敢視爲具文，陽奉陰違，一經告發，或被本部院訪聞，定將玩違之經，差提省究辦。該地方官亦干嚴參不貸，切切等因。於嘉慶二十二年二月初七日奉行，遵照在案。

清・佚名《治浙成規・嚴禁民間失竊誣指教供搜贓以杜滋擾》 巡撫部院楊憲札內開： 照得民間失竊之案，應行赴官呈控，聽候飭令，捕役緝賊追贓，按律究辦。如有當場拏住賊匪之事，亦應解往地方官衙門訊究，不許民間私刑弔拷，擅自起贓，以杜滋累。今本部院訪聞浙省各屬民人，一遇被竊，往往挾嫌誣指，并有獲賊私拷，將平素仇隙之人，囑令賊匪誣扳。或稱同夥分贓，或稱窩竊知情。失主之家即擅自糾衆前往，以搜贓爲名，肆行抄搶，擾累閭閻，每致釀成人命，大爲民害。此風溫台等處爲尤甚，其餘各屬亦恐不免。除出示嚴禁外，合行札司立即通飭各屬，一體嚴行查禁。嗣後凡遇民間失竊及獲賊之案，令其赴官呈報，不准私拷誣指，擅自起贓，滋累良民。至捕保人等，亦不許私行拷打，教供誣扳，恣意訛詐。如敢故違，一經受害之家告發，或被本部院訪聞，定將誣告抄搶之人，并私拷教供之捕役，按律嚴辦。該地方官亦干未便凜之，切切等因。於嘉慶二十二年二月十四日奉行，遵照在案。

清・佚名《治浙成規・內結重案初報之後務於半月內招解不必等候院批》 浙江按察使司台呈稟： 竊照欽部案件及命盜等重案，俱例有定限，理應上緊趕辦，依限速結。乃本司蒞任以來，檢查未完舊案，山積塵委，率多逾限，竟有遲至逾年及數年之久尚不完結者。大抵各該州縣恃有人犯報病扣展之例，以爲初報之後，只須報一犯病，便可無礙考成，遂爾沉擱不辦，拖延歲月，以致案犯久禁囹圄，淹斃獄底，不可勝計。此固由各州縣之懶惰偷安，亦由該管知府督催不力之所致也。茲本月十三日接閱邸抄，刑部議覆晉省挖臬司條奏病犯勒限三月，逾即揭參一事，已奉諭旨嚴飭，以三月猶爲太寬，而刑部議以毋庸勒限，不合交部察議，并將此本發還另議，在案將來另議，勢必從嚴，亦照參案之例，不准扣展矣。今各該州縣未結重案。所報犯病，俱已經年累月，計惟有於未奉部議以前，速爲辦竣尚在例前，易於聲扣，若再任其稽延，於奉到部文之後始行趲辦，必致有干嚴例，大爲掣肘。本司現已飛飭各該府，將現禁人犯未經結案者，彙開清摺扣明例限送司查核，一而飭府嚴督所屬務須振刷精神大破積習，將未結各案上緊趕辦，勒限半月內辦竣，稟覆以憑，按摺稽考其有案多而最疲者，并令該府就近委員前往駐劄，將各案經差按限嚴比務在掃數辦清不許存留一件。倘仍有玩視違延即以闒茸飛揭嚴參，庶幾積案可望肅清再各屬招案類多支離叢雜院司衙門核敘咨題有需時日將來各屬新案若延至頂限始行詳解則辦理未免掣肘，且其中有供情未協，情罪不符，或需輾轉駁查者，勢必往返逾限，尤不可不預爲留地。本司備查乾隆十八年間曾經前司議詳分水縣條陳嗣後命盜等案，除要犯未獲，贓證未確，應俟獲犯獲贓起限承審外，若贓眞犯齊別無牽制之處於敘供通報之後，隨即審擬預定招稿俟憲批一到立即敘入招解並請院憲於初詳到日，一面批司轉行即，一面經行該縣入招庶案件得以速結不致稽遲等情詳奉批允通飭遵照在案。今各該州縣並不遵辦，以致一切重案仍多逾限，完結無期。本司現又通飭各屬務遵從前詳定章程，凡屬內結重案於初報之後，務於半月內解府，該府亦即日審解務於半月內到司，間或有未奉院批，不妨於招內空白數行聽候府司代爲補敘。總期以速爲貴，違則嚴提經承重懲庶得從容核辦，不致遲誤。所有本司現在督辦緣由相應稟明憲鑒抑本司更有請者一切由府審轉之案，毋庸備敘府供原屬簡易之道，但有屢經該府駁審者，其中供情錯雜頭緒紛繁，必須將前後供情融會摘出，敘成一片甚爲費力。本司衙門係刑名總匯，案牘紛繁，若逐案代敘，恐致擁擠稽誤。應請通飭各該府自後審轉之案，如未經府駁審者，毋庸再敘。府供以省煩冗外其有經府駁審者，仍須備敘，府供庶情節明晰司中易於核辦，可無稽遲之患，應否如斯合並稟請伏候批示遵行等情於乾隆二十一年六月十七日稟奉巡撫部院楊批命盜重案例有定限，理應依期審結。乃浙省積習每以報病爲拖延之計，本部院蒞任以來審題各案內報病扣限者十居六七，正在嚴飭查參頃據該司議稟甚屬妥協抑即轉飭各該府將未結各案彙開清單扣明例限送司，該司亦即彙冊送院查核以憑將任意遲逾闒茸貽誤之員題參懲創，以儆玩愒。至案多最疲之州縣，即飭該府委員前往勒限督辦以清積案，毋稍寬縱。再，本部院近閱審解各案，不但支離冗雜，并將往返駁訊之案全行敘入，以致篇繁頁多，勢難趕閱，即此具題，尤非政體，并飭： 嗣後如州縣審擬稍有未協及情節未周經府駁飭覆審者，即將疏漏情節及擬議未協之處於原招詳內補敘，其指駁處另文申送存案，司亦如之，不得混將指駁之處全行裝敘，以致招詳越駁越厚，勢難卒閱。其有故爲出入及案犯未眞關係重大之案，府司一面駁飭覆審，一面即將指駁之處具文通報，以憑於定案時核參可也。餘俱如稟通飭遵照仍候督部堂批示繳又奉宮保督部堂喀批案件叢積該司立限催辦深屬妥洽如稟通飭遵照實力辦理，勿致虛應故事，至稱招內空白數行之處，恐滋弊竇，不若竟行實寫聲明，未奉院批司府代爲補叙，似覺簡捷，并再酌定飭知，仍候撫部院批示，繳。此件院批招內不必將駁審之處全行裝敘一節，續經稟奉批允停止，照舊辦理在案。

清・林則徐《林則徐集・定期放告頒發狀式告示》 爲特頒狀式以杜架聳而清訟源事。照得下車伊始，應即示期放告，現定於本月□□日在二門親收呈詞。但恐健訟之徒，砌詞妄告，特頒簡明狀式，以儆刁頑。

古者金矢聽辭，原許下情上達。近因訟師播弄，動輒捏架大題，告一人而羅織多人，告一事而牽連數事。非夾行密字，即累紙黏單。或加人惡名，或詆人閨閫，或避審而瞞情越訴，或畏罪而婦女出頭。田土未明，動稱糾黨搶割；山場互控，混指毀墳滅屍。甚至已駁之詞，匿批重控；審結之案，翻舊爲新。種種譸張，難以枚舉。在訟棍姦唆牟利，祇圖歆准一時，而代書兜攬得錢，遂亦混行加戳。卒之審虛反坐，拖累無辜，而唆訟之人，轉得逍遙事外，實堪痛恨！

本司憫愚民之被騙，期塵牘之就清，欲端風俗而正人心，先禁刁唆以全善類。經云：易則易知，簡則易從。本司所頒狀式，祇許據事直書，每狀不得過一百數十字，凡愚民畧知文義，即能照式書寫。其中縱有委瑣情節，侭可於投審時當堂供明，何得以一面之辭，嘵嘵置喙耶？如此刪繁就簡，即有狡猾訟師，亦無所施其伎倆。於民既便，官又不煩，於澄清訟源之道，良有裨益。倘違式妄具白呈，不加代書戳記，於不放告日期，以並非迫不及待之情，攔輿混瀆，除不準外，定發首領官責戒。若代收於違式之呈，混加戳記，尤必從重責革不貸。特示。

清・丁日昌《撫吳公牘・通飭佐貳不准擅受》 爲札飭通飭事。案據高郵州申送四月分詞訟清冊，自理項下內開監生張時，稟吳春煦在揚軍廳捏告牽累一案。當查揚軍廳並非理民同知，吳春煦如何在該衙門捏告張時？即經批飭揚州府，移弔廳卷，發州提訊詳辦。去後，玆據該府申稱，查前據監生張時來府具控廳差索鬧，當經飭州申請廳卷核明。如與張時無干，即行摘釋。一面將控案訊斷詳復在案。玆奉前因，除移弔廳卷州訊詳外，申復鑒核等情，到本部院據此查同通佐雜等官例不准擅受詞訟，近來江北各屬往往有佐貳等官，擅受民詞，甚至有移交地方官辦理者。今揚軍廳並非理民同知，乃敢違例擅受，且敢縱差索鬧，實屬不合。應將該糧捕同知記大過一次，以示薄懲。除札臬司通飭遵照外，江藩司註冊外，合行札飭，札到該司即便遵照，由司註冊飭知。通飭毋違。

清・丁日昌《撫吳公牘・札飭教職不准擅受民詞到任時取結送查》 爲札飭事，七月十五日。據該司江藩司會同臬司，詳稱淮安府章儀林。訪聞監城縣教諭任性妄爲，動借傳課爲由，需索諸生。民間詞訟，不問戶婚田土，是非曲直，輒即擅受。至令門斗恣意需索，合學痛恨，士論不洽等情。由司委員密查確實，並准揚道轉揭到司，相應會詳請咨部革職，開缺另選等情到院。據此，查教官職司訓迪，例不准干預地方事務今監城縣教諭陸敏政，輒敢擅受詞訟，實屬有玷官箴。現已據詳咨部斥革，開缺另選。本部院復查佐貳雜職，前已通飭不准擅受民詞於呈報到任文內，由本員印官分別加具切結在案。所有教職一項，因係司鐸之員，故未議及。今既有監城縣教諭陸敏政在任擅受，則此外學官，自宜預爲整飭，俾知儆戒。並照佐貳雜職之例，到任時，亦出具不敢擅受切結，一體仿辦，合行札飭。札到該司，即便通飭各府州廳縣轉移所屬學官遵照，務當循分供職，不得違例擅受民詞，干預地方事務，致干參咎。嗣後教職人員，呈報到任者，令本員出具不敢擅受切結，送由正印官加具切實印結，通送備查，毋稍玩違。先將通飭緣由具復，並報明爵閣督部堂學院查考，毋違，特札。

清・佚名《告示集・勸民息訟》 爲申明律禁以遏訟端維持風化事。照得民間戶婚田土錢債鬬毆詞訟事件，止許一告一訴，不得羅織多人，牽混婦女，此定例也。如在有司衙門准，不候審斷輒赴上控者，依越訴律笞五十。憑空誣告人者，加所誣罪三等，誣告人致死未決者，杖一百，流三千里，加徒役三年。更有核情酌斷實抵據遣之條，立法何等森嚴，庸衆亦所盡曉。若能安分守己，豈皆廢時失業，匍匐公門。皆因一時尚氣，徒知人過，莫省己非，遂萌睚眦必報之心，興訟招尤，彼此攻訐，欲圖爭勝，安于喪良。因而改輕作重，嫌其織多，致使訟棍刁徒藉稱無刁不成狀之言，乘機聳恿。甚至憑空謊砌虛詞，妄陷無辜，非架搶殺大題，即捏姦贓劣蹟，受其愚弄，財帛虛縻。迨一經對簿，水落石出，未能加人以罪而已反先受其殃。輕則披枷帶鎖，重則蕩產傾家，自取之咎，返悔奚及？更有仗恃屍親事主，羅織多人，冒開贓物，希圖挾制官長，動輒聯扁累牘，逞私上控，必塡經承受賄，捺延原差，聽囑不拘，以爲聳准張本。在訟師奸詭伎倆，非此自不足見其所長，而相習成風，代書人等立着不效尤滋弊，千篇一律，無狀無之，殊覺數見，鮮無謂也。雖猾吏玩差等人叵測，難保無藉端需之弊。然豈事之皆有誅求，人人盡受囑托？因僞亂眞，反使情通理順之案，不得及早伸雪，徒費盤纏守候，跋涉道路，欲罷不能，轉滋拖累。是皆一時失算，受人唆哄所致，豈盡出之好訟而然哉？要知訟非善事，昔賢垂誡諄諄，萬不得已據實直陳，猶須檢點，何況將無作有，捕風捉影。欺朦長官之罪尚小，昧良害理之報必深。平旦自思，能不膽悸心動耶？本府職司表率，有移風易俗之責，固宜伸冤理枉，而崇實斥浮之教化當並行不悖也。除既往不究外，合行出示剴切曉諭，爲此示仰闔屬士庶軍民人等知悉：嗣後各宜安分守己，耕讀自矢，愼勿搆釁興訟，此攻彼擊。更不得聽信訟棍挑唆，捏情妄控，輒赴上憲衙門，恣意狂吠。即或審得實情，亦必坐以越訴之罪。倘涉意虛誣，定當依律懲治，斷不曲貸。本府下車伊始，清釐積案，有鑒台屬風俗好訟，把持沉溺已久，若不亟加棒喝，點醒愚頑，于心寔有所望。以故不厭絮煩，諄諄勸導，務□猛省夙愆改過自新，同歸向化。倘敢執迷不悟，仍蹈前轍，三尺俱在，法網難寬，毋謂言之不預也。凜之思所之特示。

清・佚名《告示集・禁招搖撞騙示》　爲嚴禁招搖撞騙以肅功令事。照得本縣家傳清白，世守書香，今恭膺簡命，涖任玆土，自惟砥礪廉隅，恪勤本職，以期無慚衾影，仰報皇恩憲德。凡一切公務詞訟以及差票，均係矢公矢愼，自行裁酌辦理，並不假手吏役家人，致滋弊竇。誠恐不肖吏役以及家丁人等有在外招搖撞騙，營謀作弊，煽惑民心，而涉爭訟，鄉民囑托買票求情，被其愚弄，受騙花錢，亦未可定。合行出示曉諭，爲此示閤屬士民鄉保人等知悉：如有詞訟干涉者，祗須靜侯本縣審明公斷，不得輕聽匪人，妄思囑托，即差票亦係秉公差完，當堂給發。倘有不肖吏役家丁人等在外招搖撞騙，許即據實稟明，立拿法究。如有輕信墮術，混費銀錢者，一經訪聞，或被告發，定行一併按律嚴辦，決不姑寬。本縣志切防奸，愼勿視爲具文，自蹈咎戾。各宜凜遵毋違，特示。

又　爲再行出示曉諭以禁招搖撞騙而肅功令事。照得本縣爲到任以來，心堅介節，志切防奸，凡有一切公務詞訟，均係秉公酌斷辦理，以無慚保赤，仰報皇恩。前因恐有不法之徒招搖撞騙，當經出示嚴禁在案，乃聞有不肖吏役猶敢營謀作弊，遇事生風，藉端招搖哄騙，不法已極，實堪痛恨。除嚴密訪拿盡法究罪外，合行剴切出示諭禁，爲此示仰閤屬紳士軍民人等知悉：嗣後如有不肖吏役人等在外招搖撞騙，生事哄詐，立即據實拿究。如有已被詐騙者，立即首明，以憑嚴拏究辦，定將稟首之人從重給賞。倘再妄思囑托，甘受愚弄，混費銀錢，以及通同容隱，一經訪問嚴覺，與受同罪，定行一併按律嚴辦。本縣執法爲山，燭奸以鏡，斷不稍爲寬貸。各宜凜遂毋違，特示。

清・佚名《告示集・禁代書妄砌虛詞》　爲嚴禁代書，遵守成規，不得妄作呈狀事。照得設立代書，原爲民間鼠牙雀角欲求官爲伸理昭雪事件，一時不能達其衷曲，更恐玩法刁徒，捏名混控，無憑拏究，是以考取文理法通字畫端正之人，頒給戳記，令其常在署前代人繕寫呈狀，只許據口直書，不得妄添情節，致使訴詞失實，顛倒是非，一有干犯，即違律法。乃今日遂所收呈狀，非惟語句支離，事情亦多乖謬，動輒輾轉，牽列局外之名，摭拾捕風捉影之事，賣弄筆□希圖僥准。近于訟師伎倆，魚目混珠，殊堪痛恨。除既往不究外，合行出示嚴禁。爲此示仰府縣各官代書及一切軍民人等知悉：自示之後，如有控告呈詞，只許直陳本事，毋得妄砌虛情。代書依口直塡，本人更須檢點。或係具狀之人自攜底稿，煩爲謄寫，亦必將做呈人姓名開列呈後，以憑查察虛寔，立拏訊究。尤宜遵守成規，按格清書，不得雙行越格，冗長排擠，礙難閱看。倘敢故違，定將該代書枷責示儆，必不寬貸。凜遵毋違，特示。

清・佚名《告示集・禁呈後抄粘舊呈》　爲諭禁事。照得詞訟止許一告一訴，例有明條，即或事須續呈，或又在別衙門具控，亦止應將呈批示抄粘，以便閱覽，非謂長篇累牘，即能所奇角勝也。乃今台郡習慣成風，每于上控呈內，必將縣斷縣詳全行抄錄粘單。或錄被告呈詞，旁貼紅簽，任意翻駁，竟有案涉多年，積厚成帙者。若非本人健訟不疲，即屬代書從旁聳恿，藉以謄寫爲名，便于多索筆費。殊不思事理曲直，全憑鑿空衡平，準情剖決，且更在乎對簿之下，燭照眞僞，以分涇渭。且有一詞見長，不待審斷，即操必勝之權耶？況縣奉收之科房，苟非買自經胥，從何抄得？至于他人紕繆詞句，經官自能申飭，何勞擅作聰明，僞私臆度，妄加評騭，徒干混瀆之咎，于事毫無所裨，不知猛省，日益沉淪。合行出示諭禁，爲此示仰閤郡士庶軍民幷代書人等知悉：嗣後一切呈狀，只許抄粘奉車上下衙門批示，毋得再涉支離混錄，繁瑣卷案，粘簽指駁。倘敢故違，仍有任意嘵瀆在，除本呈批飭不準外，定拘代書責處示儆。各宜凜遵毋違，特示。

清・佚名《告示集・禁尸親妄控》 照得人命案内之屍親俗稱苦主，最爲可憫可矜。如果據實稟呈，自當立予昭雪，斷無故縱兇犯，苛求屍親之理。乃有一等愚民，聽信旁人唆誘，率多牽砌無辜。又有一種刁徒，倚恃屍親任意妄控，或羅織素有嫌隙之平民以洩其舊怨，或擇噬家頗小康之殷户以逞其貪饕，情弊百端，難以枚舉。迨至水落石出，無不身犯刑章。即如近日以來，烏程縣民鄭晉彩自縊身死一案，屍親徐士豪混報鬬斃，問發近邊充軍。作詞之李香如杖一百，流三千里，加徒役三年。又仙居縣民楊普臣致傷方相雯身死一案，屍兄方相榮混指楊宋臣爲兇犯，亦問擬滿流加徒，屍父方洪信得受賄錢並擬徒罪，此明證也。身爲苦主，其親屬已死非命，復以貪嗔之故，自投法網，其刁可惡，其愚可哀，不思法嚴誣告，尤重詐贓，屍親不罪之人有犯當能寬縱，惟正一所以驚百，後車應鑒前車。恐愚民耳目未週，尚不克各知懲儆，合行出示曉諭。爲此示仰諸色人等知悉：嗣後遇有人命事件，保総固理應直報，屍親亦必須實稟，切勿牽涉無干，屬勿心圖藉詐。耆老里隣互相告誡，訟師之教誘洵爲貽害屍屬之媒，惡棍挑唆寔自取軍流之罪，即以烏程似居兩案爲戒可也。自示之後，或有憨不畏法，究治斷不稍寬。在屍親既有犯必懲，其事主亦情同一律，不得藉失竊以陷平民，更不爲藉贓以圖財賄。各宜凜遵毋致噬臍。特示。

清・佚名《告示集・申嚴争嗣刁告》 爲申嚴争嗣刁告之禁以卹鰥寡以厚風俗事。照得人生無子，乃大不幸之事，而立嗣承祧，俾生有奉養之人，死免若敖之泣，是專爲無嗣之人起見，非爲親族争分財産地也。律載：無子者許令同宗昭穆相當之姪承繼。先儘同父周親，次及大功小功緦麻。如俱無，方許擇立遠房及同姪姓爲嗣。又云：若繼子不得于所後之親，聽其告官別立，其或擇立遠房及所親愛者，若于昭穆倫序不失，不許宗族指以次序告争並官司受理，各等語。既指完應繼之次序以伸親親之義，又恐拘泥太過，或繼子不賢，非嗣父母所喜悦，則情意乖離，反致老年失所，是以後有擇立親愛之條，令申明垂固，已仁至而義盡。若遇無子之人，爲之親族者，斟情酌律，從公處分，何有于争訟。乃豫省惡俗，一遇其人絶嗣，凡稍有瓜葛者，靡不垂涎絶産，群起争奪。或云應繼，或云愛繼，訐告紛紜，亂絲難理。究其實皆屬事外扛幫，並非立嗣者之本意。本部院深悉其弊，業經飭地方官，凡爭繼之案，總以無嗣之人得所爲主。如於律例無礙，不妨俯順其情，酌量斷結，既斷之後，若非無嗣之人自告，概不得復行准理在案。乃近日披閲詞狀，仍有告争繼嗣者，夫嗣子既經議定，非係倫次當然，即係本人親愛，後或已繼之後情有變更，在本人事關切己，豈不能告官別立而待旁人爲之翻改？且從來争控繼嗣，多係富室大家，即農田細民亦必薄有資産。若其貧寠之流，毋論應繼愛繼，靡不托故推辭，以免養生送死之累，豈復有代其控理者，則人情大概可知矣。本部院有主持風教，鋤強扶弱之任，深念嫠婦鰥夫既抱無子之痛，一不幾徑躊躇立一嗣子，又被豪強覬覦，捏詞刁告，設或官司不察，輕聽准理，必至匍匐公庭，遭無辜之拖累，受胥役之索詐，縱已定之嗣不可更，而財産已花消大半，殊覺可憫。合再出示曉諭，爲此示仰撫屬紳士軍民人等知悉：嗣後無子之人，均遵照定例，或依倫次，或擇親愛，會集宗親定議立嗣。既立之後，概不許旁人告争，如有漁産刁告者，除不准外，仍重懲示儆。若漁産之人不告官司，持其強横，欺凌鰥寡者，即赴所在官司按告究處，地方官審斷不公，許赴本部院轅門告究。斷不使奸徒得志，而令無罪之民向隅飲泣也。各宜凜遂，毋違。

清・佚名《告示集・代書》 爲召募代書事。照得民間詞訟，律嚴誣告，尤禁教唆。本縣涖任此土，志在痛除積弊，以杜刁筆而清案牘。但奸徒刁健之習，法應剔釐，而小民冤抑之情，理宜申雪。今當下車伊始，現在頒發狀式，示期放告，所有代書合行考取，爲此云云。凡有願充代書者，限本月日到縣報名，當堂考驗，如果詞無悖謬，字不錯悞，即行給發戳記。遇有告狀之人，許其恪遵定式，據實直陳，詞首各用本人圖記，以凴查閲。倘有積年訟棍更名混充，借以刁唆包攬，定行參法究處，誓不寬貸。各宜淳遵。

清・佚名《告示集・諭用狀式示》 爲曉諭事。照得民間受有屈抑，原許興詞搆訟，恐有刁徒逞其刀筆，增減情節，變亂是非，故考有代書，頒有狀式。凡有呈狀，例，應代書照本人情詞據實謄寫，呈後登記姓名，方許投遞。所以宣民隱，杜教唆也。乃近見所遞呈狀，率多不遵狀式，間有無代書姓名戳記，顯有刁徒教唆，爲害擾民，殊屬可惡。除飭差密訪查拿外，合行出示曉諭。爲此示仰闔邑軍民人等知悉：嗣後凡有一切控詞，務須遵用頒定狀式，令代書據情直書，登記姓名。若係本人主稿，亦必須於呈後注明主人自稿字樣。倘敢仍前故違，混以白紙漫書，冒昧報遞，除呈詞不收閱外，先將代書責懲，並嚴究教唆之人，從重治罪，決不寬貸。各宜凜遵毋違。特示。

清・佚名《告示集・招考代書示》 為招告代書酌示狀式以杜刁健事。照得興詞訐訟，最惡無情，而抱牘鳴冤，務宜有據。若伏筆應干戈以布女中樓閣，不特自欺以欺官，抑且害人而自害也。功令煌煌，首嚴誣告，可不慎歟。茲本縣以匪躬涼德，雖不能使爾等無訟，亦不肯為爾等所愚，為此特頒狀式，使妄瀆者有所遵循。特考代書，俾揑控者無從假借，其有寫作可觀願充代書者，于某日報名聽考。考完之後，一切呈訴，無代書戳記者一概不收。爾代書若假此多索及不遵狀式條款，希圖朦混者，除不准外，定按名重責枷示。本縣言出法隨，慎勿身試。特示。

清・佚名《告示集・招選代書示》 為選擇代書以悉民隱事。照得代書之設，恐愚民不諳文理，情詞未達，假手以供書寫，非令若輩捏理舞文，架詞陷良也。本縣職司民牧，與爾百姓相關痛癢，地方冤抑留心昭雪，已非一日矣。恐有不肖訟棍，乘機唆撥，致累小民，無從稽察。合行出示，選擇代書以資專責。為此示仰在城居民人等知悉：凡有諳練書寫，通曉文理，願充代書者，許即呈名，聽候選取，頒給戳記，以便稽查。

紀事

《睡虎地秦墓竹簡・封診式・□□》 〔爰〕書：某里士五(伍)甲、乙縛詣男子丙、丁及新錢百一十錢、容(鎔)二合，告曰：丙盜鑄此錢，丁佐鑄。甲、乙捕索(索)其室而得此錢、容(鎔)，來詣之。

《睡虎地秦墓竹簡・封診式・告子》 爰書：某里士五(伍)甲告曰：甲親子同里士五(伍)丙不孝，謁殺，敢告。即令令史己往執。令史己爰書：與牢隸臣某執丙，得某室。丞某訊丙，辭曰：甲親子，誠不孝甲所，毋(無)它坐罪。

《睡虎地秦墓竹簡・封診式・有鞫》 敢告某縣主：男子某有鞫，辭曰：士五(伍)，居某里。可定名事里，所坐論云可(何)，可(何)罪赦，或覆問毋(無)有，遣識者以律封守，當騰，騰皆為報，敢告主。

《睡虎地秦墓竹簡・封診式・覆》 敢告某縣主：男子某辭曰：士五(伍)，居某縣某里，去亡。可定名事里，所坐論云可(何)，可(何)罪赦，〔或〕覆問毋(無)有，幾籍亡，亡及逋事各幾可(何)日，遣識者當騰，騰皆為報，敢告主。

《睡虎地秦墓竹簡・封診式・盜自告》 □□□爰書：某里公士甲自告曰：以五月晦與同里士五(伍)丙盜某里士五(伍)丁千錢，毋(無)它坐，來自告，告丙。即令〔令〕史某往執丙。

《睡虎地秦墓竹簡・封診式・盜馬》 爰書：市南街亭求盜才(在)某里曰甲縛詣男子丙，及馬一匹，騅牝右剽；緹覆(複)衣，帛里莽緣領褎(袖)，及履，告曰：丙盜此馬、衣，今日見亭旁，而捕來詣。

《睡虎地秦墓竹簡・封診式・争牛》 爰書：某里公士甲、士五(伍)乙詣牛一，黑牝曼縻(縻)有角，告曰：此甲、乙牛殹(也)，而亡，各識，共詣來爭之。即令令史某齒牛，牛六歲矣。

《睡虎地秦墓竹簡・封診式・群盜》 爰書：某亭校長甲、求盜才(在)某里曰乙、丙縛詣男子丁，斬首一，具弩二、矢廿，告曰：丁與此首人強攻群盜人，自晝甲將乙等徼循到某山，見丁與此首人而捕之。此弩矢丁及首人弩矢殹(也)。首人以此弩矢□□□□□乙，而以劍伐收其首，山儉(險)不能出身山中。〔訊〕丁，辭曰：士五(伍)，居某里。此首某里士五(伍)戊殹(也)，與丁以某時與某里士五(伍)己、庚、辛，強攻群盜某里公士某室，盜錢萬，去亡。己等已前得。丁與戊去亡，流行毋(無)所主舍。自晝居某山，甲等而捕丁戊，戊射乙，而伐殺收首。皆毋(無)它坐罪。診首毋診身可殹(也)。

《睡虎地秦墓竹簡・封診式・奪首》 軍戲某爰書：某里士五(伍)甲縛詣男子丙，及斬首一，男子丁與偕。甲告曰：甲，尉某私吏，與戰刑(邢)丘城。今日見丙戲旞，直以劍伐痍丁，奪此首，而捕來詣。診首，已診丁，亦診其痍狀。

《睡虎地秦墓竹簡・封診式・䙴(遷)子》 爰書：某里士五(伍)甲告曰：謁鋈親子同里士五(伍)丙足，䙴(遷)蜀邊縣，令終身毋得去䙴(遷)所，敢告。告法(廢)丘主：士五(伍)咸陽才(在)某里曰丙，坐父甲謁鋈其足，署(遷)蜀邊縣，令終身毋得去署(遷)所論之，署(遷)丙如甲告，以律包。今鋈丙足，令吏徒將傳及恆書一封詣令史，可受代吏徒，以縣次傳詣成都，成都上恆書太守處，以律食。法(廢)丘已傳，爲報，敢告主。

《睡虎地秦墓竹簡·封診式·奸》 爰書：某里士五(伍)甲詣男子乙、女子丙，告曰：乙、丙相與奸，自晝見某所，捕校上來詣之。

《史記·淮南衡山列傳》 丞相臣張倉、典客臣馮敬、行御史大夫事宗正臣逸、廷尉臣賀、備盜賊中尉臣福昧死言：淮南王長廢先帝法，不聽天子詔，居處無度，爲黄屋蓋乘輿，出入擬於天子，擅爲法令，不用漢法。及所置吏，以其郎中春爲丞相，聚收漢諸侯人及有罪亡者，匿與居，爲治家室，賜其財物爵祿田宅，爵或至關內侯，奉以二千石，所不當得，欲以有爲。大夫但、士五開章等七十人與棘蒲侯太子奇謀反，欲以危宗廟社稷。使開章陰告長，與謀使閩越及匈奴發其兵。開章之淮南見長，長數與坐語飲食，爲家室娶婦，以二千石俸奉之。開章使人告但，已言之王。春使使報但等。吏覺知，使長安尉奇等往捕開章。長匿不予，與故中尉蕑忌謀，殺以閉口。爲棺槨衣衾，葬之肥陵邑，謾吏曰不知安在。又詳聚土，樹表其上，曰開章死，埋此下。及長身自賊殺無罪者一人；令吏論殺無罪者六人；爲亡命棄市罪詐捕命者以除罪；擅罪人，罪人無告劾，繫治城旦舂以上十四人；赦免罪人，死罪十八人，城旦舂以下五十八人；賜人爵關內侯以下九十四人。前日長病，陛下憂苦之，使使者賜書、棗脯。長不欲受賜，不肯見拜使者。南海民處廬江界中者反，淮南吏卒擊之。陛下以淮南民貧苦，遣使者賜長帛五千匹，以賜吏卒勞苦者。長不欲受賜，謾言曰無勞苦者。南海民王織上書獻璧皇帝，忌擅燔其書，不以聞。吏請召治忌，長不遣，謾言曰忌病。春又請長，願入見，長怒曰女欲離我自附漢。長當棄市，臣請論如法。

制曰：朕不忍致法於王，其與列侯二千石議。

臣倉、臣敬、臣逸、臣福、臣賀昧死言：臣謹與列侯吏二千石臣嬰等四十三人議，皆曰長不奉法度，不聽天子詔，乃陰聚徒黨及謀反者，厚養亡命，欲以有爲。臣等議論如法。

制曰：朕不忍致法於王，其赦長死罪，廢勿王。

臣倉等昧死言：長有大死罪，陛下不忍致法，幸赦，廢勿王。臣請處蜀郡嚴道邛郵，遣其子母從居，縣爲築蓋家室，皆廩食給薪菜鹽豉炊食器席蓐。臣等昧死請，請布告天下。

制曰：計食長給肉日五斤，酒二斗。令故美人才人得幸者十人從居。他可。

《漢書·金欽傳》 時王莽新誅平帝外家衛氏，召明禮少府宗伯鳳入說爲人後之誼，白令公卿、將軍、侍中、朝臣並聽，欲以內厲平帝而外塞百姓之議。欽與族昆弟秺侯當俱封。初，當曾祖父日磾傳子節侯賞，而欽祖父安上傳子夷侯常，皆亡子，國絶，故莽封欽、當奉其後。當母南卽莽母功顯君同産弟也。當上南大行爲太夫人。欽因緣謂當：詔書陳日磾功，亡有賞語。當名爲以孫繼祖也，自當爲父、祖父立廟。賞故國君，使大夫主其祭。時甄邯在旁，庭叱欽，因劾奏曰：欽幸得以通經術，超擢侍帷幄，重蒙厚恩，封襲爵號，知聖朝以世有爲人後之誼。前遭故定陶太后背本逆天，孝哀不獲厥福，乃者呂寬、衛寶復造姦謀，至於反逆，咸伏厥辜。太皇太后懲艾悼懼，逆天之咎，非聖誣法，大亂之殃，誠欲奉承天心，遵明聖制，專壹爲後之誼，以安天下之命，數臨正殿，延見羣臣，講習《禮經》。孫繼祖者，謂亡正統持重者也。賞見嗣日磾，後成爲君，持大宗重，則《禮》所謂尊祖故敬宗，大宗不可以絶者也。欽自知與當俱拜同誼，卽數揚言殿省中，教當云云。當卽如其言，則欽亦欲爲父明立廟而不入夷侯常廟矣。進退異言，頗惑衆心，亂國大綱，開禍亂原，誣祖不孝，罪莫大焉。尤非大臣所宜，大不敬。秺侯當上母南爲太夫人，失禮不敬。莽白太后，下四輔、公卿、大夫、博士、議郎，皆曰：欽宜以時卽罪。謁者召欽詣詔獄，欽自殺。

《漢書·丙吉傳》 武帝末，巫蠱事起，吉以故廷尉監徵，詔治巫蠱郡邸獄。

《後漢書·光武帝紀下》 〔建武十二年〕三月癸酉，詔隴、蜀民被略爲奴婢自訟者，及獄官未報，一切免爲庶(民)〔人〕。

《魏書·出帝平陽王紀》 六月癸亥朔，帝於華林園納訟。

《魏書·后妃傳》 〔宣武靈皇后胡氏〕敕造申訟車，時御焉，出自雲龍大司馬門，從宮西北，入自千秋門，以納冤訟。

《舊唐書·盧羣傳》 貞元六年，〔盧羣〕入拜侍御史。有人誣告故尚父子儀嬖人張氏宅中有寶玉者，張氏兄弟又與尚父家子孫相告訴，詔促按其獄。羣奏曰：張氏以子儀在時分財，子弟不合爭奪。然張氏宅與子儀親仁宅，皆子儀家事。子儀有大勳，伏望陛下特赦而勿問，俾私自引退。德宗從其言，時人嘉其識大體。累轉左司、職方、兵部三員外郎中。

《新唐書・諸帝公主傳》 時主與長寧、定安三家廝臺掠民子女爲奴婢，左臺侍御史袁從一縛送獄，主入訴，帝爲手詔喻免。從一曰：陛下納主訴，縱奴驗掠平民，何以治天下？臣知放奴則免禍，劾奴則得罪於主，然不忍屈陛下法，自偷生也。不納。

《新唐書・南蠻傳下》 王宮設金銀二鍾，寇至，焚香擊之，以占吉凶。有巨白象，高百尺，訟者焚香跽象前，自思是非而退。

宋・錢若水《太宗皇帝實録》卷三〇 〔太平興國九年五月〕己丑，登聞院引對婦人李氏自陳云無兒息，身且病，恐一旦溘死，家業委棄，欲未死有所屬。上因謂宰相曰：此婦人數日前朕已令開封府依所欲裁置之，今復來告訴，稱其父已被繫矣。此是小事，何用禁繫？京輦之下，尚敢如此，天下至廣，冤枉可知。朕恨不能徧閱天下獄訟，親行決斷。

宋・李燾《續資治通鑑長編》卷七九 〔宋眞宗大中祥符五年十一月〕戊申，詔：如聞緣汴護堤河清卒賊害行客，取其資財，棄尸水中，頗難彰露。可明揭賞典，募人糾告。

宋・李心傳《建炎以來繫年要録》卷二〇〇 〔紹興三十二年十二月〕丁亥，內降付下寬卹事十八條。內一項，訪聞諸路鄉村惡少無賴，以販鬻私茶鹽爲業。良善之民，多被強賣，稍不聽從，日後犯販，必行供指。逮得賄賂，乃與除免。自今應犯販私茶鹽，不得信憑供指，妄有追呼。違者許越訴，承勘官吏，宜重寘於法。又一項，訪聞州縣捉獲盜賊，獄吏輒教令廣引豪富之人，指爲窩藏。至有一家被盜，鄰里富室，爲之騷然。賊情未得，而胥吏之家，賄賂充牣。平居富民，或與吏輩小有睚眦，一得賊徒，使之通注，其禍尤酷。自今除緊切干證外，不得泛濫追呼。如違，許越訴，別移所司推勘指敎情節，吏人反坐，官員重坐施行。

宋・佚名《名公書判清明集・户婚門・契約不明錢主或業主亡者不應受理》 讀刑臺台判，洞燭物情，亦既以鄭氏爲不直矣。然鄭氏非，則湯氏是，二者必居一，於此而兩不然之，舉而歸之學官，此湯執中之所以不已於訟也。披閱兩契，則字跡不同，四至不同，諸人押字又不同，眞有如刑臺之所疑者，謂之契約不明可也。在法：契要不明，過二十年，錢主或業主亡者，不得受理。此蓋兩條也。謂如過二十年不得受理，以其久而無詞也，此一條也。而世人引法，併二者以爲一，失法意矣！今此之訟，雖未及二十年，而李孟傳者久已死，則契之眞僞，誰實證之，是不應受理也。合照不應受理之條，抹契附案，給據送學管業。申部照會。

宋・佚名《名公書判清明集・户婚門・經二十年而訴典買不平不得受理》 吳生所訴范僧妄認墓山事，索到兩家契照，昨送司戶看詳。據申范僧兄弟三人，長誠之，次元之，末位僧，開禧三年已立支書分析印訖。曾宅係於嘉定元年十月內買范元之鷄龍山下之山，范七六爲牙，涉三十餘年，賣主范元之已身故，無憑喚對，申府帖縣，差無礙保正，再集鄰從公勘會。今建陽縣申，據保正常吉同鄰人鍾五九等稱，范元之嘉定四年身故，即無子孫。又稱鷄龍山下有曾知府、盧安人、江孺人三墳三十餘年，又有王家古墳，即不曾見范僧有喪安葬在山。又稱開禧三年，范僧經官分析范元之在日分得晚田，賣與夏秀才，園賣與華氏兒，黃梔園併山賣與曾知府宅。某照得所爭之山，范元之賣與曾宅在嘉定元年，范元之身故在於嘉定四年，范僧今以淳熙三年之契爭理，謂山內有所養母阿黃及兄誠之兩墓，曾宅又指爲王氏古墓。但范僧不爭於曾宅安厝之時，而爭於曾宅陳論之後，今勘會即無范僧有墓在山之說，曾宅掌業安厝既已年深，合還曾宅照契管業，所有山內見在墓穴，亦不許曾宅開掘。仍帖縣照應，取台旨。奉王侍郎台判，諸典買田宅經二十年，而訴典買不明者，不得受理。曾知府所買范元之墳山三十年，若是范僧分業，何不於曾宅所買之時陳訴。況錢、業主俱亡，亦不在論理之限。門示范僧，餘照僉廳所擬行。

宋・佚名《名公書判清明集・户婚門・過二十年業主死者不得受理》 理訴田產，公私惟憑干照。沈邦政訴其祖沈文道有田八畝，坐落仁和縣西塘，典在孫宅，本縣不與理贖，經府陳訴。僉廳索案點對，照得其田係劉防禦於淳熙五年賣與陳保義，陳於慶元六年賣與徐四，徐賣與錢登仕，錢又於嘉定六年滾同田產百餘畝，賣與孫宅。繳到錢登仕賣契及原買徐四上手赤契，一一分明，更易四、五主，經涉五、六年，前後契內即不曾聲說先係沈文道之田。不知沈邦政何爲一旦認爲己田邪？若曰祖產，必有砧基簿或分書可照，若曰果是其祖出典，必有合同典契可考，今咸無之。又自供初不知價貫多少，亦不知牙保、業主姓名，但執先贖回劉氏子家典契一道，稱與此田係是同段，因必是其祖文道典與外人，未曾取贖，所以陳訴。殊不知此田雖與而典於劉娘子之田同段，乃是乾道年間之契，安知乾道以後，乃祖乃父不將此田賣與外人。借曰果是其祖曾典與人，何不於劉防禦等出賣之時，即行理贖。今經隔五十年，自劉以後，轉相授受，孫宅已係第五主買矣。若欲拔本尋源，須根問劉防禦得田賣田之因可也，官司何可根究五十、八十年前干照之事。大凡爲富不仁之徒，典人田產，不伏退贖，世固有之，官司當從公主張。但沈邦政既無片紙干照，其說略無根據，此必有生事者教唆之，徒事攪擾。在法：諸典田宅者，皆爲合同契，錢、業主各收其一。又諸理訴田宅，而契要不明，過二十年，錢、業主死者，不得受理。今沈邦政既無合同典契，又隔涉五、六十年，本縣所斷已爲允當。欲令孫宅照契管業，如邦政尚敢妄詞，解府從條施行。

宋・佚名《名公書判清明集・户婚門・争業上》 王九狀論王四擅賣本戶田產，欺謾卑幼。今索到游旦元買契，係是王九父王昕着押，開禧元年交易，次年投印分明。準法：諸理訴田宅，而契要不明，過二十年，錢主或業主死者，不得受理。今業主已亡，而印契亦經十五年，縱曰交易不明，亦不在受理之數。田照元契爲業，餘人並放。

又 許奉居安慶府之懷寧，紹興三十二年買入金立田業一段。其後許知實爲主，知實死，其子許國繼之，爲許奉後，眞僞實未可知，或是相傳，或是買入，無所憑據。但許奉元來入戶赤契，卻係許國收掌。至嘉定六年，嘗典與張志通、楊之才。七年後，賣與朱昌。朱昌得業，係在張志通、楊之才名下贖回。皆有連押可證。交收花利，輸納官物，據本鄉勘會，並係相傳得產人主之。許奉初契既已投印，張、楊之典，朱昌之買，亦出干照分明。去年之春，忽有許德裕者，來自光之固始，訴於州，自執宗圖，稱爲許奉之孫，而許國係是別派，不應盜占己業。考其所供，淳熙九年，其父名多才，自懷寧徙居於光，收得許奉親弟許嵩撲約一紙，謂元買金立產業，係屬衆分，唯嵩一位，獨留懷寧，自管耕種。依分還租，此理固有之，但方當立約，德裕未生，及至持訟，許嵩已絕，縱有私約，非官文書，更歷年深，何所照據？又嘉定二年入狀懷寧，嘗訴許國盜耕田業，時只憑和勸，陪還租課，得錢五十貫文，不欲盡情根究。果有此項，猶可供對，今既無元案，又無對定文字，且典賣之後，又經十四年，不曾有詞，平白入狀，只據口說，又何所憑？竊詳德裕所供，雖曰有撲佃文字，然自淳熙九年至嘉定二年，相去二十七年，胡爲全不交租？雖曰續曾陪還價錢，然自嘉定二年至寶慶三年，相去又十九年，胡爲不再管業，直至去春，方來入詞？許德裕之父多才元與撲佃者既死，許國之父知實元自爲業者又死，許奉之弟許嵩元立約還租者又死，卻欲妄憑宗派白約，意在昏賴，實難行使。以意度之，許國未必是許奉之後，許嵩卻元爲同分之人，若謂許國冒占許嵩之田，決無此理，必是許國之父知實就許嵩名下買入，其他諸位亦已釐革，年深莫知首尾，無可參照。準法：諸祖父母、父母已亡，而典賣衆分田宅私輒費用者，準分法追還，令元典賣人還價。即典賣滿十年者免追，止償其價，過十年典賣人死，或已二十年，各不在論理之限。儻許嵩尚存，訟在交易十年之前者，只是還價；十年之後，復與免追，且無可得田之理。自淳熙九年至今，首尾通五十七年，許嵩戶絕，悉無其人，豈得更在論理之限？合照見佃爲業。

宋・佚名《名公書判清明集・户婚門・争屋業》 盛榮訴友能強占竹地、桑地二段事，今追到友聞、友能供對，照得桑地一段，委係盛榮父文旺先買得文智之產，紹定年間，其姪友聞盜賣與友能爲業。友能不問來歷，不收上手契照，鹵莽交易，宜有今日之訟。但縣判謂盛榮與友能爲族叔姪，居止相近，安有紹定二年賣過此產，而不知之理？況友能自得此地，築屋其上，種竹成林，已十四、五年，而盛榮始有詞訴，何邪？在法：諸同居卑幼私輒典賣田地，在五年內者，聽尊長理訴。又諸祖父母、父母已亡，而典賣衆分田地，私輒費用者，準分法追還，令原典賣人還價，即滿十年者免追止償其價。揆之條法，酌之人情，歷年既深，在盛榮只合得價，不應得產。欲帖縣，監友聞先賣契字，仍給還友能管業。外所爭竹地一段，據盛榮執出分書，委係文旺、文貴各得其半，盛榮即文旺之子，友能即文貴之孫，今友能乃全有之，別無片紙干照，必是影帶包占，此盛榮所以反覆囂訟不已也。欲併帖委官，照分書將上件竹地標釘界至，作兩分管業，庶幾予奪各得其當。如盛榮再敢健訟，照已判斷治施行。

宋・佚名《名公書判清明集・户婚門・違法交易》 此項齊元龜訴業事，本州僉廳之所斷，本司檢法之所擬，皆爲失之。天下豈有二父二本之理也哉？撫育之恩固深，而繼承之義尤重，爲人後者，不得顧其私親。設齊元龜訴取其父之業爲不當，則齊元龜席捲其業以歸齊公且之家，亦不必爲齊司法之子，而繼絶、檢校之條皆可廢矣。此不特於法有礙，而於理亦有礙，使人不知有父子之大倫者，皆自兹始也。況卑幼産業爲尊長盜賣，許其不以年限陳乞。齊元龜陳乞於齊公且死後，亦非可以釐革論。但本司不欲侵運司事，難以裁斷，給據付齊元龜，仰更自經州陳訴。

宋・佚名《名公書判清明集・人品門・越訴》 星渚訟公吏取受，多因縣官好惡之偏，所以經府，豈可罪其越訴。主簿所斷具當，從申行下。

宋・佚名《名公書判清明集・懲惡門・豪民越經臺部控扼監司》 饒州等州，官弱民强。所謂强者，非謂一切齊民，蓋謂一等豪民也。凡是豪民，作姦犯科，州縣不敢誰何者，監司纔要究見分曉，自度不得志，即越經臺部，埋頭陳詞，脱送他司。則其聲價非特可與州郡相勝負，抑可與監司相勝負矣。甚至有可以脱罪，可以行姦，又非特視監司如無，抑亦視臺部爲可玩侮矣。甚至有已招伏，已議斷，被其用此計而竟至漏網者。此其有關於朝廷上下之紀綱，未可以細故視之。監司輕則朝廷輕，蓋有關於世道也。有如留又一之事，詳獄司所勘，及節次所擬，幷前政所行，其爲僞契，其爲主使，一一分明，杖罪編管，實當其罪。縱使所斷未當，可分明具因依，乞從臺部行下本司審斷，而乃脱送倉司。今倉司移牒，尤見留又一財力足以役使吏人。且倉司僉廳明知省部送下事件，符到呈行，因何於符未到之前，只憑留又一之詞，便索本司案，如恐不及。又迫本州吏抱案，曾不移時。及他送下事，未聞如此之急者。留又一之計，欲急索去案，則本司不得以再催照斷，而坐受其控扼耳。若使本司可以泯默發案，不行申控，則監司可廢，國法不行，姦民得志，手足倒植。事關利害，欲望省部以網紀爲念，索回倉司人案，發過本司，容當職自與之平心審見是非，庶幾體統順而司存可以自立。當職初無忿嫉之心，特爲紀綱設，案併詳悉備申，仍牒報本州。

宋・佚名《名公書判清明集・懲惡門・一狀兩名》 本是夏千一，先作夏時富名，今又作夏申名，可見姦猾。及至喚狀，又逃避不出，就保識人名下押下取問。仍榜示：應今後投狀人不許作兩名，如作兩名者，開拆司幷不許收受。

宋・佚名《名公書判清明集・懲惡門・把持》 西安詞訟所以多者，皆是把持人操執訟柄，使訟者欲去不得去，欲休不得休。有錢則弄之掌股之間，無錢則揮之門牆之外。事一入手，量其家之所有而破用，必使至於壞盡而後已。民失其業，官受其弊，皆把持之人實爲之也。鄭應龍身居縣側，自稱朝奉，孫又稱宗女婿，專以把持爲生。日在縣門聽探公事，凡有追呼，輒用錢買囑承人，收藏文引，或得一判，則徑馳報之所追之家，民訟淹延，皆此爲祟，當職知之久矣。今所追繆元七等證對陳元亨爭産事，鄭應龍公然收留陳元亨，飲食於家，收藏繆元七，不與到官。隅官、保正信帖來往，指證明白。及承人上門，則推後戶而使之竄，又毆打捕人家人吴元有傷，其冒法欺公有如此者。繆元七、陳元亨事，本縣已與決斷，吴元、馬曾之違慢，鄭應龍之把持三名，且與勘杖一百。引監鄭應龍喚出繆元七來，申州及請監司照會。

宋・佚名《名公書判清明集・懲惡門・把持》 袁自韓文公時，稱爲民安吏循，守理者多，則其風俗淳厚，蓋已久矣。不知何時有此一等教訟之輩，不事生業，專爲嚚嚚，遂使腦後插筆之謠，例受其謗。爲長史者，要當爲爾袁一洗之。太守入境之初，猶未交印，紛然遮道，諭遣復前，已厭其爲喜訟矣。有一髽者，試呼而問曰：年幾何？曰：十二。能書乎？曰：不能。則狀誰所書也？曰：易百四郎。心已知其爲教訟之人，不可不追。問所以，則又有甚焉。蓋易從□鋪也，豈不知年尚幼，法不當爲狀首，而教之訟，其罪一。陳念三，後夫也，法不當干預前夫物業，而教之訟，其罪二。新知縣方到，未給朱記，法不當爲人寫狀，而教之訟，其罪三。初開杖封政，當斷以姦猾，以厚風俗。從輕杖一百，枷項本州，其四縣各令衆五日，鏤榜曉諭。後有教訟，非杖一百所能斷也。勉自改業，毋犯有司。

宋・佚名《名公書判清明集・懲惡門・把持》 觀彭才富之狀貌，不過鄉村一愚民耳，非能珥筆以終訟者。凡其狡獪之作，皆鮮再舉有以教之。大抵田里農夫，足未嘗一履守令之庭，目未嘗一識胥吏之面，口不能辨，手不能書，自非平時出入官府之人，爲之把持，則爭訟何由而起。愚民無知，見其口大舌長，説條念貫，將謂其果可憑藉，遂傾身以聽之，竭力以奉之。幸而勝，則利歸於人，不幸而敗，則禍歸於己。當職起身中間，民之情僞，知之頗熟，故深惡此曹，如惡惡臭。昨者併逐罷吏，不留一人於城市間者，正以此也，聞者宜知所戒矣。今鮮再舉乃敢犯之，豈容輕恕，勘杖一百，市曹令衆半月。兩爭人並錮身押下尉司，照先行釘界，不許稍有涉私曲。限五日申。

宋・佚名《名公書判清明集・懲惡門・妄訴》 慢藏所以誨盜，冶容所以誨淫，觀阿周狀貌之間，必非廉潔之婦。與尹必用比屋而居，尋常升堂入室，往來無間，特患尹必用不能挑之，則未有不從者。今阿周乃謂被尹必用抱持於房闥之中，抗拒得免，逃遁而歸。此必無之事也。若果有之，何不卽時叫知鄰舍，陳訴官府，必待踰年而後有詞，則其爲妄誕，不言可知矣。大凡街市婦女，多是不務本業，飽食終日，無所用心，三五爲羣，專事唇舌。鄰舍不睦，往往皆因於此。近之則不遜，遠之則怨，眞此曹之謂也。阿周今至訟庭之下，太守之前，猶且譊譊不已，畧無忌憚，況在家乎？決竹篦十五，押下本廂，掃街半月。尹必用今後亦當安分守己，親善隣舍，不許因此得勝，妄生事端，如再惹詞，定當懲治。

宋・佚名《名公書判清明集・懲惡門・告訐》　鄭天惠依憑而狡，朱元光暴富而橫，天道虧盈，使兩強而不相下，自鬬自敗。其起爭之因，止緣鄭六七婆坵之田，兩家皆以債負準折，均爲違法，既欲以力勝，又欲以訟勝。方相持相靡間，適會朱元光有吳仲乙縊死之事，鄭天惠遂資使吳曾四以不係的親血屬之。人，入身告論，意欲以此困之。殊不知出乎爾者，反乎爾者也。鄭天惠家，又自有桂桂溺死之事。於是朱元光與其爪牙朱季五合謀，亦復資給王曾四，徑經本司告發，以報東門之役。田事未分曲直，死事未究虛實，而乃各自陷於資給之罪，非天敗之乎！爲政者平心待物，固未嘗以抑強立說。彼既自投憲網，又豈容置之勿問乎？今鄭天惠之資給在前，朱元光之資給在後，前者使後者報，天惠之罪，浮於元光。吳曾四雖非血屬，尚且同姓，王曾四既非同姓，略不干己，二人均受資使告訐，王曾四之罪，浮於吳曾四。朱季五專與元光爲鷹犬，又因季五，致令江壽乙落水身死，其罪尤不可恕。鄭天惠杖一百，編管五百里。朱元光杖九十，編管鄰州。吳曾四杖九十，編管鄰州。王曾四杖一百，編管五百里。朱季五杖一百，編管一千里。在法：二罪俱發，從重者坐。鄭天惠、朱元光各有死人公事未究，竟未知與今來資給告訐之罪孰重，且押下本州，分委清強官重於體實，究見情節，申，候到，卻行呈斷。餘人並照斷押發。所有田業，擬官所擬，已得其情，合與拘沒扞釘，但賑濟正不藉此，徑申安邊所，仍先申省部照會。

宋・劉克莊《後村先生大全集・饒州州院申徐雲二自刎身死》　豪家欲併小民產業，必捏造公事以脇取之。王叔安規圖徐雲二義男徐辛所買山地爲風水，遂平空生出斫木盜穀之訟。本縣受詞，當酌量輕重施行。緣有王樞密府一狀，便判牒寨究實，將緊要人解來赴此，則一鄉一境，無非當追會之人。此乃寨官寨卒之所樂聞，而縣吏之所以求其所大欲也。長官爲民父母，何忍下此筆哉！知縣所申，以爲所論乃是犯盜，今體究官到地頭，王叔安山與徐雲二山既隔涉，又地頭卻無倉屋，斫木盜穀二事皆虛。而徐雲二者，不堪吏卒追擾，貧家惟有飯鍋，亦賣錢以與寨卒，計出無憀，自刎而死。知縣聞此，亦須自悔元判輕易，今反自謂所判甚輕，不知當來重判，則又當何如？殺一不辜，非惟犯先聖謨訓，亦非累奉御筆詔書謹刑之意。當職每苦與郡縣爭執，勿遣吏卒下鄉，屬部多相體者。樂平距本司僅百餘里，豈得擅差寨卒下鄉生事。王叔安恃其豪強，妄訟首亂，致人於死，徒三年。以其爲名家之後，索告辦驗。朱榮爲人家幹人，挾勢妄作，縣吏鄧榮，舞文妄覆，寨卒周發、周勝，受賕擾民，各決脊杖三十，編管五百里。朱百四妄辭報說，安知其禍之至此，勘杖一百。葉文二、李華，並在其間助虐，各杖六十。知縣在任三年，亦廉謹無過，但此等事，累盛德，害陰隲，亦不少矣。帖報，今後聽訟更須子細。讀訖，並押下饒州斷。

《宋史・仁宗紀一》　〔天聖四年五月〕壬午，詔大辟疑者奏讞，有司毋輒舉駁。

《宋史・張去華傳》　未幾，有廬州尼道安訟弟婦不實，府不爲治，械繫送本州。弟婦卽徐鉉妻之甥。道安伐登聞鼓，言鉉以尺牘求請，去華故不爲治。上怒，去華坐削一任，貶安州司馬。

《宋史・趙普傳》　會雷有鄰擊登聞鼓，訟堂後官胡贊、李可度受賕骫法及劉偉僞作攝牒得官，王洞嘗納賂可度，趙孚授西川官稱疾不上，皆普庇之。太祖怒，下御史府按問，悉抵罪，以有鄰爲秘書省正字。普恩益替，始詔參知政事與普更知印、押班、奏事，以分其權。

《宋史・邊歸讜傳》　時史弘肇怙權專殺，閭里告訐成風。歸讜言曰：邇來有匿名書及言風聞事，構害善良，有傷風化，遂使貪吏得以報復私怨，讒夫得以肆其虛誕。請明行條制，禁遏誣罔。凡顯有披論，具陳姓名。其匿名書及風聞事者並望止絕。論者韙之。

《宋史・柴成務傳》　〔柴成務〕入判尚書刑部，本司小吏倨慢，成務怒而笞之，吏擊登聞鼓訴冤，有詔問狀。成務歎曰：忝爲長官，杖一胥而被劾，何面目據堂決事邪！乃求解職。

《遼史・道宗紀一》　秋七月辛巳，制諸掌內藏庫官盜兩貫以上者，許奴婢告。

《元史・世祖紀六》〔世祖至元十三年〕壬申，李思敬告運使姜毅所言悖妄，指毅妻子爲證。帝曰：妻子豈爲證者耶？詔勿問。

《元史・世祖紀七》〔至元十五年〕辛酉，合州安撫使王立以城降。先是立遣間使降安西王相李德輝，東川行院與德輝爭功，德輝單舸至城下，呼立出降，川蜀以平。東川行院遂言，立久抗王師，嘗指斥憲宗，宜殺之。樞密院以其事聞，而降臣李諒亦訟立前殺其妻子，有其財物。遂詔殺立，籍其家貲償諒。既而安西王具立降附本末來上，且言東川院臣憤李德輝受降之故，誣奏誅立。樞密院臣亦以前奏爲非。帝怒曰：卿視人命若戲耶！前遣使計殺立久矣，今追悔何及。卿等妄殺人，其歸待罪。斥出之。會安西王使再至，言未殺立。即召立入覲，命爲潼川路安撫使，知合州事。

《元史・英宗紀二》〔至治二年〕駙馬許訥之子速怯訴曰：臣父謀叛，臣母私從人。帝曰：人子事親，有隱無犯。今有過不諫，乃復告訐。命誅之。

《明實録・永樂元年》〔十月〕丙午，承天門守衛千戶奏，先晚工匠出門遺木牌，無姓名，有寶鈔提舉司字，且條例本司官吏不法數事。上諭法司曰：投匿姓名文書告人罪，律有明禁，此蓋小人假公法報私忿，誣陷忠良，其速毁之。自令有此者悉勿問。

《明實録・永樂二年》〔八月癸未〕禮部尚書兼左春坊大學士李至剛，同六部都察院等劾奏曹國公李景隆潛蓄奸謀，將爲不軌。廷臣累發其罪，皇上曲賜生全，而景隆略不戒怯，益肆僭踰。比者其家人被盜，巡捕官臨視其家，見景隆受閹者趨謁，拜俯如君臣禮，蓋其勢漸不可長，乞正典刑，以收國柄。上曰：朕自有以處之。

《明實録・永樂七年》〔十二月甲亥〕左春坊左中允周幹等劾奏吏部右侍郎師逵承命往湖廣採木，不體朝廷愛民之心，務行刻薄。向者上念民勞，欲罷採運，逵言民樂於趨事，乞不罷，而嚴程督，致激變，良民從李良法爲叛。今年奉勅停罷採木，命將已採之木隨處堆垛，散遣軍夫，逵又言岸高水急，難以停息，宜留軍夫順流起運。方命虐民，歛怨於下，大臣如此，乞正其罪。皇太子曰：逵誠可罪，然皇上所遣，須其還日，奏請罪之。

《明實録・永樂十二年》〔六月〕壬子，監察御史劉愷等劾左軍都督梁福，中軍都督蔡福，受命討思州臺羅等寨苗賊，乃生事擾民，私役軍士脩建尼寺，與尼同姦，強娶人婦女，減軍士月糧，索蠻酋金馬，荒淫不律十餘事。請置於法。皇太子曰：此輩誠可罪，然上之所命，俟車駕還日聞奏。

《明實録・宣德二年》〔四月戊寅〕巡按廣西監察御史汪景明劾奏總兵官鎮遠侯顧興祖及指揮張珩等貪虐十五事。上以示都御史劉觀，觀請治其罪。上曰：興祖總鎮一方，姑令自陳虛寔，餘人皆逮治之。果事干興祖，具奏處之。

又〔冬十月〕己巳，巡按四川監察御史嚴孟衡及四川布政司參議李勣奏：爲事官韓整，先領兵征番蠻，受成都各衛從征官軍銀四百餘兩，馬五匹并綵段，又姦汙千百戶及軍民妻女。都指揮高隆亦肆貪淫，與整坐視威州受圍三月之上，不行赴援。指揮吳瑋等，同坐失機。併奏千戶錢宏等，激變番蠻規免征進。交阯千戶尙清等亦奏：番人方叛時，即遣人馳報御史三司，而御史三司皆以爲虛妄，報至十三次，方調軍。所調又皆羸弱之人，兵器不備，遂致賊勢滋盛。上曰：清之罪已著，其言不可聽。顧都御史劉觀等曰：千戶錢宏等激變番蠻，韓整、高隆等虐害軍民，失機誤事，致使叛寇愈肆。凡軍政不肅，由威令不行，威令不行，由己身不正。朕於此輩，豈可姑息？周世宗斬敗將七十餘人，而軍聲大振，所向克捷。今須遣御史及錦衣衛指揮公正廉幹者各一人，往同都督陳懷及三司官審問，具實以聞。凡有罪者，朕斷不容之。乃命行在錦衣衛指揮任啓監察御史李旺往究其實。

又〔十二月〕戊午，遼鎮遠侯顧興祖至，行在十四道監察御史吳啓先等，六科給事中賈諒等劾奏興祖自鎮守廣西以來，暴虐貪婪，怠慢廢事；不援交阯，致失地喪師；盗賊猖獗，又斬從賊首，詭奏首賊，隱匿賊屬，謂彼逃散。上欺朝廷，下失邊人心，請正國法。上命執於午門外，三法司同公侯伯都督訊之，興祖承伏，還奏。上命俟王通等至，通論其罪。

《明實録・宣德三年》〔九月庚辰〕行在河南道監察御史張循理等劾奏都察院掌院事太子少保兼左都御史劉觀，恃恩玩法，大肆奸欺與貪淫無恥。御史嚴皚等狎暱，贓穢狼藉，又與各部郎中主事許性、汪潤等私相往來，歌舞酣飲，戲謔無度。又每差辦事官出外，先需白金五兩，謂之出批銀，及還，復需五兩，謂之銷批銀。嘉興土豪馮本等坐殺人，監候，覆勘，觀受賂縱其逃逸。又縱其子輻開酒肆，誘娼婦，恣意淫佚，盗用沒官器物，及與書吏安中交通，爲非不止一端。切詳觀職總風紀，位列師臣，乃不守禮法，作奸犯科，宜正其罰，以清憲綱。上曰：朕亦知之，第以累朝舊臣，姑隱忍之，冀其能改，乃不悛改，益肆其志。朕近日遣之巡視河道而改命顧佐者，未嘗無意。因命諸大臣議，於是少師吏部尚書蹇義等皆言：請如御史所劾。遂命刑部遣人追觀。

《明實録・宣德六年》〔九月庚午〕行在工部侍郎羅汝敬奏寧陽侯陳懋前鎮守寧夏，令家奴鬻私鹽。縱掾史祁傑等，貪暴箠死軍人。寧夏衛指揮王眞，鎮撫韓成、千戶楊傑等受財物，虛出通關，倉糧折耗浥爛者，動以千萬計。陳懋、王眞等俱請罪之。上命行在都察院遣御史一員，同戶部官追理倉糧。其寧陽侯事，令巡按御史審察其實以聞。

《明實録・宣德九年》〔正月辛丑〕南京太監羅智等奏：有盜孝陵殿祭器者，神宮監官苗青、孝陵衛指揮蕭昱等防護不謹，請治其罪。勑襄城伯李隆僉都御史吳訥嚴督五城兵馬獲盜，然後治青等罪。

《明實録・宣德十年》〔五月乙亥〕監察御史孫純、鄭夏劾御史胡正罪，時純、夏巡視通州倉糧，正以公事過通州，値其表兄蘇州衛千戶阮讓運糧未納，正託純、夏顧盼之。純、夏遂劾正徇私囑託，有失憲禮。上命法司逮正究治。

《明實録・正統元年》〔三月乙未〕巡按陝西監察御史曹翼奏：太監王貴占種官田一百餘頃，侵奪軍屯水利，私役軍餘九百餘名。又信用都指揮馬亮、老軍顏肆郎，亮強娶指揮妻爲妾，肆郎受賂，冒報軍功。乞勑該部定奪，以除邊患。上以鎮守官已有廩給，何得又奪邊軍水利，私役軍人種田。諭行在戶部移文，悉以田地水利撥與屯軍耕種。亮姑記其罪，肆朗令翼鞫治。

又〔四月乙丑〕逮掌陝西西寧衛都指揮僉事穆肅下獄。先是，西把沙簇思俄可盜得阿吉簇善馬，肅遣人來，索之不得，會思俄可驅所畜鬻於邊，肅遂以盜誣之，收掠思俄可致死。番族惶駭嘯聚，邊境騷然。都指揮李文奏之，給事中御史交劾肅罪。詔肅至京鞫之。

又〔五月〕戊辰，巡撫遼東左僉都御史李濬言：遼東都司所屬地廣衛多，事冗訟繁，雖有御史，按歷不周。乞於山東按察司定委廉幹堂上官一員，分按遼海東寧道，庶邊務悉舉，訟獄無淹。從之。又奏：御史王濬、給事中陳樞，日逐廩給，逼索粳米。驛夫供以粟米，則杖之不受，風聞散給各衛易貂鼠皮、高麗布等物。巡按御史邵嵩章杲朋奸蒙蔽，不行糾舉，俱宜究問。上命行在刑部鞫之。

又〔閏六月〕癸酉，湖廣按察司奏：署都指揮僉事陳震，欲奪取故指揮同知黃榮自營第宅，榮子武昌左衛指揮使貴不從，非法虐之，又擅占造紙局官房數十間，黑其紅門以居。上命巡按御史鞫之以聞。

又〔九月乙卯〕直隸蘇州府知府况鍾奏：監察御史王璉以巡按代回越驛，乘舟所至，多索隷卒衛從，且攜杭州驛夫門子偕行。浙江按察僉事商賢亦劾璉言輕行薄，騁小才而賊善良，具條其不法事以聞。上以璉爲風憲，乃恃勢違法如比，命刑部執治之。

又〔九月丙申〕湖廣按察使羅銓等奏：安陸衛指揮張斌，以吏卒懷私憾，謀傾害之，具啓梁王而自訴於京。王令長使張凱移文臣等鞫之。臣等以斌事於王府，無與乃輒啓王，又擅離職入京。凱不能諫王，又妄移文，俱屬違法，請治其罪。上以斌既啓王，王不得不爲之理，長使無罪，執斌下銓等究治。

又〔十一月丁未〕行在兵部右侍郎徐晞劾奏總兵官都督蔣貴，身居將帥，心罔朝廷，比者逢賊出沒莊浪，貴乃逗留不進，以致官軍輕敵失利。都指揮魏榮分守莊浪，往西寧選馬，延緩不還，坐此失誤，俱宜究治。上以貴受命甘州選兵，莊浪有警，彼何能及？榮論罪難容，但以初犯，姑宥之。然莊浪密邇涼州，正晞及都督李安所隷，今乃歸咎他人，以晞己罪。令具實以聞。

《明實録・正統二年》〔八月丙戌〕行在戶部言，四川布政司奏繳所屬宣德五年至十年稅糧等項，通關到部，中有僞，通關該稅糧二萬七千九百四十八石，宜移文按察司，逮部運官儹人等鞫其罪，追糧還官，并本布政司各府州縣經該官吏，俱治其罪。上曰：府州縣官，究治如律。其布政司官有干涉者，奏聞區處。

又〔十二月丙辰〕詔逮都察院左副都御史吳訥、行在右通政李畛下獄。初，畛按訥不即奉詔收捕有罪，訥具陳未嘗稽延。行在刑科劾畛誣奏，且言訥嘗論畛不得立買頭牙行以規小利，故畛憾之。至是，十三道復言畛材非忠直，性實憸邪，假公道復私讐。訥職居臺副，知畛貪墨，乃徇情不舉，反致畛相仇請，俱置於法，以正其挾詐容姦之罪，遂下獄鞫之又〔十二月丁丑〕鎮守陝西右副都御史陳鎰劾奏太保寧陽侯陳懋及都指揮王永，多役軍餘於塞外佃牧，恐致虜抄掠，懋復藏匿閣者不以聞。上曰：懋姑宥不問，都察院仍諭其省過，而究其所匿閣者。永嘗縱賊肆掠，今復牟利招寇，如覆得實，罪之。

《明實錄·正統三年》〔正月癸卯〕廣東潮州府知府王源奏：暹羅國遣信臣柰靄納孛判等，航海來朝，其通事柰廝沙等，既登岸，而舟爲風濤漂去，不知所向。潮州衛指揮孫瑜百戶魏剛，以計誘取柰廝沙金珠、寶石等物，請治其罪。上以遠人窮無所歸，而孫瑜等不厚撫之，反剝奪其財，與寇盜何異？令巡按御史執治之。

《明實錄·正統四年》〔正月辛丑〕尙寶司少卿袁忠徹下獄。忠徹，太常少卿廷玉子。父子挾相術，爲先朝寵遇，忠徹頗矜傲，凡文武官誥勑，必令中書舍人昇至本司逐一開讀，方與用寶，又將私家《書林別集》四卷令中書舍人抄錄。於是給事中、御史鄭泰等交章劾奏，請治其罪。上命錦衣衛逮忠徹下獄鞫之。

又〔四月〕己卯，行在六科給事中劉海等劾奏少保兼工部尙書吳中、左侍郎李庸、右侍郎邵旻等罪。時將冊封遼府興山王貴熤爲遼王，妃杜氏爲遼王妃，特勑造金冊冠服等物，各官延緩日久。於是給事中劾其有阻親親之恩，請治其罪。上特宥堂上官罪，其該司官吏，命法司逮治如律。

又〔五月乙卯〕先是，巡按廣西監察御史張文等奏：廣西桂平等縣被賊劫掠，其哨守指揮張海等官，不即追捕；而把總都指揮魯義阮智，亦坐視其患，俱宜治罪。上宥義、智，命逮海等鞫治之。

《明實錄·正統五年》〔八月〕癸未，浙江備倭都指揮僉事吳凱與署都督僉事張眞素不協，凱屢奏眞所爲不法，章下行在兵部及都察院議。尙書王驥等劾凱自受命以來，未聞設邊備，以保軍民，惟務挾私讐，以逞宿憾。章凡四上，言輒萬餘。且眞乃朝廷命官，而曰僞署，稱臣固臣子之常禮，而稱本職；况其論眞又無指實，虛飾繁文，誑惑聖聽。乞逮凱及眞治之，庶令百警。上曰：眞、凱姑勿逮，俱令從實自陳。

又〔九月癸亥〕行在兵部言陝西綏德衛指揮使馬興奏：軍人缺食，野多餓殍，本衛指揮同知趙恕具告陝西參政年富，乞給糧賑濟，被其鞭箠。富既坐視民瘼，不知矜卹，又故違舊制，擅辱軍職，宜行巡按御史體勘，如其事實，即將富解京發落。從之。

又〔十一月癸卯〕山西署都指揮僉事李庸，以指揮陳勝訐奏都督李謙詞有連，詔逮至。而都指揮使馬貴亦發庸貪淫狀，巡撫兵部左侍郎于謙奏：諸將多挾私告訐，人平告猶互致排抑，安望其臨敵能協力成功。乞會廷臣議，所以更置之，庶邊城得人。上以爲然，命俟鞫庸處之。

《明實錄·正統六年》〔五月戊戌〕廣西潯州有賊十一人，都指揮僉事史雄、馬文等以兵勦之。慮所獲者寡，功賞不大，因殺平民四百八十餘人，悉誣以爲賊。事覺，巡按御史上官尹按劾其罪，并劾參將田眞親總戎機，慢不鈐束，總兵官柳溥身膺主帥，知不舉奏，俱宜正之以法。上謂都察院臣曰：設兵勦寇，正以衛民。此輩反戕良民，以邀功賞。其令按察司同巡按御史逮雄等鞫狀，具聞處之。柳溥、田眞俱令自陳，若復欺罔，必罪不宥。

又〔八月〕辛巳，行在工部都水清吏司主事錢源，先任行在刑部五年，頗勤謹有爲。又調工部，未五月，本部右侍郎邵旻以庸劣不任，考黜之。源陳冤，且言旻數盜官物治私第。行在吏部，論旻不公。上命復源職，執旻下獄鞫之。

又〔八月壬午〕萬全千戶張朋，因鎮守都督僉事黃眞奏舉其罪，乃奏眞與韃靼貿易，私役軍士，造旅店、水磨碾，致細民利。又役以濬城渠溉所種田，城頹壓死十餘人。又銜欲告己者杻鐐之，守瞭經三載不釋。又與衛卒女通，竟取爲妾。行在都察院言朋嘗發眞縱壻貪暴事於右僉都御史羅亨信。詔眞陳狀。今朋復有是奏，而指揮舒震等亦奏朋刁悍。此屬皆挾私告訐，宜通命亨信覆驗，果涉眞，則治其罪。從之。

又〔十一月乙卯〕書諭靖江王佐敬及各輔國奉國將軍曰：得王奏言，輔國將軍贊儀告男佐忠不孝之罪，念係宗室之親，今遣皇親武定侯郭玹前去，同王及各將軍拘執佐忠，推問明白，即送儀衛司收監，奏來處置。此係人倫極惡，王等須詳審得實，使其甘心受罪，庶幾生死皆無憾也。仍勑玹不可苟徇衆情，致有冤抑，并錄王奏詞付玹知之。

《明實錄·正統七年》〔三月辛巳〕巡按陝西監察御史李匡等奏：臣奉勑詳審疑獄，辯得肅府羣牧千戶所囚犯楊皂狗，因竊盜爲本所鎮撫王進祖等乘勢詐財，入其強盜斬罪，又赦後故禁流杖囚犯馬海，勒要財物。緣本所僻在極邊，進祖等敢爾妄肆擅問不係所轄軍民，故入重罪。淹禁詐財，各處豈無此弊？乞勅該部行令除本管有犯，輕事聽理，苟係重情，徑解上司。庶奸弊可除，屈抑可免。事下，都察院言宜如匡等所奏。從之。

又〔十二月丁未〕浙江嵊縣吏欲誣奏其知縣單宇，既而不果。宇以聞，通政司言宇何不并上吏所爲。疏下浙江布政司究之，左布政使石執中等得吏所爲，疏不奏繳，而第以呈刑部尚書魏源等，請逮宇及執中等究治。上曰：執中等姑記罪，宇令巡按御史執驗，械京處之。

《明實錄·正統八年》〔十月甲辰〕湖廣按察司僉事劉紹劾奏：廣西按察使章聰赴臨誠孝昭皇后喪，挈妻孥偕行，酣飲歡娛，無哀敬心。提調學校僉事黄閏玉，恬不爲怪，反令其妻出城三十里，張宴餞之。曩者僉事鄭義進賀表如京亦然。章下都察院，奏聰等蔑禮法，失方面，體請執治之。上令各以狀聞。

《明實錄·正統九年》〔五月癸亥〕大理寺左寺丞廖莊言：直隸軍民詣京陳訴，似非躐越，而法司有如例論充軍者，有如例論以贖徒者，坐罪同而援例殊。上詰問法司。都察院言涉朝廷戳密重事者，非越訴。小事擅動實封、募人轉遞、主使教唆、誣捏者爲越訴。今論贖徒者，告大惡也；論充軍者，告小事也。莊所言者乃直隸德州衛軍姜肆，見告本管千戶楊衍科歛，小事，今赴京，是爲越訴。上曰：贖徒者所告雖大惡，然豈機密事，充軍事亦豈例意。例明云小事擅動實封、募人轉遞、主使教唆誣捏者爲越訴，充軍。爾等不之詳，緊以論不告親管上司者。及朕詰問，又多飾詞。論法不可恕，今姑識之，後此更爾，致刑罰失當，必罪不宥。

又〔四月壬辰〕巡按山西監察御史吉慶，太原府知府袁海，互以不法訐奏。事下巡撫河南、山西大理寺左少卿于謙等覆實，謙等收鞫。所連者得情，劾慶令舍人林旅慶齎公文往河南，因而順帶家書至慶原籍榮陽縣。海既受贓，又誣奏風憲，俱宜究治。上命錦衣衛官執至京師，下法司鞫之。

《明實錄·正統十年》〔二月己巳〕先是，遼東苑馬寺少卿黄琰爲行太僕寺主簿田唆奏：其娶部屬定遼中衛千戶蕭成翟廣女爲妾，又侵置莊田一所，往來飲酒淫樂，妨廢公事，下巡按御史廉察未報。至是，琰以三年考滿，至吏部以聞，命都察院執治之。

又〔三月〕戊寅，有韃靼來歸者，已入大同境，而守關官軍不覺。巡按監察御史趙敬劾奏其狀，并劾鎮守總兵官武進伯朱冕、右參將都指揮仗馬義等，提督有失，俱宜究治。上命收守關百戶鞫之，冕等姑宥其罪，戒勿再犯。

又〔十二月丙午〕通政使司通政使李錫於輟朝日服綺繡，糾儀御史周文盛劾錫，上宥之。文盛錄劾詞及旨補本備照，失於註日。禮科都給事中章瑾奏其違式不敬，文盛言瑾念錫舊爲同官，故假此奏臣，爲錫復私忿。上曰：文盛自不謹，乃欲罪人，錦衣衛其執付鎮撫司訊之。

又〔十二月庚申〕直隸淮安府奏：海州知州秦貴，并贛榆縣官吏，不應以有收田地妄報災傷，希免糧草，乞治其罪。上曰：人臣之罪，莫大於欺罔，此而不懲，何以警後？其令巡按御史執問之。

《明實錄·正統十一年》〔四月丁卯〕都察院奏：福建都指揮僉事薛誠，提督海道，奸民通番，不能防捕，已蒙恩，止罰俸三月。而誠不輸罪，妄稱通番者未經其地。請仍下巡按御史治其奸詐。從之。

又〔五月〕丙申，兵部言鎮守寧夏左參將都指揮使丁信，奏廣武營守備都指揮使種興强悍不受約束不法等情，而興亦訐丁信不法。及參贊軍務大理寺右寺丞羅綺亦言興罪於朝。上命興從實自陳，而興延至四月餘，不行具聞。上曰：朝廷命將守邊，各有體統，種興何以不服丁信約束？及御史舉其不法，朕姑命自陳，而又延久不報。爾兵部即移文與僉都御史盧睿，廉察所犯以聞。毋得阿比，有妨邊務。

又〔十二月戊申〕四川行都司建昌衛土官把事劉華、嚴奴奏署都指揮僉事施祥設立土豪通事，起滅詞訟，剝害夷民，毆人致死等事。法司請下巡按御史，會四川按察司，并行都司堂上官，廉其實以聞。從之。

《明實錄·正統十二年》〔正月戊寅〕巡按四川監察御史嚴頤奏：鎮守松潘等處指揮僉事王杲，擅役軍造私室，占種人田園。又與都指揮僉事高廣，坐視番人殺虜官軍，弗即率兵勦捕，請置諸法。上曰：杲等法本難恕，第有事之秋，姑識之，再犯，重罪不宥。頤又奏疊溪千戶李榮招撫黑水等處番人，妄報擒賊有功，得陞指揮僉事，罪應贖絞復職。上曰：榮姦詐至此，處之常律，何以警衆？杖一百，發戍松潘邊衛立功。再犯，處死。

又〔十月己巳〕山西朔州衛卒有鬭毆殺人者，按察司論絞，卒訴枉，移斷事司，爲理得釋。已而刑部移都指揮僉事張翥勘之，翥報如斷事司，刑部復移按察司，卒仍坐絞。因劾翥勘不實。上命巡按御史逮鞫之。

又〔十一月丙辰〕湖廣還糧都指揮僉事陳震稱，總兵官都督同知武興委己督放糧舟於臨清閘。時有例禁，軍職不得管閘。工部主事張溥執例與爭，至相毆詈。巡河御史牛宣上其狀，都察院請下御史鞫狀事，有涉興以聞。從之。

《明實錄·正統十三年》〔十二月庚申〕禮部奏：大同總兵官武進伯朱冕，遣人賫到山西行都司都指揮馬義簿册并鎮守居庸關署都指揮僉事李景等奏，俱報迤北虎剌脱不花王及也先使臣，并買賣回回阿里鎖魯檀等共三千五百九十八名，已行支給下程。今會同館查得脱脱不花王使臣四百七十一名，止有四百一十四名；也先使臣二千二百五十七名，止有一千三百五十八名；買賣回回八百七十名，止有七百五十二名，共二千五百二十四名，比原來數通少一千七十四名。義不從實聞報，冕、景不嚴切盤驗，俱當究治。上宥冕、景，命巡按監察御史執義，問如律。

《明實錄·正統十四年》〔九月丙申〕大同總兵官都督同知郭登奏通事指揮李讓，以講和爲由，潛結也先，約許幼女爲也先弟大同王兒婦，又密受也先賞馬四匹，被虜婦女二口，將各城指揮姓名盡報與也先。又詐傳上皇聖旨，令臣與也先相見，又擅許也先以口外城池。臣已羈留讓於此，副都御史米鑑，亦奏也先許以讓爲知院，鎮守大同，讓教也先詐爲上皇勅書，言皇上不當正位，也先必來爲朕報讎。事下兵部議，以爲欲加誅戮，恐激邊患；欲取赴京，恐致奔竄。宜令郭登密切處置。從之。

又〔九月戊寅〕巡撫大同宣府副都御史羅亨信劾守備赤城堡指揮鄭謙、徐福鵬，鵰堡指揮姚瑄，先於七月内聞賊入境，棄城挈家奔走，以致懷來、永寧等衛，亦行倣傚。乞正其罪，以爲邊將不忠之戒。從之。

《明實錄·景泰元年》〔閏正月乙丑〕廣東高州府知府易輗等奏：電白縣猺賊燒劫縣治倉糧，殺官軍人民。本縣原無他調撥，惠州、雷州二衛指揮李福及廣州前衛千戶麻清等在彼守把路口，乃敢縱軍逃回，以致軍少不敵。宜治其罪。帝命左副總兵都督同知董興、鎮守都指揮同知姚麟等量調官兵、士兵勦殺，仍覈福等果縱軍逃散，即執問如律。

又〔閏正月己酉〕少保兼兵部尚書于謙奏聞，總兵官都督同知宫聚駐軍水西安，土官深有效順中國之心，願出軍馬殺賊。聚不能作興鼓舞，乃聽信從遣千戶朱暹歐觀等，勒取安宣慰及畢節衛金銀、子女、馬匹等，以致激變。羅羅聚衆十萬有餘，燒劫畢節衛各處屯堡、房屋，搶殺人財。宜令巡按貴州監察御史，及總督軍務左侍郎侯璡，將聚等執問解京，明正典刑，以警將來。從之。

又〔二月癸酉〕總兵官靖遠伯王驥奏湖廣貴州奸狡旗軍，畏懼征伐，各攜妻孥逃回原籍。又有千百戶等官，買囑衛所，假作公差，在外延住。乞勑巡按御史督同清軍官，將旗軍起解原衛，將千百戶等官械繫赴京鞫罪。從之。

又〔三月丁未〕四川天全六番招討司土官招討高鳳奏其副招討楊顯昭，聞上皇陷虜廷，謀糾後番以叛，因稱王，自創法度。遂擒顯昭，械如京。行至保寧，顯昭搆怨，恐所奏誣鳳不當擅械顯昭，請命左副都御史寇深覈其事。從之。

又〔五月壬子〕巡按監察御史張昊等奏：虜首也先分道入寇，或二三百騎，我軍雖千百，不能擒；或四五百人，我軍雖數萬，不能勝者，蓋由將令之不嚴，士氣之不鼓也。且如景泰元年三月，有賊剽掠蔚州諸處，遊擊將軍楊能，參將楊俊，共領軍馬一萬，進至興寧。值賊人馬俱斂，卻乃掣回，一矢不發，衆兵抱憤，以致衆賊殺虜迤里而還。又如都督范廣、都指揮楊信，領軍駐劄懷來，有賊三十餘人入境，剽掠數日始去。廣信共稱追遂不及，雖有數萬之兵，莫制三十之寇。又如左參將紀廣合楊能兵，共一萬有餘，往野狐嶺守禦賊。能軍北門，廣軍南門，行未數里，猝遇伏兵，相持未久，前軍已敗，後軍未至，賊射能右腿中傷，殺都指揮白玉等。數百人竟不能成尺寸之功而返。彼時范廣亦領軍馬數千，不行躬同追剿。臣觀其擁重兵不能勝寡敵，遇疲寇不能成戰功，似此庸材，豈堪重寄？乞將各官逮問。事下兵部法司議少保兼兵部尚書于謙言：楊俊先以他事被劾，逮還，其楊能則鎮守總兵官朱謙等，俱稱奮勇與賊死戰，范廣同副都御史羅通亦俱分兵助討，楊信守備懷來，亦親率衆追賊。法當重論，情則可矜。及照朱謙、紀廣比之范廣、楊能等，責任尤重，不即策應，其罪實深。今欲將范廣等逮繫，卻將朱謙、紀廣捨置不問，則事體未愜至公，宜俱令其協謀，併力剿賊，若再踈虞，俱罪不宥。從之。

又〔十二月戊子〕昌平侯楊洪奏：都指揮僉事張林，守備懷安等衛，以人命見繫都察院獄。臣廉其事誣，況林勇敢出衆，累建軍功，而懷安等處正急用人。乞宥，令戴罪自效，從之，令於洪處立功。既而十三道御史劾洪安脫林罪，請寘洪於法。不從。

《明實録・景泰二年》〔正月辛亥〕鎮守寧夏右參將都指揮使王榮奏：虜寇掠半箇城，臣令守備興武營都指揮僉事李玉、指揮僉事田廣等，領兵先追之，臣亦繼往。玉等逗留道途，言馬疲沙深不可往，乃還，請治玉等罪。事下兵部，議榮與玉等玩寇失機，厥罪惟鈞。帝曰：榮且不問，令御史取招狀，仍舊鎮守，當先殺賊，以贖前罪。其餘俱執問如律。

又〔二月癸酉〕山西行太僕寺主簿藺讓，以御史左鼎案其多役皂隸求索財物等罪，讓亦訐奏鼎嘗以軍人家屬，擅宿館驛。及奏丁憂御史齊讓飲酒於都督孫安、都指揮翁信所，用樂婦歌唱，嗔己言其不當，且言於鼎。鼎遂令州官查臣多役皂隸誣坐贓罪。事下法司，請行巡撫巡按官廉讓等情狀以聞。從之。

又〔六月辛巳〕陝西布政使許資，爲巡按御史甘澤案其貪鄙好利被逮，資遂奏澤枉道回家，過求興王府不下轎諸罪，詔覆之。鎮守副都御史劉廣衡覆澤實於王府不下轎，澤自陳私歸。而巡按御史李周乃覆以未歸。事下都察院，謂資妄奏，請命清軍御史鞫之。澤不遵禮法，周妄覆，請俱俟代回問罪。從之。

《明實録・景泰三年》〔正月丙辰〕巡按直隸監察御史鄭詔，戶部委官郎中汪滸奏：致仕戶部侍郎劉璉總督邊儲，受輸來米者，賄勒諸倉官攢收受不堪糲米，虛糜官銀鹽課，且委腹心鎮撫林政於倉督收，爲弊百端。又令家人劉璡等，假輸糲米，因而侵盜官銀千餘兩，以致邊儲虧耗，并粗糲不堪，以數萬情罪著甚，乞正以法。帝命都察院執璉并政鞫之，果驗。悉徵其所盜銀入官。

又〔三月戊午〕鎮守福建右監丞戴細保奏：按察僉事孫振望，巡捕興化、泉、漳三府，擅毀勑封天妃宮、東岳、關主烈女等廟，彌勒、觀音等五十餘寺，并碎其神像，民其僧徒。且以未毀佛寺，聽民僦占爲京。又以觀買耕牛爲名，擅罰額外并被事僧徒白金三百餘兩，又令居民家畜母彘一牝鷄五，蕃自生利，而濫役有過官民，爲老人督之，請治其罪。奏下，都察院謂振望毀淫祠，勸民買耕牛、畜彘鷄，皆厚俗富民之道。弟毀勑封廟宇及役有過官軍等，有戾於法，然未詳虛實，請下巡按御史許仕達躬勘其狀，如驗，即令逮治。從之。

又〔秋七月乙巳〕山西鴈門守禦千戶所千戶暨泰奏：按察司僉事蔡愈濟因增下屯軍餘衛，臣應答遲緩，酒酣發怒，杖幾二百。貪酒酷刑，有失憲體。都察院請下巡按御史廉之，如實，則執愈濟，鞫罪以聞；如泰詞僞，則治以誣罪。從之。

又〔八月戊辰〕鎮守四川奉御陳涓奏：巡撫僉都御史李匡，立心奸險，處事多私，擅作威福，肆行欺罔，憑播州宣慰司舍人楊欽，取出苗賊所虜軍民子女五十餘口，各分入己，勒要土官、土軍金銀一千五百餘兩。事下，兵部覆奏先已奉旨取匡回京別用，宜遣人通行提問。詔姑免提問，俟匡到京，劾奏。

又〔閏九月庚申朔〕巡按直隸監察御史劉孜奏：鎮守河間都指揮董寘妄受強賊訟，且市其贓物，囑屬官故脫之。命執問其罪。

又〔閏九月癸亥〕福建巡按監察御史許仕達奏：按察使陳璞受賂脫毆死人者，且謂璞素貪懦不顧名節。命執問之。

又〔冬十月丁巳〕守備倒馬關署都指揮鄧斌既爲鎮守右僉都御史祝暹案其罪，復爲總兵官廣寧伯劉安發其索軍賂。命巡按御史牧問之。

《明實録・景泰四年》〔十二月〕丙午，召鎮守福建少監戴細保還京，命奉御來住代之，仍兼領市舶司事，以巡按監察御史倪敬論細保貪虐擾害諸不法事也。兵部請治助細保爲不法者，詔敬執鞫之。果連細保，奏聞區處。

又〔十二月丙戌〕巡撫貴州右僉都御史蔣琳奏，左布政使董和職司錢穀，不能革弊，致官攢盜賣邊儲，宜究問之。命和具實以聞。琳又奏參議李顒同男盜賣邊儲等事，請正其罪。從之。

又〔十二月丁亥〕巡按浙江監察御史莊歙奏，鎮守右監丞阮隨、都督同知李信，因吏訐告嘉興知府舒敬貪賕等事，輒擅執敬，請究隨、信違例之罪。詔都察院錄狀示之。

又〔十二月〕戊子，鎮守浙江都督同知李信奏：都指揮僉事徐寧，因守備霩衢，指揮托疾，輒委別官代之，事屬專制。命巡按御史執鞫之。

又〔十二月癸未朔〕太子少保兼都察院右都御史羅通劾監察御史張瑄、胡端追犯者贓物，不卽入庫。巡風御史田斌亦不嚴謹，致賊盜欲出，俱宜治罪。命刑部執問之。

《明實録・景泰五年》〔二月甲辰〕雲南按察司副使楊翰，先與本司僉事張清有隙，清因翰進表詣京，枉道私歸其鄉，加以他事，并訐之。翰回至中途，聞其事，亦訐清家法不正，及受人賄賂，俱下巡按御史柳春詰之。春脱清罪爲誣，議翰當贖杖送吏部改用。從之。翰尋自陳老，致仕。

又〔五月庚午〕巡撫廣東兵部左侍郎揭稽奏：右副總兵署都督僉事翁信，近以鎮守廣東，全家居於城内，人口衆多，日給浩大。每日止支廩米五升，豈足食用？未免科尅軍民。日積月累，遂與各衛所官混爲一體，貓鼠同眠。兵政豈能調度？地方何由寧息？請勅該部將本官合得俸糧，一依在京分數，本色以米，折色以鈔，俱於廣東按月關支，停其廩給，不許纖毫科害民軍，其都司衛所有科歛饋送者，從巡按御史按察司官劾奏逮問。從之。

又〔七月乙卯〕豐城侯李勇以僧録司缺官，奏臣升惠果出家大興隆寺，戒行精嚴。乞授職住持，詔遣責之。禮部奏勇雖授侯爵年幼無知，此特惠果教使妄奏，當擒送法司治罪。從之。

又〔七月辛亥〕吏部言肥鄉縣主簿趙侃、大名縣典史鄔容，要求人民保陞知縣。巡按直隸監察御史徐端妄爲奏請，皆當治罪。從之。

又〔八月戊戌〕泰州永壽王志墠奏：先因府中乏人，收留浄身人劉福等十一人，在府使令，既而自知背法，首出解京。禮部奏本府教授陳琛，不能阻諫，請行陝西按察司究治其罪。然此事之作，非出於教授也，况教授亦嘗沮諫，而臣失於聽從，今欲以不諫之罪，實臣之所果也。且本官輔討十五六年，忠厚篤實。乞賜垂憫，免究其罪，仍留輔導，以資啓沃之益。不聽。

又〔八月乙丑〕陝西按察司劾奏：署都指揮僉事康泰數索所部賂。巡按直隸監察御史張鵬劾泰守備馬營堡，都指揮黄瑄受所部賂。從之。

又〔十一月戊午〕山東按察司劾魯内使王茂，以失盗爲名，擅率軍校，嚇取平民財物。本府左右長史職專轉導，隱默不言，俱宜究治。從之。

《明實録・景泰六年》〔二月甲申〕廣西按察司副使劉仁宅索賄於所按部屬。事覺，論贖徒爲民。貴州按察司僉事王貫初爲普安知州，許琳等訴其受餽金，當鞫問，適以丁憂去職。至是，起復來京，都察院劾下獄鞫之。

又〔六月乙亥朔〕初，禮部尚書胡濙奏保道録司左玄義仰彌高諳曉陰陽兵法，已送宣府。獨石運謀協助，至是彌高自以住持崇禎觀，舉朝天宫道士朱可名代爲住持。濙復奏乞允所舉。於是禮科都給事中張軾劾奏：彌高本以凡庸，濫求薦舉，其於軍旅事務，不聞一言申明建白，卻乃内顧私徒，要援黨與，若非循（徇）情受囑，何以出位妄爲？宜將仰彌高移文巡按監察御史鞫問，朱可名送刑部（問罪）。從之。

又〔閏六月丙辰〕提督倒馬等關右僉都御史彭誼奏：守備都指揮僉事胡璽，明知所部官軍逃歸，不行執問，似有受賂之狀，宜下巡關御史究治。從之。

又〔冬十月甲寅〕南京戶部署員外郎李永寧奏：本部尚書沈翼，殘忍苛刻，失大體，吏部尚書曹義數囑託屬官。下南京左都副都御史軒輗覆之，情僞相半。都察院言永寧、翼、義，俱合逮問，命翼、義自陳狀，下永寧南京都察院鞫之。

《明實録・景泰七年》〔二月〕戊辰，脩造湘陰王府。巡按直隸監察御史賈恪奏：備禦宣府河南署都指揮僉事薛慶以公事役部卒，致其懼罪自縊。詔俟代者至，執問之。

又〔四月庚申〕廣西義寧縣中江等寨徭賊聚三十餘徒，劫燒縣廨儒學倉，殺擄人民。總督軍務右都御史馬昂奏：義寧去廣西城五十餘里，總兵官安遠侯柳溥、都督僉事陳旺坐視縱賊，誤事失機，俱宜逮問。帝命兵部識之，俟地方寧靖處治。

又〔四月辛亥〕浙江右參政曹凱劾奏：鎮守浙江左軍都督同知李信，擅令民人舍餘投充軍役，冒名虛報，妄費糧儲等罪。事下戶部兵部議，以爲收充軍伍，固有益於國家，然非在外武臣所可專擅，况收充之數多有虛冒，所廢糧儲至萬餘石。宜令鎮守内外官員查勘明白，信及各衛所經該官吏，俱下法司問罪，以警將來。詔信姑宥之，餘令巡按御史究治。

又〔五月戊寅〕先是，監察御史王常巡按直隸，民有妄以懷材抱德薦者，命常覆之，常覆奏不以實，當逮問。會常以憂去職，至是起復，命下刑部鞫之。

又〔十月庚子〕鎮守永寧等處署都督僉事趙輔奏：守備永寧都指揮姚貴，不從調遣，沮壞軍法，遣官覈具得實，命巡按御史執治之。

《明實録・天順元年》〔四月甲寅〕大同總兵官右都督李文奏：孛來使臣五百餘人，還至高山站，殺傷護送官軍百人，執都督馬政子鑑捶之，盡掠其馬匹、兵甲而去，鑑同指揮哈銘等逃還，蓋以大同西路參將李顯等供餽不滿所欲，又聞忠國公石亨巡邊，致生釁端。已令參將張鵬率輕騎追剿，併調西路官軍相機策應。上曰：孛來遣使進貢，朕固慮其變詐，但難以拒絶，故遣馬政回使以探其情。今賊果爾，兵部即會文武大臣計劃制禦方略以聞。太平侯張軏等請勑緣邊諸將戒嚴守備，及治李顯等失機之罪。上命錦衣衛遣人收顯來京，并哈銘、馬鑑鞫之。死亡官軍之家，各賞銀五兩。

又〔十月〕庚申，都察院左都御史寇深等奏：御史夏塤巡按福建考黜僉事宋洵，洵奏塤貪贓及枉道回家，宜訊塤罪。從之。

《明實録・天順二年》〔夏四月〕甲申，先是命各處巡撫巡按等官推選軍官掌印管事。有爭者，擒問之。巡按貴州監察御史劉敬，以烏撒衛指揮同知趙翊與指揮使李福爭印，輒擒問。翊都察院劾敬不當擅問軍職，請治其罪。從之。

又〔五月庚戌〕遼東總兵官海寧伯董興奏：虜寇潛入寨兒山口，盜孳畜以去，其廣寧中屯等衛備禦署都指揮僉事孟貴等，防守不嚴，罪當究治。上命巡按監察御史鞫之。

又〔六月丁巳朔〕六科十三道交章劾奏：泰寧侯陳涇姦懶不朝，詐疾文過，已嘗劾奏，苟蒙寬貸。今者不能感恩改過，仍復荒淫，罔無忌憚。請將本官執送法司，明正其罪，以戒將來。上命都察院究治其罪。

又〔六月己巳〕山西按察司僉事張春奏章有誤脱，巡按陝西御史李瓘奏章有洗改字，爲通政使司所劾。俱命執鞫之。

又〔七月戊子〕六科十三道被旨劾奏：鎮守獨石等處右參將都督僉事周賢聞虜近塞，不待上報，而輒統兵出境。及至遇虜，逗遛不進，抽軍遽還，乞正其罪。上命錦衣衛鎮撫司鞫之。

《明實録・天順三年》〔九月甲午〕巡撫大同宣府右副都御史王宇奏：馬邑守備都指揮僉事袁寶，聞邊警召衆號令。縣官不往，寶輒撻之。且使人促鄉民入城避寇，因索民雞黍，民有出城芻蕘者，守門百戶韓昇等逐之，迫誤墜河死。死者之弟欲訴昇等，反誣告其違令。寶又撻之。請究寶等罪。都察院左都御史寇深言：寶聞警故如此，亦其職當爾，昇等亦非威逼人死者比，請免鞫。上曰：寶處事謬，以致傷人，本當究治，姑宥之。昇等仍令巡按御史鞫問。

《明實録・天順四年》〔二月庚戌〕巡撫湖廣右副都御史白圭奏：廣西獞賊流劫永州，攻破桃川、枇杷二千戶所。永明、江華二縣治議調武昌等衛官軍，委都指揮陳杲統率往捕，及行左參將都督李震量撥清州衛官軍協力勦殺。請治守備官員失機之罪。從之。

又〔十月癸丑〕川行都司都事張永齡奏：都指揮使官恆杖死軍人，強姦軍女，懼罪露，托事如京，私以印授其都指揮僉事王相。相匿印於家。又因事杖死所部站丁。奏上，時恆已坐他事下巡按御史鞫問。上命併執相，同鞫之。

又〔十二月丁酉〕雲南參政張軾副使周鑑，會巡按御史平反死獄，失於同御史奏聞，命執治之。

又〔十二月丁亥〕遼東守備都指揮孫能，爲部卒奏其隱匿邊機，謀殺人命諸不法。命都察院鞫之。

《明實録・天順五年》〔正月甲子〕巡按廣東監察御史呂洪等，奏兵部郎中何宜，知其父演累歲在廣東興販珍珠，得銀萬計，多置人口。宜不能致書勸阻，比聞差官採珠，又預報消息，致令其父逃歸，竊奪國課，宜從究治。上命錦衣衛鞫之。

又〔九月丙午〕福建都指揮錢輅奏都指揮劉寬、永寧衛指揮于殷諸不法事。時輅家屬寓永寧，殷陵轢之，輅不勝忿，即衛署執殷箠辱，因誣以罪，縛之欲赴京。中途爲有司所格，不果。殷令家人上訴，且誣輅縛己時，閉城門二日，禁人出入，有反叛謀。上遣少監失剌帖木兒等執輅，并逮其家屬，俱至京下。多官廷鞫無驗，第坐贓論絞。會赦當原，奏入，時寬及殷不法事尚未覆。上命姑繫輅於獄，仍下鎮守巡按三司等官，從公覆奏處之。

又〔十月己卯〕永河王府儀賓陳諫先有罪，頃繫於山西布政司。至是，遇赦赴京，請所得俸，仍乞免追，故郡主支過祿。戶部劾其不開陳爲事之由，不知應否復職得祿事，係違法。命執治之。

《明實録・天順六年》天順六年三月丙申朔，京城民有被盜者。上以監察御史白鳳職兼督捕，下錦衣衛獄鞫罪。

又〔四月戊辰〕陝西按察司僉事李觀奏：都指揮僉事劉英姦占義男婦，當寘諸法。都察院請下巡按御史鞫治。從之。

又〔七月丙申〕鎮守西寧左監丞陳善與都指揮汪清有隙相訐。奏下巡按陝西監察御史及三司覈之，言善遇寇輒遁，致寇肆殺掠。及數令軍出境伐木賣茶，亦爲賊所殺。又自杖殺番人及軍士五人，侵欺官旗，俸鈔貨銀，私占軍逐月納銀以萬兩計，逼役軍人致逃者幾二百人。清以無子，取部屬指揮家女子爲妾者三人，隱匿陣亡官軍不奏者數十人。上命巡按御史按察司執清鞫之，司禮監選内官一人往代善還。

《明實録・天順七年》〔春正月〕丁未，漕運參將都指揮同知楊茂奏：紹興衛指揮何洪等侵欺漕運米七千七百石有奇，詐稱遭風，請下理官訊治，從之。

又〔正月癸丑〕南京巡捕都指揮劉璧等率官軍與鹽徒劉清等，遇於江干。逗遛不進，縱清等棄舟脱走。已而執平民數人，誣其爲賊，偵候欲坐以罪。守備魏國公徐承宗等以聞，命南京刑部收璧等鞫之。

又〔十月丙午〕懷來衛城，有僧受軍士賂，送之越關逃關，吏解僧赴京。僧中道脱走，復爲盤詰者所得，械赴守備都指揮杜俊，俊收之。懷來衛獄僧夜殺守卒，越獄出城去。巡撫僉都御史李匡奏：俊爲邊將，而無守備如此，宜治其罪。上命巡按御史鞫之。

又〔十月丁亥〕陝西都指揮王震，守備西邊。番賊肆掠，震畏不敢追捕，鎮守甘肅官劾其罪。命巡按御史鞫之。

又〔十一月〕己巳，鄭王瞻埈奏：世子祁鍈妃張氏因撻婢有傷，驚懼自縊。上覽奏，疑其事有不實，遣中官察之。中官言世子實嬖於婢，妃爲所譖置别宇，不相見四年。及是，縱羣婢凌逼至死。上怒，命太監蕭敬持勑符往召祁鍈。

《明實録・天順八年》〔春正月甲寅朔〕鎮守廣東左監丞阮隨奏：廣西流賊攻破新興縣及樂民千户所，守禦指揮席珍等皆委城而遁，致賊大肆劫掠，燒燬廬舍，殺虜軍民千餘人，又破石城千户所，殺十二人，虜去五百七十人，把總指揮馬政督官軍民壯戰，敗之，斬首八十二級，盡復其所虜人口。餘賊潰散。章下，兵部請治珍等棄城失機之罪，及移文鎮守總兵巡撫官，責其號令不明，提督失律。令盡心勦賊，以蓋前愆。從之。

又〔四月乙酉〕四川按察副使劉清偕都指揮劉雄率兵巡捕至羅江縣，遇盜，清避城中不出。雄爲盜所殺。事聞，命巡按御史逮清及都司官治罪如律。

又〔九月〕己巳，巡按福建監察御史魏瀚奏：福建行都司都指揮同知曹敬指以公務索取所屬銀兩，請究其罪。遂命瀚逮治之。

又〔十月〕己丑，户部奏浙江等八布政司所屬府縣，歲造賦役黄册，自天順八年正月以後，過期不至，皆司府州縣官吏因循作弊所致，請行巡按御史并諸按察司，各論以罪。從之。

又〔十月壬辰〕宣府總兵官都督同知顔彪奏宣府指揮黄瑾妖妄姦貪諸狀，下其事於法司。

又〔十二月乙未〕遼東總兵官武安侯鄭宏奏都指揮焦貴失守地方，私役軍士，及求索狐貉等皮諸罪。上令法司鞫之。

《明實録・成化元年》〔八月己亥〕錦衣衛指揮楊宗先爲興濟伯，奉命祀周定王於河南，受王府所餽綵段白金，又於儀賓李璡家挾妓飲酒，爲巡按御史所劾。命法司問宗如律，進出所受餽物歸之王府，仍命巡按御史問璡等罪。

又〔八月癸卯〕守備懷安等衛内官李順奏：守備署都指揮僉事周隆酗酒不操練，用官木營私居等罪。刑部請下巡按御史問狀。有旨：錦衣衛差官往會御史鞫之。

《明實録・成化二年》〔四月戊辰〕兵部郎中楊琚劾奏：總兵官都督李杲、都指揮蔣泰、黄瑀扶同等狀。初，百户張彪等買軍人功次，冒作己功塡報，杲及泰、瑀貪賂扶同。至是爲琚所劾，都察院請下御史覈實，議擬如律。從之。

又〔四月壬戌〕山東濟寧州民雷瑛奏管河台何廣、御史彭昭貪淫等狀。刑部請行巡撫都御史賈銓即彼鞫問。從之。

《明實録・成化三年》〔夏四月壬戌〕，巡按陝西監察御史董俊劾奏：左布政使張鎜不嚴提督，致罪囚越獄脱逃，請究其罪。從之。

又〔五月癸酉〕刑科左給事中毛弘等言，長安大街切近皇城，民家刀爲強盜所劫，甚非細故。蓋由兵馬司因循怠惰，不行禁捕巡視，御史提督不嚴，俱合究治。從之。

《明實録・成化四年》〔秋七月壬午〕下宣城伯衛穎於獄。穎爲遼東總兵官，引疾還京。兵科左給事中陳鉞等劾其鎮守邊方，虜寇犯邊，既不能勦禦；俘囚越獄，又不能追防。及聞寇黨侵掠之謀，遂興托疾避難之計。乞正其罪，以戒將來。命下都察院究治。

《明實録・成化五年》〔夏四月庚辰〕山東民劉得雲以賣藥爲業，嘗從妖人孔景順得金璋紫綬等書，及龍鳳勘合符印，與州人傳觀，謂人藏此能免災難。後復誣仇家孫智欲聚兵謀反。諸繆妄語，邏者獲之以爲己功，且謂其別有妖書數種同上。至是獄成。併其黨擬罪。

又〔六月甲戌〕巡按直隸監察御史張璡奏：居庸關、隆慶、涿鹿、中衛守禦白羊口後千戶所，其地俱近京師，軍人少有爭訟，輒相走告，所逮人衆，久未結證，有妨守備。乞自後詞訟，俱送巡關御史問擬。事下刑部議，以其言可行。但其間有不妨守備者，仍須本部問擬，或事係違法重情及預巡撫鎮守巡按等官者，本部參詳處治爲便。從之。

又〔七月〕甲辰，陝西按察副使李玘劾守備洮岷都指揮僉事韓春失誤軍機之罪，春遂摭玘事訐奏之。事下，巡撫都御史馬文升同巡按御史布政使司官鞫得其實，并得春貪婪不法狀，玘亦處置頗失宜，各有罪。奏至都御史林聰，請行文升等，究治如律。從之。

又〔十月己未〕遼東總兵官趙勝等奏：虜入平頂山墩，百戶詹勝并其子皆被執，我軍追之。從縣西北坍塌處逸去，其守堡指揮馬興等失於防禦，宜治其罪。分守參將周俊號令不嚴，亦當究治。上是之，惟周俊姑宥其罪。墩臺不修，令鎮守等官具實來聞。

《**明實録・成化六年**》〔三月庚辰〕兵部奏遼東定邊中衛軍十二人，夜出境外捕魚，遇賊，執之，使分引入長靜等堡地方，殺畧人畜，燒燬屯房。總兵官都督趙勝以聞其守堡指揮王宣等，縱軍出境巡視，都指揮文寧等備禦無策，副總兵韓斌號令不嚴，俱宜寘諸法。上曰：宣等令巡按御史如律究問，斌姑記其罪，令停俸，殺賊以贖。

又〔十月己未〕南京後軍都督楊麟點視皇城守衛官軍，杖把總指揮過泰至死。守備成國公朱儀等以聞。事下刑部，請行南京刑部，究治如律。詔可。

《**明實録・成化七年**》〔二月〕乙丑，陝西都指揮僉事董縉求賂於所部，得蘭縣土兵馬十匹，留石城征進官軍，得銀三十兩，乃遣之。又冒支官倉糧料，爲部下百戶所發。分巡按察司僉事孫逢吉劾奏其罪，都察院請下巡按御史，逮治如律，從之。

又〔二月丁巳〕福建右參政陳蕙巡海至烽火門水寨，備倭都指揮僉事王玉令所部欽衆賂之，事聞，蕙已黜爲民，去歸其鄉。都察院請行巡按御史先逮玉治罪。從之。

又〔二月〕辛酉，守備寧武關指揮田春弟暄爲太原衛鎮撫殺人，山西按察司奏准逮治，春匿之不能得。因奏其狀，請逮春，具請先治本衛指揮及署都指揮張泰鄧亨故縱之罪。都察院議行巡按御史逮治如律，并責合追取其弟。從之。

又〔三月丙申〕鎮守宣府少監弓勝奏：三月達賊屢入松林口等塞，隤牆毀柵而進。兵部言守備龍門指揮使吳昇等兵備廢弛，致賊出入如履無人之境，宜命所司究治。從之。

又〔三月〕庚辰，遊擊將軍都指揮僉事張翊奏：北虜千餘騎寇紅山墩，臣與參將王安率兵於鐵柱泉邀之，虜棄其所獲而奔，追至西亂井，虜迎戰，敗之，奪其牛馬器械而還。都指揮鄭英在後見奔虜二人，率其下十二人追之，遇伏被殺，還者僅三人。兵部請行巡按御史按翊等罪。從之。

又〔六月己酉〕巡按直隸監察御史翟廷蕙奏：分守右參將都指揮僉事趙源隄備不嚴，致胡寇入上林站、五指山，殺死架砲軍人，事屬失機，請逮治之，以爲誤事者戒。上命逮源治之。

又〔七月乙亥〕鎮守寧夏東路右參將都指揮僉事王安，値虜寇邊，畏怯逃避，致殺傷官軍二百有奇，爲百戶陳昇奏發，并及其娶娼女事。下巡按御史覈實，都察院請治其罪。從之。

又〔八月丁未〕陝西按察司僉事趙文萃，初提督出納草束，被火燒燬二十餘萬。事下都察院，請行御史即彼鞫治。從之。

又〔十月〕辛未，襄垣王府鎮國將軍仕坯等七人，與儀賓侯世英等六人，使家僮輩數欺取市人財物，弄摶傷人肢體，所爲多不法。事聞，上不忍加罪，特敕王戒約諸將軍，宜循守禮法，毋優游蕩爲惡。世英等仍下巡按御史推問。

又〔十月癸巳〕巡按福建監察御史洪性等奏：海賊駕船入三江口，殺死千百戶官軍人等，備倭指揮王福等臨敵退縮，其總督備倭署都指揮僉事武成及巡視海道右參政魏元、副使辛訪，不行嚴加提督備禦，以致失機誤事，俱當逮問，兵部請令御史洪性逮武威以下，俱究問如律。從之。

又〔十月癸酉〕山西布政司左參政周騤，督運蒲州等處稅糧赴大同府交納，擅折收銀至八十餘兩，本府知府鄒潤之仍令司倉者出給通關轉繳，訖，復召入，以所收銀糴米多，逋負不時納，竟以盤查，事發，爲巡按御史楊守隨戶部郎中裴慧，奏命問擬如律。

《明實録・成化八年》〔七月甲辰〕寧夏鎮守等官奏報，虜寇自五月以來，屢從花馬池入興武營，一路剽掠人畜。分守參將都指揮羅敬，守備都指揮黄瑀等，不能防禦追剿，兵部奏請下巡按御史逮治。從之。

又〔十二月〕戊子，巡撫延綏右副都御史余子俊等奏：虜入定邊營境內，殺掠運糧民夫六十餘人，并車、牛、糧米以去，防護糧道指揮李晟，失於隄備，罪宜究治。事下兵部，請令巡按陝西監察御史逮問如律，從之。

《明實録・成化九年》〔三月〕丁未，兵部紀功郎中劉洪奏：京營把總都指揮田廣、陝西行都司都指揮蘇鑑，強奪首級，冒報功次。上命巡按監察御史逮治之。

又〔四月壬戌〕代王成鍊同廣靈王仕墄、知川王成鍐、定安悼隱王長子聰滴，連日出城，詣眞武廟行香，守臣以聞。上條勑責諭，仍以王府官不諫止，命逮治之。

又〔九月丁酉〕巡撫貴州右僉都御史宋欽劾奏，都指揮僉事趙晟，私役部卒，多納賂遺，并盜支廩米等罪。都察院請下巡按御史逮治如律。從之。

《明實録・成化十年》〔三月辛卯〕巡撫四川右副都御史夏塤，劍州江油縣蠻賊殺掠居民六十餘人，守備龍州都指揮僉事唐聞率兵禦之，雖嘗斬首一級，追獲被虜十四人，而百戶湯俊等二人戰沒。上曰：聞不得無罪，兵部其行巡按御史勘實，究治之。

又〔四月丁丑〕命逮中兵馬司指揮并巡城御史錦衣衛官挍於獄。令法司議罪以聞，以街渠汙穢壅塞，爲工部劾奏也。

《明實録・成化十四年》〔十月〕癸丑，分付雷廉高肇參將都指揮同知楊廣，坐違例濫受詞狀，都察院請下巡按御史逮治如律。從之。

《明實録・成化二十年》〔八月辛未〕河南按察司副使胡(謚)〔謐〕，按延津縣典史魏通受贓革職。通乃誣奏謐求賂不得，故爲陷害，詞連按察(司)(使)葉淇，以謐同僚不與(辦)〔辯〕。下巡按御史鞫實，通坐徒，仍革職。謐贖杖還職，都察院具聞。命究淇罪，時其已陞僉都御史巡撫山西。都察院謂其誣，不當罪，置之。

《明實録・弘治二年》〔二月丁未〕監察御史陳景隆等言：比以四川災荒遣官賑濟，中書舍人吉人妄奏所遣官不(勝)〔稱〕任使，請改命御史湯鼐等，詆抗成命，私立朋黨，乞治其罪。得旨：下吉人於錦衣衛獄，俾自引其黨。吉人以御史湯鼐、曹璘，主事東思誠，知州劉概，理刑知縣韓福等，對御史陳璧等，復言璘、福、思誠非其黨，惟鼐、概及主事李文祥，庶吉士鄒智，知州董傑數人，暮夜互以詩酒相結納，自相標榜，詆毀時政。概嘗餽鼐白金，且貽之書，謂夜夢一人騎牛幾墮，幸鼐以手挽之，得不僕。又見鼐手執五色石，引牛就正路。因思人騎牛爲朱字，以爲鼐殆有扶持社稷之力，是爲其黨，乞并執文祥等究問。上曰：吉人等妄言亂政，交通賄賂。錦衣衛其執鼐、概、文祥、智、傑并鞫之，璘、福、思誠，姑置不問。

《明實録・弘治十二年》〔三月〕丙寅，下戶科給事中華昶及舉人徐經、唐寅於獄。會試事畢，大學士李東陽等奏：日者給事中華昶劾學士程敏政私漏題目於徐經、唐寅，禮部移文臣等重加翻閱去取。其時考校已定，按彌封號籍，二卷俱不在取中正榜之數，有同考官批語可驗。臣復會同五經諸同考連日再閱，定取正榜三百卷會外廉號拆名。今事已竣，謹具以聞。章下禮部看詳，尚書徐瓊等以前後閱卷去取之間，及查二人硃卷，未審有弊，與否俱內簾之事，本部無從定奪，請仍移原考試官徑自具奏，別白是非，以息橫議。得旨：華昶、徐經、唐寅錦衣衛執送鎮撫司對問明白以聞，不許徇情。

又〔四月庚戌〕遼東廣寧守備都指揮王臣既無於賊，有旨命巡按御史(察)〔查〕勘。至是御史羅賢勘報，都察院覆奏，指揮朱俊等四人俱下所司逮問，兵部再議，謂據賢所奏，則都指揮李雄、指揮董鎮等五人，與俊等同有失機罪狀，而賢又謂雄等功可贖罪，然跡其所獲功次，多幼男婦女，必非臨陣對敵之人，恐有掩殺之弊，請併與俊等逮問查勘。其鎮巡等官太監任良等三人，先既有提督不嚴之罪，後亦有部下殺賊之功，其賞罰請自上裁。從之，命任良等三人，仍俟查勘至日聞奏。

《明實録・弘治十三年》〔四月癸卯〕先是，北虜擁衆自威遠等衛入境搶掠，遊擊將軍王杲等出軍禦之，敗績，其陳亡被傷之數俱未疏上，兵科右給事中屈伸等劾之，以爲王璽等平時不能守禦，以致醜虜深入，其罪固不待言。及據奏報，又止稱遊兵官軍虧折數多，而不言虧折若干，鄉村人畜被虜亦衆，而不言被虜若干。夫人畜散處，查報不及，尚有可諉，至於遊兵雖隸王杲麾下，實鎮巡等官平昔親信，藉以摧鋒破敵者，今大被虧折，於時王璽亦當親至其地，自當歷〔閱〕其人。兼以賞奏之時，又經七日，豈有不知的數，而乃朦朧具奏？況京師傳聞虧折之數不止數百，士夫相聚無不驚駭，獨朝廷未知其詳耳。乞勅大臣一員馳往查勘，重治其罪。巡按監察御史趙鑑亦奏其事，謂虜之來，約有七千餘騎，從西北入境，離威遠城不遠，先遣輕騎數千覘引我軍，其餘伏溝下。守備都指揮鄧洪堅壁以待，令毋輕出，遊擊將軍王杲督之再三，虜望見我軍出城，疾來衝突。合戰間，遂擁至，洪及把總指揮五人、官軍九百餘人俱爲所殺，被傷及搶掠人畜無算，輿屍滿路。衆口嗷嗷，皆以爲王杲邀功所致，數十年來無此喪敗。臣惟王杲猥鄙無能，輕舉妄動，右參將秦恭嬰城坐視，副總兵馬昇逗遛觀望，分守左監丞侯能不能協贊殺賊，請幷王璽、劉雲、洪漢及監鎗監丞韋忠，各治以失律之罪。兵部覆奏，謂伸等所言皆當，仍請先存䘏諸死傷者之家。上從之，命悞事人員且不逮治，即遣有風力給事中一員查勘明白，奏來處置。乃命吏科給事中許天錫往按之。

《**明實録·正德元年**》〔六月乙卯〕兵部奏參將解端坐事，已命巡按逮問。旬月之間，乃忽稱疾，乞還京調治。誤蒙俞旨，其欺罔甚矣。請仍令在邊待鞫。有旨：許之還，俟病已，還問。

《**明實録·正德十一年**》〔八月甲戌〕黜太僕寺卿孫緒爲民。時有南陵縣丞韓思義解送馬價於太僕寺吏胥，索賄不已，思義恃與緒同卿，直以告緒，緒怒而杖之，思義語不遜，又重杖之，數日死。其家赴登聞鼓訟冤，遂下緒獄，擬酷刑，例爲民。

《**明實録·正德十六年**》〔七月辛酉〕初，巡視浙江僉都御史許庭光、巡按御史唐鳳儀、主事江珊，俱劾奏杭州抽分太監馬俊貪婪恣横，及挾勅詐取官銀諸不法事，并請裁革抽分内臣，而以原遣部臣領之。工部覆俊，罪宜下法司究問，所侵盜官銀仍責之償。得旨，令法司逮俊，鞫實以問，自今抽分内臣罷，勿遣。

又〔七月乙丑〕巡按陝西監察御史王杲劾奏，總兵官趙文黨附江彬，與魏彬結爲姻屬，納賄邀功，罪惡顯著。言官屢劾，疏皆中寢。今江彬已誅戮，趙文、魏彬不宜獨逭刑章，請以前後劾疏盡下法司，明正其罪。于是兵部覆奏，逮文下吏，魏彬俟勘報，并鞫以聞，報可。

又〔九月壬戌〕刑科給事中許復禮言：近聞京城洶洶，言陛下聽中官黄錦膚受之愬，詔繫高唐州判官金坡及所犯者五百人。坡小臣，欺凌近侍，寘之於法，宜矣。第所稱五百餘人，未必盡有是數，恐株連蔓引，濫及無辜。乞止命逮坡及所犯有名者，餘不必窮治。上從其言。

《**明實録·嘉靖元年**》〔正月癸酉〕戶部覆漕運都御史陶琰參江西運船妄報失火不實，請治把總指揮佘大綸等罪。上曰：近者漕規廢弛，運官往往延緩稽遲，妄稱水火以遂侵欺折充姦計，及委官勘報，亦多扶同欺罔。大綸照前旨，法司提問具奏。

又〔四月丙申〕罷甘肅總兵官李隆，以右都督徐謙充總兵官，鎮守甘肅地方。初，隆既以私恨殺都御史許銘而以激變聞，故朝廷止降勅切責，而命撫按官詳覈其事，已兩京科道官交章劾隆實主謀戕害撫臣，宜典重典，部議併行勘報。至是陝西巡按喻茂堅發隆罪狀，及都指揮支永黨惡助逆實跡，奏上，乃褫隆職，逮永下吏，仍命巡按御史連勘以聞。其官軍隨從原無助逆者，巡撫官榜諭勿問。

又〔十二月丙申〕提督宣大侍郎臧鳳奏，先任鎮守太監今充軍馬錫巡撫都御史胡瓚，見任總兵官杭雄擅支官銀數千餽送江彬，又有分守太監李睿、副總兵林寬、都指揮等官田雲，或挪借侵欺，或支領剋落，罪各有歸，宜治如律。上以錫瓚雄事已遇革，詔勿問寬等，下巡撫都御史鞫實擬罪，以聞。

《**明實録·嘉靖十二年**》〔八月戊午〕朝天宮道錄司、革職左玄義張振通奏：進所詠中興祥瑞等詩一冊，請上賜之前序，下禮部參閱。部臣言，振通狂妄不經，宜正其罪，詔付法司鞫之。

《**明實録·嘉靖十三年**》〔九月癸未〕禮部尚書夏言劾奏，儀制司郎中張元孝、祠祭司郎中李遂放縱不職狀，且言臣以菲才忝重任所賴，僚屬同心助臣不逮，而乃爲時所忌措身益孤，凡爲臣屬官者，小詆則獲小進；大詈則獲大遷，故自臣受任來屬官調吏部者四，改翰林者三，人臣皆莫知其由，而用人者未嘗一言見詢也，是以遂等特欲抗拒堂官，沮壞部事，以取悅當路策足要津耳。乞亟賜罷默以爲奔競私門怠棄公務之戒。上命錦衣衛執元孝送赴鎮撫司鞫治之，尋俱調外任。

《**明實録·嘉靖十五年**》〔正月庚午〕烏斯藏輔教闡教大乘各王差國師短竹劄失等，長河西魚通、寧遠等處軍民，宣慰使司差寨官桑呆短竹等，各進貢凡四千一百七十餘人，詔以人數，踰額如例，減賞幷下，四川巡按御史逮治都布按三司官，違例驗進之罪。

《明實録・嘉靖十七年》〔五月〕甲午，初徽王之國憲宗純皇帝賜給鹿邑縣莊田一所，其後管莊人與佃戶構訟事聞，戶部尚書梁材等議請革去管莊人役，第令有司徵租以俟閱領王奏以爲不便。上從其請，至是，王復請給勑鐫碑以示永久，下部議，部仍執前奏。上怒，令對狀，時尚書材以去位，右侍郎王堯對已遷官爲左侍郎唐胄郎中王宗濬各疏認罪。上責其故違明旨，抑勒宗室，令材以右侍郎閒住堯封等各奪俸半年，該司官錦衣衛逮送鎮撫司鞫問。

《明實録・嘉靖十八年》〔十一月丙午〕詔謫巡按直隸監察御史黃正色戍邊。先是聖母梓宫南祔正色，奉命護送，因劾奏太監鮑忠、駙馬都尉京山侯崔元、禮部尚書溫仁和受沿途饋遺，太監鮑忠乃言正色以護送官，擅于梓宫舟前騎馬執扇，及江行涉險，又不隨舟料理，反以風聞之言，摭歸誣害。有旨，錦衣衛捕械赴京，嚴刑訊治。上以正色所犯大不敬，遂有是命。

《明實録・嘉靖二十年》〔七月癸卯〕巡按雲南監察御史包節參原任福建按察司僉事錢世賢，故以臣論劾，褫官。臣初至地方，經其門輒糾家人詈辱，有傷憲體，請別遣御史代，詔下世賢巡撫都御史逮治，節巡按如故。

《明實録・嘉靖二十一年》〔七月丁卯〕贈陣亡山西西路參將張世忠爲右都督。先是，虜南掠既旋屯祁縣，世忠與副總參遊官段堂、何堂、張文懿、劉維褫五營合兵襲之，至陸文村遇虜段，堂軍驚馳趨縣，世忠軍爲虜所邀，何堂等悉引軍疾退避之，世忠督兵力戰，虜圍厚不得出，自己至申，彼此傷頗衆，已而世忠矢盡見殺，百戶張宣、張臣俱中流矢死，士馬折損過半，巡撫劉臬以聞。上嘉世忠勇，詔贈右都督諡，忠愍祭葬如例，仍命有司立祠，歲時致祭賜銀一百五十兩爲棺斂費，宣臣各四十兩，文懿等既領兵殺賊，先取死狀候紀功官覆奏定奪，其餘陣亡官軍令總督翟鵬查給家屬銀各五兩，後即爲例。大同巡撫都御史龍大有、巡按御史侯慶童漢臣言：虜初從左衛至馬邑，由白草溝等處破關，而南總兵李蓁引兵趨避，嬰城自守，及賊犯廣武，蓁屯營二十里逗遛不進，以故賊深入山西，其後張世忠被圍，陸文村、蓁駐兵徐溝，絶無一兵援者，主將怯懦若此，安所逃罪，又言副總兵段堂，遊擊張文懿及山西總兵張達等，俱宜按治；又原任宣大總兵王陞、白爵前已戴罪殺賊，今無功可贖，俱宜追論。兵部覆奏。上命錦衣衛即逮蓁下鎮撫司栲訊，達、陞、爵等侯紀功官勘至論治。

又〔十月己卯〕給事中許天倫、戴夢桂及紀功監軍給事中張堯年御史王珩並疏言，比者虜寇山西失事，總兵官李蓁已奉宸斷逮治，但先年王陞白爵畏縮逗遛，罪與蓁等，而陞之，剝軍賄虜盡撤藩籬爵之，石門妄殺八梆喪師，視蓁尤過之。陛下不即誅戮，方令殺賊自贖且戒之曰虜若再入，兼功仍寘重典，乃今歲虜果再入，周宇、張世忠等獨劾死戰，而陞等絶無一矢之援，此其罪，視蓁何如而可復宥耶？若張達者其罪亦與蓁等，便虜得越大同以寇鴈門者，蓁也使虜得越鴈門以下太原者，達也矧山西一帶又達信地，今逮蓁而置陞爵輿達，臣謂蓁必不服，臣聞延綏副總兵王縉多違節制，段堂張文懿劉維褫坐視張世忠之死，巡撫龍大有、劉臬失機隱匿，參政胡松虛議無補。臣謂數臣不即逮治，則各邊臣亦必不服，章下兵部覆如其言。上命錦衣衛即逮陞、爵、達，送鎮撫司拷訊，段堂等俱革任，與王縉候勘至奏奪，松、大有、臬俱革職候勘。

《明實録・嘉靖二十二年》〔十月甲〕掌通政司事工部尚書鄭紳以直隸巡按御史裴紳論其縱僕鬻敗私塩，自陳乞罷詔所奏事，已下法司鞫問，令供職如故。

《明實録・嘉靖二十三年》〔二月癸巳〕巡按陝西御史伊敏生等，論原任總兵官楊信，選愞猥庸，賕私狼籍，番夷侵犯黑河而納賄倖免，當寘於理。上即命按其罪以聞。

又〔十月丁亥〕革松潘分守副總兵李爵任，下巡按御史勘其贓罪，起先任總兵何卿代之，以巡撫都御史丘養浩論劾，故也。

《明實録・嘉靖二十六年》〔十月己未〕湖廣道試御史陳其學劾錦衣衛掌衛事都督同知陸炳，假竊威福，矯下遂客之令，凡寓京邑者，概責屏出，致旗校東風騷驛，已又自立錢法，禁民行使中錢，至罷市肆，道路以目，及長蘆解到年例壒，復受歇戶徐二等請托，任其黨結，京山侯崔元加抽白壒沮撓上納，乞明正炳罪，即勑戶部會議錢法，務在便民併究治元等，詔以徐二等執下鎮撫司拷訊，炳與元各對狀，尋炳等引罪，命供職如故。

《明實録・嘉靖二十七年》〔正月丙午〕兵部右侍郎范鏓都察院左都御史屠僑等奉旨參奏，曾銑罔上貪功，擅開邊釁之罪，會鎮守甘肅總兵咸寧侯仇鸞先被銑劾，亦上疏自理因，劾銑謀國不忠，御軍無法，先虜入延安殺死居民數萬，定邊營境外覆沒前哨指揮鄭稍等，軍及各路殺傷官軍鹵掠牛馬，又不下萬計，俱匿不以聞，而剋取軍錢鉅萬，密遣男曾淳託其所親蘇綱爲之行賂，當塗以故事，久不發，銑自知罪重，乃倡議復套希冀非常之功，欲以自解。嫉臣與之異議，百計攻臣，臣目擊陝右兵役繁興怨聲載道，竊恐變生不測，不敢避姦臣之怨，以誤國家。得旨，曾淳、蘇綱并下錦衣衛逮治，銑出邊覆軍隱匿不報，及所科索扣剋諸事情，其選差公正給事中及錦衣衛千戶各一員，亟往勘實以聞，已命給事中申價千戶李永往。

又〔六月丁未〕巡撫貴州都御史李義壯奏，苗賊龍許保等猖獗日甚，永順保靖西陽平茶諸司與苗接境，備知彼中要領，宜督率所部爲大兵前驅，而土官彭明輔彭藎臣及其屬張文憲等陽順陰逆，莫肯用命，以故師老財匱，而功弗成，宜加責治以懲不恪，仍漆設總督節制三省，令其得以軍法從事，然後苗夷可平，得旨明輔等前罪姑宥之，令各立功自效。增設總督事宜，下兵部再議。既而義壯復奏四月中官軍與賊遇於龍魚寨，指揮張韶、百戶錢用爲賊所執。事下，兵部請治失事諸臣罪，因覆義壯前議可行。上是之，命都察院右都御史張岳克總督官馳往視事義壯及總兵白泫，俱令戴罪剿賊，以銅仁守備吳時春擁兵不救，下巡按御史問。

《明實録・嘉靖二十九年》〔三月丁亥〕楚府通城王英峪，以爭財訐告攝府事，武岡王顯槐亦訐英峪不法狀，湖廣撫按官言二萬之釁，起於更代，攝國通城王自以失職，槐憤羣小隨而和之，先侵辱武岡王於倫次爲叔，不行訓諭，乃至以浮言相訐，亦爲失體，疏入詔奪英峪祿米三之一，仍論顯槐省改安靜行事，撥置群小，令所司按問如律。

又〔五月〕癸巳，鄭府盟律王長子管府事祐禱，訐奏鄭王厚境誹謗悖逆諸不法事。詔遣駙馬謝詔等會官勘覆以聞。

又〔六月〕壬寅。初，陝西苑馬寺少卿李紳，以考察閑住，疑兵部右侍郎謝蘭陷之，因訐奏蘭先任陝西巡撫不職二十事。蘭亦具疏自明。吏部覆紳挾私首犯明禁，若不重加懲創將來嚚相煽焚惑是非，撫按一舉，動爲有司所制，非所以尊朝廷正法紀也，疏入上令蘭視事如故，以紳挾私罔奏，下河南巡撫官逮問，照例發遣。

又〔八月甲申〕先是，虜騎自宣府東行，本兵不虞虜猝至不爲備，獨怦奏言潮河川有徑道，一日夜可達通州。因疾騎至通州爲守禦，計無何虜至。上密使中使覘怦方勵士乘城，大喜。會御史姜廷頤劾儀錦庸懦不職，怦亦劾儀等縱士卒凌虐大同軍。上遂命逮繫儀，擢怦代之。大同軍者，仇鸞所將入援兵也，素無紀律，往往詐稱遼陽軍，入民間鹵掠，京軍捕得捶之，繫通州獄。上謂大同軍率先赴援，縱有罪，出於飢疲，令免窮治，送大將軍收撫。於是，鸞兵益驕，民間苦之，殆甚於虜馬。命錦衣衛逮侍郎楊守謙同尚書丁汝夔于午門外訊鞫。

《明實録・隆慶二年》〔九月辛酉〕巡按直隸御史周詠核上原任保定巡撫楊順所邊盜邊儲銀一萬二千兩，尚有四千四百餘兩出納未明。上命嚴拘順家屬及嘗預事者，一併追完以聞。

又〔六月辛卯〕巡按廣西御史朱炳如劾奏請江王長子任昌淫縱虐民不法事，上命降勅戒諭，其撥置人犯下御史逮問以聞。

《明實録・隆慶五年》〔六月〕乙未，兵科右給事中周芸及廣西道御史李純朴爲原任給事中張齊訟冤，并論都御史王廷及刑部尚書毛愷等阿當事意，比附成獄，請下法司更訊，亟爲昭雪。仍治廷等罪，已而刑部尚書劉自強覆奏齊所坐絕無事實，而廷愷曲法徇私如芸等言，得旨，齊准昭雪叙用，廷姑削秩爲民，愷追奪原職，乃補齊順天府通州判官。

《明實録・萬曆元年》〔二月癸亥〕部奏，兵科左給事中蔡汝賢等參題趙完庸懦、貪婪、賄賂三罪當究，仍乞勑各鎮督撫諸臣邊將有公肆剋剝潛通賄賂如完者，即時參奏。報可。

《明實録・萬曆二年》〔十一月丙申〕戶科給事中趙參魯言易謹履詩防維霰，如近日南京科監諸臣所劾，兇宦張進酗酒禁地趕辱科臣王順是也，伏覩先後明旨直謂掃除之，使酗酒之徒彼監臣足治之，故革管事以稍示懲。捌臣以爲辱及言官，朝廷之耳目，非輕情繇，挾讎小人之橫肆何忌，宜付法司鞫理。上謂：已有旨處分，如何又復逼奏。并浙江道御史厤永吉、南京刑科給事中楊節等奏，俱着回話。

《明實録・萬曆四年》〔七月丙午〕晉府中山鄉君儀實杜元宰以兄陽曲儀實杜元卿侵產巨萬，致貧失所，赴京訴。詔以宗室越關例遞回，仍令有司量爲賑卹申理，勿致冤抑。

《明實録・萬曆十三年》〔四月〕戊辰，浙江道監察御史蔡系周奏彈太僕寺少卿李植署，謂：晉太康中大旱，天廕解則復合。劉毅上書曰：此必有阿黨之臣奸以事君者，當誅而不赦也。又漢永元中，京師旱時雒陽有冤囚，帝幸雒陽寺録囚，行未還宫，雨大澤。是知朝有權臣則旱，獄有冤囚則旱。今日之旱，殆繇李植。宫省事秘，誰能知者，而曰皇上呼己爲兒，每觀藉沒寶玩，則必喜己以市其重，而鬻獄漁色，靡事不爲。皇上諭刑部矜冤枉，而刑部尚書之冤尚未之雪。責天下有司剥害小民，而順天小民之情尚未之理。順天小民者，宛平縣人張廷舟。植迦方時所故入。刑部尚書，則植所攻而削籍之潘秀馴也。又曰：植資吳中行等之陰謀，中行等亦借植之威勢，植迫欲得中行之拜相而善其後，中行亦迫欲得植之爲冢宰而行其私。萬一計行，勢必盡傷善類。今日旱災，其小者耳。江西道御史孫愈賢亦交章劾之，而尚寶司少卿羊可立者抗言向者馮保、張居正蔽主專權，臺省諸臣並起攻之。一時姦黨懷馮保、張居正私恩者，造爲無影之言，傳播中外，傾陷建言諸臣。以爲李植不去，則馮保不來，故首攻植以浙及于江東之及臣矣。因自乞罷，疏入送至閣，大學士申時行等奏：愈賢等疏尚未處分，可立何繇爭之，且問可立姦黨爲誰，有何實跡。上手敕諭內閣曰：覽卿等奏揭，欲使羊可文明説姦黨，人情急之必妄，有扳指於國體何？朕今發一札子，卿等知之，明日敕諭都察院曰：諫官務存國家大體，何得以公滅私，挑激爭端，淆亂國是？自今各修爾職，不許瑣詞瀆擾。敢有仍前不悛，重治無貸。于是可立疏。得旨：馮保、張居正事出朕獨斷，久已處分，誰敢懷私報復，自干憲典？以後不許借言姦黨攻訐爭辯，違者罪之。

《明實録·萬曆十六年》〔五月戊子〕命原任兵部尚書凌雲翼革職閑住。以先是應天撫按劾其縱子及僕毆儒致死二命，至是法司覆議以聞也。生員章士偉者，雲翼年家子，與雲翼僕韓文因典房起爭，被毆未幾死。諸生詣雲翼訴之，入而門閉，大被撻辱，穢污滿體，已毆之閘下，裸而出之。諸生張元輔不勝憤，自經臺省交章論劾，故有是命。

《明實録·萬曆十八年》〔四月壬申朔〕先是，福建道御史錢一本論劾原任巡按江西御史祝大舟貪贓不法，奉旨扭解來京究問，大舟亦將一本先任廬陵知縣貪贓不法事奏辯，並下法司。於是都御史吳時來等言：都察院乃綱紀百寮之地，御史乃執法風憲之官，今一本論大舟丁憂聞報，兩日票取三千金，彼事無質證，即鎖撫司打問，安能盡吐情實，人卷無徵，即法司詳議，安能單詞懸斷，乞持遣執法風力官前往江西勘實具奏，庶公道既昭，綱紀以肅。得旨：錢一本奏內原說有祝大舟支取贓銀案卷，著刑部便差官前去守取來京，地方官不許遺漏容隱。

又〔十二月癸未〕先是貴州巡撫都御史葉夢熊疏論播州宣慰楊應龍兇惡諸事，並參川東道副使朱運昌容情故縱，不行會勘。巡按御史陳效則歷數楊應龍十二大罪，而復次其怙凶阻勘之狀。及四川撫臣李尚思議防禦松潘，宜調宣慰司土兵令備協守。而按臣李化龍亦疏請暫免勘問，俟徵兵禦虜之後再爲議處。部覆以應龍革職，仍戴罪立功，會勘改限，朱運昌罰俸。久之，兩省撫按各疏奏辯，在四川則謂應龍無可勦之罪，在貴州則謂四川有私昵應龍之心，於是都給事中張希皋、給事中陳尚象各具疏，以事屬重大，兩省利害亦豈漫不相關者，乞勑下，從公會勘，或勦或宥，毋執成心。俱下部議。

《明實録·萬曆十九年》〔十二月辛丑〕河南周府宗室朝桔與無名宗室桂山德川越禁城訪所知，因宿店鬬毆，詐索財物，爲楊鳳圖扯稟扶溝知縣馮盛明。盛明清正有執，愛民如子，作令期月，大著賢聲。時不知爲宗室，誤責朝桔，朝桔令人赴京具奏，行撫按勘問。部覆，得旨：朝桔罰住其祿米三箇月，桂山德川行該府戒飭，守門百戶方進忠、教授楊希震着提問，馮盛明亦以誤責宗室改調。

《明實録·萬曆二十年》〔十一月壬午〕先是，山西道御史錢夢得疏參南京大理寺卿宋仕、南京通政使楊廷相，謂仕昔按吳中，阿附相門，至撫眞定，受餽遺，尅糧餉；廷相作令黷貨，物議沸騰，爲諫垣保輔臣保冢宰借察害正招權通賄。吏部覆稱二臣曾被人言，已經剖白，前後請告，志在決去，乃臺臣復有此論，當出風聞之誤，然義不可留矣。上命宋仕、楊廷相俱回籍。

《明實録·萬曆二十一年》〔七月丙子〕禮部題：隰川王府無祿宗室充熶等，奏訐同宗充擴等毆逼宮眷諸惡。查本年六月內，充擴等越關奏訐充惔越序管理，爲惡多端，已經行文彼處撫按查勘，外令充熶等復有此奏。果如所云，則充擴等惡極矣，安可訐人之惡，自掩其惡也。且既稱充惔以賢能素著會保管理，如其果賢，又何必改絃易轍耶。乞勑臣等移文該撫按，嚴加查勘充熶所訐充擴等不法事情。果否的實，其管理充惔果否賢能堪任，不必議更，逐一查審明白，并究充熶等越關瀆奏之罪，及管理府事并輔導等官一體參奏。報可。

《明實録·萬曆二十二年》〔四月丁丑〕先總督顧養謙論劾參將楊紹祖役軍採木捕魚，爲達虜突擊，致傷人馬，應加罰治。都給中吳文梓以罰治未足盡辜，請勘問如律。又以僉事楊時譽隱匿不報，宜斥。因諭金騰道將劉天衢、王一麟等踈縱，其後紹祖下法司擬辟。

又〔十月癸亥〕原任國子監祭酒致仕范應期妻吳氏赴京訴應期及其子汝訥憲死狀，巡按彭應參、知縣張應望逮問，巡撫王汝訓落職，聽勘。

《明實録・萬曆二十七年》〔七月〕丙辰。初，臨清之變，羣情洶洶，皆云馬堂殺人斬首，盤武示威，天津汪巡撫以聞，與山東撫按奏報稍異，鄉官工部郎中傅光宅疏參馬堂而語佼，撫按謂奏不實，山東按臣陳大謨不勝憤憤，疏駁傅光宅而顧似為馬堂辯誣，堂逐據以奏，謂臣無殺人斬首之情，撫按皆知之，訛傳者差官楊國治也。於是上命逮國治于理，科臣郭如星復上疏右光宅而左大謨，上皆寘之，而勅撫按查為首倡亂者，至是撫臣劉易從以首惡王朝佐一人抵法，命即梟首本處，以儆衆心，亦不復問餘黨也。朝佐臨清州民伙義輕生，時捕首惡急，衆多逃亡，佐挺身奮曰：首難者我耳，請獨當之，勿累無辜。臨刑引頸受刃，神色不變，諸株連者俱得免，臨清人德之，為立祠祭焉。

《明實録・萬曆二十九年》〔三月〕甲子，湖廣巡撫支可大言馮應京去任之日，百姓羣聚呼號，欲逐陳奉，奉乃盛陳兵衛招搖都市，砍李廷王等二人，闖入楚府，命參隨三百餘人引兵追逐，躬殺數人，傷者不可勝數，薄暮乃解。奉肆行已極，民怨日深，亦自願還，乞即掣回不報，應京既被逮，奉大書應京之名榜其罪狀，懸于通衢，衆羣聚欲殺奉，奉逃匿楚府，逾月不出，又執奉左右耿文登等六人，投之江。

《明實録・萬曆三十一年》〔五月辛酉〕是時，九卿科道及撫按諸臣交章劾遼東稅監高淮。御史張似渠奏淮擅離信地，罪一；潛匿京師，罪二；擁兵城下，罪三；違旨犯禁，罪四；騷驛道路，罪五。兵科給事中田大益奏：皇上之權莫重于兵，高淮遠自遼左，擁兵數百名，騎馬數百疋，攜金持寶，不奉詔旨直駐都門，經營窺探而圖典名。祖宗制兵府部相維，內外相馭，南北相控，輕重相制，掃除之役，曾不得與聞焉。是故睿皇、毅皇任閹豎以基禍亂，肅皇罷狩守而號中興。淮獨不知皇上之動法肅皇而顧敢干兵權包禍心耶？工科給事中宋一韓奏淮在遼左畜養死士，時時操演，在在射獵倏然戎服而坐麾下郵傳，惟其騷動營衛，惟其需索山海，惟其蹂躪職官，惟其陵轢士夫，惟其奴隸軍民，惟其草菅行人，惟其刼掠且勾通屬國外夷。朝馳龍票，暮走龍旗，或指進貢索冠珠，或指宣諭求貂求馬。朝鮮兵燹之後，我國家尚以物力翼蔽生養之，淮獨何心過為誅求？夷虜小石青奴兒哈赤，獷悍難馴，馬市羈縻，尚慮寒盟，而顧挑之，莫禍先矣！有如一旦鳴鏑內向，誰執其咎？彼所收者降夷，所募者窮虜，今日急來歸我，而風飈雲擾之思實未嘗一日忘也！哱氏受國厚恩，一拂其心，剸刃撫臣，不啻孤離。麻貴身為主帥，至不能保其愛子，淮即金多，能終結為腹心不反戈乎？疏入，俱不報。

《明實録・萬曆三十三年》〔十月己巳〕吏部覆川貴總督王象乾、四川巡按李時華勘得原任重慶府知府歷陞河南左布政使降上級用王士琦出守重慶在萬曆二十三年，楊酋出勘安穩之日至二十七年，酋陷綦江，薄重慶，按臣乃因而追論之，彼時正酋奏準征倭回巢，朝廷待以不死，責以出勘，于勢非逾城之俘繫于罪，無綦江之逆萌而可責。守土之臣，以不倡勦議哉，況海上之勞屢經題故覈功可以準過論才雖以棄瑕，原任綦江縣知縣馬效武既無禦寇之能，復失死綏之義，偷生苟免罪無可原。得旨，王士琦着于原降二級外再降一級用，馬效武行原籍，撫按官提問具奏。

《明實録・萬曆三十六年》〔十月庚午〕刑科給事中張國儒言：臣等臺省五十餘人合詞共糾宋賡奸狀，而曲媚奸輔者，尚書趙世卿也。奸輔奸臣呼吸相應，輔臣留而私人之命脈不斷，私人留而輔臣之口舌滋多，是在皇上大奮乾斷，一頃刻間，平明之治可復見矣。不報。

《明實録・萬曆三十七年》〔正月辛丑〕工科給事中王元翰等共劾奏內官王道橫噬剝商，道先以掌廠為科臣呂邦耀所劾，越二年不奉處分，於是道掌廠者十四五年，異刑恠罰，勒索無厭，草商之苦。疏復。不報。

又〔八月丁丑〕上以寶和店太監張隆言，有旨：積奸經紀于山包攬錢糧侵漏條，稅銀兩只宜聽查追折，輒敢誣陷揑告管店員役，着法司提問擬罪，具奏。劉弼等免提，照舊應役。初，劉弼等以隆威勢，挾詐山財，誣以漏稅，山赴控刑部，隆乃為弼等奏山，刑科給事中杜士全言：神奸貪緣，曲庇巧漏，使司農不敢問，問寇不敢刑，乞並付隆弼等守法。不聽。

《明實録・萬曆四十年》〔正月戊申〕給事中徐紹吉疏參御馬監太監刑洪。先是，洪奏稱油行來德潤為該監寫字勇士，疏求豁免，既獲俞旨，紹吉言洪貪德潤厚賂，以萬貫為空囊，以例編為讐報，支吾說謊，聳動至尊，且光祿自慶典日增，賞卓溢濫，兼值四方災沴徵解不前寺帑，如洗物價未給，而內官之鋪墊漁獵最苦，以致貧者賣妻鬻子，一値編審都市之人，若赴湯火。問得富民如德潤者，又賄囑計脱，既售賣富之欺，勢必重僉貧之累，此豈盛世所宜有耶，乃臣過慮更不至此命令者，朝廷善敗之。聞内批者壅蔽旁落之漸，我祖宗朝事無大小，一應批答傳奉，俱下閣臣酌議可否，然後票擬施行。皇上静攝多年，内外睽隔，即大臣之危詞，臺省之直諫，盡皆寢閣，今洪乃能取旨如寄，夫事固有始微而成大者，乞亟正洪謊干政之罪，仍勅巡按御史幷德潤訪拏究遣，更望愼重内批，以一政本。

又〔七月癸巳〕下革逐鎮撫史晉於理。晉爲科臣宋一韓訟冤譏詆執政大臣，語多嫚姗，銀臺參駁副憲疏辯旨俱不下。輔臣向高乃言：史晉一韓家奴，感其私恩，爲之效死，不足置齒牙。惟是國所以立，全在紀綱法度管攝維持，今以一狂悖小人，顛倒是非，嘻笑怒駡於至尊之前，無復忌憚，自輔臣九卿而下盡在口吻，以許弘綱之清正，乃誣其受金，代人報復，甚至托之漁父巷人怪誕之辭，以塵瀆天聽。從來姦徒之干紀犯義，未有如此之甚者也。且考察大典奏聚奎出位一言，皇上即怒而罷斥之。一韓而果枉也，當日欲搜索考察之瑕以攻當事者無所不至，何待史晉而後發哉？竊謂史晉不處，則紀綱法度盡皆陵夷，後來考察之典，亦可廢矣！此事關係國家，不在諸臣，望將原疏及通政司疏下法司究問，弘綱疏亦乞併發。時吏部科道等官及御史馬孟禎俱以横議撓察爲言。上震怒，乃下通政司章，謂晉恣肆違禁，大干法紀，命法司從公提究問擬具奏，並諭弘綱佐察持平，朕素鑒知。著即出供職。

《明實録·萬曆四十一年》〔五月乙亥〕巡按兩淮御史徐縉芳贓至鉅萬，爲工科給事中劉大炳所劾，疏三上，縉芳辯至再俱未得旨，已而署都察院事刑部左侍郎張問達言，縉芳被論之事迹多端，長安之人言日至，官箴所係，國憲攸關，可悠悠泛泛竟置之不問乎？上遂令巡按御史逮治。

《明實録·萬曆四十六年》〔四月己未朔〕奉庶人睿壞人室又宏家熅等來醉毆辱戶部主事張三傑著部事尚書黄克瓚，以狀聞，上下禮部議，左侍郎何宗彦請將容煉等允革口糧，子孫永不許幷領，仍照良璞等例，發往高牆禁錮，餘犯行南京法司提問，幷查南京庶宗有違祖制，不奏請名目文口糧者姑允究罪行革除，以後有不奏請者革治如法。又乞擇立賢者爲宗正約束諸宗、君無宗學處所，送本處儒學肄業一體考試親王不許阻撓其張三傑意水惶辱，輿論不平宜聽吏部議覆。上悉。從之。

又〔十一月甲午〕初，清河失陷，經畧督按諸臣會參廝承恩逗遛規避，上命錦衣衛官扭解，待巡按御史勘明議罪，承恩逮至，奏辯，乞戴罪自效，兵科以承恩責在投遼全驅智明禦膚才疎，既奉旨勘議，法雖少假，以滋倖實，于是兵部言承恩聞變觀望，法所不貸，但事在役中，難以懸斷，乞行本處巡按從實勘明議處。從之。

又〔十一月癸卯〕原任詹事府詹事范醇敬奏參原任副使羅鯤縱子不法毁墓行兇等事，上命部院看議來説。

《明實録·萬曆四十七年》〔七月甲辰〕經略楊鎬奏開原失陷起於署道榷官鄭之范貪婪異常，致失軍心，據該城官生軍民告揭贓私巨萬，天日爲昏，棄城脱逃，法應逮問。從之。

又〔七月〕甲辰，兵部尚書黄嘉善題：萬曆四十六年六月，原調潮廣永順保靖土司兵四千兵，據該省巡撫咨稱，彭元錦發兵三千名，委土知州田萬年、都司劉庭藩統領，正月二十六日起程，半載未見抵關，頃見王御史疏内六月二十九日土兵到關止七百六名，到部爲照領兵官田萬年、劉庭藩中情怯懦，到處留連，乞勅下臣部行總督及經略按法究處。奉旨，土兵逗遛不進，逃散甚多，領兵官約束何在？田萬年、劉庭藩依議從重究處。

又〔正月乙酉〕蔚州左衛管屯指揮陳恩虞侵盜屯糧銀七十五兩以逃，直隸巡按盧謙奏聞，下法司提問。

《明實録·萬曆四十八年》〔二月〕癸酉，兵部覆陝西巡撫李起元奏，領兵把總呂秉忠、張道行、單養心、張懋賞、王應武所過殘害，乞將各原統民兵歸併，委官王翰等管領，呂秉忠等五員扭鎖遞解前來聽查，照抄單究問如律。仍乞嚴諭中外，俾知警惕。得旨，呂秉忠等著解回究問，以後領兵官有違禁騷擾的，都著嚴拏治罪。

又〔五月戊戌〕閲視邊務吏科給事中姚宗文劾寧夏鎮援遼遊擊盧養材怯懦貪殘，既有失誤軍機之條，又有枉殺貪淫之罪，所當提問正法。廣寧坐營遊擊問正官原隨總兵李如楨坐視開鐵之破陷，反割死級以報功，主帥既已議辟，坐營豈得晏然。所當究問，重擬。章下該部議，將二弁行遼東巡按提問，分別究擬，具奏。從之。

又〔五月辛丑〕兵部奏援遼延綏將官袁大有領兵一千名至昌平關支行糧料草、各兵約有七八百名脱逃去訖。方今援兵四至，正人情觀望之時，一處作俑，效尤何極。乞勅下臣部行令本官多方招集，仍舊赴遼，準贖前愆。如不能招回，別生事端，併行彼處。督撫鎮等衙門依軍法究懲，仍乞嚴旨申飭。以後各省鎮督發援兵務要慎擇統領將官申嚴軍令無致中途疎虞。上曰：援兵脱逃數多，領兵官紀律何在，袁大有着該督撫從重究處。以後各省鎮發兵務要慎擇將領，毋致疎虞。

又〔六月庚戌〕經略熊廷弼劾奏平虜堡備禦咸效忠等守邊疎玩致西虜潛入搶掠郭三屯人畜隱匿不報，反以百餘騎零竊賊夷虛張二千餘騎，侈言衝殺殘賊多功，乞行查勘究治。章下兵部，擬咸效忠革任，仍行監軍御史提勘正法，守堡劉衛國十方寺守、堡巢起鶴、瀋陽中軍牽廷幹、瀋陽遊擊馮大梁分別處治。從之。

又〔七月丙戌〕兵部奏湖廣押兵守備鄒汝聯、監軍參政王世德稱永順司土兵三千，保靖司土兵五千奉調援遼，俱到通州，昨兵部每兵給賞五錢。永順兵見過通州，而北保靖宣慰彭象乾病在涿州未至，其兵於初三日夜忽報逃散三千餘，據供，衆兵疑象乾構病告歸，故一旦解體，在象乾統領攸屬招撫之責大將誰諉，押兵等官職在彈壓聽，象乾之濡滯居停責亦難辭。上以土兵脱逃全無約束，統兵官責任何在，著着監軍通嚴督各官設法招撫，務令盡散回營，彭象乾等待事完議處。

又〔七月己亥〕申罪臣摭辨禁。先是原任遼東總兵候勘李如栢，原任遼東河東總兵，李如楨具疏辨罪。皆擅自投進，不繇通政司，通政使姚思仁參其踰越祖宗舊例，乞申勅會極門，上是其議，詔：犯者聽該司參治。

又〔七月辛丑〕詔下房山縣民陳槐于法司，槐與王昇以爭認皇親事，累經巡視衙門查審未服，至是槐子陳象坤與其黨拘執王昇，巡視御史以聞，乃奉旨究問。

《明實録・泰昌元年》〔九月〕戊子，兵科左給事中楊漣疏論遼東經略熊廷弼：邊警日聞，人言屢至，既不能以全副精神誓清醜虜，即當繳還尚方席藁待罪，不宜效近日頑鈍行徑，至于廟堂之上，亦當焦思邊計，傳採羣謀，擇一得當之人，寧議而後用，無用之而後議，寧儲人而待用，無停用而尋人。得旨：一併會議。

又〔九月乙酉〕工科署科事右給事中惠世楊參輔臣方從哲，言其獨相七年，妨賢蠧國，挺擊青宮，庇護姦黨；驕蹇無禮，失悞哭臨；恣行胷臆，破壞絲綸；縱子殺人，蔑視憲典；阻抑言路，閉塞耳目；陷城失律，寬議撫臣；馬上催督，斷送全師；徇情罔上，鼎元貽羞；代營諸稅，辱國殃民：爲十罪。又以知有承奉鄭貴妃欲從封后之旨，而不知有宗社遠憂；知有逢迎李選侍欲緩移宫之日，而不知有天子名位；知有結納崔文昇邁其用藥之罪，而不知有君父隱憂。爲三可誅。又謂其受劉遜李進忠盜藏美珠，夜半密約，謀爲營脱，得旨言：官論事當平心詳審，豈得以風聞臆度輕詆大臣，有傷國體。從哲亦上疏自辯，求罷優。詔不許。

又〔十一月壬午〕南京江西道試御史李希孔參閲科姚宗文，言宗文受任閲視，宜綜覈詳慎，庶不辱簡命，乃始則膽落于出聞，而倉忙了事，既則計精于鑽穴而俯仰依人臣，遡其在事之日，含糊躲閃，凡諸弁之功罪，士卒之勇懦，器械之利鈍，城池之堅瑕，錢糧之虛耗，薮無一言。及見諸臣彈劾，廷弼觀望旁皇，懼將自及，始乃徵答數語，且復巧托處諄，宿奸養亂，宜併坐之。章下所司。

《明實録・天啟元年》〔正月戊子〕戸科給事中趙時用言：發姦摘伏莫大於議論，而使賢姦不辨摘發失眞者，亦莫弊於議論。因歷陳四弊：曰愼，曰刻，曰拗，曰譎。得旨，近來議論參差，幾成聚訟，這所奏折衷恊公，深於國是人材有裨，下所司知之。

又〔二月〕己巳，刑科右給事中董承業疏參工部屯田司員外宋良翰。時良翰與同部員外王湛初共事陵工，以任子故頗輕之，湛初死，有謂因良翰之詢忿懣致斃者。監視陵工科道李春燁、羅汝元言其事，承業因參良翰并及刑部員外王漢傑之穢聲素著，戸部主事田鳳儀之貪狼攘差，俱下所司。

又〔閏二月壬午〕革遼東都司張昌胤職，提問追贓。中右所遊擊李應詔，右屯城備禦楊應宗回衛，以巡按御史陳王庭參其侵尅營私也。

又〔三月壬子〕刑科給事熊德陽疏劾管工內臣侵蠧金錢與選婚內使騷擾駟遞諸不法罪狀，乞降旨詰問。又言，宮府原自一體，嚴於府而寬于宮，非法之平。得旨，門工著內外官計日程督，餘已省旨。

又〔四月〕戊子，江西道御史徐楊先請旌卹遼東死難諸臣張銓等，以勸忠烈，分別處置高出康應乾等以警逃臣。又言，河間縣知縣佟卜年家本叛逆，况有貪聲，所當削除仕籍以遠嫌疑。得旨：旌卹死事，分別罪愆，即確查議行，佟卜年不必疑議。

又〔七月丙辰〕陝西巡撫呂光熊疏參秦府承奉張清侵没草場萬頃，隱占軍丁一百五十名。委官趙守呈報行查，清遂黨集羽翼酷拷趙守斃命，乞逮清究罪。上以其事付秦藩，刑部言張清以親藩而干皇上之法，奈何復以親藩爲之地，乞勅下臣部行勘。上仍命撫按啓王從公勘問。具奏。

《明實録・天啟二年》〔三月丁未〕先是，刑部員外徐大化疏劾熊廷弼失地喪師，例應正法，而科臣周朝瑞累疏保留廷弼闕門戴罪立功，大化并劾之，至是朝瑞疏辯，醜詆大化諸不法事，下部議。

又〔三月庚子〕大學士、掌兵部事孫承宗疏言：遼左破壞，皆因國法廢弛。悞事之臣不可不問，如四川招兵科道明時舉、李達狗狠狼貪，藏頭縮頸，尚稽懸藁之誅；南路監軍梁之垣未點海上之槎，先炫家園之錦；宜與陶朗先同科招兵，御史游士任募兵幾何，糜餉幾何，而忍爲故鄉富貴之遊；監軍御史方震孺作好軍中，徬徨塞下，但知友誼，遑惜公家；蘇州兵備邵可在未正囂凌，何堪展布；經臣熊廷弼、撫臣王化貞罪可詳覈，法當並逮，乞皇上毅然獨斷，應誅應斥法不移時，而急推經略早返樞臣，所謂驚心迅霆，頓破沉陰者也。得旨：年來法紀寬縱，怠玩成風，明時舉、李達著彼處巡按拏解來京究問，熊廷弼法司從公問明具奏，梁之垣等該衙門分別議處。

又〔四月丙寅〕光禄寺少卿高攀龍疏劾戚畹、鄭養性，言：張差事係鄭養性主謀，且以盧受、李如楨皆其私人，宜亟命養性歸湖廣原籍，而李永芳曾約如楨内應，宜亟誅如楨以除禍本。又言：崔文昇亦誼明正典刑。得旨：朕御極以來，宫府協心，禁廷安靜，外人如何妄生猜疑，輒形章奏，鄭養性若欲回籍，當自行奏來，保全國戚當仰體朕心，不必多言，李如楨已具獄，并文昇朕自裁處，不得牽擠生事。

又〔五月戊申〕先是，賈祥以棄弁謀募兵，兵部給劄往浙江募步兵二千五百名，馬兵五百名，親丁五百名，南來一路不勝騷擾，至通州遽行出示以，出關爲置之死地，且有命危朝露、挺而走險等語，丁文朝等據示首告，心銜之，縛以去意且叵測。兵科左給事中朱重蒙疏劾之。上勅兵部行牌撓諭，仍著通州撫臣禁戢并嚴查，其抄不具首等情，越數日通撫王國禎復糾其造言惑衆，潛謀不軌，顯肆要挾，詔遣緹騎逮問。

又〔七月戊戌〕大學士沈漼參刑部尚書王紀二大罪：一、佟卜年，杜茂，劉一爀等奉旨拏問，遷延不審；一、保護熊廷弼，言未可即殺。乞將王紀罪斥。上以大臣當和衷爲國，何必忿爭，佟卜年等著速問明具奏。

又〔七月戊戌〕刑科給事中霍守典言：先帝以堯舜之主，一月上昇，說者咸咎太監崔文昇寺臣李可灼。今可灼令撫按拏送法司，而文昇未經究問，乞并付法司嚴鞫，上報已有旨。

又〔七月乙卯〕刑科給事中沈惟炳參兵部尚書張鶴鳴：待罪之人不宜擅行舉劾，且所舉王國樑，所劾江應詔黑白顛倒，所領視師三十萬帑全不知花銷何法，交割何處，乞行稽查，仍速議鶴鳴失遼之罪。報聞。

《明實録・天啟五年》〔三月〕癸丑，刑部疏奏問過犯官陶朗先，侵盜餉銀四十萬二千七百二十七兩，監候追贓。得旨：著該部上緊立限嚴追，其各犯未還銀兩，并著該撫按作速追究具奏。

又〔七月丙寅〕南京工科等衙門給事中等官徐憲卿等疏言：元聲一登司馬之堂，惟見兵衆難犯，一味姑息，於防守則聽從其便，於告理則專治其帥。近如陸超一事，長兵驕，損國體。臣等方欲駁參，乃元聲兩被臺劾，天威嚴赫，責其養癰貽患，令之聽勘，臣等更何求於元聲，獨以因此一毆而去一樞貳，累及兩坐營，波及一把總，而兵之眞正犯上者，尚揚揚糜餉，無秋毫恐怵，將來陵夷，安所底止？懇嚴勅南京兵部責成本營確查首倡行兇三四人，參送法司究問如律，不必株連多人，而懲一自可警百矣。上從其言。

《明實録・天啟六年》〔正月〕甲寅，諭吏部都察院犯官王之宷、周宗建、張愼言：熊明遇、方大任等，及已故陶朗先、楊漣、左光斗、顧大章等家屬，奉旨行本處撫按提問追贓，如何久不回報，顯屬違玩，還移文各省直勒限速解，以助大工。

又〔二月丙申〕兵科都給事中羅尚忠等糾拾南京協同守備東寧伯焦夢熊、錦衣衛都督同知刑元吉，原任南澳副總兵黎國炳、延綏總兵宋偉、山西總兵吴重易、延綏副總兵趙大胤、川貴總督標下副總兵蔣吉嗣、原任延綏入衙遊擊柳國鎮、福建南路參將劉應寵、原任山東都司廖棟、福建泉南遊擊車應山、原任巡捕提督徐永胤、兩廣總督旗鼓劉宇，詔以刑元吉貪縱不職，削籍奪誥命，仍下法司提追，其餘分別處治。

又〔四月乙酉〕錦衣衛百戶張國棟等疏言：臣同史宗邦帶領旗尉提拏黃尊素，至蘇州地方，經過即聞城内周順昌家屬人等倡變，集衆多人，分布城外，將臣等攔截亂打，分屍抛水，併將駕帖、信牌、衣服搶毀一空，臣等身帶重傷，央本處寇知府找查旗尉，六人杳無下落，臣等昏迷前往，行至平望橋，又遭衆惡截打，無路只得雇覓小船，從小路逃生，奔赴入京，奏聞。得旨：黄尊素着彼處撫按速差的當員役扭解來京究問。

又 〔四月癸巳〕鎮撫司以周宗建等所招贓數具奏，得旨：周宗建贓私狼籍，如何止招五千二百兩，繆昌期止招一千兩，還著盡數窮追官族王道行等招出需索本犯及生交等項銀一千四百二十餘兩，其騷擾驛遞多贓，尚未招認，還著立限嚴追，以助大工。

又 〔五月丙午〕山海太監劉庶坤等奏神姦藐法盜賣芻糧。得旨：邊海錢糧關係甚重，豈容盜賣，胡廷賓等著即嚴行究問，具奏正法。

又 〔七月戊戌〕土魯番阿都剌因投狀禮部言：前差使臣米爾咱大者等進貢，在陝州張茅所被秀才王汝全等將貢夷毆打重傷，內毆斃一人，搶奪玉石金鋼鑽刀等，□□告府縣衙門。各官受賄，都不准理。禮部以聞，得旨：著行彼處撫按查究虛實處分，遠夷不便久羈，仍宜刻期究結，速遣還國。

又 〔七月丙子〕衍聖公孔胤植劾奏曲阜知縣孔聞簡贓私諸不法事，上以先聖後裔，苛索傷體。其假旨印各犯，仍著嚴究。

又 〔十二月丙寅〕初，魏忠賢緝獲包攬京營弓箭錢糧犯人江宗禹等，供稱忝寧侯陳良弼得賄一千六百兩，內分五百，送恭順侯吳汝胤，原任工部虞衡司郎中今陞寧國知府王公弼得賄一千五百兩，督造主事萬爆得賄三百兩，錄房積書李果齊、謝少宇等得銀各不得。詔付刑部擬罪，刑部尚書薛貞言：各犯提解已至，其王公弼應行見任巡按衙門提解來京，質審追擬。萬爆已經身故，應移文原籍，著落家屬照數追納。陳良弼、吳汝胤應在八議之例。得旨：這有名受贓各犯都著嚴行追比。萬爆雖故，移文原籍著落家屬照數追納，王公弼行撫按查奏，陳良弼、吳汝胤提家人追比，不得寬縱。

《明實録·天啟七年》 〔正月丙子〕鎮撫司具丘志競、王家棟獄詞贓銀九千一百三十兩，命勒限嚴追，以助大工。

又 〔二月辛丑〕鎮守宣府太監葛九思劾撫賞置買叚疋官蕭文中、唐嘉瑞、曹宗洪侵剋多金，叚疋濫惡，致失夷心，命錦衣衞差的當官旗扭解來京，送鎮撫司究問。

又 〔四月戊戌〕天壽山守備太監孟進寶言：盜伐皇陵禁木，遺火延燒，該口官軍不行禁緝。劾把總趙應奎等，命刑部提問，依律正罪。

又 〔五月〕癸酉，上傳示都察院：熊廷弼贓銀十七萬兩有奇，奉旨已久，如何不見追解，顯是怠玩，著該撫按勒限嚴比完結具奏。

又 〔七月辛未〕追罪寧錦援兵不赴者，統領總兵李嘉訓著策勵供職，遊擊馬凌雲、張守有、周一新三名革任回衞，參將王維城遊擊別鎮二名行撫按提問。

又 〔七月癸巳〕護送桂王兵部尚書邵輔忠參銅陵縣官抗旨慢王，得旨：覽奏，王舟至銅陵，劉涵清、金世章迎朝不虔，膳支不備，復縱毆員役，抗旨慢王，大干法紀，已有旨削籍爲民，還行彼處撫按提問正罪，具奏。

又 〔八月戊申〕大理寺左寺副阮鼎鉉奏：原任刑部右侍郎呂坤三案元兇東林巨擘獨創妖書，閏範憂危竑議，伊子呂知思濟惡，占人家産，請追田産房屋等銀三萬餘兩，及書院二處價值五千餘兩，仍乞命緹騎逮知思，勑鎮撫司詳鞫，并被害之家各自鳴冤。得旨：這本情節單辭難憑，著該省撫按查明。具奏。

明·余繼登《典故紀聞》卷十六 初，正佐首領官每以事相訐，即以同僚不和，不分曲直，概行黜罷。欒州知州潘齡言：正佐雖共事，而立心不同，稍加規正，輒起釁端，或倚其粗猛公肆欺淩，或恃其年老不顧廉恥。乞更易以別善惡。都察院以齡言爲是，請自今佐貳首領官有貪暴殃民倚強恃老欺壓正官者，許正官具奏斥退，正官有贓濫不法者，許佐貳官申稟舉行，各坐正犯罪名。若彼此皆貪因忿致爭者，方以同僚不和論斷。從之。

又 主事林沂奏，欲按品秩列坐御史上，御史劾之曰：朝廷設官分秩，有拘品秩者，不拘品秩者，故慶成賜宴，科道坐於郎中之上，翰林坐於科道之前。若概以品秩，則諸學士當列於少卿之下，京縣知縣兵馬當列於御史給事中之上矣。孝廟以沂故違成憲，下錦衣衞獄治之。

明·談遷《國榷》卷三十九 〔宣德五年十二月丁亥〕直登聞鼓給事中年富，以重囚二十七人擊鼓訴冤。徒煩瀆，不可宥，上令錄進勿禁，仍與辨驗。行在浙江道監察御史張駿，有臨海人四年未鞫，其家訴之，下駿獄凡囚待理未結者，悉錄以聞。

明·談遷《國榷》卷五十九 〔嘉靖二十九年四月〕辛亥，前陽武知縣河間王聯，居里淫暴，至毆其父良，良訴于御史閻鄰，論死。久之良告息詞，出獄又殺人，仍論死，百方求脱不得，以是憾。先後御史胡植、馮璋、張洽等，知上喜告訐，而令陽武時，巡撫胡纘宗值上幸楚，供帳不備，笞聯已。御史陶欽夔論其贓，至是訐奏纘宗迎駕詩穆王八駿空飛電湘竹英皇淚不磨爲呪詛，幷及都御史劉隅、參政朱鴻漸、御史陶欽夔、胡植、閻鄰、馮璋、張洽前知府項喬、賈應春推官蔣珊、知縣郭咸休、田甸、高儒、給事中鮑道明、苑馬少卿袁淮等，意所忤輒搆入之，令子朝策冬至日入朝聲冤，奏之。上大怒，分逮纘宗等下法司會訊，刑部尚書劉訒以纘宗詩頌德非謗也，聯原坐殺人，朝策詐朝臣重論，獄上，以訒市恩，削籍，法司堂上官各奪俸六月，司官下鎮撫司拷訊，杖纘宗四十，削籍，聯仍坐殺人罪，子朝策如擬，大學士嚴嵩嘗申辨，嘉之，令兼支大學士俸，嵩辭免。

明・談遷《國榷》卷七十一 〔萬曆十年十月〕丁酉，雲南道御史楊寅秋劾吏部尚書王國光六罪：擅發工部萬金修宅，取罪人仇鸞家石獅，宴客宣武樓，受滄州知州張與行美人二，勒司務胡誥引疾補內姻江學詩，覆用貪墨副使韓應元，不謹知府薛綸。以賄故。乞罷斥以爲大臣戒。上大怒，國光欺君蔑法，令冠帶閒住，復胡誥，削學詩籍。

《明史・雍泰傳》 雍泰，字世隆，咸寧人。成化五年進士。除吴縣知縣。太湖漲沒田千頃，泰作堤爲民利，稱雍公堤。民妾亡去，妾父訟其夫密殺女匿屍湖石下。泰詰曰：彼密殺汝女，汝何以知匿所。且此非兩月尸，必汝殺他人女，冀得賂耳。一考而服。

清・畢沅《續資治通鑑》卷一三〇 〔宋高宗紹興二十五年〕庚午，詔：近歲以來，士風澆薄，恃告訐爲進取之計，致莫敢耳語族談，深害風敎。可戒飭在位及內外之臣，咸悉此意。有不悛者，令御史臺彈奏，當置於法。

十二年起右副都御史，巡撫宣府。官馬死，軍士不能償，泰言於朝，以官帑市。邊軍貧，有妻者輒鬻，泰請官爲資給。尚書周經因令貧者給聘財，典賣者收贖，軍盡歡。參將王傑有罪，泰劾之，下泰逮問。泰又請按千戶八人，帝以泰屢抑武臣，方詔都察院行勘。而參將李稽坐事畏泰重劾，乞受杖，泰取大杖決之。稽乃奏泰凌虐，帝遣給事中徐仁偕錦衣千戶往按。傑復使人走登聞鼓下，訟泰妄逮將校至八十六人，并及其壻納賂事。法司覈上，褫爲民。

清・龍文彬《明會要・刑四》 〔洪武〕二十四年六月，龍江衛吏以毋喪乞終制，吏部尚書詹徽不聽。吏徑至午門外，擊登聞鼓訴之。上切責徽，聽吏終喪。

又 龍陽瀕洞庭，數罹水患，逋賦數十萬。典史青文勝詣闕上疏，爲民請命。再上，皆不報。復具疏，擊登聞鼓以進，遂自經於鼓下。上聞，大驚，詔寬龍陽租二萬四千餘石，定爲額。

《清實録・乾隆四十七年》 又諭：據姚成烈奏，拏獲新疆採買冒銷，已革巡檢吴元一犯，訊據供稱，於乾隆三十九年，奉委兼署呼圖壁巡檢，是年奉文採買，領過銀二千兩，買糧一千石貯倉，旋因丁憂卸事，經接任之員，交代報銷，實無浮冒，亦無餽送上司情事等語，吴元在烏嚕木齊採買冒銷等弊，業經喀寧阿查明參奏，今該犯因無人質對，希圖混供狡飾，不可不徹底根究。著傳諭姚成烈，即將吴元一犯派委妥員，迅速解赴熱河，歸案辦理，並諭舒常知之。

《清實録・乾隆四十八年》 又諭：據刑部奏，安徽太平縣民盛尚令，赴京控告胡鯤池等，抗違前案，壓良爲賤，控經各衙門，俱發交本縣，矇詳完結一案，請交兩江總督秉公查辦等語。盛尚令呈控胡鯤池等挾仇恃勢，壓良爲賤，且有官吏受賄舞弊之事，如果屬實，不可不嚴行根究。但恐盛尚令挾有別嫌，架詞混控，希冀將一干人證，概行提質，拖累洩忿，自不應提訊來京，遂其奸計。若交兩江總督查辦，仍係該省地方官承審，又不足以服盛尚令之心。著傳諭薩載，查照所控各情節，提集犯證，及歷年卷宗至，明歲南巡時，或於揚州，或於江寧附近地方候欽派隨從大臣，會同該督秉公審訊。所有原告盛尚令，交刑部暫行羈禁，俟明春，著隨從南巡之刑部堂官，派員押解帶往，刑部摺並鈔寄薩載閱看。

《清實録・嘉慶四年》 又諭：本日巡漕給事中劉坤，由五百里遞到摺報。朕以爲必係緊要事務，及披閱所奏，係旗丁劉長元控告於採芹等勒扣造船幫費衛費等項一案，並據稱於採芹等業已運糧北上，未便掣回，請俟抵通完糧後，再行提訊。是該給事中明謂此案須至秋閒，始能提犯審辦，並非目前急須究訊之事，且劉坤現押尾幫，尚在於採芹之後，何得輒用五百里郵遞，徒勞驛站，兼駭聽聞。劉坤實屬不曉事體，著交部嚴加議處，至此案著交費淳，於該幫交糧回空後，提集人證，秉公審擬具奏。劉坤原摺，並著發交費淳閲看。

《清實録・嘉慶二十三年》〔二月甲戌〕又諭：都察院奏湖南新設晃州廳民人吴繼澤等，以設廳不便七款，來京控告；又據民人鍾大祥控芷江縣役吴泰等，索拏具結願歸玉屏民人，糾衆執持刀棍，搶去牛隻衣物，毆傷多人各等情；湖南六里地方久隸芷江，近歲該處民人紛紛呈請，願改隸黔省玉屏，前因屢控不休，特派湖南巡撫巴哈布、貴州巡撫文寧公同會勘，議請更設晃州廳，專歸管轄，降旨允行該處民人自當静受撫綏，此時甫經定制，何以即知該通判，日後必致擾累地方，來京控訴？國家建官牧民，其柄操之自上，小民豈得妄興訾議？似此刁抗之風，斷不可長，惟該民人當更制之初，未諳禁令，地方官當善爲開導，乃率任胥役人等，強拏滋擾，竟有搶掠民財，刀棍傷人之事，辦理亦屬錯謬。著巴哈布親赴該廳地方，傳集紳士耆民，明白曉諭，令其遵照成議，守分安業，毋許妄生異論。其從前滋擾閭閻之縣役，著該撫逐一查明，按律懲辦，並示諭該民人等知悉。若有刁民始終抗違，即行查究治罪。吴繼澤、鍾大祥著該部照例解回原籍，聽候查辦。

《清實録・光緒五年》〔十二月〕又諭：有人奏河員貪婪不職，請旨查辦一摺。據稱通州務關廳屬管河州判王原祺，浮躁喜事，句串訟棍閻鴻勳書吏田永泰，騷擾商民，擅受詞訟，藉案詐索銀錢，並令地保按戶攤派錢文等語。所奏如果屬實，亟應嚴行懲辦。繼格、畢道遠於該處官員見聞較近，著即確切查明，據實具奏。原摺著鈔給閲看，將此各諭令知之。

清・祝慶祺《刑案匯覽・刑律》安撫奏張幗珠因謝士安住屋與伊地毗連，疑被侵占，與素好之董耿五談及董耿五因與謝士安有嫌，卽唆使張幗珠控告，並允代爲作證。張幗珠隨赴縣呈控該縣患病，委縣丞往勘，該縣丞飭差唐貴傳訊未到，嗣謝士安欲爲伊子畢姻進城買物，與唐貴路遇，唐貴令謝士安赴縣呈契，謝士安本未帶有契據，答以查勘時再行呈出，唐貴不依，扭至該縣丞公館向管門家人應幅告知，應幅卽回明該縣丞出堂訊問，謝士安未帶地契，卽諭令取保，經唐貴請將謝士安先行管押，給其尋人取保。該縣丞應允唐貴將謝士安管押側屋，詎謝士安因伊子婚期在卽，被押情急自縊，除私押輕罪人犯致死之。該縣丞從重發往新疆外差役。唐貴家人應幅雖訊無串詐別情，惟唐貴將謝士安扭帶赴官朦稟管押，以致忿急自縊；應幅於謝士安到案時，輒稟請該縣丞訊問，實屬慫恿干預，均比照蠹役詐贓斃命例量減一等擬流。董耿五挾嫌慫恿張幗珠控告，不知謝士安並未侵占，與主令誣告有間，且所控本屏重事，惟主使唆訟，致肇釁端，應照誣告人致死律酌減一等擬流，張幗珠因疑誤控照，不應重律杖八十。道光元年案。

清・祝慶祺《續增刑案匯覽・刑律》直督奏高馮氏以高愛和之妻被聶老謀死，承審官刑逼妄供，致其夫高泳太誣認監斃一案，查衙役高泳祥於本官會訊命案，因高愛全欲認無由，冀其速供，向其誘詢以致高愛全捏供，致令高泳太誣認監斃。例無衙役誘詢妄供，誣指平人作何治罪有文。惟誘詢雖與教令有間，妄供卽與誣告無異，應將高泳祥比照誣告人因而致死擬絞例、量減一等杖一百，流三千里。道光十二年案。

又　廣西撫咨莫彩聽從蘇老志主使，誣告李時秀毆傷伊子莫言堅身死並毀屍圖賴。迨經驗明，該犯仍以李時秀毆斃具結。請檢，嗣經檢驗，該犯復敢糾衆攔阻屍棺不容啓檢。將莫彩比照官司差人捕獲罪人聚衆中途行奪未傷人例。於首犯絞罪上減一等擬流。道光十四年案。

《武定土司檔案・始終救援事》慕連鄉監生那德洪謹稟大老爺鈞座：

敬稟者，爲再叩天恩，恤孤苦廣施再造始終救援事。情緣洪喪敗餘生，誤遭連累誣陷，百般因苦，不堪羈縻之處，前已屢呈下情冒瀆天聽，幸蒙仁恩大開好生之德，俯准轉詳，洪以爲三生之厚幸，曠世之奇逢，闔家老幼無不感戴頂恩。不意司房需索未遂，屢行搜駁未准銷案。蒙差馬兵房到舍催洪赴府安插，聞之舉室含冤涕哭，張皇莫措，自恩必欲安插，不惟家計蕭條，用度維艱，嗷嗷待斃。更慮水土不服，舉目無依，定然痼疾發作，必致喪命，再所不免，似此九死一生。可憐洪幼讀詩書，冰兢守法，何故而遭此慘傷耶？況慕連地方自（康熙）五十三年革去土舍，編甲入流，與漢民一體當差。非有職權土司可比。洪不過一介寒微，俱在化內，倘得僥幸免，亦只耕桑課讀，苟延歲月而已，焉敢分外滋事，以身試法乎。是以不得不哀懇仁恩，念洪孤苦，始終成就，再賞轉詳，免行安插，洪死亦瞑目矣。伏乞天星俯准萬不得已之苦情，救合家之性命，轉詳銷案，俾母子得安故土，以終餘年。德配二天恩同再造矣。爲此具稟，須至稟者。

一具，稟本府大老爺臺前。

雍正二年七月十三日稟。

《武定土司檔案・追繳委牌事》慕連鄉監生那德洪謹稟總老爺鈞座：

敬稟者，爲稟復事。於本月二十四日，昌官府奉差到舍，着監生名下追取亡兄德發從前所領土舍委牌，等因。奉此，無敢不遵。情緣監生祖父住居慕連歷經數代，而境內漢彝雜處，盜賊擾攘，錢糧逋欠甚多，因而設立土舍，督以地方錢糧事務。後于〔康熙〕五十三年因撒甸，環洲與兄彼此構釁，署府劉總爺平城抄家，房屋盡行燒毁，難瞞合府耳目。後署州李宗師詳明各憲，革去土舍，編甲入流。一切差徭俱照漢方一體辦納。凡所屬地方俱各親身各完各款，各當各差。監生等蒙各憲好生之德，寬宥無辜，亦只耕讀糊口，安居守分，共樂堯天舜日，歷經十載矣。今蒙追取亡兄所領土舍委牌，應宜爭先銷繳，體上憲愛民至意。奈平城抄家時，母東子西，文券俱已燒盡，無從繳銷。况久經詳革，案卷炳然存之，夫復何益？只得具實稟復，伏乞天星電察，俯賞轉達。頂恩無旣矣！并且不致隱匿甘結投遞。爲此具稟，須至稟者。

雍正二年七月二十六日稟。

甘結監生那德洪，係慕連鄉住。今于總老爺臺前依奉當堂結到亡兄德發從前所領土舍委牌，實係平城時燒毁無存。不敢隱匿。如違，查出，甘罪。結呈是實。

《淡新檔案·竹北二保姜國華等爲玩法蠱民懇恩肅法救民事》 稟具稟。臺下竹北二保中崙莊保正羅鳳章、紅毛港莊總理姜國華、波羅汶莊甲長許進添牌長彭天雲、陳長生、劉阿富、陳林秀、陳阿有、陳阿旺莊耆張阎元、彭雲盛、張傳元等爲玩法蠱民，懇恩肅法救民事。華等地方編聯三大莊，內住居民俱各耕種爲業，舛逢去歲年辰不順，早季失時，又兼晚季減收，値今以來，青黃不繼，遞遭米價高抬，旱魃併至如斯，更復何堪，莊內飢民苦莫忍言，幸逢仁憲出示定價平糶，見聞飢民歡聲震地，交誦仁憲厚德達天。不意本境內殷戶張阿喜串仝大窩口羅阿水等，膽敢玩法違示，任意居奇，輒起奸謀，私造小斗，所□糠碎低米，又索高價淸錢，詎伊稱謂：千載奇逢。致使糴者含淚吞聲，敢怒而不敢言，不惟平糶不遵，甚敢抗呑社倉義谷，此谷乃奉 張前憲明論勸派耕農業六佃四捐輸，有谷七百餘石，儲貯大殷戶張阿喜、羅阿水二人倉內，以爲荒歉盜匪之慮，自今飢民有剜肉醫瘡之急，奚有儲貯蓄積之心，有者求親保借，或牽耕牛作當，俱各不允，粒粟無移，保內耕農奔投蟻聚，華等細查地方向有街正葉滿，遵示發糶倉粟無幾，亦旣發盡，現飢民當絕食之際，忝屬奉公，事有攸關，誠恐上有虧國課，下有損民生，萬口嗷嗷，勢得瀝情。伏乞仁憲大老爺肅法懲奸，明禁公平，懇恩准借社倉，俾毋專利，庶可援生，則爺爺陰騭齊天，萬口匍匐。上叩。

〔批〕當此米石缺乏，該殷戶張阿喜等不行減價平糶，以濟貧民，復敢私造小斗，任意抬價，并將所存社谷，抗不發借，實屬可惡。候飭差嚴押出谷糶借，一面拘集察訊究辦。

咸豐伍年四月廿三日具呈

《淡新檔案·署理臺北府正堂陳爲特飭事臺北知府陳文騄爲禁止對保保長鄉長街正總理業戶董事莊正等擅自設館私收投詞訛索札飭新竹縣貼發告示》 札新竹縣

欽加鹽運使銜、在任候補道、署理臺北府正堂、提調全臺善後、專辦臺北通商局事務、加四級陳爲特飭事。照得府屬各處，向有對保、保長、鄉長、街正、總理、業戶、董事、莊正各名目，擅自設館，私收投詞，訛索詞禮，肥己害民，殊堪痛恨。業經陳前府出示嚴禁，並移行廳縣封禁私館，并將對保等項，分別裁汰，嚴論裁剩差保，毋再受詞轉辦。暨詳奉前撫憲批飭重申禁令，以安閭閻各在案。玆本府訪聞各屬差保，日久玩生，故智復萌，近仍有對保等項名目，分設私館轉收投詞，索取規禮種種不法，皆爲例所當禁，本應即行嚴辦，未忍不教而誅，除移行嚴禁，並出示曉諭外，合就札飭。爲此札，仰該縣立即遵照，迅將發去告示，照抄多張，分掛中鄉寔貼曉諭，一面查明四鄉如果復設私館，即一律封禁，並除絕對保等項名目。仍嚴論原設地保，除命盜案據屍親事主投告，即行轉報外，餘事永遠不准收受轉辦，訛詐規費，如敢故違，一經訪聞，或被告發，即將該差保等，暨報告鄉民一併嚴拏，分別從重懲辦，以除陋習，而安善良。毋違切切。此札。

計札發告示一道

光緒十八年七月十九日札

光緒十八年七月廿一日奉

《淡新檔案·案由蒙本府憲陳札發示禁各處不准私收投詞訛索由》 正堂沈一件。蒙本府憲陳札發：示禁各處不准私收投詞訛索由。

承刑總

光緒拾捌年柒月日卷

《例案摘要·越訴·驀越赴京告重事不實照例擬軍嘉慶十七年貴川司》

查此案胡元戡與胡起珊先因爭地涉訟，經官斷結後，胡元戡以胡起珊强佔官地爲詞，率同伊子胡承韜等將胡起珊之草房打毁。胡起珊控經縣飭差劉奇等往拿，因未與胡元戡父子相識，邀姚通成同往指引，胡承韜圖脱砍傷姚通成身死。胡元戡因慮伊子到官問罪，捏以胡起珊占地結盟燒斃多命等詞，赴京具控。審屬全虚。查胡承韜圖脱砍傷姚通成，係引差緝拿之人，並無應捕之責，自應照鬥殺律科斷。胡元戡誣告胡起珊燒斃多命，結盟搶刼等情，按誣告死罪未決罪，止擬流加徒。該省因該犯赴京捏控，依驀越赴京告重事不實例，擬發邊遠充軍，查核情罪，尚屬允協，應請照覆。

起訴總部

調處部

綜述

《周禮·地官·調人》 調人：掌司萬民之難而諧和之。凡過而殺傷人者，以民成之。鳥獸，亦如之。凡和難：父之讎，辟諸海外；兄弟之讎，辟諸千里之外；從父兄弟之讎，不同國；君之讎視父，師長之讎視兄弟，主友之讎視從父兄弟。弗辟，則與之瑞節而以執之。凡殺人有反殺者，使邦國交讎之。凡殺人而義者，不同國，令勿讎，讎之則死。凡有斗怒者成之，不可成者則書之，先動者誅之。

《論語·學而》 有子曰：禮之用，和爲貴，先王之道斯爲美小大由之。有所不行，知和而和，不以禮節之，亦不可行也。

《論語正義·顔淵》 子曰：聽訟，吾猶人也。〔注〕包曰：與人等。必也使無訟乎！〔注〕王曰：化之在前。正義曰：聽訟者，言聽其所訟之辭，以判曲直也。《周官·小司寇》云：以五聲聽獄訟，求民情。一曰辭聽，二曰色聽，三曰氣聽，四曰耳聽，五曰目聽。此皆聽訟之法。吾猶人者，言己與人同，但能聽訟，不能使無訟也。《禮記·大學》云：子曰：聽訟，吾猶人也，必也使無訟乎！無情者不得盡其辭，大畏民志。鄭《注》：情猶實也。無實者多虛誕之辭，聖人之聽訟與人同耳。必使民無實者不敢盡其辭，大畏其心志，使誠其意不敢訟。《大戴禮·禮察》篇：凡人之知，能見已然，不能見將然。禮者，禁將然之前；而法者，禁於已然之後。是故法之用易見，而禮之所爲生難知也。若夫慶賞以勸善，刑罰以懲惡，先王執此之正，堅如金石；行此之信，順如四時；處此之功，無私如天地。爾豈顧不用哉？然如曰禮云禮云，貴絕惡於未萌，而起敬於微眇，使人日徙善遠罪，而不自知也。孔子曰：聽訟，吾猶人也。必也使無訟乎！此之謂也。《潛夫論·德化篇》：是故上聖故不務治民事，而務治民心，故曰：聽訟，吾猶人也，必也使無訟乎！導之以德，齊之以禮，務厚其情而明則務義，民親愛則無相害傷之意，動思義則無姦邪之心。夫若此者，非律之所使也，非威刑之所彊也，此乃教化之所致。二文並言無訟由於德教，此最是難能，正如勝殘去殺，必俟百年。王者必世而後仁，皆須以歲年，非可一朝能者，故祇言必也以期之。顔師古《漢書·賈誼傳》注：言使吾聽訟，與衆人等，然能先以德義化之，使其無訟。又《酷吏傳》注：言使我獄訟，猶凡人耳。然而立政施德，則能使其絕於爭訟。並以無訟爲夫子自許，失聖意矣。注：與人等。正義曰：言聽訟吾與人同，無異能異法也。《史記·孔子世家》云：孔子在位聽訟，文辭有可與人共者，弗獨有也。是與人等可知。

《史記·酷吏傳》 孔子曰：導之以政，齊之以刑，民免而無恥。導之以德，齊之以禮，有恥且格。老氏稱：上德不德，是以有德；下德不失德，是以無德。法令滋章，盜賊多有。太史公曰：信哉是言也！法令者治之具，而非制治清濁之源也。昔天下之網嘗密矣，然姦僞萌起，其極也，上下相遁，至於不振。當是之時，吏治若救火揚沸，非武健嚴酷，惡能勝其任而愉快乎！言道德者，溺其職矣。故曰：聽訟，吾猶人也，必也使無訟乎。下士聞道大笑之。非虛言也。漢興，破觚而爲圜，斲雕而爲樸，網漏於吞舟之魚，而吏治烝烝，不至於姦，黎民艾安。由是觀之，在彼不在此。

宋·程顥、程頤《河南程氏遺書》卷四 古者鄉田同井，而民之出入相友，故無爭鬭之獄。今之郡邑之訟，往往出於愚民，以戾氣相搆，善爲政者勿聽焉可也。又時取強暴而好譏侮者痛懲之，則柔良者安，鬭訟可息矣。

宋·程顥、程頤《河南程氏遺書》卷二十二上 又問：《大學》知本，止說聽訟吾猶人也，必也使無訟乎？無情者不得盡其辭，大畏民志，何也？曰：且舉此一事，其他皆要知本，聽訟則必使無訟是本也。

宋·程頤《周易程氏傳·周易上經上·訟》 《訟》，《序卦》：飲食必有訟，故受之以訟。人之所需者飲食，既有所須，爭訟所由起也，訟所以次需也。爲卦，乾上坎下。以二象言之，天陽上行，水性就下，其行相違，所以成訟也。以二體言之，上剛下險，剛險相接，能無訟乎？又人，內險阻而外剛強，所以訟也。

又 訟：有孚，窒惕，中吉，終凶。

訟之道，必有其孚實。中無其實，乃是誣妄，凶之道也。卦之中實，爲有孚之象。訟者與人爭辯，而待決於人，雖有孚，亦須窒塞未通。不窒，則已明無訟矣。事既未辯，吉凶未可必也，故有畏惕。中吉，得中則吉也。終凶，訟不可成也。

又 利見大人，不利涉大川。

訟者，求辯其曲直也，故利見於大人。大人則能以其剛明中正，決所訟也。訟非和平之事，當擇安地而處，不可陷於危險，故不利涉大川也。

又 終凶，訟不可成也。

訟非善事，不得已也，安可終極其事？極意於其事則凶矣，故曰不可成也。成謂窮盡其事也。訟者求辯其是非也。辯之當，乃中正也，故利見大人，以所尚者中正也。聽者非其人，則或不得其中正也。中正大人，九五是也。

又 《象》曰：天與水違行，訟，君子以作事謀始。

天上水下，相違而行，二體違戾，訟之由也。若上下相順，訟何由興？君子觀象，知人情有爭訟之道，故凡所作事，必謀其始，絶訟端於事之始，則訟無由生矣。謀始之義廣矣，若慎交結，明契券之類是也。

又 《象》曰：不永所事，訟不可長也。

六以柔弱而訟於下，其義固不可長永也。永其訟，則不勝而禍難及矣。又於訟之初，即戒訟非可長之事也。

又 九四，不克訟，復即命，渝安貞，吉。

四以陽剛而居健體，不得中正，本爲訟者也。承五，履三，而應初。五，君也，義不克訟。三居下而柔，不與之訟。初，正應而順從，非與訟者也。四雖剛健欲訟，無與對敵，其訟無由而興，故不克訟也。又居柔以應柔，亦爲能止之義。既義不克訟，若能克其剛忿欲訟之心，復即就於命，革其心，平其氣，變而爲安貞，則吉矣。命謂正理，失正理爲方命，故以即命爲復也。方，不順也。《書》云：方命圮族。孟子云：方命虐民。夫剛健而不中正，則躁動，故不安；處非中正，故不貞。不安貞，所以好訟也。若義不克訟而不訟，反就正理，變其不安貞爲安貞，則吉矣。

又 九以陽居上，剛健之極，又處訟之終，極其訟者也。人之肆其剛強，窮極於訟，取禍喪身，固其理也。設或使之善訟能勝，窮極不已，至於受服命之賞，是亦與人讎爭所獲，其能安保之乎？故終一朝而三見褫奪也。

宋・黎靖德《朱子語類・大學三・傳四章釋東末》 問 聽訟吾猶人也，必也使無訟乎！曰：固是以修身爲本，只是公别底言語多走作。如云：'凡人聽訟，以曲爲直，以直爲曲，所以人得以盡其無實之辭。聖人理無不明，明無不燭，所以人不敢。'如此，卻是聖人善聽訟，所以人不敢盡其無實之辭，正與經意相反。聖人正是説聽訟我也無異於人，當使其無訟之可聽，方得。若如公言，則當云聽訟吾過人遠矣，故無情者不敢盡其辭，始得。聖人固不會錯斷了事。只是它所以無訟者，卻不在於善聽訟，在於意誠、心正，自然有以薰炙漸染，大服民志，故自無訟之可聽耳。如成人有其兄死而不爲衰者，聞子皋將至，遂爲衰。子皋何嘗聽訟，自有以感動人處耳。僩。

使他無訟，在我之事，本也。恁地看，此所以聽訟爲末。泳。

無情者不得盡其辭，便是説那無訟之由。然惟先有以服其心志，所以能使之不得盡其虚誕之辭。義剛

宋・朱熹《四書章句集注・論語・顔淵》 子曰：聽訟，吾猶人也，必也使無訟乎！范氏曰：聽訟者，治其末，塞其流也。正其本，清其源，則無訟矣。楊氏曰：子路片言可以折獄，而不知以禮遜爲國，則未能使民無訟者也。故又記孔子之言，以見聖人不以聽訟爲難，而以使民無訟爲貴。

宋・朱熹《四書章句集注・大學》 子曰：聽訟，吾猶人也，必也使無訟乎！無情者不得盡其辭。大畏民志，此謂知本。猶人，不異於人也。情，實也。引夫子之言，而言聖人能使無實之人不敢盡其虚誕之辭。蓋我之明德既明，自然有以畏服民之心志，故訟不待聽而自無也。觀於此言，可以知本末之先後矣。

宋・李衡《周易義海撮要・訟》 凡訟之體，不可妄興，必有信實，被物止塞，而能惕懼，中道而止，乃得吉，若終竟雖窒惕亦凶，物有訟，利大人決之，若以訟而往涉危難，必有禍患，故不利涉大川。注

之所以興訟，必有由中之信實於已，而爲它人之所窒塞，不得已而興訟，中道而止，則可以獲吉。胡

天道西轉，水流東注。剛健在先，以爲訟始，故云天與水違行。謀慮其始，以防訟源，故有德司契，不責於人。注五禮修，而民未化，必明法以固之，訟起多途，非禮法不能防人，其始司契者。乃法之一端耳。牧。

宋・李心傳《建炎以來繫年要録》卷一四九 〔紹興十三年八月〕度支員外郎林大聲言：江西州縣百姓好訟。教兒童之言，有如四言雜字之類，皆詞訴語，乞禁止。刑部請不以赦前後編管鄰州，從之。

宋・陳襄《州縣提綱・戒諭停保人》 鄉人之訟，其權皆在聽信安停，人以爲有理則爭，以爲無理則止。訟之初至，須取安停人委保，內有山谷愚民，

頑不識法，自執偏見，不可告語者，要須追停保人戒諭，庶或息訟。

宋·胡太初《晝簾緒論·聽訟》 大凡蔽訟，一是必有一非，勝者悦而負者必不樂矣。愚民懵無知識，一時爲人鼓誘，自謂有理，故來求訴。若令自據法理斷遣而不加曉諭，豈能服負者之心哉？故莫若呼理曲者來前，明加開說，使之自知虧理，宛轉求和，或求和不從，彼受曲亦無辭矣。

宋·文天祥《文山集·趙維城洗冤録序》 書曰：獄貨非寶，惟府辜功，又曰：無或私家於獄之兩辭，祥刑之本也。

《宋會要輯稿·刑法三》 〔紹興〕十三年八月二十三日，禮部言：臣僚劄子：江西州縣百姓好訟，教兒童之書有如《四言雜字》之類，皆詞訴語，乞付有司禁止。國子監看詳：檢準紹興敕，諸聚集生徒教辭訟文書，杖一百，許人告。再犯者不以赦前後，鄰州編管。從學者各杖八十。今《四言雜字》皆係教授詞訟之書，有犯，合依上條斷罪。欲乞行下諸路州軍、監司，依條施行。從之。

又 〔紹興〕二十一年十一月十七日，刑部言：臣僚陳乞禁約健訟之人，本部欲於見行條法指揮外，其訴事不干己並理曲，或誣告及教令詞訴之人，依法斷訖，本州縣將犯由、鄉貫、姓名籍記訖，縣申州，州申監司照會。若日後再有違犯，即具情犯申奏斷遣，從斷訖再注，仍先次鏤板曉諭。從之。

《元典章·厚風俗》 風化，王道之始，宜令所司表率敦勸，以復淳古。如子證其父，奴訐其主，及妻妾弟姪干名犯義者，一切禁止。

元·張養浩《牧民忠告·弭訟》 起訟，有原書訟牒者是也。蓋蚩蚩之氓，闇於刑憲書訟者，誠能開之以枉直而曉之以利害，鮮有不愧服，兩釋而退者。惟其心利於所獲，含糊其是非，陽解而陰嗾，左縱而右擒，舞智弄民，不厭不已，所以厥令吏按情僞混殺莫之能信者，蓋職乎此也。大抵一方之訟，宜擇一二老成鍊事者使書之，月比而季考，酌其功過而加賞罰焉。若夫毆詈假質，凡不切之訟聽，其從宜諭遣之，諭之而不伏，乃達於官，終無悛心，律以三尺，如此則訟源可清，而民間澆薄之俗庶幾乎復歸於厚矣。

元·張養浩《牧民忠告·聽訟》 親族相訟，宜徐而不宜亟，宜寬而不宜猛。徐則或悟其非，猛則益滋其惡。第下其里中開諭之，斯得體矣。

元·蘇天爵《元文類·憲典·訴訟篇》 《易》著《訟卦》，《書》稱嚚訟，則雖五帝三王之世，不能無訟。人有不平，形之於訟，情也。然至於誣人以訟，謂之情，可乎？孔子曰：聽訟，吾猶人也，必也使無訟乎？夫無訟，聖人所難也，然郡縣得一賢守宰，苟能行之以道，雖無訟可也。

《明實録·宣德二年》 〔五月丙寅〕巡按浙江監察御史吳訥言：比年浙江及直隸松江等處，逃軍、逃吏、逃囚與頑民之避役者，肆無畏憚，騁兇恣暴，凌虐鄉里，挾制官府。事覺，被獲輒造誣詞，令家人妄訴，有詞連千人或三五百人者。及逮對事，多虛妄，上妨公務，下害良善。乞勑法司揭榜禁約：今後凡逃軍囚吏，除本身及其家被人殺害侵奪者，方許指實陳訴，餘皆不許。諸司亦不得擅與受理，若果有冤抑，須自下而上陳訴；有越次者，准洪武中例發回應理衛門問斷。有告百人之上者，料事輕重具奏，差官同巡按御史都司布政司按察司究察懲治。若連公差京官及方面正佐各府正官，則先逮事內人鞫訊，果有干涉，方行逮問，庶幾奸謀少沮，詞訟漸息。上命法司從其言。

《明實録·正統三年》 〔二月庚午〕巡撫南直隸行在工部右侍郎周忱奏：伏讀洪武間《教民榜文》及近年《建言榜文》，歷言民間詞訟，自願息者聽，事不干己而相告訐，及官吏羅織以媒賄賂者，有罰。果有冤抑實情，亦宜以次陳訴。果有全家被害，方許親隣伸訴。近者刁民不遵，獄訟騰湧，一則圖賴人命；一則牽連雜事。蓋人命可以聳動官府，驚嚇鄉民，雜事卒難窮治，可以欺詐取財，箝制官吏，及至發遣，充軍擺站，納米運磚，又復逃潛，變易姓名，起滅詞訟。臣請除反叛重事外，餘俱照欽定榜例，以次陳訴，庶幾獄訟得清。事下法司，議以所言甚便，宜將前項榜文申明禁約。從之。

《明實録·正統四年》 〔五月〕乙亥，巡按直隸監察御史羅綺奏：守令賢則民自安，刑罰清則人自服，此理勢之必然也。比間各處理刑官多不諳刑名，審刑之際，不復參詳，輕重止憑吏胥，照提多人，動經數年未得結絕，甚至情輕作重，情重作輕，以致事務紛紜，詞訟競起。且如壽州衛軍毛神保告百戶臺鼎，尅落月糧，反被鞭笞，續赴通政司伸理，遞回本衛，官嗔恨愈深，問擬神保白晝搶奪、傷人，斬罪，監候待決。臣將文案詳觀及暗行訪察，始知其絕無搶奪之情，止是懷挾前讎而陷之以死。神保已從輕出之，鼎等正當究問如律，以警其餘。幸蒙赦宥，恐各衙門理刑者，亦有不公其心，不察其情，不明其法，未免有偏枉之弊。今後，理刑官務於在京法司歷事監生中，精選其諳曉刑名者授之，庶使刑罰肅清，人無冤抑。上命行在禮部議而行之。

《明實録・正統七年》〔二月乙未〕刑部貴州司郎中林厚言四事：一赦前詞訟，禁止勿受，則刁潑計沮，恩澤遠被。一理刑官任用有方，則官得其人，刑不冤滯。一不干己事不許告訐，則刁風可息，良善獲安。一鞫勘死囚務憑職仗，則重獄可減，冤抑可伸。上以示法司刑部尚書魏源等，以厚所言皆可施行。從之。

《明實録・正統十一年》〔四月壬戌〕刑部奏：頑民告訐，赦前非干己事者，宜嚴禁之，其告民居第邊式者，宜止令改正，毋毀之，以重傷財力。從之。

明・朱元璋《教民榜文》　兩浙江西等處，人民好詞訟者多。雖細微事務不能含忍，徑直赴京告狀。設若法司得人，審理明白，隨即發落，往往亦要盤纏。如法司囚人數多，一時發落不及，或審理不明，淹禁月久，死者亦廣，其干連之人無罪而死者不少。詳其所以，皆由平日不能互相勸誡，不忍小忿，動輒經由官府，以致身亡家破。如此者連年不已，曾無警省。今後老人須要將本里人民懇切告誡，凡有戶婚田土鬬毆相爭等項細微事務，互相含忍。設若被人凌辱太甚，情理難容，亦須赴老人處告訴，量事輕重，剖斷責罰，亦得伸其抑鬱，免致官府繫累。若頑民不遵榜諭，不聽老人告誡，輒赴官府告狀，或徑赴京越訴，許老人擒拏問罪。

又　今後老人里甲凡遇勾軍，即便發遣，免致官府往復差人勾擾，連累鄉里不得安業。若有名姓差訛冒名勾取者，許於老人里甲處陳告，其老人里甲即與體審窮究。將應合當軍人的確姓名，連人解送，免致赴京陳告，展轉照勘，紊煩官府。其應合當軍人，恃頑不行赴衛欺瞞官府，捏詞妄告者，許老人指實呈解有司問罪。如是老人不理亦治以罪。

明・王守仁《王陽明先生申明南贛鄉約》　一、諸約長等與之明白，償還不及數者勸令寬捨取，已過數者力與追還，如或恃強不聽，率同約之人鳴之官司。

一、親族鄉鄰往往有因小忿投賊復讐，殘害良善，釀成大患。今後一應鬭毆不平之事，鳴之約長等公論是非，或約長聞之即與曉諭解釋。敢有仍前妄爲者，率諸同約呈官誅殄。

一、軍民人等若有陽爲良善陰通賊情，販買牛馬，走傳消息，歸利一己，殃及萬民者，約長等率同約諸人指實勸戒，不悛，呈官究治。

一、吏書義民總甲里老百長弓兵機快人等，若攬差下鄉，索求齊發者，約長率同約呈官追究。

一、各寨居民昔被新民之害，誠不忍言，但今既許其自新，所占田產已令退還，毋得再懷前讐，致擾地方。約長等常宜曉諭，令各守本分，有不聽者呈官治罪。

一、投招新民因爾一念之善，貸爾之罪，當痛自克責，改過自新，勤耕勤織，平買平賣，思爲良民，無以前日名目甘心下流，自取滅絕。約長等各宜時時提撕曉諭，如踵前非者呈官懲治。

一、男女長成各宜及時嫁娶，往往女家責聘禮不充，男家責嫁裝不豊，遂致愆期。約長等其各省諭諸人，自今其稱家之有無，隨時婚嫁。

明・呂坤《實政録・鄉甲約》　如有不平到那鄉約中口稟一番，約正副差本甲人喚來一問，如係兩約，請兩處約正在一處同問，誰是誰非，眼同證見，一一問明差那證見，押着那理屈的，替那理直的些些禮物，上門陪話。約史仍將所問事情來歷始末一一記於和簿。如事情稍重及不服處斷者，不問告何衙門，約正副分別是非，補呈子一張遞於問官，以憑從公究處，仍將理屈者紀惡。

又　一、婚姻不明，審問原媒。某女定與某男，受何定禮，量其貧富，除富貴人家外，其餘下三則人家多不過十兩，少不過三兩，主令成婚。若嫌貧棄婿，將女別嫁者，本約審明待告狀之日，一同呈報。

一、地土不明，查審文契中人應退回者退回，應找子粒者找子粒，應補差糧者補差糧，算明主令改正。若係欺隱詭寄不肯首正者，待告狀之日，本約一同呈報。

一、罵詈鬭毆，主令理屈之人置辦禮物與理直者陪話，若有傷者審明記日，待告狀之日一同呈報。

一、牲畜食踐田禾。照畝賠償，如打死人牲畜者照價賠償。

一、放債三年以上本利交還不與者，處追借人，財不還及毀壞者，主令賠補。

一、錢到取贖房地力不能回者，果係日久利多，酌量情法兩便，委曲處分，無令貧人失業。

一、買賣貨物不公虧損人者，主令改正，不改者紀惡呈報。

一、地界房界不明者查明改正。

一、走失收留人口牲畜，主令各還本主。中間事情應處分者處分，應呈報者呈報。

一、約中處和事情，不係徇私受財誣直作曲冤枉良善者，有司不許將約正約副擅加凌辱。

一、除徒流以上罪名本約不得專斷外，其笞杖事情，掌印官將詞批與原告執付本約問明，開具手本，以憑處斷。願息者聽登和簿徑繳原詞，有司不許加罪。若將輕小事情不批本約而徑批佐貳首領陰陽義民等官差皂快勾拘者，掌印官另議。

一、本約之人在别州縣生事者，聽各處官司斷理，若在本縣别約生事者，聽别約斷理。事完之日仍付本約紀惡，若本約偏聽與别州縣别約爲讐者，掌印官問明將爲讐之人盡法重處。

一、大小過失不分新舊但能自首改正者，俱免究罪。

一、國初老人里長俱許笞杖斷決，今恐是非連累，只用口説和處，倘有因成人命併不許干連本約違者，有司另議。

明・劉時俊《居官水鏡・省訟説》 某一日，與周太史念昔孫孝廉袁谷論節民之要，語及熄訟。太史曰：減訟一節，贖鍰之省於民者若干。孝廉曰：熄訟何止省如許也。夫一字入公府，小民慄慄然，視官若帝，若神明不可測。於是爲請託，爲延訟師，爲齋發公差，爲賄證佐，爲決保，爲鋪墊衙門，爲集親知以相角助，朝朝酒食，節節銀錢，入贖於公者一，而民費且數十倍。吾譚虎亦心驚矣。由此言之，夫熄訟寧直省如許也。太史曰：吾未遭虎，吾不知某曰：嗟呼！濫訟之害亦至此乎。然熄訟有道，若以厭事之心求熄訟，訟更不可熄矣。竊意牧民者宜書此言置座右，遂筆記之。

志立云：周太史嘗對某言，一縣氣運全在一有司培養之，吳江近來田價日增，較常加十之五，蓋由屢歲豐登，且以抽税之故，商旅漸歸業，而得於培養之力尤多也。如平兑運，歲省民間米二萬石，收糧銀不拆封，歲省羨餘及常例銀數千，革神會神戲，禁賭博，汰奢靡，歲省數萬，減訟一節所省於公家之罰鍰僅數千，而所省諸廢不止數萬矣。節節休養，民力自裕，置業者無興訟之害，出業者無加補之望，而均役後種田之累少，田價何爲不增。某以此語質於先生，先生曰：然。然息訟亦未易言也，惟三尺不以勢力撓而凌弱暴寡之事少，惟持平等心矯枉無過正，而小民侮勢户亡賴騙富家之事少，惟誣告者專究刁唆而攛掇硬證之事少，惟官府之處斷合於民間之擬議而恃強舞智利口求勝之事少，故訟不期息而自息也。如使一概不理，猥云無訟，竊恐公庭之事稀而民間之事日煩矣。某曰：善。并記之以貽牧民之長欲與民休息者。

明・劉時俊《居官水鏡・緝扛幫禁挾制以息争興讓》 本縣看得風俗清美，恬讓爲端，兆民顧化，章縫以始。故植黨背公，及以養交得譽，囂訟詬誶，更以豪舉爲名。則士風之敝壞。誠有難言，小民之效尤，將何底止。允如所議，黜其躁以生其共，彬彬之風計日可竢已。喫緊數事，首宜禁約施行，爾等小民各宜知悉。

明・文林《温州集・温州府約束詞訟榜文》 照得當職，病卧裏閭，淹及七載，誤蒙聖上擢守兹土，懇辭未獲，勉強而來。到任之初，上欲副聖天子之委託，下欲答群士民之願思，奈何德不足以移風俗，才不足以制時宜，每困心衡慮無所彌綸，雖廢寢忘食，徒生悔吝。只如詞訟一事，動接千餘紙，冀漸減少，後益增多，蓋無明德畏民之學，又無片言折獄之長，精神日耗，奸弊罔除，況冤枉退有後言，而刁頑之進漸得志。自揣老耗，豈堪繁劇。伏覩太祖高皇帝《教民牓文》天下民間户婚田土鬭毆相争一切小事，須要經由本里老人里甲斷決，若係姦盗詐僞人命重事，方許赴官陳告。是令出後，官吏敢有紊亂者處以極刑，民人敢有紊亂者，家遷化外。又檢會朱儒朱文公《詞訟約束略》爲斟酌時宜，曉諭所有條款，欲行屬縣遵守，未敢擅便合關。本府轉呈欽差督理兵備兼管分巡浙東道浙江等處提刑按察司僉事朱處定奪，示下施行，准此擬合，就行爲此府司。今將關到條款開坐，具呈施行，蒙此批據所施而知所蘊，文章政事偉然可嘉，准擬施行，批呈，繳蒙此案，照前事已行呈詳去後今蒙前因擬合通行爲此除外，今給牓文前去張掛曉諭，一體遵守施行，須至榜者。

一、老人里甲與鄉里人民住居相接，田土相鄰，平日是非善惡無不周知，凡民有陳訴者即須會議從公剖斷，許用竹篦荆條量情決打。若不能決斷致令百姓赴官紊煩者，里甲老人亦各杖斷六十七十已上者，不打依律罰贖，仍着落果斷。若里甲老人循情作弊顛倒是非者，依出入人罪律論。

凡老人里甲剖決民訟，許於各里申明亭剖決。其老人須令本里衆人推舉，平日公直人所推服者，或一名五名十名，報名在官，令其剖決。若事干別里，須會該里老人次里長次甲首論齒序坐，如里長年長於老人者，坐於老人之上。如此不但剖判民訟，抑且長幼有序，老者自然尊貴。

一、本里老人遇有難決事務，或子弟親戚有犯相干，須會東南西北四鄰里分或三五里衆老人里甲剖決，如此則有識者多，是非自然明白。

一、民間一里之中若有強竊盜賊逃軍逃囚及生事惡人，一人不能緝捕，里甲老人即須會集多人擒拏赴官，違者以其罪罪之。

一、老人里甲不但與民果決是非，務要勸民爲善。其本鄉本里人民務要見丁着業，凡有出入互相周知，大誥内已有條款，務要申明遵守，違者論罪。

以上俱《教民榜文》，不遵者坐以違。

明·海瑞《海瑞集·刑屬·興革條例》　《易》：天與水違行訟，君子以作事謀始。說者謂慎交結於相與之初，明契券於交易之際，訟無由生矣。然此特言其一爾。淳安縣詞訟繁多，大抵皆因風俗日薄，人心不古，惟己是私，見利則競。以行詐得利者爲豪雄，而不知欺心之害；以健訟得勝者爲壯士，而不顧終訟之凶。而又倫理不惇，弟不遜兄，姪不遜叔，小有蔕芥，不相能事，則執爲終身之憾，而媒孽訐告不止。不知講信修睦，不能推己及人，此訟之所以日繁而莫可止也。

隋梁彥光爲相州刺史，每鄉立學，季月親臨策試，有勤學異等聰明有聞者，升堂設饌。有好爭訟惰業無成者，坐之庭中，設以草具。由是風俗大改。淳生員聞有與人爭訟者，然或一言而服，或未造庭而自認己曲，或原非訟者之田，謂己田不應多有畝數，遜以與人，十人中七八人如是。本職喜之服之，嘗謂此雖各士子志向高邁，與俗迥遠，而淳士風稍厚，學校教化之功不可誣也。若小百姓皆如是，訟事可稀少，縣官亦省許多事。而必欲己勝，必欲利爲己有，至死不口服，可痛也。本縣每遇里老人等，諭令勸各人戶有子弟令就學，爲僉選社學師。此雖縣官正事，亦爲息訟計也。

淳士子少訟，訟亦易折服，士風亦可取矣。然至富家生員監生，則爭勝略與小民無異，而又不然。問所以苦不相讓，因答言而逆其心。大抵皆爲家有許多產業，若一件被人爭去，則利其弱而訟取者接踵矣。此則因利心蔽眞心也。夫昔人有行一不義，殺一不辜而得天下不爲之。因爲彼計，幷此之不合義者而護取之。私心固曰爭勝而取強也可乎！

淳俗多訟，大抵是先因口舌，先因一事訟官成隙，以後遂互媒孽訐告，終不休止。昔人云：邱山之憾，一笑可散；蔕芥之讐，千河不改。人若能寬裕其心，念此非殺父兄事也。言語訟爭，何讐之有！誦以直報怨之言，得失在僕之語，久之而心有明焉。昔之如讐如敵，欲其死不欲其生者，眞可漠然無迹而不留於心矣。

淳俗好勝，姑以勝道論，本職每見訟者求勝，多通賄賂求情囑，百計取財爲訟事費，此則敗行之甚也。敗行復讐，縱訟事得勝而我落讐人下矣。昔人謂好色是色鬼迷，好貨是貨鬼迷。淳民喜訟是被訟鬼迷也。迷不能返，不知何故！

淳俗好訟，求勝人也。然勝人在行己有德，在名聞稱賢。逞訟者在今日就俗見論亦若勝矣。畏訟者不敢與校而遜之，亦有之矣。然人人心惡之，在背後稱惡人則指之，甚則遭訪拏陷刑辟不得其死。究竟勝乎？不勝乎？

又　一、止訟。問之職者多說是詞訟作四六分問，方息得訟。謂與原告以六分理，亦必與被告以四分。與原告以六分罪，亦必與被告以四分。二人曲直不甚相遠，可免忿激再訟。然此雖止訟於一時，實動爭訟於後。理由健訟之人得一半直，纏得被誣人得一半罪，彼心快於是矣。下人揣知上人意向，訟繁興矣。小官問事怕刁人，兩可和解，俗以老人和事笑之。四六之說非和事老人乎？《易》：噬嗑亨。健訟之人，正吾頤中之梗，利用刑獄也。可畏訟而含糊解之乎？君子之於天下曲曲直直，自有正理。四六之說，鄉願之道，興訟啓爭，不可行也。

一、疑獄。兩造俱備，五聽三訊，獄情亦非難明也。然民僞日滋，厚貌深情，其變千狀，昭明者十之六七，兩可難決亦十而二三也。二三之難不能兩舍，將若之何？古稱與其殺不辜，寧失不經；與其失善，寧其利淫，處疑大概也。即此推之，竊謂凡訟之可疑者，與其屈兄，寧屈其弟；與其屈叔伯，寧屈其姪，與其屈貧民，寧屈富民；與其屈愚直，寧屈刁頑。事在爭產業，與其屈小民，寧屈鄉官，以救弊也。鄉官計奪小民田產，債軸假契，侵界威逼，無所不爲。爲富不仁，比比有之。故曰救弊。事在爭言貌，與其屈鄉宦，寧屈小民，以存體也。鄉官小民有貴賤之別，故曰存體。若鄉宦擅作威福，打縛小民，又不可以存體論。上官意向在此，民俗趨之。爲風俗計，不可不愼也。

一、各衙門日日聽訟，迄不能止訟者何？失其本也。考之龔、黃、卓、魯，專以德禮勸諭，魯父子訟者而孔子繫之三月。豈以孔子而不能別其情哉！求其心也。虞芮爭田，文王決之；鼠牙雀角，召伯辯之。聖賢未嘗不聽訟也。其轉移化導之機，則別有所在而不在於是。今上司每以未完責下，下司惟求完事以避責。感化之意微，了事之情切，獄訟日繁而不可止，不有由哉！今時風俗健訟，若聖賢當於其間，當必有止訟之方，而不徒聽訟之爲尚也。

明・談遷《國榷・太祖洪武二十七年》 〔四月〕壬午，嚴越訴之禁，命民間高年老人理其鄉之訟。

明・佘自强《治譜・許息和》 州縣自理詞狀，衙門不利於民間息和，往往哄稟官府云：某人封銀錢十兩在某家。老爺准和，可惜被光棍騙了，官府之心。爲所歆動，以後遂不准和息，誤矣。官府若能公明薄罰，即理屈到官，所費亦自有限，彼何故辭少費多。萬一體面之人懼受刑辱，以多金托人求和，然原告既已無言，則亦已矣。彼從中調出得財者贊誦官府，寧不刻骨，較之區區罰贖，孰多寡哉！凡息和者，事小徑逐，次則量土民紙一錢二分，告紙二錢，秀才官紙免事略大，上谷二三石。來稟息和之，人視其至情難已，視其學霸光棍如來衙門多次者，即不良人也，不准和息，細審懲處，且就中亦可看人捷於採訪，若日久私處，并不赴公堂准稱息和，雖不差人窮追，過一月亦將姓名記冊，以後再有人告，定行併究，出示曉諭。

按刁徒哄人告狀，既滿所欲便即私和，通不赴官，是以官爲戲也。如訪得情節重大，不妨提審。活變在人，至於赴官息和者，察其息和之情，果眞確否，如係話語含糊，或出威逼，或係懼禍，仍宜審問責治以警刁風。

明・佚名《折獄明珠・觀風告示勸諭戒爭》 西江月調

軟弱安身之本，剛强惹禍之災。無爭無競是賢才，虧我些兒何害。鈍斧敲金易碎，利刀割水難開，世人嘆我是痴呆，管取前程自在。

又

村中一切小事，勸和莫出鄉間，省錢省米省收監，氣起三分要美。莫累我們親戚，休犯隣里相干。官司不打一家安，此是良人自斷。

又

村中一切小事，不和要出鄉間。信說出外四邊趲，逞志誇能好僕。竹篦皮鞭受苦，黃檀散子心酸。日間對理夜收監，此是愚人公斷。

又

此處不分貴賤，俗衣飲食皆同。人生到此鳥投籠，展轉番身難動。夢裏思量妻子，醒來門鎖重重。自古牢獄不通風，莫把是非來弄。

明・佚名《折獄明珠・分條弭語・和息類》 懇恩准息，撫容和息。遵奉鈞牌，各拘正身，諭以大道，無不輸情。禍起睚眥，搆成慘害，刁家自悔，願聽允和。伏乞民胞物與，恕彼舊染之污，海涵春育，開民維新之路，俯容和息，則興仁興讓之風醇，尚氣尚爭之患息。

明・佚名《折獄明珠・執照類・和息狀式》 便民息訟事。伏覩律令，不願終訟者，聽。有某某先後具詞告府，蒙送台問理，各犯某日解到，一覩仁化，遂效虞芮，二犯悔悟，恥爲頑民，身等冒昧，懇乞俯從宥罪。准和息訟，民俗還淳，連名上告。虞芮，二國名，解見前。宥，恕也。淳，美也。

詹侯批：戕盾相敵，盾毀而戕亦缺。鷸蚌相持，蚌死而鷸豈生。故觸蠻蝸角吳越會稽，非有德者所樂道也。今某平心息訟，是易讎爲恩，反薄爲淳者，合聽其自便。戕，斧也。盾，團牌也。觸蠻蝸角，解見前。吳，越，二國名。會稽，山名。

明・丘濬《大學衍義補・察幾微・察事幾之萌動》 象曰：天與水違行，訟。君子以作事謀始。

程頤曰：天上水下，相違而行，二體違戾，訟之由也。若上下相順，訟何由興。君子觀象，知人情有事訟之道，故凡所作事，必謀其始。

朱熹曰：作事謀始，訟端絕矣。

臣按：先儒謂天左旋，而水東注，違行也，作事至於違行而後謀之，則無及矣，是故君子體易之象，凡有興作，必謀其始焉。何則，理在天地間，大中至正，無有偏枉，從之而行，則上下相順，違之而行，則彼此交逆。是以君子一言之將發也，一行之將動也，一事功之將施行也，則反之於己，體之於人，揆之於心，繹之於理。順乎，逆乎，順則徐爲之，逆則亟止之，不待發於聲，徵於色，見於施爲，以作過取愆，啓爭搆訟，而貽異時之悔，是則所謂謀始也。謀之又謀，必事於理不相悖，人與我不相妨，前與後不相衡，決上與下不相齟齬，然後作之，則所行者無違背之事矣。事無違行，則凡所云爲舉錯者，皆合於天理，順於人心，又安有紛紛之口語，狺狺之訟言乎。或曰：興訟搆獄，官府之事也，朝廷之於民，直驅之而已，彼將誰訟乎。吁，上之於下，勢不同而理同，下之於上，不敢言而敢怒。民之訟於心也，甚於其訟於口也，民之訟於天也，甚於其訟於官也。仁智之君，誠畏天譴，畏民怨，凡有興作，惡可不謀於始乎。

明·丘濬《大學衍義補·崇教化·廣教化以變俗》　吳祐遷膠東相，政惟仁簡，以身率物。民有相爭訴者，輒閉閤自責，然後科行所訟，以道譬之，或身到閭里，重相和解。自是爭訟省息，吏民不欺。

又　許荊爲桂陽太守，郡濱南州，風俗脆薄，不識學義。荊爲設喪紀昏姻制度，使知禮禁。嘗行春到耒陽縣，民有蔣均者，兄弟爭財，互相言訟，荊對之歎曰：吾荷國重任，而教化不行，咎在太守。乃顧使吏上書陳狀，乞詣廷尉。均兄弟感悟，各求受罪，在任十二年，父老稱歌。徵拜諫議大夫。

臣按：荊以郡民兄弟相爭訟爲教化不行，而任咎於己，且至上書言狀，乞詣廷尉，然非其平昔設爲喪紀昏姻制度，使民知禮禁，而遽然而爲此舉，則是矯激好名，非眞實也。君子所不貴。

明·丘濬《大學衍義補·愼刑憲·詳聽斷之法》　宋仁宗嘉祐五年，判刑部李綖言，一歲之中，死刑無慮三千餘。夫風俗之薄，無甚於骨肉相殘，衣食之窮，莫急於盜賊。今犯法者衆，豈刑罰不足以止姦，而教化未能導其所善歟。願詔刑部類天下所斷大辟，歲上朝廷以助觀省。從之。

臣按，天下之治亂，驗於風俗之厚薄，衣食之有無骨肉相殘者，多其風俗之偷也。可見盜賊之劫掠者衆，其人之窮也，可知李綖欲刑部類天下所斷大辟，上朝廷以助觀省，人主於此誠留心觀省於斯二者之間。風俗之偷，則明禮義以化之，衣食之闕，則省徵輸以寬之。如此，則上和下睦，家給人足，非特刑罰以之而清，而民風亦因之而厚矣。

又　《易·訟》之彖曰：訟上剛下險，險而健訟，訟有孚窒，惕中吉。剛來而得中也，終凶。訟不可成也，利見大人，尙中正也。

九五，訟元吉，象曰：訟元吉，以中正也。

臣按：刑獄之原，皆起於爭訟，民生有欲不能無爭。爭則必有訟，苟非聽訟者中，而聽不偏，正而斷，合理，則以是爲非以曲作直者有矣。民心是以不平，初則相爭，次則相鬬，終則至於相殺，而禍亂之作，由此始也。是以爲治者，必擇牧民之官，典獄之吏非獨以清刑獄之具，亦所以遏爭鬬之源，而防禍亂之生也。

《清實錄·康熙五十二年》〔四月〕甲寅，大學士等以左都御史趙申喬奏農忙之時，京城地方亦應遵例停訟疏，請旨。

上曰：農忙停訟之言，聽之似乎有理，而細究之，實無裨益。趙申喬總未知事之本源耳。天下之民，非獨農人、商賈涉訟，即廢生理，百工涉訟，即廢手藝。地方官不濫准詞狀，於應准者准之，即行結案，則不失農時，訟亦少矣。若但四月至七月停訟，而平日濫收民詞，案牘堆積，冬季詞訟，遲至次年五六月而後審理，雖停訟何益？康熙元年間，去明代不遠，明之官員太監尙有存者。朕聞其君常處深宮，不與臣下相見，而惟與宦豎相處，既不讀書，亦不勤政，所以上下之情，壅蔽不通，民間疾苦竟罔聞知。朕理天下五十餘年，周知民隱，一切訟事皆有代告說合之人，暗司其事，地方官於此等人應嚴加懲治。孔子云：聽訟，吾猶人也。必也使無訟乎？無訟之本，並不在停訟，爲大臣者當先憂後樂，凡事周詳籌畫，實心辦理，乃能利益民生。趙申喬謂農忙之時應行停訟，倘四月至七月數月之間，或有光棍詐害良善，則冤向誰訴耶？且自八月以後，正當收獲，並非閒時，果如伊言，亦不應准詞狀。至如南方四月收麥，北方五月收麥，福建、廣東十一月種麥，二月收獲，五月種稻，十月收獲，四季皆農時也。如此等處，豈終歲停訟乎？趙申喬居官固清，但性多疑，所屬州縣每疑其貪詐，《書》云：用人勿疑。朱子曰：疑人即自擬。今朕所用大臣，朕曷嘗疑之？凡督撫有才者未必有守，有守者未必有才，然自恃清廉每事紛更，則民即受其害矣。讀書之人務先明理，當以克己爲要，有過則改，無容掩飾。惟有益於民之事，朕即允行，否則斷乎不行也。

《清實錄·嘉慶二十三年》〔二月甲戌〕諭內閣：御史蔣詩奏請嚴拏訟棍一摺。民閒戶婚田土，雀角鼠牙，勢所難免，惟在州縣官勤於聽理，斷獄公平，則曲直較然，爭端自息。即有狡黠之徒，亦不能欺廉明之吏，使無情者妄搆釁端，無如吏怠其職，鄉曲愚民角勝忿爭，而訟棍遂得乘機教唆，以遂其把持漁利之謀。著直省大吏，嚴飭地方官，公勤聽訟，辨別情僞，如案內究出唆訟之人，立即查拏究辦，或有著名訟棍，嚴緝重懲，則刁風漸戢，訟獄自可日減矣。

又　〔十一月〕又諭：御史馮清聘奏各省械鬬重案，請飭立限速辦一摺。各省械鬬之風，固因民情兇悍，亦由地方官平日不能盡心化導，及呈報到官，或控經上司提審，又復藉詞耽延，以致沈冤莫雪，積案相仍。如福建民人詹絨等，呈告葉瑞連聚逞兇一案，延至十九載不爲審理，實屬因循疲玩。此種惡習，亦不獨福建爲然，直省大吏務各嚴飭所屬，振刷精神，於地方詞訟事件，逐日清釐，其恃强糾鬭重案，立即嚴拏重懲，勿事姑息，俾兇頑知所儆懼，則善良得以各安本業，吏治民生，均日有起色矣。將此通諭知之。

《清實録·嘉慶二十六年》〔六月〕又諭：御史孫升長奏嚴拏訟師以儆刁風一摺。所奏是。獄訟之繁多，由訟師從中搆釁播弄愚民，拖累良善，並或勾通胥吏，把持官府，種種鬼蜮伎倆，爲害滋甚。如該御史所奏，來京上控各呈詞，字跡語句，如出一手，是其明證。朕聞都察院衙門附近。即有山東訟棍窩留其間，包攬詞訟，城外各會館廟宇中，亦有藏匿者。著步軍統領衙門、順天府、五城一體密訪嚴拏，獲犯即交刑部嚴審重懲。外省地方官亦著嚴行查禁，以清訟源而正民俗。

清·龍文彬《明會要·民政二》 洪武二十七年四月壬午，命有司擇民間高年老人公正可任事者，理其鄉之詞訟。若戶、婚、田、宅、鬭毆者，則會里胥決之，事涉重者，始白於官。若不由里老則徑訴縣官，此之謂越訴。

又 洪熙元年七月，御史何文淵言：太祖令天下州縣，設立老人，必選年高有德，衆所信服者，使勸民爲善。鄉閭爭訟，亦使理斷。下有益於民事，上有助於官司。比年所用非人，或出自僕隸，規避差科，縣官不究年德如何，輒令充應，使得憑藉官府，肆虐閭閻天下州縣，類有此等。請加禁約。上命申明洪武舊制，有濫用匪人者，幷州縣官置諸法。

又 宣德七年正月乙酉，陝西僉事林時言：洪武中，天下邑里皆置申明、旌善二亭，民有善惡則書之，以示勸懲。凡戶、婚、田、土、鬭毆常事，里老於此剖決。今亭宇多廢，善惡不書，小事不由里老，輒赴上司，獄訟之繁，皆由於此。

清·蔡士英《撫江集·留示江西諸民人止爭息訟示》 本部院撫爾江土，兩年有奇。自歉德薄，不能使化行俗美，盡革從前之澆習。惟是內省無愧者，一片樸心，視爾疾苦直若身。甞故請蠲請免，不敢憚煩。今去爾等之淮矣，見爾百姓群擁馬首，塞巷盈村，扳號涕泣，依戀之情，本部院實不忍恝然。無如王程迫不可緩，所留囑於爾百姓者無他語，惟忍忿止爭四字而已。蓋爾西江習氣，每因小事不能忍耐，卽欲上告，以圖洩忿。究竟累人，反以累己，結訟不休，大則喪身損軀，小則破家蕩産，同歸於盡。寧無後悔，然與其追悔於後，孰若忍耐於前。本部院不能家喻戶曉，惟刻此四字留爲勸戒，願爾等共圖安靜，永臻和睦，庶不負本部院去後之惓惓也。特諭。

清·陳朝君《莅蒙平政録·爲息訟印簿已見成效等事》 爲息訟印簿已見成效，特爲申飭，使民無訟事。照得本縣莅蒙甫及六月，卽特設息訟印簿。凡一切戶婚田土以及口角相爭細事，令鄉約從中苦勸，無非望爾百姓人等各安本分，忍人讓人，化大事爲小事，化小事爲無事耳。迄今三載有餘，鬭毆打架以及賭博酗酒之徒從未有入公堂而具控者。訟獄衰息，囹圄常空，本縣竊喜風俗醇良。息訟簿之特設，大有益於民生也。以故臬憲特爲獎勵，除將本縣註爲優考外，仍將息爭鄉約，各爲給匾。本縣當堂親行送酒，簪花披紅，以示皷舞。擬合再爲申飭，爲此示仰闔邑人等知悉。嗣後如有眞正人命盜案，許不時告理外，其餘戶婚田土以及口角相爭細事務遵照本縣息訟簿所開條約，眼同中證媒妁俱赴鄉約所，聽從調停。如果我的理短，我卽向人賠禮，人的理短，我亦稍加寬恕，便覺天地間無不可忍之事，無不可讓之人。大事化爲小事，小事化爲無事，又何有不可息之訟哉！各宜恪遵，勿負本縣一片婆心。特諭。

清·陳朝君《莅蒙平政録·爲停訟安民事》 爲停訟安民事。照得時值嚴冬，歲當荒旱，蒙民之十室九空，而妻啼飢子號寒者不知幾何家矣。本縣心血嘔盡，日夜爲爾幾個窮百姓再三籌畫，徒有愛民之苦心，惜無補救之夙力。因思利民之法莫善於省財，而省財之方莫先於息訟。故下車伊始，曾設紙皂，令原告自拘，庶差役之擾，閭里不聞。然赴縣堂而具控，執紙皂而自拘，其間盤纏費用亦須錢一二百文。本縣念此民窮財盡之時，預爲息事寧人之計。又特選鄉老，各給息訟印簿一本，與爾管勸和息，不惟目下可以省錢財，而且將來可以保身家。爲此示諭三鄉人等知悉，嗣後各宜忍而又忍，省而又省，非萬不得已莫輕告狀，卽有小忿亦當寬忍解釋。所有從前詞狀曾領紙皂自拘者，俱限五日內赴縣審結，如有故違限期，盡行謙銷，概不准理。須至告示者。

清·陳朝君《莅蒙平政録·爲申飭誣告以息訟端事》 爲申飭誣告以息訟端事。竊幸我蒙山邀神之祐，大雨沾足。一日無事，便爲清福，各宜種爾麥，收爾豆，早完朝廷錢糧。孝爾父母，樂爾妻子，和爾鄉黨，作自在人可耳。

即有小忿夙怨，亦當寬一步，恕一步，讓一步。初間思想，祇覺爲人，事後看來，還是自爲。無何本縣下車以來，息訟止爭之論，業已言之諄諄，而誣告猶有張應林者，眞可駭異。細訊子死緣由，據稱後三月內，被任貞吉謀害。竊思訟莫大於人命，情莫切於父子，乃遲滯將及半載，始行告理。非使子潛逃，駕詞揑告，即聽人教唆，指命嚇財。前雖薄懲，復恐效尤，爲此示仰三鄉人等知悉。示後，須念父母貽體甚重，毋以好鬬而毁傷。朝廷法度極嚴，莫以健訟而輕犯。常懷天理，勿昧良心。倘有捕風捉影，指鹿爲馬，以陷害良善如張應林者，即以所告之罪罪之。毋悔。特示。

清・陳朝君《蒞蒙平政録・爲特設信票等事》　爲此示諭三鄉人等知悉：嗣後各安分守己，讓人怕人，千忍萬忍，莫輕告狀。倘萬不得已，赴縣申訴。今特設紙皂，不惟省一差，即可省一費。亦期爾等息訟止爭，共享無事之福也云爾。間有親朋管勸，情願和息者，本縣且聽爾百姓自便焉。特示。

清・陳枚《憑山閣增輯留青新集・章紱〈息訟示〉》　爲誡諭息訟以安民生事。照得立品持身懲忿爲上，保家守法忍辱宜先爾，民健訟之風眞甚髮指，本縣坐堂則抱牒紛投，出外則擁輿喊稟。閱其情詞，爭山則狀開掘骸毁塚，口角則詞告鋒刃衝抄，孀婦改適則云綁嫁摟姦，債票未償則曰叛弁拷寫，已和復訟則稱宦衿套壓，已結圖翻則稱金蔽沉冤。刀筆活套，千紙雷同，止求騙唯一時，不顧王章天理。雖本縣量准狀詞，俱令原告自拘，嚴禁衙役詐索，然爾民往返奔馳，歇家飯費，與夫代書潤筆，証佐酬勞，失業妨工，勢皆不免費去錢財。拋荒田地。及事完，追悔無及。皆因訟師唆誘，加以劣衿惡棍鼓煽揚波，愚民誤墮術中，不能自脱。不思此輩利爾財耳，豈眞有肝膽義氣路見不平甘爲拔刀之助耶？況邑民遭此慘劫，尤須修德存誠，挽回天運，猶如人當大病之後，滋補培養，尚恐元氣難復，豈可再加尅削之劑，愈耗根本。合急切誡曉諭，爲此示仰闔邑軍民人等知悉，各宜猛省，息訟安生，戶婚債産，原中理直，口角爭鬬，親族調和，鄉村鄰佑，寧無公直閑練里甲幷可解紛，本縣必不濫准濫拘，專務與民休息，庶含哺擊壤之風或再見於今日也。倘再不悛，謊狀圖勝，本縣冷面無私，審出虛誣，定行反坐提究教唆。本縣婆心勸誡，特爲長篇曲諭，以醒癡迷。惟願吾民家粘一紙，人傳戶曉，毋視虛文，使縣庭門可羅雀，方遂本縣拊循災難殘黎之意也。特示。

清・陳枚《憑山閣增輯留青新集・俞硯如〈勸民息訟示〉》　勸民息訟以安本業事。照得本業遂則民生厚，民生厚則風俗醇，然所以遂本業者，惟不輕構訟一事乃喫緊關頭。茲本縣下車伊始，職在親民。要知親民喫緊關頭亦即在使民無訟，願爾軍民人等遵我誡諭，保爾身家，勿因微嫌小忿之難忍而動思興訟，勿受奸徒刁棍之唆使而輒駕虛詞，勿惹差役上門而受無限之誅求，勿惹刑責上身而忍難堪之痛楚，勿舍家庭宴樂反尋歇店之凄涼，勿拋閭里安閒自討路途之跋涉。省訟師於証需索之錢，留衙門歇家使用之費，併力急公，輸課逍遙，樂業於盛世之間，豈不至樂。苟或不慎，一字公門，九牛難拔，費盤纏，誤正事，荒時日，討煩惱，諸苦備嘗，雖悔何及。倘有事屬剝膚，萬不獲已者，須遵本縣限期，進詞告理，惟人命強盜重情方許不時呈報，至戶婚田土等情，雖經告准，仍許親友解紛，使有訟者復歸無訟，是本縣之素志也，必不苛求。特此布告。

清・陳枚《憑山閣增輯留青新集・施宏〈息訟示〉》　爲申嚴訟棍之禁以期無訟事。照得妨時耗財，唯訟爲最。下車以來，即以好訟爲戒，除人命逃盜之外，概多不准。所不准者，仍將刁揑之情與可以不告之處批示，以使省悟，無非欲爾民平情守理，歸於無訟，化澆俗爲厚俗也。今雖刁詞稍簡，而可已之詞猶日見告，此雖尚氣好勝之故習難移，然實由城鎮村落中慣有一等無賴之人不務本業，專喫閒飯，在於地方一遇些小之事，無不插身武斷，略不遂意，即作禍生災。或仗義執言喝令呈告，或挑張撥李暗代運籌，使訟獄一成，則陪差會餔餟，打後手，迨至兩造家破意平，則邀衆連名，又來請和具息。事既畢，則誇功索謝，是名訟棍，眞地方之鬼蜮，小民之狼虎也。合飭嚴拿以拔訟根。爲此示仰闔縣人民知悉，凡保家惜身，唯以安靜爲貴，或有親黨口角，惟該情恕理遣，即有戶婚田土錢債未明，亦宜邀集媒中，以理相講，不可聽人播弄，輒興訟端。如有前項棍徒煽事害人，該鄉保不時指實稟報，以憑法處。本縣蒞任至今，一切呈狀悉抄案備查，詞中干証請息姓名，有三至五至者矣，有月至旬至者矣，此即播井興詞之人也。已將此等姓名各按事情集寫一處，倘再列名進詞，起滅不休，係生員則將從前包攬情詞，盡開送學，俾申學院，以培士氣。係民人，立拿痛處枷號警衆。言出必行，各宜自愛。須至示者。

清・陳枚《憑山閣增輯留青新集・施宏〈禁止詞連生監〉》　爲場期伊邇嚴禁詞連生監俾得專業以副大典事。照得賓興大典，三歲始一舉行，在朝廷長育人材，不求成於旦暮，在多士精進大業，期收效於就將。名儒夙學，固不貴以臨場之月日爲此咿唔急着也。然養雖豫矣，氣擾則淆，功雖深矣，心分必亂。古人於操觚握管之時，恆具慘澹經營之色者，斂氣以專心也。乃淆氣亂心，莫如詞訟。臨邑好訟，而又好以生監入訟。今當多士摩厲以需之日，何堪混以牙角相持之事。合行禁止。爲此示仰縣中士民知悉，除上憲牌檄中有生監姓名者例仍遵行外，其一應職行號件，詞連生監者，概不准理。即已前准過戶婚田土呈狀，事涉生監，盡皆停審，俟場後歸結。爾多士亦宜寧神靜思，共惜寸陰，以際昌期，毋虛本縣屬望之意也。須至示者。

清・彭鵬《古愚心言・旗民息訟勸示》　爲勸告旗民息訟事。照得旗民皆國家赤子也，撫之教之，本縣毫無偏徇。向因旗人或係投充，或係就屯，習染行事，未盡平情，所以再三誥誡，如約束驕子弟而不少縱容，而愚民無知，遂將遠年舊事翻新裝詞訐告，一經庭訊，概行釋逐，是爾民捏訟之無益也，明矣。亦有旗豪自知因風生事，不由縣控，譸張爲幻，徑赴上司衙門。一經批發，盡行敗露，是爾旗越告之無益也，明矣。欽惟聖諭第三章曰：和鄉黨以息爭訟。第十二章曰：息誣告以全良善。願爾旗民聽聖訓，和氣致祥，息心爲福，歲無凶荒，人無飢饉，未有不由此者也。特勸。

清・吴碘《思誠堂集》卷十《申飭培養學校示》　本部院加意斯文，勤思作養。下車之始，首舉觀風，親身較閲。迨至文武兩闈監臨，主考莫不每事認眞，多方振育，期與此邦人士力圖蔚起。卽閒遇各屬申詳，劣衿不能屈法，覆茈亦必執筆遲迴，再三始定。無非培植長養之意，合行通飭。爲此示仰撫屬官吏。師生軍民人等知悉，爲有司者須知優重斯文，待士有體。遇有戶婚田土諸事，或爲豪家勢族所欺，或爲強奴悍僕所侮，務憐文弱書生，爲之虛公審理，不得執有成心，故行摧抑及偏聽刁民蠹棍一面之辭，動輒申詳，請戒請褫。爲士於者亦各確守規矩，潛修力學，無得干預戶外，自取輕辱。其有人品端方文行兼優拔出流俗者，該學卽行舉報府州縣加意作養，徑詳本部院重加獎賞，以勵頹風。其有不知自愛，甘居下流，包抗錢糧，興滅詞訟，代書攬証，武斷把持，進頌德政於前，退挾短長於後，順之則魚肉小民，拂之則條陳官長，淸夜全迷，士林貽玷。此等敗類法所難容，有一於斯自干黜究，所謂士本貴而自致其賤者也。各宜凜之，毋忽。

清・田文鏡《撫豫宣化録》卷之四《嚴禁逞凶鬭毆以恤民命事》　照得豫省向因連歲歉收，加以黄河爲患，地方凋瘵，民力維艱，今仰賴聖主鴻庥，水慶安瀾，年逢大有。在爾民正當安生樂業，敦族睦隣，父與父言慈，子與子言孝，優游閭里，共享昇平。詎有無知等輩，每因細故口角，遂至亾命逞兇。更有隣佑鄉地，不行勸解，在場親族助毆加功，輕則受傷，重則斃命。迨告發抵罪，拘禁囹圄，始覺從前妄作，追悔無及。嗟爾小民，誰無父母，誰無妻子，奈何不忍一時之忿，以致身投法網，使父母日久懸心，妻子悲號慘目耶？本署院披閲命案，深爲惻憫，除檄行各屬示諭禁飭外，合亟出示嚴禁，爲此示仰各屬軍民人等知悉，嗣後務宜各安生業，退讓謙和，勿因一言爭角，勿以小怨挾讐。其在少年子弟，或負氣凌人，好勇鬭狠，凡爲父兄尊長，急應訓飭管約，毋得偏庇縱容。鄉地隣佑必須竭力勸阻，勿得袖手旁觀，倘敢仍前鬭毆致有被傷身死者，該地方官卽將不行勸阻之鄉地隣佑及兇犯之家長嚴拿重處，毋得姑貸。爾等各宜凜遵，愼勿負本署院告誡苦衷，亦愼勿以身試法。特示。

清・田文鏡《撫豫宣化録》卷之四《再行勸諭愚民懲忿戒鬭保全身命事》

照得螻蟻之細尚且貪生，倉猝之讎何難排解。而豫省民俗強悍，好勇鬭狠，或因尺寸之土而卽興戎，或因升合之糧而卽截殺，或一言不合而拳棍交加，或細事不和而刀鎗并舉，或隣居世好偶因童婦而成讎，或聚處集場多因一醉而拼命。本都院披閲舊案甚有買物而一錢起釁，過渡而一文傷生，此等兇徒抵償何惜。而不知辱及父母，累及鄉隣，人命一案招成。而徇以身家性命者。不知凡幾。是以不厭絮煩，再三勸誡，爲地方官者當嚴其鬭毆之禁，犯則必懲。爲鄉保長者當竭其巡防之力，遇則必勸。爲父兄者當戒其子弟，毋使逞血氣之剛。爲妻室者當勸其夫男毋得鼓一時之勇。父與人爭，子當詭諫。兄與人毆，弟當力排。鎗頭鐵尺止堪防夜之需，農器鐮刀莫作行兇之具。當一忿而不可遏之時，宜思人牢而不能出之日，卽或邀亦赦減等，豈是多得之皇恩。近奉釋放追埋亦屬非常之曠典，愼勿視爲常有而以爲可倖免也。合再嚴行勸諭，爲此示仰撫屬官吏軍民人等知悉，嗣後各宜畏法守身懲忿戒鬭。家居遭横逆卽便閉門，途次遇兇人惟當趨避。如戶婚田土之必爭者止宜赴官告理，錢債細務之宜論者亦應憑中處和愼勿於一言牴牾遂爾揮拳。半語齟齬互相持械，一身入獄，田圖不得治而妻孥不得見矣。三尺無情，欲死不卽，得而欲生，無可逃矣。值此耕田鑿井於熙熙皞皞之時，正當含哺鼓腹於光天化日之下，旁多識字者務須多方解讀，以相勸誡。有意民瘼者自必編作俚語，以警愚蒙。倘官吏不爲禁止則必參處，鄉保不能排解則必究懲。法在必行，各宜慎之毋忽。

清・紀大奎《紀慎齋先生全集・諭什加縣民各條告示》 五倫之道宜首重也。父子有親，君臣有義，夫婦有別，長幼有序，朋友有信，此人生之大本，天下之大道，人人可曉，箇箇可能。但願四境之中，父與父言慈，子與子言孝，人人親其親，人人長其長，禮義雍雍，衣冠秩秩。和氣可以致祥，修德可以致福，行見天佑。爾民歲歲豐稔，家家盈寧，爾民之樂何如也。足不履公庭，口不言辭訟，官與爾民之同樂，其樂又何如也。

清・戴兆佳《天台治略》卷之六《一件嚴禁輕生以全民命事》 照得人自受生以來，父母費盡多少心力，方得兒女長成。自當愛惜身命，期登壽域。奈合邑愚夫愚婦輕生自盡投繯服滷等事所在都有，詢其致死之由，非有奇冤大屈力不能伸，亦非有勢燄豪強逼不堪受，止以家庭細故，鄉黨口角微嫌，偶有忿爭竟付此身於一擲。揆其設心不過謂以死相搏，可以制其生命，破其家財，以洩我憤恨。殊不知威逼律例罪止杖一百，追給埋葬銀十兩，猶必審眞果有可畏之威方合此律。爾等試思，生可卽死，匕不復生，人有疾病尚且延醫問卜百計求生，一經痊可舉家快樂，何至小忿小怨遂爾自輕其生，覓此短見，可憐一死之後，父母夫妻子女永無見面之期。且至匍匐公庭，廢時失業，又須往返盤纏費用，儘有因人亡反致家破者。及至審結定案，他人只得一杖。然此等情事固屬死者之愚，亦由生者之忍，使家人鄰近果能委曲開導，衆口解紛，卽使一時忿激，諒必稍匕轉念，決不致奮不顧身，釀成不可解之禍。本縣下車伊始，痛民心切，爲此出示勸諭。嗣後凡遇雀角細事，務期里黨親朋家人婦子痛切勸解，看守一二日，俟其怒氣漸平，便無此患。受者保全性命，勸者暗積陰功，裨益不小。倘執迷不悟，輕生自盡，除眞正威逼毆打以致自盡者，按律究治外，其餘概不准理。旁觀坐視不爲排解，不卽阻當救護者，按律治罪。爾等各宜觸目警心，家諭戶曉，愼勿過耳不入，有負本縣一片婆心也。特示。

清・左輔《念宛齋官書・塾學規條示》 余蒞任南陵，披理獄訟，見下犯上，幼犯長，卑凌尊之案，紛紛不一。訪之鄉俗，除一二士大夫外，罔識孝弟之義，莫講睦婣之風，蓋非朝夕之故矣。因公下鄉，見郡里百姓有與余爭道而前趨者，有坐不起立者，有立而跛倚者，有袒腹搖扇負手吸烟而嘩語自若者，無禮之狀種種駭目，心竊憂之。因喟然歎：獄訟之滋繁，由禮教之不興也。余有教養斯民之責，民俗如此而不之教，更何以爲治。因念教始於鄉，鄉始於塾，成人始於童穉，卽農工商賈之子弟無不入塾認字者。苟塾皆有教，則人皆知教，數年之後，民皆知教之民，風俗人心不無裨補。故取切近淺易數則爲塾學規條，爲父兄塾師者尙守余戒，以教子弟，毋負余諄諄之意云。

一、戒父兄。父兄爲子弟延師，愛子弟也。聞南邑延請塾師能做詞狀者，師俸多不能者。師俸少是以爲師者爭爲詞狀以謀館，遂日以詞狀教子弟，子弟耳聞目見，習爲詭詐傾險之行，其何以淑身保家，非曰愛之，實以害之。嗣後本縣審理辭訟，有架虛弔詭者，卽査提該處之塾師究治。

一、戒塾師。塾師之責在端人之品，先須自端其品，端品在審所不爲也。大凡訓蒙餬口貧士爲然，惟貧故易貪小利，殊不知利小而害大也。代人寫一詞狀，使構訟不已，或至傾家尋讎不已，更釀人命。代人寫一婚書，使夫妻不終，竟絶宗嗣，子母失所，終棄天性。獲利甚微，爲禍甚鉅。陽誅縱免，陰譴難逃。望各安貧以俟天命，知所不爲，類而推之，品端而福自至矣。

清・左輔《念宛齋官書・條諭》 爭訟當止。訟而不勝，因受刑而懷羞，訟而卽勝，亦費財以買怨，所謂訟則終凶也。比閭族黨苟能各以情相親，各以禮相接，彼此體諒些，凡事退讓些，自然和睦不致爭訟。卽偶有違言，各爭意見，但質之里老，則是非曲直其理自明。卽小受委曲，但留此閒錢做人家，趁此光陰勸工作，無受訟棍之罔愚，書役之勒索，則自已討便宜多矣。

又 嫌怨當釋。皇上屢有赦罪之條，爾等豈無釋嫌之意。古人說，四海之內皆兄弟，況隣里之近，豈非手足乎？如各和睦，見面有多少歡笑，做事有多少商量，有無可相通，出入可相友，疾病可共扶持，外侮可共抵禦，眞有無窮好處。凡從前一切戶婚田土及尋常毆罵細故，各邀親族，杯酒解釋，勿再固執滋訟。

又 端士習。則古昔稱先王入則孝出，則弟可法可師，是之謂士。今既做生員入國學，卽是學中人聖之徒，自當顧名思義，恪守臥碑修飭文行，上貽父母美名，下作子孫令範，次亦掇取科第，爲宗族交游光寵，不期效而效甚，大不謀利而利實多。乃聞近年各屬有種劣生，別具肺腸，自甘墮落，罔念守身如玉，輒矜懷筆如刀，抗顏爲師，違行而訟。其甚者私立黨徒，各張旗鼓，盱眙有十八家，天長有四大將、九弟兄、二十八宿名目，人以入其彀，能起且滅也。竈還稱老，土人稱訟師爲竈老爺。坐於室能攫而噬也，虎亦名堂。時訟師潛聚之所有七虎堂之名。本州不忍究其情形，大恐辱吾筆墨。嗟乎誰非詩書門第，清白家聲，胡甘涅緇不思返素，究竟昨非可去，慈筏易乘，宜各洗心，毋致迷復。本州視爾等如子弟，冀其震悔而疾厥怙，終已於各邑確訪姓名，不難按究。今與維新，姑先諄誨，如再不悛，定干重法。

清・左輔《念宛齋官書・禁幫凶示》 爲嚴禁結黨幫兇以保身家以靖囂風事。照得善莫大於勸讓，惡莫大於幫兇。閭里愚民見小量狹，因交涉細故偶有違言釁起，本微易於調處，卽或爭毆，稟控經官科罪，不過杖笞。惟有群不逞之徒，每緣事以譸張，復乘機而構煽。本人氣本易平，扛幫者持之而不下，本人力不爲暴，扛幫者助之而遂張。大開黨結之門，動成械鬭之局，既罹重罪，什伯纍囚，妻子號咷，身家喪敗，皆扛幫助勢者貽之毒也。爾等須痛悔前非，交修敦睦息爭，崇讓安業保身，獲福無量。如再不悛，竝罹重辟，後悔無及所有諭禁各條開列於後。

一、爾等宜思讓則受福，爭則啓禍。唆爾訟者傾爾家，助爾勢者戕爾命。如有唆訟助勢之人，爾等當視如讎讎，不得引爲愛己，坐令被惑賈禍。

一、鄉約係在官之人，宜以息爭解紛爲事，遇有此等果能理諭，勢禁本州，定格外獎勵。如量力未能，一有風聲卽據情密稟，庶本州得以登時查拏，不使釀事違玩，重究。

一、集頭必須彈壓。一　集莊頭必須約束。一　莊平日信義果行，各莊集自無此等兇横之事，如實係力不能禁，卽宜速告約保具稟，倘稍隱狥，卽將集頭從重究辦。一　族大人衆，其勢能號召匪類，指使小姓，若許若江若袁若董，多或數千丁，少亦數百丁，其族分長宜繩以家法，不使子弟公然爲非，陷於重辟，獲罪祖宗。如有此等事發，日定將漫無家法之族分長一併提究。

一、率衆兇毆或致傷生戕命皆幫兇助勢之人所爲，情節尤爲可恨。本州遇有此等事件，定將幫兇助勢之人一一從重究辦，必不僅坐起釁及殺傷之人使衆兇得逃法網。

清・左輔《念宛齋官書・寧國府條諭》 爲曉諭條禁事。本署府忝攝茲郡，查有關風俗人心，亟應禁令數條先行示誡，示後仍犯，按律嚴究，斷勿姑貸。愼之凛之，特示。

一、禁唆攬詞訟。解訟則吉，終訟則凶。方寸巧戈運矛兩造竝遭魚肉，全家因此消敗，數世猶競讎讐，誰爲禍階。鬼神能福佑爾否？要知利己先求利人，害人適以自害。惠吉逆凶，有如影響，唆攬詞訟，爲第一等罪孽。人生謀利之途甚多，何昧心爲此。爾等當上遵法律，下憐子孫，陰譴陽誅，森嚴可畏，及早回頭，毋再迷復。

清・左輔《念宛齋官書・潁州府條示》 禁幫兇助勢。一人忿爭，勢均力敵，爲禍尚小，自有無賴游民，聽從糾約，助勢幫兇，遂成巨案，最可痛恨。嗣後民閒忿爭敢再有聽從糾約幫兇助勢者，與本犯一律治罪。

又 當講仁讓。不兇暴，不刻薄，便是仁，不傲慢不爭競便是讓。我仁愛人人亦仁愛我，我退讓人人亦退讓我，彼此互相仁讓，絶不傷情，惡意何從。淘氣忿爭以致破家蕩産，傷生害命，子散妻離，豈不大占便宜。你們看，目前多少破家蕩産傷生害命妻離子散的人，那個不是從爭字上惹的禍來。亟宜猛省。

清・左輔《念宛齋官書・飭各屬札》 士習與民風相表裏。今生監人等有荒棄本業，把持衙門，包攬詞訟者，本府已通飭示禁，該州縣隨事分別懲治，甚者詳革，毋稍畏葸姑息。

清・王鳳生《宋州從政録・查辦保甲告示》 一約之人，朝暮相勸，彼此相規，大家曉些道理，守些法度，都成好人。說好話，幹好事，生爲有德之民，死爲無罪之鬼，閻王見了也是敬重。七則一約之人，既是年年相與，自然情義浹洽，有無相助，患難相救，疾病相扶持，有事相商量，嫌隙相解釋。異姓結爲骨肉，讎讎化爲腹心，自不致有爭鬥釀命之案。縱彼此或有小忿，本約出爲調處，服禮免令聚衆鬥毆，戕傷人命，問罪坐監，生離死别，其成全的不小。入則行好之民，官府以情相體，不忍輕加刑罰。父母赤子，上下有恩。

清・王鳳生《宋州從政録・約正勸懲條約》 鄉集耆如能勸化地方，息爭安分，并無倚勢偏狥，被控情事，并實力稽查奸匪，著有成效者，一年由地方官給予花紅，三年送給匾額，五年詳請大憲優加獎勵。

清・王鳳生《宋州從政録・公舉約正條規》 一、鄉集耆除命盜案及賤毆成傷者，不准干預外，如遇地方些小口角忿爭事情，代爲調和勸解。須立一簿，將某人爲某事經衆如何調處緣由按月逐一登簿，每於季終赴縣換冊時攜簿呈官查核，即以該地方之安靜與否及有無竊賊窩留，以辨鄉集耆優劣。

所有鄉甲已和事件，非經復控，有司不得再提訊滋擾。

清・王鳳生《宋州從政録・保甲勸戒條約告示》　造言生事，弄巧行奸，好講閨門是非，慣貼匿名謠言，破毁人家好事，離間人家骨肉，以及挑唆興訟，寫狀作詞，這等壞心奸民，四鄰甲耆，報知鄉集耆。初犯當衆勸導改悔，如再犯開明實蹟，稟官盡法重處。

清・李璋煜《視已成事齋官書・訪拏訟棍示》　爲訟師爲害地方嚴切曉諭以安良善事。照得訟端半由於架誣，而訟師實成於姑息。若輩豺狼爲性，鬼蜮爲情，把持衙門，武斷鄉曲，以刁生劣監爲羽翼，以奸胥蠹役爲爪牙。人或有隙可乘，彼即挺身而入，或謀人財物，或破人婚姻，或敗人身家，或誤人性命，或與鄉鄰爲敵，或與官府爲讎。一謀足以害兩家，一人可以唆兩造。索謝不遂，反而相攻，毒手旣施，轉與交好。有時明目張膽皆驚使筆之如刀，有時匿跡藏形盡伏射人之暗箭。使其所訴得直，無怪信之而不疑，奈何其事已誣，猶且甘之而不悔。害民莫此爲甚，國法實所不容。本署府密加查訪，其著名者業已訪有數人，惟因其尚未犯事，不忍不教而誅。自示之後，若輩果能痛改前非，洗心革面，原不應阻以自新之路。如其仍蹈前轍，輕爲嘗試，即其詭密多端，亦不能倖逃法網。本署府言出法隨，勿謂告誡之不預也。凜之凜之。特示。

清・李璋煜《視已成事齋官書・端士息争示》　爲勸告息爭以端士習事。照得士不讀書不能敦風俗，不能息爭端。故古語曰：六經之道同歸而禮讓之用爲急治身者斯須忘禮則暴慢入之矣。本署府來守是邦，下車校試，民風習俗多未悉聞。然於前次三試之中，士子爭持桌凳聲達堂皇，是皆市井惡少年所爲，而青襟子弟行之，能毋愧乎。故知該士子等不讀書，不尙學，失揖讓進退之儀，鮮父兄師保之教，不學無術，佻達成風，若不嚴加誡飭，甚至本署府有所不忍言者。獨不聞夫瘦羊博士特示讓於儒林，大樹將軍尙無爭於戎旅。該士子等如不謹奉條教，廉知其人，立示樸責，又豈僅不録而已哉。須至牌示者。

清・李璋煜《視已成事齋官書・曉諭匪徒改行示》　爲剴切曉諭事。照得稂莠不除嘉禾難植，兇暴不戢良懦何安。本署司年來需次省垣，巷議街談隨時採納，城鄉一帶情形瞭如指掌。如訟師、地棍、賭博、私宰小押打擡訛詐以及刁生劣監蠹書猾役各項不法之徒，分門列類，盡其姓名住址，各爲一簿，藏之篋笥久矣。去冬來守此郡，按照簿內所訪飭拏懲辦，隨時張示惡人榜於通衢，問擬遣軍流徒者不一而足。兹者再至吳門，權陳臬事，鋤摘強暴，責有攸歸，將從前之未及訪與訪而未及辦者再加細察，無難周知。但恐姓字遽登公牘，即穢跡無由湔除，姑予以可轉之機，幷開以自新之路。前此之惡人或易而爲今日之善人，當亦聖賢所不棄也，合行剴切示諭各色人等。倘仍執迷不悟，怙惡不悛，惟有按籍而稽，開列名單，飭縣分別查辦。訪之愈確則辦之愈嚴。本署司向不徒託空言，亦不稍存姑息，爾等之改行與否，豈能逃本署司洞鑒耶。凜之凜之。特示。

清・李璋煜《視已成事齋官書・諄誡匪徒改行示》　爲諄切告誡以冀改行事。本署司兩權府篆屢至省垣，巷議街談隨時採納，此間城鄉一帶情形瞭如指掌。如訟師地棍賭博私宰小押打擡訛詐以及刁生劣監蠹書猾役各項不法之事，分門別類，書其姓名住址，各爲一簿，藏之篋笥久矣。兹者權攝藩條，兩旬瞬屆，復將平素所訪聞者再加細察。或以髦年悔過，或以異籍潛歸，或以父師之督責而痼疾頓除，或以查拏之緊嚴而藏身益固，或以觀望生希冀之心，或以斂跡爲息肩之計，在本署司按籍而稽。原不難飭交兩縣分別嚴拏驅逐，但恐姓名一登公牘即穢跡無由湔除，特予以可轉之機，幷開以自新之路。人孰無過，過而能改，當亦聖賢所不棄也，合行剴切示諭各色人等。倘仍執迷不悟，怙惡不悛，本署司惟有按名開單飭縣飭學分別查辦，勿謂告誡之不預也。此示。

清・李璋煜《視已成事齋官書・禁撥名示》　爲勸諭據實控告毋得撥名以免拖累事。照得設立官府原爲百姓申理冤枉，其實在被屈不得不訴之於官者，自當據實呈訴，以憑官府拘訊究辦。此間風氣，往往羅織多人，稱爲百餘猛推原其故，皆被訟師土棍人等，圖利架聳，其情可惡，其愚可憐。本道看來，凡民間田土水塘、墳山界址及樹植畜產等項，遇有爭競，是常有的事。若實在被鄰鄉本鄉欺壓，起了爭端，只要請兩造正派的公親替你們勸和，得了即了，不可便出家伙，就要鬧事。及至鬧出事來，那訟師就向你說，這般告狀可以賺得撥名錢文，必得寫上多少誣詞以動官府。將那造族中有錢的人指爲主令，指爲正兇，指爲幫兇。那造也請訟師主意來收拾你，也開列你族中多人以圖抵制，甚至彼此對擄了人，業經放回訟師又叫你告那造禁斃滅屍。種種詐賴，得了錢文，方肯罷休。以致自己讐人，得置身事外，那無辜的人至被株連波累，傾家蕩產。你想那被告的人，花了許多錢文，你究竟能得多少，都是被訟師土棍從中賺了，恐你所得并不償所失。且此等錢文詐騙到手，能養育子孫邪？能興起家業邪？吾恐子孫必流爲爛崽，家業必漸致凋零，這都是各害自家，那訟師土棍反以此爲餌了。本道不忍見你們被訟師土棍等愚弄，所以苦口勸諭你們。你們不聽信本道的言，偏去聽信訟師土棍的話。你們細細想想，還是忍耐的好，還是強很的好，還是老實的好，還是詐騙的好。若能大家省悟，喚醒癡迷，救了多少性命，保了多少身家，就是好百姓。萬不可辜負本道勸諭的一片苦心。切記切記。特示。

清·李璋煜《視已成事齋官書·嚴拏訟棍示》 爲嚴拏訟棍以息刁風事。照得稂莠不除，嘉禾難植，兇惡不戢，良懦何安？各屬民情好訟，往往釁起細微，平空架捏，一經准理，動輒數年。其始或不盡由兩造之意，而多出於訟師之主唆播弄，兩造即欲中止，而訟棍復陰持之，使不敢退，浸至破家亡身。而被累者猶奉訟師之言爲圭臬，至死不悟，深堪痛恨。本道接閱攔輿呈遞各詞，尤多不近情理。聞有外來訟棍潛匿郡城內外，勾結本地素不安分之人，刁唆滋事。其著名者業已訪有數人，自示之後，若輩果能痛改前非，洗心革面，原不阻其自新之路。如仍蹈前轍，或主令例應收贖之人出名架捏，輕爲嘗試，即使詭秘多端，斷不能逃吾洞鑒。本道久任刑曹，歷權藩臬，發奸摘伏，不爽毫釐。若輩諒已早有所聞，稍知儆懼，切勿以身試法也。凜之特示。

清·李璋煜《視已成事齋官書·嚴飭自新示》 爲剴切嚴諭以冀改行事。前在省垣，訪聞韶郡城中有名爲八房頭者，或列在衣冠，或曾充衙蠹，大則教唆詞訟，小則引誘嫖賭。小民之愚而懦者往往墮其術中，身名俱敗。其爲首之姓名住址一一周知，迨莅任後，復加詗察，尚知聞風斂迹。如果始終悔過，原可許以自新，倘敢故智復萌，豈能逃此法網。本署道樂於獎善而勇於懲惡，爾等亦當早有見聞，但願回心，免遭辣手。此示。

清·李璋煜《視已成事齋官書·勸諭息訟示》 爲勸民息訟以全身家事。照得安民之道要在息訟，民間有事不能自理要官爲處分，然有事告官原爲氣不能平，仗官爲之平其氣也。不知一欲告狀即有訟師從中播弄，抹去眞情，架空誣捏，一經詎准便要索謝。鄉愚一錢難捨，而結訟多不惜費。不但訟師向爾剝取，書辦又索房費，衙役又索差費，親友往來探望，鄰證隨同守候，又有酒食應酬等費。若費盡錢財，便得見官了事，猶可平一時的氣，無奈隔絕不得見官，拖累日久，家中不能無事，若欲回家一看，差役必來攔阻，只得忍耐不回。公堂又不傳審，萬不得已又費用多錢打點，纔放去。不過數日，差役持票又至，詭稱即日傳訊。無奈飛奔入城，仍是照舊擱起。久之性已磨盡，氣已銷完，情願兩家和解。訟師既不效，書差又不依，父母妻子逐日牽懷，門戶田園經年無主，即有明謍之官，難保不被書差朦蔽。及至查明，爾等已受累無窮矣。尤不可輕易上控。上司差房與縣中差房一鼻孔出氣，道路又遠，人地又疎，訟師必將又展一番手段，其受累更不可言。本司家居日久，親見戚友涉訟之累及訟師書差擾害情形。不忍吾良民以細故微嫌被此等人魚肉，特爲明白剴切爲爾等言之。此示。

清·李璋煜《視已成事齋官書·訪拏訟棍衙蠹示》 爲明白曉諭事。本司在山東時也是百姓，最知百姓的苦楚。百姓萬不得已方打官司，地方官不能替他隨告隨審，拖累就無窮了。百姓萬不幸方遭劫竊，地方官不能替他拏贜起贜，受害就不淺了。本司家居目覩情形，深以爲戒。粵東訟獄的苦累，盜賊的踪跡，較之山東更加百倍。自本年四月到任以來，屢屢與各屬地方官堅明約束，欲清訟源而株累尚多，欲靖萑苻而鴞音未變，以致吾民紛紛控愬，彌抱不安。因思積案所以不結者，訟棍之把持串唆爲之也，巨憝所以不除者，衙蠹之勾通賄脱爲之也。訟棍衙蠹暗中維持之，雖有明察之吏，整頓無由。現在密訪兩項人等，督同地方官設法拏辦，本司耳目尚週，強禦不畏，非施辣手，難望革心。勿謂言之不預也。此示。

清·李璋煜《視已成事齋官書·俚語勸民歌十六首》 勸我民，孝雙親，兒身本是父母身，棄親不顧一朝忿，三年懷抱是何人。

勸我民，和兄弟，兄弟原來本同氣，總不一母也一父，些須田產何必計。

潮屬兄弟亦分強弱，甚有同室操戈者。

勸我民，和宗族，相傳一脈分五服，強榦弱枝雖分明，祖先視同親骨肉。

勸我民，睦鄰里，從前讎怨休提起，罰戲插標太逼人，早遞檳榔事可已。

強族以罰戲爲榮，弱姓以插標爲恥，往往肇釁械鬬，一遞檳榔則和息矣。

勸我民，保貞節，節婦之心如冰雪，一分絕產值多少，何忍把我貞節滅。

勸我民，勤種田，種田便可遇豐年，稻毀蔗焚無生理，靠甚吃來靠甚穿。

勸我民，莫輕離，女兒布製新郎衣，恩義疎時夫婦棄，棉陽有葛空嗚機。

潮俗嫁女辦裝，最細者名女兒布，夫婦相棄，是可哀已。

勸我民，莫械鬭，攩牌當先竹銃後，此斷脰兮彼洞胸，縱不畏法天難宥。

勸我民，莫頂兇，無知螻蟻尚貪生，白鴨斷頸誰能續，香燈一盞光熒熒。頂兇得賄，名曰香燈錢，亦曰宰白鴨，說合分錢，名曰兇中。

勸我民，莫撥名，擇肥而噬囊橐盈，殺人是甲不是乙，已讐頓忘人家傾。被誣買脫者謂之撥名。

清・劉拱宸《居官慎刑録・責成州縣約》　一、無情之詞，十無一實。縣官貪取罪贖，輒多準詞，致原、被兩家同歸於盡。民之窮困此其一端。爲民父母，當剴切勸化，令勿輕訟。事涉倫理而無大故者，即爲焚其狀詞，免其釁隙。其他苟無關係，概勿聽可也。

一、勾攝止差里長，非真正強盜、人命、巨惡，不濫差皂快下鄉，以滋詐擾。是造福小民第一義。

一、輕犯罪人，勿得輕送監鋪，致染瘟疫及爲牢頭索詐。婦人不係大辟及勘合追贓家屬，雖娼婦亦勿濫禁。

一、婦人非犯姦及人命，及被公婆夫男所訟，俱不許拘。

一、刑杖竹笞不得過重，務要削平稜節，不許打在一處，不許打腿彎。栲指不得過兩時。非強盜人命，不許輕用夾棍，不得過兩時。敲杖不得過三十。

一、強竊盜到官，縣官即刻自審，勿輕用刑，只嚴急起贓，贓真然後具招，勿輕信扳誣而容捕快先拷，勿先發佐貳審問。

清・劉衡《庸吏庸言・勸諭書吏告示》　該房親族有田土錢債婚姻及一切細故，可以調處者，急宜勸令和息，不許倚恃身在衙門，唆令興訟。

清・劉衡《庸吏庸言・勸諭生監敦品善俗以襄教化告示》　爲勸諭生監敦品善俗，以襄教化事。照得士首四民，士習端，則民風厚。不特甲科鄉宦民望攸歸，即俊秀生儒，亦均有表率齊民之責。蓋百姓顓愚，囿於近習。守令雖親民之官，究不能家諭戶曉。所賴讀書明理之人，居處同鄉，見聞較切。平時則一動一言，無非矩矱。遇事則排難解紛，動之以人情，曉之以國法。百姓雖愚，見體面人如此懇懇勤勤，自然弱者感化，強者畏服，便息了地方多少事端，省了官府許多氣力。可見一鄉有善士，勝於一邑有好官。謂其情更親，而機亦順也。我郡各屬碩學宏儒，後先接踵，是以風俗素號敦龐。乃者本府來守此土，細察情形，其間賢士大夫，品端學粹，類能矜式珂鄉。而鄉曲編氓誤蹈法網者，亦復不少。推原其故，固由本府教導不先，咎難自諉，即生等亦與有責焉。合行勸諭，爲此示仰合邑諸生俊秀人等知悉：生等讀聖賢書，所學何事。如作狀、唆訟，及一切習俗常犯之事，毅然有所不爲，固不待言。惟種種易犯之事，里甲中必有誤犯之人，可以瞞官長之見聞，斷不能逃親鄰之耳目。況生等即爲民表，則合族通鄉，率皆望風式化。無論何事，但經開導，無不依從。較之本府告示印文，尤爲易於取信。本府從前在家時，也曾做過秀才。今忝膺民社，自問德薄鮮能，未諳治譜。然不自菲薄，無刻不以化俗爲心。每遇讞獄、録囚，輒自引疚。所望我輩同心人，監我苦衷，相助爲理，務將上年制憲戴刊發《聖訓六諭》及《恭衍詩章》六十首，廣爲講解。並將《孝經》敬長睦族和鄰、毋習邪教、毋好訐訟、毋好勇鬥狠諸大端，隨時勸說。總要視鄉里人如自己人，視鄉里事如自己事。不但訓飭其子弟，並且勸誘其父兄。既以身先，又以言教。既不費力，又易見功。在今日爲翹材，在他年必爲良吏。化先里黨，澤及兒孫。於以敬桑梓，而培元氣，則果能相與以有成也。地方之福，長官之幸也。本府言有盡，而心無盡。各遵特示。

清・劉衡《庸吏庸言・勸民息訟告示》　爲勸民息訟，以保身命事。照得錢債、田土、墳山及一切口角細故，原是百姓們常有的，自有一定的道理。若實在被人欺負，只要投告老誠公道的親友、族鄰，替你講理，可以和息也就罷了。斷不可告官訐訟。在訟棍，必勸你說，他熟識衙門，不消多費，可以替你告官出氣。若依本府看來，這話萬萬聽信不得。大凡告狀的人，自做呈之日起，到出結之日止，無事不要花錢。到城市便被店家捉弄，到衙門便受書差嚇索。過了好些時，花了好些錢，還未見官的面。等到示期審訊，先要邀請鄰證，早早守候。房租、喫喝、夫馬，那一樣不是錢。剛要審了，卻又掛出牌來，改了日期。你從前那些錢都白花了。又等了好些時，探聽了好幾回，到書辦房裏，催了好幾次，做工商的丟了生涯，耕田的雇人代替，算起來也不知花費了多少錢，纔得見官的面。不問是輸是贏，你的家產已先典賣空了，你的身子已先折磨壞了。若是輸了，枷杖收卡，身受苦楚，被人恥笑，氣也氣死，還要花許多嘔氣的錢。若是贏了，那對頭人喫了虧，記了讎，斷不肯和你干休，總要想出主意來害你，叫你防備不得。便到子孫手裏，還要報復，鬧出人命也不定，更是可怕。這都是你自己不能忍氣，又被訟師哄騙，所以到這個田地。本縣府不忍見你如此，所以苦口勸你，爲此示諭百姓們知悉。你們日後若遇田土、錢債等小事，就算有十分道理，也要忍氣。牢牢記得本官的話。只要投告親族和息，就喫點虧，總比見官較有便宜。若還只有五六分道理，便要快快和息。你若不聽本縣、府的話，到聽訟師的話，只肯告狀，不肯和息，你父母兄弟妻子一家不安，還是小事，只怕敗了你的身家，還要送了你的性命。那時想起本縣、府的話，悔恨不該告狀，卻已遲了。本縣、府在江西也是百姓。我家二百年來不敢告狀訐訟，暗中得了多少便宜。也只是忍氣的好處。你們不可辜負我教你一片苦心。切記，切記。毋違。特示。

清・劉衡《庸吏庸言・嚴除蠹弊告示》　爲嚴除蠹弊事。照得爲治之道，首在安良。而安良，莫先於除蠹。本縣訪得縣屬有等土棍結連衙蠹，藉訟擾害。其弊有五。良民被害，動輒破家。本縣在江西也是百姓。今服官來此，既訪聞地方有此種串蠹之局，扛蠹之人，若不力爲禁止，是本縣縱蠹殃民，尚靦然居民上耶？今將蠹弊五條開列於後。

計開

一曰勾控。人家不要緊的事，本人原莫有告狀的心，被蠹等從中挑撥，自誇熟識書差，包告包准。哄得人告了狀，卻樣樣都要花錢，百般敲剝，一年半載，借債賣田。家貲已盡，案還未結。吾民因此破家的不少。

一曰歧控。人家不要緊的罪，被蠹等引他這個衙門一狀，那個衙門又一狀。四五處衙門差役一齊承票捉人，鬧得雞犬不安。此處結了，彼處未結。吾民因此破家的不少。

一曰串合。有種匪類，見差役承票喚人，他便插入，替差人說合錢文，多則數十千，少亦數千。每千向差人抽分背手錢二三百文。事後又向出錢人，自稱幫忙，強索酬謝。吾民因此破家的不少。

一曰冒證。有種匪類，專以作干證爲事。得了這邊銀錢、喫喝，便幫這邊。得了那邊的銀錢、喫喝，又幫那邊。若兩邊都得，則兩邊都幫。供詞含混，一味騎牆。甚有冒認爲人祖父母、父母者。至於兄弟妻子，無不可以假借。其餘冒認屍親、冒領賊贓，不一而足。吾民因此破家的不少。

一曰放惡債。有種匪類，囊有餘財，打聽得某案某人被差等鎖押，覓錢如渴。他卻從旁邊許借。吾民正在危急之時，飢不擇食，不管七折八扣，忍淚寫約，暫救目前之急。迨後此債變爲附骨惡疽，還過本錢，又將利錢作本，再也還不清。吾民因此破家的不少。

以上五種蠹弊，士農工賈，俱有其人，綽號燕兒毛，又曰滾刀皮。其替人做呈詞，名曰畫貓貓。其串通索詐，名曰敲釘錘，曰起二黃篾，名色不一，而統名曰門方法，又曰管閒事。鄉間處處都有，城市一帶尤多。某人某人，姓名，住處，本縣早已訪聞確實。姑寬已往，再犯不宥。你不再犯，我不尋你。你若再犯，我不饒你。懍之慎之。特諭。

清・劉衡《庸吏庸言・稟制憲札詢民風好訟應如何妥議章程遵即議復十條由》　敬稟者。竊卑府接奉鈞札，內開川省詞訟之多，甲於他省。且近有京控之案，總由吏治疲玩，以致民俗譸張，差役因之舞弊，訟棍由此乘機，控案因而日增。卽命案之多，未始不由於此。知府有表率之責，應如何定立審限，考核功過，禁絕衙蠹，查拏訟徒。其各就地方情形，妥議章程，詳覆察奪等因。奉此。卑府循誦再三，仰見大人察吏安民至意，不勝欽服。伏查川省民情，向稱淳樸，今則漸卽澆灕者，皆由卑府等暨所屬州縣，吏治怠弛，有以致之。而州縣之所以怠弛者，其端大約有二。一則臨民之無畏心也。竊惟朝廷設牧令以爲民也，官必愛民，民乃愛官。卑府愚以爲，欲民之愛官，必先使之畏官。畏之云者，非必坐堂皇而敲撲之也。其道，首在於公。公則一準於理。理之所在，官之刑賞卽因之，是以刑得其當，固足以示懲。卽賞得其平，亦足以生警。蓋民於其賞之之信，卽逆知其罰之之必也。如是，則畏官矣。其次，殆莫如勤。勤，則勵精圖治，案無留牘，事必躬親。既自具嚴厲之精神，卽顯露嚴凝之氣象。如是，則畏官矣。民畏官，乃愛官，而抑知官之兢兢業業，不敢稍肆者，固先存一畏民之隱，乃能行其愛民之政耶。《禮》曰：大畏民志，言民畏官也。《書》曰：可畏非民。又曰：用顧畏於民碞，言官畏民也，交相畏，斯交相愛耳。否則，平日既無反躬自訟之心，又無勸民改過之語。一旦有犯，動曰民刁。試思，同此民也，俗吏曰刁，而良吏之民，何以不刁也。能吏間亦曰刁，而循吏之民，何以不刁也。此卑府所以深求畏民之理，以期稍得愛民之道也。一則平日狃於習俗也。州縣一官，必須自做。然而書寫拘喚之勞，勢不能不分權於書役。奔走傳宣之細，勢不能不使令夫家丁。乃官則委以腹心，寄以耳目。由此而通線索，由此而樹黨援。丁則以役爲爪牙，役則藉丁爲靠背，以致民情浮動，官謗沸騰，而彼昏不知也。夫國家登進人才，慎重公事，不知幾經綜覈，而後予之以官。今一旦拱手，而畀之烏合之家丁，狼貪之書役，隨波逐流，千人一轍。一似舍此兩種人，則斷不能坐堂皇，理民事也者。其有一、二矯矯自好之人，同僚輒語爲怪物，上憲或疑其好名。此吏治之所以難言。言吏治者，所由廢然自阻，而思得所折衷者也。爵憲大人，痌瘝民隱，澄叙官方。目下吏治、民風，蒸蒸日上，業已著有成效。卑府作牧令十有五年矣，雖甚顓愚，極知震惕。別無本領，祗有愚誠。用敢將作牧令時憑臆而行者追憶，及之率書十條，謹繕清摺，敬呈鈞座。未審有當於爲國爲民之心於萬一否。爲此具稟。

清・徐棟《牧令書輯要・刑名上・陳宏謀〈論吴中吏治書〉》　牧令之事，煩雜難理。江左較多，蘇常二府尤甚，而訟獄其大端也，大抵人多智巧，好事喜爭。理曲者，強詞奪之，尚易辨白。或將無作有，或欲揚先抑，或欲取姑與，官司聽之，急則不暇致詳，輕喜易怒，稍有失平，民得持柄而搖，以聳上司之聽，緩則日久變生，狡計百端，莫可究結。以致一案化爲數案，小事釀成大事。逆料其詞不可信，置之不理，則虛實難明。繁者益見其繁，刁者愈逞其刁矣。惟有先之以鎮靜，繼之以虛公，而又終之以迅速，民知官不可欺，法不能逃，事入衙門，是是非非確乎不爽。則身受者，折服無言，即聞風者，亦知誑詞無益。釜底抽薪，庶幾近之。所謂迅速者，只在於勤。蓋吴中風氣，最講打點，又善營求。夜長則夢多，事久則弊生。向聞赴縣告狀，竟至二三十日，尚不批出。所批仍屬含糊，似准不准，應拘不拘，有拘不審，偶審不結，以致鄉民皆以告亦無益，非政簡刑清也。案牘中留一分精神，即可爲百姓主持一分公道，矧官衙之是非，即里閈之從違。境內頑惡有所警懼，良善得以保全，其爲勸懲者不少矣。古人所謂刑罰得中，即刑罰中教化也。然欲能如此，又在屏省應酬人之心思才力，祗有此數，於浮文上多一分，即於實事上少一分。居官者，能以周旋上官之心力，致之於民，地方民生，未有不實受其惠者。究竟凡事莫逃乎實，動物不外乎誠。及至政簡刑清，循聲卓越，亦不患無知音也。

清・徐棟《牧令書輯要・刑名上・房廷楨〈嚴反坐〉》　勸息爭訟，此仁人長者，爲民惜身家，惜性命之苦心也。每見文誥所頒，情詞愷惻，計慮周詳，眞不啻垂涕泣而道之矣。然徒懸息訟之令，而不嚴反坐之條。則奸人之心，以爲吾之訟，勝固可以制人，負亦不致損己，何所憚而不試其長技乎。亦有神明宰官，審虛怒發，始雖惡其無實，旋復憫其無知。亦僅薄責示懲，不皆依律重擬。奸人之心，以爲吾之訟，成固可以直尋，敗亦止於枉尺，何所憚而不倖其偶中乎。以故息訟之勸雖殷，好訟之風不滅。亦徒勞慈父母之誨爾諄諄矣。惟如王湯谷先生按浙時，示民云：前來赴告者，必要一字不虛，言言可質，方可投遞。如所告人命，三命內二命情實，一命情虛，自治二命以應抵之罪，必加一命以反坐之條。所告贓私，百兩內九十兩爲眞，十兩爲假，自追九十兩以已得之贓，亦必坐十兩以虛誣之律。本院言不妄發，爾等務各三思，可已則已，萬勿輕舉一時，遺累後日。如此則有所勸於前而知感，復有所懲於後而知畏。庶幾乎訟心可以革，訟庭可以閒矣。

清・徐棟《牧令書輯要・汪輝祖〈治士子干訟〉》　士而干訟，必不可縱。然遽懲以法，又非育才之道。甯遠士習澆漓，好以干訟爲事。余至與諸生約：國家優待衿士，雖己事許用抱告，如事非切己，或爲鄰佑，或爲干證，護符祖訟者，點名之後，概不問供。給予紙筆，令在堂右席地作文。鄰證中自有白丁在，審係白丁左袒，則與白丁並列之衿士，即以白丁之罪罪之。立會教官當堂撲責，白丁非左袒者，衿士亦不復取供。而以所作之文年終彙送學使，職員監生，則先責後詳，必不姑恕。自有此約，竟無紳士試法者。終四年未撲一衿。故知衿士原多知禮，不當與訟師同日而語。蓋士不自愛，乃好干訟，官能愛之。未有不知媿奮者。愛之之道，先在導之於學，爲月課，爲季考，拔其尤者，收之書院義學之中。鼓舞之，振興之，隆以禮貌，優以獎賞，與干訟者榮辱迥殊，則士以對簿爲恥，莫不砥厲廉隅。不獨文教之可以日盛也，導之以學則士自不干訟，而文教亦可日興矣，洵爲一舉而二美畢臻。

清・徐棟《牧令書輯要・刑名上・王元曦〈禁濫准詞訟〉》　聞得浙中有等神棍，專一唆挑百姓起訟興詞。至婺郡則尤甚，他處訟師，尚是唆民起訟，此處訟師專是代民奸訟。視殷實可啖之家，偶遇小事小故，輒代駕虛詞投官府。以疾病老死者爲人命，以微債索逋者爲劫奪，以產業交易戶婚干連者，爲強佔，爲悔賴。不獨被告不料，亦且原告不知。流弊流毒，非大加嚴禁，力障狂瀾，將無底止。近來有司不以此爲痛心，反以此爲得計。朝朝放告，日日投詞。片紙隻字，無不批行。承牌者有正差，有副差，有接差之差，有提差之差。鑽幹不休，四道並出。或恣鷹拏於爪牙，或假貪狼於羽翼。拘攝之票一來，中人之產立盡。似此吮吸，已屬難堪。不謂愈出愈甚，更添一種烹肥分噬之舉。有等衙官，專在堂官面前，奴顏婢膝，趨承幫湊，得其歡心。因而串通內衙之主文，又憑央堂上之吏胥。上下關通，結成一片。縣官詞訟山積，那有件件自理。又思衙官趨炎附熱，豈可無事相酬。遂以批審爲代勞之具，兩造爲贈答之資。內之主文，外之吏胥，又從旁玉成。擇其題目大被告多者，貼以浮籤。盡批佐貳，佐貳亦遂多罰穀石，重擬罪名，以此圖報當下，更以此招致將來。一詞到手，原被勒其餽獻，胥吏嗾使調停。止較金錢之多寡，卽爲聽斷之輸贏。彼佐貳下役，餓眼饞口。幸而有此一日，如調飢而得粱肉，惟恐肚皮難塡。如積渴而得酒漿，恨不一吸立盡。要錢不已，必至絲麻布絹盡入網羅。狗彘鷄豚，悉爲攜載。尤可恨者，少不遂意，則回誑本官。或假爲擲碎牌票，或借口欺藐小官，因而大其名曰拒捕。役以是誑之官，官以是誑之堂。而告狀百姓，遂不知死所矣。一家不已，延及親朋，親朋不已，延及村落。村落不已，延及里圖。嗟嗟，不捕盜賊，而捕百姓，眞正拒捕之盜賊，反畏之如神明。不敢聲喘之百姓，反殘之如蟲蟻。一紙狀詞，遂成賣男鬻女之文卷。一張牌票，竟是傾家喪命之靈符。利歸鼠輩，怨貽官箴，雖至愚所不爲，而謂長民者爲之耶？

清・徐棟《牧令書輯要・刑名上・省事》　民氣本靖也。縱惡以凌之，縱役以擾之，恩旣莫敷，威亦難濟。於是願樸者亦鬱極思奮，不得不奔訴於上官。上官憫其情迫而理之，刁民聞風以起，恣意訐告，而地方官不可爲矣。使爲地方官者，以地方爲己任，悉心撫字，與民休養，雪民冤抑。民之於官，無不可白之隱，自無不樂從之令。而民氣尙或不靖者，未之有也。百姓去縣近，去省遠，縣果勤職，百姓何愛乎越訴。

定例：　徒罪以上通詳，杖枷等罪均聽州縣發落。所以歸簡易也，多一重衙門，便多一重費用。百姓何能堪此，故尋常戶婚田土細事，總以速結爲美。勿聽書辦簧鼓，輕率詳報。

不惟小案不宜申報也，卽奉上官准理事件，除牽涉書役必須解勘外，其餘民間細故，亦不妨錄供詳結，以省跋涉。至兩造籲息，則倫紀贓盜而外，俱可取結詳銷，亦息事甯人之一端也。

投牒候批，示期候訊，最費百姓時日。惟期有一定，則民可遵期而至，無守候之苦。凡示審案件，自量才力斟酌挂牌。如飾耳目之觀，以多爲貴。日留一案，卽有一案守候之人。愈留愈夥，累者何堪。至勘丈事件，人多費多，守候更復不易，雖風雨寒暑，必不可失信。

兩造訟牒，官爲結斷。脫然歸去，可以各治其生。夸大之吏，好以示審之勤，飾爲觀美。往往審而不結，或繫或保，宕延時日。訟者多食用之費，家人增懸望之憂，是虐民也。中有富家牽涉，好事者從而妄爲揣度。謂官可賂營，則又重自玷矣。故不審不如不示期，不結不如不傳審。堂事畢後，精神勿倦。稍有疏略，則黠役刁民，乘隙嘗試，此時尤宜細心檢校，勘結案件應發文券、議照之類，面給兩造領回。倘不及取領狀附卷，卽於讞後標明發字，不必令其再經吏役之手，藉端需索，致滋守候。其他遵依甘結等項，並可類推。至兩造供詞，起訖鈐縫處，皆須一一過目。硃筆點鈎標識，以免他日猾吏抽換增減之弊。斷不可草率退堂，貽民訟本。

昔年佐幕，每屬主人勿輕簽差，及身親爲之，於此尤慎。或傳近日有原役、號役、改役、加役、拏役之名，換一役，多一費。民何以堪？其實准無不審，則一票已足。示期不到，自可比責原役。何煩別添役名，乃役催屢屢。案終不審，徒張役威，飽役槖，爲民父母之義安在？且屢催不到，非原告情虛規避，卽被呈膽怯在逃。例得暫行註銷，追呼不已，又何爲者。吾願幕之留神，官之加意。

自愛之人，雖事甚切己，尙不耐匍匐公庭，況非己事乎。藉口地方公事，聯名具呈，必有假以濟其私者，其非安分可知。昔趙韓王得士大夫所投利害文字，皆置二大甕，滿則焚之。李文靖遇中外所陳一切報罷，云以此報國。二公皆宋名相。所爲如此，蓋所見者大且遠也。聊名公呈，不宜輕准，卽事關利害，言有可採，姑受而不批，別自體察舉行。切勿輕聽據詳，致開紛擾之弊，至吏書稟陳公事，尤不可信用。

清・徐棟《牧令書輯要・刑名上・汪輝祖〈治訟〉》　一、摘喚須詳愼。省事之說，大屬不易。蓋詞之訐控多人者，必有訟師主持其事。或以洩忿旁牽，或以左袒列證。我苟不墮其術，則反以經承弊脫爲詞。百計抵訴，甚且含沙射影，妄指幕友關通。啓官疑竇，故覈稿時，必須細加量衡。惟庭訊應問及者，方予傳喚。則凡摘釋之人，自有確然可刪之故，遇有刁訴，無難明白批斥，使訟師不敢肆其譸張，庶株蔓之風漸息，而無辜不致受累。

一、批駁勿率易。一詞到官，不惟具狀人盛氣望准，凡訟師差房無不樂於有事。一經批駁，群起而謀抵其隙，批語稍未中肯，非增原告之冤，卽壯被告之膽，圖省事而轉釀事矣。夫人命姦盜，及棍徒肆横，原非常有之事，一切口角爭鬬，類皆戶婚細故，兩造釁起一時，本無不解之讐，第摘其詞中要害，酌理準情，剴切諭導，使弱者心平，強者氣沮，自有親鄰調處，與其息於准理之後，費人差房，何如曉於具狀之初，誼全姻睦。

一、核詞須認本意。諺云：無謊不成狀。每有控近事，先述舊事引他事以曲證此事者，其實意有專屬，而訟師率以牽摭爲技。萬一賓主不分，勢且糾纏無已，又有初詞止控一事，而續呈漸生枝節。或至反賓爲主者，不知所以翦裁，則房差從而滋擾。故省事之法，第一在批示明白。

一、字據筆跡宜慎。凡民閒黏呈契約議據等項，入手便須過目。一發經承，閒或舞弊挖補，初之不慎，後且難辨。向館嘉湖，吏多宿蠹，聞有絶產告贖者，業主呈契請驗，蠹吏挖去絶字，仍以絶字補之。問官照見絶字補痕，以爲業主挖改，竟作活產斷贖，致業主負冤莫白。余佐幕時，凡遇呈黏契據借約之辭，俱於緊要處紙背蓋用圖記，並於詞內批明，以杜訟源。至楚省，則人情雖詐，只知挖改絶賣爲暫典而已，欲以筆跡斷訟者，不可不留意。

一、勿輕易簽差。訟一簽差，兩造不能無費。卽彼此相安，息銷亦且不易。余向佐主人爲治，惟必訊之案，方簽差傳喚。其餘細事，多批親族查理，或久而不覆，經承稟請差催。從不允行，亦不轉票。蓋事可寢閣，必氣已平。因而置之，有益無損。加之差催，轉多挑撥矣。且族親縱有袒護，終不敢盡沒其眞。役則惟利是視，更不可信也。

一、宜隨機杜弊。蓋地方風氣，以官爲轉移。地棍揣摩，卽視官爲迎合。官有善政，未始不資若輩厲階。如官懲賭博，則棍首局誘。官治小錢，則棍訐攙和。官清水利，則棍控侵佔。官嚴鬭毆，則棍飾僞傷。官禁錮婢，則棍告佔揹，官恤窮佃，則棍訟業橫。如此之類，悉數難終。大概有一利必有一弊，甚且利少而弊多。全在因利察弊，力究冤誣。固不可因噎廢食，斷不宜乘風縱火，使棍奸可戢，官法可行，而平民自安無事之福矣。

一、上臺批駮宜細繹。蓋駮法不一，有意在輕宥，而駮故從重者。有意在正犯，而駮及餘證者。非虛心體會，易致歧誤。至案可完結，而碎瑣推敲。萬勿稍生煩厭，付以輕心。若我所持甚正，與上臺意見參差，必當委曲措詞，以伸己意。斷不可游移遷就，使情罪不符。亦愼毋使氣矜才，致上下觸忤。

一、治獄以色聽爲先。書言五聽，非身歷不如。余苦短視，兩造當前，恐記認不眞。必先定氣凝神，注目以熟察之。情虛者良久卽眉動而目瞬，兩頰肉顫不已。出其不意，發一語詰之，其眞立露，往往以是得要犯。於是堂下人私謂余工相法，能辨奸良，越年餘僞者漸息。論皆易辨，蓋得力於色聽者什五六焉，較口舌爭幾事半而功倍也。

一、聽訟宜靜。明由靜生，未有不靜而能明者。長民者衣稅食租，何事不取給於民，所以答民之勞者。惟平爭息競，導民於義耳。片言折獄，必盡其辭而後折之，非不待其辭之畢也。嘗見武健之吏，以矜躁臨之，一語不當，輒懾以威。有細故而批頰百十者，有巨案而三木疊加者。謂所得之情皆眞也，吾未之敢信。

一、未得犯罪眞情，難成信讞。致罪之由，犯者自知之。不得其情，非特入於重，彼不能甘。卽從末減，彼亦以官固易欺，必圖翻異，求卽於無罪而後快。於是爲之官者惡其無良也，刑以創之，愈久而愈失其眞。古云《獄貴初情》。一犯到官，必當詳愼推求，畢得其實。然後酌情理之中，權重輕之的，求其可生之道，予以能生之路，則犯自輸服，讞定如山，不可動矣。

一、要案更不宜刑求。詞訟細務，固可不必加刑矣。或謂命盜重案，犯多狡黠，非刑訊難取確供，此非篤論也。命有傷，盜有贓，不患無據。且重案斷不止一人，隔別細鞫，眞供以僞供亂之，僞供以眞供正之。命有下手情形，盜有擄贓光景。揆之以理，衡之以情，未有不得其實者。官坐堂上，可茶可煙，可小食，從容自如；犯跪堂下，外則飢憊，內則畏懼，雖甚刁譎，言多必失。靜聽其隙而嚴詰之，受之以需，何患不得，而必酷以取供，愛民者不以爲然也。姻族互訐，毋輕笞撻。諺曰：刑傷過犯，終身之玷。不惟自玷，而且上辱祖父，貽羞子孫，爲民父母其可易視笞撻耶。黠者，豪者，玩而怙惡者，非撻不足示儆。願者能知悔罪，已當稍示矜憐矣。至兩造族姻，互訐細故，能分曲直，便判輸贏。一予責懲，轉留釁隙。訟釁所結，轇轕成嫌，所當於執法之時，兼寓篤親之意。將應撻不撻之故，明白宣諭。使之翻然自悟，知懼且感。則一紙遵依，勝公庭百撻矣。然此爲相對相當之訟，可以情恕理諭者言。如犯者實係兇橫，或倚貧擾富，或恃尊凌卑，稍從曲宥，則慾壑難填。爲之族姻者，必致受害無已。遇此種人，必須盡法痛懲。卽老病或婦女，亦當究其抱告，使知親不可持，法不可干。庶幾強暴悔心，善良安業。

一、辨重案，須得條理。一人治一事，及一事止數人者，權一而心暇，自可無誤。或同寅會鞫，事難專斷。或案關重大，牽涉多人，稍不靜細，卽滋冤抑。遇此等事，先須理清端緒，分別輕重。可以事爲經者，以人緯之。可以人爲經者，以事緯之。自爲籍記，成算在胸，方可有條不紊，不墮書吏術中。其土音各別，須用通事者，一語之謁，毫釐千里，尤宜慎之又慎。總之，辦案宜有斷制，斷制云者，非師心自用也。案無大小，總有律例可援，援引既定，則例得無干者，皆無庸勾攝。人少牽連，案歸簡淨矣。

一、鄰境重案，不宜分畛域。守土之官，治不越境。然遇接壤命盜重案，一有風聞，即宜迅速緝防。稍分畛域，受之以需，致犯得遠竄，已失敬公之義。其或假道境內，終且牽連被議，豈非自取之乎。

清・徐棟《牧令書輯要・李漁〈論一切詞訟〉》 好訟之民，敢於張大其詞，以聳憲聽。不慮審斷之無稽者，以恃有投狀一著爲退步耳。原詞雖虛，投狀近實。以片語之眞情，蓋彌天之大妄，不患問官不爲我用，彼所恃以健訟者在此，我所恃以弭訟者亦即在此。請督撫嚴下一令，永禁投詞。凡民間一切詞訟，止准一告一訴。此外不得再收片紙，另增一名。上司批發此狀，即照此狀審理。實則竟爲剖斷，虛則竟坐反誣，無許代爲說詞，強加附會。若是，則止有初著，並無後著，即不能字字皆眞，亦必虛實相半。狀詞至有一半眞情，則當准不當准，判如黑白，但須執法不移，永著爲令，始有成效可觀。

清・張修府《谿州官牘・勸戒書吏示》 各書親族人等有田土錢債婚姻及一切細故可以勸解者，急宜設法調處，毋得自恃身在衙門，唆訟生事。察出究懲。

清・姚瑩《中復堂全集・召鄉民入城告示》 聖明在上，薄海內外莫不奉守法度，爾等輒敢私怨相讎，恣行鬭殺，復恃其衆而不就拘，且以抗拒，此與亂民何異？本縣即會帶大兵盡族痛剿，亦屬罪所應得。然而不肯出此者，則以我朝深仁厚澤，二百年來皆以愛民爲本，地方官吏仰體聖主好生之德，於執法之中，仍寓撫民之意。且念爾等雖愚，其中不無脇從株累之苦，不可不分別辦理。欲使爾等息訟解怨，姑許爾等改過自新，除選派公正紳耆爲爾等各社中素所信服者，令其明察爾等歷年讎怨之故，排釋調處，務使平允和治外，并將爾等困苦情形面稟鎮道府憲，請飭各衙門兵役暫停拘捕，聽爾等各鄉社士民入城來見，通達下情，合行剴切曉諭。爲此示仰合邑士民家長人等知悉：爾等凡有舊讎夙怨者，各該社之家長務須約束子姪，靜候本縣選派之公正紳耆到社，爲爾等排釋調處，無許再行滋事。仍一面率帶子弟入城來見本縣，親加訪問，所有委曲無不可以面陳見。已嚴飭兵役，不論有無控告，一概不得妄拏，務使爾等無不達之隱，無不通之情，然後各自覈明歷年強暴不法滋事之徒，縛送以正國法。儻冥頑不悟，本縣即訪明爾等歷年巨案，一一通稟，照叛民例請兵誅剿，爾時悔懼不已晚哉。嗚呼！本縣涖任，首以親民爲急，所願爾等滌除舊惡，革面洗心，不惜諄諄告誡，開法網以蘇民困也。言出如山，決無失信，爾等毋得觀望自誤，懍之。特示。

清・佚名《保甲章程》 禁爭訟。告狀最是廢時失業的事，小民相親相敬，當以禮讓爲先，一涉爭訟，匍匐公堂，破了情面，傷了和氣。而且上衙守候，耽誤工夫，化銷盤費。無論官事輸贏，即便贏了，自己有見不到的去處，臨時還受多少煩惱，損人不利己，何苦如此作爲。嗣後牌甲中凡有戶婚田土口角微嫌，可邀牌董甲董及鄉耆鄰佑平心理論，再設有過不去的事實在難以理料，再入官告狀，你的理也占十分了。《朱子家訓》云：居家戒爭訟，訟則終凶。不可不猛省的。至於教唆詞訟，大干法紀，如有播弄鄉愚，滋生事端，致令訟空不休者，一律訪拿究辦。

清・佚名《告示集・正民風端士習》 爲欲正民風先端士習事。照得豫省地控三州，峰開二室，其扶輿清淑之氣所鍾靈毓秀者，代不乏人。故理學則世仰二程，文章則群推三謝，亘古如斯，於今爲烈。本部院性慕儒修，心存樂育，茲奉命撫豫，幸涖名邦，思欲培養斯文，鼓舞士氣，俾爲細民之表率。【略】即爲循吏，成國家之棟樑，豈可自甘暴棄論於污下。嗣後各屬生監中有能居家孝友，行事端方，樂善好施，睦婣任卹，淹通經史，貫串百家，閉戶潛修，不與外事，實係經明行修堪以型方訓俗者，本部院不惜破格獎薦，以爲多士勸。其或結黨營私，把持包攬武斷鄉曲，挾制官長，出入衙門，起滅詞訟種種，行止有虧，寔爲士林之類敗，本部院必不肯稍存姑息，留玷宮牆。至於窩賊窩娼犯姦犯賭一切下流不肖之事，本部院方不忍形諸口頰，以待士子諒爾。諸生中亦不應有此匪僻之人，儻或稍有違犯，當不待本部院執法痛懲，想爾諸生亦不欲與此等人爲伍，必共爲鳴鼓之攻也。至於教官耑司訓士，除每月課藝之外，尤當以正心修身之道，時加告誡，使其敦崇寔學，不徒事於佔嗶訓詁，方稱國家有用之才。每逢舉報優劣，必須矢公矢愼，毋濫毋遺，庶爲稱職。但從來大吏多視教職一官爲責非親民，置之膜外，即遇舉劾，大約卓薦者百不得一二，至於年老一項，十有八九以致寒氊冷署，絕無聲色，何以示鼓勵。今本部院與該教官約，如果一年之內該學生儒中并無一人違條犯法者，即係化導有方，本部院當酌大中小學予以記功，倘能使黌序之中，文章則霞起雲蒸，品行皆精金美玉，成德達材之士十得四五，本部院不靳特疏薦揚。其或一年内該學屢有獲罪之生監，及該學徇庇劣生不行舉報者，輕則記過，重則糾參，法當必行，毋貽後悔。合行通飭爲此牌，仰該司官吏即便轉飭各府州縣學一體遵照，毋違。

清・佚名《告示集・勸民安分守法》 爲勸民安分守法以保身家事。照得耑心本業則衣食無虧，不作非爲則官刑不犯。當此太平盛世，官不差吏不擾，正好成家。若遇年歲豊收，夏有麥，秋有糧，便能積蓄，夫妻父母團聚説笑，豈不快樂。乃愚蠢之人，違理犯法，惹是招非，本部院看其忍辱受刑，喪身破家，既可痛恨，亦可哀憐，令摘敘數條指出罪名，止用常言俗語，苦口勸諭，我民其共聽之。

計開

一、邪教害人最爲慘毒，我民俱有父母，俱有尊長，能孝能敬，就是修行，就可求福，何必聽信邪教之人，心存險惡，勸人吃齋念佛，説得有靈有感，自己奸盗詐僞，寔屬無法無天，事未敗露，止算邪教，爲首者絞，爲從者流。事若敗露，便是反叛，或剮或斬，妻女發遣，合家問斬問流。試看伊陽縣梁朝鳳們歸附張位混元邪教，如今個個斬首，合家發遣，這是聽信邪教榜樣。

一、抗違官長最干例禁，查州縣不好，上司自然參處，即有受害亦應一人控告，若成群結黨，圍城罷市，鬧堂塞署，自己先犯大罪，爲首者斬，爲從者絞。試看新鄉縣關閉城門一案，如今斬者斬，絞者絞，豈不可畏。

一、強劫人財律例甚重。凡人窮苦皆由懶惰，或平時浪費，或不習生業，以致無衣少食。能自改悔，懶者勤，費者省，無業者及早習業，安知將來不能成家？若一時錯念，強劫人財，分臟到手甚屬有限，及拿獲到官俱問立斬，最輕者是發遣。試看歷來盗案，到底拿獲者多，漏網者少。河南一省每年斬決盗犯不下七八十人，聞之能不寒心？

一、毆打尊長律法甚嚴。家有尊長，自應恭敬，即有不公也當告訴宗族理處，若任性毆打，致死者罪名固重，就止打傷亦按服制加等，重者斬絞，輕者徒流，遇秋審則關，名分不能減等，論情罪則在十惡，斷難從輕。試看毆尊長者歷來寬過誰，人各當忖量。

一、謀殺之罪常赦不原。人非殺父殺兄之讎，皆可寬解，即情難甘，亦可告官審斷。至於因姦不過一時淫念，圖財亦止數日浪用，何苦頂一斬罪，下此毒手。況人命關天，斷難脱逃。試看歷年秋決大是皆是此輩，不可慎之。

一、忿爭鬭毆易傷人命，打架之事多因財物田産口角而起，稍可退讓，吃虧能有幾何？一至動手，必然爭勝，分極之時，那顧要害。既成人命，破家坐監，受夾受打，還要抵償。爾等能於相爭之際回想一想，自然縮手。若至犯罪，悔亦遲矣。

一、強行輪姦，人人切齒。凡人姦淫之心，多起一時，想到利害，必然歇手。若任性横行，立干斬決重罪，爲從也要問絞。至於強奸幼女，亦應立斬。豫省頗有此風，但如此重罪，我民輕以身試，殊不可解。

一、拐騙妻女，豫省頗多。不知男女同行，最易起人疑惑。若嫁賣圖財，則媒合中親傳布易遍，若自作妻妾，則藏匿揜蓋難久，踪跡易追。況婦人不能遠去，活口終須吐露，所以拐騙之案從無漏網。一經到官，略誘者絞，和誘及知情之人俱應發遣。當思分財亦屬有限，歡樂能有幾時，乃犯此重罪，何愚至此。

一、造賣紙牌最易發覺，蓋因一人造賣，則隣佑保正及同居之人俱應問罪，而刷印裱糊買紙賣牌等事，及非暗室可爲，難以瞞人。一經到官，爲首充軍，爲從徒流，所賺幾何，犯此重罪。試看河南造牌之家，處處發覺，何曾瞞得幾時。爾等如有向作此業者，速將牌板自首，改作別業，切弗再犯。

一、嫁賣髮妻最爲惡俗。夫婦是人倫之始，貧富皆當相守，即遇荒年，挨過自有熟歲。或偶然吵鬧，隨後仍可和好。若忍心嫁賣，在夫爲不義之人，鄉黨輕薄，在妻爲失節之婦，畢世含羞。況發覺到官，律應滿杖，財禮入官，婦女歸宗，人財兩失，還要受刑。愚民無知至此極矣，可不深戒。

以上十條皆豫民易犯之事，身家性命所關，若不速速悛改，及至鎖禁獄屋，三拷六問，父母呼號，妻兒啼哭，審結之後，重者斬絞，輕亦徒流，到此地步要想安居樂業，咬菜根吃薄粥，過這窮日便不能矣。合行出示曉諭，爲此示仰通省軍民人等知悉，各將此示謹記在心，不識字者煩人講解。凡遇財色氣忿，或被人哄誘逼迫，即將此示思想一遍，便可忍耐過去，慎勿視爲套言，有負本部院一片婆心。倘仍迷而不悟，干犯法紀，本部院亦惟執法重處，斷難爲爾等寬也。凜之慎之，毋違。

清・佚名《告示集・禁訟棍》 爲嚴禁訟棍主持把教唆以挽頹風以肅法

紀事。照得閭閻襍處，賢愚不一，鼠牙雀角之事，自所常有，非深讎積怨，儘可排解消弭，何致一時忿激，遂成畢世訟讎。仍有一等不法棍徒，專以刀筆爲長技，偶聞細民抱怨聲訴，即捧如流之舌，多方煽惑，藉稱胥差熟識，更有線索可通，引誘興訟，包攬必准。鄉愚一入其彀，莫由自主，任聽改輕爲重，顛倒是非。分明鬭毆而架人殺害，不過竊取而誣指行強，種種虚詞，莫可枚舉。止圖聳准於一時，不顧審虚於日後。迨見事機將敗，則又言別尋門路，聳慂上控。于是添砌胥差賄捺情弊，以實其鏡花水月之言，聯篇累牘，剌剌不休。非獨被其冤誣者受害無窮，即原告因此拖累，亦必傾家蕩產，返悔無及。若輩反得逍遙事外，坐享其利而莫之問，眞乃天理所不容，神人所共嫉也。無如習慣成風，愍不畏法之徒，比比皆然，而惟台俗爲尤甚。本府下車以來，深悉其弊，明訪暗察，已得著名訟棍若干人。現在飭令各該縣認眞查拏，剪除惡黨，以安良善。若能聞風向化，改過自新，猶可貸其既往，不事返求。用是特張明示，嚴行飭禁。爲此示仰閤郡士庶軍民人等知悉，嗣後務宜洗心革面，改圖事業，共爲盛世良民，切莫興詞播訟，自投法網，倘敢冥頑不靈，復蹈前轍，一經察出，或被告發，必當究拏到案，窮究得實，立置重典，斷不姑息養奸，稍貽民害。本府言出法隨，莫視爲尋常故套，輕敢於嘗試。至爾等小民，亦不得聽信訟師逞刁健訟，自貽伊戚，各宜凛遵，毋違。特示。

清・汪輝祖《學治臆説・斷案不如息案》 勤於聽斷，善已，然有不必過分皀白可歸和睦者，則莫如親友之調處。斷案不如息案勤於聽訟善已然有不必過分皀白可歸和睦者，則莫如親友之調處。蓋聽斷以法而調處以情，法則涇渭不可不分，情則是非不妨稍借。理直者既通親友之情義，曲者可免公庭之法，調人之所以設於周官也。或自矜明察，不准息銷，似非安人之道。

清・汪輝祖《佐治藥言・息訟》 詞訟之應審者，什無四五。其里鄰口角骨肉參商細故，不過一時競氣，冒昧啓訟。否則有不肖之人，從中播弄，果能審理平情明切，譬曉其人，類能悔悟，皆可隨時消釋。間有准理，後親鄰調處，吁請息銷者，兩造既歸輯睦，官府當予矜全，可息便息，亦寧人之道，斷不可執持成見，必使終訟，傷閭黨之和，以飽差房之慾。

紀事

《左傳・成公五年》 許靈公愬鄭伯於楚。六月，鄭悼公如楚訟，不勝，楚人執皇戌及子國。故鄭伯歸，使公子偃請成於晉。秋八月，鄭伯及晉趙同盟於垂棘。

《左傳・成公十一年》 晉郤至與周爭鄇田，王命劉康公、單襄公訟諸晉。郤至曰：溫，吾故也，故不敢失。劉子、單子曰：昔周克商，使諸侯撫封，蘇忿生以溫爲司寇，與檀伯達封於河。蘇氏即狄，又不能於狄而奔衛。襄王勞文公而賜之溫，狐氏、陽氏先處之，而後及子。若治其故，則王官之邑也，子安得之？晉侯使郤至勿敢爭。

《荀子・宥坐》 孔子爲魯司寇，有父子訟者，孔子拘之，三月不別。別，猶決也。謂不辨別其子之罪。其父請止，孔子舍之。

《史記・五帝本紀》 舜耕歷山，歷山之人皆讓畔；漁雷澤，雷澤上人皆讓居；陶河濱，河濱器皆不苦窳。

《史記・周本紀》 西伯陰行善，諸侯皆來決平。於是虞芮之人有獄不能決，乃如周。入界耕者皆讓畔，民俗皆讓長。虞芮之人未見西伯，皆慙，相謂曰：吾所爭，周人所恥，何往爲？祇取辱耳。遂還，俱讓而去。

《史記・游俠列傳》 洛陽人有相讎者，邑中賢豪居間者以十數，終不聽。客乃見郭解。解夜見讎家，讎家曲聽解。解乃謂讎家曰：吾聞洛陽諸公在此間，多不聽者。今子幸而聽解，解奈何乃從他縣奪人邑中賢大夫權乎！乃夜去，不使人知，曰：且無用待我，待我去，令洛陽豪居其間，乃聽之。

《漢書・韓延壽傳》 行縣至高陵，民有昆弟相與訟田自言，延壽大傷之，曰：幸得備位，爲郡表率，不能宣明教化，至令民有骨肉爭訟，既傷風化，重使賢長吏、嗇夫、三老、孝弟受其恥，咎在馮翊，當先退。是日移病不聽事，因入卧傳舍，閉閤思過。一縣莫知所爲，令丞、嗇夫、三老亦皆自繫待罪。於是訟者宗族傳相責讓，此兩昆弟深自悔，皆自髡肉袒謝，願以田相移，終死不敢復爭。延壽大喜，開閤延見，內酒肉與相對飲食，厲勉以意告鄉部，有以表勸悔過從善之民。延壽乃起聽事，勞謝令丞以下，引見尉薦。郡中歙然，莫不傳相敕厲，不敢犯。延壽恩信周遍二十四縣，莫復以辭訟自言者，推其至誠，吏民不忍欺紿。

《後漢書・魯恭傳》〔魯〕恭專以德化爲理，不任刑罰。訟人許伯等爭田，累守令不能決，恭爲平理曲直，皆退而自責，輟耕相讓。亭長從人借牛而不肯還之，牛主訟於恭。恭召亭長，勑令歸牛者再三，猶不從。恭歎曰：是教化不行也。欲解印綬去。掾史泣涕共留之，亭長乃慙悔，還牛，詣獄受罪，恭貰不問。

《後漢書・吴祐傳》〔吴〕祐以光祿四行遷膠東侯相。時濟北戴宏父爲縣丞，宏年十六，從在丞舍。祐每行園，常聞諷誦之音，奇而厚之，亦與爲友，卒成儒宗，知名東夏，官至酒泉太守。祐政唯仁簡，以身率物。民有爭訴者，輒閉閤自責，然後斷其訟，以道譬之。或身到閭里，重相和解。自是之後，爭隙省息，吏人懷而不欺。嗇夫孫性私賦民錢，市衣以進其父，父得而怒曰：有君如是，何忍欺之！促歸伏罪。性慙懼，詣閤持衣自首。祐屏左右問其故，性具談父言。祐曰：掾以親故，受污穢之名，所謂觀過斯知人矣。使歸謝其父，還以衣遺之。

《後漢書・循吏傳・許荆》嘗行春到耒陽縣，人有蔣均者，兄弟爭財，互相言訟。荆對之歎曰：吾荷國重任，而教化不行，咎在太守。乃顧使吏上書陳狀，乞詣廷尉。均兄弟感悔，各求受罪。

《後漢書・循吏傳・劉矩》稍遷雍丘令，以禮讓化之，其無孝義者，皆感悟自革。民有爭訟，矩常引之於前，提耳訓告，以爲忿恚可忍，縣官不可入，使歸更尋思。訟者感之，輒各罷去。

《後漢書・循吏傳・仇覽》覽初到亭，人有陳元者，獨與母居，而母詣覽告元不孝。覽驚曰：吾近日過舍，廬落整頓，耕耘以時。此非惡人，當是教化未及至耳。母守寡養孤，苦身投老，奈何肆忿於一朝，欲致子以不義乎？母聞感悔，涕泣而去。覽乃親到元家，與其母子飲，因爲陳人倫孝行，譬以禍福之言。元卒成孝子。

《三國志・魏志・杜畿傳》民嘗辭訟，有相告者，畿親見爲陳大義，遣令歸諦思之，若意有所不盡，更來詣府。鄉邑父老自相責怒曰：有君如此，奈何不從其教？自是少有辭訟。

《魏書・李平傳》延昌初，詔復官爵，除其定冀之勳。前來良賤之訟，多有積年不決，平奏不問眞僞，一以景明年前爲限，於是諍訟止息。

《北史・郎茂傳》有部人張元預與從父弟思蘭不睦，丞尉請加嚴法。茂曰：元預兄弟，本相憎嫉，又坐得罪，彌益其忿，非化人之意也。乃遣縣中耆舊，更往敦諭，道路不絶。元預等各生感悔，詣縣頓首請罪。茂曉之以義，遂相親睦，稱爲友悌。

《北齊書・循吏傳・蘇瓊》有百姓乙普明兄弟爭田，積年不斷，各相援引，乃至百人。瓊召普明兄弟對衆人諭之曰：天下難得者兄弟，易求者田地，假令得地失兄弟心如何？因而下淚，衆人莫不灑泣。普明弟兄叩頭乞外更思，分異十年，遂還同住。

《隋書・于義傳》累遷安武太守，專崇德教，不尚威刑。有郡民張善安、王叔兒爭財相訟，義曰：太守德薄不勝任之所致，非其罪也。於是取家財，倍與二人，喻而遣去。善安等各懷耻愧，移貫他州。

《隋書・劉曠傳》劉曠，不知何許人也。性謹厚，每以誠恕應物。開皇初，爲平鄉令，單騎之官。人有諍訟者，輒丁寧曉以義理，不加繩劾，各自引咎而去。所得俸祿，賑施窮乏。百姓感其德化，更相篤勵，曰：有君如此，何得爲非！在職七年，風教大洽，獄中無繫囚，爭訟絶息，囹圄盡皆生草，庭可張羅。

《舊唐書・景駿傳》開元中，爲貴鄉令。縣人有母子相訟者，景駿謂之曰：吾少孤，每見人養親，自恨終天無分，汝幸在溫凊之地，何得如此？錫類不行，令之罪也。因垂泣嗚咽，仍取《孝經》付令習讀之，於是母子感悟，各請改悔，遂稱慈孝。

宋・李燾《續資治通鑑長編》卷一二〇〔宋仁宗景祐四年十二月〕庚寅，龍圖閣學士張逸爲樞密直學士、知益州。逸凡四至蜀，諳其民風。華陽縣騶長殺人，誣道旁行者，縣吏受賕，獄既具，乃使殺人者守囚。逸曰：囚色冤，守者氣不直，豈守者殺人乎？囚始敢言，而守者果服，立誅之，蜀人以爲神。會歲旱，逸使作堰壅江水，溉民田，自出公租減價以賑民。初，民飢，多殺耕牛食之，犯者皆配關中，逸奏：民殺牛以活將死之命，與盜殺者異，若不禁之，又將廢穡事。今歲小稔，請一切放還，復其業。報可。

宋・王得臣《麈史・風俗》閩中生子既多不舉，其無後者則養他人子以爲息，異日族人或出嫁女爭訟其財無虛日。予漕本路，決其獄，日不下數人。夫殺己子至於後世獄訟不已，豈非天戒歟？

宋·佚名《名公書判清明·争地界》　原其所以，傅良父在日，嘗以此地借與沈百二，其時兩家情分綢繆，彼疆此界，初不計較。久假不歸，認爲己物，且欲築室其上，傅良乃以好意欲歸侵疆，而沈百二反以穢語肆行抗對，是以力爭。事既到官，惟以道理處斷，引監沈百二除拆新籬，只依干照界至，歸還地段，庶可息爭。然所爭之地不過數尺，鄰里之間貴乎和睦，若沈百二仍欲借賃，在傅良亦當以睦鄰爲念。卻仰明立文約，小心情告，取無詞狀申。再不循理，照條施行。

宋·佚名《名公書判清明集·下殤無立繼之理》　朱司戶在苫塊之中，不欲爭至訟庭，竟從族人和義，捐錢五百貫足與朱元德。此與可謂無名，其意蓋圖安靜耳。朱元德已立領錢文約，又責立罪罰二千貫，文墨顯然，合族乃朱修炳等一一簽押於其後，亦有一狀申繳在官矣。豈謂朱元德已和而復訟，朱修炳又從而曲證之，卻謂親約文書不可照用，有此理否？可見族誼惡薄，貪惏無厭，復謀爲詐取之地，使朱司戶更罄竭資產，亦不足以飽溪壑之欲。未欲將妄狀之人懲治，仰朱司戶遵故父之命，力斥介翁，毋爲薄族所搖。今後朱元德再詞，定照和議狀，追入罰錢斷罪，仍回申使、府照會。

宋·佚名《名公書判清明·賃人屋而自起造》　李茂森賃人店舍，不待文約之立，不取主人之命，而遽行撤舊造新，固不無專擅之罪。但自去年十月初興工，至今年三月末訖事，歷時如此其久，蔣邦先豈不知之？若以爲不可，則當不俟終日而訟之於官矣，何爲及今而始有詞？況當其告成之後，又嘗有筆貼，令其以起造費用之數見諭。以此觀之，則是必已有前定之言矣，不然，則李茂森非甚愚無知之人，豈肯冒然捐金糜粟，爲他人作事哉！詞訟之興，要不爲此，必是見李茂森具數太多，其間必不能一一皆實，所以與訟以邀之，其意不過欲勒其裁減錢數耳，非果欲除毁其屋也。小人姦狀，有何難見，兩家既是親戚，豈宜爲小失大，押下本廂，喚鄰里從公勸和，務要兩平，不得偏黨。五日。

宋·佚名《名公書判 清明集·兄弟侵奪之争教之以和睦》　昔日清河之民，有兄弟爭財者，郡守蘇瓊告以難得者兄弟，易得者田宅，遂感悟息爭，同居如初。當職諄諄之誨，視蘇瓊又加祥焉，爾兄弟其可不如清河之民乎？請推官更切開譬折衷，在前如果有侵奪，私下各相償還，自今以後，輯睦如初，不宜再又紛爭，以傷風教。如或不悛，定當重寘，無所逃罪矣。

宋·佚名《名公書判清明·兄弟争葬父責其親舊調護同了辦葬事》　曾知府處置子弟，輕重失中，釀成今日之禍。知府既捐館，其事往矣。大夫葬有日，二子正當平心定氣，克終禮制，子此大事，顧乃各修舊怨，人執一說，彼此求勝，不知於奉親送終之義虧矣！私慾既熾，天理益昏，爲之親戚故舊者，所當開明義理，反覆敷陳，良心一還，則百念皆正，豈有天理終於晦蝕者哉！而乃阿其所好，不惟不能正救，又從而諂諛之，抱薪救火，不但無益而已。官司爲國家行法，從公定斷，自當聽從，顧念名家之後，父死不葬，必待求直於官司，將遂爲終身玷。君子愛人以德，義當存大體耳。兩兄弟所執六人，或是士子，或宦家，何苦各私所親，自犯不韙。今請此六人者，以曾氏名家，葬親大事爲念，各持公論，極力調護，使其兄弟各遂天倫之愛，急辦葬親。不惟免被官司督過，抑且永爲鄉曲美事。官司當以五日爲期，坐待回報。彬當同共致辦，如更不體官司告戒之意，三尺具存，自當施行。

《宋史·陸九淵傳》　民有訟者，無早暮皆得造於庭，復令其自持狀以追，爲立期，皆如約而至，即爲酌情決之，而多所勸釋。

《元典章·約會》　大德五年七月二十一日，欽奉聖旨：在先易都護爲頭畏吾兒每、的斤迭林爲頭哈迷里每、畏吾兒每、漢兒每、河西每、蠻子每哈刺張根底，回回田地裏，不揀那箇諸王、公主、駙馬每根底，各投下每根底，有的畏吾兒每、哈迷里每軍站差役，不揀甚麽的對證的合問的勾當每，他每的若有呵，脫因納、長壽、答失帖木兒、伯顏、買住、帖童等都護府的官人每管著，外頭城子裏有的畏吾兒每、哈迷里每和別箇的百姓每，一處對證的合問的勾當他每的有呵，委付了的他每的頭目，與城子裏官人每，一處交對證、著問，了斷者道來。這般宣諭了呵，自意問的人每，他每不怕那甚麽。

又　至大元年月日，行省准中書省咨至大元年五月十八日奏過事內一件：軍民相犯的勾當有呵，賊情、人命等重罪過的，教管民官歸問；其餘家財、田土、鬬打、相爭等輕罪過的，軍民官約會著問者麽道。世祖皇帝、完澤篤皇帝時分那般行來，樞密院官人每奏過，與俺文書。蒙古軍人自其間裏相告的勾當有呵，院官人每問者；其餘軍民相犯，不揀甚麽勾當有呵，約會省問者麽道。奏了俺根底，與文書來，俺商量來，人命、賊情等重罪過的，交約會著問呵，他每的頭目知自底無體例推調，著約會處不來，遷延月日，逗遛詞訟，中間窒礙多有，爲甚麽道説呵，不揀那箇田地裏，被殺死或被傷人呵，或強盗劫奪錢物，將錢主殺死打傷呵，隨即該檢驗。有若約會處早不來到呵，天氣熱時，尸首變爛，人命的勾當干落後了，不揀甚麽做罪説謊，那其間對付有縱來呵，護向自己久禁著人呵，恨生受有可憐見呵，依先世祖皇帝時分行來的體例，重罪過的交管民官歸問，輕罪過的約會著歸問，若三徧約會不來呵，交管民官就便歸斷了呵。怎生奏呵，奉聖旨「那般者。」欽此。

又　皇慶二年三月日，欽奉聖旨：都護府官人每奏道：「薛禪皇帝時分，及完者禿皇帝時分、曲律皇帝時分，亦都護爲頭畏吾兒每，的勉迭林爲頭哈迷里每，漢兒、河西、蠻子、哈喇章、回回田地裏，不揀那裏諸王、公主、駙馬，各投下有的畏吾兒每、哈迷里每，軍站差發，不揀怎生合對證的合問的勾當他每有呵，禿魯不花爲頭都護府官人每識者。外頭城子裏有的畏吾兒每、哈迷里每，共別箇的百姓，一處合對證的合問的勾當他的有呵，所委的頭目城子裏官人每一同約會問者，交對證了斷者。一面問的人不怕那甚麽，更這都護府官人每這般宣諭了呵，無體例勾當做呵，交百姓等生受呵，他每不怕那甚麽。聖旨鼠兒年七月十六日上都有時分寫來。

《元典章・問事》　延祐五年三月初七日，行中書省准中書省咨來咨浙東道宣慰司都元帥府呈，准浙東海右道肅政廉訪司牒：今巡歷至臺州等路，照刷本路合屬文卷：於內僧俗相爭詞訟，俱未結絶。及已後續受相爭事理，例該買驢院使與拘該行省宣慰司管民官，一同歸結，俱各立案，擬候院官到日舉行。今知得本官已行赴北，經今一年之上，因爲前例不能杜絶，中間事理窒礙，咨請照詳，准此。延祐四年十月十二日，也先帖木兒怯薛第一日嘉禧殿有時分，速古兒赤、大慈、都察里兒給事中、不花帖木兒等有來，兀伯都剌平章、阿禮海牙平章、郯釋鑑郎中、哈剌多事等，伯答沙丞相、阿撒丞相，俺衆人商量來，江浙省備著浙東廉訪司文字，俺根底與將文書來，各處照刷文卷，於內有僧俗相爭的詞訟，俱未結絶。管民官説稱問得，等候宣政院買驢院使到來呵，歸斷麽道。立著文案，有買驢回還，一年有餘也，説將來有俺交文卷裏照呵。皇慶二年，省官、宣政院官一同商量了，帝師根底聽過，上位根底奏，姦盗詐僞，致傷人命，但犯重刑。管民官問者，其餘和尚自其間不揀甚麽相爭告的勾當有呵，本寺裏住持的和尚頭目結絶者。僧俗相爭田土，不揀甚麽告的勾當有呵，管民官與各寺裏住持的和尚頭目一處問者，合問的勾當有呵，於有司衙門裏聚會斷者。和尚每的頭目約會不到呵，管民官依體例斷者。他每不揀是誰，遲慢了勾當呵，監察御史廉訪司官依例體察者麽道。各處行了聖旨來，俺商量來，去年爲詞訟多了的上頭，宣政院各處差官與管民官一同斷者麽道去了來，不是守常的法度。如今似這般和尚每，不揀甚麽勾當有呵，依著皇慶二年衆人商量定皇帝根底奏了行來的聖旨體例決斷者麽道。行文書呵，怎生奏呵，那般者麽道。聖旨了也。欽此。都省除外，咨請欽依施行。

《明實録・宣德六年》〔五月辛未〕巡按四川監察御史王翺言便宜五事：【略】其三，四川所屬吏典，自洪武至今，多不給由，在鄉起滅詞訟，把持官府，良民受害。若立限許令自首免罪，其不首者，事發之日皆發附近衛所充軍，屯田里老人等隱匿者，各治以罪，則訟息民安，政清事理。其四，四川諸府縣社學久廢，民不知教，所以爭訟多，而禮讓少，若依洪武中事例不問土官衙門，俱設社學，使民夷子弟皆知讀書，則禮義興行，民俗歸厚。【略】於是命復四川所屬府州縣鄉里社學，設土官衙門設學。

《明太祖寶訓・厚風俗》　洪武二十一年五月乙未，太平府民有兄弟相訐告者。刑部奏請罪之，太祖曰：兄弟骨肉至親，豈有告訐之理？此一時愚昧，或因貨利，或私妻子，爭長競短，怒氣相加，遂至此耳。然人心天理未嘗泯滅，姑繫之獄，待其忿息，善心復萌，必將自悔。明日，刑部奏二人果哀求改過。太祖曰：此彼之眞情發見也，俱釋之。兄弟和好如初。

《明史・趙豫傳》　方豫始至，患民俗多訟。訟者至，輒好言諭之曰：明日來。衆皆笑之，有松江太守明日來之謠。及訟者踰宿，忿漸平，或被勸阻，多止不訟。

清・顧麟趾《山右讞獄記・許縄仁揹債不償一案》　余初列仕版未匝月，太原郡伯郭委余復訊其所屬太谷縣民張以仁，呈控許縄仁揹債不償一案。卷查張以仁與許縄仁，誼屬葭莩。許縄仁券借張以仁銀一千五百兩，不起息，約期三月歸楚。作中之歲貢生許佩蘭，即書約之代筆人也。查訊許縄仁家貲，十倍於張以仁。竊計許縄仁既屬富饒，何以反告貸於張以仁，即或有無相通，張以仁既敦戚好，不取子金，許縄仁又何以堅不償欠？況張以仁非有餘之家，約祇立限三月，何致欠逾十年？即使許縄仁貿易外出，然其子某，與許繩仁同夥生意，何久置不問？ 且張以仁以實出囊底之千五百金，乃肯允依和事人以二百金了事，殊非情理！ 傳訊之下，其約中許佩蘭者，太谷縣中一刀筆也。余尚未訊及，伊即從袖中出一紙甘結，謂銀約俱實； 如虛，甘受重譴等語。訊之張以仁，亦堅供其銀，實同其子手交。 幷稱兑銀係借李姓之天平，即指李姓爲証。及質之李姓暨其子某，均供屬實。 余思古人有隔別畫硯破案之事，姑倣試之，以別眞僞。 遂將張以仁父子及李姓，隔別帶訊。其銀之成色，安置天平之處所，其掌兑者爲誰，其包封者爲誰，一一令具供招後，旋令各畫天平之式樣。 詎所供所畫竟不符合。 遂令互換閱之，乃面面相覷，不敢隱，而實情吐矣。 緣許繩仁有兄某娶妾喬氏，不數年，其兄沒，喬氏不安於室，與鄰人某通。 隣人素強悍，許繩仁力不能禁，知張以仁素識當路，鄉人皆望而畏之，欲藉其力制阻隣人。 往與之商，張以仁亦以有關親戚顏面，甚恨之。 乃議將喬氏接往其家，先絕隣人之望，然後爲喬氏擇壻遣嫁之。不意喬氏一入張之門，即受張之同心結矣。 隣人探知，妒恨於心，然不敢與張以仁較，乃唆出喬氏族人，以許繩仁霸産逐嫂鳴之官，希冀喬氏還家，仍可彼此續歡也。 許繩仁被控拘縣，凡衙之蠹靡不眈虎視爲奇貨，許繩仁苦之。其族姪許佩蘭，亦欲藉此染指，亟往爲其叔畫策曰： 聞張以仁已有意於喬氏，何不即將喬氏送與張以仁爲妾，使其出面投呈曰嫁娶兩願，則霸逐之譴可免矣。 許繩仁得策，甚喜，即令許佩蘭往邀張以仁來商之。 詎許佩蘭復主使張以仁，以無力留養喬氏爲詞先固卻之，以便伊從中調停，可分餘潤，張以仁即從其言，再三推謝，許繩仁束手無策，復謀於許佩蘭。 許佩蘭乃邀其黨李姓，假爲説合，議定每年助喬氏養贍銀五十兩，法三十年爲一世，故議及銀一千五百兩。 因許繩仁在押，未能即時措交銀兩，於是議立借券作據。 張以仁得券，遂投呈於縣案下。 其時縣官某判曰： 嫁者願嫁，娶者願娶，應聽其便。 遂了案。 詎知許繩仁以張以仁不顧親情，藉端勒索，遂以切齒之恨，生反汗之計。 一出衙，即往直隸營生，張以仁亦自覺所爲有愧於心，故均置之高閣。 嗣許繩仁歸里，張以仁往過，許繩仁不以禮接之，張以仁怒，旋索前項。 許繩仁斥爲訛詐，彼此雀角。 經親友調處，議給張以仁二百金抽去前券，張以仁許之，許繩仁猶不肯拔一毛，致涉訟庭。 値余訊出眞情，兩造追悔。 許佩蘭尤覺破膽，挽出兩造親族投具息呈，求太守全兩家之好。 太守慈祥，允其所請。 誌此以見訟棍之巧，得情之難云爾。

審判總部

《審判總部》 提要

本總部的編纂，嚴格按照《中華大典》及《訴訟法分典》的有關規定執行。

本總部以全面系統地反映中國古代的審判程序爲宗旨，力求客觀真實，不帶成見。

本總部資料收集範圍，上自遠古時期，下至清末，包括經、史、子、集在内的各種典籍，各朝法典、刊印成册的公文和判牘、檔案，以及出土的簡牘、碑刻等等文物史料，都是本總部的資料來源。

本總部分爲四部分： 刑訊，審判，復核，監察。 古代中國，證據獲取手段比較落後，案件審理投入成本相對較低，當事人的口供成爲定罪量刑的重要依據，因此刑訊取供較爲普遍。 爲規範刑訊，歷朝法律對刑訊的器具、用刑方式、用刑數量、刑而無供的處理等，均作了明確規定，從立法上防止刑訊的濫用、擴大。 但即便如此，禁暴止奸法律威嚇主義的基本宗旨，導致基層司法機構經常性地對於刑訊的濫用，也促成民間社會對於刑訊濫用在一定程度上的認可。 本總部所選材料有較多此方面的記載。

在長期的司法實踐中，中國古代積累了豐富的審判經驗。《周禮》所謂的五聽之法强調司法官吏在審判過程中注意觀察被訊問者的表情、言語、行爲等外部特徵，從而判斷被訊問者供辭的真僞，這種方法被歷代司法官吏奉爲圭臬，他們又通過實踐豐富和發展的這種審判方法。

中國古代各級司法機關司法權限不同，民事案件和輕微刑事案件，州縣官有權作出最終裁決，但是，對於重要刑事案件，州縣官雖有權審理，但必須把案件情況及處理結果逐級報送上級司法機關，直到有最終裁决權的上級機關經復核後才能形成定讞。 所有死刑案件必須經過從州縣、省部、到最高統治者的逐級審理。唐朝確定死刑案件三覆奏、五覆奏制度，要求死刑案件必須經過皇帝本人三次或五次批准，方許執行。明清兩朝，則確定對於一般死刑案件，實行九卿會審制，由朝廷相關部門會同審理，最後由皇帝親自裁斷。關於死刑罪審理的制度規定，以及具體死刑案件的審判記録，生動體現了這一基本精神。

各級司法官吏對於案件的審理結果，也是中國古代監察機關進行監察的重要目標。經審察，如果司法官錯審、錯判案件，分别故意、過失以及加重處罰或減輕處罰，由司法官承擔不同的刑事責任。

本總部有關資料選擇、標點使用、校勘原則等規定，見《中華大典》編纂通則和《法律典》編纂説明。

審判總部

刑訊部

綜述

《禮記・月令》 命理瞻傷、察創、視折、審斷，決獄訟必端平，戮有罪，嚴斷刑。天地始肅，不可以贏。

〔孫希旦集解〕蔡氏邕曰：皮曰傷，肉曰創，骨曰折，骨肉皆絶曰斷。愚謂理，治獄之官，於《周禮》則士師、鄉士、遂士之屬也。傷也，創也，折也，斷也，四者皆掠治罪人所致。傷輕，故瞻之而已；創重於傷，故察之；折又重於創，故視之；斷又重於折，故審之。皆恐其以創重致死，矜恤之意也。端，謂明於曲直之辨而無所枉。平，謂得乎輕重之宜而無所頗。贏者，肅之反，謂政令之寬縱也。承上文而言：所以戮有罪，嚴斷刑者，所以順天地之氣也。

《睡虎地秦墓竹簡・封診式・訊獄》 凡訊獄，必先盡聽其言而書之，各展其辭，雖智(知)其訑，勿庸輒詰。其辭已盡書而毋(無)解，乃以詰者詰之。詰之有(又)盡聽書其解辭，有(又)視其它毋(無)解者以復詰之。詰之極而數訑，更言不服，其律當治(笞)諒(掠)者，乃治(笞)諒(掠)。治(笞)諒(掠)之必書曰：爰書：以某數更言，毋(無)解辭，治(笞)訊某。

《後漢書・章帝紀》 〔元和元年〕秋七月丁未，詔曰：《律》云掠者唯得榜、笞、立。又《令丙》，箠長短有數。自往者大獄已來，掠考多酷，鉆鑽之屬，慘苦無極。念其痛毒，怵然動心。《書》曰：鞭作官刑。豈云若此？宜及秋冬理獄，明爲其禁。

《隋書・刑法志》 凡繫獄者，不即答款，應加測罰，不得以人士爲隔。若人士犯罰，違捍不款，宜測罰者，先參議牒啓，然後科行。斷食三日，聽家人進粥二升。女及老小，一百五十刻乃與粥，滿千刻而止。

又 時有司折獄，又皆酷法。訊囚則用車輻獨杖，夾指壓踝，又立之燒犁耳上，或使以臂貫燒車釭。既不勝其苦，皆致誣伏。

又 自前代相承，有司訊考，皆以法外。或有用大棒束杖，車輻鞋底，壓踝杖桄之屬，楚毒備至，多所誣伏。雖文致於法，而每有枉濫，莫能自理。至是盡除苛慘之法，訊囚不得過二百，枷杖大小，咸爲之程品，行杖者不得易人。〔隋文帝〕帝又以律令初行，人未知禁，故犯法者衆。又下吏承苛政之後，務鍛煉以致人罪。乃詔申敕四方，敦理辭訟。有枉屈縣不理者，令以次經郡及州，至省仍不理，乃詣闕申訴。有所未愜，聽撾登聞鼓，有司錄狀奏之。

《唐律疏議・斷獄》 諸應議、請、減，若年七十以上，十五以下及廢疾者，并不合拷訊，皆據衆證定罪，違者以故失論。若證不足，告者不反坐。

〔疏〕議曰：應議，謂在《名例》八議人；請，謂應議者期以上親及孫，若官爵五品以上者；減，謂七品以上之官及五品以上之祖父母、父母、兄弟、姊妹、妻、子孫者；若年七十以上，十五以下及廢疾，依令一支廢，腰脊折，痴啞，侏儒等：并不合拷訊，皆據衆證定罪。稱衆者，三人以上，明證其事，始合定罪。違者，以故失論，謂不合拷訊而故拷訊，致罪有出入者，即依下條故出入人及失出入人罪法；其罪雖無出入而枉拷者，依前人不合捶拷法，以鬬殺傷論，至死者加役流，即以鬬殺傷爲故、失。若證不滿三人，告者不反坐，被告之人亦不合入罪。

問曰：所告之事，證有二人，一人證是，一人證非，證既不足，合科疑罪以否？

答曰：律云據衆證定罪，稱衆者，三人以上。若證不足，告者不反坐。察驗難明，二人證實，猶故不合入罪，況一實一虛，被告之人，全不合坐；其於告者，亦得免科。若全無證人，自須審察虛實，以狀斷之。若三人證實，三人證虛，是名疑罪。此解并據應議、請、減以下及廢疾以上，除此色外，自合拷取實情，拷滿不服，反拷告人，不合從衆證科斷。

其於律得相容隱，即年八十以上，十歲以下及篤疾，皆不得令其爲證，違者減罪人罪三等。

〔疏〕議曰：其於律得相容隱，謂同居，若大功以上親及外祖父母、外孫，若孫之婦、夫之兄弟及兄弟妻，及部曲、奴婢得爲主隱；　其八十以上，十歲以下及篤疾，以其不堪加刑；　故并不許爲證。若違律遣證，減罪人罪三等，謂遣證徒一年，所司合杖八十之類。

又　諸應訊囚者，必先以情，審察辭理，反覆參驗；　猶未能決，事須訊問者，立案同判，然後拷訊。違者，杖六十。

〔疏〕議曰：　依獄官令：　察獄之官，先備五聽，又驗諸證信，事狀疑似，猶不首實者，然後拷掠。故拷囚之義，先察其情，審其辭理，反覆案狀，參驗是非。猶未能決，謂事不明辨，未能斷決，事須訊問者，立案，取見在長官同判，然後拷訊。若充使推勘及無官同判者，得自別拷。若不以情審察及反覆參驗，而輒拷者，合杖六十。

若贓狀露驗，理不可疑，雖不承引，即據狀斷之。若事已經赦，雖須追究，并不合拷。謂會赦移鄉及除、免之類。

〔疏〕議曰：　若贓狀露驗，謂計贓者見獲眞贓，殺人者檢得實狀，贓狀明白，理不可疑，問雖不承，聽據狀科斷。若事已經赦者，雖須更有追究，并不合拷。注云謂會赦移鄉及除、免之類，謂殺人會赦，仍合移鄉；　犯十惡、故殺人、反逆緣坐，會赦猶除名；　監臨主守於所監守犯奸、盜、略人若受財而枉法，會赦仍合免所居官。稱之類，謂會赦免死猶流，及盜、詐、枉法猶徵正贓，故云之類。

又　諸拷囚不得過三度，數總不得過二百，杖罪以下不得過所犯之數。拷滿不承，取保放之。

〔疏〕議曰：　依獄官令：　拷囚每訊相去二十日。若訊未畢，更移他司，仍須拷鞫，即通計前訊以充三度。故此條拷囚不得過三度，杖數總不得過二百。杖罪以下，謂本犯杖罪以下、笞十以上，推問不承，若欲須拷，不得過所犯笞、杖之數，謂本犯一百杖，拷一百不承，取保放免之類。若本犯雖徒一年，應拷者亦得拷滿二百，拷滿不承，取保放之。

若拷過三度及杖外以他法拷掠者，杖一百；　杖數過者，反坐所剩；以故致死者，徒二年。

〔疏〕議曰：　拷過三度，謂雖二百杖，不得拷過三度。及杖外以他法拷掠，謂拷囚於法杖之外，或以繩懸縛，或用棒拷打，但應行杖外，悉爲他法。犯者，合杖一百。杖數過者，反坐所剩，謂囚本犯杖一百，乃拷二百，官司得一百剩罪之類。以故致死者，謂拷過三度，或用他法及杖數有過，而致死者，徒二年。

即有瘡病，不待差而拷者，亦杖一百；　若決杖笞者，笞五十；　以故致死者，徒一年半。若依法拷決，而邂逅致死者，勿論；　仍令長官等勘驗，違者杖六十。拷決之失，立案、不立案等。

〔疏〕議曰：　拷雖依法，囚身有瘡若病，不待差而拷者，杖一百。若決杖笞者，笞五十。若因瘡病未差，而拷及決杖笞致死者，徒一年半。若依法用杖，依數拷決，而囚邂逅致死者，勿論。邂逅，謂不期致死而死，詩云邂逅相遇，言不期而遇。仍長官以下，并親自檢勘，知無他故，具爲文案。若長官等不即勘檢者，杖六十。注云拷決之失，謂訊囚及決杖笞，於法有失者，立案、不立案等。其有失者，依《職制律》：　失者，聽減三等。

又　諸拷囚限滿而不首者，反拷告人。其被殺、被盜家人及親屬告者，不反拷。被水火損敗者，亦同。拷滿不首，取保并放。違者，以故失論。

〔疏〕議曰：　囚拷經三度，杖數滿二百而不首，反拷告人，謂還準前人拷數，反拷告人。拷滿復不首，取保釋放。其被殺、被盜之家，若家人及親屬告者，所訴盜、殺之人被拷滿不首者，各不反拷告人。以殺、盜事重，例多隱匿，反拷告者，或不敢言。若被人決水入家，放火燒宅之類，家人及親屬言告者，亦不反拷告人。拷滿不首，取保并放。違者，以故失論，違，謂若應反拷而不反拷及不應反拷而反拷者。若故，依故出入法；　失者，依失出入論。其本法不合拷而拷者，依前人不合捶拷法，亦以故失論。其應取保放而不放者，從不應禁而禁；　不取保放者，於律有違，當不應得爲，流以上從重，徒罪以下從輕。

問曰：　律云：　拷滿不首，反拷告人。其告人是應議、請、減人，既不合反拷，其事若爲與奪？

答曰：　律稱反拷告人，明須準前人杖數反拷。若前人被拷罪不首，告者亦反拷；　若前人止拷一百不首，告者亦反拷一百。是名反拷告人。其應議、請、減人，不合反拷，須準前人拷杖數徵銅。

又　諸監臨之官因公事，自以杖捶人致死及恐迫人致死者，各從過失殺人法；　若以大杖及手足毆擊，折傷以上，減鬭殺傷罪二等。

〔疏〕議曰：　謂臨統案驗之官，情不挾私，因公事，前人合杖、笞，自以杖捶人致死；　及恐迫人致死，謂因公事，欲求其情，或恐喝，或迫脅，前人怕懼而自致死者：　各依過失殺人法，各徵銅一百二十斤入死家。　若前人是卑賤，罪不至死者，各依本殺法徵銅。　若以大杖及手足毆擊，折傷以上者，自擊、使人擊等，減鬭殺傷罪二等，謂其應償死者，合徒三年之類。

雖是監臨主司，於法不合行罰及前人不合捶拷，而捶拷者，以鬭殺傷論，至死者加役流。　即用刃者，各從鬭殺傷法。

〔疏〕議曰：　雖是監臨主司，於法不合行罰，謂非判事之官及非專當督領者，不得輒行捶罰。　假有人犯徒以上罪，合送法司，不送法司，當曹即自行決罰之類；　及前人不合捶拷，謂前人無罪，或雖有罪應合官當、收贖之類，而輒捶拷者：　以鬭殺傷論，謂傷與不傷，并依他物鬭毆之法。　其因捶拷而致死者，加役流。　用刃者，謂監臨之官自以杖捶人致死以下，有用刃殺傷者，各依《鬭訟律》：　用刃殺者，斬；　用兵刃殺者，同故殺法。

問曰：　里正、坊正、村正及主典，因公事行罰前人致死，合得何罪？

答曰：　里正、坊正、村正等，唯掌追呼催督，不合輒加笞杖，其有因公事相毆擊者，理同凡鬭而科。　主典檢請是司，理非行罰之職，因公事捶人者，亦與里正等同。

《全唐文・李象〈邂逅致死勿論奏〉》　據刑法統類節文云：　盜賊未見本贓，推勘因而致死者，有故者，以故殺論，無故者，減一等。　又云：　今後或有故者，以故殺論。　無故者，或景跡顯然，支證不謬。　堅恃奸惡，不招本情，以此致死，請減故殺罪三等。　其或妄被攀引，終是平人以此致死，請減故殺罪一等。　臣按，上文云有故殺者以故殺論，此即是矣。　其無者，亦坐減罪，即恐未當。　假如官司或有刑獄，未見本情，不可全不詰問，據言有故者，則是曾行拷棰，及違令式，或麤枷大棒強相抑壓，以此致死者，並屬有故。無故者，則是推勘之司不曾拷掠，又不違法律，亦不堅有仰壓。　此則並屬無故，不可坐刑。　假若有犯事人舊患疾病，推勘之際，卒暴身亡，不可亦坐推司減等之罪。　又據《斷獄律》云，若依法使杖，依數栲決。　而邂逅致死者勿論。　邂逅謂不期致死而死。　且彼言栲決，尚許勿論。　此云無故，卻令坐罪，事實相背，理有未通，請今後推勘之時，致死者若實無故，請依邂逅勿論之義。

宋・竇儀《宋刑統・不合拷訊者取衆證爲定》　諸應議請減，若年七十以上、十五以下，及廢疾者，並不合拷訊，皆據衆證定罪，違者以故失論。　若證不足，告者不反坐。　其於律得相容隱者，卽年八十以上、十歲以下，及篤疾，皆不得令其爲證，違者減罪人罪三等。

疏：　諸應議請減，若年七十以上、十五以下，及廢疾者，並不合拷訊，皆據衆證定罪，違者以故失論。　若證不足，告者不反坐。　議曰：　應議謂在《名例》八議人；　請謂應議者周以上親及孫，若官爵五品以上者；　減謂七品以上之官，及五品以上之祖父母、父母、兄弟、姊妹、妻子孫者；　若年七十以上、十五以下及廢疾，依令，一支廢、腰脊折、癡瘂、侏儒等，並不合拷訊，皆據衆證定罪。　稱衆者，三人以上；　明證其事，始合定罪，違者以故失論。　謂不合拷訊而故拷訊，致罪有出入者，卽依下條故出入人及失出入人罪法。　其罪雖無出入，而枉拷者，依前人不合捶拷法，以鬭殺傷論，至死者加役流，卽以鬭殺傷爲故失。　若證不滿三人，告者不反坐，被告之人亦不合入罪。

問曰：　所告之事，證有二人，一人證是，一人證非，證既不足，合科疑罪以否？

答曰：　律云，據衆證定罪。　稱衆者，三人以上。　若證不足，告者不反坐。察驗難明，二人證實猶故不合入罪，況一實一虛，被告之人全不合坐，其於告者亦得免科。　若全無證人，自須審察虛實，以狀斷之。　若三人證實，三人證虛，是名疑罪。　此解並據應議請減以下，及廢疾以上，除此色外，自合拷取實情，拷滿不服，反拷告人，不合從衆證科斷。

又云，其於律得相容隱，卽年八十以上、十歲以下，及篤疾，皆不得令其爲證，違者減罪人罪三等。　議曰：　其於律得相容隱，謂同居若大功以上親，及外祖父母、外孫，若孫之婦、夫之兄弟及兄弟妻，及部曲、奴婢得爲主隱，其八十以上、十歲以下及篤疾，以其不堪加刑，故並不許爲證。　若違律遺證，減罪人罪三等，謂遺證徒一年，所司合杖八十之類。

准唐長興二年閏五月十八日敕節文，凡所爭論，如是悼耄篤疾，不勝刑責者，不得身自論對。

臣等參詳，或慮有悼耄篤疾之人，同居更無骨肉，被人侵損，須至理訴者，請今後官司亦須受理。　其家有骨肉，并情涉無賴，卽準敕文處分。

諸因在禁，妄引人爲徒侶者，以誣告罪論。　卽本犯雖死，仍準流徒加杖及贖法。

疏議曰：囚在禁，妄引人爲徒侶者，謂盜發者，妄引人爲同盜，殺人者，妄引人爲同行之類，以誣告罪論。謂依《鬭訟律》，誣告人者各反坐。即本犯應死，不可累加，故準流徒加杖法。其應贖者，即準流徒贖之。

諸應訊囚者，必先以情審察辭理，反覆參驗，猶未能決，事須訊問者立案，同判然後拷訊，違者杖六十。若贓狀露驗，理不可疑，雖不承引，即據狀斷之。若事已經赦，雖須追究，並不合拷。謂會赦移鄉及除免之類。

疏：諸應訊囚者，必先以情審察辭理，反覆參驗，猶未能決，事須訊問者立案，同判然後拷訊，違者杖六十。議曰：依《獄官令》，察獄之官，先備五聽，又驗諸證信，事狀疑似，猶不首實者，然後拷掠。故拷囚之義，先察以情，審其亂理，反覆案狀，參驗是非。猶未能決，謂事不明辯，未能斷決，事須訊問者立案，取見在長官同判，然後拷訊。若充使推勘，及無官同判者，得自別拷。若不以情審察，及反覆參驗，而輒拷者，合杖六十。

又云，若贓狀露驗，理不可疑，雖不承引，即據狀斷之。若事已經赦，雖須追究，並不合拷。注云，謂會赦移鄉及除免之類。議曰：若贓狀露驗，謂計贓者見獲真贓，殺人者檢得實狀。贓狀明白，理不可疑，問雖不承，聽據狀科斷。若事已經赦者，雖須更有追究，並不合拷。注云，謂會赦移鄉及除免之類。謂殺人會赦，仍合移鄉，犯十惡、故殺人、反逆緣坐、會赦猶除名，監臨主守於監守犯姦盜略人，若受財而枉法，會赦仍合免所居官稱之類，謂會赦免死猶流，及盜詐枉法猶徵正贓，故云之類。

准《獄官令》，諸訊囚非親典主司，皆不得至囚所聽聞消息。其拷囚及行罰者，皆不得中易人。又條，諸鞫獄官與被鞫人有五服內親，及大功以上婚姻之家，并受業師，經爲本部都督、刺史、縣令，及有讎嫌者，皆須聽換。推經爲府佐，國官於府主，亦同。

又條，諸察獄之官，先備五聽，案《周禮》云：以五聲聽獄訟，求人情。一曰辭聽，觀其出言，不直則煩。二曰色聽，觀其顏色，不直則赧然。三曰氣聽，觀其氣息，不直則喘。四曰耳聽，觀其聽聆，不直則惑。五曰目聽，觀其瞻視，不直則眊然。釋曰：眊音冒，少精光之義。

又條，諸問囚皆判官親問，辭定，令自書款。若不解書，主典依口寫訖，對判官讀示。

諸拷囚不得過三度，數總不得過二百，杖罪以下不得過所犯之數。拷滿不承，取保放之。若拷過三度，及杖外以他法拷掠者，杖一百。〔杖〕數過者，反坐所剩。以故致死者，徒二年。即有瘡病，不待差而拷者，亦杖一百。若決杖笞者，笞五十，以故致死者，徒一年半。若依法拷決，邂逅致死者，勿論，仍令長官等勘驗，違者杖六十。拷決之失，立案，不立案等。

疏：諸拷囚不得過三度，數總不得過二百，杖罪以下不得過所犯之數。拷滿不承，取保放之。議曰：依《獄官令》，拷囚每訊相去二十日，若拷未畢，更移他司，仍須拷鞫，即通計前訊，以充三度，故此條拷囚不得過三度，杖數總不得過二百。杖罪以下，謂本犯杖罪以下、笞十以上，推問不承，若欲須拷，不得過所犯笞杖之數。謂本犯一百杖，拷一百不承，取保放免之類。若本犯雖徒一年應拷者，亦得拷滿二百，拷滿不承，取保放之。

又云，若拷過三度，及杖外以他法拷掠者，杖一百。杖數過者，反坐所剩，以故致死者，徒二年。議曰：拷過三度，謂雖二百杖，不得拷過三度。及杖外以他法拷掠，謂拷囚於法杖之外，或以繩懸縛，或用棒拷打，但應行杖外，悉爲他法，犯者合杖一百。杖數過者，反坐所剩，謂囚本犯杖一百，乃拷二百，官司得一百剩罪之類。以故致死者，謂拷過三度，或用他法，及杖數有過而致死者，徒二年。

又云，即有瘡病，不待差而拷者，亦杖一百。若決杖笞者，笞五十，以故致死者，徒一年半。若依法拷決，而邂逅至死者，勿論，仍令長官等勘驗，違者杖六十。注云，拷決之失，立案，不立案等。議曰：拷雖依法，囚身有瘡，若病不待差而拷者，杖一百。若決杖笞者，笞五十。若囚瘡病未差而拷，及決杖笞致死者，徒一年半。若依法用杖，依數拷決，而囚邂逅致死者，勿論。邂逅謂不期致死而死。《詩》云：邂逅相遇。言不期而遇。仍長官以下並親自檢勘，知無他故，具爲文案。若長官等不即勘檢者，杖六十。注云，拷決之失，謂訊囚及決杖笞，於法有失者，立案，不立案等。釋曰：等猶同也。其有失者，依《職制律》，失者聽減三等。

諸拷囚限滿而不首者，反拷告人。其被殺、被盜及家人親屬告者，不反拷。被水火損敗者亦同。拷滿不首，取保並放，違者以故失論。

疏議曰：囚拷經三度，杖數滿二百，而不首，反拷告人，謂還準前人拷數，反拷告人。拷滿復不首，取保釋放。其被殺、被盜之家，若家人及親屬告者，所訴盜殺之人，被拷滿不首者，各不反拷告人。以殺盜事重，倒多隱匿，反拷告者，或不敢言。若被人決水入家，放火燒宅之類，家人及親屬告言者，亦不反拷告人。拷滿不首，取保並放，違者以故失論。違明若應反拷而不反拷，及不應反拷面反拷者。若故，依故出入法，失者，依失出入論。其本法不合拷而拷者，依前人不合捶拷法，亦以故失論。其應取保放而不放者，從不應禁而禁。不敢保放者，於律有違，當不應得爲，流以上從重，徒罪以下從輕。

問曰：律云，拷滿不首，反拷告人。其告人是應議請減人，既不合反拷，其事若爲與奪？

答曰：律稱反拷告人，明須准前人杖數反拷。若前人被拷，罪不首告者，亦反拷。若前人止拷一百，不首告者亦反拷一百，是名反拷告人。其應議請減人，不合反拷，須準前人拷杖數微銅。

准刑部格敕節文，其有挾情託法，枉打殺人者，宜科故殺罪。

准唐應順元年三月二十日御史中丞龍敏等詳定敕節文，伏以長興二年四月二十六日敕，大理正劇可久奏，盜賊未見本贓，推勘因而致死者，有故以故殺論，無故者減一等。

臣等參詳，恐未平允。今後如或有故者，以故殺論。無故者，或景跡顯然，支證不謬，堅持姦惡，不招本情，以此致死，請減故殺罪三等。其或妄被攀引，終是平人，以此致死者，請減故殺罪一等。所貴不陷無辜，得懲奸弊。

准建隆三年十二月六日敕節文，宜令諸道州府指揮推司官吏，凡有賊盜刑獄，並須用心推鞫，勘問宿食行止，月日去處，如無差互，及未見爲惡蹤緒，卽須別設法取情，多方辯聽，不得便行鞭拷。如是勘到宿食行止，與元通詞款異同，或卽支證分明，及贓驗見在，公然拒抗，不招情欵者，方得依法拷掠，仍須先申取本處長吏指揮。餘從前後制敕處分。

諸鞫獄官停囚待對問者，雖職不相管，皆聽直牒追攝。雖下司亦聽。牒至不卽遣者，笞五十，三日以上杖一百。

疏議曰：鞫獄官，謂推鞫主司。停囚待對問，謂囚徒侶見在他所，須追對問者。雖職不相管，皆聽直牒。稱直牒者，謂不緣所管上司。直牒所管追攝。注云，雖下司亦聽。假如大理及州縣官須追省臺之人，皆得直牒追攝，牒至皆須卽遣。不卽遣者，笞五十，三日以上杖一百。

諸鞫獄者，皆須依所告狀鞫之。若於本狀之外別求他罪者，以故入人罪論。

疏議曰：鞫獄者，謂推鞫之官，皆須依所告本狀推之。若於本狀之外，傍更推問，別求得笞杖徒流及死罪者，同故入人罪之類。若因其告狀，或應掩捕搜檢，因而檢得別罪者，亦得推之。其監臨主司獄所部告狀之外，知有別罪者，卽須舉牒別更糺論，不得因前告狀而輒推鞫。若非監臨之官，亦不得狀外別舉推勘。

諸鞫獄官，囚徒伴在他所者，聽移送先繫處併論之，謂輕從重。若輕重等，少從多。多少等，後從先。若禁處相去百里外者，各從事發處斷之。違者杖一百。若違法移囚，卽令當處受而推之，申所管屬推劾。若囚至不受，及受而不申者，亦與移囚罪同。

疏：諸鞫獄官，囚徒伴在他所者，聽移送先繫處併論之。注云，謂輕從重。若輕重等，少從多。多少等，後從先。若禁處相去百里外者，各從事發處斷之。又云，違者杖一百。議曰：鞫獄官，囚徒伴在他所者，假有諸縣相去各百里內，東縣先有繫囚，西縣囚復事發，其事相連，應須對鞫，聽移後發之囚，送先繫之處併論之。注云，謂輕從重。謂輕罪發雖在先，仍移輕以就重。若輕重等，少從多。謂兩縣之囚，罪名輕重等者，少處發雖在先，仍移就多處。若多少等，卽移後繫囚從先繫處。若禁囚之所相去百里外者，各從事發處斷之。既恐失脫囚徒，又慮漏泄情狀，故令當處斷之。違者各杖一百。

又云，若違法移囚，卽令當處受而推之，申所管屬推劾。若囚至不受，及受而不申者，亦與移囚罪同。議曰：違法移囚，謂移重就輕，或移多就少之類。卽令當處受而推之，謂囚至之處，卽合受推，仍申所管之州推劾，謂兩縣囚申州，兩州囚申省，並依狀推劾。囚至不肯爲受，或受囚不申管屬，與擅移囚罪同，亦杖一百。卽擅移囚，縣各隷別州者，卽受囚之縣申所管之州，轉牒送囚之州，依法推劾。此等移囚，並謂兩處事發。若是一處事發者，不限遠近，皆須直牒追攝，如有違者，自從上法。

准唐長慶元年十一月五日敕節文，應犯諸罪，臨決稱冤，已經三度斷結，不在重推限。自今以後有此色，不問臺及府縣，幷外州縣，但通計都經三度推勘，每度推官不同，囚徒皆有伏款，及經三度結斷者，更有論訴，一切不在重推問限。其中縱有進狀敕下，如是已經三度結斷者，亦請受敕處聞奏執論。如是告本推官典受賄賂，推勘不平，及有稱冤事狀，言訖便可立驗者，卽請與重推。如所告及稱冤無理者，除本犯是死刑外，餘罪請於本條外更加一等科罪。如官典取受有實者，亦請於本罪外加罪一等。如囚徒冤屈不虛者，其第三度推事官典，伏請本法外更加一等貶責，其第二、第一度官典亦請節級科處。釋曰：節級猶等級也。

准唐天成三年七月十七日敕節文，諸道州府凡有推鞫囚獄，案成後，逐處委觀察、防禦、團練軍事判官，引所勘囚人面前錄問，如有異同，卽移司別勘。若見本情，其前推勘官吏，量罪科責。如無異同，卽於案後別連一狀，云所錄問囚人與案欵同，轉上本處觀察團練使、刺史。如有案牘未經錄問過，不得便令詳斷。

宋・謝深甫《慶元條法事類・刑獄門》 諸訊囚聽於臀腿及兩足底分受，非當行，典獄不得至訊所，其考訊及行決之人皆不得中易。

《宋會要輯稿・刑法二》〔政和三年〕十二月二十七日詔：自今應內外非刑禁官司，不得輒置小荆杖拷訊。

宋・李燾《續資治通鑑長編》卷十六〔宋太祖開寶八年七月〕詔：諸州所上案牘，令大理寺、刑部共裁斷以聞。諸道巡檢捕盜使臣，凡獲寇盜，不得先行考訊，卽送所屬州府。

宋・李燾《續資治通鑑長編》卷二三〔宋太宗太平興國六年三月〕又詔：囚當訊掠，則集官屬同問，勿委胥吏搒決。

又〔宋太宗太平興國七年閏十二月〕先是，知桐廬縣、太常寺太祝刁衎上疏言：淫刑酷法，非律文所載者，望詔天下悉禁止之。巡檢使臣捕得盜賊、亡卒，並送本部法官訊鞫，無得擅加酷虐。古者投姦人於四裔，今乃遠方囚人，盡歸象闕，配於務役，最非其宜。神皋勝地，天子所居，豈可使流囚於此聚役。自今外處罪人，望勿許解送上京，亦不留於諸務充役。又《禮》曰：刑人於市，與衆棄之。則知黃屋紫宸之中，乃非行法用刑之所。望自今御前不行決罰之刑，殿前引見司鉗黥法具，並付御史、廷尉之獄，敕杖不以大小，皆以付御史、廷尉。京府或出中使，或命法官，具禮監科，以重聖皇明刑愼法之意。或有犯劫盜亡命，罪重者刖足釘身，國門布令。此乃愚民昧於刑憲，逼於衣食，偶然爲惡，義不及他，被其慘毒，寔傷風化，亦望減除此法。如此，則人情不駭，各固其生，和氣無傷，必臻其瑞矣。上覽疏其悅，降詔褒答焉。

衎，昇州人也。初仕李煜，直清輝殿，閱中外章疏，甚被親昵。歸朝，授太祝。稱疾，假滿落籍，屛居輦下者數歲。李昉、扈蒙在翰林，勉其出仕，因獻《聖德頌》，乃復故官。出宰桐廬，凡七年不遷，搢紳服其純澹夷雅，多推尊之。去年秋，詔百官言事，衎疏必因此而上，不知的在何時，附見丁酉詔後，恐此詔實因刁衎也。

宋・李燾《續資治通鑑長編》卷七二〔宋眞宗大中祥符二年七月〕先是，開封府劾進士廖符，械繫庭中，曝裂其背，訊之無狀。上以炎暑之月，罪未見情，橫罹虐罰，良可嗟惻。丁巳，特置糾察在京刑獄司，命金部員外郎知制誥周起、侍御史趙湘領之。應御史臺、開封府及在京凡有刑禁處，徒以上罪，卽時具收禁移報，內未盡理及淹延者，取欵詞駮奏。若曠於舉職，致有枉濫，因事彰露，則重罰之。

宋・李燾《續資治通鑑長編》卷七六〔宋眞宗大中祥符四年十月〕辛亥，太常丞李經言，州縣多冒夜秉燭杖罪人，至有雇人受杖者，望嚴行禁止，從之。

宋・李燾《續資治通鑑長編》卷三三五〔宋神宗元豐六年五月〕壬寅，右正言王桓言：聞大理寺獄官多不親訊囚，惟囚初到，當官收付，終至結案，或不復見。榜掠詰訊，一委吏胥，非理陵虐，無所告訴，聞頃者有丞拷囚致死，而長、貳以不與獲免，自是以來，官屬不復親事。陛下建長立貳，設正陳丞，豈欲使之偸脫自便，避責不居？伏望懲革。詔大理寺自今並依條格施行。

宋・李心傳《建炎以來繫年要錄》卷一七三〔紹興二十六年七月〕權禮部侍郎賀允中言：臣聞爲君者在恤民，應天者必以實，臣敢以刑罰財用致傷和氣二事試爲陛下陳之。夫則刑獄之官，人之司命。方今州縣獄官，凡拷訊罪人，未嘗監臨，盡付公吏之手。每一鞭笞，極其慘酷，號痛冤呼，聲聞道路。捶楚之下，何求而不得。其致傷和氣者一也。國家財用，窠名立額，率用一歲中制，其由來久矣。比年以來，經總制錢立額，以紹興二十六年中最高者一年十九年之數爲之。其當職官，既有厚賞以誘其前，又有嚴責以驅其後，額一不登。每至横斂，民間受弊，不可勝言。其致傷和氣者二也。望詔天下刑獄勘官，每遇拷訊，須自監臨。總制錢改立歲額，以爲中制。庶使刑罰清而民自不冤，財用節而孰與不足。於陛下恤民之心，應天之寔，或有涓埃之助。詔戶刑部看詳中省。

宋・李心傳《建炎以來繫年要録》卷一七九 〔紹興二十八年六月〕初有詔用刑殘酷責降之人，竝毋得堂除。止令吏部與遠小監當差遣。元旨十二年正月壬子行下。行之十餘歲，議者以爲無一定之格，事下刑部。刑部請今後命官挾私，將罪無罪人收禁非理致死者，自以杖捶人；及違法決罰罪人，或獄具非理施行，各致殘疾已上，並謂自犯，曾經有司勘斷之人，皆爲殘酷。從之。於是得免者衆矣。

宋・陳襄《州縣提綱・捕到人勿訊》 大辟劫盜捕至之初，例於兩腿及兩足底輒訊杖數百，名曰入門杖子，然後付獄。不知其在都保或巡尉司綿歷多日，飲食不時，饑餓羸弱，兼爲承捕人考掠，其傷已多，若不先驗以備不測，又從而酷訊之，往往至獄即病，方鞫情狀而其人或死矣。既死合委官驗覆，若痕在致命，罪屬慘酷，至累終身。故始至須躬問大情，仍驗有無傷，始付獄，戒給飲食，然後鞫之。異時生殺自有常憲，不必於其初輒酷訊之也。況捕至之初，罪辜未明，一例輒訊，異時推鞫無犯，追悔亡及。

宋・陳襄《州縣提綱・審記禁刑》 禁刑日或因事紛擾，吏失檢舉，或一時盛怒，倉卒忘記，或案吏結解，慮所屬責稽慢，先作檢舉立斷罪虛案置之。案沓當立虛案時，往往所用日印不照禁刑之日，或被檢察，罪不可逭，故遇禁刑須大書于牌，寘於目前，庶幾目擊不至過誤。

宋・陳襄《州縣提綱・鞫獄從實》 縲絏之下何求而不得，若專尚威猛，考掠苦楚，勒其招伏，彼不得已雖一時面從，非惟異時翻異罪在失入，況死者不可復生，命誰與酬。又有矯是弊者，一切不加考掠，專以輕罪誘其承伏，愚民不識法，苦於久繫，意謂果輕，亟欲出獄，往往誣服，其後卻加以重罪，則是以甘言誘人入於死地也。故鞫獄不可專用威猛，亦不可誘以輕罪，惟察詞觀色，喻之以理，扣其實情，俾之自吐則善矣。

宋・陳襄《州縣提綱・勿訊腿杖》 訊杖，在法許於臀腿足底分受，然每訊不過三十而止。今人動輒訊至數百，蓋腿與陰近，訊多必斃作輒死。亦嘗親覩一官司訊人，腿杖過百即死者，不可不爲深戒。

宋・李元弼《作邑自箴》 廊下枷吊罪人，用東西廊牌子施寫罪人姓名，付逐廊獄子專切看守，人數多即添差弓手，仍責定節級或杖直不住點檢提舉。

又 勘問罪人未可便行拷掠，先安排下小杖子，喝下所拷數目，欲行拷打，卻且權住，更且子細閃問，待其欲說不說持疑之際，乘勢拷問。若未盡本情，又且略住杖子，再三盤詰，嘗留杖子數目，未要打盡，自然畏懾，不敢抵諱。

又 罪人未吐實情，先須立判同官通簽訖，方行拷訊。司獄不對官員擅自拷訊者，許諸色人陳告，當行勘決。

又 獄具幷大小杖稱量如法用火印，仍令秤子自書姓名於其上，以金漆漆定，不能書則吏代之，止令花押。火印用訖封鎖庫中。

又 罪人犯狀明白，倚賴兇頑累經綳拷未肯招承者，但晝夜不得令睡，立在廳前，不過三兩日，便通本情。然須擇有心力獄子三五名，專一看守，不得稍涉懈怠。仍差節級不輟高聲提舉，以防疎失。

凡勘罪人切不可非理拗擨綳吊，但吊起一足直身令立，已自難受。

《宋史・刑法志一》 御史臺嘗鞫殺人賊，獄具，知雜王隨請臠咼之，帝曰：五刑自有常制，何爲慘毒也。入內供奉官楊守珍使陝西，督捕盜賊，因請擒獲強盜至死者，望以付臣凌遲，用戒凶惡。詔：捕賊送所屬，依法論決，毋用凌遲。凌遲者，先斷其支體，乃抉其吭，當時之極法也。蓋真宗仁恕，而慘酷之刑，祖宗亦未嘗用。

又 政和間，詔：品官犯罪，三問不承，卽奏請追攝；若情理重害而拒隱，方許枷訊邇來有司廢法，不原輕重，枷訊與常人無異，將使人有輕吾爵祿之心。可申明條令，以稱欽恤之意。又詔：宗子犯罪，庭訓示辱。比有去衣受杖，傷膚敗體，有惻朕懷。其令大宗正司恪守條制，違者以違御筆論。又曰：其情理重害，別被處分。若罪至徒、流，方許制勘，餘止以衆證爲定，仍取伏辨，無得輒加捶考。其合庭訓者，並送大宗正司，以副朕敦睦九族之意。中書省言：《律》在官犯罪，去官勿論。蓋爲命官立文。其後相因，掌典去官，亦用去官免罪，有犯則解役歸農，幸免重罪。詔改《政和敕》掌典解役從去官法。

《宋史·刑法志二》〔理宗〕帝之用刑可謂極厚矣，而天下之獄不勝其酷。每歲冬夏，詔提刑行郡決囚，提刑憚行，悉委倅貳，倅貳不行，復委幕屬。所委之人，類皆肆行威福，以要饋遺。監司、郡守，擅作威福，意所欲黥，則令入其當黥之由，意所欲殺，則令證其當死之罪，呼喝吏卒，嚴限日時，監勒招承，催促結款。而又擅置獄具，非法殘民，或斷薪爲杖，掊擊手足，名曰掉柴；或木索并施，夾兩脰，名曰夾幫；或纏繩於首，加以木楔，名曰腦箍；或反縛跪地，短豎堅木，交辮兩股，令獄卒跳躍於上，謂之超棍，痛深骨髓，幾於殞命。富貴之家，稍有罥偏，動籍其貲。又以趁辦月椿及添助版帳爲名，不問罪之輕重，并從科罰。大率官取其十，吏漁其百。

《元典章·詳讞·禁司獄用刑》至治元年四月日，福建廉訪司奉江南行臺據監察御史阿剌不花承事馬徵事呈，延祐五年十二月初一日吉安路申，永豐縣李壽三等聚衆捉獲賊人李壽三、羅四等，招供係首賊周箴傳糾合行劫吉永州夏家、永豐縣余家財物，豎立紅旗聚衆等事。獲問得周箴傳先於吉水州供招止曾與徐五等聚衆同謀行劫，被武司獄於延祐六年十月初十日入禁之初拷打，勒令招指稅家同謀，不禁箠楚，省記得讎人陳一大、劉元道、王茂可於官，妄指各人，撰造妖言等。因喚責得獄典萬彧等，指證武司獄委曾令牢子劉箴周訊杖拷打腳底，及武司獄掣起木棍，自將周箴傳拷打是實。參詳司獄之設，職專囚禁，冤者錄問申明，滯者隨事申舉。據周箴傳撰造妖言事體非理，本路未經取問，司獄武稹先就禁內輒加拷打，已是不應，又逼令妄指平民陳一大撰造妖言，劉元道、王茂可接受□文，及被周箴傳當廳指出被拷妄指讎人情由，本官嗔怒，就牢復將周箴傳自用木棍打傷，系破枷頭，有此越分，殊失委任之意。得此。施行間，延祐七年三月二十日欽奉詔赦釋免，今來照得大德八年江南行臺准御史臺咨，承奉中書省札付刑部呈刑獄不便事內一款：獄事不修，司獄之責。牢獄皆凶穢之地，前人有畫地爲獄，設愿不入之語，苟司獄官如能用心，使獄卒常常除掃潔淨，暑天洗滌枷扭，時令暫出乘涼，冬月糊塞窻戶，措置煖匣，拘鈐囚糧不致尅減，病則親臨看治，囚有冤滯枉禁者，具實申明，少免冤濫。今司獄之官少得其人，或自有私過，畏避本屬，因循緘默。獄事不治，所以撫字之官不以恤刑爲心，有不應收禁而收禁，有不應枷鎖而枷鎖，有例應釋放故作遲延者。看詳司獄直隸廉訪司，蓋與常知各處獄情，今後督責司獄整治獄事如法，每月具報收除起數、有無冤滯，開申憲司。其司獄官吏有犯，許移文憲司取問責罰，以稱直隸之責，亦免有司挾恨羅織之患。仍仰本府提牢正官，常切依期加意點覷。奉此。常謂司獄之責專管獄事，掃除牢房，滌洗械杻，時其衣食，病則親臨看視，設有冤枉，申達本道廉訪司，此其職也。今吉安路司獄武稹，不思職分之所當爲，乃將囚徒周箴傳等擅用訊杖木棍拷打，逼令妄指平民，似此違越濫用刑法，深負司獄之職，罪輕釋免，若不申明，誠恐積漸倣效，深爲未便。如蒙札付各道廉訪司常加檢舉，若有似此違枉人員，各處當該官司隨即具由申牒，本道廉訪司嚴行究治，非惟官有分內之事，人免法外之苦，抑亦恤刑之一端也。具呈照詳。得此。憲臺除外，仰照驗依上施行。

《元典章·鞫獄·鞫囚以理推尋》至元二十八年六月中書省奏准至元新格內一款：諸鞫問罪囚，必先參照元發事頭，詳審本人詞理，研窮合用證佐，追究可信顯迹。若或事情疑似，贓伏已明，而隱諱不招，須與連職官員立案同署，依法拷問。其告指不明，無證驗可據者，先須以理推尋，不得輒加拷掠。

《大明令·刑令》凡鞫問罪囚，必須依法詳情推理，毋得非法苦楚，鍛鍊成獄。違者，究治。

明·應檟《大明律釋義·斷獄·老幼不拷訊》凡應入議之人及年七十以上十五以下若廢疾者，並不合拷訊，皆據衆證定罪，違者以故失入人罪論。其於律得相容隱之人及年八十以上十歲以下若篤疾皆不得令其爲證，違者笞五十。

釋義曰：八議之人及年七十以上十五以下又廢疾有犯並不許拷訊，所以優禮應議之人，恤老慈幼，矜不成人也。律得相容隱之人，恐其爲親者諱，八十以上八歲以下及篤疾律皆免罪，恐其恃此以罔人，故皆不得令其爲證。

明·王肯堂《王儀部先生箋釋·斷獄·故禁故勘平人》釋曰：平人，平空無事之人，即無罪之稱也，與下文公事干連之平人不同。前即言故禁平人，而又言其有應禁者，後節言故勘平人，而又言其有應勘者。

第一節此與上條不同，上條謂輕罪而不應禁者，此平人則無罪之民耳。凡官吏懷挾私讐，將平人故行監禁者，杖八十，因故禁而致死者絞，監候。其提牢官及獄官卒知其挾私故禁而不舉首於上司者，與官吏同罪，至死者杖一百，流三千里，不知者不坐。若無招誤禁者，有罪則有招，有招則有禁，平人因公事干連在官，本無招罪，則是無干之人，自當先行省發保候。若一時誤禁，除不致死勿論，致死者杖八十，原其誤而重其死也。若雖無罪，原係緊關干證之人，有文案相關涉而應禁者，難以保候在外，雖邂逅致犯，亦勿論。

第二節若官吏有懷挾私讐，將平人故行拷勘者，杖八十，至折傷以上，依凡人鬭傷論罪，因故勘而致死者斬，監候。同僚官及獄卒明知其挾讐情由，而故爲助虐共勘平人者，與同罪至死者杖一百，流三千里。其不知情而共勘，或雖共勘而但依法拷訊，不曾故行非法拷打之事者不坐。若因見問公事，干連平人在官，其事須要推鞫勘問及罪人贓杖已是證佐明白而干連之人，猶爲之同情隱諱不服招承者，則明立文案，依法拷訊，非同故勘矣。故邂逅至死者勿論。因公事干連平人在官，事須鞫問是一項，罪人贓仗證佐明白，不服招承是一項，明立文案，依法拷訊，邂逅身死者勿論此乃承上兩項而言也。

條例

釋曰：此酷刑之例。問罪依監臨官於人虛怯去處非法毆打律，追埋葬銀，引例降級充軍。

明・王肯堂《王儀部先生箋釋・斷獄・老幼不拷訊》 釋曰：凡應入議之人，及軍民人等，年七十以上十五以下，若廢疾者犯罪，並不合用刑拷訊，但據衆證以定其罪。獨言廢疾者何舉輕也，若瞎一目但謂之殘疾耳，此皆所以優禮應議之人恤老慈幼矜不成人之意。當該官司違此律者，以故失入人罪論，謂不恤其應議及年之老幼疾之篤廢故加拷訊，老幼不勝其苦而虛招，則以故入論，不稽其是否應議年之老幼疾之篤廢而誤加拷訊，以成其罪，則以失入論，故人者坐以全罪失入者，減三等。若事不枉斷，止以不應爲問罪，其於律稱同居，及大功以上小功以下親屬凡有罪得相容隱之人，及民年八十以上十歲以下，若篤疾者皆不得令其爲證，以斷人之罪，違者笞五十。蓋既許相容隱矣，則於親情自有所諱，豈可使證其罪。而老幼篤疾於法俱得免罪，或恃此以罔人，故禁之也。

明・王肯堂《王儀部先生箋釋・慎刑説・盜情》 地方失盜，保甲人等負疎虞之罪，捕快人等懼比較之嚴，彼此扶同，狐疑妄指，即將平人及曾爲竊盜，或乞食貧民，擅拏私拷，備極非刑，手執失單，逼令招認。不合，則捶楚亂加；偶合，則逼招盜夥。即招，則鎖押同拏，仍照前法榜掠，以致展轉相誣，甚者授以口詞，使之攀指。夫眞賊不嚴訊，固不招承，良民受酷刑，何所不認。然則捕快之言何可據哉？以後拏賊，除眞盜拒捕，曾毆公差，許其打傷不罪外，其余止許綁縛到官，掌印官先驗有無傷痕，如拷打骨肉有傷者，將此等捕役痛切懲革，有致命重傷者，不分盜之眞假，限內身死，定應細鞫抵償。

明・沈德符《萬曆野獲編・禁衛・鎮撫司刑具》 縉紳得罪，雖極刑，止下刑部。若錦衣衛與東廠相表裏，不過詷察諸不法。凡廠衛所廉，謀反殺逆及強盜等重辟，始下錦衣之鎮撫司拷問。尋常止云打著問，重者加好生二字。其最重大者，則云好生著實打著問。必用刑一套，凡爲具十八種，無不試之。亦從無及士人者，不知何年始加之縉紳，後遂爲恆事，士氣消折盡矣。鎮撫司獄，亦不比法司，其室卑入地，其牆厚數仞，即隔壁嗥呼，悄不聞聲。每市一物入內，必經數處驗查，飲食之屬十不能得一，又不得自舉火，雖嚴寒不過啖冷炙披冷衲而已。家人輩不但不得隨入，亦不許相面。惟拷問之期，得於堂下遙相望見。蓋即唐之麗景門，宋之內軍巡院類也。向年己亥，王紳齋大參貽德從四川逮入，亦下鎮撫事。王曾守嘉興，廉潔愛民，吾郡人爲請於緹帥周餘臺嘉慶求少寬之。周密囑曰，諸刑俱可應故事，惟拶指則毫難假借。蓋緊則肉雖去而骨不傷，稍寬則十指俱折矣。若他刑果盡法，即一二可死，何待十八件盡用哉。想諸公得罪時亦必皆然，王後數年得白，補故官於貴州，又陞雲南，以久不赴任，勒致仕。周掌鎮撫時，已官都督僉事，上大堂僉書管事矣。又數年爲癸卯，周以次當柄用，時掌衛者爲蒲州王之楨正用事，知周欲得其位，切齒恨之，適妖書事起，王遂指書出於周手，逮其父子妻女一家，備用全刑，周瀕死數度，終不肯承，賴上聖明，止勿再拷，僅奪官歸。後周之子顯詐亦官至緹帥，每爲余言，身與弟妹受刑狀，未嘗不拊膺痛也。周嘉慶歸數年病歿。又數年，王之楨抱病寢劇，見周爲祟，如竇灌守田蚡狀，王因不起，此即顯祚所述，不知信否。

明・余繼登《典故紀聞》卷四 洪武初，天下官民有犯者，俱命屬之法司。其有重罪逮至京者，或令收繫錦衣衛，審其情辭，用事者因以非法淩虐。太祖聞之，怒曰：訊鞫者，法司事也。凡負重罪來者，或令錦衣衛審之，欲先得其情耳，豈令其鍛鍊也？ 而乃非法如是！ 命取其刑具，悉焚之，以所繫囚送刑部審理。

明・余繼登《典故紀聞》卷十五　成化時，給事中白昂言： 大理寺審錄，有詞稱冤，人犯駁回在外衙門再問，多偏執己見，不與辯明，或用非法重刑，鍛鍊成獄。囚人慮其駁回，必加酷刑，雖有冤枉，不敢再言。今後有問招不明擬罪不當者，俱乞改調相應官員問理，不許鍛鍊成獄，違者雖無贓，亦依律問罪，送吏部改調。從之。

又　成化時，廣東按察司言： 婦人犯笞杖幷徒罪者，例俱單衣的決，但其間所犯多緣連累，且素懷廉恥之人，一被刑辱，終身莫雪，甚爲可憫。乞自後除姦盜不孝與樂婦的決，餘悉納鈔贖罪。遂著爲令。

明・談遷《國榷・太祖洪武十五年》〔十二月〕丙戌，詔各部逮繫人悉送訊刑部。

明・陳子龍《明經世文編・倪岳〈會議〉》　愼重刑獄，竊惟刑以輔治，自古帝王之治天下，未有不本諸此而爲治者。臣等常見兩京法司推問輕重罪囚，悉發大理寺審錄。情罪相當者，評允施行； 情不當罪者，駁回再問。如此可謂愼用刑矣。而尙有稱冤不服罪囚，其在外諸司問理刑獄，秉公持正，而刑罰得中者，固有其人，中間有等矯情干譽之徒，不能體皇上重愛民命之意，以苛暴爲能事，以刻剝爲盡職，讞獄之際，視人命如草芥，煅煉成獄，問擬斬絞罪名，監候呈詳，或有詞未明，或稱冤不服，恐其反異不便，及未成獄囚犯，一概輒令獄卒多方致死。殊不知古人用刑，罪疑惟輕之意，冤枉所係，誠可哀憐，上干和氣，致生災變，未有不由于此，及法司奏行差官前去各處審錄重囚，往往圖得便道過家，不及致詳刑獄，雖有審錄之名，實爲虛應故事，如蒙伏望聖明擴天地好生之德，體日月照察之明，特勅法司，凡遇差官審錄，弗狥私情，務要南方刑獄擬差北方官員，北方刑獄擬差南方官員，其于審錄之際仍要留心詳審，勿拘成案，情眞罪當者，監候奏請處決。其間情有可矜，罪有可疑及情法不相當者，具緊關略節招由，奏請區處，其原問官員，果有故出入人罪者依律，坐以故出故入之罪。如是失出入人罪者，坐以失出，失入之罪如此，庶使在外問刑官員少知愼刑之意。不行慘刻之科，而刑獄得以淸，冤抑亦得以雪，人心和悅而災異消弭矣。

明・呂坤《實政録・風憲約・用刑》　一、衙門刑具，載在律條，其數有六： 笞、杖、訊、枷、鐐。無論笞杖即訊亦號爲極重矣，大頭止徑四分五釐，其用止於重罪，不服其法，止於臀腿分受，至於笞杖止加於臀而已，不及腿也。近日各衙門用重大竹篦不去稜節，聽從惡卒任責腿灣，多者三五十，或內潰割肉，或筋傷殘廢，此惟法司懲創極惡大奸，百一用之，郡邑職在牧民，常刑當如是耶？ 但竹篦通行已久，不能遽革以肆奸頑，亦當分爲輕重三等，每板臀腿分受。十板以上兩腿分受，何處非肌膚，何肌膚不痛楚，而必欲殘民以逞哉？ 如不係極惡大奸萬民所恨，而仍槩用重大，及數多加力又叢於一處，擅及於腿灣者，無問曾否傷人，定以酷刑參罷。

一、枷有三等，死罪重不過二十五斤，徒流二十斤，杖十五斤。夫枷非令負重，止書罪名於上，號令示衆而已，故曰枷號。至於一百斤、一百二十斤大枷，於例雖有用亦不常。今後各府州縣百斤重枷不得輕用，應枷號者，照律置爲三等，不許一概輒用大枷，違者以違制論。

一、人身之用，手居其九，若懼有疎虞，大鐐嚴鎖牢絆兩足可矣，至於木杻，非死罪男子始用，充軍以下例不械其兩手，念人情之便也。婦人雖死罪不杻，謂飮食便溺不可托之他人，重男女之別也。以後各有司衙門非犯死罪男子不得一概用杻，以傷朝廷體悉人情至意。

一、夾棍、扛子、腦箍、桚指、攢板，原非應有刑具，近日問官有心不精細性不耐煩者，盜不分強竊，人命不分眞僞，一入衙門只靠夾桚，酷烈之狀不可盡述。以後衆證明白事情端的而展轉不肯招承者，間用此等刑具，夾不得過一次，扛不得過三十，桚指不得對兩頭，夾桚不得過二時，腦箍定不許用。如違，不分有無傷人，定以酷刑署考情重者，參究拏問。

明・高攀龍《行政全書・責成州縣約》　刑杖竹篦不得過重，務要削平稜節，不許打在一處，不許打腿灣。拶指不得過兩時，非強盜人命，不許輕用夾棍，不得過兩時，敲杖不得過三十。

又　強竊盜到官，縣官即刻自審，勿輕用刑。只嚴急起贓，贓眞然後具招，勿輕信扳誣，而容捕快先拷，勿先發佐貳審問。

明・佘自强《治譜・詞訟門・用刑》　皂隸之權輕重在手，有打數十板而不痛，有打十數板而斃人者。故不特竹板宜分上中下三號，即同一號中尤要審察。惡人不可輕縱，善人不可輕打，鄉下良民及老弱疾病尤不可多打重打。

明・丘濬《大學衍義補・慎刑憲・戒濫縱之失》 理宗朝，天下之獄不勝其酷，每歲冬夏詔提刑行郡決囚。提刑憚行，悉委倅貳，倅貳不行，復委幕屬。所委之人，皆肆行威福，以要餽遺，監司郡守擅作威福，意所欲黥，則入其當黥之由，意所欲殺，則證其當死之罪。呼喝吏卒，嚴限日時，監勒招承，催促結款。而又擅制獄具，非法殘民，或斷薪爲杖，掊擊手足，名曰棹柴。或木索并施夾兩股，名曰夾幫。或纏繩於首加以木楔，名曰腦箍。或反縛跪地，短豎堅木，交辮兩股，令獄卒跳躍於上，謂之超棍。痛深骨髓，幾於殞命。富貴之家，稍有罥罣，動籍其貲，又以趁辦月樁，及添助版帳爲名，不問罪之輕重，並從科罰。大率官取其十，吏漁其百。州縣往往專殺，拘鎖罪人死而後已。甚至戶婚詞訟，亦皆收禁，有飲食不克饑餓而死者，有無力請求陵虐而死者，有爲兩詞賂遺苦楚而死者。懼其發覺，先以病申，名曰監醫，實則已死，名曰病死，實則殺之。至度宗時，雖累詔切責禁止，終莫能勝，而國亡矣。

又 唐武后，自以久專國事，且內行不謹，欲大誅殺以威之，乃盛開告密之門。擢胡人索元禮爲遊擊將軍，令按制獄。元禮推一人，必令引數十百人，周興、來俊臣之徒效之，紛紛繼起，私蓄無賴數百人，專以告密爲事，欲陷一人，輒令數處俱告事狀如一，俊臣與萬國俊，共撰羅織經數千言，教其徒網羅無辜，織成反狀，構造布置，皆有支節。太后得告密者，輒令索元禮等推之，競爲訊囚酷法。作大枷，有定百脈，突地吼，死豬愁，求破家，反是實，及鳳凰曬翅，驢駒拔撅，僊人獻果等名，或倒懸石縋其首，或以醋灌鼻，每得囚，輒先陳其械具以示之，皆戰慄流汗，望風自誣。

胡寅曰，自古酷刑，未有甚於武后之時。其枝與其具，皆非人理，蓋出於佛氏所說地獄之事也。佛之意，本以怖愚人使之信也，然其說自南北朝瀾漫至唐，未有用以治獄者。佛之言在冊，知之者少，至閻立本圖地獄變相形於繪畫，則人之得見，而慘刻之吏智巧由是滋矣。是故惟仁人之言其利博，佛本以善言之，謂治鬼罪於幽陰間耳，不虞其弊使人眞受此苦也，吁，亦不仁之甚矣。

又 武后長壽元年，來俊臣羅告同平章事狄仁傑等謀反。先是，俊臣奏請降敕一問，即承反者得減死。及仁傑下獄，俊臣以此誘之，仁傑即承反是實，俊臣乃少寬之。仁傑令其子上冤狀，武后覽之以問俊臣，對曰，仁傑等下獄，未嘗褫其巾帶，寢處安甚，苟無事實，安肯承反？太后使通事舍人周綝往視之，俊臣暫假仁傑等巾帶，羅立於西，使綝視之。俊臣詐爲仁傑等謝死表，使綝奏之。樂思晦男數歲，沒入司農，上變得召見。武后問狀，對曰，臣父已死，臣家已破，但惜陛下法爲俊臣等所弄。陛下不信臣言，可擇朝臣之忠清，陛下素所信任者，爲反狀以付俊臣，無不承反矣。武后意稍悟，召見仁傑曰，卿承反何也。對曰，不承則已死於拷掠矣。武后曰，何爲作謝死表。對曰，無之。出表示之，乃知其詐。

臣按：路溫舒言箠楚之下，何求而不得。箠楚刑具之輕者也，人之肌膚尚有所不堪者，况用非法之重刑乎。後世人主，觀武后時來俊臣治狄仁傑謀反之獄，及詳樂思悔幼男之言，與仁傑召見之對，則酷吏害人之情狀，罪人承罪之因由，灼然見矣。

又 武后時，侍御史周矩上疏曰：推刻之吏以深刻爲功，鑿空爭能，相矜以虐。泥耳，籠頭，摺脅，籤爪，懸髮，熏耳，刻害支體，糜爛獄中，號曰獄持。或累日節食，連宵緩問，晝夜搖撼，使不得眠，號曰宿囚。此等既非木石，且救目前，苟求賒死，臣竊聽輿議皆稱天下太平，何苦須反，豈被告者，盡是英雄，欲求帝王邪？但不勝楚毒自誣耳。願陛下察之。周用仁而昌，秦用刑而亡，願陛下緩刑用仁，天下幸甚。

臣按：人主所深惡者反叛也，而小人之欲求富貴者往往假是誣人以求爵賞。人主不之察而聽之，其致人於死地，輒至十百，寡人之妻，孤人之子，絕人之宗祀。其爲仁政之累，和氣之蠱也大矣。遇有斯獄，必須隔別而問，證佐既明，必須得其反具，引赴御前躬爲詰問，許其面辯，不付其獄於所執之人，必察其詳於外廷之訊。如此則奸狀無不明，刑獄無不當矣。

明・丘濬《大學衍義補・慎刑憲・謹詳讞之議》 五代晉天福中，刑部員外郎李象奏：據刑法盜賊未見本贓，推勘因而致死者，故者以故殺論，無故者減一等。又據《斷獄律》云，若依法使杖，依數拷決，而邂逅致死者勿論。邂逅，謂不期致死而死，且彼言拷決尙許勿論，此云無故卻令坐罪，事理相背。請今後推勘之時，致死者若實無故請依邂逅勿論之義。

馬端臨曰，有罪者拘滯囹圄，官不時科決而令其瘐死，此誠有國者之所宜矜閔。然既曰盜賊，則大者可殺，小者可刑，其推勘淹時而不即引伏者，皆大猾巨蠹也，邂逅致死，而以故殺論，過矣。

臣按：人之至惡者，盜賊也。大則害人之命，小則攫人之財，誠無足矜閔者。而古之制法律者，推勘盜賊不見本贓而死者，尚爲故與無故之刑非邂逅身死者必論焉。此無他，盜賊之名天下之至惡者也，一旦用以加諸其人，非眞有實情顯跡者，不可也。欲知其實情顯跡，必須窮其黨與索其贓仗焉。蓋爲劫盜必有黨與，必持器仗，必得貨財，貨財。物物同也，器仗家家有也，黨與，人人可指也。今獲盜焉，併與其黨與器械貨財而得之，其眞邪，僞邪，吾不得而知也。欲加人以惡名而致之於死地，烏可以輕易乎哉？是故，不可以盛怒臨之，俾之得以輸其情也。不可以嚴刑加之，俾之得以久其生也。輸其情，則眞僞可得，而見久其生，則是非可因而知。是以驗其黨與，必歷審其家世居止性習之異，離合聚散圖謀之由。驗其贓仗，必許究其製造物色形狀之殊，小大新陳利鈍之實，某物因某而得，某人因某來，某執某器械，某得某貨財，所經由也何處，所證見也何人。既訪諸其鄰保，又質其親屬。及其追贓也，必俾失主先具其所失之物，其形狀如何，其色樣如何，或大或小或長或短，或新或陳某物乃某工所製，某物從某人而得，所失之物，與所得之贓，較勘皆同，必須無一之參錯互異，然後坐以罪焉。則我心盡而彼心服矣。仰惟我祖宗朝儀最爲嚴肅，雖犯反逆大罪亦不當朝引見，惟於所獲強盜，則連贓仗引赴御前，非無意也，蓋恐不逞之徒，誣執平人以希陞賞，使有冤者，得以對天籲告，不至爲人所隔絕也。嗚呼！聖祖之心，天地之心也，爲臣子者，所當深體。

清・嵇璜《續文獻通考・刑一》 宋理宗景定四年十二月詔：禁在京置窠柵，私繫囚并非法獄具，臺憲，其嚴禁，戢違者有刑。

理宗起自民間，具知刑獄之弊，初即位詔天下恤刑，又親制審刑銘以警有位。每歲大暑，必臨軒慮囚，自謀殺、故殺、鬬殺、已殺人者，僞造符印、會子，放火，官員犯入己贓，將校軍人凶枉法外，餘死罪情輕者，降從流，流降從徒，徒降從杖，杖以下釋之。大寒慮囚及祈晴、祈雪及災祥，亦如之。後以建康亦先朝駐蹕之地，罪人亦得視臨安減降之法。帝之用刑可謂極厚矣，而天下之獄不勝其酷，每歲冬夏詔提刑行郡失囚，提刑憚行，悉委倅貳；倅貳不行，復委幕屬。所委之人，類皆肆行威福，意所欲黥，則令入其當黥之由，意所欲殺，則令證其當死之罪。呼喝吏卒，嚴限日時，監勒招承，催促結欵，而擅制獄具，非法殘民，或斷薪爲杖棓擊手足，名曰掉柴；或木索並施，夾兩脰，名曰夾幫；或纏繩於首，加以木楔，名曰腦箍；或反縛跪地，短豎堅木交辮兩股，令獄卒跳躍於上，謂之超棍；痛深骨髓，幾於隕命。富貴之家稍有罥罣，動籍其資，又以趁辦月椿及添助版帳爲名，不問罪之輕重，並從科罰。大率官取其十，吏漁其百。州縣往往專殺，故拘鎖罪人或一季半年，竟無限日，死而後已。又以己私摧折手足，拘鎖尉砦，亦有豪強賂吏，羅織平民，而囚殺之。甚至戶婚詞訟亦皆收禁。有飲食不充飢餓而死者，有無力請求吏卒凌虐而死者，有爲兩詞賂遺苦楚而死者。懼其發覺先以病申，名曰監醫，實則已死；名曰病死，實則殺之。至度宗時，雖累詔切責，而禁止之，終莫能勝，而國亡矣。

邱濬《大學衍義補》曰：宋至理宗時，土地已蹙，窮民殘喘，待日而斃，多方以嫗乳之，猶恐不足以有，而一時監司守令乃爲嚴刑苛法，以籍民財，以殘民命。理宗在位，方以崇尚道學爲事，務虛名而蔑實政，卒至於干天地之和，促國家之脈。嗚呼！豈無所自哉！

臣等謹按：馬端臨《刑考序》，既以失之過弱爲宋病矣，今觀其末造，至於酷吏橫行生民冤濫，若此則又似以苛暴而敗，其故何哉？自元豐以後，黨禍漸興，章惇起同文館獄羅織善類；蔡京請帝數降御批，杜塞法司之口；秦檜假詔獄爲號，戕害忠良；韓侂胄顯排道學，竄斥幾盡；史彌遠、賈似道之屬，竊弄威福，相爲始終。蓋既失其操柄，政出多門，下至胥吏輿隸之賤，皆得快其恩怨之私，故其禍先及士大夫，而終亦毒流百姓。由此觀之，弱宋之失在馭臣之不嚴，而不在撫民之過厚，亦明矣。

清・畢沅《續資治通鑑》卷二七 〔宋眞宗景德四年〕乙卯，詔曰：拷掠之法，素著科條，非理擅行，茲謂慘酷。諸道官司有非法訊囚之具，一切毀棄。

清・畢沅《續資治通鑑》卷一二七 〔宋高宗紹興十六年〕癸丑，監察御史巫伋，請申嚴有司，所在刑獄，不得爲非法之具，和仁和、錢塘所用浮匣、命繩之類，違者抵罪，詔刑部禁止。

清・畢沅《續資治通鑑》卷一七三 〔宋理宗淳祐十年〕辛酉，詔戒兩淮都統司主兵官：今後行法，不許輕用脊棍以傷人命。

清・畢沅《續資治通鑑》卷一九九 〔元仁宗延祐三年〕丁丑，敕：凡鞫囚，非強盜毋加酷刑。

清・龍文彬《明會要・刑一》 正統二年，評事馬豫上言：臣奉敕審刑，竊見各處捉獲强盗，多因讐人指攀，拷掠成獄，不待詳報，死傷者甚多。今後，宜勿聽妄指。果有贓證，御史、按察司會審，方許論決。若未審録有傷死者，毋得準例升賞。

又 祭酒周洪謨言：天下有司聽訟，輒用夾棍等刑具。百姓不勝苦楚。請敕法司禁約，除人命、强盗、竊盗、奸犯死罪，須用嚴刑。其餘止用鞭撲。違者，風憲官録其酷暴，以備考劾。詔可。

《大清律例・刑律・老幼不拷訊》 凡應八議之人，禮所當優。及年七十以上，老所當恤。十五以下，幼所當慈。若廢疾疾所當矜。者，如有犯罪，官司并不合用刑拷訊，皆據衆證定罪；違者，以故失入人罪論。故入抵全罪，失入減三等。其于律得相容隱之人，以其情親有所諱。及年八十以上，十歲以下，若篤疾，以其免罪，有所恃。皆不得令其爲證；違者，笞五十。皆以吏爲首，遞減科罪。

續纂條例

凡年七十以上、十五以下，及廢疾犯流罪以下者，准其收贖一次，詳記檔案。若收贖之後，復行犯罪，除因人連累過誤入罪者，仍准其照例收贖外，如係有心再犯，即各照應得罪名，按律充配，不准再行收贖。

《回疆則例・阿奇木伯克不得私理刑訊重案》 各城阿奇木伯克等，凡遇枷責輕罪人犯，准其各自行辦理，仍令稟明駐扎大臣存案備查。如遇有刑訊重案，阿奇木伯克不得濫設夾棍杠子，擅自受理，隨時稟明本管大臣，聽候委員會同審辦。

《大清法規大全・變通舊律例・法部奏酌覈御史俾壽春請停止刑訊摺》 光緒三十四年六月初四日，軍機大臣字寄奉上諭，御史俾壽奏請飭實行停止刑訊嚴禁勒詐一摺，著法部暨各直省督撫體察情形，酌核辦理，務期痛除積弊，以恤民難。原摺著抄給閲看，欽此。欽遵寄信前來當經恭録諭旨，並刊刷原奏，咨行大理院，及劄交各級審判廳，一體遵照在案。查閲原奏内稱，現在屢奉諭旨，停止刑訊，承審各員，宜如何虛心研究，盡心民事，仰體皇仁。風聞大理院各級審判廳遇有控訴，彼此推諉不收。及至無可推諉，始行准理。該員等於審判未盡諳習，又復支離訊斷，多有傳爲笑談者。尋常案件以不能笞責，而用跪鎖掌責等刑，請託徇情，施用壓力仍不能免等語。伏維臣部總持法權，有監督裁判之責，上年改定官制，議設四級裁判。隨於冬月初間，將京師高等以下各級審判廳同時成立，並酌擬章程奏明試辦。采立憲各國之成規，爲司法獨立之先導。開庭迄今，時逾九月，其間管轄區域之廣，受理詞訟之多，實以内城地方審判廳爲最劇。蓋臣等議須設内外兩廳分理徒流以上案件，祇以經費未充，力難併舉，非久計也。此外高等審判廳係專理不服地方廳判決之案，初級審判廳則祇收刑事笞杖罪名及民事二百兩以下之案，與地地廳審級本自分明，特改章之初，愚民未及周悉，其有應赴下級起訴而徑投上級者，有應在上級起訴，而悮投下級者，疊經各該廳員先期曉諭，並隨呈批示指陳，似亦事所或有。言者不察，輒以推諉，加之當係傳聞之誤。至問刑各員，頗難其選。臣等先儘本部資深明練者，奏請補署，間有調員襄助，亦必詳加甄擇方得派充差使。舉凡徒流等罪，均須繕稿送部，並令將刑民各事，按旬册報，逐一稽核。臣等於其合者，准之。不合者，仍駁飭詳審。而死罪並由大理院覆判，期無枉縱無任。其支離訊斷之事，第京城訟獄繁多，機變百出，直者悦服於心，曲者妄騰其口，指摘之來必不能免。若夫跪鎖掌責等刑，本與笞杖相等，現在笞杖既經廢止，則止項刑責其不得濫用可知。查奏定章程，罪犯應死證據已確，不肯供認者，准其刑訊等語，係指命盗重案則言，而徒流以下罪名，則一概不准，以免冤濫。立法何等森嚴，各該庭員具有天良，孰敢不恪爲遵守。若以尋常案件不能笞責之故，仍復壓力横施，該員等縱不自顧考成，亦豈不慮顯撓法紀？況京師耳目較近，法庭指視尤多。果有違章濫責等情，何至無人告發？又如請託徇情之節，臣等亦未嘗不力爲防範。但現在審判辦法係採取東西各國合議之制，每庭各置三員，復有檢察官蒞庭聽審，若謂監督一人受託，未必全庭咸與扶同。全庭有私，未必檢察亦爲徇隱。層層拑制，立法不爲不周。至大理院爲全國最高裁判，一切民刑訟案均經該院。臣就近指示，當更難容弊混，此中審辦情形業由該院臣接咨後，自行分晰陳明，已經仰邀宸鑒。臣等復恐廳區過廣，稽察難周。兩月以來疊與該廳丞接見查詢，似尚無前項情弊。惟是各級審判甫經設立，事體至爲殷繁，難保不日久翫生，始勤終怠。臣等惟有嚴申禁令，懔導此次諭旨，責令實力奉行，並嚴劄各廳於旬報册内詳列某庭、某員承審之案，摘要注明其未結者，均隨時知照該員來部詣問，以憑考驗，仍飭臣部京幾科於該廳擬結案件，務須一律詳核，期歸允當。其能不事刑求者，擬由臣等酌奬。倘有徇情濫刑之員，一經察出，應即隨時參辦，以示懲儆。該御史又稱外省州縣拖押無辜，刑責動至千百，刁徒交結書差，勾串吮噬，藉端嚇詐等語。查詐擾之弊，例禁其嚴，而停止刑訊又係特旨飭遵之事。各該州縣自應仰副朝廷恤下省刑之意，若如所奏各節，是直視憲典如弁髦，以人命爲草芥，尚復成何事體？臣等綱領刑政督率之責，實無可辭。現既由軍機處分寄核辦，擬仍申明例章，通行各直省督撫，轉飭所屬，按照原奏實力奉行，以期無枉無縱，仍由臣等隨時詳查京師各問刑衙門，責成審判庭員矢慎矢勤，以重庶獄而臻治理，謹奏。光緒三十四年八月二十二日，奉旨：依議，欽此。

《大清法規大全·變通舊律例·奏覆御史俾壽請飭京外問刑衙門分別有無刑求勒供隨時勸懲片》 再，臣正在繕摺，間復於本月十七日由軍機處片交本日御史俾壽奏請，飭京外問刑衙門審結案件，分別有無刑求勒供，隨時勸懲一片。奉旨法部，知道，欽此。並將原奏抄交。前來臣等查閱該御史原奏所稱，各節大旨仍係爲停止刑訊，改良裁判起見，核與臣等前奏用意正同，除將該御史原奏一併通行京外問刑衙門查照辦理外，理合附片具奏，光緒三十四年八月二十二日，奉旨：依議，欽此。

《大清法規大全·變通舊律例·修訂法律大臣奏輕罪禁用刑訊笞杖改爲罰金請申明新章摺》 竊臣等奉命修訂法律，本以收回治外法權爲宗旨，開館以來綜核東西各國刑制，悉心參酌，務期中外從同，俾收統馭之效。是以本年三月二十日，議覆前兩江總督劉坤一等變法條奏，擬請變通笞杖辦法改爲罰金，並請流徒以下不准刑訊等因，奉旨：依議，欽此。又於廿一日復欽奉上諭，昨據伍廷芳、沈家本奏議覆恤刑獄各條，請飭禁止刑訊拖累，變通笞杖辦法，並清查監獄羈所等條，業經降旨依議。惟立法期於盡善，而徒法不能自行，全在大小各官任事實心力除壅蔽，庶幾政平訟理，積習可回。頗聞各省州縣或嚴酷任性率用刑求，或一案動輒株連，傳到不即審訊，任聽丁差朦蔽，擇肥而噬，拖累羈押，凌虐百端，種種情形實堪痛恨。此次奏定章程，全行照准。原以矜恤庶獄，務申公道而通民情，用特重申誥誡著該督撫等，嚴飭各屬認眞清理，實力遵行，仍隨時詳加查考。儻有陽奉陰違再蹈前項弊端者，即行從嚴參辦，毋稍迴護瞻徇。其各勤求民瘼，盡心獄訟。用副朝廷恤下省刑之至意。將此通諭知之，欽此。伏維聖訓煌煌，中外欣頌，朝廷設立刑章，凡屬問刑衙門，俱應遵守，乃以臣等所問各省州縣實力奉行者固多，而陽奉陰違視爲具文者，仍屬不少。即以上海會審公堂時聞有刑求杖責之事，人言嘖嘖，必非無因。查上海自開關以來，華洋雜處，風氣開通，同治年間設立會審公堂，專理租界內詞訟。凡會審之員於中外法律理應諳熟，此次議廢身體之刑，合中外而相通，尤應切實推行，以一政令。該公堂何以仍蹈從前積習，沿用嚴刑，腐敗情形，於斯可見。臣等竊維立國之要領，存乎法權。而法權之推暨，在乎嚴守。夫上海我國之版圖也，公堂我國之官吏也。以我國之官吏，行我國之法，令揆諸公理，孰敢踰越？且將來新律告成，範圍全國，凡領土之內法權在所必行。正宜乘此時機，先於通商各口岸試行，裁判訴訟之法，以爲基礎。乃上海爲各埠之領袖，竟至首先梗阻，殊出情理之外。在該省大吏諒不至有心視爲具文，第恐所委之員昧於交涉，狃於故常，任情敲撲，視憲典如弁髦，是非從嚴參辦，不足以肅綱紀。惟此項弊端現在各省俱未能盡絶，不獨上海一隅爲然。未便嚴於此，而寬於彼。若遽飭令各省一律查參，勢必藉口省分遠近不同，奉文先後各異以爲解脱，轉致諸多窒礙。今欲嚴其將來，須先寬其既往，相應請旨，飭下各省督撫督同臬司嚴飭所屬州縣，嗣後審理案件凡罪在流徒以下者，照新章不准刑訊。舊例罪應笞杖者，照新章改爲罰金，欽遵前次諭旨，實力奉行。儻有陽奉陰違仍率用刑求妄行責打者，即令該管上司指名嚴參，毋許徇隱，並請飭下兩江總督會同江蘇巡撫將上海會訊公堂一切審判事宜認眞整頓，務須選擇品望素著兼通中外法律者，委充會審之員，方能勝任愉快。不得濫竽充數，以致弊竇叢生。上海通商最久，觀瞻所繫，總期行法得人，庶將來頒布新律可以推行無阻，而收回治外法權其端實基於此矣，謹奏。光緒三十一年九月十七日具奏，奉旨：依議，欽此。

《大清法規大全·審判·大理院稽察票傳人證出入章程》 一、各庭傳喚現審案內應訊人犯，由庭標畫文票後，飭令庭丁持至典簿廳掛號，再行發行。

一、典簿廳按照刑民各庭分立簿冊，遇有各庭傳喚案內人犯，查照票內案由，及傳喚人犯姓名暨限定何日到案時刻，並差保人承票，一一分晰註明。

一、各處奉傳解送人犯到院，先在大門報到，即徑至典簿廳，由典簿廳查照文票戴明案犯及解差官役姓名，由廳派送各庭。其票內無名者，概不得擅入大門。

一、傳到人犯由庭訊畢後，如仍交原差帶回者，即派送典簿廳報明放行。其應行收禁者，除照例知照看守所外，仍一面知照典簿廳。

一、每日各庭傳訊案犯，何時到院，何時放出，有無收禁，典簿廳分別註明。各庭簿冊逐日呈堂閱看。

一、傳到人犯，由典簿廳派員嚴密稽查。本堂亦不時派員調查。各庭丁不得向各人犯交談，以杜需索財物及漏洩消息各弊。如有需索等弊，一經典簿廳查出者，立即回堂嚴辦。本堂派員查出者，亦一律施行。

一、各庭庭丁，如有向在案人犯需索財物者，許被索人犯赴典簿廳或在本庭指名控訴，或本堂進署時攔輿指告，一經查有確據，定行嚴辦，決不寬貸。倘有誣陷，亦必照例辦理。

一、除控訴本院各庭庭丁舞弊，準其攔輿呈控外，其餘概不得率行攔輿。

一、凡有來院內總檢察廳上控，及各庭現審案內，有至本庭續行具呈者，由典簿廳派人帶往。每日將告狀人何時來院、何時放出、所呈是否準理詳晰註明，呈堂閱看。

清・嵇璜《清朝通志・刑法略》 康熙二十年諭：聞刑部所用枷，有大小板，有厚薄，所帶鐵鎖亦輕重不一，發在各衙門罪犯，輒受門軍污穢嚇詐，此等情弊，著稽察嚴禁。三十七年奉旨：各監口有刑具曰大鐐，與匣牀無異，又短夾棍，止長尺許，大枷重百三十斤，瓦樣重板，此皆酷虐之刑，著嚴行禁止。

《清實録・雍正二年》 甲戌，諭刑部：向來盜案有滾案之弊。強盜被獲審實定罪者，於別府州縣或隣省未結案內賄囑他盜，供稱同夥，州縣官即關提質審。一案甫畢，一案復起，名曰滾案。輾轉相連動歷年歲。或更中途脱逃，遂使已結之案終歸未結。劫殺大盜借此支延，無所畏懼，而州縣轉喜此等供扳，可爲獲賊過半之地，附會了事。此弊不除，無以鋤莠安良，爾部定例議奏。尋議：盜犯被獲審實之後，陸續狡供，又於某案行劫者，概不准行。至其扳出夥盜之中，在別處已經審實定罪，不必提審對質。但行文問取口供，查兩案輕重，從重歸結，以杜藉案遷延脱逃等弊。從之。

《清實録・嘉慶十五年》 〔六月〕辛丑，諭内閣：本日吏部具題議處順天府南路同知竇景燕，於審詳案犯輒用非刑，照例議以革職等因一本，已照簽批發矣。朕詳閲本內，該部所引例文，內稱官員將人犯除夾棍、拶指之外，另用非刑者革職；跪鍊、壓膝等刑者，降一級調用等語。因思內外問刑衙門承審案犯，原當虛衷研鞫，不得專事刑求，然遇有狡猾之犯，不肯供吐實情，承問官既不應遽用刑夾，亦不能不量加懲究，或擰耳跪鍊，或繼以壓膝，藉以得情定讞，尚不至傷其肢體，究非同木架撑執，或懸弔敲踝，及針刺手指等非刑可比也。若承問官審訊各犯，於案情未定之時，既不能遽得確情，而一經擰耳、壓膝，即例有應得處分，則凡屬問刑各員，竟無不干吏議者，似此名實不符，殊不足以昭平允，所有承審案犯各員非刑一條應中何酌中定例之處，著該部詳議具奏。尋議：嗣後問刑官於刑部例載刑具之外另用木架、拷踝、針刺等項非刑者照例革職外，其承審命盜、搶竊要案，證據明確，犯供狡展，或用擰耳、跪鍊、壓膝等刑者，免其置議。如係案內干連，或無辜妄被扳指，以及審理尋常案犯，承問官率用擰耳、跪鍊、壓膝等刑，仍降一級調用。該管上司不察實具報者，罰俸一年，督撫罰俸六箇月。因而致死者，照擅用非刑例議處。從之。

《清實録・嘉慶十六年》 〔四月〕癸酉，諭内閣：給事中陸言奏請勅禁非刑及斷罪應照本律一摺。所奏甚是，問刑衙門遇有應加刑鞫之處，本有一定制度，若私造非刑，任意殘酷，必至損折肢體，戕害性命，殊失國家欽恤之意。摺內所稱鸚哥架、天平架等名目，皆非刑典所應有，必係外省州縣任意創爲，因而相習成風。該給事中諒非憑虛臆説，著各該省督撫嚴行飭禁，如有此等刑具，概令毁除。儻嗣後再有私行造用者，立即參辦以儆殘酷。至於定擬罪名，尤應準情酌理，按律援引，不得意爲重輕。前曾降旨，禁用不足蔽辜及從重字樣，近來問刑各衙門，又漸有用未便僅照本律致滋輕縱請照某律定擬字樣者，是於本律之外，抑揚其詞，深文曲筆，又何以昭刑罰之平？亦宜永遠禁止以絶流弊，內外問刑各衙門各宜凜遵，仰體朕明慎用刑之至意。將此通諭知之。

清・劉拱宸《居官慎刑録・雍正八年六月二十九日上諭》 雍正八年六月二十九日奉上諭：《尚書・舜典》云：欽哉欽哉，惟刑之恤哉！朱子曰：所謂欽恤者，欲其詳審曲直，令有罪者不得免，而無罪者不得濫刑也。吾弟怡賢親王嘗奏朕云： 今法司衙門凡有審問事件，並不究其情之虛實，動以夾訊。夫聽斷之下，求之於辭氣耳目以察其情，設誠以待之，據理以鞫之，未有不得其實者，何庸夾訊？倘有證佐確據，情罪顯著，而本犯猶狡獪不以實供，則不得已而用刑。若並不詳鞫其情，而概用重刑嚴訊，三木之下何求不得，此重案之未免有冤抑牽累也。吾弟之言如此。是以八年來，凡朕交王承審數十件繁難大案，皆以誠敬用心，以情理感格愚頑，簡孚閲實，俾各自將罪犯委曲招吐，從未曾夾訊捶楚一人，而諸案情罪無不允當。吾弟之存心忠厚如此。凡爲法司者，皆當奉以爲法也。今外省有司既不能聽辯五辭，無明決折獄之才，每遇重大案件，至期限將滿之時，慮及處分，則連用重刑。該犯欲緩須臾之命，凡官吏訊問之語，靡不承認，遂據供招鍛鍊成獄。且凡遇命盜案件，其中牽連之人，有司亦明知無辜，而欲爲開釋，恐致上司翻駁，遂有非夾訊不能歸結之論。夫欲保全一己之功名，彌縫上司之查駁，無論情之虛實，罪之輕重，輒用三木以訊，每致案未結而有刑斃之人。此其居心尚可問乎？從前阿爾松阿爲刑部時，不能剖斷曲直，乃各將原被告之一足共一三木。此天良喪盡之人，視夾訊爲兒戲，其心之殘忍慘毒甚矣。未幾而身爲叛逆，不能保其首領，善惡之報豈有爽乎？吾弟怡賢親王存心仁恕，固不待言，而其本懷總不欲使天下有一冤抑之人，俾國家受濫刑之議，此其忠君愛國之心出於誠懇篤摯，是以凡有聽斷，歸乎至當，能使羣議帖服，刑章式叙也。今吾弟仙逝之後，凡啓靈大祀之日，上天必賜以清和景象而羣工黎庶各致其哀慕深情，成一千古以來之賢王，此天之報吾弟亦云厚矣。吾弟嘉謨入告之事不可勝數，偶因戒飭問官輕用三木壹節，將吾弟敷奏之言宣示於衆，且布告各省有司，令咸以吾弟怡賢親王之聽訟居心奉爲案鞫之規範，則明慎用刑，庶幾咸中有慶矣。着凡掌刑名衙門將此諭刊榜永示於堂署，特諭。

清・劉拱宸《居官慎刑録・嘉慶十二年五月初三日上諭》 嘉慶十二年五月初三日奉上諭： 汪鏞奏請禁止非刑一摺，據稱各省問刑衙門於例定刑具外，往往私造刑具。如木棒棰一物，專敲内外腳踝，動至數十擊，或百餘擊不等，以致骨節損折，殊屬違例等語。所奏甚是。地方官審辦案件，所用刑具輕重、大小，俱有一定程式，理應慎重，何得制造非刑，恣爲殘酷。今汪鏞所見地方官制造木棒棰一物，敲擊内外腳踝，往往動逾百十，其甚者損至骨折。是三木之外，竟有可以使其鍛鍊者。倘審非正犯，而兩足已成廢棄。小民並未犯法，業經貽累終身，於心何忍。汪鏞摺内謂，始於捕役拷訊賊犯，而現在伊於綏德州審案時，即親見地方官預備此項刑具。看來不止捕役私用，即官員等亦未必不視者常刑，恣其酷暴。試思所訊即確係賊犯，亦有官設刑具，何得恣意妄爲，毫無惻隱。地方官於捕役私拷賊犯不能嚴查懲辦，轉復尤而效之，是誠何心？且恐外省私設刑具，尚不止於此，不可不嚴加飭禁。着通諭各省大小問刑衙門，如有似此濫置非刑，速行除毁，違者以違制論。其捕役違例擅拷，尤當認眞訪查。有犯必懲，不可稍涉寬縱。倘再任聽捕役私設刑具，地方官查禁不實者，該上司據實參處，以儆殘害，用副朕矜慎庶獄至意。欽此。

清・劉拱宸《居官慎刑録・嘉慶十六年四月給事中陸言條陳》 非刑應永遠勅禁也。查各省問刑衙門於例設刑具外，多有私造非刑。其制愈奇，其刑甚酷。有鸚鵡架者，高二尺餘寸，三面設立木檔，後面空虛，令犯人跪進架内，用木棍攔住，使之不以扑地，至該犯立斃架下。前湖廣總督臣汪志伊參革武昌府丁雲錦非刑斃命一案，即此架也。有榜棰者，長三尺餘，敲兩腳踝骨，動以百數，受刑者多致骨節損折。本年廣西撫臣參革荔浦縣知縣董允懷濫刑斃命一案，即其證也。又有横列木牌，上設直柱，將犯人髮辮弔起，僅令腳尖貼地，謂之失魂牌。又有用布蒙犯人之首，縛以麻繩，使兩人用力搖之，謂蕩湖船。又有將犯人髮辮并兩手弔起，長跪架下，謂之天平架。此外尚有荆條擊背，謂之痛打。冷水澆脊，謂之冰燈。恣竟妄爲，呼號慘酷，重者立斃階下，輕則已成廢人。此種非刑，必待其斃命而後題參，則小民受害久矣。應請旨勅下各省問刑衙門，將此等非刑速行除毁，違者照違制律嚴參問罪。仍令各督撫認眞訪查，隨時懲辦，以爲非刑虐民者戒。

清・劉拱宸《居官慎刑録・道光元年正月二十二日上諭》 道光元年正月二十二日奉旨： 這所參審訊假印誆騙人犯輒用非刑致斃之鍾祥縣知縣王餘萬，着革職，交該督撫提仝全案人證審訊，定擬具奏。欽此。同日奉上諭： 張映漢等奏，鍾祥縣知縣王餘萬，因戶書私彫假印，僞造串票，誆騙錢糧。該縣以犯供狡展，輒用木棒敲擊腳踝，以致案未審定，先將正犯拷斃。已降旨將餘萬革職訊問矣。凡問刑衙門審理案件，皆當平情推鞫。其犯罪致死者，亦於獄成之後方麗於法。若於取供時輒用非刑敲訊加以慘毒，甚有因以致死者。是獄囚不死於法而死於問刑之官，豈稱詳刑之義？前御史佘木敦曾奏，近聞各省問官多於常刑之外，擅用非刑，有天平架、閻王架、鸚鵡架、燕子飛、美人樁等名目，皆以嚴酷勒供等語。刑具設有定制，不容私自增減。若於定制之外，各以新意創造，此以施於情眞罪當者猶且不可，況酷虐相尋，或致無辜枉服，其冤濫更何可言？着通諭直省督撫，各飭所屬，如有私設一切非刑，概行禁絶。地方有司遇案，務各虚心研究，期得實情。倘有仍前濫用非刑者，查明著實嚴參，勿稍徇縱，以副朕明愼用刑之意。欽此。

清・劉拱宸《居官慎刑録・擅用非刑》 問刑官員除刑部例載刑具之外，另用木架、拷踝、針刺以及小夾棍、大棒棰、連根帶鬚竹板、聯枷等項非刑，並例所不及賅載，任意私設者，照例革職。如將婦人用夾棍者，亦革職。該官上司不察實具報者，降二級調用。督撫不行題參，降一級留任。其承審命盜、搶竊及一切要案，如實係有罪之人，證據明確，犯供狡展，或用拶耳、跪鍊、壓膝等刑者，免其置議。如係案內干連人犯及無辜之人妄被扳指，承問官不能虚衷研鞫，輒用拶耳、跪鍊、壓膝等項刑求者，仍照向例降一級調用。或審理尋常案犯，率用拶耳、跪鍊、壓膝等刑，亦降一級調用。如將孕婦用拶指者，亦降一級調用。該官上司不察實具報者，罰俸一年，督撫罰俸六個月。因而致死者，照擅用非刑例議處。

一、内外審事官員審問小事，不準用夾棍。若將應夾之人罪不致死者夾死，罰俸一年。將不應夾之人行夾，降一級留任。夾死者降三級調用。應夾之人恣意叠夾致死者，革職。若有別項情由，照情由治罪。若將不應夾之人回堂行夾，經堂官准行，將堂官罰俸六個月。

一、官員將犯人於滿杖之外，違例叠責致死者，照擅用非刑例革職。將無辜之人杖責至死者，革職嚴審。上司不察實具報者降二級調用。督撫不行題參降一級留任。未致死者照將不應夾之人行夾，例降一級留任，上司免議。

清・劉拱宸《居官慎刑録・刑律條例》 陽信縣知縣席汾，因縣民鄭鐸欠糧，比責四十板，勒限三日完交。限滿無完，復行提責二十板。鄭鐸傷至潰爛，逾日殞命。雖訊無挾私逞忿別情，但於尋常欠銀糧户，四日之内連比兩次，叠責六十板，因傷殞命。似此任性濫刑之員，斷難姑容。請旨革職，發往軍臺效力贖罪。乾隆五十七年山東案。

參革署奉新縣江潮相驗縣民劉萬中被劉位德毆傷身死，仵作得賄捏報，並不當時查究。屍親頂撞，輒濫刑致斃。該府雖據聲稱即據實稟揭究辦，但已在斃命之後，仍應照例議處。應將失察所屬濫刑斃命之署南昌府事金明源，降二級調用抵銷。乾隆六十年五月吏部議覆江西案。

督撫設立印簿，分發問刑衙門，將某案某人因何事用夾刑及用刑次數，逐細填註簿内，年底申繳督撫衙門查閲。若有用多報少情弊，降一級調用。

嗣後内而法司，外而督撫、按察司正印官，許酌用夾棍、拶指外，其餘大小衙門，概不准擅用。若堂官、法司審理案件，呈請批准，方許用夾棍、拶指。若不呈請而擅用，及佐貳并武弁衙門擅設夾棍、拶指等刑具者，該堂官及督撫題參交部議處，正印官亦照失察例處分。

道光十三年六月十九日准咨，濫用之員，降二級調用。

清・劉拱宸《居官慎刑録・刑具》 夾棍，用木三根，中梃木長三尺四寸，旁木各長三尺。上圓徑一寸八分，下方闊二寸。自下而上至六寸於三木四面相合處，各鑿圓窩徑一寸六分，深七分。重案不輸實情始用之，不得過二次。

拶指，用圓木五根，各長七寸，徑圓各四分五釐。婦人犯重案不得實用之。

清・劉拱宸《居官填刑録・論刑具》 刑具代有變更，其載在律條，一成而不可易者，當事者無不知之。此老吏常談，無庸贅述言，其未經道破者而已矣。有同一刑具始用之而重，後用之而輕；今日用之而輕，明日用之而又重者。此其故非但官長不知，即訊之老誠隸卒，亦茫然不解。竊博諮羣訪而得之，不敢不爲當事告其倏重倏輕，不可測識者，則以舊燥濕之不同，而用刑之隸卒又漫不蓋藏，聽其露處故也。新設之具，其性倍堅，況竹木皆產於地，未有不帶濕氣者。惟用久則水性漸收，鋒鋩亦去。且與人之皮肉相習，故受者雖云痛楚，未必盡有性命之憂。新設者於與此一一相左，其斃人最易。惟減其數而愼用之，亦足以全好生之德。凡此皆言新舊之別，當世亦間有知之者。至於蓋藏一節，則從來未講。不知輕重殊體，一既可以當三；燥濕異性十還可以抵百。如其不信，但取一件刑具，先於乾燥時稱重幾觔，再於濕透時稱重幾觔，則受刑者之痛楚加倍不加倍便可知己。

然此猶論輕重之體，尚未闡明燥濕之性，請得而暢言之。尋常無罪之人坐卧於卑下斥鹵之地，隔以牀薦、椅褥，尚有濕氣上蒸，浸人骨髓，染成劇病，而不可醫者。況以濕潮之具，裂開其皮而分析其肉，深入於腠理、筋骨之間，尚冀其受而不病，病而不死，有是理乎？常有杖不數巡而斃人於廡下，棍未去脛而畢命於階前者，未必不由於此。伏願當世賢明長者，各於廳事左右，另置高廠廡屋一間，甃板於地，以防梅月之雨濕氣上侵，安頓一切刑具。用則取出，不用則束而藏之。此高大于門之捷徑也，豈待平反大獄、祝網施仁而後爲陰德哉？

古人設枷之意，不過辱之而已。囊頭以本，榜其罪名，動本犯羞恥之心，令其悔過，亦使遠近爲惡者見而知警。法止此矣，原非令之負戴而行，何必過於厚重，即使過於厚重，亦於罪人無害徒損材料而已。何也？此刑專爲亡賴者設，略有顏面身家者寧置他法勿用此刑。蓋以痛可忍，羞不可忍；血可滌，恥不可滌也。官府一念之轉移，繫百姓終身之榮辱，可不慎哉？

杻以攣手，鐐以拘足，皆所以防閑罪人，慮其兔脱故也。苟非大辟，即當存鐐去杻，以遂人情之便。何也？人身之用，足居其一，手居其九，非此則五官不能自運。既不置之死地，即當遂其生機。使活潑有用之人而爲行屍坐肉，不但非情，亦非法耳。至於婦人女子，雖犯死罪，例不加杻，爲其飲食便溺不可假手於人，重男女之別也。人謂後世之法，寬於前古，以其無刖足之刑也。余謂多用夾棍，多敲扛子，便是刖足之刑。猶之殺人以梃與刃，初無分别。朝廷立法，苛與不苛，有何定額？只在用刑者之慎不慎耳。夾棍、扛子於法爲極重，萬不得已而用之，非常刑也。惟强盜、人命，衆口咸證爲實，即司讞者原情度理亦信其眞，而本犯堅不承招，不得不用此法。然以是威之，非以是殺之也。可試而不可用，可一用而不可再用。夾棍之得力處全在將收不收之時，此時所招多是眞招。若待收夾加扛，此時供吐之言十只可聽其一，併此一句亦須待放鬆之後再訊，以定其果否。常有一夾不招而至再夾，再夾不招而至三夾者，即使滿口供承，總非確據，以其出於口者非復出中之言，猶病極而爲譫語。據此定案，非惟陰隲所關，倘遇慈祥之上臺、解網之恤部，霽威曲訊，仍吐眞情，則前案可翻，亦足以妨神明之譽耳。至非人命、强盜及謀叛重情，此等峻法嚴刑，即終身不用，亦未爲不可。

清·徐棟《牧令書輯要·刑名上·作吏管見》　吕新吾《刑戒》有五不打，曰老不打，幼不打，病不打，老幼不拷訊律有明文，恐怒時忽而不察耳。衣食不繼不打，乞兒窮漢饑寒切身，打後無人調養，必死。人打我不打。或與人鬥毆而來，或被别官已打，又打則打死之名獨坐於我。有五不輕打，曰宗室莫輕打，天潢之派卽無名封例不得輕打，只啓王戒飭或申請上司處分。官莫輕打，微末小官亦國家名器，且係一生廉恥。生員莫輕打，上司差人莫輕打，投鼠忌器，雖理直亦損上司體面，宜盡書犯狀密申上司，彼自有以處之。若畏勢含忍，又闒冗非體矣。婦人莫輕打。有五勿就打，曰人急勿就打人，人忿勿就打，愚民偏見自負，理直打則其忿愈甚，死亦不服。宜加警諭，待其自知理虧，雖打不怨。人醉勿就打，沈醉之人不曉天地，寧知禮法。打亦不痛，倘醉語侵官，亦失體統，宜暫管押，酒醒懲戒。亦勿置冷地，寒氣入心亦足致命。人隨行遠路勿就打，人跑來喘息勿就打。

又有五且緩打，勿輕打，勿就打，就受刑之人言且緩打，就用刑之官言。曰我怒且緩打，我醉且緩打，我病且緩打，病中用刑多帶火氣，不惟施之不當，亦恐用刑而致怒，人己俱傷。我不見眞且緩打，我不能處分且緩打。遇有難處之事，難犯之人，必先慮其所終作何結局，方好加刑，若浮氣粗心，先卽刑責，倘終難了局反費區處矣。

有三莫又打，已桚莫又打，已夾莫又打，已枷莫又打。先打後枷屈伸不便，瘡潰難調，恐致斃命。待放枷時方打，例有明文，恐怒時難制耳。有三憐不打，曰盛寒酷暑憐不打，佳辰令節憐不打，人方傷心憐不打。或新喪父母妻子，哀悲傷心，再加刑責，易致喪生。有三應打不打。曰尊長該打，與卑幼訟不打；百姓該打，與衙門人訟不打；卽衙門人理直，百姓亦宜從寬，否則不惟我有庇護衙門人之名，後卽衙門人理虛，亦不敢告矣。工役鋪行該打，爲修私衙或買辦自用物不打。有三禁打。禁重杖行，大杖一足當十，中杖三足當十，小杖五足當十，官之用刑，只有太過，未見太少。若用輕杖，則多加杖亦不傷生，且我但見責之多。怒易息而杖可已，若重杖只見數少而不知其人已負重傷矣。禁從下打，禁佐貳非刑打。以上五者，皆係應加刑之人。其中原確乎有此數種眞情，官因其應刑，不加體察，漫無分别。皆難免於冤濫，其不打緩打中，必有應打者。或減或恕，隨時斟酌。總須有一番矜恤，乃見愼刑之義。

王有孚曰，《刑戒》八章，仁者之言。洵足爲虐民者下一藥石，爲愛民者進一參苓矣。然亦有不可姑息處，不姑息正是愛民。余謂有司衙門，有五必打，一曰經承壓閣稿案，必打；二曰衙役捺延差票，必打；三曰仵作捏報傷痕，必打；　四曰皁役行杖不如法，必打；　五曰，代書叙事不以實，必打。蓋此五者，俱是在官人役必有之弊。若犯而不懲，則若輩罔知警戒，百弊叢生，隱受其愚矣。

枷犯應發何處，當堂標定枷面。將所犯之事，寫貼示衆。已發之後，仍須查該處有無房間，不可露處受潮致病，尤查有無累及居民之事。每隔幾日，將枷犯帶來查驗。量其所犯情事，可釋者，釋之。如有病容，仍予保治。總不可操縱於差役之手，既防痍斃，亦防賄脫。枷則不責，於釋枷日責處。尋常枷犯，宜遵定例，如係逞兇強徒惡賊闖棍，又當分別，方足懲儆也。

清・徐棟《牧令書輯要卷・刑名上・居官格言》　聽訟，凡覺有一毫怒意，切不可用刑。卽稍停片刻，待心平氣和，從頭再問。未能治人之頑，先當平己之忿。嘗見世人因怒而嚴刑以洩忿，傷彼父母遺體，而泄吾一時忿恨，欲子孫之昌盛得乎？

救危以刑獄逼迫爲重，蓋水火盜賊等事，不係劫運，卽係定數。而刑獄逼迫，死生只在居上者輕重閒，有才者寬刻閒也。

一人入獄，中人之產立破；　一受重刑，終身之苦莫贖。

清・魏際瑞《四此堂稿・禁夾棍板贓病呈三大害》　爲嚴除三大害民事。照得害民之事非一而關係身家性命者，尤有三端，特宜首禁。爲此示，仰所屬官吏人等知悉：　務將後開三項確行遵守，毋或藐聽以自負辜。

一、不許擅用夾棍。夾棍之設，原爲叛逆人命賊情等項，事關生死畏於招承者，不得已而用之。近來法司有司等官事非重情，略訊未招，便用夾棍，貪婪污穢之吏憑酷詐財，殘忍浮躁之官任性行虐，亦有所守稍潔，自矜清介，僻拗濫刑，甚至典吏巡檢末員捏盜誣窩，恣行酷烈。初猶忍心害理，後竟習成自然，問事行刑，非此不快。不思明有王法，幽有鬼神，自古酷吏滅門，廉吏無後，皆由如此。又如近事，有府廳州縣某等官皆以夾斃多人，題參立斬，前車可監，大爲寒心。以後凡遇大事重情及光棍衙蠹亦須詳訊，不招方許用夾，其餘一應小事敢有擅用夾棍者，或經訪聞，或經告發，定將本官分別參究，末員擅用即加此刑，決不姑恕。

清・李之芳《李文襄公別録・嚴禁捕役誣良告示》　爲嚴禁惡捕線盜扳窩誣良私拷以肅法紀以安民生事。照得捕役誣陷私刑，立法甚嚴，現行則例，內開幾番役人等捉獲強盜先送官審，不許私刑取供，違者於本衙門枷號一箇月，責四十板，革役。如得財及誣陷無辜者，從重科罪。至於妄用腦箍毛竹連根大板及竹簽烙鐵等刑致斃人命者，以故殺論，不准援赦。其初招既定，不許續扳。又拏強盜於未審之時，承問官即驗其有無傷痕，如有傷者，即將捕役詳審，照例懲治等因，遵行在案。

清・王又槐《辦案要略・叙供》　作文者，文聖賢以立言。叙供者，代庸俗以達意，詞雖粗淺，而前后層次、起承轉合、埋伏照應、點題過脈、消納補斡、運筆布局之法，與作文無異。作文以題目爲主，叙供以律例爲主，案一到手，核其情節，何處更重，應引何律、何例，猶如講究此章書旨，重在何句，此一題旨又重在何字也。情重則罪重，情輕則罪輕。若罪輕而情重，罪重而情輕，牽扯案外繁冗，干礙別條律例，無异虛題犯實，典題犯枯，拖泥帶水，漏下連上之文也。

叙次，先地保而後鄰證，及輕罪人犯，末則最重之犯，乃常格也。然內中有先後深知之要證，經手之要犯，必須於地保、鄰證之下先行叙出，提綱挈領；　然後各犯照供分認，方有眉目。又不可拘泥常格，此即案中前后層次之法也。

一事必有一事之情節，一人必有一人之情形。如兩造起釁根由，事之情也；　漸次作何區處，事之節也；　當日意欲何爲，人之情也，彼此交會景象，人之形也。以一事之情節，參合各人之情形，從頭至尾，剪裁布置。其事因何而起，如何以應，從何而轉，歸至成事之時，又係如何起手，傷及何處，如何抵御，又傷何處，有無救助勸解，是否有心故殺，此即案中起承轉合之法也。

所謂埋伏照應者，何也？　如從前并無此人，後忽添入，必須將何人供出，如何查出，差拿到案之處，於供前埋伏，或於他處點明，方不突如其來。又如本犯不肯直招，或遽然直招，似有可疑，必須於鄰證旁人供內預先埋根，俟本犯招認才信爲實。又如報詞、尸傷及叙勘情形之事，於各人口供內層層照應，不相違悖，并申供內即招認不錯等類是也。至案內年月、日期、地方、姓名、人數、贓數之多寡，他物手足之名目，事之情節，人之情形，人人口供，均須畫一，乃前後照應之法也。但各人地位有不相同者，須設身處地，恰似其人；　彼此說話次序不匀，則供詞句語不可雷同。惟善叙者，分而視之，詞不重複；　合而觀之，理無參差，一氣呵成，儼若無縫天衣也。

所謂點題過脈者，何也？如尸傷内注明：委係因何身死一語，是驗傷之點題也。供内叙明：某人實係小的，因何而毆，無心致死或有意致斃一句，是訊供之點題也。至於過脈，或從彼事過至比事，或從脱逃至拏獲、提審，或從前官交代過至後官接辦人來踪去迹聲説明白是也。

何謂消納？遇無關緊要之供，可以一語數字該括是他。何謂補斡？如情有可疑，供有未周處所，及案可敲進一層，并防别有所犯，與夫有無知情容留、窩藏等類，均須逐一補叙，或加詰駁申明，或於供尾聲説。

布局運筆，乃辦案之要決也。善佈局者，籌算通案之去留向背，安排衆人之綫索貫接，緊而不慢，整而無遺。善運筆者，爽暢而不糾纏，老辣而不游移；字字無間，句句有骨。若不得其竅，如束亂柴者，不能整齊而歸一耳。

供不可文。句句要像諺語，字字人皆能解，方合口吻。曾見有用之字、及字、而字，並經書内文字者，非村夫俗人口氣也。

供不可野。如罵人污辱俗語，及奸案穢濁情事，切勿直叙，只以混罵、成奸等字括之，犯者必干申飭。

供不可混。半茹半吐，似是似非，以及左遮右掩者，大病也。

供不可多。多則眉目不清，荆棘從生。若蔓衍支離，重迭纏擾，無不干駁。苟遇緊要關鍵處所，必須多句而始道得透徹者，則不不妨多叙。

供固宜簡。必簡而賅，方得其當。若辭不達意，語不中肯，枯窘疏漏者病也。

供不可偏。順乎情理則信，不順乎情理則不信也。

供不可奇。履于平坦則安，懸于虚險則危也。

供不可假。事有根據則固，話不眞實則敗也。

供不可忽。一、二字句不細心磨勘，微有罅隙則駁詰至矣。

案臨正審要進一步者，須加詰問。如鬬殺者，詰其是否有心欲殺；自盡者，詰其有無威逼；謀殺者，詰其有無同謀加功之人；凶犯脱逃後獲者，詰其逃後有無知情容留之人，及有無爲匪生事之類；更有供非落膝而即肯招者，必須加詰，不詰即認，反似捏飾；又有情眞而事可疑者，亦須先用詰明，以免上司疑惑，皆要演成片斷。若一問一答，三、五句一問答，及初報即加詰訊者，是不知體裁也。

自盡與鬬毆命案，多起於一朝之忿，平素并無仇隙也。叙供只須就事論事，確切簡明，與罪相符，不可輾轉株累。若一牽涉舊事别事，即係疑竇。至謀殺之案，又當查究夙怨舊仇，叙入供内，方有因由。

瘋病人犯之供，必然含糊錯落，似是而非，所對非所問，或有問而無供。若頭緒清楚，便非眞瘋。亦有瘋病時發時止者，臨審辨明，不可假捏。

供内有本年、本月、前年、上年等字，須剔明某年某月。如供某人之妻、某人之母，須寫出某氏，不可混。如有親有服者，供内先行叙明何服，庶供稱兄弟伯叔，明白了然。

清・吴碘《思誠堂集・飭禁酷刑示》 爲飭禁酷刑以重民命事。照得民之惜命更於惜財，而法首懲貪即繼以懲酷。蓋長吏者，民之父母也，父母之於子痛癢相關，雖鞭撻或加而不忍致之死。乃有等不肖有司，喜怒任情，暴戾成性，不論事之大小，輙用重刑責打，草菅人命，甚或酷以濟貪，肆行無忌。及間有一二稍知操守略識官常者，又往往自負才氣，圖博風力，一味嚴猛，全無仁心。嗟哉，小民何以堪此！此不肖之員，無論名稱酷吏，身掛彈章，且清夜自思，亦何取爲民父母之意哉？本部院痛切民隱，時加體察，風聞各屬頗有其人，甚至幺麽末員，亦或妄行恣肆。除一面訪實參拿外，合亟通行飭禁。爲此仰司官吏照牌事理一體遵行，並轉飭所屬一應正佐大小官員，務各凛遵改悔，加意平愼。如敢仍前恣行酷暴，重刑害民者，無論曾否致斃，卽據實揭報，糾參提問，必不以小民之生命供有司之魚肉也。愼之，切切。

紀事

《史記・張耳陳餘列傳》 漢九年，貫高怨家知其謀，乃上變告之。於是上皆并逮捕趙王、貫高等。十餘人皆爭自剄，貫高獨怒罵曰：誰令公爲之？今王實無謀，而并捕王；公等皆死，誰白王不反者！乃轞車膠致，與王詣長安。治張敖之罪。上乃詔趙羣臣賓客有敢從王皆族。貫高與客孟舒等十餘人，皆自髡鉗，爲王家奴，從來。貫高至，對獄，曰：獨吾屬爲之，王實不知。吏治榜笞數千，刺剟，身無可擊者，終不復言。

宋・王溥《唐會要・酷吏》 載初元年九月，來俊臣主制大獄。每鞫囚，不問輕重，多以醋灌鼻，禁地牢中。或盛之于甕，圍炙以火，絶其餱糧，至有抽衣絮以噉之者。又令寢處糞穢，備諸苦毒。但入新開獄者，自非身死，終不得出。每有制書赦宥囚徒，俊臣必先遣獄吏盡殺之，然後宣示。公卿入朝，默遭收捕。故每出必與家人決曰：不知重見否？其月，于都城麗景門内，別置推事院，謂之新開獄。作大枷，凡有十號：一曰定百脈；二曰喘不得；三曰突地吼；四曰著即承；五曰失魂魄；六曰實同反；七曰反是實；八曰死豬愁；九曰求即死；十曰求破家。王宏義戲謂麗景門爲例竟門。

《舊唐書・刑法志》 〔來〕俊臣每鞫囚，無問輕重，多以醋灌鼻。禁地牢中，或盛之於甕，以火圍繞炙之。兼絶其糧餉，至有抽衣絮以啖之者。其所作大枷，凡有十號：一曰定百脈，二曰喘不得，三曰突地吼，四曰著即承，五曰失魂膽，六曰實同反，七曰反是實，八曰死豬愁，九曰求即死，十曰求破家。又令寢處糞穢，備諸苦毒。

《新唐書・酷吏傳》 鄭國公李奐定坐賄下詔獄，羽參按，遵肥而羽瘠，則引遵危坐小牀，痺且仆，遵欲申足，羽曰：公乃囚，我延公坐，何可慢？遵仆三四，徐受所言，得贓至數百萬。嗣岐王珍謀反，詔羽窮劾，乃悉召支黨，環以搒具，囚惶怖，一昔獄成，珍賜死，左衛將軍竇如玢等九人皆斬，太子洗馬趙非熊等六七人斃杖下，聞者毛豎。

宋・李心傳《建炎以來繫年要録》卷七三 〔紹興四年二月〕癸卯，勒停人向子廉復右朝奉郎除直秘閣子廉，宗良子。知平陽縣。民有負和糴米者，子廉訊之，杖千二百，即日死。坐是停官。劉光世夫人，子廉兄女也。光世爲請於朝，以欽聖憲肅皇后諸姪在者惟子廉一人，故有是命。

宋・李燾《續資治通鑑長編》卷六七 〔宋眞宗景德四年〕黄梅縣尉潘義方坐獲劫盜，云嘗以贓物寄賣酒朱凝家，即逮凝至，遣獄卒以牛革巾濕而蒙其首，燥則愈急，凝不勝楚痛，即自誣受贓，法寺當贖金九片，詔特勒停。仍申儆中外，應有非法訊囚之具，一切毁棄，提點刑獄司察之。《東都事略》：詔曰：拷掠之法，素著科條，非理擅行，茲謂慘酷。諸道官司應有非法訊囚之具，一切毁棄。

宋・李燾《續資治通鑑長編》卷七四 〔宋眞宗大中祥符三年〕癸巳，杖殺入内高品江守恩。時守恩部軍士挽載石車駐鄭州祖村寨，因違制市青苗，私役軍士六百人，取民田麥穗，及不奉詔擅董丁夫，非理笞捶亡逸者二百人，令役夫蔡文義市驢不獲，杖之致死。上怒甚，詔監察御史王迎按劾，親戒諭遣之。獄成抵法，知州、太常博士俞獻卿封敕不下，抗章論救，坐削一任。京西路轉運使、提點刑獄官、本州通判以不察舉，并入金贖罪。仍令進奏院移告天下。上曰：迎推劾此獄，頗盡公方，有足嘉者。尋授開封府推官，賜緋。守恩雖近侍，上不貸以法，論者以謂朝廷至治，行罰不私，中外莫不悚慶。

宋・李燾《續資治通鑑長編》卷八一 〔宋眞宗大中祥符元年八月〕己巳，以起居舍人、知制誥陳堯咨爲工部郎中、龍圖閣直學士、知永興軍府。長安多仕族，子弟恃廕縱橫，二千石鮮能治之。有李大監者，堯咨舊交，其子尤爲強暴。一日，以事自至府庭。堯咨問其父兄宦遊何方，得安信否，語甚勤至。既而讓之曰：汝不肖，亡賴如是，汝家不能與汝言，官法又不能及汝，終無恥矣。我與爾父兄善，猶骨肉，當代汝父兄訓之。乃引於便坐，手自杖之。由是，子弟亡賴者皆惕息。然其用刑過酷，有博戲者，杖訖桎梏列於市，置死馬其旁，腐臭氣中瘡輒死。後來者繫於先死者之足。其殘忍如此。

宋・李燾《續資治通鑑長編》卷八二 〔宋眞宗大中祥符元年四月〕上謂宰相曰：聞水興陳堯咨用刑峻酷。關中近方豐稔，郡縣尤藉綏撫，不宜嚴急。有竇隨者，提點本路刑獄，頗復伺察人過以激怒之，欲使内外畏憚，成其威望，此不可不責也。辛酉，徒隨京西路。後數月，堯咨言導龍首渠入城以給民用，有詔嘉獎，因曰：決渠濟之，不若省刑以安之，乃副朕意也。

宋・李燾《續資治通鑑長編》卷八三 〔宋眞宗大中祥符元年七月〕壬寅，前三班奉職王襲先釐務饒州，以非法縶州民箠之，倒掛枋上，坐停官。及是敘赦恩，上惡其虐民，命補開封府散教練使。

宋・佚名《名公書判清明集・懲惡門・妄訴》 裴昇初詞，稱表弟江進開雜鮮酒店，被陳丙乙誘使，劫去衣物併表弟婦徐四娘。其事甚異，本縣究實未到，而江進拖扯葉四到縣，稱被劫物件不識下落，其説皆同。當職固疑必無是事。及本隅解到徐四娘根問，乃是因爭米忿懼，手挈衣物而逃，至暮遂爲徐千四引去，留之二宿，乃始放出，致爲徐曾乙告發。如此則是徐四娘自走明矣。詰問裴昇、江進，乃始供招以爲疑是。詳考二人初詞，皆稱葉四屠等十余人持杖強劫，張皇若此。今事既虛妄，乃以疑是二字脫籠官司。以強盜加執平人，今謂之疑，可乎？本合解州，照科以反坐之罪，念是暑月，且與從輕，就縣結絕，汪進、裴昇各勘杖一百，內裴昇事不干己，牒押出處州界。徐四娘背夫逃走，謂之擅去，又攜衣物，當以盜論。徐千四無故誘徐四娘歸家，受所寄衣物，及被搜索，方賚出官。雖無姦穢，亦是知情受竊盜賊贓。兩名各勘杖一百，徐四娘斷訖，押還汪進交領，離與不離，聽從夫意。餘人放，贓物給還。

又　民之抱負冤抑，不能自伸，至於自殘其軀，求直于官府，蓋迫於其情之不能已爾。若曰嚚訟之人瀾飜其詞，自假毀傷，撼動一時之聽，此或不察，必墮其計。紛紛追逮，豈不重州縣之擾乎？蘭溪縣方明子立牌釘腳，有詞稱爲聖壽寺僧行本率衆持杖，搶奪苗穀，經縣陳論，其兄方子政，并擔穀人五名，反爲本縣各訊腿荆二百，囚之縣圄，張皇其說，殊爲駭聞。竊意百里之政，平心處之，不應有此過舉之事，不然，胡爲至于釘腳自傷，聲冤庭下，乃如是之憤切乎？疑信未決，且帖縣具因依供申。尋據本縣發到案牘，考其發覺之詞，乃是寺僧義昌首先經縣陳論同徒逐出僧祖祥等，夤夜到來本寺盜穀，奪下六檐，解縣方始追證間，初不曾有訊掠囚係之事。參之方明子所陳，茫無形影。縣庭之下，十目共視，凡所舉動，毫髮不容掩庇，此或可以厚誣，其他曖昧不明之訟，何往不得以逞其私乎？尋引上方明子取問，情詞窮窘，無以藉口，復駕其說而歸之行本，其爲欺誕，抑又甚焉。此風不可長也。方明子勘杖一百，枷項押下州前，示衆半月，本縣十日，仍送鄰州編管，姑以爲健訟不根者之警。所有兩詞交爭奪一事，彼此曲直，必有所歸，行下丞廳，一面追上義昌，祖祥，行本寺人送獄，公行根究，毋容偏徇，十日具勘到因依申。州家持千里之平，凡聽民訟，惟理之行，何其爲鎖喉釘腳之舉？自今以後，應有此自殘之人，例不受理，仍備榜州前與諸縣曉諭。

《宋史・刑法志二》　初，元吉之繫，左軍巡卒繫縛搒治，謂之鼠彈箏，極其慘毒。帝令以其法縛獄卒，宛轉號叫求速死。及解縛，兩手良久不能動。帝謂宰相曰：京邑之內，乃復冤酷如此，況四方乎？

《金史・刑法志上》　〔大定〕七年，左藏庫夜有盜殺都監郭良臣盜金珠，求盜不得。命點檢司治之，執其可疑者八人鞫之，掠三人死，五人誣伏。上疑之，命同知大興府事移剌道雜治。既而親軍百夫長阿思鉢鬻金於市，事覺，伏誅。上聞之曰：箠楚之下，何求不得，奈何鞫獄者不以情求之乎？賜死者錢人二百貫，不死者五十貫。

《元典章・折證・詞訟不指親屬干證》　大德十年正月二十日，湖廣行省准中書省咨刑部呈禮部關奉省判諸人陳言，送禮部依例分間，可採名件置簿，隨即附錄，然後就行，合干部分，另議擬開呈，事干本部，就便擬定呈省，奉此分間到胡平仲所言一件。親屬許相容隱者，舊例也。近年譁訐之徒，首告官吏贓罪，動輒扳指，其父母、兄弟、妻子爲證。問事官不以綱常爲重，一時快意，憑信迫對，使公庭之下，一家骨肉自爲仇敵。甚而婦人女子不堪苦楚，未免亂說妄指，銜冤莫伸，風化如此，縱獲巨萬之贓，何益哉？大有戾孔門父爲子隱，子爲父隱之意，合無禁治？今後犯者以違例坐罪，關請照驗，依上議擬，就便施行。本部議得：人倫之大，莫大於君臣、父子、夫婦、兄弟之叙。至如刑法之設，正爲裨補敎化，當以人倫爲本，近年有罪者，子證其父，弟證其兄，婦證其夫，奴證其主，聽訟者又施法外之刑，若迫以成其獄，非惟失夫用刑之本意，而其弊至於使人不復知有綱常之理。人道有虧，用刑失當，莫重於此。以此參詳，理宜禁治，具呈照詳，都省准呈，咨請依上施行。

《明實錄・正統十三年》　〔三月己酉〕兵科給事中姚銑言：在外諸衙門追徵、造作、鞫問等項多用大棍、夾棍、攞棍，非法拷人致死。其按察司官亦有欲以威服人者，於連染詿誤及笞杖輕罪之人概同重囚拷掠致死，乃令醫人追補病死文案，且虎嚇其家不得伸理。愚民坐此負冤者甚衆，情實堪憐。乞行天下諸衙門，每歲拷死及繫死囚犯數名具錄爲冊，類送三法司詳審查究。庶使殘酷之徒知所警懼，而好訟刁民亦無由傾陷原問官吏。事下，刑部尚書金濂、右都御史陳鎰、大理寺卿俞士悅等議謂銑所言煩瑣難行，從之。

《明實錄・景泰二年》　〔十月甲申〕中書舍人何觀言吏部尚書王直等，筋力衰憊依違苟容，請乞逐退。又言脫脫不花使臣來貢，徒費賞賜，不若發南方沿海地方安置充軍，以絕往來，其他所言尤誕妄。帝以觀無知，命六科十三道詳視以聞。於是，給事中御史交章劾觀猥以字藝叨任書辦，徒知致仕有例，而不知老成之士爲邦國之典刑，但聞譎虜可絕而不知朝賀之儀，亦國家之盛事，《禮》曰：有虞氏養國老於上庠，夏后氏養國老於東序。觀不知行三代尊賢養老之禮，而反欲斥逐大臣以蠱惑聖聽。傳曰：王者不治夷狄，來者勿拒，去者不追。觀不體王者撫馭夷狄之意，而反欲發遣使臣以開邊釁，甚至請以機務密訪内臣，尤爲欺罔，若不懲治，恐此輩譸張鼓惑，爲治世累。遂命錦衣衛執觀考訊之，出爲湖廣九溪衛經歷。

《明實録·景泰六年》〔十一月〕癸未，巡撫廣東兵部左侍郎揭稽下都察院獄。以故勘死平人論當死，稽數從獄中上疏言：巡按廣東御史彭信，庇御史盛昶妄覆其勘死平人，而左都御史蕭維禎亦右昶不與理，今反移覆有有隙右都御史馬昂，請調刑部同錦衣衛官辯之。詔曰：稽坐罪不引，伏乃數連及他人，其令三法司會鞫之。

《明實録·天順三年》〔十月〕己未，駕幸南海子，傳令營把總都指揮同知陳信言：臣聞宣德間獵圍有聖旨牌懸者，方許入場，請如故事，庶無牌者，易禁止。上即命御用檢監閱，無所謂牌者，因令信呈樣具以進。上曰：朝廷自有制度，信乃敢輕薄煩擾如此。錦衣衛其收信拷問之。

《明實録·正德十三年》〔五月〕丁巳，執御史陳士元於行在軍門杖之，仍繫錦衣衛獄，初二之幸河西務也，指揮黄勛以供應爲名，因而科擾侵盜，士元按之，勛逃至行在，因嬖幸譖士元聞駕至，令民間子女盡嫁其女，藏匿婦人，遂命裸縛面訊之。時野次無杖，取柳幹杖四十，幾死，因繫於車馳入京，幷執知縣曾俊等十餘人下錦衣衛，於是左都御史王璟，六科十三道交章論杖之，皆不報。

《明實録·正德十四年》〔三月〕丙辰，下行人司副等官徐廷瓚等二十人，工部主事林大輅等三人于錦衣衛獄。廷瓚率諸行人上疏，極陳興亡利害，不可南巡者十事，大輅等因見諸臣留駕得罪，分不容默，亦具疏懇言之，有旨：廷瓚、大輅持逞強辭，觸物冒犯，不懼違背，令俱繫鎮撫司嚴加掠治。今後不許各項人員一概泛言抗塞，違者重治不貸。又有旨：廷瓚、大輅俱如前旨，荷桎梏，跪于闕前，俟滿五日以聞。諸臣旦夕出入朝，寧如囚人，道路觀者莫不泣下。

《明實録·嘉靖二年》〔七月壬午〕逮工部營繕清吏司郎中葉寬、員外郎翟璘下詔獄考訊。初，上賜都督同知陳萬言宅於西安門，命工部亟與修葺，二部言其地逼近宸居，高廣踰制，宜裁其半。旨未下，萬言恐不全給，佯具疏辭，且言丈量規畫初皆寬、璘主之。上怒，遂有是命。

《明實録·嘉靖三年》〔五月乙丑〕翰林院修撰呂抽以修省自劾不職十三事。内以聖學少怠，聖孝未廣，大禮未正，祀日崇，忠諫受禍，元惡失刑，黄倖濫澤，以及軍民利病數事，皆災變所由致，而引以爲己不能獻納之罪，言其切直。上謂大禮已定，稱巧拾妄言，事涉忤慢，下鎮撫司拷訊。

又〔七月〕戊寅，群臣以前疏不下，朝罷則相率詣左順門跪伏，或大呼太祖高皇帝，或呼孝忠皇帝，聲徹于内。是日，上齋居文華殿，遣司禮監官諭令退，群臣固伏不起，求俞旨，上乃遣司禮監官傳諭曰：恭穆獻皇帝神主將至，冊文、祝文悉已撰定矣，爾等姑退。群臣仍伏不起。及午，上命録諸臣姓名，執爲首者學士豊熙、給事中張翀、御史余翱郎中余寬、黄侍顧、陶滋、相世芳，寺正毋德純，凡八人下詔獄。於是修撰楊慎、檢討王元正乃撼門大哭，一時群臣皆哭，聲震闕庭。上大怒，命逮五品以下員外郎馬理等一百三十四人，悉下詔獄拷訊。四品以上及司務等官姑令待罪。

又〔七月〕乙丑，太醫院冠帶醫士劉惠、周序言：觀德殿名不稱皇上尊親之義，請勅禮部更新名以昭聖孝。上怒曰：觀德殿名朕所親定，用伸孝敬之情，額既懸矣，惠等不務本職，出位妄言，欺慢無禮，逮下鎮撫司考訊。

《明實録·嘉靖十二年》〔二月癸卯〕先是，上命錦衣衛指揮陸松拷訊御史馮恩，究所主使傳寄者。恩自伏狂妄論列，原無主使傳寄。上謂論列大臣固也，上言大臣德政，律有明條，恩所言有毀有譽，幷傳使之人，其益嚴刑拷訊。久之，無所得，恩日受桶掠，備極楚毒，終言他無所主，惟河東巡鹽御史宋邦輔嘗過江南會語，次及京師時政并諸大臣得失，遂以建言。松具語聞。上命即逮邦輔，併訊之。邦輔至，對狀如恩言。上又切責松，仍令加刑拷訊，率無所指。乃詔法司擬罪。至是，刑部尚書王時中等議：往生員張紳上書，坐上言大臣德政者，律斬，恩宜比附紳例。第恩言毀譽相參似非專頌大臣，蒙恩減死充戍，請如紳例發遣。上益怒，謂法司狗私回獲，責令對狀改擬。時中等惶恐引罪，上手批其牘曰：恩所言專指孚敬三臣，本只因大禮讐君無上，死有餘辜，雖中間毀譽牽連，原非本意，爾等不顧法守，轉相報護，欺公驁法，殊爲無理。遂革時中職，令冠帶閒住，奪侍郎聞淵俸一年，降郎中張國維及員外郎孫雲邊方雜職。恩竟坐，上言大臣德政者律論死繫獄，邦輔論杖贖還職。

又〔三月丙辰〕原任南京總督糧儲右僉都御史林有孚，先爲御史傳漢臣劾其私屬故吏臨清州知州劉守臣強實民間女爲妾，逮下詔獄。至是，獄中上書自曰，并論漢臣扶私彈劾之故。上謂有孚不俟問理，輒敢瀆辯，今鎮撫司亟加拷訊，毋爲回獲。

《明實録·嘉靖十九年》〔八月戊寅〕羽林前衛帶俸指揮同知劉永昌言，伏聞皇上欲命東宮監國，暫顧聖躬，此盛德事何不可，而諸大臣乃固爭之，如此則當幸承天時監國亦非也耶，且太子年當正宜，歷試朝政，惟皇上折羣謬思遠圖甚幸。上以監國重事朝廷自有處分，責永昌非所宜言，下鎮撫司拷問。

明·鄧士龍《國朝典故·前聞記·訊盜》成化中，南郊事竣，徹器，失去一金椀，一庖人執事椀所，咸謂其竊之無疑，告捕繫獄，拷掠不能堪，竟誣伏。索其贓，無以爲對，追之，漫云：在壇前某地。如其言覔之，不獲，猶繫之，將斃焉。俄真盜以椀繫金絲鬻於市，市人疑之，聞於官，逮至，則衛士也。云既竊之，遽無以藏，遂瘞於壇前，只捩取繫索耳。官與俱去發地，果得之。乃密比庖人漫言之墟相去纔數寸耳，使前發稍廣咫尺，則庖人虀粉矣。訊盜之難如此。

明·鄧士龍《國朝典故·青溪暇筆上》京口王一之爲福言，姑蘇一人，出商在外，其妻畜雞數隻，以侍其歸，凡數年而返。一日，殺而食之殆盡，抵夜死矣。隣家疑其有外奸，首之官，婦人不任拷掠，遂自誣服。太守姚公堂上任，閱其事而疑之，乃以情問婦人，以食雞對。守亟令覓老雞數十，令當死囚遍食之，果殺二人，獄遂白。蓋雞食蜈蚣百蟲，久而蓄毒。故養生家，夏不食雞，當庖者宜慎之。

清·畢沅《續資治通鑑》卷七三〔宋神宗元豐元年〕夏，四月，乙巳，知諫院蔡確既被旨同御史臺按潘開獄，遂收大理寺詳斷官竇苹、周孝恭等，枷縛暴於日中，凡五十七日，求其受賂事，皆無狀。中丞鄧潤甫夜聞掠囚聲，以爲苹、孝恭等，其實他囚也。潤甫心非確所爲慘刻，而力不能制。確引陳安民，置枷於前面問之安民懼，即言嘗請求文及甫，及甫云：已白丞上，甚垂意丞相，指吳充也。確得其辭，喜，遽欲與潤甫登對，具奏充受請求枉法，潤甫止之。明日，潤甫在經筵，獨奏：相州獄事甚微，大理實未嘗納賂。而蔡確深探其獄，支蔓不已。竇苹等皆朝士，榜掠身無完膚，皆銜冤自誣，乞早結正。權監察御史裏行上官均亦以爲言。帝甚駭異。明日，確欲登對，至殿門，帝使人止之，不得前。手詔：聞御史臺勘相州法司頗失直，遣知諫院黃履、句當御藥院李舜舉引問證驗。〔考異〕《長編》云：《實録》以此語繫之三月二十一日乙未，按《御集》，乃四月三日下此詔。【略】

履、舜舉至臺，與潤甫、確等坐無下，引囚於前，讀示款狀，令實則書實，虛則陳冤。前此確屢問，囚有變詞者，輒笞掠，及是囚不知其爲詔使也，畏吏獄之酷，不敢不承；獨竇苹翻異。驗拷掠之痕則無之。履、舜還奏，帝頗不直潤甫等言。詔確、履及監察御史裏行黃廉就臺劾實，仍遣舜舉監之。

吳充言：御史臺鞫相州獄，連臣壻文及甫，其事在申〔中〕書有嫌，乞免進呈，或送樞密院。詔免充進呈及簽書，候案上，中書、樞密院同取旨。〔考異〕黃庭堅作《黃廉行狀》云：差同結絕相州獄事。初，相州事發於皇城卒，

乙卯，知諫院蔡確爲右諫議大夫、權御史中丞。翰林學士兼侍讀、權御史中丞鄧潤甫落職，知撫州。太子中允、權監察御史裏行上官均責授光祿寺丞、知光澤縣。

先是帝別遣黃履、黃廉及李舜舉赴御史臺鞫相州法司獄，確知帝意不直潤甫等，即具奏：潤甫故造飛語以中傷臣，及欲動搖獄情，陰結執政，乞早賜罷斥。帝始亦疑相州獄濫及無辜，遣使訊之，乃不盡如潤甫等所言，確從而攻之，故皆坐貶。確遷中丞，凡朝士繫獄者，即令獄卒與之中室而處，同席而寢，飲食旋溷，共在一室。置大盆於前，凡饋食者，羹飯餅餌，悉投其中，以杓勻攪，分飼之如犬豕，置不問。故繫者幸其得問，無罪不承。

《清實録·同治九年》〔九月〕諭內閣：前因麟書奏盛京戶部員外郎恩慶，因承審張成、武謙爭地一案，六品官紹德藉端尋釁，將該員毆傷，並向委六品官玉和肆詈，隨後該員等互相稟訐各情，當經諭令將該員等分別革職解任，交都興阿會同盛京刑部研訊確情，定擬具奏。茲據都興阿等奏稱：訊明紹德在署揪毆一節，衆供皆同。張成、武謙亦供，是日晝供時，紹德從旁嚇禁，並有受賄捏報情事。至紹德所稟玉和等謀缺各節，多有牽混影射之詞。所稟恩慶折徵加倍一節，恩慶供稱並無其事，張成、武謙原卷情節，亦多有不符，現在行查盛京戶部有無折徵、告徵情事，並請將紹德刑訊等語，此案衆供已得大概，紹德當堂揪毆，顯係迴護原審啓釁，亟須確切訊明，以期水落石出，著都興阿等即將革員紹德用刑質訊，務得實情，毋任飾

詞避就。

《清實録・光緒六年》　諭内閣：劉坤一等奏，查明勒休知縣押斃人命請革職訊辦一摺。廣東新興縣知縣卓誠，前經該督奏參勒令休致，兹據奏稱查明該員前在新興縣任内，因清查田畝縱差騷擾，輒將鄉民憑隆德、憑亞二先後押斃，實屬玩視民命。卓誠著即革職，提案確訊，嚴行懲辦。民間詞訟案件，必應隨到隨審，以免拖累。廣東各州縣延閣詞訟已成痼習，著該督撫實力查察，如有積壓稽延等弊，即行據實嚴參，以蘇民困。

清・祝慶祺《刑案匯覽・刑律》　乾隆四十九年二月初五日奉上諭：據福崧參奏，石門縣知縣朱麟徵，因地保張奕高承催錢糧多未完納，令役責處。張奕高推諉不服，出言唐突，將張奕高重責三十板，旋因傷重斃命，請將朱麟徵革職等語，所辦未免過當。知縣身膺民社，如於所管人役有因私挾忿責處致斃情事，自應參奏革職治罪。今朱麟徵於地保徵催錢糧多未交納，且又挺撞本官，責處本屬分内應辦之事。而該地保既已承催不力，又復出言頂觸，已有應得之罪。況該令將該地保責處三十板，亦係如法決責，不得謂之濫刑。若因此而概請革職，則將來州縣所管吏役、保、約皆得有所倚恃，挾制本官，於實力辦公之道，殊多未便。嗣後如挾嫌逞忿、致斃人命者，仍照例辦理外，如事屬因公按法責斃所屬人役，該督撫止須奏請交部議處。部議時亦不過議以降級留任已足示懲，不得遽行革職，致啓書役刁惡之漸。所有此案，朱麟徵應得處分，即照此辦理。欽此。見《吏部則例》。

又　雲督奏：井大使胡克勤擅受民詞毆責蔡棉保身死一案。查胡克勤係署阿陋井大使，因僧人同愷等被蔡棉保訛詐，將蔡棉保就近解送大使衙門，訊明解縣。該革員輒行擅受，因蔡棉保倔强咆哮，即令差役家人用椅腳木棍在其左腳踝上疊毆多傷斃命，實屬非法毆打。如本係應訊之官，即應依監臨官非法毆打致死律，擬以滿徒。今該革員並非應訊之官，因未便竟照凡人主使毆打致死律，將該革員擬抵。若僅照本律擬徒，又與監臨官無別，該督將該革員從重發往新疆充當苦差，係屬 權宜懲辦；至聽從下手之差役張正隆、王合、家人李春，按律應減監臨官罪一等。該督所引決罰不知法之律，係指已經定罪應行斷決者而言，未便援引該司議將張隆正等改依聽使下手之人律，於胡克勤滿徒上減一等，杖九十，徒二年半，係屬按律更正。應請照辦。嘉慶二十年説帖。

又　安撫咨：千總江湖恩於鄉親滋事並不約束，復令兵丁前往查看，以致劉萬春等將徐金勝拉至汛署鞭責，似與擾害無異，將江潮恩依武弁生事擾害責打民人未致死者將該弁革職例，擬以革職；兵丁劉萬春等照行杖之人，於江潮恩革職罪上減一等，各杖九十。事在恩旨以前，江潮恩應聽候部議，經本部以官弁犯該革職例，無援減之文。該撫聲明聽候部議之處，應毋庸議。嘉慶二十年案。

又　陝西司嘉慶十五年六月十八日奉上諭：本日吏部具題議處順天府南路同知竇景燕於審簽詳案犯輒用非刑照例議以革職等因一本，已照簽批發矣。朕詳閲本内該部所引例文，内稱官員將人犯除夾棍拶指之外，另用非刑者，革職；跪鍊壓膝等刑者，降一級調用等語，因思内外問刑衙門承審案犯，原當虚衷研鞫，不得專事刑求，然遇有狡猾之犯不肯供吐實情，承問官既不應遽用刑夾，亦不能不量加懲究，或擰耳、跪鍊，或繼以壓膝，藉以得情定讞，尚不致傷其肢體，究非用木架撑執或懸吊敲踝，及針刺手指等非刑可比也。若承問官審訊各犯，於案情未定之時，既不能遽得確情而一經擰耳壓膝，即例有應得處分，則凡屬問刑各員，竟無不干吏議者，似此名實不符，殊不足以昭平允。所有承審案犯各員，非刑一條應如何酌中定例之處，著該部詳議具奏，欽此。仰見我皇上循名責實慎憲持平之至意。伏查臣部例載刑具，如夾棍、拶指、枷號、竹板，尺寸觔兩均有定式，不許違式製用，其例内所載非刑名目，有小夾棍、木棒棰、連根帶鬚竹板、聯枷等項，不過約舉數端，以示例禁。承問官員審辦案件，果能虚衷研鞫，原不專恃刑求。惟案情百出，遇有案犯狡黠匿情不吐，或證據已明而忽認忽翻，礙難定讞者，如但掌責薄懲，難期遽吐實情，案延不結，於讞獄甚有關係，向來問刑各衙門因犯供狡展，臨時酌加熬訊，或擰耳跪鍊，或繼以壓膝痛止，及於肌膚傷不毁其肢體，而承問不必呈請刑夾，即可迅得實情，轉於重刑，可以減省。惟此數項並非例内載明應用之刑，若遇上司指摘，或被刁民藉詞訐告，竟與實在殘酷濫刑者，同干吏議，誠如聖諭名實不符，殊不足以昭平允。臣等悉心酌議，查濫用非刑應與嚴處，其不在非刑之列者，莫若顯爲區別，俾承問各員得有遵循，應請嗣後問刑各衙門應用刑具，除例載夾棍、拶指、枷號、竹板遵照定式外，其擰耳、跪鍊、壓膝及掌責等刑，係審理案件時不得不酌量施用，應與例載各刑具，准其照常行用，其有將無辜干連之人濫刑拷訊，及將應行審訊之犯恣意陵虐致斃人命者，仍行參處；至非刑名目，現在欽奉諭旨指出之：木架、撐執、懸吊、敲踝、針刺手指，並例載申禁之小夾棍、木棒、棰連根帶鬚、竹板、聯枷等項，及例禁所不及該載，一切任意私設者，均屬非刑，仍應嚴行禁止，似此明定章程，庶承問官有所遵守，實在殘酷濫刑者，亦知所懲儆，至非刑處分條例，應聽吏部議奏。嘉慶十五年通行已纂例。

又 道光十二年九月初十日奉上諭：給事中寅德奏請嚴禁佐雜擅受民詞一摺，據稱風聞通州吏目何應烜因該州緝拏鴉片烟有受贓被控之事，河西務巡檢陳景先今夏亢旱之際，勒發官價，派買米豆，糧行鄧姓不遵，擅行責押，復將開設布店之崔姓枷號，并攤派商民錢文，勒令代爲掛匾各等款，著琦善卽查明提訊確情，定擬具奏。至佐雜等官職司，緝捕或管理水利監獄，遇有竊盜賭博案件，尚應申詳州縣辦理，不得擅受詞訟，私行枷責，例禁綦嚴，著各直省督撫，一體嚴禁，隨時查辦。如有佐雜等官擅受民詞，濫設刑具，卽行嚴參懲辦，毋得日久視爲具文。將此通諭知之。欽此。

又 湖廣司查：錯擬罪名、生出死入吏部例內應行降調此案桂陽縣另案降調。知縣黃賢先因張毛毛被阮通士誣賀，供認毆傷朱孔身死，將張毛毛定擬絞抵具詳，經州駁回。訊明張毛毛並非正兇，稟州另行審辦。是該縣雖經失實在先，業已遵駁訊非正兇稟州另審，與原擬斬絞監候部駁改爲軍流徒杖者相同，按例止於議處。既據該撫附疏題參，應聽吏部按例查議。至官司出入人罪分別減等律例，係指官員有別項情弊，業經參革治罪者，審明後始援用定擬，其未經參革之文武官員，有犯公私罪名，名例尚有分別降罰降調明文，況審擬在誤例止議處，似不在應行議罪之列。奉批：該撫既云失入，應照刑律減三等治罪，仍查有無似此交部議處之案，遵復。查得：乾隆四十九年七月安徽省審題王振紀喝令陳文忠毆傷張朝鄉身死，原審將陳文忠擬絞，遵駁改正將王振紀擬發一案。又，五十年四月江西省蕭來致死兄妻蕭阮氏，原擬絞候，遵駁改爲杖一百一案。又，湖南省歐美成捉姦梱溺毆受受身死，原擬絞候，遵駁改爲滿徒一案。以上三案均係承問失入交部議處，吏部出語內亦俱聲明係屬失入例應議處，將各該員議以降調，在案理合稟覆。乾隆五十八年說帖。

又 江西撫咨劉登祿毆傷江曼桂致令自縊身死一案。此案劉登祿於乾隆六十年十二月二十日，用樹枝打傷江曼桂左額角，係在嘉慶元年正月初一日。恭逢大赦以前，江曼桂因該犯不爲醫治於正月初六日氣忿自縊，係在赦後，與犯一事而赦前未發覺赦後發覺得以全免者不同，自應免其毆傷之罪，坐以威逼致死杖一百之條，更正核覆。嘉慶二年說帖。

又 直督咨把總郭文擅行棍責窩娼之李恭因傷身死一案。此案把總郭文因李恭租給賣姦之劉氏等房屋居住，經地保查知稟知，該把總郭文派兵查拏，劉氏等聞風逃逸，該把總當將李恭傳到。因時已夜深，不及送縣，卽自行審訊。李恭出言頂撞，該把總喝令兵丁賈明金棍責二十下，李恭仍不認罪，該把總又令賈明金棍責十下，當予釋放。詎李恭回家因右腿棍傷潰爛身死等因。查：嘉慶十七年山東省革弁顏懷哲拿獲賭犯靳連山不服押帶，令兵丁張敬鞭責身死，將顏懷哲擬以滿徒，下手之兵丁張敬擬杖九十、徒二年半在案，今已革把總郭文因李恭窩頓流娼將其傳案，因其頂撞令兵丁賈明金將其棍責身死。該把總棍責民人係屬非法毆打，核與顏懷哲之案情節相似。該省將郭文比依監臨官因公事非法毆打致死律，擬杖一百、徒三年，情罪允協，仍應照律著追埋葬銀兩給親具領。至聽從下手之兵丁賈明金，該省擬以不應重杖，殊屬輕縱，且與顏懷哲案內之兵丁張敬辦理兩歧，應將賈明金改照於郭文滿徒上減一等，杖九十、二年半。奉堂批查：五年該省李崇紳一案聽從下手之兵丁係照不應重律擬杖，應交館再核等因。復查核：李崇紳之案係將郭幅仁杖責後致郭幅仁氣忿自盡，死非因傷，下手之犯祇司擬杖，與郭文之案死由於傷者不同。揆諸情理，因公非法毆打致斃人命之案下手者若果依法決罰，則被責之人何致因傷身死？故此等下手之犯似應與本官分任其罪，本官既照因公事非法毆打致死律，擬以滿徒，若將聽從下手之犯僅擬杖責，未免輕重失倫。且有辦過擬徒成案，自應將賈明金仍照爲從律，減等擬徒，以昭平允。道光六年說帖。

又 直督咨白塔汛經制外委李崇紳因民人郭幅仁向郭九鴻索欠爭吵，赴該汛喊控，該弁李崇紳本欲送縣審訊，因時已歲暮，欠項無多，允爲調處，卽遣兵丁尹高升等將郭幅仁並子郭五傳訊，勸其暫緩。郭幅仁不允，頂撞李崇紳，卽飭兵丁尹高升將郭幅仁杖責十板，郭五見而不依，復令兵丁陳旺將郭五杖責二十五板，郭幅仁被責氣忿自縊身死，將李崇紳比照威逼人致死律，擬杖一百。經本部查：李崇紳身爲武弁，並無應訊之責，乃於郭幅仁向郭九鴻索欠涉訟輒擅自收審，將郭幅仁父子傳，案濫用刑責，雖郭幅仁死由自縊，究因該弁濫責所致，應將李崇紳比照將無辜之人濫刑拷訊致斃例，照非法毆打致死律，杖一百、徒三年，追埋葬銀十兩；　兵丁尹高升照不應重律，杖八十。道光五年案。

清・潘文舫《新增刑案匯案・刑律・故禁故勘平人》　大學士刑部奏縱容番役妄拏舉人古銘猷，辱及士類一案。查例載：　步軍統領衙門審理案件，若將案外無辜之人率行拏送，一經刑部審明並非正犯，即將該管參奏，番役人等照例治罪。又，番役將死罪人犯私拷取供者，枷號一個月、杖一百；　將軍流以下等犯私拷取供者，各遞加一等治罪。又，律載：　不應爲而爲，事理重者，杖八十各等語。此案和清經委翼尉恩昌派令訪拏綽號人犯小軍師古香臣，其兄古銘猷出見。查知古香臣並不同居，古銘猷係屬舉人，給與名片銷差，回向恩昌告知。恩昌輒稱舉人不知眞假，仍飭傳案。和清復往查傳，因古銘猷不肯同行，輒敢起意鎖打，雖非意在取供，究係私拷。按軍流以下遞加一等治罪例，如係私拷平人，罪應杖九十、徒二年半。惟古銘猷係屬舉人，與僅止私拷平人不同，應按本例酌加二等問擬。和清應革去技勇兵七品頂戴，合於番役人等私拷平人，杖九十、徒二年半例上酌加二等，擬杖一百、流二千里。係旗人，情節較重，不准折枷，應發往黑龍江當差，到配交該將軍酌量安插。崇斌海、普成祿隨同和清妄拏無辜，將古銘猷抓踢鎖毆，均應革去技勇兵，於和清流罪上減一等，擬杖一百、徒三年。恆喜松、海崇山、文福、富壽、奇昌、巴唐阿，僅止隨同和清將古銘猷押走，並未毆打，均應革去技勇兵，再減一等擬，杖九十、徒二年半。均係旗人，分別折枷，時逢熱審，應交旗暫行收管，俟秋涼再行補枷，滿日鞭責發落。委步軍校德昌將不應鎖禁之古銘猷擅加鐐銬看守，古銘猷本係舉人，並未犯事到官，若僅照不應鎖禁而鎖禁，杖八十律問擬，殊覺輕縱。德昌應從重，照不應重律，擬杖八十。係職官，旨交部議處。委翼尉連祥於所屬步軍校德昌將古銘猷擅加鐐銬看守未能覺察，非尋常疎忽可比，應請旨一併交部議處。委翼尉恩昌明知舉人古銘猷不應傳案，仍派役往傳，已屬謬妄，迨經和清等將古銘猷毆傷，該統領飭令查覆，並不訊明兵丁滋事實情，輒據和清一面之詞率行稟覆，卽係扶同捏飾，應請旨交部，嚴加議處。署步軍統領左翼總兵戶部右侍郎崇禮於所屬司員營弁不職漫無覺察，古銘猷被毆一案欽奉特旨交察，又不確切查明，僅據劣弁捏稟之詞率請交部訊辦，意圖諉卸，顯係迴護掩飾，應請旨交部照例議處。該左、右翼總兵隨同具奏，亦有失察之咎，應請旨交部查取職名分別議處。光緒八年五月十二日奉上諭：　大學士刑部奏，會同審明妄拏無辜毆辱士類之兵丁按例定擬，並查明原參各節一摺，委步軍校德昌將並未犯事到官之舉人擅加鐐銬看守，著交部議處；　翼尉連祥未能覺察，非尋常疎忽可比，著交部議處；　委翼尉恩昌明知古銘猷不應傳案，仍派役往傳，已屬謬妄，並不訊明兵丁滋事實情，扶同捏飾，著交部嚴加議處；　署步軍統領左翼總兵戶部右侍郎崇禮於所屬司員營弁不職漫無覺察，降旨交查之案並不確切查明，僅據捏稟之詞率請交部訊辦，意圖委卸，迴護掩飾，著交部照例議處；　署左翼總兵容貴、右翼總兵文秀，隨同具奏，亦難辭咎，均著交部分別議處。欽此。光緒十年案。

審判總部

審判部

論說

《尚書今古文注疏・呂刑》 明啓刑書胥占，咸庶中正，其刑其罰，其審克之。

〔孫星衍疏〕啓與啓通。《說文》云：省，視也。胥者，《釋詁》云：相也。占者，《史記・平準書索隱》引郭璞云：自隱度也，卽《釋言》隱占。注今脫自字。克當爲覈，假借字，言當明視刑書，相與占度比附之。皆庶幾合於中正，其刑其罰，其詳覈之。

又 兩造具備，師聽五辭。

〔孫星衍疏〕兩造者，《周禮》大司寇職云：以兩造禁民訟。注云：造，至也，使訟者兩至。具者，《詩傳》云：俱。師，士師，《周禮》刑官之屬。士師下大夫四人。注云：士，察也。主察獄訟之事者。聽者，鄭注《小宗伯》云：平治也。五辭，卽五聽也，《周禮》小司寇職以五聲聽獄訟，求民情。一曰辭聽，二曰色聽，三曰氣聽，四曰耳聽，五曰目聽。注云：觀其出言不直則煩，觀其顏色不直則赧然，觀其氣息不直則喘，觀其聽聆不直則惑，觀其眸子不直則眊然。

《禮記集解・王制》 司寇正刑明辟，以聽獄訟，必三刺。有旨無簡不聽，附從輕，赦從重。

〔孫希旦集解〕鄭氏曰：司寇，秋官卿，掌刑者。辟，罪也。三刺，以求民情，斷其獄訟之中：一曰訊群臣，二曰訊群吏，三曰訊萬民。簡，誠也。有其意，無其誠者，不論以爲罪。附，施刑也。附從輕，求出之，使從輕。赦從重，雖是罪可重，猶赦之。孔氏曰：司寇正刑明辟者，謂當正定刑書，明斷罪法，使刑不差二，法不傾邪，以聽天下獄訟。刑法宜愼，不可專制，故必須三刺，以求民情。刺，殺也，謂欲殺犯罪之人，三問之也。三刺雖以殺爲本，其被刑不殺者，亦當問之。求民情旣得其所犯之罪，雖有旨意，無誠實之狀，則不聽之，不論以爲罪也。附從輕者，謂施刑之時，此人所犯之罪在可輕可重之間，則當求其可輕之罪而附之，則罪疑惟輕是也。赦從重者，謂所犯之罪本非故爲，而入重罪，今放赦之時，從重罪之上而赦之，謂其意輕故也。《書》云：眚災肆赦，是也。愚謂刺，殺也。《春秋》：公子買戍衛，不卒戍，刺之。附從輕者，謂罪之疑於輕重者，則從其輕罪而附之也。赦從重者，謂罪之當赦者，雖重猶赦之也。或曰：二句止是一事，謂罪可輕可重則從輕罪而附之，從重罪而赦之也。其義亦通。

《大戴禮記解詁・千乘》 司寇司秋，以聽獄訟，治民之煩亂，執權變民中。鄭云：寇，害也。秋者，遒也，如秋義，殺害、收聚、斂藏於萬物也。聽，平治也。獄，謂相告以罪名者。訟，謂以財貨相告者。賈云：此對文，散則通矣。《周禮》曰：刑新國用輕典，刑平國用中典，刑亂國用重典。執權變民中者，執其輕重之權，以變化其民使歸於中也。凡民之不刑，刑，正人之法。不刑者，不法，下文所云是也。崩本以要閒，崩，壞也。本，常也。要，徼也。閒，隙也。謂敗壞官府常法，而伺候閒隙以行其詐。作起不敬，以欺惑憧愚。作起，謂動作起事。敬，畏也。不敬，不畏法也。憧愚，無定識之民。作於財賄、六畜、五穀曰盜；泉貨曰財。布帛曰賄。誘居室家有君子曰義；句有譌變，未詳其義。子女專，曰媄；專，擅也。謂不待父母之命，媒妁之言。《說文》云：媄，巧也。一曰女子笑貌。飭五兵及木石曰賊；飭讀曰飾，覆也。先鄭司農云：五兵者，戈、殳、戟、酋矛、夷矛。後鄭云：車之五兵，鄭司農所云者是也。步卒之五兵，則無夷矛而有弓矢。木石，謂旝也。《說文》云：旝，建大木，置石其上以磓敵也。曰賊者，謂覆匿兵器，謀爲逆亂也。以中情出，小曰閒，大曰講；中情，國中之情實也。閒，反閒也。賈氏《周禮疏》云：異國欲來侵伐，先遣人往閒，候取其委曲，反來說之。講讀曰構，本亦作構，謂交構也。《國語》曰怨構諸侯。利辭以亂屬，曰讒；屬，類也。利辭，變亂邪正之類。讒，潛也。以財投長，曰貸。投，致也。長，謂達官之長。《廣雅》云：貸，僭也。凡犯天子之禁，陳刑制辟，以追國民之不率上教者。陳，列也。刑，謂刑書。制，裁制也。辟，罪。《書》曰：明啓刑書胥占。追，逐也。率，循也。上教，謂禁教。士師之職曰：掌國之五禁之法，以左右刑罰，皆以木鐸徇之於朝，書而縣於門閭。是卽所以教之者也。夫是故一家三夫道行，三人飲食，哀樂平，無獄。有夫有婦爲一家。三夫，丁壯也。道行，謂任力役之事。飲食，食於家也。《周禮》曰：上地家七人，可任也者家三人。鄭注云：出老者一人，其餘男女強弱相半，其大數。平，均也。力政均，民情平，而訟獄衰息矣。方秋三月，收斂以時，於時有事，嘗新於皇祖皇考，食農夫九人，以成秋事。《月令》曰：季秋之月，命百官貴賤，無不務內。鄭注云：內，謂收斂入之也。嘗新，謂新穀熟，嘗之。《周禮》曰：以嘗秋享先王。農夫，謂耆老也。《郊特牲》曰：秋食耆老。食，養陰氣也。

《尉繚子·將理》 凡將，理官也，萬物之主也，不私於一。人夫能無私於一人，故萬物至而制之，萬物至而命之。君子不救囚於五步之外，雖鉤矢射之，弗追也。故善審囚之情，不待箠楚，而囚之情可畢矣。笞人之背，灼人之脇，束人之指，而訊囚之情，雖國士有不勝其酷而自誣矣。今世諺云：千金不死，百金不刑。

又 今夫決獄，小圄不下十數，中圄不下百數，大圄不下千數。十人聯百人之事，百人聯千人之事，千人聯萬人之事。所聯之者，親戚兄弟也，其次婚姻也，其次知識故人也。是農無不離田業，賈無不離肆宅，士大夫無不離官府。如此關聯良民，皆囚之情也。

《漢書·景帝紀》 〔景帝中元五年〕九月，詔曰：法令度量，所以禁暴止邪也。獄，人之大命，死者不可復生。吏或不奉法令，以貨賂爲市，朋黨比周，以苛爲察，以刻爲明，令亡罪者失職，朕甚憐之。有罪者不伏罪，姦法爲暴，甚亡謂也。諸獄疑，若雖文致於法而於人心不厭者，輒讞之。

漢·荀悅《前漢紀》卷四 〔漢高祖十年〕詔御史曰：獄之疑者，吏或不敢決，或有死者久而不能論無罪者，久繫，自今已後，有疑獄者，各讞所屬二千石，二千石不能決移之廷尉，廷尉不決具奏以聞。

唐·杜佑《通典·刑六·詳讞》 漢高帝詔曰：獄之疑者，吏或不敢決，使有罪不論，無罪久繫。自今以後，獄疑者，各讞所屬二千石。官以罪名當報之，當爲處斷，讞亦議也。皆移廷尉。廷尉不能決，具爲奏附所當比律令以聞。景帝中五年，詔曰：獄者，人之大命，死者不可復生。吏或不奉法以貨賂爲市，朋黨比周，以苛爲察，以刻爲明。有罪者不伏罪，姦法爲暴，甚無謂也。諸獄疑若雖文致於法而人心不厭者，則讞之。厭服也。後元初，詔曰：獄重事也。人有智愚，官有上下，獄疑者，讞有司，有司所不能決，移廷尉。有令讞而後不當讞者，不爲失。假令讞訖，其理不當，所讞之人不爲罪失。欲令理獄，官務先寬。自此獄刑益詳，近於五聽、三宥之意。宣帝置廷平員四人，使平刑獄。

《全唐文·魏謩〈請將賀蘭進興等重付司臺司覆勘疏〉》 臣伏聞傳説官中捕捉造妖徒黨在外，人情洶洶，深所不安。恐涉詿誤之嫌，或爰愛憎而起。況事出軍鎮，未經臺府，咸懷斯懼，遞不保生，滋蔓儻深，爲患不小。今切在早去枝葉，不遺蔓延。嗚呼！如事繫軍人，即委軍中推勘。如名該百姓，宜從府縣鞫尋。冀各盡情，免稱冤死。臣伏以當聖代，不宜有陷平人。如罪狀昭然，始可從法，其間輕重須有等差。臣竊知陛下近對法官，必將訪獄臣。伏想此際，官吏豈能直言。如能直言，即皆戴冑之守職也。且獄不在有司推劾，法官亦焉得細知。伏以陛下愛育生靈，不欲一物失所，此則事關刑戮，不可輕易處置。臣深慮旦夕詔下，忽有冤人，既當發生之時，切要審令詳覆，成陛下好生之德，契前哲恤刑之心。伏請重勑法司，再令疏理，豈惟全其大體，冀不紊於刑章。

宋·李昉《文苑英華·楊夔〈公獄辯〉》 縉紳先生牧於東郡，繩屬吏有公於獄者，某適次於座，承間諮其所以爲公之道。先生曰：吾每窺辝牒，意其曲直，指而付之，彼能立具牘，無不了吾意，亦可謂盡其公矣。其居席之末，不敢以非是爲決，因退而辯其公。且傳曰：君所謂否，臣獻其可。君所謂可，臣獻其否。是欲彌縫其不至也。及君可亦可，君否亦否。故平仲罪丘據，踵君之意。叔向譏樂王，鮒從君者也。所以智詢於愚，以其或有得也。尺先其寸，或有長也。皆庸其涓滴，將助其廣大也。況末世纖狡，内外荏剛，烏有不盡其辝，而能必究其情乎？使居上者得其情，屬踵而詰之，可謂合於理，未足言公也。忽居上者，異於見遠，於理亦隨而鞫之，取葉於意，所謂明於不法，烏可爲公哉！且不師古之言，非不可爲也，爲之不能遠。由禮之事，非不可行也，行之不能久。故君子盡心法古，動必本禮，將遠而不泥久，而不亂也。若乃告諸獄，任意以爲明，其屬徇己，以爲公是，使懷倖者有窺進之路，挾邪者有自容之門矣。矧棻棘之內，辛楚備至，何須而不克。而況承執政指其所欲哉。嗚呼！欲人之隨意者，吾見亂其曲直矣。樂人之附己者，吾見汨其善惡矣。而猶伐其治譽，其公無乃瞽者，衒別諸五色乎？

宋·李昉《文苑英華·歐陽詹〈片言折獄論〉》 孔子説季路於人曰：片言折獄者，其由也歟。夫子之言，蓋非於季路之云也，後之人不窮聖旨，以爲夫子美於季路，任一時之見輕而折獄者，有若是焉，迂哉斯人也！夫兩訟之謂獄，獄折而有刑。刑者侀也。侀者，成也。一成而不可變，不其重歟？古之帝王將刑一人，脩三槐，歷九棘，訊群臣，訊群吏，訊萬人，億兆絶議，然後治法，徇于朝，示於野，昭然於衆，同方棄之，所示容也。君莫聖於堯，加有舜、禹、稷、契佐之。莫明於舜，而有夔龍、縉雲、高陽佐之。莫哲於禹，莫賢於湯，莫察於文武，莫智於成康，於時皆濟濟盈朝，明明在位，豈無獨見而可臆斷，慎刑之道，如斯不敢失明刑獄，不可輕也。凡至獄訟，多在小人。至於訟也，皆欲己勝。何則不勝，乃罪戾隨之。若然，則君子時或妄訟于人，未有小人而能自訟者。片之爲言偏也。偏言，一家之詞也。偏詞，雖君子不信之，矧非君子乎？且先師曰：人而無恆，不可以作巫醫。善夫，巫以鬼神占，良醫以筋脈體，無恆之人，筋脈且不足以自體，而況訟乎？鬼神不足以爲占，而況視聽乎？以斯折獄也，小則肌膚必有朴抶之濫焉，大即性命必有鈇鑕之冤焉。夫子祖述堯舜，憲章文武，師老聃之誨，以崇周公之六人者，無一以傷於人者。夫子豈輕傷人哉！脱夫子實謂片言可以折獄者，不幾乎一言可以喪邦歟？夫子之言，蓋輕於季路，賢者審之，片言不可以折獄者，必然之理也。

五代・和凝《疑獄集・序》 《易》曰：先王以明罰敕法，君子以折獄致刑。《書》曰：欽哉，欽哉，惟刑之恤哉！兩造具備，師聽五辭，是知古之聖賢慎兹獄訟。念一成而不變，審五聽以求情，悉其聰明，致其忠愛，俾無枉濫，以召和平。在上者既能盡心，居下者得以措手。

宋・蘇頌《蘇魏公文集・奏乞重立不以赦降原免條約》 臣伏覩不以赦降原減條勑，因慶歷中殿前馬步軍司并開封府奏請軍營家口作過，將欲敗露，便即逃走，指望赦恩，即來陳首，皆得原罪，自此遂有雖會赦降不在原減條。臣昨知應天府日有宣毅軍人家口，犯在登極大赦前，以百日限內不曾首，後來改嫁，又累經赦恩及德音減降，近方事發，勘結成案，有司拘文不敢斷放。臣與僚屬商議，以其曾經大赦，難爲卻科決十年前所犯罪名，尋已别作施行。訖伏詳元起請，本爲倚赦作過之人，情涉蠹害，須當戒勵，及後來因事續降條勑亦多此比。臣愚竊度恐不謂再經赦宥，或非時減降皆不得原減，且再經赦宥動須累年，冒犯之人容其追改，非時減降豈可預期而指望釋放哉？諸如此類，若皆不與原減，是無知之人一時犯罪偶未發覺則畢生負累，雖欲改悔其路無由，恐非朝廷原情立法之本意。又慮法意當然，有司不能盡曉，未免使人枉陷深文，欲望聖慈許下刑法寺，重加詳明諸稱不以赦降原減條，並謂犯事後遇赦降自當依法施行，若事發或未發間，再經恩霈並許依例原減，如此則德澤所施，蒙恩者廣，愚民抵冒得以自新。

宋・蘇轍《欒城集・御史中丞論時事劄子一十三首・論邊防軍政斷案宜令三省樞院同進呈劄子》 臣竊見大理寺審刑院舊制，文臣吏民斷罪公案並歸中書，武臣軍員軍人並歸密院。而中書密院又各分房，逐房斷例。輕重各不相知，所斷既下，中外但知奉行，無敢擬議。及元豐五年，先帝改定官制，知此積弊，遂指揮凡斷獄公案，並自大理寺刑部申尚書省上中書取旨。自是斷獄輕重比例，始得歸一，天下稱明焉。自元豐七年十月八日，奉聖旨應緣保甲事，元係樞密院指揮取勘，及保甲司乞特斷公案，令大理寺定斷，刑部勘當申院。元祐四年六月十八日，又奉聖旨禁軍公案內流罪以下，情法不相當，而無例擬斷合降特旨者，令刑部申樞密院取旨。今年七月十三日，又奉聖旨，應係樞密院降指揮下所屬體量根究取勘者，候奏案到，令樞密院取旨。十月四日，又奉聖旨，應官員犯罪公案，事干邊防軍政，並令刑部定斷，申密院取旨。二十九日，又奉聖旨，應官員犯罪公案，事干邊防軍政，文臣令刑部定斷，申尚書省，武臣申樞密院。臣竊詳前件五項條貫不唯斷獄不歸一處，其間必有罪同斷異令，四方疑惑，失先帝元豐五年改法本意。兼事干邊防軍政，文臣歸尚書省，則雖樞密院本職，必有所不知。武臣歸樞密院，則自節度使充經略安撫，有所廢黜，雖三省亦有不得知者。事之不便，莫大於此。臣今欲乞依先帝改法之舊，應斷罪公案，並歸三省。其事干邊防軍政者，令樞密院同進呈取旨而已。如此則斷獄輕重事體歸一，而兵政大臣各得其職，方得穩便取進止。

宋・洪邁《容齋隨筆・三筆・奏讞疑獄》 州郡疑獄許奏讞，蓋朝廷之仁恩。然不問所犯重輕及情理蠹害，一切縱之，則爲壞法。耿延年提點江東刑獄專務，全活死囚，其用心固善，然南康婦人謀殺其夫甚明，曲貸其命，累勘官翻以失入被罪。予守贛，一將兵逃至外邑，殺村民於深林，民兄後知之，畏申官之費，即焚其屍，事發係獄。以殺時無證，屍不經驗，奏裁刑寺，輒定爲斷配。予持勑不下，復奏論之，未下而此兵死於獄。因記元豐中，宣州民葉元以同居兄亂其妻，而殺之，又殺兄子而彊其父與嫂約契不訟於官，鄰里發其事，州以情理可憫，爲上請，審刑院奏欲貸。

宋・程頤《周易程氏傳・離》 九以陽居上，在離之終，剛明之極者也。明則能照，剛則能斷。能照足以察邪惡，能斷足以行威刑，故王者宜用。如是剛明以辨天下之邪惡，而行其征伐，則有嘉美之功也。征伐，用刑之大者。夫明極則無微不昭，斷極則無所寬宥，不約之以中，則傷於嚴察矣。去天下之惡，若盡究其漸染詿誤，則何可勝誅？所傷殘亦甚矣，故但當折取其魁首，所執獲者非其醜類，則無殘暴之咎也。《書》曰：殲厥渠魁，脅從罔治。

宋・黎靖德《朱子語類・上糸上》 公事未判，生殺輕重皆未定；及已判了，更不可易。

宋・洪適《盤洲文集・乞勿繫大獄干證人劄子》 臣仰惟陛下哀矜庶獄，視民如傷，丁寧欽恤，前後曲盡，而州縣之吏未能盡體好生之德，不無冤滯以干和氣。臣伏見諸縣徒以上罪雖有結解期限，而吏胥利於追逮求覓，或一年或數月始以解州，又數月或半年方能結案，或因徒番異則又未可預料，其囚以身犯法禁繫固宜，獨是事發之處，或在邸店，或在道路。一時偶與相逢之人見其鬭毆死傷便爲證左，相隨入獄，雖供責已具而獄吏或以無保識或以別州縣慮其再追不至，例皆同拘牢戶，同解本州，直候結案無番異，方得釋放。蓋證左之人多是它州商賈與村落農夫，或有老親弱子別無它丁，必候其人營販作業始可生活，一遭禁繫動繇歲月，其家啼饑號寒遂擠溝壑。其身或苦疾病因而瘐死，無罪隕命深爲可憐。臣愚欲乞聖慈嚴下州郡，應諸縣所追證左，若供責已具，限一月先與召保知在；或村落農夫在市無人保識，即令押下本都知在；或它州縣人即傳押付本土，隨其鄉部召保施行，皆不得別爲苛留。聽令從便經營日食。若罪囚到州，辭情異同或移獄別州鞫勘，必須再追證左，並委長吏取緊要人量行點追；如或違戾，常令提刑司覺察按劾，重寘於罪；提刑失察者，諸司互舉之，庶使無辜之人，不致久留縲紲，其家不致窮餓就死，以副陛下愛民止辟之意。

宋・王應麟《通鑑答問・周勃下廷尉》 或曰：絳侯有誅呂安劉氏之功，文帝下之廷尉，不以議功少恕，微薄太后之言，亦曰殆哉。或謂帝之繫絳侯，所以全之。其然歟？曰：遇大臣以禮，侍功臣以恩，未聞係縲而困辱之也。漢襲秦法，君臣之際，不以禮義相接，韓彭誅夷之慘，酇侯械繫之暴，高帝不能改於秦也。至文帝習以爲常，帝之疑絳侯，始於非社稷臣之對，繼以率列侯之國之詔，君臣之義已睽，上下相疑，而被甲持兵之事起，雖張釋之爲廷尉，而獄吏之貴自若，此路溫舒所謂秦有十失其一尚存者也。帝因賈誼之言，養臣下有節。然古者師友其臣，漢直以徒隸視之，景之於周亞夫，武之於竇嬰，元之於蕭望之，成之於王商，哀之於王嘉，摧折猝抑，至東都而益甚，豈非高文詒謀之失？或曰：張釋之於犯蹕盜環，則爭之。絳侯之繫，不聞其抗奏也。爭於小而不爭於大，豈亦視以爲常歟？曰：太史公謂積威約之勢，自商鞅、李斯以是爲常法，漢之君臣恬不知怪。張蒼爲相，未嘗救文帝之失，明絳侯之患，況廷尉乎？故曰漢襲秦之罪大。

宋・陳襄《州縣提綱・詳究初詞》 昔劉公安世謂宋若谷治獄有聲，惟曰獄貴初情分牢處問而已。今之縣獄初詞乃訟之權輿，郡獄悉憑之以勘鞫。凡里正及巡尉解至犯人，多在外經停唆教，變亂情狀，若縣令不介意而輒付之主吏，則受賕偏曲一律供責，其後欲得眞情，難矣！如解至犯者十名，即點差他案貼吏十名，各於一處隔問責供頃刻可畢，內有異同，互加參詰，既得大情，輕者則監，重者則禁，然後始付主吏。雖欲改變情款誣攀平人不可得矣！

宋・李元弼《作邑自箴・處事》 耆鎮判狀事已了畢，限十日繳連赴縣。先取知委告示應在縣公人并耆鎮等。凡判狀帖引之類，有朱印火急字者，違限一日，急字者違限兩日，其餘違五日並勘決，仍出牓發放司前。二急字印子置書案上，印訖旋押范字於其下。

宋・佚名《名公書判清明集・人倫門・叔姪》 聽訟，吾猶人也，必也，使無訟乎！當職德薄望淺，不足以宣明德化，表率士風，而使乖爭陵犯之習見於吾黨，有愧於古人多矣！否則威之，撻以記之，正懼有所不容但已者，而諸友乃能舉責善之誼，以啓其良心，使其叔姪之情不遠而復，豈非區區所望於學校之士者歟？示周德成叔姪，仰即日稟聽明朋友教誨，遂爲叔姪如初。若或不悛，則玉汝於成者，將不得不從事於教刑矣！

宋・佚名《名公書判清明集・勉齋先生黃文肅公文集》 照得本縣詞訟最多，及至根究，大半虛妄，使鄉村善良枉被追擾。若官司不察曲直，遂使無辜受害，皆緣坊郭、鄉村破落無賴，粗曉文墨，自稱士人，輒行教唆，意欲搔擾鄉民，因而乞取錢物，情理難恕。近據徐莘哥論劉少六強占山地，及將徐莘哥送獄，卻稱係叔徐凱教令陳詞，追上徐鎧，又供委是包占，及追到出產并得産人供對，卽無包占因依，徐鎧方始招伏。其平日生事，擾害鄉民如此，若不懲治，無以示戒。今徐鎧自稱士人，且決竹篦二十，枷項號令縣門三日，仍牓市心曉示。

又　朝廷差守令，以爲千里、百里之長，則凡在部封之內，雖有貴賤貧富之不同，皆部民也。人戶詞訴，官司追逮，雖曲直未可知，自當應時出官供對。今鄉村豪民遇有詞訴追逮，率是累月以致年歲不肯出官，保正虛受杖責，使人戶詞訴無由結絕，官吏文移日見壅滯。本縣豪戶大率皆然，而其尤甚者，則排風龔儀是也。自去歲七月間，有陳暘叔者，訟其起屋侵占墳地，追逮半年，不伏出官，及至差官親至地頭驗實，龔儀亦端坐不出，卒使詞人坐困，甘心移改墳墓，不與之爭，何等頑民，乃敢如此！自是以後，訟其奪牛，訟其占山，訟其占屋，訟其不收稅，凡七八件，皆是累月不出。本縣將其安下主人監繫追逮，方肯出官，使人人皆如龔儀，則國家守令、條法皆爲無用矣。且龔儀自稱士人，豈應不畏名義，不畏條法，以至於此。合將龔儀重行勘斷，念其自稱士人，秋試在近，且與免罪，疎枷押下安下人葉萬卿保管，伺候理對公事，安邦只今取保狀申。

宋・佚名《名公書判清明集・後村先生大全集》　若必勝當充，它人糾論可也，官司定差亦可也，惟以弟糾兄則不可。帖縣照已判行。

宋・佚名《名公書判清明集・朱文公文集》　契勘諸縣民訟人戶，自合從條次第經陳；其公事各有條限，民戶越訴亦有斷罪刑名。往往縣道不能結絕，遂至留滯，引惹詞訴；兼又有人不候本縣照限追會圓備予決，便卽先行經州，紊煩官府。今立限約束，自截日爲始，應諸縣有人戶已訴未獲，盜賊限一月，鬭毆折傷連保辜通五十日，婚田之類限兩月，須管結絕，行下諸縣遵從外，如尚有似此民訟，亦照今來日限予決。若縣道違期不行結絕，方許人戶赴州陳訴，切待先追承行人勘斷，再立限驅催。其縣道又不了絕，致人戶再有詞訴，定追押錄科斷外。今仰民戶，經由書鋪依式書狀，仍於狀內分明聲說，的於某年月日經縣陳訴，已經幾日本縣不結絕，以憑行遣。如不明注經縣月日，或不候限滿，妄稱已過所立日限陳述，致追承行人到州，見得元經月日未及，其人戶連書鋪並行收坐，仍毀劈書鋪名印。若經本州一月未滿，狀詞亦不許再行。

《明實錄・成化元年》〔十月〕甲申，命諸司覆奏毋過五日。時都院決囚失於覆奏，檢舉，請罪。上俱宥之。仍諭六部臣曰：天工人其代之，若事當行而緩於覆奏，是怠天工也。其可乎？自今各衙門一應奏題，旨意卽明白，覆奏發落，毋得稽緩五日。不覆奏者，該科劾之。

《明實錄・成化十八年》〔閏八月乙未〕巡撫山西左副都御史何喬新，劾奏按察司僉事尙敬、劉源避事曠職，延滯詞訟，致知縣王徵等事無結斷，宜問如律，仍乞通行天下巡按御史，凡二司官於詞訟延滯半年之上不卽結斷者，悉奏請執問。上曰：刑獄重事也。周書曰，要囚服念五六日至於旬時。特言未得其情者詳審，不苟如此，苟既得之，不卽結斷，桎梏縲絏拘繫其身，往往有瘦死獄中者矣。夫其人罪不至死而死，是刑官殺之也，故律特著淹禁罪囚之條，喬新劾奏甚當，其卽究治其人，仍令天下刑官，皆知所謹，以副朕欽恤之意。

《明實錄・弘治十六年》〔四月〕癸亥，吏部主事楊子器言：天下有司不以生靈爲重，有犯笞杖徒流而禁死者，有固徭役及負錢債稅糧、有（司）〔詞〕訟（於）〔干〕連親戚負累，有盜賊妄扳、刁豪誣陷而禁死者，請申明舊例，罪犯應監禁者方許監禁，應歸結者卽與歸結，重〔囚〕問完應處者申詳待報，毋殘害致死。歲終具監故、見監囚數，呈報巡撫巡按官，以備稽考。又近例非堂印官不許受詞訟，而佐貳官分理一事者，各以其事受詞赴京越訴者不戒，連累致死者不償，且詞訟多則贓罰多，而爲上司者，未嘗計（所）所屬之贓罰，以絕奸貪。請申明舊例，凡淸軍捕盜等官，有應問詞狀，必由掌印官受理。轉發問斷仍關牒審上官巡歷去處，除申辯冤抑舉正違錯外，其不經州縣越訴者，不許受理。有司歲終具詞訟及贓罰數目，呈巡撫、巡按官稽考，其掌印官應受狀而不受者逮問。刑部覆奏，從之。

《明實錄・弘治十七年》〔九月庚寅〕南京大理寺卿魏富上疏陳二事：一省淹禁。謂刑部司屬所問罪囚有議擬差錯，本寺駁回再問者，原問官因以爲恨，往往故禁罪人，致情輕及無干者死於囹圄。今後，除事情難明者，其餘輕事限五日，重事十日，俱令再問送審。差故違淹禁、累人致死者，許本寺指實參奏。一公調問。謂本寺審據情詞，原問官或事涉嫌疑，或性有偏拗，駁行調司者，該司復不肯呈調，囚犯苦抑，深可矜憫。今後，若審有嫌疑偏拗者，駁不待三，卽聽本寺駁調。有不肯調者，本寺徑行他司問理。三法司奉旨會議，請行南京法司，如有無故積違淹禁者，聽各堂上官參奏。大理寺所審罪囚，有稱冤不服，或獄詞未明、駁回三次者，方令改調。司□或原問官，事涉嫌疑，雖未及三次者，亦許調（用）〔問〕。上是之，命今後法司審問罪囚，敢有任情偏拗以致淹禁者，一體重治不宥。

《明實録・嘉靖二年》〔十一月辛卯〕刑科都給事中劉濟等言，國家置三法司專理刑獄，戒主鞫問，戒主許審，權奸不得以恩怨出入，天子不得以喜怒重輕。其後乃有錦衣衛鎮撫司專理詔獄，而三法司幾於虚設。陛下升潜諸弊盡革，而邇來漸爲私移，大乖初意。如劉最、黄國用、顔如環俱以小失而緝訪於羅織之門，鍛鍊於詔獄之手，裁决於内降之旨，竊恐爲聖政之累。且李洪、陳宣罪至殺人，降級而已，王欽兄弟奸黨亂政，謫戍而已，以最等視之，奚啻天淵而顧一律罪之，何以示天下。御史王溱等亦言，王欽等輕縱則小人效尤，最等重譴則君子解體。得旨，最等玩法已從末減，濟等既失糾舉，復恣意回護，姑奪俸一月。

《明實録・隆慶三年》〔九月丁未〕，刑科右給事中許天琦奏：今刑獄之濫，其源有六。一則有司承上官意指殺人媚人，一則傾任書吏因公行威，舞文析律。一則以贓罰爲名，多受民詞，而陰濟其貪。一則干譽悦名之士，務苛察刻深謂之風力，雖心知其冤而莫之省。一則以威嚴恐喝令民誣服而不敢訴。一則長吏教化不先使民棄仁誼而死財利，故獄訟繁興。宜飭所司督責郡縣，務以仁明公恕遇惡來形爲急，毋相溜爲濫，以傷天地之和。刑部覆奏報可。

《明實録・萬曆十四年》〔六月辛未〕刑部山西司主事黄置瞻奏：江西臨江府民王民社、李臣保、原任知府錢若賡，罪坐二犯永戍，以屬寬濫。乞勅釋放。仍將錢若賡併行原宥。上曰：若賡打死多命，奸民庇護問譴有何可矜，刑獄重情，自有堂官主張，黄道瞻係司屬如何輒來瀆投。令降一級調外。

《明實録・萬曆十六年》〔十二月己卯〕是日，上遣司禮監太監陳政口傳聖諭諭内閣張鯨侍奉多年他家用的人做壞了事，他未必知如今都下法司問過重罪了張鯨，著他私家閑住，這不爲章奏紛紛處他，只爲近年四方災傷，民間疾苦，每令他訪奏不以實聞，故此處他。又諭朕欲召見先生，每偶因動火未安，待朕體全愈即出召見大學士申時行等奏謝竊惟進退用舍乃朝廷大紀綱不可以近而或忽訪問災傷乃朝廷大政事不可以遠而或遺皇上天縱英明日親幾務猶欲訪求民瘼通達下情而張鯨不能仰體聖心不以實奏壅蔽之罪試無所逃且内外官工皆當守法奉公簡身戢下而張鯨任用匪人犯法壞事以致法司盡暴其罪言官交斥其非踈縱之愆亦難自免皇上特垂宸斷出之弘家非爲人言紛紛姑以塞盈庭之議乃繇聖心獨斷用以儆夫職之辜此眞至明至公同符竟舜非臣愚昧所能仰窺萬一惟有播之在廷書之史冊使萬世稱頌聖德而已

又〔十二月己卯〕吏科給事中亨沂劾東廠太監張鯨倚勢乘寵招權納賄罪惡萬狀屢經科道指摘令群黨邢尚智等既處而元兇未伏其辜非法之平數日來都市喧傳咸謂鯨廣進金實多方請乞果爾則虧損聖德，又不止顧念侍衛之衙勞矣伏乞乾斷以釋群疑疏入上怒下鎮撫司即訊同日刑科給事中唐堯欽亦有疏擊鯨而得從寬政，姑置不究以沂疏有都市流傳進賄一語故也。而沂旨内有，這廝欲爲馮保、張居正報讎云云，説者又謂時司禮張誠爲馮保之餘欲甘心於鯨沂疏實爲所用，是則未易言矣

又〔十二月〕庚辰，大學士申時行等具奏廷謝報聞是日疏救李沂謂張鯨之事，言官交章論劾，保獨李沂一人致干聖怒及取其疏讀之果，屬狂餘李沂係庶吉士，援官未及兩月新進書生不識忌諱。若居正，馮保在日，彼猶未入仕途，原無恩讎何爲報復不過夙聞建白，心實無他，似不必深罪，且昨爲馬象乾所言，皇上猶爲臣等曲全褒臣雅量況皇上天地之量何所不容而苛求一無知之小臣哉不報。

又〔十二月〕癸未，鎮撫司打問過給事中李沂奏上御批李沂既刑究明白拏在午門前杖六十，斥爲民。文書官劉成將本到閣臣申時行等大驚，欲具疏救，且留御批未發劉成不可竟持去而。上已遣太監張誠出監杖矣。特行等惶遽上疏曰：李沂上干聖怒，已蒙打問，死生未保，再行廷杖重復加刑，恐萬無生理此累朝以來所未有。仰累聖德，關係不小臣等不能匡救，必難靦顔在列。伏望少霽天威，俯全言官垂死之命，躬請會極門侯旨，有頃傳諭云：先生每説話依得的依了依不得的也難依如前日馬象乾就依了李沂放下各處貪官污吏不説卻説我貪，這等挖污君父豈可輕宥時行等復向張誠極言誠不可，竟杖之。

《明實録・萬曆十八年》〔十一月壬戌〕巡撫廣西都御史蔡汝賢奏稱自靖江王薨逝，中尉經和等結黨横行晝夜若狂，聚衆毆按察使顧問幾死。臣差官往解，乃突圍赦出。又逼動程布政改撫祿帖，言詞悖慢，搶奪財物，毆打

平民，一城震驚，人心洶洶。乞分別情罪重輕，將首惡經扣并庶人經訑同惡經譚、經誼等奏請治罪。部覆上請，詔：革經和爲庶人并經訑都照例發高牆，經譚等俱革爲庶人，發聞宅禁住。邦屆姑着府嚴加戒飭，墩鎖一月。以後本府管理，及撫按官務要同心鈐束，不許疎縱。

《明實録・萬曆二十四年》〔九月〕甲戌，大學士趙志皋等奏御史曹學程繫獄日久，屢欲懇請特恩寬釋，然意皇上咎其所言未當，或姑禁繫困苦以示懲創，故未敢遽陳，昨見刑部疏謂其體傷箠楚棒瘡潰梨，淹禁患病狼狽可憐，竊謂聖慈垂惻，必當曲貸不意嚴旨迅發，臣等咸相顧錯愕，以爲皇上寬仁御下，從來未甞輕加人罪，如此且學程乃言事之官，以言人罪尤非盛世事是以敢不避雷霆呼天而有請也，學程言語不倫致干天怒，臣等不敢更爲辯解，但據政體言之，人主以三尺之法整齊海内，雖威福生殺繇於獨斷，而擬議必定於刑官，輕重必裁於律令，正爲示天下以公也。見今司寇諸臣忠直不阿，奉法惟謹若律例有可擬之罪，豈肯縱以逮上命，又豈敢代爲解説而觸上怒哉。正以原情定法如是足爾，而不謁天威嚴譴之遽至此也，且學程身係言官，所論者國家之事，即狂戇妄發不能無罪，但身無差遣之命，非有所違抗而辭避愼重科臣之行意在隨事而効忠，今若以疎謬妄言褫奪降黜已爲過甚矣，焉有大辟極典而可輒加之乎朝廷，設言官爲耳目寄也，今論事一不當遂加重罪，豈但失法之平其於清朝治體不大有累耶，臣等既叨輔弼竊念此事間係甚大，何敢畏威緘默不言，伏望皇上擴天地之量，垂父母之慈，俯察臣等所言赤心無他，將曹學程罪，從未減重加譴罰，庶刑法久當，人情咸安。不報。

《明實録・天啟二年》〔正月壬戌〕御史林一柱疏陳三款：曰恤民窮，曰容言官，曰愼詔獄。疏未復，請恤故謫臣李獻可，言獻可在禮垣時，以旨請諭教削籍，里居蕭索，歿無宿儲，乞加優恤。上責一柱不請事體，掇拾套詞。且李獻可既以國本被謫，應否追卹該部，當遵屢旨具奏。何得以同鄉瀆陳姑不究。

明・吕本《皇明寶訓・洪武卷五・恤刑》〔洪武十六年〕正月壬子，太祖諭刑部尚書開濟，都御史詹徽等曰，凡論囚須原其情，不可深致人罪，蓋人命至重，常存平恕之心，猶恐失之，况深文乎？昨民有子犯法當死者，其父行賄求免，御史執之并欲論罪。朕以父子至親，其死而救，人之情也，故但論其子而赦其父。自今凡有論决，必再三詳讞覆奏而行，毋重傷人命。

又　永樂十一年四月己巳，勑諭三法司官曰，爾等職典刑獄讞議之際，必務詳審，罪入大辟者，先疏情實來聞，而繼以五覆奏，必不可恕而後誅之，則死者無憾，爾宜夙夜敬愼，毋爲深文苛察，毋以愛憎爲操舍，務使法平訟理以副朕欽恤之意，其或肆情狥私罰及無辜，雖或目前苟逃刑憲，天地鬼神鑒臨在上，不爾貸也，爾其省之。

明・吕本《皇明寶訓・洪熙卷二・恤刑》〔永樂二十二年〕十月丁巳，大理寺奏決重囚。上曰，人命甚重，帝王以愛人爲德，卿等理刑，宜替輔德政，罔俾無辜含冤地下，傷國家之和氣，昔法吏有於死獄求生道者，天有顯報，不在其身，在其後人，卿等勉之。遂命五府六部、通政司六科同三法司於承天門會審，特召大學士楊士奇、楊榮、金幼孜至榻前，諭曰，比年法司之濫，朕未嘗不知其所擬，大逆不道往往出於羅織煆煉。先帝數切戒之，故死刑至四五覆奏，而法司略不留意，其爲酷吏而無愧，自今凡審決重囚，卿三人往同審，有冤抑者，雖細故必以聞，遂命三法司今後審決重囚，必會三學士同審。

明・余繼登《典故紀聞》卷十二　林聰等疏中又有愼刑獄一款，言：邇來法司惟務深刻，或任好惡，或避嫌疑，或執原詞，或拘成案，不審情犯虚實，但知希旨迎合，如聖旨批法司辯理者，則與之辯理，罪雖怙終而必宥；批法司知道者，多立案不行，情雖可矜而莫伸。又如當行勘者，不與之行勘，當提對者，不與之提對，獄囚經年淹禁，文案屢歲不清似此。抱負不平陳情懇訴少者不下十有餘次，多者不下二十餘次，罪終莫逃，積憤含冤，甚傷和氣。乞敕法司，今後在監罪囚，務在推情鞫問，詳審重輕，不許任意徇情鍛煉成獄。如是則刑罰得中，人無冤抑。

明・孫甸《皇明疏鈔・方鳳〈定大禮正大法急大務以全聖治疏〉》　所謂大法者，處決大獄是也。太監張鋭、張忠等罪大惡極，無一民尺地不受其害，論其情罪，當與江彬、錢寧一律。賊臣蕭敬等曲爲救援，法司末減，止坐一死，雖皋陶再興，恐難別議。本留於中半月，必待御史屠僑催請，方纔發出，而又有多官會審之旨，中外聞之不知所謂。會審者，將以其罪尚輕而欲加之以快人心耶？抑因其重賄交通宮掖，而欲減之以壞國法耶？伏願陛下奮然獨斷，毋事姑息，將張鋭等早賜處決，勿惑於近侍之回護，勿沮於宮戚之挽扶，使將來內臣皆知畏法，罔敢作慝，則大法既正而治具張矣。

明・丘濬《大學衍義補・愼刑憲・議當原之辟》　《周禮》小司寇以五刑

聽萬民之獄訟，凡命夫命婦不躬坐獄訟，凡王之同族，有罪不即市。

鄭玄曰，凡命夫命婦不躬坐獄訟者，爲治獄吏褻尊者也，不躬坐者，必使其屬若子弟也。

王安石曰，命夫命婦不躬坐獄訟者，貴貴也，王之同族有罪不即市者，親親也。貴貴親親如此而已，豈以故撓法哉！

清・劉拱宸《居官慎刑録・嘉慶十六年四月給事中陸言條奏》 斷罪宜引本律也。伏思法者，天下之平也。必確核案情，刑當其罪，不得以私意爲重輕。若意主於寬則失之疎縱，意主於嚴則失之苛刻，皆不可謂之平。且律有專條，苟其罪僅止於是，即杖責枷號亦不可私意增加。若有任意從嚴，而於本律之外抑揚其詞，致仍有從重加等之處，是任意而不任法，深文曲筆，何以昭刑罰之平。應請嗣後斷罪，惟當專用本律，凡一切抑揚字句概不准用。其情節較重之案，均應恭候睿裁，隨案酌定，務使輕重悉依於法而不致稍有偏倚、執一之弊。似亦感召和甘之一端也。

清・劉拱宸《居官慎刑録・顏光衷〈官鑑録〉》 修隙者多起於盛怒。蓋官長威福弄得慣手，見有拘逆者自然容受不去。一縱其威，誰敢諫止。然此固有二：如張詠之吏，既偸盗弄法，又挾抗官長，此不可貰。若乃受屈難堪，理直氣揚，又有見官不慣，罔識進退者，此所當諒者也。一概盛氣加之，則曲直倒置，巧者勝而拙者敗。縱督過之後私心悔之，然雷霆彈壓已被損矣。諺云：一世爲官百世冤。蓋恐隱伏利害，嶢崎情僞，害人不少，况復任性出之乎？且任性則火性愈起，久且以爲固然，不問是非矣。欲惠民者，宜除此一根，虚心以聽，情理之自現也。法堂之上不可不常作此想。商鞅、吴起、韓非、李斯，彼皆自謂信賞必罰，平天下如指諸掌者也。然與甯失不輕、好生大德者，相去何逕庭哉。鞅以徒木立信，起以布幅去妻，非若斯俱以督責致治，卒毒天下而身隨之。甚矣，刑難言也。若從名法上運用，無得情哀矜者爲之主持，則往往流入這邊去而恬不知，猶以爲生道之殺也。此聖人教人，必自乾元處安身立命，而刑名法律一切不忍乎。

清・劉拱宸《居官慎刑録・湯斌〈湯文正公遺書〉》 天下事莫患於因時苟且而無眞誠之意，動輒曰時不可爲也，事多掣肘也。牧仲在刑曹，一副即耳，每慮囚必審其得罪之由，察其情僞，稽之律例。有求其生而不得則死者，與我俱無憾之。意有不合者，動色力爭。即豐鎬舊臣亦諒其眞誠，改容敬禮之。雖不能盡如己意，其所全活者亦多矣。

清・劉拱宸《居官慎刑録・王守仁〈格言〉》 文成王子曰：不可因其應對無狀起箇怒心，不可因他言語圓轉起箇喜心，不可惡其囑託，加意治之，不可因其請托曲意從之，不可因自己事務煩冗隨意苟且斷之，不可因旁人譖毁羅織隨人意思處之。此心有一毫偏倚，即枉人是非。

清・劉拱宸《居官慎刑録・龔鼎孳〈慎刑七條疏〉》 頃值皇上省躬求言，甘霖立應，一時天心、君德，戚召甚微，顧事天以實不以文，修德以恆不以暫。敬就職掌切要臚爲七事：一、定罪貴乎按律也。治刑者之有律，猶制樂者之有鐘呂，銖黍不容或差。若舍律而弗遵，將輕重任意，人無所適從矣。漢張釋之曰法者，天子所與天下公共也。今法如是，更重之，是法不信於民也。請自今申飭諸司，問擬大小獄情一依本等律文，確議上奏，不得舍棄律例，單坐罪名。至死徒大獄，動關聖德，尤宜再三詳審，使天下曉然於用法之意，庶幾出入無失，觀聽不淆。一、折獄貴乎得情也。曾子曰如得其情則哀矜而勿喜。夫得情尚且哀矜，豈有疑似揣摩，可爲定論者乎？請自今申飭，獄情虚實，諸司必再四推詳：其罪果虚，則急爲申雪以燭覆盆；其罪果實，則確究根因以垂鐵案。勿持兩可之説，務歸五聽之平，情罪既眞，自無冤濫。一、司審之規宜定也。十四司官，滿漢並設，原期同心商酌，共砥公平，庶獄無遁情，官無曠職。近見大小獄情，回堂時，多止有清字而無漢字。在滿洲同堂諸臣，虚公共濟，事事與臣等參詳，然倉卒片言，是非立判。本末或未及深晰，底案亦無從備查。至於重大事情，又多從清字翻出漢字。當其訊鞫之頃，漢司官未必留心，迨稾案已成，罪名已定。雖欲旁贊一語，輒苦後時。是何滿司官之獨勞，而漢司官之獨逸也。請自今以後，一切獄訟必先從滿漢司官公同質訊，各註明切口詞，呈堂覆審，發落既定，或擬罪，或釋放，臣等即將審過情節明註於口詞之內，付司存案，以備日後稽查。其有事關重大，間從清字翻出者，必仍引律，叙招臣等復加看語，然後具題，事以斟酌而無訛，牘亦精詳而可守。一決囚之制宜慎也。按《會典》死罪臨決，須三次覆奏明白，然後加刑。又一款，重囚三次覆奏畢，仍請駕帖下錦衣衛監刑官，領校尉詣法司取死囚赴市。又一款，赴市曹稱冤者，俱令覆奏。蓋罪雖應死，尚宛轉慮其或冤。於生路盡絕之時，曲加矜拯。故《周書》垂服念之文，唐制著五復之命，凡以恤人命而重死刑也。請參稽典制，取決重囚必仍從該科僉發駕帖，將應決人犯名姓逐一註明。其有情罪失當者，許科臣應時執奏。駕帖既出，照例會集御史等官公同監決，仍酌行復奏之法以全萬一之仁，庶讞者益務詳明，死者可無遺憾。至強盜、土賊，贓證明確，及當時見獲者照例即決外，如贓迹未明，招扳續緝，涉於疑似，有不妨再審之條，稍示遲回，期無枉抑。一、流徒之法宜酌也。笞杖徒流斬絞，具在律文。而流罪之中有二千里、二千五百里、三千里之分，蓋就本犯原籍計道里之遠近，爲僉發之輕重也。一、詞訟之案宜清也。法司衙門爲皇上秉持天憲，京畿十四省獄情咸取裁焉。案牘至爲煩冗，非精心詳酌，未易勝任也。一、收贖之例宜行也。周官三赦幼弱老耄之人，咸得減死。律令八十以上，十歲以下，及篤疾殺人應死者，擬議奏聞，取自上裁。蓋義盡仁至法若是其備也。請及今申明，有罪犯重大應坐家屬者，即與分別老幼、篤疾，據實上請，依律科斷，於明罰勑法之內寓下車泣罪之仁。亘奸既不漏於凋疏，天威亦不窮於旁及，庶幾民重犯法而世臻吉康矣。

清・劉拱宸《居官慎刑録・朱訓詒〈問刑詳慎疏〉》 臣惟刑名之官專理庶獄，律條之設準合群情，原不可以意爲輕重也。我朝當一代創興之始，革明季末流之弊，立法不得不嚴，而用法未嘗不寬。乃臣見刑部諸臣，不能實體皇上好生之心，併不能恪遵朝廷一定之律，審事未必得情，口供復不全錄，其爲弊最大。比例未必當罪，看語又無確據，其居心太欺。每專用雖如彼但如此游移之詞而不實斷，其當否且蹈襲前已然後當然苟簡之習，而不細擬其重輕。於是，欲入人罪，而不當死者竟死矣。欲出人罪，而不當生者竟生矣。國法難私，人命最重，朝廷生殺之柄豈可任其苟且悠忽，敢於屢用乎？若諸臣誤爲出入，則謂之不明。若諸臣故爲出入，則謂之不公。不明不公之罪，臣不能爲諸臣解也。臣請嚴飭刑部諸臣，當奉朝廷立法之意，用法不得仍襲苟簡之習，糊塗了事。體皇上愛人之心爲心，不得專用游移之詞，輕便殺人。事經兩造，口供不全錄者，即爲作弊。律引一條，情罪不確合者，即係欺公。如有此等，嚴治以不職之罪，務使虛心聽斷，片言折生者之口；按律定罪，千秋服死者之心。刑罰之用當，則冤抑之氣伸，於以回天變而幾刑措不難也。

清・劉拱宸《居官慎刑録・魏世傚〈杵米説〉》 刑人之道有三：不可以怒，不可以疑，不可以遽。夫刑以怒者，氣平則悔。刑以疑者，事顯則悔。刑以遽者，時久則悔矣。《書》曰罪疑惟輕。

清・徐棟《牧令書輯要・刑名上・審斷》 凡看案須先分層次，命案先敘地保原稟，語歸簡要，而案情與罪名大端已備。

次看驗屍傷之輕重部位，即以驗下手之情形。是何兇器，如何爭毆。置兩人或數人於此，互相爭毆，因何傷在仰面，因何傷在合面，因何傷在上部，因何傷在下部，何人致傷何處，詢其供情，比其形勢，有自然合拍處。要必於驗屍時，逐細看明，虛心着想，細心摹擬。若稍有顢頇，傷不確，則供不符。而情亦不得，欲罪名之無出入，其可得乎。

次看鄰證供。有當時見證者，有當場勸證者，有先不知而後查知者，有本非當場見證，而起釁另有別情，爲該證所素知者。均須隔別訊明，再與犯人質對明確，方免偏證及串揑誣證之弊，其供應分析敘明。

次看屍親供屍親無不狡賴者，哀痛迫切，原屬至情。必先推心置腹，一片憐憫悱惻之心。使之無所疑慮，知所感激。全在相驗時，詳慎周至，不避穢惡，不執成見，又不疾言遽色，處處惟恐死者被屈，代爲伸冤，屍親自然相信。即或有時分辨，當爲婉言開導，甚至有時頂撞，亦當平情理論。證供明而犯供確，屍親自然折服。否則，徑情自遂，激之翻控，縱案無出入，而人證之拖累無窮矣。

次看犯供。犯人未有不貪生畏死，避重就輕者，此情理之常。取供時須平心靜氣，論情論理，果能虛衷研鞫，隔別研訊，即犯人亦未有不激發天良者。若徒事刑求，非惟犯人不能折服，即問官亦難信心矣。至於敘供，先詢其籍貫年歲，有無父母，並父母年歲。有無兄弟妻子，並平日作何生理。與死者有無嫌隙，再將如何起釁，如何下手，一一與鄰證屍親所供相符。然後分別謀、故、鬬，各情詳細敘明。謀、故，皆斬候，鬬則擬絞。分別情實，生死關頭，最爲緊要。至父母年歲，又留養一層所關。而父沒於何年，其母守節若干年，兄弟有無出繼，死者是否亦係獨子，問刑者不可不知。

凡一案之中，犯證各供，必須與案情相符。稍有參差，則供情不符，犯證供詞既確，案情已得，引律必須允當。稍有輕重出入，則情罪不符。

凡敘案須供看相符。供分地保鄰證，各有分際。於衆供見其分，於犯供則見其合。聲敘須詳細周密，供由情定，看從供出。合地保、鄰證、正犯所供情節，總論一段爲看語。如供有而看無，供無而看有，及詞意互有牴牾者，皆不符也。

清·徐棟《牧令書輯要·刑名上·飭各屬辦案條件檄》 民間訟事，無不由小以積大。地方官爲民理事，全在慎始而慮終。時時存一點惟恐累民冤民之心，乃不致有累民冤民之事。若任意牽混，得推且推，可延卽延，則小事必釀大患，平民皆成案犯。而案犯之冤累，更不待言矣。今彙列條件，仰按察司官吏通飭各屬，悉心閱明，後開條件，逐一遵行。

一、命盜等案內一切應問之地鄰鄉保證佐，初審已經取供，別無疑竇，覆審時不必再拘拖累。凡奉駁覆審者，止將有關所駁情節之人摘拘再訊，其餘不必拘審拖累。

一、凡審案，有正犯及要證在隔屬者，一面就現犯訊供，一面卽敘關並專札差役前往守提。緊要者，一面守提一面通報。隔屬接到關札，立卽拘拏關解。應訊供者，卽訊確切口供。不能聽其混供混覆搪塞，如有此等，責有攸歸。

一、人犯到案，已將年歲及有無父母、兄弟、妻子年歲供明，迨後問罪。如應留養者，仍再查訊并鄰族確供甘結。不得止就初供爲憑，其所供父母兄弟年歲，更須訊之原告屍親。果與符合，然後敘人附請留養。不得止就本犯鄰族所供爲定，其與留養之例不合者，必將因何不准留養之處，於招尾聲明。以杜解審時混供翻告等弊。

王有孚曰：留養之條，國家法外之仁，非可冒濫。例內捏結留養，各有應得處分，乃有狡黠之徒，畏罪規避，詐稱親老丁單，妄希留養，聽者不察，或意存姑息，有心開脫。書役窺知意旨，因而乘機訛索，串通保鄰人等扶同具結。在被害之家，或未悉底裏，或不知例義，既經官爲審辦，往往未敢置喙。上司據結勘轉，驟難覺察，遂得循例聲請。或謂此等事可種陰德也，不知殺人之人倖逃法網，則被殺之人，含冤地下。爲生者計，獨不爲死者計乎！余謂此等事不但無陰德，且恐有冥譴。欲嚴其防。當於人犯到官之時，先將本犯之有無父母兄弟，逐一向問。該犯念不到此，自有眞話。若初審未卽問及，直待詳辦時，再向究詰。所供已不足信，其有先已供明，本不合例，旋復改稱嗣爲人後，或加增親年者，詐爲顯然，不可不察。

一、府州縣凡審過詞訟，如何判斷。務須當堂曉諭，仍將斷語寫於供單之後。審後卽令經承將原呈訴詞稟單斷語黏卷一帙，用印存房。遇有赴上翻控情有可疑者，檄行提卷。卽日申送閱奪，以杜捏告之弊，以免多準之累，並省錄案之煩。

一、凡審斷詞訟之後，務將差票當堂繳銷。尙須傳喚者，喚到卽銷。切不可因事已完結，視爲無用之廢票，留爲不時之嚇索。凡自理未結之案，除緝拏外，遇停訟時亦將舊票繳銷，俟開訟再爲簽票。知府審轉之案，審定時，將某人應候轉解。某人回家安業，一一酌定。當堂喚齊吩咐，不得匆匆退堂。致原被詞證伺候打控，無賴棍徒撞騙營求，及胥役乘機需索等弊。

清·徐棟《牧令書輯要·刑名上·失囚》 刦囚者，變自外人。反獄者，變自內出。刦囚不須得囚，但刦卽坐。反獄以打開監門，殺傷禁卒爲據。雖未逃出，亦坐。脫監者，從門出。越獄者，踰垣出。此二者，所謂主守不覺，失囚也。若反監罪減，若刦囚罪免。

刦囚兼途中，曰私竊。放囚者，非刦也。既曰打奪，則似與刦同。而又立中途打奪一條，何也？凡罪人已經到官，科訊拘禁曰囚。其犯事尙未到官，初就捕者，則曰罪人。罪人者，重輕未可定之詞也。其追徵錢糧，勾攝公事，則並不必其有罪者也。故其事與刦囚不同。而其聚衆則可惡，故特立此條。不然，則罪人拒捕與拒毆追緝人，已各有律，何須此條。

已就勾捕，則爲奪；未就勾捕，則爲拒。注云：不於中途，在家打奪。是雖來捕，而尙未捕。去然。或已有拘執將行情形，則打奪尙有可通。至云打奪之人，卽係所勾捕之人。以已奪己，其義何居，引用當酌。

清·徐棟《牧令書輯要·刑名上·審理雜案》 一、略誘事件，須問被略誘之人，是何等人，因何熟識，如何引誘，是何日月時候逃走，有無衣物銀錢帶逃，誰家窩主，有無他人引道，誘逃之後，或自爲奴婢妻妾子孫，或賣與人。轉賣是何月日，何人爲牙，係轉賣與何人，得銀若干，有無別人分去，窩主買王及牙保是否知情。如係婦人，則應問有無姦情。年未及歲者，須訊明被誘之人是否知情。

一、逃兵案件，須問前在何營食糧，隨何處出征，因何逃走，曾否偷竊軍前銀兩馬匹。並攜帶器械，是何月日逃走。從何口出行，守口兵役曾否盤詰。路上到何處人家窩留，是否知情。回家之後，家中還有何人，是否容隱。

一、凡理逃人，若係旗人，必先問是何旗色佐領，有無主子。是何官姓名住址，或漢軍，或滿洲，或另戶。是否居何州縣，何村莊。係在東京居住，何事來此，有無告假憑據。如係拏獲逃人，則應訊其是何年月日逃出，帶逃有何物件，有無同逃之人，一向行走何處，於何月日到此。住在何處，現有何行李，更須看驗面上有無刺字疤痕，有則務須根究。凡逃人之例最嚴，但逃人能於自首爲便也。

一、賭博案應問何人起意，同賭幾人。誰人糾約，何人開場放頭抽頭。賭具係何人所出，各帶多少銀錢。輸贏若干，共抽頭多少。並賭具來歷，賭過幾次。

一、拏獲賭具當堂驗過，儲庫。審結時，仍當堂銷毀。

一、造賣賭具，須問平日作何生理。同夥幾人，何人起意爲首。誰人雕刻，多少工本。在誰家造做，其做若干，何處去賣，賣與何人。付與銀錢若干，買去之後，是否轉販。家中父子兄弟人等，是否知情容隱，並有無賭博之事。

一、私鹽拒捕，須問是否慣販私鹽，何人起意興販，誰人發出本錢，誰人同夥分利，共若干人。買自何場竈，買得若干斤數，買過之後，從何處起身，往何處行走，共有多少駝擔，往何處售賣，是誰引領，是否帶有軍器，路上曾否賣過。現在誰家窩儲，又另寄頓何處，稱手牙人是何姓名，在何處遇見兵役，何人拒捕。下手若干人，各用何器械。並從前犯過幾次，有無拒捕殺傷犯案。

一、僞造印信，須問起意同夥，用何物做成，誰人雕刻。在何頁何行，用過多少次數，誆騙若干，曾否雕過別衙門印信，并起止月日。

一、私造假票，須問何人傳授，現在何人起意發本。同夥若干，幾時造起，共做成若干，誰人知情買使，誰人進鋪換錢，誆騙若干，共換錢若干，各人分用若干，現在有無剩存，曾否傳授別人。

一、私鑄鉛錢，須問平日作何生理。誰人起意爲首，發出本若干，誰人賃房，房主是誰。賃錢多少，是何年月，何人搭棚起鑪，何人出具鉗杓銅鑽等家伙，從何處買備，誰人買銅，多少斤數，於何日開鑪鑄起，誰人掌鑪看火翻罐磨錢挑水打炭抽風箱。每日鑄幾鑪，一鑪有多少，工共錢多少。誰人賣錢，買錢之人，是否明知通同共販至拉火挑水打炭入等，是否同夥議明分利。抑用價短僱，房主鄰佑，是否明知通同從容。受賄隱忍，本家父子兄弟，是否知情分利。并從前私鑄次數，有無犯案。

一、偸刨礦砂，須問是何人起意，糾約幾人。用何器具，何時刨起，得砂若干。何人燒鉛，燒成若干斤，何人販賣。賣與何人，共得若干銀錢，曾否刨過幾處，有無窩家，地鄰是否知情賄縱。究明燒鉛器具及剩下鉛砂下落。

一、私宰牛隻。須問牛從何來，是否病發，何人宰殺。何人幫同下手。有無開圈積慣害牛等情事，並私宰器具來由，地鄰曾否知情賄縱。

一、審理強姦須問有無損衣裂膚，及鄰佑聽聞情事。如係處女，則令穩婆驗看明白，取血證儲庫。

一、凡關宗族親誼必須問明是何稱呼，係何服制。

一、凡老幼殘疾之人，必須問明年歲疾病，以免加刑。

一、凡婦人應動刑者，必先問明曾否懷孕，以免加刑。

一、凡有前程之人，必先問是何功名，根究履歷。

一、凡問外籍之人，必先問原籍州縣，住居何處，或係久居，應問住有若干人，若干年，有無產業。或暫來此處，應問何事而來，來係何年月日，住宿誰家。

一、囚犯有監斃，則先報病，後報病故。本案不必全敘，另敘簡明詳冊，塡圖通報。俟批到，取具刑書、禁卒、醫生、同監人犯確供甘結。加具印結，並無淩虐情弊，詳府轉詳定案，隨詳附送圖格。

一、買竊盜贓物并牛隻等項。如無知情收買，原贓給還失主，賣價在於各犯名下追還。

一、命案。屍親求免驗下身，取免驗甘結附卷。

一、案眼要明。凡敘案，前後年月，必須問明。此人係何年月日來，此事係何年月日起，中間於何年月日，因何致訟，必逐一開明。

一、來路要明。如從前無此人，後忽添出，必將如何供出情形，隨於供後添敘，隨卽差拘到案。

一、過橋要明。如前官之案，後官審理，則前官離任，以及後官奉委到任日期，俱要聲敘明白。

清・徐棟《牧令書輯要・刑名上・聽斷》 聽訟如作文字，必鑽研深入，往復閒又自有新悟。非是，不能得題情而中其肯綮也。余聽事，頗能耐心不憚煩。每事先詳悉閲卷，諸所有契卷冊籍，應查應算者，俱當堂逐一辦理，不委胥吏。撫都堂王公初到任諮訪檄內，問聽訟宜以何法？余爲聽訟說以對。有曰，戶田之訟，惟查印冊。丈量有冊，墾報有冊，過戶有冊，實徵有冊，數冊互參。核其年月，冊皆有據。察其後先，土田淆混。核其四至，四至相類，核其形圖，形圖不符，勘其現田，此其法也。墳山之訟，問其戶稅，有官有私，閱其形圖。相近相遠，質之山鄰。何時殯葬，經祭何人，就供問證，以圖核詞。勘其形勢，以地核圖。聚族之葬，他姓莫參。衆姓錯葬，略分界址。穿心九步，以爲成規。粵中人滿，變通以濟，此其法也。券約帳簿，眞僞閒雜。字有舊新，紙有今昔，蛀痕可驗，長短可比。如其僞契，數張同繳，年月遠隔，紙張一色，必有贋契。如其僞帳，數年完欠。一筆寫成，字跡濃淡，亦恆相近。必有贋約，加以面試。當堂授筆，縱有僞捏，可辨筆姿。此其法也。非買言買，非借言借，非償言償，則當研審立契何地，交銀何色，成交何所，同見幾人，隔別研訊。供必不符，再令同質。虛實難欺，此其法也。粵地婚媾，鮮用書啓，庚帖所書，即云文定。媒證可問，爰問其詳。隔別研訊，書帖何所，主婚何人。宴待何處，送禮何僕。如其僞者，必有參錯。實情可得，罪有所歸。此其法也，情僞百出，載鬼一車以公生明，虛心任勞，其有遁情，或亦鮮矣。皆所閱歷而得者也，而其要，尤在隔別研訊。余在新會時，民有重賣其田，而僞爲契價者。乃隔別兩造證佐，而各問之。問書契何所，交銀何地，秤銀何人，銀何色，何物包裹，錠件若干。每問一人，即手白錄供。供既畢，隨喚告者證者，俱前而逐一覆問之。前供既不能變，又不當互異，皆變色相怨，已則瞪然相視，叩頭吐實。又有僞契占人田者，呈契二紙。紙大小不等，皆舊跡，筆亦互異，似非僞。已察其二紙中，賣主中見名下花字，書出一手。詰之，乃不能答。一呈契二紙，前後隔數年矣。以二紙顛倒比合。乃一紙裁分，刀痕宛然。詰之，乃認僞契無辭。此又在虛已鑽研，以得其閒也。

清·徐棟《牧令書輯要·刑名下·命案》 邑無大小，不能無命案。書生初入官場，聞之不無驚心，然辨理自有節次。眞實命案，有人來告，即將兇手何人，用何兇器，傷有幾處，在何所，一一問明。立即輕騎減從，帶諳練刑房仵作各一人，前往。以省搭棚之煩，防做傷揜傷之弊。又須帶幹役一二人。以備差遣捉人，勿致兇手遠颺。此等人皆宜近在左右，勿令遠離滋事。既到屍所，即爲相驗，驗時當親身灼見，勿遠坐避穢，委之仵作。勿模糊率略，致不詳確。相驗必確，方能審訊得實。倘稍有未盡，致審訊時情形不符，傷仗不對，輒以我見未確之事，忍令罪加無辜之人，即鍛鍊可以取供，而此心何以自對。大抵相驗之法，莫確於比。肉傷，則以此之色，比彼之色。以此之腫硬，比彼之虛浮。骨傷，則以左比右，以上比下，以此之血瘢血暈，比彼之本色。以今日乍見之形痕，比前此經見之形痕。比則易見，比則難欺。彼仵作輩或揜傷做傷，稍有可疑，必即其所報之處，詰其是傷之實，從容詳視。而令其比以呈我，務令屍親、兇手先皆心服，則後日審訊成招，問心無憾。須知傷分致命、不致命。而致命傷中，有速死之傷，有必死之傷，亦有可以無死之傷。要處，在頭上及前後心。傷入骨，則令探其淺深分寸。致死之故，大略可得。此時兇手如現在，立刻起出兇仗，與傷比對。如兩三人致死，則訊其孰先下手，孰後下手。蓋同一致命傷，而後下手之罪重也。又問孰爲何等器仗，皆無疑竇，然後塡入屍格通報，例限六個月審結。待各憲批回，州縣三個月，分限將屆，即爲覆審。將應詰問處，一一補問，即可招解矣。招冊，要口供簡明，看語，要與供相符。引律例，要與看相符。大憲題達時，以縣供縣看爲定，府司供看止聲明與縣相符，不復重敘。院看，亦只照原招，不再更改。此縣看所以爲重，不可不愼也。如所見甚確，所敘甚妥，即上官駁審。正可照駁登答，案情愈得明確，不可因駁惶惑。舍己從人，爲上官所笑。余在海豐日，有遠年解案，屢解屢駁者。疑竇既多，支節亦繁。且披閱爲難，乃稟府仍作初詳敘供。將前奉駁語融入詰問內，案既簡凈，府皆照轉。此等盜案尤多，不可不知也。至命案中有人雖已獲，口供已認，而傷杖不符，情節未協，返之於心，究難自信。甯保釋另緝，斷不可輕以報上。枉殺平民，初任之員，猝遇大案。恐兇手難得，又防嚴審誣服，遂諱而不報。不知設法查緝，虛衷研訊。自當有緒。即終不獲兇，而以緝兇不力受參罰，處分亦有年限。若以諱命受劾，則罰在目前。且定例甚嚴，何爲而出諸此。余在羅定日，有州民陳飛兆與童兒守禾田寮，忽皆被殺，投之大河。久乃得其屍，而首不見。誠所謂無頭命案也。余至，已越二載矣。奉檄檢驗，仵作人報骨黑色，係以毒死。頭骨無血瘢，爲死後傷。余疑毒後又殺之。似別有姦狀，提其母兄及妻，隔別鞫問，僉供無有。問素有讎家乎，有相好時往來者乎。妻沈吟良久，供有積竊刺字黃亞安者，常來與夫語。余立拘安至，狀惶恐甚。作色叱問，即悚然言知情。問所以，曰：與飛兆盜劉姓牛，而分受不均致鬨，故殺以滅口。余叱曰：陳自在田寮守禾，爾利其財物戕之，何同盜耶。安即力辨，伊田寮中，此夕止牛崽被一幅，何財物之有，且招出同黨馮姓爲加功。余引其兇，問田寮所有。供相同，問牛崽被何物，則貧家結縷禦寒，非常有物也。已而起出其刀血痕殷然，旋拘馮姓至，供如亞安。余以供與屍傷不符，猶疑之，以他事關取高要仵作人來，一日遞帶至屍所。令覆檢，仵作人一見屍卽稟曰：骨經蒸洗已可辨，無庸再洗。實非毒後復殺者也。令解之，曰：骨黑有二，遍骨黑黯者，必經水浸故。若毒，則黑止骨節間，餘當如常。血癊亦有微顯之别，頸骨經刃卽血出，故癊微。然可見也，卽檢一細草枝，指出骨端痕如一線然，供乃與屍傷相符。既而，牛亦起出，劉姓認明不誣，遂定案。夫訊供者，不在於就事取供，而在於無心暗合。牛崽被一言，非身至其間，親睹其物，何以銜口而出。若或使之，至骨之黑色有二，卽洗冤等錄亦所未及，當官者所宜知也。此案余初疑爲不必檢，及一檢乃得如許情形，如一題卽有一篇文字，固無不可出之題也。又服毒案，法應以好銀簪探口中穀道，驗其黑色與否，或以爲毒能入銀簪骨裏，刮之不去。嘗有父稟其子服毒者，原不必驗。余有此疑，遂自帶好銀簪，令探之，色果黑。余自以沙土擦之，色仍白。再試復爾，乃知人言不盡然也。至審訊之法，不盡在用刑，有激其羞惡之心而得者。余在陽江日，有二人毆斃一人者，一年老，一少壯。皆逃去，其傷致命一處，不致命三處。已而獲其人至，鞫之，皆不認致命一處。余一日提至堂上，極口詈之曰，天下有不堪如爾等者乎。當相鬭時，要做強梁好漢，輒曰打死你我償你命，今被打者已死矣，如果強梁好漢，無論未必償命，卽償命，生爲好漢，死亦強梁好鬼。今乃俯首乞哀，強諱不認，不堪不堪。且人已打死，能忍刑終不認乎，徒受不堪之名，上玷祖宗，下辱妻子，天下有不堪如爾等者乎。余視少壯者色甚忿，半老者面亦赤。余又極口叱曰，不堪的人，還怎麼說。少壯者，卽挺然曰，打易受，罵難忍。此一重傷，實我動手，不必諱矣。半老者亦慨然曰，伊認一傷，我三傷之欲誰諉乎。余又從容諭之曰，如此爾等，亦好漢矣。但致命一傷應償命，得毋悔乎。少壯者又挺然曰，我壯年力大，反諉之年多力弱者。小人不做不堪之人，死不改口。遂不刑而案定，有儆其疑懼之心而得者。新會驛前門外六歲兒亞享死於黎家祠，衆指守祠人黎亞日所爲。刑訊再三，閱五月堅不承，外間傳其有寄夾棍術，且謂罪人必將倖脱。余念粤人信鬼，可以權濟也。一日提亞日略問數語，諭之曰，爾不吐實，將請城隍神送亞享來與爾質。乃取片紙，手書亞享兩字。命黏於内署僻處一空室中北壁，高下視其身形。前設一長明燈，而係亞日於東側。一吏二役守之西壁，飲食便溺，聽其便，惟不令睡。是夜亞日不時視燈下，次日卽言知享死因。第三夜遂悉言其情，吏役來稟。余升堂，命帶至問曰：爾吐實乎？卽叩頭認死罪。曰殺亞享者，我也。七月二十四日，天微雨。我適開祠門，見亞享握一扇，挾書一冊過祠。涎其項上是銀物，誘至祠，強取不獲。且懼啼聲外聞，遽生惡念。又自言所得銀物一兩三錢九分，向東門第二錢鋪換錢一千三百九十，緣鎖内有銅三分，少得錢三十。罪當死，命呼其父至，卽又對父復言之，其父喝止之不能，提錢鋪吳姓問換錢事，一如其言。復呼兒父，問亞享當日曾持何物。供握扇挾書，問鎖銀低潮乎，曰紋銀足色。惟鎖簧特加銅絲三條，便開閉耳。凡亞日所供，皆控詞所未及者，當其張目疾聲，堂下百餘人環視。不少隱避，且言惟恐不盡，或駭以爲奇。余曰，此無他。虧心之人，其膽必虛。夜不令睡，則神昏，神昏則疑心自生暗鬼。法當七日必驗，不意三日卽得之。後縣尉問何供之悉，亞日曰：我於燈下若見亞享，不自覺言之盡耳。

清・徐棟《牧令書輯要・刑名下・圖民録》 凡鬭毆傷重，當急救之。且勿問曲直。葉南嚴刺蒲時，有群鬭者訴於州。一人流血被面，腦幾裂。公見惻然，時家有刀瘡藥，公入内自擣藥，令舁至幕廨。委謹厚廨子善視，勿令傷風。曰此人死，汝責也。其家人不令前，乃略加審核，收仇家於獄，而釋其餘。友人問故，公曰：凡人爭鬭無好氣，此人不卽救，死矣。此人死，卽償命一人，又有干證連繫，不止一人破家，此人愈特一鬭毆罪耳。且人情欲訟勝，雖骨肉亦甘心焉。吾所以不令其與家人相近也。未幾人愈，所保全者甚多。其藥取古城或廢壙中千年石灰碾細末，取連根韭菜擣取汁和之，團作小餅，置簷下風乾，勿令見日。凡破傷處，粉餅摻之卽平復。余屢用之皆立效。傷當急救。

李南公知長沙縣，有鬭者，甲強乙弱，各有青赤痕。南公以手按之，曰乙眞甲僞，訊之果然。蓋南方有櫸柳，以葉塗肌，則青赤如毆傷者，剝其皮置膚上，以火熨之，則如棒傷。水洗不下。但毆傷者血聚則硬，僞者不硬耳。事見《天中記》。又聞以野芋擦汁肌上亦類傷痕，民之情僞，何所不作，所當詳也。辨僞傷。

獄貴初情，固也。而以得之屍場者爲至初之情，更眞而易結。故相驗之頃，卽命案之所以定局。若不得確供，遽下屍場，以後便多情竇，費周章矣。

諺曰：官事進城，犯人進監。蓋言受人指唆，官難爲力也。勿遽下屍場。

書差勒贓，多藉大案。曩所歷州縣，惟辦命案一節，似無遺憾。凡遇報人命，卽喚其人入署而諭之曰：汝速歸鳩齊保鄰屍屬於屍所聽審，不許搭棚張綵有杯水之費。隨裹米而往。詢明情由，不抵之案，卽於屍場發落，告以案結之由，不許入城。應抵之案，祇帶正犯收禁。告以應得之罪，不許餘人入城。默記供情於內署，發稿通報。初猶差專役，迨後幷專役亦不差矣。初猶帶刑書，迨後幷刑書亦不帶矣。其有證佐不具不得確供者，不得已乃諭令入城。卽日訊明定案，告之曰：此案應引某律，得某罪。雖官亦不能高下其手，況吏乎。爾輩速歸，留此無益也。若逗留探聽，則處及寓家，自用此法。書差均不能染指。書差詐贓借大案。

清・徐棟《牧令書輯要・刑名下・論人命》 古法流傳，至今失其實而僅存其名者，莫若人命中保辜一事。辜者罪也，保辜者，令有罪之人自保其罪，以塞他日之辨端。且救此時之覆轍，一事而諸善備焉。譬如張三毆傷李四，李四病創垂危。自分必死，隨令親屬鳴官求驗。官府驗有眞傷，審得張三兇毆是實。卽以李四交付張三，責令延醫調治。照律限期，期滿之日，或生或死，定罪發落。蓋因被毆之人，自非慈親孝子，鮮不利其速死，以爲索詐兇人之地，故以調理之責付之兇人。兇人以一朝之忿，釀成殺身之禍。未有不悔恨求生者，救人卽以自救，何金錢之足惜。是以一紙保辜，活兩人生命也。倘其療治不痊，如期殞命。則於限滿發落之時，便可定罪結案。不致株連一人，延緩一日。何也以其驗傷之際，先得兩造口供，被毆喪命者，既以親口訴冤於生前，毆人致斃者，難以活口賴傷於死後。若說不干己事，則從前之調理爲何，無證亦可以成招，完屍亦可以定罪。較審人命於既死之後，輾轉推詳而莫究其實，憑空摸索而不得其端者，其勞逸難易之相去不啻霄壤。無今世僅存保辜之名，而不行。非不知人命爲極大之案，保辜爲最急之事。無奈吏牘如山，不能分別料理。每與田土婚姻諸小訟，一概准行。常有累月經年，未遑審結。以致兇犯脫逃，無人抵命者。直待審出眞情，知其毆死殺傷是實，始爲追論保辜。逆數期限，及究行兇之罪，勢必反覆株連。欲起死者而問之，已無及矣。問所以不行保辜之故，則曰人情刁惡，非復三代遺風，十紙人命狀詞，究無一紙是實，若必一一驗傷，人人取結，則官長無就憩之時，而訟庭少容足之地矣。曰不難，是別有正刁弭詐之法在，在未經放告之先，示以畫一之規而已矣。請宰州邑者，分別狀式二紙，刊板流行。一紙照尋常狀格，無事更張。除人命之外，一切姦盜詐僞諸重情，以及田土婚姻諸細務，總用此格。令告者據實塡進，審得其實，固爲伸冤洩忿。卽其詞稍有不實，亦不必概坐反誣。輕則斥逐，重則杖懲。以民間刁訟之風，浸淫日久，不能遽革，且留餘地以待逐漸挽回。一紙則另出新裁，單爲人命而設，幷杜語亦爲刊定。止以被殺被毆情節，令告者自塡。詞後留空格六行，每行分刻其上，一曰兇犯，二曰兇器，三曰傷痕，四曰處所，五曰時日，六曰干證。如用木棍毆打，則塡木棍二字於兇器之下。如無兇器，係拳腳毆傷者，卽塡拳腳等字。頂門有傷，則塡頂門二字於傷痕之下。餘皆倣此，六項之中，如有一項不塡，不遵此式，卽係誣誑，必不准理，如時日稍遠，卽係舊事，亦不准理。六項之後，又刻一行云，以上如有一字虛誣，自甘反坐。令告者親塡花押於下，無抑者不准。如是則小民知爲特設，與依樣葫蘆者不同。法在必行，不待聽斷之後，卽寫狀時已知之矣。當事者一見狀詞，卽時批發。立拘兩造及詞內有名人等，幷喚折傷科醫士當堂細驗。以傷痕兇器等項，合之詞內所塡，觀其對同與否，無論事事皆虛者，懲誣必盡其法。卽使五項皆同，止有一項不對，明知下筆之訛，亦必先正妄塡之罪。責治告狀親屬，然後審理。審得其實，卽以兇器儲庫。照前設保辜之法，責令兇人領回料理。候限滿發落，倘被毆被殺之人去城寫遠，若令扛擡到官。恐被傷之處中風致殞，卽委廉明佐貳，匹馬單輿，督同醫士往驗，具文詳覆，以俟躬審。驗審之際，務極精詳。蓋此時耐煩一刻，卽可爲他日干連人等全活數命。又免上司批駁之煩，省自己推詳之苦。始勞終逸，有裨於人已不淺也。其坐誣之法，於他訟稍寬，而獨加嚴於人命者，以別狀告虛，情雖可恨，其所害者不過被告一家。人命告虛，則不止害讎家，直且騷擾衙門，侮弄官府，令其破有用之工夫，驗無傷之鬭毆，則告者不是害人，明是害官。害人罪小，害官罪大。卽斃諸杖下，彼亦何說之辭。夫小民之敢於誣告者，自謂我以人命告，官府原不以人命聽，不過戶婚田產口角致爭之罪名耳。勝則可以服人，害亦無損於己。何所憚而不爲今知利害若此，關繫若此，苟非病狂喪心之人，必不敢以身試法矣。此法一行，謂世間猶有假命害人之事，吾不信也。謂世間猶有誤塡人命之事，吾不信也。今日檢屍，明日夾犯，與兇囚冤鬼爲鄰者，吾不信也。但須執法不撓，初終如一，方能有濟。若使徇情受託，一紙不坐反誣，罪當情眞。一犯容之漏網，則此法不行矣。要知當此之時，事事勸人執法，語語誡人徇情。無論勢有不能，卽進言者亦難啓口，居官之執掌頗多，不止詞訟一事。訟詞之種類更雜，豈止人命一條，畱此一事以示無私。借此一條以明有法，亦時勢之可行者也。況頹俗難以驟更，頑民可以漸化。焉知一事有效，不可行之第二事。二事有效，不可行之第三事乎。由人命而盜賊，由盜賊而姦情，由姦情而婚姻田土。以及鼠牙雀角諸碎事，無一不可以此法推之。果能如是，則鳴琴卧理之風，未必不階於此也。

清・徐棟《牧令書輯要・刑名下・論命案》　人命中疑獄最多，有黑夜被殺，見證無人者。有屍無下落，求檢不得者。有衆口齊證一人，而此人夾死不招者。有共見打死是實，及舁屍檢驗，並無致命重傷者。凡遇此等，只宜案候密訪。愼勿自恃摘伏之明，鍊成附會之獄。書曰：罪疑惟輕。又曰：甯失不經。夫以皐陶爲士，猶愼重若此，況其他乎。今之爲官者。苟能闕疑愼獄，卽是竊比皐陶，彼鍛煉成獄者，不及古人遠矣，何聰明之足恃哉。

人命不同他獄，讞者不厭精詳，上司數批檢問，正謂恐有冤抑，欲與下僚商酌爲平反計耳。要知一人之聰明有限，同官之思慮無窮。從前永問者，豈事事皆能自決，亦知重獄非一審可定。未必不畱餘地以俟後人，卽上司批訊之法，亦自不同。有詞與意合者，有詞在此，而意在彼者。又有欲輕其罪，而故張大其詞，以示國法之重者。此雖憲體宜然，亦以試問官之決斷何如。承委諸公須出己見成招，愼勿雷同附和。若觀望上司之批語以定從違，或摹寫歷來之成案以了故事。其中倘有毫髮冤情，罪孽比初審者更重，何也？天下之事一誤尙可挽回，再誤則永難救正。獄情不始於我，而死則實成於我也。

屍當速相而不可輕檢。骸可詳檢而不可輕拆。拆骸蒸骨，此人命中萬不得已之計。倘有一線餘地，尙不可行。若使人命是眞，抵償可必。則死者受此劫磨，尙能瞑目。萬一抵償不果，枉遭此難。令彼何以甘心。故輕拆不如詳檢，詳檢不如速驗，速驗不如細審。果能審出眞情，則無事檢拆矣。又凡奉上司批駁，情節不明者，止審情節，屍傷欠確者，方檢屍傷，愼勿一概煩擾，以致生死俱累。檢屍之弊多端，難更僕數，其顯而易見者，備載洗冤等錄，人所共知。另有一種奇弊，謂之買屍造傷，不惟傷假，並屍亦假。令人莫可測識，有等奸民，慣盜新墓中骸骨。以皁礬五棓蘇木等物，造出淺淡青紅等傷，賣與誣告人命者。賄通仵作，以此陷害讎家。或竟出仵作一人之手，取獲重利。檢官不能覺察，曾有誣成大獄者。所以檢屍一事最難，不但傷之眞假宜辨，併屍之眞假亦宜辨也。

檢屍所以驗傷。驗傷者驗屍主所告之傷，非驗所不告之傷也。屍主告檢詞內，言用某器打傷某處，卽於所告之處驗之。觀所告與所驗對與不對，故曰驗傷。猶之百姓告荒，而官府踏勘止勘所告之處，驗其言之信否。至於不告之處，則雖有災荒，亦過而不問。又如百姓被盜而遞失單，至獲盜之日，所開何物，止追何物給之。其餘財帛，焉知非其固有，皆可置而不論，同一理也。檢屍之官，倘不顧名思義，舍所告之處不驗，而驗他處，或偏驗通身，則無論打傷之情確與不確，總無不抵命之人矣。何也？人生一世。自少至老，或失足致跌，或負重觸堅，或游戲被擊，血不流行，聚於一處。則彼處骨節之上，未有不帶傷痕者。輕則日久漸消，重則終身不散。如其不信，試將病死之人取其骸骨蒸驗之，若果全身俱是白骨絕無一點血痕。則檢驗之傷眞足憑矣，如其不然，則此種物理，尙須討論。常有問官不解此意，譬如屍主所告，原稱當頭一擊致死，反向渾身檢驗。尋出無數傷痕，盡入招詳申報。上司以傷痕不對，駁令復審。問官不肯認錯，隨增偏毆情節以實之，此非有意害人，止因此種物理，書籍不載，人所未聞，見有傷痕，卽疑爭毆所致。有所憑而定罪，不爲冤殺無辜。故始終信之而不悔也。

清・徐棟《牧令書輯要・刑名下・强盜》　凡盜案報到，卽會營往勘，係城中或係鄉村，營汛遠近，有無鄰居。事主住屋幾間，坐落方向，從何處入門，何處搜贓，何處出去，或係明火執仗，撞門毀戶，抑係踰牆撬壁，臨時驚覺。行强入室幾人，曾否塗面，如何言語禁嚇，有無捆縛毆打，初時事主可曾喊叫，鄰佑可曾聞聲。去時可曾挾架事主送路，可曾遺有器械油捻，取供估贓，勒緝通詳。

例載事主失單，如繁多一時失記，准於五日內續報。

凡强盜不許捕官私行審訊，不許捕役私拷。初審時，卽先驗有無傷痕，於招內開明並無私拷傷痕字樣。强盜問有無父兄伯叔與弟同居，及有無知情分贓。竊盜與窩主皆同禁約例盜以贓獲爲定，贓以事主確認爲定。最防捕役屬令混認。例載起贓須差委捕員眼同起認，不可使捕役私起，以滋諸弊。

凡盜犯到案審實，先將各犯家產封記，俟題結之日，變賣賠贓。或無家產及外來人，無從封記者，將案犯及窩家有家產者賠本身外，或有餘剩，概行變價代賠。

凡事主報盜，只許到官聽審一次，認贓一次，所認贓即給主釋回，不許往返拖累。

凡獲盜有供出他省犯劫者，研訊明確，毋庸解往質審，有例。如果有贓跡未明，夥盜待質，必須解往者，亦有例。竊盜另例亦同

州縣印官公出，遇有失事，佐貳捕官一面會同汛弁查驗緝捕，一面申請鄰邑印官覆驗申報。

凡問強盜，固不得有心姑息，曲爲開脫，但一字重出，駢首就戮，豫謀行強者不足惜。其臨時行強者，倘非有強形顯著。要當存求其生而不得之心，乾隆二十五年，湖南段乃香案，言語禁嚇似強，而縛豬情形仍竊。乾隆二十一年浙江羅三案，臨去揚言，近於暗進明出，而嚇禁由於畏追，逃逸並未拒捕。但有一線，卽屬生機。又如乾隆六年江西胡廷秀案，指駮人細，不科強劫而科搶奪，皆可類推也。

搶奪

搶奪之案與強劫相似，人少而無兇器，搶奪也。人多而有兇器，強劫也。然亦不可拘泥，有人少而有兇器爲強劫者，有人多而無兇器爲搶奪者。總以情形爲憑，不在人多人少。

例載在白晝爲搶奪，在夜間爲竊盜。在途截搶者，雖昏夜仍同搶奪。止去白晝二字，纂注曰，謂搶奪必在白晝可。謂凡在白晝者，皆係搶奪不可也。合此諸說，參之。

竊盜

凡審竊盜，須驗有無刺字。三犯竊盜，須查犯後曾否遇赦。其得免併計後，再犯各條載新例。

凡竊盜贓五十兩以上州縣同捕官帶同捕役搜驗，四十兩以下，捕官帶同捕役前往搜驗。

竊盜須以一主爲重，若一家內有兩家之物，一船內有數人之物，客店內有衆客商之物，均作一主論。臨時行強，臨時拒捕，只分在得財前後拒捕，各自殺傷各自事主，當各盡本法，不得分首從論。

窩家

竊盜窩主，當統計各主贓科罪。不得照竊盜以一主爲重。

凡窩主自當嚴辦，以清盜賊之源。但今人以容留卽爲窩主，非也。例載有窩主窩藏之別，必須審有造意共謀實情。方以窩主論斬。若止是勾引容留，往來住宿並無造意共謀情狀，但得以窩藏例發遣，毋得概坐駢首，其存留幾人，並載例內。

清・徐棟《牧令書輯要・刑名下・審理命案》 人命有眞假，眞命不離七殺。殺人而得財爲劫殺；凡有嫌隙，先定計謀，而後殺害爲謀殺；事有忿恨，心無宿謀，逞怒一時，徑殺之，曰故殺；故殺不得有從，彼此交打，原無致死之心，或當時打有致死，重傷而死，曰鬬殺；鬬殺而誤傷旁人者，必須事外旁觀之人，若在場親屬有交口情事者，則仍以鬬殺問擬。本欲害甲，錯中乙身曰，誤殺。要究明欲害之尊卑，並故謀之原由，相打以決勝負，因而致死之類，曰戲殺。如投擲甎瓦，彈射禽獸，不期殺人，而遇有致死之類，曰過失殺。

凡有屍親呈報人命，立卽收詞看明，傳喚屍親。如有地鄰同至，一併喚入。詳問其與死者是何親屬，是何項人，兇手係何姓名，爲從與在場共若干人，均係何項人，與死者有無親故，因何事起釁，有無主使喝令，平日有無冤仇。再問是何兇器，致傷何處，據供按驗，先問屍親，次問地鄰。一一問取，確供令刑書寫錄，呈閱標硃，仍殺刑書帶赴屍場，以憑查對。此皆率爾取供，縱有詐僞，不無破綻，所謂迅雷不及掩耳也。取供看畢，將屍親押起，隨官赴驗。勿令先歸，致有搶打兇手，僞作傷痕之弊，立卽專差妥役，星夜赴屍所，押地保看守屍身，鎖拏兇手，追取兇器，先到屍場候驗。并票上務須硃筆嚴批。去役不得索取銀錢，屍屬不得吵抄凌辱。差役去後，官司卽帶刑仵赴驗。務須隨帶左右，勿令遠離，以生弊端。及至屍所，備取被告兇手確供。令多燒蒼術，以辟穢氣。先令仵作刑人將屍洗淨，然後帶同仵作，面同屍親，赴屍旁照式量驗。背風而立，口內先含生薑一塊。右手用眞阿魏一塊，持以掩鼻。使穢氣不得入，驗畢退三五步，令醋潑炭於地上，跨而過之，使穢氣脫然。隨卽將傷單令屍親看明，以杜後言。如果係殺死人命屬眞，著將屍首備

棺盛殮。傳喚取保收管看守。卽帶行兇首從人等，回署寄監。取具仵作並無增減遺漏傷痕甘結，敘供塡圖通報。切勿聽從攔驗，勿驗求免詳勿詳，致干嚴例。如係服毒、投水、懸梁一切自盡人命，雖輕於鬬毆而無傷者，俱可取屍親地鄰甘結立案。當堂釋放，倘其中有光棍把持作祟，或屍親有刁頑，口供不盡，防有事後翻案。雖其自盡屬實，當堂立案釋放，與例相符，並無干礙。但恐上司又多一番辨論，不若取具各結，通報立案，以杜刁健之爲便也。是在臨時酌量之。諺云：久告不離原詞，各案皆然。而命盜兩案，尤不可容其續告，別生枝葉，據原詞取供，據原供定案，使始終如一，前後相符，則案自一線到底，而無難結之案。屍親初供，縱有捏報不近情理之詞，切勿駁詰，恐有請教訟師臨審改供之弊，仵作最多奸滑，須於仵作喝報之後，照單親驗明確，若欲避穢，一任仵作驗報，不自親身逐細查驗，大是誤事。

人命抵償，全憑屍傷。驗檢乃係兩項，驗者看其大略，屍有四縫，須依次序看驗。要害致死之處，最宜詳審。傷色以紫黯腫爲最，次重者紫赤腫。又次者，紫赤青。紫赤爲新，青黑則久，必須細細分別。檢者酌其詳確次序，只作兩面。正面自髮以至趾爪，背面自腦後承枕骨以至糞門。傷痕或有青紫，或赤黑，或有血無血，有無皮破骨損，及量長闊大小深淺。令仵作指定報明，押屍親干證認確。以硃筆塡入屍格令各書押於屍格之上。其死狀不等，檢驗事理不同，詳於洗冤錄中。

王有孚曰：州縣額設仵作，各視缺之繁簡，以定名數。大縣不過三四名，中簡之邑僅設二三名，其在事繁之地，檢驗案件，常常有之。自可隨時歷練，至簡僻之區，所有仵作，止於鬬毆事件，驗報傷痕，尚恐未能了了。一遇相驗屍軀，欲於傷痕之圓長闊狹顔色分寸間，辨爲何械所毆，因何處致命，類皆游移無據。設有檢骨重案，更鮮把握。勢須借撥鄰邑諳練之人，或鄰邑仵作亦未熟練，又將輾轉訪求。不遠千里而招致之，往返需時，殊多掣肘。人命至重，豈可不講求有素。夫講求之法，不外乎洗冤錄之所載。仵作而不讀洗冤錄，或讀而不精，將焉用之。無如仵作雖設，而未能專意講習者多，何也，其額設工食，每名每年僅支銀六兩。目食不敷，勢將另謀生計。視充役爲挂名，安望其能悉心供役。余嘗爲所主者議，請於若輩額支工食之外，每名每日官爲捐給米一升，俾無枵腹之虞，始可用志不紛。仍於每日堂事之暇，將洗冤錄摘段考課，當堂講解，不使稍涉顢頇。似此實力行之，乃不患其不熟諳。

謀殺人命，須問有何仇怨，如何起意，與何人商謀，於何處殺害，及何人加功，先後動手情形，如何埋藏屍首，有無因而得財之處。

鬬毆人命，須問有無仇怨，如何起釁，及傷處先後。是否是時身死，抑或越幾日身死。是否有心，有無同夥共毆，及何人在旁見證。如係同謀共毆，則應問誰人起意，謀毆及毆之先後，並是否原係謀毆洩忿，抑係商謀本要打死。

清・吕芝田《律法須知・論敘供》 一、作文者，代聖賢立言；敘供者，代庸俗達意。詞雖粗淺，而前後層次，起承轉合、埋伏照應、點題過脈、消納補斡、運筆布局之法與作文無異。作文以題目爲主，敘供以律例爲主。案一到手，核其情節，何處更重，應引何律何例，猶如講究此章書旨，重在何句；此一題旨，又重在何字也。情重則罪重，情輕則罪輕，若罪輕而情重，罪重而情輕，牽扯案外繁冗，干礙別條律例，無異虛題犯實、典題犯枯、拖泥帶水、漏下連上之文也。

一、辦案全在敘供。由淺入深，由遠至近，說得明白顯易，不可用文飾語。其挨敘之法，孰先孰後，具有天然次序，銜接脫卸之妙。

一、敘供綫索要清。常格：先地保，次鄰證，及輕罪人犯，末則最重之犯。然辦理案件，必先提網挈領，如線索之串成，頭頭是道。一人如此之供，衆人供亦僉同；一人之情節逼眞，衆人詞氣符合。線索既清，案無紊亂，任其犯之多，事之襍，供如一線串成，異口同聲，或簡或備，總不失旨。但執筆者精神或有不到，恐案犯衆多，照應不及，勢難保無參差。當摘案中情罪重大之犯，或前後目擊深知之要證，將全案情節，細細於此人供內，灣灣曲曲，逐層敘出，作爲通案眉目。其餘犯人，俱照此人之供，簡該順敘，惟將各人不同處，少爲改易，須設身處地，恰如其人。惟善敘者，分而視之，詞不重複，合而觀之，理無參差，則一氣呵成，儼若天衣無縫。此卽案中前後層次之法也。

一、事之情節要明。蓋情者，兩造起釁之所由也；節者，事之前後層次也。當日意欲何爲，人之情也；彼此交會景象，事之形也。敘供必先以一事之情節，參各人之情形。此事因何而起，中間如何轉折，後來如何而止，又係如何而起手，傷及何處，如何抵禦，又傷何處，有無救助勸解，是否有心故殺，從頭至尾，挨順而來，不可顚倒遺漏，又不煩冗方妙。此節即案中起承轉合之法也。

一、來路要顯。如從前並無之人，後忽添出，蓋添出者非要犯，即要證。若不敘明添喚情由，卽疑狡卸等弊。必將如何推求，何人供出，如何察訪查出有何確據，隨卽差拏到案之處，或於供前補出，或於他處點明，方不突如其來。又如本犯不肯直招，或遽然直認，似有可疑，必須先於鄰證旁人供內，預有根據，則本犯招認，始信爲實。又如報詞屍傷及敘勘情形之事，於各人口供內層層照應，不相違悖。並本供內卽招認不錯等類是也。至案內地名姓氏人贓多寡，他物手足之名目，均須畫一。乃前後照應之法也。

一、點題過脈要清。如屍傷內註明，委係因何身死一語，是驗傷之點題也。供內敘明某人實係小的，因何而毆，無心致死，或有意致斃，是訊供之點題也。至於過脈，如兇犯盜犯，久已脫逃，前官將案審結，後官拏獲訊報，當將前案緣由過於現發案內。又如承緝展參之案，前官於二參限內離任，後官接緝，屆前官二參之期，例應詳參，文內必將前官因何事，於某年月日卸事離任，後官年限未滿等類。凡上詳應敘前官者，將姓名敘出，不可只云某令某署令及某丞倅。上司則敘明衙門某姓，不可概云某憲，縣名全寫，不可云某邑，以至漫無查考。又年分月日，必須敘某月某日，不得用本年、本月、本日，以至日久難稽。來蹤去迹，聲說明白，是卽先後之過脈也。

一、串供宜省易。不可衍敘閑話，又不得零星問答。初起各將起衅之由，一氣供明，節去煩詞，及太鑿之語。證佐多人，只敘一人之供，餘敘供同，不必逐人覆敘。遇無關緊要之供，以一語數字該括過去。其初審時，證佐有互異之詞者，應詰確情，方可敘供通報，不宜敘兩歧之語，致生疑竇。再案犯中有姓名互異者，及有混名、乳名，必須確訊的名敘明，以免日後錯謬、影射。覆審詳解時，其證佐等供，與原供無異者，只敘遵卽覆審研訊，除某某等供與初報無異，不復重敘外，或有應質證者仍敘，其正犯除年歲籍貫與初報無異者省敘外，只敘案情之供，此卽消納之法也。如有情節未明，加以詰問，敘回答之供，如猶未明，再加一問，不可遺漏煩冗，若多問多答，反致百斷不清。再如案可敲進一層，並防別有所犯，與夫有無知情、容留、窩藏等類，均須逐一補敘，或於供尾聲說，此皆補幹之法也。

一、布局運筆，乃辦案之要訣。若布局者，籌算通案之去留背向，安排衆人之線索貫接，緊而不慢，整而無遺，善運筆者，爽暢而不糾纏，老辣而不游移，字字無間，句句有骨；若不得其竅，如束亂柴者，不能整齊歸一矣。

一、罪人口供，首先敘籍貫、年貌，並有無父母、兄弟、子姪，如止有父母而無兄弟、子姪者，又須敘父母年歲。蓋有籍貫則知其來歷，有歲數則知其強弱老幼，有無兄弟子姪，則知其是否獨子，有父母年歲，則知其是否親老，不可疏忽。

一、問一人，必將此是何樣人聲明，使人一見便知。如地保某人，卽敘問據地保某人供，不可又云小的是地保，餘俱仿此。

一、問一人，須另行擡高一字，則閲冊卽知何等人。

一、有職人員，卽稱職員。貢、監生員，舉人、進士，就本分自稱。如係武舉武生，亦卽敘明，不可概云生員、舉人也。至百姓則稱小的，婦人稱小婦人，女子稱小女子。其餘不盡之稱，推此可知。

一、供某人之母，某人之妻，須寫出某氏，不可含混。如有親有服者，應先敘明何親何服，庶供稱兄弟伯叔，明白了然。

一、錄供宜簡。命案當場質訊，維時人犯初到，心虛氣懾，狡黠未萌，敎供未定，卽有扶同串揑，衆口難齊，易於推勘，究別正兇。推求謀故，全在斯時，然要得情而止，一切繁文冗節，並非起衅根由，無關案情者，均不必冗敘，致滋日後牽連株累之端。總要情眞事實，不在繁多，卽見證止須一二眞知灼見之人，鄰佑止須緊鄰，錄取初供，情取其實，供取其簡，一切問語概從省節。

一、情形要合理。蓋情者，起事之初也，情眞卽理當；形者，作事之狀也，形切卽無疑。如盜賊起意謀刼謀竊，謂之情。其必因何而爲，或迫於饑寒，或涎其富饒，此則謂理。如上盜行竊拽贓出入謂之形。衆供如繪，贓經主認，則切而無疑，情形與理符合，方成信讞。一有模糊游移，則案情不確，必干駁詰。

一、供情要確。大凡奸盜詐僞，皆有一種眞情。供出於情，情眞則供確，順理成章，自然可聽，雖欲救人，然必有一番可矜道理，跌撲不破。若盡失眞情，左遮右掩，支離牽合，一經指駁，不特案難收拾，甚至反因此而弄成重情，既礙考成，且招冤濫。似此宜細心體察，不宜逞異誇奇，離卻眞情，全非確理，則生者無怨，死者亦不至於含冤矣。

一、留養須取初供。定例：命案於相驗時，將兇犯有無祖父母、父母老疾，及該犯是否獨子，訊證明確，一併詳報。若在他省獲罪者，是否官役奉差，客商貿易，逐一敘明，一面移查取結。如有父故母存，並無兄弟者，問明伊父於何年身故，伊母是否守節，現在若干年歲。其被殺之人，即無父母，是否獨子，亦照例訊明，以便於成招時，確核情罪，附招聲敘。

一、親老丁單之案，除謀故等重情，例不准留養外，其鬬誤戲殺等案，近例有隨招聲請，及秋審時取結之別。初報文內，即將親老丁單之處聲明，覆審招解時，傳喚里鄰族長，訊取供結，加結附申，聲請留養。其不應即請留養者，亦須結申文內聲明應侍緣由，聽候部議，以便於秋審時，再行查取結申。庶孤孀寡老，不至向隅。

一、鬬戲誤殺案內，並一切褋案軍流徒犯，如有親老丁單，例應留養者，定案之初，漏取有無祖父母兄弟子孫及年歲確供者，例有議處。

一、招詳文案，是達所關。凡遇案犯之有與御名廟諱，並先聖先賢及與大臣上司同名者，如帝君壽之類，更有上一字係福字，下一字係林字，相連取名者，又如鄉俚夷苗之字，不載字典，難以認識者，即於初報時，照音同之字改正。再人犯初到案，應訊明切實姓名，一切混名排行，如趙大、錢二之類，不獨易於牽混，且恐或有脫逃，既無確名，憑何查緝。如實只此名者，自又不必拘泥。又一犯有幾名者，先敘明某人即某人，以後則止敘本姓名，不必處處重敘，不可既敘本名，忽又敘別名，並音同字異者，切勿隨手混寫，以致先後譌錯，惟逸犯未獲，應勒緝者，將本姓名及排行混名，一一敘入，以便訪緝看內有未獲另結之犯，逐一點出，不可但稱某人等緝獲另結也。

一、道里遠近，亦須問敘。如某人至某人村中若干里，某人死處至某村若干里，某村至某縣若干里，離城若干里。凡有關係者，人犯到案時，均應逐一訊明，以便核其情節。此處視之雖非緊要，而其實最要處也，惟視其案之用不用耳。

一、正犯要證在隔屬者，關提宜速。一面就現犯訊供，一面敘關作咨，專差往提，如緊要者即一面通報，隔屬接到關咨，立即拘拏關解，應訊供者，即訊究確切，不得遲誤。

一、稱上司爲憲臺，及供內昨日前日，有年分而無年號者，久奉飭禁，均令直書，不可不知。

一、供不可太文。句句要像諺語，字字人皆能解，方合口吻，又不宜似乎小說，曾見有用之字及字而字，並經書內文字者，非村夫俗人口氣，致貽笑於人。

一、供不可野。如罵人污辱俗語，及姦案汙穢情事，切勿直敘，只以混罵成姦等字括之。犯者干申斥。

一、供不可混。半茹半吐，似是而非，以及左遮右掩者，大病也。

一、供不宜多。多則眉目不清，荆棘叢生，若蔓衍支離，重疊纏擾，無不干駮。苟遇緊要關鍵處所，必須多句始能透徹，又不妨多敘。總之詳不欲繁，簡不欲略，初報悉中肯棨，則全招自不拉褋矣。

一、供不可忽。萬事胚胎，皆由州縣，大案初報，洵爲生死出入關頭，每有一二字語，不曾洗刷乾淨，一經通報有案，上司即欲救正，亦束手無策，不獨微有罅隙，便干駮詰而已。

一、案臨正審，要進一步者須加詰問。如鬬殺者，詰其是否有心欲殺；自盡者，詰其有無威逼；謀殺者，詰其有無同謀加功之人；殺姦者，詰其從前有無縱姦情事；盜案，詰其有無窩夥及刼竊別案；兇犯脫逃後獲者，詰其逃後有無知情容留之人，及有無爲匪生事之類；更有供非落膝而即肯招者，必須加詰，不詰即認，反似捏飾；又有情真而事可疑者，亦須先用詰語，以免疑惑。皆要演成片段，若三五句，一問一答，及初報即加詰訊者，是不知體裁也。

一、自盡與鬬毆命案，多起於一朝之忿，平素並無仇隙也。敘供只須就事論事，確切簡明與罪相符，不可展轉株累，若一牽涉舊事別情，即係疑竇。至謀殺之案，又當查訊夙怨舊仇，敘入供內，方有因由。

一、瘋病人犯之供，必然含糊錯落，似是而非，所對非所問，或有問而無供。若頭緒清楚，便非真瘋，亦有瘋病時發時止者，臨審辨明，不可捏飾。

一、事主報盜，例許到官聽審一次，認贓一次，皆應敘供。竊盜大案勘驗，以及認贓，必當堂訊取事主之供，不可但據捕役稟稱事主認領。惟小竊案件，可不拘耳。

一、積匪案件，要一人供各案，不可一案敘各供。

一、命盜大案，府轉全敘，縣招供看，府不敘供。如司駮府覆審，全敘縣供看，加司駮幷敘府供看，及到咨部，招冊內刪去府看，只敘府審供看無異等字。即加司看，若駮審之案，縣詳敘明駮詰緣由，備敘供看申府，府用覆審無異四字。加看申司，不再敘供。倘其中有情節互異，必須挑剔清楚者，又不可不敘府供，總在簡要，不可繁冗。

一、凡審詳案件情虚之人，必取輸服供詞，方可定案詳結。然刁健者，每不肯輸服，應隨詞指斥，層層剖辨，方敘輸服之供。如不駁詰即敘實供，反似假揑矣。

一、衆供確鑿，刁告者，從無輸服供情，萬不可稍易供詞，致啓翻告。如有小的再也沒得說了，或實在告錯，再不敢多事等語敘詳，亦可批結。凡辦控案，僅只三法：一曰懷疑妄控；一係事出有因；一係誤聽人言。三者之中，變化無盡，總在隨時隨事生法而已。

一、供看不符，供不周到，或游移不實，前後情節不對，皆干駁詰。供詞無情理者，雖執有確據，亦應駁詰。必將不入情理之處辨明，始釋疑竇，又有供詞含混，不得不行詰明。又有指告確鑿，而證佐不認，事屬兩歧，不得不加詰正。總之，顛撲不破者，愈駁而定愈定，只要看案情何如。能站得住，頂得住，不必以駁飭爲嫌也。

一、地方報呈，止令開明某人被毆身死，及病死、淹死、縊死字樣，不許混開別語。屍親報呈，最要明淨，其起衅情由，及案内證佐人等，俱於報呈内點明，則錄敘各供，皆有根源來路。

一、啞子犯案，無可敘供，惟問詰以手指、頭點等樣神情，敘入詳内可也。

又 一、殺二命三命之案，必問其挾何仇恨，有無同謀，下手執何兇器，並究問平日曾否行兇殺傷人。

一、凡辦理鬭毆命案，或稱死者先罵先打，以致兇手回罵回打，欲爲兇手開一生路。然亦須是實情如此。有等辦案者，但知開脱兇手爲好事，而不顧死者含冤，亦非持平之道也。又如威逼人命，或係死者平日氣大，不肯受人挾制；更有威逼情狀，以致死者忿激自盡，此是情理。若云死者兇横，生者柔懦，無威可畏，何由致死？欲寬生者之罪，而不知柔情不合，反干駁詰也。

一、律稱犯罪，官司差人追捕，有拒捕者，於本罪上加二等。若罪人持杖拒捕，其捕者格殺勿論等語，乃指本犯應該拘訊，本官因而差遣，方爲應捕之人，律得勿論。非凡有罪之犯，無論何人皆可捕殺，概得勿論也。若捕者非應捕人，則拒傷者不得爲罪人。既非罪人，則不得按格殺勿論之律矣。格殺勿論，必須捕人有傷，情急格殺，方能詳結。

一、命案有並未報官，私自掩埋者，或經訪聞，或屍親告發，如審有謀故鬭毆重情，則先開棺驗明屍傷。若屍久腐爛，無從相驗，即敘明兇犯證佐各供，通詳請檢。如審無別故，屍親狡供不服，即令屍親指明傷痕器械，取具切供甘結，然後開棺驗屍。有傷則究明正兇詳報，無傷則將屍親坐誣。至死者年久，無憑相驗，或係原被在外張揚，以致訪聞，則將原由敘明，訊取切實各供，詳明開檢。如檢出有傷，固無妨礙，即檢出無傷，在官訪聞，亦屬有因，庶能立身於無過之地也。

一、凡命盗案件，鋪遞遲誤，至數月，先有緝兇通報，加一詳文，聲明鋪遞遲誤，因日久未奉批示查出，仍塡原詳月日補報緣由，俟緝兇通報批回之後，再發獲犯通報。

又 一、徒罪以上案犯，有關涉人命者過司，餘解本府。惟過失殺人收贖，及逃軍逃流，並無行兇爲匪之案，多不解審，他省亦有解審者，各循向例，其餘流罪收贖，並比照過失殺擬罪者之類，均解府司審察。

一、命案徒犯者咨報部，尋常徒犯按季彙咨。

一、凡徒罪以上人犯，及竊賊俱准收禁外，其餘杖罪以下人犯，概不許收禁。其婦女實犯死罪，收禁女監外，其非實犯死罪，錄供交親屬保領候示。至擬徒收贖婦女，非案内證犯，一概免解府審。

一、徒犯到配，將日期具文申報，出具收管五張，移送原犯事地方轉申。亦有徑行申送，只將收管一張移回，各循其舊。到配以後，連閏計算限滿，即一面申報臬司本府，一面將犯徑解回原籍，取具收管五張，由府轉送臬司。或有先於一月前，報府轉詳，屆期徑解者，不必拘泥。

一、軍流到配，收管按季由府彙轉。

一、兇犯脱逃，及軍流徒遣犯在途在配脱逃，監犯越獄無獲，並盗犯滿貫、搶竊、刨墳、姦拐一應重犯，脱逃未獲，均造具案由年貌冊，詳請通緝。

一、拏獲鄰省鄰境脱逃軍流徒犯，一面關查配所，移知停緝。

一、棍徒積匪量減及刨𡋯未得等項徒犯，遇赦不准釋放。乾隆四十二年豫省咨奉部覆。

一、凡遇恩赦逃徒免緝。如已經初參，尚未參過年限者，免其展參，現在尚未參過疎脱職名者，照例聲敘，專案請咨。

一、應追埋銀之案，若無屍屬，追銀入官，辜限外十日後傷風身死，擬徒之犯減半追埋銀十兩。

又　一、疑難之案，若無眞正兇犯，切實供據，只可詳報緝兇。俟訪獲明確再行審辦，不可捕風捉影，懸揣刑求。倘率混詳報，一經翻駁，措手不及。抑或別處拏獲眞兇，失人之咎難辭。即使始終屈抑成招，而天良何在，冤枉必報，秉筆者可不愼歟。

一、屍親刁告，如鬭毆而混稱謀故；一兇而混告多人；或妄指主使原謀助毆等項，臨審反覆指示開導，自可輸服。如所控屬虛，而屍親刁頑不服，或將情節删去，既恐上控，若牽連入詳，又屬繁瑣。惟有將混報之呈，及所審之供，另敘一詳附送，將審出實情，敘簡明報案，作爲正詳，仍將分辨緣由，隨詳稟明，庶爲妥協。

一、署内親戚殺人，務將兇手拘禁，一面稟報本府，委員相驗，承審，以避嫌疑，如離府路途遙遠，或值熱天，不妨自驗，聲請委員承審。此等意外之事，或値本員公出，可免大咎。若諱命不報，希圖僥倖，必有後患，人命重情，日久斷無不破，兇犯終不能漏網，與其事發而受嚴譴，不若據實辦理之爲愈也。

又　一、因姦自盡之案，最易致冤。蓋姦情既已曖昧，而本婦又死，惟據尸屬一面之詞。或本婦原係不端，因姦敗露，懷羞自戕，或父母翁姑本夫逼抑自盡，是屍屬既慚且忿，切膚深恨，焉肯吐露眞情，應自旁求推敲鄰證，實係威逼，或調姦，或無心出話褻狎，而致本婦激烈自盡，使無冤抑，按治其罪，法所當然。全在驗訊時，詳察情之眞僞，庶生者不致受屈，死者不至含冤。罪其所因，獄無冤濫，惟在司事者細心求之。

又　一、鬭毆與故殺，所分介在幾希。夫鬭殺者，勢處倉皇，無心致死，故殺者，意起俄頃，乘機立斃，二者情形不一，臨時須當分辨。若差之毫釐，失之千里矣。

一、鬭毆者，彼此互爭而搏擊之謂也。必臨時有爭鬭之事，互毆之形，方謂鬭毆。若先有爭端，業已分散，復圖毆打洩忿，則爲謀毆。商諸他人同往幫助，則爲同謀共毆。或懷積怨深仇，或圖財漁色，設計陰謀，致人於死，則爲謀殺。同謀下手，則爲加功。

一、彼此互毆，而不覺其下手過重，邂逅至死；及被死者追迫失措，隨手擲毆；並被死者推壓，因而扭跌踢傷等類，皆爲鬭殺。若死者徒手未敵，而兇手即傷其致命處所，立時殞命；抑或連傷數次皆重，又犯毆致命而死，則爲故殺。所謂傷多近故是也。

一、鬭毆之案，有因攜帶器械他往，邂逅相鬭，執以毆傷者；有臨時適便取毆者；又有奪取旁人器械，以備抵禦者；亦有奪獲死者器具還毆者；並有兇手親屬在旁攜給助勢者；各種情由，均須分晰供明。若云預帶兇器而行兇，情似預謀矣。

一、先毆輕傷，後毆重傷，此情理也。若先重後輕，則死者不能回毆，兇手亦非無故矣。

一、對面相毆，中間若有一二尺高器具攔隔，傷痕只在頭面上身，不能及於下身也。

一、一人毆死一人者，屍身連受多傷，兇手亦必有傷。否則必有助毆之人，若不將兇手傷痕驗明敘入，而稱死者力弱不能回毆，情似故殺。

一、亂毆多傷，兇手不能將行兇及毆打地步、先後下手情形供明者，多在昏夜倉猝之際，亦必實有不得不亂毆之事勢，方合情理。若非危急，何故亂毆，如在白晝，何難記辨。

一、同謀共毆之案，每有祗係原謀一人下手，毆有多傷，而在場同謀之人，臨時或僅按捺，並未助毆者，當辨其傷之輕重。毆之形勢，先後如何下手，是否一人獨毆，不可謂傷多必有人共毆也。此等案件必加駁訊，詳報之初，須預籌及。

一、鬭毆之案，見證有人，兇器有據，兇手不能狡脫。即使傷痕不明，情節不合，而正兇到底不錯。惟謀殺人命，以及昏夜械鬭，並一切曖昧案件，若不執有確據，祗憑犯供數語，案知非畏刑而誣認，難保不翻供而呼冤。即反覆刑訊，部院照供成獄，而清夜自問，終難自信。幸而法得其當，可無慚於衾影，設使罪非其人，恐難質諸鬼神矣。

一、同謀共毆，與威力主使爲從，擬罪各別。彼此情節，若不分清晰，似乎主使。

一、威力制縛，拷打監禁致死者，惟毆打一項，律有主使之條，分別首從議罪。以死由於傷，傷有輕重可分也。若縛禁不致於斃命，其因而致死者，非由凍餓，定有別情。如係威力主使，其聽從縛禁之人，臨時酌看情節擬斷。倘因綑縛而當時勒斃者，當以謀殺論，又非威力制縛也。

一、謀殺者，蓄念於未殺之先；故殺者，起意於臨殺之時。謀殺則定計而行，死者猝不及防，勢不能敵。或以金刃，或以毒藥，或以他物，或驅赴水火，或伺於隱僻處所，卽時致死，並無爭鬭情形，方謂謀殺。若張揚聲勢，先較論而後下手，雖執有兇器而無致命重傷，只是謀毆，不得錯認謀殺也。故殺乃因鬭毆謀毆而起，或因憶及夙嫌，或因畏其報復，或慮其控官難制，或惡其無恥滋事，或恐其貽禍受害。在兄弟或利其資財肥己，在夫妻或恨其妬悍不馴，臨時起意，故打多傷，傷及致命處所而死者是也。故殺無爲從，卽同毆之人，亦不及知。謀殺與謀毆，最易混淆。夫謀毆者，不過圖毆以洩忿，並無致死之意，其初下手，多不在於致命處所，死者雖受有傷，猶可詈罵回毆。若彼此撞遇，觸手卽傷及虛怯要害致命之處，登時卽死，非係謀殺，便是故殺，又非謀毆也。至死者勢不能敵，任其搏擊連毆斃命，當科以故殺之條，不准僅照謀毆論也。

一、謀殺之案，間有一人執兩項兇器，殺有多傷，獨謀致死，並無爲從加功者，最宜詳核確情，揣摩校勘，不可誤執臆見，刑求株連。此等重案，雖辦理妥協，無不敲駮。只要認得眞，站得穩，駮亦無妨，不可因其批駮，而疑惑畏葸，重生枝節也。

一、謀殺之故，不外姦盜仇三項。若因姦，而必謀於成姦之後，斷無未姦其妻，而先殺其夫與親屬，以圖通姦也。須審認有姦證據確鑿，方足徵信。抑或有窺其妻少艾，殺夫以圖婚娶者，不可不察。若因姦不從而殺死者，以強姦論，非謀殺也。因爭姦妬姦，並因別情而殺死犯姦者，當分別謀故鬭毆，不可概言謀殺也。因盜而謀，多在孤村曠野，或隱僻處所，昏夜時候。見證無人，必須起獲有贓，方可定案。因仇而謀，定有積怨深仇，痛恨難忍之事。若僅口角微嫌，毫末爭端，未足取信，仇以何憑？或取驗兇器衣履血迹，或鞫訊當日同在何處取會，有何人作證；或搜存餘毒及賣藥之人。此等重案，倘無眞贓確據，縱然屢審屢招，直認不諱，萬一招解翻供，竟無把握矣。

一、謀殺案內，有因殺人後，偶見財物，因而取去者，須遵照定例審明，挾何仇隙，再有何證據，是否初無圖財之心，務必供證明確。

一、戲殺者，本無爭競之心，偶將堪以殺人之事爲戲是也。若因戲謔而致爭角，則是鬭殺非戲殺也。倘有幾人共相嬉戲，並無爭奪，內有一人失誤自戕，孽由自作，亦非戲殺。但同戲之人，均有不合，當問不應重杖。

一、過失殺人，律內論之詳矣。凡遇此等案件，總不宜有爭鬧情節，所謂初無害人之心者是也。若起衅有鬭毆情節。則斷難照過失矣。但或情節甚輕，律以鬭殺，於法覺重，苟可求其一線可生之路，又全在初詳時，酌其輕情通報，縱不能律照過失。而於秋審列入可矜，未嘗不是求其生路也。

又 一、呈詞宜核實也，報詞爲通案權輿。簡明則案情切要，繁冗則詞意糾蔓。從來難結之案，半由報呈不實而起。如呈報人命，祗須敘明起衅根由，傷痕兇器，不過數語可盡。其一人致死一人者，應專指控正兇。共毆致死者，亦只得指明實在助毆之人，不許牽扯案外情節，株連無干。地方官於具報時，須喚鄉保親屬，訊明實在情形，飭取切實報呈。明白分付屍親，若不將捏告之處，據實更正，日後案件難結。不但拖累，且水落石出，必受反坐之罪。剴切諭知，屍親自不敢聽唆妄誣。但不可執持意見，私行抑勒，致刁徒得以藉口。如此詳愼於始，可省將來無窮周章。至於報詞註語，違用叩天懇天天恩等字樣，俱爲更改，詞未套語一筆刪去。

一、命案初報之文，若不論精粗美惡，盡行搬入，將來成招，必費無限洗磨。稍與前供不符，上司必以獄貴初情，駮詰不已。及至無可換回，則惟三木從事，冤濫無辜，此所謂庸醫殺人也。無論何等案件，一經詳出，卽要算計此案。日後歸結如何，稍有礙手者，務求其妥而後行，則案自易結，人無冤枉。

又 一、自盡命案，每有先被毆而後自盡者；亦有既服毒而又溺水，或投繯者；又有自戕不死，而復自縊，或投水者；甚至有勒斃假作自縊者，此等案件，若不斟酌妥辦，必干駮詰。全在臨時變化，不留疑竇耳。

一、輕生自盡之案，若不將致死根由，察核較勘，間有細故，誤成大獄。全部律例，不可不熟籌於胸中也。

一、輕生自盡，並無威逼者，卽可加看隨詳議結。若因威逼致死，必待覆審再詳，方可結案。稍不酌核案情，驟欲詳結，多干批飭再審。至自盡案中，或有爭角別情，與死無涉，應擬笞杖者，亦可隨詳議結。【略】

一、查辦自盡命案，屍親不到，一面審詳，一面關傳。如屍親後到，取供補詳結案。或有屍親圖詐挾制，故意避匿者，須訪緝唆訟把持之人，根尋到案。若眞正命案，屍親實在遠出，不能即到者，驗訊明確，亦須先行詳報。

一、自盡命案，或有爭角別情，應擬笞杖者，隨詳議結，不必先報後審。

一、病斃係有體面之人，可以不必填格申報，但聲說驗明實係病斃，並無別故字樣。又或路過官員病故，有屍屬同伴者。可無庸查驗；無親屬者，應驗明通報，聲説實係病故字樣，亦不必塡格。應臨時斟酌，不可拘泥也。

一、病斃之案，相驗必有病容，供內亦是有病，再加切看，方可批結。

一、署內雇工長隨入等，如有自盡等項，並親戚人等毆死人命，及受刑後，自盡病故等項，事涉嫌疑者，當酌看情形，或委別員驗審，以免迴護之嫌。

一、瘋病殺人，須查明患病時，曾否報案，更於相驗時，必先報後審，臨時裁酌。

一、自盡命案，從中調處，並無得賄情事者，照私和公事律，笞五十，折責二十板。

一、自盡病斃等案，一經呈報，務必驗訊明確。詳報之案，或遞攔詞，概不可准。若呈而不驗，驗而不報，事後告發，則屍身腐爛，無傷亦稱有傷，心疑畏懼，難以剖辨。上司或委員查審覆檢，幸而驗審無故，亦不免跋涉費用之苦。兼難辭怠惰廢弛之咎，萬一驗有別故，則諱命之參處立至，雖有免驗之例，無如人情刁詐，變幻百出，不可不置身於無過之地也。

一、輕生自盡命案，屍親藉爲居奇，其家稍有資財，百般窘辱，挾制謁詐，鄉民慮其控官拖累，勢不得已，而曲從濟慾。既埋之後，內有屍親一二族人，素行無賴，未遂慾壑，赴官首告者，每每有之。凡遇輕生案，若非死者的親之人，出頭控告，先須訊明因何首告實情，從重責處押帶，再傳屍屬人等核訊，取具供結，酌量辦理。察其人之情形，是否眞瘋，應於文內聲明。若非眞瘋，假捏患瘋，恐招解之時，駮詰費手。

一、瘋病之人，必須照例，家無嚴密房屋，又無的當親屬，始准驗明監禁。具詳之案，如遇有患病，應即提禁，否則以濫禁斃命論。婦女同。

清・呂芝田《律法須知・命案總論》 人命謀殺，非有積怨深仇，卽係圖財漁色。然其謀諸人者易明，而謀諸心者難察。故必謀情顯著，始坐謀殺之條，否則一人殺一人，與故殺何異？蓋謀則平日處心積慮，欲殺其人；而故則臨時起意，卽同行共毆者，亦所不知，是以故殺與鬬殺同條，而不與謀殺同論。若同謀共毆，迹似謀殺而情罪有輕重之別，細玩律文自見。在謀殺條，則直揭之曰謀殺，鬬毆故殺條，加一及字，則故殺蓋因毆而及也。律曰：凡鬬毆殺人者，是指兩人對毆，一人被殺而言，以其本無嫌怨，而無欲殺之心，論絞，會赦卽原矜疑得減。曰故殺者，是以臨鬬之時，忽然起意欲殺，必欲致死，故特斬，以殺人之情眞，雖會赦不宥也。曰同謀共毆人，此謀字原輕，猶云大齊商量，同去打人，是所謀止在毆人，原無殺人之心。曰因而致死是被毆之人因傷而死，故以致命傷爲重，而以後下手致命傷重者抵也。其罪元謀者，因其始禍，致打死一人，又陷一人於抵，此非可與餘人等論，又不可與主使並擬，故罪得滿流。惟亂毆不知先後輕重，始坐元謀。查威力制縛人條，是憑藉威力，喝令拷打，故以鬬毆論，亦不以主使論。而自下手元謀外，皆爲餘人，既特標餘人字樣，又定擬滿杖罪名，斷不可依名例，不言皆依首從法，而亦不當與在場不行勸阻，止問不應重杖，庶不失造律輕重、允協之旨。若衆人毆人至死，今於擬罪引律之處，有註云：共毆人至死者，吾以爲不宜摘去同謀二字，蓋有同謀，然後有下手；有元謀，然後有餘人。若本非同謀，而止共毆者，假如甲與乙毆，甲之親屬見而共毆，致斃乙命是也，自有鬬毆傷正律論傷坐罪。其甚者，有執凶器傷人條例，不得混用鬬毆，雖係監候絞罪，然康熙五十七年十一月二十四日有上諭，除執持凶器，毆有致命重傷，或金刃連戳數處，仍照例擬抵外，如原毆傷輕，不致於死，後因傷風而死者，將毆打之人，免其抵償，照例減等發落之條。雍正五年，署直督將永年縣民程二，毆傷賀黃清身死一案，照例題准可查，切不可云因醉打死，蓋罪在不矜也。若係僧人，則聲明何項僧人；若係生員，審係武斷鄉曲，倚恃衣頂，欺壓平民，將人打死，則又照例應斬矣。若戲殺，與過失殺相類。但戲殺是知此事足以殺人，過失是不料此事足以致死，罪有攸分。至於誤殺，雖出不意，而各隨所因。此正律重誅心之義，故亦論絞。惟誤傷及尊長，悉從本毆之法，不得末減。今刑名家皆稱七殺，有以劫殺爲一殺；又以威逼致死爲一殺。夫劫殺，自有盜劫本律。威逼俱係自盡之案，且威逼期親尊長，及因姦因盜方擬斬絞，非是卽係用強逼殺人之案，故欲奪其財產妻女，勒令自盡，俱引條例充軍。卽或至二命三命，亦不過充軍，其他滿杖追埋而已。且威逼之案，必審犯人有可畏之威，而死者有難堪之情，始坐威逼。今自盡命案，牽引威逼，其實不過因睚眦之忿，以致輕生自盡，有何威之可畏乎？凡鬬毆者，據報務將原告細細問明，卽身死日時刻，以便勒限保辜。如手足他物，限二十日，例加十日；金刃湯火一月，亦加十日；折傷、破骨、墮胎五十日，例加二十日之類，萬一身死，豈僅扣日，還當扣時。名例云，稱日者以百刻，逾刻卽在限外，犯人猶得生全也。有見證凶器，以憑比質；開列傷痕，以憑相驗，然後接呈，定例不許擡驗，至敘詳之道。如謀殺，則著其如何毆傷，如何詭祕，某人如何加功； 故殺，則著其因何處起見，有意致死； 鬭毆，則著其本無嫌隙，並非有心，彼如何擊毆，後因何故身死。至戲殺、過誤過失等案，一一著其形狀。所謂直吐不諱者，所謂初雖狡辯，而折服供出，驗之屍格，而傷痕吻合，質之證佐，而異口同聲，使纖毫不留疑竇。倘其中有服制，當查親屬相毆條； 有主僕名分，查良賤相毆條。若律無正條，當斟酌比對，情重而法輕則加，情輕而法重則減，務期情罪允協，方成信讞也。

清・吕芝田《律法須知・論竊盜賊》 竊盜案以贓爲要。蓋盜憑贓定，贓眞卽盜確。但事主被劫報官之際，正在心煩意亂，或有失贓，記憶不起，查開不全，不妨聽其補報。印官會勘之時，不特看其出入情形，必須將失單報贓，逐件問明，衣服等類，則問其新舊、大小、長短，是單是棉，布之粗細。如未開明男女者，應卽問明綢緞布疋，應問有無字號，整疋零段，長短闊狹，及布之粗細； 首飾應問金銀花樣，逐件輕重數目。其餘他物，均須問明，令書吏備敘，不得差錯，寧可過於詳，不可失於略，將來被獲起贓，自無致有栽捏之弊。事主呈報盜案失單。須逐細開明，如贓物煩多，一時失記，准於五日內，該地方官將原報續報緣由，於文內聲明。

又 一、律載公取竊取皆爲盜，是盜之名，統強劫偷竊等類而言也。但世俗稱謂，分強盜、竊賊，辦案亦因之。故凡遇報竊案件，文內忌用盜字，恐其混於強也。

一、強劫大案，事不常有，每有竊賊臨時行強拒捕，而稱夥劫者； 又有道路搶奪，而錯認強劫者； 或有以竊爲強，以賊爲盜者； 或有互爭械鬭，因而入室搜檢毀棄輒稱劫掠者； 或有隱匿費用他人財物，而捏報盜者，或有遺失執照、銀物，而假報盜者； 或有豪棍憑空謊報盜賊，藉以陷害本人，脅制印捕官役者； 或有謀殺人在家，屍難掩藏，而捏報是賊者； 或有拒捕而稱行強者； 或有數人行劫，而率同多人者； 或有竊賊無多，而混控人衆者； 或有少贓而多開者； 或有心疑其人平素不端，而指爲案內正賊者； 或有捕風捉影而誣控者； 或有捕役妄拏無辜，拷打逼認者； 或有捕役畏比，指竊賊爲強盜，指良民爲竊賊，指彼案賊犯而搪塞此案，匿眞贓而換假贓者； 或有捕役教賊誣扳者； 或有賊犯挾仇誣扳者； 此皆以虛爲實，以僞作眞，全在驗勘情形，審訊口供時，留心覺察分辨，方不致被欺朦也。

又 一強劫，與竊盜臨時行強，及臨時巨捕，俱有分別。強劫者，主意行強，不畏人知，撬門撞門，進卽然火； 而劫盜臨時行強，與臨時拒捕，義同而有強形，每易混淆，所分者在得財之先後。臨時行強者，主意行竊，初畏人知，入內之後，驚覺事主，或喊問，或因起捕，賊等急於得贓，故卽起意行強。或恐嚇事主，令其睡卧，不許起身聲張； 或已起欲捕，而賊等將事主按捺綑縛打傷，公然攫取其財； 更有事主睡夢之中聲問，賊疑醒覺，恐其起身，毆斃，再行搜攫贓物； 或將一人架住事主； 而群盜入室搜贓； 抑或贓已檢齊，尚未入手，被事主奪住，打傷事主，搬取原贓而去。如此等類，皆爲臨時行強。其臨時拒捕者，贓已入手，未離盜所，事主驚起追奪，賊不捨贓，與事主爭拒，謂之護贓格鬭； 或攜贓逃走，被事主追擒，而護贓格鬭，雖離盜所，亦與臨時拒捕無異。又攜贓入手，當事主追逐時，將贓交與他賊，挺身拒鬭，亦與護贓拒捕相同； 或令接贓之賊，攜贓先行，一人獨自在後押護，見事主追逐，公然攔阻格鬭，亦是護贓拒捕。以上情節，無論得財與不得財，但有殺傷人者，皆照臨時拒捕，擬斬立決。至棄財逃走，已離盜所，被事主追獲，情急求脫，因而格鬭，則爲追逐拒捕； 又贓被他賊攜去，一人後行，並未攜贓，亦非意圖護贓，因被事主追獲，圖脫格鬭，亦爲追逐拒捕，皆依罪人拒捕律科罪。總之，臨時拒捕，是肆惡以圖財，律重臨時二字，雖不得財，亦照科罪。若不得財而離盜所，則非臨時矣。追逐拒捕，是有意以圖脫，律重棄財二字。若在中途護贓格鬭，亦與臨時拒捕無異，不同於追逐拒捕也。凡遇此等案件，尚須推敲情形，妥穩具報，則將來獲犯審訊，亦易詳報審解，否則報盜之情不眞，而獲犯供情互異，是必費手。至於搶奪，大抵多在白晝，閒有道路黑夜搶奪，或因災荒扒搶，或因無賴捉姦，或因事主打鬧，乘便攫取，總宜愼之於始，不可草草，則無冤濫，及棘手之事矣。

清・吕芝田《律法須知・盜案總論》 附盜案總論強盜一案，應照律註，所云人多而有兇器者，強劫也； 無兇器者，搶奪也。是謂正解。然亦不能無疑於此，謂人多何以定之，必以律載稱衆者，三人以上爲定乎？ 乃實有四五人，而其情仍是搶奪。兇器何以定之，必以弓箭槍刀爲定乎？ 乃有執持巴棍、柳桿，而其情實是強盜。既不可以人數器械爲定，又將何以定之？ 強劫乃盜之用直者，造謀糾夥，直往主家，無可避也； 搶奪盜之用橫者，諺云翦徑者是也。翦乃用横伏於途，次以待人，人或不過，或將過覺之而返，皆可免脫。雖然昏夜，而其情與強盜異，故例曰：凡問白晝搶奪，須要查明犯事根由，然後揆情剖決。強劫盜案，必失主地鄰一同具報到官，如止失主報呈，而無地鄰報單，恐有捏報情弊，當即傳齊訊問明白。其失主報呈須要確鑿，不得用統籠疑似之詞。報官後，務須不分遠近，不論雨夜，立即會同營汛，赴失主之家，查驗前後出入情形。有無撞門毀戶，遺落器械火槍之類；事主有無綑拷傷痕；並訊地鄰更夫人等有無聞見影響，切勿慮賊難獲，先爲諱飾。倘失主開單不實，情節可疑，而又不得不報，當於被報之內，顯爲聲明，然後逐細查問，務於二三日內，審取的實情形，詳明上憲。近有失主以竊報強，處分定例，照誣告人死罪可查。雖初報強劫，而審非強劫，或係小竊，或係搶奪，均可免參疎防之處分。惟搶奪傷人、竊盜拒捕，贓至滿貫始應題報，已非強劫之案矣。但報後急須審明，不可怠忽，以疎防定限四月，例不展參。倘屆期已成題案，勢近改強爲竊，恐致部駁爲難。至於強盜當場現獲者，有應入初報文內。其有逾時而獲者，不論幾時，不拘多寡，例應隨獲隨審。但捕役或畏比責，或受賄囑誣陷，或圖詐殷實愚懦，影射贓物，誣良爲害，功名心切，急於定案，鮮不墮其術中。無論知而故犯，罪問故殺，即果因失察，亦例當參革，焉可不慎。其供出同夥之數，即爲確數。蓋盜數以盜口爲憑，不以失主爲憑也。又必問其盜首是誰，窩主是誰，此更爲緊要。若盜首實係病故，必須查訊實有確據，方免處分，若有劫過別案，必須質訊者，照例行文，取供定案，其罪有此輕彼重者，亦即行取供，在被獲處歸結，候彼處題奉正法，歷訊明確。將本犯現起贓物，傳令失主認明，貯庫候領。立即密拏餘犯，押起各贓，當嚴論捕役，不得於案外株連一人，案外多索一物，其在近處，即委捕官督押；在遠處，移關鄰邑。若續獲之犯到案，不認，起贓無據，即提初供之犯，嚴行質訊，果係虛誣，即行釋放，若形迹可疑，俟後有獲犯再審，務供吐相符，實爲此案正賊，方敘文申報，稱於某年、月、日，於某處拏獲案內賊犯某人，驗無捕役私拷傷痕，現在訊取確供，月文詳報外，合將獲犯日期，先行申報云云，後有續獲，再敘入前文，據先獲某人供稱，同夥某人到案，其是否此案正盜，容俟訊明另報云云。蓋犯有誣扳，最難遽定，此人即屬正盜。如造意之盜首已獲，自以造意爲首；如其未獲，則當於同事中，看其情事尤甚者一人爲首，妥議招解。雖盜首窩家未獲，不免參處，而逾限不結，又干嚴例。案內有已獲若干人，未獲若干人，已獲而監斃若干人，未獲而物故若干人，或有旗人，或有自首之人，或有因供首出首犯拏獲，而免罪之人，或有指引之人，或有窩頓之人，或有知情不報之人，或有不知情而受寄贓之人，有行而不分贓之人，有不行而分贓之人，有預謀而不行又不分贓之人，或有脇從之人，或有年幼聽從父兄從行之人，或有行至中途而返之人，或有中途入夥之人，罪有輕重不等，招須分別明白，不可不慎也。

清・王又槐《辦案要略・論雜案》　略人、略賣人，雖有律例可查，而和誘、略誘當知分晰。夫略誘者，設方用計用誘，其被誘之人出於不知也。和誘者，此投彼洽，其被誘之人出自情願也。如見有幼童、幼女，用藥用酒并一切食物誘拐同行，則爲略誘。又如養媳、婢女年在十四歲以下，被婆與主母訓責過嚴，乘機誘而逃之，亦爲略誘。若婦女先與通奸，或男、婦調戲尚未成奸，因其不便往來，男人起意誘引婦人逃走，則爲和誘。如系婦人起意，教人帶往逃走，則是背夫私逃，不得以和誘論也。若婦人獨自背逃，路旁之人見而收爲妻妾，并無媒聘者，以收留在逃律論。止收在家奸宿，并無正名爲妻妾與嫁賣者，以刁奸和奸論。

拐逃案件，必有確據方可詳報，扣限查參。若係迷失，或系在逃被人收留，則非拐矣。

因貧賣妻者，雖意起於男人，而其情多由於婦人怨嫌貧苦，不肯安居也。若婦人果勤於紡績針綫，夫妻和合，雖貧，不作嫁賣之想。亦有男人游蕩蕭條，因而賣妻，妻不願離者；又有年荒無度，苟延性命者；更有買休賣休者，本夫或於賣之時藏踪匿迹，改名換姓，既賣之後出而控稱拐帶私逃者，不可不察。

孀婦再醮，自願者多，強迫者少。其母家而控逼嫁者，或因希圖財禮不遂，或因爭奪妝奩不睦，或因恨其婆母狠毒，不由主婚。其孀婦因改嫁而輕生自盡者，或因擇嫁不能如意，或因急欲再醮而翁姑、親屬不允，并非不甘失節也。果系逼嫁，必有強逼情狀：事前不令聞知，臨時強搶，事後不願合配，視死如歸者方是。

誣良爲賤，例無明文。查律載：以賤爲良者，杖九十；壓良爲賤者，杖一百；冒認良人爲奴婢者，杖一百、徒三年。若誣良爲賤，已告官有案者，看其所誣情節輕重，酌量擬斷。如并未控官，不過因事爭角，隨口斥辱，本無污蔑字據者，止科不應重律。

控爭墳山界址及盜葬者，異姓以印契糧串爲憑；同姓以譜牒議約爲據。如控盜砍墳樹者，惟於墳塋步數内，或附墳不甚遠隔之樹，照例擬斷。若山場遼闊，砍伐山旁空地樹株，距墳窵遠者，又不可照墳樹論也。

恐嚇取人財物者，如平空詐死圖賴，以及自盡命案户親張揚要毆、要告，其人不得已而與之是也。又如見人帶有財物孤行，謊言恐嚇，其人畏懼不敢前行，央求護送而厚取其財者亦是。此等既非搶奪，又非竊取，而誅其心有重於竊，故律准竊盜加一等論。若在途中見人財物，恃強恐嚇阻遏，其人勢不能敵，不得已而與之，則與强劫無異，又非可以恐嚇取財論也。

詐欺取人財物者，如素知其人有財物寄於遠方，私向寄物之人詐言欺飾以取之是也；又如合本營謀，詐言折耗，欺瞞侵吞；受寄人物詐言被盜，欺瞞藏匿等類皆是。若巧詐欺哄，向人借貸，則不論矣。至費用人寄物及詐言失死者，另有律條。

冒認他人財物者，如見人遺物，認爲己物；無主之贓，認爲失物之類。若見人攜帶財物，因冒認而誣賴偷竊，又當從重論矣。

誆騙人財物者，乃巧言以哄，設局以誘，使人墮其術中，其出財之人，亦有貪利圖謀之心也。若欠債賒貨，久負不償，非誆騙矣。

拐帶人財物者，乃乘便取去之謂。如雇人肩挑貨物行囊，負而私逃；托人索討銀錢取而遠颺之類。若寄交銀物而被侵欺，并未逃走，則又非拐帶也。

匿名揭帖，律載：見者即便燒毁，不許投送；受理，必須連人與文書捉獲方論。原恐輾轉追求，株累無辜也。若告重大事件，文書已投入衙門，須不動聲色，嚴密訪察，獲有確據，方可審辦。倘捕風捉影，冒昧率報，徒自取纏繞耳。

僞造印信，無論銅鐵木石泥蠟腐干皆可爲印，但有形質相肖，篆文俱全，謂之僞造。若有質而文不全者，謂之造而未成。至於全無形質，而描之於紙上者，則爲描摹。須先將現獲有據者分辨，再看其作何使用，有無施行，區別辦理也。

詐假官者，律載：須有憑劄行事，方以假官論。若無憑劄止口稱某官，或在船上張挂旗幟，或在旅舍懸帖門單，或在鄉里假冒職官頂帶，或赴衙門投遞官銜名帖，皆是無官而詐稱有官也。更有緣事革職人員，依然假冒頂帶，詐稱現任官員，及生監人等，僭用五、六品以上頂帶，自稱職官者，亦是無官而詐稱有官也。當分別有無求爲辦理。

發冢開棺，照命案承緝例扣限，四參無獲，降一級留任。初詳内將有無剝衣盜物緣由聲明，若見棺未見尸者，止議罰俸，限滿毋庸開參。浮厝未成墳冢，亦可詳請免參。全在初詳之時辯明確切。否則亦受參處。

私鑄案犯，須查驗爐竈，問明爲首起意、合伙匠人、掌鉗、挑水、打炭等類；何時鑄起，共鑄若干，如何行使，何處買來銅鉛，是否知情；有無翦邊私銷；前問明房主，保鄰，是否知情容隱，得規包庇，起獲鍋鉗印摹一切什物，查明處分辦理。

私鹽案犯，問明何人出本糾伙，抑或各人自買，坐何人船車，買自何處場竈，用多少銀錢，買鹽若干，一路經由何州縣地方，有無人役查拿，曾否執持兇器拒捕傷人，從前販賣過幾次，現在伙犯逃往何處？若關查肩販四十斤以下，本籍取供，移覆核詳。百斤以上，犯至十人，并拒捕案件，仍解獲犯之縣質訊。至詳估賣鹽船只車驢，應取承變商匠甘結，由府州詳道核轉。

造賣賭具有牌板者，須審起意、雕刻、刷印、裱糊、裁切匠人，幫手，則自何時，賣與何人，得錢若干，有無販賣之人。如造牌之人已故，訊明取結，并究買牌人有無轉賣及開場聚賭、受托代買情事。若買存未賭，問違制。雖非伙造，但容隱不報，應照地方保甲知造賣之人不首報者滿杖。如不知情，則問重杖，并訊鄰甲房主有無受賄容隱。跌博抓攤，均應照賭博定擬。失察地方官，送職名報參。

清・王又槐《辦案要略・作看》 案之先叙供而後加看者，乃先案後斷之法也。夫作看不難，而叙供實難。供果明凈簡練，則看易成；供若駁雜牽混，則看難成。供與看原兩相符合。善辦案者，叙供之時即已布置看語，及其作看，則一綫穿成，毫無駁雜。

作看亦要諳前後層次，起承轉合、埋伏照應、點題過脈、消納補斡、運筆布局之法，方有片段頭緒。其看内字句要有文體，不可作村夫鄙俚口氣，亦不可過於文飾，致令以辭害意也。至於議罪，乃結束通案事情，應議及者，必須逐一聲明；應斷結者，纖毫不可錯亂，雖人多事雜，俱要挨次點出，不留一隙也。

徒罪以上案犯俱要解審。惟過失殺收贖，及逃軍、逃流并無行凶爲匪之案，多不解審。亦有要解審者，各循向例。其余流罪收贖，并比照過失殺人擬罪等類，均解府司審察。

復審，文尾扣明審限，病限、程限、封印、接審皆可扣展。惟病限只準一月。因公赴省及鄰邑代驗等項，例不准扣。

應追埋銀之案，若無尸屬追銀入官。辜限外十日後傷風身死之犯減半，追埋銀十兩。

例應留養者，即於正案內取保鄰房族，及被殺之家是否獨子確供，并各甘結附送。

強奸不從殺死，及調奸自盡之案，應請旌表者，即於正案內取保鄰族長，實系禮聘室女，甘結確供附送。即妾婢并未再醮者，亦准詳請。若僅聞穢語輕生者，不准。有成案可查。

辦案全在初報妥協，一俟批到，不待頂限即可招解，縱有駁詰，可以及早詳覆，不致逾限。若臨期方解，一經駁回，或再遷延即干議處。

命盜大案府轉，全叙縣招供看，府不叙供，只加看語。如司駁府復審，全叙縣供、看，如司駁，并叙府供、看。及到咨部，招內刪去府看，只叙『府審供、看無異』等語，即加司看。若駁審之案，縣詳叙明駁詰緣由，備叙供、看申府，府用復審無異四字加看申司，不再叙供。總宜簡要，不可繁冗。

案涉奇異重大，及稍有嫌疑者，或於報文之末附請委員會審，更為妥協。

清・王又槐《辦案要略・論詳報》　生員犯杖、笞輕罪褫革者，只詳學院與本府本州，徒罪以上方用通詳。若因重案牽連應褫革者，雖罪止杖、笞，亦應通詳。廪生并詳藩司，以便開除廪糧。貢、監生應褫革者，無論笞、杖、徒罪，均應通詳，兼詳學院。專職吏員及捐職人員有犯應通詳者，不報學院。學院批審生、監事件錄報院司道府，俟審擬定案再行通詳。生員犯賭博、私宰、奸盜、詐僞一切不法事，取教官失察職名開報。僧道犯事，取僧綱道紀失察職名開報。

貢、監、生員、吏員，以及捐納職銜人員，有犯系因人連累及因公致罪，在杖一百以內者，照例納贖；或所犯尚與行止無虧，罪止杖一百以內者，分別戒飭免其褫革；若犯奸盜詐僞一應贓、私，并所犯罪雖在杖一百以內，而於行止有虧，俱照例褫革的，決不准納贖，亦不准捐復。僧道因人連累，無礙戒規者，准其收贖。

徒犯到配，將日期具文申報，出具收管五紙，移送原犯事地方轉申。亦有徑行通送，只將收管一紙移回，各仍其舊。到配以後，連閏計算。俟限滿用驗文通報，一面移知原籍安插。

軍、流人犯，在配病故，各處辦理不同。或有驗訊後叙明原案填格，取醫生、仵作同配人犯供結由府轉詳者；或有通詳請咨原籍飭屬領埋者，亦有用驗文并圖形一紙通報，一面關會原籍飭領者，各循向例查辦。

軍、流到配收管，按季由府匯轉。

請旌節婦、孝子，由儒學造事實冊，并里鄰族長甘結，牒呈州縣核明，加四六看語通報，仍由府核轉。俟奉部復，結銀三十兩，聽本家自行建坊取領存案。其銀赴司請領該年地丁，給後申送領狀、印結各五紙。百歲請旌事亦相同，但不由儒學牒報耳。

監犯病故，必先將患病緣由報明，然後查卷填格叙詳，取尸親、刑、禁、醫、仵并同監犯人供結，聲明并無陵虐致死情由通報，并將監斃職名開送。至未經定案人犯在監病故，通報後仍於正招內簡叙刑書禁卒人等口供入詳，須聲明該犯應擬何罪，以便部內分別議處。或干連人犯在地方身故者，關取供結入詳。凶犯脱逃及軍流遣犯在途在配脱逃，監犯越獄無獲，并盜犯滿貫搶竊，刨墳、奸拐一應重犯脱逃，均造具案由、年貌冊，詳請通緝。

拿獲鄰境鄰省脱逃軍流徒犯，一面關查配所，移知停緝。

棍徒、積匪量減及刨參未得等項徒犯，遇赦不准釋放。乾隆四十二年豫省咨奉部復有案。

凡遇恩赦，逃徒免緝。如已經初參，尚未參過年限者，免其展參。現在尚未參過疏脱職名者，照例聲叙專案請咨。因公出境及回署皆用驗文通報。

通詳案件，書冊內備錄供看，長詳內原不必全載。若上司發審事件，長詳須與書冊相同，以便將詳批別衙門復核。倘不全載，無從查辦，反致駁飭矣。

清・王又槐《辦案要略・論批呈詞》　訟之起也，未必盡皆不法之事。鄉愚器量褊淺，一草一木動輒爭競，彼此角勝，負氣構怨。始而投知族鄰、地保，尚冀排解。若輩果能善於調處，委曲勸導，則心平氣和，可無訟矣。乃有調處不當，激而成訟者；亦有地保人等希圖分肥，幸災樂禍，唆使成訟者；又有兩造不願興詞，因旁人扛幫，誤聽讒言而訟者；更有平素刁健，專以斗訟爲能，遇事生風者；或有捕風捉影，平空訐訟者；或有訛詐不遂，故尋衅端者；或因夙積嫌怨，借端泄忿者；或因孤弱可欺，以訟陷害者。此等情事，若不詳細察核，一被蒙蔽，則紙上之黑烟一污，而床頭之黄金半銷，荒農廢業，合室驚恐。生靈攸關，可不慎歟！

批發呈詞，要能揣度人情物理，覺察奸刁詐僞，明大義，諳律例。筆簡而賅，文明而順。方能語語中肯，事事適當，奸頑可以折服其心，訟師不敢嘗試其伎。若濫准濫駁，左翻右復，非冤伸無路，即波累無辜，呈詞日積而日多矣。

善聽者，只能剖辨是非於訟成之後；善批者，可以解釋誣妄于訟起之初。果其事勢不得已，必須審斷而始結，雖驅小民跋涉，亦難惜也。如其事眞僞顯然，不過紙上片言可以折斷，而亦差傳候訊，即情虚者受其責罰，而被告之資財已遭浪費矣。

事無情理無確據，或系不干己事，或僅口角負氣等情，一批而不准，再瀆而亦不准者，必須將不准緣由批駁透徹，指摘恰當，庶民心畏服，如夢方醒，可免上控。此等批詞，不妨放開手筆，暢所欲言，但須字字有所著落，不可堆砌浮詞也。果能批駁透徹，即有刁徒上控，上司一覽批詞，胸中了然，雖妝飾呼冤，亦不准矣。

訟師伎倆，大率以假作眞，以輕爲重，以無爲有，捏造妝點，巧詞強辨；或訴膚受；或乞哀憐；或囑證佐袒覆藏匿；或以婦女老稚出頭；或搜尋舊抵搪；或牽告過迹挾制；或因契呈詞内一二字眼不清，反復執辨，或捏造，改换字據，形色以舊；或串通書吏捺擱；或囑托承差妄稟，詭詐百出，難以枚舉。總在隨事洞察，明晰判辨，庶使伎無所施，訟師不禁而自絶矣。

刑、錢交涉事件，每多分晰不清，以致爭競。夫刑、錢之分，須視其告者來意，爲著何事。如意在爭田房、索錢債、交易税契等類，内有一二語牽涉鬭毆無傷、賭博無據，以及别項不法之事，并干連墳山爭繼者，皆歸錢谷。若告鬭毆、奸僞、墳山爭繼、婚姻及有關綱常名教一切重事，詞内有錢債應追、田產不清等類，應歸刑名。至驛站錢糧，馬匹、差使，應付解餉，運銅採買估變，牙行客欠，行銷茶鹽，鼓鑄制錢，一切有關錢糧水旱，并修理工程之事，概歸錢谷。其驛站公文遲延，勘合錯失引鹽，硝磺過境，遞解人犯差員及過往官員患病，監犯、軍流口糧，并屆限起解遣配人犯，内有應追錢債、應變房產，與夫官員到任履歷、謝稟，級紀、參罰，丁憂、告病、病故，鄉飲，請旌，誥封，蔭襲，名宦、鄉賢，考試，書籍，義學，捐官，在籍紳衿事故，保甲，烟戶，庵觀寺院、陰、醫、僧道，書役、門軍、禁卒、更夫，一切巡查防範、整飭風俗、宣施教化之事，統歸刑名。其刑名案内有支銷錢糧者，如監犯、軍流口浪，節孝建坊銀兩之類，又應開單知會錢谷，以便匯報。不可彼此互推。以一詞而前後分辦也。

批審事件，權其事之輕重，票内分别拘、换字樣，飭差協保傳集，不得違例牽扯。每有差役將不同居親屬，及稍有瓜葛之人朦稟批准，即行混拿嚇詐，以致愚民情極自盡，釀成大事，不可不及早醒悟也。

清・王又槐《刑錢必覽・詞訟》　一、州縣爲親民之官，一切詞訟自應隨時收發，不得拘泥告期，致小民有守候之苦。但收呈必須留心查看，面加盤詰。其中倘有代投包告及架詞捏稟者，立時摘出，量其情之輕重，分别薄責嚴究。原詞立案不行及批呈詞，將批語按期榜示。其准理案件，尤須查辦迅速，聽斷精詳，務令民無欺誑，案不留牘，庶爲無忝厥職。

一、通達民情，全在聽訟。事無鉅細，皆當受理，一切姦盜、詐僞、戶婚、田土、錢債、鬭毆等項，惟毫無證據，不近情理，架捏顯然，或不干己事，妄行陳訴，或翻遠年塵案，拖累多人，未便輕准，其餘情切剥膚縱控未全實，但據稱有凴證，又或雖無凴據，事應鞫問，以及疊次具呈，不肯輸服，告官告吏内有關係者，無論虚實，皆應准理。查訊得實，既可排難解紛，俾良懦不致受屈，卽研審虚誣，亦可懲刁癉惡，使棍徒不敢售奸，肅法清刑，莫此爲要。彼謂詞訟不宜濫准者，大率懶於從事耳，豈知下情未達，終必上控，一經批查、批審，仍不免於訊詳，反多周折，不惟小事不決，漸生大事，輕案不理便成重案。爲民父毋，果有息事寧人之心，愼毋僅以安閒省力爲快。

一、呈詞有批駁一兩次眞情露出，或原被證佐人等投訴，情節顯著，或查驗契券、宗圖，議據事理别白無待，庭訊始明，可卽行批斷。若内有必須質對定案，非可批斷完結者，原宜傳集兩造，喚同中證人等，當堂究明，剖斷。又有指東話西，以無爲有，移坵换段，將實作虚，非凴紙上空談，遂可辨其曲直者，尤須親詣該地，確切查勘明白，再行折斷，此準理呈詞，批斷與審斷、勘斷，均不可缺一也，總之，獄必經斷而論定，斷必速結而弊清，兩造得免，守候胥役，不敢把持，非精明強幹者，其孰能之。

一、發審呈詞，務將詞內情節，及原告恃爲凴據、上司致疑批飭之處，逐一分晰，查剖明確，聲敘入詳，庶涣然冰釋，免干駁詰。勿謂大局已定，竟置之不論也。

一、事涉疑難兩可之案，上控行查，必秉公剖斷，固不可執持成見，亦不可有意揣摩，遷就迎合，使案失其平總之準情，酌理設身處地，開導息爭，自免翻供、翻控也。

一、批閱呈詞，定期三日一發，庶不過遲，若內有緊要者，自應隨批隨發，并有不待批呈，當堂卽應籤拏，及當堂寫硃單，交原告付地保。限日喚齊候審者，如必按期批發，殊爲膠柱鼓瑟。

一、票不可多出書吏，故套原告一票，被告一票中證覆呈兩造催呈，無不有票。延至一月、半月，復行轉票催提，從爲差役需索，必視其事之緩急，定期示審，不必投遞到單，然後掛審，以致假權胥役。

一、凡審理一切事件，固應將各呈情由，開一略節約斷大概。但其中細微、曲折、幻影、匿情，必須當堂質審，察言觀色，應變隨機，始得底裏。不能執一拘定，至於示審應約人數多寡，地方遠近，預期數日，懸牌，以便聽審之人，依期而至。臨審無故，不可改期，如原差臨期或稱某某患病，或云某某遠出，乃係受賄包捺，切勿被其欺朦。平日須將審規，嚴諭各差，如敢故違，必加重責，如此則遲速之權，均操於官，不致下移衙蠹，無由舞弊。仍查明不到之人，如非緊要，原無礙於審訊，若係緊要犯證，斷難聽其不到者，亦可先就現在人證，審其大概，再限兩三日，內喚齊覆訊即可結案，不必藉此躭延。審畢，分別發落省釋立讞，或取遵結備案，查明出過之票，當堂追出勾銷。

一、標承雖屬違例，但遇難辦之事，必需能辦之人亦應酌量交辦。

一、各班差役內，如勤謹誠實，略有身家者，須平日記名，以備緊要差務。其餘彙造一冊，挨次輪點。差票仍宜另立一簿，登明各役名下承行、經手之件，已完多者，分別註銷奬勵。未完多者，若非包捺，必係偷安，此等惰誤之役，重則予以責革，輕則完日再標，庶足以示賞罰。至於一切差使緊要差頭役，餘差散班，頭役日在耳目之前，趨承奔走，易以見長，若事事僉差頭役，則各班散役終年不得一差，未免勞逸不均，致貽口實。

一、票必有稿，方可稽查備案，每有貪圖簡易，往往用點頭票，無稿無印，但以片紙過硃，給役喚人，取便一時不惟，過後無凴，抑且易滋弊混。又有發貼告示，票取遵依甘結，尤啓需索之弊，遇有此等差票，內署登號時，卽應扣除，不可發給，并須嚴飭，各房不許混行繕送。

一、老幼廢疾、收贖，及婦女犯奸枷號收贖。定案後，卽出票查追，於票內註明銀數，以免胥役勒索之弊。老幼廢疾收贖，律圖已載明，惟婦女犯姦應枷號一個月杖一百者，杖罪的決枷罪，照杖八十徒二年，贖銀二錢二分五厘之例，除杖八十折銀六分，應贖銀一錢六分五厘。如同姓無服親屬相姦，應枷號四十日，杖一百者，照徒三年，贖銀三錢例，除決杖一百，折銀七分五厘，應贖銀二錢二分五厘，餘倣此。

一、人情變幻百出，原非祇凴詞狀，卽可盡得眞情。然將原被各呈，逐一細核，自得其大概，臨審再行乘閒折辨，就矛盾破綻處，層層指駁，是非曲直、自然畢現，不難斷決。卽或案犯極其狡黠，不肯直供，勢不得不加刑訊，但三木之下，何求不得？聽訟者愼之。

一、齋戒忌辰例應停刑，但有緊要事，仍應照常審理。初無是曰停訊之文，蓋以一切事件內，有應行責處人犯，戒期查訊明確，自可暫行管押，俟開戒日發落，何必藉口停刑，竟置不審，徒令原被詞證，終日守候。語云：一人在官，一家失業。此言最足深味，膺民社者，念之毋忽。

一、咨題大案、定限綦嚴辦理，皆知迅速，獨至自理詞訟，每謂無礙考成，日復一日遷延塵積，類多不肯趕辦。更有隔屬關移、提犯，查案之事，任聽經承延擱，屢催不覆，以致案莫能結，民多羈累。殊不思人已一理，彼此同情，本邑關卷提犯、鄰封置若罔聞，違例限而延案件，豈無嗟怨？誠能以處己之心處人，責人之心責己，庶幾互除積習，事無拖延矣。

一、交易田宅，須驗契券，過戶輸糧，應查印冊，遺業分產，以遺囑、戶管作準。其中亦有眞僞，尤當細核明確，并詳問案內中證，始可定斷。詞狀內有呈驗契券筆據者，看明有無改補，塗抹，徑封存內署，毋隨呈發房。每有原被人等，串通經書，將契據內緊要字面增添塗改，及故意挖補，仍寫原字，指爲呈出之人自改，臨審最易淆惑。此事某曾閱歷，目擊其弊，故爲拈出，不可不愼。

一、契載不明之產，以乾隆十八年定例，以前三十年爲斷例意，以定例以後，自當載明，毋庸復議。其例前不明之產，總以契賣之日扣起，如在三十年限內，悉准回贖，無如定例後，仍有契載不明者，若概作絶產，失之過刻，但因未滿三十年，概作活產未免過寬，自應仿照例前之限，亦以三十年爲斷。乾隆四十三年，浙藩徐浙臬國議詳浙省積習，民間契紙，並不載明回贖，並絶賣字樣者，十居六七，所以前臬司奏准三十年之限，衹以州縣中誤會十八年定例以前之句，竟以十八年追溯從前，分三十年內外，不知十八年原例明載，現今在三十年以內者，準其找贖等語，自應以立契之日起，扣至呈控之日止，分別年限。若自十八年追溯從前，則自雍正元年五月起，至乾隆十八年四月定例之日止。民間出賣一切契載不明之產，雖在百年之後，亦得指稱在例限三十年以內，予以找贖似無此理，應毋庸議。弟查例載扣至現今，並未指明何日，向來審斷均扣至告贖之日止，核算年限內外，似屬近理。但浙省民情刁詐，奸計百出，每至契限將屆，雖無原價，輒呈縣控贖冀得藉稱限內迫至，弔契斷贖後，原價無償，或僅交半或不交足，布圖短少，屢追屢延，不但徒煩案贖，適以長其刁風，應請通飭各屬，嗣後批斷此等案件，一面弔契，即一面飭令備價，先行繳庫，聽候驗契。批斷總以契價交足之日，分別年限，倘逾限價不交足，雖斷贖在前，仍以絶論。庶不致買主產價兩縣，而原主及時措還，原價亦少差，追之煩矣等因。詳奉咶批通行，在案至三十年之限，原指契無回贖字樣，亦無絶賣字樣者而言。若契內載絶則近年不得找贖，載活則遠年亦應找贖，不當復論三十年內外矣。江蘇地方民間置產，契內有寫賣契、兑契，其中仍有回贖字樣，是賣契與典契無異。尚屬活業，究不得與絶產同論。乾隆三十二年，江蘇督院高批斷有案。

一、開墾田地，在山頭地角，畸零不成片段例許民間墾種，毋庸陞科。其自願報陞者，亦聽其便，但須飭保隣確查，有無違礙水利、墳塋、及並無捏冒影射私佔，方可取結查丈，不致旋墾旋荒，然後入冊詳報陞科。

一、田土界地不清，及爭奪水利，須弔查魚鱗、柳條等冊，並弔契據，驗明四至、訟分，親詣勘斷，庶免混淆。

一、墳山最難剖斷，契冊之外，又有碑譜，大抵假捏憑據，預埋訟端者，多此等案件。江西最甚，非爲冒認祖宗，爭墳實以爭山，累年不結，結後復控。審斷之法，惟有聽其公祭，不許添葬墳塋，糧地悉照舊管，稍可息爭，萬難摘伏、發奸，使之輸心誠服也。

一、婚姻不可斷離，此以常理論也。若未成婚，而男女有犯他故，或雖成婚，而夫妻勢難強合，亦當聽從其便，故律載：夫婦不相和諧，而兩願離者，不坐審斷，此等案件，總須兩造允協，彼此情願，庶免日後事端。若嫌貧賴婚，強娶勒休，有關風化者，又不可一概略法原情也。

一、例內雖有夫逃亡三年不還者，聽告，官給照改嫁等語。必須逃亡有據，漂泊無踪，女家實無衣食，方與例意相符。但或酌量安頓，勸親族周卹，毋使失所，未可輕許改嫁。每有數十年流落在外，依舊回家者，不可不慮也。

一、因貧賣妻，近來俱照據會，斷歸後夫，不追財禮。凡遇此等事件，有於法應斷離，於情可免離異者，當酌量辦理，故原例內開或於大分不甚有礙者，聽各該原問衙門，臨時勘酌擬奏也。

一、律內，娶己之姑舅兩姨姊妹，杖八十離異，以有緦麻之服也。有犯姦者，例應發附近充軍。但近例姑舅兩姨、姊妹爲婚，已聽從民便，而犯二仍擬軍罪，似覺情輕法重。乾隆四年，松江婁縣民張入典楊銀姐通姦一案，江蘇臬司以姑舅兩姨姊妹爲婚，有聽從民便之上諭，將張入免遣，照律擬徒，詳奉蘇撫院張批結。此亦原情，定斷之一法也。

一、會稽縣吴聖清，控媳吴大仁妻馬氏，孀居四年生子一案。查十月而產懷胎常理，若氣血不調，或先期欲產，或過期不產，如有哀樂不節，及鬱怒傷肝胎失所養，不能驟長，有遲至三四年，而後生者。且孕婦過期不產，備載諸書，濟陰綱目卷九、第五十四頁，醫書綱目卷三十五、第二十頁，本草綱目卷五十二、第四十五頁，景岳全書卷三十八，第四十三頁。今吴馬氏懷孕幾月，夫即去世，悲哀過度，便成血涸胎乾，以致逾期而產，正與書言脗合。乾隆十四年定案。

一、殤子向不立後，然有荆溪縣潘五珂等，互控爭繼一案。乾隆二十三年，蘇撫託批，文勳文熙均爲承權應繼之人，文勳未立於生前，今將文勳及子玉璋，同爲承權之後，倫序相當，雖五璋隨母出嫁，今應歸宗承繼。玉珂爲文熙次子，當日親族久已議立承權，故時又係玉珂斬衰成服，未便中道更易。如謂蘭蓀早殤，不應立繼，殊不知雖殤究係成權親子。按喪服小記云：爲殤後者，以其服服之殤，既有服既應有後也。雷次宗釋儀禮云：爲人後者，不言所後之人，或後祖父，或後高曾皆後也。庚純又云：爲人後之年，或爲子，或爲孫，是即小記所云祖後即承權未生蘭蓀，亦應以孫繼祖也。律典並無禁止。爲殤立後之文藩，玉珂爲承權之孫，即爲蘭蓀之嗣，於律禮本無不合，族議元立玉珂，繼立玉璋亦屬允當，而玉珂早立服斬衰於先，玉璋隨父入繼於後，二者均不可偏廢。飭照族議，以玉璋、玉珂並立爲承權之後，在案。乾隆三十九年蘇臬胡奏准。凡夭亡未婚之人先儘故子同輩中爲其父立繼，不必再爲幼子立繼，若合族中實無可爲其父立繼之人，亦祇得爲未婚之子立繼。又二十九年六月獻縣民婦李王氏，呈王控李嗣業冒宗霸產一案。將李會自己故胞姪李師伊，作爲繼子，其子李元良承繼爲嗣，以接宗祧在案。三十九年六月奏准。

一、新例實無可爲子立繼之人，其父又別無子者，許爲其父立繼，待生孫以嗣其子，若獨子夭亡而父無可繼，准爲殤子立繼。

一、蘇藩可議詳，雍正五年以後，白契所買奴僕并投靠及婢女招配者，與世僕有間。如本身子女現在俱受主豢養者，自應聽其服役，婚配稟明家主，若係另居，並不受主豢養者，止應役其本身，不得仍役其子孫，主其婚配。若有將伊女作妾，并賣入爲妾者，許女之父母告理，斷放從良。追契繳銷，此等奴僕，應聽贖身，毋許掯勒。贖身之後，本身及子孫仍存主僕名分，如有違犯照雇工人科罪。若典當本身，及議有年限者，原係暫時役使，更不得及其子孫，惟本身於贖身年滿之後，仍須存主僕之分，如本身及妻室子女四、五口，契價不過五、六兩者，應准其照原契銀數，名口均勻抽贖，於原契內，註明如此陸續出身，不致一家盡爲下賤。其賣身後，在主家生育之子孫，仍應服役俟。本身贖身時，始准其帶出爲良。其本身雖受主養，而子孫不在主家生育者，既非世僕之子孫，亦應開放從良。至奇災之後，多有將本身及妻子賣身者，實因救死情迫，與尋常賣身，自甘下賤者不同，應聽其回贖，如有掯勒，許告官斷贖。乾隆三年

一、教唆詞訟，不外挾嫌、圖財兩端。須嚴究被告之人，與伊平日有何仇怨，如何憑空結撰，乘某人同某人有嫌隙，遂將無作有，以虛爲實主唆興訟，是否即屬伊作，宜當堂驗對筆跡，并根問代書保戳，分別治罪，以遏刁風。

一、按遞匿名文書，告言人罪者，如假名告狀，及於文封內附入揭條，皆是非止揭貼已也。文封不離經承，及管印家人內號等項人，一究即明。若假名詞狀，及揭貼非現獲者，不可憑空抹連，止於立案，不行究處。若其人親自粘貼，當時撞獲，立即窮究，與所告之人，平日挾何仇隙，并當堂摹對筆跡，若認而不對，必有主唆代寫，須令實吐逐欵質明。如告人謀反、叛逆、邪教等項重情，及告官者，先查挐造揭人，究治其所告重欵，另行確查辦理，記檔交代，應照乾隆四十四年新例辦理。更有舖司受人囑記，將匿各揭帖偷枝官封，裝入者，亦事之所有，并當挨舖查明，取結追究。

一、姦情乃曖昧之事。曖指姦不論。如係強姦，必有毀衣、裂膚，及姦夫被抓受傷形狀，并訊明曾否叫喊，何人聽見，及如何嚇逼，情形確實，方可依例辦理。蓋恐和姦，縱姦所求不遂，裝點冤抑也。至輪姦更須查明幾人，如何起意，爲首商謀、強搶、綑縛、按捺，如係調姦，亦應訊明如何調戲、勾引，如止語言調戲，遇有本婦羞忿自盡，則入於緩決。若手足勾引，則情實矣，不可不慎。至刁姦，定有設計誘騙情節，如係同姓親戚，宜查有無服制。

一、強占良家妻女，須查其妻女是否良民，如何起意，設法，用強占奪。或自占；或配與子孫、弟姪、家人，或轉賣他人爲妻妾。是否中途被占，抑係在家搶回、被搶。妻妾平日與彼有無姦情，如係先姦有據之婦，或土娼，則應仿照成案，減等問擬。

一、《本草綱目・人部》內載五不女：螺、紋、鼓、角、脈。螺者，牝竅內旋有物如螺也。紋者，竅小，即實女也。鼓者，無竅，如鼓。角者，有物如角，古名陰挺是也。脈者，一生經水不調，及崩帶之類。又有五不男，內有曰變者，體兼男女，俗名二形。其類《晉書》謂之人痾。又有三種，有值男即女值女即男者，有半月陽半月陰者，有可妻不可夫者。此等皆無生育之道，初娶即當出還母家，庶可別娶。唯不女內脈字一條，難同惡疾論，存參。

一、邪教惑衆，須查訊於何年月日起，傳自何人，有無符咒、邪書、經卷，均須按查，并訊轉傳何日，黨羽若干。如有悖逆書札，應作大逆論。其從犯內並未傳授逆書，止傳荒誕經咒者，以邪教爲從論。若將荒誕經咒，傳授生徒，亦以邪教爲首論。如僅止結隊，燒香念佛，則擬杖責。

一、船商匿貨。貨物到關，有稅者，必須盡數報明，查驗。如客商海船運貨，至口不報，停匿海口、土商牙儈之家發覺，到官，須查所匿何貨，如何串通土商、牙儈，將貨藏匿，已賣若干，逐一查追，入官定擬。

清・剛毅《審看擬式・論敘供》 作文代聖賢立言，敘供代庸俗達意。詞雖粗淺，而前後層次，起承轉合，埋伏照應，點題過脈，消納補斡，運筆布局之法，與作文無異。其線索要清。先敘地保，次隣證，又次輕罪人犯，末則最重犯供。辦案又須提綱挈領，一人之供如此，衆人供亦僉同。一人情節逼

眞，衆人詞氣符合。線索既清，案無紊亂，任其犯之多，事之雜，或簡或備，總要如一線串成，異口同聲。但執筆者精神不到，照應不及，恐有參差。當擇案中重犯或要證訊明，將全案情節於此人供內逐層敘出，作爲通案眉目。餘照此供簡該順敘。其有不同處，略爲改易。分而視之，詞不重複。合而觀之，理無參差。儼若天衣無縫。此卽前後層次也。情節要明。情者，兩造起衅之由。節者，此事前後之序。此事因何而起，中間如何轉折，末尾如何而止。當日意欲何爲，人之情也。彼此交會景象，事之形也。以一事之情節，參各人之情形，從頭至尾，挨順而來，並無顚倒遺漏繁冗。此卽起承轉合也。來路要顯。如從前並無此人，後忽添出。蓋添出者，非要犯卽要證，必將如何推求，如何訪察，隨卽傳案之處，供內補出，或於他處點明，方不突如其來。又如要犯先不肯招，或遽然直認，似有可疑，必須先於隣證供內，預爲根據，則本犯招認，始爲可信。又如報詞屍傷及敘勘情形，於各人供內層層照應，不相違悖。及案內地名、姓氏、人贓多寡、他物、手足名目，均須畫一。此卽埋伏照應也。至於點題過脈要清，如命案屍傷，註明委係因何身死，是驗傷之點題也。供內敘明某人實係小的因何而毆，並非有心致死，或挾嫌致斃，是訊供之點題也。如兇犯盜犯久已脫逃，前官審結，後官續獲，訊報當將全案緣由敘過現案。又如，承緝展參案件，前官限內離任，後官接緝，文內應將前官幾時因何離任，後官捕限未滿敘明。凡文內應敘前官者，應寫姓名不應只寫某令某牧，上司則敘明銜門某姓，不可只云某憲。年分月日亦須寫明，不可用本年、本月字樣。來踪去跡聲敘明白，此卽案中過脈也。串供宜省易，不宜衍敘。閒語及零星問答，證佐多人，只敘一人之供，餘寫供同。無關緊要之供，以一語數字該〔概〕括過去。證佐互異之詞，訊明更正，不宜兩歧。犯名互異，及有混名、乳名，亦須確訊的名，以免影射。如覆審證佐與原供無異者，只敘遵卽覆訊，除某某等供與初審無異，不復重敘外，或有應質證者，仍敘其正犯。除年歲、籍貫與初審無異省敘外，只敘案情之供。此卽清納之法也。如案有情節未明，加以詰問，敘回答之供，如猶未明，再加一問，不可遺漏。繁冗如案，可推進一層，並防別有所犯。其有無知情，容留窩藏等類，均須逐一補敘，或於供尾聲明。此卽補幹之法也，布局運筆，乃辦案之要訣。布局者，籌算通案之去留向背，安排衆人之線索貫接，緊而不慢，整而無遺。運筆者，字字無閒，句句有骨，爽暢而不糾纏，老辣而不游移。作文以題目爲主，敘供以律例爲主。案一到手，覈其情節，何處更重，應引何律、何例，猶如講求此章書旨重在何句，此句題旨又重在何字也。若供勘不符，情節不當，牽扯案外繁冗，干礙別條律例，何異虛題犯實、典題犯枯、漏下連上之交耶。

清·剛毅《審看擬式·敘供法》 罪人口供，先敘籍貫、年歲，並有無父母兄弟妻子。如只有父母而無兄弟子姪，當敘父母年歲。蓋有籍貫，則知其來歷。有年歲，則知其老幼強弱。有無兄弟子姪，則知其是否獨子。有父母年歲，則知其是否親老。至親老丁單之案，除謀、故重情，不准留養，其鬥誤戲殺情輕等案，近有隨本聲請者，到案卽應訊明有無父母、祖父母，是否老疾，該犯是否獨子。如其父故母存，並無兄弟，應訊伊父係何年身故，伊母是否守節，現在若干年歲，其被殺之人有無父母。卽無父母，是否獨子，亦應訊明。均取具隣佑、族長供結，以憑秋審覈辦。卽遣、軍、流、徒等犯，亦應如此訊明，不可疎漏。若問一人，必將此係何色人敘明。如地保，卽敘地保某人供云云，所供是實，餘仿此。有職人員，卽敘職員。舉、監、生、貢，各就本分稱敘。如係武舉、武生，亦應敘明。至平民則稱小的，婦人則稱小婦人，女子稱小女子。供某人之妻、某人之母，必須寫出某氏。如有親有服者，亦須敘明何親何服。犯人之名有與聖賢及上司同名，或與廟諱同音者，皆當改寫鄉俚。夷苗上字不載字典者，照音改正，其一切混名、排行，易於牽混，總應敘出某卽某人。某未獲另結人犯，應逐一點出，切不可只稱某等緝獲另結。如生、監犯罪，訊明入學年分，捐納事例。如前已革除，敘因何案。由僧、道犯罪，敘出俗家姓氏及何項僧、道，曾否請有牒照。至於供內稱老爺、天票等字樣，改寫臺前、案下。敘供不宜太文，句句要像俗話，又不可似乎小說，如罵人、污辱、俗話及犯姦、污穢情事，不宜直敘，只以混罵成姦等字該括可也。供詞臨定，須加詰問。如鬥毆者，詰其有無起衅別故，及在場幫毆之人是否有心致死。自盡者，詰其有無威逼之人。謀殺者，詰其夙怨、舊仇，因何結成，有無同謀、加功。殺姦者，詰其從前有無縱姦情事。盜案，詰其有無窩、夥及劫、竊別案。脫逃後獲者，詰其逃後有無知情容留之人，及有無爲匪不法之類。如有供非落膝而卽招認，或落膝供眞而事可疑者，皆須加用詰語，以免疑惑。又有刁健之徒，層層剖辨，應隨詞駁詰，照供實敘，以防翻控。再翻控之案不同，有刁徒健訟者，有鄉愚無知及痛親情切者。如刁徒訟棍，則當照例反坐。否則辦理有三法。一懷疑妄控，一事出有因，一誤聽人言，惟在隨事斟酌。至病、瘋人犯之供，必須含糊錯落，似是而非，所對非所問，或有問而無供，亦有時發時止，臨審供吐明白者。若頭緒清楚，反生疑惑，亦不可故意捏飾。若啞子犯案，無供可敘，惟詰以手指、頭點、神狀，敘入稿內。敘供總要盡情盡理，詳而不煩，簡而不略。一切無關案情之語，均不必敘。有關罪名之言，不可含混。犯供情形，要與理合。情者，起事之初。形者，作事之狀。如盜案，起意、謀劫、謀竊，謂之情。如何上盜、行劫、行竊、搜贓、出入，謂之形。因何爲盜，或迫於饑寒，或涎其富饒，謂之理。情眞，理當，形切無疑，方成信讞。惟小民生長草野，習於顓蒙，以無知而罹罪戾者居多。朝廷立法不得不嚴，我輩行法不得不恕。但有一線可寬，須存慈祥之念。傳曰：宥過無大，罪疑惟輕。與其殺不辜，甯失不經。此皆好生之心也。欲救其人，亦要敘出一番可矜道理，不可左遮右掩，支離牽合，反因弄成重案。敘供之法，不可不知也。

清・剛毅《審看擬式・審看論略》 審看用筆，固宜鉤心鬭角，細意布置，卻不可用深文奧義及生字僻句，須如白話一般，而處處自有筋節，看似平平淡淡，而隻字不可移易，乃爲合式。其向來所用套語，更不可任意濫用。如素睦無嫌，乃服制命案中套語，用之於繼母故殺子女之案，則不合。如先未爲匪，乃搶竊案中套語，用之於積匪猾賊及竊盜三犯等案，則不合。又如鬭殺之案，近來敘供總說死者先罵，兇手回詈，死者先行撲毆，或先用刀扎戳，兇手回毆、回扎、回戳，並奪刀嚇扎等語。百案幾同一轍。不知下手先後之閒，情理曲直之別，乃實、緩之所攸分，奚可概用套語。其情節果有可原者，稍爲通融，猶之可也。若實在情兇近故，而惑於救生不救死之一言，一筆抹殺，九原之下，豈能瞑目。獄成，敘詞宜慎之。而於初報驗訊之時，尤宜細察眞情，不可隨筆塡砌，致涉枉縱。

獄有必須證佐而定者，審看中切須敘明。如式內威逼自盡、詐贓斃命各案，死者受辱，被逼，忿不欲生等語，須有旁人在場聽見，方爲逼詐自盡有據。若僅向妻、子訴說，安知非事後捏飾，藉屍圖賴。又如式內戲殺一案，其翻手賭瓜之時，亦必有旁人居中，眼見作證，乃爲戲殺有據。否則安知非推跌內損身死。凡案涉疑似如此類者，亟宜敘明，證佐確鑿，始成信讞。犯有相似而罪名懸殊者，如搶奪之與強劫。律註以人之多少、兇器之有無爲分別。然有一二人執持木棍，在途邀截打奪，而科以強劫者。如乾隆六年部駁之案。亦有十人以下搶奪而仍科以本律者，如例內饑民爬搶之條。且律註既以有無兇器分別搶劫，何以搶奪殺人例內又有爲從刃傷及手足他物折傷擬絞及刃傷未死爲從擬軍之條，並不概科以強劫。是雖有兇器而情形未涉強暴，或情急圖脫，奪刀誤戳傷人，尙無格鬥形勢，仍得依搶奪本律科斷。矧例內更有白晝爲搶奪，夜閒爲竊盜之語，則科罪更輕。辦法種種不一。此種案件，全在體察情形，是否兇強肆掠，正不必過泥律註。故例內首先聲敘，凡問白晝搶奪，要先明犯事根由，然後揆情剖決等語。反覆申誡，用意至爲深切。審看敘述，須逐字斟酌，倘率爾下筆，一涉兇很字樣，便混強劫。筆端輕重，先死攸關。律文如此類者甚多，舉其一端，餘可類推。

罪有同科，而或實，或緩，或入可矜，更有隨本減流、一二次減流之別。如鬥毆殺人，手、足、他物、金刃，同一擬絞。金刃傷多，每多入實。然洞胸、貫脇，情近於故，亦有一二傷而入實者。死者理曲先扎，刀由奪獲，或情急嚇戳，或死近罪人，卽金刃傷多，亦有議緩者。死者徒手倒地，迭毆，傷在要害，骨折、骨裂，卽非金刃，亦輒議實。或並有不用刀械，以他物置人孔竅致斃，而議實者。種種辦法，難以概論。其權雖操之於法司，而法司之所憑以會勘而分別辦理者，實基於州縣之審看。今之幕客，往往以秋審成案比較，非州縣治獄所需，不甚檢閱，審看中聲敘情節，亦不暇代爲籌及，任意塡寫。司幕率據申題，卽有枉縱，法司奚從核議。生死關頭，視同兒戲。其以出入遭駁詰干議處者，猶其小焉者也。向所刊行秋審成案比較，僅錄案由數語，每苦其略。吾公現刻《秋讞輯要》一書，詳載法司會看之語，情節原委，歷歷分明。不特爲法家指示多少門徑，直於火坑中現出十丈青蓮，施大慈悲，拯諸枉死。治獄者當隨時參閱研究，辦案之時，逐一比較。除兇慘近故罪無可疑者，必致之法。苟其有一線可原，務於審看中將可原之處，及一時情急、勢迫、並非有意致死各種眞情，曲爲敘寫，亦活人之一法。歐陽公云：求其生而不得，則死者與吾皆無憾。夫所謂求者，非於法之外巧爲開脫，亦求之於情與理。暨夫殺傷之形勢，其中或有可生之路耳。於此中多用一分心，卽造一分福。司刑者其愼之。

犯供固不可刪改，亦不可不代爲潤飾。愚氏無知，觸冒法網，鎖拿到案，長跪指前，卽不刑求，亦已心膽俱碎，語言錯亂，況敲樸嚴刑之下，其供詞多係隨口答應，豈暇計及罪名之輕重、死生。親民之官，固宜平心靜氣，細察其起釁，曲折眞情。不可遽以犯口供詞草率定案。卽司筆者，亦宜逐節詢問底裏，有可删節改易者，細心推求，斟酌訂正。切勿苟安偷惰，將倉皇誣認之語，錄入爰書。甚且臆度私揣，務爲深文鍛鍊以入人於罪。獄詞以州縣爲始基。州縣辦案，草率失入，卽經上憲平反，拖累往反，已足破產傾家。況冤沉海底，而無告也。達由幕而官，足跡幾半天下，歷宦途者三十年矣。每見官、幕二者，或以糊塗瞻徇，而誤入人罪。或以深刻曲筆，而枉濫殺人。方其時，似若無甚關繫，不及數年，而死亾相繼身罹慘報，備諸苦毒，宛轉呼號，活現地獄變相甚且殃及子孫。雖不必指其姓氏，而所閱者不止一、二人。天道昭昭，近在咫尺。膺牧民之任，與夫幕中人，可不加之意哉。

清・劉衡《庸吏庸言・稟覆斷追不能速繳之案遵札辦理由》 敬稟者，奉本州轉奉憲臺札開：　嗣後凡有斷追不能速繳之案，卽將審斷數目緣由，另寫審單附卷，仍照鈔一張。鈐印，粘連原契券，付本主收執，不準先將契券附卷等因。奉此。仰見大人軫念民依，嚴防蠹弊之至意。卑職無任心悅誠服之至。遵查，卑職除命、盗、拐、竊等緝案，另有章程外，其戶婚各項訟案，俱計路程之遠近，人數之多寡，事情之難易，立限喚審，嚴查號簿。依限則記功，逾限則重責。差等畏法不敢逾延，合邑週知，訟者無不如期而至。是以各案尚能依限審結，並無十日不到之人，亦無十日未銷之案。且有具呈時兩造俱來，卽日爲之審結、批結及勸釋者。至如錢債轇轕，田土牽連，有詞尾粘呈契券請驗者，卑職當堂一面於契券粘連處鈐以圖記，卽於呈批內將鈐連及並無挖補緣由批示。迨訊明時，卑職將訐訟原委，及剖斷情節於點名單內，當堂、當時用硃字逐一敘明，謂之審單，亦曰堂判。一案必有一判，雖陋率不文，然皆當堂親筆硃書，從不假手幕友、書吏。其所呈契券各據，應附卷者，附卷。應給還者，當堂給還各主。卽於點名單內各姓名下，分別硃注。某項附卷，某項發還字樣。其卷內片紙隻字，俱照例粘連成卷，鈐印，歸檔。區區之見，亦以杜串改抽藏，致啓圖翻諸弊也。然已結之案，可以如此辦理。而已斷尚未繳領完結之案，其粘呈之契券，則仍然附卷，並未發還本主。此卑職識見淺陋，未能計及蠹弊與意外損失之虞。所謂知其一不知其二也。茲奉札飭，將審單照鈔一張，鈐印，連所呈契券給本主收執。俟繳領兩清，撤回附卷等因。如此辦理，既可免蠹莠生心串騙，兼免抽改損失等弊。實屬意美法良。卑職愚昧無識，今蒙指示周詳，方知前此之迂疏，遠不及憲心之周密。亟應遵照辦理，以仰副善政宜民保良、防蠹之盛心於萬一。爲此具稟。

清・林則徐《林則徐集・通飭各屬命盗各案趕緊審解札》 札各府州廳縣知悉：　照得各屬審理一切題咨命、盗、雜案，設立限期，以示案宜速結，毋許逾違，並非未屆例限，卽毋庸早辦也。乃各州縣因循成習，總俟限期緊迫時，方思勘辦。並以犯病一月，爲必應有之事，竟使無犯不病，已屬可笑；且限期既迫，非草率辦詳，情罪未協，卽設法加展，拖累無辜。甚至案理辦結，而扣限乖錯，致干處分。此皆因循玩愒之爲害也。獨不思各案眞情，總在落膝初供，如果虛衷詳鞫，不予以謀串教唆之隙，何難及早定讞。乃不圖一氣呵成，轉思枝枝節節而爲之。至於犯供油猾，僞妄逾多，而眞情十不得一。加以拘泥之州縣，因恐初報情節未協，有干駁飭，往往守候院司批回，始行覆訊招解。而院司之批，逐層行轉，又多稽延時日，以致審限久逾，殊爲通病。

今本司於各屬初報通詳之案，無論飭訊駁訊，俱卽批示。並於批發該管府州之外，另具印單錄批逕行該州縣遵照，以免稽延。合亟專札通飭。札到，該某卽便轉飭所屬遵照。嗣後凡有通報一切題咨命、盗、雜案，接奉本司錄批行知，務須作速覆訊招解，毋再久延，轉致限期緊迫，設法通融。亦勿以限例尚寬，任意延緩。要知早結一日，少拖一人，皆可省愆寡過，復何憚而不爲乎？各該州縣，應體明愼用刑而不留獄之義，上緊審辦，是所厚望焉！特札。

清・林則徐《林則徐集・通飭州縣解案章程札》 札各府州廳縣知悉：照得提省委審之案，非奉欽部要件，卽關命、盗重情，例限綦嚴，不容延緩。該州縣奉到司中行提人證之文，自應趕緊提解，以免遲延。乃各屬每每抗不批解，或遲之又久，僅以一兩名搪塞，是以司中不得不委員專差前往守提。該州縣見有員役絡繹而來，舟車薪水，需費孔多，乃始上緊提人。其用札檄行提者，概若罔聞。此豈實心辦公之道？

本司深知司差到地，無不需索於州縣差房，該差不能解囊，仍然取給於原被兩造，餽送之外，且可分潤其餘，甚至索詐無辜，賄脫要證，朋謀串擾，靡惡不爲。此差提之弊也。委員往返守候，沿途水陸，已有供應之煩，該州縣適館授餐，應付夫馬盤川，尤爲受累。且有不肖佐雜，詭傳上司口意，騙嚇詐財，稍不遂欲，則又回省時編造謠言，密施暗箭，不特於公無益，更易播弄是非。此委員之弊也。本司既已訪悉情形，自當力除積習，是以到任以後，除京控奏案奉院憲指名委員，及實在重大之案臨時酌量委提外，其餘一切案件，概以札檄行提，嚴諭司書，不許送差提委提之稿。第恐該州縣官吏視札提爲具文，出一票以了事，書差見本官不爲上緊，卽將緊要犯證得錢賣放，轉將無干牽涉之人提解一二，聊以塞責。全不思省中羈犯以待，承審之員及各上司，無不竚盼要證解省，質明定讞。至於有人解到，仍非必須到案能以質辦空僞之人，以致重案久延，無辜拖累，甚至犯人瘐斃在監，餘人拖斃在寓。興思及此，忍乎否乎？夫州縣有管理刑名詞訟之責，每案到手，其中緊要犯證，核卷便知。果能提解爲期，原不待上司之三令五申，差催絡繹。至於在省審問之後，補提人證，自因訊出別情，不得不行提質對。如果案情已定，誰肯任意株連？

惟是省中委員，亦有疲玩積習。其始未經核案，率聽書吏開單，將牽涉無干之人全行移提。弊之一也。不就現到之人先審，概以案證未齊爲詞，短少一名，亦必守株靜待。弊之二也。限期已迫，設法補提，以避處分而展例限，其實所提之人，仍非要證。弊之三也。凡此弊端，本司皆已盡悉。業經立定章程，責令承審各員，祇許摘提要證，並先就現到之人虛衷訊問，其有必須補提者，須將案中何項情節，應待此人到案方能辨別眞僞之處，切實具稟到司，始準飛札行提。如提到仍非要證，案懸莫結，卽將委員記過。如此嚴立限制，省中既無濫提，倘尚抗延不解，則該州縣實難辭咎矣。

合亟剴切通飭。札到某，遇有本司行提案件，卽飭(便)查明札內指提之人，勒差按名提齊解省。除往返程途外，總不得過二十日之限。並將全案卷中情節，詳細核明，如有無關緊要，由該州縣取供送核卽可辦理毋須解質者，卽由該屬就近傳案，訊取切實供詞，送省核敍； 卽札內有名，亦可免其解質。若札內雖無其人而卷中有名，實係緊要、證見不到不能定案者，亦卽添傳到案，一併解質。但不可悞會本司之意，將應提者率行寬免，不應提者混行提解，操縱任私，高下其手。一經察出，定干重咎。至於行提卷宗冊籍，一體照此辦理。

該屬務宜痛改從前因循惡習，振刷精神，一經奉文，立卽選差幹役，酌給盤費，上緊查提，依限起解。倘有仍蹈故轍，以札題爲□常，竟不寓目，以致有呼無應，要案遲延，則是不知本司格外體恤之苦心，而甘受差提委提之騷擾，惟有將任催罔應之員，詳請院憲撤回參辦，以儆玩愒。其玩悞差承，亦卽鎖提來轅，枷責革究。本司爲清釐案牘，節省拖累起見，不憚諄諄告誡。其各善體此意，實力奉行，愼勿陽奉陰違，自貽伊戚。切速，特札。

《籌辦夷務始末·麟桂奏辦理洋務宜嚴禁鴉片重用粵人厚積經費持平訊斷民教訟案摺》 江蘇蘇松太道麟桂奏： 查暎咭唎夷人，桀驁不馴，惟知貿易爲務。該國官爲商舉，故凡關衆商事務，衆論如一，則該夷官無不遵辦，卽該國王暨各官俱任衆商去留。道光二十年該夷滋事，卽因各商虧本，衆議聚費雇船犯順。二十三年就撫，求給兵費，卽作歸還衆商之款。該夷向與各外國互爭地界，俱係豫先斂錢雇兵，每名以洋錢八圓爲率，如不得勝，倍之，再不勝，再倍之，不惜重費，故人皆拚命向前，總期全勝。事後卽以所得該處財物，歸還雇兵之款，其實卽以他國之資財，爲攻他國之兵費，此卽該國攘奪逞橫之故智，藉此以爲得計。

又准五口通商，每年得中國四五千萬兩，自此又與印度國相爭，收得三處，益覺張狂，傲睨各國，刻下各外國亦忿忿而視，該夷亦有騎虎之勢。該國除收商稅之外，別無錢糧，深慮經費不足，意在獵取他處以濟經費。現在各國防備甚嚴，中國因有五口通商，衆夷商因之獲利，不肯滋事，該夷無可漁獵，其計已窮。又恐中國窺其底蘊，不以彼類爲意，是以近日每以進城、投文等事，故作波瀾，以張虛勢。經聖明洞鑒，諭敕拒絕，天津既不收文，上海驅其回粵，該夷無可置喙，亦卽帖耳就範，宜乘此釜底抽薪，使其自窘；一面豫籌經費，選委幹員，以防海爲名，凡屬海口加意準備。俟內地經費充足，兵勇器械全備，卽可一鼓殲盡醜類。

至攻夷之法，先杜其取利，用其所忌。夷人與中國通商，惟鴉片土獲利最厚，內地稽查雖嚴，各省地方遼闊，奸民惟利是趨，難免不偷漏私賣，吸食之例雖嚴，食此物者困有煙癮，一日不食精神疲憊，不能動作，甚至不省人事，是以冒法偷食，行險僥幸。今請通敕各省，凡吸食之犯，一經獲案審實，卽照例辦理，販賣者無人買食，不驅自退。中國辦內地之民，外國亦無可藉口，夷人不能獲利，五口夷商經費浩繁，自不能久住。

至夷人最懼粵人，且廣東人深悉夷情，素稱勇敢，遇有齊心，夷人雖忌而莫敢如何。卽如福建廈門之興泉永道、浙江寧波之寧紹臺道、江蘇上海之蘇松太道，皆用廣東籍貫之員，加以升銜，使之妥辦，使五口聲氣相通，夷人更生畏忌。該夷等遠涉重洋，既無利可取，更多畏忌，又無可藉口，即欲另生枝節，滋生事端，內地經費充足，籌備嚴密，文武紳民齊心，以逸待勞，該夷等自不敢故犯。

但事關全局，宜緩而不宜驟，隨時布置，不事張皇，厚積經費，務期充足。應請敕下部臣，妥爲籌議，務使多多益善，專爲防海要需，他事不得指撥。抑更有請者，夷稅一項，向本無之，自通商以來，每年粵海關可得百餘萬，江海關可得四五十萬，閩海關可得一二萬，或將此款敕該各關永遠封存，不得撥動，以十年爲率，計有一千四五百萬。以夷輸之稅鈔，爲攻夷之軍需，誠能久儲不動，則愈積愈多，遇事更無虞短絀。

所有籌備防海事宜，早經奉旨敕辦，刻下如江蘇通江海口之鵝鼻嘴，添兵守衛，上海之吳淞口，亦經添雇兵勇船隻。並傳諭各商，每船出洋，令其各帶槍礮，添雇水勇，於洋面防範。明則巡洋捕盜，保護商船，暗則集勇聯兵，豫籌勁旅。請仍諭敕沿海各督撫，將各口要隘，某處應添礮臺若干座，兵勇若干名，戰船若干隻，用若干經費，定以限期，一律完備。並將遵辦事宜議定章程，先行繪圖貼說，奏呈御覽。總期實力速辦，不得以目前無事，任意因循。並敕各省大吏，妥選幹員總理其事，則內備整嚴，無虞外患。

其咪唎嘡不過附於㖿夷之末，藉彼之勢，其心實不相洽，而互相猜忌，尤不足慮。至咈囒哂卻不以買賣爲事，專在中國傳教，該國素奉天主即耶蘇，而耶蘇產於依大理亞（意大利）國，夷人延爲教化王，該咈夷國王與之行禮，尊奉甚恭。教化王以下，又名爲主教，主教以下，又有鐸德、神父之名者，分赴各國，傳教散書。上海先有羅類思主教，去後又來一夷，名趙方濟，手下鐸德、神父，或分赴沿海五口，傳與內地無賴游民；或改裝私入內地，傳徒習教，正恐傳布日廣，漸滋事端。近有該國李伸符（神父）二人，在蒙古察哈爾地方被獲，經直隸督臣奏奉諭旨，委員解送廣東查辦。該夷經此挫折，諒以後自知斂跡。

惟上海入教之人，遇與民人爭訟，每乞該主教趙方濟轉使該領事官與地方官議論是非，意存偏護，雖屢經駁斥不行，究屬非分要求。至該夷在上海傳教，妄託神道無稽之說以惑下愚，上海雖有入教之人，尚不深信。上年五月間，各國供奉該教之天主堂爲巨雷轟擊，該夷亦頗震慴天威，習教者亦因之更形渙散。刻下惟以干訟護庇教內之人，爲結納衆心之計，應請諭敕各該督撫轉飭地方官，凡遇詞訟案件，隨到隨結。如有習教之人與民人爭訟之案，亦即秉公訊斷，使該夷無可藉口，儻尚復從中阻撓干預，概不准理。如此則教內之人，無可仰杖於該夷，其衆心自不歸附，將見其教不攻而自解矣。

《中美關係史料·奏滬會審公廨情形黑暗請定章程片》（一九〇三年七月二十七日）呂海寰、伍廷芳片。再，查同治八年總理衙門會同英使等訂定上海洋涇濱設官章程，內開遴委同知一員，專管各國租界錢債、鬥毆、竊盜詞訟案件，凡牽涉洋人者，領事官會同審問。若案情只係中國人，并無洋人者，即歸中國委員自行訊斷，領事毋庸干預。又，華洋互控案件，審斷必須兩得其平，按約辦理，不得各懷意見。又，委員審斷案件及訪拿人犯，設立印簿逐日記明，以便查考。倘辦理不善，或聲名平常，由道隨時參撤等因，是爲會審公廨之始。立法本極詳明，如果確守成規，原無中外偏畸之弊。惟近來洋官於互控之案，大率把持，袒護，雖有會審之名，殊失秉公之道。又往往干預華民案件，幾歸獨斷。至華民犯罪本有由委員核明重輕，照例辦理之條，尋常枷責而外，或應羈禁，或應罰鍰，事涉瑣細，誠不能一一繩以定律。相沿日久，遂至任意爲高下，莫衷一是。又無論案情若何，動輒票提拘押，送至洋人巡捕房，任其凌虐。甚至有拘禁數年不行開釋者，其劣差蠹役從中勒索，猶其小焉者也。商民每懷冤憤，無可告訴。上海租界繁盛甲於他處，似此因仍弊玩，不特地方難期安謐，抑於中國體制有關。況中西刑律差殊，外人夙所藉口，今於租界公共之地，復侵華官自理之權，流弊何所底止。且無劃一刑律，不中不外，小民受此荼毒，爲之惻然。現臣廷芳已奉旨會同修訂商律。租界華洋雜處，貿易詞訟本在律中應由臣廷芳體察情形，查核舊例，妥訂辦案簡便章程。俟新律告成，奏請立案後即咨行督撫臣轉飭江海關道，督率該會審委員，恪守定章，清釐界限。并咨呈外部，照會各國使臣，轉行領事官一體遵照。惟嗣後充當該承審委員，擬請飭下督撫臣遴選州縣中之熟諳交涉或出洋有年并解外國語言文字者，授以斯任。如一時實難其選，亦須委以品學兼優之翻譯派充副官，以免隔閡。果能三年無過，定讞持平，中外翕服者，即由江海關道，稟督撫優予升階，或再留任三年。倘能始終如一，政聲卓著，奏明請旨，破格錄用。仍責令該道隨時督責，飭承審委員，五日具報一次，每月照章開送印簿，以備查考。倘查有實在貪酷，不能稱職者，亦必嚴定參罰章程，不稍寬假。如此賞罰分明，外人庶無所要挾，而於大局不無裨益。謹奏。光緒二十九年六月初四日。

清・沈家本《寄簃文存・秋審比較條款附案序》 《秋審比較條款》，初定於乾隆三十二年。其時因各司定擬實、緩每不畫一，改正較繁，酌定比對條款四十則，刊刻分交各司，並頒發各省。迨四十九年，四川總督以秋審事件，本無一定律例可以依據，惟就本案情罪，參酌推敲，稍從其嚴，則不免失入之弊，稍從其寬，則不免失出之弊，奏請將秋審改案頒發各省，奉爲楷模等因。經本部以案情萬變，或同事而異情，心迹介在纖微，輕重卽判然迥別，此省之案，不能遽符乎他省，今年之案，不能預合乎來年，要在司讞者逐案推勘，精詳核定，未可刻舟求劍，致滋似是而非之病。每年審案二千餘起，只講求於駁改之數十案，仍不能賅括通曉。卽就此數十案而論，亦必須詳閱供招，細核屍格傷痕，姑能辨別輕重，刪存略節。今若止將略節刊刷，而全案供招屍格無由查覽，究不能得其所以改實、改緩之故，將使稍涉拘牽者，勢必轉致援引失當，紛滋辯論，不獨掛漏無裨，亦與政體未協等因議駁。惟將三十二年所刊條款，及三十二年以後續增各條，彙總通行。查是年通行內定例擬入情實二十八款，卽係三十二年《實緩比對條款》。除筆內所舉各款，計增者三，併者一，刪者二，又酌量入實十三條，與三十二年部定款目不盡相符。阮吾山少司寇葵生《秋讞志稿》別有四十九年續增各條，亦與通行歧異。書闕有間，不可得而詳矣。

三十二年條款雖已頒行，外間傳本甚希。《秋讞志稿》於三十二年《條款》增入按語，甚爲詳盡。其書未經刊行，僅有傳鈔之本，訛脫在所不免。元和王白香有孚所輯《秋審指掌》，將兩次條款悉行載入，而無吾山少司寇按語，蓋所據乃頒發之本也。道光初年，來安戴蘭江少司寇由刑部郎洊升直臬時，會稽謝信齋誠鈞在幕中襄理，得其手錄《秋讞條款》，奉爲枕中秘。信齋復採取成案，附於各條之後，編爲兩冊。意在由條款而參考比案，由比案而折中條款，意至善也。欲付梓而未果，其女夫陳仲泉觀察受其本而藏之。光緒四年，始刻於吳中。其本蓋編於嘉慶年間而道光初傳鈔之本也。

余家藏有先大夫手鈔《秋審比案》，起道光中年，訖二十九年，各門皆載有條款，與謝本微有不同，則道光末年本也。同治十一年蜀中刻本與道光末年本相同，所據當是舊本。至同治五年京師刻本，頗有增修改訂之處，與各本皆有異同，是爲最後之本。然其中尚多應修而未修者，應併而未併者，應補而未補者，應刪而未刪者，歷年因仍未改，或與新章有別，或與定例不符，自應考訂詳明，以免分歧而祛疑惑。至案情萬變，初非條款所能賅。謝氏附比案於條款之中，非獨互相印證，并可補條款所不及。

考歷來成案，雍正以前，傳者已鮮，乾隆檔案，稍存崖略，余嘗分門採錄，編爲二卷，尚可得其大凡。嘉慶以後，訖乎道光中年，有鈔本八卷。道光二十二年至二十九年，有鈔本七卷，二十年以前之案亦稍存一、二。同治十一年蜀臬刻本凡二十四卷，蓋就道光七卷之本，益以咸豐、同治兩朝，訖於同治八年。光緒七年續編十六卷，則訖於光緒三年。安徽排印本則舉咸豐、同治兩朝，亦訖於光緒三年，而咸豐、同治之案較蜀本爲多。光緒十年京師刻本，起光緒四年，訖九年戊子、己丑之間。余嘗與敍雪同人彙集各本，擷其精要，薙其繁蕪，復益以光緒九年以後之案，編成巨帙。癸巳出守津沽，其書留存敍雪堂中，因循未及付梓，庚子之變，散失不全，良可惜也。今仿謝氏之書，採比案於各條之後，要在會通繁賾，剖析毫芒，事不厭於推求，言必歸於平恕，未始非司讞者之一助，而世輕世重之故，亦可得而詳焉。光緒癸卯十二月。

綜　述

《尚書正義・呂刑》 今天相民，作配在下，明清於單辭。今天治民，人君爲配天在下，當承天意，聽訟當清審單辭。單辭特難聽，故言之。【略】民之亂，罔不中聽獄之兩辭。民之所以治，由典獄之無不以中正聽訟之兩辭，兩辭棄虛從實，刑獄清則民治。【略】無或私家於獄之兩辭。典獄無敢有受貨聽詐，成私家於獄之兩辭。獄貨非寶，惟府辜功，報以庶尤。受獄貨非家寶也，惟聚罪之事，其報則以衆人見罪。〔疏〕傳今天至言之○正義曰：傳以相爲治。今天治民者，天有意治民而天不自治，使人治之。人君爲配天在下，當承天意治民。治之當使稱天心也。欲稱天心，聽獄當清審單辭。單辭謂一人獨言，未有與對之人，訟者多直己以曲彼，搆辭以誣人，單辭特難聽，故言之也。孔子美子路云：片言可以折獄者，其由也與。片言卽單辭也，子路行直聞於天下，不肯自道己長，妄稱彼短，得其單辭卽可以斷獄者。惟子路爾。凡人少能然故難聽也。○傳民之至民至○正義曰：獄之兩辭，謂兩人競理，一虛一實，實者枉屈，虛者得理，則此民之所以不得治也。民之所以治者，由獄官其無不以有中正聽獄之兩辭，棄虚從實，實者得理，虚者受刑，虚者不敢更訟，則刑獄清而民治矣。孔子稱必也使無訟乎，謂此也。○傳典獄至兩辭○正義曰：典獄知其虚，受其貨，而聽其詐，詐者虚而得理，獄官致富成私家，此民之所以亂也。故戒諸侯無使獄官成私家於獄之兩辭。○傳受獄至見罪○正義曰：府，聚也。功，事也。受獄貨非是家之寶也，惟最聚近罪之事爾。罪多必有惡報，其報則以衆人見罪也。衆人見罪者多，天必報以禍罰，故下句戒令畏天罰也。

又　非佞折獄，惟良折獄，罔非在中。非口才可以斷獄，惟平良可以斷獄，無不在中正。察辭於差，非從惟從。察囚辭其難在於差錯，非從其僞辭，惟從其本情。哀敬折獄，明啓刑書，胥占，咸庶中正。當憐下人之犯法，敬斷獄之害人，明開刑書，相與占之，使刑當其罪，皆庶幾必得中正之道。【略】其刑其罰，其審克之。其所刑，其所罰，其當詳審能之，無失中正。獄成而孚，輸而孚。斷獄成辭而信，當輸汝信於王。謂上其鞫劾文辭。【略】〔疏〕正義曰：非口才辯佞之人可以斷獄，惟良善之以斷獄。言斷獄無非在其中正。佞人卽不能然也。察囚之辭，其難在於言辭差錯。斷獄者非從其僞辭，惟從其本情。斷獄之時，當哀憐之下民之犯法，敬慎斷獄之害人，勿得輕耳斷之。必令典獄諸官，明開刑書，相與占之，皆無幾得中正之道，其所刑罰，其當詳審能之，勿使失中。其斷獄，成辭得其信實，又當輸汝言實之狀，而告於王。其斷刑文書上於王府，皆使備具，勿有疎漏，其囚若犯二事，罪雖從重，有并兩刑上之者，言有兩刑亦其上之，恐獄官有所隱沒，故戒之。○傳當憐至之道○正義曰：《論語》云：陽膚爲士師，曾子戒之云：如得其情，則哀矜而勿喜。是斷獄者於斷之時，當憐下民之犯法也。死者不可復生，斷者不可復續，當須敬慎斷獄之害人，勿得輕耳卽決之。五刑之屬三千，皆著在刑書，使斷獄者依案用之，宜令斷獄諸官，明開刑書，相與占之，使刑書當其罪。令人之所犯，不必當條，須探測刑書之意，比附以斷其罪。若卜筮之占然，故稱占也。皆庶幾必得中正之道，令獄官同心思使中也。此言明啓刑書。而左傳云昔先王議事以制，不爲刑辟者。彼鑄刑書以宣示百姓。故云：臨事時宜，不預明刑辟，人有犯罪，原其情之善惡，斷定其輕重，乃於刑書比附而罪之。故彼此各據其一，義不相違也。○傳斷獄至文辭○正義曰：孚，信也。輸，寫也。下而爲汝也。斷獄成辭，而得信實，當輸寫汝之信實以告於王，勿藏隱其情不告王也。曲必隱情，直則無隱，令其不隱情者，欲使之無阿曲也。漢世問罪謂之鞫，斷獄謂之劾，謂上其鞫劾文辭也。

《書經集傳·呂刑》　兩造具備，師聽五辭，五辭簡孚，正于五刑。五刑不簡，正于五罰，五罰不服，正于五過。五過之疵，惟官，惟反，惟內，惟貨，惟來，其罪惟均，其審克之。五刑之疑有赦，五罰之疑有赦，其審克之。簡孚有衆，惟貌有稽，無簡不聽，具嚴天威。

〔蔡沈注〕兩造者，兩爭者皆至也，《周官》以兩造聽民訟。具備者，詞證皆在也。師，衆也。五辭，麗於五刑之辭也。簡，核其實也。孚，無可疑也。正，質也。五辭簡核而可信，乃質於五刑也。不簡者，辭與刑參差不應，刑之疑者也。罰，贖也，疑於刑，則質於罰也。不服者，辭與罰又不應也。罰之疑者也。過，誤也。疑於罰，則質於過而宥免之也。疵，病也。官，威勢也。反，報德怨也。內，女謁也。貨，賄賂也。來，干請也。惟此五者之病，以出入人罪，則以人之所犯坐之也。審克者，察之詳而盡其能也。下文屢言以見其丁寧忠厚之至。疵於刑罰亦然，但言於五過者，舉輕以見重也。刑疑有赦，正于五罰也。罰疑有赦，正於五過也。簡核情實可信者衆，亦惟考察其容貌，周禮所謂色聽是也。然聽獄以簡核爲本，苟無情實，在所不聽。上帝臨汝，不敢有毫髮之不盡也。

《尚書今古文注疏·呂刑》　上下比罪，無僭亂辭。〔疏〕上下者，卽下文之適輕適重也。比者，《王制》云：凡聽五刑，必察小大之比以成之。注云：小大猶輕重，已行故事曰比。《周禮·大司寇》：凡庶民之獄訟，以邦成比之。注云：邦成，謂若今時決事比也。疏云：邦成，是舊法成事品式若今律，其斷事皆依舊事斷之，其無條取比類以決之。僭者，詩傳云：差也。辭者，《説文》云：訟也。《漢書·路溫舒傳》：溫舒上書曰，囚人不勝痛，則飾辭以視之。吏治者利其然，則指道以明之。上奏畏卻，則鍛鍊而周內之。又《刑法志》云：姦吏因緣爲市，所欲活，則傅生議，所欲陷，則予死比，是差亂囚辭及決獄之辭也。言上下之罪，律有成事，及條目所無，比附而行之，勿增其條於三千之外。囚之訟辭及決獄之辭，勿有差亂以失其實也。

又　上刑適輕下服，下刑適重上服，輕重諸罰有權。〔注〕適，俱作挾。〔疏〕適者，詩傳云：過也，過謂罪過。服與𠬝通。《説文》云：治也，權者。公羊桓十一年傳云：反於經，然後有善者也。言當服上刑者，其過輕當以下刑治之。下刑過重，以上刑治之。下服，減等也。上服，加等也。輕重諸罰有權宜也。《後漢書·劉般傳》：劉愷引《尚書》曰，上刑挾輕，下刑挾重。説之云：如今使臧吏禁錮子孫以輕從重，懼及善人，非先王詳刑之義也。注云：今《尚書·呂刑篇》曰：上刑適輕下服，下刑適重上服，謂二罪俱發，原其本情，須有虧減，故言適輕適重。此言挾輕挾重，意亦不殊，與今《尚書》不同耳。書疏云：劉君以上刑適輕，下刑適重，皆爲一人有二罪，上刑適重者，若今律重罪應贖，輕罪應居，作官當者。以居作官當爲重，是爲上刑適輕。下刑適重者，若二者俱是贓罪，罪從重科，輕贓亦備，是爲輕并數也。疏稱劉君卽是劉愷，王氏鳴盛云：不知是焯是炫，蓋偶有不照耳。劉愷蓋今文説也。

又　今天相民。〔注〕馬融曰：相，助也。作配在下，明清於單辭。民之亂罔不中，聽獄之兩辭。〔疏〕相者，《釋詁》云：相，助勴也。單辭者，《後漢書·光武本》

紀：永平三年詔曰，明察單辭。注云：單辭猶偏聽也。又《朱浮傳》：有人單辭告浮事者。注云：單辭謂無證據也。亂者，《釋詁》云：治也。言今天助民，立之君，使能配在下地，則承天以治民。聽獄可不中乎，能明察一偏之辭。片言折獄，其聽於獄之兩造之訟，更無不中矣。

《周禮注疏·秋官》 凡諸侯之獄訟，以邦典定之。邦典，六典也。以六典待邦國之治。〔疏〕注邦典至之治〇釋曰：云邦典，六典也者。案，大宰職以典。待邦國之治，故邦國有獄訟之事來諸王府，還以邦典定之。

又 凡卿大夫之獄訟，以邦灋斷之。邦法，八法也。以八法待官府之治。〔疏〕注邦法至之治〇釋曰：案，《大宰》云以入法治官府，是以卿大夫有獄訟，還以邦之八法斷之。若然大宰有八則治都鄙，此不言都鄙有獄訟以八則斷之者，都鄙有獄訟，都家之士告於方士治之，故此不言也。

又 凡庶民之獄訟，以邦成弊之。邦成，八成也。以官成待萬民之治，故書弊爲憋。鄭司農云：憋當爲弊，邦成謂若今時決事比也，弊之斷其獄訟也。故《春秋傳》曰：弊獄邢侯。〔疏〕注邦成至刑侯〇釋曰：《大宰》云以官成待萬民之治，是以庶民有獄訟故以邦成弊之。弊亦斷也，異其文耳。云邦成，八成也者。則《小宰》云一曰聽政役以比居，二曰聽師田以簡稽，已下是也。先鄭云：邦成謂若今時決事比也者，此八者，皆是舊法成事品式，若今律其有斷事皆依舊事斷之，其無條取比類以決之，故云決事比也。《春秋傳》者，《春秋左氏傳》晉刑侯與雍子爭鄐田，刑侯不勝，乃弊獄刑侯。引之者，證弊爲憋，義同也。

又 凡屬責者，以其地傅而聽其辭。鄭司農云：謂訟地畔界者。田地町畔相比屬，故謂之屬責以地傳而聽其辭，以其比畔爲證也。玄謂屬責轉責使人歸之，而本主死亡，歸受之數相抵冒者也，以其地之人相比近能爲證者來。乃受其辭爲治之。〔疏〕注鄭司至治之〇釋曰：先鄭見經有地即以爲訟地畔界解之。後鄭不從，以其經稱責地畔界不得名責。其云地傳者，先鄭皆以音附爲傳近，讀之云。玄謂屬責轉責使人歸之者，謂有人取他責，乃別轉與人，使子本依契而還財主。財主死亡者，轉責者或死或亡也，受責之人見轉責者死亡，則詐言所受時少，是歸受之數相抵冒也。云則以其地之人相比近，能爲證者來乃受其辭爲治之者，謂以其地相比近，委其事實故引以爲證也。言能爲證者，則有不能爲證之法。地雖相近，有不知者則不能爲證，乃不受其辭而不治之也。

又 聽其獄訟，察其辭，辨其獄訟，異其死刑之罪而要之。二旬而職聽於朝，司寇聽之。斷其獄，弊其訟於朝，群士司刑皆在。各麗其灋以議獄訟，獄訟成，士師受中，協日就郊而刑殺，各於其遂，肆之三日。就郊而刑殺者，遂士也。遂士擇刑，殺日，至其時往涖之，如鄉士爲之矣。言各於其遂者，四郊六遂，遂處不同。〔疏〕聽其至三日〇釋曰：此一經亦如鄉士獄成，就朝聽斷，事有異者，二旬與鄉士別，以其去王城漸遠，恐多枉濫，故至二旬，容其反覆也。云就郊而刑殺者，鄉士之獄在國中，不須言就此在郊差遠，故云就郊也。言各於其遂者，六鄉之獄并在國中，不得言各。六遂之獄，分在四郊之上，故須言各也。〇注就郊至不同〇釋曰：鄭云就郊而刑殺者，遂士也者。經云士師受中，即云協日就郊刑殺，觀其文，勢亦恐士師刑殺，故云遂士也。云遂處不同者，六遂分置四郊之外有六處獄，還六處置之，故云不同也。

又 察獄訟之辭，以詔司寇斷獄弊訟，致邦令。詔司寇若，今(曰)聽正法解也。致邦令者，以法報之。〔疏〕察獄至邦令〇釋曰：獄訟辭訴各有司存，謂若鄉士、遂士、縣士、方士、各主當司之獄訟，其有不決來問都頭士師者，則士師審察以告大司寇斷獄弊訟也。云致邦令者，此即所察獄訟斷訖，致與本官，謂之致邦令也。

又 辯其獄訟，異其死刑之罪而要之，旬而職聽於朝。辯異謂殊其文書也，要之爲其罪法之要辭，如今劾矣，十日乃以職事治之於外朝，容其自反覆。〔疏〕辯其至於朝。釋曰：云辨其獄訟者，辯，別也。獄謂爭罪，訟謂爭財，事既不同，文書亦異。云異其死刑之罪者，死與四刑輕重不同，文書亦異。云而要之者，文書既得，乃後取其要辭，雖得要實之辭，罪定仍至十日，乃後以斷刑之職聽斷於外朝。〇注辯異至反覆〇釋曰：云要之爲其罪法之要辭，如今劾矣者，劾，實也。正謂棄虛從實，收取要辭爲定，容其自反覆，恐因虛承其罪，十日不翻，即是其實。然後向外朝對衆更詢，乃與之罪。

又 司寇聽之，斷其獄，弊其訟於朝。群士司刑皆在，各麗其灋，以議獄訟。麗，附也。各附政其法以成議也。〔疏〕司寇至獄訟〇釋曰：此即朝衆聽之，事獄言斷訟言弊，弊亦斷異言耳，云群士司刑皆在者，所謂吕刑云師聽五辭，一也，恐專有濫，故衆獄官共聽之。云各麗其法者，罪狀不同，附法有異，當如其罪狀，各依其罪，不得濫出濫入，如此以議獄訟也。〇注麗附至議也〇釋曰：所議本欲得其實情，故須各致其法以成其議，致法行刑當與議狀相依也。

又 獄訟成，士師受中，協日刑殺，肆之三日。受中謂受獄訟之成也，鄭司農云：士師受中，若今二千石受其獄也。中者，刑罰之中也。故論語曰：刑罰不中，則民無所措手足。協日刑殺，協，合也，和也，和合支幹善日，若今時望後利日也。肆之三日，故春秋傳曰：三日棄疾請尸。論語曰：肆諸市朝。玄謂士師既受獄訟之成，鄉士則擇可刑殺之日，至其時而往涖之，尸之三日乃反也。〔疏〕獄訟至三日釋曰：此經爲上議得其實欲行刑之時，故云獄訟成，成謂罪已成定。云士師受中者，士師當受取士成定中平文書爲，案，云協日刑殺者，謂鄉士當和合善日行刑及殺之事。云肆之三日者，據死者而言，其四刑之類行訖，即放不須肆之。注受中至反也。釋曰：云若今二千石受其獄也者，漢時受二千石祿稟，郡守之等受在下已成之獄官。支幹善日者，十二辰子丑之等是支，甲乙丙丁之等是幹，若言甲子乙丑丙寅丁卯之類皆以支配幹而言。云若今時望後利日也者，月大則十六日爲望，月小則十五日爲望，利日即合刑殺之日是也。云肆之三日者，肆，陳也，殺訖陳尸也。云春秋傳者，襄二十二年楚令尹子南寵觀起，楚人患之，子南之子棄疾爲王御士，王涖告棄疾言子南罪，遂殺子南於朝。注云：子南公子追舒三日，棄疾請尸。云《論語》者，《憲問》篇云：公伯寮愬子路於季孫子服，景伯謂孔子曰：吾力猶能肆諸市朝。注云：大夫於朝，士於市，公伯寮是士，止應云肆諸市，連言朝耳，引之者皆證肆之三日之事也。玄謂士師既受獄訟之成，鄉士則擇可刑殺之日，至其時而往涖之，尸之三日乃反也者。乃反謂收取其尸。鄭言此者，經云：士師受中，協日刑殺，文無分別，恐是士師受中還是士師刑殺，故須辨之。知非士師刑殺者，以其士師是司寇之考，摠攝諸士所刑殺者，鄉士、遂士、縣士、方士，各片往涖之，若一一遣士師自行，於理不可，是以鄭爲此解也。

又 一曰辭聽。觀其出言不直則煩。〔疏〕注觀其至則煩。釋曰：直則言要理深，虛則辭煩義寡，故云不直則煩。

又 二曰色聽。觀其顏色不直則赧然。〔疏〕注觀其至赧然釋曰：理直則顏色有厲，理曲則顏色愧赧。小爾雅云：不直失節謂之慙愧，面慙曰赧，心慙曰恧，體慙曰逡。

又 三曰氣聽。觀其氣息不直則喘。〔疏〕注觀其至則喘。釋曰：虛本心知氣從內發，理既不直，吐氣則喘。

又 四曰耳聽。觀其聽聆不直則惑。〔疏〕注觀其至則惑。釋曰：尚書云，作德心逸，日休，作僞心勞，日拙。觀其事直，聽物明審，其理不直，聽物致疑。

又 五曰目聽。觀其眸子，視不直則眊然。〔疏〕注觀其至眊然。釋曰：目爲心視，視由心起，理若直實，視盼分明。理若虛陳，視乃眊亂。

又 以五聲聽獄訟，求民情。〔疏〕以五至民情釋曰：案，下五事惟辭聽一是聲，而以五聲目之者，四事雖不是聲，亦以聲爲本故也。案，呂刑云：惟貌有稽，在獄定之後。則此五聽亦在要辭定訖，恐其濫失，更以五聽觀之以求民情也。

又 以此三灋者求民情，斷民中。而施上服下服之罪，然後刑殺。上服殺與墨劓，下服宮刑也。司約職曰：其不信者服墨刑。凡行刑必先規識所刑之處，乃後行之。〔疏〕以此至刑殺○釋曰：云以此三法者求民情，斷民中者。謂上三刺、三宥、三赦，若不以此法，恐有濫入者。由用三法，故斷民得中。云施上服下服之罪然後刑殺者，先規畫可刑之處，乃行刑殺也。○注上服至行之○釋曰：古者雖有要斬領斬，以領爲正。故殺入上服也，必先規識所刑之處，乃後行之。規識在體，若衣服在身，故名規識爲服也。

《大戴禮證解詁・五帝德》 皋陶作士，忠信疏通，知民之情。 鄭云：士，察也。主察獄訟之事。《書》曰：皋陶作士。又曰：士制百姓於刑之中，以教祗德。

《睡虎地秦墓竹簡・法律答問》 甲誣乙通一錢黥城旦罪，問甲同居、典、老當論不當？不當。

又 甲告乙賊傷人，問乙賊殺人，非傷殴(也)，甲當購，購幾可(何)？當購二兩。

又 甲捕乙，告盜書丞印以亡，問亡二日，它如甲，已論耐乙，問甲當購不當？不當。

又 或捕告人奴妾盜百一十錢，問主購之且公購？公購之之。

又 智(知)人通錢而爲臧(藏)，其主已取錢，人後告臧(藏)者，臧(藏)者論不論？不論論。

又 免老告人以爲不孝，謁殺，當三環之不？不當環，亟執勿失。

又 有稟叔(菽)、麥，當出未出，即出禾以當叔(菽)、麥，叔(菽)、麥賈(价)賤禾貴，其論可(何)殴(也)？當貲一甲。會赦未論，有(又)亡，赦期已盡六月而得，當耐。

又 以乞鞫及爲人乞鞫者，獄已斷乃聽，且未斷猶聽殴(也)？獄斷乃聽之。失鋈足，論可(何)殴(也)？如失刑罪。

又 葆子以上，未獄而死若已葬，而誧(甫)告之，亦不當聽治，勿收，皆如家罪。

又 甲告乙盜牛若賊傷人，今乙不盜牛、不傷人，問甲可(何)論？端爲，爲誣人；不端，爲告不審。

又 或以赦前盜千錢，赦後盡用之而得，論可(何)殴(也)？毋論。

又 告人盜千錢，問盜六百七十，告者可(何)論？毋論。

《睡虎地秦墓竹簡・封診式・治獄》 治獄，能以書從迹其言，毋治(笞)諒(掠)而得人請(情)爲上；治(笞)諒(掠)爲下；有恐爲敗。

《漢書・刑法志》 《周官》有五聽、八議、三刺、三宥、三赦之法。五聽：一曰辭聽，二曰色聽，三曰氣聽，四曰耳聽，五曰目聽。八議：一曰議親，二曰議故，三曰議賢，四曰議能，五曰議功，六曰議貴，七曰議勤，八曰議賓。三刺：一曰訊群臣，二曰訊群吏，三曰訊萬民。三宥：一曰弗識，二曰過失，三曰遺忘。三赦：一曰幼弱，二曰老眊，三曰惷愚。凡囚，上罪梏拲而桎，中罪梏桎，下罪梏；王之同族拲，有爵者桎，以待弊。高皇帝七年，制詔御史：獄之疑者，吏或不敢決，有罪者久而不論，無罪者久繫不決。自今以來，縣道官獄疑者，各讞所屬二千石官，二千石官以其罪名當報之。所不能決者，皆移廷尉，廷尉亦當報之。廷尉所不能決，謹具爲奏，傅所當比律令以聞。上恩如此，吏猶不能奉宣。故孝景中五年復下詔曰：諸獄疑，雖文致於法而於人心不厭者，輒讞之。其後獄吏復避微文，遂其愚心。至後元年，又下詔曰：獄，重事也。人有愚智，官有上下。獄疑者讞，有令讞者已報讞而後不當，讞者不爲失。自此之後，獄刑益詳，近於五聽三宥之意。

又　高皇帝七年，制詔御史：獄之疑者，吏或不敢決，有罪者久而不論，無罪者久繫不決。自今以來，縣道官獄疑者，各讞所屬二千石官，二千石官以其罪名當報之。所不能決者，皆移廷尉，廷尉亦當報之。廷尉所不能決，謹具爲奏，傳所當比律令以聞。上恩如此，吏猶不能奉宣。故孝景中五年，復下詔曰：諸獄疑雖文致於法，而於人心不厭者，輒讞之。其後獄吏復避微文，遂其愚心。至後元年，又下詔曰：獄重事也，人有愚智，官有上下，獄疑者讞。有令讞者，已報讞而後不當讞者，不爲失。自此之後，獄刑益詳，近於五聽三宥之意。

又　及孝文卽位，【略】禁網疏闊。選張釋之爲廷尉，罪疑者予民，是以刑罰大省，至於斷獄四百，有刑錯之風。

《漢書·張湯傳》　是時，上方鄉文學，湯決大獄，欲傅古義，乃請博士弟子治《尚書》、《春秋》，補廷尉史，平亭疑法。奏讞疑，必奏先爲上分別其原，上所是，受而著讞法廷尉挈令，揚主之明。奏事卽譴，湯摧謝，鄉上意所便，必引正監掾史賢者，曰：固爲臣議，如(此)上責臣，臣弗用，愚抵此。罪常釋。問卽奏事，上善之，曰：臣非知爲此奏，乃監、掾、史某所爲。其欲薦吏，揚人之善解人之過如此。所治卽上意所欲辠，予監吏深刻者；卽上意所欲釋，予監吏輕平者。所治卽豪，必舞文巧詆；卽下戶羸弱，時口言雖文致法，上裁察。於是往往釋湯所言。

漢·王充《論衡·是應》　一角之羊，性知有罪，皋陶治獄，其罪疑者，令羊觸之。有罪則觸，無罪則不觸。

《後漢書·章帝紀》　〔元和二年〕七月庚子，詔曰：【略】律，十二月立春，不以報囚。《月令》，冬至之後，有順陽助生之文，而無鞫獄斷刑之政。朕咨訪儒雅，稽之典籍，以爲王者生殺，宜順時氣。其定律，無以十一月、十二月報囚。

《後漢書·陳寵傳》　是時承永平故事，吏政尚嚴切，尚書決事率近於重。〔陳〕寵以帝新卽位，宜改前世苛俗。乃上疏曰：臣聞先王之政，賞不僭，刑不濫，與其不得已，寧僭不濫。故唐堯著典，眚災肆赦；周公作戒，勿誤庶獄；伯夷之典，惟敬五刑，以成三德。由此言之，聖賢之政，以刑罰爲首。往者斷獄嚴明，所以威懲姦慝，姦慝既平，必宜濟之以寬。陛下卽位，率由此義，數詔群僚，弘崇晏晏。而有司執事，未悉奉承，典刑用法，猶尚深刻。斷獄者急於篣格酷烈之痛，執憲者煩於詆欺放濫之文，或因公行私，逞縱威福。夫爲政猶張琴瑟，大弦急者小弦絕。故子貢非臧孫之猛法，而美鄭喬之仁政。《詩》云：不剛不柔，布政優優。方今聖德充塞，假於上下，宜隆先王之道，蕩滌煩苛之法。輕薄箠楚，以濟群生；全廣至德，以奉天心。帝敬納寵言每事務於寬厚。其後遂詔有司，絕鑽鑽諸慘酷之科，解妖惡之禁，除文致之請讞五十餘事，定著於令。是後人俗和平，屢有嘉瑞。

又　漢書事斷獄報重，常盡三冬之月，是時帝始改用冬初十月而已。元和二年，旱，長水校尉賈宗等上言，以爲斷獄不盡三冬，故陰氣微弱，陽氣發泄，招致災旱，事在於此。帝以其言下公卿議，寵奏曰：夫冬至之節，陽氣始萌，故十一月有蘭、射干、芸、荔之應。《時令》曰：諸生蕩，安形體。天以爲正，周以爲春。十二月陽氣上通，雉雊雞乳，地以爲正，殷以爲春。十三月陽氣已至，天地已交，萬物皆出，蟄蟲始振，人以爲正，夏以爲春。三微成著，以通三統。周以天元，殷以地元，夏以人元。若以此時行刑，則殷、周歲首皆當流血，不合人心，不稽天意。《月令》曰：孟冬之月，趣獄刑，無留罪。明大刑畢在立冬也。又：(孟)〔仲〕冬之月，身欲寧，事欲靜。若以降威怒，不可謂寧；若以行大刑，不可謂靜。議者咸曰：旱之所由，咎在改律。臣以爲殷、周斷獄不以三微，而化致康平，無有災害。自元和以前，皆用三冬，而水旱之異，往往爲患。由此言之，災害自爲它應，不以改律。秦爲虐政，四時行刑，聖漢初興，改從簡易。蕭何草律，季秋論囚，俱避立春之月，而不計天地之正，二王之春，實頗有違。陛下探幽析微，允執其中，革百載之失，建永年之功，上有迎承之敬，下有奉微之惠，稽《春秋》之文，當《月令》之意，聖功美業，不宜中疑。書奏，帝納之，遂不復改。

又　永元六年，寵代郭躬爲廷尉。性仁矜。及爲理官，數議疑獄，常親自爲奏，每附經典，務從寬恕，帝輒從之，濟活者甚衆。其深文刻敝，於此少衰。寵又鉤校律令條法，溢於《甫刑》者除之。曰：臣聞禮經三百，威儀三千，故《甫刑》大辟二百，五刑之屬三千。禮之所去，刑之所取，失禮則入刑，相爲表裏者也。今律令死刑六百一十，耐罪千六百九十八，贖罪以下二千六百八十一，溢於《甫刑》者千九百八十九，其四百一十大辟，千五百耐罪，七十九贖罪。《春秋保乾圖》曰：王者三百年一蠲法。漢興以來，三百二年，憲令稍增，科條無限。又律有三家，其説各異。宜令三公、廷尉平定律令，應經合義者，可使大辟二百，而耐罪、贖罪二千八百，并爲三千，悉删除其餘令，與禮相應，以易萬人視聽，以致刑措之美，傳之無窮。未及施行，會坐詔獄吏與囚交通抵罪。詔特免刑，拜爲尚書。遷大鴻臚。

《**三國志·魏志·明帝紀**》〔青龍〕四年六月壬申，詔曰：有虞氏畫象而民弗犯，周人刑錯而不用。朕從百王之末，追望上世之風，邈乎何相去之遠？法令滋章，犯者彌多。刑罰愈衆，而姦不可止。往者按大辟之條，多所蠲除。思濟生民之命，此朕之至意也。而郡國斃獄，一歲之中，尚過數百，豈朕訓導不醇？俾民輕罪，苛法猶存，爲之陷穽乎？有司其議獄，緩死務從寬簡。及乞恩者，或辭未出而獄已報斷，非所以究理盡情也。其令廷尉及天下獄官，諸有死罪，具獄以定，非謀反及手殺人，亟語其親治。有乞恩者，便與奏當文書俱上。朕將思所以全之。其布告天下，使民知朕意。

《**晉書·刑法志**》漢明帝即位，常臨聽訟觀，錄洛陽諸獄。帝性既明察，能得下奸，故尚書奏決罰，近於苛碎。

《**宋書·武帝紀下**》〔宋武帝永初元年閏月〕辛丑，詔曰：主者處案雖多所諮詳，若衆官命議，宜令明審。自頃或總稱參詳，於文漫略。自今有厝意者，皆當指名其人；所見不同，依舊繼啓。

《**魏書·刑罰志**》魏初，禮俗純樸，刑禁疏簡。宣帝南遷，復置四部大人，坐王庭決辭訟，以言語約束，刻契記事，無囹圄考訊之法，諸犯罪者，皆臨時決遣。神元因循，亡所革易。

《**南史·宋本紀中**》〔大明七年〕夏四月甲子，詔自今非臨軍戰陣，一不得專殺；其罪入重辟者，皆依舊先上須報，有司嚴加聽察，犯者以殺人罪論。

五月丙子，詔自今刺史守宰動人興軍，皆須手詔施行；惟邊隅外警及姦釁内發，變起倉卒者，不從此例。

《**隋書·刑法志**》〔隋文帝開皇〕五年侍官慕容天遠糾都督田元冒，請義倉事實，而始平縣律生輔恩舞文陷天遠，遂更反坐。帝聞之，乃下詔曰：人命之重，懸在律文，刊定科條，俾令易曉。分官命職，恆選循吏。小大之獄，理無疑舛。而因襲往代，别置律官，報判之人，推其爲首。殺生之柄，嘗委小人。刑罰所以未清，威福所以妄作。爲政之失，莫大於斯。其大理律博士尚書刑部曹明法州縣律生，并可停廢。自是，諸曹決事，皆令具寫律文斷之。

《**唐律疏議·名例**》八議：

〔疏〕議曰：《周禮》云：八辟麗邦法。今之八議，周之八辟也。《禮》云：刑不上大夫。犯法則在八議，輕重不在刑書也。其應議之人，或分液天潢，或宿侍旒扆，或多才多藝，或立事立功，簡在帝心，勳書王府。若犯死罪，議定奏裁，皆須取決宸衷，曹司不敢與奪。此謂重親賢，敦故舊，尊賓貴，尚功能也。以此八議之人犯死罪，皆先奏請，議其所犯，故曰八議。

一曰議親。謂皇帝袒免以上親及太皇太后、皇太后緦麻以上親，皇后小功以上親。

〔疏〕議曰：義取内睦九族，外和萬邦，布雨露之恩，篤親親之理，故曰議親。袒免者，據禮有五：高祖兄弟、曾祖從父兄弟、祖再從兄弟、父三從兄弟、身之四從兄弟是也。

注：及太皇太后、皇太后緦麻以上親。

〔疏〕議曰：太皇太后者，皇帝祖母也。皇太后者皇帝母也。加太者，太之言大也。《易》稱太極，蓋取尊大之義。稱皇者，因子以明母也。其二后蔭及緦麻以上親，緦麻之親有四：曾祖兄弟、祖從父兄弟、父再從兄弟、身之三從兄弟是也。

注：皇后小功以上親。

〔疏〕議曰：皇后蔭小功以上親者，降姑之義。小功之親有三，祖之兄弟、父之從父兄弟、身之再從兄弟是也。此數之外，據禮内外諸親有服同者，並准此。

二曰議故。謂故舊。

〔疏〕議曰：謂宿得侍見，特蒙接遇歷久者。

三曰議賢。謂有大德行。

〔疏〕議曰：謂賢人君子，言行可爲法則者。

四曰議能。謂有大才業。

〔疏〕議曰：謂能整軍旅、莅政事、鹽梅帝道，師範人倫者。

五曰議功。謂有大功勳。

〔疏〕議曰：謂能斬將搴旗，摧鋒萬里，或率衆歸化，寧濟一時，匡救艱難，銘功太常者。

六曰議貴。謂職事官三品以上，散官二品以上及爵一品者。

〔疏〕議曰：依令：有執掌者爲職事官，無執掌者爲散官。爵，謂國公以上。

七曰議勤。謂有大勤勞。

〔疏〕議曰：謂大將吏恪居官次，夙夜在公，若遠使絕域，經涉險難者。

八曰議賓。謂承先代之後爲國賓者。

〔疏〕議曰：《書》云：虞賓在位，群后德讓。《詩》曰：有客有客，亦白其馬。《禮》云：天子存二代之後，猶尊賢也。昔武王克商，封夏后氏之後於杞，封殷氏之後於宋，若今周後介公、隋後酅公，並爲國賓者。

又 諸皇太子妃大功以上親，

〔疏〕議曰：此名請章。皇后小功以上親入議，皇太子妃大功以上親入請者，尊卑降殺。

應議者期以上親及孫，

〔疏〕議曰：八議之人，蔭及期以上親及孫，入請。期親者，謂伯叔父母、姑、兄弟、姊妹、妻、子及兄弟子之類。又《例》云：稱期親者，曾、高同及孫者，謂嫡孫衆孫皆是，曾、玄亦同。其子孫之婦，服雖輕而義重，亦同期親之例。曾、玄之婦者，非。

若官爵五品以上，犯死罪者，上請。請，謂條其所犯及應請之狀，正其刑名，別奏請。

〔疏〕議曰：官爵五品以上者，謂文武職事四品以下、散官三品以下、勳官及爵二品以下，五品以上。此等之人，犯死罪者，並爲上請。

注：請，謂條其所犯及應請之狀，正其刑名，別奏請。

〔疏〕議曰：條其所犯者，謂條錄請人所犯應死之坐。應請之狀者，謂皇太子妃大功以上親，應議者期以上親及孫，若官爵五品以上應請之狀。正其刑名者，謂錄請人所犯，準律合絞，合斬，別奏者，不緣門下，別錄奏請，聽勅。

流罪以下，減一等。其犯十惡，反逆緣坐，殺人，監守內姦、盜、略人、受財枉法者，不用此律。

〔疏〕議曰：流罪以下，減一等者，減訖各依本法。若犯十惡，反逆緣坐，及殺人者，謂故殺、鬭殺、謀殺等殺訖，不問首從。其於監守內姦、盜、略人、受財枉法者：此等請人，死罪不合上請，流罪已下不合減罪，故云不用此律。其盜不得財及姦、略人未得，並從減法。

又 諸八議者，犯死罪，皆條所坐及應議之狀，先奏請議，議定奏裁。議者，原情議罪，稱定刑之律而不正決之。

〔疏〕議曰：此名議章。八議人犯罪者，皆條錄所犯應死之坐及錄親、故、賢、能、功、勤、賓、貴等應議之狀，先奏請議。依令，都堂集議，議定奏裁。

注：議者，原情議罪，稱定刑之律而不正決之。

〔疏〕議者：原情議罪者，謂原其本情，議其犯罪。稱定刑之律而不正決之者，謂奏狀之內，唯云准犯依律合死，不敢正言絞、斬，故云不正決之。

流罪以下，減一等，其犯十惡者，不用此律。

〔疏〕議曰：流罪以下，犯狀既輕，所司減訖，自依常斷。其犯十惡者，死罪不得上請，流罪以下不得減罪，故云不用此律。

又 諸七品以上之官及官爵得請者之祖父母、父母、兄弟、姊妹、妻、子孫，犯流罪已下，各從減一等之例。

〔疏〕議曰：此名減章。七品以上，謂六品、七品文武職事、散官、衛官、勳官等身。官爵得請者，謂五品以上官爵，蔭及祖父母、父母、兄弟、姊妹妻、子孫：犯流罪以下，各得減一等。若上章請人得減，此章亦得減，請人不得減，此章亦不得減。故云各從減一等之例。

又 諸稱加者，就重次。稱減者，就輕次。

〔疏〕議曰：假有人犯杖一百，合加一等處徒一年，或應徒一年合加一等，處徒一年半之類，是名就重次。又有犯徒一年，應減一等，處杖一百，或犯杖一百，應減一等決杖九十，是名就輕次。

惟二死三流各同爲一減。

〔疏〕議曰：假有犯罪合斬，從者減一等，即至流三千里，或有犯流三千里，合例減一等，即處徒三年，故云二死三流各同爲一減。其加役流應減者，亦同三流之法。

加者數滿乃坐，又不得加至於死。本條加入死者，依本條。

〔疏〕議曰：加者數滿乃坐，假令犯盜，少一寸不滿十疋，依賊盜律，竊盜五疋徒一年，五疋加一等，爲少一寸止徒一年，又不得加至於死者。依捕亡律，宿衛人在直而亡者，一日杖一百，二日加一等。雖無罪止之文，唯合加至流三千里，不得加至於死。本條加入死者，依本條。鬬訟律，毆人折二支流三千里，又條云部曲毆傷良人者加凡人一等。加者加入於死，此是本條。

注：加入絞者不加至斬。

〔疏〕議曰：部曲毆良人，折二支已合絞坐，若故毆折支合加一等，今既加入於絞，不合更加至斬。

其罪止有半年徒，若應加杖者，杖一百，應減者，以杖九十爲次。

〔疏〕議曰：假有縣典故增囚狀，加徒半年，縣尉知而判入。即以典爲首，合徒半年。典若單丁，決杖一百。縣尉應減一等，處杖九十，徵銅九斤之類。

《唐律疏議・斷獄》 諸疑罪，各依所犯，以贖論。疑，謂虛實之證等，是非之理均；或事涉疑似，傍無證見；或傍有聞證，事非疑似之類。即疑獄，法官執見不同者，得爲异議，議不得過三。

〔疏〕議曰：疑罪，謂事有疑似，處斷難明。各依所犯，以贖論，謂依所疑之罪，用贖法收贖。注云疑，謂虛實之證等，謂八品以下及庶人，一人證虛，一人證實，二人以上，虛實之證其數各等；或七品以上，各據衆證定罪，亦各虛實之數等。是非之理均，謂有是處，亦有非處，其理各均。或事涉疑似，謂贓狀涉於疑似，傍無證見之人；或傍有聞見之人，其事全非疑似。稱之類者，或行迹是，狀驗非；或聞證同，情理异。疑狀既廣，不可備論，故雲之類。即疑獄，謂獄有所疑，法官執見不同，議律論情，各申异見，得爲异議，聽作异同。議不得過三，謂如丞相以下，通判者五人，大理卿以下五人，如此同判者多，不可各爲异議，故雲議不得過三。

唐・李林甫《唐六典・尚書刑部》 凡告言人罪，非謀叛以上，皆三審之。應受辭、牒官司並具曉示虛得反坐之狀。每審皆別日受辭，若有事切害者，不在此例。告密有不於所由，掩捕則從近也。謂告密人皆經當處長官告；長官有事，經佐官告；長官、佐官俱有事者，經比界論告。若須有掩捕應與餘州相知者，所在準法收捕。事當謀叛已上，馳驛奏聞。且稱告謀叛已上不肯言事意者，給驛部送京。其犯死罪囚及緣邊諸州鎮防人等若犯流人告密，並不在送限。

凡察獄之官先備五聽，一曰辭聽，二曰色聽，三曰氣聽，四曰耳聽，五曰目聽。又稽諸證信，有可徵焉而不肯首實者，然後拷掠，二十日一訊之。訊末畢，更移他司，仍須拷鞫，通計前訊，以充三度。即罪非重審及疑似處少，不必備三。若因訊致死者，皆與長官及糺彈官對驗其拷囚及行決罰不得中易人。凡斷獄之官皆舉《律》、《令》、《格》、《式》正條以結之。若正條不見者，其可出者，則舉重以明輕；其可入者，則舉輕以明重。凡獄囚應入議、請者，皆申刑部，集諸司七品已上於都座議之。若有別議，所司科簡，具狀以聞。若衆議異常，堪爲典則者，錄送史館。

又 凡有罪未發及已發未斷而逢《格》改者，若《格》重則依舊條，輕從輕法。凡天下諸州斷罪應申覆者，每年正月與吏部擇使，取歷任清勤、明識法理者，仍過中書門下定訖以聞，乃令分道巡覆。若應句會官物者，加判官及典。刑部錄囚徒所犯以授使，嶺南使以九月上旬先發遣。使牒與州案同，然後復送刑部。若州司枉斷，使推無罪，州司款伏，灼然無罪者，任使判放；其降入流、徒者，亦從流、徒法。若使人與州執見有別者，各以狀中。若理狀已盡，可斷決，而使人妄生節目盤退者，州司錄申辦，及贓狀露驗者即決，不得待使覆；其餘罪皆待覆定。使人至日，先檢行獄囚枷鎖、鋪席及疾病、糧餉之事，有不如法者，皆以狀中。若巡察使、按察使、廉察使、採訪使，皆待制命而行，非有恆也。

唐・杜佑《通典・刑法三》 上元元年十二月，刑部奏：准《名例律》注云：獄成，謂贓狀露驗及尚書省斷訖未奏。疏云：贓，謂所犯之贓，見獲本物；狀，謂殺人之類，得狀爲驗。雖在州縣，並爲獄成。尚書省斷訖未奏者，謂刑部覆訖未奏，亦爲獄成。今法官商量，若款自承伏，已經聞奏，及有勑付法，刑名更無可移者，謂同獄成。臣今與法官審加詳議，仍永爲恆式。勑旨依。

《敦煌吐魯番唐代法制文書考釋・格・神龍散旗刑部格殘卷》 官人被推贓罪，事跡分明，擬爲訴辞規避不對；或經恩赦，求請證徒，若得重推，多有翻動；或使過之後，州縣容翻：宜審詳元狀，如事驗明白，身雖未對，不須爲理。必稱枉酷，任經省論，州縣不得輒受申訴。其告事人但審引虛，先決杖六十，仍各依法處斷。支證翻者，亦同此科。

《全唐文・唐高宗〈申理冤屈制〉》 門下大帝降鑒，無幽不燭。下人上訴，在屈必申。將使處巖廊者，戶牖絕千里之蔽，仰億兆者，門庭無九重之隔。故堯推心以撫俗，業濟天下。湯克己以察冤，惠孚海內。朕祗膺寶歷，寅奉璇圖。常居安以戒危，每在得而思失。慮一夫之不獲，憂萬方之有罪。以爲承平既久，區宇至曠。州邑相望，衆庶殷阜。事繁則詐起，法弊則奸生。念茲冤滯，深懷惻隱。是以頻發詔書，庶幾息訟。比命申理，未副朕懷。百姓雖事披論，官司不能正斷。及於三司陳訴，不爲究尋。向省告言，又卻付州縣。至有財物相侵，婚田交爭。或爲判官受囑，有理者不申，或以按主取錢，合得者被奪。或積嫌累載，横誣非罪。或肆忿一朝，枉加殺害。或頻經行陣，竟無優賞。或不當矢石，便獲勳庸。改換文簿，更相替奪。或於所部憑倩織作。少付絲麻，多收絹布。或營造器物，耕事田疇，役即伍功，雇無半直。又境内市買，無所畏憚，虛立賤價，抑取貴物。實貪利以侵人，乃據估以防罪。或進退丁戶等色，多有請求。或解補省佐之流，專納賄賂。或徵科賦役，差點兵防，無錢則貧弱先行，有貨則富強獲免。亦有鄉邑豪強，容其造請。或酒食交往，或妻子去還。假託威恩，公行侵暴。凡如此事，固非一緒。經歷臺省，往來州縣，動淹年歲，曾無與奪。欲使元元何所控告？見在京訴訟人，宜令朝散大夫守御史中丞崔謐、朝散大夫守給事中劉景先、朝請郎守中書舍人裴敬彝等，於南牙門下外省共理冤屈。屬戶所有訴訟，隨狀爲其勘當。有理者速即奏聞，無理亦示語發遣。其有虛相搆架，浪擾官方，若經處分，喧訴不絶者，宜即科決，使知懲厲。仍限今年十二月內使了。其在外州縣所有訴說冤滯文案，見未斷絶者，並令當處速爲盡理勘斷。務使甘伏，勿使淹滯。若處斷不平，所司糾察得實者，所由官人隨即科附。可布告遐邇，使知朕意。主者施行。

《全唐文·蘇頲〈洗滌官吏負犯制〉》 黄門：朕聞顔回知過不無過也，蘧瑗知非不無非也。孔子曰：過則勿憚改，過而能改，善莫大焉。此則古之賢人所未能。闕一字朕祇膺駿命光闡鴻猷，思革頹風，以清貪吏。作程者不要於密，貴於必行。行令者，不要於嚴，貴於適中。比歲或使者廉按，或憲司繩糾，未能發明大體，頗亦委曲小疵，殊異恢恢之言，遂行察察之事。一從過誤，永黜彝倫。銓管不許其棄瑕，簿書寧容其刷恥？懷才則每歲見斥，登用則終身蔑聞。靜言思之，誠未爲得。夫學以從政。祿以代農，代農不可易業，從政不可紊序。永鑒前弊，當無廢人，改而更張，朕之志也。官人負犯經洗滌赦宥者，宜並除痕選，日量舊資依選例處分。諸使通狀，事或有枉，斷豈無失？承前要須卻累通狀人，然始爲雪，各懼罪及，致有冤人。其訴枉屈人，任申牒刑部；事狀似枉者，爲牒本使勘問，盡其道理；無本使者，追本案爲其尋究；應雪者，本司斷後，委左右丞更審詳覆，然後牒所由闕一字司除痕，并牒紫微黄門附簿。諸處百姓，若被勾徵，使人貪功，既不納理，州縣承勅，又不敢放。或已輸已役，重被徵收；或先死先逃，勒出鄰保：欲令貧弱，何以安存？自今以後，有隱欺須勾者，宜勾當年；若事連去年者，亦通任勾；隔年以去，更不在勾限。其官典及前官隱贓在腹內者，不在此例。布告天下，咸使聞知。

《全唐文·牛僧孺〈請立決獄程限奏〉》 天下刑獄，苦於淹滯，請立程限：大事，大理寺限三十五日詳斷，事申刑部，限三十日聞奏。中事，大理寺三十日，刑部二十五日。小事，大理寺二十五日，刑部二十日。一狀所犯十人已上，斷罪二十件已上爲大事。所犯六人已上，所斷罪十件已上爲中事。所犯五人已下，所斷罪十件已下爲小事。其或所抵罪狀告，所結刑名並同者，則雖人數甚多，亦同一人之例。比來刑獄淹滯，亦緣官吏人稀。今請刑部四覆官，并大理六丞，每月常二十日入其廚料，牒戶部准例加給。又近日所斷刑獄，多稱緣元推節目不盡，移牒勘覆，致此淹滯。今日以後，如臺推覆節目不盡，致令所司須更盤勘，元推官書下考，本典轉選日量殿三選。

《全唐文·李同〈請逐旬斷囚奏〉》 天下繫囚，請委長吏逐旬親自引問，質其罪狀眞虛，然後論之以法，庶無枉濫。

《唐文拾遺·唐憲宗〈法司詳斷刑憲勅〉》 舊制，刑憲皆大理寺、刑部詳斷聞奏，然後至中書裁量。近多不至兩司中書，使自處置。今後先付法司，具輕重聞奏，下中書令舍人等參酌，然後據事例裁斷。

宋·王溥《唐會要·忌日》 太和七年三月勅：准令，國忌日惟禁飲酒舉樂。至於科罰人，吏部無明文。但緣其日，不合釐務，官曹即不得決斷刑獄。大小笞責，在禮律固無所妨。起今後，縱有此類，臺府更不要舉奏。均王傳王堪男損，國忌日於私第決責從人，爲御史臺所奏。遂下此勅。

宋·王溥《唐會要·君上慎恤》 開成四年五月勅：京城百司，及府縣禁囚，動經歲月，推鞫未畢。其有絶小事者，經數箇月不速窮詰，廷至暑時。蓋由官吏因循，致茲留獄。炎蒸在候，冤滯難堪。宜付御史臺，委裴元裕選強明御史三兩人，各本司分閱文按，據理疏決聞奏。如官吏稽慢，亦具名銜，聞奏。

又　咸通十四年五月勅：　愼恤刑獄，大易格言。語曰，如得其情，則哀矜則勿喜。而獄吏苛刻，務在舞文；守臣因循，罕聞親事。以此械繫之輩，溢於狴牢；逮捕之徒，繁於簡牘。實傷和氣，用致沴氛。況時屬歊蒸，化先茂育。宜覃赦宥，以順生成。其諸州府罪人，並委本道十日內速理。或信任人吏，生情繫留，觀察使判官，州府本曹官，必加懲譴。

宋・王溥《唐會要・御史臺下》　元和六年三月，御史臺奏：　準令，用未後決囚者，請不過申時。如勅到府及諸司，已未後至者，伏乞至來日。仍請勅本司，準舊例，與御史同臨引決。勅旨：　依奏。

《舊唐書・德宗紀》〔貞觀七年三月辛巳，詔神威、神策六軍將士自相訟，軍司推劾；與百姓相訟，委府縣推劾；小事移牒，大事奏取處分，軍司、府縣不得相侵。

《舊唐書・穆宗紀》〔穆宗長慶元年〕五月丙申朔。戊戌，以刑獄淹滯，立程：　凡大事，大理寺三十五日詳斷訖，申刑部，三十日聞奏；中事，大理寺三十日，刑部二十五日；小事，大理寺二十五日，刑部二十日。所斷罪二十件已上爲大，十件已上爲中，十件已下爲小。刑部四覆官、大理六丞每月常須二十日入省寺，其廚料令戶部加給。

《舊唐書・宣宗紀》〔大中四年〕四月，敕：　法司用刑，或持巧詐，分律兩端，遂成其罪。既奸吏得計，則黎庶何安？自今後應書罪定刑，宜直指其事，不得舞文，妄有援引。

《舊唐書・刑法志》　元和四年九月敕：　刑部大理決斷繫囚，過爲淹遲，是長姦倖。自今已後，大理寺檢斷，不得過二十日，刑部覆下，不得過十日。如刑部覆有異同，寺司重加不得過十五日，省司量覆不得過七日。如有牒外州府節目及於京城內勘，本推即日以報。牒到後計日數，被勘司卻報不得過五日。仍令刑部具遣牒及報牒月日，牒報都省及分察使，各準敕文勾舉糾訪。

又　長慶元年五月，御史中丞牛僧孺奏：　天下刑獄，苦於淹滯，請立程限。大事，大理寺限三十五日詳斷畢，申刑部，限三十日聞奏；中事，大理寺三十日，刑部二十五日；小事，大理寺二十五日，刑部二十日。一狀所犯十人以上，所斷罪二十件以上，爲大；所犯六人以上，所斷罪十件以上，爲中；所犯五人以下，所斷罪十件以下，爲小。其或所抵罪狀并所結刑名並同者，則雖人數甚多，亦同一人之例。違者，罪有差。

又　唐同光二年六月己巳，勅：　應御史臺河南府行臺馬步司左右軍巡院，見禁囚徒，據罪輕重，限十日內並須決遣申奏。仍委四京、諸道州府，見禁囚徒，速宜疏決，不得淹停，兼恐內外形勢官員私事寄禁，切要止絕，俾無冤滯。

三年五月己未，勅：　在京及諸道州府，所禁罪人，如無大過，速令疏決，不得淹滯。六月甲寅，勅：　刑以秋冬，雖關惻隱，罪多連累，翻慮滯淹。若或十人之中，止爲一夫抵死，豈可以輕附重，禁錮逾時。言念哀矜，又難全廢。其諸司囚徒，罪無輕重，並宜各委本司，據罪詳斷申奏，輕者即時疏理，重者候過立春，至秋分然後行法。如是事繫軍機，須行嚴令，或謀惡逆，或畜奸邪，或行劫殺人，難於留滯，並不在此限。

又　應順元年三月戊午，詔：　應三京、諸道州府繫囚，據罪輕重，疾速斷遣。比來停滯，須奏取裁，不便區分，故爲留滯。今後凡有刑獄，據理斷遣。如有勅推按，理合奏聞，不在此限。

又　清泰元年五月丁丑，詔：　在京諸獄及天下州府見繫罪人，正當暑毒之時，未免拘囚之苦，誠知負罪，特軫予懷。恐法吏生情，滯於決斷。詔至，所在長吏親自慮問，據輕重疾速斷遣，無淹滯。

又　開運二年五月壬戌，殿中丞桑簡能上封事曰：　伏以天地育萬物，廣博厚之恩；帝王牧黎元，行寬大之令。是知恤刑緩獄，乃爲政之先；布德行惠，實愛民之本。今盛夏之月，農事方殷，是雷風長養之時，乃動植蕃蕪之際。宜順時令，以弘至仁。竊以諸道州府郡縣應見禁罪人，或有久在囹圄，稍滯區分，胥吏侮文，枝蔓乃衆。捶楚之下，或陷無辜；縲絏之中，莫能自理。苟一人拘繫，則數人營財，物用既殫，工業亦罷。若此之類，實繁有徒，切恐官吏因循，寖成斯弊。伏乞降詔旨，令所在刑獄，委長吏親自錄問，量罪疾速斷遣，務絕冤濫，勿得淹留，庶免虛禁平人，妨奪農力，冀召和氣，以慶明時。勅曰：　囹圄之中，縲絏之苦，奸吏苟窮於枝蔓，平人用費於貨財，由兹滯淹，兼致屈塞。桑簡能體兹軫憫，專有敷陳，請長吏躬親，免獄官抑逼，深爲允當，宜再頒行。宜依。

十月甲子，祕書省著作郎邊玕上封事曰：　臣聞從諫如流，人君之令範；極言無隱，臣子之常規。蓋欲表大國之任人，致萬邦之無事，前文備載，可舉而行。伏以皇帝陛下，德合上玄，運膺下武，旰食宵衣而軫念，好生惡殺以推仁，幾措典刑，固無冤枉。然以照臨之內，州郡尤多，若不再具舉明，伏恐漸成奸弊。臣竊見諸道刑獄，前朝曾降勑文，凡是禁繫罪人，五日一度錄問。但以年月稍遠，漸致因循。或長吏事煩，不暇躬親點檢；或胥徒啓倖，妄要追領證明。慮有涉於淫刑，卽恐傷於和氣。伏乞特降詔勑，自今後諸道並委長吏五日一度，當面同共錄問，所冀處法者無恨，銜冤者獲伸。俾令四海九州，咸歌聖德；五風十雨，永致昌期。勑曰：人之命無以復生，國之刑不可濫舉。雖一成之典，務在公平；而三覆其詞，所宜詳審。凡居法吏，合究獄情。邊玕近陟周行，俄陳讜議，更彰欽恤，宜允申明。

又 〔天福〕六年秋七月庚辰，詔曰：政教所切，獄訟惟先，推窮須察於事情，斷遣必遵於條法，用弘欽恤，以致和平。應三京、鄴都及諸道州府，見禁諸色人等，宜令逐處長吏，常切提撕，疾速決遣，每務公當，勿使滯淹。

天福八年四月壬申，勑：朕自臨寰宇，思致和平，將以四海爲家，慮有一物失所。每念狴牢之內，或多枉撓之人，屬此炎蒸，倍宜軫憫，冀絕滯淹之歎，用資欽恤之仁。應三京、鄴都及諸道州府見禁罪人等，宜令逐處長吏，嚴切指揮本推司及委本所判官，疾速結絕斷遣，不得淹延，及致冤濫，仍付所司。

又 漢乾祐二年正月，勑：政貴寬易，刑尚哀矜，慮滋蔓之生奸，寔軫傷而是念。今屬三元改候，四序履端，將冀和平，無如獄訟。應三京、鄴都、諸道州府見繫罪人，委逐處長吏躬親慮問，其於決斷，務在公平，但見其情，卽爲具獄，勿令牽引，遂致淹停，無縱舞文，有傷和氣。

四月甲午，勑曰：月戒正陽，候當小暑，乃挺重出輕之日，是恤刑議獄之辰，有罪者速就勘窮，薄罰者畫時疏決，用符時令，勿縱滯淹。三京、鄴都、諸道州府在獄見繫罪人，宜令所司疾速斷遣，無致淹滯枉濫。

五月辛未，勑：政化所先，獄訟攸切，不唯枉撓，兼慮滯淹。適當長養之時，正屬熇蒸之候，累行條貫，俾速施行，靡不丁寧，未曾奏報，再頒告諭，無或因循。應三京、鄴都、諸道州府，詔至，宜具疏放已行未行申奏，無致逗留。

又 周廣順三年四月乙亥，勑：朕以時當化育，氣屬炎蒸，乃思縲絏之人，是軫哀矜之念，慮其非所，案鞫淹延，或枉濫窮屈而未得伸宜，或饑渴疾病而無所控告。以罪當刑者，唯彼自召，法不可移；非理受苦者，爲上不明，安得無慮。欽恤之道，夙宵靡寧。應諸道州府見繫罪人，宜令官吏疾速推鞫，據輕斷遣，不得淹滯。仍令獄吏，灑掃牢獄，當令虛歇；洗滌枷械，無令蚤虱；供給水漿，無令饑渴。如有疾患，令其家人看承，囚人無主，官差醫工診候，勿致病亡。循典法之成規，順長嬴之時令，俾無淹滯，以致治平。

又，賜諸州詔曰：朕以敷政之勤，惟刑是重，旣未能化人於無罪，則不可爲上而失刑。況時當長嬴，事貴清適，念囹圄之閉固，復桎梏之拘縻，處於炎蒸，何異焚灼。在州及所屬刑獄見繫罪人，卿可躬親錄問，省略區分，於入務不行者，令俟務開繫；有理須伸者，速期疏決。俾皆平允，無至滯淹。又以獄吏逞任情之奸，囚人被非法之苦，宜加檢察，勿縱侵欺。常令淨掃獄房，洗刷枷匣，知其饑渴，供與水漿，有病者聽骨肉看承，無主者遣醫工救療，勿令非理致斃，以致和氣有傷。卿忠幹分憂，仁明莅事，必能奉詔，體我用心，眷委於茲，興寐無已。餘從勑命處分。

又 顯德元年十一月，帝謂侍臣曰：天下所奏獄訟，多追引證，甚致淹延，有及百餘日而未決者。其中有徒黨反告者，劫主陳訴者及妄遭牽引者，慮獄吏作倖遲留，致生人休廢活業，朕每念此，彌切疚懷。此後宜條貫所在藩郡，令選明幹僚吏，當其訴訟。如獄不滯留，人無枉撓，明具聞奏，量與甄獎。

宋・王欽若《册府元龜・帝王部》 太宗貞觀元年七月戊申，詔曰：朕恭膺寶命，撫臨率土，永鑒前王憲章典故，雖文質遞變，沿革不同，而發號施令，殊途一揆，皆所以成當世之典謨，開生民之耳目，納之軌度，令行禁止。自律令班下，積有歲時，內外群官，多不尋究，所行之事，動乖文旨，此乃臣有所隱，民不見德，與夫不令而誅何以異也？斯豈守道履正，狥公奉法者乎？自今以後，官人行事與律乖違者，仰所司糾劾，具以名聞。

二年三月，帝謂侍臣曰：古者斷獄，必訊於三槐九棘之官。自今大辟罪皆令中書門下五品已上及尚書議之，庶無冤濫。

三年四月，詔曰：泣辜愼罰，前王所重。枉繫一日，事等三秋。州縣法司，特宜存意。普告天下，知朕意焉。

五年八月制：決死刑，雖令即決，仍三覆奏。十二月制：決死刑，二日中五覆奏，下諸州三覆奏。行之其日，尚食，勿進酒肉，皆令門下覆鞫，有據法當死而情有可矜者，錄狀奏聞。

又 龍朔二年八月，詔曰：哀矜折獄，義先呂訓。明愼用刑，事昭姬象。朕以寡昧，嗣登宸極。思闡大猷，式降景運。陷冰是懼，屢想於懷中；御朽彌兢，馳襟於裕下。虛己待物，每從寬政。如聞率土州縣，留獄尚繁，困於囚繫，致於病死。一歲之中，數盈二百。蓋繇上愆亭育之化，下乖堯舜之心。深責在躬，與言多媿。抑又聞之，與我理天下者，其惟良二千石。今之所任，或虧政道，未詳欽恤之旨，但狗刻苛之情。幽縶困滯，證逮遐廣。寒暑相襲，風露交浸。淹乎年月，成其病苦。加以榜笞失度，桎梏違法，巧詆深文，去將安適？獄市之寄，何其爽歟？自茲以後，宜革前弊。罪無大小，不得稽留。其囚病患，及罪輕幷笞杖等，雖法有嘗規，恐典吏妄生威福，官人不存簡較，或顏面囑請，觸類以之。若仍舊不悛，當加重罰。布告天下，知朕意焉。

又 〔開元〕二十三年四月壬子，詔曰：農作是時，人無棄日。所在獄訟，或有滯留。其都城已令中書門下疏理，其京城及北都各委留守，天下諸州委本道採訪使及本州長官，隨事決斷，勿令冤繫。徒以下罪並量決罰，便訪其官典。犯贓宜准嘗式。

宋·王欽若《册府元龜·刑法部》 〔元和〕七年九月乙卯，御史臺奏：准太和四年十月二十五日勅，大理寺決斷刑獄，大事二十日，中事十五日，小事十日奏畢。刑部詳覆，大事十五日，中事十日，小事八日奏畢。近日省寺詳斷，有踰勅限七十餘日者，抑由條奏之間，未盡事理，舞文之吏，得以遷延，往往決斷未下，瘐死獄中。臣請自今已後，刑獄本曹詳覽奏狀，有節目未具者，大事七日內，小事五日內，條流事由，只行一牒，再勘本推官，三日內具事由，牒報省寺。如情狀要節已具，省寺不得以小小節目移牒往來。四遠州府牒勘本推後，事有不具，結罪不得者，請具事由奏聞，不得更逾勅限。又准貞觀三年七月十七日勅，允推狀內，錢物大段事狀已具，小小節目未盡，不妨詳斷者，省寺更不要移牒盤勘。又准名例律二罪俱發，以重者論。臣深詳勅文律意，惟懼刑獄淹延，使無辜者拘繫囹圄，罪惡者潛啓倖門。臣請勅下後，御史臺嚴加察訪。如或踵前廢格，知彈御史臺不舉，又省寺可斷不斷不具，可結斷事情聞奏；使結斷不得，須便牒本處。致其稽遲，並請臨時量事大小論罪按罰。可之。

七月大理寺奏：准今年五月二十九日御史臺奏勅，大事限二十日，中事限十五日，小事限十日奏畢。刑部覆：大事限十五日，中事十日，小事八日奏畢。詳臺司所奏，卽大理、刑部兩司俱炤詳具獄，未經刑部覆。一則失聖朝愼恤刑獄意，二則未合以生事，上黷聖聽。伏請依舊程限，大理寺斷了，申刑部覆，同訖，方奏。可之。餘准今年五月二十九日勅處分。

宋·竇儀《宋刑統·在外長官使人有犯》 諸在外長官及使人於使處有犯者，所部屬官等不得卽推，皆須申上聽裁。若犯當死罪，留身待報，違者各減所犯罪四等。

疏議曰：在外長官謂都督、刺史、折衝、果毅、鎭將、縣令、關監等長官。及諸使人於使處有犯者，所部次官以下，及使人所詣之司官屬，並不得輒卽推鞫。若無長官、次官，執魚印者亦同長官，皆須先申上司聽裁。若犯當死罪，謂據糾告之狀合死者，散留其身，待上報下，違者各減所犯罪四等。留身者，印及管鑰付知事、次官，其銅魚仍留，擬勘敕符，雖復留身，未合追納。

宋·竇儀《宋刑統·化外人相犯》 諸化外人同類自相犯者，各依本俗法。異類相犯者，以法律論。

疏議曰：化外人謂蕃夷之國，別立君長者。各有風俗，制法不同。其有同類自相犯者，須問本國之制，依其俗法斷之。異類相犯者，若高麗之與百濟相犯之類，皆以國家法律論定刑名。

宋·竇儀《宋刑統·疑獄》 諸疑罪，各依所犯以贖論。疑謂虛實之證等，是非之理均，或事涉疑似，傍無證見，或傍有聞證，事非疑似之類。卽疑獄，法官執見不同者，得爲異議，議不得過三。

疏議曰：疑罪謂事有疑似，處斷難明，各依所犯以贖論，謂依所疑之罪，用贖法收贖。注云，疑謂虛實之證等，謂八品以下及庶人，一人證實，一人證虛，二人以上，虛實之證，其數各等。或七品以上，各據衆證定罪，亦各虛實之數等。是非之理均，謂有是處，亦有非處，其理各均。或事涉疑似，謂贓狀涉於疑似，傍無證見之人。或傍有聞見之人，其事全非疑似。稱之類者，或行迹是，狀驗非，或聞證同，情理異。疑狀既廣，不可備論，故云之類。卽疑獄，謂獄有所疑，法官執見不同，議律論情，各申異見，得爲異議，議不得過三，謂如丞相以下通判者五人，大理卿以下五人，如聽作異同。

此同判者多，不可各爲異議，故云議不得過三。

宋・謝深甫《慶元條法事類・職制門》 諸鞫獄檢法定奪檢覆之類，應差官者，差無親嫌干礙之人。

又 諸被差請鞫獄録問檢法而與罪人若干繫人有親嫌應避者，親謂同居或袒免以上親，或緦麻以上親之夫子妻，或大功以上婚姻之家，或母、妻、大功以上親之夫子妻，或女婿子婦緦麻以上親，或兄弟妻及姊妹夫之期以上親。嫌謂見在統屬官，或經爲授業師，或曾相薦舉有讎怨者，其縁親者仍兩相避。 自陳改差，所屬勘會詣實保明，及具改差訖因依申刑部，仍報御史臺，卽録問檢法與鞫獄，若檢法與録問官吏有親嫌者准此。

又 諸發運監司點檢所部理斷不當，事小者改正，或委鄰州官審詳當否，應推究者，送本州。有妨嫌者，送鄰州。縣若所犯事理重或應密者，差官置司卽受理辭訟而有違法顯狀者准此。

又 諸州縣官從政郎以下任監當者同在官犯公罪，杖以下，本州斷罰訖奏違法決人至死者非。 卽場務課利虧欠已去官而應勘結者，移文所在勘奏，不知所在及在京者，具申尚書刑部。

宋・謝深甫《慶元條法事類・文書門》 諸獄囚案欵不連黏，或不印縫者，各徒壹年。有情弊者以盜論，卽藏匿、棄毁、拆換應架閣文書，有情弊者，准此。

又 諸鞫獄有應禁文書者，知州、通判躬親實封，隨案奏，卽案雖不應奏，其文書准此。

宋・謝深甫《慶元條法事類・榷禁門》 諸獄句具礬禁狀，縣申州，州院司理院申提點刑獄司。經州點勘繳申，事干茶鹽礬者仍申所隸監司。

宋・謝深甫《慶元條法事類・道釋門》 諸僧道爭訟寺觀内事者，許詣主首，主首不可理者，申送官司。

宋・謝深甫《慶元條法事類・刑獄門》 諸勑令無例者，從律；謂如見血爲傷，強者加貳等，加者不加入死之類律無例，及例不同者從勑令。

又 諸見任官，本廳或本司時暫幹辦處同所轄兵級公吏犯杖以下罪，聽申長吏借杖勘決。接送人聽於所在借杖若與非所轄人同犯者，送所屬。

又 諸犯罪皆於事發之所推斷，杖以下縣決之，徒以上編配之類應比徒者同，餘條縁推斷録問稱徒以上者准此。 及應奏者並須追證勘結圓備，方得送州。若重罪已明，不礙檢斷，而本州非理駁退者，提點刑獄司覺察按治。

又 諸斷罪無正條者，比附定刑，慮不中者，奏裁。

諸犯罪未發、及已發未論決而改法者，法重，聽依犯時； 法輕，從輕法； 卽應事已用舊法理斷者，不得用新法追改。

又 諸事應檢法者，其檢法之司唯得檢出事狀，不得輒言與奪。

又 諸罪人已經奏斷，其同犯人情法不異者，依已斷人斷訖以聞。

又 諸州公事，應檢法者。録事司法參軍連書，有妨嫌者，免俱，應免者別委官。

又 諸獄案以兩辭互説，及不圓情款，或本處得論決之人輒上聞者，各杖一百。

又 諸犯罪皆於事發之所推斷杖以下，縣決之徒以上，編配之類應比徒者同，餘條縁推斷録問稱徒以上者准此。 乃應奏者，並須追證勘結圓備，方得送州。若重罪已明，不礙檢斷，而本州非理駁追者，提點刑獄司覺察按治。

又 紹熙三年閏二月十九日，勑諸路監司： 應所部州縣之獄，若非冤抑不公，不得於未結斷前移勘； 如州縣官委有私曲，卽行按治。 其監司信憑偏辭，不俟結斷無故移獄者，許令州郡執奏。

又 諸公事已斷，放案後有施行事，應注籍舉催。結絶而不注籍與催者，杖八十。

《宋大詔令集・政事・誡飭・約束八月一日以後吏民所犯不在恩赦之限詔》 朕以長至之辰，親祀上帝，眚災宥過，抑有舊章。竊慮不逞無賴之徒，因而爲姦，以圖僥倖。 諸州官吏，留大獄不決，以覬宥赦。宜令諸道轉運司指揮所屬州府，自八月一日以後，吏民所犯，並論如法，不在恩赦之限。

《宋大詔令集・政事・刑法・非疑獄不得奏裁詔》 國家外建庶官，共分憂寄，各專事任，素有綱條，苟務因循，漸成弛紊，應諸道州府，凡有刑獄公事，仰詳斷官依法斷遣，不得申奏取裁。如顯是疑獄及有異見，卽聽上聞。稍涉不公，當行朝典。

《宋大詔令集・政事・刑法・諸道公案下大理檢斷詔》 周廣順元年七月十一日勑天下刑獄，皆須大理寺正斷，刑部詳覆，不得中書門下便卽處分。又唐長興元年五月三日勑御史臺奏大理斷刑獄覆視，請據推狀中，有十人已上罪合詳斷罪，通有二十件已上爲大事； 六人以上十人以下或斷十件已上爲中事；五事以下及所斷不滿十件爲小事。大事，大理寺限三十日；刑部限十五日，中事，大理寺限二十日；刑部限十日。小事，大理寺限十日；刑部限五日者。且刑法之重，政教所先，法寺當平斷重輕。刑部在審量可否？洎乎近日，頗紊彝章。案牘每來，煩朕親覽，斯爲曠職，何以責成？自今諸道公案，宜並下大理寺檢斷，刑部詳覆，卽須依限，無致稽遲，稱職者必議轉遷；無勞者並當退黜。庶令官司得盡器能，其或斷覆淹留，比附差舛，致中書門下提舉改正者，重寘其罪。

《宋大詔令集·政事·刑法·申明奏裁詔》 獄者人之命也，吏者民之師也。吏有上下，咸宜盡心。故漢制獄之疑者，讞於有司，所不能決者，移於廷尉。蓋欲各修其職，無相奪倫。逮於近年，頗隳舊章，或滯獄以不斷，多避事而上言，宜振綱條，重申釐革。自今諸道州府刑獄公事，仰一准建隆三年二月癸巳詔書從事，仍依重詳定刑統節文。如詳斷官避事，不便依法斷遣，停滯刑獄，妄煩朝廷，量罪行罰，准律合奏取勅裁者，不在此限。

《宋大詔令集·政事·刑法·先令諸道刑獄五日一錄問今後宜十日一錄問詔》 先是六年十二月辛丑詔書，應諸道刑獄每五日一錄問。今天下亦幾於治矣，然頗爲勞煩，特示改更，永則遵守。今後宜令十日一錄問，杖罪以下，便可依理疎矣。

《宋大詔令集·政事·刑法·諸道州府鬬競杖以下便可決斷不必下有司詔》 國家撫育黎民，哀矜庶獄，累降詔勅，以警有司，而約束之言，猶有未盡。更條其事，申而明之。應兩京諸道州府，鬬競至杖以下，本處長吏便可躬親決斷，不必更下所司，廣有追捕，使獄吏因緣爲姦，及遠郡刑獄，有無可疑，而奏案待報者，自今並禁止之。

《宋大詔令集·政事·刑法·遣使分路按獄卽決詔》 朕以庶政之中，獄訟爲切，欽恤之意，何嘗暫忘。蓋郡縣至廣，械繫者衆，苟有冤抑，卽傷至和。今遣祕書丞崔惟翰等分路按問，小事卽決，大事須證佐者促行之，仍廣察官吏勤惰以聞。

《宋大詔令集·政事·刑法·令訊掠申本屬長吏判許方許栲訊不在更集官吏詔》 王者惠養黎民，慎重庶獄，每行栲訊，合集衆官共視之，蓋防姦吏之任情也。然刑獄之中，舊有典制，時施永久，宜在改更。今應禁勘罪人內，有證左明白，抗拒不伏，准格律令加訊掠者，具事由申本屬長吏判訊，方許栲訊，不在更集官屬。

《宋大詔令集·政事·刑法·誡約諸道所奏公案準律合奏方得取旨詔》 庶務之設，各有司存，棄職不修，豈能從政向者。州縣或以可斷公案，奏取勅裁，豈惟紊亂常規，蓋盡廢隳所職。累行詔旨，尚或因循。自今諸道所奏公案，須是准律合奏，方得取旨。如違，一准太平興國七年十月戊寅詔書從事。

《宋大詔令集·政事·刑法·遣使西川嶺南江浙等道按問刑獄詔》 庶務之中，惟刑是恤，苟獄訟有所枉抑，則和氣爲之損傷。宜遣右補闕韓援等，分往西川、嶺南、江浙等道按問刑獄。小事卽決之，大事趣令速了，事有可了，而官吏故違稽緩者，鞫其狀以聞。

《宋大詔令集·政事·刑法·御史府斷徒以上令丞郎給舍一人親慮問詔》 獄犴之設，欽恤爲先。倘刑辟之失中，則和平而曷致。御史府紀綱寓縣，近在國門，片言之間，或出於偏聽；四海之廣，何勸於盡心。宜推明慎之文，更示哀矜之道。自今御史府斷徒罪已上獄，其令尚書丞郎兩省給舍已上一人親臨慮問，得情者決之。

《宋大詔令集·政事·刑法·外路繫囚晝時斷決詔》 朕欽承先訓，嗣守鴻圖，視民如傷，惟刑是恤。言念庶獄，尚多繫囚，或冤枉而莫伸，或滯淹而未決，感傷和氣，莫甚於斯。凡爾庶寮，各宜匪懈，應在京見禁罪人，朕已躬親疎決，其四京及諸路繫囚，勑到日，仰長吏晝時斷決。如有冤濫，卽與伸理。限三日內畢具聞奏，追證未圓候對款者，亦速爲結絕，老幼疾患不任科責者，流徒罪准律收贖，杖已下釋之。

《宋大詔令集·政事·刑法·遣官諸路疎決詔》 朕道未方古，德罔洽人，致使庶獄尙繁，五刑未措，興言及此，良用愧焉，載念黎人，陷於刑辟，或櫝楚之下，痛急自誣，或狴牢之中，苦極難訴，感傷和氣，職此之由。是用分命使車，偏諸方郡，申此納隍之意，成予空圄之心。宜遣常參官馳往諸路，疎決刑獄。

《宋大詔令集·政事·刑法·誡飭刑獄不得以情理取旨詔》 律令具有明文，法官不能詳處，多以獄情輕重，別奏取裁，或再令審定，卽覆更改。一成之制，豈若是耶？自今無得以情理取旨。

《宋大詔令集·政事·刑法·命何亮等乘驛往廣南東西路疎決繫囚詔》

朕臨馭寰區，憂勤致理，眷惟遠俗，尤所注懷。慮庶獄之稽留，或齊民之疾苦。是用下詔疎決，命使撫存，特申欽恤之恩，以慰黎元之望。宜令太常博士直吏館何亮、侍禁閤門祇候康宗元，乘驛徑往廣南東西路，疎決繫囚。民間不便事，與長吏實封以聞，所至父老軍校，犒勞撫問之。

《宋大詔令集・政事・刑法・令竊掘偷盜從行空手非元謀造意巨蠹者奏裁詔》 刑罰所施，必期於懲惡；條制之設，貴在於原情。言念愚民，每罹憲網，至於從行爲盜，亦有可矜。言念疲羸，未忘軫惻，自今竊掘偷盜從行空手，非原謀造意巨蠹者，並奏裁。

《宋大詔令集・政事・刑法・官吏犯贓遇赦奏裁軍民禁錮以俟進止詔》 分職建官，以釐庶務，其或罔懷愧畏，靡守廉隅，竊冀赦恩，恣爲貪墨，陷於刑辟，深玷彝章。自京官吏犯贓遇赦者，裁奏。宜令兩京及諸路轉運司告示詔諭軍民，有希望恩宥故犯科禁者，遇赦禁錮，以俟進止。

《宋大詔令集・政事・誡飭法寺提轉詔》 省寺法官轉輸劇任，處斷貴於平允。巡按藉其詳明，選擢俱優，詔條備具。至於別詢朝列，兼命廷臣，俾提轄以是司，亦慎簡之攸屬。所宜肅清封部，糾察尤違，正逮捕之滋彰，絕狴牢之淹繫。如聞舉職，未副斯懷，既用軫憂，特行戒諭。自今審刑院大理奏案，情狀已正，條目未備，不至妨閡者，並即斷刑。事須駁退者，件狀以聞。轉運使提點刑獄官，得百姓詞狀，法寺疏駁事因，即時詳定聞奏。如有疑閡，即選官審復，或情理枉抑未盡，始得推鞫。若止是小有未備，元勘官更不問罪，務在獄不苛擾，稱朕意焉。

《宋大詔令集・政事・刑法・誡約勘鞫官不得以元奏事狀抑令招伏詔》 齊俗之刑，蓋非獲已，苟違詳審，必爽至和。如聞推劾之官，罔遵欽恤之念，加於巧詆，迫以自誣，遂使憲章，或虧平允。自今勘鞫官，須盡理推究本犯，不得以元奏事狀抑令招狀，致有枉曲。

《宋大詔令集・政事・刑法・不許楊守珍等乞陵遲合死强盜詔》 法所以禁姦暴，明重輕，苟增峻於常科，實滋彰於政典。朕每覽載籍，詳思令猷。漢文帝因緹縈而廢刑，唐太宗讀明堂而減罪，惟刑之恤，在邦必聞，豈於安平之時，而行慘毒之事也。今楊守珍等，捉到賊盜，内累曾爲惡者，送所屬州府照證指實奏裁。自餘並送所屬，依法論決。

《宋大詔令集・政事・刑法・令糾察刑獄提轉及州縣長吏凡勘斷公事並須躬親閱實詔》 朕纂承先烈，撫御群方，所期華夏之民，共躋仁壽之域。載惟刑訟，實繫慘舒。眷乃案察之官，逮夫守宰之任，與民至近，維獄是矜，勿致冤誣，以孤任使。宜令糾察在京刑獄并諸路轉運使副提點刑獄及州縣長吏，凡勘斷公事，並須躬親閱實，無令枉濫，及有淹延。

《宋大詔令集・政事・刑法・大辟情理可憫及刑名疑慮許具案以聞詔》 國家慎擇循良，勤恤黎庶，必期無訟，以洽至人。而生齒之繁，犯者頗衆，未底於治，朕甚憫焉。況復大辟之科，情有輕重，特從上讞，式表哀矜。應天下大辟，情理可憫及刑名疑慮者，並許具案以聞，有司毋得舉駁。

《宋大詔令集・政事・刑法・不得留獄詔》 盛夏之月，南方化育之時，民愚無知，或抵罪戾，有司係纍不決。豈朕所以布德恤刑，輔相天地長養之意歟。申告邇遐，毋有留獄。

《宋大詔令集・政事・刑法・監司分詣所部決獄御筆》 京師犴獄屢空，四方郡縣吏，或以微文細故，窘摭追逮，久繫不決，甚非欽恤之意。可令監司分詣所部，慮囚決獄，其或淹延不治，留禁無辜，即劾按以聞，庶幾囹圄之空，徧及天下。

《宋會要輯稿・刑法一》 皇祐四年三月十四〔日〕，詔：大理寺詳斷官自來大事限三十日，中事二十日，小事十日，審刑院遞各減半。然不分有無禁囚，大懼炎(臘)〔暍〕之際，待報淹久。起今四月盡六月，案内係有禁囚者，減限之半。其益、梓、利、夔、廣南東西、福建、荆湖南等州軍，即依急案例斷奏。

又 〔嘉定〕六年二月二十一日，刑部尚書李大性言：《慶元名例吃敕》，避親一法，該載甚明，自可遵守。《慶元斷獄令》所稱鞫獄與罪人有親嫌應避者，此法止爲斷獄設，蓋刑獄事重，被差之官稍有親嫌，便合回避，與銓曹避親之法不同。昨修纂《吏部總類通用令》，除去《名例敕》内避親條法，卻將《慶元斷獄令》鞫獄條收入。以此吏部循習，每遇州縣官避親，及退闕、換闕之際，或引用斷獄親嫌法，抵牾分明。兼《斷獄令》引(兼)〔嫌〕之項，如曾相薦舉，亦合回避，使此法在吏部用以避親，則監司郡守凡薦舉之人皆當引去。以此見得止爲鞫獄差官，所有昨來以《斷獄令》誤入《吏部總類》一節，當行改正。照得當來編類之時，吏部元有避嫌條令，卻無引嫌名色，故牽引《斷獄令》文編入。欲將元參修《吏部總類法》親嫌門内删去《斷獄令》，所有《名例敕》卻行編人。從之。

《宋會要輯稿・刑法二》〔政和八年二月十二日〕同日，臣僚言：應官司不得引例申請，法所不載，故用例以相參，則事不失輕重。且元豐即無不許用例之制，惟元祐例立法禁，不得引用。今一切不用，則皆元祐之事。又有司臨時高下其手，可以爲弊。詔除無正條引例外，不得引例破條，及不得引用元祐年例。

又〔嘉定十年〕十月四日，臣僚言：選侯擇令，所以分民社之寄，重藩宣之託，職任蓋不輕也。而強梗弗率，猶得以爲州縣之撓，則亦積習既深，而其類非一爾。何者？倚勢幹請，挾公濟私，則有寄居之擾；事力有餘，劫制是務，則有豪富之擾；抵冒法禁，刑責不加，則〔有〕宗室之擾；鼠牙雀角，珥筆健訟，則有頑民之擾；隱占逋賦，怨怒督促，則有攬戶之擾；甚而侵撓事權，陵轢傾陷，則又有同官之擾。臣備數臺察，每遇受詞，目其弊，尋行體訪，皆無籍之徒陷於微利，受情而來，多者或至數十爲群，竄易顛末，巧飾詞理，期於必中。聽受之際，固不容不致其審。近者畿邑之民有訴其長者，至有司究詰，乃得其所使之實，聞者爲之駭愕。夫以天府耳目之近，官聯之密，且猶若此，則四方萬裏之廣，蓋可知矣。欲行下諸路郡縣，明行揭示，俾各知分義之守。仍令聽受官司或遇此等詞訴，必須公心究竟其實。若州縣長吏貪謬殘虐，悖理傷道，則嚴行按奏，重寘於法。或強橫姦欺之輩，妄爲陵犯，亦必遵照申令，嚴與施行。從之。

又〔嘉定十七年〕二月二日，詔令刑部關牒六部、御史臺、諫院、寺監、帑庾，應胥吏凡經斥逐，不以元犯輕重，曾無勘決，日後並不許引赦限及特行收敘入役，以幸吏姦。

《宋會要輯稿・刑法三》政和五年三月二十一日，刑部尚書慕容彥逢等奏：竊見刑獄官司承勘公事，內有合備贓賞之人，先盡拘本家財產，遣出家屬，封閉室宇，以備填納。其間贓賞數少而財產數多，及勘證不合出備者，事決之後給還，稽違動經歲月，妨廢營生，因致失所。乞詔有司立法，應承勘官司，如犯人合備贓賞，先下所屬估定財產，據合備的數搬截拘管。如勘證不合備贓賞者，斷訖，限當日給還。從之。

又〔政和〕六年四月十九日，刑部奏：檢會當年閏正月二十四日敕中書省，刑部員外郎李撰奏：竊見天下諸縣推鞫強盜，依條解州結斷，其間有所通贓數稍多，初勘官司以追究未足，不敢解送，動經歲月，未能結〔施〕〔絕〕。乞特詔有司立法。詔令刑部立法申尚書省。本部尋下大理寺修立到，諸縣推鞫強盜而追到贓已滿，或別有輕罪，各不礙撿斷者，先次結解，餘贓從後追。從之。

又〔神宗元豐〕八年十月十日，御史中丞李之純言：欲望朝廷嚴飭省部，勾檢前後詞狀文簿名件行下，在京者令本部長〔二〕〔貳〕緊行催驅，在外者令府界及諸路監司互行取索，責限促期，早令與決了當。如察見委有情弊，即按劾奏聞，等第降黜，以警慢吏。其所差定奪官員如承受經百日不爲結絕者，雖得替交割，並須勒留，候畢了日方給與批書曆子前去。如此則不敢遷延幸免，民間訴事早得辨正。從之。

又紹聖元年六月十九日，殿中侍御史郭知章言：近年官吏、軍民詣闕，辨明酬獎，理訴冤抑，司勳、刑部會問稽留，有逾一二年不決者，辨訴之人致竭資產，困躓道塗，而官吏習爲鹵莽，惟以沮格爲能。乞令左右司每季分取司勳、刑部辨訴未了事，具情節及詰難、疏駁因依，如〔望〕〔妄〕作滋蔓，行遣稽留，隨事大小罪之。詔左右司郎官取索司勳、刑部酬獎、敘雪事催促，如有違滯，舉劾施行。

又元符元年六月二十五日，御史中丞安惇言：伏思神宗皇帝勵精圖治，明恤庶獄，天下莫不知之。而元祐之初，陛下未親政事，姦臣乘時議置理訴所，凡得罪於元豐之間者，咸爲雪除，歸怨先朝，收恩私室。意者呼吸罪黨，用爲己助。未審當時有司如何理雪，儻出姦意，不可不行改正。欲乞朝廷委官，將元祐中理訴所公按看詳，如合改正，即乞申明得罪之意，復依元斷施行。詔蹇序辰、安惇看詳，內元狀陳述及訴理所看詳語言於先朝不順者，具職位姓名以聞。

又徽宗崇寧元年三月十八日，詔：應諸色人詞訟，六曹行下別處定奪理斷，經赦尚未了者，內事小並令依條結絕，若事大合差官置司推究者，令本曹量事大小給限，催促結絕。如違，仰本曹檢按究治。若本曹失催及不切檢察究治，並令御史臺及尚書省催驅房點檢申舉。如催驅房不切檢舉，令左右司申舉施行。

又〔政和八年〕十月十三日，臣僚言：臣自到臺，日閱四方詞訟，訴酬賞稽違者率居其半。遠者至十餘載，近者或五六年，結恨銜冤，深可憐憫。

夫賞不踰月，欲人知爲善之利也，今留滯如此，何以勸之使勸乎！臣究其所以然，爲弊有七：酬賞保明，自有條式，所屬未嘗參對，致省曹點照不完，施行取會，又不如期應報，其弊一也。邸吏承受文狀，不即時投下，候伺求覓，視多寡爲後先，至有沉匿經年而不上者，其弊二也。六曹猾吏倚法爲姦，賄賂公行，則洗垢吹毛，曲爲沮抑，其弊三也。間有不圓，理須整會，則自應會問，徑行催促，卻令重別保明，便作結絶，其弊四也。掌典代替，文案並不交承，多有漏落，無憑舉催。其弊五也，司勳勾復，專務自營，謂稽留之罰輕而差失之罪重，故根蔓牽連，以問難爲得計，其弊六也。省曹行遣，無故稽違，於法自當彈奏，然經隔歲時，率以赦恩原免，故公然無所忌憚，其弊七也。凡此積有歲年，胥吏舞文，惟有力者往往緣姦而得志，孤寒寡援者一歸於無可柰何。近者胥吏因循，不以爲事，日趨於廢弛，而終吏赴訴者稽留待報，困於羈旅，皆由此也。陛下循名責實，設慶賞以馭群臣，而輕重與奪之權乃歸胥吏。然此數者，關防舊有成法，若但申明行下，深恐玩習，徒爲虚文。兼聞六曹住滯酬賞無慮萬計，願頒睿旨，別行措置，見今積壓，立限催督，尚有違戾，則赦恩不原。庶幾賞信必行，人無觖望。詔尚書省取六曹未結絶名件，應賞未賞如言者所論，開具以聞，當行黜責。輒隱漏不實，以違詔，赦降不原。

又 宣和元年十二月六日，臣僚言：省部應年月未絶公事，並行根刷，責近限結絶。仍乞今後省部催促究治，每及二年以上而未結絶者，並類聚申朝廷，勘會住滯因依，取旨黜責。庶幾諸路警畏，不敢慢易，而理訴之人早獲伸雪。詔依奏，仍限一月。

又 〔紹興〕二年九月四日赦：應經斷人依限三年外不許訴雪，如元因有司勘斷委有不當，致久負冤抑，在五年限內者，並仰經所屬投狀以聞，刑部審實改正。

又 〔紹興〕三年十月二十二日，詔：諸路州縣自紹興二年正月一日以前，應因群寇殘破、占據去處乘時作過之人，限今降指揮到日，將已受理詞訴限十日結絶，不得枝蔓。日後更有詞訴，並不得受理。曾經金人占據去處，依紹興府已降指揮施行。以臣僚言：所在寇亂，愚民無知，乘時作過，何所不有？事既滅息，而姦人或挾怨仇，或規賄利，轉相告訴，無有已時。黨與未平，連逮繫證，按獄久不決，死者甚衆。故有是詔。

又 〔紹興〕十四年四月七日，刑部言：臣僚劄子：民有冤抑，訴於郡守、監司，其所委定奪之官或不即與決，緣是按牘亡失，間被拆換，亦無從稽考。欲乞令縣官每月終具所承定奪事目，畫一開坐被受年月日，若干件已回申，若干件見索按已未索到結無漏落文狀申本縣，類申本州，本州類申逐司。如此，一閱盡在目前，易爲督責，不惟下情無壅，且可以察官吏之能否。本部看詳，欲依所乞行下。從之。

又 〔紹興〕十五年四月二十二日，尚書省言：民戶理訴詞訟，遠詣朝廷披陳，慮有冤抑，遂改委他司定奪。訪聞元行官司惡其指論，捃以他事，非理科罪，是使抱冤之民不敢伸訴。詔令諸路監司、州縣將民戶陳訴事務並仰長官躬親審詳，依公理斷，無致少有偏曲。仍仰所屬監司覺察按劾，當議重作行遣。監司違戾，仰帥司互察。

又 〔紹興十五年〕七月二十日，臣僚言：昔王符作《愛日篇》，深言民之不獲理於州縣，故遠詣公府，復不能察而延之日月，此小民所以易侵苦而天下所以多困窮。方今之弊，何以異此？乞令諸路各置籍，凡民戶經由臺部及朝廷訴事，行下所委官司去處，除程期外，並限一季或至半年具申。如敢稽慢，則從本部檢舉奏聞，特賜行遣。非特以戒慢吏，將見遠民舉無冤枉。從之。

又 孝宗隆興元年九月二十二日，臣僚〔言〕：命官斷罪，其始悉由刑部、大理寺擬定刑名。今於既斷之後，遇有雪訴，卻付外路監司委官看定，徇情出入，則是外路監司及得駁正刑寺，事屬倒置。乞自今遇有命官陳訴元斷不當者，並不許送外路監司，先委大理寺官參酌情法，保明申部，再委刑部郎官、長貳重行看定，續次申省，送左右司審詳取旨施行。從之。

又 〔乾道元年正月〕十七日，中書門下省言：近日四方之人多有經省部、御史臺陳訴冤抑者，有司事無果決，遂至久困逆旅，情實可憫。詔三省、樞密院開具應幹人結絶事件，分委刑部、大理寺，限一月與決。如合追逮及案牘未具，委逐路監司限兩月理斷，並各具已斷事目聞奏。

又 〔乾道〕二年七月九日，臣僚言：比來民訟至有一事經涉歲月而州縣終無予決者，緣在法縣結絶不當而後經州，州又不當而後經監司。乞自今詞訴在州、縣半年以上不爲結絶者，悉許監司受理。從之。

又 〔乾道〕四年六月十八日權戶部尚書曾懷言：近來監司州縣承受省部看詳，定奪事件，動經歲月，不爲結絶。今欲行下諸路，自指揮到日，並限一月結絕，具名件申尚書省。從之。

又 〔乾道六年〕十一月六日大禮赦：勘會已降指揮，命官雪訴罪犯，刑寺見得委實冤抑、合行改正之人，其元斷月日令一就看定。近來胥吏故作沮抑，意在請求，卻兩次申省，顯是迂枉。自今後應命官理雪冤抑，如委合改正，其元斷月日並令刑寺一就看定，申省取旨。

又 〔乾道七年〕十二月十四日，臣僚言：民間詞訟多有翻論理斷不當者，政緣所斷官司不曾出給斷由，致使健訟之人巧飾偏詞，紊煩朝省。欲望行下監司、州縣，今後遇有理斷，並仰出給斷由。如違，官吏取旨行遣。從之。

又 〔乾道〕九年十一月九日大禮赦：勘會命官犯罪，曾經體究勘鞫，被斷之後雪訴冤抑，已有別定、別勘條法。其元因官司按發，一時直降指揮先次停罷、降官衝替之類，不曾經體究根勘，或有實負冤抑，緣無理訴條限，有司拘文，不爲受理，情實可矜。可並與照別定、別勘年限施行。

又 〔淳熙〕六年九月十六日明堂赦：命官雪訴罪犯，刑寺見得委實冤抑，合行改正，所有元斷月日若再令陳乞，卻致往返虛延歲月。可令刑寺一就看定，申尚書省。

又 〔淳熙〕九年八月二十六日，詔諸路監司：自今人戶訟訴有合送別州追人索按推治者，止就鄰近州軍，仍不得過五百里。

又 紹熙五年九月十四日明堂赦：州縣民戶詞訴已經朝省、監司受理，行下所屬州縣追究定奪之類，往往經涉歲月，不與斷理，使實負冤抑之人無由伸雪。仰諸路監司催促，限一月依公結絕。如仍前遷延，許人戶越訴，將當職官吏重作施行。

又 慶元元年六月二十一日，知臨安府錢象祖言：日來頗多滯訟，乞戒飭御史、監司常切覺察。有翻理不決之訟，必差官吏分互委送，閱實審訂，使是非枉直咸得其當。至有經投匭進狀者，亦先從都司詳所屬曹部見今所行果有未盡，朝廷別委清強明練之吏重爲看定。從之。

又 〔慶元〕三年三月二十七日，臣僚言：乞申嚴舊法，行下諸路，應訟事照條限結絕，限三日內即與出給斷由。如過限不給，許人戶陳訴。從之。

又 〔慶元〕四年八月五日，臣僚言：乞行下諸路監司、州縣，如有告訴事千人命，並須實係被害之家血屬，其所訴事理證據分明，方許追勘。倘涉誣罔，須與反坐。其詐稱被盜放火之人，如正賊敗獲，究證得實，曾將平人誣罔騷擾，必坐以〔坐〕〔罪〕。其他誣告之事，罪當反坐者，並須從條斷治，州縣具情節申提刑司，提刑司具申刑部照會。庶幾姦罔之風稍戢，實清獄訟之切務也。從之。

又 〔慶元四年〕十月二日，臣僚言：百姓有冤，訴之有司，將以求伸也。今民詞到官，例借契錢，不問理之曲直，惟視錢之多寡。富者重費而得勝，貧者銜冤而被罰。以故冤抑之事，類皆吞聲飲氣。乞行禁止。從之。

又 〔慶元〕六年閏二月五日，臣僚言：乞申敕戶、刑兩司，刷其詞訴名件，斟酌事宜，立定日限，趣令結絕。其或所屬官司仍前稽違滅裂不報，及雖回報而定斷失當，翻論不已者，則從省部擇其甚者申奏一二，乞行責罰。不惟止及監司、郡守，而經由官司例皆懲治。從之。

又 〔慶元六年〕五月十四日，中書門下言：戶部詞訴公事，多是移送定奪，枝蔓遷延，遂致積年不曾結絕。詔戶部行下所屬曹部，將日今應幹累年未了詞訴公事，須管日下盡行定斷，不得仍前循習舊弊，復致積壓，詞訴不絕。各具已結絕名件申尚書省。

又 〔開禧元年〕十一月十一日，監登聞鼓院章燁言：進狀之弊，有一事而累經進狀，或經年而未曾結絕者，是法令之不立、賞罰之不行故也。前來奏劄所以願重朝廷之事體，申飭諫院，自今進狀，凡所送官司除程，與限一月結絕，仍具結絕因依備申諫院。如違限不與結絕，或結絕、或未結絕而所斷不當，以致冤民再進狀者，許諫院稽考，隨事輕重劾奏而責罰之。或官司結絕已得公當，而頑民健訟，復敢虛妄進狀者，當從狀尾所甘坐以上書虛妄不實之罪，務在必行。如是，則冤枉可以伸，嚚訟可以息。從之。

又 〔開禧元年十一月〕十三日，臣僚言：州縣之間獄訟繁多者，告訐未盡革也。蓋罷役胥徒與夫武斷鄉曲、頑賴無業之人，交相表裏，窺伺善良。始則搜剔疑似，鈐制恐脅，詐取財物；繼以巧飾虛詞，公形訴牘。州縣類多不察，與之受理，根連株逮，鍛鍊非辜；加以貪刻之吏利其資財，抄估籍沒，肆其慘毒。間有得直者，固已家破產亡，而所誦告訐之人未嘗反坐，不過科以不應爲不干己之罪而已。乞行下監司、州縣，申嚴告訐之禁。官吏有敢故縱違犯者，重寘典憲，其告訐之人照條反坐。從之。

又 〔開禧〕二年二月五日，臣僚言：省部送下公事，有已經州縣、監司累年不決者。臣初怪其健訟，及探討本末，始知多因官司不能分明剖析，致使兩詞經臺、經部、經都省而不以爲瀆。乞自今省部送下公事，送之監司者，監司不可付之郡太守；送之郡太守者，郡太守不可付之郡縣吏。大率地位稍近者易囑託，分勢稍高者難請求，必須監司、太守自行理斷。從之。

又〔嘉定五年〕九月二日，臣僚言：竊照慶元令，諸受理詞訴限當日結絕，若事須追證者，不得過五日，州郡十日，監司限半月。有故者除之，無故而違限者聽越訴。今州縣、監司理對民訟，久者至累年，近者亦幾一歲，稽違程限，率以爲常。乞戒飭監司、州縣，照應條法，應詞訴稽程不爲結絕者，即與次第受理，已結絕即與出給斷由。仍下戶、刑部，如受理詞訴，即時出給告示，不受理者亦於告示內明具因依。庶使人戶憑此得經臺省陳理，民情上達，冤枉獲申。從之。

又〔嘉定〕六年六月七日，權刑部尚書曾從龍言：乞今後每遇歲終，從本部具諸路及諸州軍詞訟未結絕名件申尚書省，摘其歲月最久者劄下本處具析不結絕因依，仍具當職官姓名並吏人，取旨量行責罰，庶幾民訟免至淹延。從之。

又〔嘉定〕十年十一月四日，臣僚言：近年強宗大姓武斷尤甚，以小利而漁奪細民，以強詞而妄興獄訟，持厚賂以變事理之曲直，持越訴以格州縣之追呼，大率把持官吏，欺壓善良。乞戒飭監司、守臣，其有訟訴，必詳加審察。已結絕者則取索斷由，重加審定；未結絕者則立限催斷，具由情節。如見得委有情弊，予奪不公，即與追治承吏；若乃憑恃兇狡，飾詞越訴，意在挾持，即將犯人嚴與根究，必罰無赦。從之。

又　眞宗景德二年六月九日，詔：河東管內有訴認仍僞命前祖先莊產者，止給荒田、墳墓，其桑熟地土不在分割之限。

又　太宗太平興國五年閏三月二十四日，詔：應命官犯徒已上罪，去官事發者，宜令逐處追尋勘鞫，以其狀聞。

又　雍熙三年九月二十三日，著作佐郎劉芳言：朝廷差出制勘使臣，自來只於本州附遞，竊慮漏洩獄情。今後望許直發遞。從之。

又〔雍熙三年〕十月二十二日，有司言：準太平興國六年五月詔書，諸道刑獄大事限四十日、中事二十日、小事十（一）日，笞十，下三日加一等，罪止杖八十。自來諸道刑獄出限三十日以下者，比官文書稽程定罪，故違日限稍多者，即引上件詔書，從違制定罪。今請別立條制，凡違四十日以下者，比附官文書定斷，罪止杖八十，四十日以上奏取旨。如事有關連，須至移牒刺問致稽緩者，具以事聞奏。

又　端拱元年十二月二十七日，兗州判官劉昌言〔言〕：竊見外州府推勘刑獄，多於禁人本狀之外根勘他罪。欲乞今後除事該劫盜、殺人，須至根勘外，其餘刑獄並不得狀外勘事。從之。

又　淳化二年四月一日，詔：諸路轉運使今後差官勘事，並於幕職、州縣〔官〕內揀選清強官一員，仍於本州別選清干礙監當京朝官或監押幕職一員同推，務要盡公，以絕枉曲。

又〔淳化〕四年五月二十九日，詔：御史臺應有刑獄公事，御史中丞以下躬親點檢推鞫，不得信任所司，致有冤濫。

又〔淳化四年〕十一月十五日，知制誥柴成務言：應差官勘事及諸州推鞫罪人，案成差官錄問，其大辟罪別差職員監決。如錄問翻變，或監決稱冤，即別差官推勘。此誠重刑之至，然臣詳酌，滋長弊倖。且人之犯罪至重者死，數有翻變，或遇赦免，則姦計得成。縱不遇恩，止是一死。近見蓬州賈克明爲殺人前後禁繫一年半，七次勘鞫，皆伏本罪，錄問翻變。賴陛下英明，經赦不放，差轉運副使蔣堅白、提點使臣董循再同推勘，方得處斷。其如干連證逮，州縣追禁，此又何辜？欲望今後朝廷、轉運司、州府差官勘鞫，如伏罪分明，錄問翻變，輕者委本州處別勘，重者轉運司鄰州遣官鞫勘。如三經推勘，伏罪如初，欵款辨分明，錄問翻變，監決稱冤者，並依法處斷。事下大理寺詳定，本司言：檢會《刑統》，唐長慶元年十一月五日敕，應犯罪臨決稱冤，已經三度斷結，不在重推之限。自今以後有此色，不問臺與府縣及外州縣，但通計都經三度推勘，每度推官不同，囚徒皆有伏款，及經三度斷結，更有論訴，一切不在重推問之限。其中縱有進狀敕下，如已經三度結斷者，亦許執奏。如告本推官典受賂，推勘不平，及稱冤，事狀有據驗者，即與重推。如所告及稱冤無理者，除本犯死刑外，餘罪於本條加一等。如官典取受有實者，亦於本罪外加罪一等。如因徒冤屈不虛者，其第三度推事官典本法外加等貶責，第二度、第一度官典節級科處。今詳《刑統》內雖有此條，承前官吏因循，不能申明，自今請〔依〕成務起請施行。從之。

又〔淳化〕五年三月二十一日，黃禦河催運葉傚言：河北轉運使李若拙先差〔刑〕〔邢〕州散參軍廉〔成〕〔文〕式往通利軍勘公事，近七十日尚未了當。文式元是犯事人，若拙不合抽差。乞令逐路轉運司，今後更不得差散參軍、文學、長史、司馬、別駕並配衙前人等勘鞫公事。詔文式見勘公事，令轉運司疾速別差官替訪，送樞密院與記姓名。

又〔眞宗咸平元年〕十月十九日，帝謂輔臣曰：往者憲司承詔推事，多詣中書稟命，或有愛憎，尤爲非便。張齊賢曰：推勘官但執詔命，不原事理，箠楚之下，何情不得？漢相周勃下獄，見獄吏則頭〔捃〕〔搶〕地，故云削木爲吏議不對是也。帝曰：斯尤可念，卿等當慎用刑，期於平允。

又〔眞宗咸平二年〕十四日，帝謂宰臣曰：所差京朝官推勘公事，承命之後，多聞稱疾，此有所規避也。張齊賢等曰：朝廷比選儒臣，冀明理道，使之鞫獄，殊未盡心，案文多所不圓，疏駁更勞推覆，動罹枉撓，實起怨咨。若不塞其弊源，恐有傷於和氣。欲望於三班中選定〔詣〕〔諳〕會推鞫刑名者十人，以備差使。從之。

又〔嘉定十五〕年九月二十四日，臣寮言：民之犯罪至於重辟，勘結自有限日，而近之作縣者委成於吏，枝蔓鬻弄，動淹歲月。或導囚翻異，變亂獄情；或牽執平民，妄行追擾；或根連干證，與囚同禁。致失農業，甚至瘐死，豈有不傷和氣！乞嚴敕郡縣，自今民有麗於刑辟，凡有關於人命者，悉遵日限結正，無得淹留。其或奉行不虔，許監司具官吏姓名聞奏。從之。

又〔景祐元年〕閏六月二十九日，法寺請今後凡勘賊盜所通贓物，稱於人戶處典質，即先取簿曆〔詔〕〔照〕證，方得追取。若官司挾情敎令指說，又追取贓物，抑令民陪備，並科違例罪。從之。

又十月十四日，臣僚言：按敕，竊盜以贓準錢及四百以上，即科杖罪；纔及兩貫，遂斷徒刑。且承平之日，物價適平，以物準錢則物多而錢寡，故抵罪者不至遽罹重法。迨今師旅之際，百物騰踴，贓雖無幾而錢價以多，一爲盜竊，不下徒罪，情實可憫。乞將紹興敕犯盜定罪者遞增其數，庶使無知窮民，免致輕陷重憲。詔令刑部勘當。契勘計絹定罪者，元估每匹價錢二貫足。近承今年九月八日手詔，每匹增錢一貫足，通作三貫足，即是二貫以十分爲率，增及五分。所有應敕內計錢定罪，既係錢輕物重，即與紐絹事體無異，理合隨宜比附定罪。除強盜緣情理兇惡，以錢定罪，自合遵依舊制外，今參酌臣僚所乞將敕內犯竊盜以錢定罪者遞增其數事理，緣在法不止竊盜一事，其餘計錢定罪者，理合一體措置。今欲權宜將敕內應以錢定罪之法各與遞增錢五分斷罪，謂如犯竊盜三貫徒一年之類。候邊事寧息、物價平日依舊。從之。

又〔景德二年〕四月八日，右諫議大夫薛映言：兩浙民多因屠牛、私販酒案，看詳情節圓備，所送罪人當面引問，別無未同者，只重責審狀，依法施行，不更下司禁勘。今轉運司牒州，今後當直司不得輒斷徒罪公事。臣以爲事理分明，不宜虛〔須〕〔煩〕刑禁，乞依舊許當直司斷徒罪公事。帝曰：苟事狀章明，不須繫獄者，固當即時決遣。

又〔景德二年〕九月，詔：應差推勘錄問官，除同年同科目及第依元敕迴避外，其同年不同科目者不得更有辭避。

又〔景德〕三年八月二十八日，詔：今後宣敕院勘使臣，非贓汙及公罪徒以上，並不在禁限。

又〔大中祥符二年〕七月二十九日，詔：大辟罪人案牘已具，臨刑而訴冤者，並令不干礙明幹官吏覆推。如本州官皆礙，則委轉運、提點刑獄司就近差官。時光化軍斷曹興，將刑稱冤，復命縣尉鞫治，刑部上言縣尉是元捕盜官，事正干礙，望頒制以防枉濫故也。

又〔大中祥符五年〕八月二十九日，詔：制劾刑獄無特處分者，並依推勘條式決遣，流罪及命官別具案以聞。時詳議官〔杳〕〔查〕拱之言：諸州奏案多以所降宣命止言制劾應幹繫官吏情罪具案以聞，乃悉拘禁以伺斷敕，頗成留滯。故有是詔

又〔大中祥符五年〕十月二十五日，詔：掌獄之官，累降詔條，務從欽卹。今承景貺，尤軫深衷。今後案鞫罪人，不得妄加逼迫，致有冤誣。

又〔大中祥符〕八年七月九日，詔：今後公事干連知州、通判、都監贓私罪，許轉運司差官取勘外，自餘知州、通判、都監公罪，並就本州差無干礙官取勘。其統屬官長吏量公私贓罪輕重，於州院司理院及差職員取勘。

又〔大中祥符九年〕八月二十八日，詔：大辟罪臨刑聲冤者，並送不干礙刑獄留禁，具馬遞申轉運、提點刑獄，就州選官覆勘。。

又〔天禧二年〕四月十四日，判大理寺李虛己言：請自今命官犯贓，不以輕重，並劾舉主，私罪杖以下勿論。從之。。

又〔天禧〕三年五月一日，詔：自今管軍將校、沿邊總管、鈐轄犯贓私

罪當禁錮者，即以本司事付長吏訖禁勘。時鄜延鈐轄高繼勳犯私罪，勒停後始以本司事付知州，因有是詔。

又〔天禧四年〕二月，詔：大理寺自今駮勘並留案及翻變再勘公案等，候劄送都進奏院催促，即具申審刑院，令本院置簿抄上，委詳議官一員管勾，仍與眾官同簽書，知院、通判押。點檢日數稍多，令本寺移文催促，或更未奏，即同牒本路提點刑獄司催促，候斷奏訖，即判院官當面勾銷簿曆。

又〔天禧四年〕五月一日，太常少卿、直館陳靖言：竊見逐路轉運、提刑司差推勘公事，並支口食，其間官典輒或取舍不公，以俟近赦宥，因循勘結，不務專研。乞今後應差勘官勘正前來公事，其餘官典並須取勘罪□。詔逐路轉運、勸農司，今後應勘鞫公事，並選差清幹官，如或鹵莽及拖延俟赦，仰具元由，別差官勘結元勘官吏情罪以聞。

又〔景祐元年〕七月十六日，河東轉運司言：今後諸州刑獄中，如有轉運、提刑巡曆，審問得大情未正，差官推勘，大情顯別者，所屬理一次重難勘事，批上曆子。從之。

又〔慶曆〕五年七月二十五日，詔：諸州自今有犯死罪公案，仰於卷內分明開說有無祖父母、父母年八十以上及篤疾、家無期親成丁，一處聞奏，免往復淹延。

又〔皇祐三年〕六月三日，詔：昨差推直官郭申錫往慶州華池縣置院勘馬祐公事，勘官自二年十二月到彼，馬祐至次年三月方勾追到院。今後朝廷差官往外州軍院推勘公事，須預先劄下置院州軍，仰先勾追元進狀人收管知在，或關禁訖疾速入馬遞申奏，以憑發遣推勘官往彼，免致推獄虛有留滯。

又〔皇祐〕五年九月二十二日，侍御史毋湜言：伏睹祖宗朝有中外臣僚公事發露，多送御史臺推勘，當時群臣頗有畏懼。自承平既久，此制漸隳，官吏犯法，罕有置御史獄者。近日道士趙清貺等請求公事，干連執政大臣，固宜於御史詔獄。竊恐今後習以為常，有事幹大臣，止於所司及差官推勘。儻不能盡公伸法，或容苟免，則挾私冒禁者豈有懼朝廷之意也！乞今後公事不以大小，但幹涉執政臣僚者，並乞送御史臺勘鞫，冀新人聽，以協公議。仍須降詔旨，以為定式。詔應有合行取勘公事，並臨時取旨。

又〔元豐元年〕閏正月五日，上批：近降相州吏人於刑寺，謂求失入死罪刑名事。緣開封府刑獄與法寺日有相幹，深恐上下忌礙，不盡情推劾，致姦贓之吏得以幸免，宜移送御史臺。

又〔元豐元年〕八月十二日，中書言：應朝旨置獄究治事，欲委審刑院、刑部置簿主管。非特旨立限者，及一季未奏，下所屬催促。無故稽留若行移迂緩並所屬不催舉，並劾奏，責刑房季終點檢。從之。

又〔哲宗元祐元年〕四月二十四日，殿中侍御史林旦言：竊聞在京、諸州獄推問囚徒，勘官或多畏避嫌疑，苟簡，不肯親臨訊問，箠楚枷錮，一委胥吏。詔刑部立法以聞。

又〔元符元年〕六月四日，尚書省言：大理寺修立到：大辟或品官犯罪已結案未錄問而罪人翻異，或其家屬稱冤者，聽移司別勘。若已錄問而翻異稱冤者，申提刑司審察。事有不可委本州者，差官別勘。從之。

又〔政和七年〕四月三日，詔：州縣有刑禁處，推司獄子最為急切。仰諸路提點刑獄檢察，所部獄子有未行重錄法處，並依重祿法施行。其移勘公事，須先次契勘後來承勘司獄與前來司獄有無親戚，令自陳迴避。不自陳者，許人告，賞錢三百貫，犯人決配。

又〔徽宗大觀四年〕二月十三日，刑部尚書白時中奏：今後應奉制令監司推鞫公事，如合委官，候省符到日，具所委官職位姓名及置司處所申部，仍令所委官依條供申。如違，許從本部奏劾施行。從之。

又〔宣和元年〕十月八日，提點潼川府路刑獄公事蒲卣奏：乞自今後被受御筆及特旨體究根勘公事，應合差推勘官並依本條，更不拘礙諸司。雖不拘常制，亦不得違專條，所貴差請得行，不致淹滯。從之。

又〔宣和三年〕六月五日，臣僚上言：官員所犯，已有旨先次停罷取勘之人，其間卻有已得替不在本處，或任川廣差遣。在法，須差人齎問目取勘，往來已淹結絕，雖該霈宥，不獲沾恩。欲乞應官員有犯已得旨先次停罷取勘之人，並令同在一處，就便供答文字，則是非曲直，便可判見，不至遷延。若五百外五百下疑脫裏字。除贓私罪自合究治外，其犯公罪只乞以眾證為定，案後書坐，庶免留獄滯訟。徒以上罪並依奏。

又〔宣和四年〕正月二十八日，刑部奏：應犯罪會恩或去官應原免勿論，被旨取勘者，如所降指揮內聲說雖已該恩或去官而令取勘，合作特旨猶推外，若無此聲說，泛降指揮取勘，自不合作特旨猶推。欲申明行下。從之。

又〔宣和六年四月〕二十五日，前權發遣京西南路提點刑獄公事周因奏：　臣每見諸大辟已錄問得翻異，提刑司自合依條差不干礙官司別推。至臨赴刑時翻異，本州不免再申提刑司，乞差官別推，若只差本部官，竊慮有所觀望，未盡冤抑。欲望睿旨，今後已經提刑司詳覆行下本州論決，臨赴刑時翻異，乞令鄰路提刑司差官別推，庶得別無觀望。詔今後大辟已經提刑司詳覆，臨赴刑時翻異，令本路不干礙監司別推。如本路監司盡有妨礙，即令鄰路提刑司別推。。

又　高宗建炎二年二月十六日德音：　應見被根勘，取勘未畢，除該今降德音外，尚有餘者，仰監司點檢，督限十日結絕了當，無致淹延。

又　紹興元年二月二十五日，江南西路提刑蘇恪言：　州縣見勘強盜公事已招認者，其勘司猶候追贓齊足，及捉獲到同盜人，方始勘結。方今盜賊擾攘，欲乞將本路見勘強盜、傷殺人等重罪已係招認、情犯分明，並限日下先次斷結，其贓物從後推究，所貴無留滯。從之。

又　〔紹興〕三年三月十五日，臣僚言：　乞今後有特旨推勘及具情犯申尚書省及樞密院者，除止留正犯及依法合奏之人具案聞奏外，餘並許令先次決遣，著爲定制。續具大理寺看詳：　紹興敕，諸獄案以非本處得論之人上聞者杖一百。今來罪人若不係元降指揮取勘人數，依法非應奏裁，謂如非情重法輕之類，若行先次決遣，即別無妨礙。欲依臣僚所乞施行。從之。

又　〔紹興〕五年二月二十八日，尚書省言：　勘會紹興令文，事已經斷而理訴者，一年內聽乞別勘。法意蓋謂元勘不當，負冤抑之□。近來命官、諸色人不論元勘當否，陳乞別勘，致奸贓之人干請行賂，動〔終〕〔經〕歲月，不能結絕。詔應命官、諸色人陳乞別勘，在條限內者行在令刑部、在外提刑司先行責限，委不干礙官體究詣實。如委涉冤抑不當，即分明開具事狀申尚書省，下所屬依條別勘施行。

又　〔紹興五年〕十月九日，刑部言：　監司按發公事應推鞫，不得送廨宇所在州軍，已有立定條法外，其諸州軍發劾屬吏，即無不許送本州取勘條法。今來若將合取勘公事送別州取勘，竊慮干連追呼，轉致淹延。乞今後止送本州，依公取勘，若勘結未圓，獄官不得稟受。如違，依監司稟受法斷罪施行。候勘結圓備，即差鄰州官前來錄問，庶得日後杜絕詞訟。若諸州軍按發屬吏已申監司，一例按劾，如後有陳訴，欲令監司並不作妨礙。其監司按發官吏如有陳訴，欲除初按發司外，餘司並不作妨礙，免致移獄追證，重成留滯。從之。

又　〔紹興六年〕七月八日，右司諫王縉言：　竊見諸處推勘姦贓之吏，干連追禁有至一二百人者。蓋司獄之利在於枝蔓，而無辜受害，有不勝言。望令諸路應推勘公事，其干係人並依湖南路已得指揮施行。從之。時以湖南路運司起大獄，無辜就逮，死者甚眾，詔委本路提刑司躬親疏放幹繫人，故縉援此爲請。既而侍御史周祕又言：　命官犯贓，合用干證人者，不可一概放釋，乞令時暫勒留對證。如有司故作淹留，並令監司按劾。從之。

又　〔紹興六年〕八月一日，中書舍人董弅言：　近取會到刑部諸路見勘命官公事，計二百二十四件。其間姦贓不法等罪，爲數百二十有一。其干連禁繫有及三四年未結絕，死於狴犴，又不知其幾何人。臣愚欲望申敕諸路提點刑獄官詳加檢察，務在平允。其有事匪究實，妄作滯係，並按劾以聞。如提點官故縱不舉，他司自合互察，亦乞申嚴條令。從之。

又　〔紹興〕八年五月二十七日，福建轉運判官範同言：　〔職〕〔贓〕吏翻異，不改前勘，乞並初勘共不得過三次。上曰：　官吏犯贓，既已斷罪，多進狀訴雪，何也？比年尤多。宰臣趙鼎曰：　意在徼倖改正，須更令體究。執政劉大中曰：　在法雖許雪訴，卻合再勘。上曰：　若再勘委實無罪，元勘官吏固應黜責；若勘得所訴不實，卻合別勘妄訴之罪。宰臣秦檜曰：　當送刑部施行。

又　〔紹興八年〕六月八日，刑部言：　今後諸路州縣及推判官司勘鞫公事，雖有緣故，若經一年之外不決者，並具因依申本路提點刑獄司，備申刑部及御史臺，看詳有無冤滯，申取朝廷指揮施行。從之。

又　〔紹興八年〕十一月五日，詔令諸路帥司各選委強明官一員，將本路應見禁一年以上公事並專一催促勘結，仍逐旋具已結勘過名〔件〕申尚書省。

又　〔紹興〕九年八月三日，臣僚言：　契勘廣右避遠，□禁每多淹延，其弊有三：　其一，監司輕於按發，不加審劾，或所勘與所按不同，則疏駮移推，必欲如其所按。又諸郡申請移推、詳覆之類，皆不即報應，有及三五月者，率以爲常。其二，罪人易於翻異，多緣奸吏之所教令。每一移推，旋改情節，或自招伏而令家屬稱冤，或故爲不圓以使監司疏駮，或沉溺遞角以致奏案不到，遷延歲月，以待按發之官去任。或徒伴有死亡者，然後計囑官司，盡脫其罪。其三，追證取會及差官審錄之類，一涉他州，互相推避，文移往返，動經歲月。以上三弊，皆有成法，特有司奉行不虔，遂致弛廢，欲乞檢坐申嚴行下，遵守按察施行，從之。

又 〔紹興〕十一年六月十五日，臣僚言：伏見紹興五年臣僚起請，諸鞫獄明白而妄行翻異，雖罪至死者，三經別推，即令逐路提刑司申察繳奏，加本罪一等，仍著爲令。至紹興七年指揮，流罪以下雖不繳奏，亦依此施行。蓋緣當時偶有奸民抵法，有司始爲此請。然而其間豈無冤濫，萬一吏非其人，情未盡得而概以此律論之，不無失入者矣。欲望除贓罪自合依前項繳奏外，其餘死罪、流以下移推之法，悉依祖宗舊制。從之。

又 〔紹興十二年〕二月二十三日，臣僚言：比者諸路推究翻異公事，或朝廷委之鞫勘，多於閑慢可差出之官，例皆初官蔭補子弟及新第進士，於法令實未暇習，其勢必委之於其下，老胥猾吏得以輕重其手。欲乞行下諸路逐司，應有勘鞫公事，並須擇曾經曆任人，庶幾奸吏無所措手。

又 〔紹興〕十三年三月十三日，刑部言：奉詔，令大理寺選差寺丞一員，前去荊州取勘知雍州俞僧冒請遙郡全俸事，仰一就催結湖南北、廣西見禁淹留公事，餘路令刑部、大理寺體倣措置催促。今契勘諸路見承聖旨、朝旨取勘公事計一百三十三件，欲候今降指揮到日，專委本路提刑躬親前去逐州取〔素〕〔索〕檢點，限十日勘結。內有委合守待追取會問公事，即嚴立近限催促。如或出違所責日限，仰提刑具職位姓名申部，取朝廷指揮施行。從之。

又 〔紹興〕十四年四月三日，詔刑部將半年以上未結絕公事開具名件，行在委本部，外臺委所屬監司，量事輕重，責限催促結絕。內月日稍遠者，取問因依申奏。仍檢舉前後已得指揮，申嚴約束，如敢違戾，並〔當具〕〔具當〕職官吏申尚書省，取旨施行。其不係申奏、本處一面論決公事，或有淹留，許被追干證之家越訴。

又 〔紹興〕十六年三月一日，刑部言：宣和二年御筆，諸路州軍勘推公事，干照之人每程給米一升半、錢五文。紹興修書，即不該載。今欲檢照前項修立成法，諸鞫獄他處，追到干照人，若無罪合遣還而貧闕者，推鞫官司計程於囚糧內以錢米當官給之。又鞫獄他處追到無罪干照人合遣還而貧闕者，每程人給米一升半、錢一十五文。從之。

又 〔紹興〕二十一年八月十九日，詔：今後諸州軍承勘兇惡強盜案成，候審錄訖，將前元勘始末一宗案款錄白二本，審錄問官具詣寔保明文狀申繳，赴提刑司並刑部，行下大理寺收管。候所屬保奏到陳乞推賞之人，參照並同，方許依格定賞。餘依見行條法施行。

又 〔紹興〕二十八年五月七日，刑部言：今後應中外翻異駁勘及別推公事，若前勘有不當，依條合一案推結者，其官吏未有替移事故，即依紹興九年指揮施行。如委有替移事故、難以追會者，候供證盡實，先次結案。其不當官吏雖遇恩、去官，仍取伏辨，依條施行。合一案推結者，其檢斷、簽書、錄問官包括在內，除無勿原指揮外，依指揮雖遇赦、去官亦合取責伏辨。從之。

又 〔紹興二十八年〕十一月二十三日南郊赦文：應鞫干證如係緊切，方得時暫追證，有罪先次摘辨，無罪日下疏放。尚慮當職官不切究心，仰監司常切覺察，不得容庇。

又 〔紹興二十九年〕五月十一日，廣西提刑王孝先言：殺人無證、屍不經驗公事，依條先具按奏裁，候朝廷斷下，專委提刑前去審問施行。若或情犯稍有可疑，或罪人翻異申冤，具奏取旨，方行下差官重勘。往來待報，經隔年歲，不得決遣。今欲乞案成先申提刑，親行審問訖，後具奏取旨斷遣。刑部看詳：奏裁公事，雖斷敕下日尚委提刑司審問，蓋防冤濫，重惜人命。若先申提刑審問訖具奏，竊慮或有失實。今後〔訖〕〔乞〕將諸路初奏到上件狀降斷敕下日，委提刑親行審問，如有可疑及翻異，即從本司選差清強官重別勘鞫。候案成，申本路不干礙監司，先漕臣，次提舉官。躬親審問，如無翻異，即報所差官，於案內聲說聞奏。若依前翻異，從審監司一面差官別勘。如監司俱有妨礙，即申安撫司差官。尚行翻異，令本司具案並翻異因依申取朝廷指揮。從之。

又 〔隆興〕三年正月二十五日，大理少卿劉敏求言：伏見州縣之獄追逮最多、淹延最久者，無如強盜、贓吏，皆擇其重罪，研窮詳備。其餘輕罪非應累併者，惟令鞫正大情，雖有小節未圓，勿復追證，並須依限結案，庶使早正典刑，免枝蔓留滯之弊。從之。

又 〔隆興〕四年正月二十一日，權刑部侍郎薑詵言：乞自今遇有翻異公事，先須本路提刑、轉運、安撫司遍行差官推勘。倘尚伸冤，卻於鄰路再差，勿復隔路。其已遍經鄰路置勘而又翻異者，令後勘官開具前後所招及翻異因依，申取朝廷指揮。從之。

又　〔隆興六年〕三月二十六日，權刑部侍郎汪大猷言：契勘諸路推勘翻異公事，在法於提刑、轉運、安撫司以次差官。竊詳近制，提舉常平亦係監司，乃於法特不許差，委有未當。乞自今諸路遇有推勘翻〔異〕公事，許提舉常平依諸司差官。從之。同日，權刑部侍郎汪大猷言：竊見諸勘鞫公事，多是翻異別勘，錄問官未嘗詰問，纔聞冤便取責短狀以出。後勘官見累勘不承，慮其翻訴不已，獄情一變，或坐失入之罪，故爲脱免。乞特降指揮，自今錄問官遇有翻異，當廳令罪人供具實情，卻以前案並翻詞送後勘官參互推鞫，不得更於翻詞之外別生情節，增減罪名。其累勘不承者，依條選官審勘。從之。

又　〔隆興六年〕六月三日，權刑部侍郎汪大猷言：大理寺擬斷案後收坐者不一，其間多有去官及經恩赦者。緣法有具事因申寺之文，故有司不敢但已，必候元勘官司取責逐官腳色、犯由申寺，方敢結絕。緣法有住居江浙而守官在福建，其事發卻在湖廣，亦有干連數十人者，必欲一一取責，方得圓結，遂致經隔數年，紛紛無已。今乞將案後收坐除不該赦及非自首、去官之人，及雖該赦亦合候結案取旨伏辨，自依本法外，其他所犯，令元勘官司於結案之後開具干連名銜定斷。兼所具事因即是犯由，既具案已到，則所犯輕重亦可概見，不必一一取責。詔刑部看詳申尚書省。已而（刑部）〔部刑〕看詳，乞於《斷獄令》命官、將校犯罪自首、遇恩、去官，開具事因令文下，添入若因事干連者，元勘官司於正犯人結案後，限五日取干連官名銜，聲說所犯因依，隨案供申。如不見得名銜，即具因依及所犯處地分、月日申刑部。從之。

又　〔隆興六年〕十一月十六日，大理少卿周自強言：伏見監司、郡守按發贓吏，多送鄰州根勘，其干連人被追逮者多至一二百人，少亦不下數十人。獄成之後，往往翻異，差官別勘，至有經年不決者。乞自今見任官公事，止差官本州根勘，不得輒送鄰州。若獄成翻異，惟據所翻之事別勘，所有干證止許追緊切人。或有濫追淹禁，並令提刑司案奏。從之。

又　〔隆興七年〕九月十八日，江東路提點刑獄公事胡襄言：竊見諸州軍推勘大辟已經申奏，蒙朝廷依條斷下，罪人或臨刑翻異，或家屬稱冤，在法更合申取指揮。緣伺候回降，動經數月。今後如有似此等人，乞令提刑司一面差官別勘，卻申省部照會。從之。

又　〔隆興七年〕十月四日，（昭）〔詔〕諸路見勘公事內，有五次以（止）〔上〕翻異人，仰提刑司躬親前去審，具案聞奏。如仍前翻異，即根勘著實情節，取旨施行。內有合移送大理寺者，即差人管押赴闕。

又　〔隆興九年〕閏正月十一日，以中書門下省言：命官獲賊合該推賞者，多有計囑獄司，將無辜人煆煉，例目爲賊，希求賞典。有司觀望，結案保奏，合行禁戢。詔自今諸路州軍推勘强盜，止將正賊根治，不得以無辜人絢情勘鞫。保奏官以元案再行審實，倘無僞冒，方得申奏。如違，許監司按劾以聞。

又　〔隆興九年〕五月十六日，新知湖州趙師夔言：竊見諸州軍重囚或有翻異，必於鄰郡差官再勘。承勘官吏深慮犯人供具異同，則爲元勘官司之累，往往循習舊案，相爲符合，使有冤抑者不得自伸。乞下諸路監司，嚴行戒約。詔依。仍令監司遇差官推勘，仰檢坐故失故入、失出失入條法，移文所差官照會，不得違戾。

又　〔乾道〕二年二月八日，以新知貴州姚孝資言：在法，諸錄囚有翻異者聽別推，然後移推，初無止限，至有一獄經六七推不得決者。證佐之人，追呼拘繫，率被其毒。乞自今內外之獄至三推未成者，其證佐人免行追呼，庶幾無辜得免殞於非命。詔今後承勘翻異公事，如經三推者，其緊切干證人若干礙出入情節，方許追證，其餘不得泛濫追呼。

又　〔乾道〕四年正月二十一日，權刑部侍郎姜詵言：乞自今遇有翻異公事，先須本路提刑、轉運、安撫司遍行差官推勘。倘尚伸冤，卻於鄰路再差，勿復隔路。其已遍經鄰路置勘而又翻異者，令後勘官開具前後所招及翻異因依，申取朝廷指揮。從之。

又　〔乾道六年〕三月二十六日，權刑部侍郎汪大猷言：契勘諸路推勘翻異公事，在法于提刑轉運安撫司以次差官竊詳，近制提舉常平亦係監司，乃于法特不許差委有未當。乞自今諸路遇有推勘翻公事，許提章常平依諸司差官。從之。同日，權刑部侍郎汪大猷言：竊見諸勘鞫公事，多是翻異別勘，錄問官未嘗詰問，綫聞冤便乢責短狀以出，後勘官見累勘不承，慮其翻訴不已，獄情一變或坐失入之罪，故爲脱免。乞特降指揮自今錄問官遇有翻異，當廳令罪人供具寔情，卻以前案昇翻詞送後勘官參互推鞫，不得更于翻詞之外別坐情節，增減罪名。其累勘不承者，依條選宫審勘。從之。

又　〔乾道〕七年九月十八日，江東路提點刑獄公事胡襄言：竊見諸州軍推勘大辟已經申奏，蒙朝廷依條斷下，罪人或臨刑翻異，或家屬稱冤，在法更合申取指揮。緣伺候回降，動經數月。今後如有似此等人，乞令提刑司一面差官別勘，卻申省部照會。從之。

又〔乾道九年〕十一月九日大（理）〔禮〕赦：勘會被差鞫獄、錄問，起發違（時）及輒占留（詞）〔辭〕避者，皆有成法。近來所差之官，往往不即起發，飾詞避免，或妄稱它司先以差委。文牒往來，遷延月日，致使罪人久被囚繫。今後如有似此之人，仰監司守臣覺察按劾，重寘典憲。同日赦：勘會鞫獄之官多不親臨，惟憑推吏鞭楚，傅致深文，審錄引斷，隨即翻異，追逮干連，經涉歲月，深可憐憫。今後並仰獄官依條親行勘鞫，務得實情，除緊切干證人外，不得枝蔓追呼。如有違戾，許監司按劾以聞。

又〔嘉定五年〕十二月十四日，臣寮言：刑獄，民之大命。州縣之間，其弊有可言。如勘死囚，雖得其情，或憚於詳覆之縻費而徑用奏裁；如該徒、流，法所不宥，或畏於州郡之疏駁而止從杖責。罪至死、徒者，法當錄問，今不復差官，或出於私意而徑從特判；獄有翻異者，法當別鞫，今被差之官或重於根勘而教令轉款。寒暑必慮獄囚，法也，今監司按行之時，多是詭爲知在；遇夜不得行杖，法也，今郡邑斷遣之際，或至燈下行刑。獄許破常平錢米，亦皆法也，今守令不以經意，或從減剋，或支不以時，遂至囚多（瘦）〔瘐〕死。凡是數者，冤抑實多。乞行下諸路提刑司嚴行覺察，照見行條法，或有違戾，罪在必刑。從之。

《宋會要輯稿・刑法四》〔天禧〕三年二月五日，詔：沙門寨監押不得挾私事非理殺配流人，委提點五島使臣常察舉之，違者具事以聞，重寘其罪。先是，著作佐郎高清、襄州文學焦崑皆以罪配隸，監押董遇因事殺之。至是，清長子伐登聞鼓上言，遇責賂不足，誣以構叛。詔詰遇，而清既死，無以證辯，故有是命。

《宋會要輯稿・刑法五》〔淳化〕五年正月十三日，以春和在候，閔其幽繫，禦崇政殿錄在京諸司繫囚，流已下悉從原宥。帝謂宰相曰：古人立法非欲察，蓋欲親善遠罪者 誠耳。既犯刑憲繫牢獄者，有司宜盡心聽斷，無有壅滯，斯爲供職矣。

又〔嘉定十四年〕七月十五日，白劄子言：刑部見催促諸路累翻積年未決之獄共四十六件，其間有係八年九年公事，今來已經涉七年，尚未了絕。兼諸路翻異公事徑行移勘，不曾申上者，又不知其幾。淹延刑禁，追逮干連，旁及無辜，或有死亡者，皆因頑囚避罪妄翻，及有元勘失實，遂致興獄不已。乞朝廷照淳熙十四年及紹熙四年已降指揮，令諸路提刑躬親將翻異之獄，與逐州守臣臨安府即令兩浙運司同守臣。更切從公審勘。如罪人情狀明白，別無可疑，委係避罪妄翻，即照刑寺已定斷得旨事理施行；若見得前勘有未盡情節，委涉冤抑、可疑及未經刑寺定斷，並仰具奏取旨施行。其元勘失當官吏，並與免一案推結收坐一次，庶幾治獄一清。從之。

《宋會要輯稿・刑法六》〔嘉泰三年〕十一月十一日，南郊赦文：刑獄翻異，自有條法，不得於詞外推鞫。其干連人雖有罪，而於出入翻異稱冤情節元不相幹者，錄訖先斷。近來州郡恐勘官到來，臨期勾追遲緩，卻將干證人盡行拘繫，破家失業，或至死亡。可並令釋放，著家知在。如違，許被拘留人經監司陳訴。

又〔大中祥符〕五年十二月二十八日，河東路提點刑獄張懷寶言：伏見諸路大辟罪，皆俟旬終報轉運、提刑司，若旬初、路遠，即禁囚動經半月，或有情款疑互，審察不及。自今望令即日報兩司。從之。

又〔大中祥符〕八年二月，詔開封府，（命）〔今〕後應命官合該勘鞫，未得追禁，奏候指揮。

又〔政和〕五年六月二十二日，開封尹盛章奏陳：御筆：時當大暑，應兩獄繫囚，催督限日近結絕。所有已未上朝廷斷遣公事，欲乞候案上，共限三日斷下。如有續上公事，亦乞依此。詔依奏，限三日斷下，無致鹵莽。

又〔政和六年〕閏正月二十三日，刑部員外郎李揆奏：應縣鞫強盜追贓已至罪止，或別有重罪不礙刑名者，許先解州結斷，續追餘贓，庶獄無留滯。從之。

又〔宣和三年〕三年二月二十三日，詔：應江東、兩浙路諸州申奏到見禁待報公案，大理寺大案十日，中案、小案限五日，刑部大案限五日，中案、小案限三日上省，候賊平日依舊。其應已申奏公案干證無罪人，如官司違法留禁，仰監司點檢覺察，按劾施行。

又〔宣和〕四年六月八日，臣僚言：州縣刑禁，本以戢姦，而官吏或妄用以殺人。州郡猶以檢制，而縣令惟意所欲，淹留訊治，垂盡責出，不旋踵而死者，實官吏殺之也。乞依在京通用令，責出十日內死者驗覆，如法重者奏裁，輕者置籍歲考。其不應禁而致死者，亦奏裁。從之。

又 〔宣和〕五年六月二十日，刑部奏：檢會臣僚上言：伏州縣鞫獄，在法不得具情節申監司，及不得聽候指揮結斷，此蓋朝廷欲使州縣盡公據實，依〔法〕斷遣，不得觀望，且使獄刑無淹延之弊。而比年以來，諸路監司往往狹情偏見，每有公事，必使州縣先具情節申稟，聽候指揮，方得斷遣。稍未如意，即再三問難，必快其欲而後已。臣愚欲乞特降睿旨，補完見行條法。應囚在禁，如監司指揮具情節及令聽候指揮結斷者，州縣不得承受，一面依條施行。如監司見得果有情弊及情理未盡，即別行按劾。勘會上件事理，刑部每半年一次檢舉行下，係一時指揮，自合遵守施行。若監司於所部刑獄，令承勘官司稟受推鞫，已有政和敕科罪。又近降御筆：囚在禁，如監司指揮具情節及令聽候指揮結斷者，以違制論。仍令監司、廉訪使者互察。既互察，在監司合坐違制之罪，即隨事朝廷自有特旨黜責，不須更行立法。欲下諸路監司、州縣，遵守近降御筆處分施行。詔依。如違，以違制論。

又 〔宣和〕六年正月十二日，提點京東路刑獄公事孟特奏：準刑部符，承上項敕，本司係專一檢察刑獄稽違，如有情犯可疑，或事干非常，理合要見所犯情由檢察，未審合與不合隨時取會看詳，依條施行。大理寺參詳提刑司既係專行檢察刑獄，若實有情犯可疑，或事幹非常，理合要見情由檢察，即合隨事取會。尚書省言：應幹禁囚，監司並不合令聽候指揮結斷外，其不許令具情節，謂本司送下公事或幹涉逐司妨礙。詔令刑部申明，遍牒施行。

又 〔宣和〕七年四月十二日，尚書省言罷獄子等不行重祿，深惟獄吏切於囹圄，故立重法以馭姦猾。今緣小費，開其枉法，合復獄子重祿。罷諸囚在禁病死、歲終保明條不行，獄囚在禁而死，政和中以最多、最少立爲賞罰，囚不枉濫，合復囚禁歲終保明法。從之。

《宋會要輯稿·刑法七》 〔景德二年〕二年二月，詔開封府：自今殿前、侍衛司軍人合追攝證對公事者，如舊制。其軍人身死，犯杖罪，送本司施行；若將校及軍人犯徒罪已上者，未得直牒追攝，奏聞取裁。時殿前、侍衛司言：開封府多直行捕逐禁軍兵士，並不關報本司，事恐非便。故有是詔。

又 〔開禧二年〕二年十一月，詔環、慶、寧三州禁兵犯罪至死者，委本州依條區斷訖，申總管司。罪狀切害者依舊例。先是，上封者言環、慶、寧三州禁兵犯極刑者，獄既具，先以案牘申總管司以俟裁斷，往復近十日，致留滯，故條約之。

宋·李燾《續資治通鑑長編》卷三 〔宋太祖建隆三年二月〕癸巳，令諸道州、府依法斷獄，毋得避事妄奏取裁，違者量罪停罰。量罪停罰，乃乾德二年正月丁未詔，今併列於此，不復重出於彼。

又 〔宋太祖建隆三年八月〕乙未，左拾遺、知制誥虞鄉高錫上言：近廷臣承詔各舉所知，或有因行賂獲薦者。請自今許近親、奴婢、鄰里告訴，加以重賞。又請注授法官及職官，各宜問書法十條以代試判，上皆施行之。

又 〔宋太祖建隆三年十二月〕庚子，有司上捕賊條，詔頒行之：給以三限，限各二十日。第一限內獲者，令尉各減一選，獲踰半者，減兩選。第二限內獲者，各超一資，踰半，超兩資。第三限內獲者，令尉各加一階，踰半，加兩階。過三限不獲，尉罰一月俸，令半之。尉三罰，令四罰，皆殿一選；三殿，停官。令尉與賊鬬而盡獲者，並賜緋，尉除令，仍超兩資，令別加陞擢。

宋·李燾《續資治通鑑長編》卷八 〔宋太祖乾德五年二月〕癸酉，御史臺上言：伏見大理寺斷徒罪人，非官當贖銅之外，送將作監役者，其將作監舊兼充內作使，又有左校、右校、中校署，比來工役，並在此司，今雖有其名，無復役使。或遇祠祭供水火，則有本司供官。欲望令大理寺依格式斷遣徒罪人後，並送付作坊應役。從之。自後命官犯罪當配隸者，多於外州編管，或隸牙校。其坐死特貸者，多決杖黥面，配遠州牢城，經恩量移，即免軍籍。大凡命官犯罪，多有特旨，或勒停，或令釐務，贓私罪重，即有配隸；或處以散秩，自遠移近者，經恩三四，或放任便，所以儆貪濫而肅流品也。

宋·李燾《續資治通鑑長編》卷二二 〔宋太宗太平興國六年三月〕詔：諸州大獄，長吏不親決，胥吏旁緣爲姦，逮捕證左，滋蔓踰年而獄未具。自今長吏每五日一慮囚，情得者卽決之。上不欲天下有滯獄，乃建三限之制，大事四十日，中事二十日，小事十日，不須追捕而易決者無過三日。三限，別本《實錄》繫之五月丙辰，今從本志。

又 〔宋太宗太平興國六年四月〕上躬親聽斷，京城諸司獄有疑者，多臨決之。是歲，自春涉夏不雨，上意獄訟有冤濫。會歸德軍節度推官李承信市葱有爛者，笞園戶，病創數日死。己卯，承信坐棄市。

宋·李燾《續資治通鑑長編》卷二四 〔宋太宗太平興國八年十二月〕權知相州、右補闕直史館田錫上疏言：【略】所謂綸旨稍頻者，君有居上之威儀，臣有奉上之職業。君道務簡，簡則號令審而人易從，臣道務勤，勤則職業修而事無壅。臣伏見陛下憂民太過，視事太勤，每日早於崇德殿受百僚之朝，未日午於講武殿視萬機之事。或進呈甲仗，或揀閱軍人，或躬問縲囚，或親觀戰馬；自晦而進者，或詳其詞理，撾鼓以聞者，或詢彼冤誣。蓋陛下慮四聰或有所未達，萬機或有所未知，文王之心，遂乾乾而夕惕，成湯之意，貴孜孜於日新。然陛下何不移此勤勞而勞於求賢，何不改此精專而專於選士！諫官則寘之左右，御史即委以糾彈，給事中當材者許之封駁詔書，起居郎有文者命之紀錄言動。百職如是各舉其業，千官如是各得其人，則何憂事不允釐，何慮民不受賜！今有司指揮，多以劄子取聖旨，官員注擬，必須引見聽敕裁，事若允當則既由宸衷，事若未當則亦歸睿斷。如此皆勞天聽，安用有司！致陛下視事太勤，憂民太過。況宮闕乃尊嚴之地，軒墀列清切之班，可以延佇賢良，詢求理道，豈宜使押來囚繫，或病患軍人，或虛詞越訴之徒，或僥倖希恩之輩，引之便殿，得面天顏！陛下則隨事指揮，臨時與奪，其間有驟承顧問，上懼天威，或偶有敷陳，稍愜聖旨，怯懦蹇訥者口雖奏而未盡其心，姦詐辨詞者言雖當而未必有理。陛下或賜之恩澤，或寘以刑名，然睿覽周通，出令固無於枉濫，而帝廷清肅，終朝豈稱於喧囂！加以條理事宜，或傷頻併，施行詔敕，遂至稠重。《書》曰臨下以簡，又曰御衆以寬。御衆不以寬則獲罪者多，臨下不以簡則從令者少。況帝王有常道，禁令有常程，施令貴乎必行，設禁貴乎必止。若令之無節，奉而行之者必難，禁之無時，遵而止之者亦寡。

宋・李燾《續資治通鑑長編》卷三三 〔宋太宗淳化三年五月〕壬寅，詔御史臺鞫徒以上罪，獄具，令尚書丞郎、兩省給舍以上一人親往慮問。

宋・李燾《續資治通鑑長編》卷三四 〔宋太宗淳化四年十月〕自端拱以來，諸州司理參軍皆上躬自選擇，民有詣闕稱冤者，立遣臺使乘傳案鞫，數年之間，刑罰清省矣。諸路提點刑獄司未嘗有所平反，上以爲徒增煩擾，罔助哀矜，詔悉罷之，歸其事於轉運司。

宋・李燾《續資治通鑑長編》卷五一 〔宋眞宗咸豐五年六月〕詔審刑院詳議官、大理寺權少卿詳斷官不限在職月日，但本官滿三年者即與遷秩。

宋・李燾《續資治通鑑長編》卷五五 〔宋眞宗咸豐六年六月〕癸未，詔：律令具有明文，法官不能詳處，多以獄情輕重列奏取裁，或再令審定，即復更改。一成之制，豈若是耶？自今無得以情理取旨。

宋・李燾《續資治通鑑長編》卷五六 〔宋眞宗景德元年五月〕癸丑，詔：諸路州府軍監，見禁罪人，宜令長吏以下躬親詳勘，限三日內斷遣了畢，不得妄有枝蔓淹延。若是重罪照證不具、斷遣未得者，亦須催促了畢。每三日一遣官按視，埽灑獄房，滌洗杻械。如闕什器，即時收市。上不欲遣使，恐其煩擾，但嚴敕長吏疏決而已。

宋・李燾《續資治通鑑長編》卷五七 〔宋眞宗景德元年八月〕先是，朝廷每以敕書約束邊事，或有當行極斷等語，官吏不詳深意，即處大辟，洛苑使李繼和言其事，辛酉，詔諸州軍自今有云重斷、極斷、處斬、決配之類，悉須具獄以聞。

又 〔宋眞宗景德元年八月〕詔：西面緣邊州軍所管熟戶蕃部，或有鬬訟，官吏不能遵守條制，依理平決，或旁緣騷擾，致生邊隙。自今轉運副使常切按察，其不能綏邊勤職者，具名以聞。

宋・李燾《續資治通鑑長編》卷六〇 〔宋眞宗景德二年五月〕己巳，詔自今諸州官吏雪活得人命者，並理爲勞績。先是，著作佐朗曹定言，官吏雪活，乃其職分，不當論課最。於是，太子詹事、判刑部愼從吉言，誤失用刑，率皆受責，雪活冤獄，曾不霑恩，懲勸之問，恐未協理，望頒新制，以勗盡心，從之。

又 〔宋眞宗景德二年七月〕辛亥，上封者言：刑部舉駮外州官吏失入死罪，準斷獄律，從流失入死罪者，減三等，徒二年半。公罪分四等，定斷官減外徒三年，爲長者追官，餘三等徒罪止罰銅。伏以法之至重者死，人之所保者生，儻官司不能盡心，則刑辟乃有失入，傷和平之氣，違欽卹之仁。蓋幕職、州縣官初歷宦途，未諳吏事，長吏明知從罪不至追官，但務因循，不自詳究。又雍熙三年七月敕，權判刑部張佖起請失入死罪，不許以官當贖，知州、通判並勒停。咸平二年編敕之時，輒從刪去，致長吏漸無畏懼，輕用條章。臣以爲若以格法舊條，似虧懲勸，或準張佖起請，又未酌中。欲望自今失入死罪不致追官者，斷衝替，候放選日注僻遠小處官，連署幕職、州縣官注小處官，京朝官任知州、通判知令錄，幕職受遠處監當，其官高及武臣、內職，奏取進止。詔可。

又 〔宋眞宗景德二年七月〕庚午，大理寺言：郊禮在近，諸州奏案多不精詳，冀於覆駁延留，以俟寬宥。請自今有侵損贓私，事狀明白，公然抗拒，當駁退者，即具情由定斷，以絕僥倖。詔可。又詔諸謀殺人不至傷殺，而情理凶惡，不可留本處者，具獄以聞。

又〔宋眞宗景德四年五月〕甲辰，詔天下繫囚，除近降德音不赦依日限奏斷外，自餘令審刑院、大理寺約法，以時聞奏。案數至百餘，上慮其淹緩，故有是詔，謂左右曰：比見奏案斷某州榷務虧額，定知州爲私罪，乃云即合日至榷務。且長吏區處州事，榷務止當提轄耳，一加私罪，累及終身。乃知法官當簡擇平允通明者，若但能誦文習法，尤泥於事，不足尚也。

宋・李燾《續資治通鑑長編》卷六六〔宋眞宗景德四年七月〕詔自今官吏犯贓，及情理慘酷有害於民，刑名疑誤者，審刑院依舊升殿奏裁，自餘擬定用刑封進付中書，門下施行。《會要》云：詔審刑院凡有法寺奏斷公案，皆具詳議奏覆。今後宜令本院除官吏贓私逾濫，爲事慘酷及有刑名疑誤者，依舊奏覆，其餘刑名已得允當，即具封進，仍以黃貼子擬云刑名委得允當，乞付中書，門下施行。時王濟等上章乞廢審刑院，帝因令宰相更爲約束。王濟欲廢審刑院，當考。

宋・李燾《續資治通鑑長編》卷六七〔宋眞宗景德四年十二月〕己未，詔廂軍及諸州本城犯，所部決杖訖，並移隸他軍，內情理重及緣邊隨軍者奏裁。先是，法寺上言請與禁軍同等。上以軍秩既有差降，故犯者亦從末減。

宋・李燾《續資治通鑑長編》卷七一〔宋眞宗大中祥符二年正月〕戊辰，詔：自今開封府、殿前、侍衛司奏斷大辟案，經裁決後，百姓即付中書，軍人付樞密院，更參酌審定進入，俟畫出，乃赴本司。其雖已批斷，情尚可恕者，亦須覆奏。其逐處錄問罪人，並當別差人吏，不得令元推典祗應。

宋・李燾《續資治通鑑長編》卷九七〔宋眞宗天禧五年二月〕甲寅，知審刑院宋綬言，得詳議官尚霖等狀，諸州刑奏並斷畢，無留牘。詔獎綬等，仍賜緡錢，宣付史館，群臣上表稱賀。其後，奏斷絕賜緡錢，付史館如例，而不常表賀。

宋・李燾《續資治通鑑長編》卷一〇七〔宋仁宗天聖七年三月〕丙戌，遣官祈晴。上因謂輔臣曰：昨令視四郊，而麥已損腐，民何望焉！此必政事未當天心也。古者大辟，外州三覆奏，京師五覆奏，蓋重人命如此。其戒有司，審獄議罪，毋或枉濫。又曰：赦不欲數，然舍是無以召和氣。

宋・李燾《續資治通鑑長編》卷一一六〔宋仁宗景祐二年五月〕判大理寺司徒昌運言：本寺詳斷大事二十日，小事十日，審刑詳議各減半，而不以案內有無繫囚。恐炎暍之際，待報淹久，請自四月至六月，案有繫囚者，減日之半。兩川、廣南、福建、湖南，如急案例斷奏。從之。

宋・李燾《續資治通鑑長編》卷一二〇〔宋仁宗景祐四年正月〕丙戌，詔：天下獄有大辟，長吏以下並聚廳慮問。有翻異或其家訴冤者，聽本處移司；又不服，即申轉運司，或提點刑獄司，差官別訊之。

宋・李燾《續資治通鑑長編》卷一三二〔宋仁宗慶曆元年七月〕又詔陝西自兵興以來，多法外從事，自今情理與本法不類，杖以下罪聽之，其自入徒流或加刺配者，須奏聽裁。

宋・李燾《續資治通鑑長編》卷一四四〔宋仁宗慶曆三年十月〕又詔有盜殺掠人，其捕盜官吏並當日具所殺掠人數申本屬州軍，逐州軍亦限當日上奏，如敢隱落，若輒稽違者，並以違制論。

宋・李燾《續資治通鑑長編》卷二七一〔宋神宗熙寧八年十二月〕御史蔡承禧言：戶房檢正官徐禧母黃氏私其壻莫秀才者，禧頃在洪州，迎之不至，再三懇求，遂與莫偕行，舟至池州建德縣，莫溺死。議者謂禧與弟祕恥莫亂其母，飮之以酒，舁置大江，未知虛實。詔江南東路轉運司案實以聞。

宋・李燾《續資治通鑑長編》卷二八五〔宋神宗熙寧十年十一月〕庚戌，詔自今命官犯公罪不至追奪，而去官尚當論罪取旨者，錄問訖勿禁留，仍知所在。

宋・李燾《續資治通鑑長編》卷二八九〔宋神宗元豐元年夏四月〕知諫院蔡確既被旨同御史臺按潘開獄，遂收大理寺詳斷官竇蘋、周孝恭等，枷縛暴於日中，凡五十七日，求其受賂事，皆無狀。中丞鄧潤甫夜聞掠囚聲，以爲蘋、孝恭等，其實他囚也。潤甫心非確所爲慘刻，而力不能制。確引陳安民置枷於前而問之，安民懼，即言：嘗請求文及甫，及甫云已白丞相，甚垂意。丞相，指吳充也。確得其辭喜，遽欲與潤甫登對，具奏充受賕枉法。潤甫止之。明日，潤甫在經筵獨奏：相州獄事甚冤，大理實未嘗納賂，而蔡確深探其獄，支蔓不已。竇蘋等皆朝士，榜掠身無完膚，皆銜冤自誣。乞蚤結正。權監察御史裏行上官均亦以爲言，上甚駭異。明日，確欲登對，至殿門，上使人止之不得前，手詔：聞御史臺勘相州法司，頗失直，遣知諫院黃履、勾當御藥院李舜舉據見禁人款狀引問，證驗有無不同，結罪保明以聞。《實錄》以此語繫之三月二十一日乙未。按：《御集》乃四月三日下此詔，又按：司馬光《記聞》云：竇蘋等枷縛暴日中，凡五十七日。確自閏正月二十五日被旨赴臺，至三月二十一日，才五十五日耳，恐《實錄》誤。又按：上官均所言黃履、李舜舉初赴臺驗問見禁人，初無黃廉姓名，至四月三日，改正李舜舉監勘，乃別出黃廉姓名。蓋履及舜舉先赴臺驗問，後又與廉同勘鞫，其實兩事，手詔自當再下。增差黃廉，必須特降手詔，而《御集》偶失編纂，但得改正監勘手詔，遂誤并兩事爲一事，故日月差互。若從《實錄》繫之三月二十一日，則又似太早，今但附見於此，而不書月日，庶不相牴牾。《記聞》亦誤并兩事爲一事，蓋不詳考。履、舜舉初止是驗問，添差黃廉則云勘鞫，而潤甫等始獲罪。其先後次序可推而知，今掇取删修。

履、舜舉至臺，與潤甫、確等坐廉下，引囚於前，讀示款狀，令實則書實，虚則陳冤。前此，確屢問囚，有變詞者輒笞掠。及是，囚不知其爲詔使也，畏獄吏之酷，不敢不承。獨竇蘋翻異，驗拷掠之痕則無之。履、舜舉還奏，上頗不直潤甫等言。而均復言：比奉朝旨鞫相州獄，其法司潘開等所齋錢物，別無行賕處外，有詳斷官竇蘋等，初議法不一，後卻依相州所斷。及據蘋雖稱：判大理寺朱温其方議法次，嘗稱樂咸是故人，雖有理卻不解説，又言陳安民是李待制親，誰敢妄定翻它文字？語似涉私，然推究蘋等本意，正是疑惑刑名，反覆議論，卽非主張樂咸、陳安民始改斷。前月十九日，鄧潤甫、蔡確欲先具情節奏御。前一日，潤甫與臣恐蘋等所通款狀或有異同，卽與勘官聚廳引問。據蘋口説，與元狀不同，并稱綳縛五十餘日，止有出入息，便有死罪，亦須通説。又據十七日元簽書官陳安民稱，嘗託外甥大理評事文及甫説與宰相吳充告照管，充亦垂意。潤甫與臣以事連執政，未追到及甫照證，及據蘋所説，與元狀不同，不敢鹵莽進呈，已具奏聞。

蒙差知諫院黃履、勾當御藥院李舜舉赴臺案驗，履等與衆官聚廳逐一引問見禁官吏、百姓，對定款狀，潘開等三十餘人無翻異外，有竇蘋稱元供狀內十有八事皆虚，及詳斷官杜子民亦稱，元狀嘗説陳安民見在政府上下經營一節，亦不實。臣看詳蘋等初不曾受賕枉法，今勘劾止緣議法有前語言，其間雖似涉私，亦無實狀，致前後翻異不一。兼據竇蘋累於勘所聲冤，緣臣與潤甫初恐同勘官蔡確疑本臺私蔽官吏、不欲面引問，止據款狀簽押。其蔡確日至臺，止是呼召元辟同勘官劉仲熊及親信府吏楊昌等傳授指意，日夜窮治。又及據推直官虞肇等稱，初無指揮綳縛竇蘋，必是劉仲熊、楊昌等擅綳縛。又蔡確取前月十九日同潤甫具情節進呈，並不引官吏面訊虚實，及親改奏檢，多漏逸情節，欲以款狀上惑聖聽。

臣與潤甫久欲論辨，緣所勘官吏語言多連及權要，迹涉阿蔽，亦恐蔡確藉此爲説，臣雖有區區之誠，無由獲信。然反覆思慮，職在風憲，義當彈舉，避嫌不言，退爲身謀，則是臣不忠不直，上負朝廷設官任使之意。臣欲乞除潘開等對驗已定，止就本臺結絶外，其法官竇蘋等干連命官，乞別差官移司，盡公根勘，所貴推見情實，不致冤濫。

翌日又言：臣自與蔡確同鞫相州獄逾兩月，觀其持法刻深，言不及仁，窮治詰問，不考情實，以必得姦弊爲事；其所辟勘官劉仲熊天性險薄，憑恃確勢，淩轢推直，不容訊問。臣昨日嘗於延和殿粗陳梗概，不知陛下以臣言爲信否。夫大理、審刑，法令所繫，所以持天下之平。若官司挾情輕重其手，此固人臣之所同嫉，朝廷之所宜深治也。況臣職在風憲，義當彈舉，安敢覆蔽有罪，曲爲游説？又法官竇蘋等非臣親故，所以拳拳不忘繼進狂瞽者，誠以語言之間，尤爲難考，必在參驗彼此以察其誠，虚心審聽以考其意，誠意所之，眞僞斯得。若逆其疑似而不究其情，案其單辭而不參證左，則所疑者未必非眞，所治者未必有罪也。

臣昨日親奉詔，以竇蘋舞文變法，須追逮證左，參考情實，仰見陛下寬仁欽恤重刑之意。《書》曰：非佞折獄，惟良折獄。臣欲乞別差端厚明良之臣，移司勘劾，庶幾推見本末，義不縱姦，仁不濫罰，有以副朝廷用刑之意。如陛下必欲令蔡確兼領獄事，亦乞止就本臺與臣等參治。臣於蔡確雖無雅素，然臣備官御史，緣確論薦，不爲無恩。臣所以懇懇疏辨，愚不量力，誠以其爲人峭深，性寡忠厚，若使獨領勘鞫，而附以險薄小吏，竊恐逼脅窮治，不盡情款，或及無罪。伏望陛下揆之聖心，參以朝論，如確所存不如其言，臣當伏妄言之誅，以厲中外。

丙午，四月三日，詔確、履及監察御史裏行黃廉就臺劾實，仍遣舜舉監之。朱本簽貼云：先帝遣李舜舉、黃履按相州獄事，可謂審實，而《舊錄》書云：履等下簾引問，罪人不知爲詔使也，猶以爲冤。今取到黃履狀稱，並當面引問罪人，諭以朝廷遣詔使重行按問，名令盡理供析，罪人並無冤辭。顯是《舊錄》誣罔改定云，上初以潤甫、均言，故疑獄辭非實，仍遣履、舜舉卽訊，履等同潤甫、均至臺引問，而履等諭罪人以詔使審訊，罪人卒無異辭。今新本只用《舊錄》，合從新本。黃庭堅作黃廉行狀差同結絶相州獄事：初，相州事發於皇城卒，事十九不實，知雜御史蔡確煅鍊成獄，以此自謀。中丞鄧溫伯、御史上官均上疏論之，溫伯又在經筵造膝而論。確耳目長，具得溫伯、均所言，又善伺察中人主意，卽論溫伯、均朋黨爲邪，與罪人爲地；又任殘賊吏，日引諸囚如使者慮問狀，稱冤者輒苦辱之，有人情所不能堪。及上遣黄履、李舜舉按獄，而囚以爲如前，皆引服。於是天子不疑確，而溫伯、均皆得罪。均猶獨上疏爭之，然廉至末幾，而具獄上矣。廉嘗謂子弟：吾失不極論此獄，甚愧。然上官，御史也。上官均後以此劾廉，罷都承旨。七月一日，虞肇送審官。

吳充言：御史臺鞫相州獄，連臣壻文及甫，其事在中書有嫌。乞免進呈，或送樞密院。詔免充進呈及簽書，候案上，中書、樞密院同取旨。

宋・李燾《續資治通鑑長編》卷二九四 〔宋神宗元豐元年十一月〕江寧府制院言：鞫呂嘉問等事恐推拒拖延，乞先斷王覺贓濫并官吏踰違等罪，其嘉問事別爲一案根治。詔王安石、朱炎已不許回避，令同繫書以聞。

宋・李燾《續資治通鑑長編》卷二九八 〔宋神宗元豐二年五月〕己丑，前權建康軍節度推官王覺、前知澧州西京作坊使李山甫訴推勘官何琬、胡宗回酷虐，乞改差官鞫治。詔覺送潤州制勘院，山甫令湖南轉運司選官重鞫，如不移前鞫，覺、山甫各不用併計，著爲法。及再劾，覺、山甫所坐如初。

宋・李燾《續資治通鑑長編》卷三〇三 〔宋神宗元豐三年四月〕是日，同知樞密院呂公著復歸西府。

先是，元年六月，開封府鞫陳世儒獄，公著時爲端明殿學士兼侍讀。世儒妻李將就逮，亟謂其母呂曰：幸告端明公爲祝蘇尹，得卽訊於家。呂卽夜至公著所，如女言。公著曰：不可，比相州獄止坐請求耳，逮繫者數百人。況此，豈可干人耶？呂涕泣而退。其年九月，公著除同知樞密院。明年正月，御史言開封所鞫不盡，詔遷其獄於大理。大理丞賈種民因欲蔓其獄，間謂李曰：亦嘗有屬於官司乎？李卽具對嘗請於公著，而公著不許。種民得之，乃更其獄牒，謂公著嘗許之，而公著子希績、希純皆與聞。遂逮李母呂。呂至，對如李辭。又逮公著從子希亞、世儒友壻晏靖而告於朝。希亞、靖見二月二十八日。上謂執政曰：公著宜無此。乃遣御史黄顔監治。其五月，種民來就問於西府，公著及二子皆以實對。顔知獄皆誣枉不可就，而畏避不敢言，未幾，托疾去。時上已稍知獄官之無狀，因不復遣御史。中書復固請用御史何正臣監訊。正臣至大理，而獄益熾。其八月壬子，十七日。又遷其獄於御史臺，逮公著壻邵龥及二婢，仍檄閤門止公著朝謁。上詔公著入謁如常，公著卽以其月丙辰二十一日。避位待辨於家。上數遣內侍勞問，促公著復位，公著訖不敢起。世儒既伏誅，請求事猶未辨。會慈聖光獻崩，被召乃就職。及易月之制畢，上以十一月己丑復視朝。翌日，公著面奏曰：臣比蒙召命，以陛下方在喪次，臣子當奔走承事，不敢以私故辭。今陛下已抑情聽政，臣請復待罪於家。上固留公著，公著遂杜門不復出。正臣治獄久不決，至追逮蘇頌於濠州，鍛鍊靡所不至，竟無事實。辛卯，中丞李定等入對，卽奏云：公著實未嘗請求，特嘗因垂拱退朝，頌與衆從官汎言陳氏事，公著亦預聞爾。欲用此辭以結獄。是日，何正臣稱疾不上。壬辰，詔御史舒亶以定等所奏，就問公著於家。公著言：臣審聞此於法固無害，第實不預聞，不敢妄對以欺君爾。十二月己亥，定等復入對，正臣又稱疾不上。定等奏被繫者訖無所承，且皆無左驗。上始大感寤，遂詔停獄。而種民以擅更獄辭下御史臺劾治。上既詔停獄，卽日遣中使諭公著獄事已解，可亟入就職。越三日，壬寅，公著入謁展謝，上曰：有司考竟都無一事。比拜起，上如是言者再。遣使押公著家屬歸西府，公著亦未敢遷。

始公著被誣，或謂公著以輔弼掛吏議，當隨事自承，不宜有陳。公著曰：不然。自古公卿大臣遭枉濫，而不能自直者多矣，皆不得其時也。今吾生治世，事明主，近在帷幄之間，一旦被誣而不能申理，則四方疎遠之人何以自明？將恐治獄者狃以自張，被罪者望風畏卻，一罹呵問，例自承服，致朝廷有濫罰之譏，罪乃在吾，而不在朝廷也。獄事既釋，公著曰：吾身備輔弼，既被吏議矣，雖無事，安可以復在位？會慈聖梓宮在殯，陵事方嚴，未可以請。及慈聖神主祔廟，公著卽再上表乞補外郡。上再遣使封還，仍詔公著入對，敦諭彌切，公著乃復歸西府。

宋・李燾《續資治通鑑長編》卷三三四 〔宋神宗元豐六年三月〕刑部言：舊刑官詳斷官分公案，斷訖，主管論議、改正、注日，方過詳議官覆議，有差失問難，並於檢尾批書，送斷官具記改正，上主判官審定，然後判成錄奏。自二司並歸大理，斷官爲評事、司直，議官爲丞，所斷案草不由長貳。日者，斷案類多差忒，欲乞分評事、司直與正爲斷司，丞與長貳爲議司。凡斷公案，先上正看詳當否，論難、改正、簽印、注日，然後過議司覆議。如有批難，具記改正，長貳更加審定，然後判成錄奏。從之。

宋・李燾《續資治通鑑長編》卷三三五 〔宋神宗元豐六年六月〕詔大理寺：刑名疑慮及情法不稱奏裁公案，送定斷官看詳；如非疑慮、情法不稱，並免收坐。從本寺請也。

元豐間，詔大理兼鞫獄，所承内降公事，上下皆曰是詔獄也，意必傅重。少卿韓晉卿獨持平覈實，無所觀望，人以不冤。上知其才，凡獄難明及事繫權貴者，悉以委晉卿。尚書省建，擢刑部郎中。天下大辟請讞，執政或以爲煩，將劾不應讞者。晉卿適白事省中，因曰：聽斷求生，朝廷之心也。今讞而獲戾，讞不至矣。議者或引唐覆奏，欲令天下庶獄悉從奏決。晉卿曰：法在天下，而可疑可矜者上請，此祖宗制也。今四海萬里，一欲械繫待朝命，恐罪人之死於獄，多於伏辜者。朝廷皆從之。

宋・李燾《續資治通鑑長編》卷三八〇 〔宋哲宗元祐元年六月〕是日，二十六日壬子。內出手詔付三省樞密院，曰：向者朝廷講求法度，務以寬厚愛民，而搢紳之士，往往不原朝廷本意，速希功賞，有誤使令。或議法失當，或掊斂毋節，或姦回附勢，或講事飾非，或多結權貴，或力舉邊事，殘民蠹物，久益知弊，致使群言交攻不已。苟無澄肅，必紊紀綱。止以其罪顯者迺行竄逐，自餘干涉之人，夙夜怵惕，不無憂虞。予當新政，務存大體，一切示以寬恩，更不追劾，咸使改過自新，各安職業。可倣此意作詔書，布告中外。

宋・李燾《續資治通鑑長編》卷三八八 〔宋哲宗元祐元年九月〕權知開封府謝景溫言：明堂大赦，乞差推、判官一員將帶人吏及法司一名，與府界提刑分詣諸縣，催促決遣該赦不合原免公事。如内有久被禁繫，根究未見本末，證佐在遠，所犯該徒已上罪，令申解赴府斷遣，杖已下即一面結絶；及迄今後每遇非次疏決，并冬夏仲、季月盛暑嚴寒，在京差官催促結絶之時，本府亦依此施行。所貴德澤下流，獄事無滯。從之。

宋・李燾《續資治通鑑長編》卷四五九 〔宋哲宗元祐六年六月〕甲午，尚書省言：開封府推官楊景謨狀，準府牒詣諸縣決遣不合該赦原者。按開封府推官張商英先因奏請被旨，徒以下罪狀分明，不該編配及奏讞者，雖小節不圓，并許專決。自今疏決，並乞依此。從之。

宋・李燾《續資治通鑑長編》卷四六八 〔宋哲宗元祐六年十月〕御史中丞鄭雍言：雨雪愆少，農事不舉，伏望申飭内外，督促刑獄，以導和氣。詔：在京委刑部郎中及御史一員，開封府界令提點刑獄，諸路州軍令監司催結見禁罪人，内干照及事理輕者，先次斷訖以聞。内府界徒以下罪人罪狀明白不該編配，及申奏公事或雖小節不圓，不礙大情，並許決訖以聞。

宋・李心傳《建炎以來繫年要録》卷一〇 〔建炎元年冬十月〕詔，自今獲到強盜，罪至死情理巨蠹者，更不申提刑司詳覆，今本州一面依法處斬，俟盜賊衰息日仍舊。

宋・李心傳《建炎以來繫年要録》卷六三 〔紹興三年二月〕直秘閣提舉江州太平觀馬咸召對，請申嚴鞫獄於本狀外別求他罪之禁，頒之中外。上納其言，遂以咸試大理卿。

宋・李心傳《建炎以來繫年要録》卷六四 駕部員外郎韓膺胄轉對，論刑罰輕重，國祚短長繫之。望追法仁祖舊章：凡獄官失入死罪者，終身廢之，雖經赦宥，永不收敍。上曰：此仁祖之事也。其仁民詳刑如此乎。乃命有司申嚴行下。膺胄，肖胄弟也。

宋・李心傳《建炎以來繫年要録》卷六九 〔紹興三年十月〕癸卯，詔自紹興元年正月朔以前，因群寇殘破占據去處，乘時作過之人，限今旨到日，將已受理詞訴結絶，毋得枝蔓，日後毋得受理，時言者以爲自軍興以來，村民往往乘勢剽劫，其罪大，而考驗明白者，固已就戮。然牽聯黨與，蔓及平人，或挾仇規利，轉相告訴，人情不安，故有是命。

宋・李心傳《建炎以來繫年要録》卷七五 大理少卿張礿請自今朝廷降指揮，應特旨處死，情法兩不相當，許本寺奏審。從之。去冬，都督府獲姦細董寶以聞，下寺覈治，無他情狀。礿用案問徒三年。詔：從軍法。礿欲奏讞，面以法寺未有執奏例條弗敢言。至是乃上此奏。

宋・李心傳《建炎以來繫年要録》卷八〇 〔紹興四年九月〕己巳，右司諫趙霈言：臣嘗聞漢高祖初入關中，約法三章，殺人者死，傷人及盜抵罪。唐高祖入京師，約法十二條，惟殺人劫盜背叛者死。夫以漢、唐二主，當草昧之初，雖約法尚簡，猶不廢先王之刑辟，故殺人者斷在必刑，以是知好生雖聖人之大德，而殺有罪，亦刑辟之所不赦。苟殺人而不死，傷人而不刑，雖堯舜不能以致治也。臣竊見比來在外刑獄，例常淹延。考其奏案，原其情犯，有法當論死，初無可疑者，奈何吏緣爲姦，以獄爲市，意在縱釋，以故久而不決，使已死之魄，冤抑而不得達，被苦之家，怨憤而不申，將何以召和氣乎？臣未暇悉數，如以建康府婺州論之，建康百姓王紱等六人，始因失牛，仍報私怨，共殺死一十三人，獄具。得旨處以淩遲、處斬二等。後因審問，乃輒翻異，今踰一年。婺州豪民厲景忻，昨緣賊發，差充隘投捜山，因捉到孔眞，疑其爲賊，其人兩次聲冤，景忻不問來歷，親斬首級，昨體究諸實。後來勘鞫，兩經翻異，今踰兩年。紱等殺人命爲至衆，景忻殺平人以希賞，二獄久而不決，皆欲遷延免死，則死者何其不幸哉？乞下兩路提刑司催督，並限十日具案聞奏，如稽留出限，重行黜責。庶幾冤枉得申，和氣可招，仰副陛下矜慎刑獄之意。從之。

宋・李心傳《建炎以來繫年要録》卷八二 〔紹興四年十一月〕吏部侍郎兼直學士院兼侍讀孫近言：伏見朝廷以邊警未寧，專意戎事，凡常程庶務，一切罷止。臣竊謂多事之際，搜求人材，可與圖事揆策，折衝禦侮者，正今日所急。與夫內外刑獄，待報而決者，不唯凝寒之月，淹繫可憫，亦恐非所以感人心，召和氣也。欲望申詔大臣，凡人材之可用者，以時採擢，使赴事功。而具獄之當決者，且今一面斷行。苟刑名文牘之煩，不欲以費堂廟日力，則刑部長貳，許按格法權宜裁決。其有可疑者，乃以上聞。庶幾不廢內修政事之意。從之。

宋・李心傳《建炎以來繫年要録》卷八八 〔紹興五年〕給事中陳與義言：司馬光嘗奏，乞天下州軍勘到強盜，情理無可憫刑名無疑慮輒敢奏聞者並令刑部舉駁，重行典憲，應奏大辟，刑部於奏鈔後，別用貼黃，聲說情理如何可憫，刑名如何疑慮，今擬如何施行，門下省審。如有不當，及用例破條，卽奏行取勘。光以道德名臣，議論如此，豈其樂殺人也哉。乃所以禁姦暴，申冤枉，期於庶獄之平允，而措一世於無刑也。陛下哀矜庶獄，患中外之吏，容心毀法，而州郡妄奏以出入之罪者，尙多有之。伏望睿慈，採用司馬光之言，申嚴立法，以幸元元。詔刑部立法申尙書省。

宋・李心傳《建炎以來繫年要録》卷九一 〔紹興五年七月〕甲戌，詔諸路在禁待報案狀，並專差人齎擎赴行在。

宋・李心傳《建炎以來繫年要録》卷九四 〔紹興五年十月〕壬寅，秘書省著作佐郎張九成轉對，上諭曰：朕妙選天下士，而省殿榜首皆卿門人。九成頓首謝，九成言：我宋得天下以來，其相傳家法，臣輒斷之以一言：曰仁而已。仁之發見，尤在於刑獄。陛下臨御以來，每以省刑爲急。州縣小吏，亦知仰體聖意。每於其情可憫，其法可疑，未嘗不敷奏以廣陛下好生之德。而案牘既多，棘寺理官，倦於披閱，必求小故，中以深文，天意難欺，人命至重，陛下有恤刑之意，而理官無致主之忠。原其用心，出於不逮。臣愚欲計理官若干人，立爲定數，凡天下獄案來上，序其先後，輪次看詳，凡活幾人，並減磨勘。庶幾力有所分，心當專一，足以仰副陛下愛民之意。事下刑部，後不行。九成所奏以是月甲辰送部

宋・李心傳《建炎以來繫年要録》卷一〇一 〔紹興六年五月〕中書門下省言：刑寺凡有疑案第行問難，遂致淹延。乞依元豐舊制，應所議不同，限次日稟白刑部。若所斷未定，則刑部長貳，限兩日率法寺官赴堂稟決施行。從之。

宋・李心傳《建炎以來繫年要録》卷一〇三 〔紹興六年七月〕戊子，侍御史周秘乞諸路疏放干繫人，如命官犯贓，合用供證者，本身雖無收坐之罪，亦聽暫時勒留對證。其淹延妄禁者，令憲臣按劾。從之。初，上既從朱震王縉之請，命諸路釋拘繫之人。而秘謂命官犯罪，先推干證。今一概釋之，恐獄吏舞文，縱釋贓吏，故有是請。後數日，中書舍人董弅復言：諸路見勘命官公事二百二十四，其問姦贓不法等罪，爲數百二十有一。有及三四年未決者，干連禁繫，死於狴狂，不知其幾何人。望令諸路憲臣詳加檢察，按其滯繫，以副陛下欽恤之意。乃命刑部申嚴下行。弅奏請在八月丙申。

宋・李心傳《建炎以來繫年要録》卷一二八 〔紹興九年五月〕權刑部侍郎陳橐請申飭諸路，大辟具獄。非有可憫之實，不得附會遷就論奏。如稍違戾，卽寘之典憲。詔本部檢察。橐又請立限下新復州軍，具文武官未經員命員數，申朝廷換給。事下吏部，後不行。

宋・李心傳《建炎以來繫年要録》卷一三七 〔紹興十年八月〕戊子，監登聞檢鼓院虞澹面對，言國家置檢鼓院，所以廣言路、通下情，顧遠方士人，往往肆意鼓言，上浼宸聽。至如登用大臣，謀任元帥，玆實人主之職，豈一介當輕議？望令檢鼓兩司將甲令所載名件，分別揭示，使之曉然，皆知朝廷延納之意，在此而不在彼。自今凡有獻陳，必與保人偕來，逐院監官躬親審之，如依得祖宗事目，亟爲進呈。庶前日狂妄之習自息。從之。

宋・李心傳《建炎以來繫年要録》卷一五一 〔紹興十四年四月〕甲申，詔刑部將半年以上未結絕公事，行在委本部，外路委監司，責限結絕。內日月稍遠者，取問因依申奏，以都省言四方多滯獄也。

宋・李心傳《建炎以來繫年要録》卷一五二 〔紹興十四年九月〕壬戌，宰執奏大理寺詞訴事。上曰：皆官吏弛漫所致，可委長吏親察之。如非其人，卽與沙汰。又獄吏但以諸州吏充，逐事更替。漏泄獄情，非便。宜令吏

久於其職，不可替也。

又〔紹興十四年九月〕癸亥，詔殿前司諸軍公事非與百姓相犯者，令本司根勘，依法施行。時都指揮使楊存中請以臨安府軍人劫盜事移送大理寺，其諸軍公事視此。少卿朱斐轉對，論非所以嚴理寺而重國體，故復舊制。

宋・李心傳《建炎以來繫年要録》卷一五三〔紹興十五年五月〕庚申，大理寺丞周懋言：紹興敕，罪人情輕法重者，竝奏裁。立法之意，謂法一定而不易，情萬變而不同，設法防姦，原情定罪，必欲當其實而已。比年以來，内外官司類皆情重法輕聞奏，必欲從重，而以情輕奏者，百無一二。豈人人犯罪？無有非意誤冒可輕比者耶。陛下聖德寬仁，惟刑之恤，而有司未能推原美意。其於情法疑讞，輕重不論。伏望申戒法官，應罪人情輕法重者，竝抑遵守敕條聞奏，以從輕典，仍委所屬時加檢察，如有違戾，竝以故入之罪罪之。庶使無知小民，免致非辜，悉罹重憲，以副陛下好生之德。從之。

宋・李心傳《建炎以來繫年要録》卷一六〇〔紹興十九年八月〕辛亥，敕令所言：臣僚劄子，乞詳議民事一罪，庶協於中（今年三月庚戌葉琳奏請看詳）民事被罪條法。謂擅行科率，及應因害民之事，以被罪者作自犯民事，不注知州軍通判知縣縣令差遣。緣民事被罪情實爲重，難以與其它公罪事體一同。欲乞並依見行條法施行。從之。自張浚當國，始議州縣官緣民事致罪者終身不許治民。行之數年，論者數以不便爲言。然終不能改。（二十年十二月辛酉湯允恭又請）

又〔紹興十九年九月〕九月庚辰朔，大理寺丞石邦哲面對，論天下之法，宜總於大理。而一路一司一州一縣，與夫在京省臺寺監有司局務，各有專法，大理不能通。設有論罪斷刑，皆出臨時取會移文待報，關決淹延，或法有重輕，供報不盡，莫得稽攷，則罪有出入之弊。欲望特詔三省，委之刑部，關會應干官司，前後被受立到專法，各錄兩本，付之法寺斷刑治獄兩司，以憑遵用。事下刑部看詳如所請。（明年正月己丑刑部奏下）

宋・李心傳《建炎以來繫年要録》卷一六一〔紹興二十年六月〕丙寅，大理寺少卿許大英面對，論川、廣奏按，往復淹滯，乞委憲臣考察。丁卯，左朝散郎康瓊知瓊州還，乞諸郡重辟疑獄奏按，並專人齎投。詔並令刑部看詳。

宋・李心傳《建炎以來繫年要録》卷一六三〔紹興二十二年八月〕丁卯，大理寺正孫敏修面對。論州縣推鞫强盜，間有捕盜官希賞，求囑獄吏，非禮鍛鍊平人，致誣服其罪，望申嚴禁法，令監司常切覺察。從之。

宋・李心傳《建炎以來繫年要録》卷一六五〔紹興二十三年八月〕丙子，大理寺丞孫敏修面對，言州縣獄官不得其人，一切付之胥吏，輕重高下，悉出其手。望下有司參詳，將罪人初入門情犯，先令知通令佐親視，供責文狀入案，然後付獄推鞫，修立成法行下。庶幾罪人情僞易察，使猾吏無以措手。詔刑部看詳申省。

又〔紹興二十三年九月〕辛丑，大理寺丞郭唐卿面對，論州縣推勘罪人，於他處追取會問，往往回報稽留，致淹刑禁。乞申嚴令甲程限施行。從之。

宋・李心傳《建炎以來繫年要録》卷一七二〔紹興二十六年四月〕侍御史湯鵬舉言：近年獄官偷惰，故獄以賄成，又多觀望，恤刑之詔，徒爲虛文。爲守令者略聽斷而避怨責，爲廷尉者用觀望而爲重輕。獄訟稽留，而刑罰不清，誠可恤也。伏望申嚴有司，遵守見行詔令，如違元限者，臣乞聽展。大事元限四十日，聽展不得過三十日；中事元限二十日，聽展不得過十日；小事元限十日，聽展不得過五日。罪人至有翻異送別獄者，元勘官待罪，未得離任。元行人吏監禁，未得別行他案。則後勘便得一案結絕，不復更有淹延之獄。至或尚有愆期者，在外，委監司按發；在内，委臺諫具奏。

宋・李心傳《建炎以來繫年要録》卷一七六〔紹興二十七年正月〕初，大理少卿楊揆建請，秦檜當國日，無辜被罪者，不以年限自陳，竝與改正。事既行。（去年十月庚午。）御史中丞湯鵬舉奏，揆邀譽侵官，牴牾祖宗之成法，乞寢前奏。戊寅，從之。

宋・李心傳《建炎以來繫年要録》卷一七八〔紹興二十七年十二月〕乙巳，刑部言：汀州奏讞文不當，乞免收坐。上曰：祖宗聖意，務從寬厚，若有一失當，便行收坐，則天下獄情，雖甚可閔，無復來上矣。遂從之。

宋・李心傳《建炎以來繫年要録》卷一九〇〔紹興三十一年五月〕初，議者請外路之獄，三經翻異，而在千里内者移送棘寺。事既行，權刑部侍郎張運以爲追逮干證。經涉脩塗，多致困斃，且繫囚充塞於天獄，刀鋸頻施於都市，豈所以示四方？望復祖宗舊制，詔給舍詳議。給事中黄祖舜等奏，如運章乙酉。從之。

宋・佚名《中興兩朝聖政》卷一三 〔紹興三年三月〕大理正劉藻請：諸路獄案情犯未圓者，除命官外，更不取會，令刑寺悉行兩斷，委憲司遣官審問，定歸一斷。事下本寺，本寺奏如所請。其不可定歸一斷者，即上朝廷，酌情處斷施行。從之。

又 〔紹興三年三月〕癸未，詔：今後臟吏依祖宗舊制斷訖。令刑部鏤板行下，以兵部員外郎劉景眞有請也。

宋・佚名《中興兩朝聖政》卷一四 〔紹興三年七月〕辛卯，詔諸路州軍，自去年以後奏案未得斷勑者，具月日申部取斷。先是禮部尙書洪擬入對，論諸路獄案凝滯。上諭輔臣曰：奏案遣決，濡滯刑獄，禁繫者多，何以召和氣？呂頤浩曰：奏案法有日限。上曰：但不舉行耳，可常催趣，務在刑清，庶革久弊，乃有是旨。

宋・佚名《中興兩朝聖政》卷一九 〔紹興六年三月〕甲申，詔命官諸色人捕獲兇惡強盜，未經結錄已前在獄身死，更不理爲推賞人數。先是惠州獲盜四十二人，而獄死者三十四。憲司以爲史受賕鍛鍊，致脇從之人拘囚至死，遂變換情詞，以爲正賊。詔惠州元勘獄官貶秩衝替。

宋・佚名《中興兩朝聖政》卷五三 〔淳熙元年〕十月壬戌，詔自今違法賣易恩澤及薦舉受賂之人，因事敗露，有司定罪外，更取特旨，重作行遣。

宋・佚名《中興兩朝聖政》卷五四 〔淳熙三年十月〕詔今後監司，被受三省六曹委送民訟事件，並仰躬親，依公予決，疾速回報。若事干人衆，或涉遠路，須合委官定，□亦仰立限催促，仍令所屬曹部置籍稽考。如有違籍□滯，申尙書省，將所委監司取旨施行。

宋・佚名《中興兩朝聖政》卷六二 〔淳熙十二年正月〕辛卯，進呈命令獄案，籍三省，事下諸州有督促至十餘而未報者。上曰：自今命令及獄案，不須行文催促，多則愈玩。只一季將上擇其怠慢者，懲之，則自然不敢。於是，潼川運司以岳霖體究漢川雍有容在任不法事稽緩，特降一官。湖北運司陳達善未開具趙善待妄用過任內錢物，令即具析因依。

又 〔淳熙十二年十一月〕丙辰，詔戶刑部刷具人戶經臺詞訴未曾結絕者，開坐名件，下元來所屬，從條結絕，申部報臺。如有稽違及滅裂不報者，具事因，申取朝廷，指揮施行。

宋・包拯《包季肅奏議集・請開封府司録左右軍巡官屬不得請謁并追贓事》 臣昨於八月十七日上殿進呈劄子，內一道以開封府司錄左右軍巡院刑禁最繁，其官屬等但務請謁，本局之事罕所究心，欲乞今後應司錄司本職官員及左右軍巡判官如勘大辟罪人，非公事不得出入請謁，所貴閱實獄情，不至冤濫，并一道起請。凡諸處勘鞫盜賊公事，合追取典賣寄留贓物，並須子細根問確實月日、件號、錢數，具牒所屬州縣，仍先檢索簿歷照證，委無差異，即取索典解及收買受寄入等的實因依、文狀入案，方得追取逐件贓物，牒送。仍於回牒內一一附錄簿歷上月日、件號，及逐人分析因依文狀以憑照會行遣，免致抑勒人戶陪備贓物，枉陷平人。兼申明先降條貫，至今多日未見指揮，伏望聖慈特令檢會所進劄子施行。

宋・洪邁《容齋隨筆・國忌休務》 《刑統》載：唐大和七年，勑准令國忌日，唯禁飲酒舉樂，至於科罰人吏，都無明文，但緣其日不合釐務，官曹即不得決斷刑獄，其小小笞責，在禮律固無所妨，起今以後，縱有此類，臺府更不要舉奏。《舊唐書》載此事，因御史臺奏均王傅王堪男國忌日於私第科決作人，故降此詔。蓋唐世國忌休務，正與私忌義等，故雖刑獄亦不決斷，謂之不合釐務者此也。今在京百司，唯雙忌作假，以其拜跪多，又晝漏已數刻；若單忌，獨三省歸休耳。百司坐曹決獄，與常日亡異，視古誼爲不同。元微之詩云：縛遣推囚名御史，狼籍囚徒滿田地，明日不推緣國忌。又可。

宋・陳襄《州縣提綱・判狀勿憑偏詞》 訟者之詞，大率自掩其過而歸咎於人，甚至鑿空撰造以欺有司。若今日甲訟乙輒憑偏詞以甲爲是，明日乙訟甲又憑偏詞以乙爲是，迨二詞並至而吾之所判已矛盾矣。故判狀勿憑偏詞必得活法，若其詞無理者不加詰問則投狀者必多，一狀之出，牽聯追逮未至有司而其擾已甚矣。兼有一等無圖人，本欲脫狀牽擾良民，覓賂休和，其實不敢對辯，故覽其詞無理，必反復窮詰，灼無可疑，則勿受斯妄詞者寡，而良民得以安居，未見情實，不若平辭而判，俟二競俱至，然後剖決未晚。成周大司寇以兩造禁民訟，《呂刑》兩造具備而後師聽五辭，蓋懼其以偏詞定曲直也。

宋・陳襄《州縣提綱・詳審初詞》 訟者初詞姓名年月節目必須詳覽，蓋案牘動至數萬言，雖若繁夥，然大率不出乎初詞，儻後詞與前異，前詞所無而其後輒增者，皆爲無理。若夫獄囚所招，則先隱其實，旋吐眞情，又不可例憑初詞。

宋・陳襄《州縣提綱・執狀勿遽判》 事有涉不法恐異時有競而先欲張本者，輒多端脱判執狀，以爲異時交爭之證。要當審其事之利害，未可輒判，如遺失契書之類必究實，如婦人乞改嫁之類必追會，果得實然後坐條告示，其他非要緊執狀判語須活不可偏執。

宋・陳襄《州縣提綱・疑似必察》 昔吳太子孫登嘗乘馬出，有彈丸過，左右求之。適見一人操彈佩丸，咸以爲是。辭對不服，從者欲捶之，登不聽，使求過丸比之，非類，乃釋。蓋情有似是而非，似非而是者，苟其辭未伏，不可不審也。若辭已伏，而涉疑似亦未可輒信，蓋在囚日久，考掠不勝苦，亟欲出獄，不免誣伏，不察其實而輒結案以解，或已殺之後而眞犯者敗，死者其可復生乎。昔薛奎爲滏州軍事推官時，有民常聚博僧舍。一日盜殺寺奴，取財去，而博者四人適至，啓戶濺血污衣，遽驚走，邏者因捕送官。考訊已引伏矣，奎獨疑之，請緩其獄。後數日，果得殺人者。他如錢公若水爲同州推官辨女奴事，向公敏中在西京辯僧殺婦人事，皆已誣服，後平反其獄，亦世所稔聞，史傳似此不可枚數。凡事有涉疑似者，雖其辭已伏，亦須察之以緩，或終於疑罪，須當從輕。古人要囚服念須五六日至於旬時者，蓋爲是耳。

宋・陳襄《州縣提綱・事須隔問》 《書》云：「察辭於差。」蓋事之實者不謀而同，凡有差者皆非眞情也。獄事須分處隔問，無令相通，衆說皆侔，始得其眞。如有矛盾，必反覆窮詰，若付之於吏，聚干連人於一處而泛然問之，則隨是隨非，衆口一律，不至誤入，必至誤出矣。

宋・陳襄《州縣提綱・審囚勿對吏》 主吏有勒囚招狀者，必戒其引問無翻異。囚畏不如所戒必遭楚掠，若對吏引問則囚必一切誣服，不敢吐實，故引問時須令主吏遠立，仍和言喚囚近案，反覆窮詰，必得眞情，始可信矣。昔胡文恭公通判宣州，有死獄將抵罪，公疑之，呼囚以訊，囚憚捶楚不敢言，公引囚辟左右復訊，方得其實。非文恭之精誠，鮮不誤矣。

宋・陳襄《州縣提綱・判狀詳明》 覽狀必詳其發端月日，蓋事有要緊者必即訴於公，經數月而後始入詞者，必非要緊，須詰其因何稽緩。如詞內隱其月日而不言者，必已經久，或在赦前，須令再供，然後施行。

宋・陳襄《州縣提綱・詳閱案牘》 理斷公訟必二競俱至，券證齊備，詳閱案牘，是非曲直了然於胸次，然後剖決。蓋人之所見有偏，若憚案牘之繁，倦於詳覽，遽執偏見，自以爲得其情而輒剖決者，其過誤多矣。

宋・陳襄《州縣提綱・面審所供》 吏輩責供多不足憑，蓋彼受賂，所責多不依所吐，往往必欲扶同牽合，變亂曲直。山谷愚民目不識字，吏示讀不實，若憑所供輒斷而不面詰之，則貧弱之民無辜而受罪矣。凡吏呈所供必面審其實，如言與供同，始判入案，或言與供異，須勒再責。若供不當廳，而令其下司，則豪強之人，教唆之徒，公然據司案而坐，指揮叱咤，變亂情節，善良之人有冤無告矣。

宋・陳襄《州縣提綱・察監系人》 二競干證俱至，即須剖決，干證未備，未免留人，承監人乞覓，不如意輒將對詞人鎖之空室，故爲饑餓不容人保。又或受競主之賕，以無保走竄妄申，官司不明，輒將其人寄獄者多矣。凡承監，須令即召保不測檢察，如不容保故爲鎖繫，必懲治之，仍詳親屬無時陳告，或果貧而無保，須度事之輕重，或押下所屬，追未至人。

宋・陳襄《州縣提綱・籍緊要事》 州縣一番受狀少不下百紙，內不要緊者甚多，程限簿一概主之於吏，若欲一一親檢察，則精力不逮，緩急俱廢，要當擇事干緊要，若情有冤抑，若上司委送者，別籍置之案，明載日限，日率一閱，違滯則追，庶亡稽緩。

宋・陳襄《州縣提綱・執狀勿遽判》 事有涉不法，恐異時有競而先欲張本者，輒多端脱判執狀，以爲異時交爭之證。要當審其事之利害，未可輒判。如遺失契書之類，必究實。如婦人乞改嫁之類，必追會。果得實，然後坐條告示，其他非要緊執狀判語須活，不可偏執。

宋・李元弼《作邑自箴・規矩》 上司判狀帖牒等鑿頭付逐案分受訖，除元有日限外，並於前面粘白紙一小片，節略朱書事目，呈覆請限行遣，自鑿頭至呈覆不得過一時辰火急字限半日，急字限一日，須管報應結絕。如合出追會者，臨時別乞限。

宋・李元弼《作邑自箴・榜耆壯》 承受人戶執去判狀給與憑由。

宋・李元弼《作邑自箴・處事》 大率詞訟須是當廳果決，面諭罪名。不爾即生枝蔓。其情輕法重、於理可恕，欲從輕科者，便令當廳勘狀。若稍稽緩，吏人受賂，遂成枉法。贓二十貫文，官員例當衝替。

宋・胡太初《晝簾緒論・聽訟》 引到詞人供責必須當廳監視，能書者自書，不能者止令書鋪附口爲書，當職官隨即押過，其事輕理明不待證會者自可隨手決遣，若涉追證，費勘會，亦只憑此初供，最不可押下案，致令胥曹得以恐脅説誘，而使之變易眞情。此其當行者人也。

又　詞訟在官不與結絶，所以愈見多事，每一次受牒，新訟無幾，而舉詞者往往居十之七八。徒費有司之閲視，徒勞人户之陳請。不若先行告示，凡有詞在官，如易於剖析，即與施行，但有追會不齊，究實未到，合聽有司區處，不應疊疊陳詞。今以兩月爲期，如兩月之外不覩有司結絶，方許舉詞，不然並不收理。此其當行者四也。

又　孔子曰：聽訟吾猶人也，必也使無訟乎。人情灘靡機事横生，已難使之無訟，惟盡吾情以聽之而已。縣道引詞類分三八，始至之日多者數百，少者亦以百數，令憚其煩，遂有展在後次併引者，不知省訟固自有道。若憚煩拖後積壓愈多，雖竭其精神難理矣。或謂不拘日子有狀即受，可免積壓。然縣家事多，若日日引詞則訴牒紛委，必將自困。不若間日一次引詞，卻將鄉分廣狹分搭，遇一則引某鄉狀，遇三則引某鄉狀，遇五遇七遇九，各引某鄉狀，不得攙越，庶幾事簡易了。且彼有一時忿激，便欲投詞，需日稍久怒解事定必有和勸而不復來者，此其當行者一也，分鄉定日，此止可爲常事。

《宋史・刑法志一》　凡上具獄，大理寺詳斷，大事期三十日，小事第減十日。審刑院詳議又各減半。其不待期滿而斷者，謂之急按。凡集斷急按，法官與議者並書姓名，議刑有失，則皆坐之。至景祐二年，判大理寺司徒昌運言：斷獄有期日，而炎暍之時，繫囚淹久，請自四月至六月減期日之半，兩川、廣南、福建、湖南如急按奏。其後猶以斷獄淹滯，又詔月上斷獄數，列大、中、小事期日，以相參考。

又　元祐二年，刑部、大理寺定制：凡斷讞奏獄，每二十緡以上爲大事，十緡以上爲中事，不滿十緡爲小事。大事以十二日，中事九日，小事四日爲限。若在京、八路大事十日，中事五日，小事三日。臺察及刑部舉劾約法狀並十日，三省、樞密院再送各減半。有故量展，不得過五日。凡公案日限，大事以三十五日，中事二十五日，小事十日爲限。在京、八路大事以三十日，中事半之，小事三之一。臺察及刑部並三十日。每十日，斷用七日，議用三日。

《宋史・刑法志三》　崇寧五年，詔：民以罪麗法，情有重輕，則法有增損。故情重法輕，情輕法重，舊有取旨之令。今有司惟情重法輕則請加罪，而法重情輕則不奏減，是樂於罪人，而難於用恕，非所以爲欽恤也。自今宜遵舊法取旨，使情法輕重各適其中，否則以違制論。宣和六年，臣僚言：元豐舊法，有情輕法重，情重法輕，若入大辟，刑名疑慮，並許奏裁。比來諸路以大辟疑獄決於朝廷者，大理寺類以不當劾之。夫情理巨蠹，罪狀明白，奏裁以幸寬貸，固在所戒；然有疑而難決者，一切劾之，則官吏莫不便文自營。臣恐天下無復以疑獄奏矣。願詔大理寺並依元豐法。從之。

《宋史・安燾傳》　知審刑院，決剖滯訟五百餘案。因言：每蔽獄上省，輕重有疑，則必致駮，勢既不敵，故法官顧避稽停。請自今以疑獄讞者，皆得輕論。從之。

《金史・移剌道傳》　上謂宰臣曰：比聞大理寺斷獄，輒經旬月，何邪？〔移剌〕道奏曰：在法，決死囚不過七日，徒刑五日，杖刑三日。

《通制條格・賞令・私酒》　皇慶元年正月，中書省江浙行省咨：諸人告獲私酒，犯人已有招伏，罪經釋免，未審合無理賞。都省議得：告獲私酒，犯人已招明白，雖經釋免，依例追給。

《元典章・庶務・體例酌古准今》　至元五年十二月，四川行中書省移准中書省咨，來咨但有罪名，除欽依聖旨體例，洎中書省明文，檢擬外有該載不盡罪名，不知憑准何例定斷？請定度事，本省相度，遇有刑名公事，先送檢法擬定，再行參詳有無，情法相應，更爲酌古准今，擬定明白罪名，除重刑結案咨來外，輕囚就便量情斷遣，請依上施行。

《元典章・庶務・詞訟用心平理》　大德十一年五月十八日整治朝綱詔書内一款：官府大小公事已有立定限程，民間詞訟尤當用心平理，比來往往背公徇私，變亂是非，逗遛不決，以致吾民重困，今後各務依理處決，毋得淹延歲月，官僚執見不同者，具各各所見，申聞上司詳斷，違者監察御史廉訪司糾治。

《元典章・行臺》　諸鞫罪囚，連職官同問，不得專委本廳司吏及弓兵人等推問，違者糾察。

《元典章・刑法・犯法度人有司決斷》　至大元年六月，江浙行省准中書省，咨大德十一年十二月日，奏過事内一件，刑法如權衡，一般不可偏了，世祖皇帝以來，定到的斷例，後頭自元貞元年以來，因做好事，正好生失的寬了，有中間至當了的也，有因著法度不均平的，上頭管民官無所遵守。如今内外，但是犯著法度的人，都經由有司歸問，依體例決斷呵。

《元典章・刑名・户部重刑總府歸結》 至元十年六月十八日，樞密院據彰德路申欽奉聖旨節，該府、州、司、縣達魯花赤管民長官，不妨本職兼管諸軍奧魯，但係一切公事並須申院，欽此。照得在先，凡有刑名詞訟，元問軍民所犯，府、州、司、路官員坐一同歸結。今後除軍民相關的會歸斷外，若有元告被論人俱係軍戶，合無令達魯花赤管民官，另行歸結，或與以次官通同理問，乞明降樞府，議得軍人所犯重刑，各令總府歸斷完備結案申部，其餘雜犯事理，從諸軍奧魯總府歸結，仰依上施。

《元典章・刑名・都省不准重刑》 至元八年三月，御史臺承奉中書省劄付，近於二月初七日，奏讀御史臺照刷稽遲聖旨檢日，其每歲類奏重刑，並磨問囚徒，不拘此例。奉聖旨既不拘此例呵，這聖旨上索甚麼要，欽此。所據尚書省節次，應係咨到隨路申部結案，重囚內除完備者，類擬聞奏外，據文案不完，或有稱冤移推等事，回咨照勘麼問。若有未經回報去處，尚書刑部，依驗地里遠近，此附舊例催舉。其本宗文卷，御史臺已行照刷。外路州、府案牘，本道提刑按察司巡行，照磨都省，不係結案，衙門不須催舉，仰照驗施行。

《元典章・斷獄・重刑結案》 大德七年五月行省准中書省咨刑部呈會驗先欽奉聖旨定到按察司條畫內一款：節該所在重刑，每上下半年，親行參照文案。云云。見察司體察等例。欽此。至元十六年四月承奉中書省劄付刑部呈，照得各路重刑結案到部，於內雖經按察司審錄無冤，中間卻有漏落情節，追勘不完，以致再行駁勘，使上下案牘淹禁罪囚，不能與決。爲此議得按察司係提刑衙門，照刷案牘，凡有合審重刑，理合隨即照卷完備，審錄無冤，回牒本路，結案申部。如中間但有不完可疑情節，即從本司盡情駁問明白，開牒有司，追勘完備，方許結案申部，擬罪呈省，似爲便當。都省除已劄付御史臺照會外，仰行下各處，更爲行移，按察司依上施行。又欽奉聖旨條畫內一款：節該見刑獄類詳讞罪囚例除依奉外，切詳各處行省掌握方面，責任不輕，近年咨到重刑結案，俱以脫本抄連各處，申解備咨，並不參詳議擬，於內多不完備。廉訪司不以禁囚爲念，亦不用心參照疏駁，止隸各處，不爲照勘依例施行，以致遷延，有淹禁十年之上不行結案者，其餘輕囚，不照斷例歸結，又不詳情區處，止是一例作疑，咨稟送部照擬，或有不完，或情犯不明，必然回呈再咨照勘，動經歲餘，不能完備，雖是補答咨到，復有失問情節，至於再三，行省視爲常事，更不窮問，廉訪司失於詳讞，再不審復，豈惟往復文繁，又且久禁囚人，若事無巨細，俱致淹延。以此參詳，今後重刑，各路追勘一切完備，牒呈廉訪司仔細參詳始末，文案盡情疏駁，如無不盡不實者，再三復審無冤，開寫備細審伏，回牒本路，抄連元牒，依式結案。行省專委文咨省官弁首領官吏用心參照，須要駁問一切完備，別無可疑情節，擬罪咨省，其餘輕罪，依例處決，果無例者，本省先須詳議定罪名，咨省可否，首領官例各於咨文後標寫姓名，不許脫本抄連備咨。如若元大段情犯，或有例不決、追勘不完者，定將當該首領官吏量事責罰。腹裏路分一體施行，似望獄無淹囚，少革案煩之弊。如蒙准呈，遍行照會相應都省，議得各處重囚追勘已完，別姓名妄行疏駁，故延其事，不即結案，一體究治。

《元典章・斷獄・隨路決斷罪囚》 至元二十九年十月日奏過事內一件：官人每說隨路江南罪囚每限遲慢著，有奏呵，爲甚那般遲慢，著有聖旨有呵，回奏做賊每根底，交大札魯忽赤每斷者，聖旨有來，爲那上頭等大札魯忽赤每斷呵，誤著有奏呵，不須等札魯忽赤斷，合斷的，交隨路官人每斷了者。聖旨了也，欽此。

《元典章・提牢・佐職提控罪囚》 至元七年六月，御史臺奉尚書省劄付，據刑部呈，順天路總管府備易州知州楊恕等七處見職官連名狀申，契勘諸犯刑各罪囚，比之官司鞫問，在於不泄，其獄吏等不思犯人罪之輕重，務求財利，私下淩虐，不堪其苦。罪重者得財反輕，罪輕者無財反重，罪重反輕者，有所恃而不伏，罪輕反重者，有所畏而屈招。使官司不得實情，不能歸結，以此參詳，最爲重事，人命所係，關於利害，切見諸路總管府經歷知事兼獄官提舉刑名合無，照依上例，令各州縣典史吏目不妨本役常川提控罪囚，似爲不致違錯，得此申乞，明降本部，參詳各州司縣典史吏目，係親管案牘，似難兼委，若令州縣佐官兼提控囚禁，似爲便當。

《元典章・約會・諸色户計詞訟約會》 至元二年二月日，欽奉聖旨立總管府條畫內一欵：節該投下並諸色戶計，遇有刑名詞訟，從本處達魯花赤管民官約會本管官斷遣，如約會不至，就便斷遣，仰依上施行。

《元典章・約會・儒道僧官約會》 至元三十年正月，福建行省准中書省咨據樞密院呈至元三十年正月初九日奏過事內一件，脫脫義木等行宣政院官人每，與將文書來這裏的和尚每、先生每、秀才每一處，有爭差的言語有呵，和尚每的爲頭兒的、先生每的爲頭兒的、秀才每的爲頭兒的一同不問。先生、秀才每，管民官根底私地下告管著。先生每的、秀才每爲頭兒一同不問，管民官與管和尚的頭目一同問。有如今和尚每的、先生每的、秀才每一處，若有爭差言語呵，和尚每爲頭兒的、先生每爲頭兒的、秀才每爲頭兒的一同問者麼道。與將聖旨來的説將來，有俺商量的去年俗人與和尚每有爭差的言語呵，和尚每的爲頭兒、管民官一同問了斷者，管民官和尚每根底休教斷者麼道。聖旨與將去了來。如今和尚一處，先生每、秀才每有爭差的言語呵，管民官一處，休交問和尚每的爲頭兒的、先生每的爲頭兒的、秀才每的爲頭兒的一同問者麼道。聖旨與將去呵，怎生麼道，奏呵，那般者麼道。欽此。

《元典章・約會・醫户詞訟約會》 元貞六年六月欽奉聖旨：節該醫人，百姓每一處有爭差的詞訟的時節，管民官醫人每頭目處約會本管官斷遣，如約會不至及不伏斷者，申院究問。欽此。

《元典章・約會・樂人詞訟約會》 大德三年七月初二日，中書省奏奉聖旨：樂人每根底，管民官每的勾當，遲慢説哏教生受有，有問的勾當呵，管樂人的頭目與管民官每一同問者。欽此。

《元典章・約會・投下詞訟約會》 中書省札付大德四年十二月二十一日奏過事内一件：不憐吉久等河南省官人每説將來，探馬赤每、百姓每根底，不揀有甚麼爭競呵，與探馬赤每頭目一處歸問者麼道。按的忽、兒的哈等官人每，把執著聖旨的上頭，似這般勾當的管民官，約會他每呵，不肯來告訟的百姓每，生受勾當也。悮了去年開讀詔書，問民疾苦，整治不便勾當，差去的人每也説來，軍站各投下等與百姓相爭詞訟呵，約會他每頭目每，一處問者麼道。多也者，他每的無體例呵，管民官每數遍家約會不來，相告的人每廝生受麼道，説有世祖皇帝即位之後，至元三年，省官人每商量偏行文書來，合死的重罪過，並強盜、竊盜、造僞鈔等更做重罪過的，各投下裏也不須約會，是管民官的勾當，只教管民官依體例歸斷者。除這的鬬毆、爭驅、良婚姻、家財、債負等這般勾當，約會各投下官人每，一處斷者。三徧約會不來呵，管民官就便依體例歸斷者麼道。這般行了來，那體例至今行有。近年與投下頭目每一處約會問者麼道，來的多了也，約會呵。不肯來的上頭，百姓每生受勾當窒礙多有。依在先行來的體例裏，皇帝根底明白奏了，從新多人根底省諭的省裏，行文書呵，怎生奏呵，奉聖旨是也。依在先行來的體例教行者。欽此。

《元典章・約會・投下並探馬赤詞訟約會》 至大四年三月十八日，欽奉登寶位詔書内一欵：各投下並探馬赤人等與民訟相干者，姦盜刑名，有司依例理斷。其餘約會事三次不至，有司就便歸結，仍申本道廉訪司究治。

《元典章・問事・詞訟正官推問》 至元六年九月，中書右三部奉中書省劄付御史臺呈該山東道提刑按察司申，王文選告萬城縣官吏不公。東平等處，官司委令，不係省部遷轉，無職人員，置院推問公事，擅自將人打拷。被論人有祗受宣勑官員爲所委推問，不係正官。中間有不肯依理受招，誣人數不推公事，違錯引惹，詞訟紊煩，官司不能結絶。今後，如有告論州縣官吏人等不公等事，先取各人重甘執結文狀。若有附近去處，本管官司親爲理問。如地里遠遥，事關人衆，須合委官推問，本處摘官一員，將領請俸司吏人等，前往被論去處，依理歸問。如正官有關於附近縣官内選差廉幹正官，將引請俸人吏勾當。乞照驗事。

《元典章・問事・儒人詞訟有司問》 皇慶元年二月，江西廉訪司奉江南行臺劄付御史臺咨，奉中書省劄付來，呈江南行臺咨浙西廉訪司申，江浙等處儒學提舉司申，杭州路鹽官州儒學狀申。至大四年二月十八日，儒人沈麟孫吉伊弟沈壽四侵占簷地等處，移文鹽官州約問，有鹽官州欺凌減視，又不依例約問，徑直勾擾，以此參詳。儒人相干公事，學官一同約同，乃天下通例。今鹽官州故爲定例，沮壞學校，卑司參詳。儒人與民一體抄藉，難同別藉，僧道軍民戶今後合無除干礙學校之事外，其關訟戶婚等事，若從有司歸結，庶不紊煩，緣係爲例。事理本臺看詳。如准浙西廉訪司所言，庶革紊煩之弊，准此看詳。行臺所言儒學提舉教授等官，與有司約會歸問詞訟，紊煩不便，事干通例，宜從合干部分定擬，相應具呈照詳。得此，送據刑部呈，照得至大四年四月二十六日，欽奉聖旨，節該管和尚先生也里可溫、荅失蠻、白雲宗頭陁教等，各處路、府、州、縣裏，有的他每的衙門都教革罷了，拘收了印信者，歸斷的勾當有呵。管民官依體例歸斷者。欽此。除欽遵外，今承見奉本部議得：學校之設，實風化之原，人材所自也。其師儒之官，當以教養作成爲務。在籍儒人，果有違枉不公不法，一切詞訟比例合從有司歸問。相應具呈，照詳都省，仰照驗施行。

《元典章・停務・年例停務月日》 至元二十四年月日，尚書省咨戶部呈：照得在先欽奉聖旨節文年例，除公私債負外，婚姻、良賤、家財、田宅，三月初一日住接詞狀，十月初一日舉行。若有文案者，不須審問追究。及不關農田戶計者，不妨隨即受理歸問，欽此。欽遵本部具呈都省，除外移咨欽依施行。

《元典章・停務》　大德三年十月二十一日，湖廣行省准中書省咨御史臺呈山東肅政廉訪司申，本司經歷張璘呈：切見方今百姓爭論田宅、婚姻、良賤之事至甚繁多，經有十餘年矣。凡未得結絶者，今後合無將應爭告前事止，令務停一次，十月務開，即要了畢，已後再不停務。若有故遲，其事不即歸結，令廉訪司官隨加究治。得此都省議得：今後應告前項公事者，須自下而上，先從本處官司歸問理斷，比及務停，須要了畢。若事關人衆，依例入務才至務開即便舉行。如若地遠事難，又復不能了畢，明立案驗，要見施行，次第所以不了情節，再許務停一次。本年農隙必要結絶，不許更入務停，其有見問未斷輒亂陳告本管上司廉訪司，並不得受理。如已斷訖，陳詞告冤，須得追那原問文卷，參照衆詞。若擬斷情欵，別無不完，中間所見不同，從公改議。如若緊關情節未問便行擬斷，可取原問官吏招伏，別所委官推理。若事可歸結不應務停，及多經入務而不了，本管上司官及廉訪司官隨事治罪。若事見問而受理，並已相應而改斷者，罪亦如之。都省除外，咨請徧行，仰合屬依上施行。

《元典章・放賊・弓手受財放賊》　元貞二年十二月十二日，湖廣等處行中書省劄付，該差官審斷常德路見禁罪囚數内強盜一起：李丑兒招伏行劫楊三各家財物，打傷事主，有弓手周百六捉拏，要訖中統鈔二十兩，脱放。並責得周百六名大椿，招伏相同。據周大椿所招罪犯，不曾斷遇，依例乞照詳。得此。省府議得周大椿所招受錢脱放強盜賊徒李丑兒，罪犯杖決一百七下，罷役，元受贓鈔徵解沒官，劄付常德路該管，請依上施行。

《元典章・刑部》　行臺札付都臺御史咨，至大元年六月二十二日，只兒哈郎大夫等奏過事内一件：樞密院官人每與將文書來，爲軍民詞訟相爭的上頭，樞密院官人每奏著：蒙古軍相犯呵，管軍官樞密院官歸結者；軍民相犯呵，交民官軍官約會歸問。誰不到呵，交所屬官司處告了，要罪過者。更交廉訪司體察，若是廉訪司官覷面皮呵，樞密院御史臺裏説將來呵，取問者麽道奏著交行了。聖旨有來，俺商量來，在先省家官人每，薛禪皇帝根底奏著：軍民相爭，犯重罪過的，姦盜詐僞的，並其餘重罪犯過的人每，只交管民官斷者。相爭、婚姻、駈良、田土、錢債等事，約會各枝兒頭目每，一處歸斷。三徧約會不來呵，交管民官依體例歸斷者。前後幾徧行聖旨來，如今若依著樞密院官每奏奏的交行呵，大勾當裏窒礙有，依著在先薛禪皇帝已行了的聖旨體例裏交行呵。

《元典章新集・約會・户計司相關詞訟》　延祐六年三月日，袁州路奉江西行省劄付，來申：分宜縣怯憐口四千戶長官司、萬載縣三千戶計勾當，無撥戶設置，正是催辦本投下差役，今恃依別無親管上司鈐束，又與本路不相統攝，往往違例受理刑名詞訟，擅便斷決，妄招戶計，影避差徭，相關有司約問事理，遷延歲月，不能杜絶。又每歲合辦錢糧，差發本路官員，元籤認狀，分宜、萬載縣出給印信由帖，本司另設主首保甲催辦，民受重擾，歲終不能齊足，負累有司，實傷治體。今後歲辦錢糧，若令原設有司催辦，一切詞訟，三次約問不至，依例歸結。庶望官事早得杜絶，錢糧易於成就。得此。除已劄付，各處戶計司，今後不干礙本司事理，毋得擅接詞訟。每歲合辦錢糧，既有司圓籤認狀，出給由帖，本司依期催辦，毋得躭悞違錯。外仰照驗施行。

《元典章新集・約會・畏吾兒若無頭目管民官斷》　延祐六年四月二十一日，欽奉聖旨節該：如今交都護爲頭畏吾兒，的勈迭林爲頭哈迷里，除致傷人命，姦盜公事，交管民官歸問者，其餘軍帖差發，不揀甚麽，合對問公事有呵，朵歹等都護府官人每管者，管民官休侵犯者。外據畏吾兒、哈迷里每，自己其間裏，公事有呵，委付來的頭目每斷者。若與百姓每有相爭的公事呵，委付來的頭目每與各城子裏官人每一同歸斷者。欽此。

《元典章新集・詳讞・推官不許獨員遍歷斷囚》　延祐七年二月日，江浙行省准中書省咨御史臺呈、監察御史呈：檢會，云廉訪司官分行審理例。欽此。除欽遵外，參詳推官之職，既爲刑名設置，凡有文案擬合，專以參照研究，務盡詞理。審錄囚徒，辨驗贓伏，其追會未完、照勘脱節，並合催督。遇有冤枉抑屈者，隨即本問改正。據循行審理，決遣罪囚，既有定例，係肅政廉訪司合行事理，其推官獨員遍歷所屬，審斷罪囚，理合禁止。具呈照詳，送刑部。照得，云推官不管餘事全文。又檢會，云至元新格隨處季報罪囚全款。欽此。除欽遵外，本部議得推官專理刑獄，已有通例。其所屬州縣囚徒若死，推官仍前獨員遍歷理斷，中間似涉未便。如准監察御史所言，合行禁止，專候廉訪司巡行審理，其各道按臨，郡邑多寡、地面遠近不同，卒急不能周遍，恐致枉禁淹延。以此參詳，今後州縣凡有輕重罪囚，開寫各起所犯略節情由、到禁月日，每月申報本管上司。推官先須參考，提調官併首領官公同詳議，中間果有係囚數多、淹延懸遠、情犯疑似，許委推官詣彼審理明白，依例疎斷。如有冤滯，申路究問，不許似前一概遍歷。仍具審斷過起數、略節情犯、歸結緣由，咨申本路關牒廉訪司照詳。其或理斷未當，罪及推官。如蒙依准，已擬照會遵守，相應具呈照詳。得此。檢會《至元新格》內一款，云諸杖罪五十七以下。又照得大德二年十二月奏過事內一件：上路裏，達魯花赤、總管、同知、治中、府判各五員；有下路裏，元治中各四員。官有差撥稅糧、造作人匠併奥魯等勾當，大有監禁罪人，不得空便問，有專一問罪囚的上頭。上路裏設兩員推官，申路裏設一員推官，委付呵，怎生奏呵，世祖皇旨有來，幾處上路裏委付來，其餘去處不曾委付。各路裏，管民官每掌的勾當多，罪囚每根底不得空便問，有監禁的人每生受，合委付推官麼道。多人每說有俺商量得，上路裏各設兩員，下路裏合設一員推官，委付呵，怎生奏呵，奉聖旨是也，委付者。欽此。已經照會。今據見呈都省議得，路府州縣斷決罪囚，及推官專理刑獄，各有定例，據遍歷審斷事理。

元・張養浩《爲政忠告・風憲忠告・審録》《書》曰：庶獄庶慎。又曰：非佞折獄，惟良折獄。《易》謂君子明慎用刑，而不留獄。嗚呼，於以見聖人好生之心與天地等矣。夫飢寒切身，自非深知義理之人，不敢保其心之無他，況蚩之氓。爲守牧者教養之不至窮而爲盜，是豈得已哉。古人有以灼其然，故爲制也，恆寬而不亟促，恆哀矜而不忿疾。均之爲盜也，而有長幼疎戚之分，均之爲姦也，而有夫亡夫在之殊。有疾則醫藥之，疾革則釋梏，入人而侍之。夫彼冥迷凶險之徒既麗於理矣，何之綴意。而古人爲制如此者，則其仁恕忠厚之情可見矣。昔歐陽公父治死囚之獄，求其生而不得，則掩卷而嘆，其言曰：夫常求其生，猶失之死，況世常求其死哉。後之殘忍者一切不務而惟威刑之尚，謂其無茹冤而死者，吾不信也。夫涖官之法無他，口威心善而已矣。口威則欲其事集，心善則不欲輕易害物。況久繫之囚尤當示以慈祥召之，稍前易其舊。所隸卒吏盪以善色，使自陳顛末，情無所疑，然後參之以按。若據按以求其情，鮮有不誤人者。蓋州縣無良吏，所以不敢信其已具之文，毫釐或差，生死攸繫。故聖人謂與其殺不辜，寧失不經。又曰功疑惟重，罪疑惟輕。論囚之道，盡於此矣。君子其慎諸。

元・張養浩《牧民忠告・聽訟・會問》訟有相約而問者，不可乘一時之忿，擅加搒掠也。若釋道，若兵卒，諸不隸所部者是已。

元・張養浩《牧民忠告・聽訟・勿聽讒》健訟者理或不勝，則往往誣其敵嘗謗官長也。聽之者當平心易氣，置謗言於事外，惟覈其實而遣之，庶不墮奸民計中矣。

元・張養浩《牧民忠告・聽訟・察情》人不能獨處，必資衆以遂其生，衆以相資，此訟之所從起也。故聖人作易以訟繼師其示警固深矣！夫善聽訟者，必先察其情；欲察其情，必先審其辭。其情直，其辭直，其情曲，其辭曲，政使強直其辭而其情則必自相矛盾，從而詰之，誠僞見矣。《周禮》以五聲聽獄訟，求民情固不外乎此。然聖人謂聽訟吾猶人也必也使無訟乎？蓋聽訟者，折衷於己，然苟公其心，人皆可能也。無訟者救過於未然，非以德化民，何由及此？嗚呼！九牧民者其勿恃能聽訟爲德也。

元・張養浩《牧民忠告・慎獄・詳讞》在獄之囚吏案雖成，猶當詳讞也。若酷吏鍛鍊而成者，雖讞之囚不敢異辭焉，須盡辟吏卒和顏易氣開誠心以感之，或令忠厚獄卒款曲以其情問之，如得其冤，立爲辨白，不可徒拘閡吏文也。噫姦吏舞文何所不至哉。

元・張養浩《牧民忠告・慎獄・獄詰其初》獄問初情，人之常言也。蓋獄之初發，犯者不暇藻飾，問者不暇鍛鍊，其情必眞而易見。威以臨之，虛心以詰之，十得七八矣。少萌姑息，則其勞將有百倍。厥初者，故片言折獄，聖人惟與乎，子路其難可知矣。

《元史・世祖紀一》〔中統二年九月〕丙子，諭諸王、駙馬，凡民間詞訟無得私自斷決，皆聽朝廷處置。

《元史・成宗紀二》〔大德二年〕三月丁亥朔，罷大名路故河堤堰歲入隆福宮租鈔七百五十錠。申禁官吏受賂詣諸司首者，不得輒受。戊子，詔僧人犯奸盜詐僞，聽有司專決，輕者與僧官約斷，約不至者罪之。

《元史・刑法志》諸職官於禁刑之日決斷公事者，罰俸一月，吏笞二十七，記過。諸有司斷諸小罪，輒以杖頭非法杖人致死，罪坐判署官吏。諸曾訴官吏之人有罪，其被訴官吏勿推。諸有司輒憑妄言帷薄私事逮繫人者，笞四十七，解職，期年後敘。諸職官得代及休致，凡有追會，並同見任。其婚姻田債諸事，止令子孫弟姪陳訴，有司輒相侵陵者究之。諸職官告吏民毀罵，非親聞者勿問，違者罪之。諸職官聽訟者，事關有服之親并婚姻之家及曾受業之師與所讎嫌之人，應迴避而不迴避者，各以其所犯坐之。有輒以官法臨決尊長者，雖會赦，仍解職降敘。

《大明令・刑令》 凡六品以下官員，犯贓罪至徒流者臺憲就便斷罪外，其餘干係處重罪名，并五品以上，追問明白，奏聞區處。雜犯六品以下，行省、按察司斷決，五品以上，移文會議，申臺奏聞。

又 凡各府推官，職專理獄，通署刑名文字，不預餘事。凡有解到罪囚，必先推詳實情，然後圓審，各衙門不許差占。

又 凡犯罪，六十以下，各縣斷決；八十以下，各州斷決；一百以下，各府斷決；徒、流以下，申聞區處。

又 凡詞訟事干兩處州縣者，原告官司申牒被告府分歸結。

明・應檟《大明律釋義・訴訟・聽訟迴避》 凡官吏於訴訟人內關有服親及婚姻之家，若受業師及舊有讎嫌之人，並聽移文迴避。違者笞四十，若罪有增減者，以故出入人罪論。

釋義曰：各衙門一應軍民詞訟，而承受之官吏於原告或與被論之人關有服親及婚姻之家，若受業師，恐其有所偏護也，關有讎隙之人，恐其有所過求也，故並聽移文迴避，違律而不迴避者笞四十。若因不迴避而於親師之罪減重爲輕，於讎嫌之罪增輕爲重，則以故出入人罪之律，全科以所增減之罪。

明・應檟《大明律釋義・訴訟・官吏詞訟家人訴》 凡官吏有爭論婚姻錢債田土等事，聽令家人告官理對，不許公文行移，違者笞四十。

釋義曰：官吏合行文書皆係公事，若其有婚姻不協，錢債不還，田土不明之事，不過己之私事而已，只令家人告官理對，豈得輕以公文行移哉。

明・應檟《大明律釋義・斷獄・元告人事畢不放回》 凡告詞訟對問得實，被告已招服罪，元告人別無待對事理，隨卽放回。若無故稽留，三日不放者笞二十，每三日加一等，罪止笞四十。

釋義曰：元告既已得實，別無待對事理，而不放回，是卽爲淹滯矣，故計日而坐，官吏以笞也。

明・應檟《大明律釋義・斷獄・依告狀鞫獄》 凡鞫獄須依所告本狀推問，若於狀外別求他事，摭拾人罪者，以故入人罪論。同僚不署文案者，不坐。若因其告狀或應掩捕搜檢因而檢得別罪，事合推理者，不在此限。

釋義曰：凡人告狀誣者有之，未有舍其實情不告者也。故鞫獄當依其本狀推問，若於狀外別求他事，摭拾人罪者，則以故入人罪論。同僚有同署文案之法，同署則有共犯之情，故不同署者不坐罪。若其所告之狀有應掩捕搜檢因而檢得別罪者，則聽其推理不以故入之律論。

明・應檟《大明律釋義・斷獄・斷罪引律令》 凡斷罪皆須具引律令，違者笞三十。若數事共條，止引所犯罪者聽。其特旨斷罪臨時處治不爲定律者，不得引比爲律，若輒引比致罪有出入者，以故失論。

釋義曰：引律令擬罪，所謂某依某律者是也。臨時處治，一時變通之法，非常律也，故不得引比爲律。

明・應檟《大明律釋義・斷獄・獄囚取服辯》 凡獄囚徒流死罪，各喚囚及其家屬具告所斷罪名，仍取囚服辯文狀。若不服者，聽其自理，更爲詳審，違者徒流罪笞四十，死罪杖六十。其囚家屬在三百里之外，止取囚服辯文狀，不在具告家屬罪名之限。

釋義曰：取服辯欲使其無詞也，不取服辯及不爲詳審曰違罪，坐問官。

明・王肯堂《王儀部先生箋釋・訴訟・聽訟回避》 釋曰：謂凡軍民衙門官吏於訴訟人內若有關涉內外有服親屬及婚姻之家，若受業師，或舊爲本籍公祖父母官，及素有讎怨嫌隙之人，並聽移文陳說迴避，違者其於所聽之訟事雖得實，亦笞四十。若罪有增減者，計所增減事情以故出入人罪論，因讎嫌而罪有增，以故入人罪論，因親故而罪有減，以故出人罪論。

明・王肯堂《王儀部先生箋釋・訴訟・軍民約會詞訟》 第一節。此條律意重在有司一邊，占恡不發，兼軍民官言。凡軍官軍人，有犯該人命事情重大者，起內雖無干問民人，其管軍衙門亦須約會有司檢驗明白，仍於原問衙門歸結，所以重人命也。若軍官軍人，犯該姦盜詐僞戶婚田土鬬毆等項，事務稍輕，其與民人相干涉者，必須一體約會有司問理，與民人不相干涉者，方許本管軍職衙門自行追問，不必約會。若有司及管軍衙門受理軍民詞訟，勾提人犯，而有自分彼此，占恡不發者，首領官吏並以違制論，各笞五十。

第二節。軍官而受民訟，踰越本等職分，其罪亦如占恡之律。此民訟是以民告民，若民告軍人，則事相干涉，又當約會審問者也。

條例

第一條濫受接受詞訟者，俱以違制論。

明・王肯堂《王儀部先生箋釋・斷獄・依告狀鞫獄》 第一節，謂凡官司訊鞫獄訟須以原告所告狀詞事情輕重，據法推問，若故於原告本狀外推求別項事情，摭拾被告人罪者，以故入人罪論。或以全罪科之，或以增輕作重科之，其同僚官連署文案不知情者，止依失入人罪論斷，但難同吏典爲首之例，不署文案者不坐。

第二節，若因所告狀內事情，或有法應掩捕搜檢，因而檢得被告別項犯罪事情與原告有所關涉，合該推問非係羅織者，不在狀外摭拾人罪故入同論之限。

明・王肯堂《王儀部先生箋釋・斷獄・斷罪引律令》 斷罪引律令

第一節。凡官司科斷罪囚，議擬罪名，皆須備細援引律令。如不具引，止摘用其文而不合律意者笞三十。若律有數事，共在一條，所斷之罪，止合一事，則聽其摘引一事以擬斷之。具引正文，如強盜得財，具引強盜已行而但得財之文。鬭毆殺人，具引鬭毆殺人者，不問手足他物金刃之文。數事共條，止引所犯。如盜大祀神祇御用祭器帷帳等物，及盜饗薦玉帛牲牢饌具之屬者皆斬。其未進神御及營造未成，若已奉祭訖之物，及其餘官物，皆杖一百，徒三年。設有人盜祭器，卽合止引祭器之文。若祭器營造未成，卽合引營造未成之文。或未進神御，玉帛牲牢饌具，已奉祭訖，卽合各引其文。又如冒認、誆賺、局騙、拐帶，是四事共條，止引所犯，不在具引之限。又如一人犯兩事，卽全引之，若事不共條，自依一罪俱發以重論。各等者，從一科斷之律。如云除某事輕罪，某事各等罪名不坐外，合依某律是也。

第二節。其特旨裁斷罪名輕重，多在臨時處治，有非律令所限，而不爲一定之律者，官司不得引以相比爲律。擬斷罪名，若輒行引比致斷罪有所出入者，以故失論。故者，以故出入人全罪及所增減論之。失者，以失出入人罪減等論之。

明・王肯堂《王儀部先生箋釋・斷獄・獄囚取服辯》 第一節。凡鞫獄官司，於獄囚有犯徒流死罪，若不喚集本囚，與其家屬到官，具告以其所斷罪名，及責取服辯，是罔之也。使其情有不洽於非，則何由知而理直哉。若囚有不服，又不許其自陳理訴而遽以成獄，卽取服辯，亦威脅之而已矣。故不服者許聽其於文狀中自行辯明，更爲詳審以服其心。如有違者，隨囚所犯之罪以罪問官，係徒流罪笞四十，死罪杖六十。

第二節。其囚之家屬若遠在三百里之外，不及喚到者，止取本囚服辯文狀，不在具告家屬罪名之限。夫具告罪名必喚家屬者，懼無告之民不能自理，而家屬之中能有人代爲之理者也。蓋刑者，一成不變豈可輕以加入。故必由人心服無辭，方可結案。此皆律中精意所在，司刑者其可忽諸。

明・王肯堂《王儀部先生箋釋・斷獄・斷罪不當》 第一節。凡官司聽訟，斷擬罪名，或應決配而反收贖，或應收贖而反決配者，各依故失出入人罪上，減等科斷。若出於有意，則減故出入人罪一等。若出於無意，則減失出入人罪一等。

第二節。若斷應死重罪，其應坐斬而坐絞，應坐絞而坐斬者，俱杖六十。此指官司之故者言也。失者減三等，則止笞三十。其罪人已經處決訖而有讐人別加殘毀其屍者，笞五十。

第三節。其反逆緣坐人口，或入官，或放免，法不容移。若應入官而放免，不應入官而入官者，是有意出入矣。若係有意則以故出入流罪論，無意而失於詳審者，則以失出入流罪論。此故出入人罪。若一人有私，其同僚不知情，連署文案者以失論，依律遞減爲罪。

明・王肯堂《王儀部先生箋釋・慎刑説・盜情》 掌印官審盜，惟在隔別細心，察其情狀，蓋眞僞之情，辭色自別虛捏之語，辯問則窮。我多方以辯之，則掩護之術不及卒備。無備之言，不及會同，往復參錯，眞情自見。至於隔別之報盜數同，贓數同，期會同，事跡同，卽無贓而盜可知矣。或言人人殊，不可驟加嚴刑，亦當耐心細鞫。或設法密訪。人命之疑獄亦然。仁人心苦，智者識精，當必自有妙法，但問刑謂之審，具招謂之詳，詳審二字，此聖王治獄之精意也。今之訊獄者，幸於此兩字留心焉，無以夾棍等酷刑爲第一審法，則冤獄必少矣。

明・呂本《皇明寶訓・明決》 〔永樂二年〕八月乙未，有軍校縛至二人，言比京城中往往盜剪官馬尾，二人專鬻馬尾帽於市，此皆因盜所得，請罪之。上曰，嘗見其剪馬尾乎，抑以疑似執之乎，對曰，實疑而執之。上顧三法司官曰，市中貨馬尾帽甚多，可盡以疑似罪之乎，疑似加刑，有累君，其釋之。

明・呂本《皇明寶訓・永樂卷三・防微》 永樂十年六月癸酉，禮科給事中引奏，法司所逮至犯人内一二人欲有所陳訴，錦衣衛官促之起遂不淂陳，上見而知之，曰，此蒙蔽之過也，在朕前，下情尚不淂達，况千里之外哉，顧錦衣衛官曰，繼今敢復爾者必誅。

明・呂本《皇明寶訓・宣德卷五・審刑罰》 宣德四年三月巳己，遵化衛總旗王彪妻蔣氏姑揚欲取其奩具與已女，不從，姑疾蔣氏之不久，積忿誣蔣稔其喉，欲加害，使彪訟之，行在刑部，蔣當斬罪，蔣屢稱冤，且引小姑及隣嫗爲誣事聞。上曰，論獄不可縱尤，不可枉彼，欲殺姑，姑女肯曲爲解乎，遂召小姑隣嫗至，皆言蔣實無殺姑意。上命釋之，因謂行在刑部侍郎吴廷用等曰，姑慈婦孝，當兩盡其道，今以小忿而欲寘之死，則不可其以此意，諭遣之。

又 〔宣德四年〕四月乙未，上退朝御右順門，諭三法司官曰，昨大理寺奏陝西軍卒因盗一羊而殺人，論罪當斬，朕思一羊之直幾何，而致於殺人取之，所得甚微，而所喪甚重，愚哉，凡重獄中有可疑者，卿等更須詳審。

明・呂本《皇明寶訓・宣德卷五・恤刑》 〔宣德六年〕六月丁未，行在刑部奏，錢成孫嘗與王忠相毆，忠妻郭氏從旁救之，誤墮所抱嬰兒傷腦死，忠誣成孫踢殺，論以絞罪，大理審允，具奏。上以爲獄有疑，令再鞫之，具得實狀，成孫得免死。上諭刑部侍郎樊敬等曰，法司不體朕恤刑之心，不以人命爲重，專用榜掠承伏，人何得不冤，其原問原審官吏俱罰糧俸三月，仍命刑移識之，再犯不宥。

明・呂本《皇明寶訓・正統卷三・恤刑》 正統六年四月甲午，上諭三法司臣曰，今天下司刑官多非其人，往往寘無辜於法，卿等宜各於屬官内慎選廉明公恕四五員，往詳審之，於是推選監察御史郎中、主事寺正評事官二員，分往各處審讞。

明・呂本《皇明寶訓・成化卷二・定令》 定令成化元年正月癸酉，鎮守獨石馬營等處，奉御進保奏，獨石臨邊之地，備禦官軍不可暫缺，近以輕罪往往逮至宣府繫獄，恐猝有警，急缺人守禦，請自今軍中詞訟，必自下而上，輕則委官鞫問，重則親臨自理。上曰，立法正不宜泥於常，而忽於變，恆有警急之地，豈可以常法處之，其悉從所言，著爲令。

明・呂本《皇明寶訓・成化卷二・恤刑》 成化四年四月丁巳。上以天旱不雨，特降旨曰，法司監問囚犯恐有冤枉，宜從寬恤，爾司禮監太監徐浩可同三法司堂上官詳審之，其重囚幷情罪有可矜疑，及見枷號者，具錄來聞，徒流以下即與減等發遣。

明・呂本《皇明寶訓・弘治卷一・遵舊制》 弘治元年九月壬午，刑部尚書何喬新奏，舊制提人勘事，所遣人員必齎精微批文赴所，在官司比號相符，然後行事，所司仍具由回奏，有不同者執送京師，此祖宗防微杜漸之深意也，而京城内外，提人乃用駕帖，既不合符眞僞莫辨，倘有姦人矯命，誰則拒之，請自今遣官出外，仍給批文，以防姦僞。上曰，提人勘事，必給精微批文，以防奸宄，乃祖宗舊制，不可不遵，所司有如例行之應給批時，毋得稽誤。

明・呂本《皇明寶訓・弘治卷三・恤刑》 弘治七年三月丁酉，禮科都給事中呂獻等言，每歲初夏，例縱釋繫囚，笞杖輕犯多從宥免，徒流以下減等發落，重囚情可矜疑者。具奏定奪，正所以長民命而壽國脈也。但此例獨行兩京，而未及天下，乞勅三法司議擬，南北直隸則巡按官督同諸郡邑官，各布政司則鎮巡官會同三司官各准兩京例，每於四月審囚，庶狴獄有稱平之訟，桎梏無横死之冤，戶科給事中王綸亦以爲言，謂近年在外官多有貪酷不仁，圖小利而故勘平人，逞私忿而非法凌虐，有因考訊而死者，則搜求細事諉曰因公，因久禁而死者，則虚補文移號爲有病，乞勅法司申明條例，情可矜疑者，即爲平反不拘，成案仍行天下，問刑官不許仍蹈前非，如有致死者，雖曰因公亦必原其情之輕重，脫或有病亦必究其事之大小，如或任情故違，即以其罪罪之。上命法司議處聞奏，法司議謂，舊例，在外罪囚五年一差官審錄，今欲不拘此例，每年四月以後，各處撫按等官會審，八月以秉類奏，其有酷刑官，請降調邊遠，法外刑人至死者，除名爲民。上曰，酷刑官員其令巡撫等官嚴加訪察，依法問擬奏來處治，不許輕縱，會審差官仍照舊例行。

又 弘治十七年二月甲午，兵科給事中潘鐸奏，故事每歲會審録重囚，率以一日竣事，然人命至重，今該審之，囚衆多，如拘以一日，則不得從容詳審，卹冤地下者能保其必無乎，昔我太宗文皇帝，因刑部等衙門大辟囚三百餘人復實請決，乃召府部及六科諭之曰，三百餘人未必皆得其情，若有不實，則死者卹冤，爾等更審之，一日不盡則二日三日，雖十日何害。此我祖宗好生之仁，萬世所當遵也，乞令今後會審不必拘以一日，務在從容研審，使無冤枉法，司覆奏從之。

明・呂本《皇明寶訓・弘治卷三・弭盗》 弘治十八年七月己酉。先帝時南京監察御史沈賁等言，皇上親録大理少卿吳一貫等所勘邊情於闕下，事干刑獄宜付所司不必親勞。聖斷蓋以萬幾叢委，或不暇給投間抵隙之人，將爲取寵市權之計，此今日之體統不可不正者也，望自今政務委之九卿，設或未當責有所歸，則事不煩而理，都察覆奏，國家刑獄之事，各有成規，如吳一貫等勘事，失之輕信以致處斷過當，人多冤稱。先帝不忍之心施於偶聞，乃親録諸犯，仍付法司，無輕議罪，十八年之間僅一見之，未嘗著爲常典，此非先帝之好勞，乃臣下不職之爲累也，但賁等推明體統意亦忠愛，請繼自今刑獄，悉責成中外有司并勘問官秉公訊鞫，違者，以故失論，庶臣勞於下，君逸於上，而庶事亦不致隳廢矣，詔今後内外法司及奉旨勘事官，務秉公道根究實情，不可顧忌偏枉。

明·吕本《皇明寶訓·正德卷二·弭盗》　正德九年九月戊子，勑諭刑部、都察院、大理寺曰，刑獄重事，凡斷決、起發、會勘、駁勘等項律例所載俱有定限，不許淹禁，今内外問刑衙門官員不體朝廷欽恤至意，一應繫囚，或不親鞫問，或狥情受囑，或畏避嫌疑，展轉委勘，以致監禁日久有數年未結，至瘦死獄中者情甚可憫，法司其亟申明律例，移文省諭，今後再有故違者，重治不貸，又近年山東、河南、四川、山西等處失事人員亦多淹禁者，其今各鎮巡等官查勘明白，從公議奏定奪，故諭。

明·吕本《皇明寶訓·嘉靖八卷·慎刑獄》〔嘉靖五年〕九月乙酉上諭，法司理問詞訟，須分辨曲直，從公處斷，使人無冤。近來中外問刑官往往任意偏聽，不審察事情，或狥私受囑，不畏法度，顛倒是非，致令銜冤負屈之人輒入禁中伸愬，至有自縊死者，良可矜憫。法司即申明律例，戒諭所屬，通行内外衙門如再有斷獄不明，致各犯伸理者，若所愬得實，原問官從重究治。其有爲人囑託者，問刑官指實參奏，容情不奏者，聽兩京科道糾劾，若科道官囑託，及知有囑託容隱不劾者，一體治罪。緝事衙門亦務密訪奏治，但毋挾私誣陷於是。都察院請如聖諭申飭中外，但民人冤抑，止許赴通政司或登聞鼓下投遞本狀。在京聽法司，在外聽撫按，官參詳虚實施行。有擅入禁門叫愬，及摭拾辱罵，原問官并挾制官吏者，與主使之人俱從重問擬。上是之，命榜示天下遵守。

《明實録·洪武一四年》〔二月〕甲申，詔刑官，自今武官三品以上有犯者，必奏請得旨乃鞫之。四品以下有犯，所司就逮問定罪，議功請旨裁決。

若文職有犯，干涉武官三品以上者，亦須奏請，毋擅問。

《明實録·洪武十五年》〔八月庚辰〕遣監察御史余公大往泰州審決重刑，勑曰：雨露滋生萬物，以榮霜露肅殺萬物，以悴榮悴，各當其時，斯二儀之常經，古今所不易者也。今命爾往泰州審決刑獄爾，其慎法天時務從至公，毋獲罪於人神欽哉！

又〔十二月〕丙戌，詔吏、祀、兵、戸、工五部，凡有逮繫罪人，不許自理，俱付刑部鞫問。

《明實録·洪武十六年》〔正月庚戌〕民有子犯法當死，其父以財求免。事覺，監察御史奏欲并置於法。上曰：生死，人之大故，父子人之至親，彼受根於心，但知求其子之生，不顧理之所不可，爾論法，欲并罪其父，然於情可恕，其赦之。

《明實録·洪武十七年》〔閏十月乙未〕左都御史詹徽言：四川成都府有吏訴其知府張仁受賄，同知蔡良於公署設宴放吏爲民，請逮問之。上曰：吏胥之於官長，猶子弟之於父兄，下訐其上，有乖名義，不足聽也。

《明實録·洪武二十四年》〔正月〕辛卯，刑部尚書楊靖奏，朝廷設置勘合，所以稽考庶務，使無留滯。今天下諸司乃有累年稽緩者，致使案牘山積，庶務不清。請逮問之。詔免問，更爲限期督之。

《明實録·洪武二十五年》〔正月〕庚子，刑部奏，近因戸部案牘不清，令本部理之，其屬官吏當逮問。上命稽錯者令其釐正，錢穀非違匿者勿問。

又〔十月乙亥〕常州府知府李得善奏，獄囚有鬻私鹽者二十餘人，因爲首者未獲，久淹囚禁耕獲，既廢供饋艱苦，乞暫釋各人還家，以畢農務，且令告諭爲首者俱至理之，奏至。上從其言，後所縱囚果與未獲者如期皆至，得善復以聞詔，並釋之。

《明實録·洪武三十五年》〔九月甲午〕上謂刑部都察院臣曰，前勑法司令囚人入米贖罪，以省轉輸之勞。近聞有貧不能致米者，往往憂懣死，期欲生之，乃速之死，非朕本意。自今凡人命十惡死罪強盗傷人者依律處決，其餘死罪及流罪令挈家赴北平種田，流罪三年，死罪五年，後録爲良民。其徒罪令煎鹽，杖罪輸役如故，自願納米贖罪者聽。仍選徒罪以下罷黜官假以職名，俾督民耕種，三年有成績實授，無成仍坐原罪。

《明實録·永樂九年》〔九月己卯〕刑科給事中曹潤等覆奏處決重囚。

上曰：大辟重法不可率易，論決萬一失當，死者含冤無窮，大抵善惡報施，理所必有，如犧牲天生以養，人若殺之過度，猶無善報，况妄殺人乎？自今遇處決重囚，既覆奏，仍録所犯之情封進朕燕居得詳觀之，四封進之後，有命，然後決之。

《**明實録·永樂十年**》〔十月丁丑〕三法司奏：有軍病，妻不治湯藥而數毆詈其夫，姑責之，又擊踣其姑。鞫問具狀，當就刑，不孝之罪至重。刑科給事中不應循例止之，欲再覆奏，給事中亦應有罪。上曰：朕嘗命刑科，凡決重囚，必再三覆奏，或事有冤抑得爲伸雪，非彼擅止之也。此婦無可生之理，即如法誅之，給事中無罪。

《**明實録·洪熙元年**》〔八月乙亥〕陝西按察使陳智，言憲綱監察御史及各道按察司，每歲八月中出巡審囚，刷卷已著爲令。比因營繕等事，差遣舊令，遂廢凡儲官司案牘，散棄錢糧刑名贓罰等項，恐致湮沒無由稽考。上語都御史劉觀等曰：憲綱，爾所職，何致廢弛如是？悉舊例舉行。

又〔十月丙戌〕初，上諭行在大理寺曰：今後軍民充匠者，有犯止於本監罰工。至是，行在大理寺卿虞謙奏舊例犯罪死者，役之終身。今所犯輕重不等，難令一概罰役，請犯徒流者，如例。其餘依年限役之笞、杖者，依律決遣。上從之曰：若死罪及竊盜，臨期奏聞區處。

《**明實録·宣德四年**》〔四月乙未〕上退朝御右須門，諭三法司官曰：昨大理寺奏陝西軍率，因盗一羊而殺人，論罪當斬。朕思一羊之且幾何，而效於殺人取之，所得甚微，而所喪甚重，愚哉幾重獄中有可疑者，卿等更須詳審。

《**明實録·宣德五年**》〔十二月丙戌〕行在大理寺奏：舊例犯偷盗攬納等罪，皆充軍。按律凡偷盗官畜產常人盗倉庫錢糧盗内府財物及官物者，皆應絞斬。比常偷盗攬納爲尤重。於今，例乃止罰役而已，輕重不論，請皆從充軍例發遣。上曰：斷獄須論情實，若當重而輕，則人易犯法；當輕而重則人爲不平。宜從一例，然尤須詳審，詳勿致失當。

《**明實録·宣德九年**》〔三月壬辰〕勅南京守備襄城伯李隆、僉都御史吳訥等論決强盗，曰：强盗，但得所劫眞贓，即無冤抑，不然，須審究得實，未可輕決。

又〔十一月甲戌〕上閱行在刑部都察院所具重囚罪狀，諭都御史顧佐侍郎施禮等曰：因戲誤殺人，及竊盗三犯者，宥死，發戍邊。官吏故勘平日致死，及僞造印信等罪，如舊監繫。餘罪犯尤重者，文武大臣會審，無冤具奏處決。

《**明實録·正統二年**》〔四月庚申〕巡按廣西監察御史唐愼言：近例在外文武官吏有犯，俱解京發落，臣以爲不便。於是刑部奏舊例，雜犯死罪充軍者，俱原問衙門發遣，惟直隸府衛解京。今請令在外文武官吏犯贓者，解京，餘仍舊例，原問衙門問結。從之。

《**明實録·正統五年**》〔三月〕辛亥，行在刑部右侍郎何文淵奏五城兵馬指揮司所送竊盗，多因巡捕校尉，在於街市遇見擒獲就於各家搜撿財物，拷逼虛招，不無冤濫，宜行前項官司今後捕獲竊盗，須有失主認贓，當時連贓送問。從之。

明·何棟如《皇祖四大法·治法》〔洪武三十年〕六月辛巳朔壬午置政平、訟理二旛審諭罪囚上諭。刑部官曰，人言法家少恩，此後世用法之過，故有是言。朕觀唐虞之世，好生之德浹，於民心安，有是言哉。爾等每論囚，引至朕前，雖詳其致罪之由，然一時裁決，恐未得其情。自今論囚，惟武臣死罪朕親審之，其餘不必親至朕前，但以所犯來奏，然後引至承天門外，命行人持訟理旛，傳旨諭之，其無罪應釋者，持政平旛宣德意遣之，繼令五軍都督府、六部、都察院、六科給事中、通政司、詹事府詳加審録，冤者卽爲奏聞，無冤實犯死罪以下悉如律，其雜犯死罪者准贖。

明·申時行《明會典·朝審》國朝欽恤刑獄，凡罪囚，夏月有熱審。其例起於永樂間，然止決遣輕罪，及出獄聽候而已。自成化以後，始有重罪矜疑輕罪減等，枷號疎放，免贓諸例，每年小滿後十餘日，司禮監傳旨下刑部，卽會同都察院，錦衣衛，覆將節年欽恤事宜題請，通行南京法司，一體照例，審擬具奏，事例詳後。

永樂二年四月，諭三法司官，天氣向熱，獄囚淹久，令五府六部，六科給事中，協同疎決死罪獄成，秋後處決，輕罪隨卽決遣。有未能決者，令出獄聽候。四年五月，諭三法司，天氣已熱，除犯斬絞罪外，徒流以下，皆令知在聽候發落。宣德二年，五月，六月，七月，節諭三法司，天氣炎熱，見監罪囚，作急問斷。該運土運甎者，照例發落。干礙奏請者，一月一次類奏。三年，諭法司，今天氣暄熱，獄中一應罪囚，禁錮日久，卽將輕重罪犯，具奏發落，不許時刻遲滯。正統十四年，春夏旱災，命內臣一員，公同三法司堂上官，會審見監聽決罪囚，情重者，類奏處置。成化二十一年夏，命兩京法司，錦衣衛，會審見監罪囚，徒流以下，減等發落，重囚有可矜疑，及枷號者，具奏定奪。二十二年夏，諭法司，見今雨澤少降，天氣向熱，內外衙門見監罪囚，恐有冤抑，兩京令司禮監太監守備太監同三法司堂上官會審，兩直隸，差刑部郎中各一員會同巡按御史，各處在城令巡撫，巡按同三司掌印官，各府州衛所，令巡按御史，同守巡官，逐一審錄。死罪情可矜疑者，具奏處置，徒流以下，減等發落，不許遲慢。弘治元年夏，令兩法司，錦衣衛將見監罪囚，情可矜疑者，俱開寫來看。自後歲以爲常。十七年議準，五月至六月，終例該枷號人犯，陸續奏請寬貸。嘉靖元年，諭兩法司，並錦衣衛，見今天氣向熱，見監罪囚，笞罪無干證者，卽行釋放，徒流以下，便減等發落，重囚情可矜疑，並枷號者，俱開寫來看。自後歲以爲常。又奏準，五月六月，暑氣正熾，兩京內外問刑衙門，見監輕重囚犯，作急問理，例該枷號者，暫免枷號，依擬發落待七月仍照舊例行。十年奏準，兩京法司，凡遇每年熱審，并五年審錄之明，一應雜犯死罪准徒五年者，一體減去一年。二十三年奏準，五六月徒杖笞罪人犯，照免枷事例一體減等釋放。四十五年奏准，熱審恩例，京師自命下之日，算至六月終止，南京自熱審文書到日爲始，亦計兩箇月足方止。隆慶五年題准，每熱審之期，一應贓犯，除情重贓多，監禁未久者，照舊追併外，其贓銀止一十兩以上，監久產絕或正犯身故，累及家屬者，行勘明的，俱免追贓，卽照原擬發落，家屬釋放，仍行各問刑衙門，一體遵照。

明·申時行《明會典·熱審》 國朝欽恤刑獄，凡罪囚，夏月有熱審。其例起於永樂間，然止決遣輕罪，及出獄聽候而已。自成化以後，始有重罪矜疑輕罪減等，枷號疎放，免贓諸例，每年小滿後十餘日，司禮監傳旨下刑部，卽會同都察院，錦衣衛，覆將節年欽恤事宜題請，通行南京法司，一體照例，審擬具奏，事例詳後。

永樂二年四月，諭三法司官，天氣向熱，獄囚淹久，令五府六部，六科給事中，協同疎決死罪獄成，秋後處決，輕罪隨卽決遣。有未能決者，令出獄聽候。四年五月，諭三法司，天氣已熱，除犯斬絞罪外，徒流以下，皆令知在聽候發落。宣德二年，五月，六月，七月，節諭三法司，天氣炎熱，見監罪囚，作急問斷。該運土運甎者，照例發落。干礙奏請者，一月一次類奏。三年，諭法司，今天氣暄熱，獄中一應罪囚，禁錮日久，卽將輕重罪犯，具奏發落，不許時刻遲滯。正流十四年，春夏旱災，命內臣一員，公同三法司堂上官，會審見監聽決罪囚，情重者，類奏處置。成化二十一年夏，命兩京法司，錦衣衛，會審見監罪囚，徒流以下，減等發落，重囚有可矜疑，及枷號者，具奏定奪。二十二年夏，諭法司，見今雨澤少降，天氣向熱，內外衙門見監罪囚，恐有冤抑，兩京令司禮監太監守備太監同三法司堂上官會審，兩直隸，差刑部郎中各一員會同巡按御史，各處在城令巡撫，巡按同三司掌印官，各府州衛所，令巡按御史，同守巡官，逐一審錄。死罪情可矜疑者，具奏處置，徒流以下，減等發落，不許遲慢。弘治元年夏，令兩法司，錦衣衛將見監罪囚，情可矜疑者，俱開寫來看。自後歲以爲常。十七年議準，五月至六月，終例該枷號人犯，陸續奏請寬貸。嘉靖元年，諭兩法司，並錦衣衛，見今天氣向熱，見監罪囚，笞罪無干證者，卽行釋放，徒流以下，便減等發落，重囚情可矜疑，並枷號者，俱開寫來看。自後歲以爲常。又奏準，五月六月，暑氣正熾，兩京內外問刑衙門，見監輕重囚犯，作急問理，例該枷號者，暫免枷號，依擬發落待七月仍照舊例行。十年奏準，兩京法司，凡遇每年熱審，并五年審錄之明，一應雜犯死罪準徒五年者，一體減去一年。〇二十三年奏準，五六月徒杖笞罪人犯，照免枷事例一體減等釋放。四十五年奏準，熱審恩例，京師自命下之日，算至六月終止，南京自熱審文書到日爲始，亦計兩箇月足方止。隆慶五年題準，每熱審之期，一應贓犯，除情重贓多，監禁未久者，照舊追併外，其贓銀止一十兩以上，監久產絕或正犯身故，累及家屬者，行勘明的，俱免追贓，卽照原擬發落，家屬釋放，仍行各問刑衙門，一體遵照。

明·申時行《明會典·問擬刑名》 國朝問刑之法，詳見諸司職掌，後損益事例不一，問刑衙門，或引律，或用例，其文已備載於前，諸係通例，無所附著者，並載此。

洪武元年令，凡鬬毆詞訟犯人，依律保辜。若所招罪重者，依法監禁，罪輕者，保管在外。其餘原告證佐干連人等，毋令隨衙，妨廢生理。違者究治。凡鞫問罪囚，必須依法詳情推理，毋得非法苦楚，鍛鍊成獄。違者究治。凡訴訟之人，有司置立口告文簿一扇，選設書狀人吏一名，如應受理者，卽便附簿發付書狀，隨卽施行。如不應受理者，亦須書寫不受理緣由，明白附簿，官吏署押，以憑稽考。凡差使人員，不許接受詞狀，審理罪囚，違者以不應論罪。凡告事者，告人祖父，不得指其子孫爲證，告人兄，不得指其弟爲證，告人夫，不得指其妻爲證，告人本使，不得指其驅奴婢爲證。違者治罪。凡特旨臨時處決罪名不著爲律令者，大小衙門，不得引此爲例，若輒引比律，致令罪有輕重者，以故出入人罪論。凡諸姦邪進讒言，佐使殺人者，雖遇大赦，不在原免。凡以赦前事，告言人罪者，以其罪罪之，若係干錢糧婚姻田土，事須追究，雖已經赦，必合改正徵收者，不拘此例。凡年老，及篤廢殘疾之人，除告謀反叛逆及子孫不孝，聽自赴官陳告外，其餘公事，許令同居親屬通知所告事理的實之人代告，誣告者，罪坐代告之人。凡婦人除犯惡逆姦盜殺人入禁，其餘雜犯，責付有服宗親收領聽候，一應婚姻田土家財等事，不許出官告狀，必須代告，若夫亡無子，方許出官告對，或身受損傷，無子代告，許令告訴。凡各府推官，職專理獄，通署刑名文字，不預餘事，凡有解到罪囚，必先推詳實情，然後圓審，各衙門不許差占。六年令，凡皇親國戚有犯，除謀逆不赦外，其餘所犯，輕者，與在京諸親會議，重者與在外諸王，及在京諸親會議，皆取自上裁，其所犯之家，止許法司舉奏，並不許擅自拏問。十五年，令吏戶禮兵工五部，凡有應問罪人，不許自理，俱付刑部鞫問。十八年，頒行大誥，令一切官吏諸色人等，戶有一本，若犯笞杖徒流罪名，每減一等，無者每加一等。二十六年定，凡鼓下，并通政司等衙門，送原告連狀到部，先於原告簿內，附寫告人姓名鄉貫住址，并將告詞，於詞狀簿內，全文抄畢，連人狀判送該部承行，該部先行立案，責差皁隸，將引原告，前去召保聽候提人對問，取訖保狀附卷，照出合問人數，具呈本部，具手本赴內府刑科，給批差人提取，及提人到部，判送該部，歸問，先將犯人名數立案，責令司獄司監收聽候引問，仍差原召保皁隸前去，拘喚原告，與被告通行對問，復行案呈本部，將原給批文赴內府刑科銷繳。其引問一干人證，先審原告詞因明白，然後放起原告，拘喚被告審問，如被告不服，則審干證人，如干證人供與原告同詞，卻問被告，如各執一詞，則喚原被告干證人一同對問，觀看顏色，察聽情詞，其詞語抗厲，顏色不動者，事理必眞，若轉換支吾，則必理虧，略見眞僞，然後用笞決勘。如又不服，則用杖決勘，仔細磨問，求其眞情，若犯重罪贓證明白，故意恃頑不招者，則用訊拷問。情狀既實取訖供招，服辯判押入卷，明立文案，開具原發事由，問擬招罪，照行事理。死罪徒流者，具寫奏本。笞杖罪名，止具公文，連囚牒發大理寺審候平允回報。復行立案，除十惡重囚，決不待時外，餘令司獄司仍前監收聽候，依時覆奏處決。其餘各赴該部發落。工役付河南部編軍付陝西部贓罰付湖廣部其有發回寧家者，主事廳出批送應天府經歷司交割，給引寧家。二十八年令法司擬罪，許引大誥減等。洪熙元年，令一應罪犯，悉依大明律科斷，法司不許深刻，妄引榜文，及諸條例比擬。正統四年，令生員有犯姦盜詐僞挾制官府，毆罵師長，教唆詞訟，說事過錢，包占人財物田土等項，廩膳追糧解京，增廣附近軍民衙門，俱贖罪充吏。其犯受贓姦盜，不分廩增照例運甎，運炭、納米、擺站等項，滿日發回原籍爲民充警。成化元年，令凡問囚犯，一依大明律科斷，照例運甎、做工、納米等項發落，所有條例，竝宜革去，及不許深文妄加參語濫及無辜。其有奉旨推問者，必須經由大理寺審錄，毋得徑自參奏，致有枉人。又令，凡天下軍民人等，代抱本狀，除道路極邊，與事情迫切，及老弱婦人，依律問罪遣回聽理，其餘皆遞送押解。二年題准，各處軍民人等，一應詞訟，悉要自下而上陳告，若軍衛有司，斷理不公，方許赴合干上司訴告。若內外鎭守總兵參將等官濫受軍民詞訟，及聽信跟隨頭目人等，撥置輒行軍衛有司問理，其軍衛有司，阿附順受，許巡撫都御史及按察司，并分巡官，應問者就便拏問，應奏者，奏請定奪。六年奏准，官員除事干情重，照例改調若違限失錯，犯笞杖等罪，免其問斷，止令罰贖還職。七年，令在外官吏軍民人等，有犯除謀逆等項重情，及奉旨差官提勘外，其餘人命贓私違法等情，止行巡按御史并按察司官勘問，當解京者提解赴京。若御史按察司官有犯，另行無礙衙門勘理不許擅擬差人提擾。弘治十三年奏准，凡軍職犯該公罪，并私罪不該革去見任者，照舊管事聽候參提，其餘犯革去見任，帶俸立功。降調及強盜人命等項重情，俱照例革去管事，拘繫然後參提。十四年奏准，凡軍職有犯除笞罪收贖外，其杖罪以上，不分收贖，及運灰做工等項，俱依律論功，定議發落。十五年奏准，凡奉旨於在京拏人，錦衣衛給駕帖，刑科批日，若差人出外提人、取物、勘事皆給精微批齎，赴所在官司，比號相同，然後行事。如不同，就擒解京，其法司提在京人犯，止用手本，差辦事吏或防軍，將原告押送各該衙門，認拏被告人犯，其情輕干證，及婦女，不係姦盜者，着落店家保領聽牌，情尤輕者照出聽牌。凡通政司等衙門，送到詞訟，照被告名籍分送該司收問，若被告在逃不獲，或病故，公差等項照原告分司收問，其都察院調到付到囚人，對道分司收問。正德元年題准，守衛旗軍逃亡守補或犯罪該笞杖者，法司不許朦朧的決，有礙收發上直。凡布政司官，不許受詞自問刑名，無按官，亦不許批行問理，其分守官受理所屬所告戶婚田土等情許行理問所，及各該府屬問報。凡內外各該衙門，緝事巡捕人員，拏獲竊盜掏摸人犯，務要追究眞正姓名的確籍貫，并爲盜次數，開送問刑衙門查問，經問衙門，各另置盜賊囚簿，將略節緣由，附寫封收，以備查考。凡京城內外，收買粳米，粟米插造燒酒者，法司究問，枷號示衆，兩鄰不首，亦治以罪。官軍人等，買糟餧馬者，該管官員禁治。嘉靖八年奏准，凡軍職犯該雜犯，准徒五年。若係犯姦，例發原籍爲民者，免其立功，仍照常發落。十年奏准，凡起解軍丁，并長解正身，雇人頂替，里長四鄰，委有知情受賍，容隱不舉者，各照例問發，若但知而不首別無受賍情弊照常發落。十一年題准，各處問刑衙門，除將侵欺正犯監追變賣照例發落外，其年遠人亡家產盡絕，并無干連累及節奉詔應蠲免者，勘實除豁。十六年奏准，凡親屬有犯重情或干律應離異之人，悉照已定名分科斷，不得妄生異議致有出入，事有疑似者奏請定奪。

明・談遷《國榷》卷一三　〔成祖永樂元年二月〕辛未，命法司五日一引奏罪囚，如洪武例，會訊承天門。

明・談遷《國榷》卷一五　〔成祖永樂十一年四月〕癸酉，行在刑部奏：論囚有律輕情重者，請重處之。上曰：民勿信。其如律。

明・談遷《國榷》卷六三　〔世宗嘉靖三十九年四月甲寅〕罷刑部尚書鄭曉，初，直隸巡按御史鄭存仁，請裁定律例以一法守。禁民越訴，凡法司擅受民詞，郡縣不得輒發。曉謂律有停囚待對之條，會典亦載，近京人犯得聽法問理，率侍郎趙大祐等劾存仁侵官，存仁辨律自下而上之論，曉等欺罔，下院科議之，曉等疏辨，上以院科未奏遽瀆辨，前者亂軍未滅，疏無一字避退，雖曰執法，終是自尊，乃斥曉，降侍郎趙大祐、傅頤奉二級，命自今外訟屬有司，京訟屬刑部，存仁狂罔貪黷，其論曉蓋承嚴氏指也。

明・陳子龍《明經世文編・桂萼〈申明官校賞格疏〉》　我祖宗設立廠衛緝訪事，欲其詰姦發伏，肅清輦轂之治，不獨爲捕盜一事而已，故付之機密，以重其任，懸之陞賞，以酬其勞。但困於因仍，舍難從易，緝事官較，止以捕盜賊，詰姦細爲急，而不以察冤濫去貪暴爲心。顧所捕之盜，乃或有被讐誣指雖官較不得遽知者，至請旨考問，下之法司，則又以係奉欽依人犯，往往論之未盡其詞而已死於非命矣。合無今後緝事人員，訪強竊盜賊，事有可疑者，俱許擒拿，周禮所謂相翔者，夜遊者，横行徑踰者，正其事也。眞虛俱許捉獲起數，及下法司，仍許其訪察法司，有無故入故縱，至於獄情冤誣，官員貪酷，尤宜申令，不許回護避難，但得其的切事情，俱付推問，轉行法司詳允定罪，去一貪酷，解一冤濫，視捕盜事件，其功不翅百倍，宜一起准擬數起，一名准擬數名，定爲賞格，以次敘用。如此則有賍官吏，不敢憑陵，而無罪小民不致冤抑，既足以廣皇上好生之德，又足以嚴庶官守法之心，誠今日救時之急務也。

明・劉時俊《居官水鏡・上元縣申鄭文相等詣官嚇詐一起親審參語》　本科親審，據鄭文相供稱，實嚇得徐虎銀參拾伍兩，金尙仁陳於逵過付內參拾兩，係指官收受，余伍兩，係雜用使費。於逵告狀之後，即將銀貳拾伍兩封在於逵親家黎冠處，講和私息，朦朧回官，以致上元縣申文未得情實。若非本科親鞫，不惟貪汙漏網，反爲於逵居奇貨矣。大率積書與司官舊慣貓鼠同眠，以共爲魚肉小民之計。每遇一事，啗髓吸膏，似此多端未敗露耳。如徐虎者，尙有義主親識爲之解助，而受害已如此矣，況孑立無援，善懦易欺者乎。陳於逵亦非良善仗公義之人，始而過付，終而私和，觀其情與嚇盜而欲分賍者等。但事由彼告發，賍亦未入手，姑不深罪，而文相等不可不如法重懲者也。仰江防廳覆審騙銀參拾兩是否文相入己，與高兵馬有無相干，研審眞情，究擬招解。陳於逵係京營書辦，革役立案。

明・楊昱《牧鑑・訊讞》　明道先生爲鄠縣簿。民有借兄宅居者，發地中得錢，兄子訴以爲父所藏，令以無證佐難決。先生問兄子曰：爾父藏錢幾年？曰：四十年。彼借居幾何時？曰：二十年。即取錢十千視之，謂借宅者曰：今官所鑄錢不。五六年即偏天下，此錢皆爾未借居前所鑄，何也？其人遂服。爲晉城令，富民張氏子父死，有老父至門曰：我汝父也，來就汝居。且陳其由。張驚疑，相與詣縣請辯。老父曰：業醫，遠出生子，貧不能養，以與張氏。某年月日，某人抱去，某人見之。先生曰：歲久矣，何說之詳也？老父曰：書藥法冊後。使以冊進，乃曰：某年月日某人抱兒與張三翁。先生問張氏子：年幾何？曰：三十六。汝父年幾何？曰：七十六。謂老父曰：是子之生其父年方四十，人已謂之翁乎？老人驚駭，服罪。此與張楚金驗字由補合知反書之詐而釋裴光，張鷟察墨浮朱上辯田契之僞，而罪孫延世，汪令知染紙可詐故券察裏色以定其僞，李公知服氣可以不食以塞鼻而破其姦，強至審積油得濕能致火，程琳察板壁近竈而起焚，李公驗櫸柳可詐傷痕，王臻知野葛能殞生命，事異而理同，皆能致詰乎，所恃以爭之本而決其眞僞者，雖以用心之到，亦以世故之熟也。

明・呂坤《實政録・聽訟》　問事以投到先後爲序，不許吏書以受財多寡爲後先。但本日投到者，本日即問，雖極忙不得過二日，其狀内情節罪名，未問之先預爲料理，一問之後，即時盡供，當堂分付某人應徒幾年，某人應杖幾十，審力有無，塡寫印票，無力者即時杖釋，有力者令其自限何日完納，即將發落單票，付與干證，令其催納。如果難完，干證至日改限。蓋干證住居多與犯人相近，押保催納，最爲便宜，不猶愈於皂快乎

明・呂坤《實政録・審失單式》　失主被盜，先要點檢所失何物，如衣服首飾銀錢，具寫來歷，以便備照搜贓。記不眞者，許向婦女經收著體之人一一備細抄來，如不依格式潦草泛開，及審問之時口語含糊者，必有騙賴情由，掌印官當堂重責，嚴審明白，親筆註於單上。假如金環一雙，要審是何模樣，如葫蘆二珠拂珠之類。青金赤金原重幾錢，何人還與，何人打造，有無記號。

凡金銀首飾器皿之類俱照此審。

明・呂坤《實政録・風憲約》　提刑事宜五十二。欸本司執九重法紀，司三晉生靈，凡笞杖以上，訟不得其情，刑不得其當者，皆得提勘平反，務俾生者無覆盆之嘆，死者甘伏劍之心，方爲稱職。昔孔子論德禮刑政，猶分本末，今德禮不敢問，設以政道之，而民不從，即用殺，吾猶忍，邇來治世只恃齊之以刑四字耳，果皆道之以政者乎。以刑齊之而當其罪，即用殺，吾猶忍，邇來鞫獄只恃嚴加拷掠一法耳，果自信無冤民乎。夫人情，一語之冤，不關榮辱，猶且裂眦急喉，反覆辯白，至指天誓日而不肯下，況妄加鞭笞，誤以徒流，甚者鬱九泉不化之氣，爲千古飲恨之魂乎？　夫決獄弗愼，有司之罪。專百十郡邑之刑名而騃然若聾瞽，則提刑者非罪之魁耶？　所有應禁應行事宜，願與百執事審圖肱願，與同志者共之耳。意激切而語直戇，褊急自慚。然明罰勅法責在當司，倘不厭煩屑而一涉盻一沉思，油然下膏澤以潤蒼赤，即有深憾於余，余固甘之矣。仰府州掌印官即將發下書冊通行所屬正佐首領官員，一體遵行，勿得視爲文具抄案，依准呈來。山西等處提刑按察司按察使呂，爲申明職掌，以肅吏治，以奠民生事：　照得本司謬膺風紀，吏治民生皆有專責，顧民生之未奠有六：　追呼苦於太濫，問斷苦於太淹，擬罪苦於太密，追贖苦於太刻，拘禁苦於太易，隸卒苦於太縱。此六者皆提刑事也。吏治之不肅亦有六：　虛文日甚而實政亡，厚道日隆而公法廢，人事日精而民務疏，頹靡日甚而振舉難，懵昧常多而精明少，爲家念重而爲國輕。此六者皆按察事也。本司履任數月，本無意於科條，邇來審聽諸獄，觀察群吏，賢者常半，質美而意向不殷，志確而才識不逮者亦常半。下焉者不盡無也。賢者嫌於自賢，既不肯以所得告友邦，友邦亦自賢也，而不得聞賢者之告，則當告莫若余，余豈容終隱默哉。昔余爲令兩邑，才短而心實，苦其告百執事者，誠非所能，亦得之折焉。此豈希王賀陰德，避甯成陰譴，要以仰體上帝好生之心，將順聖天子欽恤之意耳。

明・呂坤《實政録・獄政・辨盜》　獄情之難察，惟盜爲最。人情所深恨，亦惟盜爲最。故人命據證佐其事易明，驗屍傷其跡易見，即有買證相誣，未必嚴刑暴加，情可緩推，冤終見白。盜賊則不然。昏夜不知誰何，快壯無由緝捕，然其訪之之術，大概有三，或平日刺字偷兒，或流來乞食貧子，或寺觀遊食僧道，或賭博遊手群徒，或寄住傭工窮漢則疑其人，或察其色貌，或見有裝攜則疑其人，或經商自外，或居住孤莊，或子立無與，或不屬保甲則疑其人。要之，盜不出於此人，而此人未必皆盜也。緝捕者既以跡誣，宿怨者又以讐誣，有衣食者，又以富誣，此人實不爲盜而盜與，快壯則執稱此人也問，官以盜不嚴刑必不肯認，乃摧殘肢體，傷折肌骨。苟緩一時，遑恤後日，眞盜固不輕招，而招者未必眞盜也。買贓寄贓雖不知情，而問罪入官且苦連累，是寄買之家固不肯招贓，而所稱寄買亦未必眞贓也。一被招攀身家無主，財物濫索，拷掠雜加，事緩者猶得辨脫，傷重者死於牢獄，不若暫避以待事甯，是眞盜聞犯固逃，而逃者未必皆盜也。諺云：　指贓殺賊，今招稱某所分贓，賣與不知名人矣，稱花費無存矣，眞贓固有賣與不知名人及花費無存者，而無贓坐盜，其誰不曰賣與不知名人及花費無存耶。至於有贓亦難信盜，何也，快壯欲獲盜以要功，善於僞贓，守令欲成獄以彌罪，喜於得贓，失主貪見在之財，厭日久之累利於認贓，有此三念，何贓不眞。余每見招中盜數多者十五二十人，甚者三十人，某人分某物若干，某人分某物若干，一一分明，種種招獲，未嘗不再三太息，而恨捕盜者之忍於殺人也。今有雜物數十，以二十人分之，數日問所分物此二十人者，各自道其所分能不失矣，以一人而道十九人之所分，能一一不爽，非筆劄備記則聰明過人者也。盜也烏合之衆，

皆愚蠢之人，當昏夜之際，懷恐懼之心，作倉皇之事，能以一人偏記某人分某衣某色樣，某布帛若干尺疋，某人分銀幾兩幾錢，錢幾千幾百乎。恐聰明不至此也。果人各給一單備載，某人分某物以爲犯後招承之據乎，恐從容不至此也，奈之何偶獲一盜，令招十九人之贓，一一皆失主之物，又於某人家起某物，某人家起某物，悉與初招合，又某月獲某盜，某日獲某盜，各招所分贓物，亦悉與初招合乎，此其故可知矣。蓋失主報盜，原有粘單，快壯執此以審，賊曰某物某人分去，盜曰某人某物某人分去，盜曰某人口詞具矣，而解之捕官，捕官不過指名問贓，稱說一番，令之招服而已，捕官解之正官，正官亦不過指名問贓稱說一番，令之招服而已，且初獲之盜不論果否，是眞而所招人贓惟恐當堂忘記，忘記則箠楚，即加扶同，則頃刻緩死，彼何暇顧所招之非盜，指贓之非眞哉。萬歷十四年，八賦嶺有盜殺商劫財，夥計報所失於官矣，監司督捕急巡檢嚴逼，弓兵更急計無所出，偶見乞兒數人，弓兵執之巡檢忘失單矣，信口問贓，乞兒亦信口認之，起無一獲皆稱花費，州縣解審拷殺及斃於獄者多人，乃查巡道失單，大半不合，而眞盜乃獲之他省一一招前事焉。嗟夫，捕盜者快壯，爲盜者亦快壯，眞盜非快壯不能審，平人非快壯不能誣，眞贓非快壯不能得假贓非快壯不能爲。眞贓失主固認，假贓失主亦認，失主即不願認，快壯亦逼使認，故盜賊之獄，十九成於嚴刑，嚴刑之獄十五類非眞盜，然則招贓者，尙未可信，有贓者尙未必眞，況所稱賣與不知名人，及花費無存者乎。不過爲應捕免比較爲有司了前件而已，殺一人而使我不心信彼不心服，豈無一宗招案不識，冥冥有知，肯諒我無心之失否也。或曰，世果無盜與，盜果無眞與，曰，盜何嘗無眞，可恨守令抵死不嚴鄉約保甲耳，鄉約保甲嚴，則朝稽其生理，暮考其出入，萬一被誣，但審本保本甲某人以何爲生，與誰往來，某夜果否在家，某家失盜以來此人一向何往，素日有無非爲，近日如何度日，是否與某有讐，家中器用及男女衣服首飾曾否見伊常穿，曾係某鋪買來，何人所做，家有銀錢係何物所賣，何人所與，如來非盜仍取保甲里隣宗族保結其平日交游賭博棍徒者，四肢惰慢而自奉豐者，夜去明來者，掐捻穀黍者，往來面生可疑者，神色恍惚踪跡詭秘言語支吾者，所得非其所有而不知所從來者，聞盜犯而攜家以逃者，良民無意防攀，故不思遠避，眞盜留心敗露故聞信豫逃，良民盤詰思逃者，十一眞盜聞犯而逃者十九，來路不明而潛寄寺觀窩寨者，朝傭工於此而暮竄身於彼者，鄉甲里隣定不保結，世豈有絕人逃世之人乎，不得不接屋而居，比肩而行，世豈有眯目塞耳之人乎。誰之是非不見，誰之動靜不聞，惟鄉甲廢而盜賊敢公行，惟鄉甲廢而盜賊有淵藪，惟鄉甲廢而被劫無聲援，惟鄉甲廢而眞盜不敢舉，惟鄉甲廢而誣盜不敢救，言及於此，則昏庸荒怠不肖官員眞難容於堯舜之世矣。鄉甲果嚴，豈有爲盜之人，豈有被劫之家乎。間有之，必非嚴鄉約保甲者也。或曰，嚮馬斷路之賊非鄉甲所能禁矣曰，嚮馬斷路，係何處人，彼處之鄉甲行安得爲盜於此處哉。書曰，甯失不經，今息盜無術養，化盜無術教，弭盜無術防，審盜無術明，但聽虎狼之群，小恃峻急之嚴刑，玉石不分，影響是執，而深文以成大辟，天理人情未知當否。與其誣良民，甯失眞盜，眞盜失，猶有死時，良民誣，竟無生日，余既詳之，風憲約而於此又申明云：

審失單式此條當入風憲約一、失主被盜先要點檢所失何物，如衣服，首飾，銀錢，具寫來歷，以便備照搜贓。記不眞者，許向婦女經收著體之人一一備細抄來，如不依格式潦草泛開，及審問之時口語含糊者，必有騙賴，情由掌印官當堂重責，嚴審明白親筆註於單上。假如金環一雙要審是何模樣，如葫蘆二珠拂珠之類，青金赤金原重幾錢，何人還與何人，打造有無記號。凡金銀首飾器皿之類，俱照此審綠叚男衣一領要審麥綠、柳綠、大雲、小雲，或係某花，大摺細摺，或係直身，是舊是新，整袖半袖，何物作裏，裏何顔色，某鋪買來，某裁縫作，有無記號，如油痕、墨點、酒漬、火燒、掛破、補綻之類，黃粧花女衣一件，要審金黃、柿黃、鵝黃、柳黃、有花、無花，係是何花，大領小領、大袖小袖，補係何鳥，何花，或圓或方，何物作裏，何物作帶，有無滾邊貼邊，某裁縫作。

紅粧花裙一條，要審花紅、木紅、共是幾幅，甚麼腰帶，幾重膝攔，或瓔珞，或海馬，或美人，或雜花，何鋪所買，甚麼貼邊，某裁縫作。

凡各色布帛、衣服、帕巾、網帽、膝衣、鞋襪之類，俱照此審。

銀錢若干要審係賣何物，係典何地，何人所還，何年所積，整錠、半錠，新錢、舊錢。

牛馬驢騾，甚麼毛色，多少年齒，原同某牙，買自何人，是牝是牡是騸。

以上各審畢，掌印官封之，收諸私衙，凡快壯搜贓，與失主相見相通者，百倍重處，搜贓之日，先將失主拘禁一處，止令快壯與四鄰起送到官取出失單，如首飾先稱分兩，如衣服先雜他衣，然後提出失主，聽其揀認，如物有相似爭持不決者，便問本盜及寄贓之家，此物從何買來，何人所做，何人所與，有無原主見存，何人見你穿帶，亦召其人，而問之，即失主之物，不能自認，認得一半，確然可憑者，即是眞贓。

明·吕坤《實政録·風憲約·人命》　一、人命屍親，不是父兄伯叔便是弟姪妻子。被毆之日，即自解衣，眼同見證，要見被毆之人，年若干歲，某月某日某時被某人某人用何凶器毆打，某處見，今某處斜傷，長若干，闊若干，某處圓傷，橫若干，圍若干，青色紅色有腫無腫，曾否皮破骨裂，某某見證即照狀式告辜，仍即擡被毆之人投遞到官，官親相驗，登記傷痕，限以保辜日期，責令兇犯尋醫調理，案候在官。身死之日，即照狀式告，檢官照辜狀原供傷痕依法檢驗，如被毆不告辜限者，除登時打死，及在三日之內者姑准檢究外，其餘死後告人命者，俱以假傷騙詐及自毆誣人論，不准。眞正人命，其辜限之日係隔月者，要查大建小建此生死出入之界，不可不慎也。

一、人命招情批詳到日，即時解任赴檢當場審定，即日便具招申，如承委官眞係有疾及萬不得已事情文到當即具辭，以便別委洗冤。條令赴檢不許過兩時，具招不許過當日，可謂至嚴矣，以後委官但批到三日不赴檢，檢後五日不具招者，官以才力不及，註考其赴檢日期亦要詳開，以便查核。若提問犯人所在州縣關到當日不拘，拘到當日不發者，問官，即於申呈內、明開占悋疎緩緣由，庶罪有所歸，不致相累。

一、獄貴初情，謂犯事之始，智巧未生，情實易得。數審之後買免多方機械雜出是矣。須知初勘者，何官果檢驗者，掌印正官乎識見精明乎，持法廉正乎，鞫獄虛慎乎，則初情乃確案也。倘初委佐貳首領陰陽省祭老人才識昏短，而群小輕忽操守，卑污而供招，苟且若是，而初情寧可貴乎。故招情不厭反覆要以求當而已成案無拘也。

一、檢驗之時，承委官嫌其凶穢皆不近屍，又犯人杻鎖跪棚多不同看，惟有屍親仵作，喝報屍傷或多增分十寸，或亂報青紅，間有犯人與屍親爭傷，而檢官竟不經目，止執一筆爲仵作謄錄耳，及再更檢官，再更仵作，或暗賣屍格約與雷同分守，或意欲輕重多增疑似傷痕以致兩檢不同，每駁四五檢者終始未能歸一，是死者既以挺刃喪命於生前，又以蒸煮分屍於身後，冤讐未雪，暴露連年，則檢官不慎之罪也。以後掌印正官凡遇人命事情，嚴責吏仵眼同原被干證取四不扶同甘結，便須萬分詳慎，務使情節了然，明白此心，確然痛快，庶生死兩不含冤，亦省後來屢駁屢勘，躭延累歲累苦多人耳。

一、有致命之處，有致命之傷，頂心顖門耳根咽喉心坎腰眼小腹腎囊此速死之處，腦後額角胸膛背後脇肋此必死之處，肉青黑皮破肉綻骨裂腦出血流此致命之傷，致命之傷當速死之處，不得過三日當必死之處，不得過十日若當致命之處，而傷輕或極重之傷，而非致命之處，雖死於限內當推別情不可一概坐死。

一、致命重傷當致命要處，死於登時或三日之內，原告干證定執某物毆某處只宜於所毆之處檢驗傷痕，既免死者翻屍，又免生者冤誣，何者人生一世自少至壯，或失足磕跌，或病疾捶按，或生瘡被擊，或負重着堅血不流行，傷輕與新傷着骨，則紅日久或消，重傷與久傷着骨，則青終身不散，試將病死之人細一蒸刷，果全身一副白骨，則檢驗眞足憑信。近日問官，全不理會，原告證人本說耳根一下打死而渾身檢驗動數十處傷痕，上司以傷痕不對，爲駁辭問，官增毆打情節，爲，比對有左右傷痕尺寸青紅不差分毫者，如以爲毆，豈兩手執一般兇器而對擊乎。有昏夜醉後群毆，而定執某人打某處者，雖毆者亦不能自知，其所毆之處，不能自記其所毆之數，而況證人乎。大抵共毆只坐毆人，因由檢傷只重原傷的處，慎無刻舟膠柱致有冤情，慎勿含糊，摸稜致多駁案。

一、數批檢問，非以求同，正謂恐有冤抑，相與平反耳。近日承委官員不以人命爲重，或恐前官怨恨，不敢異同，或因犯者富豪不肯開釋，或觀望上官之批語以耶私耶，倘有毫髮冤情，其罪重於初審，何者獄情不始於我而死刑實成於我也。

天地神明豈無知哉。以後委勘人命重事，務擇正直仁厚官員持虛秉公，細加鞫審，或前官怨我立異，或後官與我不同，總付之無心。蓋衆官同勘一事，原爲此事虛實，同勘一人，原爲此人生死，豈以求媚人求勝人哉。此心不克，人品可知矣。

一、昏夜被殺見證無人及屍無下落者，只宜案候密訪，不可妄聽執猜鍛鍊成獄。近世耻無摘伏之明，多成附會之罪，書曰罪疑惟輕，又曰寧失不經。夫以皋陶爲士，安有罪疑不經之人，何可寧失。古人猶過慎如此，吾人未必過皋陶，奈何必欲牽合羅織以成人之死耶。人命自重，鬼神難欺，慎之慎之。

一、解審多係重情，或隆冬盛暑，或險路長途，或老幼病人，或婦人隻身，民間疾苦多少難言。問官發解，止摘緊關，且如人命正犯一人，屍親一人要緊干證二人或的當一人足矣。中間干連，徒罪以下及徒罪以下干證及供明人等，盡數摘發寧家，賊情除正犯外，只解失主及寄贓之家，其餘别無要緊若人命，除正犯屍親外，盜賊除正犯失主外，解審過三人者，問官之才力，可知中間如有情節不盡者，招後明白說云除某人係老病，某人係輕罪，某人係供明不在緊關之數，相應免解外，今將某某等取問罪犯。

一、屍親遞攔辭，除卑幼於尊長須要根究明白斟酌准理外，其親祖父母之於子孫，夫之於妻，但遞攔詞免問者，果非致命破損重傷死於當日，不必過於搜求，即與准理立案，備照其人命事情屍親未曾遠出，不當年告發而告於一年之外，及不係有服之親而旁人訐告，及不係正告事情而擊於切思之下，開於粘單之中者，不問虛實，俱不許准理，如有妄准以興大獄以擾多人者，問官之不肖可知矣。

一、概省重囚不下千餘起，本司職在伸冤理枉，各犯豈無抱屈含冤，法當解審，恐有疏虞，止據招冊何由得實，該州縣衛所衙門既官此地，聞聽易眞且典其獄，審鞫尤便文到之日，要將在監重犯自到官日期原發卷案逐一檢閱，要見原告，初時如何說話後變何詞，干證初時如何供稱，緣何反覆，初覆問官是否賢能，有無别故承行，吏書曾否受賄，輕重情辭，檢驗傷痕重輕緩急果否致命，搜獲贓物顔色分兩果否極眞，仍提本犯干證，失主屍親一一細審，仍於意外拘隣佑鄉甲欵，欵詳推但有矜疑，即將招冊只用簡明略節逐叚旁批務在得情，不厭繁碎，完日申呈本司，一以見本官盡心獄事，一以見本官才識精明，果可平反即當轉呈或另行駁問，或題請疏枷，此有司第一急務也。若厭其繁猥，止據成案註一審語其誰不能，倘本司細閱情由與州縣相反，而得其實者，即將本官指事註之下考兩起以上者定行參降。

一、近日有等奸民買屍做傷妄告人命，訪得人家新塋，問其是女是男，多者數十金，少者十數金，貪財奸民不顧血屬，情願賣與檢驗，自己投作證人，又買仵作以白礬蘇木黑礬五棓製造淺淡青紅等傷，任口喝報，檢官既不經目，即看亦不細察，曾有誣成大獄，此係法外之奸，故無擬罪之律，以後問官審出眞情，買屍賣屍俱引開棺見屍律，問以死罪，其賣者仍分有服無服卑幼尊長，依律定擬，決不可止擬誣告徒罪，既不得律意且，無以懲大奸也。

明・宗自强《治譜・詞訟門・當堂定罪須知》 百姓觀望官府第一在當堂定罪，凡遇情節無干者免供，審過即先吩咐出去。或雖可惡，而貧弱不能上罪者，杖罪無力的決，量責過，亦即吩咐先出。此兩項人俱不必令之上堂，恐觀望者不知，以爲都畫供問罪也。餘應問罪者如情節應杖，即寫杖字在供單上，不必查律是何條杖罪。蓋近日問擬杖罪通用，多只引律中不應得爲而爲之事理，重者杖捌拾，大誥減等杖七十一條，其人所犯本條本律概置不引，但惟有力稍力之殊，則當堂須吩咐明白，恐犯人不知，招書誆嚇之耳。若酌量情罪重大，合應擬徒擬軍者，此等後來雖要貼本律本例，然當堂且只管寫徒字遣字在供單上，吩咐明白，亦不必查是何條徒律何條軍例，恐時候躭閣，觀望不雅。其應貼某條徒律某條軍例，俟招書呈招稿日將浮簽貼在律例上，仍多釋幾條，並將應徒應軍之故寫在簽上送覽，備酌看用何條，如此則斟酌停妥，貼律例處既當，而書手當堂稟事之故智亦可革矣，切不可聽其持律在旁，以嘗官騙人也。若夫強盜人命，關係死罪，最屬要緊，當在未審看卷之先，即令招書摺本律一門，參伍細看，便自分明，不待以後始查律矣。

明・宗自强《治譜・詞訟門・據事論理按律》 問事要據事論理按律，如趙甲錢乙，以何事爭，以何事打，此事也。得其事，即於所爭所打之中，論誰曲誰直，此理也。曲者何罪，直者無罪，此律也。事有的據者，但就事論事，無的據者，以理論事。事眞不必論理，令律不必論情。昔有一吏合夥打劫，陣上拏獲，問者曰：此吏也，未必遽至是。此論理之過也。又有兄弟各殺一人，一時俱死，問者曰：無兄弟俱死理。此論情之過也。

明・宗自强《治譜・虛心曲辨》 問理人命切不可避嫌受囑，及執定成案，如富家人命，其事若假，不妨開豁。若從重擬，雖遠瓜李，萬一其人斃獄，亦何詞以謝之。我無暮夜之事，人自不以此相疑。若聽人之囑，輒入人死，天理人心，必有報應。囑不止鄉官，問官亦是。至原問擬死，上司已允，我若實見得非，愼毋曰恐傷上司同寮之心，但曰姑待來者，使來者亦云此，囚終無生理矣，但須委曲，不重傷原問者之心，乃有濟也。

明・吳遵《初仕録・公聽斷》 如聽訟，先問因何興詞來歷，其有狀內牽扯遠年情詞，姑置弗問。如首告某人人命未結，錢糧未完，則問曰：此是彼事，汝何故首他。或只因毆詈，或只因錢債，且問明目前近事，而後徐問遠年干涉，則眞僞之情自得矣。若人命果有干礙，錢糧果有侵欺，須問革前革後，量情酌處。若上司發下批詞要究下落，如涉虛必與問明申稟，以杜後患，亦不可阿承上司，偏護原告，以長刁風也。其問訟時，如疑難之事先摘取狀內關緊人證隔別參鞫，嚴設刑具，誘以甘言。如欲問牛先問馬，欲問軍先問匠，參伍其辭，察其顏色，少得其情，即斥之，令下取原被告一人上前大聲曰：供證已明，吾備得眞情矣。觀其顏色變動，啓言舛錯，則因其舛錯變動處辨駁之，則眞僞百無失一。如差人詢訪不可爲常，倘遇重大之事，或閑中問及士夫，或公庭詢及里長，或密切差人體訪，間一舉行亦可也。

明・吳遵《初仕録・審詞狀》 初到，先觀民情土俗，少准詞狀。所准者須逐一精研，此觀聽所係，面審固爲良法，但公堂事冗，日亦有限，所收狀俱俟退堂細看，除虚濫牽涉遠年情節大，輕者不准外所准明開某都某圖某人即與發行，着該圖里長拘問，詞狀雖多，毋過三日。如告盗賊隱情，密與案候，以便緝拏。有告勢豪雖處未得其情者，亦與案候，以便體訪，不可輕發。有公門人役者暗行稽察，情罪果眞，即與如法究治，或量行革役，無令養惡以生別奸。

明・吳遵《初仕録・明發落》 凡發落詞訟取供，固不免令人代書，然亦須將原被告兩詞摘取緊關情節備入供内，使彼此心服，方與畫字，不可暗行取供，亦不可嚴刑逼寫，致有枉濫，以失其情。供詞俱要相對如律，有二欵一輕一重，寧從其輕者，然供詞亦須合輕律，始無番駁發下。取供之時，先摘取原被二家初情塡註審單，明聞某人某事是實，某事是虚，某合某罪，某人該徒該杖該軍，某人供明，對衆大聲分付，庶下無出入，上無遺忘，愚民不致哄誘矣。其有罪者，量情或監，或保，供明者喝放寧家可也。凡獄情以速問爲貴，毋得淹滯，蓋一人繫獄，舉家不寧，訟事一日未完，悮民一日生理，不可不知。

明・佚名《居官必要爲政便覽・刑類》 上司批詞宜出堂時便問，則精神奏聚，或留之下塲，未免散漫。問理之時寧寬毋刻，至於問罪入贓尤宜詳愼，未可遽以己見入人死罪。或上司拘定初問，又遇後問官不反前招，小民已蕩盡家私，甚則有斃於獄者。蓋入贓甚爲不便，窮民監追日久，力不能完，或至病死，累及子孫。逮及吏書經年比較未完，似此傷人害物，切宜愼之。惟人命盗賊關係生死，更宜詳愼，若妄出則縱有罪，妄入則害無辜，抑且關係名節，不惟上干天和必致貽患後嗣，豈可不愼。

明・佚名《新官軌範・體立爲政事情》 問理大小詞訟，先摘口詞在官，然後責令供狀，畢即將供狀底劄盡行收取，不可燒燬，或拿空便去處積放，倘後案卷疎虞，尋用底劄，以便查勘。不可令供狀人帶去，日後致生別情。

明・丘濬《大學衍義補・定律令之制》 元康中，朝臣務以苛察相高，每有疑議，群下各立私意，刑法不一，獄訟繁滋。裴頠表言：先王刑賞相稱，輕重無二，故下聽有常，群吏安業。先因風落廟闕屋瓦數枚，免太常荀寓，事輕責重，有違常典。其後主者懲懼前事，雖知小事，而按劾難測，搔擾驅馳，各競免負。夫刑書之文有限，而舛違之故無方，故有臨時議處之制，不能皆得循常也。至於此等皆爲過當，恐姦吏因緣得爲深淺。劉頌上疏言：近世法多門，令不一，吏不知所守，下不知所避。姦僞者因以售其情，居上者難以檢其下，事同議異，犴獄不平。夫君臣之分，各有所司，法欲必奉，故令主者守文，理有窮塞，故使大臣釋滯，事有時宜。故人主權斷，主者守文，若釋之執犯蹕之平也。大臣釋滯，若公孫弘斷郭解之獄也，人主權斷，若漢祖戮丁公之爲也。天下萬事，非此類不得出意妄議，皆以律令從事，然後法信於下，人聽不惑，吏不容姦，可以言政矣。

臣按：裴頠謂刑書之文有限，舛違之故無方，故有臨時議處之制。劉頌謂法欲必奉，令主者守文，理有窮塞，使大臣釋滯，事有時宜，請人主權斷，非此類不得出意妄議，皆以法令從事。二臣之言可以爲後世議處刑獄之法。

明・丘濬《大學衍義補・慎刑憲・謹詳讞之議》 《周禮》司刺掌三刺三宥三赦之法，以贊司寇聽獄訟，一刺曰訊問也群臣，再刺曰訊群吏，三刺曰訊萬民；一宥曰不識，再宥曰過失，三宥曰遺忘；一赦曰幼弱，再赦曰老旄耄同，三赦曰惷愚。以此三法者求民情斷民中，而施上服下服之罪，然後刑殺。

鄭玄曰：不識謂不審也，若今報讎當報甲，見乙誤以爲甲，而殺之之類，過失，謂舉刃欲斫伐而誤軼人之類，遺忘，謂若間帷幙而忘有人在焉，以兵矢誤投射之之類。幼弱，老耄，漢律年未滿八歲，及八十以上，非手殺人者，他皆不坐。惷愚，謂生而癡騃童昏者。

吳澂曰：上服情重者，墨劓及死刑，是也，下服，情輕者宮刑，是也。

臣按：三刺之訊群臣、群吏、萬民，即孟子所謂左右諸大夫國人皆曰可殺，然後殺之之意也。訊於群臣群吏萬民皆曰可殺則罪有可殺之辟矣，而猶原之以三宥，恐其所以犯此者，其不識乎，或過失遺忘乎，三者皆無之，然猶審之以三赦，若其人，果幼弱，老耄惷愚也，則又在所釋焉，以此三法參酌民情而求其實，斷制罪獄而析其中，情之重者服以上刑，輕者服以下刑，然後刑之，殺之，則所刑者，乃求其所以免不可得而後刑之，所殺者，乃求其所以生不可得而後殺之則刑與不刑殺與不殺，皆合乎中道矣，讞獄者，恆以是存心，則死者與我俱無憾，而朝廷無冤獄，天下無冤民矣。

又　《大司寇》凡諸侯之獄訟，以邦典定之。凡卿大夫之獄訟，以邦法斷之。凡庶民之獄訟，以邦成弊之。

鄭玄曰：　邦典，六典也，以六典待邦國之治。邦法，八法也，以八法待官府之治。邦成，八成也，以八成待萬民之治，弊之斷其獄訟也。

臣按：　六典，八法，八成，皆太宰所掌者也。而定之，斷之，弊之，則在司寇焉。蓋治邦國以六典，諸侯所當守者也，有戾於其典者，則司寇以刑法定之。定之者，定其罪也。治官府以八法，卿大夫所當遵者也，有違於其法者，則司寇以刑法斷之。斷之者，斷其罪也。經邦治以八成，庶民所當行者也，有犯於其成者，則司寇以刑法弊之。弊之者，弊其罪也，訟與於下，獄成於上。斷罪雖在掌邦禁之司寇，而憲度則本於掌邦治之冢宰焉。可見王道備於同民心出治道之禮樂政刑，而刑又所以輔禮樂政之所不及。斷獄者一以輔治爲先，則刑行而治道立矣。

又　《周禮·小司徒》凡民訟以地比正之，地訟以圖正之。賈公彥曰，六鄉之民，有爭訟之事，是非難辨，故以地之比鄰知其是非者，正斷其訟。若民於彊界之上，橫相侵削者，則以邦國本圖正之。蓋凡量地以制邑，初封量之時，卽有地圖在於官府，於後民有訟者，則以本圖正之。

又　小司寇，以五聲聽獄訟，求民情，一曰辭聽，二曰色聽，三曰氣聽，四曰耳聽，五曰目聽。

鄭玄曰：　辭聽，謂觀其出言不直則煩。色聽，謂觀其顏色不直則赧然。氣聽，謂觀其氣息不止則喘。耳聽，謂觀其聽聆不直則惑。目聽，謂觀其眸子不直則眊然。

王安石曰：　聽獄訟，求民情，以訊鞫作其言，因察其視聽，氣，色，以知其情僞，故皆謂之聲焉。言，而色動氣，喪，視聽失則，則其僞可知也。然皆以辭爲主，辭窮而盡得矣，故五聲以辭爲先，色氣耳目，次之。

又　朝士，凡士之治有期日，國中一旬，郊二旬，野三旬，都三月。邦國期，期內之治聽，期外不聽。

吳澂曰：　治獄之日，皆有限期鄉士旬而職聽於朝，遂士二旬，縣士三旬，方士九旬，諸侯之國以一年爲期也。在期內者，皆聽其訟，出期之外，則不聽之。亦息訟之道也。

臣按：　凡士者，謂鄉士，縣士，遂士，方士，訝士也。凡士之治獄者，皆有其期，以地之遠近爲之差。在期內者，則聽而治之，出於期之外，則不聽也。蓋民有急遽之患，速達則受患不深而證佐，易見連逮不多，苟遷延歲月，則必有爲之委曲掩蔽而負累及人多矣。世有不逞之徒，往往攟拾人家數十年前之事，以興詞訟，而司政典獄者不以爲非，而反因之而入人之罪自喜以爲能，昧於周官期外不聽之旨也。

又　士師之職，凡以財獄訟者，正之以傅別約劑。

朱申曰：　聽稱責以傅別，聽買賣以約劑，二者皆券書之名，所以正實僞者也。

又　《呂刑》：　王曰兩造具備師衆也聽五辭，五辭簡核其實也孚，無可疑也正於五刑，五刑不簡，正質也於五罰，贖也五罰不服，正於五過，誤也五過之疵，病也惟官，惟反，惟內，惟貨，惟來，其罪惟均。其審克之，五刑之疑有赦，五罰之疑有赦，其審克之。

蔡沈曰：　兩造者，兩爭者皆至也。具備者，詞證皆在也。五辭，麗於五刑之辭也。五辭簡核而可信，乃質於五刑也。不簡者，辭與刑參差不應。刑之疑者也疑於刑，則質於罰也。不服者辭與罰又不應也。罰之疑者也，疑於罰則質於過而宥免之也。官威勢也，反報德怨也，內，女謁也。貨賄賂也，來，干請也，惟此五者之病，以出入人罪，則以人之所犯坐之也。審克者，察之詳，而盡其能也。刑疑有赦，正於五罰也，罰疑有赦，正於五過也。

呂祖謙曰：　獄辭所及，固欲審度，而兩造辭證，復欲具備。蓋不當逮者，不可擾一人，當逮者，不可闕一人。又曰，刑降而爲罰，罰降而爲過，然以私而故縱，則又非天討也。故縱之疵病有此五者。

臣按：　先儒謂古者因情而求法，故又不可入之刑。後世移情而合法，故無不可加之罪。所謂因情以求法者，必備兩造之辭，必合衆人之聽，必核其實，必審其疑，刑有疑則正於罰，罰有疑則正於過，必其有疑者無疑也，然後赦之，其審克之者如此，則人之入於刑者，必當其罪，而罪不可入者，則必得其情矣，謂之審者，察之盡其心，克者，治之盡其力，此一言者，呂刑凡四見焉。其丁寧諄複，忠厚之意詳愼之心，所以警戒於刑官者至矣。一時典獄之臣又豈有移情以就法者哉。

又 罰懲非死，人極於病非佞口才也折獄，惟良折獄，罔非在中，察辭於差，非從惟從，哀敬折獄，明啓刑書胥占咸庶中正，其刑其罰，其審克之。

蔡沈曰：罰以懲過雖非致人於死然民重出贖，亦甚病矣。非口才辯給之人可以折獄，惟溫良長者視民如傷者，能折獄而無不在中也。此言聽獄者當擇其人也。察辭於差者，辭非情實，終必有差聽獄之要，必於其差而察之，非從惟從者，察辭不可偏主猶曰不然而然，所以審輕重，而取中也。哀敬折獄者，惻怛敬畏以求其情也，明啓刑書胥占者言詳明法律而與衆占度也，咸庶中正者，皆庶幾其無過忒也。於是刑之罰之又當審克之也，此言聽獄者當盡其心也。

臣按：先儒謂哀矜勿喜卽此哀敬也，哀則不忍，敬則不忽。人君存哀敬以折獄，則典獄之官不敢不盡其心。人臣存哀敬以典獄，則受刑之人不敢不服其罪。

明·丘濬《大學衍義補·愼刑憲》 凡有責音債者有判書以治則聽，凡民同貨財者，令以國法行之犯令者刑罰之。凡屬責者，以其地傳而聽其辭。

鄭玄曰：判半分而合者，謂別券也。同貨財者，富人蓄積，多時收斂之乏時以國服之。法出之，雖有騰踴其贏不得過此以利出者。與取者，過此則罰之若漢世加貴取息坐贓。

賈公彥曰：財主出責，與生利還主，則同有貨賄者也。今以國服之法爲之息利，犯令者，違國法也，故刑罰之。

吳澂曰：屬責謂轉責使人而歸之而本主死亾，若其親屬貸還貨財，則多寡之數或相抵冒必以其地之人相比近，而能爲證者，乃受其辭而治之，否則不聽也。

臣按：借債取息，三代已前已有之。但必有券書而不可多取息耳，雖有死亾，苟有證佐亦必追償。先王體悉民情爲之通有無以相資助，使不至於匱乏，固不以爲非也。近世乃有惡富人冒利者，一切禁革民間私債，其意本欲抑富強，不不知貧民無所假貸，坐致死亡多矣。

又 孝宗時，臣僚上言，在律言鞫獄者，皆須依所告狀鞫。若於本狀之外，別求他罪者，以故入人罪論。比年中外之獄聞於狀外求罪推尋愆咎，鞫勘乎生，旁及他人，干連禁繫，乞申明法令，自今獄事，無得於狀外求罪。如有違戾，重寘於法。

臣按：古人制律，不許於狀外求罪，唐宋以來皆然。

又 明清於單辭，民之亂罔不中聽獄之兩辭，無或私家於獄之兩辭。

蔡沈曰：明清以下，敬刑之事也獄辭有單有兩，單辭者，無證之辭也，聽之爲尤難。明者無一毫之蔽，淸者無一點之汙。曰明曰清，誠敬篤至，表裏洞徹無少私曲，然後能察其情也。

呂祖謙曰：不可用私意，而家於獄之兩辭。家云者，出沒變化於兩辭之中，以爲囊橐窟穴者也。

臣按：私家之家，如君子不家於喪之家。穆王以此訓刑，蓋欲其於獄訟之單辭者，則明清以聽之，於獄訟之兩辭者，則以中而聽之。蓋獄辭之初造者必單，單者，一人之情也。一人之情各偏其見，各執其是，各掩其非，俗所謂一面之辭也。及夫兩造具備，則獄有兩辭矣。卽其兩者之辭而折之以中道，用吾前日清明之心，行吾今日中正之道，不於獄辭之間有所偏徇，而假之以爲私家之囊橐窟穴焉。則民之情僞得，而國之憲典正矣。

明·丘濬《大學衍義補·愼刑憲·議當原之辟》 哀帝時，丞相王嘉下獄，少府猛等十人以爲聖王斷獄，必先原心定罪，探意立情，故死者不抱恨而入地，生者不銜怨而受罪。明主躬聖德重大臣刑辟，廣延有司議，欲使四海咸服，嘉罪名雖應法，聖王之於大臣，在輿爲下，御坐爲起，疾病視之無數，死則臨弔之廢宗廟之祭，進之以禮，退之以義，誅之以行，按嘉等罪惡雖著，大臣括髮關械，裸躬就笞，非所以重國褒宗廟也。

明·丘濬《大學衍義補·愼刑憲·謹詳讞之議》 晉元帝爲左丞相時，熊遠上書，以爲軍興以來，處事不用律令，競作新意，臨事立制，朝作夕改，至於主者不敢任法，每輒關諮，非爲政之體也。愚謂凡爲駁議者，皆當引律令，經傳，不得直以情言，無所依準，以虧舊典。若開塞隨宜，權道制物，此是人君之所得行，非臣子所宜專用也。

臣按：熊遠謂凡爲駁議者，皆當引律令經傳，不得直以情言，此可以爲後世法官駁正讞疑者之法。又謂開塞隨宜，權道制物，是人君之所得行，非臣子所宜專，此言深明於君臣之義。蓋人臣當官處事，凡有所見，自當敷陳上聞以須進止，不可任意直行，非但駁疑獄一事然也。

又 仁宗天聖四年，詔曰，朕念生齒之蕃，抵冒者衆，法有高下，情有輕重，而有司巧避微文，一切致之重辟，豈稱朕好生之志哉。其令天下死罪，情理可矜，及刑名疑慮者，具案以聞，有司勿得舉駁。其後雖法不應奏吏當坐罪者，審刑院貼奏，率以恩釋爲例，名曰貼放吏始無所牽制，讞者多得減死。

又 孝宗乾道四年，臣僚言，民命莫重於大辟。方鍛鍊時何可盡察，獨在聚録之際，官吏聚於一堂，引囚而讀示之死生之分，決於頃刻，而獄吏憚於平反，摘紙疾讀，離絶其文，嘈囋其語，故爲不可曉之音，造次而畢，呼囚書字，茫然引去，指日聽刑，人命所干，輕忽若此。臣請於聚録時委長吏點無干礙吏人，先附囚口占責狀一通覆視獄案，果無差殊，然後亦點無干礙吏人依句宣讀，務要詳明，令囚通曉，庶幾無辜者無憾，冤枉者獲伸。

臣按：民之有罪，固有明知而故犯者，然而愚騃不審，而冒抵刑禁者，亦往往有之。鞫問之際，彼既不能自直，聚録之頃，而官司又不與之辨明，則含冤於地下矣。

明・丘濬《大學衍義補・慎刑憲・申冤抑之情》 武后時告密者，誘人奴告主以求功賞。竇德妃父孝諶妻龐有奴妄爲妖異恐之，請夜祠禱解，奴因發其事，監察御史薛季昶誣奏，以爲德妃同祝詛，龐氏當斬其子希瑊詣侍御史徐有功訟冤，有功上奏論之以爲無罪，季昶奏有功，阿黨惡逆，付法司，法司處有功罪當絞。有功嘆曰，豈我獨死，諸人皆不死邪。既食熟寢。太后召有功，迎謂曰，卿比按獄失出何多。對曰，失出人臣之小過，好生聖人之大德，由是龐氏得減死。

臣按：武后雖稱好殺然獨容徐有功，後世人主，其臣一拂其意，卽不知其善矣。有功謂失出人臣之小過，好生聖人之大德，可爲人主斷刑之鑑。又曰，豈我獨死，諸人皆不死，可爲人臣陷人之戒。

又 漢明帝時，窮治楚王英謀逆獄者累年，繫獄者數千人其人多引列侯皆所未嘗相見者。侍御史寒朗上書言其誣，帝曰，卽如是何故引之。對曰，其人自知所犯不道，故多有虛引，冀以自明。帝曰，卽如是，何不早奏。怒搥之，左右方引去。朗曰，願一言而死。曰，臣考囚在事者，咸共言妖惡大故，臣子所同疾，今出之不如入之，可無後責。是以考一連十，考十連百，及公卿相會，陛下問以得失，皆長跪言舊制大罪禍及九族，陛下大恩，裁止於身，天下幸甚，及其歸舍，口雖不言而仰屋竊嘆，莫不知其冤，無敢爲陛下言者。臣今所言誠死無悔。帝意解，後二日車駕自幸洛陽獄，録囚徒，理出千餘人。

臣按：寒朗所言，囚人多引貴顯者，冀以自明，及出之不如入，可無後責。與夫公卿相會口不言而歸仰屋竊嘆，非但漢時爲然，而後世典獄之吏，執事之臣，往往皆然。明主所宜深鑒也。

又 唐高宗時，唐臨爲大理卿。帝常録繫囚，前卿所處者多號呼稱冤，臨所處者獨無言。高宗恠問其故，囚曰，唐卿所處，本自無冤。高宗歎息良久，曰，治獄者不當如是耶。

臣按，前代帝王皆躬自録囚，蓋以人命至重，故也雖以高宗之昏，制於悍后，猶不廢此制。後世一惟法司是信，而有冤者，無由得見，上而訴之，此獄所以不清，冤氣鬱而和氣爲之感傷，有由然也。

明・丘濬《大學衍義補・慎刑憲・簡典獄之官》 太宗嘗與侍臣論獄。魏徵曰，煬帝時嘗有盜發，稍涉疑似悉令斬之，凡二十餘人。大理丞張元濟恠其多試尋其狀，內五人嘗爲盜，餘皆平民，竟不敢執奏，盡殺之。太宗曰，此豈惟煬帝無道，其臣亦不盡忠。君臣如此，何得不亾公等戒之。

明・丘濬《大學衍義補・慎刑憲・戒濫縱之失》 武后謂侍臣曰，頃者周興、來俊臣按獄多連引朝臣，云其謀反，中間疑有不實，使近臣就獄引問得其手狀，皆自承服，朕不以爲疑，自興俊臣死，不復聞有反者。然則前死者不有冤耶。姚元崇對曰，自垂拱以來坐謀反死者，率皆興等羅織，自以爲功，陛下使近臣問之，近臣亦不自保，何敢動搖。所問者若有翻覆，懼遭慘毒，不若速死，賴天啓聖心。興等伏誅，臣以百口爲陛下保，自今內外之臣，無復反者，若微有實狀，臣請受知而不告之罪。武后悅曰，曏時宰相皆順成其事，陷朕爲淫刑之主，聞卿所言，深合朕心。賜元崇錢千緡。

明・丘濬《大學衍義補・慎刑憲・順天時之令》 漢章帝元和二年，旱，賈宗上疏，以爲斷獄不盡三冬，故陰氣微弱，陽氣發泄，招致旱災。下其言公卿議。陳寵奏，冬至之節，陽氣始萌，故冬十一月有蘭射干蕓荔之應時令，曰，諸生蕩安形體，天以爲正，周以爲春，十二月陽氣上通，雉雊雞乳，地以爲正，殷以爲春，十三月陽氣已至，天地以交，萬物皆出，蟄蟲始振，人以爲正，夏以爲春，三微成著以通三統，周以天元，殷以地元，夏以人元，若以此時行刑，則殷周歲首，皆當流血，不合人心，不稽天意。月令曰孟冬之月，趣獄刑，無留罪，明大刑畢在立冬也。

臣按：寵之此言，以殷周非徒改月朔，且改其時，漢去古未遠，必有所據，斷決死囚，必以十月，以其純陰之月也。因寵此言，後世遂以爲定制。

唐制京師之囚，刑部月一奏，御史巡行之，每歲立春至秋分，及大祭祀致齊，朔望上下弦，二十四氣，雨及夜未明，假日斷屠月，皆停死刑。京師決死，涖以御史金吾，在外則上佐，餘皆判官涖之。諸獄之長官，五日一慮囚，夏置漿飲，月一沐之，疾病給醫藥，重者釋械。其家一人入侍，刑部歲以正月，遣使巡覆，所至閱獄囚杻校糧餉，治不如法者。

和帝時，魯恭上疏，曰，舊制，至立秋乃行薄刑，自後改用孟夏，而刺史太守不深，惟憂民息事之原，進良退殘之化，因以盛夏追召農人，拘對考驗，連滯無已，司隸典司京師，四方是則，而近於春月，分行諸部，託言勞來貧人，而無惻隱之實，煩擾郡縣，廉考非急，捕一人之罪，根連十數，上逆時氣，下傷農業。臣愚以爲今決獄案考，皆以立秋爲斷，以順時節，育成萬物，則天地以和，刑罰以清矣。

隋文帝乘怒欲六月殺人，大理少卿趙綽固爭，曰，季夏之月，天地成長庶類，不可以此時誅殺，帝曰，六月豈無雷霆，我則天而行，何不可之有。

胡寅曰： 則天而行，人君之道，堯、舜、禹、湯、文、武之盛由此而已，文帝所言王言也，而其事則非也。憲天者，以慶賞法春夏，以刑威法秋冬，雨露猶人君之惠澤，雷霆猶人君之號令，生成萬物之時，固有雷霆，而雷霆未嘗殺物，隋文取則雷霆而乘怒殺，人其違天多矣。

清・嵇璜《續通志・刑法略二》 〔宋太平興國〕六年詔： 諸州長吏每五日一慮囚，情得者即決之。復制聽獄之限，大事四十日、中事二十日、小事十日，不須逮捕而易決者，不得過三日。後又定令： 決獄違限，準官書稽程律論，踰四十日則奏裁。然州縣禁繫，猶以根究爲名追擾，輒至破家。江西轉運副使張齊賢以爲言乃令外縣罪人五日一具禁放數白州，州獄別置歷，長吏檢察，三五日一引問疏理，月具奏上刑部，閱其禁多者，即命官往決遣，冤滯則降黜。既而長吏懼朝廷詰其淹滯，輒隱落囚數，妄言獄空，乃詔妄奏獄空及隱落者加深譴。雍熙初，令諸州十日一具囚帳及所犯罪名、繫禁日數以聞，俾刑部專意糾察。時所奏獄狀有繫三百人者，帝乃令門留寄禁取保在外，并邸店養疾人等咸準禁囚例件析以聞。其鞫獄違限，及可斷不斷、事小而禁繫者，有司駁奏之。既又遣御史十四人，分往江南、兩浙、四川、荆湖、嶺南等道審決，劾吏之弛怠者，令諸州十日一慮囚。

又 〔宋〕政和中詔立聚問審錄之限，死囚五日，流罪三日，杖笞一日。

又 〔宋紹興〕二年祕書少監傅崧卿言： 軍國異容，刑亦殊制，不可概以軍法從事。乃詔知州兼統兵者，非出師臨陣毋得輕用重刑。按知州毋用重刑詔，《通考》在紹興二年，而《宋史》在建炎元年，以絹計贓條前殊誤，今改正。

又 〔宋寶慶〕詔： 獄本以糾大奸慝，故其事不常見。熙豐之閒權臣欲藉此以威，縉紳逞私忿故詔獄特盛，祖無擇之獄，王安石私怨所誣也； 鄭俠蘇軾之獄，杜絕忠言也； 趙世居之獄，則呂惠卿欲文致李士寧以傾王安石也； 陳世儒之獄，則賈種民欲文致世儒妻母呂，以傾呂公著也； 王安石欲報呂惠卿，而特勘張若濟之獄； 蔡確欲撼吳充； 而特勘潘開之獄； 紹聖閒章惇蔡卞用事，元祐舊臣悉遭貶黜； 至南渡後婁寅亮。岳飛等獄悉出秦檜私意，名曰詔獄實非詔旨也。其後所設詔獄大率類此，故不備錄云。

清・嵇璜《續通志・刑法略三》 〔遼統和元年〕十一月詔： 民閒有父母在，別籍異居者，聽隣里覺察，坐之。先是契丹及漢人相毆致死，其法輕重不均，至是一等科之。

又 〔金承安三年〕三月敕： 隨處盜賊毋以強爲竊，以多爲寡，以有爲無，嘯聚三十人以上，奏聞。違者杖百。十一月定屬託罪法。

清・嵇璜《續通志・刑法略四》 〔元〕二年五月詔： 軍中犯法不得擅自誅戮，罪輕，斷遣，重者奏聞。

又 〔元大德元年〕六月詔： 僧道犯姦盜重罪者，聽有司鞫問。其軍民相訟者，令軍民官同聽之。

又 〔元大德五年〕二月詔： 凡軍士殺人姦盜者，令軍民同鞫。

又 〔元大德六年〕又詔： 自今僧官僧人等犯罪，御史與內外宣政院同鞫； 宣政院官徇情不公者，聽御史臺治之。

又 〔元大德七年〕三月定大都南北兵馬司姦盜等罪，笞罪付本路，杖罪付伊克扎爾固齊。

又 〔元皇慶元年〕始罷諸王斷事官。其蒙古犯盜詐者，命所隸千戶鞫問； 漢人刑名俱歸刑部。詔罷總統所及各處僧錄等司。凡僧人訴訟悉歸有司。

又 〔元〕皇慶元年正月敕： 諸僧犯姦盜、詐僞、鬭訟，仍令有司專治之。二年六月詔諭僧俗辯訟有司，與主僧同問。

清·畢沅《續資治通鑑》卷一〇 〔太宗太平興國六年〕夏，四月，詔：諸州大獄，長吏不親決，胥吏旁緣爲姦，逮捕證左，滋蔓踰年而獄未具。自今長吏每五日一慮囚，情得者卽決之。帝不欲天下有滯獄，乃建三限之制，大事四十日，中事三十日，小事十日，不須追捕而易決者無過三日。又詔：囚當訊掠，則集官屬同問，勿委胥吏搒決。

清·畢沅《續資治通鑑》卷一八 〔遼統和十三年〕樞密使韓德讓奏：三京諸鞫獄官吏，多因請託，曲加寬貸，或妄行搒掠，乞行禁止。遼主從之。又表奏任賢去邪，太后喜曰：進賢輔政，眞大臣之職！優加賜賚。

清·畢沅《續資治通鑑》卷八五 〔遼壽昌四年〕先是南府有訟，各州府得就按之，其後非奉樞密檄，不得鞫問，以故訟者稽留額特勒奏請如舊制，遼主從之。

清·畢沅《續資治通鑑》卷九五 〔金天會二年〕癸未，金主詔曰：新降之民，訴訟者衆，今方農時，或失田業，可俟農隙聽決。

清·畢沅《續資治通鑑》卷一三九 〔宋孝宗乾道元年〕壬申，詔：法令禁姦，理宜畫一。比年以來，傍緣出入，引例爲弊，殊失刑政之中。應今後犯罪者，有司並據情款，直引條法定斷，更不奏裁。內刑名有疑，令刑部、大理寺看詳，指定聞奏，永爲常法，仍行下諸路遵守施行。其刑部、大理寺見引用例冊，令封鎖架閣，更不引用。

清·畢沅《續資治通鑑》卷一四六 〔金大定十九年〕己卯，金制：糾彈之官，如犯法而不舉者，減犯人罪一等，關親者許迴避。

清·畢沅《續資治通鑑》卷一四九 〔金大定二十四年〕金太子謂圖克坦克寧曰：車駕巡幸，以國事見屬。刑名事重，人之死生繫焉，凡有可議，當盡至公，比主上還都，勿有廢事。自是凡啓稟刑名，太子自披閱，召都事委曲辨正，常至移晷。

清·畢沅《續資治通鑑》卷一七三 〔宋理宗淳祐十年〕丙子，帝諭輔臣曰：在法，詞訴須經次第官司。其臺部受詞，所當參酌兩造，豈宜遽憑單詞部決，致使所屬觀望，曲直倒置！可令御史臺、戶、刑部遵。

清·龍文彬《明會要·刑二》 宣德三年，顧佐爲右都御史，臺綱肅然。或告其不理冤訴。帝曰：此必重囚教之。命法司會鞫。果千戶臧清殺無罪三人，當死，使人誣佐。帝曰：不誅請，則佐法不行。磔清於市。

四年，上元人有爲姪毆者，憤甚，詣通政司告。時方令納米贖罪，而越訴禁甚嚴，犯者戍遼東。刑部侍郎段民上言：依定例：卑幼之罪得贖，而尊長反遠竄。揆諸理有未安，請更擬。帝是之。

六年二月己亥，棗強縣典史周宗本挾私杖殺皁隸，御史任祖壽受其馬，減爲因公。事覺應流。上曰：御史不能正直，而與罪人交，徇私枉法。若相率成風，法度廢矣。如律罪之，以警其餘。

又 弘治元年，民呂梁山等四人坐竊盜殺人，死；遇赦，都御史馬文升請宥死戍邊。帝特命依律斬之。

十六年，撫州人江緣一擊殺其弟緣四。遣一女，其母吳氏以許嫁李氏。緣一又欲取所受聘財。母不從，緣一怒罵，劫奪之。母忿而自縊。有司擬罵母律，絞。巡撫王哲以律毆父母者斬。緣一手殺親弟，逼死親母，使得全首領，情重律輕，具獄以聞。法司議覆，依毆父母律，斬決不待時。仍請後有威逼祖父母者，悉依此斷。

又 正德十三年九月，刑部斷囚。有子糾他人劫其父，及弟劫其兄者，循舊例，以同居卑幼將引他人爲盜，及私擅用財擬罪，止徒。大理寺劉玉因奏：律以弼教。此係人倫之變，卽使律文未載，亦當權輕重以正法，援比例以上請。如前議，是置倫理於不論，盜賊日肆而莫禁矣。於是改擬重刑，仍著爲令。

又 神宗時，副都御史王世貞撫治鄖陽，有奸僧僞稱樂平王次子，奉高皇帝御容金牒，行遊天下。世貞曰：宗藩不得出城，而譸張如此，必僞也。捕訊之，服辜。

清·查繼佐《罪惟録·刑法志》 宣德元年，諭法司：古者孟夏斷薄刑，出輕繫，仲夏拔重囚，所以順時令，重人命也。今天氣向炎，不分輕重，概繫之，非欽恤之道，其求所以詳刑，名曰熱審。赦交趾之得罪者。

清·查繼佐《罪惟録·世宗紀》 〔嘉靖二年三月〕會勘高牆庶人，酌情罪輕重以聞。

又 〔嘉靖六年八月〕刑部尚書顏頤壽訊妖人李福達不稱旨，詔獄，命桂萼署刑部，張璁署都察院，方獻夫署大理寺，合鞫之，竟釋福達。大小臣論逐削籍者四十餘人。大學士賈咏亦連坐私書，致仕去。上親勞萼等三人，追贈三世，頒獄詞於天下，曰《欽明大獄録》。

《大清律例・刑律・條例》 一、凡校尉等有犯、應提拿者，移咨鑾儀衛提拿，不得差拘。

一、凡在京衙門承審事件，限一個月審結。被征在外者，以到齊日爲始。內外移咨行察者，以文到爲始。催文至三次無回文者，題參。

一、凡欽部等事件，直省督撫俱以文到日爲始，限四個月具題。總督轄兩省者，隔省事件，限六個月具題。陝西總督所屬甘肅，兩廣督撫所屬瓊州，亦照隔省例，限六個月。福建臺灣府，限十個月。其湖廣衡州等府，所屬有苗民二十六州縣及乾州、平溪等衛，距省窵遠，凡命盜案件，俱於定限外各展限兩個月。

一、督撫新任，及署理印務，如欽部等事件，原限內難於完結，准分別展限。原限四個月，展兩月；原限六個月，展三月。遇公事出境，一切事件准題請展限。若監臨科場，准按日扣限。隔省提人，准到日扣限。

一、刑部行文八旗、內務府、五城、順天府提人，限文到三日內即行查送過部。或人犯有他故不到，即將情由報明。如違，將該管官參處。倘人犯已至而胥役勒索，不行放入，經司務廳查出，照例嚴加治罪。如徇隱不究，察出，或被首告，將該司務一并參處。

一、刑部現審事件應會三法司者，仍照定例，限一個月完結。杖責等罪，限十日完結；發遣軍流等罪，限二十日完結。案內有應行提質及患病之犯，以提到及病愈之日爲始。仍將應行扣限及三法司會審日期，并於科道衙門注銷內聲明。倘該司員任意因循，或三法司不即會審，以致逾限，書役得以乘機作弊者，嚴加治罪。其承審司員及會審遲延之堂司官并交部分別議處。

一、鄰境關提人犯，照各省關查口供之例，展限兩個月。倘逾限不發，照例參處。

續纂條例

盜犯已獲，只須關取隔省人證等口供定案。無犯可審者，均照欽部事件例，州縣分限兩個月，府司督撫共限兩個月，統扣四個月完結。不得照承審盜案全限例扣展，遇有遲延，照例參處。

《大清律例・刑律・淹禁》 凡獄囚情犯已完，在內經法司在外經督撫審錄無冤，別無追勘未盡事理，其所犯笞杖徒流死罪應斷決者，限三日內斷決。係徒流應起發者，限一十日內起發。若限外不斷決、不起發者，當該官吏過三日，笞二十。每三日加一等，罪止杖六十。因過限不斷決、不起發，而淹禁致死者，若因該死罪，杖六十；流罪，杖八十。徒罪，杖一百。杖罪以下，杖六十，徒一年。惟重囚照例監候。

條例

一、凡恩詔頒到，赦款內除已經刑部、法司覆核明白，應免罪囚逐一詳查，登時釋放，另行題明外，如有情罪可疑者，限赦到一月內即彙疏奏請。其未經法司核覆明白者，俟法司核覆文到之日，即時釋放，毋得耽延時日。如赦到奏請違限，及將應免輕罪人犯并無辜之人仍濫行監禁者，交該部議處。

一、各省審結叛案，凡有應解部流徙入官人口家產，俱立限兩個月，自該省起解，解送人役仍定行程限期，違者題參。

一、凡監候待質人犯，除強盜案件不應寬釋外，如人命等案，有正犯未獲，將牽連餘犯監候待質，已過三年者，取具的保釋放。在外俟緝獲正犯之日，再行質審。倘釋放後，私自逃匿，保人重懲，本犯獲日從重治罪。

《大清律例・刑律・聽訟迴避》 凡官吏於訴訟人內，關有服親及婚姻之家，若受業師，或舊爲上司，與本籍官長有司。及素有仇隙之人，并聽移文迴避。違者，雖罪無增減。笞四十；若罪有增減者，以故出入人罪論。

《大清律例・刑律・依告狀鞫獄》 凡鞫獄，須依原告人所告本狀推問。若於本狀外別求他事，摭拾被告人罪者，以故入人罪論。或以全罪科；或以增輕作重科。同僚不署文案者不坐。

若因其所告本狀事情或法應掩捕搜檢，因掩捕而檢得被犯別罪，事合推理者，非狀外摭拾者比。不在此故入同論之限。

條例

一、凡鞫獄，止將狀內有名人犯審擬。如光棍案件，夥黨人多，仍行嚴拿究審。無干牽連者即行釋放。

《大清律例・刑律・原告人事畢不放回》 凡告詞訟，對問得實，被告已招服罪，原告人別無待對事理，鞫獄官司當隨即放回。若無待對事故稽留三日不放者，笞二十；每三日加一等，罪止笞四十。

條例

一、督撫應提案件，有牽連人犯情罪稍輕者，准取的保，俟具題發落。其重案內有挾仇扳害者，承問官申解督撫詳審。果係誣枉，即行釋放，不得令候結案。若承問官審係無辜牽連者，不必解審，即行釋放，止錄原供申報。

一、凡內外題奏案件內有擬以杖笞人犯，審結日即先行責釋，仍於題奏之日聲明。

《大清律例·刑律·辯明冤枉》　凡內外問刑衙門辯明冤枉，須要開具本囚所枉事迹，實封奏聞。委官追問其冤情得實，被誣之人，依律改正，所枉之罪坐原告，誣告。原問官吏以故失入罪論。

若罪囚事本無冤枉，朦朧辯明者，杖一百，徒三年；既曰朦朧，則原告原問官爲其誣矣。若所誣罪重於杖一百、徒三年者，以故出入人罪論。所辯之罪人知情，與蒙辯同罪；如原犯重，止從重論。不知者，不坐。

條例

一、法司凡遇一應稱冤調問及各衙門奏送人犯，如有冤枉及情罪有可矜疑者，即與辯理，具奏發落。毋拘成案。若明知冤枉，不與辯理者，以故入人罪論。

一、法司遇有重囚稱冤，原問官員輒難辯理者，許該衙門移文，會同三法司堂上官辯理。果有冤枉及情可矜疑者，奏請定奪。

一、凡在外審理事件，應照案內人犯籍貫，批委該管地方官審理明白，申詳完結。既經批委，不得反覆改批別屬。如果情事未明，務須詳細指駮。倘原問官仍復朦混申詳，即題參議處，另委別官審理。若督撫等官將事理已明之案故生枝節，屢行批駮，遲延不結者，亦交該部議處。

一、凡被參、革職訊問之員，審係無辜，即以開復定擬。不得稱已經革職、無庸議題覆。其原參重罪審虛，尚有輕罪，應以降級罰俸歸結者，開復原職，再按所犯分別降罰。

《大清律例·刑律·斷罪引律令》　凡官司斷罪，皆須具引律例，違者，如不具引。笞三十。若律有數事共一條，官司止引所犯本罪者聽。所犯之罪，止合一事，聽其摘引一事以斷之。

其特旨斷罪，臨時處治，不爲定律者，不得引比爲律。若輒引比致斷罪有出入者，以故失論。故行引比者，以故出入人全罪及所增減坐之；失於引比者，以失出入人罪減等坐之。

條例

督撫審擬案件，務須詳核情罪。劃一具題，不許輕重兩引。承問各官徇私枉法，顛倒是非，故出故入情弊顯然，及將死罪人犯錯擬軍、流，軍、流人犯錯擬死罪者，仍行指名參處。至於擬罪稍輕，引律稍有未協、遺錯、過失等項，察明果非徇私，及軍、流以下等罪錯擬者，免其參究，即行改正。

一、承問各官審明定案，務須援引一定律例。若先引一例，復云不便照此例治罪，更引重例，及加情罪可惡字樣坐人罪者，以故入人罪論。

一、例載比照光棍條款，仍照例斟酌定擬外，其餘情罪相仿、尚非實在光棍者，不得一概照光棍例定擬。

一、除正律、正例而外，凡屬成案，未經通行著爲定例，一概嚴禁。毋得混行牽引，致罪有出入。如督撫辦理案件，果有與舊案相合、可援爲例者，許於本內聲明，刑部詳加查核，附請著爲定例。

《刑部現行則例·斷獄》　一、部內監禁人犯不用枷號，俱照常用細鍊。強盜、竊盜、人命等事，先在別衙門招認後竟改供，或證據已明不吐實情，再三詳究，始行夾訊，其餘小事亂用夾棍者，以故違題參治罪。所用竹板長五尺五寸，大頭闊二寸，小頭闊一寸五分，重不過二斤。其在外衙門止許督撫、按察司正印官於強盜、人命酌用夾棍。其大小衙門所用刑杖并罪犯木枷俱照部內遵行。

一、佐貳等官不准亂用夾棍、拶指等刑。如正印官無暇批發佐貳審理者，呈請上司批發，然後刑審。若不呈請上司，擅用夾棍、拶指等刑審理，或佐貳等官及武弁擅設夾棍，拶指等重刑者，該督撫指名題參，到日交與該部議處。該管正印官亦以失察情由，交與該部議。

一、除關係強盜、人命等情重罪人犯脖項及手足概用鐵鎖、杻鐐各三條外，其餘人犯俱照民人鐵鎖、杻鐐各一條。

一、直隸各省，除眞正死罪外，應減等各犯，遇熱審俱行減等。

一、熱審之例未行之前，已經具題奉旨未經發落，應減等之罪，遇熱審仍照例減等發落。

一、直隸各省熱審之先審擬具題到部之案，遇熱審仍行減等發落。總督、巡撫熱審時審擬減等具題之案，雖過熱審之期，到者既係本處熱審之事，熱審期內具題者，亦仍行減等發落。其原具題時遇熱審，有情罪不符，駮回，後具題逾熱審者，亦減等完結。

一、凡運軍犯徒罪責四十板發遣者，遇熱審減等責三十五板，并妻發二千里內衛充軍。

一、侵盜錢糧擬徒，後因限內未完，照例擬流之犯，遇熱審不准減等，仍流徒尚陽堡。

一、凡安插奉天等處并發遣軍、流等犯，俱以部文到日爲始，定限兩個月。自該省起解路途解送，每日定限五十里。如違定限，起解雖遇熱審，俱不准減等。將違限起解之該地方官照違限例議處。如解役在途故意遲延逾限者，嚴加治罪。倘此等人犯在途患病，許具呈該地方官取具實係患病印結，到部查明，果非托故延挨者，仍照例減等。

一、凡直隸各省人命、強盜一切擬罪等案奏章內，止將承問官具詳。按察司招由至按察司審擬供招罪名，入督撫看語具題。其人命重情，必檢驗屍傷方行定擬，初驗屍傷即行定擬。若屍親控告，傷痕互異，再行覆檢定擬，無得復行三檢，以致拖累犯證。如有疑似之處委別縣審理者，所委之官帶同仵作親詣停屍處所檢驗，不得弔屍檢驗。直隸各省反叛案內人犯決過即行題報外，其餘決過人犯日期概於年終彙報等因具題。奉旨：人命、強盜關係重大，其各直省全招俱著畫一開列疏內。餘依議。

一、停其照疏招冊，分送刑部、都察院、大理寺俱送照原疏口供、看語、揭帖。

一、凡承問各官如係徇私枉法顛倒是非、故出故入委實情弊顯然者，仍行指名參處。至於擬罪稍輕、引律稍有未協遺錯過失等項，將案內查明非係果實徇私，免其究參，即行改正。

一、承問官審理事件錯擬罪者，不拘犯人之罪，其錯擬官員遇赦者，應免議。

一、凡事件不許改批這地方官一次、那地方官一次。審理案內，民係何處人，即交該管地方官詳審明白，申詳督撫、臬司。督撫等官於下屬詳審之事，原批某衙門完結，如果情事未明，即將未明之處詳細指出批駁。倘仍復朦朧，即將該問官題參嚴加議處，另委別官審理。若督撫等官將事理已明可結之事故生枝節屢行批駁，遲延不結者，從重議處。

一、凡被人告發止將狀內有名人犯審擬外，如拿獲光棍夥黨人多，仍行嚴拿研審治罪。如審係無干牽連者，即行釋放。

一、凡一應重犯仍行監固外，其餘情罪輕小事件在外散審。若各問刑衙門并無可候之處，應即完事件不行速完，遲緩耽延，將干連人犯監禁者，聽科、道官員指名題參，以憑議處。

一、凡批審州、縣事件將犯人發州、縣監禁外，司、道、府廳自審事件，將人犯自行本衙門監禁。無監者，仍將犯人發州、縣監禁。若有監而故將犯人發州、縣監禁者，該督撫查參，將該官交與吏部議。

一、直隸各省督撫審理事件，凡情罪重大要犯務宜牢固監禁，詳審確擬。如案內牽連犯人有情罪稍輕者，准取的保，俱俟核明具題發落外，至於重犯案內或挾仇扳害，或無辜牽連，承問各官申詳各督撫。該督撫速行詳審，果係無罪牽連者，應不候本犯罪結案即行釋放。

一、婦女有犯姦盜、人命等重情，及別案牽身，係正犯相應仍行提審理，其餘小事牽連婦女者，提伊子侄兄弟替審。

一、凡審擬叛案，如果謀叛情眞，在本省者取本犯的實口供，原籍住址、家屬、財產、父母、祖孫、兄弟、妻妾、子女俱查明嚴行看守，開列數目載入疏內，一併具題。如係隔省者確審本犯取具口供，一併具題。一面行令該地方官嚴行訪拿本犯家屬、財產、父母、祖孫、兄弟、妻妾、子女確查嚴行看守，開明數目照依覆咨具題。如隱漏不行嚴查，該督撫即將該管官指名題參，以憑議處。

一、凡一應強盜重案，捕官拿獲之日，交與印官審理，不許捕官私審。至於未審之時，承問官即驗有無傷痕，如有傷者，即將捕役詳審，照例懲治。如果無傷者，必於招內開明并無私拷傷痕字樣。如有疏忽不開，扶同隱諱及縱容捕官私審盜案者，該督撫即將印官指名題參，到日交與吏部，分別議處。

一、凡有盜案，其關係人命之事，該督撫親加詳審，務得眞情，使無辜良民不至冤。如有地方不肖官員仍有誣良爲盜，并關係人命之事。該督撫親行審出，據實題參。將誣良官員照律例從重治罪。督撫免其議處。若督撫不自審出，或部院衙門察出，或被害之人告發，將督撫一併嚴行議處。

一、番役人等捉獲強盜，先送官審，不許私刑取供。違者，於本衙門枷號一個月責四十板，革役。如得財及誣陷無辜者，從重科罪。至於妄用腦箍、毛竹、連根、大板及竹簽、烙鐵等刑至斃人命者，以故殺論，不准援赦。其初招既定，不許續扳。

一、貪官蠹吏發覺等事，督撫必須從公審擬，若有徇庇貪污情弊，科、道糾參是眞者，將督撫、承問各官交與該部從重治罪。

一、民人犯軍、流、徒罪，俱應到配所板責。

一、凡律例開載即行處決罪犯外，律例未指明立決監候死罪人犯，俟秋後處決。

一、旗下人在直隸各省等處有犯強盜之罪者，停其解部，即在彼處正法。其餘有犯，仍行解部審理。若係民謊稱旗下者，照不應重律，杖八十。又刑部議爲群棍杖旗訛詐一案具題。奉旨：賈二著即就彼處斬。湯二依擬應絞，著於彼處監候，秋後處決。餘依議。嗣後旗人在某省犯罪定擬重辟者，不必解部，俱著於彼處正法。

一、凡審案件，承問各官將眞正人犯俱審取口供後限內監斃者，免交該部。雖在限內并不審理取供，遲延監斃眞正人犯，或將連累之人、無干之人監斃者，係某官承審，止將此官交與該部，其上司不據實題參者，交與該部。至於逾限，雖取錄口供不行審結，將眞正人犯并連累之人、無干之人監斃者，交與該部，上司不據實題參者，亦交與該部。若限內不能完結，再行展限監斃，仍照限內例交與該部。如在展限外死者，亦照逾限例交與該部。承問各官將眞正人犯雖限內取有口供不早行題結，監斃者，止將承問官交與該部。其事結具題之後監斃犯人者，免交該部。再承問各官，將眞正人犯雖限內取有口供不早行題結，監斃一案內一、二人者，免其議處。三、四人者，罰俸三個月。五、六人者，罰俸六個月。七、八人者，罰俸一年。九、十人以上者，降一級留原任。其事結具題之後監斃犯人者，免其議處。凡無論人犯之多寡，一案內或監斃或中途死者，但至三名，其承審各官俱交吏部議處。如該督撫不據實題參者，亦交與吏部議處。

一、京城內，凡問刑部院衙門承審官員，凡審案件雖在限內并不取供審理，遲延逾限；雖取供不行審結；其將眞正人犯雖限內取錄口供，不速行題結，以致犯人并牽連無干之人監禁斃命，或羈門斃命者，應照一案所斃人數，將承審司官俱照外官處分之例處分。若堂官不據實題參者，照督撫處分之例處分。凡現審一案內人犯監斃三、四人者司獄罰俸三個月，五、六人者罰俸六個月，七、八人者罰俸九個月，九、十人者罰俸一年，十一人以上者革職。在門斃命者，其該城門尉、城門校、千總俱照司獄處分。其承審官員，仍當不時嚴加巡察，若獄卒、守門人等，將犯人凌虐剋減有傷，即行拘拿，照律嚴行治罪。

一、凡簽差官員將解部及部發遞解等犯，務必遣有家業正役押解。解送沿途地方官員詳查該犯沿途有無解役掯勒拷打之處，如無掯勒拷打情弊，照常發行，如有此等情弊，令該地方官即將解役懲治。有掯勒拷打致死者，該地方官申報督撫嚴審，照律從重治罪，其督捕例內，凡解役夥同逃人沿途搶奪擾害村莊者，俱以光棍例治罪。如有解役教唆人犯通同搶奪者，亦照此定例治罪。其在中途患病者，原解即報該地方官，該地方官親身驗明委係眞病，出具印結。如取結後死斃者，其官役免議。若未取患病印結，途中死一、二名者，將簽差之官罰俸一年；解役徒三年，至配所責四十板。死三、四名者，簽差之官降一級留任；解役流三千里，至配所責四十板。死五、六名以上者，簽差之官降二級調用；解役發邊衛充軍，至配所責四十板。

一、凡官員擅取病呈致死監犯者，依謀殺人造意者斬監候律擬罪。獄官、禁卒人等聽從指使下手者，依從而加功者絞監候律擬罪。不加功者，杖一百流三千里。

一、凡官員仍用柙牀者革職，杖一百流三千里。禁卒杖一百，革役。

一、凡秋審監禁重犯，該督撫仍會審詳擬情眞、緩決、矜疑具題，應令每年七月十五日內到刑部。若於七月十五日內不到部者，將該督撫交與吏部議處。其直隸各省監禁重犯，原案現在刑部，將該督撫所題貼黄，刑部等衙門所議看語并該督撫會審情眞、緩決、矜疑看語，刊刷招冊進呈御覽後，送九卿、科道官員各一冊，八月內在於天安門外會議詳核情眞、緩決、矜疑，分擬具題，請旨定奪。俟命下之日咨行直隸各省，將情眞犯人於霜降以後冬至以前正法。雲南、貴州、四川、廣西、廣東、福建俱限四十日，江西、浙江、湖南、甘肅俱限二十五日，江南、陝西、湖廣各限十八日，河南限十二日，山東、山西各限九日，直隸限四日，盛京限十五日，寧古塔限一個月，將行文封袋，面上明注所到限期發行。若沿途該地方官限內遲延不到者，著該督撫將遲延地方官查明，指名題參。至於直隸各省督撫會審，將情眞、緩決、矜疑者擬議具題之後，如有所發事件，不必具題，俟來年秋審。又盛京等處監禁重犯，刑部亦造黄冊入在直隸各省秋審內具題。

一、監禁犯人有親屬家人送飯者不給口糧外，如無親屬家人者每囚每月給米三斗,俟年終聽各該撫開明事件,罪囚名數與給過口糧數目,造冊報部銷算。

一、年終稽查醫治獄犯二名醫生所治痊者若干,不治痊者若干。如治痊者多,照例六年已滿咨授吏目。不能醫治,死數多者,即行革役更换。

一、每年正月、六月不行正法。俟二月初一、七月初一陸續具題正法。

一、康熙十九年七月初五日奉上諭,每年即行正法之人,於六月停刑,七月正法。嗣後即行正法之人,俱於立秋之後正法。至於部內即行正法事件,亦俟立秋之後陸續具題。

一、若遇六月立秋之年,仍應俟交七月初三日具題正法。其六月停刑之處既載入例内,每年停其具題,照例遵行。

一、凡大小衙門問刑官員,將刑獄供招不速行結,無故遲延者,將承審官革職。無故將平人久羈囹圄者,將承審各官革職。因而致死,故勘致死者,俱照律遵行。其改造口供故行出入者,將承審官革職。擬以死罪已決者,抵以死罪。其草率定案,證據無憑,枉坐人罪者,將承審官革職。其衙門蠹役,恐嚇索詐十兩以上者,并妻子安插於奉天地方居住。至一百二十兩,照枉法擬絞。

一、凡另戶家主或係家僕縊死、赴水身死者,許總甲等當日據實帶同屍親呈報該地方官。如縊死、赴水身死是眞,别無他故者,照律免檢,即批令殯葬。若并無他故,該地方官不即行完結,遷延時日,及總甲與屍親當日不即行據實呈報,妄行揹勒,并衙役驗屍之人有恐嚇行詐等項情弊,受勒被詐之人控告,或科道糾參者,將地方官交與該部議,總甲人等枷號四十日責四十板。若受財,計所受之財,從重治罪。如有他故,聽死者之祖父母、父母親屬於是日具告該地方官,即於是日檢驗,將屍收殮。若自縊、赴水是實,妄捏虛詞控告者,亦枷號四十日責四十板。再,旗下人自縊死、赴水身死者,皆係各該佐領,撥什庫具報,差部内撥什庫相驗,别無他故,即行完結,并無遷延時日。或有將家僕雖敎令責打有傷,而縊死、赴水身死是眞,家主亦不擬罪。往驗撥什庫等,稱有傷係打死恐嚇行詐,及屍親有揹勒等弊,或受勒被詐之人控告,或科道題參,將往驗撥什庫及屍親等俱枷號四十日鞭一百。該佐領、撥什庫不即行具報,照不應重律鞭八十。受財者,計所受之財,從重治罪。

一、檢驗屍傷,城外俱令五城兵馬司指揮,城内差刑部司官及筆帖式帶領撥什庫、仵作人等親行檢驗。

一、凡頒恩詔到日,赦款内應免罪囚,已經部核覆明白者,逐一詳查,登時釋放,嗣行題明。如有情罪可疑者,限赦到一月内即彙疏奏請,未經法司核覆明白者,俟法司核覆明白,文到之日即時釋放,毋得耽延時日。如赦到奏請違限,及將無辜之人,應免輕犯仍濫行監禁者,交與該部議處。

一、凡直隸各省牽連叛逆案内監禁質審犯人,仍照常監候。凡殺死人、強盜等罪監禁質審之犯,如過三年質審犯人未獲者,即於秋審時一并入審,或情眞,或矜疑,逐一開明檔案,具題完結。

一、凡有外省解到即行正法滿洲另戶人,繕寫綠頭牌奏聞正法。

一、凡校尉等有關事犯行咨鑾儀衛提取不行即拿。

一、刑部乃總理刑名之地,如有閒雜人等出入、將應審犯人帶進時多帶閒人跟進,被獲者,係官交與該部議處,平人在刑部衙門首枷號,其看門撥什庫、披甲、皂隸亦照此例枷責。

一、凡遇慶賀穿朝服日期,祭享齋戒日期,穿素服日期,封印日期,及每月初一、初二日期,俱應不理刑名。四月初八日,不宰牲亦不理刑名。直隸各省一體遵行。

《刑部現行則例·公式》 一、凡在京畿内地事件,限一個月審結。在外者以被證到齊日爲始,限一個月審結。如有内外咨查者,以回文到日爲始。凡内外有催文三次全無回文者,題參。又九卿、詹事、科道會議,凡行提控告案内人犯,咨行八旗并總管内務府行提。於文到之日,即行查送過部。若越二日不行送部者,將該管官交與該部。若行提屯内居住人等,每日定限五十里送部,若違此限不送部者,差去之人,刑部鞭五十。及行直隸府州縣等處提人者,亦每日定限五十里,以文到五日内起解,若不照限申解,將該管官提參,交與該部,或有别故,詳開報部。若刑部司官,將應速結案件不行完結,故意推諉,行查提人遲延者,堂官指名題參,交與吏部從重議處,及刑部另議摺子一併進呈。奉旨: 若依刑部之議,刑部并無事了,著依九卿、詹事、科道之議。嗣後將刑部議結細事照熱審減等例十日一次彙寫具題,其具題時,著將到部之日審起、完結之日俱行寫出。

一、直隸各省民間首告事件，凡關強盜情者，以首告到官之日爲始，定限一年，務要具題結案。若罪犯已獲，證佐已齊，情事已眞，至一年已滿，承問官再爲遲延不行詳結，應聽該督撫查明題參，交該部議處。如該督撫徇情不參，被科道查出題參之日，應將該督撫一併交與該部議處。如案內或因正犯及要證未獲，情事未得眞確者，該督撫題明展限等因具題。奉旨：凡應速結之事仍著速結。若并無可候之處，復因有一年之限，遷延日期，以致遲延者，從重治罪。餘依議。又各省、府、州、縣自理應結首告事件，俱限二十日內審明結案。若案內隔地提人行查，俟人文到日爲始，再限二十日內審明結案。至於該督撫批審事件，限一個月審明詳報。若案內提人行查，以人文到日爲始，再限一個月審明詳報，該督撫審明速結。俟年終該督撫將該府、州、縣審結事件查明。若有遲延隱瞞情弊，借端逾限者，即將該官職名開明題參，交與該部議處。督撫不行查參，別有發覺者，將該督撫亦行議處。其按察司親理事件，限一月內完結。如有遲延，限內不行審結，以致拖累人犯者，該督撫即行查參，交與該部議處。如該督撫徇情不行題參，或被科道糾參，或被犯人首告，將督撫亦交與該部議處。

一、直隸各省人命事件，限六個月完結。如有逾限不結者議處。

一、督撫有公務在本省內行走者，不准展限。如監臨科場，准其按日扣限。及隔省提人，准其以人到之日扣限。若隔省出境行走者，准令題請展限。

一、督撫到新任接署者，俱以到任接署日期扣算。係四個月限期者，准展限兩個月完結。係六個月限期者，准展限三個月完結。餘仍照舊例遵行。

一、欽部緊要事務，仍速行完結。如有難於完結者，應准以到任之日爲始，照例展限兩個月完結。督撫有新到任者，均應停其具疏題請，照此例遵行。

一、奉天將軍并府尹，盛京刑部等部，凡一切咨文咨部者，兩個月回文不到即行查過部。寧古塔將軍，凡一切咨文咨部者，三個月回文不到亦即行咨查過部，以憑稽查。若違此定限始行咨查者，將行文官員，交與該部議處。

一、凡各省審結叛案內，凡有移咨解部流徙入官人口、家產，俱立限兩個月。自該省起解路途，解送人役，仍定限起發，違者題參。

一、凡五城應結之杖，若等小事俱應停送刑部，該城即行完結。

一、逃人稱民賣身并干連逃人互爭買與未賣等徒罪以下細事，督捕即行審結。其指逃訛詐強盜、人命等事，仍送刑部審理。

一、督撫以下道府以上官員，凡叛逆、軍需、驛遞公文等緊要重大事情照例差人外，其餘細事止許行牌催促。如違例差遣者，督撫指名題參議處。如督撫徇情不參，或科道題參，或部內查出，將督撫一併議處。如督撫平常小事差役害民者，或科道糾參，或部內查出，交與該部議處。

一、隔省關提人犯該地方官確註盜犯年貌、住址、的實名姓，一面詳請本省督撫移咨住賊之省督撫提拏，一面移文差人關會住賊之地方官掛號添差協緝，不許擅給批牌，竟行拘提。如有違此例者，將該地方官照誣良爲盜例治罪。如住賊之地方官徇庇不行協緝，亦交與該部議處。至於本省內隔屬關提人犯，仍令向該地方官掛號添差拘提，如違例擅自拘拏，捕役照誣良爲盜例治罪。原差地方官照失察衙役誣良爲盜例交與該部議。

一、凡拏獲盜賊審問時，供出伊先行劫之處，審明仍行咨查該督撫。若失主已經報官，將地方官照諱盜不報，交與該部。失主未報失事、未有實據者，該督撫取具該地方并無諱盜印結繳報。若報後被傍人告發，或被科道題參，確查諱盜屬眞，將該地方官交與該部。失主不行呈報，該管官照不應重律杖八十。

一、凡州、縣自理贖鍰，歲終造册申報，臬司查核。藩、臬司自理贖鍰，歲終造册申報，督撫查核。督撫歲終彙造清册題報，到日查核。如有折多報少并隱漏等弊，該督撫查參具題治罪。罰贖之人姓名及罰數，著承問各官明晰書寫，告示於該地方曉諭。如有隱漏即以貪贓治罪。

一、州、縣官將民之苦情不行詳報上司，使民無處可愬，其事發覺，將州、縣官革職永不敘。用若州、縣官已經詳報，而上司并不准接題達者，將上司亦行革職。至於賑濟被災之民，以及蠲免錢糧，州、縣官有侵蝕肥己，使民不沾實惠等弊，或被傍人出首，或受累之人具告，或科道查出糾參，將州、縣官照貪官例革職拏問。其督撫、布政司、道、府等官不行稽察，令州、縣任意侵蝕者，俱行革職。

一、凡在外漢軍降級、革職，緣事解任、裁缺之候補漢軍文武官員，解任時即將任內事務交明，帶領家口速行歸旗。該管地方官員，亦將家口一併速催回旗。仍將起程日期報部，令取經過州、縣沿途交付印結。如有降級、革職，解任，裁缺之候補官員，正事已完妄借事故不速回旗仍戀住做官地方，或前往竟不來京，在別處居住，或不進京在附近州、縣居住，或本身進來家口仍在外居住者，如已經革職者，交與刑部從重治罪。若有官者，革職交與刑部治罪。該管州、縣官，武職專汛官，將此等解任官員本身并家口一併速催起行，借端遲延，容留一人居住者降二級調用，二人者降四級調用，三人以上者革職。道官兼轄武官，在伊等所轄地方，容留一人居住者降一級調用，二人者降二級調用，三人者降三及調用，四人者降四級調用，五人以上者革職。督撫、提鎮所轄地方，容留一、二人者罰俸六個月，三、四人者罰俸一年，五名以上者降一級留任，十名以上者降二級留任。同城知府，照州、縣例議處。不同城知府，照道官例議處。至此等解任官員，仍在做官地方戀住，或在別省居住已起程中途逗遛遲延，或既來而不進京在附近州、縣居住，或本身已來令家口在別處居住，該管督撫、提鎮地方文武官員不行查催者，俱照處分原做官處容留居住之地方官例一體處分。再，此等解任官員不將家口作速帶來，該管佐領、驍騎校不行查出報部者，若一人者降一級留任，二人者降二級仍留任，三人以上者革職。小撥什庫，交與刑部從重治罪。參領下一、二人不行查出呈報者罰俸一年，三、四人者降一級留任，五、六人以上者降二級留任，十人以上者降三級仍留原任。都統、副都統不行查出，一、二人者罰奉三個月，三、四人者罰俸六個月，五、六人者罰俸九個月，七、八人以上者罰俸一年，十五人以上者降一級留任。原做官之處，該管官員將此等官起程日期不行報部者罰俸一年。

《刑部通行章程・光緒二年刑部廣東司奏》 謹奏：為遵旨議奏事。光緒二年十月初一日，内閣奉上諭：御史鄧慶麟奏請申明律例以重刑讞一摺，著刑部議奏，欽此。臣等謹就該御史陳奏各條，悉心核議。查原奏内稱，各省官弁因案獲罪，應發軍臺及黑龍江等處，例應於定案後接到部覆，卽應按限起解。近來各省已結之案，其官弁中擬定發遣者，往往遲格不行，任意逗遛，竟至數年延不起解，並有犯罪後，復在他處別滋事端，殊屬有違定例。應請飭下刑部，查明凡擬定發遣官弁未起解者，行令該省嚴飭依限起解，毋得任意遲延以符定例。等語。臣等查例載，外省發遣官犯及發往軍臺効力贖罪廢員，於文到之日，均限一個月卽行起解，勿得任其逗遛。各該督撫將各犯起解月日，專咨報部。如有遲逾，卽行指參。倘實因患病逾限、不能起解者，地方官驗看屬實，加具並無揑飾印，甘各結，詳明督撫，起限亦不得過兩個月。該督撫亦卽咨部查核，如有假揑及逾限不行起解者，別經發覺，將該州縣及失察之各上司分別交部議處。等語。是官弁犯該發遣及應發軍臺効力贖罪者，一經奉到部文，均應依限起解，不得任其逗遛。如有遲逾，卽行指參。卽實因患病，亦須地方官驗明取結，申詳督撫咨部。查核定例，已極嚴明。若如該御史所奏，近來各省官弁中擬定發遣已結之案，往往遲格不行，任意逗遛，竟至數年延不起解，並有犯罪後，復往他處別滋事端。顯違定例，自應申明定章，請旨，飭下各省督撫，查明發遣官弁，已奉部覆尚未起解者，催令依限起解，仍專案報部查核。如有遲逾，及無故任意逗遛等情，卽行指參，庶足以儆效尤，而刑章益昭嚴肅矣。又原奏内稱，近年各省上控之案甚多，其刁健慣訟、砌詞呈控、希圖翻案者固屬不少，而其中實有冤抑者亦難保必無。外省於京控之案，往往仍派原審之員會同覆審，其在本省控告者竟或仍發回本州縣覆審。設其中果有冤抑，於始既審擬未當，至覆審時又安能盡得其情。抑豈肯自翻其案，勢必多方迴護，仍照原審擬結。近如四川東鄉、浙江命案其所以難成信讞者，未嘗不由此弊。況上控之案如所控全虛，例有坐誣之罪。乃外省於發審奏結，又往往以懷疑有因等語為原告開脫。此所以控案日多，而眞有含冤莫伸轉難辨也。應請飭下刑部，通行各省，凡上控之案於覆審時，不准仍派原審之員。如果所控不實，照例治以應得之罪。等語。臣等查例載，各省督撫奉旨，發交審辦，以及民人控告官員各案，俱令親行確審，不得僅委屬員承審。其餘上控之件，原問各官有抑勒畫供並書役詐贓舞弊情事，卽發交司道審辦，概不准復交原問官並會同原問官辦理。倘有應親提而委審，或應親提、委審而發交原問官衙門者，嚴參，交部照例議處。等語。定例本極周密，各省督撫如果認眞辦理，獄訟自然止息，何止赴京控訴之案層見迭出。其中逞刁健訟者固不乏人，而實在負屈含冤者亦所不免，總由該地方官於詞訟要件漫不經心，任意積壓，奸胥蠹役因之從中作弊，刁難勒索無所不至，一經上控，仍復發交原問州縣審辦。該州縣自顧考成，每多迴護，不為伸理，小民冤抑莫伸，不得不來京呼籲。迨發回本省，係承審之員率多意存消弭，於原告所控各情審實者十不得一，而又不能遽坐以誣告之罪，往往曲為調停，非以為事出有因，卽以為懷疑誤控，僅擬杖責，遷就完案。以致獄訟滋多，實由於此。

該御史所奏係爲慎重刑獄起見，相應請旨，飭下各省督撫、將軍、都統、府尹，於民人上，控之案，核其情節之輕重，分別親提發審，認眞懲辦。倘有違例，仍發原問官辦理情事，卽行嚴參，照例議處。其京控交審案件，無論奏咨，均應親提審辦，實則立予昭雪，虛亦按律坐誣，無得含混了結，致涉遷就，庶冤抑不至莫伸，而刁風亦可稍息矣。又原奏內稱，軍營官弁人等如有犯罪，察其祖孫父子有陣亡者，在內由刑部、在外由督撫，於取供定案後，查明確實事蹟，敘入秋審本內，恭候欽定。等語。是朝廷立法於罰罪之中，仍寓宥功之意。如本年外省奏結者，陝西之游擊黄啓祥、兩江之總兵詹啓綸不止一案。是近來軍營武弁因案獲罪者尤多。其有犯死罪者，察其祖孫父子有陣亡者，亦應照例查辦。應請飭下刑部查明，凡係例准聲叙者，覆加詳核，察其有無確實事蹟，悉照定例辦理。等語。臣等查例載，滿洲、蒙古、漢軍、緑營官員軍民人等有犯死罪，除十惡、侵盗錢糧、枉法、不枉法贓、強盗放火、發塚、詐僞、故出入人罪、謀故殺各項重罪外，其尋常鬭毆及非常赦所不原各項死罪，察有父祖子孫陣亡者，在內由刑部、在外由該督撫，於取供定罪後，卽移咨八旗兵部查取確實簡明事蹟，聲敘入本，於秋審時恭候欽定。等語。是官弁人等犯死罪，如查有父祖子孫陣亡者，查取確實事蹟，例准聲敘入本，於秋審時恭候欽定。向蒙恩施，原係朝廷宥功之意。該御史所奏係屬申明定例，相應請旨，飭下各省督撫，查明官弁人等犯死罪，如有父祖子孫陣亡，例准聲敘者，詳查有無確實事蹟，隨本聲敘以符定例。又原奏內稱，秋審常犯緩實，擬議未當，宜嚴定處分定例，各省應入秋審常犯，由各省分別擬定緩決情實，將招冊送部後，經法司詳加核勘。其原擬情實，由部改入緩決，或原擬緩決，由部改入情實者，則每屆有之，聞本年卽有數起。夫緩實所分，卽人命生死所係。其承辦錯誤之員，若照常例查參，殊不足以昭鄭重，應如何嚴定處分之處，應請飭下刑部妥爲核議，以昭慎重。等語。臣等查各省辦理秋審定例，督撫將重犯審擬情實、緩決可矜具題，臣部會同九卿詹事等官詳核，請旨定奪。至各省承辦實緩錯誤、失出失入，係歸處分則例。當經臣部行查吏部，應否仍照定章辦理。旋准覆稱，業於咸豐九年惠親王等會同吏部酌加處分奏准遵行抄錄會議，定章片覆前來。查定章內開，各省秋審人犯，原擬緩決、經刑部改入情實，或奉旨派員核議更改，及由覆勘朝審之員奏駮更正者，其應議處分，就各該省秋審案數合併計算，以五十起至二百五十起爲限。五十起內失出一案至五案，均降一級調用；至十案，均降二級調用。用以次遞加。一百起內失出二案至五案，均降一級調用；至十案，均降二級調用。以次遞加。一案免議。一百五十起內失出三案至五案，均降一級調用；至十案，均降二級調用。以次遞加；二案以下免議。二百起內失出四案至五案，均降一級調用；至十案均降二級調用。以次遞加。三案以下免議。二百五十起內，失出五案，均降一級調用；至十案，均降二級調用。以次遞加。四案以下免議。至二百五十起以外，卽毋庸分別起數，統按五案降一級調用、十案降二級調用之例核辦。以上處分係失出。加級紀錄准其抵銷。其無抵銷，應降一級調用，改爲降一級留任；六年無過，方准開復。應降二級調用以外者，卽行實降，仍照例聲明請旨。又各省秋審人犯，原擬情實，經刑部改爲緩決，或奉特旨，派員核議更正及由覆勘朝審之員奏駮更正者，除一案二案仍照舊例辦理外，至三案應降三級調用者，卽議以降四級調用；四案卽議以降五級調用，均不准抵銷。五案以上，議以革任，仍照例聲明請旨等語。是各省辦理秋審實緩錯誤、失出失入之案，既准吏部咨稱，業經王大臣會同酌議章程，視起數之多寡，定處分之重輕，奏准遵行在案。定章已極嚴明，辦理無虞輕縱，自應仍遵會議定章辦理，毋庸另議。該御史請嚴定處分之處，應毋庸議。所有臣等遵議緣由是否有當，謹恭摺具奏請旨。

《刑部通行章程・光緒四年十二月二十三日刑部江蘇司奏爲遵旨事》

江蘇司奏：爲遵旨議奏事。內閣抄出江南道監察御史段福昌奏，爲京控案件，請專責臬司親審，不得再委府局，並嚴定章程一摺。光緒四年十一月二十四日奉旨：刑部議奏欽此。臣等查例載，各省督撫奉旨發交審辦以及民人控告官員各案，俱令親行研審，不得僅委屬員承審。其餘上控之件，原問各官有抑勒畫供，並書役詐贓舞弊情事，卽發交司道審辦，概不准復交原問官並會同原問官辦理。倘有應親提而委審，或因親提、委審而發交原問衙門者，嚴參交部，照例議處等語。茲據該御史奏稱，詞訟皆宜親自審訊。京控案件重大，尤當悉心研求。臬司並不親提仍委府局，則迴獲瞻徇之弊自所不免。近來結案，或云懷疑誤控，或云事出有因，顢頇了事，幾成千手雷同。雖其中不無健訟之輩，而民情之畏法者多。非實有沉冤，誰肯自投縲絏。臬司於奉旨親提之案，並不親提，於民間冤抑不爲伸理，既非所以勤職守。京控之案必皆曾經府審，今交原問官，是錮之於不得平反之地。而欲以杜京控之來，尤非所以消訟源。臬司任重職崇，豈皆玩視民瘼。應請旨飭部，將京控案件專責臬司親審，不得再委府局，並責成督撫稽查，一併嚴議，章程編入則例。等因。奏奉諭旨，著臣部議奏。臣等查京控案件，均應親提審辦，不得發交原問衙門。定例本極周密，各省督撫如果認眞辦理，獄訟自然止息，何至赴京控訴，層出不窮。其中逞刁健訟者固不乏人，而實在負屈含冤者亦所不免，總由該地方官玩視民瘼，於訟案漫不經心，任意積壓，奸胥蠹役因之從中作弊，刁難勒索，無所不至。一經上控，仍復發交原問州縣審理。該州縣自顧考成，每多迴獲，不爲伸理。小民冤抑莫伸，不得不來京呼籲。迨發回本省，臬司並不親提，輒委府局提訊。承審之員率多意存消弭，於原告所控各情審實者十不得一，而又不能遽坐以誣告之罪，往往曲爲調停。非以爲事出有因，卽以爲懷疑誤控，僅擬杖責，遷就完結。屢經臣部駁令覆審，終未能破除積習。獄訟滋多，實由於此。該御史所奏，係爲淸理訟源，愼重刑獄起見，相應請旨，飭下各省督撫，於民人上控之案，核其情節之輕重，分別親提、發審，認眞懲辦。倘查有違例，仍發原問官辦理情事，卽行嚴參，照例議處。其京控交審案件議論奏咨，均由該省督撫嚴飭臬司親提審辦，實則立予昭雪，虛則按律坐誣，無得含混了結，致涉遷就，庶冤抑不至莫伸，而刁風亦可稍息矣。至京控交審並上控各案，分別親提及發交司道審辦，不得復交原問衙門。定例層周審，已極詳明，無須另議更張。該御史請嚴定章程，編入則例之處，應毋庸議。所有臣等遵議緣由，謹恭摺具奏請旨。光緒四年十二月二十三日奏。

《欽定理藩院則例・審斷・蒙古犯軍流徒罪折枷》 一、凡蒙古人犯罪，照刑例擬以笞杖者，各照數鞭責。擬以軍流徒者，免其發遣，分別枷號。徒一年者，枷號二十日，每等遞加五日，總徒：准徒亦遞加五日。流二千里者，枷號五十日，每等亦遞加五日。附近充軍者，枷號七十日。近邊者七十五日。邊遠、沿海、邊外者八十日。極邊烟瘴者九十日。

《欽定理藩院則例・審斷・蒙古移屍訛詐分別實發不准折枷》 凡蒙古地方遇有刁徒假捏人命，冒認屍親，移屍訛詐者，照刑例問擬。犯該徒罪者，發山東、河南。犯該軍流者，發湖廣、福建等省。均交驛充當苦差，不准折枷。

《欽定理藩院則例・審斷・死罪人犯扎薩克等審訊報院》 凡應擬斬絞之蒙古人犯，由各扎薩克處審訊，聲叙罪情呈報盟長。由盟長覈轉報院，會同三法司定擬，具奏請旨。

《欽定理藩院則例・審斷・圖什業圖王等旗命盜案件分別會審相驗》 科爾沁圖什業圖王等旗之命盜案件，係蒙古、民人交涉者，均由昌圖通判會同扎薩克驗明屍傷，審訊明確，自行呈報奉天府府尹衙門復覈，轉報盛京刑部，由盛京刑部咨報刑部及理藩院辦理。若僅止蒙古命盜案件，該扎薩克會同該通判，驗明屍傷，該扎薩克自行審擬明確，呈報盟長復覈報院。

《欽定理藩院則例・審斷・陝甘兩省交涉蒙古案件》 陝西、甘肅兩省交涉蒙古案件，在延榆綏道所屬境內者，會同神木部員辦理。在寧夏道所屬境內者，會同寧夏部員辦理。在山西保德州河曲縣等處地方者，仍呈報神木部員，會同雁平道員辦理。鄂爾多斯蒙古、民人案件，均照例會同兩處部員辦理。

《欽定理藩院則例・審斷・蒙古罪犯就近會審》 一、歸化城各同知、通判承辦蒙古與蒙古交涉命盜等案，由該同知、通判處驗訊通詳，呈請綏遠城將軍就近與土默特之參領等官會審。起限，由將軍處咨院，具奏完結。蒙古與民人交涉命盜等案，亦呈請該將軍就近與土默特參領等官會審。起限，由山西巡撫咨會，具奏完結。於各札薩克等旗分行取會審官員之處永行停止。結案後，將審擬之處，由歸綏道衙門行知該扎薩克。

一、山西省大同府屬豐鎮廳所轄民人處所與察哈爾正黃、正紅旗連界。朔平府屬寧遠廳，所轄民人處所與察哈爾鑲紅、鑲藍旗連界。此四旗蒙古等又與蘇尼特、四子部落等各扎薩克旗分連界。除四旗地方蒙古與蒙古交涉命盜案件，由察哈爾旗分承辦，報院完結外，其四旗地方蒙古與民人交涉命盜等案幷兩廳所轄境內蒙古與民人交涉命盜等案內，毋論察哈爾旗下蒙古、各扎薩克等所屬蒙古，俱按失事地方，令該廳會同察哈爾四旗官員審定。亦停其於該扎薩克旗分行取會審官員。於結案後，將審擬之處，由該廳行知該扎薩克。至察哈爾各旗蒙古等，如在歸化城各同知、通判所屬地方，與土默特蒙古幷民人交涉命盜案件，毋庸由察哈爾旗派員審會。令就近會同歸化城土默特官員審定。

一、直隸省張家口、獨石口、多倫諾爾三廳同知與察哈爾旗分交涉案件，會同察哈爾各旗游牧理事、司員，定限審訊完結。平泉、建昌、赤峰、朝陽四州縣與扎薩克交涉案件，均交四處駐紮司員就近會審，毋庸由扎薩克旗分派員會審。多倫諾爾同知與喀爾喀部落交涉案件，交察哈爾鑲白、正藍兩旗游牧理事司員就近會審，亦毋庸由該扎薩克派員會審，仍交各廳員。如有蒙古等命盜案件，將案內蒙古人犯姓名、旗分、佐領、何人屬下之處開明，行令該扎薩克等拿解會審。結案後，將審擬之處，由該司員處行知各扎薩克等。其審擬俱詳時，令該廳員於詳文內，將會同該司員審過字樣叙明，以合體制。八溝、塔子溝與扎薩克交涉案件，多倫諾爾與喀爾喀部落交涉案件，與司員會審。自會審日起限，若過期不會審，以致遲延會審，不依限審結者，俱交該督將遲延逾限之處隨案附參。將過期不會審之員，照推諉例議處。會審不依限審結之員，照承審遲延例議處。

《欽定理藩院則例·審斷·蒙古民人各按犯事地方治罪》 蒙古等在內地犯事，照依刑例定擬。民人在蒙古地方犯事，照依蒙古例定擬。

《欽定理藩院則例·審斷·承審不實》 內外扎薩克王、公、臺吉、塔布囊及協理臺吉等承審反叛人犯，未經審出實情者，承審官革職。凌遲人犯，未經審出實情者，承審官罰俸三年。軍絞人犯，未經審出實情者，承審官革職。凌遲人犯，未經審出實情者，承審官罰俸三年。斬絞人犯，未經審出實情者，承審官罰俸二年。軍流人犯，未經審出實情者，承審官罰俸一年。徒杖人犯，未經審出實情者，承審官罰俸半年。無俸協理臺吉等官，照例折罰牲畜。但有受賄故出、故入情弊，照刑例治罪。

《欽定理藩院則例·審斷·喀爾喀部落蒙古民人交涉案件》 圖什業圖汗、車臣汗二部落蒙古、民人交涉人命盜案，由庫倫辦事大臣辦理。蒙古與蒙古盜案，由盟長處辦理。其蒙古與蒙古尋常人命案件，該盟長審明，擬罪，報明庫倫辦事大臣詳審案情，無異，轉爲報院。倘案情不確，錄供、擬罪與例不符者，該大臣飭駁另審。如緊要命案，該盟長實不能審辦者，該大臣親提案內人犯審擬，應報院者報院，應奏者具奏。其扎薩克圖汗、三音諾彥二部落案件，由定邊左副將軍亦照庫倫辦事大臣一體辦理。

《欽定理藩院則例·人誓·案情可疑入誓》 一、凡案犯斬絞發遣以及應罰牲畜等罪，如臨時未經破案，事後或經官訪出或被人告發到案，案情確鑿，而本犯恃無贓證蹤迹堅不承認事涉疑似者，令其入誓。如肯入誓，仍令該管佐領等加具保結令本犯入誓完結。不肯入誓，即照訪出告案情科罪。此條必實無贓證踪迹，無憑研訊方准照此辦理，其餘不得濫引。

《欽定理藩院則例·限期·呈報公事遲延》 凡內外各盟長、扎薩克等辦理案件，除去往返行查日期，於奉到該管札文及接准所屬呈報之日起，限二十日辦結報院。違限不及一月者，免議。一月以上者，罰俸三個月。半年以上者，罰俸六個月。一年以上者，罰俸一年。無俸官員照例罰九。如遇特旨交查及院查欽案事件，違限者各加一等擬議。

上諭御史崇興奏請整頓京控辦法一摺，京控章程關係民命，豈容任意遲延，嗣後凡由都察院奏交咨交各案件，著各督撫恪遵舊例辦理，倘有逾限不結，或該督撫不將承審銜名送院等情，即由都察院奏參懲處，以警疲玩，而恤民瘼，欽此。光緒三十四年十二月十一日。

《大清法規大全·上諭》 上諭：都察院代奏學部參事江瀚條陳請清訟獄等語，據稱自停止刑鞫以後，殘酷之風雖減，拖延之害愈深，因證據未備，兩造爭執，遂以不了了之。民間逮累無窮，各省訟費名目繁多，百端需索，冤縱獲理，家產已傾，若如所陳情形，實堪痛恨，著京外問刑各衙門將一切弊端認眞釐剔，不得視此旨爲具文，倘再查有各項情弊，定行嚴加懲處，欽此。宣統元年二月初三日

《大清法規大全·審判·大理院奏審判權限釐定辦法摺》 光緒三十二年九月二十日內閣奉上諭：刑部著改爲法部，專任司法；大理寺著改爲大理院，專掌審判等因。欽此。臣等當於本月初四日會同法部尚書戴鴻慈等奏明。大理院尚未成立，所有現審案件暫由法部照常辦理。請俟三月後查看情形，再行交代。等因仰蒙俞允在案。惟是審判權限，等級攸分，查閱總司，核定官制，王大臣奏定法部節略內開。各國審判之級，大都區之爲三：第一審、第二審、第三審是也。

第二審以待不服第一審之判斷者，第三審又以待不服第二審之判斷者。其裁判所之等級，大都分之爲四。英、美、德、法諸國均取四級裁判所主義。日本裁判制度仿效德、法，而亦分爲四等，即區裁判所、地方裁判所、控訴院、大理院是也。區裁判所爲最小之裁判所，祇可承審輕罪案件。地方裁判所爲第二級裁判，凡區裁判所不能承審之案件，皆得承審之，即爲區裁判所之第二審。控訴院承審不服地方裁判所判斷之案件，即爲區裁判所之終審。

大理院承審不服控訴院判斷之案件，即爲地方裁判所之終審。故輕罪案件，爲區裁判所所管轄者，訴止於控訴院。重罪案件，爲地方裁判所所管轄者，始得上控於大審院等語。臣等詳加尋繹，復證之各國法制，蓋德意志及日本刑法均分違警罪、輕罪、重罪，爲三項。犯違警罪者，警察廳得而懲治之。犯輕罪者，得於區裁判所赴訴，而不能越控於地方裁判所。犯重罪者，得於地方裁判所赴訴，而區裁判所不得受理。控訴院則承受不服地方裁判所之審判者，而並無始審之案。大審院則承受不服控訴院之審判者，而自理詞訟以皇室官犯及國事犯爲斷。是故大審院不必俯侵控訴院之權，地方裁判所不能兼理區裁判之事。分之則各成獨立，合之則層遞相承。所謂分權定限、責有攸歸者也。中國行政、司法二權，向合爲一，今者仰承明詔，以臣院專司審判，與法部截然分離。自應將裁判之權限、等級區畫，分明次第建設，方合各國憲政之制度。官制節略，既變通日本成法，改區裁判所爲鄉讞局，改地方裁判所爲地方審判廳，改控訴院爲高等審判廳，而以大理院總其成。此固依仿四級裁判所主義，毋庸擬議者也。惟每級各有界限，必須取中國舊制，詳加分析。庶日後辦理事宜，各有依據。臣等公同商酌：大理院既爲全國最高之裁判所，凡宗室官犯及抗拒官府，並特交案件，應歸其專管，高等審判廳以下不得審理。其地方審判廳初審之案，又不服高等審判廳判斷者，亦准上控至院，爲終審，即由院審結。至京外一切大辟重案，均分報法部及大理院，由大理院先行判定，再送法部覆核。此大理院之權限也。高等審判廳則不收初審詞訟。凡輕罪案犯，不服鄉讞局並不服地方審判廳判斷者，得控至該廳，爲終審。凡重罪案犯，不服地方審判廳之判斷者，得控至該廳，第二審。其由該廳判審之案內，則分報法部及大理院外，則咨執法司，以達法部。其死罪案件，並分報大理院：此高等審判廳之權限也。地方審判廳則自徒、流以至死罪，及民事訟案銀價值二百兩以上者，皆得收審訊實後擬定罪名。徒流案件在內，則徑達法部，並分報大理院，在外，則詳由執法司，以達法部。死罪案件在內、在外，俱分報法部及大理院，此地方審判廳之權限也。鄉讞局則笞、杖罪名，及無關人命之徒罪並民事訟案銀價值二百兩以下者，皆得收審訊實以後，逕自擬結，按月造冊報告。在內，則分報法部及大理院，在外則詳執法司，以備考核：此鄉讞局之權限也。權限既定，則高等審判廳以下必須次第建設；方有專司。除各直省審判衙門應俟官制釐定，由法部咨商各督撫次第籌設外，其京師詞訟，自以地方審判廳爲重要，鄉讞局次之。擬於內外城設立地方審判廳。凡刑事徒、流以上，民事二百兩以上者，俱以該廳爲始審。則重罪案件有所歸宿矣。京師鄉讞局擬正名爲城讞局，循巡警分廳之舊，於內外城分設九所。凡刑事無關人命之徒罪以下，民事二百兩以下者，俱以該局爲始審。則輕罪案件有所歸宿矣。至高等審判廳，外國俱與大審院相附麗，應俟臣院擇定衙署後，再行斟酌定議。此設裁判所之次第也。夫建置宜定規模，而施行必循次序。臣等承乏大理，極知爲中外之觀瞻所繫，事關重大，夙夜綢繆。竊以爲入手之初，非確定各審判官之事權，則責無所屬。非預籌各審判所之區域，則事無所歸。故於百端待理之中，謹擇目前所急需籌辦者，先行奏聞。恭俟命下，臣等即會同法部，將京師地方審判廳及城讞各局逐漸設法成立。庶三月以後，法部現審各案得所交代。至宗室案件應否會同宗人府審訊，法部覆核死罪應否由臣院會銜，以及提督衙門應否祇管緝捕，不理訟獄，民政之巡警廳與城讞局若何分別權限，並應設司法警察若干，高等審判廳以下，應設員缺若干，統俟臣等熟商妥協後，再行會同各衙門陸續請旨施行。謹奏。光緒三十二年十月二十七日奉旨：依議。欽此。

《大清法規大全・各級審判廳試辦章程》 第二章 審判通則

第一節 審級

第四條 凡民事、刑事案件，由初級審判廳起訴者，經該廳判決後，如有不服，准赴地方審判廳控訴。

判決後如再不服，准赴高等審判廳上告。

第五條 凡民事、刑事案件，除屬大理院及初級審判廳管轄者外，皆由地方審判廳起訴。經該廳判決後，如有不服，准赴高等審判廳控訴。判決後如再不服，准赴大理院上告。

第二節 管轄

第六條 各級審判廳管轄之民刑案件依《法院編制法草案》第二、第三、第四三章辦理。但初級審判廳管轄之刑事，以杖罪爲限。刑事案件，如係數人共犯，從罪重者之管轄。

第七條 各級審判廳管轄之區域，暫依內外城各巡警分廳轄地區劃之。

第八條 管轄不明確者，由受理之審判廳申請上級審判廳指定之。

第九條　管轄有錯誤時，於未判決前發見者，應移交該管轄之審判廳，另行審理。管轄錯誤發見在判決後者，應將本案供招、判詞鈔送該管審判廳詳核、存案。其原判有出入時，另行提案覆審。

第三節　迴避

第十條　審判官承審案件應行迴避之原因，如左：一、審判官自爲原告或被告者；二、審判官與訴訟人爲家族或姻親者；參照刑律訴訟門聽訟迴避條文；三、審判官對於承審案件，現在或將來有利害關係者；四、審判官於該案曾爲證人、鑑定人者；五、審判官於該案曾爲前審官，而被訴訟人呈明不服者。

第十一條　有前條之原因時，經該審判官或檢查官，或訴訟人聲明後，由該管長官核奪。

第十二條　除十一條迴避原因外，審判官與訴訟人有舊交或嫌怨，恐於審判時有偏頗者，檢查官及訴訟人得請求該審判官迴避。但豫審係緊要案件時，毋庸迴避。

第十三條　審判官應迴避時，由該管長官委員代理。

第四節　聽票

第十四條　刑事聽票如左：

一、傳票　傳訊原被告及其他訴訟關係人等用之；二、拘票　拘致犯徒罪以上之被告及抗傳不到或逃匿者用之；三、搜查票　搜查罪人及證據用之。

第十五條　民事聽票如左：

一、傳票　同前條第一項；一、搜查票　因查封時遇有隱匿財產者用之。

第十六條　凡審判官，皆有發聽票之權。

第十七條　刑事聽票，由檢查官或豫審推事指揮司法警察官執行之，民事審票，由承發吏執行之。

第十八條　傳票之限期，至遲不得逾五日。但被傳人實有不得已之事由，限於未滿期前呈明審判廳，經審判官查無虚僞時，酌量展限。

第十九條　拘票之限期，至遲不得逾三日。

第二十條　凡因案傳到者，應即日訊問之，其拘到者，限於兩日內審訊。如拘到而未能即時審訊，或審訊而不能保釋者，用收簽付看守所管收之，其提出時則用提簽。

第二十一條　凡有逮捕現行犯之責者，可不待聽票而逮捕之。

第五節　豫審

第二十二條　凡地方審判廳第一審刑事案件之疑難者，應行豫審。

第二十三條　凡現行犯事關緊急者，豫審推事可不待檢查官之請求，徑行豫審，但須知照存案。

第二十四條　凡公判案件，因證人、鑑定人供述不實，或本係重罪，受理時認誤爲輕罪者，或由輕罪發覺其他重罪者，均由審判官移送豫審。

第二十五條　凡豫審案件，除豫審推事、檢察官及錄供者涖庭外，不准他人旁聽。

第六節　公判

第二十六條　凡訴訟案件，經檢察官或豫審官送由本廳長官分配後，審判官得公判之。

第二十七條　審判官於公判時發見附帶犯罪，不須豫審者，得並公判之。

第二十八條　凡公判，單獨制以審判官一人開庭，合議制以審判官三人開庭，並得由本廳長官派候補人員二人以上隨同聽審。但非承派代理者，不得參豫審判。

第二十九條　法庭秩序，依法院編制法草案第十一章各條辦理。

第三十條　凡涖庭各官，均著常服。

第三十一條　審判用語以官話爲準。

第三十二條　對於外國人訴訟，得用本廳繙譯官。如審判官有能通其國語者，經本廳長官認可，亦得參豫審問。但錄供叙案仍用漢文。

第三十三條　凡審判方法，由審判官相機爲之，不加限制。但不得非法凌辱。

第三十四條　審訊時每次錄供後，對訴訟人等照供朗訟詳問。如有差異，立予更正。

第三十五條　合議審判之評議，依法院編制法草案第十二章之規定行之。但評議員之意見各持一說時，可合本廳各庭長公同議決。

第三十六條　判訟之宣示，於決議後三日内行之。

民事則使承發吏謄寫副本，遞送於訴訟人，刑事則提傳被告於法庭宣示。

第三十七條　判詞宣示後不得更改。

第三十八條　判詞之定式，除記載審判廳之名稱，並標明年月日，由公判各官署押蓋印外，其餘條款如左：

刑事：一、犯罪者之姓名、籍貫、年齡、住居、職業；二、犯罪之事實；三、證明犯罪之緣由；四、援據法律某條；五、援據法律之理由。以上係有罪判決之款式。其無罪之判決，但須聲明放免之理由，不列定款。民事：一、訴訟人之姓名、籍貫、年齡、住所、職業；二、呈訴事實；三、證明理由之緣由；四、判斷之理由。

第三十九條　公判時遇有左列原因，可即時判決：

一、因原告人無故不到案，被告人申請結案，經審判官依法律定限催傳，而原告人仍不到案者；

二、因被告人無故不到案，原告人申請結案，經審判官查明原告之證據確鑿可信者。

第七節　判決之執行

第四十條　刑事之判決，徒罪於上訴期滿後執行，其流罪以上，遵照奏定章程，於核准後執行。

第四十一條　民事之判決毋庸覆核，於上訴期滿後，除被告遵斷完案外，得依左列方法行之：

一、查封欠債者之物産，勒限完案；二、管理查封之物産，以其利息抵償欠款；三、拍賣查封之物産，抵償欠款。

第四十二條　因理曲人家産淨絶，不能依前條方法執行者，得將理曲人收教養局作工一月以上、三年以下。如工作中查出有隱匿家産據實者，仍照前條辦理，得將理曲人釋放。

第四十三條　對於軍人應照第四十一條辦理時，審判廳得知照其所屬長官執行之。

第八節　協助

第四十四條　審判廳或檢察廳遇有須他審判廳或檢察廳代爲辦理之事件時，請求協助其事項列左：

一、罪人之捕拏及審判；二、證人之訊問及證據之搜查；三、罪人之拘留及護送。

第四十五條　遇有交涉案件，及於外國管轄區域内逮捕及搜查，或照第四十一條辦理者，由本廳申部行文，外交官知照外國公署辦理。

《大清法規大全・訴訟法・刑事民事訴訟法》　第三節　證人、鑑定人

第六十八條　不論何人，凡於審判廳受理之民刑案件有關係或知其情形者，除後條規定之制限外，皆有爲證人之義務。

第六十九條　凡證人，除原、被兩造所舉外，審判官亦得指定之。

第七十條　審判官須訊問證人時，得發傳票傳訊。但證人有特別身分者，應就其所在地訊問之。

第七十一條　證人不遵傳票限期到庭，有因疾病自行聲明者，審判官得就其住所訊問。若無疾病又不聲明者，處以三十圓以下之罰金，仍發傳票勒令到庭作證。

第七十二條　凡證人爲僞證者，於新刑律未頒行以前，照證佐不實例辦理。

第七十三條　證人之日用旅費，舉證者供給之，但得歸入訴訟費用結算。

第七十四條　凡訴訟上有必須鑑定始能得其事實之眞相者，得用鑑定人。

第七十五條　鑑定人由審判官選用。不論本國人或外國人，凡有一定之學識、經驗及技能者，均得爲之。但民事得由兩造指名，呈請選用。

第七十六條　鑑定人於鑑定後須作確實鑑定書，並負其責任。

第七十七條　凡有左列之原因者，不得爲證人或鑑定人：

一、與原告或被告爲親屬者；二、未成丁者；三、有心疾或瘋癲者；四、曾受刑者。

第四節　管收

第七十八條　凡刑事犯徒以上之罪，未經判決及被告逃匿被獲者，皆於審判廳之看守所管收之。

第七十九條　凡民事被告不能保釋者，亦得管收。

第八十條　受罰金之判決，未能遵限呈繳者，可暫行管收。

第五節　保釋

第八十一條　凡民事被告及刑事輕微案件之被告，均准取保候審。

第八十二條　凡取保，或責付其家屬，或取具切實鋪保，或由官吏及殷實土著之人保其聽候傳審，皆可無庸管收。

第八十三條　凡不能依前條規定取保，而呈繳相當之保證金者，亦得釋放。其保證金於本案完結後發還之。

第六節　訟費

第八十四條　凡因訴訟所生之費用，責令輸服者繳納。其因訴訟人一面所生之費用，或訴訟人一面聲明障礙，致他人生留滯之費用者，均各責令本人補償。

第八十五條　凡訴訟費用，除本章程有別條之規定外，皆照前條辦理。

第八十六條　凡訴訟費用隨時徵收者外，其餘於本案完結宣示判詞後，綜覈其數，限期徵收之。但實係無力呈繳者，准其呈請審判廳酌量減免。

第八十七條　凡民事因財產而訴訟者，從起訴時訴訟物之價值，按左列之等差徵收訴訟費用：

一、十兩以下三錢；　二、二十兩以下六錢；　三、五十兩以下一兩五錢；　四、七十五兩以下二兩二錢；　五、百兩以下三兩；　六、二百五十兩以下六兩五錢；　七、五百兩以下十兩；　八、七百五十兩以下十三兩；　九、千兩以下十五兩；　十、二千五百兩以下二十兩；　十一、五千兩以下二十五兩；　十二、五千兩以上每千兩加二兩。其價值係以銀圓計者，準上率依比例法推算。

第八十八條　凡民事非因財產而起訴者，照百兩以下之數目徵收訴訟費用。

第八十九條　拍賣時按左列之差等，於拍賣所得金額內徵收訴訟費用

一、二十兩以下三錢；　二、五十兩以下五錢；　三、百兩以下八錢；　四、二百五十兩以下一兩五錢；　五、五百兩以下二兩；　六、千兩以下三兩；　七、千兩以上，每千兩加一兩。其價值係以銀圓計者，準上率依比例法推算。

第九十條　錄事鈔錄案卷，每百字連紙徵收銀五分，作爲錄事辦公費。

第九十一條　承發吏遞送文書及傳票，每件徵收銀一錢，作爲承發吏辦公費。

第九十二條　承發吏遞送文書及傳票於十里以外者，每五里加徵銀五分。路遠不能一日往返者，每日加徵食宿費銀三錢。火車、輪船已通或未通之處，其川資由審判廳酌核實數，標明該文書之表面，向收受文書及奉傳票者徵收之。如有多索，准人告發。

第九十三條　證人到庭費，每次銀五錢。鑑定人到庭費，每次銀五錢以上、五兩以下，由審判官酌定。

第九十四條　前條人等，住所在十里以外者，每五里加川資銀一錢。火車、輪船已通或未通之處，其川資照實數核算。

第九十五條　前條人等，每日旅費銀五錢，但可視其身分酌量加增。

第九十六條　以上各項訴訟費用須列表懸示，俾衆週知。

第一章　總綱

第一節　刑事民事之別

第一條　凡公堂審判之案，分爲二項：

一、刑事案件；

二、民事案件。

第二條　凡叛逆謀殺、故殺、僞造貨幣、印信、强劫並他項，應遵刑律裁判之案，爲刑事案件。

第三條　凡因錢債、房屋、地畝契約及索取賠償等事涉訟，爲民事案件。

第二節　訴訟時限

第四條　凡刑事案件，控訴之期限如左，逾期不得復控：

一、違警罪六月；

二、輕罪三年，徒罪及監禁三年以下者

三、重罪十年。軍流以上者

第五條　凡控訴時限，自犯罪之日起算，但有續犯者，則自續犯最後之日起算。

第六條　凡時限因辦理起訴或審訊所過時日中斷作廢，則自起訴或審訊停止之日起算。

第七條　凡本法稱時者，即時起算，稱日者二十四小時，每一小時即一點鐘稱月者三十日，稱年者三百六十日。

第三節　公堂

第八條　凡稱公堂者，係指有權審判詞訟之各衙門而言。稱承審官者，係指公堂內有權審判詞訟之官員而言。若臨時簡派查辦之大臣及提審之委員亦是。

第九條　凡公堂審訊案件，堂上設立座位，區分處所位置左列各人：

一、承審官及會審官之座；

二、陪審員之座；

三、書記之座；

四、原告及被告所立之處；

五、證人供證時所立之處；

六、律師之位；

七、案外人觀審所立之處。

第十條　凡承審官有左列情形者，應向高等公堂聲明原由，陳請回避。

一、承審官有被損害者；

二、承審官與原告或被告有戚誼者；

三、承審官於該案曾爲證人或代理人者；

四、承審官於該案，無論現在或將來有關涉利益或損害者。

第十一條　凡陳請回避之案，由高等公堂另委有審判權之官員審理。

第十二條　凡公堂之書記官及書記，專司繕寫事宜，俱考選士人補授。不得以從前書吏承充。

第十三條　凡開堂審訊，應准案外之人觀審，不得秘密舉行。但有關風化及有特例者，不在此限。

第十四條　凡案外觀審及案内候審之人，務宜肅静，不得在堂喧嘩笑語，致擾審訊。如有不遵或有他項無禮情事者，即行驅出，若情節較重，仍以藐視公堂論，科以罰金。

第十五條　凡審訊原告或被告及訴訟關係人，均准其站立陳述，不得逼令跪供。

第四節　各類懲罰

第十六條　凡舊例緣坐、刺字、笞、杖等刑，業經欽奉諭旨永遠廢止，應一體遵行。

第十七條　凡審訊一切案件，概不准用杖責、掌責及他項刑具，或語言威嚇交逼，令原告、被告及各證人偏袒供證，致令淆亂事實。

第十八條　凡承審官、巡捕官及各項官員，違背前二條之例者，即行降革治罪。

第十九條　凡官民人等，如抗違本法所載各條或於本法所載應爲之事，故意不爲，雖本條未載有懲罰明文，亦以違例論處，以一千圓以下之罰金或六月以下之監禁。

第二十條　凡有違背本法所載各條，致令他人受虧或受損害者，可將違背之人控告，索取賠償。

《大清法規大全・變通舊律例》　法部奏：　嗣後計贓科罪之案應照時價估值摺竊臣部據升任江蘇巡撫陳，咨稱按察司朱家寶，詳據署六合縣知縣趙興虞稟稱，律載侵欺、盜賊、詐僞等項，均係計贓科罪定章。制錢一千文，準銀一兩，銀洋一元，準銀六錢。近日銀元、銅元廣鑄流通，錢價日低，銀價日漲，通約市價，每銀一兩可易錢一千五百文，而本洋一元有時幾可易銀一兩，龍銀英洋每元合銀亦在七錢左右。是每洋一元，計贓本止估銀六錢，一易，而爲錢計贓之值在一兩以上。若以百數計之，則得銀者罪止徒一年半，得錢者罪且杖流矣。如得本洋懸殊尤鉅，經該升司以事關改章，且非一省之事，飭據蘇州府知府何剛德請以錢一千五百文準銀一兩，至銀元實質本係七錢有餘，向照六錢估算，今中國自製銀元，鑄定銀七錢二分，其餘外國各色銀元以及小角，雖兑價不無高下，而所差無多，自應一律以每元七錢照估，庶免歧異。抑舊章赤金每兩估銀十兩，係同治初年市價，今值三四十兩不等，較前昂至二倍有奇。金物質輕值鉅，竊取甚便，近年攫奪金飾之案時有所聞，擬請每金一兩估作銀三十兩，俾盜竊欺詐之流破案時不敢輕縱。又各屬傳牙估贓之案，往往將一應珠翠衣物以貴爲賤，有事主失贓盈千累萬，而贓冊估數無多者，定例牙行爲罪人估贓不實，以故出入人罪。論良以竊盜，贓至一百二十兩，本止流罪，增一兩則絞矣。有錄人枉法，贓至八十兩應絞，減一兩則流矣。應請飭嗣後估贓，務須按照市價不得意爲增減，如有受賄舞弊，查明究辦等情，所議因時制宜，尚爲平允。惟金飾金銀器具等類，似未便即以現兑分兩估值，其中應示區別。現當法律改良之際，應如何明定章程，以咨遵守，詳請咨部核復等因，前來查向來計贓定罪之案，以制錢一千合銀一兩，黄金一兩作白銀十兩科斷。原以彼時金銀價輕重適均，故定例如此，至銀洋如何折算並無明文，臣部前撫議復升任大學士前署兩廣總督張奏，私鑄銀錢摺内聲明，銀錢十兩可抵制錢十千等因，自係仍照實銀折錢辦法。原咨所稱每元準銀六錢之數，當係外省勘估情形大致，尚不甚懸遠，無如時候之變遷不一，市價之漲落靡常。昔之銀每兩易錢一千者，今則增至千五百有奇矣。昔之金每兩作銀十兩者，今則增至三四十兩不等矣。昔之洋元可作六錢計算者，今中國自製龍元明明鑄定七錢二分矣。以往時之值估現在之贓，將一應詐欺等案，得錢者，罪重，得銀與洋元者，罪輕，得金者，罪尤輕。不惟貴賤倒置，適便宵小豪奪巧攘之計。抑恐高下任意，愈開牙行朦混影射之資，利獨估於奸徒，害盡歸於事主，所關殊非淺鮮，兹據該撫轉據該升臬詳請酌定專章，自係爲豫防流弊起見。惟所稱以錢千五百文準銀一兩，銀元照估七錢，赤金每兩估銀三十兩等語，在銀元鑄定之物，無論中國龍銀及外國英洋本洋各項，通作七錢扣算，尚不至大相逕庭。但以銀易錢，以金易銀，並以洋元易錢。現今幣制尚未劃一，如遽定爲準數，將來設有跌落死罪者，不免受虧。倘或再有增加司讞者，必多窒礙。以昔日定值爲未足而始議增加，安知不以此日之增又須議減？且預設一定之制，究不足概無定之贓。況各省市情不同，施之此而適宜，或施之彼而見阻，此固應通盤籌算者也。查光緒五年四月間，臣部因京師銀錢估值懸殊，遇有竊案，竊銀者輕，竊錢者重，擬請以現時市價爲憑，飭令順天府將大宛兩縣所報市價按五日一次具文報部，嗣於三十年八月間，復經申明定章，先後奏準遵行。在案準市價以爲報告，即據報告以定罪名，勾核較爲周密，各直省事同一律。與其酌增新則仍有格礙之虞，何如推廣前章藉免偏頗之弊？臣等公同商酌，擬請嗣後京内外計贓科罪之案，無論金銀、洋元，概以市價爲憑，在京仍由順天府查照前奉將大宛兩縣所報市價按五日一次具文分報法部、大理院，在外由各州縣按照定限分報該管府道及督撫等衙門，以備查核。此等案犯事發時有日可稽者，以犯事之日爲斷。無日可稽者，以到官之日爲斷。倘如該州縣日久玩生，並不詳報，或報不以實，查出復部議處。似此明定科條，庶辦事有所憑依，而科罪亦不至畸輕畸重矣。如蒙俞允，臣部即電咨該撫，並知照順天府府尹暨通行各省督撫、將軍、都統一律遵辦。再牙行估贓不實，律有治罪專條，現既責令州縣詳報物價，自可互相比核，如仍有奸牙任意增減，及受賄舞弊情事，即行按律嚴懲，不稍寬貸。至金飾、金銀器具等類，本係玩物，成色較低，固未便經照現兑分兩估科，亦豈得虚懸一近似之值意爲減？擬應仍責成該牙行切實評估。或失主存有原製清單，亦可詳悉調查，似無難酌中核辦。原咨聲請量示區别之處，應毋庸議。謹奏，光緒三十三年十一月十七日奉旨依議，欽此。

《大清法規大全·農工商部通咨認真審訊錢債詞訟文》 據山東煙臺商務總會總理張應東等稟稱：大部提倡實業以求商業之發達，無非爲富強之基礎。爲地方官者，理宜注意商業，刻刻保全，方爲切密，乃有債務急於待理，而各州縣衙門屆時猶有循例之舉，懸牌特書：農忙停訊，錢債細故，概不准理。實足阻朝廷振興商業之進步，而生刁狡冀倖之私心，查職會自設立以來，統計光緒三十三年分理結錢債訟案八十起，三十四年分七十五起，其未經結者實止過半。蓋以商會有調處之責，無票傳勒追之理，謹厚者帶帳清查曲直，一言可判；其狡黠之輩，居心誆騙，多有屢傳不到，希圖事外逍遥，而債主計算欠款不滿千金不願請官追繳。誠以錢債訟案一入地方衙門，差役如得魚肉，不問債務能否追償，只要堂規縱地方官廉潔，而衙門上下非錢不行，商民視爲畏途，亦良有以。又有負欠鉅款逃回原籍，債主呈請帶帳前往候質，商會據情移會地方官，傳案質明追繳，官亦出票，而欠戶賄囑衙役瞞以遠出，地方官亦以錢債細故不加深問，遂使商人血本無處追償，甚至經會再三移催，管官無奈，即據去役地保等之稟，復以該欠戶業經遠出無從傳訊，一紙空文移復了事，其實欠戶在家賄差不到，或有案在此處，待質多人，非關提過，會無從核議，往往備文移提，十關九空，更有一味狡賴，商會無法調停，移請地方官訊斷，多以錢財細故，經久不決，債主血本久懸受累歇業者，比比皆是。是商業因此敗壞，市面由此蕭疏，殊非體恤商情維持市面之道，伏查破產已有專律，將來頒行，仍須仰藉地方官以受實效可否，仰祈鈞部咨請各省督撫通飭各府、州、縣，如商會核議有移請應行追結之案，務於文到之日傳齊兩造，從速質明訊斷，毋任去役受賄，票傳不到，倘有前項情事，應准移請，另派妥役嚴拘到案訊辦，仍將辦理情形移復過會彙報。如稽延不復，即由商會移請該管上司提案，秉公訊結，以重商本，而維市面等情，前來查訴訟法、民事與刑事並重。現在地方官辦理錢債案件，誠有如該總理等所稟，任意延宕，應請嚴飭各屬，力祛前弊，遇此等案件務須迅速訊理，以恤商艱，而維商政，是爲至要。相應據情咨行，查照辦理可也。

《**大清法規大全・刑律草案**》 第九章 自首減輕

第五十一條 凡犯罪於未發覺前於官自首，就受審判者，得減本刑一等。關於親告罪而於有告訴權者，首服就受官之審判者，亦同。

沿革

按漢律先自告，除其罪。見漢書衡山王傳。唐律犯罪未發而自首者，原其罪。其輕罪雖發，因首重罪者，免其重罪。即因所劾之事而別言餘罪者，亦如之。即遣人代首，若於法得相容隱者，爲首及相告言，各聽如罪人身自首法。其聞首告被追不赴者，不得原罪。即自首不實，及不盡者，以不實不盡之罪罪之。至死者，聽減一等。其知人欲告及亡叛而自首者，減罪二等。坐之即亡叛者，雖不自首，能還歸本所者，亦同。其於人損傷、於物不可備償，即事發逃亡，若越度及姦并私習天文者，並不在自首之限。宋刑統於私習天文下，增居喪、嫁、娶。明律及現行律與唐律同，而無聞首告不赴一層，復增入強盜詐欺自首之法。

理由

自首減刑，爲獎勵犯罪者悔過投誠而設，各國多數之例。惟認特別自首者著之於分則，有其規定於總則者，蓋緣於中國法系也。自首必須備具四要件：一、自己之犯罪；二、必於覺前，若於發覺後告言己罪，乃自白非自首；三、告知於官，惟例外告知被害者，亦準自首法；四、於官署就審判。四者不備，即不得准予自首也。

注意

得減云者，悉由審判官之鑑衡，並非必減之。謂至若謀殺、故殺、及侵損於人等項，自不能援以爲例。

第五十二條 凡一罪既發，別首白未發餘罪者，得減所首白餘罪之刑一等。

第五十三條 凡爲分則特定各罪之豫備行爲或陰謀者，於未實行之前於官自首者，得免除其刑，但沒收不在此限。

理由

犯罪之程度始陰謀，次豫備，次行事，次已遂，至是，犯罪始爲完成。惟陰謀及豫備之爲罪，分則中僅限於事之重大危險者，其例較未遂犯爲尤。尠然此類人犯，亟宜解其脅從，破其詭謀，故採特別自首之法，准予免刑，以寬典而消弭鉅患，此亦刑事政策必應之處分也。至沒收之刑，性質迥異，自不在援減之限。

《**大清法規大全・刑律草案**》 第十章 酌量減輕

酌量減輕，不同所犯何罪，審判官可原諒其情狀，以其職權減輕其刑，於學說名審判上之減輕。

第五十四條 凡審案犯人之心術及犯罪之事實，其情輕者，得減本刑一等或二等。

理由

爲裁抑犯罪，制定分則以下各條，然同一犯罪，情節互異，若株守一致，則法律之範圍過狹，反致有傷苛刻，故予裁判官以特權，臨時酌量犯人之心術與犯罪之事實，減一等或二等也。

注意

審按犯人之心術者，例如於屋外犯五圓以下之竊盜罪，實因迫於貧困，情可矜憫之類，是審按犯罪之事實者，例如竊取物品，僅一枝花，情甚輕微之類，是二者之情事，雖不同其應減輕則一也。

第五十五條 凡於法律雖有加重或減輕之時，仍從前條之規定，得減輕其刑。

注意

法律上之加重，如再犯及俱發之類。法律上之減輕，如未遂、從犯、及宥恕自首之類。雖各項情形競合，苟有減輕之情形，仍宜準前條辦理。

《**大清法規大全・訴訟法**》 第五節 審訊

第五十條 凡公堂審案，承審官應照左列各條辦理。審訊民事案件亦同。

一、令原告親身到堂。

二、令被告親身到堂。

三、兩造證人隔別訊問。

四、於審訊原告及兩造證人之先申明警戒令其不得虛僞。

第五十一條 無論刑事、民事案件，原告及兩造證人須矢誓後，方可供證。不允矢誓者，清心據實供述。亦可。如查有砌詞、誣告或供詞故意虛僞等情，即處以一千圓以下之罰金。民事案内之被告亦同。

第五十二條　凡審訊必先訊問原告，令其將所控之事並確知確見之實情，詳細供述。訊畢，聽其任便歸家。

第五十三條　原告供詞應由公堂飭書，記照供記錄，向原告朗誦一遍或令自閱，然後簽押。

第五十四條　承審官應准被告或所延律師得向原告當堂對詰。

第五十五條　原告供述後，承審官即據所控情節向被告詰問。

第五十六條　如被告承認被控之罪，承審官無須訊取他人供詞，即照犯罪情節依律定擬。

第五十七條　如被告堅不承認被控之罪，承審官即分别令原告各證人供證實情，飭書記照供記錄，向各證人朗誦一遍，或令自閱然後簽押。

第五十八條　被告或所延律師均准向原告各證人對詰。

第五十九條　被告或所延律師對詰原告各證人後，原告或所延律師亦可覆問原告各證人。

第六十條　原告並各證人均已供證後，承審官即令被告申辯。

第六十一條　被告申辯供詞亦飭書記照供記錄，向被告朗誦一遍或令自閱然後簽押。

第六十二條　被告申辯後，如被告亦有證人，則准該證人代爲供證。

第六十三條　被告各證人之供詞，飭書記照供記錄，向各該證人朗誦一遍或令自閱然後簽押。

第六十四條　原告或所延律師亦准向被告各證人對詰。對詰之後，被告或所延律師亦可覆問被告各證人。一如第五十八五十九條所載辦理。

第六十五條　凡失而復得之物或相爭之物或可爲原告或被告作據之物均須當堂核驗。

第六十六條　如證據未齊，原告或被告尚願再呈他項證據，公堂可將該案展期審訊，使該造得以齊集證據。

第六十七條　如查出原告或被告所請展限係因躭延時日起見，應即駁斥。

第六十八條　原告、被告及兩造證人均各供證後。准被告或所延律師向承審官伸論曲直。原告或所延律師亦可當堂覆辯。

第六十九條　凡遇重大事件，於原告及各證人供證後：被告及各證人未供之前，應准被告或所延律師當堂評論原告所控之是非，並將如何覆辯之處，先行略述。

第七十條　原告、被告及兩造律師對承審官伸論後，承審官即將兩造證據、供詞細心研究、秉公判斷。

第七十一條　如原告及被告於未延聘律師亦不諳訴訟條例者，則凡審訊兩造及各證人等事均歸承審官辦理。該承審官必須秉公審訊。

第七十二條　凡審訊終結即定裁判之期。先期知會該案，原告、被告及各律師屆期到堂，聽候宣告判詞。

《大清法規大全·訴訟法》　第四章　刑事民事通用規則

第一節　律師

第一百九十九條　凡律師俱准在各公堂爲人辯案。

第二百條　凡律師欲爲人辯案，須在法律學堂考取入格給有堪爲律師文憑，該律師親自持往該省之高等公堂呈請核驗，並自行立誓，概無假冒情節，且須有與該律師相識之殷實人二名，立誓具保，該律師品行端正，人憑相符，方准該律師在高等公堂，或各屬公堂辯案。

第二百一條　如該公堂驗明文憑，並不合格，或並無殷實人具保，或聲名平常者，可批斥不準。

第二百二條　如該公堂允准之後，該律師應照左列各項矢誓：

一、不在公堂作僞，或許人作僞；

二、不故意唆訟，或助人誣控；

三、不因私利、私怨傾陷他人；

四、盡分内之責，務代受托之人辯護，然仍應恪守法律。

第二百三條　以上各項，既經遵辦，然後該高等公堂將該律師姓名註入冊内通知該省各公堂准其在各處辦案如該律師往他省公堂辦案應再呈憑照依以上各條如在初到之省一律辦理。

第二百四條　律師在公堂應盡之責務如左：

如爲原告律師，

一、代原告繕具控詞，及各項須呈之件，以備呈上公堂；

二、須同原告上堂辦理所控事件；

三、於審案時將原告所控之事代爲上陳，然後當堂質問原告及其證人，如被告對詰該原告及其證人，則該律師隨後亦可覆問；凡人到堂作證，惶悚之下，多茫然不能措辭應言，不言不應言，則言徒費時刻無益案情，該造律師宜導之使言實情，此之謂質問。凡人到堂供證，類皆存袒於各該造之心，致言過其實，人之常情也是以被告律師須詳細研求如有虛張情節，必使水落石出，以免被告爲具供詞所害，此之謂對詰。被告律師對詰時，如該證人答詞與質問時所供前後稍有不符，則原告律師可再問該證人，爲其解說，此之謂覆問。

四、被告或其律師向堂上伸辯後，原告律師可將被告，或其律師所伸辯之理由，詳細向堂上解釋辯駁。

如爲被告律師，

一、代被告繕具訴詞，詳細訴辯所控事件，並檢齊有益於被告各證據，以備呈上公堂；

二、同被告上堂辯護其案，及留心料理，務使公堂審訊該案，悉合證據，依律裁判；

三、代被告對詰原告及其證人；

四、原告及其證人供詞已畢，該律師須將被告辯詞，陳其大略，然後喚被告之證人上堂供證；

五、供證畢然後，該律師將被告辯詞盡情援據例案伸論，毋使屈抑。

第二百五條　凡通商口岸公堂中外交涉之案，有外國官陪審者，亦可准外國律師上堂爲人辯案，惟須驗有律師文憑，且查明該律師經本國駐該地方之領事官已准，該律師在該領事公堂辯案者，方准上堂辯案。

第二百六條　如律師有故意不敬，或語言輕侮等情，公堂可將該律師罰以三月以下之期限，禁止上堂辯案，如有唆訟誣告欺騙，或他項重大不職情事，該省高等公堂可立予黜革，並可按所犯科以應得之罪，並永遠不准充當律師。

第二百七條　外國律師有犯上條情節，照會該國陪審員，或領事官，禁止上堂辯案，如有應科罪者，由該國領事自行辦理。

第二節　陪審員

第二百八條　凡陪審員有助公堂秉公行法，於刑事使無屈抑，於民事使審判公直之責任。

第二百九條　凡公堂之有權裁判關於監禁六月以上，或罰金五百圓以上，或徒、流以上等罪之刑事案件，及數值三百圓以上之民事案件，於未審以前，經原告或被告呈請陪審者，應用陪審員陪審。

第二百十條　公堂設立陪審員清冊，於每年正月更定一次，由公堂承審官會同本地警察官一人或數人，選舉該公堂境內所有堪爲陪審員之資格者，將其姓名、住址、事業，詳細載登冊內。

第二百十一條　該冊宜抄錄一分榜示署前，俾衆周知，如冊內有應添應除之處，報知公堂書記官照改。

第二百十二條　公堂應派員一人，專司人民請添除己名之事，該員於此事須有全權，如有適理之請，可以獨斷添除。

第二百十三條　堪爲及應爲陪審員之男人，如左：

一、年在二十一歲以上，六十五歲以下之人；

二、休退之文武大小官員、商人或公司行商之經理人、士人、教習學堂卒業人、地主及房主。

第二百十四條　不應爲陪審員之人如左：

一、在該處或他處任官吏差使受薪俸之人；

二、公堂人員；

三、在該公堂境內辯案之律師；

四、在該公堂境內營業之醫士或藥商；

五、聾瞽及有廢疾者；

六、曾因犯罪處監禁以上之刑，或聲名惡劣者。

第二百十五條　陪審員名冊既定後，所有冊內人名須另簽分寫置存匣內，遇有應用陪審員案件之時，該公堂派員督同堂弁掣取四十名，民事一千圓以下案件，掣取三十名，於審訊該案之前二日用知單載明開審日期，知會各陪審員屆時到堂陪審。

第二百十六條　知會各陪審員之知單，飭令堂弁分別面交，如不能面交者，則留其家屬轉交。

第二百十七條　陪審員接奉知單屆時不到堂，或到堂未經公堂允准擅自退出者，經公堂查明，並無合理事故，可判令罰金一百圓以下。

第二百十八條　開審之日，將傳到陪審員之名，令書記官掣出十二名，民事一千圓以下案件，掣出六名，即爲陪審該案人員，惟該員等必須經兩造均無異辭，方能陪審。

第二百十九條　凡原告或被告不願其人爲陪審員者，必須因左列各事：

一、以其人年歲過老，或過少，或不符定章；

二、以其人係與原告或被告有親屬相關；

三、以其人先存成見，與人評論該案時，言其欲該案如何結果。

第二百二十條　如有因上條請更換陪審員者，即將該員除出，另掣他人以補其遺，總以兩造均無異辭爲定。

第二百二十一條　陪審員中有自行請免充陪審員者，經公堂細查確有合理事故，即可准其所請。

第二百二十二條　如所知會之陪審員中，因有未到堂，或到堂不合格者，以致不能滿十二員，或六員之定額，則公堂可循原告，或被告之請，在堂上觀審人中，擇合格者充數，即有一造不願亦不能中止。

第二百二十三條　陪審員既定於未審訊之前，各陪審員須當堂矢誓表明，一秉公正，並無偏倚畏累，及徇私等情。

第二百二十四條　誓畢各陪審員，均就座於承審官之旁，靜聽審訊，如供證有不明之處，該員等可隨時請承審官代問證人。

第二百二十五條　兩造證詞，及律師訴辯均已聽畢，承審官即向陪審員將該案所有證據，再誦一週，並加評論，如有律例問題，務須逐一詳解，使陪審員所議決詞與例相符。

第二百二十六條　各陪審員然後退堂，同至靜室密議，將全案各情細衡輕重，秉公決定，如確信被告委係有犯所控之罪，則須覆曰：　有罪。　如原告證據不足，或被告所犯情節間有疑義，則須覆曰：　無罪。

第二百二十七條　各陪審員密議妥後，復回公堂，維時承審官，原告、被告及各律師俱應在場，書記官即向各陪審員詢問所議之決詞意見，並被告之是否有罪，由該陪審員之代表人，當衆將決詞覆答。

第二百二十八條　如陪審員決詞曰：　有罪。　承審官即將被告按律定擬。若決詞曰：　無罪。　則立刻將被告釋放。

第二百二十九條　如被告爲人所控不止一端，陪審員可定其孰爲有罪，孰爲無罪，承審官即據所決有罪之端，以定罪名。

第二百三十條　無論刑事、民事各陪審員決詞，從多數而定，但遇有重案，關於死罪者，必須衆議僉同，方能決定。

第二百三十一條　如陪審員退堂議久不決，或意見各執者，承審官可將該陪審員全行辭去，依法另選陪審員復行審訊。

第二百三十二條　陪審員自到堂迄決詞未定之先，除公堂特許外，不準他人與該陪審員語言，或傳通信息，或遞交物件，如有陪審員因飯食或他故欲請自便，則令公堂人員隨往監察。

第二百三十三條　如所審之案一日不能完結，次期再訊，可令陪審員就署內，或附近房屋居住，務令暢適，惟仍須派員監視刻晷不離，並令該員當堂清心矢誓，不准一切人等與該陪審員有通問及傳遞消息等事，該員亦不得與之談論該案。

第二百三十四條　民事案件決詞分爲尋常，及特別兩種，例如該案係爲爭債一千圓，陪審員查得被告確欠原告全數，則決曰：　全數。　與原告如查得被告所欠非全數，則決曰：　若干數。　與原告如查得被告毫不負欠，則決曰：　被告理直。　此爲尋常決詞。又如原告控被告違背合同，情節繁瑣，一詞難盡，則陪審員須詳達承審官之問，謂查得某事係實，某事不實，此爲特別決詞。　承審官均按照陪審員之決詞，依律定案。

第三節　證人

第二百三十五條　凡刑事、民事各案之原告，或被告均可帶同證人到公堂供證，並可呈請公堂知會某人到堂作證，公堂亦可酌量該案情形知會某人到堂作證。

第二百三十六條　凡知會證人之知單，須載明姓名、住址、事業，及所限時日，但不得用票拘傳。

第二百三十七條　證人奉到知單之後，即須依限到堂，如有疾病，或不得已之事，故不能到堂者，必須豫向公堂聲明，以便展期。

第二百三十八條　若證人臨期不到，又不聲明不到之原委者，該公堂即處以二十圓以下之罰金，改用傳票往傳，若再不到者，照前加倍罰金，並准用拘票拘提。

第二百三十九條　凡證人到堂供證後，聽其任便歸家，若該案未結，其人不願復來公堂，或係案內緊要證人者，可令具結取保，保其於所定時限必到公堂，但不得拘留。

第二百四十條　承審官因使證人供證實情者，帶領證人致犯事及其餘地方查勘。

第二百四十一條　凡左列各色人等，不得許爲證人：

一、不能辨別是非之未成年者；

二、有心疾者；

三、有瘋疾者。

第二百四十二條　凡職官命婦均可由公堂知會到堂供證，但公堂須另置座位，以禮相待，若係三品以上大員爲證人者，即由公堂遣員就詢。

第二百四十三條　凡證人供證須以目覩，或自知之實情，不得以傳聞無稽之詞，妄行陳述。

《大清法規大全・訴訟》　第四節　上控

第二百四十四條　無論刑事、民事案件經公堂裁判後，原告或被告如因審訊不公，或裁判不合供證，或裁判違律，心不甘服者，准其赴合宜高等公堂聲明原由申請覆審。但須先向原審公堂呈明。

第二百四十五條　凡上控期以裁判後一月爲限，逾限不准。若因天災或意外事變不在此限，但須於呈內詳晰聲明。

第二百四十六條　凡上控之案，原審公堂應將案內一切文件、憑證，及判詞一併送呈高等公堂，並令原告或被告及各證人具結聽候覆審。如慮恐其人不到，可令取保，保其屆期必到公堂，但不得拘留。

第二百四十七條　兩造鈔錄原審一切供詞，並已呈堂之各文件，及覆審時應行預備之各事，原審公堂不得攔阻。

第二百四十八條　凡刑事案內之被告所犯除第四十七條所載各罪不准取保外，其餘各犯原審公堂應準其取保，但承保之數能保其必到公堂，聽候覆審，方可允准。

第二百四十九條　民事案件上控之人無論原告或被告，公堂須令具結取保，承保之數，須足敷公堂已斷之數，並訟費及上控各費。

第二百五十條　高等公堂復審後平反，或更改原判者，原審公堂之承審官，除查有貪賄曲庇，或溺職等弊確據，照例懲治外，餘俱不得申飭議處。

《大清法規大全・訴訟法》　第六節　裁判

第七十三條　凡裁判一案，審案官應先將左列各項細心研究：

一　兩造各證人之名譽若何所供是否可信。

二　兩造所呈之證據。

三　每造前後各供有無自相牴牾之處。

四　權衡兩造供詞之重輕。

五　權衡兩造情節之虛實。

六　所呈證據是否足定被告之罪。

七　證據已足是否爲法律所准。

第七十四條　承審官確查所得證據已足證明被告所犯之罪，然後將被告按律定擬。

第七十五條　被告如無自認供詞而衆證明白確鑿無疑，即將被告按律定擬。

第七十六條　凡裁判均須遵照定律。若律無正條，不論何項行爲，不得判爲有罪。此條係指新定刑律。若新律未頒行，以前仍照舊律判理。

第七十七條　凡裁判既定應將判詞對原告、被告及兩造律師當堂宣告並將本案憑證及一切文件詳細登錄檔冊，以備存查。

《大清法規大全・訴訟法》

第十一節　各票及訟費附訟費表

第一百九十二條　凡有權審判民事案件各公堂，應於署內設立一所專司接收呈詞並文件及發示諭、傳票、拘票、查封票、知照證人、陪審員之知單各項事宜。

第一百九十三條　以上各項單票，均由原告、被告或各律師請發。

第一百九十四條　每發單票一張，按照後列之訟費表，向請發單票人徵收，各費由公堂派員專司其事。

第一百九十五條　訟費表須懸於公堂牆壁，或門外，務使衆人易見。

第一百九十六條　除表內載明各費外，概不准另索他費，亦不准額外浮收，違則從嚴懲處。

第一百九十七條　凡公堂所收各費，均須詳細註冊按季呈報本省督撫，及藩臬，行知戶、刑二部，以備存查。

第一百九十八條　凡公堂裁判案件訟勝者，應交訟費可判令訟負者代繳，然體察案情，有時亦可判令兩造分繳，至數之多寡，由公堂秉公核奪。

附民事案件訟費表：

公堂簽發蓋印傳被告到堂之傳票：

訟件之值在一百圓以下者，每票費銀一圓，另派票差費銀　五錢；

訟件之值逾一百圓至五百圓者，每票費銀二圓，另派票差費銀　七錢五分；

訟件之值逾五百圓至一千圓者，每票費銀三圓，另派票差費銀，一圓；

訟件之值逾一千圓者；　每票費銀四圓，另派票差費銀，一圓。

發知會證人到堂之知單：

訟欵之值在一百圓以下者，每單費銀五錢，另派單差費銀，二錢五分；

訟件之值逾一百圓至一千圓者，每單費銀一圓，另派單差費銀，五錢；

訟件之值逾一千圓者，每單費銀一圓五錢，另派單差費銀，五錢。

拘拏被告之拘票，或查封票，或查封在逃被告財產票：

債欵在一百圓以下者，每票費銀一圓五錢，另差費銀，五錢；

債欵逾一百圓至五百圓者，每票費銀一圓，另差費銀，七錢五分；

債欵逾五百圓至一千圓者，每票費銀三圓，另差費銀，一圓；

債欵逾一千圓者，每票費銀五圓，另差費銀，一圓。

兩造爭訟請公正人決斷券約存案：

每張費銀一圓；

公正人決詞存案，每張費銀五圓。

到公堂查閱案卷者：

每次費銀五錢，抄錄案卷，每百字費銀一錢，知照陪審人員，每次費銀八圓，另差費銀，二圓。

陪審員到堂陪審，每員一日，或不足一日所得酬勞費：

訟件逾三百圓至一千圓者，銀五錢；　逾一千圓者，銀一圓。

凡人請公堂用印於文件。爲表內所未載明者，每張費銀一圓。

公堂頒發表內未載之票，每張費銀二圓；　另差費銀，一圓。

各省高等公堂允准律師接辦案件注冊費。　銀五十圓。

會審公堂允准外國律師接辦案件注冊費。　銀二十五圓。

一切差費，均由公堂專員收取，轉交該差弁，永不准自行接收。

《大清法規大全·訴訟法》　第四節　審訊

第一百十條　凡審訊，原告及被告除有合理事故外，均須在堂聽審。

第一百十一條　凡審訊原告、被告及各證人，均不得拘留。

第一百十二條　證人之在堂聽審者，承審官有令其暫在堂外候審之權。

第一百十三條　凡所訟之欵，或該案之值其數未逾五百圓者，承審官先訊原告，次訊被告，被告承認時，即可判原告理直。

第一百十四條　若被告於原告所控索之件，或概不承認，或僅認其半，公堂應續訊原告之證人，再訊被告及其證人，其質問對詰，及覆問皆照審訊刑事案件之法辦理。

第一百十五條　公堂訊問證人，及檢查憑證之後，應即決定判詞，若案情轇轕，尚須細察，憑證詳核例案者，則判詞可暫緩決定。

第一百十六條　凡所訟之欵，或該案之值數逾五百圓者，被告呈遞覆詞之後，則辦法如左：

一、審訊時先由原告，或所延律師，將原告控詞及被告覆詞朗誦一遍，然後伸訴爭訟之原委，並略述證據；

二、次則原告登位供證，由被告或所延律師對詰，仍由原告律師覆問；

三、原告各證人均可受對詰，及覆問，一如原告。

四、原告及證人供證之後，承審官訊問被告是否帶有證人，如無證人，則原告或所延律師將前所供證據，總其大旨而伸論之；

五、如被告或所延律師帶有證人者，則原告或所延律師應俟該證人等供證之後，然後伸論；

六、被告或所延律師，即可訴辯及喚證人代爲供證；

七、被告及證人供證之後，又已受對詰，及覆問，則被告或所延律師，可將本造所供證據總其大旨，向公堂訴辯；

八、然後原告或所延律師再行辯駁。

第一百十七條　公堂訊問證人，檢查憑證，並參核辯詞之後，應即決定判詞，若案情轇轕，尚須細察憑證，詳核例案者，則判詞可暫緩決定。

第一百十八條　凡決定判詞先期知會兩造，及各律師到堂聽決，臨時將判詞當堂朗讀，並將判詞及一切文件，登錄檔案，以備存查。

第一百十九條　當兩造及各證人質訊時，如有不明之處，公堂可以隨時盤詰索解。

第一百二十條　凡口述供證，及兩造互辯時，緊要之處，公堂均飭書記記錄。

第五節　拘提圖匿被告

第一百二十一條　凡兩造爭訟之件，除田地及不動產外，被告有意離公堂管轄境外，或將貨物全數或一分出售與人，或移出公堂管轄境外者，原告於初控告時，或於公堂未決定判詞之前，可申請公堂令被告具結取保，保其於判決時必到堂聽審，並遵守判詞。

第一百二十二條　如公堂察核情由，原告所控被告有意離公堂管轄境外，或將貨物全數，或一分出售與人，或移出公堂管轄境外等情，尚屬可信，將來如判被告理曲，難令遵守判詞者，公堂有權發拘票，拘提被告到堂訊問，聽其自辯。

第一百二十三條　若被告無辭自辯，則公堂可令其具結取保，保其必到堂聽審，並遵守判詞。

第一百二十四條　如被告並未具結取保，呈請將銀欵或財產作保者，公堂查明，如判被告理曲，該銀欵或財產足抵被控之數，並堂費，即可允其所請，將被告釋放。

第一百二十五條　若被告既不具結取保，又不呈銀物作保，應暫時拘留，俟判案後釋放，如審判理曲者，俟遵判結案後釋放。

第一百二十六條　被告既被拘提公堂，查得原告所請拘提被告之故，不甚適當，或其後公堂將該案注銷，或判原告理曲，或咎在原告，於該案不應興訟者，被告可申請公堂索取賠償，賠欵多寡，公堂務須持平，不得逾一千圓，若原告所訟之值在五百圓以下者，亦不得逾所訟之數，既經賠償之後，被告不得因此復控原告，要求賠償。

第一百二十七條　如兩造爭訟事件，係田地或不動產者，概不得請發拘票，拘提被告。

第六節　判案後查封產物

第一百二十八條　凡公堂判斷被告理曲，飭交原告欵項及堂費，被告不能如數繳納，經原告申請公堂，即可發封票，將被告產物查封備抵。

第一百二十九條　凡封票衹查封被告本人之產物，如產物係一家之公物，則查封本人名下應得之一分，他人之分不得株連。本人之分所值若干，一經呈繳立即揭封。

第一百三十條　凡左列各項不在查封備抵之列：

一、本人妻所有之物；

二、本人父母、兄弟、姊妹及各戚屬家人之物；

三、本人子孫所自得之物。

第一百三十一條　凡違例封查產物者，准本人控索賠償，係官員並予降革。

第一百三十二條　凡左列各項以違例論：

一　案審時，未經該物及或代表人在場聽審，無詞辯覆，即發封票者；

二　未奉有合格公堂之封票，即行查封者。

第一百三十三條　擅將被告妻孥、家人、戚屬人等拘留者，亦以違例論。

第一百三十四條　查封產物後，除被告外，如有他人索取該產物不能和解者，兩造可赴發票之公堂，呈請判決，該公堂詳細研訊，至應否揭封，衡情酌量辦理。

第一百三十五條　凡發票查封之產物，由查封之員或委員看管，如被告不能償還欠欵，則將該產物拍賣。

第一百三十六條　於未拍賣該產物之前十日，將該產物之大略，及拍賣之時日、地方，開具細單，懸貼於發封之處，並登載本地之新聞報紙。

第一百三十七條　拍賣後所得之欵，即用以清償原告欵項、開支、拍賣費、堂費其他應使之費，如有盈餘繳還被告，或代表人，並附錄詳細清單。

第七節　判案後監禁被告

第一百三十八條　凡公堂判斷被告理曲，被告不能遵判詞辦理者，一俟原告呈請公堂，即發拘票，將被告拘提監禁，票內宜聲明監禁日期。

第一百三十九條　監禁日期，按照左列以被告應繳之數定其長短，期滿釋放。

一、逾一百圓者，其期三月以下；

二、逾一百圓，在五百以下者，其期自三月至六月；

三、逾五百圓者，其期自六月至三年。

第一百四十條　被告監禁期內繳清欵項，或經原告呈請開釋者，公堂即將被告釋放。

第一百四十一條　被告在監禁期內，染患重病，經醫士診驗屬實，公堂應令移入醫院調理，病愈復行監禁，其入醫院之時日，可算入監禁期內。

第一百四十二條　凡民事案件監禁之人，或因債項應拘留者，各地方須另設一監，如於未建設以前，即在別所拘禁，不得與刑事案件人犯同獄羈禁。

第一百四十三條　凡民事案件監禁之人，不得勒令充當苦工，及他項工役。

第一百四十四條　凡因民事案件被拘留之人，可遞呈請求釋放，惟於呈內應詳細聲明所有產物，除本身及家人必需之衣服，及其工業所必需之器具外，將現有者，或尚未有而可望有者，或爲其獨有者，或與他人共有者，或他人代爲經理者，俱註明該產物現在何處，由本人畫押立誓，不得虛僞。

第一百四十五條　公堂將原呈鈔錄一分，送交原告，並酌予定限，俾該原告可將呈內所列之產物，查封出賣，並查明該被告所以不能清還之故，委非平時奢華逾恆，或隱匿不報，或私賣搬遷貨物，或有他項欺騙情事，均有證據者，公堂可將被告釋放，如原告於該限期內，或期外查有以上情節，公堂審其證據屬實，仍將該被告監禁，俟期滿再行釋放。

第一百四十六條　既經釋放後之被告，不得復因該案再行監禁，但產物仍由原告查封出賣，至償清該欵爲止。

第八節　查封在逃被告產物

第一百四十七條　凡因欠債逃匿他處，如有產物經他人管理，或寄存者原告，可在起債地方之公堂，將欠戶控告。

第一百四十八條　原告呈遞控詞，須照左列各欵聲敍，並自行立誓，不得虛僞。

一、該債係在公堂管轄境內而起；

二、被告委已逃出公堂管轄境外，或潛匿蹤跡，冀圖免審；

三、在公堂境內被告所餘田地，係獨有，或與他人所共有，或有銀錢、產物由他人代爲管理，或某人係被告之欠戶。

第一百四十九條　公堂接閱控詞，即可發票將被告所有在境內之產物，概行查封，持票施行之員，限於十五日內申覆。

第一百五十條　公堂未發票之先，須令原告取保，其數較索欵加賠，若於兩年內被告能將該查封票注銷，或能證明實情，公堂將該案平反，或更改判斷者，該保應保原告遵照公堂所判應交之賠欵，及堂費如數繳足。

第一百五十一條　凡管理被告銀錢產物，及寄存之人，或被告欠戶，敢於發票查封後，私自挪移於公堂境外，或出售，或付還被告者，公堂可判令其人將私自挪移、出售及付還之數，償還原告，仍以藐視公堂，論科以罰金。

第一百五十二條　凡公堂查封在逃被告產物，應張貼告示，並登載本地新聞報紙，俾衆周知。

第一百五十三條　凡被告逃出境外公堂，查知其縱跡，應發諭單通知其產物被封之事。

第一百五十四條　產物既經查封，原告可呈遞該案詳細控詞，請公堂定期審訊，一如通常民事案件辦理，惟所定之期，須在持票查封人員申覆之後。

第一百五十五條　公堂審訊該案時，應查核原告所控事件是否符本法所載查封在逃被告產物各條，並原告是否理直，然後判斷。

第一百五十六條　承審官可憑己見，或准原告及他人之請，傳被告代理財產及知情之人到堂審問，被告所遺產物，並可令將所有證據，呈堂核驗。

第一百五十七條　審訊時，原告得直公堂，即將所封之產物，按本法所載查封抵賣各條辦理，以清償欠項爲止。

第一百五十八條　如原告未能得直公堂，應將原告已請發出查封產物之票，立行注銷。

第一百五十九條　凡產物查封之後，未賣之前，被告能具保到堂聽審者，可呈請公堂將產物揭封，暫緩變賣。

第一百六十條　判決後兩年之內，無論產物已未抵賣，被告亦可申請公堂收回判詞，提案覆訊，如公堂查明前訊該案之時，被告實未知悉，尙屬有詞可辯，自應准其所請，至定如何限制，由公堂秉公酌核辦理。

第一百六十一條　公堂覆審後，如收回前定判詞，或將查封票注銷者，本案眞實購買產物之人，一概不得株累。

第九節　減成償債及破產

第一百六十二條　凡欠戶不能將所負各債，如數償還，可定期邀請各債主會議面陳困苦實情，願將所有貨物、家具及產業交出變賣，按照各債數目平均減成償還了結。如有債主不能赴會者，將以上情形，具函通知。

第一百六十三條　如各債主允諾欠戶之請，人數過半且所索債數合計已占四分之三，無論是否臨會，即有議決之權，應書立允諾字據，未允諾之債主不得異議，該欠戶即具立券約，將所有貨物、家具及產業悉行交出，以便變賣備償。

第一百六十四條　所立券約由欠戶及允諾之各債主公同簽押，該欠戶立即呈遞公堂存案，並附呈清單，將貨物、家具、產業放出債項，及各債主之姓名、債數逐一開列。

第一百六十五條　各債主應公舉債主，或局外一人專司收取放出債項，及變賣貨物各項事宜，俟所得之欵彙齊，即按照各債數目代爲均平減成償還。

第一百六十六條　所立券約，一經債主簽押，及呈堂立案後，各債主俱應遵守。凡附單內開列所欠各債，即作了結。不得再向該欠戶索討。

第一百六十七條　凡欠戶無力清還各債，或因債被拏，及被監禁者，可向公堂呈請破產，自呈請之日起，本人及一切貨物、家具、產業即須聽候公堂命令。

第一百六十八條　該欠戶須於呈報後三日內，或於公堂所准展期內，將關於本人財產貨物之帳簿、契約、合同等件，一併呈交。

第一百六十九條　於前條之期限內，並將左列各節造具清冊，簽押、矢誓，一併附呈。

一、詳記本人姓名、事業、現時，並欠債時住址，及何期應還之債項，並債主姓名；

二、詳記本人現有之貨物、家具、產業，他時可望有之欵項，或何項利權經人代理，及何人係其欠戶，並將此等欠戶，及證明此等欠項人之姓名、住址，逐一註入；

三、詳記前十二個月之收支細帳；

四、詳記應留爲本人並家屬必需之衣服等物，及本人工作必需之器具，但統值不得過一百圓。

第一百七十條　公堂接到呈詞並附呈之淸冊，即可判定該欠戶爲破產人，或展期判斷亦可。

第一百七十一條　凡債主均可呈控公堂，請將欠戶判爲破產人，惟必須如左列之數方准呈控：

一、債主之索欵數在三百圓，或三百圓以上者；

二、兩債主之索欵，合計數在四百圓，或四百圓以上者；

三、債主三人以上之索欵合計數在五百圓，或五百圓以上者。

第一百七十二條　凡欠戶經公堂判爲破產人，公堂書記官應將該案判詞，及破產人姓名、事業、住址刊入本地新聞報紙，至少以十五日爲限。

第一百七十三條　凡欠戶經公堂判爲破產人，公堂應發護照，暫免因債拘提，如已監禁立即釋放，此項護照，至末次審訊時繳銷。

第一百七十四條　凡欠戶經公堂判爲破產人，應由公堂派員，或債主及商會公舉一人，代理該欠戶破產一切事務。

第一百七十五條　該代理人無論係公堂所派或各債主及商會公舉，經公堂認許後，應即經理破產之事。若事務紛繁，准其雇人幫理，其工薪及各項費用，均由所管項內提支。

第一百七十六條　代理人即傳知破產人，令將一切財產、貨物交出，如有不明之處，可向破產人隨時查問，並可令其幫同收取放出之債項。

第一百七十七條　代理人應在本地新聞報紙內，布告代理破產事由，請各債主將所索欠項證據交出，查明立案。

第一百七十八條　收淸放出債項，及變賣產物後，代理人彙齊各欵，照實欠各債數目，按成均平償還各該債主。

第一百七十九條　產物變賣後，或未變賣之先，破產人應親赴公堂聽候末次審訊，屆時代理人即將所查明該破產人一切事務，及倒債之故，並代理時所得欵項，及債項數目等情，當堂詳細申覆。

第一百八十條　如公堂查明破產人倒債之故，委係運蹇所致，並無浪費及他項弊竇，且破產所得之數足償各債十分之五，其餘債項公堂可判令豁免。

第一百八十一條　如公堂查明破產人有犯左列各項之一，除將財產、貨物變價備抵外，仍以有心倒騙論，將破產人處監禁二十日以上，三年以下，或罰金五十圓以上，一千圓以下，或監禁與罰金併科：

一、關於契約、帳簿、字據等類隱匿銷燬，或塗改僞造及虛揑者；

二、豫將財產、貨物寄頓他處，或詭託他人名下，或虛立債主戶名，或先向外戶折扣收帳，或串通他人出頭冒認者；

三、爲損害債主起見，於呈報破產前一月，將貨物賤售，或不惜重利圖借欵項，或濫出期票使用者；

四、平日用度奢侈逾恆，或買空賣空，冀圖僥倖，並無可望之欵，以致虧折者；

五、借債之時，並無的欵可望償還，或經營商業並無確實資本者；

六、既經判爲破產人，後故意延緩不將財產、貨物一切權利，及放出之債項在公堂，或代理人處悉數呈報，或不將財產、貨物除本人及家屬需用之衣服外，悉行交出者；

七、既經判爲破產人後，私自清還一二債主，致各債主所得未能彼此平均者。

第一百八十二條　如有人句串破產人，揑報假債。審實之後，與該破產人，處以同一之罰。

第一百八十三條　呈控之債主，所索欵項經公堂審明係屬虛揑，或係挾仇，或欺詐者，可判令該遞呈人賠償被告。

第一百八十四條　凡破產事宜，如本節有未賅載者，仍依商部破產律辦理。

清・嵇璜《清朝通典・刑六・雜議》　雍正元年十一月，九卿議覆尚書盧詢條奏捕盜官役設立賞格其窩主發黑龍江得旨此議尚未詳盡，從來盜案內盜首脫逃報稱病故者甚多。如何使盜首必不漏網，盜案不致羈遲之處，應再詳議。至於窩主有窩强者、有窩竊者、有知情者、有不知情者、有分贓者、有不分贓者，律內分別立決、監候、斬絞以至杖、笞開載甚明，今概行議遣黑龍江可乎？又議獲盜過半免其治罪，過半之外拿獲一名賞銀十兩等語，夫獲盜過半免其治罪足矣，過半之外拿獲一二名卽加賞賚，不過地方官酌量行之以示鼓舞，又何得預定數目，援爲定例乎？再詳議。尋議，承緝各官不獲盜首者，雖獲盜過半仍按限分別議處，如盜首果係病故，查有實據，方准免其處分，捕役拿獲盜首令州縣官從優賞賚，其不獲者將家口監禁勒比至窩盜之家知情存留，分別定以杖流。存留三人以上者充發三姓地方著爲例。

又　〔雍正〕二年六月，九卿議覆覺羅塞德疏言逃人例甚嚴而限期又迫，地方官懼罪隱匿反得潛藏，應如所奏嗣後逃人在該地方居住已過一年，地方官不行拏獲者，降一級留任。十家長里長隣居及窩主俱照不應重律責三十板完結。不及一年者，免議，倘過二年發覺仍照從前定例治罪，所居之家不知情者，免議，其逃人在逃所置有產業者，將一半入官。在逃之單丁男婦年過六十，或原有廢疾，卽未及六十而伊主願令爲僧道者，俱免照逃人例治罪。若逃後自改爲僧道及故將其身殘毁者，照逃人定例。又部議盜犯審實之後，陸續狡供。於某案，行劫者槪不准行，至其扳出夥盜，在別處已經審實定罪者，不必提審對質，但行文問取口供，查兩案輕重從重歸結，以杜藉案遷延脫逃等弊。

又　〔雍正二年〕七月，議定官員人等有一人而兩案犯罪者，前案罪輕先行題結，俟後案審明仍將前案所擬輕罪敘入，然後就本案所犯重罪按律定擬。如前案已擬重罪，後案罪輕於前，亦將前案所犯重罪聲明，仍歸前案定擬。如有數案犯罪將各案所擬應得之罪俱簡敘入本內具題請旨。八月，議官員挪移錢糧有多至數萬兩者，或以罪止擬流而任意挪用，或以罪無遞減而有意不完，嗣後挪移一萬兩以上至二萬兩發邊衛充軍，二萬兩以上者，照侵盜例擬斬，俱限一年全完免罪。二年完者，減二等。三年完者減一等。三年限滿不能全完，查未完之數照例治罪。三年二月議定官員虧空係挪移者，仍照雍正二年定例計銀數分別定罪。至二萬兩以上者照侵盜例擬斬。俱限一年追完免罪，二年完者減二等，三年完者減一等，至侵欺之員，請自雍正四年正月爲始，一千兩以下者，仍照監守自盜律擬斬，准徒五年。一千兩以上者，擬斬監候，秋後處決，遇赦不准援免。

又　〔雍正三年〕四月，刑部議覆雲貴督臣高其倬條奏，一黔省境接川楚，奸棍苗頑互相勾結，販賣人口一事，最爲地方之害。嗣後定例地方官於一年之內有能拏獲積匪頑苗者計人數分別議敘，倘不能查緝爲別處官弁拏獲者亦計人數降革，至窩藏護送及牽合之人亦分別嚴加懲治，其外省客民有買貧民子女者，令報用官印不許買至四五人，違者仍照興販例治罪。一黔省與楚滇粵接壤，多民苗互相讐殺搶劫之事，嗣後定例，夷人越界未曾爲非者，拏送本省。如係偷盜搶奪助人讐殺者，卽在拏獲之省審明發落。又黔省有拏自放黑之習，如被人劫殺力不能報復，將無干之家奪其人口牛馬投以冤單令代爲報復，如不能代其報復則勒索銀兩取贖，嗣後定例照依應得之罪加一等究擬。五年二月，兵部議覆雲貴督臣鄂爾泰疏言一苗民逞兇皆由兵器，嗣後苗民出入止許佩數寸小刀，所有一切軍器悉令繳出，如有私造者，卽行正法。一營汛兵丁不得踐踏禾苗生事擾害，如該汛交武官弁，不如鈐束照溺職例治罪。一兇苗劫殺，原非三五塘兵所能擒獲，應令防汛各員一面申報督撫提鎮，一面率兵擒拏，所獲賊犯文武官會同審結。

又〔雍正五年〕四月，部議律載犯罪事發逃走於本罪上加二等罪，止杖一百，流三千里。凡知他人事發而藏匿在家者，減罪人所犯一等，不知者勿論，立法過輕以致任意潛逃，朋比隱匿，請嗣後負罪潛逃之犯除笞杖等罪仍照律行外，其徒流斬絞等罪皆加等定擬。其藏匿之家，除不知情者，仍照律行外，知情者民人照本犯原罪治罪，若係職官革職，仍照本犯原罪，不准折贖。又奉諭緝盜之例，最難斟酌盡善。如立法過嚴恐人巧鬬脫卸，必有誣陷冤濫之事，立法稍寬又恐州縣官漫不經心，捕役玩法養奸，盜風愈熾，此緝盜設法之難也。至於失事之家往往張大其詞，或以少爲多，或以竊爲盜，此又報盜之弊也。但思若嚴報盜刁，誣者固知斂跡，恐謹良者必至不敢報盜矣。必斟酌得宜，使官吏皆盡緝盜之責而不敢任意輕重，事主得申被盜之苦而不敢借端生事。着大學士九卿科道酌議。尋議，如無知愚民以奸報盜情有可原者，照不應重律杖八十，如以人命鬬毆等事捏報爲盜，視其本罪輕重定擬。至有司押勒諱盜除革職外，仍嚴加治罪，該管督撫司道府廳分別降調。

又〔雍正五年〕五月，部議族人不法，倘事起一時，動合族公憤不及鳴官，處以家法至死者，卽報明該地方官審明死者所犯劣蹟，確有實據照，罪人應死而擅殺律，治以杖罪，若罪不至死，將爲首者照應得之罪減一等，免其擬抵。

又〔雍正五年〕九月，吏部議覆河南督臣田文鏡疏言嗣後紳衿苛虐佃戶者，鄉紳照違制例議處，衿監吏員革去職銜。得旨：立法貴得其平，倘有奸頑佃戶拖欠租課，欺慢田主，何並未議及？著再議。尋議，嗣後奸頑佃戶拖欠租課欺慢田主者，照不應重律擬杖，所欠之租勒追給主。

又〔雍正五年〕十月，諭：有律載止殺姦婦者照毆妻致死律擬絞。蓋恐姦情不實，將此杜借名殺妻之弊，若姦情事實而姦夫此時脫逃，拏獲到官承認亦照此例擬罪殊非允協。著九卿議奏尋議本夫於姦所獲奸，將妻殺死，姦夫走脫，後被拏獲到官，審實不諱者，將姦夫擬絞監候，本夫杖八十著爲例。六年八月部議凡遇決不待時之犯，部文到日，正印官因公出境，卽令同城之州同州判縣丞主簿等官會同本城之武職兵弁代行監決，其無佐貳官之地方吏目典史官職卑微不便令其監決，應令該知府派委府屬之同知通判經歷等官星速至該州縣會同本城之武職官弁代行監決，著爲定例。

又〔雍正五年〕十一月，部議奴婢自行偷竊家長財物者，請照竊盜律分別贓數定擬，不准減等，仍刺字。其奴婢起意勾引外人同竊者，照凡竊盜律分別贓數遞加一等治罪。贓數滿貫至百二十兩以上者，照例擬絞監候。三百兩以上者，照監守自盜，三百兩例擬斬，俱不准援赦，其被勾引之外人仍照竊盜例，分別定擬。又議奏州縣官考取代書給以圖記，原以杜訟師之弊，乃劣衿莠民藐法唆訟，陽假代書之圖記，實係訟師之捏詞，嗣後應令地方官嚴飭代書，務照本人情詞據實開寫，其有教唆增減者，照律治罪外，如有將訟師底稿囑其謄寫者，許令代書出首，按律治罪。如代書容隱不首濫用圖記一體治罪，劣衿挑唆詞訟應加倍治罪。又，律載證佐不言實情，故行誣證，致斷罪出入者，罪減本身二等。若並非實係證佐受賄徇私挺身硬證者，應與誣告人一體治罪，不准減等，受贓者計贓以枉法從重論。

又〔雍正〕七年八月，部議繼母將前母之子任意凌虐毆殺故殺者，不必坐以收贖之虛罪，卽將所生偏愛之子議令抵償，擬絞監候。如凌逼前母之子致自盡者，將繼母之子杖一百，流三千里。未生有子者，勒令歸母家，不得承受其夫之產業。

又〔雍正〕九年二月，給事中唐繼祖條奏捕役爲盜，較之常人尤爲可惡，請嗣後捕役爲盜雖非造意，爲首應照造意爲首律擬立決，本官不行覺察照例革職。如捕役爲盜事發而本官抑勒夥盜改供，或現充捕役而謊稱革役，該上司不能查出者，並從重處分。又，江湖巨盜往來地方，捕役知情交結，遇有緝捕走風漏信令其遠颺，雖非得財賣放與伊承緝之案，但審有交結漏信確情應照本犯治罪。部議從之。

又〔雍正九年二月〕又，議廣西武生韋尚英誣告伊弟韋養被打身死，經官蒸檢屬虛，將韋尚英依誣告人謀死人命致屍遭蒸檢爲首例，擬絞監候。再，查兄姊故殺弟妹律止杖流，是蒸檢已死親弟之屍，其罪反重於故殺親弟之條，自宜照倫序之尊卑並服制之遠近，分別量減始爲允協。請嗣後期親以上尊長，凡律內不應抵命者，若誣告人謀死人命以致蒸檢卑幼身屍，仍照誣告人死罪未決律擬流，加徒，治罪。其餘親屬尊長律有應抵之條者，如誣告致蒸檢卑幼之屍，及卑幼誣告致蒸檢尊長之屍者，定例擬絞。

又〔雍正九年〕十二月，部議凡流犯脫逃分別原犯流罪及免死減等爲流者，按脫逃次數遞加治罪。初次脫逃枷號兩個月，責四十板，加徒役三年。二次枷號三個月，責四十板，加徒役四年。三次發邊衛充軍。若係免死減等流犯初次脫逃者，枷號兩個月，責四十板，加徒役四年，二次發邊衛充軍，三次照軍犯三次脫逃律擬絞監候。

又〔雍正〕十一年三月，九卿議准大學士張廷玉奏凡引用律例務必情罪相符，如律內數事其爲一條祇引所犯本罪，若一條止斷一事不得任意刪減，或律無正條比照某例科斷者，令於疏內聲明，倘承審官援引失實，查出題參至三法司衙門理宜一體詳慎，嗣後刑部引例不確，院寺卽查明改正，倘院寺駁改猶未允協，三法司堂官會同妥議，如有扶同蒙混，察出議處。

又〔雍正十一年〕四月，部議嗣後凡守節孀婦卽年非老疾，如實係獨子，凡犯死罪非常赦所不原者，開具所犯罪名，請旨定奪。若犯軍流徒罪者，照例決杖一百，餘罪依律收贖，免死，減等之犯枷號兩個月，杖一百，俱准存留養親。如該犯之母已經再醮，假揑孀婦或留養後改適人者，一經查出本犯仍照原擬問罪。

又〔雍正十一年〕七月，尚書張照奏准一夫毆妻死審無故殺別情者，如家無承祀之人准留承祀，以枷責完結：一、竊盜至三犯通計贓在五十兩以下，罪止滿杖者，從重擬遣，五十兩以上，應擬徒者，從重擬絞監候。一、承審官輒用重刑將笞杖人犯疊夾致死二命以上，徒流。人犯疊夾致死四命以上者，以故勘平人論斬監候。一、斬絞人犯監禁在獄，仍強橫不法及賭博等事，照原擬卽行正法，提牢官議處，禁卒治罪。

又〔雍正〕十二年二月，部議嗣後凡有惡徒將良人子弟強行鷄姦者，無論殺人與未殺人，俱照光棍例，爲首擬斬立決，爲從擬絞監候，雖未夥衆實因姦而致死良人子弟及將良人未至十歲之幼童誘去強行鷄姦者，亦照光棍爲首例擬斬立決，如強姦十二歲以下十歲以上幼童者擬斬監候，和姦者照強姦幼女雖和同強論律擬絞監候。若止一人而未夥衆又未傷人者，擬絞監候。傷人未死者，擬斬監候。未成姦者杖一百流三千里。其二人強行鷄姦並未殺人者，照輪姦是實依光棍例分別首從定擬。又，議覆湖北巡撫德齡疏言，向例以財行求無祿人俱照有祿人減一等，而說事過錢者或照有祿人減一等，或照本律遞減二等，殊不畫一，嗣後以財行求說事過錢照例與受同科有祿人概不減等。無祿人各減一等，倘承審官不依例擬斷仍將說事過錢之無祿人照例減二等，照故出入人罪，議處。再行求說事亦有首從請將爲首者照例科斷，爲從者再照有祿無祿遞減一等，倘所許財物立議封貯，官吏雖未收受亦應向許財之人追取入官，將聽許之人議處。

又〔雍正〕十二年三月，議准廣東按察使張渠疏言直隸竊盜之案分別夥黨之多少並有無執持器械以定情罪。嗣後三人以下手執兵器行兇雖不得財杖六十，徒三年，得財一兩以下計贓遞加一等，至滿貫論絞。其中有不持兵器者仍照本律科斷。四人以上雖不得財亦無器械爲首徒一年，爲從各杖一百，得財一兩以下亦計贓以次遞加如加至流三千里，爲首發邊衛充軍，爲從仍流三千里，若夥衆至六人以上，不論曾否得財首從皆徒三年，計贓重於徒三年者，爲首流三千里，爲從各減一等，贓至滿貫爲首者絞，爲從者發邊衛充軍。至十人以上不分首從並發邊衛充軍，贓滿貫者仍絞。再竊盜至十人以上地方官難辭咎戾，其疎防諱盜等項處分，俱照強盜例。

又〔雍正十二年〕十月直隸督臣李衛條奏口外幅員甚廣，凡遇盜案請令該汛武職會同文員協力緝拏。一熱河監獄請專歸承德州管理並添設吏目一員以資督捕。一入溝同知原爲專管三處喀喇沁民人事務而設應將該地方人命盜案令該同知自行驗審，如有關涉蒙古之事令會同值年章京驗審。一命盜等案民人事件關涉蒙古者該章京行令扎薩克等交與所轄地方查緝解送。一熱河理事同知通判等所管案件向例先報內部定擬，人犯由古北口提督轉解。今既立知州同知等官，請嗣後除在外，法司難以定擬者，仍會審徑行解部外，一切旗民命盜照例申解該上司審擬具題議准，嗣後如有無證據之盜案捕役奉差緝拏到官，雖審非此案正盜但其人素行不端曾犯竊案者，原與誣良有閒，應照誣良爲盜充軍例減一等擬徒。若其人本係良民，捕役揑稱踪跡可疑指爲素行不軌及雖犯竊勒認盜者，均照誣良爲盜例治罪。

又〔雍正〕十三年十月議奏，嗣後有貪人吉壤將遠年之墳盜發者，子孫告發，審實將盜發之人以開棺見屍律擬絞監候，但棺久必壞，塚久必平，如非其子孫又無確據勾引匪類夥告夥證陷害無辜者，將爲首照誣人死罪未決律杖一百流三千里，爲從者照誣告爲從例科斷。若本人遠祖之墳被人發掘盜葬，因將盜葬之棺發掘拋棄者，雖同是發塚不必以發塚論應照祖父被人殺子孫不告官而擅殺兇人律杖六十，若盜葬者尚無發塚等情，止在近墳旁盜葬而本家卽行發掘者，應依地界內有死人不報官而輒移他處律科斷。如有毁棄屍骸等情應照地界內有死人而移屍毁棄律科斷。盜葬之人依本例杖八十責令遷移。若非墳地止於田地場園內盜葬而地主發掘者，除開棺見屍照例擬絞外，不開棺見屍者，照本律減一等科斷。其盜葬之人應照本例減二等杖六十，亦責令遷移。以上皆指凡人而言，如兩造本係親屬其墳塚屍骸與本人皆有服制，則兩造各照發服內親塚律科斷。

清·嵇璜《清朝通典·刑七·雜議》〔乾隆〕四十三年正月，江督高晉奏，查四十一年八月，內經兵部侍郎高樸以送部揭帖中，雖將供情錄敘，而案犯當堂畫押之原供，向例俱不咨送州縣，往往逞私删改。而愚民犯案不思孽由自作，反以改供，藉口越訴上司，甚至赴京控告，請將案犯畫押原供，一併申送上司審轉，隨案咨部，經部議准通行。伏查犯人到案，原供隨時送部，固爲慎重讞獄。惟是外省辦理命盜等案，必須檢詳册內察核通案犯證供詞，以得案情之虛實，非僅以要犯一二人供情卽可輕信，而遽定爰書。誠以州縣賢愚不一，案情變幻無窮，每因案涉疑難，或關承緝參處，混拏無辜，刑逼妄承，甚且串供栽贓，以實其事，更有狡獪之徒賄囑頂兇，亦未嘗無畫押之原供，故有肅經錄供，通報察其情節支離，卽須委員確究者，並有已經定擬招解。一經上司提審，通案全翻者，更有審擬具題經部指駁，究出別情者。是案犯初供均難盡信，全在問刑官悉心體察，推勘入微，則情罪自歸允當。州縣果有濫行鍛鍊，改供捏詳情弊，原應據實嚴參，並不因其無畫押原供遂致無憑稽核也。若必慮及州縣之删改，諱捏罪犯之藉詞狡翻，而以要犯畫供送部爲憑，則命盜重犯大半皆屬愚民。並有不識字者，縱使官吏逞私删改，令其畫押，彼亦不能細閱情節。臣現在查察畫押供單，悉與招詳符合，似不過於審定成招之後，書吏照依詳內所敘口供，另錄一紙給與犯人，或畫一花押，或書一十字，或塗一圓圈，甚有代爲畫押者，隨詳附送，洵屬無益之具文，不足爲定案之確據。更恐上司見識拘泥，因有畫押供單送驗，輒卽深信不疑，或圖附和原供，雖遇被累之人極口呼冤，亦不虛衷推鞫，則嚴刑逼認，草率轉詳，致不昭雪。臣仰體聖主明慎用刑至意，未敢因部臣議准通行卽不據實陳奏，應請將要犯畫押供單申送上司審轉隨案送部之例停止，奉。硃批所奏，是依議行。

又 三月，祥符縣民潘培圖姦王氏未成，本婦告知伊姑及夫，勸令含忍。後復往調戲，因潘培狡賴，亦卽寢息。迨後伊姑因他事斥責，並詈其不知避忌，被人調戲丟臉，該氏忿恨自縊。河南巡撫以調姦未成，本婦初無必死之心，後因他故自盡者，其調姦之人，律例并無作何治罪明文。潘培與因姦致本婦羞忿自縊之例不符，未便依例擬絞，但該氏之死究由潘培起釁，亦未便從輕擬結，將潘培於絞候例量減一等，杖一百，流三千里，部議從之。

又 部議御史李孔揚奏請，秋審情實重犯病故，除咨題外并咨都察院大理寺知照，以昭詳慎。查向來各省斬絞人犯病故，經該督撫題咨到部，臣部卽行知會都察院、大理寺於秋審招册內開除，而院寺衙門並無該省投案，誠屬無從查核。今該御史奏稱直省情實重犯遇有病故，令各督撫一體知照法司衙門互相核對，不致訛遺辦理，倍覺周詳，且各省命案原題揭帖，本屬兼咨院寺，則重犯病故，自應一例咨報開除，應如該御史所奏。嗣後凡直省情實重犯遇有病故者，一體知照都察院、大理寺衙門存案，臣部仍照舊例於題咨到日，移會法司查照核對，庶不致有訛舛之虞。奉旨依議。

又 閏六月，餘杭縣民沈名望撞遇伊母沈鬱氏之姦夫張姜北睡卧母床，勒死，商同伊母棄屍。浙撫以子捉母姦，律無治罪明文，但律載：本夫有服親屬皆許捉姦，則姦婦之子似亦在應許捉姦之例。沈名望合依有服親屬，皆許捉姦，如有登時殺死姦夫者，並依黑夜無故入人家已就拘執而擅殺律科罪，杖一百，徒三年。沈鬱氏商同棄屍，未便獨坐伊子，合依棄屍不失減等，杖一百，徒三年。杖罪的決，餘罪收贖，部議從之。

又 四十四年十月，宿州民孫二係行劫傷人之夥盜，聞拏投首，照例免死發遣。復行脱逃被獲，安撫以孫二前案與聚衆搶奪比照免死發遣，固屬不同，但該犯究係聞拏投首之夥盜，比照未傷人之盜首，聞拏投首發遣與實在未傷人之盜首聞拏投首發遣之犯稍有不同，而從前湖撫請示案內止有未傷人之盜首，及夥盜行劫二次以上聞拏投首，發遣脱逃被獲，卽行正法，其傷人夥盜聞拏投首，發遣脱逃被獲，作何治罪未奉列入，應否卽照未傷人之盜首聞拏首者發遣脱逃之犯。一面正法，一面奏聞賚請部示。查例載免死發遣盜犯，在配脱逃者，無論有無行兇爲匪，悉照新疆遣犯脱逃例，請旨卽行正法。又例載，未傷人之盜首聞拏投首，照情有可原，例發遣。又夥盜雖曾傷人，隨即平復者，亦姑准自首發邊遠充軍。孫二係夥盜傷人，聞拏投首之犯，前據該撫原題內聲明該犯係聞拏投首，未便照事未發而自首例，擬軍請從重比照未傷人之盜首聞拏投首者，照情有可原，例發黑龍江給披甲人爲奴。今孫二脱逃被獲，核其治罪原案，雖係比例發遣，與實在未傷人之盜首稍有不同，但傷人夥盜本屬法無可貸，若非聞拏投首，卽應擬斬立決。核與未傷人之盜首及行劫二次以上之夥盜聞拏投首者，情罪均屬相等，自未便照平常軍遣脱逃一例辦理，應將孫二一犯請旨，卽行正法。再查定例未傷人之盜首，能於未發時自首者，擬軍若聞拏投首照情有可原例發遣，至傷人夥盜例內僅載姑准自首一語，未將事未發自首及聞拏投首之處分晰註明，恐各省援引易致歧悞，請嗣後傷人夥盜自首卽照未傷人盜首自首之例，如事未發而自首者，仍照本例。擬軍遇有脱逃，加等調發。如係聞拏投首者，俱發遣黑龍江等處給披甲人爲奴，遇有脱逃，請旨卽行正法。奉旨依議。

又 四十五年十月，湖北民人許添佩與向萬友孀嫂通姦，向萬友邀同張安拜等捉拏殺斃，撫臣將正兇擬絞，而其毆之餘人擬以杖徒。廣東民王文哲與陳萬財之妻通姦，陳萬財邀同黄殿才等捉拏殺死，撫臣亦將陳萬財擬絞，而以其毆之餘人，照凡人謀殺加功律亦擬絞，具題部以兩案互核，輕重迥殊，未昭畫一，而律例並未有治罪明條，以致適輕適重。尋議查殺姦之案，或糾約而往情近於謀，或忿極致死事近於故，而例許捉姦之人均略其謀故之情，而以擅殺罪人論絞，蓋死係罪人殺出義忿，是以不加以謀故之名，所以懲淫惡而申義忿也。夫擅殺之正兇，卽以鬬殺論罪，則聽從下手之犯自應以其毆之餘人定擬，未便以二人抵一罪人之命。且正兇之問擬既隱寓矜恤之意，予以擅殺罪人之輕，而爲從之餘人轉入於謀殺加功之重，於情法未爲平允。請嗣後凡姦情確鑿，本夫及應許捉姦親屬起意殺死姦夫案內，無論應許捉姦之親屬及不應捉姦之外人，實係激於義忿，聽從加功者，悉照其毆餘人律杖一百。如有挾姦妬姦謀故別情乘機殺死圖洩私忿者，仍照謀故本律問擬。奉旨依議。

又 十二月，部議例載原毆傷輕不至於死者，越數日後，因傷風身死，將毆打之人免其抵償，杖一百，流三千里。又《洗冤錄》載： 致命之傷當必死之處，不得過十日。若當致命之處而傷輕，或極重之傷而非致命之處，雖死於限內，當推別情，不可一概坐死。細繹例文與《洗冤錄》所載，凡問刑衙門遇有因風身死之案，自當先辨致命不致命、傷痕之輕重，次核其受傷以致身死越日之遠近，庶辦理不致參差，命案方無出入。近查各省審擬傷風案件，有原毆係致命傷其死，亦未出十日而聲請免抵擬流者，亦有傷雖致命本不爲重其死已越十日而聲稱卽不因風亦足斃命仍照例擬抵者，蓋緣例內所謂傷輕之處未經分別明晰，而數日二字亦渾舉無定，遂致無所確守。請嗣後因風身死之案，除原毆並非致命之處，又非極重之傷，仍照舊例辦理外，如有當致命之處而傷輕或極重之傷而非致命，總當以《洗冤錄》所載爲準。其傷風身死亦卽以十日爲定期，凡致命傷輕，死在十日以外者，方准聲請依例改流，若傷係致命而重，或非致命而致骨斷、骨損，雖身死在十日之外者，均不得援照因風身死之例，應仍依律擬以絞抵。奉旨依議。

又 四十六年七月，都察院左都御史哈福納奏稱，竊照命案擬罪，全以驗傷爲憑，而以本地方官吏仵作，卽驗辦本地方官衙役所犯之命案，難以免袒庇情弊。今刑部主稿審擬西城吏目衙門革役吳四毆傷韓大身死一案內，究出吳四及伊父現充吏目衙門捕役吳成美等，囑託本城正指揮沈超帶往驗屍之書、吏趙文煥，仵作陳璉等隱匿傷痕，避重就輕，分別從重治罪。其原總由於本城指揮衙門官吏仵作驗辦，本城吏目衙門革役所犯之命案，以書吏仵作皆係素所熟識，易於囑託，而同官相護之弊亦卽由此而生也。且正指揮衙門聽差之捕役仵作，卽係副指揮吏目衙門之捕役仵作，聲氣猶爲相通。況官員患病、請假、調理，尙委令不同城不同鄉之官前往驗視，則民命攸關，立法更宜詳密，請嗣後除尋常軍民命案仍照例令本地方官驗辦外，如遇有本城書吏衙役所犯之命案，卽概令本城官員迴避，該巡城御史作速咨調別城正指揮帶領本管書吏仵作等前往相驗辦理，則該犯既無同事熟識之人，必難於囑託，而委驗官員亦不肯有所袒護。類而推之，各省州縣如有本州縣書吏衙役所犯之命案，似宜照此作速就近稟請該上司立委別州縣帶領本管書吏仵作等前往驗辦，如此庶免袒庇之弊，而罪名不致有所出入矣。奉旨依議。

又 十月，饒平縣民人周阿會幫同周阿通等毆傷竊賊身死，復幫同將屍擡棄廣東。巡撫將周阿通擬抵，周阿會擬徒。部議： 例載毆故殺人案內，兇犯起意埋屍滅跡，其聽從擡埋之人，如審係在場幫毆有傷律應滿杖者，照棄屍不失律，擬杖一百，徒三年。其在場並未傷人止於聽從擡埋者，照里長地隣棄屍爲首律，杖六十，徒一年。

又 又，律載地界內有死人，里長地隣不報官司檢驗而輒移他處者，杖八十。是聽從擡埋分別擬徒之例，原因兇犯慮事敗露，輒將屍身埋藏滅跡，希圖漏網，是以案內聽從擡埋之人，按其在場曾否幫同行毆，分別擬徒。若聽從移屍並未埋藏，雖在場幫毆有傷，自有餘人，本律不得概引此例，致滋牽混。今周阿曾因周阿通起意移屍，邀同該犯等擡至石塘山丟棄，並未埋藏滅跡，該撫將周阿會等分別擬徒，核與定例不符，周阿會等同周阿通用棍毆傷林水養左臀，除移屍杖八十，輕罪不議，外應依其毆餘人律，杖一百，折責四十板，從之。

又 又黃岡縣民曾榮懷誣竊拷打徐起才身死，湖北撫臣將曾榮懷比照捕役誣竊爲盜拷打致死例擬斬候。部議，例載：誣良爲竊，捉拿拷打，除實犯死罪外，其餘不分首從，發邊遠充軍。例內所稱實犯死罪一語，凡重至應斬應絞者，俱包括其中。如誣良爲竊係嚇詐逼認，因而致死，即應照誣告致死律，擬絞監候。如係拷打致死，即應照故殺律擬斬監候。是誣良爲竊，拷打致死之案，自應照本例實犯死罪問擬，不必牽混誣竊爲盜之例，乃向來各督撫遇有此等案件，俱援引捕役誣竊爲盜拷打致死，照故殺律擬斬監候之例辦理。查誣竊爲盜，係以輕罪誣爲重罪，若其人本係良民，輒行誣竊拷打致死，是以無罪誣爲有罪。今該撫於曾榮懷不引誣良爲竊之條，而比照誣竊爲盜之例，是以良民等於有罪之人，既於案情不符，亦引用失當。曾榮懷應改依誣良爲竊，拷打致死，實犯死罪，照故殺斬監候律，擬斬監候，秋後處決。並請嗣後遇有誣良爲竊，拷打致死之案，俱照此引用，奉旨依議。

清・嵇璜《清朝通典・刑八・寬恕》 雍正四年五月，諭：一家兄弟二人弟毆兄死，而父母尚在，則有家無次丁存留養親之請，倘父母已故，而弟殺其兄已無留養之例，一死一抵，必致絕其祖宗禋祀，此處甚宜留意，若因爭奪財產及另有情由，又當別論。嗣後如何定例，著九卿確議，尋議除爭奪財產，謀殺，故殺按律正法外，倘係一時角爭互毆致死胞兄，而父母已故，別無兄弟，又無承祀之人，應令地方官據實查明取結，疏內聲明，恩准其承祀，將該犯免死減等，從之。

又 〔雍正〕六年七月諭凡各省盜賊未經緝獲者，其中爲首造意及傷人之犯，若自行陳首，朕酌其情稍可原者，量從寬減，若被人誘脅跟隨爲盜之犯，自行出首，則將伊應得之罪予以寬宥，俾得改除舊惡，永爲良民。若此旨既到之後，盜賊不行自首，其已經自首免罪而復爲盜賊者，加重治罪，倘官員因盜案不結，賄買無賴冒認爲盜自首者，將賄買之官及代認之人，俱即正法。又奉旨各省監生每於考職之時，託在京之親戚朋友代爲應考，而本人安坐原籍濫叨職銜，陋習相沿已久，今准其自行出首代考之人，酌量寬免，託人代考者，但革監生，不治其罪。隱匿不首者，一經發覺即行正法。

又 〔雍正〕七年三月，奉旨凡擬罪潛逃之犯應絞者，改爲立絞，應斬者改爲立斬，必該犯本案情罪可惡，秋審時無可寬緩而又有脫逃之罪，方改爲即行正法。若所犯情罪尚有可原，或因愚昧無知或因不知新定之例，一時起意懼罪潛逃，仍照本罪擬爲監候。

又 〔雍正〕九年六月時以久旱命法司將監禁枷號輕犯，暫行保釋，其擬絞監候賊犯已經三年者，酌量釋放減等，並諭將外省輕罪人犯已經到部有問擬徒杖，而准其折贖者，悉行寬免。

又 〔雍正〕十年二月諭侵蝕錢糧之官吏應加重治罪，今施恩法外，分年帶徵，若有不拘年限先行完納者，准其開復，依限完納者，寬免其罪。胥吏中有先期及依限完納者，亦加恩免罪。

又 〔雍正〕六月安徽巡撫程元章奏毆死陳小廝之石兆林應絞監候，聲明石兆林係孀婦獨子，陳小廝並非獨子，應請留養，經部議駁，上以石兆林之母青年守寡，苦節撫孤，而屍親亦呈請免抵，特加恩准其存留養親，仍追埋葬銀兩給付死者之家。

又 〔雍正〕十一年五月，法司核擬聽從母命致死胞兄之黃二，照例聲請情有可原，奉諭黃魯山酗酒費產頑梗不孝，又欲盜賣伊母余氏膳田，曾經余氏具稟有案，是黃魯山忤逆之罪，無可逃矣，黃二迫於母命，將黃魯山致死，情有可原，從寬免其治罪，不必發遣，其協助下手之何友爵、凃介文亦著從寬免其流杖。此案乃朕原情辦理，將來不肖之徒或知有從寬之例，假造揑飾以圖卸罪，亦未可定此次寬免之處，後不爲例。

《盛京滿文檔案中封律令・蒙古律列・賊罪可疑者發誓》 偷駝馬牛羊四項牲畜，賊情可疑者，令其發誓。入誓者免罪完結；不入誓者擬絞監候，該主罰一九牲畜，將賊犯所有牲畜一併給付事主，其妻子暫存該旗，俟將來秋審減等，放出該犯妻子，僉發鄰封盟長處，賞給同盟內因公效力臺吉等爲奴。若各該主將賊舉出，視其賊之情罪輕重，分別立決、監候。若將賊已正法，其妻子免其爲奴，取其所有牲畜給付事主。

《盛京滿文檔案中封律令・蒙古律列・死罪可疑令其發誓》 凡不招承應死重罪，無證佐可疑之犯，令其發誓。

《盛京滿文檔案中封律令・西寧青海番吏成例・重犯不招認》 凡有斬犯重罪之人堅不承認，並無證見，情有可疑者，令其立誓。

《命盜初報限期・仿照成案酌入緩決章程條款》 一件通行事。同治元年三月二十六日准刑部咨福建司案呈所有前事等因。相應抄單行文福建巡撫，轉行閩浙總督、福州將軍臺灣鎮總兵一體遵照可也。計單等因。到本兼署撫，部院准此，合就飭行。爲此仰司官吏立即移行，各屬一體遵照辦理，仍由司刊刷例本先行呈送察查，毋遲。

計粘單一紙

謹奏：爲欽奉恩詔聲明舊案恭摺具奏仰祈聖鑒事。本年十月初九日欽奉恩詔，經臣部將死罪人犯查照道光三十年舊章分別准免不准免開列清單具奏，並聲明單內未及賅載之處，亦可比例類推，酌核辦理。在案。溯查嘉慶元年三月二十七日暨四月十四日兩次恭逢。上諭將語言調戲，致本婦羞忿自盡及強姦幼童已成兩項人犯，不准援免改歸緩決辦理。嘉慶二十五年欽奉恩詔，復經臣部將奏准免罪條款，內有強姦未成致本婦羞忿自盡一條，一體改入緩決聲明，此外或情浮於法及法重情輕者，均仿照歸入緩決辦理。迨道光三十年欽奉恩詔，亦經臣部仿照舊案辦理奏明。奉旨依議。欽此。欽遵在案。此次恭逢。恩詔臣部已將從前改入緩決三條奏明，不准援免。伏查道光三十年臣部辦理成案，如竊盜臨時拒捕及搶奪拒捕，刃傷人，威力制縛人，致死，謀殺加功，搶竊逾貫，開棺見屍，罪人拒捕，殺人卑幼，毆本宗緦麻兄姊尊屬致死，故殺同堂弟妹，謀殺卑幼各條，雖在准免條內，均經臣部酌核，案情改入緩決。查此等人犯，向來辦理秋審案內情節較重者，例入情實。前於道光三十年經臣部奏明，酌改緩決，既可免其實抵，亦不即予釋放。俾之監禁數年，稍懲凶惡而伸冤忿，最得情法之平。此次自應照辦。至此外有雖在應赦之條，而情浮於法或在不赦之列，而法重情輕，亦應仿照酌核，歸入緩決，臨時隨摺隨本敘明情節，酌量辦理，庶足以昭平允等因。咸豐十一年十一月十二日奏。本日奉旨依議。欽此。

仿照成案酌入緩決章程。

一、鬪殺，金刃十二傷以上及鐵器二十五傷以上者。
一、謀殺加功，情有可原者。
一、糾夥搶奪逾貫，贓至五百兩以上，尚無凶暴情事者。
一、竊贓逾貫，數至千兩以上者。
一、發掘他人坟塚，開棺見屍，結夥三人及二、三次爲首，並見屍四、五次爲從者。
一、因瘋連斃二命者。
一、搶奪拒傷二人，內有一他傷者。
一、糾夥搶奪刃傷人及金刃砍戳成傷者。
一、竊盜拒捕，刃傷二人，內有一劃傷，及刃傷三人，內有兩劃傷者。
一、互毆，致斃六命以上至十命者。
一、共毆致斃彼造四命以上至八命者。
一、聽從夥搶婦女已成，尚未幫同架拉，被搶之人未給親完聚者，及已給親完聚，而夥搶婦女已成一口或夥搶至三次者。
一、聽從擄捉幼孩勒贖，雖無凌虐情事，結夥三人以上，及擄捉已至二人及三人者。
一、聽從捉人勒贖，並未凌虐，復犯搶奪及臨時行強接贓者。
一、夥衆跟踪行竊逾貫，尚無積慣兇惡情事者。
一、火器誤傷旁人者。
一、聽糾致斃一家二命，下手致斃一命者。
一、共毆致斃一命，復聽從謀殺，從而不加功者。
一、聽糾持械夥搶逾貫，拒捕刃傷人未死者。
一、聽從聚衆搶奪拒殺事主，幫毆刃傷者，及未聚衆而幫毆，金刃砍戳成傷者。
一、行竊庫銀至一百兩以上，並非糾衆肆竊者。
一、搶奪良婦未成，致令自盡者。
一、竊盜拒捕，刃傷護贓護夥者。
一、假差嚇詐，致令自盡者。
一、故殺恩養未久義子者。

一、盜未埋屍棺，開棺見屍，爲首四次以上者。
一、糾夥金刃九傷以上，聽糾十傷以上者。
一、搶奪路行婦女，尚未姦污，未聚衆爲首者。
一、聚衆十人以上，中途打奪未傷差者。
一、刁民聽從聚衆罷考，照光棍爲從，並未毆官者。
一、火器殺人，救親情急者。
一、邪術醫人致死情輕者。
一、語言調戲，致本婦羞忿自盡者。
一、強姦幼童已成者。
一、竊盜臨時拒捕及搶奪拒捕，刃傷人者。
一、威力制縛人致死者。
一、謀殺加功者。
一、搶竊逾貫者。
一、開棺見屍者。
一、罪人拒捕殺人者。
一、卑幼毆本宗緦麻兄姊尊屬至死者。
一、故殺同堂弟妹者。
一、謀殺卑幼者。

以上各條，俱係仿照嘉慶二十五年、道光元年秋審成案，酌量辦理。此外有案情似者，應隨案比核照辦。

《清實録・天聰九年》 丁丑，禮部和碩貝勒薩哈廉轉傳上諭曰：宗室者，天潢之戚，不加表異，無以昭國體，甚或兩相詆毁，詈及祖父，已令繫紅帶以表異之，又或稱謂之間，尊卑顛倒，今復分别名號：遇太祖庶子俱稱阿格，六祖子孫俱稱覺羅，凡稱謂者，就其原名稱爲某阿格某覺羅，六祖子孫，俱令繫紅帶，他人毋得紊越。如常人與繫紅帶者相詆，不得詈及祖父，其互相鬭毆者聽之。若以鬭毆訴於官，亦止視事之曲直定罪。如目覩繫紅帶而詈及其祖父者，擬死。其不繫紅帶而致人辱詈者，勿究。

《清實録・崇德三年》 先是集衆官於篤恭殿，以蘇達喇未至記其名。後吏部復召之，再俱不至，因送付刑部審實，併發其前罪。初征燕京時，令蘇達喇往視城池，未見敵兵即遁走，失道遇碩翁科羅巴圖魯勞薩擕回罪一。征囊努克時，見持弓者輒懼不隨皇上，私自逃遁，罪二。爲牧馬長科斂牧人財物，及屯中糧米罪三。今篤恭殿會集竟不至，部中呼召二次，又不至，藐法已甚，蘇達喇應論死。塔納喀看守蘇達喇，擅於夜間私解刑具縱其偃卧，經蘇達喇家蒙古首告，審實，塔納喀亦應論死，奏聞。

《清實録・康熙二十一年》 刑部等衙門遵旨議覆：賣身旗下之人，原有房田守分度日，與地方無擾者，仍令居住原處；無田房者，俱令伊主收回。若在原處有生事犯法者，地方官申解治罪，仍令伊主收回；倘再留原處，容留之主及地方文武官各分别降罰。得旨依議。凡賣身之人，或曾經犯罪處分，或見有犯法事情，賣身旗下，希圖倖免者，從重治罪。買主知情，一併從重治罪。

《清實録・康熙二十二年》 刑部等衙門遵旨議覆：內外刑獄事屬一體，處分之例理宜畫一。嗣後問刑部院衙門承審官員，凡審案件，限內不取供審理，與雖取供不行審結，以致犯人、並牽連之人，監禁斃命，或羈門斃命，將承管官照外官例處分。堂官不據實題參，照督撫例處分。若禁卒守門人役，將監禁羈門犯人，恣行淩虐致斃，應處分司獄城門尉等官。斃三四人者，罰俸三月，五六人者，罰俸六月，七八人者，罰俸九月，九人十人者，罰俸一年，十一人以上，革職從之。

又 户部等衙門會議：旗下官兵須用奴僕，除直隸各省大小文武官員及駐防將軍、副都統，不准買所屬之民外，其餘仍照舊買人。在京，許令宛大二縣、五城兵馬司官用印；在外，許各州縣官用印。取具本人情願賣身及保人口供，申報户部。至康熙二十二年十月以前，白契賣身之人，有自供情願，中證明白者，斷與買主。此斷過之人逃走，照逃人例治罪，從之。

又 乙酉九卿詹事科道等遵旨會議：一，直隸各省人命事件，原限一年審結，因限期甚遠，以致牽連苦累，胥緣索詐等弊。今應改限六個月完結。一，越訴雖有處分之例，近來竟不遵守。嗣後事欵，有礙本官不便控告或審斷不公，須於狀內，將控過衙門審過情節開載明白，方許准理。一，惡棍包攬詞訟，從重治罪。承問官不依律定罪，嚴加議處。一，州縣官自理事件原限一月完結，今改限二十日完結。逾限者議處。其不行查參之督撫，亦交部議處。一，督撫以下、道府以上官員，除緊要重大事情，許差人至州縣，其餘小事止許行牌催提，不許妄差人役。一，下屬審詳事件，原批某衙門，即於某衙門完結，不得一官未結，又委別官。一，詞狀止許一告一訴。

《清實録·康熙二十五年》 庚午，召刑部、都察院、大理寺大小諸臣，面諭曰：刑曹民命攸關，國典所係。今見法司讞鞫刑獄，或恐不得其情，專事苛刻。夫人命關係重大，必以中正之心，行平恕之道。使法蔽其辜，毋縱毋枉。必得眞情，始免屈抑。若惟以深文爲能事，鍛煉爲盡職，及獄詞既具，奏牘既成，即反覆推詳，欲求其更生之路，亦甚難矣。朕於爾諸臣所上章疏，有情可矜疑、罪未允協者，皆駁令覆審。嗣後其各體朕懷，殫竭心慮，矢慎矢明，以副朕祥刑之意。朕披閲史冊，採擇歷代賢臣愼刑事績，書之簡牘：内閣三法司官，其詳加省視。

上又諭曰：刑法者，專以禁戢兇暴。若豪強奸慝，固難寬宥；其貧賤愚昧者，略施寬貸，亦未嘗不可耳。

《清實録·康熙二十六年》 庚申，都察院議覆：原任刑部尚書禧佛審蔡毓榮一案，不秉公研訊、律擬失當，顯係徇庇。禧佛已經別案革職，應枷號兩月、鞭一百。刑部尚書胡昇猷、侍郎張鵬、趙之鼎、敦多禮不嚴加審訊，俱係徇庇。應各降二級調用。敦多禮已經別案革職。應將佐領降二級、調用。得旨。禧佛著照部議完結後，發往黑龍江，披甲効力贖罪。敦多禮亦著發往黑龍江。胡昇猷補授刑部以來，並無効力處，照議降二級、調用。張鵬莅任未久，免罪。趙之鼎從寬免、調用，著降二級留任。

《清實録·康熙二十七年》 都察院左都御史徐元文條奏：一、漢御史請照滿御史例，不論掌道與否，分派各道協同理事。一、法司會勘重案及各省揭帖，送到都察院時，應即令御史詳閲全招，有無疑竇，或行或駁，限三日内說堂。其見審重案，刑部定稿之前，即應移送口供到各道御史，預期察核。一、五城地方居住旗人甚多，舊例：巡城御史於詞訟内值兩造旗人，概不審理，請嗣後旗人控告詞狀。笞杖以下，准巡城御史審理完結。下部議行。

《清實録·康熙四十一年》 〔康熙四十一年八月辛卯〕刑部議覆四川巡撫貝和諾疏言各省重犯具題之時，招冊久已達部。至秋審時，復令造全招一本，又摘造節略一本，案牘繁多，驛馬勞遞。請嗣後秋審止將原供及督撫看語敘入冊内，其全招節略，停止造送，以省繁文。應如所請，並著爲令。從之。

《清實録·康熙五十三年》 〔康熙五十三年十二月丙戌〕刑部議覆陝西道御史周祚顯疏言。近京畿輔之地，旗民雜處，一應詞訟解部候質，以致牽連拖累者多。請敕下各該部，凡鬬毆、賭博以及田産等事，不必令其解部，交與理事同知審理，詳報巡撫完結。違者照滋事擾民例參處。應如所請。從之。

《清實録·康熙五十九年》 〔康熙五十九年二月壬辰〕戶部題：臣部八旗司員有承審旗民互控案件，多因提解人犯，日久遲延、不能完結，嗣後請定限兩月内，凡民人有不到案者，將地方官交吏部議處，八旗之人，有三次行文抗不赴審者，將佐領，驍騎校一并交兵部議處。從之。

《清實録·雍正二年》 諭刑部：嗣後具題案内官員人等，有一人於兩案犯罪，而前案罪輕，先行題結。俟後案審明，從重歸結者，至後案從重題結之日，仍將前案所擬輕罪敘入，然後就本案所犯重罪按律定擬。如前案已擬重罪，後案之罪輕於前案者，至後案題結之日，亦必將前案所犯重罪聲明，仍歸前案定擬。如有數案犯罪者，亦必將各案所擬應得之罪，俱簡明敘入，最後題結本章内。

《清實録·雍正三年》 諭刑部：朕每覽審理案件，常有無辜之人因稍有干連，即行解審，以致往返拖累守候日久，必待結案之後，始得歸業。此等株累之人，深爲可憫。乃承審各官竝不留心民瘼，視爲故常，殊非朕愛育黎民之至意。嗣後爾部暨各直省審案，凡係干連之人，作何即行釋放，或有待質者，作何取保之處，爾部詳議具奏。尋議：嗣後京城，八旗提督衙門，五城等處解部案件，臣部審明無干，即行釋放。笞杖人犯先行懲責，發落至直隸山海關古北口等處。應解部完結之案，笞杖人犯并證佐干連之人俱免解部，釋放取保。儻必須審訊明確再行拘提。命案屍親，亦止申送口供，免其解部。至直省州縣案件，自理細事速行完結，其必須申解上司者，應擬笞杖等犯，亦取供保釋，不得濫行監禁、差押。如承審各官違者，題參議處。請著爲定例，庶干連之人永無拖累之苦。從之。

《清實録·雍正七年》 丁未，諭内閣：今日御史楊保條奏内稱：内外秋審緩決人犯，若至三年，請令該部查明請旨，減等發落，則各犯俱沐隆恩，不至於監禁患病死亡等語。從來殺人者死，律有明條，其有一時鬬毆殺人，而非謀殺、故殺或事涉謀故，而其人非此案之首犯，尚有一線可生之路，則於秋審之時細加商酌，有可矜者減等發落，餘皆從寬入於緩決之内。此法外之仁也。今楊保欲將緩決三年之犯悉行減等發落，是欲將國家讞獄大公之典，行一已沽譽之私心。朕於衆人之前面詰云：設爾之父兄子弟被毆致死，不即抵償，爾心能釋然乎？且待至三年之後，竟將兇犯減等釋放，爾能無憾於心乎？伊俯首自問，亦云不能釋然無憾。試思天下之人，誰無父兄？誰無子弟？其戚屬爲人毆殺，而殺人者竟得脱然無事，不令抵償，爲父兄子弟者孰肯甘心？縱令死者或無父兄子弟，而魂魄有知，能自解散乎？年來秋審後，朕亦令大學士、九卿於直省緩決人犯中，擇其情罪稍有可原者，查出具奏，朕詳加審慎，降旨減等發落。此皆揆情度理，信其可以服死者之心，然後見諸施行，非可任意縱情，概行末減，以博寬大好生之名也。我聖祖仁皇帝臨御六十餘年慎重刑獄，矜惜民命，諄諄訓誨讞獄，諸臣懇惻周摯。朕即位以來，又復時時戒飭體訪，大抵各處命案，俱屬應抵之人，無屈枉之事。夫彼既傷人之命，秋決時不即抵償，乃其幸也，而監禁囹圄，尚以疾病死亡爲苦乎？夫獄多縲囚，原非德政，然必天下化行俗美，比户可封，普天率土，皆安分守法，無盜竊姦宄之徒，型仁講讓，無鬬狠輕生之輩，而後時雍風動，實致刑措之風，方爲至治。若未能如是，但將應行治罪之犯，概從寬釋，以博囹圄空虚之譽，吾誰欺欺天乎？朕實恥而不爲也。况縱法實足長姦，恐寬宥之後而犯者愈衆，此更朕所不忍者也。至於楊保奏中，以州縣牢獄褊狹，而引八旗人犯，築建高牆分禁，以爲念其暑熱之苦，恐染疾患。此奏亦與朕之本意不符。朕思犯罪之旗人非有異於犯罪之民人也，特以民人牢獄之中俱係盜賊匪類，慣行不法之重犯，若令旗人同在一處監禁，轉相煽誘，漸染惡習，將來愈難化誨悛改，故令隔別分禁。以防其煽誘勾通之漸，非欲令其寬閒自在也。且天下焉有身在縲絏之人而尚慮其不能舒展安閒者乎？又焉有因牢獄褊狹而縱囚廢法，以使其自如者乎？度楊保條陳之意，將以寬釋犯人爲陰德事耶？豈知爲人臣而不肯秉公執法，實心辦事，乃欲枉法以沽長厚之名，使百姓含冤負屈，其造孽無窮，必遭天譴，尚何陰德之有？楊保身爲御史，有言官之責，朕屢次諭令條陳，輒轉推諉，及首行條奏，又將此必不可行之事，希圖寬厚之稱，而欲以刻覈之名歸諸君上，其居心甚屬可惡。著交部嚴加議處。尋議：楊保身爲言官，混行條奏，請照奏事詐不以實之律革職杖徒。得旨：楊保著革職，發往阿爾泰驛站效力。

《清實録·雍正八年》 丙寅，諭內閣：《尚書·舜典》云：欽哉！欽哉！惟刑之恤哉。朱子曰：所謂欽恤者，欲其詳審曲直，令有罪者不得免，而無罪者不濫刑也。吾弟怡賢親王嘗奏朕云，今法司衙門，凡有審問事件，並不究其情之虚實，動以夾訊，夫聽斷之下，求之於辭、氣、耳、目，以察其情，設誠以待之，據理以鞫之，未有不得其實者，何庸夾訊。儻有證佐確據，情罪顯著，而本犯猶狡獪不以實供，則不得已而用刑。若並不詳鞫其情，而概用重刑嚴訊，三木之下，何求不得？此重案之未免有冤抑牽累也，吾弟之言如此。是以八年以來，凡朕交王承審數十件繁難大案，皆以誠敬用心，以情理感格，簡孚閱實，愚頑自將罪犯委曲招吐，從未嘗夾訊榜楚一人，而諸案情罪，無不允當。吾弟之存心忠厚如此，今外省有司，既不能聽辨五辭，無明決折獄之才，每遇重大案件，至期限將滿之時慮及處分，則連用重刑，該犯欲緩須臾之命，凡官吏訊問之語，靡不承認，遂據其供招鍛鍊成獄。且凡遇命、盜案件，其中牽連之人有司亦明知其無辜，而欲爲開釋，恐致上司之翻駁，遂有非夾訊不能歸結之論。夫欲保全一己之功名，彌縫上司之查駁，無論情之虚實，罪之輕重，輒用三木以訊，每致未結而有刑斃之人，此其居心尚可問乎？吾弟怡賢親王存心仁恕，固不待言，而其本懷總不欲使天下有一冤抑之人，俾國家受濫刑之議。此其忠君愛國之心，出於誠懇篤摯，是以凡有聽斷，歸乎至當。能使群議帖服，刑章式敘也。今吾弟薨逝之後，凡啓靈大祀之日，上天必賜以清和景象。而群工黎庶各致其哀慕深情，天之報吾弟，亦云厚矣。吾弟嘉謨入告之事，不可勝數。偶因戒飭問官輕用三木一節，將吾弟敷奏之言，宣示於衆，且布告各省有司。令咸以吾弟怡賢親王之聽訟居心，奉爲按鞫之規範，則明慎用刑，庶幾咸中有慶矣，著凡掌刑名衙門，將此諭刊榜，永示於堂署。

《清實録·雍正一年》 乙酉，大學士張廷玉條奏，一請酌定分別監禁之例，國家設立監獄，原以收禁罪重之人，是以各省人犯，罪重者桎梏收禁，罪輕者取保看守。獨刑部衙門，遇八旗，部院步軍統領，以及五城御史等交送人犯，不論曾經奏聞與否，亦不論情事之大小，罪犯之首從，一經鎖送，即行收禁候審。致獄吏欺陵嚇詐，諸弊叢生。及至定案，重犯少而輕犯多，甚有審係無辜，應行釋放。而一時干累，困頓備嘗，請勅九卿定議，嗣後凡各衙門送部人犯，何等應行收禁，何等應行取保，分別定例遵行，一請詳慎。引例之條，律例之文，各有本旨。而刑部引用，往往刪去前後文詞，止摘中間數語，即以所斷之罪承之，甚有求其彷彿，此照定擬者，或避輕就重，或避重就輕，高下其手，率由此起。夫都察院、大理寺與刑部同爲法司衙門，若刑部引例不確，應令院、寺駁查改正，駁而不改，即令題參。如院、寺扶同朦混，或草率從事，請即將院寺官員一併加以處分。得旨，九卿確議具奏，尋議凡各衙門現獲人犯該徒罪以上者，於送部時，務將案內干連人犯，情罪重輕，聲明文內，以便分別收禁。其杖、笞等案，各自訊明發落完結，毋庸送部。儻各衙門將輕罪人犯混行交送，刑部即行駁回。或刑部司員混行收禁，以致拖累無辜者，該堂官查出，即行題參，交部議處。又凡引用律例，務必情罪相符，如律內數事共爲一條，輕重互見，仍聽祇引所犯本罪，若一條止斷一事，不得任意刪減，或律例無可引用，援引別條比附者，應令於疏內聲明，律無正條，今比照某例科斷。儻承審官仍前玩忽，援引失實，及律例本有正條而故引別條出入人罪，該堂官查出，將承審之司員題參，書吏嚴拏究審，各照本律治罪。至三法司衙門，理宜一體詳慎，嗣後凡應法司會審事件，刑部引例不確，院、寺即查明律例改正，儻院、寺駁改猶未允協，三法司堂官會同妥議，如院、寺扶同朦混，別經發覺，將院、寺官員，一併交部議處，從之。

《清實録·雍正十三年》 丁酉，諭内閣，朕聞奉天地方，凡事關旗民者，俱送盛京刑部會審，雖司員會同有司承審，實皆司員主稿，乃奉天司員，積成陋習，惟事威嚴，一切人犯到案，先將鎖鍊盤於地上，令其膝跪，謂之跪鎖，繼以荆條互擊其背，任意敲打，謂之背花鞭。又案無定限，如上年八月間，遼陽州民郭金美毆死旗人裴玉亨一案，旗員及知州會驗，任聽屍親，串同仵作，混報多傷，刑夾供認，草率定擬。本年閏四月內，葛森到任，始駁令另行驗審，相距已十餘月，尚未定案。又筆帖式皆本處生長之人，所司者不過繙譯之事，乃當審訊之時，輒亦列坐詰問，此皆朕訪聞甚確者。國家定例，訊鞫人犯，必須審問實情，其應用刑訊者，自有一定規條，今奉天司員，承審人犯，於定例之外，創爲跪鎖等項，似此嚴刑重罰，其中豈無冤濫，至於筆帖式微員，公然列坐，審詰命案，有乖體制。以上二事著嚴行禁止，儻再蹈陋習，經朕察出，定將該堂官及司員等，一併嚴加議處。至人命等案，若無定限，則拖累牽連之弊，不可勝數。嗣後應如何定限，永遠遵行，著盛京刑部侍郎會同該將軍悉心定議。

《清實録·乾隆四年》 諭： 聞廣東各府州縣，去城稍遠之處，必擇長隨中最狡黠者，令長住省城，厚給使費，與各上官家人幕賓吏胥，深相結納，凡督撫司道，平時一言一動，必先事探知，遇辦理要緊要事案，或探上官意向，巧爲迎合，或將下面私情，先布於上官家人幕賓，豫爲之地，然後投遞文書，督撫司道，往往墮其術中，信以爲才，保薦要缺，誤用匪人者多有之。且群聚省會，各爭門戶，互競智巧，甚且揑造浮言，以致同僚不和，肆行傾陷，弊端種種。去冬督臣馬爾泰到任，其駐劄之肇慶府，較前肅清，而巡撫司道駐劄之廣州府省城，爲錢穀、刑名總會，此輩仍然盤踞，又聞廣東人命案件，有疑似難明者，州縣官初次取供，於鄰里干證，或不能細心研究，牽延日久，是殺是誣，兩無確據，撫臬無可如何，竟將原、被一並保釋，事由外結。又案內或有要犯逃脱，口供難以質證，則將原案刪截具題，以上二事，朕所聞如此，此皆於官方吏治，甚有關繫者，著該督撫悉心稽查，嚴行禁約，毋得仍蹈前轍。

《清實録·乾隆十三年》 又諭： 羅柴氏控告陳學愈一案，其陳學愈勾通內幕，行賄營求。及來京控告，在都察院打點之處，已傳諭方觀承，令其留心查辦。今大學士公訥親將查審情節鈔録供詞，定擬呈奏，若交部則定案矣。著將所奏之摺，幷此案前後供詞鈔録交與方觀承，令其悉心詳閱。如有應行研訊之處，即歸併前案查辦，據實奏聞。

《清實録·乾隆四三年》 議覆盛京刑部侍郎穆精阿奏稱： 奉天州縣解部命盗及徒罪以上各案，如有由刑部及盛京刑部駁審者，必須詳細研究，請於定限兩月外，展限一個月，審結解部等語。查各省案件，惟刑部駁審之案，始准另行展限，其由該管督撫駁查者，向無此例。盛京刑部係奉天等屬該管衙門，未便一例加展。請嗣後遇有由在京刑部駁審者，即如所請，照直省之例展限一個月，其由盛京刑部駁審者，仍照向例。至所稱盛京刑部，有於州縣應提應解之案，向例俱由奉天府轉行，請幷定奉天府以十日之限，亦應如所請從之。

《清實録·乾隆五十八年》 庚子，諭曰： 勒保奏濫刑責斃賊匪之外委杜泰從重擬發新疆一摺。此案賊匪馬胡個業自供認行竊不諱。杜泰係該管汛弁，有稽查之責，且所責僅四十五板，尚不爲多。若因責斃賊匪遽將該外委發往新疆，將來營弁等於所管汛地，遇有匪徒，轉不敢盤詰拘拏，殊非整飭捕務之道。但其獲犯後不移送有司衙門，擅自責處致斃，著依律問擬杖徒。

已足蔽辜。營兵張成，係聽從本官用刑，其罪尚輕，亦著照律減一等發落。

又 戊子上御懋勤殿： 勾到江蘇、山西情實罪犯，停決江蘇斬犯一人，絞犯三人。山西斬犯一人，絞犯十三人，餘八十七人予勾。

又 庚戌，諭軍機大臣曰： 畢沅辦理楊應子等一案，已屬錯誤，而各可行，是皆用人愛民之大經大法，著將此旨敬謹存記，俾我世世子孫遵循弗替，以期永省。督撫於重大盜案，似此拘泥請旨者。恐亦不少，著通諭各督撫，除尋常盜犯，仍照例定擬，請旨辦理外，其似此首夥聚至數十人以上，疊次搶劫之案，如係地方官或因需索不遂，鍛鍊周內，冤及多人，則該督撫所司何事，果經審究得實，自應據實劾參，必將承審之員，抵罪正法，然此等兇惡匪徒，想地方官亦不應有索賄骫法，苛刻冤濫之弊，該督撫於審訊明確後，即應一面奏聞，一面辦理，以懲兇頑而彰國憲，毋再辦理遲緩，致有疎縱也，將此傳諭知之。

《清實録・嘉慶二年》 諭軍機大臣等： 英善奏，東鄉縣監犯於賊匪滋擾時衝散在外，今符曰學等自行赴達州投首，既無從逆情事，又不藉此遠颺，尚屬畏法，著將各犯案由分別議減，咨部覈辦。

《清實録・嘉慶四年》 己卯，諭内閣，朕之所以辦理和珅者，原爲其大奸大惡，罪狀昭著，不可不立正刑誅，籍沒資產，以昭炯戒，至其營私骫法，所積贓銀，爲數多寡，原所不計，然既經查辦，自應盡數起出，豈得任其藏掩，致有不實不盡。但近聞步軍統領衙門查審此案，該番役等多有向南城外鋪家輾轉追求，藉端訛詐，其實仍未查出隱寄一案，輦轂之下，商民輻湊，若因此致有牽連擾累，殊非政體，且於朕近日減免關稅盈餘，及寬免代賠銀兩之意，既屬相背，而於辦理和珅本意，亦失之甚遠，此案非步軍統領衙門，及慎刑司，所能辦結，著將案內人犯，俱即送交刑部切實究訊，不可拖延牽累。

又 又諭： 向來各省民人赴都察院步軍統領衙門，呈控案件，該衙門有具摺奏聞者，有咨回各該省督撫審辦者，亦有徑行駁斥者，辦理之法有三。似此則伊等准，駁竟可意爲高下，現當廣開言路，明目達聰，原俾下情無不上達，若將具控之案，擅自駁斥，設遇有控告該省督撫貪黷不職，及關涉權要等事，或瞻顧情面，壓擱不辦，恐啓賄囑消弭之漸，所關非小，嗣後都察院、步軍統領衙門，遇有各省呈控之案，俱不准駁斥，其案情較重者，自應即行具奏，即有應咨回本省審辦之案，亦應於一月，或兩月，視控案之多寡，彙奏一次，並將各案情節於摺内分晰註明，候朕披閲，儻有案情較重，不即具奏，僅咨回本省辦理者，經朕看出，必將各堂官交部嚴加議處，著爲令。

又 又諭： 三法司具題四川省秋審情有可矜人犯一本，經朕詳覈案情，各犯内雷三貴。唐泰唐通謨依議免死，減等發落，周萬成、楊作元毆死伊妻，固因其詈罵翁姑，但俱係故殺。著免死減等發落，毋庸再減一等。至黄奇一犯因王文魁、王文堂偷竊伊家豬隻，黄奇邀同鄰人袁公禮。葉大成追尋，見王文魁等牽豬在前行走，黄奇喊拏，王文魁拔取身帶尖刀。黄奇恐其轉身拒捕，即拾石將王文魁毆傷。彼時王文堂轉身救護，亦經黄奇用石毆傷，同袁公禮等，將王文魁、王文堂拏獲捆縛，用樹條毆打，因王文魁詈肆叫罵，連毆致斃。王文堂傷經平復，該督將黄奇擬以可矜。三法司亦以罪人拔刀拒捕有據，照擬覈覆，此案黄奇被竊找尋，見賊贓俱在，當喊拏追趕時，如果王文魁拔取佩刀，轉身向戳有傷，則實有拒捕情事，自應入於可矜免死發落。今閲其情節，黄奇因王文魁拔取身帶尖刀，恐其轉身格拒，即拾石毆傷，是王文魁並未轉身，無護贓抵拒情事，不得謂之拒捕，且賊犯既經就獲，並不送官究治，輒因私忿，兇毆致斃，正合罪人已就拘執而擅殺之例，即不擬以絞抵，亦未便遽入可矜，黄奇著改入緩決。又諭據策拔克奏稱： 偷竊馬匹爲從，入於秋審情實人犯。推伯斯實係孤子懇請留養伊母等語蒙古律内雖無留養之條今策拔克奏請照律將推伯斯留養伊母即著照所請將推伯斯絞罪寬免，照例准其留養，以示朕無分中外，一體施恩之至意。

又 又諭，本日召見刑部侍郎熊枚，諭以刑名事務，向來刑部引律斷獄，於本律之外，多有不足蔽辜，無以示懲及從重定擬等字樣。所辦實未允協，罪名大小，律有明條，自應斟覈案情，援引確當，務使法足蔽辜，不致畸輕畸重，方爲用法之平。今既引本律，又稱不足蔽辜，從重定擬，並有加至數等者，是仍不按律辦理，又安用律例爲耶。即案情内有情節較重者，朕自可隨案酌定，總之不足蔽辜之語，非執法之官所宜出。嗣後問刑衙門，俱應恪遵憲典，專引本律，不得於律外又稱不足蔽辜及從重字樣。即雖字、但字，抑揚文法，亦不准用。上諭後，經朕閲看案情，或有酌加增減者，亦不治以失出失入之咎，用副朕矜慎庶獄至意。

《清實録・嘉慶十二年》 諭軍機大臣等： 本日據楊志信奏，近日東省民人紛紛赴京呈控，固屬民風健訟，亦由各州縣怠惰偷安，不即速爲訊結，閒有一二狡展案情之輩，又不能悉心研究，折服其心，以致相率效尤等語。所言切中時弊，固屬甚是。但前據溫承惠奏，楊志信前在直隸臬司任內，其本衙門自理詞訟未結者，即有二百三十一起，業經降旨將楊志信交部議處。伊既知地方健訟之風由於州縣怠惰，而何以於自理詞訟，並不認眞審理，迅速究結，爲州縣法式乎？可見此等議論，言之甚易，行之甚難。該護撫既爲此言，即不當以一奏了事。所稱現在派員分赴各府州幫同審辦，按限呈報，以此定屬員功過等語，惟當實力奉行，以期日漸有效，而於自理詞訟，尤當認眞清理，毋致仍前積壓，所謂無諸己而後非諸人，愼勿徒爲紙上空談也。將此諭令知之。

又 諭內閣：據汪日章奏查明通省未結積案一摺，並開具清單呈覽。朕詳閱摺單內，藩臬兩衙門經歷任督撫批提審訊未結之案，及自理未結案件，均不過數十件及數件。其轉飭府州審辦之案未結者，自二百餘案至十餘案不等，尚不至積壓過多，均可不必予以處分。惟是前此直隸、江西、福建各督撫查奏未結案件，多者二十餘件，少亦不下數百件，是以降旨，均令查取職名交部議處。今汪日章奏江蘇未結積案，尚不過多，或該省官員因恐干吏議，故意以多報少，甚或將案件草率完結，希圖少報，得免處分。若果如此，則民間冤抑必不能伸，勢必至告訐紛煩，愈滋案牘。將來別經查出，其獲咎更重矣。所有江蘇查明未結各案，該撫現已分別飭屬勒限提訊，務即覈實稽查以清塵案。嗣後各督撫清查積案，仍須飭屬詳細審理，據實開報，勿任規避處分，稍涉顢頇，將此通諭知之。

《清實録・嘉慶十六年》 諭內閣：馬慧裕奏，請將審案出力之知府吳之勷，候補直隸州張琴。旋恩鼓勵一摺。所奏非是，直省督撫於應審案件，派員隨同訊辦，係屬常有之事，該委員既經派審，自當盡心研鞫，使獄無枉縱，案不遲逾，此乃職分當然。至若平反重案，經朕降旨褒敘，係出自特恩。豈臣下所可瀆請，況上控案件，多由地方官遲延不辦所致，今審結者遽請優獎，而從前闒茸之員，又不行參處，豈非有勸無懲乎？近來外省大吏，多好於屬員前見好，馬慧裕倡爲此奏，此端一開，各省紛紛效尤，間遇審理一二案件，即冒濫保奏，成何政體？馬慧裕所請不准行。

又 諭內閣錢楷奏審擬張良璧採生斃命一案，並請將不爲究辦之知縣、知府革職，再行嚴審各一摺。此案張良璧舐吸嬰女精髓，前後共十六人，致斃女孩十一人，成廢一人，實屬窮兇極惡，人形獸性。該犯自嘉慶元年九月作俑其始，尚可託詞不知，因此傷生。迨連斃一二命後，該犯豈毫無知覺，乃稔惡至十六年之久，斃命至十餘人之多，兇殘已極，錢楷比照採生折割人凌遲處死律量減擬以斬決，庇護人妖是何意見，試思殺死一家非死罪二人，即應斬決，三人以上，即應凌遲處死。該犯殘斃嬰孩十餘命，豈斬決所能蔽辜，張良璧一犯著即凌遲處死，該犯年已七旬，設因病致斃，或畏罪自戕，豈不倖逃顯戮，著由四百里傳諭錢楷，接奉此旨，即先將該犯凌遲正法，示衆傳齊十六家親丁，環視以快人心，而抒衆憤。所有張良璧家產併著抄沒，傳集被害之十六家親屬當官分給，仍將情形具奏。錢楷錯擬罪名，著交部察議知府成履恆，知縣曾佩蓮，均著革職，交該撫將有無受賄、故縱等情，嚴行審訊，該府、縣如果得受贓銀，必有過付之人，現有家人書吏，及張良璧家屬均可指證，亦無須暫留張良璧質對，該撫務秉公嚴鞫，毋稍瞻徇，審明後另摺定擬具奏，其方大川等應行察議之處，亦歸於定案時一併覈議。

《清實録・嘉慶十七年》 已未諭內閣御史常文等奏請申禁庶民呈遞封章，以歸畫一一摺。朕前因近日人情險詐，每以瑣屑訟案，封詞投遞，挾制官員代爲陳奏，特降諭旨嚴行飭禁，令刑部分別定罪，以懲刁風。刑部於議奏條例內，有令本人將呈控事件開具略節，一併進呈，如接收官員不爲具奏。照應奏不奏例議處一節，所議本未允協。國家定制臣工奏牘，或露章上達，或密封進呈，原爲職應言事者而設，至小民身有冤抑，分當具呈控訴，聽候審辦。內外大小衙門，法制相維，何敢不爲申理？若尋常詞訟，皆欲直達朕前，或妄議建言，希榮干進，此等狡黠之徒，必應嚴罰示懲。所謂天下有道，則庶人不議也。今若令其開具略節，即爲呈遞，奸民巧詐百出，其所開略節，未必皆與封詞符合，接受官無從查考，轉致案無鉅細，悉以上聞，仍不足以杜刁頑而清訟獄。著申諭文武臺諫各員，嗣後如有民人呈遞封章者，接收之員一面將所遞封章具奏，一面即將該犯鎖拏，先行送交刑部押禁，附於摺內陳明。朕查閱封章，覈其案情輕重，或即照封遞呈詞新例治罪，或詞語悖謬再加等治罪，交刑部分別懲辦。所有刑部前議開呈略節一條，著即刪除。

《清實録・嘉慶十九年》 又諭：御史賈聲槐何彤然奏民人上控案件請勅下各督撫親提審訊各等語。直省設立藩臬二司，綜理庶政，又置督撫以統制之。督撫之秩，其初原爲察弊除奸，與巡按無異。今定爲實缺，管理地方。凡所部中有冤抑案情，府縣不爲申理，該督撫自應親提鞫訊，立辨是非，庶可肅法紀而蘇民困。若督撫不爲審理，致小民跋涉來京控訴，欽派大臣前往查辦。試思在京部院衙門各有應辦政務，豈能常令曠職，使車四出各省，又安用此督撫爲耶？嗣後直省督撫，遇有發交親提審訊案件，務各親身鞫問，違者即治以違旨之罪，發交兩司者亦如之。其本省上控案件，不得仍批交本府本縣，任令掩護前非，設法消弭。遇案情重要，關涉官吏者，該督撫即會集司道等當堂聽斷，不可養尊處優，概委之首府首縣，致令官官相護，曲意彌縫。務痛改因循疲玩積習，使政平訟理，民隱得伸，則吏治自蒸蒸日上矣。將此通諭知之。

《清實録・嘉慶二十二年》 諭内閣：從前熱河所屬地方，凡關係蒙古案件，屢次遲延，甚至經年不能剖斷。經朕召見歷任都統、道府，據稱

又〔六月〕庚午，諭内閣：給事中陸泌奏請嚴立詞訟限期一摺。民間大小詞訟皆應迅速審理，以免拖累，無如地方官因循疲玩，積習相沿。遂致案牘塵積，百弊叢生。若如該給事中所奏，令鄉民於呈内註明離城道里遠近，立定集訊限期，恐案情不一，證佐不齊，仍不免藉詞延宕，是多立科條，徒滋紛擾。總之輿情之通塞，視乎州縣之勤惰，州縣之勤惰，存乎大吏之激揚。各直省督撫、藩臬果能認眞率屬，考察嚴明，勤者優加獎勸，惰者立予糾參，使牧民之吏，知以民事爲重，不敢耽逸安而怠於聽斷，斯政平訟理，而吏治自蒸蒸日上矣。

《清實録・道光二十五年》 又諭：禮部奏案關文生應行斥革，刑部並未會同禮部覈議等語。此案浙江文生張禮，於人命重案輒向説錢私和，雖經刑部查明並未過錢，擬杖議，准援免。惟本案關繫罪名至絞監候之重，該生輒敢私行議和，且説錢已有成數，即與賄賂有據者無異。張禮著仍行斥革，刑部承辦此案司員並不照例會同禮部辦理，著查取職名交部議處。嗣後遇有案情關涉舉、貢、生、監，應行斥革開復之處，著刑部仍遵前奉諭旨，會同禮部定議具奏，免致辦理兩歧。

《清實録・道光二十六年》 諭内閣：吳其濬奏甄別才具短絀之知縣，分別改補撤任一摺，山西長子縣知縣葉含芳，遇事遲鈍，於舉報充商一事，並不據實申覆，辦理尤爲懈弛；絳縣知縣董慶來，辦事未能周到，現有被控差役訛詐殷戶一案，該縣置若罔聞，其廢弛已可概見。葉含芳、董慶來均著撤任開缺，留省察看。至知縣改補教職，例有明文，除到任後自揣才難勝任呈請改就教職者，毋庸定以年限外，其實缺知縣履任在半年外者，概不准該督撫率請改教。此次該撫請將才具平常之神池縣知縣楊銜改補教職之處，著不准行。該撫違例奏請，並著交部議處。

《清實録・道光二十七年》 又諭内閣：都察院奏查明各省京控咨交案件逾限，並上次展限已逾，仍未審結各案，開具清單呈覽。各省民人來京具控，經各衙門咨交之後，該管上司自應勒限嚴催迅速審辦。茲據都察院查明該衙門咨交各省逾限未結，統計三十七案之多，步軍統領衙門咨交各省逾限未結，統計十七案之多。任意積壓玩泄已極，著吏部即將承審逾限各督撫將軍、都統、府尹及委審各員應得處分，查取職名分別議處，並著該督撫等迅速審辦完結，毋任延宕，致干咎戾。

《清實録・咸豐十年》 又諭：都察院奏，湖北民人鄧旺銀遣抱告以委員嚴刑勒結等詞，赴該衙門呈訴。據稱上年該民人京控李行儲等糾衆燒搶一案，由步軍統領衙門，咨回本省，乃案證未齊，而委員馬元驤等輒用嚴刑勒令該民人具結等語。案關承審委員袒護匪人，虛實均應徹底根究。著交官文督同臬司親提人證卷宗，秉公研訊確情，按律定擬具奏。委員馬元驤，董紹昌並著該督查明參奏，抱告王義順，該部照例解往備質。

又 内閣：官文奏請將架詞捏控之棍徒嚴懲等語。據稱：湖北近有刁惡棍徒，或因訛詐不遂，或因挾嫌報復，往往指名捏控，誣以謀逆從賊，羅織多人，挾制官吏。如麻城縣民人鄧旺銀等京控各案，均係有心誣陷捏詞控訴，業於訊明後照例嚴辦，以遏刁風。各省被陷地方，經官軍收復之後，其被脅良民並非甘心從逆者原准免其治罪，其困守本境不肯逃亡者，較之被脅之民情更可原，決無反予苛求之理。似此刁徒訛索，架詞誣累實爲良善之害，亟應嚴行懲辦。嗣後湖北京控案件，遇有執持逆匪僞據，捏詞控告者，著都察院、步軍統領衙門即將該原告連所遞呈詞等件一併交該部遞解回籍，查明有無在本省上控案據，分別立案不行並，加等治以越訴誣告之罪，以儆效尤。至他省有赴京向該衙門等呈控，事關重大者，仍著隨時具奏。

《清實録・同治二年》 戊子，諭内閣：給事中博桂奏刑部反獄重案，蒙混定稿，請飭查辦，嚴定獄卒罪名，並將聲名狼藉之承審司員參奏一摺。據稱刑部定案，總應覈明情節，以律例爲憑。越獄、反獄、劫囚，律分三等，而

該部辦理疏防反獄一案，將同謀之監犯，照劫囚科罪。將主守之獄卒，照反獄減等。又將管獄有獄各官，照越獄查參。辦理歧異。又於問擬流罪之禁卒田文玉，背例聲請留養，於逸犯周六之戚田五，冒名進監，所訊情節，前後自相矛盾，亦未將失於稽查之司務參處。其提牢司獄直宿，及臨時督率禁卒追捕情形，並未查詢明確。又不將收管周六等犯之獄卒，嚴訊治罪，種種蒙混支離，實屬草率定讞各等語。著派寶鋆沈桂芬，會同都察院堂官，秉公覆查究辦，務期水落石出，以成信讞。並將摺內所參聲名狼藉之司員余光倬，遇案宣揚。於承辦馬錫碌之案，求堂派審，迴護處分，鑽營取巧等情，及將此次反獄一案，含混定稿，於禁卒田文玉違例聲請留養是否另有別情，一併確查，據實嚴參。其所請飭刑部嚴定罪名之處，著於定案時聲明，請旨。

又　諭內閣：志和奏部案積壓過多難於速結，現在力求整頓一摺。盛京刑部承審案件，民人由奉天府府尹轉飭地方官差傳，旗人由將軍衙門轉飭該旗提解。現在該部各司承審之案，現審未結者八十餘件，駁審未覆者四十餘起。或證佐催提未齊，或案犯畏罪遠遁，該管官未能迅速拘提緝獲，以致案懸莫結，積壓日多。似此積弊相沿，殊屬不成事體，著玉明、和潤、德椿嚴飭該地方官及各該旗等。嗣後凡遇交部審辦案件，務將案內要犯，及應提人證，迅卽拘提緝獲，送部歸案。其部駁覆審各案，該地官接奉部文後，亦卽隨時詳覆，儻敢仍前玩泄，卽著玉明等查明據實參辦。至現在未結各案件，著一併迅速催提聲覆，毋許再有稽延。並著志和督飭承審司員等，將從前未結案件，逐一清釐。有可先行擬結者，迅卽審擬完結。其餘未能卽結各件，一俟案內人證到齊，亦卽隨時審辦，如該部承審司員於案犯到齊後，仍不速行辦結，並著志和隨時查明參奏。

《清實録·同治五年》　己丑，諭內閣：御史書文奏各省特交案件，請飭嚴定章程，迅速訊斷一摺。各直省於奉旨交審之案，自應遵照定章速行審訊。近來積習相沿，竟有拖至數年十數年案懸不辦者。小民負屈含冤，不能及早申雪，卽兩造待質人證，亦因此淹滯，大受拖累，何以清訟獄而恤民生。嗣後各直省督撫將軍都統府尹遇有京控發交案件，務須迅卽親提，悉心研鞫，不得任聽承審各員揑稱人證未齊展轉延閣，致滋弊端。經此次通諭之後，儻仍蹈從前積習，任意遲逾，不能依限訊結，必將該督撫等從重懲處。將此通諭知之。

《清實録·同治七年》　各省積習相沿，於命、盜重案，及尋常詞訟因循延閣，以致小民冤屈莫伸，並於京控案件，藉詞延宕久不審結等語，覽奏實堪痛恨，嗣後各直省督撫，務當嚴飭所屬，遇有詞訟案件，隨到隨審，不得如前積壓，並飭定限期，飭屬依限完結。至於京控發交各案，遇有冤抑，必須早爲申雪，其有逾期未結者，卽行奏參，予以應得處分，毋得瞻徇迴護，以清訟獄，而恤民生，將此通諭知之。

《清實録·同治九年》　又諭李鴻章奏羅淑亞必欲將天津府縣正法，其照會內稱：實由府縣幫同行兇，又稱有主使動手之人，請飭毛昶熙等詢明該使所聞得自何人，所查得有何據，須將如何幫同主使，證據交出，由中外大員會同提集，該府縣當堂質訊，必兩造俱肯認供，方成信讞等語。曾國藩現將天津府縣解交刑部治罪，本日軍機大臣呈遞毛昶熙致總理各國事務衙門信函，有羅淑亞卽擬進京之語，該府縣解送到部時，萬一羅淑亞欲到刑部親看審訊，殊屬不成事體，現在俄比各國均向總理各國事務衙門探聽，將來該府縣到部時，外國人能否前往聽訊等語，雖經該衙門當時竭力阻止，然亦不可不防，不若仍令張光藻等在津呈遞親供，曾國藩等與羅淑亞據理辯駁，較爲妥善。將來定案時，仍由刑部覆覈，以符曾國藩原請交刑部之奏，著曾國藩等斟酌辦理。本日已傳諭錢鼎銘將該府縣仍行解赴天津候質，曾國藩等於張光藻等抵津後，先後取具親供，照會羅淑亞，如羅淑亞仍自狡執，再向詢問該府縣幫同主使究竟有何證據，卽得之傳聞，亦應將聞自何人確鑿指出，再行當堂質訊以昭覈實。若以游移無據之詞，欲將該府縣正法，斷不能如此辦理也。張光藻等既在天津傳質，羅淑亞自亦應在津以免往返函商，曾國藩等卽可照會羅淑亞在津商辦，以期迅速了結，如羅淑亞進京更無轉圜地步，曾國藩等諒亦統籌全局，熟計深思，至正兇亟應嚴緝，前所獲犯趕緊審訊議抵，較之空言抵制者，更爲得力，原片均著鈔給閱看，將此由六百里，各密諭知之。

《清實録·光緒元年》　又諭，御史陳彝奏：縷陳管見，請清刑罰，平稅斂，並整飭風俗各摺，不爲無見。各省京控案件，理應秉公訊斷，不得調停迴護。嗣後各省督撫，務當嚴飭所屬，認眞辦理。果係健訟之徒，自應嚴懲。儻實有冤抑，卽予平反。各省辦理案件，尤當嚴禁非刑，稽查株連。其實應羈禁待訊者，卽仿照囚糧之例，酌撥公款，以資養贍。仍派員稽查，按月造冊，解交該管上司查覈。所有擅用各種非刑，並著一律禁止，以示矜恤。省會發審局，宜慎擇賢員經理。嗣後各省應將每年派入局員，並各員履歷，斷結何案，逐一聲明，報部查覈。如有冤濫，即照承審例處分。至各省元氣未復，尤應體恤民艱。

《清實録・光緒三年》 辛巳諭内閣巡視東城御史文保等奏命案牽涉武弁妄拏私拷請交部審辦一摺。民人崔二受傷淹斃一案牽涉武弁妄拏拷訊亟應徹底根究。著交刑部研訊確情按律辦理。朝陽汛把總黄祿王壽著刑部一併傳訊。現月壬午諭内閣給事中郭從矩奏川鹽淮課得失利害請飭部覈議一摺。著戶部議奏。

《清實録・光緒五年》 湖廣總督李瀚章等奏，奉旨飭拏之袁甲甫等，訊非訟棍，應否議結。得旨：袁甲甫等既經訊明並非訟棍，著即省釋，仍飭該地方官隨時訪查。如有不法情事，即行從重懲辦。摺包又奏，請仍將漢陽宜昌水師各協營改爲陸路專管。下部議。

清・琴川居士《皇清奏議・衛周祚〈刑獄五欵〉》 刑部左侍郎臣衛周祚謹奏：爲欽遵明綸，俯陳愚芻事：頃者皇上下詔求言停刑減獄，中外洽鬯，蒼霖沛然，此皆堯舜如天好生之仁，有感必應，宜奸慝格化，政簡刑清，乃愚民作孽重案，駢至囹圄，未能空虛，縲絏猶然載道。臣每録對傷心慘目，況臣忝參司寇之席，敢不仰體皇上泣罪解網之心，以佐平允之治，謹就職掌列爲五欵，爲我皇上陳之。一清欽件之法，臣部京案易結外，詳有積數年者，臣閲招詳，見有事未結而報監斃矣，果係重犯死不足惜。倘屬連累，冤屈難伸，此皆承問衙門玩愒歲月，緩視刑獄以致園扉冤濫，人命草菅。臣謂臣部宜置欽件簿，每撫臣一扇用，臣部印鈐之，將奉過欽件簿十四扇用堂印鈐之，前件下，即開承問司官，某日抄到限某日審結，行外，著開曾催幾次，每月得以稽勤惰，而別賢否，庶乎積案頭緒可考矣。一矜土賊之案，臣部大案，人命、強盜俱有證佐。矜疑者，少惟土賊一案，每起至有數十人者，初解部審，或係縣文，或係清字總未成招。臣以爲土賊當場拏獲者，必無冤情，惟展轉扳誣，或借良民以緩獄，或挾私仇以報怨。一經賊頭咬定，雖無贓證，必無生理矣。賊情果眞雖殺，百人不爲多，少有冤抑。錯殺一人已爲悞，臣謂宜行城守章京，凡解土賊就近會同該道略節成招，其無章京處，所該州縣，亦必由該道略節報部，果係無干扳誣者，即與放釋，不必解部，庶眞賊不漏網，而良善安枕矣。一嚴誣告之律，京師四方雜處，姦棍叢多，挾制拏訛，視爲尋常。訟獄煩興，皆由若輩。臣見舊案有告御狀，而又逃去者。明係情虛懼罪，即前日惡棍楊大用徼倖寬典，實邀非常之恩。臣謂今後有此等姦棍，宜實行誣告加等之律。庶輦轂之下，良民商賈，皆得安生矣。一廣贖鍰之制，臣查會典雜犯罪死，與笞、杖、流、徒皆有收贖之例，蓋有祿人、無祿人情可矜疑，與情不可矜疑，故立贖法以原情。今贖鍰之罪行於外者，多行於内者，少是四海邀恩者衆，而輦轂受法外之仁者，鮮也。且金作贖刑，自堯舜時已然。臣謂今後臣民有流徒等罪，除大憝不貰外，果情可矜疑者，即准收贖，勿輕遣發，庶養億世之忠厚，而風俗丕變矣。一援八議之條，從來論過必先原功，申法尤在顧體，況開國承家，一時從龍之彥風雲蔚起，有功在社稷者，有贊謀幃幄者，一概與傳輩論罪非，法之平矣。臣謂有人臣犯罪，除大惡不道外，其餘得以八議之條，開列上請，實所以崇國體，而尊朝廷也。以上五條欵。臣在刑言刑，總之，疏滯宣幽，體寧失不經之仁，鋤惡遷善，成刑期無刑之化，倘有可採，祈勅部議覆施行。

清・琴川居士《皇清奏議・朱訓詰〈引律貴乎當罪疏〉》 吏科給事中臣朱訓詰謹奏：爲聽獄貴乎得情，引律期于當罪，用游移之詞，輕殺人命，積冤抑之氣易干天和事。臣惟刑名之官，專理庶獄，律條之設，準合群情，原不可以意爲輕重者也。我朝一代創興伊始，革明季末流之弊，立法不得不嚴，而用法未嘗不寬。故雖屢定之成案，必下三法司核議者，誠恐畸輕則縱，畸重則苛。務使得情當罪而止。乃臣見刑部諸臣不能實體皇上好生之心，并不能恪遵皇上一定之律，審未必得情，而口供復不全録，其爲弊最大，比例未必當罪。而看語又無確據，其居心太欺。每專用雖如此，但如彼游移之詞，而不定斷其當否。且蹈襲前已然，後當然，苟簡之習而不細，權其輕重，於足欲入人罪，而不當死者竟死矣，而不當生者竟生矣。國法難私人命，最重朝廷生殺之柄，豈可任諸臣苟且悠忽，敢於妄用耶？臣試指其一二事言之。如阿那庫以小人而爭家產，罪本不致於死，即不聽旨意之言，誠爲重大。既引奉制書而不遵者，杖一百之律矣。何又云難比此例。夫既難比此例矣，初何以引此例，而卒又不別舉一例。但用重大二字，遂擬立絞，若非其妻告明，經睿鑒察出，則阿那庫之屈死久矣。又如葉天生以光棍之尤假冒職官，肆惡京師，已非一日，誰不知之。先經擬戍，負罪遠逃，得邀寬典，准其援引。赦復不自悛改，妄行瀆奏。聞其下刑部時聽審不跪，辱詈堂司，是藐三尺而蔑國典也。此何難置之重法，而反從輕擬戍者何故？若非皇上電察其惡？投之遐荒。遣戍之時能保其不再逃乎？戍滿之日，能保其不再爲奸乎？諸如此類不可勝舉，若諸臣見不足以及之，而誤爲出入，則謂之不明。若諸臣見足以及之，而故爲出入，則謂之不公。不明不公之罪，臣不能爲諸臣解也。語云：刑罰不中，則上干天和。今臺臣以天道積久，亢暘具題，乃蒙明旨，省躬自責，在皇上咨儆之心，則然而言天道者，必驗於人事。臣深維其故，終以爲此刑罰不中，上干天和之應也。臣請嚴飭刑部諸臣當奉朝廷立法之意，用法不得仍襲苟簡之習，糊塗了事，體皇上愛人之心爲心，不得專用游移之詞，輕便殺人。事經兩造口供，不全錄者，即爲作弊，律引一條，情罪不確合者，即屬欺公。如有此等，嚴治以不職之罪，務使虛心聽斷，片言折生者之口，按律定罪，千秋服死者之心。刑罰之用當，則冤抑之氣申，於以召天和，而幾刑措，不難也。

清・琴川居士《皇清奏議・吳綬詔〈請伸民枉以杜刁風疏〉》 乾隆二十九年山東道監察御史臣吳綬詔謹奏：爲請禁收准民詞，仍批原問州縣覆審、會審之積習，以伸民枉，以杜刁風事。竊照州縣一官與民最親，凡詞訟全賴審理，然往往有聽斷未平，下情冤抑，因而赴愬上司者，亦有逞刁健訟於結案後復飾請越愬者，近湖南新寧縣民傳佚罷市一案，伏讀聖諭以該署府既不親審，又不委員，仍發交本縣辦理，將原告禁押致成事端。仰見睿照如神，無微不燭，惟外省積習大抵皆然。臣每聞府道以上收准呈詞，多批本州縣自行審詳，即別委他員，亦令原問官會審，如本年二月間，山東高唐州民高上忠所控知州馬而良各欵。蒙欽差侍郎臣四達前往查審結案，而據原呈所稱，則一控於東昌府，仍批本州查報，兩控於巡撫，批行司道，仍皆委員就本州會訊，以致有不審被告，獨囚原告等詞，其明證也。夫小民如果受屈，必由州縣偏向徇私，執意難回，亦不得已而上愬。今反令覆審，則其忿怒摧折，固不待言。若既委他員仍復會同審訊，在原問官勢必自護前非，且差役皆其牙爪，氣奪刑求，小民恐無能畢其詞，委員又何從證其枉？扶同瞻狥亦遂不得不然。非惟冤抑莫伸，更增一誣告之罪。及上司依詳批結，而立案已不可動搖矣。即使情眞罪當而屢折於原質之庭，重科於會鞫之地，且不足以服其心，又况健訟者流，藉口本官不肯自翻己案，捏詞越瀆，屢訐不休，則訟端更無由平，刁風因之益熾，甚至脇衆肆横，抗官玩法。種種事端，皆緣此起，殊非所以仰體我皇上慎重民讞，明聽庶獄之至意也。伏思督撫等統制全省，若因所屬呈愬即據一面之詞，輒行關提，猶慮於民未便。至於道則分巡府則專轄，自當察其情僞，重者親爲提審，餘亦專委別員隔訊，以免冤縱。乃向來積習相沿，未有禁止。臣請勅下直省督撫以下，凡收准民詞與本州縣有干涉者，即委該管道府覆審，其道府收准民詞，即弔取卷案提集人證，親行訊究。至案內如遇有檢驗查勘，應行差委等事，令其遴選賢員，不得仍會同原問官，如此庶小民之抱屈者，易於伸雪。其捏飾越愬者，待上司別訊得實，加以重懲，自必俯首畏法，不敢行險僥倖，而刁風亦可少息矣。

清・琴川居士《皇清奏議・高晉〈請停送案犯畫押供單疏〉》 太子太傅内大臣仍留兩江總督統理河務臣高晉謹奏，爲請停案犯畫押原供，申詳督撫送部之例，仰祈聖鑒事。竊照州縣辦理命、盜案件，於犯證到案時，詳審明確即錄敘初供，通詳聽候上司察核批示，再行覆審定擬，備敘、供單，由府司逐層覆勘，解經督撫親訊，將該州縣原審各供全敘入疏具題，並備揭帖詳載供詞送部查核，此歷來辦理之成例，相沿已久，至犯人雖有當堂畫押之原供，向惟存於州縣卷內，從不隨詳附送。嗣於乾隆四十一年八月內，經兵部侍郎高樸以送部揭帖中雖將供情詳細錄敘，而案犯當堂畫押之原供向例俱不咨送，州縣中往往逞私刪改，諱捏多端，且恐愚民犯案，不思孽由自作，反以改供藉口妄生揣測，因而越訴上司，甚至赴京控告，請將案犯畫押原供一併申送上司審轉，隨案咨部，則承審官不敢遷就案情，罪人亦不敢妄思狡展，府司覆審之時易於得情定案，更不多費駁查。倘州縣因有申送原供之例，有心刪改，抑勒畫押，一經究出，即據實揭參等因，經部議准通行，在案臣查犯人到案，原供行令隨時，送部固爲慎重讞獄惟是外省辦理命盜等件，必須於詳冊內查核通案犯證之供詞，以得案情之虛實，非僅以要犯一二人之供情，即可輕信，而遽定爰書，誠以州縣之賢愚不一，案情之變幻無窮，每因案涉疑難，或闒承緝參處混拏無辜，刑逼妄承，甚且串供栽贓，以實其事，更或狡猾之徒賄囑頂兇，在在多有。是畫押之原供，本不足憑，故有甫經錄供通報，察其情節支離，即須委員確查者，並有已經定擬招解，一經上司提審通案全翻者，更有審擬具題，經部指駁，究出別情者，是案犯初供均難盡信，全在問刑各官悉心體察，推勘入微，則情罪自歸允當，州縣果有濫刑鍛鍊，改供捏詳情弊，原應據實嚴參，並不因其無畫押之原供，遂至無憑稽核也，若必慮及州縣之刪改諱捏，罪犯之藉詞狡翻，而以要犯畫供送部爲憑，則命案重犯，大半皆屬愚民，併有不識字者，縱使官吏逞私刪改，令其畫押彼亦不能細閱情節。臣現在查察畫押供單，悉與招詳符合，似不過於審定成招之後書吏照依詳內所敘口供另錄一紙給與犯人，或畫一花押，或畫一十字，或圖一圓圈，甚有代爲畫押者，隨詳附送，洵屬無益之具文，不足爲定案之確據。更恐上司見識拘泥，因有畫押供單送驗，輒即深信不疑，或圖附和原供，雖遇被累之人，極口呼冤，亦不虛衷推鞫，則嚴刑逼認，草率轉詳，轉致不能昭雪。臣仰體聖主明慎用刑至意，未敢因部臣議准通行即不據實陳奏，應請將要犯畫押供單，申送上司審轉，隨案送部之例停止，仍責成督撫大吏董率司府於命盜重案隨時加意體察，反覆推求，稍有可疑，即徹底究明，期於無枉無縱，倘州縣一疎忽不能審出眞情，或係另有規避任意鍛鍊刪改供招，即分別參辦，亦不必多設規條，而讞獄仍歸詳慎矣。

《清末籌備立憲檔案史料·浙江巡撫增韞條陳審判事宜摺》 浙江巡撫臣增韞跪奏，爲條陳審判事宜，恭摺仰祈聖鑒事。

竊維司法行政，向係混合爲一，自奉先朝諭旨制定審判，規定各廳，而司法遂以獨立，嗣經館部諸臣劃區編制，全國頒行，道一風同，臣復何說。惟是事屬創始，造端宏大，各省之風氣未盡開通，相需之人才未必適用，一或不慎，其流弊所至，上之不足尊崇法律，下之且將遺害民生，騰笑鄰邦，爲世詬病，此大可慮者也。臣管見所及，謹陳辦法三端，上備聖明採擇。

一、商埠審判宜暫緩開廳也。自中西刑律不同，各國均藉口中律過重，遂於通商口岸得有領事裁判權，卽條約上所謂治外法權也。查光緒二十九年中日通商行船續約第十一款，有中國整頓律例，與東西各國改同一律，一俟審斷辦法及一切相關事宜皆臻妥善，日本國卽允棄其治外法權等語。是年中美續約其第十五款，亦與此同。是收回治外法權，要以審判妥善爲衡，初不斤斤於遲速間也。今設立審判，先從商埠入手，機關既不完全，官吏又無經驗，以萬國具瞻之地，一不得當，卽爲口實，信用若失，挽救終難。臣愚以爲商埠審判，暫不開廳，而專注力於省城，省城各廳距上級機關甚近，程督易而稽察周。一年以後，著有成效，再於其中挑選明幹練達之員，派充商埠推檢各官，駕輕就熟，輿論翕然，堅外人之信仰，卽徐收已失之利權，事半功倍，無逾於此矣。

一、司法人員宜於未開庭時先行練習也。查現時法官資格凡三種：一爲通曉法政人員。其學雖係專門，然訴訟不過各科之一，致力未必專精也。一爲文官七品以上及舉貢出身者。其中豈無績學之士，然法律非素習，未必遽能明通也。一爲舊時刑幕。其中亦多知名之流，然所習者舊法，於新學或懵如也。況法部通行招考之時，現行刑律甫經奏定，應試之士，尚未窺見全書，朝獲倖取，夕操法權，以人民生命財產極爲重要之端，託之資格不齊一無歷練之人，臨事張皇，全體譁然，雖有聖神不可侵犯之法律，亦將見輕於民。當是時也，舊法之範圍已破，而新法又不足資維持，國家將何所憑藉以控馭人民乎？臣愚以爲宜將現取司法人員，分發各省，暫不開庭，卽就現建之高等、地方各廳中練習半載，凡審判一切手續，及應用規章，討論其疑義，演習其規模，其偏畸缺漏處，先事補正之，至明年七月爲實行開庭之期，練習既久，措置裕如，較之現時開庭，功效自倍，此求遲反速之道也。

一、法官薪俸宜從優給予也。查審判各廳，至一律成立之年所需經費，人員薪俸約佔全數十分之八九。誠以法官資格既高，俸祿不容過薄，且昔日州縣重寄，一切移之法官，若所入不足自存，不獨不能保持獨立之地位，而流弊且不可勝言。然調查各省所定州縣公費有千餘兩者，有五六百兩者，至少亦二三百兩，而法官薪俸規定極簡，若忘其爲實缺並終身官也者，甚至以秩視四品之廳丞，其薪俸乃不及簡缺州縣之公費，推檢更無論矣。司法與行政既不平等，人將以司法爲朝廷不甚愛惜之官，奇才異能，皆趨重於行政，而視司法爲畏途，法制縱極完全，無人才以司之，終必歸於墮壞，今欲司法之獨立，宜先期薪俸之持平。擬於未設審判廳之處，州縣公費，照常支給，已設審判廳之處，州縣不管詞訟，可酌提公費三分之一以補助之。以州縣公費，平均約六百金計算，初級廳成立後，提出二百金，足養一推一事、一檢察官。再如刑幕脩金、秋錄招解等費，差役工食，凡應歸司法經費者，悉數提出，已足養錄事、庭丁之屬而有餘。況各廳成立以後，本有正當之收入，如訴訟狀紙、印紙、登記費、罰金等項，足供支出費用大半。推行愈久，收入愈多，卽有不足，由國庫支出者，當亦有限，正不必震驚於經費過大，而以裁減薪俸爲唯一之目的也。

抑臣更有進者，國家所恃以保持全國之安寧秩序者，法制與人才而已，無法制不足以範人才，無人才不足以行法制，相需相成，未容偏重。況改革伊始，天下之觀聽繫焉，基礎一壞，阻力橫起，新法之弊較舊法爲尤甚，迨至弊端已見，復事變更，不獨前此所籌備者，等諸虛牝，而遷留無常，適易啓人輕視現時制度之心，轉無以昭威信於天下，此又不可不早爲計及者也。

所有條陳審判事宜緣由，謹恭摺具陳，伏乞皇上聖鑒，敕部核議施行。謹奏。

清・劉拱宸《居官慎刑録・有司決囚等第條例》 凡有司於獄囚始而鞫問明白，繼而追勘完備，軍、流、徒罪各從府州縣決配。至死罪者，在内法司定議，在外聽督撫審録無冤，依律議擬斬絞情罪，法司覆勘定議奏聞，候有回報，應立決者委官處決，故延不決者，杖六十。其公同審録之際，若犯人自行反異原招或，家屬代訴稱冤，審録官即便再與推鞫。事果違枉，即公同將原問、原審官吏通問改正，同將原問原審之官吏通行提問，改正其罪若囚犯明稱冤抑，審録官不爲申理改正者，以入人罪故或受贓挾私失或一時不及參究論。

條例

秋審時，督撫將重犯審擬情實、緩決、可矜具題，限五月内到部。刑部將原案及法司勘語并督撫勘語刊刷招册，送九卿、詹事、科道各一册，八月内在金水橋西會同詳核，情實、緩決可矜分擬具題，請旨定奪。其盛京等處案件亦造入各省秋審案内具題。俟命下日，先後咨行直省，將情實人犯於霜降後、冬至前正法。其咨文到地方限期：雲南、貴州、四川、廣西、廣東、福建限四十日，江西、浙江、湖南、甘肅限二十五日，江南、陝西、湖北限十八日。河南限十二日，山東、山西限九日，直隸限四日，盛京十五日，甯古塔限一箇月。限内遲延不到者，該督撫將遲延地方官察明指參。至於秋審具題後，如有新結重案，俱入次年秋審。

秋審、朝審處決重囚及一應立決人犯，如遇冬至以前十日爲限，夏至前五日爲限，俱停止行刑。若文正值冬至、夏至、齋戒日期，及已過冬至、夏至者，於冬至七日、夏至三日以後，照例處決。嘉慶十五年修改。

各省官犯，如係貪酷敗檢、侵虧狼籍及有心巧詐、不盡臣職、罪應斬絞之員，其審題結案在行刑之日以前者，著皆補疏題請。情實予勾者，即行刑之日已過，亦著行刑。在行刑以後審結者，入下年新事册内，刑部仍粘籤聲明。其尋常私罪案犯，無前項情節者，著牢固監候，俟次年秋審辦理，不得概請補入本年情實。乾隆二十二年例。

各省秋審本揭，如係新事初次入秋審者，照舊備敘案由，確加看語，以憑會核。其舊事緩決人犯，摘敘簡明略節，依次彙爲一本具題，俱不必敘入問供。以省繁冗。至九卿會審時，刑部分送招册内除情實未勾及初次入秋審者，仍刷印招册，分送詳核外，其舊事已入緩決者不必重複備册，分送會審，止於會審時逐一唱名進呈，秋審本内亦開列起數名數具題。若舊事内有一二案尚須商議，並該督撫前擬情實、後改緩決，前擬緩決、後改可矜之案，仍聽刑部摘出，臨期印册，分送九卿，公同會議，朝審案犯，一體辦理。乾隆二十六年例

秋審可矜人犯内，如子婦不孝，詈毆翁姑，其夫忿激致斃。或因該犯之母素有姦夫，已經拒絕，後復登門尋釁，以致拒毆致斃者。此等情切天倫，一時義激，與尋常狠鬬者不同。刑部會同九卿遇有似此罪犯，案情既確，俱量爲區別，照免死減等例再減一等發落，仍逐案隨本聲明請旨。乾隆二十七年例

緦麻服屬人犯於停勾二次之後，亦照期功以上例，大學士會同刑部一體省核，改入緩決。乾隆二十九年例。

各省每年秋審，臬司核辦，招册務須先期定稿，陸續移咨在省司道，會同虛衷商確，聯銜具詳，督撫覆核定擬。至期，會審司道等官俱赴督撫衙門辦理。

應行立決人犯應在京處決者，如適當雨澤愆期、清理刑獄之時並祈雨祈雪期内，刑部將此等應結案牘暫行停止題奏，俟雨澤霑足，再行請旨。如係應在外省處決者，俱照常題奏。道光元年修改

凡兇盗逆犯，干涉軍機，應行立決及須刑鞫者，均即隨時辦理，聲明咨部，毋庸拘泥停刑舊例。其尋常案件，仍照定例月日停刑。

秋、朝審情實官常犯有經十次未勾者，刑部查明奏聞，下次改入緩決。不得擅改，可矜其官犯。已改緩決，後如遇查辦緩決三次以上時，不得與常犯一例減等。其中或有應行寬宥者，恭候諭旨辦理。乾隆四十四年例

各省奉到立決人犯部文，該督撫按程、按日計算，如府廳州轉行州縣在正月、六月停刑期内者，即將部文密存按察司内署，仍按程日計算，行至州縣已非停刑日期，釘封專差馳遞，該州縣奉到部文，即日處決。嘉慶六年、道光五年、咸豐二年三次修改。

凡遇南郊、北郊大祀之期前五日、後五日，刑部及順天府衙門凡在京立決重犯俱停止題奏。其核覆外省速議及立決本章，仍止迴避齋戒日期。道光元年續纂。

凡立決之犯，部文到日，如正印官公出，令同城之州同、州判、縣丞、主簿等官，會同本城武職，遵查不停刑日代行監決。若該地方無佐貳官，令該知府於部文到時，即委府屬之同知、通判、經歷等官，速至該州、縣，會同武職代行監決。該佐貳等官監斬後，將正印官因何事公出，并見委某員於何年月日會同武職某官監決何犯，逐一詳報各上司查核。

清・劉拱宸《居官慎刑録・嘉慶十六年四月二十六日上諭》 上諭：給事中陸言奏請勅禁非刑及斷罪應照本律一摺，所奏甚是。問刑衙門遇有應加刑鞫之處，本有一定制度。若私造非刑，任意殘酷，必致損折肢體，戕害性命，殊失國家欽卹之意。摺內所稱鸚鴿架、天平架，名目皆非刑典所應有，必係外省州縣任意創爲，因而相習成風。該給事中諒非憑虚臆説。着各該省督撫嚴行飭禁，如有此等刑具，概令毁除。倘嗣後再有私行造用者，立即參辦，以儆殘酷。至於定擬罪名，猶應準情酌理，按律援引，不得意爲輕重。前曾降旨，禁用不足蔽辜及從重字樣，近來問刑各衙門又漸有用未便僅照某律定擬字樣者。是於本律之外，抑揚其詞，深文曲筆。又何以昭刑罰之平？亦宜永遠禁止，以絶流弊。内外問刑各衙門各宜凛遵仰體朕明慎用刑之至意，將此通諭知之。欽此。

清・徐棟《牧令書輯要・刑名上》 批發呈詞，要能揣度人情物理，覺察奸刁詐僞。明大義諳律例，筆簡而該，文明而順。方能語語中肯，事事適當。奸頑可以折服其心，訟師不敢嘗試其伎。若濫准濫駁，左翻右覆，非冤伸無路，卽波累無辜。呈詞日積，而日多矣。

善聽者，只能剖辨是非於訟成之後，善批者，可以解釋誣妄於訟起之初。果其事勢不得已，必須審斷而始結。雖驅小民跋涉，亦難惜也。如其事眞僞顯然，不過紙上片言，可以折斷。而亦差傳候訊，卽情虚者受其責罰，而被告之貲財已遭浪費矣。

事無情理，無確據，或係不干己事，或僅角口負氣等情。一批而不准，再瀆而亦不准者。必須將不准緣由，批駁透徹，指摘恰當，庶民心畏服，如夢方醒，可免上控。此等批詞，不妨放開手筆，暢所欲言。但須字字有的著落，不可堆砌浮詞也。果能批駁透徹，卽有刁徒上控，上司一覽批詞，胸中了然，雖妝飾呼冤，亦不准矣。

訟師伎倆，大率以假作眞，以輕爲重，以無爲有，捏造妝點，巧詞強辨。或愬膚受，或乞哀憐，或屬證佐袒覆藏匿，或以婦女老稚出頭，或搜尋舊事抵搪，或牽告過蹟挾制，或因契據呈詞一二字眼不清，反覆執辨。或捏造改換字據形色如舊。或串通書吏捺閣，或屬託承差妄稟。詭詐百出，難以枚舉。總在隨事洞察，明晰剖辨，庶使伎無所施，訟師不禁而自禁矣。

批審事件，權其事之輕重，票内分別拘喚字樣，飭差協保傳集，不得違例濫執。每有差役將不同居親屬，及稍有瓜葛之人，蒙稟批准，卽行鎖拏嚇詐，以致愚民情急自盡，釀成大事，不可不及早醒悟也。

清・徐棟《牧令書輯要・刑名上・放告審呈》 坐大堂收呈，非獨初次放告宜然，卽任繁劇之區者，按卯俱應如是。先諭堂書置收呈簿一本，屆告期發交代書。將各名下告狀姓名，挨次填寫簿内。並令隨侍堂側，以備識認。其告狀人，排十名爲一起。分起點名，免令久跪守候。所收呈詞，逐張查問。如係舊案，只閲黏單所載前批，與現呈有無續添情節。報竊追租等案，略觀大意，不必深求。惟新呈，必須窮源竟委，訊其大概情形。倘對答含糊，定屬代遞。當堂擲還，令本人自呈。倘事不干己，藉端訛詐。卽予責處，取具遵結。所控決不准行，或事關重大，而情有可疑，必待嚴加盤詰者，則以其詞權置一邊，令其人起立階下，俟本卯呈詞收畢，再行提訊。曩余宰平湖，卯期收呈，有以毆死人命具控者，核其詞涉支遁。因與反覆辨論，原告理屈辭窮，遂命代書，將詞列見證之隨來者，於堂下識認。喚之使前，立發其伏，前一人乃籲求發還呈詞，願具切結而去。由此推之，果能使謊告者恐駁，詰而不敢盡其辭。勒詐者，懼鞭笞而無以逞其志。則蜃樓海市，自可化有爲無。堂上多盡一分心，小民卽受無窮益。官勞，則民逸。信而有徵，況閲呈解識此法，分別舊案新詞，并不過勞心力，亦何憚而弗爲耶。

清・徐棟《牧令書輯要・刑名下・人命條議五款》 邇來官胥平時既不知講讀律例，臨審又不能細心參詳。或出入游移，而輕重倒置，或元兇漏網，而枉累無辜。以致訟獄繁興，爲害非淺。殊不知審有審法，招有招體。其閒毫釐千里之辨，稍或瞀亂，窒誤因之，民命繫之，誠不可不慎也。茲列末議於左：

一、人命以原詞爲據，隨告隨審，即遲亦不得過三日。此爲定規。尤不許於臨審時更投多詞，改換情節，添減犯證，展轉牽告。除兇犯應行羈禁外，見證鄰佑，多不過三四人，隨案質審。分別保候，不許一概羈禁，亦不許聽信經承差役株連多人，致滋詐騙。

一、人命以傷痕爲憑，奉禁不許轉委佐貳捕員。定例印官親臨屍場檢驗。如但隔壁聽仵作指報，則印官必須既臨屍場之謂何，須將傷痕顏色分寸，某處近左近右，偏左偏右，皮破骨折，紅楂白楂，係某器所傷，分析致命不致命，如金刃手足甎石木棍等器，果與傷痕相合，檢驗的實，審與口供無錯，即填屍格，以定山案。不可聽信仵作經承含湖混報，致成疑案難結。更不可遲延時日，以致屍潰難檢。

何耿繩曰，當場檢驗，全憑干證與屍傷。然干證猶有扶同，而屍傷則不容僞。

一、人命以初情爲眞，檢驗之日，卽研訊屍親兇犯及緊關證佐，確實各口供。隨時追獲兇器，因何事起衅，何人見證，何人先後下手，何人致命重傷，行兇及致死日期。爲首爲從情節，逐一訊明。即便定案，以防後日狡辯參差。

一、謀殺故殺，情律甚重。如果有陰謀詭計，或有意欲殺須依律坐罪。若無謀故實跡，證口有據，自認無辭者，不得輕議強引。至鬬毆殺，誤殺，戲殺，過失殺以及威逼等項，各有一定之律例，亦各有不同之情節。如鬬殺者，以一人而敵一人者也。有兩人則爲共毆，非鬬殺矣。鬬出一人之手，又不可概以鬬殺論，如故意殺人，意動於心，執物毒打致命，卽時身死，是有心害命也，此爲故殺。隔日身死爲鬬殺。若意欲殺人，先告於爲從者，使隨我而殺之，則爲謀殺，非故殺矣。故殺者，出於一人之意，不可以從論也。若人不知故殺之意，而卒然相遇共毆，則亦共毆餘人而已。同謀共毆，有分有合，分而言之，有同謀而不共毆，有共毆而不同謀。合而言之，始既同謀，終又共毆。究其下手毆傷致命之處之人，坐以絞罪。原謀者不論共毆與否，並杖一百，流三千里。以其爲禍端之所起，若共毆之人，雖有別處重傷，亦止杖一百，以其下手致命者抵償矣，故不深罪。若原謀自行下手致命者，或混打不知何人下手，俱問原謀絞，其他俱餘人，若同行之人，既不與謀，又不助力，乃是不行勸阻，只問不應。如議甲乙丙俱依同謀，共毆人因而致死者，以致命傷爲重，乙下手律絞，甲原謀律杖一百、流三千里，丙餘人律杖一百是也。

一、共毆者，惟有兇器又毆有致命重傷者，方引充軍。其雖有兇器，而無重傷，及雖有重傷而無兇器，皆不得翦摘例文妄引，如審係某情，卽定某罪。其口供參看引律，務須一意到底，不許口供牽混，參看與引律舛錯。如共毆致死者，須悉某人持某器，某處有致命傷，口供務與傷痕兇器相合。獨重者，議抵。不得揣摩懸坐，以滋辯竇。或有自盡身死者，隨卽詢其無有眞正威逼情形，卽便趕釋不究。仍差人押令，限三日掩埋。則輕生刁惡之風自息矣。

李漁曰，從來辦人命，未見詳悉如此。非寢食坐卧於律例者不能道，非視人之性命若己之性命者，亦不能道。

又 命案一經呈報，卽宜訊供。呈報遲延，必須根究。惟不可下一斷語，防訟師之刁詐。至眞正命案，罕有屍場滋鬧者。惟假命案如自縊，失足，落河之類，屍親聽人主唆，動以婦女出頭，指發變爲傷痕，傷單作憑據。始則數人出頭，繼則衆人附和。此際當明白開導，惟諭以利害。一味鎭靜，自能解散。凡聚衆之事，皆當鎭靜，正不獨屍場爲然。屍場滋鬧宜鎭以靜

錢穀申詳，宜用活筆。刑名，則斷不可用出入之語，其要尤在初詳，一經詳出，更易爲難。必案可招解而後具詳，乃爲穩妥。然例有定限，不能遲延。則驗後速審，又在官之勤事矣。重案宜愼初詳

清·徐棟《牧令書輯要·刑名下·命案》 獄貴初情，傷憑細檢，不可有不盡之心，不可有不殫之力。遲則變生，速則事定。余三任州縣，所定命案不下百餘。惟於當場研取確情，從未在堂錄囚。一遇命案，立即問明，單騎前赴，兼裹數日糧，從僕二人，刑書二人，幹役二人，快頭一人，仵作一人，皁隸四人，不令遠離一步。以杜私弊。公案離檢所不過丈餘，至則先問兩造口辭，即令仵作同兩造及地保公同驗檢，不厭其詳。所報傷跡，先錄草單，俟三詞合同，方親至檢所。逐一加驗，稍有疑惑，令仵作復驗。果見傷跡兇具相符，然後親註傷格。如犯證俱齊，即先錄鄰保口詞，再錄證見，再錄死者之親，衆供畫一，始取兇犯口詞，或一人，或二三人，細細研鞫。分別何人造意，何人先下手，何人傷致命，務求顛末了然。確定首從，不使模糊，所傷械物，迅卽追起，不使姑緩。果無遁情，再複問各犯，翻駁盡致。果無反覆，令刑書朗誦口詞，與各犯仔細傾聽。書押畢，卽將兇犯重杖。其不行解散助毆加功者，亦加重杖。以紓生者之忿，以慰死者之心。各犯應釋者，釋應保者，保應

覊者，覊。務於當場研決，不敢遲滯牽累。返署後卽行申報，密卽串敘招看，覆核妥協。俟憲批下日，卽行點解。斷不從書役之言，以不迫限爲遷延之役也。夫不於堂上對簿，則主唆起滅之奸弊易絕。不待久遠起解，則殺人正兇之供吐難移，此余數年親歷者也。如檢驗時，兇犯脱逃，或所去不遠，卽令隨從幹役立刻追捕。倘一二日度其可獲，卽在彼處坐候了局。或已遠颺，則懸賞緝捕。仍於當場將各犯口詞照前錄定歸署。俟獲犯之日，先行密審，然後質對起解。

清・徐棟《牧令書輯要・刑名下・審命案》 審訊命案，謀殺必有致死重情。如圖財因姦抵制之類。故殺則頓起殺機，鬭殺則本非有心。凡此皆有起釁情節。爭毆形狀，必宜虛心靜氣，隔别研訊，以彼供亂此供，復以此供證彼供。如果神色稍露，乘其不意，一語詰之，使其猝無所遁。由此根究，自得實情。切不可徒事刑求，淺嘗而發之暴。至於群毆之案，人數衆多，其下手先後，與致傷部位，卽毆者事後亦難一一記憶。惟須詳察情形。總以最後下手，及傷之重者，爲緊要關頭。必爲確切推鞫，勿稍遷就。一經供認，卽令將所持之具，與所毆之傷，當堂比對。毆狀既明，斯獄情不致淆混。至案內有無涉罪名之情事，無關出入之人證，均予刪除，免滋疑竇而省拖累。倘犯供定而復翻，亦必究詰其所翻之由，以期結實，非可概以刑罰施也。

清・徐棟《牧令書輯要・刑名下・勾決》 凡遇有按察司衙門釘封公文，宜卽密折。若係委決人犯，先喚刑書入內。照寫犯由牌後，傳民壯兵丁護衛，俟諸事停當，方可進監取人。或不必上堂，卽於監中查對年貌，綁赴行刑之所。不可豫先洩漏，恐生他變。其決過犯屍梟示者，着挂通衢，取地方收管。止絞斬者，屍首給與家屬收殮。嚴禁劊子藏留勒賣。無主之屍，卽令土工擡向義塚掩埋。諸事面諭遵行已畢，方可起身回衙。既使地方及早掃除，亦免屍身暴露之慘。決過犯人有遺下衣物在監卽喚本犯家屬給領防禁卒私取如無家屬分給窮囚

清・徐棟《牧令書輯要・刑名下・審理盜案》 凡審盜案，訂一書冊。先將原呈錄上，再將呈內有名人證，取具口供略節，將首獲盜犯供出夥盜姓名，一一寫上。每名約存留冊紙一二頁，續有拏獲，隨到隨審隨寫，先塡某日拏獲，次塡口供略節，次寫所供贓物，或現犯或寄某處，次寫所執器械，次寫有無行姦傷人，次寫報出人氏。差某役緝拏或緝獲，冊後仍存留餘紙十數頁，將某月日申報某衙門。如何批駁，某日研審，某日審定，某日審解此案，某日題，某日部議如何。逐日開寫，寫至結案而止。

一、地方被盜，必以事主呈報失單爲據。狀至卽傳入事主，詢其被盜情形，盜是何時刻。從何處入，從何處出，向何處去，如何警覺，如何行劫，約有若干人，持何器械，曾否塗面。聽係何處聲音，有無器捻等物遺下。鄰佑地方曾否救應，并據單按件訊明衣服新舊色樣。銀兩是何成色，若干錠件，並取無謊開遺漏甘結。如有地鄰同來，亦各取供存卷，隨卽帶卷協同城守往勘。往勘之時，須察其進出形跡，如撬門越牆挖空暗進暗出，事主當時不覺者，則爲竊賊。或暗進而事主警覺叫喊，卽開門出戶遁去者，則爲竊盜。或暗進而事主驚起趕捕，殺傷事主而逃走者，亦爲竊盜。惟人衆而明火執杖，暗出而明進者，暗進而明出者，俱爲強劫。強劫既眞，急宜通報。以免諱盜之咎，但須據呈活報。不宜太鑿，此盜案訊報之大略也。盜數以先獲之盜供爲准，事主供單不足爲憑，供以初供爲准。不准續報，報單以初開爲准，不准續開。律註人少而無兇器者，搶奪也。人多而有兇器者，強劫也。竊盜要確是竊盜情形，搶奪亦要確是搶奪情形。方可取地保甘結，加印鈐報。若稍涉疑似，卽干駁結，誤事不淺。

一、捕盜之法，貴乎迅速。遲則盜遠贓消，百無一獲。須平日多備賞單告示，臨時勘明是劫，是搶是竊情形，塡註告示賞單。并註明事主姓名村名坐落，硃標賞銀數目，遍行曉諭差緝，又移營捕分頭跴緝嚴著捕役，初限不獲者，比責本役。再限不獲，卽提家屬留監。但須防捕役將非本案眞盜，或挾私妄拏良民，希圖搪塞免比。

一、盜賊用刑問供，現在所犯之案，非眞正得財行劫，不可遽定大辟。起贓必眞，方可定案。

一、搶奪，強類也。當問人之多寡，傷人與不傷人，掏摸竊類也。當問贓之多寡，初犯與再犯。

一強盜自首，須問明行劫幾次，曾否於何年月日殺人，行姦放火，然後申詳。蓋自首雖免死罪，而律例處治各別。宜詳審明白。

一、凡盜犯到案，先驗其有無私拷傷痕，然後問供，隨到隨問。切勿延閣。致有串合之弊，初次問供只在二堂。愼勿輕動刑夾，必令原捕站立盜犯身旁，以察盜捕二人辭色。如辭色可疑，前後口供矛盾，須以好言誘之。厲

言嚇之，慎勿徒事刑求。致成冤獄，從頭細問取供。每問一條，書辦錄過無訛，然後再問。第一條問其同夥數目姓名住址，約有若干年歲，面貌長矮肥瘦，問年貌者，所以防李代桃僵之弊，第二條問其誰人起意爲首。如何糾約。第三條問其有無窩主，及住址姓名，係何等樣人。并年貌分贓若干，銀若干兩，衣若干件，是何顔色。第四條問其有無引線，及住址姓名年貌，并究明引線與事主是何親故。曾否同行，分贓若干，如非親故熟識，不能引線，故問此以辨眞僞。第五條問其手中持何器械，巾服是何顔色，可曾塗面，日中入市，有何暗號爲記。第六條問其會齊之處何地方，何時候出入，如何行劫。有無捆打事主，是誰把風瞭望。及出門之時，有無架主道路。第七條問其所劫贓物若干，并分贓地方。如何分派，各分得若干，銀兩錠件成色。衣物件數色，樣現在下落，若已賣，卽究其賣與何人。每件得價若干，價銀現在何處，買主是否知情。如係質當，卽應訊問當於何處，當錢若干。票上月日姓名，當票下落。第八條問其家内有無同居父兄伯叔，是否知情分贓。家中有無財産，妻室子女。此外有無行劫別案，有無殺人行姦放火。如有窩夥，盜首引線未獲，則當究其現在何處。如有久逃續獲等情，則又問其一向往何所，潛逃後有無爲匪。問畢，令書辦將本犯所供，夥盜窩主各姓名住址，另開一單。又將所供名下贓物，另鈔一紙。攜出以便繕票拘拏起取，其餘口供，收入内衙。切勿發房，防有書辦捕役改抹串合之弊。另有續獲盜犯到案，隨卽帶入二堂，查對其姓名年貌住址，又卽提先獲之犯，逐一當堂認識。仍問原供盜犯認是何人，他是何處住址，上盜時他持何器械，得贓若干，原供兩相查對，倘有不符，卽行駁詰。若先獲已有數名，須要按名提入認識，以免依樣葫蘆。查訊明確，卽將續獲之犯，逐名逐條，訊取確供。後獲之犯，務與先獲之犯口供相符，方爲妥協。

一、理盜案，應問當時事主有無知覺，餘供照前問明，如有拒捕傷主等情，或當時獲贓而拒。或棄贓逃走而拒，如係刺字積賊。應訊其刺過幾次，所犯何案，如有起除刺字情弊，應問有無別人代起。其餘搶奪掏摸等案，大概相同。隨問其所犯情形而已。

一、老瓜賊應問誰人拏錢，誰人哨望，何人用繩背死客人，用何器械刨土埋屍，埋在何處，餘問同前。

一、竊案事主開報贓物，審明之後，應傳經紀面當事主，將已獲未獲贓物，逐一估記數目，以便計贓問罪。

一、強盜除殺死人命，姦淫婦女，燒人房屋，雖屬自首仍問罪外，其未下手殺人與並無他隙主謀者，俱可准其自首免罪。

一、凡盜案贓物，踏看時本縣攜帶事主所報失單，逐件問明。衣服則是何顔色花樣，紬緞布綾，或棉單夾，是男女衣。首飾則問是金銀何花樣，有無珠石，輕重若干。銀則問是何成色，數目錠件，紬緞布疋，則問其顔色丈尺，有無字號。零星則問其顔色數目新舊，分款挨次開明。獲盜之後，詳起贓物，必與失單細對，一字不可互異，前後相符，方不致駁詰。

一、盜犯之伯叔兄弟是否同居，有無知情分贓，俱應問罪。再盜犯之妻子，未及許嫁之女，俱要變賣賠償，於盜犯初獲到案卽應訊明，敘入獲報文内。

一、未獲盜時，或現起贓物，或他處扳出，知確盜下落，迅速拏其兄子弟妻室監追。

一、強盜行劫，令保正甲長鄰佑與事主同報。如係外來過客行商失事，責令居停腳戶一同呈報。印官同營汛親驗出入情形，撞毀門戶。遺下油捻器械，并事主傷痕，取保正甲長兩鄰更夫救護人等，有無見聞影響確供，塡寫通報。

一、失事之後，扣限四個月送疏防職名，卽三月内申送亦無不可，其疏防係具題之案，内無盜賊口供，則或長或短，督撫可以作主，若疏防有盜賊口供。一應情節。俱係照依疏防，絲毫難以互異，卽有改易，不免大費躊躇。

一、拏獲鄰境盜犯附招請議敘者，應將鄰員官姓名開送。遵例聲明一月内外拏獲，以便内部照例議敘。

清·李漁《新增資治新書全集·歲暮停審》 照得年荒時歉，爾民拮据良苦。當此歲盡爲口無幾，鮮衣美食，卽不關心，柴米油鹽，誰無繫念。兼之挪移借貸，取償正在此時，父母妻孥，仰望倍於他日。如其公門守候，必致家庭不顧，人皆慶得祈年，爾獨嗟難卒歲。本廳興念及此，甚爲憫惻。今將一應詞訟已經齊到者，卽於兩日内盡行審結。其未到者，概行停止，懸審候結，俱俟新春。至於錢糧已完者，不必候比。其有所欠不多者，准元宵前照數完納。蓋百貨至此時而愈貴，百務至此時而愈迫，錢糧至此時而來路愈艱，揭債至此時而子錢愈重，若不體恤爾民，使爾民不能獲一日之安，卽本廳不能安一刻之心也。特示。

清・李漁《新增資治新書全集・申嚴反坐》 嚴飭反坐之條以杜訟端，以安民業事。照得浙中百姓自軍興以來，荼苦萬狀。爾百姓皆因事不由己，付之無可奈何。至於詞訟一節，非朝廷官長所貽，由得爾等自己。稍一忍耐，便有無窮受事，稍不忍耐，便有無窮遺累。爾等到此，偏不自覺，紛紛告訐，釁搆訟連，相尋無已。是爾等不得自由之苦既已受盡，多般得以自由之苦，又復甘心願受。本院代爾思量，殊不可解。念爾起事之因，或受傷人之挑激，或被訟棍之扛唆，鼠牙口角，駕爲瀰天之浪，微疵小隙，視同不共之讐，裝點多端，惟圖一准。不知一准之後，本院不能件件親審，勢必批行各屬。問官所司者，不止詞訟一項，遇有急事，不得不將詞訟暫停。遇有大訟，不得不將小訟權擱。即有賢能問官，爲爾等申冤理滯，然爾等守候之苦，亦不知歷幾許時日，費多少盤纏，悞多少正事。況一事批到，被犯未至，原告先投，經承視爲利途，差役誅求無已。又有一等抽豐遊客，肆力招搖，爾等苦欲求勝，必至蕩產傾家；不能取勝，又爲被告所央，必至含冤負屈。及爾翻然大悟之後，一字公門，九牛難拔，雖欲休息，其可得乎？本院視爾等百姓，就如兒子一般，好兒子固思愛養，即不肖兒子招尤罹法，本院豈不心痛？下車以來，深慮民間幽隱未達，疾苦難言。每出經行，見有疲癃老疾呼號當路，兒童婦女匍匐街中者，猶恐罹於無妄，被人欺凌，每每停輿細詢。奈觀其情，殊駭聽聞，審其詞，多屬影響。爾等但思要本院准狀，有何苦難，不過舉手拈毫，批一准字，便可了事。誠恐本院了事之後，而爾等種種不了之事皆從此起。是本院以安民之苦心，反爲擾民之罪案。興言及此，尚敢輕動一筆、妄准一詞爲了事計乎？自今日出示爲始，爾等除戶婚田土一切小事當赴各有司衙門告理外，其有豪強吞噬、蠹惡傷殘及貪婪等項重情，前來赴告者，必要一字不虛，言言可質，方可投遞。如所告人命，三命內二命情實，一命情虛，自治二命以應抵之罪，必加一命以反坐之條。所告贓私百兩內，九十兩爲真，十兩爲假，自追九十兩已得之贓，亦必坐十兩以虛誣之律。本院言不妄發，爾等務各三思，可已則已，萬勿輕舉一時，遺累後日。當此兵荒之後，正宜靜養休息，何苦以有用之資財，爲無益之爭鬬。如再有恃強使氣之輩，紛瀆溷擾，審無確據者，三尺具在。官法如爐，斷不爲爾等再寬。勸諭至此，淚隨筆隕，爾等千萬自愛。

清・雅爾圖《雅公心政録》卷二 清理詞訟。隆冬停訟，固可無事公庭，而州縣官懶惰性成，或因停訟之説，將從前准理事件一概擱起，以致差票四出在外，不復查銷。未到者，株連不一，已到者，守候維艱。且河南差役兇悍押店，最爲累民。該地方官將一切戶婚田土事無大小均關民命應審結者，即爲審結，懸牌之案，切戒改期。應註銷者，即爲註銷。歷久之事，尤宜歸杜。以及批查批覆勒追勒比等事，統限定日期，酌量緩急，一一清楚，毋得任意延擱。

又 拖延詞訟。民間詞訟，除應咨應題者，自應依限完結外，其餘自理事件，當隨到隨審。庶小民不致廢時守候，且就事審結則無節外生枝。今各屬准理詞訟，動隔數月，一任經承捺擱，州縣官從不查催，以致胥役勒索，原被守候。且事久生變，牽纏不清，愈難完結。往往一訟方完，原被俱已家破。州縣當上緊辦理，毋任胥役操縱，致耗民財。

清・雅爾圖《雅公心政録》卷四 爲曉諭赦前盗犯自首從寬，以予自新，以廣皇仁事。照得雍正十三年九月初三日以前盗犯，如非爲首及未經傷人架綑事主者，久奉恩詔免罪，但未經到官題結，地方官考成干係，必須緝拿，且本部院委員選捕遍行踹緝，無論新舊盗案，莫不先後就擒。在近年，盗犯原應治罪，尚無足惜，至赦前盗犯係屬無罪之人，與別盗一體械繫獄底。經年纍月，父母不得養，妻子不得顧，更有因病斃獄者，殊堪憫惻。本部院憐念無知，推廣皇仁，合行示首爲此示，仰通省赦前盗犯人等知悉，爾等如非盗首及傷人架綑事主者，各乘此未經拿獲之時，作速赴官自首。該地方官遇有此等自首盗犯，查明原案，如果相符，即交親族保領，在家等候結案，不必收禁。有服親屬亦許代首。倘自首到官能確指別盗住趾隨即拿獲者，照捕役給賞之例，按名減半給賞。慎勿延挨，自取苦累。至赦前盗首及傷人架綑事主盗犯能悔過自首者，本部院定行題請末減，以予自新，均毋有違。除刊示檄發各屬遵照外，擬合行知爲此，仰司官吏照牌事理即便查照，毋違。

清・左輔《念宛齋官書・飭各屬札》 一該屬上控自理，應詳應審應銷各案，即行分別清釐。有現到羈拘不便保釋之案犯，尤宜速集人證，審訊究結，仰每月摺報。

清・戴兆佳《天台治略・一件曉諭自首隱漏冤滔法網事》 照得田地之混淆，糧稅之不均，至天台爲已極。既無魚鱗流水號叚細冊，復無花戶的名實徵清冊，於是有畔税换税之弊，有詭名詭寄之弊，有包攬兜收之弊，有帶虚之弊，有花分之弊，種種積弊不可枚舉。所以富者強者阡陌連田而膏腴坐擁，貧者弱者立錐無地而困苦難支。此數十年來之流毒，乃天台第一大病也。今屆編審，若不徹底清釐查出隱漏之實糧，歸補澆賠之虚税，年復一年，害無底止。爲今之計，非丈量不可。本縣現在備文，通詳各憲，挨都順圖，減從裏糧，逐一勘文。務使隱者畢現，漏者盡出，此絀彼盈，裒多益寡，以期弊絶風清。查田宅律内開載一條，凡欺隱田糧脱漏版籍者，杖一百，其田入官，所隱税糧依數徵納。又一條，凡將自己田地移坵换段，詭寄他人及洒派等項，事發到官，全家抄沒。又新例内開凡進士、舉人、生員、貢生、監生隱一畝以上，不及十畝者，革去進士、舉人、生員、貢生、監生；隱十畝以上者，革去進士、舉人、生員、貢生、監生，杖一百。其所隱田地入官，所隱錢糧按年行追。若軍民隱陋田地而里老人等不行查出者，責四十板，枷號三個月。律例霜嚴，凜然可畏，但本縣有父母斯民之責，今番此舉原以愛民。若不教而誅，反以厲民，又所不忍。今與爾民約，各將從前隱漏等情姑准自首，免究。合行出示曉諭。爲此示。仰縣屬軍民人等知悉，凡有隱漏洒派田地山塘等項，總限一月内速速據實自首，止科現在之糧，並不追究已往，或本人不首而得相容隱之親屬代爲之首者，亦准自首律免罪。如本人不首而得相容隱之親屬又不爲之首，許爾等澆虚受害之民，據寔首告。得實，除拏該犯按照律例分别究處外，仍將出首隱漏之田充賞、填還虚税。萬勿疑畏觀望不前，自罹賠累之苦。即地方里老亦有不行查出之嚴例，慎勿通同狥隱，到丈出之後，甘受枷責之譴。本縣承乏以來，稍有裨於民生之事，無不實力舉行，况大造清丈，如此重務，更當提起精神，通盤打算，認眞到底。其該行該止一切事宜，皆親自斟酌裁定，並不假手吏胥，亦不稍狥情面，所到之處，各項動用給發現銀，照依時價現買，決不派取。民間一粟一絲，俟丈量告成造冊詳憲，永定良規。不惟窮閻免不均之憂，即素封亦無偏枯之累。倘有豪強抗法專利而思阻撓，狐鼠作奸憑城而滋移换，本縣居心似雪，執法如山，薑桂之性難移，冰鐵之面不改，知我罪我固所不問也。總之本縣惟知眼前赤子，爾等當畏頭上青天，其各凜遵，毋貽伊戚。特示。

清・戴兆佳《天台治略・一件開誠曉諭賊窩自首免罪反邪歸正以安地方事》 照得士農工商各有職業，能守分則爲良民，不守分則爲敗類。邪正兩途，全在人之自處。無奈有等惡少，平日遊手好閒，不務生理，三五成群，耽情花柳，恣意呼盧，耍拳酗酒，無所不爲。迨致家業蕩然，饑寒交迫，盜心頓起，偷竊掏摸，始猶消阻閉藏，繼則心雄膽大。復有地棍爲窩爲主，結連外來奸宄，群居萃處，晝伏宵行，公然以偷竊爲生涯，地方不能安枕。台邑連年荒歉，今歲又遇暵乾，新舊正雜賦税現奉各憲嚴檄催徵催解，是小民拮据，辦納正供尚爾維艱，何堪爾等賊窩作奸爲祟。查新例内開兩次犯竊者，發往黑龍江給窮披甲爲奴，三犯者眞絞。法紀何等森嚴，即或事未敗露，而地方鄉捕人等年有年規，季有季規，月有月規，稍不遂意，弔打頻加，是驚心破膽。偷得來者又徒飽他人之惡貫。爾等回頭一想，何苦、何苦。本縣爲民心切，嫉惡如仇，賊窩俱已訪聞確實。本縣逐名嚴拿重究，但念眼前皆屬赤子，何忍不教而殺，合行出示曉諭，特開自新之路，爲此示。仰一切賊窩不法人等知悉，嗣後務宜洗滌肺腸，革心革面，學做好人。凡向來爲竊爲窩者，許即據實赴縣自行呈首，本縣定當嘉與維新，從前作過事概行寬宥，取具地方鄰甲互保甘結，本人不致再犯，遵依或酌撥官田耕種，或量給小本經營，俾令各安生理。每逢月朔赴縣具結，存案查驗。倘有棍捕人等借端燒詐，許即稟究。既免官刑又無私詐，豈非至善。自今以後，敢有不遵示諭或怙終不悛，不即行自首或自首之後仍蹈前轍者，立即嚴拿，按照新例從重治罪，斷不稍爲姑息，貽害地方。本縣一片婆心，反覆開諭，如坐蒲團效生公説法，爾等具有心胸，豈反不如頑石之點頭耶。我言不再，各宜猛省。特示。

清・李璋煜《視已成事齋官書・通飭烟案務於限内嚴辦札》 札各府廳州縣知悉，照得奉頒鴉片烟新例，定限一年六個月後，無論興販吸食，概置於死。本省自上年五月十五日准咨，至本年十一月十五日限滿，刻已九月下旬，轉瞬即逾例限。本署司訪查各屬境内，尚有怙終藐法之徒，惡習未能凈盡，若不趕緊拏辦，斷絶根株，則目前縱一頑民，即限外多一死罪。若輩死由自取，法不容寬，而各該州廳縣責在牧民，坐視其生機日蹙，竟不爲之亟求生路邪。抑例限以後，即不查辦邪，是欲寬之於目前，而實置之於重典也。用特申明例限，專札通飭。札到該州府廳，立即移行所屬，剴切出示曉諭。一面嚴密訪查，將境内開館興販、吸食鴉片各犯，趕緊悉數獲辦，趁此例限未滿，凈絶根株，毋稍泄視縱延，致民有玩心，以身試法也。仍飭將遵辦緣由，切實稟覆，毋違特札。

清・李璋煜《視已成事齋官書・通飭嚴辦竊盜札》 一、賊犯姓名，宜於到案時嚴追確實也。查猾賊譎詭多端，往往假捏姓名，且有一人而有數名者。甚至以某老稱名，以排行稱名，無非希圖淆混狡賴。本署司前在揚州任內，檢查各屬已結各竊劫案內逸犯姓名，彙開一冊，札發各屬，究出各犯行竊多案，皆由按冊窮追，各犯始無可狡辯。嗣後各州縣將已結案內未獲逸犯姓名，彙冊備案存查。遇有獲犯，以憑按冊根追，並向該犯追問確實姓名，庶使猾賊無可避就。

一、行竊次數，宜核實追究也。查贓輕鼠竊案件，初犯杖責刺臂，再犯刺面加枷，三犯計贓五十兩，即照律擬絞。五十兩以下至十兩以上，分別擬以極邊邊遠充軍，即銀不及十兩、錢不及十千，亦擬滿流。是贓輕鼠竊，應擬杖刺之案，罪名雖輕，而初犯再犯之分別刺臂刺面，於三犯到案之罪名，大有關係，似寬而實嚴也。嗣後各屬拏獲賊犯，務當從嚴追究，疊竊實在次數及得贓數目，如係積匪猾賊，即照例擬軍，不准任聽狡供，以一二鼠竊之案塞責，致滋輕縱。倘初犯之賊，實止行竊一二次，又無贓重之案，亦當照例擬以杖刺，通詳究辦。將來再犯三犯到案，得以按次懲創，不得以初犯鼠竊案件，諱匿不辦，以致姑息養奸。總之，全在地方官悉心確切審究，據實詳辦，俾輕重各有權衡，而匪徒無可遁飾矣。

一、失主及鄰佑人等，有能捕賊送官者，准其喊稟，不必令其具呈，立予審訊。審實仍查照道里之遠近，送人之多寡，酌賞盤費錢文，以示獎勵。如係挾嫌妄拏，照例治罪。

一、各鄉保甲內，如有容留賊匪之窩家，許鄰佑人等協同喊稟，不必具呈，本縣立予審辦。若容隱不舉，照例連坐。如挾嫌妄稟，照例治罪。

一、遇有外來年壯惡匄恃衆強討，皆係賊之黨夥，務必隨時驅逐，勿許入境滋事。

一、賊犯供出買贓之人，立發論單，於單內硃書誤買免坐，但須交出原贓，不必到案字樣。單內贓物大書，人名側註，並嚴諭差役人等，不准傳人。既可免其拖累，且可迅速得贓，以定賊之眞假。如訊係積慣窩家及代賊消贓者，仍按名拏究。

清・李璋煜《視已成事齋官書・通飭治潮六法札》 爲通飭事。照得潮屬械鬬搶擄，固由兇悍習成。要之正本清源之道，司牧者自當預爲講求。若能將鄉之強弱，人之良莠，以及一切情僞，究心於平日，胸中既有把握，臨事自易區分。至於詞訟尤宜早爲審結，鬬案更須釐斷禍根。搶擄各匪，期於必獲，獲則必辦，匪徒自必斂戢。紳士書差藉爲耳目指臂，然紳士則有優劣之分，書差守法者少，而骫法者多，尤應試駕馭，免被欺朦。

清・李璋煜《視已成事齋官書・通飭治潮六法札》 一、鬬案必應釐清禍源也。查各屬民情，固稱好鬬，其所以持械相鬬者，自必有因。不究其因，而徒事查辦，譬如醫者之用藥，不察受病之由，而頭痛醫頭，腳痛醫腳，未有能治者也。查此鄉與彼鄉，素相仇怨，即口角微嫌，亦可肇釁。如果向無嫌隙，則起釁根由，必先鳴之於官。地方官於其赴案呈控時，果能遇案審理，即足清其受禍之源，何至釀成巨案。嗣後各該縣務於所屬各鑾鄉，遇有控案，一經准理，應即傳集人證，隨到隨審隨結。在縣少一案之擱延，即在鄉少一案之械鬬。忿爭之戾氣，自不覺消弭於平時。即至械鬬已成，亦必查明起釁根由，秉公辦理，則禍源釐斷，意氣自平，在此造自覺理虧，不敢徒存爭執，彼造一經官斷，亦能立靖紛囂，庶械鬬之風可或藉以稍熄。至於仇鄉之人，素有積忿，往往因尋常細故，即行聚衆忿爭，受禍已深，易起復仇之舉，尤須廣布耳目，隨時隨事，預爲防閑。此查辦鬬案之第一要務也。

清・李璋煜《視已成事齋官書・通飭嚴辦擄案札》 爲通飭遵照事。照得擄人勒贖，甚至淩虐致死，以轉當爲生涯，視人命如草菅，遭之者非耗其財即喪其命。凶風不息，民生難安。是以院憲於上年奏請加重罪名，奉部議准，以冀匪徒知所畏憚，小民咸獲安全。各地方官自應仰體大憲除暴安良之心，遇案認眞懲創，合就通飭，札到該縣即便遵照。嗣後遇有告擄呈詞，務宜隨時接收，即刻票差幹役，星馳查辦，立將被擄之人弔回送訊。仍一面嚴拏擄匪，務獲從重懲處。設情節間有疑似，必須查得確據，秉公傳集兩造審訊。如兩造各有釁端，並非平空圖財擄贖，雖與勒贖者有間，亦當速行弔放，免遭苦累。一面提集人證，爲之釐清禍源，斷不可延緩顢頇，致使仇怨相尋，激成鬬案。該縣於擄案出票後，即將原差姓名及票差日期稟報，以便本道列冊稽查。如該差日久無弔，或混稟搪塞，即行提解來轅，嚴行究比。如能即刻弔放者，由該縣自行鼓勵，以昭激勸。該縣切須振作精神，實心實力，勉爲之。俾匪徒知畏，良善獲安，庶不愧父母斯民之任。是所至屬，特札。

清・李璋煜《視已成事齋官書・飭催查辦擄案通札》 爲列單彙催查辦

事。卷查該縣屬士民告發擄人之案，多未獲犯，被擄之人，亦多未弔出。人犯固須速拏，而被擄之人久禁必遭凌斃，尤須趕緊弔放，合就列單札催。札到，該縣立即查照單開各案，逐一查卷，飛速移會營員，一體將擄禁各人，尅日弔放。有禁斃者，即起屍相驗。所有擄人各犯，并速勒拏務獲究辦。應關會鄰縣者，飛速關會辦理。辦一案即了一案，治一匪即除一匪，切勿積壓延縱。仍將查辦緣由，分案稟覆察核。速速特札。

清・李璋煜《視已成事齋官書・飭立程限清理詞訟札》 札某州縣知悉，查民間詞訟，多係戶婚田土、墳山錢債口角，原無重大之情。果能隨時聽斷，無難立就完結。本司家居時，見有細故成訟，延至數年，或十數年，而家業蕩然者。爲民父母，言之豈不痛心。該賢牧令民瘼是求，自無俟諄諄告誡。今得共事一方，亦不容默無一言相約。嗣後凡自理詞訟，務各自立程限，按申訴之後先，分道途之遠近，酌人數之多寡，定限幾日。傳到立予提訊，堂上不過啓口之勞，堂下即釋數家之累，書差之需索，訟棍之播弄，伎倆無由而施。即有一二刁民，頑梗不服，諭之以理，動之以情，懾之以法，持之以公，未有不帖然而去者。訟事延累既久，得一見官，已舉家相慶，况結案釋歸邪。即所獲搶劫各匪，尤應會同委員，趕緊嚴鞫眞供。其應正典刑者，勿使瘐斃囹圄，倖逃顯戮。其有誤拏妄扳者，亦當隨時摘釋。此外命雜各案，應結者即日審詳，應解者尅期解審。其控案日久避匿延不到案者，亦即照例立予詳銷，不必徒滋文案，爲書役留需索之地。本司莅任伊始，與該牧令息訟愼刑，安良除暴之心，初無二致，萬勿河漢斯言，本司幸甚，吾民幸甚。特札。

清・李璋煜《視已成事齋官書・嚴催清厘積案》 爲特札嚴催清釐積案事。照得命盜雜犯及一切案件，均應赶緊審理。有罪者照律按治，無辜者立予省釋，庶可伸理冤枉，懲儆刁徒。若一味拖延，經年累月，以致濫禁濫押，何以甦民困而清訟源。查前司屢定章程，分別懲勸，各屬俱視爲具文。本司到任後，迭次嚴札行催，尚不免視爲故紙。若非嚴明約束，難以立挽頽風，茲特定立新章。各屬未結積案，無論新舊，凡事閲三月，尚未完結者，即開列清單，徑札查詢；核計道里遠近，除去往返程途，予限十五日；將如何辦理情形，專案詳細稟覆。若逾限未見稟到，即專差前往守催，亦除去程途日期，予限十五日，守取回稟銷差。如僅給空文回銷，即專委丞倅州縣，馳往查明，因何不辦不稟緣由，據實稟司查核。倘有任意積壓，應結不結，或辦理率謬、傳證遲延者，即行撤任揭參，以爲玩視民瘼者戒。合亟列單札遵。札到，該廳州縣立即查明單開之案，應擬罪者迅速擬辦，應勘斷者立即斷詳，應詳銷者赶緊詳銷。一面將作何辦理之處，先行稟覆核奪，如再仍前廛擱，不辦不稟，定即查照現定章程，分別差催委催，並擇其尤者，參撤示儆。本司辦理公事，在實際不在虛文，其即共體此心，力除痼習，斷不能爲闒冗因循者寬貸也。凜之特札。

清・李璋煜《視已成事齋官書・查録總簿章程》 一、查州縣衙門各科房，額設典吏，原爲總查一房公事，今各科房典吏，每多懸缺，應令公舉總書一人，總司其事。事簡之處，或數房公舉總書一人，亦可。遇有更換，交代接辦。

一、查録各案，一起一頁，不可接繕。一起中各事由，均須紀明年月日期。摘敘務歸簡明，不可繁蕪，亦不可草率。

一、已結之案，一概不必查録。

一、查録文案分二類編訂，一載詞訟案件，一載奉准襍務。

一、現在以前未結各案，須勒限三日五日，分房分承，按時遠近，逐一溯查；詳晰開録冊紙，出具並無遺漏結狀，一併送署查明。於各起事由末，鈐一小印，計明起數，按房彙交總書典吏，挨順年月日期，次第分類編訂。約以百頁爲一冊，頁多分訂，仍紀簡目於各冊首，并簽明某房某類第幾冊字樣。約計每房案件，以五百起爲率，分訂不過五本，合算十房，共五十本。通縣大小案件，俱已紀載，一縣中亦未必有五千起案也。

一、此次將各房案件澈底查録，其中原被久未呈催者，即照例註銷，切勿再行提審，以滋擾累。所有註銷之案，仍簡摘事由，臚列清冊立案存查，以杜刁翻。

一、以後續録，責成各房典吏總書隨時纂入。各給小長木戳一个，上刻某房典吏總書登號字樣。凡登記畢，來文於本件上印記，發文於稿上印記。如有漏號，查出戒飭，遺漏登記者，亦易稽查矣。

一、未結案，如陸續完結者，隨時撤出另訂。久之已結之案，亦有籍可稽，而各冊不致混淆矣。

一、各案內，如經通報、上控、提府、提省者，須分別雕刻木戳，於案由格上分別蓋印標明，俾一目了然。

一、各案事由中，如原告、被告、事主、屍親、核批、票差、比差、添差、改差、提訊、覆訊、審斷、驗傷、相驗、踏勘、稟報、詳報、初參、二參、三參、四參、獲犯、弔放、招解、查覆、批解、完結等字眼，須分別雕刻木戳，蓋印標明，以便查閱核催。

一、詳辦案。夥犯若干人，已獲幾人，擬以何罪，及未獲幾人，孰爲首，孰爲從，孰係正兇，孰係餘人，謀殺中，造意、加功、不加功；同謀共毆中，原謀強盜中，入室接贜，江洋盜劫中，過船、攀船；臨時行強、拒捕中，知情、不知情；凡關係罪名者，均須簡摘犯由及姓名，註入冊中。

一、搶竊等案，計贜多寡定罪者，須將估贜若干，摘録詳報由下。

一、已獲人犯及帶到聽審人證內，如已正法、發配、病故、取保、交差、押候、省釋者，須分別雕刻小木戳，在于各名下分別蓋印標明，以便隨時稽查，不致有淹禁濫押之弊。

一、詳報案。開參、審解、限期，須預計明某月日某限屆滿，逐一開列本案由格上，屆期一查便知。

一、冊既造成，須定限十日，或半月。由各典吏總書，查明何案應催、應審、應辦、應解、應銷，開具簡由單，夾簿送署查閱。閱後無訛，于各冊各起新纂事由末，鈐一小印，仍發回房。將單存查照辦。

清・李璋煜《視已成事齋官書・飭解役隨到隨稟案證攔輿稟到示》 示各州縣解案差役，隨到隨稟知。庶免守候需時，其提審案內人證，自行來省，准攔輿遞稟投到，立即發審。此示。

清・李璋煜《視已成事齋官書・通飭各縣搶劫案件分別據實究辦毋避重就輕札》 爲通飭遵照事。照得粵東內河失事，多在白晝地方官規避處分，往往執日間爲搶之律註。或據事主稟案，顢頇勘詳，或任賊犯狡供，含糊定讞。擬以搶奪者居多，科以強劫者絕少，以致法輕易犯，剽掠頻聞。不知律貴誅心，情當符法。如其事係搶竊，豈能因黑夜而科以強劫之條，則其事屬強劫。又豈能因白晝而科以搶奪之罪。檢查道光二十三年間，曾經前司劃清界限，稟明院憲，通行各屬，一體遵守。惟情節介在幾微，罪名關乎輕重，固恐附會其說，藉存開脫之心，亦慮辨晰未明，誤蹈失出之愆，應再申明通飭，以免混淆。除通札各屬遵照外，爲此札，仰該州府廳即便轉行所屬遵照。嗣後遇有事主稟報失事，立即據實勘報。一經獲犯，必須認眞推鞫録取切供，按情定擬。如賊犯糾夥時，早已預謀行劫，及與事主船艇相近，即各執刀械，揭篷破艙，強行搜劫。此等強盜明目張膽，比夜間強劫者尤爲兇惡。即使時係白晝，人數尚少，亦應照強盜擬辦。惟糾夥止係商謀搶奪，帶械只圖防身，或藉稱借貸，或藉口查私，乘機搶奪，尚無破艙搜劫情事，迨被事主水手人等喊捕追拏，始行用械嚇禁，或拒捕傷人，案情確非強劫者，始可分別人數多寡，有無持械拒捕，各照本律本例辦理。此次通飭之後，倘有避重就輕以強劫爲搶奪者，一經招解究出，定即據實更正，并以故出嚴參。凜之特札。

清・劉衡《庸吏庸言・嚴除蠹弊告示》 一曰串合。有種匪類見差役承票喚人，他便插入，替差人説合，錢文多則數十千，少亦數千，每千向差人抽分背手錢二三百文。事後又向出錢人自稱幫忙，強索酬謝。吾民因此破家的不少。

清・劉衡《讀律心得・理訟撮要》 一、詞狀波及無辜，及陸續投詞，牽連原狀內無名之人，不准。仍從重治罪。誣告例

一、如有牽連婦女，另具投詞。倘波及無辜者，不准。仍從重治罪。同上例。

一、詞訟業經在該管衙門控理，復行上控，先將原告窮詰，果情理近實，始行准理。如審理屬虛，除照誣告加等律治罪外，先將該犯枷號一個月。越訴例。

一、赴各衙門告言人罪，一經批准，即令原告到案投審。若輒行脫逃及無故兩月不到案聽審，即將被誣及證佐俱行釋放。所告之事，不與審理。拏獲原告，專治以誣告之罪。誣告例。

一、臨斷時供證已確，縱有一二人不到，非係緊要犯證，即據現在人犯成招，不得借端稽延。同上例按此條極有深意爲牧令者，果能細繹斯義，則案易結，小民免拖累之苦，丁書無需索之弊，造福無窮矣。予辛已春隨侍家叔西安郡署晤桐城張愛陶先生，告以此條深得聖門行簡精意。予服膺其言。迨作令川東謹守勿失，覺官民稱便。愛陶名聰賢，由翰林改官陝西。所至著循聲。今擢太守，嘗見。寅僚有矢志清正，立意作好官，而丁役舞弊，致百姓蕩產、離居、怨讟叢集者，以不知此條，不守此法也。甲午冬至後二日衡謹識。

一、凡詞訟對問得實，被告已招服罪，原告別無待對事理，隨即放回。原告人事畢不放回律。

一、題案有牽連人犯情罪稍輕者，准取的保，俟具題發落。其重案內有挾讎扳害者。承問官申解督撫詳審。果係誣枉，即行釋放，不得令候結案。若承問官審係無辜牽連者，不必解審，即行釋放。止錄原供申報。同上例。

一、凡內外題奏案件，內有擬以笞杖人犯，審結日即先行責釋。同上例。

一、凡鞫囚而證佐之人不言實情，故行誣證，致罪有出入者，減罪人罪二等。獄囚誣指平人律。

一、詞內干證審係虛誣，按證佐不言實情律治罪。若非實係證佐之人挺身硬證者，與誣告人一體治罪。誣告例。

一、軍民人等干已詞訟，若無故不行親賫並隱下壯丁，故令老幼殘疾、婦女家人抱賫者，立案不行。仍提本身或壯丁問罪。越訴例。

一、律得容隱之人及年八十以上、十歲以下，若篤疾，瞎兩目折兩肢之類曰篤疾。皆不得令其爲證。老幼不拷訊律。

一、年老及篤疾之人，除告反叛及子孫不孝，聽自赴官陳告外，其餘公事，許令同居親屬代告。誣告者罪坐代告之人。見禁囚不得告舉他事例

一、凡老幼及廢疾犯罪，律該收贖者，若例該枷號，一體放免。老少廢疾收贖例

一、凡瞎一目之人犯軍、流、徒、杖等罪，俱不得以廢疾論贖。若毆人瞎一目者，仍照律科罪。同上例。

一、凡年七十以上、十五以下及廢疾，犯流罪以下者，准其收贖一次。若收贖之後，復行犯罪，除因人連累，過誤入罪者。仍准收贖外，如係有心再犯，即各照應得罪名，按律問擬。不准再行收贖。同上例。

一、婦人犯姦、盜、不孝，各依律決罰。其餘有犯徒、流、充軍雜犯死罪，該決杖者，與命婦官員正妻，俱准納贖。贖刑例。

一、婦女除實犯死罪者另設女監羈禁外，其非實犯死罪者拘提錄供，交親屬保領，聽候發落。不得一概羈禁。婦人犯罪例。

一、凡擬徒收贖婦女，除係案內緊要證犯，仍行轉解質審外，其經該州縣審訊明，確毋庸解審者，即交親屬收管，聽候發落。同上例。

一、婦女犯姦、盜、人命及別案牽連，身係正犯，仍行提審。其餘小事牽連，提子、姪、兄、弟代審。如遇虧空、搜查家產雜犯等案，將婦女提審，永行禁止。違者以違制治罪。同上例。

一、婦人尊長與男夫卑幼同犯，雖婦人爲首，仍獨坐男夫。共犯罪分首從律註。

一、婦人容留拐帶，罪坐夫男。夫男不知情及無夫男者，仍坐本婦，照律收贖。略人略賣人例。

一、婦女犯姦杖罪的，決枷罪收贖。贖刑例。

一、婦人犯罪決杖者，姦罪去衣留裩，餘罪單衣決罰。工樂戶及婦人犯罪律

一、婦人犯罪，皆免刺字。同上律。

一、婦女犯該斬梟者，即擬斬立決，免其梟示。婦人犯罪例。

一、凡官吏有爭論婚姻、錢債、田土等事，聽令家人告官對理，不許公文行移。官吏詞訟家人訴律。

一、凡入議者犯罪，入議者之祖父母、父母、妻及子孫犯罪，不許徑自勾問。封奏取旨若奉旨准問。議定奏取上裁。其犯十惡、反叛緣坐、姦盜、殺人受財枉法者，不用此律。應議者犯罪律又應議者之祖父母有犯律。

一、皇親國戚及功臣八議中親與功爲重之外祖父母、伯叔父母、姑兄弟姊妹、女壻、兄弟之子，若四品、五品文武官之父母、妻未受封者，及應襲廕子孫犯罪，從有司依律追問，議奏取自上裁其始雖不必參提，其終亦不許擅決。猶有體恤之意，焉同上律。

一、各處大小土官，有犯徒罪以上，依律科斷。其杖罪以下，交部議處。職官有犯例。

一、僧道官有犯，徑自提問。贖刑例。

一、僧道犯姦、盜、詐僞並一應贓私罪名，責令還俗，仍依律例科罪。其公事失錯，因人連累致罪者，悉准納贖。各還爲僧、爲道。同上例

一、僧道犯罪，曾經決罰者，並令還俗。除名當差律

一、凡稱道士、女冠者，僧尼同。稱道士女冠律。

一、廕生有犯，應題參處分者，聽各衙門題參。職官有犯例。

一、任滿得代改除、致仕等官，與現任同，封贈官與其子孫正官同，其婦人犯夫及義絕不改嫁者，親子有官一體封贈得與其子之官品同。犯罪者並依職官犯罪律擬斷。應請旨者請旨，應徑問者徑問。以理致仕官及封贈官犯贓者，與無祿人同科，以其皆不食祿也。若任滿得代改除，雖未食祿亦照有祿人科斷。以理去官律。

一、凡罷閒官吏，在外干預官事，結攬寫發文案，把持官府，蠹政害民者，

並杖八十。於犯人名下追銀二十兩，付告人充賞。濫設官吏律。

一、凡進士、舉人、貢監生及一切有頂帶官，有犯笞杖輕罪，照律納贖，罪至杖一百者，分別咨部除名。所得杖罪，免其發落。徒流以上，照例發配。贖刑例。

一、文武生員犯該徒罪以上等罪，地方官一面詳請斥革，一面即以到官之日扣限審訊。不必俟學政批回，始行究擬。其情節本輕罪止戒飭者，審明移會該學教官，照例發落，詳報學政查核。貢監生有犯同職官有犯例

一、生員扛幫作證，審虛詳革，加一等治罪。誣告例。

一、舉貢生監犯罪，例應刺字者，除黨惡窩匪、卑污下賤仍刺字外，若止係尋常過犯，不至行止敗類者，免其刺字。起除刺字例。

一、兵丁因事斥革後，若有作奸犯科，除死罪外，俱照凡人加一等治罪。有司決囚等第例。

一、各衙門書吏舞文作弊，照平人加一等治罪。官吏受財例。

一、書吏作弊，其知情不首之經承貼寫，照本犯罪減一等發落。同上例

一、役滿書辦考授職銜犯罪，即詳請咨革，照所犯罪名，加凡人一等。處分則例。

一、幕賓鑽營引薦，事後收受爲事人禮物，尚非舞弊詐財者，計贓以不枉法論，照《衙門書吏加等例》治罪。在官求索借貸財物例。

一、幕賓鑽營引薦，如倚仗聲勢欺壓本官，舞弊詐財者，照蠹役詐贓例計贓治罪。同上例。

一、幕賓鑽營引薦，別無情弊，但盤踞屬員衙門者，照《書役年滿不退例》杖一百，遞回原籍發落。同上例。

一、幕友長隨書役等，除犯詐贓、誣拏等項，罪有正條者，仍照例辦理外，其但係倚官滋事，慫令妄爲，累及本官者，各按本官降革處分上加一等，至徒三年而止。至總徒准徒、軍、流以上者，均與同罪。詐教誘人犯法例

一、凡在官人役取受有事人財，律無正條者，果於法有枉縱，俱以枉法計贓科罪。官吏受財例。

一、長隨求索、嚇詐得財舞弊者，照蠹役詐贓例治罪並照《竊盜例》初犯以贓犯二字刺臂，再犯刺面。其現任大小官員，如有收用刺字長隨者，交部議處。在官求索借貸例濫用刺面長隨，降一級調用。誤用刺臂長隨，罰俸一年。如明知刺臂容留，亦降一級調用。

一、內外大小衙門蠹役言衙役則書吏在其中查本條律曰吏罷役則書吏亦稱役也恐嚇索詐貧民者，計贓一兩以下，杖一百，六兩至十兩，徒三年，十兩以上，發近邊充軍，至一百二十兩者，絞，如致斃人命，不論贓，絞，若拷打身死者，斬。爲從並減一等。官吏受財例。

一、蠹役犯贓，毋論首從，徒罪以下，以蠹犯二字刺臂，流罪以上，刺面。若將應刺之犯不行刺字，及刺字後仍准充當者，交部議處。起除刺字例應刺不刺，犯贓未及十兩者，降一級留任，十兩以上者降二級留任。其贓多者照明知故縱例革職。刺字後仍令復充革職。

一、縣總里書如犯贓入己者，照衙役犯贓擬罪。官吏受財例。

一、督撫司道上司差役擾害鄉民，許州縣查拏，將該役照例治罪。同上例

一、皇親國戚、功臣、八議中親與功尤重四、五品文武官之親屬奴僕、佃甲倚勢害民、陵官者。徑自提問，加常人罪一等。止坐犯人，不必追究其主。應議者之祖父有犯律。

以上若干條，乃聽斷大綱領之最切要者。誠刑名家初學津梁也。蓋訟不外告訴、審斷，而訟之人不外原、被、證佐，即不外紳士、吏役、老幼、婦女及諸色目。此篇已得其概矣。若大而命盜、拐詐小而戶婚、田債等項，則訟之目也。各有正條，不具錄。錄其匯於總者而已。

清・張修府《谿州官牘・到任訓僕示》 一、執事業經派定，各宜盡心盡力，仍察其勤惰，隨時更調。

一、詞訟稿案等雖有名目，並非假以事權，一切公事立時稟報，聽候親裁，不准捺擱遷延，尤不許招搖需索，違者重治。

一、書吏差役奉命傳喚及有事稟達，立即引進入署，無故不許邀入門房閒坐，違者究辦。如有串通詐索等弊，除將書役責革外，該家人加等治罪。

清・張修府《谿州官牘・勸戒書吏示》 一、遇有提審案件，不許唆令人犯誣扳拖累，違者查明加等治罪。

一、舊有陋規，如紙張飯食之類，相沿已久，原難遽革，但不許額外需索。至提審招解案件，不得向案中人索取分文，如敢違禁私取，計贓嚴辦。

清・張修府《谿州官牘・飭繳差票示》 爲力杜民害事。照得各役奉差提案，例應繳票以杜擾累。此閒陋習往往案已訊結，該差匿票不交，難保無

詐索擾累情事，合亟嚴飭。自本府涖任以後，已息之張德興案，已結之僧慈心案，著原差將印票即日繳銷，其餘各案趕緊催提集訊，一俟訊結，務須照例繳票，違者究革。如敢藉票累民，一經查出，定行加等嚴辦不貸。特示。

清・紀大奎《紀慎齋先生全集・諭什邡縣民各條告示》 差役之肆擾必重懲也。凡爾民不得已興訟，許令向原差索看印票，倘硃差一二人而多帶白役下鄉，或無拘押字樣而私用鎖鍊，或進城多日而不爲稟到，皆許審訊之時，當堂面稟，以憑嚴究。

清・姚瑩《中復堂全集・諭七百社家長》 不得茫匿被告。龍溪詞訟之緊，甲於通省。自本縣觀之，大抵新案少而舊案多，非盡案難結也。或以有告而無訴，或有訴而空詞抵飾，臨審無人，故一錢債而控或經年，一田土婚姻而控延數載，其墳山命盜之案，則數十年而莫能結者，比比皆是。其情虛者，半由恃其強大而不肯屈服於弱小，其理直者，又懼未能審結而先受羈累於無窮，所以或任控而不訴，即訴矣，甯逞辦於訟師之筆端而公庭不肯一至。今與爾約，爾與族人約，自茲以後，爾社有被控告者，本縣飭差就爾先行察覆，一面即帶被控之子弟赴案。隨到隨審，隨審隨結。或未能即結，其案小者仍交爾帶回候訊，不交差押。其案重者，有罪，可援自行投審之例，稍從末減；無罪，立即訊明摘釋交爾保回。如此則無枉累羈候之苦，爾又何所憚而不爲哉。

清・張之洞《張文襄公全集・審辦劉定邦摺》 （光緒九年三月十一日）

竊查代州棍徒劉定邦，向在口外歸薩等處，倚勢横行積爲商民之害，恃其雄於貲財，廣通聲氣，屢被控告到廳到道到省，均經展轉營脱。經臣飭拏奏革委提人卷來省，發交太原府審辦。去後兹據該府馬丕瑤訊明，由藩臬兩司解勘前來，臣親提研訊。緣劉定邦籍隸代州，寄居薩拉齊廳，向在歸化城等處開設糧店，素性狡黠強横，人人畏懼。同治九年報捐游擊職銜，輒敢揑稱由軍營保舉副將銜游擊，擅用二品頂戴。勾串防營將弁各衙門官吏丁役囑託詞訟，把持行市，並顧打手金全仔等十餘人，各執刀槍出入自衛，威嚇商民。十餘年來專以買空賣空爲事，贏則立時取貨，虧則恃強狡騙。由此致富，商民多被坑害。各城街市爲之惶惶。前大同鎮總兵馬陞訪聞劉定邦勾結匪徒游六絹獲脱逃，疊被民人周大禮等控告多案。光緒七年夏間劉定邦因歸薩等處商民畏避不敢與之交易，復起意於薩拉齊廳所屬之包頭鎮，買空賣空，從中漁利，在聚源、元純兩店内謊立福星聚字號，定買廣豐等十八家糧店，麻油二百四十萬斤，每油百斤價銀四兩三錢至五兩七錢不等，共合價銀十四萬餘兩，詭稱秋標付銀取油，轉運他處售賣。廣豐店等信以爲眞，立有定帖。嗣居標期油價賤落，劉定邦既無現銀，又慮虧折，復狡稱油有攙雜，堅欲退回。廣豐等店不允，屢向索價。劉定邦即率領金全仔等將廣豐等店油斤封存不許售賣，價仍分毫未付。復先架詞控，廳傳訊將油驗明加封，諭令分别交銀取油，或酌給油店賠項，劉定邦均抗不遵斷，以致各商民被封之油，既不能照帖取銀，復不能轉售他主，十餘萬金之資本盡成虛懸，一時闔鎮鋪戶凡與十八家糧店來往者，因封貨興訟帳不能結，債不能收，受累者甚多，竟有閉門歇業者，被各商民來省控告，臣素聞其劣蹟多端，爲害地方，當即密飭署大同鎮總兵張樹屏設法捕獲解省，並將其職銜奏革，復咨准甯夏將軍善慶查復，並無劉定邦保案，提集人卷審悉，前情不諱，應即擬結。查例載兇惡棍徒，屢次生事行兇，無故擾害良人，人所共知，確有實據者，發極邊足四千里安置，凡係一時、一事實有情兇勢惡者，亦照例擬發，又奸民買空賣空，賭賽市價長落，其賣空者，照用計詐欺局騙人財物計贓準竊盜論，罪止杖一百流三千里。買空之犯照爲從律減一等。又凡無官而詐稱有官並未造有憑劄，但係圖騙一人圖行一事，犯該徒罪以下者，發近邊充軍各等語，此案劉定邦起意買空賣空從中漁利，向廣豐等店定買麻油二百四十萬斤，值銀十四萬餘兩之多，嗣因油價賤落，挑剔狡賴，並率領金全仔等赴廣豐等店將油封存不准售賣，架詞揑控，該廳斷令分别交銀取油復斷酌給油店賠項，一味狡抗不遵，以致各商民鉅貲虛懸，事外鋪戶多家亦因之賠折苦累，且其平日以游擊虛銜假冒副將銜，遊擊，勾串文武營署，顧養打手威嚇街里，擾害商民，實屬情兇勢惡，大爲地方之害，查該犯空買麻油尚未空賣，自應按例問擬，劉定邦除勾結大青山匪徒游六，訊明僅止結交匪人，尚未隨同。滋事免其置議，及起意空買空賣、假冒副將銜遊擊諸輕罪不議外，合依兇惡棍徒屢次生事行兇無故擾害良人，人所共知確有實據者，發極邊足四千里安置，凡係一時一事實有情兇勢惡者，亦照例擬發極邊足四千里充軍到配，折責安置，遊擊職銜部照追出繳銷，廣豐店夥朱永明，恆興店夥牛承恩，公盛泉店夥王銘復，盛錦店夥施德潤，永和成店夥張翽，於劉定邦買麻油訂期交價均係實貨存店，經該廳驗明加封並非空賣，且不知劉定邦有意空買，未便科以賣空之罪，惟口外糧店悉兼兑换銀錢，該鋪均係行頭，當劉定邦謊立福星聚字號，並未照五家互保之例報官存案，又未查明劉定邦有無貲本輒與交易，致興訟端，累及案内、案外衆鋪戶，實屬不合，所有廣豐店朱永明，恆興店牛承恩，公盛泉店王銘復，盛錦店施德潤，永和成店張翽，應與未經到案之各店夥，並代開福星聚字號之聚源店夥冀步青、楊椿齡，元純店夥丁如佐，均酌照不應重律，各擬杖八十。張翽係廩生，照律納贖，追取贖銀入官冊報，朱永明等折責發落，匪徒游六早經在保病故，已據歸化廳驗訊擬結。周大禮控案亦經訊結，均無庸議。金全仔等緝獲另結。劉定邦所定油斤雖係空買，而廣豐等店所賣之油，係屬實存，不得謂爲賣空，免其入官，案已訊結。未到人證，免提省累。查山西買空賣空之風甚熾，名曰虎盤銀錢，米麥花布、油鱗洋藥一切大宗百貨，皆可爲之。大抵皆奸商地棍借此以陷無知之富人，籠愚弱之賈販，始則情同賭博，繼則計等局騙，其因此而破家蕩產者，指不勝屈，皆由地方官吏貪其陋規以致悍然無忌。省城附近之平遥、祁縣、太谷等處，皆所不免，口外歸化薩拉齊兩廳尤甚。臣現已嚴飭地方官認眞禁絶，如有得規庇縱者，即當嚴行參處，除將全案供招咨部查核外，所有審擬緣由，理合繕摺具奏，伏祈聖鑒旨刑部議奏，欽此。

清・佚名《治浙成規》卷七《積匪猾賊分别案數定擬親屬相盜及竊無人看守之物免併計署》 浙江按察使司爲札諭事，乾隆四十五年六月十九日奉巡撫部院李憲札，本年五月内刑部奏准，嗣後辦理積匪猾賊之案，如係因竊擬流擬徒逃回釋回，仍不悛改，復連竊至三案以上，又初犯再犯之賊，如糾夥連次叠竊至六案以上者，并雖未糾夥而叠竊在八案以上者，均照積匪猾賊例擬遣。其並未糾夥竊案數少而情節有類於積猾者，即照積匪猾賊例量減一等。擬以滿徒等因移咨到院，當經行知遵照在案查例文内，既按其行竊次數以爲衡，而又有糾夥與不糾夥之分。如一犯叠竊六案，皆係糾夥，或叠犯八案，皆係獨自行竊，則按例問擬自可合符。設遇有叠竊六案而一二案係糾夥行竊，餘係獨自行竊，將以其曾有糾夥之案，即照積匪猾賊例，擬遣乎？抑以其非盡係糾夥，仍照初犯。再犯本罪科斷乎？并再犯之賊，是否止就同時並發之案計算，抑係將初次之案，併計合算，例内未盡明晰，兹當奉行之始引用，恐難免歧誤。合行飭議札到該司即日，細繹例文，悉心妥議，通詳察奪，如應咨請部示，亦即妥協具詳請咨，再竊案内，有行竊無人看守之物，及親屬相盜例不刺字之案，應否一併計算，并即查議附詳，毋得遲延，速速等因奉此該署按察使司鹽道陳查得奉准部咨，嗣後辦積匪猾賊之案，如係因竊擬流、擬徒逃回。釋回，仍不悛改，復連竊至三案以上，又初犯、再犯之賊，如糾夥連次叠竊至六案以上者，及雖未糾夥而竊盜在八案以上者，均照積匪猾賊例，擬遣。其並未糾夥，竊案數少而情節有類於積猾者，即照積匪猾賊例量減一等，擬以滿徒等因奉行遵照在案兹奉憲札，以遇有叠竊六案，而一二案係糾夥行竊，餘係獨自行竊，即照積匪猾賊擬遣，抑以其非盡糾夥仍照初犯。再犯本罪科斷，并再犯之賊，是否止就同時並發之案，計算抑係將初次之案，併計札司查議等因仰見憲臺詳慎至意，本署司伏查，叠竊六案之犯内，一二案係糾夥行竊，餘俱獨自行竊，若論其糾夥，則未足六案之數，即以糾夥与獨竊之案，併計又不足八案之數，此等人犯應請即照積匪猾賊量減一等問擬。至再犯之賊，糾夥叠竊六案以上，或雖未糾夥叠竊，在八案以上，若除去初犯止就同時並發之案計算，則再犯之賊，與初犯之賊，計案論罪較少一案，似未畫一，應請將初犯之案，併計合算以符例意，是否如斯辦理，毋庸咨請部示，伏候憲臺衡鑒示遵，再行竊無人看守之物，係准竊盜論親屬相盜，以服制定罪，情罪稍輕律，皆免刺，與以刺字爲坐，律文原有區别，似可毋庸併計。合併聲明等情，於乾隆四十五年十月初十日，詳奉巡撫部院李批如詳，通飭遵照，畫一辦理，仍候督部堂批示繳，又奉總督部堂高批，仰候撫部院核示錄報繳等因，通行飭遵在案。

清・佚名《治浙成規・案犯報病章程》 浙江按察使司臺呈詳爲詳請通飭遵照事竊照一切咨題審案均例有定限，理應依限速爲辦結。乃各該屬怠惰偷安，往往藉有病限可扣動，將人犯報一患病，任意沉擱經年累月，完結無期。此等玩愒之風實不可長。今奉定例，嗣後案犯偶患輕病，委員驗實，責令上緊醫痊，隨愈隨解，不准扣限。其或病勢果係沉重，必須調理者，驗報確實，即將病起日期連結詳報，務於一月内醫痊審解。如仍不能報痊，方准驗實展限，統計前後，總不得逾三月限期。承審官即速審解，如有稽遲應計算違限月日，照例分别議處。如以輕報重，已痊捏報未痊，有意遲玩希圖扣展者，令該督撫即據實嚴參照例議處。委驗官及該上司扶同徇隱者，一併照例議處。仍令該上司將各州縣報病事件隨時稽察覈實嚴催，如該上司不上緊查催依限揭報者，照查揭遲延例議處。等因細繹例意案犯偶患輕病固不准扣展，卽病勢沉重者，亦必一月內不能報痊再加驗實方准展限，如一月內已痊者，雖係重病似亦不在扣展之列且又定以三月爲期，如有逾限及以輕報重，已痊捏報未痊，並該上司扶同徇隱卽行查參揭報均干嚴參議處，立法何等森嚴。今查各屬案犯報病之文，其病勢輕重及是否有限，重案並不分晰聲明，雜至紛投，猝難稽核，若不預立章程必致錯會朦混，臨時有費周章。本司管見似應通飭各屬嗣後一切咨題重案報病文內，務須詳敘案由、罪名，如係強盜，則係某年月日夜同夥某某等幾人行劫某人，案內應擬何罪之犯。如係搶奪，則係某年月日同夥某某等幾人在某處地方搶奪某人，案內有無殺傷人，應擬何罪之犯。如係竊匪，則係某年月日夜同夥某等幾人行竊某人，案內計贓若干，有無拒捕、傷人，是否積匪、猾賊，應擬何罪之犯。如係人命，則係某年月日如何殺死某人，應擬何罪之犯。其他一切重案俱如此詳悉聲敘，則案情輕重便可了然。次將該犯實患何項病症，如係輕病則聲明此係輕病毋庸扣展字樣，若係沉重則聲明此係重病應請委驗扣展字樣，再於文尾聲明此案應於何年月日某犯到官，起限扣至何月日，分限屆滿內或有某某犯先於何年月日染患重病，詳允扣展於何月日報痊字樣，則犯病之重輕以及審限之寬緊俱已明白聲說便於酌核，分別批示。其驗實病重之犯應遵新例勒限一月內醫痊，亦不准扣展。如一月內實在不能報痊卽行就近詳府再行委驗確實取具切結，由府詳明院司批允，方准展限，仍將覆驗批允緣由於招內聲明，以免部詰。如不詳請覆驗則明係已痊而捏爲未痊，除不准扣展外，卽責成該府查明揭參以示懲創。至於徒罪以下外結輕罪本不扣限及雖係重案內有要犯未獲尚未起限承審者，其呈報犯病原可毋庸委驗，應令各屬於報病文內均各備敘案由并須將此係外結輕罪毋庸委驗及此案有未獲要犯何人尚未起限毋庸委驗扣展之處於文尾聲明，其已結案內之重犯亦將問擬何罪已奉部覆或已經解勘，咨題現候部示之處亦於文內聲明，以免委驗取結之煩，如此則章程有定不致朦混，將來辦理不致周章矣。是否有當相應詳請察核批示等情於乾隆二十一年八月初六日詳奉巡撫部院批如詳通飭遵照至現在報病之犯應分別例前、例後辦理，該司亦卽查議通詳察奪仍候督部堂批示繳又奉宮保督部堂喀批如詳通飭遵照仍候撫部院批示繳浙江按察使司台呈詳查得一切咨題重案案犯報病前經本司分晰議詳請飭各屬務須於報病文內詳敘案由、罪名、聲明病之輕重、應否委驗扣展幷於文尾聲扣限期便於酌核批示等情詳奉批允，通飭遵照。至現在報病之犯蒙憲以應分別例前、例後辦理，亦卽議詳等因本司遵查一切咨題重案人犯報病在乾隆二十一年七月初三日奉到定例之後者，應照本司原議辦理外，其在七月初三日以前患病者多有經年累月尚未報痊，久逾三月之限似應請於招內聲明，此係例前之案，應准其扣展字樣或尚無礙但內有報病雖在例前而奉到新例之日尚未及三個月之限，應仍勒令依限治痊審解，如逾違三月卽不准扣展，應否如斯伏候憲臺察核示遵等情於乾隆二十一年九月初三日詳奉巡撫部院楊批如詳行仍候督部堂批示繳又奉宮保督部堂喀批仰候撫部院批示繳

清・佚名《治浙成規・航船被失分別賠贓》 浙江按察使李呈爲串竊害命等事，查得事主雷雲萬附搭葉繩武航船到省，被失銀信一案，前據錢塘縣訊供，通詳奉憲臺以船戶誤搭匪人致有失竊例，應賠償飭議，著賠具報等因。轉行遵照去後。玆據錢塘縣查議，由府核詳前來。本司查航船雖係散搭，與成規內所載中途附搭匪人之條有別，第客商行李船戶理宜照管，是案船內三匪在石門地方登岸吃飯，竟不歸船，蹤跡可疑，該船戶自應卽時查追，乃遽爾冒昧開船遠行，以致被失多金無從蹤跡。該船戶葉繩武實難辭咎，應如府議。所有雷雲萬被失銀二百七十九兩五錢零，著令葉繩武名下先賠一半，給領仍飭勒捕嚴緝，務獲匪賊究詳。再客貨銀錢旣已收儲在船，則船戶卽有看守之責，應如該府所請，嗣後如係客人將銀錢、貨物親交船戶寄帶，而客不隨行者，其銀物開明單帳交給，如有疏失，自應卽著船戶全賠。至於客商有帶行李銀錢、貨物，雖交船戶收儲，而已身亦同在船者，則本客亦宜自爲防範。倘中途遇有失竊，應著船戶賠償一半，獲賊之日再行究明，分別辦理。如此，庶航船知有責成，自加謹愼，不致常有疏失之虞矣。是否允協理合，詳候憲臺察核批示，飭遵等情。乾隆二十六年七月十五日奉巡撫部院莊批如詳飭。著葉繩武先賠一半，勒限半月內追給取領送查，毋任宕延羈累，一面速飭勒捕，嚴緝贓賊，務獲究報。仍卽通飭各縣，商客有銀錢、貨物寄交船戶，如有疏失，照議分別賠償。出示曉諭，併刊入成規，並候督部堂批示繳。又奉總督部堂楊批如詳飭遵。仍飭緝拏贓賊，務獲究報，玩延提比，取揭詳參。仍候撫部院批示繳。

清・佚名《治浙成規・未獲賊案內當贓不准先行起給》 浙江巡撫部院莊爲特檄通飭事，據仁錢二縣典商徐大成等呈稱，誤當賊贓，例應提取，但必

賊確而後贓眞。若賊未破案，則失贓眞假、失單虛實，此物果否賊偷、賊當，毫無證據，僅憑報竊一詞，即可指爲賊贓提取，例既未符，弊將百出。本年關景原典當衣一宗是否賊當，僅據汪姓指係失物，奉錢邑斷令，無本取回。此端一開，必滋捏竊呑貨之弊。公叩批飭等情。到本部院據此查弔，起賊贓自應獲賊訊確，方始提儲，即未經獲賊之先事主赴典查出，亦須當面書押，封固在典，俟獲賊後再行起給。未有賊犯未獲而先起贓之例。除呈批示外，合飭遵照仰司即便通飭各屬遵照。嗣後典當賊贓務須獲賊訊確，方許起給，若報緝尚未獲賊，止許書押封固在典，不得任聽事主混行弔取，致刁徒妄捏滋弊，毋違。乾隆二十四年十一月初四日行司。

清・佚名《治浙成規・客商在行被竊貨物銀錢分別議賠》 浙江按察使李呈爲報明失竊事，查得德清縣通詳事主孫駕山在沈廷美行內被竊衣物一案，前經該縣據報通詳奉批飭緝，並蒙督憲批飭將被失客貨照例追賠。等因轉行遵照去後。茲據湖州府詳據德清縣詳稱，查《治浙成規》惟典鋪與染鋪被失，均有著賠之條。又牙埠代僱匪船及船戶附搭匪人失竊，亦有著賠之文。至航船失竊，又以貨物交明船戶，客商隨行與否，分別全賠、半賠。其行家被竊客貨，未有著賠之例。今孫駕山在沈廷美行內被賊挖洞進房，竊去隨身衣服并緞疋馬綜。不特與典當染鋪及航船代帶貨物，有典守之責者情形不同，且所失之物隨身攜帶，並未交明行家，亦與客商將貨交明航船收儲者有異。請免沈廷美賠償，以省株累。且該府縣以客商貿易爲生，投行被竊若概免賠，恐行家膜視疏防。請嗣後客商，如將銀錢、貨物交給牙行而客不在行者，及客雖在行，而銀錢貨物交明行家收儲內室者，遇有疏失，著令行家全賠。其粗重貨物，雖交行堆儲而客亦同在行，本客亦宜自爲防範。如有失竊，應著行家賠償一半。獲賊之日分別追還。如客商在行，有隨身自帶銀錢、行李并細軟貨物，並不交明行家者，遇有失竊係客商自行疏忽，概行免賠等語，由府核詳，前來本司覆查。客貨投行，原應主客共相防範，而偶爾失事，亦所常有。據請分別賠償，實屬準情酌理。俾客商行戶咸知思患預防。除孫駕山失竊一案，仍飭勒緝贓賊務獲究報外，相應據情轉詳。

憲臺察核批示，以便通飭遵照等情。於乾隆二十八年五月初六日奉巡撫部院熊批如詳免賠，仍飭勒緝贓賊，務獲究報，並通飭各屬一體遵照。仍候督部堂批示繳。五月初二日先奉總督部堂楊批如詳通飭遵照，各宜防範，毋致諉誤疏忽，自取咎戾。仍飭緝孫駕山失案贓賊，務獲究報，並候撫部院批示繳。

清・佚名《治浙成規・辦理鹽案章程》 浙江按察使司台呈詳爲請定辦理鹽案之章程，以便畫一遵照事，案照乾隆元年間經安蘇兩臬司於一件詳請分別販私等事，案內詳定嗣後凡有肩挑背負車船夾帶私鹽如四十觔以至六十觔者，枷號二十日，責二十板；過六十觔至七十觔者，枷號二十五日，責二十五板；過七十觔至八十觔者，枷號一個月，責三十板；過八十觔至九十觔者，枷號三十五日，責三十五板；過九十觔至一百觔者，枷號四十日，責四十板，等因。又於乾隆八年六月間經安臬司於安徽道條議私鹽畫一遵循，案內詳定，嗣後凡拏獲鹽販供稱買自有引官鹽行查鹽店果有記認確據者，仍照犯界貨賣原律，不論鹽觔多寡治以滿杖。倘指稱有引官鹽而行查無據俱照向例分別鹽觔多寡減徒加枷。如在百觔以上，仍照本律擬徒等因。嗣於乾隆八年八月間經浙鹽道趙侗學於金山縣條議緝私治梟事宜，案內詳定嗣後拏獲夥販止五人以下審係各自賣鹽委非認識，自四十觔以上百觔以下者，仍照江省原議成例分別枷責發落。若結隊同行自六人以上至十人以下，每人販私自五十觔至六十觔枷號一個月責三十板；六十觔至七十觔枷號四十日責四十板；七十觔至八十觔枷號五十日責四十板；八十觔至九十觔以外枷號兩個月責四十板，數滿百觔仍照本律杖一百徒三年等因。又於乾隆十七年海鹽縣審詳陳德明挑賣私鹽三十八觔一案奉前鹽院憲雅批飭犯私未過四十觔者應擬不應輕笞，嗣後遵照辦理等因，此江浙兩省辦理鹽案之成例也。現在各屬遇有私鹽案件均各遵循辦理無異。但查部定簡易規條，竊盜案件罪止杖刺者，俱令地方官審明發落通報在案。又本年詳定零星小竊俱令地方官徑行發落，按月冊報亦在案。所有私鹽枷杖人犯事同一例，今各屬有先行通詳候批審擬者，亦有罪止輕笞候示發落者，未免羈累經時，更且案牘滋繁殊失簡易之義。應請嗣後私鹽案件除徒罪以上仍照舊例辦理外，其罪止枷責者，令各該地方官亦照竊案之例審明發落通詳。其罪止輕笞者，按月冊報。至私鹽案件以鹽觔之多寡定罪名之重輕，凡遇拏獲私鹽自應先解地方官秤驗確數，然後發店變價。今聞各屬兵役一經拏獲人鹽即先將所獲之鹽就近交店，僅將人犯解縣查訊，於訊供之後，無不將鹽店所報數目捏作當堂稱驗字樣入詳混報，是權操商店之手其中保無高下滋弊。即如本月初十日奉撫憲批發甯海營詳報弁兵拏獲高禮豐翁明永人鹽一案，據稱將高禮豐之鹽運交梅林錢義成店收賣掣秤淨鹽六百三十八觔，翁明永之鹽交白嶠汪聚隆收賣掣秤淨鹽三百四十三觔，俱取具收照等語。其私自交店秤收變賣可爲明徵，應請通飭各營縣，自後兵役拏獲人鹽務將鹽觔解地方官當堂秤驗，然後發交商店變解抵績，不許先行交商。如敢故違，即將該兵役一併革究。再查向例各屬拏獲私鹽，如係罪應軍流以上者，照例通詳其徒罪以下俱止詳報鹽院憲及鹽道衙門核辦，原以此等零星小販所在多有，若令逐件通詳實屬紛繁，是以專歸鹽政衙門辦理。歷年遵辦無異，自應仍循其舊，但私鹽徒罪人犯既由鹽道衙門詳請鹽院憲定驛發配督撫兩院憲暨本司衙門俱無案據，每遇鹽犯在配脫逃，各該縣驛循例通詳批司查參，竟無案可稽，必須行查核辦，似有未協。查向來本司擬詳一切徒罪之案於詳結之後，即令鈔招報明驛道存案。本司管見應請即照此例通飭各屬，嗣後凡遇私鹽問擬徒罪之案，仍照向例止詳鹽道核轉於奉鹽院憲批結之後，即令各該屬鈔錄詳看憲批申送督撫兩院憲及本司衙門備案。其枷責以下之案不必錄報，以省案牘。如此則鹽案徒犯各衙門俱有案可稽，易於查辦，不致延誤。是否有當相應詳候憲臺察核批示以便移行遵照等情於乾隆二十一年閏九月二十三日詳奉巡撫部院兼管鹽政楊批查拏獲私鹽場員營汛均有失察處分，故無論鹽觔多寡，務令先行詳報，以憑飭究。售私場竈經由地方本部院涖任後，仍恐各州縣有心寬縱，即經嚴行通飭實力究詳。今若將枷責之案令其審明發落通詳，不獨鹽犯可以避重就輕，即經胥亦得高下其手且地方官向來膜視鹽案，焉肯根究出產經由，勢必姑息長奸，有害鹺政，所議循照竊案辦理之處，似與鹽務未宜。仰再會商鹽驛道妥議，另詳察奪。餘如詳通飭遵照可也。仍候督部堂撫部院衙門批示繳。又奉巡撫部院楊批查拏獲私鹽無論觔數多寡，場員營汛均有失察處分，是以本部院涖任後，於鹽政任內即經通飭各州縣務，須嚴究通詳，勿稍寬縱。在案今若將枷杖之案照竊案例審明發落通詳，不特售私場竈經由地方無憑核飭，而狡犯既可避重就輕，即奸胥亦得婪贓舞弊且地方官更視爲無關緊要，不加嚴究，似於整頓鹺政，未宜。仰再會同鹽驛道確商妥議，另行詳奪。餘如詳通飭遵照仍候督部堂鹽政衙門批示繳又奉宮保督部堂喀批如詳通飭遵照仍候撫鹽部院批示繳浙江按察使司台會同鹽驛道伊呈詳查得浙省所屬私鹽案件所在多有，如係大夥興販原應按律嚴究不容稍有姑縱。至若零星肩挑背負爲數無幾，罪止枷責，其中多有貧苦鄉愚無知誤犯或買自引擔攜回食用或以貨易換冀覓蠅頭，若逐案先行詳報候示審擬未免羈累經時更且案牘紛繁似亦非簡易之義，是以本司請照部定竊案成例辦理。茲蒙憲臺以拏獲私鹽場員營汛均有失察處分，若將枷責之案令其審明發落詳報或致避重就輕高下其手，飭再會商妥議另詳察奪等因，仰見整飭鹺政杜私疏引至意，本司道伏查失察私鹽場員營汛，例有議處之條，故向來私鹽案件原不論鹽觔多寡總須究明來歷，若置而不究則文武員弁勢必漫不經心怠於督緝，誠如憲批殊與鹽務非宜。但獄無大小，貴在初情，當鹽犯到案之初，地方官應即立時根究出產經由，若止據該犯飾詞先行草率敘詳，直至奉批之後始向追問，則已稽遲日久，必致暗中串囑，百計狡展，終難得其眞情，徒滋延案，仍無裨益。本司道管見應請通飭各屬嗣後拏獲 私鹽人犯一經到案務即悉心根究實在如何來歷，毋使稍有遁飾。若係買自場竈越境販賣，即行據實詳報，聽候飭審，取揭嚴參。如或訊明委非買自場竈，爲數無多，罪止枷責，即行議擬通詳，亦須聽候核示，不得先行發落。倘地方官膜視鹽案，有心寬縱，致有避重就輕高下其手等弊，一經察出，一併從重參處。如此分別辦理，則不致姑息養奸，似於鹽務並無妨礙。緣奉前批擬合會同議覆伏候憲臺核示，飭遵等情於本年十月二十二日詳奉巡撫部院兼管鹽政楊批如詳通飭遵照實力奉行毋稍延縱弊混致干察參仍候督部堂撫部院衙門批示繳又奉巡撫部院楊批如詳通飭遵照仍候督部堂鹽政衙門批示繳又奉宮保督部堂喀批仰候撫鹽部院批示繳附舊詳案分巡蘇松道託呈詳看得上海縣民周壽於乾隆十一年二月十八日在松郡華陽橋官鹽店內買鹽五十八觔，挑回食用。路經中沙港地方，被巡役拏獲，經該縣訊供驗票，將該犯比照越境貨賣官鹽律杖一百。具詳奉憲臺以越境買食官鹽，並無正條。該縣比照越境貨賣官鹽定擬，殊屬未協，駁令妥議詳奪等因。奉經轉飭遵照去後，茲據該府覆稱鹽爲民間必需，又有一定疆界。其中每有居於此邑，而適於彼邑之官店相近，鄉愚無知，貪便買食者甚多。向因無治罪正條有照，不應重律定擬者。亦有照越境貨賣定擬者，素未畫一。嗣於乾隆八年詳准以行，查有據者擬杖，無據者分別枷責杖徒等因，近來均以此擬罪，但行查有據者，不分多寡，概擬滿杖。誠如憲批，似有未協，請將行查有據者，數滿百觔及百觔以上，照越境貨賣例杖一百。八十觔以上照不應重律杖八十。五十觔以上照買食律杖六十。五十觔以內均照不應輕律笞四十。如蒙允行，幷請通飭辦理。幷將買鹽五十觔以上之周壽，依買食律杖六十，折責減等完結等情。前來本道覆核無異，應否分別畫一治罪通行飭遵，幷將周壽照依越境買食店鹽律杖六十折責二十板，熱審已逾，毋庸減等之處，統祈憲臺鑒核批示遵行等情，於乾隆十一年八月內詳奉浙鹽部院。常批周壽買食官鹽既據該道確核妥協，仰即照擬折責發落，取結存案，餘如詳移行通飭遵照。繳

清・佚名《治浙成規・浙省倣照江南改定辦理積匪章程》 浙江按察使司會爲遵批議覆事查浙省向來辦理積匪章程竊盜初犯行竊四案以上，計各案贓皆十兩以上者，照例擬遣。乾隆三十三年三月內經前署司議詳行竊在五案以上，各案贓皆不及十兩及行竊六案以上，各案贓皆不及一兩俱行擬遣。至行竊四案內有一案不及十兩，及行竊五案，內有二案不及一兩減等擬徒。又行竊四案內二案不及十兩，及行竊五案內三案不及一兩酌加枷號。等因在案今查江省從前辦理初犯同時並發至六案以上者擬遣，嗣因立法過嚴蒙江督憲高批准吳臬司議詳積匪之徒如糾夥結黨飛簷走壁及一夜連竊等項與積猾條款相符者概行擬遣，等因並不分別次數。本司伏查，辦理積匪若不分別次數，贓數恐州縣無所適從反至畸輕畸重，而江省辦理初犯雖無分別次數明文其於赦後復犯統計行竊一二三次共有十案或七八案而現犯之案必計贓罪應徒流者，方照積猾問發。則辦理初犯自可類推。浙省自應仿照辦理但必罪至徒流方擬積猾，似覺稍寬。本司悉心酌核，嗣後竊盜初犯同時並發五案贓皆十兩以上及六案七案贓皆一兩至十兩者俱擬徒罪，若六案七案贓皆十兩以上者擬遣，八案贓皆一兩至十兩者擬遣，其有行竊十案以上者不計贓數多寡概行擬遣，其罪不至徒而案數稍多者酌加枷號。至竊盜再犯，前經本司議詳，若行竊四案贓皆十兩以上幷行竊五案贓皆不及十兩及行竊六案贓皆不及一兩者，悉照初犯例擬遣，如前後行竊四案計贓皆不及十兩卽擬滿徒，內有一二案不及一兩擬以枷號。其前後行竊五案雖計贓皆在一兩以下亦擬滿徒。在案今查江省從前辦理再犯前後共計四案三犯前後共計三案擬徒，如再犯前後共計五案三犯前後共計四案擬遣，嗣經吳臬司酌減赦後犯案竊賊其甫犯一次者雖同時並發數案仍照初犯律計贓杖刺，二次犯者同時並發一案至三案仍照竊盜再犯例計贓杖刺加枷，其案數稍多者照積匪減等擬徒，其赦後復犯統計一二三次之案已有十案或雖不及十案已至七八案而現犯之案計贓罪應徒流者擬遣。等因詳蒙江督憲高批准在案是江浙辦理再犯亦屬互異，本司悉心酌核，嗣後竊盜再犯統計前後共竊四案贓皆十兩以上者擬徒，五案六案贓皆一兩至十兩者亦擬徒罪，五案六案贓皆十兩以上均行擬遣，七案贓皆一兩至十兩者亦擬遣罪，其前後行竊九案以上者不論贓數多寡亦俱擬遣。再查浙省各屬辦理再犯率多意爲輕重。如本年三月內餘杭縣審詳賊犯馬君顯行竊杜方氏家一案該犯前後共犯三次，一次在赦前，二次在赦後，該縣因其屢次行竊擬以城旦奉憲臺批駁，經前署司議詳，嗣後辦理三犯之案內一次在赦前者，照再犯遞加枷號。其二次俱在赦前者，仍照初犯依律斷決。等因詳蒙批允在案應再通飭各屬，嗣後赦前之案，照例不得併計。至竊盜三犯應遵照定例計贓問擬。再查江省議詳積猾之徒如糾夥結黨飛簷走壁及一夜連竊等項不計次數概行擬遣，此係定例。現在遵辦應再通飭各屬，嗣後如有弋獲此等積匪非尋常鼠竊可比者，到官審實不論初犯再犯贓多贓少曾否刺字概行擬遣，以安閭閻。至積匪案內隨從夥犯有情節果輕者，應遵照乾隆二十五年刑部議覆江省蘇臬司原奏減等擬徒。再查江省現定章程賊犯供認行竊而查無事主又起無贓物或親屬相盜及行竊無人看守之物概免併案計算等因，查賊憑贓定，若查無事主又無贓物則虛實未分。至親屬相盜迥非凡人可比，其行竊無人看守之物亦與入室行竊有間。以故例不刺字原有區別。江省既不併計，浙省應請照辦以上各條本司參核江浙二省現辦章程折中定議是否允協擬合詳候憲臺核示遵行等情乾隆三十三年七月初九日奉巡撫部院覺羅永批如詳通飭遵照幷刊入治浙成規循照辦理仍候督部堂批示繳

清・佚名《治浙成規・竊賊三年無犯隆冬免其拘禁》 署浙江按察使糧儲道徐爲報明事看得臨海縣舊賊朱阿佩刃傷捕役應順一案，查朱阿佩前雖犯竊，久已結案，現未復犯。因係舊賊，差捕勾攝，管押匪房。本非有罪之人，應照拒毆追攝科斷。應如所擬朱阿佩合依官司差人勾攝、抗拒毆差，傷至內損吐血以上，加二等。律，應於刃傷人杖八十、徒二年上加二等，杖一百、徒三年，即請定驛發配，折責擺站。應順奉票往拘，並無需索情事。徐用邦亦非白役，均毋庸議。抑本署司更有請者，一應竊賊犯事發落之後例，責地保收管稽查。如果改過自新，不復再犯，理應聽其安業營生。若必於年底逐名拘案、禁押，反失其謀生之策，而瞻玩捕役明押暗縱，更不無串竊情弊。

今查朱阿佩自乾隆二十一年行竊，遇赦之後，計今已十有餘載。既無復犯之案，乃必年年拘禁匪房，致伊畏累拒捕，滋生事端。律例内原無必應逐年羈押之文，乃係外省防杜匪竊，不得已而酌行之法。本署司管見應請量加變通，嗣後以三年爲期，如三年内新犯賊匪，案結之後，恐其鷹眼不能遽化。隆冬歲暮，正宵小竊發之時，應仍照舊拘禁過歲，以杜匪念。其三年以前之舊匪，事隔日久，既無再犯之案，免其拘禁，以省拖累。如該犯在外仍行偷竊，事發之日，惟有盡法重懲，并將原保人一體究責，以示儆戒。是否有當，理合附詳等由於乾隆三十五年六月十二日奉署巡撫部院熊批朱阿佩如詳、枝、徒，仰將該犯發車廐驛折責擺站，限滿遞回安插，先取驛收送查。至隆冬歲暮拘禁舊賊，原爲杜匪而設。據請竊賊三年無犯，免其歲暮拘禁，亦係省免拖累起見，但此輩賊匪難保其舊習竟不復萌，若因三年内幸無破案，遂任其自便，是否於地方有益，仰再會同藩司妥議。另詳。仍候督部堂批示繳又於七月二十日奉宮保督部堂崔批仰候撫部院批示餘照行此繳各等因奉此該按察使郝會同布政使富會查得臨海縣舊賊朱阿佩刃傷捕役應順一案，前經署臬司徐道核擬轉詳，并附請隆冬歲暮拘禁舊賊，以三年爲期，如三年無犯，免其拘禁，以省拖累。蒙憲臺以此輩賊匪難保其舊習竟不復萌，若因三年内幸無破案，遂任其自便，是否於地方有益，批飭會同藩司妥議另詳等因，仰見杜匪安良之至意。本司等遵查竊賊本非善類，誠難保其故智不萌，是以向有隆冬禁押之一法。但政貴可行，法宜有制，向來竊盗再犯或行竊案多，有釘帶鈴枷充警之例，如三年無過，即准開釋。今隆冬歲暮禁押舊賊，若不定以年限，則若輩歲受拘累之苦，竟無底止，自新無路，轉不免終身爲匪，亦於地方無裨。徐署司議請三年内新犯賊匪，案結之後恐其鷹眼未化，仍照舊於隆冬時拘禁過歲。其三年以前之舊匪，既不再犯，免其拘禁。如敢仍行偷竊，一經發覺，盡法重懲，并將原保人一體坐罪。俾知改過無犯者，得爲良民。怙終不悛者，難逃法網。似屬可行。緣奉批飭會議，是否有當，理合會詳。伏候憲臺察奪示遵等情。於乾隆三十五年八月二十一日詳奉署巡撫部院熊批如詳行繳

清·佚名《治浙成規·詞狀被告干證僉發差票細心校刪不許牽連婦女多人》 巡撫部院楊憲札内開照得例載詞狀止許一告一訴。告實犯實證不許波及無辜及陸續投詞牽連原狀内無名之人。如有牽連婦女另具投詞。倘波及無辜者一概不准，仍從重治罪。承審官於聽斷時，如供證已確，縱有一二人不到，非係緊要犯證，即據現在人犯成招，不得借端稽延。違者議處。等語又嘉慶十九年奉上諭凡遇詞訟到官除原被告及緊要證佐外毋得牽據所控遍行提質等因，欽此欽遵在案。茲查浙省詞訟案件往往陸續投詞，牽連原狀内無名之人并婦女幼孩，任意羅織以圖洩忿。更有訟棍從中教唆，顛倒是非，肆行拖累。該地方官並不細心查核，率據原呈將無關緊要證佐并牽連婦女人等概行傳喚，以致無辜受害，實屬有干例禁。除出示曉諭，本轅代書外合亟札司立即遵照轉飭各屬一體出示曉諭，代書并告狀人等知悉。以後除人命姦盗重情外，其餘戶婚田土錢債鬭毆一切尋常詞訟，止許一告一訴，告實犯實證被告不得過三名，干證不得過二名。該地方官於准理詞狀僉發差票之時，即行細心核刪照依例限趕緊催提，隨到隨審，毋令兩造守候廢時失業。并於聽斷之時，如供證已確或有一二人不到非係緊要犯證，即據現在人犯定案，不得借端稽延。並嚴諭該代書等照依本人口訴眞情據實直寫，毋許訟棍暗中教唆，交付詞稿代爲謄寫用戳，以致仍前波及無辜，牽連婦女，任意擾累。如敢故違，即行嚴究主唆，從重懲辦，毋稍姑息。該地方官如不盡心民事，清理案牘，致滋拖累，定即查參不貸。一面先將遵辦緣由稟覆，毋遲切切。等因於嘉慶二十一年八月二十八日奉行遵照在案

清·佚名《治浙成規》卷七《竊盗再犯毋庸統計前犯之案以現犯案數贓數分別遣徒》 浙江按察使司孔爲遵札議稟事，乾隆四十四年七月初五日奉巡撫部院王憲札，查治浙成規内開竊盗再犯統計前後共竊四案，贓皆十兩者，擬徒五案、六案贓皆一兩至十兩，亦擬徒罪，五案六案贓皆十兩以上，擬遣，七案贓皆一兩至十兩，亦擬遣罪，其前後行竊九案以上，不論贓數多寡，亦俱擬遣等因遵行在案，查統計前後一說，原未明晰，即如從前犯竊五案，贓皆十兩以上，擬遣一條，假如前犯三案、四案，罪止杖刺，後又復犯一二案，即擬遣。罪杖與遣，輕重懸殊，以一二案，而加擬重罪，似屬未協，餘可類推。仰將竊盗再犯加擬徒。遣各條，再加詳核，斟酌妥議，稟候察奪等因，奉此伏查成規開載，竊盗再犯，統計前後共竊四案，贓皆十兩以上者，擬徒五案六案，贓皆一兩至十兩者，亦擬徒罪，五案六案，贓皆十兩以上，均行擬遣，七案贓皆一兩至十兩者，亦擬遣罪，其前後行竊九案以上者，不論贓數多寡，亦俱擬遣，遵行在案，茲蒙憲札以統計前後一說，原未明晰，飭司妥議，遵即詳加

酌核，應請嗣後辦理竊盜再犯案件，毋庸統計前犯之案，應以現犯案數爲準，如再犯三案，贓皆十兩以上，及四案贓皆一兩至十兩者，俱擬徒罪。四案五案贓皆十兩以上，及六案七案，贓皆一兩至十兩者，擬遣。八案以上，不計贓數多寡，概行擬遣。既於初犯有別，而遞加亦不至輕重懸殊，是否有當，理合稟候憲臺核示，以便刊入成規，通飭遵照，其洪阿四等一案，即照酌定章程另行改辦，爲此具稟伏乞憲鑒等情，乾隆四十四年八月二十五日，奉巡撫部院王批，如稟飭遵繳等因奉即通行各府，飭遵在案。

清·佚名《治浙成規》卷七《竊盜再犯前犯一次在赦前免其併計仍作初犯又值恩赦准免其罪仍應刺字》 浙江按察使司孫爲贓賊敗露等事。看得鎮海縣賊犯王小本等行竊事主鄭超祖家一案前，據該縣將王小本等分別審擬枷杖援免，由府詳司經本司核轉奉憲臺以倪祥雲前次犯竊，係在四十五年恩詔以前例免，併計此次作爲初犯，王小本前次犯竊，在四十六年，照再犯問擬，勻請援免，查與竊盜止准赦免一次之例未符，但此等案件，各屬有照初犯援赦者，亦有照初犯論決者，辦理均未畫一，批飭確查例載議詳察奪等因本司遵查竊盜例准援免一次，又竊盜等犯遇赦俱免刺字，又竊盜初犯、再犯在赦前，無論次數，援免併計，復犯仍作初犯問擬，自應核其前犯曾否邀恩，分別減免。如得免併計，及曾邀減免之後，再犯復遇恩赦，均不應再准減免。歷屆遵照，原係畫一辦理，本司前詳鎮海縣賊犯王小本，倪祥雲、董阿斗，聽從未獲之李天林行竊事主鄭超祖一案，計贓一十兩。查王小本於乾隆四十六年行竊鄞縣事主王輔臣等家，同時並發酌擬加枷刺臂。此次係再犯應加枷號。倪祥雲於四十二年行竊鄞縣事主錢惠周等家，杖責刺臂，在四十五年二月十四日恩旨以前，此次應免，併計仍作初犯杖責到官，在本年二月二十二日恩旨以前，各得枷杖，均應援免。惟查本年本司核詳平湖縣賊犯林八，張太寶夥竊事主徐裕良家一案，張太寶一犯先於三十八年犯竊杖刺，發落在歷赦以前，此次犯竊遇赦前犯，應免併計，仍作初犯，從重照銷燬刺字例枷責，仍請援免等由詳奉憲批林八等如詳枷號，折責發落，刺字援免。張太寶補刺銷燬之字，仍盡本法刺臂，餘照行等，因遵照在案，是再犯之竊盜前犯在赦前，免計仍作初犯，又值恩赦減免其罪，仍應刺字，今倪祥雲與張太寶所犯相同，本司前詳將仍作初犯之倪祥雲，照竊盜免刺之例，請予免刺核與憲批張太寶之案，未能畫一，應請將倪祥雲杖罪援免仍作初犯刺臂。王小本係再犯遇赦所得枷杖，應與初次犯竊之董阿斗杖罪，均照前詳援免俱免刺字。再倪祥雲一犯續據鄞縣通詳，尚有夥同李天林行竊事主繆雨蒼一案，計贓較重，仍應歸繆雨蒼案完結。合併聲明，緣奉批飭理，合查明例案，詳覆伏候憲臺批示，通飭遵照，再查竊盜遇赦前例免，併計仍作初犯，而未邀恩之竊盜已犯兩案，論決第三次，復竊，甫經到官，尚未定案，適逢恩赦自與赦前犯竊並無二致，自應照例免其併計，但例內並無明文惟查乾隆四十一年曾咨部示內有竊盜人犯於赦前犯竊，如係三次犯竊罪止杖流者，逢有恩赦即減爲杖徒等語，是三次犯竊在赦後即得邀免，併計而前犯兩次已經論決之犯，三次犯竊到官又在赦前，即作三犯辦理，反不得邀免，併計且此等三次犯竊之案，雖贓不及十兩者，猶得減徒，其在十兩、五十兩以上，即應改發擬絞，均不得仰邀曠典，未免獨抱向隅。查原奉部示止云三次犯竊罪，止杖流遇赦即減爲杖徒，無十兩上下分別，援減之文，似指第三次之案贓至百兩，及一百一十兩而言，非不准免其併計，連前犯已決兩案，併作三犯問擬，但究無明文，亦查無成案，現在奉有恩旨，似此之案，各屬辦理，未免參差，即關出入，相應附詳統候憲示飭遵等情，於乾隆四十九年五月二十八日，奉巡撫部院福批倪祥雲如詳歸於繆雨蒼案內完結，王小本等枷杖援免俱免刺字，即照議通飭，畫一辦理繳。

清·佚名《治浙成規》卷七《竊盜例免併計之犯照初犯定罪遇赦分別減免仍應刺字後又復犯照再犯問擬》 浙江按察使孫爲奉批查議事，乾隆五十五年四月二十六日，奉巡撫部院福批，紹興府通稟竊盜人犯遇赦作何分別減免辦理，由奉批仰按察司確查歷次辦理赦款，妥議詳奪，仍候督部堂批示繳，又奉總督部堂富批，仰浙按察司核明飭遵具覆，仍候撫部院批示，繳稟鈔發，查各鈔稟內，開竊照乾隆四十二年，奉前陞撫憲三以竊盜人犯，欽奉恩詔得免，併計復奉恩詔，遇有再犯，應分別應否援免等因，咨請部示，奉刑部以例載竊盜遇赦得免，併計之後再行犯竊，復遇恩詔後，犯案到官審，係再犯、三犯俱按照初次恩詔後所犯次數，併計照律科罪等語，竊盜人犯於赦前犯竊，如係三次犯竊，罪止杖流者，逢有恩赦，即減爲杖徒，滿後復行犯竊，仍按其赦後所犯次數，依律科罪。其於赦前再犯，或初犯已經定擬發落者，如赦後復犯，亦即按其赦後所犯次數，科罪。其赦前所犯之案例免併計。即此已是仰邀曠典，既遇赦邀免併計之後，再行犯竊，無論初犯。再犯，俱應實科其罪，雖再逢恩赦，不准減免等因，是以竊盜人犯赦後復犯，俱按其所犯次數，實科其罪，雖遇恩詔不准減免，歷經遵照辦理在案。今乾隆四十九年八月，奉刑部通行議覆，江蘇撫憲咨昭文縣朱阿貴等夥竊事主劉景山一案，緣朱阿貴、李幅生均於得免併計之後，已經三犯計贓擬流，遇赦不准減等，奉部以竊盜止准免其併計一次，若赦後復行三犯，再逢恩赦，自不准再行免其併計，並無流罪不准減徒之例，此案朱阿貴，李幅生於初次行竊援赦得免併計之後，復行竊三次。此次行竊已屬三犯，自不應再免其併計，今計贓罪應滿流，但事犯到官，在本年二月二十二日恭逢江浙三省軍流人犯減等發落恩旨，以前仍應照例准其減徒，滿後復行犯竊，仍計贓，照三犯例治罪等因，通行遵照在案。今乾隆五十年正月初一日，又奉恩詔軍流以下人犯減等發落，是竊盜人犯遇赦得免併計之後，復行三犯，今奉恩詔自應遵照部行，罪應擬流者，仍行減徒滿後，復行犯竊，仍計贓照三犯例治罪，惟查竊盜人犯，遇赦得免，併計之後，復行再犯，今奉恩詔，應否一體辦理，如計贓罪應擬流者，即行減徒罪。應擬徒者，即行減杖罪。應枷杖者，即行寬免，仍行刺字。此等人犯將來復行犯竊，是否仍照再犯問擬，抑應照三犯問擬，至竊盜人犯，先經論次，前次遇赦未邀曠典，亦未邀免併計，復又犯竊，今奉恩詔似與，赦前再犯，無異應否分別減免並免刺字，將來復行犯竊，仍作初犯問擬，卑府因所屬現有赦後再犯，三犯之案，誠恐辦理錯誤，理合具稟請示，仰祈核示，祇遵等情，據此該按察使孫查得紹興府具稟竊盜人犯，分別減免刺字一案，奉憲臺批司查議詳奪等因，本司查例載竊盜遇赦得免併計之後，再行犯竊，復遇恩詔後犯案到官，審係再犯，三犯，俱按照初次恩詔後所犯次數，併計照律科罪。如赦前犯竊，審係三犯罪止杖流者，逢有恩赦即減爲杖徒滿後，復行犯竊，仍按其赦後所犯次數科罪。其赦前所犯之案，例免併計之後，再行犯竊，無論初犯，再犯，俱應實科其罪，雖再遇恩赦，不准減免，又乾隆四十九年間，刑部通行江蘇省昭文縣賊犯朱阿貴等一案，於得免併計之後，又犯竊三次，罪止滿流。再逢恩赦，應不准再行免其併計，並無流罪不准減徒之例，仍准其減徒滿後，復行再犯，仍計贓照三犯例治罪，各等因奉行遵照在案，今據該府具稟請示，前來除竊盜人犯遇赦得免，併計之後，復行三犯。今奉恩詔，自應遵照部行江蘇昭文縣朱阿貴一案，罪應擬流者，仍行減徒滿後，復行犯竊，仍計贓照三犯例治罪外，其竊盜人犯遇赦得免併計之後，復行再犯，今奉恩詔，已有部行例案可循，如計贓罪應擬流者，即行減徒罪。應擬徒者，即行減杖罪。應擬杖者，即予寬免。仍行刺字此等人犯，既已准減其罪例，不准再免併計，如將來復犯，即應照初犯得免，併計之後，照再犯，三犯問擬，至竊盜先經論次前次遇赦未邀曠典，亦未邀免併計，復又犯竊，恭逢恩詔，應免其併計前案，即此已邀曠典，仍照初犯定罪，分別減免仍應刺字後，又犯竊，仍計贓照再犯問擬，以歸畫一，茲奉前因，是否擬合，詳候憲臺察核批示，以便轉飭各屬一體遵照；辦理等情，於乾隆五十年七月初一日，詳奉巡撫部院福批，如詳轉飭各屬，一體遵照辦理，仍候督部堂批示繳，又奉總督部堂富批，仰候撫部院核示遵行，錄報繳。

清·丁日昌《撫吴公牘·通飭各屬詞訟立限審結》 為通飭事。照得錢糧爲國計攸關，獄訟爲民生所繫。二者原可並行不悖，惟今之州縣，往往將撫字催科分作兩事，不知催科即寓於撫字之中。果能勤求民隱，刻刻懷愛民之念，不使一夫失所，天下無不可化之民，即平日著名頑戶，當無不革心革面，踴躍輸將，何致藉口？陽城書下考即本部院前在蘇藩司任內訪聞各州縣於詞訟案件，其勤勤懇懇者固不乏人，而漫不經心者亦復不少。如收呈則委之捕衙，准駁則憑之幕友，而審不與審則又惟門丁之言是聽。每有原被催訊，卷已成帙，一審再審，年久不結。其中即不至顛倒是非，而百姓已拖累無窮矣。至羈押人犯，原因案情重大或人證未齊，一時遽難定讞，不得不擇要管押。此乃聽訟者無可如何之舉。若錢債口角細故，兩造均又當面，不難片言折服，應無所用其管押。乃有不論事之大小，人之多寡，經年累月久押不放。此尚是官押也。甚有家丁、書差狼狽作奸，將案外無辜之人及案已訊明之後，暗地私押。種種情弊，毫無覺察。似此玩視民瘼，衆心鮮不渙散，而欲其踴躍完糧，其可得乎？蘇屬曾經通飭在案。甯屬各州縣，諒亦同此情弊。除經札外，合行札飭。札到該司立即轉飭所屬，一體遵照。每屆放告日期，務須親收呈詞，不得以此爲調劑屬員之舉。其間或准或駁，應須揆情度理，勿存成見。有應行提訊之案，尤須隨到隨審，隨審隨結。人非要證，不得濫押。即有應押之人，其管押之所，須不時親往查視。丁胥有無淩虐，地方是否潔凈。現在天時漸熱，應令夫役勤加灑掃，勿使穢氣薰蒸。至於清理監獄，稽查書差積弊，則在各牧令隨時認真留意。本部院未能瑣屑言之。嗣後應將每月訟案，分別上控自理。已結若干、未結若干及在禁在押各人犯監押年月久暫，摘錄事由，分別管收除在。查照單開冊式開具四柱簡明清冊各一套，自四月起於下月初旬呈送查核。本部院仍不時設法抽查，將於此察各州縣之存心，考各州縣之勤惰。語無泛設，令不虛行。但求振作於將來，並不吹求其既往。文到先取具各遵依送查。毋違。特札。

清・丁日昌《撫吴公牘・通飭清理詞訟嚴禁傳呈等弊》 爲通飭嚴禁事，照得詞訟案件動關百姓身家性命。書差訟棍，藉以自肥，弊端百出。爲民父母者，若非廉明詳慎，鮮不墮其術中。本部院前任蘇藩司時，查各屬期呈之外尚有傳呈喊詞書差門丁，無不朋分陋規，有准無駁。此等惡習，強者操必勝之權，懦者受無窮之累，甚至破家蕩産，喪膽驚心，迨至虛實訊明，早已不堪其擾。其餘無票私押，飭稱原告扭交值日投詞，計圖坐差勾串，既禁傳呈所有扭交坐差各名，目更應一律禁絶。至書差因案需索，又無不狼吞虛噬。若不分別禁革，何以儆刁玩而安閭閻。蘇屬曾經嚴禁在案，甯屬各府廳州縣，想亦同此情弊。合行札飭，札到，該某立將後開嚴禁四條，轉飭所屬逐一遵照。嗣後每逢告期，必須坐堂。親收呈詞。先將原告確訊，如係情眞，即行核批，否則當堂駁斥。儻供詞與呈詞剌謬者，立傳代書究其詞稿所由來，則有無訟師可以立辨，而搭臺訛詐之風亦得淨盡。至攔輿之稟，雖係違式，而小民情迫具控，勢不能守候告期，衹須帶署親訊，分別准駁，且收閱此等稟詞最足以體恤民情。凡控及書差代書不肯用戳，准以無戳指告被告具訴。經承索費不遂，不肯鈔案因而代書揩戳者，亦准以無戳訴陳。惟既無須代書加戳並不花錢投遞較易，又恐刁民飾詞混瀆轉起訟端。惟在各牧令於接收時，詳加訊問，儻係虛誣，除不准外，更須從嚴究治總之。詞不輕准，准必速審，審必速結，則諸弊盡除，且清理詞訟既須嚴禁書差，尤在查拏訟棍，一經獲案，必須盡法懲治，若輩無不與書差朋比爲奸，不容稍事姑息。文到即將遵辦緣由以及本部院所論或有未周，該某另有愛民息訟之見，亦即稟復察寺特札。

計開嚴禁四條：

一、禁傳呈

凡傳呈係控告之人，出費錢數十千文，即可通同熟識書差，先將被告私押，外而書差内而門丁，朋分陋規，呈詞一入，不問是非曲直，有准無駁，立時批判簽稿並送控詞。朝入縣符，午下虎狼之勢頃刻生風。綫索通靈，莫過於此。天下豈有以數十千文之費能容若輩操必勝之權！乎是宣首先永遠嚴禁。

一、禁扭交指交

此等名目，各處皆有。係原告與差役串通，一面投遞傳呈，一面先將被告私自提到管押，由差稟報被控某某已據指交收管。甚有稱爲扭交者。第非姦、非盜、非竊，從來無是辦法。此種刁風斷不可長。惟有將被告先行取保，即將收管之原差責革枷示，再將案情秉公察訊。

一、禁坐差

坐差，即值日之差也。既禁傳呈，一切稟詞統歸標差以杜擇差勾串之弊。

一、禁書差需索

各衙門書差無不索費，已似通行定例，深可歎息。訪聞吴中差役持票到門，往往四五人，或乘轎或坐船，謂之行公事，踞吵不堪，兇惡無狀。即須講定書差費若干，被告之人將此項了結。公事擱起不提。並有原告即央書差向被告關説和息，此即圖准不圖審之謂也。設有被告不願出費，立時禁押班房，並不准投呈申訴。若准以無戳訴陳，不難水落石出，則需索之弊，不禁而自禁矣。各府廳州縣札内加標地方官收閱呈詞，但看情節緊要，即當立時辦理，此外嚴禁各條，務當永遠革除。各州縣儻仍復蹈故轍，一經本部院訪有確據，定即照例揭參，本部院深知詞訟民生之大害，故剴切申明，願諸公留一分菩薩心，造百年子孫福。

清・丁日昌《撫吴公牘・通飭收押人犯開明列示》 爲通飭遵辦事，照得各屬審理案件，務須隨到隨審，隨審隨結，不得稍任延訟，以重公事，而恤小民。設有訊供未確，或人證未齊，不能不暫爲羈押，無如差役舞弊多端。或提到而匿不稟明，或訊釋而私押索費。甚有以扭交指交爲名，原告串差私自管押，隨後再行具呈，以爲欺懦之計。此種弊竇相習成風，急須從嚴查禁。本部院前在蘇藩司任内，曾經立定章程，通飭遵照。凡各屬管押人犯，須特設大粉牌一面，懸掛頭門外，即於奉文之日起，將管押各人姓名。逐一開載，並註：某月、某日、因某案管押書明牌上，俾衆周知，並載明。如牌内無名以及登註開釋交保字樣，原差仍行舞弊私押，准該家屬人等喊稟以憑查究。嗣後每遇收押開除一名，隨時另書牌上，由該州縣派丁督同懸掛，以杜弊混。

仍每日親自抽查，以免丁書匿牌不掛，又捕役拏獲盗賊，亦即嚴飭，即日具報，於示尾。另列一行登註，以絶私刑誣栽賣放等弊。甯屬各廳州縣，應行一律照辦。除逕札外，合並發示式札飭。札到該司立督遵照辦理，該某立即遵照辦理，並飭將仍將奉文日期及如何辦理情形，具報查考。儻有匿牌不掛，或已經釋放並不開除等弊，一經本部院訪查得實，除揭參外，定提該丁書究辦，毋遠特札。

清・丁日昌《撫吴公牘・批沐陽縣申送上控自理詞訟及禁押人犯册由》

該縣詞訟，一月之中僅訊結七起，宜乎愈積愈多。至未結項下，歷年舊案纍纍，甚有咸豐年間具控之案。其中豈無情願息銷之人！必係訟棍書差從中把持，或遇新官到任，或隔數月之久聳令呈催一次，使官司一日不了，若輩生意一日不絶。地方官能覷破此中關健，勤於審斷，不使案件積壓，則若輩當無所施其伎倆矣。仰即將未結各案查明，如有兩月不催，即照原告兩月不到例，飭承註銷，並弔銷前票。儻再來縣具呈，另作新案辦理，並於收呈時，問其從前因何久未呈催，如係被人播弄，即令具結請銷，一面查提播弄之人，從嚴究辦。至監犯册内張小年一名，尚係咸豐十一年正月拏獲，聲明俟比拏王步金獲案核辦，現已八年之久，何以延不拏辦究，竟何時可獲，又田藍山、徐萬得、舒小六、劉汶長四名，業經本部院换給咨牌飭發，應即趕緊提犯起解，於下月册内開除。

清・佚名《告示集・諭經書開列積案》 諭各房經書知悉：照得台郡素稱難治，刑名錢穀訟獄繁興，若使各該有司勤求治理，遇事隨時留心趕辦，是無所壅滯。廼歷年來，各屬員疋署造次，互相觀望，日復因循，遂致塵積案牘，愈久愈多，殊屬不成政體。本府涖任以來，正思所以清釐之法，而適奉臬憲諄諄誡諭，業經專札分行各有司，自當觸目警心，勵精圖治，誠恐猾吏玩差狃于積習，猶恐置若罔聞，於公無裨。本府有表率之責，不得不嚴加整頓，因思事有緩急，立法亦宜先後，俾得遵守易于集事。爲此諭仰各書悉心檢查，凡六屬有無應辦未結之案，無論刑名錢穀，先將例限緊關要開列于前，其次按年返溯，分别摘叙事由。每縣彙開一摺，限五日呈送查閲，以憑粘單，分札飭遵，爾等務宜詳細備查，不使稍有遺漏，潦草塞責。本府即以此覘爾等之勤惰，分别優劣以示獎罰也。

清・佚名《告示集・通飭吏治》 爲通飭共凜官方以肅吏治事。照得從來言吏治者，不外清慎勤三字。三者之中，清之一事尤爲緊要。若使操守不謹，小有才能，適足爲濟貪之具，品行一褻，則其人一無可取。此固天下人所共知者。然使操守雖有謹飭，而闒茸因循，乖張暴戾，視案牘爲累形，置民瘼于膜外，以此服官爲之尸曠。【略】合亟通飭，爲此牌仰該司道官吏照牌内并粘單事理，立即通飭所屬，一體遵照。至兩司爲通省大吏，表率庶官，各道則職任監司，秉持風憲，所望同心協力，稽察彰明，激濁揚清，無遺無濫，相與力挽頽風，共成治理，俾中州僚屬爲清慎勤之良吏，本部院有厚望焉。

一、保甲嚴而四境可寧也。保甲之法，千古善政。如果門牌確寔不時查點，甲長牌頭互相稽察，則奸匪何所托足，四境自然寧謐。各州縣有能力行甲保者，記大功三次。行之不善者，記大過二次。全不奉行者，記大過三次。

一、打降禁而後命案可少也。豫省民風強悍，一言不合輒肆揮拳，甚至刀杖相加，釀成人命。此皆習于拳勇所致。爲地方官者，果能平時留心勸諭，講讓興仁，遇有學習拳棒者，即行重責，則逞兇鬬毆之風息而人命自少。各該州縣中有能命案較前減少者，記功二次，較前多者，記過二次。

一、邪教禁而後風俗可淳也。豫省崇信邪教，奸徒創立名目，哄誘愚民，假以治病消災爲由，以致群相附和，男女不分，僧道混雜，其志只圖誑騙財物。而聚既多，遂至滋事不法，流毒無窮。各該州縣有能拿獲邪教一起者，記功一次，漫無覺者，記大過二次。

一、教化行而後奸拐可少也。豫省輪奸之案不一而足，關係風俗人心，殊非淺鮮。但與其懲治于既犯之後，孰若勸諭于未犯之先，各屬於朔望宣講聖諭之時，或踏勘相驗之便，果能開誠布公，諄切化導，以感發其天良，則風俗自歸淳厚。各該州縣如有輪奸強奸及強奸幼女之案，或較前減少，或全無違犯，或此風仍不能息，酌量地方繁簡情形，分别記功記過。

一、剖斷明而後訟端可息也。民間訐訟皆因事有不平。如果不顧情面，不憚煩瑣。細閲卷宗，推鞫剖斷之後，既發審單，事既明允，心亦輸服，何患訟端之不息。各該州縣有能听斷公平輿輪翕者，當閲案情，酌量記功，否則記過。

一、刑罰慎而後冤獄可無也。三木之下，何求不得，刑餘之人，鄉黨不齒，承問之員果能虚衷研訊，使狡猾之人不得盡其無情之辭，則冤獄自無。該州縣有不事刑求完結大案者，記功一次。若妄用刑法者，重則特參，輕則每案記大過二次。

一、辦事勤而後案牘可清也。官無大小，各有專司。若稍圖逸樂，則案件日積日多，驟難清理，上煩催提，下多拖累。必須隨案隨辦，不自寬假，庶幾事無留滯而案牘可清。各該州縣有案能速結而不草率者，每案記功一次，違則遂案記過一次。

一、稼穡勤而後衣食可足也。民情習於便安，不知遠慮，全在地方官不時下鄉督率勸諭，水耕火耨各就其宜，春耕夏耘不違其性。果能人無餘力自然地無曠土，耕九餘三，旱潦有備，小民自獲盈寧之慶。各該州縣有勤課農桑著有成效者，記大功三次，全不留心者，記大過二次。

一、浮費除而後輸將可速也。錢糧絲毫顆粒皆民膏血，多一分浮費，即少一分正供。果能秉公徵收，毫無染指，催科得法，無事追呼，緩急因時，不使稱貸，則民力寬舒，正賦自無拖欠。各該州縣有能催科無擾，或隨徵濫差者，酌量地方錢糧多寡，分別予記功過。

一、察役嚴而後善良可安也。衙門皂快等役類多無賴，伊等狡獪之技，貪饕之性，無惡不作，又復聲應氣求，彼此串結，少不留意，則良懦被其魚肉，官聲由之大壞。果能事事稽查，時時訪察，有犯必懲，不稍寬貸，則蠹役知所畏懼，善良可以樂業。各該州縣有能約束衙役不使擾民者，記功一次，違者重則特參，輕則記大過二次。

以上各條俱着落該管府州，於半年後統行考察、核寔、申報，司道再加覆核，詳院批定，注明冊檔，以備舉劾，無苛無濫。本部院又以此定府州之官評也。慎之慎之。

清・佚名《告示集・嚴飭重利輕義》 巡撫部院提督軍門程札九江府知悉：照得人心風俗，政化之原；孝弟友恭，生人之本。綱紀倫常之理，雖愚夫愚婦皆宜共曉。本部院下車以來，訪聞鄉曲愚民竟有重利輕義者，父子兄弟之間，每有爭多競少之事。憶昔前在廣東連州任內，有審斷連山縣李姓兄弟叔姪互控爭產十餘年不結一案，又在南雄州審斷始興縣官姓兄弟叔姪互控共搶毆傷十餘年不結一案，又在惠州府任內諭息郭姓兄弟告爭分產不平五年不結一案，皆先教化而後刑罰，動之以固有之良，曉之以敗亡之禍，能悔悟者，即與批銷，不悔悟者，即坐大堂督同屬官審訊。其時環觀者數千人，本部院不問曲直，先用父師教子弟之法，將爲弟爲姪者重責四十板，次將爲兄爲叔者重責二十板，治其不孝不友之罪，雖職員生監亦責，但給與櫈板躺卧，不脫衣褲耳。然後判其曲直。將理曲者再加懲處。皆係一堂斷決，永不翻告。自審斷此三案之後，該一府二州之民無有以兄弟告狀者，即有爭競，而鄉里士民共非笑之，彼亦悔悟終止。是海濱僻遠之民尚知禮義廉恥之節，况江西爲聲名文物之大邦乎？乃本部院到任甫及兩旬，即有兄弟告狀者三案，一係興國縣民謝其崙控胞兄謝其山分產不均，三年不結；一係樂安縣監生元振繼告其胞弟元七陽搶劫毆傷，六年不結；一係樂安縣監生曾殿璠等兄弟六人因錢債起釁互控，五年不結。該士民等同室操戈，不知孝弟爲何事，人心風俗磽薄已甚，總由地方官教化不修所致。古人中孚之信格及豚魚，本部院統屬吏民，到任以來，德薄能鮮，不能化民成俗，致部民屢有骨肉相殘之案，深用爲愧。兹將前在惠州府諭息郭姓一案錄出，以示各該地方官及親族鄉鄰人等，即將此諭向各案原被告講說開導，如彼此皆能悔悟深切，賠罪服禮，即將控案詳銷，全其天倫之好。如中有訟棍挑唆，須重治訟棍之罪。倘彼悔而此不悔，即專治不悔者之罪。如彼此俱執迷不悔，即將案內生監概行詳革，照本部院之法，先將爲弟爲姪者重責四十板，次將爲兄爲叔者重責二十板，然後審其曲直，照例詳辦等因，出示曉諭外，合札通飭。札到，該府即便轉飭所屬，遵照毋違。特札。

紀事

《虢簋》 隹王正月，辰在甲午。王曰：虢，命汝司成周里人，眔諸侯、大亞，訊訟罰，取賜五寽。易汝夷臣十家，用事。虢拜稽首，對揚王休命，用作寶簋，其子子孫孫寶用。

《五祀衛鼎》 隹正月初吉庚戌，衛以邦君厲告於井伯、伯邑父、定伯、琼伯、伯俗父，曰厲曰：余執龔王卹工，于邵(昭)大室東逆焚(營)二川。曰：余舍女田五田。正迺訊厲曰：女貯田不？厲乃許曰：余審貯田五田。井伯、伯邑父、定伯、琼伯、伯俗父乃顜，使厲誓。乃令參(三)有司司土邑人趙，司馬頪人邦，司工陶矩，內史友寺芻，帥履裘衛厲田四田，乃舍寓於厥邑：厥逆疆眔厲田，厥東疆眔散田，厥南疆眔散田、眔政父田，厥西疆眔厲田。邦君厲罕付裘衛田。厲叔子夙，厲有司䣄季、慶癸、豩□、井人敢、井人陽㞷，衛小子逆其，饗倂(媵)。衛用作朕文考寶鼎，衛其萬年永寶用。隹王五祀。

《左傳・僖公二十八年》 衛侯與元咺訟，甯武子爲輔，鍼莊子爲坐，士榮爲大士。衛侯不勝。殺士榮，刖鍼莊子，謂甯俞忠而免之。執衛侯，歸之於京師，寘諸深室。甯子職納橐饘焉。元咺歸於衛，立公子瑕。

《左傳・文公十四年》 周公將與王孫蘇訟於晉，王叛王孫蘇，而使尹氏與聃啓訟周公於晉。趙宣子平王室而復之。

《左傳・昭公二十八年》 冬，梗陽人有獄，魏戊不能斷，以獄上。其大宗賂以女樂，魏子將受之。魏戊謂閻沒、女寬曰：主以不賄聞於諸侯，若受梗陽人，賄莫甚焉。吾子必諫！皆許諾。退朝，待於庭。饋入，召之。比置，三歎。既食，使坐。魏子曰：吾聞諸伯叔，諺曰：唯食忘憂。吾子置食之間三歎，何也？同辭而對曰：或賜二小人酒，不夕食。饋之始至，恐其不足，是以歎。中置，自咎曰：豈將軍食之而有不足？是以再歎。及饋之畢，願以小人之腹爲君子之心，屬厭而已。獻子辭梗陽人。

《山海經・海内南經》 夏后啓之臣曰孟涂，是司神於巴。巴人請訟於孟涂之所，其衣有血者乃執之。是請生。居山上，在丹山西。

《睡虎地秦墓竹簡・封診式・黥妾》 爰書：某里公士甲縛詣大女子丙，告曰：某里五大夫乙家吏。丙，乙妾殹(也)。乙使甲曰：丙悍，謁黥劓丙。訊丙，辭曰：乙妾殹(也)，毋(無)它坐。丞某告某鄉主：某里五大夫乙家吏甲詣乙妾丙，曰：乙令甲謁黥劓丙。其問如言不然？定名事里，所坐論云可(何)，或覆問毋(無)有，以書言。

《睡虎地秦墓竹簡・封診式・告臣》 爰書：某里士五(伍)甲縛詣男子丙，告曰：丙，甲臣，橋(驕)悍，不田作，不聽甲令。謁買(賣)公，斬以爲城旦，受賈(價)錢。訊丙，辭曰：甲臣，誠悍，不聽甲。甲未賞(嘗)身免丙。丙毋(無)病殹(也)，毋(無)它坐罪。令令史某診丙，不病。令少內某、佐某以市正賈(價)賈丙丞某前，丙中人，賈(價)若干錢。丞某告某鄉主：男子丙有鞫，辭曰：某里士五(伍)甲臣。其定名事里，所坐論云可(何)，可(何)罪赦，或覆問毋(無)有，甲賞(嘗)身免丙復臣之不殹(也)？以律封守之，到以書言。

《史記・李斯列傳》 趙高案治李斯。李斯拘執束縛，居囹圄中，仰天而歎曰：嗟乎，悲夫！不道之君，何可爲計哉！昔者桀殺關龍逢，紂殺王子比干，吳王夫差殺伍子胥。此三臣者，豈不忠哉，然而不免於死，身死而所忠者非也。今吾智不及三子，而二世之無道過於桀、紂、夫差，吾以忠死，宜矣。且二世之治豈不亂哉！日者夷其兄弟而自立也，殺忠臣而貴賤人，作爲阿房之宮，賦斂天下。吾非不諫也，而不吾聽也。凡古聖王，飲食有節，車器有數，宮室有度，出令造事，加費而無益於民利者禁，故能長久治安。今行逆於昆弟，不顧其咎；侵殺忠臣，不思其殃；大爲宮室，厚賦天下，不愛其費：三者已行，天下不聽。今反者已有天下之半矣，而心尚未寤也，而以趙高爲佐，吾必見寇至咸陽，麋鹿游於朝也。

於是二世乃使高案丞相獄，治罪，責斯與子由謀反狀，皆收捕宗族賓客。趙高治斯，榜掠千餘，不勝痛，自誣服。斯所以不死者，自負其辯，有功，實無反心，幸得上書自陳，幸二世之寤而赦之。李斯乃從獄中上書曰：臣爲丞相，治民三十餘年矣。逮秦地之陝隘。先王之時秦地不過千里，兵數十萬。臣盡薄材，謹奉法令，陰行謀臣，資之金玉，使游說諸侯，陰脩甲兵，飾政教，官鬬士，尊功臣，盛其爵祿，故終以脅韓弱魏，破燕、趙，夷齊、楚，卒兼六國，虜其王，立秦爲天子。罪一矣。地非不廣，又北逐胡、貉，南定百越，以見秦之彊。罪二矣。尊大臣，盛其爵位，以固其親。罪三矣。立社稷，脩宗廟，以明主之賢。罪四矣。更剋畫，平斗斛度量，文章布之天下，以樹秦之名。罪五矣。治馳道，興游觀，以見主之得意。罪六矣。緩刑罰，薄賦斂，以遂主得衆之心，萬民戴主，死而不忘。罪七矣。若斯之爲臣者，罪足以死固久矣。上幸盡其能力，乃得至今，願陛下察之！書上，趙高使吏棄去不奏，曰：囚安得上書！

趙高使其客十餘輩詐爲御史、謁者、侍中，更往覆訊斯。斯更以其實對，輒使人復榜之。後二世使人驗斯，斯以爲如前，終不敢更言，辭服。奏當上，二世喜曰：微趙君，幾爲丞相所賣。及二世所使案三川之守至，則項梁已擊殺之。使者來，會丞相下吏，趙高皆妄爲反辭。

二世二年七月，具斯五刑，論腰斬咸陽市。斯出獄，與其中子俱執，顧謂其中子曰：吾欲與若復牽黃犬俱出上蔡東門逐狡兔，豈可得乎？遂父子相哭，而夷三族。

《史記・彭越列傳》 十年秋，陳豨反代地，高帝自往擊，至邯鄲，徵兵梁王。梁王稱病，使將將兵詣邯鄲。高帝怒，使人讓梁王。梁王恐，欲自往謝。其將扈輒曰：王始不往，見讓而往，往則爲禽矣。不如遂發兵反。梁王不聽，稱病。梁王怒其太僕，欲斬之。太僕亡走漢，告梁王與扈輒謀反。於是上使使掩梁王，梁王不覺，捕梁王，囚之雒陽。有司治反形已具，請論如法。上赦以爲庶人，傳處蜀青衣。西至鄭，逢呂后從長安來，欲之雒陽，道見彭王。彭王爲呂后泣涕，自言無罪，願處故昌邑。呂后許諾，與俱東至雒陽。呂后白上曰：彭王壯士，今徙之蜀，此自遺患，不如遂誅之。妾謹與俱來。於是呂后乃令其舍人告彭越復謀反。廷尉王恬開奏請族之。上乃可，遂夷越宗族，國除。

《史記·樊酈滕灌列傳》 汝陰侯夏侯嬰，沛人也。爲沛廄司御。每送使客還，過沛泗上亭，與高祖語，未嘗不移日也。嬰已而試補縣吏，與高祖相愛。高祖戲而傷嬰，人有告高祖。高祖時爲亭長，重坐傷人，告故不傷嬰，嬰證之。後獄覆，嬰坐高祖繫歲餘，掠笞數百，終以是脫高祖。《集解》鄧展曰：律有故乞鞫。高祖自告不傷人。《索隱》案：《晉令》云獄結竟，呼囚鞫語罪狀，囚若稱枉欲乞鞫者，許之也。

《史記·袁盎列傳》 及絳侯免相之國，國人上書告以爲反，徵繫清室，宗室諸公莫敢爲言，唯袁盎明絳侯無罪。絳侯得釋，盎頗有力。《集解》：《漢書》作請室。應劭曰：請室，請罪之室，若今鍾下也。如淳曰請室，獄也，若古刑於甸師氏也。

《史記·張釋之列傳》 其後有人盜高廟坐前玉環，捕得，文帝怒，下廷尉治。釋之案律盜宗廟服御物者爲奏，奏當棄市。上大怒曰：人之無道，乃盜先帝廟器，吾屬廷尉者，欲致之族，而君以法奏之，非吾所以共承宗廟意也。釋之免冠頓首謝曰：法如是足也。且罪等，然以逆順爲差。今盜宗廟器而族之，有如萬分之一，假令愚民取長陵一抔土，陛下何以加其法乎？久之，文帝與太后言之，乃許廷尉當。是時，中尉條侯周亞夫與梁相山都侯王恬開見釋之持議平，乃結爲親友。張廷尉由此天下稱之。

《漢書·廣川惠王劉越傳》 本始三年，相內史奏狀，具言赦前所犯。天子遣大鴻臚、丞相長史、御史丞、廷尉正雜治鉅鹿詔獄，奏請逮捕去及后昭信。制曰：王后昭信、諸姬奴婢證者皆下獄。辭服。有司復請誅王。制曰：與列侯、中二千石、二千石、博士議。議者皆以爲去悖虐，聽後昭信讒言，燔燒亨煑，生割剝人，距師之諫，殺其父子。凡殺無辜十六人，至一家母子三人，逆節絶理。其十五人在赦前，大惡仍重，當伏顯戮以示衆。制曰：朕不忍致王於法，議其罰。有司請廢勿王，與妻子徙上庸。奏可。與湯沐邑百戶。去道自殺，昭信棄市。

《漢書·梁孝王劉武傳》 哀帝建平中，立復殺人。天子遣廷尉賞、大鴻臚由持節卽訊。至，移書傅、相、中尉曰：王背策戒，誖暴妄行，連犯大辟，毒流吏民。比比蒙恩，不伏重誅，不思改過，復賊殺人。幸得蒙恩，丞相長史、大鴻臚丞卽問。王陽病抵讕，置辭驕嫚，不首主令，與背畔亡異。丞相、御史請收王璽綬，送陳留獄。明詔加恩，復遣廷尉、大鴻臚雜問。今王當受詔置辭，恐復不首實對。《書》曰：至於再三，有不用，我降爾命。傅、相、中尉皆以輔正爲職，虎兕出於匣，龜玉毀於匵中，是誰之過也？書到，明以誼曉王。敢復懷詐，罪過益深。傅、相以下，不能輔導，有正法。時冬月盡，其春大赦，不治。

《漢書·張湯傳》 張湯，杜陵人也。父爲長安丞，出，湯爲兒守舍。還，鼠盜肉，父怒，笞湯。湯掘熏得鼠及餘肉，劾鼠掠治，傳爰書，訊鞫論報，[一]并取鼠與肉，具獄磔堂下。父見之，視文辭如老獄吏，大驚，遂使書獄。

《漢書·杜延年傳》 延年本大將軍霍光吏，首發大姦，有忠節，由是擢爲太僕右曹給事中。光持刑罰嚴，延年輔之以寬。治燕王獄時，御史大夫桑弘羊子遷亡，過父故吏侯史吳。後遷捕得，伏法。會赦，侯史吳自出繫獄，廷尉王平與少府徐仁雜治反事，皆以爲桑遷坐父謀反而侯史吳臧之，非匿反者，乃匿爲隨者也。卽以赦令除吳罪。後侍御史治實，以桑遷通經術，知父謀反而不諫爭，與反者身無異；侯史吳故三百石吏，首匿遷，不與庶人匿隨從者等，吳不得赦。奏請覆治，劾廷尉、少府縱反者。少府徐仁卽丞相車千秋壻也，故千秋數爲侯史吳言。恐光不聽，千秋卽召中二千石、博士會公車門，議問吳法。議者知大將軍指，皆執吳爲不道。明日，千秋封上衆議，光於是以千秋擅召中二千石以下，外內異言，遂下廷尉平、少府仁獄。朝廷皆恐丞相坐之。延年乃奏記光爭，以爲吏縱罪人，有常法，今更詆吳爲不道，恐於法深。又丞相素無所守持，而爲好言於下，盡其素行也至擅召中二千石，甚無狀。延年愚，以爲丞相久故，及先帝用事，非有大故，不可棄也。間者民頗言獄深，吏爲峻詆，今丞相所議，又獄事也，如是以及丞相，恐不合衆心。群下讙譁，庶人私議，流言四布，延年竊重將軍失此名於天下也！光以廷尉、少府弄法輕重，皆論棄市，而不以及丞相，終與相竟。延年論議持平，合和朝廷，皆此類也。

《漢書・杜周傳》 周少言重遲，而內深次骨。宣爲左內史，周爲廷尉，其治大抵放張湯，而善候司。上所欲擠者，因而陷之；上所欲釋，久繫待問而微見其冤狀。客有謂周曰：君爲天下決平，不循三尺法，專以人主意指爲獄，獄者固如是乎？周曰：三尺安出哉？前主所是著爲律，後主所是疏爲令；當時爲是，何古之法乎！

至周爲廷尉，詔獄亦益多矣。二千石繫者新故相因，不減百餘人。郡吏大府舉之廷尉，一歲至千餘章。章大者連逮證案數百，小者數十人；遠者數千里，近者數百里。會獄，吏因責如章告劾，不服，以掠笞定之。於是聞有逮證，皆亡匿。獄久者至更數赦十餘歲而相告言，大氐盡詆以不道，以上廷尉及中都官，詔獄逮至六七萬人，吏所增加十有餘萬。

《漢書・終軍傳》 元鼎中，博士徐偃使行風俗。偃矯制，使膠東、魯國鼓鑄鹽鐵。還，奏事，徙爲太常丞。御史大夫張湯劾偃矯制大害，法至死。偃以爲《春秋》之義，大夫出疆，有可以安社稷，存萬民，顓之可也。湯以致其法，不能詘其義。有詔下軍問狀，軍詰偃曰：古者諸侯國異俗分，百里不通，時有聘會之事，安危之勢，呼吸成變，故有不受辭造命顓己之宜；今天下爲一，萬里同風，故《春秋》王者無外。偃巡封域之中，稱以出疆何也？且鹽鐵，郡有餘臧，正二國廢，國家不足以爲利害，而以安社稷存萬民爲辭，何也？又詰偃：膠東南近琅邪，北接北海，魯國西枕泰山，東有東海，受其鹽鐵。偃度四郡口數田地，率其用器食鹽，不足以并給二郡邪？將勢宜有餘，而吏不能也？何以言之？偃矯制而鼓鑄者，欲及春耕種贍民器也。今魯國之鼓，當先具其備，至秋乃能舉火。此言與實反者非？偃已前三奏，無詔，不惟所爲不許，而直矯作威福，以從民望，干名采譽，此明聖所必加誅也。枉尺直尋，孟子稱其不可；今所犯罪重，所就者小，偃自予必死而爲之邪？將幸誅不加，欲以採名也？偃窮詘，服罪當死。軍奏偃矯制顓行，非奉使體，請下御史徵偃即罪。奏可。上善其詰，有詔示御史大夫。

《漢書・陳湯傳》 後皇太后同母弟苟參爲水衡都尉，死，子伋爲侍中，參妻欲爲伋求封，湯受其金五十斤，許爲求比上奏。弘農太守張匡坐臧百萬以上，狡猾不道，有詔即訊，恐下獄，使人報湯。湯爲訟罪，得踰冬月，許謝錢二百萬，皆此類也。事在赦前。後東萊郡黑龍冬出，人以問湯，湯曰：是所謂玄門開。微行數出，出入不時，故龍以非時出也。又言當復發徙，傳相語者十餘人。丞相御史奏湯惑衆不道，妄稱詐歸異於上，非所宜言，大不敬。廷尉增壽議，以爲不道無正法，以所犯劇易爲罪，臣下(丞)〔承〕用失其中，故移獄廷尉，無比者先以聞，所以正刑罰，重人命也。明主哀憫百姓，下制書罷昌陵勿徙吏民，已申布。湯妄以意相謂且復發徙，雖頗驚動，所流行者少，百姓不爲變，不可謂惑衆。湯稱詐，虛設不然之事，非所宜言，大不敬也。制曰：廷尉增壽當是。湯前有討郅支單于功，其免湯爲庶人，徙邊。又曰：故將作大匠萬年佞邪不忠，妄爲巧詐，多賦斂，煩繇役，興卒暴之作，卒徒蒙辜，死者連屬，毒流衆庶，海內怨望。雖蒙赦令，不宜居京師。於是湯與萬年俱徙敦煌。

《漢書・朱博傳》 初，哀帝祖母定陶太后欲求稱尊號，太后從弟高武侯傅喜爲大司馬，與丞相孔光、大司空師丹共持正議。孔鄉侯傅晏亦太后從弟，諂諛欲順指，會博新徵用爲京兆尹，與交結，謀成尊號，以廣孝道。繇是師丹先免，博代爲大司空，數燕見奏封事，言丞相光志在自守，不能憂國；大司馬喜至尊至親，阿黨大臣，無益政治。上遂罷喜遣就國，免光爲庶人，以博代光爲丞相，封陽鄉侯，食邑二千戶。博上書讓曰：故事封丞相不滿千戶，而獨臣過制，誠慙懼，願還千戶。上許焉。傅太后怨傅喜不已，使孔鄉侯晏風丞相，令奏免喜侯。博受詔，與御史大夫趙玄議，玄言事已前決，得無不宜？博曰：已許孔鄉侯有指。匹夫相要，尚相得死，何況至尊？博唯有死耳！玄即許可。博惡獨斥奏喜，以故大司空氾鄉侯何武前亦坐過免就國，事與喜相似，即并奏：喜、武前在位，皆無益於治，雖已退免，爵土之封非所當得也。請皆免爲庶人。上知傅太后素常怨喜，疑博、玄承指，即召玄詣尚書問狀。玄辭服，有詔左將軍彭宣與中朝者雜問。宣等劾奏：博宰相，玄上卿，晏以外親封位特進，股肱大臣，上所信任，不思竭誠奉公，務廣恩化，爲百寮先，皆知喜、武前已蒙恩詔決，事更三赦，博執左道，虧損上恩，以結信貴戚，背君鄉臣，傾亂政治，姦人之雄，附下罔上，爲臣不忠不道；玄知博所言非法，枉義附從，大不敬；晏與博議免喜，失禮不敬。臣請詔謁者召博、玄、晏詣廷尉詔獄。制曰：將軍、中二千石、二千石、諸大夫、博士、議郎議。右將軍蟜望等四十四人以爲如宣等言，可許。諫大夫龔勝等十四人以爲《春秋》之義，姦以事君，常刑不舍。魯大叔孫僑如欲顓公室，譖其族兄季孫行父於晉，晉執囚行父以亂魯國，《春秋》重而書之。今晏放命圮族，干亂朝政，要大臣以罔上，本造計謀，職爲亂階，宜與博、玄同罪，罪皆不道。上減玄死罪三等，削晏户四分之一，假謁者節召丞相詣廷尉詔獄。博自殺，國除。

《漢書・雋不疑傳》 始元五年，有一男子乘黄犢車，建黄旐，衣黄襜褕，著黄冒，詣北闕，自謂衛太子。公車以聞，詔使公卿將軍中二千石雜識視。長安中吏民聚觀者數萬人。右將軍勒兵闕下，以備非常。丞相、御中、中二千石至者立並莫敢發言。京兆尹不疑後到，叱從吏收縛。或曰：是非未可知，且安之。不疑曰：諸君何患於衛太子！昔蒯聵違命出奔，輒距而不納，《春秋》是之。衛太子得罪先帝，亡不即死，今來自詣，此罪人也。遂送詔獄。天子與大將軍霍光聞而嘉之，曰：公卿大臣當用經術明於大誼。繇是名聲重於朝廷，在位者皆自以不及也。

《漢書・薛宣傳》 久之，哀帝初即位，博士申咸給事中，亦東海人也，毁宣不供養行喪服，薄於骨肉，前以不忠孝免，不宜復列封侯在朝省。宣子况爲右曹侍郎，數聞其語，賕客楊明，欲令創咸面目，使不居位。會司隸缺，况恐咸爲之，遂令明遮斫咸宫門外，斷鼻唇，身八創。事下有司，御史中丞衆等奏：况朝臣，父故宰相，再封列侯，不相敕丞化，而骨肉相疑，疑咸受修言以謗毁宣。咸所言皆宣行迹，衆人所共見，公家所宜聞。况知咸給事中，恐爲司隸舉奏宣，而公令明等迫切宫闕，要遮創戮近臣於大道人衆中，欲以鬲塞聰明，杜絶論議之端。桀黠無所畏忌，萬衆讙嘩，流聞四方，不與凡民忿怒争鬥者同。臣聞敬近臣，爲近主也。禮，下公門，式路馬，君畜産且猶敬之。《春秋》之義，意惡功遂，不免於誅，上浸之源不可長也，况首爲惡，明手傷，功意俱惡，皆大不敬。明當以重論，及况皆棄市。廷尉直以爲：律曰鬥以刃傷人，完爲城旦，其賊加罪一等，與謀者同罪。詔書無以詆欺成罪。傳曰：遇人不以義而見疻者，痏與人之罪鈞，惡不直也。咸厚善修，而數稱宣惡，流聞不誼，不可謂直。况以故傷咸，計謀已定，後聞置司隸，因前謀而趣明，非以恐咸爲司隸故造謀也。本爭私變，雖於掖門外傷咸道中，與凡民爭鬥無異。殺人者死，傷人者刑，古今之通道，三代所不易也。孔子曰：必也正名。名不正，則至於刑罰不中；罰刑不中，而民無所措手足。今以况爲首惡，明手傷爲大不敬，公私無差。《春秋》之義，原心定罪。原况以父見謗發忿怒，無它大惡。加詆欺，輯小過成大辟，陷死刑，違明詔，恐非法意，不可施行。聖王不以怒增刑。明當以賊傷不直，况與謀者皆爵減完爲城旦。上以問公卿議臣。丞相孔光、大司空師丹以中丞議是，自將軍以下至博士議郎皆是廷尉。况竟減罪一等，徙敦煌。宣坐免爲庶人，歸故郡，卒於家。

《後漢書・皇后紀上・和熹鄧皇后》 〔元興元年〕是時新遭大憂，法禁未設。宫中亡大珠一篋，太后念，欲考問，必有不辜。乃親閲宫人，觀察顔色，卽時首服。又和帝幸人吉成，御者共枉吉成以巫蠱事，遂下掖庭考訊，辭證明白。太后以先帝左右，待之有恩，平日尚無惡言，今反若此，不合人情，更自呼見實覈，果御者所爲。莫不歎服，以爲聖明。常以鬼神難徵，淫祀無福，乃詔有司罷諸祠官不合典禮者。又詔赦除建武以來諸犯妖惡，及馬、竇家屬所被禁錮者，皆復之爲平人。

《後漢書・皇后紀上・和帝陰皇后》 自和熹鄧后入宫，愛寵稍衰，數有恚恨。后外祖母鄧朱出入宫掖。十四年夏，有言後與朱共挾巫蠱道，事發覺，帝遂使中常侍張慎與尚書陳褒於掖庭獄雜考案之。朱及二子奉、毅與后弟軼、輔、敞辭語相連及，以爲祠祭祝詛，大逆無道。奉、毅、輔考死獄中。帝使司徒魯恭持節賜後策，上璽綬，遷於桐宫，以憂死。立七年，葬臨平亭部。父特進綱自殺，軼、敞及朱家屬徙日南比景縣，宗親外内昆弟皆免官還田里。永初四年，鄧太后詔赦陰氏諸徙者悉歸故郡，還其資財五百餘萬。

《後漢書・楊震傳》 延熹三年，白馬令李雲以諫受罪，〔楊〕秉争之不能得，坐免官，歸田里。其年冬，復徵拜河南尹。先是中常侍單超弟匡爲濟陰太守，以臧罪爲刺史第五種所劾，窘急，乃賂客任方刺兖州從事衛羽。事已見《種傳》。及捕得方，囚繫洛陽，匡慮秉當窮竟其事，密令方等得突獄亡走。尚書召秉詰責，秉對曰：《春秋》不誅黎比而魯多盜，方等無狀，釁由單匡。刺執法之吏，害奉公之臣，復令逃竄，寬縱罪身，元惡大憝，終爲國害。乞檻車徵匡考覈其事，則姦慝蹤緒，必可立得。而秉竟坐輸作左校，以久旱赦出。

《後漢書・祭遵傳》 及光武破王尋等，還過潁陽，〔祭〕遵以縣吏數進見，光武愛其容儀，署爲門下史。從征河北，爲軍市令。舍中兒犯法，遵格殺之。光武怒，命收遵。時主簿陳副諫曰：明公常欲衆軍整齊，今遵奉法不避，是教令所行也。光武乃貰之，以爲刺姦將軍。謂諸將曰：當備祭遵！吾舍中兒犯法尚殺之，必不私諸卿也。尋拜爲偏將軍，從平河北，以功封列侯。

《後漢書・趙熹傳》 後拜懷令。大姓李子春先爲琅邪相，豪猾并兼，爲人所患。〔趙〕熹下車，聞其二孫殺人事未發覺，卽窮詰其姦，收考子春，二孫自殺。京師爲請者數十，終不聽。時趙王良疾病將終，車駕親臨王，問所欲言。王曰：素與李子春厚，今犯罪，懷令趙熹欲殺之，願乞其命。帝曰：吏奉法，律不可枉也，更道它所欲。王無復言。既薨，帝追感趙王，乃貰出子春。

其年，遷熹平原太守。時平原多盜賊，熹與諸郡討捕，斬其渠帥，餘黨當坐者數千人。熹上言惡惡止其身，可一切徙京師近郡。帝從之，乃悉移置潁川、陳留。於是擢舉義行，誅鋤姦惡。後青州大蝗，侵入平原界輒死，歲屢有年，百姓歌之。

《後漢書・郅惲傳》 〔郅壽〕復徵〔郅壽〕爲尚書僕射。是時大將軍竇憲以外戚之寵，威傾天下。憲嘗使門生齎書詣壽，有所請託，壽卽送詔獄。前後上書陳憲驕恣，引王莽以誡國家。是時憲征匈奴，海內供其役費，而憲及其弟篤、景並起第宅，驕奢非法，百姓苦之。壽以府臧空虛，軍旅未休，遂因朝會譏刺憲等，厲音正色，辭旨甚切。憲怒，陷壽以買公田誹謗，下吏當誅。侍御史何敞上疏理之曰：臣聞聖王闢四門，開四聰，延直言之路，下不諱之詔，立敢諫之旗，聽歌謠於路，爭臣七人，以自鑒照，考知政理，違失人心，輒改更之，故天人並應，傳福無窮。臣伏見尚書僕射郅壽坐於臺上，與諸尚書論擊匈奴，言議過差，及上書請買公田，遂繫獄考劾大不敬。臣愚以爲壽機密近臣，匡救爲職。若懷默不言，其罪當誅。今壽違衆正議，以安宗廟，豈其私邪？又臺閣平事，分爭可否，雖唐虞之隆，三代之盛，猶謂諤諤以昌，不以誹謗爲罪。請買公田，人情細過，可裁隱忍。壽若被誅，臣恐天下以爲國家橫罪忠直，賊傷和氣，忤逆陰陽。臣所以敢犯嚴威，不避夷滅，觸死瞽言，非爲壽也。忠臣盡節，以死爲歸。臣雖不知壽，度其甘心安之。誠不欲聖朝行誹謗之誅，以傷晏晏之化，杜塞忠直，垂譏無窮。臣敞謬豫機密，言所不宜，罪名明白，當塡牢獄，先壽僵仆，萬死有餘。書奏，壽得減死，論徙合浦。未行，自殺，家屬得歸鄉里。

《後漢書・鄭弘傳》 〔鄭〕弘師同郡河東太守焦貺。楚王英謀反發覺，以疏引貺，貺被收捕，疾病於道亡沒，妻子閉繫詔獄，掠考連年。諸生故人懼相連及，皆改變名姓，以逃其禍，弘獨髡頭負鈇鑕，詣闕上章，爲貺訟罪。顯宗覺悟，卽赦其家屬，弘躬送貺喪及妻子還鄉里，由是顯名。

《後漢書・梁統傳》 〔梁〕竦字叔敬，少習《孟氏易》，弱冠能教授。後坐兄松事，與弟恭俱徙九眞。既徂南土，歷江、湖，濟沅、湘，感悼子胥、屈原以非辜沈身，乃作《悼騷賦》，繫玄石而沈之。

永元九年，竇太后崩，松子扈遣從兄襢奏記三府，以爲漢家舊典，崇貴母氏，而梁貴人親育聖躬，不蒙尊號，求得申議。太尉張酺引襢訊問事理，會後召見，因白襢奏記之狀。帝感慟良久，曰：於君意若何？酺對曰：《春秋》之義，母以子貴。漢興以來，母氏莫不隆顯，臣愚以爲宜上尊號，追慰聖靈，存錄諸舅，以明親親。帝悲泣曰：非君孰爲朕思之！會貴人姊南陽樊調妻嫕上書自訟曰：妾同產女弟貴人，前充後宮，蒙先帝厚恩，得見寵幸。皇天授命，誕生聖明。而爲竇憲兄弟所見譖訴，使妾父竦冤死牢獄，骸骨不掩。老母孤弟，遠徙萬里。獨妾遺脫，逸伏草野，常恐沒命，無由自達。今遭値陛下神聖之運，親統萬機，群物得所。憲兄弟姦惡，既伏辜誅，海內曠然，各獲其宜。妾得蘇息，拭目更視，乃敢昧死自陳所天。妾聞太宗卽位，薄氏蒙榮；宣帝繼統，史族復興。妾門雖有薄、史之親，獨無外戚餘恩，誠自悼傷。妾父既冤，不可復生，母氏年殊七十，及弟棠等，遠在絕域，不知死生。願乞收竦朽骨，使母弟得歸本郡，則施過天地，存歿幸賴。帝覽章感悟，乃下中常侍、掖庭令驗問之，嫕辭證明審，遂得引見，具陳其狀。乃留嫕止宮中，連月乃出，賞賜衣被錢帛第宅奴婢，旬月之閒，累資千萬。嫕素有行操，帝益愛之，加號梁夫人；擢樊調爲羽林左監。調，光祿大夫宏兄曾孫也。

於是追尊恭懷皇后。其冬，制詔三公、大鴻臚曰：夫孝莫大於尊尊親親，其義一也。《詩》云：父兮生我，母兮鞠我，撫我畜我，長我育我，顧我復我，出入腹我。欲報之德，昊天罔極。朕不敢興事，覽於前世，太宗、中宗，寔有舊典，追命外祖，以篤親親。其追封謚皇太后父竦爲褒親愍侯，比靈文、順成、〔恩成〕侯。魂而有靈，嘉斯寵榮，好爵顯服，以慰母心。遣中謁者與嫕及扈，備禮西迎竦喪，詣京師改殯，賜東園畫棺、玉匣、衣衾，建塋於恭懷皇后陵傍。帝親臨送葬，百官畢會。

徵還竦妻子，封子棠爲樂平侯，棠弟雍乘氏侯，雍弟翟單父侯，邑各五千戶，位皆特進，賞賜第宅奴婢車馬兵弩什物以巨萬計，寵遇光於當世。諸梁內外以親疏並補郎、謁者。

《後漢書・寒朗傳》 寒朗字伯奇，魯國薛人也。生三日，遭天下亂，棄之荆棘；數日兵解，母往視，猶尚氣息，遂收養之。及長，好經學，博通書傳，以《尚書》教授。舉孝廉。

永平中，以謁者守侍御史，與三府掾屬共考案楚獄顔忠、王平等，辭連及隧鄉侯耿建、朗陵侯臧信、護澤侯鄧鯉、曲成侯劉建。建等辭未嘗與忠、平相見。是時顯宗怒甚，吏皆惶恐，諸所連及，率一切陷入，無敢以情恕者。朗心傷其冤，試以建等物色獨問忠、平，而二人錯愕不能對。朗知其詐，乃上言建等無姦，專爲忠、平所誣，疑天下無辜類多如此。帝乃召朗入，問曰：建等卽如是，忠、平何故引之？朗對曰：忠、平自知所犯不道，故多有虛引，冀以自明。帝曰：卽如是，四侯無事，何不早奏，獄竟而久繫至今邪？朗對曰：臣雖考之無事，然恐海內別有發其姦者，故未敢時上。帝怒駡曰：吏持兩端，促提下。左右方引去，朗曰：願一言而死。小臣不敢欺，欲助國耳。帝問曰：誰與共爲章？對曰：臣自知當必族滅，不敢多汚染人，誠冀陛下一覺悟而已。臣見考囚在事者，咸共言妖惡大故，臣子所宜同疾，今出之不如入之，可無後責。是以考一連十，考十連百。又公卿朝會，陛下問以得失，皆長跪言，舊制大罪禍及九族，陛下大恩，裁止於身，天下幸甚。及其歸舍，口雖不言，而仰屋竊歎，莫不知其多冤，無敢牾陛下者。臣今所陳，誠死無悔。帝意解，詔遣朗出。後二日，車駕自幸洛陽獄錄囚徒，理出千餘人。後平、忠死獄中，朗乃自繫。會赦，免官。復舉孝廉。

論曰：左丘明有言：仁人之言，其利博哉！晏子一言，齊侯省刑。若鍾離意之就格請過，寒朗之廷爭冤獄，篤矣乎，仁者之情也！夫正直本於忠誠則不詭，本於諫爭則絞切。彼二子之所本得乎天，故言信而志行也。

《後漢書・朱穆傳》 〔朱〕穆字公叔。年五歲，便有孝稱。父母有病，輒不飲食，差乃復常。及壯耽學，銳意講誦，或時思至，不自知亡失衣冠，顛隊阬岸。其父常以爲專愚，幾不知數馬足。穆愈更精篤。【略】

永興元年，河溢，漂害人庶數十萬戶，百姓荒饉，流移道路。冀州盜賊尤多，故擢穆爲冀州刺史。州人有宦者三人爲中常侍，並以檄謁穆。穆疾之，辭不相見。冀部令長聞穆濟河，解印綬去者四十餘人。及到，奏劾諸郡，至有自殺者。以威略權宜，盡誅賊渠帥。舉劾權貴，或乃死獄中。有宦者趙忠喪父，歸葬安平，僭爲璵璠、玉匣、偶人。穆聞之，下郡案驗。吏畏其嚴明，遂發墓剖棺，陳尸出之，而收其家屬。帝聞大怒，徵穆詣廷尉，輸作左校。太學書生劉陶等數千人詣闕上書訟穆曰：伏見施刑徒朱穆，處公憂國，拜州之日，志清姦惡。誠以常侍貴寵，父兄子弟布在州郡，競爲虎狼，噬食小人，故穆張理天網，補綴漏目，羅取殘禍，以塞天意。由是內官咸共恚疾，謗讟煩興，讒隙仍作，極其刑讁，輸作左校。天下有識，皆以穆同勤禹、稷而被共、鯀之戾，若死者有知，則唐帝怒於崇山，重華忿於蒼墓矣。當今中官近習，竊持國柄，手握王爵，口含天憲，運賞則使餓隸富於季孫，呼噏則令伊、顔化爲桀、跖。而穆獨亢然不顧身害。非惡榮而好辱，惡生而好死也，徒感王綱之不攝，懼天網之久失，故竭心懷憂，爲上深計。臣願黥首繫趾，代穆校作。帝覽其奏，乃赦之。

《後漢書・張酺傳》 張酺字孟侯，汝南細陽人，趙王張敖之後也。敖子壽，封細陽之池陽鄉，後廢，因家焉。【略】

酺爲人質直，守經義，每侍講閒隙，數有匡正之辭，以嚴見憚。及肅宗卽位，擢酺爲侍中、虎賁中郎將。【略】

酺視事十五年，和帝初，遷魏郡太守。郡人鄭據時爲司隸校尉，奏免執金吾竇景。景後復位，遣掾夏猛私謝酺曰：鄭據小人，爲所侵冤。聞其兒爲吏，放縱狼藉。取是曹子一人，足以驚百。酺大怒，卽收猛繫獄，檄言執金吾府，疑猛與據子不平，矯稱卿意，以報私讎。會有贖罪令，猛乃得出。頃之，徵入爲河南尹。竇景家人復擊傷市卒，吏捕得之，景怒，遣緹騎侯海等五百人歐傷市丞。酺部吏楊章等窮究，正海罪，徙朔方。景忿怨，乃移書辟章等六人爲執金吾吏，欲因報之。章等惶恐，入白酺，願自引臧罪，以辭景命。酺卽上言其狀。竇太后詔報：自今執金吾辟吏，皆勿遣。

及竇氏敗，酺乃上疏曰：臣實愚戇，不及大體，以爲竇氏雖伏厥辜，而罪刑未著，後世不見其事，但聞其誅，非所以垂示國典，貽之將來。宜下理官，與天下平之。方憲等寵貴，群臣阿附唯恐不及，皆言憲受顧命之託，懷伊、呂之忠，至乃復比鄧夫人於文母。今嚴威既行，皆言當死，不復顧其前後，考折厥衷。臣伏見夏陽侯瓌，每存忠善，前與臣言，常有盡節之心，檢勅賓客，未嘗犯法。臣聞王政骨肉之刑，有三宥之義，過厚不過薄。今議者爲瓌選嚴能相，恐其迫切，必不完免，宜裁加貸宥，以崇厚德。和帝感酺言，徙瓌封，就國而已。【略】

後以事與司隸校尉晏稱會於朝堂，酺從容謂稱曰：三府辟吏，多非其人。稱歸，即奏令三府各實其掾史。酺本以私言，不意稱奏之，甚懷恨。會復共謝闕下，酺因責讓於稱。稱辭語不順，酺怒，遂廷叱之，稱乃劾奏酺有怨言。天子以酺先帝師，有詔公卿、博士、朝臣會議。司徒呂蓋奏酺位居三司，知公門有儀，不屏氣鞠躬以須詔命，反作色大言，怨讓使臣，不可以示四遠。於是策免。

《後漢書·袁安傳》 永平十三年，楚王英謀爲逆，事下郡覆考。明年，三府舉安能理劇，拜楚郡太守。是時英辭所連及繫者數千人，顯宗怒甚，吏案之急，迫痛自誣，死者甚衆。安到郡，不入府，先往案獄，理其無明驗者，條上出之。府丞掾史皆叩頭爭，以爲阿附反虜，法與同罪，不可。安曰：如有不合，太守自當坐之，不以相及也。遂分別具奏。帝感悟，即報許，得出者四百餘家。歲餘，徵爲河南尹。政號嚴明，然未曾以臧罪鞠人。常稱曰：凡學仕者，高則望宰相，下則希牧守。錮人於聖世，尹所不忍爲也。聞之者皆感激自勵。在職十年，京師肅然，名重朝廷。建初八年，遷太僕。

《後漢書·張俊傳》 張俊者，蜀郡人，有才能，與兄龕並爲尚書郎，年少勵鋒氣。郎朱濟、丁盛立行不脩，俊欲舉奏之，二人聞，恐，因郎陳重、雷義往請俊，俊不聽，因共私賂侍史，使求俊短，得其私書與敵子，遂封上之，皆下獄，當死。俊自獄中占獄吏上書自訟，書奏而俊獄已報。廷尉將出穀門，臨行刑，鄧太后詔馳騎以減死論。俊假名上書謝曰：臣孤恩負義，自陷重刑，情斷意訖，無所復望。廷尉鞠遣，歐刀在前，棺絮在後，魂魄飛揚，形容已枯。陛下聖澤，以臣嘗在近密，識其狀貌，傷其眼目，留心曲慮，特加偏覆。喪車復還，白骨更肉，披棺發槨，起見白日。天地父母能生臣俊，不難使臣俊當死復生。陛下德過天地，恩重父母，誠非臣俊破碎骸骨，舉宗腐爛，所報萬一。臣俊徒也，不得上書；不勝去死就生，驚喜踴躍，觸冒拜章。當時皆哀其文。

《後漢書·韓棱傳》 韓棱字伯師，潁川舞陽人，弓高侯穨當之後也。世爲鄉里著姓。父尋，建武中爲隴西太守。【略】

和帝即位，侍中竇憲使人刺殺齊殤王子都鄉侯暢於上東門，有司畏憲，咸委疑於暢兄弟。詔遣侍御史之齊案其事。棱上疏以爲賊在京師，不宜捨近問遠，恐爲姦臣所笑。竇太后怒，以切責棱，棱固執其議。及事發，果如所言。憲惶恐，白太后求出擊北匈奴以贖罪。棱復上疏諫，太后不從。及憲有功，還爲大將軍，威震天下，復出屯武威。會帝西祠園陵，詔憲與車駕會長安。及憲至，尚書以下議欲拜之，伏稱萬歲。棱正色曰：夫上交不諂，下交不黷，禮無人臣稱萬歲之制。議者皆慙而止。尚書左丞王龍私奏記上牛酒於憲，棱與奏龍，論爲城旦。棱在朝數薦舉良吏應順、呂章、周紆等，皆有名當時。及竇氏敗，棱典案其事，深竟黨與，數月不休沐。帝以爲憂國忘家，賜布三百匹。

遷南陽太守，特聽棱得過家上冢，鄉里以爲榮。棱發擿姦盜，郡中震慄，政號嚴平。數歲，徵入爲太僕。九年冬，代張奮爲司空。明年薨。

《後漢書·郭躬傳》 郭躬字仲孫，潁川陽翟人也。家世衣冠。父弘，習《小杜律》。太守寇恂以弘爲決曹掾，斷獄至三十年，用法平。諸爲弘所決者，退無怨情，郡內比之東海於公。年九十五卒。

躬少傳父業，講授徒衆常數百人。後爲郡吏，辟公府。永平中，奉車都尉竇固出擊匈奴，騎都尉秦彭爲副。彭在別屯而輒以法斬人，固奏彭專擅，請誅之。顯宗乃引公卿朝臣平其罪科。躬以明法律，召入議。議者皆然固奏，躬獨曰：於法，彭得斬之。帝曰：軍征，校尉一統於督。彭既無斧鉞，可得專殺人乎？躬對曰：一統於督者，謂在部曲也。今彭專軍別將，有異於此。兵事呼吸，不容先關督帥。且漢制棨戟即爲斧鉞，於法不合罪。帝從躬議。又有兄弟共殺人者，而罪未有所歸。帝以兄不訓弟，故報兄重而減弟死。中常侍孫章宣詔，誤言兩報重，尚書奏章矯制，罪當腰斬。帝復召躬問之，躬對章應罰金。帝曰：章矯詔殺人，何謂罰金？躬曰：法令有故、誤，章傳命之謬，於事爲誤，誤者其文則輕。帝曰：章與囚同縣，疑其故也。躬曰：周道如砥，其直如矢。君子不逆詐。君王法天，刑不可以委曲生意。帝曰：善。遷躬廷尉正，坐法免。

後三遷，元和三年，拜爲廷尉。躬家世掌法，務在寬平，及典理官，決獄斷刑，多依矜恕，乃條諸重文可從輕者四十一事奏之，事皆施行，著於令。章和元年，赦天下繫囚在四月丙子以前減死罪一等，勿笞，詣金城，而文不及亡命未發覺者。躬上封事曰：聖恩所以減死罪使戍邊者，重人命也。今死罪亡命無慮萬人，又自赦以來，捕得甚衆，而詔令不及，皆當重論。伏惟天恩莫不蕩宥，死罪已下並蒙更生，而亡命捕得獨不沾澤。臣以爲赦前犯死罪而繫在赦後者，可皆勿笞詣金城，以全人命，有益於邊。肅宗善之，卽下詔赦焉。躬奏讞法科，多所生全。永元六年，卒官。中子晊，亦明法律，至南陽太守，政有名迹。

論曰：曾子云：上失其道，民散久矣。如得其情，則哀矜而勿喜。夫不喜於得情則恕心用，恕心用則可寄枉直矣。夫賢人君子斷獄，其必主於此乎？郭躬起自佐史，小大之獄必察焉。原其平刑審斷，庶於勿喜者乎？若乃推己以議物，捨狀以貪情，法家之能慶延於世，蓋由此也！

《後漢書・應劭傳》〔應〕劭字仲遠。少篤學，博覽多聞。靈帝時舉孝廉，辟車騎將軍何苗掾。【略】初，安帝時河閒人尹次、潁川人史玉皆坐殺人當死，次兄初及玉母軍並詣官曹求代其命，因縊而物故。尚書陳忠以罪疑從輕，議活次、玉。劭後追駮之，據正典刑，有可存者。其議曰：

《尚書》稱天秩有禮，五服五章哉。天討有罪，五刑五用哉。而孫卿亦云凡制刑之本，將以禁暴惡，且懲其末也。凡爵列、官秩、賞慶、刑威，皆以類相從，使當其實也。若德不副位，能不稱官，賞不酬功，刑不應罪，不祥莫大焉。殺人者死，傷人者刑，此百王之定制，有法之成科。高祖入關，雖尚約法，然殺人者死，亦無寬降。夫時化則刑重，時亂則刑輕。《書》曰刑罰時輕時重，此之謂也。

今次、玉公以清時釋其私憾，阻兵安忍，僵屍道路。朝恩在寬，幸至冬獄，而初、軍愚狷，妄自投斃。昔召忽親死子糾之難，而孔子曰經於溝瀆，人莫之知。朝氏之父非錯刻峻，遂能自隕其命，班固亦云不如趙母指括以全其宗。傳曰僕妾感慨而致死者，非能義勇，顧無慮耳。夫刑罰威獄，以類天之震燿殺戮也；溫慈和惠，以放天之生殖長育也。是故春一草枯則爲災，秋一木華亦爲異。今殺無罪之初、軍，而活當死之次、玉，其爲枯華，不亦然乎？陳忠不詳制刑之本，而信一時之仁，遂廣引八議求生之端。夫親故賢能功貴勤賓，豈有次、玉當罪之科哉？若乃小大以情，原心定罪，此爲求生，非謂代死可以生也。敗法亂政，悔其可追。

劭凡爲駮議三十篇，皆此類也。

又删定律令爲《漢儀》，建安元年乃奏之。曰：夫國之大事，莫尚載籍。載籍也者，決嫌疑，明是非，賞刑之宜，允獲厥中，俾後之人永爲監焉。故膠〔東〕〔西〕相董仲舒老病致仕，朝廷每有政議，數遣廷尉張湯親至陋巷，問其得失。於是作《春秋決獄》二百三十二事，動以經對，言之詳矣。逆臣董卓，蕩覆王室，典憲焚燎，靡有孑遺，開辟以來，莫或茲酷。今大駕東邁，巡省許都，拔出險難，其命惟新。臣累世受恩，榮祚豐衍，竊不自揆，貪少云補，輒撰具《律本章句》、《尚書舊事》、《廷尉板令》、《決事比例》、《司徒都目》、《五曹詔書》及《春秋斷獄》凡二百五十篇。蠲去復重，爲之節文。又集駮議三十篇，以類相從，凡八十二事。其見《漢書》二十五，《漢記》四，皆删敍潤色，以全本體。其二十六，博採古今瓌瑋之士，文章煥炳，德義可觀。其二十七，臣所創造。豈繄自謂必合道衷，心焉憤邑，聊以藉手。昔鄭人以乾鼠爲璞，鬻之於周；宋愚夫亦寶燕石，緹緼十重。夫覩之者掩口盧胡而笑，斯文之族，無乃類旃。《左氏》實云雖有姬姜絲麻，不棄憔悴菅蒯，蓋所以代匱也。是用敢露頑才，廁於明哲之末。雖未足綱紀國體，宣洽時雍，庶幾觀察，增闡聖聽。惟因萬機之餘暇，游意省覽焉。獻帝善之。

《後漢書・孝明八王列傳・梁節王暢》梁節王暢，永平十五年封爲汝南王。母陰貴人有寵，暢尤被愛幸，國土租入倍於諸國。肅宗立，緣先帝之意，賞賜恩寵甚篤。建初二年，封暢舅陰棠爲西陵侯。四年，徙爲梁王，以陳留之鄎、寧陵，濟陰之薄、單父、己氏、成武，凡六縣，益梁國。帝崩，其年就國。

暢性聰惠，然少貴驕，頗不遵法度。歸國後，數有惡夢，從官卞忌自言能使六丁，善占夢，暢數使卜筮。又暢乳母王禮等，因此自言能見鬼神事，遂共占氣，祠祭求福。忌等諂媚，云神言王當爲天子。暢心喜，與相應荅。永元五年，豫州刺史梁相舉奏暢不道，考訊，辭不服。有司請徵暢詣廷尉詔獄，和帝不許。有司重奏除暢國，徙九眞，帝不忍，但削成武、單父二縣。暢慙懼，上疏辭謝曰：臣天性狂愚，生在深宮，長養傅母之手，信惑左右之言。及至歸國，不知防禁。從官侍史利臣財物，熒惑臣暢。臣暢無所昭見，與相然諾，不自知陷死罪，以至考案。肌慄心悸，自悔無所復及。自謂當卽時伏顯誅，魂魄去身，分歸黃泉。不意陛下聖德，枉法曲平，不聽有司，橫貸赦臣。戰慄連月，未敢自安。上念以負先帝而令陛下爲臣收汙天下，誠無氣以息，筋骨不相連。臣暢知大貸不可再得，自誓束身約妻子，不敢復出入失繩墨，不敢復有所橫費。租入有餘，乞裁食睢陽、穀孰、虞、蒙、寧陵五縣，還餘所食四縣。臣暢小妻三十七人，其無子者願還本家。自選擇謹勑奴婢二百人，其餘所受虎賁、官騎及諸工技、鼓吹、倉頭、奴婢、兵弩、廄馬皆上還本署。臣暢以骨肉近親，亂聖化，汙清流，既得生活，誠無心面目以凶惡復居大宮，食大國，張官屬，藏什物。願陛下加大恩，開臣自悔之門，假臣小善之路，令天下知臣蒙恩，得去死就生，頗能自悔。臣以公卿所奏臣罪惡詔書常置於前，晝夜誦讀。臣小人，貪見明時，不能卽時自引，惟陛下哀臣，令得喘息漏刻。若不聽許，臣實無顔以久生，下入黃泉，無以見先帝。此誠臣至心。臣欲多還所受，恐天恩不聽許，節量所留，於臣暢饒足。詔報曰：朕惟王至親之屬，淳淑之美，傅相不良，不能防邪，至令有司紛紛有言。今王深思悔過，端自克責，朕惻然傷之。志匪由〔於〕〔王〕，咎在彼小子。一日克己復禮，天下歸仁。王其安心靜意，茂率休德。《易》不云乎：一謙而四益。小有言，終吉。〔五〕強食自愛。暢固讓，章數上，卒不許。

《後漢書·王龔傳》 永和元年，〔王龔〕拜太尉。在位恭慎，自非公事，不通州郡書記。其所辟命，皆海內長者。龔深疾宦官專權，志在匡正，乃上書極言其狀，請加放斥。諸黃門恐懼，各使賓客誣奏龔罪，順帝命亟自實。前掾李固時爲大將軍梁商從事中郎，乃奏記於商曰：今且聞下太尉王公勑令自實，未審其事深淺何如。王公束脩厲節，敦樂藝文，不求苟得，不爲苟行，但以堅貞之操，違俗失衆，橫爲讒佞所構毁，衆人聞知，莫不歎慄。夫三公尊重，承天象極，未有詣理訴冤之義。纖微感槪，輒引分決，是以舊典不有大罪，不至重問。王公沈靜內明，不可加以非理。卒有它變，則朝廷獲害賢之名，群臣無救護之節矣。昔絳侯得罪，袁盎解其過，魏尚獲戾，馮唐訴其冤，時君善之，列在書傳。今將軍內倚至尊，外典國柄，言重信著，指撝無違，宜加表救，濟王公之艱難。語曰：善人在患，饑不及餐。斯其時也。商卽言之於帝，事乃得釋。

《後漢書·陳寔傳》 陳寔字仲弓，潁川許人也。出於單微。自爲兒童，雖在戲弄，爲等類所歸。少作縣吏，常給事廝役，後爲都亭〔刺〕佐。而有志好學，坐立誦讀。縣令鄧邵試與語，奇之，聽受業太學。後令復召爲吏，乃避隱陽城山中。時有殺人者，同縣楊吏以疑寔，縣遂逮繫，考掠無實，而後得出。及爲督郵，乃密託許令，禮召楊吏。遠近聞者，咸歎服之。

司空黃瓊辟選理劇，補聞喜長，旬月，以朞喪去官。復再遷除太丘長。修德清靜，百姓以安。鄰縣人戶歸附者，寔輒訓導譬解，發遣各令還本司官行部。吏慮有訟者，白欲禁之。寔曰：訟以求直，禁之理將何申？其勿有所拘。司官聞而歎息曰：陳君所言若是，豈有怨於人乎？亦竟無訟者。以沛相賦斂違法，乃解印綬去，吏人追思之。

及後逮捕黨人，事亦連寔。餘人多逃避求免，寔曰：吾不就獄，衆無所恃。乃請囚焉。遇赦得出。靈帝初，大將軍竇武辟以爲掾屬。時中常侍張讓權傾天下。讓父死，歸葬潁川，雖一郡畢至，而名士無往者，讓甚恥之，寔乃獨弔焉。及後復誅黨人，讓感寔，故多所全宥。

寔在鄉閭，平心率物。其有爭訟，輒求判正，曉譬曲直，退無怨者。至乃歎曰：寧爲刑罰所加，不爲陳君所短。時歲荒民儉，有盜夜入其室，止於梁上。寔陰見，乃起自整拂，呼命子孫，正色訓之曰：夫人不可不自勉。不善之人未必本惡，習以性成，遂至於此。梁上君子者是矣！盜大驚，自投於地，稽顙歸罪。寔徐譬之曰：視君狀貌，不似惡人，宜深剋己反善。然此當由貧困。令遺絹二匹。自是一縣無復盜竊。

《後漢書·吴祐傳》 吴祐字季英，陳留長垣人也。父恢，爲南海太守。祐年十二，隨從到官。恢欲殺青簡以寫經書，祐諫曰：今大人踰越五領，遠在海濱，其俗誠陋，然舊多珍怪，上爲國家所疑，下爲權戚所望。此書若成，則載之兼兩。昔馬援以薏苡興謗，王陽以衣囊徼名。嫌疑之閒，誠先賢所慎也。恢乃止，撫其首曰：吴氏世不乏季子矣。及年二十，喪父，居無儋石，而不受贍遺。常牧豕於長垣澤中，行吟經書。遇父故人，謂曰：卿二千石子而自業賤事，縱子無恥，奈先君何？祐辭謝而已，守志如初。〔略〕

祐以光祿四行遷膠東侯相。時濟北戴宏父爲縣丞，宏年十六，從在丞舍。祐每行園，常聞諷誦之音，奇而厚之，亦與爲友，卒成儒宗，知名東夏，官至酒泉太守。祐政唯仁簡，以身率物。民有爭訴者，輒閉閤自責，然後斷其訟，以道譬之。或身到閭里，重相和解。自是之後，爭隙省息，吏人懷而不欺。嗇夫孫性私賦民錢，市衣以進其父，父得而怒曰：有君如是，何忍欺之！促歸伏罪。性慙懼，詣閤持衣自首。祐屏左右問其故，性具談父言。祐曰：掾以親故，受污穢之名，所謂觀過斯知人矣。使歸謝其父，還以衣遺之。又安丘男子毋丘長與母俱行市，道遇醉客辱其母，長殺之而亡，安丘追蹤於膠東得之。祐呼長謂曰：子母見辱，人情所恥。然孝子忿必慮難，動不累親。今若背親逞怒，白日殺人，赦若非義，刑若不忍，將如之何？長以械自繫，曰：國家制法，囚身犯之。明府雖加哀矜，恩無所施。祐問長有妻子乎？對曰：有妻未有子也。卽移安丘逮長妻，妻到，解其桎梏，使同宿獄中，妻遂懷孕。至冬盡行刑，長泣謂母曰：負母應死，當何以報吳君乎？乃齧指而吞之，含血言曰：妻若生子，名之吳生，言我臨死吞指爲誓，屬兒以報吳君。因投繯而死。

祐在膠東九年，遷齊相，大將軍梁冀表爲長史。及冀誣奏太尉李固，祐聞而請見，與冀爭之，不聽。時扶風馬融在坐，爲冀章草，祐因謂融曰：李公之罪，成於卿手。李公卽誅，卿何面目見天下之人乎？冀怒而起入室，祐亦徑去。冀遂出祐爲河閒相，因自免歸家，不復仕，躬灌園蔬，以經書教授。年九十八卒。

《三國志·魏志·高柔傳》 時獄法甚峻。宜陽典農劉龜竊於禁內射兔，其功曹張京詣校事言之。帝匿京名，收龜付獄。柔表請告者名，帝大怒曰：劉龜當死，乃敢獵吾禁地。送龜廷尉，廷尉便當考掠，何復請告者主名，吾豈妄收龜邪？柔曰：廷尉，天下之平也，安得以至尊喜怒而毀法乎？重復爲奏，辭指深切。帝意寤，乃下京名。卽還訊，各當其罪。

《魏書·高允傳》 遷尚書散騎常侍。時延入，備幾杖，問以致治。十年，加光祿大夫，金章紫綬，朝之大議皆咨訪焉。魏初法嚴，朝士多見杖罰。允歷事五帝，出入三省，五十餘年，初無譴咎。初眞君中，以獄訟留滯，始令中書以經義斷諸疑事。允據律評刑，三十餘載，內外稱平。允以獄者，民之命也。常歎曰：皋陶，至德也，其後英蓼先亡，劉項之際英布黥而王，經世雖久，猶有刑之餘釁，况凡人能無咎乎？

《魏書·崔挺傳》 挺弟振，字延根。少有學行，居家孝友，爲宗族所稱。自中書學生爲祕書中散，在內謹敕，爲高祖所知。出爲冀州、咸陽王禧驃騎府司馬，在任久之。太和二十年，遷建威將軍、平陽太守。不拜，轉高陽內史。高祖南討，徵兼尚書左丞，留京。振既才幹被擢，當世以爲榮。後改定職令，振本資惟擬五品，詔曰：振在郡著績，宜有褒升。除太子庶子。景明初，除長兼廷尉少卿。振有公斷，以明察稱。河內太守陸琇與咸陽王禧同謀爲逆，禧敗事發，振窮治之。時琇內外親黨及當朝貴要咸爲之言，振研覈切至，終無縱緩，遂斃之於獄。其奉法如此。

《宋書·徐羨之傳》 有司奏車駕依舊臨華林園聽訟，詔曰：政刑多所未悉，可如先二公推訊。

《宋書·謝晦傳》 〔謝晦被〕命爲太尉參軍。高祖嘗訊囚，其旦刑獄參軍有疾，札晦代之，於車中一覽訊牒，催促便下。相府多事，獄繫殷積，晦隨問酬辯，曾無違謬。高祖奇之，卽日署刑獄賊曹，轉豫州治中從事。義熙八年，土斷僑流郡縣，使晦分判揚、豫民戶，以平允見稱。

《宋書·武三王傳》 〔太祖與劉義恭書誡之曰〕：凡訊獄多決，當時難可逆慮，此實爲難，汝復不習，殊當未有次第。訊前一二日，取訊簿密與劉湛輩共詳，大不同也。至訊日，虛懷博盡，愼無以喜怒加人。能擇善者而從之，美自歸己。不可專意自決，以矜獨斷之明也。萬一如此，必有大吝，非唯訊獄，君子用心，自不應爾。刑獄不可擁滯，一月可再訊。

《南齊書·良政傳》 太祖輔政，以山陰獄訟煩積，復以琰爲山陰令。賣針賣糖老姥爭團絲，來詣琰，琰不辨覈，縛團絲於柱鞭之，密視有鐵屑，乃罰賣糖者。二野父爭鷄，琰各問何以食〔鷄〕，一人云粟，一人云豆，乃破鷄得粟，罪言豆者。縣內稱神明，無敢復爲偷盜。

《梁書·傅岐傳》 〔岐〕除始新令。縣民有因鬭相毆而死者，死家訴郡，郡錄其仇人，考掠備至，終不引咎，郡乃移獄於縣，岐卽命脫械，以和言問之，便卽首服。法當償死，會冬節至，岐乃放其還家，使過節一日復獄。曹掾固爭曰：古者乃有此，於今不可行。岐曰：其若負信，縣令當坐，主者勿憂。竟如期而反。太守深相歎異，遽以狀聞。岐後去縣，民無老小，皆出境拜送，啼號之聲，聞於數十里。

《南史·梁本紀》 〔孝武帝大明〕二年正月辛卯，下令：通檢尚書衆曹東昏時諸諍訟失理及主者淹停不時施行者，精加訊辯，依事議奏。

《南史·齊本紀》 〔建武二年〕夏四月己亥朔，親錄三百里內獄訟，自外委州郡訊察，三署徒隸，原遣有差。

《南史·蔡廓傳》 梁臺建，爲侍中，遷臨海太守。公事左遷太子中庶子，復爲侍中，吳興太守。初，撙在臨海，百姓楊元孫以婢採蘭貼與同里黃權，約生子，酬乳哺直。權死後，元孫就權妻吳贖婢母子五人，吳背約不還。

元孫訴，撙判還本主。吳能爲巫，出入撙内，以金釧賂撙妾，遂改判與吳。元孫撾登聞鼓訟之，爲有司劾。時撙已去郡，雖不坐，而常以爲恥。口不言錢，及在吳興，不飲郡井，齊前自種白莧紫茄，以爲常餌，詔褒其清。加信武將軍。

《**南史・許昭先傳**》 許昭先，義興人也。叔父肇之坐事繫獄，七年不判。子姪二十許人，昭先家最貧薄，專獨料訴，無日在家，餉饋肇之，莫非珍新。資産既盡，賣宅以充之。肇之諸子倦怠，唯昭先無有懈息，如是七載。尚書沈演之嘉其操行，肇之事由此得釋。

《**南史・王弘傳**》 〔少帝景平〕六年，弘又上表陳彭城王宜入輔，并求解州，義康由是代弘爲司徒，與之分錄。弘又辭分錄。弘博練政體，留心庶事，斟酌時宜，每存優允。與八座丞郎疏曰： 同伍犯法，無人士不罪之科，然每至詰謫，輒有請訴。若常垂恩宥，則法廢不行，依事糾責，則物以爲苦。恐宜更爲其制。時議多不同，弘以爲：

謂之人士，便無庶人之坐； 署爲庶人，輒受人士之罰，不其頗歟？ 謂人士可不受同伍之謫，取罪其奴客，庸何傷邪？ 無奴客，可令輸贖。有修身閭閻，與群小實隔，又或無奴僮，爲衆所明者，官長二千石便親臨列上，依事遣判。

又主守偷五疋，常偷四十疋，並加大辟。議者咸以爲重。弘以爲： 小吏無知，臨財易昧。或由疏慢，事蹈重科。宜進主守偷十疋，常偷五十疋死，四十疋降以補兵。至於官長以上，荷蒙榮祿，冒利五疋乃已爲弘，士人至此，何容復加哀矜。且此輩人士可殺不可謫，謂宜奏聞，決之聖旨。

文帝從弘議。弘又上言： 舊制，人年十三半役，十六全役。今四方無事，應存消息。請以十五至十六爲半丁，十七爲全丁。從之。及弟曇首亡，文帝嗟悼不已，見弘流涕歔欷，弘斂容而已。既而彭城王義康言於帝曰： 曇首既爲家寶，又爲國器，弘情不稱，何也？ 帝曰： 賢者意不可度。其見體亮如此。

《**南史・何尚之傳**》 義熙五年，吳興武康縣人王延祖爲劫，父睦以告官。新制： 凡劫身斬刑，家人棄市。睦既自告，於法有疑。時叔度爲尚書，議曰： 設法止姦，必本於情理，非謂一人爲劫，闔門應刑。所以罪及同産，欲開其相告，以出造惡之身。睦父子之至，容可悉共逃亡，而割其天屬，還相縛送，解腕求存，於情可愍。並合從原。從之。

《**南史・甄法崇傳**》 甄法崇，中山人也。父匡，位少府卿，以清聞。法崇，宋永初中爲江陵令，在任嚴整，縣境肅然。於時，南平繆士通爲江安令卒官，至其年末，法崇在聽事，士通前見。法崇知其已亡，愕然未言。坐定，云： 卿縣人宋雅見負米千餘石不還，令兒窮弊不自存，故自訴。法崇因命口受爲辭，因遜謝下席。而法崇爲問，宋家狼狽輸送。太守王華聞而歎美之。

《**南史・齊武帝諸子傳**》 時有山陰人孔平詣子良訟嫂市米負錢不還。子良歎曰： 昔高文通與寡嫂訟田，義異於此。乃賜米錢以償平。

《**南史・顧覬之傳**》 憲之字士思，性尤清直。宋元徽中，爲建康令。時有盜牛者，與本主爭牛，各稱己物，二家辭證等，前後令莫能決。憲之至，覆其狀，乃令解牛任其所去，牛徑還本宅，盜者始伏其罪，時人號曰神明。至於權要請托，長吏貪殘，據法直繩，無所阿縱。性又清儉，強力爲政，甚得人和，故都下飲酒者醇旨輒號爲顧建康，謂其清且美焉。

仕齊爲衡陽内史。先是，郡境連歲疾疫，死者太半，棺櫬尤貴，悉裹以葦席，棄之路傍。憲之下車，分告屬縣，求其親黨，悉令殯葬。其家人絶滅者，憲之出公祿使紀綱營護之。又土俗，山人有病輒云先亡爲禍，皆開冢剖棺，水洗枯骨，名爲除祟。憲之曉喻，爲陳生死之別，事不相由，風俗遂改。時刺史王奂初至，唯衡陽獨無訟者，乃歎曰： 顧衡陽之化至矣，若九郡率然，吾將何事。

《**南史・裴松之傳**》 久之兼廷尉正，時三官通署獄，子野嘗不在，同僚輒署其名。奏有不允，子野從坐免職。或勸言請有司，可無咎，子野笑曰： 雖慚柳季之道，豈因訟以受服。自此免黜久之，終無恨意。中書郎范縝與子野未遇，聞其行業而善焉。會遷國子博士，乃上表讓之，有司以資歷非次，不爲通。

後爲諸暨令，在縣不行鞭罰，人有爭者，示之以理，百姓稱悦，合境無訟。

《**南史・范泰傳**》 二十二年九月，征北將軍衡陽王義季、右將軍南平王鑠出鎮，上於武帳岡祖道。曄等期以其日爲亂，許耀侍上，扣刀以目曄，曄不敢視，俄而坐散，差互不得發。十一月，徐湛之上表告狀，於是悉出檄書選事及同惡人名手迹。詔收綜等，並皆款服，唯曄不首。上頻使窮詰，乃曰： 熙先苟誣引臣。熙先聞曄不服，笑謂殿中將軍沈邵之曰：凡諸處分、符檄書疏，皆曄所造及改定，云何方作此抵。上示以曄墨迹，曄乃引罪。明日送曄付廷尉，入獄，然後知爲湛之所發。

《南史・王曇首傳》累遷宣城内史，清謹有恩惠。郡人張倪、吳慶爭田，經年不決。志到官，父老相謂曰：王府君有德政，吾鄉里乃有如此爭。倪、慶因相攜請罪，所訟地遂成閑田。後爲東陽太守，郡獄有重囚十餘，冬至日，悉遣還家，過節皆反，唯一人失期。志曰：此自太守事，主者勿憂。明旦果至，以婦孕。吏人益歎服之。

《北史・魏本紀》乙酉，車駕巡省京邑，聽訟而還。

《北史・郎基傳》皇建初，除鄭州長史，帶潁川郡守。西界與周接境，因侯景背叛，其東西分隔，士人仍緣姻舊，私相貿易。而禁格嚴重，犯者非一。基初莅職，披檢格條，多是權時，不爲久長。州郡因循，失於請讞，致密網久施，得罪者衆。遂條件申臺省，仍以情量事科處，自非極刑，一皆決放。積年留滯，案狀膠加，數日之中，剖判咸盡。尋而臺省報下，並允基所陳。條綱既疏，獄訟清靜。

《北史・代奰王達傳》代奰王達，字度斤突。性果決，善騎射。武成初，封代國公。建德初，進位柱國。出爲荆州刺史，有政積，武帝手敕褒美之。所管禮州刺史蔡澤黷貨被訟。達以其勳庸，不可加戮，若曲法貸之，又非奉上之體，乃令所司精加案劾，密表奏之。事竟得釋，終亦不言。其處事周愼如此。

《北史・邢巒傳》舊格制：生兩男者，賞羊五口，不然則絹十匹。僕射崔暹奏絶之。邵云：此格不宜輒斷。句踐以區區之越，賞法：生三男者給乳母。況以天下之大而絶此條！舜藏金於山，不以爲乏，今藏之於民，復何所損。又准舊皆訊囚取占，然後送付廷尉。邵以爲不可，乃立議曰：設官分職，各有司存，丞相不問鬬人，虞官弓招不進。豈使尸祝兼刀匕之役，家長侵鷄犬之功。詔並從之。

《北史・唐和傳》正平元年，和詣闕。太武優寵之，待以爲上客。文成以和歸誠先朝，封酒泉公。太安中，爲濟州刺史，甚有稱績。徵爲内都大官。評決獄訟，不加捶楚，察疑獲實者甚多，世以是稱之。卒，贈征西大將軍、太常卿、酒泉王，謚曰宣。

子欽，字孟眞，位陝州刺史。降爵爲侯。卒，子景宣襲爵。卒於東郡太守。

《北史・李訢傳》自是遂有驕矜自得之志，受納人財物，商胡珍寶。兵人告言。尚書李敷與訢少長相好，每左右之。或有勸以奏聞，敷不許。獻文聞訢罪狀，檻車徵訢，拷劾抵罪。敷兄弟將見疏斥，有司諷以中旨嫌敷兄弟之意，令訢告列敷等隱罪，可得自全。訢深所不欲，且弗之知也，乃謂其女婿裴攸曰：吾與李敷，族世雖遠，情如一家。在事既有此勸，昨來引簪自刺，以帶自絞，而不能致絶。且亦不知其事。攸曰：何爲爲他死？敷兄弟事釁可知。有馮闡者，先爲敷殺，其家切恨之。但呼闡弟問之，足可知委。訢從其言。又趙郡范欆具列敷兄弟事狀，有司以聞，敷坐得罪。詔列訢貪冒應死，以糾李敷兄弟，故免。百鞭髡刑，配爲厮役。

《北史・辛雄傳》〔辛〕齊天保元年，侯景徵江西租稅，術率諸軍度淮斷之，燒其稻數百萬石。還鎭下邳，人隨術北度淮者三千餘家。東徐州刺史郭志殺郡守，文宣聞之，敕術：自今所統十餘州地，諸有犯法者，刺史先啓聽報；以下先斷，後表聞。齊代行臺兼總人事，自術始也。安州刺史、臨清太守、盱眙蘄城二鎭將犯法，術皆案奏殺之。

《北史・裴政傳》由是出爲襄州總管，妻子不之官，所受秩奉，散給僚吏。人犯罪者，陰悉知之，或竟歲不發，至再三犯，乃因都會時，於衆中召出，親案其罪，五人處死，流、徒者甚衆。合境惶慴，令行禁止，稱爲神明。爾後不修囹圄，殆無諍訟。卒於官。著《承聖實錄》十卷。及太子廢，文帝追憶之曰：向遣裴政、劉行本在，共匡弼之，猶應不令至此。

刺史周浚召爲從事，謂人曰：陸士龍當今之顔子也。俄而公府掾爲太子舍人，出補浚儀令。縣居都會之要，名爲難理。雲到官肅然，下不能欺，市無二價。人有見殺者，主名不立。雲錄其妻而無所問。十許日遣出，密令人隨後，謂曰：其去不出十里，當有男子候之與語，便縛來。既而果然，問之具服云：與此妻通，共殺其夫，聞妻得出，欲與語，憚近縣，故遠相要候。於是，一縣稱其神明。郡守害其能，屢譴責之。雲乃去官，百姓追思之，圖畫形象，配食縣社。

《隋書・李德林傳》開皇元年，威又奏置五百家鄉正，卽令理民間辭訟。德林以爲本廢鄉官判事，爲其里閭親戚，剖斷不平，今令鄉正專治五百家，恐爲害更甚。且今時吏部，總選人物，天下不過數百縣，於六七百萬戶內，詮簡數百縣令，猶不能稱其才，乃欲於一鄉之內，選一人能治五百家者，必恐難得。又卽時要荒小縣，有不至五百家者，復不可令兩縣共管一鄉。勑令內外群官，就東宮會議。自皇太子以下，多從德林議。蘇威又言廢郡，德林語之云：修令時，公何不論廢郡爲便。今令纔出，其可改乎？然高熲同威之議，稱德林狠戾，多所固執。由是高祖盡依威議。

《隋書·藝術·韋鼎傳》開皇十二年，除光州刺史，以仁義教導，務弘清靜。州中有土豪，外修邊幅，而內行不軌，常爲劫盜。鼎於都會時謂之曰：卿是好人，那忽作賊？因條其徒黨謀議逗留，其人驚懼，卽自首伏。又有人客遊，通主家之妾，及其還去，妾盜珍物，於夜亡，尋於草中爲人所殺。主家知客與妾通，因告客殺之。縣司鞫問，具得姦狀，因斷客死。獄成，上於鼎，鼎覽之曰：此客實姦，而殺非也。乃某寺僧詃盜物，令奴殺之，贓在某處。卽放此客，遣掩僧，并獲贓物。自是部內肅然不言，咸稱其有神，道無拾遺。尋追入京，以年老多病，累加優賜。頃之，卒，年七十九。

《隋書·趙綽傳》上忻然納之，因謂綽曰：若更有聞見，宜數陳之也。遷大理少卿。故陳將蕭摩訶，其子世略在江南作亂，摩訶當從坐。上曰：世略年未二十，亦何能爲！以其名將之子，爲人所副耳。因赦摩訶。綽固諫不可，上不能奪，欲綽去而赦之，固命綽退食。綽曰：臣奏獄未決，不敢退朝。上曰：大理其爲朕特赦摩訶也。因命左右釋之。刑部侍郎辛亶，嘗衣緋褌，俗云利於官，上以爲厭蠱，將斬之。綽曰：據法不當死，臣不敢奉詔。上怒甚，謂綽曰：卿惜辛亶而不自惜也？命左僕射高熲將綽斬之，綽曰：陛下寧可殺臣，不得殺辛亶。至朝堂，解衣當斬，上使人謂綽曰：竟何如？對曰：執法一心，不敢惜死。上拂衣而入，良久乃釋之。明日，謝綽，勞勉之，賜物三百段。

時上禁行惡錢，有二人在市，以惡錢易好者，武候執以聞，上令悉斬之。綽進諫曰：此人坐當杖，殺之非法。上曰：不關卿事。綽曰：陛下不以臣愚暗，置在法司，欲妄殺人，豈得不關臣事！上曰：撼大木不動者，當退。對曰：臣望感天心，何論動木！上復曰：啜羹者，熱則置之。天子之威，欲相挫耶？綽拜而益前，訶之不肯退。上遂入。治書侍御史柳彧復上奏切諫，上乃止。

《隋書·源師傳》煬帝卽位，拜大理少卿。帝在顯仁宮，勑宮外衛士不得輒離所守。有一主帥，私令衛士出外，帝付大理繩之。師據律奏徒，帝令斬之，師奏曰：此人罪誠難恕，若陛下初便殺之，自可不關文墨。既付有司，義歸恆典，脫宿衛近侍者更有此犯，將何以加之？帝乃止。〔轉刑部侍郎。師居職強明，有口辯，而無廉平之稱。未幾，卒官。有子崐玉。〕

唐·張鷟《朝野僉載》卷五 貞觀中，左丞李行廉弟行詮前妻子忠烝其後母，遂私將潛藏，云勑追入內。行廉不知，乃進狀問，奉勑推詰極急。其後母詐以領巾勒項卧街中，長安縣詰之，云有人詐宣勑喚去，一紫袍人見留宿，不知姓名，勒項送至街中。忠惶恐，私就卜問，被不良人疑之，執送縣。縣尉王璥引就房內推問，不承。璥先令一人於案褥下伏聽，令一人走報長使喚，璥鎖房門而去。子母相謂曰：必不得承。并私密之語。璥至開門，案下之人亦起，母子大驚，並具承伏法云。

又 衛州新鄉縣令裴子雲好奇策。部人王敬戍邊，留牸牛六頭於舅李進處，養五年，產犢三十頭，例十貫已上。敬還索牛，兩頭已死，祇還四頭老牛，餘並非汝牛生，總不肯還。敬忿之，經縣陳牒。子雲令送敬府獄禁，教追盜牛賊李進。進惶怖至縣，叱之曰：賊引汝同盜牛三十頭，藏於汝家，喚賊共對。乃以布衫籠敬頭，立南牆下。進急，乃吐欵云三十頭牛總是外甥牸牛所生，實非盜得云。遣去布衫，進見是敬，曰：此是外甥也。云曰：若是，卽還他牛。進默然。云曰：五年養牛辛苦，與數頭，餘並與敬。一縣服其精察。

唐·杜佑《通典·刑六·決斷》 漢沛縣有富家翁，貲三千餘萬，小婦子年纔數歲，頃失其母，父無親近，其女不賢，翁病因思念，恐爭其財，兒必不全，因呼族人爲遺書。令悉以財屬女，但遺一劍，云兒年十五以還付之。其後女不肯與。兒詣郡自言求劍。時太守何武得其條，辭因錄，其女及壻省其手書顧謂掾吏：女性強梁，壻復貪鄙，畏殘害其兒，又計小兒得此，財不能全護。故且與女實寄之耳，不當以劍與之夫。劍者，所以斷決限。年十五者，智力足以自居，度此女壻必不復還其劍當聞縣官，縣官或能證察，得見申展此凡庸何能思慮弘遠如是哉。悉奪取財以與子。曰：蔽女惡壻溫飽十歲亦以幸矣，論者大服武。又漢時臨淮有一人持匹縑到市賣之，道遇雨，披戴。後人來其庇蔭雨，霽當別，因共爭鬬，各云：我縑。詣府自言，太守辟宣核實良久，人莫肯首服。宣曰：縑値數百錢，何足紛紜，自致縣官呼？騎吏中斷人各與半，使人聽之。後人曰：受恩前操之而縑主稱怨，宣曰：然固知其當爾也因詰責之，具服悉畀本主。後漢鍾離意爲會稽北部督郵，有烏程男子孫常與弟並分居各得田十頃，並死歲饑，常稍稍以米粟給並妻子，輒追計直，作劵沒取其田。並兒長大訟常，掾史議，皆曰：孫並兒遭饑，賴常升合以長成人，而更爭訟，非順遜也。意獨曰：常身爲父遺，當撫孤弱，是人道正義。而稍以升，合劵取其田，懷挾姦詭貪利忘義。並妻子雖以田與常，困迫之至非私家也。請奪常田畀並妻子。衆議爲允。謝夷吾爲荆州刺史，行部到南陽縣遇章帝巡狩幸南陽，有詔敕夷吾入，傳錄見囚徒，勿廢舊儀。上臨西廂南面，夷吾處東廂分帷於其中。夷吾首錄囚徒，有亭長姦部人者，縣言和姦，上意以爲長吏以劫人而得言和，目覩刺史決當云：何須與？夷吾呵之曰：亭長職在禁姦，今爲惡之端，何得言和切讓三老孝悌。免長吏之官，理亭長罪。帝善之。

唐・杜佑《通典・刑七・守正》 漢文帝嘗行中渭，橋有一人，聞蹕匿橋下，久以爲蹕過，走出，乘輿馬驚。廷尉張釋之奏：犯蹕當罰金。帝怒曰：賴吾馬和柔，他馬已傷敗，我廷尉乃罰金耶釋之？曰：法者，天子所與天下公共，且方其時，上使使誅之則已，既下廷尉，廷尉，天下之平也，爲之輕重民安所措手足乎，是法不信於民也。帝良久曰：廷尉當是。後有盜高廟坐前玉環，釋之奏，當棄市。帝大怒，曰：此人無道，吾欲族之，君以法奏之，非吾所以恭承宗廟意也。釋之曰：議法者，以逆順爲本，今盜宗廟器而族之，假令愚人取長陵一抔土，抔，音步侯反，謂手掬之，不忍言毁徹，故云。取土耳陛下何以加其法乎？帝許之。議曰：釋之爲理官時，無冤人綿歷，千祀至今，歸美所云，法者，天子所與天下公，共廷尉，天下之平若爲之輕重，是法不信於民也。斯言是矣。又云，方其時，帝使誅之則已，斯言非矣，王者至尊，無畏忌，生殺在其口，禍福及乎人，故易旅卦曰：君子以明愼用刑。周官司寇察獄至於五聽，三訊，罪惡著形方刑於市，使萬人知罪而與衆棄之。天生烝民樹之以君而司牧之當以至公爲心，至平爲治，不以喜賞，不以怒罰，此先哲王垂范立言重愼之丁寧也。猶懼暴君虐后倉卒致怒，殺戮過差及於非辜縱，釋之一時權對之詞，且以解驚蹕之忿在孟堅，將傳不朽，固合刊之，爲後王法以孝文之寬仁，釋之之公正，猶發斯言陳於斯主，或因之淫刑濫罰引釋之之

言爲據貽，萬姓有崩角之憂，俾天下懷思亂之志，孫皓、隋煬旋卽覆亡，略舉一二寧，唯害人者矣。嗚呼！載筆之士可不深戒之哉。

後漢光武爲蕭王時，在河北祭遵爲軍市令。帝舍中兒犯法格殺之。帝怒，收遵。主簿陳副諫曰：明公常欲衆之整齊，今遵奉法不避，是敎令也。帝乃賞之，以爲刺姦將軍。乃謂諸將曰：當避祭遵，吾舍中兒犯法尙殺之，必不私公等。其餘重刑愼法執正御人類如是。光武建武中，董宣爲洛陽令湖陽公。主家奴蒼頭白日殺人，因匿主家。吏不能得，及主出，以奴驂乘。宣數主之失，叱奴下車因格殺之。主訴於帝，帝怒，召宣欲箠殺之。宣曰：陛下聖德中興而縱奴殺良人，將何以爲治天下乎？臣請得自殺卽以頸擊楹，流血被面。帝令黃門持之，使宣叩頭謝主，不從，帝強頓之，宣兩手據地，終不肯俯。主曰：文叔爲白衣時，藏亡匿死，吏不敢至門，今爲天子威不能行一令乎？帝笑曰：天子不與白衣同。因敕強項令出，賜錢三十萬，時爲吏者趨於法矣。明帝時，奉車都尉竇固出擊匈奴。騎都尉秦彭爲副，彭在別屯而輒以法斬人。固奏彭專擅，請誅之。帝問郭躬曰：軍征校尉一統於督，督謂將大彭無斧鉞，何得殺人？躬曰：一統於督，謂在部曲也。前漢書音義曰：大將軍行有五部，部有曲。今彭專軍別將有異於此，兵事呼。吸不容先關督帥，且漢制：棨，戟爲斧鉞，有衣之戟曰棨。帝從躬議。又有兄弟共殺人者，帝以兄不訓弟故報兄重，報論也重死刑而減弟死。中常侍孫章宣詔誤兩報重。尙書奏章矯制罪當腰斬。帝問郭躬，躬曰：法令有故誤，章傳命之謬於事，爲誤者，其文則輕當罰金。帝曰：章與囚同縣，疑其故也。躬曰：周道如砥，其直如矢。詩小雅如砥貢賦平如矢賞罰均君子不逆詐，且王法天刑不可以委曲生意。帝善之。遷躬廷尉章帝時，侍御史寒朗與三府掾共按楚獄。顏忠、王平辭，引隧鄉侯耿建、朗陵侯臧信、濩澤侯鄧鯉、曲成侯劉建等四人。四人辭，未嘗與忠平相見。時帝怒甚，吏恐諸所連及一切陷之無敢以情恕者。朗試以建等物色問忠、平，二人錯愕不能對。朗知其詐，乃上言建等無罪，爲忠平所誣，疑天下無辜類多如此。帝曰：四侯無事何不早奏而久繫至今邪？朗曰：臣恐海內別有發其姦者，故未敢時奏。帝怒，罵曰：吏持兩端促提下捶之。左右方引去，朗曰：願一言而死，小臣不敢欺，欲助國耳。誠冀陛下一覺悟爾。臣見拷囚者，咸共言妖惡大故，臣子所宜同嫉，今出之不如入之可無後責，是以拷一連十，拷十連百，又陛下問公卿得失，皆言

舊制：大罪禍九族，大恩裁止於身，天下幸甚。及其歸舍，仰屋竊歎知其多冤。臣今所陳誠死無悔。帝意解，詔朗出。後二日，車駕幸洛陽獄，錄囚徒理出者千餘人。

唐・杜佑《通典・刑八・峻酷》 始皇專任獄吏。燕人盧生竊歎曰：帝親幸獄吏樂以行殺爲威，天下畏罪持祿，莫敢盡忠。上不聞過而日驕下，攝伏謾欺以取容。始皇聞之，怒曰：諸生在咸陽者，吾使廉問或爲妖言以亂，黔首。於是使御史悉按問諸生，諸生傳相告引，乃自誣犯禁者四百六十餘人，皆坑之。三十六年有星墜下東郡，至地爲石，或刻其石，曰：始皇死而地分。帝聞之，遣御史逐問，莫服盡取石旁居人誅之因燔其石胡亥以趙高爲郎中令，更法律令有罪者，相坐收族。胡亥從之。群臣諸公子有罪，令高治之，殺大臣蒙敖等十二人，戮死尸於市，六公子戮死於杜，財物沒入。縣官餘相連坐者不可勝數。時山東群盜大起，不能禁。胡亥責李斯，斯懼，乃阿意以書對曰：夫賢主必能行督責之術，則人不犯故。韓子曰：慈父有敗子而嚴家無格虜。胡亥悦。行督責益，嚴刑者相半，死尸成積。於市以殺人，多者爲忠臣。丞相去疾及李斯與將軍馮劫諫胡亥，以寇盜並起，皆苦於轉戍，且止阿房作者。胡亥曰：君不能禁盜又欲罷先帝所爲，何以在位。遂下之吏。去疾、劫曰：將相不辱。皆自殺。高因譖李斯子由，爲三川守，與盜通。令高按問斯。高詐爲御史十輩，往訊斯。斯以實對，輒令榜掠。斯急上書，高令棄之不奏。後胡亥使人驗斯，斯懼如，前使者乃誣伏。遂具斯五刑，腰斬咸陽市，夷三族。

漢義縱，河東人也，以鷹擊毛鷙爲治。言如鷹隼之奮擊毛羽執取飛鳥也爲定襄太守，縱至掩定襄獄中重罪三百餘人，縱一切捕鞫。曰：爲死罪解脱。是日，皆報殺四百餘人及賓客昆弟私人相視者，亦二百餘人。郡中不寒而慄，竟坐事誅。嚴延年爲河南太守，其治務在推折豪強，扶助貧弱。貧弱雖陷法，曲文以出之。其豪強而侵小民者，以文內之，得飾文而入之於罪也衆人所謂當死者，一朝出之，所當生者，詭殺之。詭違正理而殺之吏民莫能測其意深淺，戰慄不敢犯禁。按其獄皆文，致不可得反。致至密也言其文案整密也反音幡吏忠盡節者，厚遇之如骨肉，皆親鄉之，出身不顧。以是治下無隱情，然疾惡太甚，中傷者多，尤巧爲獄文，善史書，所欲誅殺，奏成於手，中主簿，親近史不得聞知，奏可論死，奄忽如神。冬月傳屬縣囚會論府上，總集郡府而論殺流血數里。河南號曰：屠伯竟以政治不道棄市。初，延年母從東海來到雎陽，適見報囚奏報有決也母大驚，便止都亭，不肯入府。延年出至都亭，謁母，母閉閤不見，延年免冠頓首良久，母乃見之，因數責延年：幸得備郡守專治千里，不聞仁愛教化有以全安愚民，顧乘刑罰多殺人，顧反也乘因也欲以立威豈爲民父母意哉！天道神明人不可獨殺，言多殺人者己亦當死我不意當老見壯子被刑戮也，言素意不自謂如此行矣，去女東歸掃除墓地耳言待其喪至也遂去。歸郡見昆弟宗人復爲言之，後歲餘，果敗。東海莫不賢智其母。王溫舒爲河內太守，先爲廣平都尉時，皆知河內豪姦之家。及往以九月至，令郡具私馬五十匹，爲驛。自河內至長安設方略捕，郡中豪猾相連坐千餘家。上書請大者至族小者乃死，家盡沒入償贓。奏行不過二日得可論報。至流血十餘里，河內皆怪其奏，以爲神速。盡十二月郡中無犬吠之盜。溫舒竟坐誅。尹賞爲長安令，長安中姦猾浸多，閭里少年群輩殺吏，受賕報仇，相與探丸爲彈，爲彈丸作赤白黑三色而共探取之。得赤丸者斫武吏，得黑者斫文吏，白者主治喪。其黨與有爲吏及他人所殺者，則主其喪事。城中薄暮塵起剽劫，行者死傷橫道，枹鼓不絶。枹擊鼓椎也音孚賞以三輔高第選守長守令，得一切便宜從事。賞至脩治長安獄，穿地深方各數丈致令辟爲郭，致謂積累也令辟甎甎也郭謂四周之內也。致讀如本音，又音緻，今音零。辟，音避歷反。以大石覆其口名爲：虎穴。乃部戶曹掾史與鄉吏亭長里正父老五人，五家爲五人，五人者，各其同伍之人也。雜舉長安中輕薄少年惡子，惡子不承父母教命者。無市籍商販作務而鮮衣凶服被鎧扞持刀兵者，悉籍記之。凶服，危險之服。鎧，甲也。扞臂衣也。籍記，爲名籍以記之。得數百人賞一朝會，長安吏車數百兩分行收捕，皆劾以爲通行飲食。上蔭下嗣群盜賞親閱見十置一，置放也其餘盡以次內虎穴中，百人爲輩覆以大石數日，一發視，皆相枕籍死，便輿出瘞寺門桓東，瘞，埋也。舊亭傳於四角面百步築土四方，上有屋，屋上有柱，出高丈餘，有大板貫柱四出名曰桓表。縣所治夾兩邊各一桓，陳朱之俗言桓聲如和，猶謂之和。表卽華表。楬著其姓名，楬，杙也。椓杙於瘞處而書死者名也。楬音竭，杙音弋，並從木。百日後，乃令死者家各發取其尸。王莽居攝，翟義、劉信起兵，莽討，敗之，夷三族誅及種嗣至皆同坑以棘五毒并葬之。其後陳良終帶叛入匈奴。莽求得，行焚如之刑燒殺之。及天下兵起，董忠反莽，令劉忠收其家族以醇酖毒藥尺白刃叢棘埋之。

五代・和凝《疑獄集・楚金辨補》 唐垂拱年，則天監國，羅織事起。湖州佐使江琛，取刺史裴光判書，割取字，合成文理，詐爲徐敬業反書。以告。及差使推光，疑〔款〕云：書是光書，語非光語。前後三使，盡不能決。奉敕令：差能推事人劾之。當見實狀。曰：張楚金可令劾之。又不移前款，楚金憂悶，仰卧向牕，透日影照之，其字皆補葺作者。若平看，則不覺。向日，則見之。因集州縣官吏，索一杯水，令琛取書投于水中，字一一解散。琛叩頭伏罪，奉敕令決一百，然後斬之，賜金絹一百疋。

五代·和凝《疑獄集·行岌訪妾》 唐則天朝，或誣告駙馬崔宣謀反者，敕侍御史張行岌按之。其告者先誘藏宣家妾，乃誣云：宣有妾，將發其謀，宣殺之，投死屍於洛水。行岌案，略無其狀。則天怒，令重案。行岌奏如初，則天曰：崔宣反狀分明，寬縱之邪！我令俊臣案勘，汝當勿自悔。行岌曰：臣推事不若俊臣，陛下委臣，必須實狀。若順旨妄陷平人，豈法官所守？臣以爲陛下試臣耳！則天厲色曰：崔宣若實有妾，反狀自然明矣。不獲妾如何自雪？復案不成，則令俊臣推勘，汝勿悔也。行岌懼，乃逼宣家訪妾。宣再從弟思競，乃於中橋南北多致錢帛募匿妾者。數日，略無所聞。而宣家每竊議事，則獄中告者輒知之。思競揣宣家見有同議者，乃詐謂宣妻曰：須絹三百疋，顧俠客殺告者。語了，遂侵晨微服。伺于臺側。其宣家有館客姓舒，婺州人，言行無缺，爲宣所信任，同於子弟。思競須臾，見館客至臺，賂門人以通，告者遽稱云：崔家顧客刺我，請以聞。臺中驚擾。思競素重館客，館客不知其疑也。思競密隨館客至天津橋，乃罵曰：若陷崔宣必引汝同謀，何路自雪？汝幸出崔家妾，我遺汝五百縑歸鄉，足成百年之計，不然殺汝必矣。館客悔謝，乃引思競於告者之黨，搜獲其妾，宣乃得免。告者伏罪。

五代·和凝《疑獄集·蔣恒覘嫗》 唐貞觀中，衛州板橋店主張逖妻歸甯，有衛州三衛楊正第三人投店宿，五更早發，但有人取三衛刀殺逖。其刀卻內鞘中，正等不知覺也。至明，店人趣，正等拔刀，血甚狼藉。因禁正等，拷訊苦痛，遂自誣。上疑之，差御史蔣恆覆推。至則總追店近人十五以上集。爲人數不足，且放散。唯留一老嫗年八十以上，日晚放出。令典獄密覘之，曰：嫗出，當有人共語者，卽記姓名，勿令漏洩。果有一人共語，卽記之。明日復爾，其人又問嫗云：使人作何推勘？如是三日，并是此人。恆總集男女三百餘人，就中喚與老嫗語者出，餘并放散。問之，具伏。云：與逖妻姦殺逖。有實，奏之。敕賜恆綵二百疋，遷御史。

五代·和凝《疑獄集·李傑殺姦》 唐李傑，爲河南尹。有寡婦告其子不孝，其子不能自理，但云：得罪於母，死所甘分。傑察其狀，非不孝。傑謂寡婦曰：汝寡居十年，惟有一子，今告之罪，至死，得無悔乎？寡婦曰：無賴不孝於母，甯復惜之！傑曰：審如此，可買棺來取兒屍。因使人覘其後。寡婦既出，謂一道士曰：事了矣。俄將棺至。傑冀其悔，再三喻之。婦堅執如初。時道士立於門外，密令擒之。一問承伏，曰：某與寡婦有私，嘗爲兒所制，欲除之。乃杖殺道士及寡婦，卻以棺盛之。

五代·和凝《疑獄集·松壽潛伺》 唐張松壽，任長安縣令。時昆明池側有劫賊，奉敕限十日內須獲，如違限，令甚峻。松壽至行劫處檢蹤，見一老姥樹下賣食，往〔卽〕以從騎馱來入縣，供酒食。經五日，還送舊坐處。令一腹心人潛伺之，有人共老姥語，卽捉來。果有一人來，問：明府若爲推勘？卽捉，以布衫蒙頭送縣。一問具伏，贓幷獲。時人以爲神。

五代·和凝《疑獄集·魏昶檢書》 唐中書舍人郭正一，破平（孃）〔壤〕，得一高麗婢，名玉素，極姝豔，令專知財物庫。正一夜，須漿水粥，非玉素煮之不可，玉素乃毒之。良久，覓婢不得，幷失金銀器四十餘。事入奏，敕萬年尉求賊。鼎沸三日，不獲。主帥魏昶多策略，請喚舍人家奴，選少年端正三人，布衫蒙頭。又縛衛士四人，問：十日以來有何人覓舍人家奴？衛士云：有投化高麗，留書付與舍人捉馬奴，書在。檢之，但云：金城坊中有一空宅，遂搜之，至一宅，封鎖甚密，打鎖開之，婢及投化高麗幷在其中。拷問，乃是投化高麗與捉馬奴藏之。奉敕斬於東市。

五代·和凝《疑獄集·杜亞劾誣》 唐杜亞，字次公，鎮維揚日，有倚郭之巨富者，第宅童僕將於王侯之家。父亾未朞，有繼親在，奉之不以道。母憤恚不勝，後稍解。因元日上壽於母，母賜於子，子受之欲飲，疑酒有毒，覆地，地墳。乃詢其母曰：以酖殺人，上天何祐？母撫膺曰：天乎！天乎！明鑒在上，何當厚誣！雖死不伏。職者擒之至公府，公問曰：爾上母壽酒何來？曰：長婦執爵而致也。又問曰：母賜觴何來？亦曰：長婦之執爵也。又問曰：長婦何人也？曰：此則予之妻也。公曰：爾婦執爵，毒因婦起，豈可誣爾母乎？遂令廳側劾之，乃知夫妻同謀，欲害其母。置之於法。

五代・和凝《疑獄集・元膺知詐》 唐呂元膺之鎮岳陽，因出遊賞，乃登高阜，瞰原野，忽見有喪舉者駐之於道左，男子五人，皆縗服隨之。公曰：遠葬則汏，近葬則省，此姦黨爲詐也。乃令左右搜索之，棺木皆兵刀。擒之，公詰其情，衆曰：某盜賊也，欲謀過江掠貨，是以假喪舉，使渡者不疑。公令劾之。更有同黨數十輩，已於彼岸欺集，亦擒之，俱付於法。

五代・和凝《疑獄集・皋劾司店》 唐韋皋之鎮劍南日，鄉俗之弊：逆旅大賈有貨殖萬餘者，因病而酖之。既卒，所有財貨，十隱其七八，因茲多致富盛。公密知之。有北客蘇延，家屬太原，因商販於蜀川，得病，當夜而卒。以報於公，公使驗其簿，已被店主易其文字，纔遺一二。公乃究尋，經過密勘，於里屬辭多異同，遂劾其司店者，立承隱欺數千餘貫，與諸吏分受。二十餘人悉命付法，由是劍南無橫死之客。

五代・和凝《疑獄集・丹察權索》 唐韋丹，字文明。鎮江西呂，有倉吏主掌十餘年，數盈五十萬斛，因復量，僅亡三千石。公憫之曰：斯吏也，主掌十餘年，計亡三千石，必不自取而費也，必爲權要者所須。乃飭令搜索家私文案驗之，其分用名歷具在，因諭示諸吏曰：爾等恃以威權，取索於倉吏，吏之缺也，豈獨賠塡，又將代爾之罪！今各攄其所得，限一月內足，則捨爾罪。群吏頓首曰：君侯以至明察下，某等合當刑責，儻捨重罪，則賠塡不恨矣。既足，倉吏釋錮而歸。

五代・和凝《疑獄集・從事對屍》 近代，有人因行商回，見其妻爲姦盜所殺，支體具在，但不見首，既悲且懼，遂告於妻族。妻族遽執壻入官，獄吏嚴其鞭捶，莫得自明，不任其苦，乃自誣殺妻。案狀既成，皆以爲不謬。郡主委諸從事，從事疑而不斷，謂使君曰：某濫塵幕席，誠宜竭節，人命一死，不可復生，苟或誣舉典刑，其能追悔乎！必請緩而窮之。且爲夫之情，孰忍殺其妻？縱有隙而害之，必作脫禍之計，或推病殞，或託暴亾，必不存屍而棄首，其理甚明。使君許其讞議。從事乃別開其第，權作狴牢，愼擇司刑，將(比)〔此〕繫者細心劾之，仍給以酒食湯沐。鍵戶棘垣，不使洩於外。更令仵作行人各供近日來與人家安厝墳墓去處文狀。既而，一一面詰之曰：汝等與人家舉事，內有可疑者否。有一人曰：某於一豪家舉事，只言殂卻妳子，五更初，牆頭舁過凶器，其閒極輕，有似無物，見瘗在某坊。遽遣發之，果獲一女子首。遂將首對屍，令繫者驗認，云：非妻也。因收豪家鞫之，乃是殺一妳子，函首葬之，以屍易此商家之婦，私室畜之。斷豪士棄市。

五代・和凝《疑獄集・袁相辨金》 唐李汧公鎮鳳翔，有屬邑編甿，因耨田得馬蹄金一甕。《漢書》武帝詔曰：往者，東岳見金，又有白麟神馬之瑞，宜以黃金鑄麟，跡馬蹄，以葉瑞應。蓋鑄金象馬蹄之狀。其後，民閒效之。里民送于縣署，具牒將置府庭，宰邑者慮公藏主守不嚴，因使置於私室。信宿，典〔與〕官吏重開視之，則皆爲土塊矣。甕金出土之際，鄉社悉來觀驗，遽有變更，靡不驚駭，以狀聞於府主。議者僉云：姦計換之矣。遂遣掾就案其事，里社咸共證焉。宰邑者爲衆所擠，莫能自明。既而，逼辱滋甚，遂以易金服罪。雖辭款具在，未窮隱用之所。復令拘繫，僕隸脇以刑辟，或云藏於糞壤，或云投於水中，紛紛枉橈，結成具獄，以案牘上聞，汧公覽之盛怒。俄而，因有筵宴停杯，語及斯事，列坐賓客咸共驚異。時袁相國滋亦在幕中，俛首略無所荅。汧公目之數四，曰：宰邑者非判官親懿乎？袁相國曰：與之與素。汧公曰：聞彼之罪何不樂之甚？袁曰：某疑此事有枉，更當詳之。汧公曰：換金之狀極明，若慮有枉，更當有所見，非判官莫探情僞。袁曰：諾。俾移獄府中，乃令閱甕閒，得土二百五十餘塊。詰其初獲者，則本質存焉。遂於列肆索金鎔鑄，與塊形狀相等。既成，始稱其半，已及三百斤。詢其負擔人，乃二農夫以巨竹舁至縣境。計其全數，非二人竹擔可舉。明其卽在路之時，金已化爲土矣。於是群情大豁，宰邑者遂獲清雪。汧公歎服無已。

五代・和凝《疑獄集・濟美沈鉤》 唐閻濟美之鎮江南，有舟人傭載商賈人貨。時有賈客，所載甚繁碎，其閒有銀一十錠，密隱之於貨中。舟人潛窺之，伺其登岸，乃盜之，沈於船泊之所。船夜發，至於鎮所，點閱餘貨，乃失其銀，遂執舟者以見公。公曰：客載之家，盜物皆然也。問曰：客昨者宿何所？曰：此百里浦議中。公令武士與船夫同往索之。公密謂武士曰：必是船人盜之，沈於江中矣。爾可令檝師沈鉤之，其物必在，若獲之，必受吾重賞。乃依公命，鉤而引之，銀在篋中，封署猶全，而獻於公。公劾之舟者，立承伏法。

五代・和凝《疑獄集・孔公察枉》 後唐同光年，故滄帥孔相循，以邦計二職，權莅夷門軍府事。長垣縣有四盜，互〔巨〕有財產。及敗，所牽挽四人，則貧民耳。時都虞候姓韓者，則樞密郭崇韜之僚壻也，與權吏暨獄典等同議，鍜成其款，都不訊鞫，但以四貧民代四巨盜。款成而上，孔公斷令棄市。將赴市，又親慮之，囚又卒無一言，命令就法。將過蕭屏，囚屢回首向廳顧視。公察之，疑情未究，即復召，問曰：爾數次回顧，得非枉邪？令吏卒緩詢之，稍得其情。公曰：爾等適何不言？曰：適引問之時，獄吏高其枷尾遂不得言也。請去左右，因而細述。公曰：得非虛否？對曰：某則已死之人，豈徒延瞬息之生邪？即令移於州獄，俾郡主簿鞫之。自韓以下，凡受賂近數十人，計贓約七千緡，則幷校而推之，具款而吐。韓即使人馳告於崇韜，移書于公，公不諾。即具伏法。四人獲雪，用畫像以荅孔公之德。

五代・和凝《疑獄集・張鷟括狀》 唐張鷟，字文成，爲河陽尉日，有人呂元者，詐作倉督馮忱書，盜糶倉米，忱不認書，元乃堅執。不能斷。鷟取元告狀用紙，括兩頭，唯留二字。問：是汝書，即註云是。不是，即註云非。元乃註曰：非因去括，即是元狀。先決五十。又括，詐爲馮忱書，留二字以問之，註曰：是。去括，乃詐書也。元於是叩頭伏罪。

五代・和凝《疑獄集・韓滉聽哭》 唐韓滉在潤州，夜與從事晉公登萬歲樓，宴方酣，置杯不悅，語左右曰：汝聽婦人哭乎？當近何所？對曰：在某橋某街。詰旦，命吏捕哭者，乃婦喪夫也。信宿，獄不成。吏懼罪，守於屍側。忽有大蠅集其首，因發髻驗之，果婦私於鄰人，醉其夫而釘殺之。吏以爲神。因爲晉公言曰：吾察其哭聲，疾而不悼，若強而懼者。吾聞鄭子產曰：夫人於其親也，有病則憂，臨死則懼，既死則哀。今哭，不哀而懼。是以知姦也。

五代・和凝《疑獄集・宗裔驗核》 王蜀時，其下將帥，鮮不好貨。有宗裔者，分符仗節，獨守廉隅。嘗典劒州，民有致寇者，燈下識認暴客，迨曉告巡捕吏，掩而獲之。所收贓，惟絲絇紬線。贓主言是本物，其囚不禁拷捶，遂伏其罪，乃送州，宗裔引慮，縲囚訴：絲絇紬線乃是家物。與被盜主遞相辭說。宗裔促命取囚家繰車，又各責紬線卷時心有何物。一云杏核；一云瓦子。因令相對開紬線，見杏核與囚款同，仍以絲絇安於車上，量車大小，亦是囚家本物。即被劫主伏妄認之罪，巡捕吏伏拷決之辜指顧之閒，乃雪冤枉。

五代・和凝《疑獄集・張察佛語》 石晉時，魏州冠氏縣華林僧院有鐵佛，可長丈餘，中心且空。一日，或云鐵佛能語，其徒衆稱贊，聞於鄉縣，士衆雲集，施利塡委。或聞佛語，以垂教誡。縣鎮申府。時高祖鎮鄴，莫測其事，命衙將尙謙，齎香、供養、設齋，且驗其事。復命言：疑其妖僞。時有張輅者，請與尙謙偕行，詰其妖狀。暗與縣鎮率人力圍其僧院，盡遣院僧赴道場。張輅潛開僧房，見地穴引至佛座下。回謂尙謙曰：果犯法款矣。乃令謙立於佛前，輅卻由穴入佛空身中，厲聲具說僧過，便呵擒治，取其魁首數人。上聞，就彼戮之。張輅奏授長河縣主簿，以酬獎之。

五代・和凝《疑獄集・行成叱盜》 唐懷州河內縣董行成，能察賊。有一人，從河陽長店盜行人驢一頭，并囊袋。天欲曉，至懷州。行成於街中見之，叱曰：彼賊住！賊下驢，即承伏。人問：何以知之？行成曰：此驢行急而汗，非長行人也。見人則引驢遠過，怯也。以此知之。收下獄，有頃驢主尋蹤而至，皆如其言。

五代・和凝《疑獄集・無名識盜》 唐天后時，嘗賜太平公主鈿合寶物，直黃金千鎰。公主納之藏中，歲餘取之，盡爲盜所將矣。公主言之天后，天后大怒。自召洛陽長史謂曰：三日不得盜，罪長吏！長吏懼，謂兩縣主盜官曰：兩日不獲盜，當死！尉謂吏卒游徼曰：一日必獲盜，不獲必死！吏卒游徼懼，計無所出。途中遇湖州別駕蘇無名，相與請至縣。游徼謂尉曰：盜物者來矣。尉迎問，無名曰：吾湖州別駕也，入計在茲。尉怒吏卒曰：何誣辱別駕！無名笑曰：君無怒，吏卒亦有由也。無名歷官所在，擒姦擿伏有名，每有盜者至無名前，無得過者。此輩應先聞之，故見請，爲解圍耳。尉喜，請其方。無名曰：與君至府君，可先入白之。尉白，長史大悅，降堦執其手曰：今日遇公，吾當復生矣。遂請其由。無名曰：請君聞於天后。長史由是奏之。天后召而謂曰：卿得賊乎？無名曰：願委臣取賊，無限日月，且寬府縣官吏，仍以兩縣吏卒盡以付臣，臣爲陛下取之，亦不過數日耳。天后許之。無名戒吏卒曰：十人五人爲侶，於北門伺之，見有胡人與黨十餘輩，皆衣縗絰，相隨出赴北邙者，可踵而跡之。吏卒伺之，果得，馳白。無名問伺者曰：胡何向？伺者曰：胡至一新塚，設奠哭而不哀，徹奠即巡行塚傍，相視而笑。無名喜曰：得之矣。因使吏卒盡執諸胡，而發其塚。剖棺視之，皆寶物也。奏之，天后問無名曰：汝用何策而得此賊邪？對曰：非有他計，但識盜耳。臣到都之日，即此胡出葬之時，臣見即知是盜，但不知葬處。今當拜掃，計必出城，尋其所之，即知其墓。賊既奠哭不哀，明所葬非人也；相視而笑，喜墓無所傷也。儻陛下迫促府縣，此賊計急，必取而逃矣。天后曰：善。賜金帛，遷秩二等。

五代·和凝《疑獄集·放驢求鞍》 又有一客，驢韁斷，并鞍失之。三日，尋不獲，詣縣告，鶩推勘急，賊乃夜放驢出，而藏其鞍。鞍可直五千文，鶩曰：此可知也。遂不令秣飼，去轡放之。驢尋向飼處，乃令搜索其家，其鞍於草積下得之，人服其智。

五代·和凝《疑獄集·慕容虛榜》 漢慕容彥超，善捕盜。爲鄆帥日，有州息庫，遣吏主之，有人以白金二錠，質錢十萬，與之既去，而驗之乃假銀也。彥超知其事，召主庫吏，密令出榜，虛稱：被盜竊所質白銀等財物，今備賞錢一萬，募知情，收捉元賊。不數日閒，果有人來贖銀者，執之伏罪。人服其知。

五代·和凝《疑獄集·崔公仁恕》 唐崔仁師，貞觀初遷殿中侍御史。時青州男子謀逆，有司捕支黨，纍繫塡獄。詔仁師按覆。始至，悉去囚械爲具食飲，心情訊之，坐止魁惡十餘人，他悉原縱。大理少卿孫伏伽謂曰：原雪者衆，誰肯讓死？就決而事變，奈何？仁師曰：治獄，主仁恕，豈有知枉不申，爲身謀哉！吾以一介易十囚命，固願也。及敕，使覆訊諸囚，咸叩頭曰：崔公仁恕，無枉者，舉無異辭。由是知名。

五代·和凝《疑獄集·劉集屠刀》 唐劉崇龜鎭南海之歲，有富商子少年而貌皙稍殊，於負販之伍，泊船於江岸次。有高門中見一姬，年二十餘，艷態妖容，殊不避人，得以縱其目送。少年乘便言曰：某黄昏當詣宅矣。亦無難色，微笑而已。既昏暝，果啓扉伺之。此子未及赴約有盜者徑入行竊，見一房無燭，卽突入。姬卽趨而就之，盜以爲人擒己也，以刀刺之，遺刀而逃。其家亦未知覺。商家之子旋至，纔入其戶，卽踐其血，滑而僕地，初疑水也，以手捫之，聞透血之聲。未已，又捫之，有人倒卧，遂走出。乘夜解維，比明已行百里餘。其家跡其血至江岸，遂狀訟於主者。窮詰岸上居人，云：近日有某客船一隻夜來。徑發官差人追及，械於圜室，掠拷備至，具實吐之，唯不招殺人。其家以刀納於府主，乃屠刀也。府主乃下令曰：某日大設會，合境庖丁，俱集于毬場，以俟宰殺。既集，乃傳令曰：今日已晚，可翌日而至，乃各留刀於廚而去。府主乃命取入諸刀，以殺人之刀換下一口。來日各令詣衙取刀，諸人皆認本刀而去。唯有一屠最在後，不肯持刀去。府主乃詰之，對曰：此非某刀。又詰之：此何人刀邪？曰：此某人之刀也。乃問其所居處，命擒，則竄矣。府主乃以他囚合處死者，以代商人之子，侵夜斃之。於是竄者之家，日日潛令人伺之，既斃其假囚，不兩夕，果歸家。卽擒之，具首殺人之罪，遂置於法。商人之子夜入人家，杖背而已。君子謂彭誠公察獄明矣。

五代·和凝《疑獄集·李嶠列枉》 李嶠，高宗時爲給事中，會來俊臣搆狄仁傑、李嗣眞、裴宣禮等獄，將抵死。敕嶠與大理少卿張德裕、侍御史劉憲覆驗。德裕等內知其冤，不敢異，嶠曰：知其枉不申，是謂見義不爲者。卒列其枉狀。

五代·和凝《疑獄集·唐臨不冤》 唐臨，高宗時按獄交州，出冤繫三千人，遷大理卿。帝嘗錄囚，臨占對無不盡。帝喜曰：國之要，在用法。刻則人殘，寬則失有罪。惟是折中，以稱朕意。他日復訊，餘司斷者，輒紛訴不服。獨臨所訊，無一言。帝問故，答曰：唐卿斷囚不冤，所以絶意。帝歎曰：爲獄者，固當若是！乃自述其考曰：形如死灰，心若鐵石云。

《舊唐書·韋湊傳》 虛心父維，少習儒業，博涉文史，舉進士。自大理丞累至戶部郎中，善於剖判，時員外郎宋之問工於詩，時人以爲戶部有二妙。終於左庶子。虛心舉孝廉，爲官嚴整，累至大理丞、侍御史。神龍年，推按大獄，時僕射竇懷貞、侍中劉幽求意欲寬假，虛心堅執法令，有不可奪之志。景龍中，西域羌胡背叛，時並擒獲，有敕盡欲誅之。虛心論奏，但罪元首，其所全者千餘人。虛心有孝行，及丁父憂，哀毁過禮，鬚鬢盡白，朝廷深所嗟尙。後遷御史中丞、左右丞、兵部侍郎、荆揚潞長史兼採訪使，所在官吏振肅，威令甚舉，中外以爲標準。歷戶部尙書、東京留守，卒，年六十七。

《舊唐書·良吏傳·裴懷古》 裴懷古，壽州壽春人也。儀鳳中，詣闕上書，授下邽主簿。長壽中，累轉監察御史。時姚、嶲蠻首反叛，詔懷古往招輯之。懷古申明賞罰，賊徒歸附者日以千數，乃俘其魁首，處其居人而還。蠻夷荷恩，立碑頌德。時恆州鹿泉寺僧淨滿爲弟子所謀，密畫女人居高樓，仍作淨滿引弓而射之，藏於經笥。已而詣闕上言僧咒詛，大逆大道。則天命懷古按問誅之。懷古究其辭狀，釋淨滿以聞，則天大怒，懷古奏曰：陛下法無親疏，當與天下畫一。豈使臣誅無辜之人，以希聖旨。向使淨滿有不臣之狀，臣復何顏能寬之乎？臣今愼守平典，雖死無恨也。則天意乃解。

《舊唐書·文苑傳·劉憲》 劉憲，宋州寧陵人也。憲弱冠舉進士，累除冬官員外郎。天授中，受詔推按來俊臣，憲嫉其酷暴，欲因事繩之，反爲俊臣所搆，貶鄰水令。再遷司僕丞。及俊臣伏誅，擢憲爲給事中，尋轉鳳閣舍人。

《舊唐書·崔善爲傳》 崔善爲，貝州武城人也。祖顒，後魏員外散騎侍郎。父權會，齊丞相府參軍事。善爲好學，兼善天文算曆，明達時務。弱冠州舉，授文林郎。屬隋文帝營仁壽宮，善爲領丁匠五百人。右僕射楊素爲總監，巡至善爲之所，索簿點人，善爲手持簿暗唱之，五百人一無差失，素大驚。自是有四方疑獄，多使善爲推按，無不妙盡其理。

《舊唐書·李峘傳》 峴，樂善下士，少有吏幹。以門蔭入仕，累遷高陵令，政術知名，特遷萬年令、河南少尹、魏郡太守；入爲金吾將軍，遷將作監，改京兆府尹，所在皆著聲績。天寶十三載，連雨六十餘日，宰臣楊國忠惡其不附己，以雨災歸咎京兆尹，乃出爲長沙郡太守。時京師米麥踴貴，百姓謠曰：欲得米粟賤，無過追李峴。其爲政得人心如此。

至德初，朝廷務收才傑，以淸寇難，峴召至行在，拜扶風太守、兼御史大夫。至德二年十二月，制曰：銀靑光祿大夫、守禮部尙書李峴，饋軍周給，開物成務。可光祿大夫，行御史大夫，兼京兆尹，封梁國公。乾元二年，制曰：李峴朝廷碩德，宗室藎臣。可中書侍郎、同中書門下平章事。與呂諲、李揆、第五琦同拜相。峴位望稍高，軍國大事，諸公莫敢言，皆獨決於峴，由是諲等銜之。

初，李輔國判行軍司馬，潛令官軍於人間聽察是非，謂之察事。忠良被誣構者繼有之，須有追呼，諸司莫敢抗。御名臺、大理寺重囚在獄，推斷未了，牒追就銀臺，不問輕重，一時釋放，莫敢違者。每日於銀臺門決天下事，須處分，便稱制敕，禁中符印，悉佩之出入。縱有敕，輔國押署，然後施行。及峴爲相，叩頭論輔國專權亂國，上悟，賞峴正直，事並變革。輔國以此讓行軍司馬，請歸本官，察事等並停，由是深怨峴。

鳳翔七馬坊押官，先頗爲盜，劫掠平人，州縣不能制，天興縣令知捕賊謝夷甫擒獲決殺之。其妻進狀訴夫冤。輔國先爲飛龍使，黨其人，爲之上訴，詔監察御史孫鎣推之。鎣初直其事。其妻又訴，詔令御史中丞崔伯陽、刑部侍郎李曄、大理卿權獻三司訊之，三司與鎣同。妻論訴不已，詔令侍御史毛若虛覆之，若虛歸罪於夷甫，又言伯陽等有情，不能質定刑獄。伯陽怒，使人召若虛，詞氣不順。伯陽欲上言之，若虛先馳謁，告急於肅宗，云：已知，卿出去。若虛奏曰：臣出卽死。上因留在簾內。有頃，伯陽至，上問之，伯陽頗言若虛順旨，附會中人。上怒，叱出之。伯陽貶端州高要尉，權獻郴州桂陽尉，鳳翔尹嚴向及李曄皆貶嶺下一尉，鎣除名長流播州。峴以數人咸非其罪，所責太重，欲理之，遂奏：若虛希旨用刑，不守國法，陛下若信之重輕，是無御史臺。上怒峴言，出峴爲蜀州刺史。時右散騎常侍韓擇木入對，上謂之曰：峴欲專權耶？何乃云任毛若虛是無御史臺也？令貶蜀州刺史，朕自覺用法太寬。擇木對曰：峴言直，非專權。陛下寬之，祇益聖德爾。

初收東京，受僞官陳希烈已下數百人，崔器希旨深刻，奏皆處死；上意亦欲懲勸天下，欲從器議。時峴爲三司使，執之曰：夫事有首從，情有輕重，若一概處死，恐非陛下含弘之義，又失國家惟新之典。且羯胡亂常，無不凌據，二京全陷，萬乘南巡，各顧其生，衣冠蕩覆。或陛下親戚，或勳舊子孫，皆置極法，恐乖仁恕之旨。昔者明王用刑，殲厥渠魁，脅從罔理。況河北殘寇未平，官吏多陷，苟容漏網，適開自新之路，若盡行誅，是堅叛逆之黨，誰人更圖效順？困獸猶鬬，況數萬人乎！崔器、呂諲，皆守文之吏，不識大體，殊無變通。廷議數日，方從峴奏，全活甚衆。

《舊唐書·文苑志》 溫庭筠者，太原人，本名岐，字飛卿。大中初，應進士。苦心硯席，尤長於詩賦。初至京師，人士翕然推重。然士行塵雜，不脩邊幅，能逐絃吹之音，爲側豔之詞，公卿家無賴子弟裴誠、令狐縞之徒，相與蒱飲，酣醉終日，由是累年不第。徐商鎭襄陽，往依之，署爲巡官。咸通中，失意歸江東，路由廣陵，心怨令狐綯在位時不爲成名。既至，與新進少年狂遊狹邪，久不刺謁。又乞索於楊子院，醉而犯夜，爲虞候所擊，敗面折齒，方還揚州訴之。令狐綯捕虞候治之，極言庭筠狹邪醜迹，乃兩釋之。自是汙行聞於京師。庭筠自至長發，致書公卿間雪冤。屬徐商知政事，頗爲言之。無何，商罷相出鎭，楊收怒之，貶爲方城尉。再遷隋縣尉，卒。

《舊五代史·唐書·明宗紀》 初，李紓差攝陵臺令張保嗣等各虛稱試銜，爲奉先令王延朗所訟，大理寺斷以詐假官論，刑部詳覆，稱非詐假。大理執之，召兩司廷議，刑部理屈，故有是貶。紓續勅配隴州，徒一年。未幾，詔曰：天下州府，例是攝官，皆結試銜，或因勘窮，便關詐假。已前或有稱試銜，一切不問，此後並宜禁止。

《舊五代史·晉書·高祖紀》 帝性簡儉，未嘗以聲色滋味輒自宴樂，每公退，必召幕客論民間利害及刑政得失，明而難犯，事多親決。有店婦與軍士訟，云曝粟於門，爲馬所食。而軍士懇訴，無以自明。帝謂鞫吏曰：兩訟未分，何以爲斷，可殺馬刳腸而視其粟，有則軍士誅，無則婦人死。遂殺馬，馬腸無粟，因戮其婦人。境内肅然，莫敢以欺事言者。三月，移鎮常山，所歷方鎮，以孝治爲急，見民間父母在昆弟分索者，必繩而殺之。勤於吏事，廷無滯訟。常山屬邑曰九門，有人鬻地與異居兄，議價不定，乃移於他人。他人須兄立券，兄固抑之，因訴於令。令以弟兄俱不義，送府。帝監之曰：人之不義，由牧長新至，教化所未能及，吾甚愧焉。若以至理言之，兄利良田，弟求善價，順之則是，沮之則非，其兄不義之甚也，宜重笞焉。市田以高價者取之。上下服其明。

《新唐書·温大雅傳》 大和二年，内昭德寺火，延禁中野狐落，野狐落者，宫人所居也，死者數百人。是日，宰相、兩省官、京兆尹、中尉、樞密皆集日華門，督神策兵救火所及，獨御史府不至。造自劾曰：臺繫賊，恐人緣以構姦，申警備，乃得人。臣請入三十直，崔蠡、姚合二十直，自贖。宰相劾造不待罪於朝，而自許輕比，不可聽。有詔皆奪一月俸。

《新唐書·裴議傳》 前率府倉曹參軍曲元衡杖民柏公成母死，有司以死在辜外，推元衡父蔭贖金，公成受賕不訴，以赦免。潾議曰：杖捶者，官得施所部，非所部，雖有罪，必請有司，明不可擅也。元衡非在官，公成母非所部，不可以蔭免。公成取賄仇家，利母之死，逆天性，當伏誅。有詔元衡流，公成論死。

《新唐書·崔玄暐傳》 邑有大賈王可久，轉貨江、湖間。值龐勛亂，盡亡其貲，不得歸。妻詣卜者楊乾夫咨在亡。乾夫名善數，而内悦妻色，且利其富。既占，陽驚曰：乃夫殆不還矣！即陰以百金謝媒者，誘聘之，妻乃嫁乾夫，遂爲富人。它年徐州平，可久困甚，丐衣食歸閭里，往見妻。乾夫大怒，詬逐之。妻詣吏自言，乾夫厚納賄，可久反得罪。再訴，復坐誣。可久恨歎，遂失明。碣之來，可久陳冤，碣得其情，即敕吏掩乾夫并前獄史下獄，悉發賕姦，一日殺之，以妻還可久。

《新唐書·孫伏伽傳》 時司農市木橦，倍直與民，右丞韋悰劾吏隱沒，事下大理訊鞫。伏伽曰：緣官市貴，故民直賤。臣見司農識大體，不見其罪。帝悟，顧悰曰：卿不逮伏伽遠矣。

《新唐書·宋璟傳》 京兆人權梁山謀逆，敕河南尹王怡馳傳往按。牢械充滿，久未決，乃命璟爲京留守，覆其獄。初，梁山詭稱婚集，多假貸，吏欲并坐貸人。璟曰：婚禮借索大同，而狂謀率然，非所防億。使如而不假，是與爲反。貸者弗知，何罪之云？平縱數百人。

《新唐書·李朝隱傳》 〔李朝隱〕入爲大理卿。武彊令裴景仙丐贓五千匹，亡命，帝怒，詔殺之。朝隱曰：景仙，其先寂有國功，載初時，家爲酷吏所破，誅夷略盡，而景仙獨存，且承嫡，於法當請。又丐乞贓無死比，藉當死坐，猶將宥之，使私廟之祀無餒魂可也。帝不許，固請曰：生殺之柄，人主專之；條別輕重，有司當守。且贓惟枉法抵死，今丐贓即斬，後有枉法，亦又何加？且近發德音，杖者聽減，流者給程，豈一景仙獨過常法？有詔決杖百，流嶺南。

《新唐書·柳渾傳》 玉工爲帝作帶，誤毁一銙，工不敢聞，私市它玉足之。及獻，帝識不類，擿之，工人伏罪。帝怒其欺，詔京兆府論死，渾曰：陛下遽殺之則已，若委有司，須詳讞乃可。於法，誤傷乘輿器服，罪當杖，請論如律。由是工不死。

《新唐書·第五琦傳》 初，琦請鑄乾元重寶錢，以一代十。既當國，又鑄重規，一代五十。會物痛騰踴，餓饉相望，議者以爲非是，詔貶忠州長史。會有告琦納金者，遣御史馳按，琦辭曰：位宰相，可自持金邪？若付受有狀，請歸罪有司。御史不曉，以爲具服，獄上之，遂長流夷州。

《新唐書·列孜會傳》 兄崇龜，字子長。擢進士，仕累華要，終清海軍節度使。廣有大賈，約倡女夜集，而它盜殺女，遺刀去。賈入倡家，踐其血乃覺，乘艑亡。吏跡賈捕劾，得約女狀而不殺也。崇龜方大饗軍中，悉集宰人，至日入，乃遣。陰以遺刀易一雜置之。詰朝，群宰即庖取刀，一人不去，曰：是非我刀。問之，得其主名。往視，則亡矣。崇龜取它囚殺之，聲言賈也，陳諸市。亡宰歸，捕詰具伏。其精明類此。

《新唐書·魏徵傳》 大理卿馬曙有犀鎧數十首，懼而瘞之。奴王慶以怨告曙藏甲有異謀，按之無它狀，投曙嶺外，慶免。議者謂奴訴主，法不聽。暮引律固爭，卒論慶死。

《新唐書·韓休傳》 時里胥有罪，輒殺無貸，人怪之。滉曰：袁晁本一鞭背史，禽賊有負，聚其類以反，此輩皆鄉縣豪黠，不如殺之，用年少者，惜身保家不爲惡。又以賊非牛酒不嘯結，乃禁屠牛，以絶其謀。婺州屬縣有犯令者，誅及鄰伍，坐死數十百人。又遣官分察境內，罪涉疑似必誅，一判輒數十人，下皆愁怖。

《**新唐書・李傑傳**》 傑既精聽斷，雖行來食飲，省治不少廢，繇是府無淹事，人吏愛之。寡婦有告其子不孝者，傑物色非是，謂婦曰：子法當死，無悔乎？答曰：子無狀，寧其悔！乃命市棺還斂之，使人迹婦出，與一道士語，頃持棺至，傑令捕道士按問，乃與婦私不得逞。傑殺道士，內於棺。

《**新唐書・沈既濟傳**》 寶曆二年，入拜尚書右丞。復出江西觀察使，徙宣州。傳師於吏治明，吏不敢罔。慎重刑法，每斷獄，召幕府平處，輕重盡合乃論決。嘗擇邸吏尹倫，遲魯不及事，官屬屢白易之，傳師曰：始吾出長安，誡倫曰：可闕事，不可多事。倫如是足矣。故所莅以廉靖聞。

《**新唐書・戴至德傳**》 至德，乾封中累遷西臺侍郎、同東西臺三品。閱十數年，父子繼爲宰相，世詫其榮。高宗嘗爲飛白書賜侍臣，賜至德曰汎洪源，俟舟楫。郝處俊曰飛九霄，假六翮。李敬玄曰資啓沃，罄丹誠。崔知悌曰竭忠節，贊皇猷。皆見意於辭云。

遷尚書右僕射。時劉仁軌爲左，人有所訴，率優容之；至德乃詰究本末，理直者密爲奏，終不顯私恩。由是，當時多稱仁軌者，號仁軌爲解事僕射。嘗更日聽訟，有嫗詣省，至德已收牒，嫗乃復取，曰：初以爲解事僕射，今乃非是。至德笑還之。人伏其長者。或以問，至德答曰：慶賞刑罰，人主之柄，爲臣豈得與人主爭也！帝知，歎美之。

《**新唐書・崔仁師傳**》 崔仁師，定州安喜人。武德初擢制舉，調管州錄事參軍。陳叔達薦仁師才任史官，遷右武衛錄事參軍，與脩梁、魏史。貞觀初，改殿中侍御史。時青州有男子謀逆，有司捕支黨，纍係塡獄，詔仁師按覆。始至，悉去囚械，爲具食，飲湯瀋，以情訊之，坐止魁惡十餘人，它悉原縱。大理少卿孫伏伽謂曰：原雪者衆，誰肯讓死？就決而事變，奈何？仁師曰：治獄主仁恕，故諺稱殺人刖足，亦皆有禮。豈有知枉不申，爲身謀哉？使吾以一介易十囚命，固吾願也！及敕使覆訊，諸囚咸叩頭曰：崔公仁恕，必無枉者。舉無異辭。由是知名。

《**新唐書・楊恭仁傳**》 子思訓襲爵。顯慶中，歷右屯衛將軍。從高宗幸幷州。右衛大將軍慕容寶節夜邀思訓與謀亂，思訓不敢對。寶節懼，毒酒以進，思訓死。妻訴之，流寶節嶺表，至龍門，追斬之。乃詔以寘毒人者重其法。

《**新唐書・孫班傳**》 近呂昇之乃代署宣敕，賴殿下糾發其姦。以後墨令及覆事，並請內印畫署，冀免詐繆。

《**新唐書・劉祥道傳**》 稍遷司刑太常伯。每覆大獄，必歔欷累歎。奏決日，爲再不食。詔巡察關內道，多振冤滯。兼沛王府長史。麟德元年，拜右相。祥道性審謹，居宰相，憂畏不自堪，數陳老病丐解。坐與上官儀善，罷爲司禮太常伯。高宗封泰山，有司請太常卿亞獻，光祿卿終獻。祥道建言：三代六卿重，故得佐祠。漢、魏以來，權歸臺省，九卿爲常伯屬官。今封岱大禮不以八坐，用九卿，無乃徇古名忘實事乎？帝可其議，以司徒徐王元禮亞獻，祥道終獻。禮成，進爵廣平郡公。乾封元年，以金紫光祿大夫致仕。卒，年七十一，贈幽州都督，謚曰宣。

《**新唐書・馮盎傳**》 盎族人子猷，以豪俠聞。貞觀中，入朝，載金一舸自隨。高宗時，遣御史許瓘視其貲。

瓘至洞，子猷不出迎，後率子弟數十人，擊銅鼓、蒙排，執瓘而奏其罪。帝馳遣御史楊璟驗訊。璟至，卑辭以結之，委罪於瓘。子猷喜，遺金二百兩、銀五百兩。璟不受。子猷曰：君不取此，且留不得歸。璟受之，還奏其狀，帝命納焉。

《**新唐書・徐有功傳**》 又上疏曰：天下員有定，比選者日多，選曹諉囑公行，囂謗滿路。唐李人多逆節，鞫訊結斷，刑慘獄嚴，革命歲久，其流弗改。事表生情，法外構理，而刻薄吏驅扇成姦。雖朝堂進表，列匭內牒，叫閽弗聽，叩鼓弗聞，使申其冤，正增其枉。誠令天官銓注有所不平、法司推斷舞法深詆、三司理匭受所上章擁塞不白者皆許臣按驗劾發，奪祿貶勞，不越月踰時，可致刑措。后納之。

《**新唐書・唐臨傳**》 唐臨字本德，京兆長安人。周內史瑾之孫。其先自北海內徙。武德初，隱太子討王世充，臨以策進說，太子引直典書坊，授右衛率府鎧曹參軍。太子廢，出爲萬泉丞。有輕囚久繫，方春，農事興，臨說令可且出囚，使就畎畝。不許。臨曰：有所疑，丞執其罪。令移疾，臨悉縱歸，與之約，囚如期還。

《**新唐書・王方慶傳**》 方慶起家越王府參軍，受司馬遷、班固二史於記室任希古，希古它遷，就卒其業。武后時，遷累廣州都督。南海歲有崑崙舶市外區琛琲，前都督路元叡冒取其貨，舶酋不勝忿，殺之。方慶至，秋毫無所索。始，部中首領沓墨，民詣府訴，府曹素相餉謝，未嘗治。方慶約官屬不得與交通，犯者痛論以法，境內清畏。議者謂治廣未有如方慶者，號第一，下詔賜瑞

《新唐書・李日知傳》　李日知，鄭州滎陽人。及進士第。天授中，歷司刑丞。時法令嚴，吏爭爲酷，日知獨平寬無文致。嘗免一囚死，少卿胡元禮執不可，曰：吾不去曹，囚無生理。日知曰：僕不去曹，囚無死法。皆以狀讞，而武后用日知議。

《新唐書・吉頊傳》　劉思禮謀反，頊上變事，后命武懿宗雜訊，因諷囚引近臣高閥生平所牾者凡三十六姓，捕繫詔獄，榜楚百慘，以成其獄，同日論死，天下冤之。擢右肅政臺中丞。

《新唐書・白居易傳》　諸節度私計曰：誰不如鍔？爭裒割生人以求所欲。與之則綱紀大壞，不與則有厚薄，事一失不可復追。是時，孫璹以禁衛勞，擢鳳翔節度使。張奉國定徐州，平李錡有功，遷金吾將軍。居易爲帝言：宜罷璹，進奉國，以竦天下忠臣心。度支有囚繫閿鄉獄，更三赦不得原。又奏言：父死，縶其子，夫久繫，妻嫁，債無償期，禁無休日，請一切免之。奏凡十餘上，益知名。

《新唐書・桓彦範傳》　王同皎謀誅三思，事泄，三思等誣房範等同逆，陰令許州司功參軍鄭愔上變。乃貶彦範瀧州司馬，敬暉崖州司馬，袁恕己竇州司馬，崔玄暐白州司馬，張柬之新州司馬，悉奪勳封。三思又疏韋后隱穢，榜於道，請廢之。帝震怒，三思猥曰：此殆彦範輩爲之。命御史大夫李承嘉鞫狀，物色其人。承嘉卽奏：彦範、暉、柬之、恕己、玄暐暴訕搖變，內託廢后，而實危君。人臣無將，當伏誅。詔有司議罪。大理丞李朝隱執奏：彦範等未訊卽誅，恐爲讎家誣衊，請遣御史按實。卿裴談請卽誅斬，家籍沒。帝業嘗許以不死，遂流瀼州，禁錮終身，子弟年十六以上謫徙嶺外。擢承嘉金紫光祿大夫、襄武郡公，後又賜綵五百段、錦被一。進談刑部尚書，而貶朝隱。三思又諷節愍太子請夷彦範等三族，帝不從。三思慮五人者且復用，乃納崔湜計，遣周利貞矯制殺之。利貞至貴州，逢彦範，卽縛曳竹槎上，肉盡，杖殺之，年五十四。

《新唐書・盧懷慎傳》　遷黃門侍郎、漁陽縣伯。與魏知古分領東都選。開元元年，進同紫微黃門平章事。三年，改黃門監。薛王舅王仙童暴百姓，憲司按得其罪，業爲申列，有詔紫微、黃門覆實。懷慎與姚崇執奏仙童罪狀明甚，若御史可疑，則它人何可信？由是獄決。懷慎自以才不及崇，故事皆推而不專，時譏爲伴食宰相。又兼吏部尚書，以疾乞骸骨，許之。卒，贈荊州大都督，謚曰文成。遺言薦宋璟、李傑、李朝隱、盧從願，帝悼歎之。

懷慎清儉不營產，服器無金玉文綺之飾，雖貴而妻子猶寒饑，所得祿賜，於故人親戚無所計惜，隨散輒盡。赴東都掌選，奉身之具，止一布囊。既屬疾，宋璟、盧從願候之，見敝簀單籍，門不施箔。會風雨至，舉席自障。日晏設食，蒸豆兩器、菜數杯而已。臨別，執二人

《新唐書・李傑傳》　傑既精聽斷，雖行來食飲，省治不少廢，繇是府無淹事，人吏愛之。寡婦有告其子不孝者，傑物色非是，謂婦曰：子法當死，無悔乎？答曰：子無狀，寧其悔！乃命市棺還斂之，使人迹婦出，與一道士語，頃持棺至，傑令捕道士按問，乃與婦私不得逞。傑殺道士，內於棺。河、汴之交舊有梁公埭，廢不治，南方漕弗通，傑調汴、鄭丁男復作之，不費而利。

《新唐書・裴諝傳》　時朝堂別置三司決庶獄，辨爭者輒擊登聞鼓。諝上疏曰：諫鼓、謗木之設，所以達幽枉，延直言。今詭猾之人，輕動天聽，爭纖微，若然者，安用吏治乎？帝然之，於是悉歸有司。諝惡法吏舞文，或挾宿怨爲重輕，因獻《獄官箴》以諷。坐所善誅，貶閬州司馬。俄召爲太子右庶子，進兵部侍郎，至河南尹、東都副留守。凡五世爲河南，諝視事未嘗敢當正處。以寬厚和易爲治，不鞫人以贓。卒，年七十五，贈禮部尚書。

《新唐書・張鎰傳》　建中元年五月辛卯詔書：奴婢告主，非謀叛者，同自首法，並准律論。由是獄訴衰息。今縱事非叛逆，而奴留禁中，獨下縱獄，情所不厭。且將帥功孰大於子儀，冢土僅乾，兩婿前已得罪，縱復繼之，不數月斥其三婿。假令縱實犯法，事不緣奴，尚宜錄勳念亡，以從蕩宥，況爲奴所愬耶？陛下方貴武臣以討賊，彼雖見寵一時，不能忘懷於異日也。帝納之，貶縱循州司馬，杖奴死。

《新唐書・楊憑傳》　歷事節度府，召爲監察御史，不樂，輒免去。累遷太常少卿、湖南江西觀察使。性簡傲，接下脫略，人多怨之。在二鎮尤侈忲。

入拜京兆尹。與御史中丞李夷簡素有隙，因劾憑江西姦贓及它不法，詔刑部尚書李鄘、大理卿趙昌卽臺參訊。於時憑治第永寧里，功役叢煩，又幽妓妾於永樂別舍，謗議頗讙，故夷簡藉之痛擿發，欲抵以死。既置對，未得狀，卽逮捕故官屬推蹋，簿憑家貲。翰林學士李絳奏言：憑所坐贓，不當同逆人法。乃止。

《新唐書·劉齊賢傳》 永昌中，爲酷吏所陷，繫州獄，自經死，沒其家。子齊賢，襲爵，繇侍御史出爲晉州司馬。建中三年，贈太子太保。

《新五代史·吴越世家·錢鏐》 〔董〕昌素愚，不能決事，臨民訟，以骰子擲之，而勝者爲直。

宋·李昉《太平御覽》卷六百四十 甲父乙與丙爭言相鬥，丙以佩刀刺乙，甲即以杖擊丙，誤傷乙。甲當何論？或曰：毆父也，當梟首。議曰：臣愚以父子至親也，聞其鬥，莫不有怵悵之心，扶伏而救之，非所以欲詬父也。《春秋》之義，許止父病，進藥於其父而卒，君子原心，赦而不誅。甲非律所謂毆父也，不當坐。【略】

甲夫乙將船，會海盛風，船沒溺流，死亡不得葬。四月，甲母丙即嫁甲，欲當何論？或曰：甲夫死未葬，法無許嫁，以私爲人妻，當棄市。議曰：臣愚以爲《春秋》之義，言夫人歸於齊，言夫死無男，有更嫁之道也。婦人無專制擅恣之行，聽從爲順，嫁之者，歸也。甲又尊者所嫁，無淫行之心，非私爲人妻也。明於決事，皆無罪名，不當坐。

宋·王欽若《册府元龜·刑法部》 韓思復，睿宗景雲中爲給事中，大理奏汝州刺史嚴善思與逆人重福通謀，君親無將，合從極法，會赦免。又勑召善思旋卽應命，陛下見之日，遂不具陳，唯奏望有兵氣，其狀正當匿反，請從絞刑。思復駁議曰：嚴善思往在先朝，屬韋氏，擅內恃，寵宮掖，謀危宗社。善思此時遂能先見，因請相府有所發明，進論聖躬必登宸極，雖交重福謀陷韋氏，及其謁見，猶不奏聞，將此包藏，行從極法。且勑追善思，書至便發，向懷逆節，寧卽奔命而來，此而可宥，惟刑是恤。制付議者多請寬之。有司猶不從，奏斷絞刑。思復又駁奏，請從衆議。帝從之，放於嶺表。初，帝在藩，善思爲相府長史，姚元之曰：相王必有天下，公善保護。及譙王重福自隨州移於均州。有命，便於汝州入謁。善心時爲刺史，又言重福當爲天子，因得通謀。洎元之入輔奏前事，召見將拜官焉，而重福敗，善思乃下獄。

宋·李昉《文苑英華·九日登高墜脚判》 楊甲九月九日登高墜脚致跛，乙告爲不孝，科不應爲。

馮敬徵對：無射良秋，重陽嘉節，登高有興，坐追桓景。下堂傷足，多侔子春，雖異全歸，何妨憂色。寧損爲孝之道，而斷不應之條。告之者未達其幽趣，科之者固知其失道。棄而不問，幸無濫焉。

宋·李昉《文苑英華·讖書判》 乙家有論語讖，隣告其畜禁書，科徒一載，郡斷無罪，未知合否。

薛邕對：幽家玄苞，秘書赤制。賈逵是擿，且未能言；鄭興不爲。孰云有學倘在法而斯禁，寧當刑而可捨。丕惟斯乙嗜學可加，仰惠施之藏書，得蔡邕之舊業。通德惟異，未聞北海之旌；里仁是依，遽致西隣之貴。有論語之讖，則稱私畜禁書，覽天官之文，豈曰潛窺玄象。將循名以責實，何如少而爲多，役以牽傍，是非舉直。聞言是信，雖吾子之有猜；執德不回，終匹夫之爲諒。請從郡斷，以黜隣告。

宋·李昉《文苑英華·反古脩火利判》 乙學脩火利，合土爲之用，人言其反。古辭云：皆從其朔。

常無求對：五帝殊功，不相沿襲，三王異制，各有等哀。故汙罇於太素之前，合土漸澆醨之代。乙雖非火正，將效祝融，未及漢陰之望，遂作河濱之器。俾夫炎上之德，有益陶鈞，濟物之功，更成埏埴。則宮室臺榭，爲利頗多。送死事生，於何不有。跡雖反古，事乃榮今。無乖理佐之端，妙合隨時之義。況稱從朔，將執禮經，雖致薄言，何傷厥理。

張孫憲對傅：考終古，厥惟敦龎。大智未萌，尚質巢窟；後聖有作，乃教炮燔。爾來欽哉，孰謂爲剌。乙或工者，舉而修之，以火化物，豈特鎔金之利；若泥在鈞，斯從合土之法。既埏埴以爲用，非陶甄而謂何？苟學非乖方，篤在守業，得高魯之規矩，無瓜濫之悔尤。則彼有虞，以協還淳之化；紹於上古，寧云反古之道，從朔者稱其有典，薄言者則謂無稽。

宋·李昉《文苑英華·復陶以行判》 甲託秦復陶以行，人告其不軌，訴稱嚴霰使然，非是妄作。康子季對：日車南至，星斗迴。徂歲既（一作將）窮，重陰驚發。寒生大漠，雪下平蕪。海曲於是先行，山陰由其興往。惟備乃無患，必籍重裘；而彰厥有常，須遵法服。甲榮微簪組，候屬嚴凝。節愧高臺，寧懷（一作華）平君之操；尊非楚國，輕襲靈王之儀。罪當抵於嚴霜（一作秋)，詞徒稱於積霰。向若楚制是用，庸敢避於濡身？今乃秦陶謬加，因難逭於匪服。既負不衷之刺，宜投僭上之科。

宋・李昉《太平廣記・李德裕》 李德裕出鎮浙右日。有甘露寺主事僧。訴交代得常住什物。被前主事僧隱用卻常住金若干兩。引證前數輩。皆有遞相交割傳領。文籍分明。衆詞皆指以新得替引隱而用之。且云。初上之時。交領分兩既明。及交割之日。不見其金。鞫成具獄。伏罪昭然。然未窮破用之所。或以僧人不拘僧行而費之。以無理可伸。甘之死地。一旦引憲之際。公疑某未盡。微以意揣之。人乃具實以聞曰。居寺者樂於知事。前後主之者。積年已來。空放分兩文書。其實無金矣。群衆以某孤立。不雜洽輩流。欲乘此擠排之。流涕不勝其冤。公乃憫而惻之曰。此固非難也。俛仰之間曰。吾得之矣。乃立促召兜子數乘。命關連僧人對事。咸咸原作成。據唐語林改。遣坐兜子。下簾子畢。指揮揮字原闕。據明鈔本補。門下。下字原闕。據唐語林補。不令相見。命取黃泥。各令摸前後交付下次金樣。樣字原闕。據明鈔本補。以憑證據。僧既不知形段。竟模不成。公怒。充劾前數輩等。皆一一伏罪。其所排者。遂獲清雪。出桂苑叢談

宋・李昉《太平廣記・崔尉子》 唐天寶中，有清河崔氏，家居於滎陽。母盧氏，幹於治生，家頗富。有子策名京都，受吉州大和縣尉。其母戀故產，不之官，爲子娶太原王氏女，與財數十萬，奴婢數人，赴任。乃謀賃舟而去，僕人曰：今有吉州人姓孫，云空舟欲返，傭價極廉，儻與商量，亦恐隱便。遂擇發日，崔與王氏及婢僕列拜堂下，泣別而登舟。不數程，晚臨野岸。舟人素窺其囊橐，伺崔尉不意，遽推落於深潭，佯爲拯溺之勢，退而言曰：恨力救不及矣！其家大慟。孫以刃示之，皆惶懼無復喘息。是夜抑納王氏。王方娠，遂以財物居於江夏。後王氏生男，舟人養爲己子，極愛焉。其母亦竊誨以文字。母亦不告其由。崔之親老在鄭州，訝久不得消息，積望數年。天下離亂，人多飄流，崔母分與子永隔矣。爾後二十年，孫氏因崔財致產極厚。養子年十八九，學藝已成，遂遣入京赴舉。此子西上，途過鄭州，去州約五十里，遇夜迷路。常有一火前引，而不見人。隨火而行，二十餘里，至莊門，扣開以寄宿。主人容之，舍於廳中，乃崔莊也。其家人竊窺，報其母曰：門前宿客，面貌相似郎君。家人又伺其言語行步，輒無少異，又白其母。母欲自審之，遂召入。升堂與之語話，一如其子。問，乃孫氏矣。其母又垂泣。其子不知所以。母曰：郎君遠來，明日且住一食。此子不敢違長者之意，遂諾之。明日，母見此子告去，遂發聲慟哭，謂此子曰：郎君勿驚。此哭者，昔年唯有一子，頃因赴官，遂絕消息，已二十年矣。今見郎君狀貌，酷似吾子，不覺悲慟耳。郎君西去，迴日必須相過，老身心孤，見郎君如己兒也。亦有奉贈，努力早迴。此子至京應舉不捷，卻歸至鄭州，還過母莊。母見欣然，遂留停歇數日。臨行，贈貲糧兼與衣一副，曰：此是吾亡子衣服，去日爲念。今既永隔，以郎君貌似吾子，便以奉贈。號哭而別：他時過此，亦須相訪。此子卻歸，亦不爲父母言之。後忽着老母所遺衣衫，下襟有火燒孔，其母驚問：何處得此衣？乃述本末。母因屏人，泣與子言其事：此衣是吾與汝父所制，初熨之時誤遺火所爇。汝父臨發之日，阿婆留此以爲念。比爲汝幼小，恐申理不了，豈期今日神理昭然。其子聞言，慟哭詣府論冤。推問果伏，誅孫氏，而妻以不早自陳，斷合從坐。其子哀請而免。

宋・陸游《老學庵筆記》卷四 東坡守杭，法外刺配顏巽父子。御史論爲不法，累章不已。蘇公雖放罪，而顏巽者竟以朝旨放自便。自是豪猾益甚，以藥塗鹽鈔而用，既毀抹，賂主者浸洗之。藥盡去而鈔不傷，雖老于其事者，不能辨。他不法尤衆，有司稍按治，輒劫持之曰：某官乃元祐奸黨，蘇某親舊，故覬望害我。公形狀牒。時治黨籍方苛峻，雖監司郡守，得其牒，輒畏縮，解縱乃已。大觀中，胡奕修爲提舉鹽事，會計已毀抹鹽鈔，得其姦，奏之，黥竄化州，籍沒貲產，一方稱快。

宋・程頤《二程集・明道先生行狀》 民有借其兄宅以居者，發地中藏錢。兄之子訴曰：父所藏也。令曰：此無證佐，何以決之？先生曰：此易辨爾。問兄之子曰：爾父藏錢幾何時矣？曰：四十年矣。彼借宅居幾何時矣？曰：二十年矣。即遣吏取錢十千視之，謂借宅者曰：今官所鑄錢，不五六年即徧天下。此錢皆爾未居前數十年所鑄，何也？其人遂服。令大奇之。

宋・程頤《二程集・先公太中家傳》 江西狡民善爲古券契，田訟最爲難辨，而虔尤甚。旁邑有爭，積十餘歲不能決，部使者以委公。根連證佐，嚚然盈庭，公獨呼爭者前訊之，不十數語，盡得其情，遂皆服。

宋・司馬光《資治通鑑》卷一百二十 有司奏車駕依故事臨華林園聽訟。詔曰：政刑多所未悉；可如先者，二公推訊。二公，謂徐羡之、王弘。

宋・司馬光《資治通鑑》卷一百六十五　中尉酈道元，素名嚴猛，司州牧汝南王悅魏都洛陽，置司州。嬖人丘念，弄權縱恣，道元收念付獄；悅請之於胡太后，太后欲赦之，道元殺之，并以劾悅。

宋・蔡絛《鐵圍山叢談》卷一　太宗始嗣位，思有以帖服中外。一日，輦下諸肆有爲丐者不得乞，因倚門大罵爲無賴者。主人遜謝，久不得解。卽有數十百衆，方擁門聚觀，中忽一人躍出，以刀刺丐者死，別本刺竝作剚。且遺其刀而去。會日已暮，追捕莫獲。翌日奏聞，太宗大怒，謂是猶習五季亂，乃敢中都白晝殺人。卽嚴索捕，期在必得。有司懼罪，久之，迹其事，是乃主人不勝其忿而殺之耳。獄將具，太宗喜曰：卿能用心若是，雖然，第爲朕更一覆，毋枉焉。且攜其刀來。不數日，尹再登對，以獄詞并刀上。太宗問：審乎？曰：審矣。於是太宗顧旁小內侍，取吾鞘來。小內侍唯命，卽奉刀內鞘中。因拂袖而起，入曰：如此，寧不妄殺人。

宋・李燾《續資治通鑑長編》卷十八　〔宋太宗太平興國二年〕初，曹翰屠江州，民無噍類，其田宅悉爲江北賈人所占有。詔州長吏訪尋其民之鄉里疏遠親屬給還之。知州張霽受賈人賂，爲隱蔽，不盡與民，民訴其事，戊寅，霽決杖流海島。

宋・李燾《續資治通鑑長編》卷四十四　〔宋眞宗咸平二年四月〕御史中丞張詠爲工部侍郎，知杭州。詠既至，屬歲歉，民多私鬻鹽以自給，捕犯者數百人，詠悉寬其罰而遣之。官屬請曰：不痛繩之，恐無以禁。詠曰：錢塘十萬家，饑者八九，苟不以鹽自活，一旦蜂起爲盜，則其患深矣。俟秋成，當仍舊法。有民家子與姊壻訟家財，壻言妻父臨終，此子才三歲，故見命掌貲產，且有遺書，令異日以十之三與子，七與壻。詠覽之，以酒酹地曰：汝妻父，智人也。以子幼甚，故托汝，儻遽以家財十之七與子，則子死于汝手矣。亟命以七分給其子，餘三給壻，皆服詠明斷，拜泣而去。

宋・李燾《續資治通鑑長編》卷四十七　〔宋眞宗咸平三年十二月〕開封府言獄空，賜詔獎之。

宋・李燾《續資治通鑑長編》卷四十八　〔宋眞宗咸平四年五月〕甲申，上覽囚簿，自正月至三月，天下斷死罪八百人，憮然動容，謂宰相曰：雜犯死罪，條目至多，官吏儻不盡心，豈無枉濫！故事，死罪獄具，三覆奏，蓋其重慎也，自何代罷之？遂命檢討沿革，終慮淹繫，亦不果行。

宋・李燾《續資治通鑑長編》卷四十九　〔宋眞宗咸平四年八月〕甲寅，御史中丞趙昌言奏：近者審刑院、大理寺斷事乖當，其主判既已罷黜，詳斷官亦宜別加慎擇。自今復然者，請嚴示懲罰，授以遠官。又天下大辟，斷訖，皆錄款聞奏，付刑部詳覆，用刑乖當者並加按劾。惟開封府未嘗奏案，或斷獄有失，止罪原勘官吏，而知府、判官、推官、檢法官皆不及責，則何以辨明枉濫，表則方夏。望自今如外州例施行。從之。昌言又請凡有罪被問不卽引伏者，許令追攝。詔先以聞。

宋・李燾《續資治通鑑長編》卷五十二　〔宋眞宗咸平五年五月〕先是，開封府有進士詣貢院觀榜，其妻留舍，或報其父母自遠至某所者，妻急僦驢往省，路逢醉人毆擊，徑詣府訟。僦驢者懼證左滯留，潛遁去。府以醉人亦有指爪痕，俱杖而遣之。歸舍號哭，其夫尋自外落第歸，亦泣。兩不相知。妻徐告以被杖，復詣有司訴冤，不聽。夫妻俱赴水死。既而上聞其事，大怒，由知府已下悉遭譴罰。時仲舒實在開封也。

又　〔宋眞宗咸平五年七月〕初，殿前侍衛卒有犯至死，上令閤門祗候錢昭晟專往錄問。或言其非便，於是始令閤門祗候送往。昭晟，未見。

又　〔宋眞宗咸平五年九月〕癸卯，大理寺請廂禁軍自都指揮使至副都頭及請班差權管指揮使員僚如犯法，並委有祿之官定斷，從之。

宋・李燾《續資治通鑑長編》卷五十三　〔宋眞宗咸平五年十月〕遂州觀察支使陸文偉言，諸州大辟案上，委本判官錄問，或有初官未詳法理，慮其枉濫，非朝廷重惜民命之意也。乃詔自今並須長吏、通判、幕職官同錄問詳斷。

又　〔宋眞宗咸平五年十二月〕開封府言諸司獄空無繫囚，詔獎之。

宋・李燾《續資治通鑑長編》卷五十四　〔宋眞宗咸平六年五月〕刑部侍郎魏庠，坐爵知河南州斷獄失入，責授衛尉卿。

宋・李燾《續資治通鑑長編》卷六十一　〔宋眞宗景德二年十月〕知審刑院查道，權判大理寺尹玘、權大理少卿傅珏、審刑院詳議官梁象等四人，贖金有差，大理寺詳斷官仇象先等六人，並削官一任，坐議獄不當，爲外郡覆奏抵罪也。

宋・李燾《續資治通鑑長編》卷六十二　〔宋眞宗景德三年四月〕遣樞密直學士劉綜、西上閤門使李允則詣三司，工部侍郎董儼、龍圖閣待制戚綸、宮苑使劉承珪詣開封府，知制誥朱巽、龍圖閣待制陳彭年、東上閤門使曹利用詣御史臺，殿前侍衛司，編敍繫囚。翌日，上御崇政殿臨決，殺人者論如律，雜犯死、流、徒降一等，杖以下釋之。日旰既罷，復令軍頭引見司官奏所決刑名，審視訖，乃施行。是後，每歲暑月，上必親臨慮問，率以爲常。御史臺引都官員外郎賓譓者，前知長安縣，頗恣苛虐，詔劾其罪。上曰：親民之官，不循道理，酷用刑罰，宜擯棄也。遂令分司西京。

宋·李燾《續資治通鑑長編》卷六十三〔宋眞宗景德三年八月〕是月，詔開封府今後內降及中書、樞密院送下公事，罪至徒以上者並須聞奏。先是，御史臺言：開封府前勘天清寺僧契如及故左丞呂餘慶孫男婦政，止節略劄子聞奏，致不絕詞訟。乞自今應干分割田宅及僧人還俗事，並令結案錄問，方得聞奏。上曰：豈止僧歸俗與私家分財邪？因有是詔。

宋·李燾《續資治通鑑長編》卷六十五〔宋眞宗景德四年二月〕陳堯叟言獄空，詔奬之。堯叟居守，雖大辟罪亦止面問狀，亟決遣之，未嘗留獄。上曰：堯叟素有裁斷，然重事宜付有司案鞫詳察。因密加詔諭焉。

又〔宋眞宗景德四年閏五月〕甲申，上閱開封府囚簿，有囚累月械繫，案下法寺而未報者數人，指示王旦等曰：此何故？旦對曰：法官於刑名間有所詰難故也。然臣嘗領審刑，見案牘稽滯或踰百日，蓋法官考限將滿，則妄生詰難，延日俟替，以避斷奏。上曰：但處法平允，何須顧避？乃詔主判官常加約束，無使復然。

又〔宋眞宗景德四年六月〕是月，徙敏中知河南府、兼西京留守司事。嘗有僧暮過村民家求寄止，主人不許，僧求寢於門外車箱中，許之。夜有盜入其家，自牆上扶一婦人并一囊衣而出。僧適不寐，見之。自念不爲主人所納而強求宿，宿而主人亡其婦人及財，明日必執我詣縣矣。遂亡去，不敢循故道，走茅草間，忽墜眢井，則婦人已爲人所殺，先在其中矣。明日，主人搜訪亡僧并子婦尸，得之井中，執以詣縣，掠治，僧自誣云與子婦姦，誘與俱亡，恐爲人所得，因殺之投井中，暮夜失足亦墜井中，贓在井旁亡失，不知何人所取。獄成上府，府皆不以爲疑，獨敏中以贓不獲，疑之。引僧詰問數四，僧服罪，但言某前生當負此人死，無可言者。敏中固問之，僧乃以實對。敏中因密使吏訪其賊，吏食於村店，店嫗聞其自府來，不知其吏也，問之曰：僧某者其獄如何？吏紿之曰：昨日已笞死於市矣。嫗難曰：今若獲賊，則何如？吏曰：府已誤決此獄矣，雖獲賊，亦不敢問也。嫗曰：然則言之無傷矣。彼婦人者，乃此村少年某甲所殺也。吏曰：其人安在？嫗指示其舍，吏就舍中掩捕，獲之，案問具服，并得其贓。一府咸以爲神。

先是，舊相出鎮者，多不以吏事爲意，寇準雖有重名，所至終日宴遊。所愛伶人或付與富室，輒厚有所得，然人皆樂之，不以爲非也。張齊賢儻蕩任情，獲劫盜，或時縱遣之，所至尤不治。上聞之，皆不以爲善。惟敏中勤于政事，所至著稱。上曰：大臣如臨方面，不當如向敏中耶？

宋·李燾《續資治通鑑長編》卷六十六〔宋眞宗景德四年七月〕戊辰，審刑院言：諸路脱漏丁口輦運金帛儲糧，止緣失誤，其命官、使臣無私贓罪案，望止付三司奏斷訖報法寺。又，法寺與勘命官，內檢斷不當，公事失錯或保任無狀，止是公坐不至追官者，並止委轉運司差官鞫問，如無情弊，即依法罰訖以聞。並從之。

宋·李燾《續資治通鑑長編》卷六十八〔宋眞宗大中祥符元年四月〕晉城縣令王琰其、章縣主簿苗文思皆坐枉法受賕抵死。癸丑，詔刑部以其事告諭天下。

宋·李燾《續資治通鑑長編》卷七十一〔宋眞宗大中祥符二年四月〕詔諸路州軍雖封部簡靜，而獄空及季者，自今亦賜詔奬之。

又〔宋眞宗大中祥符二年五月〕詔：諸州奏獄空，須州司司理院、倚郭縣俱無囚繫，方爲獄空。每奏到，刑部將旬奏禁狀一處點對，如應得元敕，特降詔奬諭。

宋·李燾《續資治通鑑長編》卷七十二〔宋眞宗大中祥符二年八月〕乙酉，糾察刑獄周起等言：所閱案牘，止是節狀，慮事涉曖昧，無由辨其枉濫，如實有冤抑及官典非理拷掠，望聽已決囚詣司自陳，如未經科察陳訴，無得輒詣鼓院。從之。

又〔宋眞宗大中祥符二年八月〕庚寅，審刑院奏議法寺所斷：夏縣尉安起，捕百姓三人以爲盜，面令公人拷掠百數，加非理刑，破其踝骨，而本縣令不知；其人既傷，所由司僞作本人狀，言其踝損皆父兄毆擊致然，非官司也，法寺斷令、尉公罪，仍以本司及公人爲首。上令知院事劉國忠讀其案節，上曰：面行拷掠，豈專由公人邪？國忠始言合作私罪，當免二官，於是再拜待罪，詔釋之。

上嘗議擇官知審刑院，謂宰相曰：當須詳悉法令之人。王旦曰：今法官奏斷案牘，則大理寺有法直、詳斷，審刑又置詳議官分主其事，知院者但能曉達事理，詳究物情，不必熟法令者。上然之。

又〔宋眞宗大中祥符二年十月〕斬濠州民齊睿，坐惡逆逃亡，會東封首露，州用赦原之。知定遠縣王仲微，言通判、度支員外郎、直史館趙況，受睿錢三百千，不以上聞，請重寘其罪。詔特斬睿，論況枉法，除名爲民。況，範陽人，右丞上交子也。上交，見天福十二年。

又〔宋眞宗大中祥符二年十一月〕衛尉卿、權判刑部愼從吉言：准淳化三年敕，諸州所奏獄空，須是司理院、州司、倚郭縣俱無繫囚；又准後敕，諸路自今獄空，更不降詔獎諭，奏至，委刑部以逐處旬奏狀點勘，不謬卽具以聞。伏見提點刑獄司所奏獄空，本司比對，多不應舊敕，外州妄覬奬飾，沽市虛名。近郊、滄二州勘鞫大辟囚，干詿數人，裁一夕卽行斬決。伏見前代京師決獄，尚五覆奏，蓋欲謹重大辟，豈宜一日之內，便決死刑。朝廷比務審詳，恐有冤濫，非有求於急速，其間州府不體朝旨，邀爲己功，但務獄空，必無所益。欲望依準前詔，不得奬諭。其諸州、府、軍、監，以公事多少分爲三等：第一等公事多處五日，其次十日，其次二十日，並須州司、司理院、倚郭縣全無禁囚，及責保寄店之類，方爲獄空，委提點刑獄司據等第日數勘驗詣實，書爲印歷。從之。

宋・李燾《續資治通鑑長編》卷七十三〔宋眞宗大中祥符三年四月〕丙辰，詔諸州司法參軍，有檢法不當，出入徒流已上罪者，具案以聞，經三次誤錯者，替日，令守選，及委長吏察舉。從兩浙轉運使陳堯佐之請也。因謂輔臣曰：詳明平允，由性識耳。如窮經之士，諷讀雖久，有不能通其義者。法官能曉律意，猶學者之能達經旨，縱與時事不同，但依之亦可尚也。

又〔宋眞宗大中祥符三年四月〕戊辰，詔：應內外官犯罪被鞫，事理昭然，不卽引伏，觀望滯留者，竝權格俸給，仍不得領務，常從亦罷去之。先是，虞部員外郎、知通州李泰淸以不察鹽場官爲盜，累遣官按劾，不承，爲御史臺所舉，故有是詔。

宋・李燾《續資治通鑑長編》卷七十四〔宋眞宗大中祥符五年閏十月〕壬申，上謂宰相曰：頃聞鄭國長公主肩輿出行，民有犯其前導者，卽捕笞之。朕在東宮日，有犯者，第委之府縣，未嘗輒自箠掠也。宜令開封府，自今有此類未得決罰，具名以聞。仍嚴戒約諸宅勾當使臣。

又〔宋眞宗大中祥符五年十二月〕知天雄軍寇準言獄空，詔奬之。

又〔宋眞宗大中祥符五年〕閏十月乙丑朔，詔京城盜賊當決杖配隸者，自今免其令衆，內情重者奏裁。

宋・李燾《續資治通鑑長編》卷七十五〔宋眞宗大中祥符四年二月〕詔奬權東京留守向敏中等，以獄空故也。

又〔宋眞宗大中祥符四年四月〕趙德明遣使貢馬，賀汾陰禮畢。賜德明衣帶、鞍勒馬、器幣，賓佐將士銀帛、茶荈。時貢馬子弟或與京城民相毆，有折齒者，開封府言當杖脊，詔以事付鄜延路，令移文德明，就彼決遣之。

宋・李燾《續資治通鑑長編》卷七十七〔宋眞宗大中祥符五年二月〕詔開封府，諸縣軍民相毆訟者，令知縣、都監同議斷。以上封者言縣與本軍各庇所部，多致枉抑故也。

又〔宋眞宗大中祥符五年三月〕辛巳，詔大理寺，自今諸處奏案有失出入徒半年罪者，其元勘錄問檢斷官等，不須問罪。

宋・李燾《續資治通鑑長編》卷七十八〔宋眞宗大中祥符五年八月〕詔應制獄無臨時處分者，幷依推勘條式決遣，流罪及命官則具案以聞。先是，審刑院詳議官査拱之，言諸州奏案，多以所降宣命止言制劾，干繫官吏情罪，具案以聞，乃悉拘禁以伺斷敕，頗成留滯，故條約之。拱之，道子也。

宋・李燾《續資治通鑑長編》卷八十〔宋眞宗大中祥符六年二月〕甲戌，詔文武官犯私罪，該赦敍理者，刑部磨勘訖，中書、樞密院具所犯輕重取旨。

又〔宋眞宗大中祥符六年四月〕是月，詔諸廂鎭無得擅置刑禁。至道初，禁鎭將、廂校妄理詞訴捶掠人者。至是，潁州廂校張珪強以鬻牛者爲盜，捶掠致死，刑部請申前制。

又〔宋眞宗大中祥符六年〕二月癸亥朔，詔廣南、福建、川峽路軍民凶惡爲患者，幷依法斷訖，幷家屬械送赴闕。

宋・李燾《續資治通鑑長編》卷八十二〔宋眞宗大中祥符七年正月〕先是，鼎州判官孫蹕坐贓，轉運使牒鄆州追其妻證驗，三子皆幼，上憫之。己亥，詔諸州勘劾公事，干連女口當爲證左者，千里外勿追攝，牒所在區斷。

又〔宋眞宗大中祥符七年四月〕詔大理寺斷獄宜依條處罪，其情輕法重者，具狀實封以聞。時上封者言法官以臨時取旨爲文，歸怨於上故也。

又〔宋眞宗大中祥符七年五月〕戊子，知益州凌策言眉州民孫延世強奪孫朴田，積三十年，六經制劾，官吏受賕枉法，殿中丞、知華陽縣黃夢松鞫之，盡得其狀。詔待夢松還引對，其推典第加進補。明年，擢夢松爲監察御史。

宋·李燾《續資治通鑑長編》卷八十三〔宋眞宗大中祥符七年八月〕壬申，詔自今勘鞫官宜盡理推究本犯，不得以元奏事狀抑令招伏，致有枉曲。

又〔宋眞宗大中祥符七年十二月〕戊午，詔川峽廣南福建轉運使、提點刑獄官察部內僚吏，有貪墨不法、慘刻用刑者以聞，以道路遼夐，民無所訴故也。

宋·李燾《續資治通鑑長編》卷八十四〔宋眞宗大中祥符八年正月〕詔：如聞諸軍亡卒，每擒獲，多妄引同輩嘗共賭博。逮捕既衆，豈無濫刑？自今有司勿更窮究，止用本罪論決。

又〔宋眞宗大中祥符八年五月〕五月辛巳朔，刑部員外郎、兼侍御史知雜事王隨言：準詔劾榮王元儼宮遺火事，本元儼侍婢韓盜賣金器，恐事發，遂縱火。其知情干連人悉具以聞。詔韓氏斷手足，令衆三日，凌遲處死，知情人處斬，餘并等第決配。先是，當死者甚衆，王旦獨請對，言曰：始失火時，陛下以罪己詔天下，而臣等皆上章待罪。今乃過爲殺戮，恐失前詔意也。且火雖有迹，寧知非天譴邪！上欣然納之，由是減死者幾百輩。

宋·李燾《續資治通鑑長編》卷八十五〔宋眞宗大中祥符八年八月〕開封民崔白，家京城，素無賴，凌脅群小，取財以致富。先有滿子路者，強很任俠，名聞都下，趙諫以豪橫伏法。白嘗謂人曰：滿子路，吾之流輩也。趙諫，吾門人耳。餘不足算也。白與梁文尉鄰居，欲彊買其舍，文尉未之許，屢加詬辱。會文尉死，妻張與二子皆幼。白日遣人多擲瓦石以駭之，張不得已徙去，卽以其舍求質錢百三十萬，白因以九十萬市之。張訴於府，白遂增錢三十萬，因潛減憑課，以己僕爲證，詣府訟張，且厚賂胥吏。白素與殿中丞、權大理少卿閻允恭善，遂祈允恭達其事於開封府判官、國子博士韓允，允坐張妄增屋課，杖之。白因大言，自衒於鄽市。皇城司兼知以聞，詔捕白付御史臺，鞫問得實。己卯，允除名，授岳州文學；允恭除名，授復州文學；白決杖，配崖州牢城；白子端決杖，配江州本城，仍下詔戒諭都人。

宋·李燾《續資治通鑑長編》卷八十六〔宋眞宗大中祥符九年三月〕乙丑，著作郎高清杖脊。黥面，配沙門島。清知泰康，縣民有詣府訴家產者，清納其賄。時已罷任，卽逃避他所。知府愼從吉請對，言其子銳先假清白金七十兩，望傳詔捕繫仍置獄。遂命駕部員外郎劉宗言、監察御史江仲甫推勘。清匿於進士丁禹家，白官擒得之，且搜其家，獲財貨甚衆，衣服有侈靡違禁者，因揭牓許民告首，并得他贓狀。獄具，法寺以所受贓不分枉直，改命屯田員外郎丁謂修覆按，清枉法當死，上特貸之。

清，庫部郎中士宏之子，景德中進士，宰相寇準以弟之女妻之。寇卒，李沆家復取爲壻。歷官以賄聞，頗恃姻援以欺蠹小民，務自驕縱，被服如公侯家。初，銳就清假貸，清以多納賂事將敗，遂諾之，求其爲助。時方鞫盧氏獄，王曾爲糾察，力庇清。從吉發此事，欲以自解。銳素狡獪，始假清銀，欲爲庇護，及聞有訟，卽以還之。前以盧氏事已奪一任，至是，又坐請求，削衛尉寺丞。從吉坐首露在已發後，又奏報不實，用官減當罰金。詔以從吉累犯憲章，合當黜竄，特追右諫議大夫，免其安置。銳配單州。自餘決罰配隸者數十人。宗言、仲甫以鞫獄失實，并黜監物務。府界提點虞部員外郎姚潤之、內殿崇班閤門祗候王承謹坐不能察舉，復保任清，并免所居官。

又〔宋眞宗大中祥符九年三月〕壬子，給事中愼從吉削一任，翰林學士、給事中錢惟演罷學士。

初，咸平縣民張贇妻盧訴姪質被酒詬悖張，豪族也，質本養子，而證左明白。質納賄胥吏。從吉子大理寺丞銳，時督運石塘河，往來咸平，爲請求縣宰，本縣斷復質劉姓，而第令與盧同居。質曁盧迭爲訟，縣聞於府。會從吉權知府事，命戶曹參軍呂楷就縣推問。盧之從叔虢略尉昭一納白金三百兩於楷，楷久而不決，且以俟追劉族爲名卽還府。盧兄太子中舍文質又因進士吳及納錢七十萬於從吉第子大理寺丞鈞，以其事白父，而隱其受賄之狀。盧又詣府列訴，卽下其事右軍巡院。昭一兄澄嘗以手書達惟演，云寄語從吉，事逮鈞、銳，請緩之。時及已亡命，軍巡請搜捕，且曰：未得及，則獄不具。從吉亟召軍巡判官祝坦至廳事後詢之，毀所請狀，又令銳密問坦獄情何若，頗自疑懼，因密作奏，請付御史臺，未報。糾察刑獄王曾、趙積詣便殿以聞，且言事涉從吉，盧軍巡顧避。積方知雜，請不以付臺。乃命殿中侍御史王奇、戶部判官、著作郎、直史館梁固鞫治，仍遣中使譚元吉監之，逮捕者百餘人。獄成，奪楷、鈞二官，配隸衡州、郢州；銳、坦、文質皆奪一官，坦貶濠州參軍。盧澄者，陳留縣大豪也，嘗入粟，得曹州助教，殖貨射利，侵牟細民，頗結貴要，以是益横。劉綜知府日，嘗犯法。綜憤其豪横，繩之，奪官，配郢州，仍請後有過不以贖論。詔可其奏。至是，與昭一并決杖，澄配隸江州，昭一特除名。從吉、惟演并坐責，知餘決罰有差，情重者配隸外州。樞密直學士、右諫議大夫、知益州王曙，前知開封，嘗舉楷，於是坐降爲左司郎中，職任如故。

宋・李燾《續資治通鑑長編》卷八十七 〔宋眞宗大中祥符九年八月〕祕書丞韓庶言：諸州鞫獄，多以勘官所部僚屬錄問，盧有冤濫，不能明辯。望於鄰州選官。從之。

又 〔宋眞宗大中祥符九年八月〕癸巳，詔諸路轉運使曉諭州府軍監長吏等，凡有獄訟，必須盡公審察，務於平允；其大辟罪如情輕可憫及理有所疑者，并許奏裁，以副欽卹。

又 〔宋眞宗大中祥符九年八月〕丙申，江南提點刑獄王長吉等言：南安軍上猶縣僧法端忿漁人索賣漁直，遂令僧守肱殺其院狗，卽白官誣漁人盜去。縣遣里胥捕漁者并父，繫送院中，守肱毆殺之。又賂縣典集耆保，掩捕漁者二弟，并殺之。又以刃傷漁者母。因以殺獲劫賊聞於縣尉汲濟，濟受吏請求，驗尸之際，令主者隱縻縛之跡，并其家老幼荷校送軍。縣令孫凝覆視，又以老眊爲吏所罔。因本軍劾得實，法端、守肱坐死，自餘咸以德音原免。今體量漁者本家兄弟三人，以捕漁爲業，餘皆乳抱，今四人遭殺，三人被傷，察其事狀，最爲巨蠹。欲望特降詔旨，并從重罰，不以恩例末減。詔杖濟脊，配隸道州，凝貶文學，餘黥面配廣南遠惡州凡十五人，以守肱私田五十九畝給被傷家。

宋・李燾《續資治通鑑長編》卷八十九 〔宋眞宗天禧元年四月〕庚辰，徙對州刺史、知絳州錢惟濟知潞州。初，惟濟自請試郡，授絳州，民有條桑者，盜奪桑不能得，乃自創其臂，誣桑主欲殺之，久繫不能辨。惟濟取盜而給食，視之，而盜以左手舉七筯。惟濟曰：以右手創他人者上重下輕，今汝創特下重，正用左手傷右臂爾，非爾自爲之耶？盜遂沮伏。上聞之，謂宰相向敏中曰：惟濟試守郡輒明辨，後必爲能吏矣。

於是移潞州。民相驚有外寇，奔城而仆者相枕籍，惟濟從容以出，從騎甚省，因密捕惑衆者送獄，有頃自定。白骨山僧自言死日，遠近趨之，爭施金帛。惟濟遣人護察，及期不死，乃杖配之。惟濟兄惟演在禁林，嘗奏曰：惟濟久在外，願得一至京師，以慰兄弟之思。上嘉其友愛，卽日召之。

又 〔宋眞宗天禧元年四月〕詔諸處所奏公案，收坐得替離任京朝官、使官，幕職、州縣官在任公罪，合該去官原免，須候斷勅，頗成淹滯，自今許大理寺卽時移報審官、三班、吏部銓曹，從本寺之請也。

宋・李燾《續資治通鑑長編》卷九十 〔宋眞宗天禧元年八月〕糾察在京刑獄司言：自今開封府斷罪人，有微疾者望令斟酌決遣。兩軍巡院合要證佐之人，并非本府或三司，無得專擅追攝。

宋・李燾《續資治通鑑長編》卷九十三 〔宋眞宗天禧三年四月〕審刑院請令開封府自今有未明條格，止移牒問大理，勿遣法曹參軍入寺如故事。詔可。

宋・李燾《續資治通鑑長編》卷九十五 〔宋眞宗天禧四年二月〕丁亥，戶部員外郎、兼太子右諭德魯宗道言：伏見代州寨主吳太初以捕獲私鹽決訖撤去殿直，田夢澤於公廨課子弟種麥半畝，咸以贓罪不許叙用。竊惟天下群官，如此類甚衆。慮涉秋荼之繁，仰玷春臺之化，欲望委刑部自今群臣除故枉法受贓外，其因事計贓，情可憫者并奏裁。從之。宗道又言：臣往任歙州判官日，坐預借俸錢，贖銅六斤。赴調日，刑部定爲公罪，大理定爲私罪。及再詳議，刑部黜爲私罪，大理黜爲公罪。兩司更互，僅同兒戲，徒使選人淹延費用。望自今選人有罪，令銓曹於刑部、大理寺兩司中，止問一處，庶免稽留。詔銓曹自今刑部、大理寺定選人罪名不一，卽送審刑院速詳定以聞。

宋・李燾《續資治通鑑長編》卷九十六 〔宋眞宗天禧四年九月〕詔劉益、康玉、徐原等十一人并活釘令衆三日訖，斷手足，具五刑處死。王光、李貴并斷手足處斬。唐信八人并處斬。文思院畫匠、軍士、百姓十五人并免死，杖脊，黥面，配沙門島及廣南牢城。朱能僕使及道士、軍士十二人并杖脊；配江湖福建牢城。能弟文顯免杖，黥面，配鄧州本城。初，能將擐甲扞制使，文顯潛以告知府朱巽等，故至是獲用輕典。能妻高、母李、弟婦陳，洎女僕、家僮十二人并決杖，分配湖南、京東西州軍。能子伴哥以幼不勝杖，黥面，配澧州牢城，聽隨母之配所。時命殿中侍御史王博文與內臣岑守素等乘傳詣永興按劾，具獄以聞，而降是詔。初遣博文，人謂運逮者必衆。博文惟治首惡，脅從者皆爲請，得以減論。

宋・李燾《續資治通鑑長編》卷九十七　〔宋眞宗天禧五年五月〕戊寅，判河南府王欽若言：澠池縣民爲盜，亡走。禁其妻，晝則令衆，幾三百日，迫於饑寒，臣已令本縣疎放知在。望告示諸路，有禁留令衆，一季不獲正賊者，責保知在。或朝廷憫其淹延，止責地分巡檢、縣尉、耆保依限緝捕。從之。

宋・李燾《續資治通鑑長編》卷九十九　〔宋眞宗乾興元年十一月〕詔開封府諸縣兵馬都監，自今應係縣郭煙火、盜賊、軍人與百姓鬭爭公事，并須同縣司施行。

又　〔宋眞宗乾興元年十一月〕戊寅，詔糾察在京刑獄并諸路轉運使副、提點刑獄及州縣長吏，凡勘斷公事，并須躬親閱實，無令枉濫淹延。

宋・李燾《續資治通鑑長編》卷一〇〇　〔宋仁宗天聖元年三月〕判大理寺張師德言：詳斷官誤引刑名而改正者，自來更不坐罪。請自今凡失出入徒以上罪，雖改正，亦奏劾聽裁。又言：本寺定奪公事，多致稽留。請如斷大中小事公案立限。又言：選人試律斷案，其元斷刑名皆爲府吏預知。請自今下御史臺考試。并從之。詔試法官日，仍令知審刑院或判寺官與斷獄官同詣御史臺。

宋・李燾《續資治通鑑長編》卷一〇一　〔宋仁宗天聖元年十月〕癸未，詔：諸州典獄者，不先白長吏而榜平民，論如違制律；榜有罪者以失論。捕盜官獲盜而未問者，榜毋過二十；非盜而輒榜之，亦以違制論。挾私非理虐害平民至死者，論如故殺律。

宋・李燾《續資治通鑑長編》卷一〇二　〔宋仁宗天聖二年十月〕流內銓磨勘到選人王揆等八人歷任功過，引見，上曰：內有逐任出入人罪者，自今勿差充刑獄官。

宋・李燾《續資治通鑑長編》卷一〇八　〔宋仁宗天聖七年九月〕庚午，詔審官院、大理寺詳議、詳斷、法直官，自今非本司主判官同罪舉者無得除。

又　〔宋仁宗天聖七年九月〕甲戌，司封員外郎趙廓言：前判大理寺，每集定急案，唯本案官繫書，而他法官不與，恐不能盡心。請自今悉令簽書，若議刑有失，則并坐之。從之。

宋・李燾《續資治通鑑長編》卷一一〇　〔宋仁宗天聖九年九月〕己巳，樞密直學士、右諫議大夫程琳爲給事中、權知開封府。寇瑊卒，命琳代之。王蒙正子齊雄捶老卒死，妻與子以病告，乞毋驗尸，琳察其辭色異，令有司驗劾，得捶死狀。蒙正連姻太后家，太后因琳對，曰：齊雄非殺人者，乃其奴嘗捶之耳。琳曰：奴無自專理，且使令與己犯同。太后默然，遂論如法。外戚吳氏離其夫李咸熙而挈其女姪歸，咸熙訴府，琳命還女，吳氏曰：已納宮中矣。琳即請於帝，且曰：臣不言，恐諍臣有以議陛下者。帝亟命出之。

宋・李燾《續資治通鑑長編》卷一一三　〔宋仁宗明道二年十一月〕庚辰，詔諸州都同巡檢，如所部劫盜三火以上不獲者，并降監當。

宋・李燾《續資治通鑑長編》卷一一五　〔宋仁宗景祐元年七月〕己亥，詔諸路監司案所部官吏不法者須密切體訪，毋得出榜召人首告。

又詔州縣刑獄須證逮者速決遣之，慮久繫妨農事也。

宋・李燾《續資治通鑑長編》卷一五四　〔宋仁宗慶曆五年二月〕癸卯，詔天久不雨，其令州縣毋得淹繫刑獄。

宋・李燾《續資治通鑑長編》卷一五九　〔宋仁宗慶曆六年十月〕詔磨勘選人歷任內曾失入死罪未決者，候再任舉主應格聽引見，其已決者，三次乃計之。若失入二人以上者，雖得旨改官，仍與次等京官。

宋・李燾《續資治通鑑長編》卷一七二　〔宋仁宗皇祐四年三月〕己未，詔大理寺：舊制大事限三十日，中事限二十日，小事限十日，審刑院遞減半。今炎暍之際，恐待報淹久，起四月盡六月，案內有禁囚者減限之半。其益、梓、利、夔、廣南東西、福建、荆湖等州軍，即依急案例斷奏。

宋・李燾《續資治通鑑長編》卷一七五　〔宋仁宗皇祐五年十二月〕庚戌，詔諸路轉運使副、提點刑獄，毋得淹繫罪人。

宋・李燾《續資治通鑑長編》卷一七六　〔宋仁宗至和元年四月〕丁酉，詔諸路轉運、提點刑獄司，賊盜發而不以聞者，其州縣長官并以違制論。

宋・李燾《續資治通鑑長編》卷一七七　〔宋仁宗至和元年十二月〕殿中侍御史趙抃言：據趙抃《南臺集》，此章以二十四日上。二十四日，癸丑也。臣竊聞宰臣陳執中本家，捶撻女奴迎兒致死，開封府見檢覆行遣，道路諠騰，群議各異。一云執中親行杖楚，以致斃踣，一云嬖妾阿張酷虐，用他物毆殺。臣謂二者有一於此，執中不能無罪。若女使本有過犯，自當送官斷遣，豈宜肆匹夫之暴，失大臣之體，違朝廷之法，立私門之威！若女使果爲阿張所殺，自當禽付所司，以正典刑，豈宜不恤人言，公爲之庇！　夫正家而天下定，前訓有之。執中家不克正，而又傷害無辜，欲以此道居疑丞之任，陛下倚之而望天下之治定，是猶卻行而求前，何可得也？　頃年晏殊嘗以笏擊從人齒落，陛下不以殊東宮之舊而輕天下之法，故即時罷殊樞密院，出知應天府。今執中連縣病告，堅求乞骸，進無忠勸，退失家節，伏望陛下特賜宸斷，允其所請，罷免相位。臺鼎瞻望之地，宜擇有賢德者朝夕翊亮大政，則陛下垂拱仰成，無焦勞之念矣。

初，執中家女奴死，移開封府檢視，有瘡痕，傳言嬖妾張氏笞殺之，抃即具奏，而執中亦自請置獄。詔太常少卿、直史館齊廓即嘉慶院鞫其事。廓尋被病，改命龍圖閣直學士、左司郎中張昇，又改命給事中崔嶧。既而追取證佐，執中皆留不遣，抃及御史中丞孫抃共劾之。已而有詔罷獄，臺官皆言不可，翰林學士歐陽修亦以爲言。逮執中去位，言者乃止。

宋·李燾《續資治通鑑長編》卷一七八　〔宋仁宗至和二年二月〕甲辰，殿中侍御史趙抃言：　臣近累次彈奏，乞正宰臣陳執中之罪，未蒙施行。風聞同知諫院范鎮妄行陳奏，營救執中。緣鎮始自常調，不次遷陞，小人朋邪，不識恩出陛下，但知德由執中，今乃惑蔽聽斷，肆爲誣罔。伏望陛下開日月之明，判忠邪之路，取內外之公議，立朝廷之大法，則天下幸甚！

先是，知諫院范鎮言：　去年十二月，熒惑犯房上相，未幾，陳執中家決殺婢使，議者以爲天變應此，臣竊謂爲不然。執中再入相，未及二年，變祖宗大樂，隳朝廷典故，緣葬事除宰相，除翰林學士，除觀察使，其餘僭賞，不可悉紀。陛下罷內降，五六年來，政事清明。近日稍復奉行，至有侍從臣僚之子，亦求內降，內臣無名，超資改轉，月須數人。又今天下民困，正爲兵多，而益兵不已，執中身爲首相，義當論執，而因循苟簡，曾不建言。天變之發，實爲此事。陛下釋此不問，御史又專治其私，舍大責細，臣恐雖退執中，未當天變。乞以臣章宣示執中，宣示御史，然後降付學士草詔，使天下之人，知陛下退大臣，不以其家事，而以其職事，後來執政，不敢恤其家事，而盡心於陛下職事。

於是，鎮又言：　臣竊聞御史以諫院不論奏陳執中家事，乞加罪諫官者。今張擇行疾病在第，臣已奉使還京，臣爲諫官，不中不辨。臣去年十一月八日韋城奏吳充、鞠真卿事，十二月九日衡水奏石全彬事。二十四日到京，二十五日上殿，陛下諭臣路中文字盡收得，又加勞臣，臣奏：　使天下之人議陛下，此是執政大臣之過。又問陳執中家事，臣奏：　臣新從外來，未知子細。陛下言臺諫官不識體，好言人家私事。臣奏：　人命至重，臺諫官不可不言，然不可用此進退大臣。進退大臣，當責以職業，所貴有所勸勵。吳充、石全彬等事是也。自是臣復送伴河北，至今月九日還京，又聞御史呂丞已下，皆言執中乞置詔獄，卻不遣干連人赴制院，此誠執中之罪也。又聞執中狀奏，女使有過，指揮決打，因風致死。而外議謂阿張決死，臣再三思惟，就使阿張下獄，自承非執中指揮，是阿張自決打致死，有司亦未可結案，須執中證辨乃可。是爲一婢子令國相下獄，於國之體，亦似未便，所以不敢雷同上言。然臣有不言之罪二，而御史不知。初，朝廷爲禮直官逐禮官，而臣再奏論列，以正上下之分，及爲一婢子困辱宰相，而臣反無一言，臣之罪一也。臣不及衆議未定時，辨理執中，至執中去勢已決，始入文字，臣之罪二也。臣雖有不雷同以存國體一事，不足以贖二事。乞以臣章下御史臺，牓於朝堂，使士大夫知臣之罪；頒於天下，使天下人知臣之罪；付於史官，使後世人知臣之罪。臣雖就死，無所憾也。若欲論執中才否及所行政事，則臣去年八月一日劄子、十月九日《論兵民疏》及《溫成葬事》、《吳充鞠真卿石全彬》等狀已具之矣。

鎮之言：　伏見陛下進退大臣，不以職事而以私事，故言事官大率急人私事而緩其職事，設有急其職事，必觀大臣進退之勢而後言之，今御史言陳執中無學術，不知典故等事是也。執中一爲參知政事，再爲宰相，無學術、不知典故有素矣，至爲決一婢死而後及之，此臣謂御史觀大臣進退之勢而言事也。御史既知執中素惡邵必，方執中之婢未死時，不言邵必以非辜被重罰，而臣嘗言之。今陛下已許執中罷去，而臣爲執中辨理，是臣不顧大臣進退之勢而言事也。臣又聞御史言臣奉使河北，中路奏理執中，是報執中之恩，然則御史居常自待如此，故亦以此待臣，此不足以責御史也。臣之才否，與臣立朝之本末，與出入執中門下，與不出入執中門下，御史知之矣，而御史言此者，近於誣臣，非獨近於誣臣，亦近於自誣。若臣中路奏理執中，有無文字，則陛下知之，臣不復言也。準律，諸主毆部曲至死者，徒一年，故殺者加一等，其有愆犯決罰致死及過失殺者，各勿論。昔之造律之人，非不知愛人命而造此律，直以上下之分不可廢也。今執中之婢正得有愆犯決罰致死，無罪當勿論，而御史之繩之如此。又言臣報執中之恩以疑陛下，以中傷臣，此無他，直恐臣使不言爾。臣爲諫官，爲御史所恐而遂不言，非所謂爲諫官也。就使造律者出於執中婢死之後，卽御史亦須謂之報執中恩也，此律爲諸人設爾，況國相乎！賈誼曰：「人主之尊譬如堂，群臣如陛，衆庶如地。蓋明等級而尊天子也。今爲一婢子辱宰相，陛下之堂無乃易凌乎，陛無乃太卑而近地乎，非特太卑而近地也，其勢反在地中！何者？諸人決婢死得勿論，而宰相反受困辱，此臣所以憤悶而太息也。臣無賈誼之才，而持賈誼之論，爲不知量也。直以方今事勢，正與賈誼之論同，故不得隱默。乞以臣章宣示中書、樞密大臣，降付御史臺，并臣前狀，依臣所奏，一處施行。

鎮又言：臣兩奏乞與御史辨陳執中事，仍乞牓朝堂。及今十餘日，未見行下。臣竊以賞罰當否在於辨是非，是非不辨，則賞罰隨而廢矣。陛下向諭臣，樞密院本欲留陳執中，畏御史之言，遂不敢留。樞密院以御史之言是而畏之邪，將以爲非而畏之也？以爲是而畏之則可，以爲非而畏之，殆非陛下所以任之之意也。今陛下不以是非自專，而以責中書、樞密大臣，中書、樞密大臣又不敢主是非，主是非者御史爾，而御史是非謬戾如此，御史中丞、知雜御史又左右之。夫所謂謬戾者，棄法律而牽於浮義也，任私情而不顧公道也，務己勝而專於逆詐也。陛下何不敕大臣以法律處之，以古所行之事折衷之，則是非辨而賞罰當矣。漢宣帝時，魏相爲丞相，其侍婢有過自死。於是，趙廣漢爲亦兆尹，疑丞相夫人妒殺之，卽上書告丞相罪。魏相亦上書自陳妻實不殺婢，相自以過譴笞出至外第死。而司直蕭望之亦劾奏廣漢摧辱大臣，傷化不道。廣漢并坐賊殺不辜等數罪，腰斬於市；吏民守闕號泣者數萬人，亦願有代廣漢死者，皆不聽。宣帝明主也，廣漢能臣也，吏民守闕數萬人，非特御史中丞、知雜御史一二人爲助也。然而卒斬廣漢者，以爲嚴上下之分，戒險薄之俗，不得不然也。臣言此者，非欲陛下斬御史如廣漢比也，直欲陛下知古人嚴上下之分，戒險薄之俗如此其決也。乞以臣章并御史所奏宣示中書、樞密大臣，詳正是非。如以臣章非是，則乞免臣所職，終身不齒；以御史所奏爲非，亦乞依公施行。

又 〔宋仁宗至和二年二月〕庚子，殿中侍御史趙抃言：

臣近累次彈奏宰臣陳執中興廢制獄，乞正其罪。嘗言執中不學無術，措置顛倒，引用邪佞，招延卜祝，私讐嫌隙，排斥良善，很愎任情，家聲狼籍八事。伏恐陛下猶以臣言爲虛，至今多日，未賜省納。臣若不概舉一二，明白條陳，卽是臣自爲安全苟且之計，既負陛下耳目澄察之任，又得憲臺瘝官失職之罪，臣不忍爲也。

輔弼之任，須通古今，寡識少文，則取誚中外。至如去年春正以後，制度禮法，率多非宜。蓋執中不知典故，惟務阿諛，熒惑宸聰，敗壞國體。又祖宗朝除翰林學士，素有定制，豈宜過多。今執中既不師古，又不詢訪博識之士，惟愚暗自用，遂除至七員。此執中空疏，宜罷免者一也。

朝廷差除，動守規範。執中賞罰在手，率意卷舒。至如劉湜自江寧府移知廣州最處煙瘴重難之地，而湜被命遠行，待制之職仍舊，及向傳式自南京移知江寧府，既是優安近便之任，仍轉傳式龍圖閣直學士。又吳充、鞠眞卿摘發禮院生代署文字等事，人吏則贖金免決，吳充、鞠眞卿并降軍壘。此執中繆戾，宜罷免者二也。

中外委寄，當擇良才，館閣清官，豈容纖巧！而執中樹恩私黨，不顧公議。至如崔嶧非次除給事中移鄭州，尋罷而給事中不奪，所以今崔嶧治執中之獄，依違中罷以酬私恩。又執中嘗寄孌人於周豫之家，而豫姦諂，受知執中，遂舉豫召試館職。此執中朋附，宜罷免者二也。

夫宰輔事業，聖君倚毗，宜爲國家廣納賢善。而執中之門，未嘗待一俊傑，禮一賢能，所與語者苗達、劉抃、劉希叟之徒，所預坐者普元、李寧、程惟象之輩。奈何處臺鼎之重，測候災變，窮占吉凶，意將奚爲，衆所共駭。此執中偏僻，宜罷免者四也。

攸司之法，天下公共。執中輕重出己，喜怒任權。至如邵必知常州日，詿誤決人徒刑，既自舉覺，復會赦宥，又該去官遷官。執中素惡必，乃罷必開封府推官，落館職，降充邵武軍監當。後來有汀州石民英勘入使臣犯贓，杖脊黥面，配廣南牢城，本州訴雪，悉是虛枉，卻只降民英差遣。以邵必比之民英，則民英所犯絕重，而斷罪遂輕，邵必所犯甚輕，而斷罪反重。搢紳議論至此，無不嗟憤扼腕。此執中舞法，宜罷免者五也。

夫正人讜議，邦家之光。執中陰險中傷，欲人杜口結舌。呂景初、馬遵、吳中復彈奏梁適，適既得罪，出知鄭州，呂景初輩隨又逐法，有行行及我之語。馮京疏言吳充、鞠眞卿、刁約不當以無罪外黜。充等尋押發出門，又落馮京修起居注。使朝廷有罪忠拒諫之名者，由執中也。士夫喧譁，於今未息。此執中嫉賢，且罷免者六也。

夫仁澤之及，昆蟲不遺。自陛下仁聖臨御三十餘年，常恐一物失所。而執中人臣之家，恣行虐害，雖臧獲甚賤，亦性命不輕，如女奴迎兒才十三歲，既累行箠撻，從嬖人阿張之言，窮冬裸凍，封縛手腕，絶其飲食，幽囚扃鐍，遂致斃踣。又海棠者，因阿張打決逼脇，遍身痕傷，既而自縊。後來又女使一名，髡髮杖背，自經不殊，亦系開封府施行。凡一月之内，殘忍事發者三名，前後幽冤，聞固不少，因而興獄，尋自罷之，厚顔復來，無所畏憚，三尺童子亦悉鄙誚。此執中酷虐，宜罷免者七也。

夫正家刑國，明哲所爲，非禮能言，古今共耻。執中帷薄醜穢，門闈混淆，放縱嬖人，信任胥吏。而又身貴室富，藏鏹巨萬，視姻族輩如行路人，雖甚貧窘，不一毫賑卹。搢紳語及，共所赧慙，道塗喧傳，相與嗟惜。此執中鄙惡，宜罷免者八也。

今執中有是可罷免八者，奈何不識廉恥，復欲居廟堂之上！其意非他，是欲恩所未恩，讐所示讐，上損仁明，下快私忿而然爾。方今天文謫見未退，朝廷綱紀未立，財用匱乏，官師衆多，敵驕無厭，河決未復，兵伍宂惰，民力疲弊。當此之時，正是陛下進賢退不肖之時也。臣不勝大願，願陛下留神，爲祖宗社稷計，爲率土生靈計，正執中之罪，早賜降黜，取中外公論。天下之所謂賢而有德業者陟在公臺之位，委以股肱心腹之寄，同德一體，謨猷出納，布號令，宜風化，俾四方元元，洗耳拭目，聞見太平之政，豈不善哉，豈不盛哉！

尋有詔，邵必復職，知高郵軍；吴充、鞠眞卿、刁約、吕景初、馬遵召還；馮京候修注有闕，吴中復候臺官有闕，并牽復。

御史中丞孫抃言：嘉慶院詔獄，本緣陳執中特上奏章，乞行制勘。朝廷前後差官四員充制使，獄體之重，未嘗有如此者。而執中務徇私邪，曲爲占庇，上昧聖德，下欺僚宷，凡所證逮，悉皆不遺，致使獄官，無由對定，罔然案牘，暗默而罷。顯是執中要行，則朝廷雖近侍之臣，亦須差去按問；要罷，則本家雖女僕之類，不得略行追取。欺罔悍頑，一至於此！雖陛下至仁如天，至聖如神，以君臣之分，勉而容之，如國體何，如朝法何，如公議何，如廟社何，如四方何！臣恐天下聞之，有輕朝廷心，蠻夷聞之，有輕中國心。古語曰：善觀國者，觀其紀綱而已矣。其陳執中，伏乞特行責降，以正本朝典法。

宋・李燾《續資治通鑑長編》卷二一二 〔宋神宗熙寧三年二月〕陝西提點刑獄司言，乞趣大理寺斷延州義勇長行葉璘等公案。上批：刑獄如此淹留，豈有不傷和氣？近中書刑房已置簿鈎考督趣，樞密院可相度依此立法點檢。

宋・李燾《續資治通鑑長編》卷二一四 〔宋神宗熙寧三年八月〕乙亥，詔殿前、馬步軍司，大辟囚并如開封府法送糾察司録問。

宋・李燾《續資治通鑑長編》卷二一九 〔宋神宗熙寧四年正月〕檢正中書刑房公事李承之言：天下所斷大辟，委提點刑獄司勾考，刑部詳覆，恐多疏略，容有冤濫。又奏至不以時讞，故久繫獄囚。乞自今令刑部月具已覆過大辟案，逐道申中書委檢正官覆詳，大限十日，小限七日，如有不當或無故稽留者，取旨責罰。從之。

宋・李燾《續資治通鑑長編》卷二二五 〔宋神宗熙寧四年七月〕知開封府劉庠乞罷勾當右廂公事官，不許。初，韓維奏著作佐郎蔡確爲勾當右廂公事。及庠代維，以故事責確庭參。確謂藩鎮辟召掾屬，乃有庭參禮，今輦轂下比肩事主，雖故事不可用。庠不能屈，因奏：京師多豪右，廂官體輕人不畏，或緣而寬縱有罪，且政出多門，非所以肅清浩穰之術。昔趙廣漢嘗患三輔難治，欲兼之，况廂事之末乎？請罷確等。確方主王安石，故上意不直庠，尋改確爲三班院主簿，庠相繼補外。確，晉江人，嘗爲邠州司理參軍，轉運使始至，按其贓罪，及見確姿狀秀偉，召與語，奇之，更加延譽。韓絳宣撫陝西，確爲人造樂語，絳喜其文，又薦於朝。維所以辟確，亦由絳薦也。御史中丞楊繪嘗言：臣伏見開封自來大小關辨公事，只委知府一面斷決，如事合勾追或理須證對者，則推判官以下同劾其罪。自置都廂後來，杖六十以下竝委斷罪，臣細詳訪之，皆不便也。何者？政出於一，則靜而肅，政分而三，則紛而不齊，有罪一般而兩廂斷放各異者。加之都廂之官，權雖欲重而望猶輕，人不厭伏。又欲抗勢於府庭，至有解府胥而欲爲都廂胥者，辭府公吏而求爲都廂公吏者，又且一面勾追理索，旁午閭里矣。風聞頗有重罪而啓倖胥吏只從杖六十已下斷放者，都廂官員只據其自通之罪，亦不覺察。昔趙廣漢有願得并治之言，信有之矣。伏乞特行賜指揮，應係京城公事，竝須送府；其都廂官，止令點檢廂中寄禁并到處檢驗，竝詣地頭定奪公事或檢校財産。

宋・李燾《續資治通鑑長編》卷二四七 〔宋神宗熙寧六年九月〕戊戌，

手詔：　聞河北近置獄甚多，捕繫亦衆，無辜吏民頗苦追擾。可令監司、提舉司速具見置獄所勘罪狀及禁繫官吏以聞，仍先催促結絶，無令枝蔓。

宋・李燾《續資治通鑑長編》卷二五七　〔宋神宗熙寧七年十月〕知諫院鄧潤甫言，聞開封府司、軍巡院所禁罪人多久繫不決，有自春夏迄今，猶未予奪。詔開封府具析以聞。

又　〔宋神宗熙寧七年十月〕辛未，中書言：　準條，南郊前一季，許約法斷案外，餘不約法。勘會每約法，大理寺供狀法申中書、樞密院，卽檢斷，審刑院更不貼草節略貼黄。法狀比貼黄繁多，刑房吏少，慮當此擁併，點檢不精，乞更不約法；　止兩月前召審刑、大理官赴中書，令斷、議官同議斷，依舊貼黄；　止作節狀申中書、樞密院，受誓戒前半月依此催促。

宋・李燾《續資治通鑑長編》卷二六四　〔宋神宗熙寧八年五月〕壬申，詔寶文閣待制李承之罷糾察在京刑獄。以承之言兄立之等各主刑獄故也。

宋・李燾《續資治通鑑長編》卷二七五　〔宋神宗熙寧九年五月〕丙子，詔秀州推勘院：　除有罪官吏許禁勘，其所連逮百姓，推究事狀已明白，令卽時出之，如與前所對辭異同，并免罪。

宋・李燾《續資治通鑑長編》卷二八〇　〔宋神宗熙寧十年正月〕乙亥，詔：　發法寺自今公案半年一次，赴中書門下勸宿斷絶。仍比較功過，依三等支賜。

宋・李燾《續資治通鑑長編》卷二八一　〔宋神宗熙寧十年四月〕新知鄆州王克臣言：　本路號多盜賊，乞許以便宜處置。從之。後詔大名府、高陽關、京東路安撫司，應強盜聽便宜處置，候盜息如故。

宋・李燾《續資治通鑑長編》卷二八五　〔宋神宗熙寧十年十一月〕戊辰，吳充言：　臣與判大名府文彦博爲姻家，今治濬河公事，而彦博在中，有司方讞獄上，臣乞免簽書。從之。

宋・李燾《續資治通鑑長編》卷二八七　〔宋神宗元豐元年閏正月〕上批：　近降相州吏人於法寺，謂求失入死罪刑名事。緣開封府刑獄與法寺日有相干，深恐上下忌礙，不盡情推劾，致姦贓之吏得以幸免，宜移送御史臺。

初，韓琦判相州，有三人爲劫，爲鄰里所逐而散。既而爲魁者謂其徒曰：　自今劫人有救者，先殺之。衆諾。他日，又劫一家，執其老姥榜棰求貨。鄰人不忍其號呼，來語賊曰：　此姥更無他貨，可惜榜死。其徒卽刺殺之，州司皆處三人死。刑房堂後官周清本江寧府法司，後爲三司大將，王安石引置中書，且立法云：　若刑房能駮審刑、大理、刑部斷獄違法得當者，一事遷一官。故刑房吏日取舊案吹毛，以求其失。清以此自大將四年遷至供備庫使，行堂後官事。相州獄已決數年，清駮之曰：　新法，凡殺人雖已死，其爲從者被執，雖經拷掠，若能先引服，皆從按問欲舉律減一等。今盜魁既令其徒云有救者先殺之，則魁當爲首。其徒用魁言殺救者，則爲從，又至獄先引服，當減等，而相州殺之，刑部不駮，皆爲失入死罪。事下大理，大理以爲魁言有救者先殺之，謂執兵仗來鬭者也。今鄰人以好言勸之，非救也。其徒自出己意，手殺人，不可爲從，相州斷是。詳斷官竇苹、周孝恭以此白檢正劉奉世，奉世曰：　君爲法官，自圖之，何必相示？二人曰：　然則不可爲失入。奉世曰：　君自當依法，此豈必欲君爲失入邪？於是大理奏相州斷是。清執前議再駮，復下刑部。新官定刑部以清駮爲是，大理不服。方爭論未決，會皇城司奏相州法司潘開齎貨詣大理行財枉法。初，殿中丞陳安民簽書相州判官日，斷此獄，聞清駮之，懼得罪，詣京師，歷抵親識求救。文彦博之子大理評事及甫，安民之姊子，吳充之壻也。安民以書召開云：　爾宜自來照管法司。竭其家貲入京師，欲貨大理胥吏問消息。相州人高在等在京師爲司農吏，利其貨，與中書吏數人共耗用其物，實未嘗見大理吏也。爲皇城司所奏，言齎三千餘緡賂大理。事下開封按鞫，無行賂狀，惟得安民與開書。諫官蔡確知安民與充有親，乃密言事連大臣，非開封可了，遂移其獄御史臺。蓋從確請也。

宋・李燾《續資治通鑑長編》卷二八八　〔宋神宗元豐元年二月〕壬午，同知諫院黄履言：　近遣官禱雨，今又降釋罪囚。聞三司罪人七十餘，火而免者四；　開封百餘，火而免者五。由二者推之，則淹延未決者蓋多矣。乞令隨其罪之輕重，立限結絶，庶乎被澤者衆，而感天不旋日也。詔遣檢正中書吏房公事王陟臣、檢正刑房公事范鏜同三司、開封府官吏了絶見禁獄，疑者申中書、樞密院。

宋・李燾《續資治通鑑長編》卷二八九　〔宋神宗元豐元年四月〕乙卯，右正言、知制誥、知諫院兼判司農寺蔡確爲右諫議大夫、權御史中丞，翰林學士、右諫議大夫兼侍讀、權御史中丞鄧潤甫落職知撫州，太子中允、權監察御史裏行上官均責授光祿寺丞、知光澤縣。潤甫責辭云：　奏事不實，奉憲失中，言涉詆欺，内懷顧避。均云：不務審克，苟爲朋附，俾加閱實，不如所言。

先是，上別遣黄履、黄廉及李舜舉赴御史臺鞫相州法司獄，確知上意不直潤甫等，即具奏：潤甫不悦推見陳安民請求執政情節，責罵吏人，均亦在傍憤恚。見臣不與之同，潤甫便行公文云未敢上殿。次日，卻聞因進讀留身。續又與均密自奏事，不令臣簽書，必以臣見其朋姦之迹，恐臣論列，故造飛語，以中傷臣，及欲動搖獄情，陰結執政。蒙陛下遣黄履、李舜舉詣臺審問，潤甫與均於聚廳引問罪人處，猶敢對使者交口紛紜，意欲開誘罪人翻異，而罪人了無異辭，履及舜舉備見。案潤甫等附下罔上，情狀明白。緣臣前任知雜御史，有詔與潤甫共舉臺官，臣素不識均，因潤甫再三爲言，遂同奏舉。均既蒙朝廷擢任，而姦邪如此，乞早賜罷斥。上始亦疑相州獄濫及無辜，遣使訊之，乃不盡如潤甫等所言，確從而攻之，故皆坐貶，確遷中丞。凡朝士繫獄者，確令獄卒與之同室而處，同席而寢，飲食、旋溷，共在一室，置大盆於前，凡饋食者羹飯餅餌悉投其中，以杓勻攪，分飼之如犬豕，置不問。故繫者幸其得問，無罪不承。

宋·李燾《續資治通鑑長編》卷二九五 〔宋神宗元豐元年十二月〕甲辰，詔開封府界提點司、諸路監司分決繫囚，内干照及事理輕者，先斷遣。

宋·李燾《續資治通鑑長編》卷二九七 〔宋神宗元豐二年四月〕乙丑，詔知大理少卿蹇周輔，丞葉武、賈種民同黄顔鞫陳世儒事。從顔請也。手詔：大理寺勘陳世儒惡逆事，雖續根究世儒妻母因緣請求，致軍巡元勘官改易情節，變移首從，故出入本罪，世儒夫婦無緊切照證，自可結正以聞。

宋·李燾《續資治通鑑長編》卷二九九 〔宋神宗元豐二年七月〕詔在京獄案有繫囚者，法官先斷奏。從大理卿崔台符請也。

又 〔宋神宗元豐二年七月〕己卯，詔中書，四方詔獄及根治事，皆逾年淹繫，未能結止，宜令諸房具出據輕重緩急，隨宜立限，約以稽違刑名，逐房置簿勾考，違者具姓名取旨。

又 〔宋神宗元豐二年八月〕又詔翰林學士、司封員外郎、知開封府蔡延慶落職知滁州，開封府見鞫李憲妻王氏事，移大理寺。先是，王氏母詣府訟憲婢謀害王氏，延慶初欲避免簽書，又謂王氏欵辭有狀外事，不當治，推官蔡承禧爭之，與延慶更論奏，乃下審刑院、刑部定以爲應受理。於是御史舒亶言開封府官吏觀望畏縮，獄辭所逮，或置不問。詔本府盡理根治，然尤以準御寶批專勘公事爲名追捕，上批此蓋府官迴避畏忌，不敢據告發事施行，令開封府具析以聞，仍令左右廳推、判官同鞫外，餘幷依常事行遣。亶又言延慶於行遣偷爲一切，以脱怨怒，乞重行黜責。故有是命。

宋·李燾《續資治通鑑長編》卷三〇一 〔宋神宗元豐二年十二月〕成都府、利州路鈐轄司言：往時川峽絹匹爲錢二千六百，以此編敕估贓，兩鐵錢當銅錢之一。近歲絹匹不過千三百，估贓二匹乃得一匹之罪，多不至重法，盜賊浸多。法寺乞以一錢半當銅錢之一。從之。

宋·李燾《續資治通鑑長編》卷三〇二 〔宋神宗元豐三年二月〕乙巳，權御史中丞李定言：朝廷更置大理寺，設官數十，專治諸司獄訟，所以防冤滯，省刑罰也。卿、丞皆典獄之官，理當躬親聽治。比聞公事多委丞訊鞫，而卿則略引問而已。至於增損情節，卿或不知。竊恐前後斷獄，不能無濫。欲望改易官吏，修立成法，遴擇其人而付與之。不聽。

宋·李燾《續資治通鑑長編》卷三〇六 〔宋神宗元豐三年七月〕大理寺言：自今取勘官吏，止緣公事稽失，杖以下，吏人乞斷罪如法，命官案後收理。即官司不以時讞，雖遇赦勿原。并從之。

宋·李燾《續資治通鑑長編》卷三〇九 〔宋神宗元豐三年閏九月〕詔宗室三班使臣，如犯罪殿罰，并令大宗正司關牒三班院照會。

宋·李燾《續資治通鑑長編》卷三一〇 〔宋神宗元豐三年十二月〕丙戌，上批：勘會走馬承受公事，係朝廷所遣小行人，設有貪贓不法，監司自當具罪狀聞奏，聽旨送獄推劾。今秦鳳路走馬承受公事蘇貫，未見有巨蠹罪惡，權發遣秦州蔣之奇輕率恣橫，於十二月十二日夜，差人輒便捉送下獄取勘。緣自來守臣，未常有如此狂悖無禮者，宜速下提點刑獄司取勘。其蘇貫仍限指揮到立便疎出。

宋·李燾《續資治通鑑長編》卷三一二 〔宋神宗元豐四年五月〕己亥，大名府路安撫使王拱辰言：管下州縣被水之民，散居高阜，賊盜頗多，難一一申請，須法外斷遣。詔犯盜雖暑月，特令察其情重法輕者奏裁。

宋·李燾《續資治通鑑長編》卷三二四 〔宋神宗元豐五年三月〕御史王祖道言：樞密院補試本院貼房充，史問目，以將校於元豐三年九月逃亡，至十月捕獲，《編敕》依在官亡法，準律計日坐罪。既稱三年九月，即合通閏爲坐，今以閏計罪者爲否，不以閏計罪者爲通，而謂之假，法不當數閏。道路喧傳，以考中宗禮等皆承旨張誠一挾私徇情，乞付有司根治，以懲姦罔之吏。詔送樞密院、大理寺根治情弊，并所言來歷處以聞。

宋·李燾《續資治通鑑長編》卷三二九 〔宋神宗元豐五年九月〕大宗正司言：自來宗婦、宗女有過，事涉違越者，本司錄奏，置獄窮治，法官發帷箔之醜，曲折以聞，黷禮滋甚。乞自今有犯者送入內省，委官劾實，節案以聞。不行。

宋·李燾《續資治通鑑長編》卷三三一 〔宋神宗元豐五年十二月〕監察御史王桓言：大理寺被旨根勘前群牧使韓縝將本司公用物歸家，連其子宗恕，大理寺并不究其情，輒以恩原，不復結案。乞再送別司根治。詔開封府根勘以聞。後宗恕差替，縝釋之。

宋·李燾《續資治通鑑長編》卷三三五 〔宋神宗元豐六年六月〕乙卯，詔：近以炎暑，開封府、大理寺繫囚，已令督責官屬併力結竟，其諸路令刑部指揮提點刑獄司催督。

又 〔宋神宗元豐六年五月〕詔：漸逼炎暑，開封府、大理寺繫囚，令連夜併力結竟。奏案上者，都省限三日約法斷下。

宋·李燾《續資治通鑑長編》卷三四四 〔宋神宗元豐七年三月〕大理寺丞郭概言，就江寧府劾陳繹，三供罪狀不盡，乞追攝。詔陳繹所未承罪，止以衆證結案。

宋·李燾《續資治通鑑長編》卷三四七 〔宋神宗元豐七年七月〕壬戌，御史黃降言：朝廷修立敕令，多因舊文損益，其去取意義，則具載《看詳卷》，藏之有司，以備照使。比者，官司議法，於敕令文意有疑者，或不檢會《看詳卷》，而私出己見，裁決可否。乞申飭官司，自今申明敕令及定奪疑議，并須檢會《看詳卷》，考其意義所歸。所貴法定於一，無敢輕重，本臺亦得以據文考察。詔下刑部。刑部言：《元豐敕令格式看詳卷》共二百二十冊，難以頒降。乞自今官司定奪疑議，及申明敕令須《看詳卷》照用者，聽就所掌處抄錄。從之。

宋·李燾《續資治通鑑長編》卷三四八 〔宋神宗元豐七年八月〕刑部言：南蕃進奉人石以定過汝州襄城，其下人毆擊市人及自毀敕黃。以定等外蕃當自朝廷指揮外，其敕書已關主客押伴使臣，乞候回日下大理劾罪。詔：敕書不別給，止令汝州具喧競毀敕書因依，連所毀敕送廣西經略司，謄牒送界首官司付本蕃。押伴使臣，依刑部所申。

宋·李燾《續資治通鑑長編》卷三四九 〔宋神宗元豐七年十月〕上批：今月丙戌，大理寺、開封府見禁罪人以千數，勘結濡滯如此！歲將大寒，可令晝夜結絕，無久繫留。先是，賜獄囚食，有司以數聞，故申敕之。

宋·李燾《續資治通鑑長編》卷三六一 〔宋神宗元豐八年十一月〕刑部言，令提刑司檢法官覆州縣官小使臣等公罪杖以下案，申吏刑部、大理寺注籍，則法官可以專於讞獄。從之。

宋·李燾《續資治通鑑長編》鄭三六四 〔宋哲宗元祐元年正月〕壬辰，詔曰：久愆時雪，慮囚繫淹留，在京委刑部郎中、御史，開封府界令提點司，諸路州軍令監司催促結絕國。先是，上封者言：竊惟時雪未應，陰陽不和，意者刑獄未至欽恤，法令未至寬平，官吏未至格職，文符多所滯留，上下偷安以苟目前。《洪範》曰：肅時雨若。此其上下不肅之所致歟！朝廷任事之臣，不同心憂國，人懷私意，有所詆欺歟！下者六曹尚書、侍郎不以其身許國，而郎中、員外雖不材不勝其任，與不悉心職事者，不爲朝廷別白才否而去留之；郎中、員外、胥吏不任事，稽違懈弛，不加繩治，一切寬假，浸以成風。自尚書省左右僕射、左右丞領之，其弊且爾，況有司乎？臣愚以謂宜下詔恤天下刑獄，命從官分治在京獄事，蠲除法令與祖宗朝異意者，飭尚書省在京百司，務恪其職，使皆以身任責。有不如旨，御史、諫官以次條陳其失，朝廷按而行之不赦。如此則陰陽和，天地應，雪以時降，氣序和平矣。

宋·李燾《續資治通鑑長編》卷三六八 〔宋哲宗元祐元年閏二月〕三省言：元豐三月六日赦恩以前，命官諸色人被罪，今來進狀訴理，據案已依常法，慮其間有情可矜恕，或事涉冤抑，合從寬減者，欲委官看詳、聞奏。詔御史中丞劉摯、右諫議大夫孫覺看詳以聞。

宋·李燾《續資治通鑑長編》卷七〇 〔宋哲宗元祐元年三月〕給事中王震等言：違詔看詳六曹寺監文字，稽違法令，請在京官司吏人稽緩制書及文書稽程，并合依律斷罪。及六曹寺監各置杖直、醫人、獄子一名。本司并本轄事非追究者，杖已下并本處勘斷。從之。

宋·李燾《續資治通鑑長編》卷三七一 〔宋哲宗元祐元年三月〕管勾看詳訴理所言：看詳進狀訴理人若不立定期限，竊慮無以結絕。欲乞應熙寧元年正月已後，至元豐八年三月六日赦前，命官諸色人被罪，合行訴理，并自降今來指揮日與限半年進狀。先從有司依法定奪，如內有不該雪除及事理有所未盡者，送本所看詳。從之。

宋・李燾《續資治通鑑長編》卷三七二 〔宋哲宗元祐元年三月〕甲戌，高陽關路安撫司言，滄州多盜，乞敕內添入作重法地分。從之。

宋・李燾《續資治通鑑長編》卷三七五 〔宋哲宗元祐元年四月〕庚子，看詳訴理所言： 刑部等處送到官員諸色人犯罪進狀理雪公案，其間有一案干連數人，內有情犯一般者，並合一體施行。緣係不經進狀之人，故未敢便行一處看詳聞奏。詔令一處看詳聞奏。

宋・李燾《續資治通鑑長編》卷七六 〔宋哲宗元祐元年四月〕尚書省言： 群盜作過，事出倉猝，稍失處置，恐別致生事。自來未有指揮，許本路安撫、總管或鈐轄司酌情處斷，今將元條添修，事干邊防及機速軍人犯罪及群盜十人以上，難依常法者，申安撫、總管及鈐轄司詳酌處斷訖奏。從之。

又 〔宋哲宗元祐元年四月〕三省又言： 舊例，誤斷罪致降特旨，後來理雪改正者，並理元斷月日。今訴理所看詳到情實可矜、理當蔚除之人，合依今來特旨施行，欲更不理元斷月日。從之。

宋・李燾《續資治通鑑長編》卷三七八 〔宋哲宗元祐元年五月〕中書省請自今蕃部有犯，除依法合裁減外，並令本處依條斷遣，毋得一例申奏。從之。

又 〔宋哲宗元祐元年五月〕詔大理寺公案日限，大事減十日，中事、小事各減五日。

宋・李燾《續資治通鑑長編》卷三八二 〔宋哲宗元祐元年七月〕尚書省言： 監司聽宇所在及所部州縣刑獄，除依條點檢外，不得令承勘官吏取稟推鞫，著爲令。從之。

宋・李燾《續資治通鑑長編》卷四〇三 〔宋哲宗元祐二年七月〕知絳州李元輔官，減年磨勘各追奪一半。先是，御史呂陶言： 元輔人品猥下，語言舉止如屠販。嘗幸其父之將死，持以爲詞，立契券貸錢於人，以資不逞，鄉里皆惡其不孝。既仕進，爲薛向鷹犬，向之害物，元輔有助。在邠州與蔡確同官，屢以金帛奉確，且獲其過惡，遂獲免。其後確貴，以元輔爲司農屬官。向者，運變川峽錢物，於官本內每十萬貫先尅除三萬貫或四萬貫，虛收利息及俵錢與郡縣減價收買物帛，侵損民力，數路不勝其擾。洎物貨纔到陝西，適會鄜延、涇原邊事，盡數支撥前去，元輔卻將鳳翔等處實直價例紐算，用爲羨息，計功冒賞，轉兩官，減二年磨勘。自提舉常平遷轉運副使及移淮南路，並是蔡確以私舊之恩主張援引，以致於此。臣自去年三月後來，累次具元輔素行猥惡，不爲士大夫所齒，及冒賞遷官之罪，聞於朝廷，未蒙指揮。臣近見李琮以根括虛稅得罪，緣琮受賞者皆已奪官，并呂嘉問等因市易虛息遷官，盡蒙追奪。按元輔運變川峽錢物，亦是虛收利息，叨冒遷進，與李琮、呂嘉問事體均一，獨此幸免，未協公論。伏乞勘會追改，以示賞罰之當。故有是命。

宋・李燾《續資治通鑑長編》卷四〇四 〔宋哲宗元祐二年八月〕壬辰，詔： 唐、鄧強盜及藏匿家，權依重法地分法。

宋・李燾《續資治通鑑長編》卷四〇五 〔元祐二年〕九月庚戌朔，刑部大理寺言： 應限奏獄二百紙已上爲大事，十二日； 十紙已上爲中事，九日； 不滿十紙爲小事，四日。在京、八路： 大事十日，中事五日，小事三日。臺、察幷刑部等處舉劾諸處約法狀，並十三日； 三省、樞密院再送各減半，有故量展不得過五日。又公案二百紙已上爲大事，限三十五日： 斷二十四日，議十一日； 十紙已上爲中事，限二十五日： 斷十七日，議八日； 不滿十紙爲小事，限十日： 斷七日，議三日。在京、八路大事限三十日： 斷二十日，議十日； 中事限十五日： 斷十日，議五日； 小事限十日： 斷七日，議三日。臺察幷刑部等處舉劾諸處約法並限三十日： 斷二十日，議十日。從之。

宋・李燾《續資治通鑑長編》卷四〇七 〔宋哲宗元祐二年十一月〕丙子，詔以雪寒，促決見囚。

宋・李燾《續資治通鑑長編》卷四〇九 〔宋哲宗元祐三年三月〕左正言丁騭奏： 《編類章疏》三年三月十六日。臣伏自去歲及今，凡四上章疏，論列何正臣不法，未蒙施行。正臣之惡未懲，臣之言終不已。蓋自二聖臨御，登進老成，黜棄凶邪，天地民人無不懽悅，而獨正臣者置而不問，天下有識之士竊有疑焉，不知其何緣而幸免也。太學之獄至於六七，而沈季長、葉濤、王沇之、葉唐懿、余中、沈銖、孫諤、龔原、周常等無辜被罪，太學生非理而死者不可勝數。瀘州之獄疑似不明，而高秉、董鉞、內臣韓永式等削籍遠竄，韓存寶身首異處。方是時，生靈驚擾，追呼逮捕，略無虛日。正臣怙權冒寵，不一二年，措身侍從之地，簡忽驕怠，出入士大夫間，自以爲行計。罪惡至此，鬼神所不容，典法所不赦，而偃然游於江湖之上，日與蔡卞等登高賦詩，飲酒嘯歌，樂以卒歲。臣不識正臣者何緣而幸免也。刑部、大理治天下之獄，郡縣小臣一杖之枉、一罰之失，皆書而爲罪。彼正臣者舞文巧詆，過於羅織，持法刻深，甚於黨錮。方是時，御史、諫官不指其非，執政大臣同惡相濟，任其橫逆如此。今二聖在上，青天白日，而猶置而不問，故有識之士所以疑而未解，臣之區區所以論列而未已也。伏願二聖以祖宗社稷爲念，發於睿斷，消除元姦，追奪其號名，竄流於窮裔，非獨以舒天下冤抑之氣，亦足以慰九泉無告之魂。又言：近聞群小造作謗議，有五鬼、十物之名，乞下御史臺體訪施行。

又〔宋哲宗元祐三年四月〕監察御史趙屼言：元豐敕，重法地分凡劫盜者，妻子編管。元祐新敕，一切削去。則前此編管者宜不少，請令從便。從之，其窩藏人緣坐妻子准此。

宋·李燾《續資治通鑑長編》卷四一〇〔宋哲宗元祐三年六月〕詔刑部應天下奏到大辟案，除疑慮可憫及依法奏裁，自合依舊取旨外，但情理稍有可議者，亦具因依取旨。

又〔宋哲宗元祐三年六月〕己亥，侍御史盛陶言，責降官情理重檢舉者，請量所犯取旨。從之。

又〔宋哲宗元祐三年六月〕壬辰，詔：命官犯罪有虧名教，雖無特旨者，並申尚書省奏裁。

宋·李燾《續資治通鑑長編》卷四一四〔宋哲宗元祐三年九月〕尚書省言：命官犯罪，有情狀乖惡，肆爲不法，至於編配者，其舉主自來只依常法斷放，亦有該恩全原者，是於保任之法全無懲誡。詔今後舉官得罪，如被舉人犯贓私罪，特旨編配者，舉主雖該恩，並取旨。

宋·李燾《續資治通鑑長編》卷四一五〔元祐三年〕冬十月癸酉朔，尚書省言：刑部令諸奏獄格雖該載，而情罪有輕重者，附格增損。按民當從本部增損外，其郡吏有罪，恐非有司所敢專，合令取裁。從之。

宋·李燾《續資治通鑑長編》卷二二三〔宋哲宗元祐四年三月〕甲申，尚書省言京西北路蔡、潁州界近來驚劫賊盜稍多，人民不得安居。詔蔡、潁州今後彊盜三人已上及窩藏人，並權依重法地分施行，候盜賊衰息取旨。

宋·李燾《續資治通鑑長編》卷四二四〔宋哲宗元祐四年三月〕戊戌，詔諸路監司，除近便州軍躬親外，餘各於轄下選官分詣諸州軍，將見禁公事與當職官逐一躬親引問，除死罪於法合聽旨及重傷守辜外，餘竝疾速放訖以聞。

宋·李燾《續資治通鑑長編》卷四二八〔宋哲宗元祐四年五月〕丙申，刑部言：諸路斷流配罪已當，若本案內徒以下罪有出入，未審合與不合奏裁。詔令奏裁。又言：其出入笞、杖及半年徒，乞從本部下所屬改正施行，官吏更不駁勘。從之。

宋·李燾《續資治通鑑長編》卷四二九〔宋哲宗元祐四年六月〕尚書省言：諸處奏案禁囚，有待報未決，淹繫日久者，請立日限，舉催督察，以絕淹延之弊。從之。

宋·李燾《續資治通鑑長編》卷四三〇〔宋哲宗元祐四年七月〕詔：刑部今後有覆大辟不當，並先次下本處分析，候到，開具以聞。

宋·李燾《續資治通鑑長編》卷四三二〔宋哲宗元祐四年八月〕左諫議大夫梁燾、左司諫劉安世言：臣等昨以劾章惇強用賤價奪民之產，朝廷體量得實，止斷罰銅十斤，罰不當罪，尋具論列，今已踰月，未蒙施行。臣等按：惇用其子承事郎援之名，承買朱迎等田業，而下狀之日，惇父尚在。檢準名例律疏，謂祖父母、父母在，子孫無自專之道，而有異財別籍，無至孝之心，名義與之俱淪，清節於茲並棄，稽之典禮，罪惡難容，二事既不相須，違者並當十惡。推原法意，正爲惇設。爲子事父，而用意如此，不孝孰大焉！至於悖慢帷幄之前，殊無人臣之禮，交結蔡確，造播姦言，貪天之功，僥倖異日。爲臣事君，而處心如此，不忠莫甚焉！臣等按：惇之罪實人倫之所共棄，王法之所必誅，投之四荒，始能塞責，罰金輕典，衆謂失刑。伏望聖慈深賜省察，依近日邢恕體例，不俟服闋，預降責命，所貴邪正明辨，姦慝知畏。

又言：臣等近累具論奏章惇罪名未正，欲乞別議竄黜，至今未蒙施行。臣等伏見監司、郡守以不受朱迎訴狀，並行責降；令、丞違法給受田產，亦已衝替，檢準編敕節文，衝替比徒一年。臣等竊謂原情定罪，固有重輕；據事約法，亦分首從。今干繫官吏皆因惇以致罪，而又處徒坐，惇係首惡之人，乃止罰銅十斤，事理顛錯，亦已太甚。況下狀之日，惇父尚在，而別籍異財，事狀著明，考按律文，罪入十惡。愚民冒犯，猶有常刑，惇爲大臣，天下所望，而虧損名教，絕滅義理，止從薄罰，何以示懲？臣等竊謂聖人制法，惟務至公，若行於匹夫而廢於公卿，伸於庶民而屈於貴近，此乃姑息之敝政，非清朝之所宜行也。按：惇父在而別籍，合徒三年，既犯十惡，則議請減贖，一切不用。未知前日所斷，援引是何律令。伏望陛下深賜省察，出臣等此章詰問執政。如律文別有衝改，臣等妄言，卽乞明行罔上之戮；若大臣別無異說，卽乞出臣等章疏，以正惇罪，及依近降聖旨，不用赦原。但能稍正典刑，庶幾不屈清議，惟冀出於宸斷，早賜指揮。

又言：臣等向者數曾論奏章惇罪名未正，今已累月，未蒙施行。臣等按：惇於元祐三年二月十四日，用其子援之名，承買朱迎抵當田產，至五月十六日方丁憂。卽是投狀之日，惇父尚在，推考事實，別籍甚明，據律定刑，既入十惡，則議請減贖，一切不用，雖赦無得原者。庶人之愚，或有抵冒，朝廷行法，未始少私。惇位大臣，爲民所望，而絶滅義理，貪利無親，止令罰金，是亂典憲。臣等竊爲君子犯義，小人犯刑，古之聖賢，爲之深戒。若謂惇爲君子耶？今則犯義矣；以惇爲小人耶？今又犯刑矣。二者均不能逃聖人之誅，則朝廷何憚於惇而廢祖宗之法？伏望陛下出臣等此章，送刑部定奪。若律文曾經衝改，引用不當，卽乞正臣等妄言之責；如勘會惇投狀月日，係丁憂之前，委是父在別籍異財，即乞依例斷罪。

是日，詔章惇候服闋與宮觀差遣。

安世又言：臣伏自去年十二月後來，十次論奏章惇買田不法等事，雖蒙朝廷節次施行，而惇之罪名今猶未正，遷延周歲，意在經恩，公論難安，須煩天聽。臣聞議者以謂從來大臣不欲與衆庶交易，故託子弟以立文契。臣以謂不然。祖宗之制，惟戒從官以上不得廣營產業，與民爭利，苟非殖貨太甚，則是法所不禁。若身爲大臣，欲避好利之名，而使子弟侵刻下民，乃是陽爲應律，而陰縱貪鄙，欺君犯義，無大於此。借如或者之說，得無父兄方可別立名目，今惇父在，而下狀之日，乃用其子，上虧孝敬，下失義方，庶人之愚猶不至此，大臣之體固如是乎？議者又謂惇已不帶職，及有旨候服闋日與宮觀差遣，足以示懲，不必深責。臣亦以爲不然。惇之不得職名，自是朝廷以其無禮於兩宮，黜之外補，故不用執政善去之例，後來惇以便親爲請，遂得提舉洞霄宮。方陛下聖政日新，姦邪屏息，如惇等輩，自知罪惡貫盈，必求退縮，將來終制，方且自陳，而乃先以宮觀授之，是中惇之意，恐不足以當今來所犯之典刑也。臣聞自責罰本路監司後來，至今訟者不已，蓋惇平日恃權暴橫，人不敢校，既知朝廷特爲伸屈，是以競求赴愬。爲民之害，如此之極，何可貸也！伏望聖慈以臣劾奏著之責辭，或令降官，或俾分務，但能不失其罪，足以稍正國體。惟冀出於宸斷，早賜指揮

宋・李燾《續資治通鑑長編》卷四三四 〔宋哲宗元祐四年九月〕己未，刑部言：元豐刑部格，制勘案主鞫獄根究體量過犯，逐案所行首尾相干，有合行事節，卻行往復，顯見煩費。欲將制勘、體量案併爲一案，所貴事體相知。從之。

宋・李燾《續資治通鑑長編》卷四三五 〔宋哲宗元祐四年十月〕甲午，尚書省言：諸州軍奏案過限未報，並令本處月申刑部及都省。累據諸州申狀，催促刑、法寺未斷奏案件數尤多，慮淹延刑案。緣本省舊專置房舉催，後來併入催驅房，與六曹文字滚同催促，不得專一。今來御史刑房專一主行，委是繁簡均當，更不須增添吏額請受。其舉催條限約束，並依舊催按房條例施行，以御史催按刑房爲名，催按簿書依御史刑房法。從之。

宋・李燾《續資治通鑑長編》卷四三七 〔宋哲宗元祐五年正月〕尚書省言：諸路、府界每上下半年奏到賊盜數，刑部通前五年已未獲人比較增減，多者劾之。詔刑部自元祐四年下半年爲首，比較聞奏，仍狀前列旁通圖。

宋・李燾《續資治通鑑長編》卷四四二 〔宋哲宗元祐五年五月〕壬申，詔疏決天下罪人，內強盜至死情輕者，申安撫、鈐轄司詳斷。

宋・李燾《續資治通鑑長編》卷四四三 〔宋哲宗元祐五年六月〕癸丑，大理寺言，諸軍因差發過闕，如有理訴者，不得過十日。從之。

又 〔元祐五年〕六月乙未，詔：諸路提點刑獄司，每半年奏諸州賊盜已獲未獲人數，幷按籍審覆，卽比折外未獲數稍多者劾奏。從刑部奏請也。

又 〔宋哲宗元祐五年六月〕詔疎決在京幷開封府界繫囚，雜犯死罪以下遞降一等，杖以下釋之。

宋・李燾《續資治通鑑長編》卷四四五 〔宋哲宗元祐五年七月〕丁卯，給事中朱光庭言：新除王鞏權判登聞鼓院。按：鞏資稟憸邪，行迹污下，頃爲揚州通判，以私用刑得罪而去，合送吏部。新除未協公議。詔鞏別與差遣。

宋・李燾《續資治通鑑長編》卷四五四 〔宋哲宗元祐六年正月〕大理司直竇蘋等言：按《元祐大理寺令》，斷案若定奪事正、少卿應避者，斷議兩司

自來互送，卿應避者止免簽書，均是有避而立法不一。乞並免簽書，更不互送。從之。

宋・李燾《續資治通鑑長編》卷四五八 〔宋哲宗元祐六年五月〕丙寅，給事中朱光庭言：衡州上王五等強盗案，有情理似可矜憫之言。乞令刑部、大理寺今後斷案，若情理可憫，只依元條可憫奏上，不得卻入疑似之言。從之。

又 〔宋哲宗元祐六年五月〕大理寺言：斷案若定奪事，卿、少卿正應避者，免簽書。若俱應避者，牒開封府。從之

又 〔宋哲宗元祐六年五月〕是日，斷任永壽獄。劉摯敍其事云：永壽此獄淹延一年。永壽曉文法，於事精明，向在吏額房得罪出省，繼有訟其私事者，制獄并開封兩處勘劾，經恩降外，有冒請食計錢絹八匹，以案問得杖一百。刑部檢刺配例，既上都省，刑房問難，謂不問從案問，本寺遂改不作按問，從徒一年。中書疑其前後不同，送刑部，刑部如前斷復上中書。三省聚議，以永壽固無足恤者，但前日吏額事，朝廷選委使主裁之，今緣衆怨群擠欲殺之意，如前日僞書之事，而朝廷遂重其罪，正快群仇之私耳，有害政體，爲面陳其詳。永壽從法寺元斷，又恐無以平衆情，則加以千里編管，餘皆未減，經恩者更不降特旨，衆議頗以爲酌中。永壽嘗招權作威福，所裁者皆百司吏史，故取怨如此。聞給事中留之一夕，明日遂行。後六日，丙子，十八日。內降御史安鼎言刑賞，乞改正趙思復回授恩澤與其子，及任永壽徒罪。批云：宜依所奏。外封仍印急速等字勢。尋具奏二事內有合面稟節目，今去垂簾日遠，叙二十二日進呈，謹先奏知。右丞蘇轍初不欲奏，便要別議，緣永壽十三日已決訖，押行難改，正須索面奏其詳。以簡白轍，乃簽書入。及垂簾日進呈，永壽改作徒刑，依律敕折杖法，小杖決餘罪十下。

宋・李燾《續資治通鑑長編》卷四五九 〔宋哲宗元祐六年六月〕三省言：潁昌府推勘陽翟縣令趙仁恕贓狀非一，盛夏株連，繫逮甚衆，乞免重勘。詔追兩官，罰銅十斤，除名勒停。

左諫議大夫鄭雍言：臣竊聞潁昌府所勘趙仁恕公事，有旨更不再勘，止約法斷放。朝廷雖以盛暑爲念，然仁恕之罪不一，若其罪盡輕於自盜官錢、般家僱人，尚恐不可以爲後法，況更有自盜贓罰錢、官酒錢等事。疏駁所稱未見盜贓多少，容有至於重罪，豈可不令勘見罪名？若以夏月淹繫爲言，則如在京及外處見禁罪人不可勝數，豈獨仁恕一獄可約法斷放之乎？此例一開，所害不細。伏望聖鑒特賜省察，只依韓維奏請，朝廷選差官就潁昌府責立近限勘奏，明正國典。貼黃：前來潁昌府所勘未曾結正，後來推勘院雖已勘結，又經疏駁。今若更止約法斷遣，則仁恕之罪終是不正。佗日仁恕重罪固已泯滅，只今來所坐，安知不爲辯訴之因？伏乞更賜詳酌。又貼黃：暑月淹繫，誠宜疏滌，所有推勘可決者決之，恐不可將未明罪狀獨約法斷放施行。又貼黃：所有推勘院官，如將來再勘到趙仁恕顯有故出情狀，乞賜重行黜責，以警觀望欺謾之吏。

右正言姚勔奏：臣伏見今月初四日降聖旨指揮，依大理寺約情斷趙仁恕事，此蓋聖恩以盛夏之月念及干連禁繫之人，早令斷放，誠見陛下矜憐庶獄之意。然臣竊聞潁昌府元勘趙仁恕贓污不法共十餘事，並不曾招伏。今來大理寺止取一事約情，便行勘罪，未協至公。若朝廷開此事以爲弊端，則將來勢家犯法得以希例，甚傷公議。如此，則昨來錄問官疏駁無所是非，而勘官亦不加罪，臣恐朝廷典刑輕重平法馭民之意，無以示天下。近聞韓維奏稱，趙仁恕妻見患，乞早賜差無觀望之人就本處推勘，兼安鼎亦奏乞從朝廷差官就勘。臣伏望聖慈依韓維、安鼎所奏，差官就潁昌府推勘施行，所貴用刑當罪，以徇公議。所有初四日約情指揮，乞賜寢罷。貼黃：趙仁恕是翰林學士彥若之子，親連大臣，今約情定罪，不更根勘，臣恐遠近觀聽，人心不服。乞賜詳酌，令依公推勘施行。又貼黃：今來雖是盛夏之月，里外罪人似此未結正者不少，豈可諸罪不究，而止以一事約情斷罪放？兼本人既無錄問，未圓，如將來別有翻論，則朝廷又須詔獄，於國家公道何所取信？伏乞早賜指揮。又言：臣伏見潁昌府所勘趙仁恕公事，已見情理，欲結正之次，只因仁恕父彥若奏論，稱本路監司挾情擿拾，意謂共子無贓污等事，以爲枉陷非辜。朝廷從此下別路差官推勘，其勘官孟易因而觀望風旨，將前勘大情出入，以致錄問官疏駁。自始降朝旨差官，以致再勘，凡經十餘月不能了絕，但只淹延時日，一行干證人久在囚繫，皆緣彥若奏陳所致。今來勘案內趙仁恕委有贓盜不法等事，顯是彥若專欲以私意苟免其子，無忠正之心，爲國家動搖吏議，罔冒上聽，使監司沮發擿之劾，勘官起觀望之意，稽留獄禁，冀逭典刑。臣備位言司，不敢緘默。謹按翰林學士趙彥若身爲從官，親侍經幄，可謂天子近臣矣。其子敢爲不法，干犯國典，蓋彥若素乖義訓，以負陛下

厚恩，自合引咎杜門，惶怖待罪，而乃公然論奏，移過監司。且犯罪麗刑，邦有常憲，假使勘院屈抑，迨其結正，自許翻論，豈得規免獄成，僥求別鞫？若下民皆許如此，則訟豈不煩？如使貴者獨然，則何以示天下？今以彥若一言之訴，遂至十餘月勘不圓，太平公朝而彥若侵亂邦法，合行黜責。臣竊嘗聞仁宗朝翰林學士張瓌與范鎮同判流內銓，瓌有子因鎖廳補考，當用審狀移縣令，而鎮令用例以隨身歷子爲證。是時，瓌雖不與，然知而弗止。輔臣皆曰：瓌應罰金，勿劾。仁宗曰：不可。瓌私其子，不顧銓法，特奪一官，降知亳州。且鎮失取會狀，瓌誠不與，尚且奪官，責小郡，蓋罪其懷情弗舉，以倖其子也。今彥若挾私罔上，其罪當黜，非瓌之比。伏乞聖斷，重行責降，以厭輿論。

又言：臣近曾上言，乞責降趙彥若，未蒙施行。臣竊以法者，天下之公共，非一人法也。法尊則朝廷尊，朝廷尊則群下服，故人臣不可以不敬法，人臣而不敬法者必誅，此百王不易之典也。今監司按吏，是職也。吏惡而監司不舉，罪重而勘官不究，則於朝廷之法何謂哉？監司、勘官者，皆有朝廷之法在焉，於彥若之子何有哉？而彥若敢奪其成，而請移之，敢以聲勢動搖其獄，而使出沒之。如彥若者，其不敬朝廷之法可謂甚矣！彥若一移其獄，紛紛至於半年不了，天下獄事蓋當如此者乎？推勘官出沒其情，則無所加罪，錄問官疏駮其失，則無所是非。由彥若故屈天下法，彥若之罪豈小也哉！今誣人以不實者返本罪，告上以不實者從徒坐。而彥若誣監司挾情擿拾，欺罔聖聰，謂枉陷非辜，彥若猶可以齒於人哉？彥若者，不敬朝廷之法，不顧人臣之義，但知愛子，而不知愛君。今不重懲，臣恐佗日將有傚此者，寖不可止，陛下何以持至公之法，而馭天下？伏乞聖斷，重行責降，以戒後來。

監察御史安鼎言：臣伏覩敕命節文，趙仁恕特不重勘，除名勒停者。竊以仁恕創造獄具木蒸餅、木驢、木挾、木架子、石匣、鐵裹長枷，及暗添杖數決人，殺傷人命不少，又自盜官錢等罪，雖投竄遐荒，未足塞其責。伏蒙聖慈以人衆時暑，哀矜平民囚繫之苦，特令約法斷遣。此二聖至仁盛德，臣不勝慶幸。雖然刑名未盡其罪，臣更不敢論列。所有仁恕父現任翰林學士彥若，當仁恕就獄之初，曾奏朝廷：恐鍾浚挾情擿拾臣男爲王安禮報怨，臣男即今第三任，有舉主，無過犯，乞下別路差官勘鞫。朝廷因此令淮南路差官推治，得仁恕贓污酷虐之狀是實，已論報訖。其趙彥若有誣告鍾浚及奏書不實之罪，未見朝廷依法施行。謹按彥若身爲從官，朝廷倚以表民厲俗者也，厥子犯法，不自克責，而遷怒尤人，欺惑君上，略無恥辱之意。昔者石奮治家，子孫有失，輒對案不食，其子因謝請改過，迺許之。孟仁監魚池，以鮓饋母，其母還之，曰：汝不避嫌邪？爲人父母，戒飭子孫固當如是。彥若不務出此，而覆惡飾非，助爲不善，以至共抵憲網，皆自取之也。宜付吏議，以肅朝網。六月八日。

又言：臣近上章，乞依法施行趙彥若誣告鍾浚及書奏不實事。竊聞已降朝旨放罪，士論沸騰，未以爲允。臣職在言路，理難循嘿。伏以昔堯、舜之用刑，曰宥過無大，刑故無小。言迷誤過失，則雖大必宥；故犯無忌，則雖小必刑也。孔子亦曰：赦小過。今彥若自蔽其子貪暴之惡，而誣奏監司，雲挾情擿拾，爲人報怨遂致朝廷特起一獄，增延三百餘日，捕逮囚繫，寧無冤煩？是皆彥若一言之所致也。原其情則非誤，論其過則非小，當刑也而復宥之，不應徑律。案徑律二字未詳。借如因移推得仁恕事狀，果如彥若所言，其舉發監司與前勘官吏，朝廷能置而不問耶？臣知其必不能矣。於彼不能容，而此獨釋之，似非公朝之所爲也。故臣以謂苟貸彥若則有四失，請極言之：一者，啓近臣詐妄之論也；二者，沮監司嫉惡之失也；三者，世家驕橫子弟無所累其心也；四者，示朝廷用法不平，急疏賤而緩貴近也。彥若一徼倖，而四失從之，其利害孰多焉！伏望陛下暫割優禮之情，物爲天下行法，糾虔不肅，警戒未然，所謂懲一勸百，刑期於無刑者也。臣不勝愚直之至。

監察御史虞策言：臣伏見京西提刑鍾浚昨按發許州陽翟縣令趙仁恕酷虐貪贓，犯狀甚明。仁恕父彥若身居侍從，其子憑藉，恣橫犯法，而彥若乃更緣飾姦言，公肆欺罔，卻指論鍾浚爲王安禮報怨，欲以惑聽亂法。今朝廷以干連人衆，適當大署，更不重勘，約法斷遣，而仁恕猶得除名。赦下之日，公議甚喧，莫不嘉朝廷愍惻干連人大暑繫獄，特行斷遣；莫不忿彥若前言欺罔朝廷，歸罪監司，欲示人以形勢，動搖獄情，罪不可赦。其翰林學士趙彥若，伏望睿斷，特賜黜責，以昭示至公，厭服群議。

又言：臣伏謂朝廷方患諸路監司寬馳，不能奉法，以肅所部。今來京西監司按發仁恕在任酷虐贓污等事，乃其本職，當爲朝廷行法，爲百姓除害。而彥若輒忿怒上書，肆其巧言，欺罔朝廷，欲中傷監司，稱是挾情擿拾，爲人報怨。使彥若之言是，則監司之罪將安所逃？今仁恕已除名，彥若之言豈可獨釋而不問也？其趙彥若顯有上書不實等罪，伏望聖斷，特行黜責，乃協天下公議。臣以言爲職事，有當言，不敢循嘿。

又 〔宋哲宗元祐六年六月〕乙巳，右正言姚勔言：臣近三次上言，乞責降趙彥若，未蒙施行。臣竊惟陛下聖意，以彥若侍從經筵之臣，不欲遽加黜責。雖然，朝廷典刑不可不振，祖宗法制不可不行。臣昨曾以仁宗朝責降張瓌事聞於陛下，當時爲翰林學士，止坐子違銓法，知而不舉，尚奪官責知小郡。仁宗天性至仁，蓋不肯以瓌廢天下公議，此事載在《寶訓》，垂式萬世。伏望陛下上稽先烈，下察臣言，無以區區一彥若而屈朝廷公論。今趙仁恕虐毒贓汚，無罪殺人，衆惡發聞，獄已情得，只因彥若誣罔奏論，而牢禁一移，姦弊百出，直至半年有餘，而仁恕之罪十脱其九。勘官如此，亦無是百，皆由彥若誣罔奏陳所致，安可不責？雖陛下欲赦之，如天下何？彥若心昵惡子，依倚形勢，以紊朝廷公法，罪當重黜。伏乞聖斷，早賜施行。

監察御史安鼎言：臣近者再上封章，彈奏趙彥若誣告鍾浚及上書不實等事罪，未蒙朝廷依法施行。臣再詳，誣人以罪，國有常刑，欺君不誠，人所共惡，況居貴近之列，得無名教之責？彥若厥子貪殘，情狀明白，不自媿恥，又從而蔽之，巧詆監司，誑惑君上，略無士君子之行。此而不懲，何以誡衆？臣又伏覩去歲冬溫無冰，今春極寒，至夏方過，而炎燠如大暑後。推其咎徵，皆正當《洪範》舒緩之罰。舒緩者，無功受賞，有罪不誅之謂也。國家三數年來，賞惟務增，罰惟務減，恩浮威弛，上干陰陽，其報應已著，而猶爲此姑息之事。臣恐沴氣浸深，別致祥異。伏乞陛下早賜黜責彥若，以糾不肅，仍深省天戒，善必賞，惡必罰，常留意於乾斷也。臣不勝愚直之至。

監察御史虞策又言：臣近曾再具狀彈奏趙彥若，爲其子仁恕在任酷虐贓汚事發，輒緣飾姦言，欺罔朝廷，指論監司不實，乞物加黜責，未蒙俞允施行。臣伏謂不問是非，不畏法禁，裝飾巧詞，忿然抵冒者，此田里小民不知義理者之所爲也。彥若身居貴仕，當知理義，當畏法禁，乃敢公然無所愧恥，倚勢快忿，巧言上書，欺罔朝廷，動搖大獄。行誼如此，而猶可以論思玉堂，侍經帷幄，談先聖王道德，啓沃人主者，未聞也。況上書不實，自有常刑。其趙彥若伏望聖斷早行黜責，以清禁從，以尊朝廷。六年六月十七日奏此。

侍御史賈易言：臣聞賞善罰惡，帝王之操柄，天下所賴以治也。惟大公無私，故能服人心，信天下，有如高下重輕，一失其平，則人主威令有所不得行，積而不已，至於失天下之贍心，是以明君敬畏而不敢忽也。伏見陽翟縣令趙仁恕貪贓暴虐，近世未有，既倚其父爲侍從要官，又託執政大臣貪緣姻婭，肆行不法，賊殺無辜，自盜官物，贓滿數百貫，強娶部民女使，并奪財貨。語其貪則甚於寇賊，論其虐則酷如猛虎，使一邑良民嗷然受毒，幾不聊生。本路監司依公按發，有司勘鞫罪狀明白。其父彥若身爲近臣，素無教子之義，知其所犯在於極典，乃爲苟免之計，巧飾市井無恥之言，欺惑朝廷，指提刑鍾浚爲與王安禮報仇。傳之中外，人皆嗤鄙憤疾，怪其敢爲誕謾，不顧義理，如此之甚也。既而上下徇情，行其誣奏，不待本州結絕，更令隔路差官別推，世俗之情動懷觀望，故出脱仁恕自盜死罪、殺人重辟。錄問官駁其案節，臺諫論其罪惡，未聞有所施行，遽罷移勘指揮，直使憑空約法，止於勒停而已。變亂法令，欺誣上下，有加於此者乎？案仁恕慘毒汚濁，稟受特異，憑藉勢要，輕侮朝廷，法外峻刑，公行黷貨，實與犬狼同其質性。彥若備數從官，獲侍帷幄，有子如此，不思戒敕，至使播棄官刑，滅絶人理，而彥若偃然略無慙懼之心，恣爲諼詐之惡，謂天爲可欺，上爲可慢。且欺天，不道也；慢上，不臣也。議罪定刑，在所不赦。若仁恕不抵嚴科，彥若不行遠竄，臣恐人主威柄移於下，天下之人亦無所取信，其爲禍患，豈可一一而數哉！故曰刑罰象天之震曜，言非臣下得而干也。今以一近臣之子，而亂天下之法，何以厭息姦臣之横議，宣揚二聖大公無私之盛德耶？貼黄：仁恕非法造作鐵枷、石匣、木蒸餅之類，皆今昔未有。怙威肆虐，如古跋扈之臣；贓汚奪攘，劇於劫盜。前後統屬監司畏其氣勢，莫敢指議，養成其惡，塗炭生靈。今來提刑鍾浚果遭彥若誣奏，未克自明。臣恐此風浸長，姦宄不法之人無復顧忌，實亂天下之道也。又貼黄：仁恕非法行杖數，決殺平人郭德，今勘卻仁恕不知；自盜官錢就筵會支散樂人弟子，今勘卻作賣酒支破；在任買賣剩利贓，今勘卻作仁恕不知，令本妻一面承認。兼風聞推勘院放令入禁干照人往陽翟縣以根檢文字爲名，傳送獄情，令諸色符同供答，有至三五次往來本縣者。遂將仁恕人己贓錢，作先在人吏私家收掌，逐家亦便承認。以此觀之，小人望風附會，公然出入重罪，不畏朝廷典刑，專務希合權貴。臣欲乞直付御史臺根治，或自朝廷選差強明官一員，前去許州置司勘鞫，庶盡情實，以示天下至公無私之政。又貼黄：彥若以學問備從官之列，實論思啓沃之聞其詳，不見其實，則雖一言誠不可妄加于人。既聞其詳，又見其實，言雖再三，不敢有所避也。今彦若誣罔之罪，表裏悉露，是以嗷然，公義弗與，無所逃刑，有言責者其可乎？且田里小人，不可責以行誼者也，紛然訟爭于令長之庭，言苟不實，刑必隨之。彦若朝廷近臣，乃敢無所愧恥，憑弄權勢，肆爲欺誕，上書天子，快私忿怒，誣罔不實，輕犯典刑，此與田里小民所爲何以異？朝廷獨置而不問，中外疑惑，不知厥繇。若謂彦若以其子之故，而上書爲可恕邪？則是凡有子犯法者，父皆可得而欺君也。若謂彦若止是慮鍾浚挾情擄拾，爲王安禮報怨爲可恕邪？則是凡姦言巧辭，誣下罔上以撓法者，其人皆可得而無罪也。臣謹按彦若之爲人，外示淳厚，中實狡詐。何則？方其子初繫獄，則上書訟監司挾情擄拾，爲人報怨。此其意不惟以姦言巧辭營惑朝聽，其實以形勢敢爭無憚示人，陰欲撼搖之，此彦若之人狡計也。反覆顛錯如此，天下觀聽其可欺邪！縱朝廷置而不問，尚使危冠大廷，接武多士，入直玉堂，侍經上前，一切如故，彦若獨何面目哉？論思清切之地，師儒之臣而其人物如此，臣恐取笑四方，玷辱聖朝。伏望陛下早賜指揮，檢會臺官前後封章，發震曜之斷，正欺罔之誅，重行黜責，以懲姦倖，以正賞罰，以肅紀綱。臣不勝惓惓之至。六月二十五日策奏此。

殿中侍御史楊畏言：臣訪聞近者知潁昌府陽翟縣趙仁恕犯法，本路提點刑獄鍾浚發其事，仁恕之父翰林學士彦若論浚不公，以謂浚爲前摯執王安禮報怨，乞移鄰路取勘。及差宿州符離知縣孟易勘到仁恕情罪，錄問孟正民疏駁易作勘情節，與元勘不同。朝廷重于移獄，更不重勘，止依大理寺約定刑名，仁恕追兩官，除名勒停，彦若放罪者。臣近到臺訪問，諫官御史累具論列，竊謂朝廷必有施行，今涉日稍久，未聞睿斷。勘會仁恕宰執之親，近臣之子，受贓殺人，敢行不忌，鐵枷、石匣、木驢、饑餅、擦皮取血之類，近世酷吏所不敢爲，前後強偃部民女使不少，又有因緣自縊之人，及不覺察妻阿麗買物虧價，一切違法罪犯品目不可勝數。大理寺止約赦前供己偃人搬家屬錢五貫八百五十五文足重罪外，其大約職田筵會供己生日支散之類，正入己贓約計三十貫有零，未嘗併計。朝廷止依大理寺約法，追仁恕兩官，除名勒停。議者雖識朝廷仁義，以大暑重於移獄，而竊謂所以治仁恕者猶未當罪。蓋以聖朝平時愛民之意，有一情理貪暴如仁恕之罪，必須特旨施行。今仁恕罪大惡極如此，而朝廷止令取重罪約法，有司乃觀望滅裂，遂止取此一項，餘皆以地，侍帷幄之嚴，乃講讀師儒之任，而內無教子之方，外失事君之義。觀其所發，凡鄙闒很，市井所不爲，豈可更容塵廁清班，終何補於聖治邪？伏望睿慈深鑒馭臣之柄，察其有不可赦之惡，出於獨斷，黜之散地，以風動四方，天下幸甚！

又言：祖宗以來，命官犯贓罪不以輕重，皆有特旨。如仁恕所犯，自當極典。乃更從輕，是必出於曲相隱庇之情，何其棄公議，而貴私恩如此其至也！伏乞聖慈深賜辨察。

宋・李燾《續資治通鑑長編》卷四六〇 〔宋哲宗元祐六年六月〕詔除名人趙仁恕特送陳州編管，以言者論其刑名未當罪也。

又 〔宋哲宗元祐六年六月〕御史中丞趙君錫言：臣伏見近日臺諫官論列斷趙仁恕罪名不當，及趙彦若詆誣監司等事。臣取到仁恕按卷看詳，委有勘鞫未盡事理。昨所降朝旨，雖是朝廷矜恤干繫人等，不欲暑月追逮，然闊略仁恕重罪，處以輕典，公議不平，兼未經辨理，須他日翻覆自訴。而彦若不能教子，失爲父之道，公肆詆誣，上欺君父，無近臣之體，置而不問，實累聖治。欲望出於睿斷，早賜施行。六月二十二日，君錫奏此。

監察御史安鼎言：臣近三上封章彈奏趙彦若罪犯。臣之愚誠，以謂天下之惡無甚於欺詐，施之鄉黨，朋儕，猶有刑辟之禁，況罔惑朝廷，搖撼大獄，撓天子之威柄，欲使良善受害，姦惡僥倖者乎？此風寖長，則人不得安居，法不常行，凡人主之所憑恃者，不爲重且固也。今按彦若之罪，具有此情，臣前後論列，其誠至懇到矣，其言至明切矣，而天聽高遠，終未聽納。臣反覆思索，未識其由，豈謂臣卑微不足信耶？不然，陛下左右有爲彦若之黨者，挾私好，典爲游辭，以蔽惑明聖也。審如臣言不足信，則乞出臣前後章疏，宣示朝堂，以稽合衆論。審彦若在朝有黨，則是朋比之漸，臣下預威福之迹已著，尤宜謹察而深防之也。況彦若心性陰很，精神滯闇，徒有記誦之學，而不識義理，眞所謂書簏及畫地餅爾，故施於行事無聞焉。及至任情冒法，則與市井小民無異，此何足以煩朝廷排衆論，沮公議而宥之邪？臣伏乞陛下奮然獨斷，早以彦若付吏書罪，重賜黜責，以警天下之輕妄也。六月十三日。

監察御史虞策言：臣近曾三次具狀彈奏翰林學士趙彦若爲其子仁恕在官酷虐贓污事發，輒緣飾巧言，欺罔朝廷，指論監司不實等事，乞特行黜責，至今未奉俞旨。臣伏以風憲之職，是謂耳目。耳則司聞，目則司見，苟不爲罪輕，或情節未圓，一切略而不問，朝廷從而行之，臣實未知所謂也。且朝廷務出寬恩，而囚辭未服，時移事久，證左不備，仁恕出而自陳，則是適足爲仁恕啓異時欺誕之路。臣初傳聞彥若自訴之語，謂其父子天性之愛，亦足可憫。又考仁恕殘虐貪暴，付吏按治又皆有實，而彥若不能引義自克，肆情罔上，然後以爲治仁恕之罪不可以不盡，而所以罪彥若亦不可以已也。竊慮朝廷重于冒暑移獄，害及平人，勘敕已下，趙仁恕恐已歸在京師。欲乞勾赴御史臺，據案引問仁恕。若服則據罪論刑；　如或不服，審有可疑，即乞朝廷別差朝臣一名詣潁昌府推治。要之必使仁恕服罪，不使他日可以幸免而後已。其彥若素寡識慮，自干寡刑，猶居從官，出入勸講，甚非所以塞公議。伏乞先賜罷黜，以戒有位。貼黃：　勘會二罪以上俱發，以重者論，惟犯贓法當併計。今仁恕自盜搬家屬錢外，自有正入己贓不少，一皆不治，則殘忍贓吏何幸？而朝廷恕之何深？伏望聖慈特賜睿照。六月二十五日，畏奏此。

侍御史賈易言：　臣聞公義勝則天下治，公義廢天下亂。非獨人事，實天道也。竊惟仁聖之君垂拱於上，忠良之臣丞弼於下，至誠求治，惻怛愛民之意，雖格於天地，交於鬼神可也。奈何蔽於小不忍之言，而亂天下之法？以趙仁恕之貪虐殘賊，彥若之誕謾欺罔，臺諫論列，罪惡著明，終緣私恩，尚抑公議，人神共憤，物論沸騰。臣請究陳其事，覬回天聽，特正典刑。按仁恕闒冗下流，而敢慢侮國威，肆爲不法，蔑絶人理，賊殺無辜，則以平人辜辛勘作賊徒，令座木鐇餅，仍加弔絣，慘毒備至，死而復生，終致脊骨曲跌，腳紐筋急，永爲殘疾；　又暗加杖數，決殺王宗、郭德；　每遇決遣罪人，更用瓦片擦其瘡，出血數升而後已。殘酷之狀，不可勝計，聞者爲之痛心疾首。其攘竊贓污，則侵盜贓賜、賞罰銅諸色官錢，凡數百貫，事發之後，令其妻、男燒毀草歷。又強取民家女使數十人；　賤買紅羅數十匹，卻將貴價出賣；　強勒等第人戶出錢二百餘貫，買書箱收在後廳；　用贓罰銀打大酒升行用，致大量過官酒，計虧官錢二千餘貫。自餘公取自盜之贓，莫知其數。監司略按，發本州結證，所招情罪十未二三。其父彥若明知所犯罪在極典，不自引咎，乃復僥倖苟免，頓忘君父之尊，有不欺之大義，而巧飾詐辭，誣奏提刑鍾浚，以爲非理攟拾。仁恕蓋其不肖之心有所憑藉，故無忌憚如此。亦既差官別勘，使干連數百人，橫道追擾，禁繫經年，愁嘆嗟呼，頗傷和氣，實彥若爲之。臣嘗論其不可赦之惡，乞行推鞫，究其實犯，然後議罪定刑，以示天下大公無私之政。如聞仁恕止令陳州編管，乃更便於仁恕，曾何損哉？彥若依前放罪，事出無名，中外喧傳，益歎不平之甚也。且如仁恕所犯，非死不足以謝無辜被害之人，設以聖朝寬恩貸其殘喘，猶當配流嶺表，以戒不法小人。彥若則黜於散地，使自省循，庶乎上下肅然，莫敢不情以事君父。是謂罰當罪，則姦邪止，亦所以信于天下也，臣獨不知陛下何疑而不行？意者必有挾姦言爲彥若之地者，獨以爲一眚，謂不足揜其所長。如臣考於士論，則謂彥若腐儒，素無他長，徒以區區記誦之學冒切清顯，用過其實，曾何小補？顧有違經賊義，罔上不忠之大惡，尚可忍哉？是乃底裏皆露，洞見肺肝，復何忠信仁義之有？又況刑賞之設，在乎勸沮善惡，帝王所以治天下之法，故雖長孫無忌勳戚兼重，而不使阿容撓法。矧如彥若，硜硜鄙夫，顧可屈撓治朝之正典，而累陛下無私之德乎？伏望聖慈深鑒古今治亂之原，謹守祖宗太平之法，赫然獨斷，以暢公議。貼黃：　彥若闒謬乖剌如此，虧損聖朝寵任之明已甚，加有欺天犯義之大惡，雖覆載幷容，未行顯戮，庸可久汙論思清切之地乎？使彥若血氣心知不異於人，顧何施面目入侍帷幄，出入禁塗？又況口談先王仁義之言，而躬行市井諼詐之行，誠恐鬼神亦得而誅之也。今若黜於散地，聊示薄責，是乃睿慈保全之也。又貼黃：　仁恕所犯極典，今既滅裂不加考究，必開異日辨訴，以爲冤抑。又推勘官孟易觀望事勢，出入人罪，公然市獄爲姦，亦宜顯罰。然則再行推鞫之請，未可廢也。如或以爲干連人衆，追呼騷擾，則明降指揮所差官，除陽翟縣人吏與仁恕同情作過，及後來傳道獄情、改變事節之人外，其餘百姓等更不得勾追。如合取問照證，只令就州縣供狀，封送勘院施行。

是日，詔翰林學士兼侍讀趙彥若罷兼侍讀，用臺諫官之言也。摯云：　彥若有長子仁恕爲許之陽翟令，貪虐不法有狀，提刑鍾浚按發之，勢甚暴。彥若上書言：　臣往爲諫官，嘗劾王安禮，浚實安禮黨，恐挾報怨，獄有不平，願移獄改推。內批：　依奏。遂於鄰路淮南差官，止於許州制勘。獄成，錄問官駮以不失重罪法，當再勘。自去年十月始制獄，於是已半年餘矣。知許州韓維奏曰：　此獄連逮三百數十人，今前勘可斷者已決四十二人，餘人尚多。方此盛暑，若依朝旨移於亳州置獄，即地遠冒暑，淹繫可矜。仁恕之妻子已病危篤，士人家尚爾，細民可知。願止就本州別推。呂大防與二三公議曰：　仁恕案內自盜贓，無所駮，止可約此重斷足矣。召法寺，刑部約法於都省，時六月三日也。明日，將上仁恕贓，至追兩官，除名勒停，更不再勘。敕下，言者交章：　或謂仁恕斷輕，失其大罪；　或謂前勘未經伏辨，異時可訴，須當再推；　或謂如不欲再與獄，而押仁恕赴臺，取一審狀。其意大抵以摯與彥若婚姻家，事在嫌疑，故力論不已。又皆通詆彥若爲前不合妄乞移獄，是上書不實，又云謂浚報仇是誣告，乞重行責，摯聞諸公於上前說彥若以從官誠不宜輒上言，子有罪，聽官司治之可也。然彥若父子之情迫切，而言止乞移推爾，謂爲不實、誣告，非也。言者既不止；遂增仁恕以陳州編管。彥若三不允，而請宮觀不已，至是乃有此命。言者惟賈易、楊畏、安鼎，皆言仁恕恃親黨作過，意謂摯也。此事摯首曾面奏，以親嫌恐招言者指，且文字不敢與聞，故終始不知其議，每奏及此，先下殿。

宋・李燾《續資治通鑑長編》卷四六一 〔宋哲宗元祐六年七月〕詔翰林學士趙彥若爲寶文閣學士、提舉萬壽觀。彥若累請避言者，故有是命。劉摯謂：彥若四奏乞外祠，令得在京，疑其未敢安也。是日，內降五章，其間安鼎、楊畏皆言彥若，賈易乃別論常事。前日，易與鼎對後章不卽下，人藉藉謂彥若，因及摯。今日方降出，則無所及。摯又謂：彥若篤學，有純德，若不能言，而中甚剛。然暗世故，一切不治人事，與人少意，長厚君子人也。救仁恕事，雖出於一時迫切妄作，要是父子之愛，難深責之。而言者急攻不釋，獨以摯故耳。作責詞者，極口詆之，殊非正言，無一人辨之者。六月二十八日，彥若先罷侍讀，今又罷學士。

又 〔宋哲宗元祐六年七月〕左諫議大夫鄭雍言：趙仁恕罪名約法斷放，其獄既難追正，獨當稍重彥若之責。侍御史賈易言：彥若不顧義理，肆其誣罔，今除寶文閣學士、提舉萬壽觀是旌其變詐，而被以特恩。右正言姚勔言：近例，翰林學士非因責降，別與差遣者，除閣學士。所謂龍圖、寶文者雖殊，其爲閣學士一也。今彥若豈當與無過之人等？詔趙彥若爲樞密直學士、提舉萬壽觀。

劉摯云：彥若辭寶文閣學士不受，且言者猶未已，故有是命。然仁恕初敗官，彥若以鍾浚之嫌，乞改推而已，不知言者何故指以爲罔上不實，又以爲姦邪狡詐，又以爲誣告也？若彥若不曾言王安禮，而浚非安禮黨，不可以謂之誣罔矣。今罷翰林，又罷經筵，又罷史院，又降差遣，而又降職名，是當何等罪也？摯以連姻不敢言，他日必有辨之者。

既踰月，詔許彥若任便居住。復有旨差兵級二十人送彥若還青州，幷催給所當得船。摯女爲彥若次子婦，摯子路又娶彥若女。摯每稱彥若善人篤學，久待經幃無過，特以純柔爲衆惡少擠之，無一人爲言之者，殊非祖宗崇獎涫厚，眷遇侍從之意，惟蘇頌咨嗟歎息之而已。彥若內自立，不肯復留，亦不以一毫干人，稅客舟飄然而去，朝廷風體薄矣。

宋・李燾《續資治通鑑長編》卷四六五 〔宋哲宗元祐六年閏八月〕是日，刑部尙書范純禮、彭汝礪過都堂論列刑名，劉摯謂：近日斷敕下刑部，連繳三案求貸。凡獄既取旨，則輕理出于朝廷。有司議法則可駁，特旨則非。從來未有稽留制命，曲求寬貸之事者，純禮、汝礪實始爲之。此事壞法惠姦，別無議理。

又 〔宋哲宗元祐六年閏八月〕辛未，大理評事梁子奇言：官員犯罪，應坐舉主者，乞今後會問合斷人依舊取勘定斷。又犯罪者與大理寺曾薦舉之人，乞本寺丞、司直、評事依《元祐編敕》被差檢法，有嫌，聽迴避法，許自陳，差別官定斷。從之。

又 〔宋哲宗元祐六年閏八月〕初，刑部有劫殺人獄，侍郎彭汝礪引例，乞加貸配。執政不以汝礪所言爲是，降特旨皆殺之。汝礪執不可，其一狀云：臣看詳刑部自祖宗以來法與例兼行。強盜殺人不分首從，在法皆死。強盜一次及盜殺人，其非爲首及元不曾商量殺人，後來徒中殺人，或殺人不曾見、不曾聞、不曾知，或曾有悔戒之言，在例皆貸，前後甚多。再詳劉僉舊不曾爲強盜，後來受楊宗結架，劫劉寶財物到本人家，等人出來。劉僉爲行得腳困，於本處地上睡著。財主劉譚開門出來，其楊宗刺傷劉譚，隨入堂前行搶，刺傷劉清、劉寶。其楊宗把劉清等控縛，時劉僉方睡覺入堂前，劉僉叫道：不要傷他人。皆應前項一次強盜不爲首，及不曾商量殺人，後來徒中殺人，及殺時不見不聞不知，及曾有悔戒之言，合行貸放等例。刑部一次具因依，取指揮，奉聖旨依斷。後來又詳具因依，申都省，乞更詳酌指揮及刑部官至都堂巡白。臣亦與同部范純禮至宰相處巡白，皆不聽。臣辭已盡，臣力已竭，無所可以關說。緣今來刑部雖已付開封府施行，緣須御史臺審察，欲望聖慈深加哀恤，特賜指揮，下御史臺取索前後公案及體例，仔細看詳，取旨施行，庶幾盡古人欽恤之慈，全二聖好生之德，上存祖宗之故事，下安有司之分寸。或朝廷以臣所論不當，雖坐流竄不辭。

其二狀云：臣檢會近聞開封府奏，軍人張全爲殺死阿蘇，合處死者。臣伏念祖宗恩德博厚，法令寬簡，其風化入人也深。故有司詳閱案牘，上下皆以矜恤爲事。每有一事可疑，議論反覆，至于三，至于四，其言未嘗不從厚。至於大辟，必其無可奈何，然後敢行。其明謹用刑，前代蓋未有也。今朝廷一日萬機，不及細務，其原察情實必不能如有司之深盡，其間閱視案牘必不能如有司之詳，其檢用條例必不能如有司之熟。今有司皆以爲不可殺，朝廷必以爲可殺，是朝廷敢於殺人，不敢於生之也。朝廷好惡，有司以爲表；其所行，有司以爲例。上有好者，下必有甚焉。今朝廷議刑欲重，則有司皆將以深入爲事，其弊可立待。夫朝廷所行，則有司便據以爲例。昔者强盗不與謀者貸，今殺之；强盗殺人而不與聞知者貸。今殺之。自此殺人不可勝數矣，於二聖好生之德其爲累不淺，此不可不謹。臣恭惟太皇太后、陛下大仁普施，兼並天地，雖一草木、螻蟻，猶欲愛全保惜，况于人民哉！伏望陛下苟有可生，亦何所吝！執政怒，降旨責罰刑部官吏，而釋汝礪不問。汝礪言愚陋，不習刑名之學，貪恩冒昧，動即顛謬。臣竊詳《元祐公式令》諸奉制書，及事已經奏而理有不便者，速具利害奏聞。臣以許萬等刑名繫于生死，雖已得旨，猶不敢決，是致再具狀申尚書省，乞更賜詳酌指揮。其議論多自臣始，今來郎官人吏皆被責罰，臣獨蒙免，實所未安，欲乞明正典刑，以懲不恪。臣見兼權吏部侍郎，更不敢供職，見居家聽候指揮。

又言：臣比蒙恩差充皇帝賀北朝生辰使，既已受命，今臣以議刑不當，已奏乞明正典刑，以懲不恪，乞照會改差官前去。

又言：中書省奏上件申請，未有體例。臣檢會式令在前，竊以謂天下之事雖聖人不能無失也，失而能救之，雖失而非失也。故命令之出，尚書省勘會，中書省取旨，門下省封駁。若有不便，有司得論，蓋非妄也。刑莫重於殺人，今殺人有疑而不得議，其爲失大矣。夫在下者肯與在上者辨，甚難；在上者能致在下者之言，亦難。今朝廷操是非，擅禍福，以臨有司，蓋甚可畏，使其有所辨也。至或威之以責罰，其誰敢有言哉？今日有司守法，至于特旨，卽非有司所當與決可否。今殺人固大矣，使事有大于殺人者，而有失焉，有司其可以不請乎？今殺强盗一名而已，使殺人多而有誤焉，有司其可以不請乎？

又言：刑部近准戶部左曹關，准敕斷罰官吏。臣已具狀奏，乞加貶逐，除東南一差遣去訖。緣逐項申稟各有情理因依，及前後條例須致逐項開析。除許萬已得朝旨貸配，更不須開析外，其張全、劉儉雖有逐項罪犯，然各有可憫情理，今略具始末，卽知有司所申稟者，非妄也。張全母阿開，自小爲父所棄，阿開不得侍養。父死後，方得母同居不分。阿蘇將母阿開親去馬僕射家作衣飾，被人非説，以爲羞辱。及阿蘇鬭唆母要分離，全存住不得，自投河及自縊不死，後因此殺死阿蘇。比之故殺人，其情不同。又後來事未敗露，能自言殺人情由及自叫收捉，與興化軍施滿謀殺貸配例略同。劉儉受楊宗結架，初不曾計謀殺人，逐賊到門外，人少不敢行威力，只在中門外等被傷主出來。其劉儉爲病脚，因去彼睡著不至。被傷主開門，是劉譚、楊宗入中門殺傷人。劉儉睡覺走入中門，口稱道不要傷他人其被傷主亦聞此語。自來强盗不見被傷主人，各有例貸配。汝礪前後凡五六奏，不聽，仍詔汝礪疾速赴部供職。

癸未，閏八月二十七日。汝礪又言：臣累奏乞特加貶逐，不敢赴部供職，詔令疾速赴部供職。臣不肖，既自失厥職，更以愚誠上瀆至三至四，慄然震懼，寢食幷廢。臣伏念人臣之視其君，其尊則天地也，其親則父母也。萬物無所逃於覆載，人子不可一日去其親。若夫愚懦不得其官，鄙固或病厥事，則下不敢自安，上亦無所用矣。再念臣罪戾餘生，加以病疾，冒恩就職，必不克濟。惟皇帝、太皇太后天地父母，哀而憐之，投諸冗散，使得自省，改畀賢才，典司邦憲，庶能奉法守，以稱二聖好生之德。臣雖屏廢，蓋猶有補。臣終不敢赴部供職，見居家聽候指揮。伏乞檢會累奏施行。貼黄稱：臣頃以罪戾出知徐州，後蒙恩賜還，戴天履地，未報萬一。復此失職，理當自劾，使臣稍可以處，何敢至於三四，不恭爲罪。臣且自知將致人言，復污邦憲，惟祈矜恤，卽賜允從。後六日，詔汝礪改禮部侍郎。九月四日改禮侍，今幷書。曾肇誌汝礪墓云：自禮部徙刑部，會有具獄，執政以爲可殺，汝礪以爲當貸，而執政以特旨殺之。汝礪執不下，執政怒，舍汝礪而罰其屬。汝礪言，奉制書而有不便，許論奏，法也，且非屬罪，自劾請去，章四上。御史亦助之言，遂幷屬免罰。汝礪猶未出，再徙禮部，賜告其家。御史助言，幷其屬免罰，當考詳增入。劉摯謂汝礪、純禮壞法惠姦，蓋猶指此事。

宋・李燾《續資治通鑑長編》卷四七一 〔宋哲宗元祐七年三月〕己亥，疎決在京幷府界繫囚，雜犯死罪已下第降一等，至杖釋之。王巖叟云聖意必在十六日施恩，以月食之變也，然不明諭。

宋・李燾《續資治通鑑長編》卷四七五 〔宋哲宗元祐七年七月〕丁亥，詔：諸獄案內，有駁勘及合取單狀，或議稟刑名而定斷未得者，並大理所斷刑名未當合退送者，其同案不相干礙之人，並先次定斷。

又 〔宋哲宗元祐七年七月〕戊申，詔應赦前鞫公事諸處申乞不原赦恩，或官司故作拖延，若被勘之人逃亡，並令刑部候案到取旨。

宋・李燾《續資治通鑑長編》卷四七七 〔宋哲宗元祐七年九月〕戶部

言：　本部假日，諸處申解公事，並送廂寄禁，至假開日方押赴部勘斷。其間甚有情法至輕而偶假，故連繫禁至五七日，頗爲未便。今欲乞假日輪本部官一員午前入省，輪推司、杖直各二人直日，杖以下罪事非追究者聽決。遇本省官當宿日，只令宿官以時入省斷遣。其省曹官吏，畏避諸處問難，點檢多務因循，不卽結絕，亦不恤小罪，非理淹留。如許施行，其顯有推避，不卽結絕，亦乞約束。從之。

宋・李燾《續資治通鑑長編》卷四七九〔宋哲宗元祐七年十二月〕詔：應獄死罪人，歲終，委提刑司，在京委御史臺取索，具姓名、罪犯報刑部，數多者申尚書省。

宋・李燾《續資治通鑑長編》卷四八〇〔宋哲宗元祐八年正月〕監察御史黄慶基言：　右廂無故收禁前知遼州榆社縣唐愨，因衝開封府判官趙越節，令廂巡收付右廂。愨身爲命官，借使有罪當按，猶須三問不承，方得追攝。今以衝節便送所司監管，經宿方得釋。越爲人臣，敢擅威福，實駭衆聽。詔令戶部鞫之。

宋・李燾《續資治通鑑長編》卷四八二〔宋哲宗元祐七年三月〕臣僚上言：　今者春務方興，農桑維時，而愚民陷罪者衆，宜隨輕重決遣，以赴耕耘之業。請非灼然要切事，不得妄有追擾。其獄事須證逮者，立遣。從之。

宋・李燾《續資治通鑑長編》卷四九三〔宋哲宗紹聖四年十一月〕詔京東西路提刑李昭玘、檢法官趙紘，各罰金二十斤。以申請刑名不當也。

又〔宋哲宗紹聖四年十一月〕大理寺請立京城及外州縣舍匿逃歸配軍法；　應蠱毒呪詛，奏案略説事情，元案上尚書省。並從之。

又〔宋哲宗紹聖四年十一月〕又言：　官司承告彊盗，其行移公文，不得開具告人姓名，仍州縣每季檢舉曉示。從之。

又〔宋哲宗紹聖四年十二月〕大理寺言：　近敕皇城門以内竊盜者，並依京城竊盜常法加等，及遞增遠配，仍立奏裁法。緣犯在禁庭，合奏稟，欲乞應有似此犯盜罪人，並依本寺自來請實例，約定刑名，封入奏斷。內情法不稱，或事體稍重者，仍從本寺別行聲説取旨。從之。

又〔宋哲宗紹聖四年十二月〕乙亥，大理寺言：　外州軍人逃亡於京畿，首告者，除犯死罪及強盜或殺人罪不至死，并元係凶惡及死罪貸命充軍，不以今犯輕重，並從本府斷遣外，餘據所招罪先犯次斷決訖，具錄情款、合用條格，并所斷刑名，牒送元逃處勘鞫，依法施行。如勘鞫得不實，其已決之罪，並不在通計之限。已上未至本所，逃走於京城內及畿縣捕獲者，並杖一百。從之。

又〔宋哲宗紹聖四年十二月〕吏部言：　盜應備賞，而犯人無財產，或不足者，徒伴并知情干繫應罪人均備。從之。

宋・李燾《續資治通鑑長編》卷四九四〔宋哲宗元符元年正月〕刑部言：　疑難公案合奏巡白者，押劄子後，請限三日內納到部稟議，本部限二日內與決行下。如合詣都省巡白，卽再限二日錄元劄子赴部，限二日納都省候報到，限二日詣都省稟決。已上每兩件加一日。從之。

又〔宋哲宗元符元年正月〕金部員外郎吴君丞言，乞造僞鈔者，許同犯人告首，仍支賞。從之。

宋・李燾《續資治通鑑長編》卷四九七〔宋哲宗元符元年四月〕大理寺言，應奏斷公事，乞依開封府專條，不許諸處取索。從之。

宋・李燾《續資治通鑑長編》卷四九九〔宋哲宗元符元年六月〕尚書省言：　大理寺修立到，大辟或品官犯罪已結案，未錄問，而罪人翻異，或其家屬稱冤者，聽移司別推。若已錄問而翻異稱冤者，仍馬遞申提刑司審察。若事不可委本州者，差官別推。從之。

宋・李燾《續資治通鑑長編》卷五〇〇〔宋哲宗元符元年七月〕詳定一司敕令所言，乞刪去因強盜殺人者不用犯時不知律敕條。從之。

宋・李燾《續資治通鑑長編》卷五〇一〔宋哲宗元符元年八月〕大理寺又言：　訴訟不可施行者，並曉示于都門，限五日勾收。經曉示後人又陳狀，依前詞理送所屬告示，仍取知委連申，經取知委後來依前更陳述者，卽送所司取勘施行。從之。

宋・李燾《續資治通鑑長編》卷五〇二〔宋哲宗元符元年九月〕辛酉，御史中丞安惇言：　請自今開封府、大理寺上殿公事，不得輒乞不結案審錄及不覆奏。如違，雖允所請，其元奏官並行責罰。其刑名乞下刑部大理寺立法。尚書右司言：　應勘罪具獄，乞依條差官審錄。若係機密，卽令所差官或差親近臣僚並就勘所審錄，仍取責不得漏泄文狀入案。從之。

宋・李燾《續資治通鑑長編》卷五〇七〔宋哲宗元符元年三月〕己巳，詔稍愆時雨，竊慮刑獄淹延枝蔓，在京委刑部郎中及御史一員，開封府界令提點諸路案此處原本註闕文。兩州軍令監司分頭點檢催促結絶見禁罪人。

宋·李燾《續資治通鑑長編》卷五〇八　〔宋哲宗元符元年四月〕右正言鄒浩奏：伏惟京城久愆雨澤，兼聞諸路亦頗旱乾，竊恐農事失時，向去民間闕食，軍儲邊計所係者大。昔漢東海郡特以孝婦一獄不實，致枯旱三年，後因于公辨直其事，天立大雨，歲以豐熟。臣觀陛下丕承先烈，欽恤庶獄，誠堯舜之用心，然中外攸司未必人人悉能推廣德惠，匹夫匹婦一有枉濫，未足以感復至和，又況囚係淹延，追逮紛擾，多失其所者乎！望降睿旨，申飭中外，分委監司，亟行疏放，庶幾獄無滯冤，必有感格，上副陛下憂卹元元之意。

又　〔宋哲宗元符元年四月〕丁亥，以時雨稍愆，疏決在京及河南。應天、大名府繫囚，雜犯死罪已下，第降一等，至杖釋之。

宋·李燾《續資治通鑑長編》卷五一二　〔宋哲宗元符元年七月〕詔：當此盛暑，刑獄慮有淹延，在京令刑部郎中、開封府界令提點提舉司、諸路令監司催促結絶；見禁罪人，內干照及事理輕者，先次决遣。仍先具起發月日申尚書省。

宋·熊克《中興小紀》卷二八　右正言万俟卨論淮北宣撫司范直方怯懦沮師。丁亥，上曰：陛黜必明，當其功罪，可鐫職與遠小監當。初直方之行，上寵以列卿，賞賚優渥，至是出於威斷，勸沮若此，臣下孰敢不奮勵而赴功也。

臺臣論信州守臣劉岑：歷守三郡，妄費官帑以市私恩。己丑，上曰：朕於軍興調度，尚恐有傷百姓，其可以無名之費，重困吾民，乃詔重貶之。

是月，臨安府居民遺火，延燒省部官舍。朱勝非《閒居錄》曰：初上駐蹕應天，堂饌頓減。至維揚又減。至餘杭又減。宰執每員，日用二千有奇，僅備一食。紹興四年，趙鼎以元樞爲川陝荆襄都督，須錢七百萬緡，有旨半與之。兩浙轉運司臨安府，又取二萬緡。行有日矣，會鼎拜相，因淮上用兵，遂以三百萬緡，入三省激賞庫。先是建炎初，御營使置激賞庫，銀百星錢千緡爲一料。畫旨支降，傳充軍書警奏閒探之費。其後司廢，庫存隸於三省，內結諸宦，外交諸將，首尾五年，御史謝祖信論鼎章內一事云：盜官錢八十萬緡。蓋此錢也。秦檜繼相，用術尤精。九年，金人歸河南故地，檜託言計備使禮，凡常賦之入，多歸此帑，歲時所獻，日月增厚，而錫賚便蕃，權勢熏灼。綫履每兩二十餘緡，月至數兩，至是庫金出入，輕於州郡公庫矣。用度既廣，賦入不繼。十年，下令云：舉兵驅敵，須備犒賞，計畝率錢，徧天下五等，貧民無得免者，所斂號激賞而賀未嘗舉百姓尤以爲怨。十一月，火作，首焚三省，庫中所積，一夕而盡，不復根治，悉行除破。蓋侵取既多，見物無幾，幸火以滅迹，無復稽考者也。

宋·李心傳《建炎以來繫年要録》卷六三　初，惠州獄囚黄四等七人，有司以爲强盜當死。司士曹兼管左推勘公事孟師尹録，問駁正無罪。及是上聞之，特遷右宣教郎知營道縣。既而，有司言：師尹嘗平反死囚五人。復命遷一秩。

宋·李心傳《建炎以來繫年要録》卷六七　壬辰，川陝等路宣撫處置副使王似言：川、陝諸州應奏獄案，乞用便宜指揮，酌情斷下。如張浚例。許之。

宋·李心傳《建炎以來繫年要録》卷七一　監察御史魏矼言：大理獄囚已上未報者八十餘人。詔：刑寺官就刑部早入昏出，限三日聚斷上省。

宋·李心傳《建炎以來繫年要録》卷七二　〔七月〕，詔宣州奏檀偕殺人疑慮獄案，令刑部重別議斷申尚書省。偕倬兄也，先是有葉全三者，盜其窖錢，偕令耕夫阮授阮捷殺全三等五人，棄屍水中，當斬，屍不經驗，奏裁。詔授捷杖脊流三千里。偕貸死，決杖配瓊州。孫近爲中書舍人言：偕殺一家五人，雖不經驗，而證佐明白，別無可疑。貸宥之恩，止及一偕，而被殺者五人，其何辜焉？乃命重別擬斷，始近之提點浙東刑獄也。紹興民俞富因捕盜而併斬盜妻，近奏富與盜別無私讎，情實可憫，詔貸死。去年三月戊寅故法寺援之。近言：富執本縣判狀，捕捉劫盜，殺拒捕之人，并及其妻女。而偕私用威力，拘執打縛，被殺者五人，所犯不同。刑部亦言：右治獄近斷孫昱殺一家七人，亦係屍不經驗。法寺爲追證分明，不用疑慮奏裁，何不依列？法寺堅執不移，詔御史臺看詳定奪。今年二月戊子既而侍御史辛炳等言：偕係故殺，衆證分明，又已經委官審問，以近降申明條法，不應奏裁。輔臣進呈，朱勝非言曰：疑獄不當奏而輒奏者，法不論罪。而孫近以宣州有觀望，欲併罪之。上曰：宣州可貸，今若加罪，則後來州郡實有疑慮者，亦不復奏陳矣。乃詔偕論如律，大理寺當職丞評刑部郎官皆贖金有差。進呈在三月甲子今並書之。

宋·李心傳《建炎以來繫年要録》卷七八　〔七月〕癸酉，初命大理寺丞評刊定見行斷例。時議者乞明詔有司，應小大之獄，既得其情，一斷以法。無使一時之例，復預其閒。如有斷刑舊例，法家所援；有不可去者，乞條具申上，付之所司，立爲永法，布示中外，使知所遵守。庶幾刑罰平允，人無冤濫。刑部勘當，自國朝以來斷例，渡江以來，皆已散失。今所引用，多是自建炎以來近例。若建炎以前，皆出官吏省記，閒亦引用。至於進擬案用例。或罪輕而引用重例，或罪重而引用輕例；或有例而不引；無例而彊引，即無監察斷罪指揮。欲乞將本部并大理寺見行斷例，并臣僚繳進元符斷例，裒集爲一，行下大理寺，委自丞評刊定。若特旨斷例，即別爲一書。候成書中送刑部看詳駁正，其不在新書，不得引用。如引用失當，許本部檢察斷罪，上之朝廷，乞頒降施行。故有是旨。

宋・李心傳《建炎以來繫年要録》卷七九 〔八月〕甲午，尚書省言：大理左寺斷刑實議法所在。天下奏獄，皆經取決。其閒刑名實有疑慮者，自丞評以上，次第咨稟，或聚廳會議。如各執所見，本寺不能從，不免巡白刑部。本部即合依公與決。如不能決，方合上省。舊來每歲之閒，不過三五件，其所稟讞，並是議論精確，適合情法。可爲規例。近來法寺畏其疏駁，全不任責。丞評謾各立說，卿正以次隨而書之，次第上之朝廷，坐待處分，方行擬斷。遂至往復，淹延刑禁。詔刑寺自今獄案，如刑名輕重。委有疑惑，即依例巡白。令刑部與決行下，又不能決，聽上都省。若有妄作疑難，立議不當之人，當議黜責。

宋・李心傳《建炎以來繫年要録》卷八五 〔二月〕左朝奉大夫新知建州鄭彊特遷左朝請大夫。彊前守汀州，會寧化縣案囚，當死者十人，知縣事楊耆年以獄上，彊案得冤狀，悉破械縱去，刑部侍郎胡交修言縣令爲民父母，而殺無罪十人，儌幸進秩，不重寘典憲，無以塞天下之怒。詔重黜耆年，進彊二秩。

宋・李心傳《建炎以來繫年要録》卷一二一 〔八月〕權禮部侍郎兼侍講張九成兼權刑部侍郎，先是刑部吏斷天下死囚不以情，自九成莅職，有情輕免死甚衆。一日，法寺以成案上大辟，九成閱始末，得其情，因請覆實，囚果誣服者也。奏上黜之，時法官抵罰，而朝論欲以平反爲賞。九成辭曰：職在詳刑，而賣衆以邀賞，可乎？此以九成行逮修入。刑部題名，九成權侍郎，在此年而無其月然已繫兼侍講銜。九成兼經筵，在八月丙寅，故且附月末俟考。

宋・李心傳《建炎以來繫年要録》卷一四〇 〔五月〕資政殿學士知泉州富直柔提舉臨安府洞霄宮，先是州之錄事參軍，誤以流罪囚陳翁進爲死罪囚，陳翁進既論決矣。直柔乃自劾，上以大臣不問，但劾其官吏。直柔慚懼，力請奉祠。言者論之，詔提刑司取勘。

宋・李心傳《建炎以來繫年要録》卷一四四 〔二月〕丁亥言者請自今鞫獄，必差經任人。上曰：文學、政事，在孔門中自是兩科。今士方離科舉，未親民事，遽使之鞫獄，安能盡善也？其從之。

又 〔三月〕左承議郎江南東路提點刑獄公事陳確追二官勒停。先是言者劾宣城令費介有贓，事下提刑司究實，確言：歲月深遠，無以照驗。言者論，確與介俱爲孫近之黨，故責之。

宋・李心傳《建炎以來繫年要録》卷一五九 〔六月〕辛未，刑部員外郎章壽面對，論州縣推鞫追逮干證之弊。詔申嚴行下。

宋・李心傳《建炎以來繫年要録》卷一六〇 〔八月〕癸酉，大理正元龜年面對，乞自今諸州奏案內，有不該留禁待報人，並先次責出。詔刑部看詳。

宋・李心傳《建炎以來繫年要録》卷一六八 〔六月〕左朝散郎知沅州李景山罷。景山與通判丁濤交惡。判官鞏崇聞之，遂興獄。連逮數百人。時方盛暑，有繫死者。荆湖北路提點刑獄公事楊椿言止係守貳不和，互相論告，乞罷此三人而釋其衆。詔如所請。秦檜喜曰：部使者不當如是耶。熊克小麻，載此事於去年六月末。蓋誤。

宋・李心傳《建炎以來繫年要録》卷一六九 〔十月〕乙酉，右正言張扶言：謹按右承議郎張祁，本農家子。緣其兄邵奉使，遂叨一命，乃私犯其嫂，以至有娠。於蓐中陰殺以滅口，胡寅從而庇之。邵歸，因此失心，不復視爲兄弟。前此孝祥新第而歸，終不敢往見。且寅之爲人，凶悖險詐，專事脇持。范宗尹、趙鼎之徒，畏之如鬼。雖在謫籍，其勢力猶可以造張祁父子之大福，又能使舉世不敢言祁，此其力不小。若不治之，則輕儇之徒，觀望胡寅，雖不附麗，一朝爲國生事，悔之無及。臣身任言責，豈敢避忌，不爲國家遠慮，伏望付於有司，正其罪名，以快天下公論。詔大理寺根治。

宋・李心傳《建炎以來繫年要録》卷一七九 〔五月〕禮部請陞朝官以上，經恩合陳乞服色。雖犯私罪，徒而用官，或蔭減及會赦降，理爲私罪杖笞之人，情理稍重者，竝與放行服色。從之。

宋・王應麟《玉海・紹興刑名斷例》 紹興三年正月乙丑，手詔曰：廷尉，天下之平也。曹劌謂小大之獄，雖不能察，必以情，爲忠之屬也，可以一戰。可布告中外，爲吾士師者，各務仁平，濟以哀矜。天高聽卑，福善禍淫，莫遂爾情，罰及爾身。置此座右，永以爲訓。臺屬憲臣常加檢察，月具所平反刑獄以聞。三省歲終鉤考，當議殿最。四年七月癸酉，初命大理丞評，刊定見行斷例。刑部言：國朝以來，斷例皆散失，今所用多是建炎以來近例，乞將見行斷例，并臣僚繳進元符斷例哀集爲一。若特旨斷例，則別爲一書。九年十月戊寅朔，命評事何彥猷等編集《刑名斷例》，刑部郎張柄等看詳。二十六年九月二十九日戊辰，臣僚請以吏刑部例修入見行之法。閏十月一日，刑寺具崇宁、紹興刑名疑難斷例三百二十條。二十七年，吏部尙書詳定，敕令王師心編修，以《紹興刑名疑難斷例》爲名，又以吏部改官例六十二條，修可行者三十條，爲紹興吏部改官申明。十一月二日，從之。《書目》：《熙宁法寺斷例》十二卷，《元符二年刑名斷例》三卷，曾旼等撰，凡四百九條。

慶曆三年三月戊辰朔，詔刑部大理寺集斷獄編爲例。

漢之公府，則有辭訟比，以類相從。尙書則有決事比，以省請讞之弊。比之爲言，猶今之例云爾。定而不易者謂之法，法不能盡者存乎人。

宋・鄭克《折獄龜鑒・張允濟》 唐張允濟初仕隋爲武陽令時，道中見一姥種葱，結庵守之，允濟曰：但歸，不煩守此。遇盜，即來告。姥歸一宿而葱大失，允濟召集葱地左右居人，呼令前一一聽之，遂得盜葱者。舊出《唐書》本傳。

按：《周禮》以五聲聽獄訟，求民情。一曰辭聽，觀其出言，不直則煩；二曰色聽，觀其顏色，不直則赧；三曰氣聽，觀其氣息，不直則喘；四曰耳聽，觀其聽聆，不直則惑；五曰目聽，觀其顧視，不直則眊。允濟召集葱地左右居人，呼令前一一聽之，遂獲盜葱者，蓋用此術也。然其意度頗涉矜衒，非不得已而用之，則異卻雍視盜，察其眉睫之間而得其情者，何以異哉？苟未能使人恥爲盜，不若聽姥守之也。

獄，尤應讚美。

宋・鄭克《折獄龜鑒・辛祥》 後漢辛祥，爲并州平北府司馬。有白壁還兵藥道顯，被誣爲賊，官屬咸疑之。祥曰：道顯面有悲色。察獄以色，其此之謂乎！苦執申之。月餘，別獲眞賊。祥終於安定王燮征虜府長史。出北史辛紹先傳祥其孫也舊集不載

按：後漢法確，爲青州刺史。每行部，錄囚徒，察其顏色，多得情僞。蓋察獄之術有三：曰色，曰辭，曰情。此其以色察之者也。若辭與情頗有冤枉，而迹其狀稍涉疑似，豈可據以爲實哉？苦執申之，理亦應爾。後十二事是也，故附見之云。魏丕初從周世宗鎮澶淵，奏授司法參軍。時有強盜五人，獄具，將伏法。丕疑其冤，因緩刑而察之。不數日，本盜就擒，五人獲免。後事本朝，終於左驍衛將軍。信都郡王德彝，雍熙中判沂州。儒生乙恕，郊居肄業。一旦，有橫尸在舍側，邏者見之，捕恕送官。獄具，將伏法。德彝疑其冤，命別司鞫問，亦如之。因令緩刑以俟。未幾，果獲賊，恕乃得釋。薛奎參政，爲隰州軍事推官。時有民常聚博僧舍。一日，盜殺寺奴，取財去。而博者四人適至，啓戶，濺血汙衣，遽驚走。邏者因捕送官，考訊，引伏。奎獨疑之，請緩其獄。後數日，果得殺人者。唐肅待制，爲秦州司理參軍。時有商人，夜宿逆旅，而同宿者殺人亡去。且起視之，血汙其衣，爲吏所執，不能辨明，遂自誣服。肅爲白其冤，而知州馬知節趣令具獄，肅固持不可。後數日，得眞殺人者。就辟本州觀察推官。杜衍丞相作河東提刑時，上黨民有繼母爲人所殺，或告民殺之，不勝楚掠，遂自誣服。獄既具，衍疑非實，未論決間，果得眞殺人者。已上六事，並見本傳孫沔副樞爲趙州司理參軍時，盜發屬縣，爲捕者所迫，乃棄其刀并所盜贓於民家。後即其家得會飲者十六人，適如其數，捕繫縣獄，掠使服罪，法皆當死。以具獄上，沔疑其枉而留訊之。州將怒，然終不敢決。未幾，得眞盜，州將反喜，謂沔曰：微子，吾得自脫耶！見王珪丞相所撰《墓誌》。凡本朝公卿事，唯載於《國史》本傳者稱名，若墓誌、行狀、雜書、小說所載，則或稱爵，或稱字。此皆以名書之，庶得古今一體；且臨以紹興恤刑手詔，則於禮亦當書名也。

姚仲孫龍學爲許州司理參軍時，民有被盜殺者，其妻言：里胥嘗責賄於夫，不與而怨之。此必盜也。乃捕繫獄，將傳以死。而仲孫疑之，知州王嗣宗曰：若保非盜耶？然亦不敢遽決。後數日，果得眞盜。嗣宗復喜曰：察獄當如是也。改資州。轉運使檄往富順監按疑獄，全活者數十人。程坦國博爲鄆州司戶參軍時，民有執盜者三人，法當死。州趣獄上，坦疑其自誣，輒留更訊之。後果得眞盜。自是，雖他州疑獄，監司必屬坦平決。子戩，爲宣徽南院使，贈太師。見王珪丞相所撰《墓誌》孫廉觀察初隸親事官，後以慈州刺史知滄州。有劫盜，獄既成，廉疑之。謂僚屬曰：我武人也，獄辭固非吾事。然試召某隣里，詢其行止，皆曰此平日跅䟤不事，今以爲盜則非也。後數日，果得眞盜。降詔獎諭。

斬宗説館使，初以蔭補三班奉職，監滄州鹽山務。嘗攝縣事，有繫囚，坐殺人，法當死者。宗説疑之。會囚言：母年九十，病。且言：願得一別母而死。宗説惻然，釋縛，令人與俱至其家。既而，更獲眞殺人者。劉緯大鄉，知邢州。屬邑有卒死於林中，捕盜者從旁得一人，俾償死。緯疑不實。明日，得死卒戍所移文，乃二人共竊。亟令追獲其一同竊者，考之果服。宋昌言大監知澤州時，有大辟獄具，昌言疑其冤，持之不決，果獲眞盜。已上四事，並見本傳

右十二事，皆以其辭與情察之者也。若靳宗説釋死囚縛，使別其母，非知其冤而然也，但以囚有念母之心而憫之。耳冤狀卒明，出於邂逅，是亦至誠哀矜之效也。其餘審謹不敢遽決，亦因詳緩，每獲辨釋。蓋寧可淹繫以求其實，毋或濫刑以陷於冤，庶協《舜典》欽恤之義也。《易》曰：中孚，君子以議獄緩死。此之謂歟？

宋・鄭克《折獄龜鑑・劉崇龜》 唐劉崇龜，鎮南海。有富商子泊船江岸，見一高門中有美姬，殊不避人。因戲語之曰：夜當詣宅矣。亦無難色，啓扉待之。忽有盜入其室，姬即欣然往就。盜謂見擒，以刃剚之，逃去。富商子繼至，踐其血，滂而僕，聞脰血聲未已，覺有人臥於地，徑走至船，夜解維遁。其家蹤跡，訟於公府。遣人追捕，械繫考訊，具吐情實，唯不招殺人。崇龜視所遺刀，乃屠刀也，因下令曰：某日大設，闔境屠者皆集毬場，以俟宰殺。既而晚放散，令各留刀，翌日再至。乃命以殺人刀換下一口。明日，諸人各認本刀。一人不去，云非某刀。問是誰者？云某人刀。亟往捕之，則已竄矣。於是以他囚合死者爲商人子，侵夜斃之。竄者聞而還，乃擒，寘於法。富商子坐夜入人家，杖背而已。舊不著出處，蓋亦唐人小説所載，今見《新唐書・劉政會傳》後，崇龜其七世孫也。傳辭太簡，故於舊集刪取其要。

按：凡欲釋冤，必須有術。換刀者，迹賊之術也；斃囚者，譎賊之術也。賊若不獲，冤何由釋？故仁術有在於是者，君子亦不可忽也。

宋・鄭克《折獄龜鑑・蔣常》 唐貞觀中，衛州版橋店主張迯妻歸寧。有魏州三衛楊正等三人投店宿，五更早發。是夜，有人取其刀殺迯，卻納鞘中，正等不覺。至曉，店人追及，刀血狼籍，收禁考掠，遂自誣服。太宗疑之，差御史蔣常覆推。常至，追店人十五以上皆集，人數不足，因俱放散，獨留一嫗年八十餘，晚乃令出，密遣獄典覘之，曰：有人共語，即記姓名。果有一人問嫗：使人作何推勘？前後三日，並是此人。捕獲詰問，具服：與迯妻姦殺迯，有實迹。正等乃釋。舊不著出處。當是唐人小説所載，今亡本耳。餘類此者，同。

按：李崇用譎鈎慝，將常用譎察賊，而皆能釋冤，斯無惡於譎也。留嫗事又見譎賊門。

唐韓思彦，使并州。有賊殺人，主名不立。醉者懷刀血污，訊掠已服。思彦疑之，晨集童兒數百，暮出之，如是者三。因問：兒出，亦有問者乎？皆曰：有之。乃物色追訊，遂擒眞盜。見《唐書》本傳。按此亦用譎獲賊而冤乃釋，但不若常獨留一嫗密覘問者爲精審耳，故特附見之也。

宋・鄭克《折獄龜鑑・韋鼎》 隋韋鼎，爲光州刺史。有人客遊，通主家妾。及其還去，妾盜珍物，於夜逃亡，尋于草中爲人所殺。主家知客與妾通，因告客殺之。縣司鞫問，具得姦狀，因斷客死。獄成，上州。鼎覽之，曰：此客實姦，而不殺也。乃某寺僧紿妾盜物，令奴殺之，贓在某處。即放此客，遣人掩僧，并獲贓物。自是部内肅然，道無拾遺。出《南史》《韋叡傳》鼎，其孫也。舊集不載。

按：鼎所以知者，能廣耳目，以察姦慝也。苟不如是，則無以釋疑似之冤矣。夫治民之有耳目也，猶用兵之有間諜也。《兵法》云：非聖智不能用間，非微密者不能得間之實。廣耳目，察姦慝，亦猶是也。不然，則所使察姦慝者，或反爲姦慝矣。王蜀時，有蕭懷武，主尋事團，乃軍巡之職也。所管百餘人，每人各養私名十餘輩，或聚或散，人莫能别，呼之曰狗。深坊、曲巷、馬醫、酒保、乞丐、傭作、販賣、童兒，皆有其徒，民間偶語，無不知者。或在州郡及勳貴家，掌庖、看廐、御車、執藥，公私動靜，即時聞達。於是人心恐懼，自疑肘腋悉其狗也。懷武殺人不可勝數，冤枉之聲滿於内外。郭崇韜入蜀，乃族誅之。見《成都右今記》是使察姦慝而反爲奸惹者也，豈能資耳目之用，釋疑似之冤乎？鼎異於此，故可稱也。

宋・鄭克《折獄龜鑑・蔡高》 蔡高，調福州長溪尉。縣嫗二子漁於海而亡。嫗指某氏爲仇，告縣捕賊。吏皆難之曰：海有風波，安知不水死乎？雖果爲仇所殺，若不得尸，則於法不可理。高獨謂：嫗色有冤，不可不爲理也。乃陰察仇家，得其迹。與嫗約曰：期十日，不得尸，則爲嫗受捕賊之責。凡宿海上七日，潮浮二尸至。驗之，皆殺也，乃捕仇家伏法。高，端

明殿學士襄之弟也。見歐陽修參政所撰墓誌

按：人之冤訴，苦於抑塞。謂不得尸則不可理者，豈非抑塞乎？夫尉以捕賊爲職，苟不恤冤訴，是不勤職業，豈疾惡慕義之士所爲乎！雖然，高受而理之，亦有以也。吏患不得尸，而尸在海者皆隨潮出，第恐不幸潮落他境耳，故與媼約曰：期十日，不得尸，則爲媼受捕賊之責。宿海上七日，而潮浮二尸至，此其至誠勤恤之效也，尾吏所患何足慮，是以卒能伸冤也。

宋・鄭克《折獄龜鑑・蕭貫》　蕭貫兵部知饒州時，有撫州司法孫齊者，高密人，初得嘉州司法，先娶杜氏留里中；更紿娶周氏與抵蜀。罷歸，周氏恚其紿，欲訴於官，齊斷髮誓出杜氏。授歙州休寧尉，得倡陳氏，又納之。代授撫州司法，乃竊取周氏所生子禿禿，合杜氏、陳氏載之撫州。未幾，周氏亦與弟來，欲入據其舍。吏遮以告。齊歸，捽置廡下，出僞券曰：若傭婢也，何敢爾耶！遂與陳氏殺禿禿，瘞寢後。周氏訴於州，不直，訴於轉運使，不聽。久之，以布衣書里姓聯訴事，行乞道上。或教周訴於饒。齊非貫所部，受而行之，轉運使始遣吏按鞫，得實。獄上，更赦，猶停齊官，徙濠州。見曾鞏舍人所撰《禿禿記》

按：冤枉弗釋，非仁也；冤抑弗伸，非義也。仁義之道，並行而不悖者，故於釋冤繼以伸冤也。齊非所部，而貫受訴，豈侵官也？蓋曰天下之惡一也，受朝廷寄委者皆當疾之也，禮所謂無畏而惡不仁者，貫近之矣。不可與代庖人治庖者同議也。轉運使聞其受訴，始遣吏按鞫，豈非有愧於貫而然歟？是於名教不爲無補，故於伸冤首著之也。

宋・鄭克《折獄龜鑑・程琳》　程文簡公琳，知開封府。會禁中大火，延兩宮。宦者治獄，得縫人火斗，已誣服，而下府，命公具案獄。公立辨其非。禁中不得入，乃命工圖火所經。而後宮人多而居隘，其烓竈近版壁，烓竈者，行竈也，字從圭淵圭切歲久，燥而焚。曰：此豈一日火哉！乃建言：此殆天災也，不宜以罪人。上爲緩其獄，卒無死者。公在府，決事神速，一歲中獄常空者四五。見本傳。

按：琳圖火所經處，以辨掠服縫人之非，是也。火發於後宮，而人多居隘，苟欲根治，豈無枉濫？故曰：此殆天災，不可罪人。於是爲寬其獄，豈有冤死者耶！

宋・鄭克《折獄龜鑑・强至》　强至祠部爲開封府倉曹參軍時，禁中露積油幕，一夕火，主守者法皆應。死至預聽讞，疑火所起，召幕工訊之。工言：製幕必雜他藥，相因既久，得濕則燔。府爲上聞。仁宗悟曰：頃歲眞宗山陵火起油衣中，其事正爾。主守者遂傳輕典。亦見《行狀》

按：梁天監中，長沙宣武王將葬，而車府忽於庫失油絡，欲推主者。御史中丞樂藹曰：昔晉武庫火，張華以爲積油幕萬匹必然。今庫若有灰，非吏罪也。既而檢之，果有積灰。時稱其博物宏恕。出《南史樂藹傳》此皆油中火發，非人所致。主者但有守護不謹之罪爾，坐以失火，則爲冤死也。

宋・鄭克《折獄龜鑑・王利》　王利郎中通判滄州時，閱具獄，有帬盜當就死。利察其氣貌非作惡者，密訊之，頗得其冤狀。乃留不決，且索境內。後數日，盡獲眞盜，賴免者七人。見尹朱龍圖所撰墓誌

按：凡察獄者，或以氣貌，或以情理，或以事迹：此三者，皆足以知其冤否也。故以二事附于後云：向傳亮少卿知管城縣時，有殺人者，獄已具。傳亮察其情之非是，將釋而更捕之，佐吏咸以爲不可。後數日，果得眞殺人者。見王珪丞相所撰墓誌此以情理察之者也。余良肱大卿，初爲荆南司理參軍。有捕得殺人者。既自誣服，良肱獨以驗其屍與所用刃疑之，曰：豈有刃盈尺，而傷不及寸？白請詳捕，果獲眞殺人者。見本傳此以事迹察之者也。夫事迹有時偶合，不可專用，當兼察其情理、氣貌，故著此三事。抑又有說焉，治獄貴緩，戒在峻急，峻急則負冤者誣服；受捕貴詳，戒在苟簡，苟簡則犯法者幸免。惟緩於獄而詳於捕者，既不失有罪，亦不及無辜，斯可貴矣。明謹君子，當如是也。

宋・鄭克《折獄龜鑑・高防》　高防，初事周世宗。知蔡州時，部民王又爲賊所劫，捕得五人，繫獄窮治，贓狀已具，將加極典。防疑其枉，取贓閱之，召又問：所失衫袴是一端布否？曰：然。防令校其幅，尺廣狹不同，疎密有異，囚乃稱冤，問：何故服罪？曰：不任捶楚，求速死耳。居數日，獲其本賊，而五人得釋。防後事本朝，終於尚書左丞。

按：防校布，事與許宗裔驗贓術同。然所獲衫袴本非眞贓，若其不幸而疏密、廣狹如一，則奈何？苟於情理有可疑者，雖贓證符合，亦未宜處決。雍熙中，邵曄諫議，爲蓬州錄事參軍。知州楊全性率而悍，部民十三人被誣爲劫盗，悉寘於大辟。曄察其枉，白請再劾，不聽。乃取二人棄市，餘械

送闕下。翌日，果獲正盜。全坐削籍爲民。疇賜緋魚，授光祿寺丞。見疇本傳景德中，梁顥內翰知開封府時，開封縣尉張易捕盜八人，獄成，坐流。既決，乃獲眞盜。御史臺劾問得實，官吏皆坐貶責。見當時詔令。此乃但憑贓證，不察情理，而遽決之者也。蓋贓或非眞，證或非實，唯以情理察之，然後不致枉濫。可不鑒哉！可不謹哉！

宋・鄭克《折獄龜鑒・許宗裔》 王蜀時，有許宗裔守劍州。部民被盜，燈下識之，迨曉告官。捕獲一人，所收贓物，唯絲絇、紬線而已。宗裔引問，縲囚訴冤，稱是本家物，與被盜人互有詞說。乃命取兩家繰車，以絲絇量其大小，與囚家車軖同。又問：紬線胎心用何物？一云：杏核。一云：丸子。因令相對開之，見杏核，與囚欵同。於是被盜人服妄認之罪，巡捕吏當考決之辜。指顧之間，便雪冤枉。舊不著出處。驗贓事又見證慝門

宋・鄭克《折獄龜鑒・府從事》 和𡋯載《玉堂閑話》云：近代有人，因行商回，見妻爲人所殺，而失其首。既悲且懼，以告妻族。乃執壻送官。不勝捶楚，自誣殺妻。獄既具，府從事獨疑之，請更加窮治，太守聽許。乃追封內仵作行人，令供近日與人家安厝去處。又問：頗有舉事可疑者乎？一人對曰：某處豪家舉事，只言殂卻妳子。五更初，牆頭舁過凶器，極輕，似無物，見瘞某處。亟遣發之，乃一女子首。令囚驗認，云：非妻也。遂收豪家鞫問，具服：殺妳子，函首埋瘞，以尸易囚之妻，畜於私室。壻乃獲免。

按：此漢乾祐中，王仁裕所說五代時事也。頃聞一事，與此相似，又聞一事，頗亦類此。並附于後：太平州有一婦人，與小郎偕出，遇雨，入古廟避之，見數人先在其中。小郎被酒困睡，至晚始醒，人皆去矣，嫂已被殺，而尸無首。驚駭號呼，被執送官，不勝考掠，誣服強姦嫂，不從而殺之，棄其首與刀於江中，遂坐死。後其夫至廬陵，於優戲場認得其妻，諸伶悉竄，捕獲伏法。蓋向者無首之尸，乃先在廟中之人也。伶人斷其首，易此婦人衣，而攜以去。小郎之冤如此，以無善疑從事故也。然則贓證未明，獄可遽決乎？宣歙間有強盜，夜殺一行旅，棄尸道上，攜其首去。將曉，一人繼至，而踐其血，亟走避之。尋被追捕繫獄，半年不決。有司切欲得首結案，乃嚴督里胥，遍行搜索。會一丐者病卧窖中，即斬以應命。囚亦久厭考掠，遂伏誅。後半年，強盜始敗於儀眞。獄成，騐所斬首，乃瘞於歙縣界。彼里胥之濫殺，與平民之枉死，皆緣有司急於得首以結案也。然則追責贓證，可不審謹乎？此皆政和中事，可爲典獄之戒，故附著之。發瘞事又見《迹賊》門。

宋・鄭克《折獄龜鑑・孔循》 後唐孔循以邦計貳職，權領夷門軍府事。長垣縣有四盜鉅富，及敗，而捕繫者乃四貧民也。蓋都虞候者，郭從韜之僚壻，與推吏、獄典同謀鍛成此獄，法當棄市。循親慮之，囚無一言，領過蕭牆，而乃屢顧。因召問之，云：適以獄吏高其枷尾，故不得言。請退左右，細述其事。即令移於州獄，俾郡主簿鞫之。受賂者數十人，與四盜俱伏法，四貧民獲雪。此蓋和𡋯所聞五代時事。

按：巡捕之吏，或縱盜而捕繫平民以應命，或失盜而捕繫平民以逃責，或求盜而捕繫平民以希賞。若獄吏與之爲市，則冤濫豈可勝言！此在聽者察之耳。孔循所察，乃縱盜而捕繫平民以應命者也。又有三事，失盜而捕繫平民以逃責者，二求盜而捕繫平民以希賞者一：

薛向樞密，提點河北刑獄。時深州武強縣有盜殺人，而奪其財。尉以失盜爲負，捕平人掠服之，置贓於外以符其語。向得而疑之，親引問，直其冤，免死者六人，正其尉故入之罪。見呂大防丞相所撰《墓誌》。此三者，皆與孔循慮囚事類矣。非有他術，俱盡心察情，故能釋冤也。

宋・鄭克《折獄龜鑑・李南公》 李南公尚書提點河北刑獄時，有班行犯罪下獄，按之不服，閉口不食百餘日。獄吏不敢考訊，甚以爲患，訴于憲使。南公曰：吾能立使之食。引出，問曰：吾欲以一物塞汝鼻，汝能終不食乎？其人懼，即食，且服罪。彼蓋善服氣，以物塞鼻，則氣結，故懼。此亦博聞之效也。聞之士林。

按：士大夫不爲誘脅所動者，近於孟子之不動心矣。彼有負犯，則豈能然？斯可反而用也。故鞫情之術，有在於是者。陳表破械，是誘之也。南公塞鼻，是脅之也。所謂脅之者，不必考掠慘酷也，要在中其忌諱，使之悚然畏服，故於塞鼻之說亦有取焉。

按：士之察獄，苟疑其冤，雖囚無冤詞，亦不可遽決。王晦叔丞相知潞州時，有殺人獄已具，晦叔察情非是，而面訊之。其人自謂不獲眞殺人者無免理，終不自明。僚屬皆言無足疑。固留不決，而密以物色捕殺人者，得之。作《辨獄記》，以戒理官。見尹洙龍圖所撰《神道碑》。此其終不自明，與僧云無可言者類矣。而皆不敢遽決，卒能獲賊釋冤，豈非盡心矜謹之效歟！

宋·鄭克《折獄龜鑑·王璥》 唐貞觀中，左丞李行廉弟行詮前妻子忠，烝其後母，遂與潛藏，云敕追入內。行廉不知，乃以狀聞，朝廷推詰甚急。後母詐以領巾勒項卧街中，長安尉詰之，云：有人詐宣敕喚去，一紫袍人見留數宿，不知姓名，因勒送街中。縣尉王璥令并其子引就房推問，不服。璥先令一胥伏於案下，又令一胥走報云：長史喚。璥倉皇鎖房門去。於是母子相謂曰：必不得承。復有私密之語。璥至開門，案下之人亦出，母子大驚，並服其罪。舊不著出處。

宋·鄭克《折獄龜鑑·陳樞》 陳樞都官初爲宣州旌德令時，繁昌有大姓殺人，州縣不能正其罪，監司徙其獄屬樞。乃驗治僮客，盡得其隱伏，殺人者論死。人以爲盡其情。見曾鞏舍人所撰《墓誌》

按：鞫情之術，有正，有譎。正以覈之，陳樞是也。譎以擿之，王璥是也。術苟精焉，情必得矣。恃考掠者，乃無術也。

宋·鄭克《折獄龜鑑·寇平》 寇平少卿知淮陽軍。始至，會獄有繫囚，當殊死。疑未得實，而更訊之，果爲吏所誣。囚且釋，吏僅得減死。衆相戒敕，不敢爲欺。見王珪丞相所撰《墓誌》

按：勸與平所以辨誣，不得之其辭，則得之其情也。明可知矣！是故造誣者懼焉，被誣者懷焉，皆其盡心察獄之效也。

宋·鄭克《折獄龜鑑·魏濤》 魏濤朝奉，知沂州永縣。兩仇鬬而傷，決遣，而傷者死。濤求其故而未得，死者子訴於監司。怒有惡語。濤歎曰：官可奪，而囚不可殺。後得其實，是夕罷歸，騎及門，墜而死。鄰證既明，其誣乃辨。見陳師道正字所撰《墓誌》

按：此蓋死者子因其常鬬以誣其仇人也。夫鬬而即決者，傷不致甚，法無保辜，今乃誣以傷而死也。且辜限內死，若有他故，唯坐傷罪，彼騎而墜是他故也可見其傷不應保辜也。濤能求得其實，辨明其誣，可謂盡心矣。景德間，有縣胥醉，與驛卒相毆。夜歸，胥僕於路。或以告卒，地寒恐僵。死卒往視之，則已死矣。里胥執送官，以爲毆殺人，其實寒凍死也。卒之母訴於州，又訴於朝，皆反得罪。真宗以此喻宰臣，令謹擇刑獄之官。若鬬傷者不遇魏濤，則驛卒何以異哉？其能盡心，亦足爲賢也。

宋·鄭克《折獄龜鑑·程戡》 程戡宣徽，知處州。民有積爲仇者，一日，諸子私謂其母曰：今母老且病，恐不得更壽，請以母死報仇。乃殺其母，置仇人之門，而訴於官。仇者不能自明，而戡疑之。僚屬皆言理無足疑，戡曰：殺人而置其門，非可疑耶？乃親劾治，具得本謀。見王珪丞相所撰《墓誌》

宋·鄭克《折獄龜鑑·蘇渙》 蘇渙郎中知衡州時，耒陽民爲盜所殺，而盜不獲。尉執一人，指爲盜。渙察而疑之，問所從得，曰：弓手見血衣草中，呼其儕視之，得其人以獻。渙曰：弓手見血衣，當自取之以爲功，尚何呼他人？此必爲姦。訊之而服。他日，果得真盜。見蘇轍門下所撰《墓誌》

按：辨誣者或以情理察之，程戡是也，或以辭理察之，蘇渙是也；皆可謂之明矣。然陸廣校理知導江縣時，盜入民家，尉誣一人，執以詣縣。廣視而言曰：非也。釋之。尉力爭，衆亦疑，終不聽。後果獲真盜。見王安石丞相所撰《墓誌》此何以知之？蓋廣能布耳目，察民事，而先知尉所執非盜，則不必如渙問所從得也。衆既莫曉，故亦疑焉。至於獲真盜終不以語人，蓋布耳目，察民事者，不可使衆皆知也。

宋·鄭克《折獄龜鑑·方偕》 方偕大卿爲御史臺推直官時，澧州逃卒與富民有仇，誣以歲殺人十二祭磨駞神。逮捕繫獄，而久不決，詔偕就鞫之。偕命告人疏所殺主名，尋訪考驗，尚多無恙，事遂辨白。見《天聖名臣傳》

按：王珪丞相撰《唐介參政墓誌》言：介爲岳州沅江令，按《宋史·唐介傳》，介爲平江令，斷李氏事，今書中作沅江令。考《地理志》，《岳州》有平江縣。沅江本隸常德乾道中始割隸岳州。介係仁宗時人，當從《宋史》作平江令。州民李氏有鉅貲，吏數以事動之，既不厭所求，乃言其家歲殺人祠鬼。會知州事孟合喜刻深，悉捕繫李氏家無少長，榜笞久，莫伏。以介治縣有能名，命更訊之。介按劾無他狀。合怒，以其事聞朝廷。詔遣殿中侍御史方偕，徙其獄于澧州。已而，不異介所劾。其後州吏皆坐罪去，偕以活死者得官。介終不自言。此與章頻驗治偽券，而黃夢松擢用類矣。皆篤厚君子也。頻事見《察姦門》。然則誣告者非澧州逃卒，而富民乃岳州人，特徙其獄於澧州鞫之耳。且偕是時不爲推直官也。《名傳》所書，不若此誌本末詳備，殆未得其實歟？惟使告人具疏主名，辨誣之術，有足取者，故特著之。

宋·鄭克《折獄龜鑑·王長吉》 江南提點刑獄王長吉等言：南安軍上猶縣僧法端、守肱，忿漁人索魚直，誣以行劫，賂縣胥，集耆保，掩捕其家，四人遭殺，三人被傷，以殺獲劫賊告於官。縣尉驗尸，受賕，隱其縻縛之迹。

縣令覆視，老眊，又爲典吏所罔。本軍劾得實，僧皆坐生死，餘當原赦。請理巨蠹，以其狀聞。詔：縣尉杖脊，配道州衙前；縣令貶文學參軍；餘配廣南者十五人。以僧私田給漁者家。見祥符九年詔令

按：僧誣漁者，本非難辨，庸吏漫不省察，姦吏相與爲市，故如此耳。長吉劾正其罪，雖已無及，然猶愈於縱惡不治。特著于篇，庶可鑒也。

宋・鄭克《折獄龜鑒・趙抃》 趙抃參政，初爲武安軍節度推官。有僞造印者，吏皆以爲當死。抃獨曰：造在赦前，用在赦後。赦前不用，赦後不造，法皆不死。遂以疑讞之，卒免死。一府皆服。見蘇軾端明所撰《墓誌》

按：劫禁物，造僞印，其論以法，有不當死而用法者或處死焉，是枉濫也。則如曾與趙者，可謂明且謹矣。昔戴胄參處法意，至析秋毫，此何愧彼哉！

宋・鄭克《折獄龜鑒・馬亮親事官失金楪一事附》 馬亮少保，初以殿中丞通判常州。吏有亡失官物者，械繫妻子，干連數十百人。亮一切縱去，許其自償所負，不踰月而盡輸之。見本傳。按《宋史》本傳載吏民有因緣亡失官錢，籍貲猶不足償。與書中所云異。

按：丁謂丞相說：眞宗朝，因宴，有親事官失卻金楪一片。左右奏云：且與決責。上曰：不可。且令尋訪。又奏：只與決小杖。上曰：自有尋訪日限。若限內尋得，只小杖亦不可行也。至尊守法尙爾，臣子理合如何？見《丁晉公談錄》。

宋・鄭克《折獄龜鑒・張詠》 張詠尙書，再知益州。先有百姓，告論官染院大破色料，偸瞞入已，禁四十餘人，前政不能決。詠到，慮問，謂告事者：汝是陳利便人。今一料官物，合使幾何？對曰：使若干。詠曰：甚善。可作利便狀來。判令：今後依所陳利便施行，不得有違。主典各杖六十，餘並放。見李畋虞部所撰《語錄》。

按：染院色料，乃舊例定額，非主典大破。雖有寬剩，豈爲偸瞞，但應言上而不言上，亦不得無罪爾。是故斷杖六十。而干連人悉宥之，蓋以罪不在彼也。吏或苛暴，則將劾大破之罪，理偸瞞之贓，無所不至矣。是安知君子宥過之道哉！

宋・鄭克《折獄龜鑒・蒲謹密》 蒲謹密郎中，初爲萬州南浦令，嘗攝幕。官時廷尉駮州獄失出死罪。謹密以爲：法者，天下共守。今罪於法不當死，不爭則不可。州將曰：可與廷尉爭耶？謹密愈執不奪。及詔下他司議，而卒得不入死，州將始愧服。見曾肇內翰所撰墓誌。

按：古人守法，如張釋之、徐有功，皆與天子爭者也。而謂不可與廷尉爭，繆矣！且苟憚我之爭，則不恤彼之死，豈君子哀矜之義耶？

宋・鄭克《折獄龜鑒・强至》 强至郎中，初爲泗州司理參軍，嘗攝司法事。漕運卒盜官米，獄具，議贓抵死者五人。至言：議贓未應律。州疑其事以奏。而大理寺果糾正如至言，皆得不死。官吏皆被罪，獨至不預。見曾肇內翰所撰行狀。

按：議贓以律，而未應律，蓋於意義有不通也。罪不應死乃抵死焉，則其不講，過亦大矣。是故漢以律爲專門之學，唐寘博士弟子員以講之。盡心君子，亦焉可忽！夫議罪之事，自古甚多，今但略舉二十七條，亦因舊集槩言之耳，其詳幾於《通典》、《會要》，不可悉載也。

宋・鄭克《折獄龜鑒・孫沔》 孫沔副樞，知杭州。有匃者，左臂無一手，右臂唯兩指，盜細民鑊，相競至庭。匃者舉臂泣曰：細民誣我！無指之人，豈能盜鑊？沔即然之，叱細民出，撫勞匃者，因與其鑊。始弗能受，再三安慰。匃者不知其計也，以指撮鑊，徐以臂舉，戴於首而去。沔追還，斷其指，令於市。見近時小說。

按：懲惡之事，本非中道，不得已而爲之。論卒法外者，謂不如是無以安衆心，也事體所繫大矣，則其爲此驚讐群姦，於理或可也。匃者盜鑊，事極微末，譎得其情，法外刑之，亦何忍哉？此世俗所誇以爲嚴明，而君子不取者也。特著其事，且辨其義，庶懲惡得以鑒焉。

按：曾孝序資政，知秀州。有婦人訟子，指鄰人爲證。孝序視其子頗柔懦，而鄰人舉止不律。問其母，又非親。乃責鄰人曰：母訟子，安用爾！爲事非涉己，因幷與其子杖之。聞者稱快。蓋以繼母私鄰人，而忌其子間之，故致訟。見近時小說。鄰人與道士類矣，然彼教寡婦訟其子以死罪，故殺之；此教繼母訟其子罪不至死也，故杖之而已。雖輕重有異，其懲惡一也。覘婦，責鄰二事，又見察姦門。

宋・鄭克《折獄龜鑒・向綽》 向綽郎中知鄆州，陽穀縣有土豪殺人，而遺其妻金，以故久不發，綽密得其狀，一日悉逮捕至庭下，而人莫知也，訊之服罪。見王珪丞相所撰墓誌。

按：土豪殺人而遺其妻金，與夫被人殺而受其仇金，皆爲姦者，不可不察也。若容其幸免，則愈無忌憚，強者害政，弱者傷教，無所不至矣。此君子所疾，故察而治之，不少貸也。

宋・鄭克《折獄龜鑒・張昇》 張昇丞相知潤州，有婦人夫出，數日不歸，忽聞菜園井中有死人，即往視之，號哭曰：吾夫也。遂以聞官，昇命屬吏集鄰里，就其井驗是其夫否？皆言井深不可辨，請出尸驗之。昇曰：衆皆不能辨，婦人獨何以知其爲夫。收付所司鞫問，果姦人殺其夫而與聞其謀也。見沈括《內翰筆談》。

宋・鄭克《折獄龜鑒・孫長卿》 孫長卿侍郎，知和州。民有訴弟爲人所殺者，察其言不情，乃問：汝戶幾等？曰：上等也。汝家幾人？曰：唯一弟與妻子耳。長卿曰：殺弟者兄也，豈將併有其貲乎？按之，果然。見王珪丞相所撰《墓誌》。

按：姦人之匿情而作僞者，或聽其聲而知之，或視其色而知之，或詰其辭而知之，或訊其事而知之，蓋以此四者得其情矣。故姦僞之人莫能欺也，然苟非明於察姦之術，則亦焉能與於此哉！

宋・鄭克《折獄龜鑒・張保雍》 張保雍刑部，知漢州。四卒夜叩府，告禁兵兩營變，佐使駭懼，保雍徐出，械四卒掠之，趣作誣狀，狥兩營。至明，鞫得實，乃四卒與伍中謀，幸授己甲，因白以叛。遂及同謀者九人棄之市。見曾鞏舍人所撰《神道碑》。

按：保雍所以察其爲姦者，軍若已變，則告者何獨四卒？軍若未變，則何用夜叩府告？其械而掠之，趣作誣狀者，蓋慮軍情因此不安，欲狥兩營也。此不惟善察姦，抑亦善處事矣。王晦叔丞相，知益州。有卒夜告其軍將亂。晦叔覆狀，立辨其僞，而斬之。與此事頗相類故，附著焉。見尹洙龍圖所撰《神道碑》。

宋・鄭克《折獄龜鑒・裴均》 唐裴均鎮襄陽，部民之妻與其鄰通，託疾謂夫曰：醫者言食獵犬肉即差。夫曰：吾家無犬，奈何？妻曰：東鄰犬常來，可繫而屠之。夫用其言，以內餉妻，鄰人遂訟於官。收捕鞫問，立承，且云：妻所欲也。均曰：此乃妻有外情，躓夫於禍耳。追劾之，果然。妻及姦者皆服罪，而釋其夫。舊不著出處。

按：柳宗元說，河間淫婦託疾，令其夫夜召鬼解除，即使人告其夜祠，呪詛不道，吏訊驗，笞殺之。與屠犬者類矣。均能察其姦，斯亦可稱也。

宋・鄭克《折獄龜鑒・李至遠》 唐李至遠，爲天官侍郎，知選事。疾令史受賄謝，多所黜易，吏肅然斂手。有王忠者，被放，吏繆書其姓爲士欲擬訖增成之。至遠曰：調者三萬，無士姓，此必王忠也。吏叩頭服罪。出唐書李素立傳。至遠，其孫也。舊集不載。

按：善察姦者，吏不能欺，至遠是也。雖然小人爲姦，亦頗難防。包拯副樞知開封府，號爲嚴明，有民犯法，罪當杖脊，吏受賕，與之約曰：今見尹，必付我責狀。汝苐號呼自辨，我與汝分罪，汝決杖，我亦決杖。既而拯引囚問畢，果付吏責狀。囚如吏言，分辨不已，吏大聲訶之曰：但受脊杖出去，何用多言。拯謂其招權，捽吏於庭，杖之十七，特寬囚罪，止從杖坐，以折吏勢。不知乃爲所賣，卒如素約。見筆談此蓋防其招權，不防其見賣也。大抵察姦不可有意，吏果招權，杖之可矣，矯枉過正，遂寬囚罪，爲彼窺測，以至見賣，失在有意折吏之勢也。然則善察姦者，可不鑒於此哉。

宋・鄭克《折獄龜鑒・薛向》 薛向樞密，初爲京兆府戶曹參軍，兼監商稅，有賈人過稅務，出銀二篋，書其上，曰：樞密使遺涇原都監。向曰：此必僞也，豈有大臣餉人物，乃使賈人致之耶？執詣府治之，果服詐。見呂大防丞相所撰《墓誌》。

宋・鄭克《折獄龜鑒・薛儀》 薛儀殿丞通判渭州，守將五人不能謹廉，大吏郝正把其陰事，招權受賂，人莫敢詰，儀請治之。將內窘，以情告，儀曰：止欲去惡吏，必不使及君。將即移疾。儀攝州事，乃發正私出塞市馬，收案伏法，將不染於辭，深德之。見司馬光丞相所撰墓誌。

按：君子之懲惡不必皆於法外誅戮也，若豪猾之人恣爲姦利，莫敢治之以法，而獨以法繩之，亦足以懲惡矣。故著此二事，使折獄者以爲鑒也。

宋・鄭克《折獄龜鑒・趙廣漢》 漢趙廣漢，爲穎川太守，吏俗朋黨，廣漢患之，廣使其中可用者受記，出有案問，既得罪名，行法罰之，廣漢故漏泄其語，令相怨咎。又教吏爲缿筩，及得投書，削去主名，而託以爲豪桀大姓子弟所言。其後強宗大族家家結爲仇讎，姦黨散落，風俗大改。吏民相告訐，廣漢得以爲耳目，盜賊以故不發，發又輒得。一切治理，威名流聞。出漢書本傳，舊集不載。

按：吏俗朋黨，壅蔽爲姦，則太守勢孤，而爲衆所制矣。是故廣漢以受記、案問、投書、告訐之事，破壞其黨，使之散落，然後用爲耳目，督察盜賊，而皆畏戢，乃可治理。察姦之術，有在是者，故特著之也。

宋・鄭克《折獄龜鑑・尹翁歸》 漢尹翁歸，爲東海太守。郡中吏民賢不肖，及姦邪罪名盡知之。縣縣各有記籍。自聽其政，有急名則少緩之，按名字原本誤作召，披籍上原本脫輒字皆據本傳校正吏民少解，輒披籍。縣縣收取黠吏豪民，案致其罪，高至於死。收取人必於秋冬課吏大會中，及出行縣，按中字原本脫去亦據本傳改不以無事時。有所取也，以一警百，吏民皆服，恐懼改行自新。出《漢書》本傳，舊集不載。

按：趙廣漢使吏民相告訐，乃得以爲耳目；翁歸所以盡知吏民賢、不肖及姦邪罪名者，何也？傳稱：廣漢爲人強力，天性精於吏職，見吏民或不寢至旦，尤善爲鉤距，以得事情。郡中盜賊，閭里輕俠，其根株窟穴所。

宋・鄭克《折獄龜鑑・朱壽昌》 朱壽昌中散知閬州，大姓雍子良，屢殺人，挾財與勢，故得不死。時又殺人，賕其里民，使出就吏。獄具，覺其姦，引囚屏左右訊之，囚對如初。壽昌告之曰：爾以死代人，母令有悔。吾聞子良與汝錢十萬，納汝女爲子婦，許嫁其女汝家，有之乎？囚色動。又告之曰：汝且死，書券抑汝女爲婢，指十萬爲傭直，而嫁其女於他人，汝將奈何？囚悟，泣下，乃以實對。立取子良寘於法，一郡以爲神明。見曾肇內翰所撰墓誌。

按：大理評事俟詠爲虢州錄事參軍時，土豪趙寶者殺人，誣其傭，令代死，且賕吏成其獄。詠辨狀，立正之。見尹洙龍圖所撰墓誌。與子良事頗相類也。一賕獄吏使以傭代，一賕里民使以身代，其爲姦等耳。詠能辨獄吏受賕之狀而正其罪，壽昌能探里民受賕之情而得其實，是皆善覈姦者也。

宋・鄭克《折獄龜鑑・呂公綽》 呂公綽侍讀知開封府，有營婦，夫戍未還，夜盜入舍，斷腕而去，主名不立，都人喧言駭異。公綽謂：非其夫仇，不宜快意戕害至此。亟遣馳詰其夫，果獲同營韓元者，具姦狀，伏誅。見王珪丞相所撰墓誌。

按：此蓋知營婦爲人非不良者，故特疑其夫仇戕害之也。既得其事，乃察其實，彼之隱慝，將何所遁，斯可以謂之明矣。

宋・鄭克《折獄龜鑑・胡質》 高柔知竇禮無讎，而與人交錢物所以死也，故察得焦子文。胡質知盧顯無讎，而有少妻，所以死也。故察得李若。夫人之相殺害者，苟無讎恨，若不因財，則必因色。推此二者，足以得其人矣。然所以察之者，皆不過色與辭之間，亦唯聰明，故不可欺也。

宋・鄭克《折獄龜鑑・國淵》 按王安禮右丞知開封府時，或投書，告一富家有逆謀，都城惶恐，安禮不以爲然。後數日，有旨根治。搜驗富家，事皆無跡，因問：魯與誰爲仇？對以：數月前，鬻狀馬生者，有所貸而弗與，頗積怨言。於是密以他事絹馬生至對欵，取匿名書校之，字無少異，訊鞫引伏。此乃用淵覈姦之術者也。見近時小說葛源郎中爲吉水令時，捕與寡婦問語者，驗其對。事已見察姦門。是亦用淵覈姦之術者也。

宋・鄭克《折獄龜鑑・韋皐》 唐韋皐鎮劒南，有逆旅停止大賈，貲貨萬計，因病壽之十隱七八，遂以致富。皐知其事，未及發覺，復以北客蘇延病死，報於府。延太原，人商販蜀川。使驗其簿，已被換易，尋究經過，辭多異同，遂勑店主與同店者立承欺隱，凡數千緡，諸胥分受者二十餘人，悉以付法。由是劒南客免橫死。舊不著出處。

按：陳執方大卿知均州時，漢上舟子，數溺商旅，取貨財，輒以險爲解。執方捕案，悉寘于法。因取近灘數家，除其徭役，使表水險涉者，因此得不橫死。與皐覈姦之術頗同也。見王安石丞相所撰墓誌。

宋・鄭克《折獄龜鑑・葛源》 葛源郎中提點湖北刑獄時，鄂州崇陽大姓與人妻謀殺其夫，而州受賕出之，源使再劾，劾者又受賕，獄如初，而源終以爲不直，其弟訴于轉運使，雖他在事者，亦莫不爲冤，遂親往鞫問，不復置獄，卒得其姦賕狀，論如法。見王安石丞相所撰墓誌。

按：此蓋布耳目，察民事，而先知其爲姦受賕者，故再劾不得其情，而終以爲不直，親往鞫問，然後得之。罪狀既明，議者自服，監司之職當如是也。

宋・鄭克《折獄龜鑑・王延禧》 王延禧朝議，初爲岳州沅江令。歲饑，盜起，親獲十餘人，贓皆應死，法得遷官。延禧歎曰：是皆良民，窮而爲盜。令既無以業之，又利其死，以爲己功，亦何忍哉？諭被盜者悉裁其贓，盜得不死，延禧，王黃州孫也。見曾肇內翰所撰墓誌。

按：《周禮》荒政曰：除盜賊。謂饑饉盜賊多，不可以不除也。延禧親獲十餘人，蓋以此耳。邀功希賞，非其本心，故諭被盜者悉裁其贓，使得不死。夫捕盜之官，利盜之死，譬猶矢人惟恐不傷人其術使之然也。雖遷一官，而殺數人，榮不足言，愧何可勝？君子豈忍爲是哉！若殘民害物，罪不可赦，非窮而爲盜，計贓抵死者，則其獲賊受賞，義在懲勸，君子可以無憾也。延禧所捕，實與此異，故竊歎云爾。折獄龜鑑終於矜謹，惻隱之心，人皆有之，爲物所遷，斯失之矣。故有利人之死爲己之功者，或文致於大辟，或誣入於極典，寧復能存不忍之心，以貸應死之命乎？故著此事矜謹篇末，庶幾覽者有所警焉。

宋・鄭克《折獄龜鑑・宋世軌》　北齊宋世軌，爲廷尉少卿。洛州人聚結，欲劫河，橋吏捕按之，連諸元徒黨千七百人。崔昂以爲反，數年不斷。及世軌爲廷尉，判其事爲劫，唯殺魁首，餘從坐悉捨焉。出北史宋隱傳世軌其族孫也舊集不載。

按：蘇瓊爲三公郎中時，頻有告謀反，付瓊推檢，事多申雪。崔昂爲尚書，謂瓊曰：若欲立功名，當更思餘理。乃數雪反逆，身命何輕耶？瓊正色曰：但雪冤枉，不放反逆。昂大慚。夫崔昂亦善折獄，其意如此，乃寒伯寄所謂考囚者咸共言妖惡大故，臣子所宜同疾，令出之不如入之，可無後責。是以考一連十，考十連百者也。且昂於此獄數年不斷，豈非求反狀未得乎？世軌判爲劫事，理所當然，斯可以無慙於瓊矣，是皆矜謹之君子也。

宋・鄭克《折獄龜鑑・王罕》　王罕大卿，知潭州。民有與其族人爭產者，辨而復訴，前後十餘年。罕一日悉召立庭下，謂曰：諸家皆里富人，無乃厭追逮之苦？今無狀子寒饑不能以自存，况析產之劵有不明，以故久不決。人能少資之，令其遠去，後復何患乎？皆泣聽罕命，自言方對吏時，雖欲求爲此，顧不可得。於是遷所訴者於旁州，獄訟爲之衰止。見王珪丞相所撰墓誌。

按：嚴明之術，在於察見物情，裁處事體。彼爭產者，困於寒饑，析產者，苦於追逮。理之曲直，何足深校；苟或可已，無不聽命。於是人少資之，令其遠去，則析產者所損不多，而免追逮之苦；爭產者所獲不少，而脫寒饑之困。州民獄訟，亦爲衰止。豈非能察見而善裁處乎？儻忿其辨訴，加以峻罰，則物情不無所傷，而事體亦有所害，稱爲嚴明，斯失之矣。若君子，則雖昭然深察，毅然決行，而從容中理，無傷害也。豈非嚴明之懿者乎？

宋・鄭克《折獄龜鑑・葛源》　葛源郎中，初以吉州太和簿攝吉水令。他日，令始至，猾吏誘民數百訟庭下，設變詐以動令，如此數日，令厭事，則事常在吏矣。源至，立訟者兩廡下，取其狀視，有如吏所爲者，使自書所訴，不能書者吏受之。往往不能如狀，窮輒曰：我不知爲此，乃某吏教我所爲也。悉捕劾，致之法，訟以故少，吏亦終不得其意。見王安石丞相所撰墓誌。

按：爲政者苟欲戢吏，唯嚴明可。夫民雖好訟也，若非吏與交通，亦焉能獨爲欺誣、劫持之計耶？吏不得其意，則民訟宜少矣。源使民自書所訴，不能書者吏受之，乃鞫民情、覈吏姦之術也。彼既姦猾，自當畏戢。操術如此，不亦可乎？

宋・鄭克《折獄龜鑑・韓琚鄧》　韓琚司封，嘗通判虔州。其民善訟，或僞作冤狀，悲憤叫呼，似若可信者。會守缺，琚行郡事，究其風俗，考其枉直，下莫能欺，辭伏者自以爲不冤。終於兩浙轉運使，魏公琦之兄也。見尹洙龍圖所撰墓銘。

按：沈括內翰說，江西人好訟，有一書名鄧思賢，皆訟牒法也。其始則教以侮文，侮文不可得，則欺誣以取之，欺誣不可得，則求其罪以劫之。鄧思賢，人名也。始傳此術，遂名其書。村校中往往以授生徒。見《筆談》。然則琚所以究其風俗，考其枉直者，豈持下莫能欺，蓋亦人不可劫。不可劫，所以爲嚴也。莫能欺，所以爲明也。彼其辭伏者，自以爲不冤，非此故歟？

宋・鄭克《折獄龜鑑・蘇渙》　蘇渙郎中知鄢陵縣時，歲荒盜起，有兄殺弟而取其衣者，弟偶不死，與父偕往訴之。渙閔其窮而爲姦，問之曰：汝殺而弟，知其不死而捨之者，何兄諭其意，曰：適有見者，不敢再也。由是得不死，父子皆感泣。及渙罷去，負任從之數千里。見蘇轍門下所撰墓表。

按：古之聽獄者，求所以生之，不得其所以生之者，乃刑殺焉。孫罵祖，有可生之理，以其被酒，且祖自悔也，兄殺弟，有可生之理，以其苦饑，且弟不死也。布之貸出其孫，渙之慮問其兄，皆得其所以生之者也，可無愧於古人矣。

宋・鄭克《折獄龜鑑・李士衡》　李士衡觀察，初釋褐，爲京兆鄠縣主簿。府知其才，俾權獄掾。咸陽縣有民殺人，具獄以送府，父子五人，其爲從者皆服加功之罪。士衡告於尹曰：彼殺人者止一人耳，餘四人掩其骸，可坐以加功，寘之重辟乎？尹喜從其議，曰：四人者，非子之明，則冤於地下矣。見范仲淹參政所撰神道碑。

按：以掩骸爲加功，是深文也。罪不應死而文致之，何其忍哉！嘗聞用法殺人，無異用刃殺人，深文之罪縱或幸免，鬼得而誅之也。高化太尉，雖起行伍，頗知民事。晚守相州，部有大獄，皆當論死，化疑之，命移他獄訊，蒙活者三人。殆亦以掩骸爲加功之類歟？此矜謹者所宜書盡心也。

宋・鄭克《折獄龜鑑・張詠》 張詠尚書再知益州。民有負販者，翁役其婦。婦違之，翁怒剪其髮，曰：我作婢使汝其子自外歸，作鬧，所由具事領過。或謂其子曰：翁剪婦髮何罪？子若執父，汝罪不輕。至廳下，詠詰之，翁云：婦自剪髮泥。某子亦云：妻自剪髮泥翁。詠察其詐，即於解狀後判云：雖然子爲父隱，其奈執辭不定。既不可窮詰於尊長，又不可抑斷於卑幼。仰責新婦狀，今後再不侍養，別具狀領過。並放。詠謂掾屬曰：五服之內，卑幼條至重。親民之官，所宜書心。見李畋虞部所撰忠定。公語錄。

按：王質侍制知荊南，有媼訴其婦薄於養，婦言：舅亡姑嫁，既窮而歸，且奉事無不謹。質曰：姑雖不良，獨不顧夫耶？因取家人衣以衣媼，又給以稟粟，使歸養之。皆感泣而去。見本傳。此其翁姑理皆不直，然家人之義，當責卑幼，但不可遽繩以法耳。是故恕其罪，而責之養也。

宋・鄭克《折獄龜鑑・蕭子良》 南齊竟陵王子良爲會稽太守時，山陰人孔平詣子良，訟嫂市米負錢不還，子良歎曰：昔高文通與寡嫂訟田，義異於此；乃賜米錢以償之。出《南史》本傳，舊集不載。

按：梁御史中丞任昉，彈中軍參軍劉整，因兄寅弟二息師利。按原本作第一庶息，今據任昉本集改正。往整田上，經十二日，整便責寡嫂范米六斗哺食，米未展送，忽至戶前，攘拳大駡，突進屋中，屏風上取車帷准米去。亦引高鳳事爲彈文。蓋鳳，隱者也，太守連召，恐不得免，自言本巫家，不應爲吏，又詐與寡嫂訟田，遂不仕。若整與平，意實忘義，固異於此。然昉請免整，收治其罪，而子良但賜米錢以償之，不治平罪。何也？責士之法，不以責民，是亦所以爲矜謹也。

宋・鄭克《折獄龜鑑・李允元》 李允元給事通判寧州時，州卒謀亂，事發，連逮者衆。允元極意辨析。止坐首惡數人，誅之。見本傳。

按：後漢袁安，舉能理劇，拜楚郡太守。時楚王英謀爲逆，事下郡考覈，辭所連及繫者數千人。顯宗怒甚，吏案之急迫，痛自誣死者甚衆。安到郡，不入府，先往按獄，理其無明驗者，條上出之，府丞掾吏皆叩頭爭。以爲何附反虜，法與同罪，不可。安曰：如有不合，太守自當坐之，不以相及也。遂分別具奏。帝感悟，即報許，得出者四百餘家。允元殆有袁安之心歟？事在州郡，辨析固易，然其矜謹亦可嘉也。

宋・鄭克《折獄龜鑑・燕肅》 燕肅侍郎知明州，俗悍輕喜鬬，肅推先毆者雖無傷必加以罪，後毆者非折跌支體皆貸之，於是鬬者爲息見本傳。

按：民之鬬毆，傷有輕重，理有曲直，不治其傷，而治其理者，乃息鬬之術也。若折跌支體則理，雖直而傷已甚，斯不可貸矣。譬猶鬬殺用刃以故殺論，蓋其情重也。沈括內翰說鞠眞卿知潤州時，民有鬬毆者，本罪之外，別令先下手者出錢以與後應者。小人靳財，兼不甘輸錢於敵人，終日分爭，相視無敢先下手者，蓋無賴之民，不畏杖責，故設此事以折伏之與，王敬則治偷之術同也。見筆談近時州縣間固有使民輸下拳錢者，然官自取之，則不足以懲惡，而適所以招怨，斯失其本矣。豈若不治其傷，而治其理之簡易乎。

宋・鄭克《折獄龜鑑・王琪》 王琪侍郎知復州，民有毆佃客死者，吏將論如法，忽夢有人持牒，叩庭下曰：某事未可遽以死論也。琪疑之，因留獄未決。有司曰：無足疑者。琪曰：第留之。後十餘日果有新制下，凡主人毆佃客死聽以減死論。吏民莫不神服。

按：此非思慮所及，蓋平時矜謹，故感於夢寐。記曰：至誠之道，可以前知。其此之謂歟？

宋・葉適《葉適集・運使直閣郎中王公墓誌銘》 常之獄，有手刃傭主及家數人皆死，焚其廬，州以無證佐奏裁，公亟具駁論如法。公在常，如詹事治鄱，以明義厚俗省爭訟爲本，滯案如山，予奪皆盡。

宋・葉適《葉適集・中奉大夫太常少卿直秘閣致仕薛公墓誌銘》 監車輅院，知鄱陽縣。訟日千數，令故不嘗省，爭氣怫鬱，簪筆走諸司。公曰：息爭莫如理訟。至常夜丙，鬚髮爲白。太守所遣卒詬於庭，公囚之，守怒，罷。民挽公流涕曰：知州豈重一兵輕百姓耶？知宜春縣。前知縣有柯長卿，邑人紀之，故稱前柯後薛云。通判無爲軍，攝和州，積寬剩糴米餘十萬。紹熙五年，歲饑，賴以無死。

知眞州，提舉浙西常平茶鹽，就遷提刑。有竊富人婢以逃，其家謂主殺吾女。州縣以成獄至，公卻之，曰：安有殺人而無驗者？未幾，婢果自詣。

宋・葉適《葉適集・中奉大夫直龍圖閣司農卿林公墓誌銘》 移江西轉運判官。楚多訟，吏積厭苦，公曰：己恣睢，而使民以弭筆成名乎？取滯訟自判之，數月，至者益少。免贛州科罰，罷龍南安遠折變，減興國淮衣絹、南安聖節銀，及水潦州縣窠名之在漕司者皆除之，歲捐數萬，而漕計猶增於舊。

宋・葉適《葉適集・寶謨閣待制知隆興府徐公墓誌銘》 丁奉直憂，知徽州。光宗內禪，公奏：三代聖王，有至誠而無權術。至誠不息，則可以達天德矣，願陛下守而勿失。宰相邀公留，公謝曰：某方欲勸公去，奈何？歙縣上妻殺夫，以五歲女爲證。公疑曰：婦人能以一擲致人死乎？緩之，未覆也。既而實稅於庭，死民母及弟在焉。乃言：我子欠租，繫久不勝飢，大叫，役者批之，墮水疊耳，宿昔死矣。然後保正伏罪，併劾受賕吏，闔州感動。所謂實稅者，婺源戶餘三萬，而逃絕六千，其新安還朱鄉戶稅役十無二三。公始令民以干照造簿自產其稅，應者蟻集。婺源諸大豪不喜，謗於朝，移提舉浙西，公請訖籍而行，不聽。公在徽，常單行入村落，除其賦萬緡。山谷叟老，具鼓笛侑酒送公，泣而別。

宋・葉適《葉適集・朝議大夫秘書少監王公墓誌銘》 移台州推官。處州張彭殺人，謾謂奴當罪，弟張泗佐之，獄四五不承。公令泗畫地狀奴所以擊死者，泗失對，泣與兄訣曰：昔勘官皆先鞫奴，款定，泗和之爾。今忽先問泗，吾不知所答。兄眞殺人矣。彭遂伏罪，一州稱明。

教授黃州，義烏縣丞。州索畸零稅，帛一分一尺，米一勺一升，公難曰：就整不失零，法已苛矣，況百倍誅之乎！三言於州，乃已。東陽俗素悍，公攝一月，威信大立，決事千章，滯案皆盡。民不敢帶刀，矩步而出，頑鄉遠逋，爭自輸委，又請其守別置尉統焉。

宋・黎靖德《朱子語類・論語二十五・子路篇》 潘立之問先有司。曰：凡爲政，隨其大小，各自有有司。須先責他理會，自家方可要其成。且如錢穀之事，其出入盈縮之數，須是教它自逐一具來，自家方可考其虛實之成。且如今做太守，人皆以爲不可使吏人批朱。某看來，不批不得。如詞訴反覆，或經已斷，或彼處未結絕，或見在催追，他埋頭又來下狀，這若不批出，自家如何與它判得？只是要防其弊。若既如此後，或有人詞訴，或自點檢一兩項，有批得不實，卽須痛治，以防其弊。賀孫。

宋・黎靖德《朱子語類・朱子三・外任》 建陽簿權縣。有婦人，夫無以贍，父母欲取以歸。事到官，簿斷聽離。致道深以爲不然，謂夫婦之義，豈可以貧而相棄？官司又豈可遂從其請？曰：這般事都就一邊看不得。若是夫不才，不能育其妻，妻無以自給，又奈何？這似不可拘以大義。只怕妻之欲離其夫，別有曲折，不可不根究。直卿云：其兄任某處，有繼母與父不恤前妻之子。其子數人貧寠不能自活，哀鳴於有司。有司以名分不便，只得安慰而遣之，竟無如之何。曰：不然。這般所在，當以官法治之。也須追出後母責戒勵，若更離間前妻之子，不存活他，定須痛治。因云，程先生謂舜不告而娶，舜雖不告，堯嘗告之矣。堯之告之也，以王法治之而已。因云：昔爲浙東倉時，紹興有繼母與夫之表弟通，遂爲接腳夫，擅用其家業，恣意破蕩。其子不甘，來訴。初以其名分不便，卻之。後趕至數十里外，其情甚切，遂與受理，委楊敬仲。敬仲深以爲子訴母不便。某告之曰：曾與其父思量否？其父身死，其妻輒棄背與人私通，而敗其家業。其罪至此，官司若不與根治，則其父得不銜冤於地下乎！今官司只得且把他兒子頓在一邊。渠當時亦以爲然。某後去官，想成休了。初追之急，其接腳夫卽赴井，其有罪蓋不可掩。賀孫。

宋・佚名《名公書判清明集・官吏門・申儆》 當職昨在任日，遇親戚骨肉之訟，多是面加開諭，往往幡然而改，各從和會而去。如卑幼訴分產不平，固當以法斷，亦須先諭尊長，自行從公均分。或堅執不從，然後當官監析。其有分產已平，而妄生詞說者，卻當以犯分誣罔坐之。今請知、佐每聽訟，當以正名分，厚風俗爲先，庶幾可革偸薄。

宋・佚名《名公書判清明集・官吏門・申牒》 照得各司案牘除經朝廷及臺部取索外，其同路監司止有關借之例，卽無行下取索，如待州縣下吏之理。本職自去冬入境，應訴婚田，念其取使司遙遠，間與受狀，不過催督州縣施行而已。其間有不得已結絕者，皆是前政追人到司，久留不經，出於弗獲已，非敢僭也。然公朝設官分職，同是爲民，豈有見其焚溺而不之救者。昨承使司取索邵元昱事理，本司爲見臺判異常，卽已具因依遞上，再准行下索案，又卽促吏牒解。但區區賤跡，係國家建置司存，卻不可以某之資淺望輕，而頓廢公朝之事體。蓋嘗太息而言曰：督贊、侍讀、判部尚書之尊，不當下兼運司之職，若兼運司之職，不當上廢朝廷之法。除已具申督贊尚書外，併牒報運司。

又　何季十一打死何亞願事，只有張通判與僉廳官僉銜，卻無本府申上之文，判府臺銜書押。此係大辟公事，非特古來聖賢之所深謹，聖主所警示天下者，尤不輕也。不知此申是通判不敢呈上，初不經本府耶？或已經臺覽，而不屑僉押耶？本職昨叨節江東，吳尚書、陳侍郎知太平，趙樞相知建康，一係正任侍從，一係樞使督府，每有大辟申案，必明具銜位，親書諱字，今案牘可考也。當職每敬其審謹刑名，愛重民命，務存國家禮統，而仰奉聖主欽恤之盛心者如此。今來慶元雖係侍郎領郡，然審明洞達，必不重爵位，輕民命，循吏謏，廢事體，不惟本司不應含糊，亦恐外觀窺測相業之淺深，而亦非所以盡誠協恭，相與責善之意。兼所申情理舛繆，而筆畫亦十字九乖，想不徹鈴閣之覽，只憑承吏具文。人命所係，豈應輕率如此。牒張通判監承吏別具申，限一日，仍牒府照會。

宋·佚名《名公書判清明集·官吏門·儆飭》　此等死事，本縣自今留意。今不但淹留日久，詳詞人所訴，全是吏人世界，知縣所知何事，而令官府如此。帖問知縣，仍先追推司、典押兩名赴司，從杖一百，如更悠悠不結絕，及將血屬困餓，定將知縣索批書對移，莫道不曾說來。

又　知縣不能了事，以本司爲推手之地。且如張琪係詞人，全不責問的實，項辛一係停賭席之人，豈有不知引之至者。又如邵辛二乃被論人，全不曾與詞主對實。今將枝蔓人一例具解，累累面前，可見謬政。案責付原解人管押，改委趙縣丞，請著起精神，將要切人逐一對實，其無干礙人卽與著家，知縣毋得泛擾，限十日了絕，違追承吏。

又　此事首尾兩月，本縣既不結絕，更無一字回申，可謂慢令之甚。送縣再限五日，違追承吏。據稱縣道不明，無可告訴，爲百里父母，亦可以自反矣。

又　七月二十七日行下狀詞，今已半年，更無回申，可見縣道廢弛。呈知縣腳色先入黑匣，追承吏，一日。

又　當職居鄉，惟恐一毫得罪鄰里，數十年間，未嘗有一詞到官，頗獲善人之譽。不謂近年已來，後生子姪中有一、二不肖者，不尊父兄之教，不恤交游非類，漸習嚚訟，動事挾持，遂有疇昔鄉黨之相親相愛者，一旦變而爲相仇相怨，當職每痛心焉。誨之非不諄諄，聽者終於藐藐，教之不從，繼之以怨，其可已乎？黃百七乃當職從姪之僕，輒敢從臾，乃至妄興詞訴，擾害鄉人，累煩縣道，鞭車警牛，豈容但已。黃百七勘杖一百，牒押送湘陰縣，請長枷就縣門示衆五日放。且聞如此等類假借聲勢者，尚有一、二，併請從公施行。

宋·佚名《名公書判清明集·户婚門·取贖》　理訴田產，公私惟憑干照。沈邦政訴其祖沈文道有田八畝，坐落仁和縣西塘，典在孫宅，本縣不與理贖，經府陳訴。僉廳索案點對，照得其田係劉防禦於淳熙五年賣與陳保義，陳於慶元六年賣與徐四，徐賣與錢登仕，錢又於嘉定六年滚同田產百餘畝，賣與孫宅。繳到錢登仕賣契及原買徐四上手赤契，一一分明，更易四、五主，經涉五、六年，前後契內卽不曾聲說先係沈文道之田。不知沈邦政何爲一旦認爲己田邪？若曰祖產，必有砧基簿或分書可照，若曰果是其祖出典，必有合同典契可考，今咸無之。又自供初不知價貫多少，亦不知牙保、業主姓名，但執先贖回劉氏子家典契一道，稱與此田係是同段，因必是其祖文道典與外人，未曾取贖，所以陳訴。殊不知此田雖與而典於劉娘子之田同段，乃是乾道年間之契，安知乾道以後，乃祖乃父不將此田賣與外人。借曰果是其祖曾典與人，何不于劉防禦等出賣之時，卽行理贖。今經隔五十年，自劉以後，轉相授受，孫宅已係第五主買矣。若欲拔本尋源，須根問劉防禦得田賣田之因可也，官司何可根究五十、八十年前干照之事。大凡爲富不仁之徒，典人田產，不伏退贖，世固有之，官司當從公主張。但沈邦政既無片紙干照，其說略無根據，此必有生事者教唆之，徒事攪擾。在法：諸典田宅者，皆爲合同契，錢、業主各收其一。又諸理訴田宅，而契要不明，過二十年，錢、業主死者，不得受理。今沈邦政既無合同典契，又隔涉五、六十年，本縣所斷已爲允當。欲令孫宅照契管業，如邦政尚敢妄詞，解府從條施行。

又　前武岡軍黃主簿妻江氏，論江文輝等妄贖同姓亡歿江通寶典過田業事，準臺判，有申明指揮：典產契頭亡歿經三十年者，不許受理。今既無合同典契，不候官司予奪，不候黃宅交錢，便強收田禾，顯見欺孤淩寡。帖縣追兩名，索砧基簿及元典契解來，詞人召保聽候，續建陽縣解到江文輝、劉大乙赴府，喚上詞人、幹人陳吉，各責干照、砧基、支書、契照，當聽詰問供對。照得江氏兒父江朝宗，於淳熙十五年用見錢一百貫足，典得江通寶田共三段，又於紹興四年內用見錢一百貫再典田一片，共二段，續於嘉定五年撥與女江氏兒，隨嫁黃主簿。自典至今已經四十八年，江朝宗并出業人江通寶並已亡歿，在官司不當受理，此其一也。江文輝供稱係江通寶直下子孫，欲取贖江通寶之田，必當有合同典契，今既無合同之契，本司難以憑據還贖，此其二也。據江文輝賫到紹興二十三年本縣印押江浩砧基簿一扇，計紙一十張。今點對見得所寫典與江朝宗田段，乃在第十二張紙內，況紙樣印色不同，字迹濃淡各別，乃是添紙塡寫，不在收贖，此其三也。又江文輝賫出慶元三年官司印押江宗閔支書內云：江浩生兩男，長二十八生彥，次三十生宗閔，而無江通寶之名，卻於寫三十之側，添名通寶三字，既非江通寶正名支書，難辨親的子孫，況江文輝指出該載所典田段，與契內土名不同，又有添段，亦難證用，此其四也。雖據江文輝賫出別項久年契字及納稅憑由，要作旁證，並經涉年深，難以引用，此其五也。江文輝所供事情，多涉虛誕，礙理難以取贖。然江氏所論江文輝收過兩冬苗米，今文輝只認還今年苗米一十二石，欲帖押下本縣監還。其江氏兒所論劉大乙資給江文輝謀贖田段，今引上供對，既無實迹，似難收坐，欲責狀疏放。

宋・佚名《名公書判清明集・官吏門・澄汰》 黃松係街市牙儈不良子弟，開置櫃坊，停著賭博，勢所必有。此等事雖本司近有榜文禁止，然犯到官府然後施行，若發擿以示聰明，羅織以入憲綱，仁者固不爲也。縣尉以警邏爲職，餘與令、丞通行，尉豈得以專行也。儻謂賭博一事與盜竊相關，自合白之長官，照條區處，固無自受狀，自追人之理。況弓手、廳司告訐，本官受狀批判，不經縣道，自行胸臆，追捉拷掠，追令通攤，凡博戲之小兒，求食之娼賤，悉行擒捉，一網無遺，既不解縣，又不申州，當此暑途，跨都越郭，纍纍魚貫，盡解本司，既欲掃穴犂庭，又欲徑下尉司監贓，語言狂妄，乃有若病風喪心之爲者。若本司狥其說，則州縣俱不必置，而體統俱可廢矣。黃松縣尉以停賭申解，本人又謂孫亞七、杜萬二教唆，以爲報讎之地，並未見分曉。三名從本司專人押下嚴州體究，追章晉、江舉、吳茂根對，要見著實，限半月申。施萬九雖認賭博，自稱係在合江亭幕，合於黃松事相干，杖一百先放。祝遠係尉司弓手，經本官下狀告賭，顯是倚恃聲勢，生事害人，決脊杖十七，編管五百里。潘先杖六十。其餘孫十七等一十一名當廳並放，解事人四名，各杖八十。縣尉合行對移，且以黃松事。見此根勘，須待申上，然後施行，先兩易分水縣尉，限一日起發，候結絕日別呈。

宋・佚名《名公書判清明集・官吏門・昭雪》 行部以洗冤爲急。民冤尚欲申，何況士大夫之冤。前貴溪知縣黃軺，昨因赴上大急，毛提刑責其冒銜，正欲加罪，適值吏鄭勳等妄供本縣絹事，謂黃知縣取八十六疋，折爲陳設，遂致信憑申劾。既而黃知縣辨明，毛提刑再有一判之失絹，黃知縣檢舉發擿鄭勳所供，與方涇不同，蓋至是則毛提刑已知其風聞之誤矣。但黃知縣先賢的嗣，具有家法，安得此事。當職久聞其枉，及到信州，州院疎決，鄭勳適以他事收禁在獄，引上取問，就令獄官責供。如所供則黃知縣未嘗將去，安得以竊絹誣之。鄭勳等初焉所供，乃是盜憎主人，怒黃知縣之發覺耳。鄭勳別犯重罪斷治外，黃知縣之冤當與昭雪。具申尚書省，乞與放行注授，庶幾是非明白，士夫知所勸。

宋・佚名《名公書判清明集・户婚門・争業上》 照對顯秀鄉二十三都有周通直、趙少傅兩戶，官物連年不納，無可追催。當據胡小五供吐，謂係胡楠詭名，追上監納。續據胡楠狀，除認歸正趙少傅苗稅外，其周通直一戶，元是黃義方起立，既蒙監納官物，合與給付元田。就賫出義方砧基簿，內有稅田丁盈三十六號、丁盈三十八號、丁盈四十號、丁盈四十八號、丁盈七十六號，共計五坵，未曾交易，見得委是黃義方戶稅分明。田隣黃政所供一同。今有周春執出契要，後有丁盈七十四號、丁盈七十五號、丁盈七十八號、丁盈七十九號、丁盈八十五號，作黃仁元贖回黃義方資陪與阿廖屯田。號數雖同，似可影占，而其僞有四。周春契內五號，係是屯田，黃義方嘉定五年已賣與丁乙秀，次年投印分明，無緣其後再將此田賣與阿廖，此其一也。今人置田，或納屯、職，或納苗稅，交易之始，便立戶名，阿廖所置黃義方田，既無入納，又不頓戶，不審黃仁憑何收贖，此其二也。黃義方既立周通直戶，周通直稅苗卽合黃義方送納，黃義方田產卽是周通直物業，今砧基簿內尚有晚田五號，未曾交易，豈應他人冒占，此其三也。胡楠嘉定十四年七月追逮到官，監納苗稅，而周春印契乃在其年十二月，事發之後，旋行計議，難以憑使，此其四也。卽此四項，周春之僞，粲然明白。阿廖重疊僞契毀抹入案，周春契連他產，未欲併毀。初事送尉司，展轉兩年，訖無成說，索案看定，姦不可逃。使、州見行經量約束，應有冒耕，許人陳告，從條給佃。今黃義方起立周通直戶，積年逃亡，本縣見就胡楠名下監納官物，胡楠卻於周春名下告首冒耕，儻不給付，官司牓示何從示信？ 民間逃田何從明白？ 除先給據，照使、州行下，付告人爲業。 胡楠又賫出黃義方砧基簿內有地名高園，丁地字稅田十三號，縣尉打量，有十一號見存，據佃田人徐五三供，係作吳十九解元戶屯田。追上田主供對，而吳宇年方十四，並無片紙干照，此固難以占據。 及將省簿點對，吳宇戶名是吳朝請敏位，自前卽無屯田入納，見得此田亦是黃義方稅田分明，合併與胡楠爲業。 仍申使、州照會。

又 詞訟之興，初非美事，荒廢本業，破壞家財，胥吏誅求，卒徒斥辱，道塗奔走，犴獄拘囚。 與宗族訟，則傷宗族之恩； 與鄉黨訟，則損鄉黨之誼。幸而獲勝，所損已多； 不幸而輸，雖悔何及。 故必須果抱冤抑，或貧而爲富所兼，或弱而爲強所害，或愚而爲智所敗橫逆之來，逼人已甚，不容不一鳴其不平，如此而後與之爲訟，則曲不在我矣。 今劉緯自是姓劉，乃出而爲龔家論訴田地，可謂事不干己。 想其平日在鄉，專以健訟爲能事。 今事在赦前，固難追斷，然若不少加懲治，將無以爲姦狡者之戒。 從輕決竹篦十下。 劉良臣押下僉廳，喚龔孝恭供對。 僉廳所擬，反覆曲折，凡千百言，龔孝恭之虛妄，已灼然可見，縱是有理，亦不應隔百餘年而始有詞，况理曲乎！ 戶婚之法，不斷則詞不絕，龔孝恭杖八十，劉良臣照契管業。

宋・佚名《名公書判清明集・户婚門・争業下》 楊天常乃楊提舉之幼子，出爲伯統領後，本不當再得楊提舉下物業。 今其親姪楊師堯等訴，謂天常占提舉位一千三百碩穀田。 今索到干照，得見提舉訓武妻夏氏立爲關約，稱訓武在日，借天常金、銀、錢、會五千餘貫，訓武臨終遺言，撥此田歸還。 果有是事耶，抑托爲此辭耶？ 撥田干約在嘉定十六年，夏氏之死在嘉定十七年，天常管業蓋二十三年矣。 關約投印在嘉熙四年，及今六年。 夏氏始謀，無所復考，只據干照而論，則詞人師堯之父監稅已曾預押，父不聲訴，子可以訴乎？ 在法： 分財產滿三年而訴不平，又遺囑滿十年而訴者，不得受理。楊天常得業正與未正，未暇論，其歷年已深，管佃已久矣，委是難以追理。 請天常、師堯叔姪各照元管，存睦族之誼，不必生事交爭，使亡者姓名徒掛訟牒，實一美事。 如不伏所斷，請自經向上官司。

又 照得曾子晦與范僧爭論山地，自有兩項。 一項雞籠山，已經使、府結絕，不當復問，今來所爭，卻是宋家源頭山。 此山元是楊三六業，賣與范崇，契內具出四至分曉，載錢陸貫，乃紹熙九年十二月立契，至紹熙三年四月到官，此范僧之所據也。 後來阿黃同男范僧將黃梔園并山賣與曾大機宜，載錢六貫二百文，卻不曾具山之四至，以嘉定二年九月日請紙，於紹定二年八月投稅，此曾子晦之所執也。 在法： 交易只憑契照。 既是范僧同母親將此山立契，賣與曾子晦，則既賣之後，寸土株木，自當還曾子晦掌業，縱有元契，豈可復用，在范僧夫復何說？ 詰其所爭者，不無由焉，蓋曾子晦所執之契內明言，男將風疾，無錢醫治，自是范僧小時阿黃立契，范八依書，范僧亦置於其間。 但曾子晦以爲范僧親簽，而范僧以爲不曾簽契領錢； 曾子晦以爲范僧親領，而范僧以爲不曾領。 爲曾子晦之說，以爲當初果不曾立契，范僧何不爭於三十年前，而卻爭於子晦既論之後； 爲范僧之說，則以爲當初果曾賣與曾子晦，何爲半年不肯把契出官，卻先以假僞文書執出冒占。 在法：典賣過二十年，錢主俱存，而兩詞枘鑿如此，况書契之人並無一存，可以爲證。 本廳既難根究，何緣可得實情，故未免令兩家在外和對，其意無他，亦以曾子晦乃得業之家，范僧乃失業之主，雖愚者已知其有鄭、息之勢，所以官司再三勉以虞、芮之成，蓋欲彼此永絕訟根，免至頻頻紊煩官府耳。 今兩家既堅執所長，當職只得從公區處。 蓋宋家源之山，厥直甚微，而山上所植松杉之木，爲利則甚夥。 范僧未興伐木之斧，此山固不知其孰主，范僧既賣木之後，曾子晦卽經官有詞，是兩爭之意不在山，而在木也。 反復兩家之詞，斷之以平心之論，蓋曾子晦以阿黃嘉定二年所賣立契而主此山則可，以曾子晦父知府所載寶慶元年支書而主此山則不可。 緣支書所載之山，係土名宋家源，與宋家源頭想是兩處，况又是宋五山四至之中，又有一至范家山，不知曾子晦之與宋五交易，在阿黃之先耶，亦在後耶？ 唯是曾子晦當初不便將此契出官呈覆，卻先把支書以爲憑，宜乎范僧之曉曉不已，故官司以其支書者，併以此契疑之。 外此又有一說，可以參證，據范僧之兄范八曾將黃梔園典曾子晦交易，建陽鄉例，交易往往多批鑿元分支書。 曾子晦以爲黃梔園及宋家源頭山並不曾批鑿，而范僧執以爲只是黃梔園曾批，而此不係賣過，卽不曾批。今范僧所分支書見留在使府司戶廳，若是兩項山園，俱不曾批，則曾子晦之說爲是，此山合還曾宅管業； 如是黃梔園曾批，則范僧之說爲正，而曾子晦之契尤有司議。 此本文字既難得參詳，使、府嚴限，不敢有違，案具所擬事理申，取自使、府別委官點對結絕，庶得公當。 契書合給還取領。

宋・佚名《名公書判清明集・户婚門・争田業》 交爭田地，官憑契書。

徐監獄婦朱氏執出紹熙、慶元間典買施文霸桑地七契，計二畝一角十九步，該載畝步四至，坦然明白，未後兩契，且聲說除將住屋及屋基，滴水爲界，典賣與施王德外，餘並係賣與徐宅之數，此朱氏契書也。王直之執出嘉熙三年、四年典買施王德屋地四契，且繳到施王德元置施文霸屋地未印老契，該載屋宇間架及隨屋地基，明卽不曾聲說有屋外桑地畝角，此王直之契書也。以兩家契書考之，朱氏當盡有桑地，直之僅買得屋基，彼此干照，極是分曉。今直之施王德死後，乃欲於屋基外，冒占朱氏桑地一角，不知何所憑據？若曰繳到施王德原置文霸老契可照，四十餘年一幅竹紙，竟不投稅，已是難憑，今縱以爲可憑，則契內只言住房基，卽無桑地一角兩字。但是施王德初典契內平白撰出桑地二字，又無畝角四至，續於嘉熙四年閏月，施百二娘斷賣施王德既死之後，又旋添一角之語。不知施王德、施百二娘何所據而賣桑地一角，王直之又何所據而買桑地一角乎？蓋朱氏桑地，原係施王德承祖，及據施百二娘供證，當來止是出賣住屋基地，卽不曾滚同桑地賣與直之，此非王直之有意貪圖，則是施王德盜賣主產，無可言者。今直之不自反其契書之不正，乃推求朱氏契書，謂其不合投稅於嘉熙年間，必是假僞。照得朱氏七契，一契印於紹定三年，六契印於嘉熙四年，其印於嘉熙四年者固若可疑，但所置施文霸桑地，其一畝已於紹熙四年經官，批上砧基簿，其二畝一角十九步又於慶元五年經官，批上砧基簿，又該載嘉定六年分書，並有官印官押分明，直之尚欲將慶元元年至今未印之片紙爲可據，而朱氏紹熙、慶元、嘉定已印之砧基、分書乃不可憑乎？無緣朱氏預於紹熙、嘉定年間僞造砧基、分書，以爲昏賴嘉熙四年產業之理。切詳兩人之詞，僅爭一角之地，展轉逾年，道路經營之費，不知其直幾角矣。昧於遜畔，至於此極，深可念也。今將兩家契書反覆究問，期於息爭。朱氏當全有桑地，王直之只合得屋基，彼此不容昏賴。本縣雖曾委主簿摽撥，以桑地還朱氏，以屋基還王直之，但剖析兩家情僞全不分明，故直之尚欲徼覬於萬一。欲當廳責狀，將各人干照逐一給還，庶可絕詞。

宋・佚名《名公書判法明集・户婚門・争屋業》 盛榮與盛友能爲從叔姪，貧富蓋有不同，釁隙已非一日。友能必饒於財，素無周給之恩；盛榮乃饒於舌，遂興連年之訟。觀盛榮方訴其姪包占古路，而友能復發其叔私販糯米，其情大略可見。盛榮所訴，未必盡實，但察推謂予奪田地之訟，所據在契照，所供在衆證，此説極是。盛榮所以未甘屈服者，正以官司未索兩家之契照，參合衆人之公論耳。今切見盛榮所訴四事，其虛妄無可疑者二，謂友能包占古路，侵占祖墓是也；其虛妄而尚有可疑者二，謂友能占竹地及桑地是也。何以言之？所爭古路，本非盛榮自己地段，乃衆人所由之徑也。所爭古墓，本非盛榮的親祖宗，乃同姓盛卸三之祖墓也。若曰友能跨路造門，則鄰保供證，謂初不礙衆人往來。若曰盛榮別有祖墓，則鄰保供證，謂卽無其他墳塚。衆人之路，衆人不以爲不便，而盛榮獨以爲言；盛卸三之祖墓，盛卸三不以爲侵占，而盛榮乃敢妄指，此其爲虛妄較然矣。獨所訴友能強占竹地、桑地，此則官司有當考究者。其所訴竹地一段，係盛文旺、文書中分之產。文旺卽盛榮之父，文貴卽友能之祖，乃全有之，此盛榮所以有詞。不知友能全有此地，何所憑據？若其父祖已曾買到文旺所分一半，官司今與索契參照，則盛榮自無詞矣。自縣而府，卽不曾究問友能所以全有此地之由，此盛榮所以嚚訟不已。其所訴桑地一段，謂其父買到盛文智之產，見其砧基上手契，初不知其姪友聞盜賣與友能，此盛榮所以有詞。以姪而盜賣衆分之產，世亦有之。本縣合喚友能根問，憑何干照，與友聞交易，及當時曾不問盛榮，仍合喚友聞與盛榮面對，是與不是盜賣，則盛榮自無詞矣。自縣而府，卽不曾追友聞對所以出賣之因，此盛榮所以嚚訟不已。小人陳詞，往往借實翼虛，張大其事，以動官司之聽。殊不知虛妄之迹，最難指掩，虛者一露手足，而實者亦若不實矣。若就府一一追究，恐隔驀掩延。欲將盛榮連案押下縣佐廳，追人索契，從公指定，限三日申，如此兩事更屬虛妄，顯見頑猾，擾害宗族，紊煩官府，卽合申解，依條施行。

宋・佚名《名公書判法明集・户婚門・遺腹》 據韓時覲狀，稱伯父韓知丞不祿於永豐，扶護棺柩，方歸到家，忽桑百二、董三八等持刀擁入，擣破門户，打拆籬障。次據阿周名蘭姐狀，稱男董三八原係韓知丞男，今韓時宜不容入屋守孝。看詳所供，見得周蘭姐乃韓知丞之舊婢。嘉定二年，出嫁董三二，而生董三八，今名阿蘭，已年及二十七歲矣。兹因韓知丞身故，遂認爲韓知丞親子，欲歸宗認產業，且引韓妳婆。蓋韓知丞在日，曾治韓妳婆之子盜掘祖墳，監勒移葬，因此挾讐編詞，固不可憑。但韓知丞已往矣，無從考問，安知是與不是懷妊之子。今以情節推之，顯然易見。韓知丞通經名士，晚登科第，可見洞明理義，飽閲世故，豈不知愛妾之子，猶龍生於蛇腹耳。何忍委棄於賣菜之家，經涉年歲，不復收養，乃自輕遺體如此，何邪？ 其不可信者一也。 周蘭姐若果懷妊而出，踰月而產，便當時挈還韓知丞之家。 設若主母不容，亦合經官陳詞，以爲後日證據之地。 今其子董三八已娶妻生子矣，二十一年間，杳然無一狀及此，何邪？ 其不可信者二也。 韓知丞已歷數任，脱寒素而享榮貴，棄虀鹽而植菑畬，非曩日比矣。 周蘭姐不思抱衾之舊恩，恥破敗之窮態，反甘心聽其子之貧賤，鬻蔬菜於通衢，忍凍餒以度日，略不攜造官所以求飽，何邪？ 此不可信者三也。 韓知丞亦非多男，僅有前妻所生時宜一子而已。 且體羸啓闕，未必傴幹蠱之望。 設使韓知丞果有所生之子在外，豈不及早收養，飽之以膏粱，教之以詩禮，庶使子舍衆多，書種不絶。 今乃恝然不恤，何邪？ 此不可信者四也。 且周蘭姐稱，韓知丞甚有意收拾，奈何前孺人林氏妬忌，不容取歸，所以狼狽街頭日久。 此説亦是，但林氏於寶慶二年已身故，是時内無嫉妬之妻矣，董三八何不歸來舉服承重，韓知丞何不乘機收回撫養，此十餘年間，又略無一語及所生子，何邪？ 其不可信者五也。 以此五項觀之，韓知丞不收養董三八於生前，非其子明矣。 董三八欲歸宗於韓知丞之死後，其將誰欺乎？ 官司見得阿周無所憑據，若不從其初而折其萌，何以絶後紛紛之訟。 今仰韓時宜自保守韓知丞之業，阿周、董三八妄詞，各勘杖八十，案候催押上桑百二，勘斷聚衆喧爭情罪。 餘人放。

宋・佚名《名公書判清明集・户婚門・别宅子》 饒操無子，養應申以爲子，儻果有庶出之親子，不自撫育，併母逐去，以嫁其僕李三，非人情也。 今李三之子李五，謂其母懷孕而出，以嫁李三，自陳歸宗，何所據而然也。 準法： 諸别宅之子，其父死而無證據者，官司不許受理。 李五生於李三之家，年踰二十，父未嘗以爲子，其無證據也決矣。 李三，饒操之僕也，二十年間，往來饒操家，不知其幾，必嚴主僕之分，欲爲子者果如是乎？ 據李五所供，謂是生母之出，母實逐之，理固有此，第母死十年之後，饒操身故十年之久，非一朝夕，饒操胡爲一併棄逐。 初母死而不持母之喪，今父死而欲分父之業，夫豈可行！ 越年二十，明居李三之家，而陰爲饒操之子，天下豈有無父之國哉？ 夫父子，天性也，不可以強合，縱是其己之所出，而父不認，亦無可強之理，矧爲僞乎？ 昔衛太子歸詣北闕，公車以聞，是否未可知也，衆方艱於區處，京尹雋不疑乃叱從吏收縛，謂太子得罪先帝，亡不卽死，今來自詣，是罪人也，詔獄而竟得其僞。 夫大義所在，古今不易之理，家國雖異，其理則同，以義斷之，何所容喙。 緣李五出沒於族人之家，往往多有主之者，若問族長，必有出而證其實。 大概饒操過房應申，族多不平，乘機抵巇，令得以騁。 若果崇篤族義，其行以公，當操存日，何不俾正父子之名於一時，絶紛爭之禍於他日。 胡爲操死之後，遽相扶持，以圖終訟，族義之薄，莫甚於此。 郡縣所斷，反覆辯證，如見肺肝。 今之爲政，非曰知之艱，必須行之果也，及至無訟，家已用喪，卒墮族人之姦。 李五勘杖一百，編管隣州。 李三本是饒操地客，押出縣界，有詞決配。

宋・佚名《名公書判清明集・户婚門・賃屋》 李茂森賃人店舍，不待文約之立，不取主人之命，而遽行撤舊造新，固不無專擅之罪。 但自去年十月初興工，至今年三月末訖事，歷時如此其久，蔣邦先豈不知之？ 若以爲不可，則當不俟終日而訟之於官矣，何爲及今而始有詞？ 況當其告成之後，又嘗有筆貼，令其以起造費用之數見諭。 以此觀之，則是必已有前定之言矣，不然，則李茂森非甚愚無知之人，豈肯冒然吸金糜粟，爲他人作事哉！ 詞訟之興，要不爲此，必是見李茂森具數太多，其間必不能一一皆實，所以興訟以邀之，其意不過欲勒其裁減錢數耳，非果欲除毁其屋也。 小人姦狀，有何難見，兩家既是親戚，豈宜爲小失大，押下本廂，喚隣里從公勸和，務要兩平，不得偏黨。 五日。

宋・佚名《名公書判清明集・人倫門・母子》 姜子朝爲人之壻，肆其搬傳，而欲絶妻家之祀。 徐巖甫爲人之子，不能公於財利，而激其母之訟。 李氏爲人之母，私意横流，知有壻，不知有子，知有女，而不知有夫家。 三人者，皆不爲無罪。 姑照僉廳所擬行，各責戒勵狀，如更紛紛不已，徑追姜子朝，正其離間人母子之罪，追徐巖甫，正其不能承順其母之罪。 如是而又不已，則是李氏有意於絶其夫之家，在官府亦不得而恕之。 各盡其爲子、爲母之道，毋貽後悔。

又 聽訟之法，公則平，私則偏。 所謂私者，非必惟貨惟來也，止緣忿嫉多而哀矜少，則此心私矣，所以不能作平等觀。 韓應之、韓閎，均許氏之子也。 韓應之妻子之情深，則子母之愛衰。 若韓閎則所謂阿奴常在目前者也。 母愛小子，恨不哀長益少，韓應之乃不能勝，乃挾阿奴自刎之事以操持之，欲勝弟，是欲勝母也。 應之自有罪，然挾母訴兄，誰實先之。 爲政者但見誣論可惡，鍛鍊使服，而不知此三人者，母子也，兄弟也，天倫也，奈何而不平心邪？當是之時，兄爲官司所囚禁，雖欲哀告其母，拊循其弟，而其辭不得以自致，母與弟又自有譁徒主持，雖欲少貸其子，少全其兄，而其事不得以自由。外證愈急，而獄辭愈刻以深，於是不孝誣告之罪，上聞於省部矣。若使信憑斷下，應之死則死矣，許氏殺子，韓閎殺兄，以刃與訟，有以異乎？許氏何以爲懷，韓閎又何以自全於天地間。幸而疏駁，當職遂得以選擇好同官，俾之引上三人，作一處審問，然後母子得以相告語，兄弟得以相勉諭，而譁徒不得以間隔於其間，融融怡怡，飜然如初，爲政者先風化，刑殺云乎哉！財產乃其交爭禍根，今已對定。若論韓應之、韓閎之罪，則應之難竟坐以不孝之罪，然亦有不友之罪，若韓閎則亦難免不悌之罪矣，然皆非本心也。最是前申謂應之不合謂其母不是我娘，欲坐以極典，但未審小弁之怨，孟子反以爲親親，此一段公案又合如阿斷。今以應之、閎各能悔過，均可置之不問。但應之以阿奴自劄資給誣告一節，終難全恕。既全其天倫，合去其人僞，申省取自指揮，所有二據先照給。

又　人生天地之間，所以異於禽獸者，謂其知有禮義也。所謂禮義者，無他，只是孝於父母，友於兄弟而已。若於父母則不孝，於兄弟則不友，是亦禽獸而已矣。李三爲人之弟而悖其兄，爲人之子而悖其母，揆之於法，其罪何可勝誅。但當職務以教化爲先，刑罰爲後，且原李三之心，亦特因財利之末，起紛爭之端。小人見利而不見義，此亦其常態耳。恕其既往之愆，開其自新之路，他時心平氣定，則天理未必不還，母子兄弟，未必不復如初也。特免斷一次。本廂押李三歸家，拜謝外婆與母及李三十二夫婦，仍仰鄰里相與勸和。若將來仍舊不悛者，卻當照條施行。

宋・佚名《名公書判清明集・人倫門・兄弟》　果能消爭融隙，變鬩爲怡，此正當職之本心。特從所請，仰速具無爭狀併申，如更展轉嗾使，定照已判施行。繼據程若沔狀，兄若涇、弟若庸同狀立合同連等文字，乞行印給，所是匣追姪其毅等，乞行免追。外僕金先、詹安罪犯，聽自施行。尋責據各人審供事狀呈，奉台判，兄弟叔姪交爭興訟，此風俗大不美也。徽爲江東名郡，而有此不美，此觀風問俗者之罪也。委曲勸諭，導以天理，今若沔、若涇、若庸賫到兄弟連押了辨祥葬合同文字及無爭狀赴司，則其兄弟之間，退省靜思，良心善性固未泯沒也。人誰無過，過而能改，卽是好人。案印給合同文字，付各人收執，其大、其毅特與行下免追。仍請若涇、若庸、若沔兄弟念同氣之親，思鶺鴒之義，勿信嗾使教唆之言，輒興傷風敗俗之訟。若再來紊煩，必將無理之人重寘典憲，各請改過，毋貽後悔，再責向後再訟罪罰狀入案訖，並放。

宋・佚名《名公書判清明集・人倫門・不孝》　知縣五日一呈，正所以柔道化之，甚善甚善。送縣於一日呈之時更訊五十，以警其善心之生。更改作兩日一呈，仍收禁之。滿一月不改，解來。

又　胡大爲人之子，而不能順其母，遂致其母訟之。夫母之於子，天下至情之所在也，而乃一旦至此，必有大不能堪者矣。本合重作施行，以正不孝之罪，又恐自此母子兄弟不復可以如初矣，且押下廂，就本人家決十五，令拜謝阿李，仍令四鄰和勸。如再不改前非，定當照條斷罪。

宋・佚名《名公書判清明集・人倫門・叔姪》　阿劉，奉千十一之叔母也，奉千十一當以事母之禮事之。今使之至於不遠數百里赴愬於訟庭之下，必有大不獲已者。爲人子姪，而使其叔母至此，豈可不知所羞惡乎！當職昨日見之書判，繼而面諭，所以全汝叔姪兄弟之誼，可謂至矣盡矣，有人心者，宜於此焉變矣。但阿劉所愬奉千十乙打破莊屋等事，恐亦不能無之，今既欲釋叔母之忿，復兄弟之歡，豈可不伏辜謝過，舍其舊而新是圖。不然，則女德無極，婦怨無終，其爭訟尤未已也。若劉四十五、彭鬼師等既非善良，何可與之交涉。群居終日，所談必非正言，必非好事，今後此徒皆當一切屏去，則同室之內，自此永無間言矣。示奉千十乙，仍帖縣究實劉四十五、彭鬼師前後有無過犯，如果爲鄉曲蠹害，照已追解來。

宋・佚名《名公書判清明集・人倫門・宗族》　駱伯友訴所失，不過錫瓶、布袋耳，而搜之族，則功緦之親也。昔人有遭盜者，曰：幸深夜無人知，吾若執爾，遂使爾終身受盜賊之名，吾不忍也。彼於凡人尚能如此，而況同曾大父之叔姪乎！遂使干連者數人，繚繩者數月，學者不如此也。學司除學籍，餘人放。

宋・佚名《名公書判清明集・人倫門・鄉里》　大凡鄉曲鄰里，務要和睦。纔自和睦，則有無可以相通，緩急可以相助，疾病可以相扶持，彼此皆受其利。纔自不和睦，則有無不復相通，緩急不復相助，疾病不復相扶持，彼此皆受其害。今世之人，識此道理者甚少，只爭眼前強弱，不計長遠利害。纔有些小言語，便去要打官司，不以鄉曲爲念。且道打官司有甚得便宜處，使了盤纏，廢了本業，公人面前陪了下情，着了錢物，官人廳下受了驚嚇，喫了打綑，而或輸或贏，又在官員筆下，何可必也。便做贏了一番，冤冤相報，何時是了。人生在世，如何保得一生無橫逆之事，若是平日有人情在鄉里，他自衆共相與遮蓋，大事也成小事，既是與鄉鄰讐隙，他便來尋針覓線，掀風作浪，小事也成大事矣。如此，則是今日之勝，乃爲他日之大不勝也。當職在鄉里，常常以此語教人，皆以爲至當之論。今茲假守于此，每日受詞，多是因閑唇舌，遂至興訟。入詞之初，說得十分可畏，及至供對，原來卻自無一些事。此等皆是不守本分，不知義理，專要爭強爭弱之人，當職之所深惡，正要懲一戒百。今觀唐六一訴顏細八、顏十一之由，只是因楊四唆使之故。楊四處鄉鄰之間，不能勸諫以息其爭，而乃鬬牒喋以激其爭，遂使兩家當此農務正急之時，拋家失業，妄興詞訴，紊煩官詞，其罪何可逃也。楊四杖六十，唐六一、顏細八、顏十一當廳責罪賞狀，不許歸鄉生事，並放。仍各人給判語一本，令將歸家，遍示鄉里，亦興教化之一端。

宋·佚名《名公書判清明集·人倫門·公吏》 當職隨行只有一名，即不是提轄名目。事既至此，不問有無，斷要分別明白，獄官切不可疑當職護短，是則還是，非則還非。若是與子弟干涉，大義猶當滅親，而況奴僕乎？但其間亦豈無同見，及引領往來通傳之人，要須勒供姓名追上，四方八面湊合，必得其實。今詳知錄批帖內，猶謂其事虛實未知，獄中問事，豈可含糊。又謂其他吏卒皆不知，是尚以當職爲諱惡，藉以掩覆也。豈知當職雖不肖，平日守四知之甚嚴，平時惴惴然，惟恐於不知不覺之中，爲奴僕所累，況黄明所執之數，浩瀚如此，豈可幸吏卒之不知，付之泯泯默默乎？引差直日排軍，押劉達送知錄院與黄明對。自出衙門，卽非幹人，既下獄司，便是罪人，或訊或綑，一聽獄官之便，千萬不必回護。勘對定後，其合追人，卽希一一見報，仍寫引封來，併具所差禁子姓名見示。恐知錄牽制人情，併請權司理同問。又判：當職近因捉敗弓焙庫子黄明，因本司見勘唐黑八罪犯打筆貼揮霍取財事，送州院根勘，續據申到情款，數內一項乃是借劉提轄名，叮囑開拆司投上申狀。私竊怪本司提轄非劉姓，不知其爲何如人，卽駁下再問。尋據知錄相訪，覆稱乃是宅堂幹人劉達者，且驚且喜，以其愛於己，且忠於己也。次早激到黄明情款，贓數盈紙，當職亦信其問之審，對之實，謂事必然也，卽押劉達送獄，見之書判，且云：既出宅門，卽非幹人，纔入獄門，便是罪人，綑吊勘訊，一聽獄官之便。今收禁勘問已五日矣，又曾追黄明所執見證人李百二押下同勘矣，忽申到情款，盡以前執爲虛。且囹圄豈是粧排行戲之場，贓物亦非撮弄變幻之具，未追人之先，須要詰問的實情由，已追之後，須要究竟原物歸着，豈可如巡、尉司縱賊，攤人有錢，得錢則放，蕩無綱紀。當職僮僕，惹此外謗，收禁綑吊，皆所自取；李百二，百姓也，禍從天來之，故與頑囚對勘於隆冬極寒之時，豈不可憐。且身爲監司，設使果不能鈐束奴僕衷私受贓，自當繳解他司，明正典刑，投章自劾，退歸閑散。若無其事，乃爲本司一庫子所誣玷，又爲已覺發罪吏所控持，至此豈容但已。況本司所管者，獄事，無故押一僕入獄，又忽然平白放出，雖此心可以自信，在傍人寧免有獄司觀望之疑。況中間甘知縣申到覆帖，其中有吏卒未知之語，是其亦不相信，欲以此勾引當職俯首請求，掩覆於吏人乎？何則，事至於此，愈涉嫌疑，斷須究竟到底，亦非本司所敢專行，送僉廳，且引上黄明面問，事無因由，如何平白生出一段事節，劉達與李百二原無冤讐，如何忽然有此供攤，如其不然，的實出於何人指教，及出於是何吏卒鍛鍊，一一責從實供。仍從僉廳點對，備公文，奉浼提舉使司專差幹官一員，送無干礙獄司監督審勘，如是果有實情，徑將劉達照條重作施行，庶幾可以自由。是乃所以篤交承之情，全聯臺之義。如其不然，官員尚可置而不問，其公吏教囚誣報，控持監司情犯，望徑從使臺斟酌公行。僉廳遵從，就州院取上黄明，赴本司僉廳，當面逐一審問。

宋·佚名《名公書判清明集·懲惡門·奸穢》 疑似之迹，固未必然，謗議之興，要豈無自。呂道若果能求仙蓬島，訪道崆峒，伏氣鍊形，修眞養性，則人孰從而議之。必其素行有虧，所以爲旁觀者之所指。自人必貪財也，然後人疑其爲盜；人必好色也，然後人疑其爲淫。是豈皆無所自哉！但在法：諸姦，許夫捕。今李高既未有詞，則官司不必自爲多事，照僉廳所擬行。

宋·佚名《名公書判清明集·懲惡門·豪横》 大概東州不以此等事爲意。且如上官開，押下州學習讀，乃只押得一假上官開入學，更無理會。如要是幕官不得其人，蒙蔽行私，所以上之人不得而知也。胡一鳴力可移山，何用往衢州，姑備省劄取會。據饒州申，已差獄級魏俊，管押前去衢州訖。取到魏俊交領事狀附案外，申本司，乞照會。奉臺判：胡一鳴多貲，前途必有留滯之患，且初何不送徽、池諸郡，或只留在鄱陽，置之衢州外路，便入其計。牒州，或未押遣，只拘管饒州，以憑申朝廷及御史臺。

又　饒州等州，官弱民強。所謂強者，非謂一切齊民，蓋謂一等豪民也。凡是豪民，作姦犯科，州縣不敢誰何者，監司纔要究見分曉，自度不得志，卽越經臺部，埋頭陳詞，脫送他司。則其聲價非特可與州郡相勝負，抑可與監司相勝負矣。可以脫罪，可以行姦，又非特視監司如無，抑亦視臺部爲可玩侮矣。甚至有已招伏，已議斷，被其用此計而竟至漏網者。此其有關於朝廷上下之紀綱，未可以細故視之。監司輕則朝廷輕，蓋有關於世道也。有如留又一之事，詳獄司所勘，及節次所擬，並前政所行，其爲僞契，其爲主使，一一分明，杖罪編管，實當其罪。縱吏所斷未當，可分明具因依，乞從臺部行下本司審斷，而乃脫送倉司。今倉司移牒，尤見留又一財力足以役使吏人。且倉司僉廳明知省部送下事件，符到呈行，因何於符未到之前，只憑留又一之詞，便索本司案，如恐不及。又迫本州吏抱案，曾不移時。及他送下事，未聞如此之急者。留又一之計，欲急索去案，則本司不得以再催照斷，而坐受其控扼耳。若使本司可以泯默發案，不行申控，則監司可廢，國法不行，姦民得志，手足倒植。事關利害，欲望省部以綱紀爲念，索回倉司人案，發過本司，容當職自與之平心審見是非，庶幾體統順而司存可以自立。當職初無忿嫉之心，特爲紀綱設，案併詳悉備申，仍牒報本州。

宋·佚名《名公書判清明集·懲惡門·告訐》　大辟公事，合是的親血屬有詞。張惜兒之死，張千九，其父也，阿楊，其母也，張千十，其叔也，此三人自始至終無詞。而事不干己人王百七、王大三輒經縣，以爲死有冤濫。本縣察見，已將兩名勘下杖責。有張世行者，輒經州，經本司告訐弟婦姜氏閨門陰私，以致惜兒冤死。當職令晝宗支，見得世行與姜氏夫服紀甚疏，卻而不行。不謂本州已有委官體究之判，縣尉纔得此事，以爲奇貨，牽聯枝蔓，必欲造成一段公事。當職引上張千九面問，據稱其女實以病風妄罵，五月初三日，主母姜氏喚阿楊教誨，阿楊用柴條打惜兒兩下，至初五日，張千九又在姜氏家，見惜兒發熱妄語，其父煮粥未熟，惜兒忽於廁屋自縊。親莫親於父子，再三審詰，其詞堅確如此。女使妄罵，主母呼其母訓責，此亦人之常情。及其自縊，則有出於人意表。在姜氏未見有可論之罪，本州雖判體究，知縣執申可也，縣尉據實事回申，亦可也。今撰造公事人各端坐于家，而姜氏一家俱就囹圄，惜兒父母亦遭係累。外人反爲血屬，反打官司。憲臣置司之所，獄事不得其平如此，則耳目何以及遠哉？王子才因立嗣之怨，欲覆叔母之家。張世行亦疎族，王百七、王大三以外人而自撰大辟之獄，帖縣幷巡、尉專人解來。一日。姜氏添福，張千九、張千十並放。吳夔出入孤兒寡婦之家，略無瓜李之嫌，又與其婢探梅有姦，各照減降指揮，從輕勘杖八十，令吳夔責狀，今後更登張氏之門，定行追斷編管。縣尉昨對移鉛山縣，誤勘大辟公事，以平人爲兇身，已旣按劾，今玆所爲如此，帖問，仍閣俸。牒州今後此等詞狀，非的親血屬勿受，違追都吏。推司累日不申入門款，帖司理勘杖一百，斷訖，申。

宋·佚名《名公書判清明集·懲惡門·妄訴》　照得本縣昨據璩天佑論張崇仁娶姪女息娘不當及兜占田產事。追對未到間，忽又據璩天佑入詞，稱姪女息娘身死不明，乞行檢覆。當職以事干人命，遂押下璩天佑，責反坐狀入案，委縣尉、巡檢照條體究檢驗去後。據兩檢官申回格目，則息娘的係病死分明，縣尉所述已極詳。再引一行人供指，又將璩天佑勘問，與縣尉所申情節一同。嗚呼！璩天佑此舉，可謂不仁不義之已甚矣。契勘息娘，乃天叙之女，天叙乃天佑之兄，息娘父死，母有殘病，兄弟三人，息娘居長，得乃祖璩堯祖撥一分田爲粧奩，嫁與姨元三娘之子張崇仁。天佑知其婚姻之不正，累欲挾取其田于息娘未死之前，謀未遂而息娘死，天佑以爲機會之來也，欲遂取之。張崇仁母子不從，天佑致恨，遂中以飛禍，欲破其家。天佑之謀則得矣，使已死已殯之人發塚剖棺，暴骸露體，何罪而至此哉？吏息娘爲天佑之親生，必不肯爲是。今是其姪女也，甘辱其親兄之遺體，以快其一身之私憾，骨肉恩義，至此殆絕。天佑之罪，可勝治哉！案照璩天佑原責反坐狀，申提刑使臺取自裁斷外，有縣尉解到契一道，係息娘原隨嫁奩田，每年計出租穀六十六石。以法意定之，則婦人財產終于所歿之家。但息娘喚張崇仁係堂外甥，息娘爲堂姨，於法不當爲婚，婚旣當離，則田不當得。若以此田復還璩氏，則息娘弟妹，各有己分，不得再得此分，璩氏子孫無祭姑之禮。若以爲絕戶而沒官，則可矣。然以人情揆之，息娘父死母病，其失身于張崇仁，非息娘之罪，在主其婚者。今之死也，又罹意外之誣，受剖棺之慘。張氏之怨又深矣，其肯視息娘生而身失所依，死而魂無所歸，豈不重可憐哉！上件奩田，已成絕戶，今欲捨入本州天寧寺內，充爲常住，使寺僧往治息娘之墳，作堂一間，時節祭享，憑藉佛靈，與之超度，使死者免爲餒鬼于地下，亦仁義之一端也。備申提刑使臺，取自指揮行下。

又　照得訟有源有流，有本有末，窮其源而尋其流，揣其本而求其末，則訟可得而決矣。陳鑑舊爭立繼，舊占莊田，其訟之源、訟之本者乎。陳鑑近訴陳興老共黄淵違法交易，其訟之流、訟之末者乎？陳鈇之妻傅氏，命同宗三歲之姪以爲之嗣，經官除附，初不違法，初不礙理。陳鑑乃垂涎資財，見利忘義，欲以己子攙繼。陳鑑無端興詞，横擾寡婦，自縣而州，自州而監司，自監司而省部，滾滾二十餘年，詞訟始絶。其所以苦傅氏者，可謂酷矣。自後欺淩孤寡，侵占安吉寄莊田。傅氏貨田攜幼，方將求直于浙西六有司，行至三衢，得病而歸，藥所不療，忽忽告殂。傅氏之死，其實陳鑑有以殺之也。使陳鑑少有仁心，使陳鑑略知義理，則必曰孤寡之業，因我之訟立繼，所以破蕩者多矣。寡婦之身，因我之占莊田，所以疾病而亡矣。而今而後，解其冤可也，釋其讐可也，恤其孤可也。今乃于傅氏已亡之後，又與黄淵交易違法之訟。訟之于縣，已責退狀，又復翻訟。訟之于州，已行結絶，又復興詞。今又上煩監司聽受，下送本廳番定。原陳鑑之心，不過欲洗蕩陳興老，至於無立錐之地而後已。且妻承夫業者，傅氏也，賣業者，亦傅氏也。子承父業，受業者，陳興老也，賣業者，亦興老也。傅氏賣産，陳興老賣産，不知于陳鑑有何干涉？在法：事不干己者，不許受理。今陳鑑以不干己之事，故爲陳興老之擾，官司不可不因其末而求其本，不可不因其迹以誅其心，合給斷由，付陳興老收執，以爲永遠之照。自後陳鑑如恃徤訟，再敢興詞，照不應爲科罪，庶幾懦善者可以存立。備申提舉使臺照會，奉提幹批擬，欲照通判所申行。奉王提舉台判，所擬可謂詳審，察見陳鑑之嚚訟不存恤孤幼陳興老之意，從申照行。

宋·佚名《名公書判清明集·懲惡門·拒追》　樊如彬負恃險遠，招誘逋逃，雄震一方，多行不義，其罪已不可恕。本縣奉師司之命，屢追不出，遂委其徒以捕之。使其果有劫奪之事，本府已因阿鍾有詞，下縣追究矣。是非曲直，官司自當從公處斷，決無白休之理。樊如彬若自理直，自合卽日出官，與羅邦臣供對，則有冤何患其不伸。而乃藏伏不出，卻公然見之申狀，謂卽點集四十峒傜丁，去相讐殺，斬首申解，語言悖戾，志在脇持，大不敬也，至冒上也。原其所以敢於如此者，蓋當是時鄰郡叛寇之勢方熾，此曹將謂官司已莫能誰何，往往欲襲是跡而動，故先張虛聲，以相恐喝，官司一或示弱，則必將結黨乘機，強弓毒矢，撞塘呼號，以求逞矣。今雖未至此極，然履霜堅冰，所由者漸。若不早爲之所，則長此將安窮乎？春秋無將之刑，漢法不道之誅，此其類矣。本合明正典刑，以遏亂略，姑且從輕，決脊杖十五，配潭州，全家移徙前去，具因依申大使司，乞押送飛虎軍牢固收管，永不放還。郭念二身爲省民，輒入溪洞，爲其鷹犬，持慢書，造府庭，略無懼罪之意。同惡相濟，難從末減，決脊杖一十二，配本城，永鎖土牢。所有阿鍾訴羅四六行卻事，此則當與追究，帖押羅邦臣下縣，監追羅四六一行緊要人赴府供對。阿鍾寄廂，候對畢日押發。樊如彬所占耕陵時義沒官田，拘入府學。如樊如彬自有己業田産，仰阿鍾逐一開具地名，頃畝及佃戶姓名，齎干照赴僉廳點對，帖縣爲拘收租課，許逐年經安撫司給引，付親人前來請領。先給據爲照，如願典賣，聽從其便。

宋·佚名《名公書判清明集·勉齋先生黄文肅公文集》　危教授被盜，論盜者數人。續據尉司解到陳九自供爲盜是實，又供係是熊祥教令爲盜。饒細乙、舒九兩名亦供熊祥尋常實是停盜，累嘗使人爲盜。當廳審問，與尉司所供無異。又各人稱尉司都不曾拷打，危教授亦不曾計囑。及追到熊祥，再喚人供對，都與前所供全然相反，並稱係是弓手黄友、徐亮在龍舟院打縛，又係危官人自行打勘。本縣照得陳九爲盜，饒細乙、舒九供熊祥停盜，若非受打受賂，豈肯到官自行供通。及喚上醫人驗陳九被打痕損，果是曾經用椎打傷踝骨，并夾損手指分明。停人爲盜與執人爲盜，利害非輕。陳九傷損病患，且押下本保着家知管。饒細乙、舒九本無罪犯，特以所供前後不同，三名併押下本保着家知管。熊祥雖未知停藏着實，然前後詞訴不一，必是鄉里豪横，徐亮、黄友輒將陳九等毆打，併寄收封，引追龍舟院僧行供對，併牒催未獲人，陳百乙放。

昨據危教陳論被盜始末，本縣以寄居之家寓居村落，爲盜所擾，不容坐視，遂牒官根捉，未獲間，又偶出捕蝗，親至危教授之家，見其所說被盜踪跡，因及鄰人有熊祥者，平日豪横，又與之互爭山地，意爲盜之人乃熊祥教使。本縣又嚴切行下尉司根捉。續據危教授指名陳論之人三名，陳九等自出官辨析，本縣遂將三名押下尉司，根捉正賊。本縣所以厚於寄居，嚴於馭盜，可謂至矣！尋據尉司解到所押下三名具申供通因依，當廳審問，三名者歷歷通吐，略無隱諱。問之以尉司曾有箠楚，則曰無，問之以危教授曾有計囑，則又曰無。陳九親爲盜者也，饒細乙、舒九不曾爲盜，而言熊祥停盜者也，既無箠楚，又無計囑，何苦歷歷通吐如此，所以不能使人無疑也。再押下尉司審實，未幾而熊祥出官陳詞，遂就尉司取上所押下三名供對，尉司自命即時申解，卻執留所押下人，反申縣乞押下熊祥，就尉司根究。尉司，捕盜官，而承勘乃屬於縣道，豈有反押詞人下尉司之理？此又所以不能使人無疑也。及本縣再傳人追尉司承行人監解所押下三名，方始解到，及三人到縣，而所供盡與前日不同。又見陳九者羸瘦將死，令醫人看驗，則十指皆被夾損，腳踝亦被椎損。問三人前日所以吐供之由，則曰危四官人并弓手徐亮、黃友綳縛箠打，不勝其苦，便自誣服，非其本情也。觀陳九之痕損，則箠楚之下，亦何求而不得耶！此又所以使人不能無疑也。又據熊祥供，危教授因強奪其山地不得，遂欲以停盜之罪加之。此邦之人以產業與人正行交易，及其起意誣賴，則是持出抵當，非正行交易也。立契交關領錢，管業經隔年歲，豈得無故謂之抵當？陳如圭先以山賣與熊祥，今又將賣與危教授，乃陳詞於縣，以爲抵當，以此觀之，則危教授委是與熊祥有爭山之隙也。夫無所爭而論人以停盜，猶可言也；有所爭而以停盜之罪加人，此又甚使人不能無疑也。危教授之所恃以論熊祥者，但有三人可以爲證，今三人皆已變其前說，則官司何以見其果爲停盜乎？危教授必欲偏走諸司，置熊祥囹圄以重困之，張官置吏，亦止得據情按法，平理曲直，又豈敢以罪狀未明之人，置之囹圄，以快寄居之意乎！大抵此間之俗，凡居鄉者必須雜用霸道，以陵駕鄉閭，然後有以自立。雖士大夫未免爲習俗所移，但縣道固難助人爲霸道者也。熊祥停藏未明，押下本保知管，牒尉司追捉正賊，其陳九及饒細乙兩名到日喚上。黃友、徐亮輒將陳九毆打，各先勘杖六十，放，備申提舉使司及使州。

已具申後，因陳壽哩狀，經縣陳論，稱陳九因被危教授家捉縛打損身死，乞檢驗追究，備詞申解陳哩赴州供對，及具公劄具申後。熊謙、熊漸共狀訴各居兄熊祥被危教授裝事加誣事，奉判于後。熊祥之事，三尺童子皆知其冤，便使眞是教唆，亦因危教授誣告停藏，屈抑不平而發，況又未必非獄吏鍛鍊之詞，其奔走憲臺，亦求脫免耳，情亦可憐。況二人乃其弟姪，罪不相及，恩赦之後，使府豈不寬宥，特以吏輩抑塞，未必爲檢舉。今既有詞，身爲縣令，不敢坐視，備申使州，乞照赦疎放。又據艾勝狀訴田圭、熊祥被危教授計囑尉司弓手，圍屋勾追，見今大禾成熟，乞監劄事。奉判引差范慶、王亨同本保監收割，仍別備詞幷公狀，再申使州。

又 轉運司送下黃景信論曾知府誣執其父黃國材停盜事，委本縣下州院監勘。尋引追上黃國材，囚繫而神形鬼狀，去死無幾，又有黃四、李石五兩之贓，在州院身死，遂亟申州，取下本縣醫治，遂未見眞，並稱所供皆出吏手，全無實情。拖照案據，又覆參考，乃有大可疑者。罪人入獄，事雖至微，必待推抵而後乃首服，豈有數人入獄，歷歷吐實，如出一口，略無異辭，一可疑也。數人爲盜，錢、銀、官告直數百千，阿曾曾指蹤嚮道，乃獨得一中衣，二可疑也。黃國材果停盜，則必庇其所停之人，今乃自停而自捕之，三可疑也。樂安縣獄既能使數人歷敍其爲盜之跡，而繫縲數月，卒不得其的實銖兩之贓，四可疑也。阿曾，自首者也，郡追阿曾而與之對，乃逃匿不肯自出者幾兩月，敢於自首而不敢於供對，五可疑也。阿曾以九月初四日出官，未嘗言黃國材停盜，黃四之徒十九日至尉司，始供留贓以供其主人。曾知府幹人乃以十八日經州訴黃國材停盜，度其離樂安之日，乃十四、五間也，阿曾之所不言，黃四之徒之所未言，曾知府幹人何所見而執黃國材以爲停盜，六可疑也。聽獄而有以盡其情，雖置之死地而無憾，今其可疑者如此，又豈可堅執之爲盜耶！加之平人，猶且不可，況其繼母之女之夫耶！以直爲曲，以無爲有，箠楚之下，何求不得。今觀黃景信初疑曾知府之以書請囑也，與呂檜數人互爭，以至縣庭，事之至微者也。呂檜之詞則曰黃三十男爲見李元勵未敗，乘勢統帶五十餘人，直入縣郭，各執器仗，分屯駐劄，作亂謀反，公吏、百姓不敢行往，其敢於誣人乃至於此。白晝市廛之中，尚敢加人以不軌，則昏夜無人之地，欲誣執人以爲盜，尚何憚而不爲耶！如後之所告者爲非，則前之所告者可知矣！以事迹考之，黃國材之在鄉曲，決非善良，此數人者亦皆破落之徒，曾知府之家亦委是被盜，顧其所失者不多，乃張大數目，以眩惑觀聽，又買求阿曾，以證實其事。然後堅執數人，加之以爲盜之罪，卒之的實之贓既不可得，阿曾逃匿，不敢出官，則適以自見其爲虛妄也。況此數人者，使眞知曾知府所訴，亦不過竊盜耳，其事亦已該赦宥，今黃四、李石贓證未明，死於囹圄，黃國材、龍二十之徒繫縲者半年，幸而得脫，死生未可知，而生計已蕩然，是亦足以快曾將仕誣告之志矣。張官置吏，亦豈敢曲狥寄居之意，而卒置數人於死耶！合將各人並押下樂安縣着家知管，帖縣根索眞贓，方得着實。六名並召保。申轉運使司，取指揮，仍備申諸司及使州。

五月初一日，准轉運司判下黄景信狀訴曾知府宅誣告父黄國材停盜事，令本縣監勘。本縣引上見禁人及拖照案牘，見得顯是誣告分明。黄國材與曾知府係是親戚，平時往來，不應一旦如此誣執。此是曾知府在鄉，平時倚恃豪横，多有不法事件，每爲黄國材所持，以致積怨，不知自反，乃因小小被盜，遂買誘婦人阿曾，誣執黄國材地客數輩，而因以併及其主人，把持樂安縣獄，必欲鍛鍊，置之死地。本縣既承上司指揮監勘，見其委是無理，然以其係是寄居之家，不欲痛言其無狀，且爲無辜之人略行開拆，已於五月初一日辰時具申轉運司及諸司訖。今來曾知府父子慮本縣從公勘斷，無以遂其誣告之志矣，乃占先復經轉運司，妄稱黄國材之男黄景信時復前來本縣謁見，先以私意相干。其敢於蔑視上司，肆行誣罔如此，以監司委送，尚敢如此把持，則其在鄉曲尚何忌憚。今觀其前後狀詞，一則曰近上寄居，二則曰近上寄居，此在他人言之則可，豈有父母之邦，輒自呼爲上寄居，以陵駕父兄族黨乎！黄國材之妻，曾知府繼母艾氏前夫之女也。在禮，繼母如母，父母之所愛，亦愛之。艾氏雖再嫁，曾知府之父豈不愛其前夫之女乎？況黄國材與曾知府認爲親戚，情義不薄，今乃一旦誣以停盜，而欲置之死地，則不復有念其繼母之心矣！今觀其豚犬不肖之子，畫爲宗枝圖，曾知府之父有九子，乃別而言曰，四位董夫人所生，五位艾氏所生，蓋知府欲別其非艾氏所生也，如此則眞有不母其繼母之心矣！又曰繼母艾氏先嫁編氓胡家，而生阿胡，嫁黄國材爲妻。編氓云者，以其不得齒於士大夫之族，賤之之辭也。娶所以配身也，曾知府自以其父娶編氓之妻，則亦自賤其父矣！夫爲人子，而不母其母，不父其父，士大夫所爲，恐不如是。使古之君子斷斯獄也，將以停盜者爲重乎？抑以不孝於父母者爲重乎？況如本職前狀申述，則數人者，決非爲盜，而黄國材決非停盜者也。雖曾知府狀詞，皆稱幹人，而其豚犬不肖之子，亦嘗出官供對，然嗾之者，乃曾知府也。今乃恐其踪跡敗露，妄以爲黄景信屢來本縣相見，先以私意相干，又足以見其專以誣告把持爲事也。今欲乞台判立嚴限，下行本州，追上自首人阿曾，窮究其妄告爲盜之罪，追上曾將仕，窮究其妄稱黄景信曾來相見之跡。如使兩人情願出官，所告得實，則黄國材自當斷配，本職不合與外人交通關節，亦甘伏按治。如阿曾、曾將仕懼罪不出，所告非實，亦欲乞將曾知府父子申奏朝廷，重加懲戒，以爲士大夫敢於陵駕鄉里者之戒，而黄四、李五無辜致死之冤，庶得少伸於地下矣！申本州及諸司。

又 使府送下曾安撫宅二承務名適，幹人周成并金谿縣百姓張潛，并干證人張四九等，共六名，委本縣勘究買地掘墳事。内有陳四一、饒大兩名監繫日久，羸病欲死，已差醫人李才鼎看驗，監醫，併求陳四三、彭六三二名，各召保，周成、張潛寄收。尋拖照案牘，參酌事情，委是曾適妄狀誣賴，意在擾害張潛等人。今張潛被害，已破蕩，而干證之人之被監繫，病患危篤，深可憐念。且曾適以掘墳論訴，情若甚切，然自開禧三年三月估賣園地，張潛以錢就買，若果有掘墳情節，何爲當時並無詞訴，此其虚妄一也。張潛買地之時，曾經官陳詞，曾適幹人陳先等并鄰甲數人供狀指證，皆以爲並無墳墓，何爲曾適略無一詞，與之爭辯，此其虚妄二也。曾適嘗於開禧二年十二月論郭謙侵占屋地，屋地之與墳墓，孰緩孰急，豈有先論屋地，經隔兩年，而論掘墳，此其虚妄三也。曾適執出關書，登載受分園地，有祖墳三所，其後所供稱是二女一乳母之墳，何其先後之相戾耶？豈非自有祖墳，恐爲人所證，故遂亟變其説，此其虚妄四也。開禧二年正月未抄估之前，有曾宅幹人朱端陳詞，稱產業係三位均分，有硃契、砧基簿表照，卽不言有關書，今乃旋造關書，以爲表證，此其虚妄五也。關書之末，具載曾適今幹人熊富聽狀印關。嘉泰三年，曾儒林尚無恙，何不爲狀者，而獨於曾適，此其虚妄六也。既曰穿關，則兄弟三人各有三本，今但以一本出官，則是本無穿關，此其虚妄七也。園地得產於智大夫及陳成，亦合有上手契字，今以其自稱三墳係是淳熙年間，恐與上手年月牴牾，故遂不敢賫出此契，此其虚妄八也。買園之時，乃是知府尚在之日，曰涉之名，是乃知府宴遊之所，既有力以辦宴遊之園，獨不能求隙地以葬其殤女、乳母，而置之園中，乃朝夕宴遊於墟墓之間乎？此其虚妄九也。日涉之園，而乃在縣郭之内，亦非埋葬之所，此其虚妄十也。有此十妄，曉然易見，反覆參考，然後知曾適者眞横豪健訟之人也。方曾儒林侵盜官綱之時，朝旨行下，抄估家產，急如星火，爲子弟者當知乃兄之罪不可逃，朝廷之命不可忽，傾其家貲以輸之可也。今乃以已賣廢契，欺罔縣道，又以西昇不可賣之產，僞稱義遜，使縣道官吏日受督責，不得已而將別項產業根括估賣。張潛之徒既得其產，而曾適乃敢脱漏丞廳，僞印關書，妄訴不已，今日之訟，自始至終皆曾適爲之也。今省部行下給還產業，使人戶虚納價錢，而曾適坐得舊業，亦可已矣。又欲加之掘墳之罪，不惟逞其私憾，而又欲肆其邀求，使張潛之家，張六二嘗經安撫使司陳詞，臺判以爲據所陳請買曾家園，節次勘驗，則知曾家幹人妄訴不已，送本縣照租究實，如周成妄狀論擾，重行斷治，可謂明白簡切而得其情矣。今曾適者騎從甚都，言辭甚辯，進退甚詳雅，出入臺府，揚揚自得，動以權勢，脅持上下，官吏相顧，莫敢予決，若不爲之明辯，數月之後，被論之人不待刑憲而銜冤入地矣！所有人案申解使州，乞詳本縣所陳，先將被論及干證人召保放歸着業，仍備申朝省諸司，今後曾適更敢妄狀，嚴行追治，庶幾無辜之民不至被害，而健訟之人稍知畏戢。

又 使州送下曾濰、趙師淵兩家互論置買曾挺田產事，趙僉判已行看定，斷還趙師淵管業。其曾濰幹人不伏所斷，再行論訴。使州遂委本縣審定。緣本職與曾濰委是二十年故舊，恐有妨嫌，遂申乞迴避，再蒙使州發下，不敢有違。拖照案牘，曾濰幹人所以不伏趙僉判所定者，蓋亦未得其情。趙僉判以爲空頭契字，乃是曾挺之契，再立之契，乃曾濰僞契，既不曾追出曾挺供對，如何見得便是僞契？此間人交關，亦多有不將正契投印者，亦安知再立之契果爲僞乎？既以再立之契爲僞，遂併以門僧之書爲通同旋寫，既不曾追到門僧供對，亦何緣見得是通同旋寫？又稱曾挺若果得上期錢，又不得與別人交關，世間將田產重籠交易，瞞人錢物者甚多，亦何以知曾挺之必不敢乎？不得其情，而欲決其曲直，亦無怪曾濰幹人之不伏也。大抵此訟，只要見得曾挺曾與不曾交領得曾濰上期錢耳，若交得曾濰錢，則業當還曾濰，若不曾交得曾濰錢，則業當還趙師淵。今曾濰之所恃以爲已曾交錢者，以有曾挺所與三制幹親書耳。今以曾挺親書觀之，若果曾交得曾濰錢，必須言遞到若干錢，已交領訖，今皆無此語，但云所諭旋交一百千省，家兄書中且乞更支一半，而更字乃經塗改，尋繹字畫，乃是將先字改作更字，又覺更字筆畫係是塗改，恐爲人所疑，遂又多改數字以亂之，而不知便改一先字作更字，亦不妨其爲交錢也。曾濰幹人之詞，以爲交去官會一百道，而曾挺書中乃作一百千省，豈有得人一百道會，乃自認作一百千省之理。曾濰在臨川，若於狀詞作一百千省，則見錢一百千省，無緣擔得到建昌，故於狀詞變作官會一百貫。親書既與狀詞不相合，則又豈可執親書以爲據乎？以此觀之，則曾挺實不曾交得曾濰錢，無可疑者矣。又詳書中所言，有田勞經畫之久，契字已稟媽媽僉往，尊叔中逗留至月初，同在着押。又言下期錢後月中旬爲約。曾濰幹人遂以媽媽僉往，幷下期錢後月中旬爲約兩語，遂以曾挺爲已交上期錢，若非已交上期錢，何緣有媽媽着押幷何緣及下期錢。然以文勢考之，曾挺初立空頭契字，將此產業託三制幹召人承買。曾濰既欲就買，遂別立契字遣人先取其母着押，曾挺與曾濰爲至親，故先請其母着押發回，而門僧亦有押一字之書。然曾挺有月初同在着押之語，則實不曾親着押，則亦不曾交錢可知矣。書之首先言上期錢之太少，書之末又慮下期錢之太遠，此豈足以爲已領上期錢之證乎？然則再立之契，非僞契，門僧之書，非僞書，但曾挺實不曾交得曾濰之錢，無可疑也。趙僉判以爲僞契、僞書，故曾濰之幹人不伏。然僉判之所定，有曰曾挺窘乏，急於求售，則曾五官人不惟酬價不平，又且支打上期錢數不多，不肯指揮使用，及有其他沮抑，所以不願，遂別與趙運幹宅交易，曾五官人後來知得，所以陳詞。此數句者可謂盡得兩家心術之微矣。曾濰名家之子，其所交遊，皆當世賢士，亦欲改過遷善，以克世其家，然所以爲此者，豈亦念祖業之重，不忍使他人得之乎？或者幹人自起誣賴，而非曾五官人之本意乎？然不敢以朋友之私情，而反以重曾五官人之過也。備申使州。

又 金谿縣白蓮寺僧如璉經轉運司論金谿縣尉看定薛家陂田，不還本寺耕種，仍將行者勘杖一百，在縣身死，所斷不當事，送本縣看詳。今將案牘參照，係白蓮寺論佃客蔣某擅於本院未曾開墾田內強栽禾稻，續係蔣某稱是盧將領宅耕種。金谿縣遂將蔣某勘斷，又續係盧將領宅於貴溪縣論白蓮寺爭占自己所栽木，又續係盧嘉猷於本州府判廳、提舉使衙論強塞水圳，有妨水利，遂行下金谿縣丞廳看定。偶金谿縣尉權丞，遂將白蓮寺所訟田不得耕種，仍將行者某人從杖一百勘斷。以本縣丞尉親至地頭，必須究見事理，合得允當。而寺僧如璉不能無辭者，則以其間不得其平者有二事，其一謂田乃寺田，不應不得爲主，其二謂行者從杖不當。今照得上件爭訟，本縣縣尉何不索出兩縣干照，從實打量，若盧家所置薛思惠產，不曾推流，則不應越港占白蓮之田，僧寺之田若畝步見在，則亦不應並緣沙漲，輒行開墾，阻遏水勢，如此則不待辯而自明矣。今不行打量，而憑空便行理斷，此不可曉一也。盧嘉猷初得於貴溪縣爭白蓮寺之田，次則經通判廳，又次則經提舉司爭水圳，而帶及田事，其前後詞反覆不同，此不可曉二也。盧嘉猷之田在港東，白蓮寺之田在港西，若盧嘉猷委是田被水衝沒於東，而復生於西，亦當經官標扦，豈得徑自栽種，而反行論訴，此不可曉三也。又田在港東，而論港西水圳，又別無干照見得有古水圳處來歷，白蓮寺乃有薛家借圳干照，若盧家得薛家產，亦港西下流，則借圳可也，豈可訟乎？此不可曉四也。盧嘉猷所論者水圳，縣尉乃不定奪水圳，而反及水港，此不可曉五也。若謂不合將遺洲開田衝破港東之田，則栽田者乃盧嘉猷，初非白蓮寺之罪，何故卻將行者勘斷？此不可曉六也。兩家之訟，初爭田，次則捨田而爭水圳，其終又捨水圳而爭水港，及所種田以阻遏水勢，乃盧嘉猷，而非行者，乃將行者勘斷一百，既欲聽贖斯可已矣，何至必加之杖，而使之抑鬱以死乎？此不可曉七也。觀其所看定如此，則其所論田之形，水之勢，亦恐未能盡當事情，提舉寺丞於所申之後，判令兩家並不得耕種，則亦已覺尉司所以右盧嘉猷者太過，而未必盡得其實也。今已斷者不可復贖，已死者不可復生，而吏輩受財曲斷，其事已在赦前，皆可勿問，而所爭之田，欲乞上司再委官前去地頭體究，方見着實，庶絕詞訟。申都運、提舉使衙，取指揮。

宋・佚名《名公書判清明集・後村先生大全集》 以雷龍公劄，比前日狀詞筆迹，濃淡真草縱橫，微有不同，然其實一手所書。兼雷龍前日經縣分析之詞，無非諂佞知縣，今來公劄，又欲挾朝貴以臨監司，孰謂□公之門而出若而人哉。見識如此，當職深爲之羞愧。合本合追治，以昔人察見淵魚爲戒，姑寢勿問。帖請知縣勸諭，今後不宜如此，勿俾小人之計得行。

《宋會要輯稿・帝系二》 六曹以例決事。四年八月權吏部侍郎胡交修等奏：契勘近降細務指揮內一項六曹長貳以其事治有條者，以條決之無條者，以例決之無條例者，酌情裁決，夫以例決事。

《宋會要輯稿・刑法二》 〔宣和二年四月〕十八日，詔：今後應勾追被盜人到官，對會訖便行疏放。或委有事故，聽獄官具情由稟長吏，通不得過五日，庶幾革去姦弊。仰刑部檢詳立法。

六月十二日，詔：自今衝改元豐法制，以大不恭論。

二十日，詔：先帝董正六部，應依條式，事奏鈔畫。聞近來差注、轉官、支賜、支破、請給、封贈、回授等事，不合具鈔及應取旨者，皆批狀送鈔旁，有違官制。自今後並遵依元豐法令，如違，仰御史臺彈奏。今日以前特免改正。

七月二十一日，詔應諸路工役去處，不得支破犒設等。

十一月四日，臣僚言：一、溫州等處狂悖之人，自稱明教，號爲行者。今來明教行者各於所居鄉村建立屋宇，號爲齋堂。如溫州共有四十餘處，並是私建無名額佛堂，每年正月內取曆中密日，聚集侍者、聽者、姑婆、齋姊等人，建設道場，鼓扇愚民，男女夜聚曉散。一、明教之人所念經文及繪畫佛像，號曰《訖思經》《證明經》《太子下生經》《父母經》《圖經》《文緣經》《七時偈》《日光偈》《月光偈》《平文策》《漢贊策》《證明贊》《廣大懺》《妙水佛幀》《先意佛幀》《夷數佛幀》《善惡幀》《太子幀》《四天王幀》。已上等經佛號，即於道釋經藏並無明文該載，皆是妄誕妖怪之言，多引爾時明尊之事，與道釋經文不同。至於字音，又難辨認。委是狂妄之人僞造言辭，誑愚惑眾，上僭天王、太子之號。奉御筆：仰所在官司根究指實，將齋堂等一切毀拆。所犯爲首之人依條施行外，嚴立賞格，許人陳告。今後更有似此去處，州縣官並行停廢，以違御筆論。廉訪使者失覺察，監司失按劾，與同罪。

又 〔紹興二十六年〕十二月九日，參知政事董德元等言：監司守臣競事刻剝，重爲民蠹者：一郡常賦自有定額，乃取無名之資，謂之羨餘；官有常俸，猶或不繼，而乃祿無用之人，謂之權攝；學校則有校正、講書之職，庫務則有檢察、指教之名，創置不一，誅求日繁，民力困弊。望嚴行禁約，或有違戾，仰御史臺及監司彈奏，重寘典憲。上曰：此等無非害民者，可依此行下。

又 〔紹興二十六年十二月〕二十六日，宰〔職〕〔執〕進呈張晟差除，上曰：張晟是會稽人，前日論及紹興府科買箭笴大擾百姓，皆前此曹泳、趙士粲所爲。魏良臣等奏：聞士粲在紹興日事苞苴，不獨此郡箭笴，如平江府洞庭柑每對二千，宣州蜂兒每斤不下三十千，近增至四十千，科於民間，極以爲苦。上乃詔悉罷之，因宣諭曰：朕尋常未曾毫末有取於民，如日用紙亦不令臨安府收買，恐至騷擾，只自令人於市肆中買，仍得佳者。魏良臣等奏：陛下聖德恭儉如此，雖古帝王何以加！

又 〔紹興〕二十六年二月二日，左朝請大夫、提舉江州太平興國宮劉才邵奏：近年民間受弊，莫甚於受納、追催、差役三事。倉場官吏與攬子爲市，阻節人戶，米則多加合數，絹則抑取輕錢，或於一碩一疋別責常例。計其浮費，已過正數一二倍，此受納之弊也。追催本屬戶長，今則差公人，或差土豪、土軍，所至將帶槍手動十數人，驚擾鄉民，煩費百出，此追催之弊也。民間田業，稅貫高低灼然，差役自上及下，而猾吏求賂，每闕一名，必進十數戶，請求脫免，所費不貲，此差役之弊也。欲委諸路監司詢訪民間利病以聞，詳爲法禁。上可其奏，曰：此三者皆民間大事，宜速行之。

又〔紹興二十六年〕三月十八日，侍御史湯鵬舉言：近年州縣許用妓樂，遂有達旦之會，監司、郡守或戒約之，則鬨然生謗。此風起於通判，行於司理，至於盜用官錢、(宮)〔官〕酒，苦刻牙人、鋪戶，恣縱市買，以至縣官筵會之費盡科配於公吏。乞於天申節及人使往來之處，守臣休務之日，許用妓樂於公筵，其餘自總管、諫議官、通判以下，並不許擅用借用，違者委監司、郡守即時具奏。從之。

又〔紹興二十六年〕五月十六日，新(受)〔授〕起居舍人兼權給事中凌景夏、新除授中書舍人吳秉信，各論奏錢塘縣百姓楊康以市井駔會輒敢進狀，欲專一府屠宰之利，使其儕輩拱手失業，乃以廟享及禦膳爲辭，輕量朝廷，媟瀆宗廟。乞送大理寺根治，重行斷遣。並從之。時楊康進狀，以元係浙江賣羊官圈都牙人，今乞依舊在圈專一管幹，其賣羊贏落錢每年二萬三千貫文，盡乞獻納歸官，買辦四季酌獻等使用，及買獻內膳御膳羊，仍乞朝省降約束，其他牙人不得在圈作弊。事下臨安府看詳，故有是論列。

又〔紹興二十六年〕七月五日，御史臺檢法官褚籍言：近年以來，州縣守令類多貪墨，每有等第豪戶及僧道富贍者犯罪，一至訟庭，往往視爲奇貨，連逮禁繫，動經旬月，方令入狀以願獻助錢物爲名，或作贍軍支用，或作修造亭館，更不顧其所犯輕重，一例釋放。乞嚴立法禁，凡犯罪者輕重自有斷罪條法，如或巧作名目，令犯人獻助錢物以自(勉)〔免〕者，官吏當以坐贓論。從之。

《宋會要輯稿・刑法三》 眞宗咸平五年八月六日，水部郎中何蒙言：今後如有經轉運司陳狀論理公事，乞且於本州選官將狀看詳，如必然即差官推勘。詔諸路轉運司有論訴公事，並先取索本州公案，參酌事理，不得便憑文狀。如事須推治，即選清強官勘鞫。

又〔大中祥符〕九年正月七日，糾察在京刑獄王曾、趙稹上言：咸平縣民婦盧與義爭財，府縣官吏恣受其賄，知府愼從吉男亦爲請求。慮軍巡訊問，有所顧避，望移鞫他所。宰臣奏曰：若委臺司，又稹知雜御史，亦爲礙事。即令殿中侍御史王奇、(王)〔三〕司戶部郎官梁固雜治其事，中使譚元吉監鞫。帝又謂王旦曰：昨譚元吉監劾公事，並不知的然管勾之事。降敕具條樣名目，自今監劾，逐時付與，使有所遵據。

又〔天禧〕三年二月十二日，殿中侍御史董溫其言：自今凡認贓，當官員前令變主識認，題號著字內，不是元贓即勘官著字，至錄問時令本判官更切覆問。又準先降敕命，應諸色贓物委長吏著字記號，令被盜家識認，斷訖，當面給付。當納官司者籍其數，金銀匹段等送軍資庫，衣甲器械送甲仗庫。自餘品配折支料錢及估計貨賣，充禁囚紙筆，不堪者焚毀。又被盜之家如是認贓之時明知不是己物，虛有識認，或舊有嫌讎，致官司承誤斷殺平民者，其認贓人從誣告死罪已決法科處。從之。

又〔天聖二年〕十一月六日，御史臺推直官林永言：奉敕往相州勘鞫前大名府永濟縣令崔道昇指論百姓劉寧打折母手及強奪地土事，道昇前後推勘五年，逐度招承虛詐，每經錄問，多是翻變。頑猾恃賴罰銅，繫治平人，以致貧民嗟怨廢業。況本人已經編配，不改前非。望詳察事理，(時)〔特〕降指揮。詔以道昇爲安州參軍，其餘幹連人並放。

又〔天聖〕四年六月二十三日，中書門下言：據安州奏，轉運司差荊南府節度推官徐起到州置院，取勘本州官吏，爲不覺察參軍崔道升衷私逃走歸鄉事。凡推勘公事，須事理稍大，或錢穀、刑獄，或事干兩詞，須要對定勾追幹證者，即合特置院推勘。今詳安州公事情理，顯然於理不須差官置院。兼檢會今年閏五月八日敕命，條貫分明，欲申明告諭。從之。

又〔天聖〕七年十二月，詔：開封府自今府界諸縣推鞫賊徒獲半以上，贓證分明，公事解狀內大情已正，止有小可未盡事意，宜令更不收理本縣。

又仁宗天聖八年三月，詔：審刑院、刑部、大理寺，今後案內有收理合納官名件，除係干錢穀物色數目稍多，即依自來體例申奏外，自餘錢帛不及貫、匹、石，秤並棒杖器刃之類，並於案內節掠合納官數，候降(刺)〔敕〕下寺，直牒三司勘會，依例施行。內無還寺敕文者，候奏上公案，直牒三司。

又嘉祐五年三月二十四日，江浙等路提點鑄錢公事沈扶言：準詔赴邵武軍推勘院監勘曾均打殺阿黃公事。勘會建昌軍上件爭競公事，始自嘉祐三年事發，四年六月方始斷遣，在禁及在獄病患到家身死者一十八人。乞下本軍，應係經兩次勾追照證，除係公人之外，特加存恤。其死亡之家，與免色役一次。詔令江西轉運司勘會，本軍應曾經禁勘照證公事身死人之家，不問有無罪犯，並與免戶下二年差徭科配。其餘被追照證曾在禁者，與免一年，內有罪者更不免放。

又〔宣和〕四年三月二十一日，〔臣僚言〕：伏見江西安撫大使趙鼎奏，爲馬居中根勘李操、曾欽臣等公事。內李操受本司統領官文廣金二百兩，乞止令文廣在外供答文字，與免追攝入院。詔令趙鼎指揮文廣依實供答。竊〔以〕宣諭司元按李操四事，唯受金一事尤爲要切，陛下既已灼見其情，爲之密追文廣赴獄根勘。如文廣近嘗宣力捕盜有功，即乞候上斷罪日量行減降施行，庶幾獄訟早得結絕。勘會趙鼎已赴行在，除參知政事，所有文廣竊慮在外供答未圓，枉致淹延刑禁。從之。

又〔紹興三年〕十二月十一日，江南東路提刑司言：撫州司理院見禁周七十等，爲周三十七身死公事，將及一年，淹禁坐獄，並不結絕。又本院見罪人陳俊爲行刀殺死張進，至今亦及一年有餘，未曾結絕，以致陳俊脫去枷杻，跳牆逃走，見今未獲。其司理參軍宋仲和顯是弛慢不職，已牒信州取勘。詔宋仲和先次放罷，令本路提刑司催促信州疾速取勘，具案聞奏。

又〔紹興六年〕是年十一月七日，詔諸路體量取勘公事人，刑部開具住滯尤甚者申尚書省，取旨施行。以臣僚言諸路未結絕公事有二百八十九件，其間有自紹興二年淹延至今日故也。

又〔紹興〕七年十月六日，刑部開具下項：一、鼎州爲(循)〔修〕職郎舒邦彥於安撫司使臣何商處受寄李允文激賞庫並宅庫金銀，侵欺入己，委邵州根勘。本部計一十次催促，並無回報。一、廣東經略安撫司奏，本州訪聞得進義副尉、權廣州香山鎮林智在任與本鎮副坊洪浩爲保，領黃世通不納牛皮事，林(知)〔智〕取乞洪浩銀七十兩等，已牒廣州送所司根勘施行。據申，林智逃走，乞下高州催勘施行。本部已勘會，自合一面移文高州，發遣前來本州根勘。計二十九次符下廣州，四次申到因依，兩次根治，即目未有結絕。詔知州、勘官各特降一官，餘當職官展二年磨勘，(遂)〔逐〕處當行人吏各杖一百，決訖勒罷，永不得充役。被受推治不回報官罰銅十斤，人吏從杖一百科斷。仍令帥司開具合降官、展年、罰銅人職位姓名申尚書省，其逐年件公事，各限十日依條勘結施行。

又〔紹興六年〕十一月十八日，廣南東路提刑司言：德慶府根勘封州縣令林廷輝在任不法，上下受囑，故作違慢。本司推勘，計八十八次，經七箇

月，未見申到結絕。其本府官吏係(在)〔左〕朝散大夫、權知軍府文彥博，右朝奉郎、權通判陳泳，左從政郎、錄事參軍兼司戶司法吳廷賓。詔各降一官。

《宋會要輯稿・刑法四》〔大中祥符〕八年八月二日，開封府判官國子博士韓允、殿中丞權大理少卿閻允恭並除名，允授嶽州文學，允恭授複州文學。百姓崔白杖脊配崖州牢城，白子端決杖配江州本城。白家於京師，素無賴，淩脅群小，取材以致富。先有滿子路，強狠任俠，名聞都下。又有趙諫，以豪橫伏法。白謂人曰：滿子路，吾之流輩也；趙諫，吾門人爾。餘不足算也。百姓梁文尉與白鄰居，白素欲強買其舍，文蔚未之許，屢加詬辱。會文蔚死，妻張與二子皆幼，白日夕遣人投瓦石以駭之。張不得已徙去，即以其舍求質錢百三十萬，白固以九十萬，因市之。張訴於京府，白遂增錢三十萬，因巘減賃課，以己僕爲證，詣府訟張，且厚賂胥吏。白素與允恭善，遂祈允恭達其事於允祈，坐張妄增屋課，杖之。白因大言，衒其事於衕閭。皇城司廉知以聞，詔捕白付御史臺，鞫問得實，故並及罪責。

又〔大中祥符〕九年三月八日，免給事中慎從吉，削一任，翰林學士、給事中、知制誥錢惟演罷職守本官。初，咸平縣民張贇妻盧訴姪質被酒詬悖。張，豪族也。質本養子而證左明白，質納賄胥吏，從吉子大理寺丞銳時督運石塘河，往來咸平，爲請求縣宰，本縣斷復質劉姓，而弟令與盧同居。質洎盧迭爲訟，縣聞於府，會從吉權知府事，命戶曹參軍呂楷就縣推問。盧之從叔(號)〔虢〕略尉昭一納白金三百兩於楷，楷久而不決，且以俟追劉族爲名，即還府。盧兄太子中舍文質又因進士吳及納錢七十萬於從吉長子大理寺丞鈞，以其事白父，而隱其受賄之狀。盧又詣府列訴，即下右軍巡院。昭一兄澄嘗以手書達惟演，雲寄語從吉，事連鈞、銳，請緩之。時及已亡命，軍巡請搜捕，且曰：未得及，則獄不具。從吉亟召軍巡判官祝坦至聽事後廡詢之，毀所請狀，又令銳密問坦獄情若何，頗自疑懼，因密作奏，請付御史臺，未報。糾察刑獄王曾、趙稹詣便殿以聞，且言事涉從吉，慮軍巡顧避。稹方知雜，請不以付臺，乃命殿中侍御史王奇，三司戶部判官、著作郎、直史館梁固鞫治，仍遣中使譚元吉監之，逮捕者百餘人。獄成，奪楷、均二官，配隸衡、郢州；銳、坦、文質皆奪一官，坦貶(豪)〔濠〕州司戶參軍。盧澄本陳留縣大豪也，常入粟得曹州助教，殖貨射利，侵牟細民，頗結貴要，以是益橫。劉綜知府日，常犯法，綜憤其豪縱，重繩之，奪官配郢州，仍請後有過不以贖論，詔可其奏。

至是，與昭一並決杖，澄配隸江州，昭一特除名。從吉、惟演並坐責，餘責罰有差，情重者配隸外州軍。

又〔大中祥符九年三月〕二十一日，右諫議大夫慎從吉追一任官，著作佐郎高清杖脊、黥面，配沙門島。清知太康縣，民有詣府訴家產者，清納其賄。時已罷任，即逃避所知家。慎從吉請對，言其子銳先假清白金七十兩，望傳詔捕繫，仍別置獄，遂命駕部員外郎劉宗言、監察御史江仲甫推劾。清匿於進士丁禹家，禹白官捕得之，且搜其家，獲財貨甚眾，衣服有侈靡違禁者，因揭榜許民戶告首，並得他贓狀。獄具，法寺以其所受贓不分枉直，改命屯田員外郎丁慎修覆按。清枉法當死，帝命貸之。清，庫部郎中士宏之子，景德中進士，宰相寇準以弟之女妻之。寇死，故相李沆家復取為婿。曆官以賄聞，頗恃待援，以是欺蠹小民，務自奢縱，被服如公侯家。初，慎銳就清假貸，清以多納賕賄事將敗，遂諾之，求其爲助。時方鞫盧氏獄，從吉發此事，欲以自解。銳素狡獪，始假清銀，欲爲庇護，及聞有訟，即以還之。前以盧氏事奪一任，至是又坐請求削衛尉寺丞。從吉坐首露在已發後，又奏報不實，用官減當罰金，詔以從吉累犯憲章，合當黜竄，特追右諫議大夫，免其安置。銳配單州。自餘決罰配隸者數十人。宗言、仲甫以鞫獄失實，並黜監物務。府界提點虞部員外郎姚潤之、內殿崇班閤門祗候王承謹坐不能察舉，復保任清，並免所居官。

又〔景德八年〕八月十九日，知密州孫奭言：本州累有強劫賊，結案遇赦或赦後捉獲，準詔配本城。據官吏眾稱，準例配本城者，並配牢城。朝廷以本城、牢城分爲輕重，今若一敕處斷，慮失詔意，請下法官參議。詔自今準詔刺配牢城者，並止配本城有軍額指揮，不得例配牢城。

又　仁宗天聖四年四月，審刑院言：準敕，軍員、節級等因公事情不涉私，行小杖決人十五已上因而致死者，具奏取裁。自來法寺檢斷，依諸色官員因公事小杖決人杖數過多致死律條，考因數過以致死者徒二年定斷取旨。緣軍法務嚴，與他官不同，若依上條，似未允當。欲乞自今應軍節級因所管人有過，情理難恕，須合區分，情不涉私，行小杖決十五已上因而致死者，並從律文決罪不如法以故致死徒一年上失減三等杖八十定斷，仍具情理取旨。從之。

又　仁宗天聖四年八月八日，前權知石州判官馮元吉辨雪得百姓李海等兩人不該極典，帝曰：特與超授一資，仍賜緋章服。

景祐二年十二月二十七日，審刑院定奪太常博士陳希亮雪活合得酬獎，詔賜緋。

三年九月二十一日，大理寺言：據詳斷官楊務本、焦好問狀，昨蘄州太常博士林宗言爲盜官物該極典，尋疏駁覆勘，雪活得宗言死罪，乞賜酬獎。詔各賜銀絹三。

又〔景祐元年五月〕二十二日，提點京東路刑獄崔有方言：應災傷州軍捉獲強劫賊人，有因饑困與家人共犯，俱合重斷者，乞數內勘會一名元不是行兇惡、情理輕者決放。詔從之。仍決徒刺配本州牢城，候豐稔日依舊。

又〔皇祐二年十一月〕十五日，審刑院、大理寺言：荊湖南路安撫司奏：近爲潭州不住準逐處推院公文，追呼鄉縣干證，人數頗眾，有妨農業。望自今勘斷公事內有累作過犯之人，並令官司根檢元犯逐度公案照驗入案。若委是毀失公案，檢尋不得，即暫勾元犯罪時干連之人，取責證據，的確不虛，亦許累爲度數。如依應得上項編敕，即行刺配。如檢尋元犯公案不得，又無從初幹連人照證，即不入連累之數。仍令轉運、提刑常切覺察點撿。如又違犯，其官司從違制分故□定罪。所有（有）軍民、公人犯罪，內有情理兇惡、條法不該刺配，不可存留在彼，即依慶曆六年七月七日朝旨奏裁。所貴別無枉失，追擾平民，有妨農務。寺司參詳，其累犯該配人已有前項編敕外，有似此經隔年歲，其間或與州縣官吏通同作弊，偷毀公案，後卻經官司論理，稱刺配不當，蓋是未有釐革條貫，以致引惹詞訟。欲乞應累作過犯罪人依條刺配後，卻稱元初刺配不當者，限一年內許經逐處理訴。如在一年限外，官司不得受理。從之。

又　神宗熙寧三年正月二十四日，審刑院、大理寺斷通州百姓仇承廣等九人持杖（疆）〔強〕劫，贓滿合處死，特貸命，決脊杖二十，刺面配廣南東西路逐州牢城。御批：可分析移配，仍今後應持杖強盜群隊賊人，不要全火置在一路州軍。於是承廣等分配廣南、陝西、河北諸州軍。

三月四日，詔：今後強劫賊合該刺配廣南者，如同火五人以上，不得同配一路州軍，並須分擘，兼配河北、河東、陝西邊遠州軍。如係河北等三路賊人，即分配廣南、福建州軍。

六月二十六日，詔諸路提刑司勘會，逐州軍經略、安撫、鈐轄司，將刺配充軍人元犯因依聞奏。

十一月十六日，詔：諸路編管人，令提刑司於逐州軍選官，與當職官吏看詳元犯，撿坐條貫詳定，委是州郡法外編管，即放逐便訖，具事理聞奏。雖於法不合編管，情理重害者，奏請朝旨。

又 高宗紹興元年八月二十九日，刑部尚書胡直孺言：大理寺自去年七月以後到今，略舉出入刑名死罪十四件，流罪以下一百餘件，並係郎官王綱親行疏較改正，除徒、流及出入死罪不計數外，其失入死罪五名，皆死中獲生。若不附之推恩，則無以激勸尚公之吏。詔朝請郎、守大理少卿王綱特(受)〔授〕朝奉大夫。**【略】**

三年六月二十三日，臣僚言：中軍統領官張識冒請逃亡軍人米，刑寺元斷公罪，待致朝廷疏問，卻將盜米贓罪杖斷作贓罪流，顯見前斷不當。其刑部、大理寺事屬失職，寺丞胥介、評事許絳，權刑部郎官劉藻各特降一官，章誼、元袞各罰銅十斤，仍令李與權將元勘不當人吏疾速根勘施行。續有旨，張識追毀出身以〔來〕文字，除名勒停，特送筠州編管。

《宋會要輯稿・刑法五》〔眞宗咸平四年〕七月十九日，禦便殿，引見三司軍將趙永昌臨訊之。永昌凶狠無行，督運江南，所爲多不法，知饒州韓昌齡廉其贓狀及違禁事，移於轉運司馮亮，坐決杖停職。遂撾登聞鼓，訟昌齡與亮訕謗朝政，仍僞爲印作亮等求解之狀，詔下御史臺鞫問。帝察其詐，引見，召前饒州錄事楊傑證其事，永昌屈伏，遂斬之，釋亮不問，而昌齡以酒過貶郢州團練副使。

《宋會要輯稿・刑法六》 嘉泰二年十一月十一日，起居郎、兼權刑部侍郎林採言：嘉泰改元，全年天下所上死案共一千八百一十一人，而斷死者纔一百八十一人，餘皆貸放。夫有司以具獄來上，必皆可議刑之人，蒙陛下貸其非辜者凡一千六百三十人，豈謂細事？欲令秘書省修入日曆，上以示陛下好生之德，下以戒有司用刑之濫。從之。

《宋會要輯稿・兵十二》〔宣和〕六年四月十八日，權發遣淮南西路提點刑獄司公事雷壽松奏：契勘捕盜官等親獲強盜，其間有僥冒朝廷賞典，往往多以被驅虜或般檐贓物等人一例便作徒伴解縣，公然干請承勘，獄司非理鍛鍊，必令依隨供招。欲乞應親獲強盜，如死亡及五分即候解見在徒伴到州，先委知通親行審問，已死人有何照驗，取責審狀入案送所司覆勘，一面情具情犯申提刑司，限五日差無干礙官或因巡歷躬親往彼再加審察。如涉妄冒，其元勘官吏並乞重立刑名。詔依所乞，如涉妄冒，其元勘官吏罪輕者以違制論。

又 〔宣和六年〕九月二十一日詔應捕捉盜賊軍兵等，如敢輒緣捕盜，乞取民戶財物，並行軍法，將佐部押使臣提舉捉殺官亦當停廢，仍許被擾攘之家越訴。

《宋會要輯稿・食貨六三》〔至和〕二年十一月三日詔判湖廣南路：溪洞人戶爭論田土，雖在務月，須理斷了當。

元・馬端臨《文獻通考・刑考八・詳讞》 隋文帝以用律者多致踳駮，罪同論異，詔諸州死罪不得便決，悉移大理按覆，事盡，然後上取奏裁。

仁壽十五年，制死罪者三奏而後決。

唐制：天下疑獄讞大理寺不能決，尚書省衆議之，錄可爲法者送祕書省奏報。諸疑獄法官執見不同者，得爲異議，不得過三。

太宗即位，其年九月武德九年未改元。盛開選舉。或有詐爲資蔭者，上令自首；不首者死。俄有詐僞事洩，大理少卿戴冑斷流。上曰：朕下敕不首者死；今斷流，是示天下以不信，卿欲賣獄乎？冑曰：陛下當即殺之，非臣所及；既付所司，臣不敢虧法。上曰：卿自守法而令我失信邪？冑曰：法者，國之所以布大信於天下；言者，當時喜怒之所發耳。陛下發一朝之忿而許殺之，既而不可而寘之於流。此乃忍小忿而存大信。若順忿違信，臣竊爲陛下惜之。上曰：法有所失，公能正之，朕何憂也。

貞觀元年，同州人房任統軍於岷州，以謀反伏誅。任兄強從坐當死。舊條：兄弟分後蔭不相及，連坐俱死。祖坐罪死，孫配流。帝令百官詳議。房元齡等定議曰：按禮，孫爲王父尸。按令：祖有蔭孫之義。然則祖孫親重，而兄弟屬輕。應重反流，合輕反死。據禮論情，深未爲愜，請定律。祖孫與兄弟緣坐俱配流，其以惡言犯法不能爲害者。情狀稍輕，兄弟免死，配流爲允。從之。

帝欲止姦貪，遣人以財物試之。有司門令史受饋絹一匹，上怒將殺之。民部尚書裴矩諫曰：此人受賂合重誅；但陛下以物試之，即行枉法。所謂陷人於罪，恐非導德齊禮之義。上納其言。

二年，大理少卿胡演進每月囚帳，上覽焉，問曰：其間罪亦有情可矜容者。皆以律斷。對曰：原情宥罪，非臣下所敢。上謂侍臣曰：古人云，鬻棺者欲歲之疫，匪欲害人，利於售棺故爾。今法司覆理一獄，心求深刻，欲成其考。今作何法得使平允。王珪奏曰：但選良善平恕人斷獄，允當者賞之，即姦僞自息。上善之。

五年，河内人李好德坐妖言下獄。大理丞張蘊古以爲好德病狂瞀法，不當坐。治書侍御史權萬紀劾蘊古相州人。好德兄厚德方爲相州刺史，故蘊古奏不以實。太宗怒，遽斬蘊古，既而大悔，詔死刑雖令即決，皆三覆奏。久之，謂群臣曰：死者不可復生。決囚雖三覆奏，而頃刻之間，何暇思慮。自今二日五覆奏。決日，尚食勿進酒肉；教坊太常輟教習；諸州死罪三覆奏，其日亦蔬食，務合禮徹樂減膳之意。然自蘊古之死，法官以失出爲戒。有失入者，又不加罪。自是吏法稍密。帝以問大理卿劉德威，對曰：律失入減三等，失出減五等。今失入無辜，而失出爲大罪，故吏皆深文。帝矍然，遂命失出入者皆如律。自此，吏亦持平。

十八年九月，茂州童子張仲文忽自稱天子，口署其流輩數人爲官司。大理以爲指斥乘輿，雖會赦猶斬。太常卿攝刑部尚書韋挺奏：仲文所犯，止當妖言，今既會赦，準法免死。上怒挺曰：去十五年，懷州人吴至浪入，先置鉤陳，口稱天子。大理，刑部皆言指斥乘輿，咸斷處斬。今仲文稱妖，乃同罪異罰，卿作福於下，而歸虐於上邪？挺拜謝趨退。自是，憲司不敢以聞。數日，刑部尚書張亮復奏，仲文請依前以妖言論。上謂亮曰：韋挺不識刑典，以重爲輕，朕當時怪其所執，不爲處斷。卿今日復爲執奏，不過欲自取剛正之名耳。典法要名，朕所不取。亮默然就列。上因謂之曰：爾無恨色，而我有猜心。夫人君含容，屈在於我。可申君所請，屈我所見。其仲文宜處以妖言。帝嘗因録囚謂侍臣曰：反逆有二：興師動衆，一也。惡言犯法，二也。輕重固異，而鈎謂之反，連坐皆死，豈定法邪？

元・馬端臨《文獻通考・刑考九・詳讞》 高宗上元三年，左威大將軍權善才、右監門中郎將范懷義斫昭陵柏木，大理奏以官減外，並除名，上特令殺之。大理丞狄仁傑執奏稱，罪不當死。上不從。仁傑執奏曰：法懸象魏，徒罪、死罪，具有差等。古人云：假使盗長陵一抔土，陛下何以加之。今陛下以昭陵一株柏殺二將軍，千載之後謂何？臣不敢奉詔。上乃止。

武后謀革命，大開告密之門以誅異議者，法官競爲深酷。唯司刑丞徐有功、杜景儉獨存平恕，被告者皆曰：遇來侯必死，遇徐杜必生。酷吏所誣搆者，有功皆爲直之，前後所活數十百家。嘗廷爭獄事，太后厲色詰之。左右爲戰栗，有功神色不撓，爭之彌切。太后雖好殺，知有功正直，甚敬憚之。嘗謂有功曰：卿比按獄，失出何多？對曰：失出，人臣之小過；好生，聖人之大德。后默然，司刑丞李日知亦尚平恕，少卿胡元禮欲殺一囚。日知以爲不可，往復數四，元禮怒曰：元禮不離刑曹，此囚終無生理。日知曰：日知不離刑曹，此囚終無死法。竟以兩狀列上，日知果直。

推事使奏，瀛州人李仁恒等三十七人被告稱謀反，曹斷並處斬，父母妻子流三千里。有功執曰：元淑里正，元得戶人，緣祖紛爭，因相言告。或以反逆相喚；或將奔叛相牽。反逆須有同謀；奔叛寧無葉契？無謀無契，口語口陳，即以實論，頗亦苛酷，搶榦元無影響，星文本自參差。縱使實有反言，只根換其宗姓。因根稱有，正是口陳。徒侶絶無，明非實反。賊盗律云：口陳欲反之言，心無眞實之計，流三千里。疏云口：陳欲叛者杖八十。准依告狀，並是口陳之言，原究犯情，皆非心實之計。忝居商度，用此當宜。如不使推，請從鄙見；如將未允，終須重推録奏，赦依得宗君哲，狀稱無反可爭，請依徐丞見流三千里。奉勑依，會赦免。

魏元忠爲張易之等所譖，坐貶官，太子僕崔貞愼等八人餞元忠於郊外。易之詐爲告密人柴明狀稱：貞愼與元忠謀反。太后使監察御史馬懷素鞫之曰：兹事皆實，略問速以聞。中使督促數四，曰：反狀皎然，何稽留如此？懷素請柴明對質。太后曰：我自不知柴明處，但據狀鞫之，安用告者？懷素據實以聞。太后怒曰：卿欲縱反者邪？對曰：臣不敢縱反者。元忠以宰相謫官，貞愼等以親故追送，若誣以爲反，臣實不敢。昔欒布奏事，彭越頭下，漢祖不罪。况元忠之刑未如彭越，而陛下欲誅其送者乎？且陛下操生殺之柄，欲加之罪，取決聖衷可矣。若命臣推鞫，臣不敢不以實聞。太后曰：汝欲全不罪邪？對曰：臣智識愚餞，實不見其罪。太后意解，貞愼等由是獲免。許州人楊元嗣告張昌宗嘗召術士李弘泰占相。弘泰言昌宗有天子相，勸於定州造佛寺，則天下歸心。太后命韋承慶及司刑卿崔神慶、御史中丞宋璟鞫之。神慶，神基之弟也。承慶、神慶奏言，昌宗欸稱弘泰之語，尋已奏聞。準法首原。弘泰妖言，請收行法。璟與大理丞封全愼奏，昌宗寵榮如是，復召術士占相，志欲何求？弘泰稱筮得純乾天子之卦，昌宗倘以弘泰爲妖妄，何不即執送有司？雖云奏聞，終是包藏禍心，法當處斬破家，請收付獄窮理其罪。太后久之不應。璟又曰：倘不即收繫，恐其搖動衆心。太后曰：卿且停推，俟更檢詳文狀。璟退。左拾遺江都李邕進曰：向觀宋璟所奏，志安社稷，非爲身謀。願陛下可其奏。太后不聽，尋勅璟副李嶠安撫隴蜀，璟皆不肯行，奏曰：故事：州縣官有罪，品高則侍御史，卑則監察御史按之，中丞非軍國大事不當出使。今隴蜀無變，不識陛下遣臣出外何也？臣皆不敢奉制。司刑少卿桓彦范上疏，以爲昌宗無功荷龍，而包藏禍心，自招其咎，此乃皇天降怒。陛下不忍加誅，則違天不詳。且昌宗既云奏訖，則不當更與弘泰往還，使之求福禳災，是則初無悔心。所以奏者，擬事發則云先已奏陳，不發則俟時爲逆，此乃姦臣詭計。若云可捨，誰爲可刑？況事已再發，陛下皆釋不問，使昌宗益自負得計，天下亦以爲天命不死，此乃陛下養成其亂也。苟逆臣不誅，社稷亡矣！請付鸞臺鳳閣三司，考竟其罪。疏奏不報。崔元暐亦屢以爲言。太后令法司議其罪，元暐弟司刑少卿昪處以大辟。宋璟復奏，收昌宗下獄。太后曰：昌宗已自奏聞。對曰：昌宗爲飛書所逼，窮而自陳，勢非得已。且謀反大逆，無容首免。若昌宗不伏大刑，安用國法？太后溫言解之，璟聲色逾厲曰：昌宗分外承恩，臣知言出禍從，然義激於心，雖死不恨。太后不悅。楊再思恐其忤旨，遽宣勅令出。璟曰：聖主在此，不煩宰相擅宣勅命。太后乃可其奏，遣昌宗詣臺。璟廷立而按之。事未畢，太后遣中使召昌宗，持勅赦之。璟歎曰：不先擊小子腦裂，負此恨矣。太后乃使昌宗詣璟謝。璟拒不見。

元宗開元十八年，冀州武強縣令裴景僊犯乞取贓積五千疋。事發，上大怒。令集衆殺之。大理卿李朝隱奏曰：景僊緣是乞贓，罪不至死。又景僊曾祖故司空寂往屬締構，首參元勳。載初年中，家陷非罪，凡其兄弟皆被誅夷，唯景僊獨存。今見承嫡，據贓未當死坐，准犯猶入議條。十世宥賢。功實宜錄；一門絕祀，情或可哀。願寬暴市之刑，俾就投荒之役，則舊勛不棄，平典斯允。手詔不許。朝隱又奏曰：有斷自天，處之極法，生殺之柄。人主合專。輕重有條，臣下當守。枉法者枉理而取十五疋，便抵死刑；乞取者因乞爲贓數千疋，止當流坐。若令乞取得罪，便處斬刑。後有枉法當科，欲加何辟？所以爲國惜法，期守律文，非敢以法隨人，曲矜僊命。射兔魏苑，驚馬漢橋，初震皇赫，竟從廷議。豈威不能制，而法貴有常。又景僊曾祖定爲元勳，恩倍常數，若寂勳都棄，僊罪特加，則叔向之賢何足稱者，若敖之鬼不其餒而捨罪念功，乞垂天聽。遂決杖一百，配流。

張瑝爲父復讎殺楊汪事。見刑制門

肅宗至德二年，將軍王去榮以私怨殺本縣令，當死。上以其善用礮，壬辰敕免死，以白衣於陝郡效力。中書舍人賈至不即行下，上表以爲：去榮無狀，殺本縣之君。易曰：臣弒其君，子弒其父，非一朝一夕之故，其所由來者漸矣。若縱去榮，可謂生漸矣。議者謂，陝郡初復，非其人不可守。然則他無去榮者，何以亦能堅守乎？陛下若以礮石一能，即免誅死。今諸軍技藝絕倫者，其徒實繁。必恃其能，所在犯上，復可以止之？若止捨去榮，而誅其餘者，則是法令不一，而誘人觸罪也。今惜一去榮之材而不殺，必殺十如去榮之材者，不亦其傷益多乎？夫去榮，逆亂之人也。焉有逆於此而順於彼，亂於富平而治於陝郡，悖於縣君而不悖於大君歟？伏惟明主全其遠省大者，則禍亂不日而定矣。上下其事令百官議之。太子大師韋見素等議。以爲：法者天地大典，帝王猶不敢擅殺，而小人得擅殺。是臣下之權過於人主也。去榮既殺人不死，則軍中凡有伎能者亦自謂無憂，所在暴橫，爲郡縣者不亦難乎？陛下爲天下主，愛無親疎，得一去榮而失萬姓，何利之有？於律。殺本縣令，列於十惡，而陛下寬之，王法不行，人倫道屈。臣等奉詔，不知所從。夫國以法理，軍以法勝。有恩無威，慈母不能使其子。陛下厚養戰士而每戰少利，豈非無法邪？今陝郡雖要，不急於法也。有法則海內無憂不克，況陝郡乎？無法則陝郡亦不可治，得之何益？而去榮末技，陝郡不以之存亡，王法有無，家國乃爲之輕重。此臣等所以區區願陛下守貞觀之法。上竟捨之。

德宗時，詔中書、門下，選律學之士，取至德以來制、敕、奏讞，掇其可爲法者藏之，而不名書。

憲宗元和六年九月，富平縣人梁悅爲父執讎殺人，自投縣請罪。敕：復讎殺人，固有彝典。以其申冤請罪，視死如歸，自詣公門，發於天性，志在徇節，本無求生。寧失不經，特減死，宜決一百，配流循州。於是，史官職方員外郎韓愈獻復讎議曰：伏奉今月五日敕，復讎據禮經。則義不同天。徵法令，則殺人者死。禮、法二事，皆王教大端。有此異同，固資論辯，宜令都省集議聞奏者。伏以子復父讎，見於春秋，見於禮記，見於周官，見於子史，不可勝數，未有非而罪之者也。最詳於律，而律無其條，非闕文也。蓋以爲不許復讎，則傷孝子之心，而乖先王之訓；許復讎，則人將倚法專殺，無以禁止其端矣。夫律雖本於聖人，然而行之者有司也。經之所明者，制有司也。丁寧其義於經，而深沒其文於律者，其意將使法吏一斷於法，而經術之士得引經而議也。《周官》曰：凡殺人而義者，令勿讎；讎之則死義，宜也。明殺人而不得其宜者，子得讎也。如百姓相讎者也。公羊傳曰：父子受誅，子復讎可也。不受誅者，罪不當誅也。誅者上施於下辭，非百姓之相殺者也。又周官曰：凡報讎者書於士，殺之無罪。言將復讎，必言於官，則無罪也。今陛下垂意典章，思立定制。惜有司之守，憐孝子之心，示不自專，訪議群下。臣愚以爲：復讎之名雖同，而其事各異。或百姓相讎，如周官所稱，可議於今者；或爲官吏所誅。如公羊所稱，不可行於今者。又周禮所稱，將復讎，先告於士則無罪者，若孤稚羸弱，抱微志而伺敵人之便，恐不能自言於官，未可以爲斷於今也。然則，殺之與赦，不可一例，宜定其制曰：凡有復父讎者，事發，具其事由，下尚書省集議奏聞，酌其宜而處之，則經律無失其旨矣。

柳宗元爲柳州刺史。民莫誠救兄莫蕩，以竹刺莫果右臂，經十二日身死。其莫誠禁在龍城縣。準律，以他物毆傷，十二日辜辜内死者，各依殺人論。宗元上桂管觀察府狀右奉牒準律文處分者。竊以莫誠赴急而動，事出一時；解難爲心，豈思他物。救兄有急難之戚，中臂非必死之瘡。不幸致殂，揣非本意。按文固當恭守，撫事似可哀矜。斷手方追於深衷，周身不遑於遠慮。律宜無赦，使司明至當之心，情或未安，守吏切惟輕之願。伏乞俯賜興哀，特從屈法，去全微命，以慰遠黎。

穆宗長慶二年四月，刑部員外郎孫革奏：准京兆府申，雲陽力人張涖欠羽林官騎康憲錢米，憲徵理之，涖乘醉拉憲，氣息將絶。憲男買得年十四，將救其父，以涖角觝力人，不敢揮解，遂持木鍤擊之，首見血，後三日致死者。準律，父爲人所毆，子往救，擊其人折傷，減凡鬬三等。至死者依當律。則買得合當死刑。伏以律令者，用防兇暴，孝行者，以開教化。今買得救父難，是性孝非暴，擊張涖，是心切非兇。以髫丱之歲，正父子之親，若非聖化所加，童子安能及此。王制稱，五刑之理，必原父子之親，春秋之義。原心定罪，周書所以訓諸罰有權。今買得生被皇風，幼符至孝。哀矜之宥，伏在聖慈；職當讞刑，合申善惡。謹先具事由陳奏，伏冀下中書、門下商量。敕旨：康買得尚在童年，能知子道，雖殺人當死，而爲父可哀。若從沈命之科，恐失原表情之義。宜付法司減死罪一等處分。長慶二年，白居易上言：據刑部及大理寺所斷準律，非因鬬爭，無事而殺者名爲故殺。今姚文秀有事而殺者則非故殺。據大理寺直崔元式所執：準律，相爭爲鬬，相擊爲毆，交鬬致死，始名鬬殺。今阿王被打狼籍，以致於死。姚文秀檢驗身上，一無傷損。則不得名爲相擊。阿王當夜已死，何名相爭？既非鬬爭，又蓄怨怒，即是故殺者。又按律疏云，不因鬬爭，無事而殺，名爲故殺。此言事者，謂鬬爭之事，非該他事。今大理、刑部所執，以姚文秀怒妻有過，即不是無事。既是有事，因而毆死，則非故殺者。此則唯用無事兩字不引爭鬬上文。如此，是使天下之人皆得因事殺人，殺人了即曰：我有事而殺，非故殺也。如此可乎？且天下之人，豈有無事而殺人者。足明事謂爭鬬之事，非他事也。又凡言鬬毆死者，謂事素非憎嫌，偶相爭鬬，一毆一擊，不意而死，如此則非故殺。以其本原無殺心。今姚文秀怒妻頗深，挾恨既久，毆打狼藉，當夜便死，察其情狀，不是偶然。此非故殺，孰爲故殺？若以先因爭罵，不是故殺。即如有謀殺人者，先引相罵，便是交爭，一爭之後，以物毆殺，即曰：我因事而殺，非故殺也。如此可乎？況阿王既死，無以辨明，姚文秀自云相爭，有何憑據？伏以獄貴察情，法須可久。若崔元式所議不用，大理寺所執得行，實恐被毆死者自此長冤，故殺人者從今得計。奉敕，姚文秀殺妻，罪在十惡。若從宥免，是長兇愚。其律從有互文，在理終須果斷。宜依白居易狀，委所在重杖一頓。處死。

敬宗寶歷三年，京兆府有姑鞭婦致死者，奏請斷以償死。刑部尚書柳公綽議曰：尊毆卑，非鬬也。且其子在，以妻而戮其母，非教也。遂減死論。

後唐明宗天成二年，御史臺、刑部、大理等奏，准各例律，諸斷罪而無正條者，其應出罪者，則舉重以明輕；其應入罪者，則舉輕以明重。疏云，斷罪無正條。謂一部律内犯無罪名者，准雜律。不應得爲而爲者，笞四十謂律令無條，理不可爲者杖八十。疏云，雖犯輕重，觸類弘多；金科玉條，包羅難盡。其有在律在令無有正條，若不輕重相明，無文可以比附。臨時處斷，量情爲罪。庶補遺闕。故立此條。其情輕者笞四十，事理重者杖八十。奉敕宜依。其年七月，洺州平恩縣百姓高弘超。其父暉爲鄉人王感所殺。弘超挾刃殺感，攜其首自陳。大理寺以故殺論。尚書刑部員外郎李殷蘿復曰：伏以挾刃殺人，按律處死；投獄自首，降罪垂文。高弘超既遂報讐，固不逃法。戴天罔愧，視死如歸。歷代以來，事多貸命。長慶二年，有康買得父憲爲力人張涖乘醉拉，憲氣息將絶。買得年十四。以木鍤擊涖，後三日致死。敕旨，康買得尚在童年，能知子道。雖殺人當死，而爲父可哀。若從沈命之科，恐失度情之義。宜減死處分。又元和六年，富平人梁悦殺父之讐，投縣請罪。敕旨。復讐殺人，固有彝典。以其伸冤請罪，自詣公門。發於天性，本無求生。寧失不經。特宜減死。方今明時。有此孝子。其高弘超若使須歸極法，實慮未契鴻慈。奉敕，可減死一等。

長興二年四月，大理正劇可久奏：准開成格，應盗賊須得本贓，然後科決。如有推勘因而致死者，以故殺論。臣請起今已後。若因而致死，無故，即請減一等。別增病患而死者，從辜限正賊，減本罪五等。中書、門下覆奏：今後凡關賊徒，若推勘因而致死者。有故，以故殺論，無故，減一等。如拷次因增疾患，候驗分明。如無他故，雖辜內致死，亦以減等論。從之。至晉天福六年五月十五日，尚書刑部員外郎李象奏，據刑法統類節文云：盗賊未見本贓，推勘因而致死。有故者，以故殺論；無故者，減一等。又云：今後，或有故者，以故殺論；無故者，或景跡顯然。支證不謬，堅恃姦惡，不招本情，以此致死，請減故殺罪三等。其或妄被攀引，終是平人，以此致死，請減故殺罪一等。臣按，上文云：有故殺者，以故殺論。此即是矣。其無者亦坐減罪，即恐未當。假如官司或有刑獄未見本情，不可全不詰問。據言有故者，則是曾行拷捶，及違令式，或麤枷大棒，彊相抑壓，以此致死者，並屬有故。無故者，則是推勘之司不會拷掠，又不違法律，亦不堅有抑壓，此則並屬無故，不可坐刑。假若有犯事人舊患疾病，推勘之際，卒暴身亡，不可亦坐推司減等之罪。又據斷獄律云：若依法使杖，依數拷決，而邂逅致死者勿論。邂逅，謂不期致死而死。且彼言拷決尚許勿論，此云無故卻令坐罪。事實相背，理有未通。請今後推勘之時致死者，若實無故，請依邂逅勿論之義，詳定院奏，臣等參詳。若違法拷掠，及託法挾情以致其死，但有情故者，依故殺論。若雖不依法拷掠，卻非託法挾情以致其死，而無情故者。請減故殺一等。若本無情故，又依法栲掠或未栲掠。或詰問未詰問，及不抑壓，因他故致死，並屬邂逅勿論之義。從之。

按，有罪者拘滯囹圄，官不時科決，而令其瘐死，此誠有國者之所宜矜憫。然既曰盗賊，則大者可殺，小者可刑，其推勘淹時而不即引伏者，皆大猾巨蠹也。邂逅致死，而以故殺論，過矣。

《宋史・太宗紀》〔雍熙二年〕八月癸酉朔，遣使按問兩浙、荆湖、福建、江南東西路、淮南諸州刑獄，仍察官吏勤惰以聞。

又〔雍熙四年春正月〕己卯，遣使按問西川、嶺南、江、浙等路刑獄。

又〔淳化三年五月〕丁未，戶部郎中田錫、通判殿中丞郭渭坐稽留刑獄，並責州團練副使，不簽署州事。

又〔至道元年夏四月〕辛丑，遣使分決諸路刑獄，劫賊止誅首惡，降流罪以下一等。壬寅，慮囚。

《宋史・真宗紀》咸平六年二月己卯，以京東西、淮南水災，遣使平決獄訟。

又〔景德元年閏月〕壬申，江南旱，遣使決獄，

又〔景德元年八月〕庚辰，遣使廣南東、西路疏決繫囚。

又〔景德二年九月〕庚戌，淮南旱，詔轉運使疏理繫囚。

又〔景德二年九月〕辛未，命近臣慮開封府繫囚。

又〔景德三年夏四月〕壬辰，命使巡撫益、利、梓、夔、福建諸路，決獄。

又〔大中祥府〕八年，改給事中，權知開封府。既受命，召戒之曰：京府浩穰，凡事太速則誤，太緩則滯，惟須酌中耳。請屬一無所受。裁數月，有咸平縣民張斌妻盧氏，訴姪質被酒詬悖。張素豪族，質本養子，而證左明白，質賄于吏。從吉子大理寺丞銳時督運石塘河，往來咸平，爲請于縣宰，斷復質劉姓，第令與盧同居。質泊盧迭爲訟，縣聞於府。從吉命戶曹參軍呂楷就縣推問。盧之從叔虢略尉昭一賂白金三百兩於楷，楷久不決。盧兄文質又納錢七十萬于從吉長子大理寺丞鈞，鈞以其事白從吉，而隱其所受。盧又詣府列訴，即下其事右軍巡院。昭一兄澄嘗以手書達錢惟演，云寄語從吉，事逮鈞、銳，請緩之。從吉頗疑懼，密請付御史臺。即詔御史王奇、直史館梁固鞫之。獄成，從吉坐削給事勒停，惟演罷翰林學士，楷、鈞免官配隸衡、郢州，銳、文質皆削一官，澄、昭一並決杖配隸。

又〔天禧五年〕二月甲寅，審刑院言天下無斷獄。

《宋史・仁宗紀》〔天聖五年六月〕丙子，詔決畿內繫囚。

又〔景祐四年五月〕乙卯，以旱遣使決三京繫囚。

《宋史·神宗紀》〔熙寧六年〕十二月戊子，詔決開封府囚。

又 元豐六年五月，甲申，以時暑趣決開封大理獄。

《宋史·哲宗紀》〔紹聖元年夏四月〕己酉，詔中外決獄。

《宋史·高宗紀》〔紹興十年冬十月〕戊寅，詔修玉，牒。下岳飛、張憲大理獄，命御史中丞何鑄、大理卿周三畏鞫之。

又〔紹興十四年〕夏四月甲申，詔刑部及監司決絶滯訟。

又〔紹興二十年〕六月癸亥，加秦熺少保。詔大理寺鞫前太常主簿吳元美譏謗獄。

又〔紹興二十五年八月〕辛巳，命大理鞫趙汾及令衿交通獄。

又〔紹興二十五年冬十月〕乙酉，命大理鞫張祁附麗胡寅獄。

《宋史·孝宗紀》〔淳熙七年〕秋七月癸丑，詔二廣帥臣、監司察所部守臣臧否以聞。丁卯，以旱決繫囚，分命群臣禱雨于山川。壬申，移廣西提刑司于鬱林州。

《宋史·寧宗紀》〔嘉泰三年〕三月丁丑，以久雨詔大理、三衙、臨安府決繫囚。

又〔開禧三年二月〕庚申，以旱詔大理、三衙、臨安府決繫囚。癸亥，子圻薨，追封順王，謚沖懷。甲子，振給旱傷州縣貧民。命諸路提刑司從宜斷疑獄。

又〔嘉定元年閏四月〕閏月辛未，置拘榷安邊錢物所。壬申，雨雹。癸未，子坦薨，追封肅王，謚沖靖。詔大理、三衙、臨安府及諸路闕雨州縣次繫囚，釋杖以下。

《宋史·度宗紀》〔咸淳三年八月〕壬申，久雨，命在京三獄、赤縣、直司、簽廳擇官審決獄訟，毋滯。

《宋史·瀛國公紀》〔德祐元年六月〕丙辰，疏決在京罪人。

《宋史·刑法志》 紹興五年，給事中陳與義奏有司多妄奏出入人罪，帝爲申嚴立法，終不悛。

又 邵武軍奏讞，婦與人姦，謀殺其夫，已而夫醉歸，姦者自殺之。法寺當婦謀殺爲徒，而刑部郎中杜紘議婦罪應死。

又 律令者，有司之所守也。太祖以來，其所自斷，則輕重取舍，有法外之意焉。然其末流之弊，專用己私以亂祖宗之成憲者多矣。

又 咸平間，有三司軍將趙永昌者，素凶暴，督運江南，多爲姦贓。知饒州韓昌齡廉得其狀，乃移轉運使馮亮，坐決杖停職。遂撾登聞鼓，訟昌齡與亮訕謗朝政，仍僞刻印，作亮等求解之狀。眞宗察其詐，於便殿自臨訊，永昌屈伏，遂斬之，釋亮不問，而昌齡以他事貶郢州團練副使。

又 曹州民蘇莊蓄兵器，匿亡命，豪奪民產，積贓計四十萬。御史臺請籍其家，帝曰：暴横之民，國有常法，籍之，斯過也。論如律。其縱捨輕重，必當於義，多類此。

《宋史·王景傳》 周祖微時與景善，及即位，加兼侍中。景起身行伍，素無智略，然臨政不尚刻削，民有訟必面詰之，不至大過即諭而釋去，不爲胥吏所搖，由是部民便之。

《宋史·曹彬傳》 爲帥知徐州日，有吏犯罪，既具案，逾年而後杖之，人莫知其故。彬曰：吾聞此人新娶婦，若杖之，其舅姑必以婦爲不利，而朝夕笞詈之，使不能自存。吾故緩其事，然法亦未嘗屈焉。

《宋史·蔣堂傳》 坐失按蘄州王蒙正故入部吏死罪，降知越州。

《宋史·薛顔傳》 邏者晝劫人，反執平人以告。顔視其色動，曰：若眞盜也。械之，果引伏。

《宋史·王濟傳》 福津尉劉瑩集僧舍，屠狗群飲，杖一伶官致死，濟論以大辟，遇赦從流。時王欽若知審刑，與濟素不相得，又以濟嘗忤齊賢，乃奏瑩當以德音原釋。齊賢、王欽若議濟坐故入，停官。

《宋史·晁迥傳》〔晁迥〕坐失入囚死罪，奪二官。

《宋史·喬維岳傳》 嘗按部至泗州，慮獄，法掾誤斷囚至死。維岳詰之，法掾俯伏，且泣曰：有母年八十餘，今獲罪，則母不能活矣。維岳憫之，因謂曰：他日朝制按問，第云轉運使令處兹罪。卒如其言，獲免；維岳坐贖金百二十斤，罷使職，權知楚州。

《宋史·張雍傳》 京城民王元吉者，母劉早寡，有姦狀，爲姻族所知，憂悸成疾。又懼元吉告之，遂遣侍婢訴元吉寘堇食中以毒己，病將死。事下右軍巡按之，未得實；移左軍巡，推吏受劉賂掠治，元吉自誣伏。俄而劉死，府慮囚，元吉始以實對。又移付司錄，盡捕元推吏，稍見誣構之跡。且以逮捕者衆，又獄已累月未能決，府中懼其淹，列狀引見，詔免死決徒。元吉大呼本辭，蓋婦人與所私者殺其夫，而執平民以告也。

《宋史·劉敞傳》　敞以議論與衆忤，求知永興軍，拜翰林侍讀學士。大姓范偉爲姦利，冒同姓戶籍五十年，持府縣短長，數犯法。敞窮治其事，偉伏罪，長安中讙喜。未及受刑，敞召還，判三班院，偉卽變前獄，至于四五，卒之付御史決。

《宋史·杜純傳》　隰州商尹奇貿溫泉礬有羨數，云官潤之，寺欲械訊河東。純曰：奇情止爾，若傅致其罪，恐自是民無復敢貨礬，則數百萬之儲，皆爲土石。請姑沒其羨而釋其人。曹州民王坦避水患，以車載貨入京，征商者以爲匿稅，寺議黥坦，純復爭之，卿楊汲奏爲立異，又廢于家。

《宋史·苗時中傳》　苗時中字子居，其先自壺關徙宿州。以蔭主寧陵簿。邑有古河久堙，請開導以溉田，爲利甚博，人謂之苗公河。調潞州司法參軍。郡守欲入一囚於死，執不可。守怒，責甚峻，時中曰：寧歸田里，法不可奪。守悟而聽之。

《宋史·長卿傳》　知和州，民訴人殺弟，長卿察所言無理，問其貲，曰：上等也。家幾人？曰：惟此弟爾。曰：然則汝殺弟也。鞫之，服，郡人神明之。

《宋史·陸佃傳》　未幾，知江寧府。甫至，祭安石墓。句容人盜嫂害其兄，別誣三人同謀。旣皆訊服，一囚父以冤訴，通判以下皆曰：彼怖死耳，獄已成，不可變。佃爲閱實，三人皆得生。

《遼史·太祖紀上》　八年春正月甲辰，以曷魯爲迭刺部夷離菫，忽烈爲惕隱。于骨里部人特離敏執逆黨怖胡、亞里只等十七人來獻，上親鞫之。辭多連宗室及有脅從者，乃杖殺首惡怖胡，餘並原釋。于越率懶之子化哥屢蓄姦謀，上每優容之，而反覆不悛，召父老群臣正其罪，并其子戮之，分其財以給衛士。有司所鞫逆黨三百餘人，獄既具，上以人命至重，死不復生，賜宴一日，隨其平生之好，使爲之。酒酣，或歌、或舞、或戲射、角觝，各極其意。明日，乃以輕重論刑。首惡剌葛，其次迭刺哥，上猶弟之，不忍置法，杖而釋之。以寅底石、安端性本庸弱，爲剌葛所使，皆釋其罪。前于越赫底里子解里、剌葛妻轄剌已實預逆謀，命皆絞殺之。寅底石妻涅離脅從，安端妻粘睦姑嘗有忠告，並免。因謂左右曰：諸弟性雖敏黠，而蓄姦稔惡。嘗自矜有出入之智，安忍兇狠，谿壑可塞而貪黷無厭。求人之失，雖小而可恕，謂重如泰山；

曰：府中官吏悉受我賂，反使我受刑乎？府不敢決，元吉歷陳所受賂主名，又令妻張擊登聞鼓訴之。上召張臨軒顧問，盡得其枉狀，立遣中使捕元推官吏，付御史鞫治。時滕中正爲中丞，雍妻父也，詔供奉官蔚進別鞫之。雍坐與知府劉保勛、判官李繼凝初慮問，元吉稱冤，徙左軍巡，雍戒吏止令鞫其毒母狀，致吏訊掠慘暴。上怒，雍及左右軍巡判官韓昭裔、宋延煦悉坐免所居官，保勛、繼凝各奪一季奉，左右軍巡使殿直龎則、王榮並降爲殿前承旨。

《宋史·魏廷式傳》　會王繼恩有罪下吏，命廷式同按之，踰宿而獄具。

《宋史·杜衍傳》　以太常博士提點河東路刑獄，遷尚書祠部員外郎。按行潞州，折冤獄，知州王曙爲作《辨獄記》。高繼昇知石州，人告繼昇連蕃族謀變，逮捕繫治，久不決，衍辯其誣，抵告者罪。寧化軍守將鞫人死罪，不以實，衍覆正之。守將不伏，訴之，詔爲置獄，果不當死。徙京西路，又徙知揚州。有司奏衍辨獄法當賞，遷刑部。

《宋史·范純仁傳》　移齊州。齊俗凶悍，人輕爲盜劫。或謂：此嚴治之猶不能戢，公一以寬，恐不勝其治矣。純仁曰：寬出於性，若強以猛，則不能持久；猛而不久，以治凶民，取玩之道也。有西司理院，繫囚常滿，皆屠販盜竊而督償者。純仁曰：此何不保外使輸納邪？通判曰：此釋之，復紊，官司往往待其以疾斃於獄中，是與民除害爾。純仁曰：法不至死，以情殺之，豈理也邪？盡呼至庭下，訓使自新，卽釋去。期歲，盜賊比年大半。

又　丐罷，提舉西京留司御史臺。時耆賢多在洛，純仁及司馬光，皆好客而家貧，相約爲眞率會，脫粟一飯，酒數行，洛中以爲勝事。復知河中，諸路閱保甲妨農，論救甚力，錄事參軍宋儋年暴死，純仁使子弟視喪，小殮，口鼻血出。純仁疑其非命，按得其妾與小吏姦，因會，寘毒鼈肉中。純仁問食肉在第幾巡，曰：豈有既中毒而尚能終席者乎？再訊之，則儋年素不食鼈，其曰毒鼈肉者，蓋妾與吏欲爲變獄張本，以逃死爾。實儋年醉歸，毒於酒而殺之。遂正其罪

《宋史·胡宿傳》　胡宿字武平，常州晉陵人。登第，爲揚子尉。縣大水，民被溺，令不能救，宿率公私船活數千人。以薦爲館閣校勘，進集賢校理。通判宣州，囚有殺人者，將抵死，宿疑而訊之，囚憚箠楚不敢言。辟左右復問，久乃云：且將之田，縣吏縛以赴官，莫知其故。宿取具獄繙閱，探其

身行不義，雖入大惡，謂輕於鴻毛。昵比群小，謀及婦人，同惡相濟，以危國詐。雖欲不敗，其可得乎？北宰相實魯妻餘盧覩姑於國至親，一旦負朕，從于叛逆，未置之法而病死，此天誅也。解里自幼與朕常同寢食，眷遇之厚，冠於宗屬，亦與其父背大恩而從不軌，兹可恕乎！

秋七月丙申朔，有司上諸帳族與謀逆者三百餘人罪狀，皆棄市。

《遼史・宣宗紀中》 御史粘割梭失往河中、絳、解等郡，同守土官商度可保城池。丁巳，上次久旱，諭宰臣治京獄冤。因及京城小民，中納石炭，既給其價，御史劾以過請官錢，並繫之獄，有論至極刑者，欲悉從寬宥，何如？高琪對不然，遂止。壬戌，御史言戶部員外郎臧伯昇供億息州，偶遇官軍戰勝，亦冒遷一官，乞論其罪。上曰：軍前如此者，何止伯昇，今遽見罪，餘皆不安。且詰所從來，勢連及帥府。多故之秋，豈爲一官，遂忘大計，但令釐正之。癸亥，遣高汝礪、徒單思忠禱雨。

《遼史・宗室傳・喜隱》 喜隱，字完德，雄偉善騎射，封趙王。應曆中，謀反，事覺，上臨問有狀，以親釋之。未幾，復反，下獄。景宗卽位，聞有赦，自去其械而朝。上怒曰：汝罪人，何得擅離禁所。詔誅守者，復置於獄。及改元保寧，乃宥之，妻以皇后之姊，復爵，王宋。

《金史・宣宗紀上》 〔貞祐四年六月〕壬子，以旱，詔參知政事李革審決京師冤獄。

《金史・高松傳》 是時，蕭恭、張九坐語禁中事得罪，拱至蘭子山，與客會語及之。有阿納與拱有隙，乃誣拱言張九無罪被誅，語涉怨謗。海陵遣使鞫之，戒使者曰：此子狂妄，宜有此語，不然彼中安得知此事。使者復不問拱，但榜掠其左驗，使如告語證之，拱遂見殺。

《金史・撒離喝傳》 乃置掃胡爐炭上，掃胡不能堪，自誣服。宗安謂掃胡曰：爾苦矣。宗義被掠笞，不能當，亦自誣服，曰：我輩知不免矣，不早決，徒自苦。宗安曰：今雖無以自明，九泉之下當有冤對，吾終不能引屈。竟不服而死。使廝魯渾殺撒離喝於汴，族其家，而無寫書及傳書者主名。

《金史・移剌道傳》 親軍百人長完顏阿思鉢非禁直日帶刀入宮，其夜入左藏庫，殺都監郭良臣，盜取金珠。點檢司執其疑似者八人，掠笞三人死，五人者自誣，其贓不可得。上疑之，命道參問。道持久其獄，既而阿思鉢鬻金事覺，伏誅。上曰：箠楚之下，何求不得。奈何點檢司不以情求之乎。賜掠死者錢，人二百貫周其家，不死者人五十貫。詔自今護衛親軍百人長、五十人長，非直日不得帶刀入宮。【略】

遷刑部尚書。尚廏局使宗夔、副使石抹青狗私用官芻，事覺。尚廏局隸點檢司，刑部當自問。點檢烏林荅天錫屬刑部使輕其罪，刑部以付大興府鞫治，於是道及天錫、郎中丁暐仁皆坐解職。尋起爲大理卿，兼簽書樞密院事，再遷西京留守，卒。

《金史・曹望之傳》 望之家奴袁一言涉妖妄，大興府鞫治。望之恐，使戶部令史劉公輔問其事于大興少尹王全，全具其事語公輔，公輔以語望之。御史臺劾奏劉公輔言泄獄情。上曰：妖妄之言，交相傳說何也？於是，望之決杖一百，王全杖八十，劉公輔杖一百五十，除名。

《金史・焦旭傳》 旭爲人剛果自任，不避權勢。初，旭部民訴良，旭以無文據付本主，道逢監察御史訴其事，語涉訛亂，卽收付旭，旭釋之不問，爲御史所劾，削官兩階，杖百八十，出爲大名府推官。尋授右三部檢法司正，代韓天和爲監察御史，時御史臺言：監察糾彈之司，天和諸科出身，難居是職。上命別舉，中丞李晏薦旭剛正可任，遂授之，而改天和獲鹿令。

《元典章・問事・被罪終制究問》 皇慶元年六月，江西行省准中書省咨，御史臺備監察御史呈：禮樂戶劉伯元告拱衛司庾令史禮部貼書閔昌甫，取受中統鈔五定四十四兩五錢。庾令史中統鈔一定。除將閔昌甫依例減等笞決外，庾令史遭值父喪，如候終制追問，以厚人倫。本臺看詳，諸官吏被告取受不公等罪，或見行歸問，勾喚未到，遭值父母之喪丁憂者，若候終制追理，別無所守。通例具呈照詳，送據刑部呈議得，勸忠惟孝，弼教以刑，二者之中，詎容偏廢。凡官吏取受不公等罪，雖已告發到官，歸對未定，或勾攝追問未完，及承伏未曾與決者，不幸罹父母之喪，合令依例奔赴丁憂，被告情犯終制究問。其餘公罪，矜恕爲宜。如此，不惟政教休明，庶見倫俗敦美。若蒙準擬，徧行照會，相應具呈照詳，都省準擬，咨請依上施行。

《元典章・體察・改立廉訪司》 至元二十八年五月二十三日欽奉聖旨節該外頭有的提刑按察司官人每，在先半年裏一遍刷卷體察勾當出去，有來各道裏不住多時，一路的過去上頭，百姓每生受官人令史每做賊說謊的，不得知來爲那般上頭，將提刑按察司名字改了呵，立了肅政廉訪司也，這廉訪司官人每提調，著各路監臨坐地者，在先一般做賊說謊弊倖勾當革了者，不揀甚麽勾當成就，休交百姓每生受者麽道。曉諭的聖旨行有如今，但是勾當裏行的官人每，交百姓每生受，要肚皮壞了勾當的人每，肅政廉訪司官人每體察省拿住呵，受勅的官人每根底取了招伏呵，杖子裏決斷的罪過有呵，他每就便要了罪過者；重罪過有呵，臺裏與將文字來，咱每根底奏者。受宣的官人每做罪過呵，取了他每招伏奏將來者，更不要肚皮，不揀甚麽勾當成就了。不交百姓生受行的人每，根底明白，文字裏奏將來呵，他每根底名分添與的，怎生般賞的，咱每識也者。又鈔法鹽貨的勾當官民得濟的，勾當有麽道，有不揀甚麽課程，錢糧提調的官人每用心完備成就者，課程官糧從實完備不納到官偸盜的人每根底，廉訪司官人每用心體察者。又管民官與按察司官遞相照刷文卷，有道來那般照刷呵，遞互廝掩閉者，罪過不交出來者，如今廉訪司的文卷，管民官休照刷者；管民官的文卷，肅政廉訪司官人每依舊照刷者。廉訪司官人每行的是與不是的，省裏臺裏差的人去他每根底體察照刷文卷者。更肅政廉訪司官吏人等要肚皮壞了勾當的人每根底，比別個做官的人每的，它每的罪過重，更別箇體察的勾當，依省初立按察司行來的聖旨體例裏行者。道來聖旨，兔兒年五月二十三日上都有時分寫來。

又〔至元六年〕一京府州縣，凡遇鞫勘罪囚，須管公座圓問，並不得委官吏人等推勘。據捕盗人員如是獲賊，依理親問得實，即便牒發本縣，一同審問。若有冤枉，畫申本管上司，不得專委司吏弓手人等私下拷問。據設定弓手，專一捕盜巡防，本管官員不得別行差占，如違，仰究治施行。

《通制條格・賞令・平反冤獄》 至大元年六月，中書省江浙行省咨：浙東道宣慰司都元帥府呈，衢州路司吏陳昌平反龍游縣枉問方德一殺死葉隆三、江山縣毛文一代替張文六招承打死楊文六、西安縣誣問徐春娘因奸殺夫、蔣萬六等虚招打劫葉貴四家財等冤獄，廉訪司體察相同，連到的本牒文。刑部議得：衢州路司吏陳昌平反冤獄如准，於本道宣慰司令史内不次補用相應。都省准呈。

皇慶元年七月，中書省江浙行省咨：泉州路備市舶司提舉楊天瑞呈，前任建寧路判官，有建楊縣賊人葛令史作耗，本路總管馬謀與鎮守張萬戶領軍因往收捕，回至建寧路甌寧縣界。馬謀知得吉陽里張重九弟張重七有室女月娘幼美，欲問爲妾。本婦已許他人，不從所説。本官率領軍馬到於張重九家安下，織羅張重七、張重九曾受賊人劄付，拷打逼尋月娘得見，強行奸污女身，及將各家資財人口盡數虜掠。爲恐稱冤，將張重七等九名遊街打死，張重九等五人懸命在地。當職親詣張重九等於本路公廳引問，説出馬謀強奸室女，妄行虜掠人口財物。具經監察御史並本道按察司力言，救活張重九等五人性命，及於馬謀總管、張萬戶名下追到月娘，並送與上下官吏撒花男女計一伯一十九名，盡數放還各家，父子夫婦完聚。御史臺奏奉聖旨，將馬謀明正典刑，今連廉訪司的本牒文在前。都省議得：楊天瑞平反冤獄五人，追回人口一百一十九名給親完聚，理宜優陞，於本官應得品級上量陞一等。

皇慶二年二月，中書省江浙行省咨：南劍路推官潘允前任泉州路推官，平反普江縣枉勘平民陳每仔等五名屈招強劫許文卿家財，殺死事主，將各人辨明疎放。未踰月間，龍溪縣全獲正賊郭應等一十六名。后除本路推官，辨明邵武路元問龔順屈招踢死黄貴、建寧路元問鄒天佑屈招踢死李二十五二起人命。廉訪司體覆相同。都省議得：推官潘允平反冤抑事，理量擬減一資歷。

皇慶二年六月，中書省江浙行省咨：慶元路司獄郭東，任内平反冤獄三起，凡活六人。本道廉訪司嘉其用心，三次察舉，今已得代，宜加陞用。刑部議得：司獄郭東平反冤囚内，竺三一等三名元招與妄同情，藥死妻阮安三娘，本官問得阮安三娘因痢疾身死；又強賊錢十二起内，林明二元招持杖下手殺人，本官問得卻係隨從賊人；又強盗樂明二等事内，顏曾一元招同情上盜，本官平反即係無辜之人。悉皆疏放。各處保勘明白，廉訪司體覆相同。擬合於本官應得資品上量減一資。都省准擬。

至大四年七月，中書省江浙行省咨：平反冤獄，官吏當爲之事，今後須要細考實跡，廉訪司體勘別無虚繆捏合，量擬陞等減資。如有不實，罪及體勘官司，庶革濫源。刑部議得：今後若有平反罪囚，細考實跡明白，本道廉訪司體覆是實，總管上司保勘相同，然後許動公文，以憑定擬。其或冒濫不實，罪及保勘體覆官司，以革僥之弊。都省准呈。

元・葉留《爲政善報事類・聽訟必詳》 馮文顯自爲□官至監司郡守，所至聽訟詳明，吏畏民愛。守鄜州日，有盜羊殺人者獄具，將就刑。文顯初至郡，疑其不實，乃易獄吏訊之。始云我實非盜，偶見牧羊兒死，僕地。馳告里長，故執我，指羊群中一羊以爲我所盜者。我既無以自辯，敢不伏罪。文顯知其非辜，令釋去。不數日，旁縣獲盜羊殺人者，抵罪人皆服其明斷。後官至銀青光祿大夫、始平郡開國公，壽七十一。

元・葉留《爲政善報事類・囚服掘尸》 魏高柔，陳留人也。文帝時爲廷尉，護軍竇禮近出不還。營司以爲亡，表言逐捕，沒其妻盈及男女爲官奴婢。盈連至州府，稱冤自訟，莫有省者。乃詣廷尉。柔問曰：爾何以知夫不亡？盈曰：夫事母恭謹，又哀兒女，是非不顧室家者。柔重問曰：你夫不與人有冤讐乎？對曰：無。又問：不與人交錢財乎？對曰：嘗出錢與同營士焦子文，求不得。適子文坐事繫獄。柔呼子文問所坐，言次，復問曰：汝頗曾舉人錢否？子文曰：不敢。柔察其色動，遂曰：汝昔舉竇禮錢，何言否也？汝已殺禮，便宜早服。子文於是自首殺禮本末，埋藏處所。柔便遣卒，承子文辭，往掘禮，即得其屍。詔復盈母子爲平民。柔後轉太常，旬日遷司空，後遷司徒，進封安國侯轉太尉。年九十薨。本傳。

元・葉留《爲政善報事類・息爭二事》 魏傅炎字季珪，北地靈州人。爲山陰令，有賣針賣糖一老姥爭團絲來詣炎。炎挂團絲於柱，鞭之。密視，有鐵屑則罪賣糖者。又有一野父爭雞，炎各問何以食雞，一人云粟，一人云豆。乃破雞得粟，罪言豆者。縣稱神明。後遷益州刺史，自縣遷州，近世罕有。子翽爲官亦有能名，歷山陰建康令。本傳。

元・葉留《爲政善報事類・保全無罪》 宋邵煜字日華，昆陽人。舉進士，爲連州錄事參軍。州將楊全誣部民十三人爲劫盜，欲寘之死。煜察其枉，不肯書牘，白全願劾其實，再繫獄。按驗得實，民由是獲免，全坐廢。煜代還，引對，太宗謂曰：爾能活吾民，深可嘉也。賜錢五萬，改右諫議大夫，即命使廣南採訪刑獄。歷淮南、江浙、荆湖轉運，知廣州。州城瀕海，每蕃船及岸，常苦颶風。煜鑿內濠通舟。及卒，廣人懷其惠，多泣者。方煜之病，朝廷以陳世卿代之，世卿南劍人也。亦良吏。廣南計口買鹽，人以爲害，世卿奏免之，於是廣人歌曰：邵父陳母，除我二苦。後世卿官至秘書少監。《言行錄・影響錄》。

元・葉留《爲政善報事類・神明咄咄》 宋胡宿字武平，常州晉陵人。宣州爲通判日，有一囚獄成，當死。宿疑之。一日衣冠焚香，堂上靜坐，俄而假寐，忽夢一神告曰：殺人者，吳姓也。既寤，急引囚細問。囚乃實對，某且起時見一人已死街中，被吳姓目，死者婦令執到縣。久聞吳與此婦奸，不得其實，何敢言也。命根究殺人者，果姓吳，囚因免死。蓋一念靜思之時，已足以通於神明矣。後宿官至樞密副使，太子少師致仕，壽七十二。《言行錄》

《元史・世祖紀三》〔至元二年〕庚寅，令：軍中犯法，不得擅自誅戮，罪輕斷遣，重者聞奏。

《元史・世祖紀七》〔至元十五年正月〕順德府總管張文煥、太原府達魯花赤太不花，以按察司發其姦贓，遣人詣省自首，反以罪誣按察司。御史臺臣奏：按察司設果有罪，不應因事而告，宜待文煥等事決，方聽其訴。從之。己亥，收括闌遺官也先、闊闊帶等坐易官馬、闌遺人畜，免其罪，以諸路州縣管民官兼領其事。官吏隱匿及擅易馬匹、私配婦人者，沒其家。禁官吏軍民賣所娶江南良家子女及爲娼者，賣、買者兩罪之，官沒其直，人復爲良。

《元史・世祖紀十四》〔至元二十九年三月〕初，璉眞加重賂桑哥，擅發宋諸陵，取其寶玉，凡發冢一百有一所，戕人命四，攘盜詐掠諸贓爲鈔十一萬六千二百錠，田二萬三千畝，金銀、珠玉、寶器稱是。省臺諸臣乞正典刑以示天下，帝猶貸之死，而給還其人口、土田。隆興府路饑，給鈔二千錠，復發粟以賑之。

《元史・仁宗紀一》〔大德十一年〕三月丙寅，帝率衛士入內，召阿忽臺等責以亂祖宗家法，命執之，鞫問辭服。

又〔至大四年二月〕丙寅，監察御史言：比者尚書省臣蠹國亂政，已正典刑，其餘黨附之徒布在百司，亦須次第沙汰。今中書奏用孛羅鐵木兒爲陝西平章、烏馬兒爲江浙平章、闊里吉思爲甘肅平章、塔失帖木兒爲河南參政、萬僧爲江浙參政，各人前任，皆受重贓，或挾勢害民，咸乞罷黜。制曰可。

《元史・泰定帝紀》〔泰定三年〕三月乙巳朔，帝以不雨自責，命審決重囚，遣使分祀五嶽四瀆、名山大川及京城寺觀。

《元史・文宗紀一》〔致和元年十月〕盜殺太尉不花。初，不花乘國家多事，率衆剽掠，居庸以北皆爲所擾，至是盜入其家殺之。興和路當盜以死罪，刑部議以爲：不花不道，衆所聞知，幸遇盜殺，而本路隱其殘剽之罪，獨以盜聞，於法不當。中書以聞，帝嘉其議。

《元史・文宗紀四》〔至順二年四月〕寧國路涇縣民張道，殺人爲盜，道弟吉從而不加功，居囚七年不決。吉母老，無他子孫，中書省臣以聞，敕免死，杖而黜之，俾養其母。辛酉，以山東鹽課鈔五千錠賑博興州饑民九千戶，一千錠賑信陽等場鹽丁。御史臺臣言：儲政使哈撒兒不花侍陛下潛邸時，受馬七十九匹，又盗用官庫物。天曆初，領兵濾溝橋，迎敵卽逃，擅閉城門，驚惑民庶。度支卿納哈出嘗匿官馬，又矯增制命，又受諸王斡卽七寶帶一、鈔百六十錠。臣等議：其罪宜杖一百七，除名，斥還鄉里。從之。

《元史·伯顏傳》〔至元〕適有盗内府銀者，宰執以其幸赦而盗，欲誅之，伯顏曰：何時無盗，今以誰命而誅之？人皆服其有識。

《元史·不忽木傳》〔至元〕二十一年，召參議中書省事。時權茶轉運使盧世榮阿附宣政使桑哥，言能用己，則國賦可十倍於舊。帝以問不忽木，對曰：自昔聚斂之臣，如桑弘羊、宇文融之徒，操利術以惑時君，始者莫不謂之忠，及其罪稔惡著，國與民俱困，雖悔何及。臣願陛下無納其説。帝不聽，以世榮爲右丞，不忽木遂辭參議不拜。二十二年，世榮以罪被誅，帝曰：朕殊愧卿。擢吏部尚書。時方籍没阿合馬家，其奴張散札兒等罪當死，繆言阿合馬家貲隱寄者多，如盡得之，可資國用。遂鈎考捕繫，連及無辜，京師騷動。帝頗疑之，命丞相安童，集六部長貳官詢問其事，不忽木曰：是奴爲阿合馬心腹爪牙，死有餘罪。爲此言者，蓋欲苟延歲月，儌幸不死爾。豈可復受其誑，嫁禍善良耶？急誅此徒，則怨謗自息。丞相以其言入奏，帝悟，命不忽木鞫之，具得其實，散札兒等伏誅，其捕繫者盡釋之。

《元史·朶兒赤傳》未幾，臺臣奏爲雲南廉訪副使。時雲南諸蠻叛，僚佐悉稱故而去，朶兒赤獨居守。又八月，省臣大懼，歸符印欲遁，朶兒赤乃白于梁王，得檄而後出。遷山南廉訪副使，未幾，復調雲南廉訪使。會行省丞相帖木迭兒貪暴擅誅殺，羅織安撫使法花魯丁，將置于極刑，朶兒赤之謂之曰：生殺之柄，繫于天子，汝以方面之臣而專殺，意將何爲？小民罹法，且必審覆，況朝廷之臣耶？法花魯丁竟獲免，尋復其官。棘夷與蠻相讐殺，時省臣受賄，助其報仇，乃詐奏蠻叛，起兵殺良民。朶兒赤奏劾，竟廢之。年六十二，卒于官。

《元史·黄溍傳》中延祐二年進士第，授臺州寧海丞。縣地瀕鹽場，亭戶恃其不統於有司，肆毒害民；編戶隸漕司及財賦府者，亦謂各有所憑，横暴尤甚。溍皆痛繩以法，吏以利害白，弗顧也。民有後母與僧通而酖殺其父者，反誣民所爲，獄將成，溍變衣冠陰察之，具知其姦僞，卒直其冤。惡少年名在盗籍者，而謀爲劫奪，未行，邑大姓執之，圖中賞格，初無獲財左驗，事久不決，溍爲之疏剔，以其獄上，論之如本條，免此者十餘人。

《元史·歸暘傳》至正五年，除僉河南廉訪司事，行部西京，以法繩趙王府官屬之貪暴者，王三遣使請，不爲動。宣寧縣有殺人者，蔓引數十人，一讞得其情，盡釋之。沁州民郭仲玉，爲人所殺，有司以蒲察山兒當之，暘察其誣，踪跡得其殺人者，山兒遂不死。六年，轉僉淮東廉訪司事，改宣文閣監書博士，兼經筵譯文官。

《元史·虞集傳》有巫至其州，稱神降，告其人曰：某方火。卽火。又曰：明日某方火。民以火告者，粲皆赴救，至達晝夜，告者數十，寢食盡廢，縣長吏以下皆迎巫至家，厚禮之。又曰：將有大水，且兵至。州大家皆盡室逃，粲得劫火卒一人，訊之，盡得巫黨所爲，坐捕盗司，召巫至，鞫之，無敢施鞭箠者，粲謂卒曰：此將爲大亂，安有神乎！急治之，盡得黨與數十人，羅絡内外，果將爲變者，同僚皆不敢出視，曰：君自爲之。粲乃斷巫并其黨如法，一時吏民始服儒者爲政若此。秩滿，除嘉魚縣尹，粲已卒。

《元史·汪澤民傳》尋遷南安路總管府推官。鎮守萬戶朶兒赤，持官府短長，郡吏王甲，毆傷屬縣長官，訴郡，同僚畏朶兒赤，托故不視事，澤民獨捕甲，繫之獄。朶兒赤賂巡按御史，受甲家人訴，欲出之，澤民正色與辨，御史沮怍，夜竟去，乃卒罪王甲。潮州府判官錢珍，以奸淫事殺推官梁楫，事連廣東廉訪副使劉珍，坐繫者二百餘人，省府官凡六委官鞫問，皆顧忌淹延弗能白，復檄澤民讞之，獄立具，人服其明。

《元史·阿魯圖傳》右司郎中陳思謙建言諸事。阿魯圖曰：左右司之職所以贊助宰相。今郎中有所言，與我輩共議見諸行事，何必别爲文字自有所陳耶。郎中若居他官，則可建言，今居左右司而建言，是徒欲顯一己自能言耳。將置我輩於何地。思謙大慙服。一日與僚佐議除刑部尚書，宰執有所舉，或難之曰：此人柔軟，非刑部所可用。阿魯圖曰：廟堂卽今選儈子耶？若選儈子須選强壯人。尙書欲其詳讞刑牘耳，若不枉人，不壞法，卽是好刑官，何必求强壯人耶。左右無以答。其爲治知大體，類如此。

《元史·答里麻傳》深州民媪怒毆兒婦死，婦方抱其子，子亦誤觸死。媪年七十，同僚議免刑，答里麻不可，曰：國制，罪人七十免刑，爲其血氣已衰不任刑也。媪既能殺二人，何謂衰老。卒死獄中。至治元年，除濟寧路總管，興學勸農，百廢具修，府無停事。濟陽縣有牧童持鐵連結擊野雀，誤殺同牧者，繫獄數歲。答里麻曰：小兒誤殺同牧者，實無殺人意，難以定罪。罰銅遣之。

《元史・張雄飛傳》 參議樞密院事費正寅禁險狡，有告其罪者，詔丞相線眞等與雄飛雜治之。請托交至，雄飛無所顧，盡得其罪狀以聞，正寅與其黨管如仁等皆伏誅。會議立尚書省，雄飛力爭於帝前，忤旨，左遷同知京兆總管事府事。宗室公主有家奴逃渭南民間爲贅壻。主適過臨潼，識之，捕其奴與妻及妻之父母，皆械繫之，盡沒其家貲。雄飛與主爭辨，辭色俱厲。主不得已，以奴妻及妻之父母、家貲還之，惟挾其奴以去。

《元史・趙炳傳》 濟南平，入爲刑部侍郎，兼中書省斷事官。時有攜妓登龍舟者，卽按之以法，未幾，其人死，其子犯蹕訴冤，詔讓之，炳曰：臣執法尊君，職當爲也。帝怒，命之出，既而謂侍臣曰：炳用法太峻，然非循情者。改樞密院斷事官。濟南妖民作亂，賜金虎符，加昭勇大將軍、濟南路總管。炳至，止罪首惡，餘黨解散。歲凶，發廩賑民，而後以聞，朝廷不之罪也。遷遼東提刑按察使，遼東聞其來，豪猾屏跡。

《元史・成遵傳》 十年，遷中書右司郎中。時刑部獄按久而不決者積數百，遵與其僚分閱之，共議其輕重，各當其罪，未幾，無遺事。時有令輸粟補官，有匿其姦罪而入粟得七品雜流者，爲怨家所告，有司議輸粟例，無有過不與之文，遵曰：賣官鬻爵，已非盛典，況又賣官與姦淫之人，其將何以爲治。必奪其敕，還其粟，著爲令，乃可。省臣從之。除工部尚書。先是，河決白茅，鄆城、濟寧皆爲巨浸。或言當築堤以遏水勢，或言必疏南河故道以殺水勢，而漕運使賈魯言：必疏南河，塞北河，使復故道。役不大興，害不能已。延議莫能決。乃命遵偕大司農禿魯行視河，議其疏塞之方以聞。

《元史・儒林傳二・瞻思》 瞻思歷官臺憲，所至以理冤澤物爲己任，平反大辟之獄，先後甚衆，然未嘗故出人罪，以市私恩。嘗與五府官決獄咸寧，有婦宋娥者，與鄰人通，鄰人謂娥曰：我將殺而夫。娥曰：張子文行且殺之。明日，夫果死，跡盜數日，娥始以張子文告其姑，五府官以爲非共殺，且既經赦宥，宜釋之，瞻思曰：張子文以爲娥固許之矣。具娥夫死及旬，乃始言之，是娥與張同謀，度不能終隱，故發之也，豈赦可釋哉？樞密判官曰：平反活人，陰德也。御史勿執常法。瞻思曰：是謂故出人罪，非平反也。且公欲種陰德於生者，奈死者何！乃獨上議刑部，卒正娥罪。其審刑當罪多類此。

《元史・良吏傳二・觀音奴》 彰德富商任甲，抵睢陽，驢斃，令郄乙剖之，任以怒毆郄，經宿而死。郄有妻王氏、妾孫氏，孫訴于官，官吏納任賄，謂郄非傷死，反抵孫罪，置之獄。王來訴冤，觀音奴立破械出孫于獄，呼府胥語之曰：吾爲文具香幣，若爲吾以郄事禱諸城隍神，令神顯於吾。有睢陽小吏，亦預郄事，畏觀音奴嚴明，且懼神顯其事，乃以任所賂鈔陳首曰：郄實傷死，任賂上下匿其實，吾亦得賂，敢以首。於是罪任商而釋孫妾。【略】

寧陵豪民楊甲，夙嗜王乙田三頃，不能得。值王以饑攜其妻就食淮南，而王得疾死，其妻還，則田爲楊據矣。王妻訴之官，楊行賄，僞作文憑，曰：王在時已售我。觀音奴令王妻挽楊，同就崔府君神祠質之，楊懼神之靈，先期以羊酒浼巫囑神勿泄其事，及王與楊詣祠質之，果無所顯明。觀音奴疑之，召巫詰問，巫吐其實曰：楊以羊酒浼我囑神曰：我實據王田，幸神勿泄也。觀音奴因訊得其實，坐楊罪，歸其田王氏，責神而撤其祠。

《元史・良吏傳二・周自强》 轉饒州路經歷，遷婺州路義烏縣尹。周知民情，而性度寬厚，不爲刻深。民有以爭訟訴于庭者，一見卽能知其曲直，然未遽加以刑責，必取經典中語，反覆開譬之，令其誦讀講解。若能悔悟首實，則原其罪；若迷謬怙惡不悛，然後繩之以法不少貸。民畏且愛，獄訟頓息。民間田稅之籍多失實，以故差徭不平，自强出令履畝覈之，民不能欺，文簿井井可考，於是賦役平均，貧富樂業。其聽訟決獄，物無遁情，黠吏欲以片言欺惑之不可得。由是政治大行，聲譽籍甚。部使者數以廉能舉于朝，選授撫州路金溪縣尹，階奉議大夫，政績愈著。以亞中大夫、江州路總管致仕。

《元史・姦臣傳・搠思監》 已而監察御史復奏言：搠思監矯殺丞相太平，盜用鈔板，私家草詔，任情放選，鬻獄賣官，費耗庫藏，居廟堂前後十數年，使天下八省之地，悉致淪陷。乃誤國之姦臣，究其罪惡，大赦難原。曩者，姦臣阿合馬之死，剖棺戮尸，搠思監之罪，視阿合馬爲有過。今其雖死，必剖棺戮尸爲宜。有旨從之。而臺臣言猶不已，遂復沒其家產，而竄其子宣徽使觀音奴於遠方。

《元史・姦臣傳・鐵木迭兒》 〔延祐三年〕明年正月辛丑，仁宗崩。越四日，鐵木迭兒以皇太后旨，復入中書爲右丞相。又逾月，英宗猶在東宮，鐵木迭兒宣太后旨，召蕭拜住與朵兒只至徽政院，與徽政院使失里門、御史大夫禿忒哈雜問之，責以前違太后旨，令伏罪。卽起入奏，遽稱旨，執二人棄市。是日，白晝晦冥，都人恟懼。

《元史·張起巖傳》 文宗親郊，起巖充大禮使，導帝陟降，步武有節，衣前後襜如，陪位百官，望之如古圖畫中所覩。帝甚嘉之，賜賚優渥。轉參議中書省事。寧宗崩，燕南俄起大獄，有妄男子上變，言部使者謀不軌，按問皆虛，法司謂：《唐律》，告叛者不反坐。起岩奮謂同列曰：方今嗣君未立，人情危疑，不亟誅此人，以杜奸謀，慮妨大計。趣有司具獄，都人肅然，大事尋定。中書方列坐銓選，起巖薦一士可用，丞相不悦，起岩卽攝衣而起，丞相以爲忤己。遷翰林侍講學士、知制誥兼修國史，修三朝實錄，加同知經筵事。

《元史·叛臣傳·王文統》 文統乃伏誅。子蕘，幷就戮。詔諭天下曰：人臣無將，垂千古之彝訓；國制有定，懷二心者必誅。何期輔弼之僚，迺蓄姦邪之志。平章政事王文統，起由下列，擢置臺司，倚付不爲不深，待遇不爲不厚，庶收成效，以底丕平。焉知李璮之同謀，潛使子蕘之通耗。邇者獲親書之數幅，審其有反狀者累年，宜加肆市之誅，以著滔天之惡。已於今月二十三日，將反臣王文統幷其子蕘，正典刑訖。於戲！負國恩而謀大逆，死有餘辜；處相位而被極刑，時或未喩。咨爾有衆，體予至懷。然文統雖以反誅，而無之立國，其規模法度，世謂出於文統之功爲多云。

《明實錄·洪武六年》〔七月己巳〕淮安衛總旗因習射誤中軍人致死，都督府以過失殺人論之。上曰：習射，公事也，邂逅致死，豈宜與過失殺人同罪。特赦勿問。

《明實錄·洪武九年》〔十一月〕丁酉，有衛卒夜巡役夫之遁者，遇二人伏草中，卒意其役夫也，叱之。二人持杖起，卒執其甲而乙前擊卒，卒以槊刺之，乙死。甲始言二人亦邏兵非役夫也。翌日訟于官，法司以鬬毆殺人律，二卒當死。上曰：衛卒巡夜詰奸，職也。乙不自言其實而反擊之，故被刺死，卒亦何罪？釋之，而賜乙妻子鈔爲葬費。

《明實錄·洪武十年》〔五月丙午〕人有誣山西之民從故元四大王爲寇者，捕獲至京，法司以聞。上曰：刑罰所以威惡，施之必當其罪，則刑不濫而人心服。彼四大王以元之遺孽竄匿山谷，聚逋逃以爲民患，山西之民邊其巢穴者，往往被其驅掠迫脅爲盜，皆不得已，豈眞爲盜者，古人云：得其情則哀矜勿喜。此之類也。今民相捕獲，將延蔓不已，是助之立黨而激之爲亂也。其釋之，各給道里賞遣還鄉里。

《明實錄·洪武十三年》〔六月甲申〕湖州府長興縣民輸夏稅絲入京，戶部擇其粗且類者，得四百三十斤，奏將罪之。上曰：小民艱苦如此，若加以罪而復徵之，則民愈困矣，絲粗豈無所用哉？命釋之。

《明實錄·洪武十四年》〔三月〕己丑，蘇州民以官船運木入京，而附載私物，有司請罪之。上曰：貧民運米勞苦，以私貨貿易爲路費耳。釋之。

《明實錄·洪武十五年》〔四月戊戌〕上海知縣王瑛，以選力士不稱旨，刑官以欺誑不敬論之。給事中劉逵駁以爲貢舉非人，律有定條，選力士不稱而坐以不敬，太重，不當律意。上是其言，命法司自今論決，務從平恕，毋或深文。於是，瑛得從輕論。

又〔九月〕己未，糧長有徵民夏稅匿人絹入己者，刑部以監守自盜論。磨勘司令俞綸駁之，謂糧長因徵夏稅匿人絹，非盜在官之物，據律條，宜以因公科斂財物入己論罪，刑部所坐太重。奏入，上從綸議。

又〔十月〕癸卯，北平民有爲人所誣逮至京者，其子訴之。事已白，刑部坐其子越訴，都御史趙仁執奏。上曰：子知父冤，其忍無詞？聽父誣伏，豈得爲孝子？訴父枉，出其至情，不可加罪。

《明實錄·洪武十九年》〔五月〕甲申，處州麗水縣民有賣卜者，嘗干謁富室，不應所求，乃詣闕告大姓陳公望等五十七人聚衆謀亂。命錦衣衛千戶周原往捕之，知縣倪孟賢聞原將至，審召父老詢之。父老皆曰：無是事。孟賢又微服往察，見其男女耕織如故。乃歸謂寮屬曰：朝廷命孟賢令是邑，惟欲撫輯斯民，安于田里。今使良善受惡逆之名，豈朝廷命孟賢意耶？卽具疏上聞，復令耆老四十人詣闕訴其妄。上命法司論妄告者罪，賜耆老酒食及道里費遣還。孟賢，南昌人。

《明實錄·洪武二十四年》〔二月己卯〕宥澧州石門縣官吏十四人罪。先是，縣官言蠻寇作耗，焚掠縣治，案牘皆爲所燬，耆民上言寇止焚其半，餘皆官吏故毀，以滅其爲弊之跡。遣御史廉問得狀，詞連學官趙用彬等，用彬子訴于京師。上曰，案牘既燬，餘雖存亦難稽考，不必窮治，並釋勿問。

《明實錄·洪武二十五年》〔正月〕辛亥，給事中陳泰劾奏：左僉都御史桂滿欺罔，請寘于法。時江寧縣役夫自刎死，滿奏爲人所殺。上詰之再三，固執其辭，故泰劾滿有誣罔之罪，無人臣禮。上曰：恐滿實不知，姑宥之。

《明實録・洪武二十七年》〔二月〕辛卯，代州繁峙知縣劉英坐事被逮，邑耆民十四人詣闕，言英在官廉謹，誠心愛民，乞貸其罪。上曰：爲令者能得其民之心，爲民者能懷其令之惠，皆可嘉也。遂命釋英，給耆民道里費遣還。

《明實録・永樂元年》〔十月壬申〕左都御史陳瑛等奏中書舍人芮善妄奏刑部官罪，請下獄。先是，善之弟家武進夜有盜，殺之，并殺其婦，劫其財物，弟家疑所親覩者，捕送于縣。獄具，上刑部，刑部驗非盜，縱之。善白上刑部官故出劫盜，更命御史鞫之，御史復驗非盜，縱之。遂明刑部官無罪，請罪善。上曰：兄弟同氣，遭罹非命，心切哀憤，理有未察，然今尚未明盜，假令獲盜有驗，而善固誣執盜則不貸，其釋善勿治。

又〔十月〕癸酉，大理司臣言：高平縣吏告知縣歛民財市馬，今鞫訊有驗，其馬以給遞送，雖是公用，然禁令歛民財抵死罪。上曰：禁令不許爲私也，使命往來以給遞送，豈私意哉？人命至重而議刑如此，豈得無冤？其釋之，復職。

又〔十二月丁丑〕錦衣衛臣奏福建送至海口若干人，法當棄市。上曰：朕嘗許以不殺，今之殺，是不信，不信則後來者之路塞矣。但宥之，謫遷。錦衣衛臣復奏：寇有婦女一人，本擄掠得之，今已爲妻，合無俱發邊。上曰：本吾良民，不幸爲寇所掠，可釋歸原籍。

又〔十二月戊午〕刑科都給事中馬祺、山東道監察御史康鬱等劾奏都督袁宇，昔鎮雲南，占據官軍屯田一千餘畝，私役軍人耕種，侵支官屯子粒，擅用軍器顔料，不法之事，非止一端，已爲御史所劾，特蒙寬宥，今袁宇來朝又不謝恩，乞正其罪。上命宥之，但追其所侵物入官。

《明實録・永樂二年》〔八月丙戌〕禮部尚書兼左春坊大學士李至剛同六部、都察院、通政司、大理寺六科等官劾奏都督李增枝，明知兄景隆不臣之跡，曾無一言規諫，且於各處多立肥田，每莊蓄佃僕無慮千百戶，此其設意非小，望明正典刑。上曰：景隆兄弟國之親屬，朕自處之。其莊田佃僕俱沒入官。

又〔八月乙未〕有軍校縛至二人，言北京城中官馬往往盜剪其尾，二人專鬻馬尾帽於市，此皆因盜所得，請罪之。上曰：嘗見其剪馬尾乎，抑以疑似執之乎？對曰：實疑而執之。上顧三法司官曰：市中貨馬尾帽甚多，可盡以疑似罪之乎？疑似加刑，有累君德，其釋之。

《明實録・永樂四年》〔八月〕丙辰，三法司奏敎誘齊王爲不軌者數人，罪當棄市。上曰：既死則不可復生，更愼之。齊王，朕親弟，其素性狠愎，朕尚不能化之，何可盡諉他人？再詳審之。

《明實録・永樂六年》〔十月丙子〕廣東布政司右布政使徐奇卒。奇，福建浦城人，由監生擢戶科給事中。永樂元年，陞都給事中。錦衣衛有校尉告人妖言，被告當死，奇言於上，請付法司，庶得其實。從之。已而法司訊之，實與校尉有仇而爲所誣，竟得白。上由是嘉之。

《明實録・永樂九年》〔三月壬午〕六科給事中曹潤等劾奏五軍都督府掌府事成國公朱勇、魏國公徐欽、定國公徐景昌、永康侯徐忠、右都督郭義，監試襲職武官，縱家僮奪其弓槊，法司奏旨追捕，勇等蔽不與。伏覩太祖高皇帝戒約功臣鐵榜有云：功臣奴僕倚恃權貴，欺壓良善，法司執問，君命誅之。大臣不知君上保愛之心，便生疑怨，累及己身。至皇上屢申明舊章，皆爲臣下造福，而勇怙然不知儆戒，請正其罪。上曰：朝廷何嘗不務保全功臣？若此者，果朝廷無故罪之乎，抑其所自取乎？命錦衣衛悉捕其僕付法司，勇等姑宥其罪。又曰：徐欽未諳政務，令歸務學，長智識以奉宗祀，庶免作過自累。

《明實録・永樂十年》〔十一月庚辰〕通政司奏：有老婦告前夫之子不能共養，請治其不孝罪。上問：是親生之子否？對曰：此婦於前夫亦是繼室，蓋子之繼母也。上曰：所謂子母無絶道者，非謂繼母。今繼母改適，即義可絶。已失節於夫，乃責人不能盡孝，所言勿聽。

又〔十二月丁巳〕上問行在吏部尚書蹇義：今貪贓官遇赦者例罷爲民？對曰是。上曰，罪狀明白者，如例。若獄未具，虛實未明，改用之，使自新。

又〔六月辛卯〕廣靈王遜烒奏倉官王本、庫官白順中，輕慢無禮，嘗口發穢言詈及祖宗，上致書王曰：詈及祖宗，罪當死。已勅法司會治，果實，必殺不赦。祇慮下人交構，託此告訐，則或有未明，蓋叔居府中，其無理毁詈，必非親聞，凡有聞者見者及來啓者，望皆發來證驗明白，則彼死不冤矣。

《明實録・宣德三年》〔四月〕庚申，廣東按察使喻良奏：比者欽州如昔都峝寇黃祿受誘引交賊，劫虜民人一十餘家，掠去男婦八十餘口，廣東都指揮僉事程瑒不能嚴備，請正其罪。上諭行在都察院臣曰：瑒實有罪，但在赦前，姑不問。若赦後不捕獲，亦不宥。爾即移文督瑒往捕，仍戒瑒不得託此擾害良善。

《明實録·宣德四年》（八月己亥）孝陵衛軍潘阿回母因醉呼婦索茶，婦無茶，飲以湯，姑怒箠婦，婦趨避，遂告婦詈己。刑部當婦死罪，婦固稱冤，且引鄰里爲證。鄰里至，皆言婦冤。而姑亦慚，悔自陳實妄告。上命釋之。因笑曰：求茶得湯，亦何不可？而遽欲殺之，爲婦亦難矣。官府每爲人解忿邪？

《明實録·宣德五年》（四月戊寅）釋御史李驥。初，驥巡視通州倉，遇軍斗高祥等盜糧，執而鞫之。祥父妄告祥同張貴等盜糧米，驥受貴等白金，縱之不問，而獨問祥。行在刑部當驥絞罪，驥上章訴冤。上曰：御史既擒盜，豈有受贓之理？若其受贓，即此事皆泯滅不發，安肯尚存事端？命尚書侍郎都御史等官同訊之。至是覆奏驥實冤，但應奏不奏，當杖。上曰：既實冤，并免杖，令復職。因諭刑部侍郎施禮等曰：人命至重。爾等論刑，何爲不詳慎？驥不自言，幾於枉死。後將何以使人？禮等須首謝。

《明實録·宣德六年》（二月戊午）行在刑部奏：長陵衛千戶嚴忠詐取餘丁財物，罪應徒。上曰：朕念軍士艱難，故免餘丁之役，使資助之。管軍官其父母，乃不能體此意，而制削之此，豈有心恤軍？小懲大戒，亦小人之福。

又（十月丁亥）初，大理寺奏山東江西二道御史所問強盜七人，皆是軍匠，兩經審録，固稱盜發之日，皆在公執役，各有管領之人爲證，實不爲盜。命會官鞫之。至是，六部都察院等官覆奏：參驗審覆，七人實非盜。上曰：御史，朝廷司直之臣。凡諸司行事有是非不辯，枉直倒置，皆當執奏，乃自誣枉平人，可乎？必正其故入之罪，以戒後來。

又（二月己未）南京刑部侍郎段民奏：上元縣民爲姪所毆，徑指通政司告之。律，姪毆叔應徒，新例納米贖罪，叔以越訴，例當連家屬發遼東充軍。臣愚以爲卑幼毆尊長，已于倫理有乖。今卑幼得寧家，而尊長當遠竄，雖有定例，揆理未安。上曰：古人謂法有可疑，情有可矜，正此類。民言良是，其免叔罪，令寧家。

《明實録·宣德九年》（三月戊戌）右副都御史賈諒奏四川獲強盜陰海等一百三十一人，番異者四十八人。副總兵署都督僉事王瑜等奏：淮安已獲強盜馬玉等四十五人，俱服罪。上覽奏，謂侍臣曰：捕強盜，必得實，不可以累無辜於士澄，誣執濫殺，深可爲戒。今四川、淮安之盜凡百餘人，雖云服罪，其中豈無枉者？當令會官審實，庶幾不冤。遂勑諒及瑜等曰：強盜雖服罪，更會衆官審實，果贓證明白無辭，即如律處決。若尚有辭，即與伸理，不可誣飾，以取己便。

《明實録·宣德十年》（五月甲戌）行在戶部員外郎羅通奏：宣府前等衛指揮使等官陳鎮等，脫放操軍，摘撥斗級庫役二百餘人操練，拋棄糧儲，恐妨邊備，請治以罪。上以邊境正欲操備，倉糧亦宜慎守，命移文總兵官與通議，別撥老弱餘丁守倉，仍委官提督毋致妨誤。鎮等姑記其罪，再犯不宥。

又（五月庚子）罷監察御史楊政爲民。初，政巡按福建，有民以發冢事相訐，政鞫之，當逮數十人，其一已就逮而奪諸途，政怒，因文致其家，死罪者一人，杖死其戚屬三人，其讎家所當得罪，則悉寬縱之。事覺，下行在都察院獄，坐徒贖畢。上特命罷爲民。

又（十月庚子）宥行在光祿寺卿郝鬱、少卿張澤、寺丞王興、倪琮等罪。澤等既下獄，十三道御史并發其隱，放廚役，納辦月錢之罪，都察院具獄以聞，且言澤等盜食告廟果品，則以浥壞之物供獻，當附大不敬律各斬，鬱罪惟均，宜并執之。上曰：鬱等於法本難恕，今姑記其罪，鬱仍聽管事，澤等俱調出外任。

又（十一月庚寅）都察院右副都御史朱與言先任四川按察使副使，捕盜至郫縣，怒知縣孫祥不設策緝捕，杖二十餘，越五日，祥死。巡按四川監察御史請究與言罪。上曰：與言職專捕盜，因賊出沒，杖孫祥，無私意也，宥之。

又（十二月丙午）舊制，赴通政司奏告者，必有本狀。會州衛千戶錢英告，事無本狀。左通政奈亨、右通政李錫止録其口詞以聞。上以爲非典，罰俸三月。至是，監察御史周弘論亨等不遵舊制，肆意變更，及左參議虞祥等以五品官用藤棍導引，越禮犯分，宜正其罪。上悉宥之，令其改悔，若再蹈前非，不宥。

《明實録·正統元年》（正月癸未）行在都察院右都御史顧佐等劾奏廣

東布政司左參議黄翰徇私，用有過之吏，請治其罪。上以翰罪固不可免，但無贓，姑宥之。

又　〔正月甲午〕行在吏部奏：廣西左布政使周幹，托故不躬朝覲，令都事代行，請治罪。上以廣西僻遠，况幹獨員任事，姑宥之。仍令巡按監察御史責其罪狀，使臣下知所警。

又　〔二月丙寅〕山西平陽府解州夏縣縣丞孫鳳奏：臣自受任以來，夙夜供職，邑民耆老累以臣公勤政績言于府及布、按二司、巡按、御史者，前後幾三千人。今御史趙紳因挾小忿，以暴虐黜臣，情實冤抑，乞賜辯明。行在吏部以其言未可信，請下法司究問。上命移文巡撫官廉察其實以聞，毋以直爲枉。

又　〔三月戊辰〕初，貴州按察使應履平劾奏：廣西總兵官右都督山雲，專弄權柄，擅作威福。上以所奏示雲，令其自陳，雲至是具實以聞。上以雲既輸情實，宥之不問，仍降勑戒諭之。

又　〔三月庚辰〕宥鎮守山西都督李謙罪。時巡按山西監察御史陳璇奏謙貪婪不法等事，請治其罪。上以謙在邊境，亦曾効力，姑記其罪，俾圖自新，若再犯不宥。遂令都指揮馬貴協同守備。

又　〔三月甲午〕宥河南右參議刑旭罪。先是，河南按察司僉事陳治劾奏旭故違詔旨，催併逃戶稅糧，請治其罪。上命旭自陳其實。至是，旭言：臣先取勘所屬逃戶四萬九千八百五十三戶，已行蠲免，其續申九萬二十三戶，恐有混增，意圖免糧，已呈鎮守河南侍郎王佐，乞咨部定奪。緣臣愚昧，不即分豁，失於一概查催，合當有罪。上以旭無重情，宥之。

又　〔三月甲申〕行在兵部尚書王驥同公侯駙馬伯五府六部都察院等官劾奏，甘肅鎮守總兵官太保寧陽侯陳懋，失機誤事，以致達賊入鎮番等處，殺傷官軍，搶掠孳畜。副總兵劉廣恥沽懋下，凡事推避，軍政多被沮敗。虜犯涼州，懋屬廣援之，廣引避不進擊，副總兵李安與虜戰，廣又不助之。比虜自遁去，乃冒取所遺老弱，爲指揮馬亮、昌英及于傑等功，受陞賞，李安亦不能協心同事，雖有殺賊微功，不足贖罪，右侍郎徐晞職專參贊，既不能匡濟，又不具實以聞，大監王貴、少監林壽俱偏執己見，沮壞事機，請治其罪。上以貴在邊曾效勞，曲宥之，安有殺賊功，亦記其罪。懋、壽取回，晞姑釋不問。亮、英削去陞職，令當先殺賊立功。廣父子縱賊懷姦，其械赴京治之。

又　〔三月癸未〕行在吏部奏：行在刑科給事中王偡來授職時，已聞父喪，踰八月不舉，授職役又二十二日始舉，是豈人子所忍爲者？上令法司鞫治之，發原籍爲民。

又　〔八月丁丑〕宥武安侯鄭能罪。能令閽者侵占僧寺莊田，奪其粟穀，非法杖人，法司具奏，請治之。上曰：能先世頗有功，姑記之，若復不悛，必治如律。

又　〔九月癸丑〕行在都察院右都御史陳智等奏：比有吳成者，妄爭襲伯父眞職，兵部不察其姦，遂欲准成襲。詔復覈之，其僞始白，已將郎中龔永吉等下獄究治，尚書王驥右侍郎李鬱職掌兵政，而不審如此，請并罪之。上俱宥之，令各戒謹將來。

又　〔十一月戊申〕行在六科給事中劾奏右都御史陳智等罪。初，行在廣東道監察御史李聰所問獄囚，發大理寺審錄，駁回。智怒責掌道御史張勗，勗不服，智笞之四十。勗奏智不能整肅憲綱，惟肆貪暴。於是，給事中劾智等有失憲體，請治其罪。上俱宥之，令改前失。

又　〔十一月癸丑〕達官都督蘇火耳灰奏：臣自洪武中率衆二千餘人，歸附朝廷，出力效勞，今年八十有三，朝不保暮，別無嗣子，止有一孫蘇五十，見被兵部參奏，不應冒襲，法當戍邊，目無所依倚。上憐其情，特宥五十之罪。

《明實錄·正統二年》〔二月庚寅〕行在都察院奏：南京守備襄城伯李隆、副都御史吳訥奏請處決重囚，漏使印信。臣等已陳其失，致蒙恩貸，及臣閱所請，囚先已有旨令處決，而訥等又以煩瀆，宜從逮問，以儆其慢。上以爲小過，赦之。

又　〔二月〕庚辰，巡按監察御史張清奏：山西州縣例輸口外秋糧，爲參將都督黄眞、都指揮李信等盜取一萬一千六百餘石，俱當追究。上以眞等守邊，未可輒動，先於各戶徵完所盜之糧，然後治之。

又　〔二月癸酉〕總督漕運左副總兵都督王瑜，自訴家人潛販官塩，今准法沒官，又科罪徵銀，乞依赦前蠲免，或輸俸代還。時新建伯李玉、都指揮黄信，亦非法興販，圖利害人。事發，俱爲言者所論。上以瑜所犯赦前當免，玉等皆勳舊，姑恕之，仍戒其毋恃恩再犯。

又　〔二月壬申〕宥光祿寺少卿劉禎等罪。先是，珍羞署火，旋撲滅之。

御史劾禎等不謹。上以財穀無損，故宥之。

又〔二月辛酉〕行在兵部及監察御史劾奏鎮守涼州都督同知李安，以虜寇犯邊，檄都指揮魏崇合兵出扒沙截之，崇託故後期，安背約不進。侍郎徐晞匿而不劾，徇私繼惡，厥罪惟均，乞悉逮治之。上以安、榮失機法當死，姑記其罪，各住俸半年，特宥晞罪，仍封劾章示安等，令具實以聞。

又〔三月丙午〕宥遼東懿路守備都指揮僉事閻福罪。福所部以姦情事覺，囑福求免，不從，遂誣奏福，福亦更誣所部劫獄等情。上命福自陳，既輸罪，乃宥之，仍命所司移文戒福。

又〔三月癸卯〕直隸潼關衛奏：盤獲出關甘州寄住回回千戶火者馬黑蠻及土哈三等，私販紵絲文錦四十餘段，應入官，黑蠻等宜究問如律。上以番人不知法，宜從寬貸，所盤獲者，令還之。

女〔秋七月戊申〕監察御史于奎等劾奏平虜將軍右都督蔣貴，以虜寇犯邊，奉勑帶四十日糧料，領兵一萬出境勦殺，貴止帶二十日糧料，其餘關出糶賣，以致乏糧，及遇虜逗遛失陷哨卒。上命紀其罪，緘劾章付尚書王驥示之。

又〔八月己巳〕行在大理寺右少卿陳卣，公幹四川，回經安慶府同安驛，與通判孟克諧飲酒至夜深，克諧倚勢逞兇，逼開城門以歸，事覺，六科十三道劾卣失大體，請寘之法。上命姑宥之。

又〔八月甲子〕初，行在都察院右都御史陳智等劾奏行在大理寺左少卿程富、右少卿賀祖嗣、陳卣等遺失囚犯訴冤文牘，輒以審擬合律上聞，宜正欺罔之罪。上命富等自陳，至是，富等輸罪，遂貸之。

又〔十月戊辰〕監察御史李在修等劾奏南京守備太監羅智、袁誠，各縱奴殺人，及販買簰筏，恃強入關不稅，其奴已爲御史韓陽擒治如律，智等當坐縱容之罪。上令智等具實自明，既而伏辜，遂皆宥之。

又〔十二月丙寅〕監察御史李俊奏：奉命巡視薊州、永平、山海等處軍政，其總兵官都督同知王彧等，不修守備，號令廢弛，以致軍士多逃，請治其罪。上曰：彧等不能撫恤士卒，法所難容。姑記其罪，如更蹈前非，必罪不宥。

《明實錄・正統三年》〔三月壬寅〕行在工部尚書李友直以浚治通濟河畢工，輒放遣其夫四千七百餘人不以聞，及聞將築白河隄，乃自請罪。於是給事中御史劾其專擅，及言尚書吳中、侍郎李庸、邵旻等黨蔽之罪。上命下友直于獄，中等姑宥之。

又〔三月癸巳〕西寧衛掌衛事都指揮僉事穆肅，所爲多不法。鎮撫李恆恃其短，勒肅造冊赴蘭縣倉，冒支官軍俸糧八千一百一十餘石，以千五百石歸肅，肅欲因是除恆，恆懼，乃摭肅諸過，且誣以故殺人，肅下獄。法司論當斬，不服。上命陝西鎮守都御史羅亨信等覈之得實，恆自經死，肅得減死，復職調衛。

又〔四月己卯〕六科給事中十三道監察御史劾刑部尚書魏源，奉勑整飭邊務，乃奏保兵部侍郎于謙可改副都御史，鎮守大同，宣府巡撫僉都御史盧睿、參謀按察司副使蔡錫可召還，專擅進退大臣，又源爲御史時，嘗犯贓私及冒關誥命，請治其罪。上嘉源劾勞邊境宥之，比源還京，與都御史陳智於候朝直廬內相詈，復爲智所奏。上曰：大臣當謹守禮法，乃敢忿詈各逞私忿，有乖大體，姑識其罪，再犯不宥。

又〔四月丁卯〕廣東新會縣民莫諒等欲以廣州府檢校趙輝、新會縣典史萬鍾科斂部民白金事具奏，鍾懼，白之左布政吳揚，揚執諒等究問，且收其奏，諒歸，赴京訴之。事下巡按監察御史楊剛，剛擬揚贖杖還職。從之。

又〔四月甲戌〕命浙江處州府知府武全、寧波府奉化縣主簿鍾榮復職。先是，巡按御史王璉、參政俞士悅、副使江鐵考覈全、榮庸懦無爲，皆黜罷之，部民相率詣璉請留，璉不爲理，既而二人伏闕稱冤。行在吏部移文巡撫等官，廉察云璉以私憾誣之，故令全等復職，璉坐考覈不公，先以他事繫獄，遂幷論之，士悅等坐阿順御史，俱罰俸三月。

又〔五月庚寅〕先是，監察御史李在修奏提督漕運總兵王瑜及巡河管洪閘官不能禁戢下人，上令巡河官陳實，至是巡河官大理寺石少卿徐儀、通政司右通政王孜、工部郎鄧誠、員外郎郭誠、山東布政司參義孫子良等，各伏罪。上以其吐實，宥之。勑瑜等曰：比間運糧軍旗不守法度，故將船隻横欄河道，沮滯民船，或逞兇毆人，奪去篙櫓等物，或以整船爲由，輒箠縛人，勒要財物，該管軍職坐視不理。勑至，爾等即嚴督該管官員鈐束軍旗，不許仍蹈前非，如違，一體治罪，不宥。

又〔五月庚寅〕都素蠻夷司副長官周源，具陳都指揮何貴守禦清浪之功，請還貴官。法司以貴荒縱酒色，貪酷不忠，幸已宥死黜官，源乃妄奏，必素與同惡者，宜正其罪。上曰： 源，蠻夷，未可全以文法繩，其宥之。

又 〔五月丙午〕提調學校監察御史程富初考監山縣儒學訓導史演，留學訓誨，既而黜之，演奏富考察不公，詔逮富下獄，尋釋之。

又 〔五月丁酉〕初，秦王府內使校尉占種陝西西安府咸寧縣民地五十畝。鎮守官得民訴狀，欲理之，王庇校尉不遣，誣奏民妄認先王墳地爲己業。上命陝西三司覆之，至是，三司奏民言有實，行在戶部請以地還民，逮治占種人罪。從之。

又 〔六月己丑〕行在兵部左侍郎鄺埜劾奏雲南都布按三司官奉勑撫捕思任發，不親臨其地，諭以禍福，乃遣官屬，職微言輕，不能敷揚聖化，遂致蠻冠愈肆兇頑，請治其罪。上以方面官不能安一方之人，罪之可也。但今彼處有事，若逮治之，不無悞事，命姑移文切責之。

又 〔七月辛卯〕江西布政司參政掌臨江府事未得奏： 皂隸禁卒，原有額數，今按察司副使尹鏜屢令本府僉點隸兵其五十五名，應役者少，納錢者多，況本司所轄一十三府，若兼本府僉充，其數不可勝計，鏜居風憲，宜糾姦弊，乃假隸兵貪取民財，請治其罪。上曰： 姑宥之，令鏜從實回奏，仍命行在兵部通行禁約，違者，聽巡按御史糾劾。

又 〔二月癸酉〕行在戶部主事趙迪訴巡按陝西監察御史馬昂，嘗同主事尹亨竊糶官塲剩餘米豆、布肉、麫、酒、米私用，又以之易木，植創書房於察院之內，千戶王瑛坐盜糧重罪，故釋之，而移罪於其弟，且屢索所屬衣服、鞍馬等物。上詔昂陳狀，昂條奏其誣，特宥焉。

又 〔十二月庚午〕初，戶部主事吳軏過本司郎中盛遴家，適遴他出，軏調戲遴妾，遴忿怒訴于尚書劉中敷，中敷不奏黜軏，但責詈之而已。至是，本部侍郎吳璽舉軏爲山東按察司僉事，給事中御史聞之，連章劾奏軏見美色而起貪淫之心，居僚佐而污長官之妾，不可以任風憲，中敷容姦璽濫舉，俱合正其罪。上宥中敷，命逮璽、軏下獄鞫之。

《明實錄・正統四年》 〔正月乙酉〕襄王府被盜，湖廣分巡參政楊貞、襄陽衛府等官湯震等，不即爲捕，王奏訴。事下行在都察院，右僉都御史王翺等以爲宜令巡按御史督湖廣三司官挨捕。上疑其緩，以示六科。於是給事中郭謹等劾翺等縱姦曠職，俱合治罪。上皆宥之。

又 〔正月〕戊子，行在吏部奏： 天下朝覲官吏，例當去歲十二月到京，今廣西太平府羅陽縣頭目官族唐安等十名，俱違限，當置之法，又有在途托故丁憂官六員，稱病官四員逃回官二員，及違限未到官八十五，處俱當究治。上曰： 唐安等遠方土人，姑置不問，其未到者，令具實以聞； 逃回者，逮治之，丁憂稱病者，移文體覆，若虛詐，必罪不宥。

又 〔二月癸亥〕司設監太監吳亮，擅役匠人在外商販，事覺，行在都察院請逮亮究治。上命姑宥之。

又 〔閏二月壬辰〕襄王府再被盜，王怒侍衛不謹所致，不時捶撻之，儀衛正金聚等白湖廣三司，詣京奏王不法十四事。其一，言王於萬壽聖節日，令內使施興女戶徐亮拜焚表章，呼道士蕭道眞扶鸞，有天數玄玄、妙不可言等語。上命行在錦衣衛體實以聞，王抗章陳訴。襄陽衛指揮同知湯震又奏，王令儀衛司群牧所擅出批文，遣軍校執器械，夤夜於城內外，擒捕行人搜撿，軍民警懼。事下行在都察院覆奏。上以聚等所告，於法難容，特念親親，姑置不問，其興亮道眞事及震所奏未知虛實，命行在錦衣衛遣人執送法司鞫之，擅出批文，官吏及軍校下巡按御史逮治，仍以書戒諭王，既而錦衣衛鞫興等，事連韓寧等王府內外官校軍，餘法司請通行究治。上命監禁興等，餘置不問。

又 〔三月戊午〕行在兵科掌科事給事中王永和等奏： 御馬監軍迭里米失叛逃，實太監劉順故縱之，及執迭里米失付錦衣衛鞫，而指揮王裕、馬順曲爲掩飾，俱宜究治。上曰： 法本難容，但事在赦前，姑宥之。裕等今後鞫問不明，必重罪不宥。

又 〔九月丙辰〕初，巡按廣西監察御史陳濬劾奏總兵官安遠侯柳溥貪忍失機，及參將田眞都指揮姚麟阿溥諸罪。上命溥等自陳，仍命巡按御史執其屬及家僮按狀，既而溥等所自陳與御史所案狀異，行在都察院右都御史陳智，及六科十三道交章劾溥等，居官既恣不法，自陳復不輸罪，乞正國典，爲將來者警。上曰： 官屬家僮悉如律，朕念溥等舊勞，不忍即罪，姑識之。

《明實錄・正統五年》 〔二月〕壬辰，廣東按察司奏廣海衛指揮等官赦前違法事，爲都察院所駁。上置不問，但令按察使楊㬊等自陳，㬊等服罪。上曰： 人孰無過，貴在知改。㬊等既皆承罪，貸之，仍命都察院移文使毋再犯。

又 〔五月壬寅〕謫刑部主事黃瓚戍邊。初，都察院副都御史周銓劾瓚提牢，掠殺竊盜，淫狎妓女，爲妓作文酬醫諸貪淫狀，遂命逮瓚。瓚亦訴銓不法事。上曰：銓在南京甚用心，瓚所言皆末事，不足究。第移文令銓知之。瓚又訴銓有淫行，縱各倉作姦弊，行在都察院請遣官覈之，上曰：銓若爾，瓚何不言，而今乃言之耶？不必遣官，止令南京御史一人覈報，戒毋枉人。已而御史報銓所劾具實，而瓚所言多誣，故有是命。

又〔六月甲午〕中軍都督同知王貴徇魏國公徐顯宗囑，擅令軍士一百名與之供役。事覺，六科、十三道等官交章劾之。法司論當罷職戍邊。上命固禁之。

又〔八月〕乙亥，貽書秦王志潔曰：前聞尚炌長子毆傷其母，故遣人執至，令衆皇親鞫之。渠具對云，因醉怒擊多人，母起勸救，致有誤傷，實無傷母之心。鞫之再三，堅不承伏，遂遣皇親武定侯郭玹同叔面詢其母王氏。玹還奏：王氏所言悉同其子，蓋致傷多人，死者其罪有之，傷母初非本意。朕今恭體太祖高皇帝之心，特宥遣歸，令其母以家法自治，繼令叔宜深體愍王之心，厚待其母子兄弟，勿令失所，則叔之令德也。

又〔十一月丁巳〕民有姑苦貧，數逼其婦與餽己者通，婦輒惡詞色拒之。山西道坐婦以詈姑絞。既而移鞫貴州道，辯其可矜。上曰：然此婦居貧苦，爲姑挾以非禮，何得罪其不孝，其釋之。原鞫御史泥文法，虧節義，吏部其斥以他用。

又〔十二月辛卯〕山西署都指揮僉事享庸逮既至，具得都督李謙貪酷狀，庸亦引伏。右都御史陳智劾謙囊受賂舉陞指揮李衡署都指揮僉事，幸置不問，乃今貪酷復爾，不可當一面寄，不宜再宥。上曰：然，命嚴繫庸獄，謙下獄。

又〔十二月壬辰〕行在戶部奏：天下錢糧之數，每歲預報本部，如有違錯，例應逮治。今陝西等布政司并直隸揚揚等府，造報實徵稅糧見在食糧之數，非但違期，廉亦差錯，委解之人，取問如律，其僉書官吏左布政使郭堅等五十八員名，俱合逮治。上命姑宥其罪，再犯不宥，仍移文示之。戶部又奏：山東、江西、浙江、福建、河南、南北直隸各府、州、縣解納折銀絹布，驗出稀鬆不堪者，責令補納，解送之人既俱逮問，其僉書官吏亦合究治。上曰，事既完，姑宥之。

又〔十二月甲午〕慶府校尉二人欲發王府官私役軍人諸罪，詭云赴京自劾，下法司鞫之，詞頗連王，王亦奏二校尉素無賴。上曰：此輩狡獪，命編戍遼東，詞所連悉不問，其私有役者，令王自治之。

《明實録·正統六年》〔三月庚子〕下行在兵部左侍郎于謙獄，謙巡撫河南、山西，自陳在外年久，乞召回京，舉參政王來孫原貞自代，右通政李錫等劾其方命不忠。上置之不問，已而行在六科十三道交章劾之，上命紀其過。至是謙還朝六科、十三道復劾之，遂下都察院獄。

又〔六月丙子〕鎮守延綏等處都督僉事王禎奏：陝西布政司右參政年富惡，綏德衛指揮等官，給糧賑濟軍民，輒杖辱之，軍民因而饑死者甚衆。富亦奏禎遇寇出沒，輒託言人饑馬瘦，不敢追勦，居常不訓，軍士、教場草生尺餘，及私役軍士買妾驕淫。事下巡按御史同三司會勘，當逮問。上俱宥之，既而禎復坐奏，秋青草場不實，命陝西按察僉事許資勘之，并勘得禎其他不法如富言者數事。事下，巡按御史鞫驗，禎罪多顯跡，而資所奏亦有虛者。上曰：禎肆惡不悛，罪本深重，朕第念武臣，再屈法宥之，資勘事不以實，罰俸一月也。

又〔七月己亥〕行在大理寺左評中馬豫言：臣奉勑審刑，切見各處有司官吏捉獲強盜，意圖陞賞，逼令多招人犯，彼盜乘機概以讐人指攀，所司輒拷掠成獄，不待詳報，傷死者甚多。請令各處三司及衛府州縣，今後強盜勿聽妄指，果有贓證，務行巡按監察御史、按察司官會審，方許論決，若未審錄，有傷死者，勿准例陞賞。上從之，仍命法司行各處官司，凡鞫獄囚，務要詳審得實，不許輒聽攀指，冤及無辜。

又〔八月丁亥〕鷹揚衛百戶金琦因其姊與人通，數諫之，姊怒，誣琦詈己。行在刑部問琦贖杖爲民。琦母以其女既已失行，又誣陷其弟，責之，女不服，詈母，母遂發其事。下御史鞫驗，請復琦官，而坐女以死，且究問枉琦者。從之。

又〔十月〕辛未，宥福建左參議金敬罪。敬所生母改適人，卒，敬去職守制，既而疑非制，具狀以聞，爲法司所劾。上曰：敬爲親故，過於厚，宥之。

又〔十一月戊戌〕巡按陝西監察御史李匡等奏，鎮守西寧都指揮僉事汪清，徇軍吏妄言，擅執番民淹禁，逼其妄攀無干番人，詐索財物入己，宜從究治。上命法司記清罪，再蹈前非，必罪不宥。

又〔二月壬子〕掌陝西華昌衛事都指揮僉事汪壽與華昌府知府韓福締姻，壽族兄信誣告人死罪，下福歸結，福曲芘信。巡按御史李匿平反其獄，奏壽、福私相黨庇，請分詞用之。上不從，但移文戒其再犯。

《明實録·正統七年》〔三月〕丁丑，書諭靖江王佐敬曰：比者王奏輔國將軍贊儀告另佐忠同妻楊氏不孝之罪。佐忠亦奏二弟及庶母導誘其父，妄告朝廷，特遣皇親武定侯郭玹會王并各將軍審實。比玹奏云：同王等會審，佐忠兄弟初因分爭家財，贊儀年老，酒後風狂，聽妾郭氏杏花并男佐孝佐茂，唆教妄告，其佐忠訐奏亦有不實，揆之國典，皆不可宥。朕以宗室之故，特屈法寬貸。然王爲一國之主，坐視骨肉之間有父欲殺子，弟欲殺兄，不慈、不悌、不義之行，而不能一言匡之，安在其爲主乎！藉曰：彼皆尊屬，言不見聽，則先具奏時當以實聞，何不審是非？輒與陳奏。書至可釋佐忠，省令改過事父。自今王於親屬中，凡事須審察是非，嚴戒飭之，亦須委曲調護，使其父子兄弟皆改過遷善，各惇慈孝友愛之行，庶幾保全，以副朝廷親親之恩。如復不悛，祖宗之法具在，朕不敢恕。於此之時，王亦不得無過矣。今封都察院所劾奏本示王及贊儀父子，其同觀之，復以書諭輔國將軍贊儀曰：凡人至親，莫如父子。爲子須孝，爲父須慈。爾偏愛寵妾，惑其邪言，誣子不孝，陷之死地不慈之極也。虎狼尚有父子之恩，不慈何以爲父？爾自今宜思前過而深戒之。毋再偏聽邪言，待諸子須均一，庶幾以全天倫之道。勑奉國將軍佐忠曰：爾因與弟分財不和，不能順父之志。今已有書諭王，令宥爾罪，俾歸改過，蓋汝溺於財利，不能曲承父志，致其怨恨，罪一也。爾又誣奏庶母外事，罪二也。古禮父母怒不悦，撻之流血，不敢疾怨，起敬起孝。蓋天下無不是底父母。五刑三千，罪莫大於不孝。爾自今宜深自克責，以回父心，用蓋前愆，庶幾保全身家。勑奉國將軍佐孝佐茂曰：比知爾兄佐忠初無不孝之心，第爲其母死未葬，爾二人聽母邪言，擅分父財，佐忠不得，致有不平之言。爾等與母逼令爾父自撞頭破傷，誣賴爾兄，欲寘於死，其不孝、不悌、不仁、不義，天地鬼神所不容宥。爾母之罪亦同，今姑皆曲宥，使爾等改過自新，如不悛改俱，罪不輕貸。

又〔十月乙卯〕命直隸清苑縣知縣屈義復任。義屢爲刁民所誣，輒以衆訴留得伸。至是，復有誣其受財枉法，坐械刑部，其民二千餘人，詣闕具陳。義在任廉勤，招徠有方，并被誣狀。請與誣者面詰。刑部尚書魏源等訊之，具驗。上命杖誣告者，編戍遼東，而復義官。

又〔十一月丁巳〕兵部尚書徐晞等，六科給事中，十三道監察御史交章論鎮守遼東總兵官都督僉事曹義，右參將都指揮同知劉端，再失軍機，法當逮治以正典刑。上曰：所論義等誠當，但已令記罪剿賊矣，都察院其仍封奏章示之。

《明實録·正統九年》〔四月〕壬辰，勑户部曰：朝廷令人易納馬草開中鹽糧，本期資國便民。比聞各場納草之人，多係官豪勢要，及該管内外官，貪圖重利，令子侄家人伴當，假托軍民出名承納，又行囑託，規從輕省之處，如東直門牛房，歲計用草止十五萬。今添納至三十餘萬，積聚既多，久則必致下人乘隙侵欺。又各處所中鹽糧，亦係官豪勢要之家，占中居多，往往挾勢將雜糙米上倉，該管官司畏避權勢，輒與收受，以致給軍多不堪用。及至支鹽，又囑管鹽官攙越關支，倍取利息，致無勢客商守支年久不能得者有之，喪貲失業，嗟怨莫伸，其弊不可勝言。此皆爾等不能體國利人，狥情受囑之故，今姑宥爾等之罪，以後必須嚴謹禁約，草聽殷實軍民承納，御史監收，但作弊者，即拏問具奏，官豪勢要及該管官員之家，不許仍前承納，與民爭利，違者，聽御史舉劾。各場務會計歲用之數撥納，果有多餘，設法另行堆積，以備支用，毋得濫收作弊。各處中納鹽糧，務要乾圓潔淨。敢有仍前挾勢，將雜糙米上倉，及該管官司聽囑收受者，聽巡按御史及提督官拏問，情重者，具奏處治。御史提督官縱容不舉者，并治以罪。爾等若再不執法奉公，容聽勢要，妨礙軍民，必罪不恕。

又〔五月〕癸亥，陝西西安衛致仕百戶王聚奏：子璽見任百戶，被參年等富酷刑箠死，富奏指揮胡昇等嗾聚陷己。至是，巡按御史等官言聚自誣富，富妄奏昇，自鎮守總兵至府縣官，又皆上疏爲富伸理，且盛陳富足邊公勤有方。上命宥富罪，但停俸三月。

又〔十一月〕丁丑，六科給事中十三道御史交章劾奏神機營總督操備鎮遠侯顧興祖、廣寧伯劉安隱占軍士輸納月錢，宜寘諸法。上曰：所言固是，姑屈法寬貸，如再弗悛，必罪不宥。

《明實録·正統十一年》〔正月癸巳〕山東東昌府通判傅寬，爲按察司副使王裕所黜，遂訐裕貪淫。上命巡按御史計澄，并巡河御史韓雍共治之，時澄方薦裕爲布政使。適雍迂道歸蘇州，遂徑行案，不俟雍至，雍憾之且懷澄嘗詈己不達刑名，遂狀裕淫污。澄以鄉人妄薦，於是澄、裕被逮，下錦衣衛，其疏雍枉道歸家，挾私陷己諸事，刑部請并治雍。上置雍不問，澄坐贖杖，命調爲府推官。

又〔二月壬寅〕浙江提調學校僉事花潤生連爲所黜生員發其考選不公。都察院問如律，以老贖，從之。

又〔四月壬子〕巡按河南監察御史芮釗等奏：唐府儀賓郭巖被盜，後捕得盜，會南陽衛府鞫之，贓非原物，巖欲并有之，知府陳悌不從，巖奏悌且詈之，當有罪。上曰：巖論法難容，第念親親，姑識其罪，諭王戒勑之，俾毋蹈前非。

又〔三月戊辰〕下戶部尚書王佐、右侍郎儲懋、刑部尚書金濂、右侍郎丁鉉、馬昂、都察院右都御史陳鎰、右副都御史丁璿、程富於錦衣衛獄。時安鄉伯張安與弟爭分食祿，詔逮治之，法司以爲戶部所按，戶部以爲法司所行，延緩推卻，致安數日朝參如故。六科、十三道劾其慢命之罪。上怒，故有是命。尋宥之。

又〔六月辛丑〕寧夏廣武營備禦都指揮使种興，自陳蒞官不謹，干犯刑章，以致左參將都指揮丁信舉發其事，蒙皇上不即加誅，令從實自陳，信所言深中臣病，臣之罪，不容誅矣。上曰：興論法本難恕，但念其父叔著勳先朝，姑屈法宥之，且朝廷命將率偏裨自有體統，而興崛強任情，仍令盧睿責其死罪狀，戴罪管事，今後仍玩法不悛者，必以軍法從事。

又〔六月戊申〕巡按廣東監察御史張子初奏：廣東高雷等府、化州等處，猺蠻出沒，劫掠鄉村，殺傷官軍。頃者，賊徒未熾之先，已嘗同三司推選都指揮何貴、左布政使吳揚、僉事楊輔等，督同指揮王傑等，帶領官軍酌量撫捕諸猺，而貴等惟耽宴妥，俱已回司，致令賊徒猖獗，爲民患害。乞將貴等治罪。上曰：失機官正當重罪，但急于討賊，姑記之，命御史責死罪狀，令督兵設法擒捕，必欲擒獲，若仍避事縱賊，必罪不宥。

又〔十月壬辰〕監察御史虞禎自貴州巡按歸，畢節衛儒學教授孫隱奏其酗酒罵廩，有玷風憲。禎亦奏隱忘分取奪，挾私見誣，俱下錦衣衛獄。法司論隱贖徒，禎供明還職。上命調禎博平知縣。

又〔十月辛酉〕湖廣按察使孔文英、都指揮僉事常敬鞫施州衛大田軍民千戶所鎮撫謀殺伯父，毆死妾婢等事，弗具奏，擅執之。法司請下巡按御史究問。上特宥之。

又〔十月壬辰〕巡按浙江監察御史王琳奏：杭州府知府高安，防範不嚴，致強盜二十餘人反獄，守城門千戶李珍守禦不謹，致盜出城，方擒獲之，其都司署都督僉事張眞、署都指揮僉事王政，平日慢於提督，俱宜治罪。上曰：盜既擒獲，俱宥之。眞、政仍罰俸三月，安、珍令御史責取罪狀，仍罰俸半年，再犯，重罪不宥。

又〔十一月甲戌〕巡按廣東監察御史艾茂奏：按察司副使徐賢等，督同指揮王傑等，哨守雷州府遂溪縣等地方，因循怠惰，致賊劫殺軍民，請究其罪。上命巡按御史杖傑等七八一百，戴罪復職，仍舊哨守。賢等停俸捕賊，不獲不宥，因諭法司臣曰：廣東邇來兵備廢弛，致賊輕視放肆，宜命巡按御史會三司官酌量事情，計議方略，推選有智略都指揮一員，往來提督操練官軍，相機調度擒賊，務底事妥民安，弗許坐視貽患。

又〔十一月辛未〕大理寺卿俞士悅言：我朝列聖相承，每決一囚，必命三覆奏。皇上屢詔恤刑，又遣廷臣按行讞獄，其與帝舜之欽恤，成周之慎獄同一揆也。臣職專審鞫，所據各處問擬死罪囚，除合律者具奏處決，其餘招狀未明，擬罪未當者駁回復問。然其間有罪囚因見駁回，遂多番異，其原問官，弗能辯理，死於故勘者。有罪囚幸得駁問，其原告賄賂官吏，不行辯理，死於固禁者。又有原問官弗肯辯理，但依成案呈詳處決，死於銜冤者。復有原問官欲與辯理，或證佐原告逃亡，或人命身死屍棄毀，無從可辯，死於非命者。幸而不死，身繫於獄，父母不得養，妻子不能顧，冬暖而愁寒，年豐而忍饑，情弊苦楚，弗能殫述。臣以爲所犯深重如謀殺親夫等項宜伺回報奏請，其鬭毆殺人之類，久不問報，今具原招之狀、原駁之由凡百有餘人以聞。伏惟皇上量加寬宥。上命巡按御史會審刑官審勘明白，眞情實犯者依律監候處決，情可矜疑者具實以聞。其餘毒人未死、鬭毆傷人致死者情罪稍輕，俱宥死，杖一百，發戍邊衛。

又〔十二月〕己亥，陝西總兵官寧遠伯任禮等奏：按察司副使陳嶷巡管行都司十四衛所水利，擅易管屯指揮，不旬日輒更變。又向人云：吾嘗斬一丈三尺青蛇，夢問吾討命，傍人云：嶷是炳靈公太子後身，賞善罰惡。因爾修行犯戒，故殺之。後嶷歸，白之母，母云：吾夢金甲神人，爾即生。嶷凡經歷處皆道其事，致使小人謠傳。又嶷有親故曾浩係山丹衛軍丁，往來各屯算命，體察事務，生事擾人。上命鐃自陳狀，曾浩令法司執訊如律。

又〔十二月己未〕南京行人司左司副劉武考滿，因齎公文馳驛，沿塗支廩赴京，法司鞫武冒支廩，坐徒爲民，武陳冤。上命贖還職。

《明實録・正統十二年》〔二月壬子〕都指揮僉事王整、總督守備山海關，因公中毆死千戶劉成。事覺，命具罪狀，整詭詞拒對，法司請下巡按御史執問。上命釋之，戒勿再犯。

又〔三月壬申〕南京監察御史范霦等，劾南京左副都御史周銓，擅置紀功過二簿，以示威福，各倉設立軍斗等項，以作姦弊，令義男擅入內府，領折俸布而擇其美者，擅杖御史以報私讎，占官地、水塘以圖利己，及多姦人妻。南京給事中劉煒等言，霦等公堂與銓相詈。於是，六科十三道亦劾銓，且言南京右僉都御史張純，緘默不言，霦等舉行遲緩，俱宜究問。上命錦衣衛執銓來京鞫治。

又〔四月戊午〕南京刑科奏：驗封司郎中俞宗大、主事俞倜受內江縣吏朱源銀，隱其過名，頂補掾史，請治其罪。左侍郎魏驥等亦當連坐。上特宥驥，時驥亦自以年老昏耄乞恩云。

又〔閏四月己卯〕有軍民互訐其私，南京右通政畢昌送其一刑部，送其一河南道，刑部索送河南道者與理。監察御史陳雍執不遣。法司請治昌、雍罪。上宥昌，命逮雍治之。

又〔四月戊午〕調戶科給事中章綸爲山西應州判官。先是，綸以進士差往浙江督光祿寺廚料，杖殺上虞縣解戶二人。至是，事覺，爲巡按御史等官劾奏，下法司論斷，故命調之。

又〔五月〕甲辰，南京刑部奏南直隸及附近都司布政司，有訴冤者，請受理之。事下，刑部謂：舊例，南京法司第令收問在京，并應天所屬囚犯，餘俱程遞如京。上命從舊例。

又〔七月甲午〕宥刑部尚書金濂。右侍郎丁鉉、薛希璉、楊寧罪。時舞陽縣丞白剛有贓罪，刑部主事洪繩論無贓，止坐徒，尋改鞫于主事顧孟喬，又論當杖，濂等皆審允。大理寺奏其比匿，改鞫于錦衣衛，言繩受剛賕，六科、十三道劾濂等不能禁姦。上命皆宥之。

又〔九月庚寅〕南京刑部奏：洪武永樂間，在外六品以下官有罪，刑部輒逮繫其後。太宗文皇帝北幸，仁宗爲皇太子監國，令四品以上官奏聞，五品以下官啓聞區處。因此，凡逮職官，皆須上請。今南京都察院及在外按察司巡按監察御史，皆得逮六品以下官，乞如其制，庶無滯獄。上不允。

又〔十二月乙亥〕初，戶部奏官員、軍民俱得輸米永平、遵化、山海倉中鹽。通政使李錫令家人輸米一千二百餘石，當與鹽二千五是引。已而刑部奏官四品以上子弟家人，不得中鹽競小民利。錫囑戶部尚書王佐等，促移支文，佐等奏錫違例，欲没其鹽於官，錫家人以戶部聽輸狀訴法司，劾佐等妄奏及錫，例後不白官。上命俱宥之，仍聽錫交鹽。

《明實録・正統十三年》〔正月辛亥〕四川掌茂州事右參議陳敏奏：按察司曹泰杖死夷人，下泰刑部獄，論當斬。泰言敏嘗誣其判官秦景魘魅事，囑鎮守右僉都寇深逼己入景罪，不從。深、敏以故憾己，取久亡蠻人無尸者，媒成己罪，乞調問。大理寺卿俞士悦等以例有訴冤別問之條，爲悉其狀以請。上不從。

又〔二月丁丑〕陝西掌永昌衛事都指揮僉事宋忠、陝西行都司都指揮僉事趙斌俱以受所部指揮滕暹等白金。事覺，巡按御史孫慶按察其狀。上命執暹等鞫治，責忠、斌自陳狀，忠、斌輸罪，遂宥之。

又〔十二月〕庚午。先是，岷府陽宗王徵熠奏其生母蘇氏被嫡兄鎮南王徵釋逼死。上遣駙馬都尉井源，同巡按御史往府中詢察，并逮所連人訊之。至是，源等言由蘇氏累盗府庫金銀。事覺，羞愧自縊，別無逼情。上命以其屍拾還陽宗王，以禮安葬。

《明實録・正統十四年》〔五月甲午〕初，兩淮鹽運司奏准永樂中守支鹽商有願得貲本者給與鈔，不願者仍聽守支。時判官薛華不詢商願否，概以姓名移南京戶部給鈔，既而有不願者乃復聽守支，由是各商姓名重占二牘。戶部奏遣主事張斌問巡按監察御史劉文查冊，斌遇疾，乃奏文等恐己發其姦弊，因毒己成疾。上命法司逮治，更遣主事陳汝言往究之。汝言奏鹽運使耿九疇等受賄，重冒支給鹽鈔。供下法司論罪，九疇等陳訴。上特命謫斌戍遼東鐵嶺，文及九疇等皆宥之。

又〔五月辛丑〕初，沙縣民羅汝先誘致賊首鄧茂七來攻延平，御史丁瑄等督官軍擊破之，指揮劉福追斬茂七。瑄等將上其事，而僉都御史張楷自建寧馳至，威脅瑄等，妄奏楷令汝先誘賊來攻，因督同官軍以取全勝，瑄等依隨具聞。已而福不平，言於總兵官陳懋，懋等以聞。上降勅詰責瑄等，瑄等以實報。上謂兵部臣曰：楷是風憲堂上官，卻逼脇瑄等妄報其功，誑誕之罪，何可勝言？瑄始以其有功宥其依隨之罪。已而六科、十三道連章劾楷，黷貨喪師，罔上欺下，理宜逮治。上曰：卿等言是，俟其回日，治之。

又〔六月乙卯〕巡撫浙江等處大理寺右少卿張驥等，械送諭降反賊僞大王陳鑑胡等六十餘人至京。法司奏鑑胡嘗僭王號，而榜例首惡凶犯不赦，請幷其黨俱寘諸法。上命俱宥死，繫錦衣衛獄，有司給糧送其家口親屬寧家。

又〔九月庚寅〕巡按山東監察御史劉孜劾提督遼東軍務左都御史王翺等，平昔不謹哨瞭，不舉烟火，以致達賊入寇，虜去人口，被虜之人皆望追救，各官聞言略不加意。被賊訪知教場內頓放軍器，又來搶劫，宜將各官明正典刑，兵部議：翺等之罪，朝廷已寬宥之，惟都督僉事劉端，宜照例罰俸半年，百戸施帶兒交通外寇，泄漏邊情，宜令巡按御史究治。從之。

又〔九月壬午〕六科、十三道劾僧錄司右覺義龔然勝，道錄司右玄義王道宏、錦衣衛鎮撫周銓、匠人沈誠、小旗張伯通俱賂指揮馬順，引進出入王振家，漏泄機密事情，以致人皆畏懼，請託盈門，家道巨富。及振從征，又典振照管家財，請寘諸法。法司議罪，俱應斬。王令宥死，然勝、道宏降爲僧道，銓降總旗，誠、伯通俱着役，六科十三道復交章言，宜正典刑籍沒家產。王曰：趨振門求進者不少，若盡加窮究，不可勝誅，其姑置之。

又〔十一月丙甲〕鎮守浙江太監李德往處州撫賊，賊投書言提督銀場御史李俊激變狀，德遂奏俊擅梟冎賊，斬軍士，又或割賊一耳縱去。得賊婦女，即以配軍，且輒笞辱軍職官，俊亦自陳拒賊守城之勞云：德憾臣不善逢迎，禁其需索，故誣陷臣。章下三法司，以爲處州衛官軍二千餘常疏俊功，請陞官鎮守，今德乃據賊書有是奏，恐賊反間未可即罪。宜更命御史代俊歸，命副都御史軒輗同三司覈實以聞，既而具得德誣狀，命兩宥之。

《明實録・景泰元年》〔正月辛卯〕六科給事中、十三道監察御史劾奏太保寧陽侯陳懋、平江侯陳豫、保定伯梁瑤、太子太保兼戸部尚書金濂等，統領官軍征勦福建延平府反賊鄧茂七，賊寇未除，妄奏寧靖，師旅纔班餘，黨復作，欺罔罪大，乞正典刑。詔懋等從實自陳，懋等輸罪，皆宥之。

又〔閏正月丁未〕有言錦衣衛官校緝事之弊者，云多爲人復私怨，指無爲有，誣致人罪，且例不許辯理。帝曰：官校本以廉，陰謀不軌，大好大惡，乃今其弊如此，後有送法司不引伏者，其爲辯理之。如肆誣罔，俱重罪不宥。

又〔四月丙子〕禮科給事中于泰因春旱疏請辯疑獄，謂人命受贓獄至重，其故勘平人故禁平人因而致死，出于無意者，與謀故殺人出於有意者異。乞無概論爲故殺，不以赦原。詔書明言枉法贓者罷爲民，則求索諸贓皆得還職矣。法司乃概請發爲民，此不無枉抑，請詔內外法司，通將此獄辨明之，且及凡獄之久滯者，庶怨讟消，和氣至。從之。

又〔五月丙辰〕初，右都督楊俊自宣府就徵，宣府諸守帥遣百戸劉聚等率兵百餘送之，回至狼山遇賊，死傷甚衆。總兵官左都督朱謙、巡撫左侍郎劉璉、左副都御史羅亨信、巡按御史張昊、都指揮使董斌等劾俊擅調官軍。時俊以他罪下刑部獄。事下，併問。刑部劾謙等擅調送俊，及爲賊掩襲，復朦朧推罪，請寘于法。帝以謙守法本難容，但今邊警未息，且其守備歲久，俱宥不問。

又〔七月己酉〕六科給事中、十三道監察御史劾奏：總兵官石亨、楊洪、柳溥、張軏，擅將有罪都督宮聚等同疏舉薦，聚等遂脫滔天之罪，得蒙指揮之職。切詳聚等罪惡貫盈，萬死是當。皇上明斷，執付法司，追贓未訖，而亨等輒敢附下罔上，黨蔽罪人，斂恩於己，歸怨于衆，其張軏先與宮聚同事，竟無絲毫之功。副使李睿屢言其惡，臣等亦嘗劾奏。聖恩寬大，得逭刑誅，今又怙恩無忌，朦朧會奏，黨比亂法，照然顯著，乞將聚等仍照先次法司所奏罪之，及將亨等執付法司，治其黨邪撓法之罪，庶公道昭明，人心悅服。帝曰：爾等所言是。宮聚等罪本當誅，即今國家多事，亨等爲將，欲得人爲用，所以舉保聚等，別無私情，朕已處分矣。姑置不問。

又〔九月戊辰〕先是，禮部右侍郎李實自迤北還，言甘肅右參將都督僉事毛忠，屢與虜通，朝廷遣人執忠赴京，至是少保兵部尚書于謙，劾忠本以俘虜薦沐寵恩，累官至五府之榮，參將受一方之託，自合精白一心，以圖報稱，而忠懷姦負國，當虜寇猖獗之際，潛蓄異謀，近因喜寧明正典刑，忠自揆罪重，心懷疑貳，佯陳情悃，遂荷洪恩，既不加誅，復官其子，冀其感恩圖報以自新。豈意豺狼終難馴伏，邇者遣人到也先處傳遞語言，意在約爲內應，引賊襲我邊城。敢負更生之恩，自造滅門之禍，乞將忠執付法司，究問明白，碎屍萬段，以昭法令，以戒將來。疏入，帝曰：卿言甚當，但此語恐傳說，實否未可知。忠在邊年久，亦曾效勞，今姑宥之。謙等復言：忠同子侄，雖蒙恩宥，豈可令其復任，宜將忠降職及革其子官，遣人押送福建巡撫侍郎薛希璉等處，聽調殺賊。其家屬幷部下人，亦乞聖斷處分，庶免貽患將來。帝謂謙等曰：忠其邊効勞頗多，父子職事俱不必降，但令殺賊有功，一體陞賞，仍勑劉永誠、王敬將其家屬，給與廩餼脚力，令人送赴京師，其餘部下，令敬等諭其本分，安生樂業，毋自驚疑，以蹈禍患。

又〔十月己卯〕巡按浙江監察御史謝騫奏：會昌伯孫忠家人馮德、吏部尚書趙新、孫理皆販私鹽，事覺，新子霳姪霆求免，臣弗許，輒詈臣，已執問之。忠新爲大臣，不能正其家人，亦當逮治。於是六科十三道交章劾忠、新，且言新衰老不知求退，宜罷其職。帝命新致仕，忠陳狀輸罪，乃宥之。

《明實録·景泰二年》〔正月辛亥〕南京總督機務兵部尚書靖遠伯王驥等奏：提督操練都督僉事房顯等，不嚴鈐束，致官軍偷閑者千餘人，宜治其罪。命南京都察院執鞫之。南京十三道御史陳詠等言：守備等官，豐城侯李賢等統馭無法，致有前弊，賢等奉詔陳狀服罪，命姑宥之。

又〔八月丙戌〕尚寶司丞楊壽，因責家奴不服，毆死之，奴乃宣宗皇帝賜其祖少保溥者也。事覺，刑部尚書俞士悦謂壽罪雖於律當徒，然奴由恩賜，又祖所遺愛者，今壽殺之，有虧忠孝，請勿以嘗律論。大理寺卿蕭維禎駁之，以爲傳致非罪，請一以律斷。從之。

又〔八月丙子〕初，太監王根銜東城兵馬指揮范質不爲其家奴尋空宅，召至東上門，杖之數十，復令隨毛長、隨校尉發其不修道路，枷示大同橋七十餘日，謫充鐵嶺衛軍。至是，質子入京陳冤，命除其軍籍爲民。

又〔九月乙卯〕初，提督軍務左副都御史年富，始至大同，以先遣左都御史沈固私借官糧，官銀與官軍旗校人等數多，徵償過急，又以各倉斛斗年久缺壞不平，悉收官改造，及欲節用邊儲，輒減去軍人月糧，持法太嚴，人多怨謗，代府襄垣王衝富嘗削去其菜戶及索其校尉負官銀者不得，杖其署教授事，廚役白玉乃誣摭富貪淫不法十餘事，連章上之，且擅負京自陳既行而止，朝廷累遣御史等官錢清等，覆得其情，奏富蒞事過粗厲急迫，宜逮問。王干違祖訓，且擅以廚役署教授事宜區處，仍乞行巡按御史究治，擬置王者。帝以敕切責王務遵祖訓，毋輕信小人，擬置妄爲。宥富不問，令其悉心存恤軍士，整理邊備，毋仍事嚴猛，餘悉付巡按御史究之。

又〔九月丁巳〕工部尚書周忱已致仕，監察御史李鑑等取回至京，具疏忱通姦民作弊狀，且言忱罪不可恕，豪民盜官錢糧不可免徵。於是，六科給事中復劾忱總督直隸蘇松等府錢糧，累容豪猾之徒作弊，侵盜動以萬計，而忱之弟男子姪各於原籍吉水、廬陵二縣，廣營產業，上馬納草，榮受冠帶，皆忱姦貪所致，臣等已嘗共劾其罪。皇上未即加誅，但令御史等官查勘侵盜情由，今御史李鑑等查理得追徵將完又蒙取回，使忱得以幸免。伏望皇上處以大義，斷以至公，將忱提問如律，革去冠帶爲民，其豪猾之徒作弊侵盜，就於名下追徵侵盜之數，庶彰公道以戒貪污。帝諭之曰：朕臨大位以來，每以寬恤之心優養軍民，忱等所犯俱在赦前，不必追究。御史查理錢糧已追在官者，戶部處置未追者，不須急迫。

又〔九月壬子〕大理寺卿蔡錫巡撫湖廣等處，坐事被徵，踰半年始至。監察御史強宏等劾其狀，命刑部鞫之。

又〔十月乙亥〕巡按福建監察御史王豪覆勘戶部尚書兼翰林院學士陳循所奏，其縣民強占妻墳及巡按御史周鑑多取中安福舉人，諸不法事多虛，遂劾奏循腹心元老，恩寵兼隆，當忘身徇國，仰荅殊恩，乃以丈尺之土，欲置平民土豪之罪，以細微之餽，欲陷縣官貪污之條，又巧飾重情，誣罔御史，搆小人之刁詞，失相臣之大體，乞執付法司，明正其罪。朝廷以循居京年久，里閈事不能詳知，第信家人傳言以奏，置勿問。循復條析豪奏，以爲誣己，且言豪護僚友周鑑之黨如淳，忽聖旨丁寧之説如風。且豪居京，多與安福豪族仕者同巷，故相庇護。乞敕法司以己奏并豪等覆狀，通究其情，以表奸欺。帝曰：循既累訴冤抑，法司其再從公理之。

又〔十月己卯〕刑科都給事中林聰等奏：戶部尚書兼翰林院學士陳循四朝作養，百辟具瞻恩封，上及其祖宗榮命洊加其家室，儒臣遭際之幸，孰有過於斯耶？奈何循欺天負國，恃寵狎恩，豪橫鄉曲，欲呑併其墳山；暴虐貧寒，輒強占其土地，搆捏怨家以人命重情，傳致鄉人於土豪事例。李遇乃奔競小輩，希求進用，以伊女之夫而代其伸冤，李武以激變元惡論奏械京，以伊皆之兄而曲爲營救。周鑑執法不屈反羅織以挾私，王豪勘事不阿又支吾以文過。皇上寬仁大度，曲加保全，而循稔惡不悛，愈無忌憚，臣等切詳循救時急務，曾一事之未聞，爲己巧言，乃連章而不厭，謂君可罔，謂人可欺，謂祖宗之法度不足畏，謂士大夫之清議不足恤，當中興圖治之日，昧念家徇國之心，罪所難容，法當究治。帝曰：爾等言是。陳循歷侍朝廷有年，其宥之。

又 〔十月癸未〕刑科都給事中林聰等劾奏：江西等十三道監察御史史順等，明知戶部尚書兼翰林院學士陳循欺罔怙終諸罪，畏避權勢，依阿不言，請俱下法司，究其風憲失職狀。有旨姑不問，第責其自陳。顧等乃陳：憲綱，凡糾舉官生殺予奪，悉聽上命。且循累訴不已，而天語不許枉人，即言之，恐與憲綱敕旨兩戾，臣等以故緩於糾劾，不敢辭罪。詔俱宥之。

又 〔十二月丁卯〕協同管理邊儲戶部郎中李秉劾奏侍郎劉璉，總司邊餉，大肆奸欺，每與官軍通同作弊。如今年九月分料豆，預於四月關支。訪之他月，亦多類此。又通同納戶收受插和麁穀數萬，已被御史盤出官攢，俱以就建。璉污穢之行，非特宣府官軍共知，雖外夷使臣，亦皆鄙笑。乞將璉并通同隱匿之人，俱送法司治之，及將錢糧追究明白，另選公廉有爲之人，代其總督，庶不妨邊備。帝命姑宥其罪，錢糧追完，仍具奏聞，另爲區處。

《明實録·景泰三年》〔正月戊午〕都察院劾奏鎮守通州署都指揮僉事汪禮，擅以官舟給駙馬都尉石璟，令家奴載所貨私鹽等物，請治其罪。宥之。

又 〔正月辛酉〕紫荆關守備都督同知顧興祖，小龍門等口守備署都指揮僉事周晟，受所部指揮謝貴、戴明等餽銀。事覺，詔俱令自陳。奏久不上，都察院移文巡按御史吳中趣之。中劾興祖等蒙蔽交通，贓濫已著，乞下法司明正其罪，更選忠勇有謀、方正廉幹者二人，往代守備，庶人心知懼，邊防益嚴。命執興祖，晟下獄，遣左軍都督府右都督陶瑾代興祖守備紫荆關，署都指揮同知劉全代晟守備小龍門口。

又 〔七月戊戌〕巡按山東監察御史顧睢劾右布政使裴綸，索部屬驢騾及侵欺官物，左布政使張鵬畏綸挾制，讓其署印，常自公出，縱其違法，以軍丁并官家極刑子孫收充知印承差，俱宜問罪。帝曰：綸、鵬姑不問，其令巡按御史廉實以聞。

《明實録·景泰四年》〔二月乙巳〕兵科都給事中蘇霖等奏：總兵官保定侯梁珤言，右都御史王來，總督軍務，積勞效勤。今止兼大理寺卿，乞特加旌異。臣惟來始爲左副都御史，過蒙聖恩，特加右都御史，令其總督湖貴軍務，今已年久，風紀之名掃蕩，貪暴之聲喧騰，靜坐貴州，有賊寇而恬若不知酷害，軍民有困苦而安然不顧。右都督方瑛驍勇有爲本良將也，遭其揑詞而妄奏，都御史李實奏賊未平，本實事也，被其虛誑以無虞。況奏請班師，謂可保無患於萬年，而苗賊猖獗，何嘗少間止于一日？荷蒙朝廷因其奏捷，既已厚賞金帛，又復官兼大理，恩至渥也。豈期來之行李纔發于前而苗賊之刀弩遽擁于後，地方愈加攪擾，軍民益見凋疲。欺誑之罪，死有餘辜，卻乃陰囑珤，以爲所兼大理寺卿，不足以賞其功，意欲陞授極品。珤斗筲小器，叨掌兵戎，貪淫無恥，怯懦無爲，既不能運謀以除賊，卻乃敢朋蔽以保來。跡其所犯厥罪惟均宜將珤革去侯爵，來罷其兼官，令其戴罪殺賊，有功另行奏奪。帝曰：爾等言是。梁珤、王來論法本難容，朝廷已從寬發落，勑他再去整理。爵職且不革，令其速用心勦滅賊寇。若再誤事，不宥。

又 〔七月癸酉〕禁軍民越訴。時軍民刁頑者，或懷挾仇怨，或避免操差，往往捜求細故，羅織重情，赴京越訴。比至究理，誣者過半，且連染無辜死於非命。太子太保兼刑部尚書俞士悅等請如洪武、永樂間例，揭榜禁之。自今朝廷機密重情外，軍民一切私忿細故，俱先所在官司理之，其越訴于京者，無問虛實，悉杖遣口外充軍。從之。

《明實録·景泰五年》〔三月丙寅〕萬全都司署都指揮使周全受賂，釋有罪者不問。事覺，法司請下巡按御史鞫治。從之。

又 〔四月辛丑〕守備貴州署都指揮僉事趙信受盜賣邊儲人賂，隱匿不舉。事覺，法司請下巡按御史鞫治。從之。

《明實録·景泰七年》〔四月戊午〕有卒爲怨家指其僞用印驗放班匠，工部收付刑部，署員外郎彭廣按之，以爲誣。刑部尚書俞士悅俾廣生以斬，廣具以聞。詔都察院錦衣衛鞫之，廣所案是，士悅及侍郎孔文英等皆被劾。士悅愈不平，復報奏：工部始付卒，時尚書江淵言卒人令以白金五百兩求脫罪，其犯必實，囑爲嚴治。臣以故責廣重問，而廣以先問不實，懼有罪，故搆辭飾奏。章入，更命多官廷鞫之，卒罪竟誣。及詢淵言，但以本部多此弊，爲囑士悅嚴治之，欲戒後來，無所謂持金求脫語。于是都察院劾士悅、淵皆大臣，以輕言陷無辜於死地，而士悅復敢塵瀆聖聽地，宜寘于法。有詔宥免。六科、十三道具疏士悅故入罪狀，并及其姦收子妾、謀死家奴他不法數事，請廷劾之。詔不允。

《明實録·天順元年》〔正月〕甲申，六科給事中劾王文、于謙，內結王誠、舒良、張永、王勤，外連陳循、江淵、蕭鎡、商輅等朋奸惡黨，逢迎景泰，易立儲君，廢黜汪后，賣權鬻爵，弄法舞文。廼者，景泰不豫，而文、謙、誠良等包藏禍心，陰有異圖，欲召外藩入繼大位。事雖傳聞，情實顯著。且王文黨古鏞、丁澄，于謙黨項文曜、蔣琳及僉士悅、王偉輩，皆憸邪諂佞，國之大蠹。乞將謙、文等明正典刑，循等誅其一二，餘悉屏之遠方，以爲不臣之戒。於是，十三道亦劾僉士悅等貪刻憸佞，并劾右通政殷謙爲于謙黨，侍郎張敏、通政使欒惲昏耄尸位，侍郎宋琰、少卿陳贇黨附進身，俱乞黜逐之。上曰：汝等所言是。但朕初復位，首惡已就擒，餘姑置之，以定人心。

《明實録·天順四年》〔七月〕辛丑，勑鎮守浙江太監盧永曰：爾在彼行事執拗，以此差少監陳政齎捧旨意，前去同爾理事政。於六月十二日至彼，三司官俱出城迎接行禮。爾乃托病不出，卻使人問政是何官？買辦何物？此爾懷姦挾詐，不敬朝廷之罪一也。十三日，方至武林驛與政相見，不請旨意行禮，不問朝廷公事，就便辭去。此爾背公徇私，不敬朝廷之罪二也。十四日又至館驛前，因開門遲即發怒而回，卻言政嘗爲吾部下，且官不及吾。此爾輕慢使臣，不敬朝廷之罪三也。爾昔與張永、郝義等同類，內有典刑降用者，此時曲法宥爾，又陞爾職，委鎮大藩，正當赤心報國，以報再生之恩，卻乃心懷姦詐，傲慢朝廷，悖禮違法。論爾之罪，正當抄提來京究治。今且將爾所爲實跡封去，爾宜自看，似所爲豈是臣子忠敬之道？看畢，爾即具實以聞。

《明實録·天順七年》〔二月丙戌〕下工部左侍郎霍瑄、右侍郎薛遠等錦衣衛獄。初，禮部以試院狹隘故遭火，請擇城中隙地改設之。事下工部議，瑄等擇安仁坊草場請改爲試院，造板房以易席舍，及會計房屋物料以用。上曰：試院仍舊可也，戶部草場豈宜擅易。命瑄、遠自陳罪狀。六科因劾瑄、遠專擅，遂併其屬郎中等官皆下獄。

又〔二月丙子〕禮科給事中何琮等言：國子監丞閻禹錫因試院災，奏稱舉子遭火者多是平昔有學之士，一夕無辜，抱忠而死，膏塗牆壁，肉食鳥雀，使踰垣而出者咸有灰心，環視而歎者多去志，乞賜進士名色，以表其門。臣等見火死者，朝廷已命有司具棺埋葬。士子目覩德澤所及，莫不感激奮勵，豈有灰心去志者哉？今禹錫調弄巧言而形容過情，恣肆狂蕩而奏對失實，宜正其罪。上曰：爾等所言誠是，下錦衣衛獄鞫之。

又〔十二月壬辰〕三法司錦衣衛言：奉旨鞫問程萬鍾、張祚二人，具報工部主事黃鑑、清匠進士張倫齎詔至雲南，俱受賂。御史魏瀚巡按雲南，有淫行然皆風聞，不知其實，宜執瀚等封理。從之。

《明實録·天順八年》〔正月戊辰〕鎮守廣西左少監朱詳奏：蠻賊破懷集縣及守禦千戶所，燒燬公廨，劫去官民財物，又破梧州府，殺縣丞主簿、學官。臣同總兵泰寧侯陳涇等，駐兵梧州，督官軍戰卻之，斬賊首一百八十五級。官軍死傷者八十餘人。今柳州、賓州、上林、懷遠、羅城、柳城等府州縣，俱有賊流劫，道路不通，勢甚猖獗。臣等提督無方，罪當萬死。章下兵部，以詳等失機，法不可逭，但時方兩廣會兵，宜記其罪，責令相機勦捕，務在殄滅無遺，以贖前罪。從之。

又〔四月〕辛丑，戶部照磨黎獻奏：征進廣西總兵官顏彪逗遛縱賊，參將范信殺降冒功，以致賊益猖獗，流劫肇慶、鬱林等處，殺文武職官及軍民男婦無等，遂入梧州府城，大肆殺掠。泰寧侯陳涇時駐兵城中不能禦，獻家男婦死者八人，傷者七人。即今兩廣生靈尚受毒害。彪、信等上欺朝廷，下貽民患，皆所目見者也。望明正罪，以警將來。先是，鎮撫施杲亦以採訪所得，奏彪信事，與獻同。杲既得罪，而置彪、信不問。至是，獻自梧州來奏，章下刑部，尚書陸瑜等以彪既還京受賞，信尚在軍，獻所奏皆赦前事，不當問，但請究問梧州失機之罪。從之。

又〔五月〕辛未，南京監察御史鄭安等言：天順八年正月詔書有曰：文職官吏，其犯贓罪，見問未結，照提未到者，悉從宥免，俾圖自新。茲蓋曠蕩之恩，與民更始之意也。臣等慮此貪污之徒，既受賕骫法，于平時又僥倖苟免，於今日豈可一概復職，俾得居官治人。乞勑內外法司查理，前項官吏果係贓證未明，事須對理者，宜從宥免。其贓證明，事有顯迹者，雖見問未結而即同獄成，雖照提未到而事發在逃此等官員，當令冠帶閑住。不得食俸管事，則上不失朝廷普及之恩，下不失更賢育民之義矣。章下刑部尚書陸瑜等議，以詔書所謂見問未見結，照提未到，正以事有未明，宜從寬宥。其雖未結未到而獄以成者，則雖宥之，但令冠帶閑住，如安等所言爲當。若事發而逃匿，則身雖未到，獄雖未，成而奸究之情著矣，固不得在寬宥之例也。覆奏從之。

《明實録·成化二年》〔閏三月丁亥〕都察院右僉都御史吳琛以罪下獄。琛奉勑巡視淮揚民瘼。不能禁革姦弊，且擅作威福，軍民餓死，道路嗟怨，流聞京師。上命都御史林聰代琛還六科、十三道交章劾其僭用導從，動衆勞民，受賂妄薦屬官，事多違法，遂下刑部鞫治，擬罪當贖徒，并請逮治所薦人知府揚昶、驛丞吳彝及縱令作弊知州王顯等。奏上，上以琛情罪既當准，擬昶等俱置之。

又 〔秋七月〕己丑，鎮守寧夏太監王清等奏總兵官都督僉事李杲懷姦畏縮貪暴等罪狀。杲亦奏清與副總兵部督僉事張營、巡撫右副都御史陳價等罪。上以杲所犯情重，命逮杲及其部下都指揮李瑛等赴法司推問，清、營、價姑置之，令改正回奏。

《明實録・成化三年》〔四月庚申〕兵部左侍郎程信等奏：虜賊入遼東撫順、懿路、開原、遼陽、鐵嶺地方，節次搶掠人畜，巡視、守瞭、守堡、巡空、備禦等官，都指揮康顯等，失機誤事，法當究治。請令各官住俸，戴罪殺賊，以贖前罪。鎮守鎮兵巡撫等官，太監李良等，不能運籌決勝，且號令不嚴，以致下人怠忽誤事，亦宜究治。上曰：然。良等姑宥之。

《明實録・成化四年》〔十一月癸亥〕命三法司同錦衣衛廷鞫寧遠伯任壽、右副都御史陳價、都指揮劉清罪。初，滿俊反，價檄清督西安等衛官軍勦之，爲賊所敗，官軍死傷者凡三百餘人。事聞遇赦，兵部乃奏調綏寧等處兵，命寧夏總兵官吳琮領之，與壽等會勦，復敗，官軍死傷者共五百餘人，遺棄器械輜重無算。事聞，徵壽等三人下獄。至是，廷鞫擬罪，壽爲首斬，價爲從贖流，清罪經赦，以奏不實，坐徒，且請逮琮治罪。然恐有枉，請行陝西巡撫鎮守等官勘報。上曰：價罪當與壽同，清令監候。

又 〔十二月丁未〕江西安察使趙敔奏，江西豪民多因爭占田産，聚衆相殘，殺死人命，姦汙妻女，及至告官拘提，則拒捕劫奪。其被繫門者，則展轉奏愬，遷延待赦，冀得脱免。乞出榜禁約，眞犯死罪者監候呈詳，雜犯死罪并坐徒者發一千里外充軍，杖罪以下炤常例發落。庶使豪横知警，免貽復患。時監察御史戴用亦以爲言，及欲請勅廉能有風力堂上官分行緝訪。事下刑部都察院會議，以爲宜如所請，于是勅敔督同所司理之。

《明實録・成化六年》〔十月〕甲寅，三法司會官審録重囚，刑部審得情眞無詞者八十四人，情可矜疑者二十一人，有詞當鞫者二人，犯不孝罪，父母有息詞者八人，都察院情眞無詞者十四人，當奏請定奪者三人，各以與獄聞。上覽其情辭，於情眞者命減死充邊軍十四人，留繫獄者十五人，婦人謀殺親夫適有孕命待産限滿日處決一人，餘俱准擬。其情可矜疑并奏請定奪者，各充軍。杖罪有差當鞫者，再問報。

《明實録・成化八年》〔十月〕辛卯，貴州總兵都指揮同知吳經奏：九姓長官司土官蒙存與其族人蒙理互相讐殺，攻燬司治，不遵撫治，乞加逮問。事下，兵部言蠻夷讎殺，恐因而煽惑爲患，宜行鎮守總兵巡撫三司等官，悉心撫諭，如強獷不服，逮問如律。從之。

《明實録・成化九年》〔十一月癸丑〕撫寧侯朱永參奏都督僉事王義，統各營把總都指揮王宣等，牧馬不能盡心提督，致馬死并被盜者千數，仍不從實開報。事下，都察院請究其罪。上宥義罪，命停俸追馬，完日以聞。宣等一十九人，下法司鞫問，贖杖還職。

《明實録・成化十年》〔閏六月〕戊申，南京監察御史金忠初巡捕儀眞等處，發錦衣衛千戶王興巡捕納賕罪。法司鞫興左右得實，欲請旨執問興，遂誣奏忠，俱械繫赴京。至是，南京御史李聰等十五人，以忠無罪奏請宥之。不從，且責聰等不知大體，各停俸半年。

又 〔十一月甲子〕鎮守通州都督同知陳逵以私忿杖殺人，爲其家所訟，逵遂誣奏其人以罪受杖後病死。事下巡按御史王億，億轉委官按之以具獄奏，因劾逵以公事殺人。詔逵免問，但追銀十兩畀死者家爲棺葬費。

《明實録・成化十二年》〔七月〕壬辰，三法司以大學士商輅等言請遣官審録天下罪囚。於是南直隸遣郎中張文昭，北直隸郎中張文，浙江主事李士實，福建署寺副高銓，江西署郎中馬琴，湖廣署員外郎孫仁，四川署寺副韓邦問，兩廣寺副柯檄，山東署員外郎張錦，山西署員外郎顧福，河南署寺副郝志義，陝西署員外郎毛松齡，雲南、貴州主事朱守孚，賜之勅曰：朕惟刑獄重事也，一夫有冤，或召災沴。是以古先帝王爲天下生民之主，仰體上天好生之心，每於刑獄恆加寬恤，尚慮愚民無知抵冒者多，而法吏用心不同，或失入故入，其間冤抑豈能盡無，今特命爾等，往南北直隸及十三布政司，會同巡按、監察御史、三司官，將各府州縣衛所見監問罪囚，逐一審録。其死罪果情眞罪當應決者，即行處決，應監候聽決者，照例施行。其有情可矜、罪可疑、事無證佐可結正者，一一具奏處置，徒、流以下減等發落，毋令淹滯。若御史别有公務，相離地遠，惟督同所在有司，從公審録，不須久候。審問之際，尤須詳察言詞，旁詢知證而斷之以理，毋惑於浮言，毋拘於成案，毋偏信原問及原保結官吏飾非沮撓，務得實情以全民命，其故人等罪，俱不追究。敢有偏執遠拗者，聽爾等指實參奏。爾等受兹委任，務持廉秉公，明以決之，恕以行之，斯稱朕好生之意。如或詢察不明，處決失當，有負任使，則爾之罪亦不可逭矣！欽哉。

《明實録·成化十三年》〔三月〕乙亥，錦衣衛旗校捕寧晉縣人王鳳等，謂與瞽者康文秀於臨清縣人于源家謀逆，拜受妖書僞職，以緣事知縣薛方，致仕通判曹鼒與鳳同縣有連，預其謀，發隸卒圍其家，搜檢無驗，榜掠誣伏。至是，方、鼒先後令子壻擊登聞鼓稱冤。鼒，故學士鼐之弟。事下法司。時西廠行事旗校以捕妖言圖官賞，無藉者多爲贗書誘愚民，而後以情告行事者捕之，加以法外之刑，冤死相屬，無敢言者。

又〔九月丙子〕刑部、都察院奏：請循例會公侯駙馬、伯、五府六部等官，於承天門外審録重囚，總百七十二人。内情眞無詞者百二十一人，訴冤并情可矜疑、及父母告子婦而復息詞者，皆略具獄詞以聞。詔：情可矜疑三十一人，減死充邊軍。息詞者四人，杖之，俾歸養。餘訴究者留重鞫焉。

又〔十月〕壬戌，調南京守備太監覃包于神宮監孝陵司香。時百戶韋瑛既得罪去，其弟瓚營入西廠，聲勢不下於瑛，太監汪直差瓚往貴州等處緝事，至南京住關文潛住龍江驛，訪知閒住都督李震與包交結私通賄賂，及震秉勢侵占官街，役軍造屋數事，密記之。其關文詐稱韓姓，亦頗有識其韋姓者，驛官因瓚兩姓，遂疑其僞，乃言於包，得其所緝包震事情密帖二紙，收之，下瓚南京錦衣衛鞫問。瓚受刑，亦妄服爲僞。械至京，直爲白其事。上遣直往南京數包等罪而責之。既還，錦衣衛請治包等罪，遂調包神宮監，令震回京閒住。

《明實録·成化十五年》〔六月〕丁酉，浙江湖州府知府李雄有罪謫戍大同衛。雄在官苛刻，計取民財，贓穢狼藉。時巡按御史張銑牒按察司副使王齊按之得實，劾其罪。奏未下，會天下官員朝覲京師，吏部調雄貴州石阡府，將去任。齊素與雄有隙，欲因事甘心焉，乃紿銑，密使湖州守禦千戶王福原遮留雄使不得行，且檢閱其所賫載，得金銀器皿等物封識之，并拘其孥送銑，齊乃誣雄夜半斬關而出，爲千戶所執。銑不察，會都布按三司同奏具事，命錦衣衛百戶崔智往會銑等勘問，械雄至京，下錦衣衛獄。雄亦上奏稱枉，且言銑等挾讎害之。再命刑部郎中顧福，錦衣衛千戶謝瑛，以雄往竟其獄，併逮銑、齊及同知孔公玘鞫治。於是福等擬雄監守自盜罪坐斬，齊增減官文書誣告人，銑奏事不實俱當徒，餘悉坐罪有差，并劾具三司都指揮王正、崔胤，左右布政使杜謙、劉璋，參政吳森，按察使楊繼宗，副使端宏等罪，下法司議。刑科給事中參看福等會勘雄等事，擬齊情罪輕重不倫。福等亦被逮，刑部各擬合坐者律，詔可。雄發充軍，齊、公玘革職爲民，福原降沿海衛分差操，銑調梧州府推官，福調永州府同知，智瑛俱調邊衛帶俸，正等移文巡按御史鞫之。

《明實録·成化十六年》〔二月丁丑〕閒住雲南按察司僉事張寬，初從都御史項忠征勦荆襄，殺戮既慘，鄉人銜之。及爲僉事，退黜居家，有鄉人發其違法諸事，撫治鄖陽大理寺右少卿吳道宏追捕甚急。寬不勝辱，使其弟寧擊登聞鼓奏道宏挾讎等情。事下都察院，改行巡撫都御史吳誠，巡按御史楊謐會官勘問。於是誠等會勘寬僭用禁物，強占田土，刁姦交妾諸罪，及道宏違制事，都察院具獄以聞。詔寬罪惡數多，編發貴州鎮遠府爲民，道宏令御史逮問，後鎮守太監常貴以地方多事，請貸道宏罪，從之，命停其俸一月。

又〔五月〕癸未，協守松潘等處參將都指揮同知孫暠，成化十三年十一月調軍禦賊於黑虎寨，道出綿斗二簇寨下，賊乘高下石，官軍死者四十一人。百戶朱廣爲賊所得，既而有茂州民婦先被掠者，自賊中亡歸，諜傳賊語必得此婦乃歸廣。領軍都指揮李鎬謀於暠，并右參政吳櫝、按察僉事俞澤，遣送民婦與賊，賊釋廣還。民往訟於巡按御史，鎬懼，以貨贖婦還之。於是御史以聞，朝廷命別將代暠下御史問狀，暠罪當充軍，因奏其獄并劾櫝、澤、鎬罪當逮治。都察院爲復請，詔從之，免暠充軍，降官二級，原衛差操。

《明實録·成化十七年》〔八月辛未〕先是眞寧王邃埻欲襲慶王爵，誣奏慶王邃塀嘗殺兄婢有娠者，不當爲嗣。由是邃塀同母妃孟氏俱訐奏邃埻，事下，鎮守寧夏内官暨巡撫僉都御史賈俊等按之，得其狀，乃府中良醫林輗交〔構〕〔搆〕其事，而長史輩不能輔正，遂致興訟。都察院以具獄覆奏，有旨：眞寧王誣奏人命，慶康王妃孟氏及慶王各奏事不實，俱宥之。林輗交〔構〕〔搆〕興訟，發河南衛充軍，餘人解京重鞫。後眞寧王奏訐不已，以其煩擾，下勑切責之。

又〔十一月丁亥〕江西新昌縣民毛鳳與同里民徐均仁，以爭田有舊怨，相訟久不決。會朝廷遣南京刑部侍郎金紳巡視江西，鳳乃嗾人誣均仁頻年在鄉劫殺拒捕，且賂其縣官，妄報於紳及鎮守太監王僴、巡按御史段正，同檄三司及分巡分守官，遣南昌前衛百戶葉俊往捕之，鳳又以白金五十兩賂俊，密謀害均仁一家以快私忿，俊率兵四十人，鳳集其族人并佃戶、傭工二百七十人，操火銃兵器以從，圍均仁家，縱火焚之，家屬死者二十三人，杖死者五人，盡縛其未死者二十六人送于府，轉達於巡按御史，皆信之。獨按察司疑均仁等稱冤，杖傷已重，而無盜贓，其事必誣，令府縣重鞫，死于獄者又十七人，存者徐細仔等三人。令人訴之新巡按御史熊翀，翀奏具事。上以鳳等挾讐聚衆，誣害一家人命，命刑部郎中奚昊、錦衣衛千戶潘旺，往會鎮守巡按等官覈勘得實，鳳等及俊坐淩遲處死，仍籍俊家，從者俱處斬，并責問分巡分守等官境內有大獄久不究理，令具聞處治。後俊死於獄，命磔其屍于市。

《明實録·成化十八年》〔十月〕壬午，詹事府詹事彭華，爲其鄉人所訐，詔宥其罪，停俸半年。華同縣民伍沂者，其祖故嘗與彭氏構訟有世仇，其家僮與彭氏之僮相毆，華子勉政縛而笞之，又沂弟歆充生員，勉政以其無行，言于官沮焉。沂遂糾合縣人與彭氏以田舍相貿易或有睚眦者十五人，同訟之朝，華族兄故少保時子順官尚寶司丞，適告假家居，有高繪者老而健訟，因沂訟彭氏，别糾四十一人訟之。奏交至，于是彭氏二家亦訐沂、繪不法等事。上命刑部左侍郎張鎣、錦衣衛指揮劉良，往江西會鎮守內官暨巡按御史、都布按三司官，雜治得其本末，獄所連幾千人，事多誣，彭氏族兄弟并順、勉政各坐罪有差，沂、繪等以誣告十人以上，法當徒例爲民口外。華及其兄郎中彥充，并彭氏姻戚致仕左布政使路璧、按察使劉釪、封員外郎伍體祥、按察司原問分巡官皆坐罪當逮。鎣等還奏，命下刑部、都察院詳議，各以具獄覆奏，得旨：沂、繪等挾私逞奸，合謀興訟而事多不實，有傷治化，難循常例行遣，俱發邊衛充軍。路璧、彭順等及分巡官，俱下巡按御史逮治。華親族妄爲，不能詢察禁戒，亦當治罪，姑宥之，其停俸半年，餘皆准擬。

又〔十一月辛亥〕陝西鞏昌衛指揮使王昶，先爲部下百戶奏其侵盜旗軍糧鈔，事下按察司分巡官，未報，巡按御史别劾昶罪，逮治之。昶〔上〕奏申辯，都察院奏移巡撫都御史委官按問，坐昶監守自盜罪。昶復令家人訟冤闕下，差錦衣衛千戶李瓏往訊之得實，昶以公事杖殺人，罪當徒，他事皆誣，瓏還奏，因劾各委官按罪失當。得旨，俱下巡按御史治罪，餘悉准擬。

又〔十二月戊寅〕江西鄱陽縣民王瑩十二，以多田横恣鄉里間，民有程成宗、曹晶七者，與爲仇敵，瑩十二數陵轢之。每歲俟其種蒔既成，輒率覆躁其田，其後程、曹二家亦聚衆追鬭，王氏死者四人，訟數年未決。會上司遣千戶姜輔、陳奎捕盜鄉中，程族人故有被人告強盜者，瑩十二令人紿千戶以衆往捕，身率子弟僮僕間從攻程氏，入其家，殺十有四人，且賂千戶以強盜拒捕報上司。程氏訟冤于巡按御史，下分巡僉事逮捕，瑩十二等皆亡去，令家人訴冤闕下。命刑部郎中馮蘭、錦衣衛千戶楊義，往會巡按御史等官即訊，瑩十二等捕得皆服，并得其平日賊殺人以十數，他所犯小法不可勝紀，當瑩十二罪淩遲處死，餘當斬絞及徒杖有差。因劾鎮守太監劉倜、先巡視南京刑部侍郎金紳已故，及巡按御史段正、熊翀，都指揮叚晟、張泰，布政使王克復、參政黄縉，參議宋納、陳遷，按察使侯英、僉事葉稠、黄詔，及知府、推官、知縣等，皆承行遲誤，或失于覺舉，俱有罪。都察院以具獄覆奏，有旨：王瑩十二及瑩七等十八人俱依律處決，姜輔、陳奎并從者三人俱發貴州邊衛充軍，黄縉承，行未久并劉倜免之，失于覺舉者黄詔、宋納、張泰、段正、熊翀、段晟、王克復、侯英俱停俸六月，餘悉坐罪如律。

《明實録·成化十九年》〔二月〕戊子，四川民有上奏訟人罪者，以法當遞回，倩京城婦人爲抱奏，覬免遞。通政司〔奏〕〔進〕其章，下都察院，皆不舉覺，行事者廉得之，執其人奏送錦衣衛。詔令都察院、通政司各陳狀。於是右都御史戴縉等、通政使何琮等具奏服罪。有旨：都察院、通政司不能詳審關防，俱當究問，姑宥之。右通政陳政、左參議毛倫進奏失於查審，掌道御史王玹鈐束不嚴，俱停俸兩月。原問御史海澄，錦衣衛逮治之。

又〔四月〕庚寅，宥刑部尚書張鎣等罪。鎣等奏逮錦衣衛帶俸正千戶郭勇下獄。勇，戚畹也。緣家人爭田坐累，上初不知，至是獄具以聞，遂釋勇。責鎣等所奏不明，命其自陳，皆請罪，宥之，下原問主事周鵬于錦衣衛獄，郎中陳洵、員外郎梁方，俱停俸一月。

《明實録·成化二十年》〔六月辛巳〕陽曲王府房山縣主儀賓王鏜，前與縣主忿爭，縣主自經死，王執鏜杖而鎖之，鏜懼，入銀二百兩得釋，以病死聞。至是，王府因乞養異姓子相訐奏，遂發鏜事，下山西按察司分巡官驗問不誣，鏜罪當徒，都察院以具獄覆奏。有旨：王鏜與縣主不和，致令自經，又行賂求免，違理殊甚，免贖罪下鎮守內官杖八十，革儀賓職。

又〔七月戊申〕大理寺卿田景暘，左少卿馮貫，左右寺丞楊理、張錦，具奏囚數不明被責問，自陳請罪。上以審刑重事，不可不慎，今景暘等疎失如此，其停俸一月，仍命錦衣衛執訐事李德恢等鞫之。

又〔九月〕戊戌，寧夏總兵官右都督周王，前鎮守宣府時萬全、右衛致仕指揮胡觀，奏其恣肆姦邪、欺公違法、陰結虜寇入境、殺掠冒報功次數事。刑部請差官按之，得王抵換官馬、侵用官草、私役軍人等狀，而又聽其親屬都指揮僉事慕勳，指揮僉事解洪，百戶張祥冒報功次。王子鎮誤射殺人，事連巡撫都御史秦紘，分守內官張剛鈐束不嚴，致虜入境傷人，守備指揮蔡昇、方鐸失於追勦，巡按御史劉瓚，紀功給事中孫博，兵部員外郎梅愈，山西按察司副使蘇盛不能詳審功次，妄奏陞賞，請各治以罪。刑部尚書張鎣等具〔奏〕聞，勳、洪、祥、鎮各坐罪有差。觀誣告人罪當職，發開原衛分爲民。玉以鎮守邊方宥之，停其俸一年。紘、剛記罪。昇、鐸執問，盛瓚、愈各停俸兩月，博以致仕置之。

又〔十二月己巳〕停南京刑部尚書張瑄俸半年，南京翰林院侍讀學士徐瓊俸三月。初，龍江左衛軍餘厲昶，與弟景爭財産久不平，事下刑部，瑄之子與昶親，代囑本部郎中王雄聽之，南京御史李珉亦爲景囑雄，不聽，遂誣斷成獄。大理寺駁之，景欲奏愬，適瓊考績附舟，赴京後相訐奏，因誣各官納賄，命官往按之。至是，刑部各論罪，請俱逮治。有旨：宥瑄、瓊罪，但停俸。雄、珉命執問。昶、景各杖之百，發陝西邊驛給役三年，餘准擬。

《明實録·成化二十一年》〔九月庚申〕初，虜數寇偏頭關，分守山西參將都指揮僉事支玉等與〔戰〕，互有勝負，巡按御史周洪劾玉及都指揮郭瑄、陳鐘，指揮千百戶俞通等，斬虜首一十五級，得虜馬九十六，而官軍陣亡者四十二，被傷者一百五十九，功少過多當逮問。玉自陳與虜大小百餘戰，裹瘡灑血，萬死一生，對敵之際而保士卒無傷，雖孫具有所不能，又自陳十九年大同守將俱喪師失律，獨於雁門遏絶強虜，山西一帶賴以無虞，乞免後罪。有旨令兵部議玉功過以聞，兵部言玉功僅可贖過，命免逮問，停其俸半年。

《明實録·成化二十二年》〔春正月己巳〕甘肅左副總兵署都督同知魯鑑奏：往被調禦虜於永昌等處，臣遣都指揮祝啓等分道並進，斬首二級，奪獲被虜人畜三千餘，臣統所部踵後爲援，出境百里，虜去始還。頃鎮守巡撫等官，謂臣虜退方往，有旨覈臣推託逗遛之情，敢具以請。上曰：甘肅比有虜警，魯鑑姑令悉心遏殺，逗遛之罪姑宥之，停其俸兩月。

《明實録·成化二十三年》〔二月丁酉〕武城縣生員高謹之毋，爲人所毆而死，謹父得重貨焚其屍，謹哭不已，父乃訟於朝。章下，按察司行東昌府驗問，知府楊能納〔賂〕〔賄〕頤指證佐言謹毋實自經死，上狀按察司，副使許進主其獄，按察使石渠無所可否，謹遂走闕下撃登聞鼓奏狀，併誣渠亦受〔賂〕〔賄〕。既入狀，因自刎不殊，錦衣衛執以聞。命刑部郎中吳欽，往會巡撫巡按暨布按〔二〕〔三〕司官雜治，得其始末，逮渠等至京師，復命下錦衣衛鎮撫司重鞫，殺人者始伏其辜。刑部論能受賕聽囑，罪當徒。渠失〔出〕〔入〕人罪，以爲長官得減當杖。獄上，有旨：能運炭完日，送吏部降四級調除邊任。渠等罪皆准擬。進下巡按御史逮治如律。時渠已爲吏部考察閒住矣。

又〔七月乙巳〕都指揮使朱遠犯法革職，命治緝事者罪。時有指揮周鐸與軍人蕭興，以小忿相毆，興不能勝，夜歸殺其姪鉉，謀陷鐸死。奏下御史郭紳鞫問，已而衆證其誣，鐸得免。興恐反坐〔己〕〔其〕罪，復誘其姪偏兒自服殺其兄，問擬凌遲律。鐸繼妻張氏，與遠妻姊妹也，遠嘗與姦，鐸赴獄時，以所積珍寶寄遠家，事平索之不得，復惡張氏有淫行出之，張氏愧恨，遂謀於遠，告于緝事官校，謂前日殺鉉者〔實〕鐸，以賂衆獲免。事聞，命三法司、錦衣衛官會鞫，鐸苦拷訊，不得已誣服。上覽獄案疑焉，命從公會鞫于廷，毋得顧忌枉人。會鐸家亦撃登聞鼓訴冤，乃逮遠等廷鞫之，猶未有以白也。上復命司禮監官監鞫，殆盡得陷鐸狀，興〔竟〕〔免〕坐罪，遠冠帶閒住，其餘連坐者擬罪有差。上以緝事官校副千戶夏旺等十四人，不察虛實，及副千戶趙恭，平昔徇情，行事多有不公，復命會問杖訊之，於是給事中、御史交章劾奏刑部尚書杜銘，都御史劉敷，大理寺卿馮貫，管錦衣衛事都指揮朱驥與其僚佐，前日鞫獄不明，宜各明正其罪，以爲顧忌不職之戒，并以緝事官校俱當究治爲言。上宥銘等，降旺及恭爲百戶，呂紳、劉通、徐瓚爲試百戶，旗校降罰者各有差。遠兄保國公永，以不能教弟服罪。上曰：遠罪無預於卿，不必介意。初，周鐸之獄，路人皆知其冤，法司以其事發自東廠，莫敢直之，及承命會鞫者再，猶依違觀望，不敢決斷，非上之仁明，則鐸之死獄成矣。

《明實録·成化二十三年》〔八月丁亥〕戶部尚書李敏奏：永清公主守墳家人劉源，與嘉祥公主家人郭端，互爭東安縣莊〔地〕〔田〕八十餘頃，本地原係給賜永清公主管業，宣德八年，公主薨逝，被太監王振家人侵占，後沒入官。今二家累訴不已，合執送法司問斷。有旨：劉源、郭端，錦衣衛執問明白以聞。

《明實録・弘治元年》〔閏正月〕乙亥，降山西按察司按察使雍泰爲湖廣布政司右參政。泰嘗以事隨知府尹珍，珍因奏泰酷刑致傷人命爲多，有旨逮問，獄具，謂人命皆因公，比之貪酷者不同，且犯在革前，上仍命降一級調用。

又〔閏正月己卯〕命寧化王府儀賓俞淮革職爲民。淮通賊之妻，又與之同謀而分其財。事覺，有司論〔其〕罪應死。武興郡君上奏申理，上特宥其死而黜之。

又〔閏正月〕己卯，先是，監察御史陳璧劾保國公朱永姦貪久著，襄城伯李瑾謀勇無聞，而付以大將之權，左都督范瑾屢戰屢北，失機壞事而昏夜乞哀，營求復用。斯三人者身既不正，何以帥人！各邊將士又有甚於此者，姑以耳目所及者言之。成化二十一年，席英、王永二剽賊耳，出入京城如蹈無人之境，未聞將士有能擒獲之者。成化二十三年，廣寧伯劉璇、都督陳瑛衛護梓宮，軍機不密，致無賴之徒入隊殺人，甲卒環視，莫敢誰何，及今罪人未獲。况今邊方之兵未撤，醜虜之心尚驕，而兵備廢弛如此，可不懼哉！宜治劉璇輩不密之罪，罷朱永輩匪材之權，以爲武臣之戒。仍勑兵部〔公〕〔會〕同内閣及九卿科道官，將京營邊將，量其材力功過，具實疏聞，仍申役占之條，慎練習之法，則將士得人，而兵武益振矣！疏入，上命兵部議處劉璇等及選將士以聞，仍飭永等勉盡所職。至是，兵部議以内閣大臣例不預議，今宜會應議群臣於新任及經劾存留將官，量爲斟酌，取自上裁，劉璇、陳瑛當事失機，宜以法論。團練點閘之法，仍宜嚴飭。上曰：所言皆是。存留未久者免再會議，劉璇、陳瑛紀律不嚴，法當究治，姑從輕，各停俸三月。

又〔閏正月辛巳〕江西鎮巡等官，奏獲信豐等縣強賊首惡楊九隆等百十二名，同惡陳明林等百六十七名。命刑部選差郎中一員，往會鎮守、巡撫官鞫審，首惡者即處决梟〔首〕示衆，同惡者免死，重杖一百邊衛充軍，其有稱冤者與〔原〕〔研〕審被獲情由，奏聞區處。

又〔六月丁未〕寧陽侯陳輔有罪下獄，黜爲民。輔之少也，以家人女二人視寢食，因與之通，十五嗣父爵，母鄧爲聘駙馬都尉楊偉女，未娶。淶水人郝榮女被採入内庭簡出，輔謀諸母，匿楊氏婚而娶之，又買紀玉女爲妾，俱無寵，而通家人女不絶。郝氏有言，輔怒，從窗隙中射之，不中，郝氏驚而病，與輔益不和，輔母亦惡郝氏，欲盡之，呼其母張氏來，輔縛而笞之，并郝氏斥去。復以姦怒紀氏，笞辱之，鄧氏又責其不順，紀氏懼而縊，郝去而紀死，輔乃娶楊氏入門。楊氏始知其匿婚，備奏其事，下御史逮問，其服。刑科給事中陳璠等復劾之，大理寺奏其獄。有旨：下廷臣會議。左都御史馬文升等奏，輔荒淫殘忍，所犯非常，據法而議，罪不在宥。上以經赦薄責之，故有是命。其原爵俟有子日議之，蓋是時輔年始十八云。

又〔九月癸亥〕民有呂景山等四人，坐竊盗拒捕殺人罪死，以遇赦，下法司議。都御史馬文升等奏：詔書強盗不宥所以戒兇強，而律竊盗拒捕殺人與強盗等。景山等情犯頗重，而幸遇霈恩釋之，則失於太輕，誅之，則似乎太重，請宥其死而遣之戍邊。上曰：宥過無大，刑故無小，律所以懲姦，詔書所以赦過。景山等竊盗罪雖可原，而拒捕殺人實出於故，與過不同，不當以詔例免，其依律誅之。

又〔十一月乙亥〕降南京刑部郎中鄒儒爲廣西洛容驛驛丞。儒以騎馬誤入舊内西右門，馬守備官所奏，刑部問擬贖徒還職。得旨：降邊遠叙用。吏部擬降雲南姚州知州。上曰：太祖舊内之門，鄒儒騎馬擅入，本當重治，姑從輕，降邊遠叙用，例該授以雜職，爾等何爲輒擬知州！顯有市恩要譽之意，其具實回奏。吏部以舊例降雜職者，御批有雜職字，鄒儒因無雜職字，故擬知州，具奏分析。得旨：爾等職掌銓選，邊遠叙用者即係雜職，何爲不審！及令陳狀，又不輸服，本當逮問，姑宥之。堂上官仍各罰俸一月，大選司官各二月。吏部乃擬降儒驛丞，從之。

又〔十一月〕癸未，先是鎮守浙江太監張慶，行事不法，爲巡按御史楊亨所奏。慶因奏亨奉詔考察官去留不公，如知府蔡敞等十二員，不宜去而去，縣丞張勱不宜留而留。奏下，吏部請行巡視浙江刑部侍郎彭韶覆勘，至是韶奏言：亨所考察官員，皆會同布按二司官，去留多合公論。内金華府丁憂通判張璽，因更派糧長，不願應役者，多赴上司告免，上司疑其進退有弊，因考〔察〕不謹，今訪璽年力方強，頗有才志。驛丞黎珙，先被人告其贓私，考作不謹，今已問明還職。知府蔡敞，年雖已老，筋力未衰，俱宜存留。縣丞張勱，已告老疾致仕。奏下，吏部覆奏：蔡敞自陳衰老，乞致仕。張璽既已移易糧長，上司疑其有弊，即素無清譽之人。驛丞黎珙既被人告其贓私，雖問明還職，訪知本官，委不端謹，俱不可留，乞仍罷黜。楊亨既考黎珙不謹，復令還職，張勱既准告老，(乃)〔仍〕復存留，俱行事欠當。各官既當考退，張慶乃奏亨考察不公，似有回互妄奏之情，俱合有罪。奏上，得旨：蔡敵自陳衰老，令致仕。張璽、黎珙仍存留。張慶先已回奏處置矣，姑置勿論。暢亨行事欠當，本當逮問，姑貸之，仍停俸兩月。

又〔十一月己巳〕時有盜入貢夷人馬者捕獲，上命依榜例處決。戶部尚書李敏言：盜馬之人律止徒罪，況夷人已去，無所示信。乞令所司械繫群盜，須之歲月，待夷人再來，殺之未晚。若三歲之後，夷人不至，則亦姑依律治之，庶信可全而刑不濫。上曰：朝廷法令，布于象魏，所以示大信于天下。盜夷馬者寘之極刑，已有成憲。今群盜故犯，處死何疑！乃欲計夷人在否而變更其法，於信安在？敏爲大臣，不知大體，巧言諫阻，法當究治，姑宥之。

《明實録・弘治二年》〔正月丙戌〕先是，成化二十二年及二十三年冬，虜連入蘭州境，殺虜居民二百餘人，掠孳蓄以萬計。守備都指揮僉事張雄等匿不以聞，反冒報功次，下所司勘問，久不得實，復命給事中胡瑞，會巡按御史覆之，始得本末，乃具疏雄及太監藍惠防守無備，致賊連歲深入，而都督同知白玘、都指揮僉事白珍、李從各擁兵不救，雄隱匿罔上，其罪尤深，太監歐賢，巡撫都御史賈奭，兵備副使邊完俱素無備禦，及巡按御史呂璋，副使翁遂、陸珩，參議劉憲、高弼，參政馬震，僉事楊純等，勘事遲違，俱有罪。而都指揮楊義部下所傷不多，陳縉有追獲所掠之功，差可少贖。下三法司詳讞以聞，獄具，得旨：藍惠降左監丞，張雄降三級，白玘、邊完、白珍、李從降一級，陳縉、楊義俱贖罪還職，呂璋等各停俸三月，歐賢降勑切責，賈奭已致仕宥之。

又〔二月己酉〕南京沿江蘆場，俱係軍民開墾辦納糧課，及各窯廠採取供(用)〔應〕柴薪。成化初，江浦縣界新生沙洲六段，縣人先後告官承業，以補沈江田畝之數。洲與內官監原撥蘆場相隣，江東巡檢司舊管工部蘆場二所，亦相比近，無屑壩下有廢官房酒樓(地)一區，石城門外有湖池一所，舊嘗收積木料及蓄放水獺、老鴉，其後事已悉賦居人，歲供(稅)〔租〕銀百五十兩於守備廳公用。太監黃賜時奸人，悉以獻于三廠，指爲原撥供用之數，賜及後差太監張本等受之，盡收其利，而歲額租課復責償諸人相承，至太監蔣琮不改。成化二十三年詔書，令援獻山場湖蕩地土悉歸于民，縣人相繼奏言，下南京監察御史姜綰等覆按，而琮屢以揭帖囑托，使斷歸三廠。綰等遂連名劾琮，謂以守備重臣與小民爭利，假公事以飾私情，用揭帖而抗詔旨，揭言陰中(協)〔脇〕以必從。因歷數琮變亂成法，欲以內臣爲言官，一罪也；妬害大臣，妄奏都御史秦紘，二罪也；怒河閘官失于迎送，而欲奏罷之，三罪也；濫批詞狀送各衙門，不由通政司，四罪也；分差內官于錢糧處所，縱其侵漁，五罪也；按季取受班匠工銀，六罪也；收留罷閑都事林時用，撥置害人，七罪也；官員稍不順承，輒查腳色，陰加察訪，驚疑人心，八罪也；妄奏主事周琦管庫，欺罔朝廷，九罪也；保舉罷革內臣，竊陛下之權，使恩歸于己，十罪也。且今士夫側耳，人人自危，軍民負苦，怨聲載道，乞下琮于理，明正其罪，以爲懷奸壞事之戒。刑部覆奏，謂琮處事乖方，以致言官劾奏，第所言琮罪必須覆按，請移文南京刑部，會同都察院、大理寺等官勘處奏報。上命如議行之。

又〔三月甲申〕調監察御史暢亨爲陝西涇陽縣知縣。亨巡按浙江考察官員，嘗奏按察司僉事鄒霦因公科罰，霦亦訐亨用廩米多買肉麪，既而刑部奉旨逮問，擬亨贖徒還職，上特命調外任。

又〔三月癸未〕調監察御史姜洪爲山西夏縣知縣。洪巡按湖廣，與總督漕運都御史秦紘，因公事文移相激，紘批詞云劄付湖廣經歷司，轉呈巡按監察史姜洪照詳施行。洪亦批云：布政司星馳差人咨稟淮安總督漕運官，早行處置，毋致臨期有誤國用。于是紘奏洪越禮不遜，事下都察院，刑科參紘紛擾，自傷大體。都察院示言巡按御史令經歷司轉達巡撫都御史，于事體無礙。上以事干名分，命禮部會官議之。于是吏部尚書王恕等言洪詞失大體，刑科都察院詞涉偏向。上曰：洪批詞不遜，有失大體，難居風憲，調外任，刑科都察院僉(都)〔書〕官偏向不公，各罰俸一月。

又〔四月壬辰〕吏部尚書王恕，以壽州知州劉槩比擬妖言坐死，上疏曰：槩所與湯鼐書詞，固爲狂妄，其夢有無亦未可知，然推原其情不過以鼐屢疏時政得失，不計利害，意謂一時豪傑能盡諫職耳。是亦互相標榜之過，本非惑衆亂民之事。今比妖言律論罪，設有造如亡秦者胡之言，不知更以何罪加之？乞再賜裁處。上曰：劉槩造言引喻非類，法司比律問擬，未爲不當，而卿所言乃如此，姑繫獄，徐議之。

又〔五月戊午〕湖廣木冊長官司護印冠帶舍人田賢，及容美宣撫司致仕宣撫田保富，各進馬爲土人譚敬保、秦墨古送贖罪。刑部言：舊制夷人納馬贖罪，蓋以情罪稍輕不欲盡法，若情犯深重、罪狀明白，亦難准贖，請行巡撫等官查處以聞。從之。

《明實録・弘治三年》〔七月〕己巳，先是趙府湯陰王見溎，奏彰德府通判雷翀、安陽縣知縣趙鎰不職，請黜之。吏部覆奏，以爲《大明律》所載凡誣告人及奏事不實者，皆坐罪。今據王所奏，若實則翀等之罪難免，不實則律應反坐，請下所司移文本府教授，啓王今後毋爲左右所惑，妄入人罪，庶事體不至紊亂。從之。

又〔七月甲戌〕黜代府革爵武邑王聰沬爲庶人。聰沬，代王之庶長子，初以使酒毆死樂工革爵。代王薨，命攝府事，聰沬益酗暴，居喪無禮，置酒作樂，召妓者歌舞，極諸淫縱。內使諫者，輒非法拷掠。或觸其怒以石鼓壓胃，囊沙覆口死者數人。承奉正通保潛入京奏其事，聰沬使典膳胡寬等追之，寬等至京亦各舉奏，下山西鎮巡等官覈實，知(保通)〔通保〕等言。上曰：聰沬稔惡弗悛，故違祖訓，難居藩輔，降爲庶人，并宮眷遷之太原城內居住，勅樂昌王聰涓攝官府事。

又〔八月戊申〕先是，大興隆寺修齋，理刑知縣王嶽騎而過寺，監齋長隨李彪辱之，使跽于寺前，內使袁安言于太監韋鮮得解。監察御史任儀劾奏安并及嶽下鎮撫司鞫治，乃知事本于彪，儀劾安誤也，又誤以大興隆寺爲慶壽寺，併逮儀下刑部獄，御史武清等疏救之。上曰：儀舉劾乖謬，不得無罪，清等不待處分，輒爲申解，亦當坐以回護之罪，姑宥之。已而部獄上任儀調陝西中部縣知縣，王嶽冠帶閑住，李彪問擬如律，袁安等釋之。

又〔閏九月〕甲申，降直隸廣平府知府言芳爲池州府同知，福建道監察御史李葵爲福建歸化縣(縣)丞，工科給事中唐希介爲四川石硅宣撫司經歷。先是，希介、葵奉命盤廣平等府糧儲，待芳甚倨，芳不平，訐其不法數事，希介、葵亦奏辯，俱下刑部獄鞫之，希介、葵坐查盤無法，芳所奏亦有不實，各贖杖還職，上命免罰贖，各降二級。

又〔閏九月〕己丑，內閣大學士劉吉等奏：南京刑部問擬盜賣銅銃之事，聖心致疑，以爲發落似輕。臣等前日再三商論，又檢《大明律》盜軍器條內開，若盜應禁軍器者與私有罪同，及私藏應禁軍器條內開，凡民間私有火筒、火砲之類應禁軍器者，一件杖八十，每一件加一等，罪止杖一百、流三千里。今石榮盜銅銃，刑部依常人盜倉庫錢糧問擬絞罪，做工五年，滿日着役，已是加重。李景春、李景和、趙鑑乃知情接買之人，刑部依毀棄軍器律論，又稱比附律條，可見不是正律，亦爲加重。臣等以爲此等囚人，情犯深重，宜再加重，以戒將來。以此擬將石榮等四人着大枷，枷號兩月，滿日押發廣西烟瘴地面，永遠充軍。荷蒙(允僉)〔僉允〕，事已施行訖。臣等又思去歲南京盜庫之人，與此不同。彼係偷盜內府財物，律該處斬，况又有偷盜十數次者，及放火燒毀官庫，以致城內遠近人心驚疑，情犯尤重，所以擇其尤者處決，人心皆服。仰惟皇上聖德寬仁，凡事遵守祖宗法度而行，今此數人，律不該死，法司擬斷明白。臣等止可斟酌加重示戒，豈敢故違祖宗之制，不體皇上愛民欽恤之仁，輒便重擬處決。設若殺之不當，致傷天地之和，感召水旱兵戈之災，咎將何逭？石榮等發落，只宜依前擬爲是。奏上，從之。

《明實録・弘治四年》〔四月庚戌〕禮部尚書耿裕，侍郎倪岳、周經，以本部火請罪。上命陳火所自起之故，裕等言積米鬱蒸所致，命各罰俸三月，執巡風主事祁仁下錦衣衛獄，既而科道交章劾裕等飾辭罔上，得旨併裕等執問，命掌詹事府事禮部尚書丘濬暫掌部事。至是再罰裕等俸三月，調仁爲湖廣長沙府通判，裕等各具疏乞休，皆不允。

《明實録・弘治五年》〔九月乙未〕先是，分守代州參將都指揮僉事王昇，山西都指揮僉事江朴相訐奏，下巡撫都御史楊澄，巡按御史周琰，會左布政使李蕙、按察使熊翀鞫問。昇自以己爲參將，而巡撫等官不曲庇之，甚不平，遂奏澄、琰、蕙、翀不法事。命刑部郎中陳忠、大理寺左寺正朱英往勘，昇坐冒領官銀、私役軍士、盜官米、營私第，朴擅離信地，剋削軍士，澄坐釋放罪人、勸借銀兩公用，琰坐以私票廢送罪人，蕙、翀俱坐勘事不審。獄上，得旨：昇、朴俱贖徒還職，澄、琰各罰俸三月，蕙、翀逮問如律。

又〔十月〕己未，刑部尚書彭韶等以會審，擬上監察御史李興、彭程罪狀。得旨：李興致死人命數多，處斬。彭程并家屬發隆慶衛充軍。於是五府六部英國公張懋等上疏曰：李興酷暴，罪固不可逭，然其致死者多有罪之人，若處興以死，則凡故殺故勘者又將何以罪之？彭程以言爲職，雖論事未免過當，原其心亦出于忠懇。若置程充軍，則凡姦貪枉法者又將何以罪之？吏部尚書王恕亦上疏曰：李興巡按克盡憲職，貪官污吏聞風斂跡，若處之死，臣恐天下後世以陛下用刑任情而不任法，使御史不敢舉職，貪污者皆無所憚矣！上曰：李興酷刑罪當死，汝等既累章論奏，始從輕，杖之百，并家屬發極邊烟瘴地充軍。今後出巡御史，凡事務遵憲綱，不許任意妄爲，敢有酷暴如李興者，必誅不赦。彭程仍充軍。興在陝西過爲崖岸，視方面如無人，雖都御史亦凌之，事必欲出其上，故及于禍，然亦能舉其職。程亦以言過激得譴，議者惜之。後程母李氏以年老無他子，乞留程侍養，南京工科給事中毛理等復言：臣下進諫，當賜優容導之，言猶或依違罪之，誰敢復諫？且言有工拙，意皆忠懇。周昌以桀紂比高帝，陸贄以仁義諫德宗，當時之君，皆知聽納，以其同出於忠耳。今彭程之言雖甚狂妄，原其心亦出于忠，陛下當取其心而略其言也。昔劉禹錫附王叔文得罪，當遠貶，裴度以其母老，言於憲宗，禹錫得改連州。陛下聖德非唐中主可比，而彭程之罪又與禹錫不同，伏望少賜哀憫，曲加寬恤，使彭程母子得以保全，天下知陛下以其母故而宥其子也。皆不允。

《明實録・弘治七年》〔五月戊戌〕黜南京兵部郎中婁性爲民。先是，南京守備太監蔣琮奏：性逞威擅權，欺凌軍職，承委修運河，輒於宿州禹廟後創建生祠，塑己像其中，及假托修造會同館武學，侵尅在官皂隸銀，諸不法事。上命刑科給事中任倫、刑部郎中戚洪、錦衣衛千戶趙良、御史劉瑋堪問，未結，而琮復奏性潛易案卷，倫等阿附掩飾，又奏南京兵部員外郎袁廉侵欺馬快船價事，亦連性。性具疏自辨，會南京廣洋衛指揮同知石文通亦奏琮開掘聚寶山，有傷皇陵王氣，及毆死商人，占役軍匠，侵奪官地，私造馬船諸罪。琮又屢奏不已，株連蔓引幾數百人，遂成大獄。刑部乃奏差司禮監太監趙忠，同大理寺右少卿馬中錫、錦衣衛都指揮僉事楊榮會勘。至是獄具，性坐入己贓革職爲民，南京兵部主事姚璽爲性補易案卷，贖徒還職，餘坐罪有差。時南京兵部侍郎王繼以不舉㸌罪爲忠等所奏，繼適考滿至京，遂逮就都察院獄，擬贖杖還職，命宥繼罪，琮等俱逮問，所掘聚寶山口，令南京守備等官塡補。性小有才，喜事好動，欲以躐取通顯，卒用是致禍，既而疏求復官，會司禮監官奉命刑部録囚，性就堂下膜拜哀鳴不已，聞者皆笑之。

又〔六月甲戌〕黜陝西左布政使王衡爲民，降監察御史張文爲貴州布政司照磨，李鸞爲湖廣衡州府知事。初，文開報各官考語，署衡曰不謹。衡聞而怨忿，遂奏文監臨科場，默記私號，出巡回至城外，與總兵官夜飲，路逢三司不下馬，且失奏賊數，託鸞代奏之，復奏鸞酷刑箠死知縣。時文典史任振及與己辯爭之時，追至察院門外，投以磚石，失風憲體。命下鸞、文于錦衣衛獄。鸞、文亦奏衡進表索屬縣夫銀，與驛丞崔璽有仇，毆之溺水而死，酷刑致死人命，及取所部女爲妾，徵收停徵物料罰商人銀米諸不法事。上命工科給事中童瑞等往勘，虛實相半，衡因訐端等私撥驛驢馱送廩米，連引者甚衆，至是解衡至京，與文、鸞面證。刑部擬衡贖罪革職，鸞、文贖罪還職，有旨：衡原籍爲民，鸞降四級，文三級，俱調外任。

《明實録・弘治九年》〔正月丙午〕分守涼州右副總兵都指揮使陶禎，自弘治十年九月以後，數被虜賊入境殺掠軍民男婦，前後五百餘人，畜產以萬計，禎雖稍有殺獲，不足相當。科道劾之，下巡按御史逮問，擬禎邊衛充軍。禎累稱枉不服，命兵部(察)〔查〕禎功過以聞，兵部言禎失亡過多，功不贖罪，但近日總兵劉寧等鎮番之捷，禎與有功，寧等已蒙陞用，而禎不及録，以此併論，功罪相等，情在可矜。擬之充軍，法若稍重。詔免禎充軍，降三級帶俸差操。

《明實録・弘治十年》〔十月壬申〕法司會官審録重囚，情眞者四十八人，情可矜疑者八人，奏請裁處者二十八人，有詞再問者十八人。命情眞者處決，可矜疑者各杖一百，發邊遠充軍。奏請裁處數內，令處決者十六人，監候者九人，不孝有愆詞杖一百，發回養親者，四人。

《明實録・弘治十二年》〔正月戊子〕大學士劉健、李東陽言：近臣等因監生江瑢陳言具本，辭避重任，伏蒙溫詔勉留，具命錦衣衛逮瑢究問。臣等竊惟古之大臣，聞人之譽不敢喜，惟愧而修德；聞人之毀不敢怒，惟懼而思過。良以職任之重不易盡，而天下之公議爲可畏也。臣等叨居重地，積有歲年，過失誠多，職業誠廢，又不能仰贊皇上聽從科道之言，分別是非，興革利弊，使賢者得以自白，不肖者不得以苟容。以此歸咎，固有不容辭者，故一聞江瑢所言，即引咎乞身，不復論辯。乃荷聖明鑒照，曲賜勉留，臣等雖愚，亦知感激思報，以圖復效。但逮問江瑢，恐妨大體，輒敢再有所陳。蓋國家常患人之不言，而不責言之不當。臣等固嘗屢屢爲皇上陳之。今當下詔求言之臣，正君臣懼災修德之時，而使陳言之人以臣等之故獲罪，則臣等之罪愈大矣！伏望皇上少霽天威，俯從愚懇，將江瑢釋故，免其究問，以廣馱納之路，以成寬大之風，臣等不勝幸甚！上曰：江瑢妄言排陷，故令法司問理，既卿等爲奏請寬免，姑釋之。

又〔三月甲申〕初，木邦宣慰罕乞法迎婦孟乃，爲部下信鑾所遮，不得歸。孟密安撫司王舍〔司〕〔思〕樑因侵據木邦他，雲南鎮巡等官歲遣官撫諭，不悛。乃議積糧、開道、鑄造軍器，以備征剿，令分守參議黄東山，兵備副使趙烱任其事，左參政毛科，副使荆茂等皆同撫理。會思樑攻圖蠻遮急，宣慰妻求救孟養思陸，思陸者麓川反寇遺孽，約非總兵軍符徵發不許過江。至是自請効力剿捕思樑，而夷俗相傳孟密素畏思陸之兵，撫夷者以爲然，遂爲請于總兵，鎮巡官許之，孟養軍未至，思樑聞之，亦解去。別部有執信蠻以獻者，罕究法得歸故土，諸夷部落稍附之。未幾復貳于思樑，罕究法以告，有千戶尹銘者嘗從樑夷，因言思樑可擒之狀，前舉以撫夷官不協白失機會。於是總兵沐琮、太監劉昶、巡撫都御史張誥，議發孟養兵幷檄夷部歸附者，令戮力捕思樑，又移令烱、東山及科量調官民兵萬二千人防護，察各夷動靜，隨宜撫理。烱、科得檄皆會勝衛，東山先之隴川儲糧，科欲自爲軍備，令罪人納贖米幷徵轉輸費，又追徵潞江土舍侵用歲例銀，皆隨軍收貯。烱遂與科會，爲檄令藺昂發孟養兵，又以隴川逼近蠻莫，復增發隴川、南甸、干崖三宣撫兵，欲藉此挾撫以成功。既復遣尹銘往賜賚思陸，且促之發兵。思陸乃遣大陶孟、倫索領夷兵象馬過江。時科營戛勒河西，網營其東，思樑聞之，亦起兵令陶孟思英等柵守蠻莫，東山別發勝衛操兵三百人將往營邦杭，會與烱議事不合，留北干崖，戒各倉毋與軍士糧，兩軍喧嘩。科乃以所支賞功官銀及自所貯備給軍，約扣各衛月糧償官。頃之，科過烱議事，指揮戴繼家人失火營熾，喪軍器以千數，科狼狽移營。踰月，引兵駐南牙山，與孟養兵會。倫索既過江，指鷹謂間昂曰：我曹猶此，奪得地土即管食之耳。科間之，憂懣不能寢，使人促烱會蠻莫，孟養兵管蠻莫寨前，科與烱議遣尹佲及他把事〔昭〕〔招〕降思英，不從。伏兵傷孟養一人，殺二人，懸首柵上，又射傷武定哨兵五人。已而烱令夷兵東高罵之，思英等閉寨不出。復遣人往諭之，乃以緬書來言，願與宣慰講和。孟養兵聞約降，頗有怨言。是時軍士無糧，皆採芭蕉心食之。科見思英不出，又念倫索前語，遂引兵往管孟都，烔烱以無糧引運，止南牙山。科、烱既去，倫索亦懼思英絕其歸路，領兵取道干崖而還。軍皆饑疲，且聞蠻莫追者在後，爭走相蹂踐，死者莫如其數。科至孟都，思樑使頭目曩方來請事，科責令備象二匹謝宣慰，退所侵地，仍備方物納貢償官軍糧餉費，曩方聽從而去。時雲南傳言蠻莫柵上有死人首，科、烱用兵失利，總兵鎮巡間之懼，即召科還，且戒令孟養還兵，各守境界。然孟養自是遂犯約，數興兵渡江與孟密戰矣。科既還，思樑令曩方隨科，使與宣慰講和，鎮巡以二夷未牽面懇，復委茂及東山往諭之。未幾，思樑及罕究法所貢方物皆至，於是鎮巡等官奏請錄茂、烱、東山及科之功，幷以科營失火間，又以人喧傳殺傷多孟養數，勝緬書言兵敗，屢遣官勘視。科時進表(之)〔至〕京，以孟密歸順皆已興烱挾撫之功，顧欲參究失火幷勘視死亡兵數，茂等歸順後纔往面諭，功及居首，乃具奏乞辯明功過，下巡按監察御史查勘，而烱亦以孟密納貢及所行便宜，賦詩十二首以進，兵部劾之，下巡按御史逮問，坐奏事不實贖徒。尋以科道論之，降塩運司同知。時御史余本實捕繫尹銘及諸從撫夷者，拷問銘等，因希指言科謀圖撫夷，對敵殺傷夷兵百餘人，又濫徵銀兩。本實遂奏科、烱罪狀，請逮科治繫烱再論，幷劾張浩、劉昶等之罪。於是科復奏辯，幷評本實、東山私事。都察院奏遣兵科給事中東思恭、刑部員外郎彭澤往按之，置對皆言科、烱奉總兵軍符發兵，多調二萬二千餘人，實捉兵挾撫，未嘗對敵。孟養死亡兵數，前後緬書自相矛盾。況思陸方侵據蠻莫貢章地，撫諭未退，若往查詢，彼必更以爲辭，不可據信，本實所奏，多不如章。乃奏擬科那移官錢還充官用律當徒，烱仍原擬。且言科、烱虛張剿捕，擅調夷兵，輕舉深入，欲坐以徒，仍盡將帥擅調軍馬本法，庶爲允當。但既非將帥所調，又夷兵且奉檄而行，較之內甸及各邊無警擅調者不同。若止以常例處之，又無以爲邊官喜事徼功之戒。銘希求陞用，倡思樑易剿之謀，冀減罪名，誣隴川役傷之數，其情尤重。東山既同署檄催調夷兵，乃因私忿，臨事推避。本實勘事既不覈實，參奏亦屬太重。浩、昶謀議不詳，及御史張泰干預軍事，俱宜逮問。但思樑侵凌木邦有年，今講和納貢，數人亦有微勞可錄。事下都察院議，以誥等所犯俱在赦前，且浩致仕，泰遷官，本實丁憂，例應免問，科、烱及銘功罪相等，東山功無可錄，罪亦微輕，均俟上裁。得旨：科、烱、銘免問罪，各降一級，東山下巡按御史逮問。

又 〔四月辛亥〕下禮部右侍郎兼翰林院學士程敏政于獄。革昶等既繫錦衣衛鎮撫司，工科都給事中林廷玉以嘗爲同考試官與知內簾事，歷陳敏政出題、閱卷、取人有可疑者六，且曰：臣於敏政，非無一日之雅，但朝廷公道所在，既知之不敢不言。且諫官得風聞言事，昶言雖不當，不爲身家計也。今所劾之官晏然如故，而身先就獄，後若有事，誰復肯言之者？但茲事體大，勢難兩全，就使究竟得實，於風化何補？莫若將言官舉人釋而不問，敏政罷歸田里。如此處之，似爲包荒，但業已舉行，又難中止。若曰朋比回護，顛倒是非，則聖明之世，理所必無也。既而給事中尚衡、監察御史王綬，皆請釋昶而逮敏政，徐經亦奏昶挾私誣指。敏政復屢奏自辯，且求放歸及置對。鎮撫司以經、昶等獄辭多異，請取自宸斷。上命三法司及錦衣衛廷鞫之，經即自言敏政嘗受其金幣，於是左都御史閔珪等請逮敏政對問，奏留中十餘日，乃可之。

又〔五月壬午〕先是，大同開市易馬，左副總兵都指揮僉事趙昶與總兵神英，都督宋澄、馬儀，參將李璵、秦恭，奉御侯能及遊擊將軍劉淮，皆令家人以段布市馬，而英、昶家人因以違禁花雲段與虜交易，提督使館都指揮李敬亦因而市馬自入。頃之，虜使完者欲引境外虜衆入市，託言在館虜衆多染疾，欲往牧馬所避之，而私以馬一遺敬，敬寫請于守臣而許之。由是虜衆縱横出入，居民苦之。既而虜復以迎歸使爲名，驅馬入小邊誘貿鐵器。太監孫振、都御史劉瓛及英不爲防制，故遠近商賈多以鐵貨與虜交易，村市居民亦相率犯禁。既而虜使回，令昶以奇兵三千防水口堡，英及昶等復以貨易馬，前後所得各九十餘匹。虜使出境未遠，昶即馳歸，致虜内外合勢攻圍蔚州馬營等墩，烽燧數百里不絶，告急者踵至。英等不爲意。淮駐兵近地，聞寇不救，未幾引還大同。虜遂陷馬營，轉寇中東二路，共殺守墩官三人，軍三人，掠九人，傷十人。參將李璵、都指揮劉英及指揮趙彪等不能統兵追寇，都指揮余慶、姜瓚不以時修各墩月牆縣樓，故馬營爲虜所入。恃邊民喧傳總兵以下用鐵器易馬，而英與昶素有隙，又以爭市馬互相訐，事聞，兵部議遣給事中吳世忠、郎中陳大章往按之。世忠等轉委都指揮宋輔推問，輔遂鍛鍊成獄，言昶家人趙晟、劉玘，用違禁鐵器，趙從及英家人神十等，用違禁段匹與虜使交易，昶棄師先遁，英、瓛、振聞警不即調兵，淮逗遛不救，敬賣法受賄，具疏以聞。有旨：趙晟、劉玘處斬，趙從、神十等發廣西邊衛充軍，英閒住，瓛、振別用，昶、淮及敬下巡按監察御史逮問。奏擬昶、淮充軍，敬雜犯絞罪。而昶等屢奏訟冤，於是復命大理寺右寺丞吳一貫、錦衣衛指揮僉事余寘往勘，得玘止以違禁段匹易馬，無私鬻鐵器事，晟時給引回家，未嘗與虜交易，幷發李璵、劉英、余慶、姜瓚等前所未勘報之罪。乃奏昶、淮宜以虜侵入境論，俱充軍。敬以枉法論，宋澄、馬儀、侯能以違制論，宋輔以故入人罪至死未決論，俱贖徒杖還職，致仕閒住有差，敬仍革管軍管事，晟供明，玘比例充軍，且言昶、淮例應充軍，但殺傷不多，比之虧折大衆者異，且與神英罪同，以例處之，情輕律重，玘所犯與趙從等亦宜同，坐吳世忠等失於查究、輕重失倫，亦難辭責。於是昶、淮免充軍，各降一級，帶俸差操，晟、玘皆准辯發落，宋輔納贖閒住，李璵等逮問，而吳世忠等以遇赦，俱宥之。

《明實録·弘治十二年》〔十月〕癸巳，初，江西按察司副使吳瓊嘗延南昌學生劉希孟教其子，希孟因與瓊家人招權取賄，會同舍生張應奇盜葬鄉民王珍墳地，珍訟諸府，責應奇遷葬，應奇乃因希孟賂瓊家人間言之瓊，下府覆按。頃之，提學僉事蘇葵行縣回，應奇復訴詣葵，葵爲下其詞于府，珍乃以情訟諸鎮守太監董讓，捕應奇、希孟拷問，且令引瓊及葵皆受其〔賂〕〔賄〕，遂以其事聞。上命刑部郎中盛洪等往會巡按監察御史鞫之。時瓊以考察冠帶閒住，洪等以瓊知情與家人同罪，擬贖徒，仍冠帶閒住。葵違制受詞，擬贖杖還職，皆犯在赦前免科。讓違例受詞，亦以赦免。劾希孟、應奇俱行止有虧，例爲民，獄上，俱從之。初，葵嘗以事忤讓，讓欲因此陷之，頗以言脅按事者，後窮治無所得，故卒得免云。

又〔十二月庚戌〕初，孝陵神宮監太監韋敬，傍陵左龍山下預造葬域，掘樹木營享堂，又多占園軍納錢。孝陵衛指揮張文亦於回龍禁山下開㲺魚池，兩人以忿爭，各訐其事，有旨令下獄對狀。文即先馳至京奏辯，而敬亦自訴無罪。尋命刑部右侍郎陳道等往按之，具得其實，法司以敬、文事在赦前，俱擬奏事不實，贖徒還職，命並免贖，文降二級，幷家屬調遼東寧海衛差操，敬送司禮監奏請處治。

《明實録·弘治十三年》〔十二月癸卯〕初，義勇中衛舍餘張通，内交刑部諸司官，常匿樂妓及女尼於其家，每宴集輒出之行酒，劇飲歌呼，倡優雜處，率至夜分而罷，通因之請求納賂。久之，爲東廠所發，捕通及優人笪名幷女尼樂妓等鞫問，辭連郎中黄暐、邵莊、顧謐，員外郎晁必登、宗祐、曹鏷。時祐守制家居，鏷以公事往四川，而莊已先遷福建副使，必登慶陽知府，獨暐、謐在，命錦衣衛逮問，辭服，暐坐與樂婦戲，黜爲民，謐令優人女粧爲樂，冠帶閒住，通死獄中，笪名充軍，莊罪與暐同，而必登、祐、鏷罪同謐，命代鏷還考竟，餘移文各巡按御史逮治之。是時，飲通家者尚不止此數人，或以夤緣得免，而亦有爲通所妄引者，其後鏷代還，言通素不相識，但通嘗坐法不自置對，而令笪名代之，爲臣所考，故憾而引之。有旨令法司、錦衣衛重鞫以聞，時通已死，笪名等皆逮謫，而優人劉鑑嘗侍飲者亦言不識面。法司不能決，請復移陝西逮名驗之。名至，竟泥成案，言鏷亦與飲而先去，獨未嘗與優人狎坐，對品調外任。後必登亦具奏自辯，法司援例亦得減罪，以原品調外任云。

《明實録・弘治十四年》〔二月癸巳〕初，監察御史鄒魯坐罪貶寧羌衛經歷，稍遷蕭山知縣，性貪暴狡悍，遇事風生，無所顧忌。自爲御史時，人皆側目。在蕭山，一切以擊搏爲治，大與營繕，多所侵(魚)〔漁〕，科率數倍常歲，而掊克無已，少弗辦，即擊榜之，多死者。鄉民供役縣中，歲滿多至破家，一縣不勝其毒，然懾其威嚴，無敢言者。邑人何舜賓，嘗爲監察御史，坐事廣西慶遠衛充軍，後赦歸爲民。鄉里有訟事，舜賓輒與謀，數招權取賂，持吏短長，縱橫縣中，前爲令者皆憚焉，魯至輒抑之。舜賓不得逞，乃求魯陰事與人言，又毁魯。於是兩人互相犯忌，待釁而發。先是，舜賓以湘湖爲富民私占，嗾里老發其事，又白縣奏覈之，怨家因奏舜賓充軍潛逃，冒名冠帶，俱下所司治問。魯念舜賓終害已，因欲解舜賓遠去，乃隱其遇赦文牒，詭白舜賓赦歸無驗，宜行原衛查理，所司不可，駁回。會丁憂訓導董顯章者，舜賓門人，嘗知魯陰事，魯銜之，陷以他罪論絞，獄上，憲司疑之，更下(部)〔府〕覆治，道經舜賓家，顯章入謀焉。魯聞之，遂發里老隷役數十人圍其家，曰：舜賓篡取重囚。因毁門而入，捕顯章并舜賓送獄。又大索舜賓家貲，盡償前所嘗取賂者，遂治其前事，不請白而解赴慶遠，魯欲必置之死，復密召胡紀輩十二人，諭意追及於衢州，屏其服食，侵辱之。至餘千宿昌國寺，紀等夜以濕衣閉其口而壓之，舜賓恚曰：枉生七十二歲。遂死，紀等乃令解人白縣相視，給帖而還。魯又欲捕舜賓妻及其子競，皆棄家逃匿蘇州。久之，魯陞山西按察司僉事，競乃潛歸圖復讎，會魯出，競密雇舟江上，與親黨數十人伏道旁，魯過，競袖鐵尺執而擊之，傷魯兩目，盡拔其髮，反接曳登舟相與更(弱)〔溺〕之，競乃與魯連絏赴浙江按察司訟之。時鎮巡詣司聞變，咸驚愕莫知所爲，但令守巡官會問，競、魯各執詞不服，審者不能決。魯尋逃歸太平府，競乃走闕下訟冤，并告魯不法事。命郎中李時，給事中李舉，往會巡按監察御史鄧璋治之。時勘官多爲魯殺者，而(故)〔胡〕紀等亦恐罪重，共隱其實，乃擬魯故屏人服食至死律，競比部民毆本屬知縣爲疾律，俱絞，餘所逮數百人論罪有差。競母朱氏，復擊登聞鼓奏訴，而魯圖免死，亦令人訟其枉。於是，復命大理寺右寺正曹廉，會巡按監察御史陳銓覆勘之，時解人任觀等既久繫，人度終不能隱，始吐實，并(山)〔出〕舜賓將死所與競書，遂窮治其事，乃改擬魯造意殺人律，斬，競毆傷五品以上官，加凡人二等，徒三年，胡紀、田敏論絞，其助魯爲惡及競親黨當充軍〔人〕者十人，擺站者六人，贖徒杖及枷號者五十人，餘所逮尙二百餘人，准徒贖杖有差。廉等具獄以請，并劾舉等及參政林符、副使呂璋、參議吳紀、僉事范鏞、知府伍符審勘不詳之罪，下刑部覆奏。上以前後擬罪不同，復命三法司詳議以聞。於是，刑部尙書閔珪等議，以後所議魯罪與前略同，情法允當，所擬競罪比前太輕，宜坐聚衆持兇器傷人徒以上例發邊衛充軍，舉等固失詳審，而廉等亦失於查例，俱宜有罪，但魯已成篤疾，競爲父報讎，律意有在，均俟上裁。得旨：魯、競准擬，符等及舉、廉等俱宥之，仍罰俸兩月。其後，魯竟以赦得免死，而競亦得釋歸。

又〔閏七月辛卯〕初，巡撫宣府都御史雍泰，劾奏分守順聖川右參將王傑，侵用官錢，科害軍吏，下泰逮問。傑懼罪奏辯，會泰復請逮治千戶恩良等八人，上以泰累參軍職數多，下都察院議行，巡按監察御史韓春併勘之，會左參將李稽，前守備順聖川西域，以事繫獄，泰榜之，亦奏泰凌虐將官，貽患邊徼。上乃命給事中徐仁、錦衣衛千戶李瓚往訊以聞。傑聞之，復奏泰枉逮參將、守備以下官八十六人，擊死無辜十三人，部下軍吏多畏威亡去，又縱壻田聰納賂作威，令人走登聞鼓下訟之，亦下仁等併勘。稽未陞參將時，嘗以承勘不公受泰責，傑本受賄抵罪，妄奏求免，其謂泰枉逮將官致有拷死者，亦多失實，而泰在宣府時，嘗令舍人董永偕壻聰迎家之任，受蔚州指揮何英全，又過保安懷來城，指揮王忠、吳鉞鼓吹送迎。於是，仁等還奏之，法司議奏，謂：王傑贓罪已明，輒妄奏原問官，罪當徒，准立功五年。董永給取民財，貽玷憲臣，當充軍。雍泰凌虐李稽，雖云過當，而稽實以罪繫獄，其致死人命，雖不以私，而用刑非制。李稽有罪，妄奏田聰假婦翁納賂，及何英、王忠等，當(俱)下巡按御史逮問。從之，待泰致仕家居，自陳致仕與去任同且公罪，律應免問，乞垂(矛)〔矜〕宥。不允，其後泰竟革職爲民。

《明實録・弘治十五年》〔五月辛巳〕初，錦衣衛指揮使孫鑾燕父妾爲叔珙所告，法司請逮治之，有旨免問，降一級帶俸閑住。刑科給事中劉孟等執奏不〔能〕得，已而內批復鑾指揮使，仍管南鎮撫司事。於是，兵科都給事中屈伸等劾奏：鑾前所坐罪不容誅，降級閑住已爲姑息，豈可復使居禁密之地，當爪牙之任哉！夫朝廷之尊，以綱紀立刑政明也，陛下不加之罪，又使夤緣復職，是綱紀刑政以鑾一人而蕩然也，乞收回成命，究竟其前事，庶法令一而淫邪懼矣！監察御史楊滋等亦以爲言，章下，刑部覆奏請從所言。命罷鑾管事，仍以指揮使帶俸。

《明實錄・弘治十六年》〔十二月辛丑〕誅妖人李道明，治告反不實者罪。道明，山西應州人，幼爲道士，住宣府白家泉長生觀。忻州人樊二漢等尊信之，因迎致道明，會聚燒香，爲白蓮社。道明又自稱金盆李家後裔，撰爲妖詞，歌唱惑人。忻州官發其事，巡撫山西都御史魏紳，奏行宣府都御史劉聰，委千戶張英捕道明甚急。宣府軍餘有樊林者，幼名二漢，遂執以爲道明黨，付千戶黃珍鞫之。珍素與劉玉者有隙，因誘林引玉而自爲林狀，具言道明有反相，以上于聰。林與諸人實素不相識，珍嚴刑脇之，使轉相告言，逐捕旁午，行道之人多被誣執，聰皆付珍鞫成之。宣府有婦人郭氏，託鬼神，誦佛書，爲佛事，孟麟者與之通。至是，英并捕郭氏送珍，珍令郭氏自承與道明有私，及見孟麟手足有字文，與諸狂悖語偕同，勘官通判楊範、千戶傅文報聰，聰遂密奏其事。道明目有白暈，兩耳、肩背有炙瘢。珍遂以白暈爲重瞳，以炙瘢爲藏珠記。搜得一軍人家古書二冊，遂以爲妖書，故黃襖子遂以爲黃袍，因誣道明與劉玉議建國號，封拜其黨，及結連北虜，還攻宣府諸謀，皆鑿空撰造，而聰皆信之。太監劉清、總兵官張俊、副總兵白玉、巡按監察御史胡希顏會審，皆弗察。僉事侯直、都指揮李珍承聰風旨，不敢有所言。聰於是散遣官兵，捕道明等家屬，凡同居者，無分男女及異姓伯叔父兄弟之子，不限籍同異，并畜產盡沒入官，諸人乘亂擄掠，又分捕指名未獲者家口，下令嚴峻，皆駭散逃匿，遠近騷動。而聰自以爲功，與清等各奏其事。有旨：傳道明入京。總即令黃珍及英、文與俱，英、文即搜尋道明財物，且逼令自盡以滅口，不得。既至，下鎮撫司鞫問，則道明、孟麟皆無異相，珍構陷諸人之跡始露，遂下珍獄，尋瘐死。法司前後凡兩會官於午門外鞫問，皆謂道明止妖言惑衆，諸反狀皆誣。而其妖言首禍，宜正典刑，餘黨各以次論罪，而還其家屬財產。張英贖徒爲民，傅文贖徒還職。劉聰信任小人，妄興大獄，劉清、張俊、白玉、胡希顏，雷同妄奏，侯直、李珍阿意陷人，請並行逮問。上命道明依律處斬，張英、傅文革職，發邊衛充軍，楊範降二級，劉聰代還具奏，張俊、白玉各罰俸兩月，劉清宥之，胡希顏、侯直、李珍俱逮問。

《明實錄・弘治十七年》〔正月乙丑〕宥雲南霑益州土官知州安民罪，准贖徒復職。賊婦米魯，安民之姑也。初，謀叛匿安民所。是時，民已嗣職，兩者以捕賊委之。民殺阿保并其黨，送貴州受賞，仍匿米魯於家，又轉致他所。福佑遂以兵入普安，殺適爲及其二子，營於拖長江，迎來魯與居。民陽不知，以被虜告，逮問不出，以兵擒獲之，猶不肯言。福佑等遂劫阿馬坡及盤江等營，其勢愈熾。民猶上章自辯，及大軍壓境，始於獄中移文，調家奴、民兵擒斬賊黨二百餘人以自解。故貴州論者，以米魯等謀及皆安民主之。左布政使李韶，按察使王弁，右參政俞深，僉事范玶，坐民謀叛知情故縱隱藏罪絞。民累章愬辯，其妻海谷及營長思保等皆訟其冤。給事中張維新等會鎮巡等官覆問，改坐民知人犯罪藏匿不行捕告律減等，杖一百，徒三年，輸穀還職。而劾韶等議罪不當，律合逮問。是時，雲南鎮守太監劉祁等奏：南方諸夷，惟土官是服。安民罪雖應死，恐夷民無人管束，致生他變，況大兵征勦亦有微功，可以贖罪。都察院議，亦以米魯叛逆之狀始著於阿馬坡，尤甚於盤江，前此固難輕論。安民此時果在獄中，救死不暇，主謀助兵，理有可疑，各官覆按且無實跡，欲并行勘官，詳爲議處。至是，遂與兵部奏請如維新等言。命安民准辯，贖罪復任，李韶等免逮問，各罰俸一月。

又〔九月庚寅〕秦簡王妃廖氏奏：往年以簡王無子，命姪昭王爲嗣。昭王薨，遺庶長子惟焯，時年三歲，奉命攝府事，仍令臣調護保養，承奉、長史同輔導之。乃者永興王府奉國將軍誠淂，偕鎮國中尉秉楖，褻衣小帽，率無籍之徒，入西安府倉，毆監倉府同知郁敬修等，迫令預給祿米。敬修啓其事，臣未敢遽奏。導惟焯告于祖廟，令承奉康景等引誠淂至門外，傳令責之。其後永興王府儀賓孫溏強占妓女，爲樂工所訴。時康景已故，乃令承奉賈能審勘。溏欺惟焯年幼，遂隱臣戒責誠淂之實，移其日月於康景已死之後，妄奏賈能擅笞將軍，又構誠淂告於巡按監察御史，且喧爭于府門之外。乞仍勅惟焯約束將軍、儀賓等，庶幾體統不紊。都察院覆奏，謂：誠淂所爲不法，廖氏令惟焯告廟示懲而不以聞，論法雖似欠當，原心未不善。孫（塘）〔溏〕光（以）〔已〕有旨逮問，今彼此所奏皆宜令巡撫、巡按官從公審勘。上曰：孫溏等事，令勘問明白奏聞。廖氏勿論，仍勅惟焯嚴束將軍、中尉、儀賓之屬，敢有抗違者，具奏處治。

又〔九月〕丙申，直隸景州知州馬馭，榜殺所部無罪者數人，又侵盜官錢，爲人所奏，并及故城縣知縣楊凱、吳橋縣知縣王麒諸不法事。馭弟工科給事中駿爲行人時，以使事道景州，遂枉道回家，亦被訐奏。俱下巡撫都御史王沂，委河間府知府陳珂勘問，不決。上命大理寺寺副劉潮往會巡按監察御史陳恪勘問，獄成。馭復上疏辯，乃更命刑部員外郎彭景、錦衣衛千戶潘杰覆勘，景等奏：馭及楊凱律皆斬，王麒贖徒爲民，仍給死者葬埋之費。王沂勘事失於參詳，陳珂失於審究，馬駿奉使枉道，俱當逮問。馭復奏景等所委審勘官多不公，乞調鎮撫司辯問。刑部覆奏，謂：景等議罪已當，馭所訴皆掩飾之詞，不必再問。得旨：馬馭、楊凱繫獄以俟，馬駿、陳珂免逮問，各罰俸兩月，王沂姑宥之。

又〔十月甲戌〕初，巡按山東監察御史余濂奏：巡撫遼東都御史張鼐，偏聽致讒，縱子爲惡。又如撫順一所，實邊關重地，自成化間，奏調招集軍餘千三百人補其缺伍，迄今二十七年矣。頃因招首屈勤七妄奏，鼐不究其實，遂欲盡散諸軍。臣固執不可，乃止。調勤七所領百人於汎河操守，又以興作勞擾官軍，致虜寇數侵，莫之能禦。乞徵還京師，更擇堪任者代之。於是，鼐上疏言：兵部昔嘗移文，謂屈勤七等自陳，初以捐貲募兵授冠帶總旗，統其所募之卒隸，於都司別爲操練，以備征調。其後乃補撫順所軍伍之缺，以他官領之，宜改正仍舊。前巡撫都御史韓重審究得實，仍令統攝諸軍，操調如故。屬者汎河有警，臣遂調勤七等勦之，蓋以撫順邊情視汎河爲緩，而余濂仍批行都司，云勤七等官軍恐難輕率動調，其糧賞當於本所類造支給，都司其即呈巡撫并總理糧儲衙門，不許恣意擅變成法。臣竊惟都御史之於御史，名器不無上下之別。今余濂批語，皆以上臨下之詞。且臣若果恣意變法，濂自當指實劾奏，豈可不顧名分，有失大體。乞將臣放歸田里，仍命大臣及科道官辯別是非，復斟酌巡撫、巡按公會禮儀及移文體式，通行遵守。上下其章於刑部，仍命與禮、兵二部議。濂亦上疏自辯，以爲：臣所謂不許擅變成法者，乃爲都司衛所而言，鼐因臣劾奏，乃捃摭他詞，欲致誣害。且巡撫、巡按事有關涉，行令所司轉達，亦事體因襲之舊。於是，禮、兵、刑三部議：今後巡撫、巡按公會文移，宜各遵禮制，都御史正坐，御史旁坐，都御史箚付御史，御史則具呈都御史。或有各屬相關事情應轉行者，則抄案轉行。其有事干軍馬糧餉，彼此相關，仍行知會。余濂奏張鼐偏聽致讒，縱子爲惡，未見指實。張鼐所奏亦未免出於有意，皆當有罪，濂今以他事下鎮撫司獄，宜候事完之日逮問。張鼐候邊情寧日，取回問罪，或量加罰治。上從之，命特宥鼐罪。

又〔十一月乙未〕先是，遼東廣寧前屯衛致仕指揮使楊茂，與其子欽詐爲公文，告革職指揮僉事張斌使其孫都指揮僉事天祥掩殺虜人，以開邊釁。巡按監察御史王獻臣奏之，獻臣尋以他事被逮。上命大理寺右少卿吳一貫及錦衣衛指揮使楊玉往會交代監察御史余濂勘問，一貫復奏，委山東左參政甯舉、兵備副使錢承德、僉事王忠，分守山海關指揮僉事趙承文究其事，斌等皆承服。乃擬斌造謀殺人罪斬，天祥及其叔父洪、指揮徐還，皆從而加功，茂盜用印信，欽投匿名文書，罪皆絞。既奏請得旨，而天祥等累上疏訟冤。天祥尋死于獄，詔逮斌等至京，令三法司、錦衣衛於午門外會問，與所勘獄詞異，乃并逮諸勘官至。上御午門，一一親鞫之，上曰：彼虜人也，殺之何罪，而當以死？衆皆諉於一貫，玉謂：臣武人不知書，不知律，惟一貫是從。上曰：汝武人不知書律，然亦知人之有死乎！問一貫，對曰：臣等固嘗疑之。上曰：罪疑則當惟輕，何以從重？皆語塞不能對。左都御史戴珊從容奏曰：一貫等議擬失當，無所逃罪，然亦無私。於是，天顔傾霽，都察院會擬：茂、欽，初擬絞罪已當，一貫等推按失實，罪當贖徒。洪、還於師旋之際，呈報久明，罪當贖杖。斌事已白，宜免其罪。命茂、欽依律處決，斌准辯，洪、還皆有功，並宥其罪，一貫等偏聽枉斷，係人命軍情，姑從輕，一貫、玉各降五級，趙承文、甯舉、錢承德、王忠、余濂各降二級，改調遠方。王獻臣不察姦弊，輒據匿名文書妄奏，降雜職，邊方叙用。天祥、洪、還等功次，兵部仍稽考奏聞。於是，一貫降雲南嵩明州同知，玉廣南衛，承文崇化衛，俱副千戶帶俸。舉曲靖軍民府同知，承德興州知州，忠石屏州同知，濂雲南布政司照磨，獻臣廣東都許馬驛驛丞。

又〔十一月壬辰〕初，總鎮兩廣太監王敬家人王忠，嘗與其黨王禮等，攘取暹羅貢使貨物，既而忠復以他罪事連禮等，皆懼罪逃匿。上命刑科給事中趙鐸等往勘，鐸等奏：夷人歸國有期，而禮等未獲。宜令布政司以庫銀償之，待禮等捕獲，責令還官。禮等乃出奏辯，謂：王忠挾讐妄攀。既而復訴病不能往，願輸銀償之而免逮問。左都御史戴珊等爲之請，上從之。鐸遂奏言：法者，朝廷之法，非戴珊等可得徇情而輕重之，朝廷之法，乃祖宗之法，亦非陛下可得徇情而輕重之者。今禮等若未嘗攘奪夷貨，必不肯輸納。

既顧輸納，則其攘奪無疑矣！豈有追其物而不正其罪者乎！珊等徇情壞法如此，彼王忠者必不肯心服，而聞之外夷，亦將爲所非議。乞將禮等逮問，而并治珊等。命仍如前旨行之。

《明實録·弘治十八年》〔八月戊寅〕周府胙城王輔國將軍同鉍與鎮守河南太監劉琊互相訐奏，周王睦㮮亦奏同鉍罪。先，帝遣司禮監監丞段循、大理寺少卿張鸞、錦衣衛指揮使趙良往會巡撫都御史韓邦問鞫問。至是，具其罪狀以上。蓋同鉍嘗聽姦民王瓚、張秀、譚臣等撥置，強以銀物貸人，未及償期，輒倍取其息。有瘡人祁奉者，亦爲瓚等所誘，借同鉍銀物若干，瓚等皆侵分之，奉僅得五之一，奉父祥赴琊愬，馬琊執瓚等痛箠之，追所侵仍歸〔同鉍〕。同鉍銜之。會汝陽王府輔國將軍同釥拘留樂婦竇淑秀於宮中，琊嘗遣人啓周王諭同釥出淑秀。同釥乃與之同〔縊〕而死。同鉍遂奏同釥之死，由琊及周府承奉王滿、楊鑄強逼致之，且許琊貪横及滿、鑄淫瀆周惠王宮眷諸不法事。琊及周王亦奏同鉍嘗姦舅母，立樂婦爲夫人，又毆人致死。循等按驗皆無實，遂劾琊於常廩之外，取驛縣供給諸物過多，浪費帑銀，增廨宇至數百間，以駱駝遣送，郡王受其銀幣，又妄受民詞，任情決斷，以穢行汙衊宗支。同鉍母霍氏僭用龍床，營第侵三皇廟地界，招倡女、優人聚集歌舞；又以私忿捏詞赴京瀆奏，有違祖訓，於法皆應究治。事下都察院，覆奏謂琊宜量移別用，周王及同鉍宜賜勑示應，瓚等應謫戍，但犯在赦前。又言：同鉍姦淫勘既無實，琊復奏其恃強劫持，勘官故不能蠹法，欲令循等重勘，但形跡徵隱，所貴保全，展轉吹求，不無過當。先帝著令，凡官民人等奏訴牽連曖昧無稽之事，皆不究問。矧茲宗室，豈可違衆論而信單詞？詔瓚、秀、臣仍發邊衛充軍；琊調鎮守薊州；同鉍寫勑切責，周王置不問；循等令回京，而以鎮守薊州太監陳榮調河南鎮守。

《明實録·正德八年》〔十一月〕辛未，江西紀功給事中黎奭等劾巡撫都御史任漢等玩寇殃民之罪，下兵部集議，皆以爲先任總制都御史陳金建議立縣，聽賊招撫，漢時爲布政使，實贊其決，及爲巡撫，力主前説，不聽提督節制。而按察使王秩、參政吳廷舉復附會之。且廷舉嘗縱義男吳吉私通賊婦，罪俱難宥，提督都御史俞諫屯兵日久，坐失機宜；巡撫南贛都御史周南紀律不嚴，軍威大損；分巡僉事李嘉言、饒州府知府葉天爵、萬年知縣陳攬失於防禦，或避賊逃竄，俱宜裁處。總兵官署都督僉事李鋐沒於王事，副使李情殞於賊手，則宜一體優恤。然鎮巡官嘗劾情撫御無狀，法當查勘。得旨：諫、南降勑切責，漢仍舊停俸。秩先已有旨查勘，吉令巡按等官究問，并廷舉功罪奏處。天爵、嘉言亦停俸戴罪，攬逮問。鋐贈右都督，如例葬祭。情及同死事者，俱勘明以聞。

《明實録·正德九年》〔正月〕戊子，降監察御史劉天和爲金壇縣丞，王廷相爲贛榆縣丞。時陝西鎮守太監廖堂誅求無厭，天和、廷相繼按其地，稍裁抑之，遂致怨。會堂奉旨於蘭州等處造辦進貢燒餅，宜關白巡按，天和以蘭州爲御史馬溥然所轄，辭不往。又洛川妖民邵進祿謀爲亂，事覺，自首於官，廷相釋之。堂遂撫奏天和違命，併及廷相釋賊事。詔遣官校械繫二人至京，遂鎮撫司拷訊，獄久未釋，言者多救之，乃付法司擬罪，當贖杖退職，內批特降之。蓋堂以厚賂結同類諸權倖爲之助也，時各處鎮守者，罔利作威甚於狼虎，而堂爲尤甚。御史既連得罪，由是官司無敢與抗，民不勝其擾矣。

《明實録·正德十一年》〔十一月丙申〕先是，鳳陽奉侍皇陵太監郭旺、監丞秦宗往白塔、壽春等王墳所，怒中衛指揮霍璋不迎，令家奴毆之，遂死。事聞，命刑部郎中蕭海往會巡撫等官勘問。海等還奏：皇陵內臣與該衛素無統屬，即坐以威，力主使律。但其事若因公恐失之重，若擬因公罪，則璋實死非命，恐失于輕，宜令三法司并科道官會議定罪。於是刑科都給事中王爌等劾海奉命爲勘官，不能依律直斷，乃展轉遷執就，持兩可之説，實爲旺等開倖免之路，以脱己禍，非忠朝廷者。事下都察院議，請再勘訊，并逮旺宗。得旨：事已明，不必再勘。宗當重治，姑從輕降二級，旺革管事，俱令者守皇城。

《明實録·正德十三年》〔三月辛卯〕下刑部主事鄭懋德、林桂於錦衣衛獄。初，刑部獄卒例有供食錢，後乃移爲公使費，而以囚糧之贏者給之，積弊已久。會錦衣千戶江注與朱寧有連，挾寧勢縱恣。有瞽者、善歌者出入注家，瞽者之兄與人鬭不勝，注爲執鬭者榜掠之，尋死。其家訟於刑部，攝注就理，寧庇之不遣。尚書張子麟、郎中林文纘知其故，置不問。員外郎劉秉監代文纘署事，再攝注，又不發，秉監即據衆證成獄，注聞而懼，求救於寧，寧曰：我親戚誰不知，乃待我言。陰諷東廠遣盜用囚糧事。時懋德、桂相繼捷牢，遂收繫獄，且言諸堂官皆利其贏餘，請窮治。於是三法司皆恐，詣東廠求解，乃知意出於寧。子麟及侍郎金獻民、胡韶造寧謝過，寧祥不知三人者，以秉監觸禍尤之，秉監稱病不出。既而寧必欲改獄，秉監乃移兵馬司覆勘，指爲病死，注得改擬，而死者之家以誣反坐，注詣刑部，見尚書，侍郎皆與揖拜，若賓客禮。及讞，大理寺亦即報允。寧意既釋，乃寢囚糧事不治。懋德，桂本非其罪，竟調爲州同知，歷德臨清州，桂平度州。

又〔九月〕乙卯，刑部、都察院會審重囚，情眞罪當應決者八十八人，應奏請者四人。上命重囚情眞者依律處決，其四人仍繫之。

《明實録・正德十四年》〔三月乙卯〕下大理寺寺正等官周叙等十人于錦衣衛獄。叙等自以大理寺屬官，職在平獄，因具疏寬留駕諸臣之罪，且欲停止南巡，以保聖躬，壽國脈。上怒益甚，令繫鎮撫司，嚴加掠治。尋復降旨：叙等十人幷黄鞏、陸震、夏良勝、萬潮、陳九川、徐鏊，俱荷桎梏，於闕前罰跪，至晚，仍繫，俟滿五日以聞。

《明實録・正德十六年》〔七月己巳〕初，御史李美、給事中陳江劾奏取佛太監劉允等，上召還允，命疏番僧姓名以進。允既至，有詔勿問。于是江西道御史陳克宅等數允十罪，請下允獄，及諸隨行取佛者，幷付理官正其罪。六科給事中許復禮等亦以爲言。上曰：此曹蠱惑引誘，欺君虐民，騷擾地方，虧損國課，罪誠深重發。允姑降四級，罷還家，奸僧已獲下獄者，丞論罪如法。未獲者，令所在捕得，械繫至京，重治之。諸從行取佛者，悉下法司問。

又〔七月辛亥〕法司會議言：宸濠逆黨，如宜春王拱樤等情罪深重者，先已伏誅，其鎮輔國將軍覲鍾、覲鉎、宸渠、宸潽、宸浣、覲鏈、覲鉉、覲鈽、宸漢、拱摎、拱榴、宸洪、宸溯原不與謀，臨期聽其使令巡城守門，事出迫脅，情非得已，應從末減，奪爵或遷處以示懲。其在城諸將軍雖曾受賊賞，而未嘗爲之用事，其情尤輕，宜量減其祿，降如切責，許以自新。宸洪既脱身自首，例應宥免。上是其議，乃革覲鍾等爵，降爲庶人，押發鳳陽高牆禁住。在城將軍各革去祿米三之一，宸洪宥免。

又〔七月丁巳〕都察院右都御史張綸等會議太監張鋭等罪，言：張鋭、張雄受逆藩賄賂，亂朝廷紀綱，張忠以巡遊蠱惑，冒功黷貨；于經以稅課逢迎，取盡錙銖；劉祥因江彬進幸；孫和與寧瑾交通；劉養盜官物；趙林奪子女；蘇縉、馬英、佛保、周昂、張信、馬錫、吳經，或傳鎮守以納賄，或託進貢以行私；皮德、錢安、翟福、張洪，或冒邊功而濫膺封爵，或以將裔而冒姓天潢，皆竊弄威柄，變亂成法，罪在大辟，法不可赦，宜依交結朋黨紊亂朝政律棄市。疏上，留中十餘日，司禮監傳言疏有點污，趣都察院易疏以進。於是福建道御史屠僑言：鋭等所犯，古今之大惡。理官所議，祖宗之公法也。法豈可易哉？今議寢不出，必蕭敬、張佐等陰爲之地，挾私舞弄。陛下一失操持，則懷奸欲逞者乘間而起，治亂安危之幾，所係不細。上乃下綸等疏，令會官覆訊以聞。

又〔七月乙亥〕巡按湖廣御史陳則劾奏鎮守湖廣太監李鎮，太嶽太和山分守太監呂憲、潘眞，御史唐符亦劾鎮、憲及參隨指揮高陞、千戶李縉等，幷荆州抽分太監李文，並請罷還，以安地方，逮問陞等，寘之於法。得旨：憲調用，鎮革還，前已有旨，眞姑勿問，文令工部勘報，陞等下御史鞫之。

又〔七月己巳〕法司覆治宸濠逆黨，奏：鎮守太監畢眞，以朝廷腹心，爲宸濠羽翼，在江西則密謀内助，在浙江則陰作外援；其參隨張浩，助殺憲臣，脅射郡守，俱當叛逆律凌遲處死。錦衣衛都指揮廖鵬，指揮僉事齊佐，都督同知王瓛，或託造擅帳以蠱惑先朝，或代幹鎮守而規圖厚賄，俱當斬，家口緣坐，財産沒官。内臣盧明、商忠與謀護衛而陷忠良，秦用、趙秀漏泄事機而貪貨利。吏部尚書陸完交外藩而遺金不卻，處護衛而執奏不堅；錦衣衛指揮陳善、薛璽或因貿易而寄財，或因勘事而受賂，律亦當斬。其餘緣坐者，宜竄戍極邊，知情藏匿及冒功者，黜罰有差。上皆從之。

又〔九月丙子〕先是，給事中刑寰等劾奏御藥房供事通政使鄭宏、太醫院使吳釴、鄭通、任好古、沈邦治、吳傑、朱佑，院判盧志、吳英等，皆以提督太監陳敬傳陞得官。至武宗南幸，駕回不豫，敬與寵等妄進藥餌，遂大漸，宜寘刑典。上命斬之。後敬等累奏乞宥，下刑部分别情罪輕重以聞。至是奏上，得旨：敬發充南京淨軍，宏發遼東廣寧衛，釴附近衛，各充軍。通、好古、邦治、志、傑、佑、英俱革職爲民。

《明實録・正德十六年》〔十一月甲子〕逮四川巡撫都御史馬昊至京，下獄，瀘州衛指揮僉事黃應文、成都右衛指揮同知常策、叙南衛指揮同知王齊、金正、廖永，各納贖還職。先是，白水江指蠻普法惡等以妖言蠱亂，富順人謝文義、文禮陰助之，數寇掠爲患。都指揮杜宗與戰敗績，文義奪其冑以去，千戶胡翱、百戶潘輔死焉。於是巡撫都御史馬昊、督指揮曹昱、張麟等討之，獲首功一千五百餘級，蠻遂請降。其後，議爲之置吏增賦，蠻不安思變，杜宗又憾文義、文禮募人潛殺之。文義等懼，嗾諸蠻復叛。衆議咎宗，宗遂以重賄講於諸蠻。然自是旋復於叛，銙連、高珙之間無寧歲。陷高、慶、符二縣，宗按兵不敢援，戰數失利，應文嘗遇賊即棄仗奔，策、齊、正、永戰敗，冒部下士首功。及巡撫都御史盛應期至，乃用守備指揮僉事何卿剿賊，賊三出，卿輒率兵敗之，直搗其巢，前後擒斬甚衆，追殲文義于頭發山，撫其餘黨。事平，追究其初啓釁僨事者。時宗已死獄中，昊及應文等遂就逮。總兵吳坤及兵備守巡等官皆以先免官，或調任不問。

《明實録·正德十六年》〔十二月辛卯〕法司議上錢寧奸黨王欽、藍華、姚瓚、殷鏜、郭鰲、周瓚等罪狀，上以其朋奸亂政，情罪深重，王欽、藍華、姚瓚命如擬處決，周瓚等各發兩廣極邊衛分永遠充軍，郭鰲、殷鏜仍提家屬問。欽等皆投托錢寧、張銳爲心腹，招權納賄，殃民壞法，靡所不至。又俱冒功傳陞錦衣衛指揮等官，至是言官交章論劾，逮問如律，人心快之。

《明實録·嘉靖元年》〔七月戊申〕初，虜入陝西嚮水溝等堡，逮千戶李杰，百戶魏泰、高眞納級，都指揮僉事劉戡下巡按御史按問，坐守備不設，當謫戍。上以杰等所部無大亡失，宥之，各奪俸三月。

又〔十二月丁酉〕提督南京操江襄城伯李全禮貪縱不檢，家人劉宏倚勢作奸，威逼指揮僉事畢輔至死。事聞，詔逮宏，法司訊治充軍，仍切責全禮，令帶俸閒住。

《明實録·嘉靖二年》〔六月甲辰〕都察院奏：李隆謀殺巡撫許銘，具有顯狀，當即伏罪。今陛下遣官訊之，恐人心滋惑，且以重囚數人往來極邊，難保他虞，乞寢是命。上曰：茲大獄關係朝廷紀綱，死者當雪其冤，生者當正其罪。遣官往訊，正欲曲盡事情，以服天下。李隆免解，鄭岳宜速往會撫按等官詳鞫以聞。已而都給事中劉濟言：若不遣發李隆，則無與質對，復得詭詞奏擾。上命並降解詣所在案驗之。

又〔閏四月己未〕內官監太監崔文家人李陽鳳等抵工部匠頭宋玉求賄，不獲，因以他事嗾文杖鈺，（饑）〔幾〕死，事在法司問（永）〔未〕決，又爲陽鳳訴冤。得旨，改令鎮撫司訊理。尚書林俊等執（送）奏以爲：祖宗朝以刑獄付之法司，罪無大小，皆聽平決。自劉瑾、錢寧用事，專在鎮撫司爲爪牙，政出多門，盜賊滋起。此陛下聽親見。更化善治，正在今日，不宜復以小事詘法，傷平明之治。上不納，明日又奏。上怒其煩瀆，責令對狀。俊曰：昔唐德宗相裴延齡，陽城欲取白麻，懷之。唐文宗詔赦左歲使，狄兼謩繳還詔頭。自古忠臣愛君，大抵如是。夫太監崔文乃先朝之漏奸，乃左遁之作俑也。蕩搖王心，排（輒）〔軋〕言路，其罪已不容誅。茲復飾詞（仍）〔巧〕辯，脅奪見囚，謂法司爲無人，（詞）〔謂〕祖宗成憲爲不足守。臣（愛）〔受〕國厚恩，誠不忍見朝廷百五十年紀綱一旦遂爲此輩紛亂，人愚言突，不取愛死。上頗優容之。已而，都御史金獻民等、六科給事中劉濟等、十三道御史王鈞等、工科給事中余瓚等、五城巡視御史楊杲〔等〕交章論諫，章凡十有四，署名者共八十八人。疏上，皆付之所司。

又〔十一月〕己卯，劉最既調廣德州判官去，而東廠太監芮景賢復奏最在途仍用禮科舊御乘座，舡取夫役，而長蘆巡鹽御史黃國用復遣紙牌送之，並屬違例。上命逮最、國用下詔獄，鎮撫司具獄上。得旨，最謫戍，國用降遠方雜職。刑部執奏：最等情罪，宜下法司擬評。不報。

又〔十一月〕庚辰，先是，楚王榮誠及湖廣撫按官奏，承奉副潘朝等挾勢要求，肆言謗毀，指斥親王，面忤世子，命遣官會鞫之。至是，都察院覆議，朝等十三人情罪，比依謀叛，宜寘重典，其脅從者，當謫戍如律。而楚王以淳質受侮，宜賜書慰諭。得旨，俱如所擬。

又〔十一月戊寅〕先是，大理寺右寺正林希元，以議獄忤卿李琳，降調右寺副。鍾雲瑞奏希元據理守法，自罹譴訶。臣與共事，批駁實同，豈可獨罪希元？乞照例一同降調，賁友坐視，竊祿偷安，臣實耻之。且希元所駁獄情，既經奏請，久繫不決，乞勅法司早賜會勘。刑部覆議，請下南京法司并勘以聞。從之。

又〔十二月辛酉〕始錦衣衛副千戶陶淳在東廠理刑，坐受賕考迫人致死，罪當謫戍。淳妄訟營脫，詔覆案改擬立功，又覆案改擬帶俸，科道官鄭一鵬、李東等各上疏言：淳憑籍城社，營脫重罪，刑部左侍郎孟鳳等承望風旨，不能執正，宜加罰治。鳳以淳所改擬委屬輕縱，請命官再鞫。因自劾求退，上慰留之。

又〔十二月癸卯〕大理寺卿鄭岳、錦衣衛都指揮使王佐疏言：臣等頃奉命往勘甘肅兵變事，臣等謹與該鎮巡按會鞫原任總兵李隆等謀殺巡撫都御史許銘事，具得其實。按隆與銘本同里人，銘初至鎮，每事持正，隆不得至私欸，而所裁革占役諸弊，不少假借，隆意其害己。及散月糧，令依時互折銀。隆積有米麥不得冒厚利，遂恨銘次骨，密令指揮楊淮嗾諸部卒詣銘告增，銘復掠治爲首者二人。隆欲邀結衆心，藉此陷銘，遂令諸部卒各備鮮明衣甲，具三日糧待操，約以告增糧價，須剳隊毋還城，不聽即殺之。詰旦，銘及隆與鎮守太監董文忠俱至公議府，隆使人約諸部卒：今日告，必不聽，毋散。衆遂益縱恣。文忠向隆營解不可，得衆圍繞。薄暮，隆又使人激諸部卒曰：事已至此，可已耶？卒栗不老等遂火大門，擁衆進索銘，文忠以身蔽之，衆拉出文忠門外，步脱還府，搤銘出，亂毆之死，集木焚其屍，衆散。隆騎導回府，衆卒毁銘所居公署，盡掠其衣物。銘幼男許二晉子逊匿文忠處獲免。衆復大掠城中，釋獄囚，劫官庫。越三日，乃得收殮銘餘骨。隆遂迫脇文忠，反誣奏銘尅減軍糧，激衆致變，冀以緩罪。臣等謹與該鎮撫按諸臣再三鞫審，銘之死，實隆主之，隆亦辭服。隆當謀殺人造意律斬，栗不老比殺祖父律凌遲，同惡楊淮等各以差論死流放。太監董文忠、副總兵李義臨事不能解紛，反扶同妄奏，罪亦難宥，文忠宜罷，義宜降調。臣等謹具狀以聞。疏下都察院覆議，岳等所擬俱當。得旨：李隆造謀鼓衆，賊害撫臣，搆成大亂，幾危邊鎮，依律處斬。栗不老及楊淮等各如所擬，治罪有差。董文忠着照舊用心鎮守，李義降二級用。

《明實録・嘉靖三年》〔二月辛酉〕罷陝西按察司僉事李獻。先是，獻以御史按山東，杖死知縣沃潮，潮母訟其事，會獻已遷陝西，詔遣刑部郎中詹瀚往山東勘之，提擬獻決人不如法，因而致死。獻妄訴不服，下陝西巡撫王珝提問，改獻奏事詐不以實，法司奏律贖。上以其情重特斥之，仍戒風憲官，務遵照憲綱詳審刑獄，無致枉濫。

又〔四月〕庚子，初哈密衛夷火者馬黑木以謀叛論誅。其從弟阿卜都剌變服潛入禁門代訴，有詔，安置雲南。令羽林衛指揮徐鑑、千戶張能押送，至貴州新興驛，脱桎梏亡，詔不鑑、能法司鞫治，令陝西甘肅撫臣嚴督所部，追捕亡者。

又〔五月辛未〕守備浮圖峪指揮使胡璽等條奏內守備官不法數事，守備紫荆關太監耿忠亦訐璽自辨。巡撫保定都御史劉麟因併劾忠及璽等，請並行斥治。兵部覆如麟議，上持宥忠，逮璽等至京，命法司鞫之。

又〔七月〕癸未，錦衣衛以在繫官上請并待罪者凡二百二十餘人。上責之曰：何孟春輩擅入朝禁，聚朋哭喊，假以忠愛爲由，實爲欺黨私朕，中年任意妄爲。乃令拷訊。豊等，入人充戍，其餘四品以上，姑於午門前宣諭停俸，五品以下各杖之。是時，諸臣被掠繫死者，編修王思、王相，給事中裴紹宗、毛玉，御史胡瓊、張曰韜，郎中胡璉、楊淮，員外郎申良，主事余禎，藏應魁、許瑜、張燦、殷承叙、安壓，司務李可登等十有六人。

又〔十月甲辰〕六科十三道趙漢、朱衣等交章論給事中陳洸之奸，因摘發其居鄉稔惡數事，有廣東道文案及宋元(漠)〔翰〕《辨寃録》可證，御史張曰韜、戴金又特論之。上謂：洸陞用出自朝廷，宋元(漠)〔翰〕事未經覆實，漢等輒挾私奏擾，且不查究。是日，御史藍田亦上訴言，洸本尙書席書之黨，書自以望輕躐轢非據，因交結洸等爲之羽(異)〔翼〕，植私市權，罪惡暴著。書又嘗疏陳時政，至比陛下於梁武帝、唐玄宗、宋徽宗，而復高自標榜，謂孝宗嘗以其言置之坐右，排姤戚畹泰和伯之寵，文知致府宋卿之獄，議加錢子勳隨全之實，皆奸回欺訕，大不敬，當治。上曰：書所陳，朕自有處分。陳洸及宋元翰事情，下都察院從公驗問，不許偏私曲法，田小臣輒以(睢)〔睚〕眦，恣意撓瀆，且不究。

又〔十一月乙丑〕左給事中陳洸爲給事中趙漢、御史藍田等所劾，具疏自辨，因訐田及吏部郎中薛蕙、劉天民，員外郎劉勛等各不法事。都察院覆：洸語無實，不足信。獨所稱薛蕙交通知州顔木陷參將石璽父子事情，下河南撫按官驗問，蕙宜回籍聽勘。報可。洸又言：藍田所上宋元翰訐詞，乃匿名文書之類，法當毁。都察院乃欲據是併勘，意在朋陷，恐撫按望風偏枉，請敕錦衣衛官同巡按御史詳鞫，且乞迴避還籍。上准洸迴避，而命刑部差郎中、錦衣衛差千戶各一員，會巡按御史勘問。

《明實録・嘉靖四年》〔八月甲辰〕初，江西貴溪縣民徐太等與貞人張彦頨爭產，因奏彦頨結逆濠，密賄賊彬諸不法事，彦頨上疏自辯，下法司，言：彦頨(之)〔亡〕罪，太奏事不實，以在革前，應從赦免。上特令錦衣衛官校逮太等至京鞫之。

《明實録・嘉靖五年》〔二月壬午〕先是，吉安所舍餘劉容等誣奏故都御史王懋中并其子魯敏黨附宸濠事，下撫按三司勘問。至是上狀言：懋中故與王守仁等協謀討賊，子敏赴省試被拘賊中，既而得脱，無從逆情。容等所奏，皆出讐誣。於是刑部當容充邊衛軍，餘皆決杖，詔如所擬。

《明實録・嘉靖十一年》〔四月〕丙申，湖廣荆州府知府孫存上所集刊

《大明律讀法》書，首大書律文，次特書御製諸書於律有所發明者，次附書欽定條例，次分註細書諸家注解與正德新例、法司見行事件。書進，上以《大明律》乃聖祖欽定，孫存等乃敢擅自增釋，輒行刊刻，以紊成典，詔下都察院參看。乃逮存及同知李章、通判吳望、推官朱輔等，下巡按御史問，書板燬之，時存且以欺蔑宗室事在理，尋復以前與江陵知縣任佃交訐，爲撫按所參，詔併訊之。

又 〔七月辛酉〕廣東按察司僉事龔大稔劾奏吏部尚書方獻夫及守制詹事霍韜言：獻夫以陰鷙之資，縱谿壑之欲，而韜又以剛狠翼之，各任親族，盤結黨與，侵奪鹽利，籠絡貨權，分據要津，並爲(龔)〔壟〕斷。毁官署，移巡司，以便其私；奪禪林，攘寺產，而擅其利。在二臣猶爲細事，甚者若仁王寺基已改先儒朱熹書院，而獻夫奪之以廣其居。又受姦僧梁鰲投獻田土，奴畜之。鰲有罪當逮，匿護不以就鞫。獻夫夙以氣岸自高，每三司禮謁，輒稱疾不拜。今春應召北上時，顧獨再拜臣，屬免逮奴。保養姦回，沮撓法守，其無大臣之節明矣。韜居南海，乃受高要縣民投獻而爭過沙塘，致傷人命。臣理官也，據法以塘歸主，以殺人者抵罪。韜乃取獄詞標榜，名曰《俗毒牘》解送臣，脅使翻案。夫韜居喪未禫，方閉門讀禮之不暇，顧乃縱奴罔利，日與細民競刀錐，已非大臣體。而又註解刑書，飾姦掩詐，而謂仁人孝子忍爲之耶？韜又嘗以書致撫臣林富，謂獻夫直欲上聞，韜曰：且無，然恐再起大獄，延衣冠禍。夫大獄出自朝廷，非大臣可以行威福。誠如韜言，是天下衣冠死生禍福皆懸二臣之手。臣爲陛下守法，一死何憾！誠不忍以朝廷之法資姦人口實。疏入，獻夫即上章自辯言：臣自病告歸家，杜門謝事，三回接見，不能爲禮。大稔以臣爲簡，臣又嘗諷其行事乖方，用刑酷暴，遂益恨臣，陰求所以中臣，無可摭拾。惟正德九年有詔毁鬻淫祠，臣時爲郎家居，而仁王寺寔近臣宅，臣因輸直告請爲業，并買寺田若干。近耕者以爭佃訟，大稔深劾之，搆成重獄，陰欲蠛臣。臣面以理折之，業已屈服矣，頃因臣被召，自生疑忌。又欲承望風旨，奏劾霍韜，恐臣爲韜地，遂併詆臣。且大稔以海洋失事被論褫職，乃欲藉此立名，以爲後階，其姦譎可見。疏入，上優詔慰之。翌日，大稔疏乃下，令巡按御史逮赴京師問。大稔尋自詣京投獄，詔法司議罪，當大稔輸贖，回籍閒住，詔特黜爲民。

又 〔九月丁巳〕刑部尚書王時中應詔疏陳六事：一重欽恤。言近來刑官所平反獄詞，既奉恩旨，而原問官司執泥成案，偏護己私。應減死者，或陰斃於非法；應更訊者，或禁繫以終歲。使澤不下究，民抱沉冤。請令各按臣禁戢，有枉法殺人者，必窮治其罪，其事當辯問者，早爲昭雪。一戒嚴苛。在外司理之臣，以刻掠爲威明，以平恕爲寬縱，故多淫刑煆煉，深文故入。宜自今申飭，凡罪無正條，而犯不應死者，不得比附至死。其非法用刑，故入人罪者，聽撫按官參治。一宥狂愚。比年臣民建言狂悖，處斷乖方，及戇愚過激者，皇上既貸其死，而謫之戍邊，亦甚厚幸矣。然投荒屏裔，創艾既深，向年肆赦，獨不及此，不無向隅之泣。乞命該部疏别其等，或放還田里，或量移近地，以廣恩澤。一明發遣。軍罪下死一等，今真犯死罪者，本犯死不復加刑，而充永遠軍未遣者，本犯死，或又逮其子，視死刑反重矣。近嘗奏準開釋，而在外有司或未諳曉，吏得緣以爲姦。請通行申諭，凡法當永戍而未發遣病死者，不必逮其子孫。【略】一禁刁訟。凡爭告家貧田產，其分屬已定，及左券甚明，爲業年久者，毋聽重分再贖，以啓爭端。疏入，上謂：刑獄國家重事，感召災變尤切。覽奏，具見詳慎體國至意。宥狂愚一事，令該部備疏以聞，餘悉如議。

又 〔九月丁未〕原任山西霍州知州陳釆上疏謂：祖訓兄終弟及，指同父而言耳。武宗遺詔本謂陛下乃孝宗皇帝親弟，與獻王長子倫序當立，非與武宗爲兄終弟及也。楊廷和誤主濮議，與初詔自相矛盾。張孚敬謂陛下不當繼嗣，孝宗止繼統於武宗，因以爲兄終弟及，事皆無稽，難以施諸宗廟，既又明知其非，遂誘成薛侃之謀，以陰壞我祖宗已成之法。廷和雖蒙黜罰，而心跡不明。張孚敬首開言禮之端，而乃遺漏天潢，邪移祖訓，誣罔先帝，疑誤聖躬，所當先正典刑。乞將《明倫大典》所載，按原奏事情輕重各論如律。疏上，上怒，謂：《明倫大典》朕所裁定，頒行天下久矣。釆乃輒敢妄議，令錦衣衛執送法司拷訊。

《明實録・嘉靖十三年》 〔十月辛酉〕初，眞人邵元節得請馳驛還山，中途奏言：山東魯橋驛驛丞王廷矯抗，又率民居毁辱之，比至穀亭，遇李員外舟懸內閣牌，復爲其舟人侵侮，乞賜懲究。上命錦衣衛官校逮廷及李員外者赴京，其舟人及地方守事者，令按臣執送京師并問。李員外者，大學士李時弟攸也，元節爲不知者而奏之，及逮至，命下鎮撫司拷訊，具獄以聞。大學士時上章引罪，言：元節所遇舟，寔臣婿如皋縣知縣劉永準遣送臣女舟也。

臣女隨婿任，以痼疾思歸，因從弟戶部員外郎昀之便，遂以附之。而家人無知，輒懸內閣牌，雖不知，臣之罪也。上覽奏，嘉其謹畏，令安心供職。已而元節復疏言：臣欲遵命而北，乃長途艱沮萬狀，懼不得前，乞賜臣退伏山林。得旨：卿毋以小人欺辱之故，遂違朕命。錦衣衛亟選風力官，齎敕促令就道，吏部仍行撫按官趣之。

又〔十月乙未〕，法司覆禮部左侍郎黄綰勘明大同叛卒及文武諸臣罪(伏)〔狀〕：叛卒王寶、尚卿論凌遲處死，張斌、闞鉞、蕭激、牛名、董海、王倉、樊欽、許實坐斬。內寶及已死徐文全等六人，俱以支解，人各財產給被殺之家，妻子流從〔徙〕文全等六名，仍剉屍梟示。欽及鉞等四人及已死首惡(刑)〔邢〕通事等九人，皆以謀叛，楊彪以拒敵，各妻子俱給配功臣爲奴，父母祖孫兄弟緣坐流徙。羅得虎等三人坐絞。犯官宋贇以例當梟示，劉宗、瀾永戍邊衛。輕犯馬鑑等二十七人各遣邊，杖發有差。先革任兵部左侍郎劉源(靖)〔清〕、提督宣大都督郤永及副總兵趙鎮遊擊戴廒、武溎、徐淮、都指揮杜煇，坐營指揮楊德、中軍指揮趙春、千戶郤方，皆情罪深重宜逮入京按(臣)〔問〕，而總制中軍指揮劉環、提督中軍錦衣衛指揮使馬驥皆與源清事(于)〔干〕質證，請并逮之，以正其罪。其遊擊等官上爵等九十三人，皆情罪稍輕，及未獲陳准等二百一十人，未至丁秀等四十二人，宜俱下各按臣逮問。議上，報如議，源清等令各巡按御史逮問赴京師鞫訊。

又〔十二月辛丑〕逮直巡按御史李新芳、大名兵備副使楊彝下詔獄。先是，新芳行部至廣平縣城門，發銃猝發，被驚。新芳怒，笞銃手并笞知縣周謐，又用左右譖謂其居官多不法，恐見按治，故使銃手謀害，遂執謐及典史田經付推官楊經鞫訊。謐等不服。經知獄不就，以新芳怒盛，重違其意，乃文致它事誣謐，經侵分修城銀，坐以監守自盜律。廣平府知府李騰霄不能平，詣新芳辯析之，辭氣頗厲。新芳愧憤，遂誣騰霄主使謐謀害己，并奏之，而遣推官楊經、秦新民馳府執騰霄。騰霄拒之，稍集衆自衛。新芳復劾其拒城爲亂，檄兵備副使楊彝勒兵二千人往補之。騰霄棄官走，通判吳子孝、推官侯珮、經歷吳尚質皆走，郡城一空，百姓奔走爭門出，蹂躪死者甚衆。新芳遣數百人追騰霄等，下令得騰霄者予三百金。追至趙州及之，執騰霄，係唐山縣官舍，而以子孝、佩、尚質歸，皆笞之數十，尚質立斃。騰霄、謐、經屢訴於朝，巡撫都御史周金亦奏新芳謬妄，及劾經、新民怙勢作威，發激兵變之罪。上命新芳回籍聽勘，遣兵科給事中王禎、刑部郎中李櫰往勘其事。至(事)〔是〕，據實以聞，遂逮新芳等下詔獄，而奪經、新民官，其他連引甚衆。先是，金既劾奏新芳，都察院言：撫按互爭，金宜迴避。金亦言：新芳憤逆，皆掌院都御史王廷相陰爲主持，乞敕廷相毋預勘事。因自請罷歸。廷相疏辯本無回護，亦請先罷。上以其事下刑部，令廷相各供職如故。後刑部具上獄詞，當新芳擅勘禁五品以上官，自失憲体，楊彝阿順助虐，俱革職爲民。騰霄、新民、經並閒住。詔從之。此事實新芳用小忿作威福，至於擅調官軍，幾致地方大變，而吳尚質之死明屬故勘，乃獨用不諳憲体革職，當時論者以爲失刑云。

《明實録・嘉靖十四年》〔六月己亥〕宥前違言御史馮恩死，謫戍瘴地。恩先坐上言大臣德政，論斬獄。會廷審，以有詞，詔更訊。法司謂恩應詔陳言，欲毀張孚敬之輩，因而過譽李時輩，意在申此而抑彼，初非專頌大臣德政，以此坐斬，情實可矜。第思身爲言官，乃不直陳時政得失，而妄意詆毀大臣，當比奏事詐不實者律，准贖徒杖還職。上命再議。至是，法司謂恩情重律輕，既非常法，可議請戍遣。得旨，發煙瘴地面充軍，不許朦朧起用。

《明實録・嘉靖十五年》〔十月戊戌〕始張延齡之下獄，也刑部提牢主事沈椿以戚畹故不令入重獄，置之別所。後代者遂踵襲其故，脫其桎梏，稍益寬假之，聽其奴出入扶持。因得私通親知往來，或置酒獄中，令人談諧以爲樂，至主事羅虞臣有鄉人陳邦憲者，亦坐死繫獄，虞臣因寘之延齡所相得甚歡，嘗爲延齡草奏，時邊將郤永、宋贇、王祿者，皆以大同事繫獄，亦與延齡常燕聚。祿因稱貸延齡家人百金，延齡在獄嘗書聖學心法一幅，而題君道不明賞罰六事於其端，或傳播於外。有嚚訟憸人劉東山以他罪繫刑獄，獷肆不受囚拘，虞臣因執而掠之。東山恨虞臣，欲報之，遂摭延齡前事，謂逆惡陰謀，賄結邊官爲外援，昭逆國讐爲內黨。其妻崔氏，動引宮闈爲主，延齡又自謂有先朝恩券，終不至死。又有賜田及別業百餘所，令子孫家人多通賄賂，以希脫獄，并誣虞臣等黨庇逆惡狀，其所連及者不下數十百人。奏入，詔逮捕疏中有名者，并下鎮撫司拷訊，以其狀聞。上怒延齡明書君不明之詞，詘上爲逆，責法司非人，類與死囚爲黨，令備查。先令提牢官吏俱執付鎮撫司拷訊，尚書唐龍等令從實對狀。龍等隨上章引罪。上又責其欺公鬻法，既引罪，姑不逮，令戴罪聽處，於是，錦衣衛錄刑部前後提牢官吏主事沈椿、林允宗，陳鉞、周大禮、王梅、侯寧、吳孟祺、施雨、胡永成、劉昺、沈宏、茅宰、朱懷翰、朱冕、賀思、趙瀛、舒纓，及已陞郎中蔡克廉，署員外郎林華、高世彥，改御史何其高，調兵部主事何城，改光祿寺寺丞葉泰，司獄陳大川、獄典(陳)〔張〕鑑及見監生事羅虞臣，俱逮下鎮撫司獄。公差主事陳公陞、徐中、陶廡、王椿、饒思聰，陞山西僉事趙迎先，革職曾孔化，改禮部主事公差趙維恆，改南京禮部主事方舟，考察不及主事張憲，革職謝載，給假主事鍾允謙，丁憂主事緒寶，俱命各巡按御史執赴京師并訊。時有奸人劉琦，因延齡重得罪，(傷)〔復〕圖挾詐其間，又誣搆延齡謀附權閹，傳遞宮禁，內帑金帑賂遺貴人(群)〔郡〕元節，暗結邊官王祿等，釀成大患等事，有旨并下詔獄拷訊。二疏所(呈)〔罣〕，累凡百餘人或不識面，事皆無跡。鎮撫司以其實聞，詔下都察院後重擬罪。都御史王廷相等議：延齡先坐重辟，不即加誅，乃敢怨望謗誹，當比罵父者律，仍前候斬。主事枕椿等二十四人及卻永俱贖杖，椿等還職永仍繫獄。內椿首縱重囚，置之輕獄，虞臣不畏國法，私其鄉人，皆爲干紀，不宜坐以常律，請從重議。司獄陳大川及吏卒張鎧等十八人，以先受延齡枉法財，並坐謫戍。陳邦憲、宋賛皆先論死，王祿先坐謫戍，仍如別案。東山、琦皆奏事詐不以實，東山，發配衛驛，琦發遣邊衛，餘罪有差。上從其議，以延齡、邦憲、賛，俱仍原議處決，永等付廷訊。

《**明實録·嘉靖十六年**》〔二月〕辛亥，刑部奏詔例先後録上充軍應赦者一百四十二人，內原任御史馬録、盧瓊，都御史李璋、李珏，僉事章綸，都指揮馬豸，給事中劉琦、常泰、張逵，郎中劉仕，知州胡偉，俱以大獄。副總兵趙鎮，都指揮武濬，指揮楊德、趙椿，俱以大同兵變。都御史呂經以遼陽兵變，太常寺卿張鶚以行在所乘轎。御史馮恩以建言。郎中葉應驄以故勘人命。學士豊熙、修撰楊愼、檢討王、元正都給事中劉濟，給事中張翀，御史余翱，郎中余寬、黃待顯陶滋相世芳，員外郎邵經邦，寺正毋德純，俱以大禮。餘俱私罪。得旨馬録、呂經、馮恩楊、愼王元正、劉濟、豊熙、邵經邦不宥，餘並釋之。武職原衛閒住，文職原籍爲民，不許朦朧起用。

又〔六月癸亥〕先是，九江府同知姜輅以嚴酷榜殺平民，事覺，逃亡，爲巡按御史陳褎所奏。事下都察院，左都御史王廷相奏，當輅罪遷發口外爲民。上曰：輅所犯在赦前，遷發何也？以責問廷相等，廷相對狀言：去年詔書遷發爲民，不言赦宥，又故有戶部奏准事例，詔所不原，皆如律遷發。臣等以此擬輅。上曰：既有戶部所奏，何不查明？該道呈行官罰俸兩月，以輅經逮問，仍令法司議擬以聞。於是，法司言：每詔書首條，明開重罪不赦，其餘已未發覺，已示結證，不論罪名大小，咸准赦除。此條蓋爲諸犯之隸於理官，者設也，故有犯該遷發而未遷者，則尙屬於理官在已未發覺結證數內，即准首條免科。今輅未經逮問，則事尙屬理官，當如詔書首條宥免遷發。上是其議，命以輅下按臣逮問，發回原籍爲民，以都察院違詔擅擬遷發，法司不行參奏，俱切責而宥之。

《**明實録·嘉靖十七年**》〔六月〕壬子，先是，廣東巡按御史按上重囚，嚴官旺情有可矜，都察院覆奏：已得旨，宥死充軍矣，比審錄官，亦以可矜聞，刑部不知，謂官旺罪當死，仍令禁之。廣東按察司以先後奉旨不同，奏請刑部復議改擬。上責其先後矛盾，尙書楊志學等引罪。疏上得旨：人命至重，如何輒甚意出入？堂上官姑不究，承行郎中吳至奪俸三月，官旺如審錄官原擬發遣。

《**明實録·嘉靖二十一年**》〔五月〕庚子。初，漳州人陳貴等私駕大舡下海通番。至琉球，爲其國長史通事蔡廷美等招引入港，適遇潮陽海船爭利，互相殺傷。廷美安置貴等於舊王城，盡沒其貲。貴等夜奔，爲所掩捕，多見殺。國王尙清知之，下令國中乃止。至是，械繫貴等七人，誣其爲賊，遣廷美等賫表文送至福建，欲赴京陳奏。巡按御史徐宗魯會同三司官重加譯審，列狀以聞，留廷美等待命。上下部議，部臣覆奏：貴等違法通番，自有律例。但琉球國王尙清縱容夷人屢次交易，又奪取貨物，羈留人衆，橫肆屠戮，復誣以爲賊。其欺謾恣肆，宜加切責。仍聽本部移咨戒諭，不得輕與中國商民交通貿易。得旨：貴等(爲)〔違〕法通番，着遵國典從重處治。琉球國既屢與交通，今乃敢攘奪貨利，擅自拘殺我民，且誘誣以爲賊，詭逆不恭，莫此爲甚！夷使蔡廷美本宜拘留重處，念素係朝貢之國，姑從寬放回。後若不悛，即絕其朝貢。令福建守臣備行彼國知之。

《**明實録·嘉靖二十二年**》〔三月〕丙辰，法司會議刑科給事中李念所奏富民犯充軍徒流罪者，許輸粟邊倉，免其發遣。上曰：充軍重犯准贖廢法，非美政也，不必行。

又〔六月〕乙亥。初，江西諸(群)〔郡〕王歲時朝賀，俱在弋陽王府行禮。至是，建安王宸濡以己尊屬，不欲隨班，因遣校尉張益上疏稱病，請歲時得自從其府行禮。詔責濂不敬，令恪遵典禮，不得妄奏。初，濂遣谷時，嘗授之秘札，囑以夤緣關通之謀。谷附藏奏牘中，遂誤徹御覽，詔下法司逮問。於是，禮科都給事中劉大直等奏：近日各宗室章奏類瀆，多由奸徒投充，撥置營差入奏，厚賫金帛，潛住京師，例外比例，恩外乞恩，謀畫萬端，期於必得，往往借口關節侵年無算，欺弊宗室，污辱朝士，請嚴爲禁例。上是其言，令諸王以後務自點檢，戒諭宗室敬遵祖訓，一切事宜，必與令甲相合，方許遣奏。如有法外乞恩，再三奏瀆者，所司即劾奏。其奏使事竣不還，延至半月以上者，捕治不貸。先是，戈陽王嘗遣儀賓楊瑚入賀，隨京且六年矣。法司逮谷不獲，有與谷同行(谷)〔内〕使顧德者，匿瑚所疏，代谷奏辨，爲廠衛所偵獲。詔以瑚、德俱下法司鞫問，尋發德充戍，革瑚職爲民。

又〔十一月壬戌〕應天巡撫喻茂堅、巡按陳與音勘明：池州府知府柯實卿所問重犯徐正本等，貲財巨萬，世濟兇惡。實卿敢於任怨，使豪猾伏辜甚善。獨其剛愎自用，嫉惡太甚，不免偏狥濫及。夏邦謨據其處置而薦之，江濬執其偏狥而劾之。雖情(各)〔有〕由，而事屬輕率，請以實卿逮問如理，濬量加罰治，邦謨戒責，徐正本仍行原問衙門從重歸結。上曰：柯實卿既能除一方巨害，其貰勿罪，改別府用。江濬奪俸二月，邦謨已之，餘如議。

《明實録・嘉靖二十三年》〔十月乙酉〕兵科都給事中戴夢桂等言：巡撫薊州都御史朱方，輕躁違議，掣兵太早，藉口惜費，使虜得乘間入犯。王儀、郤永一聞其議，遂即散兵，賊一入寇，召兵不暇。總督翟鵬漫無可否，罪亦難辭，俱宜重懲。上曰：翟鵬手握兵權，鵬若不下令，王儀、郤永安敢掣兵？朱方建議，使既去之賊，非時勾入，以必搶京師爲辭，二臣實爲罪首。鵬，方俱命錦衣衛機機來京亦訊治。儀、永姑停俸戴罪殺賊。總督以兵部左侍郎張漢與右僉都御史代之，方任急補，不許黨欺。於是，御史舒汀等言：頃者虜寇深入，固始於朱方建議掣兵太早，然本兵尚書毛伯溫該司郎中韓勯漫無參酌，聽其妄言，朦朧題覆，則其責有不容辭者。况朱方止議掣薊州客兵，而并將宣大等鎮客兵一體掣散，則本兵之罪也。罪坐所由，失事惟均。上是其言，詔：伯溫受任本兵，掣兵之議，漫無可否，賊入又不能用心盡策，甚負朕託。令褫職爲民，不許再用。勯令錦衣衛逮至午門前杖八十，發戍邊衛。仍令吏部會推忠實者代伯溫。

《明實録・嘉靖二十四年》〔九月丁丑〕楚世子英燿伏誅。英燿，楚王顯榕長子也，狎比群小徐景榮、劉金、楊惠等，淫縱不法，先以匿姦宮人方三兒。事覺，楚王錮三兒，而杖殺其所使陶允兒等，英燿恨之。二十三年端午日，王置酒召諸宗室觀龍舟，呼樂婦宋么兒侑觴，英燿見而悦之，令劉金潛納之别館。王知之，復欲杖殺金，金聞大恐，乃密與景榮、惠等乘間白吴燿曰：王怒甚，且欲廢立，不如先發。吴燿遂謀以次年上元邀王賞燈，因舉事。及期，乃集其黨田堯、謝六兒、張貴等，歃血而盟，分執銅瓜、木挺，蒙以面具，伏輯熙堂後，約舉砲馬號。部署定，日甫申而王至。時武岡王以送王亦至。酒數行，乃款武岡王於西室。王左右從者以次設食，稍引去。於是，吴燿舉手令張貴放砲，金等即率衆從王座後擁出，六兒首以銅瓜碎王腦，堯等椎梃亂下，立死，衆皆驚走。武岡王聞變往救，亦爲亂梃所傷。王既弑，吴燿怒未已，令六兒以鞭鞭王屍數下，徐舁入内寢。翼日乃殮，用長史孫立、承奉張慶，王憲等謀以中風暴薨僞訃于鎮守撫按三司各衙門，而禁武岡王於别室，令毋得出。王從者朱貴以間抉門出告變，事遂泄。鎮撫等官具以狀聞，英燿私遣人追截其疏，不及。於是，謀自爲辯，使指揮甘玉海及儀賓李瑞書辯，官李仁等勤取崇陽王等王保奏。又爲辯疏，使承奉王憲多齎金錢上之。獨通山王不肯從，陰奏英燿弑逆狀並勒印妄保事。詔司禮監太監溫祥同駙馬都尉鄔景和、刑部左侍郎喻茂堅、錦衣衛都指揮使袁天章，會鎮巡等官往按其事。武岡王聞祥等至，始乘間得出府，具揭英燿大逆不道，如通山王言。於是，祥等奉敕削奪英燿位號，收其冊寶，拘縶之城内，會巡撫車純、巡按伊敏生驗治徐景榮等各詞，服論罪具奏。上復令法司集廷臣雜議掌府事東寧伯焦棟等，吏部尚書熊浹等議曰：吴燿性本凶殘，行復穢惡，弑父鞭屍，天理絶滅，罪不容誅。崇陽王顯休、江夏王榮漢、永安王顯梧、東安王榮淑，均以王室至親，忍爲大逆保奏。通山王英炊被脅，而守正不阿；武岡王顯槐受禁而終能脱首。右長史孫立、承奉正張慶、承奉副王憲，既失討賊之義，且甘濟惡之謀。左長史爲天祐嘗久出，大變罔聞。徐景榮等二十六名〔俱以賤謀弑親王，内造意者景榮等三名〕加功者田堯等八名，惡逆尤甚。宮人方三兒、樂婦宋么兒私通世子，釀成弑逆。英燿及徐景榮等，典刑具在，國法罔赦，所宜明正其罪，以爲亂臣賊子之戒。餘亦宜據法原情，以昭懲勸。議入，制曰：英燿悖逆天道，主謀弑父，罪惡無前，覆載不容。既輕差官勘實，並多官會議明白，皆欲明正典刑，朕不敢赦。其命公朱希忠祭告皇祖，斬之於市，焚棄其屍，不許收葬。徐景榮等二十六人，卽於彼處會官凌遲處死，內景榮三名、田堯八名財產籍沒，妻子爲奴。宋公兒、方三兒各杖一百，孫立等三人皆斬。馬天祐捕治革職，顯休、榮漢、顯梧、榮淑等各奪祿米三之一。吳炊、顯槐俱賜敕獎諭。俱各賜慰銀五十兩，綵段四表裏。該府應行事宜並楚王應得卹典，禮兵二部其查議以聞。仍以書諭各王府。

《明實録・嘉靖二十六年》〔六月庚辰〕靖江王幫寧奏：臣祖奉御書，全支本色祿米。嘉靖六年，戶部尚書梁材奏，(詔)〔照〕弘治十六年例，本折兼支，臣屢奏，未奉俞旨，未敢支祿者二十餘年。且緣此草場被侵，軍校竄匿，前後御史錢嶫、徐南金，按察使葉照、僉事潘恩執臣侍衛箠死獄中，實由滅祿之故體統陵夷至此，伏乞給賜全祿，仍正諸侵臣者罪。臣謹卸冠帶，避居城外。若不得請，當削髮披緇，不敢復入府矣。上曰：邦寧所奏，本爲祿米一事，中間牽摭紛紜，詞多忿激，跡涉要脅。禮部會戶、兵二部、都察院參閱議處以聞。已巡按廣西御史徐南金亦以邦寧聽信姦黨趙相等撥置違法害人諸事上聞，詔刑部會禮部等衙門，照前旨一併參議。於是，刑部尚書屠僑會同禮、戶、兵部尚書費宷、王杲、陳經，都御史王以旂等參覆：祿米已有弘治十六年奏准定制，擅難輕議。至於邦寧所奏諸事與南(京)〔金〕所參，情節互異。事干宗室，宜遣給事中、刑部郎中、錦衣衛千戶各一員，捧勑前去，會同兩廣都御史、〔按官〕巡按廣西御史，逐一秉公覈實，據法參奏。詔依擬。

又〔八月〕壬寅，勒禮部左侍郎許成名、右侍郎崔桐、詹事府少詹事王用賓、黃佐致仕。初，吏部左侍郎缺，例用翰林資深者推補。吏部尚書聞淵推國子監祭酒王道補之。至是卒。乃擬桐及佐名上。給事中呂時中言：該部初擬成名矣，緣桐忿爭，乃並舍之而用道。今復用桐，是賞爭也，何以抑躁競、崇恥讓？給事中徐霈、御史艾樸又言：桐、成名互相詆(誠)〔訾〕成隙，用賓、佐復倣傚覬覦，惟恐先之，宜俱釋勿用，而別選雅望者。上是其言，俱令致仕，而以尚書淵狥私受囑，推舉不公，奪俸半年。該司官吏，令逮赴鎭撫司考訊以聞。已鎭撫司讞上郎中張舜臣、吏張明獄辭，下(利)〔刑〕部各贖杖還職役。

又〔九月戊辰〕先是，禮科給事中馬錫劾戶部尚書王杲、巡倉御史艾樸私受兩淮運司解官黃正大贓賄，勒管庫員外郎余善繼稱納低銀。上怒，下杲、樸等鎭撫司究問。杲辯：正大解銀至部，臣惟咨總督尚書幷劄管庫委官稱兊，各有司存，非臣得干預。委官劉鑑先收銀十三萬，退出成色不足者八萬餘兩，善繼續收八萬六千，退出一萬一千兩有奇。先後所退低銀，並未呈部，祇緣善繼漏收銀千兩，正大畏懼檢舉，臣遂同總督巡倉官參送善繼法司問罪，及陪庫主事方大樂罰俸。乃種禍實在於此而該科所奏通賄事，不顯明指陳，徒泛言以喪臣名節，乞容臣與該科面質，以明心跡。上責杲失職，非古廉清正直者，比令加刑再問。尋戶科給事中厲汝進、查秉彝、徐養正、劉起宗、劉祿復言：兩淮當起解前銀之初，適副使張祿署印。祿與正大同謀，摻和令鄉親大使趙蘭隨解至京，廣通關節，自杲外如太常寺卿嚴世蕃，順天府丞胡奎，總督尚書王暐，皆有請託踪跡，宜盡法窮治疏入，大學士嚴嵩卽上疏自理，謂：汝進等欲以贓罪污衊臣故借臣子世蕃名，肆其巧詆。上益怒，遂手批汝進等疏，詰其謂祿不早，意欲與杲解釋，命錦衣衛俱執至闕下，汝進杖八十，餘杖六十，俱降邊方雜職。張祿不必逮問，黜爲民不叙。杲、樸等令該司併提暐問奏發落。再有煩擾者，加罪。已而該司具獄上，詔杲、樸發邊衛，正大等發極邊衛，俱充戍。暐爲民，善繼幷大樂仍送法司擬罪，乃降善繼一級，與大樂俱調外任。其低銀令鎭撫司同刑部煎銷辨驗，計虧折一千三百十七兩有奇。因廉得張祿通該吏武材幷銀匠唐眞等作弊侵銀狀以聞，詔行該省巡按御史逮祿等追捕，已乃謫汝進雲南亦佐縣，秉彝定邊縣，養正通縣，起宗廣西荔浦縣，祿荔波縣，俱典(吏)〔史〕。後杲竟死於戍所，公論以爲枉。

又〔二月辛酉〕山東撫按官奏官軍捕得反賊商大常等。上以謀反律重，詔法司駁還原奏，令其從公再擬，不得張功虧枉。於是，巡按御史傅鎭復奏：大常本以煽妖行劫，非謀反者，宜改擬強盜得財律斬，庶情罪允當。報可。

《明實録・嘉靖二十七年》〔三月〕癸巳，錦衣衛鎭撫司鞫上曾銑獄情，謂銑交結大學士夏言，令其子曾淳先後持金數萬，託言妻父蘇綱致之言所，朋謀爲姦，妄議復套，其前後掩覆失事，冒報功捷，具如咸寧侯仇鸞所訐。上曰：曾銑妄議開邊，隱匿喪敗，殃虐百姓，欺蔽朕躬，罪在不宥。法司會同九卿、錦衣衛堂上官從重議擬。蘇綱發烟瘴地面充軍，夏言令錦衣衛差官校逮繫來京問。已法司會擬銑罪，律無正條，宜比守邊將帥失陷城寨者，斬。上曰：銑情罪異常，有旨重擬，乃稱律無正條，固可置不問乎？仍依所犯正律議擬以聞。于是，法司請當銑交結近侍官員律，詔可，乃斬銑于市，妻子流二千里。銑有機略，初爲御史巡按遼東，會遼廣寧撫順兵變，銑密運方略，悉捕首惡誅之，全遼大定，時論以爲才。會虜患棘，因不次見擢，膺專閫之寄。然銑躁迫，無經遠弘猷，自負遼左功，謂天下事無難爲者。其所注措，率多誕漫。巡撫山東，聞虜入太原，上疏請（激）〔撤〕還山東兵戍關西者，内守臨清，爲時所笑。比視西師，乃昌復套議。大學士夏言好邊功，遂力主持之，紛紛造舟車，括鉛鐵，關隴之間，蕭然煩費矣。時虜勢方熾，而我兵積怯，銑疏下部議，久之未覆。上心亦危疑之，密以訊大學士嚴嵩，嵩與言不相能，常思有以中之，欲因是陷言，乃問。上指謂其非計，説既行，隨騰疏攻言，言遂得罪去。得時，上怒銑甚，然實無意殺言也。會咸寧侯仇鸞先爲銑所劾，有旨逮詔獄。鸞上書闕下自理，嵩因授鸞意，令以復套事攻銑賄言，表裏作姦，覬圖大福。及鎮撫司奏獄，具下法司擬罪，凡再議，銑、言竟以交結近侍律，俱論死，鸞罪得釋，遂厚賂嵩。兩人深相得，鸞益横鸞不法，以及於誅。銑既死，家無餘貲，妻子狼狽遠徙，天下冤而冤之。

又〔九月甲午〕崇王載境奏原任陝西布政司右參政李經家居貪横不法，乞逮治。詔遣刑部郎中李孔陽往訊之。還言：經以聽勘回籍，與王爭田成怨，無他故。刑部覆：經初爲西寧兵備，有貪聲。茲居鄉又不飭，當論。第其被訐，其多枉，不足以服其心。宜罷經而戒論王。得旨，經革職爲民，餘不問。

《**明實録・嘉靖二十八年**》〔五月己卯〕禮科給事中沈束爲故總兵周尚文疏請卹典言：尚文爲將，忠義自許。邇者虜騎深入，聞命疾趨，奮勇先登，多所殺獲，虜遂彷徨宵遯，此亦一時奇功也。雖幸蒙聖恩褒之璽書，陞之官秩，然尚文有不泯之功，朝廷有未盡之賞，請命該部閲實先後功伐，從公僉議，贈以封爵，延之世賞。將見九邊熊羆之士咸扼腕自奮，爭先赴敵，義不旋踵矣。又董暘、江翰膺北虜之衝，遏南奔之勢，援兵不至，繼之以死，是社稷之衛也。雖已廟祀廕贈，仍宜特賜諭祭，以彰死事之功。夫九重深遠，下懷難訴，當事之臣又不能上體聖心，任己意而與奪其間，冒濫或至於倖蒙，忠勤反遭於捐棄。今邊方未靖，每廑聖憂，誠宜厚死以激生，卹一以勸百。上覽其疏，大怒曰：周尚文連疏自伐功勞，又肆言甲辰未得酬報，怨望多端，寬而未治。不知何故即死。束，言官也，乃不行重劾，反肆欺狂，詆朝廷，擅權市美。吏部都察院參者以聞。於是吏部尚書聞淵、都察院左都御史屠僑言：束心本無他，第狂迂，當治。得旨：人臣之罪，結黨欺君爲大，淵等何不重參？各奪俸三月。束令錦衣衛執付鎮撫司究問。已詔刑部擬罪，刑部坐束奏事詐不以實者律，杖徒納贖。上特詔廷杖之，錮于鎮撫司獄。

又〔十月庚申〕工科給事中趙軏、陝西道御史申仲劾奏督理盔甲廠太監呂洪擅役銅工鑄私器，計所侵盜以萬計。詔送鎮撫司鞫問，軏、仲亦捕繫獄。有旨：軏、仲徇私欺公，罷爲民，永不叙用。

《**明實録・嘉靖二十九年**》〔七月壬子〕詔逮巡視浙福都御史朱紈至京訊鞫，下福建都司都指揮僉事盧鏜海道副使柯喬獄論死。先是，紈奏海夷佛狼札國人行劫至漳州界，官軍迎擊之于走馬溪，生擒得賊首李光頭等九十六人，已遵便宜斬首訖。章下兵部，請俟覈寔論功。會御史陳九德疏論紈專殺，濫及不辜，法司覆請遣官會勘：上從之，遂革紈職，命兵科都給事中杜汝禎往。至是，汝禎及御史陳宗夔勘上，前賊乃滿喇伽國番人，每歲私招沿海無賴之徒，往來海中販鬻番貨，未嘗有僭號流劫之事。二十七年，復至漳州月港浯澳等處，各地方官當其入港，既不能羈留人貨，疏聞廟堂，反受其私賂，縱容停泊，使内地奸徒交通無忌。及事機彰露，乃始狼狽追逐，以致各番拒捕殺人，有傷國體。其後諸賊已擒，又不分番民首從，擅自行誅，使無辜並爲魚肉，誠有如九德所言者。紈既身負大罪，反騰疏告捷，而鏜、喬復相與佐成之，法當首論。其冒功坐視諸臣，通判翁燦、指揮李希賢等罪次之，指揮僉事汪有臨、知府盧璧、參將汪大受又次之。拒捕番人方叔擺等四名，當處死。餘佛南波二者等五十一名，當安置見存。通番奸徒，當如律發配發遣。於是，兵部、三法司再覆：如汝禎等言，紈、鏜、喬遂得罪，翁燦等下巡按御史提問，汪有臨等奪俸有差。紈爲人清廉，勇於任事。開府閩浙，首嚴通番之禁，海中爲之肅清。走馬溪之役，雖張皇太過然勘官務入其罪，功過未明，紈竟坐憂恐，未就訊仰藥而死，公論惜之。

《**明實録・嘉靖三十七年**》〔九月〕己亥，刑部都察院覆禮科給事中李得春條陳鎮刑獄六事：一、罪囚係奉旨貫減者，吏不得復坐他事，酷刑久繫。一、獄情眞者，不許浮詞奏辨，開倖免之門。一、問刑官有移情就例故入人罪者，聽所司劾奏，降調爲民。一、死獄重，非正官不得問理。如有轉委佐貳，或以賄成，或以勢奪，以故出入人罪論。一、永遠軍未發遣而死於獄者，免其勾補，不得累及子孫。一、極刑自斃於獄與矜疑瘐死者，均之失刑。今後有經奏請，無枉故延，及情可疑不爲伸理者，各宜罪之。詔如議行。

《明實録・嘉靖三十九年》〔三月丁亥〕虜五萬騎，攻陷遼東廣寧中前所城，殺守所千戶百戶武守爵黄廷勛，掠二百餘人，巡撫都御史侯汝諒以其事聞，因劾提調指揮儲世福、備禦郭承恩、參將張濟等失事之罪。兵部覆請，并治汝諒及總兵楊照。得旨：革承恩任，下世福等與巡按御史，照、汝諒以歲寒兵疲，姑各降俸二級。

又〔四月甲寅〕罷刑部尚書鄭曉閑住，不許再用。降左右侍郎趙大佑、傅頤各俸二級。故事，近京軍民有冤，得投牒通政司，赴刑部訊理。時御史鄭存仁巡按順天，移檄禁民越訴。凡法司官擅受民詞，有所追取者，縣官不得輒發。曉聞之，乃引《大明律》例有停囚待對之條，用《會典》中亦載近京犯人得聽法司問理，率大佑等上疏論存仁違例侵官，存仁亦執《大明律》自下而上之義，論曉等欺罔。上下其章於都察院，會該科會議，未上。曉等疏辨，上責其不候處分，先行辨瀆，且言：前者周山等作亂，咎本在激變之人，曉等奉旨未減，疏內無一字避退，雖曰執法，終是自尊。乃斥降曉等，而命自今一應詞訟，在外者屬之有司，在京者屬之刑部，不許行爭擾。

又〔八月癸亥〕刑科給事中侯廷柱條陳問刑七事，刑部覆行其三事：一、南京刑部各司官有擅受民詞，不由通政司及各衙參送者，有獄成徑自發遣不開白本堂者，又有已經大理寺評允而改變情節者，夫兩京一體，三尺法當與共之，不宜異同如是，請嚴禁。一、斷獄慎於初情，屍傷憑之檢驗。近者專委之各城兵馬，以致吏書仵作，相比爲奸，宜加甚重。今京府推官知縣得覆覈之。一、聽斷速則窺伺者無所容其私，歸結遲則需索者得以乘其隙，今一人繫獄，動至破家，在歇家有保頭之例，在守門有門禁之擾，在皂卒有杖頭之錢，在庫役有掌櫃之號。此其弊端，皆起於聽斷不速之故也。內外有司心知其弊，而或爲胥吏阻撓，或以奪走妨職，宜懲一戒百，以釋冤滯。詔允行。

又〔正月〕己酉，上御文華殿講讀畢，輔臣張居正奏：姦人王大臣妄攀主者，廠衛連日推求，未得情罪，宜稍緩其獄。蓋人情急則閉匿愈深，久而怠馳，眞情自露。若推求太急，恐誣及善類，有傷天地之和。報聞。蓋居正初疏，意有所欲，中會廷議洶洶，故有是奏。

又〔九月丁酉〕刑部會官審錄重囚於承天門外。

又〔辛丑〕刑部奏會審過情眞重犯三百五十三名口，詔：報照例處決。

刑部奏會審有詞犯人一十九名，俱再問。刑部奏會審犯人有可矜疑者二十三名口，〔詔〕：俱饒死發邊衛充軍，婦人及篤疾者俱釋放。

又〔九月乙巳〕南京刑部奏會審情眞重犯二名，有詞犯人二十九名，情罪可矜疑者二名，疏下刑部。

又〔十二月辛酉〕總督尚書王崇古奏虜王俺答等執送，并各官通緝獲投虜姦逆，及擅拆邊牆出盜虜馬賊犯，請照例審梟，行令賞賫，量陞職級。章下法司。

《明實録・萬曆二年》〔四月癸丑〕刑部覆南京監察御史王宣化參應天府推官周恪將犯人胡三興淹禁不決，伊母吳氏縊死稱冤，及狀開奉官役受吳淪重賂等情，合行南京刑部提問。報可。

又〔八月癸丑〕兵部覆南京戶科給事中余懋學等參劾南京守備內臣申信已奉旨回京，無容再議。合行申明職掌，今後內外守備除關機密重事者許受狀辭，與參贊尚書議，其餘人命、強竊、鬥毆、搶奪等項，並不許濫鞫。其委用內官內使名數，止許照舊額，新添者盡行革退。報可。

又〔十月癸丑〕法司奏審錄罪囚，上復傳聖母意停刑。輔臣張居正奏：皇上奉若天道，乃天雖好生，然春夏與秋冬並運，雨露與霜雪互施。古人云，赦者小人之幸，君子之不幸。今看審錄揭帖，各囚所犯皆情罪深重，概加憐憫，則被其殺害者獨何辜而不爲償抵乎！上曰：聖母崇奉佛教，故不忍動刑耳。居正對言：佛氏雖慈悲爲教，然其徒常言，地獄有刀山劍樹碓舂炮烙等刑，比之王法萬分慘刻，安在其爲不殺乎？上大笑。居正因奏嘉靖初年法司奏應決死囚不過七八十人，蓋因有決不待時者，犯該秋後處決者，乃繫獄待決。至中年後，世宗奉玄，又好祥瑞，每遇有吉祥事，即停止刑。故今審錄重囚至四百餘人，蓋積歲免刑之故也。彼之所犯，萬無生理，淹禁牢獄，徒費關防，縱釋有罪，無以懲惡。臣竊以爲宜如祖宗舊制，每歲一行爲便。上深以爲然，還宮奏之，聖母黽勉俯從。次日，降旨決常安寺三十餘人。

又〔十一月庚辰〕戶科給事中張孫繩言：路楷與楊順希承嚴嵩，因沈鍊劾嵩，誣其誣叛處斬，忠臣受禍，幸將順、楷執赴詔獄，擬問斬罪。既而順死於獄，楷復展辯，改擬充軍，未盡厥辜，宜正典刑，仍與楊順俱盡法，流其妻子，以昭國法。部覆依擬。上謂：已奉先帝處分路楷，着照舊發邊衛充軍。

朕嗣位來，兩經大赦，與天下更始，已前過犯，都不必追論。大報在邇，昨已設齋，如何奏刑！刑部堂上官奪俸三月，該司半年。

《明實録·萬曆三年》〔四月壬戌〕先是隆慶中，有進論故掌錦衣衛事都督陸炳罪者，詔下法司窮治，籍其家，逮其子繹等繫獄，追贓數十萬。更五年，貲財罄竭，無可追者。至是繹等具奏乞免。是日講讀畢，輔臣持疏奏請上裁。上問居正曰：此事先生以爲何如？居正對言：陸炳功罪自不相掩，昔世祖南幸衛輝，行宫失火，侍衛倉卒不知乘輿所在，炳獨身負世祖出於火以免難，此社稷之功也。世祖因是眷任獨隆，賜之伯爵，託以心膂。而炳小人不知道，憑籍寵靈，擅作威福，京師豪横爲之鈌手，而所夷滅亦往往有無辜罹禍者，此則炳之罪也。臣等謹按律，惟謀反叛逆姦黨罪，乃籍没家産，餘罪皆否。且籍没者不更追贓，追贓不行籍没，此國法也。今二法並行而家産已盡，丘隴俱夷，其子繹貧困藍縷，殆類乞人，若更盡法，惟有死耳。論炳之罪，未與反逆同科，而翊主保駕之功不能庇一孤子，世祖在天之靈必不安於心者矣。上瞿然曰：既如此，先生宜爲一處。居正對言：事體重大，臣等豈敢擅專。上曰：不然，國家之事，孰不賴先生輔理，何嫌之有？居正叩頭承旨，出。次日奉旨：陸炳生前功罪及家産果否盡絶，著法司從公勘議。於是法司爲分别炳功罪，言家産已勘明盡絶，諸所連累者，亦爲末減，以請，上乃釋之。

又〔十月癸未〕直隸巡按御史暴孟奇、張憲翔等各一本奏報審決重囚事，乃萬曆二年十一月奏進者，上覽而怪之曰：今此直隸巡按非孟奇、憲翔矣，何奏奉仍是二臣名？又中間月日差謬，何也？命文書官將録到內閣問其所以。少頃，輔臣張居正等人侍奉事，上又面詢之曰：今年已有旨免刑，何眞定巡按又報決囚，且奉後稱萬曆二年十一月，何也？居正等對言：臣等通閲所奏，乃去年差刑部主事劉體道，會同關內關外巡按御史暴孟奇、張憲翔處決囚犯，事完即具本付劉體道親賫復命，非二臣差人來奏者也。上曰：即如是，何故至今始封進？居正等又對言：舊時刑部司屬，多借審決差便道回籍，科臣於精微批定〔限〕，率優假一年所乃相沿宿弊。此奏該去年二御史付之。劉體道親賫，而體道持疏回籍，今已限滿復命，至始封進耳。上曰：豈有北隸地方去年決囚，今年始復命者？宜令該科參看。次日，奉聖旨：北直隸地方去年決囚、今年奏報，有是事體否，著該科參。

《明實録·萬曆四年》〔四月〕己巳，命兩法司幷錦衣衛見監罪囚，笞罪無干證者審放，徒流以下減等發落，重囚情可矜疑幷枷號者，奏請。

又〔七月丙午〕刑部尚書王崇古言，浙江巡按御史吴從憲等以三犯竊盜罪人錢九等，援免死充軍例未當。上謂：免死充軍終身，乃隆慶五年暫行例。竊盜三犯饒死發邊衛永遠充軍，乃隆慶六年恩詔。讞獄當遵律例，如何一概混釋？當時法司覆議不明，巡按御史奉行不審，縱釋有罪，其姑宥之。

《明實録·萬曆五年》〔正月壬子〕諭法司：近來，各處歲報重囚，一省有至千餘人者，所處決止三四人，餘仍淹禁，死於箠楚。此皆各巡按御史故違明旨，堅蹈宿弊，其直參以聞。於是刑部尚書王崇古奏：各御史有歲決數多，如劉光國，原囚九十四名，決過四十三名。陸萬鍾，原囚四十九名，決過一十五名，而決不待時者不與焉，餘皆不及格。上以光國、萬鍾奉法甚謹，紀録叙用。餘降罰有差。

又〔四月〕癸亥，刑科臣給事中周良寅以熱審屆期，言讞審宜預，出入宜慎，詞訟宜清，打聽宜牴。部覆，報可。

又〔八月〕壬寅，先是，應天巡撫宋儀望報獲拒捕盜徒蔡廷等十名，已奉旨處決。至是，巡按御史王民順審録奏報，前後矛盾。上以撫按司道官捏報掩飾，致有抵牾。奪儀望俸三月，王叔杲俸半年，民順候回道考察，下把總管懋於御史問。

《明實録·萬曆六年》〔正月甲戌〕免追贓釋放俞世清等六十二人，監候查勘。另結楊保等四人仍監追，徐應騏等八人發遣四川，盜庫犯人沈鯨邊衛永遠充軍，副使林應節以受饋送，追贓完日，發原籍爲民。以彼中巡按論劾也。

又〔九月己酉〕刑部題：逃軍徐大中等盜精微科房門木凳等物，爲守衛官所獲，又將本官推倒而逃，今拏獲大中，合依犯罪逃走者，於詐欺私取財贓計，準竊盜論。免刺。四十貫本罪上加二等，律杖七十，徒一年半，餘依犯罪拒捕者，於不應事重罪上加二等，律各杖一百，俱大誥減等。得旨：各犯敢於禁門內竊盜拒捕，難照常擬。著錦衣衛枷於長安門外，滿日各發遣發落。命法司：凡人命姦盜，如謀殺、故殺、指姦、指贓等類，獄情難明者，詳細審鞫，果情有可憫罪難定執，方以矜疑開列，其餘惡逆鬥殺與夫姦盜滅證俱明者，不必曲爲遷就。

《明實録・萬曆七年》〔三月〕癸亥，先是，指揮周世臣於隆慶六年九月間被盗劫殺以死。時緝拏把總張國維以世臣之僕王奎與其婢荷花戀私恨主，因謀其同住人盧錦并其壻張文弼以殺世臣。獲其贓杖，呈兵馬司鞫審，而各犯之共吐又異詞矣。罪案未決，原任刑部署印左侍郎翁大立推諉該司郎中潘志伊連結此獄。志伊以獄情重大，請委官會問。乃委郎中王三錫、徐一忠研審。而王奎與荷花、盧錦俱坐復連，萬曆四年十月處決矣。復巡捕把總捉獲强盗，內有朱國臣、劉偉等自供認手刃周世臣。於是刑斜給事中周良寅奏劾把總張國維及會審三刑曹等罪。又禮科給事中蕭彦劾云，王奎之死，起於巡捕把總張國維之妄拏，而成於刑部侍郎翁大立之輕信。潘志伊請多官以爲已地，似有規避之情。王三錫、徐一忠既會問而漫不參詳，不無扶同之弊。奏俱下部覆。上以翁大立率意議刑，有傷好生，念已去任，革其原職。張國維遣戍，潘志伊降一級，徐一忠、王三錫調外任。是時右都御史陳炌自以時爲刑部右侍郎，不能自辯，自陳不職。上以罪有所歸，慰留之。

《明實録・萬曆九年》〔四月庚申〕先是，巡按廣東梅淳劾王朝興贓跡甚多，至是奏擬贖徒，發原籍爲民。上曰：王朝興原劾贓私甚多，及勘問，通無下落，止將一二輕贓坐罪。若非先劾不實，必是後勘循情，王朝興始依擬。前有旨，各巡撫官訪有所屬官員惡跡或被告訐，即便嚴提干證面質，果有實跡方行論劾。近來各官通不遵行，始則輕行論劾，以著風力，終則模糊問擬，圖了前件，以致公道不明，罪有枉縱。今後再有這等，吏部都察院從公查參處治。

又〔四月乙巳〕先是，盗劫丹陽縣鄉官賀邦恭家，科臣王致詳疏其事。兵部言：地方官不行奏報緝捕，乃蒙蔽延遲。如科臣所言，該道府、縣罪固不可逃，而撫、按併應量加罰治。上謂，鎮江失盗，是去年秋間事，其夥盗已於別處捕獲，撫、按官如何説是十月間事。上下蒙蔽，法度不行，職守何在？罰孫光祜、田樂俸三月，李照半年，鍾庚陽等俱住俸緝捕。仍命有怠玩僨事者，兩京科道官劾奏。

又〔五月〕戊辰，兵部題覆：科臣、撫、按等官七疏皆謂鎮江府丹陽、丹徒二縣自去年十月以來，失事六次，未獲一人。各官俱務欺蔽，致肆恣縱横，知府鍾庚陽、知縣管應鳳、海防同知張廷榜、楊楝等，當照例降調。兵備李順、巡按田樂等，并乞加罰治。上曰：地方屢次失事，各官通不申報，反威嚇失主不許告認，又不亟行緝捕，以致盗賊公行，良民被害。本當都拏問，姑從輕。鍾庚陽、張廷榜着各降三級調用，管應鳳、楊楝降邊方雜職，徐桓到任未久，與李順、吴繼臣等俱住俸，戴罪緝捕，田樂再罰俸半年。

又〔七月乙丑〕戶部覆御史劉光國等疏言：侵盗邊儲，律例甚嚴，必當日情眞罪當，方保無枉。今各處照提犯人，俱離任年久，贓罪未明，查盤之日，忽賠具招詳分坐贓數，概議重罪，人心安肯輸服？而各該撫按提問，內有追贓發遣者，多刑逼成招以消考成之限，恐將來終難結絶。伏乞聖明裁奪。上命通行原宥豁免。

《明實録・萬曆十年》〔十二月〕癸卯，兵科給事中孫瑋劾協理院事左副都御史勞堪倚法作姦，殺人媚勢，神人共憤，國法難容。國朝大臣未有無故冤死獄中者，原任刑部侍郎洪朝選以勘遼藩事得罪居正，堪希居正意殺朝選媚之，極其慘酷，至其子洪兢赴闕徑訴，堪飛書馮保，廷杖幾死。

《明實録・萬曆十一年》〔二月丙申〕浙江巡撫張佳胤、巡按張文熙乞照恩例豁免已故尚書趙文華侵冒未完軍餉銀六萬有奇，伊男趙愼思擬充軍。上曰：趙文華侵冒軍餉十萬有餘，未曾正法，今又遷就豁免，何以懲惡？伊男趙愼思姑依擬發烟瘴地面，永遠充軍。

又〔二月戊申〕巡撫江西御史賈如式言：原任御史劉臺之劾居正，居正未必欲致之死也，有臺同宗原任國子監監丞劉伯朝、舉人劉壽康，與臺有宿憾，欲中臺奇禍，以結居正歡心。通値臺賈謝燿地，償價未厭其心。燿恨之，伯朝等嗾燿訐奏，謀之吉安推官劉紳，紳爲備資促之行。勘問時，伯朝對理，臺有口何能辯。至於遼東贓銀五千兩，臺貧不能完，徒累富室代納。乞敕都察將伯朝、紳究處，臣并提劉壽康、謝燿勘問。得旨：着撫按官提問。

《明實録・萬曆十二年》〔五月乙酉〕先是，浙江巡按御史范鳴謙劾溫州府知府李際寅貪酷狀，旨下御史問，引因公科斂所屬財物，計贓以枉法論，發充軍。至是都察院覆：際寅犯在革前，相應遵詔宥免。第所引官吏受財枉法之例，而所犯則係因公科斂之贓，似與例意有間。緣因公科斂罪止於徒，而贓多情重者恐無以示懲，故問刑者往往引前例發遣，乞纂入問刑條例，以懲貪墨。得旨：際寅追贓完日爲民。貪官贓多情重者，刑部擬條例以聞。於是刑部言：贓至五百兩以上者，卽引枉法例充軍。若止因公科斂，第依律議以雜犯絞罪准徒。撫按論劾人，亦不得苛求誣枉。從之。

《明實録・萬曆十六年》〔七月丙子〕刑部尚書李世達等，都察院左都御史吳時來、大理寺左少卿李棟會審犯官李材等緬捷一事。反覆先後章疏，李材、劉天俸因孟養之請援，即發兵以策應，壯士夷合戰之力，敗緬賊方張之勢，設謀用間，以夷攻夷，其功良不可泯。但急於報捷，過於誇張，斬級擒生，原非實數，破城拓地，尤屬溢詞。志在貪功，迹涉虛僞，罪復何辭？至於殺夷割屍，罪在軍士，不肯首服。論惟輕惟重之議，故應以疑而寬。況外夷新附之初，尤當以功爲主。李材、劉天俸當褫奪擬徒，陳嚴之、宋儒等當降級待用。上怒其情詞互異，革鎮撫司李登雲等回衛，令材等從重擬坐。

又〔十一月〕己巳，吏部尚書揚巍奏：新選休寧訓導譚維被棍徒梁仕捲以營幹得還逼索銀兩投河身死。臣等初以爲指稱風弊，聽其伏法已耳，不意御史李光祖疏參仕椿乃宋坤家人，交結中貴，干涉選法，雖奉旨司禮查問，虛實自見，而臣等疎庸之罪亦復何解矣。疏入，上責其禁飭不預，姑未究，該司奪俸三月。

《明實録・萬曆十七年》〔九月甲子〕法司當慮囚。上命戶部尚書宋纁主筆，疏上，以改擬欽定人犯焦文燦詰責不允。刑部尚書李世達執奏：文燦之獄，原係株連。臣等查冤辯枉，乃其專責，故於此少致詳慎。纁亦疏陳。刑科給事中楊恂言：纁與世達，素稱端見，擬獄甚平，毫無寬縱。皆不報。

《明實録・萬曆二十一年》〔六月丁酉〕刑部題：犯法愚民何處不有，而冤民亦何處不有，若非每歲清理，必待五年差官，冤抑難免。合無照兩京矜疑事例，歲酌一行。請於巡按每歲審錄外，再立澄清囹圄之法，師兩京會審之規，爲撫、按會疏之例。方春時和，每歲聽兩直隸十三省各撫、按官，會行所屬問刑衙門，各審部內輕重囚犯。按察司居省會，即審省會之囚。守巡道有分土，即審各道之囚。皆親身巡行，不得調審。州縣爲諸囚累，亦不得委審。守令除情眞罪當照舊監候外，中有死罪矜疑，軍、徒、杖、笞情可原宥者，許各詳撫、按，撫、按會疏以請，疏期勿過夏月。輕罪徑自發落，重罪仍聽部覆，務使歲歲力行，處處淸審，庶天下郡縣無一不清之囹圄。從之。

《明實録・萬曆二十三年》〔十月〕丙辰，浙江道試御史李宗延請改議歲清。大略謂：每歲罪紀，內有熱審，外有歲清。熱審會集多官，衆議僉同。歲清止一道臣，似屬率易。且春爲歲清，冬爲處決，中爲審錄，上解者三，又屬勞擾。乞敕刑部，咨行各省直撫、按官，罷歲清，而比照熱審事例，每五月六月，流、徒、笞、杖各減二等，應枷號者暫免二月，其充軍死罪情可矜疑，入官給主贓多監久者，按臣會審明的，未奉單者徑自發落，已奉單者差終題豁，則熱審之恩徧於天下矣。刑部覆請，從之。

《明實録・萬曆二十四年》〔八月丙申〕差主事李叔元往江南，徐來儀往江北，徐安往關內，馮君舒往關外，各審決。

又〔丙午〕保。刑部等衙門尚書蕭大亨等奏明罪犯熱審應發，懇求聖斷。得旨：鮑窩等南京刑部查照遣配發落，劉世延罪大惡極，三法司會奏定奪。

又〔九月辛未〕刑科都給事中侯廷佩申救累臣曹學程，謂：持節而逃者身且有完膚，爲逃而諫者臀乃無完肉。令學程告斃獄中，使皇上有殺諫臣之名，大臣有順上旨之誚，即其事果竣亦非完典。不報。

《明實録・萬曆二十九年》〔九月庚申〕詔：刑部所關囚犯，惟大辟不宥，其餘以輕重遣配如律。楊國治、王永亨、栢承綬枷戍，吳實秀、吳一元、程資褫職。其候旨處分者，擬罪以聞。見在問理及有黨侶株繫者，提鞫具奏。未經回咨的，亟行文催來問結，以稱朕欽恤至意。

《明實録・萬曆三十一年》〔七月丁丑〕先是，永寧宣撫奢効忠既死，嫡妻世統無子，妾世續有子崇周，二婦爭印讐殺。自萬曆十二年始，屢經川貴撫臣議處，二婦俱給冠帶分地贍養，宣撫司印給崇周收掌候襲。既而崇周復死。奢崇寧者，効忠親弟盡忠子也，幼孤，依世統，避地撫養一十三年，至是送之永寧，世續遺之氈馬，出印結事已定。而諸奸目昔年從世續逐世統，殺沙卜，懼崇寧立而復前恨，遂附水西立阿利以自固。安疆臣陰陽其間，以收漁人之利。於是夷兵四出，焚劫屯堡。參政王應麟等不能禁，總督查勘以聞，因請兵部移咨黔撫切責安疆臣，取回阿利與防護世續之兵，仍與二婦和處，分地養老。併諭奢崇寧蠲夙恨以收人心，王應麟等失事情罪暫從寬貸，俟事定酌處。兵部如議具覆，悉報可。

又〔十二月己亥〕錦衣衛管衛事王之禎以周嘉慶書辦袁鯤與皦生光素常往來，因捕治之，遂言：細審袁鯤，知嘉慶果爲主謀，乞勅東廠親鞫。已而東廠審無的據，具奏以聞。上以各犯矛盾，未得結局，令逮周嘉慶、周顯祚妻妾子女與各犯對質。王之禎以兩審異同，其疏自辯，上溫諭慰之。

又 〔十二月庚戌〕廠衛府部九卿科道會審皦生光，據生光招出，先年屢詐包家，得銀七百兩，後(言)〔又〕擅用黃封，假托中官，聲言皇上要籍沒包家。鄭皇親與包兒女至親，知得皇上原無此事，嚇詐不行，以致田大有出首，學院批順天府理刑廳夾拶追贓，打問革褫解回大同原籍爲民。如此讐恨，原是不小，近日逃回京師，欲傾害皇親，非搖惑國本，初刊妖詩，再刊《岸遊稿》，續造《國本攸關》一書，密倩徐承惠刊刻，令子皦其篇黑夜抛擲駙馬戚畹、六部大臣門首，中鄭皇親以不測之禍。不意臣等訪獲妖書奏知，見今拏獲供出前情是實，願明正皦生光大逆不道之罪，以昭國法，以紓公憤。

《**明實録・萬曆三十二年**》 〔四月〕壬寅，諭誅犯人皦生廣。先是，刑部題：皦生光之獄，止應妖書律論斬。上以生光險惡異常，原出律文之外，當以謀危社稷處之，再發法司覆擬，及大學士沈一貫等改票。一貫等言：法司堅執守法，臣等豈可有所增加。惟皇上親賜乾斷，則臣下自服。有旨：逆犯皦生光捏造妖書，離間天性，謀危社稷，無上無君，反情顯然，妖書律未無盡其辜。着加等凌遲處死，便會官處決，仍梟示於人烟湊集處所，如有奏擾的，即以主使姦論。其緝捕有功人役，着該衛即查寫來。

又 〔四月〕戊子，刑部等衙門題：皦生光誣周不道，宜坐妖書律斬。上以獄情既屢審明確，各犯罪名姑依擬。逆犯皦生光罪惡深重，關係宗社安危，所擬未盡其辜，何以正國法，昭示天下後世，三法司還從重另擬來。

《**明實録・萬曆三十三年**》 〔九月庚辰〕兵部又覆，貴州巡按金忠士勘過原任守備楊惟中、葉明遠，一則遇寇先逃，一則臨陣退縮，厥罪惟均，擬斬不枉。但惟中之失龍泉也，無兵可恃，無城可守，當逆龍猖獗之日，僅僅以千百之卒，欲其當數萬之虜，不格明矣。明遠之失河渡也，大兵在謝崇爵，重權亦在謝崇爵，彼以白衣之身當主將奔潰之後，欲其禦方張之敵也，必無幸矣。況惟中後有破囤之功，明遠前有奪關之勛，在昔興兵征播之時，固當按法以肅軍中之令，在今平播奏功之後，尤當減死以示法外之仁。改擬邊戍，誠法之平也。土舍安其位，牛酒相迎，乃是緩兵之迂計，士民代愬具見蓋棺之公評。應從撫臣郭子章前議，改土爲流，録其子一人爲土主簿，薄誅其餉逆之罪，不斷其先世之澤者也。詔從之。

《**明實録・萬曆三十四年**》 〔十月丁未〕南京刑部尚書趙參魯奉命會鞫原任誠意伯劉世延、東寧伯弟焦夢兆、安遠侯弟柳懋勳、忻誠伯弟趙世明、南京錦衣衛都指揮梅應魁等獄，時以臺臣員缺久不上，而參魯會當考滿候命，乃上疏預陳指要，略云：劉世延屢經論劾，三被詔獄，初以詆毀皇祖，兇惡多端，免死，革職爲民，發回原籍羈管。既又妄稱星象惑衆，又詐旨擅造軍器，動稱勤王，奉旨捕鞫，旋因熱審蒙宥，發回原籍閒住。既又戀住都城，奉旨押回原籍撫按羈管。乃今怙不知省，復干公論，據司審逞勢詐財等事皆有根，因焦夢兆禍起於談棋，而詥激於誣盜，雖盜虛毆眞，然主僕未辨。自臣司屬，斷以主使之條，而廷尉詳參，屢重下手之駁。相持不已，遂致淹延，大都於主僕間再三研求可得。柳懋勳招集無賴暴横鄉里，占倉塞路，昭然無疑。若趙世明辭辱勳臣，業經縣處，梅應魁强奪人犯，已報病亡，皆無足深論。又言：世延徒恃免死券文，故敢於怙惡。臣查本爵與李湯鄧四家同時補襲，而四家券文所免止雜犯死罪。宜垂明戒，破其本謀。夢兆之獄，緣於其兄東寧伯焦夢熊，身爲家長，處分無法，即謂毆非夢兆，亦合縛送諸奴，乃偏聽而指奕流爲盜，致其憤而稱介弟使威。獄之久淹，自貽伊戚。夢熊雖經革任，仍當罰治，以暢群心。懋勳情罪雖未定，而年月犯在赦前，例得沾恩。然據鄉里之怨聲，尚懼虎狼之出押，輕釋未免長奸，法當加重。章下刑部。

又 〔十二月丁酉〕刑科都給事中梁有年等上疏，請釋横嶺參將梁心、武昌府同知卞孔時、軍民王大義等禁繫，大略言：梁心之逮，以原奏官鄭一麒開礦無砂，捏以抵飾，後一麒終以誑奏撤回被罰，而礦務今且概罷矣，是亦不可與礦俱已乎？卞孔時之逮，以稅使陳奉激變楚人，欲箝有司，遂捏孔時以丈田推委，乃陳奉撤回待罪久矣。而循良被捏者六年未豁，胡以稱平？去冬恩詔一款，文職詿誤拘逮者釋放爲民，是不可信詔旨而愛惜人才乎？至於爲陵木逮繫若王大義等軍民生員監生凡二十七人，已瘐死其五矣。内監科道撫按會勘於先，三法司擬議於後，或罪或免，無非遵旨持平。刑部屢題具在，即恩詔所謂詿誤逮繫者，是亦不可信詔旨而保全多命乎？不報。

《**明實録・萬曆三十五年**》 〔三月乙酉〕湖廣巡按史學遷勘結誣奏白郭正域事也。先是，楚王以奪宗之議謂正域私恨，故摭正域四事：其一言正域初隸護衛，父郭懋與戶首郭宇競田，爲恭王所持，遂營改武昌。一言正域住宅與衛衙相連，乃割經歷基地以廣其宅。一言正域家人郭順等占楚府柞子磯等處山場。一言正域修《江夏縣志》，創立侯王傳，刊播愍王過跡，有旨行勘限本年完銷，於是三年矣。史學遷乃勘言：改衛事在指揮郭宇以私侵軍糧，發偏橋充軍。其子襲職，乃調武昌族籍隨官，非正域事。又護衛衙門經歷地基故礎俱存，正域住宅自有界址，與衛無涉。柞子磯山場已屬宣化王府，給帖諭課栗狀具在。愍王世子英燿殺父事，已載《楚紀》、《通志》等書，非正域之所私創。凡四事，皆與正域無涉，則正域初無恨於楚王，楚王亦不得以此爲正域累。蓋楚王初上疏，亦希當道意，爲應敵之兵，及事久情見，而其誣始白。

《**明實録・萬曆四十年**》〔十二月癸卯〕刑科給事中郭尚賓奏按臣荆養喬擅自離任，都御史許弘綱引前御史喬應甲例，議降俸二級，以爲視應甲止降一級重矣，視史記事、鄭繼芳之免處又重矣。弘綱之意，是或一道也。顧臣以爲徑行顯失也，降俸虚罰也，記事、繼芳之去與免，天下共知之矣，故向來未有言者深於國體，爲可惜爾。自昔徑行而處者，弘綱不以山西巡撫降職調外乎？副都詹沂、祭酒周如砥、尚書李楨不聞住乎？科臣孫善繼不爲民乎？科臣劉道隆、臺臣吴亮不降職三級乎？干彼鐫職，於此捐俸，大臣鑱官，小臣減祿，豈王政公平之體耶？弘綱復言尚賓言是，請亟下其疏，俾臣院有凜然難犯之法，紀綱幸甚。

《**明實録・萬曆四十二年**》〔五月〕丁巳，刑科給事中姜性疏稱：先是二十八年，税監陳奉播虐全楚，辱縣官，挐富户，掘塚暴胔。承天有宋玉石窖者，其來已久，奉妄意窖中之藏，而其地逼近祖陵，干碍儒學風水，一時士氏鬨擁奉輿，庠生沈希孟、沈機等亦環泣乞免，非有截劫鼓譟之情也。維時陳奉深銜諸生，備監杜茂各以地方事具聞，而希孟等遂逮詔獄，轉送刑部嚴鞫，無口狀。今三十三年恩詔，該部題奉明旨，押發本省勘問昭雪。撫、按已將機等遵赦杖贖，仍擬發學肄業以請，今再逢慈赦矣。臣竊謂諸生復學一事可一題知，而結局非擅出也。遵詔旨也，臣又查廣東舉人勞養奎、梁斗煇、鍾聲朝三生無罪，而被税監李鳳陷害，其當議復，與承天諸生事體頗同，已經撫、按具題臺省疏請。蓋憤璫之虐而憫士之冤者，有同心焉。計地方官遵一便宜以爲粤土地者，不在楚士後，敢并及之。不報。

《**明實録・萬曆四十七年**》〔正月乙酉〕保定巡撫靳於中引疾乞休，不允。光祿寺署正黄正壽監守盜竊倉糧，下法司鞫問，從户科給事中李奇珍之奏也。

《**明實録・泰昌元年**》〔九月庚寅〕刑部尚書黄克纘奏：臣因閲邸報，見近侍曹應魁等《乞電察冤抑疏》内有郭春女同心腹劉遜等暗進銀先帝，求討皇上與之看管等語，官闈事秘，臣不敢知，但思先帝何如主哉，即位三五日，即捐四百萬金爲犒遼濟邊建三殿之用，其不爲財利動心也，四海所共仰矣。其以皇上命李氏看視，蓋以其曾生男女數胎，若愛己所生，則嗚嗚之哺，其愛必均，此先帝意也。如曰進銀，而且暗進，傳之邸報，使先帝冒不白之疑。乞將應魁責逐，勿使入宫，得肆謗議。時房山民陳槐與王昇争認皇親，事下刑部審問，克纘言：此事外人難以臆度，惟聖母知之。槐言其妻劉氏與聖母别，各有分物爲記。不知所分何物，當聖母未崩時，豈不與皇上言之，此惟待皇上一言而決，臣可奉以剖斷。得旨：曹應魁乃朕聖母近侍，懼李氏之禍，意急申冤，罔思顧忌，情在可原，不必議處。陳槐争認皇親，事出異嘗，因已故内官監署印陳永壽用賄買求，李鉞女希圖冒認，至今紛擾未息，聖母未崩時嘗與皇考言之，本姓王，父王鉞，闔宫共知，未聞有房山陳槐之説，亦未聞劉氏有物爲記。此等姦惡，以假亂眞，干于法紀，該部即遵照前旨，與陳忠一併嚴刑究問具奏。

《**明實録・天啟元年**》〔四月癸巳〕原任遼東贊畫劉國縉、監軍道牛維曜、海蓋道康應乾等各航海至登州，山東巡撫趙彦，兵部言：國縉飄泊一身，顛連萬狀，能收田横壯士，不受祿山僞官，應令撫臣存卹，仍候聖恩，改用道臣。維曜等棄地狼奔，争船鼠竄，行令山東撫按押解來京治罪。從之。

《**明實録・天啟二年**》〔十月丁丑〕雲南道御史楊維垣參罪臣熊廷弼等不當交接賓客，又言逆族佟卜年亦廷弼所引用，願皇上毅然獨斷，早舒神人之憤。上以獄中關防宜密，豈容外人出入。佟卜年已奉屢旨，著從重問擬。

《**明實録・天啟三年**》〔六月〕乙丑，三法司衙門尚書孫瑋等會議佟卜年情罪，以爲卜年原無通逆之情，則不可罪以奸細，既爲叛逆之族，則不可以辱縉紳，據法則流爲應得，覈情則永戍亦當。合將佟卜年照引惹潛住例改爲永軍，仍行監候。時東事平定，照例發遣，得旨：佟卜年係逆族，已有屢旨，如何不遵？著監候，俟東事平另擬。

《**明實録・天啓五年**》〔十月庚子〕刑部上會問原任監軍御史方震孺獄辭，得旨：方震孺身任監軍，經撫不和，不能上疏糾劾，以致封疆失陷，棄師逃走，當與熊廷弼同罪。原參贓私潞紬百尺贏負，參貂如何又行減少，君前臣名已有屢旨，何得不遵？原問司官御史顯是賣法市恩，姑不究，還着照數嚴追，從重另議具奏。

《明實録·天啓六年》〔三月庚戌〕經略高第疏報中後所焚燬倉廒糧困官生軍民房二千一百五十餘間，男婦馬贏盔甲號箭火藥等項。上命查明失事人員重究。

又〔四月癸未〕錦衣衛逮到繆昌期，命鎮撫司嚴刑究問。千百戶毛文明等受賄，容犯官坐轎沿途須索，甚非法紀，着錦衣衛審實參奏，以憑處分。

又〔五月〕乙巳，鎮撫司許顯純疏言：周順昌招贓二千兩。得旨：周順昌招出贓銀，不言何人付授，含糊未明，還著審確嚴追。

又〔六月壬辰〕督師王之臣疏言：山海邊城被雨坍塌六處，乞將續留薊鎮班兵回營仍發來關修工，刻期竣事。得旨：關門防御全賴城垣，豈容傾圮，速將薊鎮所留四營班軍盡發修築，以固金湯。秋班軍士，有旨限六月初十日到關，如何稽遲至今？其未到的，參來處治。

《明實録·天啓七年》〔五月丙寅〕浙江巡按王際逵題：奸棍聲稱密旨拏人。得旨：據奏，項肇文假旨密拏欽犯汪承爵孫汪儼，若局騙財物神奸異常，着該撫按嚴加訊勘奏奪。

明·呂本《皇明寶訓·宣德卷五·審刑罰》〔宣德元年正月〕戊午，行在大理寺奏：猗氏縣民郭小生妻王骨都，夜與姑同績，仇人于八，潛入小生室殺之而遁。小生父疑骨都私於隣人謀殺之，執以告。有楊恭者知于八謀首，其事于八不服，骨都被拷掠誣服獄，上行在刑部不與辯，將加刑，骨都訴冤，命文武大臣覆訊，得誣狀，時于八已死，上命釋骨都，遂諭刑部官曰：罪至死謂之極刑，况妻殺夫尤爲大惡，法司於此不用心，何所用心，彼若不言，必枉殺之矣，仁人君子於一草一木不肯輕折，何况人命。朕數戒爾等須存欽恤之心，何得仍有此事？今姑容不問，若再枉人，如此豈得更容。

明·申時行《明會典·獻俘》凡兵部及出征官獻俘，奏行禮部題奉欽依，咨行刑部知會。候獻俘之日，刑部官回奏，候旨行刑。若奉旨鞫問者，該部咨送本部，發該司收問，奉旨會同者，會審明白，具招題請擇日獻俘，其日該司官引俘至午門外，本部面奏，請以俘囚付所司行刑。其俘囚有應赦免釋放者，承制官傳制，赦所獲俘囚罪。俘囚叩頭退。

明·陳子龍《明經世文編·林俊〈重惜事體以正朝廷疏〉》近該東廠太監芮景賢，受民趙紀詞狀，秦奉欽依差錦衣衛官校，拏解知府郭九臯等來京問理一事，已經科道官連日抗章糾正其失，節奉聖旨，未賜允納。昨者又奉聖旨，趙紀所告係干人命重情，又贓私數多，特差官校拏解來京，待到京三日，朝廷自有處置，你每如何又這等來說，該衙門知道，欽此。據趙紀告稱因定國公家奏陳土豪久隱功田，被知府郭九臯問發伊男趙文子充軍，仍訐惌九臯幷同知張守，接受馬甫廣等金銀，致死人命等情。臣查得定國公徐光祚於去年實有此奏，奉欽依着撫按官會同原差科道部屬官，選委公正人員，審勘明白，議處停當來說，欽此。該巡撫順天等府地方右副都御史孟春，巡按監察御史郭同臣與監察御史樊繼祖，戶部主事張希尹，行委知府郭九臯，同知張守。定國公奏內事情，從公查勘。續據該府勘明，申稱奸民趙紀，違例投獻，捏稱馬甫廣等霸占等因，已經都御史孟春會同具題外，據今趙紀所告前事，則是摭拾原勘官員，中間似有依憑城社之迹姦弊顯著，法當懲治。奈何反開告訐之門，遽興拏官之獄。况朝廷設官分職自有定制，臣下奉法任事，各有常守，今天下一應詞訟，內則從三法司，外則從按察司及撫按衙門。祖宗以來，守爲成法，况東廠原奉勑諭責在緝事專爲京城。其永平府係直隷地方，遠在千里，縱干人命贓私，自屬彼處撫按衙門，東廠委的不應受理，又不當輒與聞奏。趙紀縱有冤枉重情，自當赴本管上司陳訴若有見監人犯亦合具本奏行法司，不應驀赴東廠首告。今芮景賢昧於事體，輒受民詞，既以聞之陛下，一時未察，不宜付之所司，輒差官校拏解，今日舉措委於事體非宜。且陛下之言曰：待拏解到日，朝廷自有處置，臣謂朝廷處置。亦惟有法而已。今拏解之舉，已爲法外之事，臣未見法外行事而可以服天下者也。且朝廷行政，貴識體要，人主爲治，宜攬大綱，即使郭九臯拏解到日，鞫問貪酷是實，陛下猶不免以天子之尊下侵有司之事，頗類苛察，足傷大體。設或趙紀所告涉虛，九臯被逮而死，則虧損聖德。孰任其咎，今據紀一面之詞，未經勘鞫，眞僞不辨，而九臯先已褫奪衣冠，身就縲絏，道路興嗟，甚非美事，風聞四方，人人解體，恐非國家待士大夫之道也。况此事根因，原屬撫按衙門，所告情詞，牽連人犯頗衆，徒使拏解到京，終是難與結斷。萬一盡屬虛謬，於朝廷所損非輕。臣愚乞陛下俯垂明察，示人至公，無主先入之言，勿與臣下爭勝，特降明旨，將知府郭九臯提解永平府聽理，將趙紀所告事情，選差刑部錦衣衛官各一員前去，會同北直隷撫按官逐一體勘。待勘得郭九臯等贓私是實，人命果眞，然後拏解前來，處以重典，以爲天下貪酷官員之戒，實爲未晚。若趙紀所告，事出誣妄，則亂法之奸，罪在不赦，亦乞朝廷從重處治，用懲頑梗，如此則事理不失，法令自行，議論自息，朝廷正而人心安矣。臣昧冒進言，無任隕越，伏惟陛下留神省察，則天下幸甚。

明・卜世昌《皇明通紀述遺》卷五 〔宣德元年〕釋義勇衛軍閆群兒等死罪。初，群兒妻毛氏有淫行，李宣者嘗以告群兒。群兒數箠擊，毛欲殺之。毛於是誣群兒與宣等九人強劫校尉陳貴家財，御史悉論罪當斬，貴被劫之日，宣等各有事他適，實不爲盜。擊登聞鼓訴冤。給事中李庸以聞，上曰：平人豈可枉殺，果以事他適，當有證驗。命都察院辯之。至是行勘他適有驗，實不爲盜，上命釋群兒等。毛氏論死。諭左都御史劉觀曰：昔隋煬帝令王士澄治盜，但有疑似，輒加考掠，同日斬決二千餘人，其中六七人者盜發之日先禁他所，不勝楚毒，亦自誣服。有司明知，不復執奏。今非各人自陳，豈不冤抑而死，是爾等皆士澄也。宜戒約諸道，凡治獄必察實情，此事若已論決，朕必不汝貸矣。

明・沈德符《萬曆野獲編・勳戚・曹祖》 浙民曹祖，有子鼎，爲壽寧侯張鶴齡僕，正德初，劉瑾用事，祖上書數鼎罪惡，且自言其生兆應天，曹祖之語多幻妄，瑾怒罪之，械還浙，正德十年十月，又來依鼎，鼎不禮其父，祖遂幷恨張氏，擊登開鼓，訴鶴齡兄弟陰圖不軌，上震怒，命多官廷鞫，又命司禮監東廠訊之，禁鶴齡兄弟，不許朝參，會祖自裁於獄，上益疑怒，降旨詰責，刑部尚書張子麟，下原問主事，及提牢巡風官於詔獄，窮治之，覆疏謂祖所奏，既無左驗實懼罪服毒，時張氏闔門惴恐，禍且叵測，乃大行金於內，昭聖亦百端祈請，事稍懈，猶罰子麟等俸，二張朝參，究終罷不許，史所記如此，按壽寧、建昌二侯，在武宗朝，已不免謀逆之謗，其平日横恣，失人心可知，何待世宗時始敗，且張氏慣以睚眦殺人，至嘉靖十二年，延齡讞辭中，所列殺僧、殺婢諸事，俱有實迹，因追治正德間原問官罪，悉逮下獄，株連縉紳數十人，而曹祖之果自盡與否，終莫能明也，蓋張氏兄生平宜破家殺身事不少，特坐以大逆，則不服耳。

明・鄧士龍《國朝典故・立齋閒録一》 高廟亦難受諫。翰林編修張姓者能直言，不能容，出爲山西蒲州學正。例應進賀。撰表，高廟閱之，識其名。見其表詞有曰： 天下有道，又曰萬壽無疆，發怒曰： 此老還謗我，以疆道二字擬之。即差人逮來。引見，曰： 送法司問，汝更何說？ 張曰：臣有一言，說畢就死。陛下有旨，表文不許杜撰，務出經典臣謂天下有道，乃先聖孔子之格言， 臣謂萬壽無疆，乃《詩經》臣子祝君之至情。今謂臣誹謗，不過如此。聞其說，良久曰： 此老還嘴強。令去，竟不問。左右相謂曰： 數年以來，纔見容此一人而已。

明・鄧士龍《國朝典故・謇齋瑣綴録》 成化己亥夏六月，巡撫南直隸副都御史牟俸坐罪充軍。初，俸以僉都巡撫山東，適今鎮守遼東副都御史陳鉞爲左布政，二人皆強悍刻苛，不相能。至是，太監汪直巡邊至遼，鉞以諂佞見喜，乘間言俸過惡。汪還，遣校尉緝得俸貪暴事迹，贓以萬計。俸適以議事到京，遂連俸姻家侍讀學士江朝宗俱下獄，拷訊追贓。俸備受慘酷，行賕指揮吳綬，諷被逮所屬守令潛各代輸，僅半，罷追。

時劉叔溫張言，俸以金壺賄萬循吉爲援，欲同傾之，竟無左驗，萬得免。惟朝宗自家起復赴京，俸逆至九江，聯艫幷行，沿途有司以俸故，將迎供億加厚。及駐上新河調攝足疾，日久，所屬頗有交通。至是，朝宗尙恃劉平日稔厚，必與維持，殊不知有傾萬意，竟調廣東鹽課提舉，而俸充鎮遠衛軍。時前任江西僉事陳麟，陞副使在雲南，亦坐罪，罷爲民。人謂牟、陳二人皆嘗同擠許聰於死，今聰之冤始得報云。

成化己亥六月，謫兵部左侍郎馬文升戍重慶衛。先是，文升奉命整飭遼東邊務，時巡撫遼東副都御史陳鉞行事乖方，多被文升節制更易。會太監汪直亦來巡邊，鉞懼見罪，乃戎裝遠迓除道，飾廚供張鮮備，賄托傔從，見汪叩頭，狐趨狗媚，無所不至。惟文升與汪抗禮，奴視其左右，以是鼠輩多譽鉞而詆文升，鉞乘間短毀。汪還，奏文升妄起邊釁，謂女直建州諸虜，皆以文升禁不與農器交易，故屢寇邊。朝廷遣林聰司寇同汪往勘，汪稍加恭敬，聰深自結納，勘報一如汪言，遂下文升於錦衣衛。文升言： 實禁鐵器，非農器也。竟坐謫戍，士論惜之。踰七年，汪敗，文升乃宥還。尋起復用，累遷至太宰、少師。

明・鄧士龍《國朝典故・謇齋瑣綴録七》 成化十六年六月十三日，兵部覆奏御史強珍劾奏前鎮守遼東副都御史陳鉞等失機隱匿等事。奉聖旨：達賊入境，搶殺人畜，他每既不領兵遏截策應，卻又隱匿不報，本當拏問，但今累有邊報，正當用人，姑從輕發落： 吳瓚、崔勝住俸戴罪殺賊，韋朗住祿米半年，侯謙、陳鉞住俸一年，其餘着巡按御史各就彼提問，欽此。

又明日，六科十三道交章糾劾，嘗謂：領邊方之重寄而縱寇殃民者，不仁之罪莫大；遇邊患之重事而隱忍欺君者，不忠之咎難逃。切照遼東鎮守太監韋朗、總兵官都督同知侯謙、舊巡撫右副都御史陳鉞，俱以庸才叨蒙任使，幷膺敕制之隆，特受閫外之寄，正當瀝肝膽，竭心力，以爲一道之福星，以副九重之倚注可也，奈何心不存於體國，志惟在於邀功。曩者建州醜虜侵犯疆邊，各官平時無防禦之策，臨敵無戰勝之威，致勞王師遠出塞外，旋得克捷，俘馘而歸。然當勝捷之餘，正宜戒嚴之際，卻乃心驕志滿，法弛備疏。官軍無撫伏之嚴，墩臺無烽炮之警，遂至醜虜窺伺糾縱而來。一從靉陽，一從清河，長驅四百餘里，曾無結草之虞。延緩十有餘日，如蹈無人之境。殺虜男婦五百餘名口，搶掠牛畜三百餘匹隻，房屋盡燒，家財罄空，此實邊患之重情，所宜朝聞而夕奏也。各官意在急於陞賞，遂將前情隱覆，直至陞賞事畢，然後朦朧奏報，靉陽虜殺人畜，公然隱匿；清河殺虜人畜，捏作奪回。忍心害理，謂生靈血肉不足恤；罔上欺君，謂祖宗法度不足畏。似此不仁不忠之事，言之痛心，聞者切齒，若不嚴加處置，則邊臣皆將效尤，視失機爲等閑，以隱匿爲得策。邊事廢壞，必由於此。夫古之人臣，雖飲酒常事，猶不敢欺君，況邊臣重事乎？雖未入仕，猶不忍欺君，況身爲大臣乎？於此見韋朗等之罪眞不容誅。及照副總兵都指揮吳瓚、右參將都指揮使崔勝，既不領兵策應，又將前情隱匿，其怯懦欺罔之罪又有甚焉。伏乞聖明，特發乾斷，將韋朗、侯謙、陳鉞及吳瓚、崔勝俱拏送法司，明正其罪，以爲邊臣誤事欺罔之戒，庶幾人心痛快，公論允協。本月十七日奉聖旨：恁說的是，他每有誤事，本當重罪，但已發落了，罷，該衙門知道，欽此。

鉞反怨掌院事王越縱珍，遇越輒詆，越輒避去，不敢與校。未幾，汪太監公差還，鉞出迎至五十里所，訴珍奉越風旨見劾，汪怒，至三十里所，越亦來迓，遂不容見。明日，請遣一心腹指揮往同王宗彝審勘。宗彝等黨附，誣珍所奏數目不同，指揮遂傳以密旨，械珍赴京。汪猝入內，酷刑逼招受越所使，不服。下錦衣獄，會多官廷鞫，謫戍遼東。余司馬子俊幷科道各官皆進本認罪。奉旨：罰子俊等俸半年，該司幷科道諸官俸各三月。越亦認罪，有旨切責之。

明・鄧士龍《國朝典故・後鑒録上》 除該緣事左都御史馬中錫奏爲乞恩辨明冤枉事。奉聖旨：該衙門知道。欽此。該刑科參，看得馬中錫緩師玩寇，負國殃民，群情積忿於下，聖明洞燭於上。該府部會議，科道論列。自當俯首聽罪，卻乃飾詞稱誣，事屬違擾。等因。又該緣事惠安伯張偉奏，爲陳情乞恩辨明事。奉聖旨：刑部知道。欽此。該科參，看得張偉親承上命，提督重兵，久處青州以避賊鋒，扶同招撫以損威重，已該多官參劾。奉有欽依提問，不能引咎自歸，尚乃飾詞奏辨。既謂分兵遣將，何以大破連城。既謂兵少賊多，何以不聞請益。事屬違擾，罪終難辭。等因。各抄送刑部，會同都察院、大理寺、錦衣衛、右都御史等官，臣王等提吊犯人馬中錫等人卷於京畿道，將各犯事情逐一推問明白，取責招狀，在官會題間。隨於刑部抄出參將都指揮僉事宋振奏，爲乞恩分豁主將節制辨明功過以收大捷等事。奉聖旨：這所奏情詞，法司便看了來說。欽此。該科參，看得宋振，任居裨將，分當殺賊。詳其本內，雖稱東逐西奔，遇敵不一二，避鋒常八九。及抵棗強，親見屠盡一城，自合發憤剿殺，尚何受制於主將而聽其出首，妄陳奪門對敵之虛詞，巧掩答話縱放之實弊，情屬欺擾。等因。抄送刑部。看得宋振事情已經會問明白，所奏情詞多涉虛飾。欲將本犯與同起馬中錫等，各將情罪緣由一併開具奏請。等因。具題。奉聖旨：是。欽此。欽遵。臣等看得馬中錫等，各犯情罪已經會問明白，但張偉係皇親，襲伯爵；馬中錫系在京堂上二品官，俱係應議之人。合無遵照刑部原題，奉欽依事理，會同五府、各部、通政使司各堂上官幷十三道掌印官，將各犯前項情罪再行議擬，奏請聖裁。其宋振、桑玉，俱係重刑及軍職，論功定議。緣張偉、馬中錫，系比附律條與宋振、桑玉，又俱係節該奉欽依，待議擬來處治人犯，未敢擅便。今將會問過各犯應得罪名，及應議緣由，開坐，謹題請旨。

明・鄧士龍《國朝典故・後鑒録下》 刑部爲開讀事。陝西清吏司案呈准錦衣衛經歷司手本，內開正德十六年四月二十二日欽奉詔書內一欵：回夷寫亦虎仙，交通土魯番興兵搆亂，攪擾地方，以致哈密累世受害，罪惡深重。曾經科道、鎮巡官勘問明白，既而賁緣說免。錦衣衛還拿送法司，查照原議，開奏定奪。欽此。欽遵。奉行拘回夷寫亦虎仙到官，開送到司，已經查照原擬，開呈刑部。具題。奉聖旨：寫亦虎仙幷伊子婿情罪，還會多官議擬了來說。欽此。欽遵。

明・談遷《國榷・成祖永樂三年》 〔二月〕己巳，北京刑部尚書雒僉有罪誅。初，僉言朝廷近用率藩邸舊臣，非至公，又侍衛將軍獨光祿給饌，語涉怨謗。上未之罪，至是左都御史陳瑛等劾其婪虐專威福，其妻行部箠守令，脅貨強市。按得之，并論死。

明・談遷《國榷・世宗嘉靖十七年》 〔正月〕丙申，再訊張延齡獄，籍其家。延齡以門客劉東山有機警，任爲腹心，百計養虎，自爲患也。東山以此盡得延齡不法狀，因睚眦隙，盡發奏之。上方鑒《漢書》外戚患，法無宥，遂賜東山第，彰其能發奸也。一時威震京師，爪牙遍都市，流毒里巷，出乘大馬，旗尉前擁，從騎數十，馳道不避公卿。公卿恥遇，托徑他往。泉州陳讓爲御史，巡視東城，素忿東山。會東山與父劉孜爭淫，挽弓射父，父避匿母舅沈云所，鄰里訟至，讓攝之。都人駭愕。謂御史何妄也。東山自知犯重，避去，讓索急，獲之，獄具，送法司。東山伺讓短，無所得，因其娶妾杜氏，假此誣奏乃延齡戚屬，故讓素厚延齡，又測上意知陳讓名，其奏不名，第云陳御史。上不知爲讓，下錦衣獄，又計讓冤必白，欲禍獄殺之，以病中可也。東山突入讓所，罵曰：爾亦來此耶。直前擊讓，讓推仆之，得免。上一日問李時，幾日何不見御史陳讓言事也。時對，方知之，而讓疏辨。上命復官崔元等如故，沒東山產，廷杖荷校死。陳讓嘉靖辛卯泉州解元，壬辰進士。

明・楊昱《牧鑑・訊讞》 蔣常爲御史。衛州店主張逖妻歸寧，王衛、楊正投店。宿夜，有人取王衛刀殺逖，復納鞘中。正等不覺，至明，店人起，正等拔刀，血甚狼籍。禁正考訊，自誣伏。太宗疑之，遣常復推。至則總召店人年十五以上者，詐爲人數不足，放散之，惟留一老嫗。日晚放出，命人密覘之，曰：老嫗之出，當有人與語，卽潛記姓名。果有一人，卽記之。明日復爾，其人又至，如此者三日，竝是此人。因集衆，獨禽與老嫗語者，餘竝放。詰之，俱服，云：與逖妻姦，殺逖。太宗賜絹二百匹。李傑命寡婦買棺殺子，使人密跡而得與語之道士。陸雲錄死者之妻無問，遣出，令人隨後而禽與語之男子。包拯命殺割舌之牛，因來告而得割牛舌之賊。皆與此同。

又 黃霸爲潁川守，有富家兄弟婦同孕，長姒胎傷匿之，弟婦生男，長姒輒取爲己子，爭論三年，訴於霸。霸使人抱兒於庭，使娣姒競取之。姒持之甚堅，弟婦恐有傷，而情極悽慘。霸乃叱長姒曰：汝貪家財欲得此男，寧慮有傷乎？此事審矣。姒乃伏罪。

又 明道先生爲鄠縣簿。民有借兄宅居者，發地中得錢。兄子訴，以爲父所藏，令以無證佐難決。先生問兄子曰：爾父藏錢幾年？曰：四十年。彼借居幾何時？曰：二十年。卽取錢十千視之，謂借宅者曰：今官所鑄錢不五六年卽徧天下，此錢皆爾未借居前所鑄，何也？其人遂服。

爲晉城令。富民張氏子父死，有老父至門曰：我汝父也，來就汝居。且陳其由。張驚疑，相與詣縣請辯。老父曰：業醫遠出，生子貧不能養，以與張氏，某年月日某人抱去，某人見之。先生曰：歲久矣，何說之詳也。老父曰：書藥法冊後。使以冊進。乃曰：某年月日某人抱兒與張三翁。先生問：張氏子年歲何？曰：三十六。汝父年歲何？曰：七十六。謂老父曰：是子之生，其父年方四十，人已謂之翁乎？老人驚駭，服罪。

明・楊昱《牧鑑・刑罰》 子羔爲衛政，刖人之足。衛之君臣亂，子羔走，郭門閉。刖者守門，曰：於彼有缺。子羔曰：君子不踰。曰：於彼有竇。子羔曰：君子不隧。曰：此有室。子羔入，追者罷。子羔將去，謂刖者曰：吾不能虧主之法令而親刖子之足。吾在難中，此乃子之報怨時也，何故逃我。刖者曰：斷足固我罪也，無可奈何。君之治臣也，傾側法令，先後臣以法，欲臣之免於法也。臣知之，獄決罪定，臨當論刑，君愀然不樂，見於顏色，臣又知之。君豈私臣哉。天生仁人之心，其固然也。此臣之所以脫君也。孔子聞之曰：善爲吏者樹德，不善爲吏者樹怨。

明・李翊《戒庵老人漫筆・嚴大理遺事》 有告儀眞簿與吏盜官厤萬斤，已誣服，察其冤，覆勘，厤數不虧，特昭雪之。徽州民有室女無夫而娠，舅氏詰責之，女懼，解衣水際而逸。女之母訴弟逼女溺死，杖徒。駁以屍未獲，令檢尋，後於鄰邑得其女。蓋與人私通以逃，始正其罪，追還徒者。翰林修撰張洪著傳。有御史陳旭子與鄉人同飯於肆，俱爲邏者所獲，蓋鄉人前爲盜劫人，事覺而逃，餘黨七人已棄市。鄉人既就繫，懼拷，誣引御史子同盜，且分之贓。案具而鄉人死，御史子無以自明，謬以其母簪珥爲贓。公閱案，見前七人招服未嘗有御史子，及召事主驗所入贓，非其物，疑而問之，其子號痛稱冤。公將直之，同列皆謂成獄久，不可改。公曰：御史子有冤而不得白，執法者能無慚乎！乃獨署其案，聞於朝而釋之。其在大理時，良鄉民有失馬疑其鄰盜之，執告於縣，縣丞亦以爲可疑，因拷訊過重而死。法司坐丞決罰不如法當徒，而又坐告者以絞，公曰：因公殺人，罪丞當矣。告者因疑而訴，豈可坐以誣告致死哉！所擬則似丞與告者各殺一人矣。遂駁正，而活告者之死。有某衛指揮畜交阯蠻童，既長爲娶，目爲養子。後指揮戲其婦不從，事覺，法司罪以強姦子婦，公駁之曰：養子非所生，而姦且未成，比於內亂有閒矣。覆議，得減死從流。莒州有屯卒奪民田，爲其所訟，得罪於按察司，卒讐之而無以逞，夜盜民家驢以歸，民搜索得之，卒反以民爲誣賴，擒送千戶孫恭所。千戶與卒干親，民被禁勘至司死。法司坐千戶以因公徒罪，公曰：殺以止殺，千戶得生，則死者銜冤。遂正其故勘之罪，山東人皆快之。蘇州衛卒十餘人，駕舟運餉，泊河西務，夜劫客，其中一人爲事主所殺，餘黨懼事覺無以自飾，見鄰舟有押解人帶兵仗防囚而行者，因謬指押解人劫商財，謂其侶往救而被殺。擒告於官，誣服。覽其牘疑之，曰：押解人與囚同舟，借使爲盜，囚必知之。駁令驗問，果得其實，遂釋押解人而正強盜之罪。

明·李翊《戒庵老人漫筆·女辯繼母誣陷疏》 順天府故官錦衣衛千戶李雄女孩李玉英謹奏：爲明辨生冤以伸死憤以正綱常以還淳俗事。臣聞先王有言，五刑以不孝爲先，四德以無義爲恥。又聞《列女傳》云，以一身而係綱常之重者，謂之德；以一死而正綱常之重者，謂之仁。故竇氏有投崖之義氣，雲華有墜井之英風，是皆所以振綱常以勵風俗，流芳名於身後，垂軌範於無窮也。臣父李雄，蔭襲百戶，荷蒙聖恩，以征西有功，尋升前職。臣幼喪母，遺臣姊妹三人，有幼弟李承祖，俱在孩提。恩父見憐，仍娶繼母焦氏，存恤孤弱。臣十二歲遇皇上嗣位，徧選才人，府尹以臣應選，禮部憫臣孤弱，未諳侍御，發臣寧家。父於正德十四年七月十四日征陝西反賊，與賊進戰陣亡。天禍臣家，流離日甚，臣年十六，未獲結縭，姊妹三人，伶仃無倚。摽梅已過，紅葉無憑，是以窮迫濫液，形諸吟詠，偶有《送春詩》一絶云：柴門寂寂鎖殘春，滿地榆錢不療貧。雲鬢霞裳伴泥土，野花何似一愁人。又有《別燕詩》一絶云：新巢泥滿舊巢欹，泥滿疏簾欲掩遲。愁對呢喃終一別，畫堂依舊主人非。是皆感諸身心形諸筆札，蓋有大不得已而爲言者矣。奈何母恩雖廣，弗察臣衷，但玩詩詞，以爲外通等情，朝夕逼責，求死無門。逼舅焦榕拿送錦衣衛，誣臣奸淫不孝等情。臣本女流，難膽口舌，本官昧審事理，問擬剮罪重刑。臣只得俯伏順從，不敢逆繼母之命，以重不孝之罪也。邇蒙聖恩寬恤，特以天氣太炎，在監軍民未獲發落，仍差審錄太監研審，凡有事枉人冤，許通行奏。欽此欽遵。不得不具求生之路，以昭決死之言。臣父雖武臣，頗知典籍，故臣雖妾婦，亦得奉聞其遺教。況臣繼母年方二十，有弟李亞奴，始生週歲，臣母欲圖親兒繼襲，故當父方死之時，計令臣弟李承祖十歲孩兒親往戰場尋父遺骨，蓋欲陷於非命，以圖己之私也。幸賴皇天不昧，父靈不泯，臣弟得父骸骨以歸。前計不成，忿心未息，巧將臣弟李承祖毒藥鴆死，肢解埋棄，將臣姊李桂英賣與權豪家爲婢，名雖養贍，情實有謀。又將臣妹桃英沿街抄化，屏去衣服，稍有怨言，朝夕拷打。今又將臣誣陷淫奸等情，臣縱不才，鄰里何不糾舉？又不曾經獲某人，乃以數句之詩，尋風捉影，陷臣死罪。臣之死固無憾矣，十歲之弟，果何罪乎？數齡之妹，又何辜乎？臣母之罪，臣不敢言，《凱風》有詩，臣當自責，臣之死固不足惜，恐天下之爲繼母者，得以肆其妒忌之心，凡爲兒女者，得以指臣之過也，是以一生而污風俗，以一身而褻綱常也。臣在監日久，有欺臣孤弱而興不良之心者，臣撫膺大慟，舉監莫不驚惶。陛下俯察臣情，將臣所奏付諸有司，明布各衙門知道，將臣速斬，庶身無所苦，免《行露》之霑濡，魂有所歸，無《青蠅》之污穢。仍將臣之詩句委勘，有無淫奸等情，推詳臣母之心，盡在不言之表，則臣父母之靈，亦可慰之於地下，而臣之義，亦不可掩於人間矣。臣冒瀆聖主，不勝祈死之至。系明辨生冤，以伸死憤事，情不敢隱諱，謹具本，令妹李桃英賚奏以聞。奉聖旨：這奴婢事情有可矜，著三法司會勘來說。奉聖旨，李承祖死於無辜，焦氏妒忌之心，罪實難容，依律處斬。李玉英著錦衣衛選良才婚配。右疏在嘉靖四年間一學究所鈔者，余見而錄之。

明·余繼登《典故紀聞》卷二 應天府有滯獄逾半歲者，太祖聞之，惕然曰：京師而有滯獄，郡縣受枉者多矣。有司得人，以時決遣，安得有此？自今獄囚審鞫明白，須依時決遣，毋使滯淹。

明·余繼登《典故紀聞》卷六 饒州鄱陽縣民朱季友進書，詞理謬妄，謗毀聖賢，禮部尚書李至剛、翰林院學士解縉等請置於法。成祖曰：愚民著不治之，將來邪說有誤後學。即遣行人押還鄉里，會布政司按察司及府縣官，杖之一百，就其家搜檢所著文字悉毀之，仍不許稱儒教學。

又 故駙馬富陽侯李讓家人有中鹽虛買實收者，錦衣衛鞫之，言告者不實。成祖命六科給事中孫琳等共審之，實錦衣受賄。成祖曰：富陽侯之子，朕外孫，孰敢誣之？朕但慮錦衣衛故抑告者，初不慮其納賄，命付都察院鞫之。於是侯之子懇謝過丐免，成祖曰：法度與天下共之，豈爲私親廢？爾曹政當奉法保恩，豈可恃恩撓法！夫欺慢以苟利，與賄賂以逃刑，雖爾曹亦不可得免，況爾家人乎！遂召都察院臣，論曰：宥罪可施於疏賤，而貴近不可僥免，行法必先於貴近，則疎賤可以知警。富陽侯家人，其治之如律。

又　舊令，海運赴天津者，舟必同日俱發，有先後者，治部運官罪。有三十餘艘違約，五日方行，而同日俱達，亦無所損。或請治違約之罪，成祖曰：始慮海寇爲患，故敕令同約，今已濟而無損，其功可贖。凡用人者，錄功而略過，則人奮於功，若計過而略功，則救過之不暇，何暇懋功哉！

明·余繼登《典故紀聞》卷九　洪熙時，行在禮部考山西按察司僉事不稱職，例降邊遠雜職。宣宗曰：退人以禮，彼今爲方面官矣，遽降雜職太過，可令爲縣正，不稱則如例降之，著爲令。遂降湖廣應山知縣。

又　義勇衛軍閻群兒妻有淫行，李宣以告，群兒將殺之，其妻即誣群兒與宣等九人強劫校尉陳貴家，御史悉論斬，都察院勘驗，實不爲盜。宣宗謂左都御史劉觀曰：昔隋煬帝令於士澄治盜，但有疑似輒加考掠，同日斬決二千餘人，其中六七人者，盜發之日，先禁他所，不勝楚毒，亦自誣服，有司明知，不復執奏。今非各人自陳，豈不冤抑而死？是爾等皆士澄也。宜戒約諸道，凡治獄，必察實情，此事若已論決，朕必不汝貸矣。

又　中官裴可力督事浙江，有湯千户者以賄結之，因倚勢漁獵百姓。按察使林碩初至，振舉憲綱，湯懼不容，讒碩於裴，裴誣奏碩譏誹及沮格詔書，遂逮碩至京。碩言：臣昔爲御史，巡按浙江，小人多不便，臣今陞按察使，至浙未久，小人舊不便臣者，設謀造詐，欲去臣以自便耳。宣宗曰：朕固不信，是以面問，汝今既明白，汝即馳驛赴任，但遇民瘼事，悉奏來。朕推誠心以待臣下，汝無他慮。謂侍臣曰：小人造言，讒害君子，歸必罪之不貸也。

又　宣宗與夏原吉語及古人信讒事，曰：讒慝小人，眞能變白爲黑，誣正爲邪，聽其言若忠，究其心則險，是以帝舜堲讒説，孔子遠佞人，唐太宗以爲國之賊。朕於此等，每切閑防，若有其萌，必杜絶之，不使奸言得入，枉害忠良。齊殺斛律光，國遂以弱，朕常非之；汲黯正直，奸邪寢謀，卿所宜務也。

宣德時，奸民有欲陷良善者，多搆誣詞赴南京訐告，南京法司輒逮問。宣宗聞之，令都察院移文禁止，凡有告訐者俱送北京，惟京城軍民詞訟許其鞫問。

宣宗聞侍臣講，曰：唐太宗政治之美，庶幾成康，實本於此。予嘗反覆是書，謂安天下必須先正其身，未有身正而影曲、上理而下亂者。謂治國猶栽樹，根本不搖則枝葉茂，君道清靜則百姓安樂，皆要語也。

明·余繼登《典故紀聞》卷十　宣宗聞豹房勇士以民居寬好欲奪而居之者，命杖之一百，以五百斤枷號令儆衆。召六科給事中，論曰：此曹敢輕易犯法者，恃中官爲之救解，自今但中官傳朕言釋有罪人，幷須覆奏始行。

明·余繼登《典故紀聞》卷十一　正統初，有繼母告陷前妻之子，法司問擬不孝重罪，大理寺評事吳亮駁奏冤抑，英宗敕法司：今後繼母告陷前妻之子，嫁母告陷前夫之子不孝者，俱令鄰佑保實，取問如律，如有冤枉，即與辯之，著爲令。

又　正統初，達官軍校人等居畿甸者，多占民田掠民財，御史成規以爲言，英宗詔錦衣衛兵馬司分捕之，犯死者於犯所梟首，徒流者發邊衛充軍，仍罪其頭目。若地方被劫奪而官校縱容者，重治以罪。

又　正統初，刑部申明舊制，凡民訐官長，宜量加責罰，不許摭拾妻妾幼女，幸其受辱，以快私忿。凡婦女非犯姦惡殺人及毁駡公姑不孝等罪，幷免提問。

又　正統五年，有僧年九十餘，自雲南至廣西，紿人曰：我建文也。張天師言我有四十年苦，今爲僧期滿，宜亟返邦國。以黄紙爲書，命其徒清進持詣思恩府土官知府岑瑛，瑛執送總兵官柳溥。械至京，會官鞫之，乃言其姓名爲楊行祥，河南鈞州白沙里人，洪武十七年度爲僧，歷遊兩京、雲南、貴州至廣西。英宗命錦衣衛錮禁之，凡四踰月，死獄中。其同謀僧十二人，俱謫戍遼東邊衛。

又　正統八年，敕雲南大理府知府劉烈曰：以爾廉平公正，命長郡治，爾宜體朝廷簡拔之意，益勵乃操，益勤乃事，表率官屬，宣布德澤，愛恤吾民，審度人情，因俗爲治，利所當興，弊所當革，盡心盡力。必使一郡之民，衣食充足，禮教興行，斯爾之稱。所屬官員，果有貪淫不法，蠹政害民，情狀昭著者，五品以上具實奏聞，其餘爾即提下，差人解京。其有罷輭老疾不勝任者，亦開具奏來。寮佐官及所在衛所官，或倚恃豪強，非分害民，明指實迹奏聞。一應公差之人，但有生事需索爲民患者，即舉問如例。

又　正統時，大理寺奏：律載，竊盜初犯刺右臂，再犯刺左臂，三犯絞。今竊盜遇赦再犯者，咸坐以初犯，或重刺右臂，或不刺，請定例。章下，三法司議刺右，遇赦再犯者刺左，刺左遇赦又犯者不刺，立案備照，赦後三犯者絞。英宗曰：律爲常法，赦乃一時恩典，自今竊盜已刺遇赦再犯者，依常例擬，不論赦，仍通具前後所犯以聞。

正統時，刑部強盜越獄，下尚書王質等於都察院鞫問。獄具，英宗命杖提牢主事王彰、司獄王溫等，謫戍威遠，黜巡風主事王儉爲民，降尚書王質爲戶部右侍郎，左侍郎郭瑾爲潯州府知府。其原問郎中等官，以不早歸結，各降黜之。

又　正統八年，敕諭內官內使曰：祖宗舊制，內官內使職掌內府事務，纖毫不敢透漏。今爾等有不遵法度，與在外各衙門官員私相交結，透漏事情，或因公務營幹己私，或徇親情請求囑託公事，或借撥軍夫役使，以致所司那移選法，出入刑名，重勞軍民，妨廢公道。已往之事，悉置不問，自今宜相戒飭，謹遵法度。其有徇情違法者，必罪不宥。

又　初，官吏故勘平人致死者，論死不宥。給事中於泰言：其意本非故殺，宜在所宥。由是坐故勘者，悉得貸罪。監察御史左鼎等言：小民無知犯法，可以情而貸，若官吏以學術發身，以法律從事，操威福之柄，豈可懷私受賄，巧文深詆，殺無罪人？原其情，與故殺何異？先朝屢有恩宥，皆不及此，豈列聖之仁明，有所不逮？誠以法者天下之公，不可以私意妄有所輕重也。章下刑部，尚書俞士悅等言：御史言是，自後故勘者宜論死不宥。從之。

又　景泰中，刑部郎中陳金、戶部郎中陳汝言爲御史所劾，金等疏辯，詔該衙門查究。於是十三道御史糾金等妄辯，請置於法。景皇帝曰：言者朝廷固所不禁，然人有枉，豈可偏徇，不爲辯耶？既而吏部覆十三道所劾俱無驗，遂敕：今後言官劾奏，必究實無妄。

又　景泰時，內閣書辦官日久狎玩，往往窺伺事機，售恩納賄，及冒署直文淵閣知制誥職銜以愚瞽外人。大學士王文等覺其弊，奏請調之。於是調太常寺少卿王謙禮部、儀制司郎中蔣宏等於南京。

又　景泰中，御史苗穟言：臣見府州縣衛所問刑官不問罪之輕重一概監禁，有一年不決者，有半年不理者，乞通移文在外問刑衙門，今後眞犯死罪監禁外，其餘輕重罪囚，不許久禁。照舊例大事五日小事三日不與決斷者，聽受禁之人赴巡撫、巡按等官伸告，則囚犯不致淹禁，而囹圄空虛矣。詔從之。

明・余繼登《典故紀聞》卷十四　祖宗朝，以國子監錢穀爲養賢之用，例不鉤考。天順己卯，祭酒劉益爲監丞閻禹錫所訐，言會饌久廢，而椒鹽等物折錢鈔者不以時給諸生，爲他用。戶部以聞，遂下益與典簿徐敬於獄鞫問，敬謫戍，益從末減，而國學錢穀自此遂鉤考矣。

又　成化五年，以正一嗣教眞人張元吉凶暴貪淫，或囊沙壓人致死，或投之深淵，前後凡殺四十餘人，爲族人所奏，機繫至京。刑部尚書陸瑜等奏：張氏遠祖，假以符籙，繆稱玄宗，無補於國，無益於世。前代雖間有封號，未有品級，至我朝，革去天師之號，止稱眞人。今其子孫不肖，罪惡深重，元吉當淩遲處死，其妻子當流，其黨當絞斬，其族當籍而徭役之。仍宜毀其府第，革其勾管都目諸人，勿令印行符籙，以誑惑斯世，憲廟令元吉如所擬，妻子免流，仍擇其族人廕封。當時不能執論絕其根源，致令其徒奉行，至今自若，深可惜也。

明・丘濬《大學衍義補・崇教化・廣教化以變俗》　齊蘇瓊爲南清河太守，有百姓乙普明兄弟爭田，積年不斷，各相援據，乃至百人。瓊召普明兄弟諭之曰：天下難得者兄弟，易求者田地，假令得田地，失兄弟，心如何。因而下淚，諸證人莫不灑泣。普明兄弟叩頭乞外更思，分異十年，遂同住。

明・樂天子《折獄奇編・告强盗》　明火劫擄事。前月某夜更深，強徒一黨約有三十餘人，各執鋒械，劈破大門，殺傷男媍三命，穿房繞戶，掃擄家財，四鼓方散。當投里鄰覈明，乞嚴緝捕，勦黨安民，粘單上告。房門封鎖勝如將軍斬關，欄櫪豬牛，恰似無常取命。器物服飾，搜捧一空，夢醒驚趕，木石斷路。拋磚打石，竟不可擒。哀懇緝訪，民始安生，上告。

訴

電燭里冤事。奉公守法，秋毫無犯，情因趙某被盜，具狀告。臺彖行緝訪，不知何人潑禍唆差妄作，且盜賊重情眞贋，難瞞鄰里，貧室懸磬，何有眞贓，細審細查，涇渭自別，涇渭二水名。涇清渭濁號天活命，上訴。

吳侯審云：趙某被盜，緝訪得某細鞫據訴，詳詢党里，咸謂清明，況無眞贓可指，此或狡免爰爰，雉罹罕中之意也。釋此無辜，再行訪捉。

明・樂天子《折獄奇編・告逼死節婦》　慘殺女命事。女婿病故，墳土未乾，女誓守志不嫁，強梁叔公某僥圖苟利，串誘禽犢公姑，強除故婿靈位，威逼改嫁，日不加飡，夜不授被。女遭磨滅，荼苦莫茹食也，淚剪雲鬟繡帛寄怨，閉門自縊慘死。綱常大變，聞者心寒，哀哀號天。上告。

吳侯批云：胡氏夫病六七年，躬侍湯藥，甘臭穢而不辭。夫亡一二載，獨守靈幃，吊形影而自苦。乃遭忍毒公姑，及無藉叔公等，逼其改嫁，強除夫之靈位。胡氏力不能支，苦不可茹，遂綉數十言於帛上，剪青髮以遺親，閉門自縊，從夫地下，此貞淑之氣，閨閫之光，雖死而猶生者也。公姑愚夫愚娘，固不足齒，矧其叔公習十一尙忝學宮，乃安逼死節娘，若此爲衣冠之玷乎？一門荆棘，挺出芝蘭，非大爲激揚不可也。

明・樂天子《折獄奇編・告打死妻命》 號究妻命事。凶惡某霸截水利，身論被毆，妻某氏情急奔救，遭凶槩打破腦，重傷抬回，氣絶。某等見證，妻遭橫死，叩法撿填，負冤上告。

訴

爲冤誣事，某日身與某爭水遭毆，懵地某勸證，并無娘女在傍。次早稱妻被身打死，統集弟侄破屋劃財，謊詞聳告。痛思田爭水利，隔家二里有餘，惡妻瞽病，不移戶外半步，豈能飛石入房打死病娘，非殺妻圖詐，必病篤加功，乞究根由，超拔上訴。

夏侯批云：林氏以夫爭水，而與人厮毆。奪出號冤，亦娘人女子常態耳，金漢胡逞凶之甚，斃此娘於棍石乎？吳珮以嬸身死，統集二十餘人蜂擁上金漢之門，破屋劃財，此亦妄舉也。蓋殺人償命，罪固重於太山，而劃財之律亦未可藐如鴻毛者。金漢合就大辟，吳珮亦依律取供。

明・樂天子《折獄奇編・告打死弟命》 磊債殺弟事。土豪某家財累萬，行止蓋都，力舉五百餘斤，自號小霸王。弟因借債十兩，不服磊算，觸犯虎怒，喝僕某亂棍亂石叢打，立時氣絶。即今死者銜冤，兄弟分開，手足妻子，割斷肝腸。極大冤枉，望光上告。

訴

燭冤豁命事。某慣賊害民，一鄉大蠹。某夜潛入室中，偷盜財物，僕見捉獲，是行打死，豈應刁惡，某飄揑磊債殺命，誑臺誣陷。切思人命重罪，豈敢輕犯，身止黑夜殺賊，未嘗白晝毆人。乞思詳情，超豁上訴。

吳侯審云：沈某以萬金上豪所爲不軌，蓋罄西山竹而書罪無窮，決東流波而流惡不盡。今因磊債疊利，毆死陳仲升，乃反以陳升夤夜入室盜偷指賊打死。此小人文過飾非之辭也，但人心不昧，鄉有公評，約黨地里俱稱白晝打死。白晝豈行竊之時乎？人命重罪，合擬大劈抵罪。

明・樂天子《折獄奇編・告弟遭枉死》 憐死剖冤事。痛弟張仲某日經過鱷豪李丙之門，鱷魚之暴者，巨口鋸齒，能食人被豪喝令家奴某拽仲入室，索績綑打，遍軀重傷，匍匐歸家，飲恨而死。豪懼拴鄰某封銀五十兩買息，切思錢價情輕，人命律重，因債戕命，賄滅難甘，叩天檢明，正法償命，哀告。

訴

乞辨圖賴事。丙系開店貿易營生，牙儈張孟素行攛掇成仇，伊弟張仲久沾血疾，尫羸身故。尫羸，病久哀憊之狀懸揑毆傷，拴某硬證，希圖賴命，只得冒死投天救豁，銜恩上訴。

周侯審云：審得李丙爲富不仁，侮斷鄉曲，結吏胥爲爪牙，視人命同草芥，因索債而毆殺張仲，復俱罪而賄買孟兒。鞫檢情眞，合就大辟。

明・樂天子《折獄奇編・告竊盜》 緝盜安民事。余某等素不守分，偷竊爲生，三五成群，夜聚曉散，毒流遠近，畏惡無何，怪誡成仇，糾黨將民某處杉木盜砍，運歸獲贓，投鄰可證。賊徒猖獗，雞犬弗寧，且受害不獨身家，怨詈寔騰衆口，乞恩緝捕，安民上告。

訴

栽贓黑陷事。萬金土豪吳某爭娶，血仇無由報害，自砍杉木，黑夜抬贓私浸門口池內。次早口稱被盜，飄賴無辜，投鄰搜贓入池，直取揑誣，呈縣冀金，賄鄰黑證。切身既無修造，何用杉木，就使盜偷，亦不浸贓池內。洞察奸僞，情弊顯然，懇乞詳查，超豁哀哀上訴。

尤理刑批：吳亨與余順爭娶，宿仇屢歲，秦越自砍杉木，私浸余池中，圖賴報復，此操心甚勞，爲計最拙也。里鄰寔指，盡但知余池有贓，而未知所以然之贓耳。順係無辜，亨合反坐，其干證墮亨術中，姑免究。

明・樂天子《折獄奇編・告打搶》 劫搶事。身外買布回歸，路怪松塢，岡也。日晡時分，日暮曰晡。突遇凶徒三人，手執鋒刃，齊喝一聲，攔路截殺，當頭搶貨，似虎啣羊，貼肉脫衣，如筍剝殼，捆縛手足，遍身痛加棰楚。冤蔽無奈，匍匐叩臺，乞行親勦，上告。

王侯審云：宋王六以布客，孤行僻塢，被盜搶劫，情寔可憐，黨里知風，指係左某、陸某、余某夥合肆害，須差捕捉，搜覓眞贓，此固天網不漏，亦諸罪貫盈。途有荆棘，理合芟刈。第搶財未至殺人，律當從減，姑各擬三等。

群雄烏合，劫殺百姓，捲擄財物，淫穢娘女，燒燬房屋，被害數十家，哀徹心髓，男女聞風，驚碎心膽，卿村未晚閉戶，小兒不敢夜啼。切恐猛虎不除，犬羊無種；勁鷹弗滅，鳩雀可憐。乞臺法勦安民，上告。

汪府尊批：養鷄者不畜狸，蓁獸者不畜豺，今吳某等群雄烏合，流毒一方，是梗路之荆榛，嚙民之狼虎者，尙可謂鼠竊狗偷，而漫爲不足畏乎？仰縣速行緝補，毋使履霜堅冰至而熒熒不遏，以成炎上之勢云。

明・樂天子《折獄奇編・告爲妹伸冤》 殺命埋冤事。父存嫁妹雲玉，厚奩百金，配與獸親計生爲妻，豈惡不務生理，酗酒宿娼。孤妹終身仰望，反嗔苦諫，活活打死。夫殺妻命，網常墜地，兄痛妹冤情慘昏天。上告。

訴

爲劈冤事。身妻病故，岳母面殮無異，豈奸舅張某捏告打死，見身訴明，復催檢屍，視人命爲奇貨，倚妹屍爲流注，不顧有傷天和，惟知肆奸鼓禍。乞各取認狀，有傷身認毆罪，與傷惡招反坐。庶罪有攸歸，屍無枉檢，上訴。

汪侯審云：雲玉系計生之妻，而張簡乃雲玉之親兄也。計生酗酒宿娼，嗔妻諫阻，以結發而反目，固倫敎中罪人乎？但雲玉以夫不才，有孤終身仰望，憤惋而死耳。若必曰捶楚而斃，夫誰指之。張簡恐妹冤亡，訟告計生，殊不知計生雖有宿娼之爲，必無殺娘之理。張簡究嫁奩則可，必欲撿屍正法，則不可也。不然向也朱陳，今也秦越，徒令人嗤嗤矣。

明・樂天子《折獄奇編・告竊盜》 剪賊安民事。賊風四起，鄉境不寧，無籍棍徒，篾視王法，蔽夜害人，糍中裹藥，毒死守家吠犬，欺人鼾睡，恣意妄偷砍杉木，安贓黑陷，喝令虎僕縛捆兄至伊家，函繫土牢，木鎖絶食，捏誣呈縣，屈受非刑，生生累死。極大枉冤，白日暗天，哀哀上告。

訴

究盜燭冤事。惡某盜砍墳樹，憑里獲贓，告縣拘審發監，賄保領出，逾月，喉瘋暴死，與貧無干。刁棍某飄誣累死，竦臺架騙，不思伊兄在家病故，并非在獄身亡，細審細查，何爲累死，令憐杜禍安民，上訴。

溫府主審：倪進盜砍吳魁墳樹，贓出後園，彰彰然經鄰里之目睫者。縣拘赴審收監，越信宿而歇家，領出逾月，病喉瘋，食不下咽，大命遂終，天乎人也，何尤倪達因兄身死，遂執爲辭冤，稱累死人命，殊不知本縣發監，非私牢也，二日而旋釋放，非滯獄也，何爲累死。然則訟人命者固不若訟賊情者之爲眞，但進既死矣，罪無他及，魁雖遭訟，寔係無辜，止倪進未合妄告耳。

明・桂萬榮《棠陰比事・獄吏滌履》 江南大理寺鞫殺人獄，未得其實，獄吏憂畏，乃焚香禱神。因夢遇枯河上高山，寤而思曰：河無水乃可字，山而高乃嵩字，可嵩，僧名也。崇孝寺有僧名可嵩。即白長官，攝之，訊問未有姦狀。忽見履上有墨汙，因問其由。云爲墨所濺。使脫視之，乃墨涂也。僧色動，遂滌之，即見血痕，以此劾之，僧乃服。見吳淑《校理祕閣閑談》。

明・桂萬榮《棠陰比事・附録・梅妻逆夫》 有王梅者好酒，其妻不潔，圖去梅以快所私，梅與族叔鍇素仇相絶，歲鄉人社會梅家，醉散，入夜，梅忽死于碎甕間。鍇乍聞惻隱，往視亟還，妻懼鍇或訐發，謀所私者誣鍇挾仇，乘梅醉跌未死往殺之。有司逮至訊鞫，凡刑加梅妻輒毀，加鍇乃無毀焉，疑其妻冤，益拷，鍇不勝，遂誣服。尋上官讞，改鍇戍邊，遇雷雨必焚香籲天。後梅妻頸生惡瘡三，呻吟苦楚以死，所私者亦別麗重典。蓋妻故碎甕擠梅於上，刃其頸三，擬詭稱醉跌觸甕死，適鍇往視，以其仇誣之，則易信，且滅所忌也。刑具則所私賂吏卒，夾棍等鐵異新，故索異麻草，堅韌朽脆相懸絶，用惑有司云，夫情僞微曖，其變千狀，奸惡不足異也，明愼可少忽耶。若夫天人之際亦嚴矣。

明・桂萬榮《棠陰比事・附録・田滋得稿》 田滋爲浙西廉訪使，有縣尹張或者被誣以賊，獄成。滋審之，但俯首泣而不語，滋以爲疑。明日，齋沐詣城隍，祠禱曰：張或坐事有冤，伏願神明其誣。守廟道士進曰：曩有王成等五人，同持誓狀，到祠焚禱，火未盡而去之，燼中得其遺稿，今藏於壁間，豈其人耶？視之果然。明日，詣憲司詰。成等不服，因出所得火中誓狀示之，皆驚，伏罪。張或得釋。

明・桂萬榮《棠陰比事・附録・張洽服盜》 張洽，嘉定元年改袁州司理參軍，有大囚，訊之則服，尋復變異，且力能動搖，官吏累年不決，而逮繫者甚衆。洽以白提點刑獄，殺之。有盜黠甚，詞不能折，會獄有兄弟爭財者，洽諭之曰：訟於官，祇爲胥吏之地，且冒法以求勝，孰與各守分，以全手足之愛乎？詞氣懇切，訟者感悟，盜聞之，自伏罪。

明・桂萬榮《棠陰比事・附録・劉敞察冤》 劉敞知揚州天長縣，鞫王甲殺人，既具獄，敞見而察其冤，甲畏吏，不敢自直。敞以委戶曹杜誘，誘不能平反而傳致讞牢。將論囚，敵曰：冤也。親按問之，甲知敵爲己直，乃敢告。蓋殺人者富人陳氏也。相傳以爲神明。

明・桂萬榮《棠陰比事・附録・澤民訊僧》 汪澤民，同知岳州事。州民李氏以貲雄。其弟死，妻誓不他適。兄利其財，嗾族人誣婦以奸事。獄成，而澤民至。察知其枉，爲直之。及爲平江府推官，有僧淨廣與他僧有憾，久絶往來。一日，邀廣飲，廣弟子急欲得師財，且苦其捶楚，潛往他僧所殺之。明日，訴官。他僧不勝拷掠，乃誣服。三經審録，詞無異，結案待決。澤民取行凶刀視之，刀上有鐵工姓名，召工問之，乃其弟子刀也。一訊吐實，即械之，而出他僧罪。

明・桂萬榮《棠陰比事・附録・崔碣雪潦》 崔碣爲河南尹，邑有大賈王可久，轉貨江湖，間值龐勛亂，盡亡其貲，不得歸。妻詣卜者楊乾夫咨存亡。乾夫悦其色，且利其富，既占，陽驚曰：乃夫殆不還矣。陰以百金謝媒者誘聘之，妻乃嫁。乾夫遂爲富人。及徐州平，可久困甚，丐衣食歸閭里，往見妻。乾夫大怒，詬逐之。妻詣吏自言。乾夫厚納賄，可久反得罪。再訴，復坐誣。可久恨歎失明。碣至，可久陳冤，碣得其情，即勅吏掩乾夫并前獄吏，悉發賕奸，殺之，以妻還可久。時淫潦，獄決而霽。

明・桂萬榮《棠陰比事・附録・唐臨不冤》 唐臨，高宗時按獄交州，出冤繫三千人，遷大理卿。帝嘗録囚，臨占對無不盡。帝喜曰：國之要在用法，刻則人殘，寬則失有罪，惟是折中，以稱朕意。他日復訊，餘司斷者，輒紛訴不服，獨臨所訊無一言。帝問，故答曰：唐卿斷囚不冤，所以絶意。帝嘆曰：爲獄者，固當若是。乃自述其考曰形如死灰，心若鐵石云。

明・桂萬榮《棠陰比事・附録・真卿感雨》 顔眞卿，玄宗時，再遷監察御史。使河隴時，五原有冤獄，久不決，天且旱。眞卿辨獄而雨，郡人呼御史雨。

明・桂萬榮《棠陰比事・附録・崔公仁恕》 唐崔仁師，貞觀初，遷殿中侍御史時，青州有男子謀逆，有司捕支黨累係塡獄，詔仁師覆按。始至，悉去囚械，爲具食飲，以情訊之。坐止魁惡十餘人，他悉原縱。大理少卿孫伏伽謂曰：原雪者衆，誰肯讓死就決，而事變奈何？仁師曰：治獄主仁恕，豈有知枉不申，爲身謀哉！吾以一介易十囚命，固願也。及勅使覆訊，諸囚咸叩頭曰：崔公仁恕，無枉者。舉無異詞。由是知名。

明・桂萬榮《棠陰比事・附録・濂溪悟酷》 周濂溪，爲分寧主簿，有獄久不決。濂溪至，一訊立辨。邑人驚曰：老吏不如也。部使者薦之，調南安軍司理參軍。有囚，法不當死，轉運使王逵欲深治之。逵酷悍吏也，衆莫與爭，濂溪獨與之辨。不聽，乃委手版歸，將棄官去，曰：如此尚可仕乎！殺人以媚人，吾不爲也。逵悟，囚得免。

明・桂萬榮《棠陰比事・附録・提舉辨明》 宋提舉楊某，爲越録事參軍，其守治盜嚴。凡保内捕賊不獲，則被盜物責保長償之。有一人家被盜，持杖追擊，僕地，執送保長。保長苦之，乃即械繫解官，誣盜死。郡因治保長制死，獄具。後公閲狀，云：左肋下致命一痕，長寸二分，中有白路，必背後追擊，是其死非因保長制縛也。獄吏爭，案已成，公不聽，即追詰原捕賊者，果得其情，索致杖首有裂證益明。迺引法，止坐保長杖罪，免死。

明・桂萬榮《棠陰比事・附録・陳睦酷報》 宋陳睦，嘗提點兩浙刑獄。會杭民有妾沉香者，浣衣井旁，嫡子墮井死，妻訟於州，以爲必沉香擠之。三易，獄不合。睦怒，逐掾殺沉香。東坡詩：殺人無驗終不快，此恨終身恐難了。蓋有激云。睦還京久之，無所授。禱於廟，無應。後恍聞人云如沉香何。睦震汗廢食，累日而卒。

明・桂萬榮《棠陰比事・附録・師泰折獄》 貢師泰，爲紹興路推官。山陰白洋港有大船飄近岸，史甲二十人，適取鹵海濱，見其無主，因取其篙櫓，而船中有二死人。有徐乙者，怪其無物而有死人，以爲史等所劫，首官。史既誣服。師泰密詢之，則里中沈丁載物抵杭而回。漁者張網海中。因盜網中魚，爲漁者所殺，冤皆白。又有游徼徐裕，以巡鹽爲名，肆掠村落間。一日，遇諸暨商，奪其錢，撲殺之，投尸於水。走告縣曰：我獲私鹽，犯人畏罪赴水死矣。官驗視，以有傷疑之，遂以疑獄釋。師泰追訊，覆按之，具得裕所以殺人狀。又餘姚孫國賓獲姚甲造僞鈔，受賕而釋之。執高乙魯丙赴有司，誣以同造僞鈔。高嘗爲姚行用，實非自造；而魯與孫有隙，故并連之。師泰疑高等，覆造不合，以孫詰之，詞屈而情見，即釋魯而加高以本罪，姚遂處死，孫亦就法。

明・桂萬榮《棠陰比事・附録・文原雨旱》 鄧文原，僉浙西廉訪司事。吳興民夜歸，巡邏者執之，繫亭下，其人遁去。有追及之者，刺其肋，僕地。明旦，家人得之以歸，比死，其兄問：殺汝者何人？曰：白袍青衣，長身者也。其兄訴於官。有司問直初更者，曰：張福兒執之，使服焉。械繫三年。文原錄之，曰：福兒身不滿六尺，未見其長也。刀傷右肋，而福兒素用右手，傷宜在左，何右也？鞫之，果得眞殺人者，遂釋福兒。桐廬人戴汝惟，家被盜，有司得盜，獄成送郡。夜有焚戴氏廬者，而不知汝惟之所之。文原曰：此必有故也。乃得其妻葉氏與其弟謀殺汝惟狀，而於水涯樹下得尸，與漬血斧俱在焉。人以爲神。及移江東道，徽州民謝蘭家僮汪姓者死，蘭姪回賂，汪族人誣蘭殺之，蘭誣服。文原錄之，得其情，釋蘭而坐回，時久旱，獄決乃雨。

明・桂萬榮《棠陰比事・附録・易貴辨紙》 國朝易貴，成化間，守辰州府有寠人，擔紙息肩路旁，倦而寐熟，盜去。訴於貴，即使人抬失紙處一石，到府階下，杖焉。擁入觀者如市，閉門量罰，觀者以資寠人。復詰曰：汝紙有誌乎？曰：有。遂俾住在外。數日，出公牘，汛買諸賈人紙，彼送至，令各書名於上，乃召寠人認之，果得原紙，因追究盜紙人伏罪。

明・桂萬榮《棠陰比事・附録・彭祥還貲》 郭彭祥，弘治間守眉州，問刑明決。鄰封合州有兄弟二人，兄宦別省，其貲每託弟攜歸置產，契券俱弟收掌。兄卒於官，嫂扶櫬歸。弟絕無所與，又無籍可稽。嫂訴於州。訊不服，乃越境訴於郭。郭即隱告者，取獄中賊，指攀其弟與盜同夥，移文本州。械致詰曰：汝與某人爲盜致富？其弟泣曰：吾兄仕宦所得，未嘗盜也。固詰之，詞甚詳，一一錄記，乃速其嫂語之弟，遂服，還貲產。

明・桂萬榮《棠陰比事・附録・筠守釋誣》 弘治末，稽察江郡帑藏及筠，筠守周君津、貳王君珀銳志治盜。義民廖顯六素效巡捕，劇盜甘乾八報復焚掠，廖殺之，二君益追治逮捕。一惡少怡然就獄，云：與某村某某等隨甘行凶。衆將信之，察曰：死地人所苦也，彼甘就焉，容非其情，可稍須之，倘得訊醜，參鞫未晚。後兩月，馳報曰：子言是也。向惡少嘗行竊，數爲某某窘辱，因亡身攀誣。今獲眞盜，辨釋矣。觀此，聽訟者可以躁心乘之哉。

明・王世貞《弇山堂別集・史乘考誤四》 張御史春，眞定人，商弘載榜二甲第五人。初試南宮，主司欲首薦，以北卷爲疑，即拆封，知爲眞定人，以問宰相曹公，曹與張同邑，銜張不往見，但謝不知，遂寘第六。廷對復得第一甲第三人，曹又易之。初授南京廣東道監察御史。國朝選士，釋褐爲御史自張始。時中官王振用事，齊詔附之，得南京刑部尚書，倚託縱恣，人莫敢言。有指揮某者，與徽商友善，往來無閒，結爲昆弟。指揮富而無子，有三女，一嫁儀眞民，一嫁鎮江，一嫁武臣。指揮既卒，徽商遂謀襲其官，媚指揮之妻甚至，妻信子，遂許爲嗣。既得官，併欲奪其產，沉指揮之妻於江。既事漸彰，聞指揮女在儀眞者訟之，刑曹齊詔受賂，竟右商人，而詘指揮女。徘徊都市，商殺之，血污女衣，以石沉之井。指揮妻有侍兒爲商所奪，心傷故主，有怨言，商又殺之。有一奴欲訟冤，商又殺之。都下無論貴賤，皆痛憤，然畏詔，七年無敢問。張初至官，見婦人泣而呼冤，蓋指揮女在鎮江者也，都御史過之若不聞，御史過之亦若不聞。張心疑之，問之同官，同官搖手諭之曰：此非君所當問也。張奮然曰：朝廷設耳目之官，何事不可問？有事不敢問，號稱御史，不亦辱乎？今日吾固當問之。同官掩口笑曰：南京京城事皆屬廣東道。張遂按之，白中丞，中丞怒曰：汝書生不諳時務，躁妄如是。汝登第幾日？莅官幾日？遽欲預事乎！詔聞之大怒，曰：吾不識張春何狀，豈喪心病狂乞死者耶？不然何以返吾獄！即而窮按不已，事大暴著，井中血衣尚在，獄詞皆張手筆。詔見之，大驚，曰：彼書生，何精練至此！始有懼色，因求都御史勸阻之。都御史曰：吾前叱之，今日何面復與之言？乃令同官言之，張遂列齊詔見阻之意、都御史轉託之言，并同官三四人，連獄詞具疏呈都御史求印，都御史固不肯印。月餘，都御史去，御史曹姓者署印，強使印之，乃得聞上，而齊詔之疏先上矣。時北京都察院都御史寇莊愍公見之，曰：此疏何得先上？都察院本亦當即至，宜徐待之。三日，張疏果至，下錦衣衛提問，詔與張連逮至京。錦衣衛金指揮者亦無子，問其事，悽然泣下，故齊詔無所措詞。時張疏言詔放縱數事。其一，史氏事：史氏初與后妃之選，英廟欲立爲后，而疑其姓，謂朱與史婚非雅，遂賞表裏還之，齊詔竟納爲側室。張又上書王振幾千餘言，首論此事。王振讀至此，驚曰：詔他事吾尚可爲，此事吾豈能左右乎？由是商始伏辜，以殺死一家三人論，而齊戍邊。刑部原問官死於獄，御史轉託都是俱爲編氓，惟張復官。於是詔上疏申辨，上怒，敕再辨者斬。詔怨王振不右己，以爲是獄皆振所爲也，上疏言振罪，上怒，竟論棄市。時張一疏殺一尚書，杖殺刑官數人，罷三四御史，直聲雖振動天下，而舉朝不能安之矣。此同年周學憲聞張之子孫言其事而筆之書。及攷國史獄牘，則所謂指揮者，南京水軍右衛指揮僉事賈福，其姻戚徽商與爭官職者陳玦也。訟在刑部，而右侍郎齊詔欲奪福官與玦，大理少卿廖莊疑而駁焉，再駁，詔責司如初議，因改駁，調廣東道御史張春、曹得、趙雯索玦等對理，詔怒不肯發，且執福笞之，創重死。爲守備太監劉寧所奏，詔逮錦衣衛問，而玦亦奏莊與春等受福賂，因并逮置對。順鞫詔所受玦賄與杖福死實，莊、春等受福賂誣，玦疏爲詔所嗾。而詔當稱王振爲中表兄，其從子錦衣指揮王山、王林爲表姪，署刑部一歲，獄囚淹繫死者百二十人。又逼取被選退宮人百戶史宣女爲妻，及僭買永嘉大長公主卧床。王振以其冒親也，怒，趣法司問狀，坐詔故勘斬，玦誣告平人致死絞。詔上疏懇辨，不聽，後數日僇於市。然則周子之所記，特影聲耳。齊詔侍郎，固非尙書也。商原無得官，亦無殺指揮之妻女與奴也。商論絞，非凌遲也。張春原無上疏，齊詔先坐斬，辨而不免，非坐戍以疏詆王振得罪也。北院之掌印者陳鑑，非寇深也。錦衣問官乃馬順，亦非無子之金指揮也。又謂會試取第一，以北卷折封而問，知爲眞定人，詢宰相曹公。夫折卷之後，誰得而問宰相始塡卷耶？齊東野人語，不足信。

清·龍文彬《明會要·刑一》 成化十一年，定制：凡盜賊臟仗未眞，人命死傷未經勘驗，輒加重刑，致死獄中者，審勘有無故失明白，不分軍民職官，俱視酷刑事例爲民。《刑法志》。

萬曆二十年，刑部尙書孫丕揚言：折獄之不速，由文移牽掣故耳。議斷既成，部寺各立長單，刑部送審挂號。次日，即送大理。大理審允，次日，即還本部。參差者究處，庶事體可一。至於打斷相驗，令御史三、六、九日，遵例會同。餘日止會寺官，以速決遣。徒流以上，部寺詳鞫。笞杖小罪，聽堂部處分。命如議行。《刑法志》。

景泰六年，湖廣按察副使呂淵奏：原告在逃將及一年者，將事內證佐人犯對問，推理依律發落。如告實，原告免提；如虛，別行擒執問罪。帝敕法司通行之。《通典》

清·龍文彬《明會要·刑二》 朝審：天順三年十月，令每歲霜降後，三法司同公、侯、伯會審重囚，謂之朝審。歷朝遂遵行之。《刑法志》。

大審：成化十七年四月，命司禮太監一員，會同三法司堂上官，於大理寺審錄，謂之大審。南京則命內臣守備行之。自此定例，每五年輒大審。自萬曆二十九年曠不舉，四十四年乃行之。《刑法志》。

熱審：永樂二年四月丁丑，諭三法司曰：天氣向熱，獄囚淹久。令五府、六部、六科協同爾等，盡數日決遣。死罪獄成者，秋後處決輕罪即遣。有未能決者，今出獄聽候。《世法錄》。

舊例：每年熱審，自小滿後十餘日，司禮監傳旨下刑部，即會同都察院、錦衣衛題請，通行南京法司一體審擬具奏。京師自命下之日，至六月終止。南京自部移至日爲始，亦滿兩月而止。宣德二年，五、六、七月，連諭三法司，錄上繫囚罪狀。凡決遣二千八百餘人。已上《刑法志》。成化二十一年夏，熱審。命徒流以下發落，重囚有可矜疑及枷號者，具奏定奪。《會典》嘉靖二十三年，刑科羅崇奎言：五、六月間，笞罪應釋放，徒罪應減等者，亦宜如成化時欽恤枷號例，暫與豁免，至六月終止。南京法司亦如之。報可。《刑法志》。萬曆二十九年，給事中楊應文奏：祖制：五歲熱審，將見監罪囚從公審錄，情實罪當，監候聽決。情可矜疑者，具奏處治徒流以下發落。今歲屆五年熱審之期，見監法司者，俱有更生之望獨鎭撫司所監犯人，未經法司奏擬其中豈無株連蔓引情可矜疑之人？伏乞敕下法司，將見監犯人送該司詳鞫定擬，分別上請。俟熱審之時，得共沐矜恤之仁。王圻考四十五年五月，閣臣有司循例請熱審，不報。《三紀》。

春審：宣德七年二月甲午，以春和，諭法司錄囚。《本紀》。親閱所進係囚罪狀，決遣千餘人，減等輸納。春審自此始。《刑法志》。

寒審：歷朝無寒審之制。崇禎十年，代州知州郭正中因天變，請舉寒審之典。帝命考故事。尙書鄭三後稽歷朝《寶訓》，得祖宗冬月錄囚數事，洪武二十三年十二月，永樂四年十一月，九年十一月，十二年十一月。備列上奏：寢不行。《刑法志》，鄭《三後傳》。

又 成化七年，刑科給事中白昂等奏言：大理寺審錄有詞稱冤人犯，駁回再問者多，行移調問者少：及巡撫、巡按官并在外衛問詳議所屬申詳囚犯，內有情弊者，亦皆駁回再問，致被偏執已見，不與辨明，多用非法重刑，鍛煉成獄。囚人慮其駁回必加酷刑，雖有冤枉，不敢再言。今後乞命在內法司，使遵諸司職掌事例行之。在外參審所屬申詳囚犯，中間如有問招不明，擬罪不當，及有詞稱冤者，俱聽改調別衙門問理，不許仍行原問官問理。奏下法司，議如所言。從之。《通典》。

八年，分遣刑部郎中劉秩等十四人，會巡按御史及三司官審錄。敕書鄭重遣之。《刑法志》。

十四年，奏准：凡眞犯死罪重囚，推情取具招辭，依律擬罪，明白具本，連證佐干連人卷，俱發大理寺審錄。如有招情未明，擬罪不當，稱冤不肯服辨者，俱駁回再問。若招情明白，擬罪合律，輸情服辨者，本寺將審允緣由，奏奉欽依，準擬依律處決，方回報原問衙門監候，照例具奏，將犯人引赴承天門，會同多官審錄。其審錄之時，原問、原審幷接管官仍帶原卷聽審。情眞無詞者，覆處決。如遇囚翻異稱冤有辭，各官仍親一一照卷陳其始末來歷，幷原先審問過緣由，聽從多官細心參詳。果有可矜、可疑，或應合再與勘問，通行備由，奏請定奪。

弘治二年，今法司每年立秋時，將在外監候聽決重囚，備查籍貫、姓名、及在外見監問一應死罪囚犯，通行具奏。轉行各該巡撫，會同有司官，從公研審。除情眞罪當者，照例處決；冤抑即與辨理；情可矜疑，徑自具奏定奪。著爲令。已上《通典》。

清・嵇璜《續通典・刑三》 寧宗開禧元年知衡州張訢言：殺人無證一條，斷獄註云：殺人屍不經驗與無證佐者，若勘鞫證佐逃、死，及雖有證而於法不許爲證者，同夫屍不經驗與證佐逃、死，事因顯然，往往州郡引用失當，遂至牴牾，蓋謀殺、劫殺則有佐而必無證，鬭殺、故殺則有證而必無佐。夫謂之證者，旁證之謂也；謂之佐者，助己之謂也。曰證、曰佐，自是二事。苟有其一，皆可以表殺人之然否。至於不許爲證，正謂殺害人親屬等人，慮其私於黨與，法故不許。近日曲法者，凡是重囚，多作無證具奏，且行兇之時相助協力，到官之後自相供通，謂之有佐可也，何必更求有證。至如行兇之人親屬旁援到官，固無由證之理。例拘親屬不許爲證，承舛襲訛，寖失本意。請行下刑寺及敕令所明析施行。刑寺奏如訢請。詔從之。

理宗時監察御史程元鳳奏曰：今罪無輕重，悉皆送獄；獄無大小，悉皆稽留。或以追索未齊而不問，或以供款未圓而不呈，或以書擬未當而不判。獄官視以爲常，而不顧其遲；獄吏留以爲利，而惟恐其速。奏案申牘既下刑部，遲延日月方送理寺，理寺看詳亦復如之，寺回申部，部回申省，動涉歲月，省房又未遽爲呈擬，亦有呈擬而疏駁者，疏駁歲月又復如前，展轉遲回，有一二年未報下者，可疑可矜。法當奏讞，矜而全之，乃反遲回，有矜貸之報下而其人已斃於獄者，有犯者獲貸而干連病死不一者，豈不重可念哉？請自今諸路奏讞，卽以民發月日申御史臺，從臺臣究省部法寺之慢。詔從其請。

清・嵇璜《續通典・刑七》 宋太祖建隆三年，定大辟詳覆法令，諸州錄事參軍司法據同斷獄。開寶三年詔：諸道州府應大辟罪決訖，錄其案朱書格律斷辭禁儀月日官典姓名以聞，委刑部覆視，尋如舊制，大理寺詳勘而後覆於刑部。又慮刑部大理寺之失，別置審刑院讞之。按五代用兵以來，藩侯跋扈，多枉法殺人，朝廷務行姑息之政，率置不問，刑部按覆之制遂廢。至是乃下詔著令。又按《宋史・刑法志》載，是詔亦作建隆三年。今從《文獻通考》。太宗嘗躬親聽斷，時有開封寡婦劉使婢詣府，訴其夫前室子王元吉毒己將死。右軍巡推不得實，移左軍巡掠治，元吉自誣伏。俄劉死，及府中慮囚移司，錄司按問，以其毒無顯狀，累月未決。會元吉妻張擊登聞鼓稱冤，帝召問張，盡得其狀，立遣中使捕元推官吏付御史鞫，乃劉有姦狀，慙悸成疾，懼其子發覺而誣之。推官及左右軍巡使等削罰有差，醫工詐稱被毒，劉母弟欺隱王氏財物，及推吏受贓者，並流海島。太平興國六年詔曰：諸州太獄長吏不親鞫，胥吏旁緣爲姦，逮捕證佐，滋蔓踰年，而獄未具。自今長吏每五日一慮囚情，得者卽決之。雍熙元年令：諸州十日一慮囚。又諭輔臣曰：御史臺閤門之前，四方綱準之地，頗聞臺中鞫獄，御史多不躬親垂簾，雍容以自尊大，求無冤濫，豈可得也？乃詔：御史鞫獄勿得任胥吏。尋又詔：獄無大小，中丞以下皆臨鞫，不得專責所司。時有開封女子李嘗擊登聞鼓，自言無兒息，身且病，一旦死，家業無所付。詔本府隨所欲裁置之。李無他親，獨父在，有司因繫之。李又詣登聞訴父被繫狀。帝駭曰：此事豈當禁繫？輦轂之下，尚或如此，天下至大，安得無冤濫乎？卽日遣殿中侍御史李範等十四人分往江南、兩浙、四川、荆湖、嶺南審決刑獄，吏之弛怠者，劾其罪以聞；其明敏無滯者，亦以名上。三年，置刑部詳覆官六員，專閱天下所上案牘；置御史臺推勘二十人，凡諸州有大獄則乘傳就鞫。群臣受詔鞫獄，獄既具，騎置來上有司；斷已復，騎置下之州。凡上疑獄，詳覆之而無疑狀，官吏並同違制之坐，其應奏疑案亦騎置以聞。又因判刑部李昌齡言，令：大理寺所斷案牘，寺官印署送刑部詳覆，得當則送寺，其奏否則疏駁以聞。端拱中，敵犯邊郡，北面部署言文安大城二縣監軍段重誨等棄城遁請，論以軍法。帝遣中使就斬之。既行追謂曰：此得非所管州軍召之耶，往訊之乃決。使至果訊得乾寧牒令部送民入居城，非擅離所部也。乃得釋。淳化二年置諸路提點刑獄司，凡管內州府十日一報囚帳，有疑獄未決，卽馳傳往視。州縣稽留不決，按讞不實，聽劾治。次年尋罷，以其事歸轉運司。眞宗景德三年復設。復置審刑院於禁中，兼置詳議官六員。凡獄上先達審刑院，印訖付寺部斷覆以聞。乃下審刑院詳議申覆裁決訖，以付中書省，當卽下之，其未允，宰相覆奏，始命論決。至道二年帝聞諸州所斷大辟，獄情可疑者，懼爲有司所駁，不敢上其獄，乃詔：死罪有可疑者，具獄申轉運司，擇部內詳練格律者，令決之。須奏者乃奏。時向敏中爲西京推官，有僧暮過村民家，求寄止，主人不許，求寢於門外車箱中，許之。夜有盜入其家，自牆上扶一婦人，并囊衣而出。僧適見之，自忖不爲主人所納宿，今亡其婦及財，及明必執我詣縣官矣。因夜亡去，走荒草中，忽墮眢井，則婦人已爲盜所殺，先納其中矣。明日主人搜訪得之井中，執以詣縣掠治。僧自誣與婦姦，誘與俱亡，恐爲人所得，故殺而投之井，暮夜失足亦墮井中，贓在井傍，不知何人持去。獄成言府，府皆不疑，敏中獨疑其無贓。引僧詰問數四，乃以實對。敏中密遣吏訪其賊。吏食於村店，店嫗問僧獄何如，吏始之曰：昨已笞死矣。嫗曰：今獲賊當何如？吏曰：已誤決，雖獲賊不問也。嫗太息曰：實村少年某甲所殺也。吏就掩捕獲之。案問具伏，追得其贓。一府咸以爲神。同州富民家小女奴亡不知所之，奴父母訟於州，命錄事鞫之。錄事嘗貸錢於富民不予，乃劾富民父子三人殺女奴，棄水中亡其屍。富民不勝搒掠，遂誣服。獄上州官審覆無異，推官錢若水獨疑之，留其獄。錄事詬頗侵錢，知州亦屢促之，俱不應。一日，若水詣州，屏人言曰：所以留其獄者，密使人訪求女奴，今得之矣。因密送女奴於知州所，知州大驚，立呼女奴父母問曰：今若見女識之乎？曰：吾女也，安得不識？遂出示之，父母泣曰：是也。乃引富民父子破械縱之。邵曄爲連州錄事參軍。州將楊全誣部民十三人爲劫盜，欲寘之死。曄察其枉，不肯書牘，白全願劾其實再繫獄。按驗得實，民由是獲免，全坐廢。眞宗景德三年《文獻通考》作元年詔：諸道州軍斷獄內有宣敕不定刑名止言當行極斷者，所在卽置大辟，頗乖平允。自今凡言處斷、重斷、極斷、決配、朝典之類，未得論決，具獄以聞。大中祥符二年詔御史臺：開封府及在京凡有刑按之處，令特置司糾察，凡徒已上，卽時具收禁移報，內未盡理及淹延者，追取款詞詳閱駁奏。咸平間有三司軍將趙永昌者，素凶暴，督運江南多爲姦贓，知饒州韓昌齡廉得其狀，乃移轉運使馮亮坐決停職，遂撾登聞鼓，訟昌齡與亮謗訕朝政，仍僞刻印作亮等求解之狀。帝察其詐，於便殿自臨訊。永昌俯首屈伏，遂斬之，釋亮不問。仁宗卽位，用刑尤慎。天聖四年詔曰：朕念生齒之繁，抵冒得衆，法有高下，情有輕重而有司巧避微文，一切致之重辟，豈稱朕好生之意哉。其令天下死罪情理可矜及刑名疑慮者，具案以聞，有司毋得舉駮。其後雖法不應奏吏當坐罪者，審刑院貼奏率以恩釋爲例，名曰貼放，吏始無所牽制，請讞者多得免死矣。刑部分四按，大辟居其一，月覆大辟不下二百數，而詳覆官纔一人。明道二年令四按分覆大辟，有能駮正死罪五人已上，歲滿改官。法直官與詳覆官分詳天下，旬奏獄。包拯知天長縣，民有訴牛爲盜割其舌，去者無主名。拯曰：誰爲知而牛舌者，若第歸殺而鬻之，何告爲。俄而有告私宰者，拯笑曰：奈何割某家牛舌，又告之耶。盜大驚，伏罪。時私宰禁重，讐者割牛舌以逞忿，計牛主且當宰殺，乃復告之也。閬州大姓雍子良殺人，買里民使出就吏。獄具，知州朱壽昌得其情，引囚訊之，囚服如初。乃告之曰：吾聞子良遺汝錢十萬，納汝女爲子婦，許以女妻汝子，有諸？囚色動，又告之曰：汝且死，書僞券，抑汝女爲婢，指十萬爲傭直而嫁汝女也，奈何？囚痛哭以實告，收子良付法。宣州有殺人、囚將抵死，判官胡宿訊疑之，囚畏箠楚，垂首不言。辟左右問之曰：農夫也，且將之田，縣克縛赴官，懵莫知其繇。宿大駭，亟取獄辭繙閱，知婦人與吏私，殺其夫而執平民以告也。一訊而伏。魯有開守金州，有蠱毒，獄坐死幾十人。有開曰：欲毒人衷謀之可矣，安得若是衆者，訊之，果誣。神宗元豐元年，帝以國初廢大理獄爲非，乃下詔曰：大理有獄尚矣，今中都官有所劾治皆寓繫開封，諸獄囚旣猥，多難於隔訊，盛夏疾疫，轉至瘐死，或主者異見，輒淹歲時不決，朕甚愍焉。其復大理獄，應三司諸寺監吏犯杖笞，不俟追究者，聽卽決，餘悉送大理獄。其應奏者，並令刑部、審刑院詳斷，應天下奏按亦上之。哲宗元祐三年罷紹聖三年復設時韓晉卿爲大理正，諸州請讞大辟，執政惡其多，將劾不應讞者。晉卿曰：聽斷求所以生之，仁恩之至也，苟讞而獲譴後不來矣。帝然其言。六年刑部言：舊詳斷官分公，案訖，主判官論議改正，發詳議官覆議，有差失問難則書於簡尾，送斷官改正，主判官審定，然後判成。自詳斷官歸大理爲評事司直，議官爲丞所斷，案草不由長貳，類多差忒，乃定制，分評事司直與正爲斷司，丞與長貳爲議司，凡斷公案，正先詳其當否論定，則簽印注日移議司覆議，有辨難乃具議改正，長貳更加審定，然後判成錄奏。時元絳以江寧推官攝上元令。民有甲與乙被酒相毆擊，甲歸臥夜爲盜斷足，妻稱乙，告里長執乙詣縣，而甲已死。絳敕其妻曰：歸治而夫喪，乙已伏矣。陰使信謹吏迹其後，妻望一僧迎笑，切切私語。絳命取僧縶廡下，詰妻姦狀，即吐實。人問其故，絳曰：吾見妻哭不哀，且與傷者共席而襦無血汚，是以知之。

楊汲爲趙州司法參軍。州民曹潯者，兄遇之不善，兄子亦加侮焉。潯持刀逐兄子，兄挾之以走，潯曰：兄勿避，自爲姪爾。既就吏，兄子云叔欲紿吾父，止而殺之。吏當潯謀殺兄。汲曰：潯呼兄，使勿避，何謂謀？若以意爲獄，則民無所措手足矣。州用其言，讞上，潯得不死。哲宗時，陸佃知江寧府，句容人盜嫂而殺其兄，別誣三人同謀，既皆訊服。一囚父以冤訴通判，己下皆曰：彼怖死耳。獄已成，不可變。佃爲閱實，三人者皆得生。高宗紹興二十九年令：殺人無證，屍不經驗之獄，具案奏裁，委提刑審問，如有可疑及翻異，從本司差官重勘，案成上本路，移他監司審定，具案聞奏，否則監司再遣官勘之，又不伏復奏取旨。先是有司建議外路獄三經翻異，在千里內者移，大理寺、刑部，以爲非祖宗法，遂釐正之，孝宗究心庶獄，每歲臨軒慮囚，率先數日令有司進款案披閱，然後決遣；法司更定律令，必親爲訂正，紹興法鞫獄官推勘不實，故有不當者，一案坐之。乾道法又恐有移替事故者，即至淹延，乃令先決罪人不當官吏，案後收坐，七年所司請更定死罪依紹興法，餘依乾道施行。從之。其後有司以覆勘不同，則前官有失入之罪，往往雷同前勘。帝知其弊，十四年詔：特免一案推結一次，於是小大之獄咸得其情。又詔：凡本路累嘗差官鞫勘猶稱冤者，惟檄隣路，如尚翻異則奏裁。先是諸州翻異之囚既經本州屢勘，次檄隣路，或再翻異乃移隔路，至有越兩路者，官吏旁午於道，逮繫者困於追對，故有是詔。

富室亡金釵，惟二僕婦在，置之有司，咸以爲冤。宰命各持一蘆曰非盜釵者，詰朝蘆當自若，果盜則長於今二寸，明旦視之，一自若，一去其蘆二寸矣。即訊之，果伏其罪。有姑訴婦不養者二，召二婦并姑置一室。爲餉其婦而不及姑徐。伺之，一婦每以己饌饋姑，姑猶呵之，其一反之，如是累日遂得其情。理宗淳祐十年諭輔臣曰：在法詞訴者須經次第官司，其臺部受詞所當參酌兩造，豈宜遽憑單詞剖決，致使所屬觀望，曲直倒置，可令御史臺及刑部遵守。景定元年詔曰：比詔諸提刑司取翻異駁勘之獄，從輕斷決，而長吏監司多不任責，又引奏裁，甚者十餘年不決，仰提刑司守臣審勘，或前勘未盡，委有可疑，除命官命婦宗婦宗女及合用廕人奏裁外，其餘斷訖以聞，官吏特免收坐一次。

又　金海陵天德中，綏德州軍卒數人道過鄜城民家求宿。是夜有賊剽掠主人財，有司執假宿之卒，繫獄搒掠。同知保大軍使盧克忠獨察其冤，不肯署。未幾果得賊，假宿之卒遂釋。【略】

七年，左藏庫夜有盜殺都監郭良臣，盜金珠。求盜不得，命點檢司追捕，執其可疑者八人，鞫之，掠三人、死五人，誣服。帝疑之，命同知大興府事伊喇道雜治。既而親軍百夫長阿勒巴鬻金於市，事覺，伏誅。上聞之，曰：箠楚之下，何求不得？奈何鞫獄者不以情求之乎？賜死者及未死者，錢有差。十七年詔：朝廷每歲再遣審錄官，本以爲民伸理冤滯，非惟理問重刑。凡訴訟案牘，皆當閱實是非，其疎縱者嚴加懲斷，不以贖論。十八年曹王永功爲大興尹，有老嫗與男婦憩道傍，婦與所私相從，亡去。或告嫗曰：向見年少婦人自水邊小徑去矣。嫗告伍長，蹤跡之，有男子私殺牛，手持血刃，望見伍長意其捕己，即走避之。嫗與伍長以爲是殺其婦也，捕送縣，不勝楚毒，遂誣服。問屍安在，詭曰棄之水中矣。求之，果獲一屍，已半腐。縣吏信之，即具獄上。永功疑之，曰：婦死幾何日而屍遽半腐哉。頃之，嫗得其婦於所私者，永功曰：是男子偶以私宰而執就獄，其搒掠亦足以稱其科罰矣。遂釋之而去。章宗即位，立諸路提刑司，嘗諭之曰：建官立制，當寬猛得中。凡軍民事相涉者，均平決遣，今以司獄隸提刑司，惟期獄犴無冤耳。時奏獄而法官有獨出情見者，帝曰：或言法官不當出情見，故論者紛紛不已。朕謂情見非出於法外，但折衷以從法爾。平章守貞曰：是制自大定二十三年罷之，然律有起請之條，是古亦許情見矣。帝曰：科條有限而人情無窮，情見亦豈可無也。明昌中，李完同知廣寧府事，遼濱民崔元入城飲，不歸。其家求之，得屍於水中。有司執同飲者訊，皆誣服。提刑司疑其冤，以獄畀完。完廉得賊，乃舟師也，同飲者得白。又契丹判伊額哩葉嘗殺驛使大理司直。有契丹人同名者，有司捕繫之獄，及孟奎爲上京等路提刑判官，按囚率賓路讞而出之，已而果獲其殺司直者。

又　遼太祖初年，諸部新附，文法未備，康默記隸麾下，一切番漢相涉事，委令折衷。默記推析律意，論決輕重，不差毫氂，罹禁網者，人人自以爲不冤。七年詔曰：朕自北征已來，四方獄訟積滯頗多，今休戰息民，群臣其副朕意，詳決之，無或冤濫。乃命北府宰相蕭達魯等分道疏決，而以韓知古領焉。穆宗朝諸王多坐反逆，知軍國事蕭哈里達政體，每被命按獄，多得其情，人無冤者。聖宗統和中敕：諸處刑獄有冤不能申雪者，聽詣御史臺陳訴，委官覆問。往時大理寺獄訟，凡關覆奏者，以翰林學士、給事中、政事舍人詳決，至是始置少卿及正主之，猶慮其未盡，嘗親爲錄囚，數遣使分詣諸道，審決冤滯，如邢抱樸之屬所至平反。帝嘗微服出獵，識耶律罕巴有長才，會南京疑獄久不決，命罕巴馳驛審錄。罕巴量情處理，人無冤者。興宗重熙十二年詔：諸路上重囚遣官詳讞。道宗咸雍四年詔：左伊勒希巴曰：比詔外路死刑，聽所在官司卽決，然恐未能悉其情，或有枉者，自今雖已款伏，仍令附近官司覆問無冤，然後決之；有冤者，卽具以聞。時御史中丞耶律儼、武定軍節度使竇景庸、崇德宮使蕭托斯和審決冤獄，多稱平允。昭懷太子之難，窮治黨與，多所牽引，知雜事御史左企弓辨析其冤，免者甚衆。出爲中京副留守，按刑遼陽，有獄本輕而入之重者，已奏待報，企弓釋之以聞。

清・嵇璜《續通典・刑八》 宋太祖建隆三年詔：強盜持杖但不傷人者，止計贓論罪。獲盜非狀驗明白，未得掠治。其當訊者，先具白長吏，得判乃訊。有司擅掠囚者，論爲私罪。太宗太平興國六年詔：自今繫囚，如證佐明白而捍拒不伏，合訊掠者，集官屬同問，勿令胥吏拷決。復建三限之制，大事四十日，中事二十日，小事十日，不他逮捕而易決者，毋過三日。須證逮致稽緩者，奏聞違限，準官書稽程律論。又限大理寺勘決天下案牘，大事二十五日，中事小事視諸州縣。審刑院詳覆大事、中事，視大理減十日，小事減五日。仁宗天聖中定制，凡上具獄大理寺詳斷，大事期三十日，中事小事如淳化制，其不得期滿而斷者，謂之急按。凡集斷急按，法官與議者並疏姓名，有失則坐之。哲宗時，部寺定制，凡斷獄每二十緡以上爲大事，十緡以上爲中事，不及十緡爲小事。大事以十二日，中事九日，小事四日爲限。若在京八路，大事十日，中事五日，小事三日，臺察及刑部舉劾約法狀並十日，三省、樞密院再送各減半，有故量展不得過五日。凡公案期限，大事以三十五日，中事二十五日，小事十日。在京八路大事以三十日，中事半之，小事三之一。臺察及刑部並三十日。每十日斷用七日，議用三日。徽宗政和四年立聚問審錄之限，死囚五日，流罪三日，杖笞一日。孝宗淳熙中詔徒已上罪人入禁三月者，提刑司類申刑部，置籍立限以督之。其後又詔中書置禁奏取會籍大臣按閱以察刑事稽違。理宗端平元年，詔諸道申奏獄案，凡未斷及已斷未下者，於都司刑部大理寺各委官立限催督稽考，其經由去處嚴立程限，月申御史臺。按宋代用刑寬厚，而自哲宗已前嚴立限程，責覈淹滯，亦頗得明愼不留之意。南渡而降，三尺縱弛，至有十餘年不決之獄，雖屢詔申督，有司抗玩不行，亦寖失祖宗之遺意矣。至道三年令：諸州決死刑，有號呼不伏及親屬稱冤者，具以白長吏，再移司推鞫。眞宗景德四年，毀諸道官司非法訊囚之具。徽宗政和七年詔：定制，品官犯罪，三問不承，乃奏請追攝。若情理重害而拒隱者，方許枷訊。今有司廢法，不原輕重，與常人考訊無異，將使人有輕視爵祿之心，可申明條令如故。又詔宗室犯罪有司承例奏請，不候三問未承，卽加訊問，去衣受杖，傷膚敗體，非所以篤親親也。自今有犯，除涉情理重害，別被處分外，餘止以衆證爲定，仍取伏辨，無得輒加捶拷。若罪至徒以上，方許依條置勘。其合廷訊者，並送大宗正司。重和元年河北西路提點刑獄虞奕言：州縣虐吏輒借杖爲溜筒，用鐵鉗項，以竹實沙而貫之，非理慘酷。詔：悉禁止，犯者以違制論。高宗建炎時大理寺卿王衣奏請分別伏辨。先是有司忿戾伏寺劾之，至三問取伏狀，被劾者懼對，莫敢辨。衣言：伏與辨二事也，若一切取伏，是以威迫之，不使自直，非法意也。乞三問未承者，聽辨。從之。著令：諸獄具，當職官依式檢校。枷以乾木爲之輕重，長短刻識其上，笞杖不得留節，目亦不得釘飾及加筋膠之類，仍用官給火印，州縣獄犴不得輒爲非法之具。違者論如律。紹興十二年御史臺點檢錢塘、仁和縣獄具。錢塘大杖一多五錢半，仁和枷一多一斤，一輕半斤。枷杖輕重定式。具《刑制篇》。詔：縣官各降一官。孝宗時臣僚言：杖笞之制，輕重大小著令具存。凡訊囚合用荆子，一次不得過三十，其不得過二百，此法意也。今州縣不用荆子，而用藤條或用雙荆合而爲一，鞭股箠足至三五百，刑罰冤濫，願戒有司申嚴行下，凡守令及掌行刑獄官並依法製杖。具《刑制篇》。又言：民命莫重於大辟，聚錄之法，官吏聚于一堂，依句宣讀，無得隱瞞，令囚自通重情以合其款。按法意蓋不止於只讀成案而已，當稽參自通重情以合其款之文。今獄吏憚於平反，摘紙疾讀，離絕其文，嘈囋其語，故爲不可曉解之音。造次而畢，呼囚書字，茫然引去，指日聽刑，殊輕人命。請敕內外，於聚錄時，委長吏詳加點驗。具《刑制篇》又言在律鞫獄者，皆須依所告狀鞫。若於本狀外別求他罪者，以故入論。比來中外之獄，每於狀外推求牽罣，乞申明禁止。詔皆從之。時二廣州軍畏憲司點檢送勘之苦重囚，多斃於獄，詔提刑司詳覆公事，若小節不完，不須追逮獄吏，委本州究實保明。遇有死者，必根究其所以致死。理宗淳祐十一年詔：戒兩淮都統司主兵者，不許輕用脊棍，以傷人命。景定四年詔：刑部下諸路憲司所部州縣：不許慘酷箠楚，并毁除非法獄具，違者重置於罰。

又　宋太祖開寶五年，峽州言民范義超周顯德中以私怨殺同里人常古眞家十二口，古眞小子留留脫走得免，至是長大，擒義超訴於官，有司引赦當原。帝曰：豈有殺一家十二口而可以赦論。卽命斬之。太宗太平興國九年，鳳翔司理楊鄴、許州司理張睿並坐掠治平人及亡命，卒致死。大理處鄴等公罪，刑部覆以私罪。詔曰：法寺以鄴等本非用情，宜從公過議法；刑部以其擅行掠治合以私罪定刑，雖所執不同，亦未爲乖當。國家方重惜人命，欽恤刑章，豈忍無辜之人死於酷吏之手？宜如部議，著爲令。張詠知崇陽縣。一日吏自庫中出，見其鬢旁巾下有一錢，詰之，庫中錢也。詠命杖之。吏勃然：日一錢何足道，乃杖我耶，爾能杖我，不能斬我也。詠援筆判云：一日一錢，千日千錢，繩鋸木斷，水滴石穿。自杖劍下階斬其首，申府自劾。後知益州，有僧行止不明，有司執以白詠。詠判牒曰：勘殺人賊。既而按問，果一民也。與僧行於野，殺僧取其祠部戒牒及衣，遂自披剃爲僧。寮屬問：何以知之？詠曰：吾見其額上猶有繫巾痕也。民間訛言有白頭翁午後食人男女。郡縣譊譊，至暮路無行人。詠謂其屬曰：汝歸縣去，但訪市肆中爲鄉里患者，必大言其事，卽立證解來。明日果得之，乃倡爲訛言者。戮之於市，民遂帖然。李順黨與有殺耕牛避罪亡匿。詠許其首，身拘其母，十日不出，釋之，復拘其妻，一夕而來。詠斷云：禁母十日，留妻一宵，倚門之望何疏，結髮之情何厚，舊爲惡黨，今又逃亡，許令首身，卻猶觀望。就市斬之。於是首身者踵至。【略】

仁宗至和中，王疇爲開封判官。宦者李允良疑人毒死其叔父，訴請發棺驗視。疇獨曰：驗而無實，是無故暴人屍，安知非允良有姦。既而窮治，果引伏，與叔家有怨，故詭訴也。梁適爲審刑院詳議官，梓州妖人依鬼神以詛殺人，獄具，以不傷讞。適曰：殺人以刃或可拒，而詛可拒乎？卒論死。張逸知益州，華陽驛長殺人，誣道旁行者。縣吏受財，獄既具，乃使殺人者守囚，逸曰：囚色冤，守者氣不直，豈守者殺人乎？囚始敢言，而守者果服，立誅之。趙抃爲武安軍節度推官。有僞造印者，吏以爲當死。抃曰：造在赦前，而用在赦後，赦前不用赦後不造，法皆不死。遂以疑讞之，卒竟免。神宗元豐中，青州民王贇父爲人毆死，贇幼未能復讎，幾冠刺讎，斷支首祭父墓，自首，論當斬。帝以殺讎祭父，又自歸罪，其情可矜，詔貸死，刺配隣州。宋律復讎無明文，先是仁宗時單州民劉玉父爲王德毆死，德經赦，玉私殺德以復父讎。帝義之，決杖編管。宣州民葉元有同居兄亂其妻，縊殺之，又殺兄子，強其父與嫂爲約契不訟。隣里發其事。州爲上請，帝曰：罪人已死，姦亂之事特出元口，不足以定罪，下民無知，固宜哀矜。然以妻子之愛，既罔其父，又殺其兄，戕其姪，逆理敗倫，宜以毆兄至死論。【略】

光宗紹熙初，陸九淵知荆門軍。民有訴人殺其子者，九淵曰：不至是。及追究其子，果無恙。有訴竊取而不知主名，九淵出二人姓名，使捕至，訊之，伏辜，盡得所竊物還訴者，且宥其罪，使自新。因語吏以某所某人爲暴，翌日有訴遇奪掠者，卽其人也，乃加追治，吏大驚。寧宗朝，黄榦通判安豐軍。淮西帥司檄榦鞫和州獄，故以疑未決。榦釋囚桎梏，飲食之，委曲審問，無所得。一夜夢井中有人。明日呼囚，詰之曰：汝殺人，投之於井，我悉知之矣，胡爲欺我？囚遂驚服，果於廢井得屍。

又　遼景宗保寧三年，吳王稍爲奴所告，有司請鞫。帝曰：朕知其誣，若按問，恐餘人效之。命斬以徇。聖宗統和時，有達巴噶者，竊蘇州王令謙家財，復手刃傷主，幸不死，有司止擬杖罪。又訥默庫犯竊盜者，十有三次，皆以情不可恕，命棄市。近侍瑠格謌斯庫嘗從齊王妻而逃以赦，後會千秋節自首。詔：諸近侍護衛集視而腰斬之。由是國無倖民，吏多奉職，人重犯法。

金太宗時，趙元同知蘇州事，有賊殺人横道，官吏環視，莫知所爲，路人耕夫聚觀甚衆。元忽指田中釋耒而來者曰：此賊也。叱左右縛之。一訊而伏，僚吏問其故，元曰：偶得於眉睫間耳。熙宗天眷間，洪洞令劉徽柔明敏善聽斷，縣人楊遠者投牒於縣，以夜雨屋壞，壓其姪死，號訴哀切，徽柔熟視而笑曰：汝利姪財而殺之，乃誣雨耶。叱付獄。其人立伏曰：公神明也，不敢延死。遂寘於法。世宗大定初，彰國軍節度使大懷貞嘗以私忌飯僧。中一僧舉止異常，懷貞問曰：汝何許人也？曰：山西人也。復問嘗爲盜殺人否？曰：無。之後三日詰盜，果引僧，皆復其明斷。二年率賓事士珠勒呼等誣完顏默音子色克寄書其父謀反，并以書上之。帝覽，曰：此誣也。止訊告者，果引伏，遂誅之。二十三年尚書省奏：益都民范德年七十六，爲劉祐毆殺，法當死，以親老無侍，請。帝曰：范德與祐父母年相若，卽當如父母，視之，竟至毆殺，難從末減，可論如法。【略】

元世祖至元十一年，禁宋鞭背、黥面及非法濫刑。二十八年頒行新格，定制：諸蒙古人居官犯法，論罪既定，必擇蒙古官斷之，行杖亦如之。諸四集賽及諸王、駙馬、蒙古色目之人犯姦盜、詐僞，從大宗正府治之。諸有司事關蒙古軍者，與管軍官約會，問諸管軍官、鄂囉官及鹽運司、打捕鷹坊軍匠，各投下管領諸色人等，但犯強竊、盜賊、僞造寶鈔、略賣人口、發塚、放火、犯姦及諸死罪，並從有司歸問；其鬬訟、婚田、良賤、錢債、財產、宗從、繼絕及科差不公，自相告言者，從本管理問。若事關民戶者，從有司約會歸問，並從有司追逮。三約不至者，有司就便歸斷。諸州縣鄰境軍民相關詞訟，元告就被論官司歸斷，不在約會之例；斷不當理，許赴上司陳訴，罪及元斷官吏。諸僧道、儒人有爭，有司勿問，止令三家所掌會問。諸哈達大師，止令掌敎念經。回回人應有刑名、戶婚、錢糧詞訟，並從有司問之。諸僧人，但犯姦盜、詐僞，致傷人命及諸重罪，有司歸問；其自相爭告，從各寺院住持、本管頭目歸順。芝伯俗相爭田土，與有司約會，約會不至，有司就便歸問。諸有司非法用刑者，重禁之。已殺之人輒臠割其肉而去者，禁之。違者，加以重罪。諸鞫獄不能正其心，和其氣，感之以誠，動之以情，推之以理，輒施以大披挂，及王侍郎繩索，幷法外慘酷之刑者，悉禁止之。諸鞫問罪囚，除朝省委問大獄外，不得僉夜問事，廉訪司察之。諸處斷重囚，雖叛逆必令臺憲審錄，而後斬於市曹。諸內外囚禁從各路正官，及監察御史、廉訪司以時審錄，輕者斷遣，重者結案，其有冤滯，就糾察之。諸正蒙古人，除犯死罪，監禁依常法，有司毋得拷掠，仍日給飲食。犯眞姦盜者，解束帶佩囊，散收。餘犯輕重者，以理對證，有司勿執拘之。逃逸者監收。諸審囚官強愎自用，輒將蒙古人刺字者，杖七十七，除名；將已刺字去之。諸爲盜，並從有司歸問；各投下輒擅斷遣者，坐罪。諸奏決天下囚，值上怒，勿輒奏；上欲有所誅，必遲回一二日，乃覆奏。諸有司：因公依理決罰，邂逅身死者，不坐。諸職官輒以微故乘怒，不取招詞斷決，人邂逅致死，又誘苦主焚瘞其屍者，笞五十七，解職，別敘記過。諸鞫獄輒以私怨暴怒，去衣鞭背者，禁之。諸鞫問囚徒重事，須加拷訊者，長貳僚佐會議立案，然後行之，違者重加其罪。諸有司承告被盜，輒將影跡人非理枉勘，身死卻獲正賊者，正問官笞五十七，解職；期年後降先職一等敘。首領官及承吏各笞五十七，罷役不敘。均徵燒埋銀給苦主。諸有司受財，故縱正賊，誣執非罪，非法拷訊連逮，妻子銜冤赴獄，事未曉白，身已就死，正官杖一百七，除名；佐官八十七，降二等；雜職敘。仍均徵燒埋銀。諸監臨挾讐違法枉斷，所監臨職官者，抵罪不敘。諸有司故入人罪未決，及囚自死者，以所入罪減一等論。入人全罪，以全罪論。若未決放仍以減等論。諸故出人之罪應全科者，亦如之。諸失入人罪者，減三等；失出人罪者，減五等；未決放者，又減一等，並記過。諸失出人死罪者，笞五十七；解職期年後，降先品一等，敘記過；正犯人追禁結案。盜賊條載：諸杖罪已下，府州追勘明白，卽聽斷決。徒罪總管府決配仍申合于上司照驗；流罪已上須牒廉訪司官審覆，無冤方得結案，依例待報。其徒伴有未獲追會，有不完者，如覆審既定，贓驗明白，理無可疑，亦聽依上歸結。

又　元太宗三年，燕南諸路廉訪使博囉哈雅充斷事官。有民誤毆人死，吏論以重法，其子號泣請代。博囉哈雅戒吏使擒於市，懼則殺之。擒之，果不懼，乃曰：誤毆人死，情有可宥，子而能孝義，無可誅。遂幷釋之，使出銀以資埋葬，且呼死者家諭之，其人悅從。世祖至元十四年，張雄飛爲荆湖北道宣慰使。有告常德富民十餘家與德山寺僧將爲亂，衆議以兵討之。雄飛曰：告者必其讐也，且新附之民，當以靜鎭之，兵不可遽用。苟有他，吾任其責。遂止。徐察之，果如所言。二十二年籍河東按察使阿哈瑪特家，其奴張徹札爾等罪當死，謬言阿哈瑪特家資多隱寄，遂鉤考捕繫，連及無辜，京師騷動，帝頗疑之，命丞相安圖集六部長貳官詢問其事。吏部尙書布呼密曰：是奴爲阿哈瑪特心腹爪牙，死有餘罪，爲此言者，蓋欲苟延歲月，徼幸不死爾。豈可復受其誑，嫁禍善良耶！急誅此徒，則怨謗自息。丞相以其言入奏。帝悟，命布呼密鞫之，具得其實，徹札爾等伏誅，其捕繫者盡釋。成宗大德中宗王兄弟二人守邊，兄陰有異志，弟諫不聽，卽上馬馳去，兄遣奴挾弓矢追之，弟發矢，斃其奴。兄訴，囚其弟，獄當死。刑部尙書王約慮囚曰：兄之奴卽弟之奴，況殺之有故。立釋之。

仁宗時，虞槃爲湘鄉州判官。有巫妄稱神降告其人曰某方火，卽火，又曰明日某方火，民以火告者，槃晝夜赴救，寢食盡廢。縣長吏已下皆迎巫至其家，厚禮之。又曰：將有大水，且兵至州，大家且盡室逃。槃得劫火卒一人，訊之，盡得巫黨所爲，坐捕盜司，召巫至鞫之，無敢施鞭箠者。槃謂卒曰：此將爲大亂，安有神乎？急治之，盡得黨與數十人，羅絡內外，果將爲變，乃斷巫幷其黨悉如法。丹徒縣民有二弟共殺其姊者，獄久不決。浙西廉訪使俾烏程令干文傳鞫之，既得其情，其母乞貸二子命以終養。文傳謂：二人所承有輕重，以首從論，則爲首者當死。司從其議。

清・嵇璜《續通典・刑九》 元世祖在潛邸時，分地在關陝，奏以廉希憲爲宣撫陝西，以趙良弼參議司事。阿勒達爾當國，憚世祖英武，讒於憲宗，卽命爲陝西行省。左丞相劉太平參知政事，鉤校京兆錢穀，鍛鍊群獄，死者二十餘人，衆皆股栗。良弼力陳大義，詞氣懇款，二人卒不能誣，故宣撫司一無所坐。按《廉希憲傳》又載：阿勒達爾等檢覈所部，用酷吏分任其事，大開告訐。希憲曰宣撫司事由己出，有罪固當獨任，僚屬何與？故事竟卒無獲罪者。中統三年趙炳爲刑部尚書兼中書省斷事官。時有攜妓登龍舟者，卽按之以法。未幾其人死，其子犯蹕訴冤。詔議之。炳曰：臣執法尊君，職當爲也。帝怒，命之出。既而謂侍臣曰：炳用法太峻，然非徇情者。王磐爲眞定順德等路宣慰使。刑水縣達嚕噶齊蒙古岱貪暴不法，縣民苦之。有趙清者，發其罪，既具伏矣。清適初置監司，其妻懼，無以滅口，召家人飲酒至醉，以利啗之，使夜殺清。清逃，獲免，乃盡殺其父母妻子。清訴諸官。官蔽蒙古岱，不爲理，又欲反其獄。磐竟奏置諸法，籍其家以半給清。郡有西域大賈，稱貸取息有不時償者，輒置於家，拘繫搒掠，且恃勢干官府，直來坐廳，事皆指麾自若。磐大怒，叱左右捽下，箠之數十。時府治寓城上，卽擠諸城下，幾死，郡人稱快。按《廉希憲傳》西域人自稱駙馬，繫富民，誣其祖父嘗貸息錢。希憲令械繫之。其事相類，故不重載。至元初，奸臣阿哈瑪特領左右部，專總財賦，會其黨相攻擊。帝命中書推覆，衆畏其權，莫敢問。平章政事廉希憲窮治其事，以狀聞，杖阿哈瑪特，罷所領歸有司。帝諭希憲曰：吏廢法而貪久矣，自卿等爲政，朕無此憂。言者訟宰相史天澤親黨布列中外，威權日甚。詔罷天澤政事，待鞫。希憲謂天澤無肆横不臣狀，力爭帝前。帝良久曰：卿且退，朕思之。明日召希憲諭曰：昨思之，天澤無對訟者。事遂解。又有訟四川帥奇徹者，帝敕中書急遣使誅之。明日希憲覆奏，帝怒曰：尙爾遲迴耶？對曰：奇徹，大帥。以一小人言被誅，民心必駭。收繫至京師，與訟者廷對，然後明其罪於天下爲宜。詔遣使者按問，事竟無實，徹得免。參議樞密院事費正寅，平素憸狡，有告其罪者。詔丞相錫津與侍御史張雄飛雜治之。請托交至，雄飛獨無所顧，盡發其罪狀，幷其黨與皆伏誅。嗣左遷同知京兆總管府事，宗室公主有家奴逃，渭南民閒爲贅壻。主適過臨潼，識之，械其奴幷奴妻及妻父母，盡沒其家資。雄飛與主爭辯，其詞色俱厲，主不得已，悉還而遣之，但挾其奴以去。入爲兵部尙書。平章阿哈瑪特在制國用司時，與伊瑪都鼎有隙，至是羅織其罪，同僚爭相附會，雄飛不可，曰：所犯在制國用司時，平章獨不預耶？衆無以答。秦長卿劉仲澤亦以忤阿哈瑪特，皆下吏，欲殺之。雄飛持之甚力，阿哈瑪特使人啗之，曰：誠能殺此三人，當以參政相處。雄飛曰：殺無罪以求大官，吾不爲也。阿哈瑪特怒出爲澧州安撫。澧有巨商二人，犯匿稅及毆人事，僚佐受賂，欲寬其罪。雄飛繩之，急或曰：此細事，何執之堅？雄飛曰：吾非治匿稅毆人者，欲改宋弊政，懲不畏法者爾。是時，四方多盜，詔犯者皆殺無赦。所在繫囚滿獄，因符寶郎董文忠言，乃革其令。具《刑制篇》或告漢人毆傷國人，及太府監屬盧甲盜剪官布，帝怒命殺以懲衆。文忠言：今刑曹於囚，罪當死者，已有服辭，猶必詳讞，是豈可因人一言，遽加重典。宜付有司閱實，以俟後命。乃遣文忠及近臣圖們分覈之，皆得其誣狀。帝因責侍臣曰：方朕怒時，卿曹皆不敢言，非文忠開悟朕心，則殺二無辜之人，必取議中外矣。詔悉原免，幷賜文忠金尊以旌其直。二十年江淮行省宣慰使郗顯李兼愬平章蒙古台不法事。有詔弗問，以顯等付蒙古台鞫之，繫於獄，必抵以死。行臺監察御史申屠致遠慮囚浙西，知其冤，將縱之。蒙古台脅之以勢，致遠不爲動，親脫顯等械，俾從軍自贖。僧格當國，治書侍御史陳天祥使湖廣劾平章約蘇穆爾，僧格摘其疏中語，誣以不道，奏遣使往鞫，臺中咸憚往，致遠慨然請行。比至，累章極論其誣，僧格方促定天祥罪，閱致遠章乃氣沮。有小吏誣告漕臣劉獻盜倉粟，僧格方事聚斂，衆阿其意，鍛鍊誣服。刑部尙書理智理威曰：刑部，天下之平，今輦轂之下，漕臣以冤死，何以正四方乎？卽以實聞，以是忤僧格，出爲江東道宣慰使。二十四年分中書爲尙書省，僧格引用黨與，鉤考天下錢糧，凡阿哈瑪特時積年負逋，舉以中書失徵，奏誅二參政。行省乘風，督責尤峻，主無所償，則責及親戚，或逮繫隣黨，械禁搒掠，民不勝苦，自裁及死獄中者，以百數。中外騷動，廷臣顧忌，皆莫敢言。利用監徹爾具陳僧格姦貪誤國害民狀，辭語激烈。帝怒，謂其毀詆大臣，失禮體。命左右批其頰，徹爾辨愈力，於是帝大悟，誅僧格。枉繫者始得釋。其黨人納蘇拉鼎等既誅，帝以實都長於理財，欲釋不殺，平章政事布呼密力爭之，不從。日中凡七奏，卒誅之。圖圖爾哈求欽察之爲人奴者，增益其軍而多取編民，中書僉省王遇驗其籍，改正之。圖圖爾哈遂奏遇有不臣語，帝怒，欲斬之。布呼密諫曰：始令以欽察之人奴爲兵，未聞以編民也。萬一他衛皆倣此，戶口耗矣。若誅，遇後人安肯爲陛下盡職乎！帝意解，遇得不死。成宗即位，聽斷明果，多採布呼密之言。西僧爲佛事，請釋罪人祈福，謂之圖魯木，豪民犯法者皆賂之，以求免。有殺主殺夫者，西僧請被以帝后御服，乘黃犢出宮門，釋之，云可得福。布呼密曰：人倫者，王政之本，風化之基，豈可容其亂法如是！帝責丞相曰：朕戒汝，無使布呼密知，今聞其言，朕甚媿之。有奴告主者，主被誅。詔：即以其主所居官與之。布呼密曰：若此，必大壞天下之風俗，使人情愈薄，無復上下之分矣。帝悟，爲追廢前命。大德七年，左丞相達爾罕言，僧人修佛事畢，必釋重囚。有殺人及妻妾殺夫者，悉皆指名釋之，生者苟免，死者負冤，於福何有？帝嘉納之。十一年詔行世祖時條格。中書省臣言：法者譬之權衡，不可偏重，世祖已有定制，自元貞已來，以作佛事之故，放釋有罪，失于太寬，故有司無所遵守。今請凡內外犯法之人，悉歸有司依法裁決。制可。仁宗延祐時，雲南行省右丞賽音濟勒威有罪，國師綽斯嘉旺札勒奏請釋之。帝斥之，曰：僧人宜誦佛書，官事豈當預耶？不聽。又參議中書省事奇實堅坐鬻官，刑部以法當杖，太后命笞之。英宗爲皇太子，奏曰：不可。法者，天下之公，徇私而輕重之，非示天下以公也。卒正其罪。皇姊大長公主僧格喇實作佛事，釋全寧府重囚二十七人。敕案問全寧守臣阿從不法，仍追所釋囚還獄，巴爾斯濟蘇下獄。帝謂左右曰：法者，祖宗所制，非朕所得私，巴爾斯濟蘇雖事朕日久，今既有罪，當論如法。文宗至順二年，約爾珠爲江西等處行中書省平章事。有誣告富民負永寧王官帑錢八百餘錠者，中書遣使諸路徵之。使至江西，約爾珠曰：事涉誣罔，不可奉命。僚佐重違宰臣意，約爾珠曰：民惟邦本，傷本以斂怨，亦非宰相福也。令使者以此意復命。時雅克特穆爾爲丞相，聞其言，感悟。命刑部詰治，得誣罔狀罪誣告者若干人。宰相以奏，帝嘉之。順帝至元四年，有婦宋娥者與隣人通。隣人謂娥將殺而夫，娥曰：張子文行，且殺之。明日，夫果死，跡盜數日，娥始以張子文告其姑。五府官以爲非其殺，且既經赦宥，宜釋之。御史札實曰：張子文以爲娥固許之矣。且娥夫死及旬，乃始言之，是娥與張同謀，度不能終隱，故發之也，豈赦可釋哉？樞密判官曰：平反活人，陰德也，御史勿執常法。札實曰：是謂故出人罪，非平反也。且公欲種陰德于生者，奈死者何？乃獨上議，刑部卒正娥罪五年。歸暘僉河南廉訪司事行部西京，以法繩趙王府官屬之貪暴者。王三遣使請，暘不爲動。九年臺臣議贓吏遭喪不許歸葬，須竟其獄。都事成遵曰：惡人固可怒，然與人倫孰重？國家方以孝治天下，寧失罪人，不可使天下有無親之。吏議遂寢。

又　宋太祖朝，馬仁瑀爲瀛州防禦使。兄之子因醉誤殺平民，繫獄當死。民家自言非有憾也，過誤爾，願以過失傷論。仁瑀曰：我爲長吏，而兄子殺人，此乃恃吾勢橫恣耳，非過失也，豈可以己之親，而亂國法哉。卒論如律。淳化中，張詠知銀臺封駁司。張永德爲幷州帥，有小校犯法，笞之至死。詔按其罪。詠封還詔書，且言：陛下方委永德邊任，若以一部校，故摧辱主帥，臣恐下陵上自此始。太宗不從。未幾，果有營卒脅訴軍校者。詠復引前事爲言，太宗乃改容勞之。澶淵之役，諸將臨敵退衄，眞宗已詔貸罪。議者以爲敗軍之將當誅。帝惑，以問殿前都指揮使高瓊，對曰：罪誠當誅，然陛下去歲已釋其罪，今復行之，非信也。又方屯諸路，非時代易，臣恐衆心疑懼，乃止。違制之法，向無故失，率坐徒二年。王曾知審刑院，請分故失，非親被制書者，止以失論。帝不悅，曰：如是不復有違制者。曾曰：如陛下言，亦無復有失者矣。自是違制遂分。景德中，榮王宮火延前殿，有言非天災，請置獄劾火事，當坐死者百餘人。宰相王旦獨請見，曰：始失火時，陛下以罪己詔天下，而臣等皆上章待罪，今反歸咎於人，何以示信？且火雖有跡，寧知非天譴耶？旁從之，當坐者皆免。王質知廬州，曰：有盜殺其徒而幷其財者，獲之，置於法，大理駁曰：法當原質，謂盜殺其徒而自首者，原之，所以疑壞其黨而開其自新；若殺而不首，既獲而又原，則公得爲盜。而第殺一人，既得其財，又可以贖罪，不獲則肆爲盜，苟獲則引以自原。如此盜不可止，非法意也。疏三上，貶監靈仙宮。仁宗時，近臣有罪，多不下吏劾實，不付有司議法。諫官王贄言：情有輕重，理分故失，而一切出於聖斷，前後差異，有傷政體，刑法之官安所用哉？請自今悉付有司，正以法。詔：可。沈德妃之弟惟恭，樂安郡主之壻張承衍同管句會靈觀。觀燔，黜惟恭蔡州，承衍汝州。妃、主交爲言，乞留京師。帝曰：已行之命，爲貴戚所回，則法徒設矣。命趣行。周敦頤爲南安司理參軍。有囚，法不當死，而轉運使欲深治之，敦頤爭不勝，投其告身以去，曰：如此尚可仕乎？殺人以媚人，吾不爲也。轉運使感悟，囚卒不死。神宗以韓晉卿爲大理正。晉卿自仁宗朝已典訟臬，時朝廷有疑議，輒下晉卿雜議。開封民爭鶉殺人，王安石以爲盜拒捕鬬而死，殺之無罪。晉卿曰：是鬬殺也。登州婦人謀殺夫，郡守許遵執爲按問，安石復主之，晉卿曰：當死。事久不決，爭論盈廷，終持之不肯變。故事，大理開封斷獄得請實蔽罪，其後任情棄法，法益不用。哲宗時，開封少尹虞奕言：廷尉持天下平，京師諸夏本法且不行，何以示萬國？請自今非情法實不相當，毋得輒請。從之。高宗紹興初，張九成爲鎮東軍僉判，民冒鹺禁，提刑張宗臣欲逮捕數十人，九成爭之。宗臣曰：此事左相封來。九成曰：主上屢下恤刑詔，公不體聖意而觀望宰相耶？宗臣怒，九成即投檄歸。孝宗時，李浩知台州事。豪民鄭憲以資給事權門囊橐爲姦。事覺，械繫之，死獄中，盡籍其家，徙其妻孥。權貴人教其家訟冤，且誣告以買妾事。言者用是擠之，疏方上，權參政劉珙越次奏曰：李浩爲郡獲罪，豪民爲其所誣，臣考其本末甚白。帝顧曰：守臣不畏彊禦，豈易得耶？且問章安在，琪袖出之，遂留中不下，大理觀望，猶欲還憲所沒資，帝批其後曰：台州所斷至甚允當，鄭憲家資永不給還，流徙如故。明年大理奏結他獄，帝顧輔臣曰：棘寺官須得剛正如李浩者爲之。已而卿缺，曰：無以易浩。遂除之。

【略】

寧宗時董槐爲廣德軍錄事參軍。民有誣富人李桷私鑄兵器、結豪傑以應李全，郡捕，繫之獄。槐察其枉，以白守。守曰：爲反者解說，族矣。槐曰：吏明知獄有枉而擠諸死地，以傅於法，顧法，豈謂諸被告者無論枉不枉，皆可殺乎？不聽。頃之，守以憂去，槐攝通判州事，歎曰：桷誠枉，今不爲出之，生無繇矣。乃爲翻其辭，明其不反，書上。卒脫桷獄。

又　金世宗大定初，嘗命左衛將軍達巴訪求良弓，達巴多自取，及護衛入直者多以己意更代。護衛羅索以告，命點檢司按鞫。達巴妹入宮爲巴哩達巴，因內侍僧爾謂巴哩曰：我無罪，問事者迫我誣服耳。巴哩以聞，命杖僧爾。百出達巴爲隴州防禦使，四年上謂宰相曰：權勢之家，親識訴訟請屬，官吏往往屈法伸情，宜一切禁止。九年高德基爲刑部尚書，有犯罪當死者，宰相欲從末減。德基曰：法無二門，失出猶失入也。不從。及奏，帝是。刑部議，因召諸尚書諭之，曰：朕即位已來，以政事與宰相爭執是非者，德基一人而已。自今部上省，三議不合，即具以聞。十五年，唐古部族節度使伊喇摩多之子殺其妻而逃。帝命追及既獲，皇姑梁國公主請赦之，帝乃曰：公主婦人不識典法，罪尚可容，摩多請託至此，豈可貸宥。并罪之。二十五年，后族有犯罪者，尚書省引入議奏。帝曰：法者，公天下持平之器，若親者犯而從減，是使之恃此而橫恣也。昔漢文誅薄昭，有足取者。前二十年時，后族濟州節度使烏凌阿綽嘗犯大辟，朕未嘗宥，今乃宥之，是開後世輕重出入之門也。宰臣曰：古所以議親，尊天子別庶人也。帝曰：外家自異於宗室。漢外戚權重，致移國祚，朕所以不令諸王公主有權也。夫有功於國，議勳可也。至若議賢，既曰賢矣，肯犯法乎？脫或緣坐則固當減請也。二十六年遂奏定太子妃、大功以上親及與皇家無服者，及賢而犯私罪者，皆不入議。帝曰：法有倫而不倫者，其改定之。帝又謂宰臣曰：親軍雖不識字，亦令依例出職。若涉贓，必痛繩之。太尉左丞相克寧曰：依法則可。帝曰：朕於女直人未嘗不知優恤，然涉於贓罪，雖朕子弟亦不能恕，太尉之意，欲姑息女直人耳？知大興府事赫啥哩執中坐贓，命吏部侍郎李仲略鞫之，罪當削解。權要競言太重，帝意頗惑。仲略奏曰：敎化之行自近者始。京師四方之則也，郡縣守令無慮數百，此而不懲，何以勵？後況執中凶殘很愎，慢上虐下，豈可宥之？帝曰：卿言是也。將陵主簿高德溫大收稅戶米，逮御史獄，具二法上。帝怒，責御史大夫張汝霖曰：朕以卿爲公正，故登用之。德溫有人在宮掖，故朕頗詳其事。朕肯以宮掖之私撓法耶？不謂卿等顧徇如是。賈少沖以刑部郎中攝右司員外郎。嘗執奏刑名甚堅。既退，帝謂侍臣曰：少沖居下位乃有守如此大。懷貞爲興中尹。有錦州富民蕭鶴壽塗中殺人，匿於府少尹家。有司捕不得，懷貞以計取之，卒寘於法。越王永功於章宗時判大宗正，與應州僧善。僧將訴事於彰國軍節度使伊喇呼喇，求永功手書與呼喇爲地。呼喇得書，奏之。帝謂宰臣曰：永功以書請託，事雖細微，不可不懲。凡人小過不治，遂致大咎，有犯必懲，庶幾能改，是亦敎也。皆曰：陛下用法無私，臣下敢不敬畏。于是永功解職。宣宗興定時，伊爾必斯爲右副元帥，備潼關，次澠池兵潰，伊爾必斯變易姓名，與其妻之妹赫舍哩氏及僕婢三人亡匿柘城縣民舍。既而赫舍哩氏爲其姑所捕執，伊爾必斯妻子亦在京師。有司請窮治蹤跡，詔令自出特赦死。伊爾必斯乃使其子上書請圖後效。御史中丞完顏伯嘉奏曰：古之爲將者，進不忘死，退不避罪。伊爾必斯膺國重寄，握兵數萬，未陳而潰，委棄虎符，既不克援枹鼓以死敵，又不能負斧鑕而請罪，逃命竄伏，狠居里巷，挾匿婦人，爲此醜行。聖恩寬大，曲貸其死，自當奔走闕庭，惶恐待命，乃安坐要君，略無忌憚，跡其情罪，實不容誅。此而不懲，則朝綱廢矣。乞尸諸市以戒爲臣之不忠者。按法莫重於失律罪，莫大於無君。伊爾必斯喪師亡命醜穢悖慢，雖梟磔不足蔽辜。乃宣宗是伯嘉之奏終，以先有赦令，僅予除名，亦失政刑之甚矣。哀宗正大二年，內族旺嘉努故殺鮮于主簿，權貴多救之。帝曰：英王，朕兄也，敢妄撻一人乎？朕爲人主，敢以無罪戮一人乎？國家衰弱之際，生靈幾何而族，子恃勢殺一主簿，吾民無主矣。卽命斬之。劉肅爲尚書省令史時，盜內藏官羅及珠，盜不時得，逮繫貨珠牙儈及藏吏誣服者十一人。刑部議皆置極刑，肅執之曰：盜無正贓，殺之冤。帝怒。有近侍夜見肅，具道其旨，肅曰：辨析冤獄，我職也。惜一已而戕十一人之命，可乎？明日詣省，辨愈力。右司郎中張天綱曰：吾爲汝具奏辨析之。帝悟，囚得不死。

又 元世祖中統三年詔：自今部曲犯重罪，鞫問得實，必先奏聞，然後寘諸法。十一月遣官審理重刑，有旨諭右丞相史天澤曰：朕或乘怒有所誅殺，卿等宜遲留覆奏行之。至元七年戶部尚書李德輝錄山西、河東囚，行至懷仁，民有魏氏者，發得木偶，持告其妻挾左道厭勝謀殺，已經數獄，服詞皆具。德輝燭其誣，知其有愛妾，疑妾所爲，以搆陷其妻。召妾鞫之，不移時而服，遂杖其夫而當妾罪死。人有訟財而失其兄子者，德輝曰：此叔殺之無疑，將竟獄，權貴爲請者甚衆，德輝不應，罪狀既明，請者乃慙服。八年大都運司負課銀五百四十七錠，逮繫運使倪某等四人徵之，視本路歲入簿籍，實無所負，辭久不決。尙書戶部令史劉正察其冤，遍閱吏牘，得至元五年李介甫關領課銀文契七紙，適合其數，驗其字畫皆司庫辛德柔所書也。正廉得其實，白尙書捕鞫之，悉得課銀，辛既伏辜而四人者得釋。十三年太府監令史盧贄言於監官，諸路所貢布長三丈，惟平陽加一丈，以故諸集賽台爭取平陽布，苟截其長者與他郡等，則無所爭；而以所截者爲髹漆宮殿器皿之用甚便，監官從之。適左右以其事聞，帝以詰監官。監官倉皇莫知所封，歸罪於贄，帝命斬之。符寶郎耶律希亮遇諸塗，贄以冤告。希亮命少緩刑具，以實入奏。詔工部侍郎董文用讞之，竟釋贄。而召御史大夫塔齊爾等讓之，曰：此事言官當言而不言，向微托果斯不誤誅此人耶。二十九年趙孟頫同知濟南路總管府事。有元掀兒役於鹽場，不勝艱苦因逃去，其父求得他人屍，告同役者殺之。既誣服。孟頫疑其冤，留不決逾月，掀兒自歸，郡中稱爲神明。成宗時王利用爲興元路總管。有婦毒殺其夫，問藥所從來，吏教婦指爲富商所貨。獄上，利用曰：家富而貨毒藥，豈人情哉。訊之，果服。武宗至大間，胡長孺爲寧海縣主簿。有民荷溺器糞田，偶觸軍卒衣，卒抶傷民，且碎器而去，竟不知主名，民來訴。長孺陽怒其誣，械於市，俾左右潛偵之，向抶者過焉，戟手稱快，執詣所隸，杖而償其器。群嫗聚浮屠庵誦經爲禳祈，一嫗失其衣，適長孺出鄉，嫗訟之。長孺以牟麥置群嫗合掌中，命繞佛誦經如初，長孺閉目叩齒作集神狀，且曰：吾使神監之矣，盜衣者行數周，麥當芽。一嫗屢開掌視，長孺指縛之，還所竊衣。一日，白事帥府歸吏言有姦事，屢問弗服，長孺曰：此易易爾。夜伏吏案下，黎明出姦者訊之辭愈堅，長孺陽謂令長曰：頗聞朝廷有詔盍迎之。叱隸卒縛姦者東西楹，空縣而出，庭無一人。姦者相謂曰：事至此，死亦無承，行將自解矣。語畢，案下吏讙而出，姦者驚，咸叩頭服罪。永嘉民有弟質珠步搖，於其兄贖焉，兄妻愛之，紿以亡於盜。屢訟不獲直，往告長孺。長孺曰：爾非吾民也。叱之去，未幾治盜，長孺嗾盜誣兄受步搖爲贓，逮兄赴官力辯，訴弗置，長孺曰：汝家信有是何謂誣耶？兄倉皇曰：有固有之，乃弟所質者，趣持至驗之，呼其弟曰：得非爾家物乎？弟曰：然。遂歸焉。仁宗時，干文傅爲烏程令。有富民張甲之妻王無子，張納一妾在外生子，未晬，王誘妾將兒來，尋逐妾殺兒，焚之。文傅聞而發其事，得死兒餘骨，王厚賄妾之父母，買隣家兒，爲妾所生，詐稱不死，文傅令妾抱兒乳之，兒啼不就，妾之父母吐實，乃呼隣婦至，兒見之躍入其懷，乳之卽飲，王遂伏辜。文宗至順末，江南行臺監察御史蘇天爵慮囚於湖北，有常德民盧甲莫乙汪丙同出傭，而甲誤墮水死，甲有弟爲僧，欲私甲妻不得，訴甲妻與乙通而殺其夫。乙不能明，誣服擊之死，斷其首，棄草間；屍與杖棄譚氏家溝中，吏往求果得髑髏，然屍與杖皆無有，而譚誣證曾見一屍爲水漂去，天爵曰：屍與杖縱存今已八年，未有不腐者。召譚詰之，則甲未死時目已瞽，所云皆妄也。天爵語吏曰：此乃疑獄，況不止三年矣。俱釋之。

清・嵇璜《續通志・刑法略二》 景德初，詔諸道州軍斷案內有宣敕不定刑名，止言當行極斷者，所在卽寘大辟，頗乖平允。自今凡言處斷、重斷、極斷、決配、朝典之類，未得論決，具獄以聞。按斷案詔，《通考》在景德元年，《宋史》在三年，今從《通考》。

又　明道二年，令天下，凡上具獄，大理寺詳斷，大事期三十日，小事遞減十日，審刑院詳議又各減半，其不待期滿而斷者，謂之急按；　官吏議刑有失者，坐之。景祐二年，判大理寺司徒昌運請自四月至六月減期日之半，兩川、廣南、福建、湖南如急按奏。其後猶以爲淹滯，又詔月上斷獄數列大中小事期日，以相參考。

又　〔宋元豐〕八年詔：　諸州鞫訊強盜，情理無可愍，刑名無慮疑而輒奏，並令刑部舉駁重行期典，毋得用例破條。

又　〔宋元祐〕刑部大理寺定制：　凡斷讞奏獄，每二十緡以上爲大事，十緡以上爲中事，十緡以下爲小事。大事以十二日，中事九日，小事四日爲限。若在京八路，大事十日，中事五日，小事三日；　臺察及刑部舉劾約法狀並十日，三省、樞密院再送，各減半；　有故量展不得過五日。凡公案日限大事以三十五日，中事二十五日，小事十日爲限。在京八路大事以三十日，中事半之，小事參之；　一臺察及刑部並三十日，每十日斷用七日，議用三日。

清・嵇璜《續通志・刑法略三》　〔金〕熙宗天眷三年，復取河南地，詔：　其民約所用刑法皆從律文。罷獄卒酷毒刑具。

又　〔遼〕神冊六年五月，詔：　大臣定治契丹及諸夷之法，漢人則斷以律令，仍置鍾院以達民冤。至太宗時，治渤海人一依漢法，餘無改焉。

清・嵇璜《續通志・刑法略四》　〔元至治三年〕正月禁故殺子孫誣平民者。四川行省平章趙世延爲其弟訟不法事，繫獄待對，其弟逃去。詔出之。仍著爲令：　逃者百日不出，則釋待對者。

清・嵇璜《續文獻通考・刑一》　〔金〕世宗大定六年十二月詔有司：　每月朔望及上七日毋奏刑名。

先是海陵貞元二年始定，每月上七日不奏刑名。至是詔朔望亦如之。後十三年又詔：　立春後、立秋前及大祭祀，朔望上下弦、二十四氣、雨未晴、夜未明、休暇并禁，屠宰日，皆不聽決死刑，惟強盜則不待秋後。

又　〔元成宗元貞〕二年正月詔：　諸王公主駙馬，非奉旨毋罪官吏。

先是中統二年八月諭：　諸王駙馬，凡民間詞訟毋得私自斷決，皆聽朝廷處置。至元三十一年七月成宗即位，因札爾古齊言諸王之下有罪者，不聞於朝，輒自決遣，詔：　禁治之。至是復有是詔。後大德七年五月，禁諸王駙馬毋輒杖州縣官吏，違者罪王府官。

又　〔元成宗大德元年〕六月詔：　僧道犯姦盜重罪者，聽有司鞫問。

先是至元四年始禁僧官侵理民訟，至是命有司鞫問僧道重罪，其後二年又詔，僧人犯姦盜、詐僞，聽有司專決，輕者與僧官斷，約不至者罪之。六年正月詔：　自今僧官僧人等犯罪，御史與內外宣政院同鞫，宣政院徇情不公者，聽御史臺鞫之。七年十一月命依十三章斷僧官罪。八年十二月詔：　凡僧道殺人者聽有司專決。武宗至大四年二月仁宗卽位，詔罷總統所及處僧錄等司，凡僧人訴訟，悉歸有司。皇慶元年正月敕：　諸僧犯姦盜、詐僞、鬭訟，仍令有司專治之。二年六月詔諭：　僧俗辨訟有司與主僧同問。

又　〔元成宗大德〕五年二月詔：　凡軍士殺人姦盜者，令軍民官同鞫。

先是元年定諸軍民相訟者，命軍民官同聽之，至是復有是詔。

又　〔元成宗大德〕八年二月敕：　軍人姦盜詐僞悉歸有司。

其後十一年十二月，中書省言：　刑法者，譬之權衡不可偏重，世祖已有定制，自元貞以來，以作佛事之故，放釋有罪失於太寬，故有司無所遵守，今請凡內外犯法之人，悉歸有司依法裁決。

時鄭介夫上太平策，有曰：　國家立政，必以刑書爲先，今天下所奉以行者，有例可援，無法可守，官吏因得並緣爲欺。如甲乙互訟，甲有力則援此之例，乙有力則援彼之例，甲乙之力俱到則無所可否。遷調歲月名曰撒放，使天下黔首無所持，循始之所犯，不知終之所斷，是陷之以刑也。內而省部，外而郡守，抄寫格例至數十冊，民間雜採敕旨條令刊行成帙，曰斷例、條章，曰仕民要覽，家置一本以爲准繩，試閱二十年間之例，較之三十年前，半不可用矣。更以十年間之例，較之二十年前，又半不可用矣。是百官莫知所守，百姓莫知所避也。孔子曰：　刑罰不中，則民無所措手足，此之謂也。今者號令不常，有同兒戲，下有一緊二慢三休之謠，如往年禁酒而私醞者比屋而有，禁牛而私宰者愈多。又如姦盜殺人必不可赦，而每歲放都勤幹以此人心輕於犯法，審囚決獄官每臨郡邑，惟具成案，行故事，出斷一二，便爲盡職；　路縣官吏每聞上司官至，則將囚徒保候，審錄卽畢仍復收禁，此皆無法之弊也。又兼衙門紛雜，事不歸一，十羊九牧，莫之適從。凡有公訟，並須約會虛調文移，動是半年，或指日對問，則各司所管互相應庇，至一年二年，事無杜絕，遂至強淩弱衆，暴寡，貴抑賤，無法之弊莫此爲甚。昔先帝時，嘗命修律，未及成書，近議大德律，所任非人，訛舛尤多，今宜於臺閣省部內，選擇通經術民治體練達時宜者，酌以古今之律文，參以先帝建元以來制敕、命令，採以南北風土之宜，修爲一代令典，使有司有所遵守，生民知所畏，避國有常科，吏無敢侮，永爲定例，子孫萬世之利也。諸色衙門投下頭目，除管領錢糧造作外，無問大小詞訟，俱涉約會者，並令有司歸問，庶使政歸一體，獄無久淹矣。

又 〔元〕泰定帝泰定元年八月敕，以刑獄復隸宗正府，依世祖舊制，刑部勿與。

初，世祖至元時，置宗正府扎爾古齊十員，掌諸王駙馬投下蒙古色目人所犯一切公事，及漢人姦盜等罪。及至大四年十月，仁宗即位，始罷諸王斷事官，其蒙古犯盜詐者，命所隸千戶鞫問；漢人刑名俱歸刑部。至是，復依至元舊制，置扎爾古齊四十二員，理之。至順帝元統二年三月，又照蒙古色目人犯姦盜詐僞之罪者，隸宗正府；漢人、南人犯者屬有司。

又 〔元〕武宗至大二年八月尚書省臣言：往者大辟獄，尚書省議定，令中書裁酌以聞，宜依舊制，從之。

清・畢沅《續資治通鑑》卷一一 〔太宗太平興國七年〕甲戌，宰相趙普等，以帝親決庶獄，察見微隱，相率稱賀。帝嘗謂趙普曰：朕每讀書，見古帝王多自尊大，深拱嚴凝，誰敢犯顏言事！若不降情接納，乃是自蔽聰明。或任喜怒爲刑賞，豈能得天下之心哉！

清・畢沅《續資治通鑑》卷一五 〔太宗淳化元年〕冬，十月，乙巳，以同州觀察推官河南錢若水爲秘書丞、直史館。若水初佐同州，知州性褊急，數以胸臆決事不當，若水固爭不能得，輒曰：當陪俸贖銅耳。已而奏案果爲朝廷及上司所駁，州官皆以贖論；知州愧謝，然終不改。有富民失女奴，其父母訟於州，命錄事參軍鞫之。錄事嘗貸錢於富民不獲，乃劾富民父子數人共殺女奴，棄尸水中，遂失其尸，罪皆應死。富民不勝拷掠，自誣服。獄具上，州官審覆，皆以爲實，若水獨疑之，留其獄數日不決，密使人訪女奴得之，引以示其父母，皆泣曰：是也。富民父子賴以得免。知州欲論奏其功，若水固辭。帝亦聞其名。會寇準薦若水文學高第，召試學士院，而命以此官。

清・畢沅《續資治通鑑》卷四二 〔宋仁宗康定元年〕遼詔：諸犯法者不得爲官吏，諸職官非婚祭不得沈酣廢事；有治民安邊之略者，悉具以聞。

清・畢沅《續資治通鑑》卷五二 〔宋仁宗皇祐三年〕戊子，中書言：諸房人吏稽違案牘者，自來量行罰典，終未革心。欲籍其名目，以輕重爲差，其罰數多及情重者，取旨黜逐。從之。

清・畢沅《續資治通鑑》卷五八 〔宋仁宗嘉祐四年〕有御營卒桑達等數十人，酗酒鬬呼，指斥乘輿，有司不之覺。皇城使以旨捕送開封府推鞫，案成，棄達市。

糾察刑獄劉敞，移府問所以不經審訊之由，府報曰：近例，凡聖旨，中書門下、樞密院所鞫獄，皆不慮問。敞曰：此豈可行邪！遂奏請自今一準定格。樞密使以開封府有例。不復論可否進呈報，敞爭之曰：先帝仁聖欽卹，以京師刑獄最繁，故建糾案一司，澄審眞僞。今乃曲忤聖旨，中書門下、樞密院所鞫公事，不復審察，未見所以尊朝廷，審刑罰，而適足啓府縣弛慢，獄吏侵侮，罪人銜冤不得告訴之弊。又，舊法不許用例破條，今於刑獄至重，而廢條用例，此臣所不諭也。帝乃以敞章下開封，令著爲令。

清・畢沅《續資治通鑑》卷七三 〔宋神宗元豐元年〕先是相州論決劫盜三人死罪，行堂後官周清駁之，謂其徒二人當減等，鞫獄者爲失入人死罪。事下大理。詳斷官竇蘋、周孝恭白檢正劉奉世曰：其徒手殺人，非失入也。於是大理奏相州斷是。清執前議再駁，復下刑部新官定。刑部以清駁爲是，大理不服。

方爭論未決，會皇城司奏相州法司潘開齎貨詣大理，行財枉法。初，殿中丞陳安民簽書相州判官日斷此獄，聞清駁之，懼得罪，詣京師，歷抵親識求救。文彥博之子及甫，安民之姊子，吳充之壻也。安民以書召開云：爾宜自來照管法司。開竭其家資入京師，欲貨大理胥吏問消息。相州人高在等在京師爲司農吏，利其貨，與中書吏數人共耗用其物，實未嘗見大理吏也。爲皇城司所奏，言齎三千餘緡賂大理。事下開封按鞫，無行賂狀，惟得安民與開書。諫官蔡確知安民與充有親，乃密言事連大臣，非開封可了，詔移其獄御史臺，從確請也。

又 〔宋神宗元豐元年〕知諫院蔡確同御史臺鞫相州失入死罪。〔潘開〕事下御史獄，旬餘，所按與開封無異，乃詔確與御史同鞫。確以擊搏進，吳充素惡其爲人。會充謁告，王珪奏用確，帝從之。

清・畢沅《續資治通鑑》卷七九 〔宋哲宗元祐元年〕置訴理所，許熙寧以來得罪者自言。

清・畢沅《續資治通鑑》卷八一 〔宋哲宗元祐三年〕丙戌，罷吏試斷刑法。

清・畢沅《續資治通鑑》卷八六 〔宋哲宗元符三年〕辛卯，詔：鞫獄，徒以上須結案，及審錄審奏然後斷遣；不如令者坐之。

清・畢沅《續資治通鑑》卷八七 〔宋徽宗建中靖國元年〕壬寅，詔：諸路疑獄當奏而不奏者科罪，不當奏而輒奏者勿坐。著爲令。

清・畢沅《續資治通鑑》卷一一二 〔宋高宗祐興三年〕駕部員外郎韓膺胄論：刑罰輕重，國祚短長繫之。望追法仁祖舊章，凡獄官失入死者，終身罰之，雖經赦宥，永不收敍。帝曰：此仁祖之事也，其仁民詳刑如此乎！乃命有司申嚴行下。

清・畢沅《續資治通鑑》卷一一三 〔宋高宗紹興三年〕癸卯，詔：自紹興元年正月朔以前，因群寇殘破、占據去處乘時作過之人，限旨到日將已受詞訴絕結，毋得枝蔓，日後毋得受理。時言者以爲自軍興以來，邮民往往乘勢剽劫，其罪大而考驗明白者，固已就戮；然牽聯黨與，蔓及平人，或挾仇規利，轉相告訴，人情不安，故有是命。

清・畢沅《續資治通鑑》卷一二四 〔宋高宗紹興十一年〕癸巳，岳飛賜死于大理寺。

飛既屬獄，何鑄以中執法與大理卿周三畏同鞫之。飛久不伏，因不食，求死，命其子閤門祗候雷視之。至是萬俟离入臺月餘，獄遂上。及聚斷，大理寺丞李若樸、何彥猷言飛不應死，衆不從。于是飛以衆證，坐嘗自言己與太祖以三十歲除節度使，爲指斥乘輿，情理切害，及敵侵淮西，前後受親札十三次，不即策應，爲擁兵逗遛，當斬；閬州觀察使、御前前軍統制權副都統〔制〕張憲，坐收飛〔雲〕書，謀以襄陽叛，當絞；飛長子左武大夫、忠州防禦使、提舉醴泉觀雲，坐與憲書，稱可與得心腹兵官商議，爲傳報朝廷機密事，當追一官，罰金詔飛賜死，命領殿前都指揮使職事楊沂中涖其刑，誅憲、雲于都市。參議官、直秘閣于鵬，除名，送萬安軍，右朝散郎孫革，送潯州，並編管；仍籍其貲，流家屬于嶺南，天下冤之。飛死，年三十九。

初，獄之成也，太傅、醴泉觀使韓世忠不平，以問秦檜，檜曰：飛子雲與憲書雖不明，其事體莫須有。世忠怫然曰：莫須有三字，何以使人甘心！固爭之，不聽。

飛事親至孝，家無姬侍。吳玠素服飛，願與交歡，飾名姝遺之，飛曰：主上宵旰，寧大將安樂時耶！卻不受。玠大歎服，或問：天下何時太平？飛曰：文臣不愛錢，武臣不惜死，天下太平矣！師每休舍，課將士注坡跳壕，皆重鎧以習之。卒有取民麻一縷以束芻者，立斬以徇。卒夜宿，民開門願納，無敢入者，軍號凍死不拆屋，餓死不擄掠。卒有疾，親爲調藥，諸將遠戍，飛妻問勞其家，死事者，哭之而育其孤。有頒犒，均給軍吏，秋毫無犯。善以少擊衆。凡有所舉，盡召諸統制，謀定而後戰，故所向克捷。猝遇敵不動。故敵爲之語曰：撼山易，撼岳家軍難。張俊嘗問用兵之術，飛曰：仁、信、智、勇、嚴，闕一不可。每調軍食，必蹙額曰：東南民力竭矣！好賢禮士，雅歌投壺，恂恂如儒生。每辭官，必曰：將士效力，飛何功之有！然忠憤激烈，議論不挫于人，卒以此得禍。

又 〔宋高宗紹興十一年〕少保、醴泉觀使岳飛，下大理寺。

先是樞密使張俊言張憲謀反，行府已有供到文狀，左僕射秦檜乘此欲誅飛，乃送飛父子于大理獄，命御史中丞何鑄、大理卿周三畏鞫之。

清・畢沅《續資治通鑑》卷一二五 〔宋高宗紹興十二年〕戊申，尚書省乞以岳飛獄案令刑部縷〔鏤〕板，偏牒諸路。

有進士智浹者，汾州人，知書，通春秋左氏傳，好直言，飛以賓客待之。飛初下吏，浹上書訟其冤，秦檜怒，并送大理。獄成，浹坐決杖，送袁州編管。

清・畢沅《續資治通鑑》卷一二七 〔宋高宗紹興十六年〕監察御史陳積中論監司州縣淹留詞訴之弊，請令諸部每季檢舉，劾其尤者，從之。

清・畢沅《續資治通鑑》卷一三八 〔宋孝宗隆興二年、金方定四年〕乙酉，金主謂宰臣曰：形勢之家，親識訴訟，請屬道達，官吏往往屈法徇情，宜一切禁止。

清・畢沅《續資治通鑑》卷一三九 〔宋孝宗乾道二年〕丁丑，帝諭執政：卿等當謹法令，無創例以害法。如胥輩兼局之類，切不可放行。

又 〔宋孝宗乾道二年〕壬子，詔曰：比年以來，治獄之吏，大率巧持多端，隨意援引，而重輕之故，有罪者興邪而不乖者罹酷，朕甚患焉。卿等其革玩習之弊，明審克之公，使姦不容情，罰必當罪，用迪于刑之中。

清・畢沅《續資治通鑑》卷一四〇 〔宋孝宗乾道三年〕春，正月，甲辰，詔：廷尉大理官，毋以獄情白宰執，探刺旨意爲重輕。

清・畢沅《續資治通鑑》卷一四一 〔宋孝宗乾道五年、金方定九年〕

詔：有司議獄以法，不得作情重奏裁。

又〔宋孝宗乾道五年、金大定九年〕甲寅，金詔：女直人與諸色人公事相關，止就女直理問。

清・畢沅《續資治通鑑》卷一四七〔宋孝宗淳熙六年〕詔：自今鞫贓吏，後雖原貸，毋以失入坐獄官。

清・畢沅《續資治通鑑》卷一五二〔宋光宗紹熙三年〕壬戌，詔：州縣未斷之訟，監司毋得移獄；違者許執奏。

清・畢沅《續資治通鑑》卷一五三〔金明昌四年〕丙戌，金詔：諸職官以贓污不職被罪、以廉能獲升者，令隨路京府州縣列其姓名，揭之公署，以示懲勸。

清・畢沅《續資治通鑑》卷一五四〔宋寧宗慶元三年〕壬寅，詔：自今有司奏讞死罪不當者，論如律。

清・畢沅《續資治通鑑》卷一五七〔宋寧宗開禧二年〕辛未，詔：諸州無證有佐之獄毋奏裁。

清・畢沅《續資治通鑑》卷一六四〔宋理宗紹定二年〕丁酉，臣寮言：州縣典獄官吏，或淹延久繫，或牽惹無辜，或奉上官而失本情，或行暴虐而取賄賂，宜飭諸路憲司禁戢懲勸。從之。

又〔宋理宗紹定二年〕辛巳，臣寮言：請詔戶、刑部嚴行約束二廣監司、郡守，用刑須遵法律，毋得輕視人命。漕司買銀，須依時直，不得低價敷買；舶司每歲差官稽察，就委逐州通判，不許吏卒越界追擾生事。從之。

清・畢沅《續資治通鑑》卷一六五〔宋理宗紹定二年〕冬，十月，乙未朔，詔：諸道提點刑獄，以十一月按部理囚徒。

又〔宋理宗紹定二年〕己未，臣寮言：百司庶府，循例而忘法；監司守令，枉人而徇情。請飭內外奉行法令。從之。

又〔宋理宗紹定三年〕臣僚請令諸路提點刑獄官親行所部，凡翻異駁勘之獄，同守臣審鞫，便宜予決，毋得滯留。其有職兼守臣者，令以次監司行。從之。

清・畢沅《續資治通鑑》卷一七二〔宋理宗淳祐十年〕春，正月，辛未，詔：刑部及大理寺奏報罪案，各守條限，申嚴諸路憲司，凡獄訟無得淹留，致連年拘繫；臺諫覺察以聞。

清・畢沅《續資治通鑑》卷一七八〔元至元四年〕乙巳，蒙古禁僧官侵理民訟。

清・畢沅《續資治通鑑》卷一九二〔元成宗大德元年〕甲辰，詔：諸軍民相訟者，軍民官同聽之。

又〔元成宗大德元年〕詔：僧道犯奸盜重罪者，聽有司鞫問。

清・畢沅《續資治通鑑》卷一九三〔元成宗大德二年〕三月，戊子，詔：僧人犯奸盜、詐僞，聽有司專決，輕者與僧官約斷，約不至者罪之。

清・畢沅《續資治通鑑》卷一九四〔元成宗大德五年〕己亥，令：凡軍士殺人奸盜者，令軍民官同鞫。

又〔元成宗大德六年〕詔：自今僧官、僧人犯罪，御史臺與內外宣政院同鞫。宣政院官徇情不公者，聽御史臺治之。

卷一九五〔元成宗大德八年〕敕：軍人姦盜詐僞，悉歸有司。

清・畢沅《續資治通鑑》卷一九九〔元仁宗延祐二年〕朝廷以吏多滯事，責曹案不如程者。令下，刑部尚事謝讓曰：刑獄非錢穀、銓選之比，寬以歲月，尚慮失實，豈可律以常法乎！乃入白宰相，由是刑曹獨得不責稽遲。

清・畢沅《續資治通鑑》卷二〇一〔元英宗至治三年〕初，四川行省平章政事趙世延，爲其弟訟不法事，繫獄待對，其弟逃去，特們德爾必欲殺之，有司承望風旨，數脅令自裁，世延終不爲動。至是丞相拜珠爲言其無罪，詔釋之。仍著令：原告逃百日不出，則釋待對者。

《刑部通行章程・同治九年二月初十日刑部河南司奏》臣等更有請者，律載：申訴不實者杖一百。係指迎車駕及擊登聞鼓而言。因與尋常越訴不同，是以一有不實，卽擬滿杖。所誣重者仍從重論，非僅止杖責完結也。各省京控案件，牽涉書差舞弊者十居八九。其揑詞聳準者固多，而實在冤抑未伸者亦復不少。各省督撫如果認眞辦理，無稍遷就，訟獄自然止息。無如近年以來，外省審辦京控奏咨各案，全行審實。及審虛，將原告照誣告辦理者，十不得一，大半皆係調停了事。一案之中，重款則大率消弭，輕款則略與更張。既不審實，又不辦誣。或以爲控出有因，或以爲懷疑所致。至無可解說，則又以到案卽行供明爲詞，曲爲原減。皆因問官將實作虛，無以服原告之心。而杜其口，懼其復控，故不肯援誣告加等治罪。每遇審虛之案，類皆牽引申訴不實律坐原告以蒲杖罪名，而又刪去迎車駕及擊登聞鼓字樣，藉以完案。冤抑者無由昭雪，刁健者得肆譸張，不特有失律意，且使誣告加等及告重事不實等條，皆成虛設，殊於吏治民風大有關係。相應請旨，飭下各省督撫、將軍、都統、府尹，嗣後遇有京控交審案件，務當秉公核辦。審實則屈必爲伸，審虛則誣必加等。如情節或有可原，不妨酌減定擬，不得仍照向來積習，節刪迎車駕及擊登聞鼓字樣，摘引申訴不實律，遷就完結。如蒙俞允，臣部通行各省一體遵照辦理。同治九年二月初十日奏。

清・嵇璜《清朝通典・刑五・詳讞》〔乾隆〕四十年四月奉旨：三法司核覆僧人悟明扎傷行濟身死一本。因在保辜限外，照例減等杖流。所擬未爲允協。悟明先用刀扎傷行寬，及行濟聞喊趕往，悟明復持刀連扎行濟頂心、肩背、項頸、咽喉左右多傷，行濟旋因咽喉潰爛殞命。其死既由於致命重傷且逾辜限僅止四日，未便照常末減。況悟明既係僧人，卽應守戒，乃逞兇連扎二人，一死一傷，實爲狠惡。悟明仍著問擬絞監候，入本年秋審情實，以示懲儆。嗣後遇有僧人行兇斃命之案，俱不得輕議寬減。

六月，山東巡撫楊景素審擬刨墳犯王學孔敖子明逃後三年被獲遵照上年諭旨改擬立決一案。奉旨：三法司核擬刨墳絞犯逃後，二三年被獲之王學孔敖子明，依照上年諭旨，擬改立決一本。所辦未免誤會朕意。前旨所云：凡有重罪應入情實人犯，經二三年後始行就獲，均改爲立決者，原指謀故殺等犯情罪重大者而言，以其事關人命，應卽抵償。若復潛竄稽誅，其情尤爲可惡，一經弋獲，自應決不待時，以戢兇惡，而申憲典。若此等刨墳爲首及三次人犯，雖例應擬絞，入情實然，皆貧民無奈爲此，有司民之責者當引以爲愧，而其犯實無人命之可償也。卽入本年秋審情實足矣，有何不可待而改立決乎？朕辦理庶獄，凡權衡輕重，一準情理之平，從不肯少有過當。王學孔敖子明著照此旨辦理。嗣後問擬斬絞監候之犯，經二三年後始行就獲者，何項應改立決，何項仍應監候，並著刑部悉心核擬，酌定條例具奏。尋定斬絞監候，情罪稍輕之犯脫逃二三年後就獲，應仍監候者，計五十五條，餘情罪重大者六十七條，俱應立決。

十二月，宿遷縣民劉俊等強搶良家之女，姦占爲妻。三法司核議，將劉俊依律擬絞監候，伊父劉殿臣照爲從例，擬以杖流。奏旨三法司核，擬劉俊強搶良家妻女、姦占，擬以絞候。自屬按律辦理，惟將劉俊之父劉殿臣照爲從，擬以杖流，未爲允協。劉殿臣係劉俊之父，當伊子告知欲搶孟池之女爲妻，卽應嚴斥禁阻，乃轉同往幫搶，實屬悖理，自有應得之罪。若於其子犯案而照爲從問擬，則名不正而言不順，何可爲訓？明刑所以弼教，豈有坐父兄爲子弟從犯之理？此乃風化所繫，讞獄者不容掉以輕心。海內之大，億兆之衆，良莠本自不齊，如果父戒其子，兄勉其弟，使蹈網者稀，豈不甚善？總因德教未臻上理，朕方引以爲歉，詎可不爲天下申明大義乎？夫父兄之教不先，已難辭不能約束之咎，今劉殿臣明知其子強暴橫行，反親往增勢，以成其惡，此卽敗類之尤，不可不示以懲儆？而律以爲從，則斷不可。著交刑部將父兄不能管束子弟，轉同加功者，如何按本犯科條分別定罪之處，卽行悉心妥議具奏。此案俟擬定後遵照辦理，並將此通諭知之。尋議嗣後父兄子弟共犯姦盜殺傷等案，若父兄犯該流罪者，加一等，擬以附近充軍；犯該徒罪者，加一等，擬以流二千里，餘俱視其本犯科條，以次遞加，概不得引用爲從字樣。奉旨依議。

又兩江總督高晉奏稱：外省秋審，現在每歲審錄時，令本管道府巡歷所屬悉心審勘，遇有獄成未字臨時呼冤之犯，卽據實另繕招冊，解送司院覆訊。遵行。在案。惟是該道府多係本案承審之官，難保其不心存迴護，卽改委鄰封別屬，亦不免狥官官相爲之私。是以案經司院鞫問成招，該道府率皆遷就完事，是巡錄雖有專責，而奉行徒屬具文。今自定例以來，獄囚從未有稱枉求伸道府並未見其弔冊解審，雖讞牘已成，俱屬情眞罪當，而蠢頑之民，或因不解省覆勘轉，得藉口於冤抑無由上達，以掩飾其自取之辜。外省問刑衙門知識粗淺，若但憑招冊，既未能盡得其情，而道府審錄又未足信以爲實。請將道府巡歷覆勘之例停止。嗣後秋審，仍令各州縣解犯到省，巡撫率同在省藩臬司道逐案悉心親鞫，以期核實。至起解人犯，務令所屬文武員弁選派妥幹兵役，小心管押。如該管官不實力簽差，沿途或有疏脫之事，卽照例嚴參，分別從重治罪。上是之。

四十一年六月，奉上諭：據齊爾格特奏：昌平州馬甲尼雅哈醉後來至協領阿爾綳阿門首，肆行亂鬧，將伊綑綁看守，尼雅哈猶不知懼，亂行詈罵，經協領阿爾綳阿與防禦伍什眼同板責，回家身死一案，阿爾綳、阿伍什交部分別察議。齊爾格特所辦錯謬。協領等並無罪過，倘如協領阿爾綳阿與尼雅哈若有嫌隙，故意尋釁打死，抑或無故將尼雅哈酷打身死，理應議處。

尼雅哈身係披甲，酗酒亂鬧，該協領阿爾繃阿既經教導，尚不知悛改，復行醉飲，前至阿爾繃阿門首嚷鬧，因將伊懲責，乃肆行詈罵，藐法殊甚。阿爾繃阿與防禦伍什眼同枷責，理所當然。且阿爾繃阿等又係按律責處，並非任意酷打。是尼雅哈之死，乃其自取，於阿爾繃阿等又有何辜？各處將軍大臣、協領等係有管兵之責，嚴束所屬，乃伊等分內之事。今尼雅哈如此酗酒亂鬧，若阿爾繃阿等不加責管，何以示戒於衆？若因此將阿爾繃阿等議處，以後上司尚能管束其下乎？所辦甚屬不合，阿爾繃阿、伍什俱不必交部議處。仍將此通諭各處駐防將軍大臣等。嗣後若有似此之事，俱著照此辦理。

九月奉上諭：楊景素奏，審擬王子彬挾仇連殺董長海、王三麻子等六命，將王子彬依律凌遲處死，妻劉氏、子王小雨，改發伊犂爲奴。覽奏深爲駭異。王子彬因挾董長海、王三麻子挑撥微嫌，輒持刀將董長海及王三麻子夫婦子女同時扎死，連斃六命，兇惡慘毒，實屬從來所罕有。然按律不過凌遲處死，實屬罪浮於法。至伊妻劉氏、子王小雨雖據該撫，從重擬發伊犂，給與種地兵丁爲奴，尚不足以蔽其辜。夫王三麻子全家俱被殺害，而兇犯之子尚令倖生人世，以延其後，豈爲情法之平？若云王小雨年僅十歲，則該犯所殺之王四妮、王妮皆孩穉，無知，尚未至十歲，一旦盡遭慘死，何獨兇犯之子轉因其幼而矜原之乎？且此兇惡之徒，爲戾氣所鍾，不應復留餘孽，即伊四歲幼女王三姐，亦不宜輕宥。如查明被殺之家尚有子嗣，即將兇犯妻劉氏及其幼女一併賞給死者家爲奴。若現已無人，即發往伊犂給與厄魯特爲奴。此案即著行在刑部，速行核議具奏。至刑部律例所載，惟及殺一家非死罪三人，而止至全家被殺多人之犯，作何加重，未經議及。此等兇犯，明知法止其身，或自拚一死，逞其殘忍，殺害過多，以絕人之嗣，而其妻子仍得倖免，於天理、人情實未允協。朕非欲改用重典，但爲民除患，不得不因事嚴防，俾兇暴奸徒見法網嚴峻，殺人多者，其妻孥亦不能保，庶可少知歛戢，是即辟以止辟之義。其應何如增改律例，並著刑部另行妥議具奏。尋議嗣後如殺一家四命以上，致令絕嗣者，兇犯擬以凌遲處死，將兇犯之子，無論年歲大小，概擬斬立決，妻女改發伊犂厄魯特爲奴。若死者尚有子嗣，即將兇犯之子俱擬以斬監候，秋後處決，該犯妻女給與死者之家爲奴。再查給予爲奴，原以示折磨而昭儆戒，惟此等梗頑孽屬，死者之家或莊農貧戶，或子嗣幼弱，恐不能養贍鈐束，且日久亦難保無挾怨滋事之處，應於定案時酌量情形：死者之家情願收領者，即賞給爲奴；自揣不能管養，不願收領者，亦即改發伊犂，給厄魯特爲奴。奉旨：依議。又奉上諭：刑部進呈秋審招冊，朕詳加批閱，內浙江省僧靜峯起意毆死其俗家胞弟周阿毛，圖賴邢直武等一案，照故殺期親弟妹律，擬絞監候。又江西省郭義培謀財殺死小功堂姪郭丫頭仔一案，照尊長謀殺本宗卑幼，已殺者，依故殺律擬絞監候。雖皆擬入情實，而所引之律俱未允協。僧人披剃出家，即不當復論其俗家卑幼，且致死人命，即已犯其殺戒。今靜峯因周阿毛癡呆無用，輒行謀死，圖賴洩忿，兇殘殊甚。彼不忿手足之誼，何得復援尊長之條？刑部因律有僧於本身親屬有犯仍按服制定擬等語，遂爾概行比附，殊未思律言有犯，專指尊長而言。如僧人犯其祖父、伯、叔，是不可因其出家稍爲未減。若卑幼本不可言犯，又安得由犯尊之律推而下之乎？是僧人致死俗家卑幼，斷不當復以服制論也。至郭義培因其六歲幼姪郭丫頭仔頭戴銀項圈，輒行起意，扭取，見其哭喊，遂行推跌糞坑溺斃。兇惡殘忍，情屬可惡，且該犯意在圖財，視伊姪如草芥，盜攫而殘其命，於死恩義已絕，又豈可復引謀殺卑幼之條乎？夫尊長之於卑幼，或不遵教戒，或干犯名分，責打致斃，本律原止擬流，若因財產起釁，則不得概用此律。從前曾降諭旨，敕部準情定擬。是以有見及伯叔因爭奪家產，將弟姪故行殺害者，擬絞監候一條。然此第專指尋常索財爭產因傷斃命而言。蓋弟姪原有贍給尊長之義，故尊長之罪尚可稍輕，若謀財害命及殺盜得財，致死弟姪，更復有何倫理？以及圖姦卑幼之妻，復將卑幼謀殺者，此等兇徒，身已蔑倫傷化，定擬時轉因倫紀原情，又豈明刑弼教之本意乎？朕辦理庶讞，鑑空衡平輕重悉視其人之自取，而於秋讞大典，披覽再三，期於無枉無縱。若此二條舊例，尚未合情理之正。著刑部另行改擬具奏，以昭平允。尋議嗣後僧人如致死本宗卑幼，無論鬬毆謀故，俱以凡律定擬，至謀財害命、強盜殺人及圖姦謀殺之案，於卑幼之恩已絕，應俱照平人一例辦理，不得復依服制寬減。奉旨：依議。

謹案：刑律之設，所以敦教化，飭倫紀也。故於服制所關之犯，不與常人同科，然卑幼固不可以不敬，而尊長又豈可以不慈哉？我皇上準情定法，特將尊長因爭奪家產，故殺弟姪者擬以加等，以勵典仁講讓之風。然止於絞候而止。誠以弟姪有贍給尊長之義，而子弟不得開好貨之私。若夫尊長蔑倫傷化，彼已自踰於倫常之外，則自不可泥於舊例，反成寬縱。我皇上明察庶獄，鑑空衡平，於此等傷化之徒，改從重典，正所以勵廉恥而敦教化也。

十月奉上諭： 閔鶚元奏，審擬已革英山縣知縣倪存謨於僧廣明因姦致死杜得正，不能審出實情，轉將屍子杜如意誣擬極刑一案，請照新例將倪存謨杖一百，徒三年，不準援減等語。所擬尚不足蔽辜。此等重案，爲縣令者不能悉心訊究，任聽兇僧教唆姦婦串供捏飾，轉將屍子刑求，幾成冤獄，其罪實難輕逭。原詳所云杜如意撞遇伊父與伊妻有姦，持斧欲斫，廣明見其手軟，接斧連斫致斃等供。試問杜得正如果拉姦伊媳，必係無人之處，僧人廣明何由在旁？ 此乃情理之顯而易見，不必悉心詳究而始知者，倪存謨不能見及，一味嚴刑誣服，率擬凌遲重辟，又復刪改兩次控詞，捏作訪聞。其情節甚屬可惡。非尋常故入可比，杖徒尚覺法輕情重，倪存謨著改發伊犁，永遠不準回籍，以爲州縣濫刑誣枉者戒。至此案若非該州倪廷模訊出實情，幾令奸僧漏網，屍子啣冤，倪廷模可謂能事。著該撫卽行送部引見。向來各省地方官有拏獲鄰省盜犯，尚令引見錄用，以示獎勵，若爲知府直隸州者能將審轉之案虛公研鞫，立予平反，則所屬可無冤民。較之實心緝盜，尤爲益於吏治。嗣後凡知府直隸州有將關係生死出入大案審出實情，改擬得當，經上司核定，題達部議準行者，該部查明奏請，送部引見。著爲令。

四十二年三月吳橋縣民沈萬良毆傷王廷修身死直督周元理審擬題奏奉旨： 沈萬良之父沈三行竊拒捕，原係有罪之人，被事主王廷修知覺，趕毆致斃，將王廷修照黑夜偷竊被事主毆打致死例擬徒。本案已經完結，法非應抵，義不當仇。乃伊子沈萬良忽於十餘年後復將已伏罪之王廷修乘機殺害，該督撫援照子孫報仇之例擬以杖流。經部議駁，甚是。從前各省辦理復仇之案，如廣東省曾士標毆死會會昌，律擬斬候，而曾會昌之子曾朝宗復戳死曾士標之子曾亞二，律擬斬決，朕特明降諭旨，改爲絞決； 又，河南省智洪義因父智順被趙二毆死，趙二問擬絞候，智洪義藉言報復，輒殺其子趙倉，律擬斬候。九卿閣臣於勾到招冊內夾簽聲明，又經朕明降諭旨： 通諭問刑衙門。以我朝明罰敕法審慎周詳，生殺悉由讞典，豈容一介不逞之徒私行報復？ 況國法卽彰，則私恨已洩，仇殺之端，斷不可啓。訓示最爲明晰。卽子孫復仇之例，若因伊父死於非命，而兇手竟得漏網，冤無可伸，其復仇猶爲可說，今沈三原係罪人，王廷修又已伏罪結案，則國法已伸，王廷修卽無罪之人。乃沈萬良復逞兇故殺，卽應照故殺律問擬。若如該督所擬杖流，將來此風一開，誰非人子，皆得挾其私忿。藉口復仇，逞兇撓法，何所底止？ 豈辟以止辟之義耶？ 周元理引律不當，著飭行此案，著照部議，交周元理另行照律改擬具題，並將此通諭知之。

八月奉上諭： 刑部核擬張二卽張丕林扎死伊妻徐氏，照夫故殺妻律問擬絞候。所擬尚未允協。此案張二攜妻徐氏賣姦潘三時，往姦宿索錢爭毆，迨經官責逐。張二計欲躲避，因徐氏不允，輒起殺機，奪刀扎斃。是張二甘心將徐氏賣姦，夫婦之義早絶，乃復逞兇戕命，自當與凡人故殺同科。猶之妻妾因姦殺本夫者律應凌遲，若因本夫縱容抑勒其妻妾與人通姦，罪止斬決，則縱姦之本夫復殺其妻，卽不得以尋常夫殺妻律擬斷。蓋其夫縱妻賣姦，已屬不知羞愧，又忍而置之於死，情更兇惡，若復拘夫婦名義，稍從末減，何以勵廉恥而維風化乎？ 著刑部將此例另行斟酌改定。所有張二一案，卽照新例定擬具奏。尋議嗣後以妻賣姦，其夫故殺妻者，以凡論，其非本夫起意賣姦者，仍依律例辦理。奉旨，依議。

又 〔乾隆〕四十三年六月奉諭： 此案宗人府、刑部會審將寶通高二照毆傷覺羅律，擬以杖徒，覺羅赫蘭太寶與照不應重律擬杖折罰。所辦尚未允協。常人毆辱宗室覺羅律有專條者，固欲使齊民之不敢輕褻天潢，亦隱示宗支各當律身自重也。若宗室覺羅並不與人爭較，而常人輒敢毆及，自當照律科罪； 若宗室覺羅先已尋釁毆人，其人因而還手，則是宗室覺羅不知愛惜，自取其辱，卽當以鬭毆論，彼此同科，不應更爲區別。且宗室覺羅各有養贍錢糧，尤宜在家安分，若輕入茶坊、酒肆，已自失其尊貴體面，本爲不足惜之人，倘復滋事召侮，行同無賴，又豈可曲加優異乎？ 至向以會否拴繫黃、紅帶爲分，雖亦別嫌明微之意，但恐宗室覺羅因有此例，轉恃黃紅腰帶爲護符，動輒毆人，肆橫毫無顧忌，所謂愛之，適以害之也。況宗室覺羅犯該笞杖者，例當准以折罰錢糧，已存議親之典，更何必多其條例，導之犯法乎？ 嗣後審擬此等案件，如宗室覺羅並未生事，常人擅行毆及者，自當照例杖徒問擬； 若係宗室覺羅先行動手，卽照尋常鬭毆論，其會繫黃紅腰帶與否，竟不必論。庶其知儆畏各以禮義自閑期，無負朕教誨成全之意。著刑部會同宗人府另行妥議具奏。此案卽照新例行尋議。嗣後宗室覺羅與人爭毆之案，除審明宗室覺羅並未與人爭較，而常人尋釁，擅毆者照律治罪外，如宗室覺羅輕入茶坊、酒肆滋事召侮，或與人鬭毆，先行動手毆人者，不論會否腰繫黃紅帶子，其相毆之人卽照尋常鬭毆例一體定擬，其宗室覺羅應得罪名，臣部按例定擬：犯軍、流、徒罪者，照例鎖禁拘禁外，其犯笞、杖，應否折罰錢糧之處，交宗人府酌量犯案情節，其情罪可惡者，在宗人府實行責打，不准折罰。奉旨：依議。

七月護軍文元因伊舊僕趙大典置房屋，以其向在伊家積有餘資卽行搬出，斥其昧良，屢尋釁端，復直入趙大家搬取衣箱，毆打趙大，情急刃傷文元殞命。刑部將趙大照依雇工人毆死家長律擬以斬決。奉旨：三法司議將趙大依雇工人毆家長至死律擬以斬決，固屬照例問擬，朕閱案情，該犯之母徐氏雖經立契典與文元家，得過身價，而典限滿後，契已給還嗣伊母子仍在文元家，月得工錢服役，又經辭出，在外居住，究與現在雇工者有閒。且起釁之由係文元因趙大積有餘資，屢次尋鬧，旣搬取其箱，又復扭住毆打，趙大情急扎傷，尚非該犯逞兇、干犯。趙大著從寬改爲應斬監候，秋後處決。餘依議。至八旗家奴及雇工人等，經本主放出及辭出之後，或積有餘資，感受舊恩，助其家長，亦屬情理所有，而爲家長者受之已覺有愧，若因主僕舊時名分，覬其資助，多方需索，尤屬無恥。如此案趙大母子雖曾在文元家服役，業已辭出另居，卽典置房屋，亦係其能節省經營所致，與舊雇主何涉？乃文元屢次尋釁並因其母子外出，踢門搬取箱籠，行同無賴，更不足齒矣。恐旗人內似此者，難保其必無。著將此曉諭入旗人等，各自顔惜顧面，毋蹈覆轍。

四十四年十月奉上諭：前日勾到湖廣省秋審人犯內有王戍砍殺江文珍等一家六命，其子王喜娃應行緣坐，年僅十歲，今日勾到，山東省秋省人犯內有馮吉殺死馮文煒一家六命，其子馮大甫年僅六歲，馮二甫年僅二歲，刑部俱擬入情實應斬。本屬例所宜然。王戍、馮吉兇惡性成，砍傷一家六命，慘毒已極，卽將伊全家抵死，僅足相償，實屬情眞罪當。而刑部定例，將殺六命之已絶嗣者，其子均擬斬決；若尚未絶嗣者，擬斬監候；而於緣坐者之年歲，未爲區別。因念二犯緣坐之子，犯事時年僅數歲，尚在童稚無知，若概予駢誅，究覺不忍，是以均未予勾。此卽朕之姑息然。仰體上天好生之德，毋寧失之厚耳。惟是此等兇孽，留其喘息已屬法外之仁，若伊等長成，復或遇赦，減等釋放，仍聽婚配，得有遺孽，將何以昭平允，并何以慰死者之心？嗣後遇有此等兇犯緣坐之子，年在十一歲以上者，仍照現行之例辦理，如年在十歲以下者，俱著問擬斬候，永遠監禁。雖過赦不准減釋，令其老死囹圄。庶於準情之中，仍不廢法。所有此次未勾之王王喜娃馮大甫、馮二甫，卽照此例。著爲令。

十二月奉上諭：刑部等衙門題覆雲南文山縣民申張保毆死高應美，致伊父母先後服毒身死一案，將申張保問擬絞決，固係按律擬罪，而揆其情節，實未允協。凡子犯死罪，致令父母自盡，擬以立決者，原爲其子違犯教令及身犯不端之事，致累其親忿恨自戕，此等孽種，斷不可復留於人世，何意顯然。今此案申張保因高應美與其母胡氏不避嫌疑，屢爲其父申茂盛撞見，遂相反目。申張保曾經往勸數次，嗣其父鬱結成疾，申張保往視，始將情由密行告知。及胡氏被夫責逐，卽奔至申張保家居住。後高應美途遇申張保，復聲言欲往伊家見其母。申張保用言阻止，高應美輒行嗔罵，拾石向擲。申張保情急，始用所携木棍毆戳致死。後經事發，申茂盛，胡氏忿激羞愧，先後服毒而死。是此案。釁由伊母胡氏與高應美有姦，淫惡欺淩，實爲子者所宜恨，且申張保始而勸解其父，繼復接母同居，並無不合。迨後姦夫欲往其家，明係圖姦其母，此而再不心生忿恨，任聽其母與人苟且，則竟無復廉恥之心，且將置其父於何地乎？是申張保之毆死高應美，實出於義忿，殊堪矜憫。而申茂盛、胡氏之死由於姦情敗露，忿愧輕生，並非申張保貽累，若亦予以立決，未得情理之平，但非於姦所殺死姦夫，自不能免罪，擬以絞候。亦足矣。此本著九卿會同該部另行妥議，定例具奏。嗣後遇有此等案情，卽照新例辦理。朕綜理庶獄，無論案情鉅細，悉爲反覆權衡折衷至當。如其子自作罪惡，致親忿激輕生，則當立正典刑，以申明刑弼敎之義。若此案之殺姦，因雪恥而成，親死非被累所致，則不宜卽予繯首，致乖明愼用刑之文。內外問刑衙門並當深體朕意，愼重聽讞，並將此通諭知之。四十五年九月襄陽民敖大高因胞叔持錨向戳伊父、伊母，奔救，亦被戳傷倒地，情切救護，持棍格傷胞叔右膊兩處，迨伊父與胞叔互毆，將伊叔毆斃。湖廣巡撫以伊父擬抵敖大高，依姪毆胞叔致死律斬擬立決。刑部核覆。奉旨：交九卿議奏尋議。此案敖大高因護母共毆期親服叔，棍格肐肘，並非致命重傷，實係伊父敖善富毆戳致命頂心顋門等處致斃，此卽係尊長爲首，卑幼爲從，所毆傷輕，例應擬流之案。該省原題未經分晰，誤照卑幼毆死期親尊長，不分首從，皆斬之律，將敖大高擬以斬決。臣部核覆時，止因其護母情輕，夾簽聲明，未曾詳查更正減流。係屬臣部辦理錯誤。請旨交部議處并請通行直省。嗣後遇有此等案件，畫一辦理，以免參差。奉旨：依議。

又貴州按察使永慶奏題達案件改擬罪名，應隨本聲明，以專責成。查向來州縣市解命盜案，每有情節不符、擬議失當，上司隨招駁飭覆審，頂限不及駁審之案，上司往往代爲改擬，分別咨題。其情罪未協者自難逃聖明洞鑒。至成招到部，所擬罪名或有出入，部臣就案核覆。其中偶有錯誤或供勘不符，駁令督撫另行妥議。部臣止查取原審官及各該上司職名，分別議處，究無由深悉何衙門錯誤也。即如東省濟南府知府呂爾昌辦理裘志剛與宗氏通姦一案，經部議駁並查取職名參處，雖據撫臣奏明，自行引咎，而承審原官終屬錯誤，難以分別寬免。此其明驗也。伏思草率成招，固在上司之察核，即援引錯謬，應有先後之區分。應請嗣後府州縣解審案件，如有限期本寬而情罪尚須斟酌者，仍應切實駁審，以期毫無枉縱；遇案已頂限而情罪閒有舛錯，不及駁審之案，各該督撫於改定後，即將辦理錯誤之臬司、府州、縣附疏聲明，聽候部議察核。如府州、縣擬議已協，上司别存意見，更改失當，即將該上司照例議處；若實係原審之府、州、縣擬議錯誤，上司更改允當者，即將府、州、縣隨本附參。如此責有攸歸。庶承審官各顯處分，於刑讞更加詳慎矣。部議從之。

四十六年七月奉上諭：據廣西按察司富躬奏：審擬北流縣民陳正仁調戲唐惠志之妻陳氏，賄和後因被村童恥笑，近悔抱忿，夫婦先後服毒身死，經部駁改，仍照府、州、縣原審問擬，自請議處一摺。此案原審州縣及委審各官俱定以絞監候，該司以唐陳氏之死事隔一月，追悔輕生，本夫唐惠志亦以得錢私和，畏罪自盡。是唐陳氏彼時原無慚忿輕生之心，與尋常羞忿自盡者有閒。改擬威逼例擬軍辦理，亦屬有因，並非故爲開脱。至向來地方官規避處分，一經邀免，便思置身局外，今富躬以此案係自行改擬，不肯諉過於下，請交部嚴加議處，尚有體面。至部駁仍照承審府州縣各官原擬。乃因案關二命並非調戲致死起見，所辦亦無錯誤，所有辦理此案之臬司、富躬及原擬各官，俱著從寬免其交部。從前此等案件，凡遇手足勾引，致本婦自盡者，俱按律問擬情實，秋審時予勾；其僅止言語調戲者，雖按律定擬，俱從寬免勾此。朕准情酌理，期於勿縱勿枉之意。此案雖致死二命，究係和息一月之後，若定擬絞候，情殊可憫。如意照該司擬改充軍，則又係致死二命，未免少失之寬陳止仁，著改發烏嚕木齊充當苦差。如此折中辦理，庶情法均得其平。嗣後遇有此等案件，即照此問擬。著爲令。

九月奉上諭：本年秋審，據刑部將各省人犯招册進呈，朕詳加批閱，內四川省經部駁入情實者七案，湖廣省經部改入情實者七案。讞獄大典，內外承辦官均宜悉心詳核，以期無枉無縱。若駁未能妥協，朕亦未肯准行。今此次部中改擬各案，核其情罪，均屬平允，自係外省問擬失當，不可不明定處分。俾知警省治獄之道，惟在准情酌理，務得其平。固不可少存姑息，有意寬縱，若徒避縱之名，而過爲刻深，則民命所關甚鉅，是失人之咎，比失出爲重，又不可不示區別。嗣後各省秋省案件，如經部駁，至五案以上俱係問擬失出者，著交部議處；如五案之內有問擬失入一案，即著交部嚴加議處，以示慎獄明刑之意。所有此次四川、湖廣兩省秋審案件即照此例辦理。

又奉上諭：本年廣東省秋審招册內有竊犯任起祥等行竊拒傷事主張觀保身死一案。查此案內任起祥爲首，其黃德新、慕容亞保爲從，先後拒傷事主，情罪相同，乃該撫定擬及刑部核覆時，黃德新問擬絞候，而慕容亞保則問擬流罪，一事兩岐，因令軍機大臣就近詢之刑部侍郎姜晟。據稱黃德新係照竊盜又傷事主之例擬絞，慕容亞保隨後用棍戳傷事主，照罪人所捕爲從例擬流等語。此案問擬罪名殊屬失當。竊盜拒捕與罪人拒捕，本屬兩條，難容牽混，罪人拒捕所包者廣，如因姦等類皆是；至竊賊拒傷事主，情罪較重，是以另立專條，並非如鬭毆傷人之案以金刃及他物分别輕重者可比。何以一案引用兩條，致罪名出入懸殊，蓋夥賊拒捕，其去強盜祇屬一閒，強盜傷人豈復問其執持行兇之物爲何物乎？此案內慕容亞保一犯除交刑部另行核擬外，仍著刑部堂官及廣東巡撫明白回奏。

又〔乾隆〕四十八年三月奉旨：刑部核擬徐剛毆死張文耀身死一案，率照雲南巡撫劉秉恬定擬，將頂兇之唐二照本犯絞罪全科。其正兇之弟徐三，係踏傷田內豆苗起釁之犯，恐到官連累，許給銀兩，央求唐二頂項兇。該部亦照依説合減等，擬以杖、流，所辦殊欠平允。蓋從中説合，係指案內本無關涉徒與犯人通信説合之人而言。徐三一犯，本係正兇胞弟，且事因伊起，又係伊覿面賄囑舞弊其中，並無另有輾轉爲之説合之人，何得比照《説合人減等之例》？僅擬杖流，刑部率行照覆，誤矣。著將徐三一犯暫行擬絞監候，俟拏獲徐剛到案審明正兇，及起意央求頂兇情節，另行定擬具奏。至唐二貪賄頂兇，罪由自取，刑部於頂兇之犯，向皆入情實，漫無分別，亦屬疏漏。因思頂兇者，其本案亦自有輕重，如謀逆、強盜、謀故、鬭毆，本屬不同，其應如何分別,條款著另行詳議、尋議。凡謀逆強盜罪,干淩遲斬梟、決不待時者,頂兇之犯應照本犯一律全科。卽謀故等案應擬監候者,本犯復行賄頂改爲立決。頂兇之犯,仍照舊例入於情實。至鬭毆等項案內,如正犯應入情實者,改爲立決,受賄頂兇之人或本係在場幫毆,以刃傷人并助毆傷多、傷重又或受賄贓至滿貫,仍列入情實。若正犯由緩決改爲情實者,頂兇之犯或僅以事後貪賄,並無別項情事,贓數亦屬無多,正兇又未漏網,俱擬緩決。奉旨:依議。

四月奉旨:雲南巡撫劉秉恬具題民人王奉以藥迷人未經得財一案,將王奉此照傳授藥方貽害例,擬斬監候永遠監禁。其爲從之楊富照律擬流,改遣所擬,尚未允協。此等匪徒,擬以斬候,雖若從嚴永遠監禁,俾得安坐囹圄,較之爲從之發遣爲奴者,轉屬從寬。王奉著改發伊犁,給厄魯特爲奴。

又奉旨:據福康安具題民人貝開富等用藥迷人未經得財問擬斬候、永遠監禁一本,因前滇省有王奉一案曾經降旨,令刑部另行酌定條例具奏矣。今思斬之與遣,究屬輕重有分,若概與發遣,不足明刑。此等用藥迷人之案,如人已被迷,雖經他人救醒,而用藥者本有殺人之心,自應將該犯問擬實斬。入於秋審情實不得以未經得財稍爲寬貸。若甫經學習,雖已合藥卽行敗露或欲迷之人知覺,未經受累,則情節尚輕,尚可寬其一綫,將該犯發往伊犁,給與厄魯特爲奴,已足蔽辜。著交刑部一併分別核擬具奏。所有具開富等一案,卽照新例定擬。

四十九年正月奉上諭:前因廣西永安州知州葉道和與岑照科場舞弊、藐法營私,經該撫孫士毅奏請,將葉道和家產查抄入官。茲據江西巡撫郝碩奏訊,據葉道和之兄葉道中供,伊兄弟並未分家,亦無銀錢什物寄到。現將葉道中署內財物悉行查封等語。從來緣事獲罪之人,兄弟本不相及,如因一人獲罪,將其兄弟貲產盡行查抄辦理,未免過當。若以未經分析盡免入官,則應行查封者皆得托詞,未免任意隱匿,使貪吏子孫仍復坐擁厚貲,亦復何以示儆?嗣後如有緣事獲罪應抄,而兄弟未經分產者,將所有產業按其兄弟分股計算。如家產值銀十萬,兄弟五人每股應得二萬。祇將本犯名下應得一股入官,其餘兄弟名下應得者概行給予,以照平允,所有葉道和一案卽照此辦理並著爲令。二月奉上諭據福崧參奏:石門縣知縣朱麟徵因地保張奕高承催錢糧多未完納,令役責處。張奕高推諉不服,出言唐突。該縣將張奕高杖責三十板,致因傷重斃命。請將朱麟徵革職等語,未免過當。知縣身膺民社,如於所管人役有因私挾忿責處致斃情事,自應參奏革職治罪。今朱麟徵於地保徵催錢糧多未交納,且又挺撞本官,責處本屬分內應辦之事。而該地保既已承催不力,又復出言頂觸,已有應得之罪,況該令將地保責處三十板,亦係如法決責,不得謂之濫刑。若因此而概行革職,則將來州縣所管吏役保約皆得有所倚恃,挾制本官。於實力辦公之道,殊多未便。嗣後如挾嫌逞忿,致斃人命者,仍照例辦理外,如事屬因公按法責斃所屬人役,該督撫止須奏請交部議處。部議時亦不過議降級留任,已足致懲,不得遽行革職,致起胥役刁惡之漸。所有此案朱麟徵應得處分,卽照此辦理,著爲令。閏三月奉上諭:各省督撫、藩、臬司、道皆朕特加簡畀委任,非輕,自當仰體朕懷,勤恤民隱,方無忝厥職。乃近年來民間詞訟輕州縣審斷,復赴上司衙門控告者,該督撫司道往往仍批交原審之府州縣審辦。在該府州縣心存迴護,斷不肯自翻前案。卽使所辦允當,而情形之閒易涉嫌疑,實不足以服告者之心也。又何怪小民之紛紛瀆訴耶?嗣後各省案件有赴上司衙門控告者,其距省較近地方,該督撫卽應親提人證、卷案,發交藩臬兩司親詣秉公審辦,或道路遙遠、人證過多,恐致拖累,通省豈無公正明幹、熟諳刑名之道府大員,卽當遴委,前往研訊實情,庶民情各得其平,自不致藉口啣冤復行瀆控。將此宣諭各督撫,飭所屬均宜勤慎。如從前輒發交原審官,以致案情出入,小民屈抑求伸,赴京控訴者,一經欽派大臣審出實情,惟該督撫是問。四月部議,四川總督李世傑奏請於每年秋讞事畢後,將各省改案刊刻成帙,頒發外省,奉爲楷模等語伏查。近年各省擬議失當,九卿改擬之案,或係各斃一命,情同械鬭,或圖財奪產故殺胞弟、胞姪,致令絶嗣,或一死數傷,肆行慘殺或金刃傷多,情同故殺,或恃強有意淩欺,傷斃老幼,或竊盜中情節兇狠,怙惡不悛各項,均係歷來應擬情實其見共知者,而誤入緩決。是以改正。並未於舊有章程之外,另立從嚴辦法。蓋緣案情萬變,或情同而事異,或同事而異情,心迹介在纖微,輕重卽判然迥別,此省之案不能適孚於他省,今年之案不能預合於來年。要在司讞者逐加推勘詳核定擬,未可刻舟求劍,致滋似是而非之弊。若如該督所奏,無論每年審案二千餘起,祇講求於此駁改之數十案,仍不能概括通曉。卽就此數十案而論,亦必須詳閱全案供招,細核屍格傷痕,始能分別輕重,删存略節。若僅將略節刊刻,而全案供招屍格無由查覽，究不能得其所。以改實改緩之故而稍涉拘牽者轉致援引失當，辨論紛紛。惟查三十二年原有刊刻秋審比較條款恭載歷年上諭至臣工條奏發行在案，請將三十二年所奉諭旨及條奏，並比較條款再行彙總刷錄，通行各省奉旨部駁。甚是。

又奉上諭：刑部題覆安徽省程尚義砍傷小功服嬸程劉氏身死，定擬斬決，固屬罪無可加，已照簽批發矣，但核其情罪，該犯因圖姦姪婦錢氏未成，被伊嬸程劉氏詈罵，反生氣忿，頓起殺機，砍傷致死。實係因姦故殺尊屬。該部按律定擬，依卑幼毆本宗小功尊屬死者擬斬立決。核之該犯因姦故殺情節尚未允協。嗣後如有此等案犯，應將因姦故殺專條援引定罪。如律內未有此條，卽著刑部另行酌擬，添入條例。伏查卑幼殺死尊屬之例不將因姦起釁另立專條者，緣尊屬服制有期功大小之不同。一經故殺卽有斬決凌遲之各異。因姦起釁，情節雖重而罪無可加，第思因姦故殺，淫兇特甚，歷來因其罪無可加止聲明服制，本律援引定擬。與案情實未允協。請嗣後凡卑幼因姦親屬起釁故殺有服尊屬之案，按其服屬應斬決凌遲無可復加者於援引服制本律之上，添載卑幼因姦故殺字樣，以昭明切。再查卑幼故殺尊長律內所稱本宗大功、小功，則擬斬決，餘俱監候。是外姻之小功、緦麻，按照服制定罪，仍止監候。此等因姦故殺尊長之案，情罪較重亦應定擬立決，以懲淫兇。但例冊未立明條，請嗣後凡卑幼因姦親屬故殺本宗外姻有服尊長，罪止斬候者，均未改爲擬斬立決。奉旨：依擬。

十一月奉上諭：刑部議駁奉天府尹定擬高九娶弟媳楊氏應行絞決一本。已依議行矣。因思高九亂倫之事，由伊父高志禮主婚，查照尋常嫁娶違律：事由主婚，主婚爲首，男女爲從，至死者減一等。高九楊氏俱得照男女爲從，減等。是以駁令該府尹改擬。但此亂倫重犯減等，卽當擬流。核其情罪尚不足以照平允。此案雖由高志禮主婚，但高九何以竟甘心聽從？卽使平日無姦，其亂倫之罪亦不小。況父母無不愛其子，卑幼犯法，尊長出而承認，其犯法之男女遂得均從末減擬流。非所以正亂倫而弼教化也。嗣後有似此事由父母主婚而男女應得減等，自應仍擬絞候，秋讞時再核其情節輕重辦理。五十年四月奉上諭：刑部核覆湖南乾州廳苗民張應琳商同張田氏謀死姪女張射女并張學能謀死堂伯母張章氏互相圖賴一案，朕細閱情節，緣張學能與張章氏有祖遺來步兜山場一處，張應璞等本屬無分。詎張應璞與弟張應琳舊存契紙內載，來步兜山場字樣，欲行爭占。經官查明，實係張學能祖業，將張應璞白契扯毀。嗣張應琳之妻張田氏背負幼孩張射女赴山檢收桐子，被張學能喝阻並聲言報官，張應琳遂起意將射女致死，圖賴張學能。畏懼，因亦將堂伯母張章氏致死搪抵。該部議覆：將張學能依謀殺緦麻以上尊長律擬斬立決，張應琳依故殺姪、圖賴人例，發附近充軍。固屬照例辦理，但此案起釁由於張應琳謀占張學能山場，將射女致死圖賴，是張應琳本屬理曲。張學能謀死緦麻尊長律斬決，而張應琳因故殺卑幼律止發遣，不至於死。是張應琳家僅傷射女之一命，而張學能之伯母張章氏已經被害，張學能以關於倫理又應擬斬決，是理直之家轉兩命抵一命，未爲平允。且張應琳係張學能近宗，張學能正法之後，伊家無人所有產業，自必仍歸張應琳執業。該犯既得免死，仍獲遂圖產之謀，則狡詐兇殘者勢必不復知所懲儆，且恃長而謀死卑幼者必多矣。非辟以止辟之道。嗣後除尋常謀死卑幼殺圖詐賴不致被詐之家又釀成人命者，亦應照樣辦理外，其有被詐之家，因其謀死卑幼，復釀成人命，致死一抵，如此案者，則圖詐之犯卽使所殺傷係屬卑幼，亦未便僅照向例擬遣，使兇惡之徒無所畏懼。其應如何改擬絞候之處，著刑部另行定擬具奏，載入則例遵行。所有張應琳一案卽照新例辦理。伏查例載兄及伯叔爭奪弟姪財產。故行殺害者，擬絞監候，係指爭奪弟姪財產，卽將有財產之弟姪殺害者而言，與圖占同族財產，故殺弟姪圖賴者不同。但因圖占財產起釁，致被詐之家復致殺其尊屬搪抵是，自殺其弟姪而又釀成二命，卽予以繯首之條，實有應得。應請嗣後如兄及伯叔謀奪族人財產，故殺弟姪圖賴，致被詐之家復有致死尊長，釀成立決重案，除罪犯應死者悉照各本例定擬外，其罪應軍流者卽照兄及伯叔因爭奪弟姪財產故行殺害例絞監候，以照平允。其被詐之家所有財產卽使無人承管亦不得以爭奪者之後承繼。奉旨依議。

清·嵇璜《清朝通典·型六·雜議》 康熙二年十一月，刑部題覆山東總督祖澤溥審鞫原任按察使宋琬等通同于七謀反一案。兩議上請，一擬極典，一擬流徙，將原任總督祖澤溥議處。

上曰：據審宋琬等原無通賊情節，干證唐進夏、吳八等亦堅稱烏有叛逆重罪，理應詳審情實，卽行正法，如虛卽應免罪爾。部將無確據之事，懸揣定擬，兩擬俱屬不合。宋琬等着免罪，總督祖澤溥亦免議處。

三年十二月，兵部督捕左侍郎瑪希納等奏請嗣後首告逃人之人帶有逃人之主同赴具告者，準咨該督撫嚴查解部。若並無逃人，取地方官保結咨報，免提案內牽連之人質審。

上曰：不將被告干證提來質審，則逃人獲者稀少。若提來質審，不但牽連人多，且往來提解甚苦，以後有首告逃人在某處、某家者，將首告之人拏送地方官，照發去口供，止將窩隱之人令出質問，若無逃人而挾讐控告，或牽引妄扳，將謊告之人加等治罪。

二十年六月直隸巡撫于成龍題直隸地方旗民雜處失事甚多，道聽正印等官爲盜案干連，沉滯深爲可憫，祈寬限緝獲。

上曰：朕親巡畿輔，自山海關以西永平以東，一面傍海一面臨邊，盜賊無地潛藏，故剽劫猶少。至玉田、豐潤、遵化、蘇州、霸州、保定諸處，居民稠密盜賊所以繁也。今處分之例太嚴，恐官民俱累，著九卿詳議以聞。

二十八年六月湖廣道監察御史李時謙條奏弭盜事宜。

上諭大學士等曰：李謙以盜案，令文官舉報而輯拏責之武官，則盜賊可弭。朕就根本處言之，若果家給人足孰肯爲盜？然亦託之空言則易行之，實事則難。朕自聽政以來，早夜孜孜，惟以吏治民生爲務。凡事之可行與否，俱加詳審。文官管民，凡巡察鄉村嚴緝奸宄，是其專責，今若置之不論，獨責之武官，則州縣兵少，不但不足以緝盜，卽使業已緝獲，文官審訊時，又謂其誣良爲盜，此豈可行者耶？朕卽欲降旨申飭，恐言官畏懼不言，此事該部如常議覆。

三十年二月，上諭大學士等曰：京師爲輦轂重地，人民商賈四方輻輳。京城內外統轄必有專責，俾稽察奸宄消弭盜賊，然後商民得以安堵。今城內地方既屬步軍統領管理，城外巡捕三營又屬兵部督捕衙門管轄，內外責任各殊，不相統攝，遇有盜案，反難查緝。嗣後巡捕三營亦令步軍統領管理，京城內外一體巡察，責任既專，則於芟除盜賊，安輯商民，庶有裨益。其三營事務著確議歸併管理。

三十三年四月，刑部等衙門議覆民人高宏擢毆死伊兄高宏先，應正法。

上諭大學士等曰：此案原供內有高宏擢之父高昇因伊子高宏先暴惡，先行砍害之語，今悉刪去，但苟且定議，人命關係重大，卽使旨意未當，亦宜據理執奏。況議此案者，止滿洲官一員、漢軍官一員，似此關係人命事情，不多令司官詳察會議，苟且結案，可乎？刑部嚴加申飭，嗣後倘仍蹈前轍，決不輕恕。

三十九年九月，刑部奏口外偷盜馬匹之范崧擬立斬。

上曰：用兵之際嚴盜馬之禁，故行卽斬。今海宇昇平兵革不試，仍照前例卽斬，殊屬可憫。范崧着從寬免死，照例減等，發黑龍江給披甲伊徹滿洲爲奴。

四十年十一月，上諭大學士等曰：歲內秋審重案，朕皆一一詳閱，其字句錯誤處甚多，此皆人命案件，關係最重，卽一字一句，不可錯誤。乃九卿等自七月至今閱視數月，其字句錯誤處並未看出一二，何也？此屬伊等專任，似此怠忽，不加詳慎，可乎？刑部刊此檔案，先不詳審，殊屬不合，著交都察院嚴察議奏。近看部院事件亦多錯誤，朕凡事詳閱，卽一字之訛亦爲改正。嗣後爾等宜加敬慎，毋忽。

四十五年十一月，大學士等以秋審情實罪犯七十人請旨。

上將招冊逐一詳閱，反覆審定勾決者二十五人。諭大學士等曰：四輔臣時，每年勾決動至百餘人。朕親政後，數十年來，每遇勾決，凡有一綫可原，未嘗不從寬宥，直至萬無可疑，始予勾決。至於光棍及有關主僕之分者，其罪斷不可寬也。

五十一年十二月，上諭大學士等曰：朕辦事有年，凡人命審擬事件，要期悉當乎理。今陳汝咸條陳應照宋時《洗冤錄》較定致命傷痕處，所畫一除鎗、刀、弓、箭、銅、鐵等器械外，木棍等俱不作兇器。夫人命事件，將拳毆腳踢，木棍毆打致死者，酌量兇器輕重，以定罪之輕重，則事必致舛錯。如針乃最微之物，將針刺人致死豈可謂針非兇器而免其罪乎？孟子云可使制梃以撻秦楚之堅甲利兵。由此觀之，木棍亦兇器也。

又〔乾隆〕三十九年七月，四川民人何騰相跪傷董聯珩身死，川督文綬將何騰相依鬬毆律擬絞，併聲明該犯雙目俱瞽，已成篤疾，照律聲請部議。從之。復申明篤疾奏請之條，原屬國家法外施仁，但案情輕重，所犯各有不同。如篤疾之人幷非有意逞兇，或被人欺淩，或釁起一時，適犯鬬殺等案，情節本輕，原可憫其殘廢，量從寬典。若其蓄意謀害，有心故殺，此等兇惡頑民，於法實無可宥。使因其篤疾，概爲奏請，不惟等差無別，且恐倚恃篤疾，逞忿殺人，尤非辟以止辟之義。嗣後篤疾殺人，罪犯應死者，實係鬬毆致死及戲殺、誤殺，方準其依律奏聞，取自上裁。奏旨：依議。

九月浙江道監察御史王寬奏稱：查教唆詞訟，律有專條；失察訟師，例有明禁。而唆訟之案，惟赴京捏控者，情節尤重。查各省欽差馳審之事，近年較多，其中誣告者反坐，亦復屢見，一經審虛，止坐原告之罪，而訟師則案内無名，破案殊少。請嗣後遇有奏審重案，如果虛誣，即交原審大臣，將有無唆使扛幫情節嚴行根究，按律問擬，以儆刁風。若並無此種情弊，亦即隨案聲明。至外省訟師，惟地方繁劇，猶易藏奸。嗣後欽部案件，究出訟師，訊明潛居何地，即將該地方官照尋常失察訟師分別從重議處。仍令督撫大吏平時率屬訪拏，以清積蠹。庶誣告之風漸戢，越訴之案稍清，似亦除莠安良之一端。部議。從之。又部議：《服制圖》載有子女之父妾謂之庶母，嫡子、衆子爲服齊衰杖期。律註云：雖有期服，不在期親尊長之列。又律載妻之子毆傷父妾，加平人一等；妾之子毆傷父妾，又加二等。又例載妻之子毆傷生有子女之庶母致死者，擬斬監候；謀故殺者，亦擬斬監候。秋審時酌量情罪，分別定擬各等語。誠以庶母之期服，本不同於期親尊長，是以服制祇及嫡子、衆子，律例亦祇言嫡子、庶子，均不及於孫。今禮部增定庶祖母服制，議以小功五月則刑例，自不便與凡人同科。惟查庶祖母與庶母名分，雖屬相等，但庶祖母既定以小功，即與庶母之杖期有別，緣情定法，自當微分差等。嗣後有嫡孫、庶孫毆傷有子之庶祖母者，俱照毆傷庶母減一等科斷，至死者，擬絞監侯；謀故殺者，擬斬監侯。其中所犯情節或有不同，統於秋審時酌量辦理。若庶祖母毆死嫡孫、庶孫者，仍同凡論。庶法制不致混淆，情法胥歸平允。

又奉上諭：刑部進呈雲南、貴州秋審本，朕詳加披閱。其中情節有械鬬各傷一命及以金刃傷人者，同一案而分擬，情實緩決，殊未允協。已交部臣另行改擬矣。夫殺人者死，漢初約法已然。今擇其情輕列於緩決，已屬寬典，如糾衆械鬬，則爲害於世道人心，漸不可長。是以朕於勾到時遇有械鬬各傷一命之案，並予勾決。邇年來其風稍戢，然尚有未能盡熄者，至鬬毆之案，情形本自不同，有並非互鬬，亦援鬬毆律條問擬者，因係積久相沿，姑仍其舊，而秋讞時之分別情實緩決，則輕重當有權衡。如彼此俱以手足相毆及各持金刃互格，因而傷重致斃者，兩造情事相等，原可入於緩決；若死者僅以詈罵起釁或用手足先毆，而兇犯輒持金刃抵拒殺傷，其爲逞強斃命，已可概見，且金刃本可殺之人物，若死者並未持械，豈能徒手相當？即非頓起殺機，其與故殺亦所差一閒。此等而不入於情實，又何以懲暴除兇況法司者惟當準酌情理，務得其平，若稍存陰騭之見，曲從開脱，實乖明允之道，且死者何辜，寧不含冤地下乎？嗣後内外問刑衙門於秋審鬬毆案犯，並當遵旨，悉心定擬，毋有枉縱。庶好勇鬬狠之徒其知儆戒，不敢輕蹈法網，所全實多。是辟以止辟也。將此通諭中外知之。十一月奉上諭：僧人界安將十一歲幼徒韓二娃用繩全吊叠毆立斃，甚至其父韓貴隴跪地求饒，亦置不理。其兇狠參毒情形，甚爲可惡。該部僅照故殺律擬以斬候，尚未爲平允。僧人出家，持律原不應身犯殺戒，是以每年秋審時遇有僧人毆斃人命者，概予勾決，以示懲儆。今界安因其徒年幼貪頑，輒恃醉逞兇，頓起殺機立置之死，是界安既犯王章，又破佛法，非常人鬬毆故殺者可比，豈可令其久稽顯戮？著交該部另行妥議定例具奏。此案即照新例辦理。尋議嗣後僧人逞兇謀殺、慘殺十二歲以下幼孩者，即擬斬立決，其餘尋常謀故、鬬殺之案，仍照本律辦理，奉旨：依議。十二月山西民白明璋圖産故殺胞弟與姪三命。巡撫覺羅巴延三將白明璋照謀産殺期服卑幼一家三命者斬決例具擬，刑部照擬核覆。奉旨：此案白明璋因圖得伊父養老地畝，謀殺親弟白明顯，并將其子大娃、二娃俱立時扎死。慘毒已極，情罪甚爲可惡。若僅照例斬決，尚不足以懲儆兇殘。且白明顯父子三命俱被殺死，伊一支竟爾絶嗣，而白明璋拚以一死抵償，將來其子轉得藉承伊父遺業，以遂其吞併之心。揆之情理，亦未爲平允。著交該部即將白明璋之子一併議抵。俾貪狠兇惡之徒知絶弟之後者，自亦絶其後，庶可稍戢其慘殺之謀，並著行令各省將此旨通行榜示，俾僻壤愚氓，咸知炯戒。

《清實録·天聰五年》 上又諭曰：聽訟務持其平，讞獄貴得其實，爾司刑諸臣審理民事，於兩造未陳，當即拘見證，同衆面鞫，庶有實據，若不速問見證，兩造，知覺潛相囑託，支飾避罪，則審斷安得公平。自今以後，不先取見證、口供，致事有冤抑者，即按事之大小，坐以罪。

《清實録·崇德三年》 固山額眞譚泰，告其故兄固山額眞納穆泰妻，往祭伊子巴牙爾圖，攜安朱牛録下古木布祿安家女巫同往。女巫云：固山額眞納穆泰來矣。謂巴牙爾圖身在，爾等何必用祭，因將送葬衣服攜回。又以上所賜蟒裘應焚化者，改服服之，又往溫泉邀薩穆什喀、龔袞宴飲。刑部審實定擬，納穆泰妻聽信邪巫，擅違國制，及女巫俱應論死。古木布祿，一議死，一議鞭一百，牛錄章京安朱應坐以應得之罪，本牛錄撥什庫羅卓戶，渾他什達敏。察哈喇，照例鞭責，薩穆什喀襲衮，均應坐以應得之罪，奏聞。

上命納穆泰妻并女巫皆正法，古木布祿免死，贖身，安朱坐以應得之罪，撥什庫四人，照例鞭責，薩穆什喀襲衮俱免議。

乙未，命各官俱按世職每四箇牛錄章京出牛一，婦女二，八家各出婦女十口，牛二百，并在官婦女七十五口，賞給新附總兵沈志祥所率官屬兵丁。

丙申，吳拜沙爾虎達率前鋒兵四十名，蒙古兵四十名，至紅山口，遇明千總二員，兵百人，擊斬兩千總，獲馬二，又敗明羅文峪兵五百騎，獲馬四十一，大纛二，又敗密雲步兵一百二十人，並八隊邏卒，盡殲之。

丁酉寅刻，地震，是日宗室塔拜以其菓園爲巴布賴所奪控於戶部，遣人往驗事實，送刑部確審。部議巴布賴應論死，籍其家，牛錄章京阿爾海不行查出，坐以應得之罪，奏聞。上以禮親王代善年老，巴布賴自幼相從，意必憐愛，免死贖身，禁其於禮親王處行走，發牛錄管轄，阿爾海坐以應得之罪，其巴布賴阿爾海之守園奴僕，併牲畜等物，皆斷給塔拜。復諭巴布賴，自後若不立功贖罪，當并治前罪。

固山額眞阿山之子塞赫與本旗塞古德牛錄下洪科角口，洪科遂訐塞赫先時出征昌平州，至雄縣石橋，遇敵會戰，塞赫退避，時額駙古爾布什、唐貴勘問，以蒙古固山額眞、額駙蘇納知其事，令證之，及質審，古爾布什、唐貴惟洪科言是聽，寘塞赫不問。於是刑部議，古爾布什爲洪科姻親，徇情偏護，應革一前程。唐貴亦與洪科有親，偏向之，鞭一百折贖。蘇納繁言強證，挾仇證害塞赫，應罰銀百兩，革固山額眞，奏入。上免革古爾布什一前程，罰銀百兩，餘如議。

戊戌，議固山額眞阿山罪，先是以洪科訐塞赫臨陣退縮事告於衆親王、郡王、貝勒、貝子時，武英郡王阿濟格云： 石橋會戰塞赫父阿山曾經具奏，我以爲未殺敵兵，未獲敵物，功無可憑，因取此奏塗之。阿山含怒而去，郎球索海、吳達海、巴哈納詰阿濟格曰： 彼時更有他人在否，阿濟格對曰： 爾等問蘇納，即加蘇納以罪，今又問我，亦欲加我之罪乎？ 爾欲據詞罪我，我今變其詞矣。衆議以阿濟格語言反覆，改變原詞，且言蘇納無罪，而故加之罪，甚屬玩法。阿濟格應罰銀五百兩，又以此事問阿山，阿山對曰： 在石橋未嘗交戰，亦未曾以此具疏，告知於王。及查出原疏，有交戰字樣塗去是實，阿山以會戰之疏，誑以爲無，欺王玩法，妄誕已甚，邀功則云我曾交戰，聞人告其子臨陣退避，則云未嘗對敵，顯屬偏護其子。阿山應革職，解固山額眞任，奪其屬員，籍家產之半，奏入。

上曰： 武英郡主，雖從來言語反覆，但於阿山陳奏石橋會戰事，王言不虛可宥之，罰阿山銀五百兩。

《清實録・崇德三年》 先是庫魯克達爾漢阿賴牛錄下席達奏稱，托訥挾讎離散我妻，配與伊牛錄下巴達什。

上命固山額眞吳賴鞫之，吳賴私受托訥駱駝一給。席達曰： 爾自認詞虛，其罪尚輕，若指爲實，則罪必重。時阿賴亦受托訥馬，俱左袒托訥。席達復告於刑部，審皆實。部議托訥應鞭一百，貫耳鼻，席達妻仍斷歸席達。托訥另出一婦人與巴達什。吳賴應革固山額眞任。籍其家。阿賴應罰銀百兩，吳賴、阿賴所受駝，馬皆斷給席達，奏聞。

上命托訥罷管移營蒙古，鞭一百，貫耳鼻，准折贖。所罰婦人給巴達什，巴達什所取婦仍歸席達。吳賴、阿賴所受駝、馬，准給席達。仍坐吳賴、阿賴竊盜罪餓禁三日。

《清實録・康熙二十九年》 刑部等衙門議覆： 江南江西總督傅拉塔疏言，臣察審沭陽縣民周廷鑑叩閽，告太常寺少卿胡簡敬父子兄弟一門濟惡，霸佔民人妻女，田產誣良爲盜等事，俱係情實。胡簡敬應革職，徒三年，胡旭、胡敷世，俱應絞，胡簡尤等，俱擬杖、徒。巡撫洪之傑，奉旨交審事件，不速行審訊，反收胡簡敬訴詞，明係徇情，應降三級調用。

上曰： 朕早夜孜孜，勤思治理，日與在廷諸臣講求，無非愛養民生，恐其顛連無告，以致失所。若紳衿土豪倚勢橫行，凌虐小民，藐法縱恣，毫無顧忌，窮黎受害，何所底止？ 胡簡敬等一門濟惡，霸佔民人妻女、田產，誣告盜情，致斃人命，闔縣之人遭其毒害，種種惡蹟，昭然有據，督撫不行舉發，科道漫無糾參，無非畏其勢力，瞻徇情面。今已告發審實，若不嚴加處分，立置重典，何以爲直隸各省不法紳衿積惡豪強之戒？ 胡簡敬等應於彼處正法治罪，巡撫洪之傑爲地方大吏，平日既不能體察糾參，及經告發，又不速行審治，遷延徇庇，殊負委任，應革職，著九卿詹事科道會同議奏。

《清實録・乾隆四十六年》 辛酉，諭據廣西按察使富躬奏，審擬北流縣民陳正仁調戲唐惠志之妻陳氏，賄和後因被村童恥笑追悔抱忿，夫婦先後服毒身死，經部駁改仍照府州縣原審問擬，自請議處一摺。此案原審州縣及委審各官俱定擬絞候，該司以唐陳氏之死，事隔一月，追悔輕生，本夫唐惠志亦以得錢私和，畏罪自盡。是唐陳氏彼時原無慙憤輕生之心，與尋常羞忿自盡者有間，改依威逼例擬軍辦理，本屬有因，並非故爲開脱，至向來地方官規避處分，一經邀免，便思置身局外。今富躬以此案係自行改擬，不肯諉過於下，請交部嚴加議處，尚有體面至刑部議駁罪名。仍照承審府、州、縣各官原擬。乃因案關二命，並非爲調姦致死，起見所辦亦無錯誤。所有辦理此案之臬司富躬，及原擬各官，俱著從寬，免其交部。從前此等案件凡遇手足勾引，致本婦自盡者，俱按例問擬情實，秋審時予勾。其僅止語言調戲者，雖按例定擬，俱從寬免勾，此朕準情酌理，期於勿縱勿枉之意，今此案雖致死二命，但究係和息一月之後，若亦定擬絞候，情殊可憫，如竟照該司改擬充軍，則又係致死二命，未免稍失之寬，陳正仁著改發烏嚕木齊充當苦差，如此折中辦理，庶情法均得其平，嗣後遇有此等案件，著即照此問擬著爲令。

《清實録·乾隆四十七年》　辛巳，諭軍機大臣等，昨據阿桂等奏，連日審訊情形一摺，業經詳悉批示，並傳諭阿桂等，再行遵照嚴訊矣。本日舒常奏到，查抄陳輝祖原籍貲產，僅有受分田房，暨麤笨器皿，殘缺書籍，毫無添置產業，嚴訊長隨劉陞，據供伊主人將來本有不願回籍之意，是以不在原籍添置產業。聞在蘇州申衙前，買房一所，又在吴江縣盧溪鎮，開有當鋪，現已飛咨江蘇查辦等語。前據伊齡阿等查辦陳輝祖，在蘇州所置房屋。當鋪，與劉陞所供相符。可見陳輝祖不願回籍竟安心欲在蘇州居住，即此一端，其忍棄祖父墳墓，貪戀繁華，不但欺君罔上，而且背本忘親，其居心實爲鬼神所惡，天理難容，以致陰奪其魄，自罹重罪，展轉敗露，理有固然，無足怪者。陳輝祖，係陳大受之子，受朕厚恩，用至總督。以人情而論，邀此恩榮將來回歸原籍，可謂衣錦還鄉。况湖南素風質樸，生計較易，乃陳輝祖遠棄祖籍，欲在蘇州居住，亦不過愛其紛華靡麗，如此居心行事，則利令智昏，豈有不偷換金兩，及他好物之！　理此一節嚴訊陳輝祖，伊更何辭遁飾耶？　總之此案陳輝祖抽換隱匿，事所必有，而其聽身獲重罪之王亶望囑託，公爲欺蔽，其罪尤重，今又有不回原籍居住之事，種種喪良忘本，自取敗露，可見天理昭彰，斷難幸免也。著傳諭阿桂等務即嚴訊確供，迅速具奏，將此由六百里加緊諭令知之。

《清實録·乾隆五十八年》　諭軍機大臣等，刑部議駁四川省李輝田令李世富至郭文海家假裝自縊致斃，擬以絞候一本，所駁是此案李輝田如係挾郭文海欲控之嫌，愚弄李世富上吊圖賴，是有心陷害，則情近於故，若係彼此商同行詐，偶致戕生，自應減鬬殺一等問擬，况人命攸關，李世富斷不肯因旁人令其上吊弄假成眞，輕於自斃之理。該督並未將此等情節審訊明確，率以鬬殺擬絞，殊屬含混，著傳諭該督，覈其情節，另行研訊，確供按律妥擬具題，並將部駁情節發交閲看。

《清實録·乾隆五十九年》　戊午諭軍機大臣曰：哈當阿等奏審明因姦謀死本夫之鄭月娘、張榮，恭請王命分别凌遲、斬決一摺，所辦殊屬錯誤。前因臺灣民情強悍，又值林爽文滋事之後，地方亟須整飭，是以令將續獲會匪林爽文餘黨及搶劫、械鬬案情重大各要犯，從嚴速辦，以示懲創。而靖海疆今鄭月娘、張榮二犯，雖屬法無可貸，但因姦謀死本夫之案，何省無之？若此等尋常案件，亦一律恭請王命，尚有何案應行按例請旨定奪耶？　外省辦事非失之不及，即失之太過。哈當阿等辦理此案，殊屬矯枉過正，著傳諭該提督等嗣後務宜斟酌案情輕重，分别辦理，毋得概請王命，致失情法之平。

又　各犯，及雷音寺名目一摺，內稱宋之清一犯，爲此案倡首興教之人，供出興教傳徒，而於宋顯功所供老教主，係甘肅軍犯劉松。宋之清令李殿邦等送銀赴甘等情節，研究不吐，現在提犯質對，不敢遷就定案等語，此案係甘肅軍犯劉松，首先倡教，宋顯功所供之語竟屬不錯，昨據勒保具奏，訊明劉松與劉之協商量將王雙喜兒捏名牛八，僞稱明裔，又指劉四兒爲彌勒佛轉世。嗣劉之協徒弟宋之清，自立一教，另拜南陽李三瞎子爲師，稱爲眞彌勒佛，並指李三瞎子之子卯金刀，小名卯兒者，將來必定大貴。是劉松一犯，實爲此案教首，其各省犯供互異之處，及捏稱牛八之王雙喜兒，捏稱彌勒佛之劉四兒，李三瞎子並李三瞎子之子卯兒，均已查訊確實，别無劉卯其人，實屬可信。所有劉文溥、劉卯、李三等姓名，係韓隴在川省供出，若令韓隴質訊，無難得實，且所提祇有韓隴一犯，解送尚易，著福寧即行飛提該犯迅速至襄陽訊問，或係該犯妄供，或係各犯均有實在下落，一經質訊，自可不致狡飾。

《清實録·嘉慶二年》　丁丑，諭軍機大臣等：軍機大臣會同刑部覈議。魁倫等奏拏獲夥販鐵鍋夾帶渡臺之藍三世等依例擬絞，已依議行矣。

此案藍三世等私販鐵鍋鐵釘，雖訊無賣給洋匪情事，但積年拏獲盜船，多有鎗礮器機，若非私買別項鐵器改造，從何而得？著魁倫等嚴飭各口巡防員弁，實力查拏，有似此私販鐵鍋鐵釘爲數較多之犯，均照此案從嚴辦理。俾姦販有所懲創，洋盜無所取資，方爲妥善，不可始勤終惰。將此傳諭魁倫等，並諭海疆各督撫知之。

《清實録·嘉慶四年》 諭軍機大臣等：昨據湖北委員將胡齊崙、朱謨解到，當令軍機大臣會同刑部嚴訊。供詞閃爍，不肯吐露實情。此案胡齊崙擅殺難民、侵欺公帑二事最關緊要。胡齊崙經手荆、襄、安、鄖四府軍需銀四百一十九萬餘兩，爲數甚多，一人在私衙獨辦，豈無染指之處，乃景安、祖之望查辦胡齊崙經手未完各件，並未將支發底帳豫行封提，轉藉行查領項各員爲名，耽延數月。且令胡齊崙自行覈對卷宗，爲彌縫抽改地步，是景安、祖之望有心徇穩，並未徹底查究，必有同胡齊崙通同取巧之處。顯而易見，此時送到各冊，自已無瑕可摘。必須在楚嚴密清查，始能得有根據。倭什布甫由豫撫特恩升授湖廣總督，從前胡齊崙經手軍需，並非伊任內之事，無所庸其迴獲，著傳諭倭什布即將胡齊崙侵貪揑報之處逐一查出實據，毋任絲毫掩飾。惟楚省官久已串通一氣，若委員查覈，仍恐扶同左袒，不能得其弊竇。該督應另派自豫帶來親信佐雜或幕友家人，密行體訪，庶不至爲屬員欺蔽。一得實情，即行據實密奏。若查出景安、祖之望實有聽情賄囑，同侵帑項及恐帶累多員，化大爲小諸情弊，亦即一並劾參。再，胡齊崙在夾河洲擅殺降民一節，是否實係餘匪潛謀勾結，抑係就撫難民，致被妄殺，此時汪新、馬瑀雖已身故，尚有候補知縣蕭應登守備銜武舉王德洋等現在湖北，著倭什布將蕭應登等密傳至軍營面訊，據實奏聞。以上各情節，係官密倭什布專辦，務當嚴切根查，以期水落石出，毋得稍有徇庇。儻此次仍復顢頇了事，別經發覺，惟倭什布是問。該督不值代人受過也。

又 嘉慶四年己未六月癸卯諭：內閣宜興等奏審擬吳縣劣生馬照等，因該縣生員吳三新負欠徽州民人楊敦厚錢債未還，該縣甄輔廷即將吳三新擅責二十板，衆心不服，糾衆喧鬧，現已審明分別辦理，請將甄輔廷交部議處等語。生員吳三新負欠楊敦厚錢債未還被控，係屬尋常事件，該縣訊明欠債屬實，祇須勒限追還。何至輒行責打，即使生員中有恃符抗糧，及把持地方等事，必應嚴懲者，亦應詳明斥革後，再行辦理。其有未經詳革，而擅責者，應將地方官交部議處。今因負欠細故，未褫先責，設遇拖欠官項，又將如何重辦乎？是馬照等之心懷不甘，率衆喧鬧皆由該縣處置乖謬所致。且楊敦厚係徽州富商在蘇放債，恐該縣竟有受賄偏聽情弊，不可不嚴行究訊。該撫僅請將該縣交部議處完結，殊屬寬縱。甄輔廷著革職，交費淳提集，犯證詳悉研鞫，如果有受賄情事，即定擬治罪奏聞。

又 又諭：吉慶陸有仁參奏審理案件濫行羈押致斃多命之英德縣知縣陳寅一摺，陳寅於審辦案件並不隨時完結，以致數年之內在押病斃人犯共有數十餘名，怠玩已極。陳寅即著革職，交該督撫提同案內犯證嚴審，按律定擬具奏。外省州縣遇有自理詞訟案件，有意遲延，上司不加查察，任其懸宕，吏治廢弛已非一日，此不獨廣東一省爲然。推其遲延之故，皆由地方官欲藉案件索賕，多方搜剔，或以一人而牽連衆人，或以一案而旁及他案，輾轉株求，公差四出。而胥役等每至一村，索詐使費，有錢則正犯縱令他逸，無錢則旁人亦被牽連。買票僉差，拘提兩造，得至州縣公堂，已非易易。而州縣又將聽審日期時時更改，以待說合過手之人，必至賄賂已通，慾壑已滿，始肯審結一案。而由縣詳府，由府詳司詳院，各衙門書役又思從中染指，駁詰稽延，不過一杖責可完之案，而百姓之身家已破，甚至久禁囹圄，長途解送，因此拖斃人命。如粤省所參之案，諒復不少。從前臺灣賊首林爽文，昨年四川賊首王三槐，曾經州縣查拏監禁，百端需索，釀成事端，是州縣積壓審案，於地方大有關繫。且有託詞人證未齊，正犯不到終任未及審訊，移交後任，而後任又復出票拘人，竟有遲至十數年未經辦結者。殊不知人證未齊，正犯未到，原有就現在人犯先行結案之例，該管上司當隨時飭催，何得任其藉口延挨致啓上下通同一氣之弊？此等惡習，朕所素知，今因粤東一案明白宣示，嗣後封疆大吏先正己心，顧惜廉恥，仍當嚴加約束。凡遇各州縣審案，飭令按限完結，如有遲延，立即參奏，儻意存徇庇，經他人糾劾，必將該督撫一併嚴處，決不稍貸。至此案陳寅在任玩誤已有四年，陸有仁甫經到任好能查出，據實會參，尚屬留心公事。而吉慶久任兩廣，何以並未參奏？且不自請處分，殊屬不合。前此吉慶於不干己分之事，屢次越俎代謀，朕即慮其不能專心職守，已降旨訓飭。今觀此案，益信吉慶之舍其田而芸人之田矣。吉慶著傳旨申飭，同歷任各上司一併交部議處，將此通諭知之。

《清實録·嘉慶十八年》 戊辰刑部奏，審明諾木圖爭繼一案，得旨此案塔什納之妾孀婦馮氏，情願將族姪孫忠恰布繼與伊已故子博平爲嗣，倫序相當，定例祇敘昭穆，不計年齒，乃諾木圖再三呈控，自欲繼與博平之祖爲嗣。其意希圖承襲世職，而不顧塔什納博平父子兩世絶嗣，實於情理有悖。諾木圖逞刁健訟，刑部議以革去護軍鞭責，交該旗管束。諾木圖若仍留京中，或再與馮氏忠恰布等尋釁，終不相安，諾木圖著革去護軍，同伊家屬全行移駐密雲，作爲披甲當差，以懲刁頑而杜爭訟。

又 又諭黑龍江八旗駐防兵丁：前因積年借欠銀糧於十四年內援照恩詔咨請豁免，戶部書吏胡杲撞騙使費銀七千兩，該協領等即於各兵名下攤扣給付，現已審訊得實，按律懲辦。各直省督撫大員辦理地方公事，與部院交涉者甚多。或部院書吏欲高下其手，從中舞弊，而各省有成案可循。官吏精明者尚不至爲其所愚，聽從需索。惟各省駐防官員於部院事例多未通曉，遇有題咨事件，意謂應准應駮，書吏即能持其短長，而奸胥猾吏亦遂乘機詐索。積習相沿，牢不可破，不知國家設官分職，大小相承。各部院辦理公務，司員具稿呈堂，該管堂官查覈題奏。迨至朕前有部議准而特旨指駮者，亦有部議駮而特旨允准者，但以事理爲權衡，其准駮即部院大臣尚不能以己意豫爲主持，况書吏至爲微末，不過供繕寫奔走之役，又豈能聽其把持公事，任情顛倒，乃相率入其彀中，科斂多金，關通納賄，一經敗露，株累多人，實堪痛恨。著通諭各省駐防大臣官員：嗣後一切公事，惟當查照例案，秉公覈辦。其應行題奏之件，進呈時准駮悉出上裁。若妄生僥倖，受人播弄，事經發覺，不特受賄者盡法懲治。即以財行求之人，亦必按律治罪，不稍寬貸。當以黑龍江之案爲鑒，慎勿再蹈覆轍也。

《清實録・嘉慶十九年》 又諭：前據巡視東城御史塔勒炳阿等奏，該城指揮謝天穋訪獲要犯侯添幅等，交部審訊，當以該指揮緝捕認眞。賞給花翎寗紬，以示獎勵。兹據軍機大臣會同刑部，訊明侯添幅等五名，並無習教從逆情事，內有二名曾經學習拳棒，亦經該督審擬咨部有案，是侯添幅等，該省業已查辦，且並非要犯，訊之獲犯之黄有功，據稱伊與謝必得等五六人，均非該指揮衙役，係給有印票，令馳往外府州縣，無分畛界緝拏等語，現在逆案內著名要犯，尚有祝現等六名日久稽誅，其餘指名緝拏者，亦尚有數十名未獲，該民人等如果知其實在下落，首拏到官，朕必加以優賞，即曾經習教之人，能將該犯等所在據實舉首，或送信捕獲，朕亦必免其習教之罪，仍一體給賞，屢經降旨甚明，是此等著名要犯，民人皆可捕捉，何庸給與印票，若令該民人執持該指揮無分畛域印票，四出查訪，將外府州縣尋常案犯，亦令緝拏，恐藉端嚇詐，滋擾閭閻，且離京既遠，眞僞莫分，必致要犯未獲，而流弊已不可勝言，謝天穋，除寗紬業已給賞外，其賞戴翎枝，著即行徹回。如能將祝現等要犯緝獲，再行施恩。

《清實録・道光十七年》 壬戌，諭內閣宗人府奏，申明舊例，約束宗室一摺。朕因宗室人等，往往以不干己事，藉端具控，於道光九年間令軍機大臣會同宗人府、刑部酌議條例，永遠遵行。並由宗人府刊刷條例，通傳遠近各族宗室覺羅，及八旗滿洲旗分，咨行步軍統領衙門，出示曉諭，務令周知。朕保全宗支，教養兼施之意，至爲深切。凡屬天潢自應皆知自愛，無如日久因循未除積習，兹據惇親王綿愷等公同覈議，擇其簡明易曉者，詳加酌定，俾革非心，著照所議，嗣後凡遇宗室控告倉庫案件，不論是否曲直，有無情弊，概置不問，亦毋庸會部，以免拖累該衙門，即將該宗室問以不應爲而爲，遵照道光九年所定條例，按律擬罪，如有素不安分兼有綽號黄姓、趙姓者，該管親郡王等，酌量責懲，並究明引誘慫慂之人，嚴行懲辦。如係該宗室挾嫌妄供，審明後加倍重責。如審明實係引誘爲非之人，即將該宗室應行重責之處，覈其情節輕重，酌量辦理，其賭博、鬭毆、地畝案件，並被倉庫差役及商賈人等控告，照例應會部者，仍會部辦理，應由該衙門自行查辦者，照例查辦。若該宗室控告倉庫舞弊，以及錢鋪小錢，凡不干己事，稍涉訛詐不遂，藉端起釁等情，無論何處控告，但將該宗室送交宗人府，按此次新定章程自行懲辦，若罪應發遣，亦由該衙門奏請奉旨後，先行重責四十板，再交兵部起解。被告之人，均毋庸傳訊，以息訟端。經此次親定簡明章程之後，該管王等務當實力整頓，挽回陋習，並刊刷疊次所降諭旨，及該衙門會議條例，並現在新定章程，每年按季會同步軍統領衙門出示曉諭，務令八旗各族宗室覺羅以及旗民人等，家喻戶曉，儻日久視爲具文，惟該管王等是問，並著載入則例，咨照刑部、都察院、步軍統領衙門一體遵行。

《清實録・道光二十六年》 諭軍機大臣等：據都察院奏，四川廩生董崇淳、民人周鳳岐、張廷悦、先後赴該衙門呈控夷匪肆擾、殺害多命等情，已明降諭旨，交寶興嚴審究辦矣。惟查董崇淳等呈稱，擄殺男女至一萬餘口之多。張廷悦所控，並有千總徐步雲糾結夷匪藉和圖利及伊兄身死不明情事，如果屬實，於邊防大有關繫，均應徹底根究。著寶興即將千總徐步雲速拏到案，按照各呈內所指情節，秉公確查，嚴行究辦，以懲逆匪而衛民生，毋得稍有諱飾，將此諭令知之。尋奏：訊明張廷悅因伊兄張元勳被擄病故，懷疑具控董崇淳、周鳳岐，痛恨夷匪，欲請勦辦，砌詞聳聽，應照不應重律，擬杖。徐步雲訊無勾通謀命情事，惟馬邊廳歷不准夷人擅入內地，該千總輒因豫備帶兵往堵，恐夷目漏洩，混行帶入，以致張廷悅因疑釀訟，實屬冒昧，應降爲把總，以示儆戒。下部議，從之。

《清實録·道光二十七年》 又諭：喬用遷奏在籍道員被控各款，請暫行革職提審一摺，貴州在籍前任道員劉晟昌，因與小功服叔債務涉訟，輒肆辱駡，牽涉地方公事，希圖挾制，並藉端挾嫌糾衆，將人房屋打毀，種種滋事。如果屬實，殊屬不知安分，前任廣東南韶連道劉晟昌，著即行革職，並將附和滋事之生監陳秉乾等，一併咨革，交該撫提同全案人證，研訊確情，秉公究辦。

又 癸卯，宗人府刑部奏：審明御史烏凌阿奏寶坻縣民白堃毆母一案，訊係虛誣，並鞫出賄囑各情，按律定擬，得旨。此案已革御史烏凌阿職司風憲，輒比暱匪人，聽受賄囑，妄行陳奏，雖據訊明，僅止聽許虛贓，並未入手，惟以言官貪婪卑鄙，著即照部議從重發往新疆充當苦差，遇赦不赦。已革編修吳嘉賓，身列詞垣，輒與匪人往來，已屬不知自愛，又復聽受囑託，代爲探詢公事，尤爲有玷清班，僅予革職，不足蔽辜，著加重發往軍臺效力贖罪。其拏獲此案要犯之中城兵馬司吏目高桐業，緝捕尚屬勤能，著交部從優議敘。鑲黃旗族長宗室瑪尚阿能將送信之吳國幹盤獲，俾慶芬不致遠颺，辦事亦屬認眞，並著交宗人府從優議敘。至此案業經刑部研究得實，所有該部堂官失察筆貼式常泰，私自出京，及主事全壽聽從囑託，自請議處之處，著加恩寬免。

《清實録·道光二十九年》 兩廣總督徐廣縉等奏：西洋兵頭啞嗎嘞在關閘外，被人殺死，該夷目將關閘汛兵，擄去三名，求爲緝兇，旋緝獲兇犯沈志亮，據供啞嗎嘞行爲兇暴，在三巴門外開闢馬道，平毀附近墳墓，該犯祖墓亦被平毀，心懷忿恨，起意殺死除害，臣等以事關外夷，未便稍涉拘泥，當即恭請王命，將沈志亮正梟示，劄知該夷目，遂將汛兵三人交出，數月以來，一切安靜如常，得旨，所辦萬分允當，可嘉之至。朕幸得賢能柱石之臣也。

《清實録·咸豐十年》 又諭：前據奉天吉林廳文生李玉溫具控浮收縱盜等情，當降旨交景淳親提嚴行審訊。嗣據景淳審明全虛，李玉溫狡不畫招，據衆供確鑿，照例擬結，改發新疆。茲據步軍統領衙門奏：李玉溫遣抱告李盛，復以委員貴昌等於所控重情，一概不究，刑偪畫供等情，赴該衙門呈訴。此案李玉溫既經該將軍以畏罪虛捏擬結，何以復遣抱呈控？其所控浮收稅銀，有交收衆鋪之帳目可查，該將軍提訊時何以不行查究？顯係被屬員蒙混。該革生堅不畫招，是否實有冤抑？該佐領富全等有無捏造原供，刑偪畫押，並令司獄官應許給銀，報瘋了結各情？著景淳覆訊確實，明白回奏，並將另單所列浮收稅釐各款，嚴行查出，歸公備用，毋得徇隱迴護，致干咎戾。原呈著鈔給閱看。將此諭令知之。

《穆宗實録·同治六年》 丁卯，諭內閣：前因已故額駙奈曼郡王德木楚克扎布之侍妾等呈控新襲郡王薩哈拉倚仗王勢，安心陷害等情，當派肅親王華豐、尚書寶鋆會同刑部秉公審訊。茲據奏稱：傳集人證，取具供詞，片行理藩院轉飭薩哈拉據實登覆，乃薩哈拉前後所遞供詞兩歧，自相矛盾，請飭傳訊等語。奈曼郡王薩哈拉於案內訊出各節，呈遞親供，既屬前後兩歧，自非當面質訊，難成信讞。薩哈拉著先行開去御前行走差使，聽候傳訊。尋華豐等奏：遵查薩哈拉未能養贍父妾，致啓爭端，本有不合，惟訊無倚勢陷害別情，且到案卽據供稱，願將產業分給養贍。情尚可原，請免置議。至前後供詞，本有歧異之處，理藩院司員齡昌於譯漢時刪去二字，係屬誤會，無關弊竇。業經該衙門奏參議處，應免傳訊。從之。

《清實録·光緒五年》 戊辰，諭內閣：崇綺馮譽驥奏，審明交查案件按律定擬一摺，據稱侍衛倭興額京控一案，現已將正盜徐花拏獲，訊與盜犯殷幅等搶劫齊家屬實，其到案時有傳姓等曾經邀伊一語，供係氣忿妄攀，傳貞等實非同搶齊家之人。齊廣貞因與傳貞有嫌，定計將齊家錢糧領子扔入傳家，作爲贓證。齊廣貞栽贓，訊有確據，乃一味狡展，迨面面質對，該犯始俯首不言。正將取供，即在押患病身死。此案犯證明確，而倭興額等恃齊廣貞已死，栽贓無可質證，任意狡執，應照衆證確鑿例定擬具奏等語。本日復據都察院奏，倭興額遣抱呈訴，則稱崇綺將此案交盜案局承審，局員一味刑求，將自行投案之齊廣貞當堂逼斃。爲誣捏栽贓死口無憑地步，徐花初供與傳姓同夥，送局後令改初供，刑逼認搶，該侍衛家袒護傳姓，屢訴不理等情。

與崇綺等所奏情節歧異。究竟徐花是否正盜，齊廣貞是否病故，抑係受刑身死，並崇綺等另片奏。相驗齊廣貞，有仵作前次錯報，委員安楚拉恩禧自行檢舉更正，請予察議一節。此中有無情弊，著派志和恩福馳驛前往吉林，迅將此案秉公覆審，務得確情，並將齊廣貞屍身詳加檢驗。是否刑斃，徐花所供是否局員刑逼，即行定擬具奏。志和等隨帶司員著一併馳驛。

清・顧麟趾《山右讞獄記・崔小孩殺人刁狡一案》　山西屯留縣余吾鎮民崔小孩，性狡譎，藉充鄉保，結衙蠹，目無法紀久矣。與同村史伴年素識無嫌。先是，史伴年欠其貨錢八百餘文，久未向索。一日史伴年犯竊受杖，羞返故村，遷居於八里外之牆只村，以賣瓜菓爲生。其妻張氏頗少艾，暗地誘人賣姦。崔小孩風聞其事，竊慕之，藉索欠爲名，往尋史伴年。不料，張氏已爲該村財戶某包占，他人不得問津，崔小孩妒極成恨。因見史伴年所居無圍牆門戶遮蔽，起意捉姦，希冀可詐財戶金，并可刁姦張氏。遂不計昏黑路遙，夜半屢往踹之，村人不知也。八月初九日夜，崔小孩將復往，先在本村雜貨店中，坐談至一更盡回家，取穿夾襖一件，燃線香數根，佩小刀一把，乘半明月色，潛赴史伴年屋簷下竊聽，聞張氏屋內有兩人鼻息，私計村有夜戲，史伴年必去賣瓜菓，遂疑財主在內酣寢。計欲直扣其門，恐張氏接問，將財戶藏匿，則事屬徒勞。因知其睡炕在窗下，卽將手中香頭，由窗眼投入，火一著體，勢必兩人同叫。如係財戶，可排闥入捉。或是史伴年，則藉討欠爲辭，可謂算無遺策矣。孰料鼾睡者，史伴年也。驚覺查問，崔小孩未及答言，史伴年已赤身開門趨出，崔小孩轉身走，史伴年追及，從崔小孩身後，兩手緊抱其腰。雖已認係崔小孩，恨其夤夜投香，燒痛身體，故誣其爲賊，喊隣協拿。崔小孩摔脫不得，拔身佩小刀嚇扎，仍不得脫，遂左右狠扎，傷史伴年小腹，鬆手倒地，正待奔逃，復被張氏趕至，揪衣喊叫，崔小孩亦用刀嚇扎，劃傷張氏右額角，張氏護痛釋手。崔小孩乃逸去。及隣人聞聲趨救，史伴年已氣絶矣。查問凶身，張氏卽以崔小孩告。次早鄉地報案驗屍，一面拘崔小孩候驗。隨至屍側，撿得布包一個，內裹沙石一塊。追究由來，皆茫然不知。崔小孩亦堅不認殺人。并言，昨夜在本村某姓雜貨店中坐談至二更初纔散，且與史伴年無嫌怨，何故殺他等語。隨傳雜貨店夥，供亦相同。遂爲崔小孩狡供疑竇之一端矣。先是，崔小孩逃回之夜，卽令其妻滌去夾衣血迹，次早故睡至日高，起則與同居故相戲謔，復尋人核算貨欠，從容暇豫，若無殺人情事者。故役來拘喚，乃笑向鄉人曰：眞可謂關門家裏坐禍從天上來。因而鄉人均爲極口稱冤。書役人等，平日又皆熟識，故帶縣復訊之下，凡三施大刑，則扯繩三絶。於是，衆更以爲枉，嘖嘖煩言，傳入上憲耳中。然崔小孩因張氏堅指其殺，旋亦認因討欠鬬殺之罪。爰書雖出，上憲總疑其畏刑誣服，檄發太原守，督余復訊。太守葉仲田先生查閱縣詳所敘，供詞支離。且以史伴年赤身斃命，史張氏劃傷在右額，而又平淺，疑其因姦，謀斃夫命，自造傷痕，誣指素識以卸其罪。立意開釋小孩，另請緝凶。又不議究張氏別情，惟藉崔小孩供詞翻異，遂定稿，送余閱之。余因案多疑竇，不便畫諾。執稿稟商曰：以崔小孩夜去八里外，討數百文不急之欠，甚至爭鬬，傷多且狠，事有可疑。惟以有雜貨店夥，堅供其是夜坐談至二更初，送其還家一層，並史張氏傷痕，在右額而平淺論之，不敢過存成見。但張氏果與他人有姦，謀斃其夫，儘可以不知姓名賊人告，乃必欲指出毫無嫌怨，并遠去其村之崔小孩來。設或崔小孩是夜或聚賭，或往親家住宿，確有未去之據，一經反究，張氏豈不自取敗露。況鄰人趨救之際，乃史伴年甫倒地之時，又焉知爾時其夫之氣已絶，何敢於鄰人趨救。查問凶身之時，衝口而出曰崔小孩。兼且煅驗崔小孩之刀，有血形，其夾衣以酒濕日照，又微露血迹。并傳訊其妻王氏，供亦游移。是崔小孩爲此案正凶，十居八九，似應細鞫，不可任其狡脫，使史伴年含冤地下。太守仍不以爲然。正在彼此執辯閒，適來刑名老手李漁莊先生，亦雲此案自應再審。太守始令余再鞫。余提訊六七日，犯供如前介在可實可翻之閒無隙可破崔小孩之狡詐。不得已，設一策以試之。乃傳問解役：崔小孩可恨詈余否？對曰：未有。又問：其入獄時可號哭訴冤否？曰：亦未有。然則其寢食如何？曰：飽餐鼾睡，嬉戲如常。余卽顧値堂吏曰：奇哉，此人似被誣陷，無辜受苦，何不悲楚？竟若情眞殺人者。眞使我欲釋之，而不敢也。吏及解役者唯唯下堂去，此不過使之聞之耳。次日借他事提出同監一犯，突然問曰：昨夜崔小孩爲何哭叫？該犯曰：誠哭得，同監無一人得安枕者。又問：平日哭不哭？曰：自入監來，昨夜始聞其號呼。衆人問他何故哭？他說冤枉難伸。余聞之，私曰事可誘矣。乃先傳其妻王氏，在耳房門檻外，坐候質訊。遂提到崔小孩問之，該犯奸詐，並不認哭。余曰：人有怨苦，哭又何妨。況爾同監人犯，已告我。爾又何須諱飾。該犯始大歎曰：我受爾天冤枉，焉得不哭。余笑曰：哭不怪爾，惟太遲了。若哭得早些，久已放爾回村矣。但查爾平日談笑自若，未墮滴淚。余昨日詢及解差，爾卽於昨夜號哭。爾此一哭，便見爾殺人無疑矣。快將實情供來，翻供不過，徒受刑責耳。崔小孩聞余言，卽變色，耽耽視余良久，乃照縣案殺人供詞，復認之。余卽就其供著畫招，飭役帶去，與其妻可望而不可接之處坐歇，旋官密令書役一二三兩兩前去混言，責之曰：爾早如今日吐實供，又何須受前數日之苦楚。崔小孩亦詐露憂容。其妻目擊耳聞，果信其夫據實承招，乃不禁淚如雨下。余卽就其處誘之曰：爾夫已供實情，爾可無須再爲諱掩。并將其夫所畫供狀，擲之使閱。諭以供得眞實，卽可回家。否則拶之勿悔。王氏卽叩頭，求輕其夫罪。遂將其夫是夜何時出門，何時歸來，并令其洗濯血衣，至夾衣何處是血，何處是垢，及妒姦捉姦，無心殺命各情節，一一吐實，取得服辨，卽呼崔小孩來質之。崔小孩乃指斥其妻曰：我一條小命，送在爾身上了。此亦是天理不容，我亦不敢再狡賴了。遂將案之由來，全行吐出。又究其布包沙石之故，供稱伊每賭，必以酒助興。因酒置於桌上，每爲同局人搶飲。且有傾潑之虞。故購得一線絡，無賭擊之腰間。有賭則套於項上，置壺其中，可以隨賭隨飲。不期殺人之前一日，渡河水濕線絡，恐線抽皺，拾石一塊墜之。又恐沙石上有泥，污及線絡，故用布包之。詎扎史伴年時，被刀尖挑斷絡線。此石落於屍側之原委也。乃得備爲案中之一鐵證。太守閱供，喜，改坐崔小孩罪。

清・祝慶祺《刑案匯覽・刑律》　直督奏稱：將陳景先等提案，親鞫如原奏所稱責押糧行鄧姓一款，訊：係道光十二年六月間，有陳勇與該巡檢革役鄧明，攬擡糧食口袋爭毆，經該管主簿王鳳楷將陳勇責懲，並將鄧明送交該巡檢詳查，時鄧明之姪鄧文科充當糧行斗紀，以伊叔責被無顏，赴巡檢衙門繳帖告退。該巡檢因其出言無狀，一併掌責逐出，並無勒發官價派買米石之事。又，枷號布店崔姓一款，訊：因開布店之崔慶詳在該處巡檢署前酒後罵街，飭役彈壓不服，復恃酒頂撞，因用原有縣發木枷將其枷號，至次早開釋。又，派錢掛匾一款。訊：係河西務爲水陸交衝，該巡檢到任後，並無娼賭盜賊，地方安靜，商民感激，願爲掛匾署中。該巡檢阻止不及，委非勒派攤錢。並據通永道稟稱：該巡檢平日矯矯自好，不肯收受陋規，捕務亦能認眞，時欲行此，表異於人，是其所短等語。臣查：該巡檢陳景先被參各款，現訊各情與擅受勒派不同，卽其矯矯自好，表異於人，並非居官劣蹟。況該處商民皆如感激，則所稱捕務認眞似尚不虛。應請旨免其置議，仍令回任供職，所掛匾額應令繳去。其原有木枷，雖據武清縣稟覆，河西務地方衝繁多有匪類滋事，是以前縣發枷示儆由來已久，第究非巡檢衙門所設卽。飭繳還縣署，以符體制。道光十二年邸抄。

清・祝慶祺《續增刑案匯覽・刑律》　雲撫咨：已革把總王發甲踢傷強姦未成罪人曹惴身死，將王發甲比照監臨官因公事於人虛怯去處以手足毆人致死，杖一百、徒三年律，量加一等，擬杖一百、流二千里。道光四年案，《說帖》載卷六十。

又　蘇撫咨革弁徐振海係外委武弁，不應干預民事。其於顧阿吁酗酒滋事當地保扭交時，既不令其自行送縣，輒以一時無人將其鍊鎖樹上，又不妥爲看守，以致顧阿吁墜鍊身死。應將徐振海比照公事干連在官本無招罪而不行，保管誤禁致死律擬杖八十。道光五年案。

又　提督奏送貝子德勒克色楞府內護衛富年阿攜帶枷號在街行走一案會同理藩院審明：緣富年阿係土默特蒙古來京在德貝子府充當三等護衛，嗣富年阿誆騙臺吉三達拉西里等銀九十兩，被護衛穆克登布查知，當卽追出銀七十兩，因尚短銀二十兩將富年阿送至海甸該貝子園內，交富年阿之姑夫護衛呢瑪，令其向追呢瑪當還銀二十兩，並向富年阿斥責，不服呢瑪氣忿憶及園內有土默特攜回虯朽舊枷，將富年阿枷在馬圈。富年阿乘間逃出，將枷打開，用包袱包裹背負進城，被獲送部。將富年阿照誆騙律擬徒，係蒙古折枷鞭責。呢瑪因富年阿誆騙銀兩並不回明，伊主輒自私行枷號，應革去護衛，照不應重律杖八十，鞭責發落。德貝子交理藩院議處枷號劈毀。道光十七年三月邸抄。

清・潘文舫《新增刑案匯覽・刑律》　滇撫奏遵義縣屬金盆欄地方，匪黨謀爲不軌，案內之逆婦朱張氏，係逆犯朱洪竹卽李廝二之妻。訊無同謀助逆情事，應卽緣坐朱張氏卽李張氏，合依反逆案內緣坐婦女例擬發各省駐防，給官員兵丁爲奴。光緒十年案。

又　內務府奏前審擬護軍毆傷太監一案奉旨再行詳訊，著太監李三順對質明確，自應從嚴懲治。惟查凡有諭旨而不遵者，應照制書有違律，科罪僅止杖一百。拳毆腳踢，按宮內忿爭，亦罪止杖一百，卽此照奉命出使被毆，亦罪止流二千里。奴才等前次奏請將玉琳、祥幅、忠禾，第依午門傷人例，擬以實發吉林駐防圈禁，業已從重定擬。奴才等再四籌商，詳稽定例，罪已至極，無可再加。擬請仍照例將玉琳於流罪上從重發往吉林充當苦差；祥幅於徒罪上從重發往駐防當差。均革去護軍，先行枷號三個月，再行發配。覺羅忠禾前經宗人府，擬以革去護軍，於流罪應圈二年上從重折圈三年，加責四十板分別治罪。光緒六年案。

又 刑部咨御史奏稱：查，婦女犯罪，定擬軍流以下，全予收贖，嗣因婦女恃有收贖之條，肆無忌憚。故將謀殺子婦、毆差、鬨堂等案，均擬實發。至於尋常罪犯，仍准收贖。自同治三年，刑部議覆御史富稼條，奏將婦女有犯積匪、窩竊、詐等案，犯該軍罪以上者，均實發，駐防爲奴，於舊例已覺不符。近聞有犯徒罪而亦比例實發者，臣竊思婦女以名節爲重，果其情罪重大，固未便煦煦爲仁，如情節較輕，而亦概行實發，則單身就道，流弊滋多，殊非矜全廉恥之意。擬請嗣後婦女罪犯，除例應實發，仍照定例辦理外，其餘有犯積匪等案，均照舊例，准其收贖等。因查律載：婦女犯徒流者，決杖一百，餘罪收贖。又例載：婦人有犯姦盜不孝者，依律決罰，其餘該決杖者，俱准收贖。又：婦女有犯毆差、鬨堂之案，罪至軍流以上者，實發駐防爲奴；犯徒罪者，若與夫男同犯，一體隨同實發，亦不准收贖；若婦女專犯徒罪者，仍照例收贖。又：姑謀殺子婦之案，伊媳僅止出言頂撞，輒蓄意謀殺，情節兇殘顯著者，改發各省駐防，給官兵爲奴。又：姦淫之徒，先與其姑通姦，因被其媳窺破，礙眼；即聽從姦夫圖姦。其媳不從，致被其姑毒毆自盡者，姦婦發各省駐防爲奴。又：姦婦抑媳同陷邪淫，致媳情急自盡者，改發駐防爲奴。又：婦女與人通姦，若父母縱容，後因姦情敗露，愧迫自盡者，婦女實發駐防給兵丁爲奴。又：婦女與人父子通姦，致其子因姦謀殺其父，釀成逆倫重案者，將犯姦之婦女實發駐防，給兵丁爲奴。又：緣坐婦女，發各省駐防，給官員兵丁爲奴。又：發遣當差爲奴之犯，殺死伊管主一家三命，並三人以上者，除正犯凌遲處死外，其兇犯之妻妾俱發駐防，給官兵爲奴。又：八旗兵丁，並無私仇別故，因管教本管官戳死者，本犯即行正法，妻子發遣黑龍江。又：京城奸媒有犯誘姦、誘拐罪，坐本婦之案，如犯該軍流，俱實發各省駐防爲奴；其罪止徒杖者，准其收贖；徒罪所得杖罪，即照婦女犯姦之例，一體的決，不准收贖。又：各直省審理婦女翻控之案，實係挾嫌、挾忿、圖詐、圖賴，或恃係婦女，自行翻控，審明實係虛誣，罪應罪流以上；及婦女犯盜，後經發覺，致縱容袒護之祖父母、父母並夫之祖父母、父母畏罪自盡，例應問擬雲貴兩廣極邊烟瘴充軍者，均免其實發駐防爲奴，各監禁三年。限滿由有獄官察看情形，實知改悔，據實結報，即予釋放；倘在監復行滋事，犯該笞、杖者，仍准收贖；犯該徒罪以上，加禁監半年；軍流以上，加禁監一年，再行釋放。其婦女翻控，訊明實因伊夫及尊長被害並痛子情切，懷疑具控及聽從主使出名，誣控到官，後供出主使之人，俱准其民贖一次。如不將主使之人供明，仍照例監禁，俟三年限滿，再行分別禁釋各等語。又：同治三年正月間，臣部議覆御史富稼奏婦女犯罪不准收贖一摺。經臣部酌議，嗣後婦女有犯軍流、徒罪，除情節較輕者，仍照例收贖。並所犯應行實發，例有正條仍照定例辦理外，如從前雖未犯案，若犯係積匪並窩留、竊盜多案，犯該軍罪以上及屢次訛詐，照兇惡棍徒擬軍者，均擬實發駐防爲奴。犯該徒罪，情節較輕者，仍准收贖。此外有情節重者，亦即比例實發等，因奏准通行在案。臣等查婦女犯該軍流以上罪名，除例內載明因姦致縱容之父母自盡各條，均實發駐防爲奴外，其餘俱照應律收贖。原以婦女首重名節，自非實犯邪淫，即不得概議實發，致失矜全廉恥之意。溯查嘉慶二十三年，臣部議覆御史吳杰條奏婦女翻控罪至軍流不准收贖摺，內聲請將婦女挾嫌翻控、圖詐、圖賴之案奏准，亦發駐防爲奴。嗣於道光二年間，復經臣部議以婦女實發爲奴各條本無名節可議，爲奴，復何顧惜其有釁。非因姦亦擬實發爲奴者，如婦女挾嫌詐賴翻控及因盜致縱容袒護之父母舅姑自盡等二條，核其情罪，較犯姦之廉恥盡喪者迥不相侔。奏明將此案婦女酌量監禁，免其實發，奏准遵行。是婦女非實犯邪淫，雖情節稍重，亦有免其實發之條。同治三年，奏定章程內所稱：犯係積匪等項，雖屬有干例擬究，與實犯邪淫不同，且窩留竊盜多名，較之窩留強盜者，罪名亦有差等，而實發之與監禁，輕重致涉兩歧。設遇有窩留強盜多名之犯，其罪轉無可加。至犯該徒罪已較軍流輕至數等。軍流情罪較輕之犯，尚准照例收贖，若謂所犯徒罪情節較重，遽予實發，揆之情法，實未平允。該御史所奏係爲矜全廉恥起見。查婦女犯罪與老小廢疾均應收贖各例內，老小廢疾犯流罪，有收贖一次不准再贖之文，似婦女亦可仿照辦理。自應酌核案情，分別定擬。臣等公同酌議，應請嗣後婦女有犯軍流罪名，除例內載明實發駐防爲奴各條，仍照例發？往其例未賅載，實係情節較重者，聽臨時酌核辦理外，若犯係積匪並窩留盜犯多名，及屢次行凶訛詐，罪應擬以外遣者，即發往駐防給官兵爲奴； 犯該軍罪以下者，准其收贖一次，仍詳記檔案。若收贖之後不知悛改，復犯訛詐等項罪名，即行照例實發，不准再予收贖； 犯該徒罪以下者，仍准照例收贖，不得加重實發，以符例意。奉旨依議，欽此。同治七年通行。

《清代巴縣檔案匯編·盜匪·乾隆三十二年閏七月初五孫仿師禀狀》 爲涇渭不分，誣坐不甘，冒死再叩事。

情緣去年七月，蟻竊叩天恩，嚴差追捕，緝獲贓賊，削戮盜風，民得洗冤。至今拖延年餘，恩寬法政，差役藐視，索錢八千，勒陷揹坑，卧牌不行，惟只苦蟻等受罪於囚籠。前月初十日，蒙恩審訊，誘諭酌賠，使惡棍愈加刁建，前以自認呈繳，架控小民，至今硬指蟻竊害，又捏稱五月十二日恩審，賴欺憲天，混詞聳瀆上憲，刁弊顯然。秦鏡高照，二十五日，蟻以刁棍勒陷叩禀。恩批： 着即措繳，不得再延干咎。憲諭憲批，固不敢慢延干咎，將見含冤者衆，盜颾風盛，刁棍衆多，亦效爲橐賴。而爲店家者，難受其害，而幷逐其繳給，且廷獻刁奸，有神鬼莫測之譎，差役受賄，何難罔上欺下之事。即伊銀兩有無，蟻不知其情。憲諭酌賠，敢不仰體。切廷獻持刁越控，上憲行催復之牌，恩必轉審斷之詳。蟻將百口難分，至死於無葬身之地。恩爲民主，懇乞憐□蟻若有□□□□□憲天格外施恩。蟻等生死陷害，削奸遠殘，全賴天恩明刑弼教，至意使冤民(仰)沾恩德高厚，□刁棍自悔秦鏡難掩，民無含冤，涇渭得分，冒死再叩太老爺臺前，准賞竪察。

縣正堂批： 着即賠繳，不得刁瀆。

又批： 前酌斷量賠，未嘗不分涇渭，毋再刁瀆。

《清代巴縣檔案匯編·人犯移解乾隆二十三年五月二日巴縣解牌》 爲檄發事。

牌差該役持領後項人文管押，前赴四川重慶府長壽縣正堂加三級紀錄五次王衙門，當堂交割明白，仍禀討印信收管回縣，以備存查。去役沿途小心防範，毋致虞疎兔脱，如違重究不貸。速速須牌。

計開移解賊犯一名文正連鏈項，□短文二解，護牌一張。

定限回日銷

爲護解事。

《清代巴縣檔案匯編·人犯移解·乾隆二十四年三月二十七日巴縣護牌》 牌差該役持領后項人文管押，前赴四川等處提刑按察使司按察使加三級記録二十次吴轅門告投，聽候示審。去役沿途小心防範，遇夜撥夫支更看守，毋致疎虞。往返一體遵照□□來便慎。速速須牌。

計開秋審犯人一名楊仕奇扭鎖鐐灌鉛，公文一角，批一張。

《武定土司檔案·速清塵案事》 呈爲萬不得已叩天速清塵案事，情因傅朋傅亮杜賣落末河莊田一案屢經各憲審理，前后緣由備載卷牘矣。但此田緣系傅朋、傅亮情願杜賣之田，豈掣銀到手，又使李氏以孤寡爲詞不願杜賣。蒙有憲斷與李氏贖田一半。在生以爲承買此田原是全莊，既許李氏贖田一半，生不便管業，亦情願將全莊吐還，收回原價業蒙准退，令傅姓還銀，今有一載有餘，田又不得，銀又不得。田銀兩懸。昨蒙府憲吩示廳主父母官云： 斷李氏贖田一半已屬違例矣，至於傅亮一半必令生將銀二百零四兩交與周起鳳贖田，管業不能再違定例等語，是誠恩出望外。但既斷歸李氏一半，應將一半原價給生。今以回子箐村租谷抵還，生亦凜遵。至於一半之山場價值，莊房價值李氏亦宜補還，乃以孤寡力騙。傅亮一半既斷與生管業，周起鳳應即遵斷收銀吐田矣，而復支吾推閃。若傅朋田非已有硬自呑銀二百零四兩。買房住坐，不爲退還，生亦屬不能忍，合府大小官員俱已審過，伊惡置而不理，欺官期民莫此爲甚，時屈栽插，不得不冒死呈情。伏乞本府大宗師天恩，賞准歸斷清楚，庶刁棍知有王尺，良善免遭魚肉矣，爲此具呈。須至呈者。

乾隆九年四月初六日投府内去。

清·李璋煜《視已成事齋官書·曉諭案犯吴章行等投首示》 爲出示曉諭事。照得丹陽縣訪獲吴章行訊供監禁後，被鄉民夥衆人署滋鬧拒捕毆官一案。前據該縣通禀，即經會詳移委徐州毓道，前往督飭文武印委各員，將從犯吴英兒等拏獲解省審辦。嗣蒙督憲批示，止須將吴章行吴瑞及寫單毆官奪犯各犯拏獲，其餘脅從之人，一概免其查拏治罪，應各安生業，勿稍驚恐。批司轉飭出示曉諭在案。兹又奉督憲以吴章行雖係肇釁之犯，而核其原犯，並無大罪，即其脱逃亦因被奪所致。到案後不過加逃罪二等，加罪不入於死。果能悔過投首，尚可免其逃罪。倘此案如係因書差挾嫌誣陷起釁，更當爲之昭雪。其吴瑞雖係寫立傳單，糾衆滋事之首犯，而此案重在塞署毆官奪犯。設非吴瑞起意，只須到案質明，衆供確鑿，即有當其重罪之人，吴瑞所犯，亦不致死。若再執迷不悟，窩匿不出，承審官不得不據現犯之供，以定爰書。吳瑞罪既難逭，吳章行亦當加等問擬，將來到案時，縱欲自剖，不能得矣。容留吳章行等之家，非其至戚，卽其密友，與其知情藏匿，自負重罪，無裨於吳章行等。莫若勸令吳章行等自行投案，或將綑送自脫其累，並可輕減吳章行等之罪名。且從來指名飭拏要犯，試問會有倖免者否。批司卽再出示曉諭，咸使知之等因。蒙此，除飭府縣遵照，不必妄拏，免致驚擾外，合亟出示曉諭。爲此示仰差保軍民人等知悉：如有容留吳章行等之家，非其至戚，卽屬密友，與其藏匿，自負重罪，無裨於吳章行等。莫若勸令投案，或卽綑送，自脫其累，並可輕減吳章行等罪名。其餘脇衆之人，概不查拏。差保人等。無由藉端生事。至此案起釁根由，尚多未確，是以不惜苦口訓諭，冀保全吾民身家性命，毋再執迷不悟，自貽伊戚。倘仍知情藏匿，一經拏獲，惟有盡法懲辦，決不寬貸，勿謂言之不預也。各宜凜遵，毋違特示。

《比引成案新編・常赦所不原》　浙江司嘉慶二十一年咨：陳永發因觸犯伊母金氏，呈送發遣。在配聞知伊母病故，私自逃回治喪，在家哭泣。有地保可證。雖哀痛非在配所，而追悔迫切之情，易地皆然。例無明文，可否依聞喪哀痛之例釋放。咨請部示。經本部以該犯逃回治喪，與在配聞喪哀痛之例不符。其在配私逃，究由趕回治喪之故，自應酌予減免，陳永發免其逃罪，仍發原配。

《比引成案新編・犯罪自首》　湖廣司嘉慶二十二年奏：吳士齊等聚衆謀殺劉廷揚等十三命，內盧添華等三人係屬一家。查案內同謀加功之羅揚才聞拿投首，該撫以該犯有畏懼之心，應於殺一家三人爲從，加功斬決。律上量減，擬以斬候具奏。經本部查：羅揚才聽從同謀加功，慘殺多命，未便因其聞拿投首遽予量減。應仍依殺一家非死罪三人爲從加功，律斬決。姚坤等各持木棍在場助勢，未便僅照不加功律擬流，應從重發往新疆爲奴。

又　雲南司嘉慶二十二年題：李發枝聽糾共毆李正身死，屍妻李李氏貪賄私和，例應杖流。嗣因李發枝等燒燬屍棺，該氏始行呈首。第該氏呈首，係在牌坊查出稟報之後，未便照自首免罪。將李李氏比照知人欲告而自首，減罪二等。律於滿流上減二等，杖九十，徒二年半，係婦人收贖。【略】

廣東司嘉慶二十三年題：陳亞受聽從行劫入室搜贓，應斬決，與盜首厥罪惟均。陳亞受聞拿投首，應比照未傷人之首盜聞拿投首例，發雲貴兩廣極邊烟瘴充軍。【略】

又　陝西司嘉慶二十三年題：軍犯張恂在配行竊，因被事主陳九柱子瞥見，扭住所竊衣衫喊駡，該犯情急圖脫，拾石拒毆，致傷事主陳九柱子身死，攜贓而逸。實屬臨時拒捕，依例應擬斬決。惟該犯於屍親未經告發以前，自行投首，免其所因行竊之罪，科以殺人本法。查該犯拒捕，由於圖脫，並未有意欲殺，仍照鬭殺律，擬絞監候。

又　浙江司嘉慶二十四年咨：蔡汝增誣控蔡性善等搶奪洋錢五百四十圓，旋卽悔懼。具結呈明。將蔡汝增比照犯罪人欲告而自首者，減罪二等。律於誣告人死罪未決，杖、流加徒罪上減二等，杖一百，徒三年。

又　山東司嘉慶二十四年題：秦三孟瞥見周氏帶領幼子在地挖菜，卽起意，糾凶楊往等將周氏搶至楊往內居住，意欲嫁賣。經周氏之姨母孫氏查知，欲行控告。楊往家等畏懼，卽將周氏母子送還，並向秦三孟告知，當卽逃逸。嗣孫氏控縣差拿，秦三孟赴縣投首。該撫將秦三孟審，依《搶奪路行婦女爲首斬決例》聞拿投首減等擬流。經本部以在逃之楊往等係搶奪路行婦女爲從，例應絞候。該犯聞知欲控，卽將本婦送回。將來被獲時，自應比照強盜人財物悔過還主律減等擬徒。今該撫將秦三孟減等擬流，是首從並無輕重之分，將秦三孟比照未傷人盜首聞拿投首例，發極邊烟瘴充軍。

清・沈家本《叙雪堂故事・朝鮮人犯》　朝鮮國民人在內地犯事，由該國王錄供定擬，咨報禮部。由禮部轉咨刑部，歸河南司辦理。有乾隆五年朝鮮民人金時宗等越境潛居內地一案。又，二十八年金順丁等順越封界，偷取什物一案。又，二十九年樸厚贇等偷打貂皮、冒禁越界一案，見秋審檔案。金順丁一案刑部合入河南招冊，奉旨：令該部另冊進呈。

清・沈家本《叙雪堂故事・竊贓滿貫出語》　乾隆五十七年堂定竊贓滿貫出語：

計贓幾百幾十兩零，究係初次行竊，尚無積慣爲匪情事。

計贓幾百幾十兩零，究係一時起意，尚無蓄意伺竊情事。

計竊幾百幾十兩零，究係鼠竊，與肆竊客貲、爲害行旅者有間。

計竊幾百幾十兩零，究係乘便攫取，與設計謀竊客貲者有間。

三犯贓至五十兩以上，尚無肆竊多贓情事。

清・沈家本《叙雪堂故事・官犯年終彙奏》　嘉慶十五年十二月二十二

日諭：本日刑部奏，常犯情實改緩決及常犯減等各摺，係每年照例辦理。因思在京及各省官犯，向無彙奏緩決之條，原以官犯與常犯不同，問刑衙門不敢輕擬寬減。但些內所犯，案情本有輕重之別，監禁年分亦有久暫之殊。間有朕記憶，特降諭旨加恩宥赦者。其餘各犯，或尚有情罪較輕，未邀宥赦之人，著刑部自本年爲始，將各官犯彙開名單，於年終具奏一次，單內將所犯事由、罪名及監禁年分并該犯年歲詳細分注奏上，候朕酌核。該部載入則例，永遠遵行。

清・沈家本《敘雪堂故事刪賸・卑幼捉姦殺死緦麻尊長》 奏爲檢舉事。臣等查例載，凡有服尊長姦卑幼之婦，本夫於姦所親獲，將姦夫、姦婦登時殺死者，照卑幼毆故殺尊長本律治罪，該督撫疏內聲明法司核擬時夾簽請旨等語。自乾隆二十一年定例以後，臣部辦理有服制尊長與卑幼之婦通姦致被本夫殺死，照例夾簽。奉旨：九卿定擬之案，凡捉姦殺死期親尊長者，聲請改爲監候；殺死功服尊長者，聲請減等滿流。歷年遵辦在案。至卑幼捉姦殺死緦麻尊長，自定例以後并未辦有此等案件，是以未經議及。臣等伏思殺姦本由義忿，服制愈疏，則罪亦應遞減，自應照滿流之例酌減爲流二千里，以昭區別。今臣等查得乾隆三十二年十二月二十九日據兩廣總督署廣東巡撫李侍堯審題，劉五滿與緦麻服姪劉見有之妻鄒氏通姦，被劉見有於姦所親獲，將劉五滿、鄒氏登時殺死自行投首一案，該撫將劉見有依律擬斬監候，并將殺姦緣由於疏內聲明具題。臣部當將劉見有照擬核覆，未將該犯捉姦殺死緦麻尊長應行減等之處夾簽聲明，實屬疏忽。所有臣部議覆此案堂司各官理合請旨交部議處。至劉見有一犯可否減爲流二千里之處，應將原案一併進呈，恭候欽定等因。乾隆三十四年八月十三日奉旨：劉見有著減爲流二千里。所有從前未經聲明之堂司各官着交部察議。

清・沈家本《敘雪堂故事刪賸・病狂殺人依瘋病定擬》 安撫題邵院因病發狂扎傷張柏身死一案。緣邵院受雇於張柏鄰居李才家傭工，與張柏之父張儉素好無嫌，張柏年甫七齡。乾隆五十一年八月十二日，邵院染患傷寒病證，一遇發熱即昏迷不省人事，跳舞喊叫，酷類瘋顛，熱退即便清醒。李才延醫調治，服藥未效，時刻防範，鄰佑皆知。十八日午後，李才見其在房睡熟，隨帶轉房門，赴地工作，伊妻倪氏亦赴廚炊煮。詎邵院熱極發狂猝起，攜取防夜鐵槍出外跳舞，張柏與伊姊存姐在場玩耍，見而嬉笑，張柏幼稚無知，亦拾棒學舞，走近邵院身旁，猝被邵院用槍扎傷左胳膊、左肋倒地哭喊，存姐亦在旁啼哭。適張儉之兄張佑自集回莊，目擊邵院持槍跳舞，當即奪槍喝問，邵院目瞪口呆，神昏面赤，熱氣蒸蒸，知係病狂所致。當將邵院拉交李才家看守。張柏傷重，延至次夜殞命，報驗審供不諱。查因病發狂致死人命，律例并無治罪明文。若照瘋病殺人例追埋葬銀十二兩四錢二分給付死者之家，將邵院永遠鎖錮，該犯不過一時熱極昏迷，并非實在患瘋，似未允協；如依鬥殺人律將邵院擬絞監候，在張柏幼稚無知，死於非命，法應抵償，而邵院與張柏平日既無嫌隙，當場又無他故，實因病熱發狂，槍扎致斃，熱退之後，茫然不知有殺人之事，依律擬抵又覺情輕法重。查律無正條，例得比照其律某例加減科斷，請將邵院比照鬥毆殺人者絞律量減一等，杖一百流三千里，仍追埋葬銀二十兩給付屍親營葬，李才擬杖等因具題前來。查例載，瘋病殺人者追取埋葬銀十二兩四錢二分，給付死者之家。又，瘋病殺人者除照例收贖外，即令永遠鎖錮，雖或痊愈，不准釋放各等語。此案邵院因患傷寒病證，熱極發狂，手攜防夜鐵鎗出外跳舞，適幼孩張柏在場玩耍，見而嬉笑，亦拾棒學舞，走近邵院身旁，猝被邵院用槍扎傷左脇倒地，時張柏之伯張佑自集回莊，目擊邵院持槍跳舞，當即奪槍喝問，邵院目瞪神呆，將該犯拉交伊雇主李才家看守，張柏延至次夜殞命。核其情節，平日既無嫌隙，當場又無別故，既據該驗明實係傷寒病證發狂，面赤神昏，語無倫次，雖熱退旋即清楚，而犯時茫然不知，即與因瘋殺人者無異。該撫將該犯比照鬥殺律量減擬流，殊未允協。邵院應改照瘋病殺人例永遠鎖錮，雖或痊愈不准釋放，仍追埋葬銀十二兩四錢二分，給付屍親收領等因。乾隆五十二年七月十四日題，奉旨依議。

清・沈家本《敘雪堂故事刪賸・竊盜謀殺事主》 查吳占魁兄、吳東娃弟係青自孝妻之兄弟，應同凡論。吳占魁行竊青自孝牛隻，謀殺青自孝滅口。按凡人謀殺及竊盜事後扼殺事主二罪均應擬斬，應從一科斷。吳東娃聽從下手，按拒捕殺人爲從，罪止擬流，應從重照謀殺加功本律問擬同六，陝。

清・沈家本《敘雪堂故事刪賸・因姦拒捕》 查甘學椹與小功弟甘學憘之妻通姦，係屬罪人。其因甘學憘捕拏，將其拒傷身死，與因爭鬥毆死小功卑幼不同，應照凡人拒捕本律問擬同十一，川。標甘學椹因姦拒傷捕人甘學憘身死。

清・沈家本《敘雪堂故事刪賸・復仇》 查徐盛篙之父徐八仙聽從謀

叛，被團首李淙滐臨陣殲斃，係屬法所當誅，不應爲讎。徐盛篙將其故殺身死，與尋常子復父讎者不同，按故殺律罪應擬斬。其於伊父謀叛，訊不知情，例應緣坐謀叛之子緣坐是律非例係屬輕罪，自應從重問擬同二川。

查先朋汶之父先大川乘亂搶掠，被團首陳開第登時格斃，律得勿論，不在例准復仇之列。且先朋汶故殺陳開第身死，亦非因復仇起釁，應仍按本律問擬光八川。

查牛小良之父牛夭怪結捻焚掠，被石有用格斃，律得勿論。牛小良將其謀斃，與議當復讎者不同，按謀殺律罪應斬候。脫逃已逾三年，例應改爲立決。惟恭逢光緒元年正月二十日恩詔，應免其逃罪，仍應照謀殺本律問擬光八，河。

《說帖類編·山東司乾隆五十年》　謹查例載：官員、舉貢、監生人等，曾經罷黜，及爲事問革，例不入選者，若買求官吏改洗文卷，隱匿公私過名以圖選用，事發，吏部門首枷號一個月。已除授者，發近邊；未除授者，發附近，各充軍等語。此係專指爲事問革之人，復敢隱匿過名，希圖選用，例應分別已未除授，罪擬充軍。至家奴子孫冒捐職官，律例內並無作何治罪明文，自應隨案酌核情節，比例定擬。此案張再卽張玉，係張柯家契買奴僕之孫，捐從九品職銜，止圖頂戴榮身，並非希冀入選，因別無正條，將該犯照隱匿公私過名以圖選用，擬軍例量減徒，可以照覆。

批：此案從重，改照附近充軍。

《說帖類編·直隸司乾隆六十年》　謹查例載：强盜殺人放火，姦人妻女，打劫牢獄倉庫，及干係城池衙門，并積至百人以上，不分曾否得財，俱照得財律斬決梟示等語。至在外瞭望，及接遞贓物，並未入室搜贓之犯，例內並無不準以情有可原聲請之文檢查。乾隆十七年，陝西省盜犯范西河等行劫雩縣衙署，案內夥盜馮大成等在外看守把風，經本部議，以强盜例應分別，法難寬宥，情有可原，並無干係城池衙門不準分別之條，將馮大成等仍照免死減等例發遣在案。此案侯三聽從王大等行劫鉅鹿縣，署內在外等候接贓，其同行接贓之趙二，因另有行劫威縣劉豹臣等之案，審擬斬決。該犯並無行劫別案，該督照情有可原例免死，發遣核與例義。及辦過馮大成發遣成案相符，似可照覆，謹具說帖同原稿原案并成案一併封送，呈候鈞定。

批按例，前後兩條，似應俱行斬梟，但既有成案，只可照覆。

清·郭嵩燾《郭嵩燾奏稿·盤獲鄉試頂名入場人犯押發審辦疏》　奏爲盤獲頂名入場人犯押發審辦，恭折奏聞，仰祈聖鑒事。

竊照同治三年甲子科鄉試，臣入闈監臨，督率提調督糧道郭祥瑞、監試候補知府袁泳錫，分派文武員弁暨各學教官，嚴密稽查搜檢，以防夾帶傳遞、代倩槍手等弊。有新寧縣監生朱鴻逵一名，經巡綽官候補從九品呂賢均、趙惟歧於進號時盤查，該監生形迹可疑，據實面稟，當交提調傳新寧縣學查驗。該學教諭林澄輝以監生例不由學管束，無從辨認。隨訊該監生，供稱實系新寧縣童陳茂成，與同縣監生朱鴻逵相厚，朱鴻逵臨場陡患病症，自以數百里赴省鄉試，不肯甘心，因囑陳茂成代一入場，於歸號時遇一素相識者，詢以何得來此，卽經巡綽官盤查得實，實非積慣槍手，亦無得財受雇情弊等語。

臣查科場大典，頂名入場應照例懲辦，隨將該犯押發廣州府，飭傳朱鴻逵到案質究。據報朱鴻逵先已遠颺。除催飭查拘務獲提同研訊實情，并飭藩司查明朱鴻逵捐監年月咨部革外，謹遵例恭折具奏，伏乞皇太后皇上聖鑒訓示。謹奏。

《蘊玉山房雜記》卷五　國朝雍正中，豫省某縣，有富翁老而無子，以其壻經理家政，凡貲財悉付之。壻儼然以嗣子自居。後翁侍婢有娠，生子。翁憐其少，而懼壻之生異心也，不敢言。將俟稍長而析其產。無何翁以暴病沒，壻卽逐婢與兒，而獨據其產。婢攜兒鳴官，壻賄囑戚黨，皆以誣非翁子。聚訟數年，婢知力不敵，待其子長成，乃含忿行乞他郡。每撫子而泣，悲動路人。一日至清苑縣，或詢知其故，謂曰：吾邑邵公，青天也。何不訴之？値宰出，婦哭訴輿前。邵細詰之，曰：爾情似實，可投狀來。好事者遂慫恿以狀進。邵請於制軍李公，公以越俎爲嫌。邵曰：公第主持之，涇渭可立判也。歸取獄中大盜，指河南某巨室爲窩主，訊成而關取其壻。壻至，邵庭鞫之。壻極口稱冤，盜曰：而翁起家，咸賴我輩。爾房舍幾楹，門窗何向，皆所熟覩。今爾享成業，令我輩在縲紲中耶？壻惶恐訴曰：翁生前所爲，實不知之。且我壻也，非子也，彼子不肖，久經漂泊外出，我不過代持門戶耳。邵曰：渠果有子，爾尚識之否？曰：識。邵令以婦兒見，壻大呼曰：是眞翁子矣！邵笑曰：子既非假，卽以家產給之。壻俯首稱罪，案乃定。李公聞之嘆曰：良吏也。薦擢通州牧。

審判總部

復核部

論說

《三國志・魏志・明帝紀》〔青龍四年〕六月壬申，詔曰：有虞氏畫象而民弗犯，周人刑錯而不用。朕從百王之末，追望上世風，邈乎何相去之遠？法令滋章，犯者彌多；刑罰愈衆，而姦不可止。往者按大辟之條，多之所蠲除，思濟生民之命，此朕之至意也。而郡國蔽獄，一歲之中尚過數百，豈朕訓導不醇，俾民輕罪，將苛法猶存，爲之陷穽乎？有司其議獄緩死，務從寬簡，及乞恩者，或辭未出而獄以報斷，非所以究理盡情也。其令廷尉及天下獄官，諸有死罪具獄以定，非謀反及手殺人，亟語其親治，有乞恩者，使與奏當文書俱上，朕將思所以全之。其布告天下，使明朕意。

唐・吴兢《貞觀政要・論刑法》 貞觀五年，張藴古爲大理丞。相州人李好德素有風疾，言涉妖妄。詔令鞫其獄。藴古言：好德癲病有徵，法不當坐。太宗許將寬宥。藴古密報其旨，仍引與博戲。持書侍御史權萬紀劾奏之。太宗大怒，令斬於東市，既而悔之。謂房玄齡曰：公等食人之祿，須憂人之憂。事無巨細，咸當留意。今不問則不言，見事都不諫諍，何所輔弼！如藴古身爲法官，與囚博戲，漏洩朕言，此亦罪狀甚重。若據常律，未至極刑。朕當時盛怒，即令處置。公等竟無一言，所司又不覆奏，遂即決之，豈是道理！因詔曰：凡有死刑，雖令即決，皆須五覆奏。五覆奏自藴古始也。又曰：守文定罪，或恐有冤。自今以後，門下省覆，有據法令合死而情可矜者，宜録奏聞。

又 貞觀五年，詔曰：在京諸司，比來奏決死囚，雖云五覆，一日即了，都未暇審思，五奏何益？縱有追悔，又無所及。自今後，在京諸司奏決死囚，宜三日中五覆奏。天下諸州三覆奏。又手詔敕曰：比來有司斷獄，多據律文，雖情在可矜，而不敢違法。守文定罪，或恐有冤。自今門下省復有據法合死，而情在可矜者，宜録狀奏聞。

唐・李德裕《李文饒文集・議禮法等大事》 右按《史記》，仲尼在位，獄訟之詞有可與人共者，不獨有也。伏以漢魏以來，朝廷大政必令公卿奏議，講求理道，博盡群情，所以政必有經，人皆務學，著在史策，粲然可觀。臣等商量：如有事關禮法，群情凝滯者，各望令本司申尚書都省，下禮官、學官詳議，意見不同者任爲別狀。如是刑獄亦令法官同議，然后丞郎以下詳具可否聞奏。如郎吏有能駁難者，皆許上聞；並須先據經義，其次取正史策故事，不得自爲意見，言涉浮華。如禮官、學官才識出人，議論精當者，向後擢授臺省官郎吏，別與遷擢，所冀漢魏之風復行今日。

《舊五代史・唐書・明宗紀》 左拾遺李同上言：天下繫囚，請委長吏逐旬親自引問，質其罪狀眞虚，然後論之以法，庶無枉濫。從之。

元・張養浩《牧民忠告・詳讞》 在獄之囚，吏案雖成，猶當詳讞也。若酷吏鍛鍊而成者，雖讞之囚，不敢異辭焉。須盡辟吏卒，和顔易氣，開誠心以感之；或令忠厚獄卒，款曲以其情問之。如得其冤，立爲辨白，不可徒拘閡吏文也。噫，奸吏舞文何所不至哉！

《元文類・憲典・平反》〔至正初年〕天下之至窮，其惟冤獄乎。干天和，傷王化，莫此爲甚。故或三年而致旱，或六月而飛霜，此于定國、雋不疑之徒日以平反爲務，而子孫世食其報也。夫平反，有司之職也，宜不待賞勸而爲之者；而國家慎之、重之，著于賞令。

《明實録・洪武十五年》〔十月丙申〕命刑部都察院斷事等官審録囚徒。上曰：録囚務在情得其眞，刑當其罪。大抵人之隱曲難明，獄之疑似難辨，故往往有經審録尋復反異。蓋由審刑者之失以至此耳。故善理獄者，惟在推至公之心，擴至明之見，則巧僞無所隱，疑似無所惑，自然訟平理直，枉者得伸，繫者得釋。苟存心失公，聽斷不明，是猶含衡以求平，掩鑑以索照，獄何由得理？事何由能直？今命爾等審録囚徒，務以公破私，明辨惑，毋使巧僞繁滋而疑讞不決，生者拘幽於囹圄，死者受冤於地下，非惟負朕慎刑之心，實違上天好生之意。凡録囚之際，必預先稽閲前牘，詳審再三，其有所訴，即與辨理，具實以聞。

《明實録·永樂十二年》〔十一月甲辰〕命法司及北京刑部録囚。上諭之曰：方今嚴冬，囹圄有罪者固難決放，無辜者並受幽縶，饑寒疾死，非德政也。爾等即具成獄及所疑者，進來朕親閲也。

《明實録·正德十六年》〔七月己未〕刑科都給事中劉誅等言：邇者日精門災，皇上幸詔理官疏繫囚，理冤抑，誠以實應天之至意。臣以爲留都及諸省宜皆如京師，且制五載一審録，法司奏遣練達公正者往，今歲適及期而法吏刻深，或迎合傳致者，往往而有。宜敕部使者悉心申理，以導迎善氣，廣欽恤之仁。刑部覆奏，報可。

明·吕本《皇明寶訓·永樂卷五·恤刑》 永樂十七年十二月庚辰，令自今在外繫囚當死者悉送京師，會官審録無冤，三覆而後決之。上諭法司曰：刑，聖人所慎，蓋輕者殘肌膚，重者戕性命，匹夫匹婦不得其死，有干天地之和，召水旱之災。朕屢詔寬卹，然慮在外諸司罔體朕意，濫及非辜，故令死罪咸送京師審録，爾等會審之際，尤須敬慎，不可輕忽。

明·何棟如《皇祖四大法·治法》 三月己亥己酉，命提刑按察司僉事分巡郡縣録囚，凡笞罪者釋之，杖者減半，重囚杖七十，其有贓者免徵。有司有所稽遲，重者從輕典，輕者原之。武將征討有過者，皆宥之。左右或言去年釋罪囚，今年又從末減，用法太寬則人不懼，刑法縱弛，無以爲治。上曰：用法如用藥，藥本以濟人，不以斃人，服之或誤，必致戕生。法本以衛人，不以殺人，用之太過，則必致傷物。百姓自兵亂以來，初離創殘，今歸于我，正當撫綏之。況其間有一時誤犯者，寧可盡法乎？大抵治獄以寬厚爲本，少失寬厚則流入苛刻矣。所謂治新國用輕典，刑得其當則民自無冤抑。若執而不通，非合時宜也。

明·丘濬《大學衍義補·慎刑憲·簡典獄之官》 武后時，萬年主簿徐堅上疏，以爲《書》有五聽之道，令著三覆之奏，比有敕推按反者，得實卽行斬決，人命至重，死不再生，萬一懷枉，吞聲赤族，豈不痛哉。此不足肅姦逆而明典刑，適所以長威福而生疑懼。臣望絶此處分，依法覆奏。又法官之任，宜加簡擇，有用法寬平爲百姓所稱者，願親而任之；有處事深酷不允人望者，願疎而退之。

清·琴川居士《皇清奏議·慎重部駁以清案牘疏》 雲南道監察御史加一級臣高爾修請奏：爲督撫之審讞既詳，部駁之煩擾宜停，請敕徑行核覆，以清案牘事。臣於康熙七年五月間，捧讀上諭，部院衙門一應事務應完結者，不即行完結駁查，躭延處分則例煩多。任意輕重，以致屬員及筆帖式與書吏乘機作弊，亦未可知。若有此行者，即指名參奏，治罪示懲，欽此。仰見我皇上清理庶務之至意也。臣愚以爲政務之大者，無過刑、名、錢、穀，錢穀或因項欵不明，支解未晰，勢不得不駁查，以求清楚。至于刑名則不然，臣莅任刑曹將近五載，每見督撫之惕於功令，凡遇疑案大獄，靡不詳慎參勘，層層批駁，親提面質，而後成招具題，誠恐留一疑竇，而慮部臣之駁查也。間有部以一二未協而駁之者，曾未見原問之輕者，因部駁而加爲重，原問之重者，因部駁而減爲輕。使一經部駁而遂游移于倏輕倏重之間，亦何賴此承問各衙門之讞法爲哉。是多一駁查，徒增一番部覆，徒煩一番睿覽，而於本犯之輕重，未嘗加減也。且恐奸惡之徒，自知情罪難逭，反籍駁而啓冀倖之端，而吏胥爲祟，明知推敲已盡，又借駁而開詐騙之路。況各省遠近不等，有限四五月者，有限六七月者，案內人犯衆多，往返拘提，致稽時日，牽連拖累無辜斃獄者有之；及至題覆到部之日，官更吏易，案牘塵積，殊非清理之道也。臣請自今後，督撫之審讞既詳，部臣止核其有無舛錯，如果有故出故入，狥私作弊，即指名參處，引擬稍有未合，具題改正。停其駁查，庶案牘爲之一清，而無辜亦免拖累矣。

清·琴川居士《皇清奏議·敬陳慎刑二事疏》 經筵講官、少保、保和殿大學士兼管吏部戶部尚書，翰林院掌院學士事臣張廷玉謹奏：爲分別監禁之例，詳慎引律之條，以免濫禁，以成信讞事。竊惟國家之設監獄，原以收禁重罪之人，是以各省人犯罪重者收監，罪輕者或令人取保，或交人看守，本人亦自知所犯甚輕，無潛逃私逸之事。獨有刑部衙門遇八旗部院步軍統領衙門以及五城御史等交送人犯，不論曾經奏聞與否，亦不論事情之大小，與犯罪之首從，一經鎖送刑部，而該部即收入囹圄之中，聽候質審。以致獄卒之需索欺凌，吏胥之恐嚇詐騙，備極困頓，百弊叢生，甚至有傾家瘐斃者。及至定案時，而斬、絞、軍、流重犯，原無多人，其餘不過徒、杖、笞、責之罪，甚至有偶爾干連，審係無辜，應行釋放者。如今年二月間，刑部清查案件省釋者二百餘人，即此類也。臣細求其故，國家定例原不如是，祇因陋習相沿，彼拘送之衙門，初不計其到部之苦，而刑部官員又以寧嚴毋縱，可告無過，遂至常行而不改也。似應特頒諭旨，令九卿悉心妥議，凡各衙門奏聞交送刑部，及自行拿送刑部之人，何等當收禁獄，何等當取保看守，分別定例，詳愼遵行，如此則濫禁之弊可除，而於刑名不無裨益。再者律例之文，各有本旨，而刑部引用之時，往往則去前後文詞，止摘中間數語，即以所斷之罪承之，甚至有求其彷彿而比照定擬者，此間避重就輕，避輕就重，司員之藉以營私，吏書之高下其手，皆由此而起。臣思都察院、大理寺與刑部同爲法司衙門，若刑部引例不確，應令都察院、大理寺駁查改正；儻駁而不改，即令題參；如院、寺扶同朦混，或草率疎忽，別經發覺，則將都察院、大理寺官員一併加以處分。如此或亦清理刑名之一助也。

清・琴川居士《皇清奏議・請清查訟案以省冤累疏》 陝西巡撫臣陳宏謀謹奏：爲清查不結之訟案以省冤累事。竊惟民間户婚田土不得其平，咸欲赴官控告，此州縣衙門日日必有之事，即地方官逐日應辦之事也。無如地方各官，於欽部案件有關參處，尚知上緊趕辦，遲悞者上司亦必行催；惟於民間告詞則以爲自理之事，可以推延，上司無案可查，常至經年累月延擱不結，則兩造多人之守候拖累，胥吏衙役之差提需索，地方訟棍之恐嚇唆騙，百弊叢生。有告案未結而兩造已至破家，其負屈不甘者，則事外尋釁，藉端報復，每每一案化成數案，小案釀成大案。凡謀故命案、匿名揭帖、聚衆械鬬、毆差拒捕、行賄求營，一切不法之重案，由小事不結而起者居多。久經定例，州縣自理詞訟限二十日完結，每於月底將一月内事件塡註循環簿，並已、未完結緣由送該管知府，及直隸知州查核詳冊，其遲延不結朦混遺漏者，詳報督撫咨參。因此等告案情節煩冗，各省多難遵行，即有造報者，不過將已完數件送入搪塞，仍於稽察無益也。近經臺臣條奏，部議再申前例，恐亦查送不全，仍蹈故習。即以閩省而論，欽部事件臣與督臣清查開單，督率兩司逐月稽查，數月之間已經十之七八，向後不致壅滯；惟自理詞訟未完者衝煩，州縣不下數百件，此中胥役舞弊，小民受累不少。臣巡歷所至，查知情形，正思清理，欽奉恩命馳驛赴陝，中心耿耿。臣思生齒日煩，人情巧僞，訟端日漸煩多，官司勤惰不一，各省大概相同。臣之愚見，惟有責大員就近稽察，專司督率，於事庶克有濟。巡道職任監司，刑名錢穀，皆有經管，所轄州縣無多，相去不遠，原有分巡之例。臣請通行各省道員分巡，每到一縣即遵將該縣訟案號簿提到查核，除不准及已完結外，未完者逐一查核，勒縣催審，有關積賊、刁棍、衙蠹者，即將提到親審；胥役蔽匿者，當下提究。巡道查畢一縣，即將某縣未完幾件一面開單移司報院，一面行縣定限完結；地方官結一件，即將某件已完具報巡道，逐一註銷，單内止開某事某人告某人於某日審結，不必詳載審斷情由，又致煩瑣難行。下次分巡亦復如此稽核。知府、直隸州有未結詞訟，難於掩飾，不得不上緊趕辦，院司於通省某縣詞訟未完多寡，及各官辦事勤惰，才情敏鈍，均可得其實在。而道員分巡，每到一處有此切實應辦之事，爲民間伸理冤累，以助兩司所不及，以收政平訟理之效，分巡不爲虚行，督撫即以覘道員之公私能否，是亦循名核實，察吏安民之一端也。

清・琴川居士《皇清奏議・議秋讞疏》 副都御史臣竇光鼐謹奏：爲敬抒管見，仰祈睿鑒事。竊臣於秋讞兩議時刑臣密摺内稱，臣於法司會稿以己意簽商，有未經盡題各案，臣理合即行回奏，第以僉議未定，尚待商確，未敢遽瀆聖聽。今刑部執守成案，而臣復據律例所見不能盡合，則臣前後簽商各案同異緣由，有不得不據實聲明者。臣自今歲三月至八月與刑臣陸續簽商，其有關罪名出入者，計十二案，而盜賊事主之案，居其八。如湖廣司唐成添戳死賊首張得衛一案，則以臨時行強之賊犯而誤依竊盜未得財律擬笞，以格殺盜首之事主而誤依罪人不拒捕律擬絞；如浙江司陳永桂等毆死吳郁元一案，則以賊首糾衆奪犯殺人，而誤以罪人拒捕論擬；又直隸司賊犯劉老等拒捕戳死無名人一案，安徽司賊犯楊德士拒捕刃傷事主妻女一案，則皆以獲賊格鬬殺傷事主之犯，而誤依罪人拒捕科罪。此皆臣據律簽商，而刑臣已依簽改駁者。又有山西司賊犯杜九思拒捕一案，臣以賊首杜九思與弟杜九維棄牛逃脫，事主並未追及，乃聞夥賊被獲，復轉回護奪，立斃事主，與情急圖脫者不同，簽商一次，隨據刑臣簽復，以爲棄財即屬合例，臣亦即行畫題矣；又有山西司事主曹守仁一案，則以賊犯張永賢黑夜行竊而拘執毆打致死；又有福建司事主蔡朝一案，則以不知姓名竊賊，掏摸財物，護贓拒捕而毆打致死；又江西司事主黄魁成一案，則以賊犯曾辛發竊牛拒捕而毆打致死。皆例應杖徒之犯，而誤引罪人已就拘執及不拒捕而擅殺以鬬殺論律擬絞，此臣與刑臣往復簽商而未有定論者。臣謹按：罪人拒捕律，本爲官司差人追捕犯人而設，若竊盜臨時拒捕，律有正條；惟棄財求脱之竊賊，及盜田野穀麥，准竊盜免刺者，始依罪人拒捕律科罪，皆減等論擬者也。若賊人偷竊財物，被事主毆打致死，則比照夜無故入人家已就拘執而擅殺致死律，杖一百徒三年；惟在曠野白日摘取苜蓿蔬果等類，始依罪人拒捕科罪，以其爲物細微，不同財物，不得竟以竊盜論也。若竊盜杖拒捕，則官差事主鄰佑均得依律格殺勿論； 而拒捕不持杖者，在竊盜則有邊衛充軍之本例，在事主則以毆打致死一語該之，蓋以事主拘執而擅殺罪止杖徒，則拒捕而殺，更不待言。其不更議減等者，所以防擅殺，重人命也。近來各省問刑衙門以罪人所該者廣，多援罪人拒捕，罪人不拒捕，以爲通用活例； 又以竊盜拒捕而被殺，比罪人不拒捕而擅殺，皆以鬬論，遂於律應斬決、斬候之賊犯，致有輕縱而例得勿論； 及罪止杖徒之事主，並擬絞抵。半年之内已有數案，臣各據本例與刑臣簽商。而唐成添等四案其誤出於偶然，是以刑臣從臣之説易； 曹守仁等三案，則各省成案援引，本有參差，向來多屬照覆，是以刑臣從臣之説難。抑臣謹查，夜無故入人家就拘執而擅殺律註云： 防姦盜之釁，故寬擅殺之罪。又云此與罪人拒捕條已就拘執而擅殺以鬬殺論不同者，罪人已在屬官人犯，此則雖就拘執，非在官之人，情有各別，所以罪不一律，則兩律輕重懸殊，不得牽引，其説甚明。若以竊盜拒捕而擅殺，比罪人不拒捕而擅殺，求之律例實無其文也。臣再三商求，其説不過曰人命爲重耳。然人命之説，不可以例賊盜。蓋人命律内所謂謀殺、故殺、鬬殺、共毆殺，皆平人相殺也。凡斬絞之刑，欲使人勿相殺而已矣。若事主擅殺竊盜，則罪止杖徒，非云寬事主也。盜賊爲害於人，生不得與平民齒，死亦不得以平民抵，而後人有所畏，而不敢爲盜，此弼教之深意也。隣佑常人皆寄以捕盜之責，而事主尤爲被害之人，雖擅殺至死亦止滿徒，而後人無所畏而勇於捕盜，此禁暴之微權也。盜始於竊而甚於強，防竊之入於強也，故拒捕之條，特列於強盜律内，蓋重之也。若拒捕不持杖，遂謂之鬬，則捕盜者有所畏而盜漸無所忌矣。去歲刑部議准蔣嘉年條奏内，開賊犯持杖拒捕，捕者格殺之，不問，事主鄰佑俱照律勿論外，如有攔賊逃走，而隣佑人等直前追捕，倉卒致斃，抑或賊勢強橫不能力擒送官，以致毆打戕命者，照偷竊財物事主毆打致死例，杖一百徒三年等語。夫所謂強橫不能力擒送官者，即拒捕不持杖者也，在隣佑殺之，得照事主毆打致死之例，減等杖徒，則事主毆打致死更加罪已有明文。乃各省辦理尚沿成案，以鬬殺擬絞者，往往多有，恐問刑衙門得以高下其手，而法司轉難爲考稽。臣愚昧之見，仰祈皇上特降諭旨，通飭内外問刑衙門，凡遇盜賊事主殺傷案件，一遵欽定本例及議准新例畫一辦理，則例案不致兩岐，而盜賊愈加歛戢矣。

清・琴川居士《皇清奏議・請停秋審提犯疏》 河南巡撫臣阿思哈謹奏： 爲請停秋審提犯之例，以崇實政，仰祈睿鑒事。竊照斬絞監候重犯，每年例應秋審提犯至省，督撫會同司道等官，當堂鞫訊，分別情實、緩決、可矜三項會疏具題，復經九卿科道將各省招册細加察審覆奏，請旨定奪。原例必秋審三次，仍擬緩決，始免解勘。迨乾隆二十五年福建臬司史奕昂條奏減去一次，定爲秋審二次，後免解，國家欽恤民命，典至重也。臣歷任各省，屢預秋録，見應審各犯到案，别無可吐之供，一再詰問，惟有俯首認罪，從無翻異。即溯之歷來各省秋審鳴冤平反之事，本不常有，其情實、緩決、可矜三項，則督撫與臬司未審之前，察核按情往復詳議，早經商定，尤不待臨審始決，是秋審一事，直爲犯人過堂之地，不特公事毫無實際，抑且長途遞解頗有不虞。伏查州縣相隔省城程途遠近不一，往返一二千里，每當秋審屆期，解犯絡繹道路，雖有兵役押護，鎖鐐緊嚴，則水陸舟車，孤村野店，難保其不乘間脱逃。更有強悍之徒，自知必死，罪無可加，逞其桀驁之氣，凌轢路人，搶奪食物，均所時有； 而沿途州縣逐起護解，尤屬紛煩。每犯一名，須役二名，兵二名，前起方去，後起又來； 如兵役無多，差使頻仍之處，不得不雇倩代替，或致疎虞，恐亦不免。臣思斬、絞重犯，由州縣府司，而至巡撫，層層究審，若非情眞罪當，安敢輕率具題？ 迨奉旨監候之後，該犯服辜待斃，無所希冀。是以連次秋審，率不能自解一詞。臣愚以爲與其率行故套審犯，而無所異同，不若細心推求審招，而得其權量。即如刑部皆係據招察定，何嘗取問犯供？ 而在外秋審亦並不藉有犯供始行定擬。請將直省秋審停其提犯，每年止令各該州縣將犯由造具招册，由府司逐一加勘，分定情實、緩決、可矜三項，申送督撫； 其在省之道府廳縣，亦各發一册先行細核，屆期會集公所，照依京師朝審之例，用書吏一名在旁，將招册逐案唱讀，與審各官虚衷體察，如有意見，隨時講論，俟衆議僉同，始行判定情實、緩決、可矜三項，歸於至當不易，然後繕本具題，以副皇上明罰勅法之聖懷。如此辦理，較之提犯到案並無裨益者，似爲愈昭慎重，且免長途疎虞之患，而于循名責實之道，庶幾相副矣。

清・琴川居士《皇清奏議・請秋讞仍解省覆審疏》 大學士仍留兩江總督臣高晉謹奏： 爲直省秋讞請仍照例提犯審訊，以昭慎重事。竊查秋審大典爲慎獄明刑所繫，向例各州縣將已經定擬人犯解赴省城，督撫率同臬司親提覆讞，彙册具題； 一面仍將人犯發回本屬監禁，聽候部文到日遵辦。嗣於乾隆三十三年三月内，經阿思哈條奏各省秋審，請按招册覆核提犯到省一摺，奉旨交刑部酌定條例，經刑部議覆，每歲審錄時令本管道府巡歷所屬，悉心審勘，遇有獄成未孚臨時呼冤之犯，即據實另繕招册，解送司院覆訊定擬，遵行在案，既可省解犯之勞，仍兼存錄囚之意。立法未爲不善，惟是秋讞不厭精詳，覆勘宜歸核實，伏查外省秋審各原案例由府道審轉，經臬司督撫訊核具題，該道府多係本案承審之員，難保其必不迴護，即改委別屬，亦不免徇官官相護之私，是以案經司院鞫問成招，該道府率皆遷就完事，是巡錄雖有專責，而奉行徒屬具文。就臣所知而言，未定道府分勘之例以前，各省平反之事原未嘗多見，而秋審過堂時之呼冤申辨，亦常有之。案犯當前無難確核其疑似者，既可藉以詳推，而狡黠者仍無從冀以倖免，雖未顯有申雪之事，實隱示以欽恤之宜。今自定例以來，獄因從未聞有稱枉求伸，道府並未見其另册解訊，臣所轄三省如此，其餘諒亦相同。雖讞牘已成，俱屬情眞罪當，而蠢頑之民或因不解省覆勘，轉得藉口於冤抑無由上達，以掩飾其自取之辜，似非所以仰體聖主軫念民命之至意。臣敬聞我皇上於各省秋審招册進呈時，每案詳加披覽，隨處折角，覆閲再三，始定應勾、應緩，輕重出入，悉底於平，雖虞廷協中之治，無以踰此。臣等外省問刑衙門知識粗淺，若但憑招册，既未能盡得其情，而道府審錄又未足信以爲實，庶幾案犯到堂，察其辭色，或可因以研求萬一，即未必果有平反之事，亦稍盡明允之心。理合據實陳奏，請將道府巡歷覆勘之例停止，嗣後秋審仍令各州縣解犯到省，督撫率同在省藩臬司道，逐案悉心親鞫，如有人犯在堂翻供者，即查案虛衷推勘以定爰書，不得稍有固執護非之見，以期核實。至起解人犯，務令所屬文武員弁選派妥幹兵役，小心管押，毋致疎虞。如該管官不實力僉差，沿途或有疎脱之事，即照例嚴參，分别從重治罪，似於大典更覺周詳，而讞獄益昭愼重矣。

清・劉拱宸《居官愼刑録・洗冤録合刻序》 凡州縣獄之冤者，刑官得而釐正之，以其耳目接於下而是非達於上，且職有專司故也。使刑官因州縣之冤而亦冤焉，則後次部、院、司、道之批駁徒文具焉耳。何也？對成案而論人之罪，雖聖人不能辨人之枉；察五辭而平兩造之聽，卽獄吏已得白人之冤。此于公所以能過臯陶也。蓋非明闇之殊而見聞之别也。若夫疑似之端、異同之辨，尤在臨事者之神明其意，非可以例論也。

清・王又槐《辦案要略・論駁案》 大凡上司駁案，多因其案内尸傷情節、口供及情罪，較勘實有可駁之處，方加批飭。若案無疑竇，處處妥協、周密，無隙可入，上司幕友斷不肯於情理之外苛求於人；雖欲苛求，無從措詞。儻或好事者欲從案外搜求，而於情罪無所增減，縱駁亦易復詳。總怕情理荒謬，事體差錯，前後自相矛盾，令人難於措手也。人多咎上司幕友、書吏之指駁，見而驚恐，抑獨不思所駁者是情理乎？非情理乎？果合情理，事出公論，府司不駁而部院必駁。上司豈肯代人受過？若非情理，意欲苛求，彼既可以不情不理之語牽強駁之，我何難以有情有理之話委婉復之？案有可駁，雖不駁亦足懼也；案無可駁，雖駁之又何畏焉？

案之干駁者，難以言盡。姑略舉其大端：如報詞與口供不對者駁；塡傷與《洗冤錄》載不符者駁；傷與凶器不對，及與犯供不合，或遺漏錯誤者皆駁；供情率混游移者駁；供不周密而疏漏者駁；前後彼此供情迥异者駁；供看不符，擬議未協者駁；復審與初報翻异者駁；事無情理無證據者駁；顧此失彼，輕重不平者駁。此皆由於自取，而不得不駁審核正者也。

駁案要分輕重，方不至逾審限。果其疑竇百出，難以憑信，勢有不得不駁也。若大段情節不錯，罪名符合，不過些小處疏漏無關罪名出入，只須臨審補供者，不必駁，以免犯證跋涉也。

駁審之案，只照駁詰緣由逐層登答。若節外生枝，拖帶别情，又干駁詰矣。

駁審案件，雖駁詞内有不合情理、律例者，只可按照情理援引律例委婉其詞，曲折其筆以復之。若語涉過激，則失事上敬重之體，縱頂得住、結得案，而觸怒招尤，禍不旋踵而至矣。

辦案固難，而識案亦難。舉筆而無疑竇，指駁而又中肯，斯稱老手。州縣之幕在於能辨，院司府幕在於能識而又能辨，見識須高人一著，方可無負斯任也。

綜述

《周禮注疏・秋官・大司寇》 以三刺斷庶民獄訟之中。中謂罪正所定。

〔疏〕注中謂罪正所定○釋曰：此經與下文爲目，但三刺之言，當是罪定斷訖，乃向外朝始行三刺。庶民已上皆應有刺。直言庶民者，庶民賤，恐不刺，賤者尚刺，已上刺可知。云中謂罪正所定者，斷獄終始有三刺，刺則罪正所定，即當行刑，故云罪正所定也。

又 一曰訊羣臣，二曰訊羣吏，三曰訊萬民。刺，殺也，三訊罪定則殺之，訊，言也。〔疏〕注刺殺至言也○釋曰：云羣臣者，士已上。云羣吏者，府史胥徒庶人在官者。云萬民者，民間有德行不仕者。云刺殺，三刺罪定即殺之。但所刺不必是殺，餘四刑亦當三刺。直言殺者，舉漢重者而言，其實皆三刺。是以下文云聽民之所刺宥而施上服下服之刑，是兼輕重皆刺也。

又 若司寇斷獄弊訟，則以五刑之灋詔刑罰，而以辨罪之輕重。詔刑罰者，處其所應不，如今律家所署法矣。〔疏〕注詔刑至法矣○釋曰：司刑主刑書，若於外朝司寇斷獄之時，司刑則以五刑之法詔刑罰，刑罰並言者，刑疑則入罰故也。

又 司刺掌三刺、三宥、三赦之灋，以贊司寇聽獄訟。刺，殺也，訊而有罪則殺之。宥，寬也。赦，舍也。〔疏〕注刺殺至舍也○釋曰：此經與下爲目云：贊司寇聽獄訟者，專欲難成，恐不獲實，衆人共證，乃可得眞，故謂贊之也。云訊而有罪則殺之者，刑有五，一者是殺餘皆訊之，獨言殺者，立官名刺，據重而言故也。

又 壹刺曰訊羣臣，再刺曰訊羣吏，三刺曰訊萬民。訊，言。〔疏〕壹刺至萬民○釋曰：此三刺之事所施，謂斷獄弊訟之時，先羣臣，次羣吏，後萬民，先尊後卑之義。

《禮記正義·王制》 司寇正刑明辟，以聽獄訟。司寇，秋官卿，掌刑者。辟，罪也。必三刺，以求民情，斷其獄訟之中：一曰訊羣臣，二曰訊羣吏，三曰訊萬民。有旨無簡，不聽。簡，誠也。有其意無其誠者，不論以爲罪。附從輕，附，施刑也。求出之使從輕。赦從重。雖是罪可重，猶赦之。凡制五刑，必即天論。制，斷也。即，就也。必即天論，言與天意合。閔子曰：古之道不即人心。即或爲則，論或爲倫。郵罰麗於事，郵，過也。麗，附也。過人、罰人，當各附於其事，不可假他以喜怒。凡聽五刑之訟，必原父子之親，立君臣之義，以權之。權，平也。意論輕重之序，愼測淺深之量，以別之。意，思念也。淺深謂俱有罪，本心有善惡。悉其聰明，致其忠愛，以盡之。盡其情。疑獄，氾與衆共之，衆疑，赦之。必察小大之比以成之。小大猶輕重，已行故事曰比。成獄辭，史以獄成告於正，正聽之。史，司寇吏也。正，於周鄉師之屬，今漢有正平丞，秦所置。正以獄成告於大司寇，大司寇聽之棘木之下。《周禮》鄉師之屬：辨其獄訟，異其死刑之罪而要之，職聽於朝，司寇聽之。朝，王之外朝也。左九棘，孤卿大夫位焉。右九棘，公侯伯子男位焉。面三槐，三公位焉。大司寇以獄之成告於王，王命三公參聽之。王使三公復與司寇及正共平之，重刑也。《周禮》：王欲免之，乃命三公會其期。三公以獄之成告於王，王三又，然後制刑。又，當作宥。宥，寬也。一宥曰不識，再宥曰過失，三宥曰遺忘。凡作刑罰，輕無赦。法雖輕，不赦之，爲人易犯。刑者侀也，侀者成也。一成而不可變，故君子盡心焉。變，更也。〔疏〕司寇至異言。○正義曰：此一節揔明論司寇聽訟刑罰禁止之事，各隨文解之。從此至赦從重論，司寇正刑明辟之法。○正刑明辟者，謂司寇當正定刑書，明斷罪法，使刑不差二，法不傾邪，以聽天下獄訟。○必三刺者，言正刑明辟聽訟之時，刑法宜愼，不可專制，故必須三刺以求民情。有旨無簡，不聽，求民情既得其所犯之罪，雖有旨意，無誠實之狀，則不聽之，不論以爲罪也。○附從輕者，附謂施刑之時，此人所犯之罪在輕重之間，可輕可重，則當求可輕之刑而附之，則罪疑從輕是也。○赦從重者，謂所犯之罪本非意故爲，而入重罪。今放赦之時，從重罪之上而赦之，其意輕故也。即《尚書》云眚災肆赦是也。○注一曰至萬民。○正義曰：按《周禮·司刺》云，壹刺曰訊羣臣，再刺曰訊羣吏，三刺曰訊萬民。刺，殺也。謂欲殺犯罪之人，其一問可殺與否於羣臣，羣臣謂公卿、大夫、士；其二問可殺與否於羣吏，羣吏謂庶人在官者。其三問可殺與否於庶人，庶人謂萬姓衆來觀者。此三刺雖以殺爲本，其被刑不殺者亦當問之。○注簡誠至爲罪○正義曰：旨，意也。簡，誠也。言犯罪者雖有其意而無誠實者，則不論之以爲罪也。○注雖是罪可重猶赦之。○正義曰：此赦從重，與上附從輕皆是從重入輕，所以再見其文者，附從輕謂施刑從輕赦，從重謂放赦從重，所以異也。○凡制至於事○此一條論造制五刑，須合天意輕重；施於刑罰，必附本情。○必即天論者，即，就也。論謂論議。言制五刑之時，必就上天之意論議輕重，天意好生，又有時以生，有時以殺。言論議刑時，亦當好生，又就天道，使生殺得中。論或爲倫，倫，理也。謂就天之倫理，即是好生，及好殺得中之理。故鄭云言與天意合。○郵罰麗於事者，郵，過也，謂斷人罪過。罰謂責罰其身。麗，附也，言斷其罪過及責罰其身皆依附於所犯之事，不可離其本事，假他別事而爲喜怒也。○注制斷至爲倫。○正義曰：經云制五刑，必論古人造制五刑，下云必即天論及郵罰麗於事，皆論斷罪之法。故以制爲斷，非言初制五刑。制是裁制，故爲斷也。引閔子曰古之道不即人心者，證經即爲即就之義。按宣元年《公羊傳》云：古者臣有大喪，則君三年不呼其門。已練可以弁冕，服金革之事，君使之，非也。臣行之，禮也。閔子要経而服事，既而曰：若此乎？古之道不即人心。退而致仕。孔子蓋善之也。閔子性孝，以爲在喪從戎，不即人情爲制此禮，是古之所制，故閔子嫌之。言論或爲倫者，諸本或有作倫者，故云或爲倫也。○凡聽至成之○原，本也。權，平也。凡犯罪之人，或子爲父隱，臣爲國諱。雖觸刑禁，而非其本惡，故聽訟者，本其宿情，立其恩義，爲平量之恕而免放。意論輕重之序者，意謂思念也，聽訟者以盡意思念，論量罪之輕重次序，不有越濫也。○愼測淺深之量以別之者，謂謹愼測度罪人意之善惡淺深之量以別之，謂分別善惡使不相亂。○悉其聰明，致其忠愛，以盡之者，謂聽獄之人盡悉己之聰明，尋其事之根本，又致其忠恕仁愛，不使嚴酷枉濫，以盡犯罪人情，不有抑屈。○疑獄氾與衆共之者，疑獄謂事可疑難斷者也。氾，廣也。己若疑彼罪，而不能斷決，當廣與衆庶共論決之也。○衆疑赦之者，若衆人疑惑，則當放赦之，故《書》云：與其殺不辜，寧失不經。○必察小大之比以成之者，小大猶輕重也。比，例也。已行故事曰比。此言雖疑而赦之，不可直爾而放，當必察按舊法輕重之例，以成於事。○成獄至制刑○成獄辭者，謂獄吏初責覈罪人之辭已成定也。○史以獄成告於正者，史，司寇吏也。正，獄之正也。吏以成辭告於正也。○正聽之者，正得吏告罪成之辭，而又聽察也。○正以獄成告於大司寇者，正聽已竟，又列獄成之辭，告於大司寇也。○大司寇聽之棘木之下者，大司寇得正之告，而又聽察於棘木之下，謂王之外朝也。○大司寇聽獄之成告於王者，大司寇與公卿在朝槐棘之下聽獄訟成以告於王也。○王命三公參聽之，王既得司寇之告成辭，而刑辟不可謬妄，故王又命三公與司寇及正更共參準聽之也。○三公以獄之成告於王者，三公參聽得其情實，以獄成辭，以告於王也。○王三又者，三，三事也。又當爲宥，宥，寬也。王得三公之告則以三事命寬之也。○注正所至所置○正義曰：按《周禮》鄉師屬地官，不掌獄訟。而云鄉師者，鄉謂鄉士也，師謂士師也，云之屬者，謂遂士、縣士、方士之等。云今漢有正平丞，秦所置者，按《漢書・百官公卿表》：廷尉，秦官，掌刑辟，有正左右監。宣帝地節三年，初置左右平。鄭見古有正，連言平耳。此《王制》多是殷法，秦則放殷置之。○注周禮至位焉○正義曰：周禮鄉師之屬至職聽於朝，是鄉士及遂士、縣士職文。云異其死刑之罪者，鄭云異謂殊其文書，謂殊異其應死刑之罪，別爲簿書而要之。鄭云要之爲其罪法之要辭，加今劾矣，即是囚之狀辯爲要狀。云司寇聽之，朝，王之外朝也者，按朝士職掌外朝之法。云左嘉石，平罷民焉，右肺石，達窮民焉。罷民則是犯罪之人，故知聽於外朝也。云左九棘至三公位焉，皆朝士職文，故其職云左九棘，孤卿大夫位焉，羣士在其後。右九棘，公侯伯子男位焉，羣吏在其後。面三槐三公位焉，州長衆庶在其後。鄭云棘取赤心而外刺，槐之言懷也，懷，來人於此，鄭康成以爲此外朝，位在臯門內，庫門之外。○注王使至其期○正義曰：經直云王命三公參聽之，得知三公復與司寇及正共平之者，以參聽之，是三公之外，共人相參而聽之。上既有正與司寇，故知司寇及正在焉。云《周禮》王欲免之乃命三公會其期者，按《周禮》鄉士掌六鄉之獄，若欲免之，則王會其期，遂士掌六遂之獄，若欲免之，則王令三公會其期。縣士掌野獄，若欲免之，則王命六卿會其期，此《遂士職》文也。獨舉遂士公會其期者，以經云王命三公，故舉遂士言之，舉中以見上下，則六鄉王自會之。縣野之獄，王命六卿會之，六卿以獄告於王也。○注一宥至遺忘○正義曰：此一宥以下是《周禮・司刺》文。鄭康成云識審也，不審，若仇讎當報甲，見乙，誠以爲甲而殺之者。過失，若舉刃欲斫伐，而軼中人者。遺忘，若間帷薄，忘有在焉，而以兵矢投射之。王恐有此三事致罪，故令以三事宥之。若不當三事，故造罪者，然後制刑。○凡作刑罰輕無赦，此文起例，故云凡作刑罰也。此非疑獄，故雖輕不赦也。若輕者輒赦，則犯者衆也，故《書》云：刑故無小，雖輕不赦之，爲人易犯也。○刑者至心焉○此說刑之不可變改，故云刑者侀也，上刑是刑罰之刑，下刑是侀體之侀。訓此刑罰之刑以爲侀體之侀，言刑罰之刑加人侀體。又云侀者成也，言侀體之侀，是人之成就容貌，容貌一成之後，若以刀鋸鑿之，斷者不可續，死者不可生，故云不可變。故君子盡心以聽刑焉，則上悉其聰明致其忠愛是也。

《漢書・景帝紀》〔景帝〕後元年春正月，詔曰：獄，重事也。人有智愚，官有上下。獄疑者讞有司。有司所不能決，移廷尉。有令讞而後不當，讞者不爲失。欲令治獄者務先寬。

《魏書・刑罰志》論刑者，部主具狀，公車鞫辭，而三都決之。當死者，部案奏聞。以死不可復生，懼監官不能平，獄成皆呈，帝親臨問，無异辭怨言乃絶之。諸州國之大辟，皆先讞報乃施行。闕左懸登聞鼓，人有窮冤則撾鼓，公車上奏其表。

又　顯祖末年，尤重刑罰，言及常用惻愴。每於獄案，必令復鞫，諸有囚系，或積年不斷。群臣頗以爲言。帝曰：獄滯雖非治體，不猶愈乎倉卒而濫也。夫人幽苦則思善，故囹圄與福堂同居。朕欲其改悔，而加以輕恕耳。由是囚系雖淹滯，而刑罰多得其所。又以敕令屢下，則狂愚多僥幸，故自延興，終於季年，不復下赦。理官鞫囚，杖限五十，而有司欲免之則以細捶，欲陷之則先大杖。民多不勝而誣引，或絶命於杖下。顯祖知其若此，乃爲之制。其捶用荆，平其節，訊囚者其本大三分，杖背者二分，撻脛者一分，拷悉依令。皆從於輕簡也。

唐・杜佑《通典・刑法六》　諸赦前斷罪不當者，若處輕爲重，宜改從輕；處重爲輕，卽依輕法。其常赦所不免者，依常律。常赦所不免，謂雖會大赦，猶處死及流，若除名、免所居官，及移鄉者。赦書定罪名，合從輕者，不得引律比附入重。違者，各以故失論。

唐・杜佑《通典・刑法八》〔貞觀〕二年三月，大理少卿胡演進每月囚帳，上覽焉。問曰：其間罪亦有情可矜，何容皆以律斷？對曰：原情宥罪，非臣下所敢。上謂侍臣曰：古人云：鬻棺之家，欲歲之疫。匪欲害於人，利於棺售故耳。今法司覆理一獄，必求深刻，欲成其考。今作何法，得使平允？王珪奏曰：但選良善平恕人，斷獄允常者，賞之，卽姦僞自息。上曰：古者斷獄，必訊於三槐九棘之官。今三公九卿，卽其職也。自今大辟罪，皆令中書、門下四品以上及尚書議之。後大理引囚過，次到岐州刺史鄭善果。上謂演曰：如鄭善果等，官位不卑，縱令犯罪，不可與諸囚同例。自今三品以上犯罪，不須將身過朝堂聽進止。

《敦煌吐魯番唐代法制文書考釋・格・神龍散頒刑部格殘卷》　法司斷

九品以上官罪，皆錄所犯狀進內。其外推斷罪定，於後雪免者，皆得罪及合雪所由并元斷官同奏。事若在外，以狀申省司，亦具出入之狀奏聞。若前人失錯，縱去官經赦，亦宜奏。若推斷公坐者，不在奏限。應雪景跡狀，皆於本使勘檢，如灼然合雪，具狀牒考、選司。若使司已停，卽於刑部、大理陳牒，問取使人合雪之狀，然後爲雪。仍牒中書省，并錄狀進內訖，然後注。

《全唐文·唐文宗〈恤刑制〉》 仍歲水旱，黎民艱食。其宰牧非才，貪殘爲害，及承前積弊，須有條流。或冤獄留滯，速宜疏決者，並委觀察使糾察詳訪，具狀聞奏，用弭天眚。

《全唐文·李宣〈論訴人不許淹滯勅〉》 近日累據御史臺奏，陳狀訴屈人據，狀内皆是勘責多時，卻曉示陳狀人送本道，依次第論對。及州府追到支證，本人又不到彼處。恐紊規繩，須行條理。宜令御史臺，今後諸色人論訟，稱已經州府斷遣後抑屈，更不再牒本道勘逐，便可據狀施行。若未經州府論訴，驀越陳狀，即須留本人據事理詰勘。如實未經本處訴論，便可具事由勒本道進奏。官差人齎牒監送本處，就關連人勘斷後申奏，不得虛有禁繫。

《全唐文·蔡同文〈請旌賞外官能理冤獄奏〉》 臣竊以欽恤者，聖人之大德；畏愼者，臣下之小心。倘不怠於交修，庶自叶於理道。伏遇陛下靜符元化，動修至仁，八紘無幽枉之人，四海有昇平之望。但以人非誘勸，事罕專精。將欲仰副憂勤，實願再明條制。伏見本朝故事，凡內外官司，有能辨雪冤獄，活得人命者，特書殊考，非時命官。多難已來，此道漸廢。既隳賞典，難得公心。伏乞明降勅文，顯示中外，自此不繫正攝官吏，能辨雪冤獄，全活人命，斷割纔訖，旋具奏聞。考較不虛，時與超轉。如或滯留不具申奏，及虛妄冀希恩澤，其所任司長、本判官，並請重加殿罰。

《全唐文·王鬱〈請定覆奏決囚奏〉》 准貞觀五年八月二十一日勅，極刑雖令卽決，仍三覆奏。在京五覆奏，決前三奏，次日兩奏。惟犯惡逆者一覆奏，著於格令。又準建中三年十一月十四日勅，應決大辟罪，在京者宜令行決之司三覆奏。決前兩次，決日一奏。又謹按斷獄律，諸死罪囚，不得覆奏報下而決者，流二千里，卽參報應決者，聽三日乃行刑。若限未滿而行刑者，徒一年。伏以人命至重，死不再生。近年以來，全不覆奏，或蒙赦宥，已被誅夷。伏乞勑下所司，應在京有犯極刑者，令決前、決日各一覆奏。聽進止。有凶逆犯軍令者，亦許臨時一覆奏。應諸州府乞別降勅指揮。

《全唐文·趙遠〈請超民選朝官能活冤獄奏〉》 臣伏覩長興四年五月二十三日勅，州縣官在任日有覆推刑獄公事，雪得冤獄，活人性命者，准長興元年二月二十一日南郊赦書節文，便許非時參選，特與超資注官，仍賜章服者，宜令諸道州府，凡有雪活冤獄，州縣官等依元勅點簡，給付公憑。本官自齎赴刑部投狀，委刑部據狀追取本道雪活公案參驗，如事理合得元勅，便仰給付優牒。此蓋道宏激勸，務絕罔欺。在酬獎以甚優，期刑殺而無濫。臣詳元勅，只言州縣官員，所許加恩，未該內外職掌。臣又詳前後請給優牒人等文案，若繫雪冤屈，本道尋合奏聞，例過五年十月，本人方來論請，須卻尋追文案，勞擾公方，於事難明，於理未當。伏惟皇帝陛下體堯仁而御宇，敷舜行以臨民，大闡化條，克修刑政，旁詢闕典，用整宏綱，功必賞而罪必誅，善者進而能者勸。起今後但能雪活冤獄，不限在朝職司，亦乞量加旌賞。應關諸道州縣官員雪活冤獄不虛，委逐處長吏抄略指實案節，先具奏聞。所付本人憑由，官滿到京，便於刑部投狀，不得隔越年歲，方可論訴功勞。庶內外以皆同，使期程而有守，廣亭毒好生之道，盡高低察獄之明者。

《唐文拾遺·唐穆宗〈詳覆大理結斷勅〉》 今後大理寺結斷行文不當，刑部詳覆，於事不精，卽委中書舍人舉書其輕重出入所失之事，然後出。

《舊唐書·高宗紀》〔龍朔三年〕二月庚戌，詔曰：天德施生，陽和在節，言念幽圄，載惻分宵。雖復每有哀矜，猶恐未免枉濫。在京繫囚應流死者，每日將二十人過。於是親自臨問，多所原宥，不盡者令皇太子錄之。

《舊唐書·武宗紀》〔唐武宗會昌四年十二月〕十二月，敕：郊禮日近，獄囚數多，案款已成，多有翻覆。其兩京天下州府見繫囚，已結正及兩度翻案伏款者，並令先事結斷訖申。

《舊唐書·宣宗紀》〔大中四年〕八月，刑部侍郎、御史中丞魏謩奏：諸道州府百姓詣臺訴事，多差御史推劾，臣恐煩勞州縣，先請差度支、戶部、鹽鐵院官帶憲銜者推劾。又各得三司使申稱，院官人數不多，例專掌院務，課績不辦。今諸道觀察使幕中判官，少不下五六人，請於其中帶憲銜者委令推劾。如累推有勞，能雪冤滯，御史臺闕官，便令奏用。從之。

《舊唐書·刑法志》 初，太宗以古者斷獄，必訊於三槐九棘之官，乃詔大辟罪，中書、門下五品已上及尚書等議之。其後河內人李好德，風疾瞀亂，有妖妄之言，詔按其事。大理丞張藴古奏，好德癲病有徵，法不當坐。治書侍御史權萬紀，劾藴古貫相州，好德之兄厚德，爲其刺史，情在阿縱，奏事不實。太宗曰：吾常禁囚於獄內，藴古與之弈棋，今復阿縱好德，是亂吾法也。遂斬於東市，既而悔之。又交州都督盧祖尚，以忤旨斬於朝堂，帝亦追悔。下制，凡決死刑，雖令卽殺，仍三覆奏。尋謂侍臣曰：人命至重，一死不可再生。昔世充殺鄭頲，既而悔之，追止不及。今春府史取財不多，朕怒殺之，後亦尋悔，皆由思不審也。比來決囚，雖三覆奏，須臾之間，三奏便訖，都未得思，三奏何益？自今已後，宜二日中五覆奏，下諸州三覆奏。又古者行刑，君爲徹樂減膳。朕今庭無常設之樂，莫知何徹，然對食卽不啖酒肉。自今已後，令與尚食相知，刑人日勿進酒肉，內教坊及太常，並宜停教。且曹司斷獄，多據律文，雖情在可矜，而不敢違法，守文定罪，或恐有冤。自今門下覆理，有據法合死而情可宥者，宜錄狀奏。自是全活者甚衆。其五覆奏，以決前一日、二日覆奏，決日又三覆奏。惟犯惡逆者，一覆奏而已，著之於令。

又 元和四年九月敕：刑部大理決斷系囚，過爲淹遲，是長奸幸。自今已后，大理寺檢斷，不得過二十日，刑部覆下，不得過十日。如刑部覆有异同，寺司重加不得過十五日，省司量覆不得過本日。如有牒外州府節目及於京城內勘，本推即日以報。牒到后計日數，被勘司卻報不得過五日。仍令刑部具遣牒及報牒月日，牒報都省及分察使，各準敕文勾舉糾訪。

《新唐書・太宗紀》〔貞觀二年〕，八月甲戌，省冤獄于朝堂。

又〔貞觀五年〕十二月丁亥，詔：決死刑，京師五覆奏，諸州三覆奏，其日尚食毋進酒肉。

宋・王溥《唐會要・雜記》 永淳二年二月制：官人犯決經斷後得雪者，並申尚書省詳定。前被枉斷及有妄雪者，具狀聞奏。

宋・王溥《唐會要・太僕寺》 開元八年勅：內外官犯贓賄，及私自侵漁入己，至解免以上，有訴合雪及減罪者，並令大理審詳犯狀，申刑部詳覆。如實冤濫，仍錄名送中書門下。其有遠年斷雪，近請除罪，亦准此。

又 元和四年九月勅：刑部大理覆斷繫囚，過爲淹滯，是長奸倖。自今以後，大理寺檢斷不得過二十日；刑部覆下，不得過十日；如刑部覆有異同，寺司重斷，不得過十五日；省司重覆，不得過七日；如有牒外州府看勘節目，及於京城內勘，本推卽以報牒到後計日數；被勘司卻報，不得過五日。仍令刑部大理寺具初授文牒月日。及有牒勘者，具遣牒及報牒到月日，牒報都省及牒訪察使，各准勅文，句舉糾訪。如有違越，奏聽進止。其有獄情可疑，宜再三詳審，非限內可畢者，卽別狀分析。寺司每月具已斷未斷囚姓名事由聞奏，並申報中書門下。

宋・王溥《唐會要・諸使下》〔太和四年〕五月敕：置疎決囚徒使，以清強御史二人爲之。應京城諸司見禁囚徒，宜令疎決處分，具輕重聞奏。

《舊五代史・唐書・明宗紀》〔天成元年秋八月〕壬辰，以久雨，放百僚朝參，詔天下疏理繫囚。

又〔天成二年〕辛卯，大理少卿王鬱上言：凡決極刑，準敕合三覆奏，近年已來，全隳此法，伏乞今後決前一日許一覆奏。從之。

《舊五代史・刑法志》 天成元年十一月庚申，勅：應天下州使繫囚，除大辟罪以上，委所在長吏，速推勘決斷，不得傍追證對，經過食宿之地，除當死刑外，並仰釋放，兼不許徵治。

二年春，左拾遺李同上言：天下繫囚，請委長吏逐旬親自引問，質其罪狀眞虛，然後論之以法，庶無枉濫。從之。

又〔天成二年〕六月，大理少卿王鬱上言：凡決極刑，合三覆奏，近年以來，全不守此。伏乞今後前一日令各一覆奏。奉勅宜依。

又〔天成二年〕八月，西京奏：奉近勅，在京犯極刑者，令決前一日各一覆奏。緣當府地遠，此後凡有極刑，不審准條疏覆奏。奉勅旨：昨六月二十日所降勅文，祇爲應在洛京有犯極刑者覆奏，其諸道已降旨命，准舊例施行。今詳西京所奏，尚未明近勅，兼慮諸道有此疑惑，故令曉諭。

又〔天成二年〕十月辛丑，德音：爲政之要，切在無私；聽訟之方，唯期不濫。天下諸州府官員，如有善推疑獄及曾雪冤濫兼有異政者，當具姓名聞奏，別加甄奬。

又 長興元年二月，制曰：欲通和氣，必在伸冤；將設公方，實資奬善。州縣官僚能雪冤獄活人生命者，許非時選，仍加階超資注官，與轉服色，已著緋者與轉兼官。

又〔長興〕二年二月辛亥，勅：朕猥以眇躬，薦承鴻業，念彼疲瘵，勞於寐興。或慮官不得人，因成紊亂；或慮刑非其罪，遂至怨嗟。王化所興，獄訟爲本，苟無訓勵，必有滯淹。近日諸道百姓，或諸多違犯，或小可鬬爭。官吏曲縱胥徒，巧求瑕釁。初則滋張節目，作法拘囚；終則誅剝貨財，市恩出拔。外憑公道，內循私情，無理者轉務遷延，有理者卻思退縮。積成訛弊，漸失紀綱。自今後切委逐處官吏州牧縣宰等，深體余懷，各舉爾職。凡闕推究，速與剸裁。如敢苟縱依違，遂成枉濫，或經臺訴屈，或投匭申冤，勘問不虛，其元推官典並當責罰，其逐處觀察使、刺史，別議朝典。宜令諸道州府，各依此處分，所管屬郡，委本道嚴切指揮。

八月丁卯，勅：三京、諸道州府刑獄，近日訪問，依前禁繫人，多不旋決，諸道宜令所在各委長吏，專切推窮，不得有滯淹。

又 〔天福四年〕三月庚午，詳定院奏：前守洪洞縣主簿盧粲進策云：伏以刑獄至重，朝廷所難，尚書省分職六司，天下謂之會府，且諸道決獄，若關人命，卽刑部不合不知。欲請州府凡斷大辟罪人訖，逐季具有無申報刑部，仍俱錄案款事節，并本判官、馬步都虞候、司法參軍、法直官、馬步司判官名銜申聞，所貴或有案內情曲不圓，刑部可行覆勘。如此則天下遵守法律，不敢輕易刑書，非唯免有銜冤，抑亦勸其立政者。臣等參詳，伏以人命至重，國法須精，雖載舊章，更宜條理，誠爲允當，望賜施行。從之。

五月，詔曰：刑獄之難，古今所重，但關人命，實動天心，或有冤魂，則傷和氣。應諸道州府，凡有囚徒，據推勘到案款，一一盡理，子細檢律令格勅，其間或有疑者，准令文讞，大理寺亦疑，申尚書省，省寺明有指歸，州府然後決遣。

宋·王溥《五代會要·刑法·雜録》 〔周顯德元年十月〕敕：應有婚姻鬬競，賊盜公事，仰逐處長吏躬親鞫問，仍令本州官不住提舉，疾速區分，庶光敕命。凡有大辟罪斷訖，其公案申奏，今後仰抄錄要當事節，兼於前面朱書罪人入禁至斷了日數聞奏。

宋·謝深甫《慶元條法事類·職制門》 諸訴縣理斷事不當者，州委官定奪。若諸監司訴本州者，送鄰州委官。

又 諸縣公事理斷不當，州取案審詳，應別推者，不得卻送本縣。

又 諸監司承受省部行下命官訴已理斷事應別勘者，卽差不干礙官追緊切干證人照勘，並不許留禁待報。具案聞奏，別定者，本司取案看定具元勘斷當與不當，因依保奏。若係諸色人陳訴，謂曾經刑寺擬斷者。卽先次差官體究，詣實保明，申尚書省。

又 諸訴雪罪犯被差體究，官別勘別定同。並結罪保明，申尚書省。若徇情變易元犯者，以故出人罪論，坐以私罪。仍奏裁。

又 諸事已經斷而理訴者，一年內聽乞別勘，三年內聽乞別定。其經勅斷者，詣闕進狀，卽在千里外，或在官及編配者，赴所在州，州爲繳奏。遣家人詣闕進狀者亦聽。

宋·謝深甫《慶元條法事類·刑獄門》 諸入人死罪，而當職官謂非長吏能以議狀駮正者，比類非當職官賞，奏裁。

又 諸入人徒流罪或配已結案，謂將杖以下及無罪，或不該配人作徒流配罪勘結者。而錄問官吏元勘當職官非，下文准此。能駮正，或因別推而能推正者，各累及七人比大辟一名，計數推賞。

又 諸推正駮正入人死罪，准格應賞者，推正縣解杖笞及無罪人爲死罪者同。不當官吏雖該原免勿論，仍取狀罪狀入案。推駮正徒流罪應賞者准此。失於取者，不在賞例。若官司不爲施行者，聽百日內自陳。推正縣解罪人當曾於案後收坐，而本州不爲施行者，准此。

又 諸推正駮正死罪，推正縣解杖笞及無罪人作死罪者同。應從朝廷推賞者，繳錄白案保明，申尚書吏部。

又 諸州縣禁囚有冤濫，若疑訟，而監司州縣當職官吏刑獄官司能明辯裁法者，俟結斷訖，州限五日保明，申提點刑獄司覆實聞奏，候歲終，仍類奏。如係提點刑獄司能辯明者，卽報轉運司，本司准此奏。

《宋大詔令集·政事·刑法上·令諸州大獄長吏五日一親臨慮問詔太平興國六年九月壬戌》 諸州大獄，長吏不親決，吏緣爲奸，逮捕證左滋蔓，或踰年而獄未具。自今宜令州長吏五日一親臨慮問，得情者卽決遣之。

《宋大詔令集·政事·刑法上·令天下繫囚十日具犯由收禁月日奏詔》 **太平興國九年三月甲寅** 蓋聞刑者不可復屬，死者不可復生。故三復行誅，聖人之所至愼，一成不變；君子之所盡心。朕勤恤兆民，哀矜庶獄，每至三伏炎蒸之際，隆冬凝沍之時，未嘗不念彼圜扉，憫茲徽纆。而猾胥奸吏，弄法舞文，或苛害以立威，或稽留而不決，撓憲令之綱紀，傷天地之至和，而欲百姓阜安，四時順序，其可得乎？應天下繫囚，宜令諸處州府軍監，每十日一具所犯事由收禁月日聞奏，仍委刑部糾舉。

《宋大詔令集・政事・刑法中・大辟經裁決後付中書密院參酌詔大中祥符二年正月戊辰》 朕以眇躬，牧于黎獻，務廣好生之德，載深惟恤之懷。雖法本防姦，頗資於致治，若情乖閱實，卽陷於非辜。況乃京邑之繁，衛兵所聚，惟茲有衆，或抵常科，每具獄之上聞，必原情而軫念，率從寬宥，以示哀矜。更緊輔弼之臣，體予欽念之意。自今開封府殿前侍衛軍司奏斷大辟案，經朕裁決後，百姓卽付中書，軍人付樞密院，更參酌審定進入，俟盡出乃付本司。其雖已批斷，情尚可恕者，亦須覆奏，務於平允。其逐處錄問罪人，並須別差人吏，不得令元推典祇候，庶無枉撓，式盡詳明。

《宋會要輯稿・刑法一》〔紹聖二年〕十月十七日，監察御史董敦逸言：乞詔吏部，自陛下親政以來，應文武百官因罪犯移替，後蒙辨雪者，旋具姓名關刑部、大理寺，令詳所犯，檢引敕條，若按察官司委有不當，奏取指揮施行。庶公朝刑無冤濫。從之，仍令詳定重修敕令所立法。

《宋會要輯稿・刑法二》〔嘉定十七年〕四月八日，臣僚言：臨安府、轉運司凡所施行公事，兩造在庭，有押到而未供者，有已供而未呈者，未免押出召保。（幸）〔圉〕卒毆打乞覓，輒於委巷之中僦客邸爲關留之所，名曰窠裏。得錢則聽其責保而去，無錢則執縛拘繫，魚貫蟻聚，臭穢薰蒸，隆暑嚴寒，備極其苦。安邊所及南北兩廂，錢塘、仁和兩縣，循習倣傚。已令轉運司、臨安府委官嚴行根刷追斷，毀拆窠柵，鏤牓曉示。自令知在人關留窠裏，仰家屬經御史臺越訴，將犯人重斷編管。四鄰不告，一例懲治。從之。

《宋會要輯稿・刑法三》 哲宗元祐元年三月十四日，詔：熙寧元年正月已後至元豐八年三月六日赦前，命官諸色人被罪合行訴理，並限半年進狀，先從有司依法定奪。如內有不該雪除及事理有所未盡者，送管勾看詳訴理所。

又 〔淳化四年〕十一月十五日，知制誥柴成務言：應差官勘事及諸州推鞫罪人，案成差官錄問，其大辟罪別差職員監決。如錄問翻變，或監決稱冤，即別差官推勘。此誠重刑之至，然臣詳酌，滋長弊倖。且人之犯罪至重者死，數有翻變，或遇赦免，則姦計得成。縱不遇恩，止是一死。近見蓬州賈克明爲殺人前後禁繫一年半，七次勘鞫，皆伏本罪，錄問翻變。賴陛下英明，經赦不放，差轉運副使蔣堅白、提點使臣董循再同推勘，方得處斷。其如干連證逮，州縣追禁，此又何辜？欲望今後朝廷、轉運司、州府差官勘鞫，如伏罪分明，錄問翻變，輕者委本州處別勘，重者轉運司鄰州遣官鞫勘。如三經推勘，伏罪如初，欵状辨分明，錄問翻變，監決稱冤者，並依法處斷。事下大理寺詳定，本司言：檢會《刑統》，唐長慶元年十一月五日敕，應犯罪臨決稱冤，已經三度斷結，不在重推之限。自今以後有此色，不問臺與府縣及外州縣，但通計都經三度推勘，每度推官不同，囚徒皆有伏状，及經三度斷結，更有論訴，一切不在重推問之限。其中縱有進狀敕下，如已經三度結斷者，亦許執奏。如告本推官典受賂，推勘不平，及稱冤，事狀有據驗者，即與重推。如所告及稱冤無理者，除本犯死刑外，餘罪於本條加一等。如官典取受有實者，亦於本罪外加罪一等。如因徒冤屈不虛者，其第三度推事官典本法外加等貶責，第二度、第一度官典節級科處。今詳《刑統》內雖有此條，承前官吏因循，不能申明，自今請〔依〕成務起請施行。從之。

又 景祐元年正月五日，京東路提點刑獄崔有方言：今後應承準宣敕推勘公事，除命官、使臣、將校或死罪及情理切害者奏聞外，其餘流罪以下，雖所受宣敕內言具案聞奏，並乞推勘條敕先次斷遣。詔流罪以下除指定姓名具案聞奏外，其餘干連人並依推勘條施行。

又 〔景祐〕四年正月十三日，詔：諸州勘大辟罪人，結成公案，聚聽錄問，或罪人翻變，骨肉申冤，本處移司差無幹繫官吏推勘。或再翻變，即申轉運、提刑司差官推勘。

又 〔嘉祐〕七年正月七日，權御史中丞王疇等言：聞糾察在京刑獄司嘗奏，府司、左右軍巡皆省府所屬，其錄大辟之翻異者，請下御史臺。竊唯府縣之政，各存官司，臺局所領，自有故事。若每因一囚翻罪，用御史勘劾，是風憲之職下與府司、軍巡共治京獄也，恐不可遽行。從之。

又 〔宣和六年四月〕二十五日，前權發遣京西南路提點刑獄公事周因奏：臣每見諸大辟已錄問得翻異，提刑司自合依條差不干礙官司別推。至臨赴刑時翻異，本州不免再申提刑司，乞差官別推，若只差本部官，竊慮有所觀望，未盡冤抑。欲望睿旨，今後已經提刑司詳覆行下本州論決，臨赴刑時翻異，乞令鄰路提刑司差官別推，庶得別無觀望。詔今後大辟已經提刑司詳覆，臨赴刑時翻異，令本路不干礙監司別推。如本路監司盡有妨礙，即令鄰路提刑司別推。

又 〔紹興〕三年三月十五日，臣僚言：乞今後有特旨推勘及具情犯申尚書省及樞密院者，除止留正犯及依法合奏之人具案聞奏外，餘並許令先次決遣，著爲定制。續具大理寺看詳：紹興敕，諸獄案以非本處得論之人上聞者杖一百。今來罪人若不係元降指揮取勘人數，依法非應奏裁，謂如非情重法輕之類，若行先次決遣，即別無妨礙。欲依臣僚所乞施行。從之。

又〔紹興〕五年二月二十八日，尚書省言：勘會紹興令文，事已經斷而理訴者，一年內聽乞別勘。法意蓋謂元勘不當，負冤抑之□。近來命官、諸色人不論元勘當否，陳乞別勘，致奸贓之人幹請行賂，動〔終〕〔經〕歲月，不能結絕。詔應命官、諸色人陳乞別勘，在條限內者行在令刑部、在外提刑司先行責限，委不干礙官體究詣實。如委涉冤抑不當，即分明開具事狀申尚書省，下所屬依條別勘施行。

又〔紹興〕八年五月二十七日，福建轉運判官範同言：〔職〕〔贓〕吏翻異，不改前勘，乞並初勘共不得過三次。上曰：官吏犯贓，既已斷罪，多進狀訴雪，何也？比年尤多。宰臣趙鼎曰：意在徼倖改正，須更令體究。執政劉大中曰：在法雖許雪訴，卻合再勘。上曰：若再勘委實無罪，元勘官吏固應黜責；若勘得所訴不實，卻合別勘妄訴之罪。宰臣秦檜曰：當送刑部施行。

又〔紹興〕十一年六月十五日，臣僚言：伏見紹興五年臣僚起請，諸鞫獄明白而妄行翻異，雖罪至死者，三經別推，即令逐路提刑司申察繳奏，加本罪一等，仍著爲令。至紹興七年指揮，流罪以下雖不繳奏，亦依此施行。蓋緣當時偶有奸民抵法，有司始爲此請。然而其間豈無冤濫，萬一吏非其人，情未盡得而概以此律論之，不無失入者矣。欲望除贓罪自合依前項繳奏外，其餘死罪、流以下移推之法，悉依祖宗舊制。從之。

又〔紹興十三年〕閏四月二十九日，刑部言：今後翻異及駁勘公事，應合該二案勘結官吏內有替移者，免行拘留鞫，令供願於某處聽候供狀結罪狀，如不在元指去處，令提刑司具因依申朝廷，先次施行。從之。

又〔紹興〕十五年正月十日，刑部言：勘會監司差官推鞫公事，如錄問有翻異，或家屬稱冤，依法合行移文鄰路提刑、轉運司差官別推。今來淮南路提刑司係本路轉運司通行主管，若逐司有翻異或稱冤，合依法別推公事，欲乞移文鄰路提刑、轉運司差官施行。從之。

又〔紹興〕二十一年八月十九日，詔：今後諸州軍承勘兇惡強盜案成，候審錄訖，將前元勘始末一宗案數錄白二本，審錄問官具詣實保明文狀申繳，赴提刑司開刑部行下大理寺狀管，候所屬保奏到陳乞推賞之人參照並同方許依格之賞，餘依見行條法施行。

又〔紹興〕二十三年十月十一日，大理寺丞環周言：乞自今後結解公事，不得退還下縣。如委有情節不圓，長官審實推鞫，依限結斷，庶使吏不得容奸，民受其賜。刑部看詳：在法，犯徒以上及應奏者送州。若本州見得所勘情節未圓，事礙大情，委合取會事件，仰行下所屬取會，斷結施行，即不得將解到罪人退送下縣，重行勘結，庶免囚徒迂往，淹延刑禁。今看詳，欲行下諸州軍，各仰常切遵守。從之。

又〔紹興〕二十八年五月七日，刑部言：今後應中外翻異駁勘及別推公事，若前勘有不當，依條合一案推結者，其官吏未有替移事故，即依紹興九年指揮施行。如委有替移事故、難以追會者，候供證盡實，先次結案。其不當官吏雖遇恩、去官，仍取伏辨，依條施行。合一案推結者，其檢斷、簽書、錄問官包括在內，除無勿原指揮外，依指揮雖遇赦、去官亦合取責伏辨。從之。

又〔紹興三十二年十一日〕二十九日，樞密院檢詳刑房文字許樞言：在法，獄囚翻異皆委監司差官別推。若犯徒、流罪已錄問後，引斷翻異，申提刑司審詳。如情犯分明，則行下斷遣。或大情疑慮，推勘未盡，即令別勘。然近者翻異多係滑吏犯贓、奸民犯盜之類，未至引斷，只於錄問便行翻異，使無辜之人濫被追證。乞自今如有似此等類，即從前項引斷翻異申提刑司審詳指揮施行。從之。

又〔隆興〕二年二月八日，以新知貴州姚孝資言：在法，諸錄囚有翻異者聽別推，然後移推，初無止限，至有一獄經六七推不得決者。證佐之人，追呼拘繫，牽被其毒。乞自今內外之獄至三推未成者，其證佐人免行追呼，庶幾無辜得免殞於非命。詔今後承勘翻異公事，如經三推者，其緊切干證人若干礙出入情節，方許追證，其餘不得泛濫追呼。

《宋會要輯稿・刑法四》〔景德三年〕七月十七日，樞密院言：諸路部送罪人赴闕者，皆令軍頭司引對，頗爲煩細。望止令本司依例降配。帝曰：朕慮其間或有枉濫及情理可矜者，令銀臺司自今諸處送到罪人，並先取審狀，送樞密院進擬，付軍頭司施行。其情涉屈抑者，不須取狀，即令引見。

宋・李心傳《建炎以來繫年要錄》卷六九〔紹興三年十月〕大理少卿元

究言：四方之獄，雖非大辟，情法不相當者，皆得奏請裁決。今奏案來上，大率皆引用情重法輕之制，而所謂情輕法重者鮮矣。豈人之犯法，而無情輕者乎？欲望申敕：凡遇麗於法，而情實可矜者，俾遵守成憲，請讞以聞。詔申嚴行下。

宋・李心傳《建炎以來繫年要録》卷七〇　〔紹興三年十一月〕庚辰，詔諸州大辟應奏者，從提刑司具因依繳奏，申舊制也。時上既欽恤庶獄，而言者以爲州縣之吏於罪無可矜者，類以疑讞上聞，冀幸寬貸。其意以爲失出之罰輕，陰德之報厚。姦胥猾吏，旁緣惟貨，元惡巨蠹，罔有悛心。望自今罪人情涉疑慮，並申憲司閱實，委有可憫，本州當職官與提刑司官連書具奏。事下刑寺，刑部言舊法已是詳備，若如所陳，反見迂枉，望坐條申嚴行下。從之。

宋・李心傳《建炎以來繫年要録》卷一〇三　〔紹興六年七月〕詔川、陝諸州應奏及刑名疑慮等文案，許制置大使司酌情斷遣，用席益奏也。

宋・李心傳《建炎以來繫年要録》卷一四九　〔紹興十三年七月〕詔諸州奏大辟刑名疑慮公案，若刑寺擬斷，雖非大辟，官吏竝免收坐。以議者言處僻遠小郡，不能盡曉法意，畏憚收坐，不敢具奏，遂至斷遣失當，使犯罪之人，無以辯雪故也。時左朝請大夫知邵武軍、趙不棄亦請諸州奏讞，但事於人命，雖有不應奏者，竝免收坐。事下刑部，不行。

宋・李心傳《建炎以來繫年要録》卷一五八　〔紹興十八年〕九月壬辰，大理寺丞郭唐卿面對，乞諸路提刑司詳覆獄案內有應奏者，徑行繳奏，毋得再下本州，庶幾獄無留滯。詔申嚴行下。

宋・李心傳《建炎以來繫年要録》卷一六三　〔紹興二十二年十二月〕己丑，直秘閣韓膺冑知太平州代還，言州縣小吏，喜怒自私，驅無罪之人，不白長官而繫於獄，謂之寄禁，望申嚴按察。詔刑部立法申省。

宋・李心傳《建炎以來繫年要録》卷一六七　〔紹興二十四年〕秋七月癸丑，右正言鄭仲熊言前知雷州王趯頃在任日，每有被罪南竄者，則厚賂津置，爲之囊橐，結成死黨。今聞在全州，遂與海外罪人爲地，或有擅離受責之地，逃匿趯家。方命亂法，莫此爲甚。切慮有司或致弛慢縱逸，其禍有不可勝言者，欲望特降睿旨，下全州差得力人，管押王趯前來大理寺究治。仍令日下押還元責地分，庶絶後患。詔依所請，仍令逐路提刑躬親遵奉施行，先具知稟狀聞奏。先是，責授建寧軍節度副使李光謫居昌化軍，因趯寓書秦檜，以求内徙。有小校李某者，坐岳飛累編置全州，與趯居相近，趯俾校募人轉致之。檜見書自全來，疑光擅離貶所，大怒，故有是命。

宋・李心傳《建炎以來繫年要録》卷一六九　〔紹興二十五年〕秋七月戊申，宰執進呈疎決文字，上曰：行在刑獄皆已蓄充，外路須令憲臣躬詣州縣，庶無冤濫。己酉，秦檜奏曰：陛下欽恤庶獄，異境所推。今欲令大理正一員往決浙西滯獄，以稱德意。上可之。

宋・李心傳《建炎以來繫年要録》卷一七〇　〔紹興二十五年十一月〕丁卯，手詔曰：廷尉爲天下平，而年來法寺，惟事旬白，探大臣旨意輕重其罪，致民無所措手足。玩文弄法，莫此爲甚。比恐尚爾任情，亟罷舊吏。所冀端方之士，詳覈審覆，一切以法而不以心，俾無冤濫，副朕丁寧之諭。

又　〔紹興二十五年十二月〕詔：命官犯罪，勘鞫已成，具案奏裁。比年以來，多是大臣便作已奉特旨一面施行，自今後三省將上取旨。

宋・李心傳《建炎以來繫年要録》卷一七八　〔紹興二十七年十二月〕丙辰，詔刑部長貳日輪一員赴大理寺録囚徒，諸路州縣應入禁公事，竝具情犯及入禁月日，申提刑司，提司申本部檢察。蓋徐林在刑曹建議，至是始行之。

宋・李心傳《建炎以來繫年要録》卷一九一　〔紹興三十一年七月〕右朝奉郎知光化軍莫濛言：京西數州，法官獄吏，罕有正員，不習法令，每公事可疑，懼憲司駁正，輒以已見施行。乞自今徒流公事，不以有無疑慮，竝申提刑司詳覆。從之。

宋・佚名《中興兩朝聖政》卷一五　〔紹興四年正月〕戊午，詔宣州奏檀偕殺人疑慮獄案，令刑部重別擬斷，申尚書省輔臣進呈。朱勝非言疑獄不當奏而輒奏者，法不論罪。上曰：今若加罪，則後來州郡實有疑慮者，亦不復奏陳矣。

宋・李燾《續資治通鑑長編》卷一〇　〔宋太祖開寶二年九月〕庚戌，令竊盗死者奏裁。

宋・李燾《續資治通鑑長編》卷二二　〔宋太宗太平興國六年十二月〕甲申，詔強盜放火，准律不至死者，勿復並妻子部送闕下。

宋・李燾《續資治通鑑長編》卷二八　〔宋太宗雍熙二年〕冬十月辛丑朔，上録京城諸司繫囚，多所原減，決事遂至日旰。近臣或諫以勞苦過甚，上曰：不然。儻惠及無告，使獄訟平允，不致枉撓，朕意深以爲適，何勞之有！因謂宰相曰：中外臣僚，若皆留心政務，天下安有不治者。古人宰一邑，守一郡，使飛蝗避境，猛虎渡江。況人君能惠養黎庶，申理冤滯，豈不感召和氣乎！朕每自勤不怠，此志必無改易。或云百司細故，帝王不當親決，朕意則異於此。若以尊極自居，則下情不得上達矣。

宋・李燾《續資治通鑑長編》卷三〇 〔宋太宗端拱二年五月〕自三月不雨，至于五月。戊戌，上親錄京城諸司繫獄囚，多所原減。即命起居舍人須城宋惟幹等四十二人分詣諸道，按決刑獄。是夕，大雨。上因謂近臣曰：爲君當如此勤政，即能感召和氣。如後唐莊宗不卹國事，惟務畋遊，動經浹旬，大傷苗稼，及還，乃降敕蠲放租賦，此甚不君也。

宋・李燾《續資治通鑑長編》卷三一 〔宋太宗淳化元年〕五月辛卯，令刑部置詳覆官六員，專閱天下所上案牘，勿復遣鞫獄。置御史臺推勘官二十人，並以京朝官充，若諸州有大獄，則乘傳就鞫。辭日，上必臨遣，諭旨曰：無滋蔓，無留滯。咸賜以裝錢。還必召見，問以所推事狀，著爲彝制。凡滿三歲，考其殿最而黜陟之。

宋・李燾《續資治通鑑長編》卷四七 〔宋眞宗咸平三年五月〕己亥，詔御史臺獄流、死罪，令給、諫以上錄問；開封府死罪，選朝官錄問。初，宋覃、聶泳等坐私以銅錢易鐵錢，下御史獄，並決杖配役。已而太宗知其冤，詔問覃，覃泣稱：臺司不容辯說，必令如所訊招罪。太宗憫之，乃詔自今御史臺每奏獄具，差官詣臺錄問，其後廢不舉，至是復行焉。

宋・李燾《續資治通鑑長編》卷五五 〔宋眞宗咸平六年六月〕丙寅，詔陝西諸州疏理繫囚。

宋・李燾《續資治通鑑長編》卷六二 〔宋眞宗景德三年三月〕令諸路州軍不得差都監、監押錄囚。時環州都監田濬言地居極邊，甫近蕃境，而推勘院牒請覆刑獄，慮緩急有警，本職妨闕，故條約之。

又 〔宋眞宗景德三年三月〕丁未，以樞密直學士李濬權知開封府，劉綜同勾當三班院。濬吏幹勤敏，能檢察隱微，京師稱之。綜建議：三院御史員數至少，每奉朝請，劾制獄，多以他官承乏，甚紊彝制，望詔兩制已上各舉材堪御史者充。三院共置十員。若出使按獄，所經州郡官吏能否，生民利病，刑獄枉濫，悉得察舉。

宋・李燾《續資治通鑑長編》卷六三 〔宋眞宗景德三年七月〕樞密院言諸路部送罪人赴闕者，軍頭司引對，頗爲煩碎，望止令本司依例降配。上曰：朕慮其間或有冤濫及情理可矜者，宜令銀臺司自今取審狀送樞密院進擬，付司施行，其涉屈抑者，即令引見。

宋・李燾《續資治通鑑長編》卷七七 〔宋眞宗大中祥符五年五月〕己丑，詔諸路部署司，科斷軍人大辟者，承前皆不上奏，止錄案申刑部，自今具犯名上樞密院，覆奏以聞。

宋・李燾《續資治通鑑長編》卷八〇 〔宋眞宗大中祥符六年二月〕令開封府自四月至八月死亡者不須覆檢，它月仍舊。

又 〔宋眞宗大中祥符六年四月〕丙戌，詔諸州死罪情理可憫及刑名疑者，報提點刑獄司詳察以聞，當付大理寺詳覆，無得顧避舉駮，致有幽枉。

宋・李燾《續資治通鑑長編》卷一七七 〔宋仁宗至和元年九月〕丁丑，詔開封府，自今凡決大辟囚，並覆奏之。初，開封府言得樞密院劄子，軍人犯大辟無可疑者，更不以聞，其百姓則未有明文。上重人命，至是軍人亦令覆奏。

宋・李燾《續資治通鑑長編》卷一八九 〔宋仁宗嘉祐四年四月〕壬辰，御崇政殿，錄繫囚，雜犯死罪下遞降一等，徒以下釋之。知制誥劉敞言：疏決在京繫囚，雖恩出一時，然在外羣情皆云聖意以皇女生，故施此慶澤，恐非王者之令典也。去年閏月，已曾減降，尚未半年，復行此恩，《傳》稱民之多幸，則於國不幸。一歲再赦，好人喑啞，前世明君賢臣，論此詳矣。雖成事不說，臣願朝廷戒之。又聞多作金銀、犀角、玉石、琥珀、玳瑁、檀香等錢，及鑄金銀爲花果，賜予臣下，自宰相、臺諫皆受此賜。臣謂無益之費，無名之賞，殆無甚於此，若欲夸示奢麗，爲世俗之觀則可矣，非所以軌物訓儉也。宰相、臺諫以道德輔主爲職，奈何空受此賜，曾無一言？然遂事不諫，臣願朝廷戒之。伏惟皇天祐聖德，故後宮有多子之祥。陛下當明審政令，深執恭儉，以答上天之貺，建無疆之基。不宜行姑息之恩，以損政體；出浮冗之費，以墮儉德。臣雖鄙賤，竊獨惜此，故敢觸冒陳聞，惟賜裁幸。

宋・李燾《續資治通鑑長編》卷二一七 〔宋神宗熙寧三年十一月〕詔諸路提點刑獄司選官與當職官看詳編管人元犯刑名，委是州郡法外編管，即放逐便；內情理重害者，聽旨。其已經詳定編配罪人所奏請朝廷指揮量移者，亦準此。

宋・李燾《續資治通鑑長編》卷二五二 〔宋神宗熙寧七年四月〕詔三班差使、借差並殿侍犯罪斷訖取補，授宣劄批，所犯刑名，徒以上仍勒停；犯除名及永不收叙者，即追毁。

宋・李燾《續資治通鑑長編》卷二九四 〔宋神宗元豐元年十一月〕御史舒亶録問同文館制獄，亶奏案情未圓，慮致出入人罪。詔知制誥蒲宗孟往制勘院同元勘官看詳所駁情節，重推勘。

宋・李燾《續資治通鑑長編》卷二九七 〔宋神宗元豐二年三月〕詔大理寺月具見禁及已決罪人數申中書。

宋・李燾《續資治通鑑長編》卷三二八 〔宋神宗元豐五年七月〕詔：刑部貼例擬公案並用奏鈔，其大理寺進呈公案，更不上殿，並斷訖送刑部。貼例不可比用，及罪不應法，輕重當取裁者，上中書省。

宋・李燾《續資治通鑑長編》卷三七六 〔宋哲宗元祐元年四月〕殿中侍御史林旦言：元豐令，諸録囚以始末案狀照對，事無可疑，乃讀示所承審取伏狀。即罪人翻異若家屬稱冤，申所屬爲速換推。又決大辟於市，遣他官與掌獄官同監，量差人防護，仍先給酒食，聽親戚辭訣，示以犯狀，不得掩塞其口，及令人衆奔譟。並以未、申二時行決，經宿乃許收瘞。又諸州大辟囚，或官員已結正而翻異，或其家屬稱冤者，并馬遞申提點刑獄司審察。朝廷矜悼愚民自陷刑辟，必不得已而後決，求所以生之之意，亦可謂盡矣。故其情斯得，雖死無憾，天下州郡無敢不奉行者。竊聞在京大理寺、開封府司、左右軍巡司，凡有推問囚徒，多是勘官畏避嫌疑，或利於苟簡，不肯親臨訊問，鞭箠枷錮，一切委於胥吏。又竊見決囚於市，若已困於縲紲箠楚者，則籃舁以行。縱可步履，必窒塞口耳，又以紙錢厚蒙其首，軍巡、獄子百十其羣，前後遮擁，間以鐵鎚擊枷，傳呼鼓譟，聲不暫止。罪人雖欲稱冤，無復有可言之理，親戚輩亦何緣與囚辭訣？以此其間不能無濫。陛下遣諫官、御史分決諸城畿甸之獄，仰惟聖心哀矜惻隱，可謂至矣。然臣之此行，不過辨決一時囚繫而已，若訊囚徒、決大辟，如前所言，則民之蒙害，固未艾也。伏願申明推鞫慮問及決囚條制，戒敕獄官，務在遵守。若尚敢違敕，令統轄官司覺察按劾，並許被苦之家申訴，立爲受理。不奉法者，並以違制論，知而不按者，准此。所貴積年之弊，自此頓革，輦轂之下，無有冤人。詔刑部立法以聞。

宋・李燾《續資治通鑑長編》卷四一二 〔宋哲宗元祐三年六月〕庚午，詔：諸路提點刑獄司已覆辟案，每路摘取三分已上審覆，季具已覆情節刑名申尚書省。其流配罪摘覆不計分數，不當者並奏裁。

宋・李燾《續資治通鑑長編》卷四四七 〔宋哲宗元祐五年八月〕刑部言：提刑司上下半年申奏諸州盜賊帳狀內，開說獲未獲比折等事，乞著於式。從之。

宋・李燾《續資治通鑑長編》卷四五九 〔元祐六年〕六月壬辰，疏決在京及開封府界諸縣繫囚，自雜犯死罪遞降一等，至杖釋之。先是，四月末，王巖叟移簡劉摯，請早疏決。摯答云：即商量。蓋自元祐以來，多四月以前，今歲差遲，諸司繫囚殆千人，故巖叟以爲言。既踰月，乃有是命。

宋・李燾《續資治通鑑長編》卷五〇九 〔宋哲宗元符二年四月〕詔應勘鞫徒以上罪，乞不結案及審録奏斷遣，已申奏者，以違制論。先是，臣僚言：右軍巡院鞫前兖州萊蕪縣：尉張天錫訛言，詔特處死，更不結案審録，仍不覆奏。不惟中有疑惑，兼恐異時挾情鞫獄，以逃省寺譏察，非欽恤用刑之意。請今後獄具，並須依條差官審録。故有是詔。

宋・佚名《名公書判清明集・附録三・建康府申已斷平亮等多宋四省身死事》 若詳覆案，皆先行遣而後關報，則併格目皆自諸郡出給可也，提刑一司，可以省罷矣。此事雖施行於當職未交事之先，而申到實在於到司之後。已往之事，不欲深言。帖兩獄官，今後除事干邊防及兇惡盜賊，當申制府帥司酌情處斷外，其民間尋常鬬毆致死，已經檢驗，書塡格目者，並合遵照條令，申本司詳覆。如違，定將獄官奏劾。

《宋史・哲宗紀》 〔元祐二年夏四月〕丁酉，以四方牒訴上尚書者，或冤抑不得直，令御史分察之。

《宋史・高宗紀》 〔紹興四年四月丙戌〕詔：特旨處死情法不相當者，許大理奏審。

《宋史・寧宗紀》 〔慶元二年〕五月辛巳，以旱禱於天地、宗廟、社稷。詔大理、三衙、臨安府、兩浙州縣決繫囚。乙酉，申嚴獄囚瘐死之罰。

《宋史・理宗紀》 〔寶慶三年閏五月〕閏月己卯朔，詔：郡縣繫囚不實書曆，未經結録，守臣輒行特判，憲司其詳覆所部獄案，歲月淹延者重置于憲。

《宋史·刑法志一》 先是，藩鎮跋扈，專殺爲威，朝廷姑息，率置不問，刑部按覆之職廢矣。建隆三年，令諸州奏大辟案，須刑部詳覆。尋如舊制，大理寺詳斷，而後覆於刑部。凡諸州獄，則錄事參軍與司法掾參斷之。自是，内外折獄蔽罪，皆有官以相覆察。又懼刑部、大理寺用法之失，別置審刑院讞之。吏一坐深，或終身不進，由是皆務持平。

又 雍熙元年，令諸州十日一具囚帳及所犯罪名、繫禁日數以聞，俾刑部專意糾舉。帝閱諸州所奏獄狀，有繫三百人者。迺令門留、寄禁、取保在外并邸店養疾者，咸準禁數，件析以聞。其鞫獄違限及可斷不斷、事小而禁繫者，有司駁奏之。開封女子李嘗繫聞登鼓，自言無兒息，身且病，一旦死，家業無所付。詔本府隨所欲裁置之。李無它親，獨有父，有司因繫之。李又詣登聞，訴父被繫。帝駭曰：此事豈當禁繫，輦轂之下，尚或如此，天下至廣，安得無枉濫乎？朕恨不能親決四方之獄，固不辭勞爾！即日遣殿中侍御史李範等十四人，分往江南、兩浙、四川、荆湖、嶺南審決刑獄。吏之弛怠者，劾其罪以聞；其臨事明敏、刑獄無滯者，亦以名上。始令諸州十日一慮囚。

又 至道二年，帝聞諸州所斷大辟，情可疑者，懼爲有司所駁，不敢上其獄。乃詔死事有可疑者，具獄申轉運司，擇部内詳練格律者令決之，須奏者乃奏。

又 景德元年，詔：諸道州軍斷獄，内有宣敕不定刑名，止言當行極斷者，所在即寘大辟，頗乖平允。自今凡言處斷、重斷、極斷、決配、朝典之類，未得論決，具獄以聞。

又 獄疑者讞，所從來久矣。漢嘗詔讞而後不當讞者不爲失，所以廣聽察、防繆濫也。時奏讞之法廢。初，眞宗嘗覽囚簿，見天下斷死罪八百人，憮然動容，語宰執曰：雜犯死罪條目至多，官吏儻不盡心，豈無枉濫？故事，死罪獄具，三覆奏，蓋甚重慎，何代罷之？遂命檢討沿革，而有司終慮淹繫，不果行。至是，刑部侍郎燕肅奏曰：唐大辟罪，令尚書、九卿讞之。凡決死刑，京師五覆奏，諸州三覆奏。貞觀四年，斷死罪二十九，開元二十五年，財五十八。今天下生齒未加於唐，而天聖三年，斷大辟二千四百三十六，視唐幾至百倍。京師大辟雖一覆奏，而州郡獄疑上請，法寺多所舉駁，率得不應奏之罪，往往增飾事狀，移情就法，失朝廷欽恤之意。望準唐故事，天下死罪皆得覆奏。議者必曰待報淹延。漢律皆以季秋論囚，唐自立春至秋分不決死刑，未聞淹留以害漢、唐之治也。下其章中書，王曾謂：天下皆一覆奏，則必死之人，徒充滿狴犴而久不得決。諸獄疑若情可矜者，聽上請。

又 天聖四年，遂下詔曰：朕念生齒之蕃，抵冒者衆。法有高下，情有輕重，而有司巧避微文，一切致之重辟，豈稱朕好生之志哉？其令天下死罪，情理可矜及刑名疑慮者，具案以聞。有司毋得舉駁。其後，雖法不應奏、吏當坐罪者，審刑院貼奏，率以恩釋爲例，名曰貼放。吏始無所牽制，請讞者多得減死矣。

《宋史·刑法志二》 諸重刑，皆申提刑司詳覆，或具案奏裁，即無州縣專殺之理，往往殺之而待罪。

先是，天下旬奏獄狀，雖杖、笞皆申覆，而徒、流罪非繫獄，乃不以聞。六年，集賢校理聶冠卿請罷覆杖、笞，而徒以上雖不繫獄，皆附奏。詔從其說。

又 〔紹興〕四年，又詔：特旨處死，情法不當者，許大理寺奏審。

又 孝宗究心庶獄，每歲臨軒慮囚，率先數日令有司進款案披閱，然後決遣。

《宋史·刑法志三》 熙寧二年，比部郎中、知房州張仲宣嘗檄巡檢體究金州金阬，無甚利。土人憚興作，以金八兩求仲宣不差官。及事覺，法官坐仲宣枉法贓應絞，援前比貸死，杖脊，黥配海島。知審刑院蘇頌言：仲宣所犯，可比恐喝條。且古者刑不上大夫，仲宣官五品，有罪得乘車，今刑爲徒隸，其人雖無足矜，恐污辱衣冠爾。遂免杖、黥，流賀州。自是命官無杖、黥法。

《宋史·張齊賢傳》 先是，諸州罪人多錮送闕下，路死者十常五六。齊賢道逢南劍、建昌、虔州所送，索牒視之，率非首犯，悉伸其冤抑。因力言於朝，後凡送囚至京，請委強明吏慮問，不實，則罪及原問官屬。自是江南送罪人者爲減太半。

《金史·刑法志上》 〔世宗〕嘗詔宰臣，朝廷每歲再遣審錄官，本以爲民伸冤滯也，而所遣多不盡心，但文具而已。審錄之官，非止理問重刑，凡訴訟案牘，皆當閱實是非，囚徒不應囚系則當釋放，官吏之罪即以狀聞，失糾察者嚴加懲斷，不以贖論。又以監察御史體察東北路官吏，輒受訟牒，爲不稱職，笞之五十。又謂宰臣曰：比聞大理寺斷獄，雖無疑者亦經旬月，何耶？參知政事移剌道對曰：在法，決死囚不過七日，徒刑五日，杖罪三日。上曰：法有程限，而輒違之，弛慢也。罷朝，御批送尚書省曰：凡法寺斷重輕罪各有期限，法官但犯皆的決，豈敢有違。但以卿等所見不一，至於再三批送，其議定奏者書奏牘亦不下旬日，以致事多滯留，自今當勿復爾。又曰：故廣寧尹高楨爲政尚猛，雖小過，有杖而殺之者。即罪至於死而情或可恕，猶當念之，況其小過者乎？人之性命安可輕哉！

《元典章・明政刑》 大德十年五月十八日，欽奉詔書內一欵，諸處罪囚，慮有冤滯，累經差官審理，比聞久係不決者尚多，仰各路正官參照審錄，廉訪司詳加復審，應疏決改正者，隨。

《元典章・體察》〔至元六年〕所在重刑，每上下半年，親行參照文案察之以情，當面審視，若無異詞，行移本路總管府結案，申部待報，仍具審追起數復審文狀申臺。其有審異，及別有疑似者，即聽推鞫。若事關人衆，卒准歸結者，移委鄰近不干礙官司，再行磨問實情。若有可疑，亦聽復行推問，無致冤枉。其餘罪囚，亦親錄問，若有冤滯，隨即改正疎放。統軍司、轉運司並其餘衙門罪囚，亦仰一體施行。

《元典章・繫獄・斟酌監保罪囚》 至元十四年，欽奉聖旨條畫委相威爲頭行御史臺事內一欵：節該諸罪囚應枷鎖散禁之例，各以所犯輕重，斟酌干連，不關利害及雖正犯而罪輕者，召保聽候，違者糾察。

《元典章・刑部・刑名・刑名備申招詞》 至元二十年十一月，中書省咨：據刑部呈，各處凡有刑省刑名事理，多送本部照勘擬定呈省。今來照得事發官司，元呈止是節略犯人招語，不見備細情犯詞因，難憑短招議罪，中間恐有差池，若便疎駁不完呈省，卻緣地里懸遠，不勝復往文繁，致使囚人坐禁，未便參詳。今後遇有須合申明裁決事理，令事發官司開寫犯人所招一干備細詞因完備，申覆合干上司，先行議擬，咨呈都省區處。

《元典章・折證・不須便勾證佐》 至元二十八年七月初八日，江西行省榜文內一欵：今後諸人告狀，受理官司披詳審問所告之事，有理而實，先將被告人勾喚到官，取問對證。若已承服，不須別勾證佐。若被告人不伏，必須證佐指說，然後將緊關干連人指名勾攝，無得信從司吏一概呼喚，違者痛斷。

又 至大元年十一月二十三日，行臺准御史臺咨：至大元年七月二十九日奏過事內一件：在先，一箇胡平仲小名的人，省裏文書裏持說，有官吏每取受要肚皮呵，沒體例勾當做呵。媳婦男兒根底，孩兒爺根底，兄弟哥哥根底，奴婢使長根底，與了肚皮做證見，指扳著說呵，有傷風俗麼道，說有來。依著那言語，在前省家每那般行了文書有來，俺商量來，媳婦男兒根底，孩兒那根底，兄弟哥哥根底，奴婢使長根底，轉與了肚皮的根底。若不問呵，勾當難完備，做賊說謊的人每使見識多了。

《元典章・稱冤・稱冤問虛斷例好生斷者》 延祐三年四月二十六日，江南行臺准御史臺咨：照得先爲行臺並各道廉訪司斷罷犯贓人員，往往捏合飾詞，赴臺稱冤。於延祐元年十二月二十五日，拜住怯薛第三日，光天殿兩壁櫻毛主廊內有時分，速古兒赤、乞兒不花、天寶赤、買驢等有來，趓兒只中丞，脱火歹治書，買驢經歷等奏，答剌罕大夫等衆臺官商量定，教俺奏有各處爲取受斷罷了的官吏每，來這臺裏稱冤的，多有這裏頭赦前的，也有革後的，也有赦來的，怎生分揀赦後的這裏待分揀呵，他每的文卷干礙著的人每，這裏也無，接了他每的告狀，將那裏的廉訪司裏去呵。那人每不肯，只俺根底告著。行有奏呵，比似如今稱冤，爲甚要肚皮來，不肯去底發將去，問的是虛呵，好生斷者麼道。聖旨：了也，欽此。除外咨請，欽依施行。

又 御史臺咨皇慶元年四月十二日奏過事內一件：薛禪皇帝立御史臺呵，糾彈官吏做賊說謊，見的眼、聽的耳朵麼道有來。完澤禿皇帝時分，樞密院經歷哈剌哈孫與伯顔、八都、馬辛等省官通同言著郭監察沮壞臺綱行來，那事問的其間，經了革來。曲律皇帝時分，三寶奴等奏委付臺官每來，臺裏首領官吏無體例打來，又教令納昔兒等八十人稱冤，沮壞臺綱行來。去年春間，皇帝登位，那勾當是赦前勾當，休問者麼道。奉聖革了來。如今納昔兒等三起人每稱冤的上頭，奉聖旨，刑部裏差人分陳者麼道，省家俺根底，與將文書來。有這人每裏，頭一箇長安縣尹周元小名的人，大德七年張閭陝西做監司時，斷罷來，到今十年也，纔稱冤。一箇納昔兒小名的人，原招了三件，取受的勾當，如今只寫著兩件，那一件取受了七十兩鈔，不曾敢告。有則這一件也，合罷職。有一箇吏部令史裴頤浩小名的人，要了四定鈔，監察擬著四十七下，敘用五府審囚官審的番了，問的再招了呵，加等打了五十七下。其餘的人每都和這的一般招的明白。這裏頭也有刑部擬來的，也有五府審囚官斷了的，也有臺裏斷了的。至於二品、三品，犯著取受經斷罷了的了，也有他每知道自己的罪過，不肯稱冤。有這告狀的人，都是七品八品，多有令史出身，小人每無羞懼的上頭，這般妄告。有又違了聖旨，將赦前勾當告；有沮壞臺綱，待做乾淨人麼道，這般上位根底告來。這告的事都是赦前的勾當，有刑部家也說道，省家合回奏麼道。省裏與了文書，有俺商量來，似這般勾當，若問呵，做賊說謊的人廝放，學臺家事也，有窒礙，依著已了的聖旨，革撥了呵，怎生。今後稱冤的人有呵，交臺裏告；外頭的有呵，交行臺裏告。

《元典章新集・政務・官吏冤抑明白分揀》 延祐七年二月〔原缺〕日，江南行臺准御史臺咨：延祐六年十一月三十日奏過事内一件，設官置吏，本以無安百姓，分揀是非有來，爲恐内外官吏要肚皮害百姓，壞了大勾當上頭。世祖皇帝立御史臺廉訪司糾察追問呵，多得濟來。近年以來，蠹政害民，要肚皮做賊說謊的官吏每，招贓明白，依體例斷罷了的，更受宣官俺題奏過斷了的，一面飾詞卻來稱冤。官吏每稱冤呵，便達知朝廷。百姓每被害有冤抑呵，上位根底不能得知，這稱冤的人每，只合分揀。原斷是的不是的省部家一概定擬。格前稱冤的，但是曾行移文書照勘。其間遇省釋免，便交還職這般行呵。啓開倖的門戶要肚皮的歹人們，廝廝倣傚著，不問遠年近年的，都來稱冤，好生紊亂著紀綱法度。有俺尋思來，被問來的官吏革前稱冤的，中間果有冤抑情節呵，照勘明白，分揀無抑屈的，依著已結正了的行。俺與省文書這般體例教行的，上位識者奏呵，那般者麼道。聖旨：了也，欽此。咨請欽依施行。

又至治元年二月〔原缺〕日，江南行臺准御史臺咨，承奉中書省劄付，刑部呈奉省劄，延祐七年四月十四日奏過事内一件，前者爲被枉問來麼道稱冤的人每多的上頭，俺奏了，教臺官每分揀者麼道，將他每告來的狀子與將臺裏去了來。如今稱冤的也多，有被告舉林伯枉問來的，也有該臺裏原告狀子與將臺裏去該省裏的。俺有人提調著分揀呵，怎生奏呵。奉聖旨：那般者，欽此。

《元典章新集・詳讞・平反冤獄》 延祐七年二月〔原缺〕日，江南行臺准御史臺咨：承奉中書省札付刑部呈：切謂信賞在功無不服，必罰在罪無不懲，非功而獲爵則爵輕，非罪而肆刑則刑褻。方今庶務惟刑爲重，平反冤獄，乃居官者職令所當爲之事。比因陞等減資之路，其一等貪進僥倖之徒，承差委問之際，不計事理虛實，欲圖陞進，往往鍛煉獄成，反害無辜，揑合文案。所在官司亦不詳讞，輒憑文牒。廉訪司取具體察公文，咨申省部定擬，其間平反辨白，固亦有之，照出不完冒濫者，十常八九，必致駁問往復、照勘文繁，經年逾月，不能杜絶。其於始初定立平反，止是推官任滿，考其殿最，而言殊無平反通例，若不定擬，深爲未便。今後内外官員果能留情獄訟平反，保勘明白，行移各處廉訪司，體覆相同，繳連的本，方許申呈。須具無問並平反各各緣由，備細招詞，取到枉勘官吏招伏本宗公事如何歸結開坐，咨申詳酌。如能平反重刑三名以上，量陞一等。犯流配五名者，擬減一資。名數不及者，從優定奪。其吏員事不干己而能平反者，依上於應得役上量進一等遷調。若職當審錄，並家屬稱冤，承差委問，諸人告指，不在論賞之例。其或冒濫不實，罪及保勘體察官司，庶革僥倖之弊。如蒙准呈，遍行照會遵守，相應具呈。照詳得此。議得諸官員今後如能平反重刑一名以上，陞一等；犯流罪三名，減一資；歷五名，陞一等；名數不及者，從優定奪；徒役五名以上，減一資。

元・張養浩《牧民忠告・移聽》 近年司憲受詞訟，往往檄州郡官代聽之，代聽者不可承望風旨，邀寵一時，使人茹枉受刑而靡恤陰理。

《元史・仁宗紀》〔仁宗延祐五年九月〕壬午，敕：軍官犯罪，行省咨樞密院議擬，毋擅決遣。

《元史・刑法志》 諸奏決天下囚，值上怒，勿輒奏。上欲有所誅，必遲回一二日，乃覆奏。

又 諸處斷重囚，雖叛逆，必令臺憲審錄，而後斬於市曹。諸内外囚禁，從各路正官及監察御史廉訪司以時審錄，輕者斷遣，重者結案，其有冤滯，就糾察之。

又 諸官吏平反冤獄，應賞者，從有司保勘，廉訪司體覆，而後議之。其有冒濫不實者，罪及保勘體覆官吏。諸路府軍民長官，因收捕反叛，輒羅織平民，強姦室女，殺虜人口財產，幷覆人之家，其同僚能理平民之冤，正犯人之罪，歸其俘虜，活其死命者，於本官上優陞資。諸路府曹吏，能平反冤獄者，於各道宣慰司部令史補用。

又〔至元二十年元月〕敕諸事赴省、臺訴之，理決不平者，許詣登聞鼓院擊鼓以聞。

明・應檟《大明律釋義・斷獄・有司決囚等第》 凡獄囚鞫問明白，追勘完備，徒流以下各府州縣決配。至死罪者，在內聽監察御史，在外聽提刑按察司審錄無冤，依律議擬，轉達刑部定擬，奏聞回報。直隸去處，從刑部委官與監察御史，在外去處從布政司委官與按察司官公同審決。○若犯人反異，家屬稱冤，即便推鞫，事果違枉，同將元問元審官吏通問改正。○其審錄無冤故延不決者，杖六十；若明稱冤抑不爲申理者，以故入人罪故失論。

釋義曰：徒流以下罪輕，雖有司得自斷決編配；惟死罪至重，一斷不可復生，故必監察御史，按察司官審錄無冤，轉詳刑部定議，奏聞回報，然後得處決。律之慎重人命者如此。直隸刑部差官與巡按監察御史會審處決，在外從布政司委官與按察司官會審處決，今亦從巡按御史監決矣。犯人反異，家屬稱冤，此皆審決之時而審決官所當推鞫者也。原審官吏即原經會審之官未得辯明者，故延不決及不爲申理，指審決官而言。

明・王肯堂《王儀部先生箋釋・斷獄・有司決囚等弟》 釋曰：此律要看審字，首節回報以上，以審斷死罪而言，直隸去處以下，以處決死罪而言。後二節以審決官言，定議奏聞回報，是候旨奉有決單者。

第一節凡有司鞫問獄囚，有招服情犯明白，及追勘未盡事理完備，自徒流以下至笞罪者，其罪輕，並從各府州縣官斷決配遣。惟死罪關係至重，務必詳慎精密，故在內聽監察御史，在外聽提刑按察司審錄，果無冤枉，依律議擬罪名，轉達刑部，定議奏聞，候發有決單回報。其直隸去處從刑部委官與監察御史，在外去處從布政司委官與按察司官公同會審處決。

第二節至審決之時，若應決犯人翻異原招，或因之家屬代爲稱訴冤枉，審決官即便再與推鞫。如事果有違枉，即公同將原審問官吏通行提問，改正其罪。

第三節審錄無冤，囚無反異，家屬又無稱冤者，即應處決矣。而審決官故爲遷延不即處決者，杖六十。若犯人明有冤抑，自行翻異，或家屬稱訴，其審決官執泥成案，不即爲之申理改正者，如係受贓挾讐等情，而不與辯明，則以故入論。若無私弊，一時失於參究，則以失入論。故曰以入人罪故失論。

明・王肯堂《王儀部先生箋釋・慎刑說・人命》 上司數批檢問，非以求同，正謂恐有冤抑，相與平反耳。每見承委官員不以人命爲重，或恐前官怨恨，不敢異同，或因犯人者富豪，不肯開釋，或觀望上官之批語以爲從違，或描寫歷來之成案以了己事，如此存心，公耶私耶？倘有毫髮冤情，其罪重於初審。何者？獄情不始於我，而死刑實成於我也，天地神明豈無知哉！以後委勘人命重事，務擇正直仁厚官員，持虛秉公，細加鞫審。或前官怨我直異，或後官與我不同，總付之無心。蓋衆官同勘一事，須定此事虛實，同勘一人即係此人生死，豈以求媚人、求勝人哉？此心不克，人品可知矣。

《明實錄・宣德十年》〔二月〕乙丑，敕諭刑部、都察院、大理寺、錦衣衛：今所監重囚中前日詔書所不該赦者，朕慮其中尚有冤抑，或成于法司之鍛鍊，或出於勢力所脅從，罪非由己，情有可矜。爾等即會公、侯、伯、都督、尚書、侍郎、給事中、御史公同覆審，務要詳察情實，分別重輕，具本來聞，不可枉其分毫，以虧天理，以昧人心，庶幾人服其辜，雖死無怨。

又〔六月〕癸亥，監察御史張聰言：在京赦所不及囚繫幸已矜宥，然天下豈無類此者？請敕巡撫、巡按官會審奏裁，庶欽恤之意溥及。已而，行在刑科給事中賈銓、宋純言：南京重獄，宜敕南京三法司、錦衣衛會審。亦如聽言，從之。

《明實錄・天順八年》〔十月甲申〕三法司會官審錄重囚。先是英宗皇帝有旨，自天順三年爲始，每歲霜降後該決重囚，令三法司會多官審錄，永爲定例。至是三法司官尚書陸瑜等循歲例，於霜降後奏請會太保會昌侯孫繼宗、吏部尚書王翺等審錄重囚，得情眞、罪當、無詞，并有冤枉情可矜疑者以聞，上命情眞罪當者如律處決，情可矜疑者杖一百，發充邊衛軍。

《明實錄・成化九年》〔八月丙子〕刑部都察院各奏：天下都布按三司，并直隸府衛等衙門奏繫死囚總二百六十八人，今霜降在邇，請差刑部官會同巡按御史詳審無冤，就彼處決。間有翻異原招稱訴冤枉及情可矜疑者，會鞫其實以聞。從之。

《明實錄・弘治十八年》〔二月甲子〕南京刑部奏：斬罪決不待時者三人。大理寺已審允，得旨欲即行刑。下法司議，謂：在京問擬重囚，間有決不待時者，雖經審允奏請，至刑科三覆奏，或蒙恩仍監候會審。南京無刑科覆奏之例，乞俟秋後，諸司會審無冤，仍類奏上請定奪。如有窮凶極惡、難照常例者，更(且)〔具〕奏處決，請著爲令。從之。

《明實錄・正德二年》〔十月〕乙酉，大學士李東陽等言：處決重囚，三五覆奏，自唐太宗以後，歷代遵行，未嘗有改。我太祖著爲定制。每法司決囚，必得刑科三覆奏，然後批出行刑，此乃體天地好生之心，爲聖王不易之法也。昨日刑科初覆奏，本幸未發行，仍望批一是字，少待三覆本內，方纔批出處決，不過遲數日之期，而可以存百年之令。典臣等再四籌度，不敢緘默，代聽採擇。

《明實録・嘉靖三十七年》〔六月〕己卯，刑部尚書鄭曉等言：故事，在京軍民詞訟俱赴通政司告，送法司問斷。各衙門有應問者，參送法司，不得自決。比來事權不一，諸司各自受詞，不復參送，甚有私紙贖以爲利者。且其間拘禁箠楚，或妄以意見出入，顛倒法令，致良善苦於紛拏，姦頑喜於詐害。臣竊憫之，請申明會典條例，令各衙門通行遵守，庶政體歸一，紙罰亦不至乾沒。疏上得旨：自今在京軍民詞訟，各衙門并巡城御史毋得徑自受理，違者奏治。時南京上元縣有越獄之變，南京刑部尚書馮岳亦言：近來五城爾縣繫獄數多，皆因各衙門濫受民詞，不送法司讞決，故淹禁日久，至於生變。請盡録繫囚，隨輕重決遣之，而嚴有司侵官亂法之禁。曉因覆其奏以請。報可。

《明實録・隆慶三年》〔十一月辛未〕刑科都給事中舒化等言：法者，天下公共。臣等待罪該科，宜爲陛下執法，自今一切犯罪當論者，宜下法司，法司議擬不當，下臣等參看，則天下孰敢有自干明憲者。如事有不合聖意，竟自勅行，則愛憎喜怒難必盡無，而法司與臣俱爲冗曠，惟陛下俯容臣等執法，勅下法司永爲令典。刑部議覆，上是之。

《明實録・萬曆五年》〔六月〕己巳，上以審録矜疑罪犯不合律意，諭刑部曰：印信係干王制，與曆日符驗等項同科，故律凡僞造者即坐以斬，初不論其行次數及得財多寡。該犯情無可原，照舊監候發遣。朝廷五年差官審録，欲申理無辜，非欲輕釋有罪，若有罪幸免，則民輕犯法，刑獄滋多，亦豈得爲仁政？近來審録官不講求律意，但沽輕恤之名，其所稱矜疑者俱未見有可矜之情、可疑之跡，其中疑獄沉冤或反不能照察，殊失朝廷欽恤之意。今後法司仔細詳推，務求允當，毋得一概混覆，致失刑罰之中。

又〔七月〕庚戌，諭刑部審録各官：事完之日，查前後所奏，已經議覆，依准改駁件數多寡，通行考覈具奏。有刑名未諳，改駁數多，照例參究，無事姑息。

明・陳仁錫《皇明世法録・元勛》　朕初卽位，少欲以威服天下耳，及漢平，賜予優渥。刑部奏決重囚，命輔同五都督府九卿審於朝，以枉者五十六人，上詔讞而釋之。囚之有審，自輔始也。

明・吕本《皇明寶訓・永樂卷五・恤刑》　永樂九年四月癸巳，刑部都察院言：各布政司、按察司所鞫重囚審覆明白者，請遣官臨決。上曰：雖云審覆明白，然能保其中悉無冤乎？京獄有冤者得擊登聞鼓自陳，彼在數千里外，或有冤欲自陳，難矣。人命既絶不可續，寧緩無急。果若有失，緩可以改，急則欲改無及。其再遣人審覆來聞，而後遣官決之。

又〔永樂九年〕九月戊寅，諭刑部都察院、大理寺臣曰：朕自莅阼以來，敬於用刑，誠以死者不可復生，故令再三詳讞，必使罰適中而人服。爾等雖面承朕訓，然聞屬吏因循苟且，未盡得中，自今除謀反、大逆審覆無異決不候時，其餘死罪可具疏情犯進來，朕詳覽之，仍五覆奏，然後加刑。天地神明覽臨在上，朕不敢忽，爾惟欽哉！

又永樂十三年十月壬辰，法司奏冒支官糧者，上怒，命戮之。刑科覆奏，上曰：此朕一時之怒，過矣，其依律。自今犯罪，皆五覆奏，著爲令。

明・吕本《皇明寶訓・宣德卷五・恤刑》〔宣德三年〕十二月乙未，行在刑部、都察院奏決重囚。上命公、侯、伯、都督、尚書、都御史同審覆，諭之曰：古者斷獄必訊於三公九卿，所以合至公、重民命。卿等往同審覆，毋致枉死。太師英國公張輔等覆審還奏，訴枉者五十六人。上命法司重與勘實，又勵之曰：殺不辜者縱勉人責，難逃鬼誅，不可不慎。

明・吕本《皇明寶訓・宣德卷五・審刑罰》〔宣德九年〕七月壬辰，行在刑部右侍郎施禮奏：昨請決重囚十四人，有旨，命再會官審覆，今有詞者九人，服罪者五人。上謂禮曰：刑當罪則人不冤，有詞者必有冤，即再與覆勘，務期其實。然亦不可縱有罪，服罪者皆如律，臨決之際亦再審實，勿令有冤。朕已再三與卿等言，若縱有罪、殺無罪，是卿等之咎，不可不慎。

明・吕本《皇明寶訓・成化卷二・諭臣下》　成化元年十月甲申，都察院決囚失於覆奏，檢舉請罪。上諭六部臣曰：天工人其代之，若事當行而緩於覆奏，是怠天也，怠其可乎？自今各衙門，一應奏題旨意即明白覆奏，毋得稽緩。五日內不覆奏者，該科劾之。

明・何棟如《皇祖四大法・治法》〔洪武四年三月〕戊申，贛州民有止宿逃囚者，初不知其囚，刑部逮問，坐之罪。上曰：刑者，聖人設防於天下耳。深文重法，仁者不爲。故凡斷獄，貴得其情，緣情而論罪，則刑當而民服。彼既不知其爲囚，而止宿之者，人情之常也，何爲罪之？如所議，行路之人，將無止宿矣。遂命釋之，給道里費遣歸。

又 〔洪武十四年五月〕丙申，刑部奏決重刑，上諭之曰：朕常命汝等，凡有重獄必三覆奏，以人命至重，恐不得其情，則刑罰濫及，而死者不可復生也，故必欲詳審。今汝等概以重刑來奏，其間固有瀆倫亂法、罪不可原者亦有一時過誤，情有可矜者，必當分別，若一概言之，則輕重不分矣。自今凡十惡非常赦所原者，則云重刑，其餘雜犯死罪，許聽收贖者，毋概言也。

明・申時行《明會典・詳擬罪名》 在外問刑衙門罪至大辟者，皆呈部詳議，議允，則送大理寺覆擬。覆擬無異，然後請旨施行。其情法未當及已送寺駁回者，俱發回所司再問。事例詳後。洪武十七年，諭法司官：布政司、按察司所擬刑名，其間人命重獄，恐有差誤，令具奏轉達刑部都察院參考，仍發大理寺詳擬，已著爲令，今後直隸府州縣所擬刑名，一體具奏。二十六年定，凡各布政司并直隸府州，遇有問擬刑名，笞杖就彼決斷，徒流、遷徙、充軍、雜犯死罪解部審録發落。其合的決絞、斬、凌遲處死罪名，各處開坐備細招罪事由，照行事理，呈部詳議。比律允當者，則開緣由，具本發大理寺覆擬。如覆擬平允，行移各該衙門如法監收聽候，依時差官審決。如有決不待時重囚，詳議允當，隨即具奏差官前去審決。其有情詞不明或出入人罪失出入者，駁回改正再問。若故出入，情弊顯然，具連原問官吏提問。三十一年，令軍民人等犯徒流以下，俱不申詳，止將死罪并應議文武官員，不分罪名輕重俱監候，具由申呈合於上司轉達，待報發落。三十二年，令徒流、雜犯、死罪、充軍囚犯，仍復申詳，但止將原發招由轉呈候審允訖，行令照依原擬發落。正統四年，申明憲綱，凡在外問完徒流、死罪備申上司詳審，直隸聽刑部巡按御史，各布政司聽按察司，并分司審録無異。徒流就便斷遣，死罪議擬奏聞，照例發審。嘉靖二十一年奏准，今後但經大理寺詳過奏旨處決人犯，後復奏辯，行勘情眞，仍依原擬者，只遵照前旨，不必再行開詳。四十三年題准，凡撫按審録重囚已經奉有決單者，悉照京師會官熱審事例，必不再拘干證先查始末文卷，止將見監囚犯送審。除情眞外，如果情罪的可矜疑者，即爲奏請定奪。若有異詞，相應再問者，案行守巡道，轉委府州縣正官或推官，就近拘取原證，再審明確，務要立限速完，不許動延時月。若原證年遠不存，即便明白聲說，不許混提家屬。各府州縣問官，不許轉批首領等官，以滋繁擾。各該干證只暫保候，不許一概混監。撫守巡官嚴加禁約，違者參奏處治。萬曆十二年，令貪官科斂，贓至五百兩以上，情重者引例發遣，情輕者依律問擬，俱追贓還官。又令，侵欺邊海錢糧，千兩以上，問斬監故者，家產盡絶免追，仍拘伊男發遣朝審。

明・余繼登《典故紀聞》卷七 成祖嘗謂都察院臣曰：自昔閹宦弄權，假朝廷之號令，擅調軍馬，私役人民，以逞威福，生事造釁，傾覆宗社者多矣。我太祖皇帝監前代之失，立綱紀，明號令，調發軍馬，必以御寶文書。朕即位以來，一遵舊制，愛卹軍民，首詔天下，一軍一民，不許擅差。復命所司，嚴切禁約，去年曾命內使李進往山西採天花，此一時之過，後甚悔之，更不令採。近聞李進詐傳詔旨，僞作勘合，於彼召集軍民，復以採天花爲名，假公營私，大爲軍民之害，及今炎暑之月，亦不散遣。計李進所爲，與昔之弄權者何異？若後來傚效益多，朝廷威福之柄下移，嗣君何以統治天下？今進所爲，所在軍民官都不奏來，此亦與胡、藍、齊、黄欲壞國家事者何異？爾即差御史二員徑詣山西，將李進一干爲非之人鞫問明白，械送京師，必寘重法。若都司、布政司有干涉者，併鞫治之，雖關皇親，亦不恕。仍令御史用心推治，不可容縱。

又 法司奏録囚當決者三百人，成祖謂諸臣曰：三百餘人，未必人人皆實，有一不實，則死者銜冤，爾等更從容審之。一日不盡則二日三日，便十日亦何害？必使其無冤。大抵人之實情難得，有言語便捷輒駕虛詞掩實情者，有訥於言雖懷情實而口不能發者，須詳悉以聽，亦不可以刑迫之。近有僧帖匿名榜，言縣官貪汚，法司推問，疑一吏與之有隙，遂極搒掠，吏不勝即引服。僧之從者，憫吏無辜，赴官首其事，逮僧鞫之，果得實。向使僧之從者不言，豈不枉殺此吏？法司以刑迫人，往往有此弊。今三百餘人，寧無一二冤抑？爾等其詳審之。既而得釋者二十餘人。

又 永樂十七年，成祖令自今在外繫囚當死者，悉送京師會官審録無冤，三覆而後決之。因諭法司曰：刑，聖人所慎，蓋輕者殘肌膚，重者戕性命。匹夫匹婦，不得其死，有傷天地之和，召水旱之災。朕屢詔寬卹，然慮在外有司罔體朕意，濫及非辜，故令死罪咸送京師審録。爾等會審之際，尤須敬愼，不可輕忽。

明・沈德符《萬曆野獲編・内閣・宰相讞獄之始》 慮囚雖大事，然刑部、大理寺，乃專責也。朝審主以冢宰，熱審主以中官，已屬侵越。若宰相則不問決獄，自古已然。惟洪熙元年，曾命內閣學士，同公、侯、伯、府部堂上官會審重囚，至成化初元而罷之。時李文達當國，其保相體多矣。又至嘉靖十五年冬，上特命少傅大學士李時、夏言，同武定侯郭勛，審刑部重囚，釋放應死者凡六十八人。時以爲太縱，然此舉因改獻皇廟號，及恭上章聖太后徽號，大霈宇內。其時赦書中未行，卽有刑部具題，請敕大臣會法司審卹之條矣。以故特遣賜敕行事，本係一時曠蕩之恩。比至竣事之後，三臣再請遍行天下，遵照京師，一體審恤，上允其議，其事在閏十二月。弇州誤記作是年三月熱審，因以爲不遣內臣之證，則失實甚矣。此後惟隆慶四年，兼掌吏部大學士高拱，自以意請朝審主筆，蓋專爲王金一案，借以陷徐華亭，既非故事，亦非上意屬之也。

明・沈德符《萬曆野獲編・詞林・翰林權重》 洪武十四年十月，命法司論囚擬律奏聞，從翰林春坊會擬平允，然後覆奏論決。是生殺大事，主於詞臣矣。

明・沈德符《萬曆野獲編・刑部・恤刑》 五年一恤刑，此成化以後成例。事體最重，往年多選刑部年深正郎有聲者應其選。蓋出使時，得與各省撫臺講敵禮，其所開釋者，讞時卽剖長枷，以俟上命釋放。爰書一出，撫按不得撓其權，嘉隆間尚然。近年始有以副郎奉使者，如吾鄉孫雲衢成泰憲副其一也。初至江西，多所減貸。時按臺憎其太縱，遇一二稍未當者，於讞牘上峻語駁之。且云，仍一面知會恤刑官備照。孫怒，上疏以故事爭之，時論多不直按臣。次年畢事，陞江西饒州知府，時直指尚在事。孫又疏引嫌控辭，得改福建之邵武。今此差一聽司官以情請乞，其資俸應得與否，堂官不復問。至有主事入部二三月，卽銜命稱恤使而出矣。舊例，境內各知府俱稱屬，手板素服庭參，惟免跪禮，府同知以下，一切庭趨折腰。至是亦不肯盡執舊禮，遂至彼此爭詬。其所矜宥者，亦不盡如所擬，僅得稍及寬政而已。蓋新進書生，卽未諳城旦家言，不無任意高下，老吏輩反得以深文譏切之也。此差一出二三年，凡嗜進圖改他曹者，往往不願就，以故堂官反謂恬退無競，乞此冷差，欣然允之。至覆盆之平反幾何，不置詰久矣。

明・沈德符《萬曆野獲編・刑部・遣使審恤之始》 刑部、大理寺及都察院，遣其屬讞天下獄囚，其事起於正統年間，然而時舉時輟。至成化元年十一月，南京戶部左侍郎陳翼，因災異陳言，請如英廟時，遣刑部審錄省直重犯，寬恤以召和氣。時廖恭敏莊爲刑部左侍郎，以歲儉民貧，差官不無擾民，但令撫按及按察司，自清刑獄，其遣官俟豐年再議。時大司寇爲陸瑜，以恭敏爲先朝重望直臣，不能奪也。至四年又奏行之，然但及兩直隸耳。又至成化八年壬辰，始命刑部差郎中、大理寺差寺正，各奉敕往兩直各布政司，遇重辟可矜者，奏請寬貸。於是五年一恤刑之差遂定。時陸瑜尚長秋官也，其用丙辛年，不知始於何時。說者謂取金火明烈之象，亦不知何據。今恤刑年分，則三法司重囚，俱奉旨命大璫一人捧敕涖事，一如熱審之例，眞敝規也。按陳翼此疏，造福狴犴不淺，何以當年寢閣不行？然其說格於一時，終爲後世永制，仁人之言，其利溥哉，恭敏自是鐵漢，此舉似太刻礉，次年亦歿於位矣。凡內臣曾奉命審錄者，其墓舍輒盡壁寫像於南面，法司堂官隅侍，御史與曹郎引囚聽命於下，以爲榮觀。

明・沈德符《萬曆野獲編・刑部・朝審主筆》 讞獄專屬刑部，惟朝審則上請。例以吏部尚書主筆，所謂冢宰無所不統，最爲近古。至五年大審，乃遣大璫一人涖之，則巍然正坐，而刑官夾侍左右，殊令人短氣。今人皆謂起於成化十七年四月遣太監懷恩。及閱故相王毅愍文傳，則正統六年辛酉，命中貴興安審錄兩法司罪囚，文時爲大理卿，於招情矜疑者悉能背誦，興安歎服，則似不始於成化。又景泰六年乙亥二月，帝命太監王成，會三法司及刑科審錄在京刑獄，及南京各省皆然。按是年既非丙辛大恤之年，且二月又非熱審之候，而以內官率刑官從事，蓋又屬創舉，而中涓預聞詔獄，已非一日矣。

明・沈德符《萬曆野獲編・刑部・熱審之始》 今制遇暑月，則刑部請上命，審情罪之輕者釋之，稍重減等，恐獄狹人衆以致疫。此實本朝聖政，前代未有。文皇之初，其時止甦輕罪，或出獄聽候而已。至宣德二年七月，上諭三法司：今盛暑，朕與卿等深居靜處，猶覺可畏，罪囚鬱蒸煩懣，安得無病？宜爲檢看。卽具所犯來奏，勿得久淹。三法司、刑部尚書金純等上奏疏決，上閱之，凡決遣二千四百六十五人。三年五月，尚書金純以疾在告，上令太醫往視藥。時上以天氣炎熱，敕法司疏決滯囚，純不加意，屢從朝貴宴飲，上聞之怒，下純錦衣獄治之。上乃親閱獄囚決遣五百七人，然猶間歲一行。至孝宗登極，始令遇夏月凡監犯可矜疑者，俱上聞減等，或竟釋放，歲歲行之。自是熱審爲故事，聖人如天之澤遠矣。按《會典》載：永樂以來，熱審但用三法司官。至正統末年，始以大璫一人會審。又至成化間，定五年一大恤，命司禮掌印内臣主之。出則張蓋列騎，正坐於棘寺堂，秋卿以下俱列侍，遂循行不改，以至於今。又據王弇州所紀，以爲始於英宗朝，遣司禮太監金英是矣。但英之遺熱審，在正統十四年，此見之實錄者，與《會典》所記正合，其説似無可疑。惟王毅愍傳云：正統六年，命大璫興安，同王文審重囚，則不始於十四年，并不始於金英矣。先朝典制俱付之傳疑，非史官之責歟？

明・談遷《國榷》卷八 〔太祖洪武十七年閏十月〕令天下論獄皆屬都察院評允，送大理寺審復，乃決之。

明・談遷《國榷》卷九 〔太祖洪武二十五年二月〕上諭刑部尚書楊靖等曰：京師之獄，卿等三覆奏，朕親臨決，猶慮不當中外有司，安能人皆盡職？所上獄卿等詳讞之。

明・談遷《國榷》卷一三 〔成祖永樂元年十月〕大理寺卿薛嵓等奏，各省布政司所上死獄，請遣御史分決。從之，命左都御史陳瑛等授御史簡，書慎刑之意，臨決苟有可生，即與辨釋。

明・談遷《國榷》卷一五 〔成祖永樂九年十一月丙子〕刑科都給事中曹潤等言：日者録囚，命釋輕繫，臣竊見匝月間瘐死九百三十餘人，非陛下意也。上召法司記罪，限徒流以下十日盡決遣。

明・丘濬《大學衍義補・慎刑憲・存欽恤之心》 高宗紹興四年，詔特旨處死情法不當者，許大理寺奏審。

明・丘濬《大學衍義補・慎刑憲・評聽斷之法》 《康告》曰：要囚，服念五六日，至於旬時，丕蔽。斷也。要囚，蔡沈曰：要囚獄辭之要者也。服念，服膺而念之。旬，十日。時，三月。爲囚求生道也。

蘇軾曰：服念，爲囚求生道也，求之旬時，而終無生道，乃可殺。

臣按：此卽《易》所謂緩死也。唐太宗謂死者不可復生，決囚須三覆奏，頃刻之間，何暇思慮，自今宜五覆奏。正得要囚至於旬時之意。

明・丘濬《大學衍義補・慎刑憲・議當原之辟》 《文王世子》：公族其有死罪，則磬懸縊殺之也。於甸人，其刑罪則纖音籤。纖，刺也。剸，割也。亦告讀爲鞫。于甸人。公族無宮刑。獄成，有司讞議獄也。于公。其死罪，則曰某之罪在大辟；其刑罪，則曰某之罪在小辟。公曰宥寬也。之，有司又曰在辟，公又曰宥之，有司又曰在辟，及三宥不對走出，致刑于甸人。公又使人追之，曰雖然必赦之，有司對曰無及也，反命于公，公素服不舉爲之變，如其倫之，喪無服親哭之。

又 孟秋之月，命有司脩法制，繕囹圄，具桎梏，禁止姦，慎罪邪，務搏執命理，瞻傷、察創、視折、審斷，決獄訟必端平，戮有罪嚴斷刑，天地始肅，不可以贏。

仲秋之月，乃命有司申嚴百刑，斬殺必當，毋或枉撓枉撓不當，反受其殃。

季秋之月，乃趣促獄刑，毋留有罪。

孟冬之月，是察阿黨，則罪無所掩蔽。

陳澔曰：獄吏治獄寧無阿私，必是正而省察之，庶幾犯罪者，不至掩蔽其曲直也。

明・丘濬《大學衍義補・慎刑憲・謹詳讞之議》 漢高帝制詔御史，獄之疑者，吏或不敢決，有罪者久而不論，無罪者久繫不決。自令以來，縣道官獄疑者各讞所屬二千石官，二千石官以其罪名當報。謂處斷也。所不能決者，皆移廷尉，亦當報之。廷尉所不能決，謹具爲奏，傅所當比律令以聞。

臣按：此漢人讞獄之制。

明・佘自强《治譜・詞訟門・供招申報》 自理詞訟，有審語者，當堂即寫紙贖罰穀單，及登號簿，一二日後，隨令書手做一小招施行立案。無審語者，止令取供書手照所批定納紙納穀單登號，即將無罪之人吩咐先出；餘後出。贖重者，差皂隸押催，不必取保，問之歇家便是；贖輕者，口問歇家在何處，即於地方名下督取，均不許皂隸地方借此苛索。大書告示，事發重究不饒。犯人有願即時完官者，吩咐庫吏即收，皂隸免差。按軍罪係兩院發，落徒罪係道尊而上方可發落，故徒贖之名，即太守不敢定者。今有司輒問徒贖，自行發落，殊可駭異。近有功名之士，自理詞訟，多問徒贖，申司道以圖迎合，甚至有本無徒贖之人，捏鬼名以申解者，諧世雖工，終不若遇應徒者方行申報之爲正大也。近有善宦者，凡自理詞訟，遇刁徒強項訟師不服縣官責罰者，察言觀色，覺有可異，即將此起申招府堂，詳内云事干刁棍重情，合應申達本府。本府詳允後，如此人再告上司批府，亦難反汗，致謗縣官，如批各廳，彼亦相諒，決不相反，亦諧世中一制奸法也。

明・佘自强《治譜・詞訟門・上司詞狀》 本縣自理詞狀，主張在我。惟上司詞狀，多有打網遊棍，將平日仇人不論事之相干無干，一概俱入在狀內。甚至有一張狀，單款紛紛，牽連數十人者。上司不察，信手准行，有司漫不加意，輒憑吏書一概抄寫，又甚有本縣吏書，私添暗入者。此票一行，加以虎快作祟，不論被告干證，不論曲直眞僞，動稱上司人犯，愚民懼怕。每一名字要銀幾兩，方可銷名。若係破解，索銀尤狠。在被告者，一家尚未被害，而波連無辜各家已受無窮打網之害矣。故有司於上司，尚未相信，宜審其情形，酌量拘審。若上司留心地方，或已蒙信愛，當直陳地方打網之害，懇上司批發詞狀時，將無辜多人或嬰兒婦女量行塗抹。若上司肯聽涂抹，我更可從中作事，陰隲所及不淺。

明・呂坤《實政録・提刑事・人命》 本司職在伸冤理枉，各犯豈無抱屈含冤，法當解審，恐有疎虞，止據招冊，何由得實。該州縣衛所衙門既官此地，聞聽易眞，且典其獄，審鞫尤便。文到之日，要將在監重犯自到官日期原發卷案逐一檢閱，要見原告初時如何說話，後變何詞；干證初時如何供稱，緣何反覆；初覆問官是否賢能，有無別故；承行吏書曾否受賄，輕重情辭；檢驗傷痕重輕緩急果否致命；搜獲贓物顔色分兩果否極眞。仍提本犯干證失主尸親一一細審，仍於意外拘隣佑鄉甲欵欵詳推。但有矜疑即將招冊只用簡明略節逐段旁批，務在得情，不厭繁碎。完日申呈本司，一以見本官盡心獄事，一以見本官才識精明。果可平反，即當轉呈，或另行駁問。

清・畢沅《續資治通鑑》卷二 〔宋太祖建隆三年〕帝謂宰臣曰：五代諸侯跋扈，多枉法殺人，朝廷置而不問，刑部之職幾廢。自今決大辟者，録案聞奏，委刑部詳覆。

清・畢沅《續資治通鑑》卷一二 〔太宗太平興國八年〕遼敕諸處刑獄有冤不能伸雪者，聽詣御史臺申訴，委官覆問。先是大理寺獄訟凡關覆奏者，以翰林學士、給事中、政事舍人詳決，至是始置少卿及正主之。

清・畢沅《續資治通鑑》卷三四 〔遼開泰八年〕冬，十月，遼詔下諸道，事無鉅細，已斷者每三月一次條奏。

又 〔宋眞宗天禧四年〕丁亥，戶部員外郎兼太子右諭德魯宗道奏：請自今羣臣除故枉法贓外，其因事計贓情可閔者，並奏裁。從之。又請：選人有罪，令銓曹於刑部、大理寺兩司中止問一處。詔銓曹：自今刑部、大理寺定選人罪名不一，即送審刑院速詳定以聞。

清・畢沅《續資治通鑑》卷三七 〔宋仁宗天聖四年〕判刑部燕肅上奏曰：唐大理卿胡演進月囚帳，太宗詔，凡決死刑，京師五覆奏，諸州三覆奏，全活甚衆。貞觀四年，斷死罪二十九，開元二十五年，才五十八。今天下生齒未加於唐，而天聖三年，斷大辟二千四百三十六，視唐幾至百倍。京師大辟雖一覆奏，而州郡之獄有疑及情可閔者，至上請而法寺多舉駁，官吏得不應奏之罪，故皆增飾事狀，移情就法，失朝廷欽卹之意。望準唐故事，天下死罪皆得一覆奏。下其章中書，王曾謂：天下皆一覆奏，則死囚充滿狴犴，久不得決；請獄疑若情可矜者聽上請。壬午，詔曰：朕念生齒之繁，抵冒者衆；法有高下，情有重輕，而有司巧避微文，一切致之重辟，豈稱朕好生之志哉！其令天下死罪情理可矜及刑名疑慮者，具案以聞，有司毋得舉駁。

清・畢沅《續資治通鑑》卷五〇 〔宋仁宗慶曆八年〕知陝州吳育上言：近傳三司判官楊儀下獄，自御史臺移劾都亭驛，械縛過市，萬目驚駭。及聞案具，乃止坐請求常事，非有枉法贓賄。又傳所斷罪名，法不至此，而出朝廷特旨。恐非恩歸主上、法在有司之意也。且儀身預朝行，職居館閣，任事省府，使有大罪，雖加誅斬，自有憲章。苟不然者，一旦至此，使士大夫不勝其辱，下民輕視其上，非所以養廉恥、示敦厚也。儀罪未斷，臣不敢言。今事已往，且無救解之嫌，止祈聖神此後詳審庶事，毋輕置詔獄。具案之上，自非情涉巨蠹，且從有司論讞，不必法外重行。如此，足以安人心，靜風俗，養廉恥，召和平，天下之幸也。

清・畢沅《續資治通鑑》卷五四 〔宋仁宗至和元年〕丁丑，詔開封府：自今凡決大辟囚，並覆奏之。初，開封府言得樞密院劄子，軍人犯大辟無可疑者，更不以聞，其百姓則未有明文。帝重人命，至是軍人亦令覆矣。

清・畢沅《續資治通鑑》卷五七 〔遼清寧四年〕丙午，遼詔伊勒希巴諸路鞫死罪，獄雖具，仍令別州縣覆按，無冤然後決之，稱冤者即具奏。

清・畢沅《續資治通鑑》卷六六 〔宋神宗熙寧二年〕二月，詔：今後謀殺人自首，並奏聽敕裁。帝初從王安石議，凡謀殺已傷而自首，減二等科罪，衆論不服，御史中丞滕甫請再選官定議，詔送翰林學士呂公著、韓維、知制誥錢公輔重定。公著等議如安石。於是法官齊恢、王師元、蔡冠卿等皆劾奏公著等所議爲不當。又詔安石與法官集議。反覆論難，久之不決，故有是詔。

清・畢沅《續資治通鑑》卷一二八 〔宋高宗紹興十八年〕六月，癸巳，帝謂大臣曰：每歲決獄，聞憲臣第遣屬官代行，徒爲文具。可令親往所部，具所決名申尚書省。

清・畢沅《續資治通鑑》卷一三九 〔金大定六年〕十二月，甲戌，金詔：有司每月朔望及上七日毋奏刑名。

清・畢沅《續資治通鑑》卷一四〇 〔宋孝宗乾道三年〕癸酉，帝曰：朕欲依祖宗故事，先令有司具囚情款，前數日進入，朕親閲之，可釋者釋之，可罪者罪之，庶不爲虚文。今後並依祖宗典故。

清・畢沅《續資治通鑑》卷一五四 〔金承安元年〕癸卯，金以久旱，敕尚書省曰：刑獄雖已奏行，其間恐有疑枉，其再議以聞。人命至重，不可不慎也。

清・畢沅《續資治通鑑》卷一七七 〔宋理宗景定三年〕乙巳，蒙古主諭史天澤曰：朕或乘怒欲有所誅殺，卿等宜遲留一二日，覆奏行之。

清・畢沅《續資治通鑑》卷一九四 〔元成宗大德六年〕八月，甲子，詔御史臺：凡有婚姻、土田交案，遇赦依例檢覆。

清・嵇璜《續通志・刑法略二》 〔宋〕仁宗天聖四年，以冒法者情有輕重，而有司一切寘之重辟，乃令天下死罪情理可矜及刑名疑慮者，具案以聞，有司毋得舉駁。其後雖法不應奏，吏當坐罪者，審刑院貼奏，率以恩釋爲例，名曰貼放。

又 哲宗親政，稍復熙寧元豐舊制，迨元符三年，詔：强盜贓應絞者，贓數並增一倍，贓滿不傷人，及雖傷人而情輕者，奏裁。其用兵仗湯火之類傷人，及殘虐主家，情狀酷毒，或污辱良家，或入州縣鎮寨行劫，不在奏裁之限。若驅虜官吏巡防人等，罪不至死，仍奏裁。

又 〔宋淳熙〕時有司以覆勘不同，則前官有失入之罪，往往雷同前勘。帝知其弊，十四年詔特免一案推結一次，於是大小之獄，多得其情。二廣州軍獄吏畏憲司點檢送勘之害，凡有重囚多斃於獄。臣僚以爲請，乃詔二廣提刑司詳覆公事，若小節不完，不須追逮獄吏，委本州究實保明；遇有死者，必根究其所以致死。三衙及江上諸軍各有推獄，謂之後司。獄成決於主帥，不經屬官，故軍吏多受財爲奸。光宗時乃詔通曉條制屬官兼管之。廣東路瘴癘，惟英德府爲最甚，謂之人間生地獄，諸司公事欲速成者多送之，自非死罪至即誣伏，亟就刑責以出。紹熙五年臣僚言之，詔：本路諸司公事應送別州者，無送英德府。

清・嵇璜《續通志・刑法略三》 〔遼清寧〕二年，命諸郡長吏如諸部例，與僚屬同決罪囚，無致枉死獄中。又詔：自今凡强盜得實者，聽即決之。四年復詔：左伊勒希巴日比詔外路死刑，聽所在官司即決，然恐未能悉其情，或有枉者。自今雖已款伏，仍令附近官司覆問無冤，然後決之。有冤者即具以聞。

清・嵇璜《續文獻通考・刑一》 〔元世祖至元二十年〕五月詔：雲南重囚，先令便宜處決，恐濫及無辜，自今凡大辟罪仍須待報。

先是十二年十一月，樞密院言新附郡縣有既降復叛及糾衆爲盜，犯罪至死者，既已款伏，乞聽權宜處決，從之。至是復詔雲南大辟罪仍須待報。二十八年七月敕：江南重囚，依舊制聞奏處決。

清・嵇璜《續通典・刑三》 眞宗大中祥符二年，衛尉卿權判刑部愼從吉言：準湻化三年敕，諸路所奏獄空，須是司理院州司倚郭縣俱無繫囚。又準後敕，諸路自今獄空，更不降詔獎諭，奏至，委刑部以逐處旬奏，禁狀點勘不謬，即具以聞。伏見提點刑獄司所奏獄空，本司比對多不應舊敕，外州妄覬獎諭沽市虛名。近者邠滄二州，勘鞫大辟囚千註數人，裁一夕即行斬決。伏見前代京師決獄尚五覆奏，蓋欲愼重大辟，豈宜一日之內便決死刑？朝廷比務審詳，恐有冤濫，非有求於急速，其間州府不體朝旨，邀爲己功，但務獄空，必無所益。欲望依準前詔不行獎諭。其諸州府監以公事多少分爲三等，第一第公事多處五日，其次十日，其次二十日，並須州司司理院、倚郭縣全無繫囚及責保寄店之類，方爲獄空。委提點刑獄司據等第數目勘驗諸實，書於卯曆。從之。咸平中殿中侍御史趙湘嘗建言：聖王行法必順天道，漢制大辟之科，盡冬月乃斷，此古之善政，當舉行之。且十二月爲承天節，萬方祝頌之時，而大辟決斷如故。況十一月陽始出，其氣尚微，議獄緩刑，所以助陽抑陰也。望以十一月十二月內天下大辟未結正者，更令詳覆；已結正者，未令結斷，所在厚加矜恤，掃除獄房，供給飲食薪炭之屬，防護無致他故，情可憫者奏聽敕裁；合依法者盡冬月乃斷。在京大辟人既當春孟之月，亦行慶施惠之時，伏望萬幾之暇臨軒躬覽，情可憫者，特從末減，亦所以布聖澤於無窮。況愚民之抵罪，未斷兩月，亦非淹延。若用刑順於陰陽則四時之氣和，氣和則百穀豐實，水旱不作矣。帝覽奏曰：此誠嘉事，然古今異制，沿革不同，行之慮有淹滯，或因緣爲奸。天禧四年乃詔：天下犯十惡，劫殺、謀殺、故殺、鬭殺、放火、强劫、正枉法贓、僞造符印、厭魅呪詛、造妖書妖言、傳授妖術、合造毒藥、禁軍諸軍逃亡爲盗，罪至死者，每遇十一月權住區斷，過天慶節卽決之。餘犯至死者，十二月及春夏未得區遣，禁錮奏裁。仁符宗天聖四年刑部侍郎燕肅奏曰：唐大辟罪，令尚書九卿讞之。凡決死刑，京師五覆奏，諸州三覆奏。貞觀四年斷死罪二十九，開元二十五年財五十八。今天下生齒未加於唐，而天聖三年斷大辟二千四百三十六，視唐幾至百倍。京師大辟雖一覆奏，而州郡之獄有疑及情可憫者，至上請而法寺多所舉駁，官吏率得不應奏之罪，故皆增飾事狀，移情就法，失朝廷欽恤之意，望準唐故事，天下死罪皆得一覆奏。議者必曰待報淹延，臣則以爲漢律皆以季秋論囚，唐自立春至秋分不決死刑，未聞淹延以害漢唐之治也。下其章中書。王曾以爲天下皆一覆奏，則必死之人徒充滿狴犴而久不得決，請獄疑若情可矜者，聽上請。於是有詔：天下死罪情理可矜，及刑名疑慮者，具案以聞，有司毋得舉駁。

《**明史·成祖紀二**》〔永樂七年閏四月〕丙辰，諭行在法司，重罪必五覆奏。

又〔永樂九年〕九月戊寅，諭法司，凡死罪必五覆奏。

《**明史·成祖紀三**》〔永樂十三年春正月〕戊午，敕內外諸司蠲諸宿逋，將士軍官犯罪者悉宥之。

冬十月甲申，獵於近郊。壬辰，法司奏侵冒官糧者，帝怒，命戮之。及覆奏，帝曰：朕過矣，仍論如律。自今死罪者皆五覆奏，著爲令。

又〔永樂十七年〕冬十二月庚辰，諭法司曰：刑者，聖人所慎。匹夫匹婦不得其死，足傷天地之和，召水旱之災，甚非朕寬恤之意。自今，在外諸司死罪，咸送京師審錄，三覆奏然後行刑。

《**明史·仁宗紀**》〔永樂二十二年冬十月丁巳〕令三法司會大學士、府、部、通政、六科於承天門錄囚，著爲令。

清·查繼佐《罪惟録·世宗紀》〔嘉靖十三年〕夏四月，覆勘高牆庶人，情可原者回府。

清·查繼佐《罪惟録·刑法志》 洪熙元年，詔諭羣臣：若朕有律外籍沒及凌遲之刑，許法司再三執奏。三奏不允，五奏；五奏又不允，同三公及大臣共執奏，必允後已，永爲例。

清·龍文彬《明會要·刑二》 刑部郎中林厚言：在京監禁重囚，有累訴冤枉，逮人照勘，久不獲斷者。請敕各衙門，類錄各犯緊關冤情，付諸審錄官，卽與辦理具奏。在外見監重囚，有嘗經訴冤，及申詳三法司，以議論不明，駁回再詰。請亦錄各犯所訴冤情，及駁回詞語，付諸審獄官，令詳讞具奏。從之。

又〔正統〕九年，山東副使王裕言：囚獄當會審，而御史及三司官或踰年一會，囚多瘐死。往者常遣御史會按察司詳審，釋遣甚衆，今莫若罷會審之例，而行詳審之法，敕遣按察司官一員專審諸獄。部持舊制不可廢，帝命審例仍舊，復如詳審例，選按察司一員，與巡按御史同審。失出者姑勿問，涉贓私者究如律。

又〔洪武十四年〕十月，命法司錄囚，會翰林院、給事中及春坊正字、司直郎會議平允，然後覆奏論決。

又〔洪武〕十五年十月，命刑部都察院斷事等錄囚，諭之曰：錄囚務在情得其眞，刑當其罪。大抵人之隱曲難明，獄之疑似難辨，往往有經審錄，尋復翻異。汝等必稽閲前牘，詳審再三。其有所訴，卽與辨理，具實以聞。

又〔洪武〕十六年正月，諭刑部尚書開濟、都御史詹徽等曰：凡論囚須原情，不可深入人罪。蓋人命至重，常存平恕之心，猶恐失之，况深文乎？自今凡有論決，必再三詳讞，覆奏而行，毋重傷人命。

又〔洪武十六年〕七月辛亥，遣御史往浙江等處錄囚，帝諭之曰：古人有言：議獄緩刑。刑當其罪，猶在可矜；若濫及非辜，豈可復悔。草木微物，有仁心者方長不折，况於人而可忽乎？爾往，慎之。

又〔洪武〕十七年閏十月癸丑，命天下諸司刑獄皆送刑部都察院詳議平允，又送大理寺審覆，然後決之。其直隸諸府州刑獄，亦準此令。庶幾民無冤抑。因諭刑官曰：王良善御，豈在於策？周公善治，豈在於刑？刑者，輔治之具，用之不可不慎。故每令三審五覆，無非求其生而已。

又 二十二年，諭刑部尚書楊靖曰：在京獄囚，卿等覆奏，朕親審決，猶恐有失；在外各官所擬，豈能盡當？卿等當詳讞，然後遣官審決。

又　永樂元年，上以囚多淹滯，命三法司引奏，依洪武中例，會官於承天門覆審施行。

又　〔永樂〕二年，帝御奉天門録囚。召錦衣衛、鴻臚寺等官，諭曰：囚入於獄，則雖冤而不求辨；初至朕前，則畏威而不敢言。有此二者，刑法豈能盡當？爾等更以朕言從容審之。果尚有冤抑，卽來奏聞。

又　永樂四年八月丙辰，三法司奏：教誘齊王爲不軌者數人，罪當棄市。上曰：卽死則不可復生。齊王朕親弟，其素性剛愎，朕尚不能化之，何可盡諉他人？再詳審之。

又　〔永樂〕六年十一月丁巳，法司奏：大辟囚三百餘人，已覆訊得實，請處決。上曰：三百餘人，未必人人皆得實情。一不實，則死者銜冤。爾等更從容審之，一日不盡則二日三日，至十日亦何害。須詳悉以聽，不可以刑迫之。

又　洪熙元年，大理寺論囚。上命府、部、通政司、六科同法司於奉天門會審。已特召大學士楊士奇、楊榮、金幼孜等至榻前，諭曰：比年法司之濫，所擬大逆不道，往往出於羅織，先帝數切戒之，故死刑五覆奏，而法司略不加意。自今審決重囚，卿三人必往同讞。有冤抑者，雖細故必以聞。閣臣同審録始此。

又　嚴本爲大理寺正。良鄉民失馬，疑其鄰，告於丞，拷死。丞坐決罰不如法，當徒；而告者坐絞。本曰：丞罪當；告者因疑而訴，律以誣告致死，是丞與告者各殺一人，可乎？駁正之。莒縣屯卒奪民田，民訟於官，卒被笞。夜盗民驢，民捜得之。卒反以爲誣，擒送千戶，民被禁死。法司坐千戶徒。本曰：千戶生，則死者冤矣。遂正其故勘罪。蘇州衛卒十餘人夜劫客舟於河西務，一卒死。懼事覺，誣鄰舟解囚人爲盗，其侶往救見殺，皆誣服。本疑之，曰：解人與囚同舟，爲盗，囚必知之。按驗果得實。遂抵卒罪。

又　宣德元年，義勇軍士閻羣兒等九人被誣爲盗，當斬。家人擊登聞鼓訴冤。覆按，實不爲盗，命釋羣兒等，而切責都御史劉觀。

又　〔宣德〕二年，奏得囚。帝令多官覆閲之。諭曰：古者斷獄必訊於三公、九卿，所以合至公、重民命。卿等往同覆審，毋致枉死。英國公張輔還奏訴枉者五六十人，重命法司勘實，因切戒焉。

又　弘治十七年，詔：每歲審録重囚，毋限一日。故事：每年會官録囚，率一日告竣。兵科給事中潘鐸言：審録數多，一日不能詳定，恐致冤濫。太宗皇帝時，刑部上大辟三百餘人。諭各官再訊，遲十日不爲害。祖宗好生之仁，萬世所當遵也。帝從之，乃有是詔。

又　正德元年，掌大理寺工部尚書楊守隨言：每歲熱審事例，行於北京，而不行於南京。五年一審録事例，詳於在京而略於在外。今宜通行南京，凡審囚，三法司皆會審。其在外請審録，亦依此例。詔可。

又　嘉靖二十年，當五年差官審録之期。刑科給事中龍遂乞敕所司移文所遣官，凡一應重囚，務虛心研審，必得情眞。有可釋放、發遣、審豁者，皆速與施行。若果有冤枉而初爲審辨官所辨出者，原勘、原問官仍置不論。如所辨官明知冤抑，故不與辨，或忌原問而誣入，後爲他官所辨出，原問經審官皆宜追論。若本無冤枉而徇私曲縱者，亦宜重譴。從之。

又　崇禎十五年二月，詔：刑獄所繫甚重，朕每加意詳愼，有批駁以期允當。乃法官不能仰體，不肯執持。始多失之輕縱，繼輒務爲深文。不讞不提，經時累月，以致獄案叢積，貫索幾盈，釀沴干和，深可警痛。兹特遣元輔周延儒前去，會同三法司，將大小一應獄情，悉心清理。除事干重大，案已確審，照舊監候外，其餘戍遣配杖等項，俱著詳審招案，依律定罪。倘有事係冤抑，情可矜疑，雖重罪不妨奏請裁奪。

又　宣德元年五月甲午朔，録囚。諭三法司曰：古者，孟夏斷刑出輕繫，仲夏拔重囚益其食，所以順時令、重人命也。祖宗時，遇隆寒盛暑，必命法司録囚。今天氣向炎，不分輕重悉繫之，非欽恤之道。卿等當體此心，卽量輕重區別之。務存平恕，毋致深刻。一十二月辛未，録囚。令行在刑部、都察院、錦衣衛，三日內悉上所鞫獄囚罪狀。帝親覽決。眞犯死罪，依律；連坐以下，免死謫戍追贓；流徒以下，運甎贖罪及罰鈔釋免有差。凡宥免三千餘人。

又　宣德二年五月丙午，上親録囚。雜犯死罪皆就徒流，徒流、笞杖論輕重罰工。因謂侍臣曰：與其殺不辜，寧失不經。彼能因事改過，卽爲良善。若怙終不悛，終亦不免。又曰：唐太宗號稱明君，除斷趾法，禁鞭背，而悔殺張蘊古。帝王用刑，不可不慎。

清・龍文彬《明會要・刑四》　〔洪武〕七年，議准：重囚於臨決前一日卽訴鼓狀，該科薄暮封進凡應決、應留囚數姓名，次日午前傳出。午後不須覆奏，卽便行刑。

又〔洪武〕十年，議准：重囚家屬於三覆奏命下之日，投遞鼓狀。該科參詳，與三覆本同封進，取旨行刑。

又宣德元年，直登聞鼓給事中林富奏：重囚二十七人，以姦盜當決，擊鼓訴冤，煩瀆不可宥。帝曰：登聞鼓之設，正以達下情，何謂煩瀆？自後，凡擊鼓訴冤阻遏者，罪。

《大清律例・刑律・有司決囚等第》凡有司於獄囚始而鞫問明白，繼而追勘完備；軍流徒罪，各從府州縣決配；至死罪者，在內法司定議，在外聽督撫審錄無冤，依律議擬斬絞，情罪法司覆勘定議，奏聞候有回報，應立決者，委官處決，故延不決者，杖六十。

其公同審錄之際，若犯人自行反異原招，或家屬代訴稱冤，審錄官即便再與推鞫，事果違枉，即公同將原問原審官吏通問改正。同將原問原審之官吏通行提問，改正其罪。

若囚犯明稱冤抑，審錄官不爲申理改正者，以入人罪故或受贓挾私。失或一時不及參究。論。

條例

一、秋審時，督撫將重犯審擬情實、緩決、可矜具題，限七月十五日以內到部。刑部將原案貼黃及法司看語，并督撫看語刊刷招冊，進呈御覽，仍送九卿詹事科道各一冊。八月內在金水橋西會同詳核情實、緩決、可矜，分擬具題，請旨定奪。其盛京等處案件，亦造入各省秋審案內具題。俟命下日，先後咨行直省，將情實人犯於霜降後、冬至前正法。其咨文到地方限期：雲南、貴州、四川、廣西、廣東、福建限四十日；江西、浙江、湖南、甘肅限二十五日；江南、陝西、湖北限十八日；河南限十二日；山東、山西限九日；直隸限四日；盛京限十五日；寧古塔限一個月。限內遲延不到者，該督撫將遲延地方官察明指參。至於秋審具題後如有新結重案，俱入次年秋審。

一、刑部見監重犯每年一次朝審。刑部於霜降前，摘緊要情節，刊刷招冊，進呈御覽，仍送九卿、詹事科道各一冊，於霜降後十日，在金水橋西會同詳審，擬定情實、緩決、可矜具題，請旨定奪。其情實者，俟命下之日，刑科三次覆奏，經御筆勾除者，正法。其餘仍監固。

一、杖、笞等輕罪，五城及提督衙門俱照例自行完結。若罪重於杖、笞者，俱審明送刑部定擬。

一、刑部彙題事件內，如竊盜三犯，贓數不多，改遣；家奴吃酒行兇，發遣；及賭博擬流，販私擬徒，軍民通姦擬以枷責等項平常罪犯，於審結之日，即照例先行發落，仍於彙題疏內聲明。

一、殺人及強盜等罪監候質審人犯，如過三年，逃犯未獲者，即入秋審冊內一并詳審。其叛逆案內牽連待質人犯，雖過三年，仍行監候。

一、凡立決之犯，部文到日，如正印官公出，令同城之州同、州判、縣丞、主簿等官，會同本城武職遵查不停，刑日代行監決。若該地方無佐貳官，令該知府於部文到時，即委府屬之同知、通判、經歷等官，速至該州縣，會同武職代行監決。該佐貳等官監斬後，將正印官因何事公出，并見委某官，於何年月日，會同武職某官、監決何犯，逐一詳報各上司查核。

一、秋審斬、絞重犯，有三次俱擬緩決，及三次俱擬情實，該督撫察其情罪無可更定者，只令有司敘由，詳報核招具題，停其解審。如該犯雖經三次審定，該督撫揆其情罪，尚涉可疑者，仍提解親鞫。至三次中，有前擬情實、後改緩決，前擬緩決、後改情實者，仍照例解審。

一、秋審應決重犯，冬至以前文到者，照例行刑；已過冬至，或正值冬至齋戒日期文到者，仍牢固監禁，俟次年秋審，應決人犯一并題明處決。其遲延，各官交部議處。

續纂條例

一、各省官犯，如係貪酷敗檢，侵虧狼藉，及有心巧詐，不盡臣職，罪應斬絞之員，其審題結案在行刑之日以前者，著皆補疏題請，情實予勾者，即行刑之日已過，亦著行刑。在行刑以後審結者，入下年新事冊內。刑部仍粘簽聲明。其尋常私罪案犯無前項情節者，著牢固監候，俟次年秋審辦理，不得概請補入本年情實。

一、凡斬絞罪犯，內如一人連斃二命、妖言惑衆、傳習符咒，并官員侵漁帑項勒斂民財，非殘忍已極，即有關民俗官方，如定讞已在該省熱審之後，刑部即補入本年秋審情實冊內具題。如遇停勾之年，俱照情罪重大之例，另奏請旨正法。

一、秋審案內搶竊滿貫及三犯竊贓數至五十兩以上、問擬絞候之犯，如已經緩決三次者，各該督撫查明咨部，均照強盜免死減等發遣例，改發雲貴兩廣極邊烟瘴充軍。其年老有疾者，仍入秋審具題。朝審人犯亦照此辦理。

一、秋審緩決人犯解審二次之後，如情罪無可更定者，止令有司叙由詳報，各督撫核招具題，不必復行提審。其曾擬情實，未經勾決之犯，及前擬情實後改緩決、前擬緩決後改情實、并緩決人犯內情可矜疑者，仍照例飭提解審。

一、各省秋審本揭，如係新事、初次入秋審者，照舊備叙案由，確加看語，以憑會核。其舊事緩決三次者，止叙案由；未及三次者，摘叙簡明略節，依次彙爲一本具題，俱不必叙入問供，以省繁冗。至九卿會審時，刑部分送招冊，內有已經緩決三次、并無更改者，不必重復備冊分送會審。其中或有一二案，尚須商議之處，仍聽刑部摘出，臨期印冊分送九卿，公同會議。其各省官犯，及在京朝審案犯，雖緩決三次以上，仍照舊例辦理。

《欽定理藩院則例・審斷・秋審會議》 蒙古擬定死罪人犯，由各該處審明報院，由院會同三法司定擬具奏。其應監候、秋後處決者，歸刑部秋審，會同九卿科道擬議。

《欽定理藩院則例・審斷・鄂爾多斯阿拉善兩處蒙古民人交涉命案》 鄂爾多斯、阿拉善兩處蒙古、民人交涉命案，就近地方官會同蒙古官員相驗後，由寧夏、神木、安邊三處同知就近者會同蒙古官員審明定擬，咨報該處部員及該處道員復審完結。

《欽定理藩院則例・審斷・軍臺蒙古案犯》 阿勒臺軍站地方命盜重案，如係蒙古、民人交涉案件，仍交該地方官辦理。若止係蒙古，照察哈爾旗辦理之例審明，咨報總理阿勒臺軍站察哈爾都統復覈，咨院完結。

《欽定理藩院則例・審斷・熱河都統所屬秋審黄册》 凡熱河都統承審之命盜案件，辦理秋審時，由該都統加繕黄册進呈。

《大清法規大全・變通舊律例・法部咨覆川督并通行各省秋審辦法文》

據前護理四川總督趙咨稱，准法部咨變通秋審緩決人犯辦法，行令遵照，計原奏清單內載，改章之初如有未盡事宜，應令咨商妥核等因。准此，伏查此次新章，凡應入秋審緩決，或例應情實及實緩介在疑似矜留，暫難確定，各犯均已明示辦法。惟舊事緩決及免勾，並情實改緩各案，未經議及，此等案件業經奏奉諭旨，核與此後隨案擬緩人犯奉部覆准者，殊無二致。秋審似應仿照緩理，祇叙某府、某州、縣絞犯，已入某年，幾次奉文緩決免勾改緩，仍分實緩各造一冊，以清眉目。其舊事內遇有恩詔停勾者，案情未定仍應率由舊章，以昭慎重。此應商者一。向來秋審程式，新事各案先敍，大勘後敍小勘，再加出語。初次舊事祇敍大勘二次，舊事祇敍小勘。現在改章例應緩決者，由部摘敍簡明部尾，俟各省後尾到日，提出核比，按照先後分起呈奏，不必刊刷招冊具題。外省秋審似亦可以仿照辦理，將例應緩決者，按照二次舊事冊式祇敍小勘，加具出語。其例應情實，及介在疑似矜緩者，仍照舊章核辦，俾歸簡捷。此應商者又其一。秋審新事人犯，無論實、緩，定例均應解勘原所以重人命。但查各犯俱係層次勘審明確始定爰書，以故歷屆秋審從無翻異解勘已等具文，且當解勘之時，不惟往返提解耗費不貲，而跋涉長途尤復疏脫可虞。新章緩決人犯既可免解勘之勞，省虛糜之費，其新事情實等項人犯，似可仿照舊事辦法，飭屬造冊，由司核勘彙轉，免予解勘，省繁文而歸畫一是，或一道，此應商者又其一。現値秋審在即，前商二項已據臬司詳明批飭暫行照辦，其本年秋審各犯實、緩尚未核定，亦飭照舊章一律解勘。但下屆應如何辦理，非咨商酌定，不足以資遵守而示準繩。相應咨商，並經該督咨催前來。除本屆秋審結案，均在新章以前，業由本部電覆該護督，均一律照舊辦理。外查秋讞大典，民命攸關，是以各直省每屆辦理秋審，其新事人犯無論情實、緩決，均照例解勘一次。由該督詳敍大勘、小勘，加具出語，造冊奏送到部。其舊事緩決及情實免勾，並情實改緩人犯，由該督撫按照初次、二次分敍大勘、小勘，亦一律造冊報部，統由本部核定，分起具題，所以重人命慎刑章也。現値變通伊始，成憲固所當遵，而繁文似不妨從略。前經本部奏准，將例實、例緩及實、緩介在疑似矜留暫難確定各犯，分別辦法行令各直省遵照去後，茲查來咨所稱，如舊緩決及免勾並情實改緩各犯，業經奏奉諭旨，核與此後隨案酌緩人犯，殊無二致。似應仿照辦理，祇敍明某府、某州、縣絞犯已入某年幾次奉文緩決，並勾免改緩，仍分實、緩各造一冊，以清眉目一節，查此次定章本專爲緩決人犯而設，如舊事緩決，及業由情實改緩各犯，自可照准，至逢恩停勾，並情實免勾人犯，寬典雖許暫邀重辟，尚難減其罪名關係，核與緩決及業經改緩者不同。即每屆例應由實聲請改緩之犯，向俱開明情罪，列於新事之先，應仍照舊辦理，俾昭慎重。又，例緩人犯新章係由部摘敍簡明部尾，不必另刷招冊，外省擬仿照二次舊事，祇敍小勘，加具出語一節，查摘敍簡明部尾一語，原奏係專指應入三十四年秋審人犯而言，若下屆例應緩決人犯，本俱由部隨案核准奏明入於緩決，即係已經入緩之犯，該督擬仿照舊事祇敍小勘，加具出語，係爲節省繁文起見，核與新章並無窒礙。應均照准其例應情實，及實緩介在疑似矜留暫難確定各犯，應仍照向章詳核，俾歸一律。又，新事人犯，無論情實、緩決，業經層層勘轉，歷屆秋審從無翻異解勘已等具文，且一經解勘，不惟耗費不資，亦且疏脱可虞，擬仿照舊事辦法，飭屬造冊彙轉，免予解勘一節，查秋審爲慮囚，鉅典立法最極周詳。在各州縣定案之初，非不節次勘轉，然必於秋審時仍予解勘者，誠以民命所關，不得不力求詳慎。該督撫等如果實事求是，何至視等具文。本部原奏所稱省往返之勞，節虛縻之費，亦係專指此後隨案酌緩之犯而言。若以情實待決之犯一併免予解勘，恐因噎廢食，未收便捷之效，適開枉縱之門。應令該督嗣後除奉准部覆業經隨案酌 緩人犯，應祇敍小勘者，准照舊事人犯，免其解勘外，其餘應入秋審冊内核辦之犯，仍一律照舊辦理，以免歧誤。所請飭屬造冊，免予解勘之處，應毋庸議。總之，改章之初，有新章所宜裁汰者，即有舊法所當恪遵者，固不必拘守夫綒節，亦何可濅棄夫成規。所以有核明下屆秋審辦法，應令該督併入前次奉定章程，分別辦理，以後如有未盡事宜，仍可次第咨商，相應咨覆，該督並通行各直省，一體遵照，以昭畫一可也。

《大清法規大全·變通舊律例·法部奏變通秋審緩決人犯辦法摺》竊臣部上年更訂官制，奏准將舊日秋審處改設承政一廳，揀派資深得力人員總辦秋朝審實緩事宜，並由審錄制勘兩司分掌其事。誠以秋讞大典最關緊要，所有各省斬絞監候應入秋審核辦之案，每年多至一千六七百起，少亦一千二三百起，卷帙極爲繁重，而民命所繫，又非各專責成不足以臻詳慎。是以本年改章伊始，仍於秋審案犯悉查照從前辦法，於開印後即飭繕錄實、緩、矜、留各冊，敍明案身後尾，交由各該司員分別初看、覆看，以至總看，均遵依奏定條款次第詳閱，陸續呈由臣等覆核。其介在實緩之間者，堂司各官並酌加批語，各抒所見，然後司議、堂議決定實緩，方與各省外尾勘語一併刷印成帙，謂之招冊，分送九卿科道，於八月間在天安門外金水橋西，會同核議具題。其例應情實者，另由臣部恭繕黄冊，分期進呈，候旨予勾。原其立法之意，其不憚反覆周詳至再至三者，蓋遠以體列聖欽恤之仁，即上以副皇太后、皇上明慎用刑之旨。臣等綱領刑政亦何敢妄議更張。惟成憲固當懍遵，而繁文似不妨從略。查向來秋審卷冊，本皆係已定之案，其有法難寬貸，及情節稍涉疑似者，自應逐起詳核折衷至當，以期無枉無縱。若確係例應緩決之犯，歷年題覆者，率多至十之六七，或本情傷俱輕，或爲例章所宥，以明明無關出入之舉，必句疏而字櫛之，其名似屬求詳，其實等於勞費。且每歲分送招冊，以後即情實案件，經各衙門指出籤商者既已百不獲一，而臣部逐年更駁各起，又多係内外擬斷不符，或由緩而改實，或自實而酌緩，與例應緩決毫無疑義者，本屬皎然不侔。現當預備立憲，刑法俱歷次減輕，若仍於浮文綒節不加裁省，殊非執簡馭繁之道。溯查上年修律大臣奏請刪除重刑摺内聲明，尋常秋審各犯將來再行酌量變通，嗣經臣部會同都察院議將秋審之戲、誤、擅殺三項，隨案改爲流徒。又核准兩江總督咨稱秋審可矜人犯，亦一律援案辦理各等因。均先後奉旨允准在案，是例應緩決一項，與其彙核於秋讞之際徒事紛繁，何如詳審於定案之先，較省周折。臣等公同商酌，除朝審案犯無多，又值各級審判廳初立，應仍照定例辦理外，其各直省應入秋審人犯，凡例應緩決者，均擬令各該督撫於定案具奏時，即妥擬確實，出語聲明酌入緩決字樣，分咨大理院覆判，統由臣部詳核覆奏，仍俟秋審時彙齊此項人犯案由罪名，繕單具奏一次，毋庸歸入緩決本内具題，以省繁複。若係例應情實，及實緩介在疑似並矜留暫難確定各案，應仍按照舊章一體歸入秋審冊内核辦。現在已經奏結應入三十四年秋審人犯，如例應緩決者，擬請摘敍簡明部尾，俟各該省後尾到日提出比核，即由臣部按照先後分起繕呈奏明請旨，均不必再行刊刷招冊具題。如此分别辦理，庶外可以省解勘之勞，内可以節虛縻之費，似於舊制新章兩無窒礙。謹酌擬章程八條恭呈御覽。如蒙俞允，應由臣部將各該省已經奏報尚未核覆之案，如有例應緩決者，即於摺内妥爲聲明，並通行内外問刑衙門，自奉到部文之日爲始，一體遵照新章核辦，俾歸劃一，謹奏。光緒三十三年十二月二十四日，奉旨：依議，欽此。謹將變通秋決人犯審緩辦法共酌擬章程八條，開具清單，恭呈御覽。

一、從前辦理監候之案，無論情實緩決各犯，均於律牌下聲明，秋後處決一層，此定制也。現在緩案既擬，於定案時先行核辦，自應酌定程式，以資取則。查秋審後尾冊式，向於敍案後加以勘斷之詞。如釁起不曲嚇扎一傷之類，謂之出語，似可仿照辦理。於出牌後，俱應加具確切出語，聲明照章酌入緩決。其有例應情實，及實、緩介在疑似暫難確定者，仍出秋後處決四字。至可矜人犯，除照上年奏定新章應准隨案改爲流徒者，仍專咨報部外，若介在矜、緩之間未便倉猝定擬者，即與聲請留養各犯，俱一律敍明，應俟秋審時，照章核辦字樣，以免參差。

一、定案時所引例章有載明入於秋審緩決者，本已揭示明白，自可查照辦理，應毋庸再加出語，轉致繁冗。

一、例緩各案，事類繁多，難以枚舉。應令各該省遵照奏定條款，查明向辦成案，悉心比核，必實係確應緩決毫無疑義者，方准隨案核辦。其稍涉疑難之案，均仍歸秋後再議，不得以應否酌入緩決等詞，率行雙請，致滋淆亂。

一各省隨條擬緩之案，如經臣部核與條款成案不符，仍劃歸秋冊核辦者，應由各該督撫於核辦秋審時仍詳具後尾，與情實各犯一律妥擬具奏到部，俾得互相參酌，藉免輕縱之弊。

一、嗣後各省每年冊送後尾時，應將隨本奏准擬緩各案，另分一冊，敍明某府，某州縣絞犯某某業奉部覆准擬緩決字樣，并總計若干起，共人犯若干名口，俾臣部得以按名稽核，免致疏漏。

一、凡隨本奏准擬緩之案，仍由臣部於每年八月內秋審上班後彙齊各省此項人犯，謹撮要開具案由罪名，再行繕單覆奏一次。即毋庸會畫具題，並聲明請旨飭令，仍牢固監禁，以符舊制而昭慎重。

一、各省尋常命盜彙奏之案，前經臣部奏定，分別立決、監候兩項，以十案爲率。現在緩案既須同時核定，自應以類相從，藉清界限。今擬例實與實、緩、矜、留不能遽定者，爲一類，例緩而毫無疑義者，又別爲一類。至多不得過八起。內惟例緩之犯，加具出語，餘皆從略，庶幾眉目分明，乃可照章詳核。其或外省未經劃明者，擬由臣部分案覆奏，俾免牽混。

一、秋讞大典，民命攸關。改章之初，如有未盡事宜，應令各該督撫咨商臣部妥核，並隨時詳酌奏明辦理。

《清實録・康熙三十三年》 刑部等衙門題太監錢文才毆死民人徐二應絞監候，上諭大學士等曰： 凡太監犯罪斷不可宥，尤宜加等治罪。朕觀古來太監善良者少，要在人主防微杜漸，愼之於始，苟其始縱容姑息，侵假事權，迨其勢既張，雖欲制之，亦無如何。如漢之十常侍，唐之北司，竊弄威權，甚至人主起居服食皆爲所制，此非一朝一夕之故，由積漸使然也。太監原屬陰類，其性情與常人不同，有年已衰老而言動尙若嬰兒，外似謹厚中實叵測，必人主英明，此輩始無由弄權。朕聞明代諸君將本章批答委之司禮監，司禮監委之名下內監，此輩素無學問，不知義理，委之以事，其能免於舛謬耶？錢文才此案，爾等記之，至秋審時，勿令倖免。

《清實録・康熙三十九年》〔康熙三十九年七月〕乙卯山東道御史呂瑮條奏秋審罪案宜分兩議具奏，上曰： 此事斷不可行。若分兩議，誰肯附於議斬者？惡人不除，則法既不行，而善類何以得安？朕凡遇難決之事，必與諸大臣商酌行之。即如昨日，刑部題毆死伯父、毆死叔父之人，擬即正法。朕著問九卿者，非謂此等人不當處斬也，但其中或有他人毆死，而歸罪於彼，亦未可知，故令詳議耳。彼等果係情實，豈可寬宥？此本著發還呂瑮。給事中、御史專任言職，各以聞見入奏甚是。朕此發還，非阻言路之意，因於事不合，故發還耳。可將朕旨曉諭。

又〔九月〕己酉，刑部以龍巖知縣趙光榮誣良爲盜一案，兩議具題。一議： 前雖錯審，後察出實情，應免議。一議： 誣良爲盜，雖審出實情，已經致死人命，仍應革職。上諭大學士等曰： 將覆審得情之官，仍因初審錯誤議處，則人皆懼罪，不肯露其實情。朕意欲定一例，凡部駁應審事件，不交原問官審理，則人斷不致負屈。倘仍令原問官詢理，彼必固執前議，致令啣冤者多矣。著九卿詹事科道，一併詳議奏。尋議，嗣後部內駁回覆審事件，應另委官審理。將原審不明之官，另行定例處分。從之。

《清實録・雍正元年》〔六月〕己酉，諭刑部： 熱審減等，國朝舊有成例。蓋念時當盛暑，囹圄之地，倍覺炎蒸。笞杖所加，更爲酷烈，故特予減等，以昭法外之仁。迨後日久弊生，罪人妄希巧脫，胥吏因緣爲姦，故延日期，致逃法網，是以停止熱審減等之例，以杜弊端。我聖祖仁皇帝如天好生，凡閱讞章，哀矜詳愼，秋審決囚，屢行停止。至每歲夏月，必特沛恩綸監候者，寬其刑具； 枷責者，緩至秋涼。雖停熱審之例，仍寓減等之心，恩至渥也。朕仰體聖慈，時深欽恤，嗣後每逢熱審之期，仍復減等舊例，其監禁重犯，亦量加寬恤。至情罪可疑，及牽連待質人等，暫予保釋，俟秋後再行拘禁。凡內外讞獄衙門，一體詳愼遵行，庶幾刑期無刑之意。其有故意遲延，仍蹈前弊，希圖漏網者，除本犯不准減等外，官吏嚴加議罪。爾部即通行。

直省尋議： 熱審減等，自奉上諭之日起，立秋日止，直省一體遵行。從之。

《清實録・雍正二年》〔四月庚戌〕諭刑部： 朕惟明刑所以弼教，君德在於好生。從來帝王於用刑之際，法雖一定而心本寬仁，是以虞廷以欽恤垂訓，周書以慎罰爲辭，誠以民命至重，少涉疑案，寧過乎仁，無過乎義也。朕自臨御以來，一切章奏無不留心細覽，於刑讞一事尤加詳慎，誠恐法司未能平允，情罪未能悉當。故凡京城及直省題奏讞獄少有可矜者，無不法外施仁，量加末減。獨念朝審重囚，其情實者，刑科必三覆奏聞，勾除者，方行處決。而外省情實重囚，惟於秋審後法司具題，即咨行該省，無覆奏之例。朕思中外一體，豈在京諸囚宜加詳慎，在外省者，獨可不用詳慎乎？ 人命攸關，自當同仁一視。自今年爲始，凡外省重囚經秋審具題情實應決者，爾法司亦照朝審之例，三覆奏聞，以副朕欽恤慎罰之至意。爾部即遵諭行。

《清實録・雍正十三年》〔閏四月〕戊戌，諭内閣： 各省秋審定例，該督撫會同司道等官審録，分晰情實緩決矜疑具題，關係最爲重大。向聞外省會審之時，不論案件多寡，務於一日之内悉行定議，一切俱聽督撫主張，不特守令不敢置喙，即司道亦無一辭，輕重定於俄頃之間，是非決於一人之口。究其實際，督撫亦未必了然，不過令幕客創一略節，貼於冊上，徒飾觀瞻而已。況有席氊懸彩鼓吹喧闐，日甫踰中，即退而肆筵行酒，竟有似於宴會之禮者，甚至召令優人演劇爲樂。近來曉明義理者多各檢點，而此風猶未盡革。夫刑罰者，國家不得已而用之者也。天以父母斯民之責畀之吾君臣，凡兹犯法獲罪之民，皆吾赤子也。平時不能撫綏化導，使之遵守法度，免於罪戾，已有忝於教養之職矣。及陷於刑辟之後，又復視爲泛常，不察情罪之輕重，率定爰書之出入，寬所不當寬，而嚴所不當嚴，以致讞獄不得其平，冤情抑而莫訴，勸懲兩失，兇暴肆行。所謂明刑弼教者安在？ 清夜捫心，能無愧赧乎！ 朕自臨御以來，於一切刑名案件，莫不虛衷斂息，詳慎推研。每於法司所進立決本章，悉令内廷管本官員三次覆奏，然後批發。每年秋審朝審時，朕先將招冊細細披覽，及至勾到之日，復面與大學士、刑部堂官等往復講論，至再至三，然後降旨。蓋哀矜惻怛之意，動於不能已，而發於不自知，竝非欲博欽恤好生之名於天下臣民也。聖祖當年於勾至日皆著素服，朕亦效法行之。凡爲督撫大臣者，受朕封疆之寄，應與朕同此哀矜惻怛之心。乃各省秋審大約皆於一日之間，草率定局，竝未博採羣議，詳察實情，不過視秋審爲具文。於會審之日，雖不便穿著素服，豈有結彩設席，徵歌演劇之理！ 此則殘忍性成，不學無術者之所爲。嗣後各省秋審時，該督撫務率司道等官，敬慎周詳，殫心辦理，必使權衡不爽，情罪相符。向來竝無限期，何妨多寬時日，安得視爲虛文故套，輕忽民命，以供其自便之私。至於會集既久，除日食常餐外，儻有肆筵設席，仍蹈從前陋習者，經朕訪聞，必嚴加議處。

《清實録・乾隆四年》〔十一月己未〕命清理滯獄，諭： 朕慎重刑獄，罪疑惟輕。數年之中，屢頒恩詔，凡有應行赦免之犯，俱已在三宥之中矣。其不在恩詔中者，復於乾隆二年、三年特降諭旨，令大臣會同刑部，將秋審、朝審招冊，詳加覆勘，如有一綫可原應行減等者，酌定奏聞，請旨減等發落。此次辦理外，其未經減免者，皆情罪較重之犯，因係久緩，不復處決，即令終斃囹圄，已屬寬典，無可矜憐。但此等人犯，淹禁既久，積案日多，朕再四思維，清理滯獄，亦法外之仁，著九卿等將秋審、朝審、緩決五次以上之人犯，酌其情罪稍輕，尚可貸以生路者，逐一分別請旨，比照兇盜免死減等之例，充發邊遠烟瘴地方。如此辦理，較之可矜減等流杖之例爲重，而較之永遠監禁之犯爲輕，是亦清理滯獄之意。至於情罪可惡者，雖經多次緩決，亦不在減免之例。

《清實録・乾隆五年》〔十月癸亥〕刑部題朝審緩決人犯一疏，得旨： 諸泰、常祿身爲言官，得受賄賂，具摺條陳，與尋常官吏婪贓作弊者，情罪更屬重大，若在皇考時，未必不立時正法，即便入於秋審，料九卿亦斷不敢不擬情實。而竟入於緩決之理！ 今二犯初次朝審，九卿遽擬緩決，明係豫爲將來矜減之地，不識政體，藐視國法，實莫甚於此。返躬自問，是誠何心？ 九卿俱甚錯謬，著嚴加申飭； 至於刑部係執法衙門，憲章所在，尤不當如此輕擬； 而都察院有統率科道之責，於此等敗類，尚有何情可原，而如此辦理？ 刑部、都察院堂官俱著交部嚴加議處，諸泰、常祿著改爲情實，餘俱著監候緩決。

《清實録・乾隆十四年》〔九月〕庚申，定各省秋審覆奏例，諭： 朝審情實人犯，例由刑科三覆奏。其後各省秋審，亦皆三覆奏，自爲慎重民命，即古三刺三宥遺制，謂臨刑之際必致其詳審，不可稍有忽略耳，非必以三爲節也。朕每當勾到之年，置招冊於旁，反覆省覽，常至五六遍，必令毫無疑義。至臨勾時猶必與大學士等斟酌再四，然後予勾，豈啻三覆已哉？ 若夫三覆奏本章，科臣怱遽具題，不無亥豕，且限於時日，豈能逐本全覽？朕思爲政惟當務實，而師古不在徇名。三覆奏之例，行之雖久，實不過具文。若不詳閲招冊，即照例十覆，亦不過照例票旨，此廷臣所共知者。徒事繁文，何益於政？嗣後刑科覆奏，各省皆令一次，朝審仍令三覆，亦足寓存羊之意，實敦行簡之風。

《**清實録・乾隆四十六年**》〔九月甲寅〕又諭：昨披閲安徽上年秋審招冊，經部由緩決改入情實者，共十一案，俱係閔鶚元任内之事。秋讞大典，自宜悉心推覈，期於情眞罪當，庶無枉縱，乃閔鶚元辦理案件，致改擬如此之多，若該部有意吹求，亦豈能逃朕洞鑒？今覈其情罪，均屬允當，各案内如糾搶官鹽，致夫婦一死一傷之吴志廣，及助兄加功，謀殺本夫之曹四二案，尤屬情罪顯然，法無可貸，閔鶚元擬以緩決。伊係刑部司員出身，非不諳律例者可比，乃久任外省，竟爾一切不準情酌理，詳加妥辦，有意沽名，莫此爲甚。不得僅照昨所降旨失出五案以上之例辦理，閔鶚元著交部嚴加議處。

又〔九月丁巳〕諭軍機大臣等：刑部進呈廣東省秋審情實招冊内，經部由緩決改入情實者，蔡阿堅、葉阿添、區亞明三案，均係執持金刃傷斃徒手之人，情節較重，與尋常鬬毆者不同，已照例勾決矣。秋讞大典所以明刑弼教，務持情理之平，俾無枉縱，固不可有意從嚴，若過事寬容，尤非辟以止辟之意。朕素知李湖之爲人，嚴於待屬員，而寬於待百姓，爲封疆大吏者，正當如是存心。朕亦未嘗不如此，至於百姓良善者，固宜加意拊循，而兇横者，尤不可不嚴行懲創。朕於秋審勾到則用此意，蓋除莠正以安良，所當盡法處治，按律定擬，俾奸匪聞風斂跡，不致以身試法。豈可徒博寬大之名，轉使兇徒漏網，倖邀末減耶？李湖此次部改僅止三案，例不交部議處，但援擬失當，殊屬有意從寬，著傳旨申飭。

《**清實録・乾隆四十七年**》〔十月甲戌〕又諭：江蘇省秋審人犯内，由九卿改入情實者十一起。閔鶚元久任巡撫藩臬，且原係刑部司員出身，非不諳律例者可比，乃辦理秋審案件，並不悉心推勘，經九卿改擬者，至十一起之多。朕於本日勾到，覈其情眞罪當，是刑部所改，並非有意從嚴，閔鶚元所辦殊屬寬縱，除已照例交部議處外，著再傳諭嚴行申飭。

《**清實録・乾隆四十八年**》〔十月丙戌〕又諭：秋讞大典，由各省巡撫，分别情實、緩決，覈准具題，其中罪名或稍有出入，經九卿覈改，從未有如今年之甚者。山西省改入情實二十三起，直隸省改入情實三十一起，河南省改入情實十五起。朕初以爲大學士阿桂，係本年新命管理刑部，秋審招冊由伊覈定，或未免有意從嚴以致改入情實者多。及將改擬各案於勾到前確覈案情，詳加披閲，俱屬情眞罪當，法無可貸，所改頗爲允協。即如執持金刃殺傷及持械逞兇一死一傷，竊賊臟至滿貫等案，向例外省具題，擬入情實。乃此次山西、河南等省，將此等案犯列入緩決，九卿循照向例改駁，亦得謂之有意從嚴乎？各省秋審失出每五起，吏部處分即議降一級。然具題時，朕每加恩留任，伊等或因每邀留任，無所儆畏，轉致相沿成習，藉以博寬厚之名，殊非明刑弼教，策勵辦公之道。雅德著停支巡撫養廉一年。直隸秋審，雖係劉墉接署後具題，而罪名生死出入，係袁守侗覈定辦理，著於袁守侗名下追罰總督養廉一年。劉墉署事雖不久，仍著交部照例議處。何裕城著降爲三品頂帶，停支二年巡撫養廉。至農起，前經降旨詢問，令其明白迴奏，乃其覆奏之摺竟於朕前强爲陳辯，一似九卿覈改各案盡屬非是，並稱覈之連年秋審，擬入情實數目適爲相準等語，此何言耶？審擬案犯，祗論其情罪確當，豈有較論上年人數多寡之理？使必執人數而論，設遇案犯較少之年，豈竟將無罪之人，有心羅織以足其數耶？農起此奏，不是尤大。且河南省人犯經九卿改入情實，朕覈其情稍可原，未經予勾者，尚有三起，而山西省覈改三十一起之中，未勾者祗一起，可見農起辦理秋審，較他省更爲馳法，即予以革任，亦所應得。第念其平日留心民事，著革去頂帶，並停支三年巡撫養廉，仍留山西巡撫之任，以觀後效。所有硃批農起覆奏摺，並著發九卿閲看，其餘各省秋審，及由情實覈改緩決失入之案，仍著該部查明起數，將該督撫臬司照例分别議處。朕於秋審案犯詳閲招冊，鑑空衡平，不稍存畸重畸輕之見。苟其人有一綫可生之路，即免其予勾，以體上天好生之意。而情節之重者，斷不能屈法施仁。所謂辟以止辟，非有意從嚴也。倘外間無識之徒，或謂阿桂迎合朕旨，而刑部堂官又順從阿桂意指，以致改入情實者多，是以私意妄爲揣測，豈知朕矜慎庶獄務期平允，生死總視其人之自取，全無絲毫成見乎？將此明白宣諭知之。

《**清實録・乾隆五十八年**》〔十月丙寅〕諭軍機大臣等：本日勾到廣東省秋審情實人犯，内葉亞三等十三起，俱係聚衆械鬬，致斃二三命至四命不等。向來此等械鬬風氣，閩省爲甚，近因嚴加懲創，漸覺減少。而廣東省聚衆鬬殺之案，至有十三起之多，閩粤境壤毗連，竟至漸染福建刁悍惡習。此等行兇聚毆之犯，一經定案，於法無可寬宥；但此風日長，以致戕斃多命，駢首抵償，殊堪憫惻。著傳諭長麟、郭世勳務宜留心教導，默化潛移，俾兇悍之風，漸次斂戢，毋使蕘民輕罹法網，方不負司牧之任。

又〔十月丙辰〕又諭：刑部奏秋審情實節次未勾人犯，請分別改入緩決各摺，已依議行矣。現在京師入冬以來，尚未得有雪澤，允宜清理庶獄，感召天和。所有朝審、秋審情實未勾，已過三次各犯，著加恩改入緩決；其由實改緩已過三次人犯，及原擬緩決，已過一二次者，俱著該部查明各案所犯情節，分別減等發落，以昭矜恤而迓庥和。該部即遵諭行。

《清實録・乾隆五十九年》〔十月己未〕諭：本日刑部進呈趕入貴州省秋審情實之絞犯王順一起。該犯充當廳役，輒敢藉差需索，逞兇斃命，自當入於本年秋審情實。但細加披閲，王順年僅十九，何以該廳將伊選充差役？實大錯謬。各省吏胥人等，雖屬微賤，但一經在官，俱各有應辦公務，無論書吏承行稿案，兼司繕寫，非年幼者所能經理，即差役有緝捕人犯，行刑管解之責，亦非年未及壯，膂力軟弱者可以充當。可見外省於召募書役等事，全不實心愼選，率點充數，甚至任聽夤緣鑽刺，將年幼無知之人，徇情僉派，以致棼贓斃命，釀成事端。今思此事，於吏治大有關係，不可不嚴切申明。除失察王順釀命之仁懷廳同知李壎業經革職外，仍交部存記，永不敘用，以示懲創。各督撫務宜通飭所屬，嗣後召募書役，務須遴選老成強干之人，不可以年齒太輕者，濫行准充。如再有陽奉陰違，致有效尤王順者，一經發覺，不特李壎爲該州縣前車之鑒，所有該管之督撫，及各上司，亦當一併從重議處，決不寬貸。

《清實録・嘉慶二十年》〔九月乙巳〕定朝審覆奏例，諭内閣：秋審、朝審情實人犯，舊例凡三覆奏，本沿古者三刺、三宥遺意。我朝欽恤民命，凡案犯供情，原委備載招冊，每年黄冊進呈，早經反覆推求，愼之又愼，實不止於三覆。其科臣循例題本，僅屬具文。是以乾隆十四年將直省秋審改爲一覆奏。朝審與秋審事同一例，嗣後朝審亦著改爲一覆奏，已足以存舊制。至向來覆奏之本，皆於黄冊呈進，後隨即奏上，距勾到之時甚遠。嗣後黄冊仍於八月中旬呈進，其秋審朝審覆奏之本，皆於本省勾到前五日覆奏一次。朕披閲時，再同黄冊詳加酌覈。以昭愼重，著爲令。

《清實録・嘉慶二十三年》〔九月〕辛酉，定覆覈朝審人犯例，諭内閣：向來直省秋審人犯，由各督撫分別情實緩決，刑部再覆覈議。其有原擬未協，經刑部改緩爲實者，皆例有處分。惟朝審人犯，但由刑部分別情實緩決，不加覆覈，立法尚未周備。著自明年爲始，朝審人犯，經刑部堂官議後，即由該部奏請。特派大學士尚書侍郎數員覆覈。其有部擬實緩未協，應行改擬者，著派出之員奏明請旨，以昭愼重。

又〔六月〕甲申，諭内閣：御史盧炳濤奏京控案件，請明立限制一摺。小民健訟刁風，固不可長，若一概禁遏，使民隱不能上達，亦恐覆盆之冤，無自而伸息訟之道。全在地方大小官吏，勤於聽斷，果能案無留牘，曲直較然，則政平訟理，上控之風將不禁而自息。即如山東，前此陳預、張五緯因循廢馳，京控絡繹不絶；自和舜武、溫承惠到任後數月以來，該省控案寂然，是其明驗。該御史請將呈詞虚誕者立案不行，各省控案僅就呈詞閲看，安能遽辨其虚實，以定准駁？惟審明實係虚誣，自應按照定律加等治罪，以儆刁頑。其屬員訐控上司，若係案外摭拾計圖挾制者，固應嚴禁，其本案屈抑，亦不能不聽其申訴。聽訟總在折中，豈可豫存成見，總目之爲虚誣，一概不理？凡事在正本清源，非更定條例所能遏其末流也。

《清實録・道光二十五年》〔九月庚申〕又諭：吏部奏酌議委員審案出力，議敘條例等語。嗣後各省命盜等案，委審官能將原問官審擬錯誤，有關生死出入大案，究出實情，改擬得當者，即照審轉官例，一體送部引見。如原問官擬罪有關出入，無關生死，委審官平反得實者，每案准其紀録二次。如原問官擬罪並無出入，止於未能審出實情，委審官研訊得實者，每案准其紀録一次。均由該督撫於定案時，將何官錯誤，何官駁正之處，隨案聲明辦理。其並無平反，僅止研訊出力者，如係案情重大，人犯衆多，該委員果能秉公細心妥速研鞫，實在出力，仍准該督撫保奏，並著將該委員如何出力之處，詳細敘明，不得以委審出力空言聲請，致滋冒濫。

《清實録・道光二十六年》〔十月〕丁丑，諭内閣：秋讞大典，由各省督撫分別情實、緩決覈准具題。其中罪名或稍有出入，經刑部駁改者，朕無不確覈案情詳加披閲。但有一線可原，必當少從末減；若萬無可寬，亦斷難曲爲原宥。近來秋審招冊，該省原定緩決，經刑部改擬情實者，上年四川六起，河南五起，本年直隸、奉天、陝西、甘肅、雲南各五起，覈其情節，或連斃應抵二命，或蠹役刁徒詐贓斃命，或姦徒挾恨謀殺，或兵丁軍犯逞兇，或故殺妻命，碎割頭面後復殘毀屍身，皆係恃強藐法、兇惡慘忍，應入情實之犯，原題概擬入緩，殊未允協。尤有甚者，雲南省張閑一起，因與梅鼎豐等挾有私嫌，遂揑寫歃血結拜重情，裝入公文投遞，此等投遞匿名文書告言人罪之犯，歷年秋審俱入情實，從無問擬緩決之案。誠以匿名訐告，陷人以不測之罪，而該犯轉可倖逃顯戮，其用心險惡異常，萬無可寬，故例載所控得實，亦坐絞候，所以懲奸宄安善良也。今該督撫乃以被誣之人尚未受累爲解，率請緩決，實出情理之外。以上各案，儻非刑部據例駁改，復經朕詳加覈審，則此等兇徒，皆得倖逃法網，何以昭情法之平？所有原題之各該總督巡撫臬司，著該部查明分別議處，其辦理張閑一案之督撫臬司，於例應情實之案，並不按例定擬，更屬錯謬，著查取職名，再行議處。嗣後各直省督撫等凡遇秋讞重案，務當督同臬司遵照定例，酌覈案情，細心究辦，斷不可惑於救生不救死之說，故從輕減。總期無枉無縱，各得其平，用副朕執法用中，諄諄訓誡至意，將此通諭知之。

《清實録・道光二十七年》〔十月〕乙亥，諭内閣：每年各省辦理秋審，詳覈律例，原爲慎重民命起見。然往往惑於救生不救死之説，遷就定讞者，恐亦在所不免。即如語言調戲致婦女羞忿自盡之案，山東、河南兩省前曾於一年之中多至五六起，雖案情間或相同，亦何至如此之多，難保非該地方官因此等案犯，向免予勾，遂爾緣飾案情，豫爲開脱地步。疊經降旨，令各該督撫等於此等關繫人命之案，詳細推鞫，斷不可使死者含冤。乃本年秋審招册，經朕詳加披閲，河南一省，語言調戲，致室女本婦羞忿自盡之案，又復多至八起，仍恐地方官辦理此等案件，避重就輕，難免狃於積習，大非朕明慎用刑之意。特再申諭各直省督撫督飭臬司及各地方官，嗣後遇有似此案情，虚衷研鞫，務得實情，期於毋枉毋縱，按律定擬，以除錮習而平刑章。

《清實録・道光二十九年》〔六月庚辰〕又諭：慶錫奏屯居旗婦遞呈訴冤，請解京審訊一摺。此案遵化州旗婦方王氏向馬蘭鎮總兵衙門遞呈訴冤，並敢投遞京官名帖，是否挾勢恐嚇，抑係被人唆使，指官撞騙，虚實應徹底根究。方王氏著解交刑部審明辦理。前任給事中焦友麟，宗人府筆帖式果良並著解任，交刑部會同宗人府查傳質訊。尋宗人府等衙門奏，查明焦友麟早經出京，並無給方王氏名帖之事，無庸飭令來京。果良訊無囑託情事，惟於方王氏來京具控，輒令赴馬蘭鎮呈訴，究有不合，應照例議處。方王氏依内官親屬恐嚇官司例擬杖流，照例收贖。從之。

《清實録・同治九年》〔閏十月〕乙亥，諭内閣：本年各直省辦理秋審人犯，經刑部由緩決改情實者，四川、直隸兩省，均至七起之多，該督等並臬司於秋讞重犯，未能詳審覈議，均著交部查明分別議處。嗣後各將軍、府尹、督撫等，務當督同所屬，遵照定例，酌覈案情，悉心究擬，固不可失之刻覈，亦不可惑於救生不救死之説，故從輕減。總期執法持平，無枉無縱，用副明慎用刑至意，將此通諭知之。

清・朱壽明《光緒朝東華録・光緒元年七月》鄧慶麟奏：近來各省詞訟案件，因命告案者十之二三，案後釀命者十常八九。其初長官拘於體制，不肯親理細事，或以情節欠圓，直行批駁，或批交原審衙門，一冤再冤，非化大爲小，即以是爲非，所由紛紛京控，頻煩聖慮，日事披覽之不暇也。一經京控，無不飭下各直省督撫秉公審辦，原告照例解往備質，要無非體恤案内人證並牽涉問官過多，省其返往拖累。豈料發交之後，即永無伸理之日，而冤益增劇。近查原告有死於押所者，有死於道路者，雖係各報病故，究在可矜、可疑之列。其遞解到省者，仍舊發交讞局，無論積壓滋弊，即行提人證，動經歲月，原告在押候質，竟有不及待訊而身先溝壑者。即或依限審結，非坐原告逞刁誣告，即擬以懷疑妄控，從未見平反一案。查京控案内，子弟痛切父兄者居多，似難概以刁妄論，即或一逞刁，未必人人皆刁，一案妄控，未必案案皆妄，或一省有健訟之風，未必天下同此健訟之風。大抵原案繁重，經手亦多，各牽所私，互相迴護，或串供勒結，或揑詳朦銷，甚至有致死滅口，揑病狀，揑醫方，抽換屍格，倒塡日期，以致愈冤則愈告，愈告則愈冤，勢有不至一網打盡而不能歇手者。語云：馬駭輿，庶人駭政。悉非平世所宜。況不肖州縣所恃以膽大妄爲者，亦明知京控無不批發本省，遞交發審局，而局中仍不外原問之數人，其迴護自可不言而喻，此亦法久滋弊之一端也。在冤民冒死告狀，原出萬不得已，必使進不能伸雪前冤，退不能保全身命，恐愚民至此將有不肯束手待斃者。向者官吏激釀事端，卒至大肆殺戮，亦可哀已。方今中外乂安，雨暘時若，正宜整頓吏治，清理滯獄，挽頽風而資上理，恤民命而迓天庥。相應請旨飭下各直省督撫、府尹，嗣後欽奉諭旨發交案件及本屬上控之案，務必嚴飭承審之員認眞訊辦，務得確情，不准徇私袒護，致滋冤濫。如承審不公，別經發覺，卽照故出入例議處，庶政刑清而天下平矣。上諭：御史部鄧慶麟奏京控案件請飭認眞訊辦等語，各省京控案件，該督撫本應親提研訊，秉公辦理。若如該御史所奏，近來各省交訊之案從未平反，甚至積壓迴護，冤累愈多，實屬不成事體。嗣後各直省督撫、府尹，遇有發交案件及各本屬上控之案，嚴飭承審各員認眞辦理，務得確情，不准徇私袒護，致滋冤濫。倘別經發覺，卽照故出入例議處，以慎刑獄而重民命。

清·嵇璜《清朝通典·詳讞》 順治二年二月，飭內外刑官察審滯獄。閏六月，敕刑官研審監候罪犯。四年定重犯臨決稱冤之例，凡犯人反異原招或家屬代訴稱冤，卽再與推鞫。事果屈枉，卽同原審官改正；如因犯明稱冤抑不爲伸理者，分別失入故入論罪。十年四月，以天旱命內外各衙門清理獄案。六月，諭：朕於政事最重刑獄，奏讞本章必再三覆閱，每有改正。但慮日有萬幾，或一時不及致詳，死者不可復生，誤者不可復改，此悔此怨咎將誰歸？朕志存愛育，於饑寒爲盜之民尚許自首，遐方未服之衆廣示招徠，況於有職朝臣，無知黎庶豈肯陷以刻深、致滋冤濫？以後問刑衙門、議事大臣問擬人罪務期詳審眞情，引用本律，一切鈎索羅織悉宜痛革。又不得借口故出以致漏網，務平心守法，使人不冤，以幾刑措之治。又復秋決朝審例，八月定直隸秋審遣刑部司官會同督撫審決之例，三法司定審擬死罪議同者合具勘語，不同者各具勘語之例。十一年七月，敕各省詳勘見審重囚以可矜可疑者，奏聞定奪。八月，令各省刑官將已結未結大獄歲終造冊進呈。十月，諭：凡重囚經三法司定議後，議政王貝勒大臣再行詳議。十二年六月，諭：朕覽法司奏章，議決重囚日五六人或十餘人，念茲愚氓兵戈災祲之後，復罹法網，深可憫惻。爾等刑名衙門將現監未結重案，悉心清理，原情準法，務求平允，但不得故縱市恩，仍傳諭各省督撫申戒所屬不得羅織刻覈，負朕好生至意。十一月，諭三法司：核擬死罪必面同研審，不得但用文移往復定。凡遇卹刑之年，未經差官審錄者，督撫不得竟自審決。十三年十月，諭：上年暫停秋決，今年朝審應決人犯甚衆，但其中情罪輕重不同或仍有可矜可疑者，當行減等，著多羅安郡王岳樂同索厄費揚古額巴黑蔣赫德科爾坤車克圖海胡兆龍再加詳審，分別確議。十五年十月，定各省秋審分別應決、緩決並可矜可疑三項，於霜降前奏請定奪之例。十七年二月，定嚴冬盛暑清理刑獄之例。

臣等謹按：刑者，所以卹民命也。我世祖章皇帝矜恤羣黎，首重庶獄，爰書所定，反覆再三，開自新之途，廣招徠之路，吏無羅織，獄鮮繫纍，刑措之風臻於上理。書所稱好生之德洽於民心者，於斯見矣。

清·嵇璜《清朝通典·刑六·雜議》 乾隆三年六月，部議覆御史王綱振疏，言各省秋審冊內監候待質一項。如續獲盜首未肯招認，而從前供明之夥盜已經決遣，餘盜尚未盡獲，無憑質證，罪關首犯，例應監候待質。或有續獲，無憑質證罪關首犯例應監候待質，或有續獲之犯，審供與原供案情相符，並未首盜又未傷人，原係夥盜，因年久贓物花費，遂照疑似，之條監候待質。又如獲犯並無贓據，屢審堅供不認，此或係夥盜，或係無辜，因餘犯在逃亦令待質。伏思此等旣屬疑似則虛實原屬未定，乃歲歲待質，有監至十餘年及二三十年者。昔年之逃犯已無跡，而此等衰老待質之犯久淹囹圄，雖有一綫可原之情，概沈獄底。請敕法司於秋審之日公同九卿將原案逐一詳查，酌其情罪之輕重，量其監候之遠近，或取保，或末減，或仍行監候，分別辦理。至人命案內監候待質之犯，其有情節不同之處，均請一體查辦，應如該御史所奏，除罪關斬決仍應監候外，其並非首盜又未傷人因、贓物花費監候待質人犯供認旣確，令九卿會審核明，擬以遣罪。如並無贓物，堅供不認者，是其爲盜爲良尚屬未定，並於秋審時核其情節酌量擬保，俟緝獲正犯之日，再行質審。至奏稱人命案內待質人犯一體辦理，查現在秋審人命正犯俱係情罪重大，祇因少涉似，尚應待質，與盜案不同，應於秋審時詳細分別辦理。其朝審監候待質之犯，亦照秋審案件一體查辦。又議准凡相驗屍傷，本邑與鄰邑相距不過五六十里，本邑印官公出卽請鄰邑印官代驗，其或鄰邑地遠不能朝發夕至者，許別委佐貳代驗。其代驗之員必係同知、通判、州同、縣丞等官，毋許濫委雜職。謹按：乾隆十八年奏准，凡過命案，印官公出，同城並無佐貳距鄰邑遙遠者，卽令該吏目典史驗立傷單申報，印官覆驗。如印官不能卽回，卽申請鄰邑代驗塡圖通詳。又議以盜案有幫助綑毆、按捺事主逼索財物者，此等雖未傷人，實亦法所難宥，向例未分晰詳明。請嗣後除造意爲首及拒捕傷人，綑縛架送事主者，仍照例擬以法無可宥；及迫於饑寒誘逼入夥並無逞兇者，仍請旨減等外，其有幫助綑毆、按捺事主逼索財物者，無論傷人與未傷人，俱擬以法無可宥。七月，議拐竊案內有指引綑拐藏匿遞賣之罪，未詳定例，請嗣後如留歇販棍之人，果有綑拐藏匿遞賣確據者，卽照開窰爲首例，同拐販首犯皆斬立決，在犯事地方正法。若無幫同情事，有分贓確據者，無論贓數多少，照窩藏強盜坐家分贓例，不分首從發邊衛充軍。其止知情窩留，無分贓情事，無論人數多少，仍照定例，爲首者杖流，爲從者，杖徒。其窩販之隣佑明知不首者，照知而不首例滿杖。五年閏六月，九卿議奏弟毆兄死，遇有留養承祀者，向例枷責完結。嗣奉諭旨，以倫紀攸關，枷責完結過輕，改爲斬監候。正以孝弟本屬一理，既不弟其兄，雖留養亦必不能孝其親，且祖宗亦必不歆其祀，徒使兇頑倖免，倫紀有乖，故改斬監候，使拘繫在獄，漸化其兇殘之性，然後留以養親承祀。此仁至義盡之道也。請嗣後此等罪犯俱改擬斬監候，俟三年後，該督撫查明於秋審冊內聲明請旨，照例枷責，留養承祀，倘三年內遇有父母病故及有人承祀者，仍擬情實。再據刑部議，救父情切，毆死大功服兄，照姪毆伯叔之例，分別已成傷、未成傷及折傷三等科罪。查人子當父母被毆，死生呼吸之際，此時但知有父母不知有大功兄，亦但知救父母於急難，更不知己之因此而獲罪，倉惶失手以致毆斃，是以謂之情切。若分別三等，勢必救父之時先視其大功兄之毆伊父必致折傷，然後救之，天下固無此人子。且先計大功兄之罪至於流絞，然後己之毆死可以末減，計較瞻顧，又豈所謂情切者乎？請嗣後救父情切毆死本宗期功親屬者，仍擬斬監候，援例兩請，候旨定奪。但監候之後，歷年秋審以此等罪犯本應立決改擬監候，不復更寬，多有入於緩決而連年監候者。臣等伏思人子見父母被毆，但知父母生死爲急，不暇詳審，非兇狠者比，雖改擬監候已邀寬典，而長繫囹圄情殊堪憫，請於秋審時核明情由，可矜者減等，則情法似均得其平矣。七月，定兩家互毆各斃一命，除尊卑服制及兩家死者多少不同，或故殺鬭殺情罪不等，仍照本律定擬外，其兩家互毆各斃一命的係各兇手，本宗親屬將應擬抵人犯免死減等發邊衛充軍。

謹按：乾隆二十六年，又定各斃一命案內，除均係同居親屬無庸追埋外，或一家被殺之命與減軍之犯有不同居其財者，各於犯人名下追銀二十兩，給付死者家屬。

又〔乾隆〕六年十二月，雲貴總督張廣泗奏，民人劉四貴等謀殺小功服姪劉先佑，首犯劉四貴照例絞監候，從犯劉三貴無例可援。刑部及三法司核擬劉四貴擬絞監候，劉三貴杖流。並請嗣後尊長謀殺本宗及外姻卑幼，除爲首者仍依故殺律定擬外，其爲從加功之尊長，各按服制分別已行、已殺、已傷三項各依爲首之罪減一等定擬。若同行不加功及同謀而不同行者，又遞減一等。

例。

又〔乾隆〕七年三月部議侍郎張照等奏請申明致死婢女畫一科斷之例。查例載旗人故殺白契所買之人並典當之人，俱照故殺僱工人律擬絞監候，若毆打死者照律治罪。又定例康熙六十一年以前各旗所買白契之人俱不准贖身，有逃走者許遞逃牌；雍正元年以後，白契所買單身及帶有妻室子女之人俱准贖身，若買主配有妻室者，不准贖。是紅契則爲家人，白契即爲僱工。而向來問刑衙門科斷爲家主致死白契所買家人則照僱工人例，於白契所買婢女俱照紅契定擬，殊未畫一。請嗣後民人於雍正十三年以前白契所買之家人照八旗之例，准作家奴，倘伊主毆殺、故殺俱照紅契一例擬斷；若乾隆元年以後，除婢女招配者亦照八旗配有妻室不准贖身例作爲家奴外，其餘白契所買之人俱以白契定擬，至旗民所買婢女已配給紅契家奴者，准照紅契辦理。九年四月，刑部議覆蘇州巡撫陳大受疏稱歐德潤妻丁氏過失捘傷德潤身死。查欽頒新律，妻妾毆夫條內注有妻過失殺夫當用比律之語，但未明言應比何律。查妻爲大服斬衰三年，應以服制輕重比照科斷，應比照子過失殺父母律將丁氏杖一百流三千里。係婦人，決杖一百，流罪收贖，應如所請。再查妻妾毆夫條下注云：夫過失殺妻妾及正妻過失殺其妾者，各勿論。若妾過失殺家長及正妻當用比律，自應分晰指明，使問刑衙門知所遵循，查妻爲夫、妾爲家長俱服斬衰三年，妻過失殺其夫、妾過失殺其家長俱比照子孫過失殺祖父母、父母律，杖一百流三千里；妾爲正妻服期年，妾過失殺正妻應比照過失殺期親尊長律杖一百徒三年，俱行決杖。餘罪收贖。

又〔乾隆〕十二年九月，諭：侵盜貪婪之犯，因例內載有分年減等逾限不完，仍照原擬監追之語，至秋審時，概入緩決，外而督撫內而九卿法司習爲固然，初不計二限已滿，既入秋審，自當處以本罪，豈有虛擬罪名，必應緩決之理？卽如立限減等，原屬法外之仁，至限滿不完，則是明知不死更欲保其身家，此等藐法無恥之徒，卽應照原擬明正其罪。嗣後凡二限已滿，照原擬監候之犯，九卿於秋審時核其情罪，應入情實者，卽入於情實案內以彰國法；朕於勾到日，再爲酌奪。其如何分別酌核之處，著大學士、九卿妥議具奏。尋議：侵貪案犯二限已滿，察其獲罪之由，如係動用雜項及挪移，核減一應著賠作爲侵欺並收受借貸等款問擬貪婪。迨監追後急圖完公者，應量擬爲緩決；若以身試法，贓私累累至監追二限已滿，侵蝕未完尚在一千兩以上及貪婪未完尚在八十兩以上者，秋審時即列入情實，請旨勾到。

又〔乾隆〕十三年五月刑部議奏：凡直省刁民因事哄堂塞署，逞兇毆官，聚衆至四五十人者，爲首者依律斬決，仍照強盜殺人例梟示；其同謀聚衆轉相糾約下手毆官者，雖屬爲從，其同惡相濟，審與首犯無異，亦照光棍例擬斬立決；其餘從犯照例擬絞監候；被脅同行者，照例各杖一百。如遇此等案件，該督撫先將實在情形奏聞，嚴拏正犯，速訊明確。如實係首惡，該督撫一面具題，一面將該犯於該地方即行梟斬，並將犯事緣由及正法人犯姓名刻示遍貼城鄉，俾愚民咸知儆畏。如承審官不將正犯究出，混指他人爲首，因而坐罪，及差役誣拏平人，株連無干者，嚴參治罪，該督撫交部嚴加議處。

又〔乾隆〕十三年十二月，刑部議奏：凡統兵將帥玩視軍務，苟圖安逸，故意遷延，不將實在情形具奏，貽悞國事者，又凡將帥因私忿娼嫉推諉牽制，以致糜餉老師，貽悞軍機者，又身爲主帥不能克敵，佈散流言煽惑人心借以傾陷他人，致悞軍機者，均屬有心貽悞，應擬斬立決。

又〔乾隆〕十四年九月，諭：繼母如母，名分甚尊。其於前妻之子，究無屬毛離裏之愛，果其視如己出，則子自當視若所生；然忿戾殘刻非理淩虐者，比比而是，皆由法雖設而不行，人心無所儆畏故也。律載故殺子孫者杖，六十徒一年，嫡繼慈養母者加一等，致令絶嗣者，絞。律文之以加等治罪，正以其與親生者有閒，當其戕害軀命則子母之恩已絶，況致令絶嗣，則得罪於其夫，得罪於其夫之先代，母子、夫婦、天倫盡廢，執國法以繩之，固殺人之凶犯耳，揆之天理人情，毫無可恕。朕意子果不孝，經官驗明有據，雖繼母不必治以加等及擬絞之罪，如其無罪至死則但當治以國法而不復追論其名分。其絶嗣擬絞，亦但當論其現在之有無子息而不必計其後此之續娶另生。凡情罪可惡者，以情實定擬，與謀故人犯一併正法，則慘毒之行有所畏憚，庶足以正刑章而厚倫理。著大學士九卿定議。尋議：繼母故殺前妻之子，審係撫如己出而其子不孝，經官訊驗有據，即照父母故殺子孫律，分別擬以杖徒，不必援照加等之例。如伊子本無違犯教令而繼母非理毆殺、故殺者，除其夫現有子嗣仍依律加等定擬外，若現在并無子嗣即照律擬絞監候，於秋審時將情罪可惡者入情實冊內，請旨定奪。

又〔乾隆〕十五年八月部議：知府失察，屬員虧空，及本犯實係因公挪移者，仍照原例辦理外，及知府通同狥隱州縣侵欺倉庫錢糧，著落代賠之項，若三限已滿未完，按其已未完交分數治罪。以十分爲率，如未完之數在五分以內者，杖一百，至六分者杖六十徒一年，每一分加一等，十分無完者杖一百徒三年，均不准納贖。

又〔乾隆〕十九年五月，更定僧道匠役故殺弟子之例。先是，十三年部議：僧尼故殺弟子照故殺大功卑幼律，擬絞監候；謀殺已行者，依故殺罪減二等；已傷者減一等；已殺者依故殺律定擬；若止毆傷亦照毆傷卑幼非折傷勿論律，以上減凡人三等，至死者照毆殺堂姪律杖流。至僧尼毆受業師至篤疾者亦照毆大功尊長至篤疾律，擬絞監候；傷者照毆傷大功尊長律杖徒；折傷以上加凡鬭傷一等。至是，大學士等奏定凡僧尼道士因奸盜別情謀殺弟子者，無論已傷未傷，已殺未殺，悉照凡人分別定擬。其有挾嫌逞兇故殺弟子及毆殺內執持金刃兇器非理扎毆致死亦同凡人論。匠役人等致死弟子者，亦如之。

又〔乾隆十九年〕八月，吏部刑部會議御史王應綵奏稱檢驗不實之處分宜歸畫一。查吏部則例內官員驗屍有傷報稱無傷，或打傷砍傷報稱跌傷磕傷者，降二級調用，傷痕不全報者降一級調用，至致命傷痕報出不致命傷痕遺漏或拳傷報稱踢傷之類，罪無出入者罰俸一年。刑律開載官吏仵作因檢驗而罪有增減者以出入人罪論，失出減五等，失入減三等，罪俱至擬徒。同一檢驗不實，罪有出入，從處分則例則止於降調，從律則至於擬徒，未免參差互異。請嗣後審有受財故縱情弊以至故出入人罪者，仍依律問擬外，其止於失出失入并無別情，仍送吏部，照欽定則例，分別降調，以歸畫一。至刑部參奏審擬之案或案情重大降調不足蔽辜，仍聽刑部臨時酌量辦理。

又〔乾隆〕二十年十二月，步軍統領衙門議奏：例載凡子孫將祖父墳園樹木砍伐私賣者，照違令律例治罪，私買者同科；奴僕盜賣者計贓加竊盜一等治罪；盜他人墳園樹木者，准竊盜論；其盜賣墳塋之房屋、碑石、磚瓦、木植等項，均照此例治罪。向來立法太輕，以至不肖之徒無所顧忌。請嗣後墳園樹木除實在乾枯者許具呈該管官查明准其砍伐外，如子孫將祖父墳園樹木砍伐私賣一株至十株者，杖一百枷號三個月，在十株以上即行充發；奴僕盜賣者罪同盜他人墳塋樹木者，杖一百枷號一個月；其盜賣墳塋、房屋、碑石、磚瓦、木植者亦照此例治罪；私買者，照現議盜他人墳塋、樹木例一體治罪，所有私砍樹木等物分別入官給主。謹按：二十八年又奏定，凡看墳人等如果受有房地居住代守墳塋，歷有年所，輒敢盜賣墳主樹木者，雖係民人，均照奴僕盜賣例辦理。又部議外祖父母與本家期親尊長無異，母舅兩姨新改小功服制，其中有名稱同而實不同者。如繼母之父母兄弟姊妹皆外祖父母舅姨也，查新例繼母非理毆故殺前妻之子，若現無子嗣卽照律擬絞，於秋審時入情實冊內，請旨定奪，是繼母不得比於親母，其義甚明。設有繼母之父母毆殺故殺其壻，前妻之子反得減等徒流，則於情法俱乖。竊按《禮記》云：親母死於室則爲其黨服而不爲繼母之黨服。是母死而父再娶，其繼母之父母兄弟姊妹一切皆以凡論，據經可以定例也。請嗣後凡於母黨有犯，除親母嫡母本身母黨屬仍照服制定擬外，其餘均同凡論。著爲例。

又〔乾隆〕二十二年七月定例：凡金刃扎傷本管官者，斬決，仍定限保辜，其限內死者該犯妻子發遣，傷痕平復者妻子免遣。至是，大學士等議奏，保辜之限專爲該犯妻子發遣、免遣之分，與該犯毫無干涉，若俟保辜限滿始行題達，轉令兇犯得以苟延時日。請嗣後遇有此等兇犯案，刑部卽將本犯具題正法，於本內聲明俟保辜限滿再將該犯妻子照例分別辦理。十月，部議湖北巡撫莊有恭奏律載吏卒謀殺六品以下長官並佐貳首領官，各依凡論之條不得其平，請照軍士謀殺本官律。向查部民謀殺本屬長官、軍士謀殺本管官吏、卒謀殺本部五品以上長官已行者，流二千里；已傷者，絞；已殺者，皆斬。本註內卒吏謀殺六品以下長官幷佐貳首領官各依凡論，又吏卒毆六品以下長官各減毆五品以上三等，此原定之律文也。例載因事聚衆將本官及監臨官毆打綁縛者，不分首從發極邊充軍，此舊有之成例也。

又 乾隆十三年，定直省刁民因事鬨堂塞署逞兇毆官至四五十人者，爲首照強盜例斬決梟示，同惡相濟轉相糾約下手毆官者，照光棍例斬決，爲從者絞候。又例載軍民人等毆死在京現任官員照毆死本管官律斬候，謀殺者斬決。八旗兵丁不服管教，將本管官戳死者，若閑散及護軍披甲人，記讐將該管官動兵刃致傷者，本犯卽行正法。此現行之則例也。現在辦理毆傷本官之案俱照現行則例擬罪，特未明著科條。請嗣後直省部民軍士吏卒有犯罪在官不服拘拏審斷或挾讐逞兇殺害本官者，拏獲之日無論本官品級及有無謀故等情，審明已殺者不分首從皆斬立決，已傷者爲首照光棍例斬決，爲從及下手者絞候，其聚衆逞兇者，仍照定例。並該管官恃有嚴例任意凌虐及不守官箴自取侮辱各案，其情罪輕重臨時酌量，分別比引辦理。

又〔乾隆〕二十四年九月，江西按察使亢保議奏：律載爲人後者爲本生親屬服皆降等，服降則罪亦宜降，應否與本身親屬有犯，照所後服制律分別定擬？又查毆期親尊長律註云，兄弟雖爲人後，姊妹雖出嫁降服，其罪亦同。若出繼之兄毆弟者依現服制科斷。又毆大功以下尊長，律註云：族兄出繼，族姊出嫁，不作無服。是否卑幼犯尊長，俱按本服尊長於卑幼悉依現服？敕下部議。尋議：律載爲人後者爲本生親屬，降服而不復立有犯科條，蓋服定則罪定，無庸複贅也。自律註措詞既不該備，引用遂多疑義，應請嗣後爲人後者，於本生祖父、父母有犯，仍照所後服制定擬外，其伯、叔、兄、姊以下均依律圖降一等科罪。尊長之於卑幼亦如之，例註二則均請刪除。

又〔乾隆〕二十五年三月，河南按察使蔣嘉年奏鄰佑因聞事主聲喊失竊前往協捕，將賊人毆打致死者，例內設專條，向例多比照罪人不拒捕而擅殺以鬭殺論，擬絞監候，似覺情輕法重，請照減鬭殺二等例定擬。部議：嗣後除賊犯持杖拒捕者格殺之不問事主鄰佑，俱照例勿論外，如有攜贓逃遁，鄰佑人等直前追捕，倉猝毆斃或賊勢強橫不能力擒送官以致毆打戕命者，照事主毆打致死減鬭殺罪二等例，杖一百，徒三年。若業已拏獲，輒復疊毆或捕人多於賊犯，倚衆共毆及恃強逞兇致斃者，仍照罪人不拒捕而擅殺律定擬，共毆之餘人仍照例杖一百。

又〔乾隆二十五年〕四月，部議：凡官司差人捕獲罪人，有聚衆中途打奪毆差致死者，爲首斬決，爲從下手者絞決。其傷差未至死者，首犯照例絞候，但經聚衆奪犯雖未傷人亦照因而傷人例從重擬絞，餘仍照律分別坐罪。若數年後此風稍息，請旨仍復舊例遵行，其非聚衆及不於中途打奪者，各按本律註分別辦理。時廣東按察使來朝奏罪人在家，毆差奪犯傷人至死，僅擬絞候未足蔽辜，請酌更條例。事下兩廣總督李侍堯詳議。尋議：凡罪人在家拒捕，如造意糾集兇黨至三人以上，均係持械下手共毆者，不論殺人、傷人俱照中途打奪現行定例，分別首從治罪；其並未糾約聚衆，僅因一時手鬭拒毆致斃人命者，俱照本律分別擬議；設係有心欲殺，究明謀故確情，除有罪本犯自行殺傷仍坐以罪人拒捕律外，若本犯無罪及非所勾攝仍係謀殺，按照本律分別首從擬議；係故殺爲首者應斬監候，爲從下手者發邊衛充軍。部議從之。

又〔乾隆二十五年〕五月，部議： 疏脱重囚與故縱有別，律例所載各按所犯輕重有減囚罪二等者，亦有罪止滿杖者。 勒限緝拏限內能自捕得及他人捕得俱准免罪，未免法輕易犯，請嗣後押解斬絞重犯除受賄徇情故縱，依新例照禁卒賄縱罪囚辦理外，其違例僱替、托故潛回、無故先後散行、止留一人押解者，改照故縱律與囚同罪，不准照舊例減囚罪二等問擬。 果係依法管解偶致疎脱，審有確據者，除依律治罪外，仍勒限緝拏，他人捕得亦不準寬免。

又〔乾隆二十五年〕六月，部議： 廣東按察使來朝條奏查私鑄銅錢房主鄰佑甲長俱有分別治罪專條，而私鑄銅錢定例，惟有里長知而不首者杖一百，不知者不坐之文。 其房主鄰佑未經詳及應如所請。 嗣後私鑄鉛錢之案如有夥衆開爐，鑄至十千以上者，房主鄰佑甲長知而不首者，俱杖八十、徒二年。 失於查察者，杖八十。 其實係窮鄉僻壤鄰里較遠，或空房別舍誤借匪人不及查察者，方准依例以下知科斷。

又〔乾隆〕二十六年六月，江西布政司湯聘奏請將同謀共毆之案，如驗係傷皆致命者，無論當時身死，將先後下手之犯一併收禁解審。 二十七年閏五月，部議： 各省州縣命盜無庸先據初供報部，仍照例於命案初到驗訊時，取具供招申報各該上司，以憑覆審查核，俟得確情審擬定案，備叙初供題達，以期虛公勘斷。 至同謀共毆致死人命之案，仍請止將正兇解審，以免拖累。 得旨允行，并諭： 刑名案件，情僞微曖變幻百出，若事事曲爲逆億，雖日定一例，豈能遍給乎？ 惟在司刑者臨事詳察案情，參酌令典，期於平允。 徒鰓鰓然，各逞己見，議改議增，適以變舊章而滋紛擾，於讞獄之道，有何裨益？ 著傳諭中外問刑衙門知之。

又〔乾隆二十六年〕十一月，部議覆左侍郎錢維城條奏二事： 一竊、劫之犯如在湖河舟次格鬭致斃，屍墮水中漂流不獲，及山谷險隘猝然禦暴，屍沈溪澗者，應如所奏仍依格殺本律勿論，毋庸牽引棄屍之條； 若室中黑夜格捕姦盜之犯，或曠野道路格傷拒捕之竊盜，本係不應擬抵，而畏罪心切，以致毀棄掩埋移投坑井者，應照地界內有死人不報官司私自掩埋律，杖八十，因而遺失者，照地界內有死人移置他所以致失屍律，杖一百； 如格殺之後，懷挾夙嫌逞忿殘毀，或投之水火，或割剝損傷，仍照毀棄死屍律科罪。 一、本夫及應許捉姦，非登時而殺，仍照黑夜無故入人家例，擬以杖徒外，其有捉姦非登時殺死不拒捕姦夫者，或係倉猝毆死，卽照本例原文以罪人不拒捕而殺之例論絞； 或係有心致死，及拘執而殺，卽依罪人不拒捕及已就拘執而擅殺律擬絞，不得與平人同科； 若雖係捕殺姦夫，又因他故致斃者，自當仍以謀故論； 至已經犯姦有據，又復逞姦拒捕，雖非登時，自應如所奏，一依罪人拒捕律科斷。

又〔乾隆〕二十九年三月，部議： 姦夫姦婦因事敗露商謀同死，有姦婦逼令姦夫買藥同飲，姦婦毒重殞命，姦夫得灌救不死者，有姦婦逼令姦夫持刀代割先死者，姦夫隨後自抹未死者，並將姦夫照犯罪時僱人傷殘因而致死減鬭殺一等律，杖一百，流三千里。

又〔乾隆〕三十二年四月，部議： 各省改發伊犁、烏嚕木齊等處安插人犯爲數過多，種地兵丁約束非易，酌請嗣後如情罪較重者，仍隨時酌發外，從前所定應發新疆二十二年條內，一兇徒因事忿爭執軍器毆人至篤疾者，謹按： 原例邊衛充軍，乾隆二十二年奏准改發。 一偷盜圍塲木植、牲畜犯至二次三次者，謹按： 原例二次枷號兩個月，三次枷號三個月。 乾隆二十七年奏准改發。 一旗人正身犯積匪者，謹按： 原例發遣寧古塔，乾隆三十年奏准改發。 一拏獲逃人，不將實在窩盜之人指出，再行妄扳者，謹按： 原例發寧古塔，乾隆二十七年奏准改發。 一移住拉林閑散滿洲有犯二次逃走尚未出境者，謹按： 向無專條，乾隆二十九年奏准定例。 一派往駐防滿洲兵臨行，及中途脱逃者，謹按： 向無專條，乾隆三十所奏准定例。 案其情節尚非積慣兇徒，易於約束，仍請照例，分別僉配發往。 所有積匪、猾賊、回民行竊等項十六條改發之處，概行停止，其原例發遣極邊烟瘴充軍及黑龍江者，仍照原配地方發遣，餘俱照原例所定地方各加一等改發。

又陝甘總督吳達善審擬甘肅巨窩馬得鰲積聚多匪助貲外出竊劫客商，積案累累，將馬得鰲請旨斬決，妻子發往伊犁給與兵丁爲奴，夥犯內屢次行竊滿貫爲首之閻景彩、馬甫臣請旨絞決，爲從行竊多次之馬老二、苟老三等十三人，及行竊而均非善類之馬登科等，俱發伊犁分別爲奴安插。 復審得苟老三曾於江南舒城縣偷竊鞘餉滿貫爲從分得贓銀二百兩，情罪較重，請將該犯卽照爲首例擬絞監候，入於本年秋審辦理。 尋部議： 馬得鰲盤踞村落，聯結匪徒，其黨羽散布各省爲害商旅，此等案件本屬絕無僅有，則懲治之法，自不得拘於常例，嗣後如有此等情節，應將爲首滿貫數次者，從重改擬絞決，滿貫一次者，問擬絞監候。 滿貫爲從已逾數次，分贓在一百二十兩以上者，亦照爲首例，擬絞監候，秋審時一體入於情實。爲從一二次分贓未滿貫者，亦從重發黑龍江，給與索倫兵丁爲奴。

又〔乾隆三十二年〕九月，部議：凡遇祖父母、父母老疾，應請侍養，家無次丁之案，如該犯本有兄弟並姪出繼現存，及本身爲人後者，概不得以留養申請，秋審時無庸取結報部。

又〔乾隆三十二年〕十月，部議：秋審時情實字樣，應請將諭旨內有關係秋審、朝審恭纂爲例者，俱歸入歷年秋審上諭內，照向例於每年秋審前刷印成冊，分頒九卿科道一體欽遵。至例冊內凡有議准條奏應入秋審情實者，於秋審例入情實，將例內秋審情實字樣俱行酌刪，謹將應行修改及毋庸刪除各條繕清單恭呈御覽。

一、凡斬絞重犯在監脫逃，審係禁卒賄縱者，即視其縱囚犯之罪，全律科斷。如本犯應入秋審情實者，亦入情實；應緩決者，亦擬緩決；應斬決以上者，亦即擬以斬決。其非得賄故縱者，仍照本律科斷。

一、凡奸徒得受正兇賄賂挺身到官頂認，致脫本犯罪名者，不計贓數多寡，俱照本犯徒流斬絞之罪，一例全科。其原犯應入情實者，擬爲立決；應入緩決者，秋審時擬入情實；如原犯軍流等罪，照軍流脫逃改調例從重治罪。徒杖以下，按律各加一等。

以上二條，雖有秋審情實字樣，但係定罪條例仍應存。

一、凡繼母毆故殺前妻之子，係平日撫如己出，而其子不孝，經官訊驗有據，即照父母毆故殺子孫律，分別擬以杖徒，不必援照加等之例。如伊子本無違犯教令，而繼母非理毆故殺者，除其夫現有子嗣，仍依律加等定擬外，若現在並無子嗣，即照律擬絞監候。

一、蒙古人等除搶奪四項牲畜、殺人及傷人者仍照舊例辦理外，如偷竊四項牲畜滿十匹以上者，首犯擬絞監候；六匹至九匹者，發雲、貴、兩廣烟瘴地方；至三匹五匹者，發湖廣、福建、江西、江南、浙江等處；一二匹者，發山東、河南等處。俱交驛地充當苦差。

一、匪賊偷竊衙門服物，不論初犯再犯及贓數多少，俱改發雲、貴、兩廣烟瘴地方充軍。

一、私鑄銅錢首犯匠人，其錢數至十千以上者，或雖不及十千而私鑄不止一次，後經發覺者，照例擬斬監候；其錢數不及十千者，俱照免死減等例，改發黑龍江等處給披甲人爲奴。

一、凡有強姦將本婦立時殺死者，擬斬立決；若強姦既成，或本婦羞忿自盡，仍照因姦威逼致死律，擬斬監候；至於強姦未成，但經調戲本婦羞忿自盡者，俱擬絞監候。

以上五條係定罪專例，內有秋審情實字樣，應行節刪。

一、凡滿洲殺死滿洲之案，朝審俱擬以情實候勾。

一、聚衆械鬬互斃多命，審係各下手致命之人，一命一抵，俱列入秋審情實冊內，請旨勾決。

一、凡侵貪案犯二限已滿，察其獲罪之由，如係動用雜項及挪移，核減一應著賠，作爲侵欺并收受借貸等款，問擬貪婪，監追後多方設措急圖完公者，應酌量擬爲緩決；若以身試法侵蝕錢糧入己，及枉法貪婪者，毋論贓項已完未完，秋審時即列入情實，請旨勾到。

一、常人盜倉庫錢糧罪應擬絞者，入於秋審情實。

以上四條，係專爲秋審定擬而設，定罪各有本條，仍將應入情實之處，詳記檔案，秋審時列入情實。

得旨：依議。

又〔乾隆〕三十三年六月，部議：嗣後自京城發往及移駐兵丁內在原處曾經犯逃，如有逃走者，即係二次，雖經自行投首，毋庸銷除旗檔改發烟瘴地方，轉使安居內地，應加用重枷枷號五個月，滿日痛加鞭責，仍交與該管官，充當折磨差使；若係緝拏就獲，實屬怙終不悛，即請旨正法。其自各省移駐兵丁，原未犯過逃案，若初次逃走，且自行投回情節稍輕，應枷號三個月，滿日鞭責，交與該管官嚴行約束；其初次逃走之拏獲，及二次逃走之投回者，情節較重，亦無庸改發烟瘴地方，均加重用重枷枷號五個月，痛行鞭責，令其充當折磨差使；若係二次逃走，後經拏獲者，亦即請旨正法。并將各項人犯分別治罪之例，逐一疏明：

一、京城八旗因逃發往伊犂披甲，及各省移駐伊犂內有在原處曾犯逃案者，均係已經犯逃一次，若在伊犂復行逃走，即係二次犯逃。自行投回者，加重用重枷枷號五個月，痛加責懲，折磨差使；拏獲者，即行正法。

一、由各省移駐伊犂兵丁，初次犯逃自行投回者，枷號三個月，滿日鞭責，交該管官嚴加管束；拏獲者，加重用重枷枷號五個月，痛加責懲，折磨差使；二次犯逃自行投回者，加重用重枷枷號五個月，痛加責懲，折磨差使；拏獲者，即行正法。

又〔乾隆三十三年〕八月，河南巡撫阿思哈咨稱，固始縣拏獲逃流馬福，係江南潁州府霍邱縣人，原犯流三千里，係發福建福寧府壽寧縣安置，在配脫逃，應照新例就現配地方改發。查軍衛道里表，福寧府屬附近充軍，東南二至俱抵海不足二千里，西至江西贛州府，距該犯本籍霍邱已比現配地方稍近，北至江南揚州府并通州，則更與該犯本省相近。推原例意，本因犯人怙惡不悛，欲使遠離鄉井以示懲儆，必使改發之地更遠於現配之處，方與例符。安徽潁州府屬原犯流三千里人犯，應編發福建福寧府安置，今以脫逃改發轉得簽配較近，蓋因福寧本在原籍之東南，而配所東南二至俱已抵海不足里數，不得不於西北二至改發，其西北二至內所定之江西贛州府與江南揚州府等處，又均與該犯本省相近。其餘別省、別府、州屬，凡道里表內未經編定者，復不便懸揣率定。即如豫省之開封府屬犯應流三千里者，簽發浙江台州府屬安置。浙江台州府屬附近充軍所編地方東南二至皆抵海不足二千里，西至湖北黄州府，北至江南徐州府，山東兖州府、曹州府，則皆與原籍相近，更不若從原籍註算附近充軍編發浙江、杭州府、湖南岳州府、甘肅鞏昌府等處，較之湖北黄州府、江南徐州府、山東兖州府等處，轉覺隔遠，如此之類不一而足，殊難適從。嗣後原犯流三千里，及免死減流人犯脫逃改發，可否量爲區別：如現配地方計算，可使離籍更遠者，即就現配地方計程定地改發；若反與原籍相近者，則仍就原籍計程定地改發。庶不致欲遠反近，有違懲創之意，更與迴避各犯本省相近之處定例相符，理合咨部示遵。部議從之。

又〔乾隆三十三年〕十月，部議：地方官如拏獲竊盜除贓至滿貫，及三犯計贓五十兩以上，律應擬絞仍歸於犯事地方完結外，其審出多案應照積匪猾賊例擬遣者，其供出鄰省鄰邑之案，承審官即行備文耑差關查，若犯証俱屬相符，毫無疑異，即令拏獲地方迅速辦結，無庸將人犯再行關解別境。倘或贓供不符，首從各別，必應質訊，或鄰境拏獲人衆，勢須移少就多者，承審官即將必應移解質審緣由詳明各該上司，簽差妥役將犯人移解鄰邑，從重歸結。如有借端推諉，及刪減案情，希圖就事完結者，即將原案州縣官分別議處。

又〔乾隆〕三十四年七月，雲南道監察御史成德奏：查律載祖父母、父母爲人殺，而子孫私和者，徒三年；又收伯叔兄弟之妾者，徒三年；又豪勢以私債強奪人妻妾子女者，徒一年半。伏思父母天倫，雖至愚極陋，不待教而自知以不共戴天之仇，而忍受賄私和，喪心滅良，莫此爲甚；伯叔兄弟服屬期親，而竟敢收其妾爲己妾，其淫惡亂倫亦屬非常；以私債取利不遂，竟敢以強搶奪人之妻妾子女，即未曾汚而謀占之心已露，其兇横何加？以上三條俱關倫紀風化，僅以徒完結，恐不但不足以儆愚頑，而情理亦未允。尋議：律載凡祖父母、父母爲人所殺，而子孫私和者，杖一百徒三年等語，蓋以私和之案情事多端，或兇犯強悍暫爾隱忍，或孤兒寡婦力弱勢屈受人欺壓，情形各有不同。律文所載滿徒之罪，原指子孫未經受賄而言，至受賄私和則忍心害理，非杖徒所能蔽辜。臣部於二十八年議覆原任湖南按察使王諾璽條奏摺内聲明，如有受賄私和者，俱計贓准枉法從重治罪加至滿流。但此等人犯貪利忘親，誠如該御史所稱喪心滅良，莫此爲甚，若必計贓定罪，轉覺以贓數之多少爲重，而視貪利忘親之罪反輕，亦未爲允協。請嗣後祖父母、父母被殺子孫私和之案，其并未受賄者，依律擬以滿徒；若一經得財，無論贓數多少，即擬以杖一百流三千里，以爲貪賄忘親者戒。至收伯叔及兄弟之妾者，律内各減妻罪二等，蓋以伯叔兄弟之妻有關服制，罪關内亂，故律分斬絞，至於其妾則係無服之人，故於伯叔兄弟亡後而收之爲妾者，律止滿徒。但律内姦伯叔兄弟妾者，止減妻一等，而收爲妾者，得減妻二等，情罪輕重亦有未協。請嗣後收伯叔兄弟妾者，即照姦伯叔兄弟妾律，減妻一等，杖一百流三千里。以上二條俟命下之日，臣部載入例冊，通行各直省遵行。至該御史奏稱，以私債取利不遂，而竟敢用強搶奪人之妻妾子女，即未曾汚而謀占之心已露，兇横何加等語，查律載豪勢之人於違約負欠者，不告官司，以私債準折人妻妾子女者，杖一百，姦占者加一等，論強奪者，加二等，因強奪而姦占婦女者絞等語。蓋誠以法貴懲奸，因私債強奪人婦女，因而姦占，其淫惡已甚，罪不容誅，故即坐以絞。若准折者，則出自本人情願，故律止滿杖。因准折而姦占，則加准折一等，杖六十徒一年。強奪者，則屬倚勢，其意欲借此爲質，以圖清還，究與恃勢姦淫者，情事不同，較准折加罪二等，杖七十徒一年半，足以蔽辜。今若因其一經強奪，遂謂其謀占之心已露，即欲治以姦淫之罪，則事屬深文，於情理亦未爲平允，應將該御史所奏，因私債強奪人妻妾子女，欲行加重之處，無庸議。奉旨依議。

又〔乾隆三十四年〕八月，部議：乾隆三十一年十二月河南巡撫阿思哈條奏，一切印甘各結，如詳咨文内向例於文外復取結者，准其停止印結，經吏部議准通行。嗣於三十三年，直隸、江蘇兩省將有關刑名事件，何項應仍照舊取結，何項應行停止開列，咨部請示。部因二省所開應行取結各條，卽不能相合，誠恐各省情形不一，或有必須復加印結之處，仍令各省酌定，分晰造册報部，以便畫一查辦。今據各省陸續造册咨報到部統查，各省所報各條，或此係照舊取結，彼則聲請停止，參差互異，更屬不齊。查向例一切案件俱係照印文核辦，其或事有舛錯遺誤，仍以印文爲憑。今各省所開附送印結者，俱係於印文之外復加取結，實屬重複。相應通行各省，嗣後凡有關係刑名達部案件，向來於文外加具印結事件，均於文内切實聲明，一概停取印結，其應取甘結各項，仍令照舊辦理。

清・嵇璜《清朝通典・刑七・雜議》〔乾隆四十六年〕十一月部議：查向來辦理獨子留養之案，如戲殺、誤殺，例應隨案取結聲請。其鬭毆殺人之案，查明與留養之例相符者，原題聲明，秋審時另行取結核辦，例應俟秋審時辦理。惟殺人情重之案，各督撫因其情節較重，雖敍明親老丁單應侍緣由，而又聲明不准留養。又如，例載不准留養之案，該督撫既經查明與例未符，而原題仍行聲敍，或於秋審時該督撫已將該犯列入情實，而其父母老疾應行留養等字樣仍不删除。本部屢經面奉諭旨敎導，誠以此等案犯或係例載不准留養，或應列入情實。而原題聲說應侍緣由，實爲繁宂，應通行各省，嗣後凡獨子留養之案，查明實係與例相符應准留養之犯，原題取具父母年歲、隣族供結隨案聲明，俟秋審時再行取結，送部核辦外，其有例不准留養及殺人情重，並應入情實之犯，原題竟可毋庸聲敍應侍緣由，以省案牘。

又〔乾隆四十八年〕五月，部議：現奉新例，旗人犯該刺字，卽銷除旗檔，以民人定擬，除僅止搶竊並無逃罪自可遵照新例辦理外，其逃竊並發核其竊罪僅止徒杖輕於逃罪者，該犯係刺字銷籍之人，既未便照二罪俱發以重論之律，仍將該犯依旗人逃走例發往當差。若略其逃罪以民人例計贓治罪，而該犯所犯搶竊罪止徒杖者，轉得免其發遣，又覺輕從。臣等伏思正身旗人理應守法當差，顧惜廉恥，乃敢於逃後搶竊，及搶竊後復行逃走，是其重疊犯罪，自當一例從重辦理，以昭懲創。應請嗣後滿洲、蒙古正身旗人逃後有犯搶竊，及犯搶竊私逃，同時並發，核其搶竊贓數，罪在流徒以下律應刺字者，無論逃在一月内外，俱照在京旗人逃走發遣當差在配怙惡不悛之例，改發雲、貴、兩廣邊遠地方，令地方官與民人一體嚴加約束。至漢軍正身旗人，但有犯應刺字者，亦卽照新例削除旗檔，其逃竊治罪之處另有專條，仍照漢軍本例定擬。如此酌定條例，庶旗人知立法綦嚴，各知檢束，不敢輕蹈法網，而臣部辦理逃旗並犯搶竊之案亦可畫一遵循。奉旨依議。

又〔乾隆四十八年〕十月，陝西按察使王昶奏：查命案重犯脱逃，所有承緝之州縣先於本境實力查拏，並詢明踪跡。無論隔府隔省，差役携帶通關密行偵緝，及至初參限滿無獲之日，造具事由清册，分咨各省通緝，由近而及遠辦理，實爲周備。但關緝隣省必先詢明該犯或有親戚可依，或係舊時來往，始可差役往關。而兇徒既輕竄逸，凡有可以潛藏之地，携隣保甲未必周知，卽屬無從關緝。查命案初參以六個月爲限，屆時始造年貌、事由清册，申詳督撫轉咨各省，恐頑獷之徒早已乘閒遠颺，而他省未接通咨，該犯等往來道路，何從一體盤查？且限至半年，爲時既久，該犯等遠適他方，亦得從容藏匿，及鄰省接有咨文緝捕，而藏身既固，更屬難於搜獲。故雖有通緝之名，並無通緝之實者，職此之故。臣詳加體察，兇犯畏罪潛逃，其形踪詭秘，何所不至，豈復論地之遠近？況各省地方官雖閒有留心緝捕未奉通咨而獲破重案者，然不過百之一二，是以設爲通緝以絶其逋逃之路。但同一分咨，與其咨緝於後而致輾轉潛逃，何如咨緝於先而使剋期就獲？請嗣後命案内遇有兇犯脱逃，該州縣審明屬實，卽於初報時一面本地緝拏，一面造具年貌事由清册，卽詳請飛咨各省協同緝捕，不必更俟至六個月初參之後始行通緝。如此立時四面查拏，不論何處道路關津，俱有捕人稽察。兇犯如敢往來，既不難於弋獲，且使兇惡徒明知各處截留，容身無地，更不敢任意逋逃，自可早爲擒獲。再查三十七年，湖北按察使劉秉愉條奏，盜犯脱逃，當卽飛咨鄰省協緝，經部議奏，以鄰省通緝文檄每多視爲具文，而本境承緝官員，因有鄰省責成，或致心存怠忽。臣思地方遇有重案，雖飛咨各省，而承緝之限例綦嚴，如果逾時不獲，本地方官應得處分，斷難稍貸，自不敢因詳請通緝稍弛其查拏之責。如盜案内有罪應重辟者，照此辦理，庶於緝捕之法益爲周密。部議從之。

又〔乾隆四十八年〕十一月部議，查秋審竊盜滿貫一條内，凡竊盜衙署倉庫、餉鞘軍裝及將本章公文燒溺者，乘人遭風失火肆竊者，蓄謀放火竊財者，結夥入室肆行竊奪者，考棚丟包撞騙者，積匪滑賊犯竊多次者，一夜連竊數家者，奴僕忘恩負托引外賊及婢女同竊主財者，竊盜軍流在配脫逃肆竊者，僧道喇嘛回民番民結夥肆竊者，店家船戶車夫鑽艙等賊積慣爲匪貽害行旅者，蓄意謀竊官員客商沿途潛行乘機竊取者，犯案被獲扭鎖逃竄後肆竊者，屢次搶竊贓俱滿貫者，此等賊匪一經得財，在一百二十兩以上俱屬情節較重，歷年俱照例擬入情實。其餘尋常鼠竊情節稍輕者，擬入緩決。今乾隆四十八年秋審、朝審內竊盜滿貫緩決之犯，與竊盜三犯贓至五十兩以上緩決之犯，應照例減等發遣。查本年各省秋審內，此二項賊犯共五十二名，朝審內二名，俱經奉旨，緩決在案，相應恭摺具奏。奉旨依議。

又〔乾隆五十年〕二月部議，向例八旗滿洲、蒙古、漢軍流、徒罪俱分別折枷鞭責完結。迨三十九年，直隸總督周元理具奏審擬船戶劉治偷賣漕米一摺，奉上諭，據周元理審擬劉治偷賣漕米，發烟瘴充軍，從犯分別擬徒一摺，已批交該部核議矣，其從犯方天禿聲明係旗人，應折枷鞭責完結等語，固屬照例辦理，但同係旗人，其閒亦各有分別。如果身居京師、食餉當差、在官執役之人，身犯徒流等罪原可折枷完結，若在屯居住及各處莊頭與民人混處日久，即與民人無異，則犯法亦當與同科。嗣後除京城之滿洲、蒙古、漢軍現食錢糧當差服役之人，及外省駐防之食糧當差，如犯徒流等罪，仍照舊鞭責發落外，其餘住居莊屯旗人，及各處莊頭並駐防之無差使者，其流徒罪名，俱照民人一例發遣，著爲例，當即通行各省暨盛京、吉林等處。查自四十年起至四十九年止，盛京各處軍流發遣者，共二十二案，實徒者一十六案。查盛京各處旗人，與在京本屬不同，京中旗人城居者多，屯居者少，當差者多，閒居者少，是以雖定有實發之例，而實犯者無多。若盛京吉林等處旗人皆散處四鄉，而城居者不及十分之一，且差使限於定額不能人人挑補，是屯居之無差使者實處於不得不然，並非游惰偷安者可比，偶爾犯法即同民人一例實發，將旗人之混入軍流民籍者日積益多。且犯罪各有輕重，若使尋常犯罪與寡廉鮮恥有玷旗籍者一例發遣，亦覺漫無區別。請嗣後旗人犯罪，除在京八旗屯居及附近京城各處莊頭之無差命使者，其犯軍遣徒罪名俱照民人一例發遣外，至東三省旗人有犯寡廉鮮恥身玷旗籍者，始照例實發。其屯居之無差使者，仍照舊例分別折枷鞭責完結。奉旨依議。

又　三月，部議：據署川督保寧咨稱：蒲江縣民曹履潔因大功服弟曹富潔圖姦伊媳杜氏未成，該犯聞喊捕獲送官。詎曹富潔以送官並無死罪，將來定要殺害，該犯怒其兇惡，用繩纏頭項力拉斃命。該督將曹富潔依罪人已就拘執而擅殺，以鬭殺論毆同堂大功弟者，杖一百，流三千里，咨部。又安撫書麟題太和縣民楊心悅因期親服弟楊永振圖姦大功孀嫂祝氏未成，祝氏哭訴前情，該犯理斥不服，楊永振反持刀拼命，該犯一時忿激，抬斧毆砍殞命。該撫將楊心悅依砍殺胞弟例，擬絞監候。二案皆係尊長因卑幼圖姦起釁，有心致死，情節相同，辦理並未畫一。查尊長圖產圖姦挾忿逞兇殺害卑幼者，則按律擬絞，秋審入於情實。若尊長圖姦卑幼被殺死尊長者，夾簽聲請，蒙敕下九卿覆議，量予末減。蓋律重倫常，法寬義忿，皆有成例可遵。若尊長殺死卑幼者，律無明條，是以各省辦理未能畫一。伏思尊長之於卑幼，情親分尊，有管教之責，如卑幼罔顧倫理輒圖姦有服親屬，瀆倫傷化已犯十惡內亂之條，尊長訓責不服，一時義忿因而致斃，若亦照尋常謀故一律全科，反置亂倫之罪於不問，是殺由義忿之尊長與尋常故殺卑幼之尊長兩無區別。請嗣後凡卑幼僅止爲匪不法及一切尋常干犯，或尊長另有私嫌乘機殺害者，仍照謀故本律各按服制辦理外，如有卑幼圖姦有服親屬被尊長忿激致死，審有確據者，悉照罪人已就拘執及不拒捕而擅殺律，無論謀故，各按照服制俱以鬭殺定擬。其在場幫毆有傷之犯，除係死者有服卑幼，仍以謀殺故殺服制本律科斷外，其餘無論凡人尊長概照鬭殺餘人定擬。奉旨依議。

又　九月，協辦大學士和珅等奏：查向例流罪人犯如有中途在配脫挑被獲改發者，均就其現配地方計程發配。又免死減等流犯脫逃被獲者，亦就其原配地方計程發配。至附近改發近邊，近邊改發遠邊，遠邊改發極邊，應由配所定地之處，例無明文。應將軍罪脫逃改發人犯，均照流罪脫逃就配所改發之例，由配所定地交刑部載入冊內。若現配地方應配之所即係原籍相近之處，而地處邊境再無別處可以改發者，仍從其原籍改發。倘原籍改發之所較原配相近，則視其拏獲地方改發。庶與五軍三流道里表所定遠近里數俱無違礙，不致有應遠較近之弊。奉旨依議。

清・嵇璜《清朝通典・刑八・寬恕》　臣等謹按：國有常憲，罪疑惟輕，寬恕者隨時隨案，法外施仁者也。我朝自列祖以來，仁育義正，大德涵濡，暨我皇上體上天好生之心以爲心，奉列聖弼教之治以爲治，尙德緩刑，百餘年如一日矣。要而論之，不貴屈法以狥情，貴在原情以定法，情有可原，雖搶盜以饑寒而釋罪，逆犯緣坐以不知情而免誅，況罪之不至於死者，更可酌爲末減，惟在悉心檢核，必得其情。故恩旨之頒，有爲身被者夢想所不到，而酌理準情，實慎刑所應爾。以視屈法市恩者，矜恤本無不周，令典又堪爲式，所謂如天之德普萬物而不言者也。至於熱審停刑、緩決減等與留養自首各條行之既久，所全實多，而又有衣煤藥餌等格外之仁，故冤抑無聞，牽連絕少，民遊化宇，式措祥刑。猗歟，休哉！盛德之至也。

天聰元年六月，時以歲饑，盜賊劫殺所在多有，諸臣請按律嚴懲，上惻然曰：彼皆不得已而爲盜耳，緝獲者，鞭而釋之可也。遂命是歲讞獄，姑從寬典。

順治八年三月，諭曰：天時向熱，連日風霾不雨，前代常有熱審之例，刑部可通察刑獄、五城司坊、順天府京縣各察監犯之無干牽連者，卽日釋放；笞、杖、徒、流次第減免；其情罪可矜疑者，請旨定奪。十年十月，朝審罪犯張學傷人應抵，伊子玉兒泣請代死，法司以聞。上矜其情，特免死遣戍遼陽，仍諭後不爲例。十二年七月，定審錄罪囚有死罪可矜疑，及事無証佐可結者，具奏處置。流徒以下減等發落，充軍人犯除已輕發解外，其餘不分曾否詳允，及雖經定衛尚未起解者，逐一關送審錄，內有應釋應減者，會同巡撫酌量發落。又軍罪有不用全律摘引例文，及不分首從濫坐者，如未發遣卽附入矜疑疏內題請開釋。襍犯死罪，准徒五年者，並已徒而又犯徒，總徒四年者，各減一半。例應枷號就近釋放，其餘流徒等罪各減發落，笞罪放免。其贓犯除侵盜官銀五十兩、糧一百石以上者，照舊監追，如應還官銀不及五十兩，並入官給主百兩以上，各贓監追至五年，或正犯身故，逮及子孫，勘無家產者，奏請豁免。其各處盤查坐贓追賠銀兩草束，亦聽查勘正犯存亡家產有無，具奏裁奪。十七年七月，定正月係萬物發生之初，停止行刑。

康熙七年五月，以天旱敕內外刑官，除重囚外，其餘輕罪，卽行保釋。八年六月諭各省熱審時，有非實犯死罪者，量予減等，如在京法司例。九年二月，定軍流以下，已經具題，未奉旨發落者，皆准減等。至十年，又定直省罪犯在熱審之先具題到部之案，遇熱審仍行減等，其熱審時具題之案，雖過熱審之期到部者，亦仍減等發落。十一年定免死流犯，有祖父母、父母老疾家無次丁者，照旗人例折枷存留養親之例。十四年九月復正月停刑之例，先是順治十七年定正月停刑，康熙元年此例停止，至是給事中彭之鳳復有是請，從之。十一月，敕刑部速行審結罪囚，上以時值嚴冬，不忍罪人久繫，故有是命。十七年七月，停秋審重提質對之例，舊例直省秋審必重提犯人家屬及失事牽連之人對質，至是停止。二十年五月，定交六月停刑之例，部議立決人犯請交，六月節停刑。得旨六月節若在五月內，卽以交節日起停刑，若六月方交節，以六月初一日起，至立秋在六月內，必俟七月初一日方令行刑。二十一年四月，上謁陵，有尚陽堡流犯王廷試子王德麟叩閽，稱伊父以竄逃充發，今年老，懇發回原籍，願以身代。督捕議不准行，上以情實可憫，著一併發回原籍，仍諭後不爲例。二十五年五月，諭枉法得贓行賄與受人員免擬重辟，照例追贓，其未經發覺者，悉予寬免。三十六年五月，給事中鄭昱條奏平定噶爾丹慶賀大禮，頒詔款項，奉諭：凡頒赦詔，皆人主之事，非人臣所宜言，自古不以頒赦爲善政者，以其便于惡人而無益于善人也。鄭昱妄以詔款陳奏，念係言官，特從寬宥，著大學士嚴行申飭。三十七年七月部議山西寧鄉山賊安守榮等，聚衆五百餘名，劫掠村莊，安守榮等十四名應立斬梟示，餘犯一百九十四名應照例立斬，未獲各犯二百十二名俱免緝。得旨：安守榮等於該撫兵到卽率衆迎降，俱從寬免死，發往奉天安插，賀之榮等一百九十四名俱從寬免死，李霧等二百十二名嚴緝另結。三十九年九月，部議廣東巡撫蕭永藻題強盜楊三等不分首從盡行處斬，應准行。上曰：此案同謀者六十餘人盡誅之，則人命甚多，可將爲首者卽行正法，爲從者俱從寬免死，發往黑龍江。四十一年正月，諭：罪犯一經緩決卽皆冀望生全，而長困桁楊，淹留歲月，自新無路，朕甚憫之。今方春始和，用沛矜釋之仁，現在刑部及直隸各省監禁人犯，凡經康熙四年秋審奉旨緩決者，通行減等。四十五年十二月，部議凡經恩賜祭葬之子孫雖廕出身之人，不可使宗祀斷絕，如審擬大辟家無次丁者，令其妻妾入監相聚，生有子息，再行正法。五十年五月，部議福建海賊鄭盡心等俱卽行正法。上以正法人犯五十餘名，多迫於饑寒搶奪財物，並未與官兵相抗，且俱熟諳水性，特旨從寬免死，發往黑龍江寧古塔等處充水手當差。五十三年六月，上駐蹕避暑山莊，軫念在京獄囚恐盛暑致疫，命加寬卹，多置冰水以解鬱暑，其九門鎖禁人犯，亦寬其鎖條，枷號人犯暫釋放。謹按：五十四年、五十五年六月並有是命。十二月御史周祚顯疏言，近京畿輔之地，旗民襍處，一切鬭毆、賭博、田產細事，不必令其解部，交理事同知審理詳報巡撫完結，以免拖累。得旨允行。

清・嵇璜《清朝通志・刑法略》 順治二年，諭： 以後重辟，如奉監候再審之旨，地方官毋得輕決，著各巡按御史會同監司，從公研審，報部覆奏，候旨處決，其事有冤抑情可矜疑者，徑自奏聞。十二年諭三法司核擬罪，必面同研審，不得但用交移往復。

又 康熙十二年，諭刑部： 向來朝審之例，先期進呈招冊，然後九卿科道會審覆奏完結。乃各省秋審本内止有節略，觀覽未能明晰。又有續到者，不及入覆奏案内，以致留俟來年，殊爲不合。以後各省秋審應照在京朝審例，豫期造冊進呈，著九卿科道覆核，奏請定奪。四十四年諭： 各省秋審，尚無可議，朝審則太寬。《書》云罪疑惟輕，以其罪有可疑之處而輕之也，若無可疑，則以公平爲貴。現在殺人之人，情罪顯然，又何所疑，而欲從寬乎？執法之人但當詳情據理以定罪，一味從寬則惡人何所警戒？可以此諭刑部。五十三年諭： 刑部秋審奏章繁複者甚多，皆由府州縣司道各官審錄供招盡行全載所致。該府司道果讞有別情，自應敘入，若無互異之處，但註明該府司道與各州縣等官原審皆同一語，止將州縣初招，並督撫大吏審擬之處敘明足矣，此非爲朕便於觀覽，案牘繁多則事務必致遲延矣。

又 雍正二年，諭： 明刑所以弼教，君德期於好生，誠以民命至重，寧過乎仁，毋過乎義也。朕念朝審重囚其情實者，刑科必三覆奏聞勾除者，方行處決。而外省情實重囚惟於秋審後，法司具題即咨行該省，無覆奏之例。中外一體，豈在京諸囚加詳慎，在外省者獨可不用詳慎乎？自今年爲始，凡外省重囚經秋審具題情實應決者，爾法司亦照朝審之例，三覆奏聞，以副朕欽卹之至意。三年，諭： 人命至重，須平心研究，求其可生之路，至萬無可生然後勾決，則國法所不容，亦其自取耳。從來法寬則愚民易犯，非刑期無刑之意。十一年，諭： 今年各省秋審人犯有不應緩決之案，經九卿改爲情實者甚多，督撫、通省大僚、臬司，刑名總匯，錄囚定獄，何等重事，豈可因循苟且？如有司執法科罪，而九卿奏請平法，或九卿據法定議，而朕酌奪從寬方合政體，豈有執法之官而任意於法外徇縱者乎？倘督撫、臬司或謂九卿定議從刻，稍存迎合之見，遂於矜疑之案，概以情實奏讞，其弊尤不可言，爾等將改正各案，逐一覈明通行申飭之。又諭： 明刑所以弼教，除暴所以安民。朕臨御萬方，不得一道同風，俾我民免於刑戮，每以自咎。所望内外大臣抱刑期無刑之心，執辟以止辟之法，先使民不敢犯，俾無漏網之姦宄。繼則導人不爲非，漸化向風之頑懦，如此需之歲月，庶幾習俗可移。朕十年以來，一切刑獄莫不虛衷斂息，詳慎推研，寬嚴本無成見，惟其自取。每見廷臣疆吏諄切開示，諒已悉朕心矣。今者秋審大典，詳覽各冊，有法無可貸，情無可原，而各督撫概擬緩決並無勘語；且有上次擬情實而今年自改緩決者，有監候多年之犯，而每年秋審忽擬情實；本定情實因部改緩決，即照擬緩決者。試問該督撫等豈竟漫不經心，抑竟漫無定見耶？夫疎縱之過，甚於苛刻姑息之害，等於殘忍，但本公誠之至意，達仁義之通權，方爲平允。若以爲欲嚴是負朕心，若以爲欲寬亦辜朕訓。内外大臣，務籌遠大，不枉法不弛刑，由此類推，庶政皆然，其各身體而勤求之，毋忽。十三年，諭： 朕聞外省會審之時，不論案件多寡，悉於一日定議，均聽督撫主張，司道守令不敢置喙。究其實督撫亦未必了然，不過憑幕賓略節，貼於冊上，徒飾觀瞻，不察情罪之輕重，率定爰書之出入，以致讞獄不平，冤情莫訴，勸懲兩失，兇暴肆行，所謂明刑弼教者安在？朕臨御以來，法司所進立決本章，必令三覆奏，每年朝審、秋審先期細覽招冊，至勾到時，復與廷臣往復講論，蓋哀矜惻怛之意，動於不得已而發於不自知，並非欲博欽恤好生之名也。聖祖於當年勾到日，皆著素服，朕亦效法行之。凡受封疆之寄者，應同此心。乃刻期草率定局，並不博採羣議，且有結綵設筵徵歌演劇者，此則殘忍性成，不學無術者之所爲。嗣後，各宜謹慎周詳，殫以辦理，不妨多寬時日，毋得視爲具文。至於會集既久，除常餐外，倘有肆筵設席，仍蹈前習者，經朕訪聞，必加嚴處。

又 乾隆十年，諭： 向來冬至既屆，一應秋審之犯，例不行刑，若遠省地方奉到文書，在冬至以後者，則留至次年冬至前正法，後因此等人犯盡屬兇惡罪無可緩，若遲至一年之久，未免別生事端，仍於奉到部文時處決。諸犯既無可緩，適値冬至亦須稍遲，嗣後如有過期接到部文者，著於冬至七日以後，照例處決，該部行文各督撫知之。

又 〔乾隆〕十四年，諭： 八旗滿洲互相殺傷案件，向例俱從斬決。至雍正年間乃按律以謀殺鬬毆分別斬、絞，亦即行正法。自朕御極之後，以旗民條例輕重懸殊，特諭九卿八旗會同定議，一切命案俱著監候，至秋審時，苟非謀故重情概爲緩決。但思立法之道，與其狎而易犯，不若使知所畏而不敢蹈，向來立法從嚴具有深意，惟是旗民事例既經畫一，今又改從斬決，朕心有所不忍。嗣後滿洲與滿洲毆殺案件，著於秋審時俱入情實，八旗都統通傳知悉，務使旗人各惜身畏法，不罹罪譴。

又〔乾隆十四年〕又諭：　廣東南海縣民劉德滿繼妻關氏搭死前妻之子劉應周，致令伊夫絕嗣，朕因其情罪可惡，於法司核擬時特爲存記，今經秋審擬入緩決。據刑部查稱乾隆十一年直隸省張心堯繼妻張氏藥死前妻之子依律擬監候，每年於秋審時查明張以堯續娶有子，將應否減等，請旨定奪，如終至絕嗣，將張氏正法，關氏案照此辦理等語。朕思繼母如母，名分甚尊，其於前妻之子，究無屬毛離裏之愛，果其撫如己出，則子自當事若所生。然忿戾殘刻非理凌虐者，比比而是，皆由法雖設而不行，人心無所儆畏故也。夫謂親雖不慈，子不可以不孝，豈非扶持名教之言？而從古所謂閔損王祥者，能有幾人顧，可以是責之庸衆之流乎？律載故殺子孫者，杖六十，徒一年；嫡繼慈養母殺者，加一等；　致令絕嗣者，絞。律文之以加等科罪，正以其與親生者有間，當其殘害軀命，則母子之恩已絕，況致令絕嗣，則得罪於其夫，得罪於其夫之先代。原其初，雖曰母子也，夫婦也，至於故殺，而母子夫婦天倫盡廢，執國法以繩之，固殺人之兇犯耳，揆之天理人情毫無可恕。朕意子果不孝，經官驗明有據，則雖繼母亦不必治以加等及擬絞之罪。如其無罪致死，則但當治以國法，而不當復追論其名分；　其絕嗣擬絞，亦但當論其見在之有無子息，而不必計其後此之續娶另生。凡情罪可惡者，以情實定擬，與謀故人犯一併正法，如此則慘毒之行有所畏憚而不敢肆，庶足以正刑章而厚倫理。又諭：　朝審情實人犯例由刑科三覆奏，其後各省秋審，亦皆三覆奏，慎重民命，卽古三刺、三宥遺制，謂臨刑之際，必致詳審，不可稍有忽略耳，非必以三爲節也。朕每當勾到之日，置招冊於旁反覆省覽，常至五六遍，必令毫無疑義，至臨勾時，猶必與大學士等斟酌再四，然後予勾，豈啻三覆也哉！若夫三覆奏，本章科臣匆遽具題，不無豕亥，且阻於時日，豈能逐本全覽？嗣後刑科覆奏，各省皆令一次，朝審仍令三覆。又諭：　朕因刑科三覆奏之例，各省奏牘繁多，迫於時日，轉致不能詳覽，已命簡去二覆，以從務實。今思勾決之時，朕詳閱招冊，反覆斟酌辯論，大學士在朕前一面秉筆代勾，一面聽受諭旨，雖殿庭咫尺，自無舛錯，但多經一遍視覽，於勾決更爲愼重。嗣此著於勾到，後將原本進呈覆閱，再行批發，著爲例。又諭：　秋審爲要囚重典，輕重出入生死攸關，直省督撫皆應詳愼推勘，準情酌法，務協乎天理之至公，方能無枉無縱，各得其平。朕於情實招冊，皆反覆省覽，再三究極情狀，毫不存從寬從嚴之成見，所勾者，必其情之不可恕，所原者，必其情之有可原。惟以一理爲權衡，而於其人初無愛憎好惡之見者存也。今年各省招冊，經九卿改定之案甚多。其中有緩決改入情實者，或謀殺，或故殺，或拒捕，或誣良致死，或威逼致死，或姦民聚衆不法，或邪教迷拐，或強姦幼女，或羞忿自盡，或連砍數人，或毆死有服尊屬，皆情罪較重，萬無可貸，此等兇徒斷不應擬以緩決。設非九卿改正，經朕裁酌，置之典刑，則姦徒倖免，死傷屈辱者冤無可伸，而刑法於是乎失中，豈所謂詰姦止辟之義耶？此於法紀倫常風化所繫甚重，所有審擬不當之各督撫，皆著嚴行申飭。又諭：　朕於侵貪各案諄諄垂戒，前後所降諭旨不啻三令五申，此次勾到辦理侵貪各案，有督撫輕擬，九卿改入情實者，有九卿溷入緩決，經朕指示情節改入情實者，所有二年限滿之犯，完數如例者，業經分別原減，其逾限未完營私入己確然有憑者，予勾正法。誠以律不容弛，法當其守，與其失之寬而犯者衆，不如顯然示以無所假藉，俾知所戒，而不至更蹈覆轍，所全者實多也。朕前降旨令刑部於秋、朝審時，將各省官犯彙爲一冊，得以詳悉推勘，以昭愼重之意，此雖不僅指侵貪，而官犯內惟侵貪者常多。以理論之，潔己奉公，人臣之職分應爾，倉庫錢糧莫非小民脂膏，上以供軍國經費，人君且不得私有，而乃浸無顧忌，如取如攜，婪正供而入私橐，是閭里之輪，將轉爲若輩塡谿壑也。夫取非其有之謂盜，況取國家之所有乎？貪人之財，猶謂之盜，而況其貪國家之財乎？此其情可恕乎？乃向來錮習以爲寧盜毋貪，此在爲上者，爲民之深權其輕重。謂與其厲民毋寧損上，以是重言人臣之不可貪耳，而豈忍以盜待臣子哉？爲臣子者又豈甘以盜自處哉？人徒知漁利於民者，貪也。蠹食於官者，侵也。援律傳罪，輕重判然，不知貪者，固有害於下，而侵者實無所畏於上，以無畏之心，而濟之以無窮之慾，則派累以肥橐者有之，因事而勒索者有之，甚至枉法受贓者有之。朝廷之府庫且所不顧，更何民瘼之可矜，民膏之足惜？此侵則必貪，勢使然也。此等劣員多留一日，則民多受一日之殘，國多受一日之蠹。既以劣蹟敗露，尙可因循姑息，繫之囹圄，獲全首領，下愚不肖之輩，其何所警惕，而絕其行險僥倖之心？又安知其不轉以身被刑辟之虛名，而子孫享富厚之實惠，且自爲得計耶？是斧鑕一日未加，則侵貪一日不止，惟一犯侵貪卽入情實，且卽予勾決，人人其知，法在必行，無可倖免，身家既破，子孫莫保，則饕餮之私心必能自禁，何至甘心扞網冒法？此狂瀾之必不可不迴，而膏肓之必不可不救，旋轉之機斷在於此。用是再頒諭旨，詳悉開導，俾其知潔己奉公之大義，凜服官典守之大防，杜絶侵漁，終遠刑辟，爲良有司，國家實嘉賴焉。如其不知畏懼，不知後改，則三尺具有，斷在必行，前鑒昭然，慎勿視爲具文也。此諭著刊刻頒發，令内外文職衙門入於交盤冊内，永遠傳示，各宜凜遵。

又〔乾隆〕十七年，諭：各省由立決改爲監候人犯，皆係服制攸關，其改擬監候已屬原情酌減，若秋審時入於緩決，則減之又減，殊非慎重倫常，明刑弼教之道。是以上年降旨令改入情實，此其中情節多端，如父母被毆致傷，或勢在危急救護，乃其至情，使父毆叔，而子助父以斃叔，亦得謂之救父，則是長不友不睦之風，非止辟之意。但散在各省招冊中有勾決者，有未勾決者，或未悉朕輕重權衡，反滋擬議。著該部將此等案犯彙爲一冊，與官犯招冊先期進呈候勾。其有應宥者，亦卽予減等發落，朕於各省招冊反覆研究，務協理法之大中，人命至重，大德好生，何忍不以哀矜爲念？但執法違道務在活人，斯乃婦人之仁，中外問刑者，其共知之。十八年諭：各省由立決改監候人犯，情罪本重，累次秋審，仍列入情實。上年四十起，内未勾者，二十三人。此次已勾一起，但節次存留監禁將積而愈多，是因緩死而屢次綁赴市曹，亦非所以重刑章也。嗣後此項除本年未勾人犯，下次仍入情實外，其餘著大學士會同刑部堂官，將招冊覆加詳勘。其實在情節可寬，如弟毆兄斃，或果因其兄干犯父母迫於親命，或素有瘋疾一時病發，凡似此類，酌量分别叙述案情，確加看語，請旨卽入緩決。蓋倫常所繫，不猒周詳。朕於勾決冊内，已再三審量，更一審公同斟酌，則情節益明，庶協明慎用刑，矜恤民命之至意。著爲令。

又〔乾隆〕二十七年諭：國家秋讞大典，上繫刑章，下關民命。慮囚時設情法未衷於至當，何以昭弼教之用心？每歲刑部進呈各省情實人犯招冊，朕必將逐案事由一一披覽，使獄情毫無遺漏。而各案適輕適重又詳爲稱量，比擬有其跡，雖涉疑似，而情尚一綫可原者，既於冊内折角存記；卽情罪重大，於法萬無可貸，不得已而予勾之案，亦反覆推勘，於犯事實欵，隨其節目次第折角。及勾到前一日，與臨勾之時，必三經檢核，須俾毫髮無疑，然後予勾，所謂求其生而不得，則死者皆無憾也。夫緩、重犯須臾之命，使被害啣冤不得自申，婦寺之仁，刑官尚不應出此，何况天下共主？若以既嚴三尺，均屬應斷之刑，而不爲銖量權衡，將案内細微同異之由，並歸無憾，則此輕掉之心，已乖與衆共棄之本義。此朕自揣兢兢明慎，固不肯稍存寬嚴之見，卽督撫、九卿已數爲擬議猶未敢稍緣因任者也。第向來勾到事畢，原閲招冊祇存貯内閣，其刑衙門不過預聞臨時商榷之言，而先事全局折衷，所以一再不釋者，未能盡喻，又何以定司憲之準？所有本年各省情實招冊，可於勾到後，卽發交刑部，其近今二三年内閣所貯冊一併檢發，俾詳悉披繹，因端領會，庶幾體朕意以求協中，則成牘不爲無助。著爲例。

又〔乾隆〕四十二年諭：調姦拒捕，逞兇斃命之犯，情罪固爲可惡，但按律擬以斬候，於法已無可加，乃聲叙以爲不足蔽辜，請卽正法，恐無識者，轉疑爲有意從嚴，所辦未免過當。著傳諭各督撫，嗣後如遇此等案犯按律定擬後，卽夾片聲明趕入本年秋審情實，較之尋常案件歸入下年秋審者，已屬從嚴，毋庸將不足蔽辜字樣聲叙。

又〔乾隆〕四十四年諭：勾到湖廣山東等省秋審人犯内，王成、馮文煒二犯俱砍殺一家六命，其子應行緣坐。王成之子王喜娃年僅十歲，馮文煒之子馮大甫年僅六歲，馮二甫年僅二歲，刑部俱擬入情實應斬，本屬例所宜然。王成、馮文煒兇惡已極，卽將伊全家抵死，僅足相償，實爲情眞罪當，而刑部定例將殺六命之已絶嗣者，其子均擬斬決，若尚未絶嗣者擬斬監候，而於緣坐者之年歲未爲區别。因念二犯緣坐之子，犯事時年僅數歲，尚在童稚無知，若概予駢誅，究覺不忍，是以均未予勾，此卽朕之姑息。然仰體上天好生之心，毋寧失之厚耳。惟是此等兇孽留其喘息，已屬法外之仁，若伊等長成後，或遇赦減等釋宥，仍聽婚配，俾有遺孽，將何以昭示平允，并何以慰死者之心？嗣後遇有此等兇犯緣坐之子，年在十一歲以上者，仍照見行之例辦理，如在十歲以下者，俱著問擬斬候，永遠監禁，雖遇赦不準減釋，令其老死囹圄，庶於準情之中仍不廢法。著爲令。

又〔乾隆〕四十八年欽遵諭旨，奏準各省重犯於招解到省定案後，卽行留禁省城，於臬司、首府、首縣各監酌量均匀分撥禁固。俟勾決部文到日，卽在省城處決。其中或間有九卿改入情實者，爲數無多，仍令各督撫飭令各州縣照舊例辦理，或有九卿由情實改入緩決者，卽解回本州縣監禁。所奉聖諭榜示省城外，仍行文各本州縣張掛曉諭，以儆人心。又欽遵諭旨，奏準酌擬情重罪犯留省監禁者共三十四條，其餘服制緣坐、姦宿、拐騙尋常鬬毆及婦女老幼之犯易於防範者，俱仍於招解後發回各州縣牢固監候。

又　凡秋審定例，直省督撫將重犯審擬情實、緩決、可矜三項具題，每歲限五月內到部，刑部將原案及法司、督撫各看語刊刷招冊，送九卿詹事科道各一冊，八月在金水橋西（先是在天安門外，至康熙二十三年覆准定於金水橋西會審。）合同詳核，分擬具題，請旨裁定。其盛京等處案件，亦造入各省秋審案內具題，俟命下日先後咨行直省，將情實人犯於霜降後冬至前正法。其文到限期，雲南、貴州、四川、廣東、廣西、福建限四十日，江西、浙江、湖南、甘肅限二十五日，江南、陝西、湖北限十八日，河南限十二日，山東、山西限九日，直隸限四日，盛京限十五日，寧古塔限一個月。限內遲延不到者，將遲延各地方官察明指參。其刑部見監重犯，每歲一次朝審，刑部於霜降後，摘叙緊要情節刊刷招冊送九卿各官，如秋審例。霜降後十日，在金水橋西，會同詳審，分別情實、緩決、可矜，具題請旨。其情實者，俟命下之日，刑科三覆奏，皆經御定，大學士承旨用硃筆勾決，其餘仍監固。凡各省每年秋審，臬司核辦招冊，先期定稿，以次移咨，在省司道會同，虛衷商榷，聯銜具詳。督撫覆核定擬，至期會審，司道各官俱集。每年應入秋審案犯，於應勘時仍令各督撫提解省城，率同在省司道會勘。其緩決人犯解審二次之後，情罪無可更定者，祇令有司敘由詳報，停其解審。其曾擬情實未經勾決之犯，及前擬緩決改情實，幷緩決人犯內情可矜者，仍照例解審。凡在京每年秋審，遇審某省，卽令某道御史與掌道一體上班。朝審令京畿道御史同掌道與審，勾到時遇某省本章，卽著某道御史承辦。朝審案件令京畿道專辦，行刑時，著刑科給事中及刑部侍郎一人監視。（乾隆十四年定例如此，今係刑部滿、漢侍郎各一人，刑科給事中一人，新資刑部員外郎各一人，十八司滿、漢司員各一人監視。）各省官犯於定案時，卽在按察司衙門收禁。秋審勾到本到省，照刑部決囚之例，將情實官犯全數綁赴市曹，卽令按察司監視行刑，奉到諭旨，當場開讀，按照予勾之犯，驗明處決。秋審勾到後，大學士會同刑部將已勾、未勾情節摘節摘敘簡明事由奏聞，行知各督撫，於處決時榜示通衢曉諭。朝審由刑部發交該城榜示，其各省官犯俱俟朝審勾到後奏聞頒發。又朝審勾到刑部將人犯綁出之日，步軍統領衙門派步軍翼尉一員護送。凡各省官犯如繫貪酷敗檢，侵虧狼籍，及有心巧詐，不盡臣職，罪應斬絞之員，其審題結案在行刑之日以前，皆補疏題請情實予勾者，卽行刑之日已過，亦著行刑；在行刑以後審結者，入下年新事冊內，刑部仍貼簽聲明。其尋常私罪案犯，無前項情節者，牢固監候以俟次年秋審，不得概請補入本年情實。其常犯罪該斬絞，如連斃二命，妖言惑衆，傳集符咒等項，定讞時已在該省熱審之後，刑部卽補入本年秋審情實冊內具題，或遇停決之年，其情實案內有糾衆聚匪劫奪辱官，以及前項官常犯情罪重大之案，刑部仍開具事由清冊專行奏聞，請旨正法。凡各省駐防旗人犯該斬絞者，無應解部，卽在理事同知衙門收禁，有應入秋審人犯，令將軍、都統等悉心確核，分別情實、緩決、可矜造冊題達，刑部九卿會核具題，至勾到時，某省駐防卽另冊同各省應勾人犯一體辦理。新疆地方定擬死罪監候人犯，凡經秋審緩決五次，及情實十二次未勾者，准於新疆地方互相調發爲奴。秋、朝審情實官常犯有經十次未勾者，刑部奏聞，下次改入緩決，不得擅改可矜。官犯已改緩決，後如遇查辦緩決三次以上時，不得與常犯一例減等，其中或有應行寬宥者，出自特恩。凡竊盜滿貫，及三犯竊盜贓至五十兩以上擬絞之犯，除情罪重大應擬情實外，其餘應入緩決者，秋、朝審一次之後，改發雲、貴、兩廣極邊烟瘴充軍。其可矜人犯內如子婦不孝，詈毆翁姑，其夫忿激致斃，或因該犯之母素有姦夫，已經拒絶後復登門尋釁，以致毆致斃者，此等情切天倫，一時義激，與尋常鬬狠者不同，刑會同九卿查核，遇有似此罪犯案情既確，俱量爲區別，照免死減等例，再減一等發落，仍逐案隨本聲明請旨。凡罪干服制，由立決改爲監候者，刑部於秋審時俱入情實，彙爲一冊，先期進呈候勾，俟經兩次免勾之後，大學士會同刑部堂官將此人犯招冊覆加詳勘，其有情節可寬者，摘敘案情，確加看語，請旨改入緩決。緦麻服屬人犯於停勾二次之後，亦照期功以上例，大學士會同刑部一體省核，改入緩決。

《軍流人犯分別減等例冊》卷三〇　一、官員家丁騷擾驛站，倚勢行兇，致釀人命者；

一、官吏故出入人罪，犯該徒罪以上者。

一、受枉法贓，罪應流徒者。不枉法贓，准枉法贓，准減。

一、獄卒解役，賄縱罪囚，及主守凌虐罪囚，並仵作受賄捏報傷痕，罪應流徒者。解役疎脫罪囚，無賄縱情事者，准減。

一、巡捕兵役，及各衙門吏役，營私犯贓，索詐誣拿，並捕役豢賊分贓，罪應軍、流、徒者。

一、白役詐贓逼命，案内正役罪應軍徒流者。

一、各倉花戶，已經斥革，復在現充花戶身後影射，把持勒索得贓，罪應軍、流、徒者。

一、糧船水手糾衆傳發溜子，欺凌運弁，橫索旗丁錢文，僅止附合助勢，罪應擬軍者。

一、薊運回空丁舵，刨取白土裝帶，及舖戶將白土賣與糧船，攙入漕糧，罪應軍、徒者。

一、運糧旗丁賣米回漕，及賣米之人，罪應擬軍者。

一、罪囚越獄脱逃，罪應軍、流者。

一、事關貽悞軍機，及引惹邊釁者。

一、發遣新疆、黑龍江等處人犯，及由新疆改發內地各案，核其情節較重者。情輕者，准減。

一、由斬、絞減爲軍流，係在前項不准援減之列者。不在不准援減軍流之列者，准減。

一、知情藏匿，縱放前項，不准援減之罪人，應與同罪者。藏匿縱放係准減罪人，應與同罪者，准減。

以上不准援減軍、流、徒罪各條，均照舊發配安置。應刺字者，仍行刺字。應枷號者，仍行枷號。如有在配脱逃被獲者，軍流加等。調發徒犯，從新拘役，概不准免其逃罪。其餘不在不准減等條欵單各名犯，軍、流、徒罪均准減等。應枷號者，免其枷號。應刺字者，核免刺字。其軍流脱逃被獲，免其加等調發，仍發原配安置。未獲者，仍行嚴緝，如脱逃在恩旨以後者，卽照滿徒人犯中途脱逃之例，加等改爲杖一百，總徒四年。徒罪在配脱逃者，免其緝拿。若係中途脱逃，緝獲之日，照應得杖數折責發落。

又　一件通行事，准臬司咨開：同治二年七月十八日，奉巡撫部院徐憲牌，同治二年七月初九日准江西撫部院沈咨：據按察司詳稱案奉行准福建撫部院徐咨，希將江西省奉頒同治元年八月初二日恩旨，又九月初一日恩詔兩次減等迅賜，飭承照錄一分，尅日移送閩省，以便核辦等因，咨院行司。奉此，本司查前奉行准部咨同治元年八月初二日欽奉恩旨，又九月初一日欽奉恩詔，查辦軍流以下人犯，分別減等發落。查各犯情罪，准減不准減，固屬備列條欵，至何項人犯應辦與否，並如何酌減辦理，章程詳載部咨，應將條欵原咨一併抄送，方足以資遵循。茲已飭承將兩次咨文條欵照錄一份，磨對清楚，蓋用印信，理合詳請咨送福建核辦等情。據此，相應咨送查照核辦等因到本部院，准此，行司立卽轉行各屬，一體遵照條欵，分別查辦，一面移會藩司飭刊例本，尅日呈送察查，均毋違延，計發條欵二本等因，奉此，除移行遵照，並由司設局查辦趕造外，咨司查照，希飭刊刻例本，通送察查，計粘單一紙。

刑部謹奏：爲欽奉恩旨，酌議章程，奏明請旨事。同治元年八月初二日，內閣奉上諭，前因京師時疫未除，諭令在京問刑各衙門趕緊清釐庶獄，迅速次第結案。現在星變頻仍，上蒼垂警，弭災之法，尤重恤刑，尤宜格外推恩，以承天戒。除上年十月初九日恩詔以前，軍流以下各犯業經分別飭部減等外，其自咸豐十一年十月初九日恩詔以後，至本年奉旨之日止，著刑部將現審各案所擬軍流以下等罪官常各犯，無論已結、未結、曾否發配，均著查照舊章，一併分別奏請減等。其步軍統領衙門、順天府五城及各直省督撫、將軍、都統等均著遵照刑部奏定章程，一體查辦，以清庶獄，而迓祥和，欽此。仰見我皇上軫念民依，弭災恤刑之至意。臣等伏查，向來欽奉恩旨，辦理軍流以下人犯減等，均由臣部酌議章程，奏請遵辦。茲因時疫未除，星變頻仍，欽奉諭旨，清理庶獄，自應循照辦理，應該將在京問刑衙門並各直省問擬軍流等犯，與問發新疆等處已、未到配，及已、未到配徒犯，自咸豐十一年十月初九日恩詔以後起，至同治元年八月初二日止，俱准予查辦。凡應准援減各犯，遣、軍流罪俱減爲杖一百，徒三年。擬流加徒之犯，減爲杖一百，總徒四年。到配徒役已滿者，減爲徒三年。徒罪，減爲杖一百。准徒、總徒，准其遞減一年。到配曾經決杖者，概免折責。枷杖以下，悉予寬免。應追贓者，仍應追贓。應刺字者，核免刺字。其竊盜應免罪者，仍照例不免刺字。其餘不准援減各犯，均各照舊發配安置。應刺字者，仍行刺字。應枷號者，仍行枷號。若事犯在截止日期以前而拿獲到官，在截止日期以後，均毋庸查辦。至軍流人犯未起解者，向由犯事省分造報。已起解未到配者，由沿途截留省分造報。已到配者，由配所各督撫造冊報部。相應請旨飭下各直省督撫、將軍、都統、府尹查明，應准查辦各犯，無論已、未到配，分別官常各犯，逐項造具全案清冊，並花名總冊，飛咨送部核辦。除曾經咸豐十一年十月初九日恩詔，不准減免，並因竊問擬軍流各犯，遵照奏定章程不准援免，此次均毋庸造報外，其餘各犯，迅飭所屬赶緊造具全案清册，扣除往返程途，統限一月内，全行飛咨到部。臣等查照，向例分别題奏辦理。至徒罪常犯，若概全造册報部羈候核覆，往返需時，轉不獲即邀寬免。應令各督撫、將軍、都統、府尹查明，凡一應准減徒罪各犯，無可酌議，尚未發配者，立予責釋。已到配者，速行釋放，仍彙册報部備核。如有遺漏遲逾，即令查明參處。至臣部現審問擬遣、軍、流、徒已結、未起解各犯，臣等查核情罪，另繕清單具奏請旨。杖笞人犯，概行援免。其現審未結各案，及各省現在題咨到部，尚未議結各案内，有遣、軍、流、徒、杖、笞等罪，即由臣部按照條欵分别核辦，未經題咨到部各案，應令該督等將准減、不准減緣由，逐案分晰聲明，以憑核覆。其有條欵不及賅載之處，亦由臣部隨時酌量情節，分别辦理。謹將酌議章程繕摺奏聞，並開具應減、不應減條欵清單一併恭呈御覽，伏候命下。臣部飛咨各直省督撫、將軍、都統、府尹等，並在京問刑衙門一體遵辦。再，臣部現審各案，屢經諭旨，應再嚴飭司員細心推鞫，迅速核辦。其有情罪較輕，及傳案待質者，立即清理省釋，尋常案件迅速結案。其例不咨部案件，亦應通行在京問刑各衙門遵照辦理，以清庶獄，而迓祥和。所有臣等遵旨辦理緣由，謹繕摺具奏請旨等因。同治元年八月初十日具奏。本日奉旨：依議，欽此。又，刑部爲咨行事江西司案呈所有前事等因，相應抄單行文該撫，可也。計抄單一紙，爲咨行事同治元年八月初二日，恭逢恩旨，查辦軍、流以下人犯減等，經本部議定條欵，前因刊刻不及，先行抄錄通行在案，兹已刊刻完竣，相應再行頒發各直省督撫、將軍、都統、府尹、參贊、辦事大臣，一體遵照，可也。又，減等條欵内開同治元年八月初二日恭逢恩旨，查辦軍流以下人犯，酌擬不准減等條欵，並註明准減各條，開列於後：

一、祖父母、父母呈送子孫發遣，查詢犯親不願領回者，查詢犯親，情願領回者，准減。

一、子貧不能養贍，致父母自盡，並因姦、因盜致父母自盡，或被人謀故毆殺，罪應軍流徒者。

一、子、孫、妻、妾、奴婢、雇工人過失傷祖父母、父母、夫家長，罪應流徒者，過失殺傷期功以下尊長，准減。

一、祖父母、父母、夫家長被殺，子、孫、妻、妾、奴婢、雇工人私和匿報，罪應流徒者。

一、卑幼毆期親尊長，及毆傷本宗緦麻以上尊長，外姻緦麻以上尊屬，及逼迫致死，罪在流徒以上者。

一、妻妾毆傷夫，及毆傷本宗緦麻外姻功服以上親，並妾毆傷正妻者。

一、妻妾將夫屍，卑幼將期親以上尊長屍，圖賴人者。

一、毆傷同居繼父，罪應軍流者。不同居者，准減。

一、毆傷受業師，罪應流徒者。師長因挾別嫌非理凌虐致被毆傷，例以凡論者，准減。

一、奴婢、雇工人毆傷家長之内、外緦麻以上親者。毆傷平人，准減。

一、贖身奴婢毆傷舊主者。

一、故殺子孫、奴婢，圖賴人罪，應軍徒者。無圖賴情事者，准減。

一、故殺子孫之婦，及故殺奴婢情節慘忍者。

一、尊長挾嫌毒毆，並無干犯之卑幼至篤疾者。

一、毆傷宗室覺羅，罪在流、徒以上者。

一、官吏毆傷制使，及軍民吏役毆傷本管官者。

一、罪人拒捕傷人，及拒捕殺人，案内爲從，未傷人，並奪犯毆差，罪在流、徒以上者。

一、毆人至篤疾，若剜瞎眼睛，抉斷耳、鼻、口、舌，及毁敗人陰陽者。

一、刃傷三人以上，並連毆二人成廢疾者。

一、兇器傷人情重者，情輕者，准減。

一、施放鳥鎗，竹銃傷人者。

一、沿江濱海混鬬傷人者。

一、宫衛禁地爭鬬傷人，罪應流、徒者。

一、回民結夥行兇，執持器械，罪應擬軍者。

一、免死人犯，復又行兇，罪應軍、流者。

一、家奴喫酒行兇者。

一、殺一家非死罪三人，採生折割人，並造畜蠱毒之妻、子及同居家口，應行緣坐者。

一、謀殺人案内，爲徒罪，應軍、流、徒者。

一、圖財害命案内，罪應軍流者，無論已、未得財。

一、威逼人致死二命以上，罪應擬軍者。

一、誣竊、誣姦致其父母自盡，罪應擬流者。

一、因姦、因盜致釀二命，罪在徒、流以上者。

一、褻語釀命，並無圖姦、污衊之心者。

一、調姦婦女未成，和息後本婦追悔抱忿自盡，罪應擬流者。

一、姦人妻女，致並未縱容之本夫、父母羞忿自盡，罪應擬徒者。　姦婦羞愧自盡者，准減。

一、用強求娶孀婦，逼受聘財，因而致死罪，應擬軍者。

一、姦婦抑媳同陷邪淫，致令自盡，及親母因姦致死子女滅口者。

一、孀婦自愿守志，夫家、母家親屬搶奪強嫁，及知情謀娶者。

一、強奪良家妻女，尚未姦污，及私債准折人妻、妾、子、女，罪應、流徒者。

一、強姦未成，及姦幼童、幼女，罪應軍、流、徒者。

一、本宗緦麻以上外姻功服親屬相姦，並姦妻前夫之女，及同母異父姐妹者。

一、奴及雇工人姦家長之内外緦麻以上親，並緦麻以上親之妻者。

一、略誘、略賣，及開窰誘取婦女爲從罪，應軍、流者。　知情被誘者，准減。

一、藉充人牙，將領賣婦人逼勒賣姦圖利，罪應擬軍者。

一、窩頓流娼、土妓，及興販婦女，轉賣爲娼，罪應流、徒者。

一、用藥迷人案内，罪在徒流以上者。

一、邪教會匪聚衆結盟，罪應軍流、徒者。

一、叛逆案内，緣坐犯屬，及知情不首者。

一、強盜、搶竊犯該徒罪以上者。　枷杖者，准免，仍刺字。

一、監守常人盜倉庫錢糧入已，及因公挪移罪，應軍、徒、流者。

一、奸徒偷運米穀貨物，及違禁軍器接濟外洋盜匪，罪應軍、流、徒者。

一、接買洋盜贓物，並強、竊盜窩主，罪應軍、流徒者。　受買尋常竊盜贓物，及知人盜後而分贓，尚非實犯竊盜窩主者，准減。

一、發掘他人墳塚，及盜開未殯、未埋屍棺，罪應軍、徒者。

一、尊長發卑幼墳塚開棺見屍，罪應擬徒者。

一、卑幼因熏狐狸，燒緦麻以上尊長屍，罪應擬流者。　外姻緦麻小功，準減。

一、子孫盜賣祖父墳塋、樹木、祀產，及知情謀買者。

一、挾讐放火已、未延燒，罪應軍、流、徒者。　失火延燒雖係官物，亦准減。

一、盜決河防因而淹沒居民田禾、廬舍，罪應軍、徒者。

一、興販私鹽聚衆十人以上，及雖不及十人，帶有軍器，罪應軍、流者。　並未聚衆，亦無軍器者，准減。

一、奸民煎挖、窩頓、興販硝磺，罪在流、徒以上者。

一、内地民人交結外國，誆騙財物，罪應軍、徒者。

一、棍徒擾害良民者。

一、積慣訟棍，及教唆詞訟者。

一、衝突儀仗，妄行奏訴者。

一、匿名揭帖，告言人罪爲從者。

一、誣告人有關倫紀、名節，並誣告良民爲強盜，及全誣十人以上，罪應軍、流者。

一、軍民人等，及負罪人犯，呈遞封章，罪應擬軍者。　受雇代遞者，準減。

一、挾讐誣告人命，致屍遭蒸檢爲從，罪應擬流者。　審無挾讐情事，止因案情疑難，非檢不明，誤執傷痕致屍遭蒸檢者，首、從俱准減。

一、挾嫌貪賄誣告平人反坐，罪應軍流者。　無挾嫌貪賄情事者，準減。

一、子、孫、妻、妾、奴婢、雇工人告祖父母、父母、夫家長得實，罪應擬徒者。

一、教誘人犯法，致陷人死罪已決，或致釀人命者。

一、姦徒誣陷平人，憑空訛詐，恐嚇取財，罪在徒、流以上者。　詐欺誆騙情輕者，准減。

一、揑造姦贓污人名節，罪應擬軍者；

一、私鑄及私造假鈔案内，罪應軍、流以上者；

一、僞造關防印記，及描摸印信，誆騙財物，罪在徒、流以上者；

一、詐冒職官，及假充各衙門兵役，詐騙財物，罪應軍、徒者；

一、指稱各衙門打點使用名色，誆騙財物，罪應軍、徒者；

一、隨棚鎗手，及捏稱關節，誆騙生童財物，罪應擬軍者。雇倩被騙之生童，准減。

一、刁徒直入衙門，挾制官長，並聚衆辱官案內，罪應軍、流、徒者。

《審理案件務當虛衷研鞫》卷三十《嗣後審理案件務當虛衷研鞫不得任聽幕友弄筆致與實情不符》 一件通行事，同治二年十一月二十八日，准刑部咨福建司案呈所有前事等因，相應抄單行文福建巡撫，轉行閩、浙總督、福州將軍、臺灣鎮總兵，一體遵照，可也。計抄單一紙。等因到本部院，准此，合就飭行，爲此仰司官吏卽便移行各屬一體遵照辦理，仍刊入例冊，頒送毋遲。

計粘單一紙。

內閣抄出河南學政景奏安民察吏，敬陳管見一摺。同治二年四月初九日，奉上諭：河南學政景其濬奏敬陳安民察吏管見一摺，另片奏請裁減例案繁文等語，著該部議奏，欽此。除平賊安民，察吏重祿，並軍務報銷馬乾銀兩，暨清查兵勇數目各條，由戶部、兵部核議具奏外，查該學政片奏內稱，部臣援例援案字句之間，稍不合式，無不搜尋駁斥。卽如刑部秋審外省所報千案，一律幕友弄筆，多有實情不符，而部中亦無法挑剔。由此觀之，案牘察及幾微，法愈嚴而弊愈生，不如裁去一切繁文之爲愈也。等因具奏。前來查例載初次供招，不許擅自刪改，俱應詳載揭帖，若承問官增減原供，希圖結案，按察使依樣轉詳，該督撫嚴察題參，不行察參，將該督撫交部一併議處等語，是承審案件不得增減供招，原以關係罪名出入，故定例綦嚴。各省題咨到部案件，臣部悉心詳核其情節，果無疑義，擬罪亦與定例相符者，無不隨案核覆。若案情尚多疑竇，罪名出入懸殊，自應駁令覆審，以期生死兩無冤抑，豈容稍涉遷就，致滋枉縱？歷查臣部從前駁審案件，亦必將案中可疑情節，及情罪如何不符之處，逐層詳細指駁，從無挑剔字句之事。至秋審人犯實緩攸關，例由各省臬司核辦招冊，每屆秋審時，會同司道具詳，督撫審勘題報，臣部覆核，會同九卿辦理，層層周詳，所以愼刑案而重民命。若如該學政所奏，外省所報秋審千案一律幕友弄筆，多與實情不符，似此任意增減原供，希圖結案，甚非核實辦公愼重民命之道。相應請旨飭下各省督撫通飭所屬，嗣後審理案件，務當虛衷研鞫，必須情眞罪當，以期無枉無縱，定稿時，尤不得任聽幕友弄筆，致與實情不符。倘查有前項情事，卽行指名嚴參，以肅吏治，而愼刑章。等因。同治二年五月十二日奏。本日奉上旨：依議，欽此。

清・琴川居士《皇清奏議・金德瑛〈請定秋審章程疏〉》 左都御史臣金德瑛謹奏：爲請酌定秋審章程以歸實效事。竊臣考秋審之制，九卿詹事科道會議，所以矜愼民命，詢謀僉同，與衆共棄之義也。屆期各官於朝房東西分行坐，陳招冊於前。刑部書吏二名分南北侍立：在北之吏，先按一省名冊，依次唱某囚，係舊事，係新事，稍徐曰：某囚情實、緩決、可矜；在南之吏續唱亦如之。遇有商酌則停唱以俟。凡已經秋審者，謂之舊事；現入秋審者，謂之新事，此定規也。招冊煩多，限以旬餘竣事，計每日不下四十冊，案几盈千，雖張巡之默識強記，未易優裕爲也。又況獄情，律例毫釐千里，非可徒誇敏速乎？在情實、可矜二條，本自無多，其餘盡入緩決，而陳案又居十之八九，所以從來之改重者，多在於新事有所商酌，僅可數語而定，容有未盡所懷而摸棱遷就者。若一人一案爭執遲久，則後案之壅滯愈甚矣。其經近年秋審而改者間有一二，而積年緩決罕能軒輊於其間，其理固難於更張，其日時與精力亦不暇周及也。然則列坐以聽胥吏唱宣之一過，毋乃沿襲具文，而無實與？仰惟聖主訓勵臣工，務以實心而行實政，凡事俱歸簡易，則秋審尤宜通變，使得專心精審於近事之爲實際也。臣愚以爲嗣後巡撫每年仍舊造全冊送刑部存案以備稽考，而刑部分散九卿招冊，惟以三次秋審爲斷，蓋由臬司而巡撫而三法司，初獄已致愼矣，至於九卿集衆思益加詳焉。況經三審決而猶有待後此之勘定，是反覆，何時乃成讞也？九卿雖有易人獄詞，終不可變，惟有長幽囹圄，偷生畢世。所希冀格外者，每遇國家十年慶典，庶沐恩綸，重瞻天日，亦裁自聖心，特下刑部，而衆卿弗與焉。是則陳案可省，而近事更得盡心詳審，雖從容往復，不虞淹滯，是不啻一日之中展二三時之限。此臣所謂歸於矜愼之實際也。請皇上勅下刑部將三年來考之，每年於近案中改定者幾事，於積案中改定者幾事，分別具奏，則孰爲具文，孰爲實際，盡在聖明一覽之下矣。至於刊校招冊，減幾大半，上節國家有用之財，下恤秋曹煩劇之力，而九卿兼有餘晷，治其本署之公事，其爲利便，亦匪一端也。

清・王又槐《刑錢必覽・秋讞志摘鈔》 一、謀殺加功之案，有貪財圖姦、挾嫌逞忿、肇釁釀事及造意人未下手、而從犯肆行兇殺者，入情實，其餘僅從加功緩決。

謹按：　加功情形不一，重在姦貪。外省多有以知情下手爲斷，但有事内同謀之知情，有事外揣度之知情，有自行助力之下手，有被逼不得已之下手，未可一概渾言。安徽、江西每有活埋棄江之案，在場過路之人，被逼畏扳，不得已幫同一抬一捆者，卽以加功問緩，不得擬矜，已屬可憫。是以乾隆三十二年奏准通行加功之案，凡因姦賭者情實，此外未及。

一、竊盜臨時拒捕，如係糾衆獲贓及連傷二人以上，或回奪被獲，夥犯逞兇拒捕情實，其無兇暴情形者緩決。

謹按：　竊盜内有匪竊多案，執持金刃，砍事主三傷以上，及砍婦女二傷以上，應入情實。其因抱、獲或捆打，及已逃被追，止圖脱身，或先被毆傷，分别酌辦。

一、搶奪傷人，如糾衆截搶及獲贓毆砍，致成殘廢篤疾情實，其餘情急圖脱拒捕者緩決。

謹按：　同一搶奪而輕重殊，或銀錢貨物，或帽子食物，皆屬白晝搶奪，總宜核其圖脱情急之眞僞，所搶贓物之重輕，事主被傷之情形，並賊犯有無被傷，合觀酌定。

又按：　以上二條竊盜，止論拒捕搶奪，止論傷人，至竊盜情形，及贓數之多寡，並未定以界限，以至歷來多入緩決，今另擬二條以備參酌。

一、竊盜滿貫，向酌情節重輕，以定實緩，其如何分别重輕，向未指明條欵，今酌擬各欵于後：

一、竊盜衙署倉庫。

一、竊盜餉鞘及在官軍裝器械。

一、積匪猾賊又犯竊多處。

一、軍流在配肆竊。

一、僧道、喇嘛、回番、苗猺結夥屢竊。

一、行竊將題奏本章及軍機錢糧公文燒溺。

一、被獲到官，中途扭鎖脱逃，或賄役脱逃。

一、放火搶竊得贓者。

一、沿途潛隨謀竊，因而乘機竊取。

一、店家、船戶、車脚夫、鑽艙等賊積慣屢竊。

一、串通外人，同主奴婢謀竊主財得贓。

一、指稱賄買生員，丟包撞騙得贓。

一、乘人遭風失火，肆搶得財。

一、城市結夥搶奪得財。

一、一夜連竊皆得財。

以上各案，或設計造謀，或瞻玩藐法，或怙終不悛，俱應情實，其餘雖滿貫仍入緩決。

一、竊盜滿貫，向止論情節，不計贓數，概入緩決。伏查竊盜計贓定罪，不問情節之重輕，秋審核案誅心，不計贓數之多寡，一人獨竊于百金，十人共竊一百二十金，同一死罪，此定案時則。然其中贓物之貴賤、輕重，偷竊之難易、強弱種種不一，有壯夫夥搶箱籠，而衣物僅值滿貫；有童幼順取衣包，而一帶一髻，估值數千。物雖少，而贓滿貫，不能稍寬；贓雖多，而犯時不知，不能加重。此誅心之本意，卽惟齊非齊之義。且如穴壁挖牆，糾夥設策，贓止現銀百餘，不能遽入情實。又如剪綹、掏摸，誤獲珠寶，價值多金，亦止可緩決。況竊銀者，花費無存，竊珠寶者，旋歸事主，其重輕更自不同。更有不肖事主，將無作有，以少報多，止憑估計詳報，是誠不能以多寡分緩實也。應請凡贓至一千五百兩以上者，摘出分别議擬。

一、罪人拒捕，或事犯差拘，或因姦被獲，如有喊衆持仗，致傷應捕之人，及或殘廢篤疾，應入情實；　其餘情急圖脱，無奈回毆可緩。

謹按：　此條與前二條情節相等，正宜參看。

一、竊庫銀，及竊餉鞘滿貫案件，如係藐法肆竊，入情實；　若止乘便竊取，可緩。

謹按：　明知係庫銀、餉鞘，卽屬藐法。自乾隆四十年以後，皆入情實。若本非在庫、在鞘，犯時不知緩決。

一、奴竊主財滿貫，向照尋常滿貫，一律核辦。自乾隆二十二年，江蘇省孫二乘主全家外出，託伊管家，勾引外賊整竊一案，奉旨改入情實。二十三、四兩年，此等案犯，皆入情實。迨二十七年，朱大成一案部入情實，蒙恩免勾，以後仍分别辦理。今擬以負恩結夥，肆竊情重，仍入情實；　其尋常鼠竊，及乘便竊取，可緩。

謹按：　奴竊主財，三十年前援引，親屬較竊匪爲輕，自應照凡竊加重，如有勾引外賊，暗通婢女，肆竊殆盡，自當擬實。其乘便偷竊，仍與鼠竊同論。

一、搶奪滿貫，向俱照竊盜滿貫例辦。今擬，如糾衆入室搶奪，雖未傷人，形同盜劫，及曾以他物傷人，應入情實； 其僅局騙、搶物，無劫、奪情形，可緩。

謹按： 搶奪滿貫，與前搶奪傷人宜參看。滿貫逾貫不計多寡，若至一千五百兩以上，另冊記存。以知竊、悞竊，贓存、贓消爲斷，說見前。

一、誘拐，如用藥迷拐賣過多人爲首，及被誘之人無着，并拐回引誘姦宿，或先係和誘，後被毆逼，應入情實； 其無前項情節，及被誘之人、已給親完聚可緩。

謹按： 例有用藥迷拐，惟以給親完聚爲斷，可以入緩，此等案情，比之謀殺人傷而死者輕，比之誣告人死罪未決相等。若有姦宿，及轉賣爲娼，則應從重論。

一、疎縱罪囚，或禁卒在監，或解役在途受賄，私開鐐鎖，以致脫逃，及疎脫情實，人犯無獲，應入情實； 其餘一時疎忽，並無受賄私開，及囚已就獲，可緩。

謹按： 疎脫死罪人犯，向不問是否賄縱，俱入情實。但是否賄縱，抑係疎脫，宜分別敘明。若秋審時，犯經續獲則賄縱者實，疎脫者緩，敘入看內。

一、故殺期親弟姪，如因奪產爭繼，圖賴圖詐，情節殘忍，應入情實； 其係一時觸忿，及致死爲匪之人，可緩。

謹按： 故殺胞弟、姪，原律擬流，後來改緩，各有深意。若圖財產襲職，以至絕嗣，近年尚有改立決之案，骨肉天性，故法相得容隱。今乃至故殺，爲人倫之變，故秋審於尊長故殺卑幼，不輕免勾，宜細核也。

一、故殺妻，如因圖詐賴，及圖姦他人，因礙眼并逼令賣姦不從而殺，應情實。其餘無前項及殘忍，可緩。

謹按： 毆故殺妻，止以情節定實緩，凡不因縱姦，及圖訛詐，雖情節兇殘，究係卑屬，皆入緩決。宜與後可矜條參看。

一、僧人殺人，如實係戲悞，及情節本輕，緩決； 其逞兇鬬狠，入情實。

謹按： 僧人命案，前俱加重，自乾隆三十七年以後，仍同凡論。

一、姦夫謀殺本夫，姦婦雖不知情，如事後知情，忘仇忘姦，並跟同逃匿，入情實； 其餘事後被嚇隱忍，並無復行通姦者緩。

謹按： 姦婦始終不說姦情，陰縱姦夫，是眞忘姦忘仇，若當時雖未聲張，而到官報仇，自行供出，則姦夫業已入實，姦婦可以緩決。

一、捕役誣良，如係挾嫌圖詐，及嚇逼詐財，致死無辜，應入情實； 其餘妄聽誤認，事出有因，並致死，本係犯案舊匪，並無詐逼情節，緩決。

謹按： 捕役誣良定罪，乾隆三十二年，有部駁安撫閔條陳議定章程，具有條例可查。

一、誣告人致死，如係挾嫌，或假捏姦贓，污人名節，或到官誣攀平民，或唆賊硬誣，或賄差妄拏，圖洩私忿，拖累人命，并革役冒差，訛詐恐嚇，致死數命，應情實； 如事本可疑，一時誤認死由，追逐跌溺，並非被逼自盡并死者，本非善類，入緩。

謹按： 誣告致死，重在拖累無辜，而秋審又重在致死數命，若拖累由於官吏，則本犯之情可原，數命如有因由，則不能全罪本犯。惟差役訛詐、拷打、制縛，但經斃命，卽入情實。

一、威力主使，制縛、拷打致死，如藉事挾嫌，喝令拷打，種種暴横，應入情實； 如一時悞認贓賊，拴吊拷打，適傷致死，可緩。

謹按： 死者實係有罪，及犯竊有據，及誤認賊，賊與死由自盡，則可入緩； 若並非素匪疑賊，無因洩忿，毒毆致死，須入情實。

一、毆死緦麻尊長情實之案，向入重囚，總冊進呈緩決者，並不另冊。乾隆二十九年，奉旨將毆死緦麻尊長情實，兩次未勾者，照期功服，制例奏改緩決，並非概入情實。似可仍照向例，分別辦理，無庸另冊進呈。其外姻緦麻之案，向俱照平人之案，分別實緩，是以摘出。

謹按： 毆死本宗期功尊長，由立決奉旨改監候者，俱入情實，是以另冊進呈。其原題本係監侯及毆死緦麻尊長，皆分實緩。是以散入招冊後，因期功案犯不勾者，有奏明改緩之例，而緦麻轉無。仰荷聖明鑒察，定以兩次未勾，與期功案，一體改緩，仍遵照辦。

一、毆死幼孩，如係有意欺凌致死，情節可惡，應入情實； 其理直無心，適傷致死，可緩。

謹按： 戲誤殺，與自行跌傷、溺死，並未相角，自應入緩； 若露爭角之狀，及有欺凌之心，不必多傷刃，卽行入實。

一、毆死婦人之案，如恃強欺凌，情重傷多，應入情實； 其餘尋常互鬬，理直傷輕，可緩。

謹按： 毆死婦女，情形不同。川廣二省，婦女強梁者，更甚於男子。應核其動手之先後，毆傷之多寡，事理之曲直，備其二者，可以入實。至於傷不致命而自盡，最宜核其赴死之心。蓋婦女輕生，往往心有他故不遂，因事畢命者，不可草率。

一、共毆致死，如糾衆持械，情同械鬬，及攢毆多傷，情節兇暴，並原謀下手傷重，情近故殺，應入情實； 若釁起一時，並非預謀糾鬬者，可緩。

謹按： 共毆之案，向來不必情實，具有深意。今招冊旣皆信讞，自不應普行輕縱，至死者含冤。此條所列極詳，故共謀案中，宜分預謀、適遇、及傷多，與死者曾否還手、衆人有無受傷爲要。

一、鬬毆殺人，如係逞忿兇毆，近於故殺，幷死者並未還手，毒毆立死，及有姦盜、殘忍兇惡情節，應入情實； 其餘可緩。

謹按： 鬬殺案件情節百出，此條所列尚未周備，大要先核事理曲直，次核情形強弱，次核傷之多寡重輕，及兇器之是金是械，與動手之先後，還毆之有無。如情弱、傷輕、理直三者有二，可以入緩； 如理曲、情兇、傷重三者有二，入實。

一、共毆各死一人，如係糾衆持械，情似械鬬，及情節兇暴，入情實； 其釁起一時，並非預謀糾鬬，入緩。

謹按： 各斃一命，情節不等，二十年來屢奉諭旨，緩兇多改實予勾，自宜照辦。惟一案兩事，情節俱輕，似宜于擬實而加簽聲明，以待堂議。

一、光棍爲從，如係隨衆罷市，辱官，毒害無辜，及強姦已成，種種兇惡不法，應入情實； 如聽從隨行，無前項情節，可緩。

謹按： 光棍爲首已經立決，其從犯原屬稍輕，除本條所開，必入情實，外餘皆可緩。蓋此等重犯，往往不過多人隨行，定案時不能一一區別，一入秋審，實則俱實，緩則俱緩，不容錯悞。

一、私雕假印，如冒支錢糧，僞造憑照，誆騙多贓，應入情實； 其餘誆騙未成，及贓數無多，可緩。

謹按： 誆騙未成，贓少，若止一次可緩。若係官員、世職、大臣子弟爲非，誆騙多金，及有關軍機錢糧假官者，宜從重。至描畫與雕刻，心同罪異，而雕刻易於多用，故必以記次多寡爲斷。

一、謀殺人傷而未死，如係因姦用毒，延及多人，或毆砍多傷，已成廢篤，應入情實； 其餘傷輕平復者可緩。

謹按： 此條總看，起釁行毆，以理曲、情兇、傷重三者兼備爲斷。蓋本未成命案，不輕擬實抵也。此等案情，以誅心爲主，如捆縛投諸水火，意其必死，而救出意外，雖未至殘篤，卽擬實，亦不爲枉。然歷來皆入緩決者，當推兇犯之心，與誣告人死罪者，約略相同。誣告死罪未決，止於滿流。則傷而未死者入緩，亦適得其平其心相等。而受傷則異。已加二等矣。

一、強奪良家妻女，占爲妻妾，如有挾忿搶奪、毆逼、強姦應入情實； 如被人哄騙，尚未行姦、毆逼者，可緩。

謹按： 強奪妻女內，惟曾經許嫁，未曾下禮，爭搶有因，及兩姓互爭一女，互相搶奪，並未通姦成婚者，可緩。總以成姦不成姦爲輕重。

一、圖財強賣疏遠親屬，如因圖吞產業，強搶孀婦，不甘自盡者，入情實； 若僅圖財禮未釀命者，緩。

謹按： 上條以成姦爲重，此條以釀命爲重。

一、免死盜犯在配，犯該徒罪以上，如逞兇怙惡，應入情實； 其餘無心犯罪，可緩。

謹按： 無心犯罪，自不從重，但免死後犯，應加重耳。

一、原題夾僉聲明情實之案，各省已經趕入者，俱入該省招冊； 其未趕入者，查明有無趕入字樣，如有另釘招冊，入審，若止聲明情實，無趕入字樣，入下年。

謹按： 此條應以月分爲斷，凡奉旨在七月以內，但有趕入字樣，皆應趕入，若在進冊以後入下年。

一、官犯案件。如已經該省秋審核擬者，入於官犯另冊； 如在該省秋審後，未及趕入者，查明例應趕入，另釘招冊，分送入審，其非例應趕入，及已過勾決之期，入下年。

謹按： 近年官犯，概入本年，不論例應入否。惟黃冊已進，後之新案，酌入下年，亦視官之尊卑，案之輕重。

以上情實、緩決相比者，二十條。

清・劉拱宸《居官慎刑録・死囚復奏待報條例》 凡死罪囚不待覆奏回報而輒處決者，杖八十。若已覆奏回報應決者，聽三日乃行刑。若限未滿而刑，及過三日之限不行刑者，各杖六十。【略】

凡勾決重囚，向例刑科三次覆奏。今簡去二覆，於勾到之後，再將原本進呈御覽，遵奉施行。

清・劉拱宸《居官慎刑録・辯明冤枉》 凡內外問刑衙門辯明冤枉，須要開具本囚所枉事蹟，實封奏聞。委官追問，其冤情得實，被誣之人依律改正所枉之罪，坐原告誣告。原問官吏以故失入罪論。若罪囚事本無冤枉，朦朧辯明者，杖一百、徒三年。既曰朦朧，則原告、原問官爲其誣矣。若所誣罪重於杖一百、徒三年者，以故出入人罪論。所辯之罪人知情與朦辯同罪，如原犯重，止從重論。不知者不坐。

條例

一、法司凡遇一應稱冤，調問及各衙門奏送人犯，如有冤枉及情罪有可矜疑者，卽與辯理，具奏發落，毋拘成案。若明知冤枉，不與辯理者，以故入人罪論。

一、法司遇有重囚稱冤，原問官員輒難辯理者，許該衙門移文會同三法司堂上官辯理。果有冤枉及情可矜疑，奏請定奪。

一、凡在外審理事件，應照案內人犯籍貫，批委該管地方官審理明白，申詳完結。既經批委，不得反覆改批另屬。如果情事未明，務須詳細指駁。倘原問官仍復朦混申詳，卽題參議處，另委別官審理。若督撫等官，將事理已明之案故生枝節，屢行批駁，遲延不結者，亦交該部議處。

一、凡審理事件，除事涉兩邑，或案情重大，發審之初卽委員會審者，仍令會同審詳外，其因承審錯誤，另委別官審理者，專責委員虛心質訊，毋容原問官會審。至定案後，如原問官果有徇私枉斷，故出故入情弊，仍照例參處。其或供情疏漏，或援引拘泥，誤出無心，經委員改正者，照審處錯誤例議處。

一、命盜案件，經該督撫、臬司駁審，除案情重大須該知府赴省審理，或係委派會審，仍聽該督撫隨時酌量辦理外，如果案情與原招並無出入，卽由附省知府審轉，仍許原審知府一體列銜申詳。倘審理錯謬、關係重大者，卽將承審之州縣及率轉之知府一併開參，照例分別議處。

一、凡處決人犯，有臨刑時呼冤者，奏聞覆鞫，如審明實有冤抑，立爲申雪，將原審官參奏，照例懲治。如係妄行翻異，冀延顯戮，除原犯斬罪仍卽處斬外，如原犯絞罪者，亦改爲斬罪，卽行正法。嘉慶十五年續纂。

一、各省督撫除事關重大、案涉疑難，應行提審要件，或奉旨發交審辦，以及民人控告官員營私枉法、濫刑斃命各案，俱令率同司道等親行研審，並司道各官接授所屬控詞。遇有前項各情，或經上司批發之案，以及親提審辦，間有戶婚、田土案件，頭緒紛繁，必須酌派委員代爲查審者，於結案時仍由該司道等官覆勘，定議具詳，不得僅委屬員承審外，其餘上控之件訊係原問各官業經定案，或案雖未定而有抑勒畫供、濫行羈押及延不訊結，並書役詐贓舞弊情事，如在督撫處具控，卽發交司道審辦。或距省較遠，卽發交該管守、巡道審辦。如在司道處具控，卽分別發交本屬知府或鄰近府州縣審辦。如在府州處具控，卽由該府州親提審辦，概不准復交原問官並會同原問官辦理。審明後按其罪名，係例應招解者，仍照舊招解，係例不招解者，卽由委審之員詳結。其由委審之後，復經上控者，卽令各上司衙門親提嚴鞫，不得復行委審。若命盜等案尚未成招，尋常案件尚無堂斷，而上控呈詞內有無抑勒畫供、濫行羈押及延不訊結並書役詐贓舞弊各等情，應卽照本宗公事未結絶者發當該官司追問，律仍令原問官審理，該管上司仍照律取具歸結緣由勾銷。倘有應親提而委審，或應親提、委審而發交原問衙門者，卽令該督撫指名嚴參，交部照例議處。其所委之員，若有瞻徇聽屬等弊，亦卽嚴參治罪。該督撫有違例委審者，亦照例議處。至於刁徤之徒，本無冤抑，或因負罪受懲，掩飾己非，捏欵誣控，或因鬪毆、婚姻、田宅等事，不赴本管官控理，輒赴上司衙門架詞妄控者，仍按律治罪。

清・劉拱宸《居官慎刑録・請禁原官會審覆審疏》 查州、縣一官，與民最親，凡詞訟全賴審理。然往往有聽斷未平，下情冤抑，因而赴訴上司者。亦有逞刁健訟，於結案後復飾詞越訴者。近湖南新甯縣民傳帙罷市一案，伏讀聖諭，以該署府既不親審，又不委員，仍發交本縣辦理，將原告禁押，致成事端。仰見睿照如神，無微不燭，惟外省積習大抵皆然。臣每聞府道以上收准呈詞，多批本州縣自行審詳，卽別委他員，亦令原問官會審。如本年二月間，山東高唐州民高上忠所控之知州馬而良各款，蒙欽差前往審結，而據原呈所稱，則一控於東昌府，仍批本州查報，兩控於巡撫批行司道，仍皆委員就本州會訊，以致有不審被告獨囚原告等詞，其明證也。夫小民如果受屈，必由州縣偏向徇私、執意難回，不得已而上訴，今反令覆審，則其忿怒摧折固不待言，若既委他員，仍復會同審訊，在原問官勢必自護前非，且差役皆其爪牙，氣忿刑求，小民恐無能畢其詞，委員又何從證其枉？扶同瞻徇，亦遂不得不然。非惟冤抑莫伸，更增一誣告之罪。及上司依詳批結而立案，已不可動搖矣，更使情眞罪當而屢折於原質之庭，重科於會鞫之地，且不足以服其心，又況健訟者流藉口本官不肯自翻己案，捏詞越瀆，屢訐不休，則訟端更無由平，刁風因之益熾，甚至脇衆肆横，抗官玩法。種種事端皆緣此起，殊非所以仰體皇上愼重民讞，明聽庶獄之至意也。伏思督撫等官統制全省，若因所屬呈愬，卽據一面之詞輒行關提，猶慮於民未便。至於道則分巡，府則專轄，自當察其情僞重者，親爲提審，餘亦專委別員隔訊，以免冤縱。臣請飭下直省，督撫以下凡收准民詞，與本州縣有干涉者，卽委該管道、府覆審。其道、府收准民詞，卽行取卷案，提集人證，親行訊究。至案内如遇有檢驗、查勘、應差委等事，令其遴選賢員，不得仍會同原官。如此，庶小民之抱屈者易於伸雪；其揑飾越訴者待上司別訊得實，加以重懲，自必俯首畏法，不敢行險僥倖，而刁風亦可少息矣。

清・劉拱宸《居官慎刑録・請復差恤刑之官疏》 刑獄者，民命所尤關，卽天心所降鑒，感應之理至明且速。誠使獄不濫而刑不冤，遠邇内外，其宥於光天化日之中，則嘉祥自至，災沴自消，唐虞三代之隆不難致也。邇因天氣亢旱，特遣大臣將三法司已結重案，詳加審理，務使情法允協，有杜必申。審理方行，甘霖立沛，精誠感格，神速如此。惟是直省之重案，較之三法司，不啻數倍之多，其犯罪情由，不過自州縣而府而臬司，疊審成招，申詳巡撫，遂爲不易之斷案。撫臣亦不過批司批府，一駁再駁，一審再審，遂爲已定之爰書。其間平允固多，保無事繁而或生疏忽，情隱而不復推求者乎？保無不肖有司或因賄賂而出入(在)[任]心，或顧情面而輕重倒置乎？雖有三法司之核擬，而招冊之口供，未必皆各犯之實事，亦安得親鞫其情詞而爲之開釋也。一夫覆盆，亦足上干天和，下摧民氣。故[不得顧]原問官之意見爲依違，親鞫各犯，察其詞貌有無冤抑，細細推敲，果有可矜可疑，卽與察明，開列事由具奏，庶天下無冤民而恩膏遍於宇宙矣。

清・徐棟《牧令書輯要・刑名上・覆審》 原問官或有失出失入，批我覆審者，如審出枉縱情由，必當援情據理，明允平反。蓋明允者，明而後允服其心；平反者，平而後反正其案。毋得避嫌疑看情面，仍照原問回覆，以枉民命。

清・彭鵬《古愚心言・特旨留任示》 三河縣知縣彭鵬爲微臣叠被皇恩事。本年九月内，因鑲白旗庄頭宋科、葦子庄遇盜一案，限滿部議降調，本月二十八日欽奉特旨從寬留任。先於十月内因鑲黄旗庄頭戚維麒、葦子庄遇盜一案，限滿部議降調，本月初二日欽奉特旨從寬調用。又正白旗庄頭高應魁至柳河屯遇盜一案，限滿部議降級調用，本月初七日欽奉特旨從寬免調用。又小屯庄正白旗投充人張能仁家被盜一案，限滿部議降級調用，本月十二日欽奉特旨從寬免調用。伏念兩月之内四沐殊恩，十日之間三邀異數，自念涓埃莫報，惟有敬愼修特，愼終如始。誠恐一二胥役革面未革心，幾微貽憾，保無覺察不周之處。願爾多士爾民有聞必告，務須道義相期，骨肉相念，毋以此革情面而於爾邑父母膜視之也。特告。

清・朱奇政《同安紀略・禁刊刻短稿判語示》 爲嚴禁事。照得本縣蒞任以來，凡一切聽斷，一面看贍，一面訊供。喚名之時，尚不知此事爲何事，此人爲何人，從容研訊之後，憑其情理，判其曲直，記數語於短稿面上，以備稽查。不公或可自信，而不明之弊豈盡無有？乃本縣出見街頭以及鄉村市集訟而勝者，卽以本縣所記之短稿刊刻粘貼，甚至掌嘴幾下，打板多少，亦悉載入，以快其忿。夫人非聖賢，孰能無過，卽此一事偶失，官已懲創，亦可已矣。乃遂傳播四境，在勝者自以爲榮，而負者不勝其辱，必至生端報復，搆難不休，是本縣爲爾等虚公聽訟而反生訟端也，合行示禁。爲此示仰闔邑人等知悉：嗣后短稿判語不准刊刻粘貼，以生事端。且本縣倉皇批判數語，原同日記，並無文理，不堪示人。卽令判斷得情，亦職分所當，不煩爾等傳播也。如敢故違，卽以訟棍拿究不貸。特示。

清・李璋煜《視已成事齋官書・通飭各府州於各屬案件確核勘轉札》 札蘇、松、常、鎭、江、淮、徐、揚、通、太、海十一府州知悉：照得各屬承審命盜雜案，凡在徒以上者，例由該府州勘轉。在承審官固應悉心研鞫，庶得實情。而審轉之府州必當察其案情之有無支離，犯供之是否狡飾，科罪之已未允協，分別駁審更正，職斯稱也。茲本署司接准前司移交及各屬陸續詳辦之案不下數百件，披閲供招，每多含糊扭捏。原審官既不能澈底推求，使之水落石出，該府州亦往往據情勘轉，不免依樣葫蘆。至尋常自盡命案，以及鴉片、賭博、積匪、逃人最爲易審易辦之事，亦多供情參差，援引錯誤。若逐案駁回，必致往返稽延，代爲更正之處，幾於日不暇給。該守牧所司，一郡一州，案牘不繁，無難遇事請求，斟酌盡善，既不失明刑之道，即無慚表率之方。合行專札通飭，札到該府州，即督飭各屬，凡命盜及一切雜案，承審則虛衷折獄，勿率取非情非理之詞；辦詳則聲叙簡明，勿故作可出可入之語；定罪則確核例案，尤不得畸輕畸重，情罪懸殊。如原審初詳，一有疑竇，該府州即就近指駁，或親提鞫訊，總期案歸覈實，罪無枉縱。既省往返駁詰之煩，亦免失出失入之咎。本署司供職西曹，究心例案，於此事尚有把握，明慎用刑，願與良有司共勉之也。此札。

清・李璋煜《視已成事齋官書・飭舉總書稽查公件秋讞事》 諭各房書吏知悉：照得各衙門科房，額設典吏，原以爲總查一房公事；今各科房典吏懸缺，全屬清書貼寫，本不成事，且舊章有可照得者，有須更改者，亦宜隨時斟酌，豈能概執陳言。今着每房每班，各公舉總書一人，願充典吏者，即行保充；再舉一人，幫總理稽查，如有錯漏，惟值班之總書及幫辦者是問。所有通省造冊事件，由各承行書辦齊，統歸承發書歸總。至於秋讞爲本司衙門第一要事，須於各房內公選勤明細心之人，總司其事。秋冬春三班，各選二人，不必專由禮北房股內，于神前拈鬮。各房承行書辦稿後，交與總司者彙總。舊事着寬限於半月內，由各承行書逐件查明，有無事故遺漏，造冊具結，再由總司者覆查，出具總結繳核。新事着各承行書先期五案一冊，隨時送閱，逐件辦送，俟秋審時再行彙總。由各該書及總司秋讞之書，各具結繳核，即遵照辦理。如敢再執陳言，嘵嘵妄稟，定先提現在之總書究懲。速速此諭。

清・李璋煜《視已成事齋官書・查辦秋審事宜諭》 承辦文案者，先定章程，詳列冊籍，別類分門，有條不紊，一勞永逸，庶無百密一疎之譏。臬署爲一省刑名總滙，該承既充典吏，先應事事殫心，平時既漫無鈎稽，臨時又互相推諉，紕繆百出，相沿成風，即如舊事緩決，自可按冊而稽，無煩另造。其有各縣呈報事故，尤應即刻知照，於原冊註明，何至飭令造冊，茫然無所措手，猶敢張大其辭，故示慎重，謂必須多日方能詳查，則平日之不查不註，可想而知。司書如此，又何怪府書縣書之泄泄邪？可笑可嘆。限即日舉出總承二人，專司秋審新舊事宜，各房亦舉出二人，專司其事。如有病故等項，隨時付知總承稟明核辦，毋得再行延宕諉卸，大干咎戾。該房即傳抄知會可也。

清・佚名《治浙成規・辦案規則》 浙江按察使司台呈稟：本月十五日接奉憲札以前准部行人命案件，初報供詞圖格，按月轉送部科一案，應否以准咨日起抑係開篆後具報之案起照辦之處即日議覆核咨，一面將應咨各案查明，彙造呈請核發詳咨幷飭頒發呈式出示曉諭，將作何通飭辦理，俾得畫一之處，一面飭遵，一面稟覆等因。本司查此案奉准部行已屆封篆，自應於開篆後照辦，除現在另文詳請咨明大部，幷查明報案彙造請核外，至各屬人命案件原報呈詞類多牽連別事並牽告多人，實爲惡習，今初報呈供既應送部，誠應頒發呈式，令其照式書寫，以杜支蔓，以遏刁誣。至承辦命案，原應於初審時究取確供。一面通詳，即一面成招，可無串囑狡翻之弊，無如各屬辦理初詳供詞率多含混，情節並不分明，游移兩可，無憑懸揣。今既奉定例，初次故取閃爍供詞以圖改移出入即行嚴參，若任其仍蹈故習難以咨送，似應頒發成規行令遵照認眞辦理，以免違誤。謹就本司管見，酌擬規則數條，同所擬呈式一併稟呈，伏祈俯賜裁定，以便通飭遵辦。謹稟。

計開規則

一、年歲籍貫須先問明。查各屬辦案於人犯到案時，每有年歲籍貫均不問及者，殊不思有籍貫可以知其人來歷，有年歲可以知其人強弱，且罪犯老幼例得收贖。若於到案之始不即問明，難免覆訊時任意增減，希圖倖贖。至徒罪以上人犯親老丁單，有留養之例，其父母年歲及有無次丁侍奉之處，更須遵例於初訊時問明入詳，以杜日後捏飾之弊。

一、前後年月須先問明。如此人於何年月日來此，事係何年月日起，中間係何年月日如何轉折，後又於何年月日如何致釁，所有逐層年月日期，乃案中眉目不可不清，其各供內年分月分日期均須問明實書，所有去年昨年上年以及本月前月本日前日等字樣，概行禁用，以杜混淆。

一、道里遠近須先問明。如某人至某人村中若干里，其某人死處至某人村中若干里，某村至縣城若干里，凡有關係者於人犯到案時均應逐一問明敘入供內，庶便按其蹤跡以察其情僞。此處視之似非緊要，而其實乃最緊要處也，不可不知。

一、敘次要順。須先問屍屬，次鄉保，次鄰證，再次輕罪人犯，臨末則最重之凶犯。此一定常格，其中或有深知之要證或在場之救證，又須提出，於鄉保鄰證之後，將此人口供詳細敘明，然後再敘凶犯確供。前後次序，不得雜亂。至每問一人必須擡寫，將問字高出一字，并於問字之下先冠以何項之人。如問鄉保某人，問鄰右某人，問見證某人等類。庶閲者瞭然，易於檢查。至各屬初報人命，每有先敘場訊口供於前，而將檢驗屍傷備敘於後者，皆因不諳成式之故。嗣後務須遵式先敘屍傷，次敘場供，畫一辦理，不得顛倒。

一、口供要確。從來獄貴初情，蓋因落膝之初，眞情易得，既得眞情，各供脗合，則向後覆訊，自不敢翻異前供，只須照録即可，成招何等省力。今各屬每遇情節糾纏、人犯狡黠之案，一時不得頭緒，輒謂初訊不妨簡率，以俟將來細鞫。更有謂初供應須活動，不宜過於結實，以致訟師從中敎唆，胥役乘機串囑。覆訊之下，犯供狡展閃爍游移，案難完結，此皆庸手誤之也。今奉部行初訊供情均須彙報部科，并行令初次故取閃爍供詞以圖改移出入者，即行題參，照故行出入例議處。是新例極爲森嚴，斷不容仍蹈故轍。嗣後人犯一經到案，務即立時徹底窮究，録取確供，一面詳報即一面成招，總之所供屬實則順理成章，自然可聽，若係假捏則左摭右掩，坐定支離，總以情理二字細心體貼，無有不得之者。毋再仍前草率并做造支離情節，致干輾轉駁詰，自罹嚴譴。

一、情節要明。情者，兩造起釁之由也；節者，此事前後之層次也。凡問一人口供，則此人供内即應將此事如何起，當中如何轉灣，後來如何而止，挨順事之層次一一供明。雖係數堂供情，亦須通身融會，敘作一供，聊成一片，使人從頭至尾，看去一目了然，方爲妥當。今各屬不然，每見所敘犯供，多有一句一問，一句一答；更有將一人之供分敘數處，忽斷忽續，顛之倒之，以致處處脫節，情事模糊，無憑確核，有費周章。此皆經承未嫻串敘之過。自今以後斷不可仍循故習也。

一、情形要合。形者，當日之形像也。如當日如何相爭，何人先打，拏何器械或用拳毆或用腳踢，先打何處，後打何處，何人後打又打何處，是對面相毆，是旁攻後擊之類，此皆所謂形也。合者，如兩人對面相打，則傷多在左，若旁攻後擊，則迎處受傷，拳傷則多在上部，踢傷則多在下部。如係謀殺亦必將當日何人起意，何人共謀，各執何凶器，如何動手，總須說來酷肖，此即所謂合也。情形合則信案成，情形不合則駁詰至矣。

一、針線要清。針線者，即上所謂情節情形等類是也。一人如此供，人人亦如此供，一絲一毫不可互異，如針線之縫衣，任其橫直路數碧清，毫無紊亂，口供亦猶是也。任其人之多寡，事之駁雜，必使各人口供如出一口，方可以成信案。如以案犯人多，照料不及或致參差，當摘案中情罪最重之正犯或前後目睹深知之要證，先於此人口内將情節詳細敘明，其餘人證俱依此人之供詰明，畫一照敘，則全案口供自然一氣呵成矣。

一、傷仗要符。人命全以屍傷爲重。如何爲手足之傷，如何爲他物之傷，如何爲磕碰之傷，如何方爲重傷，如何則爲輕傷，《洗冤録》内開載最爲明晰。遇有檢驗身屍，自應將各傷處痕損、顔色、長闊、分寸逐細驗明，并辯明係何物致傷，立即追起凶器，當場比對明確，據實填報。今查各屬每多忽略，任聽經仵混報混填。即如近日分水縣何夙旦一案，所報毆打額角傷處，既無顔色，而右肋跌傷亦無分寸，其傷痕之孰重孰輕，以及是否死於毆抑死於跌，幾難區別。又平陽縣林阿渠一案，謂係用刀一戳，從左脇透過右脇俱各腸出，及吊驗凶刀長僅五六寸，而兩脇相去尺許，奚能直透？傷仗全不相符，亦不提仵詰訊一語。此固由操筆者之不諳，亦由該縣驗訊時疏忽所致也。今奉部行初詳圖格均須咨送部科，若仍有似此混報混填者，惟有以檢驗不實職名徑行列揭，隨咨送參，不可不愼也。

謀殺人命呈式

具呈屍屬某人爲呈報事。竊某有親父某人，或親母伯叔兄弟子姪等類，照填。向與某人有何仇隙，或因姦盜等項，止許簡敘一二語。今於乾隆某年某月某日在某處地方被某人止許開列實在同謀下手，毋許牽扯無辜。如何謀害致死，有某人確證。止許開列確證，毋許捏開。事關人命，理合呈報，伏乞即賜驗殮訊究，爲此上呈。

鬭殺人命呈式

具呈屍屬某人爲呈報事。竊某有親父某人，查明稱謂照填。於乾隆某年某月某日某刻爲某事起釁，止許各就本事，如爭產索欠等類，簡敘一二語，不許牽扯別事。與某人致爭破，某人止許開列實在下手之人，毋許牽涉無辜一人。執何器械，或係用拳。毆傷某某處，或係推跌磕傷，亦據實敘明。有某人在場見勸證。今於某月某日某刻因傷身死，事關人命，理合呈報伏。乞迅賜驗殮究抵，爲此上呈。

誤殺人命呈氏

具呈屍屬某人爲呈報事。竊有某人於乾隆某年某月某日某刻爲某事起釁，照前式簡敘。與某人爭毆，不期某人執何器械。誤將某親父某人查明稱謂照填。毆傷。某處有某人在場見證，今於某月某日某刻因傷身死，事關人命，理合呈報。伏乞迅賜驗殮究抵，爲此具呈。

以上各呈式，俱令各屬頒發代書，遇有呈報人命，俱照式書寫，如有不遵或牽扯別事，或牽及無辜，一經究明，將該屍屬同寫詞之人一併照律反坐。及虧殺過失殺人命及鬬毆稟驗呈詞，亦俱令倣照簡敘，不許牽混支離等情。於乾隆二十三年正月二十三日稟，奉巡撫部院楊批，所議各條及所擬呈式均屬妥協，如議，通飭各屬遵照妥辦。如有仍前草率玩忽以及不行虛衷細心詳鞫實情，即行詳參，此繳摺并發。又奉總督部堂楊批，據呈辦理命案規則，悉皆明晰周妥，本部堂以此案部議內所指，惟重在屍傷、犯供及有無要犯未獲三項，是以閩省咨送部科之冊現與史臬司商定，祇將每案列一案頭，即於本案之下開列：一驗得屍傷若何，一訊得緊要犯證口供若何，一聲明人犯是否齊全。其餘鄉保屍親報呈與無關緊要犯證口供及驗屍圖格，均不必造錄咨送，以就簡易。浙省應否照行，以歸畫一，並即酌核辦理稟覆，仍候撫部院批示，繳單存。

又 浙江按察使司台呈稟：各屬辦理命案，初訊供詞率多未協，是以前經本司謬擬辦案規則稟奉通飭遵照在案。今杭府又酌擬初報成招二項冊式，以可否通頒之處稟，蒙憲臺批令查議稟奪等因。下司本司伏查辦理招詳原有一定成式，今該府以各屬經承多有未諳，擬頒冊式二種，俾各照辦，不致參差，非不甚善，但人命初詳，設或先經稟驗，則應敘辜案因訟起釁，則應敘斷案他物致死，則應敘明比對傷痕，奴僕僱工則應敘吊驗契券本，宗親族則應敘吊查宗譜。凡此應行隨詳聲敘者，不可枚舉。今所擬詳冊既定以匡格又限以字句，誠恐各屬以爲頒定成式，不敢增添，轉多疏漏。且內結命案有一人毆死者，有共毆致死者，有謀殺、故殺、誤殺、戲殺、過失殺及因姦盜而威逼殺者，案情既有不同，則問語自必各異。今於冊式內刊定問語，設有不諳經承拘泥硬填，亦覺未便。況本司前定辦案規則已將敘詳之法舉示一隅，似已明晰，現擬刊布，俾各永遵，將來各屬辦詳自與成式不致有違，所有該府擬送冊式，應請令其再加核妥，飭屬遵辦。所有移送各府通頒之處，似可毋庸置議者也。惟是成招核敘原貴簡淨，今各屬招冊每將無關緊要口供重複繁敘，甚將人犯報病報故之原詳各批全行敘入，以致招冊動盈徑寸，稽核爲難。此則本司原定規則，所未經議及者，應請再行通飭各屬：嗣後如有監犯患病，只須簡敘某年某月日據禁卒稟報，某犯在監患病，當經詳奉委驗結覆飭醫調治，今於某年月日據報病痊字樣。若係病故，亦只須簡敘某年月日據禁卒稟報某犯於某日某刻在監病故，當經驗訊並無別故，填圖錄供通報在案字樣。其報病報故原文各批均毋庸全敘。至覆訊成招，只須將正犯及應行擬罪餘犯備敘口供；其他屍屬、地保、鄰佑、干證以及牽連之人如與初供相符者，只須於當堂研訊之下添入除某某等各供，均與初審無異不冗敘外一語；即間有不符者，亦止須摘敘不符口供，下接餘供與前供同一語，均毋庸重複備敘。并飭此後不論人命重案及一切大小案件俱如此辦理，以省繁冗，以便稽核，是否有當，合併稟明，統惟鈞鑒等情。於乾隆二十三年二月二十七日稟奉巡撫部院楊批：查杭府所擬冊式，原不過尋常鬬毆等案之報招，但案情不一，本不能該括，且頒式亦不宜過板，仰即飭知該府可耳。再招冊內犯病故等項，原不必敘全文，至覆審時，尸親鄰證等供詞雖可不冗敘，但案情如有必須敘其供者仍應敘入。向來題招亦如此，辦理亦不一格，應仍聽照舊，庶便核題也。仍候督部堂批示繳。又奉總督部堂楊批：查命案情節種種不同，聲敘自難一律，若定以匡格，限以字句，勢致各屬拘泥硬填辦理轉多未協。該司所議均屬允當，俟撫部院批示到日，即通飭各屬遵照等因。奉此，遵經通飭各屬，嗣後成招時，凡案犯報病報故，只須照式簡敘，毋庸全敘。原詳各批至屍屬、地保、鄰佑、干證及牽連之人覆審供詞，如或案關出入甚重，必須敘其供者，仍應敘入外，其尋常招案，如與初供無異者，只須照式聲明，不必重複備敘。倘有不符者，止摘敘不符口供以省重複，并無論命案及一切大小招詳俱如此遵照辦理在案。

清・佚名《治浙成規・辦理積匪章程》 浙江按察使司台呈詳：爲訪拏積匪事案。奉憲批本司呈詳永嘉縣事主劉宗樂等家被竊獲賊朱文友等一案，議擬由奉批，仰即照擬，另敘簡詳呈請核發繕清詳咨。枷杖犯人徐世魁等照擬先行發落刺臂等因，奉此除經轉飭溫府縣先將枷杖犯人徐世魁等照擬先行發落外，遵即核敘簡詳理合送候憲臺核發，以便繕清詳咨。至該犯認竊陳宗浩等九案未便併敘入詳，致滋繁冗，是以於詳內核作另結，抑本司更宥請者，竊盜計贓論罪律應以一主爲重，雖有積匪猾賊同時並發多案，總應以竊贓最多之一案備敘審供從重定擬成招。其餘贓少罪輕者，自應逐主分案擬詳，而於本案招內止將各案另詳擬結緣由，摘敘事主姓名，失竊月日，估贓總數，應擬罪名，以數語簡括聲明，庶爲允協。乃浙省各屬所辦賊案招詳將各犯歷竊多案併審併敘統入一招之內，以致案情繁冗錯雜，難以核詳咨題，殊非招案體裁。先經本司飭令各屬務各分案辦理在案，詎意玩不遵奉，即如此案，暨日前錢邑張敏占等案，仍將多案併敘一招，其招冊厚至一二寸不等，稽核簡敘甚爲費力。除再嚴行通飭各屬，自後凡遇獲賊到案認竊多家，無論贓數多寡，總須分案通詳，其罪止杖笞之案，即於通詳文內照例議擬，先請核結。止於行竊贓重之案，從重按擬具招解勘，毋許仍前多案併敘一招，致難核辦。如再有故違，除駁飭另敘并將該縣詳情記過外，合併附陳，伏候察奪等情。於乾隆二十一年十月二十七日詳奉巡撫部院楊批，仰即照繕棉冊詳咨餘已悉，繳冊并發。分巡杭嘉湖道覺羅永呈稟，竊照浙西三郡接壤江蘇，地處衝要，水鄉四達，盜賊易於潛藏，閭閻難獲安枕。更因盜風日熾，積匪漸多，引誘糾合，滋蔓無忌，以致隨地肆竊報案頻聞。上厪憲懷，念切民瘼。據報嚴飭比緝，本道遵奉督辦亦殫心竭力，雖據各屬時有報獲之案，究未能拔本塞源，以冀盡絶根株。本道伏查定例，除強盜搶劫拒捕等條立法嚴明，各屬現皆遵循，無庸置議外，查尋常竊賊拏獲到案，原應分別初次刺臂，再犯刺面，三犯按賊多寡仍行刺字，分別擬以軍流。繯首者蓋欲令賊犯有所記認，犯案易於查拏，亦便於定擬，并使匪類咸知屢犯重罪有所儆畏，法至善也。本道雖蒞任日淺，祇因報竊甚多，用意留心查察，見近今各屬獲賊從無究報三犯之案，豈各犯果皆初犯再犯乎？皆由州縣官簿書事繁，視發落賊犯爲無關緊要，一任胥役朦混率結，文內雖聲明刺字，不過虛應故事，日久遂無從辨別，倖漏法網居多。再查定例，積匪猾賊不論曾否刺字，發邊衛充軍。故凡獲賊到案必究問有無別竊，即所以察其是否積賊也。今查各屬呈報竊案每有供出三四案五六案不等，皆以同時發覺併贓論罪，以一主爲重擬結。第思賊既屢竊，即係積匪，仍照常科斷，殊不足以懲創奸頑，但未明立章程定以供竊幾案爲積賊，亦未免各屬辦理參差。本道管見，應請嗣後賊犯應行刺面刺臂發落者，必須該印捕官眼同深刺，若私毀滅跡照例枷責。如果三犯，必按律究擬，毋稍寬縱。倘陽奉陰違，將應行刺字者任意疏忽，即以遺漏刺字揭報；應照三犯定擬者，曲爲寬宥，即以故出人罪請參。再，獲賊到案，訊明雖係初犯未經刺字，但其恣肆疊竊，怙惡不悛，凡供竊四案以上，計各案贓皆在十兩以上者，即照積匪猾賊發遣定擬。將見遠逐一賊則少被一賊之害，庶積賊日漸消除，地方可冀甯謐。本道爲靖匪安民，猛以濟寬起見，肅此具稟，是否有當，仰祈憲鑒，倘蒙可採，懇賜通飭祗遵等情。於乾隆二十一年七月初五日稟奉宮保總督部堂喀批：仰按察司查議通詳，仍候撫部院批示繳。又奉巡撫部院楊批：浙西杭嘉湖三府屬地方竊劫頻聞，皆由地方文武玩縱之故。今該道所稟分別刺字毋許疏忽及照積匪猾賊定擬之處，亦例應如此辦理。仰按察司即通飭遵照辦理，倘有任意疏忽玩縱，即查明揭報題參，毋稍寬貸。至地方文武平日闒茸貽誤並不查緝以致盜賊肆行大爲民害者，該司亦即特揭嚴參，以儆玩愒，不得少爲姑容，致啓發弛之漸。仍候督部堂批示繳。

清·佚名《治浙成規·海洋偷搶匪犯分别擬罪條議》　爲遵批議覆事。浙江按察使郝會同布政使富、調任甯紹臺道潘會議得溫處李道條稟請嚴海洋偷搶匪犯從重定罪一案，奉撫憲批飭司道會議具覆等因，本司道會同悉心核議。一據稟拏獲洋匪如無事主請即據供定案一條，查海疆重地，賊匪膽敢在洋搶劫爲害商賈，情實可惡。是以定例江洋大盜不分人數多寡、曾否傷人俱立斬梟示，其罪名原較内地加嚴。但盜憑贓定，贓憑事主指認方成信案，故凡定擬盜竊案件必曰贓經主認，正賊無疑。海洋、内地初無二致。例載鞫審強盜必須贓證明確者照例即決，如贓跡未明，涉於疑似者，不妨再審等語。此指現有事主僅係贓跡不明者尚應詳慎辦理，若並無事主則贓憑誰認，所起之物是否搶劫而來即不可知，其物或非採捕人所應有，終屬疑似之間。若以客商在洋被搶、被劫，人地生疏，更慮躭延失業，每多不報之案，無庸事主認贓，即據犯供定案著爲成例。在搶劫小案罪止軍流以下，關繫猶輕，如係強劫重案罪關斬梟，不憑事主質認，奚可遽定爰書？致滋冤濫，縱使承審之員自謂精明無誤，而審轉之上司終覺案無確憑，照招具題亦難免於部駁。據云洋匪到案查訊之下，容有不實不盡之事，斷無自行誣認之理。殊不思黠盜遇有主之案尚思狡賴卸罪，若無事主指告，孰肯自行吐露？其自認之供或由兵捕妄冀邀功誣拷逼認，或由州縣偏執輕聽刑求而得，否則該犯既已在縣自認甘心服罪，胡爲解審又多翻異？即如平陽等縣審解鄭阿飄等在洋搶奪不識姓名事主衣物等案，疊經在司翻供不認強搶，可見縣訊供情礙難盡信。在李道之稟原爲懲治洋匪，以靖海疆起見，但贓眞案確之犯自當從重究擬，而無主可憑之案未便草率成招。本司道詳加參酌，嗣後拏獲洋匪，起有贓物，供出搶劫數案，但得一二案有主出認者，其餘各案雖無事主而該犯等爲匪已實，即可據供定案。若所供之案無一事主，又別無證據，則罪疑惟輕，似須另行確審，臨時斟酌妥辦，亦難預定條例。總期罪無枉縱，庶幾獄得平允矣。又據稟在洋竊網治罪宜酌改一條，查沿海居民在洋撒網捕魚，潮後及昏夜之際每多無人看守，賊匪乘機偷取，以致小民失業，情實可恨。但究屬鼠竊，且係無人看守之物。該道請將初犯止偷一次者加以枷號，事屬可行；若二次即擬滿徒，三次即照積匪例充軍，似覺過重。所稱二次三次是否二案三案，抑係再犯三犯，亦未明晰。如係三犯自有計贓五十、三十及十兩上下分別擬絞、擬軍、擬流之條，無須另行定例。又查浙省詳定現行成規，竊盜初犯同時並發五案，贓皆十兩以上，及六案七案贓皆一兩至十兩者，俱擬徒罪；若六案七案贓皆十兩以上，八案贓皆一兩至十兩者俱擬遣罪。再犯統計前後共竊四案贓皆十兩以上，五案六案贓皆一兩至十兩者，俱擬徒罪；五案六案贓皆十兩以上，七案贓皆一兩至十兩者俱擬遣罪。今在洋行竊似應較內地加嚴，本司道細加酌核，請嗣後在洋行竊無論偷網及竊取別物，一經被獲審實，如係初犯僅止一案計贓罪止杖責者，加號一個月，兩案者加枷號兩個月，三四案者照積匪例量減一等擬以滿徒，五案以上者即照積匪猾賊例，改發雲、貴、兩廣極邊烟瘴充軍。再犯僅止一案，計贓罪止杖責者，加枷號兩月，兩案者滿徒，三案以上擬遣，俱各照例刺字。如贓重者仍計贓從重定擬。如此分別加重治罪，俾洋匪畏法斂跡，海隅自得寗謐矣。又據稟，在洋搶奪之犯宜加等治罪一條，查律載搶奪人財物者不計贓杖一百徒三年，計贓重者加竊盜罪二等，并無在洋搶奪另行加重治罪之條。至於強盜律應斬決，情有可原之夥盜免死減等，發遣爲奴，與搶奪罪名輕重懸殊，未可相提並論。雖海疆重地立法不可不嚴，但如搶奪十人以上之案，原可照糧船水手夥衆十人以上搶奪例，分別首從，擬以斬梟流遣，現有辦過洋匪林莫國等成案可援。若十人以下而有拒捕傷主之事，即應照搶奪傷人例，分別傷痕輕重擬以斬候充軍。如雖未行凶而搶奪不止一案，或犯案不止一次者，照依比律加減之例加等問擬軍流，亦無不可。總在承問官臨時酌情辦理，似無須另設科條。至若初次犯搶人數無多，止此一案，亦無持械傷主情事，於問徒之外，首犯酌加枷號兩個月，從犯加枷號五十五日，亦足示懲。若不分案情輕重，遽照強盜例，坐以遣流，則搶、劫幾無區別，似失平允，應毋庸議。再，所稟在船不曾與謀，並不曾把舵、扳船、接贓、分贓者，與爲從不同，但不力爲勸阻，應杖一百枷號一個月之處，情罪允當，應如該道所請，通飭各屬一體照行。又，據稟沿海種地居民窩贓應從重治罪一條，查盜必究窩，若無窩家則贓無藏處，是以窩匿之家不容輕縱，沿海漁戶在洋採捕，所有不過釣具漁網之類，其服食等項亦不過布衣、布被、薪水、蔬菜而已，如有綢緞衣被華麗物件暨銀數百兩錢數百千，則顯係搶劫之贓，若將此等贓物攜赴海島居民寄藏，該居民輒行受寄，誠如李道所稟，難云不知。其供不知情者乃係該州縣不加嚴審，任其狡賴之故。應請嗣後遇有收藏洋匪物件如以上所指名色顯然盜贓，經主認明者，務將窩贓之犯究明知情藏匿情由；如係事前造意共謀者，按律從重究擬外，其事後知情窩贓者亦比照窩主不造意不同行以爲從論律減本犯一等治罪。庶使窩贓之家知所儆畏，贓無匿處，易於破獲，洵如李道所稟實爲綏靖海疆之一端也。以上四條謹就本司道鄙見核議，是否有當，擬合會詳，伏候憲臺核奪示遵等情。於乾隆三十五年九月十三日詳奉巡撫部院熊批：如詳行，仍候督部堂批示繳。又奉宮保督部堂崔批：如詳移行遵照，仍候撫部院批示繳奉，即移行遵照在案。

清・剛毅《秋讞輯要・秋讞志略・職官》 一、官犯案件，各督撫已經核擬具題者，入於官犯另冊。如題結在該省秋審之後，該督撫未及趕入者，查明實係例應趕入案件，另訂招冊，分送九卿。其非例應趕入，已過勾決之期者，仍歸下年秋審。

一、官犯案件非常犯可比，如毆妻致死、擅殺罪人等類，實在情輕者，可入於緩決。其餘均當列入情實。至題結在該省熱審以後，查明例應趕入并情重案件，即於原奏聲明歸入本年秋審。至已過該省勾決之期者，仍歸入下年辦理。

一、官常犯情實十次未勾之後，刑部奏改緩決。其十次內如遇停勾年份，不在并計之列。

一、官犯與謀故劫盜並例應于秋審時解省監禁，以及脫逃可虞者，照例在省城分撥司府縣監，均勻羈禁外，其餘核其情節，尚不致有杻械脫逃之事者，仍發回各州縣牢固監禁。其離省寫遠，例應道員巡歷復勘之府州，仍照例辦理。

清・沈家本《秋審比較條款》卷一　一、有關服制等項，如毆死期功尊長及刃傷期親尊長，並子孫妻妾奴婢，過失殺祖父母、夫家長等條，係由立決改監候者，俱歸服制冊，擬入情實。其尊長僅令毆打，卑幼輒迭毆多傷致死斬候之案，訊非有心干犯及誤傷者，嘉慶八年始定絞候之例，亦入服制冊。又，子孫、妻妾違犯教令，致祖父母、父母、夫抱忿自盡，及逼迫期親尊長，致令自盡之案，嘉慶十四年奏准，亦入服制冊辦理。違犯恩養已久義父母致令自盡，照親子取問如律。擬絞之犯不入服制，仍照常犯辦理。嘉慶十八年直隸有改緩之案。

一、毆死本宗緦麻尊長之案，不入服制冊。惟道光十七年安徽省汪書容聽從父命，活埋罪犯應死緦尊，由立決改監候外，緩改實查案酌入服制冊。刃傷者向俱入實。如救親情切，或致斃蔑倫尊長，并情急搪抵傷輕，及截止一傷，死非徒手者，雖屬刃傷，亦可酌量入緩。其理直，手足、他物傷輕者，應入緩決。若鐵器傷重，及他物傷多者，雖釁起理直，亦不應輕議緩決。再，親屬重姦不重盜，若毆死行竊尊長並因錢債細故而行毆，情凶傷重者，俱不應率行入緩。道光年間成案，火器誤斃，相盜親屬入緩。小注：此係向辦舊章，近年金刃三傷以下亦有入緩者。

一、毆本宗緦麻尊長、尊屬至篤疾之案，究無人命，亦與刃傷期親尊長不同，其情節略有可原者，俱入緩決。

一、毆死外姻緦麻尊長，視常人只差一間，不得與本宗并論。如刃傷及他物傷多，俱應核其情傷輕重，分別實緩，較常鬥略爲加嚴。

一、毆死同居繼父及毆死小功母舅之案，應入情實。如係救父救母，并傷迫于誤，及情因抵格適傷致斃者，亦可緩決。小注按：毆死同居繼父，例止斬候。較本宗期功罪應斬決者不同。如兩無大功親，服屬期年，而撫養年久，恩同顧復者，雖情傷較輕，自多入實。如兩有大功親服屬，齊衰三月者，即應酌量分別辦理。若小功母舅、母姨，究與本宗小功有間，如核其情節，在服制中可以夾簽者，即應入緩。

一、毆死妻父母之案，如係負恩昧良，逞忿行凶者，應入情實。其餘理直情急，金刃一二傷，及他物傷無損折者，亦可入緩。

一、因姦竊致縱容之祖父母、父母、翁姑被人殺死者，俱入情實。致翁姑被殺者，近亦有酌緩成案。

一、因姦致本夫羞忿自盡者，俱入情實。

一、姦夫謀故殺及拒捕，致斃本夫，姦婦不知情之案，如事後仍與姦夫續姦，或跟隨同逃，俱以戀姦忘仇論。并此外又致其父兄被殺，及另釀多命者，俱入情實。其餘畏罪支飾不首，或被姦夫恐嚇隱忍，無前項戀姦忘仇情事，及僅釀旁人一命無服制者，均可緩決。小注按：被迫同逃，并非戀姦忘仇，近年亦有緩案。

一、因姦殺死子女滅口之案，親母無論有無子嗣，入於緩決，永遠監禁。嫡母、繼母、嗣母，如致夫絕嗣者，俱入情實；未絕嗣者入于緩決，永遠監禁。其嫡母、繼母，非理毆殺庶生及前妻之子，致夫絕嗣應絞候者，俱入緩決；如係故殺及爲己之子圖佔財產、官職而殺，嫡母緩決，繼母情實，例內已有明文，應查例照辦。

一、姑抑媳同陷邪淫，致斃媳命者，應入情實。其因姦致死伊媳滅口之案，親姑、嫡姑、繼姑，均入緩決，永遠監禁。小注按：命媳賣姦不從，毆逼自盡者，亦應入情實。

一、謀故殺期親以下卑幼，及卑幼之婦各案，如圖詐圖賴，爭繼爭產，畏累憎嫌，并因錢債田土口角細故，逞凶殘殺，或非理欺陵者，俱入情實。若情因管教，一時觸忿，并死者理曲逞凶，及致死爲匪玷辱祖宗卑幼者，俱可緩決。其殺死功緦卑幼應絞候者，非情節實在慘忍，不必遽行議實。

一、謀故殺義子并僱工，及白契所置、恩養未久奴婢，如有圖詐圖賴、憎嫌畏累等情而殘殺，及死太幼稚、恩養未久者，應入情實。其餘俱可緩決。

一、妻謀故殺妾之案，如無圖詐圖賴及妒慘重情者，俱可緩決。

一、婦女殺死夫緦麻以上尊長之案，理直情急，或傷輕者，俱可緩決。不入服制冊。

一、婦女謀故殺夫卑幼之案，如圖詐圖賴，憎嫌畏累，并細故非理殘殺者，應入情實。若釁起管教，及死者理曲犯尊，亦可緩決。

一、夫謀故殺妻之案，如圖詐圖賴，及圖姦他人，因妻礙眼而殘殺，逼妻賣姦不從而殺，憎嫌病妻而殺，并妻無大過逞忿殘殺者，俱應情實。其餘無前項殘忍情事，或係事後圖賴者，應入緩決。

一、僧尼及諸色匠藝人等優伶不在內。毆死弟子之案，如有因姦、挾嫌、畏累等情逞忿殘殺者，俱入情實。其釁起管教，無殘暴重情者，可以緩決。

一、服制以凡鬥定罪之案，如殺死功緦以上尊長、尊屬，因本犯與死者并父祖出繼，降爲無服。又賣休、買休等項妻妾殺死夫與翁姑，又毆死繼母係父賣休、買休之妻。此等案犯，定罪雖同凡鬥，秋審則不可概以凡論，非實在理直情輕，不得輕議緩決。至毆死賣休、買休之妻，一則曾有夫妻名分，一則現有夫妻之情，似應較尋常婦女稍寬。

一、毆死外祖父母由立決改監候者，應入服制冊辦理。

一、功服以下尊長，聽從外人，圖財謀殺十歲以下卑幼，下手加功者，入於情實。期親尊長，服制較近，應斟酌辦理。

一、弟子毆死受業師由立決改監候之案，不入服制冊，可以酌入緩決。其定案時照凡鬥問擬。而情傷較重者，不可輕議緩決。

清・沈家本《秋審比較條款》卷四　一、僞造印信，如冒支錢糧及誆騙得財，俱應入實。其餘誆騙未成者，尚可入緩。

一、買受僞札詐假官者，應入情實。如假官并未造有憑札，罪係計贓從重加入絞候，可以緩決。

一、私鑄錢十千以上，及爲從工匠人等應擬死罪者，俱應情實。小注按：私鑄一條，咸豐四年七月初十日奉上諭：嗣後私鑄，當百以下大錢人犯，如係爲首及匠人，數在十千以上，或不及十千而私鑄不止一次者，即於斬候上請旨，即行正法。如私鑄僅止一次，爲數又在十千以下，著定爲監候，入于秋審情實，等因。欽此。通行在案。

一、左道惑衆，及邪教爲從者，俱應情實。

一、邪術醫病致斃人命者，應入情實。

一、光棍爲從者，應入情實。

一、投遞匿名揭貼者，應入情實。

一、誣告叛逆，被誣之人未決者，應欽遵嘉慶二十一年蔣伯能案內諭旨入實。

一、誣告人致死，并致死其有服親屬之案，如有挾嫌圖詐，或假捏姦賊，或事犯到官誣扳平人，或唆賊硬證，或賄差妄拿，圖洩私忿，累斃無辜及拖斃案外一二命者，俱應入情實。其餘若因事本可疑，一時誤認，死由追拿跌溺，并非被逼自盡，及死者本非善類，無前項刁惡慘毒情形者，尚可酌入緩決。

一、童稚無知，誣告人因而致死之案，嘉慶十五年奉有諭旨，入於緩決。設有案犯相同者，均照此辦理。

一、挾仇誣告謀命，致屍遭蒸檢之案，無論係平人、尊長之屍，俱應入實。如起釁本因妄疑，并未固執求檢，或原驗傷痕本有遺漏、錯誤，及蒸檢卑幼之屍，無實在狡詐可惡情節，尚可酌入緩決。

一、刁徒平空訛詐釀命之案，係嘉慶九年本部條奏新例，以其究與在官人役不同，有拷打者，斬候入實，無拷打者，絞候入緩。嗣本部十年纂例時，又奏明無拷打者，仍分別情節輕重，以定實緩。歷年秋審，如釀至二命，及串差倚勢，并假捏姦賊，一切刁惡凶橫者，情實。其餘情有可原者，俱入緩決。

一、誣良爲竊，逼斃人命者，應入情實。其事出有因，並非有心誣捏，及死本舊匪者，可以緩決。

一、捕役私拷嚇詐，致斃人命者，應入情實。小注按：如事出因公，無圖詐邀功情事，又死非無辜者，雖擬斬亦有緩案。

一、蠹役詐贓致斃人命，不論贓數之多寡，已未入手，俱入情實。

一、假差嚇詐致被詐之人自盡，或拷打致死，或忿爭毆殺者，應入情實。小注：如本係舊匪，或并非無辜，死由自盡者，可以酌緩。

一、差役釀命比照誣告致死，及一切比照定擬之案，如挾嫌圖賴及嚇逼詐財，致斃無辜者，俱應情實。其餘妄疑誤聽，事出有因，并死本舊匪者，亦可緩決。

一、強盜免死發遣在配，犯該徒罪以上者，應入情實。如非怙惡逞凶，若後犯係擅殺罪人之類，及尋常遣犯在配該舊匪者，亦可緩決。

一、強盜免死發遣在配，犯該徒罪以上者，應入情實。如非怙惡逞凶，若後犯係擅殺罪人之類，及尋常遣犯在配犯該軍流以上擬絞之犯，果無不法別項情事者，可以酌入緩決。

一、賄買案外之人頂凶已成者，應入情實。如係案內餘人代認重罪頂凶之犯，應照正凶減一等治罪者，本犯僅止避重就輕，尚非脫然事外，可以緩決。小注按：頂凶之案行賄者，不論原犯輕重，俱入情實。受賄者不論贓數多寡，如致本犯遠揚無獲者，自應入實。如本犯已獲，擬以實抵者，頂凶之犯可以緩決。

一、監犯越獄，如糾夥三人以上，原犯斬絞監候，俱改立決；原犯軍流，俱改絞監候。爲首入實，爲從入緩。原犯徒罪爲首，改絞候入緩。若僅止一二人，乘間脫逃，原犯斬絞鹽梟應情實者，即行立決；應緩決者，即入情實。原犯軍流爲首，改絞候入緩。例內已有明文，應查例照辦。遣犯越獄照軍流辦理。

一、斬絞等犯，因變逸出被獲，并非起意越獄，仍照原擬者，仍核其本案情節，分別實緩。

一、殺人在逃，年久始行就獲之案，既非例內所指應行正法條款，仍依本例監候，只照尋常鬥殺分別實緩，不必因此加重。

一、犯一應死罪，事發在逃，復犯死罪者，應入情實。若逃後犯軍流等罪，或先行犯軍流後犯死罪，本案及另案俱情輕者，可入緩決。

一、鹽梟拒捕傷人案內，首從各犯罪應斬絞者，俱應入實。

一、聚衆奪犯傷差者，應入情實。未傷差者，例係由流加入絞候，可以緩決。如另有不法重情，及數至十人以上，雖未傷差，亦入情實。

一、犯罪事發，官司差人拘捕，因而逞凶殺死捕役，爲首者斬決。爲從者，原例止于發遣，嘉慶十一年本部條奏，爲從者不論手足、他物、金刃，俱擬絞候。例係由輕加重，歷年秋審從犯幫毆、刃傷、折傷者，俱入情實。他物傷輕者，亦可緩決。

一、挾嫌放火之案，俱入情實。如誤燒他人者，亦可酌擬緩決。

一、圖財放火，未延燒之案，俱入情實。

一、伏草捉人勒贖者，俱入情實。

一、疏縱罪囚，如係得贓賣放無獲者，應入情實。其餘一時疏忽，并無受賄，及逃犯已經拿獲者，可以緩決。

一、枉法贓實犯死罪者，應入情實。須執法之人方是。或係在官人役，亦不可輕議緩決。

一、結拜兄弟未至四十人，年少居首，並無歃血焚表等情，罪應絞候者，俱入情實。

一、僱工刃傷家長及家長期親，總以名份爲重，多入情實。如實在被毆、被揪、理直，情急圖脫，傷由失誤者，可以緩決。小注按：奴僕毆傷家長期親問擬斬候之案，起釁非有可原不得議緩。至僱工人毆家長至折傷問擬絞候之案，究與奴僕有間，仍可酌量入緩。

一、詐爲制書，已施行者，應入情實。未施行者，可以酌入緩決。

一、詐傳詔旨者，應入情實。

一、擅入御在所者，應入情實。

一、持刀入宮殿門者，可以酌入緩決。

一、越皇城者，酌入緩決。

清・沈家本《秋審比較條款》卷五　一、毆故殺詈罵及頂撞翁姑不孝有據之妻，以屍翁姑及屍親人等到案有供爲據。向俱問擬可矜減二等發落，嘉慶四年奉諭旨，故殺妻可矜之案，毋庸再減一等，歷年欽遵辦理。如係毆死，仍再減一等。至妻犯姦並未縱容及毆夫成傷者，如無謀故慘殺重情，亦可入矜。但不得與毆死不孝之妻減二等辦理。

一、例載救親情切，傷止一二處，秋審應入可矜等語。向來救親之案，如父母已受傷跌地，復被騎壓按毆，實係事在危急，例得隨本減流。其情切救護，勢非危急，仍照本律擬絞者，應入可矜。倘所毆已至三傷，或父母僅被拉抱，并未被毆，或釁雖救護，死者業已歇手向凶犯毆打，即屬互鬥。或本係凶手理曲肇釁，累父母被毆，已復逞凶斃命，或父子共毆，或各斃一命，此等情節俱無可矜，只應緩決。小注按：咸豐十一年《新章》，救親斃命之案，除父母主令子孫將人毆殺，或先與人尋釁，其子踵至助勢，共毆斃命，或凶犯理曲肇釁，累父母被毆，已復逞凶斃命各項，雖死係犯親卑幼，父母業受傷，應仍將凶犯各照本律定擬，不准聲請減等外，若并無前項情節，確因救親起釁各案，如死者係犯親本宗，外姻有服卑幼，先將尊長毆傷，其子目擊父母受傷，情切救護，將其致死，不論是否實係事在危急，及有無互鬥情形，定案時仍照本律定擬，援引孟傳冉案內欽奉諭旨，聲明照例兩請，候旨定奪。其非犯親卑幼，凶犯因見父母受傷救護起釁者，不論傷痕多寡，是否互鬥，俱照本律擬絞監候，秋審時酌入可矜。至父母并未受傷之案，應仍分別是否事在危急，傷痕多寡，及是否互鬥，悉照定例及向辦章程定擬。如案係火器及謀故殺者，雖釁起救親，均仍照本律，不得援以爲例。

一、被拉并未還手，同跌落水落崖，凶犯幸而得生之案，應入可矜。如互拉致跌，已有鬥情并理曲肇釁者，俱仍緩決。

一、鬥殺之案，如被揪被推并未還手，死由自由栽跌，或痰壅致斃，及因恐其栽跌向拉，致令碰磕，實無鬥情形者，俱應酌入可矜。

一、十五歲以下幼孩殺人之案，如死者年長四歲以上，恃長欺凌，應遵乾隆四十四年貴州劉縻子毆死李子相案內所奉諭旨，監禁數年，以消其桀驁之氣。

一、戲殺并誤殺旁人，及誤殺其人功緦以下親屬，例得一次減流，不必入矜。小注： 如擅殺而誤殺，因死係其人之祖父等項親屬，不得一次減流者，仍酌入可矜。

一、擅殺姦夫姦婦及圖姦罪人之案，本部于八年奏明，捉姦實由義忿，審無謀故重情，擬入可矜。歷年來，如本夫本婦父母與有服親屬例得捉姦者，無論登時、事後，傷之多寡，輕重，均以義忿入矜。若謀故殺并殺死二命，內有一命不應抵者仍入可矜。及非應捉姦之外人，聽從本夫親屬糾往，無義忿可言，俱應緩決。至死係強嫁、搶賣、誘拐罪人，亦一體分別辦理。

一、母犯姦拒絕，姦夫復登門尋釁，其子一時義忿，拒毆致斃者，應入可矜，照免死減等例再減一等發落。例有明文，應遵照辦理。雖係謀故，亦與謀故殺別項姦匪不同，不在奏明三次減流之限，當仍酌入可矜。

一、男子拒姦殺人之案，照擅殺例擬絞者，如無謀故別情，應入可矜。其先被雞姦，悔過拒絕，復因逼姦而殺者，因和姦在先，止入緩決。

一、擅殺搶竊罪人之案，嘉慶四年奉有諭旨，死者雖拔刀拒捕，并未受傷，不得謂之拒捕有據。迨本部于八年奏明，毆死拒捕成傷賊匪者，應入可矜。歷年無論凶犯及同捕之人拒捕有傷，均以拒捕有據入矜。若謀故殺及拒捕無據，并所殺非下手拒捕之人。或殺死二命，俱仍緩決。至差役擅殺，亦循照分別辦理。

一、除姦盜罪人外，其餘各項殺條，如死者拒捕成傷有據，亦可仿照殺人之案，酌擬可矜。

一、老人幼孩擅殺竊賊，雖未拒捕成傷，亦應酌入可矜。

一、擅殺威逼及共毆致死本犯父母案內，國法未伸之餘人，此等情切天倫，較之別項擅殺更可矜原，如無謀故重情，應入可矜。

一、篤疾殺人之案，如釁起理直，回毆適斃者，應可入矜。

一、救親毆死有服卑幼之案，無論是否互鬥，概入可矜。

一、毆致命而非重傷，越八九日因風身死者，概入可矜。越七日者亦有矜案。其非致命又非重傷，越四日因風身死者亦同。

清・沈家本《敘雪堂故事・黄册黏簽》 情實人犯尚有可原者，請旨後，於黄册發下時分別黏簽。

清・沈家本《敘雪堂故事・停止刷送舊事緩決招册》 秋審九卿會審，向例分送招册，不論新舊緩決，一體彙册會核。乾隆三十四年刑部奏准，止將本年新事招册刷印分送，其舊事已入緩決者，毋庸再行刷印，仍將歷年緩決各犯姓名，於會審時逐一唱名。至進呈秋審本章，亦開列起數，名數具題。

清・沈家本《敘雪堂故事・勾到册內夾片提奏》 情實人犯尚有一線可原者，刑部於勾到册內夾片提奏，恭候欽定。

清・沈家本《敘雪堂故事・趕入本年情實》 情重人犯，督撫審題在秋審截止日期以後，由法司會議趕入本年秋審情實，亦有奉旨趕入者。

清・沈家本《敘雪堂故事・官犯趕入秋審》 乾隆二十二年九月奉旨：各省官犯無多，嗣後應以該省行刑之日爲節，官犯審擬結案在行刑之日以前者，皆補疏題請。

清・沈家本《敘雪堂故事・秋審事宜》 秋審處郎中、員外郎、主事無定員，由堂官酌委，掌覈秋審、朝審之案。《會典》。

凡各省秋決之囚，得旨則監候，越歲審其應決與否而上之，曰秋審。在部之囚亦如之，曰朝審。凡秋審之別有四： 曰情實，曰緩決，曰可矜，曰留養承祀。十七司擬而付於總辦，總辦擬而呈於堂，乃彙招册，以送於九卿、詹事、科道而待集議。凡秋審情實者，皆繕黄册以呈御覽，朝審亦如之。《會典》。

總辦司員於年底即請堂派各司專辦次年秋審官，滿洲一員，漢二員，將各該司應入秋審人犯，依原案題結先後，以次摘叙案由，分別實緩矜留，出具看語，陸續彙送本處。坐辦司員將各司略節刪繁補漏，交總看司員酌覈允當，加具看語，呈堂批閱。仍於堂議之前，總看、坐辦各司員齊集覈議，將情實、緩決、可矜、留養承祀詳細參酌，平情定擬。凡同一罪名而其中情節微有區別即實緩判然，必準酌案情，一歸允協。儻有與外省所擬不符者，另繕一册，俟堂議定奪。

每年開印後即具行催稿呈堂，傳各司行文各省催取。秋審後尾，限四月內到齊。及略節閱定，先後發寫紅格，交匠刊刻。俟各省後尾到，合內外看語一併列入招册，分送九卿、詹事、科道。凡各省秋審本揭，如係新事初次入於秋審者，備叙案由，確加看語，以憑會覈。其舊事緩決人犯，摘叙簡明略節，依次彙爲一本具題，俱不叙入問供。至本部分送九卿招冊內，除初次入秋審各案外，亦惟舊事情實未勾并由實改緩，下年初入秋審緩決者，仍刷印分送。其已入緩決者，不復備冊，止於會審時逐一唱名，進呈本內亦第開列起數、名數。若舊事內有一、二案尚須商議，并該督撫前擬情實後改緩決，前擬緩決後改可矜之案仍摘出，臨期印冊，分送九卿公議。

舊例緩決、可矜之案，俱繕招冊進呈。乾隆二十四年奏準刪除，止進情實冊。《會典》小注。

秋審以八月上旬，九卿等會於天安門外金水橋西朝房，以各省秋審起數，按其實緩矜留逐案唱報。其與外擬不符另行改擬之案，即將應改緣由朗誦。如九卿等有商籤，應准應駁之處亦加朗誦，俾衆共聞。議既定，將情實、緩決、可矜、承祀留養各犯分擬具題，恭候欽定。其緩決本內，將由實改緩者開列在前。如有蒙古人犯，應知會理藩院堂官到班會審，其照《蒙古例》治罪者一體列銜。

朝審於霜降前刊送招冊，至霜降十日，九卿等亦於金水橋西朝房集議。各司俱帶冊，并監提人犯唱名過堂，遂分擬具題候旨，如秋審。《會典》。

謹按：近年秋審集議，均在八月下旬，由刑部定期知會九卿、詹事、科道上班。朝審上班在秋審上班之次日，亦不在霜降前十日矣。從前秋審，九卿集議，每年或十一、二日，或十三、四日，并無定限。近年以來但止一日，未詳始於何年，候考。及期予勾，尚書、侍郎咸待本下，侍郎一人接焉，決囚則蒞法場而監視。冬至前六十日，欽天監擇期，按各省道里遠近，首雲南、貴州，次四川、廣西、廣東、福建、盛京、陝西、甘肅，次湖北、湖南、浙江、江西，次安徽、江蘇，次河南，次山東、山西，次直隸。朝審則於冬至前十日，遇停勾之次年則於冬至前五日。是日清晨，豫設黄冊於懋勤殿御案，尚書、侍郎跪於右，記注官侍立於左。奏本學士奏勾到某省，大學士一人展漢字本於案，奏本學士奏各犯姓名，恭候御覽黄冊，大學士等亦各閱所攜小摺。俟皇帝降旨，大學士遵旨勾漢字本，勾訖捧出，照勾清字，繕寫清、漢票籤送批本處進呈。批出清字時兼批漢字，密封交該道御史，即交部辦理。如在圓明園御洞明堂勾到，大學士、軍機大臣跪於右，內閣學士、本部尚書、侍郎跪於左，記注官分左右侍立。如遇行在勾到，大學士等亦分左右跪，記注官侍立於案下之右。批出時密封交行在兵部發京送內閣，兼批漢字，遂交該道御史交部辦理。勾到下，部豫設黄案於大堂中，該道御史齎到，侍郎一人跪接，交司行文。勾到文限期：雲南、貴州、四川、廣西、廣東、福建限四十日，吉林限三十日，江西、浙江、湖南、甘肅限二十五日，江南、陝西、湖北限十八日，盛京限十五日，河南限十二日，山東、山西限九日，直隸限四日。

朝審決囚，本部侍郎一人監視綁犯人畢，每司各派司員赴市曹，步軍統領衙門派軍翼尉一員護送。又，侍郎一人會同刑科給事中赴法場，京畿道御史齎本至，侍郎等恭接，遵旨行刑畢，遂復命。

凡勾決，皆榜揭以示衆。每年勾到後，大學士、軍機大臣會同本部，將已勾、未勾各案情節摘叙簡明事由奏聞，行知各督撫，於處決時揭示通衢曉諭，朝審則由部發交該城榜示。

凡秋審、朝審歲支之款，皆覈而題銷。每年辦理秋審，動支戶部銀五千兩。凡黄冊描邊、繕寫本章、紅格刊刷、裝訂招冊及版片鉋面、鋸邊、修補舊字，又繕寫命盜等案黄冊，并監犯衣糧、藥物等項，俱於秋審項內支取，按年覈銷。

清·沈家本《叙雪堂故事·酌減秋審銀兩》　奏爲奏明酌減秋審銀兩以歸實用事。竊查臣部每年辦理秋、朝審招冊本章及兩監藥餌、薑湯、囚犯棉衣、醫仵并刷印屍格、律例等項，於乾隆六年奏准，每年歲底由戶部預領銀六千兩，於次年開印後陸續給發，其用過實數於次年四月奏銷。如用數在六千兩以上，即在預領次年銀兩內動支墊給，遞年遵照辦理。至乾隆十九年，核計透用不敷銀兩，漸積至三千九百六十兩零，俱於即年奏銷摺內聲明在案。自十九年經御史九成奏准刪除招冊內重複情節，暨二十四、二十六、三十四等年將初次進呈清、漢黄冊及舊緩決招冊等項節次裁減，一切刊刻刷印工價比前較少，每年所領銀兩漸有餘剩，所有十九年以前不敷銀三千九百餘兩，即以餘剩銀兩補還。至本年四月奏銷，除全行補足外，尚餘銀一千一百餘兩，亦於奏銷摺內聲明在案。其上年應領銀六千兩已照向例於上年歲底支領到部，核計本年用過銀數，約亦可餘銀千兩。臣等詳細酌核，向後辦理秋、朝審等項，約計每年祇需銀五千兩即可敷用，似不必仍前請領六千兩，轉致積存。應請自三十九年爲始，將應領銀六千兩酌減一千兩，止領五千兩，以歸實用。至臣部既現存前項銀二千餘兩，并請於咨領三十九年分銀五千兩內即扣除二千兩，實領銀三千兩，統於明年四月內奏銷時，將本年用過銀兩及應存數目詳細核明具奏。嗣後遇有餘剩，即於歲底應領銀兩內按數扣除；倘有不足，仍照向例在於預領明年奏銷銀兩內動支。理合恭摺奏明，俟命下，行文戶部查照辦理等因，乾隆三十八年十一月十四日奏。奉旨：知道了。

清・沈家本《敘雪堂故事・情實十次改緩》 乾隆三十九年十月十六日奉旨：嗣後秋審、朝審情實人犯，有經十次未勾者，著刑部查明，於下次改入緩決，但不得擅改可矜。著爲令。

清・沈家本《敘雪堂故事・由情實改擬緩決人犯於勾到文聲明》 乾隆四十三年，刑部議准：嗣後外省撫審情實，經刑部改爲緩決題准各案，即於咨行勾決文後填寫：查撫擬情實之案某人等幾人，經九卿改緩決，合併知照該撫字樣，俾各本省得以按名稽核。

清・沈家本《敘雪堂故事・緩決三次人犯減等條款》 乾隆四十七年查辦秋、朝審緩決三次以上人犯條款

三次以上准減流：鬥殺，共毆，擅殺罪人，毆妻至死，姦夫擬抵，奴婢毆死良人，毆死本宗、外姻卑幼，毆死兄弟妻，姦婦不知情，毆死妻前夫子女，受賄頂兇，背夫逃走，良人毆死他人奴婢，毆死夫妾，羞忿自盡，毆死功服雇工，威力主使制縛致死，比照大逆緣坐之伯叔減流，其祖父釋放。

近邊：故殺妻，故殺期、功以下卑幼，本宗外姻。毆死外姻緦麻尊長，屏去人服食，比照大逆緣坐之兄弟及兄弟之子。

邊遠：毆死本宗緦麻尊長，罪人拒捕傷人，收買官鹽，審非私梟，夥竊自首，畏罪私自淨身。

極邊四千里：蒙古搶竊什物未傷人，殘毀兄屍，殺死期、功尊長，毆死及謀故殺小功并因救親義忿毆死期親、大功尊長。義忿故殺，毆死夫，鳥槍故殺救父。

伊犁、烏魯木齊等處：竊盜拒捕傷人，搶奪傷人。

黑龍江等處：謀殺加功，軍犯鬥殺，殺死期功尊長，戲殺、誤殺及迫于尊長之命毆死期親、大功并救親義忿謀故殺期親、大功尊長。光棍爲從，偷姦未成。誘拐子女，誣告致死，謀殺未死，謀殺尊長誤傷旁人，圖財害命不加功，比照蠹役詐贓斃命，比照強奪姦佔。

三次以上不准減：圖財強嫁，因姦謀殺本夫，嘱匪爲從，謀叛未成，減等人犯復犯死罪，殺死期、功親長，情重。姦職官妻，侵盜錢糧，枉法贓，妖言惑衆，川販爲從，竊贓滿貫，係婦女。監候待質，威逼期親尊長致死，誣告家長，竊盜私自淨身，罪人拒捕殺人，光棍爲從，實犯大逆緣坐之祖父母、伯叔、兄弟、子姪及比照緣坐之子孫，私鹽下手殺人，違犯教令致父母自盡，過失殺夫之父母，奪犯傷差，毆死夫，誤傷伊父，因瘋殺人，鬥毆、共毆，刃殺徒手傷重，詐假官，百日內薙頭，匿名文書，謀殺加功情重，盜典房屋滿貫。情重。

清・沈家本《敘雪堂故事・免勾一次人犯不入黃册》 乾隆五十七年八月二十二日奉旨：嗣後秋審情實人犯，已經奉旨免勾一次，即屬舊事，無庸列入黃册，其情實緩決本內，仍照舊開列。

清・沈家本《敘雪堂故事・秋審册首式》 嘉慶二年九月內，和中堂諭：明年秋審册內，開首竟寫一起某某人，不必寫報明等事由。

清・沈家本《敘雪堂故事・新疆秋審截止日期》 新疆秋審向無截止日期，惟據該將軍、都統、辦事大臣具奏到日，凡在秋審未經具奏以前者，悉歸本年辦理。嘉慶三年始經刑部議定，以六月三十日爲限，如三十日以前該將軍等奏到者，歸於本年辦理，其七月初一日以後奏到之案，俱入下年核辦。

清・沈家本《敘雪堂故事・秋審截止日期》 嘉慶四年奏定秋審截止日期：雲南、貴州、廣西、廣東四省截至年前封印日，四川、福建二省截至正月三十日，奉天、陝西、甘肅、湖南、湖北、浙江、江西、安徽、江蘇九省截至二月初十日，河南、山東、山西三省截至三月初十日，直隸截至三月三十日，新疆、察哈爾截至六月三十日，均以刑部題結之案爲止。嗣於嘉慶七年四川省以四川距省窵遠州縣人犯，四月尾方可解省，實難趕辦，請將川省秋審截止日期以年前封印題結之案爲止，經刑部奏准。

清・沈家本《敘雪堂故事・萬壽節後勾到》 嘉慶八年九月初十日奉旨：嗣後每年奏擬各省勾到日期，十月內萬壽節十日後即可擬日勾到，爲期不必過遠。

清・沈家本《敘雪堂故事・冬至前五日勾到》 嘉慶十年閏六月十七日奉上諭：向例秋審、朝審勾到日期，均係在冬至十日以前。本年秋讞因上年停勾，將所有人犯與本年新案一併辦理，人數較多。經長麟面奏，核計勾到日期，次數加增，恐冬至十日以前辦理稍形迫促，當即飭令刑部，檢查舊案，冬至前十日以內有無辦過現審重犯。茲據查明，自乾隆三十五年以後，

遇有現審立決人犯，於冬至五日以前奏請處決，歷次辦有成案。冬至五日前既可辦理現審立決案件，則秋審、朝審勾決亦事同一律。所有本年勾到日期，著核計次數，均擬定在冬至五日以前辦理完竣。嗣後遇有停勾之次年辦理勾決，一年並辦兩年者，即照此例，以冬至五日前爲斷。如專辦本年者，仍照舊例，以冬至十日前爲斷。該衙門載入《會典》遵行。是年朝審勾到仍在冬至十日以前。

清・沈家本《叙雪堂故事・秋審時呈遞黄册各項本章照常呈遞毋庸減數》 嘉慶二十年十二月旨：向來刑部屆秋審時呈遞黄册，遂將各項本章減數呈遞。黄册於呈進後留中，朕不時披覽，每日閲看本章，兩不相妨。嗣後秋審時，刑部各項本章著照常呈遞，毋庸減數。至每年開印後三日，刑部向不進本。著減去一日，於開印後第三日進紙張本，第五日進輕罪本，以後陸續如數呈進。其齋戒、祭祀、月朔日期並各項應行回避，不進刑務本及不進勾決本日期應行酌減，著刑部查明，開單具奏，候旨遵行。

清・沈家本《叙雪堂故事・改事方籤》 道光五年御史萬方雍奏請飭刑部將辦理秋審改擬情實、緩決等案出語，豫行知照九卿、詹事、科道一摺，所奏甚是。秋讞爲明刑鉅典，與議諸臣原應公同集議，以昭詳慎。其案情介於可實可緩之間者，尤關罪名生死出入。若如該御史所奏，刑部辦理秋審各案，向祇摘叙略節，刊刻招册，分送九卿、詹事、科道。屆期會議，其由緩改實，由實改緩，或由緩改矜，由矜改緩之案，并不擬定看語方籤豫行知照，僅於上班時令書吏宣唱一次，會議諸臣於匆遽之時，僅聽書吏宣唱看語，焉能備悉案由，從而商榷？是徒有會議之名而無覈議之實，豈國家矜慎庶獄之意乎？嗣後著刑部將議定改擬各案看語彙齊繕刻，於會議上班前五日分送九卿、詹事、科道，俾豫行查對招册案情，是否改擬允協。會議時得各抒所見，以重刑獄而昭覈實。

謹按：每年秋審堂議後，總辦處將改擬各起另擬看語，刊訂成册，名曰改事方籤，同各案招册彙齊分送各衙門，蓋自此始。

清・沈家本《叙雪堂故事・免勾人犯停勾年分准作一次計算》 再查向例，各省應入秋審人犯，服制情實二次免勾即改入緩決，常犯情實十次免勾亦即改入緩決。每逢恩旨停勾年分，其曾經免勾人犯雖循例仍以情實具題，因係停勾而非免勾不作一次計算。惟此等人犯，既經初次免勾之後，雖入於次年情實，仍可邀恩不予勾決，該犯等已蒙恩於初入秋審之年，即終身仰沐更生之澤，今以恩旨停勾不作一次計算，是情實應勾各犯因停勾而得稍遲一年之刑，而業經免勾將來仍可邀恩者，因停勾而轉遲改緩之限，揆諸情事，未免向隅。即如嘉慶二十五年補行勾到二十四年之雲南等十三省，其服制情實二次未勾及常犯情實十次未勾各犯，臣等現已循照舊例，分别奏改緩決。其尚未勾到之河南、山東、山西、直隸等四省，并朝審案内服制情實二次及常犯情實十次與已勾之雲南等省同一例應改緩，因未經免勾不作一次計算，轉不能與雲南等省一體奏請改緩，似不足以昭情法之平。臣等公同商酌，嗣後除初次應入情實人犯適遇停勾年分，既未奉旨免勾，仍不得作一次計算外，其服制及常犯情實業經免勾一次之犯，雖恭逢恩旨停勾，亦准作一次計算。倘蒙俞允，所有二十五年未經勾到之河南、山東、山西、直隸等四省並朝審案内服制情實二次及常犯情實十次各犯，另再恭繕清單，奏請一律改入本年秋審緩決辦理，并請嗣後恭逢恩旨停勾年分，亦照此永遠遵行云云。道光元年九月初五日奉旨依議。

清・沈家本《叙雪堂故事・秋朝審覆奏本》 康熙七年覆准：朝審秋決重犯，將矜疑、緩決、情實者，分别三項具題，俟命下之日，矜疑者照例減等，緩決者仍行監候，情實者刑科三覆奏聞。俟命[下]之日，開列各犯姓名，奏旨勾除方行處決，其未經勾除者仍行監候。見《會典》。此朝審之覆奏之始。唐太宗怒斬張蘊古，既而大悔。因詔：死刑雖令即決，皆三覆奏。久之，向群臣曰：死者不可復生，昔王世充殺鄭頲而猶能悔，近有府吏取賕不多，朕殺之，是思之不審也。決囚雖三覆，而頃刻之間何暇思慮。自今宜二日五覆奏，諸州死罪三覆奏。見《唐書・刑法志》。宋，京師大闢一覆奏。見《宋史・刑法志》。明制，凡死刑即決及秋後決并三覆奏。見《明史・職官志》。是康熙中之朝審一覆奏，亦因唐、明之制而酌定者。雍正二年四月奉上諭：朕惟明刑所以弼教，君德期於好生。從來帝王於用刑之際，法雖一定而心本寬仁，是以虞廷以欽恤垂訓，《周書》以慎罰爲辭，誠以民命至重，寧過乎仁，毋過乎義也。朕自臨御以來，一切章奏無不留心細覽，於刑讞一事猶加詳慎，恐法司未能平允，情罪未能悉當，朕心彌用惻然。故凡京城及各直省題奏讞獄，但少有可矜者，無不法外施仁，量加末減。獨念朝審重囚，其情實者刑科必三覆奏聞，勾除者方行處決。而外省情實重囚，惟於秋審後法司具題，即咨行該省，無覆奏之例。朕思中外一體，豈在京諸囚宜加詳慎，在外省者獨可不用詳慎乎？人命攸關，自當同仁一視。自今年爲始，凡外省重囚經秋審具題，情實應決者，爾法司亦照朝審之例三覆奏聞，以副朕欽恤慎罰之至意云云。此秋審三覆奏之始。乾隆十四年九月奉上諭：朝審情實人犯例由刑科三覆奏，其後各省亦皆三覆奏，自爲慎重民命，即古三刺三宥遺制。謂臨刑之際必致詳審，不可稍有忽略耳，非必以三爲節。朕每當勾到之年，置招冊於旁，反覆省覽，常至五、六遍，必令毫無疑義。至臨勾時，猶必與大學士等斟酌再四，然後予勾，豈啻三覆已哉？若夫三覆奏，本章科臣以恩遽具題，不無豕亥。且限於時日，豈能逐案全覽？朕思爲政，惟當務實，而師古不在徇名。三覆之例行之雖久，實不過具文。若不詳閱招冊，即照例十覆亦不過照例稟旨，此廷臣所共知者，徒事繁文何益於政。嗣後刑科覆奏，各省皆令一次，朝審仍令三覆，亦足寓存革之意，實敦行簡之風。欽此。此秋審改爲一覆奏之始。嘉慶二十年九月奉上諭：秋審、朝審情實人犯，舊例著三覆奏，本昭古者三刺三宥遺意。我朝欽恤民命，凡案犯供情原委備載招冊，每年黃冊進呈，早經反覆推求，慎之又慎，實不止於三覆。其科臣循例題本僅屬具文，是以乾隆十四年將直省秋審改爲一覆奏，已足以存舊制。向來覆奏之本，皆於黃冊進呈後隨即奏上，距勾到之時甚遠。嗣後黃冊仍於八月中旬呈進，其秋審、朝審覆奏之本，皆著於本省勾到前五日覆奏一次。朕批閱時再同黃冊詳加酌核，以昭慎重。著爲令。

清·沈家本《叙雪堂故事·秋朝審進呈黃冊及呈進日期》 順治十年題准：朝審於每年霜降後，三法司會同九卿、詹事、科道等官，逐一審錄。刑部司官先期將重囚招冊略節刪正呈堂，刊刻刷印進呈，并分送各該會審衙門。會審時各犯有情眞、緩決、矜疑者，例該吏部尚書舉筆分爲三項，各具一本，俱刑部具題請旨。內有御筆勾除者方行處決，未經勾除者照舊監候。又，康熙十二年題准：直省秋審，令該督撫會擬，情眞、緩決、矜疑分別具題。刑部將該督會審情眞、緩決、矜疑看語刊刻招冊，送呈御覽，復分送九卿、科道官員各一冊，會議分擬具題，請旨定奪。其盛京等處監禁重犯，亦造黃冊，入在直省秋審內具題完結各等語。《會典》。以上二條，係秋、朝審呈進黃冊之始。其進呈日期係在九卿未經審定以前。又，雍正三年奉旨將情實、緩決、可矜分爲三項，各依省分，以雲南省起，照該督撫看語刊刻招冊，并九卿看語一并進呈等因。《會典》。此一條進呈黃冊日期，係在九卿審定以後。迨乾隆十四年奏准，秋審、朝審初次進呈招冊，俱屬九卿未經審擬之案，遵旨刪除。嗣後秋、朝審呈進黃冊，俱係九卿審定之後，始行刷印，繕錄進呈。

清·沈家本《叙雪堂故事·官犯情實五次改緩》 乾隆三十九年十一月初四日奉旨：朝審情實官犯，舊案餘存者太多，著交該部查明，有經五次未勾者，即改入緩決，但不得擅改可矜。

四十二年十月初四日奉上諭：嗣後秋審、朝審情實官犯，有經十次未勾者，著刑部查明改入緩決。但官犯非常犯可比，既改緩決後，如遇應查辦緩決三次以上者，不得與常犯一例減等。其中或有應行寬宥者，俟朕隨時特降諭旨。

清·沈家本《秋讞須知·犯名》 兇犯有一人二名者，曰某某即某某；三名者曰某某即某某，又名某某。冊首一起下、案首會看下、案尾出牌下、綸音下，四處全寫，餘處單用正名。部尾首尾全寫，餘稱該犯。如須出名，亦用單名。

清·沈家本《秋讞須知·犯年》 兇犯年歲以初供爲憑，眉上須照初供核對改定。近老、近幼之犯，須查核行兇之年是何年紀，扣準塡寫，不必以初供爲憑，如十二月毆死，犯時十五，次年到案初供十六，以十五塡寫。

清·沈家本《秋讞須知·檢舉更正》 在案。續經刑部查明，葉任鑑圖財害命，傷人未死，已得財，按例本宜斬候。該犯雖未自首，而犯母爲之首，即如罪人身自首，法律得免其所因圖財之罪，檢舉更正，將葉任鑑依謀殺人傷而未死律，擬絞監候，秋候處決等因。

清·沈家本《秋讞須知·標首》 標首以照顧律牌爲一定之法。謀曰謀，故曰故，鬥曰鬥，共毆曰共毆。一案數犯而用二律牌者，各用如律，最要分明。其不常見之案，有數字爲標首者，亦以簡括爲主。

標首點犯名以原題□綸音爲主。綸音中有名者，雖先經正法或續報病故、脫逃，皆須點明，以本冊之犯居先，餘犯居後。其未題之先正法、病故、脫逃，綸音中無名者，皆不點。

首犯因變先行正法者，綸音中無名亦不點。

共毆案內，餘人姓名不點，犯名下用等字。

聽糾斃命及謀殺加功之案，首犯在逃者，姓名不點。

因謀殺誤殺，不出欲謀殺之人姓名。

主使斃命，不出所使人姓名。

因姦盜致父母被人毆死，不出毆人姓名。

婦人不用夫家姓，如與姑嫜同姓，則曰小某氏，如係室女、幼女，則直書其名，不曰某氏。

一案二三命，內有格殺例得勿論，及死罪律不應抵者，死名不敘。

以上論人名。

本宗有服制者，如伊父、伊母、伊夫、伊妻、胞伯、胞兄及夫前妻之子等項，均須點明，改嫁及降服者亦點。會看下亦敘明。俱不用本宗字。

兄弟妻不點。會看下敘明與下文同。光十三秋審冊內兄妻均點明。凡查筆相應，餘準此。

本宗無服者，不用無服族祖等字。會看下敘明。

家長同居繼父、義子等項均點。

妻前夫之子點明。

外姻有服者，如外祖父母、妻父母、小功母舅等項，均須點明，俱不用外姻字。

外姻無服者不點。會看下敘明。

以上論服制。

尊長卑幼相毆之案，雖案係糾毆，亦不用共毆字，仍照服制點明。謀故則標明謀殺、故殺。

共毆之案，仍照鬥殺問擬者，不用共毆及等字。

共毆之案，以下手之人擬抵者，不用聽糾字、致傷字，并從犯、某人病故等字。其有原謀者，方用聽糾字樣。

謀故殺之案，如因圖財，復仇起意者，俱標明。復仇者并標出爲祖、爲父字樣。

謀故殺卑幼，如有挾嫌情事，加挾嫌字。

戲殺案直云戲殺某人身死，不用因戲推跌等字樣。舊式有云因戲致傷者。

擅殺案不標竊盜、姦夫及圖姦未成罪人等字。舊式竊賊點明，今一律刪。

二罪俱發或俱斬，如挾恨謀命、又誤斃尊長之類，或俱絞，如因瘋殺人，又毆死妻之類，係從一科斷者，二事俱敘明。其犯一斬、一絞者，如挾仇誰放火燒房，又鬥毆殺人，或竊盜拒殺事主，又另傷一人之類，係以重論者，但敘重罪。

殺死二命，如一故一鬥，或一服制一平人之類，亦係以重論者，二事俱敘。如另犯軍、流、徒以下輕罪，不敘。

鬥殺案由，須分別傷痕。全是砍曰砍傷，全是扎曰扎傷，全是戳曰戳傷，他物毆打曰毆傷，手掐曰掐傷，膝跪曰跪傷，腳踢曰踢傷，足踏曰踏傷或曰踹傷，口齩曰齩傷。他物擲傷、他物。鉤傷、鐵鉤。鋤傷、鐵鋤。砸傷、磚石。捽傷、手足。潑傷熱水。之類甚多，非鬥殺案不用。

因傷推跌身死，不用內損字。先毆後跌者曰毆跌。

鬥殺傷痕，如有砍有扎，或有戳有毆，或有毆有踢，曰致傷。死由跌地氣閉等類亦曰致傷。

推跌孕婦致令墮胎身死，亦標致傷。

推跌斃命及追毆失跌之案，各就本案由標明。

罪人拒捕統曰拒傷，惟竊盜拒捕係金刃者，首曰拒捕刃傷，從曰幫毆刃傷。

搶竊案贓係銀兩，毋須估贓者不用計贓字。如有衣物在內，須估贓者方云計贓逾貫字樣。

自首得免所因之案，標明自首字樣。

僧尼致斃弟子，比照違犯例者，亦不用違犯教令字。

因姦謀殺，姦夫起意曰商同，姦婦起意曰聽從。

姦婦不知情，事後不首，曰并不首告當時。在場目擊者，加喊阻二字。

以上論事由。

蒙古斃命之案，須點明蒙古字。死係蒙古亦點明。

旗人斃命，舊式點明旗人字，今不用。

旗人致斃民人，點明民人字，回民同。

回民致斃民人，不用回氏字，如係用回民專例之案，仍須點明。

僧尼斃命，不用僧人字。會看下標出。如係用僧人專例之案，亦須標明。

姦拐等案，十二歲以下曰幼女，十三歲以上曰室女，男孩則十五歲以下統曰幼童。

因姦自盡案，如死係室女，不用本婦字。

搶竊拒捕案，死傷者係本家之人，用事主字； 係雇工、鄰佑，有應捕之責者，用捕人字。

搶竊署中銀物，但標明衙署字，如縣、知府等字刪。

以上論稱目。

姦幼女、幼童，須標明歲數。會看亦標明。

挾嫌謀故卑幼亦標明歲數，如係二命，則但云謀殺十歲以下胞姪某、胞姪女某，不必標明歲數。

因姦致死子女一命，亦但云謀殺十歲以下親子某某，會看下方點歲數。

以上論年歲。

閒字、閒句、閒事與律牌無涉者皆可刪，如移屍圖賴、私埋匿報、無票差役、餘人病故、某傷平復及搶竊案內未經得財、誘拐案內圖賣未成之類。

搶竊拒捕，不用得贓後起意等字。

行竊某某銀物，姓名上舊有事主，近皆刪，事主姓氏下加一家字。

聽從行竊之案，如首犯在逃，不用幫同、用刃等字。

以上論修飾。

紀事

《後漢書・孝安帝紀》〔永初六年五月〕戊辰，皇太后幸雒陽寺，錄囚徒，理冤獄。

《晉書・良吏傳・曹攄》 曹攄，字顏遠，譙國譙人也。祖肇，魏衛將軍。攄少有孝行，好學善屬文，太尉王衍見而器之，調補臨淄令。縣有寡婦，養姑甚謹。姑以其年少，勸令改適，婦守節不移。姑愍之，密自殺。親黨告婦殺姑，官爲考鞫，寡婦不勝苦楚，乃自誣。獄當決，適值攄到。攄知其有冤，更加辯究，具得情實，時稱其明。

《北史・陸琇傳》 景明初，試守河內郡。咸陽王禧謀反，令子曇和等先據河內。琇聞禧反，斬曇和首。時以琇不先送曇和，禧敗始斬，責其通情，徵詣廷尉。少卿崔振窮罪狀，案琇大逆。陸宗大小，咸見收捕。會將赦，先斃於獄。琇弟凱仍上書訴冤，宣武詔復琇爵，子景祚襲。

《北史・楊汪傳》 煬帝卽位，追爲尚書左丞，尋守大理卿。視事二日，帝將親省囚徒。時繫囚二百餘人，汪通宵究審，詰朝而奏，曲盡事情，一無遺誤，帝甚嘉之。

《北齊書・文宣紀》〔天保六年三月〕戊戌，帝臨昭陽殿聽獄決訟。

《北齊書・武成帝紀》〔河清二年正月〕辛卯，帝臨都亭錄見囚，降在京罪人各有差。

《宋書・後廢帝紀》〔元徽元年八月〕甲寅，詔曰：比亢序騫度，留熏耀晷，有傷秋稼，方貽民瘼。朕以眇疚，未弘政道，囹圄尚繁，枉滯猶積，夕厲晨矜，每惻于懷。尚書令可與執法以下，就訊衆獄，使冤訟洗遂，困弊昭蘇。頒下州郡，咸令無壅。

《魏書・太宗紀》 甲午，詔南平公長孫嵩、任城公嵇拔、白馬侯崔玄伯等坐朝堂，錄決囚徒，務在平當。

《隋書・高祖紀下》 八月甲戌，制天下死罪，諸州不得便決，皆令大理覆治。

五代・和凝《疑獄集》卷之五《李嶠列枉》 李嶠，高宗時爲給事中。會來俊臣搆狄仁傑、李嗣眞、裴宣禮等獄，將抵死，敕嶠與大理少卿張德裕、侍御史劉憲覆驗，德裕等內知其冤，不敢異。嶠曰：知其枉不申，是謂見義不爲者。卒列其枉狀。

五代・和凝《疑獄集》卷之五《唐臨不冤》 唐臨，高宗時按獄交州，出冤繫三千人，遷大理卿。帝嘗錄囚，臨占對無不盡，帝喜曰：國之要在用法，刻則人殘，寬則失有罪。惟是折中，以稱朕意。他日覆訊，餘司斷者輒紛訴不服，獨臨所訊，無一言。帝問故，答曰：唐卿斷囚不冤，所以絕意。帝嘆曰：爲獄者固當若是。乃自述其考曰：形如死灰，心若鐵石云。

《舊唐書・刑法志》〔元和〕六年九月，富平縣人梁悅，爲父殺仇人秦果，投縣請罪。敕：復仇殺人，固有彝典。以其申冤請罪，視死如歸，自詣公門，發於天性。志在徇節，本無求生之心，寧失不經，特從減死之法。宜決一百，配流循州。職方員外郎韓愈獻議曰：伏奉今月五日敕：復仇，據禮經則義不同天，征法令則殺人者死。禮法二事，皆王教之端，有此異同，必資論辯，宜令都省集議聞奏者。伏以子復父仇，見於《春秋》，見於《禮記》，又見於《周官》，又見於諸子史，不可勝數，未有非而罪之者也。最宜詳於律，而律無其條，非闕文也。蓋以爲不許復仇，則傷孝子之心，而乖先王之訓；許復仇，則人將倚法專殺，無以禁止其端矣。夫律雖本於聖人，然執而行之者，有司也。經之所明者，制有司也。丁寧其義於經，而深沒其文於律者，其意將使法吏一斷於法，而經術之士，得引經而議也。《周官》曰：凡殺人而義者，令勿仇，仇之則死。義，宜也，明殺人而不得其宜者，子得復仇也。此百姓之相仇者也。《公羊傳》曰：父不受誅，子復仇可也。不受誅者，罪不當誅也。又《周官》曰：凡報仇讎者，書於士，殺之無罪。言將復仇，必先言於官，則無罪也。今陛下垂意典章，思立定制。惜有司之守，憐孝子之心，示不自專，訪議群下。臣愚以爲復仇之名雖同，而其事各异。或百姓相仇，如《周官》所稱，可議於今者；或爲官吏所誅，如《公羊》所稱，不可行於今者。又《周官》所稱，將復仇，先告於士則無罪者。若孤稚羸弱，抱微志而伺敵人之便，恐不能自言於官，未可以爲斷於今也。然則殺之與赦，不可一例。宜定其制曰：凡有復父仇者，事發，具其事由，下尚書省集議奏聞。酌其宜而處之，則經律無失其指矣。

《**舊唐書·張說傳**》　睿宗卽位，遷中書侍郎，兼雍州長史。景雲元年秋，譙王重福於東都構逆而死，留守捕繫枝黨數百人，考訊結構之狀，經時不決。睿宗令說往按其獄，一宿捕獲重福謀主張靈均、鄭愔等，盡得其情狀，自餘枉被繫禁者，一切釋放。睿宗勞之曰：知卿按此獄，不枉良善，又不漏罪人。非卿忠正，豈能如此？

《**舊唐書·穆寧傳**》　大曆四年，起授監察御史，領轉運留後事於淄青。間一年，改檢校司封郎中、兼侍御史，領轉運留後事於江西。明年，拜檢校祕書少監，兼和州刺史，理有善政。居無何，官罷。代寧者以天寶版籍校見戶，誣以逋亡多，坐貶泉州司戶。寧子贊，守闕三年告冤，詔遣御史按覆而人戶倍增，詔書召寧除右德諭。

《**舊唐書·穆贊傳**》　贊字相明，釋褐爲濟源主簿。時父寧爲和州刺史，以剛直不屈於廉使，遂被誣奏，貶泉州司戶參軍。贊奔赴闕庭，號泣上訴，詔御史覆問，寧方得雪。詔曰：令子申父之冤，憲臣奉君之命，楚劍不衝於牛斗，秦臺自洗於塵埃。由是知名。累遷京兆兵曹參軍、殿中侍御史，轉侍御史，分司東都。

時陝州觀察使盧岳妾裴氏，以有子，岳妻分財不及，訴於官，贊鞫其事。御史中丞盧佋佐之，令深繩裴罪，贊持平不許。宰臣竇參與佋善，參、佋俱持權，怒贊以小事不受指使，遂下贊獄。侍御史杜倫希其意，誣贊受裴之金，鞭其使以成其獄甚急。贊弟賞，馳詣闕，撾登聞鼓。詔三司使覆理無驗，出爲郴州刺史。參敗，徵拜刑部郎中。因次對，德宗嘉其才，擢爲御史中丞。時裴延齡判度支，以姦巧承恩。屬吏有贓犯，贊鞫理承伏，延齡請曲法出之，贊三執不許，以款狀聞。延齡誣贊不平，貶饒州別駕。丁母憂，再轉虔、常二州刺史。憲宗卽位，拜宣州刺史、御史中丞，充宣歙觀察使，所莅皆有政聲。永貞元年十一月卒，時年五十八，贈工部尚書。

贊與弟質、員、賞以家行人材爲搢紳所仰。贊官達，父母尙無恙，家法清嚴。贊兄弟奉指使，笞責如僮僕，贊最孝謹。

《**舊唐書·穆質傳**》　質強直，應制策入第三等，其所條對，至今傳之。自補闕至給事中，時政得失，未嘗不先論諫。元和初，掌賦使院多擅禁繫戶人，而有笞掠至死者。質乃論奏鹽鐵轉運司應決私鹽繫囚，須與州府長吏監決。自是刑名畫一。

《**舊唐書·李元素傳**》　李元素字大朴，蒲山公密之孫。任侍御史，時杜亞爲東都留守，惡大將令狐運，會盜發洛城之北，運適與其部下畋于北郊，亞意其爲盜，遂執訊之，逮繫者四十餘人。監察御史楊寧按其事，亞以爲不直，密表陳之，寧遂得罪。亞將逞其宿怒，且以得賊爲功，上表指明運爲盜之狀，上信而不疑。宰臣以獄大宜審，奏請覆之，命元素就決，亞迎路以獄成告。元素驗之五日，盡釋其囚以還。亞大驚，且怒，親追送，馬上責之，元素不答。亞遂上疏，又誣元素。元素還奏，言未畢，上怒曰：出俟命。元素曰：臣未盡詞。上又曰：且去。元素復奏曰：一出不得復見陛下，乞容盡詞。上意稍緩，元素盡言運冤狀明白，上乃寤曰：非卿，孰能辨之！後數月，竟得其眞賊，元素由是爲時器重，遷給事中。時美官缺，必指元素。遷尙書右丞。數月，鄭滑節度盧羣卒，遂命元素兼御史大夫，鎭鄭滑，就加檢校工部尙書，在鎭稱理。

《**舊唐書·楊憑傳**》　楊憑字虛受，弘農人。【略】元和四年，拜京兆尹，爲御史中丞李夷簡劾奏憑前爲江西觀察使贓罪及他不法事，敕付御史臺覆按，刑部尙書李鄘、大理卿趙昌同鞫問臺中。又捕得憑前江西判官、監察御史楊瑗繫於臺，復命大理少卿胡珦、左司員外郎胡證、侍御史韋顗同推鞫之。詔曰：楊憑頃在先朝，委以藩鎭，累更選用，位列大官。近者憲司奏劾，暴揚前事，計錢累萬，曾不報聞，蒙蔽之罪，於何逃責？又營建居室，制度過差，侈靡之風，傷我儉德。以其自尹京邑，人頗懷之，將議刑書，是加愍惻。宜從遐譴，以誡百僚，可守賀州臨賀縣尉同正，仍馳驛發遣。先是憑在江西，夷簡自御史出，官在巡屬，憑頗疏縱，不顧接之，夷簡常切齒。及憑歸朝，修第於永寧里，功作併興，又廣蓄妓妾於永樂里之別宅，時人大以爲言。夷簡乘衆議，舉劾前事，且言修營之僭，將欲殺之。及下獄，置對數日，未得其事，夷簡持之益急，上聞，且貶焉，追舊從事以驗。自貞元以來居方鎮者，爲德宗所姑息，故窮極僭奢，無所畏忌。及憲宗卽位，以法制臨下，夷簡首舉憑罪，故時議以爲宜；然繩之太過，物論又譏其深切矣。

《舊唐書・崔玄亮傳》〔大和五年〕宰相宋申錫爲鄭注所構，獄自內起，京師震懼。玄亮首率諫官十四人，詣延英請對，與文宗往復數百言。文宗初不省其諫，欲置申錫於法，玄亮泣奏曰：孟軻有言：衆人皆曰殺之，未可也；卿大夫皆曰殺之，未可也；天下皆曰殺之，然後察之，方置於法。今至聖之代，殺一凡庶，尙須合於典法，況無辜殺一宰相乎？臣爲陛下惜天下法，實不爲申錫也。言訖，俯伏嗚咽。文宗爲之感悟，玄亮由此名重於朝。

《新唐書・徐浩傳》浩建言：故事，有司斷獄，必刑部審覆。自李林甫、楊國忠當國，專作威福，許有司就宰相府斷事，尙書以下，未省卽署，乖愼卹意。謹如故。詔可。故詳斷復自此始。

《新唐書・蕭瑀傳》〔蕭〕遘負大節，以王佐自任。卽當國，風采峭整，天子器之。時藩鎮多興於盜賊，橫放莫能制，權綱灌弛。支詳在徐州，引散騎常侍李損子凝吉爲佐，會牙將時溥逐詳而取節度，溥爲饔幹所毒，不死，或讒凝吉爲詳報仇者，溥怒殺之。損時在朝，溥卽上言損連謀，請幷誅。田令孜受溥金，劾損，付御史獄，中丞盧渥傳成其罪。御史王華嫉惡甚，表損不知狀。令孜請移神策獄，華不奉詔，奏言：損近臣，法當死卽死，獨不宜取辱於宦人手。遘卽時叩延英爭曰：凝吉以冤就屠，已不可言。損與子音問不接且數期，安得謂同謀哉？溥恃功壞天子法，請案近臣，卑侮王室，有無將之萌。今損可無罪誅，禍且及臣輩。帝寤，止免官。

《新唐書・儒學傳上》池陽令崔文康坐事，櫟陽尉魏禮臣劾治，獄成，御史言其枉。禮臣訴御史阿黨，乞下有司雜訊，不如所言請死。鞫報禮臣不實，詔如請。子奢曰：在律，上書不實有定罪，今抵以死，死者不可復生，雖欲自新弗可得。且天下惟知上書獲罪，欲自言者，皆懼而不敢申矣。詔可。

《新唐書・薛存誠傳》浮屠鑒虛者，自貞元中關通賂遺，倚宦豎爲姦，會坐于頔、杜黃裳家事，逮捕下獄。存誠窮劾之，得贓數十萬，當以大辟。權近更保救於帝，有詔釋之，存誠不聽。明日，詔使詣臺諭曰：朕須此囚面詰，非赦也。存誠奏曰：獄已具，陛下必欲召赦之，請先殺臣乃可。不然，臣不敢奉詔。鑒虛卒抵死。

宋・王溥《唐會要・臣下守法》貞觀十四年，尙書左丞韋悰勾司農木橦七十價，百姓者四十價，奏其乾沒。上責有司，召大理卿孫伏伽，亟書司農罪。伏伽曰：司農無罪！上驚問之。伏伽曰：只爲官木橦貴，所以百姓者賤。向使官木橦賤，百姓無由賤矣！但見司農不識大體，不知其過也！上乃悟。顧謂韋悰曰：卿識用不逮伏伽遠矣！遂罷司農罪焉。

宋・王溥《唐會要・御史臺》洪州監軍誣奏信州刺史李位謀大逆，追赴京師。上勅令付仗內鞫問。御史中丞〔薛〕存誠，一日三表，請付位於御史臺。及推按無狀，位竟得雪。未幾，授存誠給事中。數月，中丞闕，上謂宰相曰：持憲無如存誠。遂復授之。

宋・王溥《唐會要・御史臺下・彈劾》神龍三年，吏部尙書蘇瓌按問鄭普恩。其妻有寵於韋庶人，特勅令對御辨析，上屢抑瓌而理普恩。侍御史范獻忠歷階而前曰：臣請先罪蘇瓌。上問其故。忠曰：蘇瓌，國之大臣，荷榮貴久矣！不能斬逆賊而後奏聞，今使眩惑天聽，搖動刑柄。而普恩反狀昭露，陛下曲爲申理，此則王者不死，今聖躬萬福，豈有剩天子耶？臣請先死，終不能事普恩。上意乃解，獄遂定。

《新五代史・蘇逢吉傳》高祖嘗以生日遣逢吉疏理獄囚以祈福，謂之靜獄。逢吉入獄中閱囚，無輕重曲直悉殺之，以報曰：獄靜矣。

宋・王欽若《册府元龜・刑法部》桓彥範，長安末爲司刑少卿，時內史李嶠等奏稱：往蜀革命之時，人多逆節。鞫訊決斷，刑獄至嚴。刻薄之吏，恣行酷法。其周興、兵勣、來俊臣所劾破家者並請雪免。彥範又奏請：自文明元年已後得罪人，除楊、豫、博三州及諸謀逆魁首，一切赦之。表疏前後十奏，辭旨激切，至是方見允納。

宋・王欽若《册府元龜・帝王部》〔大中四年〕九月，御史臺奏：准舊例，京兆府准勅，科決囚徒，合差監察御史一人，到府門監決。伏請自今已後，許令御史到府，粗精引問，以究獄情。如囚不稱究，方許行決。冀其淫刑永息，冤濫獲申。勑旨宜依。其河南府亦令准此，諸州應有死囚，仍委長史，差官監決。

又　明宗天成元年十一月庚申，勑應天下州使繫囚除大辟罪已上，委所在長官速推勘決斷，不得傍追證對，經過食宿之地，除當死刑外，並仰釋放，兼徵徵治。二年春，左拾遺李同上言：天下繫囚，請委長吏逐旬親自引問，質其罪狀眞虚，然後論之以法，庶無枉濫。從之。

六月，大理少卿王鬱上言：凡決極刑，合三覆奏。近年已來，全不守此。伏乞今後，前一日令各一覆奏。奉勑宜依。

八月，西京奏：奉近勑，在京犯極刑者，令決前一日各一覆奏。伏緣當府地遠，此後凡有極刑，不審准條疏奏覆。奉勑旨：昨六月二十日所降勑文，祇爲應在雒京有犯極刑者覆奏，其諸道已降旨，命准舊例施行。今詳西京所奏，尚未明近勑，兼慮諸道有此疑惑，故令曉喻。

宋・李心傳《建炎以來繫年要録》卷一四九　〔紹興十三年六月〕徽猷閣待制提舉江州太平觀胡舜陟死於靜江獄。初，大理寺丞燕仰之、袁柟至靜江，遂以舜陟屬吏，居兩旬，辭不服而死。舜陟再守靜江，有惠愛，邦人聞其死，皆爲之哭，丐者亦斂數十千致祭。既而舜陟妻汪氏訴於朝。詔左朝奉郎通判德慶府洪元英究實。元英言：舜陟受金事涉曖昧，其得人心，雖古循吏無以過。上謂秦檜曰：舜陟從官，兼罪不致死，勘官不可不懲。於是仰之、柟皆送吏部。

宋・李燾《續資通鑑長編》卷五二　〔宋眞宗咸平五年六月〕中書以朱搏議趙文海罪不當，請用兵部郎中查陶代之。陶，道從兄也。上曰：聞陶亦深文，何可用？宰臣言：當今習熟法令，未有如陶者。乃許之。己巳，命陶爲秘書少監、判大理寺。其後楊億知審刑院，陶屢攻其失，又命代億焉。陶持法深刻，用刑多失中，前後坐罰金百餘斤，皆以失入，無誤出者。

宋・李燾《續資通鑑長編》卷七一　〔宋眞宗大中祥符二年五月〕戊寅，上御便殿慮囚，多所原減。民有戶絶而妻鬻產適他族者，至是事發，而估錢已費用。有司議，準法產業當沒官。上令以產業給見主，納估錢支與存者。

宋・李燾《續資通鑑長編》卷七二　〔宋眞宗大中祥符二年七月〕光化軍民曹興爲盜，將刑稍冤，軍遣縣尉覆按。刑部言尉本捕盜，復令鞫案，慮其避收逮平民之罪，或致枉濫。乃詔：自今大辟案具，臨刑稱冤者，並委不干礙官覆推之。如闕官，即白轉運、提點刑獄使者，就鄰州遣官按之。

宋・李燾《續資通鑑長編》卷一五五　〔宋仁宗慶曆五年〕夏四月丁亥朔，司天言日當食，而陰晦不見，宰臣率從臣稱賀。是日，御崇政殿，錄繫囚，遣監察御史劉元瑜等往三京疏決。御史李京言：陛下因天之戒，恐懼修省，避正殿，減常膳，故精意感格，日當食而陰雲蔽虧，雖宋景公之熒惑退舍，商大戊之桑穀並枯，無以異也。然臣區區竊有所疑者，自寶元初定襄地震，壞城郭，覆廬舍，壓死者以數萬人，殆今十年，震動不已，豈非西北二敵有窺中國之意乎！二月震雷發聲，在《易》爲《豫》，言萬物出地皆悦豫也。八月收聲，在《易》爲《歸妹》，言雷復入地，避羣陰之害也。今孟夏雷未發聲，豈非號令之不信乎！願陛下飭邊臣備夷狄，戒輔臣謹出命，以厭禍於未形。又尚美人棄外館多年，比聞復如入，臣慮假媚道以爲蠱惑，宜亟絶之。苗繼宗嬪御子弟，乃緣恩私，爲府界提點，宜割帷薄之愛，重名器之分，庶幾不累聖政。上嘉納之。

宋・桂萬榮《棠陰比事・李嶠列傳》　李嶠，高宗時爲給事中。會來俊臣搆狄仁傑、李嗣眞、裴宣禮等獄，將抵死，勑嶠與大理少卿張德裕、侍御史劉憲覆驗。德裕等內知其冤，不敢異。嶠曰：知其枉不申，是爲見義不爲者。卒列其枉狀。

宋・葉適《葉適集・孟達甫墓誌銘》　在金華，浚培塘陂八百三十，役夫二十萬，勸相慰勉而已，無撲罰也。嚴州時，山潦屢浸屋極，水突扉，則舟楫具，茇舍備，糗糧給，民遷如歸，忘其墊昏。耶律裕治城壁於六合，厚遇新附者，軍人不悦，妄稱總管細作也，大譟，爨食盡。招討郭倪脇裕子臣友上之大理。達甫曰：囚筆楷著行黏紙皆勻同，此習本也。果得誣枉狀。韓侂胄誅，堂後官五人，給舍以爲當隨坐，達甫承推，爭曰：以隨爲權則信，以隨爲反則非。請先罷。吏竟免死。

宋・文天祥《文山集・平反楊小三死事判》　律：諸謀殺，人已殺者，斬；從而加功者，絞。又律：故殺人者斬；又律：諸同謀共毆傷人者，各以下手重者爲重罪，元謀減一等，從者又減一等，至死者隨所因爲重罪。今楊小三之死也，施念一捽其胸、塞其口，顏小三斧其脇，羅小六擊其吭，其慘甚矣。再三差官審究，則三人者於楊小三元無深忿，特其積怨之深，故伺其間而共捶打之，則謂之同謀共毆至死，宜不在謀殺之例。顏小三者施斧於脇肋之間，爲致命，是下手重者也。然其不用斧之鋒而正以斧腦行打，是殆非甚有殺心者。羅小六雖不加之以縊，楊小三亦必以肋斷致死。然始也謀毆之，終也遂縊之，是其心處以必死，非獨下手重而已。是故以下手論之，顏小三之先傷要害，當得重罪；以誅心論之，羅小六獨坐故殺，不止加功准法皆當處死，以該咸淳八年明禋霈恩，特引貸命，顏小三、羅小六各決脊杖二十，刺配廣南遠惡州軍。施念一於同謀爲元謀，於下手爲從，合減一等，決脊杖十七，刺配千里州軍，牒州照斷訖申。

宋·文天祥《文山集·委僉幕審問楊小三死事批牌判》　使職一日斷一辟事，今日看楊小三身死一欵，看頗不入，不能無疑。一則當來無大緊要，驟有謀殺似不近人情；二則殺人無證，只據三人自説取，安知不是捏合；三則捉發之初，乃因楊小三揣摩而訴三名，何爲三名恰皆是凶身，似不入官信。今文字已圓，只爭一行字，則死者配者一成而不可變矣。今仰僉廳一看此欵，晝夜入獄，喚三名一問。若問得果無翻異，明日便斷。如囚口有不然，只得又就此上平反。文字是密封來，忽然而往，人所不覺，則囚口得矣。

《宋史·仁宗紀》　〔天聖四年五月〕壬午，詔大辟疑者奏讞，有司毋輒舉駁。

《宋史·神宗紀》　〔熙寧四年春正月乙未〕詔詳定大辟覆讞法。

《宋史·高宗紀》　〔建炎元年〕己丑，詔：雜犯死罪有疑及情理可憫者，撫諭官同提刑司酌情減降，先斷後聞。

《宋史·刑法志一》　〔開寶二年〕八年，廣州言：前詔竊盜贓至死者奏裁，嶺南遐遠，覆奏稽滯，請不俟報。帝覽奏，惻然曰：海隅習俗，貪獷穿窬，固其常也。因詔：嶺南民犯竊盜，贓滿五貫至十貫者，決杖、黥面、配役，十貫以上乃死。

《宋史·刑法志二》　雍熙元年，開封寡婦劉使婢詣府，訴其夫前室子王元吉毒己將死。右軍巡推不得實，移左軍巡掠治，元吉自誣伏。俄劉死。及府中慮囚，移司録司案問，頗得其侵誣之狀，累月未決。府白于上，以其毒無顯狀，令免死，決徒。元吉妻張擊登聞鼓稱冤，帝召問張，盡得其狀。立遣中使捕元推官吏，御史鞫問，乃劉有姦狀，慚悸成疾，懼其子發覺而誣之。推官及左、右軍巡使等削任降秩；醫工詐稱被毒，劉母弟欺隱王氏財物及推吏受贓者，並流海島；　餘決罰有差。司録主吏賞緡錢，賜束帛。

又　〔熙寧〕八年，沂州民朱唐告前餘姚主簿李逢謀反。提點刑獄王庭筠言其無迹，但謗讟，語涉指斥及妄説休咎，請編配。帝疑之，遣御史臺推直官蹇周輔劾治。中書以庭筠所奏不當，并劾之。庭筠懼，自縊死。逢辭連宗室秀州團練使世居、醫官劉育等、河中府觀察推官徐革，詔捕繫臺獄，命中丞鄧綰、同知諫院范百祿與御史徐禧雜治。獄具，賜世居死，李逢、劉育及徐革並凌遲處死，將作監主簿張靖、武進士郝士宜皆腰斬，司天監學生秦彪、百姓李士寧杖脊，並湖南編管。餘連逮者追官落職。世居子孫貸死除名，削屬籍。舊勘鞫官吏並劾罪。

又　高宗性仁柔，其於用法，每從寬厚，罪有過貸，而未嘗過殺。知常州周杞擅殺人，帝曰：朕日親聽斷，豈不能任情誅僇，顧非理耳。即命削杞籍。

又　廣州司理參軍陳仲約誤入人死，有司當仲約公罪，應贖。帝謂審刑院張揆曰：死者不可復生，而獄吏雖廢，復得敍官。命特治之，會赦勿敍用。

《宋史·刑法志三》　端拱初，廣安軍民安崇緒隸禁兵，訴繼母馮與父知逸離，今奪資産與己子。大理當崇緒訟母，罪死。太宗疑之，判大理張佖固執前斷，遂下臺省雜議。徐鉉議曰：今第明其母馮嘗離，即須歸宗，否即崇緒準法處死。今詳案内不曾離异，其證有四。況不孝之刑，教之大者，宜依刑部、大理寺斷。右僕射李昉等四十三人議曰：法寺定斷爲不當。若以五母皆同，即阿蒲雖賤，乃崇緒親母，崇緒特以田業爲馮強占，親母衣食不給，所以論訴。若從法寺斷死，則知逸何辜絶嗣，阿蒲何地托身？臣等議：田産并歸崇緒，馮合與蒲同居，供侍終身。如是，則子有父業可守，馮終身不至乏養。所犯并準赦原。詔從昉等議，鉉、佖各奪奉一月。

又　熙寧元年八月，詔：謀殺已傷，按問欲舉，自首，從謀殺減二等論。初，登州奏有婦阿雲，母服中聘於韋，惡韋丑陋，謀殺不死。按問欲舉，自首。審刑院、大理寺論死，用違律爲婚奏裁，敕貸其死。知登州許遵奏，引律因殺傷而自首，得免所因之罪，仍從故殺傷法，以謀爲所因，當用按問欲舉條減二等。刑部定如審刑、大理。時遵方召判大理，御史臺劾遵，而遵不伏，請下兩制議。乃令翰林學士司馬光、王安石同議，二人議不同，遂各爲奏。光議是刑部，安石議是遵，詔從安石所議。而御史中丞滕甫猶請再選官定議，御史錢顗請罷遵大理，詔送翰林學士呂公著韓維、知制誥錢公輔重定。公著等議如安石，制曰可。於是法官齊恢、王師元、蔡冠卿等皆論奏公著等所議爲不當。又詔安石與法官集議，反覆論難。

明年二月庚子，詔：今后謀殺人自首，并奏聽敕裁。是月，除安石參知政事，於是奏以爲：律意，因犯殺傷而自首，得免所因之罪，仍從故殺傷法；若已殺，從故殺法，則爲首者必死，不須奏裁；爲從者自有編敕奏裁之文，不須復立新制。與唐介等數爭議帝前，卒從安石議。復詔：自今并以去年七月詔書從事。判刑部劉述等又請中書、樞密院合議，中丞呂誨、御史劉琦、錢顗皆請如述奏，下之二府。帝以爲律文甚明，不須合議。而曾公亮等皆以博盡同异、厭塞言者爲無傷，乃以衆議付樞密院。文彦博以爲：殺傷者，欲殺而傷也，即已殺者不可首。呂公弼以爲：殺傷於律不可首。請自今已殺傷依律，其從而加功自首，即奏裁。陳升之、韓絳議與安石略同。會富弼入相，帝令弼議，而以疾病，久之弗議，至是乃決，而弼在告，不預也。

《宋史·馮瓚傳》　河陽判官宋仁範與洛陽嫠婦交訟，詔瓚劾之。獄成，大理斷以官當徒，追兩官告身，刑部員外郎張處素覆核無異，奏行。仁範詣闕訴其事，詔還一官，瓚洎處素俱坐降一階。

《宋史·劉重進傳》　漢法，禁牛革甚嚴，州民崔彦、陳寶選八人自本鎮持革詣漢祖廟輓鼓，重進杖遣之。判官史在德謂重進不善用法，宜置極典。及大理、刑部詳覆，重進所斷爲是。在德坐故入，杖死之。

《宋史·聶冠卿傳》　言：天下旬奏獄，雖笞、杖並覆，而徒、流不繫獄者迺不以聞，非所以矜慎刑罰之意，請自今罷覆笞、杖罪，自徒以上雖不繫獄，亦奏覆。從之。

《宋史·劉敞傳》　天長縣鞫王甲殺人，既具獄，敞見而察其冤，甲畏吏，不敢自直。敞以委戶曹杜誘，誘不能有所平反，而傳致益牢。將論囚，敞曰：冤也。親按問之。甲知能爲己直，乃敢告，蓋殺人者，富人陳氏也。相傳以爲神明。

《宋史·王安石傳》　有少年得鬥鶉，其儕求之不與，恃與之昵輒持去，少年追殺之。開封當此人死，安石駁曰：按律，公取、竊取皆爲盜。此不與而彼攜以去，是盜也；追而殺之，是捕盜也，雖死當勿論。遂劾府司失入。府官不伏，事下審刑、大理，皆以府斷爲是。詔放安石罪，當詣閤門謝。安石言：我無罪。不肯謝。御史舉奏之，置不問。

《宋史·百禄傳》　元祐元年，爲刑部侍郎。諸郡以故鬥殺情可矜者請讞，法官曰：宜貸。〔司馬〕光曰：殺人不死，法廢矣。百禄曰：謂之殺人，則可；若制刑以爲無足疑，原情以爲無足憫，則不可。今概之死，則二殺之科，自是遂無足疑憫者矣。時又詔天下獄不當讞而輒讞者抵罪。有司重於請，至枉情以求合法。百祿曰：熙寧之法，非可疑可憫而讞者免駁勘，元豐則刊之，近則有奏劾之詔，故官吏畏避，不憚論殺。因條五年死貸之數以聞。門下省猶駁正當貸者，又例在有司者還中書，百祿又爭之，後悉從其請。

《宋史·蘇頌傳》　初，頌在開封，國子博士陳世儒妻李惡世儒庶母，欲其死，語羣婢曰：博士一日持喪，當厚餉汝輩。既而母爲婢所殺，開封治獄，法吏謂李不明言使殺姑，法不至死。或譖頌欲寬世儒夫婦，帝召頌曰：此人倫大惡，當窮竟。對曰：事在有司，臣固不敢言寬，亦不敢諭之使重。獄久不決。至是，移之大理。意頌前次請求，移御史臺逮頌對。御史曰：公速自言，毋重困辱。頌曰：誣人死，不可爲已，若自誣以獲罪，何傷乎？即手書數百言伏其咎。帝覽奏牘，以爲疑，反覆究實，乃大理丞賈種民增減其文傳致也，由是事得白。同列猶以嘗因人語及世儒帷薄事，頌應曰：然。以是爲泄獄情，罷郡。

《元史·世祖紀三》　〔至元六年秋七月〕詔遣官審理諸路冤滯，正犯死罪明白者，各正典刑，其雜犯死罪以下量斷遣之。

《元史·世祖紀五》　〔至元十年冬十月〕有司斷死罪五十人，詔加審覆，其十三人因鬭毆殺人，免死充軍，餘令再三審覆以聞。

《元史·世祖紀十二》　〔至元二十六年十一月〕壬子，漳州賊陳機察等八千人寇龍(嚴)〔巖〕，執千戶張武義，與楓林賊合。福建行省兵大破之。陳機察、丘大老、張順等以其黨降，行省請斬之以警衆，事下樞密院議。范文虎曰：賊固當斬，然既降乃殺之，何以示信？宜並遣赴闕。從之。

《元史·順帝紀一》　〔元統元年十二月〕壬申，遣省、臺官分理天下囚，罪狀明者處決，冤者辨之，疑者讞之，淹滯者罪其有司。

《元史·刑法志》　〔大德五年七月〕命監察御史審覆札魯忽赤罪囚，檢照蒙古翰林院案牘。

明・呂本《皇明寶訓・宣德卷五・審刑罰》〔宣德元年〕七月乙巳，溧陽縣民史英父子恃富暴橫，毆殺其鄉人，乃賄有司，誣爲刼盜，又執其家屬禁錮之。大理寺卿胡概廉察得實，械送英父子并受賄者二十餘人至京。上命都察院鞫之，曰：殺人必死，不有宥；但二十餘人中有無辜者，宜推究情實，庶不枉濫。御史鞫之，皆伏罪應死。至大理寺審覆，亦無異詞，遂引奏。上召至前親問之，當英父子死，餘罰輸作，以無罪釋者七人。

又〔宣德元年〕四月癸酉，辨義勇右衛閻群兒等非強盜，釋之。上諭左都御史劉觀曰：昔隋煬帝令于士澄治盜，但有疑似輒加考掠，同日斬決二千餘人，其中六七人者盜發之日，先禁他所，不勝楚毒，亦自誣服，有司明知，不復執奏。今非各人自言，豈不冤抑而死？是爾等皆士澄也。宜戒約諸道，凡治獄必察實情，此事若已論決，朕必不汝貸矣。

《明實録・洪武二十八年》〔七月辛亥〕命刑官審録囚徒。惟軍士屢逃者依律；餘論死者，皆免爲軍，從征廣西。

《明實録・洪熙元年》〔九月壬子〕行在刑部尚書金純奏：山東大辟重囚罪狀，請遣官臨決。上命再令山東都司布政司、按察司及巡按御史審復，果無冤枉者，決之。但有辭，皆須覆奏。

又〔九月癸丑〕南京都察院奏：蘇州強盜四十一人，殺人刼財，應斬。前奉勅令監繫，緣強盜決不待時，請令襄城伯李隆及三法司審覆決之。上曰：強徒固應死，然宜再三詳審，勿致有冤，因諭都御史劉觀等曰：嘗聞隋煬帝時盜發，同時殺二千余人，推求眞犯止數人而已，群臣阿意順旨不復執，至今使人歎恨。卿等宜慎之。

又〔十月戊子〕行在刑部尚書金純、大理寺卿虞謙等奏：眞犯重囚子毆父母、詐爲制書、僞造印信及謀（人殺）〔殺人〕造意等罪，請及時決之。上命會公、侯、伯、五府六部堂上、官大宰士及給事中審覆，可疑者，再獻問，勿令含冤。自今決重囚，悉準此例。

《明實録・宣德元年》〔五月〕癸丑，眞定府獄卒送重囚詣京，中道失囚。法司責限令捕囚。諭限始獲，法司以獲在限外，仍治卒縱囚罪，卒家人擊登聞鼓陳訴。上曰：既獲囚，則無罪。命釋之，因諭法司曰：朕嘗諭爾等用法當心存平恕，若此一事，非法司之過乎？自今戒之。

又〔十月己巳〕南京刑部尚書趙羾等奏處決重囚。上曰：古者獄成，公卿參聽，其令刑部、都察院、大理寺會羣臣再加審録，具情罪來聞。

《明實録・宣德二年》〔二月丙戌〕行在通政司奏南京刑部同五府各衙門官審決重囚，其中有辭者一十二人。上曰：既有辭，即令法司審覆，不可枉之。

《明實録・宣德四年》〔十二月辛巳〕濟陽衛卒李玖嘗與草場吏相毆，後草場火，時玖已先差運糧赴開平，吏告玖放火陷己。玖還，行在刑部急追之，其女攀登聞鼓訴冤。又武清縣民劉全，守甎廠民張記赴廠運甎，適甎傾壓死，記弟告全謀害。刑部拷訊，全不服。全妻亦擊鼓伸訴，給事中以聞。上曰：二獄皆可疑。理獄者當詳覈，庶無冤抑。若但淹禁加鞭箠，不勝苦楚者必誣服而狂死矣。朕恆以此戒法司，其能體朕意者幾人？此二獄令都察院刑部堂上官同與之辯。

《明實録・正統三年》〔十二月丙子〕行在刑部尚書魏源等從獄中訴稱：會問遼王姦淫事，實臣等愚昧，參擬失當。然年俱老耄，且多病，乞速賜聖斷。不允。

《明實録・正統八年》〔九月乙亥〕大理寺左少卿薛瑄坐罪當秋復後處斬，二次覆奏，如律。瑄子淳等三人訴願以一人代死，二人充軍贖父罪，不允。及三覆奏，上命錦衣衛監禁之。

《明實録・景泰二年》〔七月己亥〕戶部尚書兼翰林院學士陳循，初令家奴告其原籍吉安府泰和縣民，強占其葬妻墳地，且謀殺守墳者。巡按御史周鑑覆之，坐其家奴誣告，當徒。循奏：鑑嘗學《春秋》於吉安府福縣，故斷理多私；且其監江西鄉試，取中安福人不下二十餘；罪人彭德清亦與鑑相厚泰和縣官嘗銜己賰之薄，故妄覆以阿鑑。事下，都察院請命福建公差御史王豪即還江西驗實。帝曰：循內閣大臣，豈肯誣奏人？豪其從公驗之。

又〔八月壬午〕襄垣王遜熚復奏：提督軍務左副都御史年富，受左都御史沈固、參將許貴銀共千二百兩有奇，又受大同衛指揮、知府、驛丞賂。都察院謂富先已按固貪冒不忠，按貴不律狀，而襄垣王乃奏富受賂如此，宜更遣御史錢淸司已差給事中會覆。從之。

《明實録・成化四年》〔十月壬寅〕三法司會官審録重囚，刑部都察院各奏：年例於霜降後會公、侯、駙馬、伯、五府各部、通政使司、大理寺、錦衣衛及科道官，審録死罪重囚。有旨：稱冤有詞者，即與從公辨問，毋令受枉。於是刑部尚書陸瑜等會魏國公等，官徐俌等，於承天門外審録之。刑部得情眞無詞者五十六人，情可矜疑者十三人。都察院得情眞無詞者二十六人，情可矜疑者一人，勘辨減死者一人。前後各以具獄上請。上覽獄辭，於情眞罪當者俱令處決，情可矜疑十四人中，減死充軍者十二人，杖而釋之者二人，一係婦人，又有一人當辯者，准辯。

《明實録·成化五年》〔八月甲子〕直隸蘇州府長洲縣人俞瑋奏：臣父僉士悦先任刑部尚書。天順元年以姦臣石亨誣陷兵部尚書于謙謀逆，坐臣父知而不舉，被累充軍，後遇宥原籍爲民，病故。今謙等已蒙昭雪，則臣父之冤，不辯自明。乞如例復職賜祭。下禮部覆奏，許之。

《明實録·成化十年》〔十月戊子〕法司奏：今歲死囚總九十一人，奉旨會官審録于朝，得情眞無詞者二十人，餘或訴冤，幷情可矜疑及父母告其子而復息詞者，皆具獄以聞。詔：情眞無詞者如律處決，訴冤者許重鞫，情可矜疑者減死充邊軍，息詞者杖而釋之。

《明實録·成化一十六年》〔八月辛亥〕巡撫山西右僉都御史秦紘奏上，邊務不用關防，兵部行令自陳。紘具奏伏罪，下兵部，言紘不諳事體，固當究治，但巡撫大臣，既已伏罪，請自聖裁。詔斥責之，仍令所司勘問以聞。

《明實録·成化一十八年》〔閏八月〕丁丑，鎮守大同太監汪直奏：副總兵朱鑑，私役守卒於近邊採草，以致虜寇入境，殺三十四人以去，宜治其罪，以爲後戒。而鑑部下都指揮馬謙、指揮寧鉞，私以官軍阿其將領，且不能追勦小寇；守備都指揮馬昇、把總指揮賀通等，或守瞭失職，或約束不嚴，宜併罪之。事下，兵部請逮鑑至京處治，餘行巡按御史鞫問如律，從之。已而逮鑑至，下錦衣衛獄，法司坐斬罪。鑑上奏自（辦）〔辯〕，詔宥其死，降都指揮僉事，原衛差操，謙、鉞亦各降一級。

《明實録·成化二十年》〔二月壬午〕巡撫大同右僉都御史郭鏜復奏：成化十九年冬，虜入三尖山墩等處，殺掠軍民財畜。把總指揮義志、張淮等提督不謹，守備左衛城右少監鄒玉、都指揮馬昇、朔州城奉御王喜、都指揮滕瑾等廢弛誤事，俱合逮問；及分守右少監陸誾，參將莊鑑號令不嚴，亦宜有罪。事下兵部，言：指揮等官義志等，宜行令巡按御史侯邊警寧日鞫問如律，馬昇等姑記其罪。俱從之。

《明實録·弘治二年》〔三月戊寅〕劉概等既就獄，具服其往來私交，妄議朝政缺失，及臣僚賢否。而槩又與湯鼐書，假夢譽言，數遺金幣事皆實。刑部因擬槩比造妖言律斬，鼐風憲受財當流，而吉人、李文祥、鄒智皆浮躁淺露，送吏部查處，韓福、東思誠、曹璘俱無罪。獄上，上曰：劉槩捏造妖言，如擬處決。湯鼐風憲犯贓，發陝西肅州衛充軍。吉人肆姦欺罔，發原籍爲民。李文祥、鄒智私交妄議，各降三級，調邊任。於是，文祥降貴州興隆衛經歷，智降廣東石城千戶所吏目。時更化之初，言路驟開，新進之士，爭欲以功名自衒，互相標榜，過爲訐激，而湯鼐尤甚，又多出不遜語，當道有惡之者，因劉槩事併欲寘之死地。臺諫皆被風旨，爭爲彈劾以希恩澤，蔓引甚衆，法司遲疑不敢決，久之，外議洶洶，乃從末減云。

又〔四月癸丑〕刑部尚書何喬新奏：近奉詔旨，以天氣暄熱審釋罪囚。切見監候重囚前壽州知州劉槩，阿諛湯鼐，假夢爲徵，語涉狂妄，比律論死，情罪固宜。但原其初心，本出於無知妄作，比於造妖言惑衆者不同。又據其從兄棠訴稱，槩五歲喪父，無他兄弟，母孫氏寄節三十餘年，曾受旌表，老病而貧，饑寒悲痛無所依倚，槩即死，母必隨之。生無人爲養，死無人爲葬，誠可矜憫！上曰：劉槩既母老孤子，宥之。發海州守御千戶所充軍。蓋先是上以吏部尚書王恕論救之奏，已有意宥槩矣。

《明實録·弘治四年》〔十月癸丑〕刑部、都察院會官審録重囚共九十五人，情眞無詞者處決，訴冤者許重鞫，情有可矜者免死發邊遠充軍，家小隨住，不孝而父母息詞者，杖而釋之。

《明實録·弘治五年》〔十月丙辰〕會官審録重囚，凡百七十四人。命情眞無詞者處決，訴冤者重鞫，情可矜疑者免死發邊衛充軍，不孝而父母息詞者杖而釋之。

《明實録·弘治六年》〔閏五月丙午〕巡按直隸監察御史周琰上疏曰：竊見法司所問斬絞罪犯，多有淹滯，未盡平反，中有含冤之人，未免上干和氣。乞勅三法司將見監死囚逐一審録，如情有可矜者即與矜疑，若冤枉者即與辯理。又各邊達賊虜去人畜，殺死官軍，類多隱匿，規免刑誅。跡其所由，蓋太監監軍，都御史本因撫軍而設，今遇失機一槩坐罪，是以互相黨比，不肯實聞。乞勅兵部行令各邊鎭巡等官，今役軍旅之事，責在總兵，萬一失機，太監、都御史稍輕其罰，則邊情不敢隱匿。又先年大臣方面官多有詿誤罷黜及畏罪求退者，如吏部尚書尹旻，典選精明，衹因其子尹龍負累，以致罷官；又如南京刑部侍郎阮勤，居家廉慎，浙江按察使于大節用法平恕，然皆年力未衰見幾求退者。乞俱起用，以慰人望。俱下所司議處以聞。

又〔九月〕己未，法司會官審録重囚三十八人，命情眞者處決，訴冤者重鞫，情可矜疑者發邊遠充軍，不孝有父母息詞者，即其門枷項一月，杖一百，釋令養親。

《明實録・弘治十三年》〔七月庚甲〕兵科都給事中柴昇等奏：近以遼東鎮守太監任良、總兵官李果、巡撫都御史張玉，誘殺致寇，閲實明白，命果、玉致仕，良取回别用。臣等切詳致仕體例與見任同，蓋人臣以禮去官而假以優待之名也。今果等懷奸欺罔，坐廢啓命，因循闒茸，致壞軍機，論罪原情，宜膺顯戮，乃止令致仕、别用，是爲恩禮之遇，非所以處有罪之人，不惟使三衛夷人聞之積憤不平而益懷反側，抑恐朝廷威命自此不嚴、邊臣壞事愈無忌憚矣！並乞明正其罪，以爲邊臣之戒。監察御史刑義等亦奏：果等罪大罰簿，不足以懲惡。且果等當事敗之時，有户部郎中王巹、遼東行太僕寺少卿張達，互相朋比，競進蠱言，反謂困等有功當賞，不必勘明。今果等既屬期罔則宜罷黜巹、達，以爲欺罔、朋比之戒。兵部覆奏，謂：宜從所請。上曰：果等已有前旨，巹、達法當究問，姑宥之。

《明實録・弘治十六年》〔十月甲辰〕先是，巡按湖廣監察史王約奏：比者岐王之薨，臣訪諸父老，皆謂王未嘗有疾。自承奉副高悦得罪於王，王奏之，有旨械至京。悦不就執，潛赴京揚言訴理，王聞而頓足嗟嘆，悒悒不樂者累日，俄而告薨。乞追究其故，明正其罪。下都察院覆奏，命俟司禮監太監戴義護王柩還京日以聞。義還，具言王得疾始末無他，與約奏異。復下鎭巡等官勘報，謂先時傳言父老皆已物故，本府宮眷及内外人等已回京，無從質問。都察院請令内臣將取回宮眷人等覆審，務竟其事。上曰：既傳聞之言，無從審證，置之。

《明實録・弘治十七年》〔十月〕庚辰，刑科給事中于瑁奏：法司會審重囚情眞〔内〕，凌蕭、凌畢二人，情皆可矜。下法司覆議，而刑科三覆奏疏失，除二人名。上覽之，怒，命蕭、畢減死充軍。至是，早朝畢，召刑部尚書閔珪等至煖閣前，面詰之曰：人命至重，乃者於瑁奏凌蕭等可矜，令法司看詳，何爲延至臨決之期然後覆奏？刑科既知有前旨，三覆疏内何不爲之别？白珪等頓首言日期促迫之故，退而具疏請罪。上宥之，仍罰珪俸一月，瑁兩月。蓋上之好生愼罰，重恤人命如此。

《明實録・弘治十八年》〔十月丙辰〕刑部會官録重囚於朝，得情可矜者十八，可矜疑者十三人，具獄上請。詔皆宥死，發邊衛充軍，其殺人者仍杖之百乃遣，婦人杖而釋之。

《明實録・正德元年》〔五月己丑〕先是，刑部奏：舊例五年大審録罪囚，兩京命司禮監及守備官會三法司，在外分遣郎中、寺正等官會巡按御史。茲當五年之期，請如例行。既得旨，遂遣刑部郎中董恬往浙江，孫燧江西，劉綱山東，張綽廣東，廖雲勝雲南，黄清河南，彭景南直隸，員外郎程乾四川，趙廉陝西，劉麟北直隸，大理寺寺副劉潮福建，傅習湖廣，姜周輔山西，凡十三人。至是，三法司請司禮監官會審。上以命李榮，又以天氣暄熱，傳旨令寬恤。既而榮及尚書閔珪、都御史張敷華、掌大理寺事尚書楊守隨等會審，奏：死罪情眞者，例不原；其可矜疑者九十七人；不孝而其父母有息詞者七人；當枷號者三十四人。請上裁。得旨：減死戍邊者九十人，杖而釋之者五人，覆訊者四人，不孝五人，仍繫獄枷號者並釋之。

《明實録・正德十三年》〔九月癸丑〕監察御史李鎭言：巡按直隸御史劉士元禁戢姦邪，不撓權勢；永平知府毛思義才足有爲，恩尤得衆。爲鎭守太監郭原所誣，逐至逮問。今原姦已露，則士元、思義無罪明矣，乃猶監禁未釋，望取其大節，舍其小過，特賜寬宥。不報。

《明實録・嘉靖二年》〔閏四月丁卯〕司禮監太監張佐奉勅同法司審録重囚，情眞當決者四十七人，情可矜疑者二十四人，情眞奏請定奪者三人，依辯奏請者五人，律應辯問者二人，犯贓監追者一百三十六人，免贓發遣釋放及免監照例追贓者七十五人，已發枷號者二十二人，未發枷號者八人，犯人家屬照舊監候者二十六人，保候放遣者三十一人，徒杖罪減等發落幷笞罪釋放者一百十三人。得旨俱如擬。

《明實録・嘉靖三年》〔二月乙丑〕御史蕭一中言：朝廷設臺諫爲耳目之官，所以訪天下之壅蔽。今御史馬明衡、朱制言涉狂直，遽詔下獄，臣恐中外聞之，將謂陛下以言爲諱，雖有奸邪欺罔之事，何由上聞？乞賜矜宥，以彰聖聽，以回天變。疏下所司，既而御史李本、陳逅、户部員外郎林應驄相繼論救章連上。上怒，並下詔獄拷訊，欲謫林應驄爲廣東徐聞縣丞，李本揭揚，陳逅合浦，各主簿。

又〔八月辛亥〕釋高牆庶人奇激還邠州。先是，激以主使殺人坐罪幽禁。至是，其子表㮇訴奏，刑部覆議，罪有可原，故釋之。

《明實録·萬曆九年》〔三月〕庚辰，都察院覆題：遼東撫按周詠，于應昌會勘劉臺贓罪，言臺贓私狼藉，遺羞風憲，乞行江西撫按嚴提歸結。既而江西巡撫王宗載、巡按陳世寶復會奏：臺讒言亂政，且合門濟惡，應擬邊遠充軍，原領誥敕，應追奪類繳。有旨如擬，臺既以疏攻輔臣，得罪一時，諸臣承望風旨，故再得銜重云。

《明實録·萬曆十四年》〔八月乙酉〕刑部尚書舒化題謂：臣等初意審擬潘太等七人，究其贓私有無，于罪不無輕重。尋復三思，此皇上友愛至情，又奉有從重擬審之旨，且衙門積役，法所宜懲，是以盡從引例。然臣等之私心實有所未滿也。今兵馬已死，于法不無少過，況七人者罪不至死，苟以大枷，非法之平。萬一盡死，不惟匹夫匹婦冤抑可原，而皇上厚待親親之意，與潞王殷殷樂善之心，亦未能盡愜而無歉也。伏乞我皇上念茲民命匪輕，國法當守，任刑不如任德，仁民即是親親，免其枷號，炤問發遣，庶奸惡是懲，而友愛尤篤，于皇仁大有光矣。有旨：潘太係撥置首惡，難以輕縱，還炤前旨行。其餘都著疎放發遣。

又〔九月己亥〕都察院左都御史辛自修題覆：蕭繼祖之父友梗，原擬永戍革襲，以其侵盜糧銀也。今審當查盜之特，友梗領邊在途，戈元等畏刑妄報，遂坐本犯，侵欺多贓未經面質，重罪豈容輕加？況產變人亡，情尤可憫。觀闔衛官員，甘心捐俸，代伊完贓，尤可以見友梗爲屈坐也。既經勘明，相應準令嫡男蕭繼祖贖完承襲祖職，庶不虧枉。齊旨：準辯豁承襲。

《明實録·萬曆十八年》〔七月辛亥〕先是，浙江撫按傅孟春等請存問原任禮部尚書董份。於是御史萬國欽上言：份當嚴嵩父子用事時，曲意阿承，公論不齒。及居鄉，恃富淫縱，曾爲御史龎尚鵬發覺。且其衣冠已褫，猶然罪人也。於此典未協，乞敕停止。部覆以份被論削籍，雖遇恩詔，不在存在問之列。已之。

又〔十一月〕癸丑，御史郭實論巡撫湖廣秦耀阿附權貴，河南右布政使戴光啓科場徇私太僕寺少卿鄭有年管工竊利，苗朝陽冒轉京堂，浙江按察使龔勉、湖廣副使蔣希孔各貪鄙不職，均應汰斥。朝陽、有年各具疏奏辯，上下部議。部覆以耀雅負時名，言者獨以本官當故大學士張居正之時，過於趨附，一年之內兩被指摘，似難展布。戴光啓科場一事，公論籍籍，稽應科諸臣已經處分，本官似難強留。苗朝陽謹飭有餘，擔當不足，人遂少之。三臣均應酌處。鄭有年大工省費甚多，通賄亦無指實，龔勉、蔣希扎或以治行著，或以清謹稱，似難輕議。上命秦耀回籍聽用，光啓致仕，苗朝陽調南京用，鄭有年、龔勉、蔣希孔照舊供職。

《明實録·萬曆十九年》〔二月〕戊子，貴州撫臣葉夢熊與按臣陳効疏劾楊應龍逆惡，已奉旨會勘。而四川按臣李化龍欲寬應龍之罪，復題：應龍罪犯必誅，其所轄五司與土同知俱背之來歸，願屬重慶，衆叛親離，何至有不測之慮。且五司等既無歸路，將驅而歸之應龍，保無悉怛謀境上之慘。乞特遣科臣公勘。章下，部覆以應龍未見抗命而不服會勘，四川按臣未嘗庇應龍而執不會勘，查勘還屬之兩省科臣，可無議遣也。其五司等苗果否願屬重慶，作何安插，相應詳加議處。上曰：楊應龍已有旨了。歸附人衆，安插改屬事宜，着該撫按從長計議，停當具奏，毋得推諉。

《明實録·萬曆二十一年》〔四月癸巳〕初，浙江巡按李以唐疏糾副使陳三策，託疾規避該部覆議，革三策職閑住。三策不服，遂引憲綱所載，按察司官與御史互相糾舉一秋。今明旨停止訪察，以唐票行催取非法。於是吏科給事中許子偉劾三策奏詰之辭虛誕不根。憲綱所載，按察司官與御史互相糾舉，蓋謂御史眞有不公不法等事，見任按察者得以法官互糾，非謂已被御史劾去之副使亦可挾讐報復，而以誣糾也。明旨所以停止訪察，蓋爲往時御史濫寄耳目，以致窩訪逞姦，枉害良民耳，非謂訪覈官吏銜蠧以責之分巡該道者而一概不行也。三策懷私報復宜治，吏部覆。給事言是。從之。

又〔八月甲辰〕觀察院言：原任廣州府推官魯點被劾，嚴行駁究，而前後按臣鞫訊俱謂險僚讎誣，實無贓私。即臣等博詢公論，亦嘖嘖爲點稱枉。惟處鄧舜學獄情一事失出，止宜贖杖還職。乃按臣議，欲罪外降用，以懲其少年性傲才踈之失，應將魯點行廣東巡按追完杖贖，起送赴部降用，以昭公道。其原論御史蔡夢説按事雖有未確，然輿杖亦謂夢説鋭於任事，意本在於懲貪，而不幸爲鄉人通判林邦杜所誤。今邦杜隨經論黜，夢説業以此外補告病而去，似應免究。從之。

《明實録·萬曆二十二年》〔正月庚子〕從山西巡撫呂坤奏，凡巡按録囚，除未奉決單及曾經駁問，情可矜疑者，照常送審，其情眞罪當者，冊報免觧，以省煩累。

《明實・萬曆三十一年》〔十一月戊寅〕皦生光既下獄，錦衣衛訊之未承，王之楨奏方言曰：皦生光本以大姦巨惡，慣刊板害人。始則揑造妖詩，稱臣戚里，謂渠家陰謀羽翼成矣；復有皇長子危乎哉等語。繼被問遣逃來京師，欲報前讐，大肆無將。著書有《岸遊稿》，寓復讐之意。復揭於卧榻，有大讐大冤等語。臣觀其字跡既復相類，詳其文辭又頗相同，審其親子，質證甚確。但狡獪異常，明知罪大惡極，將吐復忍，且戒其妻子曰：我若一認，都該凌遲。臣展轉思維，重刑恐殞其生，大獄終於不白，況一人之知識有限，乞勅三法司會同東廠幷臣多方研審。詔從之。

又〔十二月〕壬辰，提督東廠太監陳矩奏言：皦生光兇狡異常，機械叵測。據其往歲妖詩之情形，足爲今日姦書之符券。且其妻妾子女供不異詞，刊刻布散，確有實跡。本犯雖自存一綫之疑，似難逃衆口之證。但忍刑展轉，書內詞名一字不吐。乞將一干人犯通行送法司再加詳審，依律議擬，具奏。上曰：皦生光證佐已明，忍刑展轉，未吐同謀主使眞情，還着錦衣衛遵照初九日諭旨，備細設法嚴刑追究。得情之後，送東廠覆的確，會同九卿科道再問，以昭至公至當。不許疑畏顧避，狥情賣法，自取罪戾。

又〔十二月〕壬寅，有旨令票發錦衣衛問過犯人沈令譽，會同該科及原題御史再行研審。輔臣因言：有該科都給事中楊應文、給事中錢夢臯、御史康丕揚稱說沈令譽等犯人干係侍郎郭正域，乃彼三人所楶發。今預此獄，寬之，必疑爲縱姦；急之，必疑爲修怨。不若付予事外之人，始爲虛心詳愼。臣等頗然其言，具兩票上請：一照初九日聖諭，竟送廠審；一擬發刑部，令其研審得情，送廠再審。以後皆待府部九卿科道等官會審，伏祈聖裁。

《明實録・萬曆三十四年》〔四月〕甲辰，刑部右侍郎沈應文言：國朝令甲，五年大熱審，欽命司禮監官一員，公同三法司、科、道等官會審罪囚，類奏處置，誠愼之也。自正統十四年及今，每舉舉行之期，主裁于尙書，參決於左右侍郎。先年應審人犯，止二三百起，猶幸長貳同心，僅僅克舉其職。乃今纍纍重辟，幾倍先朝，而刑部止臣一人。諸司抱牘以進，臣已茫然不其端倪矣。況臣原攝工部，屢辭不允，使既誤水衡，又誤邦禁，皇上豈以刑獄爲可忽哉？不報。

《明實録・萬曆三十七年》〔五月〕乙巳，刑部以熱審踰期爲言。輔臣李廷機等因言：囹圄幽囚，與死爲鄰，而雲南叛賊猶滯天誅，將使人以皇上不忍於逆賊，而反恝然於可矜之獄囚。刑科給事中杜士全亦言：滇賊不決，舉朝莫測其故。至詔獄諸臣，冤狀甚白。乞乘此時亟行肆赦。不報。

《明實録・萬曆四十年》〔六月庚午〕刑部奏：每歲夏月，例應熱審。歷禩以來，遵行不爽。惟舊歲未奉明綸，遂成闕典。竊意今年必如期舉行，以補前闕，乃靜聽德音，久未渙發。臣如坐視不言，是負皇上好生之心，癈祖宗欽恤之典，臣將何所逃罪？乞亟發熱審兪旨，仍簡昨冬朝審一流，將矜疑等項先行發落。

又〔八月甲戌〕南京刑部郎中吳正志言：昔年楚宗不服，與王爲梗，重者罹於大辟，輕者發禁高牆。一時會審諸臣，如蕭大亨輩多繇舊相腹心，羅織入獄，其執持不阿者，止有一刑部郎中王述吉耳。若鳳陽高牆諸宗英嫶等二十三人，閑宅蘊紡等二十五人，曾經戶部主事成伯龍力言，未蒙淪渙，今奄奄禁錮者越八年矣。臣伏覩令甲，每年夏一熱審，冬一朝審，凡南北刑部監禁罪囚，重者減輕，輕者徑釋。夫待有罪百姓尙如此其寬恤也，凡我諸宗，可忘一體之視乎？臣官雖卑，事皇上二十餘矣，向見鄖陽巡撫李才以冒功議辟，御史曹學程以狂愚獲罪，俱未幾改戍；合事馮應京，推官何棟如、華鈺，以詿誤被逮，未幾釋放。此眞聖天子舉動，如天地之毫無成心。今諸宗雖狂逞，皆高皇帝子孫，皇上一念欽卹之衷，必惻然，不忍有加於待諸累臣之上者。說者疑楚王怨毒已深，結爲不共之讐，臣以爲釋諸宗，正所以調停宗室而安楚王之心也；又謂去相之陰謀叵測，不欲放倒局面，臣以爲釋諸宗又正所以潛消反側，而薄去相子孫之憂也。臣忝列刑官，久切於中，謹體皇上好生之心，請賜問審。小雅既醉之詩曰：君子萬年，介爾景福。又曰：君子萬年，永錫祚胤。蓋言周家以忠厚立國，父兄子弟沐行葦之恩，反覆詠歌，以致其祝頌之私也。皇上此舉一行，上爲聖母迎福，下爲后昆岳慶，萬年之頌，有不合四海臣民如一口哉？

又 刑部奏：熱審已霈弘慈，詿誤本蒙矜宥，乞釋錦衣衛見監知縣滿朝薦，同知王邦才，卞孔時等。

《明實録・萬曆四十二年》〔十月甲午〕刑科給事中郭尙賓論駱思恭訪獲假印奉旨準炤例陞一級：夫錦衣衛緝捕之功次，不載於《大明會典》，臣取兵部邦政條例查之，惟擒獲眞正奸細者，不分官旗軍民，重議陞級。捕獲妖言妖人強盜者，提督官各有陞級。若訪獲假印，非奸細、妖言、妖人、強盜之比也。條例明載云：廠衛訪獲私若造僞印，硃符路引問明，止炤例給賞，不許陳乞陞級，此例之可炤者也。思恭可冒非例之例以倖陞乎？若四川都司張神武奉委追印，利黔中夷婦所有，聽周司敦吉邪謀，擅兵激變，戕永赤摩普數千百生命，屬經疏參，委官勘擬，坐以索夷激變，律斬。今敦吉瀆奏展辯，又奉旨下部議矣。萬一牽扯支吾，使得延視於人世，甚哉無人心無國法也。此二者，功微賞厚，罪明誅稽，爵刑不審，均非所以御武開弁也。留中。

又〔壬寅〕刑部左侍郎張問達疏避御史陳一元參偃城縣典史秦嘉謨冒官緣繇。奉旨：這事情既經審勘明白，知道了。部寺訟獄相関，有未當的，不妨改正，以見愼刑之意。

《明實録·萬曆四十四年》〔六月己未〕先是，五年熱審，以小滿以爲期。是歲逾兩月，兪旨未下。會暑雨，獄中多疫。該部科臣屢請，閣臣亦言，御史劉光後繫獄一年，念母憂焦，且感危症，倘一旦庚死囹圄，將使聖明之世，有僇諫臣之名，臣等所不忍聞也。不報。

《明實録·萬曆四十五年》〔十一月甲子〕趙興邦請嚴勘延鎮功罪。延綏自四十三年十月至四十四年七月，節次搗殺斬獲虜首一千七百六十有奇，已經勘明題叙。時中外紛紜，有謂孫洪謨大栢油被圍，以援兵少遲，遂甘心投降者；有謂虜犯波羅，總兵官秉忠有波羅之役，不得分兵救援，以解大栢油之圍者；有謂虜圍大栢油告急，官秉忠聽信張榜，不許傳砲，致孫洪謨營潰被殺者；有謂秉忠當大栢油之急，不往救援，遣張榜領鎭營兵馬潛入草地搗巢，貪劫失律，致全軍俱沒，所失軍丁，私行頂補者。一時罪案輕重，未有定議。故興邦以覆勘爲請。不報。

又〔丙寅〕初，河南杞縣卿官劉昶、李茂春以子女之故互訟，事經祥符知縣胡沾恩、陳留知縣張璇勘擬，昶隨疏參茂春而誣及沾恩，茂春亦參昶而誣及于璇。章下，科臣因稱二令清白與劉李妄誣。至是，法司覆議，請轉行撫按官勘擬具奏。從之。

《明實録·泰昌元年》〔九月庚寅〕御史鄭宗周復糾逆璫崔文昇罪不容誅，乞寘憲典，并糾方從哲不擬下法司而下司禮監，始則姑云查處，終僅閑住結局。即從哲不難忍君以庇賊，顧何以抒陛下終天之恨而灑天下萬世無窮之隱痛耶？疏上，報已有旨。

《明實録·天啟元年》〔七月乙巳〕上傳内侍田詔、劉朝饒死，送司禮監定奪，以詔各下李鳴盛代擅也。大學士劉一燝等言：此事屢經法司問擬，具有成案，李鳴盛本未繹發下，即法司無憑質辯，難以平反。至特諭，竟徑下法司，向無此例，恐政體有礙，臣等未敢擅擬。上久之，復以二本發票。一燝等復言：熱審在即，果如本犯所奏，法司自當從公分豁，若先下此本，轉滋多事。未敢票擬，仍將原本封進。按：田詔之獄，爲移宮盜寶一案司禮監太監王安主之。安既謫充南海子淨軍，旋中使傳旨勒死，而詔等釋矣。

《明實録·天啟二年》〔四月〕辛巳，禮部尚書孫愼行疏言：臣往家居杜門，值皇祖考相繼賓天，哀號無地。聞皇考速逝，實緣醫人進藥不愼，已覩邸報，有鴻臚寺官李灼進藥兩丸，乃原任大學士方從哲所進。可灼非用藥之官，丸藥不知與病症相宜，乃敢突然以進。許世子以不嘗藥而父亡，《春秋》《尚書》：許世子弑君。從哲雖無弑之，心卻有弑之事恐百口無能爲天下萬世解矣。且從哲所不能解，非獨此也。其先傳欲立皇貴妃爲后，祖制未有以妃爲后，古今亦未有帝崩立后者。突傳此旨，禮部疏云：輔臣方從哲傳，其言可味。向非禮部科道執爭、貴戚上章請免，幾至悞立貽禍。宗社顧命元臣視非常大變漫無主持，從哲不能爲天下萬世解者一也。先是，議上尊謚，稱恭。夫宋之恭端已屬將亡衰主；而晉主降宋，亡謚晉恭，隋主降唐，亡謚隋恭，周主降宋，亡謚周恭。皇祖四十八年功烈無前，比於降王逋裔，非眞不學無術，其實呪咀君父。從哲不能爲天下萬世解者二也。自後又有選侍垂簾聽政事。選侍宮中何知？前代有此，即劉遜、李進忠魘膺小監，何遂膽大揚言？從哲元臣，不聞慷慨一言，至九卿科道急請移宮，尚濡遲不進，任婦寺之縱橫，而特佐其焰，忍冲主之顑頷，而不與其憂。從哲不能爲天下萬世解者三也。以此三事，例彼進藥，其敢於犯天下之大名義，釀社稷之大禍患，《春秋》無將，漢法不道，眞無以過。伏乞皇上奮乾剛，立下臣奏會九卿科道從公詳議。臣言有當，將從哲正肆放之罰，嚴兩觀之誅，并將李可灼嚴加拷問，寘之極典；如臣一言無當，即重治甘心焉。得旨：舊輔方從哲素稱忠愼。皇考彌留，李可灼進藥原出聖意，卿言雖忠愛，然事係傳聞。並進封移宮等事，當日九卿科道官多所親見，據實會奏，以釋羣疑。其李可灼輕易進藥，不能無罪，令併議以聞。

又〔六月癸酉〕陝西道御史張慎言題：今日會議之役，覈罪宜嚴，處法宜恕，立論無原則宜明白而直截，行法宜存國體而養君德。章付所司。

《明實録·天啟四年》〔五月〕辛未，刑科都給事中李春燁言：臣奉命核登撫陶朗先、募兵御史游士任、招練副使劉國縉前案，除士任、國縉另結外，獨陶朗先、徐應元、宋大奎等罪狀逮問。旨下九閲月，而罪人未到，何也？又何棟如八萬之贓宜久下廷尉，尚入京投謁，何怪乎終日清餉而餉不清，終日言吉徵貪而貪愈甚也。

《明實録·天啟六年》〔四月乙未〕大學士顧秉謙疏言：前日蒙皇上發下犯人繆昌期、周宗建二本，著送鎮撫司嚴行究問，臣等票擬進呈矣。今日文書官口傳將拏到李應昇送鎮撫司，仍遵旨擬票。但鎮撫究問之後，即當同繆周二犯併送法司詳議，暴其罪惡於天下，使諸姦不得借口爲非命。孰與闇黮黑獄，令天下不知其故，反有憑而吊之者乎？不報。

明·鄧士龍《國朝典故》卷七四《菽園雜記》天順三年，南直隸清理軍伍御史郭觀持法頗刻，崑山縣有一人誣首者，至連坐二十四人充軍。予家時爲里正，亦在遣中。將欲伸冤於巡撫公，聞太倉查用純閑習吏學，與謀之。查云：巡撫與御史各領敕書行事，訴之無益。又謀之崑城高以平氏。高云：訴之可也。或以查語質之，高云：此非有識之言也。在京，刑部、都察院獄情，必大理寺評允無礙，才敢決斷。御史在外行事，旁若無人，刑獄苟有冤抑，伸理平反，非巡撫而誰？訴之有益。於是往訴，都憲崔公果爲平反之。二十四人皆復爲民。諺云：事有好，問三老。信然。

明·鄧士龍《國朝典故》卷四八《天順日録》〔天順〕五年二月，因錦衣衛指揮所行江西弋陽王敗倫事涉虛，上召賢曰：宗室中豈願有此醜事？彼初既以爲實，今卻云無此事，以此觀之，其餘所行，枉人多矣。賢曰：誠如聖諭。因言法司明知其枉，畏避此輩，不敢辨理。賢曰：須旨意付法司，但有枉者與之辨理，不許畏勢避嫌。上曰：然。於是召法司戒飭之，人人皆悦。一日，上言及此事，賢曰：清平之世，若刑獄枉人，實傷和氣，惟陛下明見如此，斯民幸甚！

明·李詡《戒庵老人漫筆·論大獄》世宗《欽明大獄録》，事在丁亥九月，余邑大理卿湯公沐以此罷斥。後穆宗御極，又因都御史龐尚鵬疏，遂追恤罪斥諸臣，前後矛盾。余得項甌東公喬之論曰：武定侯郭勳初鎮兩廣時，正謙恭下士，御史周公廣以事謫懷遠驛丞，武定託求文，厚施於周，周堅卻之，且有後議，勳恨之。他日誘其入門，重撻二十，縉紳聞之，俱不能平也。後馬子録巡按山西，有爲白蓮教張寅者善燒鍊，武定素善之，後聚黨數千人，爲地方覺，舉使坐以左道惑人之罪，其何説之辭？馬子録以弘治中謀反脱逃李福達者即張寅也，遂以張寅即李福達，按以不軌，而武定屬書至，馬執書幷奏武定謀爲不軌。各道三法司以周故，方幸武定有罪，欲成其獄。勳貪緣無所不達，聖上明知其非不軌也，特升張羅峰掌都察院事，升桂見山刑部尚書，方西樵大理寺卿，專爲平反此獄。而前此三法司及各道緣此爲民去位將及百員，而馬子録謫戍廣西賓州，竟死其地。識者謂大獄之成，固由武定爲張寅伸冤，亦因縉紳爲周廣報復；而周公廣不能見惡人以辟咎，則實始作俑者。一事之微，幾至空人之國，嗚呼，是豈可獨歸之張羅峰哉！可以爲戒矣。此論在嘉靖壬子以前，殆得情者也。

明·卜世昌《皇明通紀述遺》卷一〇〔嘉靖十六年〕內官監太監杜泰提督光祿寺，貪甚，所乾沒內庫銀以鉅萬計。光祿寺少卿馬從謙奏發其奸，泰亦奏從謙盜用大官食物及誹謗不忠狀。巡視給事中孫允中、御史狄斯彬亦交章劾泰如從謙言，因劾寺卿高耀不能覺察，四署正通同爲奸，乞并治。上命逮從謙、泰于鎮撫司訊鞫，科道待問明議處。既而鎮撫司訊上，泰因公侵冒，從謙挾私奏訐，俱屬有罪，第所引誹謗曖昧語，茫無證佐，不足深誅。上竟怒從謙誹謗，下法司，令與泰各候追贓完日擬罪，以允中等黨護，降邊方雜職，鎮撫司官不用子罵父條斷獄，奪俸五月。于是法司議從謙當坐盜內府物，律雜犯死罪應贖，徒爲民，第所指誹謗，雖無明據，然迹其狂悖不恭，難依常典，宜發極邊衛充軍，泰送司禮監奏處。上怒未已，詔批從謙廷杖八十，發烟瘴充軍；泰革任，以能發謗臣免罪。從謙遂死杖下。

明·談遷《國榷》卷四〔洪武三年十二月〕壬子，初，日中屢有黑子，求直言。起居注萬鎰言，死刑請三覆奏，毋輒置之；吏部尚書郎本中言，訪中原山澤之士，或官吏不能，加黜罰。上皆是之。

明·談遷《國榷》卷七〔洪武十四年元月〕命刑部録囚，具案，奉旨送四輔官、諫院官、給事中覆覈奏之，有疑讞，四輔官封駁。著爲令。

又〔洪武十四年十月〕癸丑，命法司論囚奏聞，從翰林院、給事中及春坊正字司直郎會議平允奏決。

明・談遷《國榷》卷一三 〔永樂二年十月〕甲辰，上御奉天門錄囚，釋放有差，仍諭銜冤者卽以聞。

明・談遷《國榷》卷一四 〔永樂五年八月〕庚子，錄囚，貸輕罪。

明・談遷《國榷》卷一五 〔永樂十一年十月〕丙寅，遣左副都御史李慶齎璽書于南京，命皇太子錄囚，出輕罪。

明・談遷《國榷》卷一八 〔永樂二十二年十月丁巳〕召楊士奇、楊榮、金幼孜同法司錄囚承天門，諭曰：比年法司過濫，朕未嘗不知，所擬大逆不道者，往往出羅織，先帝數切戒，故死刑四五覆奏。自今審決重囚，卿三人同之，冤雖細必聞。

明・談遷《國榷》卷一九 〔洪熙元年十月戊子〕行在刑部大理寺奏決囚，上命大臣與給事中再讞，使無冤。著爲令。

清・畢沅《續資治通鑑》卷三一 〔宋眞宗大中祥符七年〕遼主多卽宴飲行誅賞，北府宰相劉慎行諫曰：飲時以喜怒加威福，恐有未當。遼主悟，遂諭政事省、樞密院：凡酒間命官、釋罪，毋卽奉行，明日覆奏。

清・畢沅《續資治通鑑》卷四〇 〔宋仁宗景祐三年〕辛丑，遼主錄囚。有耶律札巴舊作把八，今改。者，誣其弟罕格舊作韓哥，今改。謀殺己，有司奏當反坐。臨刑，其弟泣訴：臣惟一兄，乞貸其死。遼主閔而許之。

遼有司獲盜八人，皆棄市。既而獲眞盜，八家訴冤，中書令張儉再三申理，遼主勃然曰：卿欲朕償命邪！儉曰：八家老稚無告，少加存卹，使得收葬，足慰存歿矣。遼主從之。

清・嵇璜《續通志・刑法略二》 〔宋熙寧四年〕先是，諸路經略鈐轄不得便宜斷制百姓，趙抃知成都，言當獨許成都四路。中書、樞密院議許之。其後謝景初奏：成都妄以便宜誅，釋多不當。於是中書刪定舊文，惟軍士犯罪及邊防機速許特斷。

《明史・宣宗紀》 〔洪熙元年〕冬十月戊寅，南京地震。戊子，敕公、侯、伯、五府、六部、大學士、給事中審覆重囚。

《明史・宣宗紀》 〔宣德四年〕五月壬子，錄囚。六月甲午，罷文吏犯贓贖罪例。冬十月庚辰，幸文淵閣。癸未，以天寒諭法司錄囚。

又 〔宣德〕八年春正月丁卯，大祀天地於南郊。二月壬子，錄囚，宥免五千餘人。【略】〔夏四月戊戌，詔〕理冤獄，減殊死以下，赦軍匠在逃者罪。【略】九月乙酉，遣官錄天下重囚。

《明史・英宗前紀》 〔正統六年〕夏四月甲午，以災異遣使省天下疑獄。五月甲寅，刑部侍郎何文淵、大理卿王文錄在京刑獄，巡撫侍郎周忱、刑科給事中郭瑾錄南京刑獄。

又 〔正統九年〕五月己未，命法司錄在京刑獄，刑部侍郎馬昂錄南京刑獄。

《明史・景帝紀》 〔景泰〕六年春正月戊午，大祀天地於南郊。二月壬午，太監王誠同法司、刑科錄囚。大理少卿李茂等錄南京、浙江囚。

《明史・林聰傳》 〔景泰〕三年春，疏言：臣職在糾察刑獄。妖僧趙才興之踈族百口，律不當坐，而抄提至京。叛人王英，兄不知情，家口律不當逮，而俱配流所。雖終見原，然其始受害已不堪矣。湖廣巡撫蔡錫以劾副使邢端，爲所訐，繫獄經年，而端居職如故。侍郎劉璉督餉侵隱，不爲無罪，較沈固、周忱乾沒萬計，孰爲輕重？璉下獄追徵，而固、忱不問。犯人徐南與子中書舍人頤，俱坐王振黨當斬，乃論南大辟，頤止除名。皆刑罰之失平者。帝是之。端下獄，璉得釋，南亦減死，除名。

清・查繼佐《罪惟錄》卷二 惠宇帝偶讞囚，得弒父者，釋之。太祖不悅，親訊之，則庸醫誤投劑，子坐不知醫也。復平反一盜首，係主人之子出視莊，莊佃皆盜，誘以他事並出，不果盜。太祖問何以知之，對曰：《周禮》色聽爲先；《尚書》惟貌有稽。臣見其端視，故測之耳。太祖曰：吁！決獄者不可以不讀書。

清・查繼佐《罪惟錄》卷四 〔弘熙元年三月〕大理少卿弋謙言事戆激，上欲罪之，以士奇諫，止免朝參，且諭士奇曰：朕能知悔，若律外深求，法司執奏至三至五，如不卽可，三公大臣合奏，必允而后已。永爲定制。

清・查繼佐《罪惟錄》卷九 〔成化七年秋八月〕獄囚請寬者，聽改調別問。

清・查繼佐《罪惟錄》卷一五 〔弘治元年〕夏四月甲寅，以天暑錄囚。嗣後歲以爲常。

《清實録・康熙二十八年》 癸亥，遣吏部尚書阿蘭泰、戶部尚書徐元文審理在京獄囚。諭曰：時已入夏，天氣亢暘，農事方殷，雨澤未降，朕軫念民依，深爲惓切。或因刑獄中有無知罹法，審擬失平，情罪未符，致干天和，亦未可定。茲特遣阿蘭泰、徐元文會同三法司將已結重案見在監禁者，逐一詳加審理。凡有罪可矜疑，即與察明事由，開列具奏，務俾情法允協，不致淹滯圜扉以副朕省刑恤民至意。

《清實録·乾隆四十八年》 又諭曰：明興奏武定營樂陵縣汛千總齊廷梅，因該縣屠户張大本與營兵吕安邦索欠爭角，具控至縣，正在集訊，該弁即傳唤張大本詢問，因其不服咆哮，輒令兵丁責打二十九棍，致張大本因傷身死，請將齊廷梅斥革審擬等語。此事大奇，已於摺内批示矣。千總係微末武弁，非地方大員可比。遇有民人與兵丁爭角之案，業經控縣集訊，自應聽候地方文員審斷。乃齊廷梅輒將張大本違例擅拘，濫用棍責，以致因傷斃命，實爲可惡。著傳諭明興，此案定擬時照例抵償，並令刑部堂官入於本年秋審情實，以示懲儆。

又 諭軍機大臣等：刑部具題安徽省緩決人犯本内，斬婦王氏一起，該省原擬情實，經九卿改擬緩決。此案陶奉廷係王氏夫兄，向孀居弟婦勒索錢文，被撞，同跌致斃，即問擬情實。勾到時朕酌覈情理，必予以免勾。今九卿改擬緩決，原可照所擬辦理，但閱本内所敘，陶奉廷頭撞王氏，該氏站立不穩，仰面跌地，陶奉廷隨勢撲壓身上，喉内痰壅，該氏用手將陶奉廷推轉在地，陶奉廷氣閉殞命等語，情節未爲確實。陶奉廷跌地時，如被王氏撲壓身上，或因壓痰壅，自係事之所有；今陶奉廷撲壓王氏身上，何得一時轉致痰壅？況王氏手推，係在陶奉廷痰壅之後，亦不得謂痰壅而亡緣手推所起，其陶奉廷是否年老衰病，平日素有痰病，本内均未聲明。此等情節未符之處，該撫具題時，既未研訊明確詳細聲叙，而刑部亦止照原題案情，叙入本内，殊欠明晰。著傳諭朱珪，即將此案指出各情，覆加確覈，據實具奏，勿稍含混。

又 諭：本日勾到四川省秋審情實人犯，内經九卿由情實改爲緩決者一起，由緩決改爲情實者六起，覈其情節，均屬允當。如張玉湘毆死伊壻李萬安一案，係挾嫌主使，毆打多傷，翁壻恩義已絶；又裴受戳斃蔣仕瑤一案，因奪牛起釁，該犯無干逞兇刃斃徒手，傷至骨損；又王日朋行竊陸應棋銀箱一案，係船户行竊客貲逾貫，爲害商旅；又陳萬潞砍傷黄鳳姑、陳劉氏一案，因瘋連斃二命，並砍傷二人；又王蘭毆斃李友白一案，係釁起姤姦，用鐵器兇毆，傷重殞命；又莫文統砍斃何氏一案，金刃傷多，死係婦女。以上六起，俱屬法無可寬，該督等問擬緩決，殊屬寬縱。又葉勇碧毆死緦麻服叔葉現用一案，葉現用與孀居堂弟婦李氏通姦，後經李氏拒絶，葉現用復萌淫念，潛往求姦，李氏掙扎喊叫，經葉勇碧等瞥見忿激，拉住葉現用，欲行送究，葉現用撞頭叫駡，葉勇碧順拔木椿，向毆殞命。毆由義忿，死係淫惡亂倫罪人，自應列入緩決。乃該督等將葉勇碧問擬情實，又屬失入。秋讞大典，理應悉心推勘，毋稍枉縱。今四川省問擬各案，輕重失當，至有七起之多。該督惠齡，雖駐劄前藏，所有此次秋審案件，奏交藩司英善代辦，但英善審勘後，自必知照惠齡；即該督在藏應辦之事較多，而於秋審重務，亦應將案由詳加閲看，如有辦理未當者，自當隨案札商，何以並未駁正？姑念惠齡遠在前藏，從寬免議，仍著飭行。至聞嘉言前任臬司，秋讞是其專責，乃草率從事，於擬實擬緩之處，多有錯誤，所司何事？英善既經惠齡奏明令其代辦秋審，並不詳慎覈擬，率行具題。英善聞嘉言，均著交部照例分别議處。

《清實録·乾隆五十九年》 諭：現在秋審官犯册内，吉林烏拉原任協領諾穆三覈其情罪，原係福康安、胡季堂、松筠審辦之時，並未究出實在情節，擬以死罪。試思諾穆三祗一協領，乃伊家産何至豐厚倍常？自因辦理人蔘侵漁入已所致。福康安等未將此案情節審訊得實，殊屬草率。但念福康安前在軍營，頗爲奮勉，現又有緝捕邪教、查拏私鑄之事，松筠業經派赴西藏，胡季堂平日辦事尚好，朕亦不加深究矣。若將穆諾三予勾，無知之徒或妄議伊罪不至於死，以爲負屈；況協領托蒙阿與諾穆三公同辦理之人，托蒙阿已經發往伊犁，諾穆三雖擬絞候，並未離原籍，轉似爲僥倖。著加恩將諾穆三絞罪寬免，亦發往伊犁。朕辦理庶務，權衡輕重，一秉至公，斷不使稍有枉屈，亦不肯令獲咎之人得以依戀故土，無所警懲也。將此通諭知之。

《清實録·乾隆六十年》 諭：刑部題秋審官犯一本，本内有蒙古台吉圖巴扎布一起。閲其情節，圖巴扎布因圖承襲伊姪公爵，商令喇嘛吹達爾將伊姪形容圖畫咒詛。經伊妻杭圖屢次勸阻，該犯恐杭圖並喇嘛吹達爾向人告知敗露，捏稱伊妻與吹達爾通姦，商令伊屬下人齊博克、扎木巴拉齊、丹扎布幫同下手謀害。並恐伊子巴雅爾圖及家奴都噶爾洩露，欲一併殺死。齊博克等應允，圖巴扎布乘夜偕同齊博克等將伊妻、伊子並喇嘛及家奴四命一併砍斃，情節殘忍已極。向來殺妻案件如果其妻實有悍潑淫姤情事，勾到時本不予勾；若本夫因有他愛，謀故殺斃妻命者，則皆酌覈案情，仍予勾決，今圖巴扎布謀襲姪爵，私令喇嘛咒詛，伊妻杭圖屢次勸阻，則伊妻尚知理法，並無不是；而圖巴扎布既不聽從，轉加殺害，已非尋常殺妻之案可比；況律例內，祖父殺子孫一條，如並無違犯教令，而非理毆殺者，雖罪止杖徒，但伊父設有謀反叛逆情事，而伊子勸阻不從轉將致死滅口，亦豈得照常例科斷乎？今圖巴扎布因欲將杭圖等殺死，恐伊子告知別人，遂一併殺害，致斃四命，是人理滅絶，何得依謀殺已妻之律擬絞，僅因四命，加重擬斬候入於情實而已耶？再，齊博克等係圖巴扎布家奴，而本內又稱屬下人，已屬牽混；且齊博克等於圖巴扎布與之商謀時，並不勸阻，即聽從下手，輒將伊主之妻，及子同時砍斃，其主之妻及子，非其主乎？又豈得僅依罪坐主使，以尋常爲從加功之例，問擬絞候耶？夫謀殺一命之爲從，與謀殺四命之爲從，可同一例乎？即不敢如此，何不請旨？種種辦理，實屬錯謬。朕因本年、明年皆當停勾年分，前在熱河早降諭旨，交軍機大臣會同刑部，另行查明案情，最重者摘出，奏請仍勾決者，原因其情節兇慘，死者含冤，未便任其久稽刑戮，本非有意欲嚴也。七月間刑部侍郎張若渟前至行在復命時，朕曾詢及此等情重之犯共有若干，據奏約有十之三四，朕尚以爲人數較多，諭令再加斟酌覈減，不過存十之一二已足示儆。嗣尚書胡季堂至密雲接駕，復將此意申諭再三，可見朕於此事，意本從寬。該堂官辦理秋審時，自應將情節最重應勾之犯，先行摘案具奏，方爲允當，乃轉將停勾之本先進，而此等情重各犯，俟各省秋審本進完後，續行摘出辦理，竟似該堂官等業已辦定，內閣票擬停勾，而朕轉欲從嚴，復於此內挑出予以勾決。是以朕矜恤之恩，轉類嚴苛之舉，有是理乎？刑部、理藩院堂官俱著交部嚴加議處，所有此案之圖巴扎布，著該部照謀殺四命之例，改擬斬決，其問擬絞候之齊博克等俱著照同謀殺四命，並其主之例，改擬絞決，以昭平允，而示懲創。朕辦理庶獄六十年來，凡遇命盜重案，無不悉心斟酌，期無枉縱。即蒙古喀爾喀等，久爲臣僕，其兇殺案件，亦必準情酌理，不致畸重畸輕，豈肯因歸政在即，本年又係停勾，稍不經意，竟任顢頇混過？且書此旨之軍機大臣有意迴獲，始終未肯書明，俱著嚴加議處。

《清實録·嘉慶元年》 諭內閣：本年係停止勾決之年，軍機大臣會同刑部，將秋審、朝審各犯，情罪尤重者照前例摘敘案由，請旨另勾，繕摺具奏。朕一一詳加披閱。官犯二十一名，內史恆岱短交倉庫鹽課及應賠款項至一萬餘兩之多，復又餽送浦霖、錢受椿玉器銀兩，聲名狼籍，傳拔違例；擅受詐贓，逼斃人命；焦德芳受賄縱犯，執法營私，恆義、佛進保身係卡倫侍衛，有稽查私玉之責，乃轉受民人戴傳經等銀兩，代爲夾帶私玉，均屬貪鄙不法。以上五犯，情節甚重，俱著即行處決。其餘官犯路釗等十六名，均係短交庫項，任意虧缺，盈千累萬，情節俱重。但念此案人犯衆多，皆因伍拉納、浦霖等婪索抑勒所致，尚有一線可原。其彭良謏一犯，在知縣任內，虧缺及賠項至五萬余兩之多，本應絞決，因念伊父在木果木軍營殉難，業已改爲監候。然因此次停勾之後，將來仍得援例議減，不足示懲。路釗等仍著永遠牢固監禁，遇赦不赦，以示朕法外施仁至意。所有常犯小德六等，或連斃二命，或故殺幼孩，或因姦謀死本夫，或誣竊致斃良民，核其情節，均法無可寬，著照擬即行正法。

又 又諭：據圖桑阿等奏，將瘋病毆人致斃之劉金順及推跌斃命之任爲瑞審明，定擬絞候等語。此兩案一係瘋疾復發毆斃人命，一係推跌致死，尚非故殺死者可比，固應照內地之例入於緩決辦理，但烏里雅蘇台地屬口外，究與內地不同。所有此二案人犯，俱照所擬絞候緩決外，仍不可拘泥內地之例，遽行減等發落。

《清實録·嘉慶二年》 定婦人因姦殺子入情實例，諭內閣：本日閱四川省情實人犯招册內，廖氏與滕義懷通姦，因庶長子周應鶴防範嚴密，該氏商同姦夫將周應鶴殺斃一起，將廖氏依嫡母因姦故殺庶子其夫不致絶嗣，擬以絞候，永遠監禁。又殷氏因與周三耀通姦，將伊子勒斃一起，將殷氏依親母因姦故殺子女例擬絞，因伊夫業經絶嗣，入於秋審情實。固屬按例辦理，但細覈前起案情，廖氏與滕義懷通姦，被周應鶴撞破，以顔面攸關，遂爾隱忍；該氏戀姦情密，因伊子防範嚴密，不能續舊，遂起意商令姦夫滕義懷在牆外撒土，該氏詭稱有賊，喊令周應鶴往視，滕義懷即用刀將周應鶴立時戳斃。是其子尚有愛父之心，而此婦淫邪，乃忘其夫，殘忍不仁，實出情理之外。婦道以節義爲重，若身犯姦淫，罔顧廉恥，甚至因伊子礙眼，殺以滅口，是於夫婦之倫既乖，即於母子之恩已絶。無論準以母出廟絶之義，即不得復拘泥其夫有無子嗣成例，分別辦理。況嫡母之於其子，本非所生，與親母究覺稍間，若於此不大爲之防，則淫邪之婦恃有名分，戀姦逞殺，實不足以維風化而飭綱常。嗣後婦人因他故起釁故殺其子者，自當仍照舊例辦理外，其因姦殺子者，毋論嫡母、親母、繼母、嗣母，俱照例分別斬絞；不論其夫有無子嗣，皆入於秋審情實辦理；其永遠監禁之條，即著删除。此案廖氏已飭照此旨改擬，以示防維名節，懲創邪淫至意。著爲令。

《清實録・嘉慶四年》 又諭：胡季堂奏，審擬行劫長新店鋪戶之盜犯翟禿子即翟成子等於審明後恭請王命，即行正法一摺。翟禿子係張標窩內匪黨，結夥行劫，自屬法所難宥；但該犯於張標等行劫時係在村外看守馬驢，所劫贓物各犯分開攜帶後，翟禿子回至內黃。因張標先已潛逃，未經俵分，覈其情節，較之首犯有閒，本應歸入情有可原，分別辦理。胡季堂將該犯即行斬梟，所辦已覺稍重，但翟禿子究係在長新店畿輔近地、人烟稠密之區連劫鋪戶，今已將該犯正法，尚係爲附京重地起見；至該督所奏，直省現獲續獲之犯，一經訊明，如係張標夥黨，但經行強劫奪，無論曾否入室搜贓，概擬斬決，即行劫一次在外把風接贓者，俱不准以情有可原聲請等語，殊屬非是。向來辦理盜案，例分法所難宥、情有可原察覈定擬，原於懲創之中，仍寓矜卹之意，豈有並不覈其所犯情罪無分首從，一律置之重典？若如該督所奏無論曾否入室搜贓，及在外把風接贓者，俱不准以情有可原聲請，則是罪有重輕，法無區別。若尋常偷竊小賊，更非劫盜可比，乃因其曾在張標窩內居住，亦不分首從，照積匪猾賊辦理，豈得爲情法之平乎？胡季堂久任刑名，素諳律例，於劫盜重案自應執法覈辦，以期無枉無縱，乃該督於應拏巨盜，始而疲玩不前，以致釀成重案，及經朕節次嚴飭，於獲犯後又意存迎合，輒以嚴刑峻法，思掩其平日廢弛之咎。大臣實心任事者，不應如此。所有張標夥內續獲各犯，於解到審明後，俱著胡季堂準酌情罪，按照律例，分別定擬，不得有意加重，以刻爲能。

又 庚戌，諭內閣：胡季堂奏審擬續獲盜犯一摺，已交刑部速議具奏矣。此案盜犯于二、紀會等，皆係張標夥匪，往伊窩內，屢次隨同行劫，且探知何處鋪面熱鬧、烟火稠密，如直隸容城縣之白溝河及易州大名深澤等處，山西孝義縣之迤南地方，河南臨漳之五岔口邨，俱糾結多人，分投前往，肆行強劫，殺傷事主。實屬不法已極，地方官若無其事，任彼橫行，朕實深憤恨。而大吏等一味因循畏葸，其盜首張標盤踞直隸、河南交界地方十有餘年，朕早有所聞，屢諭胡季堂、吳熊光速行搜捕，而該督等心存畏事，延擱不辦，以致釀成長新店劫掠之案。然亦幸因此案破露，經朕節降嚴旨，責令查拏，該督及地方官等始知畏懼，將盜首張標及案內夥犯陸續就獲，否則何以清盜源而靖奸宄耶？各省封疆大吏於地方重大案件，往往心存姑息，不肯早行辦理，以保全人命爲自積陰功，殊不知此等積年盜匪若於初起時即行查拏懲辦，既不至任其四處擾害，多戕人命，而破案之後亦可不至誅及多人。即如教匪一案，該督撫等若能於平日早爲覺察，密訪嚴拏，不過將爲首匪徒，辦理數人，即可完結，何至輾轉勾結，日久蔓延，竟成叛逆之案？此時用兵征勦，轉不能不痛加殲戮，誅之不可勝誅，此皆由姑息於前，養癰貽患所致。是伊等積陰功之見，實爲大損陰功，豈非婦寺之仁耶？嗣後各督撫等於地方應辦要件，務須慎之於始，一有端倪即行查拏究辦，隨案示懲，免使萌蘖潛滋，釀成巨案。至前此直隸搜捕張標，因喬人傑辦理不善，致被風聞先逸，是以將喬人傑革去頂帶。今朕聞喬人傑前往內黃圍拏張標時，伊親自拽衣持刀，跳越牆內，督率搜捕；雖被張標得信潛逃，而其夥黨皆因此畏懼竄散，得以陸續就擒，首犯張標亦旋經拏獲。是喬人傑雖不能將張標即時拏獲，而較之胡季堂之遷延不辦者，尚爲勇往。喬人傑著賞還頂帶，以示功過兩不相掩之意。將此通諭知之。

《清實録・嘉慶十六年》 諭內閣：同興奏接辦喻李氏一案，究出承審委員有意誘翻，以致葉秀誣認正兇各情，據實參奏一摺。湖北應山縣民婦喻李氏控案，上年據汪志伊奏，從前胡紹德之死訊非喻春毆斃，係縣民葉秀圖財謀命。該縣知縣錢丙曜，將喻春非刑逼認，問擬斬決。當將錢丙曜及承審各員，分別革審。復因贓據兇仗，及要證程金均在未獲，迄未定讞，案關重大，經朕特降諭旨，令同興詳悉審究。今據同興奏，現將要證程金緝獲，親提研訊，則從前喻春之搶奪殺人不爲無據，而葉秀此時之誣認正兇，全係委員有意誘翻。現據查出劉曜庚、賈鋗二人於提訊葉秀時，提髮擰耳，令其直跪至一日夜之久，葉秀情急妄供，該同知等隨給與酒食，用言開導，並誘以殺人不過軍罪，將圖財害命挑線售賣各情，逐層領說，葉秀遂照依供認。該委員復常賞給錢物，是以該犯安心直認，全不翻供。其見證褚兆濰等，亦經該委員等押令在雪地內日夜長跪，並將程楚揚打落二齒，始隨同附和、驗視屬實等語。該同知等種種誘翻逼拷，殊出情理之外，汪志伊前奏，不無偏聽周內，亟須徹底究訊，以期水落石出，此案著交同興一手審明。若汪志伊有授意屬員情節，迅速先行嚴參具奏。俟定擬後，再來京陛見。前赴貴州新任，所有原審之武昌府同知劉曜庚、施南府同知賈鈵，著革職，其會審之鄖陽府知府劉坤，亦著解任，一併交該撫提同嚴審定擬。如審訊確實，著查明從前汪志伊原參之知府雙慶等，奏請開復。案經屢翻，該撫當虛衷研鞫，無枉無縱，以成信讞。

《清實録·嘉慶十九年》又諭：廖思芳妄拏劉第五，知縣萬承紀、周以勳及拔貢向姓家人宋遇刑逼教誘供詞一案，節經降旨交托津等審訊，分別治罪。兹復據軍機大臣會同刑部將山東解到之劉第五家屬、鄰右、匠夥人等，隔別研訊。據伊妻劉孔氏供：劉第五實無爲匪不法情事，背上疤痕係十四年患搭背瘡，延醫人陳文思治愈，腿上小疤，係從前曾患小瘤，俱非刀鎗傷痕。匠夥高士升供：上年九月内劉第五實係與伊在歇馬亭一同打鐵，並未出門。鄰右尹甫山、陳丙魯，地保孫添崇並伊子劉小拴，伊戚孔繼禹僉供：劉第五並不爲匪。覈之刑部所訊劉第五供詞，及陳預原訊劉孔氏等供詞俱相脗合。劉第五無辜被拏，畏刑誣服，供證確鑿，毫無疑義，業將劉第五併家屬等釋放，並加恩賞給劉第五及伊妻孔氏、伊子小拴銀五兩，高士升等銀五兩，令作路費回曲阜縣原籍，以示矜卹。廖思芳等誣枉平民，造成冤獄，著托津等即將廖思芳、萬承紀、周以勳革職拏問，嚴審定擬具奏。又據王幅供：伊曾以劉第五籍貫不符，阻止廖思芳，廖思芳許給伊銀三千兩，令其作眼往拏。此項銀兩，王幅並未得受。除將廖思芳按例問擬外，並著將許給王幅銀三千兩照數罰出，將一半賞給劉第五及伊妻子，其餘一半，高士升等被累遠涉，著均匀賞給。

《清實録·道光二十六年》諭軍機大臣等：前據刑部奏，江蘇民人徐雲江呈訴夷務，情節較重，曾降旨令李星沅訊究確情。兹據李星沅奏稱，現已查悉，徐雲江曾於三月間潛至夷目巴富爾寓所，告以欽差來查夷館，並有驅逐之意，經該督查明斥逐等語。徐雲江不安本分，無端構釁，可恨之至，必應訊明嚴辦。李星沅現已馳赴雲貴總督之任，著程矞采於行抵江蘇時，檢查此案卷宗，務即悉心研鞫，從重定擬，斷不可稍存成見，致有不實不盡，是爲至要。將此諭令知之。尋奏訊明徐雲江呈控夷目巴富爾攤毁墳墓，暗造連營礮臺，毒害幼孩等情，全屬虚誣。且妄指閲兵大臣爲驅逐夷館之欽差，恐嚇外夷，無端構釁，殊爲可惡。徐雲江合依詐傳詔旨律擬斬監候，秋後處決。下部議，後之。

《清實録·同治六年》諭内閣：前據山東在籍遊擊常啓雲赴都察院呈控監生王克一等唆訟聚衆，將其子常國泰偪入夥中，其姪常國棟有受賄縱匪等情，當經諭令閻敬銘等查究。旋據閻敬銘奏稱，常啓雲素不安分，挾嫌誣控，陷人叛逆，又復匿不到案，當將常啓雲革職審辦。兹該革員復以委員袒護捏詳，將伊收禁，其子常國泰仍與賊匪句結，謀爲不軌等詞，遣抱赴步軍統領衙門呈控，是否實有其事，抑係砌詞聳聽，著丁寶楨徹底嚴訊，按律定擬具奏。尋奏，遵查常啓雲並無翻供，係常啓雲之母常姜氏圖脱子罪，遣抱控告，原審並無屈抑，仍照原擬辦理。下部知之。

《清實録·光緒二十一年》諭内閣：前據刑部奏旗婦平宣氏自抹身死一案，請派大員會審，當派啓秀、徐郙訊明具奏。旋經給事中洪良品、御史熙麟，先後奏參刑部司員有威逼受賄等情，疊經降旨歸案訊辦。兹據訊明覆奏，此案旗婦慶富氏，起意將伊童養媳白妞，商同祥恩價賣，捏稱走失，致白妞之母慶王氏，赴官喊告。後因案送刑部，日久不能隱藏，慶富氏復將白妞送至平宣氏家，希圖誣賴，致平宣氏被誣情急，自抹身死。慶富氏著依例絞監候秋後處決。祥恩依例杖一百，流三千里。餘均照所擬辦理。刑部司員承審此案，未能悉心推鞫，及至白妞業經尋獲，復不能從容審理，惟向平宣氏究結，以致該氏情急自抹身死，雖無威逼受賄證據，實屬辦事糊塗，問供草率，刑部郎中覺羅崇廉、候補主事曹步雲，均著即行革職。刑部堂官未能詳察，僅憑司員面稟之詞，率行入奏，著改爲交部議處。尋議，刑部尚書松溎、薛允升，左侍郎宗室阿克丹、李端棻，右侍郎、文琳，署刑部右侍郎吏部右侍郎汪鳴鑾，均比照督撫含糊題奏降一級留任私罪例，各議以降一級留任，毋庸議抵。

清·嵇璜《清朝通典·刑四·詳讞》〔乾隆二十七年閏五月〕敕：問刑衙門臨事詳察案情，勿逞己見，增改舊章。十月諭：今日勾到河南省情實招冊，内有智洪義因父智順被趙二毆死，趙二已擬絞候，智洪義藉言報讐，輒殺其子趙倉，律擬斬候。九卿及閣臣以趙二業已減流，將智洪義可否改入緩決之處夾簽聲明。意雖近似，於事理猶未剖晰至當。儒生拘牽《春秋》復讐之説，如唐陳子昂甚至欲以一時旌誅並行，固爲乖誕，卽韓愈、柳宗元號稱善駁，大率不越以其父死於法、不死於法爲斷，殊不知其父已死於法，則固無可復之讐，卽不死於法，亦必其相鬭而殺者，其情固可矜，而其死無可寬，亦無可復之讐也。乃其子仍推刃讐人之胸，亦豈春秋之法所當予？此在唐代刑政懈弛，其説尚不能無弊，況我朝百餘年來明罰敕法，審慎周詳，豈可使生殺不關讞司，而一介不逞之徒竟爾私行報復，其可乎？且智洪義謀殺趙倉時，毆死其父之趙二尚以論抵在監，其時智洪義不得有復讐之説也。以謀殺核擬情實，自爲辟以止辟之意。第統核前後，緣起智順既爲趙二毆死，而智洪義又復抵償趙倉，則是智姓兩命而趙姓一命，於事會所致，稍覺情有未平。朕是以悉心研究，將該犯停勾，然使徑行改入緩決，則無以杜私復之源，而與謀殺本律亦大相背戾。該犯本年雖已停勾，其下次秋審仍應入於情實，俟將來年久或遇恩例減等之事，再酌量辦理。

又〔乾隆〕二十八年七月，湖北歸州民李作棋家被盜，知州趙泰交拏獲贓盜張洪順，臬司沈作朋據犯狡供，將該犯釋放，承問官坐以誣良律完結。未幾，州民趙啓賢家被盜，知州秦鏶拏獲贓盜張洪貴及前案釋放之張洪順，沈作朋陞任藩司，迴護前案，並欲消弭後案。督撫等扶同朋比，隱匿不報。事聞，特遣大臣前往詳勘昭雪，將前後兩案承辦各官並拏解來京治罪。奉諭：沈作朋實屬罪魁，立卽正法；愛必達護非欺罔，周琬朋比爲奸，本均應正法，但以案中尚未冤及人命，故從寬改爲監候。

又〔乾隆〕二十九年四月諭：前經降旨，各省遇有子孫蔑倫重案，令各該督撫於審擬定讞後一面奏聞，卽一面正法。原因該犯情罪重大，不使稍稽顯戮，但事關重辟，其中情僞多端，亦不應輕率完結。卽如廣東遂溪縣監生梁舉朝毆死陳國英之母張氏，初經該縣管惟本妄斷，屍子陳國英錄供詳報，及該督蘇昌委員覆審，始究出梁舉朝自行毆死，狡稱陳國英格斃實情，幸而獄無枉濫。若非悉心研鞫，遽爾加之寸磔，卽使事後別經訪出，而其人已罹極典，豈不竟抱奇冤不白耶？嗣後如遇此等重案，不可不倍加詳慎。該督撫等務須親提人犯，再三確審，以成信讞，毋得僅憑州縣供詳，致滋冤抑。

十月，申定民間詞訟，州縣審斷後復赴上司具控，不得仍令原問官辦理之例。

又〔乾隆〕三十年四月，廣寧令奎福素患痰疾，蒞任赴府，知府富察善聞其逋欠甚多，不令管理倉庫。奎福回署，疾作自戕。奉天府府尹耀海恐富察善不無逼抑，請與扶同驗報之錦縣令哲成額解任質審，得旨允行。越半月而奎福傷痕平復，復行自戕身死。耀海續參知府是非，有意窘迫，請交部嚴訊。上以奎福業已在官看守，傷痕平復，復自尋短見，其非因富察善抑迫致死已明，因命富察善、哲成額仍照舊任事，其失察及防守不嚴，各交部議處。

十月，改定雲南景東、蒙化二府同知及浙江玉環同知承審命盜等案，照各省直隸州解道覆勘之例。

又〔乾隆〕三十一年四月，蘇州府同知段成功在山西陽曲縣任內虧空帑項巨萬，巡撫和其衷受賄卓薦，並於其陞任時囑令屬員代爲彌補。至是段成功以縱容家人書役，藉查水利婪贓肆擾，爲巡撫莊有恭參劾。時莊有恭方蒙恩擢尚書協辦大學士將離任，新撫明德爲和其衷昆弟，莊有恭瞻顧明德親族，含糊具題，上覽疏中有該縣抱病被矇字樣，察知其狀，罷莊有恭任，遣侍郎會同總督高晉詳審得實。段成功斬決，和其衷秋後處決，莊有恭擬斬監候，其餘降革示懲。

又〔乾隆〕三十一年六月，山西民雷正宇與雷士俊酒後忿爭，拾磁盤碎片擲打，誤中雷宗乾，殞命。雷正宇與伊父雷令仁商揑雷士俊用刀扎死，仵作亦以刀傷混報，經平遙令李玳馨以傷口參差，究出實情，刪去揑供，申詳定案。巡撫彰寶以該犯審解時屢次狡辯，謂李玳馨刪供所致，請予革職。諭曰：地方官辦理讞牘，於緊要情節，自不容妄有增刪，致滋疑竇。若此等兇犯狡賴之供，定案時刪去以省繁混，自與妄改初供迥別，豈可過事苛求，不分涇渭耶？令寬貸之。

又〔乾隆三十一年〕九月，諭：前勾到秋審情實官犯內湖南省饒佺以其迴護已過，業已予勾；嗣因閲看浙省招冊内諸暨縣書吏侵糧一案，知縣黄汝亮卽行正法，知府高象震承審，迴護侍郎四達等，審擬發往軍臺效力，因思兩案情事相類而同罪異罰，不足以昭平允。特命速諭該撫將饒佺暫停處決，一面命刑部詳查高象震供詞，與饒佺案情逐細核較，再行降旨。今據奏，高象震因生員陳駒控告書吏侵糧，經巡撫批發親審，乃並不詳細根究，隨卽轉詳；復因錢名標等俱未到案，心存成見，一時迴護前詳，遽將原告陳駒詳請斥革。至饒佺，則明知印串較冊浮多，恐干失察處分，欲圖迴護，授意知縣改換印串，以符徵冊，幾至重犯漏網，實屬骫法欺矇。是高象震與饒佺雖俱係迴護，而情罪迴不相同。高象震承審時受人矇混，不能審出實情，繼復固執己見，仍照前詳率結，昏憒無能，尚屬無心之過，發往軍臺效力，已足蔽辜；若饒佺授意改串，則因袒護舞弊屬員，曲爲狥縱，有心欺罔，於法實無可貸，著該撫仍將饒佺卽行處決。秋讞爲明刑大典，朕披覽招冊，必詳愼再三，以協大中至正之法，從不預設成見，輕重悉視其人之自取也。

又〔乾隆〕三十三年二月，奉上諭：阿思哈奏各省秋審請照京師按冊覆讞之例停，其提犯到省一摺。所見甚是，而其中尚有計議未盡周到之處。蓋此等罪犯，案情久經督撫臬司確核詳定，及秋審屆期，不過循用故事，就招冊分別情實、緩決、可矜三項，而在省過堂從不聞有聲屈平反之事，徒令屬轉提解，自應酌議停止，以省具文。第各屬成案頗弊，研究務宜詳慎，若概免提解，而執法之司惟知抱牘從事，於貌稽辭聽之義猶屬未協。朕意從古按部錄囚原有舊典，在督撫統轄全省臬司，亦刑名總匯，勢難親臨州縣，一一按問。至本管道府職司既專而分轄地方，又不甚遼遠，若令於每年審錄之前巡歷所屬，逐案審勘，其情罪允符，毫無疑議者自可彙冊具申上司。間遇有獄成未孚，臨時呼冤之犯，亦祇什中之一二，仍應據實另繕招冊，將本案犯證一併解送司院覆訊。是於減除陋習之中兼寓慎重詳刑之意，立法庶爲盡善。至道府錄報各冊，無論情罪與原案有無異同，俱令加結備案，以杜狥庇屬員及有心翻駁諸弊。於責成尤有專屬，其應如何酌定條例，著該部詳議。尋部議：嗣後道員巡歷，皆以冬季爲期，於所屬業經定案應入秋審人犯，卽率同府州縣一一研訊，詳加覆勘。其定案在該道巡歷以後應行續入者，每年亦屬無多，仍令該道於秋審前率同知府就案按臨補行審勘。其各犯情節，如審與定案時並無異同，卽加結申送督撫臬司查核；其有情罪未協，臨時呼冤之犯，訊非捏詞翻異者，卽另繕招冊，將本案犯證派委妥役解送司院，聽候覆審，該道府亦出具印結備案。倘有事本冤抑而狥庇屬員、不爲辦明，及案無可疑、而有心翻異者，經該督撫查出，嚴參議處。如該督撫不加覺察，別經發覺，一併議處。至本管道員或另有要辦案件，不能分身親歷者，令該督撫酌撥鹽糧各道或別屬事簡道員前往代行審錄，出具切實印結申送。其各省之直隸州知州及並無知府統轄之廳員，幷照知府辦理。惟直隸本州案件，應專聽本管道員覆勘。六月，貴州按察使高積奏稱：黔省離京遙遠，審題事件約須半年始得接准部咨，道員巡歷所屬係每年冬季，相距秋審爲期甚遠。計巡歷之後陸續接准部咨尚多，逐起核知補行往勘，則道屬州縣多寡遠近不等，前案甫臨，後案卽續，不惟往返紛繁，且恐臨期草率。伏思案經撫臣核題，其何時得准部咨，原可按限約略扣算，預行道府覆勘。請嗣後凡經撫臣審題，約計次年四月初旬以前可准部咨者，由臬司查明，於每年十月內開列名單，移行該道府，於各季巡歷之時逐加研訊，造冊申送督撫臬司，仍由臬司核明。如預訊各案內閒有未准部咨及部駁覆審，俱照例扣除，知會道府歸入下年秋審。部如其請，幷於所有遠省分，如有情形相似者，亦准其一體辦理。至距京較近省分，文書往來迅速，卽當年正二月核題之案，尚可接准部覆入於秋審，勢不能盡於歲前十月巡歷之時預行扣算覆勘，應仍照原奏遵行。又，該按察使稱黔省所屬，惟遵義一府無親轄地方，其餘貴陽等十二府均有屬府分管之處，一切案件俱係知府自行承審，與直隸州無異，若仍令隨同道員覆勘，難免迴護。請將貴陽等十二府親轄地方應入秋審各案，循照直隸知州之例，專聽道員按臨研鞫，毋庸知府會訊。部亦如其請。

又〔乾隆〕三十四年十二月，廣西民盧將聘黃寧婥爲妻，尚未成婚，盧將捉姦，將姦夫毆斃。廣西巡撫以黃寧婥雖係盧將聘定之妻，究未過門，婚配律例內並無未婚之壻許其捉姦之文，盧將因捕捉未婚妻之姦夫致死，未便照本夫捉姦致死姦夫律科斷，將盧將照罪人不拒捕而擅殺律擬絞監候。部以聘定已有夫婦之名，姦情許以捉獲爲據，若本夫聞知聘定之妻與人通姦，非當場現獲，則事屬無憑，控告既難白之，當官休棄又無以折服妻族，是未婚之夫聞姦往捉，固出於勢之所不能已，而亦爲情理之所應然。倘姦夫業經脫逃或已就擒獲，輒復逞兇毆斃，固難寬其擅殺之罪，而事係登時，毆由追逐，若此等情，卽應許捉姦之親屬尚得援照捉姦各條問擬，而已聘定之夫竟同凡論，殊失平允。例內並無已經聘定尚未過門成親之妻，本夫捉姦將姦夫殺死明文，外省問擬易致參差。請嗣後凡有聘定未婚之妻與人通姦，本夫聞知往捉，將姦夫殺死，審明姦情屬實，除已離姦所，非登時殺死不拒捕姦夫者仍照例擬絞，其登時殺死及登時逐至門外殺之者，俱照本夫殺死已就拘執之姦夫，引夜無故入人家已就拘執而擅殺律擬徒例擬徒。其雖在姦所捉獲，非登時而殺者，卽照本夫殺死已就拘執之姦夫滿徒例加一等，杖一百，流三千里。如姦夫逞兇拒捕，爲本夫格殺，照應捕之人擒拏罪人相鬬致死者律，得勿論。今盧將應改照本夫殺死已就拘執之姦夫，引夜無故入人家已就拘執而擅殺律擬徒例杖一百，徒三年。奉旨：依議。

又〔乾隆〕三十五年三月，奉上諭：據巴彥弼等奏，烏嚕木齊傭工人楊奉隆與鐵鋪夥匠楊元戲耍，誤將鐵銼摔傷李剛，越日身死，將楊奉隆依因戲耍誤殺旁人，照因鬭毆而誤殺旁人律，減一等，杖一百，流三千里一摺。雖係按例定擬，但思戲殺與鬭殺所因縱有不同，至於誤殺旁人則情罪本無區別。今鬭殺誤殺之例既問擬絞候，而因戲誤殺者何以獨得減等擬流？從前定例，原未允協。夫戲殺雖屬無心，而既已因戲戕其生，卽不得不比例擬抵，正所以重民命而愼獄情。且以尋常而論，則與甲相戲固與乙無干，而既致誤殺，則甲與乙有何分別？若多一誤殺旁人末減之例，是於兇犯過存姑息，而死者不可復生，揆之情理，豈爲得平？況此等案犯，秋審時斷不至入於情實，俟數次緩決後，原可邀恩減等，何妨照鬭毆律問抵，暫繫囹圄，而必遽爲開脫耶？著刑部另行改擬具奏，以昭平允。所有此案應擬罪犯，卽照新例辦理。

又〔乾隆三十五年〕五月，奉上諭：阿爾泰題參茂州知州張齡度於張元瓏縊死驗報不實一本，已降旨革職發審。此案張元瓏自縊，由楊焯等拴繫所致，張齡度檢驗時既未得實，且於長隨衙役等滋事處概未查出，致被屍弟控告，經知府劉建吉、知州黃叔顯覆審，始將拘鎖、移屍各情節逐一訊出，據實詳報，殊屬可嘉。各省委員查審事件，其因挾嫌報復，遇事苛求者尚少，而於原審官素相交好，曲爲袒徇，顛倒是非者頗不乏人，卽平日漠無關涉而狃於官官相護之見，意持兩端，希冀調停了事者，更比比而是，最爲吏治民生之害。劉建吉等獨能力破惡習，俾案內實情盡行發露，自當予以獎敘，用示風勵。向來刑部司員於外省題結審案自能駁正得當者，卽交部議敘，至各省派委覆審之員，如果秉公持正，不徇情面，廉得案情者，尚未定有敘錄之條，當亦酌倣其意，使人知所勸。其作何量予議敘之處，著該部詳晰定例具奏。所有劉建吉、黃叔顯卽照新例行。尋部議：嗣後各省案件，經督撫兩司派員覆審，除細小事情及原審官所擬罪名不甚相懸者無庸置議外，如原問官將案外無辜鍛鍊成獄，或本案重犯竟令漏網，或罪應斬絞輕議遣發以下罪名，或原犯罪止軍流遽擬重辟，出入懸殊，生死失當，經委審官悉心研鞫，究出實情，按律更正，應令該督撫將係何員廉實駁正之處隨案聲明，申請議敘。臣部照刑部司員之例准其紀錄一次。至該管道府、直隸州知州，本有審轉之責者，無庸概請議敘。若該委員等因有議敘之條附會文飾，致故意苛求，仍令該督撫查明題參。又或案件重大委審多員，亦應仿照刑部，祇將主駁之員聲請敘錄，其餘毋庸濫擬列入，致開倖邀議敘之端。此案潼川府知府劉建吉、綿州知州黃叔顯覆審茂州命案，不狥情面，將前審官未經審出拘鎖、移屍各情節逐一訊出，據實詳報，應卽照此例，各准其紀錄一次。奉旨：依議。

又〔乾隆三十五年〕閏五月，奉上諭：據德福奏審擬安仁縣倉書劉本忠等盜用空白印文揑款誣揭一案，將該犯劉本忠擬絞，請旨卽行正法。所擬未免過當。劉本忠因與同房書役俱被該縣長隨斥辱，素有嫌隙，輒用印紙揑款造詳誣陷本官，情節原屬可惡；但此等胥吏作姦，自當依律科斷，初非身犯逆惡及強盜光棍等案犯，不容少稽顯戮者可比。卽隱匿文書告言人罪者定擬絞候，以事理較重，列入本年秋審情實，已足以示懲儆，若亦予以立決，於情法既未得其平，且恐內外問刑衙門因此妄生揣摩，轉相比附，甚非弼敎協中之義。此案著交刑部，俟該撫題疏到日另行改擬具奏，幷將此通諭中外知之。

又〔乾隆三十五年〕六月，奉旨：刑部等衙門議覆西安巡撫文綬審擬焦喜財，聽從老趙氏致死王磨折兒，將焦喜財擬以凌遲處死，老趙氏擬以杖徒，不准收贖一本。朕初閲時，焦喜財致死王磨折兒，係聽從老趙氏主使，事由祖母逼勒，勢不由己，其罪或可量從末減。及檢核案情，則焦喜財因老趙氏將使女張女子許給爲妻，卽哄誘王磨折兒掀入井內幷用石塊塌斃，是其幼主王磨折兒之死，實緣該犯貪圖得妻所致。律以雇工人謀殺家長凌遲處死，實屬情眞罪當，法無可寬。至老趙氏問擬杖徒，法司議以不准收贖，雖已較該撫原擬加重，而原情定罪，究不足蔽辜。蓋定例祖父母故殺子孫，原因子孫先有違犯尊長情事，或子孫不肖或一時激怒，是以照律科斷。今王磨折兒年幼，幷無過犯，而老趙氏偏愛伊女，圖分財產，將寡媳小趙氏縛毆空屋，欲令絕糧餓斃，經王磨折兒咬繩潛逸，情甚可憐。老趙氏轉慮其記讐起意致死，不惜伊夫伊子永絕宗嗣，其忍心慘毒，豈得復以尋常尊長之律定擬？似此關係倫常風化之事，若不示之懲創，將明刑弼教之義謂何？焦喜財著卽依議凌遲處死，其老趙氏著發往伊犂給厄魯特爲奴，餘依議。幷將案內情節及改定罪名之處，通諭中外知之。

又〔乾隆〕三十六年八月奉上諭：永德奏監生段興邦威逼佃戶周德先父子五人投塘服毒身死，照例擬發邊衛充軍，請將田畝斷給一半與周德先之孫一摺，已批交該部議奏矣。段興邦以田土細故輒揑詞控告佃戶，復用言恐嚇，致周德先父子五人先後自盡，實屬豪強兇惡，僅擬軍罪，豈足蔽辜？

據稱現咨部核結，刑部作何核議？或准或駁？曾否咨覆完結？而向遇威逼一家三命之案，部中作何定擬，有無分別另辦？若果悉以充軍問擬，於理豈爲得平？著傳諭大學士劉統勳等卽行查明覆奏。至永德明知段興邦之情罪較重，仍照常擬以充軍，咨部完結轉以科斷田產末節專摺陳奏，貌似嚴懲而意存輕縱，未免近於取巧，豈封疆大臣實心任事之道？永德著傳旨申飭。

又〔乾隆三十六年〕十二月，奉上諭：刑部等衙門議覆河南巡撫何煟審擬林朱氏與林朝富通姦，商謀買藥毒死伊媳黃氏一本。將林朝富照該撫所擬定以斬候，係屬按律定擬；其林朱氏擬發伊犂等處，給厄魯特兵丁爲奴之處，雖比該撫原擬發駐防兵丁爲奴稍爲加重，而核其情節實不足以蔽辜。凡故殺子孫定例，原以子孫先有違犯或因其不肖，一時忿激所致，是以照例科斷。若其中別有因事起意致死，情節較重，已不得復援尋常尊卑長幼之律定罪。從前是以改擬發遣爲奴，成案具在。若林朱氏因與林朝富通姦，爲媳婦黃氏撞見，始則欲污，以塞其口，黃氏不從，復慮其礙眼，商謀藥死，其廉恥盡喪，處心慘毒，姑媳之恩至于已絕，不但無長幼名分可言，又豈可僅照發遣完案，俾得靦顏存活，使倫常風化之大閑，罔知懲創，而堅貞之烈婦無人抵命，含冤地下，將明刑弼教之謂何？嗣後凡遇尊長故殺卑幼案件，內有似此等敗倫傷化、恩義已絕之罪犯，縱不至立行正法，亦應照平人謀殺之律定擬監候，秋審時入於情實，以儆無良而昭法紀。著將此通諭中外知之。所有林朱氏一案，卽著三法司照此改擬，具題完結。

又〔乾隆〕三十七年九月，奉上諭：刑部奏河南羅山縣民潘九思與王李氏通姦，主使王李氏勒死伊子王孟隆一案，該撫何煟將王李氏照平人謀殺加功律擬以絞候，於情理未妥，請改發伊犂爲奴一摺，部駁甚是。上年河南省林朱氏因姦謀污伊媳黃氏不從，用藥毒死一案，其處心積慮慘毒非常，姑媳之恩已絕，是以降旨照平人謀殺之律定擬，爲淫兇傷化者示儆。至此案王李氏聽從姦夫謀死伊子，其淫賤殘忍固不足齒於人類，但母子爲天性之親，與姑媳之義以人合者本屬有閒，若以子死之故令其母繯首抵償，於情理究爲不順。何煟援照林朱氏因姦殺媳成案問擬，未免拘泥失當。部議照鮑楊氏謀殺伊子之案擬發伊犁，給與兵丁為奴，自屬允協。著照部議完結，併通諭中外知之。

又　十月，奉上諭：本日三法司核覆熊學鵬審擬管關織造寅保家人高尙德踢死徐二一案，該撫原擬高尙德逞兇踢斃平民擬絞，卽行正法。經法司核擬，高尙德緣徐二漏稅爭釁被踢身死，與無故毆斃平民不同，應仍以鬭殺律絞候。所駁甚是，已依議行矣。高尙德踢斃人命，自有應得罪名，但徐二原係漏稅之人，因不服忿爭腳踢致斃，與倚勢逞兇毆斃平民有閒，按鬭殺本律定擬，已足蔽辜。熊學鵬并不細核案情，擬以立決，實屬過當。立決不待時之犯，原因罪惡重大，法難姑待，如強盜罪無可原及謀叛大逆，及邪教妖言之類，自不容少稽顯戮。至如近日錢度之案，以大員敗檢婪贓，數逾累萬，迥出情理之外，非盡法處治不足示懲。若高尙德所犯與數者絕不相類，何至遽擬立決？看來該撫因前奏未將寅保是否知情故縱或係失於覺察之處分晰聲敘，曾經降旨，令其悉心研審，因而體會錯誤，殊不思封疆大吏於刑名案件竟不揆事理之輕重，率用私意窺測，致引斷失律，可乎？熊學鵬著交部議處。朕於一切讞牘虛公審擬，應寬應嚴，原不預存成見，其中原擬過輕，經朕敕部另議，或原擬過重，復駁令改議者，各就案犯眞情反覆推究，務期一一公當，皆隨其人之自取。正如鑑空衡平物來順應，初非先有意向，則各督撫又何從爲之揣摩？況一涉揣摩，則事理已不得其平，復何以稱弼教協中之意？各該督撫等惟當就案原情，盡破私心遷就之見，使庶獄悉歸明愼，以副委任。將此通諭知之。

又〔乾隆〕三十八年十二月，奉上諭：昨據刑部題覆巴延三審擬李治國扎傷石通致死一案，以該犯救母情切，照例兩請減等，并聲明獨子，家無次丁，例得留養。核其情節，李治國因伊母高氏被同母異父之石通拉走，擦傷手腕、脊背，李治國恐母年老傷重，用刀嚇扎，以致石通殞命，實係救母情急，已照議減等發落矣。例載救親情切一條，原因父母被人毆打，勢在危急，伊子聞聲救護，實有迫不得已情狀，因致傷人，其情實有可原。是以向例於疏內聲明兩請候旨。若其父母與人尋釁鬭毆，其子踵至從而加功，致斃人命，是父子逞兇共毆，并非情急救護，豈可不嚴究實情，照律論抵？若復巧爲援引開脫，竟使濟惡兇犯倖逃法網，何以昭敕法乎？又獨子養親一條定例，必先查核，死者并非獨子而凶犯實在家無次丁，方准聲請，亦須核其情節本輕又毫無別故，始可照例援請。至其中案情稍重，雖經聲請不准留養者，前經朕以此等尙非謀故重情常赦不原，曾降旨皆俟其拘繫經年，馴其桀驁之氣，量爲末減。亦不必於定案時將命案正犯遽行開釋，是於明慎用刑之中更寓法外施仁之意。第恐愚民無知，恃有留養之例，凡係獨子動輒輕身鬬狠，易罹法網。是隨案辦理，留養非惟無益，而且害之，與其急於縱釋而民輕犯法，何如稍加慎重之轉得矜全乎？嗣後遇此兩項案情，務須確核罪由，審酌至當，妥協辦理，毋得意存姑息，以副明允協中之意。將此通諭知之。

又〔乾隆〕三十九年正月，上諭：李侍堯查奏揭陽縣賊匪爬城起釁緣由一案，據稱該縣先有陳阿高等聚衆結盟，經巡撫德保核審擬以絞候，發回監禁。匪徒林阿裕等與陳阿高交好，探知罪名已定，起意糾匪潛謀刼獄，縱放，乘該署縣交卸之際約期舉事，潛匿城外。適遇民人洪阿四攜眷探親，見而驚散，幼子落後，遂被殺死。匪衆黄夜爬城，聞地保聲喊，始行逃逸等語。林阿裕等敢於潛謀刼獄，情罪實屬可惡，已交李侍堯卽速嚴審，從重定擬矣。此案皆由陳阿高擬罪過輕，匪徒見其久繫囹圄，遂爾潛謀滋事，皆身罹重典。使陳阿高犯案時卽行正法，林阿裕等無隙可乘，轉得杜其奸謀，亦可全其軀命，所謂辟以止辟用意，正復如此。及查核原案則陳阿高之問擬絞候尙屬德保比例較重，是此係舊定之例，原未允協。夫以插血定盟謂不分人數多寡，殊屬顢頇失當，豈有十人內外，多至四五十人者可漫無區別乎？卽如陳阿高一案，結盟至四十餘人之多，又係該犯起意聚衆，且陳阿高年僅二十二歲，案犯較其年長者尙多，而衆皆推之爲首，卽屬匪黨渠魁，更非序齒結拜兄弟者可比，自當另定條例，以示懲創。所有陳阿高罪名已諭令李侍堯歸於林阿裕等案內，從重定擬。至嗣後遇有此等案件如何另行定擬之處，著刑部詳悉妥議具奏。尋部議：嗣後凡異姓人但有插血訂盟焚表結拜弟兄者，照謀叛未行律，爲首者擬絞監候，爲從減一等；若聚衆至二十人以上，爲首者擬絞立決，爲從者發雲貴兩廣極邊煙瘴充軍；其無插血盟誓焚表事情，止序齒結拜弟兄，聚衆至四十人以上，爲首者擬絞監候，爲從減一等；若年少居首，并非依齒序列，卽屬匪黨渠魁，絞立決，爲從發雲貴兩廣極邊煙瘴充軍；如序齒拜數在四十人以下二十人以上，爲首者杖一百，流三千里，不及二十人，杖一百，枷號兩個月，爲從各減一等。奉旨：依議。

又〔乾隆三十九年〕十一月，奉旨：失察逆匪王倫等邪教聚衆謀爲不軌之地方文武各員內，藩臬兩司爲通省大吏，不能先時查察，以致逆匪不法滋擾，其咎固無可辭，但究係統轄之員與該管道府有閒。布政司國泰、按察司孫廷槐著加恩從寬，革職留任。兗、沂曹道，松齡，兗州府知府福森布，濟東泰武道宋文錦，東昌府知府季世法，同知鍾翔鳳，前任東昌府知府胡德琳，均係專管大員，王倫於三四月閒卽有謀逆情形，而皆漫無覺察，實乖職守。除明德琳已於另案革職外，松齡等著照部議革職，仍著該部帶領引見。至陽穀縣張克紳，係守土之員，非典史微員可比，賊至不能保禦城池，竟若置身局外，當與把總孫雲龍等同罪，僅擬發邊遠充軍，此係前明部臣左袒文員之弊，斷不可行。張克紳著改照守邊將帥失陷城寨律擬斬監候，以昭平允，仍著該部明白回奏。餘依議。朕辦理功罪賞罰，一秉大公，從不肯少有偏倚，如遊擊趙福之殺賊陣亡，知縣沈齊義等之罵賊死節，卽加以旌揚，而張克紳之失城苟免，亦不能曲爲寬貸，悉視其人之自取，無絲毫成見於其中也。將此通諭中外知之。

清·嵇璜《清朝通典·刑七·雜議》 四十七年二月，新昌縣民吳全英等因守稻疑賊，喝罵並稱放鎗，致梁元湊等毆打奪去鳥鎗，次日糾吳佛貴等至梁祖義家吵罵毀物，卧床詐賴，以致梁王氏情極自縊。該撫依因事威逼致死律，將吳全英杖一百，因其情殊兇，橫加枷號兩月。吳佛貴等照不應重律枷杖，部議查，例載兇惡棍徒生事行兇，無故擾害良人者，發雲貴兩廣烟瘴地方充軍。此案吳全英因與梁元湊索餡細故，糾約多人登門吵罵打毁什物，致元湊之父梁祖義畏兇躲避，乃復藉稱受傷，卧床詐賴，以致梁祖義之妻梁王氏被逼難堪，當卽投繯殞命。核其情節，實屬不法，若僅照威逼律問擬枷責枷號，似屬情重法輕。吳全英應從重改照兇惡棍徒，無故擾害良人例，發雲貴兩廣烟瘴地方充軍，仍照例改發極邊足四千里充當苦差，面刺烟瘴改發四字。吳佛貴聽從吳全英打毁什物，亦屬滋事，僅照不應重律杖八十，加枷號一個月，尙不足示儆，應加枷號三個月，餘照該撫所擬完結。四月，山西民婦趙張氏因出嫁之女張趙氏聚賭潑悍，不守婦道，伊壻張翔鵠堅欲休回，隋起意勒死。山西巡撫臣雅德以張翔鵠幫回勒死伊妻，雖係爲從，但例無聽從他人謀故殺妻得以輕減明文，自應仍按本律定擬，將張翔鵠依律絞候。趙張氏擬杖徒。部議，查律載尊長謀殺卑幼，依故殺法，故殺子孫者，杖六十，徒一年。又律載夫毆妻至死者，絞監候。故殺者，亦絞。又，律載謀殺人造意者，斬監候。從而加功者，絞監候。蓋毆妻至死，無論謀故，罪止絞候，係指本夫起意殺妻者。而言至聽從他人殺妻，既與本夫自行殺妻不同，又與凡人謀殺加功情亦有異。向因此類案情絕少，故例內並無聽從他人謀故殺妻作何治罪明文。此案張翔鵠因妻趙氏不守婦道，往訴妻母趙張氏，欲將趙氏休棄。趙張氏隨往訓斥，因趙氏愈肆潑詈，心生忿恨，起意致死。是趙氏之死實由伊母趙張氏起意謀勒所致，除趙張氏不應如該撫所題依子孫違犯教令，父母非理歐殺律，杖一百應改依尊長謀殺卑幼，依故殺法故殺子孫，杖六十，徒一年律，應杖六十，徒一年，係婦人照例收贖外，至張翔鵠勒死妻命，係聽從加功之人，該撫以律無明文仍將張翔鵠依殺妻本律定擬絞候，不特與本夫自行謀故殺妻者無別，且與凡人聽從加功謀命擬絞之條致滋牽混，揆之情法，未爲平允。而此案事例既無成律可循，查三十七年，四川督臣題叙永題李如榜毆妻楊氏，傷重垂危，料不能生，聽從義父傅天成主令假作自縊，希圖卸罪，卽取蔴繩遞給傅天成，將楊氏繫掛枋上懸吊殞命。該督將爲首之傅天成依謀殺人造意律，擬斬監候；李如榜照尊長謀殺卑幼，於絞罪上減一等，杖一百，流三千里。經部核覆題準，今張翔鵠聽從妻母趙張氏將伊妻趙氏謀勒斃命，與李如榜聽從義父傅天成將伊妻楊氏懸吊致死事同一轍，似可懸照定擬，應將張翔鵠卽照李如榜之例辦理。奉旨依議。九月，廣西巡撫朱椿奏：查例載搶奪傷人，下手爲從，又傷非金刃，又傷輕平復之首犯，均改發邊遠充軍。又例載，竊盜臨時拒捕，傷非金刃，又傷輕平復之首犯，改發邊遠充軍。嗣經部議，將搶奪傷人爲從，暨竊盜臨時拒捕傷非金刃、傷輕平復二項，俱改擬發往新疆，交該都統酌，撥種地當差。奉旨依議。在案惟搶奪傷非金刃，又傷輕平復之首犯，非由新疆改發內地，未經議及，仍照向例發邊遠充軍，較之搶奪下手爲從暨竊盜臨時拒捕，傷非金刃，又傷輕平復之首犯罪名反輕。查搶奪本重於竊盜，因竊盜既經拒捕，與搶奪無異。是以不論搶竊，傷非金刃，又傷輕平復，均發邊遠充軍。今竊盜傷人已改新疆，而搶奪傷人仍發邊遠，似未平允，應請將搶奪傷非金刃又傷輕平復之首犯，比竊盜臨時拒捕傷非金刃又傷輕平復之首犯，亦改爲發往新疆，交該都統酌撥種地當差。部議從之。

《清朝各省律檔・廣西司》 查例載：謀故殺人而誤殺旁人，如係一家二命，擬以斬決，免其梟示。又，謀殺子孫而悞殺旁人，發近邊充軍各等語。此案羅鄂因胞羅三，素不務正，時常偷竊，經羅鄂屢訓不悛，嗣羅三復行竊莫昭等布疋、錢文，並向吳老貴誣竊訛詐，被各事主投保向論，均經羅鄂服禮賠贓寢息後，羅三又偷竊羅士法銀兩、衣飾，又經羅鄂賠贓了事。羅鄂因羅三迭次肆竊，玷辱祖宗，一時忿激，起意將其毒死，隨買得黃酒一罐，採取斷腸毒草，搗汁和入酒內，又取熱肉一塊，假稱祭祖酒菜送給羅三飲食。適羅三患病不吃，將酒菜收存柜內。嗣吳幗潮與子吳成富等至羅三家探望，羅三將酒取給吳幗潮父子等共飲，旋各毒發殞命。該撫以羅鄂欲毒死爲匪胞弟，致悞毒吳幗潮父子二命，例內並無作何明文，惟當日如羅三被毒致斃，該犯罪止滿徒，核與父謀殺子之罪相等。其悞毒吳幗潮父子身死，非該犯意料所及，若照謀殺凡人，悞殺旁人一家二命問擬斬梟，未免法重情輕。如比照謀殺子悞殺旁人，例擬軍而死係一家二命，又覺輕縱。復查謀殺子悞殺旁人一家二命，前曾奉部酌議，發遣新疆。該犯致死爲匪胞弟與父謀殺子情事相同。惟原擬發遣新疆之處，並未纂例。未便比引，咨部核示等因。本部查因謀殺而悞殺，惟父謀殺子，例有擬軍之文。然亦苐知指僅斃一命者，而言若致斃一家二命，雖本部前于議覆陝西省請示案內有議發新疆之文，惟于纂例時因情罪過涉輕縱，業于進呈冊內聲明：此等案件，俟臨時酌定，毋庸纂例，可知一家二命一時同被慘殺之案，即釁起以父殺子，亦不得率議輕減。若尋常尊長之于卑幼各分，更非父子可比，不能相提並論。況尊卑親屬互相謀殺，事所恆有，如或悞斃旁人一命，或二命係屬一家，雖例無治罪明文，惟遇有此等案件，不能因謀殺係尊長而加重，即不能因謀殺係卑幼而減輕。所有謀殺胞弟羅三以致悞斃吳幗潮父子二命之羅鄂，應即按例擬以斬決。即爲該犯因謀殺爲匪胞弟起釁，較之蓄恨謀殺平人致悞斃一家二命者，情罪爲輕，問擬斬決，似覺過重，亦止可於案內將該犯可否由立決量減爲擬斬監候之處，妥爲聲叙，恭候欽定，不得于定案時遽擬從寬。再查因謀殺而悞殺旁人一家二命，例止斬決，並不加梟。該撫所稱斬梟之處，係屬錯悞。又謀斃爲匪胞弟，固罪止擬徒，然亦不與父謀殺子之罪相等。蓋父謀殺子，律照故殺科罪，故殺並無違犯之子，按律止應徒一年。若其子有爲匪情事，自應衡情酌予免議，核與滿徒罪名輕重懸殊。該撫所稱謀斃爲匪胞弟滿徒之罪，與父謀殺子罪名相等之處，亦屬錯悞，應均毋庸議，相應咨覆該撫可也。

《說帖類編》卷一〇《江蘇司》 交核江蘇省咨王雙壽搶奪宋鳳祥食物，後復將其致死滅口，周隴伢在塲加功作何治罪咨請部示一案。職等查搶奪殺人例內，首犯斬決，其爲從之犯，分別刃傷、折傷並折傷以下，擬以絞候、充軍，原指倉猝拒捕致死者而言。如得人財後或畏人知覺，或慮事主告發，將其致死滅口，在爲首之犯，罪名應擬斬決，較尋常謀殺造意罪名爲重，則爲從幫同按毆之犯不能轉輕。干謀殺加功之犯，檢查十七年甘肅省啞子一案，係聽從馬得搶奪，控究事主聲稱，馬得起意將事主勒死，該犯幫同執繩勒斃。該省擬將啞子照搶奪殺人爲從，折傷以上例，擬以絞候，經本部照覆在案。今江蘇省王雙壽等搶奪宋鳳祥饅首擔，因宋鳳祥趕向索還，聲言控告，王雙壽起意致死滅口。向周隴伢商允，王雙壽行將宋鳳祥扳倒，周隴伢按住兩腳，王雙壽狠搯宋鳳祥咽喉，立時殞命。該省以下手加功按捺，因傷非金刃，轉得擬軍，似覺法輕情重，咨請部示等因。查周隴伢聽從王雙壽搶奪，復致死事主宋鳳祥滅口，該犯幫同揿按，雖傷非金刃，不應照折傷以上例擬以絞候，核與十七年甘肅省啞子一案亦相符合，謹酌擬稿尾呈閱，恭候鈞定。

查例載：白晝搶奪殺人者，擬斬立決。爲從幫毆，如刃傷及折傷以上者，俱擬絞監候。傷非金刃，又非折傷者，發極邊烟瘴充軍。未經幫毆成傷者，發極邊足四千里充軍。又律載：謀殺人造意者，斬監候。從而加功者，絞監候。不加功者，杖一百，流三千里。又例載：圖財害命，得財而殺死人命者，首犯與從而加功者，俱擬斬立決。不加功者，擬斬監候各等語。詳繹例義，搶奪殺人事由倉猝者，應照本例分別科以首從之罪。其因搶奪財物後或恐人知覺，或慮事主告發，起意致死滅口，其搶奪在先，殺人在後，故與圖財害命者不同。惟搶奪殺人首犯罪名重于謀殺造意之犯，搶奪未經幫毆成傷之犯罪亦重于謀殺從而不加功之犯，則搶奪殺人幫同按毆從犯，自不能反輕于謀殺加功之犯。是以搶奪致死滅口之案，如預知謀情幫同按毆，雖止他物手足，卽應以刃傷及折傷論同，擬繯首；若不知謀情者，仍各照本例科斷，歷經辦有成案。此案周隴伢聽從王雙壽搶取宋鳳祥食物，宋鳳祥趕向索還，聲言到官控告，王雙壽起意致死滅口，向周隴伢商允，王雙壽將宋鳳祥扳倒，周隴伢按住兩腳，王雙壽騎壓宋鳳祥身上狠搯宋鳳祥咽喉，立時殞命。查周隴伢于王雙壽將事主宋鳳祥搯斃之時，用手按其兩腳，是該犯下手加功，正與幫毆刃傷及折傷無異。周隴伢一犯自應卽照搶奪殺人爲從幫毆刃傷及折傷以上例，擬絞監候，相應咨覆該撫可也。

《說帖類編》卷一〇《雲南司》 覆核雲南省題路文經糾搶戴〔德〕培行內銀物遵駁改正一案。職等查此案路文經，前據該撫將該犯依糧船水手夥衆搶奪，十人以上執持器械，爲首照強盜律擬以斬立決。經本部以該犯等首從十七人俱係徒手搶奪，與持械倚強肆掠兇暴衆著者不同，所擬情罪未協，駁令另擬。今該撫遵駁改正，因該犯情節較重，改依兇惡棍徒擾害例擬軍，請發新疆給官兵爲奴，情罪尚屬允當。惟各省遇有似此之案，恐或誤會糧船水手本條例文辦理，未免參差，應再行直省問刑衙門，一體遵照，謹擬稿尾呈閱，是否仍候鈞定。

再，查此案前據該撫以路文經起意，糾搶戴德培行內銀物，首從十七人徒手搶奪，將路文經依糧船水手夥衆十人以上執持器械爲首，照強盜律擬以斬決，本部以徒手聚衆搶奪，與執持器械不同，駁令另擬。茲據該撫遵駁改正，誠恐各省遇有似此之案，誤會例義辦理，未能畫一，通行直省各督撫府尹問刑衙門一體遵照辦理。

清・祝慶祺《刑案滙覽・刑律・斷獄》 廣西撫奏土民韋太權、韋佈觀，各毆傷盧培、莫賢身死，承審之河池州蘇榮坪，草率具詳一摺。查，已革河池州知州蘇榮坪，於土民韋太權等毆斃人命之案，並不立時往驗，以致土目盧廷贊等乘機訛詐，勒令屍親攔驗。該參員又不詳察虛實，作爲已驗，旣據訊非有心故出，自應照失出本律科罪。至該省所引改造口供，故行出入革職之條，本係遠年舊例，不惟與律不符，且以失出之案而引故出之例，亦屬未協。該司改依斷罪失出減五等放而還獲聽減一等律，擬杖六十，徒一年，係屬按律辦理。稿尾查律載，官司故出入人罪，全出全入者，以全罪論，若斷罪失於出者，各減五等，放而還獲聽減等一等語。此案已革河池州知州蘇榮坪，於土民韋太權、韋佈觀，各斃一命，並不立時往驗，以致土目盧廷贊等，乘機指官訛詐，假揑斑痧醉跌情節，勒令屍親具呈攔驗。該參員又不詳察虛實，作爲已驗具詳，致將應擬絞罪二犯全行失出，旣經該撫訊明，並無聽囑故出情弊，自應卽照斷罪失出律科斷。該撫將革員僅擬革職，與律不符。蘇榮坪應改依斷罪失於出者減五等，放而還獲聽減一等律，於韋太權等絞罪上減一等，杖六十，徒一年，卽行定地發配。嘉慶二十年說帖。

清・祝慶祺《刑案匯覽・刑律・有司決囚等第》 陝督咨付四姓保行竊被獲圖脫，用刀自割髮辮誤傷事主張憲武右眼胞、左手背、右手腕，傷經平復，將付四姓保擬軍一案。查例載：命盜案內由死罪減爲發遣軍流者，定案時仍專本具題，不得同尋常軍遣等案咨部彙題完結等語。例稱命盜案內本係由死罪減爲發遣軍流之犯，係指按照律例本由應擬斬絞等項罪名者而言，如強盜情有可原並聞拏投首，由斬決減爲軍遣，及共毆案內，原謀並助毆傷重之犯，監斃在獄，或解審中途病故，將律應擬抵之正兇減等擬流之類是也。此等應擬死罪人犯，雖經原情減等，究與尋常軍遣不同，定案時自應仍專本具題，以昭慎重。至竊盜圖脫用刀自割髮辮衣服襟帶，誤傷事主，平復減發極邊煙瘴充軍一項，從前定例時雖由竊盜拒捕刃傷絞罪上量予減等，而一經立定專條，即係本例應擬軍罪。與定案時仍應按本例擬絞聲請減軍者不同，自應與尋常軍遣等案一體咨部彙題完結，毋庸專本具題。道光四年通行。

又 福建司查：本部核題外省斬絞罪名案件，如未經出本以前續報正犯病故，案內餘犯罪應軍流者仍行題覆，如餘犯僅止徒罪以下，向俱改咨完結。至正在核題間續報正犯脫逃，餘犯罪止擬徒之案，查無辦過成案。職等公同商酌，正犯既經脫逃，將來就獲，自應另擬罪名，專案題奏；現在不過虛擬之罪，與正犯病故者情事相同，似可仿照辦理。今福建省題黄細毛致死馬留明一案，既據該撫奏報，該犯解審發回中途脫逃，其案內私和之張馬氏，罪止擬徒收贖，似可改咨完結。乾隆五十八年說帖。

清·祝慶祺《續增刑案匯覽·刑律》 陝督咨大馬營千總戚元昇擅責巡役胡海量身死一案。此案胡海量身充巡役，與民婦李周氏姦宿，本屬有罪之人。該千總戚元昇於鄉保人等獲送胡海量到營，並不移解有司衙門審結，擅自責處，以致胡海量傷毒內攻，越十日身死，固係依法責打，究屬違例。查杖斃犯姦罪人，與擅責竊賊無異，應將戚元昇比照營汛武弁拏獲竊賊，並不移送有司審理，擅自責打致死者革職例，業已咨革，應毋庸議。道光九年案。

清·潘文舫《新增刑案匯覽·刑律·有司決囚等第》 皖撫奏各屬擬結斬絞人犯，遵照章程分別正法減等一摺。查得甯國縣招解斬犯梅三喜因姦起意，商同姦婦梅屠氏謀殺縱姦本夫梅家傾身死一案，廣德州拏獲留禁省監，被粵匪放走盜犯吳老八楊四魁一案，均各批令正法。又合肥縣招解絞犯營兵梁應及戳傷棚兵張學鳳身死一案，又絞犯雷孜存毆傷何榜身死一案，又舒城縣招解絞犯何啓詳戳傷潘起發身死一案，又巢縣招解絞犯馬兵周兆禮毆傷同營守兵王潰身死一案，秋審應入緩決，均應減流等因。查斬婦梅屠氏、斬犯吳老八即楊四魁二名口，或係聽從姦夫謀殺縱姦本夫，或係行劫盜犯，均罪應斬決；斬犯梅三喜一名，係造意謀殺縱姦本夫，秋審應入情實。該撫於審明後即行正法，核與奏定章程相符。再，未入秋審絞犯梁應及雷存孜、何啓詳、周兆禮等四名，臣等核其情節，或釁起理斥，或毆係他物，或抵戳一傷，或械係奪自死者之手，秋審均應緩決，照例減等。咸豐十年說帖。

清·沈家本《敘雪堂故事·死罪情重人犯趕入本年秋審》 乾隆十九年閏四月二十一日上諭：福建巡撫陳宏謀奏稱，諸羅縣姦民吳典等糾衆奪犯，及同安縣賊犯林對等糾衆拒捕，兩案內爲從各犯，俱已擬絞候具題，尚未准部覆，例應入於次年秋審。但此二案情罪重大，已令臬司歸入秋審會勘等語。兇頑之徒，糾黨抗官，肆行不法，自應明正典刑，以示懲創。著照該撫所請，入於本年秋審情實具題，并傳諭各該督撫，凡遇此等案件，俱照此辦理等因。又，二十五年四月內，西安按察使阿永阿請將因姦殺死親夫之犯趕入本年秋審。經刑部議准，嗣後凡有此等案犯，律應監候，已經審實具題，如四月以內部文到省，該督撫即趕入本年秋審情實；或五月以後，七月以內奉旨者，臣部即歸入各該省冊內，由九卿會勘，擬以情實，請旨勾決，不必復行取具該督撫看語。其案內如有從犯，仍照例入於次年秋審。又，是年十月初六日上諭：刑部秋審情實招冊內，有案犯定讞時已逾該省熱審之期，而九卿秋審，即提入本年秋審冊內請勾者，此雖該犯情罪重大，法無可緩，用速憲典，以示懲創，但朕詳閱招冊，見其中情罪等差，尚有應行區別者。如一人連斃二命，暨妖言惑衆、傳習符咒，并官員侵漁帑項、勒斂民財之類，非殘忍已極，即有關於民俗官方，自不得不早正典刑，以昭炯戒。然亦應於秋審時，該部將此等案件另開罪犯清單奏明。至尋常謀、故等案，雖情節本無可緩，而定案期限適在秋審後者，此亦時會偶值，自可令其幸延一年之生，何必亟亟爲也等因。又，二十六年九月內，刑部奏明，投遞匿名揭帖、告言人罪一項；又，四十年四月內，刑部奏明，姦夫戀姦殺死悔過拒絕之姦婦一項；又，五十三年二月內，刑部奏明，輪姦爲從一項，均關係風俗人心，一體查辦。又，四十二年六月內，山東巡撫國泰審奏，竇十調姦張氏，拒捕逞兇，一死四傷，將竇十定擬斬決一案，奉上諭：淫惡兇犯，情節固爲可惡；但按律擬以斬候，於法已無可加。若因其情罪較重，只須趕入本年秋審情實。傳諭各督撫，嗣後如遇此等案犯，按律定擬後，即夾片聲明趕入本年秋審情實等因。嘉慶四年經刑部奏稱，各省秋審之案，在截止日期後題結者，歸入下年辦理，向無趕入之例。乾隆十九年福建巡撫陳宏謀奏准吳典等糾衆搶犯擬絞監候案內，聲請趕入本年秋審情實。臣部遇有情重之案，如一人連斃二命等項，節次奏明，趕入本年秋審辦理，并酌定條款，纂入例冊遵行。是以有各省聲明趕入本年秋審者，亦有臣部聲明趕入本年秋審者。以應入下年秋審之犯聲明趕入本年，既罪名仍按斬絞本律，而問刑之官遽請趕入秋審辦，即屬加重之意。現在欽奉諭旨，問刑衙門不得於律外加重，是以辦理一切罪犯，承審各官俱應各按本律本例定擬斬絞。即間有情節較重者，亦應斷自宸衷，臨時酌量趕入，非問刑衙門所應聲請。嗣後外省定案及臣部核覆各案，均毋庸先行聲明趕入秋審字樣，以符體制。

清・沈家本《敘雪堂故事・新疆秋審人犯》　乾隆二十九年，伊犁辦事大臣奏准，新疆地方死罪人犯入於陝、甘秋審辦理。又，是年刑部奏稱，新疆地方遼闊，人命案件應入於秋審者，若與內地秋審人犯一時辦理，道里遠近既有不同，行文日期難免遲滯。請嗣後新疆各地方所有應行立決人犯均聽各該處辦理大臣自行辦理外，如有應入秋審人犯，即令各該處辦事大臣於每年五月中，將各犯案情併原擬罪名咨明臣部，臣等分別案情輕重，擬定情實等項，專摺具奏，請旨遵行等因。九月十四日奉旨依議。又，三十六年九月初七日奉上諭：據刑部彙奏新疆緩決人犯一摺，該部止照各省之例一體核辦，未爲允協。即如鬥毆殺人之例，多擬緩決。夫所謂鬥殺者，必當實有互相格鬥情形。而向來問刑衙門，凡遇因傷致死之案，不論其是否彼此交鬥，并有兇犯獨自動手者，審無謀、故情節，概照鬥殺科罪，本未適情法之平。第內地此等案情較多，難於盡改，尚不妨仍舊。若新疆各處，設立耕屯，兵民雜處，理宜倍加整肅。若於此等逞兇斃命之犯，僅令繫獄，遲數年仍可減等，不足以昭炯戒，秋讞時自不當與內地一例核擬。昨因巴彥弼等奏王成得戳傷張振一案，業經降旨交與刑部將該犯擬入情實。此摺著一併交刑部堂官，將鬥毆各案詳加查核，畫一辦理等因。嘉慶元年軍機處奏，刑部辦理秋審情實人犯，各省俱係題本恭繕黃冊進呈。惟新疆各犯，向俱專摺具奏，辦理未免參差。況新疆久隸版圖，應請嗣後亦照各省之例，改用題本，恭繕黃冊進呈。

清・沈家本《敘雪堂故事・致斃緦麻尊長情實二次改緩》　刑部謹奏：伏查秋讞爲恤刑鉅典，比年以來，荷蒙皇上隨事訓示，至再至三，更於二十七年勾到後，將御覽折角招冊發交臣部，俾令因端領會，以爲準的。臣等敬謹捧閱，於細微同異銖兩權衡之處，悉心恭繹，仰體聖明欽恤庶獄至意，寅畏將事，不惟情罪重大，無可貰貸之犯不敢稍事姑息，即情有一線可原而跡涉疑似者，亦必反覆推勘，以求允當。除一切新鑒謀故、鬥、毆各案，俱恪遵節年辦理章程詳慎核擬外，第查卑幼傷斃緦麻尊長之案，各省共十一起，俱經該督撫擬入情實。臣等詳細查核，其中事起互毆，並無別項情節，及雖有護父等情而事非危急者九起，均已照依各該督撫原審，列入情實。惟四川省杜廷順毆死緦麻服叔杜現許一案，緣杜現許偶至伊家間走留飯，自誇力大，不懼人毆。飯畢，拍腹令杜廷順試打相戲，該犯聽從，先打其肚腹一下，杜現許仍連聲令其再打，杜廷順見其果不畏懼，復用拳打四下，旋即赴街剃頭，遇杜現許胞弟杜現管，告知其事。杜現許亦即自行回家，是晚殞命。又，廣東省黃煊權毆死緦麻服兄黃煊國一起，緣黃煊國偷竊伊家木椅，被伊父撞遇扭往，黃煊國輒用刀扎傷伊父手腕，伊父受傷奔逃，復被持刀追趕，并言殺死抵命。該犯見父受傷被追，情急救護，用竹扁挑毆傷黃煊國偏右倒地，磕傷殞命。以上二案，臣等與九卿反覆商論，卑幼毆殺緦麻尊長之案，其服制原與期功不同，故定罪之初按律止擬斬候，非傷斃期功尊長概擬立決，間或情有可原始得蒙恩改爲監候者可比。向來秋讞時審擬此等案件，苟其有心干犯，即無不列入情實。若果情有可原，雖不得與常犯一例議矜，而情同過誤，委非有心犯尊者，間亦量擬緩決。今黃煊權一案，緣黃煊國行竊，臨時拒捕刃傷緦麻尊屬，本係律應駢首之犯。該犯情切救父，毆死罪人，與別項逞兇毆死緦麻服兄者迥別，擬以情實似屬可憫。杜廷順一案，情起相戲，亦無爭角干犯情形，核其情節，似應與因事爭毆傷斃緦麻尊長之犯量爲區別，以昭平允。謹公同酌議，將杜廷順、黃煊權二犯俱行改爲緩決。再，查廣東省舊事內，有趙亞九傷斃緦麻兄趙亞女一起，緣趙亞女欲佔公共木碓，趙亞九之母陳氏向論，被趙亞女推跌倒地，該犯工作回家，上前救護，復被趙亞女趕毆，遂用拳回抵傷斃。雖較黃煊權之毆死行竊拒捕刃傷伊父之黃煊國情似稍重，亦與杜廷順之聽從杜現許試打相戲并無爭角干犯情形者不同。但查毆死期功尊長由立決改爲監候之犯，兩次情實未蒙勾決，即得邀恩改緩。趙亞九罪本斬候，業經八次蒙恩免勾，是其救母傷斃服兄之情久在聖明洞鑒，亦似可酌情改緩，是以臣等亦將趙亞九一犯公同改擬緩決等因。乾隆二十九年九月初四奏。旋奉諭旨：以此摺辦理乖謬，傳旨嚴行申飭。復令將十年以來此種案，有經督撫列入情實，而九卿駁改緩決者，前後凡若干案，查明覆奏。經刑部查，十年以來，卑幼傷斃緦麻尊長之案，由情實改擬緩決止有二起，係二十、二十二年舊事。又，是月奉上諭：向來期功服制情實人犯內停勾二次者，曾經降旨令大學士會同刑部省錄改緩。其服係緦麻案件，因非由立決改監候者，散入各省讞冊，本非前旨所該。雖勾到時有以情節稍輕酌予免勾，而積至數年，竟未得與服重人犯一體改緩，誠實不免向隅。然既有此情節，刑部堂官何不早奏核定，而於秋讞時遂將傷斃緦麻尊長之杜廷順等三案遽行改緩？是其意在因事沽名，而於條例之應加酌劑者轉未通行籌議，司憲之議謂何？今日勾到四川冊內，核杜廷順情罪本不甚重，因予免勾，可見刑部前奏之謬誤，祇以意中釣譽，遂致節外生枝，而於明刑弼教之本意全未體會也。朕辦理庶獄，事無鉅細，一秉虛公詳慎，從不稍存成見。嗣後遇此等緦麻服屬人犯，亦照期功以上例，於停勾二次之後，著大學士會同該部一體省核，改入緩決。著爲例。將此通諭中外知之。欽此。又，是月奉上諭：前舒赫德等摺奏，秋讞情實人犯內，將傷斃緦麻尊長之杜廷順、黃煊權、趙亞九三犯均請改爲緩決辦理，甚屬乖謬，已傳諭嚴行申飭。此等有關服制之犯，不得輕議更張，原以重倫常而昭法紀，是以從來督撫原擬，九卿核定，并無任意改駁。朕於勾到時量其案情輕重，分別予勾之外，仍令監候。即如三案內已有緩至七、八次之犯，即照例仍入情實，總屢不予勾者，其於緩決亦無大區別。或遇矜恤之典，未嘗不可再行議緩、議矜。若當秋審時竟奏明先改緩決，幾若定有規條，則冊內所存，皆實係謀故難貸之人，并無一、二情節稍輕可以待朕別擇者，豈能轉於各犯中曲法予以不勾？是伊等所進情實犯中竟不令朕寬免一人矣。昔人稱臯陶曰殺之三，堯曰宥之三，是必先有臯陶之執法，而後可施帝堯之矜宥。若舒赫德等喋喋議緩，惟恐不及，是早以三宥自居，朕將何所庸其權度乎？然舒赫德之所以汲汲爲此者，其亦有故。昨日御史李宜青條奏臺灣事宜，不與滿御史會商，取巧獨奏，大失臺垣建言之體。然此尚係小臣，若舒赫德爲滿洲尚書，如以此等案情必應改緩，或以服制內期功之犯停勾二年，尚令大學士會同省核，今以緦麻較輕轉致歷次不改，奏請酌量覈定，未始不近情理。然此何不於去年漢尚書秦蕙田在部時共爲商確奏定，而適於此時乘間更易章程，冀以從寬而傳衆譽？在相遇無識如竇光鼐輩，未必不謬相推許。以今年秋審爲辦理獨佳，然使舒赫德援李宜青之事，比類返觀，如出一轍，其能不有靦顔面，爲有識者所鄙薄耶？執法之司，必以明允協爲是，而秋讞大典，刑部及九卿等并宜詳悉折衷，不得稍存畸重、畸輕之見。倘因此飭諭舒赫德等，遂不量案情，私心揣摩，或致有意從嚴，則是又自取罪戾，朕豈能更爲輕恕哉！將此通諭九卿及內外問刑衙門知之。欽此。

清·沈家本《叙雪堂故事·秋審遇因姦毆死本夫案》 奴才託庸、素爾訥謹奏：爲奏聞事。本年八月二十一日，奴才等於秋審班內查有福建省陳招弟因姦毆死湯宋氏本夫湯乃明毀屍滅跡一案，前據□部議覆署福撫崔應階以陳招弟與宋氏通姦，本夫湯乃明貪資縱容，後因醜聲外揚，令妻拒絕，陳招弟復往姦宿，湯乃明撞遇斥責，陳招弟以費用多錢，忽被拒絕，頓起殺機，將湯乃明連毆立斃，應依例以因姦致死定擬。宋氏雖本夫縱容通姦，但伊夫既令拒絕之後，被陳招弟毆傷身死，當時并未喊救，後又不行首告，應依姦婦雖不知情律擬絞監候等因，題准在案。經陞任福建巡撫溫福以宋氏目擊姦夫殺死本夫，復殘毀支解其屍，既不立時喊救，又不直告夫兄湯之祥首告，於殘殺其夫，情殊兇慘，將宋氏改爲情實。今九卿、科道會審，仍以緩決定擬，具各畫題。奴才等伏查此案，湯宋氏初與陳招弟調戲成姦之時，伊夫湯乃明并不知情，後經知覺，貪其資助，仍行縱容，固屬賣姦；迨湯乃明囑宋氏拒絕姦夫之後，而湯宋氏不遵夫言拒絕，仍復私與姦好，且陳招弟將伊夫毆死之夜，何以宋氏之兄宋長保預先往宿姦夫之家，一聞姦夫呼幫，即行跑至協同毀屍？而宋氏見夫屍慘割，亦不攔阻，任聽氏兄與姦夫棄屍滅跡，又聽從姦夫之言，捏稱伊夫落水淹斃，謊告夫兄湯之祥，希圖隱匿。其爲知情同謀，毫無疑義。今九卿等會審，仍照不知情擬以緩決，於情罪未爲允協，奴才等未敢隨同書題，理合據實奏聞。

臣溫福謹奏：爲據實直陳仰祈聖訓事。竊前在福建巡撫任內辦理本年秋審案件，其有原擬已屬平允，俱即照依定擬具題。惟查有陳招弟因姦毆死本夫湯乃明一案，情節可疑。從前僅將姦婦湯宋氏問擬絞候，不無輕縱，是以將湯宋氏擬情實具題在案。今於本月二十一日，在秋審班內會審至湯宋氏一案，刑部仍將湯宋氏問擬緩決。查此案情節，湯宋氏初與陳招弟調戲成姦，雖因伊夫湯乃明留其住宿後又得受錢穀，但湯乃明被兄湯之祥嗔責，即囑妻拒絕姦夫，而湯宋氏不但不肯拒絕，且轉以本夫之言告之陳招弟，則其致死本夫顯屬有因。況當陳招弟殺死湯乃明之時，即云湯宋氏畏其兇暴，不敢聲張，何以伊兄宋長保卻先借宿姦夫之家，聞呼即至幫同毁棄屍骸？及陳招弟囑其捏稱落水淹死，湯宋氏又何以輒肯依允，并不將致死實情告之夫兄湯之祥？是其忍於視夫之被慘身死毫不動念，實與知情同謀無異，未便仍行擬緩，致淫兇之婦屢稽顯戮。當與刑部再三講論，刑部仍以此案究係賣姦，且上次已經緩決，今次難以改入情實爲詞。臣謂湯宋氏於伊夫賣姦，則從夫之命；於伊夫教之拒絶，則又不從夫命。目覩陳招弟支解夫屍，并不阻擋。及至見夫兄湯之祥，又聽姦夫之囑，捏稱伊夫檢柴溺死。是其殘忍已極。此等迷戀姦夫淫兇惡婦，似未便仍從寬緩。若謂上次緩決之犯，不便復改情實，則秋審各案内，現有上次緩決今改情實者，何獨於湯宋氏必不可改入情實？臣本愚昧無知，於刑名律例又多未嫻，豈敢據執己意以爲必是。但愚見所及，亦不敢稍事緘默，惟有據實直陳，并抄錄原案招冊，恭呈御覽，伏候聖明訓示，庶秋讞大典益昭慎重，仰祈皇上睿鑒。謹奏。本月二十五日接大學士尹繼善字寄二十三日奉上諭：本日據託庸、素爾訥奏稱，秋審班内有福建省陳招弟與湯宋氏通姦，毆死本夫湯乃明，毁屍滅跡一案，九卿等會審時，將湯宋氏仍照不知情擬以緩決，未敢隨同書題等語。朕初閱情節，已降旨令刑部、九卿再議，繼閱溫福摺亦奏及此事，因係伊前在福建巡撫任内所改情實之案，言之較詳。此案湯宋氏本係犯姦之婦，且目睹其夫爲姦夫毁屍滅跡，尚以檢柴溺斃誑告夫兄，即擬以情實不爲過。但向來辦理因姦謀死本夫之案，其審係本夫故縱賣姦者，雖由姦婦起意同謀，尚以斬決論罪，不擬凌遲，則姦婦之不知情者，其罪更當有間。若以爲伊夫令其賣姦則從之，教以拒絶則不從，且目睹支解夫屍并不阻擋，是乃責以大義，天下之不知大義身犯刑辟者不知凡幾，尚不能盡以禮意相繩，何獨與此等淫蕩之婦而爲之斤斤責備乎？總之，湯宋氏之人於情實與否，俱無不可，而秋讞大典，滿洲三尚書與刑部九卿異議，交章論奏，則於政體有關，所繫甚大。在溫福曾經承辦此案，於分原所當言，而託庸、素爾訥則何所激而出此？若係國計民生要務，滿尚書獨能持正，不肯依阿衆論，據實入告，朕必深爲嘉許。而此種尋常讞牘，無關重輕，實不值如此矯矯示異。設伊等意在從寬，或案犯亦係旗人，則已將伊等治罪。念所言尚係懲治淫兇，且心無所爲，故不加責。但不和衷商榷，顯立異同，恐啓門户之漸，於事體大非所宜。至劉統勳任大學士已久，刑名又其專責，當託庸等講論時，自應委曲婉轉，極力盡言，以衷一是。即朕現在所降之旨，非劉統勳不能見及者，何妨如此明白開説，早爲定案。乃聽其兩議入奏，劉統勳亦不得謂之識大體矣。僅令刑部、九卿再議，尚恐未喻朕意，著傳諭劉統勳與託庸等虚衷集議，仍與九卿等合詞妥擬入冊具題，毋各稍存意見。原摺併發回。欽此。寄信前來，臣等跪讀之下，惶愧感激，無地自容。伏思臣等會同辦理秋讞大典，遇有案情意見未能盡合，理應虚公商榷，以衷一是，自不得各持己見，致有異同。今福建省陳招弟與湯宋氏通姦，毆死本夫湯乃明，毁屍滅跡一案，臣部與九卿以湯宋氏係本夫縱姦業經緩決一次，臣溫福以前在福建巡撫任内曾經改擬情實，是以具摺陳明。而臣託庸、臣素爾訥以仍擬緩決未敢附和書題，亦即隨同具摺，殊屬冒昧。臣劉統勳有刑名專責，當彼此講論時，不能婉轉盡言，明白開説，俾此案公同酌定，致令交章論奏，瀆陳聖明之前，自問實無可辭咎。仰荷皇上天恩不加譴責，備蒙訓誨反覆周詳，臣等感愧之誠，實難名狀，惟有各自改悔，勉勵於現在，審核各案，益加詳慎，和衷定讞，以期衆論咸孚，悉歸允當。斷不敢再致稍存意見，上負皇上訓迪臣工至意，自蹈罪愆。除湯宋氏一案，臣劉統勳、臣託庸等虚衷集議，仍會同九卿等擬以緩決具題外，所有欽奉諭旨遵辦緣由，臣等謹恭摺奏覆，伏祈皇上睿鑒。謹奏。

清・沈家本《叙雪堂故事・秋審人數》 乾隆十九年：秋審舊事四千八百五十一起，新事二千二百三起，共七千五十四起，人犯七千三百十五名。

二十二年：舊事二千十六起，新事一千八百六十六起，共三千八百八十二起，人犯四千一百十九名。

二十三年：舊事三千五十五起，新事一千九百六十四起，共五千十九起，人犯五千二百七十五名。

二十五年：舊事五千八百八十九起，新事二千三百三十起，共八千二百十九起，人犯八千五百七名。

二十八年：舊事五千三百三十五起，新事二千三百八十三起，共七千七百十八起，人犯□千□百□。

二十九年：舊事六千九百二十八起，新事二千一百七十九起，共九千一百七起，人犯九千三百五名。

三十年：舊事八千二百四十三起，新事二千四百三十一起，共一萬六百七十四起，人犯一萬八百八十一名。

三十一年：舊事三千五百八十四起，新事二千二百四十二起，共五千八百二十六起，人犯五千九百四十三名。

三十二年：舊事四千九百七起，新事二千五百十八起，共七千四百二十五起，人犯七千五百六十三名。

三十三年：舊事六千五百七十八起，新事二千六百十五起，共九千一百九十三起，人犯九千三百七十四名。

三十四年：舊事八千二百五起，新事二千四百八十七起，共一萬六百九十二起，人犯一萬八百四十九名。

三十五年：舊事三千八百二十四起，新事二千五百十九起，共六千三百四十三起，人犯六千四百八十九名。

三十六年：舊事三千六百七十五起，新事二千七百八起，共六千三百八十三起，人犯六千五百十三名。

三十七年：舊事四千三百七十二起，新事二千四百六十八起，共六千八百四十起，人犯七千十四名。

三十九年：舊事二百六十起，新事二千七百七十三起，共三千三十三起，人犯三千一百六十五名。

四十一年：舊事四千下二起，新事二千九百十三起，共六千九百二十三起，人犯七千九十二名。

四十二年：舊事四千四十一起，新事二千二百九十六起，共六千三百三十九起，人犯六千四百九十五名。

四十三年：舊事五千四百二十八起，新事二千七百三十五起，共八千一百六十三起，人犯八千三百十二名。

四十四年：舊事六千九百三十起，新事三千七十五起，共一萬十一起，我犯二百四名。

四十五年：舊事。

四十八年：舊事三千五百八十二起，新事二千八百五十六起，共六千四百三十八起，人犯六千六百二十二名。

四十九年：舊事四千九百三十起，新事二千七百七十四起，共七千七百四起，人犯七千八百八十七名。是年情實一千一百八十三起。

五十年：舊事三千二百五十一起，新事二千四百七十九起，共五千七百二十七起，人犯五千八百八十三名。

五十一年：舊事四千五百二十二起，新事二千五百十五起，共七千三十七起，人犯七千一百七十名。

五十三年：舊事四千七百三十五起，新事二千五百三十五起，共七千二百七十起，人犯七千四百二十一名。

五十四年：舊事六千一百七十七起，新事二千五百十二起，共八千六百八十九起，人犯八千八百五十七名。

五十五年：舊事二千六百七十三起，新事二千八百二十七起，共五千五百起，人犯五千六百二十六名。

五十六年：舊事二千六百十七起，新事上年二千五百四十起，本年二千八百二十起，共七千九百七十七起，人犯八千一百九十三名。

五十七年：舊事六千二百二十七起，新事二千四百九十五起，共九千一百七十二(二)起，人犯九千三百十二名。

五十八年：舊事三千九百七十八起，新事三千零一起，共六千九百七十九起，人犯七千一百十六名。

五十九年：舊事六百三十六起，新事二千八百四十一起，共三千四百七十七起，人犯三千六百一名。

六十年：舊事二千五百四十五起，新事二千九百三十起，共五千四百七十五起，人犯五千六百二十一名。

清・沈家本《叙雪堂故事・記名情實》 斬絞監候人犯於刑部具題、具奏時，奉旨入於秋審情實者：

盜馬案入矜。十八年四十九起。

乾隆十九年秋審，九卿審擬由緩改矜人犯有偷馬案三十五起。二十二年二十三起。

清・沈家本《叙雪堂故事・緩決人犯毋庸聲明祖父子孫陣亡》 乾隆三十二年雲南省新事王稻喹一犯，該撫擬入緩決，并聲明該犯之祖出兵陣亡。前來，查緩決人犯聲明祖父子孫陣亡之案，未經辦過，是以於題本內夾片，毋庸聲請。今將夾片緣後：查王稻喹一犯，今據該撫聲明，該犯之祖王世才係尋霑營步兵，於雍正八年出師雲南昭通，進攻龍街子，與賊對敵陣亡，領有卹賞。伊父單傳，該犯并無伯叔兄弟，相應照例聲叙等語。查父祖子孫陣亡，其尋常鬥毆及非常赦所不原各項死罪，入於秋、朝審情實案内辦理者，臣部均照例聲叙入本，恭候欽定。至緩決人犯，向無辦過成案。該犯既入緩決，似毋庸再爲聲請。應將該撫聲明王稻隆祖父陣亡之處毋庸議，合併陳明。

清・沈家本《叙雪堂故事・秋審籤商案》 乾隆三十四年八月二十日上班會審貴州省。據大理寺卿鄧時敏簽商。此案吳再國因龍貴元休棄其女，屢次送回不納，另娶吳喬元堂兄吳喬受之女，吳再國以吳喬元係龍貴元姊丈，疑其唆撥。而龍貴元又催財禮不休，以致吳再國逼姪吳正才等拉吳喬受之牛抵還財禮，不過欲吳喬受勸止龍貴元免索之計，究與逞兇搶奪者不同，且并與吳喬元無涉。乃吳喬元一聞聲喊，即攜帶鳥鎗，點然火繩趕追，隨放鎗打傷吳正才斃命。覈其情節，顯屬有心。查鳥鎗殺人律應斬候，前擬絞刑已屬從輕，再予緩決，未免過縱，似應改入情實。本部以此案放鎗致死罪人與尋常鳥鎗殺人不同，照覆緩決。

又，二十一日會審福建省，又據大理寺卿鄧簽商。此案陳元因孫垤等越界築墳向阻被毆，并將伊母打傷，退避屋内，復被拾石擲屋。陳元恐石塊傷人，將裝就防夜鳥鎗從屋内牆孔望外點放，適傷孫垛致斃。核其情節，陳元既避屋内，原有懼禍之心，且不見牆外之人，其牆孔施放鳥鎗，不過因孫垤等拾石擲屋，恐被打傷，一時情急，希圖嚇退，并不暇計及傷者牆外之人。雖係火器殺人，究與逞兇施放者不同。事本理直，傷由失誤，似可改爲緩決。本部以此案係因爭鬥而擅放鳥鎗殺人，以故殺論斬，歷來俱擬情實，是以仍照該撫所擬辦理。旋於二十八日接奉大學士尹繼善字寄上諭：鄧時敏奏，秋審會讞時，有貴州省吳喬元鎗傷吳正才身死一案，係有心致斃，簽商應改情實。又有福建省陳元鎗傷孫垛身死一案，事本理直，傷因失誤，簽商應改緩決。刑部俱依外議照覆，不允商改一摺，所奏似乎近理。就兩案相較，吳喬元以與己并無干涉之事，聞喊攜鎗追奪，打傷斃命，情節較重；陳元因孫垛等拾石擲打，一時情急，從牆孔放鎗，以致孫垛斃命，其曲本在孫垤等，情節較輕。何以重者轉擬緩決，輕者獨入情實？若火器傷人例無輕縱，陳元之不應改緩尚可謂之執法，吳喬元同一鳥鎗斃命，獨得倖逭刑誅，揆之情法，似未平允。刑部堂官於鄧時敏簽商時，因何不虛衷商榷，酌改持平？殊不可解。或兩案別有實在情節，鄧時敏因曾簽論，欲爲此奏，祇就所見而言，其餘案内關鍵未經叙入，亦不可知。著刑部堂官明白回奏。大理寺卿鄧時敏跪奏：爲秋讞大典辦理宜歸畫一，恭摺據實奏聞，仰祈聖裁事。本年八月秋審屆期，齊集九卿諸臣會讞各省犯案，二十日審得貴州省吳喬元鎗傷吳正才身死一案，緣吳正才之叔吳再國有女嫁與苗民龍貴元爲妻，已歷四年，尋經休棄，另娶吳喬元堂兄吳喬受之女，並向吳再國索還原聘財禮牛一隻，屢次口角。吳再國以吳喬元係龍貴元姊丈，疑其唆撥，屢至吳喬受家吵嚷，欲其勸止龍貴元，免索財禮。詎龍貴元催討如故，以致吳再國邀伊姪吳正才往拉吳喬受之牛抵還財禮。原與無因逞兇搶奪者不同，且并與吳喬元無涉。乃吳喬元一聞吳喬受聲喊拉牛，即攜帶鳥鎗，點然火繩趕出追奪，放鎗打傷吳正才斃命。該撫擬以緩決。臣簽商，以鳥鎗殺人律應斬候。原按照罪人不拒捕而擅殺擬絞，已屬從輕。今細核案情，究係火器殺人，有心致斃，再予緩決，未免過寬，似應改入情實，刑部依外擬照實不允。二十一日審福建省有陳元鎗傷孫垛身死一案，緣孫垛同兄孫垤、孫長、孫垺等越界赴陳元之父陳助山内築墳，陳助同伊子陳元、陳芮往阻，孫垤等不依，爭鬧趕打，陳元等帶傷跑回，孫至等又趕至陳助屋外尋毆。陳助之母張氏、妻魏氏出而攔阻，孫長等復將張氏、魏氏推跌磕傷，遂一同關門退避屋内。後垤等在外拾石擲破屋瓦，陳元恐石塊打進傷人，將裝就防夜鳥鎗從屋牆孔往外點放，適傷孫垛致斃。該撫擬以情實。臣簽商以此案孫垤等越界築墳，滋釁互毆，陳元等跑回躲避屋内，實有懼禍之心，從牆孔放鎗，希圖嚇退，亦并不暇計及傷著屋外之人。孫垤等拾石擲屋，陳元恐石塊打進傷人，一時情急，從牆孔放鎗，希圖嚇退，亦并不暇計及傷著屋外之人。雖係火器傷人，事本理直，傷因失誤，比吳喬元之有心施放情節較輕，似可改入緩決，刑部亦依外擬，照覆不允。臣思情法貴酌其平，定讞務歸畫一。兩案均屬火器殺人，依律原應照故殺問擬斬候，秋審應入情實。乃一則擬絞緩決，一則擬斬情實，彼此互歧，輕重懸殊，臣仰遵皇上屢降諭旨，不敢固執己見，致蹈忿爭之習，因俱隨衆畫題。但臣愚昧之見，反覆研核，似覺吳喬元一案，情重法輕。兩相比照，究不得所以擬緩擬實之由。爲此據實奏聞，伏乞皇上睿裁訓示，以昭畫一，以垂憲典，臣不勝激切待命之至。

刑部謹奏：爲遵旨明白回奏事。乾隆三十四年八月二十八日，接奉大學士尹繼善字寄奉上諭云云，欽此，寄信前來。臣等接奉諭旨，不勝悚惕。

秋讞大典，臣等不敢不虛衷商榷，期於平允。所有大理寺卿鄧時敏簽商二案內，福建省陳元鎗傷孫埰身死一案，孫埰等越界爭築墳堆，逞強趕打，事雖理曲，但係互相鬥毆，而擅放鳥鎗殺人者，以故殺論斬。臣部歷來辦理秋審故殺案，俱擬情實。此案所以未敢擬緩，已蒙聖明洞鑒。至貴州吳喬元鎗傷吳正才身死一案，鄧時敏簽商以吳再國等拉吳喬受之牛抵還財禮，并與吳喬元無涉，輒放鎗致傷吳正才身死，顯屬有心，欲行改實。臣等當即查明原案，吳喬受係吳喬元同居堂兄，本未分家，牛係公共，并非與吳喬元無涉。吳再國因龍貴元向索原聘財禮，輒疑吳喬元唆撥，屢向尋釁，并邀同吳正才等赴吳喬受家強拉牛隻，是吳再國等白晝搶奪，本屬有罪。吳喬元因牛隻被奪，聞喊追趕，原係應捕之人，及見吳正才牽牛跑還，冀圖嚇令放牛，鎗傷吳正才右肋，越二日殞命，係致死罪人，與尋常鬥毆案內火器傷人者不同。貴撫原題本照罪人不拒捕而擅殺律擬絞，是以照覆緩決。鄧時敏祇就所見而言，案內關鍵未經聲叙，臣等謹將各原案繕寫黏簽，恭呈御覽，謹奏。乾隆三十四年九月初二日奉上諭：前據鄧時敏奏秋審會讞時有貴州省吳喬元鎗斃吳正才，福建省陳元鎗斃孫埰二案，併經簽商，刑部俱未允從一摺。就鄧時敏所論，似乎近理，但恐鄧時敏原伸其說，祇據所見而言，於案內緊要關鍵未經叙入，因令刑部堂官明白回奏。今據奏到，陳元一案係互相鬥毆，且陳元曾先擲傷孫埰等，復擅放鳥鎗致死孫埰，例以故殺應擬情實。吳喬元一案，吳再國遷怒尋釁，糾約伊姪往吳喬受家拉牛，吳喬元尚未分家，牛亦公共，原係應捕之人，不得謂之無涉，而吳再國白晝搶奪即屬有罪，吳喬元追捕放鎗致死罪人，與尋常鬥毆火器傷人者不同，應擬緩決等語。是二案情節本自分明，果係鄧時敏原奏未經詳叙，刑部定讞尙無失重失輕之處。著仍照刑部原擬辦理，鄧時敏原摺及刑部堂官覆奏摺併發。欽此。

又，二十六日會審河南、山東，本部將河南省謀殺人傷而未死之張才一案改入情實，山東省捏報割辮附會之王大振一案改入緩決。於二十八日據大理寺少卿周于禮簽商。查張才以宋鏞留彼工作，并無文約，亦未議給工錢，嗣因屢被責詈，且用糞叉毆傷逐出。張才復於鄰家傭工，宋鏞屢見責罵，張才懼宋鏞力大，未敢與較。後因酒醉，追憶前嫌，起意謀殺，傷輕未死。細核此案情節，律引繯首，坐原謀也；擬入緩決，無人命也。若該犯本非謀殺，則尋常毆傷杖責了事，原可不致成案；若以其原係謀殺而捨案誅心，改入情實，轉於人命正條不甚允協。張才似可照覆緩決。

查王大振以公差捏稟證實割辦重案，若非奉旨提問，幾至通杲沉冤莫白，證實割辮非尋常誣罔可比，奉差捏稟較平人陷害爲重，此案原擬情實，似宜照覆，抑或申明，恭候聖裁，未便遽改緩決。

本部以張才負恩逞兇，法難寬宥。王大振奉差訪查，因程遠期迫，恐違限受責，隨附捏稟，冀圖銷差，并無栽害等情，均照改定辦理。嗣於九月初四日接奉大學士尹繼善字寄奉上諭：刑部堂官等覆奏吳喬元、陳元二案，已降旨仍照原擬矣。今日又據周于禮奏張才、王大振二案，亦係一重一輕，簽商擬改，刑部未允者，其因何擬改緣由亦著刑部堂官明白回奏。大理寺少卿周于禮跪奏：爲奏聞事。八月二十六日臣等會商河南、山東各省重囚招冊內河南張才謀殺宋鏞傷輕未死一案，該撫原擬緩決，刑部改入情實；山東省王大振捏稟割辮屬實一案，該撫原擬情實，刑部改入緩決。臣查張才以貧民乞食，宋鏞見其壯健，留彼工作，未立文約，亦未議給工錢，嗣因屢次責詈，且用糞叉毆傷逐出。張才於鄰家傭工，宋鏞復屢見責罵，張才懼其力大，亦未敢與較，後因酒醉乘涼，憶及前嫌，起意謀殺，傷輕未死。細核案情，宋鏞既無文約，且經毆傷逐出，原無雇主名分，又經屢屢凌逼，愚民自覺難堪，張才酒後起意致死，究屬一時氣忿所致，與蓄謀殺害者差別有間。臣愚以爲此案律引繯首，坐本謀也；擬入緩決，無人命也。本律原以人命爲重，既無人命，或可照覆。若以原係謀殺而捨案誅心，改擬情實，轉於人命正條未爲允協。臣以此簽商，部臣議以留住恩養，執刀謀殺，法無可寬等語，似屬近理，臣比不敢固執己見，謹照部議改入情實，畫題在案。至王大振一案，該犯本鄒縣衙役，緣泗水縣盤獲割辮匪犯通杲，該撫飭委鄒縣知縣孔傳晊承審，刑逼誣認，曾在費縣地方割過馮文興、李小良髮辮。該縣隨差王大振等往查，王大振以道遠期迫，起意捏稟，以致證實成案。奏聞提問，經軍機大臣審明，通杲係刑逼誣認王大振等，亦并無馮文興、李小良其人。臣伏思此案如非王大振捏稟證實，原可不致成案，是王大振乃此案罪魁，撫擬情實，似爲允協。臣亦經簽商，部臣執以割辮各案皆有髡髮藥物，此案尙無栽贓情形，仍行改緩。臣時未敢扶同畫題，歸查割辮諸案，比對此案，雖無栽贓情形，然王大振以公差捏稟，證成大案，其情形與栽贓諸案輕重何殊？若非奉旨提問，幾至沉冤莫白。臣伏思證實割辮非尋常誣枉可比，奉差捏稟，較平民冤陷尤重，此案似宜照覆情實。即據部臣以爲情節稍輕，亦只可於冊內聲叙，恭候聖裁，未便遽改緩決。抑臣更有請者，山東省密邇都門，衙役素多姦狡，似此揑造重案擬入情實要犯，該部徑行改緩，恐啓胥吏乘機舞弊之漸，臣於此案因不敢固執己見，致蹈忿爭陋習，然一得之愚，亦何敢不仰陳于聖主之前，存隱忍卸責之心。所有臣兩案簽商未及畫題情由，理合恭摺具奏，伏乞皇上睿鑒，訓示施行。

刑部謹奏：爲遵旨明白回奏事。乾隆三十四年九月初四日接奉大學士尹繼善字寄奉上諭云云，欽此，寄信前來。臣等查謀殺人傷而未死之案，其間情節輕重不同，歷年辦理秋審，臣部會同九卿核擬，俱酌量起釁根由、傷痕輕重分別情實、緩決具題。本年秋審河南省張才謀殺宋鏞傷而未死一案，緣張才本係乞丐，宋鏞見伊年力強壯，留家工作，嗣因偷懶被斥不服，宋鏞給與張才工錢一千文，將其逐出。迨張才在鄰家傭工，復被宋鏞遇見斥詈，懷恨在心，後聞宋鏞在院咳嗽，追憶前嫌，起意謀殺，帶刀踰牆進院，用刀扎傷宋鏞額顱、胸膛、胳膊、肚腹等處，經宋瑞齡聞聲往救，倖而未死。該撫原擬緩決。臣等以宋鏞雖經救未死，但張才黑夜踰牆持刀連砍多傷，實屬負恩逞兇，情節較重，是以會同九卿將張才改擬情實。至山東省王大振奉差訪查割辮匪犯，附會揑稟。臣等查割辮匪犯流毒數省，該地方人等不能嚴行協緝，乃藉此栽贓訛詐，誣陷無辜，自應予以情實，以爲拖累良民者戒。然其間情節不同，有素挾仇隙，編造辮尖借端陷害者；有貪圖重賞，或索詐不遂，妄賴平民者；亦有心疑捉拏毆拷，致斃人命者。本年秋審內似此情節之案，如福建省之鄧吉、安徽省之楊貴、趙正樹、直隸省之張二，該督撫俱擬情實。臣部會同九卿照擬核覆。朝審內之李昆、李正邦、汪紹思三案，亦經擬入情實在案。惟王大振一案，臣等詳核供招，王大振奉差訪查馮文興、李小良被割辮下落，在通杲畏刑誣認之後，并非王大振誣指妄拏，該犯因鄒、費二縣相隔三百餘里，該縣勒限五日往返，恐逾期受責，隨附會揑稟，冀圖銷差免責。核其情節，并無挾嫌邀賞、有心栽害誣陷等情。會讞時，雲南道簽商，以楊貴係竊犯無獲，起意栽陷，較王大振之事後附會者不同。是以楊貴仍照覆情實，將王大振改擬緩決。臣等謹將各原案繕寫黏簽，恭呈御覽。謹奏。初七日奉旨：張才、王大振二案刑部所擬俱是，著仍照原擬辦理。周于禮原摺并刑部覆奏摺并發。

清・沈家本《叙雪堂故事・新疆等處秋審》 新疆并烏里雅蘇臺、科布多等處應入秋審人犯，由陝西司分別實緩，專摺具奏。與各省官犯、服制本同日進呈。

清・沈家本《叙雪堂故事・秋審官犯予限完贜》 乾隆三十六年十一月初七月奉旨：羅源浩名下追賠銀兩，雖經陸續全完，但已在一年限外，且伊尚有應追分賠辦運銅行腳費銀及攤賠委員馬生龍虧空運腳銀，兩項俱未完交。著再予限一年，俟羅源浩依限完交後，該部奏聞請旨。

查羅源浩係雲南糧道，因總理銅廠，濫放工本，積欠無著，應分賠銀。又截留京銅工本，應賠銀共十一萬有奇。斬犯。

三十七年十一月初二日奉旨：羅源浩名下所有應追未完銀兩，著再展限一年，俟完繳之日，該部再行奏聞請旨。

清・沈家本《叙雪堂故事・擬絞固監緩決官犯入於秋審具題》 奏：爲請旨事。據原任福建巡撫黃檢咨稱，官犯徐元於福州知府任內，因所屬福清縣知縣杜錫齡將已獲盜犯林添啓縱放出洋，以致同役爲盜，徐元并不揭報，任犯遠颺，實與親縱無異。查所縱盜犯，原犯情罪係例應擬遣之犯。但有心欺玩，法難寬貸，將徐元比照受財故縱罪止擬絞例擬絞，固監緩決，候逃囚林添啓獲日，請旨另行辦理。查斬絞重囚，例應入於秋審，分別定擬。兹官犯徐元，原擬係比例固監緩決，應候逃囚獲日另行辦理。但究係擬絞之犯，逃囚尚未弋獲，應否入於本年秋審，仍照原擬緩決，候逃囚獲日請旨辦理之處，咨部示覆，以便辦理等因。咨達到部，查徐元係已革福州府知府，其所屬知縣杜錫齡縱令盜犯林添啓出洋緝賊，以致林添啓遠颺無蹤，徐元并不揭報，協同揑飾，該撫比受財故縱與囚同罪，併聲明，所縱雖例應擬遣盜犯，從重依故縱凌遲斬絞律止擬絞例擬絞，固監緩決，候逃囚獲日請旨另行辦理等因。臣部覈覆具奏，奉旨：依擬。欽此。欽遵在案。今該撫復以徐元應否入於秋審咨部請示，臣等伏查，死罪人犯，凡監候秋後處決者，俱應入於秋審，分別情實、緩決辦理，而官犯則彙冊恭候勾到。此案徐元係擬絞固監緩決，候逃囚得獲另辦之犯，原擬并無秋後處決字樣，似與別項官犯應入秋審者不同。但係已革知府大員，未便照監候待質常犯不入秋審之例辦理。所有徐元一犯，應請令該撫即入於秋審具題。臣部於恭進官犯黃冊時，另立一冊隨同進呈，恭候聖鑒等因。乾隆四十四年四月初二日奉旨：所奏是。

清・沈家本《敘雪堂故事・情實斬犯誤行移付開除》 奏：爲檢舉事。據臣部直隸司員外郎葛鳴陽呈稱：竊職等承辦查對本司秋審冊籍行文注銷等事，本年秋審上班時，適因患病在寓。八月二十五日，據本司承辦秋審書辦樊承先持送秋審人犯病故付子一紙至職寓所，內開新事留養絞犯蘇國玉、情實斬犯王克均，據該督咨報病故，應移付總辦秋審處開除等因。職當即畫押，移付在案。嗣於秋審事後，將辦過秋審稿件應存應銷及記檔注冊等事詳細覆核。今查出直隸咨文一件，係咨報王克均同案流犯王小五病故，并無王克均病故之文，不勝駭異，除將該書辦樊承先收禁聽候審訊外，職從前畫付時疏忽，未將原文查對，咎實難解，相應據實檢舉等情。查秋審情實人犯，例應會同九卿審定請勾。本年直隸秋錄，係於八月二十六日會審，乃該吏樊承先臨審前一日，將該督擬入情實之王克均列爲病故，送付開除，情實重大，實堪駭異。亟應徹底究明，從重定擬，以示儆創。隨審樊承先供稱：我承辦本年直隸秋審，先有隨本聲明病故人犯十二名，業經移付總辦秋審處開除。八月二十五日，直隸秋審將近上班，我恐有續報病故人犯應須開除，將收文號簿逐一檢點，查有蘇國玉病故及王克均病故二條。因審期已迫，就趕辦付子，送給本司承辦秋審行文對冊的員外郎葛鳴陽畫押，移付秋審處開除。那號簿內王克均三字原係添寫在王小五病故旁邊，我認作王克均與王小五俱係病故，不曾詳查原文，遽行移付開除錯謬。該犯實無可辯等語。臣等以開除情實人犯最關緊要，該吏斷無不查原文僅就號簿內旁寫王克均名字即行移付之理，明係另有別情，自知罪重，是以藉詞狡賴。隨將該犯親加夾訊，據供：實係據號簿，并無別項弊端。此等情實重犯，如果捏混報死，不但部中不能始終瞞過，且犯人現存該省獄中，該省亦必查出，雖至愚之人，也不肯做此必破之弊。我未查原文，誤行開除重犯，已經罪無可逭，何敢捏情支飾，忍受嚴刑。隨將號簿內因何於王小五名字旁添寫王克均名字之處質訊該司收文、行文書辦張聖音。據供：七月初八日收到直隸咨文一件，內係開送錯擬王克均罪名、職名，并有同案流犯五小五在監病故之語。堂書摘掛事由，誤寫王小五病故字樣，未將咨送王克均錯擬罪名事由一併寫出。及將職名咨送吏部時，本司主事景如柏添寫王克均三字，不想樊承先查閱號簿，未對原文，竟將王克均認係與王小五同爲病故，移付開除，并無別故。詢問主事景如柏，據稱咨送錯擬罪名行文吏部時，因文內係錯擬王克均罪名，而所寫事由乃係王小五名字，隨於王旁邊另注克均二字。我因其遺漏，是以添寫屬實各等情。反覆質詰，各供不移。查情實人犯病故開除，爲秋審時最要事件。承辦書吏樊承先只據號簿內王小五病故之旁寫有王克均名字，隨將王克均列爲病故，與實係病故之蘇國玉同付總辦秋審處開除，雖嚴審，據供并無情弊。但胥吏情僞多端，其中或有不實不盡別情，均未可定，合行據實參奏，請旨會同都察院嚴審定擬具奏。至情實人犯王克均業已稽戮二十餘日，應即請旨勾決。臣等查照原案另繕犯由略節，恭呈御覽，俟命下行文該省正法。至該司之員，於此事漫不經心，錯謬至此，其畫押出付之員外郎葛鳴陽，雖經自行檢舉，但其移付之時不將原文核對，均非尋常疏忽可比，應俟審定時，交吏部分別嚴加議處。臣等總司一部刑名，乃於此事毫未查出，昏憒糊塗，實屬無以自解，應請一併嚴加議處等因。乾隆四十二年十一月三日奉旨：刑部奏直隸省斬犯王克均之同案流犯王小五病故，該司書辦樊承先并不詳看原文，輒以王克均亦已病故趕辦付子，送司員葛鳴陽畫押，移付秋審處開除，恐其中別有情弊，請將該書辦審究，并將堂司官嚴處等語。秋審情實人犯最關緊要，乃該書辦等混付開除，致重囚得稽顯戮；該部堂司官漫不經心，未即查出，咎實難辯，著交部分別嚴加議處。至該書辦樊承先有無弊混，不可不徹底跟究，該犯王克均現在南皮縣監禁，即欲速寘於法，亦不爭此數日，自當提同質審，令其事水落石出。著按察使達爾吉善星速馳往該處，即將王克均一犯親押解京。如中途或有疏虞，恐達爾吉善不能當其罪也。解到時交軍機大臣會同刑部嚴行鞫訊，并將該犯與樊承先用刑質對，務得實情。如訊有賄囑舞弊情事，則樊承先自當立正典刑，即或審無情弊，而以應勾人犯稽誅二十餘日，樊承先之罪亦非尋常錯誤可比，統俟審明定奪。至秋審勾到時，情實人犯已未勾決，均列於榜示之內。直隸省於十月二十八日勾到，該督周元理、臬司達爾吉善接到部文，因何不行細查，將遺漏王克均一犯及早據實具奏，其咎亦無可避免。著周元理、達爾吉善即行明白回奏。

達爾吉善由滄州監內將王克均提出，押解行至武清縣地方，王克均患病身故，將屍擡至都城門外，以備覆驗，并自請嚴加治罪。奉旨：該部嚴察議奏。大學士誠謀英勇公阿桂等謹奏，爲遵旨審擬具奏事。先經刑部具奏，承辦直隸司秋審書辦樊承先，將滄州情實斬犯王克均混出病故，付子開除一摺。乾隆四十二年十一月二十三日奉旨：著按察使達爾吉善星速馳往該處，即將王克均一犯親押解京，交軍機大臣會同刑部嚴行鞫訊，務得實情等因。欽此。嗣於十二月初二日據達爾吉善奏明，遞解該犯王克均，行至武清縣河西務地方，該犯驟患中風痰厥病證，於三十日酉刻身死等因。臣等隨遴派軍機司員會同刑部司員，帶領諳練仵作前往朝陽門外屍所，如法詳細相驗結報。該屍週身并無別故，探驗口鼻，俱有痰涎，實係因病身死。并訊據原解官役人等供稱，該犯在途病斃情形與達爾吉善原奏無異，臣等隨會同監提書辦樊承先詳細鞫訊。據供：　我承辦秋審，本年先有隨本聲明病故人犯十二名，當經移付開除。八月二十六日，是直隸省秋審上班日期，我恐有續報病故人犯應行開除，先於二十五日將收文號簿逐一檢查，蘇國玉病故及王小五病故旁注有王克均三字。那時本司承辦秋審行文的員外郎高鳴陽患病在寓，我因審期已迫，就趕付子送至寓所畫押，移付秋審處開除。我實因號碼簿內王克均三字添寫在流犯王小五病故旁邊，誤認作王克均與王小五俱係病故，隨即移付開除。今被本官查出那件咨文，原係開送錯擬王克均罪名，并案內流犯王小五病故。所以號簿內旁寫王克均三字，并無王克均病故之事，我不曾詳查原文，實是錯謬該死，并沒有作弊的事。求詳情詰以秋審情實人犯關係緊要，你既專辦此事，豈有不查看原文，竟行辦付之理。明是你與王克均素相認識，或受其賄囑，因乘本官患病之時，乘機辦付，混請畫押開除，及經本官查出，又復任意支飾。如今若再不供出實情，又要受重刑了。又據供：　我實係誤據號簿移付，并無別項情弊。此等情實重犯，如果混揑報了病故，不行辦理，不但部內終難瞞過，即該省接到部文，不見王克均名字，也必然要來咨查，我就是想要作弊，也斷不肯做這樣必破的弊，自取重罪。我未查原文，誤行開除重犯，已經罪無可逭，何敢稍有支飾。我在部中受過刑夾，還敢稍有隱瞞等語。再三究結，矢口不移。臣等復以樊承先雖堅供并無情弊，但究屬該犯一面之詞，其斬犯王克均又已身死，無可質證，隨將該縣長解禁役於坤、朱興子等逐一隔別詳訊，令將王克均家道貧富及在監時有何親屬探望各情形據實指供。據稱，王克均原係在窰燒瓦盆度日，犯罪在監時，但有伊子王長庚，約年二十餘歲，衣服襤褸，曾經到監探親，來時帶有粗糧窩窩幾箇給食，實未見送給別物等語。是樊承先所供并無賄囑情弊之處似屬可信。查律載：　官司故出人罪，全出者以全罪論，失於出者減五等。若囚未決，放而還獲及囚犯死者，各減一等等語。今樊承先將情實斬犯王克均混寫病故付子，與別案實係病故之蘇國玉同付開除，若該犯果係有心作弊，即應囚罪全科，立行正法。今嚴加審鞫，委因誤看號簿，當無舞弊別情，但以情實重犯并不查核原咨，混行移付開除，致因在途病故，得逃顯戮，究非尋常失出可比，應將樊承先比照故出人死罪未放律杖一百，流三千里，仍先於刑部門首枷號三個月，俾衆書辦共知儆戒，滿日發配。至刑部堂司各官，業經奉旨交吏部分別嚴加議處。直隸按察使達爾吉善亦經奉旨交部嚴察議奏，均應聽吏部辦理等因。十二月初六日奉旨依議。

清·沈家本《叙雪堂故事·廣西秋審窵遠各屬人犯停止解省》　奏：

爲遵旨議奏事云云。該臣等議得廣西巡撫吳虎炳奏稱，竊照秋審人犯，新例仍行提省會勘。乾隆四十一年雲南按察使汪圻條奏，滇省永昌、順寧、麗江、昭通、廣南、普洱等六府距省自九百里以至一千三、四百里，其間并無城池監獄者各十餘處，且中途擁擠，即有專責員弁，而深山路曠，管押難周。請將秋審人犯，專責不由審轉之道府於冬季巡歷時親加研鞫，造冊加結，移報院司彙核等因，奉部議准在案。臣查廣西省除桂林首府附省外，平樂、梧州、柳州、慶遠四府解犯至省，程途俱在千里之內。南寧府所屬州縣暨潯州府所屬桂平一縣，鬱林州所屬博白、陸川、興業三縣雖程途在千里之外，但均屬水陸通衢，沿途住宿程站俱有城池監獄暨塘訊墩臺，行走既便，防守無虞，均毋庸議。惟泗城、思恩、鎮安、太平四府，地處極邊，所屬州縣解犯至省，自一千三、四百以至二千五百餘里，經過地方類多深山密箐，且道遠路長，住宿之處或無城池監獄、塘訊墩臺，直至南寧、柳州等處始入水陸大路。況秋審同時起解，泗城等三府人犯會萃於思恩府屬之武緣縣，一時擁擠紛擾，協解兵役未免顧此失彼，難保無雇倩充數，致有不虞，實與雲南永昌等府情形殆爲尤甚。自復舊制以來，泗城等府人犯解省雖無疏虞之事，但因地方權宜，究不如免提至省更爲盡善。應將泗城、思恩、鎮安、太平四府屬之淩雲、西林、西隆、百色、武緣、小鎮安、天保、歸順、奉議、崇善、龍州、寧明、永康、左州、養利十五廳州縣秋審人犯，仿照雲南永昌等府之例，免其解省。泗、鎮、太三府屬人犯，責成不由審轉之左江道，思恩府屬人犯責成不由審轉之右江道，各於冬季巡歷時逐一親研鞫，造冊加結，移報院司彙核。倘有鳴冤、申辯、揑供、翻異者，即將本犯解省審辦。如有續行補入之案，隨時補勘移報。倘該道不實力奉行，或有冤抑不爲昭雪，或任犯混供，率行解省，查出，嚴參究治。如此則讞典有昭愼重，而重犯可免疏虞，於籌酌議邊地變通之例，均歸畫一等因，具奏前來。查乾隆四十一年正月內，據大學士、兩江總督高晉條奏，每省秋審仍照舊例提犯至省會勘，所有道府巡歷覆勘之例即行停止。經臣部覆准通行在案。於乾隆四十一年九月內，臣部議覆雲南按察使汪圻條奏，將雲南省離省窵遠之永昌等府所屬人犯，專責不由審轉之各該道員於冬季巡歷時親加研鞫，不必會同該府等因。奉旨：依議。欽此。欽遵亦在案。今該撫奏稱，泗城、思恩、鎮安、太平四府，地處極邊，所屬州縣解犯至省，自一千三、四百里至二千五百餘里，經過地方類多深山密箐，道遠路長，經宿之處或無城池監獄，塘汛墩臺，難保無虞，請照雲南永昌等府之例，免其解省，專責不由審轉之該道員於冬季巡歷時親加研鞫等語。亦屬因地制宜，愼重解審獄囚之意。應如該撫所奏，將泗城、思恩、鎮安、太平四府所屬凌雲、西林、西隆、百色、武緣、小鎮安、天保、歸順、奉議、崇善、龍州、寧明、永康、左州、養利十五廳州縣秋審，照雲南永昌等府之例免其解省。泗、鎮、太三府屬人犯，責成不由審轉之左江道，思恩府人犯責成不由審轉之右江道，各於冬季巡歷逐一親加研鞫，造冊加結，移報院司彙核，不必會同該府。倘有鳴冤、申辯、捏控、翻異者，即將本犯解省。如有續行補入之案，補勘移報。倘該道不實力奉行，或有冤抑不爲昭雪，或任犯混供，率行解省，令該督撫即行嚴參究治。庶重囚可免疏虞，而讞典益昭愼密矣。俟命下之日，臣部纂入例冊，行文廣西巡撫，下年秋審即照新例辦理等因。乾隆四十三年三月十九日奉旨依議。

清・沈家本《叙雪堂故事・新疆秋審情實未勾及緩決人犯在新疆地方互相調發》 乾隆四十二年十二月間，伊犁將軍伊勒圖等奏稱秋審緩決二次人犯劉宗武等請減發爲奴一摺，奉旨：伊勒圖等奏請將秋審二次緩決之劉宗武等發遣爲奴一摺，所擬未當。內地秋審人犯緩決三次者方准減等，情實十次未勾者，方改緩決。新疆人犯治罪應較內地爲重，庶各犯不敢輕蹈法紀，豈可轉較內地從輕？著交軍機大臣會同刑部另擬具奏。欽此。當經酌議：嗣後新疆秋審人犯緩決者，必俟五次之後；情實者，必至十二次未勾，方准於新疆地方互相調發爲奴。

清・沈家本《叙雪堂故事・解役疏脫人犯本犯罪未定不即入緩決》

一、九月二十日進河南省秋審本，有緩決內絞犯薛法唐、李奉牽疏脫遣犯周四一案，發出詢問，以此案與安徽省之張松、劉同俱係解役疏脫人犯，何以張松、劉同改爲情實，薛法唐、李奉牽照覆緩決？當經劉中堂、烏大人將兩案改擬及招覆緣由辦理摺片於二十日申刻具奉，將奏片摺角，於二十一日發出。

臣劉統勳、臣烏納璽謹奏：查本年秋審內解役疏脫人犯，外省問擬緩決者共兩案，一係安徽省之張松、劉同疏脫絞犯馬福；一係河南省之薛法唐、李奉牽疏脫遣犯周四。臣等核擬時，因馬福毆死白坤，業經訊明供認，例應擬絞。張松、劉同奉差押解，劉同違例雇替，張松於正犯脫逃後攜帶護票潛逃，是以改擬情實。至薛法唐、李奉牽押解周四，因周四由黑龍江脫逃時，係在脫逃拏獲，即行正法，定例以前罪止枷杖。其直隸開州梁二謀殺常郎之案，據梁二供，與周四同謀，但遂平縣拏獲審訊，周四并未承認，是周四罪名尚在未定，是以將薛法唐、李奉牽照覆緩決，謹奏。

一、二十一日劉中堂、烏大人面奉諭旨：嗣後各省秋審內有解役疏脫人犯，本犯罪名未定，如河南省之薛法唐、李奉牽案情相似者，即照薛法唐之例牢固監候，不必即入緩決，俟拿獲正犯審明定擬之日，再將解役人等入於秋審辦理。

一、奉劉中堂諭：各省秋審情實黃冊，內有父子共毆人，而其子將人毆死，各督撫於秋審後尾內尙引救父字樣者，九卿出語務將該督撫出語內救父字樣明析指駁。

清・沈家本《叙雪堂故事・孟木成平反案》 山西巡撫勒保奏稱：臣抵任後，於十月初五日據代州民孟鵬程呈稱乾隆四十九年三月份，代州孟木成扎傷張光裕身死一案內指伊爲證，但張光裕與孟木成因何起釁，是否係孟木成扎傷身死，伊不知情，亦并無將張光裕背送溝內情事。從前案內所供，俱係畏刑誣招，今孟木成問擬死罪，皆由伊誣招所致，良心雖昧，不得不爲之申明等情。臣隨檢查原卷，緣代州民張光裕揭借孟木成銀錢未償，將地畝立契抵給，地邊另有荒灘一片并未在內。孟木成於四十九年春間開種茭禾，張光裕查知不依，孟木成答以丈明退還。三月二十八日晚，張光裕醉後至孟木成鋪內混罵，經鋪夥崔晸勸回。二更時，張光裕復至孟木成家內，孟木成讓入書房，張光裕詈罵不依，互相揪毆，孟木成掣刀劃扎致傷張光裕領頦耳根等處倒地。孟木成之父孟宗道并工人孟鵬程聽聞趨視，見張光裕受傷，無法處置，孟鵬程起意背送他處，希圖隱瞞，孟木成即央孟鵬程將張光裕背至郝家灣溝。經張光爍尋獲報州，未及驗訊，旋即殞命。據代州究出前情，由司審辦，將孟木成依鬥毆殺人律擬絞監候，孟鵬程照不應重律擬杖八十。經前撫臣農起於五十年五月具題，奉旨：孟木成依擬應絞，著監候，秋後處決；餘依議。欽此。嗣於乾隆五十一年經前撫臣伊桑阿將孟木成擬入秋審情實，彙冊具題各在案。臣隨飭司監提孟木成到案研訊，據該犯極口呼冤，與孟鵬程所呈無異。復查此案，孟木成扎傷張光裕倒地之後別無證見，惟孟木成之父孟宗道并孟鵬程二人聞聲往視目擊。其事且係孟鵬程起意將張光裕背送至郝家灣溝內，希圖隱瞞，是孟鵬程實爲案中要證，從前定案時自必因其指證確鑿，毫無疑義，是以將孟木成擬抵具題。如果係畏刑誣服，何以事隔兩載，不特并無一人翻控，即孟鵬程亦無一言申訴？且當本年秋審時，孟木成又不自行鳴冤，直至今日始據孟鵬程代爲呈辯，其中必有賄囑翻異情事。人命重情不厭詳慎，自應徹底究明，以成信讞。正在行司飭提犯證質訊間，接秋決部文，孟木成一犯業蒙勾到。臣因案關出入，未便遽行處決，致有冤抑，現將孟木成暫緩行刑，一面星飛提集人犯，逐一嚴加訊究。如審係虛捏，即將孟木成立行正法，并將孟鵬程從重治罪，以示懲儆。倘另有別情，臣亦即據實具奏，請旨究辦等因。乾隆五十一年十月二十一日奉硃批：甚是，即有旨諭。欽此。又，同日奉上諭：據勒保奏，抵任有代州民孟鵬程呈稱，孟木成扎傷張光裕身死問擬絞候一案，從前指伊爲證，係畏刑誣認。其扎傷致死，伊并不知情，理合申明。現在孟木成一犯奉到部文業蒙勾到，案關出入，未便遽行處決，致有冤抑。請將孟木成暫緩行刑，提集犯證，嚴訊確實，再行辦理等語，所奏甚是。此案孟木成扎死張光裕之後，從前定案時原因孟鵬程指證確鑿，是以將孟木成擬抵。今孟鵬程復以指伊作證之處係畏刑誣認，代爲呈辯伸冤，恐其中尚有別項情節。人命重情不可不徹底究訊，以成信讞。但事隔兩載，孟鵬程并無一言申訴，本年秋審，孟木成又不自行鳴冤，直至此時孟鵬程方爲辯訴，亦難保無賄囑翻異情事。現在該撫提訊各犯，如果孟鵬程所控屬實，自應即爲平反，以申冤獄。若審係虛捏，即將孟木成即行正法，并將孟鵬程從重治罪，以儆刁頑等因。

又十二月十五日奉上諭：據勒保奏，孟木成扎死張光裕一案，檢明屍骨并非刀傷一摺。此案原因孟鵬程指證確鑿，是以將孟木成擬抵。今孟鵬程既以伊作證之處係畏刑誣認，代爲呈辯伸冤，而檢驗屍骨并非刀傷身死，其中必有別情，并派侍郎姜晟揀帶明幹司員并諳練仵作馳驛前往，會同詳悉，覆秉公查審定擬具奏。其所參相驗不實之崞縣知縣高虞祥，承審錯誤之原任告病代州知州吳重光均著革職。該侍郎會同該巡撫一併嚴審究辦。

旋於五十二年二月初五日經姜晟等檢驗屍骨并非刃傷，亦非孟木成毆死，審明冤誣等情擬議具奏，孟木成一犯不應仍行監禁，請旨釋放。奉旨依議。

清・沈家本《敘雪堂故事・富禮善主使毆傷張二身死嚇逼趙文達頂認正兇案》 奏：爲遵旨覆審具奏事。竊照本年朝審情實冊內，刑部審題趙文達毆傷張二身死一案，蒙皇上閱看招冊，因案有疑竇，恐有頂兇情節，本月十二日勾到之晨，特派臣阿桂、臣和坤、臣福康安、臣劉墉覆審。臣等當即派員馳赴市曹，將趙文達提回，傳集案內應質人等，覆加研審。緣趙文達與富禮善均係尚書公福隆安家人，本年正月內福隆安修造房屋，令富禮善總管一切工作，趙文達等亦分派監修。有大工頭張德中央求富禮善妻弟鍾四，向富禮善承攬工程，許以每領工程銀一百兩謝給銀七兩。鍾四應允，轉向富禮善說合，張德中攬得一萬一千餘兩工程，先領過銀二千五百兩，謝給鍾四銀一百七十五兩，張德中即雇覓匠夫興工。二月十四日，有小工張二向小工頭李德長支工錢不允，彼此爭毆，致傷李德并同夥之蘇四、盧豐。李德隨向大工頭張德中告知情由，張德中見李德頭臉被張二打傷流血，即至富禮善家，令伊家人王七轉告富禮善，答以工人打架應聽張德中自行了結。張德中因邀王七一同往看。富禮善聞知，復令雇工宋二、王三赴張德中鍋夥，告以張二等既經打架，送看街兵看守，俟次日到工再辦。張德中、宋二、王三即將張二等交看街兵看守。十五日，富禮善到工，張德中將張二、蘇四、盧豐，及在場幫鬧之張八四人押至，張德中央富禮善將張二等照法處治，儆戒衆人。富禮善隨向張二等責問。蘇四不服，先上前分辯，富禮善即令同主家人徐國泰、拜布克、楊五十兒將蘇四按倒，用木棍責打十餘下，盧豐等在旁喊叫，富禮善即令徐國泰等拉去責打。適趙文達走至，富禮善即令趙文達幫同按打，將盧豐、張八先後各打一頓。復令徐國泰、拜布克將張二按倒，令趙文達先用木棍毆打數十下，因手指擦破，將棍遞與楊五十兒，又毆數十下。富禮善因張二等強橫，不便放去，又令楊五十兒前赴官廳借取鎖鍊四掛，將張二等鎖於木柵之上。傍晚時候，張二傷重，臥地喊痛，即行開鎖送至鍋伙處調養，張二至晚因傷殞命。十六日，張德中隨據實呈報，經提督衙門傳訊，富禮善先令楊五十兒到官聽審，楊五十兒不允，富禮善復以張二行兇傷人，即毆死亦不至抵償之語誘令趙文達赴官聽審。趙文達至，提督衙門審問，即將富禮善喝令毆打等情據實供明。十七日，經提督衙門將案犯咨送刑部，當經刑部以富禮善喝令毆死張二，即屬正兇，隨片行該旗傳富禮善及趙文達供出幫按之徐國泰、拜布克等，票傳原報張德中到部質審。富禮善恐刑部究出該犯主使實情，因思趙文達本係首先下手毆打之人，且賦性獃頑，可以向其推卸，又原報張德中係伊妻弟鍾四舉薦攬工，令鍾四向其囑託當官證住趙文達，俾無從置辯。張德中貪攬工程，又因未領銀兩尚多，隨即應允。張德中先至刑部，隨翻改原報供詞。正在監提趙文達與張德中質審間，旋據該旗將富禮善、徐國泰、拜布克送部，富禮善走至司門，適遇趙文達自監中提出，富禮善即以你若混行扳我，我將來就要處死你一家之語向其恐嚇。趙文達向畏富禮善兇橫，恐遺累父母兄弟。迨當堂與富禮善等質對時，又被張德中與富禮善同聲堅質，俱稱是日富禮善實未在場，趙文達質抵不住，隨即誣認。承審各員以該犯前後異供，顯有情弊，將該犯與張德中掌嘴跪鍊，該二犯矢供不移。隨錄供呈堂，會同法司將趙文達依律擬斬監候，徐國泰等分別擬杖。富禮善訊無喝令情事，毋庸置議等因，具題完結。朝審時經九卿擬入情實。今臣等欽遵諭旨，會同覆審，趙文達等始猶堅執前供，研鞫再三，方據供吐前情不諱。臣等以富禮善主使趙文達等將張二毆打身死，趙文達初次到案，既將富禮善主使情由供明，及與富禮善質對，何以即頂認正兇，甘服死罪，頓將富禮善開脱？明有賄囑頂認情事。即楊五十兒同係毆打張二之人，趙文達到案，不行供出，情弊亦屬顯然。至工頭張德中業經據實呈報，何以刑部審訊，復改易前供，扶同捏證？自必得受富禮善重賄。再，富禮善係福隆安管家，該犯主使毆斃人命，復設法圖脱己罪，曾否回明伊主，以致刑部不加深究。并承審之員，有無聽受囑托各情事，均須徹底根究。復將各犯逐一嚴詰。據富禮善供：提督衙門傳訊時，我因楊五十兒不肯到官，想著趙文達素日有些獃氣，可以誘他去，就向他說楊五十兒不去，我有法處他，你只管去，我自然格外照應你。後來聞他在提督衙門仍供出我來，因張德中是原報之人，故叫妻弟鍾四先囑託爲證。我到了部里，適在司門首遇見趙文達，又向他說你若再扳我，叫你一家都死在我手裡，所以官員們審訊時，有張德中從旁質證，趙文達就自己承認了。實在沒有用銀買囑他，若我果有買囑頂兇之意思，起初張德中呈報時，我就該賄囑他止將趙文達的名字報出，如何還聽他將我呈報呢？至刑部官員因趙文達、張德中供詞改變，將他揪耳掌嘴，又向徐國泰等再三追求，因衆證始終不移，纔定案的，實是被我們大家朦混過去，并無求情囑託的事。再，起初工上打架原是小事，沒有告知我主人。後來張二身死，我回過，主人說：你們快去查明是誰打死的，就送到官裡去辦。張德中便將我在提督衙門呈報，移送刑部。刑部定案放我出來後，我稟知主人，此案刑部審明實係趙文達毆斃張二，趙文達已經承認，與我無干。主人見部中已經審明，就沒有再問是實。據趙文達供：我起初見富禮善因楊五十兒不肯到官，就要處治，所以他叫我去，我不敢推辯。我在提督衙門原供出富禮善叫我打的。後來部裡傳富禮善審訊，我在司門首遇見富禮善向我說，若再說是他主使，他就治死我一家。我聽見害怕，憶及他在府里充當管家，諸事可以專主，曾將同主家人蔣齊兒、楊旺兒下毒手打過，養到一月還不能走動。如今張二本是我也動手打的，自然要定重罪，何必結怨富禮善，拖累我父母兄弟受罪？所以自己承認了，實在沒有得過他銀錢。現蒙這樣嚴審，我已將富禮善供出，如有得銀等事，還有不據實供出的嗎？至我不說出楊五十兒，也因自己既認重罪，不必再累他人，并無別的緣故是實。據張德中供：鍾四來向我說，叫我到部裡不要扳出富禮善來。我想如不依他，必不能辦這樣工程，無從賺錢，且在後領得工程銀兩，俱要酬謝鍾四，借此我就可以不給他，也得幾百兩銀子的便宜，遂應允了。到刑部時，我見趙文達被我質住，已認罪，所以官員們將我不過掌責，我尚可熬耐，所以爲富禮善始終隱瞞的。後來案情完結，富禮善仍令我接辦工程，共領了一萬一千一百銀子，該謝鍾四銀七百七十八兩，除先給過他一百七十五兩外，後來我止給他一百兩，他還不依，又在我領得銀兩內扣過二百兩，還該他三百餘兩，只因替他隱瞞了富禮善之事，就沒有給他，這是實情。蒙這樣嚴審，我只得供明了，實無另有受賄情事各等語。復傳訊承審此案之刑部司員音德布等同供：當初提督衙門咨送張二被毆身死一案，我們檢查原文，據張德中供稱，張二係富姓家人，叫人用棍責打身死。是富姓家人乃此案正兇，當即回堂，用印片傳喚富姓家人并趙文達，供出幫同揉按之徐國泰、拜布克等，復票傳原報張德中一併到案嚴審。據富禮善堅供，他們毆打張二時，伊跟隨主兒出門當差，并不在場。訊之徐國泰、拜布克等，俱供伊等係趙文達令其揿按，實未見富禮善在場。我們隨令趙文達與伊等當堂質對，趙文達遂稱原供係伊一時希圖卸罪，飾詞妄扳。質之張德中，亦翻原供。我們因該二犯前後供詞互異，顯有頂兇開脱情事，將該二犯揪耳長跪，并加掌責。復告知趙文達，以你若供明係富禮善主使毆打，你便無罪；若將富禮善開脱，你即應抵命。反覆開導，令其據實供吐。據趙文達堅供，實因張德中曾將李德與張二打架情由告訴過富禮善，我就想推到他身上可以卸罪。今傳到富禮善當堂質對，不敢狡賴。當日原係我起意毆打，如今情甘抵償等語。并據張德中供：我因先告訴過富禮善，富禮善叫我告訴管工家人，我即告知趙文達，將張二叫至工所，喝令毆打的。再三究結，各犯矢供不移，隨即録供呈堂，并會大小法司審訊，供詞無異，是以纔把趙文達定案擬抵具題，實不知道他們有頂兇情弊，也無受人囑託的事。若是我們受人囑託，現在富禮善到案，諸事水落石出，還肯替我們隱瞞嗎？可以質對得的等語。後將富禮善等再四究詰，加以刑嚇，矢口不移，似無遁飾。查律載：威力主使人毆打致死，以主使之人爲首，下手之人爲從，減一等；又，主使數人毆一人致死者，以下手傷重之人爲從，其餘皆爲餘人；又，奴婢毆良人至死者，斬監候；又，姦徒得受正兇賄賂，挺身到官頂認，致脱本犯罪名者，不計臟數多寡，俱照本犯斬絞之罪一例全科；又，證佐不言實情，以致罪有出入者，減罪入罪二等各等語。此案富禮善係尚書公福隆安管事家人，因伊主造修房屋，工人張二等打架滋事，不回明伊主送官究治，輒倚勢主使趙文達等將張二等四人先後揿按毆打鎖押，以致張二受傷身死，罪已難逭。復嚇逼趙文達先到官聽審，并令妻弟鍾四轉囑原報張德中扶同翻供捏證，致趙文達頂認重罪，該犯反脱身事外，實屬倚勢藐法。富禮善合依威力主使人毆打，以主使之人爲首，奴婢毆良人至死者斬候律擬斬監候。該犯係應擬情實之犯，又有頂兇情弊，今業已審明，應請旨補行予勾，并著傳集各王公大臣家奴同至市曹看視行刑，以爲豪奴倚勢行兇舞弊藐法者戒。趙文達聽從首先下手，應照爲從律減一等擬流。其到部時挺身頂認重罪，訊因被富禮善嚇逼，罪人誣證，該犯不能抵辦，是以承認，尚無受賄情弊，照例亦止應減等擬流。但蒙皇上特派大臣覆訊，該犯到案不即供吐實情，始終頂冒正兇，實屬可惡，未便因其未經受賄稍爲寬縱，趙文達應即照姦徒得正兇賄賂、挺身到官頂認致脱本犯罪名全科例擬斬監候，秋後處決。張德中在場目擊富禮善主使毆打張二身死，既已據實報明，乃因貪圖攬工并思扣留謝錢，聽從鍾四囑託，隨同翻供，以致罪有出入，若僅依證佐不言實情減罪人罪二等律擬以杖徒，亦覺情浮於法，張德中應於富禮善死罪上酌減一等，從重發往烏魯木齊給種地兵丁爲奴。楊五十兒聽從毆打，徐國泰、拜布克幫同揿按，應各照餘人律杖一百。李德先與張二爭毆肇釁醸命；宋二、王三聽從富禮善主使，私交兵丁往拏張二看守，均屬不合，應各照不應重律杖八十。除徐國泰、拜布克、李德均於前案擬杖應免重科外，餘俱照擬鞭責發落。王七訊止隨同張德中前往喝阻，富禮善主使毆打，并未在場幫毆，應與訊不知情。趙文達之父趙美、母楊氏均毋庸議。至趙文達被富禮善倚勢嚇逼頂認正兇，伊父母兄弟未便復留福隆安處服役，所有趙美一戶原係副都統成安家人，應請旨仍賞還成安名下爲奴。鍾四於富禮善囑託卸罪，復從中詐取張德中説合工程銀兩，亦應按律治罪。該犯現在脱逃，業經提督衙門選派番役緝拏，應再行文都察院、順天府、直隸總督并原籍督撫一體飭屬嚴緝務獲，解部歸案辦理。至此案刑部堂官均已奉旨降爲三品頂帶，革職留任。福隆安罰公俸十年，仍革職留任。其原辦此案主稿及隨同畫押并承辦朝審招册之刑部司員，亦經吏部分別議以降革在案，應均毋庸再議。所有臣等覆加審訊定擬緣由，謹繕摺具奏，伏乞睿鑒，爲此謹奏請旨。乾隆四十八年十二月初二日奉旨：富禮善著即處斬，趙文達依擬應斬，著監候，秋後處決，餘依議。

清·沈家本《叙雪堂故事·秋審籤商案》 大理寺卿鄧時敏謹奏：爲秋讞務歸平允，仰祈聖裁，以重人命事。本年八月秋審各省犯案，二十五日審得山東省田二打手劃傷史典身死一案。據該撫題稱，田二打手因與史典之孫史居扭奪鐵槍，被史典持棍趕毆，用力將槍奪獲，槍頭劃傷史典斃命，傷非有意，死越三日，田二打手應緩決等因，具題。刑部以一死一傷改入情實。臣細核全案情節，緣田二打手因弟田三與史典之孫史小容彼此詈罵後，田二打手聞知，往史典家訊問，史典以無人詈駡回復。該犯雖口出料想不敢一言，業經走回。史小容之兄史居輒持鐵槍追趕向扎，該犯接槍，兩相拉奪，史典亦持棍趕至欲毆，該犯情急，用力將槍奪獲，槍頭向上，以致劃傷史典顛門，越三日殞命。當有劉倫拉勸，史居復乘勢奪槍，該犯因用槍桿打傷史居頂心數處。史居之弟史香聞知，又攜鐵槍往護，該犯已經跑走。復行追趕，適遇無干之田賓、田協，史香疑其在場，即用槍扎傷田賓左腿、田協左臂而散。此全案情節也。竊詔情法貴持其平，死傷各有所因。查史姓前後三人均持槍執棍趕毆，該犯止徒手一人。史典之死，實由史居持槍趕扎、互相拉奪所致；史居之傷，此時已有劉倫拉勸，復行逞兇奪槍，以致該犯情急抵禦，傷亦自取。是一死一傷均由史居滋釁，并非該犯自行攜槍戳毆，依鬥毆律擬以絞候已足蔽辜，改擬情實於情法均未平允。臣再三面商，以秋審定讞務照本案情節爲衡，不得因該犯混名打手，疑其素行兇恨，懸加大罪，應仍照外擬爲當，刑部執意不允。臣伏思我皇上如天好生，矜慎刑獄，一杖之微，務期允協。況人命重情，生死出入，所關非細。雖法外之仁出自聖恩，而臣之職司刑獄，豈容依違兩可，輕率畫題。爲此不揣愚昧，據實奏聞，并將招册全案備錄，恭呈御覽，伏乞皇上睿裁，訓示施行。謹奏。乾隆三十六年九月初四月奉旨：該部議奏。

刑部謹奏：爲遵旨議奏事云云。伏查臣部向來辦理秋審，凡鬥毆殺人之案，其尋常爭鬥并無兇暴情形者，入於緩決。至如理曲傷重，逞兇疊毆者，又細核其起釁緣由，下手情狀，重者擬入情實，所以儆兇徒而清庶獄，此辦理秋審區別輕重之大較也。今此案田二打手因史典之孫史小容與伊弟田三互詈，該犯即往史典家内口稱誰罵伊弟，史典答以無人詈罵。該犯聲言料想不敢而出。史小容之兄史居嗔其欺侮，取槍趕毆，該犯閃避，接住槍桿奪獲，劃傷史典顖門倒地，史居乘勢奪槍，該犯復用槍桿連毆，致傷史居頂心、顖門等處倒地。史典傷重，越日殞命。查田二打手因伊弟田三與史小容口角微嫌，輒登門尋釁，聲言料想不敢，其情狀已露強横。及史居等嗔其欺侮，分攜槍棍趕毆，該犯既已奪槍桿劃傷史典，復用槍桿連毆史居多傷，史典傷重殞命。是史典、史居雖攜槍棍趕毆，并未下手致傷該犯，而該犯自登門尋釁，以至徒手奪械，逞兇疊毆史典祖孫二人，一死一傷。核其情節，實屬兇暴，該撫擬以緩決，與尋常鬥毆之案無所區別，是以臣部會同九卿改擬情實，并非因其混名打手懸加其罪也。至史香之毆傷田賓、田協，在田二打手業經傷人散歸之後，史香已照刃傷人律擬徒，未便因此遽原該犯情罪。所有田二打手一犯，臣部仍照九卿原議改擬情實等因。九月十三日奉旨依議。

清・沈家本《敘雪堂故事・應入本年秋審人犯遺漏未辦補請勾決》 乾隆五十八年四川司題明入於本年秋審之譚鄧氏遺漏未辦，嗣查出檢舉。

刑部爲檢舉事。臣部員外郎舒敏、候補主事劉玨呈稱：職等承辦四川司秋審，現因本年秋審事竣，查理下年應辦秋審案卷，有譚鄧氏謀殺楊楊氏身死，并被屍身壓死乳孩一案，係乾隆五十八年三月十九日題結。因向例四川省秋審案件，每年俱係二月初十截止，以後即歸入下年秋審辦理。譚鄧氏一案題結已在該省秋審截止之後，惟查此案係謀殺人致屍身將乳孩壓死，該省照謀殺律問擬斬候，本部聲明趕入本年秋審辦理，職等查辦秋審時，將二月初十以前各案俱經彙入秋審。此案係三月十九日題結，在該省截止之後，誤歸入下年秋審案内。今經查出，理合據實檢舉等因。查臣部辦理秋審，於各司專派滿漢司官二員，以專責成。今該員等係承辦四川秋審之員，何以將聲明趕入之件率行遺漏？雖據呈稱，因此案題在截止之後，誤歸入於下年秋審卷内，但恐該承辦書吏別有舞弊，臣等隨親訊。書吏俞能睿供稱：我係四川司經承，向來辦理秋審，每年俱將截止以前正案陸續提出，分交各貼寫繕寫册籍，其截止後題結之案，另貯一箱。譚鄧氏一案，係在截止期後，即誤歸入下年秋審卷箱。五月内派出隨往熱河，將卷宗交書吏沈銓接辦。復訊之沈銓供稱：我接收俞書辦交出秋審案卷，係已分本年、下年存貯二箱。我只將本年之案查辦，未將分貯下年辦理之案再行細查，實不知内有趕入一件各等語。反覆究詰，委係遺漏，并無弊混。除將該吏等分別枷責懲儆外，該承辦司員等將題明趕入本年秋審之案遺漏未辦，非尋常疎忽可比，雖係自行檢舉，仍應請旨交部嚴加議處。其該司滿、漢郎中與專派承辦之員雖有差別，但秋審要件并未留心檢查，咎亦難辭，應請交部分別議處。臣等未能查出，不勝慚悚，應請一併交部察議。至譚鄧氏一案，另繕原題恭呈御覽，將該氏請旨即行處決，爲此謹奏等因。十二月初二日奉旨：譚鄧氏著即處斬。至此案承行司吏，以題明入於本年秋審之件乃竟遺漏未辦，僅予枷責，不足示儆，著枷號一百日，俟期滿發往伊犁充當苦差。餘依議。

清・沈家本《敘雪堂故事・因瘋殺人官犯》 道光十四年十二月奉旨：因瘋斃命、永遠監禁之齊重義一犯，著該部查明現在在監情形具奏。經刑部奏稱：齊重義係已革戶部主事，因斗患瘋疾，執持刀劍砍傷朱甲、七福等十三人，七福因傷身死，依鬥殺律擬絞。朝審奉旨未勾，著永遠監禁。現據司獄結稱，齊重義自道光十年閏四月初八日起，至今將滿五年，瘋病并未舉發。

查瘋病殺人常犯，恭逢恩旨例得查辦。齊重義係永遠監禁官犯，向無辦過似此成案等因。奉旨：齊重義著存記於十六年春間再行具奏。

清・沈家本《敘雪堂故事・秋朝審招册删去撫看語止敘部看》 奏：爲刊刷秋審招册，請酌量變通辦理，以歸簡易，以昭詳慎事。內閣抄出掌江南道監察御史九成奏前事等因，乾隆十九年十月二十九日奉硃批：該部議奏。欽此。欽遵於本月十三日抄出到部。臣等議得，據掌江南監察御史九成奏稱：竊查每年秋審到部，將直省重囚案情罪名，刊刷招册，分送九卿、詹事、科道，公同詳閱，分別情實、緩決、可矜，請旨定奪，典至重也。招册內理宜全錄情節，以備參詳，庶幾輕重合宜，不至錯誤。惟是向例刊刷招册，必將法司看語與督撫看語一併叙入，承辦之員恐刊刷工價多有糜費，遂删去繁冗以圖節省。迨辦理日久，承辦各員遞年更換，非出一手，間有將緊要情節遺漏不載致淆裁酌者。如本年山西省情實斬犯張起雲，原案內開：因布客殷廣祿屢次調戲伊女大姐兒，忿恨將殷廣祿掐死。張起雲見其擔內貯有錢布，當即取藏。復剝取屍衣，將屍背棄土窖滅跡。嗣經屍弟舉控，差役訪獲。乃招册內止將掐死緣由叙出，九卿見其因女屢被調戲致斃，情稍可原，有欲改擬緩決者。及刑部查出原案，知有收藏錢布、剝衣、棄屍滅跡等情，始行照覆，此其明驗也。詳查秋審招册內所述督撫看語，業將案犯情節再爲聲叙，案係兩層而語實重複。與其聲叙兩層慮有糜費節删字句，曷若省去一層，照稿全錄以杜遺漏？且查現在朝審招册內，法司題結直省解部監候之案，只叙該督撫題某一案擬罪數語於前，其奉旨三法司核擬具奏之下，則叙法司會稿原看，該督撫原題看語內情節概不叙入，翻閱既不重複而案情亦覺詳備。請勅諭刑部，嗣後刊刷秋審招册，俱照此一體辦理，只將法司會稿原看全行開載，務令承辦各員詳加覈對，不得將緊要情節稍有遺漏。如有率意删減，致案情與原稿不符者，經九卿、詹事、科道查出，即行指參，將承辦各員交部嚴加議處。如此則案歸簡易，既無重複之繁文，而案情全備，愈昭讞獄之詳慎矣，等因，具奏。前來，查秋審招册首列督撫看語，所以叙原招情節；次列法司會看，所以詳定擬罪名，舊制相沿，遵行日久。每年秋審時，臣部會同九卿、詹事、科道等官，將各省案件逐起審定，惟期虛衷詳慎，無枉無縱，原不在招册款式及一、二字句之繁簡也。今該御史奏稱，秋審招册理宜照稿一錄，以備參詳等語。查臣部向來辦理招册，務令承辦司員摘叙緊要案情，刊刻分送，仍令各該司員將原稿揭帖俱攜送秋審棚內，以備詳查。儻有商酌之處，俱可隨時檢閱，不獨如該御史所奏，本年山西省張起雲謀殺殷文廣祿一案始行備卷查覈也。是秋審時各案稍有疑義，原屬有卷可查，并不因不照稿全錄致淆裁酌。且原稿內有一案數犯，各有罪由與現入秋審全不相涉者；亦有一犯數事并發，罪有重輕，已從重定罪，而餘罪無庸贅叙者。若必全行載入，頭緒紛紜，反難查閱，應將該御史所稱照稿全錄之處毋庸議。再，該御史奏稱，招册內止叙法司會稿原看，將該督撫原題看語概不叙入等語。查本年新舊各案共計七千餘起，若將現在刊舊之板概行删改另刻，不特工價浩繁，且計明歲秋審之前，爲期不過數月，勢難趕辦。惟將明年新事删去撫看，止叙部看，每案約可節省數佰字，似與删繁就簡之意相符，事屬可行。除乾隆十九年以前舊事毋庸删改另刻外，其自乾隆乙亥年新事起，應如該御史所奏，止載部看，以省重複。至該督撫審擬原題，間有因供情互異及律例不符，經法司題駁改正，或蒙睿覽改定，與尋常照覆之案不同者，應仍摘叙督撫原看，以備參閱等因。十一月十四日奉旨依議。

清・沈家本《秋讞須知・隨案更正式》 審供不諱，該都督將姚標洨依故殺律擬以斬候，羅從恆情節殘忍，請旨即行正法等因具奏。經刑部查，羅從恆一犯係臨時起意故殺，其聲請即行正法之處核與律載及欽奉諭旨均不相符，應行更正。羅從恆、姚淙洨均合依云云。羅從恆、姚標洨故、殺周姓各身死一案。同一。故殺不合聲請正法。

審供不諱，將巴克唐阿依毆死小功親之雇工律擬絞咨部。經刑部查，元惓雖係巴克唐阿小功姪富僧額雇工，惟富僧額之父巴揚阿尚在，應以家長論。巴克唐阿係巴揚阿大功服弟，應照毆死大功親之雇工律問擬。該將軍將巴克唐阿依毆死小功親之雇工律擬絞，罪名雖無出入，引斷究未允協，應即更正。

清・沈家本《秋讞須知・遵駁更正》 審供不諱，將張甲依律擬斬等因，具題到部。經刑部詳核案情，鍾啓源據供擄捉勒禁并無圖財勒贖之心，與捉人勒贖致被捉之人病故之例未符，行令按例妥擬等因咨駁。去後，兹據該撫遵駁改正，除某某外，張甲應改照某律云云。

審供不諱，以律例內并無無服尊長犯卑幼，因盜輪姦未成作何治罪專條，惟尊長因盜殺傷卑幼不與凡盜同科，則因竊而姦亦未便強姦科斷，將吳某照輪姦良人婦女未成爲首例擬軍，雷某依爲從例擬流等因咨部。經刑部查，親屬相姦較凡爲重，自不得以因盜輪姦轉從末減。吳某糾竊輪姦族弟婦曹氏未成，比例參觀，自應照凡盜強姦未成科罪；雷某聽從同姦未成，亦應按例不分首從問擬等因咨駁。去後，茲據遵駁更正。

審供不諱，因李洪模身受各傷，惟被李洪盛毆傷左右膁肕爲重，將李明發、李明淦均依姪毆叔加毆傷兄罪一等律擬流，聲明李明發等均因情切救護，將叔毆傷，并非逞兇干犯，聽候加簽聲請等因咨部。經刑部查，期親卑幼聽從尊長主使共毆以次尊屬之案，無論下手輕重，例應悉照本例問擬斬決核擬，夾簽聲請，不得下手傷輕之犯止科傷罪，駁令覆審。去後，茲據該撫遵駁更正，查李洪模係被李洪盛毆傷身死，李明發、李明淦均在場共毆有傷，核其情節，毆由救父情切，尚非故逞兇干犯，惟死係胞叔，服制攸關仍應按罪問擬。兄弟護父毆傷胞叔，雖因致傷身死，不得止科傷罪，仍依律斬決。夾簽聲請。

該撫以律例并罪治罪專條咨部請示。經刑部查，白庭華抑勒其妻，續姦，夫婦之義已絕，律應離異，不得作一家論。崔小有扎傷白庭華致斃，罪止擬絞，其故殺劉氏身死，罪應擬斬，應從重，咨覆。去後，茲據遵照具題。咸，山東。二十二冊。

具題。經刑部查，秦智得與唐尚富大功兄妻譚氏通，屢次向唐尚富擾害，唐尚富事後將其致斃，自應照非登時擅殺棍徒之例問擬。至譚氏係屬婦女，尚非實在兇惡棍徒，惟譚氏與秦智通通姦，改嫁秦智得爲妻，係屬罪人，唐尚富將其毆傷身死，應照罪人不拒捕而擅殺律科斷。按擅殺罪人與非登時擅殺棍徒二罪均應絞候，應從一科斷。該督以譚氏與秦智通均屬棍徒，將唐尚富依擅殺棍徒例擬絞，罪名雖無出入，引斷究未允協，應即更正，唐尚富應改依罪人已就拘執而擅殺以鬥殺論，鬥殺者絞律。咸七，陝。

清・沈家本《秋讞須知・駁審式》 報縣詣驗，關傳侯氏移解訊詳，緝獲張揚年、單來幅審訊，因不知梁二有係施禾尚託其轉糾，又見王三幅手攜衣服，不知係施禾尚搶給，隨供梁二有起意糾搶，王三幅搶取衣服。據供審擬，將張揚年、單來幅依聚衆搶奪婦女已成爲從例擬絞，王三幅、梁二有到案，亦依爲從例擬絞具題。經刑部以先獲從犯張揚年、單來幅俱供梁二有糾往幫搶，并無供及梁二有轉聽從施禾尚起意糾搶，核與前案各犯供詞互異，顯係聽從梁二有串囑狡供，王三幅亦恐有幫同入室搶奪情事，且王洙之被拒身死，亦難保非王三幅、梁二有同時下手，駁令覆審。續據該撫以逐一小審各犯，供執如前，實在無從推究，將梁二有、王三幅仍照原擬絞候，并將前獲之張揚年、單來幅一併比照強盜臟跡未明監候待質之例，俱監候待質具題。經刑部以此案既已獲犯四名，自應隔別研訊，豈得以各犯供執如前，即以無從推究一語率行比照強盜臟跡未明之例，將案犯俱監候待質？辦理實未妥協，駁令再行研鞫。去後，茲據該撫逐一研訊，實係在逃之施禾尚起意糾搶，王洙亦係施禾尚拒傷身死，其從前所獲張揚年、單來幅據供梁二有起意糾搶之處，實因梁二有向邀時未將聽從施禾尚轉糾之言說明，是以誤供，并無串囑情事，仍照原擬具題，并遵□無庸監候待質，除絞犯張揚年、單來幅已入道光四年秋審緩決，拒斃王洙罪應擬斬之施禾尚并逸犯楊四緝獲另結外，梁二有、王三幅均合依云云。道十，蘇。

清・沈家本《秋讞須知・一案二犯一准一駁式》 該督將劉漢汶依夫毆妻至死律擬絞，賈莛桀依姦贓污蔑致被誣之人自盡例量減擬流等因，具題到部。查賈莛桀挾嫌污蔑，致人夫婦一死一抵，未便照姦贓污蔑致被誣人自盡例量減擬流，駁令另擬具題，到日再行核覆。其劉漢汶一犯情罪相符，應即照擬辦理，劉漢羲合依云云。旨意酌留者如在後，不必叙。因旨意有部駁甚是一層，故酌留，即使後來遵駁更正在旨意之後，不必叙。

查滕蒙秀等共毆趙良柱、趙洸檣身死，係各斃各命，自應各科各罪。趙良柱身受各傷惟後被滕蒙秀所毆左腳腕骨損爲重，應以滕蒙秀擬抵。趙洸檣身受各傷惟後被趙洸詳所戳右肋爲重，應以趙光詳擬抵。第餘人鄧宗汰所毆右額一傷係屬致命，色至紅紫，亦足斃命，今鄧宗汰於未經結案之先在監病故，將趙光詳依例減流等因具題。經刑部查共毆案內毆有致死重傷，係指監斃餘人所毆之傷與正犯之傷相等，實足致死而言。茲查鄧宗汰所毆趙光檣左右手背、右眼胞、右耳輪及致命右額角等處，傷皆他物，均止紫紅色，並無骨損、骨折之處，核與趙光詳刀戳右肋透過右脇之傷輕重懸殊，自應將趙洸詳仍依本律擬以絞抵。該督將趙洸詳減擬流，核與定例不符，駁令另行改擬具題，到日再行核覆，除□□□等擬杖寬免外，滕蒙秀合依云云。標首祇叙滕蒙秀一起，不出趙洸詳之名。部尾除致斃趙洸檣之絞犯趙洸詳，該督以毆有重傷，餘人病斃，依例減等擬流，核與定例未符，駁令另行改擬外。共毆以傷輕病故之餘人擬抵，部駁。

清・沈家本《秋讞須知・犯病展限》 乾隆二十二年十一月初一日奉

旨：朕令刑部查參直隸審題富山故殺七十遲延一案，該犯於乾隆十七年六月患噤口痢，豈有至二十年二月始行病痊之理？而病痊後又患血症，直至二十一年二月方行題結，明係各承審官因循耽誤，屢過限期，飾詞捏報，怠玩至此，大非慎重刑名之道。將此案承審、轉遲延之該督及司道、有司等交部嚴加議處。案犯報病不得過三月，該部去歲雖定有成例，現在如有逾限者，查部即應查參。其在未定例以前之案，如遲至二年者，俱照此案例議處。看來直隸既有此怠玩積習，諒必不止一案，而各省似此者亦復不少，着該部於半月內通行查明具奏。嗣後每年秋審時並着九卿、該部留心查看，有捏報犯人患病，以致遲延案件者，即爲舉出，該部即行參奏。若九卿及該部不能舉出，尚待朕閱冊查問，則責有攸歸矣。欽此。

一起，絞婦一名，翁青英云云。云云。審得翁青英因姦致翁千得基被黃仔信等共毆身死一案，將翁青英比例擬流，黃仔信依律擬絞云云。

先據陞任浙江巡撫梅啓照咨稱，緣翁青英係千得基聘定未婚子媳。黃仔信與千得基素不認識，翁青英係翁賢忠之女，黃仔信堂弟黃仔幅受雇翁賢忠同居族弟翁賢正家幫工，翁青英習見不避，黃仔幅乘間與翁青英通姦，翁賢忠並妻林氏均不知情。光緒元年九月間，黃仔幅與翁青英在房續姦，被林氏撞破，黃仔幅逃跑，林氏將翁青英訓斥，禁止往來。黃仔幅因姦情敗露，起意商允翁青英同逃至黃仔幅家內，向嗣母雙瞽葉氏告知情由，囑勿聲張，令翁青英藏匿，黃仔信時常外出傭工，並無聞見。二十五日，翁賢忠聞知，往告千得基，邀同劉金培、千小四、翁水根捕拏。是晚，翁賢忠、千得基各攜木棍，與劉金培等偕抵黃仔幅門首，翁賢忠敦門喊令將翁青英交出，黃仔幅聽係翁賢忠聲音，不敢答應，帶同翁青英從後門逃逸。黃仔信並堂弟黃仔本、鄰人任阿牛聞聲出勸。千得基等疑護牽罵，黃仔等回詈，彼此爭毆，致千得基被黃仔等毆傷偏右等處，翁賢忠亦被毆傷。千得基至十月初二日殞命，報驗飭緝未獲，將黃仔幅審依和誘知情首例擬軍，翁青英依被誘之人例擬以杖決徒贖等因咨部。經刑部以千得基同往捕捉，黃仔信等出向查詢情由，則已明知黃仔幅姦拐，何故爲不情之解勸，致黃仔信幅乘間遠颺？其爲同謀幫同拒捕，似屬顯然。今黃仔信等未獲，僅據黃仔幅狡避供詞定讞，未免曲爲開脫等情咨駁。去後，茲據該撫拏獲黃仔信到案，遵駁訊明黃仔幅帶同翁青英從後門逃逸，千得基等敲門溢急，黃仔信等先後出看，問明情由，喚令葉氏開門出見，葉氏答稱黃仔幅等逃走，千得基等不依，向葉氏要人，黃仔信等勸說，徒向瞽婦吵鬧無益，不如速往追趕。千得基等疑護村斥，黃仔信等分辯，千得基等混罵，並用木棍向毆。黃仔信奪棍毆傷千得基右太陽連右眉，千得基拾石，黃仔信毆偏右並戳傷左右耳根，翁賢忠幫護，黃仔本、任阿牛各拾柴棒幫同黃仔信向千得基亂毆，致傷其鼻梁、下脣吻、左肩甲、兩腋胑、右胳瞅、左手背、左手連手指并項頸、左臂膊、左肐肘、左右手腕、右手背倒地，磕落門牙半個，因係黑夜，何人毆傷何處并未看清。黃仔本亦用木棒將翁賢忠毆傷等情，審供不諱。將黃仔信依共毆律擬絞，翁青英比依姦夫自殺其夫，未婚妻果不知情例擬流等因具題。後經刑部查，千得基身受各傷，訊係亂毆，不知下手先後、輕重，惟黃仔信係屬初鬥，應以擬抵。千得基雖係例應捉姦之人，第黃仔信釁起趨勸，與拒捕不同，應按共毆本律問擬；翁青英因姦致未婚之翁千得基被殺，翁媳名分已定，較本夫爲重，應照子婦犯姦致翁被殺本例科斷。該撫將翁青英比例擬流，引斷仍未允協，應即更正。除黃仔幅仍依和誘爲首例擬軍、黃仔本擬杖、任阿牛緝獲另結外，黃仔信合依共毆人因而致死者絞律擬絞監候，秋後處決。翁青英應改依子犯姦父母被人毆死者絞決，子婦有犯與子同科例擬絞立決。聲明翁青英究係尚未過門之媳，可否援情量減之處恭候欽定，倘蒙聖恩，準予改爲絞候。該犯婦恭逢光緒二年七月初四日恩詔，係因姦致翁被人毆不准援免，酌入秋審緩決辦理云云。奉旨：翁青英改爲應絞著監候，酌入秋審緩決。黃仔信依擬應絞著監候秋後處決。餘依議。欽此。云云。

清・沈家本《秋讞須知・法司具題後特旨交樞臣核議》 一起，蕭汶秀致傷胞叔蕭怔禮身死一案。會看得蕭汶秀與胞叔蕭怔禮同居各爨，咸豐□年□月□日，蕭汶秀之兄蕭文蔚因無嗣，商允伊父蕭怔明抱養萬姓云云，審供不諱。查蕭怔禮身受各傷，惟後被蕭汶秀毆傷偏左爲重，將蕭汶秀依姪毆叔死者律擬斬立決，聲明有心逞兇干犯等因，經刑部等衙門照擬具題。咸豐九年□月□日奉上諭：刑部等衙門具題湖北民人蕭汶秀毆傷期親服叔蕭怔禮身死一案，着軍機大臣調取原案供招，悉心核議具奏。欽此。該臣等議得，蕭汶秀拾棍欲毆堂弟蕭汶美，適傷胞叔蕭怔禮身死，與誤傷無異，不得謂之有心，若因其一時未能避讓指爲有心逞兇干犯，定擬斬決，殊與情節未符。蕭汶秀應改爲斬監候，入於明年秋審等因，咸豐九年□月□日奏。本日奉上諭：蕭汶秀着改爲斬監候，入於明年秋審情實，所有該省承審、轉審各員并刑部等衙堂司各官，一併交部分別議處等因。欽此。咨行湖北巡撫將蕭汶秀監候在案。

清・沈家本《秋讞須知・督撫銜名》 據某省總督、巡撫某某審得奏案稱審奏。

據大學士、某省總督

據□省總督、巡撫公有爵者准此。

據□處將軍都統□□□宗室曰宗室某，覺羅曰覺羅某。

據□處辦事大臣□□□審奏

據□盛京將軍、管理刑部事務

據吉林黑龍江將軍□□□咨稱

據□盛京刑部侍郎

如有原任、前任、陞任、調任、署理、護理等項，俱點明。

清・沈家本《秋讞須知・前除筆》 具題後奉過綸音之犯，應於本冊內開除者、入前除筆。其未題時，有正法、病故等項，入後除筆。

一起，除絞犯□□□另擬緩決外

除斬絞犯□□□另擬情實外

除絞犯□□□另冊留養外

除絞犯□□□續報，餘人在監病故，依例減流外

除磔婦曹氏畏罪自縊，仍遵旨剉屍，絞犯陳良續報中途脫逃外

除磔婦□氏遵旨正法外

除□犯□□□遵旨正法外

除斬犯□□□遵旨戮屍梟示外

除斬犯□□□遵旨正法梟示外

除絞犯王氏遵旨減等發落外姦婦不知情。

除絞犯孫懆汰題報病故外題或作續。

除斬犯□□□已入上年秋審情實外

除斬犯□□□收禁越獄脫逃緝獲另歸下屆秋審外

除斬犯吳老□遵旨正法，絞婦莫氏免死減等發落外

除斬犯宋潮潰、絞犯宋狗仔均遵旨正法，絞犯張恆續報病故外

除斬犯□□□遵旨正法梟示，□□□仍戮屍外

除磔婦孫氏畏罪自縊，仍照例戮屍外戮應作剉。

除絞犯□□□遵旨免死，累減杖徒外

除絞犯□□□恭逢恩旨減流外

除絞犯劉佺知遇赦援免外

除絞婦朱氏題准援免外

除□□□、□□□俱係宗室，應由宗人府另冊辦理外

除絞犯趙孟財即趙夢彩照例入於下年秋審辦理外光五，山東。

清・沈家本《秋讞須知・罪名》 將□□□依律例擬斬絞等因如係比依定律擬者，曰比例。

將□□□依律例擬斬，□□□擬絞。

將□□□依律擬斬絞，□□□依例擬斬絞。

將□□□依律擬凌遲處死，□□□擬斬監候。

將□□□依律擬斬立決，□□□擬絞立決。

將□氏依例擬斬立決，□□□擬斬監候。

將□□□依律、□□□依例俱擬絞。

將唐幗琛私鑄依例擬斬，從重請旨正法。施峈門丁詐贓依例擬絞。

將費三娃、費二娃俱依律擬絞，并聲明費二娃救親情切等因。

將□□□依律例擬斬絞，并聲明親老丁單等因。吉林等處無前律牌者，聲明句併入標首內。

將□□□、□□□均依律擬斬，并聲明□□□孀婦獨子等因。

將□□□依例擬絞入於秋審情實。

將□□□、□□□俱依例擬絞，聲明入於秋審緩決。

將陳商依例擬斬立決，談氏依例擬絞監候，永遠監禁等因。因姦聽從謀殺親子。

將白憘依例擬斬，聲明秋審時入於緩決，永遠監禁等因。復仇。

將□□□依律擬斬立決，聲明尚非有心干犯等因。

將潘氏依律擬凌遲處死，聲明病故，仍照例剉屍，楊喬擬斬等因。因姦同謀殺死親夫。

將黃複蕘等依律擬斬，分別梟示，羅亞兆依例擬絞等因。

清・沈家本《秋讞須知・標首擅殺 戲殺 誤殺》 □□□擅殺□□□身死一案。不點姦盜及圖姦未成、罪人幷姦夫字樣。

□□□擅殺□□□、□□□各身死一案。二命、三命以上添死名。

□□□擅殺□□□幷扎傷□□□各身死一案。

□□□擅殺□□□幷□□□戳傷□□□各身死一案。

□□□戲殺□□□身死一案。

□□□因戲致傷□□□身死一案。

□□□誤殺□□□身死一案。

劉庭順誤殺王和尚、宋寬各身死一案。

遣犯王老四在配脫逃，擅殺張銅牌身死一案。咸七。

清・沈家本《秋讞須知・標首》 已革廣西巡撫徐延旭領兵逗遛觀望，失誤軍機一案。

已革雲南巡撫唐炯。云云。

查明已革道員趙沃等失事情形，分別擬辦一案。

已革游擊張城管帶輪船，被賊系沉一案。

以上四案，光十二，朝。與尋常不同。

榮廉臨陣先退一案。光二。

□□□通賊一案。

成椽誣民爲叛，枉殺二百餘命，解部治罪一案。同十三，朝。

孫定揚誣稟，致李有恆懷疑，故殺尖峰等寨民數百命一案。

袁樹勳幷朱覆賢、廖致祥挾嫌聽從毆傷本管官一案。光六。朱、廖二犯續報脫逃，脫逃，首先行正法。

□□□侵蝕解司銀兩，致本官知縣劉璆情急自縊身死一案。

朱永康因貪贓同趙孟財謀殺高文保身死，趙孟財下手加功，朱永康事後捏報自戕，縱兇脫逃，情節重大一案。光五，山東。查朱永康未據所有造意供詞，不能懸斷，惟縣令貪婪不法，於謀於情節，事前則密謀秘計，逐一知情，事後則兇手要證全行縱脫，且被殺者即係查提控案人，是該把犯先有圖脫己罪之意，其居心實不可問。朱永康合依實在案情重大、罪浮於法，於仙聲明例，聲明情節重大，可否從重改爲斬監候之處，恭候聖裁等因。光五年四月二十六日奏奉上諭，朱永康著改爲斬監候，歸入本年秋審辦理。

發遣紅帶子得受等共毆宗室奇沅身死一案。

清・沈家本《秋讞須知・標首投首》 劉得行行竊拒傷事主楊源潰身死，自行投首一案。光六。

張幅兒聽從圖財謀殺穆處兒身死下手加功已得財，聞拏投首一案。

□□□圖財謀殺□□□身死，經伊父帶同投首一案。

楊合城行竊拒傷事主張發榮身死，經伊父帶同投首一案。

侯立行竊拒捕，致傷事主王大身死，經伊兄帶同投首一案。同四。

□□□行刦拒傷事主□□□平復，聞拏投首，并□□□入室搜贓一案。

白起發行竊拒傷事主方氏身死，聞拏投首一案。光六。

李舟等共毆龐二胖身死，脫監後自行投首一案。咸十。

陳棕器聽從白洤聚衆四五十人，挾制官長一案。同九，白洤遵旨正法。

張萬金幷張萬潰、劉滿庫病故。聽從聚衆抗運官米滋鬧一案。同元。

王高照、王吉俚、吳象俚、宋雙憘、張加詳、俞向明聽從聚衆鬨堂塞署毆官，幷艾菊城遵旨正法。同謀聚衆轉相糾約一案。同九。

嚴濺臣聽從聚衆鬧屍場，致令本管官袁葉茂自盡一案。光十一。首在逃。

姜心友幷王勝沅續報脫逃。聽從郭大友遵旨正法。聚衆挾制官長一案。咸八。

董聲沅、何揚聽糾拒捕幷未毆官，汪仁芬聽從借事罷考，幷趙順年假公聚衆毆官，高丕訓、胡阿四、鄭金得同謀聚衆下手毆官一案。舊式。

□□□聽從□□□等聚衆鬨堂，毆傷本官知縣、教官各平復，并□□□行竊衙署，計贓逾貫一案。

許春丕、劉小、高密德從聚衆領銀，挾制官長一案咸八，山東。

□□□起意聚衆索餉傷差一案。

左幫彥聽從左秉彝遵旨正法。糾衆求減地丁銀價，聚至四五十人一案。咸十，陝。約會抗糧照光棍例。

惠枝聽從路愛均已杖斃首犯。等從二人已格斃。聚衆斂錢滋事一案。咸十。

□□□聽從聚衆十人以上，并□□□正犯。約會抗糧毆官一案。

張獅聽從夥衆逼脇罷市，喧鬧公堂一案。咸十。

彭添保、沈三順聽從倪錫林、陸三二犯遵旨正法。聚衆抗糧，并陸效忠遵旨正法。聽從拒捕，毆傷端沅昭身死下手傷重一案。咸元浙。

吳錦河聽糾聚衆閧堂，擲石助勢，并吳培生下手毆官一案。咸元，浙。

張老三、劉石匠、羅有友聽從鄭明遠遵旨正法。糾衆罷市，喧鬧公堂一案。咸元，川。

清・沈家本《秋讞須知・標首越獄》 杜虧甲等共毆劉連甲身死，越獄脱逃被獲一案。光十。

佟占魁聽從結夥反獄，脱逃被獲一案。光六。首在逃。

齊興聽從陶幅功糾口赴崔守信家尋毆洩忿，乘空搶得財物，捆人勒贖，復犯反獄脱逃被獲一案。光六。標首太長，此與佟占魁係一時反獄分案辦理，似亦可用前式。

流犯楊發沅糾同免死遣犯張二、余人潰二犯遵旨正法。越獄脱逃被獲一案。光六。

吹木巴勒車得恩搶奪逾貫，復越獄脱逃被獲，達什哲克伯受賄縱放一案。光六。

絞犯趙溎、郝瀜泳聽糾三人以上獄越脱逃被獲，并絞犯郝黑頭首遵旨援免一案。光十。

緩決斬犯張世沅越獄脱逃被獲一案。同十一。

拉什麼多爾濟行竊色伯克銀物，計贓逾貫，復聽從越獄脱逃被獲一案。同七。

吳禿仔聽從結夥持械搶奪，拒傷事主李純右平復，被糾反獄守法未□一案。光二。

遣犯唐漳紅越獄脱逃被獲一案。同八。

軍犯崔氏越獄脱逃被獲一案。同六。

流犯趙三越獄脱逃被獲，并何良子、張二草俱遵旨正法。聽從結夥反獄，拒傷禁卒魏沅幅身死一案。同九。

流犯劉大三并斬犯李長令、絞犯閻得均遵旨正法。糾夥越獄脱逃被獲一案。同八。

戴升導等聽從盧奇倫結夥反獄，拒傷官役，戴升導隨同助勢，趙根木乘機脱監一案。

黃詳有等聽從黃八牛夥同丁兆舟、孟漳彬、傅寅反獄傷官，拒捕殺人，黃詳有、蔣緒同、傅阿耀、傅林書、洪□星隨同助勢，并傅升、賀增式、錢青乘機脱監一案。

熊和尙聽從糾衆劫囚在場助勢一案。

軍犯趙得、流犯李小保子并斬犯張廣東、免死遣犯閻泳盛均聽從越獄脱逃被獲一案。

王鐵桿謀殺王到友身死脱逃，二年後被獲一案。光六。

劉汶湘疊竊擬軍，越獄脱逃被獲一案。

軍犯王瞎商同絞犯尹四越獄脱逃被獲一案。

遣犯竇金詳在配脱逃，復犯遣罪一案。光九。

楊二代斬犯通信，致令越獄脱逃，并陳東行刦入室搜贓一案。

軍犯吳木仔聽從軍犯鄭禮與絞犯王□等越獄同逃一案。

吳淀荃糾毆李萬庫身死，復聽從結夥反獄同逃被獲一案。光十三。

絞犯楊長林解審中途脱逃被獲一案。光六。

朱泳升扎傷虞廣盛身死，解審(解)中途脱逃被獲一案。同十一。

周滌戮傷毛洛六身死，解審發回中途脱逃被獲一案。同四。

緩決絞犯徐發在監因變逸出被獲一案。同八。

劉書田謀殺周維揚身死，在監因變逸出被獲一案。同五。

滑憘聽從謀殺金牛身死下手加功，在監因變逸出被獲一案。同四。

軍犯饒潤生糾竊越獄脱逃被獲後，復因變逸出拏獲一案。同元。

都司馬仲篪負罪脱逃被獲一案。

清・沈家本《秋讞須知・標首各項拒捕》 席小犯罪，拒傷捕人李薪芳身死一案。光六。搶棄婦女。

宋九犯罪，拒傷捕人王魁成篤一案。光六。竊匪，扎瞎兩目。

呂洛聚衆興販私鹽，鎗傷捕人段詳平復一案。光十二。

焦狗仔犯罪，拒傷捕人胡二成廢一案。光十二。挾嫌放火。

顧耳汰等興販私鹽，拒傷外委嚴絲身死，劉炎聽從下手一案。

馮仔竊放田水，拒傷孔金身死一案。

陳得華糾夥十人以上興販私鹽，拒傷兵丁劉永安落河身死，并陳東春聽從下手拒傷兵丁陳天表平復一案。

張彪、李海、王七聽從于衡霄結捻訛借抗官拒捕，銃傷鄉勇趙得勝等平復一案。

董聲沅、何揚聽糾拒捕，并未毆官；　汪仁芬聽從借事罷考，并趙順年假故聚衆毆官，高丕訓、胡阿四、鄭金得同謀聚衆下手毆官一案。

郭步雲犯罪，主使拒傷捕人巴彥多爾濟身死一案。同六。

沈幅受圖騙拒捕，推跌唐氏落河被淹身死一案。咸元。

清・沈家本《秋讞須知・標首》　某人煽惑人心一案。

某人聽從習教，煽惑人心一案。

某人聽從某人僞貼揭帖，妄布邪言，恐嚇村民一案。

以上舊式。

郝泳瀊聽從郝鉞、高添材先行正法。設地索詐官民，張貼揭帖一案。光三。惡棍設法索詐官民，張貼揭帖，情罪重大，實在光棍爲從。

□□□等聚衆結拜弟兄一案

□□□歃血焚表結拜弟兄，年少居首一案。

馮添九糾衆結拜弟兄，年少居首，未及四十人一案。光十一。

□□□各結拜弟兄，年少居首，未至四十人一案。

清・沈家本《秋讞須知・標首犯姦》

職官妻王氏與人通姦一案。光九。

林三登與職官筆帖式。妻宗室氏通姦一案。

□□□與家長期親之妻□氏通姦一案。

□□□因胞兄□□□與伊妻□氏通姦□□□獲姦登時扎傷□□□身死一案。

李氏與夫兄王建業通姦，王建業旋被伊夫王建謨故殺身死一案。光十一。

邢氏與伊翁趙健得通姦，并趙學芒盜伊母余氏屍柩，開棺見屍一案。同十一。

蔣□與降服緦麻堂妹蔣氏通姦，聽從蔣氏謀毒本夫□□□身死一案。

高師仔誘姦幼女魏全女已成一案。同四。

□□□強姦族妹□□□已成一案。

□□□強姦十二歲幼女□□□已成一案。

業依木強姦幼女合吉士旦已成一案。咸七。幼女年十一。

□□□強姦未成，砍傷本婦□氏身死一案。

□□□強姦未成，致傷本婦□氏平復一案。

陳阿金因姦拒傷本夫俞松濤身死，姦婦邱并不喊阻首告一案。或不用喊阻二字。

□□□因姦拒傷本夫□□□身死一案。

□□□因姦拒捕刃傷本夫□□□平復一案。

□□□因姦拒捕刃傷捕刃傷捕人□□□身死一案。

蕭大來因姦拒傷捕人張狗子身死一案。光六。

□□□因姦拒捕人□□□并□氏戳傷□□□身死一案。

□□□因姦拒捕誤殺姦婦□氏身死一案。

張大禾因姦拒捕人郝若會成篤一案。光六。

汪憬謀犯罪拒傷捕有汪懷梧身一案。犯姦有據，逞兇拒捕。光六。

潘氏因姦致姦夫朱閏濱拒傷本夫宋二觀身死，并不喊阻首告一案。光九。

宋氏因姦致姦夫劉小拒傷本夫孫庭禮身死并不首告一案。光九。

任氏因姦致姦夫劉二娃謀殺本夫劉懷庫身死并不知情一案。光九。姦夫已正法。

蒙氏因姦致姦夫謀殺本夫姬守業身死，蒙氏并不知情一案。同九。姦夫在逃。

袁氏因姦致夫林三被姦夫謀殺身死不知情一案。光六。姦夫病故。

張氏因姦致本夫傅映愘羞忿自縊身死一案。同八。

□□□因姦致縱姦之父□□□商同姦夫□□□謀殺本夫□□□身死□氏并不知情一案。

高氏因姦致姦夫謀殺本夫閻丁未身死，宋長頭另冊情實。下手加功，高氏并不知情一案。光十三，直。

李氏聽從姦夫□□□謀殺未婚夫□□□身死一案。

石鵝與姦婦張氏謀殺本夫李大沅及其父李冬至各身死一案。造意之犯病故，姦夫、姦婦皆聽從，姦婦先正法。

王怔里因姦聽從姦婦明氏謀殺本夫葉成潰身死，沈少搖下手加功一案。光六。姦婦先正法，姦婦起意。

楊二妮因姦聽從姦婦謀殺本夫張憬淋身死一案。姦婦先正法。同九。

陳雙憘因姦聽從姦婦謀殺本夫姚丁城身死一案。同八。姦婦病故，又一案姦婦畏罪自盡，仍照例剉屍，入後除筆。

蘇如杜因姦聽從姦婦殺本夫鍾有才身死一案。同八。姦婦先請王命正法，入於不諱下除筆內。

萬國同因姦聽從姦夫謀殺本夫萬國題身死下手加功，姦婦徐氏事後首告一案。咸十。起意之姦夫病故。

胡述春因姦聽從本夫周潮期親伯母胡氏謀殺周潮身死，姦婦羅氏并不知情一案。同四。

王六因姦聽從姦夫于四謀殺本夫周得旺身死下手加功，姦婦李氏不知情一案。光六，朝。於四具題後正法。

郭禮幷馬倉兒因姦聽從姦婦郭氏謀殺本夫胡聾仔身死，均下手加功一案光六，朝。姦婦起意，具題後正法，姦夫馬倉兒具題後病故，郭禮係姦婦之兄。

林發聽從姦婦齊氏商同姦夫趙幅謀殺本夫五泳茂身死下手加功一案。光六。姦婦、姦夫均於具題後正法，林發係平人加功，案係親屬相姦，姦夫擬斬決。

周木滐因姦聽從姦夫金詳何謀殺本夫張勳觀身死下手加功一案。光六。姦婦係未婚妻，擬流，金詳何具題後正法。

唐六科因姦商同姦婦陽氏謀殺本夫唐潰幅，并小陽氏謀殺本夫唐幅息各身心一案。光九，廣西。

周□前聽從姦夫彭城峩商同姦婦陳氏謀殺本夫官俊身死，下手加功一案。光九。

田六狩因姦聽從姦夫馬憘瑯商同姦婦陳氏殺本夫羅冬身死，田六狩下手加功一案。光九，田。

□□□因姦聽從姦夫謀殺本夫□□□身死，下手加功，姦婦陳氏知情同謀一案。

陳□□聽從與褚□□通姦之衛氏謀殺本夫□□□身死，下手加功，褚□□幷不知情一案。

□□□因姦與□□□聽從□□□商同姦婦沈氏謀殺本夫之父母□□□、□□□各身死，□□□下手加功一案。

古二因姦謀殺周沅興身死，彭氏下手加功一案。彭氏係周沅興知情買休妻，古二造意彭，彭氏加功，均照凡人謀殺本律部擬。

王四銀因姦商同姦婦周氏謀殺縱姦本夫牟幷甜身死一案。光六。周氏具題後正法。本夫之兄起意，先病故，入後除筆。

張老張因姦謀殺縱姦本夫黃應生身死一案。光六。或不用因姦二字。

郭得仔謀殺縱姦本夫劉藍正傷而未死一案。同九。謀上或加因姦二字。

楊□□因姦聽從姦夫□□□姦婦□氏謀殺縱姦本夫□□□身死，下手加功一案。

吳大滐、朱恇友因姦聽從姦夫商同姦婦戴氏謀殺本夫季洸肖身死一案。光三。姦夫自盡。

胡氏商同伊女姦夫儲枝枚謀殺未婚婿□□□縊身死，胡枝連下手加功一案。同十三。

儲枝枚因與胡氏之女通姦，聽從胡氏謀殺未婚婿□□□縊。云云。

郝氏因姦商同張連官姦夫。將伊子王金城致死滅口，張連官下手加功一案。咸七。

張氏因姦商同姦夫戴一謀殺伊媳鄒氏滅口，戴一下手加功一案。咸十一。

老張氏因姦將媳小張氏致死滅口，姦夫夏三下手加功一案。

周氏因姦致死童養魯妹媳滅口一案。

李氏因姦致死伊媳徐氏滅口一案。

李氏因姦商同姦夫將伊媳張氏致死滅口一案。咸五。姦夫病故。

徐氏聽從姦夫曹枚將子媳鹿氏捆毆致斃一案。

鹿氏因姦聽從姦夫王昌謀殺十歲以下親子馮伐身死一案。

劉莠友因姦聽從謝氏將媳歐陽名貞致死滅口，下手加功一案。同六。

鄧水保因姦聽從姦婦戥氏謀殺親子鄧幅生身死，下手加功一案。光六。

張連官聽從姦婦郝氏將子王金城致死滅口，下手加功一案。咸七。

黃受圖姦未成，謀殺子婦張氏身死一案。

荒氏謀殺絜氏身死，任垠下手加功一案。因姦抑媳同陷淫邪不從，謀斃其命。

王氏因姦致姦夫武畦強姦大功弟妻莫氏不從，致死滅口，方五下手加功一案。

羅幺大因姦拒捕刃傷捕人呂連有，并苟氏致傷呂連有身死一安案。咸四。苟氏遇赦援免。

錦淋等謀殺張踱阿五身死，張踱阿五縱姦之妻徐氏同謀加功一案。光二，蘇。徐氏遵旨正法。

胡氏商同姦婦靳氏已正法。謀殺靳氏本夫王蠍虎身死一案。同十三。

魏淦周因姦致姦婦唐大被父姦所登時殺死一案。同四。

張進保因姦致姦婦劉氏被父登時砍傷身死一案。同四。

郝志芳因姦致姦婦改妮被父趙廣明姦所登時殺死一案。同九。

呂得修因姦致姦婦刁氏被本夫姦所登時殺死一案。同六。

殷氏因姦致縱容之母王氏被伊翁擅殺身一案。咸八。

吳氏因與車爐保絞決，遵旨正法。通姦毆傷車爐保之母張氏身死一案。

劉芒蕙戲范氏，致令羞忿自縊身死一案。光六。

楊米來調姦成氏未成，致令羞忿投井身死一案。光十一。

胡五拉手調戲，致劉氏羞忿自縊身死一案。同五。

黃起語言調戲，致高氏羞忿服毒身死一案。同五。或云拉衣調戲，或云手足調戲。

魏得幅調姦唐怔舉之妻未成，致令本夫羞忿自盡一案。光六。用布帶自勒咽喉，氣閉身死。

梁長愭語言調戲，至本婦之姑趙氏羞忿身死一案。咸十。

紀霈喬強姦張氏未成，致令羞忿縊身死一案。同八。

王具有強姦馬氏已成，致令羞忿自縊身死一案。同六。

□□□冒姦未成，致□氏羞忿□□□身死一案。

王學顏強姦犯姦婦女李氏未成，立時殺死一案。同十一。

熊佐瀧調姦未成，戮傷弟妻黃氏，越日身死一案。同五。

呂妮仔強姦在室緦麻姪女呂五姐未成，致令羞忿自縊身死一案。同六。在室二字，似可刪。

駱侑強姦緦麻表妹韓氏，致令羞忿自縊身死一案。韓氏下應加已、未成字樣。

李存強姦未成，毆傷本婦李氏，越日身死一案。光三，奉。調姦比照強姦。調姦毆死子婦。

楊瓜客與冉隴毛輪姦李氏已成一案。冉隴毛正法。

盧侗、輅愭等輪姦韓氏未成，致令羞忿絕食身死一案。

陳廣舉聽從輪姦良婦李氏已成一案。同十二首犯病故。

白洸秀仔穢語村辱，致王氏及女趙白鞘仔并其夫趙沅幅氣忿自縊各身死一案。同四。

□□□褻語戲謔，致岳氏羞忿投井身死一案。

岳黃捏姦污衊，致被誣之翾兒自盡一案。

馬汶因王氏縱容伊媳殷氏犯姦，擅殺王氏身死一案。咸八。

清・沈家本《秋讞須知・標首威力制縛　主使》

房繼盛制縛劉漢起身死一案。光十。同治間舊式制縛上或加威力二字。

霍廣彝摁毆趙文明身死一案。光十。

戚寅生制縛拷打致傷劉洪裡身死一案。同九。拷打二字近式多刪。

□□□制縛致傷□□□

□□□制縛拷打□□□

□□□捆傷□□□

詹三使捆縛楊阿咩，致令落河身死一案。同六。

朱生八捆縛林淙禾，致令氣閉身死一案。光九。

□□□捆縛□□□，致令中寒身死一案。

□□□捆縛□□□，致令受凍身死一案。

□□□捆縛□□□，用水淹浸，致令淹斃一案。

尚昌海主使毆傷王發身死一案。光十二。

顧泳主使致傷任得花身死一案。光十一。同治間舊式主上或加威力二字。

陸彝主使制縛陽大身死一案。同六。

袁澤潰主使捆縛致傷李法沅身死一案。光九。

□□□主使疊毆□□□

□□□主使鎗傷□□□

安瑾主使致傷馬稅圖并呂紹先等共毆陳科各身死一案。咸七。

程大苗主使毆傷程小萬身死，并程二有毆傷程毛雙復故殺其弟程雙戲一家二命，暨程明二葆毆斃小功服兄程沅榜一案。

藍滐堂主使燒煙，致馮達淦被薰身死一案。光九。

淀寬邪術治病，致傷湯潤生身死一案。光六。同治七年吉。林初滏邪術治病致傷徐姐身死一案，係用鍘刀切傷肚腹。

索諾木達什異端治病致傷喞扣身死一案。光九。

艾怔溿用糞汁向艾怔名撒潑，致令觸穢內傷身死一案。同九。以他物置人耳鼻孔竅。

賓效坤捘按曾春閑呑食穢物，致令中毒身死一案。同四。

陳禾世用糞水灌入陳洸裕口內，致令觸穢身死一案。同九。

張尚芢用鹽滷灌傷趙舒聲身死一案。光九。

□□□灌服糞汁致□□□身死一案。

□□□向□□□灌服糞汁，致令受毒身死一案。

盧國賢用野艾燒煙致傷彭冬沅身死一案。咸九。照鬥殺。同治九年四川龔詳舉致傷李潤身死，係用火燒薰，被薰氣閉身死一案，但標致傷二字。

清・沈家本《秋讞須知・標首因瘋》　劉栄汶因瘋砍傷于得一兒、于根兒、于連按兒各身死一家三命一案。

孫加謨因瘋砍傷陳萬來身死一案。

符鐵且因瘋砍傷戴法魁、蔡補各身死一案。

□□□因病發狂扎傷□□□身死一案。

□□□因瘋毆傷□□□、□□□等非一家三命一案。

米娃子因瘋將四憘兒抛入井內身死一案。咸十，陝十一。死二歲。

鍾潰招因癲病致傷伊妻蔣氏身死一案。咸人

姚隴三因瘋致斃郝氏等一家二命一案。光十五。

清・沈家本《秋讞須知・標首互毆致斃　四命以上》　□□□、□□□聽從致斃□□□等一家八命，內係□□□□□□等下手傷重一案。

彭二莪、張富貴幷彭鶴共毆張滙文、馮三暨張鳳玉各身死一案。六命，彭鶴於具題後續報病故，二兇格殺一命不應抵。光十。

夏萌高致傷李隆發身死一案六命，二命不應抵以四命。光十。二兇格斃，一兇先病故。

許三烏戳傷金仁棟、範國振，幷範守地戳傷褚大烏各身死一案。九命，光十一。一兇致斃三命，三兇各斃一命，均格斃。

徐阿萌、馬阿美等共毆唐其增、吳阿五各身死一案。五命，一兇斃二命，一兇斃一命，均格斃。光十一。

胡立昌等共毆王泳興，幷侯再坤戳傷張泳馨各身死一案。十三命。光十二。三兇各斃二命，五兇各斃一命，均格斃。

郭應寓等共毆孟人仔落河身死一案。六命。光十二。四兇格斃，一兇先病故。

楊立慍等共毆徐受沅身死，幷程灰其主使鎗斃程俎維、□悏其、陳得沅非一家三命一案。光三。程灰其奉旨後正法，一兇一命，一兇三命。

常兒老九聽從張九思糾毆致斃石根杆子等十一命，內哈意思、哈忠實係一家二命，常兒老九、黨蕘添各鎗斃葉擔子，石根杆子、哈意思一命，韓瀌保、董尾把兒、井四兒、李來前各下手致斃石幅沅、郭泳安、石忠孝一命，幷遣犯段導士在配脫逃犯該軍罪一案咸七，陝。

回民劉芢、洪得順、張城、陳順田、何汶、戴套、穆潮、付沙、劉得、劉芳、趙發、張瀫溎、劉金、楊香、裴小五、黃才、劉得淋、李汶、張起升、馮才、楊明、楊萬才、王玉山、楊明詳六犯續報病故。幷陳萬良、李付、尹汶亮、李有發、馬付得、韓中發聽糾聚衆共毆各致斃不識姓名民人一命；　劉洸海拒傷兵役爲從，幷何保、張泳付各故殺一命，復共毆致斃一命；　魏庭順鎗斃馬汶信一命；　劉淙畛故殺楊五一命；　張得順、劉仁和、洪新年、周大成各鎗斃不識姓名人一命；　張幅、劉青各致斃不識姓名人二命十犯遵旨正法一案。咸元，奉。

孫香等聽從械鬥，孫香致斃二命，李財發、劉三戍、陳發、鄭詳山、杜常碌、杜立舉、林起中、張士信、楊汶魁、田中秀各致斃一命一案。咸二，奉。

清・沈家本《秋讞須知・標首共毆》　□□□等共毆□□□身死一案。

□□□等共毆□□□、□□□各身死一案。

□□□等共毆□□□幷□□□砍傷□□□各身死一案。

□□□等共毆□□□身死幷□□□聽從行劫入室搜贜一案。

□□□毆斃□□□等四命一案。

朱常滐聽從聚衆共毆致斃劉懷志等一家二命，內劉蒠一命係朱常滐下手傷重一案。首犯病故。

□□□、□□□聽從聚衆共毆□□□等一家五命，內□□□一命係□□□下手傷重，□□□、□□□二命係□□□、□□□各自趕毆，致令落水溺斃一案。

喬會川聽從陳金盤聚衆共毆致斃戚芳春、戚芳友兄弟一家二命，內戚芳友一命係喬會川下手傷重一案。咸二。

張五聽從李瀧致斃於泳年一家二命，內於泳年一命係張五下手傷重一案。

吳貞沅絞。聽從吳瀰池遵旨正法。謀殺方架書、方沅章叔姪一家二命，吳貞沅下手致斃方架書一命，并吳遇祿斬。故殺方宗樸各身死一案。咸元，湖。冊首、案首均吳貞沅在前。

石五等共毆潘大身死，并呂青怔已正法聽從謀殺李庭芷等一家三命下手加功一案。同八，河。冊首云石五并呂青怔與潘大、李庭芷均素無嫌隙，潘大與李庭芷及妻崔氏、孫李小林貼鄰居住。

清・沈家本《秋讞須知・標首二命》 劉其云扎傷梁慶元，并誤傷王玉鳳身死一案。一鬥一誤。

呂登懋因謀殺誤殺胡玉、呂鳳姐各身死，胡氏傷而未死一案。

清・沈家本《秋讞須知・標首鬥殺》 □□□砍傷□□□身死一案。

金刃曰砍，曰扎，曰戳，曰鎵，他物曰毆，曰鉤，曰擲，手足曰掐，曰踹，曰踏，曰踢，曰摔，口曰齩，熱湯曰潑，各傷兼者曰致傷。

□□□毆傷□□□并□□□毆傷□□□各身死一案。

□□□戳傷□□□、□□□各身死一案。

蒙古扎克什戳傷民人王曰善身死一案。

謝儀蕣推跌姚羊身死一案。舊式曰內損身死，近來刪內損字。

陳晉謨追毆陳觀泰，致令失跌身死一案。同八。

張莊兒拉跌陳改門兒身死一案。同八

郝應璧致傷杜懷得身死一案。同十。拉跌傷。又一案拉奪木棍失跌，又一案互扭失跌。

蔡涂失跌壓斃胡湘身死一案。

朱七推跌陳氏身死一案。墮胎字刪。

徐斤致傷沈氏墮胎身死一案。

齊得名掙跌齊孟松，致令痰壅身死一案。同八。

徐抑揚掙跌陳家幅落河身死一案。同六。同跌落河。一起落河，有致令字。

楊六十二與馬銀貴係爭毆，致令落河身死一案。同八。

吳友之拉跌李根丟落河身死一案。同六。

蕭國員致傷馬詳昌落河溺水身死一案。同八。

薛式偵推跌周城松落河身死一案。同六。一起落塘，一起落崖。

梁澤來追趕鄧尚從，致令被溺身死一案。凫水過河，中流衝沒，同八。

龐亞片毆跌葉亞勝落河身死一案。同六，陝。殷世瀧係毆傷并落坡，刪落坡字。

王六追跌劉盛沅落河身死一案。同八。

周三巴被按掙跌，致趙洪蕣落塘身死一案。同七。同跌落塘，犯凫水得生。

李惺贇踢傷緦麻服兄李惺現落塘身死一案。踢傷滾跌落塘。同七。

姚八扭跌宋新落井身死一案。

王毅向松瑞抓扭，致令落河身死一案。

程濼毆逐周溽落水身死一案。

陳廝子追毆蔣忠幅，致令跌傷身死一案。咸八。失跌落坑。

趙口子與金沅濼抓毆，致令落河身死一案。

□□□與□□□爭毆，致令絆跌落崖身死一案。

□□□與□□□爭毆，被扭跌落坑身死一案。

□□□擲傷□□□，致令失跌落河身死一案。

韓大致傷範二身死，郭三、李四等各自趕毆周五、陳六落水溺斃一案。

陸萬推跌江荒，致令溺水身死一案。光十。

吳行二與謝海亭爭拉，致令滾跌落河身死一案。光十。

高玉登追毆杜紹玉落溝身死一案。光十三，河。凫水過溝被淹。

郭功毆跌盧添培，致令燙傷身死一案。咸十。坐跌滾水鍋內。

趙叔金致傷□氏丐婦身死一案。咸八。

司城致令謝洝跌垲身死一案。咸八。犯攏前欲毆，死者逃跑失跌。

戴玉山追毆游雲山凫水溺斃一案。咸四。前有一式，當從彼。

清・沈家本《秋讞須知・標首圖財謀命》 儲鼈燈聽從陳庭賓圖財謀殺李氏身死并未加功一案。首犯已正法。同六。

聶雨臣聽從圖財謀殺詳雷身死併未加功一案。首犯已於未題之先病故。同六。

張二毛聽從圖財謀殺張狗保身死下手加功未得財一案。首犯已於未題之先病故。同六。

王癱子、王廝子等聽從圖財謀殺周景漳、孫秉禮各身死未加功一案。首犯在逃。同六。

喬麥聽從朱殿魁幷喬小禿圖財謀殺湯氏、張氏各身死，喬小禿得財加功，喬麥得財未加功一案。首犯及加功之犯已正法，同六。

陳雙禾圖財謀殺段元占傷而未死，已得財，林占加功刃傷一案。同六。

□□□圖財謀殺□□□身死，未得財一案。

□□□圖財謀殺□□、□□□各身死，未得財一案。

□□□圖財謀殺□□□身死，未得財，□□□下手加功一案。

舒繼茂、徐薈沅幷徐禾菁等聽從圖財謀殺陳承武身死得財，舒繼茂等幷未加功，內聶甘泉、余沅育爲從加功，復輪姦劉芝女身死，幫同下手，暨徐禾菁爲從同姦幷未下手一案。

清・沈家本《秋讞須知・標首謀故》 □□□謀殺□□□身死一案。

□□□故殺□□□身死一案。

□□□因謀殺誤殺□□□身死一案。

□□□聽從謀殺□□□身死下手加功一案。

□□□謀殺□□□身死，□□□下手加功一案。

□□□因謀殺誤殺□□□、□□□各身死一案。

□□□謀殺□□□傷而未死一案。

謝俎恩聽從張五苟謀殺修氏身死下手加功，幷張五苟復故殺修氏之夫林雪苟身死，係一家二命一案。

□□□謀殺不知姓名女丐身死一案。

提密善聽從吉哈產謀殺呑吉納之父母下手加功一案。同八。

呂良代謀殺高和尚，幷故殺高來豬各身死一案。咸元。

王瀰雲謀殺趙得詳、李保各身死，內李保一命係趙滙下手加功。同九。

陳四娃謀殺單小蠢身死，幷單小蠢弟單僖蠢下手加功一案。同六。

張二驢謀殺張振珩，幷誤殺張令妞各身死一案。咸三。

□□□因謀殺誤殺其人之子□□□身死一案。

常西汶聽從王際倡謀殺王際倡小功服弟王樹椿身死下手加功一案。

徐越謀殺吳大身死，幷吳大之緦麻服姪吳幺聽從加功一案。

□□□聽從□□□謀殺□□□及其緦麻叔□□□幷□□□各身死下手加功一案。

□□□謀殺小功服甥郭□□，郭□□一家二命，內郭□□一命係王□□下手加功一案。

姚大聽從楊二謀殺譚三身死下手加功，幷楊二謀殺譚三，復故殺譚三之妻朱氏各身死，及王四故殺張五，又聽從謀殺譚三等二命加功一案。

王氏聽從謀殺鄭群小義母樊氏身死下手加功一案。同十二。

張隴則聽從謀殺杜嬉兒身死下手加功，幷張補則謀殺杜庭蘭、杜嬉兒父子一家二命一案。咸十。

張才爲父復讎，謀殺張高升身死一案。同十。

呂登懋因謀殺誤殺胡鈺、呂瀰妞各身死，胡氏傷而未死一案。光十。

朱體凊聽從曾廣友病故。謀殺小功服弟曾廣湣身死下手加功一案。光八，湖。

□□□因□□□欲圖自盡，聽從下手將其扎傷身死一案。

唐鈺潰因蕭小鳳自願畢命，代爲買藥，呑服身死一案光九。

□□□故殺□□□等多命一案。

□□□故殺不知姓名湘勇一人身死一案。

劉世成故殺劉騾子，幷扎傷劉得才各身死一案。

江長澿故殺杜玉嵒幷伊妻崔氏各身死一案。同四。

霍玉中故殺姜氏、張氏各身死一案。咸元。

蔡鳳詳故殺唐小水，幷擅殺罪人楊黑妮、何氏各身死一案。同八。

鄭標故殺曹二鳳，幷致傷陳阿牛各身死一案。同六。

石月故殺劉敬尙身死，併馬興國、石鐵旦聽從馬舒錦糾毆致斃趙洪付等一家三命，內趙洪付、趙洪義二命係馬興國、石鐵旦下手傷重一案。同五。

□□□故殺□□□，幷因故殺誤殺□□□身死一案。

張凱玉故殺李小眼兒，幷劉拴知擅殺張氏李小眼兒之母各身死一案。

□□□復仇故殺□□□身死一案。

□□□爲祖報仇，故殺□□□身死一案。

憬盛鎗傷豆腐李身死一案。咸二。

胡標銃傷李汶耀身死一案。咸三。

蒙朝古銃傷楊茂連，幷楊富軒銃傷蒙家湖各身死一案。楊富軒續報病故。咸元。

王幅淋、解錫性鎗傷解兆鐸、解錫江各身死一案。同十一。

劉中沅鎗傷閻士興、閻士經中身死一案。同十一。

尹琢鎗傷高得，并尹璞鎗傷李萬椿及故殺劉泳增各身死一案。同十。

萬亦才銃傷秦禾俊，并秦曰定致傷萬亦池各身死一案。同六。

□□□放鎗誤傷□□□身死一案。

邱大、黄五銃傷黄驩、邱憘，并黄四毆傷邱阿升各身死一案。

清・沈家本《秋讞須知・標首放火》 龔幺老者挾讎放火，燒燬韓氏房屋一案。咸元。

余倡西并江黄牛遵旨正法。聽從放火燒船，致嚴仁桂、張大椿落河身死，江黄牛越獄脫逃被獲一案。同九。首先行正法。

㢘順挾讎糾衆放火，燒燬房屋未傷人一案。咸元。

陸亞潮謀財放火，尚未延燒一案。光六。

□□□聽從放火燒房，致袁九兒被戳身死一案。

城鈺失火延燒武英殿一案。同九。

太監禹得馨失火延燒宮闕一案。咸八。

清・沈家本《秋讞須知・標首誣詐》 門丁□□□詐贓，致□□□等殺害本官□□□身死一案。

門丁□□□詐贓逾貫一案。

長隨蔣儉嚇詐得財，計贓一百二十兩一案。咸三。

差役陳車向黄兆富嚇詐，致令自縊身死一案。同九。蠹役詐贓。

差役賈明詐贓，致令雲幅臣墜鍊身死一案。同十一。

史憘恐嚇索詐計贓逾貫，并安有與家長期親之妻通姦一案。光十。門丁索詐依蠹役擬絞。

差役□□□嚇詐□□□錢物，致令服毒身死一案。

差人溫進德嚇詐拷打，致傷黄允昌身死一案。

差役張豐嚇詐，扎傷褚二身死一案。

差役□□□詐贓，主使拷打□□□身死一案。

白役□□□詐贓，致被詐之□□□自縊身死一案。

兵丁楊從寬嚇詐錢文，致被詐之溫氏投河身死一案。

趙茂卺串役陷害，趙蓬航愁急服毒身死一案。光六。串役詐騙。

楊中假差嚇詐，致令盧椿隆投崖身死一案。光十。假差嚇詐。

王譜堪假差嚇詐，致被詐之黄氏自縊身死一案。光六。自勒、自戕。

齊汶發假差嚇詐，鎗傷被詐之姚晉住身死一案。光六。

某人假差嚇詐，毆傷某人身死一案。

李八十等假差嚇詐，拷打張財身死一案。

姜球假差向除椿隴嚇詐，致令失足落水身死一案。

□□□假差誣竊，鎖拏鍾泉拷打，搶奪逾貫一案。

孫逢春假差誣竊，鎖拏李占拷打身死一案。

□□□聽從假差嚇詐，拒傷捕人□□□身死一案。

沈庭照私押拐犯蕭證信索詐，致令服毒身死一案。光六。

余彝假差嚇詐，拉傷葉辛酉身死一案。光十五。

程萬誣竊嚇詐，被詐之夏添憘自縊身死一案。同五。誣良爲竊。

劉泳洝誣竊拷打，致傷李憘萌、夏洛四各身死一案。光六。

劉汶沅誣竊捆縛，致于新剛墜繩身死一案。同六。

□□□誣指窩竊嚇詐，致林芸自縊身死一案。

□□□誣指□□□爲盜，拷打逼認，致令自縊身死一案。

周怔憘向賊犯陳式訓拷打嚇詐，致令氣閉身死一案。光九。比依捕役私行拷打照誣盜例。

張淙五誣竊拷打白得善身死一案。咸十。

富通誣告金溶，致令服毒身死，并聲明親老丁單一案。光八。吉林案，故有聲明句。誣告。

陳百川誣告周果富，致令在押身死一案。光九。

賈氏因誣告，致伊夫屍遭蒸檢一案。同十一。

胡心田誣告華開甲等叛逆未決一案。咸八。

劉克常挾仇誣告，致劉氏長姑屍遭蒸檢一案。咸元。劉克常係長姑無服族叔祖。

王幅受誣告何氏，致令在監因病身死一案。光十五，貴。

閻嶺平空訛詐，致馬金甲自縊身死一案。光十。刁徒誣詐。

敬汶見平空訛詐，致被詐之敬潮閑投河身死一案。光十二。自刎、溺水、服毒。

齊萬財因訛詐致傷安泳潰身死一案。光六。因字不如改平空二字。

葛進誣姦訛詐，致被詐之王椿、景氏各自縊身死一案。同六。

王五六、張鈺山、韓四聽糾結夥持械，疊次威嚇事主得贓一案。同七，朝。

惡棍詐財照光棍爲從。

黃寬聽從索詐，謀勒□□□身死一案。同六。

宋瀧狗、蕭明中、孫泳葬等聽從嚇詐，拒捕殺差，并余老八聽從謀殺王心安身死，下手加功一案。咸八。首先行正法，余老八奉旨正法。

馬良議叙，未入流。得受枉法贓一百二十兩以上一案。同五。照無祿人。

孫有受財故縱罪囚，得受枉法贓一百二十兩一案。咸元。

□□□侵吞官號票本，數在一千兩以上一案。

余化鵬詐爲部文，誆騙得贓一案。同五，朝。盜用印信。

劉坤聽從雕刻關防印信，誆騙多贓一案。光六。僞造印信。

周潒私雕假印，誆騙錢文數至十千以上一案。同四。

王學南私雕假印，誆騙財物數至十兩以上一案。同四。

馬鞍兒僞造印信，誆騙財物數在十兩以上，交部審辦一案。同八。朝。

余亞濤僞造欽給關防，誆騙得贓一案。光十。

胡棕海、愛依提木薩等私造大錢一案。咸八。私鑄。

□□□私鑄大錢并門丁□□□詐贓逾貫一案。

唐瀧洸假冒職官一案。同六。詐假官。

廖澤棠僞造關防，詐爲假官及假與人官一案。咸十。

萬馨培假冒官職，犯該流罪一案。同十二。

楊洛川假官誆騙得贓，犯該軍流一案。又

張長均揑造匿名揭帖，誣陷李世一一案。光九。

清・沈家本《秋讞須知・標首發塚》 椿二并何大、陳四、陳五三犯另擬緩。聽從劉鎖兒、陳二二犯遵旨正法。發塚，開棺見屍，交部審辦一案。同七，朝。

謝三及李三病故。聽從律詳遵旨正法。發塚，開棺見屍，并趙四、劉七現犯。姜三兒另擬緩決。姜四兒病故。聽從李六遵旨正法。發塚，鑿棺抽竊，交部審辦一案。同七，朝。

趙六兒并趙泉兒、陳三聽從趙七兒發掘趙七兒家長墳，開棺見屍，交部審辦一案。同七，朝。趙七兒正法，趙泉兒、陳三病故。

杜幅并李三病故。聽從李二遵旨正法。發塚，開棺見屍一案。同七，朝。

李黑仔聽從王三遵旨正法。發塚，鑿棺抽竊，交部審辦一案。同七，朝。

薛十並楊六兒、胡四另擬緩。聽從發掘墳塚，鑿棺抽竊一案。同七，朝。首病故。

石二僖、王十二聽從發塚，鑿棺抽竊一案。同七，朝。首病故。

謝薞兒聽從王十兒遵旨正法。發塚，開棺見屍，交部審辦一案。光十二，朝。

修大、劉二并免死軍犯何大遵旨正法。聽從發掘莊姓等墳塚，鑿棺抽竊，交部審一案。光十二，朝。

張二、張七、祁伏兒、閻狗兒聽從發掘趙氏等墳塚，開棺見屍，交部審辦一案。光十二朝。首在逃。

劉四聽從發掘城幅等墳塚，開棺見屍一案。光六。

見屍之下，近式或加剝取衣物四字，或加竊取衣飾四字，見係幫同下手，應入情實之犯，新章開棺見屍之案，爲從不分下手、瞭望、人數，一概入實，可不必用此等字樣矣。

魏潤城聽從宋義遵旨正法發掘趙氏等墳塚，開棺見屍一案。光六。

宋老虎聽從發掘小功伯母劉氏墳塚，鑿棺抽竊一案。光六。首在逃。

邱朋久聽從發掘小功叔母田氏墳塚，開棺見屍一案。光六。首在逃。

□□□發掘□□□墳塚，割取屍頭訛詐一案。

劉剋指稱旱魃，發掘表兄墳塚，開棺毀屍一案。

□□□聽從發塚，拒傷捕人□□□身死一案。

清・沈家本《秋讞須知・標首搶奪婦女》 張勞九聽從搶奪袁氏已成一案。光十。舊式搶奪作夥搶或用聚衆夥搶四字。

王虎、李灃兆聽從田泳滲搶奪任氏已成一案。光十。首犯於具題後正法。此條與上一條似亦應有聚衆二字，然舊式亦有不用。

阿克東阿瑪、哈薩特聽從聚衆搶奪業什勒已成一案。光十一。首犯病故。

劉愛湟并劉前湟聽從聚衆搶奪朱女等已成一案。光十一。首犯在逃，劉前湟於具題後逢恩減軍，入前除筆。

劉泳茂搶奪幼女杜辰嫚等已成一案。光十二。非夥衆。

黃四聽從搶奪路行婦女王春妹等已成一案。同九。首犯病故。

沈市名、張粱柴並李大面子聽從聚衆搶奪熊氏已成一案。同十。首犯病故，入後除筆，戮屍梟示。綸音亦有名，李大面擬入情實，另冊辦理，入前除筆。

謝花潰聽從張白小聚衆夥搶吳氏已成，并張白小拒傷吳氏身死一案。同十。首犯於具題後正法。

張長娃聽從搶奪婦女已成，并范南娃、廉有城聽從行劫得財一案。咸十一。首犯於具題前恭請王命正法。婦女似應作惠氏。

張洛隆等糾衆搶奪路行婦女未成一案。咸十一。等字應刪。此案原題稱黃士楷眷屬，不稱車上婦女，并無姓氏，標首只好不點。

趙雙城強搶劉氏未成，致令投井身死一案。同六。

□□□糾搶□氏未成一案。

吳洛灤并李洛莊聽從夥搶路行婦女劉氏已成一案。光九。李洛莊另冊留養。

陳得均糾搶興販婦女氏等已成一案。光九。

呂象糾搶居喪嫁娶之婦已成一案。

周愷強奪春姐姦占爲妻一案。同六。

□□□聽從夥搶婦女，拒傷鄧氏身死，幫毆成傷一案。

史大防聽從強搶章氏已成，致令自戕身死一案。

李亞幅、李社土聽從夥搶沈姓幼女、幼童已成一案。光六。廣東。首犯先正法。

詹自寬搶賣妻弟婦陳氏，致令自刎身死一案。同十一。

□□□強奪□氏配伊弟□□□爲妻一案。

□□□搶奪留住尼僧，賣與人爲妻一案。

繆椿源誘拐顧氏已成一案。光十。

宗復淋誘拐葛大女仔等已成一案。光十。舊式不用已成二字。二人。

泳氏誘拐覺羅女妞兒一案。同六，朝。

劉氏誘拐幼女順姐一案。同六，朝。

周添淋誘拐幼女小蕙、幼孩賈八娃一案。

丁三誘賣紅凝出境一案。

□□因□賣毆傷小七身死一案。

程俚略誘朱翠妮推跌落河身死一案。

余水至誘拐拒傷捕人蔡坤開身死一案。道川。

清・沈家本《秋讞須知・標首竊盜》 鄭七十兒偷竊皇史宬殿上金匱、鐶等物交部審辦一案。同七，朝。比照盜大祀神御物，奉旨改斬候。

張二狗行竊內閣庫儲金龍包袱交部審辦一案。光六，朝。罪名同上。

陸泳源行竊慶成宮內圍屏等物交部審辦一案。同五，朝。偷竊行宮乘輿服物。

魯雨子偷竊綺春園神廟銅佛，計贓逾貫一案。同六，朝。盜內府財物。

存義、喜連行竊大西天殿內金佛，計贓逾貫一案。同七。盜內府財物比例不分首從，存義於奏結後續報病故。

穆騰額秀、崑鈺來、惠淋、松凌等聽從得蘊偷盜內庫銀兩，計贓一千兩以上一案。同八，朝。盜內府其餘財物，得蘊奉旨正法。

崇淇監守盜銀器庫金盤等件，計贓一千兩以上，交慎刑司審辦一案。同九，朝。

常受偷竊保和殿槅扇上銅葉一案。

趙二傻盜砍西陵紅椿內回乾樹株一案。同十。

張長根行竊餉銀一百兩以上一案。同元。

船戶陸碌發盜賣糟糧六百石以上一案。同九。

花戶薛起詳、孔汰偷糧各數至一千兩以上一案。咸七。

王世灤行竊庫銀一百兩以上一案。咸八。

王二棠行竊部頒官票，計贓一百兩以上一案。咸八。

某人盜賣引鹽，計贓逾貫一案。舊式。

王香糾竊衙署銀兩逾貫一案。同六。

陳瑞山偷竊衙署銀兩逾貫一案。同十。獨竊。

晏九糾竊衙署服物，計贓逾貫一案。咸八。

孟海三盜賣王倡白蠟，計贓逾貫一案。船戶。

李嬉仔行竊華春榮銀兩逾貫一案。光六。

王六糾竊邵長齡家銀兩，計贓逾貫一案。光六。家字或有或無，似可刪。

陳阿四行竊沈恩典貨，計贓逾貫一案。咸三。

糾竊俞氏家衣物，計贓逾貫一案。

舊式事主名上留事主二字，近年多刪。

張棚城行竊臨時盜取拒捕刃傷事主于泳平復一案。光六。

劉燦然拒傷捕人王馬身死一案。光六。盜田野菜果。

張四升犯罪拒傷捕人鄭六身死一案。光六。盜田野穀麥。

宋九犯罪拒傷捕人王滙捕役。成篤一案。光六。

盧禿仔行竊拒傷事主張懷義成廢一案。同十一。

龐三、洛管行竊獲贓，拒捕刃傷事主劉桂成平復，并董泳得糾竊謙和號銀物，計贓逾貫一案。同十。

劉麻子聽從王熱鬧臨時盜取拒傷事主吳玉畛身死，劉麻孜幫毆刃傷一案。同七。首正法。

王心業行竊臨時盜取拒捕刃傷事主薛正卿平復，并吳長糾竊計贓逾貫一案。同十。吳長另冊留養。

雷泮聽從行竊臨時盜拒傷事主陳其祥身死幫毆刃傷一案。同四。首病故。

韋大肚仔糾竊拒捕刃傷事主周成書等平復一案。同八。

趙小二行竊拒傷事主李盛武平復，并楊小五行竊拒傷事主李光貴身死一案。同六。楊小五續報病故。

劉二憘行竊拒捕鎗傷事主張青宣身死一案。同八。

吳占魁行竊謀殺事主青自孝身死，吳東娃下手加功一案。同六，事後。

謝□狗行竊聽從藍遇車臨時獲贓謀殺事主汪氏身死，下手加功一案。同十一。首奉旨正法。

寇狼聽從王得應等行竊，謀殺事主王氏身死幫同拉勒一案。同八。首病故；王得應等四字可刪。

滕全遇、錢大葬行竊拒傷事主周啓智、陳九沅各身死一案。同八。各拒各捕。

張牙倪行竊棄贓逃走被獲，拒傷捕人江苟倪身死一案。同八。

王歪仔行竊臨時護贓，拒捕刃傷事主毛鳳顯等平復一案。同九。

陳阿金行竊，將捕人兪富保推入河內身死一案。

□□□行竊拒捕刃傷事主□□□，并戳傷□□□各身死一案。

□□□行竊獲贓，拒傷事主□□□，毆至骨□成廢一案。

□□□行竊拒傷事主□□□身死，并□□□幫毆刃傷一案。

家字或有或無，舊式、近式均不畫一，或云事主係婦女方用家字，其説亦通。

行竊□□□當鋪首飾，計贓逾貫一案。

各自起意糾竊嚴高等家衣物，計贓逾貫一案。

趙廿六糾竊胡維符衣物，計贓逾貫，并孫四行竊三犯贓逾五十兩一案。

劉二小行竊三犯，贓逾五十兩一案。

吳長糾竊薛正卿銀兩，計贓逾貫，并王心業臨時盜取拒捕刃傷薛正卿平復一案。同十。王心業另冊辦理。

董泳得糾竊謙和號衣物，計贓逾貫，并龐三、洛管行竊獲贓拒捕，刃傷事主劉桂成平復一案。同十。龐三、洛管另擬情實。

王一行竊楊恆玉布匹，計贓逾貫一案。同七，朝。

何沅糾竊陶喜等銀物，計贓逾貫，并拒捕刃傷事主龐美芝平復一案。同六。從一科斷。

郭學六用藥迷竊未得財一案。同七。

□□□掉竊□□□銀兩逾貫一案。

□□□丢包誆竊□□□等銀兩，計贓逾貫一案。

免死盜犯向雙嬉在配行竊，犯該徒罪以上一案。

黃亞得行竊拒捕刃傷小功叔母游氏平復一案。光九。

楊二海偷打圍場牲畜，鎗傷捕人文喜平復一案。

孫大犯罪，致捕人馬文寬落河身死，交部審辦一案。光六，朝。行竊糧船粗米被獲，掙逃同跌落河。

趙二行竊拒捕刃傷事主周文志等平復，交部審辦一案。同七，朝。

呂壞四行竊拒捕鎗傷事主楊豬平復一案。光六

王得有行竊拒傷事主過洪遠身死一案。光六。

李如得行竊拒傷捕人郝進義身死一案。光六。死係雇工。鄰佑亦稱捕人，更夫，事主弟子。

王小七、張小臭聽從行竊拒傷事主張氏身死，均幫毆扎傷以上一案。光六。首犯未題前病故。

鍾萬和行竊拒傷事主吳懷應身死，楊啣仔幫毆刃傷一案。光六。

李五行竊拒捕刃傷事主劉俊海等平復一案。光六

崔化、羅鍋夥同謝澄等行竊，聽從姜七拒傷捕人某人身死，崔化、羅鍋幫同下手一案。

馬四友行竊拒傷事主韓洛俊抽風身死一案。光九。

劉丙寅行竊，聽從陳甜臨時盜取謀殺事主陳氏身死幫同下手一案。光九。

王庥子行竊拒傷事主張大身死，并譚從娃先將張大拒捕刃傷一案。

□芸行竊拒傷事主周伸成廢，并刃傷佘氏平復一案。

馮禮糾竊木石，拒傷事主陳桂身死一案。

鄒強行竊拒傷事主俞□，并賈璆行竊臨時盜取拒傷事主蔣耿各身死一案。

□□□行竊被獲，割衿圖脱，誤傷事主二人平復，囚禁越獄脱逃，旋即拏獲一案。

曾照暹夥同李道慍行竊拒傷事主黄河幅，并遺火燒傷何氏各身死，曾照暹幫毆黄河幅刃傷一案。光十三，江西。李道慍正法。

華狗□行竊刃傷事主薛氏平復，并趙春澐臨時盜取拒傷吳汶身死一案。光三。

劉九兒行竊拒傷事主陳佺五，致令自縊身死一案。同十二。

楊三行竊，遺火燒傷事主魯復禮身死一案。光十二。

程桀行竊，遺火燒傷事主雇工鄒阿多身死一案。

王莘民行竊，遺火延燒致傷事主之妻馬氏身死一案。

遣犯李亮脱逃行竊，遺火燒傷事主吳菁汰身死一案。光十。

姚臧行竊拒傷事主武立堂骨□一案。咸十。

儲滾仔行竊拒傷事主儲泳倡身死，并王三題準援免。各自拒捕，先將儲泳倡刃傷一案。咸二。

蕭老幺聽從楊開洤立決。行竊臨時盜取拒傷中主尹城淋身死，幫毆□傷以上一案。光十五，陝。

某人行竊，強姦某氏未成一案。

□□□行竊鄭氏家銀物，并強姦未成一案。

張三仔行竊拒傷事主李保平至折傷以上一案。光十五。

柏錦妮糾竊馬二十匹以上一案。

遂瑪特阤雅斯糾竊事主烏阿馬十匹以上一案。

保兒聽從烏爾滾塔拉偷竊牲畜三十匹以上，并忠奈聚衆十人以上奪犯傷差一案。

□□□等擄捉關禁，致令尤蓄兒病斃一案。

□□□擄捉□□□關禁，致令病斃一案。

清・沈家本《秋讞須知・標首强劫 搶奪**》** 柴添右強劫拒傷事主張寬平復，未得財一案。光六。

孫漣銀聽從行劫，被獲後供獲夥盜一案。聽從或作聽糾，光。

孫雨聽糾行刦，被獲後供出夥盜指獲一案。光九。

曹幅老行刦湯如林錢物，於五日外悔罪指獲同夥一案。同十。此眼線曾爲夥盜者。

馬四糾同溫大等行劫被獲，將溫大供出指獲，并溫大糾同白二等行劫交部審辦一案。光六，朝。溫大、白二遵旨正法，入前除筆。

□□□等聽從□□□捻匪搶刦，并韓大、楊三行刦，入室搜贓，□□□聽從在場助勢一案。

張恆等續故。聽從王三、帽纓、張得、殷三均正法。結捻搶劫，并宋潮潰、蔡四正法。行劫入室搜贓，宋均、樊五、豹仔、李高正法。聽從拒捕，在場助勢一案。現犯在等字內，此應以現犯居首，云某人并張恆。

張淋、翟黑聽從結捻同搶，并沈二迷子、王有事、孫青江搶刦；孫戊寅、馬名、于兆嶺、傅二黑行劫，入室搜贓，王二聽從拒殺事主，在場助勢一案。

胡老糾竊張允焯家銀兩，計贓逾貫，并曹七等臨時行強一案。同九。

范良可行竊拒傷捕人曾幅濚身死，并劉畜生夥竊汪公列家臨時行強一案。

周春行竊銃傷事主鍾庭彥身死，并張小和尙聽從行刦，入室搜贓一案。道三十。張小和尙奉旨正法。

□□□行竊拒傷捕人邢根身死，并劉大行刦拒傷鄒横身死，梁禿仔行刦，入室搜贓一案。

李自來聽從徐廣幅遵旨正法。行劫，并李得勝遵旨正法。拒殺事主劉苑身死，李自來被獲後將李得勝、徐廣幅供出指獲一案。光十一。

董彝兒并劉三、楊二、高二、沈二搶刦得財，董彝兒被獲後將劉三、楊二、沈二供出指獲一案。

孔箱幅幷徐㯶葆遵旨正法。聽從行刦，孔箱幅被獲後供出除㯶葆指獲一案。光十二。

程廣宗挾仇放火致傷得木布爾身死，幷程廣才執持軍器騎馬行刦得財一案。咸十。程廣才照響馬強盜。

田冬拉行竊拒傷事主牛行身死，董犯罪聽從拒傷捕役李年身死，幫同下手，幷張芳、劉攘、孟見結捻行刦，入室搜贓一案。咸四。

高了頭、陳家有、李仕滐、汪澍、程小眼、戴小侉孜聽從結捻同搶，幷王大春續報病故。程志順、田玉堂、段洪遵旨正法。聽從結捻，拒捕傷差，在場助勢一案。咸二。

李女兒聽從行刦，被獲後供出夥盜李復淮指獲一案。光十三，山西。李復淮題明正法。

鄭阿讓糾搶翁興儉銀物計贓逾貫一案。光六。糾搶或作搶奪。

劉建槐搶奪王秀元銀兩逾貫一案。同九。

估贓者用計贓逾貫字樣，不估贓者不用計贓字樣。

徐中淋糾搶逾貫，幷普小石、施潰拒捕刃傷腳夫張湢等平復，施潰聞拏投首一案。

羅普桑、索諾本車林幷扎木楚聽從搶刦郭載章財物，計贓逾貫一案。同七。首犯在逃，扎木楚續報病故，蒙古用蒙古例故標搶刦字，亦有改爲搶奪者。

□□□糾搶銀兩逾貫，幷孫綝拒捕刃傷腳夫李良平復一案。

遣犯胡蓉聽從搶奪李明志等錢物一案。光九。

□□□搶奪番銀逾貫，幷□□□聽從搶奪拒傷事主□□□身死，幫毆刃傷一案。

謝添碌聽從搶奪拒傷事主袁西身死，幫毆刃傷一案。同五。

杜小三搶奪拒捕刃傷事主李坤平復一案。同八。

孫雨則糾搶刃傷事主李世興等平復一案。同元。

王煥早搶奪拒傷事主楊昇玉扎傷以上一案。同十一。

趙泳青聽糾搶奪蒙古銀童、贏馬等物一案。光十。蒙古地方搶奪糾夥十人以上。

□□□聽從搶奪謀殺事主□□□身死，幫同下手一案。

□□□搶奪致事主□□□、□□□凫水各身死一案。

□□□現犯。聽從搶奪拒傷事主□□□、□□□各身死，均幫毆刃傷，幷□□□正法。拒殺□□□爲首一案。

□□□均聽從□□□搶奪拒傷事主□□□暨同行之□□□各身死，□□□均幫毆刃傷□□□幫毆□□□刃傷一案。

霍亞中糾搶客船，刃傷水手黃亞西，旋被在逃之夥賊王亞葵拒傷身死一案。

謝淋松聽從搶奪，致夥犯李細狗拒傷郭三孜身死，謝淋松毆刃傷，幷楊老會糾搶拒傷郭阿九身死一案。舊式。

梁亞滿搶奪拒捕刃傷捕人何亞業平復，幷張亞連糾搶事主司徒成美銀兩，計贓逾貫，梁亞潰聚衆十人以上持械搶奪一案。舊式。

□□□聽糾搶奪，致夥犯□□□拒傷□□□身死，幫毆刃傷，幷□□□在監病故一案。

□□□夥搶拒捕，放鎗誤傷□□□，幷□□□擅殺□□□各身死一案。

□□□搶奪拒捕刃傷事主□□□平復，幷□□□糾衆奪犯一案。

王銓搶奪拒捕刃傷事主陳衍祥平復，幷林牽搶奪拒傷捕人陳發詳身死一案。咸元。林牽奉旨正法。

沙克都爾搶奪拒捕，捆傷事主青喜雲一案。咸七。蒙古搶奪捆縛事主用蒙例。

偰小老頭、偰汰倖聽糾搶奪，拒殺不識姓名事主各一命。幫毆刃傷，幷小張子致傷回民馬姓、袁老五等，共毆回民偰萬鑑各身死一案。咸元。

哈拉沁、老張搶奪特默爾等牲畜十匹以上一案。同六。

塔啓勒齊糾夥搶奪牲畜，幷察杭濟克默特、瑪尼巴特聽從搶奪牲畜均數至十匹以上一案。同六。察杭濟克默特、瑪尼巴特二犯續報病故。

蒙古哈勒塔爾固秀普爾普九字名。幷鄂當雙、霍爾額登扣二名另冊。緩決。巴特瑪多爾濟一人另冊。留養及巴特瑪續報病故。均聽從搶奪牲畜十匹以上，諾謨另擬緩決。搶奪拒捕傷人暨郎因綳楚克續報聽從反獄格斃。糾搶牲畜十匹以上一案。同七。

□□□糾搶牲畜數至十匹以上，幷□□□各糾夥持械迭次倚強肆掠一案。

則特格爾聽從車克爾首，病故。搶奪逾貫，并棍布扎布病故。糾同齊特庫爾病故。暨誠儉監候待質。聽從哈勒章扣在逃。各搶奪牲畜十匹以上一案。咸十。

王如浛聽從聚衆十人以上在野攔搶一案。咸八。首犯先行正法，入後除筆。

田二娃、王滿娃、高老五、張老五、楊老五、蕭老五聽從結夥十人以上在野攔搶一案。同四。首在逃。

楊大五聽從某人聚衆十人以上在野攔搶一案。

王三聽從張六在野攔搶，拒傷黄老九身死，王三幫毆有傷一案。

某人在野攔搶，拒傷某人、某人，各平復一案。

□□□在野攔搶，刃傷事主□□□平復，并夥犯□□□拒毆有傷一案。

彭老八糾夥四人在野攔搶，拒傷事主羅舉沅平復一案。咸十二。攔搶四人以上，非金刃傷。

路憘入圍打牲，拒傷捕人鳳林身死一案。光三，奉。

《秋讞須知・標首奪犯傷差》忠奈聚衆十人以上奪犯傷差，并烏爾滾塔拉糾同保兒偷竊牲畜三十匹以上一案。同八。

王添銀奪犯毆傷差役李呈詳身死一案。咸八。

劉悅青犯罪被獲，聚衆中途打奪，拒傷差役孫洪得平復一案。同八。

某人聚衆中途奪犯，毆傷某人身死一案。

軍犯吴浛得聚衆奪犯未傷人一案。同八。

師直漳聚衆奪犯未傷人一案。同九。

傅鳳林犯罪聚衆中途打奪未傷人一案。同十。

遣犯褚二自行糾衆中途打奪未傷人，交部審辦一案。光十二。

軍犯陳四毛自行糾衆中途打奪，聚至十人以上一案。光八。

唐士恩并王鼎仔遵旨正法。聽從龔定瑚遵旨正法。劫放獄囚尚未傷人，暨龔定瑚聚衆抗糧滋事，王不欽遵旨正法。聚衆奪犯，喝令王鼎仔砍傷差役金浛富身死一案。同六。

米罄漋拒傷差役田滙身死一案。光三。爲從。

清・沈家本《秋讞須知・標首劫囚》 熊和尚、梁俊環、曹智祁聽從糾衆劫囚，在場助勢一案。

清・沈家本《秋讞須知・標首良賤》 墳丁蔡果舉戳傷民人李村兒身死一案。咸八，奉。案首亦用墳丁、民人字樣。蔡果舉係旗下墳丁，屬家奴，李村兒在蔡果舉主家傭工，并無主僕名分，以良人論。

清・沈家本《秋讞須知・標首師弟》 馬振蟻踢傷弟子馬丑娃身死一案。匠藝，舊式弟子有加匠藝二字者。

清・沈家本《秋讞須知・標首服制》 李米仔致傷大功服弟李金榮身死，并李金榮小功服弟李二小聽從下手一案。與下一條參看。

李二小聽從伊兄李米仔扎傷小功服兄李金榮身死一案。

林康生因瘋致傷胞兄林富春，并戳傷曾亞嚴各身死一案。因瘋致傷胞兄并平人各一命。

彭尚横刃傷胞叔彭維冬，并彭維冬被小功姪孫彭拂沅毆傷身死一案。刃傷胞叔，胞叔旋被小功姪孫致斃。

程受賢戳傷緦麻服叔程尚篡，并程東謙戳傷小功服兄程尚湖各身死一案。咸八。

李氏誣告伊父李幅有，并景珍強姦周氏未成，立時毆身死一案。同九。

□□□故殺胞弟□□□并伊妻蘇氏各身死一案。從一。

本宗各項卑幼：

胞弟　胞姪　小功堂姪

大小功弟

緦麻服弟　緦麻服姪

胞姪婦大功

夫胞姪婦　夫之緦麻姪婦

夫胞姪

陳志篙圖產謀殺胞姪陳開淋身死一案。同八。

劉四挾嫌謀殺十歲胞姪劉大僖身死一案。同九。

陳潤庭挾嫌遷怒故殺年甫四齡緦麻服姪陳來生身死一案。同六。

郭延潮挾嫌遷怒謀殺十歲緦麻服姪郭英頭死一案。

□□□挾仇故殺胞姪□□□身死一案。

吴□挾嫌謀殺十歲以下胞姪□□□、胞姪女小翠各身死一案。

黄得幅戳傷緦麻服弟黄再陽、黄正陽各身死一案。同四。

楊在孚致傷緦麻服姪楊發潍因瘋身死一案。同八。

張錫海追趕小功服弟張錫繼，致令鳧水被溺身死一案。
蕭組尙主使伊子蕭松材砍傷小功服弟蕭正庭身死一案。
李占魁謀殺緦麻姪孫李二小身死，高梧正下手加功一案。同八。
沈倉謀殺大功服弟沈發并沈永流謀殺胞弟沈四各身死一案。
□□□毆傷□□□，并誤傷小功服弟□□□各身死一案。
張家惴戳傷緦麻服姪張太和，并張鎭圍戳傷緦麻服弟張憬山各身死一案。光十三，江西。
廖代憘謀殺兄妻譚氏并年甫二歲胞姪廖伏受各身死，廖代潰下手加功一案。同十一。兄妻同凡，本不必標，近年或標，或不標，未畫一。光十三秋審。內公議，兄妻以點明爲是。此案因胞姪而連及之，標出以見係母子二命。
曹煜謀毒弟妻信氏，并誤毒胞弟□□各身死一案。弟妻亦不必點。此案因胞弟而連及之，以見爲夫婦二命。大功兄妻之類皆不點。
韓氏故殺夫前妻之子彭磊身死一案。
段氏挾嫌殺五歲夫胞姪許小□身死一案。同九。
蘇氏致傷渠氏夫弟妻。身死，渠氏期親夫姪王佺城蘇氏子。在場幫毆一案。
渠氏聽從謀殺夫大功兄張俊身死一案。死者自願畢命。
□氏故殺夫妾□□□身死一案。
□氏聽從家長□□□幫勒正妻范氏成傷，□□□旋將范氏故殺身死一案。
黄氏致傷家長繼子霍亞南身死一案。
余文彩謀殺薛氏家長正妻張氏身死，薛氏知情同謀一案。
羅士儉毆跌妻前夫之子胡拴兒身死一案。同八。
許保城仔扎傷緦麻表兄溫會身死一案。

各項外姻尊長卑幼：

外祖父母　小功母舅　緦麻表兄
妻父母
緦麻表弟　緦麻女婿
小功外甥

馬閏鎖毆傷緦麻表弟張元身死，張元胞弟張澗係屬原謀一案。
劉安國放鎗誤傷義父劉得糠身死一案。同九。
□□□故殺義子□□□身死一案。
□□□致傷同居繼父□□□身死一案。
蹇智故殺義子之婦夏氏身死一案。
王承棟謀殺胞弟義子王興娃身死，王洸澾下手加功一案。
□□□與兄妻□氏成婚或云婚配。一案。
劉棠與家長期親之妻□氏通姦一案。
□氏與夫胞叔□□□通姦。被夫逼勒勉從。
劉佳庚誤傷業師劉鍾毓身死一案。光六。
□□毆傷學徒□□□身死一案。
法凈故殺弟子慧圓身死一案。
張興連踢傷弟子劉六身死一案。匠藝，舊式有云匠藝弟子者。
盧澐致傷小功母舅僱工巴三身死一案。
羅汶毆傷大功親之僱工良奮身死一案。
□□鎗扎他人家奴□□□身死一案。

又　□□□格傷伊父□□□身死一案。九卿議。
□□□誤傷伊父母□□□平復一案。
祖父母、夫之祖父母、父母同。
□□□因瘋砍傷伊父母□□□平復一案。九卿議。
張湶臺誤傷伊父張錦漳平復，後因病身死一案。同四。
□□□過失殺伊父母□□□身死一案。
祖、父母。伊、翁姑。伊夫、家長。
信氏過失殺姑韓氏并伊夫祝小尙各身死一案。從一科斷。
□□□違犯教令，致伊父母□□□氣忿自縊身死一案。
□氏違犯教令，致伊翁□□□，姑□□氏。氣忿服毒投井。身死一案。
王氏違犯教令，致伊姑馮氏失跌身死一案。
崔氏違犯教令，致姑張氏被崔添舜毆傷身死一案。崔添舜另冊留養。
劉如東并徐氏違犯教令，致母劉氏氣忿自縊身死一案。
麥氏違犯教令，致家長之母粱氏自縊身死一案。同三。妾。
陳氏格傷伊夫褚□□身死一案。

向氏與夫劉善口角，致令自縊身死一案。同四。
陳氏因與夫張榮享口角，致令追毆失跌身死一案。
王氏因口角致夫唐繼先跌傷身死一案。
□□□致傷胞伯叔□□□身死一案。傷痕照鬥殺標明，謀故標謀殺、故殺。
期親伯叔母　胞兄
小功服伯叔　小功服伯叔母
大小功服兄
緦麻服伯叔　緦麻胞兄□□緦麻伯祖母
降服大功伯叔母
大功姊　降服大功姐
夫期親叔母
劉五爲親復仇，謀殺小功服伯劉學禮身死一案。光十五。
□□□誤傷胞兄□□□，并□□砍傷親父□□□各平復一案。
□□□刃傷胞伯□□□平復一案。
□□□刃傷胞伯□□□平復，後因病身死一案。
薛圪棱聽從伊母程氏主使，毆傷胞伯薛銀孩身死一案。
李大麟推跌胞叔李鎭玉身死一案。
王集淦毆傷胞兄王集議正、餘限外身死一案。同元。
何憘仔致傷胞兄何興旺平復一案。同二。
宗三大向胞兄宗行林推拉，致令撞瞎一目一案。同八。
□□□金刃誤傷胞兄□□平復一案。
龐桶越聽從謀殺胞兄龐桶溫身死一案。死者自願畢命，令該犯採取斷腸草吞服。
□□□聽從謀殺胞兄□□□身死一案。聽從母命。
馬貽冉幫按致傷胞兄馬長冉身死一案。迫於父命。
康代湧金刃誤傷胞兄康代務平復，并故殺伊妻□氏身死一案。
□□□毆傷期親叔母錢氏，致令氣分自縊身死一案。
馬泳幅因瘋砍傷期親叔母安氏并伊妻安氏各身死一案。
□□□砍傷大功服兄□□□身死，并□□□先被胞弟□□□刃傷一案。
□□□聽從主使毆傷大功服兄□□□身死一案。

□□□聽從砍傷大功服兄□□□身死一案。
□□□毆傷大功兄□□□正、餘限外身死一案。
□□□扎傷小功服叔□□□餘限外抽風身死一案。
□□□毆傷小功兄□□□身死，并□□□胞弟□□□聽從幫毆一案。
黃亞得行竊拒傷小功叔母游氏平復一案。相比從重。
□□□爲母報仇，故殺緦麻服叔□□□身死一案。聲明入緩，永遠監禁。
程接椿致緦麻服兄程烈光成篤一案。
□□□故殺緦麻叔母周氏，并毆傷大功兄妻□氏各身死一案。
沈像怔掙跌降服大功姑沈氏身死一案。光十五。
易方中鎵傷降服大功姊易氏及其夫鍾峪發各身死一案。同九。護母，由立決改監候。
靳氏毆傷正妻田氏，致令氣忿自縊身死一案。同二。
夏城結砍傷庶母史氏身死一案。同六。
苗米妞毆傷父妾韓氏身死一案。未生子女，同六。同十二直隸　劉鈺扎傷孟氏身死一案，係未生子女，嗣祖之妻。
田□□刃傷家長期親。
□□□致傷家長期親□□□身死一案。
□□□刃傷家長□□□平復一案。
龔晉芳因父龔淙瑞病故乏錢安埋，將屍背棄圖詐一案。咸三。

清・沈家本《秋讞須知・案首》

□□□并□□□與□□□及□□□均素識無嫌。分辨。
□□□并族人□□□與□□□及其族人□□□均素識無嫌。
□□□與□□□并□□□與□□□均素識無嫌。
張七荃與韓庭渲及其子韓茂郎均素識無嫌。
□□□與□□□均先無嫌隙。一命二抵。
□□□與□□□及□□□均素識無嫌，□□□與□□□同姓不宗。二命中有一同姓者，須分別叙明。
陳針七即陳苟、傅二、陳廣五與傅騰九、陳禘三、傅枝八均鄰村無嫌，陳針七與陳廣五等，傅二與傅騰九等均同族無服。光十五。
□□□與年七十一歲七十以上點。之□□□素識無嫌。

□□□與年甫□歲十五以下點。之□□□素無嫌隙。如年僅數齡者，不可用素識、素好等字。

□□□與年甫□歲幼女□□□同莊無嫌。幼女不便用素識字。

□□□與□□□及年□歲之□□□二命有一老一幼應分別叙清。均素無嫌隙。

謝儀彝年甫十三，與年十一歲之姚羊素好無嫌。老人斃老人準此。

□□□與□氏素無嫌隙。兇手、死者中有一婦女，不便用素識等字。

孫四與年甫三齡幼女張玉鍼頭之父張澤素不認識。因姦誤傷。

王登櫸與年甫九歲之張世潤及其年甫二歲幼弟張世興均鄰居無嫌。因瘋連斃二命。

□□□與□□□鄰居無嫌，□□□爲人兇横，人皆側目。

李芸與無服族兄李選憶素無嫌隙，李選億平日兇横，戶族咸知。

孟衍與焦畛同村無嫌，焦畛爲人兇横，村衆側目。

巨墉與李法沅同村無嫌，李法沅爲人兇横，常在村外牧放羊隻，踐食莊稼，人皆側目。

紀滏與王芒素好無嫌，彼此同屋居住，時相頑笑。戲殺。

王仔恆與李洪謨幷伊妻梁氏均先無嫌隙。疑姦。

蕭奇與駱群兒素無嫌隙，駱群兒游蕩度日。疑賊。

清·沈家本《秋讞須知·案首因姦》 會看得蘇徇與陳氏同村往來，陳氏之夫林芳使外出，蘇徇乘間與陳氏通姦。

緣王六幷于四均與李氏之夫周得旺素無嫌隙，于四與周得旺鄰居往來，李氏見面不避，于四乘間與李氏通姦。周得旺出外傭工，其母趙氏分居各度，均不知情。嗣于四同李氏家夥種稻地，向王六借用錢米，許俟收穫稻子給還。王六至李氏家尋于四索欠未遇，亦與李氏姦好。周得旺雇工尹升兒看破姦情，因係醜事，亦未聲張。光六，朝。因姦謀殺本夫，加功之人亦係姦夫，姦婦不知情，事後隱忍忘仇。

緣郭禮幷馬倉兒均與胡聾仔先無嫌隙，郭氏係胡聾仔之妻，郭禮係胡聾仔妻兄，胡聾仔家貧，郭氏時常鬧氣，因此不睦。馬倉兒與郭禮交好往來，郭氏在母家時見面不避，馬倉兒乘間與郭氏通姦，胡聾仔幷不知情。光六，朝。謀殺本夫姦婦起意正法，姦夫病故。

緣王鳴富與李喜才認識往來，李喜才之妻王氏習見不避，王鳴富乘間與王氏通姦，給過錢物，不記確數，李喜才貪利縱容。光六。謀殺縱姦本夫。

林發幷趙幅均與王泳茂先無嫌隙，齊氏係王泳茂之妻，趙幅係齊氏緦麻表兄，趙幅時至王泳茂家往來，齊氏習見不避，趙幅乘間與齊氏通姦，被王泳茂看出姦情，欲將齊氏帶回原籍，齊氏戀姦情熱，不願回歸。謀殺本夫，姦婦起意，姦夫商通，均正法。又

王氏籍隸直隸，來至奉天，與夫閻奎彝平素和睦。李受朋姦夫先正法。與閻奎彝鄰居，時相往來，王氏習見不避，光緒四年六月間，李受朋乘間與王氏通姦，閻奎彝幷不知情。姦婦不知情。又

陳阿金與俞松濤素識無嫌，邱氏係俞松濤之妻，俞松濤借欠陳阿金錢二百四十文，陳阿金屢次往索，邱氏見面不避。邱氏向陳阿金借錢，陳阿金攜錢二百文送往，即與邱氏通姦，俞松濤幷不知情。因姦拒殺本夫，姦婦幷不喊阻首告。另冊擬緩。又

周木渫幷金詳何起意，先正法。均與張勳觀素識無嫌，張勳觀未婚妻周妹姐係周木渫族姪女，金詳何鄰居，均見面不避，與周妹姐通姦，周妹姐之父周奎觀及張勳觀俱不知情。謀殺未婚本夫。又

王怔黑籍隸河南，來至湖北，沈少搖均與葉城潰無嫌。王怔黑木匠營生，沈少搖駕船度日。胡氏係葉城潰之妻，與怔黑鄰居往來，見面不避，王怔黑乘間與胡氏通姦，葉城潰幷不知情。姦婦起意謀殺本夫，姦夫聽從。加功之人係□人。又

鄒毛娃與年十一歲之楊娃崽素識無嫌往來，楊娃崽同居叔母殷氏見面不避。

蔣平與連氏之夫熊清素識往來，連氏見面不避，□年□月間，蔣平至熊清家探望，閒坐。適熊清外出，蔣平即與連氏調戲成姦。

許氏之夫陳祺及許氏母家均與鄭起祥時相往來，許氏習見不避。

王二馨與郭思良素識無嫌，先後與郭氏通姦，彼此知情，均不避忌。

張尚芒與趙舒牲素識無讎，均與黎丙剛素識往來，黎丙剛之妻王氏見面不避。

劉祥與章肖素不認識，均與程氏之宣三鄰屯往來，程氏見面不避，□年□月間，劉祥乘便與程氏通姦，嗣章肖亦與程氏姦好。

張麟與薛角素識無嫌，許氏係薛角之妻。

田六狩幷馬憘瑯均與羅冬鄰居往來，陳氏係羅冬之妻。

唐六科與唐濆幅同姓不宗，素無嫌隙。陽氏係唐濆幅之妻，小唐氏係唐幅息之妻，與唐六科幷李得馨同村往來，陽氏等均見面不避。唐六科同李得馨先後與陽氏、小唐氏通姦，唐濆幅等幷不知情。小唐氏與陽氏結拜姊妹，所有通姦情事彼此共知。光九，廣西。唐六科、陽氏商同謀殺唐濆幅。小唐氏獨自謀殺唐幅息。

宋氏幷劉小均與孫禮素無嫌隙。宋氏先嫁與陳萬幅爲妻，嗣陳萬幅因貧歸，宋氏改嫁，託張洛大嫁賣與孫禮爲室，立有婚書、財禮。劉小在孫禮家傭工，與宋氏見面不避，劉小乘間與宋氏通姦，孫禮幷不知情。立有婚書，成爲夫婦，因姦拒殺論如律。

張發與霍氏素好無嫌，霍氏因夫故，與張發姦好，圖得資助，同居過度。

鄒黑剛與張氏素無嫌隙，張氏係鄒黑剛族人鄒砙淋之妻，與鄒黑剛見面不避，鄒黑剛乘間與張氏通姦。

李特長與李汶洞同姓不宗，素無嫌隙，黃氏先嫁與林得應爲妻，李特長即與通姦，後林得應病故，黃氏憑媒改嫁與李汶洞爲室。

梁氏係王明洸之子王來之妻，梁氏平日孝順翁姑，從無違犯。拒姦致斃伊翁。

王氏本係民人邵姓之妻。有周紹基籍隸四川，由巡檢來黔，保升知縣，因原繼配均故，憑媒娶王氏爲妻。甘和先在周紹基家服役，旋經辭出。職官妻犯姦。

呂鎭與無服族弟妻陳氏同村，呂鎭係文生，陳氏習見不避。調姦未成，羞忿自盡。近年習見均改見面。

唐憘與無服族妹唐氏素睦無嫌，調姦不從，致斃其命，故加無嫌字樣，與上條自盡不同。唐氏嫁與甄得爲妻，與唐憘鄰居往來。

□□□與年甫□歲幼女素娟之父□□□同莊素識。

張二秃仔與年十四歲室女邢貞同村認識。

宋理受雇與秦氏之夫梁裕家傭工，素有主僕名分，秦氏見面不避。

襄坪與畢營素無嫌隙，襄坪受雇在畢營家傭工，幷無主僕名分，畢營之妻蘇氏見面不避。

陳氏係黎怔恆之妻。光十三，河。姦婦不知情。

袁板不動與孫氏之夫袁臭同族無服，鄰居往來，孫氏見面不避，袁板不動乘間與孫氏通姦，袁臭幷不知情。光十三，河。姦夫擬抵。

楊沅懊與李添富素識往來，李添蓄之妻楊氏與楊沅懊同宗無服，習見不避，楊沅懊乘間與楊氏通姦。云云，光十五。姦夫姦婦同宗。

□□□幷□□□均與□氏之翁夫父伯□□□素無瓜葛。

緣蒙古檢銀仔幷古魯札布均與撤爾幾特瑪之夫勒布得拉各素無瓜葛，古魯札布係已革他布囊，檢銀仔係已革臺吉。

吳介幷李蒓均考取武生，與甘氏素不認識。

張洛根游蕩度日，與沈氏素相認識。

張二秃仔與年甫九齡張葱頭之父張廣倉同姓不宗，素識往來。

大葆與年甫五齡之楊三瀛素相認識。

馬亞沅與年甫六歲之馮均及年甫五歲之王亞㦖均素認識。

匡仔與年十二歲幼女嫣然先不認識。

□□年二十四歲，與年四十二歲之□□□素識無嫌。

王城仔年十四歲，與年二十二歲之馬錫九鄰居無嫌。

李杭與年二十七歲之石泳汰同莊無嫌。長於兇犯四歲。

清·沈家本《秋讞須知·案首》 □□□與妻□氏平素和睦。

劉大領子與童養未婚妻素睦無嫌。

□□□娶妻□氏，素性悍潑、懶惰。不順之妻。

□□□娶妻□氏，素性悍惡，不孝翁姑。不孝之妻。

□□□與妻□氏，素睦無嫌，□氏性情懶惰，經翁姑屢訓未悛。

馮補妮與妻王氏結褵多年。王氏平日悍潑懶惰，馮補妮家貧，夫婦和睦，幷與其姑韓氏時常鬧氣，馮補妮屢誡未悛。

王進材與妻夏氏平素和睦。夏氏好喫懶做，經王進材之母劉氏屢訓不悛。

翁守芒娶妻劉氏，結褵多年，平日和睦。劉氏素性崛強，時欲私回母家居住，翁守芒屢訓不悛。

王致瀏與妻欒氏平素和睦，欒氏不守婦道，時常逃跑，王致瀏屢訓不悛。

陳沅沅與許氏素無嫌隙，許氏先嫁與黃氏爲妻，因夫故服滿，經陳沅沅憑媒聘娶爲妻。照毆死妻問擬。

符欉南與曾氏素無嫌隙，曾氏先因夫故改嫁與林義方爲妻，不能相安，嗣林義方復轉賣與符欉南爲室，接娶過門。知情買休，律應離異，照凡。

王二藕與妻王氏同姓不同宗，平日和睦。咸十。

羅萭與妻羅氏素相和睦，羅氏母家與羅萭同姓不宗。咸八。

楊世俸與妻楊氏素睦無嫌，楊世俸與楊氏母家同姓不宗。

清・沈家本《秋讞須知・案首服制》 李米子幷弟李二小與李金榮均素睦無嫌，李金榮係李米子小功服弟，李二小小功服兄。因瘋連斃二命。

程受賢與緦麻服叔程尙篤幷程東謙與小功服兄程尙湖均分居無嫌，程尙潰又一命，另兇程受珍。係程尙湖胞弟、程尙篤胞兄，程東謙係程受賢堂叔。咸八。

姚二潤本冊。幷弟姚三潤另冊。與緦麻服兄姚體註及其子姚義均素睦無嫌，姚義係姚三潤無服族姪。兄弟致斃父子二命一有服一無服。

張家惴幷子張鎖圍，即城修與張太和及其弟張景山均素睦無嫌，張汰和係張家惴緦麻服姪，張景山係張鎖圍緦麻服弟。光十三，江西。父子致斃兄弟二命，均緦麻卑幼。

□□□與胞弟□□□素睦無嫌。胞弟。

□□□與年甫十一歲胞弟□□□素睦無嫌。

張鎖與胞弟張儀幷妻蘇氏均素睦無嫌，張鎖與張儀分居各度，張鎖之母李氏因蘇氏悍潑，與張儀同居。張儀不務正業，經李氏同張鎖屢訓不悛。

杜青山與胞弟狗剩幷妻晏氏均素睦無嫌。

王冬與年甫六歲胞叔王娃素睦無嫌。

李五係李孝誠大功服兄，李五云云。光三，直。病故。

楊發人與年甫十二之大功弟楊長菁先無嫌隙。

姚紹海與大功服姪姚本之分居無嫌，姚本之素不務正，姚紹海屢訓不悛。

程大苗仔幷族人程二有、程二保與程小萬及其兄程毛雙、程雙戲暨其父程沅榜均素睦無嫌，程大苗仔、程二有與程小萬等均同族無服，程二保係程沅榜小功服弟。

欒法、欒庭明、欒幅原與王怔健、龐秀岳、龐憘均素識無嫌，欒法與欒庭明、欒幅原，龐秀岳與龐憘均同族無服。咸八，山東十一。

又 會看得□□□侍父□□□平素孝順。誤傷。

□□□侍母□氏幷無忤逆。違犯教令。

孫氏侍姑李氏素無觸忤。

袁氏侍姑任氏素無觸忤，任氏舊有痰迷病證，每遇生氣即行舉發。違犯教令。

母□□傷祖母□□□，平日孝順，母□□舊患痰壅病證，時發時愈。同上。

曹氏侍翁張式平素孝順，張式舊患痰喘病證。又

劉如東並妻徐氏侍母劉氏平日孝順。又

韓氏侍姑信氏孝順，與夫祝小□平素和睦。過失殺姑及伊夫二命。

張培滋與胞兄張培息素睦無嫌，張培息素性兇横，時常酗酒滋鬧，經其母王氏屢誡不悛。

唐芒忱與胞兄唐芒青素睦無嫌，唐芒青素性兇横，在外遊蕩，經父唐敏屢誡不悛。毆由救父。

郭雙生與胞兄郭鈺素睦無嫌，郭鈺先因行竊犯案，枷責保釋，嗣仍在外綹竊，經郭雙生胞伯郭二麻屢訓未悛。

龐桶越與胞兄龐桶倡素睦無嫌，均庸工度日，幷無財產。死者因病難受，逼令該犯採取斷腸草吞服斃命。案係謀殺，恐有圖產别情，故留幷無財產句。

林糠生與胞兄林渲椿同居素睦，□□□係林渲椿妻父。因瘋致斃胞兄幷兄妻之父二命，從重。

□□與胞兄□□□素睦無嫌，□□□平日酗酒滋事，不安本分，經母王氏屢訓未悛。救母殺兄。

王利原與期親服伯王大同居無嫌，王大素性兇横，常向其母朱氏索錢買酒，醉後罵街，朱氏屢訓不悛。

馬泳幅與期親叔母高氏幷伊妻安氏均素睦無嫌。瘋斃二命，從重，另斃義子不叙。

彭尙横幷姪彭拂沅與彭維冬均素睦無嫌，彭維冬係彭尙横胞叔，彭拂沅小功叔祖。

清・沈家本《秋讞須知・案首》 本宗及外姻有服制者均於會看下點

清，同宗無服則曰無服族，同姓不宗亦須點清，外姻無服則另筆叙於無嫌之下。同姓不宗，惟死者與兇手須點，餘人删。

蒙古、回民僧人均須點，夷民亦點，咸十，川。番民點。咸八，川。

致斃老，七十以上。幼十五以下。入實之案，年歲要點明，緩決之案可以不點。

男子拒姦之案，兇手與死者年歲均要點清。

姦拐幼孩、幼女之案，亦要點明歲數。

流寓他省者，犯名下要叙出籍隸某省來、至某省二句。

婦女不用夫家姓，直云某氏。

誤傷祖父母、父母之案，曰某人平日侍父母某某孝順。

毆故殺妻之案，曰某人與妻某氏平素和睦。死係不順之妻，則曰某娶妻某氏，素性悍潑，或素性懶惰。

平常謀故殺之案，曰某人與某人素識無仇。亦可云無嫌。餘皆用無嫌二字。

無嫌上應用素識、不識、鄰識、同村、同屯、鄰屯、鄰村等字。親屬曰素睦，戚誼曰素好，或曰戚好。

竊盜等項，曰某人先未爲匪。如係拒斃事主等項，則曰某人與某人素無仇隙。

聚衆夥謀搶奪婦女之案，曰某人與某氏之父夫家素無瓜葛。

案中緊要關目，要先叙明於無嫌之下。

服制案人數多者，會看下勢難全叙，應叙於無嫌之下。其由期降功，由功降緦，及義子改從義父母姓，亦詳細叙明。

致斃義父母及義子婦之案，是否恩養已久，曾否分給財産，配有妻室，分晰叙明。

舉、貢、生、監、職官及有職銜者，於無嫌下叙出，如已革者，亦不可漏。

兵丁、差役、鹽巡等項要叙明。曾否革退，是否報部有名。

兇犯及死者平日作何生理，如與起釁根由相涉者，亦要叙出。

死係棍徒，須叙出平日兇横字樣。

兇犯、死者如有殘疾，均各叙出。

因瘋殺人之案，平日有無瘋病，何以不報官鎖錮，均須詳細叙明。

復仇殺人之案，其父兄某年被殺，須叙明在先。

先經犯罪，嗣經援免釋，或配逃免緝等項，以及竊逃先經犯案，皆要叙明。

在他省犯案，如辦留養，須叙入平日寄資養父母字樣。如係遊蕩忘親，亦要叙明。

殺子滅口及謀故殺夫前妻之子，如其夫別無子嗣竟至絶祀者，要叙明。

兇手先犯徒以上罪名，宜叙入尾同。先犯門、擅殺，聲明照律例擬斬、絞。

清・沈家本《秋讞須知・案首》 李學組兇。先因刃傷王聲聚犯案擬徒，役滿釋回，復因刃傷吳得高平復，至正□限外因病身死犯案，審依刃傷人律擬徒，在配脱逃。

吳三先因在高唐州行竊被追，用刀劃傷劉鴻賓平復，審依竊盜拒捕傷人未死，如刃傷者絞例，擬絞監候，題準部覆，與糾夥三人以上持械行竊之劉三同監羈禁。

蔣禾尙先因行竊藍再里兇。衣物被獲，□縣責釋。致斃業經官處之賊同凡。

胡蓉先因聽從聚衆持械搶奪犯案擬遣，改軍配發湘江安置，遞至中途，乘間脱逃。逃軍聽從搶奪加等擬絞。

楊寓椿、李來憘與席四準、李春潰均素無嫌隙。席四準等先當□總，楊寓椿等均素不務正。竊拒。

唐潮素不務正，陳遵、盡善係鄧祖武事主。鄰佑。

吳禿仔係先因疊竊犯案，擬軍配逃。

于洪亭先因行竊犯案，在押脱逃。

金玉相與不知姓名竊賊素無嫌隙。

張世沅先因拒姦砍傷邱福來身死，審依擅殺律擬絞，遇赦援免釋放。同九。

張六禾尙先因共毆張城身死擬絞，疊逢恩赦減免保釋。

謝三先因扎傷劉起桂身死擬絞減流，配逃被獲，遇赦援免釋回。

□□□先於□年□月□日在縣戮傷人命，擬絞減流，脱逃被獲，恭逢恩詔減徒，限滿省釋。

□□□先砍傷童養未婚妻□氏身死，比照夫毆妻至死律擬絞，恭逢□年□月□日恩旨，暨□年□月□日恩詔，累減爲杖一百、徒三年，解回原籍定地充徒脫逃，復逢□年□月□日恩赦，援免緝拏。

張三與楊得仔係同村無嫌，楊得仔先因砍傷張三之兄張魁越日抽風身死擬徒，遇赦，援免釋回。復兄仇。

馬黑孜死。先因聽從馬萬宏糾毆致傷周世琛兇。之父周在幗身死案內，審依聽從持械結夥逞兇例擬軍，在逃未獲，疊奉恩詔不準減免，周世琛痛父挾仇，時經訪查，馬黑孜拏究無蹤。同八。復父仇。

謝同先因戳傷曹滦大功服弟曹滦身死，擬絞減流，尚未發配，□年間，粤匪攻撲縣城，謝同因變逸出。被曹淋殺死，擅殺。

晏小計與趙三素識無嫌。晏小計籍隸江蘇，伊父晏振恆因案擬軍，發配甘肅，晏小計隨至配所，趙三係晏振恆同配軍犯。咸十，陝。

莊鍈炮先因糾毆致傷魯詩平復，審依原謀傷輕減等律擬徒，配逃回籍。

□□□死係已革差役，□□□兇。因聽從搶奪犯姦婦女未成擬流，嗣潛逃回家改名。□□□查知，常向挾制訛索。

清・沈家本《秋讞須知・案首》 □□□先未爲匪，□□□先未犯案。咸十。

□□□先因行竊犯案責釋。

□□□先曾犯竊在逃未獲。

□□□先因犯竊杖刺保釋。

□□□先因行竊逾貫犯案，審依竊盜贓一百二十兩以上律擬絞監候，入於□□年秋審緩決，與另案行竊逾貫爲從之流犯□□□收禁監內。□年□月□日，□□□自知問擬絞罪，慮恐秋後處決，起意商允□□□越獄脫逃。

先因行竊擬軍，配逃復竊，改發極邊足四千里充軍。□□□先因行竊擬徒，配逃復竊。□□因竊盜三犯，計贓均擬滿流，因道路梗塞，與另案遣犯□□均在監羈禁，經司獄管至囑禁卒□□□等小心看守。

□□□先經犯竊刺責，後即不復爲匪。

王鈺椿籍隸山西，來至熱河，與賀泳潰素無嫌隙。王鈺椿先因聽從搶奪，拒傷事主平復，審依搶奪刃傷爲從例擬軍，因道路梗塞，中途截回。賀泳潰先因扎傷張振海身死，審依門殺律擬絞監候，均收禁監內，同鋪睡宿。同九。

清・沈家本《秋讞須知・案首誤殺》 會看得單恆倡與韓五兒之父韓□良平素認識。

□□□死。與□□□鄰居無嫌，□□□素患瘋病，時發時愈，□□□之□□□及鄉鄰人等均因并不滋事，未經報官鎖錮。

鄧致禾與妻安氏素睦無嫌，同治五年二月間，鄧致禾染患瘋病，時發時愈，安氏并房主楊基榮等因伊并不滋事，未經報官鎖錮。同八。

高秋郕與陳端并其弟陳理均素好無嫌。陳端、陳理雇與高秋郕之叔高恆沅家傭工，并無主僕名分。高秋郕素有瘋病，時發時愈，高秋郕之父高恆英與鄰佑等因并不滋事，未經報官鎖錮。同八。

□□□患瘋病持刀跳舞，不省人事。

□□□素患怔忡病證，忽發忽愈。

□□□忽染狂疾。

馬永幅與期親叔母高氏并伊妻安氏均素睦無嫌，馬永幅素患瘋病，時發時愈，高氏并地方田得功及鄰人丁開甲均因伊并不云云。

程詳與賈瑞鄰村無嫌，程詳雙目俱瞽，算命度日。篤疾殺人。

杜啞叭與孫憬山素好無嫌，杜啞叭生而瘖。

黎亞遠與周亞來素好無嫌，均雙目俱瞽，賃屋同住。

□□□先因爲匪，被人割瞎兩眼。

孫四與張起山鄰村無嫌，孫四自幼左胳膊成廢，不能屈伸，張起山雙目俱瞽。

清・沈家本《秋讞須知・案首旗籍》 會看得□□□籍隸□□，來至□□□與□□□同鄉認識。如非同鄉，與尋常各案同，如云素識無嫌之類。

王牛即王松茂又名王羊，劉麥、胡恆汰分隸河南、直隸，來至安徽均與王氏素無瓜葛。

□□□籍隸四川，在貴州充當勇丁，與□□□素不認識。

□□□籍隸安徽，□□□籍隸河南，先後來至江西，與□□□均不認識。

□□□不記原籍，來至□□與□□□鄰居素識。

智泳仁、張志力籍隸沈陽奉天，來至黑龍江，均與云云。

穆特亨額係□□旗人，來至□□。

炊尚阿不記旗佐或云原族，或云本族。來至□□，與錫元并不同旗，素好無嫌。

得賢本係旗人□銷檔，編入民籍。

連受與得勒春素識無嫌，連受本係駐防旗人，因逃走銷除旗檔，編入民籍，得勒春充當領催。

額爾精額係帶隊章京，常淋係隊長前鋒校，彼此并不同旗。

張憬禾不記原籍，來至熱河，先未爲匪。冊首云係不記原籍州縣人。

李大原係廂白旗漢軍旗人，因不務正業銷除旗檔。光三，直。一起下云係順天府昌平州人。

王振芳係奉天漢軍旗人，與穆庭蒽先不認識。穆庭蒽向在楊文煥家傭工，嗣王振芳因貧出外尋工，來至直隸，亦雇與楊文煥網鋪拉網。光十四，直。

緣彭雙憘籍隸四川，因聽從強劫，案內審依強盜免死減等例發遣黑龍江，與同配遣犯李丑小子素識無嫌。同四。配犯殺人。

聶洞昇籍隸湖南，因描摹印信圖騙錢文犯案擬軍，發配福建，與張仕城素識無嫌。同九。

李九兒籍隸出陝西，安插甘肅，與禹子疇素識無嫌。

袁繼茂籍隸□□，因迭竊擬軍，發配□□，與同配軍犯方釗同鄉無嫌。

素不認識，葉城贊籍隸四川，先因毆傷董氏擬絞減流，配發湖北安置，遇赦減免，尚未奉準部覆。

緣甄盎籍隸河南，因聽糾毆斃命案內，不書所毆人姓名。審依光棍結夥十人以上持械例發遣新疆，嗣充勇丁剿匪免□□，與賈齊素好無嫌。

張瑞淋籍隸順天，與劉鈺觀均因疊竊犯案擬軍，發配甘肅，素識無嫌。

陳山兒籍隸順天，先因竊盜三犯計贓擬流，發配陝西宜君縣安置，光緒三年三月間，陳山兒偕同配流犯時三潛逃被獲監禁，加等擬軍，咨候部覆。光六。越獄。

清・沈家本《秋讞須知・案首降服》 宋沅誌與宋氏素睦無嫌，宋氏係宋沅誌小功姪女，因出嫁于玉華爲妻，降服緦麻。

□□□與大功兄□□□素睦無嫌，□□□自幼出繼與小功堂伯爲嗣，與□□□降服大功。

□□□與大功兄□□□素睦無嫌，□□□本係□□□胞兄，□□□出繼胞伯爲嗣，降服大功。

□□□與大功兄□□□素睦無嫌，□□□本係□□□胞兄，因□□□自幼出繼與堂叔爲嗣，降服大功。

王搶仔與無服族兄王開運素睦無嫌，王開運本係王搶仔大功服兄，因出繼與族叔王亭爲嗣，降爲無服。

王孟氏與小功服妹馬孟氏素睦無嫌，馬孟氏係王孟氏胞妹，因出嫁與馬泳增爲妻，降服小功。

董安然與降服小功母舅崔孟城素睦無嫌，崔孟城之姊崔氏係董安然本生親母。董安然自幼出繼與叔祖母高氏故子董口明爲嗣，仍與崔氏同居過度。

趙氏與家長之妻或云正妻。袁氏素睦無嫌。

錢氏與夫妾方氏素睦無嫌。

劉鈺與孟氏素睦無嫌。劉鈺之父劉加科出繼堂叔劉三沅爲嗣，孟氏係劉三沅之妾，并未生有子女。祖之妾。

渠氏與夫大功兄張峻素睦無嫌。張峻爲人兇横，常向村人全佶訛詐錢米，鄰里咸知。全佶蓄意謀殺張峻，哄令渠氏代找信末攙入麫餅。

孫氏與夫大功服弟胡明南素睦無嫌。

清・沈家本《秋讞須知・案首》 周氏係魯妹親姑，魯妹年甫六齡，經周氏聘定與伊子爲妻，過門童養。因姦殺媳滅口。

陶得與年甫九歲緦麻服姪陶懷玉之父陶得才先無嫌隙。挾嫌故殺。

王氏犯。嫁與趙小死。之父趙三爲繼妻，趙三前妻祇生趙小一子，年僅八齡。殺夫前妻子。

言氏係年甫七歲之孫士滐繼母，言氏因夫故再醮與孫沅渲爲繼室，孫士滐係孫沅渲前妻之子，秉性倔強，言不□□係孫沅渲之母湯氏領養，孫沅渲別無子嗣。此不如上一條之簡凈。

易氏係年甫十二歲之張丙汶繼母，易氏因夫故再醮與張丙汶之父張懊爲繼妻，隨帶幼女過門撫育。張懊前妻祇生張丙汶。

李詳潰與孫氏素無嫌隙，孫氏係李詳潰緦麻服兄李幗詳之妻。無服族人之妻準此。

李按與大功弟妻景氏素睦無嫌。光十。

龐懊雨與王氏素睦無嫌，王氏係龐懊雨分居胞弟龐懊得之妻。光十。舊式亦如是。如死者之夫案身不見，可用上式。

曹溵萊與陳氏無嫌，陳氏係已故胞兄之妻。光十。毆兄妻。

查傳岳與兄妻黃氏分居無嫌。光十。此式爲是。

□□□與小功母舅□□□素睦無嫌。

□□□妻父□妻母□□□緦麻表兄。

馬開鎖與緦麻表弟張沅素睦無嫌，張停澗原謀，正法。係張沅胞弟，同居共爨。

胡光城與無服族姊胡氏素無嫌隙。胡氏嫁與朱有寬爲妻，胡光城僱與朱有寬無服族弟朱有畛家看青。胡氏竊木係罪人，胡光城應捕，同族照凡。

丁鏞幷兄丁梲與無服族叔丁懋及其姪丁常均素好無嫌。

唐憘與無服族妹唐氏素睦無嫌，唐氏嫁與甄得爲妻，與唐憘鄰居往來。

呂□鎮與無服族弟妻陳氏同村，呂□鎮係文生，陳氏習見不避。

□□□與□□□同姓不宗，素識無嫌。

王汶與王氏女家同姓不宗，素無嫌隙。

張汶橲幷子張齊雲與張常茂及其子張理芳同姓不宗，均素識無嫌。

巴克唐阿係元善雇工，巴揚阿大功堂弟，與巴揚阿同居過度。雇工。

張祥受雇在皂封家傭工，素有主僕名分，皂封之妻雙氏習見不避。

馮□即得幅，受雇與趙氏之夫委翼尉富森布家趕車，素有主僕名分。

□□□與□□□素無嫌隙，□□□受雇在□□□家傭工，幷無主僕名分。

□□□與□□□先無嫌隙，□□□在□□□家幫工，幷無主僕名分。

□□□與□□□素識無嫌，均受雇在□□□家傭工。或云彼此同主傭工或云同主雇工。

□□□與□□□素識無嫌，□□□係□□□族人□□□雇工。

清・沈家本《秋讞須知・案首同凡》 施氏與俞氏素無嫌隙，俞氏係施氏長子曹新按之妻。逼媳賣姦不從，致斃其命，義絕同凡。

張亞泳幷湯氏與鄒阿多均素無嫌隙，湯氏夫故後，與鄒阿多通姦同住，作爲夫婦，幷無媒證。謀殺苟合之夫。

霍氏死。因夫故與張發兇。姦好，圖得資助，同居過度。殺死苟合之妻。

李幺皮、張氏均與熊汶詳素無嫌隙，張氏因夫故與熊汶詳苟合成婚，幷無媒證婚書，李幺皮在熊汶詳家傭工，亦無主僕名分。謀殺苟合之夫妻。

王租銀與郎三素識無嫌，郎三先因郎張氏之夫外出未歸，將郎張氏姦占爲妻。謀殺姦佔後夫。照凡謀。

□□□與義子之婦□氏素無嫌隙，□□□早年因無子嗣，將年已二十歲之□□□過房認爲義子，更名□□□，各自過度，時□□□已娶□氏爲妻，□□□幷未分給財產。

劉春陽與王八四素好無嫌，王八四係劉春陽嗣女王氏女家堂弟。

任大漢與劉金標同村無嫌，劉金標係任大漢前母劉氏胞姪。

張氏與王仔苹素無嫌隙，王仔苹自幼逃荒在外，經張氏之夫徐茂傳收養，結爲義弟。

王杜與蕭汶碌戚好無嫌，蕭汶碌係王杜胞弟王□妻之堂叔。

王從選與聶氏素無嫌隙，聶氏係王從選弟妻張氏之母。

胡敬起與陳勉按戚好無嫌，陳勉按係胡敬起胞叔胡修之婿。

張莛濼與黃幅明戚好無嫌，黃幅明係張莛濼妻父黃高進之姪。

季峰與楊沅勤戚好無嫌，楊沅勤係季峰之妻楊氏胞弟。

楊泳倡與楊新保素好無嫌，楊新保係楊泳倡故兄楊潰之養義子。

陳哈莊與裴七素無嫌隙，裴七將抱養番女多哩憑媒招陳哈莊爲婿，立有婚書。

□□□與□□□素好無嫌，□□□係武生，□□□係□□□妻姊□氏留夫家姓。之子。

曾咬與周氏素無嫌隙，周氏係曾咬妻母□氏之妹。

□□□係□□□胞姊之夫□□□表兄之妻□□□胞妹之翁。

□□□妻陳氏之兄□繼父出嫁胞妹。

□□□母□氏無服族弟。

李黑熊與張洛用同村無嫌，張洛用胞姪張振小之妻係黑熊妻姊。

劉洛三即劉詳，與年甫四齡之妻弟李石頭素無嫌隙。光十二。

清・沈家本《秋讞須知・案首改從他姓》 卓亘與緦麻表弟袁近鄰居無嫌。袁近本姓班，係卓亘姑母之子，自幼經卓亘胞叔卓廓抱養爲義子，改從卓姓。例應歸宗，仍按本律。

趙恩寬與王承敬素識無嫌，趙恩寬籍隸四川，本係姓高，先年來至湖南，經趙正汝收養爲義子，改從趙姓。

張獷田與張獷牲素無嫌隙，張獷田本係姓史，經張獷牲之父張添淋抱養爲子，改從張姓。張添淋病故，張獷牲憑族與張獷田分居各度。

熊牲根與熊常潰素好無嫌。熊牲根本係姓魯，自幼經熊常潰族兄熊常抱養爲子，改從熊姓。

唐詠萱與唐世杰素無嫌，唐世杰本名宋萇牲，經唐詠萱分居胞兄唐詠秀自幼抱爲養子，更改姓名，撫養成立。

苑九城與苑九如先無嫌隙，苑九城本姓王，自幼經苑九如之胞伯抱養爲義子，改從苑姓。

沈經與陵畛同村無嫌，沈經本姓金，娶沈占沅姪女沈氏爲妻，更名沈經。

閻在中與閻怔海素識無嫌，閻在中本係賀姓，因伊母再醮與閻怔海族人閻思善爲妻，隨帶過門，改從閻姓。

王振海與王氏素睦無嫌。王振海本係高姓之子，因母改嫁王大庫爲妻，隨母過門，改從王姓。王氏係王大庫出嫁胞妹，孀居無依，向在王大庫家過度。

林九與貢三素好無嫌。貢三本宗姓甘，因母改嫁林九堂叔林葵爲妻，隨帶過門，改從林姓。

張青慍并胞弟徐明道均本姓王。張青慍自幼經張紹貴，徐明道自幼經徐光岷各抱養爲子，遂各從其姓。光九，湖北。

楊怔富死。胞叔楊學田先因襲七兒兇。孤苦無依，收養在家，改從楊姓，更名楊七兒。

趙汶篙與錢得潰素無嫌隙。趙汶篙係候補守備隨記名總兵王克珍帶勇分防，錢得潰係樂工。

沅淋與王阿巧素不認識。沅淋因父查布賞阿剿賊陣亡，承襲雲騎尉世職，在杭州營當差，王阿巧在洋藥鋪幫夥。

景得與巴彥吉爾嘎勒素好無嫌。景得係世襲佐領，巴彥吉爾嘎勒充當馬兵。

額爾精額兇。係帶隊章京，常淋死。係隊長前鋒校，彼此并不同旗。

梁遇士由附生報捐同知，分發湖北，嗣因差委來陝，在籍逗遛。

黑萬貴死。係旌善營馬隊守備，俞應均兇。由監生報捐光祿寺署正，經伊犁將軍金順奏留幫辦營務，駐紮瑪納斯地方。

馬仲箎籍隸湖南，由軍功洊保花翎副將，借補陝西沔右營都司。

賴潮旺報捐從九職銜，與李汝均墳山毗連。

武生梁得標與武舉盛占彪素識無嫌。

田見瀧與莊志素識無嫌，田見瀧於□年取進文生，因誤課詳革。

王豪係武生，呂莛鎭係文生。

李賢剛係已革武生，王錫祜係已革武生，求乞度日。

彭滏兇。報捐武監生，馬開汰死。素不務正。

吳洛滐并李洛莼均考取武生。夥搶路行婦女。

清・沈家本《秋讞須知・案首師弟》 左振蟻與馬丑娃素好無嫌。左振蟻開錐鞋鋪生理，馬丑娃從左振蟻學習錐鞋手藝。

楊景玉與劉千子素無嫌隙。楊憬玉薙頭生理，劉千子拜楊憬玉爲師，學習手藝，平日懶惰，楊景玉屢訓不悛。

僧眞常與應泉素睦無嫌。應泉子身無依，經族人送入庵內拜從眞常爲師，學習經典，應泉性情懶惰，眞常屢訓不悛。

僧心悅與眞詳素識無嫌。有詠詳自十七歲時出家，拜心悅爲師，詠詳旋收萌三、萌亮爲徒。

心才與廣愌素好無嫌。心才自幼爲尼，廣愌拜心才之徒圖俸爲師。咸八。

宋萌亮籍隸山東，來至直隸，與蒙古婦人乃令扣鄰居無嫌。

蒙古烏勒與王理民人字不點。素不認識。如民人殺蒙古，亦點蒙古，不點民人。

蒙古婦桑濟忒并喇嘛羅布桑多爾濟與民人王忠、四均無素嫌隙。光十。謀殺。

蕭泳江籍隸山東，來至熱河，與蒙古白菁山素好無嫌。

回民馬克兒與張沖素識無仇。

回民哈二娃籍隸甘肅，來至山西，與回民馬伏葆素好無嫌。

僧導青與僧導致先無嫌隙，在廟同當住持。

祚庭與祚秋先無嫌隙，均自幼在廟內被薙爲僧。

巴音汰與僧靜眞無嫌。

僧慧通與魏淙灝素識無嫌。

鄭穜穜與尼僧續來素識無嫌。

呂教會與韓合眞素無嫌隙，均充當道士。犯名仍俗姓，道士點在無嫌下，與僧尼稍有別。

張萇生與曾幺登素識無嫌，均求乞度日。光十一。

史憶充當康平縣知縣李梅林署內門丁。光十。奏案。知縣牽涉本案，故出名。

蔣球與徐椿素不認識，蔣球係桐廬縣典史施宗麒跟役。詐贓。

□□□籍隸□□□來至□□□充當□□□衙門門丁，與□□□先不認識。

袁伲發本姓李，幼經伊父李祈元契賣與袁得蘇族叔袁時璋爲僕，改名袁伲發。依奴婢毆良人死者斬律。

彼此均充當差役。或云向充。

□□□充當差役。捕役、快役、皂役、縣役、糧差、鄉約、地保、保正，差役上或用衙門字樣，須酌，總甲。

□□□係已革或云革退。捕役。

張萬碌係縣役楊之汶名下白役。

□□□充當快役，先因誤公革退。

王庭山充當該縣快班散役。該州皂役、該場客總、該縣差役。

信致充當鄉地承催租銀，吳硃與張鈺同充鄉約。

馬馨澧充當刑書，逯得勝曾充快役，因誤公斥革，仍在班內跑腿。

郝泳輝充當本村團長。

楊歪在團局充當練勇呰勇。呰勇。在營充當勇丁。

王汝冀遠祖修建村寺，係僧昌武住持，村民因捻匪竄擾，公議築寨，王汝冀之弟王汝弼充當寨首。同十。

李長勝充當營兵。勇丁、兵丁、衙門親兵。

吳萇汶充當勇丁，嗣因打仗不力革退，無錢回家，沿途求乞。

陳自有與殷泳潰素識無嫌，均充當營兵。

王紀汰充當汛兵，湯青生係該處保正。

林管山向充勇丁。

白貴三與李玉喜素識無嫌，彼此均充鄉勇。

□□□籍隸四川，在貴州充當練軍，早經辭退，與□□□素識無嫌。

□□□充當營勇，先因誤操革退。

李葑充當鹽店巡役，并未報院有名。

李義賸充當鹽店巡役，報院有名。

回民金五與劉二素不認識，金五充當滄州鹽店巡役，并未報部有名。照凡，部尾可云死係販私罪人。

梁湝與張法愌素不認識，梁湝充當鹽店巡役，僅止報縣有名。查，仍云并未報部有名。

張小桃與吳小三素識無嫌，吳小三係鹽場竈丁。

□□□開□鋪店生理。

□□□賣□物營生。

□□□賣工餬口。

□□□□匠營生。

□□□開□店生理□□□在彼幫夥。

彼此夥開□鋪。

均在某人某幫夥。

□□□當□行經紀，□□□開設□行代客買賣。

陸氏同夫曹正泰駕船營生。

清・沈家本《秋讞須知・案身》 案身照稿謄寫，書史不得私自增刪一字，遇有欽奉諭旨，尤應恭錄無遺。本司承辦之員逐字詳核，先對原稿、科抄、屍格，俟胸有定見之後，然後用藍筆勾抹，只可刪去繁冗字句，不可節去傷痕情節。各出己見，妥撰看語，註明實、緩、矜、留。總辦各員再加細核，如司中所刪或不合定式，或文理不順，用墨筆尖出，呈堂酌定。事宜。

凡直名處，兇手用雙直，死者用單直，餘人概不直名。又

死者被毆傷痕淺深分寸，書明紙眉，應詳對稿揭、屍格，除跌、磕、碰、摔各傷毋庸具載外，將屍身肢截、砍、剁各傷載明，毋得遺漏。其謀故等案及擅殺、戲殺、誤殺，例實、例案，俱無庸開列傷痕。又，拒姦斃命之案，兇手與死者年歲若干，於起首處叙明。又，在會看下。

一死數傷之案，有非同名所傷而事屬牽連，亦與當場一例點明所毆餘人，并於審供不諱之下點明某某傷經平復。又，如係餘人所毆不點。

緊要情節不得少有遺漏。此外如犯人之年歲，斬絞之律牌，督撫之陞

任、調任、前任、原任，在逃之餘犯有無就獲，有罪之餘人應否出名、出牌，展限之有無處分，身死之登時、逾時、越幾日、越幾十日之處，皆宜畫一，不可一省一樣，參差錯亂。至各案內有參革官員及議處等情，俱應敘入案內，勿致遺漏。又，情節有關除，查筆者不可刪。

起釁曲直、動兇先後、兇犯首從、傷痕多寡，以及部位是否致命、毆砍曾否倒地，俱要分明。

有從前涉訟者，須存控縣、控府、斷令云云。即未訊者，亦云控縣驗明，尚未集訊云云。

年月日以動兇釀命之日爲主，因關係保辜限期也。其從前借貸涉訟等事年月日皆可不留，或以某年某月間渾言之。若案情曲折，頭緒繁多者則先叙某年月云云，再以嗣字、後字、迨後字詳言之，直至釀命之日，方點明某日云云。至於清晨、晌午、三更時分等字，非有關緊要情節及犯時不知者，一概刪去。如疑賊冒姦，黑夜擅殺，亂毆等案仍留□更時等字。謀殺之案亦有文法，萬不能刪者，酌用是夜二字。其將滿辜限者，則前云某日某□爭鬥，後云至某日某刻殞命，以扣保辜限期。論年月日。

銀錢、衣物，如係死者及兇手該欠數目，或擔認賬目，均不可刪。有關計贓科罪者，亦不可刪。如係餘人則祇云某借用錢文未償，不必點明幾千、幾件、幾畝。幾吊改幾千文。犯父該欠錢文，因此起釁者，數目仍留。論銀錢等物數目。

兇手欠死者，用央緩不依；死者欠兇手，用索欠無償；債主遇欠者云撞遇，復向催償；欠者遇債主云撞遇，向索前欠；債主致斃欠者，用屢索無償；欠人致斃債主，止云無償，然亦不必拘。如借債還過未清，曰借用某錢□文，餘欠屢索無償。論債欠。

某與□撞遇，不必點地名，但云某與某途遇。中途搶奪之案、中途謀殺之案，均不點地名，但云偕至中途，或云在中途等候。論地名。

投憑鄉保及經勸走散，不必點人名。結拜案中某糾某等幾人，其姓名不必全叙。凡人名之無關罪名者，可去則去。其有關起釁根因者，即無罪可科，亦應留。論人名。

鬥毆案內動兇刃械如鐵鍬、鐵鋤、木棍、鐮刀、鍘刀、鐵槍，鳥鎗之類，均於初見處點明，下文但云鍬、鋤、棍、刀、槍、鎗字。糞叉、禾槍均不可刪，以其別於兇器也。論器械。

刀械上原有身帶、旁放等字刪，但云取刀、取槍，或云用刀、用槍等字。惟火器殺人之案，或云背負裝就火鎗，捕獸回歸，或云攜練團鳥鎗赴地看守回歸，或云攜練團鳥鎗赴山打雀或云攜火鎗由地看青轉回，均不可刪。

餘人相毆，刀、槍等字句不全點。如係兇器，例應科兇器傷人者須點。

竊盜案某人持某械，某人徒手，須分晰，不可刪。

刀槍奪自死者之手，如到手即向砍扎，則云奪□砍扎傷其某處；倘奪獲未即動手，則云將某奪獲，或云奪□過手。

傷痕部位，兇犯毆死者及死者毆兇犯，并餘人毆傷兇犯及死者部位全叙，不可遺漏，部尾亦留。至兇犯另傷彼造之人，但云□傷□□等處，部位可不全叙。部尾刪。死者毆傷此造餘人部位不叙。部尾同。論傷痕。

餘人或案外人毆傷多者，可改某傷等處。堂簽。

一處二三傷者，曰砍傷其某處并連傷某處。如連傷在先，則曰連砍傷其某處，并砍傷某處。眉上不列傷痕之案，則可不必。又，近來刪去并字，句法太禿。又

病故及逃兇致斃之人，均不叙傷痕部位。又

餘人連傷亦應點明。又

餘人互毆者，以某某與某某互毆受傷一二語括之，不點部位，部尾同。亦不用其字、伊字。

一處數傷者，曰連砍、連扎、連毆，原文有兩下、數下、等字，刪。若一處一傷，原文有連字亦刪。

重疊傷曰疊毆、疊砍。

部位相連者，如左耳根連頤頰，下、左字刪。右腳面連腳趾，下、右字刪。須檢原揭，傷痕相連者方用連字，否則刪。

左右手指曰左手指、右手指，不用大指、食指、小指等字。左右太陽不用穴字，左右膝不用蓋字。左血盆骨不用骨字，左右眉不用□字。

偏左、偏右係頭頂部位，他處用偏左、偏右等字刪。其餘近左、近右、近上、近下等字俱刪。

透膜、透內、骨損、骨折、筋斷等字刪，惟有關保辜者，於查筆內點骨損、筋斷等字。後尾應留骨損等字。

由浮皮透過字留，凡由某處透過某處俱留。深入某處亦留。

咽喉爲要害，食、氣、嗓俱斷爲奇重；　食氣嗓一處斷或俱損者曰綦重。由肚腹透過脊背，脊膂亦曰奇重。由前透後曰洞胸，由左透右曰貫脇。

亂毆不知先後、輕重者，總點致傷其某某處。尾同。

械鬥案正兇、餘人外，有他人毆者，祇叙惟時某某用□將某某毆傷，某某等亦各互毆成傷。

碰傷、磕傷、擦傷、跕傷部位均留。尾刪，如死由跌跕者酌留。

推、跌、磕、碰致死，眉上仍留傷痕。尾亦點明已有爭鬥情形，加以出語。

致命傷歌曰：　仰面傷痕十六方，頂心左偏左。右偏右。是鬥當；　額顱額角頭看畢，耳竅咽喉并太陽；　兩乳胸膛心肚腹，臍肚兩脇穴須詳；　腎囊有看雙與獨，婦女產門恐有傷。合面傷痕亦有六，腦後耳根不可忽；　脊背脊膂須詳慎，後脇左右。腰眼相連屬；　至於肩甲與血盆，腋胑有傷死亦速。除此皆非致命傷，二十二傷可更僕。肩甲、血盆、腋胑三處雖不在致命之列，然内通筋膜，傷之以速死，故并記之。眉□、兩肋、髮際亦同。

趕攏、閃避、逃逸、信口、彎身、鬆手等字均可刪，然案係誤殺，則閃避字應留。上文有揪扭不放情形，則松手字應留。棄屍、賊盜等案，則逃逸字應留，亦不可泥。轉身字酌留。雜論。

情急嚇戳、收手不及等不可刪，閃至某人身後不刪。

撲向、抓扭、斥説、騙賴等句不可輕改原文。故殺案辱及祖先，牽及父母及傷痓報復，殺害控究等句，均不宜刪。

起意致死滅口、洩忿、除患，暨起意致成殘廢，并主使案内鬧事有伊承當，病故及逃兇致斃之人，均不叙傷痕部位。又殺死親夫姦婦不知情案中嚇禁聲張、畏懼爭隱忍等句，均不可刪。

誘拐案嚇禁及毆傷子女不可刪。如有傷，須查供及驗過否。

爭山、爭地細事酌刪。有關起衅根因者不可刪。

事後毀棄屍身，移屍誣詐，攫取財物，賄和匿報，假裝縊溺，畏累隱忍等項情節，均不可刪。

兇手用伊字，死者用其字，餘人不得用，致涉淆亂。

相驗不實，失察賭博，失察竹銃各項處分，均入除筆內。凡處分先經咨參及隨案失察職名，均不可刪。

議叙職名不叙，□□□提解遲延職名刪。

竊拒案内告知拒捕情由，擅殺案内自認行竊、圖姦屬實等句不可刪。

兇手另傷之人有成殘，於不諱下叙明某某已成篤疾。如兇犯殺後被彼造致成殘篤亦點明。

帶傷、劃傷不必尖點。劃傷深者算一傷，淺者不算，帶傷亦如此，五指五傷算一傷。

和命擬徒人犯及地保有關除筆者，酌存一二，不必全裝。

點身死處，如一案多命，不用先後身死，必須聲明某當即身死，某至□日殞命。晌午至夜以移時、逾時概之，近例至夜用逾時，餘悉用移時。尾用次日、越幾日

相驗錯誤、遺漏傷痕，復經檢驗者須留。

行竊三犯之案，詳叙二案，向擬某罪，或遇赦，或保釋，均不可刪。部尾只叙二次行竊犯案，臂面俱刺。

同案賊犯，有究出另案，不必全叙，只於報勘獲犯之下總叙并究出某人另犯行竊幾次，夥竊一次，某人另犯糾搶幾次等情，供認不諱。

先犯鬥殺或先犯擅殺，凡係兩犯之案，案身部尾聲明照某律某例擬斬、擬絞，必須點明律例牌名，有關實緩也。兩犯鬥殺例實，有一擅殺可緩。

兇犯係當時被人拏獲須叙人。

寺廟名可去者去，曰該處廟內，或曰該村廟中，或曰村寺，或曰附近庵內。

《秋讞須知·案身捕賊》　瞥見一賊正在偸竊，菘根上前喊捕，賊人棄贓逃逸，古幅州仔兇。認係馬得海。死。

經人勸歇，未問賊人姓名，賊人至□□殞命。

見有二賊，□□二賊自認行竊得贓，不肯說出姓名，將二賊手足捆縛，將二賊抬至寺後，挖坑推入掩埋，均即氣閉殞命。

賊人自稱姓王云云，林得益因其仍不說出名字，用鞭疊毆云云倒地。

清·沈家本《秋讞須知·案身餘人毆傷餘人》　倒地，徐尚才堂叔徐振發攜扎鎗趕至幫護，被劉蘭奪槍用柄并用刀毆砍致傷。

邱潰幅等族鄰邱幅居、阮登桂、黄氏趕攏幫護，被柯非沅、林中、林日茂各用刀槍戳劃致傷。

黄亞羅趕向梁八斗扭毆，被梁亞洗用木棍毆傷。

李杭聞鬧，趨被羅善舉用刀、羅芒用木棒毆砍致傷。

清・沈家本《秋讞須知・案身疑賊》 倒地，經人聞聲趨視，認係薛開廉，當向查問，薛開廉聲稱探親轉回，行至廖醪屋側，因腹痛蹲地出恭，被冉溫娃疑賊戳傷，移時殞命。

余麻仔黑暗中見有一人，辨認不清，查問不答，疑係竊賊，用刀嚇戳，其人呻喚倒地，余麻仔聽係楊開汰聲音，當即住手，經人點燈攏視，楊開汰已被戳傷肚腹，至二十六日殞命。

倒地，經人聞聲取火照看，認係陶樹菁，當向陶亭標問明情由各散。陶樹菁當即殞命。陶亭標起意棄屍滅跡，將屍身拖至小河丟棄，出外躲避，經屍弟查獲屍身，報驗獲犯。

張萌杜在坡看守包穀，王汝受路過坡邊，蹲地出恭，張萌杜云云疑賊喊拏，王汝受起身分辨，張萌杜不依云云，王汝受情急用刀嚇云云，倒地。王汝受攜刀逃走，經人聞鬧攏視，向張萌杜問明情由，查看包穀幷未被竊，張萌杜至□日殞命，報驗獲犯。死疑賊起釁。

星光下見一人在地邊行走，張洪發疑賊喊拏，其人稱係袁寅娃，由此路過，斥說不應混疑。

倒地，經鄰人幷陳滿乃死。之父聞聲趕至，問明情由，陳滿乃至□日殞命。

劉城仔兒。聽係劉丕致死。聲音，始知誤戳，與鄰人各自歸家，未敢聲張，劉丕致旋即殞命。

李萌魁聽出聲音住手，經人點燈出看，訊悉情由，黎英法至□日殞命。

清・沈家本《秋讞須知・案身死有生供》 倒地，經何氏攜燈照看，認係尙小興兒，投知鄉約前往查問，尙小興兒自認行竊屬實，移時殞命。

倒地云云，經人聞鬧點燈趨視，認係曹洪萬，當向查問，曹洪萬自認行竊得贓，被張正隆追捕毆傷屬實。張正隆慮被逃跑，用篾索將其兩手捆縛，致捆傷左右手腕，移時殞命。

倒地云云，經人路過查問，許代越自認假差嚇詐余遠松錢文，致被毆傷屬實，移時殞命。

倒地，王痣相之妻邵氏投鄰同往查問，王痣相自認圖姦葉險未成，被葉險等戳毆致傷屬實，移時殞命。男子拒姦。

經人查問，王癸生自認強姦陳氏未成，被王世懷登時毆傷屬實云云。毆死小功兄，九卿定議。

經人聞聲點燈攏視查問，認係彭振聲，上文但云賊。幷自認□□陳開會甘蔗屬實。

經人攏勸查問，賊人稱係羅運，至因行竊石芒家被毆屬實云云。

經劉尙蕙族人劉明聰趨至查問，劉尙蕙自認行竊棉線，被王洪春事後撞遇毆傷。

陳學煜路遇李昌太云云盤詰，李昌太自認行竊云云倒地，經人路過趕攏喝住，問明情由。

經人趨勸查問，馬憘有自認假差誣竊，嚇詐屬實。

經人聞鬧喝阻，詢悉情由，將馮銀解下。先捆毆。

經人路過瞥見鄒登碌在地呻喚查問，鄒登碌自認因捕魚無獲，行竊魚簍，被劉三潰致傷。

王再舟自認行竊屬實，經人勸散，詎王再舟左右肩甲骨已被吊脫，移時殞命。

倒地，董琥兒料其已死，逃至陳萬發家告知前情，央允藏匿，陳萬發依知情人藏匿罪人減等律擬流。經人路過瞥見甘三受傷躺臥，用湯水灌救甦醒，詢悉情由，甘三旋即殞命。

清・沈家本《秋讞須知・案身服制》 李世城情急用腳嚇踢，李世詳閃避，適樊氏從李世詳身後趨護，李世城收腳不及，誤傷其下部倒地，擦傷肚腹，移時殞命。誤傷期親叔母。

梁鶴山舉木棍向毆，梁正簡用手搪抵，不期用力過猛，致將棍格回，誤傷其額顱倒地，磕傷偏左云云。誤傷胞叔。

楊四十崽將刀奪獲，未及撩棄，楊冬苟崽猛向撲奪，楊四十崽收手不及，致刀尖戳傷其右脇倒地。致傷小功兄。

雷相檳跑走，雷相俊追至牆邊，雷相檳無可退避，轉身求饒，雷相俊用刀撲砍，雷相檳情急用手搪抵，不期將刀格轉，適傷其左血盆倒地。致傷小功兄。

姚遠瑞用手揢住姚遠柏咽喉，推靠牆壁，舉斧砍毆，姚大舫趕攏拉勸，代爲求饒。姚遠瑞不肯放手，舉斧向毆。姚大舫見父被揢，面紅氣塞，喊不出聲，慮被揢斃，情切救護，用手抵格斧柄，不期將斧格轉適傷其頂心，鬆手倒地。

蔣仔隴拾石擲毆，蔣仔輝情急用手攩格，不期石塊格轉，適傷其云云。致傷小功兄。

彭祖瑞追及，用矛柄亂毆，彭鈺城情急接住矛柄求饒，彭祖瑞用力拉奪。彭鈺城鬆手，不期彭祖瑞奪回勢猛，致矛尖戳傷云云。致傷小功叔。

劉潫江追至門口，拾瓦罐擲毆，劉桂興情急用手抵格，不期力猛，將罐擊回，致誤傷其云云。致傷小功叔。

蕭聯官用手搭住謝氏咽喉，蕭聯家拉勸不開，見謝氏面紅氣喘，情急救護，拾刀嚇戳，適傷云云。致傷胞兄。

高育民拾棍遞給高開梆喝令幫毆，高開梆代爲求饒，高育民嚇稱，如不幫毆，定行處死。高開梆被逼無奈，接棍毆傷高汰澐左血盆，棄棍跑走，高汰澐向高育民拚命，高育民情急拾斧砍傷云云。毆傷胞叔。

戴紹美云云，并拾鐵扒撲毆，戴紹葆因身靠屋壁，無處躲避，情急用手抵格，不期將扒碰回，適傷云云。致傷大功兄。

樊淮芝將周氏推跌倒地，舉拳欲毆，樊淮銀情急救護，拾木棍抵格，致傷其云云。致傷大功兄。

莫金養取鐵鎗向毆，譚光預奪鎗嚇戳，莫金養閃避。時譚光榮攏勸，正在莫金養身後站立，譚光預收手不及，致誤戳傷譚光榮右乳云云。誤傷胞兄。

陳氏拉挑不放，梁不大弟雙手拉奪，陳氏仍不松手。梁不大弟用力向後一拉，不期梁水旺轉回走進屋內，閃避不及，梁不大弟用力過猛，陳氏鬆手，致挑頭點傷梁水旺肚腹，連梁不大弟一併倒地。梁不大弟起身見梁水旺用手按住肚腹喊疼，知係受傷，攙挑跑走，梁水旺逾時殞命，報驗獲犯云云。

李炎申手執尖刀，騎坐凳上剷瓜，李維臺抵住髮辮拳毆，李炎申起身掙扎圖脫，不期李維臺用力過猛，李炎申站立不穩，被凳絆跌倒地，連李維臺帶跌撲壓身上，李炎申所執尖刀收手不及，致戳傷李維臺左骽云云。致傷大功兄。

余荣茹情急用鐵鍤抵格，不期余鑑向撲勢猛，余荣茹收手不及，適傷其云云。

唐繼先聲言，不服管敎須送回母家，即將王氏拉至門首，王氏不肯出門，扳住門枋用力掙脫，致唐繼先站立不穩，閃跌階下，被甎塊磕傷云云。

蔡秋萌奪刀過手，往門外逃走，蔡大秋追及，一手抵住秋萌髮辮，一手執住刀背，用力拉奪，蔡秋萌鬆手，不期蔡大秋奪回勢猛，致刀尖自行戳傷云云。誤傷胞兄。

母江氣忿，取木狼頭向毆，母□閃避，適母全從背後出勸，母江收手不及，致誤傷其額顱倒地，磕傷左顋頰，母江撩棄木狼頭上前扶救，母全因跌觸發舊病，痰壅氣閉云云。大功兄。

清・沈家本《秋讞須知・案身》 彼此田畝毗連。山場。

□□家田土與□□□佃種，□□□田畝毗連。

兩姓嶺地毗連，中有土堆爲界。

□□□有田向引公共堰水灌溉。

□□□有田在□□□田坎腳下，向來放水灌田，均由□□□田內經過。

□□□與□□□夥置渠水灌田，議定輪流澆放。

□姓有公共墳山，或云公田、公地，或加祖遺二字。在□□□後，舊有樹株。

喻醖蟢兇。雇給族人喻極傳家傭工，喻極傳家田畝與喻願奂死。田畝毗連，喻願奂田在上，喻極傳田在下，公共□水灌溉。

清・沈家本《秋讞須知・案身失跌》 曾細禾撲向毆打，曾顰芒閃避，不期曾細禾失足滑跌落河，經人撈救，業經被溺殞命。

鄭潮淮回向撲毆，不期失足滾跌落河，擦傷左顋頰，經人趕攏撈救，鄭潮淮業已被溺殞命。

詹尙幅情急用手向推，不期吳幹勛酒醉，足輭跌倒，致鍋臺磕傷腦連頂心，逾時殞命。

楊均昌死。抵住路正顯犯。胸衣，聲稱投人理論，拉至樓門，路正顯站住不走，楊均昌用力拉扯，不期站立不穩，失足鬆手仰跌落地，磕傷腦後，擦傷左肐肘，移時殞命。

水薅情急用力掙脫，致將唐氏帶跌倒地，磕傷左脇，并傷胎孕，至十九日殞命。標首致傷，先毆鐵器傷一。

夏氏站立不穩，仰跌倒地，將劉氏帶跌撲壓身上，劉氏掙扎欲起，致右膝跪傷其臍肚。經人將劉氏拉起，夏氏因跪傷胎，逾時殞命。

朱氏奪棍回毆，張停仙取刀抵砍，適其左骽失跌倒地，因跌震動胎孕，旋即墮胎，報驗飭醫，朱氏至□日殞命。

清・沈家本《秋讞須知・案身同跌落水，經求得生》 蔡滐漳抵住路萬沅髮辮推走，路過塘邊，路萬沅欲行掙逃，用力將蔡滐漳推跌倒地，蔡滐漳抵辮不放，致路萬沅帶跌蔡滐漳身上，互相掙扎，一同滾跌塘內。蔡滐漳經救得生，路萬沅被溺殞命。

清・沈家本《秋讞須知・案身未看部位，未辨何人》 姚紹玉、段禾林即從屋內一齊放出不知何人所放鐵銃，轟傷尹石山頭顱倒地，移時殞命。主使銃斃。

撥門入室，適王紀探親未回，王氏王紀之妹。在彼設鋪睡熟，裴鈺琢走至鋪前，因昏夜不能辨認何人，摸着王氏上身，用刀亂扎。

清・沈家本《秋讞須知・案尾》 報驗詳緝，限滿未獲，將不力職名咨參在案。八年五月將陳申孺拏獲，審供不諱。此係脱逃二年後就獲者，故拏上留年月，與下文查筆相應。

咨參在案，嗣據獲犯，審供不諱。嗣據或作旋據，或作玆據，以嗣據爲妥，如上文已有嗣字，則作旋字亦可。

報驗飭緝云云在案。嗣據□□□投首，審供不諱。

在案，玆於八年二月拏獲王振青，審供不諱。

在案，旋據投首，審供不諱。

在案，□年□月間，經原役將趙南通拏獲云云。

在案，旋據李茂自行投首，并將李泳青拏獲云云。

在案，嗣捕役劉淯順、袁茂清探知周振封、周荃成蹤跡，協同鄰縣捕役魏花貴等前往捕拏，周振封取身帶洋礮將袁茂清拒傷，當被袁茂清等格傷身死，并將周荃成拏獲云云。

在案，幫訓聞拏緊急，圖脱已罪，即以挾嫌栽害等情進京，赴步軍統領衙門呈控，咨交審供云云。

飭緝通報，限滿未獲，將不力各職名先後咨參在案。

報勘緝獲趙□奏結在案，玆續獲□□，并究出另犯□□□等情，審供不諱。

報勘緝獲孫詳，審擬具題，准部題覆，續據該撫□□□審供不諱。

報縣緝獲某人等，究明係某人下手傷重致斃，某人係某人致斃，將某人等均律擬絞等因具題，准部題覆在案，續據緝獲某人及某人，審供不諱。

報驗詳緝，將賀有來拏獲，并據賀有朋投首，審供不諱。

所縣勘驗，緝獲□□到案，妄冀輕罪，因朱□與詹□有嫌，曾稱欲尋事圖害，即供係朱□起意掘墳毁屍圖詐，據供擬絞，經司詳審，始據供認不諱。誣扳。

報縣，焦禾坤圖脱己罪，央允任亮到官頂認正兇，應許代爲養母，并囑陳二小子幫同指認，令任亮先行逃避。經縣驗訊，焦禾坤捏稱陳杜仔係被任亮砍傷身死，旋經拏獲任亮，究出實情，提審焦禾坤，供認不諱。頂兇。

清・沈家本《秋讞須知・案尾屍屬》 殞命，屍妻簡氏邀同王占元、王鑾、王老艇將屍身擡至申漢漳家，逼命殮埋，喊同王占源等將申漢漳家牛隻等物搶回賣錢花用，報驗投首云云。屍妻藉屍搶奪。

經屍弟投約，將高三、三仔等拏獲，送交經制楊遇時轉解。高四娃子餘人。恐受刑責，央允高三，轉求楊遇時釋放，並許事後酬謝錢五千文，楊遇時即行開釋。經屍族人生員杜世忠查知，向楊遇時索詐，得銀六兩，訪驗咨審供不諱。屍族人訛詐。

張氏之弟張根山聞知趨視，憶及張氏曾與夫弟扈洛根不睦，起意移屍圖賴，將屍背至扈洛根家停放，稱被扈洛根砍死滋鬧，經扈西生首驗。張根山依將期親尊長屍身圖賴人減等律擬徒。屍妻移屍圖賴。

倒地逃逸，楊源來之叔楊逢孝令游正昆族人游正發交出游正昆送官，游正發分辨，致相口角，游正發用拳棍將楊逢孝毆傷，楊源來逾時殞命。屍叔與兇犯族人事後互毆。

云云云身死，各屍親因恐指出挾爭嫌毆情由干連拖累，僅就當時釁細故報經該縣劉某先後詣驗通詳，因各犯均未報獲，且恐有械鬥云云，奏參劉某，革職留緝，隨據獲犯查辦，審供不諱。劉阿揆案，致斃多命。

清・沈家本《秋讞須知・案尾私和匿報》 殞命，李懷信之父李維平慮恐李懷信到官問罪，央允鄰人張繼東、趙修才匿報。正欲將屍身殮埋，經縣訪報驗獲犯。毆死胞兄。毆傷胞兄屍父匿報。

屍妻王氏病未能動移，央緦麻夫叔孫茂代爲報驗。孫浦起意私和，向孫茂懇爲匿報，并許出資置棺殮埋各散，報驗獲犯云云。屍緦叔私和。

余正隆畏懼，起意賄和私埋匿報，向屍妻余氏聲稱，情願不要欠錢，退還田業，并幫給埋葬銀兩，央允免報，將屍裝殮，雇不知姓名乞丐擡至山坡，挖坑掩埋各散。訪聞獲犯，余氏亦遣子代首，驗訊審供不諱。屍妻賄和。

傅氏氣忿莫釋，用繩潛在房枋上投繯殞命，郭潮甫進房查見，往告郭潮得回家，解救無及。郭潮得將陳氏找回，告辭院鄰劉聘三、郭元封，稱欲具報，陳氏畏罪央求免報。郭潮得等畏累應允，將屍身棺殮，雇不知姓名乞丐二人擡至業內，挖坑掩埋逃逸。嗣郭潮得兄郭潮貴外歸查知，正欲報案，經縣訪聞，據郭潮貴結懇免驗，獲犯審供不諱。

楊升畏罪逃逸，屍族叔方中碌因恐報官受累，商允王成金將屍棺放山內燒燬，經縣訪聞詣勘，屍骨成灰，無憑檢驗，獲犯審供不諱。屍族叔匿報。

劉泳畏罪，起意私和匿報，央允王泳汰向屍妻蘇氏說合，給錢六百千文，將屍殮埋。訪驗獲犯，審供不諱。屍妻賄和。

遲包鑑畏罪，邀同伊叔遲義幅往向屍父王吉央懇，情願傭工趁錢養贍，求免報官，王吉應允，同將屍身□埋各散。訪驗獲犯云云。屍父私和。

經地主胡敬和瞥見屍身，恐報官受累，商允地保王進修將屍身掩埋匿報各散，訪驗獲犯。地主匿報。

薛源晟畏罪，向屍子孫作碌求免報官，情願代爲棺殮埋葬，孫作碌因無力營葬，當即應允。薛源晟將屍身棺埋，與孫作碌同至孫姓祖塋內埋葬，訪驗審供。屍子私和。

倒地，有素識之曹洛城路過勸歇，詢明情由，侯二小當即殞命，屍父找獲身，報驗獲犯。旁人畏累未告，屍父找護人屍身。

齊經信畏罪，央令族弟齊氣娃過付屍母張氏錢三十千文，懇允私和匿報，訪驗獲犯。屍母賄和。

郭燈位之母年老有病，未能具報，將屍身裝殮，訪驗獲犯。屍母未報

殞命，鄭培佳之父鄭友託人轉向屍母孫氏央懇私埋匿報，許給銀兩，孫氏貪利允從，將屍殮埋。經縣訪聞，獲犯詳檢，審供不諱。

報驗審供不諱。

報驗獲犯審供不諱。犯逃。

首驗審供不諱。先首後驗。

報驗投首，審供不諱。先報後首。

訪驗獲犯，審供不諱。未報。

報驗審犯不諱。啞犯。報驗投首，并據犯行魁兒代供情形，審認不諱，同十。

報驗詳革，審供不諱。舉貢生監。

報驗革審，供認不諱。

報驗獲犯革審，供認不諱。

參奏，奉旨革審，供認不諱。議奏。

報勘投首，審供不諱。屍已腐爛。

報勘獲犯，審供不諱。搶竊，屍遭毀棄。

經縣訪聞，審供不諱。誘拐。

經該督撫奏解到部，審供不諱。

當被獲住送案，審供不諱。發塚。

將□□□尋獲送案，審供不諱。強姦已成。

訪驗飭緝，陳步瀛投首并緝獲陳承俎，審供不諱。同十。

奚世瀧本夫首驗獲犯，審供不諱。咸八。姦夫擬抵。

不諱，□□□傷經平復。

□□□已成廢疾。

□□□兇。已成篤疾，殺人後被屍親扎瞎兩目。□□□等傷均平復。

郝映桀傷經平復，惟石手背筋斷，已成廢疾。

蘇長明事主。傷經平復，惟左肐肐連手腕不能屈伸，已成廢疾。

馬馨灃傷經平復，惟腰曲不能直伸，已成廢疾。

報驗飭醫，劉毓洋至四月十七日殞命。劉毓□傷已平復，嗣因染恙痢疾，至四月二十一日因病身死，復驗審供不諱。

清·沈家本《秋讞須知·案尾犯逃》 某人乘間扭斷鐐銬逃跑，至□年□月□日報縣會營獲犯，審供不諱。

簽差某人等協同兵丁解省候勘。遞至中途，某人赴廁出恭，乘間扭斷鐐銬，從倒塌牆缺竄入河岸鳧水逃逸，旋被拏獲，審供不諱。

不諱，將某人依律例擬斬絞，僉差某人等解省審勘，遞至中途。

報勘緝獲某人審擬具題，准部題覆。續據緝獲某人，審供不諱。

報勘緝獲吳海受等，審擬杖徒，奏咨。結在案。茲據續獲某人，并究出另犯某人等情，審供不諱。續獲在題覆後。

報驗拏獲洪文強等，審將洪文強依搶奪傷人、傷非金刃例擬軍，周先羅依搶奪逾貫爲從律擬流，咨結在案。茲據續獲蘇依樹并究出蘇依樹另犯戳

傷周發升身死等情，審供不諱。

報勘獲犯監禁，程文保越獄脱逃，旋被拏獲，審供不諱。除程六保另行核辦，徐輝保等擬以杖笞，余幅沅等緝獲另結外。

報驗飭緝，先後將沈冬狗、徐老潰獲案，審依刃傷人律擬徒，徐老潰在監病故，咨結在案。嗣於□年□月將舒麻仔拏獲，審供不諱。

清・沈家本《秋讞須知・案尾究出另案》 報勘飭緝，汪世洪用鐵銃，汪六用刀各將差役拒傷，經先後獲犯審供不諱，并究出汪世洪、汪六、汪八多犯聽從汪麻兆結夥持械行竊等情。首犯游玉山。

于大水在旁并未動手，王黑旦等起意棄屍滅跡，將屍擡至村外地内掩埋各散，經地主查見，報驗飭緝。旋據屍母赴案指控，將王黑旦並于大水拏獲，究出于大水另犯行劫等情，審供不諱。謀殺從犯另犯劫案，歸另案從重審辦，入除筆。

旋被獲案，并究出扎克首犯。另犯偷竊馬匹一次，波特本案銷贓之犯。另犯偷竊馬匹二次等情，審供云云。波特枷責。竊贓逾貫。

報勘獲犯，究出王三便、首犯病故。徐二小各另犯糾竊一次，徐二小從犯。臨時盗取勒傷事主張氏等情，審供不諱。王三便、徐二小均入除筆。聽從搶奪婦女，王隴。

旋被獲案，并究出沙克都爾扎布搶奪從犯。另犯偷竊逾貫等情，審供不諱。沙克都爾扎布除筆，另案辦理。蒙古地方搶奪。

報驗獲犯，并究出韓窯頭仔另犯糾同原夥六人行竊劉氏家衣物被追，韓窯頭仔用繩鞭拒傷工人沙鳳桐平復等情，審供。行竊拒傷事主。

經番役李和訪知往捕，張罄用木棒拒傷李和右胳膊，當被拏獲，并將疊竊八次之趙憘鞠、萬幅受寄贓物之張泳存、李全藝一併獲案，究出張罄逃後另獲糾竊五次、夥竊二次，内一次聞拏首還原贓，曹洛疙疸從犯。另犯行竊十次等情，審供。

報驗獲犯，并訊出耿興周另有迭竊重案等情。

獲犯，究出李九另犯糾竊估衣舖圖脱刃傷捕人，并行竊雜貨舖，臨時盗取用棍拒傷舖夥各平復等情。

報驗審訊，究得祁泳幅另犯糾同吳佺致等持械搶奪宋杰錢物一次，供認不諱。

報勘獲犯，究出鞠振萌另犯聽從王狗仔夥同陳虎行竊，并陳虎拒傷事主劉相平復各等情。

復驗差緝，劉三臨拏拒捕，被格身死，旋將王侉仔等拏獲，究出姜四漨另犯疊次行竊，審供。

李學組又喝令葛五用刀砍傷張安成某處倒地，張安成亦即殞命，報驗獲犯，并究出李學組另犯糾毆，致下手之人致斃非所謀毆之人二次，并李四等另犯聽糾斃命等情，審供不諱。李學組故殺劉耀亭身死一案。

報勘獲犯，究出李羊廝另犯糾同李洛柱行竊陳煥汶家得贓，及獨自挾嫌放火燒燬李坦場院秫稭各等情。

報勘獲犯，旋據□□□供出范四、李詳，并范四供出張八逃匿處，先後拏獲，審供不諱。

清・沈家本《秋讞須知・案尾另釀人命》 殞命，張氏因姦情敗露，羞忿莫釋，亦於是夜自縊身死。亦於是夜四字可刪，案無。

袁法城逃逸回家，向妻孫氏告知前情，袁法城傷口進風，至二十二日抽風殞命。孫氏因夫行竊被殺，聲稱身爲賊婦，無顔見人，羞忿莫解，投井身死，報驗審供不諱。擅殺。

報驗訊緝，將王氏發交官媒趙氏看管，詎王氏畏罪，乘間投井身死，兹據獲犯云云。姦匪妒姦謀殺。姦匪姦婦自盡。

李城汰兇。之妻孫氏聞知，恐李城汰抵命，愁急莫釋，自行投河身死報驗。兇犯之妻自盡。

報驗審訊，李維萌死。之妻王氏啼哭不止，稱欲與夫同死，經其翁李淦勸慰，詎王氏痛夫情切，乘間投繯身死，提犯審供不諱。

清・沈家本《秋讞須知・案尾案犯病故、自盡》 報驗訊詳，□□□在監保病故，審據□□□供認不諱。

報驗詳解，□□□餘人。聞拏畏罪自縊身死。又輕驗報，嗣據捕獲□□□審擬徒杖，解勘詳咨兹據續獲□□□，正犯。審供不諱。餘人自盡及咨結續獲正犯。

報驗飭緝，余汶椿聞拏畏罪服毒自盡，旋經獲犯，審供不諱。

清・沈家本《秋讞須知・案尾搶奪竊》 報勘詳緝九年，經兵役捕拏，閻丑兒持刀拒捕，被捕役用刀格傷拏獲云云。

攜玉解處查點，內有紋銀一百二十二兩、洋銀二圓、錢十五千文，并衣物等物，俵分各散。龔卓事主。希圖嚴緝，浮開贓數，報勘獲犯，審供不諱。咸二，江西。事主浮開贓數。竊贓逾貫。

清・沈家本《秋讞須知・案尾投首未首》 報驗獲犯飭醫，溫自來憘乘間在押脫逃，謝氏因傷口進風，至二月十七日抽風殞命，復驗詳緝，旋據溫自來憘投首，審供不諱，溫士忠傷經平復。在押脫逃後，復投首。

孫鄰佑、吳得保知情未首，經方長訪聞獲犯報勘，審供不諱。

報驗飭緝，經楊合城之父楊錦搜獲贓物，向楊合城盤出實情，帶同投首。發塚人犯鄰佑未首。

周繼彰聞知殺姦砍落頭顱自首可以免罪，當將屍頭砍落首驗云云。報案，并據犯父鄧五首送，審供不諱。

某人因聞俗言殺姦必須割取姦夫、姦婦頭顱自首，取刀將某氏頭顱一併砍落殞命。

張氏首驗，審供不諱。咸八。姦夫拒傷本夫，姦婦首告。

報驗，陳士漢至十四日殞命，復驗詳緝，旋將陳士行拏獲，并據陳士開投首，審供不諱。光十三。

報驗緝獲梁潮受到案，并據向承蘭投首，審供不諱。光十一。

清・沈家本《秋讞須知・案尾因風》 報驗飭醫，張五聚傷已結痂搔落，致傷口進風，至十二月十八日殞命，復驗審供不諱。

報驗飭醫，牛合喻自將傷痂擦落，以致傷口進風，至三月二十三日抽風殞命，復驗云云。

報縣驗明□□□屍傷，飭將□□□醫治。嗣□□□傷已結痂，因傷處發癢，自將血痂抓落，傷口進風，至□日因風殞命，復驗云云。

報驗飭醫，劉訓志傷已結痂，飲食行動如常。嗣因傷處發癢，自將傷痂抓落，以致傷口進風，至□日殞命，復驗云云。

經西城御史訪知，將於六等拏送刑部。詹永貴旋因兩眼受風，眼珠潰爛，於某日殞命，飭據西城指揮驗明屍傷呈報，審供不諱。

清・沈家本《秋讞須知・案尾因瘋》 楊錢妮在監染患瘋病，難以取供，咨部展限，嗣經醫痊，審供不諱。

報驗，□□□目瞪神呆，語無倫次，不能取供。訊據鄰證人等供悉前情，查云云。

報縣驗訊，□□□目瞪神呆，語無倫次，嗣經醫痊復審，供認不諱。

高立當時身死，報縣驗明高立等屍傷，高漣杜目瞪神昏，語無倫次，飭令分別醫治。高汶得至日殞命，復驗據報高漣杜醫痊復審，供認不諱，王氏傷經平復。

某人合依夫毆妻至死云云，據供親老丁單應照例監禁五年，不復舉發，再行取結辦理。

不能取供，據屍親人等投具切結，供悉前情，除某某外，合依云云，并聲明尚非有心干犯。服制，瘋病不能取供，下九卿。

羅氏當即身死，經人喊同孫隆贊等將周二娃捆縛報縣，驗明羅氏等屍傷，周二娃目瞪神昏，語無倫次，飭令分別醫治，賀氏至□月□日殞命。復驗提訊周二娃，旋經醫痊，審供不諱。雷先耀傷經平復，王氏已成廢疾。

清・沈家本《秋讞須知・案尾辜醫》 蘇城通旋即殞命，報縣驗明蘇城通屍傷，飭將蘇還中仔醫治，蘇還中仔至四年二月十九日身死，復驗獲犯。二命。

報驗飭醫，□□□至□日殞命，復驗審供不諱。

報驗飭醫，嗣□□□偏左額顱傷均平復，惟左肋一傷未愈，至□日殞命。

報驗飭醫，□□□處，□處中傷將次帶平復，□□□自稱□處傷痛，至□日殞命。

報驗飭醫，驗明□□□左肋筋斷骨損，已成廢疾。

延醫調治，□□□處傷已平復，自稱□□□傷痛難忍，至□日殞命。

報縣飭醫，旋經拏獲陳四四到案，蔡大秀至□日殞命，復驗。

報驗飭醫保辜，某人至□月□日殞命，飭委某城指揮復驗，詳城送部，審供不諱。五城保辜式。

清・沈家本《秋讞須知・案尾屍身》 殞命，屍父蕭成江前往看明屍傷，因值雨，水漲發溪，路隔，將屍用土掩蓋，嗣經水退報縣獲犯，查看屍身，業已腐爛，無憑相驗，蕭成江結求免驗，審供不諱。屍腐爛免驗。

殞命，孫小拴逃逸，經人告知其妻查屍身，被犬殘食不全，報驗獲犯云云。屍殘食。

詎袁氏羞忿莫解，業已投河殞命，經龔亞揚邀同盧揚勝將屍撈起，因袁氏已死非命，不忍屍身暴露，備棺殮埋，呈報結求免驗，獲犯云云。免驗。

殯命，時屋內柴火餘燼被風吹散，登時火起，燒燬茅屋一間，屍身亦被燒傷，報驗獲犯云云。屍被燒傷。

殯命，汪老海通知屍叔前往看明，屍已腐爛，無憑想驗，不忍屍遭蒸檢，當即棺殮，報勘投首，審供不諱。屍腐爛。

地方聞明緒瞥見屍身，恐受拖累，將屍移置他處，報驗云云。移屍。

曹廿八慮恐破案，將屍撩棄井內逃逸，經要赴井汲水，查見報驗。□氏聞知，前往認明屍身，心疑被曹廿八、孫小鎖謀害，據實供指，旋獲孫小鎖到案，究出前情，審供不諱。因姦謀殺本夫。姦婦認屍供指。

王會憎諗知村人劉忠恕懦弱可欺，起意移屍訛詐錢文歸還賭欠，將屍拖至劉忠恕地內嚇詐未成，當即走回，報驗獲犯云云。謀殺人後移屍訛詐。

劉三乾抵畏罪，起意埋屍滅跡，商同劉四將屍擡至空窖內用土掩埋走回，經屍叔尋對至河灘，見有血跡并遺有腿帶，認係秦至保之物，投知村頭，并向劉三乾抵盤出實情，押同找獲屍身，已被野獸殘食，報勘提訊，供認不諱。屍叔尋獲死者腿帶，押同兇手找獲屍身。

地保黃淩雲等將屍擡移，報驗獲犯云云。移屍。

屍母因患病，雇人將屍暫行棺殮，訪驗審供云云。屍母患病棺殮未報。

屍弟趙茂意因病未能報案，將屍暫用沙土掩蓋，訪驗投首，審供不諱。

經鄰人撈獲屍身，告知屍兄前往認明報驗。

經鄭有節瞥見屍身，告知屍弟妻李氏前往看明，見屍上身并無傷痕，踢傷下部。面色紫赤，疑爲酒醉身死，將屍殮埋，嗣經屍子查知前情報驗。

經該縣訪聞養絹，嗣據□□□屍親。投保報驗，因屍身腐爛，無憑相驗，□□□結求免驗，獲犯到案，審供不諱。

訪聞，獲犯詣勘，起獲零星骨殖，無憑檢驗，提犯審供不諱。

經縣訪聞獲犯，打撈屍身無獲，勘審供認不諱.

查驗因屍係浮埋，業已被犬殘食不全，起有□□等件，審供不諱。

訪聞獲犯，旋據李氏呈報詣驗，因屍身腐爛，無憑相驗，并據李氏供稱，委止咽喉一傷，結求免驗，審供不諱。

報縣訪勘，屍身俱已焚化，僅賸零星骨殖，無憑相驗，飭緝。

屍子丁敏倫聞知，趕往詢明情由，不忍父屍暴露，暫行棺殮報勘，結求免檢，旋經獲犯，審供不諱。

經縣訪聞獲犯，屍身被水衝失及犬殘食不全，無憑相驗，提犯審供不諱。

訪聞勘驗，起出李一并李二屍身，均已腐爛，無憑相驗，詳經勘檢，據李老屍父結求免驗，獲犯到案，審供不諱。

起意致死滅口，將劉鈺推入道旁濠內，立時被淹殞命。嗣濠水消退，經人瞥見屍身，報驗獲犯。

殞命，尹瑤占解去布帶，同尹廣義將屍擡放尹懷淦屋旁樹林內各自回歸。尹廣義捏稱伊妹夜間買酒未歸，假意出外找尋，旋即走回，向族人尹占助哭喊訴伊妹死在尹懷淦屋旁樹林內，身受有傷，顯被尹懷淦謀害。尹懷淦聞信，料係尹廣義等圖賴，報驗獲犯。謀殺移屍圖賴。

鄰婦聞鬧，趨至喝住，因屍姪年幼，將屍暫行棺殮涉厝，經縣訪聞并據屍族人報驗獲。光十五。

清·沈家本《秋讞須知·案尾裝捏》 趙有餘慮恐破案，起意商同許氏，將屍擡至屋後，拴套項頸懸弔樹上，假裝自縊各散，報驗云云。勒屍裝縊。

毛鶴年解帶，將屍身平放，捏稱自縊身死，託伊戚陳聚聚向屍母唐氏央允免報，將屍棺殮。旋經屍堂兄向毛鶴年盤出實情，報驗云云。又，捏縊。

周草包商同周潤良將屍移放橋下，裝作跌死情形逃散，報驗獲犯云云。毆死裝跌。

沈亞坤畏罪，商允陳甚流用繩套住屍身項頸，移弔樹上，假裝自縊逃散，報驗云云。淹死裝縊。

劉泳慮恐被人查知，將屍衣剝棄，裝點被賊拒殺情形走回，經人瞥見屍身，報驗審供云云。裝被賊殺。

陳時武畏罪，雇不知姓名乞丐幫同將屍背至河下無人看守划船內，裝點自刎情形。屍妻查見，報驗云云。裝點自刎。

王氏捏稱李萃致病故，令楊秀符買棺盛殮，經屍叔查知李萃致回歸，前往探望，王氏告知李萃致因患急病身死，李富盤問，王氏言語支吾，李富查知王氏素與楊秀符通姦懷孕，料被謀害，報驗云云。捏稱病故。

適孫永豐、魯克昌走至查看，戴實仲央令代爲隱瞞，復起意棄屍滅跡，商同楊蘭仿、孫永豐將屍擡至山溝，戴實伸用刀砍落屍身左腳、右手分棄，裝作狼犬齕傷情形各散。經人查見屍身，報驗獲犯云云。

次早，楊氏囑令齊九成子捏稱踢死，通知屍父，崔連城往看屍傷，報驗云云。因姦致死子媳。

蕭大海畏罪，商允劉允等將屍衣剝去撩棄，希圖作爲路案掩飾各散，訪驗。

張滐捏稱句氏自刎身死，報經平樂縣知縣湯可受，代驗仵作□□□因句氏兩眼俱閉，兩手彎曲，喝報自刎身死，填註屍格。句閎中隨赴臬司、巡撫衙門具控，奏奉諭旨交審，供認不諱。

張豐畏罪，起意捏報褚二自戕，囑差役陳維新等具稟，又恐同夥供出實情，用言嚇禁，復令頭役楊驟子轉教閻得誤證。經縣訊驗，褚二至□月□日殞命，報驗稟州委員，帶領刑仵李純臣、傅子久同淶水縣刑仵冀逵、馬得會驗，誤認褚二自戕身死，填格錄供通報。經屍親上控，飭委提訊獲犯，審供不諱。差役張豐嚇詐扎傷褚二身死一案。

清·沈家本《秋讞須知·案尾毁棄屍身》 陳萬有起意毁屍滅跡，用刀挖出右眼睛，割落右耳，并割去偏右頭顱等處皮肉，用薦包紮屍身，往向素識之孫尿住、劉大住捏稱門首有過路乞丐倒斃，被犬殘食，慮恐報官受累，雇令孫尿住等將屍擡至僻處撩棄，報驗獲犯云云。

韓添培氣忿，起意燒死除害，令楊文秀幫同取柴堆架，將蔡啓滐擡放柴上，引火燃燒，當即殞命。韓添培將燒殘骨殖掩埋逃逸，訪驗獲犯云云。

劉蒿辣子逃逸，劉敎起意燒屍滅跡，商同劉啞等將屍用火燒燬，并將殘骨灰燼撩棄水塘，各自走散，訪驗獲犯云云。

袁潮乘慮恐敗露，起意毁屍滅跡，用刀割落屍頭，撩入水坑，將屍身抲棄溝內走回，找向陳大三從者不行。告知情由逃逸。經屍母尋獲屍頭，報縣獲犯，詣驗屍身被犬殘食，起獲零星骨殖、衣褂提審，據供不諱。謀殺。

于動剝下屍衣撩棄井中，將屍推入溝內逃逸，經滿氏尋見屍身，報驗獲犯。謀殺縱姦本夫。

黄少汶起意毁屍滅跡，用刀將頭顱割下，連屍身丟入河內，同楊滿咡回向王氏告知，并令同逃，王氏不依，哭鬧拚命。楊滿咡等逃，王氏往尋夫叔甘恆發哭訴情由，央令投案。甘恆發告知巡役，撈獲屍身，頭顱漂失未獲，報驗獲犯，審供不諱。

徐年葆起意棄屍滅跡，將屍負棄河岸逃逸，經人告知，李氏投愬屍弟協同約鄰將徐年葆拏獲報驗。

羅材商同李有棄屍滅跡，將屍擡棄河套，各自走回。嗣羅材往向丁氏捏稱伊夫被人邀同赴外尋工，丁氏信實。嗣復誘令同逃，丁氏不允，村斥，經人查見屍身報驗云云。

許愷頭起意棄屍滅跡，將屍身拉入溝內，見屍袴尚新，剝下意欲穿用，將屍用草掩蓋。走至半路，又恐被人識破，將袴撩棄河內回歸。經屍父找獲屍身報驗云云。

傅氏起意棄屍滅跡，用棉被將屍頭顱包裹，令常發付等抬至河邊，拴繫石塊撩棄各散。嗣常發付瞥見河水淺落，露出屍包，商同傅氏將屍撈出另埋。傅氏起意殘毁，用斧砍落兩胳膊、兩腿，同屍頭擲入河內，常發付將死身負至廢窖洞內掩埋，經屍兄向傅氏盤出實情，報驗犯云云。

毛氏同吳萬有將屍擡至豬欄藏匿，嗣毛氏向素識之李秀虎捏稱被人移屍陷害，央允李秀虎幫同吳萬有擡棄山內各散。經屍兄尋獲屍身，當向毛氏盤問，毛氏畏罪，乘間服毒身死，訪驗獲犯云云。

陳立得畏罪，起意燒屍滅跡，商允陳三廝仔等將屍擡至鄰人碾棚內，用火將棚內旱草點燃，一同逃逸。經人瞥見火起，喊同村衆撲滅，看見屍身，報驗獲犯云云。

李合復起意商允張四等棄屍滅跡，白洛頭剝下屍穿衣袴，與張四將屍擲河內，一同逃回。經甲長撈獲屍身，信知張氏，報驗獲犯云云。

豐氏起意棄屍滅跡，商同戴關長將屍擡擲河內，羅長生踵至死者央令羅長生代負幼子、包袱隨後行走。查問，豐氏告知情由，并嚇稱如敢聲張到官，定行扳害。羅長生畏累，將幼子包袱交給，各自逃逸。訪聞獲犯，詣驗屍身，打撈無獲，提審供認不諱。

冉正義意毁屍滅跡，用斧連砍傷右腿，因斧鬆脱心慌，將屍背棄村人許再發潭內逃逸。經唐昌陶瞥見屍身，通知許再發同往撈獲，許再發慮恐報官受累，商同唐昌陶將屍裝殮，挖坑掩埋各散。訪驗獲犯云云。

邵常畛起意棄屍滅跡，商同潘氏將屍擡至田塒丟棄各散，經屍堂弟李成堂查見屍身，投看明尚未呈報，經州訪聞詣勘，屍已腐爛無憑，相驗獲犯云云。

陳憬汶畏罪先逃，杜金汶起意毁屍滅跡，同陳憬湊將屍擡至河邊，用刀割落頭顱砸碎，撩棄河內，並將兩胳膊、兩腿砍下，分埋各散。經屍母查獲屍骸，報縣詣驗，陳氏聞知，畏罪投塘身死，獲犯。

楊士萌不能動彈，劉冠佩恐其不死，用麻繩將其項頸縛住，拉至場外撩棄水坑，當即殞命，劉冠佩逃逸，報驗獲犯。光十三，河。

咸如憘起意埋屍滅跡，將屍穿襖袴剝下，挖沙掩埋，攫取衣服錢文逃逸。經屍兄尋見屍身，報驗云云。光十五。

清・沈家本《秋讞須知・案尾奏參》 白氏立即殞命，張榮昌捏稱白氏自刎身死，報經平魯縣知縣代驗，仵作劉明月因白氏兩眼俱開，左手彎曲，喝報自刎身死，塡註屍格。白閦中遂赴臬司、巡撫衙門具控，□案奏參，奉旨交審，供認不諱。除已革平魯縣知縣湯可受依檢驗不實失出人罪囚未放決律於絞罪上減六等擬徒，仵作劉明月、刑書莊鳳和均係檢驗不實出人罪擬徒、減杖外。

審判總部

監察部

綜述

《商君書・靳令》 有司見有罪而不誅，同罰；若或逃之，亦殺。

《唐律疏議・斷獄》 諸官司入人罪者，謂故增減情狀足以動事者，若聞知有恩赦而故論決，及示導令失實辭之類。若入全罪，以全罪論；雖入罪，但本應收贖及加杖者，止從收贖、加杖之法。

〔疏〕議曰：官司入人罪者，謂或虛立證據，或妄構异端，舍法用情，鍛鍊成罪。故注云，謂故增減情狀足以動事者，若聞知國家將有恩赦，而故論決囚罪及示導教令，而使詞狀乖异。稱之類者，或雖非恩赦，而有格式改動；或非示導，而恐喝改詞。情狀既多，故云之類。若入全罪，謂前人本無負犯，虛構成罪，還以虛構枉入全罪科之。

注：雖入罪，但本應收贖及加杖者，止從收贖、加杖之法。

〔疏〕議曰：假有入官蔭人及廢疾流罪，前人合贖入者，亦以贖論；或入官戶、部曲、奴婢并單丁之人，前人合加杖者，亦依加杖之法收贖，不用官當及配流、役身之例。此是官司入人罪，與誣告之法不同。

從輕入重，以所剩論；刑名易者：從笞入杖、從徒入流亦以所剩論，從徒入流者，三流同比徒一年爲剩；即從近流而入遠流者，同比徒半年爲剩；若入加役流者，各計加役年爲剩。從笞杖入徒流、從徒流入死罪亦以全罪論。其出罪者，各如之。

〔疏〕議曰：從輕入重，以所剩論，假有從笞十入三十，即剩入笞二十；從徒一年入一年半，即剩入半年徒，所入官司，各得笞二十及半年徒之類。刑名易者，從笞入杖，亦得所剩之罪；從徒入流者，注云三流同比徒一年爲剩，謂從徒三年入流二千里，或二千五百里，或流三千里，遠近雖异，俱曰流刑，至於配所役身，三流同有一年居作，故從徒入流，三流同比徒一年爲剩。即從近流二千里，入至二千五百里，或入至三千里者，同比徒半年爲剩。若從三流入至加役流者，各計加役年爲剩，但入加役流者，加常流役二年，將加役二年以爲剩罪。從笞杖入徒、流，從徒、流入死罪，假有從百杖入徒一年，即是全入一年徒坐；從徒流入死罪，謂從一年徒以上至三千里流，而入死刑者，亦依全入死罪之法：故云亦以全罪論。其出罪者，謂增減情狀之徒，足以動事之類。或從重出輕，依所減之罪科斷，從死出至徒、流，從徒、流出至笞、杖，各同出全罪之法，故云出罪者，各如之。假有囚犯一年徒坐，官司故入至加役流，即從一年至三年，是剩入二年徒罪，從徒三年入至三流，即三流同比徒一年爲剩，加役流復剩二年，即是剩五年徒坐。官司從加役流出至徒一年，亦準此。

即斷罪失於入者，各減三等；失於出者，各減五等。若未決放及放而還獲，若囚自死，各聽減一等。

〔疏〕議曰：即斷罪失於入者，上文故入者，各以全罪論，失於入者，各減三等，假有從笞失入百杖，於所剩罪上減三等；若入至徒一年，即同入全罪之法，於徒上減三等，合杖八十之類。失於出者，各減五等，假有失出死罪者，減五等合徒一年半；失出加役流，亦準此，三流同爲一減，減五等，合徒一年之類。若未決放者，謂故入及失入死罪，及杖罪未決，其故出及失出死罪以下未放；及已放而更獲；若囚自死，但使囚死，不問死由：各聽減一等，謂於故出入及失出入上，各聽減一等。

即別使推事，通狀失情者，各又減二等；所司已承誤斷訖，即從失出入法。雖有出入，於決罰不异者，勿論。

〔疏〕議曰：別使推事，謂充使別推覆者。通狀失情，謂不得本情，或出或入。各又減二等，失入者，於失入減三等上又減二等；若失出者，於失出減五等上又減二等。所司已承誤斷訖，謂曹司承誤通之狀，已依斷訖。即從失出入法，謂皆從在曹司出入法科之，并同減五等、三等之例。若未決放及放而還獲，若囚自死，各聽減一等。其所司承誤已斷訖者，曹司同餘官案省不覺法。雖有出入，於決罰不异，假有官戶、部曲、官私奴婢，本犯合徒三年斷入流罪，或從三流之法科徒三年，各止加杖二百，刑名雖有出入，加杖數即不殊者，無罪。故云於決罰不异者，勿論。問曰：有人本犯加役流，出爲一年徒坐，放而還獲減一等，合得何罪？答曰：全出加役流，官司合得全罪；放而還獲減一等，合徒五年。今從加役流出爲一年徒坐，計有五年剩罪；放而還獲減一等，若依徒法減一等，仍合四年半徒。既是剩罪，不可重於全出之坐，舉重明輕，止合三年徒罪。

又 諸赦前斷罪不當者，若處輕爲重，宜改從輕；處重爲輕，即依輕法。

〔疏〕議曰：處斷刑名，或有出入不當本罪，其事又在恩前，恐判官執非不移，故明從輕坐之法。若處輕爲重，宜改從輕，假有斗殺堂兄，當時作親兄，斷爲惡逆，會赦之後，改從堂兄，坐當不睦，赦若十惡亦原，處流二千里，以常赦不免，故仍處流坐。又如鬬殺凡人，斷爲殺緦麻尊長，會赦，十惡不免，改爲雜犯，免死，移鄉。此并仍有輕罪。又有受所監臨五十疋，斷爲枉法處死，會赦，改爲受所監臨，不在徵贓之例。又有犯近流，科作遠流，或止合一官當徒，斷用二官以上，若奏畫訖及流至配所會赦者，改從本犯近流及還所枉告身；若未奏畫及流人未到流所會赦者，即從赦原。若應徵銅而處輕爲重，其銅或在限外未輸，或在限内納訖，會赦者，并改從輕法，其剩納者，卻還；未送者，依輕罪數徵納。若限內未納會赦者，從赦并免。稱輕者，全免亦是。故令云：犯罪未斷決，逢格改者，格重，聽依犯時；格輕，聽從輕法。即總全無罪，亦名輕法。其處重爲輕，即依輕法，假令犯十惡，非常赦所不免者，當時斷爲輕罪及全放，并依赦前斷定。

其常赦所不免者，依常律。常赦所不免者，謂雖會赦，猶處死及流，若除名、免所居官及移鄉者。

〔疏〕議曰：常赦所不免者，赦書云罪無輕重，皆赦除之，不言常赦所不免者，亦不在免限，故云依常律。即：犯惡逆，仍處死；反、逆及殺從父兄姊、小功尊屬、造畜蠱毒，仍流；十惡、故殺人、反逆緣坐，獄成者，猶除名；監守內奸、盜、略人、受財枉法，獄成會赦，免所居官；殺人應死，會赦移鄉等是。

即赦書定罪名，合從輕者，又不得引律比附入重，違者各以故、失論。

〔疏〕議曰：赦書定罪名，合從輕者，假如貞觀九年三月十六日赦：大辟罪以下并免。其常赦所不免、十惡、祆言惑衆、謀叛已上道等，并不在赦例。據赦，十惡之罪，赦書不免；謀叛即當十惡，未上道者，赦特從原。叛罪雖重，赦書定罪名合從輕，不得引律科斷，若比附入重。違者，以故、失論。

《舊唐書·文宗紀》〔太和四年〕五月壬申，詔：如聞諸司刑獄例多停滯，委尚書左丞及監察御史糾舉以聞。

《舊唐書·刑法志》 諸斷罪而無正條，其應出罪者，則舉重以明輕；其應入罪者，則舉輕以明重。稱加者，就重次；稱減者，就輕次。惟二死三流，同爲一減，不得加至於死。斷獄而失於出入者，以其罪罪之。失入者，各減三等；失出者，各減五等。

又 太宗既誅張蘊古之後，法官以出罪爲誡，時有失入者，又不加罪焉，由是刑網頗密。帝嘗問大理卿劉德威曰：近來刑網稍密，何也？德威對曰：律文失入減三等，失出減五等。今失入則無辜，失出則便獲大罪，所由吏皆深文。太宗然其言。由是失於出入者，令依律文，斷獄者漸爲平允。

《舊唐書·李中敏傳》〔大和七年〕其年，拜諫議大夫，充理匭使。上言曰：據舊例，投匭進狀人先以副本呈匭使，或詭異難行者，不令進入。臣檢尋文案，不見本敕，所由但云貞元奉宣，恐是一時之事。臣以爲本置匭函，每日從內將出，日暮進入，意在使冤濫無告有司不爲申理者，或論時政，或陳利害，宜開其必達之路，所以廣聰明而慮幽枉也。若令有司先見，裁其可否，即非重密其事，俾壅塞自伸於九重之意。臣伏請今後所有進狀及封事，臣但爲引進，取捨可否，斷自中旨。庶使名實在茲，以明置匭之本。從之。尋拜給事中。

宋·王溥《唐會要·君上慎恤》 開成四年五月，敕：京城百司及府縣禁囚，動經歲月，推鞫未畢。其有絕小事者，經數箇月不速窮詰，延至暑時。蓋由官吏因循，致茲留獄，炎蒸在候，冤滯難堪。宜付御史臺委高元裕選強明御史三兩人，各於本司分閱文按，據理疏決聞奏。如官吏稽慢，亦具名銜聞奏。

宋·王溥《唐會要·尚書省諸司上·左右僕射》 上元二年，劉仁軌爲左僕射，戴至德爲右僕射。每遇伸訴冤滯者，仁軌輒美言許之。至德即先據理難詰。若有理者，密爲奏之，終不露己之斷決。由是時譽歸于仁軌，常于仁軌更日受詞訟。有老嫗陳詞，至德已收牒省視。老嫗前曰：本謂是解事僕射，所以來訴。公乃是不解事僕射，卻付牒來也。至德笑而還之。議者尤稱長者。或有問至德不露己斷決之事者。至德曰：夫慶賞刑罰，人主之權柄。凡爲人臣，豈得與人主爭柄哉？

宋・王溥《唐會要・御史臺上・御史臺》〔大和〕四年九月，御史奏：諸司諸使，及諸州府縣，并監院等，公事申牒臣當臺，各令遵守時限，并臣當司行牒勘事。多緣準勑推勘刑獄，或是遠方人事有冤抑，凡於關繫，盡須勘逐。事節不精，即慮滯屈。比來行牒，有累月不申，兼頻牒不報者。遂使刑獄淹恤，懼涉慢官。其間或有須且禁申，動經時月者。若無條約，弊恐轉深。臣等今勘責，各得遠近程限，及往復日數。限外經十日不報者，其本判官勾官等，各罰三十直。如兩度不報者，其本判官勾官，各罰五十直。如三度不報者，其本判官勾官，各罰一百直。如涉情故違勑限者，本判官勾官，牒考功書下考。如經過所由，輒有停滯，其所由官等，節級別舉處分。其間如事須轉行文牒，諸處追尋，亦須具事由先報。旨：依奏。

又〔大和〕九年八月御史臺奏：京兆尹及少尹兩縣令，合臺參官等，舊例：新除大夫中丞、府縣官自京兆尹以下，並就臺參見。其新除三院御史，並不到臺參，亦不於廊下參見，此爲闕禮尤甚。伏請自今以後，應三院有新除御史等，並請勑京兆尹及少尹兩縣令，就廊下參見。冀使稟奉之禮不虧，臨制之儀可守。臺司令史，及驅使官，并諸色所由，有罪犯須科決等，或有罪犯稍重者，皆是愚人常態，不可一一奏聞。便欲隨事科舉。又緣臺杖稍細，以細杖而止大罪，必恐兇狡不懲。自今以後，如有情故難容，不足上陳聖聽者，許臣等據所犯判決杖下數，勒送京兆府，用常行杖科決訖報。冀得戒懼之意稍嚴，奸欺之心可革。勑旨：依奏。

宋・王溥《唐會要・御史臺下・推事》元和五年四月，命監察御史楊寧往東都按大將令狐運事。時杜亞爲東都留守，素惡運，會盜發洛城之北，運適與其部下畋於北邙。亞意爲盜，遂執訊之，逮繫者四十餘人。寧既按其事，亞以爲不直。密表陳之，寧遂得罪。亞將逞其宿怒，且以得賊爲功。上表指明運爲盜之狀。上信而不疑。宰臣以獄大宜審。奏請覆之。命侍御史李元素就覆焉。亞迎路以獄成告。元素驗之五日，盡釋其囚以還。亞大驚且怒，親追送馬上責之，元素不答。亞遂上疏，又論元素。元素還奏言未畢，上怒曰：出俟命！元素曰：臣未盡詞。上又曰：且去。元素復奏曰：臣一出，不復得見陛下。乞容盡詞。上意稍緩。元素盡言運冤狀明白。上乃悟曰：非卿孰能辨之！後數月，竟得眞賊。元素由是爲時器重。累遷給事中。每美官缺，必指元素焉。

又〔元和五年〕八月九日，御史中丞薛存誠奏：當司應受事推勘等。臺中舊例，及興元元年十月四日，御史大夫崔縱重奏，取侍御史殿中侍御史各二人，共成四推，猶以東西推爲名。又各分京城諸司，及道州府，爲東西之限。隻日則臺院受事，雙日則殿院受事。其中一人有故，則同推便知者。伏以所分諸司，及府州爲限，已定。事若併至，無例均分。劇者則推鞫難精，閑者則吏能莫試。今請不以東西爲限，亦不以取隻日雙日受事。但請依舊請四推御史，令輪環受事，周而復始。如此則才用俱展，勞逸必均。其餘應緣推事，須有約勒。若一一聞奏慮煩聖聽。勑下後，請隨事條流。勑旨：依奏。

宋・王溥《唐會要・御史臺下・雜録》〔垂拱元年正月〕其月二十六日，勑：御史糾獲罪狀，未經聞奏，不得輒便處分，州官府司亦不得承受。

宋・謝深甫《慶元條法事類・刑獄門》諸州大辟案已決者，提點刑獄司類聚具録情欵刑名，及曾與不曾駁改，並駁改月日，有無稽留，季申尚書刑部。諸州歲終仍別類聚決過大辟都數，限五日依式申提點刑獄司，本司類聚限十日依式申尚書刑部。

《宋大詔令集・政事・誡飭・誡約不得言人赦前事及小過細故詔》朕觀前代之稱治者，君臣同心，上下和睦，人知禮讓之節，俗無激訐之薄，何其德之盛也！朕雖弗敏，常竊慕焉。故夙興夜寐，罔敢荒逸。嘉與公卿大夫，同底斯道，而教化未至，澆薄日滋。比者中外臣僚，多上封章，言人過失，暴揚難驗之罪，告案無證之辭，或外託於公言，實內緣於私憤。事多曖昧，意肆詆欺。苟誣陷於善良，益傷薄於風化。又赦令者所以與天下更始，而有司多舉按赦前之事，殆非信命令，重刑罰，使人洒心自新之意也。宜申警勗，俾務省循，敎而不悛，罰必無赦。自今中外臣僚，如有輒上封章，告人罪狀，事非干己者，並當鞫劾，重寘於法。及言人赦前事，若有司受而爲理者，並論其罪。以至言事之官，雖許風聞，宜務大體，如事關朝政，無憚極論，以輔不逮。自餘小過細故，勿須察舉。咨爾多士，宜體朕懷。

《宋大詔令集・政事・刑法上・御史府推獄令御史躬親訊問詔》御史

府憲令所繫，獄訟攸歸，凡在官聯，皆爲要劇，所宜謹恪以承重任，強毅以肅群姦，豈可因循，恣成縱弛？如聞臺中鞫獄，多是委之有司，御史但雍容端坐，養高自重而已。故令群吏爲奸，無所不至，豈所謂狥公求理，欽恤慎重之意乎？今後凡有刑獄當推，御史並須躬親訊問，研究詞情，不得信任胥吏。仍令中丞及知雜御史，常加糾舉。

《宋大詔令集·政事·刑法中·令審刑院進呈公案送中書看詳詔》 昔先帝統御寰海，惠綏黎元，服大禹之克勤，示有虞之欽恤。嘗以執法之重，特置審刑之官，使其議定科條，伏奏軒陛，親奉詔旨，批送中書。實盡哀矜，無倦宸斷。所以刑罰必當其罪，獄訟自以不冤，敦洽淳仁，克成至治。朕欽承鴻業，動守成規，每推在宥之誠，式表好生之意，豈徒重慎，實務矜寬，方屬盡心，固當周慮。且夫律勑所著，則條目有常；案問之詞，則情狀不一。若法寺以無條議罪，比附或爽於重輕。中書以徑奏奉行，頒下有虧於審慎。至於仕進之伍，偶挂刑名之書，雖務從輕，亦難自辯。則處幽者何階上達，負屈者無以獲申，庶盡詳明，特從釐革。自今宜令審刑院進呈公案，一依舊例，覆奏後批所得指揮送中書省看詳。如刑名已當，則具法寺斷語外，即以勑文處分，更勿載所得指揮。如其未當，則重具進呈，務在平允。惟爾在庭之士，有位之人，倘典法之誤施，當極言而無避。苟聞有訴，必復原情，更緊秉政之臣，廣我愛人之道，竭誠啓沃，共致和平。仍宣示審刑院刑部大理寺法官，俾知朕意。

《宋大詔令集·政事·刑法中·令御史臺應行故事並條奏獄無大小中丞已下親鞫不得專責有司詔》 御史府風憲之地，政治尤先。棘木平反，所以明慎庶獄；綉衣直指，所以振肅外庭。近年以來，舊制隳紊，會朝之禮，例失於恪恭，執法之臣，但務於循默。宜申明於詔旨，用恪舉於官常，勉遵三聽之文，載肅九賓之序，使表著以定，而囹圄不冤，克彰愷悌之風，用召和平之氣。宜令御史臺應行故事，並條奏以聞。獄無大小，自中丞已下，皆親臨鞫問，不得專責所司。

《宋會要輯稿·刑法一》 大中祥符二年十一月十九日，詔：大理寺自今定奪公事，並具有無衝改律令及前後宣吃敕，開坐以聞。

又 〔乾道五年〕八月三日，詔敕令局明立法禁：應屍雖經驗，妄將傍人屍首告論到官，致拷掠無罪人誣服，因而在囚致死者，依誣告罪人法。其家屬妄認者，以不應爲重坐之；至死者，加以徒刑。其承勘官司依故入人論罪。先是臣僚言：「處州何強因罵人力何念四，別無毆擊實狀，忽逃而之他。有何閏勝者於溪汫內尋得一不識名屍首，遂誣告何強，以爲毆殺其僕。檢驗委有致命痕傷，而僕之父亦妄行識認。官司禁勘，逼勒虛招，何強竟死於獄。後何念四生存復還。使何強不死於獄，必死於法。治獄之官可非其人，推鞫讞議之際可不致其審哉！昨來臣僚申請下大理寺看詳，一時止具檢驗不實條法申嚴行下，而妄告、妄認、妄勘者競不施行，其冤濫豈無所歸耶？乞行下刪修。故有是詔。

又 寶元元年六月，三司檢法官孫（杭）〔抗〕言：三司刑名之有疑者，乞如開封府例，許至大理寺商議。從之。

又 康定元年三月七日，大理寺言：據詳斷官郭昌等狀，今後案牘應係法寺定斷者，其主行之人受賕者，請以枉法論。從之。

《宋會要輯稿·刑法二》 〔紹興二十六年〕七月五日，御史臺檢法官褚籍言：近年以來，州縣守令類多貪墨，每有等第豪戶及僧道富贍者犯罪，一至訟庭，往往視爲奇貨，連逮禁繫，動經旬月，方令入狀以願獻助錢物爲名，或作贍軍支用，或作修造亭館，更不顧其所犯輕重，一例釋放。乞嚴立法禁，凡犯罪者輕重自有斷罪條法，如或巧作名目，令犯人獻助錢物以自（勉）〔免〕者，官吏當以坐贓論。從之。

又 〔乾道元年正月一日〕同日赦：勘會州縣輒將犯罪人不問輕重，巧作名色，勒令獻助錢物，顯是違犯。仰監司覺察按劾。

《宋會要輯稿·刑法三》 〔天禧〕三年二月十二日，殿中侍御史董溫其言：自今凡認贓，當官員前令變主識認，題號著字內，不是元贓即勘官著字，至錄問時令本判官更切覆問。又準先降勑命，應諸色贓物委長吏著字記號，令被盜家識認，斷訖，當面給付。當納官司者籍其數，金銀匹段等送軍資庫，衣甲器械送甲仗庫。自餘品配折支料錢及估計貨賣，充禁囚紙筆，不堪者焚毀。又被盜之家如是認贓之時明知不是己物，虛有識認，或舊有嫌讎，致官司承誤斷殺平民者，其認贓人從誣告死罪已決法科處。從之。

又 〔政和〕六年四月十九日，刑部奏：檢會當年閏正月二十四日勑中書省，刑部員外郎李撲奏：竊見天下諸縣推鞫強盜，依條解州結斷，其間有所通贓數稍多，初勘官司以追究未足，不敢解送，動經歲月，未能結（施）

〔絶〕。乞特詔有司立法。詔令刑部立法申尚書省。本部尋下大理寺修立到，諸縣推鞫強盜而追到贓已滿，或別有輕罪，各不礙撿斷者，先次結解，餘贓從後追。從之。

又〔大中祥符四年十一月〕二十六日，大理寺言：推鞫公事，並須當職官躬親監轄。向來定斷刑名，輕重未適。欲自今除司理參軍並專受命鞫獄之官，如不躬親，並依舊制。自餘諸色勘鞫，偶有違犯，具事以聞。如所劾罪出入重於前條，即依元制。從之。

又〔大中祥符〕四年十一月十六日，詔：今後差官覆劾事，如前案大事既正，雖有小節目不圓，但不是出入罪者，其元勘録問、檢斷官更不行勘，只收理聞奏。審刑院、大理寺候奏到取旨。

又〔大中祥符七年〕四月十二日，詔：諸路差官推勘刑獄，已追劾而受敕移官者，俟決訖方得赴任。先是，金部員外郎梁象言：外州推劾有方行追鞫或當結案次，以勘官受命移官者，皆避事牒本州而去。洎再差官，復有追擾，淹延刑禁，漏泄獄情，乞行條約。故有是詔。

又〔慶曆〕七年十月十二日赦書：應諸道州府軍監諸色人詣闕披訴冤枉事，自來行下諸路轉運、提刑司差官置院推勘，甚有徇情偏曲，及所差官不曉道理，承前勘鞫，致元訴之人冤狀不伸，例遭重斷。憫其抑塞，宜令中書門下別爲約束者。詔今後應有訴冤枉事，中書置簿籍其姓名、事件，封元狀下本路轉運司，如已經轉運司，即下提刑司，選清強官置院推勘，務要窮究事端，伸理冤枉。候斷放日，具節略公案入馬遞開奏，中書對簿銷落。推勘官如在任三次差勘，別無翻異，特與理爲勞績；如或準前鹵莽，別致詞訟，亦當嚴行降黜。

又〔紹聖〕三年正月十九日，刑部言：權提點湖北路刑獄周鼎言：按例，鞫獄必據告者本章，非本章所指而蔓求他罪，以故入人罪坐之。比有司劾囚，囚茫然莫知所以被劾者，或自疏他過，奏請窮治，滋長犴獄，絶無愛利之風，與律意不合。詔鞫獄請治狀外事者，論如求他罪律。

又〔政和七年〕八月二十五日，詔：應命官、命婦犯罪，在法三問拒抗，輒不承伏，方具奏稟，乞行追攝勘鞫，示與常人有異。累年以來，刑法官司往往不遵條法，不顧官品，未知所犯輕重，更不三問，習常奏乞，直行追攝，枷訊栲掠，無所不至。如此，與常人何異？則命官終不得蔭身，豈不有違祖宗法令、輕朕爵祿乎？可自今後命官、命婦犯罪，依法須俟實有三問不承，方行奏稟追攝，再一問枷，又一問訊。以上並爲不承者，即不得依前違法輒有奏稟及亂行收禁、枷訊拷掠。可立條令，載在斷獄，著爲永法。如違，其官吏以違禦筆科罪。仍仰御史臺出榜，在刑獄官常切按察糾劾。

又〔紹興五年〕閏二月六日，尚書省言：勘會宣諭按發過諸路未結絶公事，續降指揮，令刑部每三日一次舉催，如有住滯，取旨重行黜責，尚未見奏到案狀，顯屬違滯。詔令逐路提刑司及承勘官，自今降指揮到，限十日勘結了當，專差人齎奏案赴行在。如敢依前違慢，當職官重寘典憲，人吏決配海外。

又〔紹興〕二十二年八月六日，大理正孫敏修言：州縣胥吏因緣推究強、竊盜罪人，而教令虛通贓物，追逮無辜，因而受賂。又有推鞫強盜，捕盜官希賞，求囑獄吏，鍛鍊平人，誣服其罪，奸詐不可枚舉。欲望申嚴法禁行下，仍令監司覺察似此去處，重作行遣，庶幾刑無濫及。從之。

又〔隆興〕二年二月初一日，中書門下省言：訪聞廣州縣鞫獄，推吏受贓，往往指教罪人翻異，移司別勘，累歲不決，使幹連無辜之人枉被刑禁，間有死亡，甚失朝廷好欽恤之意。乞令本路提刑司常切覺察，如違戾去處，具當職官吏姓名按劾聞奏。從之。

又〔乾道六年〕十一月十六日，大理少卿周自強言：伏見監司、郡守按發贓吏，多送鄰州根勘，其干連人被追逮者多至一二百人，少亦不下數十人。獄成之後，往往翻異，差官別勘，至有經年不決者。乞自今見任官公事，止差官本州根勘，不得輒送鄰州。若獄成翻異，惟據所翻之事別勘，所有幹證止許追緊切人。或有濫追淹禁，並令提刑司案奏。從之。

又〔乾道〕九年閏正月十一日，以中書門下省言：命官獲賊合該推賞者，多有計囑獄司，將無辜人煆煉，例目爲賊，希求賞典。有司觀望，結案保奏，合行禁戢。詔自今諸路州軍推勘強盜，止將正賊根治，不得以無辜人徇情勘鞫。保奏官以元案再行審實，倘無僞冒，方得申奏。如違，許監司按劾以聞。

又〔政和〕八年閏九月十四日，臣僚言：伏覩州縣聽訟，其間或有冤濫，即詣監司申訴；而監司多不即爲根治，但以取索公按看詳爲名，久不結絶；或只送下本處，或不爲受理，致無所控告。自來非無法禁，蓋官吏玩

習，怡不介意，雖廉訪使者許撿實以聞，而訟牒難以悉陳，上瀆天聽。臣愚欲
乞詔有司立法，諸路監司有能改正州郡所斷不當，總其實數，歲終考校以爲
殿最，庶幾訴訟獲申，以副陛下愛民之意。詔：臣僚所言，切中，今日監司
之弊可措置立法行下。

又 〔隆興〕五年正月二十八日，詔：諸被受監司行下辭訟，應追治者，
先追陳訴人，方許推治，著爲令。從提點京兆府路刑獄鄒子崇之請也。

又 〔隆興九年〕十二月一日，臣寮言：竊見諸路帥臣、監〔師〕〔司〕差
官置院，雖勘大辟贓吏，有合具案奏聞者，勘官往往止俟結錄畢，即時出院，
將帶人吏歸元處，旋寫奏案，竊慮有暗受出脫、變換情節者。乞自今勘推大
辟贓吏合具案奏聞者，須就院申發，敢有違戾，當重作行遣。從之。

又 淳熙六年六月，刑部言：昨乾道重修法，增立縣以杖、笞及無罪人
作徒、流罪，或以徒、流罪作死罪送州者，杖一百。若以杖、笞及無罪人作死
送州者，科徒一年。緣縣獄比之州獄，刑禁事體不同，止合結解送州，故縣不
坐出入之罪。今欲依乾道重修法科罪，如係故增減情狀，合從出入法施行。
從之。

《宋會要輯稿・刑法四》 〔太祖建隆〕五年二月十四日，御史臺言：伏
見大理寺斷徒罪人非官當罰銅之外，送將作監役者，其將作監舊兼充內作
使，又有左校、右校、中校局。比來工役並在此司，今雖有其名，無複役使，或
遇祠祭供水火，則有本司供官。欲望令大理寺依法斷遣徒罪人役，並送付作
坊應役。從之。自後命官犯罪當隸者，多於外州編管，或隸牙校；其坐死
特貸者決杖黥面，配遠州牢城。經恩量移，即免軍籍。大凡命官犯罪，多有
特旨，或勒停，或令釐務，贓私罪重即有配隸，或處〔以〕散秩。自遠移近者，
經恩三四，或放從便。所以禁貪濫而肅諸品也。

又 太祖建隆二年九月，詔：幕職、州縣官、檢法官因引問檢法雪活得
人命乞酬獎者，自今須躬親覆推，方得敘爲功勞。餘準唐長興四年、晉開運
二年施行。若引問檢法雪活者，不在敘勞之限。自後凡雪活，須元推勘官枉
死已結案，除知州、繫書官駁正本職不爲雪活外，若檢法官或轉運，但他司經
曆官舉駁別勘，因此駁議，從死得生，即理爲雪活。若從初止作疑似，不指事
狀，或因罪人翻異別勘雪活者，即覆推官理爲雪活，仍勘元推官一案斷遣。
或逢赦，亦須招罪狀。其雪活得人者，替罷日刑部給與優牒，許非時參選。
若雪活一人者，幕職循一資；州縣官、幕職二人以上加章服；已有章服，
加檢校官；檢校至五品以上及合賜章服，並京朝官雪活，並許比附奏裁。
或覆推官妄欲變移，希冀酬獎，卻爲元推勘官對衆憑者，其元駁議及覆推官
各以出入人罪論。

又 太宗雍熙三年五月，刑部言：果州、達州、密州、徐州官吏枉斷死
罪，雖已駁舉，而人命至重，死者不可複生，非少峻條貫，何以責其明慎！按
《斷獄律》從徒罪失入死罪者減三等，當徒二年半，公罪分四等。望自今斷
奏失入死刑者，不得以官減贖，檢法官削一任，更贖銅十斤，本州判官削一
任，本吏並勒見任。從之。

又 眞宗景德二年七月五日，上封者言：刑部舉駮外州官吏失入死
罪，準《斷獄律》，從流失入死罪者減三等，徒二年半。公罪分四等定斷，官減
外徒二年，爲首者追官，餘三等徒罪，並止罰銅。伏以法之至重者死，人之所
保者生，儻官司不能盡心，則刑辟乃有失入。蓋幕職、州縣官初曆宦途，未諳
吏事，長吏明知從坐，因循不自詳究。雍熙三年七月敕，權判刑部張佖起請，
失入死罪不許以官當贖，知州、通判勒停。咸平二年編敕之時，輒從刪去。
臣以爲若依格法舊條，似虧懲勸；或準張佖起請，又未酌中。欲望自今失
入死罪至追官者，斷官衝替，候放選日注僻遠小處官，繫書幕職、州縣官注小
處官，京朝官任知州、通判知令錄，幕職授遠處監當，其官高及武臣、內職奏
裁。詔可。

又 景祐三年正月七日，中書門下言：今據臣僚進狀，洗雪罪犯，尋送
別司定奪，屢有改正元斷罪名，顯是前來斷奏及定奪官不切審詳，或有狗私，
是致定斷不得盡公。欲令審刑院、大理寺、刑部今後命官使臣披雪犯罪，經
別定奪顯是不當者，元奏斷、定奪、簽書官員不以赦前赦後，並具姓名聞奏。
從之。

又 〔哲宗元祐〕七年八月五日，臣僚言：伏見法寺斷大辟，失入一人
有罰，失出百人無罪；斷徒、流罪，失入五人則責及之，失出雖百人不書過。
常人之情，能自擇利害，誰出公心爲朝廷正法者！乞令於條內添入失出死
罪五人比失入一人，失出徒、流罪三人比失入一人。從之。

又 〔高宗紹興〕六年六月五日，刑部審覆：大理寺看詳到宋疊元勘林
德珍等不係失入死 罪分明，其已斷本官作失入公罪徒、特差替指揮刑名合

與改正。從之。先是，疊以左迪功郎爲明州司理，勘到林德珍等公事翻異，提刑司再差官重勘，奏疊作失入死罪行遣，疊進狀訟究，至是改正。

《宋會要輯稿・刑法六》〔徽宗大觀三年〕十二月十四日，刑部郎中李緯奏：諸路奏案，凡承勘、結絕、入遞，雖有程限，然州郡尚或因循，淹滯囚繫，至有結絕後數月方入遞者。欲乞今後諸路奏案，並令法寺點檢，如有稽留，摘其甚者上之朝廷，下之有司，依法勘劾施行。從之。

宋・李心傳《建炎以來繫年要録》卷六五〔紹興三年五月〕壬申，言者論五使所至，訟牒紛起。其閒固有久負屈抑不得自伸。至於因緣嫌怨虛誕不實者，十蓋八九。望令有司具申朝廷，特寘嚴憲。從之。

宋・李心傳《建炎以來繫年要録》卷八六〔紹興五年閏二月〕侍御史張致遠言：今監司郡守，即唐按察使刺史之職，名存實亡，稔習寖久。縣令有過，守倅不容不知，而監司發之，守倅無預焉；郡守有過，監司不容不知，而臺諫論之，監司無預焉。各私其私，初無忌憚，民事之不理，德澤之不流，無足怪也。臣愚欲以案發欺庇，爲有司殿最。若一縣被案於監司，則罪一州；一州被案於臺諫，則罪一路。事無閒於久近，而並坐去官，罰不求於甚重，而斷以必行。其有激濁揚清，無所顧避者，亟褒寵之。利害相關，彼此相形，自非庸暗之甚。其肯忽於身謀，而甘爲欺庇之事，願陛下留意。詔刑部立法申尚書省。

宋・李心傳《建炎以來繫年要録》卷一〇一〔紹興六年五月〕丙申，詔諸州縣禁囚，監司每季親慮不能徧及者，聽差官卽檢察不盡致誤，歲終賞罰者，徒一年，著爲令。以言者請立法也。

宋・李心傳《建炎以來繫年要録》卷一〇六〔紹興六年十月〕監察御史趙渙請令御史臺，今後日受諸路詞訴，其事重害、日久不決者，申取朝廷指揮。其監司州縣，留滯經時，裁處失當，亦許依法彈奏。詔御史臺所受諸路詞訟，如有事理重害、日久不決者，其申尚書省取旨看詳，餘如所請。

又〔紹興六年十月〕左司諫陳公輔言：在法臺諫官不許出謁，許見客。都司大理寺官並禁出謁，休日許見客。比緣多事廢弛，往往不依法禁。非惟不能杜絕請求，亦恐有妨職事，乞申明行下。從之。

宋・李心傳《建炎以來繫年要録》卷一五〇〔紹興十三年九月〕大理寺丞李穎士面對，論州縣斷獄蔽訟，贖金之弊，變成罰金，多至數百緡，人爲破產。願詔監司廉察案劾，從之。

宋・李心傳《建炎以來繫年要録》卷一七一〔紹興二十六年二月〕丙申，侍御史湯鵬舉言：右朝奉郎新添差通判秀州王鞨寄居撫州，恃勢作威，郡守監司聽其使令，如役僕隸，毒流一州。至崇仁縣人糾率鄉黨，來投時相，所訟三十餘事，止送江西帥司體究。公吏迎合，捕獲狀首三人，勒招虛妄，悉坐編配。乞將鞨罷黜，委本路有風力監司，追還撫州居民產業，然後坐寘典刑。詔專委本路提刑劉長源拘留王鞨追證，給還居民產業，具已還數目及情犯申尚書省取旨，不得滅裂，其後長源究實如章。上曰：此不可不痛治，在祖宗朝，革去五代苛法，專以仁恕爲本，未嘗眞決一士大夫，惟犯贓者不貸。可令刑部約法，重作行遣。上語在五月乙丑今併書之日，歷稱鞨受贓已滿，不知如何行遣者也。

宋・李心傳《建炎以來繫年要録》卷一七九〔紹興二十八年正月〕甲申，上諭大臣曰：比既詔監司刺舉守令，而監司賢否勤惰，將使誰察之？宜爲立法。乃詔：監司貪墮不法，臺諫自當彈奏，其治狀顯著之人，令臺諫侍從三人以上，公共推薦。三省考察取旨。

宋・李心傳《建炎以來繫年要録》卷一八〇〔紹興二十八年七月〕戊辰，詔：自今監司按發公事應推鞫者，依法不得送至司州軍。如所犯稍重，卽申朝廷，委鄰路監司選官就本處推究，州軍按發官吏，卽申監司，委鄰州官。時左正言何溥言，監司郡守以私忿按吏，理亦有之，省部間或移送他司，往往妄意窺測，盡行闊略，而實有罪者因以幸免，乞爲之條禁。故有是旨。

又〔紹興二十八年十一月〕己卯，冬日至。合祀天地於南郊，赦天下。故事，每遇大禮，則命近臣看詳編置罪人所犯，或放或徒。秦檜用事，士大夫貶責者，雖屢赦不移，至是用何溥言。壬午，命權吏部尚書賀允中、刑部侍郎楊揆檢舉，自是遂爲永制。既而侍御史葉義問言：頃歲傅會及告訐之人，歲月未深，理情難恕，不應一例移放。從之。義問所奏，在十二月庚寅，今併附此。

宋・李心傳《建炎以來繫年要録》卷一八五〔紹興三十年八月〕壬子，詔：自今州縣官犯入己贓及用刑慘酷，令刑部具失按察官姓名，申尚書取旨，卽有隱蔽，令御史劾之。

宋・李心傳《建炎以來繫年要録》卷一九六〔紹興三十二年〕正月庚辰，言者論監司不按吏，望令郡守每半歲各疏屬縣知縣治狀之得失，具申監司，監司覈實幷與屬郡太守治狀，以聞於朝，仍下御史臺考核。有不如言，論奏殿罰。庶幾郡邑勉勵，而監司之職，不至曠廢。從之。

宋・李燾《續資治通鑑長編》卷五一　〔宋眞宗咸平五年四月〕上封者言：御史臺推直、推勘官，大理寺詳斷官，皆本司長官奏薦，糾按讞獄之任，當防朋比。丙子，詔兩司官屬有闕，令兩省五品以上保舉以聞。

宋・李燾《續資治通鑑長編》卷七九　〔宋眞宗大中祥符五年十月〕陝西轉運使薛顔言：諸州司理參軍，朝廷謂其刑獄重難，與免選限，或任非其人，多致枉濫。請自今誤入徒以上罪，令書歷守選，冀有所懲沮，自求平允。詔三次誤失者如所請。

宋・李燾《續資治通鑑長編》卷八二　〔宋眞宗大中祥符七年六月〕編敕所請自今刑部舉駮諸州誤入人死罪劾斷官吏訖，具事佈告天下，俾其曉悟，從之。

宋・李燾《續資治通鑑長編》卷九一　〔宋眞宗天禧二年三月〕甲寅，右正言魯宗道言，大辟罪如婺州訛言者，望自今精加按覆。內出其狀示輔臣，向敏中等曰：向來四方大辟奏牘，陛下未嘗不召臣等審議，然後寬貸決罰。好生之德，蓋超越於前古矣。上曰：自今當詳議者，更加審細，貴無濫也。宗道風聞，多所論列，上意頗厭其數。宗道因對，自訟曰：陛下所以任臣者，豈欲徒事納諫之虛名耶？臣竊媿尸祿，請得罷斥。上慰諭良久，他日念之，因題殿壁曰魯直。

宋・李燾《續資治通鑑長編》卷一〇四　〔宋仁宗天聖四年五月〕判刑部燕肅上奏曰：唐大理卿胡演進月囚帳，太宗曰：其間有可矜者，豈宜一以律斷。因詔，凡大辟罪，令尚書、九卿讞之。又詔，凡決死刑，京師五覆奏，諸州三覆奏。自是，全活甚衆。貞觀四年斷死罪二十九，開元二十五年才五十八。今天下生齒未加於唐，而天聖三年斷大辟二千四百三十六，視唐幾至百倍。京師大辟雖一覆奏，而州郡之獄有疑及情可憫者，至上請，而法寺多所舉駮，官吏率得不應奏之罪。故皆增飾事狀，移情就法，大失朝廷欽恤之意。望準唐故事，天下死罪皆得一覆奏。議者必曰待報淹延。臣則以爲漢律皆以季秋論囚，又唐自立春至秋分不決死罪，未聞淹延以害漢、唐之治也。

下其章中書，王曾以謂天下皆一覆奏，則必死之人，徒充滿狴犴而久不得決，請獄疑若情可矜者聽上請。壬午，詔曰：朕念生齒之繁，抵冒者衆，法有高下，情有輕重，而有司巧避微文，一切致之重辟，豈稱朕好生之志哉！其令天下死罪情理可矜及刑名疑慮者，具案以聞，有司毋得舉駮。王稱《東都事略》詔曰：國家勤卹黎庶，必期無訟，而生齒之繁，犯者頗衆，朕甚憫焉。

宋・李燾《續資治通鑑長編》卷一一四　〔宋仁宗景祐元年五月〕乙酉，詔：舉人被囚，而獄吏苛酷非疾致死者，提點刑獄官按察之。募告者賞錢十萬，公人遷一資；同犯而能自告者，除其罪，給賞如之。尋又詔州縣官非理科決罪人致死，雖係公罪者，本處未得批罰，奏聽裁。詔乃六月乙卯，今幷書之。

宋・李燾《續資治通鑑長編》卷一九一　〔宋仁宗嘉祐五年四月〕夏四月庚申，權同判尚書刑部李綖言：天下上刑部一歲之中死刑，亡慮二千五百六十。其殺父母、叔伯、兄弟之妻，殺夫、殺妻、殺妻之父母，凡百四十；故、謀、鬬殺千有三百；劫盜九百七十；姦、亡命百有一十。夫風俗之薄，無甚於骨肉相殘；衣食之窮，莫急於盜賊。今犯法者衆，豈刑罰不足以止姦，而教化未能導其爲善歟？欲令刑部依刑名分門列天下所斷大辟罪，歲上朝廷，以助觀省。從之。

宋・李燾《續資治通鑑長編》卷一九四　〔宋仁宗嘉祐六年八月〕己卯，詔審刑院、大理寺：天下歲所上獄，淹繫者多。自今月終具所斷案月日，朱書大中小事之限，於次月五日前類聚以聞。

又詔：自今詳議詳斷官闕，委審刑院、大理寺與學士舍人院、御史臺輪舉之。

宋・李燾《續資治通鑑長編》卷一九六　〔宋仁宗嘉祐七年正月〕御史中丞王疇等言：聞糾察在京刑獄司嘗奏：府司及兩軍巡皆省府所屬，其錄大辟之翻異者，請下御史臺。竊惟府縣之政，各存官司，臺局所領，自有故事。若每因一囚翻異，卽用御史推劾，是風憲之職，下與府司、軍巡共治京獄也，恐不可遽行。從之。劉敞嘗建言，乞別差官劾兩軍巡大辟翻異者。王疇所爭或由此。敞奏已附四年七月末。

宋・李燾《續資治通鑑長編》卷二二四　〔宋神宗熙寧四年六月〕中書刑房言：刑部詳覆官如疏駮得諸處斷遣不當，大辟罪每一人與減一年磨勘；如失覆上件公事，每一人卽展磨勘一年，累及四人卽衝替。從之。

宋・李燾《續資治通鑑長編》卷二九八　〔宋神宗元豐二年五月〕知審刑

院安燾言：比年詳議官以文案繁多，責重賞輕，除者多不願就。乞以二年爲一任，任滿減磨勘二年。自刑部差者，已及成資，先依刑部任滿法推恩；未成資者，補及成資，推恩後別理一任。從之。八月二十二日丁巳可考。

宋・李燾《續資治通鑑長編》卷三二三〔宋神宗元豐元年二月〕御史臺言：刑察案於開封府取索公案，本府稱已準朝旨，奏決公案不許御史臺取索。看詳公事未結案，雖有人論訴，不許取索；已結案係奏斷，本府又奏乞不許取索公案，則是事在官司，而所行稽違，許人赴臺理訴，乃爲空文。若訪聞官司鍛鍊人罪，出入刑名，既無案卷，則無從考察，深恐六察之法文具實隳。詔令開封府送公案與御史臺。

又〔宋神宗元豐元年二月〕權知開封府王安禮言：本府奏斷公案，御史臺一例取索。竊以公事已奉旨斷，方更點檢，於體不順。欲乞自今不許取索。從之。并十五日。

宋・李燾《續資治通鑑長編》卷三三四〔宋神宗元豐六年四月〕己巳，左右司言：御史臺察開封府不置承受條貫聚聽供呈歷，據刑部、編敕所定奪，各言所察允當。然看詳敕意，止爲州縣立法，故令案察官點檢，於開封府既無案察官司，於上條似無所礙。其因臺察後輒旋置歷，乃是御史所當察。詔：依刑部、編敕所定，開封府官吏令大理寺劾罪以聞。尚書省左右司所申，顯有觀望，右司郎中劉摯衝替，係事理重。居數日，詔改爲事理輕。

時王安禮言：摯以觀望罷黜，陛下必以臣嘗知開封府，故摯於開封府不置供呈條貫歷，不敢指以爲罪。上曰：非爲如此，摯亦嘗爲開封府判官。安禮曰：開封府不置歷之罪，止於應行下不行下爾，失減、從減之外，法或不及知府。兼臣與摯同時在府，既皆去官，又所坐皆在赦前，恐別無觀望。上曰：論法至輕，觀望未必有。劉摯衝替，可改作事理輕。王珪曰：欲改作稍重。上曰：既無觀望，豈宜更作稍重。？所謂灼見三有俊心者當欽識百辟享，亦識其有不享。今執政既爲開陳，明知其非罪，不當不與辨正也。安禮曰：摯在都省，每白公事，必至聚聽處，未嘗間見執政。此一事已可稱。章惇曰：事固未嘗有兩可者。其鹵莽極當責，若以爲觀望，則實無之。臣見蔡確言此事皆吏人盧宗彥執覆，確亦嘗詰難宗彥，然則摯應坐不能詰伏宗彥，此事可責而情可矜也。摯爲人平直不反覆，前此左右司皆間見執政，摯止於都堂白事，蓋與宰府掾屬持兩端以取容者有間矣。安禮曰：摯實有行義，爲士大夫所知，忽被此惡名而去，臣若自以小嫌不爲辨直，使賢者之行不爲明主所察，臣不忍也。蔡確曰：摯固善士，但嘗異論爾。上曰：異論是昔時事。惇曰：摯自被逐，不復異論。人豈不容改過？確曰：臣前日已嘗論奏，此事實出於吏人爾。故有是命。

左右司郎官舊以執政分廳時，間見白事，日暮不徧，或事急速，又歷造私第；議設有異，則往返傳達，事多留壅。摯以問吏，吏對曰：前時郎官願如此。摯乃白執政，請以都堂聚時稟事，可否面決，無傳言留壅之弊；其例熟體細，房吏請筆如故事。皆曰：諾。自是事皆公決，上下便之；然他郎官不敢間見執政，執政私意亦無所授，陰不樂者甚衆。摯罷去，郎官復分廳白事如故。

宋・李燾《續資治通鑑長編》卷三四八〔宋神宗元豐七年八月〕給事中韓忠彥言：吏部奏鈔，擬注江寧府司錄參軍、前刑部法直官郝京試大理司直，不坐條而引例。既有著令，自當奉行，豈可廢條用例？詔吏部郎官罰銅十斤，都省郎官六斤。

宋・李燾《續資治通鑑長編》卷三五九〔宋神宗元豐八年八月〕門下侍郎司馬光言：

竊惟王者所以治天下，惟在法令，凡殺人者死，自有刑法以來，百世莫之改。若殺人者不死，傷人者不刑，雖堯、舜不能以致治也。

近見刑部奏鈔，泰寧軍勘到保正家人姜齊，見本部代名大保長張存捽著百姓孫遇，其孫遇捽著袁貴髻子，張存道：此人稱是東嶽急腳子，胡亂打人，不伏收領。齊捽孫遇，褫衣打三二十拳，解擘放卻袁貴。齊與存捽倒孫遇，齊行拳踢打孫遇身死。齊發心共張存捉縛袁貴，虛做打殺元相爭人，申解赴縣，替行償命。其袁貴到縣，不肯虛招。齊蒙枷項隔勘，方具實招通。又懷州勘到百姓魏簡與郭興爭賭錢，拽倒郭興。其父郭昇拽著簡，使頭撞簡。簡爲本人年老，便道：你共我不是抵對，休拽著我。待推搯，郭昇圖放卻，簡用力去郭昇咽喉上搯一搯，其人當下倒地身死。又耀州勘到百姓張志松，爲再從弟張小六冤執咒罵責兄弟男女，値志松乘酒，嗔恨張小六，因此行拳打張小六當時身死。上件三人，於條皆合處死。本州並作情理可憫奏裁。耀州仍稱張志松本無殺意，刑部一切檢例，擬特貸命，決脊杖二十，刺配斷本所牢城。竊詳孫遇，不合詐稱東嶽急腳子，胡亂打人。雖是罪人，然罪不至死。其姜齊等，既解擘放袁貴，卽合申送赴官，依法施行。其孫遇別更不曾拒捍及走，兼已就拘執，豈可更捽倒毆擊，直至於死？ 又更誣執被苦人袁貴作殺人賊，欲令替己償命，如此情理，有何可憫？ 其魏簡，爲郭昇年老，不欲相打，卻用力去本人咽喉上一搭至死，豈不更甚於毆打？ 又張志松只爲張小六冤執咒罵，事理至輕，遂毆本人致死，並是鬭殺，於情理皆無可憫。凡人忿忿相爭，迭相毆擊，其意豈皆在於殺？ 但一人於辜限内死，則彼一人須當償命。況此三人皆卽時毆殺，當死無疑。止是逐州避見失入罪名，妄作情理可憫，或刑名疑慮奏裁。刑部卽引舊例，一切貸命。若因循不改，爲弊甚大。所以然者，從來律令敕式，有該說不盡之事，有司無以處決，引例行之。今鬭殺當死，自有正條，而刑部不問可貸與否，承例盡免死決配，作奏鈔施行。是殺人者不死，其鬭殺律條更無所用也。於殺人者雖荷寬恩，其被殺者何所告訴？ 非所以禁制凶暴，保安良善也。

欲乞今後，應諸州所奏大辟罪人，並委大理寺依法定斷。如情理無可憫，其刑名無疑慮，卽仰刑部退回本州，令依法施行。如委實有可憫及疑慮，卽仰刑部於奏鈔後別用貼黃聲說情理如何可憫，刑名如何疑慮，今擬如何施行，令門下省省審。如所擬委得允當，則用繳狀進入施行。如有不當及用例破條，卽仰門下省駁奏，乞行取勘。庶使畫一之法，不致隳壞； 凶暴之人，有所畏懼矣。其姜齊等，緣係未立法以前，今欲先次進入。

詔從光請。《實錄》書此事云： 門下省言： 應諸州奏大辟情理可憫及疑慮，委刑部於奏鈔後聲說，門下省省審，否卽大理寺退回令依法定斷。有不當及用例破條者，門下省駁奏。以刑部奏泰寧軍姜齊等鈔，不應奏裁故也。今取司馬光疏備載，庶詳見本末。七月甲寅，并明年閏二月壬辰、丙午，可考。

宋・李燾《續資治通鑑長編》卷三七五 〔宋哲宗元祐元年四月〕右諫議大夫孫覺言： 去冬以來，天久亢旱，無大雨澤，麥已不收，春種失時，人方闕食。陛下側躬卹災，無所不至，親御便殿，慮問囚徒，所犯非死，例從寬減，憂勞之至，而聖澤未至浹洽者，或有所在。減降之恩，雖出自聖意，然獄吏治囚，根究未見本末，或會問在遠州、縣，候事畢議法，始引減降，得從輕坐。臣以爲在京左右軍巡司、錄司乞差兩制官一員，畿內諸縣，差諫官、御史一員，分視獄囚。已殺人及重傷守辜外，皆酌情約法，減降區斷。應照驗未圓、會問未到者，並許召保押出，知其在，以稱聖恩蕩滌之意。

宋・李燾《續資治通鑑長編》卷三七九 〔宋哲宗元祐元年〕殿中侍御史林旦言： 伏以内朝之有侍從，省曹之有長貳，非學行論議，材識聞望，足以羽儀朝廷，冠冕士類，何可以妄處茲選也？ 竊見刑部侍郎崔台符人物凡猥，資性狡佞，本以諸科挾法令而進。熙寧中，王安石破律改條，變易輕重，台符附會新意，因得進用。其後議建大理獄，擢諫議大夫，首冒卿選。先皇帝折獄平刑，未嘗專任己意，故一切付之理官，庶得其情而後決也。台符既豫獄議，遂當付倚，不能平心奉承德音，而乃陰肆姦利，謀結權倖。方是時石得一以探報爲事，每坐獄者，台符必迎伺其意之所在，鍛鍊吹折，遷就其言而成之。舞文罔陷，多失本情。昨來初建六官，執政私之，又玷刑曹之任，十望物論，於今不平。近者朝廷深悼得一探報之冤，都城刑獄之濫，已罷官局，取索公案，看詳敍理，冤抑之獲伸者衆矣，則前後理官，上下其手於其間者，他日必有行遣。台符實爲首惡，曾不引退，尚敢安然據其職任，恐非所以慰安士民之望也。伏乞睿明，先次罷台符本職，且與一外任閒慢差遣，令別聽指揮，更選清通忠恕之士，典領刑曹，以副陛下寬大矜恤之意。

宋・李燾《續資治通鑑長編》卷三八一 〔宋哲宗元祐元年六月〕給事中胡宗愈奏： 中書省敕内，有言者勿復彈劾，有司毋得施行之語，臣愚竊以謂此二句於體未便，欲望去此二句，則盡善矣。《元祐密疏》。後所頒詔無言者勿復彈劾六字，蓋從宗愈奏也。七月十一日可考。

始，鄧綰責滁州，言者未已，范純仁勸太皇太后勿行，太皇太后因欲下詔，以慰反側，既而中輟。及呂公著救賈種民，太皇太后復欲下詔，公著以爲當然，遂從之。或謂公著曰： 今除惡不盡，將貽患他日。公著曰： 治道去太甚耳，文、景之世，網漏吞舟。且人才實難，宜使自新，豈盡使自棄耶！ 此據《呂公著家傳》。

又 〔宋哲宗元祐元年六月〕監察御史上官均言：

臣聞《書》曰： 欽哉欽哉，惟刑之恤哉！ 蓋死者不可復生，斷者不可復續，先王所以明謹用刑，而司刑決獄之官所審於聽斷也。臣竊見刑部侍郎崔台符，寶文閣待制、知廬州楊汲，大理卿王孝先，自元豐以來，相繼爲大理卿，每有内降公事，不能悉心持平，推考情實，專務刻深，高下其意。雖知所告不實，事或微末，不度是非，一切徇報者之語，委成獄吏，不復親聽。而報者所聞，往往得於讎怨之人，巧譖誣陷，無所不至。一入犴獄，如落檻穽，鍛鍊羅織，必致以罪，三木所加，何求不得！又於元報事狀外，曲行推究，至有罪薄罰輕，又妄爲論奏，乞行編配，陷害善良，不可勝計。至於覘夫、察隸，偏滿京邑，報逮紛紜，塡滿牢狴。都人惴慄，不敢偶語，兢兢朝夕，莫能自保，皆台符輩觀望傅會，相爲表裏，以至如此。聖朝明燭萬里，而台符輩治獄都城，密近輦轂，輒敢肆爲誕謾，殘虐無罪，中外側目，共懷憤疾。日者朝廷灼見冤濫，立司辨理，而台符輩或尙居侍從，典領藩郡，列卿棘寺，晏然自若，曾不愧憚。夫邪虐不斥，無以戒暴吏；侍從不清，無以正紀綱，刑官非其人，無以安善良。願陛下因臣之言，察中外之議，特行黜罷，以允公論。仍乞精選儒臣通明端厚之士典領刑獄，庶幾刑不失中，獄無濫及，以副陛下寬仁好生之意。

又言：

嘗具奏論列刑部侍郎崔台符，寶文閣待制、知廬州楊汲，大理卿王孝先等，元豐以後，相繼爲大理卿，承勘内探公事，不能悉心持平，推考情實，專爲觀望傅會，欺罔聖明，陷害善良，不可勝計，乞特行黜罷。至今已及月餘，未蒙施行。臣以爲有德者進，則朝廷尊；去邪勿疑，則小人懼。台符等姦憸深刻，迹狀明白，天下之人，孰不聞知！今尙爲侍從，列居九卿，是疑於去邪，非所以進有德也。

竊以陛下以昨來探報公事率多冤濫，故臨御之初，卽罷探卒。尋又置司理訴，辨明幽枉，黜降中官石得一，使居閒地，下至探卒郭鯨等二人，繼行斥逐。中外之人，莫不欣快，皆以爲陛下聰明睿斷，與衆棄惡，以勵姦黨。竊緣探報公事，雖造端於石得一，然鍛鍊傅會，笞掠窮治，陷於深文，以成就石得一之志者，實由台符等。若台符等平心推治，別白枉植，有罪者繩之，見誣者釋之，則石得一將内懷媿懼，不敢復縱探卒妄告細故，陷罔無罪，足以全先朝廣覽之至明，好生之大德。夫廷尉天下之平，端意操法，雖人主之喜怒所不敢聽，又況觀望中人風旨以爲高下出入耶！推原台符等之罪，雖非造端，然同惡相濟，終始相成，爲朝廷斂怨於下，不當置而不治也。不獨置而不治，又使之偃然居侍從、九卿之列，搢紳惡薄，恥與爲伍。中外之人，實所未喻，皆以爲陛下至公至明，好賢嫉惡，洞達旁照，獨台符等未行斥罷，必有左右之臣爲之游說，以掩覆其惡，以面謾陛下者。願陛下參稽中外之論，兼聽而熟察之，則台符等不得爲釋然無罪也。

昔唐太宗詔百官議張亮罪，皆以爲當誅，獨李道裕以爲不可。太宗嘉其直，擢爲刑部侍郎。又嘗缺大理少卿，太宗以爲大理人命所繫，以戴冑淸直，遂以任之。夫刑部、大理鞫獄、議刑，所繫甚重，死生輕重，皆出其意，宜得端良明恕之士，以稱其任。台符等刻薄詖險，迹狀明白，久居省寺，竊恐舞文巧詆，任意出入，將使無辜之人陷於刑獄，上負陛下寬仁之德，爲害非小。伏乞斷自宸衷，早行黜罷，以允衆論。

監察御史孫升言：近曾劾刑部侍郎崔台符、大理卿王孝先，在先帝服藥日，於案外增添兩和情願之文，全出宰相王珪親姪仲京在官非監臨贓罪。台符、孝先本以庸材叨國厚祿，被遇先朝，恩顧不小，一旦先帝不豫，忍乘此時，幸以爲私結權臣之恩，曾無犬彘向主之心，何以參綴從班，玷汚淸列。伏望聖慈詳酌事理，重行竄黜，爲士大夫附下罔上、爲臣不忠之戒。至今多日，未蒙指揮施行。臣愚竊恐朝廷以刑部、大理未有習刑法之人可以當其任者，臣實疑之。夫明先王之意，爲天下之平，歸於忠厚，斷以禮義者，乃司刑之長，然則非經術之臣，不足以當其任也。苟欲專習刑名，引法傅條，則有斷議屬官，且非司長之事。若刑部、大理之長，必待習刑名之人爲之，則一法吏之事爾。先王忠厚之意、天下至公之理，彼何足以知之！祖宗以來，刑部大理審刑糾察之長，多任侍從儒臣，故舞文巧詆之風息，而忠厚之俗成也。昔張釋之、于定國豈世習司空、城旦之書乎？舜命九官而臯陶若稽古作士，故能明五刑，以弼五教，而刑期於無刑也。稽古之德，惟堯、舜、臯陶稱之，則司刑之任，豈俗吏可爲？且忠孝之人持心近厚，鍛鍊之吏持心近薄，台符孝先鍛鍊附會，爲臣不忠，知輕重其心，舞文爲奸而已，何嘗以近厚爲意哉！伏望聖慈詳察，檢會臣前後奏陳，早賜指揮罷黜。選任公明經術之人，庶仁聖之治，可至乎無刑，天下幸甚。

詔寶文閣待制、知廬州楊汲落待制，知黃州；刑部侍郎崔台符知相州；大理寺卿王孝先知濮州。仍各降一官。制詞云：豈有數年之間，坐致萬人之獄！中書舍人蘇軾所草也。

宋・李燾《續資治通鑑長編》卷四七六 〔宋哲宗元祐七年八月〕臣僚言：伏見法寺斷大辟，失入一人有罰，失出百人無罪。斷流、徒罪，失入五人則責及之，失出雖百人不書過。常人之情能自擇利害，誰出公心爲朝廷正法者。今乞於條内添入失出死罪五人，比失入一人；失出徒、流罪三人，比失入一人。從之。記得此有駁論者，當檢附。

宋・李燾《續資治通鑑長編》卷四七七 〔宋哲宗元祐七年九月〕癸未，臣僚言：朝旨，在京并諸路應合取索點檢公案去處，除刑名許依舊外，其餘若事未經結絕，非因陳訴不得取索。在京即察案，亦預計以察案有一司專法，惟許每次只取一件，限不過三日送還。今若一概住罷，理有未安。竊謂隸察官司，不可不許取索，伏望特依御史臺一司專法，許取索未結絕公案檢點。詔許取一年以上未結絕公案。餘從之。

宋・李燾《續資治通鑑長編》卷四九三 〔宋哲宗紹聖四年十一月〕大理寺言：本寺官，歲終比較，失出死罪或徒流罪各三人，比失入一人。從之。元符三年正月戊辰改此。

又 〔宋哲宗紹聖四年十二月〕淮南轉運副使林邵言：按敕令，官員能察綱運妄稱水火、賊盜者，與第五等酬獎。恐賞輕不足以勸，改爲第四等。從之。

宋・李燾《續資治通鑑長編》卷五〇七 〔宋哲宗元符二年三月〕權刑部侍郎周之道等奏：臣檢會元豐舊制，諸路提刑每半年奏諸州盜賊已未獲火數，委刑部案籍審覆，其未獲數多，并具劾聞奏，蓋責及於監司，則捕盜官不待繩而自勵。元祐增修上條，止以見任官赦後限滿，未獲盜賊火數仍用別獲到人許比折外計數，則劾奏之法幾爲空文。竊謂提刑司按治一路，稽察盜賊爲先，宜禁止於未然，或督捕於竊發，若覬幸比折以免責罰，恐非朝廷命使卹民之意。乞依元豐舊制，更不用元祐比折之法，但未獲數及五分，并許本部劾奏。從之。

宋・黃震《黃氏日抄・詞訴約束》 古者帝王親行巡狩，以察四方諸侯。至漢，遣六百石吏察郡國，二千石長吏以代親行，謂之刺史。至本朝謂之監司，故世稱外臺，爲天子耳目之官。但擇州縣官不奉法爲民者去之，則百姓自然安迹，非代州縣受詞訴爲一路聚訟之委也。近來此意不明，部內之官或橫縱害民而不問，反不捐細大，務以聽訟爲盡職。遂使豪右譁健之徒紛然競集，隔千里遼邈不接之地，信一時張皇無實之説，牌匣絡繹，專卒旁午，驅迫州縣，騷動閭里，雖雞犬亦不得其寧，是豈朝廷設監司之本意哉？當職交印後二十日之間閲過舊案千餘件，率多煩碎虚誕，不當受理之事。前此幕官徒以司存所仰贓錢默有拘礙，往往經隔三年五載不決，以俟監贓耳。今當職贓錢先已榜放，舊事逐日疏決，以冀司存一清，上下相安。司案乃呈舊例，求托詞訴，約束當職，每日五鼓出廳，非避懶之人也。詞訴亦須受理，但擇其關係之大者方受，且分次第先後耳。

第一次先理命官犯贓狀。

右除日前舊事免問外，截自今年三月初六日，當職交割以後，如有州縣官下至巡尉監當取受民財，仰被詐人指陳，的實證佐，先責反坐狀留身訖，經追被訴之官赴司究對，依條施行，更不行尋常帖問具析追吏根究等虚文故事。此項候聖節後四月十三日受詞。

《宋史・仁宗紀》 〔嘉祐三年夏四月〕丙辰，詔：守令或貪恣耄昏，以弛爲寬，以苛爲察，以增賦斂爲勞，以出入刑罰爲能，而部使者莫之衆劾。自今其各思率職，毋撓權倖，毋縱有罪，以稱朕意。

《宋史・徽宗紀》 〔崇寧五年〕六月癸亥，立諸路監司互察法，庇匿不舉者罪之，仍令御史臺糾劾。

《宋史・高宗紀》 〔紹興三年正月〕乙丑，詔中外刑官各務仁平，臺憲檢察，月具所平反以聞，歲終考察殿最。

《宋史・孝宗紀》 〔乾道三年〕三年春正月甲辰，詔廷尉大理官毋以獄情白宰執，探刺旨意爲輕重。

《宋史・寧宗紀》 〔嘉定二年〕五月丙申，史彌遠起復。丁酉，以旱詔諸路監司決繫囚，劾守令之貪殘者。

《宋史・刑法志一》 太宗在御，常躬聽斷，在京獄有疑者，多臨決之，每能燭見隱微。太平興國六年，下詔曰：諸州大獄，長吏不親決，胥吏旁緣爲奸，逮捕證佐，滋蔓逾年而獄未具。自今長吏每五日一慮囚，情得者即決之。復制聽獄之限：大事四十日，中事二十日，小事十日，不他逮捕而易決者，毋過三日。后又定令：決獄違限，準官書稽程律論，逾四十日則奏裁。事須證逮致稽緩者，所在以其事聞。然州縣禁繫，往往猶以根窮爲名，追擾輒至破家。因江西轉運副使張齊賢言，令外縣罪人五日一具禁放數白州。州獄別置曆，長吏檢察，三五日一引問疏理，月具奏上。刑部閲其禁多者，命官即往決遣，冤滯則降黜州之官吏。會兩浙運司亦言：部內州繫囚滿獄，長吏輒隱落，妄言獄空，蓋懼朝廷詰其淹滯。乃詔：妄奏獄空及隱落囚數，必加深譴，募告者賞之。

又 〔雍熙〕三年，始用儒士爲司理判官，令諸州訊囚，不須衆官共視，申長吏得判乃訊囚。刑部張佖言：官吏枉斷死罪者，請稍峻條章，以責其明慎。始定制：應斷獄失入死刑者，不得以官減贖，檢法官、判官皆削一任，而檢法仍贖銅十斤，長吏則停任。尋置刑部詳覆官六員，專閱天下所上案牘，勿復遣鞫獄吏。置御史臺推勘官二十人，皆以京朝官爲之。凡諸州有大獄，則乘傳就鞫。陛辭日，帝必臨遣諭之曰：無滋蔓，無留滯。咸賜以裝錢。還，必召問所推事狀，著爲定令。自是，大理寺杖罪以下須刑部詳覆。又所駁天下案牘未具者，亦令詳覆乃奏。判刑部李昌齡言：舊制，大理定刑送部，詳覆官入法狀，主判官下斷語，乃具奏。至開寶六年，闕法直官，致兩司共斷定覆詞。今宜令大理所斷案牘，寺官印署送詳覆。得當，則送寺共奏，否即疏駁以聞。

《宋史・刑法志二》 紹興法，鞫獄官推勘不得實，故有不當者，一案坐之。乾道法，又恐有移替事故者，即致淹延，乃令先決罪人不當，民吏案後收坐。至是，所司請更定死罪依紹興法，餘依乾道施行，從之。其後，有司以覆勘不同，則前官有失入之罪，往往雷同前勘。帝知其弊，十四年，詔特免一案推結一次。於是小大之獄，多得其情。

《宋史・刑法志三》 未幾，〔宋神宗〕復詔：失入死罪，已決三人，正官除名編管，貳者除名，次貳者免官勒停，吏配隸千里。二人以下，視此有差。不以赦降、去官原免。未決，則比類遞降一等；赦降、去官，又減一等。令審刑院、刑部斷議官，歲終具嘗失入徒罪五人以上，京朝官展磨勘年，幕職、州縣官展考，或不與任滿指射差遣，或罷，仍即斷絕支賜。以前法未備，故有是詔。又嘗詔：官司失入人罪，而罪人應原免，官司猶論如法，即失出人罪；若應徒而杖，罪人應原免者，官司乃得用因罪人以致罪之律。

《宋史・劇可久列傳》 周廣順初，改太僕卿，復爲大理卿。會鄭州民李思美妻詣御史臺訴夫私鬻鹽，罪不至死，判官楊瑛置以大辟。有司攝治瑛，瑛具伏。可久斷瑛失入，減三等，徒二年半。宰相王峻欲殺瑛，召可久謂之曰：死者不可復生，瑛枉殺人，其可恕耶？可久執議益堅，瑛得免死。

《金史・章宗紀一》 〔明昌二年四月〕戊子，制諸部內災傷，主司應言而不言及妄言者杖七十，檢視不以實者罪如之，因而有傷人命者以違制論，致枉有徵免者坐贓論，妄告者戶長坐詐不以實罪，計贓重從詐匿不輸法。

《元典章・明政刑》 大德八年月日，軫恤詔書內一欵，諸處罪囚，仰肅政廉訪司分明審錄，輕者決之，滯者糾之，有禁係累年疑而不能決者，另具始末。及具疑狀，申御史臺，呈省詳讞，在江南者，經由行御史，仍自今後，所至審錄，永爲定例。

又 大德九年六月日，設立奉使，宣撫詔書內一欵，見禁罪囚，詳加審錄，重者依例結案，輕者隨即決遣，無致冤滯。

又 至大二年九月，立尙書省欽奉詔書內一欵，年歲饑饉，良民迫於飢寒，冒刑者多，深可憫惻！令廉訪司審錄詳讞重囚，疾早依例結案，其餘罪犯，如得其情，即與斷遣，毋致冤滯。

又 至大四年三月十八日，欽奉登寶位詔書內一欵，天下之民，皆吾赤子，苟懷異志，自有常刑，比者尙書省脫忽脫三寶奴等，織羅煅煉，濫殺立威，其韓脫因不花唐華及鄭阿兒思蘭等，已經昭雪，元沒資產，悉還其家。今後內外重囚，從監察御史、廉訪司審復無冤結案，待報省部，再三詳讞，方許奏准。

《元典章・察獄・罪囚淹滯舉行》 諸隨處季報罪囚，當該上司皆須詳視，但有淹滯，隨即舉行，其各路推官，既使專理刑獄，凡所屬去處，察獄有不平，繫獄有不當，即聽推問明白，咨申本路，依理改正，若推問已成，他司審理，或有不盡不實，卻取推官招狀議罪。

《元典章・內臺・設立憲臺格例》 諸求仕及訴訟人，若於應管公事官員私第謁托者，委監察糾察。

《元典章・行臺》 刑名詞訟，若審聽不明，及擬斷不當，釋其有罪，刑及無辜，或官吏受財，故有出入，一切違枉者，糾察。

《元典章・刑名・重刑司縣略問》 至元二十四年，江西行省照得隨路申到見禁罪囚數，內，各司、縣官多有見禁合待報重刑，一二年不解本路、府、州起數。省府公議得，應有重刑司縣略問是實，即合解赴各路、州、府推問追勘結案。司縣別無慘酷，牢獄又無囚糧，有合追會公事，關涉近上衙門，又難追攝。有合摘斷罪人，亦不敢擅便與決，是以淹禁數年，不得杜絕。及至凍餓死者，往往有之。蓋是府、州官吏不爲用心，以致若此。仰遍下司縣，今後將應干重刑略問是實，申解各路、府州追令結案，執結斷罪。通例元貞元年九月，行臺准御史臺咨准來咨，備浙東海右道嶺北湖南道肅政廉訪司申，麄杖子打人，并執結之罪，併計論斷，例比常法之外添重，恐人死於杖下。麄杖子例已蒙革去，執結之罪，即係一體咨請照詳，准此施行。間承奏中書省劄付江浙行省咨鎮江路備江南浙西道廉訪司監治常鎮、江陰分司牒，爲徐安國告王龍登，取要對證，多與元告不實，理合將徐安國照依本人，元與甘結，依例斷罪。若便照依廉訪司牒內闊里吉思奏奉聖旨累斷廣西李都事執結罪例，一體歸斷。本省元准都省咨內別無坐到前項事理，未知是否通例請定奪。事准此，送刑部議得闊里吉思元止奏李都事罪犯，不曾聞奏，通例都省除外，仰照驗施行。

《元典章・繫獄・訟情監禁罪囚》 大德九年九月行臺准御史臺咨奉中書省劄付，據吏部主事賈廷瑞言：近年以來，府州司縣官失其人，奉法不虔，受成文吏舞弄出入，以資漁獵。愚民冒法，小有詞訴，根連株逮，動至什伯，係累滿途，囹圄成市。至於相爭田地，婚姻債務，家財，毆詈，干證之類，被勾到官，罪無輕重，即入監禁，動經旬月，誅求橫取，百端擾害，不可勝言。若不申明制令，嚴加戒飭，則吏弊不除。今後除姦盜詐僞杖罪以上，罪狀明白，依例監禁，其餘相爭田土、婚姻、家產、債負、毆詈，自笞以下雜犯罪名，及扳連干證之人，不許似前監收，止令隨衙待對。若果有情犯，畏罪逃避，根捉到官，比本犯加等斷決。庶獄訟清簡，小民得遂生理，可以少副聖明欽恤之意。本部參詳，如准所言，誠爲允當，具呈照詳送刑部議得至事。賈奉訓所言事理，蓋爲路府州縣官吏不能奉職，至有差池。若牧民官選擇得人，自然不至冤濫。以此參詳，小民犯法，中間情罪輕重不一，擬合臨事詳情區處，如有不應違枉等事，廉訪司照刷究治。

《元典章・察獄・犯人番異移推》 諸所在重刑，皆當該官司公廳圓座，取訖服辨，移牒肅政廉訪司，審復無冤結案，待報。若犯人番異，家屬稱冤，聽牒本路移推，其贓驗已明，及不能指論抑屈情由者，不在移推之例。

《元典章・察獄・審察不致冤滯》 諸見禁罪囚，各處正官每月分輪檢視。凡禁繫不廉，淹滯不決，病患不治，并合給囚糧，依時不給者，並須隨事究問。肅政廉訪司官所在之處，依上審察其在都罪囚，中書、刑部、御史臺、札魯火赤各須委官季一審理冤者，辨明遲者，催問輕者，斷遣不致冤滯。

《元典章・鞫獄・鞫囚職官同問》 至元五年七月欽奉聖旨立御史臺條畫內一款：節該諸囚禁非理死損者，委監察隨事推科鞫勘罪囚，皆連職官同問，不得轉委本所及典吏推問。如違，委監察糾察，欽此。

《元史・刑法志》 諸職官輒以微故，乘怒不取招詞，斷決人邂逅致死，又誘苦主焚瘞其屍者，笞五十七，解職別敘，記過。諸鞫獄輒以私怨暴怒，去衣鞭背者，禁之。諸鞫問囚徒，重事須加拷訊者，長貳僚佐會議立案，然後行之，違者重加其罪。諸弓兵祗候獄卒，輒毆死罪囚者，爲首杖一百七，爲從減一等，均徵燒埋銀給苦主，其枉死應徵倍贓者，免徵。

明・應檟《大明律釋義・斷獄・辯明冤枉》 凡監察御史、按察司辯明冤枉，須要開具所枉事跡，實封奏聞，委官追問，得實被誣之人，依律改正，罪坐元告、元問官吏。若事無冤枉朦朧辯明者，杖一百，徒三年。若所誣罪重者，以故出入人罪論。所辯之人知情與同罪，不知者不坐。

釋義曰：此條專爲監察御史及按察司官而設，蓋其職得專伸理冤枉之事也。原告以誣告律論，原問以故失出入人罪律論，囚本無冤而朦朧辯明，則原告、原問皆爲其所誣矣，故坐以杖一百，徒三年之罪。若所誣之罪重於杖一百徒三年者，則以故出入人罪論，輕則止杖一百，徒三年也。所辯之人知情，與御史、按察司官同罪，不知不坐。

明・應檟《大明律釋義・斷獄・官司出入人罪》 凡官司故出入人罪，全出全入者，以全罪論。謂官吏因受人財及法外用刑，將本應無罪之人而故加以罪，及應有罪之人而故出脫之者，並坐官吏以全罪。法外用刑，如用火燒烙鐵烙人，或冬月用冷水澆淋身體之類。若增輕作重，減重作輕，以所增減論，至死者坐以死罪。謂如其人犯罪應決一十而增作二十之類，謂之增輕作重，則坐以所增一十之罪；其人應決五十而減作三十之類，謂之減重作輕，則坐以所減二十之罪。餘准此。若增輕作重入至徒罪者，每徒一等折杖二十，入至流罪者每流一等折徒半年，入至死罪已決者，坐以死罪。若減重作輕者亦如之。若斷罪失於入者，各減三等；失於出者，各減五等。謂鞫問獄囚或證佐誣指，或依法拷訊以致招承，及議刑之際所見錯誤，別無受贓情弊及法外用刑，致罪有輕重者。若從輕失入重，從重失出輕者，亦以所利罪論。並以吏典爲首，首領官減吏典一等，佐貳官減首領官一等，長官減佐貳官一等科罪。若囚未決放及放而還獲，若囚自死，各聽減一等。謂故入及失入人笞杖徒流死罪未決，其故出及失出人笞杖徒流死罪未放，及放而更獲，若囚人自死者，於故出入及失出入人罪上各聽減一等。

釋義曰：註云，入至流者，每流一等准徒半年。蓋徒一等也，故亦折杖二十，三流折杖一百六十，加杖一百，總二百六十。減三等五等，減所出入之罪也，並以吏典爲首。專以失出失入者言，若故出故入者，止坐原問官吏，其佐貳同署文案不知情者，以失論吏典爲首。遞減之，不署者不坐。

明·應檟《大明律釋義·斷獄·斷罪不當》 凡斷罪應決配而收贖，應收贖而決配，各依出入人罪，減故失一等。若應絞而斬，應斬而絞者，杖六十，失者，減三等，其已處決訖，別加殘毀死屍者，笞五十。若反逆緣坐人口應入官而放免，及非應入官而入官者，各以出入流罪故失論。

釋義曰： 官司問擬罪名已定，而斷罪之間或應決配而收贖，應收贖而決配，出於有意則減故出入人罪一等，出於無意則減失出入人罪一等。應斬而絞，應絞而斬，杖六十，失者減三等，則止笞三十。其已處決而別加殘毁者，笞五十。反逆緣坐人口應入官而放免，不應入官而入官，有意則以故出入流罪論，無意則以失出入流罪論也。

明·應檟《大明律釋義·斷獄·赦前斷罪不當》 凡赦前處斷刑名，罪有不當，若處輕爲重者，當改正從輕。處重爲輕，其常赦所不免者，依律貼斷。若官吏故出入者，雖會赦並不原宥。

釋義曰： 處輕爲重則遇赦不得宥矣，則改輕而宥之，處重爲輕者則詳其原犯之罪，赦内該宥者，亦宥之。若係常赦不免之罪，則依律貼斷。其原問官吏失於出入者免科，若係革前故出入者，則坐其故出入之罪，雖原赦亦不宥也。

明·王肯堂《王儀部先生箋釋·斷獄·官司出入人罪》 釋曰： 此律當與官吏受財條參看。首二節以故言，若斷罪以下，以失言，末節總承上言。

第一節本註云受人財，及法外用刑，是兩項，卽不受財，而用法外之刑以鍛鍊周納之，亦故入也。其全出全入人笞杖徒流死罪者，各以全罪反坐原問官吏。

第二節，若增入輕罪爲重，或減人重罪爲輕，其皆出於故者，各以其所增所減之剩罪坐之，若故增減人重罪至死者坐以死罪。增輕作重，減重作輕，律註已明，若增輕作重，入至徒罪者每徒一等，折杖二十。如其人本笞二十，增至杖七十，徒一年半，則以其二等之徒，折杖四十併入。五徒原包杖一百，通作一百四十，於内除訖笞二十，官司合坐剩杖一百二十，全決之也。若入至流罪者，每流一等折徒半年，如其人本杖六十，增至杖一百。流三千里，則以其三等之流折徒一年半，先於三流原包五徒，通折杖二百之内，除訖杖六十，官司合坐全決杖一百四十，徒一年半，其流不折杖也。若入至死罪已決者，官司全抵坐以死罪。其減重作輕，出至流徒杖笞者，罪亦如之。謂亦各以其所故減之剩罪科斷。

第三節，若笞杖徒流死罪之囚，其官司失於全入，及增輕作重者，各減所入全罪，或所增之罪三等。失於全出，及減重作輕者。各減所出全罪，或所減之罪五等，凡此皆謂官司出入囚罪已決已放者言也。此節各字通指出入增減說。此二減，與下各減一等，如斷罪當於未折杖徒之先減去一等，或三等五等，然後隨其所增減之罪科之。如犯笞二十，增至杖一百，流三千里，未決放，先減去一等，然後以杖一百，徒三年，折杖二百科之，不得先以流折徒，然後減一等，蓋恐失增失減剩杖之罪，反重於全出全入者矣。並以吏典爲首，專以失出失入者言，四等官内如有闕員亦依四等遞減。如本衙門所設無四等官者，止准見設員數遞減科罪。若同僚官一人有私，自依故出入人罪論，其餘不知情者止依失論。

第四節，統言故失出入，而不及增減，蓋已包在内矣。囚未決放，可以改招，放而還獲，可以貼斷。若囚自死，則不死於法，是官吏故失出入之罪，猶未成也，故各聽減一等官吏出減人罪。因囚死而聽減，在本囚雖未正其當得之法，而故失之罪可以少原，故得減一等也。前二節同僚官不知，止依失出入論，不曾同署文案者不坐。如本是過失殺人作故殺未決者，問不應故出死罪，放而不獲，坐抵限絹。

此與誣告折杖不同，誣告之反坐，所剩入至流者，註云三流並准徒四年，折杖二百四十，收贖。出入人罪至流者，本註止曰每流一等，折徒半年，不云折杖收贖，則與誣告有輕重矣。其故失出入人全罪，徒不折杖，流不折徒，惟故失有所增減者，然後徒流皆折，按誣重反坐律，其徒流折杖，剩罪已論決者，皆全科，不在收贖之限。此惟五徒折杖，其三流則但折徒，是增減至徒已決放者，亦如誣重全抵所剩折杖之數，若未決放則止聽減一等決之，皆不收贖。或謂增減人罪自笞杖入至徒流皆折杖，一如誣告止杖一百餘罪收贖非也。蓋官司故出入人罪在名例謂之眞犯，常赦不原惟失出人者從赦原法。由此觀之，則難同誣重之剩杖收贖明矣，況誣重所云收贖，彼亦但謂其未論決者之罪則然耳。或又以笞杖徒罪入至流者，皆當於全徒三年之上，又加折徒而後除之，亦非也。蓋如犯杖六十，徒一年者，本折杖一百二十，如入至杖一百，流二千五百里，則二等流共該折徒一年，其三流原包五等之徒，通折杖二百，於內除訖一百二十，則是合杖八十，徒一年耳。難作於杖一百，徒四年之內，除去杖六十，徒一年，該剩杖四十。徒三年也不然，則其未決者但減一等，當徒三年，折杖二百，於內除訖折杖一百二十，則止於剩杖八十耳。豈彼此大相遠乃爾耶？況誣重，雖笞杖但入至流罪者，三流並折杖四十，其所包五徒，亦何嘗不折杖哉。或謂知情故出入人罪亦當以吏典爲首，官各遞減一等。然名例同僚犯公罪者，並以吏典爲首，蓋因其公事失錯，故官得遞減，如故出入人罪，亦可謂之公罪乎？且官吏故勘平人，同僚官知情共勘者，與同罪，則此不得從遞減之例更明矣。

官司故失出入人罪增輕減重例

故增輕作重

增笞從徒　假如犯笞一十，故增作杖八十，徒二年，徒三等，折杖六十，原包杖一百，通折杖一百六十，除凡該笞一十，合坐官吏剩杖一百五十。未決者減一等，杖七十，徒一年半，折杖一百四十，除犯該笞一十，合坐杖一百三十，其剩罪俱全抵，不在收贖之限。

增杖從徒　假如犯杖八十，故增作杖六十，徒一年，通折杖一百二十，除犯該杖八十，合坐官吏杖四十。未決者減一等，杖一百。除犯該杖八十，合坐剩杖二十。

增杖從流　假如犯杖八十，故增作杖一百，流二千五百里。流二等，折徒一年，三流原包五徒，折杖二百，徒一年，除犯該杖八十，合坐官吏杖一百二十，徒一年。未決者減一等，杖一百，徒三年，通折杖二百，除犯該杖八十，合坐剩杖一百二十。

增輕徒從重徒　假如犯杖六十，徒一年，故增作杖九十，徒二年半。徒四等，折杖八十，除犯該徒一年，折杖二十，合坐剩杖六十。以徒從徒，不必包杖一百算也，雖包算，其罪亦同。未決者減一等，杖八十，徒二年，折杖六十，除犯該折杖二十，合坐剩杖四十。

增徒從流　假如犯杖七十，徒一年半，通折杖一百四十，故增作流二千里，折徒半年，三流原包五徒，折杖二百，徒半年，除犯該一百四十，合坐官吏杖六十，徒半年。未決者減一等，杖一百，徒三年，折杖二百，除犯該一百四十，合坐剩杖六十。

增近流從遠流　假如犯杖一百，流二千里，折徒半年，故增作流三千里，折徒一年半，除犯該徒半年，合坐官吏徒一年。以流從流，不必包五徒折杖二百算也。未決者減盡無科。

增笞杖徒流至死　死罪本無折法，已決者反坐以死，若未決及囚自死者，並聽減等流三千里，原包五徒，折杖二百，徒一年半，各隨其本應得之罪除之，坐以剩罪。

故減重作輕

減徒從笞　假如犯杖六十，徒一年，折杖一百二十，故減作笞五十，除已得笞五十，合坐官吏杖七十。未放者減一等，杖一百，除已得笞五十，合坐剩杖五十。

減徒從杖　假如犯杖九十，徒二年半，折杖一百八十，故減作杖一百，除已得杖一百，合坐官吏杖八十。未放者減一等，杖八十，徒二年，折杖一百六十，除已得杖一百，合坐剩杖六十。

減重徒從輕徒　假如犯杖一百，徒三年，折杖一百，故減作杖七十，徒一年半，折杖四十，除已得杖四十，合坐官吏杖六十。未放者減一等，徒二年半，折杖八十，除已得杖四十，合坐剩杖四十。

減流從笞　假如犯杖一百，流二千里，折徒半年，故減作笞四十，三流原包五徒，折杖二百，徒半年，除已得笞四十，合坐杖一百六十，徒半年。未放者減一等，徒三年，折杖二百，除已得笞四十，合坐剩杖一百六十。

減流從杖倣此。

減流從徒　假如犯杖一百，流三千里，折徒一年半，故減作杖八十，徒二年，折杖一百六十，三流原包五徒，折杖二百，徒一年半，除已得杖一百六十，合坐官吏杖四十，徒一年半。未放者減一等，徒三年，折杖二百，除已得杖一百六十，合坐剩杖四十。

減死罪從笞杖徒流　囚已放者反坐以死，若未放及放而還獲，若囚自死者，並聽先減去一等，依律折除。

失增輕作重

增笞從杖　假如犯笞三十，失增作杖一百，失入減三等，該杖七十，除犯該三十，吏典爲首，合坐杖四十。未決者又減一等，合坐吏典首罪杖三十。

增笞從徒　假如犯笞一十，失增作杖一百，徒三年，失入減三等，杖七十，徒一年半，折杖一百四十，除犯該笞一十，吏典爲首，合坐杖一百三十。

未決者又減一等，杖六十，徒一年，折杖一百二十，除犯該笞一十，合坐吏典杖一百一十。增杖從徒倣此。

增杖從流　假如犯杖一百，失增作杖一百，流三千里，失入減三等，杖八十，徒二年，折杖一百六十，除犯該杖一百，吏典爲首，合坐杖六十。未決者又減一等，杖七十，徒一年半，折杖一百四十，除犯該杖一百，合坐吏典首罪，杖四十。

增輕徒從重徒　假如犯杖六十，徒一年，折杖二十，失增作杖一百，徒三年，失入減三等，杖七十徒一年半，徒二等，折杖四十，除犯該杖二十，吏典爲首，合坐杖二十，首領減一等，杖一十，佐貳官減盡無科。未決者又減一等，杖六十，徒一年，則與本該罪名同矣，雖吏典亦減盡無科，以徒從徒，不包杖一百之數。

增徒從流　假如犯杖六十，徒一年，折杖二十，失增作杖一百，流三千里，失入減三等，杖八十，徒二年，折杖六十，除犯該二十吏典爲首，合坐杖四十。未決者又減一等，杖七十，徒一年半，折杖四十，除該二十，合坐吏典杖二十。

增笞杖徒流入死　囚已決者亦減三等，若未決及囚自死，又減一等，吏典爲首，其減至徒罪，亦折杖除之。

失減重作輕

減杖從笞　假如犯杖一百，失減作笞三十，失出減五等，笞五十，除已得笞三十，吏典爲首，合坐杖二十。未放者又減一等，笞四十，除已得笞三十，合坐吏典杖一十。

減徒從笞　假如犯杖七十，徒一年半，失減作笞二十，失出減五等，杖七十，除已得笞二十，吏典爲首，合坐笞五十。未放者又減一等，杖六十，內除已得笞二十，合坐吏典笞四十。減徒從杖倣此。

減流從笞　假如犯杖一百，流三千里，失減作笞一十，失出減五等，杖六十，徒一年，折杖一百二十，除已得笞一十，吏典爲首，合坐杖一百一十。未放者又減一等，杖一百，除已得笞一十，合坐吏典首罪杖九十。

減流從徒　假如犯杖一百，流三千里，失減作杖六十，徒一年。失出減五等，杖六十，徒一年，吏典爲首，減盡無科。

減死罪從流徒杖笞　囚已放者亦減五等，若未放及放而還獲或囚自死者，又減一等，其徒亦折杖除之。

明・王肯堂《王儀部先生箋釋・斷獄・辯明冤枉》　釋曰：此條專爲監察御史及按察司官而設，謂其職專理冤抑也。

第一節，凡各内外有司衙門鞫問罪囚，在内從監察御史，在外從提刑按察司官審錄，如有冤枉，即與辯明，須要開具本犯所以冤枉事跡，實封奏聞，候旨委官追究問理。如果冤枉得實無疑者，被誣之人依律改正，仍將誣告所枉之罪反坐原告，一如誣告律。原問官吏以故失入人罪論。

第二節，若事情本無冤枉，而監察御史按察司官徇私朦朧，爲其辯明者，杖一百，徒三年，蓋爲其奏事詐不以實也。然既與朦朧辯明，則原告原問官俱應坐罪，是爲其所誣矣。所誣之罪，若重於杖一百，徒三年者，以故出入人罪論，謂誣原告原問官之罪重，則以故入科之。如出本犯罪重，則仍以故出科之。其所辯之罪人，知情與同罪，不知者不坐。或謂明知自己無冤，而故赴御史按察司申訴，因得朦朧辯問者，是謂知情。若原無申訴，而御史按察司官自爲辯明者，是謂不知情，恐未必然，必是辯冤之人與執憲官有關會和同處，方可謂之知情。若展轉求脫，無冤稱冤，亦罪人之常，况風憲官職司綱紀，豈肯爲人朦朧奏辯，若聽囑，若受財，自有囑託公事，及風憲官吏犯贓本律，故此不言耳。所辯之人原罪輕者，同本官杖百徒三之罪，若犯罪本重者，自依常律，與不知情者止坐原犯罪名。上言被誣之人謂枉者也，此言所辯之人謂不枉者也，或云所辯之人乃委官耳。然監察御史、按察司官朦朧爲囚辯理，若不因委官追問，則孰從知而問之，其安得與之同罪，又何不知情之有。且目委官爲所辯之人，謬之甚矣。

條例第三條此專爲引例充軍而設，其餘不分曾否詳允一叚乃申明移情就例之戒，犯者俱以故入人罪論。

明・王肯堂《王儀部先生箋釋・斷獄・原告事畢下放回》　釋曰：得實二字要看，蓋不得實則原告不能無罪，而被告亦未必招服。故凡告訐一應詞訟曾經拘提對問得實，被告已經招承服罪，其原告人別無待對未盡事理，鞫獄官司自當隨即省放寧家，若於事結之後無故稽留，隨衙聽候，三日不放者，笞二十，每三日加一等，至九日之上，罪止笞四十。

《明實録・洪武十五年》　〔五月〕乙卯，監察御史雷勵坐入人徒罪。上責之曰：朝廷所以使頑惡懾伏，良善得所者，在法耳，少有偏重，民無所守爾爲御史。執法不平，何以激濁揚清，伸理冤枉？且徒罪尚可改正，若死罪論決，可以再生乎？命法司論勵罪，以戒深刻者。

又〔八月壬寅〕黄州府同知安貞，以擅造公宇器用，爲吏所告。湖廣按察司鞫之以聞。上遣使勑曰：安貞有犯，法司如律按之，固其職也。然原貞之情，非自私也，房宇器用之物，皆公家所需，貞若遷他官而去，必不以偕往。今乃罪之，是長猾吏告訐之風矣。勑至，貞復職，械其吏送京師。

又〔九月〕癸亥，特置天下府州縣提刑按察分司，以儒士王存中等五百三十一人，爲試僉事人按治二縣，期以周歲遷官，陛辭諭之曰：吏治之弊，莫甚於貪墨，而庸鄙者次之。今天下府州縣官於斯二者，往往有之，是以弊政日滋，民受其害。故命爾等按治其地，凡官吏賢否軍民利病，皆得廉問糾舉，勿蹈因循。

《明實録·洪武二十五年》二月壬子朔，監察御史宮俊奏：刑名不實，法司以面欺，例當斬。上曰：奏對不實，自有常律，何得一以例論，宜依律斷。

《明實録·永樂十年》〔六月癸酉〕禮部給事中引奏法司所逮至犯人，内二人欲有所陳訴，錦衣衛官促之起，遂不得陳。上見而知之曰：此蒙蔽之弊也，在朕前下情尚不能達，況千里之外哉？顧錦衣衛官曰：繼今敢復爾者，必誅。

《明實録·宣德二年》〔五月戊寅〕行在兵部奏富峪衛指揮使張晦死，嫡子璿幼，庶子瓊長瓊母妄稱嫡，請優給。璿勿能爭，及長，乃與母王訴之官。事下行在刑部，晦妹夫高玘右瓊，强辯飾詐，刑部官信之，反坐王罪，王擊登聞鼓訴之，下行在都察院遂明其誣，瓊玘各抵罪，當以璿繼。上曰：此刑部之不明也。使其不擊鼓再訴，則庶襲而嫡廢，如公義何？遂諭三法司官曰：凡聽兩造之辭必明必審，不明而枉直倒置，人將謂朝廷用爾等不當，而怨誹興矣，其可不慎？

《明實録·宣德六年》〔八月乙未〕勑行在都察院副都御史賈諒等曰：比者刑部官戶位曠官率意出入人罪。情重者苟免，無罪者含冤。又綱紀不立，不能繩下，致强盜越獄逃逸，罪已不容。爾等所理刑名，宜加詳審，務盡至公，使法當其罪，而人無冤。乃副朕意。時諒等按事江西故以是誡之。

《明實録·宣德八年》〔三月壬申〕命法司凡民越訴得實者，免罪。不實者，仍發戍邊。先是，奸譎之徒，往往搆無情之詞，赴京陳訴，陷平人於罪，以復私怨。法司不勝其繁，請禁戢之一切訴訟，自下達上越訴者，發戍邊。自是，誣訟雖省，而冤抑莫伸，豪猾愈肆。上已知其弊，因御史張鵬奏福建按察司不以伸冤理枉爲職，每聽民訟輒援越訴之例，發遣戍邊，致民含冤無告，遂命法司，自今訟得實者，毋究越訴之罪。不實者，論罪如初。

《明實録·宣德九年》〔秋七月壬辰〕行在刑部右侍郎施禮奏：昨請決重囚四十四人，有旨命再會官審覆。今有詞者九人，服罪者五人。上謂禮曰：刑當罪，則人不冤。有詞者，必有冤，即再與覆勘，務求其實。然亦不可縱有罪。服罪者，皆如律，臨決之際，亦再審實，勿令有冤。朕已再三與卿等言，若縱有罪，殺無罪，是卿等之咎。不可不慎。

《明實録·正統元年》〔正月〕壬午，行在六部都察院六科十三道劾奏：天下朝覲官典方面者；不能宣揚德化職風紀者；不能振肅憲綱，居鹽運而不明出納，爲守令而不勤撫字；掌兵者私役軍人司馬者牧養無法，凡諸政事，日就懈弛，悉有徵驗，請寘諸法。上俱宥之，賜勑戒勉。

又〔九月庚子〕巡按浙江監察御史王璉，考察富陽縣知縣吳堂，事體生疎，罷黜爲民。堂不服訴冤，已而部民保堂廉幹乞留復任。事下，行在吏部覆奏，上以黜陟弗審，何以勸懲有位，令巡撫巡按官公同覆實，毋得枉人。

《明實録·正統二年》〔四月辛酉〕江西按察司强盜二十餘人反獄出走，御史給事中劾奏按察使石璞，都指揮湯節等，偷安縱奸，請治其罪。上命姑去璞等冠帶，停俸，責限擒捕，所司即簡能者代之。

又〔五月戊午〕行在吏部奏：浙江嘉興府知府齊政，爲監察御史等官，考其老疾，黜之。今政自陳。久理劇郡，素無過舉，亦非老疾。宜移文巡撫侍郎，廣詢細民，驗其誣實。從之。

《明實録·正統三年》〔十月乙卯〕先是，巡按直隸監察御史胡鑑劾奏：巡河右通政王孜、郎中鄧誠、主事侯惲、修船主事羅復禮、馮冕，放甎主事龐毅，各攜家以往，居室資費，悉取給部屬有司。上命都察院逮治孜等，復諭工部臣曰：遣官多則爲民害，其議併省之。

《明實録·正統六年》〔六月戊子〕先是行在吏部右侍郎洪璵，爲監察御史馬謹等劾其行止不端，有玷名爵，有旨宥之。至是，璵自陳右都御史陳智子，濫膺保舉，爲本部考黜御史章珪枉問。工部主事孫雷爲民爲本部科舉，因挾私讎朋比誣陷，乞勅多官辨之。上曰：陳智已寘諸法，瑛姑令任事，命六科給事中從公體驗，具實以聞。

又〔八月戊辰〕山西按察司僉事劉翀被劾下獄。奏僉事李運使其子索書吏賂，書吏發之，按察使徐永達、副使胡軫、僉事李福俱庇運不爲理。巡按御史曹泰亦運舊僚，徇情不劾。事下，行在都察院謂泰、永達等嘗按翀罪，翀有御而誣之，宜令審刑評事王亮及後巡按者體覆。從之。

《明實録·正統十年》〔八月〕甲寅，巡按直隸監察御史韓雍劾奏：山東按察司副使王裕，索部下犯罪遇赦者賄，娶部民女及樂人爲妾，巡按御史計澄與裕有舊，欵掩其罪，上章薦之，俱難任風憲，宜寘諸法。上命都察院逮治之。

《明實録·正統十四年》〔三月癸未〕宥都察院右都御史陳鎰，右副都御史曹翼，刑部右侍郎丁鉉、薛希璉，大理寺卿俞士悦、左寺丞李奎、右寺丞蕭維禎罪。時鎰等上強賊獄，已請誅之，賊稱冤，鎰等復請留與辨。上怒，命六科十三道劾之，章上，乃宥之。

《明實録·景泰元年》〔九月癸丑〕都察院奏：都指揮以思不花下家人陳廝子傷人，恐致死，潛囑都督僉事昌英爲之解許以賂，英遂令軍往執被傷者，今已寘廝子等於法，請執英鞫罪。從之。

《明實録·景泰二年》〔八月庚辰〕刑科給事中曹凱、監察御史王豪，覆鎮守福建侍郎薛希璉，巡按御史許仕達，訐奏諸罪，互有虛實。都察院謂凱、豪於事有未覆者，奏令御史邢宥更覆之，其得希璉所奏，仕達多誣，命希璉自陳，希璉服罪，且謂豪宥以仕達同僚，多庇仕達，仕達亦自陳，所以得罪於希璉，狀詔皆宥焉。

《明實録·嘉靖二十四年》〔六月丁酉〕降四川巡按御史石永職一級，調外仕續差，御史冉崇禮調南京別衙門用；按察司副使朱憲章降一級，故事處決重囚，必奉有決單，然後行刑，永疾囚余友宸，罪惡不候，旨詳允輒批所司文卷，至時送決，後冉崇禮代永巡按比當決囚，憲章據批，以友宸送決，崇禮不及詳，亦概決之。至是，崇禮自檢舉認罪，具言誤決，故由永憲章疏上詔各撫按官逮繫永、崇禮、憲章，俱來京問法司言永等不諳事體，厥罪惟均。上是之，故有是命。

《明實録·嘉靖二十五年》〔九月壬申〕都察院覆南京刑科給事中張思誠條奏，臣等竊見在外，問刑衙門罔知明允，競爲深刻。如殺人驗傷，互異輒擬，抵死盜贓未明，竟坐強劫，被誣淹禁，不曰官不早決也，一斃於〔獄〕則歸咎原告，比以誣告致死之條，積年攬役不曰官相容隱也，一觸其怒則搜剔隱過，按以久戀衙門之律，擒捕私鹽者，未出行鹽地方而概引越境，查盤倉糧者不論多年浥爛，而概引侵弊，上沽明察之譽，下懷觀望之心，妄相比附，逆氣充庭，誠有如思誠所言者。乞勅撫按官今後司府州縣推獄，務合律例，毋得任情故入，久禁無辜，犯者，逮問不宥。上曰：朝廷重惜民命，屢下詔旨所司，乃用法任情，動致冤濫。給事中所言必有指據，該院即行撫按，嚴加按覈，并會同吏部訪察殘忍者，俟大計時黜治。

《明實録·嘉靖四十二年》〔四月乙亥〕刑科都給事中李瑜等言：屬者，刑部聞送囚數動計五百餘人，豈皆情罪允當無一可議者乎？抑猶有過犯由於災眚而情法屬於可疑者乎？臣等看詳章奏，多稱冤抑，間嘗隨時抄發，未見該部一爲議行。國家設大理寺以審讞，蓋付之以天下之平也。近聞該寺讞囚非不聞有參駁，苟見該部執拗即以無詞覆之，甚至獄辭已付廷評，而該部意有出入輒復追改，寺臣亦徑從之。此於政體果安在哉！即今熱審屆期，臣請特勅該部矢心審讞，應末減者末減，應開釋者開釋，并冤抑可矜奏辯有詞者斟酌上請。其大理寺職主平反，尤當務求明允，不宜顧望依違。至若各省恤刑使者，例以五年一差，吏部宜暫止推陞。果資望相應，亦待事完補議。庶主德易宣，下情易達也。疏下，刑部覆從其議。

《明實録·嘉靖四十四年》〔六月己卯〕刑部議覆刑科都給事中沈寅條陳六事。申飭治獄之官謂推官，司理一郡，毋令長隨上官巡歷，其府州縣正官亦不宜以他事遠委。檢覈控訴之情，中外奏牘繁多，類皆含冤待白，所司漫不加省，宜審其情即與施行。其承問之官亦須虛心磨研，速與歸結。詳慎審録之典，每歲霜降會官朝審，造次而畢，今後宜令一一唱名讀招，參情覆案，得其情眞有詞及可矜可疑之實，宣示所批，方行引去。申議恤刑之差部臣奉詔慮囚，有所平反。而有司故爲阻撓，皆由事權太輕，不得陞遷。地方有不用命者，聽其參奏。議處發遣之條，凡審録死罪情可矜疑者，例編永戍，累及子孫，視死尤重情。自今凡坐死罪非眞者，即爲覆勘，亟與伸雪，不得概以矜疑發遣。查刷財用之數，凡徵沒贓私貨賄，猥雜難稽，勢家姦吏恣意乾沒，其中宜備開冊籍，凡出納估計令巡視倉庫科道官嚴加覺察，議入從之。

《明實録·隆慶四年》〔七月庚午〕刑部尚書葛守禮等言：我國家稽古制，律例爲五刑，笞、杖、徒、流各有等則。即罪大惡極衆所共棄者，猶問以刑部，評以大理，朝審以多官，及至臨刑，又三覆五奏，若不得而後加刑焉。其重民命如此。我皇上登極之初，大布恩赦，與民更生，以至停刑有旨，熱審有貸，其所憫念元黎者甚厚。而在外有司無以奉承體德，凡有訊鞫，不論輕重，動用酷刑，有問一事未竟而已斃一二命，到甫期年而拷死十人者；輕視人命有若草菅，如汾州知州齊宗堯三年致死五十人，榮河知縣吳朝一年致死十七人，甚可駭也。請行各處撫按官，戒諭有司，如有仍前慘刻用刑者，照例降級爲民；有故勘、故禁、故入平人致死者，依律抵死；容隱者，事發并治。且律條具在，義例昭然，而各官素未講讀，律令條勑下監司以實舉行，仕如辦事進士、各衙門堂官督令熟讀講解，仍不時考校，務使通曉。舉人、監生待選於吏部者，每遇選，摘取律文數條，令其覆誦解釋，以定銓選次第。上是其言，令行撫按官嚴加體訪，有仍前酷刑者，劾治之。如或姑息容隱，聽法司該科一併參奏。

《明實録·隆慶六年》〔正月辛未〕刑科給事中朱南雍言：傷和致災無如冤獄。無罪濫及固冤也，有罪幸免而俾被殺者啣冤亦冤也，是在有司與恤刑者慎之耳。今有司官類以嚴酷爲風力，遂使無辜遭戮，恤刑官每以多出爲稱職，及使大憝漏網，是皆足以上干天和，致生災沴。自今宜申飭有司官慎重刑名，毋輒輕入，恤刑官詳審獄情，毋得輕出，庶生死無憾。刑剖覆奏，報可。

《明實録·萬曆十五年》〔十一月乙未〕是日，文書房口傳諭刑部：先年嚴尚書在部，亦曾遣人聽記，如今爲何不容若從公問理，無有私弊，何畏人聽記時以太常寺參大興縣知縣王偕擅責樂舞生事，下法司。上密遣校尉二人偵之，因令聽記，招詞以奏，二較初見尚書李世達，婉謂之人犯未齊，尚未審問。且事必先經該司而後呈堂明日當來聽記。次日巡風主事孫承榮以故事無法司問理獄情，而較尉入視者如奉密旨，則當潛聽竊訪豈得公行入視且眞僞未可知，因拒卻之。二較還奏且言王偕青衣乘馬，隨從多人，楊揚入法司狀。上怒，令文書官傳諭閣中，欲以其事掣回鎮撫司鞫問，並傳旨云云。已而世達等謝罪。居數日上意解奪司官俸二月，仍以事屬法司。刑科都給事中唐堯欽等疏言較尉司緝訪者也，可施於民間，不可加於部院且聽記原非祖制，嚴尚書時，鎮撫司較尉押犯人到部於庭上站立，非爲聽記也。況一事每經多官，豈容縱枉而必取信於校尉之口乎。是日伊口稱有旨，及尚書李世達出迎，又全無憑據孰辨眞假？乞上全體統以安大臣。上以奉旨究問人犯，皇祖時曾有聽記，非自今日始，況該役帶有信牌，如何憑據。御史郭萬里等，給事中和震、郭顯忠、梅國樓、侯先春，御史文德交章言其不可。上不聽。

明·孫旬《皇明疏鈔·飭法令懲姦惡以保治安疏》竊見錦衣衛已革職旗校王邦奇等奏復職役一節，前有通行查革之詔書，後有奏擾重治之勑旨，抗違玩侮，情法甚明，無容於詳著辭說者。陛下曰：兵部看了來說，豈許之邪？邦奇等之奏，至再至三，至於六且七矣，終不一懲其奸。若縱之然者，臣竊惑焉，臣請言邦奇等之狀。正德中，朝廷之權在奸黨，內之劉瑾、張鋭外之楊玉、錢寧、邦奇等，以賄納身，甘爲鷹犬，搏噬豺狼，各肆其凶，既積其構會之功以營官，又累其撣挾之財以立產。故其捕奸盗也，或以一人而牽十餘人，或以一家而連數十家，鍛鍊獄詞，付之法司，謂之鑄銅板。其緝妖言也，或用番子四出，搜愚民詭異之書，或買奸僧潛行，誘愚民彌勒之教，然後掩之，無有解脫，謂之種妖言。數十年間，死者塡獄，冤苦之聲，籲天無從。幸陛下晰其奸蠹，首下查革之詔，少紓人鬼之憤，然不追及致死無辜之罪，不籍其害衆成家之產，或降其級，或令冠帶於上，恩可謂曠蕩浩溢無涯矣，而邦奇等日生怨望，不自悔戢，敢於抗違，摭拾原勘，肆然無忌，動若有憑意者，陛下左右之人，以身設利，陰主其中歟？故凡爲之申理關說者，皆姦黨也，不可不察也。不然邦奇等慴陛下之威嚴，畏該部之送問，虞該科之參駁，其曷敢邪？且該科批邦奇之奏尾已六具參矣，而該部該司未聞引詔曰當查革，引旨曰當重治。東之几閣，漫無可否，名則立案不行，實則不肯任怨，則致邦奇等之怙終煩瀆者，該部該司成之也。況邦奇等號於衆曰：該部言非，本部不爾施行。但該科既以參出。臣愚以爲，大臣理國當事，不應有此。萬一有之，豈同舟共濟之義哉？陛下今日收已渙之人心，奠將危之國勢，四海頌功，萬方同慶者，在登極一詔中間，事體重大，關涉國課者，在裁革數條。此輩唾手攘臂，壞之一朝，則厲階之下環而立者，默而伺者，睥睨而垂涎者將四至，譬之隄焉，時省日視，東塞西築，猶有蟻穴之虞。今聽其決，則水之奔放衝激，欲遏而障之，其爲不易，較然甚明矣。臣爲言官，皆陛下守隄之吏，萬蟻之穴，日引水至而喑然，及其破壞潰決，然後嘵嘵其聲，罪可贖哉？臣聞法令者，所以整齊宇內者也。上數降其旨，下數違其意，甚非所以軌物而信度也。邦奇等在先朝爲罪人，使先帝結怨於天下；在今日爲頑民，使陛下失信於將來。且新政之初，聖心方堅，猶且橫爲奏擾，如此況一二年之後。左右之人，爲之游說，耳且熟者乎？是誠不可不憂而慮也。爲之說者曰：中間容有緝獲得眞者，例用查革，此於情不堪。乃不知一人之身，積數事而後論功，眞者十一，而僞者十九，則安可以一眞而蓋九僞之罪哉？凡此不有所懲則無畏，不奪其心則不知止。陛下寬其累犯之罪，該部成其數奏之辭，巧辯厚誣，乃至是極，此其效也。望陛下念治亂安危，在此事之開塞，毋惑人言，明勅該部備查前後詔旨，將王邦奇及寫本之人問擬發遣，以杜後患，仍許直言敢諫之士，爲陛下陳說，不使小人遂其奸私，以釀禍源，則幸甚。

明・申時行《明會典・官吏過名》〔洪武〕二十六年定，凡本部十二部，遇有問失出入人罪，就誤公事，含糊行移等項，一應犯該公罪官吏，該笞者，官收贖，吏移付廣西部紀錄，候一季終，照數類決。杖罪以上，并取到各衙門官公罪招狀，各部亦開付廣西部明立文案，候年終，案呈通咨吏部紀錄，通考黜陟。

明・陳子龍《明經世文編・鄭自璧〈懲欺罔以杜後漸疏〉》竊惟詔令者，出之朝廷，以播之天下，傳之後世，人心去留之所關，宗社安危之攸繫也。詔令所出，則賞罰寓焉。故賞而信，則人樂趨，而善者勸。罰而信，則人知懼而惡者沮。古先哲王之所以風天下，圖化理者，此而已。詔令一布，而中少變更，則人遂玩之，以爲無據。而況游令無徵，則凡在賞罰之下，孰不滋僥倖之念哉？正德年間，群奸用事，內官西廠朝入而暮獲功，張銳、錢寧辰賄而酉陞職。故拏平人，爲捕獲劇盜；掇拾俚語，爲緝訪妖言。身不違几席，而邊徼奏功；目不識鋒銛，而流賊剿殺。班行濫及輿皂，金紫賤若土苴。名器之壞，至此極矣。幸遇皇上登極，一詔盡行查革，數十年之宿弊頓清，千萬人之歡心大慰。不意又有冥頑不省，前如王邦奇等，無厭奏擾，屢荷聖恩，曲垂寬宥榮以本等冠帶，免其追賠俸糧，實出望外。然狐鼠之黠，不忘城社之憑，而狼虎之貪，尚意豚羔之飫。今有如季全、元鏻與王邦奇等，輪流首倡，朝夕會盟以鑽刺爲多能，以抗詔爲有力，以夤緣詔旨爲多劍，以打點成事爲利刃。出入內府，三五成群，此等踪跡不惟臣等知之，而市井舉知之；不惟外臣知之，而近侍陛下者亦或知之。知而不從，固有老成解事者矣，但恐其間，亦有爲彼所惑，過聽甘言，貪圖賄賂而反陰於陛下之側爲之所者，不然，陛下不度幾宜不惜反汗，即奏施行，此臣等所不能不駭愕也。況先次綸音屢降，一則曰原革有未盡的會同查勘明白來說，二則曰還有查未盡的着再查明白來說，則是淵衷所切，止欲查勘存留之人，恐有一二漏網，不足以緘佞口而厭衆心。今日之旨，欲將累次勘明，裁革季全、元鏻等，備查奏請，竊意當時被差官員與該衛人等，素無德怨，應留應革，止憑該衛文冊，全憑本人親供，研審再三，駁查數次，況明詔條格，昭如日星，猶持規矩以掄方員，合則留，不合則棄，殆有不容易者。今季全等文冊親供固在，縱使復查，後先磨對，徒招翻閱之勞；反覆奏聞，祗見宸聰之瀆。而彼職役緣由，一一明白如故，正合明詔所載應革欵內，誰敢少變前說，以來欺罔之罪哉？

明・佚名《居官必要爲政便覽・刑類》凡訪察勢在難已，但近來有司各官一遇上司委托採訪，豈能以坐照哉？不過委其事於奴隸之人而令其採訪以塞責耳。此輩一受其委，以爲奇貨，必赴窩訪之家而買訪焉。夫窩訪之徒與各府州縣訪事之人相爲通同，但此輩若非衙門積猾，必係地方棍徒，平日專一採訪官吏政蹟，搜求民間是非，編成聯句，列爲條款，集稿以待來索。愛憎出乎其心，死生出乎其手，案前之虛寔未分，而袖中之軍徒先定矣。窩訪一得其姓名則賣於買訪之人，買訪人得其姓名則以次轉聞於巡按。按院一至其地，則憑原訪單而拏之，不問其假，先行解院。解至則先責治方行發問，幸而不死者猶之可也。故眞正元兇大惡之輩自恐訪及，互相結交，反得漏網，而良善無辜之人偶以睚眦細微而往往被其陷穽者。似此聲勢大彰，則州縣自佐領以下，衛所自指揮以下，府之首領以下，悉爲籠絡，與之交奸，帖具官銜，處以賓禮，厚其餽遺，要一奉十，中有特立而恥於詭隨者，鮮不爲彼所陷，是使懲惡之典反開局騙之門，地方之害莫勝於此。雖間有處治，竟莫能除其根，緣黨類多故也。邇來耳目太多，機事欠密，遂令此輩大開騙局，謂之通訪。正官任後須要留心密切，暗自徐徐採訪，要在不露形跡。果有大奸大惡，州縣官不能禁治者，卽據寔聞于上司拏治，而不爲虐，仍查訪本地有無窩訪之家。大抵耳目可有而不可多，多則必至於濫，機事貴密而不貴洩，洩則必害。夫成欲深知其害，而亟救其害，在善用乎權，而不示以權，則正官之才力可見矣。

明・佚名《折獄明珠・分條珥修・私和公事類》欺滅官府，私和賊情重事。人命罪重，王法不容，豈應奸黨私和，兜收賄賂，欺公滅法，廣財買息，直者受枉，民有不平。人命買囑私和，生者受賄，死者含冤。重事輕知，法律何用，乞台斧斷，殄滅刁風。

清・嵇璜《續通志・刑法略二》 帝又聞臺中鞫獄，御史多不躬親，委任胥吏。詔飭止。又令諸州笞杖罪不須證逮者，長吏卽決之，勿復付所司。羣臣受詔鞫獄，獄既具，騎置來上有司；斷已復，騎置下之州。凡上疑獄，覆無疑狀者，官吏同違制論。其應奏疑案，亦騎置以聞。

又 〔宋〕眞宗卽位，聞諸州所斷大辟情可疑者，懼爲諸司所駁，不敢上。迺詔：死事有可疑者，具獄申轉運司，擇部內詳練格律者決之，須奏者乃奏。按此詔《玉海》以爲眞宗事，《宋史》以爲太宗至道二年事。今從《玉海》。

又 〔宋〕至道二年，敕大理寺：決天下案牘，大事限二十五日，中事二十日，小事十日。三年，詔御史臺：鞫徒以上罪，獄具，令尚書丞郎、兩省給舍以上一人，親往慮問。尋又詔：獄無大小，自中丞以下皆臨鞫問，不得專責所司。按《玉海》《通考》諸路提點之罷在淳化四年，大理寺限詔在至道二年，《宋志》倒置，殊非。又大理寺限詔正至道二年事，而《宋志》序於至道二年前，亦非，今悉改正。

清・嵇璜《續通志・刑法略三》 〔遼〕太平六年詔：貴戚以事被告，官司不案，輒申及受請託爲奏言者，以本犯人罪罪之。

清・嵇璜《續通志・刑法略四》 〔元延祐〕六年九月用御史臺臣言，諸犯贓罪已欵伏，及當鞫而幸免者，悉付原問官，以竟其罪。

清・嵇璜《續文獻通考・刑一》 〔金世宗大定〕十七年申遣審錄官之令。

時陳言者乞設提刑司，以糾諸路刑獄之失。尚書省議，謂久恐滋弊，帝乃命距京師數千里外懷冤上訴者，集其事以待選官就問。又詔宰臣：朝廷每歲再遣審錄官，本以爲民伸冤滯也，而所遣多不盡心，但文具而已，審錄之官，非止理問重刑，凡訴訟案牘，皆當閱實是非，囚徒不應囚繫，則當釋放，官吏之罪卽以狀聞，失糾察者，嚴加懲斷，不以贖論。

《金史・刑志》曰：帝以監察御史體察東北路官吏，輒受訟牒，爲不稱職，笞之五十。又御史中丞赫舍哩遐傳曰：上謂臺臣糾察吏治之能否，務去其擾民，且冀其得賢也。今所至，輒受訟牒，聽其妄告，使爲政者如何則可？

《大清律例・刑律・官司出入人罪》 凡官司故出入人罪，全出全入者，徒不折杖，流不折徒。以全罪論。謂官吏因受人財，及法外用刑，而故加以罪，故出脱之者，并坐官吏以全罪。

若於罪不至全入，但增輕作重，於罪不至全出，但減重作輕，以所增減論；至死者，坐以死罪。若增輕作重，入至徒罪者，每徒一等，折杖二十；入至流罪者，每流一等，折徒半年；入至死罪已決者，坐以死罪。若減重作輕者，罪亦如之。

若斷罪失於入者，各減三等；失於出者，各減五等；并以吏典爲首，首領官減吏典一等，佐貳官減首領官一等，長官減佐貳官一等科罪。坐以所減三等、五等。

若囚未決放，及放而還獲，若囚自死，故出入，失出入。各聽減一等。其減一等，與上減三等、五等，并先減而後算折其剩罪以坐；不然，則其失增失減剩杖剩徒之罪，反有重於全出全入者矣。

凡故增笞從徒，如犯笞一十，故增作杖八十、徒二年；徒三等折杖六十，原包杖一百，通折杖一百六十；除犯該笞一十，合坐官吏剩杖一百五十。未決者減一等，杖七十、徒一年半，折杖一百四十；除犯該笞一十，合坐剩杖一百三十。其剩罪俱全抵，不在收贖之限。

凡故增杖從徒，如犯杖八十，故增作杖六十、徒一年，通折杖一百二十；除犯該杖八十，合坐官吏剩笞四十。未決者減一等，杖一百；除犯該杖八十，合坐剩笞二十。

凡故增杖從流，如犯杖八十，故增作杖一百、流二千五百里；流二等折徒一年，三流原包五徒，折杖二百、徒一年；除犯該杖八十，合坐官吏剩杖一百二十、徒一年。未決者減一等，杖一百、徒三年，通折杖二百；除犯該杖八十，合坐剩杖一百二十。

凡故增輕徒從重徒，如犯杖六十、徒一年，故增作杖九十、徒二年半，徒四等折杖八十；除犯該徒一年折杖二十，合坐官吏剩杖六十。以徒從徒，不必包杖一百算也；雖包算，其罪亦同。未決者減一等，杖八十、徒二年，折杖六十；除犯該折杖二十，合坐剩笞四十。

凡故增徒從流，如犯杖七十、徒一年半，通折杖一百四十；故增作流二千里，折徒半年，三流原包五徒，折杖二百、徒半年；除犯該杖一百四十，合坐官吏剩杖六十、徒半年。未決者減一等，杖一百、徒三年，折杖二百；除犯該杖一百四十，合坐剩杖六十。

凡故增近流從遠流，如犯杖一百、流二千里，折徒半年；故增作流三千里，折徒一年半；除犯該徒半年，合坐官吏剩徒一年。以流從流，不必包五徒折杖二百算。未決者，減盡無科。減遠流從近流者，仿此。

凡故增笞杖徒流至死，如增至死罪，本無折法。已決者，反坐以死。若未決及囚自死者，并聽減等。流三千里，原包五徒，折杖二百、徒一年半；各隨其本應得之罪除之，坐以剩罪。

凡故減徒從笞，如犯杖六十、徒一年，折杖一百二十，故減作笞五十；除已得笞五十，合坐官吏剩杖七十。未放者減一等，杖一百；除已得笞五十，合坐剩笞五十。

凡故減徒從杖，如犯杖九十、徒二年半，折杖一百八十，故減作杖一百；除已得杖一百，合坐官吏剩杖八十。未放者減一等，杖八十、徒二年，折杖一百六十；除已得杖一百，合坐剩杖六十。

凡故減重徒從輕徒，如犯杖一百、徒三年，折杖二百，故減作杖七十、徒一年半，折杖一百四十；除已得杖一百四十，合坐官吏剩杖六十。未放者減一等，杖九十、徒二年半，折杖一百八十；除已得杖一百四十，合坐剩笞四十。

凡故減流從笞，如犯杖一百、流二千里，折徒半年，故減作笞四十；三流原包五徒，折杖二百、徒半年；除已得笞四十，合坐官吏剩杖一百六十、徒半年。未放者減一等，杖一百、徒三年，折杖二百；除已得笞四十，合坐剩杖一百六十。減流從杖，仿此。

凡故減流從徒，如犯杖一百、流三千里，折徒一年半，故減作杖八十、徒二年，折杖一百六十；三流原包五徒，折杖二百、徒一年半；除已得杖一百六十，合坐官吏剩笞四十、徒一年半。未放者減一等，杖一百、徒三年，折杖一百六十，合坐剩笞四十。

凡故減死罪從笞杖徒流，如死囚已放者，反坐以死。若未放及放而還獲，若囚自死者，并聽先減去一等，依律折除。

凡失增笞從杖，如犯笞三十，失增作杖一百；失入減三等，該杖七十；除犯該笞三十，吏典爲首，合坐剩笞四十。未決者又減一等，合坐吏典首罪笞三十。

凡失增笞從徒，如犯笞一十，失增作杖一百、徒三年；失入減三等，杖七十、徒一年半，折杖一百四十；除犯該笞一十，吏典爲首，合坐剩杖一百三十。未決者又減一等，杖六十、徒一年，折杖一百二十；除犯該笞一十，合坐吏典首罪，杖一百一十。增杖從徒，仿此。

凡失增杖從流，如犯杖一百，失增作杖一百、流三千里；失入減三等，杖八十、徒二年，折杖一百六十；除犯該杖一百，吏典爲首，合坐剩杖六十。未決者又減一等，杖七十、徒一年半，折杖一百四十；除犯該杖一百，合坐吏典首罪，笞四十。

凡失增輕徒從重徒，如犯杖六十、徒一年，折杖二十，失增作杖一百、徒三年；失入減三等，杖七十、徒一年半，徒二等折杖四十；除犯該杖二十，吏典爲首，合坐剩笞二十；首領官減一等，笞一十；佐貳官，減盡無科。未決者又減一等，杖六十、徒一年，則與本該罪名同矣，雖吏典亦減盡無科。以徒從徒，及以徒從流，俱不包杖一百之數。

凡失增徒從流，如犯杖六十、徒一年，折杖二十，失增作杖一百、流三千里；失入減三等，杖八十、徒二年，折杖六十；除犯該杖二十，吏典爲首，合坐剩笞四十。未決者又減一等，杖七十、徒一年半，折杖四十；除犯該杖二十，合坐吏典首罪，笞二十。

凡失增笞杖徒流入死，如死囚已決者，亦減三等。若未決及囚自死，又減一等。吏典爲首。其減至徒罪，亦折杖除之。

凡失減杖從笞，如犯杖一百，失減作笞三十，失出減五等，笞五十；除已得笞三十，吏典爲首，合坐剩笞二十。未放者又減一等，笞四十；除已得笞三十，合坐吏典首罪笞一十。

凡失減徒從笞，如犯杖七十、徒一年半，失減作笞二十，失出減五等，杖七十；除已得笞二十，吏典爲首，合坐剩笞五十。未放者又減一等，杖六十；除已得笞二十，合坐吏典首罪，笞四十。減徒從杖，仿此。

凡失減流從笞，如犯杖一百、流三千里，失減作笞一十，失出減五等，杖六十、徒一年，折杖一百二十；除已得笞一十，吏典爲首，合坐剩杖一百一十。未放者又減一等，杖一百；除已得笞一十，合坐吏典首罪，杖九十。

凡失減流從徒，如犯杖一百、流三千里，失減作杖六十、徒一年，失出減五等，杖六十、徒一年，吏典爲首，盡減無科。

凡失減死罪從流徒杖笞，如死囚已放者，亦減五等。若未放及放而還獲，或囚自死者，又減一等，其徒亦折杖除之。

條例

一、承審官改造口供、故行出入者，革職。故入，死罪已決者，抵以死罪。其草率定案、證據無憑、枉坐人罪者，亦革職。

一、凡初次供招，不許擅自刪改，俱應詳載揭帖。若承問官增減原供，希圖結案，按察使依樣轉詳，該督撫嚴察題參。不行察、參，將該督撫交部，一并議處。按察使亦不得借簡招之名，故爲刪改。倘遇有意義不明、序次不順，與情罪并無干礙，即就近核正申轉，將改本備案，不得發換銷毀。違者，依改造口供、故行出入例議處。

一、凡謀反、謀叛之罪，照律連坐、籍没。其餘情罪詳載律內，俱應照律擬議。不得存心陷害，借言情罪重大，誣指朋黨，妄議株連父母兄弟妻子，籍没家產。若承審官於本罪外捏造此等言語，株連父母兄弟妻子、籍没家產者，即照故入人死罪律治罪。

一、凡督撫具題事件內有情罪不協、律例不符之處，部駁再審。該督撫虛心按律例改正具題，將從前承審舛錯之處免其議處。若駁至三次，督撫不酌量情罪改正，仍執原議具題，部、院覆核其應改正者，即行改正，將承審各官、該督撫一并交與該部議處。

《刑部通行章程·光緒九年九月初二日刑部河南司奏附片》 謹奏：爲遵旨議奏事。光緒九年八月十二日，內閣奉上諭：光祿寺少卿延茂奏敬抒管見一摺，各直省問刑衙門承審案件，自應虛衷研鞫，以持情法之平，何得草率定擬，致有失入情事。若明知案情未確，或迴護原審，或規避處分，以致冤及無辜，尤屬不成事體。嗣後著各該督撫，督同臬司，於人命重案悉心推勘，以期無枉無縱。其所請現辦各案，如有失入情節，准其奏明更正，寬免處分之處，著刑部議奏。等因，欽此。臣等遵即檢閱該少卿原奏，內稱：近日各省所謂能幹之吏，率多武健嚴酷之才，視民命如草芥，如四川東鄉之奇冤，江南三牌樓之失入，河南王樹汶之呼冤，可爲往鑒。雖經朝廷或特派使臣，或提交刑部持正平反，而死者不可復生，斷者不可復續。況此外之無可控訴、未經糾參、抱痛沈冤於九泉者，正不知其凡幾也。干天和而召災祲，未必不由於此。奴才愚以爲，與其平反於失入之後，何若矜慎於聽訟之時。應請旨，飭交各疆吏督同臬司於現辦案件有關民命者，悉心推勘。如有失入情節，勿稍迴護，准其奏明更正，仍加恩寬其處分。如不肯平反，始終固執，經旁人參奏得寔，即治以欺罔之罪。等因。查臣部核覆各省命盜案件，每年不下數千起。臣等均逐件詳閱，遇有關係民命，如案情稍涉可疑者，即隨時駁令覆審。各該省果能虛衷研鞫，將駁審之案無論失出、失入，訊得寔情，據寔平反，檢舉更正，處分自可邀免。無如近來不肖州縣玩視民命，多係草率從事，該管上司不肯認眞詳細推勘，非巧爲彌縫，即多方掩飾，其能平反更正者百無一二，而固執原擬者則比比皆是。推原其故，總由各該督撫徇庇屬員，迴護原審。其尤甚者，明知案情寔有冤抑，即據寔更正，處分亦輕。以爲與全省局面有礙，終不肯自認錯誤，積習相沿，牢不可破。即如河南鎮平縣王樹汶呼冤一案，始而迭經御史參奏，該省仍敢飾詞覆奏，入人死罪。繼而奉特旨，提交臣部審辦。該前撫李鶴年，猶復強詞嘵嘵置辯，希圖搖惑衆聽，顛倒是非。在已經發覺者平反尚如此其難，其餘未經發覺者，更必任意消弭，安望其自行更正耶？該少卿所奏，命案有失入情節，准其更正，寬免處分，係爲矜恤民命，力挽積弊起見，第此等情節亦有區別，有下司自知審辦錯誤，稟請更正，則承審官處分自可寬免。如係上司查出更正則原審官豈能免議？倘在具奏以後，更應請旨遵辦，此時礙難預定，相應請旨，飭下各省督撫，嚴飭所屬，嗣後審理命盜等案，務須詳細研鞫，果係情眞罪當，毫無疑義者，詳叙供勘招解，該臬司亦應親提覆審。如情罪不符，或寔有冤抑者，即立予平反，不得稍涉迴護，總期無枉無縱，俾成信讞。倘有規避處分，致有冤及無辜等情，亦即嚴行參辦。如能據寔更正，應由臣部臨時移咨吏部，酌核辦理。所有臣等遵旨議奏緣由，謹恭摺具奏請旨。光緒九年九月初二日奏。奉旨：依議，欽此。

再，該少卿原奏內稱：近來京控命案居多，發交各省者，連年累月多不奏結。論者或謂近日京控率多砌詞拖累，奴才竊以爲，砌詞京控誠所不免，而蠢蠢編氓含冤負屈，正自不少。如果砌詞聳聽，察審最易，奏結更不應遲。其遲延最久者非賂遺積淹，即係瞻徇迴護，以致沈冤莫白，竟有監候待質二十餘年者。應請飭交軍機大臣，將近年京控案件未經奏結者共若干起，開單呈覽，嚴旨交催，勒限奏結。並請嗣後凡有京控案件，飭交刑部分省立檔，嚴定限期。如逾限不結者，由刑部專摺奏參。如刑部不肯奏參，一經言官糾彈，以徇庇論。等因。臣等查各省京控之案，從前係由都察院會同步軍統領衙門，每年兩次將咨交未結各案彙開清單奏催，近來僅據步軍統領衙門每兩月將京控咨交數目具奏和照。臣部轉行各該省遵照其都察院京控之案，並不知照，臣部即無從稽核，惟查各省辦理京控案件，近年有將已未完結數目，及未能審結緣由，每年分兩次彙奏者，亦有並不具奏者，殊不畫一。現當稽核京控審限之際，相應請旨，飭下各省督撫、將軍、都統、府尹，查明京控交審案件，無論奏咨，每年將已未完數目分兩次彙開清單具奏，以歸畫一，並摘錄案內註明交審日月，及將未結各案因何未能審結緣由，於每年兩次覆奏時，詳細聲明，分咨臣部。至都察院及步軍統領衙門，每年按收京控之案，無論奏咨交審，均一律開單咨部，以憑稽核，俾免積壓，而清庶獄。理合附片陳明，謹奏。光緒九年九月初二日奏。奉旨：依議，欽此。

《清實録・雍正元年》 庚寅，諭大學士等：刑部直省命盜案件，主稿雖在刑部，然必由三法司等衙門公同確勘畫題，方行請旨。今刑部議覆被盜疎防及人命失察等案，有該督撫未將所屬地方官弁報參者，刑部於具題完結，本尾聲明行令查參到日再議。嗣經該督撫有照例補參者，亦有援例請免者，止用咨覆刑部。既不再題，又不照會都察院大理寺衙門，是以部中姦猾胥役，得以操縱其事，暗地招搖。有部費者，則爲援引輕例，且有竟將咨文沉匿，日久潛消者。如無部費，雖督撫聲明在所可寬，不准邀免，欺隱朦混，事同議異。嗣後凡三法司會議案件，本尾有帶及行令補參者，督撫咨覆到部，其或處分，或寬免，作何完結之後，令刑部知會畫題衙門，公同刷卷。如此則胥役不得萌逞故智，上下其手矣。

《清實録・乾隆四十四年》 庚寅，諭原任蘇州府知府楊燦：前在常州府任內，因審轉命案失入，部議降一級調用，照例送部引見，失入處分，較失出爲重。昔宋仁宗於吏部選人，一坐失入死罪，終身不遷，所以重民命也。此等部議降調，實屬罪所應得。若與尋常公過，概從寬貸，無以示懲。但前據薩載、楊魁奏稱楊燦在江十有餘載，頗著能聲，風土人情，尤所熟悉，倘蒙錄用，懇請仍發來江差遣，等語。楊燦著發往江蘇，以同知用，非奉特旨，該督等不得將伊題陞知府。

《清實録・乾隆四十六年》 〔十二日〕諭軍機大臣等：四川土司沙金龍等弟兄爭控一案，始於乾隆四年，距今四十餘年，延擱未結。該會理州知州徐士勳於土司搶劫牛羊穀石之案，復延玩二年不辦，經朕降旨將案犯解京，令軍機大臣會同刑部反覆研鞫，訊得實情，分別按律定擬。此等土司遠居邊徼，遇有爭控之案，地方官自應即時秉公審斷，迅速辦理。乃此案始於乾隆四年，歷任總督並不飭屬早行審結，以至該土司之弟姪屢次赴京具控，輾轉繫逮。可見地方官平日竟不以事爲事。至該州徐士勳，於搶劫大案，延擱不辦，在總督文綬任內，該省諸事廢弛，上下因循延玩，貽誤地方不小。土司以私仇互控，地方官置之不問，安知不釀成事端。從前金川沃克什之事，可以爲鑒，何歷任總督竟無一人計慮及。此至各省苗疆及番夷地方，離省較遠，如有訐訟之案，俱宜立時審斷。著傳諭各督撫，嗣後務宜嚴飭所屬，留心體訪，一有此等控案，一面奏聞，一面秉公辦理，毋再如川省此案延玩日久，直待解京審訊也。

又 〔十二月〕又諭：據楊魁奏，海澄縣民周鏗聲控告在籍知縣葉廷推纂輯縣志，載入碑志，詞語狂悖，審係挾嫌妄控，等情。仍請將葉廷推革去知縣職銜審辦一摺，所辦殊屬非是。周鏗聲指控葉廷推所載伊曾祖葉逢春碑志語句，如魯仲連排難解紛，及誰謗南面雄、瑤林繁玉種等句，俱係勦用腐爛舊句，原無悖逆之處。該撫既究出周鏗聲從前因籍園圖占抽分海泊，採取蠔螺，經葉廷推之故兄告發，將該犯杖責，懷恨欲圖報復各緣由，自應將周鏗聲按照誣告律問擬，嚴示創懲，何必又將葉廷推請旨革去職銜？是欲兩敗俱傷，轉使挾嫌妄控者得長刁風，而無辜良善致滋擾累。從前巴延三等奏，訪獲舉人王爾揚所作墓志內妄用皇考字樣，指爲悖逆，曾明降諭旨，通諭中外，不得刻意吹求。楊魁並非不曉事之人，何辦理此案茫無定見若此？所有誣控之周鏗聲一犯，著楊魁即審明按律定擬具奏。其葉廷推等無辜之人，即行省釋，無庸究問。原摺著發鈔，並將此通諭知之。

《清實録・乾隆四十七年》 〔九月〕諭：內閣將山西省秋審本進呈，內經九卿從緩決改入情實者，共二十二起。各省秋讞大典，督撫臬司俱應斟酌案情，悉心推勘。昨因四川秋審案件，經九卿改駁者十四起，降旨將總督福康安、臬司孫嘉樂分別交部議處，並將福康安傳旨申飭。農起久任封疆，且在藩臬任內有年，非福康安之初任外省、不諳刑名者可比，今秋審經九卿改擬者，共二十二起，乃轉較四川爲多。農起著傳旨嚴行申飭，仍交部議處。

所有山西省承辦之臬司並著一併交部議處。

又 〔九月〕又諭：刑部進呈山東省秋審黃冊，從緩決改入情實者二十一起，所改均屬允當。如扎死程和尚之呂明月擬絞一案，呂明月因向程克敬豫支應交地畝錢糧不允，致相扭結，該犯拔刀扎傷程克敬偏左，復將程克敬之母李氏撞倒磕傷左眉，又因程克敬之子程和尚抱腿不放，用刀扎傷其左乳斃命。理曲逞兇，刃斃徒手，且以一人而致一死二傷，情殊兇惡。該撫乃轉稱三人圖毆一人，危急圖脫，殺出無心，擬絞緩決。似此疎縱，何以昭明允而警兇横？前因四川秋審從緩決改入情實者十四起，即將該督福康安交部議處。福康安向在御前行走，因軍營出力用爲將軍，即在總督任內，亦係辦理銅鹽嘓匪認眞，其於刑名，原非素習。若明興歷任同知府道多年，陞授撫藩案件自應熟練，乃所辦如此率忽，非尋常失出者可比。該撫明興著嚴行申飭，仍與承辦之按察使一併交部嚴加議處。

又 〔九月〕戊午，諭軍機大臣等：前閱內閣進呈山西省秋審黃冊，經九卿改擬情實者，至二十二起之多，業經降旨將農起嚴行申飭，並交部議處矣。所有該省黃冊經朕復逐加詳閱，其九卿改擬之處俱係情眞罪當，並非有意從嚴。且其中有情節顯然必應入情實者，如郭明之聚衆羣毆，刃斃醉迷之人；侯永昌睹匪逞兇，刃斃徒手，傷多且重；王庭梁、衛志二案，負欠兇毆，傷多斃命；王正昌事不干己，糾衆共毆，多傷斃命；劉氏以細故毆斃五歲幼女，復移屍滅跡。此等情節甚重，該撫率擬緩決，殊非準情定擬之道。昨因四川省秋審案件，經九卿改駁者十四起，山東省改駁者二十一起，俱經傳旨將福康安、明興申飭，並分別議處。至農起久任外省，較之福康安自應熟悉案件，即較之明興更爲歷任年久，乃於秋讞大典如此率忽，非尋常失出者可比。農起著再傳旨嚴行申飭，令其據實覆奏。尋奏郭明等案，臣以其非有心致死，誤疑一線可原，定擬緩決，實係辦理舛錯，得旨汝不應有此。

《清實録·乾隆五十九年》 諭：向來各省彙奏各項遣犯有無脱逃，已未拏獲，係於年終彙查具奏，次年正月始行奏到該部照例覈議，至四五月中，再由軍機處與彙奏各款，一併查覈。但此等照例彙辦事件，陸續奏到，參差不一，辦理未歸簡易，轉致案牘繁多，不能明晰，且軍機處需至次年夏季交查該部，彙覈具奏，閱時既久，亦恐不無遺漏。嗣後各省彙奏遣犯，毋庸陸續具奏，著於每年十月截數，咨報軍機處、刑部，均限十二月初間咨齊，即由軍機大臣，會同該部，彙開清單，於年底先行具奏，仍交部分別覈議，照例具題，庶辦理不致遲延，查覈更爲周密，至此外每年彙奏各款，均著照此辦理。

《清實録·嘉慶四年》 諭內閣：吳省欽條奏摺內，請將監禁賊首王三槐即行正法一條，何待爾言，前此未即辦理之故，欲俟川北首逆羅其清解到，一併交軍機大臣會同刑部審辦，豈有將此等首惡重犯釋放，令其招降同夥之理？至所稱候補知府李基曉諳兵法，有手車火雷列卦圖，又舉人王曇能作氣按掌，辟易多人，請加試看，等語。殊屬大謬。前此特頒諭旨，廣開言路，吳省欽爲風憲之長，於和珅、福長安二人，並無一言舉劾，自係畏其聲勢。及將和珅、福長安革職拏交刑部後，伊尙心存畏怯，緘默不言。茲見各科道等紛紛密封陳奏，伊任總憲不能不以一奏塞責，而所言竟屬荒謬。試問伊所稱李基所著手車火雷列卦圖，較之本朝訓練之九進連環，孰爲得用？其作氣按掌之語，即稗官野史所謂掌心雷者是也，係屬邪術。現當勦辦教匪之時，正當將妖言左道痛絶根株，方嚴禁之不暇，豈可轉引而試驗？吳省欽身爲臺長，不知政體，惑於邪言，妄行瀆奏，與學習邪教者何異耶？吳省欽著交部嚴加議處。

又 又諭：昨據姜晟奏，審擬鄭源璹加扣平餘定擬斬監候一案，已交軍機大臣會同該部覈議具奏矣。朕閱鄭源璹供詞內稱：署中有能唱戲之人，喜慶讌客，與外間戲班一同演唱等語。民間扮演戲劇，原以藉謀生計，地方官偶遇年節，雇覓外間戲班演唱，原所不禁。若署內自養戲班，則習俗攸關，奢靡妄費，並恐啓曠廢公事之漸。況朕聞近年各省督撫兩司署內教演優人，及宴會酒食之費，並不自出己資，多係首縣承辦。首縣復斂之於各州縣，率皆朘小民之脂膏，供大吏之娛樂，輾轉苛派，受害仍在吾民。湖南地方雖尙未激變，而川楚教匪藉詞滋事，未必不由於此。現當遏密之時，天下停止宴會，即二十七月後，京城內開設戲館，亦令永遠禁止。嗣後各省督撫司道署內俱不許自養戲班，以肅官箴而維風化。再鄭源璹供內，有眷屬人口幾及三百人之語。伊係一藩司，而署內食指如此，其衆用度浩繁，其侵貪數逾八萬兩，亦勢所必至。督撫中如書麟、朱珪操守廉潔，署內不過數十人，所得廉俸未嘗不敷日用，此朕所素知者。地方大吏惟當儉以養廉，不可從事奢華，以致簠簋不飭也。至藩司於收發庫項，加增平餘，任意剋扣，恐不獨鄭源璹一人爲然。州縣等因藩司扣平過多，徵收錢糧時亦必多取於民，閭閻深受其累，所關甚重。並著通諭各直省藩司，務當洗心滌慮，悛改積習，勉爲廉吏，毋負朕諄諄訓誨至意。

又 乙酉，諭内閣：湖北布政使祖之望審辦胡齊崙一案，遲延多日，意存掩飾，非尋常怠玩可比。祖之望著解任來京候旨。

又 〔九日〕諭内閣：昨據玉德、岳起奏會審宜興、甄輔廷等分别治罪一摺，交軍機大臣會同行在刑部覈議具奏。茲據軍機大臣等照玉德等所擬將宜興問擬杖徒，交宗人府照例辦理，已革知縣甄輔廷、同知李焜發軍臺效力贖罪，學政平恕及隨同李焜審案之知縣舒懷、梁蘭生，俱交部嚴加議處。此案該撫等原擬及軍機大臣等會同覈議之處，固俱屬照例辦理。但朕詳閱案情，宜興身任巡撫，不能約束家人私受門包，固有應得之咎。但此等陋規，相沿已久，亦不獨江蘇一省爲然。宜興因見伊管門家人常兒衣帽新鮮，究出私受門包實情，即將常兒責處，並將經手之號房徐亮宗等交中軍懲責，即將門包一項，通飭禁革。是宜興雖失察於前，尚能自行查辦。若以此科宜興之罪，則他人之不能覺察，及知而不辦，甚或通同染指者，又將如何辦理？至前此原參宜興妄自尊大，南面稱爺，及沈湎於酒各款，現據玉德等審無其事。其辦理諸生喧鬧一案，宜興於甄輔廷並未詳革擅責生員之事。業據參奏，馬照等在馬頭喧鬧，並將手本亂擲，以身列膠庠之人，似此糾約搢幫，藐視官長。宜興身任巡撫，目擊該生等喧嚷無禮情形，若不加以究治，易長恃符滋事之風，何以整飭士習？宜興因蘇州府任兆炯先經公出，即將此案委令李焜審辦，亦無不合。從前原參以李焜向宜興稟稱臬司係屬新任，自請交伊審辦之語，未免張大其詞。其因街道狹窄，乘轎難行，令商民等拆收欄櫃一節，祇係不諳事體，咎有應得。覈其情節，尚非不可寬恕之罪。宜興著免其杖徒，賞給二等侍衛，前往巴里坤作爲領隊大臣。此係朕準情定讞，並非因宜興身係宗室，援議親之典，曲爲寬貸。特以宜興罪止於此，即準以常人，亦無可加。自不能因宜興係屬宗室而於例外加重。若宜興所犯情節果重，朕亦豈肯因伊係宗室而稍從寬恕乎？平恕於甄輔廷擅責生員之時，本在外郡考試，及馬照等在馬頭喧鬧，經巡撫委員查辦，詳請斥革生員，若不照詳批革，則是平恕庇護劣生，心存偏袒矣。是其過止於平日不能教導，而於詳革時人數較多，未經查察，以致傳提訊問波及無辜。然地方官具詳請革生員，設使學政駁斥不准，則地方遇有與學政交涉事件，必致有袒護劣生，掣肘地方之事。且此等革生，如審係無干，原可予以開復，是平恕之罪，亦不至於罷斥。平恕著來京以翰林院讀講學士降補。已革同知李焜審辦此案，現據玉德等查明，該撫因蘇州府任兆炯先已公出，是以委令李焜審訊，並非李焜自行請辦，其擰耳跪鍊係訊問門斗，並非向生員加刑。其所掌責之生員，係在已經詳革之後。非若甄輔廷之未革先責，即擰耳跪鍊亦不得謂之非刑。且此案爲首之人，究係李焜究出，尚爲能事，惟任性妄拏多人，看管馬房，無辜諸生，俱被拖累，以致衆怨沸騰。其粗暴孟浪，實難辭咎。李焜著免其發往軍臺，交該督費淳，以該省知縣降補。已革知縣甄輔廷，以錢債細故，違例擅責生員吳三新。如果得受楊敦厚賄賂，自應按律科罪。今訊無受贓情事，其擅責未革生員一節，業經革職，已足蔽辜。所有原擬發往軍臺之處，亦著寬免。其知縣舒懷、梁蘭生，祇係隨同李焜審辦。李焜係屬同知，且伊係遵奉巡撫指示專審此案，亦豈知縣所能阻止？俱著免其議處，餘俱著照議完結，並將朕詳覈此案情罪輕重，分别辦理緣由，通諭中外知悉。至門包一項，例有嚴禁。今江蘇省仍相沿收受，雖據奏稱官非一任事歷多年，不能究其起於何時。但此等陋規，最爲結交夤緣之漸。若不嚴行禁革，何以整飭官方？江蘇一省如此，恐各省亦大概皆然。並著再通諭各督撫，嗣後此項門包務須實心查察，一律革除。儻有陽奉陰違，仍蹈前轍者，一經訪聞，或被科道參奏，必將該督撫等重治其罪，將此一併通諭知之。

又 〔十月〕戊子，諭内閣：三法司具題直隸省秋審情實人犯招冊内該省原定緩決經刑部改擬情實者，共有十起。朕初閱時，尚以胡季堂久任刑名，於律例案情自所熟習，或刑部改擬各起，未必推求悉當。及詳覈各案情節，内如吳起善毆死于添錫一起，于添錫因酒醉在吳起善門首向吳起善之子吳成索茶，吳成未允，彼此爭扭，吳起善喝斥，于添錫即將吳起善揪住，吳成遂扳倒于添錫，吳起善順用斧背，毆其右臁肕骨折，其次子吳通亦幫同揿按，該犯復連毆于添錫左臁肕骨折，吳成亦用石毆其顖門，越十六日殞命。父子三人同時逞兇，傷至骨折斃命，何得謂死者醉鬧傷係他物入於緩決？又如李三毆死高扣兒一起，李三之女李氏許與高扣兒童養爲妻，李氏歸寧未回，高扣兒往接，以霸留在家之言向李三觸犯，李三喝斥，因高扣兒詈罵，遂取鐮刀向砍，致傷高扣兒鼻準，高扣兒混罵，該犯復用刀連砍，傷其頷頦上下脣吻並砍落牙齒。情節已屬兇横，甚至頓起殺機，很砍高扣兒右太陽，用力拔刀，致鐮刀斷入骨内，立時殞命。死者即屬緦麻卑幼，不以凡論，但秋審原情定獄，此案逞忿故殺，刀斷骨内，實屬兇殘。該督既稱殺出有心，何以捨故殺專條，遽入緩決？他如倚衆攢毆及窩匪拒捕致傷事主成廢，並強爭祖妾養老田畝刃斃其命等案，皆係恃強逞兇，窩盜藐法，應入情實之犯，原題概擬入緩，殊失情法之平。秋讞大典，惟當覈案揆情，固不得有意從嚴，過爲刻覈，然心存寬縱，故出人死罪，以爲好善陰功，及涉於窺測揣度之私者，皆令死者含冤於地下，則所謂明允者謂何？豈不於止辟之義大相刺謬耶？在他人猶可諉之不諳律例，胡季堂素習刑名，乃於秋審案件，並不覈實持平，妄意揣測，豫存成見，竟染外省習氣，殊屬非是。所有原題之總督胡季堂及升任臬司全保俱著交部分別議處。

《清實録・嘉慶七年》〔十一月〕癸未，諭内閣給事中喬遠瑛奏請令直省督撫嚴飭州縣官速結詞訟及緝捕要犯按例處分一摺。所奏俱是。州縣爲親民之官，遇有詞訟，原應速爲審理，以免拖累。經朕時常降旨訓飭，而外省因循疲玩，積習相沿，置若罔聞，或性耽安逸，怠於聽斷，或豫防翻控，冀免干連，以致訟師逞其伎倆，顛倒是非。往往啓釁甚微，久且釀成巨案，而上控京控呈詞亦日漸增多。皆不肖州縣官養成刁風，而督撫多徇情袒護，吏治民習日壞一日，實深痛恨。督撫有整飭地方之責，著各嚴飭所屬州縣盡心民事，以聽訟之勤惰、斷獄之遲速分別勸懲。庶吏治修明，案牘漸稀，民風日臻淳樸。至緝捕要犯，定例分别初二、三、四參處分，以次加嚴，原使承緝官自顧考成，不敢任意疏縱，乃近來州縣官任内有緝拏要犯之案，四參届限，往往設法通融，委署他缺，將處分移於接緝之員，遂致捕務廢弛，奸徒漏網。嗣後各督撫於所屬州縣官，如有承緝要犯四參限滿者，即按例題參降調離任，毋得取巧瞻徇，通融規避，以嚴定制而肅官方。將此通諭知之。

《清實録・嘉慶十八年》諭内閣：御史黄中傑奏，外城各門胥吏人等藉盤詰爲詞，需索錢文，請旨查辦一摺。各城門官弁兵役原爲稽察奸宄而設，若藉端需索，不特苦累行旅，轉將匪徒得錢賣放，其弊更鉅。著步軍統領等嚴查重懲。應如何派員稽查禁絶弊端，並著該衙門妥議具奏。尋議上，得旨：昨據御史黄中傑奏外城各門胥吏人等藉盤詰爲詞，需索錢文，當降旨交步軍統領等嚴查懲辦。茲英和等奏派員分赴各門查問，該城門領等俱稱未經需索，請令該御史指實某門某人奏聞，以憑查辦等語。都城各門近日稽查嚴密，不肖丁役藉端需索，係必有之事，普行查問，孰肯承認？如令該御史一一指實，科道風聞言事，令其輾轉牽引多人以實其詞，亦非政體。該門吏等惟賄是從，若不嚴行懲辦，勢必將巨猾凶渠得錢賣放，所關尤鉅。仍著交步軍統領等詳議，或各衙門添派文員稽查弊竇，酌定章程具奏。

《清實録・道光元年》〔五月〕戊午，諭内閣：御史譚言藹奏請飭催各省臬司駁案積壓一摺。臬司爲刑名總匯，緣情定讞，必須明慎而不留獄，方免冤濫拖延之弊。若任聽幕友挾私駁斥，往返稽遲，必致累月經年，案懸不結。且劣幕盤踞日久，黠吏附會招摇，州縣改供迎合，其端皆由此而開，著通飭各直省臬司，振刷精神，於所屬申詳案件，必親加考察，以定准駁。不得藉口詳慎，任聽幕友舞文苛駁，任意拖延。並隨時稽察，如本署幕友有與州縣勾通，推薦親友，以准駁案件擅作威福者，立即嚴行究辦，執法重懲，以挽澆風而清庶獄。

《清實録・道光二十五年》庚辰，諭内閣：前據布彦泰等奏參，撫民同知慶辰，延擱盜殺重案，業已降旨撤任，並因印房章京現在赴京候選同知塔那泰，不行督催，一併飭部於該員到京時，即行解回伊犂備質。茲據奏稱：查明慶辰任内逾限未結奏咨各案，尚有十三起之多，實屬昏庸疲玩，慶辰著交部嚴加議處，塔那泰於慶辰遲延案件，並不隨時督催，以致久逾例限，非尋常疏忽可比，並著交部議處，布彦泰業經自行查出，所請交部議處之處，著加恩寬免。

《清實録・道光二十七年》庚申，諭内閣：陸建瀛奏舉人圖詐漕規不遂，挾制縣令，請褫革審辦一摺，江蘇舉人嚴宗熙因前署南匯縣知縣左輝春不准衿生妄充包戶，並禁革一切陋規，輒捏造款跡編成詩句對聯，既已承認復行翻供。該縣左輝春何以不於該舉人進署自認時當場捉獲，致得狡卸，保無別情虚實，均應徹底根究。舉人嚴宗熙著先行褫革，調署長州縣。知縣左輝春尚未到任，著即傳同質訊嚴究實情，務期水落石出，照例懲辦。尋奏審明，嚴宗熙自撰對聯投送，指斥該署縣左輝春貪酷。嚴宗熙係候選教諭，若照姦贓污人名節之例，僅予革職，未免輕縱，應按部民罵本屬知縣者，杖一百律上加一等，擬杖六十徒一年。左輝春於嚴宗熙進署時，因係舉職是以未遽捉拏，其裁禁陋規，並非辦理不善，應毋庸議下部議。從之。

《清實録・道光二十九年》壬戌，諭内閣：戶部議奏楊以增等請撥籌備大汛工需銀一百五十萬兩，著照部議，如數撥給。該河督務飭所屬，撙節動用，不得稍事虛糜。用賸銀數，覈實分別報部備查。惟前據李星沅奏稱，南河每年尋常例用，當以三百萬兩爲率。自係體察情形，確有把握。據該部查明，南河除例撥二百七十萬兩外，又有各省額解，及葦蕩等款銀兩，統計不下三百五六十萬兩。除一年實用三百萬兩之外，尚有餘賸，應於何項款內扣除，著該河督會同李星沅，確覈查明，據實具奏。總期力求節省，不致影射含混，方爲不負委任。尋奏查河庫額收，内除平餘一款，實祇三百四十餘萬兩，又各省額解銀兩，率多拖欠。經前河臣潘錫恩奏明河庫不敷銀八十八萬餘兩，除撥補外，仍不敷銀三十八萬餘兩。所有河庫例撥額收等銀，尚有不敷，並無餘賸，下部知之。

《清實録・咸豐十年》 丙戌，諭内閣：前因御史許其光、朱潮奏請清理刑獄各一摺，當派肅順、文祥會同刑部覈實查辦。茲據奏稱查明監禁各案犯，將情節較輕及無難速結之段大等四十二名已分別發放，取保省釋矣。刑部現審事件與彙題會審各案均有定限，例義本極嚴明，承審司員如果照限完結，何致案有留牘，獄多繫囚？此後著該部堂官飭令承審司員，務須遵例迅速審結，不得怠玩遷延，致有積壓。如有任意因循，逾限不完者，即著咨部照例議處。其新分到部之員，律例未諳，該堂官等亦應令其潛心講求，日久再行試令聽斷。庶於現審各案，方無枉縱。如有不堪造就者，尤當隨時甄別，以昭愼重。至當月司員，向有分別收禁人犯之責，嗣後新進之員著隨同學習當差，俟二年後再行輪値當月，以免濫行收禁之弊。

《清實録・光緒元年》 又諭：御史張道淵奏，各省命盗重案請飭各該道細心覆審等語。道員職任監司，審理案件原屬分内之事，著各該督撫嚴飭各該道於所屬命盗重案，細心覆審，不得僅以過堂了事，致有枉縱。

《清實録・光緒三年》 諭内閣：給事中郭從矩奏京控發審案件，請飭明定章程一摺。據稱，近來京控案件，往往有濫列多名，意存傾陷，並有頂替包攬教唆等弊。此等刁風斷不可長，嗣後各省督撫於京控發回案件呈内牽連之人，務須詳愼，分別提訊，不得濫及無辜，致滋拖累。其在京各衙門收呈後，照例解回者，應如何將原告抱告、年貌、供招查訊確實之處，著該部明定章程，以杜弊端。至京控發交各省之案，該督撫等往往仍交原問官審訊，該員意存迴護，輒照原審擬結，致多冤抑。嗣後該督撫等於京控各案，不得仍交原問官覆審，儻承審之員有意瞻徇，即行從嚴參辦，以重刑讞。

《光緒朝東華録》 〔三年三月〕文煜、丁日昌奏：前因閩省各屬造報詞訟押犯多有僞造匿報等弊。經臣等兩次奏參，將署閩縣知縣雷其達、廈防同知李鍾霖等二十員一併摘頂，聲明勒限半年，責成在任各員將積案結清，再行奏請開復，先後奉旨允准在案。茲自三月至七月連閏，半年限滿，各該廳縣將積年詞訟一律查覆，補報押犯亦據實報明，次第釋辦。如羅源、晋江、長汀、莆田、寧德等縣。積案已全數結銷，噶瑪蘭、侯官、惠安、松溪、南安、邵武等廳縣，已結銷九成或八成有奇。臣等查前此該廳縣或捏造詞訟，或隱匿押犯，以報冊爲具文，以懸牌爲多事，以羈候爲不足惜，以積案爲無可稽，任意欺朦，頻年延壓，僅予摘頂，似尚罰不蔽辜，惟念積習相沿，非只一人一縣之事，故擬稍事薄懲，俾知振作。幸蒙聖慈允準，該廳縣等知所欣感，亦復知所畏懼，是以一經懲創，均能爭自濯磨，現已漸無延案私押之弊，民困藉以稍蘇。臣等不敢徇庇其短，亦不敢稍沒其勞，因念國家賞罰黜陟，正所以鼓勵人材，該廳縣等就事論事，似尚能痛戒前非，合無仰懇天恩。俯准將噶瑪蘭通判洪熙儔、署侯官縣知縣吳森、羅源縣知縣張金鑑、晋江縣知縣金錫蕃、南安縣知縣程鵬、惠安縣知縣俞珣、松溪縣知縣汪興禕、署長汀縣知縣蔣寶光、邵武縣知縣顧玉琳、署莆田縣知縣吳光漢、署寧德縣知縣張道亨等十一員一併開復頂戴以昭激勸，尚有原參各員。仰乞天恩暫行展限半年，俟確查能否一律清結，另行分別辦理。得旨，洪熙儔等均著開復頂戴，餘依議。

《光緒朝東華録》 〔三年三月〕文煜、丁日昌奏：閩省吏治因循成習，積案纍纍，未定罪犯及牽連人證，禁押既久，動致拖斃，是欲蘇民困，當以清理庶獄爲先，必澈底根究，悉心體察，揭明其所以然之故，俾和盤託出，癥結方可盡除。必力破拘攣，剴示懲勸，稍原其不獲已之由，俾改轍弗迷，而倒懸方可速解。臣等前經查明匿報詞訟各廳縣，兩次彙參摘頂，勒限清結，並擇其尤爲泄玩者，如甌寧縣知縣鄭啓明、福清縣知縣魏弼文等，分別奏參革職查辦。一面嚴催各屬認眞經理，隨時告誡，幾於筆秃脣焦。半年以來，統計辦結新舊監犯三十二名，各廳縣所報冊內名數，與密查實有人數尚相符合，惟押犯往往有冊中僅報數名實押至數十名者，卽如廈防廳押犯八十餘名，而冊報僅止數名，石瑪廳押犯二十餘名，而歷報並無押犯，以此類推，各州縣之匿報漏報者，實指不勝屈。而且有書差私押而門丁不知，門丁私押而本官不知，百姓或農工度日，或小本營生，一人被押，卽一家不得安枕，必賣田宅鬻妻子，經營請託，而後始得釋放回家。當官吏博弈飲酒之時，正小民呼籲無門之時，此中嘆息愁恨之聲，豈不足以召水旱而干天怒。自經臣等嚴加查究，各州縣於冊報有名之押犯已結釋一千二百四十六名，其未登列冊報以及書差私押計釋放者蓋又不止數千人矣。尤可詫異者，如壽寧縣監犯李喧汶遇赦年餘，尚未釋放，嚴札申斥，該縣尚稟覆以犯人戀監，無心求釋。將樂縣押犯楊長吉，飭查因何事久押不放，而該縣則稟覆以係歷任流交之犯，並無案卷可查，寧化縣監犯管福，以入會被禁多年，現據訊明實係誣扳，諸如此類，殊甚憤懣，均皆批飭立卽保釋。現計通省未定案監犯尚有二百九十餘名，此等罪犯命盜居多，或嚴刑所逼，供詞先後翻異，或書差所指，供詞始終游移，或僅認爲從而正凶未獲，或竟訴爲冤而原告堅執，干證毫無，逸犯難獲，問官拘以成例，不敢斷結。細閱各該讞牘，當時如果據供定案，轉在可援赦邀免之列，因其供詞前後不符，反縶待質，不得仰沐皇仁，於情亦復可憫。至各該廳縣豈盡無良，實緣歷年接替，先後參差，或因尋緝正凶有購線之費，研鞫定案有招解之費，一經隔任，罕肯代爲擔當，雖承緝例有處分，亦已無可加重，該犯既狡展不承，本官亦躊躇候代，任復一任，年復一年，欲辦不能，欲釋不可，遂致積重難返，陳陳相因。目下可辦者均已辦釋，未辦者皆窒礙難行，無從措手，如照例悉與推究處分，直須官舍爲空。臣等目擊情形，殊深焦灼，倘再不設法整頓，坐使羈囚對泣，不至瘐斃不止，既失天地好生之德，亦辜朝廷欽恤之仁。合無仰懇天恩，寬其既往，准予暫行變通辦理，以期圜扉一清。擬請將光緒元年以前積壓各件，如係遲延有因，邀免扣計限期，應招解者卽行招解，並由司酌量籌給解費，以免瘠區藉口賠累。其事在赦前罪應援免者，由該管道府就近勘明詳結釋放，至搶竊等案人犯，無贓無證訊係誤拿者，卽立予省釋。或先有證佐，後復狡翻，以及開設花會，書差詐擾，教唆詞訟，擄人勒贖，一切爲害閭閻，情節可惡而供證未明，此等桀黠之徒，若一律準予釋放，非變爲盜賊，卽流入異端，擬請照搶竊鎖墩之例分別酌定鎖繫石墩，以示懲創而免羈禁。至牽涉命案及一切雜案人犯，或供情狡展，或證佐未齊，因而延宕不結者，比比皆是，擬請援照正犯在逃餘犯監候待質之例，如各犯禁押年月已逾例限，卽照現供定擬發落，倘未滿限，則扣計何時屆滿，如逸犯無獲，再行擬結。其餘詞訟細故干連人證，立卽訊斷釋放，並由司遴委明幹之員，攜帶先前調到各案卷，與之講求明晰。如臨審情節互異，準其稟明候示辦理，不致墨守成見，已分投馳赴各屬，會同廳縣統限年內一併查辦清結，以仰副聖主痌懷在抱刑期無刑之至意。倘印委各員，敢再泄玩從事，逾限不結，卽行嚴參。其能勘斷明悉執法持平一洗積習者，並仰懇天恩，準由臣等酌量保奬，以昭激勸。是前此既寬其因循之咎，以後復予以拔擢之榮，當無不愧奮而思自效者矣。至此後新收之案，仍各照定例辦理，不得再有積壓，仍蹈前愆，倘尚有私押匿報等弊，卽當從嚴參處。得旨，下部議奏。

《聖訓》卷一八　雍正四年十月戊寅，上諭云，貴、川、廣、湖南各省督撫：直省地方官，辦理欽部案件，皆有定限，其不依限完結者，例有處分。惟邊省苗疆，間有督撫自行歸結之案，地方官因無限期，遂生怠玩，以致案件稽遲，民人受其拖累。嗣後，遇有民苗爭訟事件，該督撫嚴飭該管各官，作速查審完結。如地界兩省，或有關提之人，或有會勘之處，兩省大吏，務須和衷辦理，不得相互推諉。其有不肖有司，托故稽遲，巧爲推卸者，亦當指名題參，毋得徇庇。

清·劉拱宸《居官慎刑録·斷罪不當條例》　凡斷罪應決配而收贖，應收贖而決配，各依出入人罪減故失一等。若應絞而斬、應斬而絞者，杖六十。讎此指故者言也。若係失者，減三等。其已處決訖，別加殘毀死屍者，笞五十。讎人欲毀其屍，依別加殘毀。若反逆緣坐人口，應入官而放免，及非應入官而入官者，各以出入人流罪故失論。若係有故則以故出入流罪論，無故而失於詳審者，以失出入流罪論。

清·劉拱宸《居官慎刑録·聞有恩赦而故犯條例》　若官司聞知將有恩赦而故論決囚罪者，以故入人罪論。若常赦所不原而論決者不坐。

清·劉拱宸《居官慎刑録·斷罪引律令條例》　凡官司斷罪，皆須具引律例，違者如不具引，笞三十。若律有數事共一條，官司止引所犯本罪者聽。所犯之罪止合一事，聽其摘引一事以斷之。其特旨斷罪，臨時處治，不爲定律者，不得引比爲律。若輒引比，致斷罪有出入者，以故失論。故行引比者，以故出入人全罪及所增減坐之，失於引比者，以失出入人罪減等坐之。

承問各官審明定案，務須援引一定律例。若先引一例，復云不便照此例治罪，更引重例及加情罪可惡字樣坐人罪者，以故入人罪論。乾隆二十四年例。

除正律正例而外，凡屬成案未經通行著爲定例，一概嚴禁，毋得混行牽引，致罪有出入。如督撫辦理案件，果有與舊案相合，可援爲例者，許於本內聲明。刑部詳加查核，附請著爲定例。

清・魏際瑞《四此堂稿・飭湖州官役勒索買逆産入耗費》　爲加勒之禁屢申，官蠹愍不畏死，再行嚴飭以伸法令以除民害事。照得大耗等頭使費各項，業經奉旨嚴禁，本院又且三令五申，面諭有司，復張告示戒飭諄切，可謂不遺餘力矣。乃汝湖屬官蠹貪惡性成，公然不畏一切，倉廒絲觔米谷，事事勒費，物物加征，視國法若弁髦，以小民爲魚肉，頑劣貪殘，大堪髮指。至於逆産變價，當欽部嚴催刻督之期，實有司參罰降革之案。今朱莊房産承買有人，是汝各官考成之幸，自當如何招徠，如何奬勵，以完欽部積欠。乃仍勒詐使費科索等頭，加四不足而又加五，官吞不已，而又蠹吞，將此急公好義之人等於悖逆變産之犯夫，加耗勒費。雖施之本犯猶屬喪心，設法完贓，卽不爲考成，亦當奉法。無如汝等下愚不移，不顧身家，不畏功令，惟知要錢，本應立究飛參，姑以尚屬風聞，再行出示嚴飭。爲此示，仰湖屬官役人等知悉：速速痛改前非，立革諸弊，其等頭火耗使費等項已收過者急與退還，或准未完價值未納價者但宜勸納，不許差勒比追。或有官不知情，衙蠹詐索者，卽行嚴察重究，追贓給主。本院姑寬一線之條，爲汝自新之路，如敢怙惡不悛，仍行派索，許受害人等奔控轅門，官則立刻參拿，役則立斃杖下，決不姑貸。

清・洪若皋《南沙文集・設立稽查號簿示》　爲設立稽查號簿以仕沉閣之弊事。照得法律刑名，出入關人性命，欽部事件，違限輒累功名。乃閩臬衙門，積玩日久，叢脞相沿，一切案牘，悉吏書藏於私家，在官曾不置一號簿，每值欽案期滿，院檄叠催，無從查考。疾呼詞經承至前，如癡如夢，殊不解催何案，限何日，起何時也，甚至有標日而不具稿，具稿而不謄正，謄正而未發待者。欽件如是，憲案可知。至各屬之呈詳，民間之詞狀，又不知作何浮沉矣。參革降罰，居官者不啻如郵舍，而經承類皆保身家，豢妻子，從未見有一人降革者，是何爲吏之樂，而爲官之苦耶！本司爲他人任役，誓不肯以功名爲爾等殉，本宜按律而重處，姑念未敎而不誅，爲此示，仰各書吏知悉：嗣後直掌吏及承發科各置號簿一鈐印，凡屬欽件部件憲件，發直堂吏掛號，每案塡註某書吏經承，卽發該經承，仍於前件下註明某日發，某日送稿，某日行。凡屬咨移詳驗詞狀，發承發科掛號，每案塡註某書吏經承，卽發該經承，仍於前件下註明某日發，某日送稿，某日行。凡違限沉擱，罪各經承；遺落失註，罪直堂承發。庶按簿稽事，事無或遺，按人施法，法無或漏。其簿每日類朝領暮繳，不得少留在外，以滋弊端。自示之後，各宜遵守，凜凜三尺，慎毋身試，自貽噬臍。

清・鄭端《日知堂文集・申飭示諭》　爲申飭事。照得吏治勤惰，關乎民生休戚。近日州縣借口省事息爭，除人命盜情事關考成者不得不理外，戶婚田産以爲細事，概置不理。殊不知戶婚田産，在上司道途遙遠，恐有提審牽連，可以視爲細事，在州縣就時就地皆可分剖，瑣屑之務，小民顚連困苦，所關豈可視爲細事。況田土不清，不特一身受累，而且貽害子孫。婚姻不正，不特男女失耦，而實有關風化。在州縣印官苟簡忽畧，以致小民有冤莫伸，一控再控，不能邀准，勢必揑造大題，膚愬越瀆。所以每逢本院告期，盈千累百，擁擠呼籲，豈盡大冤極枉哉，不過因此戶婚田産起見耳。及至批審，經年累月不能了結，牽連証佐，曠日廢業。原被詞窮，曲直既分，勢必按律問擬，無知愚民自陷誣告之條，寬之不可，罪之何忍？所以致其如此者，皆州縣惰悞不肯早爲分剖，故奔走上司衙門，又恐小事難准，故張大其詞，以圖僥倖。訟師光棍得以行其伎倆，借詞報復，從中訛詐，蜃樓海市，任其所爲，水落石出，又復置身局外。言及於此，眞堪髮指。夫州縣乃親民之官，事無大小，自當虛公推訊，不厭繁碎，然後案無留牘，民無冤情。自此之後，鳴琴卧理，無所不可，未有粗疎草率而能淸心省事者，故爲州縣者苟能體恤百姓，隨告隨理，百姓亦有良心，豈肯駕虛上控？既不肯駕虛上控，則訟師光棍束手靜坐，從何誣陷無辜。如此則事不期省而自省，爭不必息而自息矣。不此之求而彼之務，所以吏治不清，民生不安，投訴紛紛而不止也。爲此合行申飭所屬官民人等知悉：自示之後，凡遇戶婚不明，田産不清，立刻赴本州縣印官控訴，本州縣印官卽及時審斷清理，不得憚煩畏難，置之高閣。倘審斷不明，徇情受賄，確有指實者，許赴上司陳訴。狀內不必多開虛詞，只書爲某事某月某日告，本州縣不行准理，某月某日又告，幾次總不准理，本院放告接狀之時，將州縣逐次叙明，以有無越訴並告詞多寡定州縣賢愚，註上中下考。屢控不止，全不體察民情者，另疏特參，以爲溺職之戒。凡我官民，一體凜遵，勿得玩視。如有故違，必不輕恕。特示。

清・田文鏡《撫豫宣化錄・申飭事》　照得豫省爲天中重地，事務殷繁，本署院奉旨署理，巡撫印務，任大責重，惟有正己率屬，輯兵愛民，以報皇上簡畀隆恩。爾書吏各役人等，均須恪遵法紀，毋得泄視，所有申飭事宜，開列於後：

一、凡係題奏本章最關緊要，紙張須擇潔白光細，字畫務遵正韻書寫端楷，細心對讀，逐字逐句磨看，毋得潦草歪斜遺落洗補及舛錯筆畫。其隨本各揭及通政司批迴提塘諭單塘牌逐一送進查驗後發出，用印仍照前製備大護書收貯。至於部院及本省外省文武衙門咨文亦要用心辦寫查對，不得一字錯落，違者必處。

一、欽部事件務要嚴行查催，以憑依限完結。票頭上俱寫一催二催字樣，如四個月限者催至三個月不到，卽發號籤嚴催，不得待至逾限，以致詳覆未協，難於駁查。其緊要事件，不拘時刻，一到卽行。

一、每日發出各屬詳文，各房立簿掛號卽時擬批，夾入套內，於每日午刻一同送入閱奪，其驗文或應轉行或應稟明存案者，逐一清楚，不得沉捺。

一、凡具稿送閱務將原行原卷夾入稿內，以便查對，判發至於僉套，於每日午時彙齊送宅，均毋違錯。

一、錢糧批迴關繫綦重應掛發司道者，卽目轉發收兑，分發各屬粘卷，不許遲延。

一、每日二點僉押發出各吏書細加檢封，毋得疎忽致有舛錯。

一、或錢糧欵項未清，刑名律例未協，許摘叙要語具稟候奪。至於別項疑難事件亦許具稟請示，但不得舞文弄法，致干查出究處，其銜單查問事件隨稟繳銷。

一、本都院封鎖衙門機事宜密。一切文移，各書吏俱當奉公守法，毋得傳遞消息。如敢故違，一經覺察，定行重法究處。

以上各條，爾書吏人等各宜實力遵行，愼毋忽視，自干罪戾。未便，特示。

清・田文鏡《撫豫宣化録・條禁事》 照得戶婚田土錢債等事，俱要原媒原中爲証，婚書契券爲凴，方許告爭，如無確實証據，及年遠日久之事，原不許捏詞妄控，官亦不得濫行准理。今訪得各屬刁健之徒脱空告狀，騙准之後，經年不結，差拘候審，曠悮農工，鄉民拖累不起，聽凴講處，以飽貪壑，甫得和息，又復興詞，如此刁風豈容漸長，合行分條飭禁。爲此示，仰撫屬官吏軍民人等知悉：嗣後各遵後開條禁，息訟寧民，毋得仍前故犯，致干罪戾。

所有應禁各條開列於後，須至示者。

計開

一、禁假冒復業循良。土著自不肯輕去其鄉，惟遊手惰民易於遷徙，遺下差徭累及同族同里之人，至他鄉無依，原籍豐收，仍回故里。如果有舊田載入赤曆，止許開明坐落四至，報官入籍行糧。倘並無舊田，借稱還鄉復業，混爭他人田地，擇肥而食，地方官卽行按律治罪。

一、禁瓜分絶產。老年無子之人，宗房族長自應依律立繼，以承宗祧。所遺家產俱歸繼子管業，如無子之人死後，兄弟子姪並不立繼，將絶產瓜分，以致此門竟絶，屍骨香火無人收管。一經告發，地方官明立繼嗣，追還田產，照律治罪。

一、禁漏稅不過。民間置買田地，自應立時過割，以杜爭端。豫省田糧有經年累月並不過割者，甚至買主轉賣而地糧尚在原業主戶下者，以致重叠典賣，有糧無地等弊，紛紛訐告，日遠年長，官亦無從稽查，案久不結。嗣後買地不卽過割者，按律治罪。

一、禁換鍾定親。婚嫁大事，自應明媒正聘，寫立婚書禮帖，卽小戶窮民亦不應草率從事。豫省男女婚姻止凴換鍾，並無媒聘婚帖，以致男家棄親不娶，女家賴婚另配，訐訟不休。查割襟指腹律禁甚嚴，換鍾結親與此何異，地方官嚴行禁止，違者按律治罪。

一、禁先儘業主。田園房產爲小民性命之依，苟非萬不得已，豈肯輕棄。既有急需，應聽其覔主典賣以濟燃眉。乃豫省有先儘業主隣親之説，他姓槪不敢買，任其乘急掯勒，以致窮民不得不減價相就。嗣後不論何人許買，有錢出價者，卽係售主，如業主隣親告爭，按律治罪。

一、禁重叠典賣。凡將地畝田產典當與人，應俟年限滿日備價贖出，另行出賣，倘未回贖，不許另賣。違者重究，業歸典主，價追入官。如典業未滿，强行回贖，與年限既滿，掯不許贖者一併治罪。

一、禁搶割强犁。民間地土不清，應告官審理。乃豫省刁民，竟有並不告官，及既經官斷之後，並不遵依，或乘穀麥成熟之時，率衆搶割，或於地主佈種之後，用强犁毀，以致各持兇器，互相鬬毆，每至喪命亡軀。地方官嚴行禁止，違者立拿解轅，從重究處。

一、禁重利放債。律載私放錢債，每月取利不得過三分，年月雖多，不過一本一利。訪得豫民違禁取利，竟有每月加五六分，至大加一五不等。窮民任其盤算，凡有勢力之人官亦聽從指使，代爲追比，殃民殊甚。除從前借欠者照律交還本利外，嗣後不許再犯，如違重究。

一、禁錢行私抽。市集設立牙行經紀，原令估物平價息爭杜僞，如用斗用秤之物，恐不公平交易，馬牛牲畜之類，恐有來歷不明，必須經由牙行，許其照例量抽用錢。至於以銀換錢，自有定價，彼此可以交易，何用牙行從中抽稅，苦累小民。地方官嚴行禁止，不許濫給牙帖，如違並究。

以上九條雖屬細事，而豫省人民多易犯。此本都院爲地方起見，諄諄告誡，倘不悛改，則三尺具在，不能爲爾民寬也。凜遵毋忽。

清·趙申喬《趙恭毅公自治官書類集·禁私設名色示》 爲嚴禁棍徒私設名色以靖地方事。照得民間諸事，自有地方官主持，其不公不法，許赴上司告理。乃楚南惡俗，每多棍徒，私立老人廟頭方長等項名色，交通學霸衙蠹，結黨横行，凡民間一切事件悉由武斷，是非任其顛倒，起滅聽其主張，荼毒一方，無所不至。甚至大而人命賊盜，小而戶婚鬬毆，無不一手握定，取利烹分，窮民飲恨莫可控訴。而不肖各官又畏其告發，陰私存作保留地步，率皆通同故縱，以致惡棍益肆鴟張，目無法紀，民害日甚，民怨日深，殊可痛恨。合行出示嚴革，爲此示，仰撫屬軍民人等知悉：凡鄉村市鎮，所有老人廟頭方長名色盡行革除。自示之後，如有棍徒仍蹈前轍，流毒地方者，或經本都院訪聞，或被受害人告發，定照光棍例治罪。該地方官因循瞻顧，眘惡害民，定行一併題參。本都院法在必行，斷不姑縱。各宜凜遵，毋貽後悔。

清·李璋煜《視己成事齋官書·委員清理各縣羈獄札》 爲特委查辦事。照得監獄羈所，均應趕緊清釐，不容停留積壓，以致情重罪囚不獲早正典刑，以昭炯戒。而輕罪牽連者，到官之犯証，則困頓顛連，在外之親屬，則咨嗟盼望，甚至傾家喪命，慘不可言。前因各屬案件多未辦結，當經迭札嚴催，並定立新章，予以限期，分別差催委催。旋因各屬應解應釋人犯恐有遺漏淹禁，復經專札飭查在案，惟羈犯多無報案，監犯亦必有未報者，司中無案可查，無憑列入催札，自應委員前往會同查辦，以期認眞。所有各縣積案最多，其監羈人犯自必不少，查該員辦事勤能，堪以派委。除另札該員催辦積案，並札知各府縣外，爲此札委該員立卽束裝馳赴各縣，會同縣令查明監羈人犯。共有若干應詳辦者，立卽詳辦，應傳證覆審者，迅速傳證覆審，應取保發落者，趕緊取保發落，仍造具犯名清册，開列簡明案由，尅日稟司查核。其一時不能完結，該委員難以久待者，亦於册內註明，責成該縣趕辦。本司爲民瘼起見，是以特委清查，該員務須不憚煩勞，逐犯逐證，細心核明，妥速設法辦理，總期羈獄一清，民無苦累。若泛泛從事，則甚非本司遴委之心矣。該員到縣後，卽將查辦情形先行稟覆察奪，勿延此札。

清·丁日昌《撫吴公牘》 札沭陽縣記過并催淹禁人犯案爲札飭事。據沭陽縣知縣申稱，本年三月十四日，奉札飭查，如有淹禁人犯，即日提禁起解具報。其截留問發陜、甘、雲、貴等省遣軍流犯，亦即詳司照章詳咨改發。仍將奉文遵辦緣由，先行呈覆等因到縣。奉此。除查案另文詳辦外，所有奉發排單，合先具文申繳，仰祈查核等情到本部院。據此。查此案該縣於二月十四日奉札，遲至二十五日始行申覆，猶云查案另行詳辦。監內有無截留人犯，一言可決，有何難查難辦，試問此十數日中，所辦何事？且文內摘敘原札案由，亦不明晰，該縣於本部院特札飭查要件，似此漫不經心，其玩愒已可概見。應將該縣先記大過二次，除札司註册外，合行札飭。札到該州立即遵照，嗣後遇有行查事件，務須趕緊詳晰具覆。倘再狃於積習，泄沓玩違，定干撤參不貸。懍切懍速。

紀事

《後漢書·鄧禹傳》 大司農朱寵痛騭無罪遇禍，乃肉袒輿櫬，上疏追訟騭曰：伏惟和熹皇后聖善之德，爲漢文母。兄弟忠孝，同心憂國，宗廟有主，王室是賴。功成身退，讓國遜位，歷世外戚，無與爲比。當享積善履謙之祐，而横爲宮人單辭所陷。利口傾險，反亂國家，罪無申證，獄不訊鞫，遂令騭等罹此酷濫。一門七人，並不以命，屍骸流離，怨魂不反，逆天感人，率土喪氣。宜收還冢次，寵樹遺孤，奉承血祀，以謝亡靈。寵知其言切，自致廷尉，詔免官歸田里。衆庶多爲騭稱枉，帝意頗悟，乃譴讓州郡，還葬洛陽北芒舊塋，公卿皆會喪，莫不悲傷之。詔遣使者祠以中牢，諸從昆弟皆歸京師。及順帝卽位，追感太后恩訓，愍騭無辜，乃詔宗正復故大將軍鄧騭宗親內外，朝見皆如故事。除騭兄弟子及門從十二人悉爲郎中，擢朱寵爲太尉，錄尚書事。

《後漢書・張晧傳》 張晧字叔明，犍爲武陽人也。六世祖良，高帝時爲太子少傅，封留侯。晧少游學京師，（初）永元中，歸仕州郡，辟大將軍鄧騭府，五遷尚書僕射，職事八年，出爲彭城相。

永寧元年，徵拜廷尉。晧雖非法家，而留心刑斷，數與尚書辯正疑獄，多以詳當見從。時安帝廢皇太子爲濟陰王，晧與太常桓焉、太僕來歷廷爭之，不能得。【略】退而上疏曰：昔賊臣江充，造構讒逆，至令戾園興兵，終及禍難。後壺關三老一言，上乃覺悟，雖追前失，悔之何逮！今皇太子春秋方始十歲，未見保傅九德之義，宜簡賢輔，就成聖質。書奏不省。

及順帝即位，拜晧司空，在事多所薦達，天下稱其推士。時清河趙騰上言災變，譏刺朝政，章下有司，收騰繫考，所引黨輩八十餘人，皆以誹謗當伏重法。晧上疏諫曰：臣聞堯舜立敢諫之鼓，三王樹誹謗之木，《春秋》採善書惡，聖主不罪芻蕘。騰等雖干上犯法，所言本欲盡忠正諫。如當誅戮，天下杜口，塞諫爭之源，非所以昭德示後也。帝乃悟，減騰死罪一等，餘皆司寇。

《後漢書・楊震傳》 〔楊〕震前後所上，轉有切至，帝既不平之，而樊豐等皆側目憤怨，俱以其名儒，未敢加害。尋有河閒男子趙騰詣闕上書，指陳得失。帝發怒，遂收考詔獄，結以罔上不道。震復上疏救之曰：臣聞堯舜之世，諫鼓謗木，立之於朝；殷周哲王，小人怨詈，則還自敬德。所以達聰明，開不諱，博採負薪，盡極下情也。今趙騰所坐激訐謗語爲罪，與手刃犯法有差。乞爲虧除，全騰之命，以誘芻蕘輿人之言。

《後漢書・孟嘗傳》 孟嘗字伯周，會稽上虞人也。其先三世爲郡吏，並伏節死難。嘗少脩操行，仕郡爲戶曹史。上虞有寡婦至孝養姑。姑年老壽終，夫女弟先懷嫌忌，乃誣婦厭苦供養，加鴆其母，列訟縣庭。郡不加尋察，遂結竟其罪。嘗先知枉狀，備言之於太守，太守不爲理。嘗哀泣外門，因謝病去，婦竟冤死。自是郡中連旱二年，禱請無所獲。後太守殷丹到官，訪問其故，嘗詣府具陳寡婦冤誣之事。因曰：昔東海孝婦，感天致旱，於公一言，甘澤時降。宜戮訟者，以謝冤魂，庶幽枉獲申，時雨可期。丹從之，即刑訟女而祭婦墓，天應澍雨，穀稼以登。

《北史・辛雄傳》 初，廷尉少卿袁翻以犯罪之人，經恩競訴，枉直難明。遂奏曾染風聞者，不問曲直，推爲獄成，悉不斷理。詔門下、尚書、廷尉議之。雄議曰：《春秋》之義，不幸而失，寧僭不濫，僭則失罪人，濫乃害善人。今議者不忍罪姦吏，使出入縱情，令君子小人，薰蕕不別，豈所謂賞善罰惡，慇懃隱恤者也？古人唯患察獄之不精，未聞知冤而不理。詔從雄議。

《全唐文・諫濫放囚徒疏》 竊見潁州爲天中節放見禁罪人。伏以祝萬壽之延洪，但要齊心潔懇，臨一州之生聚，當思共理分憂。且見禁罪人，或干格法，或因劫盜，或是爭論，各有科條，須分曲直。若負罪者獲免，即銜冤者莫伸。此時不有發明，諸處便成流例，直恐每逢慶節，擅放縲徒。豈止惠姦，深爲長惡。望行止絕，免紊章程。

《舊唐書・趙涓傳》 先是，侍御史盧南史坐事貶信州員外司馬，至郡，準例得廳吏一人，每月請紙筆錢，前後五年，計錢一千貫。南史以官閑冗，放吏歸，納其紙筆錢六十餘千。刺史姚驥劾奏南史，以爲贓，又劾南史買鉛燒黃丹。德宗遣監察御史鄭楚相、刑部員外郎裴澥、大理評事陳正儀充三司使，同往按鞫。將行，並召於延英，謂之曰：卿等必須詳審，無令漏罪銜冤。三人將退，裴澥獨留，奏曰：臣按姚驥奏狀，稱南史取廳吏紙筆錢計贓六十餘貫，雖於公法有違，量事且非巨蠹。上曰：此事亦未爲甚，未知燒鉛何如？澥曰：燒鉛爲丹，格令不禁。準天寶十三載敕，鉛、銅、錫不許私家買賣貨易，蓋防私鑄錢，本亦不言燒鉛爲丹。南史違敕買鉛，不得無罪。伏以陛下自登寶位，及天寶、大曆以來，未曾降三司使至江南；今忽錄此小事，令三司使往，非唯損耗州縣，亦恐遠處聞之，各懷憂懼。臣聞開元中張九齡爲五嶺按察使，有錄事參軍告齡非法，朝廷止令大理評事往按。大曆中，鄂岳觀察使吳仲孺與轉運使判官劉長卿紛競，仲孺奏長卿犯贓二十萬貫，時止差監察御史苗伾就推。今姚驥所奏事狀無多，臣堪任此行，即請獨往，恐不須三司並行爲使。德宗忻然曰：卿言是矣。乃復召楚相、正儀與澥俱坐，謂之曰：朕懵於理道，處事未精，適見裴澥所奏，深協事宜，亦不用三人總去，但行首一人行可也，卿等便宜付宰臣改勅。德宗不務大體，以察爲明，皆此類也。而博宣、南史坐誣枉擯逐，賴裴澥悟主，南史不至深罪，後得召還。

《舊唐書・元行沖傳》 開元初，自太子詹事出爲岐州刺史，又充關內道按察使。行沖自以書生不堪搏擊之任，固辭按察，乃以寧州刺史崔琬代焉。俄復入爲右散騎常侍、東都副留守。時嗣彭王志暕庶兄志謙被人誣告謀反，考訊自誣，繫獄待報，連坐十數人，行沖察其冤濫，並奏原之。四遷大理卿。時揚州長史李傑爲侍御史王旭所陷，詔下大理結罪，行沖以傑歷政清貞，不宜枉爲讒邪所構，又奏請從輕條出之。當時雖不見從，深爲時論所美。俄又固辭刑獄之官，求爲散職。

宋・李燾《續資治通鑑長編》卷五七 〔宋眞宗景德元年八月〕庚辰，遣太常博士直史館何亮等、侍禁閤門祇候康宗元未見。乘傳往廣南東、西路疏理繫囚。

宋・李燾《續資治通鑑長編》卷七三 〔宋眞宗大中祥符三年正月〕己未，兩浙提點刑獄、太常博士皇甫選罰金三十斤，徙江南路。選以部內繫囚悉寓禁他所，妄奏獄空，爲知杭州王濟所發，故有是責。劉筠作選墓誌，云：職思其憂，席不暇煖。躬款圜土，每振滯繫，評定擬法，覆視協中。罪有抵死，情實可矜，得以輕比而全活者三十餘人。凡部下十三郡之治，迭奏圄空，積一千五百餘日。緊公是賴，咸被詔獎。獨不載罰金事，蓋諱之也。

宋・李燾《續資治通鑑長編》卷八〇 〔宋眞宗大中祥符六年正月〕丁巳，以監察御史唐肅爲梓州路提點刑獄。先是，肅爲泰州司理參軍。有商人夜宿逆旅，而同宿者殺人亡去，旦起視之，血污其衣，爲吏所執，不能明，遂自誣服。肅爲白其冤，而知州事馬知節趣令具獄，肅固持不可。後數日，果得眞殺人者。于是，群牧判官缺，或請以肅爲之。上曰：朕方別有所委。俄授此任。肅，錢塘人也。

宋・李燾《續資治通鑑長編》卷一四八 〔宋仁宗慶曆四年四月〕監察御史王礪既奏論陳留移橋事，而諫官歐陽修言：

臣伏覩朝廷近爲王堯臣、吳育等爭陳留移橋事，互說是非，陛下欲出至公，特差臺官定奪。而王礪小人，不能上副聖意，內挾私徇情，妄將小事張皇，稱王堯臣與豪民有情弊；誣奏愼鉞令凶吏潛行殺害，及妄稱眞宗皇帝朝移橋不便，致民切齒等事。及勘出事狀，王堯臣元不曾受豪民請托，愼鉞亦不曾令小吏潛行殺害；及據先朝《日曆》內，眞宗皇帝親諭王旦爲陳留橋損害舟船，特令修換，證驗得王礪所言，悉是虛妄，上惑聖聽。賴陛下聖明，謹於聽斷，不便輕信其言，別令呂覺根勘。今既勘出事狀，方明王礪不公。伏以臺憲之職，本要糾正紀綱，而礪但務挾私，欺罔天聽，合行黜責，其罪有四：

一曰謗黷先朝聖政。謹按《日曆》，書眞宗皇帝親諭王旦移橋一事，乃是先知民間利病，移得此橋爲便，故史官書之，以彰聖政，爲後世法。今王礪卻稱是眞宗皇帝朝權臣受豪民獻賂，移得此橋不便，民間至今切齒。若如王礪所說，即是眞宗誤信權臣移橋，致民怨怒，乃是當時闕政。今《國史》書移橋便利，彰先朝聖政，王礪言移橋不便，是先朝闕政，臣不知國朝舊史可信，爲復王礪之言可憑？其虛妄謗黷之罪，可誅一也。

二曰中傷平人，使今後勞臣不勸。臣見向前三司使不能擘畫錢穀，至有強借豪民二十萬貫，買天下物業，至稅果菜之類，細碎刻剝。自王堯臣在司，不聞過外誅求，而即今財用不至大闕。又聞南郊漸近，諸事亦稍有備，當此窘乏之時，而能使民不加賦，而國用粗足，亦可謂勞能之臣。方當責其辦事，今因移一橋小事，而王礪誣其與豪民有情，致興大獄。及至勘出，並無情弊，是王礪不卹朝廷事體，當此乏用之際，將能幹事之臣，因小事妄加傷害，其罪二也。

三曰誣奏平人爲殺賊。凡臺官言事許風聞者，謂耳目不及之事即許風聞。今王礪目見愼鉞所遣小吏，別無武勇，又無器仗，而誣其有殺害之心。及至勘出，並無迹狀，其罪三也。四曰挾私希旨。初，朝廷本爲省府互爭，別選不干礙官定奪；王礪既吳育是舉主，即合自陳乞別差官，豈可謗黷先朝，希合舉主？且礪言愼鉞是堯臣所舉，感惠本深，今礪是吳育所舉，豈不懷感？且吳育與王堯臣本無怨恨，各爲論列本司公事，所見異同，乃是常事，但王礪小人，妄思迎合，張皇欺誑，其罪四也。

且王礪謗黷先朝聖政之罪，若不重責，則無以彰陛下孝治之明。中傷堯臣，若不重責，使勞能之臣，不安心展效。其誣奏愼鉞遣吏殺害及挾私迎合舉主之罪，若不重責，則今後小人恣情妄作，獄枉必多，事繫朝廷之體。臣忝諫職，不可不言。其王礪伏乞重行貶黜。

庚戌，罷礪御史，授太常博士、通判鄧州。

宋・李燾《續資治通鑑長編》卷一八七 〔宋仁宗嘉祐三年正月〕壬辰，降提點利州路刑獄、都官郎中馮浩知商州，坐前知華州，失入劫囚吳義等十六人死罪也。

宋・李燾《續資治通鑑長編》卷一八八 〔宋仁宗嘉祐三年十一月〕壬申，知諫院陳旭言有司斷獄而事連權倖者，多緣中旨得釋，自今乞劾其干請之罪，以違制論，從之。

宋・李燾《續資治通鑑長編》卷一九〇 〔宋仁宗嘉祐四年七月〕有御營卒桑達數十人，酗酒鬬呼，指斥乘輿，有司不之覺。皇城使以旨捕送開封府推鞫，案成，棄達市。

糾察刑獄劉敞移府問所以不經審訊之由，府報曰：近例，凡聖旨、中書門下、樞密院所鞫獄，皆不慮問。敞曰：此豈可行耶？遂奏請自今一準定格。樞密使以開封府有例，不復論可否進呈，報敞不行。敞爭之曰：先帝仁聖欽恤，以京師刑獄最繁，故建糾察一司，澄審眞僞。自爾以來，每有大辟，倍加精審。此則先帝不敢兼於庶獄庶愼，惟有司之任。今乃曲忤聖旨，中書門下、樞密院所鞫公事，不復審察，未見所以尊朝廷，審刑罰，而適足啓府縣弛慢，獄吏侵侮，罪人銜冤不得告訴之弊。又朝廷舊法，不許用例破條，今顧於刑獄極謹，人命至重之際，而廢條用例，此臣所不喻也。上乃以敞章下開封府，著爲令。此據敞行狀，又奏議狀以七月二十四日上，八月七月報可，今附七月末。

敞又言：伏見先帝哀矜庶獄，開釋無辜。以京師浩穰，獄訟煩多，創設糾察一司，辨理微枉，澄審繆誤，誠不欲使吏得弄法。民陷非罪，設令侵冤，有所告訴也。臣伏見諸大辟公事，或具獄既上情涉可疑，或審問之際囚自翻變者，並皆移司推勘。左軍則移右軍，右軍則移左軍，府司亦然。然此三處形勢既均，利害略同，更相顧望，自爲地道，寧伸吏典，莫念民枉。以此治獄，恐非朝廷欽恤之意。臣謂諸大辟公事，其情理可疑及囚自變者，並委糾察司奏請別差官置勘，其司獄等仍須與原勘處不相干礙，方許抽差。如此則獄無銜冤之濫，吏無試法之倖，好生之德，洽於民心矣。敞此奏不得其時，今附見。七年正月，有詔兩軍巡翻異者，送御史臺推劾，恐或由此。

宋・李燾《續資治通鑑長編》卷一九七 〔宋仁宗嘉祐七年十二月〕十二月，皇城司邏卒吳清等密奏富人張文政嘗殺人，有司鞫問無狀，願得淸詰所從，而主者不遣。御史傅堯俞言：陛下必不惜此數人，意恐沮塞，則自是不復聞外事。不若付之有司，辨其是非而賞罰之，則其事上聞者皆實，乃所以廣視聽也。諫官司馬光等言：祖宗開基之始，人心未安，恐有大姦，陰謀無狀，所以躬自選擇左右親信之人，使之周流民間，密行伺察。當是之時，萬一有挾私誣枉者，則斧鉞隨之，是以此屬皆知畏懼，莫敢爲非。今海內承平，已踰百年，上下安固，人無異望，世變風移，宜有釐革。而因循舊貫，更成大弊，乃至帝室姻親，諸司倉庫，悉被此屬廉其過失，廣作威福，私受貨賂。所愛則雖有大惡，掩而不問；所憎則擧動言語，皆見掎摭。臣等嘗病國家擇天下英才以爲公卿大夫，而猶不可信，顧任此廝役小人以爲耳目，豈足恃哉！今乃妄執平民，加之死罪，使之幽縶囹圄，橫罹楚毒，幸而不自誣服，僅能辨明。若更不聽有司詰問元初巡察之人，少加懲戒，臣恐此屬無復畏懼，愈加橫恣，使京師吏民，無所措其手足，豈合祖宗之意哉！詔淸等決杖，配下軍。按光集，以十二月九日上劄子，當附見辛巳。

宋・李燾《續資治通鑑長編》卷二五九 〔宋神宗熙寧八年正月〕辛酉，詔大理寺丞景思誼免勒停，贖銅四十斤，不爲例。思誼坐知春州失入人死，當贖銅三十斤，勒停，上以思誼兩兄皆戰沒，母老無兼侍故也。

宋・李燾《續資治通鑑長編》卷二六三 〔宋神宗熙寧八年閏四月〕大理寺言，洪州斷百姓周汝能應坐徒而決杖，汝能餘罪會恩免，官吏失出徒罪，當劾。中書堂後官劉袞駮議，以謂律因罪人以致罪，罪人遇恩者，準罪人原法，議曰：因罪人致罪，謂保證不實之類，洪州官吏因推罪人以致失出之罪，自合從原。緣法寺斷例，官司出入人罪，不用因罪人以致罪之法，乞自今官司失出，許用此法。審刑院、大理寺以謂失入人罪，卽是官司誤致罪於人，難用因罪人致罪之法，其失出人罪，宜如袞議。從之。

宋・李燾《續資治通鑑長編》卷二九二 〔宋神宗元豐元年九月〕呂嘉問言：準詔劾臣違法事，聞出於轉運判官何琬擧奏，況琬嘗庇受贓吏及自有贓，緣爲先奏本府違法事，須辯正畢，方敢擧發，而琬乃更以誣臣，豈不倒置。今琬差官劾臣，必選用朋邪害正之人，非獨文致臣罪，亦使平民橫被考掠鍛煉，望下別路差官。詔：應琬所奏嘉問等事，令江東轉運、提點刑獄、提擧司同鞫。仍令嘉問具析何從知琬案發事實結罪以聞。二年三月六日，僉充罰銅。

宋・李燾《續資治通鑑長編》卷二九五 〔宋神宗元豐元年十二月〕江南東路提擧司言：呂嘉問違法不依戶絕條，以亡僧銀絹等給淨相、乾明寺僧尼，已牒江寧府根究。又嘉問奏：臣與江東監司等皆有嫌隙，嘗乞下別路差官根勘，而近者勘司又追逮臣私家使令之人，恐何琬等鍛鍊，未敢發遣，已報制勘院。爲見聽朝旨，竊慮琬等又誣臣拒抗，乞早指揮移送。又制勘院言：追嘉問僕孫壽證僧子新入宅事，嘉問輒占留不遣，若每如此，卽猝難結絶。乞罷嘉問潤州，遣赴江寧府就劾。詔送制勘院一處劾之，其所追人令嘉問速發遣。二年四月庚戌，嘉問罷潤州。

宋・李燾《續資治通鑑長編》卷二九五 〔宋神宗元豐元年十二月〕御史何正臣言：近奏檢正中書刑房文字杜紘頗僻害政，聞刑房見行右諫議大夫呂公孺理雪失入死罪事，而陰與苞苴往來，慮別有請託。兼聞公孺遣兵夫車乘，多載酥、梨，送遺在京權要，永興土產，爲之罄竭，因緣騷擾，乞下有司窮治。詔：公孺令陝西轉運司究實，仍令杜紘具析以聞。後紘具析公孺無理雪死罪事，近送梨四十顆、酥三斤，臣已遣人還之。兼臣生平不識公孺，未嘗有一字往還，止因今送酥、梨，例得公狀，見居家聽旨。而轉運司亦言公孺所置酥、梨及差兵卒，視熙寧十年爲多。乃詔公孺罰銅十斤，紘依舊供職。

宋・李燾《續資治通鑑長編》卷三六〇 〔宋神宗元豐八年十月〕先是，有僧惠信者經開封府訴：僧錄司吏受贓違法，差僧及無戒牒沙彌等赴福寧殿道場，冒受恩澤。知府蔡京憑僧錄司回申，惠信坐妄訴，杖臀二十。已而惠信復訴於祠部，祠部符大理寺依法施行，大理寺累牒開封府取案，開封府不報，具申都省稱：六察舉劾本府不當公事，皆須奏稟朝旨上簿，或送司推勘，今祠部不問本府如何行遣，經送大理寺。非法也。乞根究。有詔：祠部分析。祠部言：惠信訴僧錄司重祿公人及小師取乞金錢，依條受理，送大理寺。卽非舉劾開封府事。本府乃以六察舉劾爲言，殊不類。是月，詔惠信經祠部所陳文狀，更不施行。據劉摯奏議，更不施行惠信狀，乃十月十六日聖旨，今附十月末。

侍御史劉摯言：看詳重祿吏人因事受賕，於法許告。法之所當告，則告之所當受也。惠信之訟，祠部之行皆是，不違於理矣。大理以惠信曾有訴於開封，故取前案將有所質，而開封前此謂惠信爲不干己，以杖一百坐之矣。惠信狀內若雜有干己不干己事，則不干己者當坐，而干己者當行。若狀詞皆不干己，則惠信雖坐，而僧司受贓，於開封爲所部犯法，猶當舉劾行之。故開封自疑不當，恐因罰罣，所以不肯出前案，及引六察舉劾須稟朝旨，謂祠部不當直送大理。爲此奏者，蓋所以護其失也。及朝廷取到祠部分析狀目，以依法受狀送所司，未嘗及開封府前斷之當否，則祠部、開封互狀所論明白，而事在大理者殊無相妨，自當推結。今乃因開封妄奏，遂罷祠部、大理所當治之獄，則臣所未喻也。若猶以祠部、開封曲直未明，故兩罷之，在祠部、開封則可也，而惠信無辜被刑，何其不幸！吏受贓得免，獨何幸耶！吏受贓已告，僧告之或誣，而皆不治，廢法也。許之告，許之受，而不行，廢法也。有司出入人罪而不問，廢法也。法者，天下公共，守在有司，雖人主不得而私之。今指揮若謂出之於聖意，緣天下之公法，陛下豈肯自廢之？故臣知其必不然。竊慮左右奏事晝旨日，失於詳述是非，開陳滅裂，致有此處分。伏望聖慈更賜詳酌指揮，令大理寺將惠信所告事推究虛實，依法施行。若祠部、開封亦有罪狀，伏乞一就勘結，以正典憲。

貼黄稱：准國朝詔敕節文或詔令不允，並仰舉奏。今上件公事雖係已有聖旨，緣理有未盡，須至申請。內殿道場所用僧數不少，皆出入宮禁，而僧司並不選擇，又吏人因而受贓，輦轂之下敢冒法禁，理無可恕者。摯言從違，《實錄》不載。按明年閏二月孫升劾蔡京奏稱：惠信緣臣僚論列，送大理推治，僧錄司贓狀已明。然則朝廷果從摯言，令法官究竟出獄也。但不知如何行遣耳，明年正月二十九日摯章可考。

宋・李燾《續資治通鑑長編》卷三六九 〔宋哲宗元祐元年閏二月〕丙午，通議大夫、守尚書右丞李清臣爲尚書左丞；朝散大夫、試吏部尚書呂大防爲中大夫、尚書右丞。司馬光云云，附注二十七日乙卯。呂陶《記聞》云：本朝故事，初拜二府，其室家入謝禁中，以幣帛遺典客夫人、茶酒夫人之類，每合率二匹。至呂微仲、范堯夫登庸，贈遺皆倍其數，雅意安在哉！呂、范二公之妻。恐或未必爾也，當考。范爲同知樞密，在此月二十七日乙卯。給事中兼侍讀范純仁爲吏部尚書，二十七日乙卯，純仁遷同知。朝散大夫、祕書監兼侍講傅堯俞爲給事中兼侍講，試禮部侍郎蔡卞爲龍圖閣待制、知宣州，朝議大夫劉攽爲祕書少監，朝請大夫、太常卿葉均直龍圖閣，知荆南，軍器少監蔡碩爲蔡河撥運。三月十八日趣赴任。監察御史邵材知廣德軍。先是，州郡有以疑獄上者，刑部謂當貸死，而執政以爲殺人者不可貸，仍欲坐所奏官，且立法。材言：疑獄當讞，朝廷之常法，奏有誤，貸罪，祖宗之盛德，奈何紛更之？誠使當讞者不貸，爲貸者獲罪，恐獄吏便文自營，不復以疑獄聞矣。疏入不報，材卽自劾，遂命出守。此據邵材附傳增入，恐材自以不材被沙汰耳。傳飾辭，非實事也。去年七月甲寅、八月癸酉已立法，此云且立法，傳飾辭決矣。御史罷，不可不載，姑因之。須考詳。王震、范百祿、劉賡，皆與執政異議者。

宋・李燾《續資治通鑑長編》卷三七〇 〔宋哲宗元祐元年閏二月〕左司諫王巖叟言：竊聞江西提舉曾孝廉挾私不法，驅迫知撫州石禹勤下獄，差有嫌隙人李秠爲勘官，非理淩虐。一月之間，致禹勤於垂命，至家一夕而卒。乞選朝臣就往根治，重行竄黜。詔差錢垂範往撫州根治聞奏。李秠、錢垂範未詳何官，十月二十八日，孝廉追停編管。

宋・李燾《續資治通鑑長編》卷三七五 〔宋哲宗元祐元年四月〕詔：在京幷開封府界諸縣見禁罪人，內有根究未見本末，或會問結絕未得者，在京差左司諫王巖叟，開封府界諸縣差監察御史孫升，親往逐處分視獄囚與當職官同看詳，除已殺人及重傷守辜外，餘幷酌情約法，一面區斷。內府界諸縣徒罪已下不該刺配者，亦許一面斷遣訖奏。應照證未圓、會問未到者，並召保知在，聽候斷遣。《新錄》但云親往分視獄囚，約法斷遣。與當職官以下並削去。

宋・李燾《續資治通鑑長編》卷四〇五 〔宋哲宗元祐二年九月〕左正言丁騭奏：韓資乞除雪父存寶罪，未賜施行。竊以存寶被刑之初，只因何正臣希意求合，略不推原本情，曲加鍛鍊，置之重法。正臣勇於謀身，輕絕人命，致先朝有誤殺人之名。今二聖在上，命近臣推原詳究，一切枉陷，雖杖笞之罪皆得申理，況如存寶？乞檢會訴理所奏狀，蠲除存寶罪名，還其在身官爵，貶放正臣等附會慘刻之惡。貼黃言：存寶枉遭誅戮，出於何正臣附會朝廷，遂得待制。今存寶正申雪，則正臣當正典法。此據《編類章疏》二年九月十二日奏。

宋・李燾《續資治通鑑長編》卷四二七 〔宋哲宗元祐四年五月〕乙酉，詔知鄆州蒲宗孟特降授中大夫，依前充資政殿學士、知虢州。宗孟以鄆多盜，痛誅鋤之，所戮不可計，小偷微罪，率斷其足筋，又燕飲無度，爲御史所言，按驗實故也。詔下，給事中趙君錫封還，再付權給事中梁燾，言：宗孟嘗列執政，守藩失職，百姓嗟怨，御史彈劾，制罰未當，門下封駁，可議重責，以協至公。今復付有司，使之行下，闊略有罪，臣所未諭。恭惟太皇太后御政房闥，皇帝未專明斷，中外大臣，所當謹守法度，以尊朝廷。鄆爲大州，密邇京邑，宗孟挾權擅威，坐廢詔令，是宜繩治，以正綱紀。所有錄黃，謹具封還，伏望聖慈特付中書省別賜取旨施行。乃詔宗孟落資政殿學士。落職在二十六日，今并書。

燾又言：准中書省送到錄黃節文勘會蒲宗孟知鄆州日，轉運使胡宗回、范鍔，西路提刑孫升、杜天經到任四日後，蒲宗孟差知河中府。有旨，杜天經特放罪，餘各罰銅十斤者，郡縣不法，監司實任其責。今蒲宗孟不遵詔條，政事慘酷，監司坐視，無所按舉，薄責罰金，未足懲戒。所有錄黃謹具封還，伏乞聖慈降付中書省別賜取旨施行。

宋・李燾《續資治通鑑長編》卷四七一 〔宋哲宗元祐七年三月〕殿中侍御史楊畏言：左朝奉大夫、前權知和州孫賁初聞弟喪，式假內用女優飲會，論刑雖輕，犯義實重，賁乃泰然不以爲非。勘官倪本滅裂，殊不推究。訪聞賁交結權貴，助之者衆，恐非有挾不敢偃蹇如是。伏望朝廷度情揆義，究其所存，特賜懲黜，以警在位。詔孫賁特差替。

宋・李燾《續資治通鑑長編》卷四八五 〔宋哲宗紹聖四年四月〕刑部言：前臨江軍判官李適在任失入三人死罪，合追兩官勒停，兩遇大禮，合該原免。詔李適依斷特勒停，與遠小處差遣。

宋・李燾《續資治通鑑長編》卷四九〇 〔宋哲宗紹聖四年七月〕御批：大理寺官吏勘斷內中作賊修內司雄武兵士邱安，本寺並不奏裁，止以京城內竊盜條斷決訖。緣本人所犯事理重輕自與常法不同，不惟斷遣失當，亦無以懲誡。除別作施行外，其本寺官李孝博特罰銅二十斤，朱牧、蔣之美、杜宗旦、滕友各罰銅三十斤，推法司等當行人吏，送開封府各決臀杖二十放。

宋・李燾《續資治通鑑長編》卷四九一 〔宋哲宗紹聖四年九月〕戊辰，監察御史鄧棐言：大理寺勘到大學士蘇天民受財代高茂補說，竊以代筆傳義，貨賂公行，敗壞士風，世所憎惡，朝廷嚴刑重賞，必期禁絕。而天民等乃敢干憲典，無所畏憚。若緣恩霈原免，恐後來無以懲戒，乞重加編管，會赦不免，則庶幾此風可以變革。詔大理寺體察結勘，具案聞奏。

宋・李燾《續資治通鑑長編》卷四九三 〔宋哲宗紹聖四年十一月〕詔雄州勘造匿名文書不當經赦當原知州李諒、通判吳點各特罰金二十斤；權推官張棠、歸信容城兩縣主簿王範各特罰金十斤。

宋・李燾《續資治通鑑長編》卷四九四 〔宋哲宗元符元年正月〕辛丑，右司員外郎、河北路察訪孫杞，戶部員外郎、淮南路察訪孫深言：元豐八年六月八日，敕修立郎官、御史按察諸路監司職事條，已詳備，今來並乞依元條幷元豐令施行。內有聲訖未備，乞量行增改。舊按察條行遣文書以某路按察司爲名，今改按察字作察訪字。從之。

宋・李燾《續資治通鑑長編》卷四九九 〔宋哲宗元符元年六月〕御史中丞安惇言：伏思神宗皇帝聖明妙用，固非當世俗儒之所能窺測，至于勵精圖治，明審庶獄，天下莫不知之。而元祐之初，陛下未親政事，姦臣乘時議置訴理所，凡得罪于元豐之閒者，咸爲雪除。歸怨先朝，收恩私室，意者呼吸罪黨，用爲己助。未審當時有司如何理雪，儻出姦意，不可不行改正。欲乞朝廷差官，將元祐中訴理所一宗公案看詳，如合改正，卽乞申明得罪之意，復依元斷施行。詔蹇序辰、安惇看詳，內元狀陳述及訴理所看詳語言，于先朝不順者，其職位姓名，別具以聞。《舊錄》以聞下云：正先帝刑法也。《新本》削去。元符三年六月十七日，龔夬奏罷此指揮。序辰先有是請，上難之。于是，惇復建白。蔡卞勸章惇使必行。令序辰與惇及徐鐸同主其事。自後緣訴理被禍者，凡七八百人。序辰及惇實啓之。元符三年六月十七日云云，可考。曾布自敍云：是月，屢見三省言，安惇既除御史中丞，遂乞差官看詳元祐中訴理文字，卻依元斷施行。既而取索到訴理者，凡八百九十七人。許將、黃履及葉祖洽等，皆因他人訴理，得還所展磨勘年月。三省以動衆，稍遲之，惇再章以謂：聞廟論以人衆不可施行，惟其人數多，尤宜改正。此乃元祐人欲彰先朝濫罰之多也。三省聚議，久之乃定。得旨，但令惇及序辰看詳，元訴狀詞及訴理所文字語言，有於先朝不順者，具姓名以聞。已而又言，令將親批聖旨翌日再進呈，乃下。衆皆稱其平允。此論本出序辰，序辰於前年作右史日，已嘗有章乞追改，上留中不出。今以付之，亦以杜塞其紛紛也。然猶乞別試所置司看詳，限半年結絕，尚有張皇之意。但已得旨如此，諒亦無以增加爾。此據《曾布日錄》、陳瓘《尊堯集》及《餘言》增修。《曾布日錄》論看詳訴理，已附見紹聖三年三月二十一日王宜罷提舉時。陳瓘《尊堯餘言》曰：臣聞常立上殿時，葉濤在史院。曾布主葉濤。哲宗之得見《常秩行狀》也，卞等意布、濤奏之，於是又作訴理之事，讎布與濤，而罹訴理之禍者七八百人。訖於曾布之事，流離破敗，而卞等報復之意，猶未快也。《安惇傳》：惇爲御史中丞，奏訖委官取元祐訴理所公案看詳改正，申明從初加罪之意，復依元斷施行。遂詔惇與蹇序辰、徐鐸同看詳。惇奏：凡得罪於元豐之閒者，乞特出睿斷，以勸沮天下。自是復施行者千餘人。又奏：元祐初置訴理所，將熙、豐以來斷過刑名，輒行奏雪，訴謗先朝，歸怨君父，其元看詳官劉摯、孫覺、胡宗愈、傅堯俞、葉伸、蘇嘉、朱光裔、吳儔、陳郛，乞加罪。時摯等已譴逐，伸等皆坐謫，事在二年三月六日。按：《徐鐸傳》乃不載同看詳訴理，當考。

宋・李燾《續資治通鑑長編》卷五〇二　〔宋哲宗元符元年九月〕癸酉，看詳訴理所言：開封府府司官胡宗師等承勘周師立整會章喩賣田公事不當，周之道傳達增飾并撰造語言，及取勘虛妄，又祁定州官頓起等違條差禁軍防送，元祐元年並作情理可矜恕。任公裕進狀內有刑部一概以特旨，遂稱難議施行，以此排天下之幽冤，使不得伸理。國子司業朱服、監丞葉祖洽、主簿王元承，準朝旨，主簿專典簿書，各於監視錢庫開閉，收支互相違戾，各特降一官。葉祖洽仍罰金二十斤。元祐并特除落，今看詳訴理不當。詔：朝散大夫、權刑部侍郎周之道，朝請大夫、權發運副使任公裕各特降一官。任公裕改充發運判官。元祐年指揮更不施行，並令改正。太學直講王沇之等受贓，請囑陞補生員，除雪不當。詔元祐年指揮更不施行，並令改正。鄒浩論任公裕云云。

又　〔宋哲宗元符元年九月〕看詳訴理所言：相州官吏失入馮言死罪，計會請囑法寺。元祐看詳作情可矜恕，除雪罪犯，事皆失實，有害先帝治獄用刑之意。及前任相州安陽縣尉李棠《新錄》削去李棠姓名。進狀內有銷除天下之冤以召和氣之語。詔：元祐除落指揮更不施行，並令改正，內李棠特勒停。又言：光州司法參軍、監安上門鄭俠上言謗訕朝政，并王安國非毀兄安石等罪名，元祐元年除雪不當。及王抗、王斿進狀，內言父安國冤抑未除，又云先臣不幸不得出於此時。詔：元祐指揮更不施行，並令改正。鄭俠追毀出身已來文字，除名勒停，依舊送英州編管，永不量移，王抗罷京東路轉運判官，添差監衡州鹽酒稅。王斿濫江寧府糧料院。遊責在十月二日丙子，今增入。

宋・李燾《續資治通鑑長編》卷五〇四　〔宋哲宗元符元年十二月〕看詳訴理文字所言：朝散大夫謝景初，昨任成都府路提刑，與倡女踰違，特追兩官勒停。元祐初，孫永、李常、韓忠彥、王存奏景初只因提舉司論議不合，加誣坐罪；又云朝廷專置官局，辨理枉横，景初不幸身沒，不能自直。竊惟永等遭遇先朝，致身禁從，寵眷隆厚，方裕陵之土未乾，奸臣誣詆典刑，以有爲無，語言不遜，無所忌憚。元祐訴理所稱事出曖昧，顯涉冤抑，特與奏雪。遂除落景初前斷過名，委屬不當。又景初男愔元祐二年狀稱非今日朝廷清明，何以雪幽冤於泉下？詔謝愔特勒停，韓忠彥、王存各贖金三十斤。

又　〔宋哲宗元符元年十二月〕丁酉，看詳訴理所言：元祐訴理除雪故屯田員外郎陳舜俞不奉行常平法降監當等不當，及陳禹功稱臣父所言，卽非狂妄，又云今覩聖朝開設訴理司以來，天下冤抑，例得伸雪。臣父靈識足以伸決於幽冥，而萬世抑壓沈鬱之恨，一悟聖聰若冰釋等語言。詔陳禹功特送隣州編管。

又訴理朝奉大夫葉武爲勘陳世儒不知買種民於進呈劄子內添撰事節送審官東院與合入差遣元祐除雪不當事，及武稱壞卻差遣資任冤抑不伸，伏望聖政寬明，照恤非辜，實天下冤民受賜之日，又念生當公朝，枉負玷累等語言。詔改正元祐指揮，葉武特衝替。

《宋史·神宗紀》〔熙寧二年八月壬〕戌，侍御史知雜事劉述、同判刑部丁諷坐受刑名敕不即下，述貶知江州，諷貶通判復州。審刑院詳議官王師元坐言許遵所議刑名不當，貶監安州稅。

《宋史·高宗紀》〔紹興六年春正月〕辛卯，詔：監司、帥臣慢令失職者，令張浚黜陟以聞。

《宋史·刑法志二》仁宗聽斷，尤以忠厚爲主。隴安縣民誣平民五人爲劫盜，尉悉執之，一人掠死，四人遂引服。其家辨於州，州不爲理，悉論死。未幾，秦州捕得眞盜，隴州吏當坐法而會赦，帝怒，特貶知州孫濟爲雷州參軍，餘皆除名流嶺南。賜錢粟五家，復其役三年。因下詔戒敕州縣。廣州司理參軍陳仲約誤入人死，有司當仲約公罪應贖。帝謂審刑院張揆曰：死者不可復生，而獄吏雖廢，復得叙官。命特治之，會赦勿叙用。尚書比部員外郎師仲說請老，自言恩得任子，帝以仲說嘗失入人死罪，不與。其重人命如此。

又 靖康初元，既戮梁方平，太傅王黼責授崇信軍節度副使，永州安置。言者論黼欺君罔上，專權怙寵，蠹財害民，壞法敗國，朔方之釁，黼主其謀。遣吏追至雍丘殺之，取其首以獻，仍籍其家。

又 〔紹興〕六年，令刑部體量公事，邵州、廣州、高州勘命官淹係至久不報，詔知州降一官，當職官展二年磨勘，當行吏永不收敍。

《宋史·刑法志三》〔熙寧〕八年，洪州民有犯徒而斷杖者，其餘罪會恩免，官吏失出，當劾。中書堂後官劉袞駮議，以謂：律因罪人以致罪，罪人遇恩者，準罪人原法。洪州官吏當原。又請自今官司出入人罪，皆用此令。而審刑院、大理寺以謂：失入人罪，乃官司誤致罪於人，難用此令。其失出者，宜如袞議。

又 又興元府奏讞，梁懷吉往視出妻之病，因寄粟，其子輒取食之，懷吉毆其子死。法寺以盜粟論，而當懷吉雜犯死罪，引赦原。而紘議出妻受寄粟，而其子輒費用，不入捕法。議既上，御史臺論紘議不當，詔罰金，仍展年磨勘。而侍郎崔台符以下三人無所可否，亦罰金。

《宋史·韓億傳》〔韓宗彥〕歷提點京西、京東刑獄。應天府失入平民死罪，獄成未決，通判孫世寧辨正之。獄吏當坐法，而尹劉沆縱弗治。宗彥往按舉，沆復沮止之。宗彥疏沆於朝，抵吏罪。

《宋史·文彥博傳》黃德和之誣劉平降虜也，以金帶賂平奴，使附己說以證。平家二百口皆械繫。詔彥博置獄於河中，鞫治得實。德和黨援盛，謀翻其獄，至遣他御史來。彥博拒不納，曰：朝廷慮獄不就，故遣君。今案具矣，宜亟還，事或弗成，彥博執其咎。德和并奴卒就誅。

《宋史·薛正辭列傳》御史中丞劉保勳奏充臺直，會有言饒州多滯訟，選正辭知州事，至則宿繫皆決遣之，胥吏坐淹獄停職者六十三人。

《金史·宣宗紀》甲戌，制諸倉場庫院巡護軍，受提舉倉場司及監支納官彈壓。京畿不雨，勅有司閱獄，雜犯死罪以下皆釋之。

《元典章·稱冤從臺察告》大德十一年八月十五日，御史臺咨奉中書省札付來呈：建德縣達魯花赤桑哥哈剌失，因起蓋安樂堂等事，取受錢物，內程貴德等鈔一定爲重，取訖。招伏追贓到官。本人赴建德路江浙省稱冤。本省輒憑虛詞，咨稟都省，不候明文，輒令還職。擬合將桑哥哈剌失依例殿敘，支過俸給追徵。相應送本部，照得先奉省判江浙省咨，亦爲此事。本部議得：桑哥哈剌失因起蓋安樂堂，巡禁私鹽，取受訖程貴德等鈔定，事理不曾赴御史臺伸訴。合咨本省，如本人果有冤抑，赴御史臺陳告外，據行省受理不行，咨稟都省明降，輒令桑哥哈剌失還職。事屬違錯，合從都省區處呈奉札付，准呈。除已移咨江浙省，依上施行，具本省首領官令史違錯招伏咨省外，仰照驗施行。奉此。今奉前因，本部議得：建德縣達魯花赤桑哥哈剌失取受程貴德等鈔定，理合赴御史臺稱冤，江浙行省不應受理，及不候都省回咨，輒令本人還職。其違錯一節，已蒙移咨行省取問去訖外，據桑哥哈剌失職役，合候殿年滿日，依例求仕，不應還職。支過俸給，擬合移咨都省照勘，於本人名下追徵還官，相應都省准擬除外，仰依上施行。

《元史·成宗紀》〔大德五年七月〕命監察御史審覆札魯忽赤罪囚，檢照蒙古翰林院案牘。戊申，立耽羅軍民萬戶府。諸王也滅干薨，以其子八八剌嗣。己酉，詔諸司嚴禁盜賊。

《元史·武宗紀》〔至大元年〕八月戊子，大寧雨雹。丙申，御史臺臣言：奉敕逮監察御史撒都丁赴上都。世祖、成宗迄於陛下，累有明旨，監察御史乃朝廷耳目，中外臣僚作姦犯科，有不職者，聽其糾劾，治事之際，諸人毋得與焉。邇者，鞫問刑部尚書烏剌沙贓罪，蒙玉音獎諭，諸御史皆被錫賚，臺綱益振。今撒都丁被逮，同列皆懼，所繫非小，乞寢是命，申明臺憲之制，諸人毋得與聞。制可。

《元史・仁宗紀》〔延祐六年十一月〕中書省臣言：曩賜諸王阿只吉鈔三萬錠，使營子錢以給畋獵廩膳，毋取諸民。今其部阿魯忽等出獵，恣索於民，且爲姦事，宜令宗正府、刑部訊鞫之，以正典刑。制曰可。禁民匿蒙古軍亡奴。帝諭臺臣曰：有國家者，以民爲本。比聞百姓疾苦銜冤者衆，其令監察御史、廉訪司審察以聞。河間民饑，發粟賑之。

《元史・劉宣傳》〔至元〕二十五年，由集賢學士除行臺御史中丞。時江浙行省丞相忙古臺，悍戾縱恣，常慮臺臣糾言其罪，而尤忌宣。一日御史大夫與中丞出建康城，點視軍船，羣御史從。有以軍船載葦者，御史張諒詰之，知爲行省官所使，詣揚州覆實。忙古臺盛怒，卽圖報復。時大夫之父，官於屬郡，隨被按劾。遣其黨造建康，伺臺中違失，臺官皆竦懼，陰往懇求自解，惟宣屹然不動。忙古臺怨宣愈甚，羅織宣之子，繫揚州獄。又令建康酒務、淘金等官及錄事司官以罪免者，誣告行臺沮壞錢糧，以聞於朝，必欲置宣死地。朝廷爲遣官二員，置獄於行省，鞫問其事。宣及御史六人俱就逮，既登舟，行省以軍船列兵衛驅迫之，至則分異各處，不使往來。九月朔，宣自刭於舟中。

《元史・耶律楚材傳》〔延祐二年〕丙戌冬，從下靈武，諸將爭取子女金帛，楚材獨收遺書及大黃藥材。既而士卒病疫，得大黃輒愈。帝自經營西土，未暇定制，州郡長吏，生殺任情，至孥人妻女，取貨財，兼土田。燕薊留後長官石抹咸得卜尤貪暴，殺人盈市。楚材聞之泣下，卽入奏，請禁州郡，非奉璽書，不得擅徵發，囚當大辟者必待報，違者罪死，於是貪暴之風稍戢。燕多劇賊，未夕，輒曳牛車指富家，取其財物，不與則殺之。時睿宗以皇子監國，事聞，遣中使偕楚材往窮治之。楚材詢察得其姓名，皆留後親屬及勢家子，盡捕下獄。其家賂中使，將緩之，楚材示以禍福，中使懼，從其言，獄具，戮十六人於市，燕民始安。

《元史・奕赫抵雅爾丁傳》刑部嘗有獄事，上讞既論決，已而丞相知其失，以讞右司主者。奕赫抵雅爾丁初未嘗署其案，因取成案閱之，竊署其名於下。或訝之曰：茲獄之失，公實不與，丞相方譴怒而公反追署其案，何也？奕赫抵雅爾丁曰：吾偶不署此案耳，豈有與諸君同事而獨幸免哉。丞相聞而賢之，同列因以獲免。

《元史・蘇天爵傳》〔至順三年〕明年，慮囚於湖北。湖北地僻遠，民獠所雜居，天爵冒瘴毒，徧歷其地。囚有言冤狀者，天爵曰：憲司歲兩至，不言何也？皆曰：前此慮囚者，應故事耳。今聞御史至，當受刑，故不得不言。天爵爲之太息。每事必究心，雖盛暑，猶夜篝燈，治文書無倦。(江)(沅)陵民文甲無子，育其甥雷乙，後乃生兩子，而出乙，乙俟兩子行賣茶，卽舟中取斧，並斫殺之，沈斧水中，而血漬其衣，跡故在。事覺，乙具服，部使者乃以三年之疑獄釋之。天爵曰：此事二年半耳，且不殺人，何以衣污血？又何以知斧在水中？又其居去殺人處甚近，何謂疑獄？遂復置於理。常德民盧甲、莫乙、汪丙同出傭，而甲誤墮水死，甲弟之爲僧者，欲私甲妻不得，訴甲妻與乙通，而殺其夫。乙不能明，誣服擊之死，斷其首棄草間，屍與仗棄譚氏家溝中。吏往索，果得髑髏，然屍與仗皆無有，而譚誣證曾見一屍，水漂去。天爵曰：屍與仗縱存，今已八年，未有不腐者。召譚詰之，則甲未死時，目已瞽，其言曾見一屍水漂去，妄也。天爵語吏曰：此乃疑獄，況不止三年。俱釋之。其明於詳讞，大抵此類。

《元史・申屠致遠傳》至元二十年，拜江南行臺監察御史。江淮行省宣使郄顯、李兼愬平章忙兀台不法，有詔勿問，仍以顯等付忙兀台鞫之，繫於獄，必抵以死。致遠慮囚浙西，知其冤狀，將縱之，忙兀台脅之以勢，致遠不爲動，親脫顯等械，使從軍自贖。

《元史・王惲傳》至元二十六年，授少中大夫、福建閩海道提刑按察使。黜官吏貪污不法者，凡數十人；察繫囚之冤滯者，決而遣之；戒戍兵無得寓民家，而創營屋以居之。

《明實録・洪武十六年》〔八月丁亥〕會稽縣民有依附紹興衛指揮高謙，謙囑縣典史滿整，免其徭役。不從，謙笞之，整訴於朝。上曰：謙武將何得與民交通，撓有司法乎？逮謙與民至，皆伏罪，因命兵部申戒武臣，自今有受民囑託以病有司者，皆論罪不赦。

《明實録・永樂二年》〔九月壬寅〕都察院僉都御史王平有罪下獄。時監察御史鄭中鞫獄受賄，變亂是非。冤者上訴，詔平辯之，平受中囑，辯不公，事覺。上問平，平不以實對，刑科都給事中張信等劾奏平，并劾左都御史陳瑛等明知平罪不糾，法應連坐。詔下平獄，而釋瑛等不問。

《明實録・永樂七年》〔六月甲辰〕刑科右給事中耿通等，劾都察院左都御史陳瑛，及監察御史袁綱、覃珩朋比蒙蔽，誣搆善良，陷之死地。綱、珩已下獄，瑛爲長官不宜獨宥，請併治之。初瑛言兵部武庫主事李貞受皂隸葉轉等四人銀各四兩，請下貞獄。皇太子曰：貧賤乃爲皂隸，亦有銀致賄邪？無罪者勿枉其，審實行之數日貞妻擊登聞鼓陳訴。御史遣獄吏至家，傳夫之言索首飾銀納贓，而索甚急。自念夫志守廉潔，且家陝西素貧，而今始仕未嘗有餘資製銀首飾也。乞爲辨理。皇太子曰：此冤獄也，吾初固已不信，必出法司煅煉。命吏部尚書兼詹事府詹事蹇義會六部大臣於詹事府審之。義等坐府中，自辰至午追貞等不至，惟皂隸葉轉等榜掠不勝，詢貞等不至之故。轉曰：貞及皂隸三人皆笞死三日矣。問貞未死時，承伏受銀否？曰：惟不承伏，故備極楚毒以死。曰：爾以何罪？曰：御史誣轉等以銀賂貞，得早遣就役。轉四人，皆貧民，何自有銀賂貞？如有銀，當賂縣吏不遣爲隸京師矣。問：〔是以所超〕〔事之所起〕，轉言在獄時，聞貞云袁覃兩御史嘗俱至，兵部索皂隸，貞猝未有應之，御史適見遣轉等四人就役，遂詐爲風聞以興此獄。彼三人者，已銜冤同貞死，轉雖不死，去死一間耳。言已悲慟號冤，義等以聞。皇太子召綱、珩面詰之，皆承伏。於是，通等並劾英罪。皇太子曰：瑛大臣蓋爲下所欺，不能覺察耳，姑寘之。綱、珩敢縱私殺人，其械繫之，並具其罪狀，詣行在奏，請處分。

《明實録・永樂十三年》〔四月乙丑〕監察御史鄧鑑等劾奏，陝西掌都司事都督僉事胡原非法拷訊竊盜費祥等七人至死，併舉其他罪。上曰，御史言是，朕嘗勅戒武臣循法度，毋作徇非，而原所爲皆悖，但所犯在勅未下之先，可姑宥之。再犯不恕。

又〔九月辛酉〕行在都察院左副都御史李慶，劾奏都督費瓛前在甘肅受韃靼馬、駝、牛、羊事覺。皇上問之，不以實對，重爲欺罔。都督梁福貪淫暴酷，肆無忌憚，請悉正其罪，以警將來。上命並錄所劾章示之。

又〔十二月〕甲戌，行在都察院左副都御史季慶劾奏，都督同知曹得鎮守德州未及期年，貪婪之名彰著遠邇，妄作非爲，不止一端。爲軍民之害，失大臣之體，宜治其罪。上命封所劾章，示之。且諭得曰，如不悛改，將無及。

又〔正月乙卯〕是日，右春坊右中允吳均監察御史湯盤、給事中李能等言，國朝之制，京官有犯，必奏聞然後逮問。永新伯、許成擅杖工部主事王景亮違越禮法，宜正其罪。皇太子曰，成武人不達事體，姑宥之。已而，召成諭之曰：古之賢臣不恃功而犯法，惟能守法，然後可長保富貴。爾其愼之。

《明實録・洪熙元年》〔六月乙丑〕巡按江西監察御史王緡紳奏，按察司副使申岳等，昧於憲體，及諸理問斷事，推官不諳刑律，皆應黜降。上曰：按察司振飭紀綱，理刑官，辨明曲直，其可授之非人。吏部即選人代之。

《明實録・宣德二年》〔十月〕壬辰，行在通政司奏，湖廣麻城縣遣人奏事，不應以奏案同進，請罪其官吏。上曰，一時之誤耳。非有奸弊，其宥之。

《明實録・宣德三年》〔正月〕己酉，肇昌府會寧縣里長老人三十三人詣闕言，本縣知縣郭完廉潔正直，愛民勤事，今爲姦民誣告其罪。緣告者之家，曾被責罰，所言悉非實事。乞留本官，庶幾民不失望，行在通政司以聞。上謂都御史劉觀曰，孔子云衆好之，必察；衆惡之，必察。今一人言其惡，而衆人稱其善，其令陝西按察司特與辯明，毋爲所罔。

又〔十二月〕丁酉，勅行在錦衣衛指揮任啓參政葉春、監察御史賴瑛，同太監劉寧，往鎮江常州及蘇松嘉湖等府巡視軍民利病，殄除兇惡，以安良善。凡軍衛有司官吏旗軍里老并土豪大戶積年逃軍、逃囚、逃吏，及在官久後吏卒倚恃豪強，挾制官府，侵欺錢糧，包攬官物，剝削小民，或藏匿逃亡，殺傷人命，或強占田產，人口，或汚辱人妻妾、子女，或起滅詞訟，誣陷善良，或糾集亡賴在鄉劫奪，爲軍民之害者，爾等即同大理卿胡概體審，的實應合擒拏者，不問軍民官吏，即擒捕，連家屬撥官軍防護解京。有不服者，就本都司及所在衛所，量遣官軍捕之，仍具奏聞。爾等尤宜公勤廉愼，夙夜盡心，以副委任，毋徇情枉法，縱擇有罪，濫及無辜，并遣勅諭概。

《明實録・宣德五年》〔五月癸丑〕四川總兵官左都督陳懷多干預民事，布政司按察司官稍有違忤，輒加凌辱。各道監察御史劾奏之。上以懷出於行伍，姑宥不問，但以御史章示之，且勅責之曰：爾先朝舊人，特命鎮守一方，正當奉法循禮，無驕無慢，俾一方悅服，乃爲稱職。夫布政司重方岳之任，按察司受耳目之寄，爾皆當以禮待。若其所行違法，止可奏聞，豈得擅自凌辱。今各道監察御史劾奏爾罪，果若有之，即爾違理行，既違理何以服衆？朕姑置不問。爾宜自省，毋蹈前過。特封御史奏章付爾觀之。自今爾專理軍機要務，凡軍民訴訟悉歸所司。且成憲有定，不可不遵，下人縱恣不可不治，敬之慎之，用副朕委任之重。

又〔十二月丁亥〕行在浙江道監察御史張駿，以淹繫罪囚下獄。初，浙江臨海縣民，告土豪一家父子叔侄同惡，下海通番及殺人等罪。駿移文逮治，縣惟械送一人，餘同惡者悉逃匿。駿必欲悉至，而後鞫之。歷四年未鞫，其家以淹繫訴。上謂右都御史顧佐曰：浙江非甚遠，提人對理一年不至，二年必至，何爲四年不至。亦不以奏，其淹繫者不死於獄，亦幸矣。命下駿於刑部獄，責浙江按察司及府縣官，不督捕逃匿者罪。又命佐及刑部，凡一應罪囚，待對未結證者，悉録以聞。

《明實録・宣德六年》〔二月庚申〕巡按御史按察司，職居風憲，所獲姦貪官吏、豪横軍民，解發至京，彼皆忿恨，輒興詞誣告陷以贓私。法司不審虛實，即准提對，風憲受誣，頑猾得志。乞會法司，凡風憲及理問推官，問發囚徒有告訐者，必再三推究其情，果有贓私，方許提問。

又〔五月壬午〕廣東廣州前衛所鎮撫表謙奏，承部司委捕盜新會縣，而按察司移文都司，令召謙領軍還，今所捕賊未獲。又言按察司挾制軍衛，又訐按察司官家人之過，又言南海廟神舊有御賜金香盒，今恐爲人抵換。上曰，謙必在外擾民，慮按察司治之，故支吾文過。遂命兵部行廣東都司，別遣人捕盜。謙所奏事，令巡按御史體實，併察謙，果害民。即治之。

又〔六月〕庚子，初，直隸定興縣民王林子，鎖定虛買輸草實收。事覺，行在刑部，逮林當斬罪，以瞽得贖。大理寺審允以聞。上曰：瞽者能輸草乎？更詳審之，勿使無辜受枉，姦慝倖免。命刑部再問。覆奏云，林瞽實鎖定冒父名輸草，用白金文綺賄賂收草千戶張敬，買實收。上以法司治獄不謹，罰行在四川司（清吏）原問官及大理寺屬官，俸三月。堂上官宥其罪。

《明實録・宣德七年》〔九月丁巳〕行在都察院右都御史顧佐劾奏，巡按浙江監察御史杜時，與布政司參議彭璟，按察司僉事劉廣等，不能伸理平人之冤，乃扶同欺罔。請治其罪。上問已決未，對曰，未決。上曰，姑宥之。如不謹再犯，雖未決，亦不宥。

《明實録・正統元年》〔九月〕甲午分遣，監察御史軒輗等十七人，清理天下軍政，陛辭，上賜勑，諭之曰：朕惟武備國之重事，所以攘外靖內保衛生民，列聖相承，咸重於茲，而歷歲既久，弊日滋甚，軍或脫籍以爲民，民或誣指以爲軍。戶本存，而謂其爲絕籍本。異，而強以爲同，變易姓名改移鄉貫，貪緣作弊，非止一端。推厥所由，皆以軍衛有司，及里老人等，貪賂挾私，共爲欺蔽，遂致妄冒者無所控訴，埋沒者無從追究，軍缺其伍，民受其殃。今簡任爾等，分行清理，其精白一心嚴加考覈，舉而正之，庶幾軍伍肅清，武備修舉，然行事之際，尤在詳慎，毋苛毋慢事乃有成，往罄厥誠，庶副簡用。

《明實録・正統三年》〔五月庚戌〕會昌伯孫忠奏：順天府永清縣民，占種莊田，毆擊家人，訴本縣官不爲理，并治之。上命行在戶部覆實以聞。戶部言：忠先賜給莊田一十六頃五十二畝，多係逃民納糧田地，今民復業者三戶，止種已地二頃七十七畝如舊納糧，其毆忠家人并縣官推故不理，俱應治罪。上俱宥之。

又〔七月乙未〕宥行在刑部尚書魏源、侍郎何文淵罪。先是，刑部鞫姦婦韓氏與姦夫顧安謀殺夫景申，韓應凌遲處死，累訴冤。上命多官會審，言安初嘗求婚於韓，不得銜之，故殺申，實無姦狀。給事中劾源等罪，上宥之，源不服，復奏請命大監及翰林院堂上官，會鞫復上具婦冤狀。於是，給事中御史再劾源等罪。遂下獄，尋宥之。

《明實録・正統六年》〔六月乙亥〕敕行在都察院右僉都御史丁璿曰：往者鶴慶軍民府民楊仕傑妻阿夜珠告土官知府高倫謀殺其子。觀，即命法司移文勘驗，既而大理衛千戶王蕙勘報，倫擅率軍馬欲謀害親母楊氏，又稱其母告倫不孝，及倫私歛民財，多造兵器，殺戮軍民，支解梟令等罪。遂勅黔國公沐晟，都督沐昂，同雲南三司巡按御史體覆。後各官皆奏倫所犯爲實。及倫赴京訴冤，蕙又奏其妻劉氏輿百戶劉剛等，協同爲惡。都察院已逮各犯，問擬重刑聽決。今倫累訴，止因與叔宣爭襲官職，宣教令阿夜珠妄告，及因與蕙爭娶周氏爲妾，蕙挾讎誣陷其所勘殺死者，多是病死其中，亦有強盜拒捕之人，亦有家人佃戶今尚存者。倫母楊氏後亦至京，訴稱倫無不孝之事實。爲宣等陷害。朝廷累次行勘。其總兵、三司官，或利倫之田產，或納宣等賄賂，皆未嘗躬詣體勘，惟遣人代行。所遣之人，亦豈復有公道。今蕙逮至京師，即輸欵與倫同詞除釋剛等六人械繫，倫蕙以俟體實外。今特勑爾及御史嚴恭，宜潛自爲計，或令嚴恭托以他事，親詣鶴慶地方公幹，設法密訪鄉郵軍民夷人，務得倫所犯及原勘保官陷害實情奏來區處。此是申理土官冤抑重情，朕以爾二人廉能，故密命爾。爾須體朕至意，存心正大，毋有倫狗，以妨朝廷公道。

《明實録・正統八年》〔十一月乙丑〕宥刑部大理寺官罪。先是以錦衣衛指揮馬順奏命監察御史李璽及錦衣衛千戶考究刑部積年強竊盗案，至是璽等奏案內有徑釋不奏請者，有沉沒不追捕者，有不推竊盗三犯者，有脱眞犯死立功充軍者，請治各官罪。上切責其不盡心，特宥之，而趣令究其未究，正其未正者。

《明實録・景泰五年》〔七月〕丁丑，都察院右僉都御史李實奏：臣先巡撫湖廣督運糧儲，幾四百萬。督調官軍擒斬苗賊首級五百餘人。招撫攔半等四十餘寨，苗人復業幷範防廣通，王等謀逆，不使得肆。近者因奏災傷認罪，取回京師，若不陳前項事蹟，無以自表，兵科勘實妄陳功次，要希陞賞乞治其罪。帝曰：凡事，巡撫官所當理。李實豈得一一論功陞賞？不必究其所言。詔執問守備白羊口署都指揮陸祥，以巡按御史董廷珪案其受指揮等官賂，且枉法賣放部卒，故也。

《明實録・景泰六年》〔六月〕己亥，南京大理寺右寺正向敬言：比者兩法司鞫囚有二弊。其一，推情論罪不當，審不允者輒調問，痛加箠楚至三四次仍依原擬，不免有冤，請自今三次不允送別衙門推鞫，原問不當者罪之。其一(闘)〔鬥〕毆罵詈違限等類輕罪，律有正條者，法司以正條罪輕擬，依不應從重其罪，免枉法。強竊盗賊等項(贓)罰金銀，律追本色，今乃准其費用追鈔。此皆輕重不當，乞禁令如律。從之。

《明實録・天順三年》〔十月壬戌〕河南郾城縣儒學訓導盧欽言，陛下在南宮時臣子當扶顛持危，而吏部尚書王直及陳循等，包藏禍心，顧位苟祿，今一旦失意，未免觖望，恐乘機鼓扇爲非，或開邊釁，乞加顯戮，以爲亂賊之戒。上命錦衣衛執欽鞫之。欽嘗因謁選，不得南方便地，銜直，故中傷之，且希進用，法司論當贖徒還職。上命罷爲民。欽浙江黃巖人也。

又〔十二月己未〕罷直隸蘇州府知府楊貢爲民。初，常熟縣富民錢曄，納交權貴，以輸米授都司經歷，家居僭侈豪橫，爲民害。貢惡之，欲繩以法。適有訴曄者，貢收曄拷訊，取其僭用器物，以奏。曄亦捏奏貢酷刑違法。命錦衣衛遣官往會巡撫左副都御史崔恭覈之，恭私於曄而銜貢，擅奏之飾辭，械曄。詣京且劾貢慘酷，所言曄事多失實。貢奏恭受賄鬻法，命錦衣衛、刑部往覈之。恭以計脱，遂逮貢下獄。都察院坐贖徒還職，而言其慘酷不仁，不可以常律處，罷爲民。

《明實録・天順四年》〔八月己未〕命都察院出榜，禁假校尉行事害人。時錦衣衛指揮同知逯杲每遣校尉廉得事情，送指揮使門達，鍛鍊成獄。校尉所至，總兵、鎮守、巡撫、巡按、三司有司官無不畏恐，多具酒肴選聲伎以樂之，且餽金祈免，雖親藩亦然。久則以無所餽者塞責，達杲又立限督併，必欲其多獲罪人。是年，天下官員朝覲，陷罪者甚衆。其遣提勘問者尤凶暴，每至一府衛，輒破數大家。在京城內外居止者，亦占民田，攬糧稅，囑公事，莫敢誰何，以故人多假稱校尉，出入乘傳，縱橫往來，詐取財物，良善受害，無所控訴，至是杲等恐致激變，乃奏請出榜禁約，且捕假者，故有是命。

又〔十二月庚寅〕監察御史楊紹、刑部主事張翃、錦衣衛千戶陳璉、百戶宋瑛，監押強賊四人，斬於行刼處，未至斬所，夜亡其一人。還奏，俱下錦衣衛鎮撫司，鞫送刑部。執錦衣衛掌衛事都指揮僉事王喜、指揮使袁彬、同知張壽、僉事郭瑛陳綱鞫於都察院。已而，所亡囚爲他人捕得，刑部(綸)〔論〕紹等，都察院論喜等俱贖杖還職。上以喜原任指揮使，管工兵仗局，黜之，使仍舊職。彬、壽、瑛、綱各罰俸三月，紹、翃降一級調外任，璉、瑛降一級。

又〔十二月癸酉〕遺書寧王奠培曰，先因奠堬告其父磐熚違法重情，特取其父至京，令內官及皇親會審，訐出實情。中間磐熚違理犯法，非止一端，甚至服飾器用僭擬無上，魘魅咒咀等事皆有證驗。又不自悔，肆言恐望。奠堬亦不時攘盗人物，毆罵親父，如此所爲，俱悖逆不道。朕念宗室之親，不忍加法，俱降爲庶人，且慮其父子交惡不可同處，特令磐熚守鳳陽祖陵，奠堬守寧獻王墳，各同家眷居住，省司月給薪米，顧余嗣承祖宗大統，恆以敦睦親族爲念，所願宗室皆循守禮法，共享太平。豈意妄爲如此，無君無父，滅絶天理，上獲罪於祖宗，下有玷於宗室，若不薄示懲戒，何以慰祖宗之心。尙念宗室親王，未知其悉，今特錄其罪狀，封去一觀，庶知彼父子之罪，皆其自取，非朝廷之得已也。幷以徧諭諸王云。

《明實録・成化二年》〔十二月丁巳〕除監察御史婁芳名。芳巡按河南至光州，出題試諸生，策問州縣官賢否，有答策言知州彭述貪婪者。芳因摭述事按問之，述具奏伸理，刑部奏差員外郎張鑑往勘。獄詞及芳，芳亦舉陳鑑罪於都察院。於是復差給事中趙侃、大理寺副薛璘往，竟其獄，芳遂得罪，逮繫來京，罪當杖徒，贖還職。內批特命杖，訖免運炭，革職爲民。

《明實録・成化三年》〔二月庚子〕都察院左副都御史賈銓等奏：雲南楚雄衛軍有奏指揮李嵩等擅開銀場，聚衆爲姦利者，雲南縣民有奏知府李遜、知縣郭凱受賕枉法者，事下雲南按察司關委洱海、金滄二道問理，二道分巡官不親臨按問，轉委鎮撫知縣鞫之，且獄詞多不明，按察司亦不駁正，但據成案呈覆。雲南道御史覺其失，請皆治罪，仍通行天下，布、按二司遇有委任，必須躬理，不許轉委。從之。

《明實録・成化四年》〔四月〕丁未，浙江黄巖縣民應昌、俞楷等因私怨聚衆各五百餘攻鬭，有司執四十一人，坐以徒。巡按御史張敦謂情重法輕，駁之。既而知府阮勤議比強盜得財律，敦具以聞。事下刑部，以爲律有正條而敦等所議輕重失宜，宜令重鞫，必求至當。從之。

又〔十二月壬子〕調監察御史鄧有良爲四川蒲江縣知縣。時有良巡視光禄寺，以光禄多積弊，費出無經，諭所司具報實數，署吏遲之不以報。有良杖之，中官回保素惡有良執法不便其私，誣奏有良包藏禍心，索報各宫日用之數，事涉不敬。上大怒，令自陳狀。有良具道所以，上以其不諳大體，具不輸情引罪，命杖之，調外任。

《明實録・成化五年》〔二月甲午〕調刑部主事余志爲廣東廣州府通判，御史康永韶爲福建順昌縣知縣，降御史馮徽爲山西路州判官，吳遠爲湖廣夷陵州判官。時朝廷以彗星見，命吏部會官考察諸司。既而永韶等言所考不當，且言如志等素貪淫者亦倖免，欲覆覈之。詔不許，令候各官秩滿具奏處分。志以將滿懼黜，上章訟之，且歷詆永韶徽遠姦利事，永韶等亦訟辨不已，俱下錦衣衛獄置對。永韶等言志貪淫事，風聞無左驗，志所詆永韶等姦利事，皆涉虚妄。又徽遠嘗與右給事中蕭彦莊言，朝廷欲自簡除兩京大臣，我輩將言其不便，請仍歸吏部。彦莊劾尚書李秉，遂及徽、遠。至是，幷具獄取旨，志、永韶。以妄奏調外任，徽、遠積前釁，故降之。

又〔五月〕己亥，申明大理寺參問刑官舊制。南京大理寺左評事張珏陳言：大理寺之設，所以審録刑部都察院鞫問罪囚，其間或擬罪不當者，一再駁還，並令改擬，或仍不當，許參問刑官，此係舊制。近見南京法司多徇私意，或執偏見，動輒嚴刑以威囚犯，平人畏懼輒相誣服，或本犯後至逼就成獄，往往情罪不合，致人稱冤，迨及駁改，而其人受淹禁迫切之苦亦甚慘矣。刑官玩忽舊制，恣意出入，至於不可掩飾，亦止於改正而無罪。乞自今許本寺參問大理寺卿王槪覆奏。從之。

《明實録・成化十年》〔五月壬子〕鎮守臨清都督僉事王信奏，據巡捕等官呈，捕獲人犯，雖發衛縣問理，然多徇私顛倒，欲徑檄山東按察司分巡等官爲便。下三法司議，歷引舊例，謂鎮守官專以操練保障爲重，不當預詞訟，以侵職掌。上以臨清衝要，軍民雜處，奸僞日滋，從信所請，但戒勿得濫受民詞。

《明實録・成化十一年》〔四月戊戌〕欽天監五官靈臺郎劉伸奏：自洪武以來，凡天象有變，本臺官輒自具奏，不用本監印信，至正統間，監正彭得清等始變舊制，且本監官俱故陰陽官子孫，係專門之學，所奏天象惟從舊書以爲占候，別無餘法。今掌監事太常寺少卿童軒，乃出自科目，到任以來，略不事事，以天象占臺隱匿不奏，及所奏者又多增損舊書，不以實對。事下禮部，令軒具實以聞。於是軒以其誣己具陳，上宥之，命所占天象，仍會本封進，如近制。

《明實録・成化十三年》〔三月〕壬午，監察御史熊繡初巡按陝西，會左布政干璠以官銀饋苑馬寺卿邵進(士)〔事〕覺，繡收庫官鞫之，欲重入璠罪。璠遁赴京，奏繡嘗奉迎秦王府冊命，徑行府東門，因臣譏誚之，遂構臣罪。上命官覈實，下刑部，問擬璠、進贖徒杖罪畢各除名，繡贖杖還職。上不從，令俱免贖，璠進冠帶閑住，繡調外任爲清豐縣知縣。

《明實録・成化十六年》〔二月乙亥〕總督漕運兼巡撫鳳陽等處右副都御史張瓚奏：守備署都指揮同知王能等，擅理詞訟，妄行參駁，以致久禁囚人，法宜究問。仍乞通行禁約，凡守備官自後所獲罪犯，宜轉行問刑官斷理，照例呈詳巡按御史處治。命從其奏，能姑宥之。

《明實録・成化二十年》〔六月壬申〕試監察御史許潛巡視西城，監察御史戴仁家(有)乳婦，其夫數來仁家，厭之，拒不使見，夫怒號於門，有惡言。仁遣家僮訟於潛，以其人爲逃民，私囑潛令懲之。潛逮其人及責所主者高興藏匿逃民罪，皆不服，因杖興二十遣歸，歸三日死。行事校尉廉得其事以聞，命下潛、仁錦衣衛獄問狀，刑部擬潛故勘平人至死罪斬，仁囑托且誣告人罪徒，獄上，有旨：潛減死，發口外衛分充軍。仁免贖，發原籍爲民。

直而所犯重者，法司移文於衛所取問，不得專執，所司亦不得占悋不發以致誤事。

又　〔六月〕乙亥，禮科都給事中林元甫等奏：　近奉旨，今後朝覲之年考察，如有不公，許其伸理。命下，未幾，奏者踵至，恐歲復一歲，終無止期。今後凡考退幷劾退官員，有仍前奏擾者，乞令所司參奏治罪，照例發遣。監察御史史瑛等亦以爲言，下吏部覆奏：　三年朝覲，本部會同都察院考察，凡貪酷不職者，必嚴加黜退，蓋以去惡不盡，不足以除天下之害，然人材難得，其惡未著而遽去之，則人心不平。是以聖明許其伸理，但嚚悍狂躁之徒，一見禁令稍寬，輒便飾詞妄奏，變亂是非，有傷治體。今後朝覲考察中間，果有黜退不公者，許其伸理，若本無冤抑摭拾奏擾者，仍照例參問治罪。其科道糾劾，大率多在京堂上及在外方面等官，是非善惡昭然在人耳目，其去留或斷自宸衷，或下所司議處，亦未必有枉，間有伸理者，或虛或實，亦照此例施行。議上，從之，仍命果有冤抑者許伸理。

《明實録・弘治十一年》　〔七月壬子〕先是，寧夏右屯衛指揮僉事鍾亮，挾讎妄打罰守軍人鄧連沿身虛怯等處七百有餘，即時身死。陝西按察司僉事李端澄擬贖杖還職，都察院覆奏，令再問。端澄執（儀）〔議〕如初，本院又奏：　據亮招詞，自有官懷挾私讎故勘平人致死斬罪正律，宜仍行巡撫、巡按等官從公鞫問，改擬如律，原問官端澄議擬不當，亦乞治罪。命巡按監察御史逮治之。

《明實録・弘治十五年》　〔十一月丁亥〕先是，南和伯方壽祥管顯武營下塲牧馬，死損數多，例微樁頭銀買補，壽祥不徵，及歲終奏查應住俸官員職名，復久不報。兵部劾之，有旨逮問。壽祥屢奏自（辯）〔辨〕，且詆車駕司郎中楊守隅挾私妄參，願與置對。而壽祥弟嵒，先以事繫刑部，辭連壽祥，壽祥復奏爲治獄者所枉。上乃命吏都察院幷治之，已而兵部言：　壽祥廢弛爲政，法所當問，乃誣引本部屬官，漸不可長。於是，守隅得免逮。都察院奏當壽祥贖徒復爵，其弟嵒及在營操備指揮張璽等，各坐罪有差。從之。

《明實録・正德四年》　〔十一月丁亥〕陝西按察司丁憂按察使邢義在任時，有護衛百戶高緝熙坐掠賣宗室婢事。義問擬徒杖還職調衛，都察院題覆，詔謫緝熙戍極邊，令陝西巡按御史逮義問。至是獄上，得旨：　義勘斷不公，出人重罪，勒爲民。仍罰米五百石輸邊。

《明實録・弘治二年》　〔五月戊寅〕先是，監察御史何悌，劾奏巡撫雲南都御史章律貪聲大著，謂保襲土官惟求賄賂，奬與庶職，多取諂諛，與前布政使周正朋比爲奸，視鎮守太監家人縱横，恬不能治，怒一人而住全衛之俸，餽一官而罰參吏之銀，今邊鄙未寧，蒲夷作亂，如律者一籌莫展，安能倚以成功。上命巡按御史劉洪鞫勘，所奏多實。刑部尚書何喬新等疑洪附於悌，議命巡撫都御史王詔等重覈之，科道等官陳璚等，因劾喬新等庇律，上命（建）〔逮〕律至京治之，喬新等自疏請罪，宥之，仍罰俸兩月。

又　〔五月丁卯〕南京監察御史李端，巡視長安四門倉塲，坐對承天右門指揮徐政發告守備太監陳祖生等以聞，端因奏守門内臣索要財物，指揮楊瓚率軍圍繞驚疑人心，及陳祖生挾私誣陷等事，下錦衣衛勘問無實，法司擬端贖徒還職，得旨：　端不循禮法，事覺又不輸情，降調邊任爲四川永寧宣撫司經歷。端初坐長安門外，有告守門内臣坐於千步廊下索要財物者，端將察之，入門内臣揖之坐，端忘其然也，遂與坐，後因以爲常，又數以事檢束内臣之生事者，故及。

《明實録・弘治五年》　〔四月癸卯〕監察御史李興巡按陝西，與巡撫都御史韓文相訐奏，文奏興陵侮方面，不朝親王，酷刑致死人命諸事，命錦衣衛官往械興，至京下獄，復命給事中李應和等往勘之，得興非法杖死者（三十）〔十三〕人及陵侮方面事皆實。上以興酷暴過（期）〔甚〕，命擬罪以聞，刑部擬興贖杖爲民。上以爲未當，命法司會官廷鞫之，謂興所犯律輕情重命繫之俟審録時具奏以聞。

又　〔十二月〕癸丑，荆王見溥詞連監察御史梁廷賓，廷賓奏曰：　臣過蘄州，王遺以雞酒，是日主事壽儒來言，甕中皆白金也，乃王賂御史汪宗器者，煩公致之，臣懼儒，曰我當致之。今荆王犯法詞連及臣，冤也。因奏宗器違法數事，刑部尚書彭韶議行巡撫等官審實，時廷賓自湖廣託疾還京，未至，都御史白昂劾廷賓擅離職任，命官伺於途執之。

《明實録・弘治六年》　〔三月丙戌〕南京守衛禁軍有犯法者，監察御史郭珠執而鞫之，成國公朱儀等劾珠擅執禁軍，下法司議，刑部尚書彭韶奏：　禁軍犯罪，法司執問，其來已久，非珠始倡爲之，况犯者甚衆，若一一奏請，豈獨煩擾，又恐犯重罪者聞風逃避，猝不可獲，請今後禁軍有犯重罪者，法司仍如舊執問，如輕罪則移文衛所問斷，庶幾事不誤而法亦行。上曰：　禁軍守

《明實録・正德五年》〔正月〕己未，命掌大理寺事工部尚書致仕楊守隨爲民。先是，鄞人有死獄，審録郎中董恬及僉事龍霓謂其情可矜，下大理寺駁讞。至是，劉瑾以守隨私其鄉人，勒爲民，仍罰米二百石，恬、霓及大理少卿張鸞、評事林富各百石。

《明實録・正德八年》〔十一月辛巳〕鎮守江西太監黎安奏江西署印副使胡錠，南昌府知府李承勛，將三司會勘過逆賊王浩八等招詞，商議吏政及遺安等弋陽禦賊之功，乞行巡按等官查勘。詔錠承勛，令差去大理卿燕忠，會同紀功給事中逮問明白以聞。

《明實録・正德十六年》〔四月丁未〕兵科都給事中汪玄錫言，都督郤永以不附江彬被訐下獄，人咸冤之，且求謀勇可備將帥之選，宜出之於獄，復其舊職。上知永素有軍功，即命釋之。

《明實録・嘉靖十六年》〔十一月丙子〕初，南京禮部尚書霍韜奏南京御史龔湜，郭本倚勢和買絹布，價直減少。至是，湜、本各疏自辯，因論韜凡遇慶賀進表，容令皂隸樂工交錯龍亭前後，及擅受民詞誇慢不職，且欲假此以箝言官之口，俱下南京法司勘實，覆稱韜不宜擅受詞狀侵有司職，而本與湜所論辯語亦過當，厥罪惟均。得旨，韜、本、湜姑貸之，諸司宜各安職守，毋輒生擾。

《明實録・嘉靖二十六年》〔閏九月丁亥〕先是，羽林衛指揮應襲柴鎮同千戶徐太，糾合兇徒趙科金解〔鑑〕、解鉛、劉英、（邦）〔祁〕大川等，因圖財謀殺五龍屯寄寓人楊自東等七命，尋燬其屍，已而事泄，覇州兵備道捕鎮等訊得其情，獨大川潛遁。參法司問坐鎮首謀凌遲，仍流其妻子。太等爲從，各斬，下大理寺評，不服，請再行勘。上曰：茲重大慘惡獄情，已經司部該道往復勘覈成招，如何又行在外勘結？令三法司盡心推鞫，務得眞情，早正國法，如果誣枉，亦要明白開釋。已三法司會訊，仍擬前罪，詔從其擬，以法司幾致失刑切責而宥之。

《明實録・隆慶元年》〔四月丁未〕復駙馬都尉鄔景和原職。景和，先帝時入侍直贊，意頗不樂，先帝覺而遠之。後於謝賞疏引馬革裹屍語，詔下法司問狀，削籍爲民。至是，給事中張鹵、御史陳聯芳等疏，稱景和帝室親臣，素負忠直，無罪被擯，公論惜之。遂復其官。

《明實録・隆慶二年》〔正月〕辛未，復故浙江紹興府知府黄綰原職，贈太常寺少卿。綰爲刑部主事時，嘗諫武宗南巡，連跪五日，嘉靖初以劾奏給事中陳洸，忤大學士桂萼，萼既攝刑部事，盡反洸獄，奏逮綰，瘐死獄中。至是以遺詔卹録，乃有是命。

《明實録・萬曆三年》〔四月辛巳〕刑科給事中嚴用和因熱審條上六事，曰：均審恤，尙平反，連聽斷，重簡驗，急相埋，革奸弊。部覆俱如議，從之。

《明實録・萬曆五年》〔八月戊戌〕刑科都給事中周良寅因上詰責嚴清，遂上疏參大理寺評事李蒙亨幷及清。得旨：此衙門公事何獨參堂屬官一人，且近來各處奏勘刑獄事情議擬不當，事體乖謬者甚多，爾等未見一言駁正。科臣以看詳章奏爲職，所看何事，今後各衙門有重大事情及隱匿姦弊，科道官知而不言者，黜。

《明實録・萬曆六年》〔十月己丑〕刑部山西司問詳絞罪犯人周官法應處決。上以周官先經御史詳問改遣，未常題覆請旨，如何輒投處決，命所司查明。已而大理寺覆奏，周官簡證俱的，本寺參詳無異。御史辯問都察院掌管，竝無文移知會，遂致本寺無憑稽查。上曰：今後問刑官改擬重獄，三法司俱要彼此關白知會歸一，毋致出入參差，有紊政體。

《明實録・萬曆九年》〔正月〕癸卯，巡撫保定辛自修參祁州知州李際觀捏報穀數一千八百餘石，乞重加罰處，爲有司罔上之戒。上曰：李際觀欺上要功，姑着以原職降三級調用，前屢有旨捏報欺罔，着部科從實參奏，今該科何獨無言？於是科臣姚學閔等上疏引罪，因言原無本揭到科，無從稽攷，乞賜矜宥。上曰：科臣以看詳章奏爲職，況前屢有明旨，通不着實遵行，修舉本職，徒掇拾浮詞草率塞責，至於臣下朋比欺罔，四方幽隱情弊，卻都緘默不言，豈稱朝廷耳目之任？這事情既無本冊到科，姑免究。今後再有這等，定行重治不饒。

《明實録・萬曆十年》〔九月癸酉〕兵科右給事中王三餘題：邇年以來，京師及各省直歲報決囚數殆近十。雖除惡務盡，恐所讞重辟，未必盡能得情，決過囚數未必眞無冤枉。昔年各處巡按決人數多者，皆蒙紀録，而數少罰俸有差。是以殺人受賞，而以不嗜殺人被罰也，奉承之下，何所不爲？萬一有如往者王奎、（荷）〔崔〕花等之冤死，其有累於陛下仁明之治，豈淺鮮哉？今次審決，請勅各巡按御史，務仁恕能平反，決囚寧少毋多，疑獄寧緩毋急，則好生之德，即堯舜無以加矣。報聞。

《明實録·萬曆十一年》〔十月己巳〕刑部覆南京兵部尚書王遴奏，內一議申明職掌以端政體。言南京內外守備衙門，止爲守禦而設，不宜濫受詞訟，侵法司之權。各城兵馬主譏察巡警，非令干預刑名者也。緝獲人犯，不宜問招擬罪，委當遵照勅書，各明職掌。得旨：守備參贊衙門，着遵前旨，各照職掌行事，一應瑣細詞訟，不必干預，兵馬司亦不許受詞擬罪，有違犯的，科道參奏處治。

又〔十月戊午〕刑部覆：禮科給事中李以謙題每歲録囚不曰處決，而曰審決，恐臨決之有冤抑而再加詳審也。近年各省直遇審決之期，但擇情重者決之，是處決而非審決也。宜行巡按御史虛心詳讞，有情與律背事與招違者，即爲辯理，事雖不冤，執詞不服者，亦緩決以待下年再審，不得一概行刑。至於元惡大憝，有會審批允十數年不到部院者，應將稽遲官吏坐贓重究，庶狡惡者不得倖免。上是之。

《明實録·萬曆十三年》逮沈汝梁於詔獄，論戍。汝梁南御史巡視下江，以饋遺爲名，盡取所部贖鍰入京，而僉都御史蕭崇業轉自南太僕，語掌院都御史辛自修曰：崇業與沈御史素無交往，今贓罰簿內有送太僕寺禮銀若干兩，不申本院，幾爲所誣。試取簿觀之，則南中各署開列殆徧，詢之無有也，自修大駭歎，露章劾之。上遣中使持其章至閣，傳今日欲出朝與先生等面議，偶因動火免朝，昨者南京掌院御史參劾御史沈汝梁賕賄不下二千兩，屢有明旨，彼乃故違，卿等票旨重治。自修持正守法，可票旨獎勵。又傳旨密問南京辛都御史到任未久即能參論屬官。趙都御史人皆稱其公正，何以二三年來不參一人。時行等云：南中地遠法弛，有可論之人，此中在輦轂下，固應不同。因附中使奏之，隨具疏請禁斷一切私交，并擬進傳帖一道，上復諭內閣卿等：此奏深合朕意，所擬傳帖，改寫手勅。是日勅吏部都察院曰：朕軫民生，留神吏治，比者重懲貪墨，嚴禁饋遺，前又面諭部院大臣，以有司貪贓壞法，宜申飭重治。各官通不遵守，乃有御史沈汝梁貪肆不簡。本院都御史指實參論，已有旨重處，朕思御史職任風紀，卻先自犯贓，何以除奸、革弊、肅吏、安民？各該地方贓罰銀兩，除濟邊外，專備災傷賑恤。今後務設法稽查，分毫不許擅動。巡撫官聽科道糾劾，巡按御史回道，本院查其在任有無擅用贓罰，開入考察欵內，分別去留。今後部院大小臣工，及在外撫按司道等官，各宜崇儉務實，潔己奉公，共贊清明之治，不得仍前沿襲弊俗，朝覲在邇，各官有玩旨干禁者，著廠衛衙門緝捕。爾部院照例從重參處，如勅行，後汝梁編管山海右衛。

《明實録·萬曆二十八年》〔七月辛亥〕刑科都給事中楊應文等疏言，犯官李光著非有不可赦之辟，一因被逮，殞命獄中，即先著推之，諸犯之待罪法司，未奉矜釋，及羈留鎮撫司，未經送問者尚多，乞將熱審諸疏發部矜釋，勅下法司及鎮撫司，於所逮諸犯未經歸結者，開名止清或問遣或縱歸，以昭聖恩。疏入，留中。

《明實録·萬曆三十年》〔四月〕庚戌，刑科給事中張鳳翔，貴州道御史沈正隆交章論吏部稽勳司郎中趙邦清險暴貪淫，三滅倫，六無耻諸狀，且多金挾娶選中儲婚淑女楊氏爲妾，無人臣禮。邦清疏抵辯，謂前任滕縣鄉官及今同僚唆使致然，至號哭禁門叫冤，云皆同僚鄧光祚、侯致躬及堂官李戴相通賣法受賄，惟臣孤立，致光祚、致躬及候選科道蕭淳唆使言官，誣陷殺臣，請抄沒臣與光祚、致躬、淳家財以辨貪廉，以彰乾斷。是時右給事中田大益，御史左宗郢、李培俱直鳳翔、正隆，而參李戴怯懦，不能斷是非。給事中曹于汴頗直邦清，而謂光祚、致躬應同議處。疏俱不報。

《明實録·萬曆三十四年》〔十一月癸酉〕刑科給事中周曰庠請釋逮臣卞孔時。畧云：曩以稅使陳奉全楚，臣民被逮者二十餘輩，既而馮應京等俱蒙矜宥，惟餘孔時一人。孔時貳武昌，有神明之號，因興國州姦民揑稱郡民吳良裘有田若干未丈，意在陷良裘而諛陳奉。奉委孔時丈田，孔時極口與辯，奉卽銜之，遂致誣逮。當蒙皇上洞鑒，免其監鞫。然至今羈紲長安，不得繼應京諸臣歸里，殊爲向隅。不報。

《明實録·萬曆三十五年》〔十二月癸酉〕刑科都給事中蕭近高疏曰，臣聞隆寒之後，必有陽春；嚴威之餘，濟以寬卹。今日月就除，陽春司令，草木無知，咸有向榮之意，而棘林圜土，尚多纍囚，沈滯未釋。在詔獄，則有知縣滿朝薦，爲地方執法，囚首待罪，肌膚慘裂，三冬於此。在刑部，則有軍民生員監生王大義等，除瘐死七名外，尚二十名，或罪或否，久奉處分，亦三載於斯矣。此輩皆無告矜人，奄奄視息，一旦就斃，即有寬卹之恩，亦何及乎？昔唐太宗有詔，自今長吏五日一慮囚，思天下滯獄，復建三限之制，大事四十日，中事三十日，小事十日。又不須追捕，易決者不過三日。漢元和二年詔曰，方春生發，萬物華中，宜助陽以育時物。其令有司，罪非殊死，且勿按驗，冀以息事寧人，助順天氣。古之人主，留心庶獄如此。頃自覃恩詔下，光大海隅，盡沾德澤。僉事馮應京，推官華鈺、何棟如，生員沈機等，各出囹圄覩日月。今獨使滿朝薦等，絶一視之仁，抱向隅之泣，非所以順天心而隆茂對也。疏上不報。

又 浙江道監察御史何爾健，劾車戶張廷佩等盜賣木植，事下法司。蓋是時門工且竣，餘材尚多，中璫商戶因之爲利朋盜。發覺者，鷹平條槁數枚耳。自起工，陸續運到鷹揚木凡二萬餘根，工完計用萬餘，而不可問者，遂至萬根。物力之耗，可爲浩歎。

《明實録・萬曆四十年》〔六月辛巳〕刑科都給事中翁憲祥疏言，久繫知縣滿朝薦，以稅使單詞幽囚多年，今梁永、高淮輩，皇上已赫然震怒，撤回懲治，乃爲其所陷者，尚滯圜扉。宛平知縣李嗣善，居官苦節，執法不阿，前者無心之失，已經該部審明。聖明洞察，尚從羈累，殊屬無辜，幷應即賜開釋。

《明實録・天啟二年》〔九月戊午〕刑科給事中沈惟納奏：外史每遇審錄，未有不晝夜細閱卷宗。今朝審之會，所送者皆節畧也。乞勅該部一如外府州縣造冊之式，節畧之後仍錄全招，使其疑情猶在，生路猶存。若曰浩繁難竟，請一月前送科細閱，必有發重淵之覆，成皇上浩蕩之恩者。乃若錦衣衛奉旨枷人，用三百斤重枷，滿日發落。此輩苟罪不至死，何必立登之鬼錄，以傷皇上不殺之德哉？臣因是有感於刑部焉。可罪則不宜赦，不可罪則脫之，如趙士煥之罰糧千石，載何例也。情眞則無可寬，非其情則出之，如佟卜年之流不成流，戍何律也？又如李秉誠三敗遊魂，何以尚偷視息，若以爲憐才也，達奇勛獨不可比例立功乎？是皆刑獄無章之大較也。上以枷號人犯，皆繫情罪深重，用以警衆，原不爲過，諭法司知之。

又 〔十月癸亥〕刑科署科事左給事中尹同臯等題：適見犯人于惠等忽奉大枷枷號之旨，臣等不勝駭愕。纔免朝審，復斃五命，是聽審諸囚以鐵案已成之罪，猶承一念之太和，于惠等以刑審未定之人，反斷數口之主意。乞暫免枷號，俱送司公審。上不允。

《明實録・天啟五年》〔五月壬子〕試御史門克新疏陳目前切要三大局：一、人材邪正之辨。請罷右庶子葉燦，光祿寺卿錢春，遵化道按察使張光縉，以爲依傍門戶之戒。一、逃臣不時之戮。請立誅熊廷弼，以正欺君誤國之罪。一、東西職守之防。請汰關上冗兵而廪募死將。上是其言，以閣臣票擬含糊，令改票論決熊廷弼，不得黨護。閣臣疏奏：熊廷弼罪在不赦，第恐皇上激怒於衷，急於正法，於祖宗制刑時令不無少違。當此正陽之時，又值郊祭之日，聖怒似宜少待也。乞從初擬。於是命熊廷弼秋後正法，葉燦、錢春、張光縉俱削籍爲民。

明・卜世昌《皇明通紀述遺》〔嘉靖四年〕正德末太監黄玉鎮守潼關，貪暴恣肆，邑井無賴多投之。指揮彭松、貴鉉、王臣等，倚勢爲姦，橫索行旅之貲。即小民任負仕宦行李，無得免者。至抑勒故官，欲發其覬求。藩府餽遺不厭，則杖殺其使者，積資以鉅萬計。嘉靖初，爲巡按御史丘道隆所劾，詔革玉任閑住，彭松等下山西按臣勘報。至是都察院據勘詞列上罪狀，上以玉罪重，仍令逮問；松、鉉發邊衛，充永遠軍；王臣等俱邊衛充軍。

明・沈德符《萬曆野獲編・刑部・吏役參東廠法司》 孝宗時號爲極治，盡釐成化積蠹，廠衛不復敢恣，然其時亦有弊政不減今日者。先是彭城衛千戶吳能，有女名滿倉兒，託張媪鬻之，媪私售之樂戶，亦張姓，而詭云周官後。張攜至臨清，轉售樂戶焦氏，再售袁璘，亦樂工也。時吳能已死，能妻聶氏，蹤跡得之娼樓。其女懟母不肯認，乃與其子吳政強奪歸。袁璘以金贖不許，且訟之官。刑部郎中丁哲恨其事，笞袁璘稍過，不數日死。璘妻遂訴於東廠太監楊鵬。鵬逮治，乃盡反其辭，謂吳女自鬻皇親周氏，此女故張媪妹也，哲故殺無辜當死，具奏以上。上下之錦衣衛鎮撫司鞫問，又如廠所擬，上以事關人倫，命三法司會錦衣必究其實。乃索女於長寧伯周彧家，或言初未曾買聶氏女。上始疑之，復命撫部科道多官廷鞫之，張媪及聶女始吐實。諸臣會議哲罪當徒，而滿倉兒者與其母聶氏俱擬杖。時舉朝不平其事，而莫敢言。刑部典吏徐珪，獨上疏直之，謂丁哲讞獄允當，而楊鵬之姪，淫於聶女，遂圖報復，欲陷哲於死，而鎮撫司官，互相蒙蔽，證成其獄。皇上令法司會勘，又畏懼東廠，莫敢辨明，必待廷鞫朝堂，始不能隱。聶女自誣其母，罪不容誅，而僅與杖。丁哲無罪見誣，而坐徒刑。官據廠衛之辭，不敢擅更一字，臣願陛下革去東廠，戮楊鵬叔姪，將鎮撫司官永戍革襲，丁哲等進一階，則太平可致矣。上以徐珪辭語妄誕，贖徒革役，丁哲爲民，滿倉兒者杖畢，送浣衣局，此獄始得結。其時以一樂婦下賤，上煩宸斷，三四訊而始定。孝宗聖明,不厭煩瑣如此,雖不能盡快人意,以較之嘉靖初李福達一案,則天淵矣。但徐珪以一胥吏,參東廠,參錦衣,參法司,譏貶滿朝公卿,而罪僅止此。不踰年清寧宮災,刑部主事陳鳳梧應詔陳言,雪徐珪之冤,請還其舊職,量與一官以示勸。上感其言,命授正八品職銜,吏部覆奏,授珪爲浙江桐鄉縣丞,珪何等賤役,士大夫昌言救之,聖主特旨允之,亦得起廢入仕,使在今日,死東廠之手久矣。

明・談遷《國榷》卷八 〔太祖洪武十七年六月〕辛卯,福建按察使鄞縣陶垕仲僉事上虞謝元功劾左布政蠡州,薛大方貪淫,上卽令按察司訊之。大方亦誣辨幷逮入,聽於都察院,大方伏誅,垕仲元功復位,閩人快之。

《明史・孫丕揚傳》 尋由左侍郎擢南京右都御史,以病歸。召拜刑部尚書。丕揚以獄多滯囚,由公移牽制。議刑部、大理各置籍,凡獄上刑部,次日卽詳讞大理,大理審允,次日卽還刑部,自是囚無淹繫。尋奏:五歲方恤刑,恐冤獄無所訴。請敕天下撫按,方春時和,令監司按行州縣,大錄繫囚,按察使則錄會城囚。死罪矜疑及流徒以下可原者,撫按以達於朝,期毋過夏月。輕者立遣,重者仍聽部裁,歲以爲常。帝報從之。已,條上省刑省罰各三十二事。帝稱善,優詔褒納。自是刑獄大減。有內豎殺人,逃匿禁中。丕揚奏捕,卒論戍。改左都御史。陳臺規三事,請專掌印、重巡方、久巡城,著爲令。

清・龍文彬《明會要・刑二》 宣德五年,御史李驥巡視倉場。軍高祥盜倉粟,驥執而鞫之。祥父妾言:祥與張貴等同盜。驥受貴等賄,故獨罪祥。刑部侍郎施禮遂論驥死。驥上章自辨。帝曰:御史旣擒盜、安肯納賄? 命偕都察院再訊,驥果枉。帝乃切責禮,而復驥官。

又 八年九月,遣使鞫天下重囚。帝曰:三法司所決重囚,憑案牘耳! 豈能察顏色。其遣廉明者分臨覿囚審覆。不厭其心者,奏讞之。毋輕率枉死人。

又 帝嘗夜讀《周官》式敬爾由獄,以長我王國,慨然興嘆,以爲立國基命在於此。乃敕三法司:朕體上帝好生之心,惟刑是恤。令爾等詳覆天下重獄,而犯者遠在千萬里外,需次當決,豈能無冤? 因遣官審錄之。

又 正統元年,兵部侍郎于謙言:在京法司重囚,凡遇隆寒、盛暑,會官審錄。冤枉者得以辨明、可矜者獲蒙寬宥。在外重囚,豈無冤抑可矜者? 乞如在京審錄,庶獄無冤枉。命議行。

又 二年,四川按察使龔璲奏:四川強盜繫三司者不下三百。長年淹禁,恐傷和氣。乞敕廷臣會議,或遣重臣四出審錄,可疑者釋之。帝命行之。

又 三年,御史唐愼奏:近奉詔,令內外繫囚具狀以聞。今在京悉承聖斷,恐在外所司奉行未至。乞敕各處巡按御史會都、布、按三司,及直隸府衛正官,將見繫重囚,俱如京例,審錄以聞。從之。

《清實錄・崇德八年》 部議:金礪旗下章京范文程家人康六獲銀一千兩,多羅貝勒羅洛宏家都倫奪之,康六於梅勒章京孟喬芳處控告三次,喬芳庇其本貝勒,匿不舉發,及遇牛錄章京王元爵,訴之,元爵亦復不聽。喬芳應革職,奪所俘獲,元爵應鞭八十,罷牛錄任。奏聞。上命:孟喬芳免革職,削一世職,罰銀百兩,王元爵鞭八十,納贖。

《清實錄・嘉慶十二年》 〔二月〕諭內閣:初彭齡奏壽州三命重案審有請託情弊,據實參奏一摺。壽州武舉張大勳家毒斃三命一案,先於嘉慶九年,經總督陳大文委淮徐道鰲圖等馳往查辦,卽訊出因姦謀毒情形。當交與安省臬司鄂雲布、楊護研究,彼時各犯證到案之後,悉如前供,並無異詞。迨後因訟師劉儒恆具呈控告,復有旨特交鐵保審辦。鐵保委江寧藩司康基田等覆審數次,亦如安省所審,並未改供。因康基田有河工要務,經鐵保調往清江,改發新任臬司遇昌,率同蘇州府周鍔等審辦。此案一到蘇州,經周鍔等訊問,遂卽全行翻供,捏爲蛇毒烘板情節,支離謬妄,全案子虛。現經初彭齡審明,此案實係張大勳胞兄張大有,因姦起意謀毒致斃,證據確鑿。本日復據奏到,提訊蘇州原驗仵作王鳳等四人,均稱原驗實係中毒,其原卷內口供辨別中毒服毒一段,伊等並無此語,亦未畫供,係屬周鍔向其教供。隨又根究出案內有名之貢生孫克偉,其胞兄孫克俊,素與周鍔在京相好。又孫克偉亦與長洲縣知縣趙堂認識,上年到蘇託情等語。周鍔等以承審委員審辦此等重大命案,輒敢聽受請託,顛倒獄情,甚至向仵作教供,希圖翻案,實出情理之外,殊爲可恨,必有受賄情弊,自應徹底根究,以儆官邪。此案初彭齡奏到定擬之後,又據都察院奏有胡兆信來京翻控,是以續派侍郎玉麟、韓封前往覆訊。併有旨將案犯張大有暫緩處決,以憑質訊。該侍郎等在途接奉此旨,著迅速行走,並著該部行文沿途,將胡兆信趕緊解往備質。玉麟等於到彼覆訊之後,如別無疑竇,卽著一面奏聞,一面將張大有正法。其知府周鍔、知縣趙堂、萬承紀，均先著革職鎖拏，並交玉麟、韓崶，會同初彭齡嚴加審訊。究竟有無得贓入己情節，即加之刑訊，亦無足惜。其候選道員孫克俊，並著革職，交順天府五城查拏解往歸案刑訊。所有此次來京翻告之胡兆信，並著玉麟等究明係何人教唆來京，是否亦係周鍔等所爲，即確實訊明，一併具奏。至此案固係周鍔等顛倒案情，朦混上司，何以臬司遇昌肯即照依詳轉，毫無指駁恐遇昌亦不免有受託等情，並著玉麟等詳細研究，不可稍有瞻徇。如遇昌委被朦混，亦當將周鍔等如何朦混該司之處，訊問明確。將該司嚴參議處，如訊有受託情事，即著將遇昌傳旨解任，再行研鞫。鐵保於遇昌詳到後，率即照擬完結，併將周鍔等保奏，亦屬謬誤。並著定案時一併參奏。初彭齡於此案悉心推鞫，秉公查辦，俾冤獄平反得成信讞，實屬可嘉，不負委任，著加恩交部議敘。

《清實録・光緒元年》 又諭：前據給事中王書瑞奏，浙江餘杭縣民婦葛畢氏毒斃本夫葛品連，誣攀已革舉人楊乃武因姦同謀，問官迴護原審，請派大員查辦，當派胡瑞瀾提訊。兹據該侍郎奏稱：反覆訊究，此案實係楊乃武因姦起意，令葛畢氏將伊夫葛品連毒斃。供證僉同，案無遁飾，按律定擬，並聲明此案原擬罪名查覈並無出入等語。著刑部速議具奏，另片奏請飭部通行各省。嗣後辦理案件有原報與現訊不符者，仍照敘原呈，再將到案究出實情，明晰聲敘，以歸覈實。著刑部一併議奏。

《清實録・光緒四年》 又諭：前據文格奏，山東署陵縣知縣趙多熙拏獲抗漕搶掠匪黨馬希固等二十餘名，就地正法，辦理草率，請予議處。當恐該員稟報情形未盡確實，令文格再行查明具奏。兹據奏稱查明馬希固等實係附從藺汰，聚衆抗糧搶掠，經趙多熙捕拏到案，傳聞藺汰來城奪犯，遂將甘心入夥匪黨馬希固等就地正法。原非枉殺無辜，惟因其於飭查後，始將犯供録送，是以請予議處等語。此案既據文格查明馬希固等犯聚衆抗官，罪有應得。趙多熙將該犯立時掩捕，地方始就安謐，迨聞藺汰奪犯之謠，即將該犯等就地正法，係爲倉猝彌患起見，辦理尚無不合。趙多熙著加恩免其議處。嗣後地方官尋常拏獲匪徒，仍當具稟録供詳由，督撫覈辦，不得稍涉專擅，以昭慎重。

《清實録・光緒六年》 諭軍機大臣等：有人奏江西都昌縣漕糧地丁之外另有加徵名目，又衙蠹舞弊，遇案詐索錢文，留難重案不驗，每有候驗因風致斃者，相驗時隨帶多人，多方勒索，官知之而不問。犯證到案，管押班房任意刑拷。典史靳繼善非刑致斃民人利遠謀一命，復勒索同案別犯錢文，賄和利遠謀家屬了事等語。所奏如果屬實，殊屬大干法紀。著李文敏按照所陳各節，確切查明，據實參奏。原摺著鈔給閲看。將此諭令知之。

清・繼昌《行素齋雜記》卷上 馬佳葛民方伯紹誠陳臬河南時，創設循環牌榜令各州縣將日收呈詞若干，傳到審結者若干，繫獄人犯若干，未訊結者若干，五日一彙詳。臬署設勵勤局考核之，以結案之多寡遲速，定牧令之功過，勸懲不少假，各屬肅然。

清・祝慶祺《刑案匯覽・刑律・官司出入人罪》 陝督奏：王芝連等聽從樊禮文強劫事主閔盛桃家尚未得贓，知州應曙霞承審錯謬一案。查律載：官司斷罪先入者，減三等，因未決放，聽減一等。又，吏部定例：官員承問引律不當，將應擬軍流以下及無罪之人錯擬斬絞者，承審官降三級調用，審轉官降二級調用，臬司降一級調用，督撫降一級留任，以上皆指錯擬未決者而言各等語。此案，已革秦州知州應曙霞因承審樊禮文糾劫州民閔盛桃家，經事主鄰佑于萬順等幫捕，登時戳傷樊禮文身死，閔盛桃因感于萬順等幫捕之情，又料事主格殺強盜必無重罪，起意頂認殺賊獲盜。集訊夥盜王正黃等狡不認盜，閔盛桃力難剖辯，誣認戳死竊賊。將閔盛桃依事主因賊犯黑夜偷竊已被毆跌倒地，輒復疊毆致斃例，擬絞監候。犯兄探知伊弟問成絞罪，心懷不甘，同母李氏具控，並經本部以引例未協，駁令另擬。經該督訊明前情，將該州應曙霞參奏革職。訊無故勘諱盜情事，將應曙霞照官司斷罪失入律，於原擬絞罪上統減四等，擬杖八十，徒二年，固係照本部定律辦理，惟查吏部既另有奏定處分，則例即不應仍引律文定擬，應請照例議駁。道光六年説帖。

清・祝慶祺《刑案匯覽・刑律・決罰不如法》 東撫咨：革弁顔懷哲鞭責賭犯靳連山身死一案。此案，顔懷哲係已革觀城汛經制外委，因時屆隆冬，恐有匪徒窩竊聚賭滋事，帶同汛兵張敬等赴鄉查夜，適靳連山與劉見德等在場院內聚賭。該革弁即令兵丁將靳連山等拏獲，押帶進城移縣究辦。靳連山不服押帶，頂撞混罵，該革弁令兵丁趙迎林、李殿魁將其按倒褫褲，令張敬鞭責，因黑夜恐鞭梢傷及腎囊，故令張敬將皮鞭雙折，先責五下，靳連山益肆混罵。該革弁又喝令責打五下，先後致傷靳連山左、右臀腿，詎靳連山素患癆病，被責過重移時殞命。查該革弁拿獲賭犯靳連山，欲押帶進城送縣究辦，即因其不服混罵，亦止應移明該縣從嚴懲治，乃喝令兵丁將皮鞭雙折疊責其臀、腿致斃，實屬非法毆打。該省將該弁比照監臨官因公事非法毆打致死律杖一百，徒三年；聽從下手之兵丁張敬減等擬杖九十，徒二年半，情罪允協，應請照覆。嘉慶七年說帖。

清・祝慶祺《刑案匯覽・刑律・吏典代寫招草》 山東道御史奏請禁外省書吏擬批積習一摺，道光十年十二月初六日奉上諭：御史卞士雲奏請飭禁外省書吏擬批積習一摺，各省督撫司道及學政鹽關各衙門遇有批稟批呈，事件鉅細均應親身覈定，不得假手吏胥致滋弊混。據該御史奏，各省申詳案件與具呈上控之人，每先向掌稿經承打點，如應准之件另擬數語，議駁應駁之件另擬數語，議准先以消息宣露，無識之徒受其愚弄，甚且勾通幕友因緣爲奸，其弊無所不至，所關於吏治匪淺。著通諭各督撫轉行各衙門，嗣後凡遇批稟批呈，無論重大案件及尋常事件，均著悉心詳核，自行裁酌，毋許專任吏胥幕友預定准駁，致令藉端朦混，遇事招搖，以除積弊而肅吏治，欽此。山東司通行。

清・祝慶祺《刑案匯覽・刑律・斷罪不當》 安撫奏阜陽縣知縣李復慶等處決秋審罪囚斬絞錯誤一案，道光六年六月初二日奉。上諭：張師誠奏阜陽縣處決罪囚錯誤審明定擬一摺。此案已革阜陽縣知縣李復慶等，監視處決秋審罪囚，將斬絞兩犯錯誤。經該撫訊，因人多擁擠，所有該兵役等應得罪名，著交刑部議奏。各省秋審情實，人犯一經予勾，各該州縣營弁自應慎重辦理，乃近來各省屢有斬絞錯誤之案，總因未能嚴肅彈壓押犯兵役，又復因忙亂擁擠不及點驗清楚，以致每有錯誤，實屬不成事體。嗣後著各該督撫，嚴飭州縣於秋審勾決各犯，先期會營多派兵役彈壓，肅清地面，毋任人多嘈雜，並著各該營弁親視行刑，毋得仍前玩忽，將此通諭知之，欽此。查此案縣役潘立管押斬犯李添罡在前行走，裴先管押絞犯徐四本在後行走，因觀看人多，將二犯擁前擠後，以致行刑兵丁余得志將絞犯徐四本誤行處斬，捕役張平將斬犯李添罡誤行處絞。雖非有意顛倒，惟處決錯誤實由潘立、裴先押犯誤行所致。該二犯厥罪惟均，潘立、裴先均應比照違制律杖一百，罪上加一等，各杖六十，徒一年。潘立母老丁單，飭查取結核辦。營兵余得志、縣役張平僅知前到三名係屬斬犯，後到四名係屬絞犯，彼此各不相顧，致將徐四本誤行處斬，李添罡誤行處絞，亦屬疏忽，均照不應重律杖八十，加枷號兩個月，革役除糧。縣役宋杰、吳奉俱係本案原差，並未派往行刑，於次日到場收屍，看出斬絞錯誤，即行具稟，并無不合，應毋庸議。至該撫奏稱，已革阜陽縣知縣李復慶，已革千總徐淮清，雖係親身在場監視，惟於處決重囚不知慎重，以致斬絞人犯誤決二名，非尋常疏忽可比，未便僅照定例降調，業已從嚴參革，應毋庸議，等語。臣等查應絞而斬，應斬而絞，刑律內即故者亦止杖六十，失者減三等，係公罪笞止罰俸，未免情重法輕。是以吏部例內應斬人犯誤行處絞，降一級調用，應絞人犯誤行處斬，降二級調用，即較刑律從嚴。惟查臣部從前辦過斬絞錯誤之案，有照監臨官因公事主令下手金刃致死律問擬滿徒者，較之吏部定例又覺過嚴。兹詳加酌核，吏部例內降級之文係僅止誤決一人者而言，至誤決二人亦無作何議處專條。查決囚重務，理宜慎重，該員弁將斬絞人犯誤決二名，固非常尋疏忽可比，惟照例降調，按公罪止應查級議抵。今該撫將該縣李復慶、該千總徐淮清均奏請參革，已屬從嚴，應如所奏辦理，至臣部從前有辦過問擬滿徒之案，與現在吏部定例兩歧，俟命下之日通行各省，嗣後如有斬絞錯誤二名之案，即將監刑員弁立予斥革，錯誤一名者交部照例議處以昭畫一。道光六年通行。

清・祝慶祺《刑案匯覽・刑律》 江西道御史奏稱：若應斬而絞，應絞而斬故者杖六十，失者減三等，查吏部則例斬絞出入並無處分，似應酌改等語。查律載，應絞而斬，應斬而絞者，杖六十，失者減三等，其已處決訖，別加殘毀者，笞五十等語。詳繹律文內應絞而斬應斬而絞，係指處決錯誤者而言。檢查吏部處分則例內原有專條，且臣部於道光六年議覆安徽巡撫奏阜陽縣知縣李復慶等處決罪囚錯誤案內，因臣部律文與吏部則例微有參差，聲明嗣後如有斬絞錯誤二名之案，即將監刑員弁立予斥革，錯誤一名者交部照例議處等因，奏准通行各省在案，各省遵照辦理，自無舛錯，所有該御史奏請酌改之處，應毋庸議。道光十三年通行。

清・祝慶祺《刑案匯覽・刑律・淹禁》 東撫奏緩決絞犯胡添經遇赦減等，府書李庭竹遺漏查辦一案。此案緩決絞犯胡添經恭逢嘉慶十一年恩旨，經本部議，將該犯同該縣另案絞犯劉二均監禁二年，再行減等。嗣該犯監禁限滿，由部行知遵辦。該府刑書李庭竹於奉到部文轉行時，將胡添經一犯遺漏，縣書高煥彩等及司書耿玉照等，亦均未查出稟辦，以致胡添經淹禁多年，實非尋常疏漏可比，案內情節諸多疑竇，自應駁審。稿尾查，鉅野縣緩決絞犯胡添經恭逢嘉慶十一年正月初四日恩旨，經臣部議，將該犯同該縣另案絞犯劉二均歸於秋審緩決案內，監禁二年，再行減等，奏明行知該撫遵照。嗣於十二年胡添經等監禁二年限滿，復經臣部開列清單，行令該撫轉飭發配各在案。茲據該撫奏稱，署曹州府吴學泗於奉到胡添經等減等部文，即飭府書李庭竹敘稿判發轉行，詎李庭竹於粘單內僅寫劉二一名，其胡添經漏未寫入前署鉅野縣崔起龍接到府行發交刑房書辦高焕彩取辦，將劉二詳請定地發配，至胡添經應行減等之處，未經查明稟辦，仍於歷年秋審時造入舊事冊內申送，司書亦未查出，迨本年秋審始行查明提訊。府、縣司書等委無串通舞弊情事，將該吏等分別枷、杖、笞責，該犯胡添經復逢十四、十六等年恩旨，應累減杖罪發落，等因。臣等查胡添經等監禁年滿前，經臣部摘敘各犯犯事節略，行知遵辦，每名字有數行，並非僅止犯名數字，該府書李庭竹於繕牌轉發時，何致將數行事由全行漏寫？迨該縣詳請定地並無胡添經犯名，該府書何以不稟明查詢？謂非有心弊混，殊不可信。該縣於臣部同時奏准，將胡添經與劉二監禁二年減等之處，業經該府轉行遵照，迨後接奉府牌，飭令將劉二等詳請定地粘單內僅止劉二一名，顯與前奏不符。牌內寫有劉二等字樣，又與粘單互異，其爲舛漏顯而易見。該縣官吏並不具詳請示，豈得謂爲無心疏忽？且該縣歷年辦理秋審，仍將胡添經造入舊事冊內扣除。臣部檢查該省歷年題報秋審後尾，並無該犯之名。現據該省審訊司書等供稱：因各州縣造報冊籍遲早不一，不及彙核，歷年均照上屆司中底案核辦秋審，及至縣冊送到，遂未細看查。外省舊事，秋審人犯時有病故及補請留養開除者，辦理秋審時，臬司所存底案豈能一一符合，自應憑各州縣本年造報文冊核對轉詳，斷無僅據臬司所存底案核辦之理，明係該吏等捏詞支飾。再，該縣於每年秋審，將胡添經列入舊事冊內造報，嗣接奉臬司轉行部咨內並無該犯之名，核與原造冊籍既不相符，何以亦不具詳請示？是該吏等所供遺漏疏忽等情，毫無情理。該省以疊蒙恩赦、應行減釋之犯任聽書吏延壓淹禁六年，始行覺察，以致無辜濫繫，未獲早沐皇仁。府、州、縣司書顯有賄囑壓擱，及勾通舞弊情事。今該撫並未澈底根究，率據該吏等串捏之詞，分別擬以枷、杖、笞責完結，何足以儆奸胥而肅吏治？案情既未確實，罪名亦大關出入。臣部礙難照覆，除胡添經一犯應令該撫即行發落外，應令該撫親提嚴審，另行妥擬，毋稍迴護。嘉慶十八年說帖。旋據覆審，將府書李庭竹改照斷罪應收贖而決配，依出入人罪減故失一等，律於胡添經絞罪上統減五等，擬杖七十，徒一年半，見成案。

清・祝慶祺《續增刑案匯覽・刑律・赦前斷罪不當》 江西撫咨：徒犯余景揚先已決杖，應免充徒案。職等查，余景揚前據該撫以該犯聽從余維熊咆哮公堂案內，審依爲從律，於余維熊刁徒直入衙門挾制官吏量減滿徒上減一等，杖九十，徒二年半。事犯到官，在道光十一年正月十二日恩旨以前所得徒罪，減爲杖一百。經本部以刁徒直入衙門挾制官吏，不在准減之列，行令發配充徒。茲據該省以業將該犯提案，折責發落。該犯原擬杖九十，徒二年半，先經決杖一百，已浮於原擬應杖之數。查，官司出入人罪律內，每徒一等，折杖二十。該犯余景揚原犯杖九十，徒二年半，共折杖一百八十，先已決杖一百，應貼剩杖八十，折責三十板，免其充徒等因。職等查《名例律》載：一罪先發，已經論決，餘罪後發，其輕若等者，勿論；重者，更論之，通計前所論決之罪，以充後發之數等語。至官司失出於已經論決之後，始行改正，雖律無作何定斷明文，然核與一罪先發已經論決，餘罪後發之案，情事約略相同，自應一併通計前罪，以充後數。惟《名例律》註內祇有先發已杖七十、後發該杖一百，合貼杖三十之文，而先發已杖一百、後發該杖九十、徒二年半作何扣貼之處，註內未經議及。此等人犯若僅免其決杖，仍予實徒，則決過杖數究浮於應決杖數，似不足以昭平允。伏思五刑之由，杖入徒者，原因杖數過多，恐受刑者不能堪，是以減杖而加徒。今余景揚原犯杖九十、徒二年半，以官司出入人罪律及誣告律註所稱徒每等折杖二十計之，共該折杖一百八十。既經省誤行減等，決過杖一百，是所剩杖數僅止八十，即全行決責，亦不患受刑者之難堪，自不必減杖而加徒。該撫擬將該犯貼剩杖八十折責三十板，免其充徒，尚屬允協，應請照覆。道光十三年說帖。

清・祝慶祺《續增刑案匯覽・刑律・吏典代寫招草》 河撫題：縣役王廣居主使張居誣告侯秀林賭博，并差役索詐錢文，致侯秀林情急自盡。迨侯張氏具呈控訴，王廣居復囑令王守業刪減呈詞。王守業希圖酬謝，轉囑劉謹端將侯張氏所告王廣居唆使誣告及詐贓各重情於呈內悉行刪去，實實朋比爲奸。王守業、劉謹端均應比照吏典代寫招草，增減情節，致非有出入，以故出入人罪論。故出入人死罪，未決，放減一等律，於王廣居絞罪上減一等，各杖一百、流三千里。道光八年案。

清・潘文舫《新增刑案匯覽・刑律・官司出入人罪》 欽差刑部奏：江甯三牌樓命案，訊明死者實係朱彪，並非薛春芳，前後委係一案，正兇周五等供認不諱，前辦之曲學如等，實係胡金傳妄拏刑逼教供，致枉殺二命。查律載：謀殺人造意者，斬監候；從而加功者，絞監候。又例載：人命應擬斬、絞各犯，脫逃二、三年後就獲，如謀殺情重之犯依原犯科條，應監候者改爲立決。又，官司故入人罪，全入者以全罪論；若失於入者，減三等。以吏典爲首，首領官減吏典一等，佐貳官減首領官一等，長官減佐貳官一等科罪。及同僚官一人有私，自依故入論；其餘不知情者，止依失入論。又律註載：本衙門所設官吏無四等者，止准現設員數遞減。又，誣告人死罪，所誣之人已決者，依本絞、斬反坐以死。又，証佐不言實情故行誣証，致罪有出入者，減罪人罪二等。又，例載：誘拐婦人爲妻，被誘之人若不知情，不坐；被逼成姦亦不坐。和誘知情爲首，擬軍，被誘之人減等滿徒。又，軍民相姦，姦夫、姦婦各枷號一個月、杖一百。又，律載：詐欺取財，計贓准竊盜論。又，竊盜，贓三十兩，杖九十，各等語。此案周五因朱彪將伊誘拐之劉王氏迭次拐逃，欲行價賣，起意商同沈鮑洪將其謀殺身死，實屬造意爲首。沈鮑洪因與朱彪誘拐之妻趙高氏有姦，慮被朱彪殺害，聽從下手加功，即屬爲從，應各按律問擬。周五即周步畛除誘拐擬軍輕罪不議外，合依謀殺人造意者斬律，擬斬監候。沈鮑洪即潘洪，除犯姦輕罪不議外，合依從而加功者，絞律，擬絞監候。胡金傳於人命重案希圖邀功冒賞，始而恐無確證，捏以見屍被斥等情教？ 方小庚誣指，旋又恐案情審虛，輒擅自酷刑逼供。先令供指姦情，因姦無憑據，復令承認圖財，致僧紹宗等畏刑誣服，慘被冤殺。按誣告及故入已決，均應擬抵。已革參將胡金傳合依官司故入人罪，全入者以全罪論，仍照誣告已決，依本律坐以斬罪。查，周五謀殺爲首，脫逃已逾三年，例應改爲立決。沈鮑洪因與朱彪誘拐之妻通姦，聽從謀命，雖與因姦謀殺本夫不同，究較凡人謀殺爲重，脫逃已逾三年，且已致成巨案。胡金傳故入之罪二命，均係斬決，情節較重，俱未便仍擬監候。沈鮑洪、胡金傳應與周五均按照斬、絞本罪擬以立決，請旨即行正法。胡金傳據供親老丁單，不准查辦留養。方小庚聽從胡金傳教供，誣證陷人重辟，應照證佐不言實情，故行誣證，致罪有出入，應依減罪人二等，律於死罪上減二等，擬杖一百、徒三年。事犯到官在光緒七年五月十四日，恩詔以前該犯究係迫於威嚇，並非甘心誣證，情尚可原，應請減爲杖一百，折責發落。劉王氏被周五誘拐，係屬知情，應照和誘知情，被誘之人減等滿徒例，擬以滿徒，係犯姦之婦杖決徒贖。既據本夫劉長洪呈明，不願領回，傳訊余應昌委非知情故買，應給余應昌領回完聚。趙高氏於沈鮑洪謀殺朱彪朱未同謀，亦不知情，其被朱彪強逼爲妻，例不坐罪。惟與沈鮑洪通姦，後雖明媒正娶，例應仍科姦罪。劉高氏與周五苟合成婚，亦應離異。趙高氏、劉高氏均合依軍民相姦例，各杖一百、枷號一個月，杖罪照例的決，枷號准其收贖。繆瘸子媒說劉王氏與余應昌爲妻，訊明不知拐情。惟得洋錢五十六元，即屬詐欺取財，計贓准竊盜論。竊盜贓三十兩，杖九十律，擬杖九十。係婦女且已成廢，亦准收贖。與劉王氏等均追銀冊報所得身價，各犯所供均已花用，無力完繳，應免著追。候補知縣嚴埅承審此案，並不虛衷研鞫，率將胡金傳誘取嚇逼各犯供詞認爲實情，且於胡金傳喝令用刑嚇逼，既已隨同附和，其用香火向案犯燒然又復在場目睹，雖訊明不知胡金傳懷挾私意及教供情事，究屬糊塗謬妄，解任。兩淮鹽運使洪汝奎督審此案，於傷杖之是否相符，真贓之有無下落，並未詳明追究，率行錄供呈報，且於胡金傳教供私拷等情毫無覺察，雖無授意情事，稟內亦確有據案情重大，請另派大員審訊之語，惟未將案內疑竇聲明，咎亦難辭，若權照草率定案，證據無憑，枉坐人罪例，擬以革職，均嫌輕縱，自應仍照失入本律問擬。查該管務處並無四等官吏，應照現設員數遞減科斷。嚴埅應即革職，合依斷罪失入減三等，首領官減吏典一等律，統減四等，擬杖八十、徒二年。洪汝奎應革去鹽運使，於嚴埅罪上減一等，擬杖七十、徒一年半，係職官均請旨發往軍臺効力贖罪。候補同知單之珩因稔知胡金傳難與共事，託言別有差委，此案未能全審。候補知縣丁仁澤於此案只審過一次，尚未定供，即經糧道檄辦海運，並非始終其事，亦未與胡金傳同審呈驗委札屬實，惟究係奉派會審之員，未便遽與免議，應請旨交部分別議處察議。事犯俱在，恩詔以前劉王氏到官在後，嚴埅罪係失入人罪，均毋庸查辦解任。淮安府知府孫雲錦於此案並未奉有派審督札，亦無營務處會審文移，會稟時亦未會印會銜。洪汝奎以該員係地方印官，於稟內一併列名，該員始終實未審過此案，應請免其置議。原任督臣沈葆楨於洪汝奎稟請派員覆訊，並未逐層駁令覆訊，遽以不肯說出死者根抵定係會匪自相殘殺，即予駢誅辦理，未免草率，惟係已故大員，應否交議，伏候聖裁。張克友訊係無辜，前刺之字准予起除。光緒八年案。

清・潘文舫《新增刑案匯覽・刑律・斷罪不當》 刑部咨覆鳳臺縣詹志波情罪未協，另擬覆奏核辦。查審理人命案件，必須察核下手情形，嚴究致死確情，按律懲辦。況案關服制，尤不得任聽趨避供詞，遽行定讞，致滋輕縱。此案詹志波與緦麻堂兄詹志士無嫌，詹志波先因其子患病，曾令過路醫生包治，未痊，病故。欲尋醫生講理，詹志士斥其多事，彼此爭吵。散後，詹志波被斥不甘，即攜鐵斧往向詹志士尋毆。適詹志士熟睡門首凳上，詹志波即用鐵斧砍傷其右膝。詹志士驚醒，起，罵。詹志波又用斧背連毆其右肋，詹志士捕毆，該犯用斧嚇砍，致傷其顖門頂心，倒地，旋即殞命。該署撫將該犯依卑幼毆本宗緦麻兄死者斬律，擬斬監候，等因，具奏。臣等詳核案情，該犯詹志波因被緦麻兄詹志士面斥爭吵，往向尋毆。如果無致死之心，何以乘詹志士睡熟之頃，輒用鐵斧將其砍傷？謂非有心欲殺，殊難憑信。且業將死者砍傷已足洩忿，無難即時走避，何以死者驚醒後又復迭肆毆砍？檢閱屍格，死者頂心右肋各傷均重至骨損，骨斷迹，其下手狠毒，情形難保非蓄意謀殺。事後供詞趨避，案情既未確鑿，罪名出入攸關。臣部未便率覆，應令該撫再行提犯嚴鞫，務得確情，妥擬具奏，到日再議。同治八年說帖。

又 刑部咨奏，欽奉上諭：光祿寺少卿延茂奏敬抒管見一摺，各直省問刑衙門承審案件，自應虛衷研鞫，以持情法之平，何得草率定擬，致有失入情事。若明知案情未確，或迴護原審，或規避處分，以致冤及無辜，尤屬不成事體。嗣後，著各該督撫督同臬司，於人命重案悉心推勘，以期無枉無縱。其所請現辦各案，如有失入情節，准其奏明更正，寬免處分之處，著刑部議奏，等因。欽此。臣等遵即檢閱，該少卿原奏內稱，近日各省所謂能幹之吏，率多武健嚴酷之才，視民命如草芥，如四川東鄉之奇冤、江南三牌樓之失入、河南王樹汶之呼冤，可爲往鑒，雖經朝廷或特派使臣，或提交刑部持正平反，而死者不可復生，斷者不可續；況此外之無可控訴，未經糾參，抱痛沉冤於九泉者，正不知其凡幾也！干天和而召災祲，未必不由於此。奴才愚以爲與其平反於失入之後，何若矜慎於聽訟之時。應請旨飭交各疆吏，督同臬司於現辦案件，有關民命者，悉心推勘。如有失入情節，勿稍迴護，准其奏明更正，仍加恩寬其處分；如不肯平反，始終固執，經旁人參奏得實，即治以欺罔之罪，等因。查臣部核覆各省命盜案件，每年不下數千起，臣等均逐件評閱，遇有關係民命，如案情稍涉可疑者，即隨時駁令覆審各該省，果能虛衷研鞫，將駁審之案，無論失出失入，訊得實情，據實平反，檢舉更正處分，自可邀免無如。近日不肖州縣玩視民命，多係草率從事，該管上司不肯認眞詳細推勘，非巧爲彌縫，即多方掩飾，其能平反更正者，百無一二，而固執原擬者，則比比皆是。推原其故，總由各該督撫徇庇屬員，迴護原審；其尤甚者，明知案情實有冤抑，即據實更正處分，亦輕以爲與全案局面有礙，終不肯自認錯誤。積習相沿，牢不可破。即如河南鎮平縣王樹汶呼冤一案，始而迭經御史參奏，該省仍敢飾詞覆奏，入人死罪，繼而奉特旨提交臣部審辦。該前撫李鶴年猶復強詞嘵嘵置辯，希圖搖惑衆聽，顛倒是非。在已經發覺者，平反尚如此其難，其餘未經發覺者，更必任意消彌，安望其自行更正也？該少卿所奏命案，有失入情節，准其更正，寬免處分，係爲矜恤民命，力挽積弊起見。第此等情節，亦有區別，有下屬自知審辦錯誤，稟請更正，則承審官處分自可寬免；如係上司查出更正，則原審官豈能免議？倘在具奏以後，應請旨遵辦，此時礙難預定，相應請旨飭下各省督撫嚴飭所屬，嗣後審理命盜等案，務須詳細推鞫，果係情眞，罪當毫無疑義者，詳敘供勘招解，該臬司亦應親提覆審，如情罪不符，或實有冤抑者，即立予平反，不得稍涉迴護，總期無枉無縱，俾成信讞。倘有規避處分，致有冤及無辜等情，亦即嚴行參辦，如能據實更正，應由臣部臨時移咨吏部酌核辦理。光緒九年通行。

清・潘文舫《新增刑案匯覽・刑律・決罰不如法》 都察院奏：刑部司員審訊文瑞呈告謝大不給豬隻定銀，於掌責後陡然身死，移院派員過部相驗，並遵旨會同訊明擬結。臣等查向來辦理刑責後身死之案，總以死者有無罪名，承審官是否如法決責，爲緊要關鍵。此案文瑞控告謝大不給豬隻定銀，經謝大供指文瑞隱匿伊妻，又經謝張氏供認被文瑞和誘屬實，是文瑞之誣騙誣揑種種刁健，本有應得之罪。該承審司員等因文瑞迭次抗傳，言語支吾，飭役掌責，係屬依法拷訊。檢查文瑞屍格，凡致命處所，均無傷痕，僅帶掌責傷，痰壅氣閉身死，與刑律所載依法決打者相符；惟文瑞於六月間曾經患病，該司員等自可於到案時從容推鞫，乃因其抗延日久，即行掌責四十，猝致痰壅氣閉殞命。雖事屬因公，決亦如法，究係未能詳慎，應請旨將刑部員外郎吉順、郎中馮惟寅交部照例議處。差役劉祥、劉源嚴加訊問，尙無勒索情弊，掌責係奉本官之命。惟文瑞痰壅氣閉，其受刑時必有情形可覩，該役等不早回明，咎亦難辭，應一並責革。至謝張氏聽文瑞誆去，係屬知情和誘，按律杖決徒贖。光緒四年案。

又 廣西撫奏：前參臨釋罪囚輒決匪犯之知縣李椿年奉旨革職審辦一案，查律載罪人本犯應死而擅殺者，杖一百。又，例載徒罪人犯患病取保調治，若保出故縱者，將保人治以本犯應得之罪；疎脱者減二等，仍將取保不的之地方官題參議處，各等語。此案李椿年於監犯蘇勝報患病取保醫調，查蘇勝報因陳勝琮行竊耕牛，戳傷陳勝琮殞命，已據見證陳亞三供指屬實，核與事主因賊犯白日偷竊市野有人看守器物，登時追捕毆打致死，杖一百徒三年之例相符，蘇勝報罪止擬徒，其在監患病例得取保醫治，惟因取保在外，致被陳前祥等戳殺，係屬取保不的，其於匪犯蔣一癩子供認爲匪刦掠，罪犯應死，並不照例詳辦，輒行斬決，係屬擅殺，自應按律問擬。李椿年除取保不的，輕罪不議外，合依罪人本犯，應死而擅殺者杖一百律，杖一百。事犯在光緒元年正月二十日，恩詔以前所得杖罪應請准予寬免，並開復原參革職處分。

又 刑部咨奏：雲南革將張潤擅殺盜犯一案，查律載：有司于獄囚始而鞫問明白，繼而追勘完備至死罪者，在外聽督撫審錄無冤，依律議擬斬絞，法司覆勘定擬奏聞，等語。此案已革記名總兵借補鎮雄營參將張潤，奉昭通鎮轉飭出巡會哨，清查盜賊。該州牛街孀婦王顔氏及民人陳大宗被賊搶刦二案，均經鎮雄州陳謐會營勘驗通報，派撥兵役協團捕拏，先獲盜犯左老六、張海亭等十名，並獲原贓。因孫三大等四名拒捕受傷，就近並解牛街知事衙門，由該知事訊明。左老六實係糾約孫三大等搶刦王顔氏家，得贓拒傷王聯芳身死；張海亭實係糾約孫三大等搶劫陳大宗家，得贓遠遁，聞拏拒捕，各等情。其王四大、李三大、彭九大、王老么俱係共謀爲盜，臨時畏懼不行，事後亦未分贓之犯，經該知事牒州轉報，并傳事主認領原贓，擬俟孫三大等傷痊解州審辦，嗣以孫三大等先後在押病故，經該州陳謐親詣驗明，實係因病身死。提訊左老六等，仍與該知事所訊口供無異，看役亦無凌虐情事，已將病故緣由具文通報。惟時張海亭、左老六等亦相繼患病，陳謐留役在彼，協同看守，未即起解，迨犯病已愈，該知事遽聞有匪黨在途潛伏刦犯之謠，正在調團協解間，適參將張潤行抵牛街汛，孀婦王顔氏以贓未全獲，賊尚未辦赴該革將行營喊控。該革將點團後向馮知事查問原委，即以前在軍營曾見強盜案犯，每由統兵官訊明正法，或由州縣官就地懲辦，遂親赴知事署中提犯。該知事雖經攔阻，見其來意已執，恐激事端，未敢與爭。該革將當將左老六等六犯提至行營，訊供與馮知事及該州陳謐所訊相同，即將爲首行劫盜犯左老六、張海亭二名由營正法，並將左老六首級梟示。又將共謀爲盜，臨時畏懼不行，事後未分贓之王四大、彭九大、李三大、王老么四名一並取保釋放。該督等以已革參將張潤誤會盜犯有就地正法成案，輒將知事衙門管押應解盜犯左老六、張海亭二名，提至行營正法梟示。左老六等罪應斬梟斬決，俱屬應死罪人，其王四大等四名取保釋放，均罪止滿杖；張潤除因公科斂罪，止杖八十，輕罪不議外，依罪人本犯應死而擅殺律擬杖一百，聲明業經奏參革職，免其發落，等因，具奏。臣等查命盜案件，例應鞫問明白，取具確切，供詞審錄無冤，始行定擬罪名。近年各省辦理強盜等案，有因轉輾解審，恐致疎虞，援請章程就地正法。第亦均由各州縣錄供詳由，該管上司通詳督撫，或委員會審，或交該管道府覆審，果係贓證明確，始行稟候批飭就地正法，從無該管地方官擅自決囚之理。今鎮雄營參將張潤奉派出巡，會哨清查盜賊。於該州，兵役協團拏獲盜犯左老六、張海亭等十名，解歸知事衙門羈禁，因案犯患病，該知事尚未押解該州訊供左老六等是否正盜，王四大等是否臨時畏懼不行，事後未分贓，均未據該州訊明定案通詳。即因聞有匪黨在途潛伏刦犯之謠，亦應會同該州設法嚴防，一面具稟該管上司聽候批示，乃該革將並未知會該州，率以事主王顔氏赴該營喊控，輒堅執己見，不聽該知事勸阻，提犯訊供，擅自將爲首行劫盜犯左老六、張海亭二名正法，又將共謀爲盜，臨時畏懼不行，事後未分贓之王四大等四名一並釋放。似此膽大妄爲，實屬目無法紀，豈得藉詞於軍營盜犯曾由統兵官訊明正法，希圖爲開脱地步，該督率將該革將張潤援照擅殺應死罪人律問擬罪名，殊未允協。臣部礙難率覆，相應請旨飭下雲貴總督、雲南巡撫覆核案情，詳繹律意，妥擬具奏，不得稍涉輕縱，以伸法律而懲謬妄。光緒六年部駮。

又 雲貴督奏：准刑部咨，查核革將張潤奏派出巡，會哨清查盜賊，路經牛街知事衙門，擅將羈禁盜犯左老六、張海亭二名正法，又將共謀爲盜，臨時畏懼不行，事後亦未分贓之王四大等四名釋放。似此膽大妄爲，實屬目無法紀，豈得藉詞於軍營盜犯曾由統帶訊明正法，希圖爲開脱地步，率將該革將張潤援引擅殺應死罪人問擬罪名，殊未允協，礙難率覆，相應請旨飭下，覆核案情，詳繹律意，妥擬具奏，不得稍涉輕縱，以伸法律，等因。准此查該革將輒執己見，既不知會該州，亦不聽知事勸阻，擅將左老六、張海亭二名提訊正法，又將王四大等四名釋放，誠如部議，實屬膽大妄爲，目無法紀。因律例無治罪專條，是以援照擅殺應死罪人本律問擬。茲奉部駁遵飭，臬司覆核詳請，將該革將張潤於擅殺應死罪人杖一百，罪上加一等，擬杖六十，徒一年。係職官請發往軍臺効力贖罪。臣等悉心覆查，該革將本係雲南練頭，打仗出力，歷保記名，總兵借補。鎮雄營參將到任未久，罔知法律，核其所犯案情頗重，誠未便稍涉輕縱，茲照部駁，詳繹律意，加等擬以發往軍臺効力，似尚足以伸法律而示懲。光緒六年案。

執行總部

《執行總部》 提要

本總部的編纂，嚴格按照《中華大典》及《訴訟法分典》的有關規定執行。

本總部以全面系統地反映中國古代執行制度爲宗旨，力求客觀公正，不帶成見。

本總部資料收集範圍，上自遠古時期，下至清末，包括經、史、子、集在内的各種典籍，各朝法典、刊印成册的公文和判牘、檔案，以及出土的簡牘、碑刻等等文物史料，都是本總部的資料來源。

本總部包括四部分：五刑，其他刑，監獄，恤囚，内容涉及刑種和刑事判決的執行。在刑種方面，中國古代先後有早期五刑和後期五刑之别。早期五刑主要應用於秦漢以前，其主體内容包括：墨、劓、剕、宫、大辟。漢代以後逐步廢除肉刑，在魏晋南北朝時期形成新的五刑制度，隋唐以至明清，法定五刑包括：笞、杖、徒、流、死。刑種的設計，既體現了刑法理論、刑事政策的變化，也反映了隨着社會進步在刑罰執行方式上的演變。

法定五刑之外，歷朝均實施了種類繁多的附加刑和法外刑，有些刑種的出現，是亂世重典的産物，與法制文明進步的趨勢并不完全相符。

在監獄管理和囚犯對待方面，傳統刑事政策的兩條主綫貫穿始終：犯罪行爲是對國家利益與社會秩序的破壞，必須施以嚴厲的刑罰、殘酷的待遇，以達到刑事報復與刑事威嚇的效果，最終實現刑以止刑；德治爲先、德主刑輔作爲國家統治方略，在刑罰的執行方面，應體現爲對犯罪行爲的寬免和對監獄囚犯的體恤，通過感化教育，啓發囚犯的羞耻之性，最終實現和諧秩序的法律目標。

本總部有關資料選擇、標點使用、校勘原則等規定，見《中華大典》編纂通則和《法律典》編纂説明。

執行總部

五刑部

論說

《尚書・大禹謨》帝曰：皋陶，惟茲臣庶，罔或干予正。汝作士，明於五刑，以弼五教。期於予治，刑期於無刑，民協於中，時乃功，懋哉。皋陶曰：帝德罔愆，臨下以簡，御衆以寬。罰弗及嗣，賞延於世。宥過無大，刑故無小。罪疑惟輕，功疑惟重。與其殺不辜，寧失不經。好生之德，洽於民心，茲用不犯於有司。

《尚書・呂刑》王曰：若古有訓，蚩尤惟始作亂，延及於平民，罔不寇賊鴟義，姦宄奪攘矯虔。苗民弗用靈，制以刑，惟作五虐之刑曰法。殺戮無辜，爰始淫爲劓、刵、椓、黥，越茲麗刑并制，罔差有辭。

《尚書正義・呂刑》兩造具備，師聽五辭。兩謂囚、證。造，至也。兩至具備，則衆獄官共聽其入五刑之辭。五辭簡孚，正於五刑。五辭簡核，信有罪驗，則正之以五刑。五刑不簡，正於五罰。不簡核，謂不應五刑。當正五罰，出金贖罪。五罰不服，正於五過。不服，不應罰也。正於五過，從赦免。【略】五刑之疑有赦，五罰之疑有赦，其審克之。刑疑赦從罰，罰疑赦從免。其當清察，能得其理。簡孚有衆，惟貌有稽，簡核誠信，有合衆心。惟察其貌，有所考合，重刑之至。無簡不聽，具嚴天威。無簡核誠信，不聽理具獄，皆當嚴敬天威，無輕用刑。墨辟疑赦，其罰百鍰，閱實其罪。刻其顙而涅之曰墨刑，疑則赦從罰。六兩曰鍰。鍰，黃鐵也。閱實其罪，使與罰名相當。劓辟疑赦，其罰惟倍。閱實其罪。截鼻曰劓。刑倍百爲二百鍰。剕辟疑赦。其罰倍差，閱實其罪。刖足曰剕。倍差謂倍之又半，爲五百鍰。宮辟疑赦，其罰六百鍰。閱實其罪。宮，淫刑也。男子割勢，婦人幽閉，次死之刑。序五刑，先輕轉至重者，事之宜。大辟疑赦，其罰千鍰，閱實其罪。死刑也。五刑疑各入罰，不降相因，古之制也。〔疏〕傳兩謂至之辭○正義曰：兩謂兩人，謂囚與證也。凡競獄必有兩人爲敵，各言有辭理，或時兩皆須證。則囚之與證，非徒兩人而已，兩人謂囚與證，不爲兩敵。至者將斷其罪，必須得證兩敵。同時在官，不須待至且兩人競理，或幷皆爲囚，各自須證，故以兩爲囚與證也。兩至具備謂囚證具足，各得其辭，乃據辭定罪，與衆獄官共聽其辭，觀其犯狀，斟酌入罪，或入墨劓，或入宮剕。故云：聽其入五刑之辭也。○傳五辭至五刑○正義曰：既得囚證，將入五刑之辭，更復簡練核實，知其信有罪狀與刑書正同，則依刑書斷之，應墨者墨之，應殺者殺之。○傳不簡至贖罪○正義曰：不簡核者謂覆審囚證之辭，不如簡核之狀。既囚與證辭不相符合，則是犯狀不定，謂不應五刑。不與五刑書同，獄官疑不能決，則當正之於五罰，令其出金贖罪。依準五刑，疑則從罰，故爲五罰，即下文是也。今律：疑罪各依所犯以贖。論虛實之證，等是非之理，均或事涉疑似，旁無證見，或雖有證見，事非疑似，如此者皆爲疑罪。○傳不服至赦免○正義曰：不服不應罰者，欲令贖罪，而其人不服，獄官重加簡核，無復疑似之狀，本情非罪，不可強遣出金，如是者則正之於五過。雖事涉疑似有罪，乃是過失，過則可原，故從赦免。下文惟有五刑、五罰而無五過，亦稱五者，緣五罰爲過，故謂之五過。五者之過，皆可原也。【略】○傳刑疑至其理○正義曰：刑疑有赦，赦從罰也。罰疑有赦，赦從免也。上云五罰不服，正於五過，即是免之也。不言五過之疑有赦者，知過則赦之，不得疑也。其當清察能得其理，不使應刑妄得罰，應罰妄得免也。舜典云：眚災肆赦。大禹謨云：宥過無大。易解卦象云：君子以赦過宥罪。論語云：赦小過是過失之罪，皆當赦放。故知過即是赦之。鄭玄云：不言五過之疑有赦者，過不赦也。禮記云：凡執禁以齊衆者不赦過如鄭此言，五罰不服，正於五過者。五過皆當罪之也。五刑之疑赦刑取贖。五罰疑者，反使服刑，是刑疑而輪贖。罰疑而受刑，不疑而更輕，可疑而益重事之，顛倒一至。此乎謂之祥刑，豈當若是？然則不赦過者，復何所謂執禁以齊衆，非謂平常之過失也。人君故設禁約，將以齊整大衆。小事易犯人必輕之過。犯悉皆赦之，衆人不可復禁，是故不赦小過。所以齊整衆人，令其不敢犯也。今律和合御藥誤、不如本方。御幸舟舡誤，不牢固。罪皆死，乏軍興者斬，故失等皆是不赦過也。○傳簡核至之至○正義曰：簡核誠信有合衆心，或皆以爲可刑或可以爲赦，未得即斷之，惟當察其囚貌，更有所考合，考合復同，乃從衆議斷之，重刑之至也。察其貌者，即周禮五聽：辭聽、色聽、氣聽、耳聽、目聽也。鄭玄以爲辭聽，觀其出言，不直則煩色聽，觀其顏色，不直則赧然氣聽，觀其氣息，不直則喘耳聽，觀其聽聆，不直則惑目聽，觀其眸子視，不直則眊然，是察其貌有所考合也。

《尚書今古文注疏・呂刑》其今爾何懲，惟時苗民匪察于獄之麗。罔擇吉人觀於五刑之中，惟時庶威奪貨，斷制五刑，以亂無辜。上帝不蠲，降咎于苗。鄭康成曰：天以苗民所行腥臊不潔，故下禍誅之。苗民無辭於罰，乃絕厥世。

〔孫星衍疏〕懲者，鄭注《表記》云：謂創艾。蠲者，《詩》傳云：潔也。周語云：明神不蠲。注同。咎者，鄭注《大傳》云：極也。極即誅也。言汝今何所懲戒，惟是苗民不審察於獄之施，不擇善人，察於五刑之適中，惟是衆恃威奪貨之人，任之使斷制五刑。亂罰無罪，天帝不潔之，下誅有苗，苗民無辭以解於天罰，乃絶其世嗣也。鄭注見書疏。云下禍誅之者，降下，釋詁文。極與殛通。釋言云誅也。

又　五辭簡孚史遷孚作信。正於五刑。五刑不簡，正於五罰。五罰不服，正於五過。

〔孫星衍疏〕簡者，《王制》云：無簡不聽。注云：簡，誠也。孚者，《釋詁》云：信也。正者，鄭注《周禮》云：治也。服者，高誘注《呂氏春秋》云：從也。不簡，謂所犯非方，其誠無惡意也。罰者，罰鍰。罰之不從，則是聽獄者之過也。故下文究其疵。

又　其審克之，五刑之疑有赦，五罰之疑有赦。鄭康成曰：不言五過之疑有赦者，過不赦也。《禮記》曰：凡執禁以齊衆者，不赦過。

〔孫星衍疏〕審者，《釋詁》云：察審也，轉相訓。克與核聲相近。《漢書・刑法志》：元帝詔曰，書不云乎，其審核之。即用此文。或今文克作核也。核又通覈。《説文》云：覈，實也。考事兩笮邀遮，其辭得實曰覈。《王制》云：疑獄汜與衆共之，衆疑赦之。鄭注見書疏，引禮記者。王制文，執禁齊衆，謂有司所以禁民爲非。五過之疵，枉法亂政，不可赦之。

又　無簡不聽，具嚴天威。史遷聽作疑，具作共。

〔孫星衍疏〕無簡不聽，與王制文同。鄭注云：簡，誠也。有其意而無其誠者，不論以爲罪。具嚴天威，言俱當嚴敬天威也。史公聽作疑者，言無誠則非疑獄也。亦不可輕出人罪，當具嚴敬天威也。具作共者，《釋詁》云：共具也。

又　皇帝清問下民，鰥寡有辭于苗。馬融曰：清問，清訊也。鄭康成以皇帝哀矜庶戮之不辜，至罔有降格，皆説顓頊之事，乃命重黎。卽是命重黎之身，非羲和也。皇帝清問下民以下，乃説堯事，顓頊與堯再誅苗民，故上言遏絶苗民。云有辭于苗，異代別時，非一事也。皇帝一作帝，于一作有。

〔孫星衍疏〕皇帝，今文以爲堯。則皇者，釋詁云君也。《魏志・鍾繇傳》：繇上疏引此經説之，云此言堯當除蚩尤有苗之刑，先審問於下民之有辭者也。若今蔽獄之時，訊問三槐九棘群吏萬民。清者，鄭注《玉藻》云：明察於事也。《荀子》楊倞注云：明審也。鄭説見《書疏》。與鍾繇説同者，今文義也。趙岐注《孟子》引《甫刑》皇帝作帝，云謂帝爲天，云天不能問民。此今文、歐陽夏侯異説也。於苗，《墨子》作有苗，古文也。

又　越兹麗刑并制，罔差有辭。鄭康成曰：越，于也。兹，此也。麗，施也。于此施刑，并制其無罪者。

〔孫星衍疏〕越與粤同。《釋詁》云：於也，兹，此也。麗者。王制云：郵罰麗於事。《周禮・小司寇》云：以八辟麗邦法。又鄉士云：各麗其法以議獄訟。鄭注皆云：麗，附也。辭者，《説文》云：訟也。言於此附於刑，并制作五虐之法，無有差滅，亦無罪狀。讞其可輕可緩，刻深之至。鄭注見《詩・正月》疏。云麗施者，鄭注士喪禮同文，亦見《廣雅・釋詁》。

又　其審克之，簡孚有衆，惟貌有稽。史遷孚作信，貌作訊，貌一作緢。

〔孫星衍疏〕簡孚有衆者，即王制所云疑獄。汜與衆共也，言必衆誠信之。貌者，《廣雅・釋詁》云：治也。故《史記》作訊。《周禮・小司寇》：以三刺斷庶民獄訟之中。曰訊群臣，二曰訊群吏，三曰訊萬民。蓋欲其誠信有衆，必用三訊之法，與官民共治之也。稽者，鄭注《周禮》云：考合也，史公貌作訊者，詩傳云：訊問也。貌爲治，與訊義通，《説文》作緢。云旄絲也。《周書》云：惟緢有稽。《説文》緢字以類相從，緢次細字纖字後，則爲細微，必加考察之義。蓋孔壁古文，是經文之貌，或藐省文也。

又　泯泯棼棼，罔中于信。以覆詛盟，虐威庶戮。方告無辜於上，上帝監民。罔有馨香德，刑發聞惟腥。泯泯一作湎湎，戮一作僇，方一作旁。

〔孫星衍疏〕泯或作湎。周禮小宗伯注：杜子春讀湎爲泯。《周書・祭公解》云：汝無泯泯芬芬。孔晁云：泯芬，亂也，紛與芬通。王充《論衡・寒溫篇》云：前世用刑者，蚩尤亡秦甚矣。蚩尤之民，湎湎紛紛，亡秦之路，赤衣比肩，作湎湎，蓋今文尚書也。王氏多用今文，覆者。詩傳云反也。鄭注《王制》云：敗也，方與旁通。《説文》云：溥也，監者。《釋詁》云：視也，德者。《説文》云：升也，腥當爲勝。《説文》云：

勝，犬膏臭也。《論衡・變動篇》云：《甫刑》曰，庶僇旁告無辜於天帝，此言蚩尤之民被冤，旁告無罪於上天也。案：言蚩尤時民多昏亂，以敗詛祝盟誓，用其虐威，使衆被戮之民，溥告無罪於上天。天帝視民無有馨香升聞，惟刑之發聞腥薉爾。

《荀子・正論》 世俗之爲説者曰：治古無肉刑而有象刑：墨黥；慅嬰；共，艾畢；菲，對屨；殺，赭衣而不純。治古如是。是不然。以爲治邪？則人固莫觸罪，非獨不用肉刑，亦不用象刑矣。以爲人或觸罪矣，而直輕其刑，然則是殺人者不死，傷人者不刑也。罪至重而刑至輕，庸人不知惡矣，亂莫大焉。凡刑人之本，禁暴惡惡，且懲其未也。殺人者不死而傷人者不刑，是謂惠暴而寬賊也，非惡惡也。故象刑殆非生於治古，并起於亂今也。治古不然。凡爵列、官職、賞慶、刑罰，皆報也，以類相從者也。一物失稱，亂之端也。夫德不稱位，能不稱官，賞不當功，罰不當罪，不祥莫大焉。昔者武王伐有商，誅紂，斷其首，縣之赤旆。夫征暴誅悍，治之盛也。殺人者死，傷人者刑，是百王之所同也，未有知其所由來者也。刑稱罪則治，不稱罪則亂。故治則刑重，亂則刑輕，犯治之罪固重，犯亂之罪固輕也。《書》曰：刑罰世輕世重。此之謂也

《商君書・靳令》 行罰，重其輕者，輕者不至，重者不來，此謂以刑去刑，刑去事成。

《史記・五帝本紀》 舜曰：皋陶，蠻夷猾夏，寇賊奸軌，汝作士，五刑有服，五服三就；五流有度，五度三居；維明能信。

《漢書・刑法志》 原獄刑所以蕃若此者，禮教不立，刑法不明，民多貧窮，豪杰務私，奸不輒得，獄豻不平之所致也。《書》雲伯夷降典，哲民惟刑，言制禮以止刑，猶堤之防溢水也。今堤防凌遲，禮制未立；死刑過制，生刑易犯；饑寒并至，窮斯濫溢；豪杰擅私，爲之囊橐，奸有所隱，則狃而浸廣：此刑之所以蕃也。孔子曰：古之知法者能省刑，本也；今之知法者不失有罪，末矣。又曰：今之聽獄者，求所以殺之；古之聽獄者，求所以生之。與其殺不辜，寧失有罪。今之獄吏，上下相驅，以刻爲明，深者獲功名，平者多患害。諺曰：鬻棺者欲歲之疫。非憎人欲殺之，利在於人死也。今治獄吏欲陷害人，亦猶此矣。凡此五疾，獄刑所以尤多者也。

漢・班固《白虎通義・五刑》 刑不上大夫，何？尊大夫。禮不下庶人，欲勉民使至於士。故禮爲有知制，刑爲無知設也。庶人雖有千金之幣，不得服。刑不上大夫者，據禮，無大夫刑。或曰撻笞之刑也。禮不及庶人者，謂酬酢之禮也。

《晉書・刑法志》 五刑不簡，正於五罰，五罰不服，正於五過，意善功惡，以金贖之。故律制，生罪不過十四等，死刑不過三，徒加不過六，囚加不過五，累作不過十一歲，累笞不過千二百，刑等不過一歲，金等不過四兩。月贖不計日，日作不拘月，歲數不疑閏。不以加至死，并死不復加。不可累者，故有并數；不可并數，乃累其加。以加論者，但得其加；與加同者，連得其本。不在次者，不以通論。以人得罪與人同，以法得罪與法同。侵生害死，不可齊其防；親疏公私，不可常其敎。禮樂崇於上，故降其刑；刑法閑於下，故全其法。是故尊卑敘，仁義明，九族親，王道平也。

又 夫刑者，司理之官；理者，求情之機，情者，心神之使。心感則情動於中，而形於言？暢於四支，發於事業。是故奸人心愧而面赤，内怖而色奪。論罪者務本其心，審其情，精其事，近取諸身，遠取諸物，然后乃可以正刑。仰手似乞，俯手似奪，捧手似謝，擬手似訴，拱臂似自首，攘臂似格斗，矜莊似威，怡悦似福，喜怒憂歡，貌在聲色。奸眞猛弱，候在視息。出口有言當爲告，下手有禁當爲賊，喜子殺怒子當爲戲，怒子殺喜子當爲賊。諸如此類，自非至精不能極其理也。

又 夫奉聖典者若操刀執繩，刀妄加則傷物，繩妄彈則侵直。梟首者惡之長，斬刑者罪之大，棄市者死之下，髡作者刑之威，贖罰者誤之誡。王者立此五刑，所以寶君子而逼小人，故爲敕愼之經，皆擬《周易》有變通之體焉。欲令提綱而大道清，舉略而王法齊，其旨遠，其辭文，其言曲而中，其事肆而隱。通天下之志唯忠也，斷天下之疑唯文也，切天下之情唯遠也，彌天下之務唯大也，變無常體唯理也，非天下之賢聖，孰能與於斯！

唐・杜佑《通典・刑八・寬恕》 漢文帝二年制曰：今法有誹謗之罪，是使衆臣不敢盡情而上無由聞過失也，將何以來遠方之賢良？其除之人，或咒詛，上以相約而復相謾，謾，欺也。初爲要約其行咒詛，復相欺誑，中道而止，無實事吏以爲大逆，其有他言，吏又以爲誹謗。此細人之愚，無知抵死。自今有犯此者，勿聽。治時將相皆舊功臣，少文多質。懲秦惡政，務在寬厚，恥言人過，化行天下，告訐之俗易。訐，相斥罪也吏安其官，人樂其業，風流篤

厚，禁網疎闊。選張釋之爲廷尉，罪疑者予民。從輕斷之是以刑罰大省，至於斷獄四百，謂普天之下重罪者有刑措之風。感齊女子淳于緹縈言，除肉刑。具肉《刑議》景帝之初，制曰：孝文皇帝除誹謗，去肉刑，罪人不孥，德侔天地，然加笞與重罪無異，重罪謂死刑幸而不死，不可爲人。謂不能自起居其定律：笞五百曰三百，笞三百曰二百，猶尚不全。自今吏及諸有秩，皆受其官屬所監，所行所將，行謂按察，音下更反其與飲食計償費勿論。計所費而償其直，勿論罪罷磔曰棄市，先是，諸死刑皆磔於市，今罷之。若妖逆則磔之，磔謂張其尸也。具《刑制》上篇宣帝制曰：自今子首匿父母，妻匿夫，孫匿大父母，皆勿論。凡首匿者，言爲謀首而藏罪人其父母匿子，夫匿妻，大父匿孫，罪殊死，皆上請廷尉以聞。元帝爲太子，柔仁好儒，見宣帝多用文法吏，以刑名繩下。劉向《別錄》云申子學號刑名。刑名者，以名責實，尊君卑臣，崇上抑下。宣帝好觀其書，故以刑名繩下大臣楊惲、蓋寬饒等坐刺譏語而誅。嘗侍燕從容言陛下持刑太深，宜用儒生。宣帝作色曰：漢家自有制度，本以霸王道雜之，奈何純用德教，尚周政乎？姬周之政且俗儒不達時宜，好是古非今，使人眩於名實，眩，亂視不知所守，何足委任？乃歎曰：亂我家者，太子也。及即位，下詔曰：法令者，欲其難犯而易避也。今律令煩多，自典文者不能分明，而欲罪元元之不逮，豈中刑之意哉？其議律令可蠲除輕減。成帝河平中詔曰：《甫刑》云：五刑之屬三千，其大辟之罪二百。甫刑，即《周書·呂刑》也。初爲呂侯，號曰呂刑；後改爲甫侯，故又稱甫刑今大辟之刑千有餘條，律令煩多，百有餘萬言。奇請、他比，日以益滋。奇請謂常文之外主者別有所請，以定罪也。他比謂引他類以附之，稍增律條也。奇，居宜反其與中二千石博士及明習律令者，議減死及可蠲除者，令較然易知。條奏有司，無仲山甫將明之材，自有司以下，史家之言也。《大雅·烝人》之詩言：王有誥命，則仲山甫將之。國有不善，則仲山甫明之也不能因時廣宣主恩，建立明制。但鉤摭細微，毛舉數事，以塞詔而已，毛舉，言毫毛之事塞當也是以大議不立。議者或曰：法難數變，此庸人不達疑塞理道者也。塞謂不通班固曰：自建武永平，人亦新免兵革之禍，有樂生之慮，與高惠之閒同。而政在抑強扶弱，朝無威福之臣，邑無豪傑之吏，以口率計，斷獄少於成哀之閒什八，可謂清矣。十少其八然而未能稱意比崇於古者，以其疾未除而刑本不正也。後漢章帝初，尚書陳寵上疏曰：今斷獄者，急於篣格酷烈之痛，執憲者繁於詆毀放濫之文，或因公行私，以逞威福。帝納寵言，每事務於寬厚，其後遂詔有司絕鑽鑽諸慘酷之科，《說文》曰：鑽，鐵銸也，其炎反。銸，音陟葉反。鑽，臏刑，謂鑽去臏骨也解妖惡之禁，除文致之請讞五十餘事。文致，謂前人無罪，文飾致於法中是後人俗和平，屢有嘉瑞。初，寵曾祖父咸成哀閒以律令爲尚書，王莽篡位，父子相與歸鄉里，閉門不出。入乃收藏其家律令書文，皆壁藏之。咸性仁恕，常戒子孫曰：爲人議法當依於輕，雖有百金之利，慎無與人重比。故世謂陳氏持法寬平也。元和三年，廷尉郭躬家世掌法，務在寬平。決獄斷刑，多依矜恕，乃條諸重文從輕者四十餘事奏之，事皆施行，著於律令。陳寵又代躬廷尉，數議疑獄，每附經典，事從輕恕，活者甚衆。寵復鉤校律令，刑法溢於甫刑者除之，鉤，猶勘也，音工侯反。鄭元溢，出也曰：臣聞禮經三百，威儀三千。《禮記》曰：禮經三百，曲禮三千。鄭元曰：經禮篇多亡，本數未聞故甫刑大辟二百，五刑之屬三千，禮之所去，刑之所取。失禮之人，刑以加之，故曰取也失禮則入刑，相爲表裏者也。今律令，死刑六百一十，耐罪千六百九十八，耐者，輕刑之名贖罪以下二千六百八十一，溢於甫刑者千九百八十九，其四百一十大辟，千五百耐罪，七十九贖罪。漢興以來三百二年，憲令稍增，科條無限。又律有三家，其說各異，宜令三公廷尉平定律令，應經合義者，可使大辟二百，耐罪贖罪二千八百并合爲三千。悉刪除其餘，令與禮相應，以易萬人視聽，以致刑措之美，俾傳之無窮。會寵得罪，遂罷。

宋·王欽若《册府元龜·帝王部》〔太和〕八年四月丙戌，詔曰：朕比屬暇日，周覽國史。伏讀太祖因閱《明堂經》，見五臟之係，咸附於背。乃下制：決罪人不得鞭背。且人之有生，繫於臟腑。灸針失所，尚致夭傷，鞭樸苟施，能無枉橫？況五刑之內，笞最爲輕，豈可以至輕之刑，傷至重之命？朕躬承丕業，思奉貽謀，言念於兹，載懷惻隱。其天下州府，應犯輕罪人，除情狀巨蠹，法所難原者，其他過誤罪愆，及尋常公事違法，並宜准貞觀四年四月十七日制，處分不得鞭背。今年已後，每至夏至已後，立秋已前，就州府常條之中，亦宜量與矜減，速爲疏理，不得久令禁繫。委御史臺切加糾察，永爲常式。

宋·蘇頌《蘇魏公文集·奏乞春夏不斷大辟》臣伏思國家以仁恩被冒天下，祖宗慎用刑辟，陛下丕承謨烈，憲章大備，輕重得宜，上自朝廷，下及州縣，遵守條詔，無有違者。雖杖笞之責，不合法令，未嘗輒行，其已斷之獄，猶加審察。官司縱出者，坐罰深致者，或至廢黜而不用。臣嘗謂自堯舜以來，經史所著用刑詳慎，未有及我朝之仁恕平允者也。惟論決重辟猶不以時，而議者未嘗及之。誠恐亦爲聖世當行之一事。臣愚戇不識大體，故敢以前古之說言之。傳曰賞以春夏，刑以秋冬，是三代之時，春夏未嘗行誅殺也。史載秦世四時行刑，王莽盛夏殺人，是皆譏其虐政也。漢制斷獄，報重常置三冬之月，蓋不於陽盛之時勦絕生類，所以協天意助人情也。東漢以後或行或否，近世遂廢而不舉其說，蓋患囚繫之淹久耳。臣以謂獄官案鞫，苟有連逮，不以輕重，追呼參驗，動涉歲時，未嘗以淹久故釋而不問也。臣愚欲望聖慈叅酌古義，采用周漢，詔天下獄囚，自非惡逆以上，決不待時外，其餘衆罪，並俟秋冬論決，免當溫煦之日而有愁痛之聲，亦足以成聖朝仁恩之美也。且無知之民輕犯刑網，殺之爲可矜，貸之爲廢法。萬一待決踰時，或遇恩降，得從末減，是陛下不廢法而全人命者多矣。恩威並行，民知畏愛，是當天心，咸召和氣，誠太平之高致也。

宋・孝熹《續資治通鑑長編》卷八二〔宋眞宗大中祥符七年五月〕知宿州李防言，引見司科罰罪人於崇政殿門外，切近帝所，有虧嚴肅，欲望自今送開封府或皇城司決遣。上曰：外人不知，近年每月不過一二次，決罰人皆杖笞以下，此事已久，不欲遽改。

宋・謝深甫《慶元條法事類・刑獄門》 諸決流以下罪，長官親臨。

宋・文天祥《文山集・斷配典吏侯必隆判》 近世以來，天下以吏奸爲病。士大夫臨事惴惴然，惟恐吏之欺己，馭之以束濕，事無大小，一切以法繩之。當職以爲不必立的，無罪不必尋，有罪不必恕，爲得之矣。本司諸吏頗似謹畏，從前固有違慢者，當職諒其不及，每每止於薄懲，爾輩非但不敢欺，直不忍欺可也。侯必隆何爲者，輒敢於呈押之時脫套花字，於行移之後揍掇公文，顯然面謾行其胸臆，此非先有無忌憚之心而後動於惡乎！送之有司，自稱爲無他情弊。殊不思情莫惡於脫套，弊莫大於揍掇，豈必計囑取受而後謂之情弊哉！看來此吏於諸吏中頗機警而膽最大，以小人之小有才，不施之於奉公而施之於罔上，若以姑息行之，留此人在案中，將來必爲司存無窮之蠹。矧所犯關係臺綱，雖欲恕之不可得也。侯必隆決脊杖十五，刺配千里州軍。本當更槌碎右指，以爲箝紙尾作弊者之戒，姑以贓狀未明，特免斷訖，長枷臺前五日押發，仍牓。

《**宋會要輯稿・刑法四**》〔元豐六年〕閏六月二十三日，詔尚書刑部：應移鄉人，情理輕者十年，稍重者二十年，遇赦檢舉，放令逐便。令刑部著爲令。

八月七日，兩浙轉運司言：犯盜徒五百裏外州軍無放還法，乞比移鄉人例放。從之。

八年九月四日，三省、樞密院言：該配合從本府及軍馬司斷遣者，並依法配行。無軍名者，五百裏以上，並配牢城；鄰州、本府，並配本城。强盜或三犯竊盜，因盜配軍，後更犯罪，若謀殺並以刃故傷人，放火，强姦，或人(力)〔刁〕姦主已成，造畜蠱毒，及教令人並傳習妖教，故沉有人居止舟船，拒捕，已上於法合配者，並諸軍犯階級及逃亡應配千里以上，並依法配行。無軍額，五百裏以上，配牢城；鄰州或本州，配本城；已係本城，配牢城；已係牢城，配重役。從之。

《**元史・世祖紀**》〔元世祖至元二十年五月〕丙子，詔諭諸王相吾答兒：先是雲南重囚，令便宜處決，恐濫及無辜，自今凡大辟罪，仍須待報。

《**元史・仁宗紀**》〔延祐六年九月〕癸卯，御史臺臣言：比者官以倖求，罪以賂免。乞凡内外官非勳舊有資望者，不許驟陞。諸犯贓罪已款伏及當鞫而幸免者，悉付元問官以竟其罪。其貪污受刑，奪職不敍者，夤緣近侍，出入内庭，覬倖名爵，宜斥逐之。帝皆納其言。詔謂四宿衛嘗受刑者，勿令造禁庭。

《**明實録・洪武三年**》〔正月〕壬寅，吏部奏：凡庶官有罪被黜者，宜除廣東儋崖等處。上曰：前代謂儋崖爲化外，以處罪人，朕今天下一家，何用如此。若其風俗未淳，更宜擇良吏以化導之，豈宜以有罪人居耶？

明・何棟如《皇祖四大法・訟法》〔洪武十二年十一月〕戊午，以刑部員外郎呂宗藝爲尚書，誥曰，古者秋官五刑，以弼五教，以期於治也，必得通敏練達，持文平而用法當者，方稱茲選，爾宗藝立心公平，用律詳審，今命爾爲刑部尚書，必期民協於中，以副朕意，欽哉。

明・呂本《皇明寶訓・永樂卷五・恤刑》 永樂元年十月己酉，大理寺卿薛嵓等奏，各布政司上所部具獄，凡死罪百餘人，請分遣御史臨決。上從之。顧謂都御史陳瑛等曰：人命至重，既絕不可復續。夫治獄得情尤難，鞭樸箠楚之下，罪人成於鍛鍊者，往往有之。今百餘人之中，豈能必其皆無冤枉？爾分遣御史，宜具書慎刑之意，授之使論決之際，詳探其情，非其情者，即與辨釋，必揆之以理，理不可生，然後刑之，則彼雖死，無所恨矣。

又〔永樂九年〕十一月丙子，刑科都給事中曹潤等言：日者上以天寒，念獄囚淹滯，敕近臣就獄審録，輕即釋之。臣切見其中淹滯一年之上者，且一月之間瘦死九百三十餘人，使罪重者不得示懲，而輕者死於無辜，其三法司官，皆宜明彰國典，以戒將來。上召法司諭之曰：朕於一物不忍傷害，况人命乎？爾等不體朕心，冤濫如此，縱不畏國法，獨不畏陰譴耶？姑記爾罪徒流以下，期三日内皆決放，重罪當繫者，亦須矜卹，無令死於飢寒。

明·呂本《皇明寶訓·宣德卷五·寬宥》 宣德七年六月，御史孫純、刑部主事王鎮，以監決重囚，誤斬首爲淩遲，法司論純等罪應斬。上宥之，命罰役以贖。既而諭侍臣曰：淩遲本律之文，命斬首蓋出於朕一時之不忍。然淩遲非過也，故止令罰役耳。

清·龍文彬《明會要·刑四》 正德十三年十月，帝在大同。大學士楊廷和等言：祖制：行刑之日，許各犯家屬訴冤於登聞鼓下，直鼓給事中封進；或暫停刑者，特遣校尉批予留之。今冬至將近，又當處決之時。該科三覆奏本送下擬票，臨刑之時有鳴鼓訴冤狀者，臣下未敢擅便。伏望聖駕還京，以遵舊制。不報。

《清實録·乾隆十年》 諭：向來冬至既屆，一應秋決人犯，例不行刑。若遠省地方，有奉到文書，在冬至以後者，則留至次年冬至前正法。後因此等人犯盡屬凶惡，罪無可緩，若遲至一年之久，未免别生事端，仍於奉到部文時處決。但思應決諸犯，既無可緩，適值冬至，亦須稍遲，嗣後如有過期接到部文者，著於冬至七日以後，照例處決。該部行文各督撫知之。

清·畢沅《續資治通鑑》卷一一 〔宋太宗太平興國七年〕知桐廬縣、太常寺太祝昇州刁衎上疏言：古者投姦凶於四裔；今乃遠方囚人，盡歸象闕，配於務役，最非其宜。神皋天子所居，豈可使流囚於此聚役！自今外處罪人，望勿許解送上京，亦不留於諸務充役。又《禮》曰刑人於市，與衆棄之。則知黄屋紫宸之中，非行法用刑之所。乞自今，御前不行決罰之刑，敕杖不以大小，皆以付御史、廷尉。又，或犯劫盗亡命，罪重者刖足釘身，國門布令。此乃愚民昧於刑憲，迫於衣食，偶然爲惡，義不及他，被其慘毒，實傷風化，亦望減除。至於淫刑酷法，非律文所載者，并詔天下悉禁止之。帝覽疏甚悦，降詔褒答。

清·畢沅《續資治通鑑》卷一四四 〔宋孝宗淳熙十一年〕校書郎羅點言：比年以來，所在流配人甚衆，强盗之獄，每案必有逃卒，積此不已，爲害不細。欲戢盗賊，不可不銷逃亡之卒，欲銷逃亡之卒，不可不減刺配之法。望詔有司，於見行刺配情輕者，從寬減降，别定居役或編管之令。其應配者，檢會淳熙元年五月指揮，其强壯刺充屯駐大軍，庶幾州郡黥配之卒漸少。帝曰：近歲配隸稍多，後當如何？王淮等曰：如雜犯死罪，猶可從輕，至如劫盗六項，指揮之行，爲盗者莫不知之。故將爲盗，必先虚立爲首之名，殺人姦濫之罪皆歸之，以故爲首者不獲而犯者免死，盗何由懲！帝令刑寺集議。既而刑部、大理寺奏上，帝曰：朕夜來思配法，雜犯死罪只配本州守城；犯私茶鹽之類，不必遠配，只刺充本州廂軍，令著役；若是劫盗已經三次，便可致之死。可以此諭刑寺官。

清·徐本《三流道里表·奏議》 律例館總裁官大學士臣徐本等謹奏？爲請定三流遠近道里事。先經刑部於雍正十二年議覆按察使何師儉條奏，内稱流罪三等，律内惟開某省流犯分流某省，其計地發配並聽該撫臨時酌定，不若軍犯遠近定有成書，可以遵查。請嗣後分發流犯，亦照軍犯各分府屬之例。自該犯原籍府屬至分流省分，一併核算。如未及應流里數者，將該犯分撥遠處府屬安置。如於本省府屬已足應流里數者，即定於本省府屬安置。應行令各該撫將道里確數彼此移查，逐一酌定，造册報部，彙送律例館詳核刊刻，頒發遵行等因，具奏，奉旨依議，欽此。欽遵。嗣據各該省造具清册，節次送館。臣等詳加查核，其遠近道里分發省分多未相符，殊難畫一。蓋僉發流犯，名例内但載有一定之省分，三等流犯均發一省，其道里遠近並未再有區别，如直隸、江蘇、山西三省流犯，俱例發陝西。安徽、浙江、陝西、湖北四省流犯，俱例發山東各省。幅幀既有大小之不同，相距道里自有遠近之各異。今既按依府分計算道里，分别僉發，若仍拘原定之省分，則遠近勢難符合。竊查流分三等，原以道里之遠近，别情罪之重輕。要皆投畀他方，期於懲奸止惡也。而名例所載獨定於陝西、山東、浙江、四川、廣東、廣西、福建等七省者，詳究定例之意，或以此等奸徒宜置之荒無瀕海地面耳。今陝西等省已多殷繁富庶之地，而江南等省亦有臨河濱海之區，又未可以概論。況軍犯現在俱係各省通發流犯，似亦應一體辦理。臣等謹按輿圖及會典內軍衛道里表所載道里遠近，分别三等，註明府屬，不拘從前所定七省，詳加酌定，將某省某府屬流犯應流二千里者，僉發何省何府屬安置；　應流二千五百里者，僉發何省何府屬安置；　應流三千里者，僉發何省何府屬安置。逐省逐府詳細開載，仍將僉發凡例五條，列於冊首，以便遵查。庶各省流犯遠近，悉歸畫一，而輕重均得其平矣。謹將纂定《三流道里表》恭繕黃冊四本、裝潢一函進呈御覽，伏候欽定。俟命下之日，臣等咨呈武英殿刊刻刷印移送，臣館頒發內外各該衙門一體遵行。臣等未敢擅便，謹奏請旨等因，於乾隆八年閏四月十二日奏。本日奉旨依議。欽此。

清・劉拱宸《居官慎刑録・刑制》　五刑之制，始自上古。五帝之世，卽以因之。觀於帝舜命皋陶曰：汝作士，明於五刑。則五刑之設，繇來尙矣。然古之所謂五刑，乃墨、劓、剕、宫、大辟，初無所謂笞杖。所稱笞杖云者，乃後世所訂。卽古所謂鞭作官刑，朴作教刑，止爲訓誨之具也。漢高入關之初，懲暴秦之弊，約法三章，蠲削煩苛，秦民悅服。迨既有天下，四夷未附，兵革未息，三章之灋不足禦奸，命蕭何修律，令攈摭秦灋，取其宜於時者，作律九章。然參夷之誅、菹醢之慘，猶不免間見疊出。以韓、彭元勳之重，不獲保其令終，漢法亦何遠於秦哉？孝文帝以慈聖寬仁之資，入纂大統，感緹縈之奏，首除肉刑，易以笞杖，惻怛愷悌之思，浹乎民隱矣。然五百、三百之杖，楚毒民所不堪，往往因罪不致死而予杖，因杖而適以致死者。笞杖之刑似輕反重，欲以生人而不免殺人，則文帝所不及料也。爰及孝景，承文帝之意而遞減笞杖之數，減當五百者以三百，減當三百者以二百。後又減當三百者以二百，減當二百者以一百，既全人之肢體，亦無傷人之生命。笞杖入五刑實始於此。後世奉以爲法，遂以笞杖徒流死具爲五刑之正。

清・劉拱宸《居官慎刑録・五刑》　一曰笞刑。自一十至五十，分五等，用小竹板折責。一十折四板，二十折五板，三十折十板，四十折十五板，五十折二十板。旗人及旗奴犯笞者以鞭代之，不折責。杖罪同。

二曰杖刑。自六十至一百，分五等，用大竹板折責。六十折二十板，七十折二十五板，八十折三十板，九十折三十五板，一百折四十板。凡行杖之數不得過此。罪重於杖者枷示，自一月至三月，悉從本法，皆先枷後責。

三曰徒刑。發本省驛遞。自一年至三年，分五等。各依年限應役，役滿回籍。徒一年者杖六十，一年半杖七十，二年杖八十，二年半杖九十，三年杖一百。若犯遷徙者准徒二年，雜犯三流准徒四年，雜犯斬絞準徒五年，並杖一百。五徒及准徒皆於充徒之所折責。旗人、旗僕犯徒者並折枷示。徒一年者折枷二十日，一年半折枷二十五日，二年折三十日，准徒三年同。二年半折三十五日，三年折四十日，准徒四年者折五十日，五年折六十日，各按杖數鞭責。凡此皆徒之屬。

四曰流刑。安置遠方，終身不返。分二千里、二千五百里、三千里爲三等。三流並杖一百，至配所折責。惟緣坐者不杖。旗人犯流二千里者折枷五十日，二千五百里折五十五日，三千里折六十日，並鞭一百。旗僕犯流，發駐防兵丁爲奴。罪重於流者爲充軍，軍有五，均發衛所，改設州縣者則發州縣。各量地遠近發之。附近，發二千里；　邊衛，發二千五百里；　邊遠，發三千里；　極邊及烟瘴，皆發四千里。如無烟瘴地方，卽以極邊爲烟瘴。五軍並杖一百，至戍所折責。旗人犯附近軍，折枷七十日，邊衛七十五日，邊遠八十日，極邊及烟瘴九十日。並鞭一百。旗僕犯軍，發邊省給駐防兵丁爲奴。若發邊外爲民者，杖與軍等。旗人折枷如邊衛軍旗僕，亦發駐防爲奴。重於軍者爲發遣。免死強盜發黑龍江等處給兵丁爲奴。其以他罪犯遣者，旗人正身當差，旗僕爲奴，民犯視其情稍可原，或無妻室，改發雲貴川廣烟瘴地安置。凡此皆流之屬。

五曰死刑。曰絞，曰斬。皆下三法司覈擬，罪當者監候，秋後處決。其罪應立決者，三法司奏上，得旨迺行刑。若罪之大惡極者，梟首示衆，凌遲處死者，皆決不待時。

清・劉拱宸《居官慎刑録・釋五刑》　古之五刑，墨、劓、剕、宫、辟也。按刻額曰墨，割鼻曰劓，刖足曰剕，刑淫曰宫，死刑曰辟。今之五刑與古異，始于隋唐。

笞　笞者，擊也。又，耻也。人有小愆，法宜懲戒，擊以耻之。《書》曰：朴作教刑是也。以小荆條爲之。削去節，大頭徑二分七釐，小頭徑一分七釐，長三尺五寸。自一十至五十爲五等，每十下爲一等加減。今只用以擬罪，不以刑人。

杖　杖者，持也。言持此以擊戒之。《書》曰：鞭作官刑是也。以大荆條爲之。大頭徑三分二釐，小頭徑二分二釐，長三尺五寸。自六十至一百爲五等。每十下爲一等加減。今止以竹爲板，刑人不用荆條。

徒徒者，奴也。謂人有罪戾，當任以奴役，卽城旦是也。拘收在官煎鹽、炒鐵、擺站，責以用力辛苦之事。自一年，杖六十至三年，杖一百爲五等。每杖十下、徒半年爲一等加減。今著驛擺站者居多。

流流者，不忍刑殺，宥之于遠，使其離此鄉土，終身不返，猶水流之意。惟有去而終古不歸返者。自二千里至三千里爲三等。五百里爲一等加減，杖以一百爲定數。按唐虞之流，或流于四裔，或流于海外，不詳里數。

死死刑惟二，曰絞曰斬。斬者身首易處，絞全肢體。按斬自軒轅，絞同周代，卽古之辟刑是也。至若凌遲處死，乃刑之極者，不在五刑之內。

清・劉拱宸《居官慎刑録・釋死罪之不同》 眞犯死罪者，宜加顯戮者也。然其死之法則有二：一、決不待時。卽立法情眞罪當，無庸再議也。一、監候院司。成招具題，法司復議，奏請已定，但令監候，秋後處決。每年秋決之時，復行朝臣集議，名曰朝審，分別情眞、矜疑兩項，再具題請，候旨定奪。今朝審於情眞、矜疑之外，又有緩決。蓋前次奉有緩決之旨，審時仍遵前旨緩決。又有贓未完結、因追贓緩決者。大約緩決遇赦則可末減，矜疑者則槩從末減發落之條矣。又有雜犯死罪，如過失殺人，本出無心；贓止四十兩以下，卽處以死，未免過重。故雖擬死，宥爲雜條，準徒五年。後又以過輕，增定軍罪。按罪分別軍、徒幷沿邊、腹里起發。蓋例之當死以盡法，宥之不死以揆情。若疊犯三次，須奏請定奪。

清・劉拱宸《居官慎刑録・律例集解》 雍正御製《大清律解》，此言五刑之條目也。五刑見于《虞書》，自漢文帝除肉刑後至隋唐時，以笞、杖、徒、流、死定爲五刑。歷代因之。笞者，擊也。又訓爲耻。杖雖較笞加重，亦敎戒之刑也。徒者，奴也。奴辱之使知愧悔；不終其身而定有年限者，冀其自新也。流者，罪憐於死，不忍刑殺，流之遠方。卽《虞書》流宥五刑也。其中又細分節次：笞自一十遞加至五十而止，過此則改笞而爲杖。杖自六十遞加至一百而止，過此則減杖而加徒。徒自一年遞加至三年而止，過此則改徒而爲流。流自二千里遞加至三千里而止，至是生全之法盡矣。若其人所犯之罪斷不可容於世，則不得不置之於死，而又不忍一概卽加誅戮，於死罪中分絞、斬。絞、斬中分立決、監候。監候中分情實、緩決、矜疑，其情實猶三覆奏而後加刑焉。所以矜恤民命者至矣。至若納贖、收贖諸條，卽《虞書》金作贖刑之意。文武官吏及諸有職役之人與兵民有力人等許其納贖，老少廢疾婦女許其收贖。恩欲其周而法又不可縱，於是定爲准納贖、不准納贖之例，俾斷獄者斟酌而善用之。此律所以爲仁至義盡也。

清・劉拱宸《居官慎刑録・唐甄〈省刑論〉》 萊陽盛九苞曰：山東習用重刑，杖以巨竹連根爲之，長八尺，頭徑六寸，厚五寸，敔然方物也。皂必長大強力者。臨杖，則裂犯者之袴覆足，以杖一柎臂，卻立尋丈，揚杖後抶地大呼躍進，身杖俱下，乃一撻之。不聞撻聲，但覺地動。一皂一杖，撻二十則易二十人，撻三十則易三十人，恐其再撻則力減也。昔余七之叛也，事旣平，繫獄當死者甚衆。巡撫趙祥星訊之。有一人枉者，祥星顰蹙而謂僚吏曰：是可矜，吾欲釋之，諸君以爲何如？僚吏皆起而揖於前曰：此至仁至明，釋之幸甚。於是釋之。故事，免死者必撻而後釋之。撻之二十，舁出，死矣。夾棍以鐵貫木，置脛其間，左右各五人幷力曳之。良久，乃合其末，左右繫以巨棍，至百數十。異日復夾，脛腫如股不可入，皂舉踵踏入，復夾之。杖之毒者，前一杖郤，一杖中。蓋一杖杖已，皮不少損而內肉糜爛如腐瓜之瓤。出，以刀劃去糜肉，得良藥，十有半活者。皂得賂，則直撻之，血立濺，乃反不死。其毒如此。山東之民號爲獷悍，皆謂非重刑不能服之。又謂大吏有體，非重刑無以示尊威。是以沿習而然，雖有慈者，不能改也。吳民號爲柔弱，習用輕刑，故吳爲幸。客有嘻者曰：吳刑雖輕，重者自重，不一於輕也。吾親見巡撫杖傷爲薦書者，血肉飛濺四傍，四傍方杖之間，靑草皆爲赭地。此亦何輕於山東！昔者唐子之治長子也，一年而罷。一年之間，治群殺數人之獄者二，獄成，未嘗加一杖於殺人者之身。典司諫曰：殺人，至惡也。殺數人，大獄也，而公不加一杖。從來號爲慈吏者，未有過寬如此者也。公不忍於當忍，吾恐民風日玩，從此得罪者愈多矣。唐子曰：不然，彼殺人者豈其始念則然哉？逞一時之忿，自陷其身於死，而不徐爲之慮也。旣以一死抵一死，亦足蔽其辜矣，又從而杖之，是淫刑也。吾不加一杖者，是爲至平，不爲過寬。夫山西之民，非弱於山東也，長子之民又號爲多奸。唐子爲吏一年，夾棍非刑，廢而不用，俗用之杖雖未能遽改，以從律制。然且薄且減，亦不乖制。一年之間，令未嘗不行也，政未嘗不舉，賦未嘗不入也，豪強未嘗不伏也，疑獄隱慝未嘗不得其情也，關市橋梁傳乘賓旅未嘗不治也，四境之內未嘗不安也。巡撫達良輔嘗謂唐子曰：

百里之長,不患無威,奚以重刑爲？ 重以刑之,既傷其體； 歸而療治,又費其財,仁者弗爲也。 苟治事而事治,懲民而民服,斯可已矣,奚以重刑爲？

清・張之洞《張文襄公全集・奏議十三・請定盜案就地正法章程摺》

〔光緒十一年十二月初一日〕竊照粵東山海交錯,民情獷悍,盜匪之熾,甲於他省。 溯查同治二年間,前督臣毛鴻賓奏奉上諭,嗣後廣東省除廣州府及佛、岡同知拏獲逆匪盜犯,仍行解省勘審外,其距省較遠之各府廳州縣所獲拜會從匪、拒敵官兵,及迭次行劫夥衆持械拒捕傷人罪應斬梟、斬決各犯,由各該州縣審實後,即解送管道府覆審錄供具詳,該督撫核明情節確實,即行飭令就地正法。 一俟軍務完竣,盜匪斂迹,即行奏明,仍照舊章辦理。 此外尋常命盜案件,著仍照例解勘等因,欽此。 歷經遵照辦理,嗣於光緒八年四月刑部議覆御史陳啓泰等條奏,内稱： 嗣後除土匪、馬賊、會匪、游勇案情重大並形同叛逆之犯,均准就地正法,其餘尋常盜案,予限一年,規復舊制。 儻實係距省寫遠,均照秋審事例,解送該管巡道訊明,由督撫分别題奏,不准援就地正法章程等因。 奏准咨行到粵。 復經前督撫臣議奏： 嗣後除實係土匪、馬賊、會匪、游勇案情重大,並形同叛逆之犯,及原例内罪應斬梟者,仍由該州縣體察情形,隨時稟請就地正法。 按三箇月彙奏一次,其餘尋常斬決盜犯,自光緒九年五月初八日爲始,規復舊制,高、雷、廉、瓊、潮、韶六府,嘉應、南雄二直隸州解道覆勘移司核詳題奏,免其解省,不准先行正法,經部議覆,准咨行,飭遵在案。 然自此次省章既行以後,盜案日多,近年海防多事以來,各路投營遣撤之游勇紛至沓來,往往勾結土匪,打單嚇財,入村攔路,劫掠慘殺,加以各處積匪結黨拜會,受雇助鬬,肆搶勒贖。 此外洋犯鹽梟縱横出没,時而在洋伺劫,時而登陸剽掠。 一經兜拏,輒即連檣結陣,放礮抗拒,形同叛逆。 本年以來,已經多起,其内地之東西北三江,均爲盜匪之藪,往來舟楫以及各處渡船,動輒被劫,陸捕則駛艇而逃,水緝則登岸而逸。 臣等接閱各屬稟報,劫案以及另行訪聞查出盜案,日凡數起,無一非執持洋槍火礮,糾夥多人,其事主懼禍未經呈報者,不知凡幾。 雖疊經徼儆,該管嚴飭勒拏,並將情重著匪批行正法,以期稍知儆懼,無如營汛疲懦,有司拘牽實情,不盡稟聞,真盜或致狡脱,以致水陸盜案有增無減。 省垣附近屢有白晝行劫。 近日英國貴翰商輪亦有在洋面被盜匪劫殺船主之事。 商民悚息,伏莽日深,是目前粵省土匪、會匪、游勇、鹽梟、鬥匪、洋盜七種合而爲一,若再因循拘泥,必致釀爲亂階。 臣等職在地方,覩此情形,實深焦慮。 查光緒八年部章曾經指明： 土匪、馬賊、會匪、游勇案情重大並形同叛逆之犯,均准就地正法,所謂案情重大四字,包括甚多,原未嘗稍形寬縱。 即粵省奏定章程,亦係聲明上項土匪各犯,及原例罪應斬梟者,均准就地正法。 乃各州縣狃於積習,不問案情輕重,藉口已復舊章,不肯從嚴稟辦。 經年以來,文告諄諄,拘執罔聽,除南、番兩縣外,罕有稟報拏獲游勇土匪嚴辦之事,是以匪徒益無忌憚,恣意横行。 查就地正法章程,原屬辟以止辟,部章所謂案情重大,自係由地方官酌核情節。 近來各直省辦理持械夥劫、凶暴衆著之案,皆係不分首從,一律先行就地正法梟示。 矧粵省盜匪,無一案非糾夥,無一盜不持械,所持之械,無非洋槍、洋礮,及獲械訊供,無一犯非迭劫多次,且忽海,忽陸,忽土,忽客,忽自行糾劫,忽助鬥逞兇,又與會土械鬥各匪,洋盜、鹽梟,互相出入,其情節實與尋常盜賊迥異。 即如内河外海各盜駕船列礮,大夥横行,劫殺拒捕,如廣東艇匪一項,較之北省馬賊騎止一人,人止一槍,尤爲兇悍,實爲土匪之尤。 若拘泥本省章程,凡斬決盜犯,情節雖重,舊例無斬梟明文者,動須解勘題覆,輾轉稽延,不足示儆,甚至狡翻誣攀,劫逃越獄,隱患不可勝言。 至此等盜匪多有此案附夥,而彼案糾邀； 此案行兇,而彼案接應,其愍不畏法之心,同惡相濟之罪,實屬無分軒輊。 若過爲文法所拘,必致意存避就,倖脱稽誅。 此非因時立制,實不足以安善良,而遏亂萌。 臣等督同臬司、廣州府等體察地方情形,悉心核議,應請嗣後拏獲持械夥劫兇暴衆著之各項盜匪,無論水陸,不分首從,凡有案情重大,罪干斬梟、斬決者,一體照土匪、馬賊、會匪、游勇章程,先行懲辦。 其距省較遠者,由該廳州縣審實後,酌核道路遠近,如有道府同城者,解由該管巡道督府覆審,不同城者,即分别解由最近之該管,或道或府州覆審。 如犯多路遠者,即由道府州親赴所屬覆審,均錄供通稟督撫,核明情節確實,批飭就地正法。 案情重大者,仍傳首犯事地方縣桿示衆。 其廣州府屬,及佛、岡、赤溪二直隸同知,所獲盜匪仍於審實後,錄供解府審明,通稟批交臬司,會同營務處司道覆訊明確,稟候核飭就地正法。 案情重大者,梟示,曉示民間。 拒捕者,格殺勿論。 幷將通省此項正法盜匪按三個月彙奏一次,逐案補具供看,由府送司詳咨,一俟盜風止息,即照舊例辦理。

州縣營汎諱盗縱匪者，查出從嚴參辦。據署按察使瑞璋詳請具奏前來，臣等詳加覆核，不敢拘泥以殃民，惟有嚴法以弭亂。考諸文武軍民人等，衆論僉同，謹合詞繕摺奏陳，伏祈聖鑒，敕部速議施行。旨：刑部速議具奏，欽此。

綜述

《周禮注疏·秋官》 以五刑聽萬民之獄訟，附於刑。用情訊之，至于旬，乃弊之。讀書則用灋。附猶著也，故書附作付，訊言也。用情理言之異，有可以出之者，十日乃斷之。《王制》曰：刑者，侀也。侀者，成也。一成而不可變，故君子盡心焉。鄭司農云：讀書則用法，如今時讀鞫，已乃論之。〔疏〕以五至用法○釋曰：云附於刑，用情訊之者，以因所犯罪附於五刑，恐有枉濫，故用情實問之，使得眞實。云至於旬乃弊之者，緩刑之意，欲其欽愼也。云讀書則用法者，謂行刑之時，當讀刑書，罪狀則用法刑之。注附猶至論之，釋曰：引《王制》云刑者侀也者，上刑爲法，下侀爲著，謂行法著人身體。又訓爲成者，意取一成不可變，死者不可復生，斷者不可更續，是其不可變也。故君子盡心焉，不可濫，此釋用情訊之也。漢時讀鞫，已乃論之者，鞫謂劾囚之要辭，行刑之時讀已，乃論其罪也。

《呂氏春秋·季夏紀·音律》 夾鐘之月，寬裕和平，行德去刑。【略】林鐘之月，草木盛滿，陰將始刑。【略】夷則之月，修法飭刑。【略】無射之月，疾斷有罪，當法勿赦，無留獄訟，以亟以故。

《呂氏春秋·孟秋紀·七月紀》 孟秋之月，【略】涼風至，白露降，寒蟬鳴，鷹乃祭鳥，始用行戮。【略】是月也，命有司，修法制，繕囹圄，具桎梏，禁止姦，愼罪邪，務搏執。命理瞻傷察創，視折審斷，決獄訟，必正平，戮有罪，嚴斷刑。天地始肅，不可以贏。

《晉書·刑法志》 改漢舊律不行於魏者皆除之，更依古義制爲五刑。其死刑有三，髡刑有四，完刑、作刑各三，贖刑十一，罰金六，雜抵罪七，凡三十七名，以爲律首。又改《賊律》，但以言語及犯宗廟園陵，謂之大逆無道，要斬，家屬從坐，不及祖父母、孫。至於謀反大逆，臨時捕之，或汙瀦，或梟菹，夷其三族，不在律令，所以嚴絶惡迹也。賊斗殺人，以劾而亡，許依古義，聽子弟得追殺之。會赦及過誤相殺，不得報仇，所以止殺害也。正殺繼母，與親母同，防繼假之隙也。除異子之科，使父子無異財也。毆兄姊加至五歲刑，以明教化也。囚徒誣告人反，罪及親屬，異於善人，所以累之使省刑息誣也。改投書棄市之科，所以輕刑也。正篡囚棄市之罪，斷凶強爲義之踪也。二歲刑以上，除以家人乞鞫之制，省所煩獄也。改諸郡不得自擇伏日，所以齊風俗也。

《隋書·刑法志》 囚有械、杻、鬭械及鉗，并立輕重大小之差，而爲定制。其鞭有制鞭、法鞭、常鞭，凡三等之差。制鞭，生革廉成；法鞭，生革去廉；常鞭，熟靼不去廉。皆作鶴頭紐，長一尺一寸。梢長二尺七寸，廣三分，靶長二尺五寸。杖皆用生荆，長六尺。有大杖、法杖、小杖三等之差。大杖，大頭圍一寸三分，小頭圍八分半。法杖，圍一寸三分，小頭五分。小杖，圍一寸一分，小頭極杪。諸督罰，大罪無過五十、三十，小者二十。當笞二百以上者，笞半，餘半後決，中分鞭杖。老小於律令當得鞭杖罰者，皆半之。其應得法鞭、杖者，以熟靼鞭、小杖。過五十者，稍行之。將吏已上及女應有罰者，以罰金代之。其以職員應罰，及律令指名制罰者，不用此令。其問事諸罰，皆用熟靼鞭、小杖。其制鞭制杖，法鞭法杖，自非特詔，皆不得用。詔鞭杖在京師者，皆於雲龍門行。女子懷孕者，勿得決罰。其謀反、大逆已上皆斬。父子同產男，無少長皆棄市。母妻姊妹及應從坐棄市者，妻子女妾同補奚官爲奴婢。貲財沒官。劫身皆斬，妻子補兵。遇赦降死者，黵面爲劫字，髡鉗，補冶鎖士終身。其下又讁運配材官冶士、尚方鎖士，皆以輕重差其年數。其重者或終身。

又 〔北齊律〕其制，刑名五：一曰死，重者轘之，其次梟首，并陳尸三日；無市者，列於鄉亭顯處。其次斬刑，殊身首。其次絞刑，死而不殊。凡四等。二曰流刑，謂論犯可死，原情可降，鞭笞各一百，髡之，投於邊裔，以爲兵卒，未有道里之差。其不合遠配者，男子長徒，女子配舂，并六年。三曰刑罪，即耐罪也。有五歲、四歲、三歲、二歲、一歲之差。凡五等。各加鞭一百。其五歲者，又加笞八十，四歲者六十，三歲者四十，二歲者二十，一歲者無笞。并鎖輸左校而不髡。無保者鉗之。婦人配舂及掖庭織。四曰鞭，有一百、八十、六十、五十、四十之差，凡五等。五曰杖，有三十、二十、十之差，凡三等。大凡爲十五等。當加者上就次，當減者下就次。贖罪舊以金，皆代以中絹。死一百匹，流九十二匹，刑五歲七十八匹，四歲六十四匹，三歲五十四，二歲三十六匹。各通鞭笞論。一歲無笞，則通鞭二十四匹。鞭杖每十，贖絹一匹。至鞭百，則絹十匹。無絹之鄉，皆準絹收錢。自贖笞十已上至死。又爲十五等之差。當加減次，如正決法。

又 〔北周律〕其制罪，一曰權刑五，自十至五十。二曰鞭刑五，自六十至於百。三曰徒刑五，徒一年者，鞭六十，笞十。徒二年者，鞭七十，笞二十。徒三年者，鞭八十，笞三十。徒四年者，鞭九十，笞四十。徒五年者，鞭一百，笞五十。四曰流刑五，流衛服，去皇畿二千五百里者，鞭一百，笞六十。流要服，去皇畿三千里者，鞭一百，笞七十。流荒服，去皇畿三千五百里者，鞭一百，笞八十。流鎮服，去皇畿四千里者，鞭一百，笞九十。流蕃服，去皇畿四千五百里者，鞭一百，笞一百。五曰死刑五，一曰磬，二曰絞，三曰斬，四曰梟，五曰裂。五刑之屬各有五，合二十五等。不立十惡之目，而重惡逆、不道、大不敬、不孝、不義、內亂之罪。凡惡逆，肆之三日。盜賊群攻鄉邑及入人家者，殺之無罪。若報仇者，告於法而自殺之，不坐。經爲盜者，注其籍。唯皇宗則否。凡死罪枷而拲，流罪枷而梏，徒罪枷，鞭罪桎，杖罪散以待斷。皇族及有爵者，死罪已下鎖之，徒已下散之。獄成將殺者，書其姓名及其罪於拲而殺之市。唯皇族與有爵者隱獄。其贖杖刑五，金一兩至五兩。贖鞭刑五，金六兩至十兩。贖徒刑五，一年金十二兩，二年十五兩，三年一斤二兩，四年一斤五兩，五年一斤八兩。贖流刑，一斤十二兩，俱役六年，不以遠近爲差等。贖死罪，金二斤。鞭者以一百爲限。加笞者，合二百止。應加鞭笞者，皆先笞后鞭。婦人當笞者，聽以贖論。徒輸作者，皆任其所能而役使之。杖十已上，當加者上就次，數滿乃坐。當減者，死罪流蕃服，蕃服已下俱至徒五年。五年以下，各以一等爲差。盜賊及謀反大逆降叛惡逆罪當流者，皆甄一房配爲雜戶。其爲盜賊事發逃亡者，懸名注配。若再犯徒、三犯鞭者，一身永配下役。應贖金者，鞭杖十，收中絹一匹。流徒者，依限歲收絹十二匹。死罪者一百匹。其贖刑，死罪五旬，流刑四旬，徒刑三旬，鞭刑二旬，杖刑一旬。限外不輸者，歸於法。貧者請而免之。

又 〔隋〕高祖既受周禪，開皇元年，乃詔尚書左僕射、勃海公高熲，上柱國、沛公鄭譯，上柱國、清河郡公楊素，大理前少卿、平源縣公常明，刑部侍郎、保城縣公韓浚，比部侍郎李諤，兼考功侍郎柳雄亮等，更定新律，奏上之。其刑名有五：一曰死刑二，有絞，有斬。二曰流刑三，有一千里、千五百里、二千里。應配者，一千里居作二年，一千五百里居作二年半，二千里居作三年。應住居作者，三流俱役三年。近流加杖一百，一等加三十。三曰徒刑五，有一年、一年半、二年、二年半、三年。四曰杖刑五，自五十至於百。五曰笞刑五，自十至於五十。而蠲除前代鞭刑及梟首轘裂之法。其流徒之罪皆減從輕。唯大逆謀反叛者，父子兄弟皆斬，家口沒官。又置十惡之條，多採後齊之制，而頗有損益。一曰謀反，二曰謀大逆，三曰謀叛，四曰惡逆，五曰不道，六曰大不敬，七曰不孝，八曰不睦，九曰不義，十曰內亂。犯十惡及故殺人獄成者，雖會赦，猶除名。

《唐律疏議・名例》 笞刑五：笞一十。贖銅一斤。笞二十。贖銅二斤。笞三十。贖銅三斤。笞四十。贖銅四斤。笞五十。贖銅五斤。

〔疏〕議曰：笞者，擊也，又訓爲恥。言人有小愆，法須懲誡，故加捶撻以恥之。漢時笞則用竹，今時則用楚。故《書》云撲作教刑，即其義也。漢文帝十三年，太倉令淳於意女緹縈上書，願沒入爲官婢，以贖父刑。帝悲其意，遂改肉刑：當黥者髡鉗爲城奴令舂，當劓者笞三百。此即笞、杖之目，未有區分。笞擊之刑，刑之薄者也。隨時沿革，輕重不同，俱期無刑，義唯必措。《孝經援神契》云：聖人制五刑，以法五行。《禮》云：刑者，侀也，成也。一成而不可變，故君子盡心焉。《孝經鈎命決》云：刑者，侀也，質罪示終。然殺人者死，傷人者刑，百王之所同，其所由來尚矣。從笞十至五十，其數有五，故曰笞刑五。徒、杖之數，亦準此。

又 杖刑五：杖六十。贖銅六斤。杖七十。贖銅七斤。杖八十。贖銅八斤。杖九十。贖銅九斤。杖一百。贖銅十斤。

〔疏〕議曰：《說文》云杖者持也，而可以擊人者歟？《家語》云：舜之事父，小杖則受，大杖則走。《國語》云：薄刑用鞭撲。《書》云：鞭作官刑。猶今之杖刑者也。又蚩尤作五虐之刑，亦用鞭撲。源其濫觴，所從來遠矣。漢景帝以笞者已死而笞未畢，改三百曰二百，二百曰一百。奕代沿流，曾微增損。爰洎隨室，以杖易鞭。今律云累決笞、杖者，不得過二百，蓋循漢制也。

又 徒刑五：一年。贖銅二十斤。一年半。贖銅三十斤。二年。贖銅四十斤。二年半。贖銅五十斤。三年。贖銅六十斤。

〔疏〕議曰：徒者，奴也，蓋奴辱之。《周禮》云其奴男子入於罪隸，又任之以事，寘以圜土而收教之。上罪三年而舍，中罪二年而舍，下罪一年而舍，此并徒刑也。蓋始於周。

又 流刑三：二千里。贖銅八十斤。二千五百里。贖銅九十斤。三千里。贖銅一百斤。

〔疏〕議曰：《書》云：流宥五刑。謂不忍刑殺，宥之於遠也。又曰：五流有宅，五宅三居。大罪投之四裔，或流之於海外，次九州之外，次中國之外。蓋始於唐虞。今之三流，即其義也。

又 死刑二：絞。斬。贖銅一百二十斤。

〔疏〕議曰：古先哲王，則天垂法，輔政助化，禁暴防奸，本欲生之，義期止殺。絞、斬之坐，刑之極也。死者魂氣歸於天，形魄歸於地，與萬化冥然，故鄭注禮云：死者，澌也。消盡爲澌。《春秋元命包》云：黃帝斬蚩尤於涿鹿之野。《禮》雲：公族有死罪，罄之於甸人。故知斬自軒轅，絞興周代。二者法陰數也，陰主殺罰，因而則之，即古大辟之刑是也。

唐・李林甫《唐六典・尚書刑部》 凡決死刑皆於中書門下詳覆。舊制皆於刑部詳覆，然後奏決。開元二十五年，敕以爲庶獄既簡，且無死刑，自今已後，有犯死刑，除十惡死罪，造僞頭首，劫殺、故殺、謀殺外，宜令中書門下與法官等詳所犯輕重，具狀聞奏。其左降官，除逆人親，並犯贓賄，名教，如有刻己自新，以功補過，使司應合開薦，不爲限以貶黜。

凡京都大理寺、京兆、河南府、長安、萬年、河南、洛陽縣咸置獄。其餘臺、省、寺、監、衛、府皆不置獄。

凡死罪枷而杻，婦人及徒、流枷而不杻，官品及勳、散之階第七已上鎖而不枷。勳官武騎尉及散官宣義郎並七品階。諸應議、請、減者，犯流已上，若除、免、官當者，並鎖禁。杖、笞與公坐徒及年八十、十歲、廢疾、懷孕、侏儒之類，皆訟繫以待斷。

凡有犯罪者，皆從所發州、縣推而斷之；在京諸司，則徒以上送大理，杖以下當司斷之；若金吾糾獲，亦送大理。犯罪者，徒已上縣斷定，送州覆審訖，徒罪及流應決杖、笞若應贖者，即決配、徵贖其大理及京兆、河南斷徒及官人罪，並後有雪減，並中省司審詳無失，乃覆下之；如有不當者，亦隨事駁正。若大理及諸州斷流已上若除、免、官當者，皆連寫案狀申省案覆，理盡申奏；若按覆事有不盡，在外者遣使就覆，在京者追就刑部覆以定之。

凡決大辟罪皆於市。古者，決大辟罪皆於市。自今上臨御以來無其刑，但存其文耳。五品已上犯非惡逆已上，聽自盡於家。七品已上及皇族、若婦人犯非斬者，皆絞於隱處。決大辟罪，官爵五品已上在京者，大理正監決；在外者，上佐監決；餘並判官監決，在京決者，亦皆有御史、金吾監決。若因有冤濫灼然者，聽停決奏聞。凡決大辟罪，在京者，行決之司五覆奏；在外者，刑部三覆奏。在京者，決前一日二覆奏，決日三覆奏；在外者，初日一覆奏，後日再覆奏。縱臨時有敕不許覆奏，亦準此覆奏。若犯惡逆已上及部曲、奴婢殺主者，唯一覆奏。決大辟罪皆防援至刑所，囚一人防援二十人，每一人加五人。五品已上非惡逆者，聽乘車並官給酒食，聽親故辭訣，宣告犯狀，仍日未後乃行刑。囚在外，奏報之日，不得馳驛行下。凡京城決囚之日，尚食蔬食，內教坊及太常皆徹樂。每歲立春後至秋分，不得決死刑。若犯惡逆及奴婢、部曲殺主，不依此法。其大祭祀及致齋、朔、望、上・下弦、二十四氣、雨未晴、夜未明、斷屠日・月及休假亦如之。其死囚無親戚者皆給棺，於官地內權殯。於京城七里外量置地一頃，擬埋諸司死囚；埋訖，仍下本屬告家人令取。

唐・杜佑《通典・刑法六》 諸犯罪在市，杖以下，市決之。應合蔭贖及徒以上，送縣。其在京市，非京兆府，並送大理寺。駕幸之處，亦准此。

諸決大辟罪，在京者，行決之司五覆奏；在外府，刑部三覆奏。在京者，決前一日二覆奏，決日三覆奏。在外者，初日一覆奏，後日再覆奏。縱臨時有敕，不許覆奏，亦准此覆奏。若犯惡逆以上，及部曲、奴婢殺主者，唯一覆奏。其京城及駕在所，決囚日尚食進蔬食，內教坊及太常寺並停音樂。

諸決大辟罪，皆防援至刑所，囚一人防援二十人，每一囚加五人，五品以上聽乘車，並官給酒食，聽親故辭訣，宣告犯狀。皆日未後乃行刑。犯惡逆以上，不在乘車之限。決經宿，所司即爲埋瘞，若有親故，亦任以瘞之。即囚身在外者，奏報之日，不得驛馳行下。

諸決大辟罪，官爵五品以上，在京者大理正監決，在外者上佐監決，餘並判官監決。從立春至秋分，不得奏決死刑。若犯惡逆以上及奴婢、部曲殺主者，不拘此令。在京決死囚，皆令御史、金吾監決。若囚者冤枉灼然者，停決聞奏。

唐・杜佑《通典・刑法八》 又制：在京見禁囚，刑部每月一奏。從立春至秋分，不得奏決死刑。其大祭祀及致齋日、朔望、上下弦、二十四氣、雨未晴、夜未明、斷屠日月及假日，並不得奏決死刑。因大理丞張蘊古、交州都督盧祖尚並以忤旨誅斬，帝尋追悔，遂下制，凡決死刑，雖令卽殺，二日中五覆奏，下諸州三覆奏。初，河內人李好德風疾瞀亂，有妖妄之言，詔大理丞張蘊古按其事。蘊古奏好德顛病有徵，法不當坐。理書侍御史權萬紀劾蘊古貫屬相州，好德兄厚德爲其刺史，情在阿縱。又，盧祖尚固辭交州。並處斬。既而悔之，遂有此制。上又曰：古之行刑，君爲徹樂減膳。朕廷無恆設之樂，莫知何徹，然對食卽不啖酒肉。自今以後，令尚食相知，刑人日勿進酒肉。內教坊及太常，並宜停教。曹司斷獄，多據律令，雖情在可矜，而不敢違法，守文定罪，或恐有冤。自今門下覆理，有據法合死而情在可宥者，宜錄狀奏。自是全活者甚衆。其五覆奏，決以前一日一覆奏，決日又三覆奏。唯犯惡逆者，一覆而已。著之於令。

宋・李昉等《文苑英華・犯徒加杖判》 乙犯徒訴家無兼丁，縣斷加杖，人告其有妻，年二十一已上。

對

麗刑務輕，罰懲非死，若膚受之訟，則哀敬難原。乙何人哉，有恥未格，不化厥訓，自貽伊咎，當從傳氏之策。若赴驪山之徒，謂無兼丁，則合加杖。而配有偶，應是克家，來訟無稽，來宜易法。縣且失律，豈曰能官，人之糾謬，斯一作誰謂不宜。一作他人之糾謬謂不直

宋・李昉等《文苑英華・流人降徒判》 大理申去年流人恩降徒，今徒會慮合免。刑部駁制免徒罪，此非本坐，不許徒者寬訴。

對

曼倩持法，恭聞至理之名。公閭在官，雅得平反之稱。與其失善，寧可利淫。頃以澤被寰中，風行水上，象雷雨以作解，自昆蟲而必及，五流之罪，恩降一至，於徒年三看之條會慮，復加於清雪，渙然無咎，咸與惟新。大理以慮合從寬，雅符平典，刑部以徒非本坐，何太深文。

《舊唐書・太宗紀下》 〔貞觀五年〕十二月辛未，親錄囚徒，歸死罪者二百九十人于家，令明年秋末就刑。其後應期畢至，詔悉原之。

《舊唐書・刑法志》 〔裴〕弘獻於是與玄齡等建議，以爲古者五刑，刖居其一。及肉刑廢，制爲死、流、杖、笞凡五等，以備五刑。今復設刖足，昌爲六刑。減死在於寬弘，加刑又加煩峻。乃與八座定議奏聞，於是又除斷趾法，改爲加役流三千里，居作二年。

又 〔房〕玄齡等遂與法司定律五百條，分爲十二卷：一曰名例，二曰衛禁，三曰職制，四曰戶婚，五曰廄庫，六曰擅興，七曰賊盜，八曰斗訟，九曰詐僞，十曰雜律，十一曰捕亡，十二曰斷獄。有笞、杖、徒、流、死，爲五刑。笞刑五條，自笞十至五十；杖刑五條，自杖六十至杖一百；徒刑五條，自徒一年，遞加半年，至三年；流刑三條，自流二千里，遞加五百里，至三千里；死刑二條：絞、斬。大凡二十等。

又 又繫囚之具，有枷、杻、鉗、鎖，皆有長短廣狹之制，量罪輕重，節級用之。其杖皆削去節目，長三尺五寸。訊囚杖，大頭徑三分二釐，小頭二分二釐。常行杖，大頭二分七釐，小頭一分七釐。笞杖，大頭二分，小頭一分半。其決笞者，腿分受。決杖者，背、腿、臀分受。

《新唐書・刑法志》 其用刑有五：一曰笞。笞之爲言耻也；凡過之小者，捶撻以耻之。漢用竹，后世更以楚。《書》曰撲作教刑是也。二曰杖。杖者，持也；可持以擊也。《書》曰鞭作官刑是也。三曰徒。徒者，奴也；蓋奴辱之。《周禮》曰：其奴，男子入於罪隸，任之以事，寘之圜土而教之，量其罪之輕重，有年數而舍。四曰流。《書》雲流宥五刑，謂不忍刑殺，宥之於遠也。五曰死。乃古大辟之刑也。自隋以前，死刑有五，曰：罄、絞、斬、梟、裂。而流、徒之刑，鞭笞兼用，數皆逾百。至隋始定爲：笞刑五，自十至於五十；杖刑五，自六十至於百；徒刑五，自一年至於三年；流刑三，自一千里至於二千里；死刑二，絞、斬。除其鞭刑及梟首、軒裂之酷。又有議、請、減、贖、當、免之法。唐皆因之。然隋文帝性刻深，而煬帝昏亂，民不勝其毒。

唐興，高祖入京師，約法十二條，惟殺人、劫盜、背軍、叛逆者死。及受禪，命納言劉文靜等損益律令。武德二年，頒新格五十三條，唯吏受賕、犯盜、詐冒府庫物，赦不原。凡斷屠日及正月、五月、九月不行刑。四年，高祖躬錄囚徒，以人因亂冒法者衆，盜非劫傷其主及征人逃亡、官吏枉法，皆原之。已而又詔僕射裴寂等十五人更撰律令，凡律五百，麗以五十三條。流罪三，皆加千里；居作三歲至二歲半者悉爲一歲。余無改焉。太宗即位，詔長孫無忌、房玄齡等復定舊令，議絞刑之屬五十，皆免死而斷右趾。既而又哀其斷毀支體，謂侍臣曰：肉刑，前代除之久矣，今復斷人趾，吾不忍也。王珪、蕭瑀、陳叔達對曰：受刑者當死而獲生，豈憚去一趾？去趾，

所以使見者知懼。今以死刑爲斷趾，蓋寬之也。帝曰：公等更思之。其后蜀王法曹參軍裴弘獻駁律令四十余事，乃詔房玄齡與弘獻等重加刪定。玄齡等以謂古者五刑，刖居其一。及肉刑既廢，今以笞、杖、徒、流、死爲五刑，而又刖足，是六刑也。於是除斷趾法，爲加役流三千里，居作二年。

太宗嘗覽《明堂針灸圖》，見人之五藏皆近背，針灸失所，則其害致死，嘆曰：夫箠者，五刑之輕；死者，人之所重。安得犯至輕之刑而或致死？遂詔罪人無得鞭背

宋・王溥《唐會要・雜記》 貞觀十一年正月勅：在京禁囚，每月奏。自立春至秋分，不得奏決死刑。

十三年八月勅：身體髮膚，受之父母，不合毀傷。比來訴競之人，即自刑害耳目。今後犯者，先決四十，然後依法。

宋・王溥《唐會要・君上慎恤》 元和四年二月勅：自今已後，在京諸司，應決死囚，不承正勅，並不得行決，如事迹兇險須速決遣并有特勅處分者，亦宜令一度覆奏。時右街功德使吐突承璀牒京兆府，稱奉勅令杖死殺人僧惠寂，府司都不覆奏，故有是詔。

宋・王溥《唐會要・雜記》 元和六年三月二十七日，御史臺奏：決囚，准令以未後者，不得至申時。如州府及諸司，已至未後者，許至來日。仍請勅本司官准制，與御史同監行決。從之。

宋・王溥《唐會要・御史臺上》 太和元年十二月，御史臺奏：伏以京城囚徒，準勅科決者，臣當司準舊例，差御史一人監決。如因稱冤卽收禁聞奏，便令監決御史覆勘者。伏慮監決之時，各懷疑懼，務求省便，難究冤辭。恐至無告屈之人，失陛下好生之治。且臺司本定四推以讞疑獄，六察職事以重，不合分外領推。伏請自今以後，有囚稱冤者，監察御史聞奏。勅下後，便配四推。所冀獄無冤滯，事得倫理。從之。

宋・王溥《唐會要・右降官及流人》 大中三年六月勅，先經流貶罪人歿于貶所，有情非惡逆，任經刑部陳牒，許歸葬。絕遠之處，仍量事給棺櫝。

宋・王溥《唐會要・御史臺中》 大中四年九月十六日，御史臺奏：准舊例，京兆府准勅科決囚徒，合差監察御史一人到府門監決。御史未至，其囚已至科決處，縱有冤屈，披訴不及。今後請許令御史到府引問。如因不稱冤，然後許行決。其河南府准此。諸州有死囚，仍委長官差官監決，並先引問。從之。

宋・王溥《五代會要・刑法・雜録》 〔周廣順〕三年二月，中書門下奏：起今後應天下諸道州府斷遣死罪者，候斷遣訖錄元案聞奏，仍分明錄推司官典及詳斷檢法官姓名。其檢用法條朱書，不得漏落。

又 開運三年十二月十三日，詳定院奏：今後在京及諸道州府，如有准敕決笞杖者，差一員公幹清強官監視。從之。

又 〔晉天福〕七年十一月二十九日敕：宜令四京及諸道州府，遇大祭祀、正冬、寒食、立春、立夏、雨雪未晴，已上日並不得行極法。如有已斷下文案，可取次日及雨雪定後施行。

又 後唐同光三年六月二十一日，大理寺奏：准諸獄例，立春已後，秋分已前，不得奏決死刑，違者徒一年。今寺、司相次有案牘，若准律文候秋分後申奏，必慮刑獄遲留者。詔曰：刑以秋冬，雖關惻隱，事多連累，翻慮淹延。若或十人之中，止於一夫抵罪，豈可以輕附重，禁錮逾時。言念哀矜，又難全廢。其諸司囚徒，罪無輕重，並宜各委本司據罪詳斷。輕者卽時疏理，重者候過立春，至秋分然後行法。如係軍機，須行嚴令，或謀爲逆惡，或蘊蓄姦邪，或行劫殺人，難於留滯，並不在此限。其年閏十二月二十五日，大理少卿魏逅奏：此後伏請指揮天下州府，應所禁囚徒，不計州縣廂邊大小刑獄，委觀察使、刺史愼選清強判官一員，於本廳每月二十六日兩衙引問，明置獄狀，細述事端，大則盡理推尋，小則立限決遣。其外縣鎭禁人，三日外具事節申本州府，仍勘問指揮。奉敕：宜依。

天成元年十一月六日敕：應天下刑獄公事，訪聞近日多有冤滯，自今後每捉到正賊，但見贓驗，便行正斷，不在更追關連祇證及宿食去處。

二年六月十二日，大理少卿王爵奏：伏准貞觀五年八月二十一日敕：極刑雖令卽決，仍三覆奏，在京五覆奏，決前三奏，決日兩奏。惟犯惡逆者一覆奏。著於格令。又准建中三年十一月十四日敕：應決大辟罪，在京者宜令行決之司三覆奏，決前兩奏，決日一奏。謹按斷獄，諸死罪囚不待覆奏報下而決者，流二千里；卽奏執應決者，聽三日仍行刑，若限未滿而行刑者徒一年。伏以人命至重，死不再生，近年以來，全不覆奏，或蒙赦宥，已被誅夷，伏乞敕下所司，應在京有犯極刑者，令決前、決日各一覆奏，聽進止。有凶逆犯軍令者，亦許臨時一覆奏。應諸州府乞別降敕命指揮。

奉敕：宜依。

三年七月十七日敕節文：今後指揮諸道州府，凡有推鞫囚獄，案成後逐處委觀察、防禦、團練、軍事判官，引所勘囚人，面前錄問，如有異同，卽移司別勘。若見本情，其前推勘官吏量罪科責。如無異同，卽於案後別連一狀，云所錄問囚人無疑，案同轉上本處觀察團練使、刺史。有案牘未經錄問，不得便令詳斷。如防禦、團練、刺史州有合申節使公案，亦仰本處錄問過，卽得申送。其年八月十五日，少府監申著瑀奏：伏乞指揮諸道州府，此後或顯犯憲章者，候文案畢，任依格法斷懲。如未明事理，不得行責情杖。從之。其年閏八月敕：古者賞以春夏，刑以秋冬，將賞爲之加膳，將刑爲之不舉樂。今朕切於禁暴，樂在勸能。其或秋後有功，不可待冰泮而行賞；春時有罪，不可俟霜降而加刑。漸向太平，方行古道。況賞不在僭，則立功者轉多；刑不濫施，則犯法者漸少。其在京或遇行極法日，宜不舉樂，朕減常膳。諸州使遇行極法日，亦禁聲樂。

長興二年四月二日敕：諸道州府各置病囚院，仍委隨處長吏，專切經心。或有病囚，當時差人診候，療理後據所犯輕重決斷。如敢故違，致本囚負屈身死，本官吏並加嚴斷。兼每年自夏初至八月末已來，每五日一次，差人洗刷枷杻。

〔長興〕四年六月，大理正張仁彖奏：伏見諸道州府刑殺罪人，雖有骨肉，尋時不容收瘞，皆給喪葬行人，載於城內，或殘害尸髮，多致邀求。准官獄令：諸大辟罪，官給酒食，聽親故辭訣，告犯狀日未後行刑。法云：決之經宿，所司卽爲埋瘞，若有親故，亦任收葬。又條：諸囚死無親戚者，官給棺，於官地埋瘞，置磚銘於壙內，立碑於冢上，書其姓名。請依令指揮。從之。其年七月，前潞州屯留縣主簿李光鼎獻時務：凡諸道推勘刑獄，請令於本判官廳前當面責勘。據通判疑狀，判官與本司官典同封練，候勘鞫了日，都將印縫分付本典結案。從之。

應順元年三月十三日敕：今後應三京及諸道州府，凡有敕獄，並須據罪斷遣。除准敕勘鞫及合奏覆外，其餘不得便將擬案聞奏。

晉天福二年八月二十六日，敕下刑部、大理寺、御史臺及三京、諸道州府：今後或有繫囚染病者，並令逐處醫工看候，於公廨錢內量支藥價。或事輕者，仍許家人看候。所有罪犯合處杖責者，仍候痊復日科決。

宋・王欽若《册府元龜・刑法部・議讞》 嚴郢爲京兆尹兼御史中丞時，御史臺奏：天下斷獄一切謂待讞報，以正刑名，唯除殺人罪，當自徒已下結竟者，並徒置邊州。郢駮奏曰：臣伏以徒置邊州者，流之異名。流罪者，有三等：一例移配，或恐未當其死罪，除殺人之外，有十惡重罪、造僞刻印并主典僞印，及強盜光火等。若一切免死徒邊，卽於法太輕，不足懲戒。其徒罪條目至多，或立鬬毆爭競，小有傷損，或夫妻離異，不犯義絕。或養男別姓，或立嫡違式，或私行度關，或相冒合戶。如此之類，不可悉數。令一切徒邊，與十惡造僞同等，卽輕重懸殊。又准刑部格，京城縣雜慝犯，百端觸網陷刑，徒罪偏廣。若皆送覆，繫滯實多。其徒已下，罪非除、免、官當及敕杖者，宜准外州例，州縣量事處分。若天下徒罪悉申所司，皆從讞報，法司斷結，准式有程，州縣禁囚，動盈千百，計天下每月徒配，必不啻五六千人，此則百姓動搖，刑章紊橈。又邊州及近邊犯死及徒、流者，復何以處之？伏請下刪定使詳覆，然後施行。從之。

宋・王欽若《册府元龜・帝王部》 〔元和〕四年正月詔曰：自今以後，在京諸司應決死囚者，不承正敕，並不在行決之限。如事迹凶險，須速決遣，并特敕處分者，宜令一度覆奏。

宋・謝深甫《慶元條法事類・職制門》 斷獄令

諸監司決罪人於所在州縣勾杖直，若巡歷非州縣者，聽就近勾差，過卽遣還。餘官應論決而無杖直者亦，聽差借。

宋・謝深甫《慶元條法事類・刑獄門》 諸決大辟皆於市，遣佗官同所勘官吏監決，量差人護送。仍先令長吏集，當職官引囚親行，審問鄉貫、年甲、姓名、來歷，別無不同，給酒食，聽親戚辭訣，示以犯狀。六品以上官，犯非惡逆以上者聽乘車。不得窒塞口耳，蒙蔽面目，及諠呼奔逼，仍以未申二時行刑，不得別加傷害，經宿，聽親故收瘞。無親故者差職員。

又 諸杖以下罪已結正而有瘡病妨決者，長吏躬親勸當行人驗定注籍，責保知在以時檢舉，損日追決。或罪人小有瘡腫，不妨受杖，及毆傷人杖以下罪，被毆人不願保辜者，當職官審驗論決，卽有所避。而故自毀傷成瘡病者，聽留禁損日行決。若以萬歲字文刺身體，字雖不同，意涉乘輿者亦是。其在受杖處者，增改訖，論決如法。

又 斷獄式

斷過大辟人數

某路提點刑獄司：

今具本路州軍某年斷過大辟數目下項：

奏斷若干，死罪若干，陵遲若干，處斬若干，處死若干，貸命若干，本處處斷若干，於法不至死時處死若干，奏斷若干，本處若干

右件狀如前，謹具申尚書刑部謹狀。年月日依常式。

又 諸年七十以上，十五以下，若廢疾時，敕決杖，或犯加役流，反逆緣坐流，會赦猶流，應決者，非量決不任者奏裁。

又 時令

諸罪人應令衆者，遇寒暑並免。寒謂自十一月至次年正月終，暑謂自五月至七月終。

又 諸決杖應通計者，計所犯杖數以相准折，每笞二十下諸軍小杖同折大杖一，笞四下，大杖二，各析脊杖一，減就刑名決之。若犯徒三年、流三千里加役流，及犯流應配充軍刺面人、婦人犯流已決杖六十者，並決就從一年。或已決杖七十，并犯流二千五百里已決杖六十者並減就杖一百。如犯徒一年半，已決杖八十減就笞五十之類。已減就刑名決之，而有餘數者勿論不成笞刑者脊杖一，大杖二，笞四下，各贖銅一斤。其應編配、居作、勒停還俗之類，各盡本法，即死罪已決徒流而情輕者奏裁。會恩及以災傷應減者通。

又 斷獄式

獄具

杖 重一十五兩，長止三尺五寸，上闊二寸厚九分，下徑九分。

笞 止四尺，上闊六分，厚四分，下徑四分。

又 諸獄具，每月當職官依式檢校，杖不得留節目，亦不得釘飾及加筋膠之類，仍用火印，從官給。

宋·謝深甫《慶元條法事類·刑獄門》 諸決大辟日，本處官司不得舉樂。

又 諸決大辟不以時日，即遇聖節及天慶、開基、先天降聖以上各三日，前後各一日天貺、天祺節，丁卯、戊子日，元正、寒食、冬至、立春、立夏、太歲三元，大祠國忌以上各一日及雨雪未晴，皆不行決。其流以下罪，遇聖節、正節日及丁卯、戊子日，並准此。令衆遇聖節免。

宋·程大昌《考古編·春夏行刑》 古者春夏不行刑，曰惡與天之生長相拂也。然或罪狀已白，停刑以待秋冬，於事情殊不便。然世人習見日久。王莽地皇元年以出軍故，春夏斬人都市，百姓震懼，則以驟見而駭，非莽罪也。今且勿問其事，出於何人，軍師所向，呼吸成敗，若兵興逗遛，得待秋冬而誅乎？以此知天下事駭衆者，難以強也。

宋·李燾《續資治通鑑長編》卷一八 （宋太宗太平興國二年正月）五代以來，諸方割據，罪人率配隸西北邊，然多亡投塞外，誘羌戎爲寇。己丑，詔自今當徙者皆配廣南，勿復隸秦州、靈州、通遠軍及沿邊諸州。

宋·李燾《續資治通鑑長編》卷二一 （宋太宗太平興國五年十二月）國初以來，犯死罪獲貸者，多配隸登州沙門島、通州海門島，皆有屯兵使者領護。而通州島中凡兩處，豪強難制者隸崇明鎮，懦弱者隸東北洲，兩處悉官煮鹽。是歲，始令配役者分隸鹽亭役使之，而沙門如故。

宋·李燾《續資治通鑑長編》卷二三 （宋太宗太平興國七年閏十二月）丁酉，詔諸州犯徒、流罪人等並配所在牢城，勿復轉送闕下，仍不得輒以案牘聞奏，稽留刑獄，違者論其罪。

宋·李燾《續資治通鑑長編》卷六〇 （宋眞宗景德二年六月）殿前、侍衛司上言：開封府追取禁兵證事，皆直詣營所，事頗非便。上曰：朕察此意，蓋止欲就本司決遣耳。有唐之弊，方冊可覩。自今除逮捕證佐悉如舊制，軍人自犯杖罪以下，本司決遣，至徒者奏裁。上嘗戒軍校曰：犯法者須以軍法治之，然憫惻之意不可不存其間。

宋·李燾《續資治通鑑長編》卷六一 （宋眞宗景德二年十月）丙申，詔自今盜賊黥面配牢城者，並於千里之外。從大理評事林陶所請也。

宋·李燾《續資治通鑑長編》卷六七 （宋眞宗景德四年十二月）辛酉，河北提點刑獄司陳綱上言：杖罪械繫者，其枷未有定制，望令特置，以十五斤爲準。從之。

宋·李燾《續資治通鑑長編》卷六九 （宋眞宗大中祥符元年八月）辛丑，詔審刑院、開封府自九月一日後勿奏大辟案，止令中書擬定施行。

宋·李燾《續資治通鑑長編》卷七一 （宋眞宗大中祥符二年六月）詔：廣南、福建路諸州軍禁軍軍使已下犯罪，徒以下禁繫奏裁；杖已下具犯由申本路提點刑獄司，委詳所犯，準法決罪，雖杖罪而情重者，亦具款

以聞。先是，刑部郎中楊覃言軍校戍外州犯罪不至死者，望令所在斷遣。法寺議如所請，上曰：戍兵頗有上軍，若諸校獲罪而州郡裁之，非便也。故差定此制焉。

上謂知樞密院王欽若等曰：河北教閱強壯，自北鄙罷兵之後，尋令逐州並依常於農閑時教閱，蓋不忘兵戰而使其習以爲常。若絶而復行，契丹必生疑慮。昨日見趙州奏稱準宣命教閱，可密諭此意，及詰其不奉詔之由。

宋・李燾《續資治通鑑長編》卷七三 〔宋眞宗大中祥符三年二月〕甲辰，詔：聞兩京、諸路隸忠靖徒投人，刺配者卽給衣糧，不刺配者止給囚人日食，各有家屬，或至匱乏，宜令自今依例給之。

宋・李燾《續資治通鑑長編》卷七五 〔宋眞宗大中祥符四年三月〕己亥，次鄭州。詔三陵所管兵士有罪者止得科罰，其當杖者送永安縣。

宋・李燾《續資治通鑑長編》卷七九 〔宋眞宗大中祥符五年十二月〕庚寅，詔諸路大辟罪，或有有情款疑互，承前皆俟旬終報轉運、提點刑獄司，以致審察淹緩。自今卽日報之，從河東路提點刑獄張懷寶之請也。

宋・李燾《續資治通鑑長編》卷八〇 〔宋眞宗大中祥符六年三月〕戊午，詔：比來諸州大辟五人以上，委轉運、提點刑獄司錄問訖，乃得決，以故頗有留滯。自今聽本處不干礙官若三班使臣錄問。

又 〔宋眞宗大中祥符六年三月〕丁未，詔沙門島罪人，除該赦遣赴闕外，自餘量其所犯輕者，徙置近地。

宋・李燾《續資治通鑑長編》卷九〇 〔宋眞宗天禧元年八月〕詔諸路民爲盜而質狀小弱當本城者，自今悉配牢城，從知潞州錢惟濟之請也。

又 〔宋眞宗天禧元年十一月〕禮儀院言：諸節所禁刑罰，今請以前後詔旨類例頒下。應大辟罪，遇天慶、先天、降聖、承天節，前七日後三日；天貺、天祥節一日，並權住決斷。徒、流已下，犯在節前四日內，署建道場，則權移他所遣官判決，前三日內犯者，並過節次日施行。節日，杖已下情輕釋之。詔可。

宋・李燾《續資治通鑑長編》卷九三 〔宋眞宗天禧三年二月〕二月甲午，詔：沙門寨監押不得挾私怨害流人，委提點五島使臣常察舉之。違者具事以聞，重寘其罪。先是，著作佐郎高清、襄州文學焦邕皆以罪配隸，監押董遇因事殺之。至是，淸子伐登聞鼓，上言遇責賂不足，誣以謀叛。詔詰遇，而淸既死，無以證辨，故有是命。

宋・李燾《續資治通鑑長編》卷九五 〔宋眞宗天禧四年五月〕丙寅，詔：自今天下犯十惡、劫殺、謀殺、故殺、鬭殺、放火、強劫賊、官典正枉法贓、僞造符印、厭魅呪詛、造妖言、傳妖術、合造毒藥、禁軍諸軍逃亡爲盜罪至死者，每至十二月權住區斷，過天慶節決之；餘犯至死者，十二月內及春夏未得斷遣，禁錮奏裁。又詔大辟有先準詔卽行處斬者，自今除惡逆四等準律用刑，自餘斬刑遇春夏止決重杖處死，俟秋分如故。以上封者言皇帝誕月及春夏長育之時，宜貸嚴科故也。

又 〔宋眞宗天禧四年六月〕審刑院言：詳刑之官，雖各勤盡，然閱實之際，不無繆誤。一有差舛，卽行勘劾，頗塞自新之路，慮增巧詆之文。請自今每大理寺封草檢至院，有以杖從徒，以徒從杖，以流入死，以死入流之類，卽劄還本寺。如斷官顯知誤失，自首改正，則更不奏劾。如其不然，致再下詰問，顯章錯誤，則具名奏劾。從之。

宋・李燾《續資治通鑑長編》卷九六 〔宋眞宗天禧四年十二月〕開封府言：準近詔，大辟罪遇十月權住斷遣，過天慶節依舊行刑，襍犯死罪並春夏並禁繫聞奏。竊緣本府日有重囚，在獄淹久，欲望自今依舊逐日區斷，諸州軍亦準此。從之。

宋・李燾《續資治通鑑長編》卷九九 〔宋眞宗乾興元年七月〕先是，諸州軍長吏往往擅刺配罪人，丙申，下詔禁之，若情涉巨蠹者，須奏待報。

宋・李燾《續資治通鑑長編》卷一〇一 〔宋仁宗天聖元年十一月〕十一月丁酉，詔：如聞諸州軍多專行配遞罪人，使妻子流離道路，鮮有生還。自今罪當配者，並錄案坐條，具所配地里，上刑部詳覆。

宋・李燾《續資治通鑑長編》卷一〇二 〔宋仁宗天聖二年十月〕天慶五節，舊制，前後各五日不奏大辟案。詔自今止禁前後各一日，餘案惟正節日禁之。

又 〔宋仁宗天聖二年十二月〕庚午，令開封府每歲正旦、冬至禁刑三日，端午一日，其施之。

宋・李燾《續資治通鑑長編》卷一〇三 〔宋仁宗天聖三年十一月〕辛巳，詔凡配隸罪人，自今並令長史以下集廳事錄問，仍具案乃所配地里遠近以聞。其後以奏牘煩，罷錄案，止令以單狀上承進司，既而又罷集問焉。罷集問，乃四年五月事，今依本志附此。

宋・李燾《續資治通鑑長編》卷一〇四 〔宋仁宗天聖四年十月〕己亥，戶部副使王博文言：陝西緣邊蕃部捕送逃軍，多因樵採或遠探伏路，而被蕃人所執，亦有脱身得歸，復爲掠去者，有司皆準法處置，情實可矜。自今請決配遠惡州軍。詔止配外州牢城，情輕者仍奏聽裁。

宋・李燾《續資治通鑑長編》卷一〇六 〔宋仁宗天聖六年二月〕宰臣王曾等言：眞宗忌，自大祥後，禁刑、不視事前後各三日，禁樂各五日。然歲月漸遠，禮有可殺之文。詔自今禁刑、不視事各兩日，禁樂各三日。

宋・李燾《續資治通鑑長編》卷一〇九 〔宋仁宗天聖八年八月〕戊子，詔流人道死，其妻子願還鄉里者，所在給食送之，其不當還者勿遣。

宋・李燾《續資治通鑑長編》卷一一〇 〔宋仁宗天聖九年八月〕辛丑，詔秦州自今蕃戶犯罪已斷而不悛者，即掩殺之，勿復奏稟。

宋・李燾《續資治通鑑長編》卷一一一 〔宋仁宗明道元年七月〕益利路鈐轄司言，自今兩川配隸軍籍之人，其元犯凶惡者，不得還鄉里，從之。

宋・李燾《續資治通鑑長編》卷一一九 〔仁宗景祐三年七月〕罪人貸死者，舊多配沙門島，島在登州海中，至者多死。辛巳，詔當配沙門島者，第配廣南遠惡地牢城。廣南罪人乃配嶺北，其後亦有配沙門島者。

宋・李燾《續資治通鑑長編》卷一二〇 〔宋仁宗景祐四年二月〕詔自今內品有犯，並勘罪檢刑名杖數聞奏，降所屬斷遣。時高品陳崇祐抵罪贖金，令未得與差遣，因有是詔。

宋・李燾《續資治通鑑長編》卷一二八 〔宋仁宗康定元年八月〕丁亥，詔：諸路罪人多，犯徒、情理重，選少壯者刺配永興軍牢城。候及三百人，選置軍校，團爲威捷指揮，教閱武藝，分隸逐路部署司，以備前鋒。有能効命者，加拔擢之。

宋・李燾《續資治通鑑長編》卷一三〇 〔宋仁宗慶曆元年正月〕詔乾元及天慶、天祺、天貺、先天、降聖節，自今惟正節日禁刑外，乾元節仍前後各一日停斷大辟罪。

宋・李燾《續資治通鑑長編》卷一四八 〔宗仁宗慶曆四年〕夏四月癸巳，詔廣南東西、荆湖北路轉運提點刑獄，比者群盗結集，未盡捕滅，其體量逐路配軍編管人內，有凶惡不可存者，徙配近裏州軍。

宋・李燾《續資治通鑑長編》卷一五一 〔宋仁宗慶曆四年八月〕丙申，詔在京犯罪配隸外州軍者，不得因差役上京，在京諸司亦不得名抽差。時內東門吏犯贓配黄州，其親戚多內臣，求駕綱上京，而作坊射爲甲匠。權度支判官李參奏恐無以懲姦，故禁之。

宋・李燾《續資治通鑑長編》卷一七三 〔宋仁宗皇祐四年八月〕詔川、峽四路配軍元犯情輕合揀放者，押送本營，其不願者亦聽之。

宋・李燾《續資治通鑑長編》卷一九一 〔宋仁宗嘉祐五年三月〕甲寅，詔登州改配沙門寨罪人三十二人於諸州牢城。

宋・李燾《續資治通鑑長編》卷二三六 〔宋神宗熙寧五年閏七月〕戊辰，詔沙門島罪人趙能等四十四人量移過海，再詳情理輕重，分配諸路，姚素等依舊。初，知登州李師中言：島之流罪人多而戍兵少，恐生變，請減徙之。乃命知審刑院崔台符詳定。能等九十三人皆熙寧以前所配，原情理輕重分兩等，輕者徙之。

宋・李燾《續資治通鑑長編》卷二五六 〔宋神宗熙寧七年九月〕荆湖北路轉運司言：諸州軍及川峽四路鐵錢界罪人當配廣南者，除情理凶惡州軍，餘並配沅州，候及五百人止。詔沅州廂軍五百人內，招本城三百人，以宣節爲額；牢城二百人，許刺配諸處罪人，候足停配。

宋・李燾《續資治通鑑長編》卷二八〇 〔宋神宗熙寧十年正月〕宣撫司言，廣源州初爲州，須兵防拓，乞依熙、河、沅州例，配罪人爲牢城。詔出自淮以南州軍配罪人，並配廣源州。

宋・李燾《續資治通鑑長編》卷三二三 〔宋神宗元豐三年二月〕詔：殿前、馬步軍司，軍前逃回首身人免決。嘗出界，降料錢，塡開封府界、京東西將下，節級降長行，仍押赴軍前宣效；六軍分配車營、致遠務、東西窑務。未嘗出界人，並分配陝西五百里外，內禁軍充本城宣效，六軍充牢城。

宋・李燾《續資治通鑑長編》卷三三四 〔宋神宗元豐六年三月〕辛丑，上批：早來擬奏配軍畫一法，內稱刺充某指揮配軍」恐於上軍稱呼有嫌，可諭修法官改云某指揮雜役。時犯罪法應配流者，其罪輕得免配行，盡以隸禁軍營爲雜役，然禁卒素憚配法，嘗恥言之故也。上於人情至微，無不曲盡。配軍畫一，蓋張誠一等所更定也。凡犯盗流以下皆配本州爲雜役軍，以省禁兵護送。其人與所隸將校相犯，論如奴主相犯律；與營卒相犯，加減凡人二等。

宋・李燾《續資治通鑑長編》卷三三五 〔宋神宗元豐六年五月〕詔應合移配廣南、荆湖、福建、江南路罪人，並配登州雜役。

又 〔宋神宗元豐六年五月〕詔：降配禁軍營雜役卒，在京可輪月刺配，先殿前，次馬軍，次步軍司，周而復始。

宋・李燾《續資治通鑑長編》卷三六四 〔宋哲宗元祐元年正月〕刑部言：準元豐八年十一月二十四日敕：開封府、諸路州軍應奏大辟案，稱刑名實有疑慮及情理可憫者，仰大理寺並依法定斷，并作疑慮可憫條送刑部看詳。如刑名實有疑慮，情理實有可憫，並具因依奏取旨；若無疑慮及可憫者，即具鈔奏下本處依法施行，不得一概將舊例貸配，破卻律敕正條。仍委門下、中書、尚書省點檢。如有不當及用例破條，奏乞取勘施行。本部看詳，除已遵守外，所有依法奏覆公案，上省取旨。從之。

宋・李燾《續資治通鑑長編》卷三七九 〔宋哲宗元祐元年〕又詔：雜役配軍，諸路州，軍並配本州牢城。在京者，元配廣南，分配東西窑務。三千里者，配車營務。二千里者，分配廣固。指揮自今犯杖以上罪，並依元犯配行。

宋・李燾《續資治通鑑長編》卷三六九 〔宋哲宗元祐元年閏二月〕刑部言：乞應該元豐八年三月六日登極赦以前雜犯配軍，除元係軍人配到及宣敕指揮永不放還者，更不移放外，其元犯殺人、放火、强盗、僞造符印、謀殺人、持杖竊盗罪至徒、犯雜死罪貸命，并餘罪徒以上情理凶惡者，在京令所屬及開封府步軍司，諸路令轉運使副判官、提刑司，取索元犯看詳量移。從之。

宋・李燾《續資治通鑑長編》卷四〇八 〔宋哲宗元祐三年正月〕三省言配軍及逃亡人軍應部送者，遇寒月，隨所斷及所過州權留工役，給請受，至二月乃遣。詔在京及諸路特展至三月。

宋・李燾《續資治通鑑長編》卷四六〇 〔宋哲宗元祐六年六月〕尚書省言：諸司提點刑獄每半年具賊盗火數，欲上半年於秋季内，下半年於次年春季内奏聞。違限不奏者，杖一百。從之。

宋・李燾《續資治通鑑長編》卷四六四 〔宋哲宗元祐六年八月〕滄州言：按《元祐敕》，錢監及重役軍人合配者，除沙門島及遠惡處依本條外，餘并勒充本指揮下名。其不可存留者，即配别監及他處重役州司。看詳上條係以廣南爲輕，重役爲重，遂不配行。今來重法地分，重役軍人多是累曾作賊，卻令徒伴聚在一處，易爲結集，復行强盗。其告捕人爲見依舊只在本營或别重役處，地里相去不遠，往往懼其仇害，不敢告捕。欲令于上條沙門島字下，特行添入廣南二字。從之。

宋・李燾《續資治通鑑長編》卷四六四 〔宋哲宗元祐六年閏八月〕己卯，刑部言：決大辟，以《刑名類聚》，每半年於春秋季以聞。仍籍數至歲終，比前一年所斷多少，準式造冊，限次年春季投進。從之。

宋・李燾《續資治通鑑長編》卷四九一 〔宋哲宗紹聖四年九月〕詔自今强盗并持杖廂軍、禁軍逃亡捕獲之人，亦依地里配行。

宋・李燾《續資治通鑑長編》卷五〇二 〔宋哲宗元符元年九月〕詔罪人應配五百里以上，皆配陝西、河東充廂軍。曾布白上曰：此漢徙人以實邊之遺法也。上然之。諸路經略司各二千人止。

宋・李燾《續資治通鑑長編》卷五〇四 〔宋哲宗元符元年十二月〕庚子，詔應犯罪合配本州、隣州之人，身手强壯而願免決配，填逐路軍者聽；輒抑勒者，依故入人罪法。

宋・李心傳《建炎以來繫年要録》卷一七七 〔紹興二十七年九月〕乙亥，尚書省言，諸軍重役人數漸多，詔諸路州軍，强盗應配廣南及遠惡州者，並依舊法，更不配填諸軍。其逐軍已配到人，令户部量行增添請受，開具申省。

宋・竇儀《宋刑統・請減贖》 諸皇太子妃大功以上親，應議者周以上親及孫，若官爵五品以上犯死罪者上請，請謂條其所犯及應請之狀，正其刑名别奏請。流罪以下減一等。其犯十惡反逆緣坐、殺人、監守内姦盗略人、受財枉法者，不用此律。

〔疏〕諸皇太子妃大功以上親。議曰：此名請章。皇后蔭小功以上親入議，皇太子妃蔭大功以上親入請者，尊卑降殺也。

又云，應議者周以上親及孫。議曰：八議之人，蔭及周以上親及孫。入請周親釋曰：周親具在《假寧令》後《五服制度令》。者，謂伯叔父母、姑、兄弟、姊妹、妻、子及兄弟之子之類。又例云，稱周親者，曾高同。及孫者，謂嫡孫、衆孫皆是，曾玄亦同。疑是嫡孫，故别言孫。其子孫之婦，服雖輕而養重，亦同周親之例。曾玄之婦者非。

又云，若官爵五品以上犯罪死者上請。議曰：官爵五品以上者，謂文武職事四品以下，散官三品以下，勳官及爵二品以下，五品以上。此等之人犯死罪者，並爲上請。

注云，請謂條其所犯及應請之狀，正其刑名別奏請。議曰：條其所犯者，謂條錄請人所犯應死之坐。應請之狀者，謂皇太子妃大功以上親，應議者周以上親及孫，若官爵五品以上應請之狀。正其刑名者，謂錄請人所犯，准律合絞合斬。別奏者，不緣門下，別錄奏請聽敕。

又云，流罪以下減一等。其犯十惡、反逆緣坐、殺人、監守內姦盜略人、受財枉法者，不用此律。議曰：流罪以下減一等者，減訖各依本法。若犯十惡、反逆緣坐及殺人者，謂故殺、鬭殺、謀殺等，殺訖不問首從。其監守內姦盜略人、受財枉法者，此等諸人死罪不合上請，流罪已下不合減罪，故云不用此律。其盜不得財及姦略未得，並從減法。

諸七品以上之官及官爵得請者之祖父母、父母、兄弟、姊妹、妻、子孫犯流罪已下，各從減一等之例。

疏議曰：此名減章。七品以上，謂六品、七品文武職事、散官、勳官等身。官爵得請者，謂五品以上官爵蔭及祖父母、父母、兄弟、姊妹、妻、子孫，犯流罪以下，各得減一等。若上章請人得減，此章亦得減，請人不得減，此章亦不得減，故云各從減一等之例。

諸應議請減及九品以上之官，若官品得減者之祖父母、父母、妻、子孫犯流罪以下聽贖，若應以官當者，自從官當法。其加役流、反逆緣坐流、子孫犯過失流、不孝流、及會赦猶流者，各不得減贖，除名配流如法。除名者，免居作。即本罪不應流配而特配者，雖無官品，亦免居作。其於周以上尊長及外祖父母、夫、夫之祖父母，犯過失殺傷應徒，若故毆人至廢疾應流，男夫犯盜謂徒以上。及婦人犯姦者，亦不得減贖。有官爵者，各從除免當贖法。

〔疏〕諸應議請減及九品以上之官，若官品得減者之祖父母、父母、妻、子孫犯流罪以下聽贖。議曰：此名贖章。應議請減者，謂議請減三章內人，亦有無官而入議請減者，故不云官也。及九品已上官者，謂身有八品、九品之官。若官品得減者，謂七品以上之官蔭及祖父母、父母、妻、子，犯流罪以下並聽贖。

又云，若應以官當者，自從官當法。議曰：議請減以下人，身有官者，自從官當除免，不合留官取蔭收贖。

又云，其加役流。議曰：加役流者，舊是死刑，武德年中改爲斷趾。國家惟刑是恤，恩宏博愛，以刑者不可復屬，死者務欲生之，情軫向隅，恩覃祝網，以貞觀六年奉制，改爲加役流。

又云，反逆緣坐流。議曰：謂緣坐反逆得流罪者。其婦人有官者，比徒四年，依官當之法，亦除名。無官者，依留住法，加杖配役。

又云，子孫犯過失流。議曰：謂耳目所不及，思慮所不到之類，而殺祖父母、父母者。

又云，不孝流。議曰：不孝流者，謂聞父母喪匿不舉哀流，告祖父母、父母者絞，從者流，呪詛祖父母、父母者流，厭魅求愛媚者流。

【問曰】居喪嫁娶，合徒三年，或恐喝或強，各合加至流罪，得入不孝流以否？

【答曰】恐喝及強，元非不孝，加至流坐，非是正刑。律貴原情，據理不合。

又云，及會赦猶流者。議曰：按《賊盜律》云，造畜蠱毒，雖會赦，并同居家口及教令人亦流三千里。《斷獄律》云，殺小功尊屬從父兄姊及謀反大逆者，身雖會赦，猶流二千里。此等並是會赦猶流。其造畜蠱毒，婦人有官無官，並依下文配流如法。有官者仍除名，至配所免居作。

又云，各不得減贖，除名配流如法。議曰：男夫犯此五流，假有一品已下及取蔭者，並不得減贖，除名配流如法。三流俱役一年。稱加役流者，役三年。家無兼丁者，依下條加杖免役，故云如法。

注云，除名者，免居作。即本罪不應配流而特配者，雖無官品，亦免居作。議曰：犯五流之人，有官爵者，除名流配，免居作。即本罪不應流配而特配流者，雖無官品，亦免居作，謂有人本犯徒以下及有蔭之人，本法不合配流，而責情特流配者。雖是無官之人，亦免居作。

又云，其於周以上尊長及外祖父母、夫、夫之祖父母犯過失殺傷應徒，若故毆人至廢疾應流，男夫犯盜，注云，謂徒以上。又云，及婦人犯姦者，亦不得減贖。議曰：過失殺祖父母、父母已入五流，若傷即合徒罪，故云周以上。其周親尊長及外祖父母、夫、夫之祖父母犯過失殺及傷應合徒者，故毆人至廢疾廢疾具在第十二中老小疾條。應流，謂恃蔭合贖，故毆人至廢疾，准犯應流者。男夫犯盜徒以上，謂計盜罪至徒以上，強盜不得財亦同，及婦人犯姦者，並亦不得減贖。言亦者，亦如五流不得減贖之義。

注云，有官爵者，各從除免當贖法。議曰：謂故毆小功尊屬至廢疾，及男夫於監守內犯十惡及盜，婦人姦入內亂者，并合除名。若男夫盜斷徒以上，及婦人犯姦者，並合免官。其於周親以上尊長犯過失殺傷應徒，及故毆凡人至廢疾應流，並合官當。犯除名者，爵亦除。本犯免官、免所居官及官當者，留爵收贖。縱有官爵合減，亦不得減，故云各從除免當贖法。

問曰：五流不得減贖，若會降合減贖以否？

答曰：五流除名配流，會降，至徒以下有蔭應贖之色，更無配役之文，即有聽贖者，有不聽贖者，止如加役流、反逆緣坐流、不孝流，此三流會降並聽收贖。其子孫犯過失流，雖會降亦不得贖。何者？又云於周以上尊長犯過失殺傷應徒，不得減贖，此雖會降，猶是過失應徒，故不合贖。其有官者，自准除免當贖之例。本法既不合例減，降後亦不得減科。其會赦猶流者，會降灼然不免。

諸婦人有官品及邑號犯罪者，各依其品，從議請減贖當免之律，不得蔭親屬。若不因夫子别加邑號者，同封爵之例。

〔疏〕諸婦人有官品及邑號犯罪者，各依其品，從議請減贖當免之律，不得蔭親屬。

議曰：婦人有官品者，依令，妃及夫人、郡縣鄉君等是也。邑號者，國郡縣鄉等名號是也。婦人六品以下無邑號，直有官品，即媵是也。依《禮》，凡婦人從其夫之爵位。注云，生禮死事，以夫爲尊卑，故犯罪應議請減贖者，各依其夫品從議請減贖之法。若犯除免官當者，亦准男夫之例，故云各從議請減贖當免之律。婦人品命既因夫子而授，故不得蔭親屬。

又云，若不因夫子别加邑號者，同封爵之例。議曰：别加邑號者，犯罪一與男子封爵同，除名者爵亦除，免官以下並從議請減贖之例，留官收贖。

諸五品以上妾犯非十惡者，流罪以下聽以贖論。

疏議曰：五品以上之官，是爲通貴，妾之犯罪不可配決。若犯非十惡，流罪以下聽用贖論。其贖條内不合贖者，亦不在贖限。若妾自有子孫及取餘親蔭者，假非十惡，聽依贖例。

諸一人兼有議請減，各應得減者，唯得以一高者減之，不得累減。若從坐減、自首減、故失減、公坐相承減，又以議請減之類，得累減。

〔疏〕諸一人兼有議請減，各應得減者，唯得以一高者減之，不得累減。議曰：假有一人，身是皇后小功親，合議減，又父有三品之官，合請減，又身有七品之官，合例減，此雖三處俱合減罪，唯得以一議親高者減之，不得累減。

又云，若從坐減、自首減、故失減、公坐相承減，又以議請減之類，得累減。議曰：從坐減者，謂共犯罪，造意者爲首，隨從者減一等。自首減者，謂犯法知人欲告而自首者，聽減二等。故失減者，謂判官故出人罪，放而還獲，減一等。通判之官不知〔請〕〔情〕，以失論，失出減判官之罪五等。又《斷獄律》云，斷罪應決配之而聽收贖，應收贖而決配之，各減故失一等。謂故減故一等，失減失一等，是名故失減。公坐相承減者，謂同職犯公坐，假由判官斷罪失出，法減五等，放而還獲，又減一等，通判之官減七等，長官減八等，主典減九等。若議請減之類，各又減一等，是名累減。

諸以理去官，與見任同。解雖非理，告身應留者亦同。贈官及視品官與正官同。視六品以下不在蔭親之例。用蔭者存亡同。若藉尊長蔭而犯所蔭尊長，及藉所親蔭而犯所親祖父母、父母者，並不得爲蔭。即毆告大功尊長、小功尊屬者，亦不得以蔭論。其婦人犯夫及義絶者，得以子蔭。雖出亦同。其假版官犯流罪以下，聽以贖論。

〔疏〕諸以理去官，與見任同。議曰：謂不因犯罪而解者，若致仕得替，省員廢州縣之類，應入議請減贖及蔭親屬者，並與見任同。

注云，解雖非理，告身應留者亦同。議曰：解雖非理者，謂責情乃下考解官者，或雖經當免降所不至者，亦是告身應留者，並同見任官法。

又云，贈官及視品官與正官同。議曰：贈官者，死而加贈。令云，養素丘園，徵聘不赴，子孫得以徵官爲蔭，並同正官。視品官，依《官品令》，薩寶府薩寶、祆正等皆視流内品，若或視品官當罪，減贖皆與正官同。

注云，視六品以下不在蔭親之例。議曰：視品稍異正官，故不許蔭其親屬。其薩寶既視五品，聽蔭親屬。

又云，用蔭者存亡同。議曰：應取議請減蔭親屬者，親雖死亡，皆同存日，故曰存亡同。

又云，若藉尊長蔭而犯所蔭尊長。議曰：尊長謂祖父母、父母、伯叔父母、姑兄姊是也。

又云，及藉所親蔭而犯所親祖父母、父母者，並不得爲蔭。議曰：所親謂旁親，非祖父母、父母及子孫，但旁蔭己身者，尊長卑幼皆是。假如藉伯叔母蔭而犯伯叔母之祖父母、父母，藉姪蔭而犯姪之父母之類，並不得以蔭論。文稱犯夫及義絶者，得以子蔭，婦犯夫既得用子蔭，明夫犯婦亦取子蔭可知。其子孫例别生文，不入所親之限。即取子孫蔭者，違犯父祖教令，及共養有闕，亦得以蔭贖論。若取父蔭而犯祖者，不得爲蔭。若犯父者，得以祖蔭。

又云，即毆告大功尊長、小功尊屬者，亦不得以蔭論。議曰：大功尊長、小功尊屬，不睦條

宋·高承《事物紀原·枷重》《宋朝會要》曰：淳化二年九月，敕所司置枷，徒流罪重二十斤，死重二十五斤。蓋舊制有長短而無斤重，則枷之有等重，自此其始也。又景德四年五月，河北提刑司勘事，杖以下拒抗不招當枷問者，未有定制，請置枷重十五斤也。

宋·高承《事物紀原·斷屠》《唐·刑法志》曰：武德二年，詔斷屠日不行刑。《會要》曰：武德二年正月二十四日，詔自今後，每年正月、五月、九月，及每月十齋日，並斷屠。按此，則是斷屠之制起於唐高祖也。杜

佑集歷代沿革事爲《通典》，前此無文，而首載武后聖曆二年事，驗此可知也。宋朝因之，臨時限日云。

宋・胡太初《晝簾緒論・用刑》 縣無甚重之刑，小則訊，大則杖，又大，則止於杖一百而已。吏民無甚愆過，便輒以杖一百加之，不知罪或大於此，又將何術以處之哉？ 而况行杖者或觀望聲勢，或接受賄賂，行遣之時，殆同兒戲，此非所以使人畏，乃所以使人玩也。愚謂杖一百之刑，最不可數施，訊決亦止可十數下，若大杖止七五下，或十下。須令如法決遣，下下嚴峻，然後人自畏服。初不在乎數目之多，徒爲行杖者賣弄耶？ 若杖一百卻留爲極典，非大過犯大愆誤不施，須令人人畏懼而不敢犯，此則省刑之大略也。每姦盜辟囚獲到之初，首行腿訊，多至二三百下，此其不可者一也。蓋被獲到官，沿涂縶縛拷打，或飢餓困頓，已非一日，若又即從而訊決，多有斃於杖下者。孰若徑押下獄，明正典刑耶？ 豪強之家論訴鄰里，官司不問是非，便與行遣，此其不可者二也。蓋杖決雖微，王法攸寓，不可妄加無罪，豈應副人情之具。若徇其私請，張其聲勢，將來武斷鄉曲，稔惡積愆，欲救之無及矣。盜賊累犯，合與刺環。今有初犯及盜不滿足者，一爲勢利所怵，便與斷刺，不知鞭撻至慘，肌膚猶有可完之時，一經刺環，瘢痕永無可去之理。所犯出於一時不得已，而被罪至於終身不雪，此所當戒者三也。凶惡害民，合與永鎖，今有偶觸長官之怒，及勢家所惡者，便與幽之囹圄，繫之尉寨，不知罪不至死，一身之困躓難逃，身既被囚，數口之飢寒孰給，所謂破家縣令皆是之類，此所當戒者四也。乃若用刑之節，如入夜有禁，遇日當禁，皆當時時警省，老幼不及，疾孕不加，皆當事事審察。令甲備著，毋待多云。然又有三說，一我醉，二彼醉，三羸瘠。蓋我醉而行刑，則傍觀必以使酒疑我，萬一果有過當，雖悔奚追； 彼醉而加刑，則酩酊之中何知畏懼，萬一挾酒凌犯，取辱貽羞，羸瘠而受刑，則必其人飲食之闕違，氣力之困憊，笞箠之下，尤有不可測者。今又有人求加於杖一百之外，自知徒流以上不可用，乃輒搥折手足，尤爲殘忍。某事某罪，國有彝章，法外戕人，豈字民之官所當爲者？ 戒之哉，戒之哉。

宋・文天祥《文山集・湖南害憲司咸淳九年隆冬疏決批牌判》 本司照朝省指揮，見以隆冬委官，諸州縣疏決。凡情輕當放釋者，從所委官逐名點對，取判施行。其有情理重惡，累經疏決及恩赦不原，而手足未經槌折，膂力正自精強者，與其幽囚於牢柵之中駸尋而死，不若驅於極邊，被堅執銳，庶幾死中求生。此一種人請所委官令項分別作一狀，指實申來，以憑喚上赴司審視，發往荆、蜀、淮海。古之強兵猛將得之於盜賊髡囚者，正自不少，此亦推明國家忠厚之一事也。取各官遵稟申。

《宋會要輯稿・刑法二》 〔紹興〕十一年正月十二日，桂(楊)〔陽〕監言： 皇帝本命日，近降指揮禁止屠宰，所有禁刑一節，不曾該說，理合禁約。刑寺看詳，雖紹興令內未曾修立成法，緣今來既已降指揮，丁亥日禁止屠宰一日，所有決大辟並流以下罪，如遇丁亥日亦不合行決。從之。

《宋會要輯稿・刑法四》 〔天聖三年〕十一月二日，給事中王隨言： 諸州罪人合該配遞，不送赴闕，直行斷遣者，或有憎愛組織，便行配移，或並妻男女之荒遠，鮮有生還，慮傷至和。望自今令長(史)〔吏〕已下依公勘鞫，集廳錄問，依法施行訖錄案，坐條具所配地裏上刑部詳覆。奏可。既而開封府言： 京府準條配罪名件不少，與外州不同，兼於次日具罪由、刑名、配處報糾察司訖，今如隨所奏，更下詳覆，枉費行遣，虛負曠慢，欲具依自來條例。從之。

又 淳熙元年五月三十日，詔： 自今走失強盜配軍，依犯流已決未役，已役未滿而主守不覺亡罪，杖一百斷遣。或有妄作緣故，放停強盜配軍，比附取配軍充宣借、被差官司輒遣，徒二年斷罪。違戾去處，委本路安撫、提刑司按劾。以知隆興府龔茂良言斷配罪囚未到配所，中路託病，爲之寄留，往往更不發遣，乞立法禁，故有是命。

又 〔慶曆〕五年十一月十二日，審刑院、大理寺言： 參詳，乞諸處不刺面配本城、牢城人願從軍者，當職看驗，如人材少壯，別無疾病，與刺面充之下廂軍，不支例物。如充軍後不犯徒罪，依條遷補，官司不得抑勒充軍。從之。

又 熙寧五年閏七月二十一日，知審刑院崔臺符言： 看詳，沙門島量移罪人，令先次編排到熙寧元年以前罪人趙能等共九十三人，情理輕者分作兩等。詔趙能等四十四人並量移過海，相度情理輕重，分配逐路牢城。姚素等依舊收管。先是，知登州李師中言島之流人多，戍兵少，不便，請減徙故也。

六年六月四日，樞密言： 登州沙門寨罪人請以(以)二百爲額，額外有二百一人，若移配過海，恐非禁姦之意。自今配沙門島罪並配瓊、崖、儋、萬〔安〕州牢城，其見在人依例隨赦量移。詔以三百人爲額。

《宋會要輯稿·刑法七》〔景德〕四年十二月，詔：廂軍及諸州本城犯，所部決杖訖，並移隸他軍。內情理重及緣邊隨軍奏裁。先是，法寺言請與禁軍同等，帝以軍秩既有差降，故犯者亦從末減。

大中祥符元年三月，詔：應諸道州府軍監廂軍及本城指揮，自都指揮使已下至長行，對本轄人員有犯階級者，並於禁軍斬罪上減等，從流三千里上定斷。副兵馬使已上勘罪，具案聞奏。廂軍軍頭已下至長行，準犯流免配役，並徒三年上定斷，只委逐處決訖。節級已上配別指揮長行上名，長行決訖配別指揮下名收管。如本處別無軍分指揮，即配鄰近州府軍監指揮收管。內有別犯重者，自從重法。其諸司庫務人員兵士有犯上件罪名者，並依前項廂軍條例施行。

《宋史·仁宗紀》〔天聖八年八月〕戊子，詔流配人道死者，其妻子給食送還鄉里。

《宋史·神宗紀》〔熙寧四年冬十月〕丙子，詔：罪人配流，遇冬者至中春乃遣。

《宋史·刑法志一》五季衰亂，禁罔煩密。宋興，削除苛峻，累朝有所更定。法吏寖用儒臣，務存仁恕，凡用法不悖而宜于時者著之。太祖受禪，始定折杖之制。凡流刑四：加役流，脊杖二十，配役三年；流三千里，脊杖二十，二千五百里，脊杖十八，二千里，脊杖十七，並配役一年。凡徒刑五：徒三年，脊杖二十；徒二年半，脊杖十八；二年，脊杖十七；一年半，脊杖十五；一年，脊杖十三。凡杖刑五：杖一百，臀杖二十；九十，臀杖十八；八十，臀杖十七；七十，臀杖十五；六十，臀杖十三。凡笞刑五：笞五十，臀杖十下；四十、三十，臀杖八下；二十、十，臀杖七下。常行官杖如周顯德五年制，長三尺五寸，大頭闊不過二寸，厚及小頭徑不得過九分。徒、流、笞通用常行杖，徒罪決而不役。

又 天禧四年乃詔：天下犯十惡、劫殺、謀殺、故殺、鬥殺、放火、強劫、正枉法贓、僞造符印、厭魅咒詛、造妖書妖言、傳授妖術、合造毒藥、禁軍諸軍逃亡爲盜罪至死者，每遇十二月，權住區斷，過天慶節即決之。餘犯至死者，十二月及春夏未得區遣，禁錮奏裁。

又 先是，諸州流罪人皆錮送闕下，所在或寅緣細微，道路非理死者十恆六七。張齊賢又請：凡罪人至京，擇清強官慮問。若顯負沈屈，致罷官吏。且令只遣正身，家屬俟旨，其干繫者免錮送。迺詔：諸犯徒、流罪，並配所在牢城，勿復轉送闕下。

又 太宗以國初諸方割據，沿五代之制，罪人率配隸西北邊，多亡投塞外，誘羌爲寇，乃詔當徒者，勿復隸秦州、靈武、通遠軍及緣邊諸郡。時江、廣已平，乃皆流南方。先是，犯死罪獲貸者，多配隸登州沙門島及通州海島，皆有屯兵使者領護。而通州島中凡兩處官煮鹽，豪強難制者隸崇明鎮，懦弱者隸東州市。太平興國五年，始令分隸鹽亭役之，而沙門如故。端拱二年，詔免嶺南流配荷校執役。初，婦人有罪至流，亦執鍼配役。至是，詔罷免之。

又 南渡後，諸配隸，《祥符編敕》止四十六條，慶曆中，增至百七十餘條。至於淳熙，又增至五百七十條，則四倍於慶曆矣。配法既多，犯者日衆，黥配之人，所至充斥。淳熙十一年，校書郎羅點言其太重，乃詔刑、寺集議奏聞。至十四年，未有定論。其後臣僚議，以爲：若止居役，不離鄉井，則幾惠姦，不足以懲惡；若盡用配法，不恤黥刺，則面目一壞，誰復顧藉？強民適長威力，有過無由自新。檢照《元豐刑部格》，諸編配人自有不移、不放及移放條限；《政和編配格》又有情重、稍重、情輕、稍輕四等。若依倣舊格，稍加參訂，如入情重，則倣舊刺面，用不移不放之格；其次稍重，則止刺額角，用配及十年之格；其次稍輕，則與免黥刺，用不刺面、役滿放還之格；其次最輕，則降爲居役，別立年限縱免之格。儻有從坐編管，則置之本城，減其放限。如此，則於見行條法並無牴牾，且使刺面之法，專處情犯凶蠹，而其他偶麗於罪，皆得全其面目，知所顧藉，可以自新。省黥徒，銷姦黨，誠天下之切務。即詔有司裁定，其後迄如舊制。

又 二年，令竊盜滿十貫者，奏裁；七貫，決杖、黥面、隸牢城；五貫，配役三年；三貫，二年；一貫，一年。它如舊制。

又 先是，太祝刁衎上疏言：古者投姦人於四裔，今乃遠方囚人，盡歸象闕，配務役。神京天子所居，豈可使流囚於此聚役。《禮》曰：刑人于市，與衆棄之。則知黃屋紫宸之中，非行法用刑之所。望自今外處罪人，勿許解送上京，亦不留於諸務充役。御前不行決罰之刑，殿前引見司鉗黥法具、敕杖，皆以付御史、廷尉、京府。或出中使，或命法官，具禮監科，以重明刑謹法之意。帝覽疏甚悅，降詔褒答，然不能從也。

《宋史・薛映傳》 映以右諫議大夫知杭州。映臨決蠡銳，庭無留事。轉運使姚鉉移屬州： 當直司毋得輒斷徒以上罪。映卽奏： 徒、流、笞、杖，自有科條，苟情狀明白，何必繫獄，以累和氣。請詔天下，凡徒流罪於長吏前對辨，無所異，聽遣決之。朝廷施用其言。

《遼史・刑法志上》 然其制刑之凡有四： 曰死，曰流，曰徒，曰杖。死刑有絞、斬、淩遲之屬，又有籍沒之法。流刑量罪輕重，置之邊城部族之地，遠則投諸境外，又遠則罰使絕域。徒刑一曰終身，二曰五年，三曰一年半； 終身者決五百，其次遞減百； 又有黥刺之法。仗刑自五十至三百，凡杖五十以上者，以沙袋決之； 又有木劍、大棒、鐵骨朵之法。木劍、大棒之數三，自十五至三十，鐵骨朵之數，或五、或七。有重罪者，將決以沙袋，先於脽骨之上及四周擊之。拷訊之具，有粗、細杖及鞭、烙法。粗杖之數二十； 細杖之數三，自三十至於六十。鞭、烙之數，凡烙三十者鞭三百，烙五十者鞭五百。被告諸事應伏而不服者，以此訊之。品官公事誤犯，民年七十以上、十五以下犯罪者，聽以贖論。贖銅之數，杖一百者，輸錢千。亦有八議、八縱之法。籍沒之法，始自太祖爲撻馬狘沙裏時，奉痕德菫可汗命，按於越釋魯遇害事，以其首惡家屬沒入瓦裏。及淳欽皇后時析出，以爲著帳郎君，至世宗詔免之。其後內外戚屬及世官之家，犯反逆等罪，復沒入焉； 余人則沒爲著帳戶； 其沒入宮分、分賜臣下者亦有之。木劍、大棒者，太宗時制。木劍面平背隆，大臣犯重罪，欲寬宥則擊之。沙袋者，穆宗時制，其制用熟皮合縫之，長六寸，廣二寸，柄一尺許。徒刑之數詳於重熙制，杖刑以下之數詳於咸雍制； 其余非常用而無定式者，不可殫紀。

《金史・宣宗紀上》 〔貞祐三年三月〕己丑，禁州縣置刃於杖以決罪人。

《金史・刑法志上》 〔承安〕五年五月，刑部員外郎馬復言： 外官尚苛刻者不遵銅杖式，輒用大杖，多致人死。詔令按察司糾劾黜之。先嘗令諸死囚及除名罪，所委官相去二百里外，并犯徒以下逮及二十人以上者，并令其官就讞之。刑部員外郎完顏綱言： 自是制行，如上京最近之地往還不下三、二千里，如北京留守司亦動經數月，愈致稽留，未便。詔復從舊，令委官追取鞫之。

《元典章・刑名・重刑不待秋分》 至元八年四月，尚書省三月二十一日欽奉聖旨宣諭，聽得您每如今斷底公事也，疾忙斷有，今後斷底公事，合打底早打者，合重刑底，早施行者，欽此。回奏在先，重囚待報，直至秋分已後施行。有來此上罪囚人，每半年內，多瘐下淹，住有議得。今後有重罪底罪人，省部問當了呵，再交監察重審，無冤，不待秋分，逐旋施行呵。宜底一般奉聖旨，您底言語是一般，欽此。

《元史・刑法志》 諸獄具，枷長五尺以上，六尺以下，闊一尺四寸以上，一尺六寸以下，死罪重二十五斤，徒流二十斤，杖罪一十五斤，皆以乾木爲之，長闊輕重各刻誌其上。杻長一尺六寸以上，二尺以下，橫三寸，厚一寸。鎖長八尺以上，一丈二尺以下，鐐連（環）〔鐶〕重三斤。笞大頭徑二分七厘，小頭徑一分七厘，罪五十七以下用之。杖大頭徑三分二厘，小頭徑二分二厘，罪六十七以上用之。訊杖大頭徑四分五厘，小頭徑三分五厘，長三尺五寸，並刊削節目，無令筋膠諸物裝釘。應決者，並用小頭，其決笞及杖者，臀受； 拷訊者，臀若股分受，務令均停。

《元史・劉秉忠傳》 笞箠之制，宜會古酌今，均爲一法，使無敢過越。禁私置牢獄，淫民無辜，鞭背之刑宜禁治，以彰愛生之德。立朝省以統百官，分有司以御衆事，以至京府州郡親民之職無不備，紀綱正於上，法度行於下，是故天下不勞而治也。今新君卽位之後，可立朝省，以爲政本。其餘百官，不在員多，惟在得人焉耳。

《大明令・刑令》 凡婦人有犯奸罪，去衣受理，餘罪單衣斷決，並免徒、流、刺字。

明・應檟《大明律釋義・捕亡・徒流人逃》 凡徒流遷徙囚人役限內而逃者，一日笞五十，每三日加一等罪，止杖一百，仍發配所。其徒囚照依元犯徒年從新拘役，役過月日並不準理。若起發已斷決徒流、遷徙、充軍囚徒未到配所，中途在逃者，罪亦如之。主守及押解人不覺失囚者，一名杖六十，每一名加一等罪，止杖一百，皆聽一百日內追捕。提調官及長押官減主守及押解人罪三等，限內能自捕得，或他人捕得，若囚已死，及自首，皆免罪。故縱者各與囚同罪，受財者計贓以枉法從重論。

釋義曰： 役限惟徒罪有之，而所逃之罪及仍發配所與遷徙三流則同，故總言曰役限。其下言從新拘役，役過月日並不準理，又專提徒囚而言起發，謂已解發但未至配所耳。中途在逃，亦如上一日笞五十，每三日加一等罪，止杖一百。充軍人到衛而逃者，罪在兵律，故上不言充軍而此言之。在役有提調官及主守，在途有長押官及押解人主守，押解人其責尤專，故以爲罪首而提調長押官得減一等。故縱者，知其逃故不拘管而縱其去也。受財者計贓以枉法論，受財之罪重於故縱，則以贓論，輕於故縱，則以囚人之罪罪之，故曰從重。

明・應檟《大明律釋義・稽留囚徒》 凡應徒流遷徙充軍囚徒斷決後，當該官司限一十日內如法枷杻，差人管押牢固關防發遣所擬地方交割，若限外無故稽留不送者，三日笞二十，每三日加一等罪，止杖六十。因而在逃者，就將提調官吏抵犯人本罪發遣，候捕獲犯人到官替役，至日疎放別叙。抵犯人本罪，謂將提調官吏照依犯人所犯該徒者抵徒，該流者抵流，該遷徙者抵遷徙，該充軍者抵充軍，候限捕犯人得獲至日，將官吏疎放別行叙用。若鄰境官司囚到稽留不即遞送者，罪亦如之。若發遣之時，提調官吏不行如法枷杻，以致囚徒中途解脫，自帶枷杻，在逃者與押解人同罪。並罪坐所由，受財者計贓，以枉法從重論。

釋義曰：無故稽留始治罪，有故者則勿論。押解人罪見上條，罪坐所由通承上謂提調官吏無故稽留不發遣，隣境官司稽留不遞送，提調官吏不如法枷杻，以致在逃者並罪坐，經手官吏不得連坐也。受財亦通承上官吏而言。

明・應檟《大明律釋義・斷獄・決罰不如法》 凡官司決人不如法者，笞四十，因而致死者，杖一百，均徵埋葬銀一十兩，行杖之人各減一等。不如法謂應用笞而用杖，應用杖而用訊，應決臀而決腰，應決腿而鞭背。其行杖之人若決不及膚者，依驗所決之數抵罪，並罪坐所由。若受財者，計贓以枉法從重論。若監臨之官因公事於人虛怯去處非法毆打，及自以大杖或金刃手足毆人至折傷以上者，減凡鬬傷罪二等，至死者杖一百，徒三年，追埋葬銀一十兩，其聽使下手之人各減一等，並罪坐所由。謂情不挾私，非梯已事者，如有司官催徵錢糧，鞫問公事，提調造作，監督工程，打所屬官吏夫匠之類，及管軍官操練軍馬，演習武藝，督軍征進，修理城池，打總小旗軍人之類。若於人臀腿受刑去處依法決打，邂逅致死，及自盡者，各勿論。

釋義曰：均追埋葬銀一十兩，謂同寮官吏之同署是事者也。決不及膚杖之輕也，罪坐所由，謂決不如法，決不及膚事，由官司主使則坐官司，若係隸卒人自行，則坐隸卒也。因公事如追徵錢糧，催辦公務，追捕罪人之類，並罪坐所由，謂其罪亦坐主使之人，同寮雖多，不得連坐也。

明・應檟《大明律釋義・斷獄・死囚覆奏待報》 凡死罪囚不待覆奏回報而輒處決者，杖八十；若已覆奏回報應決者，聽三日乃行刑；若限未滿而行刑及過限不行刑者，各杖六十。若立春以後秋分以前決死刑者，杖八十。其犯十惡之罪應死及強盜者，雖決不待時，若於禁刑日而決者，笞四十。

釋義曰：死囚雖已覆奏，不待回報而輒處決，原問官吏杖八十，若已得回報必聽三日後然後行刑，所以示不忍殺之之意也。若未過三日而行刑，或過三日而不行刑，則杖八十。應秋後處決之囚，必於霜降之時，所以取肅殺之氣也。若立春以後秋分以前，則陽氣方盛之時，故不許處決。其犯十惡應死之罪及強盜，決不待時，而禁刑之日亦皆當忌，故亦不許行刑。禁刑日：每月初一、初八、十四、十五、十八、二十三、二十四、二十八、二十九、三十日也，出唐律。今正五九月、閏月上下弦日，二十四氣日，雨未霽，天未明，大祭享日，亦禁。

明・應檟《大明律釋義・總圖卷五刑之圖》

	遷徙謂遷離鄉土一十之外
笞	一十、二十、三十、四十、五十。笞者謂人有輕罪，用小荆杖決打，自一十至五十爲五等，每一十爲一等加減。
杖	六十、七十、八十、九十、一百。杖者謂人犯罪用大荆杖決打，自六十至一百爲五等，亦每一十下爲一等加減。
徒	一年杖六十，年半杖七十，二年杖八十，二年半杖九十，三年杖一百。徒者謂人犯罪稍重，拘收在官，煎鹽炒鐵，一應用力辛苦之事，自一年至三年爲五等，每杖一十及半年爲一等加減。

流	二千里杖一百，二千五百里杖一百，三千里杖一百。流者謂人犯重罪不忍刑殺，流去遠方，終身不得回鄉，自二千里至三千里爲三等，每五百里爲一等加減。
死	絞，全其肢體。斬，身首異處，刑之極者。

明·王肯堂《王儀部先生箋釋·捕亡·稽留囚徒》 第一節，徒流遷徙充軍囚犯既經斷決之後，提調官吏，自當依期如法枷杻，管押發遣。若於限外無故稽留不送者，計日論罪。至十五日之上，罪止杖六十。因稽留以致脱逃者，官則住俸勤捕，吏則坐抵其罪。無故字要看，如有故而稽留則勿論矣。抵罪以吏爲首，候捕獲原犯至配日，疎放寧家別叙。

第二節，徒流等囚遇有遞解到日，宜卽時轉遞前去，不得稽留程限。若已經解到鄰境，而鄰境官司，輒致稽留，不卽遞送者，亦驗日坐罪。三日笞二十，每三日加一等，罪止杖六十。致逃者抵罪發遣，故曰罪亦如之。

第三節，若初發遣囚徒之時，提調官吏，不行如法牢固枷杻，致囚中途解脱，自帶枷杻在逃者，卽與押解失囚人同罪。一名杖六十，每一名加一等。罪止杖一百同，給限追捕。

第四節，統承上言，官吏無故不發遣，鄰境稽留不遞送提調、不如法枷杻，以致在逃者，並罪坐所由疎縱之人，其餘不相及也。如其稽留不發遣，不遞送，及不如法枷杻，出於受財者，則計贓以枉法從其重者論罪。如贓重，以枉法科之，輕則以抵囚逃本罪及押解人罪科之。若官吏或有不在，止坐經手之人。或以罪坐所由，謂祇罪經手官吏，其餘佐貳首領官並不得連坐，非也。蓋本律明言提調官吏，則原與同署佐職無干，然官吏無二人抵罪發遣之理，故云罪坐所由，實自以吏爲首言之耳。如濫設官吏條，所載容留一人，正官笞二十，首領笞三十，吏笞四十，亦云罪坐所由，非彼此俱坐也，然則謂其官吏各當坐罪，可乎？

明·王肯堂《王儀部先生箋釋·捕亡·徒流人逃》 釋曰： 此律首節以在配在役者言，次節以起發在途者言，三節以主守押解人，及提調官長押官言。

第一節役限，惟徒罪囚有之，而逃罪及仍發配所，則遷徙與三流，皆與徒同，故混言之。觀下文從新拘役一段，提出徒罪，可見逃者計日論罪，至十六日之上，罪止杖一百，仍發原配之所收管。若流徙無役限者，亦計所逃之日爲坐，惟依留住法，及加役之流與五等徒囚，照依原犯所徒年限從新拘役。凡從前役過月日不問久近，並不準通理。若囚自首及還歸本所者，則依名例減罪二等，蓋與事發在逃者不同。

第二節起發，謂已解發但未至配所耳。中途在逃，亦如上之一日笞五十，每三日加一等，罪止杖一百。充軍人到衛而逃者，罪在兵律，故上節不言充軍，而此併言之。

第三節，主守，卽配所管工之人。押解人，則路上解囚之人也。提調，卽配所監臨之官。長押官，卽官司所委管領解囚者也。在役有提調官及主守，在途有長解官及押解人，而主守與押解人其責尤專，故以爲罪首，而提調長押官減三等。或謂同役押解失囚者，當分首從，然同差自相替放。律明云： 事有損失者，依損失官物及失囚律追斷，不在減等之限，則何首從之有？不覺失囚者，計名論罪。主守、押解人，一名杖六十，每一名加一等，罪止杖一百。提調、長解官，一名笞三十，每一名加一等，罪止杖七十。皆聽一百日限內，或自己或他人捕得。若囚已死，或自首，提調、長押、主守、押解皆得免罪。若故縱囚逃走者，不分官役，各與所縱之囚同罪。受財故縱者，各計所受之贓，以枉法從重論，蓋受財之罪重於故縱，則以贓論，輕於故縱，則仍以囚人之罪罪之。按應捕人追捕罪人律云，受財故縱者，不給捕限。則此亦不給捕限可知。

此條押解人不覺失囚，是已經斷決之囚罪止軍罪者，特押解往配所耳，故逃者有期限，失者有名數，各罪止杖一百。蓋罪之輕者，主守不覺失囚條內，押解罪囚中途不覺失囚者，係未經斷決或未經起發之囚，且死罪重囚亦在內，故其法重。若官吏不行如法枷杻，以致在逃者，見下稽留囚徒條。

徒流遷徙人逃如自首及還歸本所者，依名例律減罪二等。運炭等項未完在逃者，問不應，照舊納贖。

條例

第二條，問發充軍人犯，是總句下分真犯死罪免死充軍者，及雜犯死罪以下充軍者爲二項。問罪，依各處守禦城池軍人在逃者，初犯杖八十，仍發本衛充軍； 再犯杖一百，發邊遠充軍； 三犯者絞。通係著伍以後六字要緊。若三次中有一次係中途在逃，卽不得論絞矣。

第三條，長解縱容，有贓，問行求枉法，無贓，除起解囚徒而輒稽留，及事有期限而違，依違制。

明・王肯堂《王儀部先生箋釋・斷獄・淹禁》　釋曰：　此條兼五刑通言之，若稽留囚徒條，發遣則專指徒流遷徙也，斷決不獨笞杖，凡徒流亦有杖，該斷決者，死罪處決亦曰決。疏議言斷決指笞杖，起發指徒流，非也。謂凡獄囚所犯情罪，既已招擬完備，在内之監察御史，在外之提刑按察司，已經審錄無冤枉，別無追勘未盡事理，其囚犯該笞杖徒流死罪，有應斷決者，限三日之内卽行斷決。係徒流應合起發役配者，限十日之内卽行起發。若三日之外不斷決，十日之外不起發者，當該官吏過限三日笞二十，每三日加一等，至十五日之上，罪止杖六十。因過限不斷決不起發，而淹留囚禁以致死者，則以致死囚罪之輕重爲差等。若該死罪杖六十，流罪杖八十，徒罪杖一百，杖罪以下杖六十，徒一年，其罪皆坐當該官吏。凡死罪囚已覆奏回報應決者，聽三日乃行刑，若限未滿而行刑及過限不行刑者，各杖六十。今淹禁致死，亦云囚該死罪，杖六十，何也？　蓋囚雖合死，亦當依限斷決，使其明正典刑。或云是雜犯應贖者，非。

此條淹禁，專以有罪者言之，若將無罪人淹禁致死，無意而誤者，自入誤禁致死之律，有意者自入故禁律。

明・王肯堂《王儀部先生箋釋・斷獄・決罰不如法》　釋曰：　此條自枉法從重以上，自已問結有罪應決之人言。若監臨官以下非有罪應決之人，若於臀腿一段，則總承上言。

第一節，決人不如法，不止應用笞而用杖，應用杖而用訊，應決臀而決腰，應決腿而鞭背，如大小荆條，當削去節目而不削去，毋用觔膠諸物裝釘而故用，應用官降較板較勘而故不用，應用小頭而用大頭之類皆是，具見律首《獄具之圖》。當該官吏，笞四十因而致死者，杖一百，均徵埋葬銀。謂當該官吏與同僚官同署押者，行杖之人各減一等，不追銀。《疏議》諸書俱謂官以及行杖之人，蓋泥均字而失之也。若然，則下節聽使下手之人亦當追埋葬矣，而律何不言均耶？　後追埋葬銀專就監臨官說，不得并及同僚，故不言均耳。決不及膚，是打太輕，如打衣打地之類，依驗所決之數抵罪。所決之數謂不及膚之數，罪坐所由謂決不如法，決不及膚，由官司，則坐官司，由隸卒，則坐隸卒也。若官吏與行杖人因受人財而決不如法，決不及膚，各計贓以枉法從其重者論罪。被決之人以財行求致不及膚，被決怨家以財行求致不如法者，俱計贓坐罪。此節決人，專爲斷獄言，下節因公二字，所包者廣，不獨專指斷獄言矣。

第二節，因公者，謂催徵錢糧提調造作之類，雖不能廢鞭樸，然罪人猶須如法決打，况官吏夫匠軍旗之類乎？　故用非法之具毆打至折傷以上者，減凡人鬭傷之罪二等，至死者杖一百，徒三年，追徵埋葬銀兩，蓋重於斷獄之法也。然雖與決獄不同，而亦與故勘有異，故勘平人折傷以上，依凡鬭傷論，因而致死者斬。自不知者觀之故勘所借者公法，有似乎因公。因公得逞其非法，有類於故勘而自立法者，窮其情，則借公法以洩私忿，雖依法拷訊，而恃法之罪，誠不可赦。因暴怒而致過差者，雖非法毆打，而因公之情，猶或可原。此所以不同也。其聽使下手之人，各減監臨官罪一等，傷者，減凡鬭傷三等，至死者杖九十，徒二年半，並罪坐所由。由監臨官坐監臨，同僚雖多，不得連坐。由下手重者，坐下手之人。兩追埋葬，俱不及行杖下手之人，責在官吏故也。若官司決人，監臨打人，其笞杖臀受，訊杖臀腿受，俱於受刑去處依法決打，邂逅致死，及因恚忿負痛自盡者，則其死皆不由於非法，故各勿論。

明・王肯堂《王儀部先生箋釋・斷獄・徒囚不應役》　第一節，拘役者，拘留役使煎鹽炒鐵是也。應入役而不入役，指徒囚新到配所者言。徒囚患病至貼役，指見在徒囚言。貼役者，假如趙甲患病，給假十日，其病已痊，須令貼補十日之役也。過三日以下，總承應入役不入役，不令計日貼役二項而言。不入役罪坐徒囚，不令計日貼役，罪坐監守之人，皆三日笞二十，每三日加一等，至二十七日之上，罪止杖一百。

第二節，照依囚人應役月日抵數徒役，謂以囚人未滿之月日，坐監守之人抵充徒役也。此爲未獲逃囚者言，若獲囚則囚問在逃之罪，從新拘役，主守止問縱囚之罪，亦不抵數徒役矣。並罪坐所由，並字指縱放及容令傭替二項而言，所由謂鹽場鐵冶監守人衆，其罪止坐該官縱容之人，不偏及同類也。受財似單指本條，然病痊不令貼役者，安知無受財事，而病痊之囚亦未聲言其罪，則又似總承不令貼役，故縱逃回、容令傭替三項而言也。今詳律文與註義，仍拘徒囚，謂拘逃回與傭人代替之囚，依律論罪貼役。如徒囚逃回者，依徒流人逃律論，杖一百，剩徒拘役如徒囚傭人代者，依本律不入役論，杖一百，仍令就役。蓋論罪者，計日以論其逃僱之罪，貼役者貼補其逃僱之役，若用財買縱逃回，及僱人代替贓多者，除杖罪外，仍依行求條。引已徒又犯徒律，總徒不過四年。又按徒流人逃，主守故縱者，與囚同罪。此云照依應役月日抵數徒役，迹類而實非。蓋彼係押解中途之囚，逃則難於踪跡，此係暫離配所之囚，猶可拘回貼役，故其罪有不同耳。

明・王肯堂《王儀部先生箋釋・斷獄・死囚覆奏待報》 第一節，死囚雖已覆奏，必待回報而後決者，取自上裁，不敢專也。雖回報應決，猶待三日乃行刑者，恐其或有寬宥也。不待報而決者，杖八十，三日之限未滿而行刑，及過三日之限而不行刑者，各杖六十。一失於急迫，一失於怠緩也。其應秋後處決之囚，必待霜降之時者，以順肅殺之氣也，若立春以後秋已以前而決死刑者，亦杖八十。又《會典》所載也，不待覆奏回報與死罪應奏不奏同，過限不行刑與故延不決同。俱當參看。

第二節，其凡犯十惡應死之罪及强盜得財者，雖皆決不待時，而禁刑之日亦當避忌。若於是日決囚者，笞四十。

本朝慎重刑獄，所有禁刑日期具載條例外，凡歲時祭享，一應慶賀大典禁止行刑之日，另行頒示中外，不可不知。

明・王肯堂《王儀部先生箋釋・圖注・五刑圖》 釋曰：墨劓剕宫大辟，始於三代。刻額曰墨，割鼻曰劓，刖足曰剕，淫刑曰宫，死刑曰大辟是也。今之五刑，乃笞杖徒流死，始於隋唐，至今因之。按笞者，恥也。薄懲示辱，所以發其恥心也。其刑輕，故數止於五十。杖則重於笞，兩笞折一杖。凡所犯有重於笞五十者，即出笞以入乎杖，其罰則自杖六十始。徒者，即古之所謂城旦舂也，拘繫其身心，使力供乎勞役，故配發於衝繁水陸郵驛中，一聽驛吏爲驅使。凡罪浮於杖一百者，特設此減杖加徒之法以通之。蓋罪浮於杖一百，則減其實杖之四十，而益以徒一年。倘更有重焉，則層累遞加以復乎杖一百而止，此徒刑五等之説也。又有所謂閏徒者三流，準徒四年，雜犯斬絞，準徒五年，遷徙比流減半，準徒二年是也。流罪之制，始自上古，舜流共工，則其始見。然三流之制，獨以二千里爲始，何哉？蓋五服之地，各以五百里爲限，由漸而至要荒，去王畿益遠，皆所以處置罪人。罪有輕重，地亦有遠近也。故流二千里，則迸之要服矣；二千五百里，則荒服矣；若三千里，則居於荒服之外矣。

充警跡者，發於交易肆市人居稠集之地，夜則巡警，日則跡賊，故曰充警跡。

不杖流者流從徒增，流必加杖，定律也。故律凡屬流罪，必冠以杖一百，乃律中復有止曰流若干里，而並不冠以杖者，即所謂不杖流也。不杖流者，罪由緣坐罪，非其罪無應杖之情也。夫既不加杖矣，乃復不在收贖之例，更重之以常赦不原。會赦猶流者何，正犯備極窮兇，慮遺餘孽，故重其法以遺之。三流之外又有安置，遷徙充軍及邊外爲民，邊遠爲民諸欵，是又流中之閏也。安置者，置之於彼，不得他適也。但于二千里之下，又加以安置二字。且更不復冠以杖一百者，何也？蓋緣坐不杖流之人犯，惟止于年爲稽考，月爲點驗，禁其不得恣行他適而已。以是爲置，即以是爲安，故曰安置。遷徙者，挈此置彼曰遷，舍此之彼曰徙。孟氏曰：遷其重器。又曰：死徙無出鄉。乃知遷徙之法，即不出本省之流法耳。蓋五徒發配，近在隔府鄰封，不出五百里之外，而流則不獨出乎本省，且以越乎他省，或更越數省而遠之。若遷徙，則止以千里爲限，比于徒之五百里者則倍增，較于一等流之二千里者則倍減，但令其一去而不返耳。所以遷徙之法既不得列於三流之中，復不得隸于五徒之列，因特别而名之曰遷徙。

充軍之令，從古未有，始自明時分隸老師宿將。屯鎮邊隘，世守其地，以爲外捍内衛之資。繼而屢經調撥征戰，什伍恆缺，故特設此令以補之。其所謂軍者，即此荷戈執戟之行列，而充者，即充此逃故傷亡之什伍也，故統其名曰充軍。《律例》若曰：彼乃凶惡無知，不自悛改之頑民，留之既慮其擾我善良，殺之不忍其遽罹慘裂，驅而遠之，戍彼他方，彼固本非軍也，今則罰之以充其數。舉凡罪出乎常律之外，不忍即加誅戮者，特設此例以開生路，乃所以恤之，非厲也。然按名，雖總曰充軍，而核實則有終身永遠之别。蓋終身者，罪止乎本身，苟或故絶，不復于原籍再爲清勾，即有頂替，止以及其隨行之子及充發後所生之子若孫。故各例内止有發某處充軍字樣，而不冠以永遠二字。凡律内無永遠字樣者，皆止於終身者也。若罪至永遠，則子孫世世承之矣。倘充發之後，其人逃亡故絶，軍伍空矣，則仍向原藉清勾其嫡長子孫以實之。如原籍中嫡長無人，更從親枝子孫内照倫序查其以次子孫，清察而勾補之，所以各州府設立清軍同知，以專其事也。然終身永遠二項中，又以充發地方，分罪之輕重。其最重者，莫如烟瘴永遠。烟瘴者，蠻烟瘴癘之地，川粵滇黔是也。苗獞雜處，人同魑魅，性旣悍獷，而猛獸蛇虺，山嵐濕毒，非習水土者率多夭札，故其罰爲最。次之則極邊邊遠邊衛，以及沿海邊外矣。再次則附近充軍矣。其中或有及於原籍之子孫者，亦冠以永遠二字。罷職充軍，降罰充軍二項，單指武職總小旗以上者言，彼固各有職掌，非軍也。今則罷之降罰之以，充乎軍，故不曰革職降級，而曰罷職，曰降罰，觀於立有功績，仍爲不次擢用，則其遇赦遇恩遇宥，皆得復還可知。收籍充軍者，收於出征之兵籍，非收入軍籍也。言出征時，有受軍人僱倩，冒名代替出征者，杖八十，卽收入出征兵籍內，以充調發之原數。蓋因其樂於自充也而收充之；仍杖以八十者，惡其冒，並杜其漸也。若收該衛充軍者，雖與代替相似，又單就備倭貼守，及本衛舍餘人等言。蓋備倭貼守，各有分汛，正軍專責也，乃正軍不往，而舍餘人等代替之。非正軍而代爲正軍，故就收入該衛以嚴之，是亦因其樂於自充也而收充之。其不及杖者，衛以代衛，雖冒非冒也。抵數充軍者律，在殺害軍人條，終本身一人而止，所抵充人死後，卽於原被殺軍人戶內勾補，是不獨無所謂永遠，卽其充發後所生之子若孫，亦在聽還之列，不復勒令頂補矣。然此條餘丁抵充之中，又更有或係老疾廢疾等項，臨時應爲奏請定奪者，在較之一切抵充各例，又不同矣。抵罪充軍者，因受財故縱賣放充軍人犯者而設。抵罪者，抵所賣放軍人之罪，卽以權充其軍也。名例稱與同罪條例內云，凡受財故縱，與囚同罪人犯，該凌遲斬絞。依律罪止擬絞者，俱要固監緩決，候逃囚得獲審豁，其賣放充軍人犯者，卽抵軍役。若原犯罪該永遠者，止終抵軍之身，仍勾原犯應替子孫補伍，此抵罪人犯止以權抵軍犯之罪，發令充實其伍而已。其所賣放軍犯得獲，又當爲之豁除，仍從枉法計贓科罪，固不得因其律應同罪，卽終其身以充之。夫罪莫大於斬絞，其受財故縱，與囚同罪者。如逃囚得獲，尚得邀乎審豁，豈於充軍一項，反特重以不準豁除之令耶？如所賣放之逃軍得獲，自應仍發原伍收充，倘於抵罪權充之人不爲豁而除之，是一伍而二軍矣，可乎哉？誣告充軍者，因其誣告人爲應充軍數，而卽以充其軍也。誣告充軍四字，須一連讀下。例內又云：民告抵充軍役，軍告發邊衛充軍，而未若抵數充軍者止，本身一人，殆一如夫終身者之止及乎充發後所生之子若孫，而不復原籍淸勾者也。蓋抵數充軍者，正犯之餘丁，此則正犯也，其子若孫不在聽還之列。邊遠者，指邊之遠者言，非邊衛永遠

也。調衛者，單就軍官軍人犯法者言，以衛調衛，以軍從軍，又何充之有？若邊外爲民，邊遠爲民，則係置之於此，不得他適，卽古之所謂放也，驅諸要荒之外，使其不復生還而已。然無所爲拘遣力役，調發守禦之勞，是較三流稍重而較充軍又輕矣。大抵充軍一項，實介乎三流二死之中，而邊外爲民，邊遠爲民，又間於流與充發之界，蓋律中有此充軍一項，猶夫曆之制閏以成歲，所謂閏律也。

邊外爲民者，犯人情罪可惡，驅而遠之於九邊之外也，不加力役，任其耕鑿自如，室家寧止，蓋亦深異其悔悟而自新也。

邊遠爲民者，就邊之道理遙遠言，總以邊爲界，以遠爲限，然斷不出乎邊之外，否則竟與邊外無異矣，用法者宜留意而差別之。

原籍爲民者，夫輿圖冊版，古人以竹爲之，名之曰籍，蓋州郡城邑，各有都鄙界限，各有人民戶口，原籍者，凡人生成之後，例必報名于官，列入圖冊，則皆籍中之民矣。其於游學寄寓，投認調遣，雖不盡拘於原籍，若夫觀宮牆，登賢書，入仕籍，伺宮府，則必稽考鄉貫，咨詢其原籍而註之。故凡係在官人役，以及赴選出仕，必秉原籍印文爲憑，而後隸之以職役。如有所犯，則押而發之，歸於本犯原生之籍，仍以付其該管官司，查照原日應當徭役而役遣之，故曰原籍爲民。

黜革爲民者，舉貢生監，文武職官，以及吏農承辦，向皆民也。朝廷設科選舉，用收得人之效。或庠序監貢，課誦而爲士；或撥科置第，取擢而爲官；或入部寺州郡，駿奔而爲吏。要皆頒以廩給俸食，崇其職役服色而分別之，免其徭役稅糧而優禮之，是其人業已異乎齊民矣。此則或黜之，或革之，仍以同乎其爲齊民，故曰黜革爲民。然亦止於黜革其職役，聽其自回原籍而已，不爲押發也，此與原籍爲民有異矣。

刑至於死，則刑居其極，斬絞是也。斬者，身首異處；絞者，止畢其命，猶是全體。故二死科條，雖有殊分，然其備具于五刑之列則一，緣其同歸於死也，是以名例特著，以二死同爲一減。二死之外，有等而下之曰雜犯斬絞，准徒五年，統著折贖圖內，不爲各分非眞斬眞絞也。又有等而上之曰梟斬，曰凌遲，曰戮屍，此又死刑中之閏律也。凌遲者，刑外之刑也；梟斬者，斬其首，暴其罪，著其名，標之以竿，卽其地而懸之，用以示警乎衆也。讞獄定例，如罪犯身死，則曰已服天刑，不復更爲推訊。其於罪大惡極，死

猶難恕者，雖服天刑而法有不容不盡，則仍卽其屍而戮之，以彰國典也。

明・呂本《皇明寶訓・永樂卷五・恤刑》〔永樂九年〕九月己卯，刑科給事中曹潤等覆奏處決重囚。上曰：大辟重罪不可率易論決，萬一失當，死者含冤無窮。大抵善惡報施，理所必有，如犧牲天生以養人。若殺之過度，猶無善報，况殺人乎？自今遇處決重囚，既覆奏，仍錄所犯之情封進，朕燕居得詳觀之，俟封進之後有命，然後決之。

明・陳子龍《明經世文編・李東陽〈應詔陳言疏〉》孟子曰：省刑罰。今之五刑，最輕者爲杖爲笞，然杖有分寸，數有多寡，極爲詳愼。獄訟既多，人苦難制，乃有矯輕以從重者。在京法司，密邇輦轂，尙少過差。在外諸司，或倚法立威，笞杖之罪，往往至死。補立卷案，旁引蟇證，縱令事覺，不過以因公還職。于是筆人重者爲能吏，殺人多者爲好官。以極輕之刑，置之不可復生之地，傷天地之和，壞國家之治，莫有大於此者。假令以一時之暫，一二人之少，諉諸過誤，理或有之，而多者數十，甚者數百，乃槩以因公自解，豈復有所懼哉？今故勘平人者，有抵命之律；刑具非法者，有除名之例。偶不出此，則謂之因公，一以公名，雖多無害，此則情重而律輕者，不可以不議也。臣請除已往不究外，自今以後，凡拷訊輕罪，即時至死，累二十或三十人以上，本律外，仍令吏部法司議行降調。或病死不實者，醫證人等，幷治以罪。且律不可易，而例可增，今科罰銀物不致殺人，尙有降調之例，以此罪，當此情，似不爲過，亦可以爲殘民者之戒也。

《明實錄・洪武二十五年》〔十月〕乙丑，西河中護衛奏：軍旗牧馬踐梁國公家奴麥苗，奴妻擲鎌傷馬足，與孕駒俱斃，請治其罪。上曰：縱馬踐麥苗非也，擲鎌傷馬此一特之忿，婦人之愚也，勿問。但掌馬官校失約束，不得無責，命杖之。

《明實錄・永樂二年》〔八月〕戊辰，大理寺言有犯者法當黥。上曰免黥，既而諭之曰：朕免之者，慮遏其自新之路，人孰無過，亦有誤犯，而非故違者，如既黥之，彼雖有遷善之意，顧其身已墨，亦自怠矣，故朕於墨刑不輕用也。

《明實錄・永樂三年》〔正月戊寅〕巡按山西監察御史張翥言：山西行都司所屬地方切近沙漠，軍衛充實則虜不敢爲患。比軍人犯徒流罪者，悉徒與州屯戍，恐邊衛軍士圖易避難，必多故犯，以求遷徙，則隊伍日減，邊備不足。乞令臨邊衛所，軍人犯徒流罪者，止從科斷，仍流原衛戍守。從之。

《明實錄・永樂四年》〔十一月乙卯〕法司進月繫囚數。上閱之，凡數百人，大辟十之一。上謂刑部尙書呂震、大理寺少卿虞謙等曰：既非皆死刑，今天氣寒沍，而淹禁不決，必有死不當罪者，誰之過耶？凡雜犯死罪以下約二百，悉准贖罪，例發遣，大辟繫聽決。

《明實錄・永樂十一年》〔五月丁亥〕上謂行在刑部、都察院、大理寺臣曰：比來罪人連坐及誤犯者多，其情蓋有可矜。爾等同戶部詳議，果所犯罪重不可容者殺之，有於法當死而情可矜及罪不至死者，責贖鈔以懲。至是，三法司及戶部詳議覆奏，除公罪依例紀錄收贖，及律該死罪情重者，依律處治；其情輕者，斬罪贖鈔八千貫；絞罪及榜例死罪六千貫；流罪三千貫；徒罪二千貫；杖罪一千貫；笞罪五百貫；無資贖者依前議發遣種樹。從之。

《明實錄・宣德元年》〔六月庚辰〕行在刑部都察院奏：南京刑部、都察院輕重罪囚，俱解赴行在，道中亡故者多，皆累及解送之人。其囚已經大理寺審完，如又赴行在再問，蓋重複矣。宜令南京刑部都察院，除軍民職官命婦犯輕重罪，及旗軍校尉力士餘丁犯徒流死罪，皆監候奏請，其餘皆就彼依律照例決遣。從之。

又〔十二月辛未〕行在刑部、都察院、北京行部、錦衣衛上所鞫獄囚罪狀。上親覽決，眞犯死罪悉依律，若叛逆者之伯叔兄弟，及拒捕、妖言，免死，謫戍邊。增減制書，監守自盜，受財枉法，亦免死追贓，及徒流以下，俱運磚贖罪。笞杖罰鈔，情輕者釋之，凡發遣三千餘人。

《明實錄・宣德二年》〔五月戊寅〕三法司錄輕重繫囚罪以進。上閱之，召法司官諭之曰：除十惡不宥，其詐爲勅書，強盜、殺人、放火，故燒公廨及官物，搶奪傷人，拒捕傷人者，皆如律。若因公科歛，監守自盜等項，非眞犯死罪及徒流以下，各以輕重罰工。凡決遣六百餘人。

《明實錄・宣德三年》〔閏四月壬寅〕上閱行在三法司所進繫囚罪狀。諭之曰：凡謀逆、強盜、人命、妖言、僞造印信、強盜窩主、造意分贓，悉依律。餘死罪杖一百，發戍遼東邊衛。工匠鎖鐐，終身輸作，徒流依年限輸作。杖亦如例輸作。笞罪官吏罰俸糧一月，軍民聽贖。凡決遣六百餘人。

又〔五月〕辛酉，上親閲法司所上繫囚罪狀，諭之曰：　強盗殺人，及應死者皆如律。其非眞犯死罪者，杖一百，發戍邊，流以下悉罰輸作，律應贖者，宥之。凡工匠犯死罪者，輸作終身。流徒者，論年限輸作，凡決遣五百七人。

《明實録・宣德五年》〔七月戊辰〕行在刑部都察院奏：　罪囚應運甎者已送工部。今以貧乏，不能運甎，仍送運，法司未有定議。上命同工部議擬以聞。至是，議奏：　雜犯死罪職官、吏典、人材、醫士、僧道、民人發終身炒鐵，或擺站，監生、生員發煩難衙門，永充吏，將軍、力士、校尉軍及餘丁發邊境充軍立功，有功復原役，無功止終本身。徒流罪，將軍、力士、校尉軍及餘丁，各依年限，准雜工滿日復原役。餘官吏人等，依年限炒鐵擺站，滿日爲民。杖罪，准工十月。笞罪，准工五月。滿日，各還職役寧家。軍職官依行在工部先奏准事例，運甎未完及全不運者，限三月，再不完應死罪者，發獨石充軍立功，徒流罪降一等，杖罪住俸半年，笞罪住俸三月，復職。若逃，應死罪者，發遼東邊衛充軍。徒流罪降二等，杖笞罪皆依律，杖罪住俸半年，笞罪住俸三月，復職。若發充軍逃者，處死。今後問擬犯人審其無力運甎者，請令雜犯死罪准雜工五年，徒流罪各依年限準工，杖罪準工十月，笞罪準工五月。滿日，各還職役寧家。從之。

又〔十一月〕壬戌，廣西按察僉事王愷奏：　近例，在外諸司吏典，凡犯笞杖罪，俱贖鈔改撥。今照刷大小衙門文卷，如有稽遲失錯，僉書吏典准律笞罪類決，杖罪紀録，若依今例改撥，姦猾之徒必有就易避難、乘機作弊者，請勑法司會議，凡犯私杖，從今例。其私罪應笞及公罪應笞杖者，皆免改撥，依律科斷。上謂三法司官曰：　私杖從今例，亦非良法，卿等其會議以聞。法司議奏請凡照刷諸司文卷，事干遲錯若漏報卷籍官吏，應公私笞罪及公杖罪者，皆依律決罰還職役。如錢糧埋沒刑名違枉有所規避者，仍依律照例發遣。從之。

《明實録・宣德十年》〔三月〕丙申，勑諭刑部、都察院、大理寺、錦衣衛及刑科給事中：　人命至重，死者不可復生。自今凡犯死罪，臨決之際須三次覆奏明白，然後加刑。違者處以重罪。

《明實録・正統二年》〔四月〕壬申，太監僧保、金英等恃勢私創場店十一處，各令無賴子弟霸集商貨，甚爲時害。事聞，上命錦衣衛同監察御史治之。御史孫睿、千戶李得奏將物貨存者給主，賒負者令錦衣衛徵究。有旨從之。睿、得以示指揮馬順等於外朝，順以其事冗累己，擲還。睿怒，詈之。指揮徐恭、劉源亦爭論喧閙，恭杖得二十，睿得奏訴。上特宥源，下順、恭於獄。都察院坐順、恭亂朝政當斬，順、恭各訴枉。上命逮睿與辯，睿復妄告順擅杖死火者張谷等。法司論順仍當斬，恭當流，睿當徒，獄具，命俱繫之。

《明實録・正統九年》〔二月〕壬辰，右都御史王文奏：　奉勑巡邊，體得去歲達賊千餘人從延安衛定邊營入境，殺擄人畜，其提調墩臺百戶張璉、本營把總指揮使王翬、指揮僉事劉端、周安、贊輔把總正千戶尹禎、守備本營指揮僉事姜元畏縮不前，卻妄報功希賞。寧寨營把總指揮王勇差千戶杜璟，追至境外，被賊殺死官軍四十餘人。把總守備龍州寨門等寨署都督僉事陶敏，指揮使陳海、指揮僉事孫敬、夏勇，共領兵六百騎，不於賊人出設地方截殺，卻乃迂路潛回鎮守。延綏都督僉事王禎私占官軍三百五十餘人，不分撥二營守備，又不往來提督協同鎮守，署都督僉事王斌，亦不由捷徑追賊，故意逗遛縱放。寧夏左參將都督僉事丁信、指揮僉事劉源，遇賊對敵，俱不奮勇向前，被賊射傷旗軍八人。右參將都指揮僉事王榮，臨陣先退，協贊軍務、陝西按察司副使陳斌既不能設策，又敢符同禎等欺瞞妄奏。總兵官都督同知黄眞，不率師督戰，俱宜治以重罪。上曰：　論罪俱宜處死，但其中情有不同，姑記之。王斌黄眞到任未久，不問。王禎降都指揮僉事，陳斌降按察司僉事，丁信降都指揮使，王榮降指揮使，俱仍舊管事。劉源降指揮使，陶敏降正千戶，陳海降指揮僉事，孫敬、夏勇降副千戶，照舊領軍備邊。仍取禎等死罪招狀以聞，劉端、張璉等俱杖一百，連妻子發甘肅邊衛充軍，王翬、周安、姜元、尹禎，俱杖一百，發附近衛所充軍，王勇既患病，取其子發附近衛充軍，着勇隨住，但逃，必殺不宥。

《明實録・正統十年》〔二月丙寅〕福餘衛都指揮歹都、泰寧衛都督拙赤等奏：　前次部下人寇邊，被大軍擒獲解京，其中有係弟男妹婿人等，令各遣人貢馬，乞貸其死，給還完聚。上不允，即日，命刑部悉取犯邊人，斬之於市。

《明實録・正德十六年》〔八月甲申〕刑部奏：　天下重犯例該秋後處決，但今歲當差官審録若又即行奏決，恐壞卹典，請姑停刑一年，候明秋舉之。報可。

《明實録·嘉靖元年》〔十一月丁巳〕刑科都給事中劉濟等以廖鵬父子及王欽、淘杰頗藉中人營救，恐上意猶豫不決，乃言：往歲三覆奏後僉批駕帖則已日午，及死囚臨斬而鼓下，仍受新詞。奏上得報且及未申時，暨問刀。本主舟詣，而後行刑，則過酉戌時，殊非明示市人，與衆棄之之意，詣自今決囚，務在申酉鼓下，不得多受民詞，應留應決，皇上宜条之衆論。如廖鵬等，幸斷在不疑。得旨：所奏已悉，自今論囚，務以申酉時行刑。

《明實録·嘉靖二年》〔十二月甲辰〕都察院右都御史俞諫等上言：罪人王欽兄弟，既宥其死，復蠲其贓，非法也。近戶部會議賑濟稱，太倉所貯僅七十萬兩，難以動支，而王欽一家應沒贓銀至八十餘萬兩，與其庇此一二奸人以市私恩，孰若追以備賑用，活數十百萬饑民之爲大德乎？乞將各犯贓銀照數追完三分之二，而後發遣，庶幾國法不廢，而奸貪可警。科道諸臣亦以爲言，俱報聞。

《明實録·嘉靖二十五年》〔三月庚申〕謫巡按湖廣御史包節永戍邊衛。初，承天守備太監廖斌擅作威福，節至，欲繩之而語泄。斌懼，思有以中之。於是候節謁陵時，故獻膳饈，遽使徹去，而詭稱節麾出之。鍾祥縣佃民王憲等知斌與節有隙，詣節告斌黨庇姦豪周章等諸事，節命指揮黃恩、邵勛收章，下同知范昕驗問，意欲以此持斌。而斌遂劾節不以正旦謁陵，延及次日始謁，時當進膳，不行旁立，褻慢大不敬。奏已發而節始奏斌前事。上怒，以節奏爲抵飾，以罪發官校捕繫節等下法司拷問。刑部尚書關淵等以節至既不即謁陵，及謁又褻慢，又受豪民訟，凌辱守臣，重刑周章，斃於杖下，復停放陽春街，穢觸殿庭，大不敬。宜坐謫戍。范昕宜爲民。黃恩、邵勛宜革去管事。上以節恣肆作威，欺慢不敬，酷刑打死人命，姑從寬永謫邊衛，逃則殺之。昕、恩、勛亦戍邊衛，王憲口外安置。

又〔十月甲午〕處決重囚五十人。建昌侯張延齡、總督薊遼兵部右侍郎胡守中俱伏誅。

《明實録·嘉靖二十七年》〔四月〕丁未，致仕大學士夏言逮至京，下鎮撫司拷訊。命法司擬罪，言上疏曰：臣之罪釁起自讎家，恐一旦卒然死於斧鉞之下，不復能自明，今幸一見天日，瀝血上前，即死不恨。往者，曾銑倡議復套，咸寧侯仇鸞未嘗執奏以爲非，既而上意欲罷兵，勅諭未行而鸞疏已至。此明係在京大臣僞撰，藉鸞口以陷臣。中間捃摭臣妻、父蘇綱與銑交關往來狀，皆重文巧詆，茫無證據。今天威在上，讎口在旁，臣不自言，誰復爲臣言者？上方怒不省，既刑部尚書喻茂堅、都察院左都御史屠僑、大理寺卿朱廷立等議：言罪當死，但直侍多年劾有勞勤，據律宜在議能議貴之條，且詞未引伏，或有別情，非臣等所敢輕擬。上謂言辯疏已報寢，不當議覆，奪茂堅等俸，讓之曰：爾等任曰執法，豈不知恩威當自上出？乃敢借議意朋護！朕視言爲腹心，言則視君爲何？方銑疏上時，即密強君，朕何嘗一言諭答，敢動稱有密諭主行。及事敗，止令致仕，又不知引罪，故作怨語曰：前去固不奉戴香巾，爲朝廷計，非以身家。是人臣禮歟？彼正以西内二三月，直候不得見蘇綱爲辭，爾等又爲言直侍内苑，堅恣朋護之私，是何法理？其更依律定擬以奏。於是，竟坐言與銑交通律斬，妻子流二千里。

《明實録·萬曆二十四年》〔十月丙子〕刑科題處決重囚已經三覆本，上命便行決。廣東道等衙門監察御史況上進等題，慮囚將名籍開坐請決。上報已有旨暫免行刑，令繫獄如故。丁丑，刑科給事中侯廷佩等乞推廣停刑，普及天下，不報。吏科署科事給事中劉道亨參奏嘉興縣知縣陳儒，防簡甚疏，主事褚繼良代金圻請託，乞賜議處，以警官邪。章下吏部。

又〔辛未〕兵部題，寧兵戕殺撫道，激變雖曰有因，干犯實關重典。乃鎮原王奏稱，各軍怨將總兵張維忠在鎮久任僉事，隨府即轉都御史，就近撫綏。夫軍中擅自廢立，朝廷因而許之，此唐李藩鎮弊習，天朝安得有此？推臣另侯會推，維忠職統軍士，不能伸理於先，又不能禁戢於後，固宜革任，業蒙念其廉謹，猶得士心，姑降副總兵，仍舊管事，待能擒惡安良，別加酌議，此則皇上德意，非爲王府奏留也。從之。

《明實録·天啟六年》〔五月庚午〕禮部尚書李思誠覆順天府尹秦聚金疏：近如越關瀆奏，諸宗及流罪人犯應解往彼處者，皆行宛、大兩縣，且起長解，以一宗而累數解，以一解而累數家，途長則有千餘里之遙，費多則有百餘金之出，誠有如該府所云者。今後犯宗由京師遞解而去，沿途所歷州縣各遞取交明收管存案，以備稽查，至彼處，該府州縣著落該王府長史教授啟王取具收管，經送本省布政司按李顯繳，則畿輔兩邑既無偏苦之費，而沿途嚴押亦無縱逸之虞矣。得旨：以後犯宗由京師遞解前去者，如議行。

明・申時行《明會典・打斷》 洪武二十六年以前，刑部行令主事廳會監察御史、五軍斷事司、大理寺五城兵馬指揮司官，打斷罪囚。二十九年，令錦衣衛官，與監察御史，並五軍斷事司，及本部官，公同決斷。其後止本部主事，會監察御史，將各笞杖罪，應該的決人犯，於打斷廳決訖，取獲批單附卷備照。其奉有欽依打斷者，次日早赴御前復命。

明・申時行《明會典・申明誡諭》 洪武二十六年定：凡貪官污吏，玩法頑民，有犯罪名，各該部分取問明白議擬審允，依律發落外，將各人所犯情由罪名，開付廣西部，明立文案，照依原犯情罪，備榜差人，發去各囚原籍張掛，申明誡諭。其欽依戴罪官員，各該部分，自行備榜。發去原籍任所，張掛曉諭，取各囚原籍任所官司回文，到部完卷。萬曆七年題準，凡決過斬、絞罪犯，將招罪略節，刊刻榜文，行五城張掛曉諭。

明・申時行《明會典・決囚》 每年在京朝審既畢，以情眞罪犯，請旨處決，候刑科三覆奏，得旨，決囚官卽於市曹開具囚犯名數，奏請行刑。候旨下，照數處決。其南北直隸十三省重囚奉有決單者，各省巡按御史，會同都布按三司，兩直隸差主事四員，會同巡按御史道府等官，俱於冬至前會審處決。事例詳後。

凡在京會官處決，洪武元年，令處決重囚須從秋後，無得非時，以傷生意。三年，令臣民有罪法當死者，三覆五奏，毋輒行刑。宣德十年，令死罪臨決，須三次覆奏明白，然後加刑。正統元年，令重囚三覆奏畢，仍請駕帖，付錦衣衛監刑官，領校尉詣法司，取死囚赴市。弘治十三年申明，凡律該決不待時重犯，鞫問明白，曾經大理寺詳允，奏奉欽依處決者，各該部院，並該科，卽便覆奏會官處決，不必監至秋後。十六年議準，該決重囚，有與鼓下批手留人事干連，及赴市曹稱冤者，俱令覆奏。嘉靖二年題準，今後處決重囚，務在未時以前畢事。

凡在外差官審決，洪武二十五年，令刑部詳審在外呈詳獄囚，務得眞情，然後差官審決。惟雲南路遠，令本處會官詳審處決。永樂元年，令各布政司所屬死罪重囚，至百人以上者，差御史審決。宣德八年，遣官分往各處，同三司巡按監察御史，及府州縣官，公同詳審罪囚。若情犯深重，果無冤枉，聽從處決。如情可矜疑，及番異不服者，仍監候具奏，與之辯理。

弘治二年，令法司每年立秋時，將在外監候一應死罪囚犯，通行具奏，轉行各該巡按御史，會同都布政三司，並分巡分守，南北直隸行移差去審刑主事，會同巡按御史，督同都司府衛，從公研審，除情眞罪當者，照例處決。果有冤抑者，卽與辯理。情可矜疑者，徑自具奏定奪。其未轉詳者，責令轉詳。未問結者，督同問結。俱要遍歷衙門，逐一研審，著爲令。十三年定，每歲奏差審決重囚官，北直隸一員，南直隸江南、江北各一員。嘉靖七年，令今後決囚官員，務要先期依限前去行事，不許枉道回家。三十八年題準，大同係重鎭，應決重囚，合改行宣府地方，比照南直隸江南江北事例。北直隸添差關內一員，關外一員，以後每年立秋後，刑部照例選差前去，務要霜降後俱到地方。會同各巡按御史，審決重囚。北直隸去京稍近，冬至以後，限三箇月；南直隸地方隔遠，限六箇月，各事完復命。如有違限者，查參處治。

禁刑時月：

立春以後，秋分以前。

每月禁刑日期：

初一日，初八日，十四日，十五日，十八日，二十三日，二十四日，二十八日，二十九日，三十日。

明・申時行《明會典・拘役囚人》 國初，令罪人得以力役贖罪，死罪，拘役終身，徒流照年限，笞杖計月日，滿日疎放或修造，或屯種，或煎鹽炒鐵，事例不一，具列於後。

洪武八年，令雜犯死罪者，免死，工役終身。徒流罪，照年限工役。官吏受贓，及雜犯死罪，當罷職役者，發鳳陽屯種。民犯流罪者，鳳陽工役一年，然後屯種。十五年，令笞杖罪囚，悉送滁州種苜蓿，每一十，十日。十六年，令徒流笞杖罪囚，代農民力役贖罪，役十日，準笞二十，杖一十。徒流，各計年準之。二十六年，定凡刑部問擬刑名，除眞犯死罪的決外，其餘笞杖、徒流、雜犯、死罪，應合準工者，議擬明白，審錄允當，開送河南部。本部置立文簿，編成字號，註寫各囚姓名、年籍、鄉貫、住址，并爲事緣由。工役年限日期，分豁滿日，充軍疎放，終身工役。凡遇修砌城垣街道，修蓋官員房屋，及起築功臣墳塋等項，其該衙門移文到部，照依工作處所。合用笞杖等囚，撥付監工人員，收領前去工役，取訖領狀在卷，本司一樣造冊二本，編寫字號，并領去囚人姓名、年籍、鄉貫、住址，及爲某事，工役幾年幾日，分豁滿日，充軍疎放，終身工役，監工某人，領去某處工作。一本進赴內府，一本咨發工部收照。候各囚工滿。監工人員。查理役過工程，具呈工部。計算無欠，合準工滿，比查原冊相同，連人咨發本部。又於原卷簿內，查理相同，然後具手本。差官齎赴內府，主。底冊內前件項下，註銷明白，合疎放者，引赴御橋叩頭畢，送應天府，今在京，送順天府。給引寧家。合充軍者，付發陝西司，照籍編發。今例折納工價惟引赴御橋叩頭仍舊。三十五年，令撥徒罪囚人，充國子監膳夫，照年限拘役。又令罪囚工役，笞罪每等五日，杖罪每等十日，徒罪準所徒年月，加以應杖之數，流罪三等，俱四年一百日。雜犯死罪，工役終身。永樂二年，奏準：徒流發充恩軍者，於長安左右門，造守衛官軍飯食，於漢趙二府牧馬。不充軍者充國子監膳夫，將軍伴土工，度。或於北京爲民種田，遵化炒鐵，或自買船遞運，或擺站運鹽。笞杖罪，止鑄錢準工。十一年，令囚徒運糧無力者發天壽山種樹。死罪，終身徒流，各照年限，杖罪，每等五百株，笞罪每等一百株。宣德二年，令匠役雜犯死罪，鎖鐐終身工役，徒流笞杖罪，論年限工役。五年，令罪囚無力運磚者，雜犯死罪，準雜工五年。徒流各依年限準工，杖罪準工十箇月，笞罪五箇月。正統五年，令囚犯無力贖罪者，沿海邊衛旗軍舍餘，照舊例的決，還役隨住。陝西民雜犯死罪，文職官吏、知印、承差贓罪滿貫，照例發莊浪等衛、安遠等遞運所充軍擺站，其餘各處軍職旗軍舍餘笞杖的決。雜犯死罪，五年流罪，四年，徒罪，照徒年限，福建、浙江、山東發本處沿海；貴州、四川、廣西、雲南、陝西、湖廣發本處沿邊；廣東發廣西沿邊；江西南直隸，發浙江金山衛沿海；北直隸河南，發宣府，俱送總兵官處定撥衛所。立功，備禦哨瞭，滿日發回衛所，還職着役，民人陰陽人等，俱發附近衛要去處擺站。十三年，令四川各井竈丁，犯罪加役，雜犯死罪者，罰役五年。流以下，遞減年月，俱於本井上工日加煎鹽三斤。天順四年，令雲南罪囚，雜犯死罪，并徒流罪無力者，解發各場煎銀，死罪五年，流罪四年，徒罪各照年限。成化十六年，令問發運灰運炭等項罪囚，有貧難無力監追半年之上，運納不及者，許赴所司告送原問衙門。原係軍民舍餘，及例該革去職役之人，俱照例改撥做工擺站。其例該復還職役之人，有貧難情願做工者，亦與改撥。弘治二年，令內外徒罪囚犯，不分軍民舍餘，無力者，俱決訖所犯杖數。照徒年限發遣做工炒鐵等項科擬。十三年奏定，凡樂戶雜犯死罪，無力做工，流罪決杖一百，拘役四年，徒杖笞罪，俱不的決，止擬拘役滿日着役。若犯竊盜、掏摸、搶奪等項，亦刺字充警。嘉靖二十四年題準，問刑衙門除軍職旗軍舍餘外，凡問發囚徒俱定與本縣驛遞。若本縣驛遞不係衝要，或無原設驛遞，俱定發本府或本州衝要驛遞擺站。萬曆三年題準，各處充徒人犯二年半以下，原係犯徒減等情輕者，分發本州縣，拘羈擺站，做工定撥輕役，軍竈徒犯，亦聽定撥本場煎鹽，本境哨瞭。其三年以上罪重者，仍照舊行。

明·丘濬《大學衍義補·慎刑憲·制刑獄之具》　掌囚。主拘繫刑殺者掌守盜賊，凡囚者，上罪梏拲音拱而桎，中罪桎梏，下罪梏。王之同族拲，有爵者桎，以待弊猶幽也。罪。

鄭玄曰：凡囚者，謂非盜賊，自以他罪拘者也。拲者，兩手共一木也，桎梏者，兩手各一木也。在手曰梏，在足曰桎。中罪不拲，手足各一木耳。下罪又去桎。王同族及命士以上，雖有上罪，或拲或桎而已：賈公彥曰：五刑之人，三木之囚。重者三木俱著，次者二，下者一。王之同族及有爵祿，重罪亦著一而已，以其尊之故也。

臣按：三木者，拲、桎、梏也。重囚兼用其三，輕者惟一桎而已，茲三者之木，皆加於手足者也。《易》所謂何上聲校，則木之在頸者，故謂之何焉。夫刑獄之具加諸囚者，恐其亡逸也。校以滅其耳，使其無所聽聞；梏以繫其手，使其不能執持；桎以繫其足，使其不能行履。先王豈故爲是以苦夫人哉？懲夫已犯者，所以戒夫未犯者，而使之不再犯也。

明·丘濬《大學衍義補·慎刑憲·議當原之辟》　唐制：五品以上罪論死，乘車就刑，大理正涖之，或賜死於家。疾病、職事散官三品以上，婦女子孫入侍。

明·丘濬《大學衍義補·定律令之制》　自隋以前，死刑有五，曰罄、絞、斬、梟、裂。而流徙之刑，鞭笞兼用，數皆踰百。至隋始定爲笞刑五，自十至于五十；杖刑五，自六十至于百；徒刑五，自一年至于三年；流刑三，自千里至于三千里；死刑二，絞、斬。除其鞭刑及梟首、轘裂之酷。

臣按：笞、杖、徒、流、死，此後世之五刑也，始終隋而用於唐，以至於今日。萬世之下，不可易也。

唐之刑書有四，曰律、令、格、式。令者，尊卑貴賤之等事，國家之制度也。格者，百官有司之所常行之事也。式者，其所常守之法也。凡邦國之政，必從事於此三者。其有所違及人之爲惡而入于罪戾者，一斷以律。律之爲書，因隋之舊，爲十有二篇，一曰名例，二曰衛禁，三曰職制，四曰戶昏，五曰廄庫，六曰擅興，七曰盜賊，八曰鬬訟，九曰詐僞，十曰雜律，十一曰捕亡，十二曰斷獄。其用刑有五，一曰笞，笞之爲言恥也。凡過之小者，箠撻以恥之。漢用竹，後世更以楚，《書》曰撲作教刑是也。二曰杖，杖者持也，可持以擊也。《書》曰鞭作官刑是也。三曰徒，徒者奴也，蓋奴辱之。《周禮》曰：其奴，男子入于罪隸，任之以事，寘之圜土而教之，量其罪之輕重，有年數而捨。四曰流，《書》曰流宥五刑，謂不忍刑殺，宥之于遠也。五曰死，乃古大辟之刑也。唐因隋制。高祖入京師，約法十二條，後詔裴寂等更撰律令。凡律五百，麗以五十三條。流罪三，皆加千里，居作三歲，至二歲半者悉爲一歲，餘無改焉。太宗卽位，詔長孫無忌、房玄齡等復定舊令。玄齡等與法司增損隋律，降大辟爲流者九十二，流爲徒者七十一。以爲律。定令一千五百四十六條，以爲令。又刪武德以來勑三千餘條爲七百條，以爲格。又取尚書省列曹及諸寺監十六衛，計帳以爲式。

明・樂天子《折獄奇編・納紙則例歌括》 稍有力兮納工價，每日追銀一分計。算來一月是三錢，若笞二十一月費。杖六十兮四月工，徵銀兩二無他例。每等罪加半月工，銀數定在月數裡。五徒每月亦三錢，憑斯算去無差異。

稍欠有力納工食，笞杖十下一錢抵。每徒一月一錢銀，此例雖存今革矣。

贖罪例鈔重贖云，命婦軍戢正妻繼。例難的決有力人，監生生員與官吏。笞杖每各一十下，折銀一錢無別謂。此例卻與工食同，用之惟贖笞杖戾。若把徒流不準贖，鈔輕罪重之意義。

收贖津鈔輕贖名，婦人老幼與廢疾。折杖餘罪工樂戶，誣告過失與出入。笞杖十下二厘半，初起一錢五分起。首流三錢七分半，五錢二分半死罪。每等流徒加幾何，三分七厘五毫是。

過失殺者贖幾何，四十二貫鈔依律。

明・佚名《牧民政要・禁重杖打》 五刑輕重，律有定式。大杖一足當中杖三，小杖五。官之用刑，只見太過，未見太少。若用輕杖，卽多加數杖，亦不傷生。且我見責之多，怒亦息，而杖可已。若重杖，只見數少，而不知其人已負重傷矣。

清・龍文彬《明會要・刑一》 洪武元年八月，詔：凡決重囚，須待秋後。無得非時，以傷生意。

清・龍文彬《明會要・刑二》 洪武十四年五月，刑部奏決重囚。帝諭之曰：朕嘗命汝等，凡有重獄，必三覆奏。以人命至重，恐不得其情，則刑罰濫及，死者不可復生也。故必欲詳審。今汝等概以重刑來奏，其間固有瀆倫亂法罪不可原者，亦有一時迷誤情有可矜者。若混而同之，則輕重不分矣。自今凡十惡常赦不原者，則云重刑。其餘雜犯死罪，許聽收贖者，毋概言也。

又 〔洪武〕十七年，諭法司曰：刑者聖人所愼。匹夫匹婦不得其死，足傷天地之和，召水旱之災，甚非朕寛恤之意。自今在外諸司死罪，咸送京師審錄。必三覆奏，然後行刑。

又 永樂七年，令大理寺官引法司囚犯赴承天門外，行人持節傳旨，會同府、部、通政司、六科等官審錄，如洪武制。

九年四月癸巳，刑部、都察院言：各布政司、按察司所鞫重囚，審復明白者，請遣官臨決。上曰：雖云審覆明白，能保其中悉無冤乎？京獄有冤者，得擊登聞鼓自陳。彼在數千里外，或有冤欲自陳，難矣。其再遣人審覆來聞，而後遣官決之。

九月戊寅，諭法司曰：朕敬於用刑，故令再三詳讞。爾等面承朕訓，然聞屬吏因循苟且，未盡得中。自今除謀反大逆審覆無異，決不候時，其餘死罪可具疏進，朕詳覽之。仍五覆奏，然後加刑。

清・龍文彬《明會要・刑四》 正統元年，令重囚三覆奏畢，仍請駕帖，赴錦衣衛。監刑官領校尉詣法司，取囚赴市。

又 弘治元年，刑部尚書何喬新言：舊制：提人，所在官司必驗精微批文，與符號相合，然後發遣，此祖宗防微杜漸深意也。近者中外提人，止憑駕帖。既不用符，眞僞莫辨。奸人矯命，何以拒之？請給批文如故。帝曰：此祖宗舊例，不可廢。命復行之。

又 嘉靖元年，廖鵬父子及錢寧、王欽等皆以從逆論斬。鵬等夤緣中人，冀脫死。給事中劉濟上言：自來死囚臨斬，鼓下猶受訴詞。奏上得報，已及日旰。再請而後行刑，則已薄暮。殊非與衆棄之之意。乞自三請後，鼓下不得受詞。鵬、欽等罪甚當，陛下勿疑。詔：自今以申、酉行刑，不報。

清·嵇璜等《續通志·刑法略三》〔金大定〕十三年詔：立春後、立秋前及大祭祀，月朔望、上下弦、二十四氣、雨未晴、夜未明、休假并禁屠宰日，皆不聽決死刑，惟强盗則不待秋後。

清·嵇璜等《續通典·刑八》 遼制：拷訊之具有粗細杖及鞭烙法。粗杖之數二十，細杖之數三，自三十至於六十。鞭烙之數，凡烙三十者，鞭三百；烙五十者，鞭五百。被告諸事應伏而不伏者，以此訊之。聖宗統和十二年，改死囚尸市三日之限一，宿即聽收瘞。時耶律隆運爲北府宰相，奏諸鞫獄官吏多因請託，曲加寬宥，或妄行搒掠，乞加禁止。從之。

金國舊制：杖罪至百，則臀背分受。海陵時以脊近心腹禁止。雖主決奴婢，亦以違制論。大定九年復舊，尋又罷之。世宗大定十七年，謂宰相曰：比聞大理寺斷獄，雖無疑者，亦經旬月，何耶？參知政事伊喇道曰：在法，決死囚不過七日，徒刑五日，杖罪三日。帝曰：法有程限，而輒違之，是官吏弛慢也。詔：自今勿得留滯。章宗承安四年，鑄銅杖式頒行天下。泰和元年，復因尚書省奏杖式輕細，詔量用大杖。具《刑制》篇帝復慮枷杖多不如法。平章政事守貞曰：枷杖尺寸有制，提刑兩月一巡察，必不敢違法也。初令：諸死囚及除名罪，所委官相去二百里外，并犯徒已下逮及二十人已上者，並令就讞。刑部員外郎完顏綱言：自是制行，如上京最近之地，往還不下三二千里。若北京留守司，則動經數月，愈致稽留，未便。詔：復從舊令，委官追取鞫之。

清·嵇璜《清朝通志·刑法略》〔乾隆二年〕諭：漢軍犯軍流等罪者，其親族墳墓盡在京師，邊方遠土，風俗頓殊，平時不習生計，類難存活。且與百姓錯處，不無滋擾，仍照例枷責完結。十八年諭禁卒典守監獄，乃于斬絞重犯，受財故縱，此非尋常因事受財者，可比自應按照本律與囚同罪。但則例又載有擬絞緩決，候逃囚得獲審豁之條，未免法輕易犯。嗣後監犯脱逃，該督撫審出禁卒得賄情節，即視其囚犯之罪，全律科斷。如本犯應入秋審情實者，亦入情實應絞決者，亦擬絞決，應斬決以上者，亦即擬以斬決，著爲例。二十年諭：旗人犯罪充徒，例得折鞭枷號者，原指常犯而言，若告主旗奴則當有別。嗣後奴告主應問徒者，著子實徒，不準鞭枷完結。又定凡內務府所屬莊頭、鷹戶人等，如犯軍、遣、流、徒等罪，俱照民人，一律定擬，不得與在城居住當差之旗人，一體折枷完結。二十五年，定嗣後斬、絞、軍、流人犯羈禁在監，及解審發遣，俱給衣赭色布服，與鎖杻互爲標示，易於識認。

臣等謹按：國初有割脚筋，貫耳、鼻之法，乃即古刖、劓之刑。世祖章皇帝詔除之，而天下自是無肉刑，誠不忍其斷肢體剝肌膚，至仁極厚之隆典也。至於腐刑，自漢文革除以來，歷代未舉，而有時罰所難宥，恩有必加，則我皇上法外之仁，適符協中之治，又有爲亘古之所不逮者。乾隆四十八年欽奉諭旨，刑部議覆陝西省殺死一家六命凶犯趙成長子趙友諒、次子趙進財，俱擬斬決，原以此等凶惡之徒，已絶人之嗣，自不應復使其尚留餘孽，固屬準情酌理，罪所應得。但詳核此案情節，趙友諒因伊父欺姦伊妻，即行攜眷遷避，及伊父犯案後，復代爲認罪，若據律置之重辟，情又可憫，然趙成殺死一家六命，絶其後嗣，殘忍已極，今因趙友諒情節可矜，即行寬釋，是趙成淫惡凶犯，轉得有後，於情理未爲允協。朕酌之情理，著將趙友諒從寬免死，但改爲宮刑，俟百日平復，再發遣烏嚕木齊，以示法外施仁之至意。餘依議。仰見我皇上權衡精當，聖慈與國憲，並行於懲凶戢暴之中，寓執兩用中之準。漢魏以來，區區詔除肉刑，與議復肉刑，皆未喻仁至義盡之旨者也。至若自宮之犯，舊法問擬斬監候，數年之後，往往加恩釋放，派撥於闔寺處所當差。蓋古者宮者守內，宮闈給事，若輩在所必需，求其淨身之故，率因貧困所致，非他作奸犯科者。比今奉聖諭以舊例，未爲允當，删除自宮斬候一條。其有別故者，仍於本罪上加一等，是又協經權之妙用，所謂因其然而然，而宮廷使令不乏腐餘之人，其有以杜億萬年復肉刑之議矣。

清·畢沅《續資治通鑑》卷三八〔宋仁宗天聖八年〕八月，戊子，詔：流配人道死者，其妻子給食送還鄉里。

清·畢沅《續資治通鑑》卷二〇五〔元明宗天曆二年〕己未，皇太子更定遷徙法：凡應徙者，驗所居遠近，移之千里，在道遇赦，皆得放還。如不悛再犯，徙之本省不毛之地，十年無過，則量移之。所遷人死，妻子願歸土者聽。著爲令。

《欽定理藩院則例·遞解·遣犯病故妻子準其回籍》 蒙古僉妻子發遣人犯在配病故，其妻情願攜帶骨殖回歸原籍者，准其回籍。

役未滿月日，抵數徒役，其監守雖多，并罪坐所由；縱容之人受財者，計贓，以枉法從重論；仍拘徒囚之逃回僱替者，依律論罪，計日論其逃僱之罪。貼役。貼補其逃僱之役。

《大清律例·刑律·婦人犯罪律》 凡婦人犯罪，除犯姦及列罪收禁外，其餘雜犯，責付本夫收管。如無夫者，責付有服親屬、鄰里保管，隨衙聽候，不許一概監禁，違者笞四十。

若婦人懷孕，犯罪應拷決者，依上保管，皆待產後一百日拷決者，若未產而拷決，因而墮胎者，官吏減凡鬥傷罪三等。致死者，杖一百，徒三年。產限未滿而拷決致死者，減一等。

若孕婦犯死罪，聽令穩婆入禁看視，亦聽產後百日乃行刑。未產而決者，杖八十。產訖限未滿而決者，杖七十。其過限不決者，杖六十。失者失于詳審而犯者。各減三等。兼上交諸款而言，如不應禁而禁，笞一十。懷孕不應拷決而拷決墮胎，杖七十，致死者，杖七十，徒一年半。產限未滿而拷決致死者，杖六十，徒一年，及犯死罪不應刑而刑未產而決者，笞五十。未滿限而決者，笞四十。過限不決者，笞三十。

條例

一、未產拷決不墮胎及產限未滿、拷決不致死者，依不應輕律。

一、婦女有犯姦盜、人命等重情，及別案牽連、身係正犯，仍行提審，其餘小事牽連，提子侄、兄弟代審。如遇虧空累賠追贓搜查家產雜犯等案，將婦女提審永行禁止。違者違制治罪。

一、犯婦懷孕。律應凌遲斬決者，除初審證據未確，案涉疑似，必須拷訊者，仍俟產後百日限滿審鞫。若初審證據已明，供認確鑿者，於產後一月起限審解。其罪應凌遲處死者，產後一月期滿，即按律正法。

一、斬絞監候婦女，秋審解勘，經過地方俱派撥官媒伴送。其業經解勘一次，情罪顯然，無可改擬者，下次即停其解審。如有外省定擬情實可矜具題，經九卿會核改擬緩決者，次年秋審核准無異，亦即停其解審。

《大清律例·刑律·獄囚取服辯》 凡獄囚有犯徒流死罪，鞫役官司，各喚本囚及其家屬到官，具告所斷罪名，仍責取囚服辯之狀。以服其心。若不服者，聽其自行辯理，更為詳審。違者，徒流罪，笞四十；死罪，杖六十。

其囚家屬遠三百里之外，不及喚告者，止取本囚服辯文狀，不在具告家屬

《欽定理藩院則例·遞解·就近發遣》 發遣人犯內遣發之省分，其路途由京經過者，解部發遣。其路途迂迴來京必須枉道者，毋庸解部。由院議奏後，交該處由彼就近遵照部定配所，遞解發遣。

《欽定理藩院則例·遞解內扎薩克西三盟各旗遣返就近起解》 內扎薩克烏蘭察布、伊克昭二盟各旗遣犯，俱就近在山西省歸化城同知衙門監禁，接准院文起解，仍將起解日期申詳該撫轉為報院。其錫林郭勒盟各旗遣犯就近在直隸多倫諾爾同知衙門監禁，俟院文到日，即由該廳起解，并將起解日期申詳該督轉為報院。

《欽定理藩院則例·遞解·遣犯家口》 蒙古發遣罪犯家口例不至一并發遣，有情願隨往者，聽其自便，毋庸官為解往。其僉妻子發遣人犯之妻子隨同該犯發遣各省，交驛充當苦差。至本犯已經正法，其妻子緣坐例應發遣者，發福建、湖廣等省，給駐防兵丁為奴。

《欽定理藩院則例·强劫·劫竊人犯解送原犯事地方正法》 蒙古內行劫、傷人得財者，將首從加功人等法應立決并偷四項牲畜等犯內，秋審予勾者，俱解往原犯事地方正法。應梟示者，梟首示戒。

《大清律例·刑律·死囚覆奏待報》 凡死罪囚，不待覆奏回報而輒處決者，杖八十。若已覆奏回報應決者，聽三日乃行刑。若限未滿而刑，及過三日之限不行刑者，各杖六十。

其犯十惡之罪應死及强盜者，雖決不待時，若于禁刑日而決者，笞四十。

條例

一、直省人命、强盜，將全招開列奏疏內。其反叛案內人犯決過，即行題報。餘概于年底彙奏。

一、凡遇慶賀穿朝服，及祭享、齋戒、封印、上元、端午、中秋、重陽等節，每月初一、初二，并穿素服日期，俱不理刑名。四月初八日，不宰牲，亦不理刑名。內外一體遵行。

《大清律例·刑律·徒囚不應役》 凡鹽場、鐵冶，拘役徒囚，應入役而不入役，及徒囚因病給假，病已痊可，不令計日貼補假役者，其徒囚與監守者，各過三日，笞二十；每三日加一等，罪止杖一百。

若徒囚年限未滿，監守之人故縱逃回，及容令僱人代替者，照依囚人應

罪名之限。

《大清律例·刑律·決罰不如法》 凡官司决人不如法如應笞而用杖者，笞四十。因而致死者，杖一百，當該官吏均徵埋葬銀一十兩。給付死者之家。行杖之人，各減一等。不追銀。 其行杖之人，若决不及膚者，依驗所决不及膚之數抵罪，或由主使，或由行杖。 并罪坐所由。 若受財而决不如法、决不及膚者，計贓，以枉法從重論。

若監臨有司管軍之官，因公事，主令下手者，於人虛怯去處非法毆打，及親自以大杖或金刃手足歐人，至折傷以上者，減凡鬥傷罪二等；致死者，杖一百，徒三年，追埋葬銀一十兩； 其聽使下手之人，各減一等； 并罪坐所由。如由監臨，坐監臨；由下手，坐下手。若非公事，以故勘平人論。 若官司決罰人，監臨責打人。 於人臂腿受刑去處，依法決打，邂逅致死，及決打之後自盡者，各勿論。

條例

一、奉天地方審理事件，人犯到案，先將鎖鏈盤于地上，令其膝跪； 又以荆條互擊其背。 著永行禁止。

《軍流以下人犯減等寬免例册》 軍流以下人犯並徒杖各犯分别減等寬免條款一件通行事。本年七月二十三日奉巡撫部院徐憲案，同治四年七月十四日准兵部火票遞到刑部，咨福建司案呈所有前事等因，相應抄單飛咨福建巡撫，轉行閩浙總督、福州將軍、臺灣鎮總兵，一體遵照可也。計單等因到本部院准此合就飭行，爲此仰司官吏立卽移行各屬，一體遵照辦理，依限造册，詳咨仍刊例册頒送。計粘單一紙。 謹奏。

爲欽奉恩旨酌議章程奏明請旨事。同治四年六月初二日内閣奉上諭，欽天監監正音德訥奏： 清理庶獄，請將情罪較輕之軍流人犯並徒杖各犯，分别減等寬免一摺，著刑部查照向章，酌核辦理。欽此。仰見我皇上軫念民依沛澤省刑之至意。臣等伏查，向來偶遇雨澤愆期，欽奉恩旨辦理。軍流以下人犯減等，均由臣部配議章程，奏請遵辦。茲欽奉諭旨清理庶獄，自應循照辦理。應請將在京問刑衙門並外省解京審辦各案，暨在直隸省犯事問發各省已未到配軍流等犯，與問發新疆等處已未到配各犯，及已未到配徒犯事犯到官，在奏明截止日期以前，及直隸省民人在他省犯事，遞回原籍追贓定地，在奏明截止日期以前者，俱准予查辦。 凡應准援減各犯遣軍流罪，俱減爲杖一百，徒三年。 擬流加徒之犯減爲杖一百，總徒四年，到配徒役已滿者，減爲徒三年。徒罪減爲杖一百，准徒總徒准其遞減一年到配。曾經決杖者，概免折責。枷杖以下悉予寬免。應追贓者仍應追贓，應刺字核免刺字，其竊盜應免罪者仍照例不免刺字，其餘不準援減。各犯均照舊發配安置，應刺字者仍行刺字，應枷號者仍行枷號。若事犯在奏明截止日期以前，而拏獲到官在截止日期以後，卽非在直隸省地方犯事，祇係接遞過境者，均毋庸查辦。至軍流人犯未起解者，向由犯事省分造報。已起解未到配者，由沿途截留省發造報。已到配者，由配所各督撫造册報部。相應請旨飭下直隸總督并熱河都統，順天府府尹、都察院五城，查明應准查辦各犯，無論已未到配，分别官犯常犯，逐項造具全案清册，并造具花名總册，飛咨送部核辦。仍一面行令配所各督撫、將軍、都統等將在京問刑衙門及在直隸省，審擬遣軍流徒罪以下到配各犯，除曾經咸豐十一年十月初九日、同治元年八月初二、九月初一等日，歷次恩旨不准援減各犯此次毋庸造報外，其餘各犯迅飭所屬趕緊造具全案清册，扣除往返程途，統限一月内全行飛咨到部。臣等查照向例，分别題奏辦理。至徒罪常犯，若概令造册報部，纍候核覆，往返需時，轉不獲卽邀寬減，應令直隸總督、熱河都統、順天府尹查明。凡一應准減徒罪各犯，無可酌議，尚未發配者，立予責釋。已到配者速行釋放，仍彙册報部備核。 如有遺漏遲逾，卽令查明參處。至臣部現審問擬遣軍流徒已結未起解各犯，臣等查核情罪，另繕清單具奏，請旨杖笞人犯卽行援免。 其現審未結各案及直隸省現在題咨到部尚未議結各案，内有遣軍流徒笞等罪，卽由臣部按照條款分别核辦。未經題咨到部各案，應令該督撫等將准減不准減緣由，逐案分晰聲明，以憑核題。其有條款不及賅載之處，亦由臣部隨時酌量情節，分别辦理。謹將酌議章程繕摺奏聞，並開具應減不應減條款清單，一併恭呈御覽。伏候命下，飛咨直隸總督、熱河都統、順天府尹及各直省督撫、將軍、都統等，並在京問刑衙門，一體遵辦。再臣部現審各案，屢經臣等諄囑司員虛衷研究，毋令稍有冤抑，隨到隨結，不准濫行羈禁。現復欽奉諭旨，應再嚴飭司員細心推鞫，迅速核辦。其有情罪較輕及傳案待質者，立卽清釐省釋。尋常案件迅速完結，其例不咨部案件亦應通行在京問刑各衙門遵照辦理，以清庶獄，而紓宸廑。所有臣等遵旨辦理緣由，謹繕摺具奏，請旨。同治四年六月初五日具奏。本日奉旨：依儀。欽此。

謹將不准援減軍流徒罪酌擬條款，並註明准減各條，開列清單，恭呈

御覽：

計開

一、祖父母父母呈送子、孫發遣，查詢犯親不願領回者，查詢犯親情願回者，准減。

一、子貧不能養贍，致父母自盡，並因姦盜致父母自盡，或被人謀故毆殺，罪應軍流徒者。

一、子孫、妻妾、奴婢、雇工人過失傷祖父母、父母、夫家長，罪應流徒者。過失殺傷期功以下尊長，准減。

一、祖父母、父母、夫家長被殺，子孫、妻妾、奴婢、雇工人私和匿報，罪應流徒者。

一、卑幼毆期親尊長及毆傷本宗緦麻以上尊長，外姻緦麻以上尊屬，及逼迫致死，罪在流徒以上者。

一、妻妾毆傷夫及毆傷本宗緦麻，外姻功服以上親，並妾毆傷正妻者。

一、妻妾將夫屍，卑幼將期親以上尊長屍圖賴人者。

一、毆傷同居繼父，罪應軍流徒者。不同居准減。

一、毆傷受業師，罪應流徒者。師長因挾別嫌，非理凌虐，致被毆傷，例以凡論者，准減。

一、奴婢雇工人毆傷家長之內外緦麻以上親者。毆傷平人准減。

一、贖身奴婢毆傷舊主者。

一、故殺子孫、奴婢圖賴人，罪應軍徒者。無圖賴情事者准減。

一、故殺子孫之婦及故殺奴婢，情節慘忍者。

一、尊長挾嫌毆傷並無干犯之卑幼至篤疾者。

一、毆傷宗室覺羅，罪在流徒以上者。

一、官吏毆傷制使及軍民吏役毆傷本管官者。

一、罪人拒捕傷人及拒捕殺人，案內爲從未傷人並奪犯毆差，罪在流徒以上者。

一、毆人致篤疾，若剜瞎眼睛，抉斷耳鼻口舌，及毀敗人陰陽者。

一、刃傷三人以上並連毆二人成廢者。

一、兇器傷人情重者。情輕者准減。

一、施放鳥鎗竹銃傷人者。

一、沿江濱海混鬬傷人者。

一、宮衛禁地爭鬬傷人罪應流徒者。

一、回民結夥行兇，執持器械，罪應擬軍者。

一、免死人犯復又行兇，應軍流者。

一、家奴吃酒行兇者。

一、殺一家非死罪，三人採生折割人，並造畜蠱毒者之妻子及同居家口，應行緣坐者。

一、謀殺人案內爲從罪應軍流徒者。

一、圖財害命案內，罪應軍流者，無論已未得財。

一、威逼人致死二命以上應擬軍者。

一、因姦盜致釀二命，罪在流徒以上者。

一、誣竊誣姦致其父母自盡，罪應擬流者。

一、褻語釀命，並無圖姦污衊之心者。

一、調姦婦女未成和息後本婦追悔，抱忿自盡，罪應擬流者。

一、姦人妻女致並未縱容之本夫、父母羞忿自盡，罪應擬徒者。姦婦羞愧自盡者，准減。

一、用強求娶孀婦，逼受聘財，因而致死，罪應擬軍者。

一、姦婦抑媳同陷邪淫致令自盡，及親母因姦致死子女滅口者。

一、孀婦自願守志，夫家母家親屬搶奪強嫁，及知情謀娶者。

一、強奪良家妻女，尚未姦污，及私債准折人妻妾子女，罪應流徒者。

一、強姦未成及姦幼童幼女，罪應軍流徒者。

一、本宗緦麻以上、外姻功服親屬相姦，並姦妻前夫之女及同母異父姊妹者。

一、奴及雇工人姦家長之內外緦麻以上親，並緦麻以上親之妻者。

一、畧誘畧賣及開窖誘取婦女爲從，罪應軍流者。和誘知情者准減。

一、藉充人牙將領賣婦人逼勒賣姦圖利，罪應擬軍者。

一、窩頓流娼土妓及興販婦女，轉賣爲娼，罪應流徒者。

一、用藥迷人案內，罪在徒流以上者。

一、邪教會匪聚衆結盟，罪應軍流徒者。
一、叛逆案内緣坐犯屬及知情不首者。
一、強盜搶竊犯該徒罪以上者。枷校者准免，仍刺字。
一、監守常人盜倉庫錢糧入己及因公挪移罪，應軍流徒者。
一、奸徒偷運米穀貨物及違禁軍器接濟外洋盜匪，罪應軍流徒者。
一、接買洋盜贓物並強竊盜窩主，罪應軍流徒者。受買尋常竊盜贓物，及知人盜後而分贓，尚非實犯，竊盜窩主者，准減。
一、發掘他人墳塚及盜開未殯未埋屍棺，罪應軍徒者。
一、尊長發卑幼墳塚，開棺見屍，罪應擬徒者。
一、卑幼因薰狐狸燒緦麻以上尊長屍，罪應擬流者。外姻緦麻小功准減。
一、子孫盜賣祖父墳塋樹木祀產，及知情謀買者。
一、挾仇放火已未延燒，罪應軍流徒者。失火延燒雖係官物，亦准減。
一、盜決河防因而淹沒居民田禾，廬舍，罪應軍徒者。
一、興販私鹽聚衆十人以上，及雖不及十人帶有軍器，罪應軍流者。並未聚衆，亦無軍器者准減。
一、奸民煎挖窩頓興販硝磺，罪在流徒以上者。
一、内地民人交結外國誆騙財物，罪應軍徒者。
一、棍徒擾害良民者。量減擬徒者准減。
一、積慣訟棍及教唆詞訟者。
一、衝突儀仗妄行奏訴者。
一、匿名揭帖告言人罪爲從者。
一、誣告人有關倫紀名節，並誣告良民爲強盜，及全誣十人以上，罪應軍流者。
一、軍民人等及負罪人犯呈遞封章，罪應擬軍者。受雇代遞者准減。
一、挾仇誣告人命致屍，遭蒸檢爲從，罪應擬流者。審無挾仇情事，止因案情疑難，非檢不明，誤執傷痕致屍遭蒸檢者，首從俱准減。
一、挾嫌貪賄誣告平人反坐，罪應軍流者。無挾嫌貪賄情事者准減。
一、子孫、妻妾、奴婢、雇工人告祖父母、父母、夫、家長得實，罪應擬徒者。
一、教誘人犯法致，陷人死，罪已決或致釀人命者。
一、奸徒誣陷平人，憑空訛詐恐嚇取財，罪在徒流以上者。詐欺誆騙情輕者准減。
一、揑造姦贓污人名節，罪應擬軍者。
一、私鑄及私造假鈔案内，罪應軍流以上者。
一、僞造關防印記及描模印信誆騙財物，罪在徒流以上者。
一、詐冒職官及假充各衙門兵役詐騙財物，罪應軍徒者。
一、指稱各衙門打點使用名色誆騙財物，罪應軍徒者。
一、隨棚槍手及揑稱關節誆騙生童財物，罪應擬軍者。雇倩被騙之生童准減。
一、刁徒直入衙門挾制官長，並聚衆辱官案内，罪應軍流徒者。
一、官員家丁騷擾驛站，倚勢行兇，致釀人命者。
一、官吏故出入人罪犯，該徒罪以上者。
一、受枉法贓罪應流徒者。不枉法贓准枉法贓准減。
一、獄卒解役賄縱罪囚及主守凌虐罪囚，並仵作受賄揑報傷痕，罪應流徒者。解役疎脱罪囚，無賄縱情事者，准減。
一、巡捕兵役及各衙門吏役營私犯贓，索詐誣拏並捕役豢賊分贓，罪應軍流徒者。
一、白役詐贓逼命案内正役罪應軍流徒者。
一、各倉花戶已經斥革，復在現充花戶身後影射把持勒索得贓，罪應軍流徒者。
一、糧船水手聚衆傳發溜子，欺凌運弁，橫索旗丁錢文，僅止附合助勢，罪應擬軍者。
一、薊運回空丁舵刨取白土裝帶，及舖戶將白土賣與糧船攙入漕糧，罪應軍徒者。
一、運糧旗丁買米回漕及賣米之人，罪應擬軍者。
一、罪囚越獄脫逃，罪應軍流者。
一、事關貽悞軍機及引惹邊釁者。
一、發遣新疆、黑龍江等處人犯，及由新疆改發內地各案，核其情節較重者。情輕者准減。

一、由斬絞減爲軍流係在前項不准援減之列者。不在不准援減軍流之列者准減。

一、知情藏匿縱放前項不准援減之罪人應與同罪者。藏匿縱放係准減罪人應與同罪者准減。

以上不準援減軍流徒罪各條，均照舊發配安置，應刺字者仍行刺字，應枷號仍行枷號，如有在配脱逃被獲者，軍流加等。調發徒犯，從新拘役，概不准免其逃罪。其餘不在不准減等條款單内各犯軍流徒罪，均准減等。應枷號者，免其枷號。應刺字者核免刺字。其軍流脱逃被獲，免其加等調發，仍發原配安置。未獲者仍行嚴緝。如脱逃在恩旨以後者，即照滿徒人犯中途脱逃之例加等，改爲杖一百，總徒四年。徒罪在配脱逃者，免其緝拏。若係中途脱逃，緝獲之日，照應得杖數折責發落。

清・唐紹祖《三流道里表・凡例》 一、僉解流犯應徑解知府衙門。查流犯定例，向止定有分流省分，並未註明府屬。是以舊例俱由原籍遞解應流省分，巡撫衙門定地轉發。今既定有府屬，應只行文知照巡撫，一面將人犯徑解知府衙門，令該知府於闔屬州縣内通行酌發，仍令報明該管上司。

一、入籍他省之流犯應酌量改發。凡入籍他省之人有犯流徒者，例應照土著之民定地僉發。如所發之省與該犯原籍府屬接壤，則密邇鄉關易致潛逃，應令承審各官於定案時逐一聲明，該撫分別改發。

一、寄居他省之流犯不得仍流寄居地方。凡寄居他省，尚未入籍之人，於該省犯流者，例應解回原籍僉發。若計僉發之地，即係該犯寄居之所，則仍居故土，不足示儆，令承審官詳查確實，該撫臨時酌量改發。

一、奉天等處流犯應照例分别辨理。凡入籍奉天之民人犯該流罪者，照名例折枷責發落。其未經入籍之人，仍照各省流寓人例，遞回原籍定地僉發。

一、同案流犯應分别安置。查一案人犯若同發一縣，恐互相勾結，致滋事端。應令該管知府分別酌發安置。

清・唐紹祖《三流道里表・直隸・直隸平定州屬三等流犯應流地方所屬計三縣》

二千里	該州所屬各縣流犯，凡犯該流二千里者，僉發安徽潁州府屬潁上等縣安置。
二千五百里	犯該流二千五百里者，僉發江蘇揚州府屬興化等縣安置。
三千里	犯該流三千里者，僉發浙江嘉興府屬嘉善等縣安置。

清・唐紹祖《三流道里表・直隸・順天府屬三等流犯應流地方所屬計六州十九縣》

二千里	該府所屬各州縣流犯，凡犯該流二千里者，僉發山西寧武府屬寧武等縣安置。
二千五百里	犯該流二千五百里者，僉發陝西延安府屬膚施等縣安置。
三千里	犯該流三千里者，僉發陝西榆林府屬榆林等縣並綏德州及所屬米脂等縣安置。

清・唐紹祖《三流道里表・廣東・廣州府屬三等流犯應流地方所屬計十四縣》

二千里	該府所屬各縣流犯，凡犯該流二千里者，僉發廣西太平府屬養利州等州縣安置。
二千五百里	犯該流二千五百里者，僉發江西九江府屬德安等縣安置。
三千里	犯該流三千里者，僉發湖南沅州府屬芷江等縣安置。

清・唐紹祖《三流道里表・安徽・安慶府屬三等流犯應流地方所屬計六縣》

二千里	該府所屬各縣流犯，凡犯該流二千里者，僉發福建福州府屬侯官等縣安置。

二千五百里	犯該流二千五百者，僉發陝西漢中府屬南鄭等縣安置。
三千里	犯該流三千里者，僉發甘肅寧夏府屬平羅等縣安置。

清·唐紹祖《三流道里表·安徽·徽州府屬三等流犯應流地方》所屬計六縣

二千里	該府所屬各縣流犯，凡犯該流二千里者，僉發河南南陽府屬南陽等縣安置。
二千五百里	犯該流二千五百里者，僉發山東濟南府屬歷城等縣並泰安府屬肥城等縣安置。
三千里	犯該流三千里者，僉發陝西西安府屬長安等縣並同州府屬潼關等縣安置。

清·唐紹祖《三流道里表·福建·福州府屬三等流犯應流地方》所屬計十縣

二千里	該府所屬各縣流犯，凡犯該流二千里者，僉發廣東韶州府屬曲江等縣安置。
二千五百里	犯該流二千五百里者，僉發湖南靖州屬會同等縣安置。
三千里	犯該流三千里者，僉發貴州鎮遠府屬鎮遠等縣安置。

清·唐紹祖《三流道里表·四川·成都府屬三等流犯應流地方》所屬計三州十三縣

二千里	該府所屬各州縣流犯，凡犯該流二千里者，僉發本省夔州府屬巫山等縣安置。
二千五百里	犯該流二千五百里者，僉發湖北荊州府屬枝江等縣並宜昌府屬東湖等縣安置。
三千里	犯該流三千里者，僉發湖北安陸府屬鍾祥等縣安置。

清·唐紹祖《三流道里表·甘肅·蘭州府屬三等流犯應流地方》所屬計二州四縣

二千里	該府所屬各州縣流犯，凡犯該流二千里者，僉發陝西漢中府屬南鄭等縣並興安州屬平利等縣安置。
二千五百里	犯該流二千五百里者，僉發四川保寧府屬閬中等縣並順慶府屬廣安等州縣安置。
三千里	犯該流三千里者，僉發山東武定府屬陽信等縣安置。

清·唐紹祖《三流道里表·山西·大原府屬三等流犯應流地方》所屬計一州十一縣

二千里	該府所屬各州縣流犯，凡犯該流二千里者，僉發安徽潁州府屬潁上等縣安置。
二千五百里	犯該流二千五百里者，僉發江蘇揚州府屬興化等縣及高郵等州安置。
三千里	犯該流三千里者，僉發浙江嘉興府屬嘉善等縣安置。

清·唐紹祖《三流道里表·江蘇蘇州府屬三等流犯應流地方》

二千里	該府所屬各縣流犯，凡犯該流二千里者，僉發河南開封府屬祥符等縣，並陳州府屬淮寧等縣安置。
二千五百里	犯該流二千五百里者，僉發河南河南府屬洛陽等縣安置。
三千里	犯該流三千里者，僉發陝西西安府屬長安等縣安置。

清·唐紹祖《三流道里表·山東·濟南府屬三等流犯應流地方所屬計一州十五縣》

二千里	該府所屬各州縣流犯，凡犯該流二千里者，僉發江蘇淮安府屬監城等縣安置。
二千五百里	犯該流二千五百里者，僉發浙江寧波府屬鎮海等縣安置。
三千里	犯該流三千里者，僉發浙江臺州府屬黃巖等縣安置。

《清實録·康熙四十一年》〔五月癸巳〕刑部議覆：順天府府尹錢晉錫疏言：各省民人，有在京定罪發配，及免死減等人犯，舊例於順天府發遣。因其中僉妻流徙，必俟該犯之妻，從本省押解至京，始行發遣。曠日稽遲，且單身女流，長途押解，易受解役之凌辱，殊爲可憫。請嗣後將各省民人，在京發配者，先發回本省，照各省發遣之例，僉妻解往。又流犯死於配所，妻子流離異鄉，無所依賴，除不願回籍者，聽從其便外，餘令地方官查明，移咨各該省州縣，聽本犯親戚領回故土，以廣弘恩。請著爲令。應如所請，從之。

《清實録·康熙五十三年》〔八月丁亥〕諭刑部：朕聽政多年，勤求民瘼，刑獄之事尤所留心。詳閲直隸各省題奏命盜各案，自審結以至具題，或踰時，或經歲。部議又間有覆駁，再令詳審者。案內牽連之人，雖笞杖輕罪，不免羈禁，以俟完結，淹歷歲時，離家失業，至於飢寒病斃者，往往有之。朕軫懷民命，深用憫惻。嗣後直省刑名，除重犯案內軍流徒罪，仍應俟旨完結外，所有杖罪以下輕罪，著各該督撫於審結日即行發落，不必羈候部覆，只於疏內逐一聲明，務使無知罣誤之民，早得脱身寧家，以副朕哀矜體恤至意。其不關題請，各該督撫應自行審結發落者，仍著照依舊例。爾部即遵諭行。

《清實録·雍正十二年》〔四月〕丁巳，諭宗人府，禮部向來定例：宗室犯枷責罪者，俱准折贖；覺羅犯枷責罪照平人例完結。朕思覺羅，亦係宗室，悉照平人例處分，則宗室學羅，迥然各異，而與平人絶無辨別。又宗室犯枷責罪者，如概令折贖，伊等亦不知儆懼。嗣後宗室覺羅，若犯枷責之罪，應酌其罪犯，輕重即在宗人府，或拘禁，或鎖禁，分別年限，期滿釋放，以抵其罪，庶覺羅處分，與平人有別，而宗室亦知儆戒矣。其如何酌量罪犯輕重、分定年限之處，著宗人府會同該部定議具奏。尋議有職宗室覺羅，嗣後犯笞杖罪者，仍照定例，會同各該部降罰治罪。其閒散宗室覺羅，嗣後有犯鞭笞罪者，分別鞭笞之數，革去每月應領錢糧，以抵其罪。笞一十、二十者，革錢糧一月。三十者，兩月。四十者，三月。五十者，四月。至鞭六十者，六月。七十者，七月。八十者，八月。九十者，十月。一百者，一年。若犯徒罪者，均照八旗人等，折枷號日期，分別拘禁。枷號二十日者，在宗人府拘禁四十日。二十五日者，拘禁五十日。三十日者，拘禁六十日。三十五日者，拘禁七十日。四十日者，拘禁八十日。其犯軍流等罪者，悉照旗人軍流應折枷號日期，在宗人府鎖禁，統俟滿日釋放，以抵其罪。從之。

《清實録·嘉慶十八年》〔三月〕癸巳，諭內閣：刑部奏，酌議吉林黑龍江改發遣犯章程，俱著照所議行。其減等改爲內地軍流等犯，悉照前議辦理。該部請令情願留配者，仍准留配一節，事涉繁瑣，未免意存姑息，殊非政體。近來習氣相率從寬，廢法邀譽，作威固不可，作福亦足害家誤國也。著不准行，刑部堂官仍著傳旨嚴行申飭。

《清實録·嘉慶二十年》庚戌，諭內閣：刑部具題，四川民人李潮敦，比照因事威逼人致死一家二命例，擬發近邊充軍一本。朕詳加酌覈，章有富之妻章王氏，向李潮敦地内尋割豬草，彼此爭鬧，李潮敦以穢言向辱，章王氏哭泣回家，氣忿自縊。伊夫章有富痛妻憂忿，旋亦投繯。此案李潮敦穢語村辱，致章王氏氣忿輕生，按例罪止滿流。惟章有富自盡，亦由痛妻所致，是因該犯一言，使伊夫婦二人先後殞命，其情罪較重，該部比照威逼人致死一家二命例問擬充軍，所擬尚輕。李潮敦，著照手足勾引例，改爲絞監候，歸入秋審緩決。嗣後遇有情節相同之案，俱照此辦理。著刑部載《則例》遵行。

《清實録・道光二十五年》 又諭：刑部奏，要案情罪未確，凶犯大半未獲，請旨飭訊勒緝等語。此案廣西土州民黃亞組等，聽從黃卜萌起意糾毆，並放火燒屋，致斃黃布藏一家九命，情罪重大，疑竇多端。該省審辦此案，未能切實根究，率行定讞。且事閲二年之久，首夥各犯大半未獲，緝捕尤屬疏懈。周之琦著交部議處，歷任各臬司。著該部查取職名議處，並著周之琦親提此案人證。勒限嚴緝首犯黃卜萌等到案，一併嚴究確情，分別妥擬具奏，毋得稍涉回獲，再致延宕。尋奏拏獲黃卜萌，訊明因挾黃布藏借貸不遂之嫌，糾同黃亞祖、黃亞萌、林卜硯、黃亞映等，持械尋毆，將黃布藏、並子黃卜藏、媳黃韋氏、孫黃亞孟、黃亞小、黃亞芝殺斃，復縱火燒斃黃布藏妻黃黃氏、子黃卜養、工人車亞遐、子車亞送，黃卡萌，依律擬斬立決，梟首示衆。林卜硯、黃亞映，擬斬監候。黃亞組，擬絞監候。黃亞萌，獲日另結。下部議。從之。

《清實録・道光二十六年》 庚午，諭内閣：御史德奎奏：請清釐庶獄一摺，京師入冬以來，雪澤稀少，疊經降旨祈禱，迄今未得優霑。現在節屆立春，農田望澤彌殷，朕心尤深焦切。兹據該御史奏請，清查直隸一省庶獄，冀得感召和甘。因思直隸各州縣得雪未能深透，山東、山西、河南、陝西、甘肅各省，均屬苦於乾旱之區，自應一律推廣。著刑部堂官督飭承審各司員將現在交部各案，認眞細心推鞫，如有冤抑等情，迅即覈辦，並將直隸、山東、山西、河南、陝西、甘肅各省，及部中現擬軍、流等罪，已、未到配官，常各犯，詳查原案，擇其情有可原者，開單具奏，候朕量加寬宥。至刑部收禁人犯，若因未經定案，久繫囹圄，疾病顛連，情殊可憫。著該部審度案情，其有問徒以下輕罪人犯，及干連待質，例應取保候審者，立予清理省釋，毋稍稽滯。此外尋常案件，並著速行審結，不得遷延羈禁，以示矜恤而迓祥和。

清・王又槐《辦案要略・論枷杖加減》 枷杖人犯罪應加等，有減杖加徒者，有於枷罪上每五日加等者，應斟酌情節輕重，詳查例案辦理。乾隆九年刑部咨覆直督高。

枷犯加則加枷而不加杖，減則枷、杖幷減。如犯應入徒者，則減杖加徒，不得又行枷號。如加不至入徒者，酌量加等，以期允協，等因在案。至熱審減等，定例總以發落之時爲準。熱審期内笞罪寬免，惟斗毆傷人案内擬笞者不免。如例載軍、流、徒罪以外再加枷號者，照例議枷。

名例内載：軍流徒犯，俱至配所照應杖之數折責，惟緣坐流罪不加杖。

外遣當差爲奴人犯，例不加杖。

清・王又槐《刑錢必覽・提解》 一、解犯必須印官親點，驗明刑具，僉定正身，妥役將鑰匙貯入文封内。如係新疆人犯，將咨文亦封入遞解文内，以免擦破。預備船隻、車輛，務須趕至城内，交替明白，守取回照。其有長站地方，中途在坊店歇宿，亦必找尋地保，雇夫支更，將犯人鎖錮密室，解役一同伴宿，方保無虞。定例一犯兩解，如果長解、短解、營兵共五六人解一犯，原不致有兔脱。總因前後散行，託故潛回。在途又將脚鐐開放，聽其步行，一路延挨，至於昏黑，假捏出恭，防守不嚴，致有脱逸，無可追尋。又或暮夜局置一室，各役並不伴宿，以致穿穴而去。凡此即非賄脱，亦屬玩縱，均干重罪。發解之時，即應將故縱同罪嚴例，切諭再三，或稍知畏懼也。

一、接遞軍流人犯患病，例得留養。隆冬、盛暑，惟新疆及改發内地十二條人犯，幷逃流逃軍，不准停遣，軍流人犯冬月解往東南和暖之地，情願前進，亦不停遣，其餘原可酌量辦理。如應留養之犯，抵配不遠，情願前進者，應訊供通詳。惟地方官以此等均非善類，寄監日久，防範維艱，苟非重病，不肯留養耳。患病留養者，須取解役供結前途，帶病起解，亦有不合。或中途陡患何項病症，係帶病進監，將來監斃，可以免議。

一、軍流人犯，沿途暫禁留養時，應行通報，起解時，仍將起解日期報明備案。

一、犯屬患病，正犯應否停遣，例無明文，當看犯罪輕重，如係要犯，必應起解。乾隆二十三年定例：解部要犯，隨到隨解，不得因病任其沿途逗遛，何况犯屬。如果犯屬妻氏病重，報明留養，俟病痊，撥官媒婆或老成解役隨後伴送。若去原籍不遠者，關取親屬伴送。

一、遞解人犯短文內，必應將所擬罪名，及應否收禁之處聲明。至隆冬、盛暑有不應停遣者，逐一註明，以便下站查收轉遞，免至停犯關查，或冒昧留養，有費筆墨。

一、接遞人犯，應查看兵牌照撥，解役名數，不得但照前途應付，致有舛誤。人犯解到日，卽知會營汛撥兵。次早叮點解之時，必親自驗看，呵嚀解役小心，須要早起，不但冬天日短，前途早到收禁，卽夏月亦早涼好走。若視爲泛常，一任犯人解役，守候延挨躭擱，不能趕到交替。或黑暗難行，致有疎失，悔之晚矣。

一、點解接遞人犯，不但查驗刑具，必對明年貌，以防頂替，解役是否正身，以免僱倩內中，或有形跡可疑，究出別情，盤出兇盜者。如封邱縣令徐碩士，檢點轉遞，盤獲大名縣盜犯田小和尚，以此特陞。細心人原自不同。至於隣縣關提人犯，亦須訊供起解，知其所犯何事，是否眞情。如有關涉本縣事件，卽應作自行發覺，一面詳明一面移解，不可輕易發解，受制於人。

一、遞解人犯，必要印信回照，如計程逾限，回照未繳，必究解差，幷備關查明，以免脫逸。若隣縣公出用典史鈐記者，遲日關送補印，方可備案。

一、部解駐防當差爲奴人犯，傳牌由理事廳繳司轉院送部。軍流人犯兵牌，州縣送藩司彙轉。

一、過失殺人收贖之案，及逃軍逃流並無行兇爲匪者，俱不解審。須收禁，聽候部覆。蓋過失與鬥毆，辨在毫釐，倘遽行發保，一經部駁，難免縱兇之咎。

清・王又槐《刑錢必覽・遣戍事例・原發新疆六項》 一、兇徒因事忿爭執，持軍器毆人至篤疾者。原例近邊充軍。乾隆二十三年，奏准改發新疆爲奴。三十二年，奏准仍發新疆。

一、偷盜圍傷木植，牲畜已得者。原例枷號三個月。乾隆二十七年，奏准改發新疆爲奴。三十二年，奏准仍發新疆。

一、旗下正身犯積匪者。原例發寧古塔。乾隆三十年，奏准改發新疆爲奴。三十二年，奏准仍發新疆。

一、拏獲逃人，不將實在窩留之人指出，再行妄扳者。原例發寧古塔。乾隆二十七年，奏准改發新疆爲奴。三十二年，奏准仍發新疆。

一、移駐拉林閑散、滿州，有犯二次逃走，尚未出境者。向無專條。乾隆二十九年，奏准定例。三十二年，奏准仍發新疆。

一、派往各省駐防滿洲兵丁，臨行及中途脫逃者。向無專條。乾隆三十年，奏准定例。三十二年，奏准仍發新疆。

仍發新疆五項

一、強盜窩主造意不行，又不分贓者。

原例滿流。乾隆二十三年，奏准改發。三十二年，奏准發內地，較原例加一等，附近充軍。四十四年，奏准復發新疆種地、當差。四十八年，奏准仍發新疆。

一、殺一家非死罪三人之妻子，並未同謀加功者。原例流二千里。乾隆二十九年，奏准改發。三十二年，奏準發內地，較原例加一等，附近充軍。四十四年，奏准復發新疆種地、當差。四十八年，奏准仍發新疆。

一、發遣雲、貴、兩廣烟瘴刨參人犯，在配脫逃者。原例發遣黑龍江爲奴。乾隆二十七年，奏准改發。三十二年，奏准發內地，仍照原例發遣黑龍江。四十四年，奏准復發新疆爲奴。四十八年，奏准仍發新疆。

一、姦婦抑媳同陷邪淫，致媳情急自盡者。向無專條。乾隆二十七年，酌議改發。三十年，奏準發內地，酌發駐防兵丁爲奴。四十四年，奏準復發新疆，爲奴。四十八年，奏准仍發新疆。

乾隆五十七年，湖北省張周氏逼媳馮氏賣姦，致媳自盡一案。比照此例，問擬外遣，欽奉上諭改爲絞候，趕入本年秋審，情實幷飭。嗣後如有似此情節者，俱照此辦理。伏按：逼媳賣姦與抑媳同陷邪淫，情罪相等，此條似應遵旨改爲絞候情實。

一、盛京旗下家奴爲匪逃走，犯至二次者。原例枷號一個月，鞭一百。乾隆二十七年，奏准改發。三十二年，奏准發內地，酌發駐防兵丁爲奴。四十四年，奏准復發新疆爲奴。四十八年，奏准仍發新疆。

以上原發新疆，仍發新疆十一條人犯，除老疾殘廢及年逾五十不能耕作之人，仍各照原例辦理，毋庸擬發新疆外，餘俱照例面刺外遣字樣，僉妻發遣。如有在配、在途及越獄脫逃，並不服拘管者，獲日移訊明確，將該犯卽於拏獲處所請旨，卽行正法。其尋常過犯，酌量嚴行懲治。

改發內地十二項

一、積匪猾賊。原例極邊烟瘴充軍。乾隆二十三年，奏准改發。二十四年，奏准發雲、貴、兩廣。二十九年，奏准又發新疆。三十二年，奏准仍發內地，照原例充發。四十四年，奏准復發新疆爲奴。四十八年，奏准改發內地，無可復加，仍照原例充發。

一、回民犯竊結夥三人以上，及執持繩鞭、器械者。原例照積匪猾賊辦理。乾隆三十一年，奏准改發。三十二年，奏准仍發內地。四十四年，奏准復發新疆爲奴。四十八年，奏准改發內地，仍照原例充發。五十二年，奏准實發烟瘴。

一、竊盜臨時拒捕，傷非金刃，傷輕平復者。原例近邊充軍。乾隆二十三年，奏准改發。三十二年，奏准發內地，較原例加一等，邊遠充軍。四十四年，奏准復發新疆種地、當差。四十八年，奏准發內地，前已加等似可不必再加，應仍發邊遠充軍。

一、竊盜滿貫擬絞，秋審緩決三次，改發。三十一年，奏准一次，卽改發。原例極邊烟瘴充軍。乾隆二十三年，奏准改發。二十四年，奏准發雲、貴、兩廣。二十九年，奏准又發新疆。三十二年，奏准仍發內地，照原例充發。四十四年，奏准復發新疆，爲奴。四十八年，奏准發內地，應仍照原例充發。

一、竊盜三犯，贓至五十兩，擬絞，秋審緩決一次者。乾隆二十三年原定緩決三次，改發。三十一年，奏准一次卽改發。原例極邊烟瘴充軍。乾隆二十三年，奏准改發。二十四年，奏准發雲、貴、兩廣。二十九年，奏准又發新疆。三十二年，奏准發內地照原例充發。四十四年，奏准復發新疆爲奴。四十八年，奏准發內地，應仍照原例充發。

一、行竊軍犯在配復行竊者。從前與尋常軍犯、在配犯罪之例，一體分發辦理。乾隆二十八年，奏准改發。三十二年，奏准發內地，照行竊流犯在配復犯行竊例，改發極邊烟瘴充軍。四十四年，奏准復發新疆爲奴。四十八年，奏准發內地，應仍發雲、貴、兩廣極邊烟瘴充軍。

一、竊贓數多，罪應滿流者。乾隆二十三年，奏准改發。三十二年，奏准發內地，較原例加一等，附近充軍。四十四年，奏准復發新疆種地、當差。四十八年，奏准發內地，前已加等，似可毋庸再加，應仍發附近充軍。

一、三次犯竊罪應充軍者。原例五十兩以下，至三十兩，極邊烟瘴充軍。三十兩以下、十兩以上，近邊充軍。乾隆二十三年，奏准改發。三十二年，奏准發內地，原例發烟瘴者，已無可加，仍發烟瘴。原例發近邊者，加等發邊遠充軍。四十四年，奏准復發新疆，三十兩以上者爲奴，十兩以上者當差。四十八年，奏准發內地，仍分別發烟瘴邊遠充軍。

一、搶奪金刃傷人及折傷下手爲從者。原例近邊充軍。乾隆二十三年，奏准改發。三十二年，奏准發內地，較原例加一等，邊遠充軍。四十四年，奏准復發新疆種地、當差。四十八年，奏准內地前已加等，似可無庸再加，應仍發邊遠充軍。

一、發掘他人墳塚，見棺槨爲首，及開棺見屍爲從者。原例附近充軍。乾隆二十三年，奏准改發。三十二年，奏准發內地，較原例加一等，發近邊充軍。四十四年，奏准復發新疆種地、當差。四十八年，奏准發內地，前已加等，似可毋庸再加，應發近邊充軍。

一、搶奪傷人，非金刃，傷輕平復者。原例近邊充軍。乾隆四十七年，奏准改發新疆。四十八年，奏准仍發內地，奉部議照原例所定地方加一等，改發極邊烟瘴充軍。

一、前項人犯，從前已照原例應配地方充發，在配爲匪脫逃者。係專摺奏定應發巴里坤之項款罪犯而言，其餘軍流遣犯，不在條款內者，如有爲匪脫逃，仍照定例辦理。見乾隆二十六年部咨。

乾隆二十三年，奏准改發。三十二年，奏准各照原犯地方遞加調發。四十四年，奏准復發新疆，種地、當差。四十八年，奏准發內地，應各照原犯地方遞加調發。

以上十二條人犯，除老疾殘廢及年逾五十者，仍各照原例所定地方充發，不在改遣之例外，餘俱各照本例，加等改定地方充發。面刺改遣字樣，如有在配、在途及越獄，仍照新疆遣犯脫逃例，一體正法。

上諭條例

一、乾隆五十三年四月初十日奉清字。上諭：尚安奏將發遣烏魯木齊巴里坤古城等處，給滿州兵丁爲奴之遣犯，厄魯忒、土爾扈特、布嚕忒回子等，請改發烟瘴地方等語。尚安所奏，尚是烏魯木齊等處，卽係蒙古地方而去伊犁回子各城土爾扈特游牧處，亦甚不遠。厄魯忒土爾扈特回子等犯罪，若發到烏魯木齊、巴里坤古城等處，與滿州兵丁爲奴，則與伊等本處相近，不止於由小谷易於逃逸，亦不足以示警蒙古回子人等。今將烏魯木齊等處所有鄂畢特等十七人，卽照尙安所奏，着解送陝甘總督，擬定地方，改發烟瘴。嗣後再有此等應發烏魯木齊等處之厄魯忒土爾扈特回子、布嚕忒等遣犯，俱着照此例，分發內地。欽此。

一、新疆地方除原定發遣爲奴、種地十一項，及欽奉特旨 發往並職官有犯軍流徒罪，核其情節較重，仍隨時酌量請旨發往外，其餘尋常問擬軍流等犯，如有情節較浮於本罪者，各照所犯軍流本罪，以次加等遞發。其情重軍流人犯，核其情罪，實係應行從重外遣者，俱毋庸改發新疆，卽分發吉林、黑龍江均勻派撥，所屬各地方仍照定例分別爲奴、當差。倘有脫逃，視其所犯，各照本例分別懲治。如此分晰辦理，庶軍流散置內地各省編管，既不虞其壅積，而新疆、黑龍江等處，均可免群聚滋事之患。再黑龍江、吉林等處，安插遣犯例於年底將收到遣犯，該將軍都統等，止於年終將脫逃已未獲數目彙奏一次。其現在遣犯若干，應令伊犁、烏魯木齊並黑龍江、吉林等處各將軍都統等，俱於年終將本年分發到遣犯名數，同節年問發到配遣犯、現存計共若干名之處，詳晰聲叙彙奏一次。乾隆五十四年例。

一、應發黑龍江等處條例，內如用藥迷人，已經得財爲從者；閩省不法棍徒，引誘偷渡之人，包攬過臺，中途謀害人未死，爲從同謀；應發烟瘴罪人，事發在逃，被獲時有拒捕者；夥衆搶去良人子弟，強行雞姦之餘犯，問擬發遣者；開窰誘取婦人、子女，勒賣爲從者；及福建沿海地方、免死盜犯。以上各條情罪較重，俱改喀什噶爾各回城分給爲奴。俱面刺外遣字樣，解交該處辦事大臣，先儘大小伯克酌給爲奴。再分給力能管束之回子爲奴。仍令該辦事大臣照新疆遣犯年終彙奏之例，將一年發到人犯若干，現存若干，年終彙奏。並令回疆各大臣通行曉諭，如有在配不服管教者，立行打死勿論。其脫逃被獲，卽照例正法。乾隆五十六年例。

各省問發軍流入境首站

江蘇省

宿遷縣直隸、奉天、山東由徐州府東路而來。

銅山縣前三省由徐州府中路而來。

贛榆縣前三省由日照縣入境。

碭山縣前三省由單縣而來，又河南由永城縣入境。

江浦六合縣四川、陝、甘、山西、河南、湖北、安徽由滁州而來。

桃源縣前各省由虹縣而來。吳江系雲、貴、湖南、兩廣、江西由浙江震澤縣而來。又福建、浙江入境。

上元江寧縣前各省幷四川由當塗縣而來。

貴州省

玉屏縣直隸、江南、江西、浙江、福建、湖北、湖南、河南、山東、山西十省由此入境。

古州廳廣東、廣西由此。然偏僻亦多由玉屏入境。

畢節縣陝西、甘肅、四川由永寧縣入境。

桐梓縣四川由綦江縣入境。

威寧州雲南由東川府入境。

普安州雲南由平彝縣入境。

甘肅省

涇州各省均由此入境。

清水縣陝西由隴州入境。

山東省

德州直隸由景州入境。

冠縣四川、陝西、甘肅、山西，由元城縣入境。

滕縣湖北、浙江、安徽、廣東、廣西由銅山縣入境。

嶧縣江蘇、浙江、福建、安徽由邳州水路入境。

魚臺縣由江蘇、浙江、福建沛縣入境。

荷澤縣河南由東明縣入境。

曹縣貴州、江西由考成縣入境。

單縣湖南、湖北由虞城縣入境。

郯城縣江蘇、浙江、福建、貴州由宿遷縣入境。

日照縣貴州、安徽、廣東、廣西浙江由贛榆縣入境。

浙江省

嘉興秀水縣直隸、甘肅、陝西、山東、山西、江南、安徽、江蘇入境。

江常山縣雲南、貴州、廣東、廣西、四川、湖南、湖北、福建、江西入境。福建由浦成縣入江山境，江西由玉山縣入常山境。

廣東省

封川縣廣西入境。

饒平縣福建由海陽縣入境。
保昌縣江西、浙江、江南、湖南、山東、直隸入境。
興寧縣江西由筠門嶺入境。
樂昌縣湖北入境。

山西省
平定州奉天、直隸、山東入境。
永濟縣陝西、四川、雲南入境。
鳳臺縣河南、湖北、湖南、安徽、江蘇、江西、浙江、兩廣、貴州、福建入境。

廣西省
全州直隸、山西、陝甘、四川、江蘇、安徽、福建、山東、河南、湖北、湖南、雲貴、江西、浙江十六省由此入境。
蒼梧縣廣東入境。
懷遠縣貴州入境。

雲南省
平彝縣貴州由普安州入境。
實寧縣廣西入境。
宜威州四川由貴州威寧州入境。

河南省
閿鄉縣四川、陝甘入境。
新野縣雲南、貴州入境。又湖北由襄陽府入境。
信陽州湖南、湖北、廣西入境。
永城縣廣東、福建、江蘇、浙江、江西、安徽入境。
鹿邑縣安徽由亳州入境。
內黄縣直隸由大名縣入境。
安陽縣直隸入境。
考城縣山東入境。
河内縣山西入境。

湖南省
澧州山西、陝西、甘肅、四川入境。又直隸、山東、河南、湖北由荆襄而來。
巴陵縣安徽、福建入境。又直隸、山東、河南、湖北由武漢各屬而來。
芷江縣雲貴入境。
醴陵縣江西入境。
零陵縣廣西入境。

福建省
浦城縣直隸、江蘇、河南、山西、陝西、山東、甘肅由浙江衢州府入境。
光澤縣湖南、湖北、四川、雲南、貴州、安徽由江西建昌府入境。
詔安縣廣西、廣東由海陽入境。

四川省
巫山縣湖南、湖北、廣東、廣西、福建、江蘇入境。
廣元縣浙江、安徽、河南、山東、直隸、陝甘、山西入境。
永寧縣雲貴入境。

陝西省
潼關廳江蘇由安徽、河南閿鄉縣入境。

江西省
廣豐縣福建由浦城縣而來。
鉛山縣福建由崇安縣而來。
新城縣福建由光澤縣而來。
大庾縣廣東由保昌縣而來。
長寧縣廣東由潮州府而來。
德化州直隸、山西、山東、陝甘、河南、雲貴、廣西、四川、湖南、湖北、奉天、十三省由黄梅縣而來。
彭澤縣江南、浙江、山東、直隸由安徽東流縣而來。
玉山縣江南、浙江由常山縣而來。
萍鄉縣湖南、湖北、雲貴、四川、廣西由湖北醴陵縣而來。

湖北省
黄梅縣江蘇由安徽宿松縣入境。
凡軍流犯起解，應備文，移某省入境首站州縣。

清·劉拱宸《居官慎刑録·刑具》　小竹板，以竹篦爲之。重一斤八兩，濶一寸五分。
大竹板，重二斤，濶二寸，稍各減五分，長各五尺五寸。

枷，以乾木爲之。長三尺，闊二尺九寸，重二十五斤。輕重囚皆用。

鉗，絏於頸，以鐵爲之。承以貫索。俗名鍊。其長七尺，重五斤。

杻，械於手，以乾木爲之。俗名手罪，有以鐵代者，式與鐐同。長一尺六寸，厚一寸。死罪及重囚用之。

釱，絏於足，以鐵爲之。俗名鐐。連環重一斤。徒罪以上用之。

清·徐棟《牧令書輯要·刑名上·囚禁》 凡徒罪以上，應禁婦人犯死罪，及犯實發不准收贖者，禁。凡竊賊，無論罪名輕重，皆收禁。官犯公私罪，軍民輕罪，老幼廢疾皆散禁。

凡侵欺錢糧，至一千兩以上，挪移錢糧，至五千兩以上者，鎖禁。監追侵欺在一千兩以下，挪移不及五千兩者，散禁看守。

凡遞回原籍人犯，如係奉特旨，及犯徒罪以上，援免解交地方官管束之犯，經過州縣，仍照例收監外，其笞杖等輕罪遞回安插者，承審衙門於遞解票內註明不應收監字樣，前途接遞州縣，卽差役押交坊店歇宿，取具收管。

凡解審軍流以上人犯，令各州縣酌量地方情形，如有相距在五十里以外，不及收監者，先期撥役傳齊地保，知會汛兵，支更巡邏。

凡州縣自理之案，不得擅用夾訊。其申報事件，有曾經夾訊者，將夾訊幾次，或未曾夾訊之處，於招冊內，據實聲明，上司於解訊時察驗。至佐貳奉上司批審，有應夾訊者，許請改委印官審理。若係印官批發者，呈請印官掣回自審，違例用者參處。

凡強盜十惡謀故殺重犯，用鐵鎖、杻、鐐各三道。其餘鬬毆人命等案，罪犯以及軍流徒罪等犯，止用鐵鎖杻鐐各一道；笞杖等犯，止用鐵鎖一道。

凡部發遞解，及外省解部，並解別省，軍流徒罪發回安插人犯，豫差官員，務選有家業正役解送。如人犯中途患病者，原解取結方免議處。卽報明所在官司驗明出結，卽著該地方留養，候病痊起解，仍將患病日期報部。

凡徒罪以下人犯患病者，獄官所報明驗看。取具的保，保出調治。其外解人犯，無人保出，令其散處外監調治。若病斃，督撫題報。將本犯所犯何罪名，患何病症，及有無凌虐，曾否保釋，逐一聲明。

凡軍流徒罪，以奉文日爲始，定限兩個月起解。如實係患病，亦不得過一百日限。

凡獲犯到案，並解審發回之時，當堂細加搜檢。有無夾帶金刃等物，並嚴禁禁卒，不許將甎石、樹木、鋼鐵器之類混行取入。如有買酒入監者，將禁卒嚴行責治。

凡拏獲越獄人犯，務究與剃頭並代爲銷毀刺字之人。

凡鄰省遞籍人犯，一面發遣，一面關會原籍。並知照經過地方官，無論長解、短解，遵例加差轉遞。

清·佚名《治浙成規·遞解軍流等犯照造年貌册注明應否收禁沿途查對》 浙江按察使司李爲諮訪利弊等事。查得遞解軍流以及逃盜等犯，均關緊要，原應將所犯事同由及籍貫、年貌俱備載文批之內，以便逐程查驗，方無奸徒頂替等弊。乃近來軍流人犯造具年貌、籍貫箕斗清冊，詳送封入咨文內，以備配所地方查考，而各州縣解犯批內雖一體開造，迨至下部州縣接塡轉遞，卽將原批掣回。倘前途州縣批內訛塡錯落，詳請沿途稽查，殊有未便。茲據蘭谿縣具詳奉憲批司查議，應如所議，飭令首先發解之州縣將該犯年貌、籍貫、箕斗於造冊請咨發配之外，照造印冊一本，同批並送，以備沿途查對。至於其餘一切遞解人犯，無論本省、隔省，俱於文內開塡事由、年貌、籍貫，當堂查點并批，內詳悉照塡疤痣箕斗，不得遺漏舛錯，并應否收禁之處，亦應注明。倘前途不行塡注，許接遞官一面究明，如實係本犯，卽驗看塡注轉遞，一面揭報，將不塡注之州縣申飭記過，經承提責若有頂替等弊，卽將該犯及解役一併收禁，通詳參究。應請通飭遵照并咨明鄰省畫一辦理等情。於乾隆二十四年八月三十日奉巡撫部院莊批如詳，通飭遵照，並候咨明鄰省轉飭畫一辦理，至其餘遞籍遞配人犯，經本部院前於楚省奏明，請照軍流人犯一體塡注，准部覆允通行在案並卽查明通飭繳。

清·佚名《治浙成規·在配軍流徒犯患病不必通報》 浙江按察使司臺呈詳爲稟明流犯患病事。查得秀水縣通詳安置軍流人犯在配患病，請免通報一案。奉憲批司核議詳奪等因。行據嘉興府議覆，前來本司覆查，在監人犯，遇有患病，其未審結之案，則例應扣除病限；其已結之案則皆係監候重囚，均應通報飭醫調治務痊，以杜禁卒凌虐致死情弊。至若在配軍流人犯，原與平民無異，並非獄囚可比，應如所請，如遇患病有力者，聽其自行醫治，無力者該管總保報明州縣，撥醫調治，免其通報，以省案牘，以歸簡易。若因患病至於身死，則仍令照依舊例通報辦理。至在驛徒犯，若非病故，其偶爾患病者亦請免其申報，以昭畫一。緣奉飭議。是否允協擬合，詳候憲臺察核批示，以便通飭遵照等情。於乾隆二十一年十一月初八日，詳奉宮保督部堂咯批如詳，通飭遵照，仍候撫部院批示繳。十二日又奉巡撫部院楊批如詳，通飭遵照，仍候督部堂批示繳。

清・佚名《治浙成規・軍流遣犯在配妻氏病故毫無別情者概免報官》

浙江按察使司李呈詳爲報明事，查得臨海縣安置流犯王勤之妻張氏病故一案，緣王勤原籍山東淄川縣，因毆傷梁來身死，擬絞，恭逢恩旨減流，僉妻張氏隨行。子大驢子二驢子於乾隆十一年五月間奉准山東撫憲咨解到浙，轉發臨海縣，折責安置，取具收管，詳送在案。今該犯之妻張氏染患瘧疾病症，醫治不痊，於乾隆二十四年九月初一日病故。報縣免驗訊供，取結通詳，請咨，奉撫憲以流妻王張氏病故，本夫王勤現在配所，毋庸請咨。所請例後軍流遣犯妻屬，本夫現在，概免報官，訊詳之處，批飭查議等因。本司遵查，在配軍流人犯之妻，原與平民無異，前因軍流人犯例應僉遣，是以病故雖得免驗，必須咨明原籍。今奉部行免死減等強盜及一應軍流遣犯家屬，俱毋庸僉配。如有情愿隨帶者，聽其自行隨帶，不得官爲資送等因。是定例以後，軍流妻屬即不在僉配之列，其隨行到配不應同本犯一例拘管。如其病故，並無別情，自可毋庸報驗詳咨。應請嗣後除緣坐犯屬照例辦理外，其餘一應軍流遣犯妻屬，無論例前例後，本夫現在者，遇有妻氏病故，毫無別情，應請概免報官訊詳，以省案牘，以歸簡易等情，於乾隆二十四年十一月初五日奉巡撫部院莊批如詳飭遵，仍刊入治浙成規本內，並候督部堂批示繳。又奉總督部堂楊批如詳，通飭遵照。仍候撫部院批示繳。

清・佚名《治浙成規・新疆遣犯護牌内填寫員弁親身押解字樣》 爲咨明事。乾隆二十九年四月初十日奉巡撫部院熊准陝西撫院明咨稱，竊照發解新疆遣犯，最關緊要，而陝西爲接遞新疆遣犯總匯之區，人犯衆多，理應嚴加防範。乃有無知汛弁，往往以原解護牌內未填官弁押解字樣，隨玩不親身護送。除現在通飭各營，遇有接遞新疆遣犯，無論原解牌內有無填寫員弁字樣，務令汛弁親身督率兵役護解外，相應咨明，請煩查照。嗣後凡遇發解新疆遣犯，祈於護牌內填寫員弁親身押解字樣施行等因。到院行司。

清・佚名《治浙成規・徒犯毋庸專發驛丞收管》 浙江按察使司陸呈詳爲詳請等事。查例開徒犯脫逃，如有該管驛丞，以驛丞爲專管，知縣爲兼轄。若該縣無驛丞者，係知縣兼管者，以該縣爲專管，知府爲兼轄。至乾隆二十一年奉部議，凡裁驛徒犯均歸縣管束，以知縣爲專管，知府爲兼轄。又乾隆五十二年雲撫譚奏准徒犯照軍流之例，於通省州縣內不拘有無驛站，均勻酌配交地方官管束，已奉刊入律內遵行。又乾隆五十四年奉吏部通行條例內稱，徒犯既照軍、流人犯派撥之例，於通省州縣酌配，則遇有脫逃，應照安插軍流之例，以吏目典史爲專管，州縣爲兼轄。有驛州縣，仍以管驛之縣丞等官爲專管等因，各在案。今據城南務兼管浙江驛丞，以徒犯請免發驛，詳奉憲臺批飭核議，經前署司轉行去後，茲據該府核詳前來本司復查，近年凡徒犯詳請定地，俱奉憲臺照例批飭發某縣安置，所有外結徒犯，委冊內俱照例以發縣造報，卽造送配所。徒犯收管，季冊亦以縣送收管造報。而詳參徒犯在配脫逃職名，又以巡典典爲專管，州縣爲兼轄辦理，殊不畫一。查發配徒犯，自裁驛歸併縣管之後，已無專發驛丞收管之例，亦無造報詳參驛丞之案，自應遵照乾隆五十四年部行，凡有徒犯，概發州縣安置。該州縣接收徒犯時，遵例折責派發巡典，及兼管驛務之縣丞等官，交保管束，取具巡典等收管。由縣加具收管申送，毋庸專發驛丞收管。嗣後由司造送收管季冊內，亦應照例聲明，由縣轉發巡典及兼管驛務之縣丞等官安置字樣，遇有疏脫詳參，卽以巡典等官爲專管，州縣爲兼轄。如此庶於定例相符，而辦理得歸畫一，不致再行歧互。所有城南務呈請之處，卽照此辦理，所有發驛當差之遣犯，自應遵照向例，仍發驛充當苦差，責令驛丞及兼管驛務縣丞等官管束等情，於嘉慶三年二月十九日，詳奉巡撫部院玉批如詳，通飭遵照，繳。

清・佚名《治浙成規・浙江江西接遞軍流應由江蘇轉解北地者值寒暑卽行截陷》 浙江按察使司李爲奏聞事乾隆二十九年十一月二十九日奉巡撫部院熊憲牌准，江蘇撫院莊咨開。據江蘇按察使錢琦詳稱，該本司查得接遞軍流遣犯，前經本司議詳，以蘇省雖係冬寒夏暑，惟接遞軍流每多自願前往，意在早到，免受拘繫之苦。是以俯順民情，無論冬夏，概行轉遞。其本省未經起解之犯，仍照舊例停遣。詳奉咨准大部。飭照奉准。順天府尹條議，發往東南和暖省分，軍流本犯情願前進，取供轉遞，其不願者，聽按其地方情形斟酌辦理等因。行據各屬查議前來，本司覆核江蘇一省，南達浙閩，北連山左。其東西兩面，襟江帶湖，潮汐汪洋。冬則嚴寒，夏則酷暑。接遞軍流若照常遞解，恐失矜恤獄囚至意。似應接其省分，分別辦理。應請嗣後，凡遇隆冬盛暑，本地未經起解軍流，及接遞軍流，時遇炎夏，皆照例概行停遣外，其接遞軍流，一遇隆冬，若係解往東南浙閩兩廣江西五省和暖地方，如本犯情願前進，取具切供轉遞；不願者聽。其餘解往西北省分之犯，均行留養。至雲南一省，雖地處和暖，而解赴該省之人，仍須經歷沍寒地方，亦應一例停遣。再前奉行江西浙江兩省接遞通境軍流，江西則地稟溫和，浙省則舟楫直達，與衝寒冒暑之北地不同，概照滇省之例，一體轉遞。但應由江蘇轉遞人犯，俱係發往北地，原非和暖之鄉。今蘇省既議停遣，江浙依然接遞，不獨辦理互異，而江蘇接遞首站必致羣聚，易生他變。應請咨明江浙兩省，凡遇接遞，應由江蘇轉解。發往北地軍流，時值寒暑，俱在彼地截留。庶江省免致壅滯疏失之虞，其止解蘇省安插，願行前進者，仍各就彼地情形，照常遞解。而江蘇接遞首站，亦一例轉遞本省配所，毋須停留。是否如斯相應，詳候憲臺咨明各鄰省撫憲，一體通飭遵照，畫一辦理等情。到本部院據此除分咨外，相應移咨，爲此合咨貴部院，煩請查照，希卽一體通飭遵照，畫一辦理施行等因行司。

海洋偷網賊匪加枷號收買之人照知情盜買問擬　浙江按察使司圖呈詳，爲遵批議覆事。查得玉環同知議稟該地，如有偷竊漁網之案，卽隨時通報。一面著落守桁之人賠償網價，其售買漁網之人，卽治以知情盜買之罪，並請將竊網之賊於計贓定擬之外，再分別加以枷號等情，稟奉憲臺批司核覆。本司伏查，守桁之輩，奸良莫辨，誠難保其無勾通匪類、竊網貨賣、勒贖分肥情事，自應逐一查辦。如有被竊漁網者，卽隨時報明該丞，一面訊供通詳，一面嚴查守桁人等有無勾竊分肥，分別賠償究追。庶奸徒不致藉由窩匪。至此處竊網賣與彼處承買之人既見無爪魚網，亦不得希賤受買。應如該廳所稟，嗣後如有收買無爪魚網者，一經獲賊究出買網之人，卽治以知情盜買之罪，使消受無人偷割之風，或可冀於漸絕。再海洋偷竊漁網，雖律無加重之條，但不遏其流，每口每釀成鉅案。亦應如所稟，嗣後凡遇在洋割竊漁網之犯，一經審明，於計贓定罪之外，再照竊賊再犯例，分別枷號。如內有兩次行竊者，一兩以上枷號一個月，五兩以上枷號兩個月，十兩以上枷號三個月。遊示海畧，俾守桁漁人咸知儆惕，於靖海洋安民業之道，不無裨益也。緣奉飭議擬合詳候憲臺察核批示，如蒙允准，刊入成規，通飭畫一遵辦等情。於乾隆三十一年五月二十二日奉巡撫部院熊批，如詳行，仍候督部堂批示繳。又奉宮保督部堂蘇批如詳，通飭沿海各縣，一體遵辦，餘照行，仍候撫部院批示繳。

清・丁日昌《撫吳公牘・通飭行查淹禁人犯》　爲通飭遵辦事，據司詳邳州截留寄禁軍犯張五，因案被獲，照例擬軍安置福建。咸豐三年二月准山東嶧縣遞解到州。適值道路梗阻，將犯截留。恭逢歷次恩詔，不准援減，仍應解配之犯。今於同治六年七月十九日，在監病故。由州驗訊核詳請咨等情到本部院，據此。查由蘇至閩，道路疏通非一日矣，似此應行解配之犯，羈留至十餘年之久，卒至瘐斃而後已，可知歷任於監禁各犯，從無過問之人。江北吏治廢馳，卽已有明證。亟應嚴加整飭，以撮頹靡。除批司飭取歷任邳州淹禁應議職名，專案詳參外，合亟通飭札到該州縣，立卽遵照查明。如有似此淹禁人犯，卽日提禁起解具報，其截留問發陝、甘、雲貴等省遣軍流犯，亦卽詳司照章詳咨改發。如再玩視忽延，一經察出，定行嚴參，並提承辦經書，重究不貸。仍將奉文遵辦緣由，先行呈覆。毋遲切切。特札。

加標應死之犯，古人尚求其生，今奈何於可生之犯，必令瘐斃而後已哉！撫牘摩挲，良堪太息。該牧令奉文後，務卽用心推求，逐細確查，有無似此淹禁人犯，限三月初十以前稟覆，切勿任聽書吏以一空稟了事也。切禱切懇。

清・沈家本《叙雪堂故事・停勾年分情重人犯奏請正法》　乾隆十九年閏四月二十一日奉上諭：停止勾決之年，情實案內有糾衆聚匪、劫犯辱官及侵蝕虧空各犯，與尋常謀故、鬥殺等犯不同，若輩予以監候已屬法外之仁，使更久稽顯戮，地方百姓日遠漸忘，非所以尚刑章而示炯戒。嗣後停決年分，著刑部將情罪重大案犯開具事由，另行奏聞，請旨正法。

又，二十五年刑部議准，西安按察使阿永阿奏請因姦謀死親夫之案，如遇停勾之年，與情重各案一併另請正法。又，是年十月內奉上諭：刑部秋審情實招冊內有案犯定讞時已逾該省熱審之期，九卿秋審提入本年冊內請勾者，其中如一人連斃二命，暨妖言惑衆、傳習符咒，并官員侵漁帑項、勒斂民財之類，非殘忍已極，即有關民俗官方，應於秋審時將此等案件另開罪犯清單奏明。欽此。

二十六年九月欽奉恩旨停止勾決，刑部將情實案犯內如前項情罪重大者，奏請正法并聲明。此外有投遞匿名揭帖告言人罪一項，情了險惡，亦請一體查辦。

又，乾隆四十五三月二十三日奉上諭：刑部議覆直隸省民婦王氏因與劉祥通姦，被媳婦杜氏撞遇，誣陷杜氏姦情毆死滅口一案，照該督所題，依故殺者斬律擬斬監候，秋後處決，并聲明王氏誣姦捆毆杜氏，有意致死滅口，且傷至一百餘處，姑媳恩義已絕，應照凡人問擬等因，所辦自屬平允。此等倫理滅絕、殘忍已極之人，法無可貸，秋審問擬情實即予勾決，以昭儆戒。本年秋審原當停勾，此案著交刑部存紀，於秋審時即行具聲明，依律辦理。此外如有似此者，亦著一體於本內聲明，秋後即予正法，使殘忍害命之犯不致延喘，受害者早得申冤，亦情理之正，而明歲情實之案亦可少減。

又，是年三月二十六日奉上諭：刑部審擬王吳氏砍傷七歲幼姪王僂子身死、圖絕人後一案，其情節極爲殘忍，著交刑部改議，即照前次直隸省民婦王氏致死伊媳之案聲明，本年雖遇停勾，仍當屆期請旨。

道光元年停勾，奉旨本年停辦情重各犯。嗣後停勾年分均由刑部請旨，均奉旨停勾。

清・沈家本《叙雪堂故事・減等人犯酌加監禁》　欽奉恩旨：查辦減等，由刑部將應入秋審人犯分別准減、不准減及監禁一年、二年、四年、六年後，再行減等。其不准減各案，有案雖較重而情尚可原者，仍入緩決。查酌加監禁年限，以兩年爲多，其一年、嘉慶十年查辦東三省死罪人犯，有監禁一年再行減等者。四年、六年，嘉慶以前有此章程，道光以後則多以二年爲斷。

《大清法規大全・訴訟法》　第七節　執行各刑及開釋

第七十八條　凡宣告判詞經過上控期方爲決定。然後按照下列各條分別執行各刑。

第七十九條　凡應處死刑者辦法如左：

一　係立決者，專摺奏交刑部核覆施行。俟奉旨後，將該犯處決。

二　係監候者，彙案奏交刑部核覆施行。俟奉旨後，將該犯歸入稍待分別情實、緩決辦理。

第八十條　應處流徒刑者，即將該犯分別發配或留內地俱撥交罪犯習藝所工作。

第八十一條　應處監禁刑者，羈禁監獄酌服相當之役。

第八十二條　應處罰金刑者，限決定後一月內完納，不得拘留。逾限不完以一圓折算，一日易以監禁。若監禁期內補繳罰金，扣除所過日數，徵收餘額，即予釋放。如係由笞、杖改折罰金，其數既少應仍照向章辦理照俟。新律頒行之後，一體照此條折算。

第八十三條　應監禁與罰金併處者，監禁期滿徵收罰金。如無力完納，依前條例折易監禁。

第八十四條　凡裁判除死罪人犯及情節重要者，分別專摺或彙奏外流罪以下人犯按照左列辦法咨行刑部存案：

一　應流徒及監禁者，專案咨部。

二　應罰金者，按季彙案咨部。

第八十五條　凡工作及監禁人犯，本刑期滿或遇赦者，即予釋放。

第八十六條　凡證據難憑，或律無正條，或原告所控各節間有疑竇者，應即將被告取保釋放，令其日後自行檢束。

第八十七條　凡本刑期滿，或遇赦，或被告經公堂判爲無罪者，日後不得再因本案拘傳審訊。

第八十八條　凡應開釋者，除例應沒收之物不准攜帶外，餘均交還本人，不得勒扣。

《清代巴縣檔案匯編・人犯管理》　衙門刑具，載在律條，其數有六，笞杖訊枷杻鐐。無論笞杖，即訊亦號爲杖重矣，大頭止徑四分五釐，其用止於重罪，不服其法止於臀腿分受，至於笞杖，止加於臀而已，不及腿也。近日各衙門用重大竹笓，不去稜節，聽從惡卒任責腿灣，多者三五十，或內遺割肉，或筋傷殘廢，此惟法司懲創極惡大姦百一用之。郡邑職在牧民，常刑當如是耶？但竹笓通行已久，不能遽革，以肆姦頑，亦當分爲輕生三等，每板臀腿分受，十板以上兩腿分受。何處非肌膚，何肌膚不痛楚，而必欲殘民以逞哉？如不係極惡大姦，萬世所恨，而仍前概用重大及數多加力，又叢於一處，擅及於腿灣者，無問曾否傷人，定以酷刑參罷。

枷有三等，死罪重不過二十五斤，徒流二十斤，杖十五斤。夫枷非令負重，止書罪名於上，號令示衆而已，故曰枷號。至於一百斤，一百二十斤，大枷於例雖有，用亦不常。今後各府州縣百斤重枷不得輕用，應枷號者照律置爲三等，不許一概輒用大枷。違者以違制論。

一、人身之用手居其九，若懼有疎虞，大鐐嚴鎖牢絆兩足可矣。至於木杻，非死罪男子始用。充軍以下例不械其兩手，念人情之便也。婦人雖死罪不杻，謂飲食便溺不可托之他人，重男女之別也。以後各有司衙門非犯死罪子不得一概用杻，以傷朝廷體悉人情至意。

一、夾棍扛子腦箍桚指攢板原非應有刑具，近日問官有心不精細性不耐煩者，盜不分强竊，人命不分眞僞，一入衙門，只靠夾桚，酷烈之狀不可盡述。以後衆證明白事情端的而展轉不肯招承者，間用此等刑具。夾不得過一次，扛不得過三十，桚指不得對兩頭，夾桚不得過二時，腦箍定不許用。如違，不分有無傷人，定以酷刑署考，情重者參究拏問。

《清代巴縣檔案匯編·人犯管理·乾隆四十年正月十九日重慶府牌文爲檄飭解驗事》 案奉憲檄行令，將行杖竹板按季制造送府驗烙，飭發應用等因，通行在案。今春季在邇，未據該縣申送前來，合塡預印空白飭取。爲此行縣官吏查照來牌事理，即便遵式制造行杖大小竹板各二塊，專差申送本署府，以憑驗烙，檄發應用毋違。速速須牌。

右牌行巴縣準此。

紀 事

《漢書·刑法志》 〔漢文帝〕即位十三年，齊太倉令淳於公有罪當刑，詔獄逮繫長安。淳於公無男，有五女，當行會逮，罵其女曰：生子不生男，緩急非有益！其少女緹縈，自傷悲泣，乃隨其父至長安，上書曰：妾父爲吏，齊中皆稱其廉平，今坐法當刑。妾傷夫死者不可復生，刑者不可復屬，雖後欲改過自新，其道亡繇也。妾願沒入爲官婢，以贖父刑罪，使得自新。書奏天子，天子憐悲其意，遂下令曰：制詔御史：蓋聞有虞氏之時，畫衣冠異章服以爲戮，而民弗犯，何治之至也！今法有肉刑三，而姦不止，其咎安在？非乃朕德之薄，而教不明與！吾甚自愧。故夫訓道不純而愚民陷焉。《詩》曰：愷弟君子，民之父母。今人有過，教未施而刑已加焉，或欲改行爲善，而道亡繇至，朕甚憐之。夫刑至斷支體，刻肌膚，終身不息，何其刑之痛而不德也！豈稱爲民父母之意哉？其除肉刑，有以易之；及令罪人各以輕重，不亡逃，有年而免。具爲令。

《後漢書·明帝紀》 〔永平八年十月〕詔三公募郡國中都官死罪繫囚，減罪一等，勿笞，詣度遼將軍營，屯朔方、五原之邊縣；妻子自隨，便占著邊縣；父母同產欲相代者，恣聽之。其大逆無道殊死者，一切募下蠶室。亡命者令贖罪各有差。凡徙者，賜弓弩衣糧。

《晉書·刑法志》 及景帝輔政，是時魏法，犯大逆者誅及已出之女。母丘儉之誅，其子甸妻荀氏應坐死，其族兄顗與景帝姻，通表魏帝，以匄其命。詔聽離婚。荀氏所生女芝，爲潁川太守劉子元妻，亦坐死，以懷姙繫獄。荀氏辭詣司隸校尉何曾乞恩，求沒爲官婢，以贖芝命。曾哀之，使主簿程咸上議曰：夫司寇作典，建三等之制；甫侯修刑，通輕重之法。叔世多變，秦立重辟，漢又修之。大魏承秦漢之弊，未及革制，所以追戮已出之女，誠欲殄醜類之族也。然則法貴得中，刑愼過制。臣以爲女人有三從之義，無自專之道，出適他族，還喪父母，降其服紀，所以明外成之節，異在室之恩。而父母有罪，追刑已出之女；夫黨見誅，又有隨姓之戮。一人之身，內外受辟。今女既嫁，則爲異姓之妻；如或產育，則爲他族之母，此爲元惡之所忽，戮無辜之所重。於防則不足懲姦亂之源，於情則傷孝子之心。男不得罪於他族，而女獨嬰戮於二門，非所以哀矜女弱，蠲明法制之本分也。臣以爲在室之女，從父母之誅；既醮之婦，從夫家之罰。宜改舊科，以爲永制。於是有詔改定律令。

《北齊書·後主紀》 二月乙丑，詔應宮刑者普免刑爲官口。

《北史·郎基傳》 基初莅職，披檢格條，多是權時，不爲久長。州郡因循，失於請讞，致密網久施，得罪者衆。遂條件申臺省，仍以情量事科處，自非極刑，一皆決放。積年留滯，案狀膠加，數日之中，剖判咸盡。尋而臺省報下，並允基所陳。條綱既疏，獄訟清靜。【略】

尋除衛國令，時有繫囚二百，茂親自究審，數日釋免者百餘人。歷年辭訟，不詣州省。魏州刺史元暉謂曰：長史言衛國人不敢申訴者，畏明府耳。茂曰：人猶水也，法令爲隄防，隄防不固，必致奔突，苟無決溢，使君何患哉！暉無以應。有部人張元預與從父弟思蘭不睦，丞尉請加嚴法。茂曰：元預兄弟，本相憎嫉，又坐得罪，彌益其忿，非化人之意也。乃遣縣中耆舊，更往敦諭，道路不絕。元預等各生感悔，詣縣頓首請罪。茂曉之以義，遂相親睦，稱爲友悌。

《隋書・高祖紀下》〔開皇十五年〕十二月戊子，勑盜邊糧一升已上皆斬，並籍沒其家。

又〔開皇十六年〕秋八月丙戌，詔決死罪者，三奏而後行刑。

《唐文拾遺・唐太宗〈決囚日進蔬食敕〉》前敕在京決死囚日進蔬食，自今以後決外州囚，第三日亦進蔬食。

唐・劉餗《隋唐嘉話》太宗閱醫方，見《明堂圖》，人五臟之系咸附於背，乃愴然曰：今律杖笞，奈何令髀背分受？乃詔不得笞背。

《舊唐書・玄宗紀》〔開元〕四年春正月癸未，尚衣奉御長孫昕恃以皇后妹婿，與其妹夫楊仙玉毆擊御史大夫李傑，上令朝堂斬昕以謝百官。以陽和之月不可行刑，累表陳請，乃命杖殺之。

《舊唐書・玄宗紀》〔開元十一年〕十一年春正月丁卯，降都城見禁囚徒，流、死罪減一等，餘並原之。己巳，北都巡狩，赦所至處存問高年、鰥寡惸獨、征人之家；減流、死罪一等，徒以下放免。庚辰，幸并州、潞州，宴父老，曲赦大辟罪已下，給復五年。

《舊五代史・晉書五・高祖紀》〔天福六年〕二月辛卯，詔：天下郡縣，不得以天和節禁屠宰，輒滯刑獄。

宋・李昉《太平御覽・刑法部》《唐書》曰：開元二年，監察御史蔣挺有所犯，敕朝堂杖之。黃門侍郎張廷珪曰：御史憲司，清望耳目之官，有犯當殺即殺，當流即流，不可決杖，可殺不可辱也。

又曰：開元中，前廣州都督裴伷先下獄，中書令張嘉貞奏請決杖。兵部尚書張說進曰：臣聞刑不上大夫，以其近於君也，故曰士可殺不可辱。臣今秋巡邊中途，聞姜皎朝堂決杖流，皎是三品，亦有微功，不宜決廷辱，以卒伍待之。且律有八議，勳貴在焉。今伷先不可輕行決罰。上然其言。嘉貞不悅，退而謂說曰：何言事之深也說曰：宰相者時來即爲，豈能長據，若貴臣盡當可杖，但恐吾等行當及之。此言非爲伷先，乃爲天下士君子也。

又曰，王遂爲浙西觀察使，每有笞撻，其杖率過常制。既遇禍，監軍使封其杖來獻，命中人出示於朝以作誡。

世祖曰：桓宣武在荆州，欲以德被江漢，耻以威刑肅物。令史受正從朱衣。上過桓室，年少從外來云：向從門下過，令史受杖，上稍雲根，下拂地足。意機其不着。宣武云：我猶患其重。

傳集曰：咸爲左丞，楊濟與咸書曰：昨遣人相視，受罰云太重，以爲恆然相念，杖痕不耐風寒，宜深慎護，不可輕也。當飲酒令體中常暖爲佳，蘇治瘡上急痛，故寄往之。咸答：違距上命，稽停詔罰，退思此罪，在於不測，纔加罰黜，退用戰悸，何復以杖重爲劇。小人不德，所好唯酒，宜於養瘡，可數致也。

《襄陽耆舊記》曰：羅尚爲右丞，是時左丞處事失武帝意，大怒，欲案入重罪，事連尚。於是尚爲坐，受杖一百，時論美之。《益部耆舊傳》曰：常播字文平，蜀郡江源人。仕縣主簿。縣長廣都朱淑以官穀割沒，當論重罪。播爭獄訟，身受杖數千，披肌割膚，更歷三獄，幽閉二年。每將掠拷，吏先驗問伏不。播答：言忽得罰，無所多問。辭終不撓，事遂見明也。

《三輔決錄》曰：丁邯字叔春，正直不撓，舉孝廉爲郎，以令史次補也。世祖改用孝廉，選邯補爲郎，邯稱疾不就。詔問實病，羞爲郎乎？對曰：臣實不病，以孝廉爲令史職爾。世祖怒，使虎賁杖之數千。詔問欲爲郎不？邯曰：能殺臣者陛下，不能爲郎者臣也。詔出，不爲郎。

《新唐書・刑法志》五年，河內人李好德坐妖言下獄，大理丞張蘊古以爲好德病狂瞀，法不當坐。治書侍御史權萬紀劾蘊古相州人，好德兄厚德方爲相州刺史，故蘊古奏不以實。太宗怒，遽斬蘊古。既而大悔，因詔死刑雖令即決，皆三覆奏。久之，謂群臣曰：死者不可復生。昔王世充殺鄭頲而猶能悔，近有府史取賕不多，朕殺之，是思之不審也。決囚雖三覆奏，而頃刻之間，何暇思慮？自今宜二日五覆奏。決日，尚食勿進酒肉，教坊太常輟教習，諸州死罪三覆奏，其日亦蔬食，務合禮撤樂、減膳之意。

《新唐書・郝處俊傳》孫象賢，垂拱中，爲太子通事舍人，后素銜處俊，故因事誅之。臨刑，極罵乃死，后怒，令離磔其尸，斲夷祖、父棺冢。自是訖后世，將刑人，必先以木丸窒口云。

《新唐書・李道裕傳》兄子道裕，貞觀末爲將作匠。有告張亮反者，詔百官議。皆言亮當誅，獨道裕謂反形未具。帝怒不暇省，斬之。歲餘，刑部侍郎缺，宰相屢進名，不可。帝曰：朕得之矣。是嘗議張亮者，朕時雖不從，今尚悔之。遂命道裕。終大理卿。

《新唐書・長孫詮傳》 子詮，尚新城公主。詮女兄爲韓瑗妻。無忌得罪，詮流巂州，有司希旨殺之。詮有甥趙持滿者，工書，善騎射，力搏虎，走逐馬，而仁厚下士，京師無貴賤愛慕之。爲涼州長史，嘗逐野馬，射之，矢洞於前，邊人畏伏。詮之貶，許敬宗懼持滿才能仇己，追至京，屬吏訊搒，色不變，曰：身可殺，辭不可枉！吏代爲占，死獄中。

《新唐書・王義方傳》 顯慶元年，擢侍御史，不再旬，會李義府縱大理囚婦淳于，迫其丞畢正義縊死，無敢白其姦。義方自以興縣屬，不三時拜御史，且疾當世附離匪人以欺朝廷，内決劾奏，意必得罪，即問計於母。母曰：昔王母伏劍，成陵之誼。汝能盡忠，吾願之，死不恨。義方即上言：天子置公卿大夫士，欲水火相濟，鹽梅相成，不得獨是獨非也。昔堯失之四凶，漢高祖失之陳豨，光武失之逢萌，魏武失之張邈。彼聖傑之主，然皆失於前而得於後。今陛下撫萬邦而有之，蠻區夷落，罪無逃罰，況輦轂下姦臣肆虐乎？殺人滅口，此生殺之柄，不自主出，而下移佞臣，履霜堅冰，彌不可長。請下有司雜治正義死狀。即具法冠對仗，叱義府下，跪讀所言。帝方安義府狡佞，恨義方以孤士觸宰相，貶萊州司戶參軍。歲終不復調，往客昌樂，聚徒教授。母喪，隱居不出。卒，年五十五。

《新五代史・安重榮傳》 重榮雖武夫，而曉吏事，其下不能欺。有夫婦訟其子不孝者，重榮拔劍授其父，使自殺之，其父泣曰：不忍也！其母從傍詬罵，奪其劍而逐之，問之，乃繼母也，重榮叱其母出，後射殺之。

宋・司馬光《資治通鑑》卷一六八 〔文帝天嘉元年二月〕齊主斬人於前，問王晞曰：是人應死不？不，讀曰否。齊主以文宣殺人，多非其罪，自謂誅當其罪，故以問晞。晞曰：應死，但恨死不得其地耳。臣聞刑人於市，與衆棄之。《記・王制》之言。殿庭非行戮之所。帝改容謝曰：自今當爲王公改之。爲，于僞翻。

宋・王溥《唐會要・君上慎恤》 光化元年八月二十七日敕，近日用刑，皆隳舊例，多黷斧鑕，鮮行鞭笞。今後應天下州縣科斷罪人，切須明于格律，不得以軍法戮人。

宋・王溥《唐會要・臣下守法》 神龍元年正月，韋月將上變，告武三思謀逆。中宗大怒，命斬之。大理卿尹思貞以發生之月，執奏以爲不可行刑。竟決杖流嶺南。三思令所由司以非法害之，思貞又固爭之。三年，節愍之誅，武三思事變之後，其詿誤守門者，並配流未行。有韋氏黨，密奏請盡誅之。上令鞫斷。大理卿鄭惟忠奏曰：今大獄始決，人心未寧。若更改推，必遞相驚。恐則反側之子，無由自安。遂依舊斷。

又 永徽元年正月，有洛陽人李宏泰誣告太尉長孫無忌謀反。上令不待時而斬之。侍中于志寧上疏諫曰：陛下情篤功臣，恩隆右戚，以無忌横遭誣告，事並是虚，故戮告人，以明賞罰。竊據《左傳》聲子曰：賞以春夏，刑以秋冬，順天時也！又按《禮記・月令》曰：孟春之月，無殺昆蟲。省囹圄，去桎梏，無肆掠，止獄訟。又《漢書・董仲舒》曰：王者欲有所爲，宜求其端于天。天道之大者，在于陰陽。陽爲德，陰爲刑。刑主殺，而德主生。陽常居大夏，而以生育長養爲事；陰常居大冬，而積于空虚不用之處。以此見天之任德不任刑也！伏惟陛下暫迴聖慮，察古之言。儻蒙垂納，則生靈幸甚！疏奏，從之。

宋・王溥《唐會要・斷屠釣》 武德二年正月二十四日詔：自今以後，每年正月九日，及每月十齋日，並不得行刑；所在公私，宜斷屠釣。

宋・李燾《續資治通鑑長編》卷六 〔宋太祖乾祐三年十月〕己未，太子中舍王沼棄市，坐權知西縣受贓枉殺人也。

宋・李燾《續資治通鑑長編》卷二四六 〔宋神宗熙寧六年七月〕詔諸路配人罪，除凶惡盗及應配本州、鄰州若沙門島外，少壯者配河州，内應配廣南及去河州千里者，決如法，餘並免決配，及五百人止。

宋・李燾《續資治通鑑長編》卷二五三 〔宋神宗熙寧七年五月〕是月，復憲州，從知太原府劉庠請也。庠又請修築惠寧、肅定、神木三堡，募民子弟技擊剽鋭者籍爲勇敢，以待陷堅走敵。流罪以下情可貫者，免杖，徙實河外。從之。數事不必皆是月，今依本傳附見。陳師道銘魏濤墓云：濤爲河東從事，佐劉庠，契丹與河東爭界，而廷議欲割畀之。遣使臨議，庠以屬濤，使不能屈，則臨以威，濤不爲動。于是復憲州，築惠寧、肅定、神木三堡，聲勢益振，契丹亦不敢競。庠由是益知濤，謂可當大事。濤，彭城人也。史載復憲州事極不詳，故增注此，以待考詳。

宋・李燾《續資治通鑑長編》卷四三四 〔宋哲宗元祐四年十月〕刑部言：開封府奏：元降權宜指揮，欲乞將竊盗至徒刺塡一節先次住罷外,其強盜不該刺配之人,乞依舊存留刺填廂軍。欲依所奏。從之。

宋·李燾《續資治通鑑長編》卷四六八　〔宋哲宗元祐六年十月〕癸卯,刑部言：配沙門島人,強盜親下手或已殺人放火,計贓及五十貫,因而強姦,親毆人折傷、兩犯至死,或累贓滿三百貫、贓二百貫以上,謀殺人造意或加功而致死,十惡本罪至死,造蓄蠱毒藥已殺人,不移配。強盜徒伴殺人,元不同謀,贓滿二百貫,遇赦移配廣南,溢額者,即配遠惡處牢城。餘犯遇赦,移配荆湖南北、福建路州軍,溢額者,即配廣南牢城。沙門島人遇赦不該多配、并遇赦不還而年六十以上、在島五年,移配廣南牢城；在島十年,依餘犯格移配。篤疾或年及七十、在島三年以上,移配近鄉州軍牢城；犯狀應移而老疾者同。其永不放還者,各加二年移配。從之。

宋·李心傳《建炎以來繫年要録》　〔紹興元年五月〕辛亥,詔以道路未通,諸路死罪囚應奏讞者,權令降等斷遣。五年正月壬子復奏案。

宋·朱熹《朱子文集大全類編·約束竊米及劫掠榜》　州縣旱傷去處,慮有無知村民不務農業,專事扇惑聚衆,輒以借貸爲名,於村疃之間廣張聲勢,亂行逼脅,以至劫掠居民財物米穀。此項當司檢準律,強盜不得財,徒二年；一疋徒三年；二疋加一等。十疋及傷人者絞,殺人者斬。其持杖者雖不得財,流三千里,五匹絞,傷人者斬。今來切慮愚民不曉條法,悮犯刑名,深可憐憫。除已牒諸州府,請遍下諸縣,曉諭民戶知委,各自安業,勿致扇惑,輕犯典憲,後悔無及。

右今鏤榜,曉諭民戶知悉,故榜。

《宋會要輯稿·刑法六》　天禧元年十一月,開封府言：左、右軍巡見禁勘罪人,今值冬寒,若不問輕重,須候結案,必恐淹延。欲望許除大辟罪依舊結案外,其餘流罪以下公事,止依在府勘事體例寫長狀,具劄子繳連録問後,送法司定刑名斷遣。從之。

又　〔紹興二十年〕二月六日,詔進武校尉、池州太平州駐劄御前都統制王進下使喚靖皐除名勒停,送南恩州編管。以皐用刃殺百姓蔣臘哥身死,法當絞,特貸之。

又　〔紹興二十年〕四月二十五日,詔右承務郎徐滋除名勒停,永不收敘,送廉州編管,仍籍沒家財。以滋前監廉州都鹽倉,坐贓法當死,特貸之。

又　〔紹興二十年〕六月十九日,詔保義郎竇昷除名勒停,送建州編管。以昷毆擊百姓鄭義致死,法當絞,特貸之。

又　〔紹興二十年六月〕二十三日,詔右宣教郎吳擇鄰除名勒停,永不收敘,送昭州編管,仍籍沒家財。以擇鄰前知潭州潭鄉縣,坐贓法當死,特貸之。

又　〔紹興二十年六月〕二十四日,詔武功郎東文、從義郎馮青、陳全,忠訓郎周寧,成忠郎趙興,承信郎李眞,各除名勒停,不刺面,分配逐州軍本城收管,東文韶州,馮青袁州,陳全建州,周寧洪州,趙興建昌軍,李眞邵武軍。以文等並持杖劫奪民財,法當絞,故特貸之。

又　〔紹興二十年〕七月四日,武翼郎、御前破敵軍使臣蘭宏除名勒停,送邵武軍編管。以宏毆擊百姓李彥致死,法當絞,特貸之。

又　〔紹興二十年〕九月十一日,詔降授左承事郎、前福建路安撫司主管機宜文字吳元美除名勒停,送容州編管。以鄭煒告論元美任太常寺主簿,坐與李光交結,因言章補外,心懷怨望,遂將蠅蚊爲名,撰造《夏二子傳》,指斥國家及譏毀大臣,以快私忿。刑寺鞫實,法當死,特貸之。

又　〔紹興二十年〕十二月二十六日,詔右從政郎謝弼除名勒停,永不收敘,送靜江府編管,仍籍沒家財。以弼任普州安嶽縣令,坐贓法當絞,特貸之。

又　〔紹興〕二十一年四月五日,詔忠翊郎閻溫除名勒停,送潭州編管。以溫毆擊百姓吳二致死,法當絞,特貸之。

又　〔紹興二十一年〕十月十九日,詔左武大夫、充御前選鋒第一正將陳忠除名勒停,送萬安軍編管。初,忠緣公毆擊所部軍兵宰宥致死,既而聞宥妻阿崔與其婿米立謀欲復讎,懼,即令以毒藥殺二人,於法應死,特貸之。

又　〔紹興二十一年〕十二月五日,詔成忠郎劉俊除名勒停,送利州編管。以俊謀殺郭漸不克,法應絞,特貸之。

又　〔紹興二十一年十二月〕十六日,詔入內內侍省東頭供奉官、寄資武翼郎吳曇除名。以曇主管建康府行宮大內局鑰,虛作客人中賣花木,盜錢入己,法當絞,特貸之。

又　〔紹興二十一年十二月〕二十二日,詔臨安府徑山能仁禪院僧陸清言決脊杖二十,刺面配廣南遠惡州軍牢城。以清言撰造偈頌,蠱惑士庶,至有指斥語言,於法應絞,特貸之。

又　〔紹興〕二十二年四月五日,詔保義郎邢若思除名勒停,永不收敘，送德慶府編管，仍籍沒家財。以若思前監廉州白石場，坐贓法當絞，特貸之。

又 〔紹興二十二年〕六月十日，詔進武校尉、殿前司策選鋒軍使臣徐朝除名勒停，送饒州編管。以朝毆擊百姓黄五三致死，當絞，特貸之。

又 〔紹興二十二年〕八月九日，詔秉義郎、新添差袁州兵馬監押趙不摮除名勒停，令南安軍押送大宗正司鏁閉。以不摮前任本軍兵馬監押，因與管界巡檢張逵宴會，戲謔發怒，不摮毆逵限內致死，法當絞，特貸之。

又 〔紹興〕二十三年三月二十五日，詔右迪功郎鄧衍除名勒停，永不收敘，送廣州編管，仍籍沒家財。以衍前監秀州新城市稅，坐贓法應絞，特貸之。

又 〔紹興二十三年〕六月二十八日，詔入内内侍省東頭供奉官、寄資修武郎裴詠除名勒停，送海外瓊州編管，永不放還。其初，詠被旨往盱眙軍傳宣撫問北使，私市北貨，尋被拘收，心懷怨望，有指斥語言，法當絞，特貸之。

又 〔紹興〕二十四年十二月十一日，詔右通直郎、知明州鄞縣程緯除名勒停，永不收敘，送貴州編管，仍籍沒家〔則〕〔財〕。以緯坐贓法當絞，故特貸之。

又 〔紹興〕二十六年六月二十五日，詔武翼郎楊暉、承節郎王榮除名勒停，永不收敘，暉送横州、榮送藤州編管，各籍沒家財。以暉前權廣南經略司準備將領、監廣豐倉門，榮前任五鎮巡檢，並坐贓，法寺鞫實，當絞，〔是〕〔故〕有是命。

宋・佚名《名公書判清明集・官吏門・催苗重疊斷杖》 縱是吏卒，亦不當於濕瘡上鞭撻，況吏人之子乎！又五日而兩勘杖乎！具析申。據趙主簿具析到公狀，奉判，人無貴賤，身體髮膚，受之父母，一也。先賢作縣令，遣一力助其子云，此亦人之子也，可善遇之。主簿似未知此樣意思，只如三月二十七日斷杖，四月初八日復決，豈非濕瘡上再決乎！似此催料，傷朝廷之仁厚，損主簿之陰隲，當職以提點刑獄名官，不得不諄諄告誡，今後不宜如此。

宋・佚名《名公書判清明集・官吏門・約束州縣屬官不許違法用刑》 訪聞判官聽每每違法用刑，決撻之類動以百計。照得在法笞杖自有定數，笞至五十而止，實決二十下，杖至一百而止，實決十下，未嘗有累及百數者。惟軍中用重典，則有法外之行，然必是其罪合減死一等，始有決小杖一百者，亦豈可常也。今州縣屬者非軍將，吏卒所犯非軍令，不應輒行軍法，以作淫虐。此皆由郡政不綱之故，合行約束。準令，諸見任官、本廳或本司所轄兵級、公吏犯杖以下罪，聽申長吏，借杖勘決。朝廷立法曲盡至此，其恤刑之意可見矣。今後各廳吏卒決二十以下，聽從便遣決，杖以上照條申借，不得仍前任意專決外，知縣係是長吏，職兼軍政，巡、尉係轄弓手、土兵，與掌軍事體一同，合聽斟酌輕重施行。

《元典章・誣告・誣告本屬多科》 至元三年，省准部擬豐州王平等八名，各狀招不合誣告本州安知州多科差發入已罪犯，王平爲首四十七下，爲從各決三十七下。

《元史・世祖紀五》 樞密院言：兩都、平灤獵戶新簽軍二千，皆貧無力者，宜存恤其家。又新附郡縣有既降復叛，及糾衆爲盜犯罪至死者，既已款伏，乞聽權宜處決。皆從之。中書省臣議斷死罪，詔：今後殺人者死，問罪狀已白，不必待時，宜卽行刑。其奴婢殺主者，具五刑論。乙酉，阿刺罕克廣德，趨獨松關。丙戌，太陰犯軒轅大星。己丑，遣太常卿合丹以所獲塗金爵三，獻于太廟。庚寅，伯顔遣降人游介實奉璽書副本使于宋，仍以書諭宋大臣。甲午，以高麗國官制僭濫，遣使諭旨，凡省、院、臺、部官名爵號，與朝廷相類者改正之。

《元史・武宗紀二》 〔元武宗至大三年十一月〕己亥，尚書省以武衛親軍都指揮使鄭阿兒思蘭與兄鄭榮祖、段叔仁等圖爲不軌，置獄鞫之，皆誣服，詔叔仁等十七人並正典刑，籍沒其家。

《元史・文宗紀四》 湖廣參政徹里帖木兒與速速、班丹俱坐出怨言，鞫問得實，刑部議當徹里帖木兒、班丹杖一百七，速速處死，會赦，徹里貼木兒流廣東，班丹廣西，速速徙海南，皆置荒僻州郡。

《元史・速哥傳》 受命方出，有回回六人訟事不實，將抵罪，遇諸途，急止監者曰：姑緩其刑，當入奏。復見帝曰：此六人者，名著西域，徒以小罪盡誅之，恐非所以懷遠人也。願以賜臣，臣得困辱之，使自悔悟遷善，爲他日用，殺之無益也。帝意解，召六人謂之曰：生汝者速哥也，其竭力事之。至雲中，皆釋之。後有至大官者。其寬大愛人多類此。卒年六十二。贈推忠翊運同德功臣、太師、開府儀同三司、上柱國，追封宣寧王，謚忠襄。

《元史・李恒傳》 俄有詔分三道出師，以恒爲左副都元帥，從都元帥遜都臺出江西。九月，開府于江州。師次建昌縣，擒都統熊飛。遂圖隆興，轉運使劉槃請降，恒察其詐，密爲之備，槃果以鋭兵突至，恒擊敗之，殺獲殆盡，槃乃降。下撫、瑞、建昌、臨江。軍中有得宋相文天祥與建昌故吏民書，恒焚之，人心乃安。進攻吉州，知州周天驥降，遂定贛、南安。廣東經略徐直諒奉蠟書納其所部十四郡，前江西制置黃萬石亦以邵武降。隆興帥府誣富民與敵連，已誅百三十家，恒還，審其非罪，盡釋之。

《元史・王守誠傳》 重慶銅梁縣尹張文德，出遇少年執兵刃，疑爲盜，擒執之，果拒敵。文德斬其首，得懷中帛旗，書曰南朝趙王。賊黨聞之，遂焚劫雙山。文德捕殺百餘人。重慶府官以私怨使縣吏誣之，乃議文德罪，比不即捕強盜例加四等。遇赦免，猶擬杖一百。守誠至，爲直其事。

明・呂本《皇明寶訓・宣德卷五・審刑罰》 〔宣德元年〕六月己卯，四川都司械松潘等處力劫簇叛寇阿兀等二十餘人至京，兵部請奏斬之。上曰：叛寇固當誅，况阿兀首惡，法不可貸。但番人語言詭異，恐有詐僞，又二十餘人，或有協從者，未可一概加刑。令三法司審實，惟阿兀等十八人應斬，餘皆協從。上命應斬者如律，協從皆釋之。

明・呂本《皇明寶訓・成化卷二・恤刑》 成化二年六月丁巳，上以天氣炎熱，敕三法司見監罪囚，除眞犯死罪外，餘備其獄辭來上，毋令淹滯。於是都察院上十有四人，刑部上百四十有一人，上命即如例發遣。

《明實録・洪武二十五》 〔二月〕乙卯，鎮南衛卒六人造官船于韓橋，擾伐民樹木爲樓櫓，民訴之。上曰：輦轂之下尚如此，其他可知矣。命斬其爲首者一人以示衆，餘杖之，謫戍甘肅。

《明實録・洪武三十五年》 〔八月甲子〕上初以北平軍餉不繼，欲出獄囚輸米贖罪以給之，且省餽運之勞，命法司議。至是，法司議奏：除十惡、人命、強盜及笞罪不贖外，其雜犯死罪輸米六十石。流罪三等，俱四十石。徒罪一年十石，一年半十三石，二年十六石，二年半二十石，三年二十五石。杖罪五等，六十者四石，七十以上每等加五斗。輸畢釋之。從之。

《明實録・宣德九年》 〔十月〕丙寅，行在户部奏：比者平江伯陳瑄言，漕運官軍有犯，除重罪外，無黜降遷調，請量輕重罰運淮安、徐州倉米赴京贖罪，已准所言。今議流罪六十石，徒罪五等，自五十石至二十五石。杖罪五等，自二十石至八石，笞罪六石至二石。上覽之曰：所罰過重，命流徒各減十石，杖罪每一十運一石，笞罪一十運五斗。

又 〔十二月庚申〕巡按四川監察御史、四川都司、布政司、按察司奏強賊王必成等三十人，當處決。勅三司及御史再會官審實，果無冤，即於所劫之處，斬首示衆。凡賊屬及匿藏者，悉送赴京，寡婦及幼男女，並釋之。

《明實録・正統三年》 〔五月甲辰〕民有逐其養子而妾其婦者，既而又逐其妻，妻訟焉。法司論罪當徒。上以其敗壞風俗，不可常律斷，編爲戍卒。

又 〔十二月〕丁丑，命廷臣太師英國公張輔等會問遼王貴烚淫穢事，具得其實，論巡撫侍郎吳政等規避不奏，當斬。乃詔皇親駙馬議，宜遵祖訓，召王至京治罪。上是之，降勅符遣駙馬都尉趙輝，同内官召王，仍録所犯，諭諸王，令其議擬以聞。

《明實録・正統八年》 〔七月己卯〕福建延平衛指揮男于玘，謀殺親兄，當凌遲處死。臨刑輒訴冤，凡五訴不已，至誣其母與人通，其兄欲殺所與通者，反見殺，冀逭己罪。法司請再遣御史、給事中密勘之。上曰：此犯既殺其兄，又誣其母，不孝不弟，孰甚焉，其即誅之，勿再勘。

《明實録・成化五年》 〔四月壬申〕刑科都給事中毛弘等奏，張元吉問擬獄成，與其黨胡老仔等，俱奉旨監候處決。切惟祖宗舊制，凡犯十惡強盜決不待時。今元吉于十惡之内干犯四五，加之殺人數多，貪淫無比，使監候日久，萬一死于獄中，全其首領，恐無以泄神人之憤，乞即押赴市曹誅之，庶足以明朝廷之法，不少假借。奏上，命監候如故。

《明實録・成化十二年》 〔二月乙未〕南京三法司奏：會審斬絞罪犯十七人，皆僞造印信、私鑄銅鐵、幷強姦、不孝、假降邪神之類，遇赦例應釋放。上以其所犯情重，不允。

《明實録・成化十六年》 〔六月辛酉〕先是，欽天監奏：選官民子弟肄習天文曆法，已歷三年，本監據正統年例，經奏得旨，考中收充天文生。事下禮部，禮部查成化六年近例(復)〔覆〕奏，得旨會監官覆考得一百七人，命俱收充天文生食糧辦事，退其不中者六人，仍留肄習。且劾軒等妄引舊例，有旨令自陳。軒等言：侍郎俞欽、周洪謨俱挾私憾，并郎中黃景嘗請託不從，以致參奏，不肯服罪。復令欽、洪謨景自陳，欽、洪謨奏實無挾私事，惟景嘗以事託之。上以軒等朦朧奏請，飾辭掩過，欲加究治，姑宥之，仍停俸三月，景請託事實，特停俸半年，其餘連坐者杖而釋之。

《明實録·成化十七年》〔六月戊辰〕南京守備等官奏：近奉勑旨審録罪囚，其死罪情眞罪當者，依例監候聽決，情罪有可矜疑者，會奏處置，徒流以下減等。但其中有枉法滿貫、監守自盜、常人盜犯、該雜犯斬絞罪，又有略賣人口、誆騙財物、阬陷納戶等情，該徒杖罪名例應充軍，恩例俱不該載，乞裁處之。下法司議，以前所犯情重舊例俱不減等，惟依例發遣爲是。奏上，從〔之〕。

《明實録·成化十九年》〔九月壬寅〕都督僉事李英初充參將分守遼東，時都指揮葉廣等備禦錦州等處，怠馳不謹，致虜賊入境，殺掠人畜，英尋擒獲之。事下御史，各援例充軍，獨以英功罪相當，奏請裁處。詔俱免充軍，英贖徒還職，廣等各降一級。

《明實録·成化二十年》〔四月〕丁卯，有盜伐皇陵山木者四人，爲守備鳳陽内官所獲，中都留守司鞫實，罪當徒。都察院按榜例擬以處死。有旨：貸其死，於近山人衆處，枷項一月，滿日押發浙江沿海衛，分充軍。

又〔七月甲午〕刑部、都察院以天下死囚已成獄者，共一百六十二人，今秋後在邇，宜覆奏處決，然其間有情眞罪當輸服無詞者，有稱冤異詞不肯服罪者，亦有情可矜疑者，奏聞處治。上命會官從公研審，情眞罪當者誅之，翻異稱冤者仍與辯理，情可矜疑者奏聞處治。

《明實録·成化二十三年》〔十一月乙卯〕山西汾州民呂彥聰，以父王犯死罪，乞以身代死。詔不允。

《明實録·弘治元年》〔閏正月丁卯〕監察御史向翀言：近奉詔赦，鬭毆殺人者亦在宥中。《大明令》應償命而遇赦原者，猶追銀二十兩給付死者之家。今輒釋之，則此蒙更生之恩，而于死者獨薄。請如令行之，斯情法兩盡矣！從之。

又〔四月乙卯〕初，遼東都司都指揮同知康顯，及指揮僉事郭通，相繼守備開原。虜數犯邊，顯守備時，軍〔士〕死者十人，虜者十六人。通守備時，軍士死者一人，虜者十餘人。鎮守等官劾之，下巡按御史逮問，獄上，法司擬顯死，通等四十人俱邊遠〔充〕軍。命降顯官三級，通等二十四人各一級，李春等十二人贖杖，餘宥之。

又〔九月壬午〕鎮守陝西後軍都府都督僉事周璽言：鳳翔府扶風諸縣原附籍回回聚衆劫掠爲患，臣委石布政使韓文，副使王玹，守備署都指揮僉事貴澤等，率兵圖之於部陽山中，復追敗之，斬首六十五級，擒獲百七十人。其中應監修奏請處決者三十人，妻子女應給付功臣之家爲奴者九十九口，婦女劫男應流二千里安置者八口，女許嫁應歸其夫者六口，應釋放者〔千〕〔十〕口，伏乞聖裁。下兵部覆奏，謂宜如所請。上命：應給付爲奴者，男子俱發兩廣充軍，婦女有親屬可依者，就令隨住，無可依者，給（酌）〔配〕甘肅無妻軍士。監（侯）〔候〕奏請者再審，無冤依擬處決，餘俱從之。

《明實録·弘治十六年》〔四月〕己未，巡撫貴州都御史劉洪奏：浙江桐鄉縣人張悦，以罪發充貴州安南衛軍，方至衛，託病告還原籍醫治，既至家，（仍）〔乃〕援例納粟授蘇州衛指揮，緣在京官有還鄉養病之例，未有軍〔許〕養病者，請革職，仍（祭）〔發〕原伍，其浙江布政司官許令納衆者，亦宜逮問。兵部覆奏，所言當從，仍行令各處有似此者，通治以罪，從之。

又〔十一月〕丙子，法司議覆刑科給事中楊褫所言決囚事，謂：近時重囚臨刑，或決或留，盡日方定，臨決復請，展轉稽候，常至夜分昏黑之際，風沙陡作，或有他虞。斬絞殊刑，燈火之下，或有差誤，請令應決罪囚有抱訴鼓狀者，俱於午前封進，午後不許重訴。其奉命存留者押回，事有相干者覆奏。此外不必重請，庶國憲昭而人知懼。上從其議，命市曹稱寃者仍奏請如例。

《明實録·正德十六年》〔十月己丑〕大學士楊廷和、蔣冕、毛紀奏曰：邇者法司奏上張銳、許泰等獄，人皆以爲必殺無赦，陛下竟宥其死，命下之日，臣民駭愕，上無以正國法，下無以快人心，其何以示天下後世？今更之初，政令之減否，社稷之安危，所係誠不可愼也，宜亟將銳等寘之重典。給事中許相卿、汪玄、錫韓稽亦以爲言。得旨，業以處分宥之。

《明實録·嘉靖二年》〔三月壬戌〕刑部尚書林俊等會議都督劉暉罪，當交結朋黨，紊亂朝政律斬，且言暉罪與許泰等，泰之免死，人心共憤，令宜斬暉，以謝天下，上命再議。

又〔十月〕癸丑，浙江道監察御史陳逅言：愼刑之道在審其初，不在臨決之日，自正統年間，始有批手留人事例，以致富囚多圖僥倖，夤緣請託，或日暮而旨意不出，或昏夜而鼓狀留人，比及行刑多在深夜，萬一奸黨秉藉昏黑意外求生，雖罪坐臨監，亦重損國威矣。夫刑人而使衆不及見，何以示懲？犯罪而得妄奏欸，死何以昭法？請今後處決重囚，前期一日，該科三覆奏畢，即給駕帖付錦衣衛監刑官親詣法司取囚赴市，次日依法行刑，限未刻以前畢事復命，如有鳴鼓訴冤者，許于三覆奏以前封進，若覆奏已畢，雖有鼓狀，無得輒受，違者悉坐以罪。

又 〔十月〕癸未，命貸重犯王欽、王錦、王銓死，各發邊衛永遠充軍，仍免追贓。時欽等飾詞奏辯，左右有爲之營脱者，（刑脱者）刑科都給事中劉濟等言，王欽等已奉欽依處決，忽降内批免贓減死，以天下共誅之人，爲左右罔利之地，廢法亂紀，莫此爲甚。已而，刑部、都察院執奏，俱報有旨。

《明實録・嘉請二十四年》〔十一月〕己卯，山西保德州人崔鑑年十四，以其父私于鄰女魏氏斥逐其母，不勝憤，乃手刃魏氏，殺之，有司讞上其獄，法司議鑑以母故陷大戮可憫。上曰：鑑幼能激義，其免死，發附近徒工三年。

《明實録・萬曆二年》〔九月乙未〕刑科給事中鄭岳言：律有決不待時，秋後處決二欸。如有拏獲響馬，及大夥強盗百人以上，干係城池，衙門贓證明白，卽時奏請審決，不必概候決單。部覆從之。

《明實録・萬曆四年》〔五月辛丑〕諭司禮監太監馮保：朕惟刑獄重事，自古帝王必謹于斯，朕嗣承大統，仰體上天好生之心，尤加慎重。茲當五年差官審録之期，慮恐輕重罪囚或有冤抑，致傷和氣，特命爾公同三法司堂上官將見監罪囚逐一從公審録。死罪情眞罪當者，始例監修聽決。其有情可矜疑事無證佐可結正笄枷號者，具奏處治。徒流以下減等發落，笞罪悉與釋之，毋令淹滯。審問之際尤須詳察言詞，旁詢知證，毋拘成案，務得眞情，以全民命。其原勘問官有故失入等罪，俱不追究。爾爲内臣，受茲委任，宜殫心悉慮以稱朕欽恤之意爾。其愼之愼之。保于是乃會同刑部尚書王崇古等以熱審遇減徒并減等發落及罪輕應釋與未發枷號情可矜疑等項，具疏以聞。上悉從其請，命死罪矜疑者，遠戍邊，婦人并有篤疾者，盡釋。

又 〔七月丙午〕以南京刑部尚書趙錦等所録囚容弼等，免死，戍遠邊。姚昕、馬廷、化、邵榮、魏良、鄭直俱再讞，韋時舉等遣配。

《明實録・萬曆五年》〔九月〕丁卯傳旨：奉聖母諭，今歲暫免行刑。大學士張居正等奏言：我祖宗舊制，凡死罪問明，依律處決，未有淹禁累年不行處斷者。至嘉靖末年，始有暫免不決之令，或量行處決。此實近年姑息之弊。夫春生秋殺，天道所以運行，雨露雪，萬物因之發育。若一歲之間，有春生而無秋殺，有雨露而無霜雪，則歲功不成。明王奉若天道，其刑賞予奪皆奉天意以行事。今法司所開重犯招情，皆絶滅天理，傷敗彝倫，覆載之所不容者，天欲誅之，而皇上顧欲釋之，無乃違天意乎？況各犯節經審鞫，輸服無詞，縱使今年不決，將來亦無生理，不過遲延月日，監斃牢獄耳。與其暗斃牢獄，人不及知，何如明正典刑，猶足伸法。若使法令不行，則犯者愈衆，年復一年，充滿囹圄，既費關防，又虧國典，非政體也。上是之，命令年照例行刑。

又 〔九月〕己巳。先是，諭法司：朝審以是月初九日行。至是，刑科三覆奏，處決重囚二百七十三名口。大學士張居正等，揀情罪尤重者四十二名，奏請處決。疏上，御筆除五名，止決三十七名。

《明實録・萬曆七年》〔十月辛巳〕刑科初覆奏請旨行刑。命令年暫免。輔臣張居正等上言：聖德固云好生，但慶賞刑處乃朝廷大政。去歲因大婚慶典，故暫免行刑，今歲何名又欲停止？若以刑殺於聖心有所不忍，則各犯有殺父母，殺兄弟，及劫奪毆殺者，彼死者含冤，不尤爲可憐乎？若不忍盡誅，乞命再加詳審，揀其情罪尤重者，疏名上請，量決數十人。則好生之仁，懲惡之義，並行内不悖矣。上納其言。

《明實録・萬曆二十四年》〔九月癸卯〕刑科都給事中侯廷佩奏：孝安皇后梓宮在殯，今年暫乞停刑。

《明實録・萬曆二十六年》〔十月丙辰〕刑部審録重囚。詔：今歲暫免行刑。本内將斬犯曹學程擅自開除，著回話。奪堂上官俸二月，該司各降罰有差。

《明實録・萬曆三十年》〔十月丙辰〕刑部以朝審竣。奉旨，今歲兩京各省暫免行刑。因疏請釋矜疑幽繫。不報。

明・談遷《國榷・成祖永樂六年》〔九月己酉〕部院多淹獄致死，上惻然，責尚書呂震等三日除大辟罪，餘盡決遣。

明・談遷《國榷・穆宗隆慶五年》〔隆慶五年〕三月壬戌朔，古田盜平，擒斬七千三百人有奇，而渠師韋銀豹之首僞也。蓋銀豹度己不免，以莫諫成貌類，因醉斬之，函獻。尋殷正茂知之，密購數日而得，上章自劾，械京師，磔于市。

明・談遷《國榷・穆宗隆慶六年》〔隆慶六年〕四月丙辰朔，丁巳，命順天尹禳旱，停刑禁屠，越三日乃雨。

吏科都給事中涂夢桂，劾劉奮庸怨望宜斥，工科左給事中程文，劾曹大埜設謀傾陷，宜遠竄，下部，高拱請寬宥，不許。謫大埜乾州判官，奮庸興國知州。士論以夢桂文爲恥，而大埜亦張居正所指也。

清・嵇璜《續通志・刑法略四》〔元至元二十八年〕七月，敕：江南重囚，依舊制聞奏處決。

《清實録・康熙二十九年》乙丑，九卿遵旨議覆：原任太常寺，少卿胡簡敬，一門濟惡，種種不法，胡簡敬應坐光棍，爲首，例立決。其倚勢作惡之胡旭、胡敷世，應論絞。洪之傑，身爲封疆大臣，不行參奏，奉旨審理又不速結，徇情護庇，稽延時日，應革職。得旨：胡旭、胡敷世依擬應絞，令監候秋後處決。胡簡敬，從寬免死，幷伊子弟，俱發河南安插，開墾荒地。洪之傑，著革職。餘依議。

《清實録・雍正七年》諭刑部。旗人犯軍流等罪者，亦照漢人之例發遣。此例，題定於雍正四年八月，朕特令寬其期限，於雍正六年四月爲始，令分發遵行。蓋欲使衆人無不熟知之後，而有仍然犯罪者，方照所定之例懲治。近見旗下議奏事件，竟有援引現今新定之例，以議從前所犯之案者，甚屬錯誤。著該部詳查，凡發遣旗人，其犯罪在此例未曾通行之前，而承問官錯擬發遣者，俱著奏聞，將伊等放回，仍照舊例歸結。

《清實録・乾隆五年》刑部議覆陝西按察使倫達禮奏稱：州縣官承審自理事件，笞、杖輕罪人犯，遞回原籍安插收管。每多乘病押解，不獲延醫調治，卒斃中途，殊堪憐憫。又各州縣接遞人犯移文票內，未開何項名色，是以不分遞回安插收管，一概收禁，不無禁卒凌虐之弊。又州縣遇有罪犯笞、杖，應遞回原籍，向於犯事衙門，先行發落，然後起解回籍，負痛驅馳，不無轉於溝壑。請嗣後凡州縣自理外結事件，其應遞回原籍安插收管之人，如遇中途患病，照軍、流、徒犯中途患病之例，准留調養。其接遞人犯，移文票內，註明笞、杖遞回安插收管字樣。下站接遞之員，差押坊店歇宿，不許收監。至於罪應笞杖，遞回原籍者，亦照軍、流、徒犯到配折責之例，令承審衙門，移回原籍，地方官查明折責等語。臣等酌議，請嗣後遞回原籍人犯內，凡奉特旨及犯徒罪以上援免，交地方官管束，不許出境之犯，仍照舊收監外，其犯笞、杖等輕罪，遞回原籍安插人犯，應如該按察使所奏，承審衙門於遞解文內，註明該犯罪名，並不應收監字樣，前途接遞州縣，將該犯押交坊店歇宿，不許濫行監禁，如接遞之州縣濫行收監者，照不應禁而禁，杖六十公罪律，罰俸一年。再查該犯笞、杖遞回原籍者，向於承審衙門先行發落，然後起解，以致負痛馳驅，長途苦累，亦應如該按察所奏，嗣後凡犯笞杖等輕罪，承審衙門，於文內聲明移回原籍地方，查明折責。如審衙門先責後解者，照違令笞五十公罪律，罰俸九個月。從之。

《清實録・乾隆四十八年》諭軍機大臣等：富躬奏審明拏獲潁州府阜陽縣監越獄重犯，已經予勾之，張恕雅、武三二犯，先行斬梟，其已奏予勾。未敢同逃之汪九、秦四、耿進甫三犯，遵旨暫停行刑一摺。已勾之絞犯汪九等三犯，於王剛等呈兇越獄時，未敢同逃，尚知畏法，著加恩免其處決，仍著牢固監候。此外未逃各犯，著薩載、富躬查明，所犯情節，並現在如何問擬緣由，分別輕重，開單具奏，到日再降諭旨。至未獲首夥各犯，著傳諭薩載、富躬嚴飭文武各屬，按名迅速擒拏，毋使一名漏網。至恕雅動手傷官，本應凌遲處死，今該撫已將該犯斬梟，首犯王剛，起意越獄，情節更重，未便輕縱，拏獲後即應將該犯問擬凌遲處死。將此由六百里傳諭知之

《清實録・乾隆五十八年》又諭曰：保寧等奏：陸續拏獲罪人徐文林等四名，業經審明俱行正法等語。此等人犯，俱係內地重犯，免死發遣之人，在伊犁仍不守分，或行竊，或脫逃，情殊可惡，新疆一切事務，均須從嚴辦理，庶衆始知儆畏。今保寧將徐文林等四人拏獲即行正法，尚屬合宜。嗣後即照此決斷辦理。又另片內稱：嗣後此項罪人拏獲正法後，應無庸節次奏聞，請按季彙奏一次等語，在保寧之意，恐此等事涉繁瑣，思圖簡易，但朕辦理天下庶務，宵旰勤求，未嘗稍有厭倦之處。今每事具奏各處駐劄大臣等，尚有不實心出力，奮勉辦事之人，若改爲按季奏聞，因而疎慢成風，必至因循廢馳，關繫甚大。著保寧嗣後仍照前按事奏聞，朕實毫無倦厭也。新疆一帶，併著遇便通諭。

又 諭軍機大臣曰：慶桂奏：行抵高郵途次，接奉諭旨，回赴浙

江，審辦石門縣吳清來，呈控該縣折漕一案，現添派淮揚道谷廷珍，同浙省原委文武各員，押解福崧進京等語，前因福崧罪無可逭，已明降諭旨，令慶桂於何處接奉，即於該處，會同各該督撫，監視正法。今慶桂既回浙江，審辦控漕一案，福崧交道員谷廷珍等解京，諒此時已入山東境內，但恐慶桂接奉將福崧正法諭旨，又復拘泥轉回辦理，飭令解員在江南境內等候，亦未可定著。傳諭吉慶、奇豐額如接奉此旨時，福崧業已解至東境，即著吉慶迎往監視處斬，如尚在江南境內，即著奇豐額趕赴前途監視，並面向福崧諭以伊兩任浙江巡撫，受恩深重，乃不知感激圖報，任意乖張，驕縱自大，並妄思陞擢，若操守廉潔，已失小心敬事之道，況現經慶桂等審明婪索多贓，供證確鑿，是自蹈重辟，所有吳清來控告折漕一案，未經批發，尚其罪之輕者，今明正典刑，還有何說，令其登答，一面具奏，一面即將福崧遵旨正法，以昭炯戒，不必等候慶桂，致有遲延。將此由六百里傳諭吉慶、奇豐額，並諭慶桂知之。

《清實錄·乾隆五十九年》 又諭：前因發遣各處官犯久留邊地，特降旨令軍機大臣會同該部，查明各犯原案，分別情節輕重，年分久暫定立條例，妥議具奏。今又思不特官犯爲然，即常犯內獲罪較重按律發遣新疆，及免死減等者，固屬罪所應得，而其中有所犯本罪止於杖徒軍流，經該部及各督撫於覈辦時，從重問擬新疆等處者，亦復不少。以致節年發遣之犯，日積日多，新疆難以安插，因而改發黑龍江及回疆等處。似此有加無減，設黑龍江等處，復有人滿之患，又將安插何處耶？殊非矜卹之義。現在春膏未溥，正應省刑愼罰，以期感召和甘。嗣後該部及各督撫辦理此等案件，除罪應發遣新疆，及免死減等者，仍照本例辦理外，如所犯情節較重，僅按本律問擬杖徒軍流不足示儆者，亦止應照本罪定律，加一等問擬，不得有意從重，越等增加，以昭平允。所有現在已經發遣新疆各等處官犯常犯，著交軍機大臣會同該部，一體查覈。如原犯案情係由杖徒軍流，加重發遣新疆者，即行分別減等辦理。其本罪原係發遣新疆者，應如何酌改年限，予以減等之處，一併會同妥議具奏，俾久戍人犯，得以邀恩末減，而邊疆重地，亦不致日久壅滯多人。所有軍臺人犯，亦著一併照此覈辦，以副朕肆眚宥過、法外施仁至意。

《清實錄·嘉慶二年》 〔七月〕甲申，諭內閣，據保寧奏，將盗馬之土爾扈特賊匪丹津等拏獲審明，定擬絞決，秋審時入於情實辦理等語。凡遇盗馬之哈薩克等皆即行正法，土爾扈特等乃新降之人，與哈薩克何異？非內扎薩克可比，丹津策伯克策格勒德爾著即行正法示衆，書麟、普福，平日將無關緊要事件，煩瑣具奏。今拏獲土爾扈特賊匪丹津策伯克策格勒德爾等並未具奏，祗咨報保寧，殊屬拘泥，書麟、普福著申飭。

又 上御洞明堂，勾到陝西、浙江情實罪犯，停決陝西斬犯三人，絞犯二人，浙江絞犯一人，餘一百三十二人予勾。

又 上御洞明堂，勾到四川情實罪犯，停決斬犯六人，餘一百二十七人予勾。

又 己丑，上御洞明堂，勾到湖廣、江西、情實罪犯，停決湖廣斬犯五人，餘一百一十一人予勾。

又 己巳，上御洞明堂，勾到秋審官犯，服制，及新疆情實罪犯，停決官犯五人，服制斬犯八十三人，絞犯二人，新疆絞犯一人，餘十四人予勾。

又 己未，上御懋勤殿，勾到朝審情實罪犯，停決官犯一人，絞犯五人，餘十六人予勾。

又 戊午，上御懋勤殿，勾到直隸情實罪犯，停決斬犯一人，絞犯一人，餘八十九人予勾

又 丙辰，上御懋勤殿，勾到山東、山西情實罪犯，停決山東絞犯二人，山西絞犯三人，餘一百四十七人予勾。

又 癸丑，御懋勤殿，勾到安徽、江蘇、河南、情實罪犯，停決安徽絞犯二人，江蘇絞犯一人，河南絞犯一人，餘一百四十九人予勾。

《清實錄·嘉慶四年》 〔四月〕諭內閣：前據薩彬圖奏和珅財產甚多，斷不止查出之數，必有埋藏、寄頓、侵蝕、挪移等項情弊，刑部查審時，司員等意存含混，應請密派大臣研訊追究等語。朕以其言不足取，當即詳加開導，不可苛求。昨又據薩彬圖具奏，向伊親戚問出和珅家掌管金銀內帳使女四名，請交伊一人至愼刑司提訊，所言更屬乖謬。薩彬圖係副都統，並非原派籍沒和珅之員，乃忽思越俎，欲以一人獨訊數女子，且開列使女之名，形之奏牘，達於朕前，實爲從來未有之事。朕若即加駁飭，轉恐不足以服其心，是以特派怡親王永琅、尚書布彥達賚同薩彬圖提集使女等再三究訊，仍無指實，果不出朕之所料。永琅、布彥達賚素稱公正和平，薩彬圖亦

會同研鞫，更有何人爲之徇隱。豈伊尚不憑信，必請朕廷訊使女乎？是薩彬圖無知妄瀆之罪，百喙難辭矣。朕所以辦理和珅者，原因其蠹國病民，專擅狂悖，和珅一日不除，則綱紀一日不肅。是以即於正月初八日將和珅革職拏問宣示罪狀，用申國憲，猶念其在皇考前扶掖奔走微勞，不忍肆諸市朝，節降諭旨甚明，天下臣民，自必咸知朕意。自辦理此案後，軍機王大臣，及大臣中如朱珪等，從未於朕前奏及和珅財產隱寄，乃薩彬圖屢以爲言，竟似利其私蓄者然。豈薩彬圖視朕爲好貨之主，敢以此嘗試乎？或伊必欲陷朕等於唐之德宗，伊亦未必有此伎倆也。向來治罪之員，多有應行查抄者，况和珅獲罪重大，焉有不行抄籍之理。自古有籍沒之例，所以懲戒貪黷。初不計多寡而事株連，即和珅家僕劉全、呼什圖等亦因平日倚恃和珅聲勢，横肆不法，招摇受賄，不可不一併查抄治罪。在朕方以辦理此案爲日已久，已覺過當。是以諭令速結，不爲已甚。而無識之徒，鰓鰓計較和珅財産，不惟不知政體，實太不知仰體朕之本意矣。朕在藩邸時，則一切財用，猶有人己之别，今以天下爲家，豈僅以藏諸府庫者視爲己有？此項查抄資物，縱有隱寄，自朕觀之，亦不過在天之下地之上耳，何必輾轉根求，近於搜括間架陌錢等事耶？薩彬圖又以内務府步軍統領官員，均意存袒護，並疑及刑部亦不肯認眞究問，則承審各衙門舉不足信乎？又薩彬圖摺内，有和珅窖理金銀大概不離住宅之語。和珅之宅，已賞給慶郡王永璘居住；和珅之園，已賞給成親王永瑆居住。若將所指管帳使女嚴切刑求，必致畏刑妄供某物埋藏某處，以慶郡王府第，成親王寓園，令番役多人遍行掘視，斷無此事，豈有令成親王慶郡王自行刨挖之理？現在朕賜公主物件甚多，累日攜運不盡，焉肯轉向公主額駙追問寄頓？况連日閲查抄物件，即隨時頒賜者，亦復不少耶？薩彬圖原以閣學兼副都統，因其未嫻清語，恐以讀本錯誤獲咎。故開閣學之缺，令其專管旗務，得資廉俸養贍。前盛京兵部侍郎出缺時，朕本欲將薩彬圖補授，復念其家計艱難，恐與伊父達椿分居兩地，日用或致不給，故令鐵保前往。又達椿於本年超升閣學，並授蒙古副都統，旋調滿洲旗分。且將伊緣事監禁之女烏蘇氏釋放。是朕之體恤薩彬圖父子，加恩不啻再三。薩彬圖不知感戴，輒以此等謬妄之言瀆聽，竟似欲藉追究和珅財産爲圖報之地，實爲卑鄙不堪。聚斂之臣，朕斷不用，前嚴飭給事中明繩開礦一事旨内詳言及此，薩彬圖寧不知之耶？又薩彬圖曾奏請派京兵五千名，交伊一人帶往勦賊。今又奏請獨審此事，薩彬圖才具平庸，有何閲歷，而於出師讞獄之事。自任不疑若此，其謬妄冒瀆之咎，實難寬貸。薩彬圖著交部嚴加議處，先將副都統開缺另簡，至所奏伊戚告知管帳使女之語，乃刑部員外郎哈豐阿所言。哈豐阿係刑部司員，既有所聞，何不稟知堂官，乃私向親戚議論，實屬意存取巧，哈豐阿亦著交部嚴加議處，即行開缺。嗣後大小臣工，不得再以和珅資産，妄行瀆奏，將此通諭知之。

《清實録・嘉慶四年》 伊犁將軍保寧奏稱：發遣伊犁人犯，節經減等，及年滿回籍者甚多，現在不敷分充各營役使，請將從前改定發遣十二項人犯，仍行發往，得旨該部議奏。尋議上，將改發内地十二條内，酌其輕重分半改定，並請嗣後發遣新疆人犯脱逃，其由輕加重者，照黑龍江等處例枷責，免其正法。報聞。

《清實録・嘉慶十五年》 又諭：景安奏周隴倈仔，因挾嫌誣指劉玉光拾獲餉鞘，致劉玉光被誣押斃一摺。據稱：周隴倈仔誣告平人致死，例應擬以絞。抵因該犯犯罪時年止九歲，照例聲明請旨等語。朕詳閲情節，該犯始則貪利，挾嫌妄扳，繼復到官，狡供誣證，以致拖斃無辜。伊年未及歲，已如此狡黠傾陷，將來長成，自必更加險詐，所有周隴倈仔一犯罪名，著交刑部詳查例案，悉心妥議具奏。尋議上得旨刑部奏改擬幼童周隴倈仔罪名一摺。此案周隴倈仔年甫九歲，即知挾嫌誣指、狡供揑證，以致拖斃無辜，殊爲狡黠，自應量加懲創，但向來十歲以下犯死罪者，定例尚准收贖。今刑部照誣告致死平人之例，問以絞候，竟請永遠監禁，則未免過重。該犯究係童穉，且當差役查拏失鞘之案，向伊詢問之時，伊因曾被劉玉光毆詈，兼貪圖差役給錢買糖，隨即信口誣指，彼亦不知偸竊餉鞘是何罪名，不過藉以洩忿，是該犯本無致死其人之心，此時加等問擬，祇應照原擬絞罪，不准收贖，入於秋審緩決，已足蔽辜。將來遇有恩赦減等之時，仍可邀恩減免，何至令其終身永錮囹圄，殊失平允？周隴倈仔一犯，應即問以絞候，交刑部歸入緩決。嗣後設有案犯相同者，著照此辦理。至此案現據刑部奏稱，情節尚有不實不盡之處，請旨駁審，著交該撫再悉心研鞫，據實具奏，毋稍迴護。將來該撫覆審到時，如果與原審無異，則周隴倈仔一犯即照此辦理，否則仍當另行改擬。

《刑部通行章程・律例館》 刑部謹奏：爲實發雲、貴、兩廣烟瘴軍犯，截留過多，援案酌量改發，奏祈聖鑒事。竊查道光六年臣部議覆陝甘總督那彦成條奏：新疆遣犯過多，請將應發新疆各犯，改發雲、貴、兩廣四省烟瘴；應實發四省烟瘴人犯，改發極邊足四千里充軍等因。嗣於道光二十四年雲、貴等省軍犯擁擠，復奏請將新疆各犯及實發四省煙瘴各犯，仍照例發往。在案。上年兩廣地方辦理軍務，雲、貴二省均須防堵；各省例應實發四省之犯，前經直隸總督咨稱軍務未竣，此等人犯皆應截留停發等語。茲查臣部現審案內，截留在監者已有六十餘人之多。此等已經定案，罪應擬軍之犯，久禁監獄，日積日多，囹圄過於壅積，未免難於防範。臣等悉心妥議，實發四省煙瘴之犯，從前原有發往極邊足四千里成案，似可援照辦理。應請將例內實發煙瘴各犯，均以極邊足四千里爲限，面刺烟瘴改發四字，如有脱逃，仍照實發四省人犯脱逃本例，改發新疆種地當差。如此酌量辦理，則四省軍犯既無虞其壅積，而各處監獄亦皆可以疏通。俟軍務告竣，仍復舊例辦理。咸豐二年正月二十九日奏。

《刑部通行章程・雲南司》片奏：再臣等查各省拏獲土匪並強劫盜犯，就地正法章程，彼時因軍務喫緊，變通辦理。乃各省遇有此等案件，有照例具題者；有聲稱照章就地正法者；甚有尋常盜案該州縣拏獲訊明後，徑行處決，隨後始通詳上司、備錄供招送部者，辦理未能一律。至職官犯罪，均應擬議具奏，請旨遵辦。今各省亦有先行正法者，辦理殊覺紛歧，似非慎重刑章之道。臣等公同商酌，擬請嗣後各省拏獲馬賊土匪，並夥衆持械強劫案件，如實係距省窎遠、解犯中途堪虞者，就近解歸該管府道覆審明確，免其解省，由該管道府核明情罪，稟候督撫，批飭就地正法，按季彙案具奏。俟盜風稍息，仍照定例辦理。其餘距省較近州縣，獲有前項案犯並職官犯罪，該地方官務須申詳該管上司，解省審勘，由該督撫分別題奏，俟奉旨後，再行處決，以重人命而慎刑章。如奉俞允，臣部通行各省督撫、將軍、都統、府尹，一體遵照辦理。是否有當，理合附片陳明，謹奏。光緒五年十一月十七日奏。

《清代巴縣檔案匯編・人犯移解・乾隆三十一年十一月二十四日大竹縣移交軍流清册》爲移交事。

今將敝縣任內經管軍流人犯造冊移交。須至冊者。

計開軍流人犯十八名。一名何尚選，年七十一歲，妻楊氏，系雲南普洱府思茅縣人。爲稟明事，案內在思普元新等處叛逆擬流，於乾隆四年四月十三日到配，安置鄉約所。一名劉桂年，五流，於乾隆四年四月十三日到配，安置鄉約所。一名劉桂年，五十四歲，係江西瑞州府上高縣人。爲報明事，案內毆死張琪，擬絞減流，於乾隆十一年五月十五日到配，安置鄉約所。

一名馮奇年，年十三歲，係雲南安寧州人。爲欽奉上諭事，案內毆死唐濟，擬絞減流，於乾隆十八年十一月二十一日到配，安置鄉約所。一名漆黑年，三十四歲，係江西瑞州府新昌縣人。爲報明事，案內私奸無服之妹靜英，受孕打胎身死減流，於乾隆十五年六月三十日到配，安置鄉約所。

一名高老六，年三十九歲，妻王氏，係雲南昆明縣人。爲稟明事，案內毆死夏萬國減流，於乾隆十六年初一日到配，安置鄉約所。

一名宋天弼，年四十五歲，係雲南普寧州人。爲報明事，案內與朱氏扭跌肘肐，傷宋氏心坎身死擬流，於乾隆十六年八月二十一日到配，安置鄉約所。一名張□□張光□十七歲，係江西瑞州府新昌縣人。爲報明事，案內因家貧不能養母，致漆氏自縊身死，於乾隆十七年十一月初八日到配，安置鄉約所。

一名張京六，年四十九歲，妻傅氏，係江西臨江府新喻縣人。爲欽奉等事，案內毆死黃文達減流，於乾隆十八年十二月初四日到配，安置鄉約所。

一名馬洪，年四十四歲，係雲南昆明州人。爲欽奉等事，案內毆死姚國選減流，於乾隆十九年閏四月十四日到配，安置鄉約所。

一名王榮，年四十九歲，係雲南會澤縣人。爲飲奉等事，案內毆死陳錦減流，乾隆十九年閏四月十五日到配，安置鄉約所。

一名鄒高四，年四十歲，係雲南會澤縣人。爲欽奉等事，案內戳傷簡功，安置鄉約所。

一名彭官職，年五十七歲，妻謝氏，係廣東樂昌縣人。爲報明妻被誘拐等事，案內拐賣鄧輝瓊之妻譚氏擬遣，於乾隆十七年十一月二十七日到配，安置鄉約所。

一名鄒謨九，年三十一歲，妻邱氏，係江西臨江府新淦縣人。爲愼刑奉有等事，案內毆死邱永吉減流，於乾隆十八年九月初三日到配，安置鄉約所。

一名胡旭即胡升，年五十三歲，係雲南嵩明州人。爲扶同冒帑等事，案內教唆郭正年五十七歲，妻□氏，係雲南呈貢縣人，爲欽等事，案內戳死郭耀十身死減流，於乾隆二十七年六月初八日到配，安置鄉約所。

一名余足金，年五十一歲，係江西臨江府清江縣人。爲欽奉等事，案內毆傷劉仁身死減流。於乾隆二十七年六月十六日到配，安置鄉約所。

一名單氣鼓，年四十四歲，係江西臨江府清江縣人。爲欽奉等事，案內毆傷謝伍仔身死擬流，於乾隆二十七年六月十六日到配，安置鄉約所。

一名毛桂，年五十歲，係江西瑞州府新昌縣人。爲欽奉等事，案內毆傷張員身死減流，於乾隆二十七年六月十六日到配，安置鄉約所。

右具冊。

《清代巴縣檔案匯編·人犯移解·乾隆五十三年九月安置安流遣犯清冊》 計開安置軍犯：

劉雄　年六十九歲，江西高安縣人，參賊，擬軍。乾隆二十二年七月十一日到配，年老無生理。

李趙保　年四十一歲，江西安福縣人，拐逃李要保之妻王氏，擬軍。乾隆三十九年十一月十一日到配，修腳生理。

陳文貴　年四十一歲，廣東南海縣人，結拜弟兄，圖霸魚行，擬軍。乾隆四十□□□月二十五日到配，開鋪生理。

林翰進　年六十一歲，廣東陽江縣人，□□師徒光才捏造把總蘇朝選款□□□擬流。脱逃被獲，擬軍。乾隆四十四年十一月十一日到配。〈缺四字〉

李駭鬼　年三十四歲，廣東仁化縣人，李〈中缺〉從強捉瞭望擬軍。乾〈下缺〉

鄒添喜　年三十一歲，江西靖安縣人〈中缺〉乾隆四十九年七月二十九日到配，〈下缺〉

計開安置流犯

李藩　年四十八歲，雲南昆明縣人，朱一深婪贓案內擬軍。乾隆二十八年□□七日到配，卦命生理。

陳復旦　年二十五歲，甘肅秦州人，扎死伊妻王氏，擬絞減流。乾隆三十九年□□十一日到配，面館生理。

高同保　年三十四歲，雲南昆明縣人，推跌張榮身死，擬流。乾隆四十二年八月十三日到配，大班伙房。

劉貴珍　年四十七歲，江西新淦縣人，疑賊，誤傷族弟劉孫元身死，擬流。乾隆四十九年九月二十六日到配，□□幫工。

李四冬　年三十七歲，江西新淦縣人，毆傷廖□二身死，擬絞減流。乾隆四十五年十一月初五日配，漿洗衣服營生。

戴元　年三十七歲，江西新昌縣人，毆傷□四身死，擬絞減流。乾隆四十五年十月初五日到配，賣油生理。

劉豹　年四十四歲，江西高安縣人，毆傷李灰身死，擬絞減流。乾隆四十五年十月初五日到配，挑水生理。

黎工　年二十二歲，江西瑞州府新昌縣人，因膝蓋頂傷梅卓賢囊身死，擬絞減流。乾隆四十八年九月二十六日到配，布鋪生理。

丁長眉毛即丁光遠　年六十六歲，江西萬載縣，詳報該犯毆傷姚卻舟身死，擬流。乾隆五十三年三月十五日到配，挑水生理。

計開安置遣犯

帥網星　年三十九歲，廣東南海縣人，疊次逞凶訛詐案內，擬〈中缺〉到配，下河討米。

周亞彩　年三十三歲，廣東南海縣人，疊次逞凶訛詐案內，擬遣。乾隆四十四年八月初五日到配，賣小菜生理。

胡亞通　年六十九歲，廣東南海縣人，疊次搶竊訛詐逞凶案內，擬遣。乾隆四十八年八月初五日到配。賣燒臘生理。

陸象寅即陸象仁　年二十九歲，廣東順德縣人，伙同羅亞先等疊次逞凶訛詐案內，擬遣。乾隆四十八年二月二十八日到配，賣小菜生理。

羅亞先　年四十四歲，廣東順德縣人，伙同陸象寅等疊次逞凶訛詐案內，擬遣。乾隆四十八年二月二十八日到配，賣小菜生理。

吳亞九　年三十七歲，廣東順德縣人，伙同陸象寅等疊次逞凶訛詐案內，擬遣。乾隆四十四年六月二十一日到配，裁縫生理。

郭會章　年四十八歲，廣東南海縣人，疊次行竊逞凶訛詐擄害案內〔擬內〕擬遣。乾隆五十年正月二十□日到配，賣小菜生理。

梁亞華　年二十九歲，廣東南海縣人，疊次搶竊凶詐擄害案內，擬遣。乾隆五十一年閏七月初五日到配，下河討米。

黄亞瑞　年二十九歲，廣東南海縣人，疊次行竊凶詐擄害案內，擬遣。
乾隆五十年正月二十八日到配，賣小菜生理。

執行總部

其他刑部

綜述

《**周易·困**》　劓刖，困於赤紱。

《**周易正義·睽·六三**》　其人天且劓。〔疏〕黥額爲天，截鼻爲劓。既處二四之間，皆不相得。其爲人也，四從上刑之，故黥其額；二從下刑之，又截其鼻，故曰其人天且劓。

《**尚書·堯典**》　象以典刑，流宥五刑，鞭作官刑，撲作教刑，金作贖刑。

《**周禮注疏·秋官**》　其能改過，反於中國，不齒三年。反於中國，謂舍之還於故鄉里也。司圜職曰：上罪三年而舍，中罪二年而舍，下罪一年而舍，不齒者不得以年次列於平民。〔疏〕其能至三年○釋曰：云能改正，謂在圜土不出，自思己過，是能改也。○注反於至平民○釋曰：言反於中國者，《虞書》有五宅三居，彼不在中國，此則反還於故鄉里也。引司圜職已下，見舍之遠近，此所舍鄉則玉藻所謂垂緌五寸，惰游之士也，是也。

《**國語·魯語上**》　刑五而已：大刑用甲兵，其次用斧鉞；中刑用刀鋸，其次用鑽笮；薄刑用鞭撲，以威民也。故大者陳之原野，小者致之市朝，五刑三次。

宋·李昉《太平御覽》卷六四五　《愼子》曰：有虞之誅，以幪巾當墨，以草纓當劓，以菲履當刖，以艾畢當宮，布衣無領以當大辟，此有虞之誅也。斬人肢體，鑿其肌膚，謂之刑；畫衣冠，異章服，謂之戮。上世用戮而民不犯也，當世用刑而民不從。

《**睡虎地秦墓竹簡·秦律十八種**》　城旦舂衣赤衣，冒赤氊(氈)，枸櫝欙杕之。仗城旦勿將司；其名將司者，將司之。舂城旦出繇(徭)者，毋敢之市及留舍闠外；當行市中者，回，勿行。城旦舂毀折瓦器、鐵器、木器，爲大車折輩(軼)，輒治(笞)之。直(值)一錢，治(笞)十；直(值)廿錢以上，孰(熟)治(笞)之，出其器。弗輒治(笞)，吏主者負其半。

漢·伏生《尚書大傳》卷一　唐虞象刑而民不敢犯，苗民用刑而民興相漸。唐虞之象刑，上刑赭衣不純，中刑雜屨，下刑墨幪，以居州里，而民恥之。

漢·班固《白虎通》　五帝畫象者，其衣服象五刑也。犯墨者幪巾，犯劓者赭其衣，犯髕者以墨幪其髕處而畫之，犯宮者屨雜菲，犯大辟者布衣無領。

唐·杜佑《通黄·刑法一·刑法序》　《孝經緯》亦雲：五帝畫象，三王肉刑。畫象者，上罪墨幪赭衣雜屨，中罪赭衣雜屨，下罪雜屨而已。

唐·杜佑《通典·刑法八·囚繫》　開元十年六月敕：自今已後，准格敕應合決杖人，若有便流移左貶之色，決訖，許一月内將息，然後發遣。其緣惡逆、指斥乘輿者，臨時發遣。

《**舊五代史·周書·太祖紀**》　〔廣順元年五月〕丁丑，詔京兆、鳳翔府，應諸色犯事人第宅、莊園、店磑已經籍沒者，並給付罪人骨肉。

《**新唐書·蕭鈞傳**》　〔瑀子鈞〕永徽中，累遷諫議大夫、弘文館學士。左武侯屬盧文操踰堞盜庫財，高宗以其職主幹，當自盜罪死。鈞曰：囚罪誠死，然恐天下聞，謂陛下重貨輕法，任喜怒殺人。帝曰：眞諫議也。詔原死。太常工爲宮人通訊遺，詔殺之，且附律。鈞言：禁當有漸，雖附律，工不應死。帝曰：如姬竊符，朕以爲戒，今不濫工死，然喜得忠言。既宥工，徙遠裔。終太子率更令。

《**新唐書·西域傳**》　〔摩揭它〕國無殺刑，抵死者放之窮山。罪有疑，飲以藥，視溲清濁而決輕重。

宋·謝深甫《慶元條法事類·刑獄門》　諸犯罪應贖，若婦人及將校節級綱運兵級，各不在令衆之限。

宋·李心傳《建炎以來繫年要録》卷一五　〔建炎二年四月〕丁卯，詔諸州刺配罪人斷遣訖，權送本處重役營分收管，俟道路通快日遣行。日曆無此，今以紹興四年正月五日吉州申審狀修入。

宋·李心傳《建炎以來繫年要録》卷一六四　〔紹興二十三年六月〕己卯，大理評事莫濛面對。乞令州縣編配罪囚，竝依程限遣行。詔申嚴行下。

宋·李心傳《建炎以來繫年要録》卷一六五　〔紹興二十三年九月〕戊子，詔自今行在官私斷配罪人，應隸本州本城者，竝配近行在州，其已配隸者,令所屬配出門。以大理少卿張柄援在京舊制有請也。

宋・李心傳《建炎以來繫年要録》卷一八四　〔紹興三十年三月〕顯忠言:本軍有諸州配到罪人不少。乞揀選堪披帶之人充軍,將怯弱人發遣附近州軍牢城收管。從之。

宋・李心傳《建炎以來繫年要録》卷一八五　〔紹興三十年八月〕戊辰,詔諸路犯罪合編管人,不得配隸行在五百里州軍,用秘閣修撰知信州徐林請也。

宋・王鍵《刑書釋名》

黄帝刑

一曰鞭樸,二曰鑽鑿。

鑽,臏刑,去膝蓋骨也。鑿,黥刑也,以墨涅其面。

三曰刀鋸。

刀,割鼻也。鋸,刖刑,斷足也。

四曰斧鉞。

斬刑,軍戮也。

五曰甲兵。

以六師誅禍亂也。

周刑

一曰墨。

黥也,割其面以墨涅之。

二曰劓。

截其鼻。

三曰剕。

即刖刑也。

四曰宫。

淫刑也,男子割其勢,女人則幽閉。

五曰大辟。

死罪也,其等有七。一曰斬,誅之斧鉞;二曰殺,以刀刃棄市;三曰搏,去衣磔之也;四曰焚,燒殺之也;五曰辜,磔之也;六曰踣,斃之於市肆也;七曰罄,縊之於隱處。

漢刑

一曰笞

箠也,文帝以代肉刑,景帝自五百減至二百。

二曰耏。

謂罪不至髡完其耏鬢,止去其頰毛也,二歲役刑。

三曰完。

謂不加以肉刑,而髡鬄爲城旦舂,四歲刑也。

四曰髡。

孝文定律,當黥者,髡鉗爲城旦舂。

五曰死。

有三等,一曰棄市,謂當斬右趾及殺人者,二曰磔,謂戮而張屍於市也,三曰三族,謂誅及三族也。

魏刑

一曰贖,有十一等。

二曰罰金,有六等。

三曰雜抵罪,有七等。

四曰作,居役也,有四等。

五曰完,有三等。

六曰髡,有四等。

七曰死,有三等。

晉刑

一曰輸贖,用金、絹贖罪也。

二曰髡作。

三曰棄市。

四曰斬。

五曰梟首。

梁刑

一曰贖。

二曰笞。

三曰耏。

四曰髡鉗。
五曰死。

北齊刑

一曰杖
三等，自一十至三十。
二曰鞭
撾馬杖也，有五等，自四十至一百。
三曰耏。
五等，自一歲至五歲。
四曰流
鞭之百，投之邊裔，重者鞭背，輕者鞭臀，有六年之刑。
五曰死
重者轘之，輕者梟首。

後周刑

一曰杖，
自一十至五十。
二曰鞭，
自六十至一百。
三曰徒，
自一年至五年。
四曰流。
自二千五百里至四千五百里。
五曰死，
五等，爲磬絞斬梟裂也。

隋唐宋金刑

一曰笞
漢用竹，今用荆，自一十至五十。
二曰杖。
古用鞭，今用杖，自六十至一百。
三曰徒
隋三等，自一年至三年。唐增一年半，二年半，改爲五等。金增四年，五年，通爲七等。
四曰流
隋制三等，自一千里至三千里。宋改爲二千里至三千里。金相同。
五曰死
隋唐宋同，二等，一曰絞，二曰斬。金加凌遲，共三等。

古今用刑

殺　神農氏殺夙沙氏。
戮　黄帝擒戮蚩尤。
椓黥　蚩尤之刑也。
冎　剮人肉置其骨也。安祿山執常山太守顔杲卿，冎之。
支解　《漢紀》法，截其四肢也。
醢　商紂醢九侯。
烹　齊哀公烹於周。
誅　堯誅三苗。
族誅　商紂有誅九族之條。
門誅　後魏書。
赤族　《漢書》：赤，盡也。
誅　周刑也。誅者，罪連一宗；夷者，殺及九族。
車裂　商鞅殘酷，秦人殺而車裂之。
分屍　同支解。漢分項王屍。
炮烙　商紂造。
抽脇鑿項　皆商鞅法也。
梟　斬首懸木上。漢梟彭越之首。
腰斬　秦腰斬李斯。
棄市　刑人於車，棄之於市也。
傌　漢賈誼曰：棄市之法也。
肆　殺而陳其屍也。見《論語》
斫　張飛欲斫嚴顔頭。
炙　晉大將軍穎炙殺長沙王乂。

撲　秦法，以囊盛人而撲殺之。
脯　紂脯鄂侯。
鋸　以木解人。李克用鋸孫揆也。
擣　梁侯所爲，犯法者擣殺之。
劓：　誅於劓角不露天也。《易》曰：　其刑劓。
橫分　《漢書》注：　離也。
剄　漢注以刀自裁。
格　祭遵格殺舍中兒。
拉　宋武帝拉殺諸葛長民。
天　睽卦釋文，刺鑿其額命曰天。
抵死　漢注，抵觸也。
沈命　應劭曰：　沈，沒也。
斧質　《項籍傳》：　身俟斧質。師古曰：　質，鍖也，斬人加於鍖上而斫之也。
殊死　漢律，斬刑也。
鉗灼　《江充傳》：　燒鐵鉗灼強其服罪。
剝皮　《後晉紀》注：　刻，割也。
瘐死　漢注：　囚以饑寒死者曰瘐。
纍　《楊雄傳》：　諸不以罪死者曰纍。
腐　宮刑也。
三族　謂父母妻。
髡鉗　去犯人髮，以鐵束項也。
鬼薪　漢令役人取薪給宗廟，三歲刑。
謫運　梁徒役也。男子謫運，女子質作。
配役　宋文省流刑，令帶鐐居作。
白粲　漢令役人坐擇粲，三歲刑也。
城旦舂　漢法，旦者，男子旦起行治城。舂者，婦人舂作粲也。

宋・程大昌《考古編・以絹準贓》　古者金作贖刑，或百鍰，皆差其坐罪輕重聽贖。至漢世，又以金價計贓，故其謂十金法重不忍相暴章者是也。自唐至今計贓，例皆以絹，始自北齊高叡等。爲武成定律，變古贖金之制，使以中絹代之，見《六典》。至唐世定令贖罪，雖得用銅，而計贓則遂用絹價。其制以犯罪之處，中絹爲估。至開元十六年，敕定爲五百五十。則用絹贖罪，雖始於北齊，而用絹直計贓，則始於唐也。穆王訓夏贖刑，以鍰配罪。孔穎達言：　入黃銅二十兩爲一鍰也。漢言罰金幾兩，黃金也。則唐世用銅有本也。

宋・李燾《續資治通鑑長編》卷一一一　〔宋仁宗明道元年十二月〕戊午，詔獲劫盜而情涉巨害者，毋得擅行陵遲，須奏聽裁。初，廬、壽、光等州都巡檢使梁紹熙，言獲累行劫盜者六人，陵遲處死，故條約之。

宋・李燾《續資治通鑑長編》卷一三三　〔宋仁宗慶曆元年九月〕戊午，杖殺中書守當官周卞於都市，坐於內降度僧敕內僞益童行三十四人也。事既覺，開封府止按餘人而不問堂吏。知制誥富弼，時糾察刑獄，白執政，請以吏付開封，執政指其坐曰：　公既居此，無爲近名。弼正色不受其言，曰：　必得吏乃止。執政滋不悅。

宋・李燾《續資治通鑑長編》卷一五九　〔宋仁宗慶曆六年七月〕詔：　如聞百姓抵輕罪，而長吏擅刺隸它州，朕甚閔焉。自今非得於法外從事者，毋輒刺隸罪人。

宋・李燾《續資治通鑑長編》卷四〇八　〔宋哲宗元祐三年正月〕詔：　應刺面、不刺面配本州牢城編管、羈管，經明堂赦恩不該放人，通今年德音已前年月已及格令，其緣坐編管、羈管人，亦通及十年已上者，聽依赦敕。

《宋會要輯稿・刑法四》　〔乾興元年〕十一月二日，給事中王隨言：　諸州罪人合該配遞，不送赴闕，直行斷遣者，或有憎愛組織，便行配移，或並妻男女之荒遠，鮮有生還，虧傷至和。望自今令長〔史〕〔吏〕已下依公勘鞫，集廳錄問，依法施行訖錄案，坐條具所配地裏上刑部詳覆。奏可。既而開封府言：　京府準條配罪名件不少，與外州不同，兼於次日具罪由，刑名、配處報糾察司訖，今如隨所奏，更下詳覆，枉費行遣，虛負曠慢，欲具依自來條例。從之。

又　〔天聖元年〕閏九月十一日，陳州言：　近宛丘縣盜牛賊人決訖收禁，申取轉運司移配。禁繫四十餘日，方得牒配舒州牢城。伏緣當州去轉運司地里不遠，尚爾稽緩，竊慮諸道似此，轉有淹延。欲望自今只委知州、通判等依法決訖，酌情輕重，刺面配五百里或千里外牢城。奏可。

又〔天聖三年〕八月，臣僚言：諸州斷強賊，決配遠惡州軍或沙門島，多在路走透。蓋部送之人不切監防，請行條約。事下樞密院，勘會天聖元年十二月宣，監防遞配強劫賊，須選有行止衙校前去。若受錢縱去，重行斷遣。又按編敕，配送罪人須分明置曆管係，候到配處，畫時具交割月日回報元配之處。若經時未報，即移文根問。若在路走失者，隨處根逐元監送人緊行捕捉。遂詔申明前制，仰逐處據所配罪人約度地里、日數，移文會問，每年終具數聞奏。轉運使每半年一次舉行指揮，常切關防，不得曠慢。

又〔康定四年〕八月七日，詔：在京犯罪配隸外州軍者，不得因差役上京，在京諸司亦不得指名抽差。時內東門吏犯贓配黄州，其親戚多內臣，求駕綱上京，而南作坊射爲甲匠。權三司度支判官李參奏，以謂恐毋以懲姦，故禁止之。

又〔元豐六年〕十二月十一日，詔：應配在衙前並刺面配本城、牢城編管羈管人等，在京委三司、開封府、步軍司，諸路委轉運使副、判官、提點刑獄司，分詣轄下州軍，同當職官取索犯由看詳，依赦移放。

又　乾興元年七月，永興軍言：民王延福累犯巨蠹，已刺面杖配蔡州牢城。詔今後不得直行刺配，如有此類，依決訖收禁奏裁。

仁宗天聖元年七月，侍衛步軍司、開封府勘斷不刺面配忠靖徒役人，本司只是令本指揮收管，日支口食，差節級監赴八作司徒役，至夜歸營。欲乞今後直送八作司轄下司分收管。從之。

又〔天聖四年〕十月二十六日，户部副使王博文言：陝西沿邊蕃族捕送逃軍，頗有因差勾當或遠探伏路，伐木採柴，偶逢蕃賊，拒敵不下，被虜掠前去。蕃部利於賞給，經涉年月，返捕送官。有司勘鞫，但招背漢投蕃之罪，依條處死。請降赦，邊臣不令下司。自今如有蕃部捕到兵士，根勘但如此類，稍有憑據，情理分明者，特與貸命，減死一等，決配遠惡州軍牢城。詔自今但不是故投蕃部，詳酌稍有證據，根勘分明者，特與貸命，決配外州牢城，訖奏。情至輕者奏裁。

又〔哲宗元祐元年〕十二月二十一日，刑部言：赦書節文，應赦書該載不盡事，所屬看詳，比類條析聞奏。看詳開封府界諸路，向來違犯常平法編配之人，比違犯重祿法事理尤輕。其經今赦，未合放逐便者，欲乞比類推行重祿法編配之人，並具元犯保明聞奏。從之。

又〔哲宗元祐〕四年十月十九日，刑部言：開封府奏，元降權宜指揮，欲乞將竊盜至徒刺填一節先（往）〔次〕住罷外，其強盜不（刻）〔該〕刺配之人，乞依舊存留，刺填廂軍。欲依所奏。從之。

又〔哲宗元祐六年〕十一月十九日，刑部言：配沙門島人，強盜親下手，或已殺人放火，計贓及五十貫，因而強姦，親毆人折傷，兩犯至死，或累贓滿三百貫，贓滿二百貫以：謀殺人造意或加功因而致死，十惡本罪至死，造畜蠱毒藥已殺人，不移配，並遇赦不還。而年六十已上，在島五年，移配廣南牢城；在島十年，依餘犯格移配；篤疾或年七十，在島三年已上，移配近鄉州軍牢城。犯狀應移而老疾者同；其永不放還者，各加二年移配。從之。

又〔元符三年〕九月十六日，陝西轉運司奏：準刑部符，都省送下保平（章）〔軍〕奏，勘會陝西州縣多盜賊，内有逃軍者，見今虢州賊徒，驚擾一方。皆緣諸路賊人免決配到，工役辛苦，因逃走，恣爲不法。伏乞指揮，天下應免決刺配陝西諸路罪人，内有元係犯強盜，情理稍重者並鑄錢之人不得配陝西州軍。本部下逐路相度。本司相度，陝西申請委是允當，兼諸司亦相度得穩便，唯鄜延路要兩色人依舊刺配。詔元符元年九月七日犯罪該配免決次配陝西、河東逐路廂軍指揮更不施行。

又〔政和〕四年八月十三日，工部奏：定國軍狀，契勘韓城縣東、西兩錢監人匠見闕，乞下諸路州軍，除犯強盜及合配廣南遠惡、沙門島並殺人放火兇惡之人外，將其餘犯流、徒合配之人，並乞免決，先刺同州韓城縣錢監等，候額足住配。刑部欲依，行下諸路，仍於刺錢監字定東、西一字，候刺填數足日申乞住配。仍以所降指揮年月先後，資次配填施行，所有止犯流、徒不該刺配之人，難議施行。從之。

又〔政和七年〕九月二十五日，手詔：明堂大赦，加恩寓內，應沙門島見禁罪人，雖皆巨蠹，亦既貸死，而晝監夜禁，與死爲鄰。天道貴生，在所矜恤。可令本州當職官檢會元犯，據罪重輕，分爲三等，具年月久近，限半月申刑部，取旨移配遠惡州軍，以示生意。仰刑部遍牒京畿諸路，今後罪人除特旨外，權住配流海島，候及額日仍舊。

又〔宣和二年〕十二月十八日，中書省、尚書省言：勘會命官犯罪編配、遇赦應量移者，自來止是刑部以地（理）〔里〕、赦數量移近鄉州軍，即未有立定紐計地里遠近、隨赦數量移條，至有遠近輕重不倫之弊。除見行條法自合遵依外，今擬修下條：諸命官犯罪編配，遇赦應量移者，以編配地里隨所犯情理輕重，依移放格赦數紐計爲分，元編配地里外剩數不計。每赦量移一分。謂如合二赦放，元係三千里，以一千五百里爲一分；合三赦放，以千里爲一分之類。若所移地里内無州者，移以次近鄉州從之。元犯編配鄰州或量移已至鄰州，若遇赦未該放逐便合量移者，即移近鄉州。如不願移者聽，仍理爲赦數。以上奏抄内擬定合移地裏州軍，並取到刑部狀，稱所條下別無未盡未便。從之。

又　〔宣和〕四年三月二十六日，臣僚上言：竊見犯罪編配之人，有量移敘免之法，遇赦則原之，錄犯由二本，一則附遞至所配隸州軍，一則隨罪人前去，此著令也。蓋有所犯之由則知元罪之重輕與歲月之久近，故赦至則看詳奉行，無復淹滯。必二本者，防遺失也。乞申敕有司遵奉成法，仍加大字眞書。遇有編〔配〕之人，本曹官吏須先錄犯由點對訖，乃得書斷訖到州軍。無犯由、不全者，並申提刑司取會劾治。尚或違慢，例加顯黜。從之。

又　〔紹熙〕四年十一月二十八日，知溫州孫楙言：本州士人胡袓恃勢把持，詐取錢物，究勘皆是實跡。姦贓狼籍，爲害一方，偶以祖蔭聽贖，送鄰州編管，尚慮他日還鄉復讎報怨，爲害愈多。乞行下建寧府，將胡袓牢固拘管，雖經赦宥，或年限已滿，不許放還，庶幾永嘉一郡生靈稍獲安居。詔特不移放。

又　〔紹興三十五年〕八月，刑部看詳：乞將犯強盜貸命並遇赦及兇惡強盜合該刺配之，仰元勘州軍除合配海外，及老弱怯懦疾病人依舊配行外，將少壯人斷訖，量地里遠近，押赴本路帥司，躬親審量，如強壯堪充軍役，即刺填本路闕額將兵下等，支破請給。如日後逃走，捉獲，當行軍法。從之。後刑部言：諸路州軍有至帥司路遠，竊慮罪人往返走逸，欲與本州軍長〔史〕〔吏〕親行量審，將勘充軍人申本路帥司，待報合刺填某州軍，徑自押赴，即不得放本州及鄰州充軍役。從之。

又　孝宗紹興三十二年六月十三日登極赦：應編配及移鄉人並永不移放者，並放逐便。

十四日，臣僚言：近降指揮，將強盜並持杖劫盜貸命流配之人並押赴屯駐軍，隨等仗依招軍法刺填。竊詳犯人皆是兇惡強橫之徒，若至軍前方行刺配，深慮在路逃竄，無以辯驗。乞〔今〕〔令〕元勘州軍從長貳擇健壯堪充軍者，先次刺填龍猛或龍騎指揮，然後差人押赴屯駐軍，庶幾沿路免致逃竄。從之。

又　〔孝宗淳熙〕二年四月二十七日二年，臣僚言：獄者，愚民犯法，固其自取，然亦有遷延枝蔓而情實可憫者。竊見春夏之交，疫癘方作，因繫淹抑，最易傳染。一人得疾，馴至滿獄，州縣謂之獄殟。乞明詔諸路監司、守臣，遵守成憲，入夏之初，躬親或差官慮囚。如犯大辟，立限催促勘結，不得遷延枝蔓。其餘罪輕者，即時斷遣。見坐獄人或遇疾病，亦須支破官錢，爲醫藥饘粥之費，具已斷遣人數及有無疾病以聞。仲夏復命憲臣斷行疏決，無致後時，務令囚繫得脱疫癘炎暑之酷。從之。

又　〔乾道〕四年三月九日，知臨安府周淙言：近來所至郡縣時有小竊三五爲群，剽劫民旅。蓋因諸處斷配人未至配所，中路逃竄；或已至配所，官司縱釋；及有分往諸處屯駐軍軍中，失於拘管，遂至散逸。既無所歸，聚集爲盜。乞令諸州知、通及屯駐軍統兵官常切點檢，每一季具所管編配人姓名、有無逃亡，保明申朝廷。仍委諸路帥臣及提點刑獄覺察施行。從之。

又　紹熙二年三月八日，詔：諸路州軍將登極赦以前所配摧鋒等軍並諸州係將、不係將禁軍重役人，自到配所如不曾經逃走被獲、別無過犯，並元犯不係情理深重巨蠹之人，即開具元犯事因，結罪保明，具申樞密院取旨，特免重役。

又　慶元五年三月二十八日，臣僚言：遠方豪民一罹大辟，傾其家貲，請求附會，作疑獄奏，多得減死，倖僥已甚。使到配所，居作如法，不許還鄉，猶云可也，又復計囑防送，中途縱逸，公私通知，恬不爲怪。乞行下諸道，今後如有疑獄已經奏減者，仰差得力之人防送，具起離日分申刑部。仍令刑部行下所隸州軍，候罪人到日，即便繳申照會。如或遇限不見申到，許刑部檢舉，送本路監司根究，按覈以聞，重寘典憲。從之。

又　慶元六年十月二十二日，臣僚言：大辟奏讞，貸以重役，在法再犯，必加〔銖〕〔誅〕戮。今此徒既獲貸死，又無官役，至配所未幾，乃委身求託於貪婪士夫之當官者，強所隸之州，給之以放停之據，而遂蓄之於私家，或使之自便。彼無以自養，復嘯聚以害人。乞舉行條法，重役之人州縣不許放停，與之經營給據留於私家，許人告首，重寘典憲。從之。

又　嘉泰三年五月二十一日，右正言李景和言：大辟之獄，在縣則先以結解，在郡則申以審勘。罪狀明白，刑法相當，郡申憲司，以聽論決，是謂詳覆。情輕法重，情重法輕，事有疑慮，理可矜憫，憲司具因依繳奏朝廷，將上取旨，率多從貸，是謂奏案，著在令典。二者皆屬憲司之職，初無許令諸司自奏之文。比年以來，詳覆之獄固已絕無而僅有，奏案一事乃委諸郡，冒法自爲，漫不復問。其事皆起於提刑失職，縱吏受賕，以致於此。乞行下諸路提刑，悉令條具，故違典憲，嚴爲之法，以警其失職之罪。從之。

又　開禧元年二月十五日，新權發遣無爲軍張潁言：乞下監司、州郡，應今後有殺人強盜罪案，須管督責獄官從公盡情勘結，即不許憲司肆意姑息，妄廢祖宗成法，不行詳覆，致令州郡妄指疑慮可憫之類具奏。如或委是疑慮可憫，合行具奏罪案，先從當職官吏、次第守臣契勘得寔，因共結罪保明奏上，庶幾論決當理，姦民絕幸。〔須〕管牢固拘管事理重害之人，如有走逃逸，將守倅、當職官吏及監管兵官取旨責罰。

又　開禧元年閏八月十九日，臣僚言：配隸、羈、編管之條，非姦贓強盜殺人貸命與夫鬥殺情重者，不以是罪之。酷虐之吏，曾不是思，創爲押出外界之例，稽之《刑統》、《新書》無是法。欲嚴飭中外，自配隸、編、羈管之外，惟他郡作過之人許勒還本貫，其餘悉從本條科罪，不得輒將土著之人並家屬押出外界。從之。

又　〔淳化三年〕七月二十五日，御崇政殿，錄在京諸司繫囚，流罪以下悉從原宥。尋敕諸路，見禁囚除四殺、官典犯正枉法贓外，餘死罪降從流，流已下遞減一等，杖已下釋之。

《宋會要輯稿·刑法五》　〔淳化五年〕四月十日，御崇政殿，錄在京諸司繫囚，流罪已下悉從原放。帝以炎月決獄（雍）〔壅〕滯，詔劾知開封府張宏已下。及宏請罪，復釋之。

又　至道元年二月十二日，入京畿，闕雨御崇政殿，錄在京諸司繫囚流已下悉原減，其毆傷支體干人命者，聽從法，隱設及逋欠者，理納償官，餘罪皆從輕重，非故犯者，悉原之。殿中丞常顯信以前知兗州日坐事爲通判李延所訟，出爲團練副使，大理評事林倓隱漏前任贓罪除名，配商州衙前，大理評事宋克正前知考城縣，擅出官倉斛斗，入已，貸死除名，配商州衙前。帝又謂左右曰：外州刑獄，多有淹繫，蓋官吏不能躬親科斷，朕今頃刻間悉與疏理，又何難哉。乃諭開封府判官楊徽之已下，應犯杖罪即躬親區處，不得更付所司。

又　〔至道元年〕四月二十日，御崇政殿錄在京諸司繫囚，除十惡、四殺、官典犯贓、損散官物外，自大辟罪以下並與原減。大理寺丞魏羃坐劾事河陰與官吏宴飲，特免見任。侍御史張利涉益州爲政浚急，（泊）〔洎〕盜攻劍門，亦以此爲言。帝詰其致寇之由，利涉不能對，遣出具欵來上。帝以三司別有繫囚，多委左右軍巡院，動淹時月，不速斷囚，詔自今三司屢更，可下兩軍巡，只令本部判官當廳推鞫。

又　景德二年四月二十三日，令軍頭司自今引見罪人，召法官先定刑名。時本司言，開封府獄囚當引見，不坐格律，請再送引見司定斷，帝慮其稽遲，故有是詔。

三年四月十五日，命樞密直學士劉琮、西上閤門使李允則、工部侍郎董儼、龍圖閣待制戚綸、宮苑使劉承珪、知制誥朱巽、龍圖閣待制陳彭年、東上閤門使曹利用，分詣三司、御史臺、開封府、殿前侍衛馬步軍司編敘繫囚。翌日，帝御崇政殿臨決之，雜犯死罪降流，流、徒遞降，杖、笞釋之。時御史臺引都官員外郎竇譔，前知京兆府長安縣，坐苛刻劾罪。帝〔曰〕：親民之官，不循理道，酷用刑罰，宜擯棄也。遂令分司西京。除殺人者論如律，餘罪遞降，釋之。日旰既罷，復令軍頭司、引見司覆奏所決刑名，審視訖，乃命施行。自是每歲暑熱，皆遣官編排，親臨疏放，遂爲定制。

又　〔神宗熙寧〕三年七月九日，詔：今後疏決或及府界、三京，仰中書於初降德音日取旨，仍與在京同日指揮，限敕命到以前，應犯罪人權住斷遣，聽候指揮。四京縣更不差官，歷犯杖罪並降從杖罪已下，只委本縣依次日所降朝旨施行。

《宋會要輯稿·刑法六》　〔天禧〕四年十二月，詔：自今每軍巡院禁繫情理，兇惡重罪人數稍多，即從府司牒殿前或馬、步軍司，逐院選差兵士十五人，員僚、節級各一人，寅夜防護，候斷訖即放歸營。

又　〔紹興〕二十五年六月二十二日，詔宜州觀察使、殿前司選鋒軍統制、權發遣江南東路馬步軍副總管王升罷從軍，令日下前去之任，饒州駐劄；男忠訓郎世雄特貸命，除名勒停，決脊杖二十，不刺面，配邕州本城收管。初，世雄因赴武舉不第，心懷怨望，撰造平治之書，譏訕朝政，及作詩有指斥語言，爲楊名所告。法寺鞫實，故有是命。

又　〔紹興〕二十七年九月十四日，詔前知處州鄒栩特免眞決，送吉州編管，仍不收敘。栩乃浩之子，以犯贓，法寺准條合〔退〕〔追〕毀出身以來告敕，除名勒停，流三千里。上曰：所取贓是入己否？沈該曰：據案是入己。上曰：浩元祐間有聲譽，其子乃爾。既犯贓，法不當赦，可特免眞決。故有是命。

又　〔紹興〕三十年六月十九日，詔忠翊郎、前監永康軍青城縣酒稅王楊特貸命，追毀出身以來告敕文字，除名勒停，送靜江府編管。以楊任內欠本軍酒課，及酒務曆內虛收錢引，乃與娼妓踰濫，法(守)〔寺〕稱除罪輕該恩，准條於絞刑合決重杖處死，又稱楊嘗有戰功，故特貸之。

又　八月三日，詔右從政郎、前潭州寧鄉縣令呂大壯特貸命，追毀出身以來告敕文字，除名勒停，送韶州編管。大壯在任日，令押錄於縣庫窠名錢內妄作名色支用，及與娼妓踰濫，法寺稱除罪輕，准條於贓罪上斷，合決重杖處死，故特貸之。

《宋會要輯稿・食貨》〔天聖三年〕九月勑三司，言藩須欠宮物，估價納抵當產業入官，除已標充職田收地不許收贖外，如十五年內本主或子孫親的骨肉卻要元納莊，許依元估價錢收贖。如十五年外，見有人往佃者，不令收贖。今詳：年限稍遠，欲乞限十年內，許本主或親的子孫骨肉收贖，限滿不贖。郭下廊店物業外鄉村莊田舍屋水磑委令，佐打量估計，結罪申州，州差同判或幕職再行驗估出榜，許人收買如小估虧，官許知次第人論告，並科違制之罪。公人決配，其元價沒官，奏可。今看詳張君平所請，已有上件敕命，令欲舉明前敕施行。從之。

《宋史・眞宗紀》〔大中祥符五年〕二月庚戌，詔貢舉人公罪聽贖。

《宋史・刑法志》富貴之家，稍有罥罣，動籍其貲。又以趁辦月椿及添助版帳爲名，不問罪之輕重，並從科罰。大率官取其十，吏漁其百。

又　或患加役流法太重，官有監驅之勞，而道路有奔亡之慮。蘇頌元豐中嘗建議：請依古置圜土，取當流者治罪訖，髡首鉗足，晝則居作，夜則置之圜土。滿三歲而後釋，未滿歲而遇赦者，不原。既釋，仍送本鄉，譏察出入。又三歲不犯，乃聽自如。時未果行。崇寧中，始從蔡京之請，令諸州築圜土以居強盜貸死者。晝則役作，夜則拘之，視罪之輕重，以爲久近之限。許出圜土日充軍，無過者縱釋。行之二年，其法不便，迺罷。大觀元年，復行。四年，復罷。

又　〔熙寧〕六年，審刑院言：登州沙門砦配隸，以二百人爲額，餘則移置海外，非禁姦之意。詔以三百人爲額。廣南轉運司言：春州瘴癘之地，配隸至者十死八九，願停配罪人。詔：應配沙門島者，許配春州，餘勿配。既而諸配隸除凶盜外，少壯者並寘河州，止五百人。初，神宗以流人去鄉邑，疾死於道，而護送禁卒，往來勞費，用張誠一之議，隨所在配諸軍重役。後中丞黄履等言，罷之。凡犯盜，刺環於耳後：徒、流，方；杖，圓；三犯杖，移於面。徑不過五分。

又　元祐六年，刑部言：諸配隸沙門島，強盜殺人縱火，贓滿五萬錢、強姦毆傷兩犯至死，累贓至二十萬錢、謀殺致死，及十惡死罪，造蠱已殺人者，不移配。強盜徒黨殺人不同謀，贓滿二十五萬，遇赦移配廣南，溢額者配隸遠惡。餘犯遇赦移配荆湖南北、福建路諸州，溢額者配隸廣南。在沙門島滿五年，遇赦不該移配與不許縱還而年及六十以上者，移配廣南。在島十年者，依餘犯格移配。篤疾或年及七十在島三年以上，移配近鄉州軍。犯狀應移而老疾者同。其永不放還者，各加二年移配。後又定令：沙門島已溢額，移配瓊州、萬安軍、昌化、朱崖軍。

又　罪人貸死者，舊多配沙門島，至者多死。景祐中，詔當配沙門島者，第配廣南地牢城；廣南罪人，乃配嶺北。然其後又有配沙門島者。慶曆三年，既疏理天下繫囚，因詔諸路配役人皆釋之。六年，又詔曰：如聞百姓抵輕罪，而長吏擅刺隸他州，朕甚憫焉。自今非得於法外從事者，毋得輒刺罪人。皇祐中，既赦，命知制誥曾公亮、李絢閱所配人罪狀以聞，於是多所寬縱。公亮請著爲故事，且請益、梓、利、夔四路就委轉運、鈐轄司閱之。自後每赦命官，率以爲常。配隸重者沙門島砦，其次嶺表，其次三千里至鄰州，其次羈管，其次遷鄉。斷訖，不以寒暑，既時上道。吳充建請：流人冬寒被創，上道多凍死。請自今非情理巨蠹，遇冬月聽留役本處，至春月遣之。詔可。

又　嘉泰四年，臣僚言：配隸之人，蓋有兩等。其鄉民一時鬥毆殺傷，及胥吏犯贓貸命流配等人，設使逃逸，未必能爲大過，止欲從徒，配本州牢城重役，限滿給據，復爲良民。至於累犯強盜，及聚衆販賣私商，會經殺傷捕獲之人，非村民、胥吏之比，欲並配屯駐軍，立爲年限，限滿改刺從正軍。從之。其所配之地，自高宗來，或配廣南海外四州，或配淮、漢、四川，迄度宗之世無定法； 皆不足紀也。

《金史・完顏綱傳》 遷刑部員外郎，綱言： 諸犯死罪除名移推相去二百里，并犯徒罪連逮二十人以上者並令就問，曾經所屬按察司審讞者移推别路，官亦依上就問。凡告移推之人皆已經本路按察審訖，既當移推別路。按察司部分廣闊，如上京路移推臨潢路，最近亦往復二三千里，北京留守司移推西北路招討司，最近亦須數月。乞依舊制，令移推官司追取其人歸問。從之。

《元典章・刑部十一》 延祐二年正月初四日，奏過事內一件出軍的賊，每在先薛禪皇帝時分，至今合流，將東壁去的至遼陽行省合流，將迤南去的至湖廣省，從這里鋪馬差人交押送去，有來近間將之這勾當住罷了，交城子裏轉遞送的上頭，將有罪的人沿路也有脱走了的，麽道如今俺根底與將文書來的，也有如今依在先例差人鋪馬裏交押送去，那麽道奏呵，那般者，依先例鋪馬裏差人交押送去者，麽道聖旨了也，欽此。都省准擬，仰欽依施行奉此。今承見奉本部議得監察御史所言，發遣出軍賊徒，別無常押之人，以致在逃違限，不到等事，既已奏准，差人馳驛押送，擬合欽依聖旨，事意施行，仍驗地里遠近，約量給限，須要取收管公文，若有疎虞，元差並所在官司，臨事詳酌究治，如此庶革姦弊，具呈照詳都省仰依上施行。

《元史・成宗紀》 〔元貞元年六月辛丑〕御史臺臣言： 先朝決獄，隨罪輕重，笞杖異施。今止用杖，乞如舊制。不允。

《元史・刑法志》 諸番囚官強愎自用，輒將蒙古人刺字者，杖七十七，除名，將已刺字去之。

明・王肯堂《王儀部先生箋釋・慎刑説・刑戒》 五不打

老不打。血氣已衰，打必致命。

幼不打。血氣未全，打必致命。且老幼不考訊，已載律文。

病不打。血氣未平復，打則病劇必死。

衣食不繼不打。如乞兒窮漢饑寒切身，打後無人將養，必死。

人打我不打。如與人鬭毆而來。或被別官已打，又行加責，則打死之名獨坐於我。

五莫輕打

宗室莫輕打。天潢之派，干係甚大，既無名封者亦勿輕打，只啓王戒飭，或申請上處分。

官員莫輕打。即倉巡、驛遞、陰陽、醫學等官，亦勿輕打。彼既爲官，妻子僕從相對赧顔，亦非體恤下吏之意。況其體多脆薄，輕則患病，重則傷生。

衿監莫輕打。干係斯文體面，事輕則行學責戒，重則申究如律，彼自無詞。

上司差役莫輕打。非惜此輩，投鼠忌器，打雖理直，亦關上司體面。有犯，宜書犯狀，密申上司，彼自有處。若畏勢含忍，又闒茸非體矣。

婦人莫輕打。羞愧輕生，因人恥笑，必致喪身。

五勿就打

人急勿就打。彼方急迫無聊，打則適速其死。

人忿勿就打。愚民自執己見，方以理直自負，打則其忿愈甚，死亦不服，氣逆傷心，易于殞命，宜多方警喻，待其自知理虧，雖打不怨。

人醉勿就打。諺云： 三宫避酒客。沉醉之人不知天地，寧識禮法。倘醉語侵官，有失體統，宜暫監，候酒醒懲戒，監時慎勿置放冷地，寒氣入心，亦足致損。

人隨行遠路勿就打。被打之人若在家自能將息，遠路隨行，日逐跋涉辛苦，又要跟上程途，亦多致命。待其回後懲之未晚。

人跑來喘急勿就打。捉拏人犯從遠路跑來，六脈奔騰，喘息未定，即乘怒用刑，血逆攻心，未有不死者。宜待其喘定用刑。

五且緩打

我怒且緩打。有怒不遷，大賢者事，盛怒之下，刑必失中。待己氣平，徐加責問。試于怒定之後，回思怒時之刑，未有不過者。

我醉且緩打。酒能令人氣暴心粗，刑必不當，即當人亦有議，當點檢強制之。

我病且緩打。病中用刑多帶火性，不惟施之不當，亦恐用刑致怒，人已俱損。

我見不眞且緩打。事纔入手，未見是非，遽爾用刑。倘細審情理，與刑不對，其曲在乙，已刑甲矣，知甲爲直，又復刑乙，於甲不能無冤，顛倒周章，亦爲可笑。

我不能處分且緩打。遇有難處之事，難犯之人，必先慮其所終，作何結局，方好加刑。若浮氣粗心，先即刑責，倘終難了結，反費區處。曾見有打人後，又陪事人者，只爲從前急遽耳。

三莫又打

已拶莫又打。語曰：十指連心肝。拶重之人血方奔心，又復用刑，心慌血入，必致殞命。常見人曾受拶者，每風雨之夕，戚戚作疼，爲其已傷骨節故也。嗟乎，均是皮骨，何忍至此。

已夾莫又打。夾棍重刑，人所難受，四肢血脈，奔逸潰亂，又加刑責，百不一生。且夾棍不列於五刑，豈可輕用。下人以力爲食，一受夾棍，終成廢疾，決難趂食，切宜念之。人謂審強盗宜用，余謂強盗因夾招承，此心終放不下，唯多方設法，隔別細審，令其自吐眞情，於心斯安，此等酷刑鮮用可也。

要枷莫又打。先打後枷，屈伸不便，瘡潰難調，足以致命。待放枷時，責之未遲。

三憐不打

盛寒酷暑憐不打。遇有盛寒酷暑，令人無處躱藏，擁瓊圍鑪，散髮披襟，猶不能堪，此時豈宜用刑。蓋彼方墮指裂膚，爍筋蒸骨，而復被刑責，未有不死者。

佳晨令節憐不打。如元旦冬至等節序，人人喜慶，此時宜曲體人情，頤養天和，即有違犯，當憐而恕之。

人方傷心憐不打。問理時如知其人或新喪父母，以及喪妻喪子，彼方哀泣傷心，又值不幸，再加刑責，鮮不喪生。即有應刑，姑宜寬恕。

三應打不打

尊長該打，爲與卑幼訟不打。嘗見尊長與卑幼訐訟，官亦分別曲直用刑，不知卑幼訟尊長，尊長准自首，卑幼問干名犯義。遇有此等，即尊長萬分不是，亦宜寬恕，縱使言語觸官，亦不宜用刑，人終以爲因卑幼而刑尊長也，大關倫理世教。

百姓該打，爲與衙門人訟不打。即衙門人理直，百姓亦宜從寬，否則不惟我有護衙門人之名，後即衙門人理屈，亦不敢復告矣。

工役舖行該打，爲修私衙或買辦自用什物不打。即其人十分可惡，亦姑恕之，否則人得以有辭而不服矣。

三禁打

禁重杖打。五刑輕重律有定式，大杖一足當中杖三，小杖五。官之用刑，只見太過，未見太寬，若用輕杖，即多加數杖，亦不傷生。且我見責之多，怒漸息而杖可已，若重杖只見數少，而不知其人已負重傷矣。

禁從下打。皂隸求索不遂，每重打腿彎，致其斷筋而死，或打在一塊，同一被刑而死生立異，則貧富不同耳。貧者何辜，而令其受此。

禁佐貳非刑打。夾棍重刑，不許佐貳首領衙門私置，即正官亦止備一二副，候不常之用。各衙遇不得已而用，赴堂稟請，蓋正官猶有忖量，而佐貳首領將勢要送來百姓，私衙任意酷打，替人出氣，正官全然不知。凡各衙人犯，令其一一遇堂，庶知收斂。

明·呂坤《實政録·監犯·關防八條》 監犯以疎虞爲第一，然長枷輕薄，不足防跳梁之奸。杻緊則手腫，鬆則手脱。且飲食便溺，疾痛癢疴，手爲日用之資，杻豈常帶之物，不如止用粗大鐐鐲，嚴密鎖絆，除強盗枷杻兼用外，其餘重犯，只宜牢鐲。四時更換鞋韈之時，當堂先定手杻，然後開鐲。其鐲須置於脛骨之上，貼著皮骨，寧令韈膝穿破，決不可施於韈上，致令寬鬆，易於脱足。且鐲鐐動則聲聞，舉足不便，但不開鬆，自難逃走。關防囚犯，此爲最良。每夜但鎖柙床，亦可必其無事。手便於動作而足苦於覊縻，亦情法兩得之術也。

明·佚名《牧民政要·禁從下打》 若皂役求索不遂，重打腿灣，至其斷觔而死。同一被刑而死生異，則貧富不同耳。貧者何辜，而令其受此乎？

《明實録·永樂二年》 〔五月辛丑〕巡按北京監察御史周新言，北京所屬吏民有犯徒流者，蒙恩免罪，就發北京人少處爲民種田，公私兩便，然監候詳擬，往復數月，飢窘憂愁，多死獄中。請今後死罪及職官有犯，詳擬待報，其吏民所犯徒流者悉從北京行部或監察御史詳擬允當，就發種田，如此則下無淹禁之患，而上不負寬恤之恩。上諭都察院臣曰，御史言是。且命北京姓有犯應決者許收贖。

《明實録·永樂三年》 〔正月辛未〕刑部尚書鄭賜劾奏河南都指揮僉事劉珪蔑視親王，過端禮門不下馬，命謫戍。

《明實録·永樂五年》 〔冬十月〕己丑，上謂刑部尚書呂震等曰：前所奏死囚服已赦之，從南北風土所宜發戍邊衛。近聞戍南邊者多冒瘴癘死，其改發北京郡縣種田，庶全活之，已發遣者追還。

《明實録・正統十年》〔正月辛卯〕六科給事中十三道監察御史劾奏公侯駙馬伯都督魏國公徐顯宗等二十八人，懶慢不朝，請治以罪。上曰：大臣者，小臣之表率，大臣既皆偷安不朝，小臣何所視法？命跪於午門前以媿之。

《明實録・正統十三年》〔十一月乙未〕吏部聽選司務江昱言：蒙工部差往直隸河間等府，起取失班匠運甎赴京，臣惟匠之失班多以貪窘，今令運甎，情似可憫，若以直隸、山東、河南等府衛州縣囚該納米炒鐵贖罪者，視罪之輕重，定甎之多寡，令自備船，自臨清運赴張家灣。獄固無淹，甎亦易完。事下，工部尚書王巹言，除炒鐵者勿動，餘悉如其言。上曰：在京法司罪囚有力者皆令運甎，緣河之甎仍令失班人匠運，直隸山東、河南府衛州縣罪囚，路途遙遠，搬運艱辛，其已之。

明・申時行《明會典・抄劄》洪武元年令，凡犯罪應合籍沒家產，除謀反叛逆外，其餘遇革者，革前未曾抄劄到官，革後原免。革前已抄劄者，沒官。凡犯籍沒者，除反叛外，其餘罪犯，止沒田產孳畜。凡籍沒犯人家產田地內有祖先墳塋者，不在抄劄之限。十七年，令各處抄劄人口家財，就解本處衛分，成丁男子同妻小，收充軍役。其餘人口，給與軍官爲奴。金銀珠翠本處官司收貯，年終類解。馬匹令本衛收養，給與無馬軍人騎坐，牛隻給與有屯去處屯種。無屯去處，並一應孳畜麤重物件，就行變賣價錢，於有司該庫交收。二十一年，令謀逆姦黨造僞鈔等項，沒其貲產丁口，其餘止收貲產，仍以農器耕牛還之。二十四年，令各處抄劄解到罪人家屬，有成丁者，隨營，無成丁者，依親，俱送大理寺再審。續將抄來金銀等項，並麤重什物，變賣鈔貫，通行解部，俱不動原封，就令本處原解人役，徑送内府該庫進納，同本部塡寫勘合，出給長單二紙，賚獲批單字號，回部查照相同，方行附卷，將原差人批迴原籍官司備照。二十六年，定凡刑部問擬犯該奸黨等項，合抄劄者，明白具本，開寫某人所犯，合依某律，該某罪，財產人口，合抄入官，牒發大理寺審錄平允，回報各司，備由開寫犯人鄉貫住址明白，案呈本部。具手本赴内府刑科塡批，差人前去抄劄，户下成丁男子，如法枷杻，同抄到人口金銀細輭馬贏驢羊，差人解部，如前該庫進納，麤重什物變賣價鈔，牛隻農具入官，幷田地房屋召人佃賃照例當差。二十八年奏准，抄劄遷發律與大誥該載者宜從法司遵守。其餘榜文條例，該抄劄遷發者止罪本身。存田户下人口，種田納糧當差。二十九年議准，抄劄提人，革去所差旗軍，令當該衙門出批，差散騎，或舍人賚批往所在有司比號，著落附近衛所差撥旗軍。眼司有司抄提到官，就令原差旗軍，解至該衙門，仍令親賚家財，一同引奏發落。如有合提緊關人數，及無軍衛去處，臨期請旨差解。

應合抄劄

律令：

姦黨。	謀反大逆。
姦黨惡。	
造僞鈔。	殺一家三人。
採生拆割人爲首。	

大誥：

攬納戶。	安保過付。
詭寄田糧。	
民人經該不解物。	灑派拋荒田土。
倚法爲姦。	
空引偸軍。	黥刺在逃。
官吏長解賣囚。	
寰中士夫不爲君用。	

明・劉時俊《居官水鏡・用刑説》竊謂理邑如理病，用刑如用鍼。一邑即一體也，氣脈原通，一處壅即通體皆病。庸醫不察穴道，通體投鍼，令病人多刺傷而病如故。若善醫者，直頂門一鍼足矣。病根即除，損得多少痛楚，然鍼亦難下，未可輕易譚也。

志立云：劉先生嘗對某言：人與我一般皮肉，痛痒相關，如逞怒淫刑，於心何忍。吾爲令時，遇上官非理怪怒，雷轟於頂，不動也。倘誤駡良民一句，即食不安，或錯責平民五板，即寢不寐。刑不加於愚幼，不加於淳柔，不加於老疾之人，不加於言語之觸犯。不以偶失伺候責諸役，不以飲饌不美責廚夫，不以儀衛不整責從人，不以買物不佳責買辦者，蓋刑以施於不如法之人，不宜濫施於不如意者也。以故公庭鞭樸絶稀，幾至不用，即用亦至輕，而數亦至少，如老學究責村童耳。先生又言：律是死的，用律者是活的。用律不原情，盡法無民已。吾爲諸生時，嘗有一先達，亦賢者也，偶言制律之妙，因自叙其用律之明，如犯人已就制縛，毆之至死者抵，此律之精也。適有一盜牛者，被捉，衆毆之至死，因投之於江以自溺。首縣審得其情，徑擬失主以抵。又如開塚見棺者絞，開棺見屍者斬，招魂葬者亦然，此律之精也。適有一圖風水謀幫祖葬父者，族長不許，因焚父屍，收爐骨入罐中偷葬。族長檢發，其子不敢認，遂拋棄之。拋後其子具告，因坐族長以開棺之罪。吾當時殊不然其說，曰：衆人毆殺賊而以失主抵，逆子毁父屍而坐族長重罪，顛倒甚矣。何賢者而有此誤？蓋緣看律到此，偶爾會意，故借姓命證聽明耳。因思訓家者，不可不知此，恐不知而誤犯律也。居官者不可不知此，恐任意而誤用律也。吾爲令，以情比法，寧出寧輕。如情重律輕，則從律，情輕律重則原情，庶乎議罪平而人不稱冤矣。先生又言：禁暴除奸，止宜去太去甚，不妨開一面之網。如人命之忿起於一朝而尚有生路者，如賊盗之愚幼被誘而情可矜疑者，如盗贓之寄頓而非眞窩者，如豪强之悔懼而束手不敢復肆者，如姦惡之先事遁避與彌縫而未發覺者，寧爲遺法遺明，不必窮搜追索。蓋天網尚漏，若執法而欲絶流以漁，非天道也。先生性平恕，故刑法寬簡如此。然遇罪惡盈貫，通神使鬼之人，則法在必伸，雖掛冠不顧，懲一戒百，一邑肅然，此寬恕中過關處也。加意民瘼者，須明此鍼法，以善成其寬恕云。

明・丘濬《大學衍義補・定律令之制上》 十三年下令曰：蓋聞有虞氏之時，畫衣冠、異章服以爲戮，而民弗犯，何治之至也。今法有肉刑三而姦不止，其咎安在。非乃朕德薄而教不明歟？吾甚自愧。故夫訓道不純而愚民陷焉。詩曰：愷悌君子，民之父母。今人有過，教未施而刑已加焉。或欲改行爲善而道亡同無繇至，朕甚憐之。夫刑至斷支體，刻肌膚，終身不息，生也何其刑之痛而不德也，豈爲民父母之意。其除肉刑，有以易之。及令罪人各以輕重，不亡逃，有年而免。其不亡逃者，滿其年數免爲庶人具爲令。

馬端臨曰：古者五刑皆肉刑也。孝文詔謂今有肉刑三而姦不止。註謂黥、劓、斬趾三者，遂以髡鉗代黥，笞三百代劓，笞五百代斬趾。獨不及宫刑。至景帝元年，詔言孝文皇帝除宫刑，出美人，重絶人之世也。則知文帝幷宫刑除之。至景帝中元年，赦徒作陽陵者，死罪欲腐者許之。而武帝時李延年、司馬遷、張安世、况賀皆坐腐刑，則是因景帝中元年之後，宫刑復用，而以施之死罪之情輕者，不常用也。

臣按：後世以笞箠爲刑始此。夫三代以前，所謂肉刑者，墨、劓、剕、宫、大辟也。至漢初僅有三焉，黥、劓、斬趾而已。文帝感淳于公少女緹縈之言，始下詔除之，遂以髡鉗代黥，笞三百代劓，笞五百代斬趾。自是以來，天下之人犯法者，始免斷支體，刻肌膚。百世之下，人得以全其身，不絶其類者，文帝之德大矣。

明・丘濬《大學衍義補・慎刑憲・制刑獄之具》 唐制：囚二十日一訊，三訊而止，數不過二百。凡杖，皆長三尺五寸，削去節目。訊杖大頭徑三分二釐，常行杖大頭二分七釐，小頭一分七釐。笞杖大頭二分，小頭一分有半。死罪絞而加紐，官品勳階第七者鎖禁之。輕罪及十歲以下、八十以上者，廢疾、侏儒，皆頌音鬆繫以待斷。

清・李之芳《李文襄公别録・行十一府屬中飭叛逆告示》 題請正法梟斬市曹，其餘擒獲賊黨現在嚴審究罪。此皆自作之孽，國法森嚴，不容寬貸。惟是村野愚民安分守己者固多；而好勇、疾貧爲非樂禍者正復不少，不知自願首領，因未講究律條，一旦身陷大法，害及鄉鄰，而使老幼連坐，重可憐也。謹按：《大清律》内開：凡謀反及大逆，但共謀者不分首從，皆凌遲處死，祖父、父子、孫、兄弟及同居之人不分共姓，及伯叔父、兄弟之子不限籍之同異，年十六以上，不論篤疾廢疾，皆斬。其十五以下及母女、妻妾、姊妹、若子之妻妾給付功臣之家爲奴，財産入官，知情故縱隱藏者斬。又凡謀叛但共謀者，不分首從皆斬，妻妾、子女給付功臣之家爲奴，財産竝入官，父母祖孫兄弟不限籍之同異皆流二千里安置，知情故縱隱藏者絞。憲典昭然，爾民皆宜家諭户曉，何苦以七尺之軀輕干三尺之法。試觀近年叛逆渠魁，擁兵踞險，潰敗相尋，何况狗鼠幺麽稍萌異念，立取屠滅。本部院矜念愚氓，惟恐不教而誅，合再嚴示，諄切曉飭。爲此示仰督屬士民人等知悉：務須凛遵國典，保守身家，其樂昇平。將謀反叛逆律例互相講解。

清・劉拱宸《居官慎刑録・與周侍御論禁州縣私罰書》 三月朔，伏讀侍御條陳，内有禁州縣私罰一事。侍御蓋不敢議贖刑之爲非，而特於州縣發其端。其意主於禁州縣之攘入爲私槖也。而不知斯議果行，則淫刑、鬻獄之端將日起而不可以底矣。先王之制法也，有五刑、有五罰，而又有五過之審。克度今州縣所聽之訟，其麗於法者，固無待於罰矣。其必致於罰者，大概不出於惟官、惟反、惟内、惟貨、惟來五者。鞭朴之不行而令之罰以自贖，其人必非可以刑加者也。或膠庠之士，或有爵禄於身。所犯者過耳，必褫其章服而予以笞箠，則疑於酷濫而不情。若以其不可笞而遽舍之，則彼將益恣肆而無所忌憚，而國家之法虧。然則罰贖者固州縣通變之一法，而亦聖王之所不禁者歟。且刑者，人之所大忌。而財者，其所甚愛者也。一人受杖於庭，一族之人擯之而不與齒，一鄉之人擯之而不與齒，父子兄弟惵惵乎惟恐人之過而問焉者。而特奪其所甚愛而令之贖，權其所犯之輕重而第其罰之多寡。彼亦喜得脱於笞辱，俛首輸服而不敢辭。眉山蘇氏所謂豫養其媿耻之心者，此也。議以爲，添修橋道，養濟育嬰，此非聖王之政乎？公家之費惟日不足，借其財而貰其過，而又衆著其所以致罰之由，彼亦且怵然爲戒，不至於怙而不悛，而人之過之者已曉然其故而不可掩，安得有所謂以富僥免之議？

清・劉拱宸《居官慎刑録・書蘇文公議法後》 重贖之議，可以治富，不可以治貧。吾不能必貴人、近戚之不貧，而又不能保庶民之貧者之不入於疑罪。則是貧民終不可貸，而貴人近戚必將殖貨封利以自固。吾以爲，重贖、減罪之法兼而行之，庶民之富者從貴戚重贖之議，貴戚之貧者從庶民減罪之議。邱邦士先生曰：大抵疑有三等，疑其有罪則赦之可也。疑其重輕則從輕可也。疑其罪重矣，而律例未有明據，證佐有八九而尚欠一二，則富議贖，貧議減可也。

清・劉拱宸《居官慎刑録・釋笞杖徒流决贖不同》 家貧不足以入鍰者謂之無力。凡擬得罪狀，依律決配。笞、杖則受責。今每笞杖二十折責一板，不用荆條。流按年里起發，民擺站，軍瞭哨。

家道畧饒於無力者謂之稍有力。准納工價。每應做工贖罪，一月折銀二錢。如笞一十，納工一月。每加一等，加工半月。杖六十，納工價四月，每加一等，加工半月。五徒皆按月納價。杖不計。饒裕之家謂之有力，照例贖罪，折銀上庫。如笞一十，贖銀二錢五分，米則五斗，穀一石，蓋米一石折銀五錢，穀一石折銀二錢五分，較與銀數不異但以春夏例納銀，秋冬例納穀耳。每一十以次加之。如杖六十，贖銀三兩；每一十加銀五錢。如徒五年，贖銀七兩五錢。每一等加銀二兩五錢，徒四年者亦如之。惟雜犯五年者贖銀二十五兩，改納米穀皆稱是。若流三等，唯論例不論力，例不準贖者不得聽贖也。按笞贖止一兩二錢五分，杖止五兩，徒則於杖贖五兩之上每等加二兩五錢，止十七兩五錢，准徒四年者又加二兩五錢。

《清實録・康熙五十三年》〔十二月乙丑〕刑部題，查律内追贓人犯，監追至一年以上。將正犯發遣，拘家屬監追，如無家屬，仍將正犯監追。又監守常人盜，侵欺人犯，贓至二十兩以上，限一個月；二百兩以上，限三個月。果能通完，俱減等。近軍、流等犯，贓銀追完，方行發遣。因此有家產者畏發不肯清還。定例：承追止罰俸一年，督催上司並無處分，所以追比不力。嗣後追賠贓銀及分賠等項文到之日限一年通完。死犯，減二等。軍、流等犯，俱免罪。追完三百兩以上，承追官每案紀録一次，督催知府直隸州每三案；道員，每五案；督撫布、按，每十案，並紀録一次。如不完承追官，罰俸一年。督催知府、直隸州，罰俸六個月。司道督撫罰俸三個月，再限一年追完，如完減等。若再不完，軍流充發死罪，監追承追官降一級留任。督催知府、直隸州，罰俸一年，司道督撫罰俸六個月，再限一年。著落妻子追賠。限内能完承追官，開復；若不完，調用。督催、知府、直隸州，降一級留任；司道督撫，罰俸一年。如果家產盡絶，保題豁免。倘題後另有房產錢財人口，俱入官。出結官革職。督催知府、直隸州，降二級調用；司道降一級留任；督撫罰俸一年，所欠銀、米出結官賠補。武職官亦照此例交。旗人犯死罪仍監追軍、流等犯，暫停枷責。亦限年追比，其佐領、驍騎校，照承追官；參領照督催知府、直隸州；都統、副都統，照督撫布、按，紀録處分。又承追官不著落犯人妻子，將親族濫行追賠者，革職。得旨，依議。該管上司如有勒逼出結之事，屬官不行出首者，著從重治罪。

《清實録・乾隆二十年》 丁卯，諭曰：御史鄭廷楫奏，各省題奏事件内，有任意煅錬，致百姓或斃非命者，請敕下問刑衙門，不得刑外用刑等語。非刑拷逼，原有律禁，即如該御史所奏，皆係各省已經參劾之案。夫以州縣之衆，豈保無一二用刑殘酷之吏？該督撫等旋據實查參，此正合律意而昭炯戒，何必於例所已禁，又復定爲科條？若徒以語言禁令爲務，是舍本而齊末也。且該御史以恤刑法、重民命爲言，是自附於立身端正。而摺内乃稱軍機大臣，每問一事，必准情酌理，細心推勘，此非阿諛廷臣執政者而何？鄭廷楫著嚴行申飭。

《欽定理藩院則例・雜犯》 匪類發遣河南山東

官員、平人爲匪不可留旗者，俱連妻子、產畜發往河南、山東，交驛站充當苦差。

《欽定理藩院則例・强劫・抄没賊人產畜不給喇嘛》 凡賊犯强劫喇嘛牲畜案内，抄出賊犯產畜，均存公備賞，不給喇嘛。

《欽定理藩院則例・西藏通制上・番民爭訟分别罰贖不得私議抄没》

衛藏唐古忒番民爭訟，分别罰贖。將多寡數目造冊呈駐藏大臣存案。如有應議罪名，總須稟明駐藏大臣覈擬辦理。其查抄家產之例，除婪索贓數過多應稟明駐藏大臣酌辦外，其餘公私罪犯憑公處治，嚴禁私議查抄。

清・佚名《治浙成規・賊犯當贓犯事到官令事主措備一半本銀赴典認明回贖》 浙江布政、按察使司田、謝爲遵批議詳事案。據錢塘縣典商陳生生以商本無著具呈前陸撫憲覺羅長批司會同妥議。通詳察奪嗣。該商又呈巡撫部院覺羅吉 批准事主備半當本取贖，仰司會同妥議。本司等查：開張典當，原以便民間之急需，其竊賊偷取物件赴典質當，勢難盤問來歷，始行當給。一經誤當，案破到官，賊犯即行供出，無論本縣以及隔屬，皆行提取當贓給主認領。而竊犯類皆貧乏，追給無期，致典本每多懸宕。經本司謝於前署藩篆任內，會同署臬司秦議，請將外結當贓飭令事主半價回贖。詳奉憲臺批，再確核妥議，並奉撫憲、憲臺札，據典商陳生生呈請，刊刻木榜，飭并議定章程等因。本司等覆查民間失竊呈報，不能隨時起獲，原贓轉令自備半本取贖，雖與定例未符，惟是典鋪輸課便民，每遇提贓，地方官膜視商本，既不實力查追而經差又復百計侵扣，徒有追還之名，並無追還之實。暗貽賠累，殊覺偏枯。且起贓到案層層勒索，守領維艱。今一經賊犯供出，即令失主赴典認明，措備半本回贖取携，原物立即甯家，可免衙門守候，在失主亦所樂從，毫無窒礙。本司等悉心籌酌，應請照前議，嗣後外結竊案，供出當贓，經事主赴典認明，將原贓封記存儲，即令事主措備一半本銀交典回贖，一面嚴提賊犯勒比，一經追出，先儘失主，後歸典商，分別當堂給領，嚴飭各州縣不得假手經捕。如此酌予變通，庶商民兩便，當本不致全歸烏有，而經差亦可絕其措索之端矣。所有內結當贓及民間偶致誤買或貪賤收押賊贓，均仍照定例辦理。至奉撫憲、憲臺札飭，將半價取贖章程於木榜縣掛之處。查立法期在必行，竊贓典當，時所常有，誠恐日久懈弛，不肖經捕串同地匪，籍詞紛擾，事難保其必無。應請將議定章程給發榜示，用昭法守，以垂永久。緣奉飭議擬合會議具詳，是否有當，伏候憲臺察核批示祗遵，除呈撫、督憲外，爲此備由呈乞，照詳施行。計開核議規條：

一、凡遇當贓，失主措備一半當本，免息取贖。在失主不必守候領贓，兼免房差需索，而典鋪誤當賊贓，令賠一半當本，洵屬商民兩平。

一、竊案獲賊，供認贓物當於某典，繳出當票，即時蓋印。該縣飭捕役協同事主赴典認明，實係原贓，該典另包存儲，聽事主隨時備一半當本，免息取贖。如限滿不贖，准該典變賣。其無事主到典認貨概不准半本取贖，以杜冒混。

一、賊屬名下追出當本，先儘失主，後歸典商，分別給領，以照平允。

一、竊賊當贓半本取贖，係奉大憲札飭准情酌理議詳定案，以便商民。倘有經捕串同地匪，藉詞紛擾，即行拏究，以戢刁風。

乾隆六十年四月十五日奉總督部堂覺羅伍批如詳，飭照核議規條遵行，仍候撫部院批示繳。又先於三月十二日奉巡撫部院覺羅吉批如詳，轉飭遵照，仍將給發榜示各典造冊送查，並候督部堂批示繳。

清・佚名《治浙成規・祖父母父母呈首子孫違犯之案查明分別詳解辦理》 浙江按察使司張 呈詳爲詳請通飭等事。案奉憲批杭州府呈詳，父母呈首子孫，懇求發遣之案，應遵照定例，隨詳請遣，無須覆審解勘由，蒙批仰按察司核明詳覆。飭遵。至忤逆二字，現閱邸抄，奉旨，應摘叙違犯、觸犯字樣，不得概以忤逆二字開寫，并即通飭遵照繳等因，蒙此本司遵。查例載祖父母、父母呈首子孫，懇求發遣，及屢次違犯顯然者，即將被呈之子孫發烟瘴地方充軍等語，細繹例意，蓋以父子爲天性至親，以父控子，斷無屈抑，故即照所控辦理，不必再爲審訊也。乃自有定例以來，各省辦理章程，尚未畫一，有隨詳請遣者，亦有覆審詳解者，雖歷辦各案，無論解審與否，俱經奉部覆准，從未駁查，而以例不解審之案，輾轉批解，不特往返長途，徒多羈滯，且與原奉諭旨究屬未符。該府請將父母呈首子孫之案，即隨詳請遣，毋庸解審之處，似屬照例辦理，唯是父母有親、繼之不同，子孫有愛憎之各異，故例載繼母告子不孝，行拘鄰族審勘。若有誣枉，即與辦理。又祖父母、父母聽信後妻愛子蠱惑，爭奪財產等項，捏告打罵者，究問明白，亦與辦理。是於嚴懲不孝之中，陰遏不慈之漸，亦非一經呈告，概照所控辦理也。若如該府所議，將首子之案，概由州縣隨詳請遣，則親繼漫無區別，難保無愛憎之偏。即難保無含冤之獄，不足以昭詳慎而重刑章。應請嗣後除繼母告子不孝，及祖父母、父母呈求發遣，查有後妻者，仍令各州縣詳細推鞫，照尋常軍流之案，由司親勘詳咨外，其餘祖父母、父母呈首子孫違犯顯著者，各州縣錄取犯供，一面定擬通報，一面詳府核轉，仍由本司叙詳請咨，無須覆審成招，亦不必聲扣例限。如此分別辦理，與例意俱相符合，而定讞益昭慎重矣。緣奉飭議事理是否允協，理合詳請憲臺察核示遵。再忤逆二字，應遵旨摘叙違犯、觸犯字樣，不得概以忤逆二字開寫，現已遵批通飭遵照。合併聲明等情。於嘉慶二年二月初四日，詳奉巡撫部院玉批，如詳通飭遵照繳。

《大清法規大全・變通舊律例・法部奏議復變通枷號並除苛刑摺》 光緒三十二年十一月初三，軍機處交出署順天府尹孫寶琦奏請將枷號人犯比照笞杖贖金折罰並除去苛刑一摺。奉旨法部議奏，欽此。臣等竊維古無枷號之刑。《周禮・秋官・掌囚》：上罪梏拲而桎，中罪桎梏，下罪梏。均指拘繫手足而言，《易》稱屨校滅趾。《說文》訓校爲木囚，疏謂桎，其行即械，而何校滅耳。《正義》訓何爲擔荷，處罰之極惡，積不改，故罪及其首。蓋一係足械，一係首械，似與枷相類，然究非定名。且係處怙終之刑，非舉輕重之罪，而概施之也。北周保定三年，頒枷刑律，凡死罪枷而拲，流罪枷而梏，徒罪枷，遂爲通用枷號之始。明萬曆十五年，重修會典，定一切枷號之制，名目乃極紛繁矣。我朝沿明舊制，損益得中，其於枷號一項，猶存其法者，意在書罪示衆，使之自警以警人，不欲令其重困。是以熱審期內，例准暫行保釋，俟秋後再行減等補枷。患病者，亦即取保醫治，痊日再補。均於懲警之中，仍寓寬恤之意。特是此等枷犯，自犯事以至羈押，少或數月，多則經年，大都氣體久受損傷，已難免瘐斃之慮。若再加以枷號，將纍纍荷校，寢饋愈難自如。是各犯甫有生機，又罹死法。該署府尹謂笞杖痛苦不過一時，枷號則晝夜不得休息，洵非過激之論。不特此也，押遊街市，標識里閭，隸役籍以欺凌，路人恣爲姍笑，積羞成忿，竊恐弱者蓄怒待發，而強者益反唇相稽，其事後之挾恨尋毆，尤所不免。方今德音頒布，預儲立憲，國民之資格顧茲氓庶，亟應養其廉恥之萌，使曉然於人格之可貴，況凌遲、梟首、戮屍重法，均已奉旨刪除，即笞杖輕罪，亦均改爲折罰。則此項枷號之刑，若不量予變通，殊不足以廣皇仁而示體恤。茲據該署府尹擬請，應行枷號人犯，比照笞杖贖金之例，折罰釋放。並以無力完納者，解所習藝充工等語，係爲因時制宜起見，惟立法必規於久遠，而治罪在去其煩苛。枷號一端，本非五刑之正，如例文所載，有由笞罪加枷者，有由杖罪加枷者，有由徒罪加枷者，有由流罪加枷者，有由軍罪加枷者，有因丁單留養照原犯徒流軍絞各本罪分別枷號者，此皆指情輕人犯而言也。有由軍流調發加枷者，有因遣犯在配脫逃、被獲不服拘管加枷者，有因積匪猾賊在配復竊加枷者，有因新疆當差爲奴、改發煙瘴加枷者，此皆指情重人犯而言也。以犯罪之重輕，分加枷之久暫，本東西各國所謂附加刑。中國沿用有年，既難概予廢棄，顧其中或以日計，或以月計，或以年計，或以五日爲加等，或以十日爲加等，或以一月、二月、三月、六月爲加等，或以一年、二年、三年，及永遠加等，款目本極複雜，辦法亦甚參差。若必援笞杖之例，概予罰金，其在情輕人犯爲日無多，尚無難酌中定制。而情重者，期限過久，即折罰愈增。不惟數鉅款繁，平均匪易，且此輩類多窮苦，又何能責令繳償。則欲設法以濟刑罰之窮，似非分別情罪重輕，酌量辦理，仍恐不無窒礙。查光緒三十一年奏定婦女罰贖章程，凡犯該枷號，不論日數多寡，俱酌加罰金五兩，以示區別。此雖爲矜恤婦女起見，但所稱不論日數，頗足省轇轕而免參差。則凡由笞杖徒流軍所附加之枷，及留養等犯，既已科其本罪，似亦可不拘月日若干，倣照折罰。或尚無過縱之弊，其調發改發，及一應情重加枷各犯，或則身罹重罪，或則怙惡不悛，滋事脫逃，層見迭出，議罰既苦於無力作工，又無地可容此項匪徒，本無所用。其顧恤所有應擬枷號之處，自毋庸另議更張，俾昭懲創。至旗人犯軍流徒罪不至銷檔實發者，皆按律折枷，自徒一年折枷廿日起，至極邊軍九十日而止，載在犯罪免發遣門。溯查此條律文，係雍正三年以現行例旗下人犯徒流等罪准折枷號，與明律官軍人犯罪免徒流之意相符，因改爲正律。嗣乾隆十九年及三十五、三十九等年定有毆死卑幼情節殘忍，不准枷責完結各條，並道光五年定有窩竊、窩娼、窩賭等項，均銷除本身旗檔各例，於是旗人有犯，靡不與民人同科，而實行按律折枷者較少。倘並此亦加更變，勢必如原奏改爲折罰作工，無論折罰一層，按照光緒二十九奏定軍流徒贖罪章程，銀數過多，萬萬不能辦到。即使代以工作，如定章內所載徒犯按所徒年限收所習藝，流罪自六年起以至十年罪犯，即照滿年限科算，既與原定枷期相去懸絕，且以未經銷檔之犯，與例應銷檔者，無所區別，亦與定律之本意未符。至若土司苗民，向係照旗人折枷之律定擬，原以土苗等地居邊徼，徒則本地無役可充軍流，又未便安置內地，既恐奸民之勾結，復虞習染之日深。惟此折枷用意至爲深遠，如亦量爲裁改，將責其罰贖，固非以示懷柔，即強令作工，未必安於服習。此尤不能妄議紛更者。總之，枷號雖爲辱身之具，要皆律例內定罪之差。以上數條，或爲附科，或爲改折。既據該署府尹奏請量予變通，則其中有當變通者，固應亟予更新。而其不可變者，似不妨仍循其舊。臣等公同商酌，擬請嗣後罪應枷號人犯，除折枷律有正條，及例內載明調發、改發並一應情節較重者，仍照定律、定例、定章辦理外，其由笞、杖、徒、流、軍罪所附加之枷，及丁單留養，擬枷各犯，均比照婦女罰贖章程，不論日月多寡，各罰折枷銀五兩，如無力完繳者，仍折作工二十日。似此分別定擬，庶與律例不至顯相牴牾，而匪徒益知懲勸矣。如蒙諭允，臣部即行文內外問刑衙門，一體遵照。惟設立習藝所教養各項罪犯，係屬近今切要之圖，是以臣部前於光緒二十九年四月間，議覆前任山西巡撫趙爾巽變通軍流徒摺內，擬令先就省城並該巡管道各設一區，仍由督撫體察情形具奏。嗣後屢經請旨飭催，並議推廣。及各府、州、縣分設，總期善政立見施行各等因，先後奉准通行。在案該署府尹擬請通飭府聽分設之處，與臣部迭次原奏用意正同。現在時閱數年，各直省尚未據一律奏報，應令未設者趕緊修葺，已設者逐漸擴充。庶人犯得有歸宿之區，良法可收實行之效。該署府尹又稱：各省問刑衙門向有站籠、挺棍、天平架、老虎凳、單跨、搖天幌等刑具，每遇疑難案件，猝難得供，往往任意濫用等語。查非刑之設，例禁綦嚴。司讞者宜如何詳慎用刑，平情推鞫，況現經奉旨停止刑訊，俾伸公道而通民情。各該州縣具有天良，尤應觀感奮興，仰體朝廷矜恤之意，若如所奏，殘酷之吏，私自擅用，是直視人命如草芥，法令若弁髦，既與明詔有違，重貽遠人譏議，尚復成何事體？擬請一併飭下各直省，督撫、將軍、都統，轉飭所屬，將上項刑具一律銷燬淨盡。如有私用者，照例參處，仍查照歷次章程，迅將罪犯習藝所妥速辦齊，以裨要政。抑臣等更有請者，自來圖治總以積漸而成，斷不可操之過蹙。臣等豈不知枷號一項本爲文明各國所無，驟予裁廢，亦可博寬厚之名。特中國人民程度既苦不足，風尚亦有未齊，加以新律未頒，習藝工廠亦復未能遍設。如沾沾以省刑爲務，不於緩急次第間求之，匪獨不能禁暴，亦恐適以養奸。此又臣等反覆籌商，不能量爲損益而用，敢覼縷上陳者也。謹奏請旨。光緒三十三年月日。奉旨依議，欽此。

《大清法規大全·變通旧律例·法部頒訂處置配犯新章》 一、改訂處置配犯，專指配遣軍流罪犯而言，其從衆以下各犯，仍照新章改爲監習工藝，及折贖各項。

一、遣配軍流人犯，應自到配日起計算監禁日時，照章折算，一律派習工藝。

一、補充工作，即按軍各犯三年至一年等期，扣限辦理。

一、補充工作年限，無論新、舊配犯，均須一律照辦。

一、在配歷過年月及補充工作年限，均於屆滿時核算，扣除照章釋放。

一、軍流配犯既已期滿釋放，應與平民一律看待，官吏不得再加管制。

一、軍流配犯在期限未滿以前，自不得令其脫逃，如有病故等事例，須併同請驗具報。惟已經期滿者，無論病故、脫逃，既予以釋放自由，亦無庸再行由官驗報。

一、期滿釋放之軍流各犯，得有入該處民籍資格，並置產營業之權。

一、各屬所配軍、流入犯，應於年限屆滿釋放之日，專稟具報，以便彙同咨部完結。

紀事

《儯匜》銘文 隹三月既死霸甲申，王才(在)莽上宮。白(伯)揚父廼成賢，曰：牧牛，𣪕，乃可(苛)湛(甚)，女(汝)敢以乃師訟。女(汝)上邲(聽)先誓。今女(汝)既又卸(御)誓，専(薄)嗇覯儯，宥(授)亦兹五夫，亦既卸(御)乃誓，女(汝)亦既從辭(辭)從誓。弋可，我義(宜)鞭女(汝)千，□□女(汝)，今我赦(赦)女(汝)，義(宜)便(鞭)女(汝)千，□□女(汝)。今大赦(赦)女(汝)，俊(鞭)女(汝)五百，罰女(汝)三百寽(鋝)。白(伯)揚父廼或事(使)牧牛誓曰：自今余敢夒(擾)乃小大事。乃師或以女(汝)告，則致，乃便(鞭)千，□□。牧牛則誓。乃以告吏𡸁、吏曶于(與)會。牧牛辭誓成，罰金。儯用乍旅盉。

《新唐書·李敬玄傳》 有來訴者，口諭書判參舛及殿累本末無少繆，天下伏其明。杭州參軍徐太玄哀其僚張惠以贓抵死，而惠母老，乃詣獄自言與惠偕受，薄其罪，惠得不死，太玄坐免官十年。

《新唐書·蘇烈傳》 會思結闕俟斤都曼先鎮諸胡，劫所部及疏勒、朱俱波、喝槃陀三國復叛，詔定方還爲安撫大使。率兵至葉葉水，而賊堞馬頭川。定方選精卒萬、騎三千襲之。晝夜馳三百里，至其所。都曼驚，戰無素，遂大敗，走馬保城。師進攻之，都曼計窮，遂面縛降。俘獻於乾陽殿，有司請論如法。定方頓首請曰：臣向諭陛下意，許以不死，願丐其命。帝曰：朕爲卿全信。乃宥之。葱嶺以西遂定。加食邢州鉅鹿三百戶，遷左武衛大將軍。

《新唐書・王晙傳》 會有人告許州刺史王喬謀反，辭逮晙，詔源乾曜、張説雜訊，無狀，以黨與貶蘄州刺史，遷定州。復以戶部尚書爲朔方軍節度使。卒，贈尚書左丞相，謚曰忠烈。

晙氣兒衛特，時謂爲熊虎相。感慕節義，有古人風。其操下肅壹，吏人畏愛。始，二張之誣魏元忠，晙獨上疏申治。宋璟曰：魏公全矣，子再觸逆鱗，其殆乎！晙曰：魏公以忠獲罪，苟得辨，雖死弗悔。

宋・王溥《唐會要・酷吏》 載初元年九月，來俊臣主制大獄。每鞫囚，不問輕重，多以醋灌鼻，禁地牢中，或盛之于甕，圍炙以火，絶其餱糧，至有抽衣絮以噉之者。又令寢處糞穢，備諸苦毒。但入新開獄者，自非身死，終不得出。每有制書赦宥囚徒，俊臣必先遣獄吏盡殺之，然後宣示。公卿入朝，默遭收捕，故每出必與家人訣曰：不知重見否？其月，于都城麗景門内別置推事院。謂之新開獄。作大枷，凡有十號：一曰定百脈，二曰喘不得，三曰突地吼，四曰著即承，五曰失魂魄，六曰實同反，七曰反是實，八曰死豬愁，九曰求即死，十曰求破家。

宋・佚名《名公書判清明集・懲惡門・豪横》 陳瑛安停趙知縣於替滿之時，趙知縣作意周旋陳瑛安停之際。今詳索到别項縣案，其平白科罰，動計一千貫，名曰暫借，實則白奪。而陳瑛是時亦於此旁緣騙取物業，至於六七千緡。則毛信所訴，豈爲全虛？皆緣陳瑛財力豐厚，專與縣官交結，而此獄干連非一輩，營救非一人，所以前一次孔縣尉財物，獄吏周旋，既脱身善去，今此姦計復行，拖延年餘，追會徒繁，至今查無定論。今喚上審驗，毛六四之被縲紲，猶有可言。自古豈有論人騙乞，偏受綳吊，而被執者反安然坐視之理？又豈有見在人又不勘，勒令供執已死人虛當之理？詳此，則謂推吏非受情弊不可也。前此權知錄者，雖曰開端差舛，然亦不過延引追會。又其時别理騙乞之訟未興，趙知縣科罰之案未出，今旁證已明，他詞交至，而猶與之縛倒詞人，非特訴冤者痛不能堪，而當職視其瘡瘢，亦惻然不能堪矣。送都吏，選差本司人吏一名，及踏逐差款司推司二名，喚上兩項訴陳瑛人及干連人，委請本司兼僉趙司法，於四景堂反覆詰問，不直供者綳訊，惟實之歸。及見索到及索州院未到案，發照問引，會州院見行推司拘下，先將一項案連與司法看過，今深熟，方可引上一行人勘。此獄當自趙知縣移居其家內一項，科罰推尋，便見情實。

宋・洪邁《容齋隨筆・國初救弊》 國朝削併僭僞，救民水火之中。然亦有因仍舊弊，未暇更張者，故須賴於賢士大夫昌言之。江左初平，太宗選張齊賢爲江南西路轉運使，諭以民閒不便事，令一一條奏。先是諸州罪人多錮送闕下，緣路非理，而死者常十五六。齊賢至蘄州，見南劍州吏送罪人者，索得州帖視之，二人皆逢販私鹽者，爲荷鹽籠得鹽二斤；又六人，皆嘗見販鹽而不告者，並黥決傳送；而五人已死于路。江州司理院自正月至二月，經過寄禁罪人，計三百二十四人。建州民二人本田家客戶，嘗於主家塘內以錐刺得魚一斤半，並杖脊黥面，送闕下。齊賢上言，乞俟至京擇官慮問，如顯有負屈者，本州官吏量加懲罰。自今只令發遣正身。及處州送三囚，嘗市得牛肉，并家屬十二人悉詣闕，而殺牛賊不獲。齊賢憫之，即遣其妻子還。自是江南送罪人者，減大半。是皆相循習所致也。

《宋要會緝稿・刑法六》 孝宗隆興元年正月十六日，詔右朝請大夫、新知永州陸廉特免眞決，除名勒停，追毀出身以來文字，不刺面，配韶州牢城，仍籍沒家財。坐前知滁州贓污不法，爲養老軍人經御史臺陳告，大理寺勘鞫是實，故有是命也。

又 〔孝宗隆興元年正月〕三十日，詔：修武郎、閤門祇候、充御前神鋭軍第五將張耘特貸命，除名勒停，追毀出身以來文字，免眞決，不刺面，配惠州牢城，仍籍沒家財。以耘差往漢陽軍屯駐，欺隱樞效槍杖手，借請錢米入己。大理寺定斷當絞，特貸之。

又 〔孝宗隆興元年〕五月六日，詔成忠郎、前監秀州崇德縣酒税郭世倫特貸命，追毀出身以來文字，除名勒停，永不收叙。送藤州編管，仍籍沒家財。以世倫在任私置文曆，盜用官錢。大理寺定斷當絞，特貸之。

《元史・賽典赤贍思丁傳》 有土吏數輩，怨賽典赤不已，用至京師誣其專僭數事。帝顧侍臣曰：賽典赤憂國愛民，朕洞知之，此輩何敢誣告！既命械送賽典赤處治之。既至，脱其械，且諭之曰：若曹不知上以便宜命我，故訴我專僭，我今不汝罪，且命汝以官，能竭忠自贖乎？皆叩頭拜謝曰：某有死罪，平章既生之而又官之，誓以死報。

《元史・不忽木傳》 〔至元〕十四年，授利用少監。十五年，出爲燕南河北道提刑按察副使。帝遣通事脱虎脱護送西僧往作佛事，還過眞定，箠驛吏幾死，訴之按察使，不敢問。不忽木受其狀，以僧下獄。脱虎脱直欲出僧，辭氣倔強，不忽木令去其冠庭下，責以不職。脱虎脱逃歸以聞，帝曰：不忽木素剛正，必爾輩犯法故也。繼而燕南奏至，帝曰：我固知之。

《元史·楊朵兒只傳》 英宗即位之十有九日，右丞相鐵木迭兒怨拜住在省中牽制其所爲，又發其姦贓、專制等事，遂請依皇太后旨，并前御史中丞楊朵兒只皆殺之。帝曰：人命至重，刑殺非輕，不宜倉卒。二人罪狀未明，當白太后，使詳讞之，若果無冤，誅之未晚。竟殺之，並籍其家。

《元史·文宗紀四》〔至順二年三月庚寅〕豫王阿剌忒納失里、鎮西武靖王搠思班等禽雲南諸賊也木干、羅羅、脱脱木兒、板不、阿居、澂江路總管羅羅不花、伯忽之叔怯得該、僞署萬户哈剌答兒及諸將校，悉斬之，磔尸以徇。

明·顧起元《客座贅語·王司寇》 黄岩王公爌以大京兆遷南刑部侍郎。時有土豪王冠者名繡二，鷙人也，家貲計累巨萬，僮奴數千指，善納交權貴人。權貴人多與往還，歲時餽餉燕會，門之車馬弗絶也。以是冠得恣横狎牙里閈中，人毋敢仵視者。而冠與方士赤肚子者游，其術取初生嬰兒烹噉之，或剉其骨以爲粉，以是爲延年劑。家畜妾十餘人，孕將免，輒以藥墮而如法餌之，它所陰購而餌者，不知幾何人矣。事發，權貴人爭爲交關求解免。而公一切距切聽，卒據法引律，凌遲處死，畿民大快之。公自爲京兆，所行諸善政，大者凡數十，此舉尤爲衆所稱，至今歌誦之。祠公於雨花臺北。公後官至南右都御史，以忤宰臣貴溪公歸。後數十年有陳侍御訪拿鄧玉堂之事。

《明實録·正統元年》〔四月己未〕黜萬全都指揮僉事汪貴爲事官，時都督李謙奏：胡虜入掠而退，遺有米麥，貴取以自私，又逼軍士代償，請治其罪。上命黜其官，令立功贖罪。

《明實録·正統六年》〔三月辛丑〕山東昌邑縣爲事縣丞陶克敏奏：臣交阯人，於黎利寇叛之際，挈家來歸，朝廷憫臣微勞，命以官職。近者，坐法當落職，徙極邊，伏望聖恩俯垂矜惻。上曰：遠人歸順不可繩以常法，其令於通州爲民。

《明實録·正統七年》〔十二月乙巳〕免户部尚書劉中敷官。初瓦剌貢使至，留馬駝於大同。中敷以不議給芻豆，收法司，當斬。中敷訴其母老病且死，乞歸省，葬畢來受罪。上憐其言，遣歸，命俟其母終以聞。未幾法司以中敷久不赴罪，請遣人拘之。上念中敷嘗效守城勞，特宥死，發原籍爲民。

《明實録·正統八年》〔六月乙酉〕罷尚寶司丞楊恭官。初，恭父少師榮卒，恭丁憂居家，與人互爭田産，法司論贖杖，還職，命罷爲民。至是，遇赦求復職。上弗允，仍發原籍爲民。

又〔九月壬子〕兵部奏河間衛帶休都指揮僉事夏晟犯奸惡事，法司問擬死罪，今遇例還職。然晟敗倫傷化，有玷名爵，乞黜罷爲民。從之。

又〔十二月丙戌〕六科十三道劾駙馬都尉焦敬，受留守衛舍人贓，縱之，徵私債於外，命枷敬於長安右門。

《明實録·正統九年》〔七月戊午〕都察院右都御史王文言：湖廣按察司副使曾鼎奏，嘗審辯按察使孔文英所鞫囚，多所平反，因與文英有隙，乞調别任，蒙下巡按御史，逮二人鞫實。今御史羅鵠言鼎隱其私嫌，止以公辯罪囚爲言，例當贖罪復職。然以風憲挾私構誣，難照常例。文英有失入罪，雖嘗經革，亦不宜宥。上命鼎納米完日降一階，調别任，文英姑宥之，俾各奉公圖報，毋蹈前非。

又〔三月〕癸酉，爲民監察御史章珪，訴先奉勑體察大臣不修省改過，以應天變者，欲劾少師楊士奇職，燮理不引避同官者泄之，沮不行。及都御史陳智坐。事下，多官鞫問，吏部尚書郭璡與智有隙，既已奏避，復首先發言，鞫智臣面折之，爲二人者所銜。會有命簡屬官之不職者，乃嗾都御史王文中臣以他事黜爲民，乞辯其誣，時士奇已卒，璡已致仕，文亦公差不在京，法司奏珪朦朧希用。上命，仍發原籍爲民。

又〔閏七月癸巳〕鎮守遼東太監王彦卒。上命太監喜寧檢閲其家財。彦妻吴氏訴喜寧私取其奴僕、馳馬、金銀、器皿、田園、鹽引等物。詔宥寧罪，追取田園、鹽引給主，餘物悉入官。

《明實録·正統十年》〔二月庚戌〕巡按直隸監察御史李奎等奏：蘇州府崇明縣民秦務信同母兄弟五人，仲兄務忠不養母，且私鬻母庄。母常恨怒之。一日長兄阿興具酒飲諸弟，務忠自外入，怒其兄不召己，輒捶碎器皿。母怒，達之，遂奮言詈母。阿興仍捽縛務忠，毆之至死。時務信病，因未嘗助毆。務忠子泰吉誣訴伯叔利其父産，故殺之，所司竟枉務信，坐以凌遲處死。上曰：不孝不弟之人，殺之可也，其子及誣罪伯叔，其即釋之。

又〔十月戊申〕降山東按察司副使卜謙爲布政司叅議。先是，本司委謙同工部員外郎趙昱會覈獄詞，謙以專理河道，托病不行，爲星所奏，下巡按監察御史鞫治，當贖罪還職，右都御史王文言，謙推姦避事，難居風憲，謙訴枉。上曰：謙既無贓私，其改授叅議，俾圖自勵，若仍避難，必罪不宥。

又〔十一月壬申〕直隸寧國府知府袁旭光被御史程富，奏其數歛民財，杖死人命等事，旭亦誣訴富於己有憾，且以義女爲妻。事下，法司論俱當免官。上曰：旭不守常法，挾勢妄爲，發保安州爲民，富令贖罪還職。

《明實録·正統十一年》〔五月戊子〕山東濟南府濱州民，訴會昌伯孫忠家人韓興等，徵所貸借，規數倍利，官司望風奉行，給事中御史交章劾忠。上念忠國戚，且必不知此，特宥之。命法司執治興等，發戍遼東鐵嶺衛。

又〔五月丙申〕司設監太監蔡忠奏深州知州欒鳳卒于官，其子與州吏狎邇延不歸，所居與臣弟隣，因有井不與汲水，忿詈臣弟，詞及臣，甚不遜。事下，巡按監察御史陳浩論知州子及吏俱當贖杖，獄上，特命發戍遼東鐵嶺衛。

又〔九月丙戌〕唐王瓊炟奏：本府南陽中護衛指揮同知余海、僉事芮春、儀衛司儀衛副王金酗酒，不理政務。上曰：余海等三人，俾河南按察司執問明白，發遼東鐵嶺衛充軍立功，家屬隨往，但逃，罪以死，兵部別選官與之。

《明實録·正統十二年》〔閏四月〕庚午太監喜寧，侵太師貢國公張輔田宅，輔不從，寧弟勝及其自淨家奴毁輔佃戶居室，毆輔家人妻墮孕死，輔訴之，寧得宥，法司鞫勝及其家奴俱當杖。上命勝贖罪，謫自淨者戍廣西南丹衛，勝言輔亦擅收自淨人爲奴。上宥輔罪，亦謫自淨者於南丹。

又〔五月癸卯〕初，廣東按察使郭智爲都指揮姚麟、左叅議楊信民所訐，下法司鞫，智屢稱枉。至是，六部諸大臣奉命會審智，有贓，麟、信民等奏亦多誣。上宥麟、信民，黜智爲民。

又〔六月庚午〕浙江會稽縣人趙伯泰，自稱宋苗裔，奏宋孝宗、理宗殯宫在會稽，安定郡王壙在諸暨，福王及大人壙在山陰，各被豪民侵爲田宅，縱憔牧其處，甚至毁其臺基垣墉。事下，監察御史王琳、左叅議李源、僉事高瑢，以伯泰爲誣，且謂福王降元北去紹興安得有墓？伯泰不平，復訴之，命巡按御史歐陽澄、按察使軒輗覆焉，澄、輗言伯泰所奏皆實，福王壙蓋衣冠之藏。上怒罰琳等俸兩月，豪民俱發戍遼東邊衛。

又〔秋七月〕癸卯，監察御史粱輯以守制，家居與寺僧有隙，輒持其陰事案治之，僧赴訴于京，法司論輯違制，當贖杖還制。上命調爲知縣。

又〔十月戊子〕先是，大同操備署後軍都督僉事卜馬麟坐罪當斬，宥死復職，罰俸一年，麟不以罰俸，狀夥後府而監察御史何永芳等，亦失查究，麟仍歷俸。至是，始爲該吏舉呈都察院，謂麟永芳俱難逭罪，時麟仍操備大同，永芳已陞河東陝西鹽運使，請俱命巡按御史還治之。上從其言，既而宥麟不問。

《明實録·正統十三年》〔二月己未〕翰林待講學士陳詢，先是奉命考應天府鄉試，事畢，枉道還松江爲怨家所訐，下錦衣衛獄鞫，當運石還職。上命調湖廣安陸州知州。

又〔三月丙午〕廣西蠻賊劫掠廣東廣州白石堡鄉民，把總守備署都指揮僉事陳悳，劾該管都指揮僉事千羽提督不嚴，都察院并劾悳請俱下巡按御史究治。上以捕賊方急，命姑記悳罪，停羽俸三月，俾設法緝捕，若更怠慢，俱處死不宥。

又〔十一月甲辰〕松潘鎮守都指揮僉事王杲，初爲指揮使丘義等奏，其不能安邊，見賊輒退縮，且私役軍士以茶與番夷爲市。杲亦訐義等暴歛害軍。巡按御史及三司覈其事具實，論義等當贖罪還職，杲亦當違治。詔特宥杲降義等爲爲事官。

《明實録·正統十四年》〔六月辛亥〕逃民涂仁用上詩文干用，法司閱其語涉妖妄，論斬，命發戍遼東鐵嶺衛。

又〔十一月癸巳〕虜之初入寇也，守備懷來署都指揮康能，指揮使易謙、溫海，指揮僉事范澄，守備永寧城署都指揮僉事黃寧，指揮使周隆、張斌，守備保安城指揮使李寶，指揮僉事曹宗玘，焦玘、守備長安嶺關署都指揮僉事魯瑄，指揮僉事陳鉄，俱率家衆遁走，右副都御史羅亨信案舉其罪，能、寧得宥，瑄爲右副都御史羅通舉以主功，玘云不知處，法司論寶棄城爲首，斬謙、海、澄、隆、斌，宗玘、鉄等從徒。至是，遇赦皆免罪降爲事官，送武清侯石亨處自效。

《明實録·成化五年》〔九月甲申〕革職大理寺左少卿古鏞自陳由進士累前官，天順初與于謙等俱爲石亨誣陷，今謙等皆得洗雪，乞照例復職致仕，詔不允。鏞，山西郊縣人，正統丙辰進士，累官至山東按察司，擢大理少卿。

天順初石亨以鏞乃王文所舉者，奏免其官，鏞爲人便佞忮刻自，用權勢所在，必趨附之，比家居尤放縱不檢，爲鄉里所薄云。

《明實録·成化十年》〔十二月癸卯〕錦衣衛官奏執自宮者五十四人，命枷項於禮部〔門〕前并各大市街示衆。前此自宮者甚衆，日赴禮部喧訴求進，尚書鄒幹等以爲言，有旨錦衣衛執之，已而皆逃匿，五十四人者猶喧訴不已，因執以聞，乃有是命。

《明實録·成化十七年》〔八月癸丑〕監察御史林堉有罪除名。堉巡按北直隸，至大名府開州，聞知州彭經嘗侵盜買馬銀，且州多逋事及有盜賊數責之，經不服，堉發怒去，逮州中耆老吏典數人杖之，逼令告經事，州人聞而從之，經懼亦摭堉事具奏，命給事中張晟暨刑部錦衣衛官往按，堉聞愈怒，連下五十餘牒，逮州人四百餘令言經罪，據以劾奏經，乃以各人自言爲詞，及晟等至按得本末，械經歸復命，會堉亦歲滿還京，別與户部主事趙聰相訐奏，先已下刑部獄，至是刑部當經監守自盜論斬，堉奏事再不實當徒例贖復官。有旨：經贖罪發原籍爲民，堉倚法作威，低價買物，又濫執平民使陷害人，姦暴特甚，免贖罪亦除名。

《明實録·弘治六年》〔五月辛未〕廣西鎮巡等官，以副總兵馬俊等古田之敗，皆停俸殺賊，至是賊漸平，巡按監察御史上其事，兵部覆奏：禍機之發，自馬俊一哨，其餘三哨兵，道遠猝難應援，况按察使陶魯等，今亦有功可以贖罪，宜令吏俸自効。得旨陶魯等哨功可贖罪者，令支俸如故。

《明實録·正德十四年》〔十月〕丙子，刑部、都察院如例會官于承天門外審録罪囚，情眞者十人，竊盜三犯，遇赦者三人，比附律者二人，情可矜疑者六人，具以請。得旨，情眞及比附者，仍繫之，三犯遇赦者，謫戍遣衛，可矜疑者枚一百，謫戍，其一婦人杖而釋之。

《明實録·正德十五年》〔九月〕辛未法司如例會官審録重囚，應死者五十七人，免死戍邊衛者三人，内官充凈軍者一人，婦女杖而釋之者三人。

《明實録·嘉靖二年》〔三月甲子〕初禮科都給事中朱鳴陽言，宸濠與其逆黨既誅，原坐妻孥宜有處分，適瑞昌榮安王妃袁氏愬其子孫宸澮拱樛等冤，而晉府庶人表㮕又乞入高牆代其父奇瀲罪，上俱下法司，回詔，高牆庶人數多，法司其通查情罪輕重以聞，已而總漕都御史俞諫奏稱，高牆庶人有繫至三四世者，遺孥日增，情既可憫，而供應不貲，亦非鳳陽所能辨。遂俱下廷臣會議，刑部尚書林俊等覆言，已戍銀等五人，徽㸌二人家屬及庶人奇瀲，宜放歸各藩，鈐束衣糧婚配，仍高牆例，戍鑽等膺□等及寘鐇親屬，罪重不可赦，宸濠親屬情罪請專遣官往江西會勘，上是其言，命給事中、刑部郎中各一人，奉勑會鎮巡三司，亟審覈實，以聞其餘庶人如故，仍勑鳳陽守備太監加意優恤，無尅衣糧，以負朝廷矜恤至意。

《明實録·嘉靖十一年》〔十月甲子〕提督北直隸學校御史胡明善，以擅取禁墉大石立碑，爲内官咎文鑑所訐下獄，令法司擬罪，明善上書訴辯。上怒，奪刑中尚書王時中等俸半年，謫郎中諸傑爲邊方雜職，責法司遠讞其獄，黜明善爲民，已乃補傑爲廣東高明縣典史。

《明實録·嘉靖十八年》〔七月辛未〕初，工部員外郎王佩管理臨清閘河，以聖母梓宮南祔龍舟將至，預閉閘蓄水，以俟會山東按察司僉事于廷寅舟至，憤不啓閘，杖其守者，遂決閘而行，佩怒責閘官及諸役擅啓閘，而廷寅益憤復捕繫前閘官役十九人，淫刑榜掠，又淩逼所屬褫奪冠帶以洩其怒，山東撫按官交章劾廷寅暴横不敬，并論佩忿激召釁，請置廷寅罪而戒飭，佩上謂廷寅慢上虐下，恬不畏法，令錦衣衛械繫來京訊鞫，佩懼誤公事，責治該管人員不爲忿激貰之已，錦衣衛逮廷寅至詔廷杖一百，黜爲民。

又〔七月癸未〕先是大工初興所司以物力未齊，諸工價值悉從寬佑，俟既定議減，及是工部營繕司郎中范欽、屯田司郎中俞咨伯據原議稍剛削之，而商人徐鐸等，屢以不敷告，提督工程翊國公郭勛遂掇拾商詞奏之，以爲尅減商價阻誤大工。上怒，命錦衣衛逮治，欽等已乃贖罪還職，監工科道官各奪俸一月。

《明實録·嘉靖二十年》〔十二月丁丑〕户部貴州司主事鍾恕督餉居庸。召商糴買，爲奸商所謾詆，侵年作弊。巡按御史劾奏，下法司逮問有狀詔黜爲民。

《明實録·嘉靖二十四年》〔九月丙子〕刑部等衙門會審重囚，録上矜疑者二十一名，詔減免死，㦬邊衛永遠充軍，内原任大同左副總兵段堂，西路右參將何堂、三關遊擊將軍戍梁，代州守備陳鏜，俱㦬軍門立功。

《明實録·嘉靖二十五年》〔十月戊子〕總督陝西三邊兵部右侍郎曾銑劾奏僉事毛一言管理軍糧，貪鄙恣肆，部覆從不謹例，罷其官。詔以一言下巡按御史按問，今後邊官被論有干軍機錢糧者，吏部勿概擬罷戢。

《明實録・嘉靖二十六年》〔六月庚寅〕南京守備司禮監左少監丘得言，南京兵部奏革諸司役占，而守備公署直廳軍概在革中，仍乞撥賜。得旨，準照舊例與六十名應役。南京科道官雷賀方克得劾，得係逆犯。江彬等餘黨，得免死發孝陵衛充軍，寅緣起用已爲幸矣。往年清革占役，兩奉明旨，有妄請及隱占者，聽科道官糾奏。而得故違冒請，無忌，宜正其罪。上從其言，命革去新增軍丁，得仍充浄軍。

《明實録・嘉靖三十一年》〔十月〕戊寅，先是，都御史商大節爲仇鸞所搆繫獄，鸞諜大節。故所部卒石鏜，孫九思等伏闕爲大節訟冤，疏再上，兵部右侍郎張時徹等因覆言：陛下總攬乾綱，昭明賞罰，故犯者雖小必刑，過誤者雖大且宥。今大節心在國家，祇爲逆鸞掣肘以底于法，原情論罪似亦在過誤之除。乞俯順羣情，還其舊服。上怒曰：生殺大柄朝廷自有處分，爾等敢以小人之言輒擅擬覆，其令自劾！於是，時徹上疏謝罪，得旨：降時徹奪二級，俸職方郎中江冕遲鳳翔俸四月，員外郎以下二月。

《明實録・萬曆四十四年》十一月戊辰朔，原任鳳陽巡撫李三才有罪，革職爲民，先是三才歸自淮上，築居通灣，張甚御史劉光復等劾其擅買皇木，侵占倉廠，一時論者譁然，工科吳亮嗣等奉旨往勘以實聞，上怒，下法司擬罪。于是刑部右侍郎糧問達，都察院署院事吏部左侍郎李誌、大理寺右少卿王士昌會審各犯，疏言：國家捐數十萬爲金錢，特遣郎署之使購求木料，用繕宸居，而建倉通灣，以爲儲材貯楠之所，其典制重，其規創久，官民界限載在令甲者極詳且嚴，而不謂三才之虎噬鴟張而無忌也，閱查審之供票則擅買有憑，按丈量之咨呈則役占可據，縣官指據而採之，豪紳恣縱而攘之，祖宗百年而守之，權官一旦而據之，雖兩造面質數至七百有餘，而衆商猶呶呶未休，雖深心慮敗添入孔聖遺像，而眞情實昭昭難掩，問誰撥置家人有應得之罪，問誰主仗本官難免首事之誅，至於丈地還官，如數追木，清久逋之國課振積弛之王章，則此招亦大公案，奚有旨李三才既屬回籍官，不思省躬修，行輒敢盡買皇木侵占廠基，膽大欺君，且數逞狂妄擾亂計，與本當處以重辟，念係大臣，姑衆輕革職爲民，餘依擬發落。

《明實録・萬曆十二年》〔八月丙辰〕都察院等衙門覆叅故相張居正疏。奉旨：張居正誣衊親藩，侵奪王墳府第，箝制言官，蔽塞朕聰，專權亂政，罔上負恩，謀國不忠本當斲棺戮屍，念効勞有年，始免盡法。伊屬居易、嗣修、順書都永戍煙瘴。都察院其榜居正罪狀于省直。

《明實録・天啟二年》〔五月壬子〕先是，刑部尚書王紀爲犯人張拱宸等求免枷號。拱宸、戚畹，張國紀家人也。上傳熟審在前，枷號在後，照舊枷號三箇月，滿日送法司一併議罪。大學士葉向高等言：此事發自内廷，臣等不能知其詳悉。皇上欲懲戚畹姦棍之害民，其義甚正，臣等何敢有言？但連日聞外間人情以事關三宮，咸懷危慮，况各犯無應死之罪，而枷號乃必死之刑。今當熟審飲恤之特，似當一體蒙曠蕩之恩，所屈者小而所全者大。上不報，拜罪錦衣官。久之，向高因救御史帥衆疏中復言：張拱宸等之枷號，外議以爲事關三宮，宜稍寬假，故臣等具揭言之。皇上不聽，而反罪及錦衣，則臣等於是乎失辭矣。皇上，臣等之父；三宮，則母也。父與母無有不親厚之理，人子於父母亦無有不欲其親厚之心，自大婚禮成以來，四海臣民孰不歡欣盼望，蚤耀前星，以鞏國本。彼道路悠悠之口，臣雖知其必不然，然不敢以必不然之故，而默無一言也。疏奏不省。

《明實録・天啟五年》〔八月戊子〕是日，面諭問臣等，楊漣等罪惡多端，今雖在獄身故，其未完贓私，行彼處撫按，立限追比。

《明實録・天啟六年》〔閏六月辛酉〕浙江巡撫潘汝禎追罪撫陶朗先贓銀二萬三千四百一十六兩，起觧，得旨：陶朗先贓私數多，止進二萬三千百有奇，何得終局，還著詳比嚴追，如數觧進。

又〔九月辛巳〕周起元卒于獄，贓著撫按嚴追。

明・談遷《國榷・成祖永樂九年》〔二月〕都察院左都御史陳瑛有罪下獄，左春坊左中允劉子春劾其方命虐害也，瑛好煅鍊陷，人凡舊臣，望旨羅織，所破滅數百十家，至是瘐死，籍其家。

清・吳任臣《十國春秋・南唐十九・列傳》初，后主與周后酷信浮屠法，僧帽衲衣，深誦釋典，親削僧徒，廁間試之，以頰少有芒刺，則加以修治，兩手常作佛印而行。募道士爲僧考，予二金；僧人犯奸者，令禮佛百拜，便釋之。由是奸濫公行，無所禁止。諸郡斷死刑，必先期奏牘，幸遇齋日，則于宮内對燃佛燈，以達旦爲驗，謂亡命燈，火滅則依法，不滅則貸死。富商大賈犯法者往往厚賂左右，輒續其燈，獲免者甚多。

《清實録・道光元年》甲戌，嚴禁濫用非刑，諭内閣：本日張映漢等奏，鍾祥縣知縣王餘莒因戶書私雕假印、僞造串票、誆騙錢糧，該縣以犯供狡展，輒用木棒敲擊腳踝，以致案未審定，先將正犯拷斃。已降旨將王餘莒革職訊問矣。凡問刑衙門審理案件，皆當平情推鞫，其犯罪至死者，亦於獄成之後，方麗於法。若於取供時輒用非刑敲訊，加以慘毒，甚有因以致死者，是獄囚不死於法，而死於問刑之官，豈稱祥刑之義？前御史余本敦曾奏：近聞各省問官多於常刑之外，擅用非刑，有天平架、閻王架、鸚哥架、燕子飛、美人樁等名目，皆以嚴酷勒供等語。刑具設有定制，不容私行增減，若於定制之外，以新意創造，此以施於情眞罪當者，猶且不可，况酷虐相尋，或致無辜枉服其冤濫，更何可言？著通諭各直省督撫，各飭所屬，如有私設一切非刑，概行禁絶。地方有司遇案，務各虚心研究，期得實情，儻有仍前濫用非刑者，查明據實嚴參，勿稍徇縱，以副朕明慎用刑之意。

《清實録·道光二十六年》 甲申，先是禮部奏訪出已退書吏，私辦耆民照票，撞騙取財，命留京王大臣會同刑部審訊。至是，奏訊明已退書吏胡兆奎私辦耆民照票，撞騙多人，實屬不法，應發邊遠充軍，加枷號一月。此案係禮部自行訪獲破案，所有失察，各員應否查議。得旨，失察之禮部該管各員，著加恩免其查議。

又 癸酉，諭内閣：恩桂等奏，會審戶部捐納房書吏項賈缺底案內，究出前任管理司員得受陋規，開單呈覽此案，現任詹事府、左春坊、左庶子錫麟，吏科給事中文鑽、陝西道監察御史聯泰、戶部郎中恩榮愛永阿、二等侍衛額勒金泰，俱著解任。及前任戶部郎中丁憂，回旗之鍾保，一併歸案質訊。此外單開各員，著該部逐一查明，係現任官員即咨行解任，飭令迅速來京，赴部候質。其員缺著該督撫派員署理，至丁憂事故在旗在籍各員，均著查明飭令迅即赴部，一併候質。

又 諭内閣：訥爾經額奏：請將失察蠹役詐贓斃命，並覆驗不實之縣令，分别革職議處一摺。直隸前任阜平縣調任廣宗縣知縣吴翰書，以衙署自用木炭派累民間，致有蠹役私押詐贓，拷斃人命、移屍裝縊之事。該縣先既漫無覺察，繼復含混相驗，實屬昏庸不職。吴翰書著即革職，以示懲儆。平山縣知縣萬起鴻覆驗不實，著交部議處。嗣後該縣採買木炭，儻再行派累民間，著即嚴參懲辦。直隸各屬，著該督一體示禁。

清·畢沅《續資治通鑑》卷三一 〔宋眞宗大中祥符八年〕榮王元儼宫火，延燒内藏左藏庫、朝元門、崇文院、祕閣。王旦等請對，帝曰：兩朝所積，一朝殆盡，誠可惜也！旦曰：陛下富有天下，財帛不足憂，所慮者政令賞罰之不當耳。臣等備位宰輔，天災如此，當罷斥。帝遂下詔罪己，求直言，命丁謂爲大内修葺使。

五月，庚辰朔，侍御史知雜事王隨言：准詔劾榮王元儼宫遺火事，本元儼侍婢韓盜賣金器，恐事發，遂縱火。詔韓氏斷手足，令衆三日，凌遲死。獄成，當坐死者甚衆，王旦獨請對，言曰：陛下始以罪己詔天下，今乃過爲殺戮，恐失前詔意。且火雖有迹，寧知非天譴邪！帝納之，減死者幾百人，止降榮王元儼爲端王；記室參軍崔昕坐輔導無狀，亦責官。

清·畢沅《續資治通鑑》卷八六 〔宋哲宗元符三年〕初，章惇既罷知越州，陳瓘等以爲責輕，復論惇在紹聖中置看詳元祐訴理局，凡于先朝言語不順者，加以釘足、剝皮、斬頸、拔舌之刑，其慘刻如此。看詳官如安惇、蹇序辰，受大臣風諭，傅致語言，指爲謗訕。攷之公論，宜正典刑。于是二人並除名，放歸田里，而貶章惇武昌軍節度副使，潭州安置。

清·畢沅《續資治通鑑》卷九一 〔遼天慶三年〕遼主欲以嚴刑威衆，會李洪以左道聚衆爲亂，遂支解之，分示五京。

《清代巴縣檔案匯編·人犯移解·乾隆三十二年六月十八日巴縣移解番犯申文》 爲札知事。

乾隆三十二年六月初十日，奉本府牌開，乾隆三十二年六月初五日，奉布政使司張，按察使司劉憲牌，乾隆三十二年六月初一日，奉總督部阿批本，兩司呈詳全云。具文通報，查考毋違。等因。遵照在案。嗣於乾隆三十二年六月十四日，准璧山縣解到番犯索諾木、扎什、孫朱衮、穹魯布木、旺魯布木、旺扎爾、固魯木、吹扎爾布米、工布車登，并咨文兵牌一連到縣。奉此，卑職隨即預備柵兜，雇夫抬送，飭差委典史盧士俊，并會撥營員張國正，督同健役楊文相、雷坤、袁世洪、孫洪、陳佐、陳世華、潘會臣、譚榮、彭忠、李鳳祥、張梅、吴坤、羅珍、楊隆、陳剛、梁彩、張斌、楊春協同營兵□騰龍、江朋、張坤、曹榮、譚應貴、孫起榮、各朝臣、王忠孝、陳國祥、陳世榮、李國輔、張子俸、李明山、余坤、蒲應祖、劉金元、李成元、王謨，於乾隆三十二年六月十五日將番犯索諾木、扎什、孫朱衮、穹魯布木、旺魯布木、旺扎爾、固魯木、吹扎爾布米、工布車登，當堂驗明扭鎖，押解理民廳交替，掣取收管在卷，所有該犯入境出境日期及委員兵役姓名，理合具文申報憲臺俯賜查考。除徑報總督部黨并臬藩二憲外，爲此備由申乞照驗施行。須至申者。

右申督、臬、府、藩全銜。

《清代巴縣檔案匯編・人犯移解・乾隆三十二年六月二十四日巴縣申册》　爲查究事。

卷查乾隆二十九年六月初七日奉前本府正堂胡憲牌，乾隆二十九年六月初二日奉前按察使司石抄案，乾隆二十九年五月十五日奉總督部堂阿抄案，乾隆二十九年五月十二日准刑部咨，四川司案呈：據川督阿咨稱，仁壽縣劉鎭奸拐林張氏一案。緣劉鎭籍隸黔省，有兄劉鎰在伊姊夫羅元貴家幫工，劉鎭常赴探望。林必富與羅元貴亦誼屬姻親，伊妻張氏每回娘家路經羅元貴門首亦常進內借歇，劉鎭遂與張氏熟識談笑無忌。乾隆二十八年六月十五日，張氏與夫林必富口角後復至羅元貴家，向劉氏訴稱伊夫相待刻薄。適劉鎭在彼聞知起意，有拐同劉氏走開，乘間誘命張氏同逃。張氏應允，約定是月二十五日在路等候。至期，張氏托言歸寧，潛與劉鎭同逃，劉鎭復央伊兄劉鎰伴送。是晚歇店，劉鎭即與張氏成姦。沿途詭稱夫婦，逃至屏山縣火炮山，租鄧仕林房屋居住。林必富訪查，報縣緝獲拐犯逃婦，審擬詳解，復鞫無异。劉鎭合依和誘知情爲首例，發雲貴兩廣烟瘴少輕地方。該犯籍隸貴州，事犯川省，應酌發隔遠烟瘴省分酌量分撥安置，至配所杖一百，折責四十板。劉鎰知情伴送，實系爲從，合依爲從減等滿刑例，應杖一百，徒三年，至配所折責四十板，擺站。張氏合依被誘之人減等滿徒例，應杖一百，徒三年；系犯姦婦人杖決徒贖，給本夫領回聽其去留。林必富訊無縱姦情事，鄧仕林、羅元貴、劉氏亦非知情容隱均予免議。相應咨達。等因，前來。據此，劉鎭等均應如該督所擬完結，仍令照例匯題可也。等因，到本部院。

准此，合就檄行。爲此，仰司官吏照依部文內事理，即便轉飭將遣犯劉鎭造具部文清册，并年貌箕斗册單，詳請繕給文牌發遣。其擬徒之劉鎰，即押發巴縣白市驛折責擺站，取具收管匯詳請咨，俟徒限滿日遞籍管束。仍於年底匯詳請題，余照原議飭遵毋違。等因。奉此，除行資州轉飭遞解外，合就檄行。爲此，仰府官吏查照抄案內奉行準咨事理，文到即飭巴縣俟仁壽縣將徒犯劉鎰解到之日，照擬折責擺站，取具收管具報，以憑匯詳請咨，俟徒限滿日預詳請釋毋違。抄案依準呈來。等因。奉此，合就檄行。爲此，仰縣官吏查照抄案內奉行事理，文到即俟仁壽縣將徒犯劉鎰解到之日，照擬折責擺站，出具收管申賫本府，以憑轉報，俟徒限滿日預請詳釋毋違。等因。

奉此，嗣於乾隆二十九年七月二十一日接準前途將該犯劉鎰遞解到縣，當經照擬折責發驛擺站，出收賫報在案。連閏扣至乾隆三十二年六月二十一日，三年徒限屆滿，預詳請示。奉此，遞籍管束。等因。奉此，卑職遵查該犯劉鎰事犯川省，籍隸貴州貴陽府開州人民，理合造具該犯年貌清册具文申請憲臺俯賜飭發護牌以便遞解。爲此，備由申乞照詳施行。須至申者。

計申賫年貌清册貳本〈無〉

右申署四川重慶府印務雅州府正常卓异候升加三級紀錄五次記大功二次又記功四次胡

署重慶府正堂批：仰照另檄遵行。繳。

《武定土司檔案・據情轉報事》　具報暮連鄉職員那顯宗爲據情轉報事。情因正月二十日有阿貢密佃民期奈報稱，正月初十日有本村者保向廈梯，廈耿說：爾等俱繫窮戶，與其求人借貸，何若隨我宰牛插血。河冲上下四山我已約得十餘村不下三百餘人，本村幷各鄉內中有不願同誓從我者，先即下手開伊倉櫃，盡搶所積谷米雜糧，挨村照樣行爲，則不能饑餓矣等情來報，職員聞之不勝駭然！似此有干例禁插血，三五成羣，况糾約至數百之衆，恐攪亂地方，人人附合染成禍端。乘此尚未動作，職員將者保套哄到家，着人鎖解前來赴轅聽候。伏乞仁恩大彰國法，嚴行究問，枷責示衆。幷請天差一二同職員家人將者保押解往河冲及四山伊糾約之十餘村，沿村曉諭，令隨伊附合之人目睹後，仍解赴轅發落。庶窮棍等知有律法，自知退悔，以免人人效尤，則地方幸甚，衆民等俱沾鴻慈於無涯矣。爲此具報本州大老爺臺前施行。

嘉慶十五年二月初三日報稿。

《武定土司檔案・裁奪批飭事》　暮連鄉職員那顯宗謹稟大老爺臺前萬福金安：敬稟者，本年二月二十日接奉憲札，幷將夷犯者保枷號添差押解到職員處交收。職員當即着令頭目解往沿村示衆曉諭。不意本月十六日押伊之人回報者保雙腳腫痛，刑傷腿濫，日行二十餘里食用漸減，欲解赴轅候示，又不能走動。恐途中病體沉重，倘一時不測，因此不敢解來。或令職員暫爲開枷，傳伊父兄取保回家調理，抑或緩緩解來。職員未敢擅專，理合具情稟請。伏祈仁恩裁奪批示飭遵。專具蕪稟，恭請福安。伏惟慈鑒。那顯宗謹稟。

嘉慶十五年三月十七日稟稿。

《武定土司檔案・遵批取結事》 暮連鄉職員那顯宗謹稟大老爺臺前萬福金安：敬稟者，前於正月内佃民者保串誘行搶等情一案，當即提解赴轅，已蒙訊究枷責示衆，奈緣者保受刑腿疾腫發，不能動足，復轉稟憲恩憫念開釋。玆於三月十二日奉批仰即取具者保不敢再行滋事，切實甘結送州存案，餘如稟保釋可也。此繳等情奉此，職員遵即取具。者保親屬保結領回，并取者保甘結，呈投憲衙存案。敬具蕪稟，恭請福安。伏惟鈞鑒。那顯宗謹稟。

計呈甘結、保結二紙。

嘉慶十五年四月初一日稟投州。

《武定土司檔案・再不敢串誘滋事》 具甘結佃民者保，繫阿固密村亦阿貢密住，今於本主老爺臺前依奉結得，小的因於本年正月内疏昧誘衆行搶情事，當經恩主查知，提解赴州，嚴行枷責示衆在案。今蒙轉稟開釋取保回家務農。自結之後，再不敢串誘滋事。如有違犯，願甘加倍認罪無辭，中間不敢冒結，甘結是實。

嘉慶十五年四月初二日具甘結佃民者保。

清・沈家本《叙雪堂故事删剩・發遣回犯兇惡不服管教即行打死》 乾隆五十四年五月十八日奉上諭：據善德具奏，發遣廣州給與兵丁爲奴回犯馬進祿將家主砍傷身死，復夥四四子將二娃子殺死，又砍傷陳啓順并戳傷馮德，被協領高明章拏獲審明，將馬進祿凌遲處死，四四子斬決等語。此案發遣回犯原係應行正法免死減等者，如怙惡逞兇，或家主，或係該管官員將軍、副都統等即應打死。因一味姑息，致將家主戕害後始依律辦理，將來若將該管大臣官員殺害，更屬不成事體。從前屢降諭旨，善德等何以并未留心？將此通諭各省，嗣後發遣回犯，如平素稍露兇惡，或不服家主管教，該將軍、副都統即行打死，以示炯戒。

執行總部

監獄部

論説

《周易正義・坎》 上六，係用徽纆，置於叢棘，三歲不得，凶。險峭之極，不可升也。嚴法峻整，難可犯也。宜其囚執，寘于思過之地。所以被繫用其徽纆之繩，置於叢棘，謂囚執之處，以棘叢而禁之也。

《周禮注疏・秋官司寇・大司寇之職》 以圜土聚教罷民。圜土，獄城也。聚罷民其中，困苦以教之爲善也。民不愍作勞，有似於罷。〔疏〕釋曰： 此已下説罷民。云教之者，正謂夜入圜土，晝則役之司空，困苦則歸善。故鄭云困苦以教之爲善。云民不愍作勞，有似於罷者，罷謂困極罷弊，此圜土被囚而役，是不愍强作勞之民，有似罷弊之人也。

《周禮注疏・地官・比長》 若無授無節則惟圜土內之。… 圜土者，獄城也。

《禮記・月令》 孟秋之月，命有司脩法制，繕囹圄，具桎梏。

《吕氏春秋・季秋紀・九月紀》 是月也草木黄落，乃伐薪爲炭。蟄蟲咸俯在穴，皆墐其戶。乃趣獄刑，無留有罪，收祿秩之不當者、共養之不宜者。

《尉繚子・將理》 今夫決獄，小圄不下數十，中圄不下數百，大圄不下數千。十人聯百人之事，百人聯千人之事，千人聯萬人之事，所聯之者，親戚兄弟也，其次婚姻也，其次知識故人也。是農無不離田業，賈無不離肆宅，士大夫無不離官府。如此關聯良民，皆囚之情也。兵法曰： 十萬之師出，日費千金。今良民十萬，而聯於囹圄，上不能省，臣以爲危也。

漢・劉熙《釋名・釋宮室・獄》 獄，确也。實确人之情僞也。又謂之牢，言所在堅牢也。又謂之圜土，築其表牆，其形圜也。又謂之囹圄，囹，領也，圄，御也，領錄囚徒禁御之也。

唐・徐堅《初學記・政理部》 《風俗通》： 囚，遒也。言辭窮情得，以罪誅遒也。《禮》： 罪人寘諸圜土。故囚字爲口中人，此其象也。

唐・陸德明《經典釋文・詩・宛》 韓詩【略】云： 鄉亭之繫曰犴，朝廷曰獄。

宋・李昉《太平御覽》卷六四三 《春秋元命苞》曰： 爲獄圜者，象斗運合。宋均曰： 作獄圜者，象斗運也。

《北史・李彪傳》 漢制，舊斷獄報重盡季冬，至孝章時改盡十月，以育三微。後歲旱，論者以十月斷獄，陰氣微，陽氣泄，以故致旱。

《唐大詔令集・減大理丞廢秋官獄敕》 鸞臺崇德簡刑，列辟之彝範； 併官省事，有國之良圖。聖人執契以乘時，道苞乾大； 善政改弦而馭俗，義叶鼎新。朕虔荷先基，恭臨下土，運一心之淺慮，憂四海之群生。馭朽載兢，踐冰惟惕，幸賴九玄垂祐，七廟宣靈，天地以清，風雨咸若，菽粟登稔，疆徼無虞。茂祉日繁，殊禎歲集，荅昊穹之睠命，順億兆之誠祈。蒼璧靈壇，展嚴禋於上帝； 黄金祕牒，追顯號於前王。大典聿申，鴻符允暢，斯實祖宗之遐慶，函夏之多福。豈朕虛薄，能臻此乎？但萬歲初元，肇開昌曆，九章恆憲，甫釋嚴科，遠近無縲紲之冤，老幼有歌謠之樂，人皆遷善，政在惟新。丹筆刑官，已絶理梧之聽； 黄沙獄戶，將爲鞠草之場。而法禁之曹，寀寮斯衆； 司刑一局，便有八丞。既罕囚徒，靜無推案，豈煩多士，虛習夏書？宜減二員，俾從他職。文昌國府，建禮天閽，庶政是歸，具寮攸仰。諒青縑之美地，非頹服之攸居。雖復時有申讞，頗斯聽斷，兩造之文必具，五詞之理亦窮。詎彼陛牢，方甄枉直，先臺置獄，甚謂非宜。今欲揔撤疎羅，寧可別施囹圄，其秋官獄即宜除毀。朕既深居秘宇，不能徧覽緜區，惟仗時賢，共康天下。州縣牧宰，寄重親人； 僚守勾曹，任惟綱紀。百姓或有愆犯，必須盡理推尋，審知罪狀分明，方可禁身科斷。不得纔聞小過，遽縶圜扉。高下其心，同叔魚之鬻獄； 輕重其手，爽定國之平刑。黠吏崇姦，恣其乾沒； 要囚多滯，積以炎涼。有一于兹，當加貶譴。幸悉心而慎罰，同底績以勝殘。佇弘勿辟之規，用闡無爲之化。將使三千之罪，永絶於當年； 豈惟數百之刑，僅寬於昔代。布告天下，識朕意焉。萬歲登豐元年十月十三日。

宋・張載《橫渠易説・蒙》 初六，發蒙，利用刑人。用説桎梏以往，吝。

象曰：利用刑人以正法也。

以柔下賢，居於坎陷。然無所私係，用心存公，雖不能諭人於道以辨曲直，正法可也。善行法者，多説於任。刑道非弘矣，故以往吝，故君子哀矜而勿喜也。

宋・李燾《續資治通鑑長編》卷九四 〔宋真宗天禧三年十月〕己酉，知審刑院盛度，言在京及諸路止有斷案三道，値降聖節不奏，自餘絶無刑牘，請宣付史館。寇準曰：漢文帝、唐明皇時，皆幾乎刑措。蓋當時諸侯專殺，有聞於朝廷者，有便宜而行者。今幅員萬里，徒流以上合聞達者，皆奏牘。以此較之，則聖朝刑訟清淨，過古昔矣。此陛下以德化民，精意欽恤所致，臣等不勝大慶。再拜稱賀。詔奬度等。

宋・李燾《續資治通鑑長編》卷四一三 〔宋哲宗元祐三年八月〕先是，知開封府錢勰奏獄空，中書劾其詐，詔勰分析，并下法寺。約法既進入，久不下，中書以爲言，上批：勘會開封府廂禁罪人，從來有例。昨錢勰等奏獄空，蓋因三院實無禁繫，假此可以風化天下；況又宣付史館，今若便作妄冒斷遣，恐有傷事體。卿等更宜詳酌施行，所有已進入約法等文字，更不降出。黜。

宋・李燾《續資治通鑑長編》卷四一四 〔宋哲宗元祐三年九月〕右正言劉安世言：臣伏見御史臺舉劾開封官吏將大辟罪人寄廂，妄奏獄空，致朝廷誤推恩賞。始聞已降指揮，錢勰止令罰金，出知越州，林邵、范子諒並與小郡，其餘官吏特免改正，雖門下省嘗具封還，準朝旨惟展磨勘。此乃陛下至仁至厚，不欲窮治，而勰等所犯，情實欺君，考之公論，皆謂責之太薄。罪名不正，事關國體，須至論列。臣聞人君所以鼓動天下，制馭臣民之柄，莫大於賞罰，使賞必及於有功，罰必加於有罪，則四海之内竦然向風，而無不心服者矣。惟其無功者虚受，有罪者幸免，遂容僭濫，而其弊將至於無所勸懲。然則爲天下者，安可不以至公而審用之乎！今開封官吏以大辟之囚權令寄廂，敢肆誕謾，謂無一人在獄，朝廷信用其奏，亟推厚賞，進官賜服，幾二十人，下至胥吏亦霑恩賜，播傳天下，書之史冊，何可掩也？繼而臺臣抗章，彈其繆妄，陛下付之執政，按見實迹，縱不容論以全罪，猶當奪其誤賞之官，少爲天下誣罔之戒。而乃一切仍舊，復得名藩，使勰善去，不過如此。今實有罪，何以示懲？陛下若明正典刑，則虚僞之迹固在勰等；苟謂已行之命憚於追改，則好名之咎，遂歸朝廷，傳之後世，實累聖德。伏望陛下特徇公議，追勰誤賞之官，黜置小郡，其餘官吏亦令改正。使天下知公朝之名器不可以倖得，非惟塞小人奔競之路，亦助成陛下無私之政。臣所以詳論之者，蓋欲救正國家之大體，非特區區爲一錢勰而發也。伏惟留神省察，早降指揮。《政目》云：詔錢勰等展磨勘，勰三年，林邵、杜天經、邵鯱二年。勰知越州，餘小郡。

宋・李心傳《建炎以來繫年要録》卷九九 〔紹興六年三月〕詔命官諸色人捕獲凶惡彊盜，未經結録已前在獄身死，更不理爲推賞人數。先是惠州獲盜四十二人，而獄死者三十四，憲司以爲吏受賕鍛鍊，致脅從之人，拘囚至死，遂變換情詞以爲正賊。乞今後未經結斷在禁身死者，二名當一名。吏部尚書孫近等言：如此恐貪冒賞典之人，計囑獄司，愈將平人，非理致死，其弊益深。故有是請，仍乞將惠州獄官貶秩衝替。自今彊盜獄死及五分以上，官吏比附歲中禁死及一分科罪，不以併計失減，詔惠州元勘獄官貶秩衝替。餘從之。

宋・李心傳《建炎以來繫年要録》卷一四一 〔紹興十年八月〕甲午，上曰：省刑罰，薄税斂，王道之本。國步方艱，未能弭去。斯民税斂，無術可以薄之，朕心實不足。至於刑罰，豈可不省，而獄繫淹延，或至踰歲，何也？可令提刑司覺察州縣。提刑失職，令御史臺彈奏。務要訟平刑清，以副朕意。

宋・陳襄《州縣提綱・獄吏擇老練人》 獄吏若以惡少年爲之，則不識三尺，考掠苦楚，必求厭所欲而後止，甚至終夜酷絣囚於匣，至死而獄吏醉卧不知者。又有白日絣囚至重，旁無人守，已死而獄吏始知者。彼何所顧藉，得罪則在長官耳。故凡獄吏，須擇老成更練者爲之，有合鞫訊，勒主吏持鞫囚歷取押，然後入獄，非時苦楚，切須嚴禁。

《宋會要輯稿・刑法六》 國朝《獄官令》，禁繫皆輕重異處，囚家送飲食，獄官檢視，即時付與，無使減節滯留。若囚死罪，枷杻；劫賊在禁五人以上，別差軍人及將校日夕防守。婦人及流以下，去杻。婦人在禁皆與男夫別所，仍以雜色婦人伴守。杖罪散禁，若隱情拒抗者亦加(計)〔械〕。八十以上、十歲以下及廢疾、懷妊、侏儒之類，雖犯死罪亦散禁。

又 太祖開寶二年五月十一日，詔曰：扇暍泣(等)〔辜〕，前王能事；恤刑緩獄，有國通規。朱夏既臨，溽暑方盛，睠茲縲繫，深用哀矜。宜令有司限詔到，其囚人枷械，囹圄戶庭，長吏每五日一次檢視，灑掃務在清潔。貧無所自給者供飲食，病者給醫藥，小罪即時(次)〔決〕遣，重繫無得淹滯。

又〔仁宗天聖八年〕六月，(詔)開封府言：准律，諸主守不覺失囚者，減囚罪二等；若囚拒捍走者，又減二等。皆聽一百日追捕。自來失囚，依條給限監捕，限滿不獲，方行決斷，內有減至杖罪者。若例行斷遣，又礙律文，須至一例給限。伏緣京畿諸縣亦有失囚，若不分重輕，一例監捕，頗復淹延。欲乞自今在京及府界諸縣應失囚本非固縱，依律減至杖罪以下者，便行決遣，更不給限。所走罪人散行捕捉。從之。

又〔仁宗天聖〕八年五月，詔：大辟公事，自今令長吏躬親問逐，然後押下所司點檢勘鞫，無致偏曲，出入人罪。若依前違慢，致有出入，信憑人吏擅行考決，當重行朝典。時感德軍司理楊若愚不申長吏，考決無罪人駱憲等，加石械上，若愚特追一官，典押、獄卒各刺配，因有是詔。

又〔淳熙元年正月〕八日，詔：諸路禁囚有不得其死或人數稍多，獄官、令佐、守倅悉坐其罪，不以去官赦原。以大理卿周自強言，廣西獄囚死於凍餒、笞掠者甚眾，故有是命。

又〔淳熙〕三年四月二十七日，知潭州李椿言：乾道新書，諸強盜囚在禁，每火死及五分以上，依囚在禁病死、歲終通計及一分法，蓋防獲盜之人徼求功賞、誣執平人計數、坐獄身死之弊。然假如強盜二人，一名偶死，便成五分，坐一歲通比及分之罪，可謂不幸。敕令所看詳，欲於上條每火字下添入謂三人以上五字爲注文。如死及五分以上，合依強盜五分法科罪外，若強盜二人以下，在禁病死，止用諸囚在禁病死法，歲終通計分數科罪施行。從之。

又　嘉泰元年正月七日，臣僚言：乞令諸路提刑司檢坐應禁、不應禁條法，出給版牓，大字書寫，行下逐州縣，委自通判、縣丞各於獄門釘掛曉示。被禁之人如因罪入獄，仰就取禁曆，書寫所犯並月日、姓名，著押曆上，以並新收，出獄日亦如之，以憑銷落。其有不能書寫者，令同禁人或當日書鋪代書，親自押字。仰通判、縣丞逐時點檢，如遇月終申發禁曆赴提刑司，從提刑躬親檢察行下。內有不應禁而收禁者，提刑按劾守令以聞。仍許不應禁人或家屬經提刑司越訴，如提刑不爲受理，仰經刑部、御史臺越訴，乞從本臺覺察彈奏。仍乞更令提刑司每歲終檢察管下州縣獄空最多並禁人最少者一兩處，具申尚書省，取旨激勸。如因民訟見得不實，坐以妄申之罪。從之。

又　開禧三年三月二十九日，詔：應州縣輒將病囚押下巡尉司以致死亡者，許被死之家直經刑部陳訴，仍令提刑司於歲終別項檢察，併行具申，將州縣官重作施行。以臣僚言：州縣之獄遇有病囚，多是不切醫治，聽其自愈。至疾勢稍篤，欲避免在禁死亡之數，則一切付巡尉司交管。彼巡尉司既無醫藥可療，又無飲食可給，拘繫空屋，困頓飢餓，往往至於死亡。故有是命。

《宋史·理宗紀》〔紹定二年〕春正月庚辰，大理司直張衍上檢驗、推鞫四事。詔：刑獄人命所關，其令有司究行之。【略】三月辛卯，詔：郡縣繫囚多瘐死獄中，憲司其具獄官姓名以聞，黜罷之。

元·張養浩《牧民忠告·按視》　獄庭時當一至也，不惟有以安衆囚之心，亦使司獄卒吏輩知所警畏，而無飲博喧嘩、逸而反獄者，是亦先事防之之微意也。

《明實録·萬曆三十年》〔十二月辛丑〕大學士沈一貫等題，北鎮撫司乃詔獄之所職掌，止是打問問過，即送法司，暫將犯人寄監。故監房不多，而監地亦窄。近來打問過犯官馮應京等，積下數多，更無容處，雜囂臭穢，瘟疫流行。冬來寒氣異常，尤難存活。一牆之隔，即是通衢，搶地呼天，驚遠震邇，靜夜之際，尤不忍聞。前此王之翰、周應麟等溘亡外，適又報陳奇可死于衛禁，吳應鴻死于司禁，沈希孟死于刻禁，兔死狐悲，人人灑淚。臣等敢齋沐上請，倘蒙大霈弘恩，如春間聖旨，赦罪還職，不勝大願。萬一聖心猶有所待，乞送發刑部，分別擬罪，請自上裁，亦明主如天之德，解網之仁，副春初欽恤之心，而慰道路行惻之意也。不報。

《明實録·天啟五年》〔四月辛巳〕汪文言死於獄。鎮撫司以聞，得旨：汪文言不以病聞，如何遽死？許顯純好等疎縱，以後監犯務要著實防範，有病亦須醫治。

明·丘濬《大學衍義補·慎刑憲·議當原之辟》　孟秋之月，命有司脩法制，繕治也。囹圄，具桎梏，禁止姦，慎罪邪，務事也。搏戮也。執。拘也。命理治獄之官。瞻傷、損皮膚。察創、與瘡同。視折、損筋骨。審斷，骨肉皆絕。決獄訟必端平，戮有罪，嚴斷刑，天地始肅，不可以嬴。

明·丘濬《大學衍義補·慎刑憲·制刑獄之具》　《周禮·大司寇》以圜

土聚教罷民，凡害人者寘置也。之圜土而施職事焉，以明刑恥之。其能改者反于中國，不齒三年。其不能改而出圜土者，殺。

鄭玄曰：圜土，獄城也。聚罷民其中，困苦以教之爲善也。民不愍作勞有似於罷，害人，謂其邪惡已有過失麗於法者，以其不故犯法，寘之圜土繫教之，庶其困，悔而能改也。施職事，以所能役使之，明刑，書其罪惡於大方叛著於背。反於中國，謂舍之還於故鄉里也。司圜職曰：上罪三年而舍，中罪二年而舍，下罪一年而舍。不齒者，謂不得以年次列於平民。出謂逃亡也。

臣按：鄭氏謂圜土，獄城也。牢獄之見于經典者，始此。夫古之置獄，所以聚罷慜之人而教之，夜則禁之，以困苦其心；晝則役之，以困苦其身，使之因患以思往咎而生善念也，非若後世置獄，恐人之逸而禁錮之比也。圜土而爲大司寇所親掌，則亦今世刑部自置獄焉。

清・徐棟《牧令書輯要・李漁〈論監獄〉》　罪有重輕則監有深淺，非死罪不入深監，非軍徒不入淺監，此定法也。下此則欽犯，訪蠹慮其踈虞，不得不附入監籍。自茲以往，則笞杖非其人，牢獄非其地矣。飭丁屬之清監，戒佐貳之濫禁，隄防獄卒，勿使凌虐罪囚。潔淨圜扉，無致染成瘟疫。此郡邑諸公之能事，亦守巡各憲之常規，言之無益聽聞，徒取厭倦而已。獨提緊關二事，一爲生死所繫，一爲名節所關，留心民瘼者，請諦聽之。罪人之死於牢獄，天年者少，非命者多，不可不加訊察。有獄卒詐索不遂，凌虐致死者；有讎家贖買獄卒，設計致死者；有夥盜通同獄卒，致死首犯以滅口者；有獄霸放債逞凶，坑貧取利，因而拷逼致死者；並有無錢通賄，斷其獄食，視病不報，直待垂死而遞病呈，甚至死後方補病呈者。酷弊冤情，種種不一。若係定案待決之死囚，朝廷既有國法，自當明正典刑。豈有公罪而私殺之，假手凶徒，使太阿旁落之理。若係駮審未結之重犯，死罪一日未定，終身尚有生機。豈有官府不能決斷，上下交費躊躇，反聽此輩毅然殺之，絕無忌憚之理？況有代僵波及之冤民，似是而非之疑獄，既無昭雪之日，反加曖昧之刑。雖因吏卒之逞凶，實由官長之不察。我雖不殺伯仁，伯仁由我而死，豈得以瘐斃二字，草草申詳，遂卸典守監倉之重任哉？與其追究於死後，不若申飭於生前。時時稽察獄中，勿令此輩魚肉囚犯，囚犯有疾，責令早具病呈。一見病呈，即取囚親告治結狀。調治不痊者，取屍親告領結狀。一併黏連，以爲申報上司之地。囚犯無親屬者，以里甲鄰佑代之；盜賊無鄉貫者，以刑房書吏代之。慎密若此，非但奸弊不叢，保全生命，亦可取信上司，自立於無過之地。常有要緊囚犯，瘐斃是真，上司不信，疑府州縣官匿取贓私，慮其攻訐，自作病呈以滅口者，爲人即以自爲，不可不慎也。

婦人非犯重辟，不得輕易收監。此情此理，夫人而知之也。然亦有知其不可，而偶一爲之，不能終守此戒者。以知其淺而不知其深，計其今而不計其後也。問以不可收監之故，則曰其中男婦雜居，嫌疑不別。況牢吏獄卒，半屬鰥夫，老犯宿囚，多年獨處。婦女至此，鮮有不遭其污者。漁曰不然，羞惡之心，是人皆有。施強暴於衆人屬目之地，不待貞者而後拒之，久則難保無虞。旋羈旋釋者，未必盡有失節之事。所可念者，婦人幽繫一宵，則終身不能自白。無論鄉鄰共訾，里巷交傳，指爲不潔之婦，即至親若父母，恩愛若良人，亦難深信其無他。而公姑妯娌，又可知已。此種不白之羞，雖有孝子慈孫，百世不能湔洗。常見有婦人犯罪，不死於拘攣桎梏之時，而死於羞慚悔恨之後者，職此之由。漁勸爲民上者，皆當以此存心。一念稍寬，保全幾許節操；一時偶刻，玷辱無限聲名。此陰施陽報中極大關頭，萬勿視爲細事。婦人有必不可寬之罪，勢必繫之獄者，惟謀殺親夫、毆殺舅姑二項。亦必審實定案，而後納之。此外即有重罪，非著穩婆看守，即發親屬保回。總令法度綱常，並行不悖而已矣。

清・琴川居士《皇清奏議・張注慶〈請嚴重案羈之弊疏〉》　陝西道試監察御史臣張注慶謹奏：爲請嚴重案久羈之弊，以申回冤，以廣皇仁事。臣竊惟刑獄者，帝王不得已而用之。原以懲天下之大貪大惡，亦以伸天下之大冤大枉也。如臧官汙吏不有以懲之，則生靈受其荼毒，而咨嗟愁怨之氣，反易鬱而傷天地之和。故懲除不得不嚴，問詰不容不速。凡以爲皇上明罰勅法，歸於禁人爲非而已。伏見皇上欽恤慎刑之心，無所不至。年來恩赦屢頒，熱審減等，即帝堯三宥之典，大禹泣罪之心，無以過之。則凡承問衙門，務祈虛公，讞鞫明若燃犀，自然獄無淹滯，刑期無刑。近見刑部案牘繁積，有一案而遲至二三年不結者，有一案而經歲累月者，其中株連多犯，或以事款証佐，或屬被害求伸。在他日問結之後，非不釋放歸家，而此時枸繫圜牆。一日未結，則一日受幽囚之苦。當此炎天暑濕，蹲伏陰房，臭穢鬱蒸，與正犯無異，其顛連困苦之狀，眞有不忍見聞者。如周亮工、王秉衡、盧慎言等一案，皆干連百餘人，事關外省提解証佐，自數千里解至京城，動經歲月，羈候纍纍，審結無期，其他別案要亦盡然。夫折獄貴於得情，部臣誠盡心研鞫，何難一訊立決，而乃遷延多日，久不成招，以致囹圄之中，人犯壅塞。臣恐日久弊生，安知無舞文猾吏，假稱線索，誘其鑽營，即犯罪諸人，又安知不相機打點，百計圖維，以圖徼幸。不惟是也，彼夫身罹重犯，自知情眞罪當，爰書一定，莫可挽回，乃反招無涉之証佐，巧引事外之他人，使另行拘提，往返多日。一則可以苟延性命，不致即蹈刑章。再則可以觀望事機，便於徐圖賄脫。久羈不結之弊，勢必如此。易曰：明愼用刑，而不留獄。欲使無罪者速免於獄，而有罪者早伏其辜也。請皇上嚴敕該部，凡承問各案，無論大小，上緊速結，毋許事外株連，借端延緩，以滋弊竇，則法加於宜罪，而恩及於無辜，將見獄無留滯，而囹圄可以空虛矣。

清·呂芝田《律法須知·論命案》 一、監犯患病，定例止准一箇月，其報病文，以禁卒報呈裝頭。如典史詳報者，以詳文裝頭。等因到縣，據此，卑職查某人係某縣通詳某某案內之犯，據報患病，當即驗明，撥醫診視去後，茲據該醫學結稱云云前來據此，除飭該醫學上緊調治，務痊另報外，合將監犯患病緣由，具報憲臺查核云云。

一、凡徒犯患病，提禁醫治，痊日送禁，所有通報文內，查明分別聲敘，毋率忽，有干批飭。如徒犯病故，提禁監斃，職名免開。

一、監犯報病故，必先報病。其病故文，以禁卒報故文裝頭，等情到縣，據此查某人係某縣通詳某某案內之犯，前經患病，據該禁卒呈報，當經驗明，撥醫調治，於某年月日通報在案，茲據具報病故前來，當即帶領吏仵，親詣監所，將屍移放平明地面，如係死罪人犯飭令脫去鐐靠，斷獄條有律眼同刑禁、醫學同監犯人如法相驗，據仵作某人當場喝報，照命案式各等供，據此，該某縣知縣某，驗訊得某人病故一案，摘叙案由情節。隨經驗訊明確，實係病故，刑禁人等，並無凌虐情事，除將屍棺擡赴義冢浮厝，闗傳屍屬赴領外，有屍屬者飭令領埋合將監犯病故驗訊緣由，塡圖錄供，取結加結，具文詳報憲臺鑒核云云。

一、報監犯病故文後，將監斃職名開送，如係未經定案人犯，通報後，仍於招冊內，簡叙刑書禁卒人等口供入詳，看內聲明，並無凌虐致死緣由，將格結隨招附送。並將該犯應擬何罪，以便部內分別議處，或干連人犯，在地方身故者，闗取供結入詳。

一、分駐同知、通判、州同、州判，如有分管地方無管獄官者，遇有監犯病故，無論新事舊事人犯，均牒請本管知府，委員驗報，知州自行驗報。

《清實録·乾隆四十八年》 諭軍機大臣等：據富勒渾奏，洋盜黄旦等在獄逞凶審明正法一摺。所辦是。已批該部知道矣。據奏：黄旦、王由、劉愛等各犯，於四十六年十一月在惠安、長樂等縣洋面行劫，該縣先後拏獲，分別定擬，經撫臣雅德審勘，於本年二月十二日發回收禁等語。黄旦等各犯於四十六年十一月行劫，破案，拏獲審明定擬後，自應即行辦理，何以直至本年二月始經巡撫審勘具題，仍發回該縣收禁？稽延輾轉，事隔一年有餘，聲叙殊未明晰，著傳諭富勒渾、雅德查明此案盜犯在何處羈禁並因何遲延之處，據實覆奏。至此等海洋巨盜，審明定擬，即應在省城監禁，正法後傳首犯事地方梟示，若仍發回本縣收禁，該犯等自知罪在不赦，保無別有疎虞，所辦尚欠周密。除明降諭旨外，並將此傳諭富勒渾等知之。

《清末籌備立憲檔案史料·修訂法律大臣、大理院正卿臣沈家本奏實行改良監獄宜注意四事摺》 修訂法律大臣、大理院正卿臣沈家本跪奏，爲請實行改良監獄，以資模範而宏教育，恭摺仰祈聖鑒事。

竊刑罰與監獄相爲表裏，近世各國刑法，除罰金外，自由刑居其强半。所謂自由刑者，如懲役、禁錮之類，拘置監獄，縛束自由，俾不得與世交際。蓋犯罪之人歉於教化者爲多，嚴刑厲法可懲肅於即往，難望湔祓於將來，故藉監獄之地，施教誨之方，亦即明刑弼教之本義也。考《周官·大司寇》云：以圜土聚教罷民，凡害人者，寘之圜土而施職事焉，以明刑恥之。又司圜云，上罪三年而舍，中罪二年而舍，下罪一年而舍。鄭注，圜土獄城也。課以作勞，期以年歲，實爲自由刑之權輿。漢之罰作，唐之居作，尚有周官之遺意。石晉而後，配役之例盛行，監獄之制寖廢，雖有監獄，不過供待質待決之用，領繫之方雖備，困悔之旨缺焉。自光緒二十九年刑部議覆升任山西巡撫趙爾巽條奏，凡軍流以下之罪，除常赦所不原外，俱酌改入習藝所工作，已採用自由刑之規制。當經通飭各省以次設立，乃因循至今，尚未一律實行。上年改革官制豫備立憲，並於法部設立典獄一司，以專責成，仰見聖朝欽恤之至意，瀛寰逖聽，頌禱同聲。伏查泰西立憲諸國，監獄與司法、立法鼎峙而三，縱有完備之法典與明允之法官，無適當之監獄，以執行刑罰，則遷善感化，猶託空言。以故各國莫不從事於改良監獄，並設立萬國監獄協會，分年於各都府開會，派遣委員各將其國改良監獄事件，提出互相討論，幾視爲國際之競爭事業。方今力行新政，而監獄尤爲內政外交最要之舉，雖其中條目紛繁，驟難和臻美備，而締構之初，宜注意者厥有四事，敬爲我皇太后、皇上陳之。

一、改建新式監獄也。西儒有言曰：覘其國監獄之實況，可測其國程度之文野。歐美改良監獄多爲此論所激發，近今構造之法，益形完備，有採分房制者，有採雜居制者，有採階級制者，形式以扇面形十字形爲最宜。如法蘭西之佛勒斯日監獄，比利時之珍極爾監獄，壯麗幾埒宮闕。日本則以巢鴨邨稱爲模範監獄，我國天津及京師各習藝所，俱仿其制。現在內地各監獄，同時改建，力有未逮，宜於各省之省會及通商口岸，先造模範監獄一所，以備拘禁流徒等罪。若財力稍裕之省，酌就罪質年齡量設數所，試辦數年，然後推暨於各州縣。惟監獄與習藝所性質不同，並須釐定名稱，凡拘置浮浪貧乏者，名習藝所，隸民政部監督拘置，自審判廳判定罪名者，名監獄，隸法部監督，名稱既定，權限自分也。

一、養成監獄官吏也。監獄要務不外紀律、教育、衛生三項，而典獄一官統轄全監，非兼有法律道德及軍人之資格者，不能勝任。各國登用監獄官吏，必須熟習特別技能者，俱用特別任用令，先入監獄學校習刑法、刑事訴訟法及關於監獄諸規則，並會計大要。試驗及格充看守，奉職年限內，獲有精勤證書，依級歷升，可洊至典獄，爲高等官也。𡿨課之於專科學理，𡿨試之於實地練習，其法至爲美善。中國監獄責之典史、司獄等官，品秩卑下，何由銓擢眞材，悍吏蠹胥，從而橫據，持較泰西，仁暴縣如霄壤。今議改良監獄，亟應豫儲管理之材，宜於各省法律學堂，或已成之新監獄內，附設監獄學堂，採用特別任用法，以資造就，並改定獄官品級，登進嚴則貪墨之風自絕，待遇隆則狷潔之士自至矣。

一、頒布監獄規制也。綱紀一國必以法律組織，監獄亦然，上而官吏有服從之職務，下而囚徒有遵守之事項，大而懲罰賞譽，小而日用飲食，其間條理至爲繁密。昔法蘭西與日本地方監獄，常年經費悉由地方擔任，各處自爲風氣，管理未能統一，學者詬病之。中國將來各州縣監獄，是否由國帑支辦，抑或籌用地方公款，尚難預知。宜先由法部博採各國最新規則，編定監獄章程，頒行各省，令不得越其範圍，庶於管理不致蹈該兩國之失策也。

一、編輯監獄統計也。國力之盈虛消長，非恃統計不能明，故近來各國以統計列爲專門科學之一，監獄統計與刑事關係尤切，第刑事統計密，監獄統計略耳。其法分人員統計、行政統計二種，人員統計如犯罪原因、國籍、住址、年齡、身分、職業、教育，是藉以其人入監前之經歷也。行政統計如監獄之面積，官吏之程度，因人之比較，以及懲罰、作業、會計、疾病之類，是藉以知監獄內事務之詳簡也。各國以統計著者，爲英、法、意、比、奧、荷蘭、瑞典、那威等國，次爲德、俄、瑞士、西班牙、葡萄牙等國。今典獄既設專司，此制亟宜仿行，應由法部編定格式，頒發各省督撫，飭所屬按式分年報告，仍由法部彙訂成冊，恭呈御覽，以爲累年比較之準則。凡關於刑事及監獄各事宜，不難按冊而稽矣。

以上管見所及，是否有當，伏祈聖明詳察訓示遵行。所有條陳實行改良監獄緣由，謹恭摺具陳，伏乞皇太后、皇上聖鑒。謹奏。

清・沈家本《寄簃文存・〈監獄訪問錄〉序》 董君編裁判事宜畢，復將監獄事宜輯爲二編，前編爲總論，凡七章，後編爲各論，凡十五章，顔之曰《監獄訪問錄》。展卷再四，因得一言以蔽之曰，監獄者，感化人而非苦人、辱人者也。

應劭《風俗通》云：三王始有獄。夏曰夏臺，言不害人，若遊觀之臺。殷曰羑里，言不害人，若於閭里。周曰囹圄，囹令，圄舉也，言令人幽閉思愆，改惡爲善，因原之也。尋繹此說，可以見古人設獄之宗旨，非以苦人、辱人，將以感化人也。自此義不明，而吏之武健嚴酷者，其慘毒之方，殘刻之狀，難以僂指。由是感化之地，變而爲苦辱之場。其強者踰越逃亡，甚則刼囚反獄，防之每不勝其防。其弱者愁慘呻吟，強𡿨塡尸牢戶。揆諸古人之宗旨，不大相徑庭哉！

《小宛》之詩曰：哀我塡寡，宜岸宜獄。漢宣帝詔曰：今繫者或以掠辜，若飢寒瘐死獄中，何用心，逆人道也。言之可爲痛切。漢時雖有以繫囚課殿最之令，《晉令》亦有作任與衣，厚草蓐，給醫藥，種種優恤之政，乃千百年來此弊迄未能盡革者，何歟？謂非規制之未能盡善歟？

泰西監獄，初亦未得感化之宗旨，而惟以苦人、辱人爲事。迨後有仁慈者出，目睹夫慘毒之方，殘刻之狀，同爲人類，何獨受此，於是倡爲感化之說，播於歐洲。更有學人輩出，相與研究，定厥宗旨。舉凡建築之法，待遇之法，監督之法，莫不酌理准情，區畫周至，而宗旨一以感化爲歸宿。考其政治，成效照然。近今各國復立監獄協會，窮年矻矻，方進未已。日本制仿泰西，頗已改觀，而彼都人士猶以爲未臻盡善，仍刻意講求。此其實事求是之心，又何可及哉。試舉泰西之制而證這於古。囚人運動場，即古人遊觀之意也。衣食潔而居處安，即古人閭里之意也。有教誨室以漸啓其悔悟，更設假出獄之律，許其自新，又古人幽閉思愆，改善得原之意也。大凡事理必有當然之極，苟用其極，則古今中西初無二致，特患無人推究之耳。

小河滋次郎爲日本監獄家之巨擘，本其生平所學，爲我國忠告。我國之經營斯事者，誠即是編以考其得失，當恍然於苦辱之不足以爲政，而深維乎感化之故。其得也者，可取以爲資。其失也者，可引以爲戒。無妄費，無怨囚，無曠職，事半功倍之效，願馨香祝之也。或曰，習染既深，洗滌非易，必謂監獄之内可大收感化之功，恐言似動聽而行難獲效也。顧蚩蚩者氓，自非下愚不移，詎有不可感化之理。縱不能盡人而感化之，第使十人而得六、七人，或四、五人，或二、三人，則人之有害風俗有害治安者，必日見其少。積漸既久，風俗自日進于良，而治安可以長保焉。所慮者，但襲外觀，不求内蘊，遂謂感化無期也。是果感化之不可期哉！

《大清法規大全·監獄·法部奏擬建京師模範監獄摺》竊考《周官》以圜土聚教罷民，即後世罪犯習藝之義，用意深遠。近時東西諸國，亦莫不注重監獄，力求美備之規。我國現在獄制，亟待改良。前經臣部於光緒三十三年五月間奏部務重要摺内擬請購置地基，設立模範監獄，又於是年九月間奏建行刑場摺内擬請於行刑場西南餘地添買擴充。是否併建監獄，容臣等再行履勘。各等因。均奉旨：依議。欽此。伏維京師爲首善之區，觀聽所集，此次改良監獄規模不容過狹，籌畫必須精詳。現查行刑場内容不敷開拓，而鄰近民房、墳墓，礙難購買，實屬無可擴充。臣等復督飭司員於内外城等處另行訪尋。近勘得右安門内迤東有廂藍旗操場空地一段，業已閒曠多年，察其地勢寬平，面積一頃有奇，足敷構造之用，溝渠四達，空氣流通，距離民居亦不爲遠，以之建築模範監獄，實在相宜。臣等經與該旗往復咨商，意見相同，相應請旨准將該地撥歸臣部應用，以備及時建築，實於獄務前途大有裨益。如蒙俞允，即由臣部行文該旗，遵照辦理。謹奏。宣統元年閏二月初十日。奉旨：依議。欽此。

《大清法規大全·監獄·法部奏核議御史麥秩嚴奏改良監獄亟宜整飭摺》奏爲遵旨議奏事，本年六月二十七日，軍機大臣欽奉諭旨，御史麥秩嚴奏改良監獄，亟宜整飭一摺。著法部議奏，欽此。欽遵鈔出到部。臣等竊維東西監獄制度，固視爲行政之要圖，亦實有專門之學問。臣部前於光緒三十三年七月，議覆修律大臣沈家本奏請改良監獄一摺，早已臚舉大綱，通行籌辦。且於法政學堂附設監獄專科，原以儲管理之人才，即以立改良之基礎。今該御史條議辦法，列爲四端大要，不越臣等前奏範圍，而皆爲他日必宜推廣之事。謹分別詳晰，爲我皇上陳之。原奏稱獄居業雜，請分罪質、年齡、身分、犯數等項，配置監房，以杜濡染一節。臣等查分居之制，固各國所同，然分配愈多，財政愈繁。雖歐美亦窮於位置。故今日各國，仍兼採雜居、分房兩式，而以階級制參乎其間。我國獄制尚未講求，其内容之雜糅，誠所不免。一旦欲求全備程度，固難猝及，財力亦有未充。擬酌照原奏，約分三區，重罪及犯罪四次以上者，爲一區。輕罪，及犯罪三次以下者，爲一區。年齡二十五歲以下，及犯輕罪一次者，爲一區。請旨飭下各省督撫，飭屬因地制宜。其新造者，因可仿行，即舊有監獄，亦可量爲分配。先立基址，徐圖擴充，庶罪惡不至流傳，而舉辦亦易爲力矣。原奏又稱罪犯從事各種工藝，請飭照受負業、混同業、官司業等類，提倡銷售一節。查各國所謂受負業者，係由他人擔任獄費，聽其役使囚徒作工，其弊在於失權。混同業者，係受他人委託，令囚徒代造貨物，取其工值，其弊在於紛擾。官司業，則承攬官中物品，自行籌辦，措手較易，爲益較多。惟創辦伊始，習藝未精，遽望供求相劑，尚無把握。況集資購料，辦物製器，動須巨款，恐滋賠累。臣部年前修建北監附設習藝所，頗具條理，終以經費太少，出貨無多，未能大著成效。究之三者相較，自以官司業一項爲宜。俟將來各省逐漸推廣，益加精良，擬請旨飭下學部、陸軍部，凡軍營、學堂一切用品，先儘管獄官體察情形，酌量立約承造。此外各項工藝，亦准擇該地方合宜者製之。庶可收官司交通之益，亦足爲獄費補助之資矣。原奏又稱候審犯苦被牽累，請明定已決未決兩種，分設看守所一節。查已決監係羈禁已定罪名之犯，未決監係拘留被控提訊之人。不特外國有之，即中國何獨不然？惟外省，府廳、州、縣監凡被告候審人犯，多有胥役恫愒需索，種種凌虐。所稱外羈官店、差館、候審所，名目不一，此時特加整飭，自宜掃除積習，去苛政而惠民生。除京師各級審判廳設立之看守所，責成該管官認眞經理。應請旨飭下各省督撫，所有地方聽訟衙門，一律設立看守所一區，凡被控候審未定罪名人犯，皆發交該所如法看管，不准絲毫虐待。所有從前之外羈差館等項，立即裁撤。仍由該上司隨時考察，毋任積久弊生，庶痼習可以廓清，而良民不至受累矣。原奏又稱各省監獄委任非人，請以監獄畢業生充補典獄、看守長一節。查臣部奏設監獄學專科定章，一年半畢業，正爲需才，孔亟造就宜先，方憂其學之不成，豈有學成而不用。此次監獄專科學員，一俟畢業期滿，應即考列等，第分派京外各地方衙門，酌量委用。臣等伏查監獄制，除典獄一員外，約分監察、工業、文牘三科，每科科長一員，以看守長充之。現今各省模範監獄，正在提倡用人，尚不甚多。一省之大，拔十得五，當無人才缺乏之慮。倘將來各府廳州縣監獄，均能成立，計時各處監獄學畢業生，自必相繼而起。如仍不敷分布，則法政學堂之畢業生，擇其品行純良樸實耐勞者，亦可參用。其牢頭禁卒，萬萬無可造就，應如原奏，概予删除。庶管守可期得人，而成法不同虛設矣。臣等綜觀該御史所奏，大都取則於東西各國。查各國監獄，期於遷善；中國之監獄，主於懲惡。積重所趨，遂多歧異。是以考求獄政，允宜更定新章。當此籌備立憲之時，關係綦重，欲推行之，盡利內外，須表以同情，期抉擇之惟精，利弊不容於互見，功求，其實濟事，取其易行，果能逐漸擴充，要不難日臻完備。至若奉行不力，應如何嚴定考成，明示懲戒之處，再由臣部妥議章程，奏明辦理。所有遵旨議奏緣由，理合恭摺具陳。伏乞皇上聖鑒。謹奏，宣統元年八月初六日。奉旨：依議，欽此。

《大清法規大全·習藝所待質所·法部奏議覆御史王履泰奏請禁革官媒改設婦女待質所摺》 光緒三十四年七月十二日，准軍機處抄交本日御史王履康奏請將官媒永遠禁革，改設婦女待質所一片，奉旨，法部議奏，欽此。查閱原奏內稱：各省府州縣地方，其足爲被押婦女之巨害者，莫如官媒一項。凡婦女涉訟到堂及已審未結者，例交官媒收押，聽候審斷。而官媒即得居間，百出其計，以相蹂躪，富者百般敲詐，貧者貲無所出，甚至以非禮相逼。故婦女凡一涉訟，差役需索於前，官媒留難於後，身命財產俱蹈危機，種種苛殘，莫此爲甚。似應比照待質所辦法，將官媒永遠禁革，改設婦女待質所，另行規定，一切以除積弊。擬請飭下各直省督撫，通飭所屬，將官媒一項嚴行禁革，改設婦女待質所，並請由順天府屬各州縣倡辦，以資先導等。因奏奉諭旨，交臣部議奏。查例載婦女有犯姦、盜、人命等重情，及別案牽連，除正犯仍行提審，其餘小事牽連，提子姪兄弟代審。又婦女除實犯死罪，例應收禁者，另設女監羈禁外，其非實犯死罪，承審官拘提錄供後，即交親屬保領，聽候發落，不得一概羈禁各等語。誠以婦女以名節爲重，非實犯姦、盜，及案內正犯，概不輕予提審，非實犯死罪，於提審錄供後，即交親屬保領，概不輕予羈押，杜漸防微，例意至爲周密。至官媒一項，除例載婦女犯斬、絞重罪應行解勘者，於經過地方派撥伴送外，並無准其將涉訟婦女發交看管明文。舊例雖有買貴州窮民子女憑官媒花押立契一條，現已奏請删除。其律載當官嫁賣婦女，歷來辦法雖由官媒承領，然逾期不嫁，或局姦圖騙，則有籍充人牙治罪專條。且此項本係犯姦婦女，故於判罪後交其領賣，並非尋常婦女一經涉訟即使之收押也。各省府州縣官如果關心民瘼，凡輕罪男犯尚不許淹禁私押，豈有將婦女任令凌虐之理？無如奉行不力，日久弊生，州縣既憚於交保之煩，書差更樂於看管之便，宮媒從而居間，婦女無所伸冤。故一經涉訟，輕則傾家破產，重且含垢蒙羞。此等情形，實所不免。該御史所奏，係爲矜恤婦女起見，惟是除弊莫先於太甚，而徒法究難以自行。溯查創設待質所之初，係由前貴州撫臣黎培敬奏准通行，當時係專指臬司提審案件而言，乃未幾而各州縣相率仿行，凌虐勒索，爲害百端，嗣經御史楊福臻奏請革除，奉旨各州縣影射待質所名目，私立班管，實屬大干例禁，著一體嚴禁，欽此。欽遵在案，是此項公所雖名爲待質，其實與倉鋪所店，同爲業弊之地，既奉嚴旨禁革，自未便驟議仿行。且官媒收押婦女，弊既不可勝言，若改設婦女待質所，其約束看管之人，勢不得不仍用婦女，良懦者鮮肯應募，狡黠者又將投充，稽察不周，害仍與官媒相等。則與其懲宿弊，而另立名目，何如申舊章而嚴定考成？臣等公同商酌，擬請嗣後各直省州縣，凡婦女涉訟，除實犯姦、盜、人命及一切死罪例應收禁者，即仿照臣部並大理院及各審判廳辦法，設立女看守所，另行羈禁外，其非以上情罪，及因案牽連備質，承審官拘提錄供後，即交親屬保領聽候發落。不得概行羈禁，如已訊未結，亦一律交保候訊。若無親屬保領，即由地方官酌量取具妥保，保候審理。倘有不肖官員擅用官媒，仍將婦女交令收押，致被詐索或淹斃者，該督撫即行指名嚴參，照律擬斷。至解審斬、絞重罪婦女，應由地方官另雇年老穩練之婦，派撥伴送，不准再用官媒，如遇有當官嫁賣婦女，准由地方官擇交妥實地保、族鄰，公同辦理，亦不得再令官媒承領。其舊日官媒名目永遠革除。似此嚴申禁令，庶於漸除積弊之中，仍無窒礙難行之慮。該御史所稱改設婦女待質所之處，核與例章不符，應請毋庸置議，如蒙諭允，即由臣部行文各直省督撫，一體遵照辦理，謹奏。光緒三十四年九月二十三日。奉旨：依議，欽此。

《大清法規大全・内官制・法部奏變通提牢章程酌加奬敍摺》 竊臣部南北兩監，向設滿漢提牢二員，上年新定官制，將提牢廳一差改以典獄司員外郎主事兼充，曰總管守長，不另設缺。業經遵照辦理，惟近來京師地面獄訟日繁，大理院及各級審判廳審定罪名送部監禁人犯日見其多，現值監獄改良，凡囚犯聽講習藝，稽察防範，在均關緊要，若無專管之員，實不足以專責成，無破格之獎，亦不足以資鼓勵。臣等悉心斟酌，仍擬參用提牢章程，量爲變通。查向例滿漢提牢缺出，於司員内，各揀選二名擬定正陪帶領引見，請旨簡用一年，期滿，果能勤敏無過，即行具奏請奬，移咨吏部額外人員，即補實缺，試俸人員准其實授等語，今擬總管守長改兼充爲專差，由臣等於各司實缺員外郎主事，及候補郎員主三項班内，擇其留心律例，尤爲勤謹者，不分滿漢揀選四員，先儘正途。如正途不敷，參用各班，擬定正陪，遵照新章咨行内閣驗放，請旨簡用二員管理兩監事務，改爲二年期滿。庶員經特派，責有專歸，每屆期滿，仍由臣等具奏移咨吏部，係實缺人員，即以應升之缺升補，候補人員，准其即補實缺。倘有誤公溺職，亦即分别撤參，以專責成，而資懲勸。至司獄一項，前經裁撤，以典獄司七品小京官兼充，曰正管守長，八九品，錄事兼充，曰副管守長，今亦擬一律改爲專差揀派。各司實缺，小京官二員，八九品，錄事六員，訪照司獄章程，分派兩監輪流值班住宿，三年期滿，果能勤奮當差，由總管守長出具考語，呈堂分别奏咨辦理，各以應升之缺升補。倘有始勤終怠，亦即隨時換撤。如蒙諭允，臣部移咨吏部，欽遵施行，謹奏。光緒三十四年八月二十二日。奉旨：依議，欽此。

綜　述

《禮記集解・月令》 命有司省囹圄，去桎梏，毋肆掠，止獄訟。《釋文》：省，所景反，徐所幸反。囹音零。圄，魚呂反。去，羌呂反。掠音亮。〔集解〕鄭氏曰順陽寬也。省，減也。囹圄，所以禁守繫者，若今別獄矣。桎梏，今械也。在足曰桎，在手曰梏。掠，謂捶治人。高氏誘曰：肆，極。掠，笞也。應氏鏞曰：肆掠，謂肆意笞箠。蓋雖輕刑而不敢縱意也。愚謂有司，理官也。周時以圜土聚教罷民，秦時謂之囹圄。仲冬時增築之，至此則減省之也。古者五刑不入圜土，皆加桎梏，而掌囚守之。其入囹圄者，乃《大司寇》所謂罷民之害人而置之圜土者，其罪本輕，此時行寬大之政，命有司視其可赦者赦之，故省去囹圄也。五刑之桎梏，宜無去法，此云去桎梏，謂《大司寇》所謂罷民之有罪過而未麗於法，桎梏而坐諸嘉石者也。毋肆掠者，罪人未服，或當拷問，而不得肆意捶治也。《周禮》註曰：爭罪曰訟，爭財曰獄。上三者，所以寬之於已犯；止獄訟，所以禁之於未然。

《周禮・秋官司寇・掌囚》 掌囚掌守盜賊。凡囚者：上罪梏拲而桎，中罪桎梏，下罪梏，王之同族拲，有爵者桎，以待弊罪。及刑殺，告刑於王，奉而適朝，士加明梏，以適市而刑殺之。凡有爵者與王之同族，奉而適甸師氏，以待刑殺。

掌戮掌斬殺賊諜而搏之。凡殺其親者，焚之；殺王之親者，辜之。凡殺人者，踣諸市，肆之三日。刑盜於市。凡罪之麗於灋者，亦如之。唯王之同族與有爵者，殺之於甸師氏。凡軍旅田役斬殺刑戮，亦如之。墨者使守門，劓者使守關，宮者使守内，刖者使守囿，髡者使守積。

《唐律疏議・斷獄》 諸主守受囚財物，導令翻異；及與通傳言語，有所增減者：以枉法論，十五疋加役流，三十疋絞；

〔疏〕議曰：主守，謂專當掌囚、典獄之屬。受囚財物，導引其囚，令翻異文辯；及得官司若文證外人言語，爲報告通傳，有所增減其罪者：以枉法論，依無祿枉法受財，一尺杖九十，一疋加一等，十五疋加役流，三十疋絞。

贓輕及不受財者，減故出入人罪一等。無所增減者，笞五十；受財者，以受所監臨財物論。其非主守而犯者，各減主守一等。

〔疏〕議曰：贓輕，謂受贓得罪，輕於減囚。罪一等者，及不受財，唯通言語，減故出入人罪一等，謂導令翻異及通傳言語，出入囚死罪者，處流三千里；出入流罪以下，各減本罪一等之類。雖即教導及通傳言語，於囚罪無所增減者，笞五十。若無增減而受財者，以受所監臨財物論，一尺笞四十，一疋加一等，八疋徒一年。其非主守而犯者，謂非監當囚人，而有外人導囚翻异，有所增減，各減主守罪一等；若受財，於主守贓上減一等；若不受財者，於囚罪上減二等；雖通言語，無所增減，笞四十。

又　諸囚應請給衣食醫藥而不請給，及應聽家人入視而不聽，應脱去枷、鎖、杻而不脱去者，杖六十；以故致死者，徒一年。即減竊囚食，笞五十；以故致死者，絞。

〔疏〕議曰：準獄官令：囚去家懸遠絶餉者，官給衣糧，家人至日，依數徵納。囚有疾病，主司陳牒，請給醫藥救療。此等應合請給，而主司不爲請給及主司不即給；準令病重，聽家人入視而不聽；及應脱去枷、鎖、杻，而所司不爲脱去者：所由官司合杖六十。以故致死者，謂不爲請及雖請不即爲給衣糧、醫藥，病重不許家人入視及不脱去枷、鎖、杻，由此致死者，所由官司徒一年。即減竊囚食者，不限多少，笞五十。若由減竊囚食，其囚以故致死者，減竊之人合絞。

唐・杜佑《通典・刑法六》　諸囚死，無親戚者，皆給棺，於官地內權殯。其棺，在京者將作造供，在外者用官物給。若犯惡逆以上，不給官地，去京七里外，量給一頃以下擬埋。諸司死囚，隸大理檢校。置塼銘於壙內，立牓於上，書其姓名。仍下本屬，告家人令取。即流移人在路及流所、徒在役死者，亦准此。

又　諸枷長五尺以上、六尺以下，頰長二尺五寸以上、六寸以下，共闊尺四寸以上、六寸以上，徑三寸以上、四寸以下。杻長六寸以上、二尺以下，闊三寸，厚一寸。鉗重八兩以上、一斤以下，長一尺以上、一尺五寸以下。鏁長八尺以上、丈二尺以下。

諸杖皆削去節目，長三尺五寸。訊囚杖，大頭三分二釐，小頭二分二釐。常行杖，大頭二分七釐，小頭一分七釐。笞杖，大頭二分、小頭一分半。其決笞者腿分受，決杖者背、腿、臀分受，須數等。考訊者亦同。笞以下，願背、腿均受者，聽。即殿廷決者，皆背受。

唐・李林甫《唐六典・尚書刑部》　凡枷、杖、杻、鎖之制各有差等。枷長五尺已上、六尺已下，頰長二尺五寸已上、六寸已下，共闊一尺四寸已上、六寸已下，徑頭三寸已上、四寸已下，杻長一尺六寸已上、二尺已下，廣三寸，厚一寸。鉗重八兩已上、一斤已下，長一尺已上、一尺五寸已下。鏁長八尺已上、一丈二尺已下。杖皆削去節目，長三尺五寸。訊囚杖大頭徑三分二釐，小頭二分二釐；常行杖大頭二分七釐，小頭一分七釐；笞杖大頭二分，小頭一分半。共決笞者腿、臀分受，杖者背、腿、臀分受，須數等拷訊者亦同。願背、腿均受者，聽。殿庭決杖者，皆背受。

《敦煌法制文書・唐神龍散頒刑部格》卷之十四　斷後一月內，即差綱領送所配府，取領報訖，申所司。贓不滿匹者，即解卻。

《舊五代史・刑法志》　晉天福二年八月，勅下刑部大理寺御史臺及三京、諸道州府：今後或有繫囚染疾者，並令逐處軍醫看候，於公廨錢內量支藥價，或事輕者，仍許家人看候。【略】

〔晉天福四年〕三月庚午，詳定院奏：前守洪洞縣主簿盧㸚進策云：伏以刑獄至重，朝廷所難，尚書省分職六司，天下謂之會府，且諸道決獄，若關人命，即刑部不合不知。欲請州府凡斷大辟罪人訖，逐季具有無申報刑部，仍具錄案款事節，并本判官、馬步都虞候、司法參軍、法直官、馬步司判官名銜申聞，所貴或有案內情曲不圓，刑部可行覆勘。如此則天下遵守法律，不敢輕易刑書，非唯免有銜冤，抑亦勸其立政者。臣等參詳，伏以人命至重，國法須精，雖載舊章，更宜條理，誠爲允當，望賜施行。從之。五月，詔曰：刑獄之難，古今所重，但關人命，實動天心，或有冤魂，則傷和氣。應諸道州府，凡有囚徒，據推勘到案款，一一盡理，子細檢律令格勅，其間或有疑者，准令文讞，大理寺亦疑，申尚書省，省寺明有指歸，州府然后決遣。【略】

六年秋七月庚辰，詔曰：政教所切，獄訟惟先，惟窮須察於事情，斷遣必遵於條法，用弘欽恤，以致和平。應三京、鄴都及諸道州府，見禁諸色人等，宜令逐處長吏，當切提撕，疾速決遣，每務公當，勿使滯淹。

天福八年四月壬申，勅：朕自臨寰宇，思致和平，將以四海爲家，慮有一物失所。每念狴牢之內，或多枉撓之人，屬此炎蒸，倍宜軫憫，冀絶滯淹之歎，用資欽恤之仁。應三京、鄴都及諸道州府見禁罪人等，宜令逐處嚴切指揮本推司及委本所判官，疾速結絶斷遣，不得淹延，及致冤濫，仍付所司。

開運二年五月壬戌，殿中丞桑簡能上封事曰：伏以天地育萬物，廣博厚之恩；帝王牧黎元，行寬大之令。是知恤刑緩獄，乃爲政之先；布德行惠，實愛民之本。今盛夏月之月，農事方殷，是雷風長養之時，乃動植蕃蕪之際。宜順時令，以弘至仁。竊以諸道州府都郡縣應見禁罪人，或有久在囹圄，稍滯區分，胥吏侮文，枝蔓乃衆。捶楚之下，或陷無辜；縲絏之中，莫能自理。苟一人拘繫，則數人營財，物用既殫，工業亦罷。若此之類，實繫有徒，切恐官吏因循，寖成斯弊。伏乞降詔旨，令所在刑獄，委長吏親自錄問，量罪疾速斷遣，務絶冤濫，勿得淹留，庶免虛禁平人，妨奪農力，冀召和氣，以慶明時。敕曰：囹圄之中，縲絏之苦，奸吏苟窮於枝蔓，平人用費於貨財，由茲滯淹，兼致屈塞。桑簡能體茲軫憫，專有敷陳，請長吏躬親，免獄官抑逼，深爲允當，宜再頒行。宜依。

十月甲子，祕書省著作郎邊玗上封事曰：臣聞從諫如流，人君之令範；極言無隱，臣子之常規。蓋欲表大國之任人，致萬邦之無事，前文備載，可舉而行。伏以皇帝陛下，德合上玄，運膺下武，旰食宵衣而軫念，好生惡殺以推仁，幾措典刑，固無冤枉。然以照臨之内，州郡尤多，若不再具舉明，伏恐漸成奸弊。臣竊見諸道刑獄，前朝曾降勅文，凡是禁繫罪人，五日一度錄問。但以年月稍遠，漸致因循。或長吏事煩，不暇躬親點檢；或胥徒啓倖，妄要追領證明。慮有涉於淫刑，即恐傷於和氣。伏乞特降詔勅，自今後諸道並委長吏五日一度，當面同共錄問，所冀處法者無恨，銜冤者獲伸。俾令四海九州，咸歌聖德；五風十雨，永致昌期。勅曰：人之命無以復生，國之刑不可濫舉。雖一成之典，務在公平；而三覆其詞，所宜詳審。凡居法吏，合究獄情。邊玗近陟周行，俄陳讜議，更彰欽恤，宜允申明。

《宋大詔令集·政事·刑法中·令開封府自四月至八月不須覆驗詔大中祥符六年二月癸亥》　京邑至大，閭閻實繁，每有喪亡，重行檢視，或在鬱烝之候，頗稽藏窆之期。爰覩奏封，請從簡便。然則民命至重，刑政攸先，官司所陳，固軫盡傷之念。命令將出，彌增欽恤之懷。宜令開封府自四月至八月死亡者，不須覆驗，餘月仍舊施行。

《宋大詔令集·政事·刑法下·令諸路轉運曉諭州府軍監長吏盡公獄訟其情理可矜許奏裁詔大中祥符九年八月癸巳》　王者法天討以制常刑，類震曜而爲威獄。蓋所以網羅非僻，扶衛善良，致於和平，毆之仁壽，而寰海至廣，民物寔繁。郡縣之官，雖擇循良之吏，狴犴之職，恐罹苛酷之辜，倘聽斷之匪明，則冤誣而曷告。感傷所致，旱暵或然。尚念守土之人，頒條是寄。如能遵春秋慈惠之旨，體詩人愷悌之恩，保撫蒸黎，旁清獄訟，審其五聽，察彼兩辭。或可折以片言使無幽繫之弊，或即從其上讞，俾分枉直之端。所冀吾民，被茲中典。宜令諸路轉運曉諭州府軍監長吏等，凡有獄訟，必須盡公審察，務於平允。其大辟罪如情輕可憫，及理有所疑，並許奏裁，以副欽恤。

《宋大詔令集·政事·禁約上·轉運本州不得令縣令按讞刑獄監筦倉庫詔》　令長之任，風化所先，故有不下堂而一境自治，兩換其縣而善政大行。所宜躬親於字人，不可嬰拂以它務。應天下縣令，自今轉運司及本州，並不得轉令按讞刑獄監筦倉庫等事，俾專厥職，以副朕懷。

宋·陳襄《州縣提綱·勿輕禁人》　不應禁人勿禁。若未欲訊決而權寄於獄，或係干證人日當引對者，晚須出之，蓋法不應禁。或有不測罪無所逃，若婦人當刑禁者，必先驗其有無孕，恐或墮胎無以自明。

宋·陳襄《州縣提綱·夜親定獄》　縣令有憚其夜點獄者，或分之佐官，或委之典吏，皆於法不許。若有過失，罪將誰歸？凡嚴寒盛暑，須躬入逐牢用燭照視點姓名。或用縲紲有輕重其手者，亦可因而檢察。

宋·陳襄《州縣提綱·健訟者獨匣》　健訟之人，在外則教唆詞訟，在獄若與餘囚相近，朝夕私語，必令變亂情狀，以至翻異。故健訟者須獨匣，不可與餘囚相近。

宋·陳襄《州縣提綱·不測入獄》　獄官不常詣獄，非惟獄吏自恣，將無辜人苦楚，且出外酣飲，傳寄消息，或聚衆吏在獄博戲，往來如逆旅，甚至重囚竄逸而不知。須不測詣獄，索牌點視，庶有忌憚。

宋·陳襄《州縣提綱·病囚責出》　獄官夜點獄時，或聞有呻吟之聲，必須翌旦亟命醫胗視。果病，非大辟強盜，並權出之，令保人若親屬同視醫治。或無保若親屬，須責承監人安之旅舍。然旅舍多令卧於地，飲食不時，病勢寖加，必責其令寢於床，選良醫醫治，日以加減聞。仍責主案吏時時檢視飲食。或至不可救，在我無愧，而人亦無詞矣。

宋·陳襄《州縣提綱·病囚責詞》　獄吏受賕，或詐申囚病脫出，至實有病不得路反不即申，或死於獄。事屬不明，須嚴戒，有病即申，輕罪即出之。或病稍重，即委他官，責詞内有以無病詐申者，須親檢察。

宋·陳襄《州縣提綱·病囚別牢》　重囚有病，須別牢選醫治，仍追其家屬看待。或有患瘡者，亦須別牢，時其濯洗，毋使與餘囚相近。蓋囚者同匣而卧，朝夕薰蒸，必至傳染。

宋·陳襄《州縣提綱·檢察囚食》　囚之二饍送於獄門，係司門者傳入，往往所求不滿意，輒故爲留滯，致令飲食不時，飢餓成疾。須專責獄典檢察不測，親問内有無供送。而官給之糧者，獄吏早晚例以飲食當廳呈報而後給，然所呈皆文具，其實減尅，所與無幾。當呈時，須差人依樣監給，無使減尅，徒爲虚文。

宋·陳襄《州縣提綱·遇旬點囚》　囚在獄日久，考掠苦楚饑餓病瘠，置之暗室，無由得見。旬日必出於獄庭之下，一一點姓名，且令繫於獄之兩廊，一則病瘠可見，二則有不應禁者即釋之，三則令獄吏潔其牢匣然後復入，不爲亡補。

宋·陳襄《州縣提綱·獄壁必固》　獄吏得囚賂，或夜縱其自便。重囚無路竄脫，或因飲水時積漸以水潠壁，浸漬泥濕，夜深則揭泥穴壁而出，獄吏莫知者。嘗有是事矣。故重囚夜卧無令近壁，兼四壁須令板夾，仍堅其牆圍，有壞即整。

宋·陳襄《州縣提綱·革囚病之源》　囚之所犯，自有常憲，死於非法，長官不得不任其咎。若縣道則多無囚糧，貧亡供送者，多責之吏。吏饘粥自不給，往往經日不與。或與之微，不能充飢。況又時加考掠，得疾以至於斃者多矣。兼囹圄不掃，匣杻不潔，穢氣熏蒸，春夏之交疫癘扇毒，至有負死囚接踵而出者。憲司歲計人多，罪何所逃？故貧亡供送者，官須日給米二升，以爲飲食。重囚則差人入獄監給，輕囚則引出對面給，庶免減剋。當春則深其獄之四圍溝渠，蠲其穢汙，俾水道流通，地無卑濕，而又時時灑掃，使之潔淨。嚴冬則糊其窗牖，給之襖襪，庶令溫煖。盛暑則通其窗牖，間日濯盪，由是疾病無自而生。惟時時留心檢察是數者，亦庶幾古者欽恤之意。

宋·陳襄《州縣提綱·入獄雜鞫》　吏胥之老成者與百姓讎隙多已訴罷，見役類皆後生，不歷世事，不識條法，惟知乞取贍家。今以大辟及強盜付之，則生殺在其手，豈無寃濫。故凡獄事始至，須入獄親鞫，冀得眞情，若經久吏受賕，變亂其實，害及無辜，必矣。

宋·陳襄《州縣提綱·察監繫人》　二競干證俱至，即須剖決。干證未備，未免留人承監。人乞覓不如意，輒將對詞人鎖之空室，故爲饑餓，不容人保。又或受競主之賕，以無保走竄妄申，官司不明，輒將其人寄獄者多矣。凡承監須令即召保，不測檢察，如不容保，故爲鎖繫，必懲治之。仍許親屬無時陳告，或果貧而無保，須度事之輕重，或押下所屬，追未至人。

宋·陳襄《州縣提綱·二競人同牢》　二競俱禁，若令別牢，則獄吏受富強之賂，公然傳狀藁，遞信息，使之變亂情狀。不若俾競主與之同匣，非惟互相譏察，猶有忌憚。且同匣久，情或親密，解讎爲和，亦息訟之一端也。

宋·李元弼《作邑自箴》卷二《處事》　囚食須加意點檢，不令減剋。其見在獄糧等三數日一點看，米豆切不宜出剩。

釘重囚枷四道葉，二熟鐵，二生厚牛皮，須帶潤，使之各長闊三指。輕囚兩道鐵葉，各更用軟麻繩於前後枷櫎裹緊拘縛封號。

重囚以鐵索長八尺於一頭安籠鐵鋜，如大拇指大，用砧槌欵曲鋜，其一足以軟帛厚裹，勿令磨擦。候出禁，以二小鏵車拽開。其鋜須精熟好鐵，庶屈伸不折。

長枷於左閃末鑿竅，可客三指。每夜禁囚上匣了，通以長鐵索貫之，多以響鈴繫索上。

禁囚枷杻釘葉櫎索之類，不輟躬親點檢。

罪輕之人先令本案申舉，未肯通吐實情，判押訖方可枷禁。若行栲訊，亦先立判。

牢獄牆壁門窗，常切周視，務要牢壯。

獄吏不期一呵酒，暑月不設蚊幬。

定牢用一牌，具見禁人姓名書貼，晚即呈覆如何綳匣。

禁囚令冬暖夏涼，時與洗浴，自少疾病。冬月臨上匣時，人與熱熟水一盃，夏月旋汲水與喫。

宋·李元弼《作邑自箴》卷三《處事》　收禁罪人，須逐牢差定獄子，分明交與人數及緣身有無疾病痕傷，責狀入案，押獄節級狀後繫書公事伺候勾干照人。罪輕不當收禁者，不必責付。鎖耆知在但只出帖云，押去勾某人，限幾日同出頭。

宋·李元弼《作邑自箴》卷四《處事》　獄中常要潔淨薦蓆之類，一一整齊。匣前置小牀子，搘起罪人腳跟，令通氣脈，遂無瘡腫。

宋·李元弼《作邑自箴》卷五《規矩》　一、禁囚瘡病，當手曁人置曆注疾狀，逐日具增減分數呈押，不管失所。

一、獄中上牓條貫，仰主典常切讀示，令獄子知委。

一、獄中禁繫數多，或有徒已上囚，其獄子不得請假，有急切事故者，典押節級保明。

一、獄中早晨報平安訖，仰主典將獄外門即時下鎖。有合牽拽出罪人，旋行取覆。白日廊下綳吊罪人，遇官員下廳或出外看諹，仰首守獄子等取覆卻。押入牢內。

一、在禁罪人并勾到在縣人，雖些小疾患或故疾發動，仰監管人即時申報，委監人看理。禁囚夜間不安亦晝時轉報。

一、送罪人飲食，仰門子晝時轉與，當廳獄子立便點檢呈覆，方得給付。不得用磁器銅鐵家事及不得用筯，止得用木匙。

一、不係獄中防守人，不得輒入獄中。

一、遇收禁重囚，仰押獄節級取覆，添人防守。

一、棒杖尖物刀器磁器金銀錢酒，不得將帶入獄中。

一、禁囚家屬送到衣被等物，置曆抄上，仰門子先押來，當廳上曆呈押訖，方得轉入獄中。其給出者責領狀附案，仍批銷文曆。其曆押獄節級專掌。

一、未用杻枷繩棒之類，不得安頓在有罪人牢房中。

宋·胡太初《晝簾緒論·治獄》 刑獄重事也，犴狴惡地也。人一入其中，大者死，小者流，又小者亦杖，寧有白出之理。脱或差悮，胥吏奚恤，其咎必屬之令。縱可逃陽罰，亦必損陰德，詎可不加謹哉？一曰禁繫必審，二曰鞫視必親，三曰牆壁必完，四曰飢寒必究，五曰疾病必察，六曰疑似必辨，七曰出入必防。令每有私忿怒，輒置人於圄。兩爭追會未圓，亦且押下。佐廳亦時有遺至者，謂之寄收。長官多事，漫不暇省，遂致因循淹延。不知一人坐獄，闔戶抱憂，飽暖失時，疾病傳染，殆有甚可慮之事。而又有合共處不合共處者，蓋兩爭若使異牢，則有賂者，可使獄吏傳狀藁，通信息，而無賂者，必被其害。孰若使之共處，可以互相察視乎？健訟之徒樂入囹圄，因得以唆教獄辭，變亂情節，孰若別處一牢，而使之不得與餘囚相近乎？羸老之人必察其有無疾病，或致沉重，徒見費力。婦人女子必察其有無娠孕，脱有墮墜，無以自明。此所以禁繫之不可不審也。在法鞫勘必長官親臨，今也令多憚煩，率令獄吏自行審問，但視成款僉署便爲一定，甚至有獄囚不得一見知縣之面者。不知吏逼求賄賂，視多寡爲曲直，非法拷打，何罪不招。令合戒約推款，不得自行訊鞫，公事無小大，必令躬自喚上，詰問再三，頑狡不伏，盡情然後量施笞榜。《周官》有五聽之法，亦以獄情難測，不可專事箠楚也。在法一更三點，長官親自定牢。今也聽政無暇，則委佐官，飲酒相妨，則委典押。不知脱有逃逸，咎將誰執。況吏輩受賂，則雖重囚，亦與釋放安寢；無賂，則雖散禁，亦必加之縲紲，最不可不躬自檢察。昔熊子復宰暨陽，日間不時趨獄點視，夜則置一鈴，其索直達寢所，夜半掣鈴，獄卒應喏，否則必罰。由是並無不測之慮，最爲可法。此所以鞫視之不可不親也。今在在州縣獄，多有頹牆敗壁不甚完固者，固當亟加整葺。然罪囚姦態萬狀，尤宜深防。每有獄吏受重囚賂，放其自便。日間囚以飲水爲名，將水潠壁浸漬泥濕，夜深則鑽壁踰牆，倏然而遁，吏卒睡熟，無由知覺，洎覺則追之，已無及矣。此最利害。令當審量罪囚輕重，重者勿使處近壁之匣，牆之上必加以茨，壁之內必夾以板。每五日一次，躬自巡行相視，有不完處隨加修補。戒飭吏卒每夜不可止留一人直更，須要每更輪流兩三人，明燭巡視諸牢。次早令出廳，先詣獄點名，然後僉押文字，日以爲常。牆壁之當完者如此。獄囚合給糧食，自當於經費支破，有因縣道匱乏而責諸吏者，不知官給尚欲減剋，而可使吏供輸乎？寧節他費，此不可節也。人當日給米二升，鹽菜錢十文。朝巳晚申立定程式，獄子聲喏報覆，令躬點視，然後傳入。其有家自送飯者，當即傳與，仍點檢夾帶毒藥刀仗銅鐵器皿文字之屬。春夏天氣蒸鬱，須與疏其牕牖，蠲其穢汙，使不至卑濕奧渫，致興疫癘。如稍向寒，便當糊飾戶牖，支給綿炭，使各得溫暖和適，可免疾患飢寒之當究者。如此，不幸獄囚有以疾病告者，將奈何哉？曰此不可不察也。有實病而吏不以告者。有未嘗病而吏誣以告者，蓋吏視囚猶犬豕，不甚經意。初有小病，不加審詰，必待困重，方以聞官，甚至死而後告者。若有貲之囚，吏則令其詐病，巧爲敷說，以覬責出，漸爲脱免之地。此令所當深察，責在推司，日具有無疾病，申令於點視之際。又自躬加審察，如以病告者，且與召醫治療，日申增減。其甚困頓不可支者，然後責令親屬保識前去。若必待病重方始聞官者，推吏必寘於罰。不然萬一死者接踵，憲司歲計人多，令能免咎乎？又不幸獄情有疑似而難明者，將奈何乎？曰此不可不辨也。世固有畏懼監繫覬欲早出而妄自誣伏者矣，又有吏務速了強加拷訊逼令招認者矣，亦有長官自恃己見妄行臆度，吏輩承順旨意不容不以爲然者矣。不知監繫最不可泛，及拷訊最不可妄加，而臆度之見最不可恃，以爲是也。史傳所載，耳目所知，以疑似受枉而死、而流，而伏辜者何可勝數。諺曰：捉賊須捉贓，捉姦須捉雙。此雖俚言，極爲有道，故凡罪囚供款，必須事事著實，方可憑信，不然萬一逼人於罪，使無辜者受枉罰，令得無恔於心乎？乃若獄門出入之禁，其責專在當日推司，監牢嚴行拘督，應當日而拋離不到者有罰，吏卒非係在獄而輒入者有罰。令自點察之外，許人告訐。罪人水火茶飯各須有人監臨，事畢即入元處，不得放令閑散。逐牢內門無故不得輒開，若家屬傳送茶食，不得私令與囚相見。吏卒亦不得因而與之傳遞信息，漏泄獄情。此皆所當深致其防者也。夫縣獄與州郡不同，州郡專設一官，故防閑曲盡。縣令期會促迫，財賦煎熬，於獄事每不暇詳謹。罪之小者，縣得自行決遣；罪之大者，雖必申州，而州家亦惟視縣款爲之憑據，則縣獄豈不甚重，而令之任責，豈容不曲盡縣心哉？故愚於此，反覆諄複，不嫌於贅。

宋・李燾《續資治通鑑長編》卷一三　〔宋太祖開寶元年七月〕詔曰：頗聞諸州州司馬步院置獄，外置子城，司獄諸司亦輒禁繫人，甚無謂也。自今並嚴禁之，違者重議其罪，募告者賞錢十萬。

宋・李燾《續資治通鑑長編》卷二三　〔宋太宗太平興國七年八月〕兩浙轉運司言，部內諸州繫囚滿獄，長吏隱落，妄言獄空，蓋懼朝廷詰其淹滯也。詔自今諸州有妄奏獄空及隱落囚數者，必加深譴，募告者賞之。

宋・李燾《續資治通鑑長編》卷五二　〔宋眞宗咸豐五年八月〕初，運卒有犯，繫四排岸獄，無親屬者率饑病不聊生。庚寅，詔自今量給薪米，使之全濟。

宋・李燾《續資治通鑑長編》卷六〇　〔宋眞宗景德二年七月〕安國軍節度推官李宏上言：諸路每置院鞫囚，或值夏月，望令十日一滌杻械，如州獄之制。從之。

宋・李燾《續資治通鑑長編》卷八二　〔宋哲宗元祐八年〕壬子，詔：刑部不得分禁繫人數，瘐死數多者申尚書省。

宋・李燾《續資治通鑑長編》卷八五　〔宋眞宗大中祥符八年（一〇五）八月〕甲申，知密州孫奭上言：本州屢有強盜結案遇赦或赦後捕獲，准詔配本城者竝配牢城。臣愚竊謂朝廷蓋以本城、牢城分爲輕重，今若一概取斷，慮失詔意，請下法官參議。詔自今諸州軍準詔刺配本城者，止配本城有軍額指揮，不得例配牢城。

宋・李燾《續資治通鑑長編》卷一八八　〔宋仁宗嘉祐三年十二月〕十二月壬寅，京東轉運使王舉元言：登州沙門島每年約收罪人二三百人，並無衣糧，只在島戶八十餘家傭作，若不逐旋去除，即島戶難爲贍養。兼是諸州軍不體認條法，將軍人一例刺面配海島，內亦有情不深重者，如計每年配到三百人，十年約有三千人，內除一分死亡，合有二千人見管，今只及一百八十人，足見其弊。蓋無衣糧，須至逐旋去除，有足傷憫。望嚴戒諸路州軍，除依編敕合配海島外，餘罪不得配往，登州年終具收配到沙門島罪人元犯因依，開項申奏，委刑部檢點，如不係編敕合該刺配往彼者，具事由以聞。從之。

此據《會要》增入，五年三月二十五日可考，治平四年六月二十五日李慶奏，可幷考。

宋・李燾《續資治通鑑長編》卷二四六　〔宋神宗熙寧六年七月〕知登州李師中言，近累乞移沙門島罪人，而來者未已，不惟事煩防虞，兼以無地存泊。詔除朝廷指揮刺配外，諸路因德音續配到人，且於登州收禁，驛奏犯由，仍增兵防守。初，上患沙門島罪人衆，令立法，且曰：案問欲舉法寬，故致多如此。王安石曰：案問欲舉法寬，乃所以疑壞賊黨，雖寬一賊，必得數賊就法。恐須如此，乃無配沙門島者。師中又言：今乞本州月具沙門島罪人姓名、鄉貫及其所坐罪，申樞密院注籍量移，免下本州取索額外人數，以致稽緩。從之。

宋・李燾《續資治通鑑長編》卷二四六　〔宋神宗熙寧六年七月〕登州申：沙門島見管罪人六百五十人。上批：已經赦者，據赦次數及情犯輕重，量移內地；其未經赦者，改配廣南，仍令登州節次發遣。

宋・李燾《續資治通鑑長編》卷二五四　〔宋神宗熙寧七年六月〕甲申，詔諸班直幷皇城司親從官配隸諸州牢城、本城，年五十以下情理輕者，班直改配龍騎，親從官配壯勇，令刑部立諸班直敘法。先是，衛士以小罪或連坐降配，其居南方者病瘴癘，多不還，自恃才武，窘於衣食，或亡爲盜，故收恤之。

宋・李燾《續資治通鑑長編》卷三〇五　〔宋神宗元豐三年六月〕如京使高通上其叔永亨獄中訴冤文字三十二紙，乞移永亨別路州軍，待報免，爲呂惠卿等横加刑禁，冤死牢獄。上批：永亨邊遠小臣，犯法不枉，主帥治其姦狀，尙不知懼，乃敢飾情自言，兇很之實，於此可見。仰見勘官司分析寬縱罪人、漏泄獄情因依以聞，仍將來遇恩不原。

宋・李燾《續資治通鑑長編》卷三二四　〔宋神宗元豐七年三月〕知開封府王安禮言：司錄司獄空外，有左右軍巡院獄案皆已斷絕，止有見禁罪人丁懷等公案已奏及在糾察司。望責近限審錄及約法斷遣，所貴三院皆獄空。從之。

宋・李燾《續資治通鑑長編》卷三四五　〔宋神宗元豐七年四月〕大理卿王孝先言本寺獄空。降敕獎諭，仍詔自今有司上獄空，令御史臺刑察案實。

上以開封府、大理寺比歲務爲獄空，恐爲文具以希賞故也。

宋・李燾《續資治通鑑長編》卷四五七〔宋哲宗元祐六年四月〕刑部言：諸獄司每旬具禁狀申所屬點檢，提刑司季具已點檢流配罪情節刑名申尚書省，刑部仍每季印日曆，書所受公事，并見禁斷追門留知在隨司押出人姓名，季終納本州監司巡歷。所至取索及委本州點檢有不應繫留及結絕斷放違滯，并鈔不實及漏落者，官吏並取勘。從之。先是，監察御史虞策有請，故著爲令。

宋・李燾《續資治通鑑長編》卷四六八〔宋哲宗元祐六年十一月〕河北東路提刑司言：請今後應河埽軍人犯强竊盗、殺人、放火、劫囚，及窩藏、賊過致資給、作脚指引、借助器杖，或聽漏落緝捕機謀之類，合該刺配者，並依配遠近刺配諸州軍牢城，如違犯應配，即依重役法勒充本指揮名下。從之。《新》無。《政目》十八日根究開封府遺火，今附見。當考。

宋・李燾《續資治通鑑長編》卷四八一〔宋哲宗元祐八年二月〕壬子，中書省檢會元祐五年五月二十五日指揮：諸路、開封府界提刑司每歲終具諸獄瘐死人數，仍開析因依，申刑部。內數多者申尚書。在京禁繫，委御史臺取索，報刑部看詳。上件朝旨，即無許分別禁繫人數目。至元祐七年，諸路具到獄死人數，刑部遂分每禁二十八人以上死一人者，更不開具。即是今後應繫囚處，歲禁二百人，許破十人獄死。深慮州縣獄官公然懈弛，甚非欽恤之意。詔刑部今後更不得分禁繫人數目。至元祐七年，諸路具到獄死人數，刑部遂分每禁二十八人以上死一人者，更不開具。即是今後應繫囚處，歲禁二百人，許破十人獄死。深慮州縣獄官公然懈弛，甚非欽恤之意。詔刑部今後更不得分禁繫人數，依元降朝旨，將瘐死人數多者，申尚書省。

宋・真德秀《真西山集・諭州縣官僚・清獄犴》一、獄者，生民大命，苟非當坐刑名者，自不應收繫。爲知縣者每每必須躬親，庶免枉濫。訪聞諸縣間有輕寘人於囹圄，而付推鞫於吏手者，往往寫成草子，令其依樣供寫，及勒令立批出外，索錢稍不聽從，輒加捶楚，哀號慘毒，呼天莫聞。或囚糧減削，衣被單少，飢凍至於交迫。或枷具過重，不與湯刷，頸項爲之潰爛。或屋瓦疎漏不修，有風雨之侵。或牢床打併，不時有蟣蝨之苦。或坑廁在近，無所蔽障，有臭穢之薰。或因病不早醫治，致其瘐死。或以輕罪與大辟同牢。若此者不可勝數。今請知縣以民命爲念，凡不當送獄公事，勿輕收禁，推問供責，一一親臨。飯食居處，時時檢察，嚴戢胥吏，毋令擅自拷掠，變亂情節。至於大辟，死生所關，豈容纖毫，或至枉濫。明有國憲，幽有鬼神，切宜究心，勿或少忽。

一、昨因臣僚申請，勘獄先經縣丞，蓋慮知縣事繁，不暇專意獄事，亦州郡先付獄官之意也。竊慮屬縣有悉付其事於丞，不復加意者，有縣丞憚於到獄，徑取上囚徒就廳鞫問者，凡此皆有失申明本指。今仰知縣以獄事爲重，專任其責，雖與縣丞同勘，即不許輒取罪囚出外，以致漏泄情款，引惹教唆。或丞老而病，且乏廉聲，亦不宜使之干預。

《宋會要輯稿・刑法六》大中祥符四年十月三十日，詔：訪聞天下司理院、州院罪人獄死者，皆司理參軍與州曹官迭差檢驗，慮相庇蓋。自今須選差不干礙刑獄官，依公檢驗。

又〔大中祥符〕五年十二月二十八日，河東路提點刑獄張懷寶言：伏見諸路大辟罪，皆俟旬終報轉運、提刑司，若旬初、路遠，即禁囚動經半月，或有情款疑互，審察不及。自今望令即日報兩司。從之。

又〔大中祥符〕六年十一月四日，詔：諸州所供禁囚犯由，其命官居禁及責保參對者，悉以所犯別狀申奏。初，諸道通爲一奏，至有命官犯輕，讞同於重獄者。帝以非便，命刑寺議，故有是詔。

又〔大中祥符〕八年二月，詔開封府，（命）〔今〕後應命官合該勘鞫，未得追禁，奏候指揮。五月，詔開封府：應禁罪人並置印簿抄上緣身衣物拘管，候斷放日給付銷簿，獄內不得置紙筆硯瓦。每遇夜有未結絕罪人監送下禁，早晨引領赴府，並差職員部押，緣路不得縱與外人言語，亦不得於店肆暫住。如違，勘罪嚴斷。

又〔大中祥符〕九年四月二十三日，詔三京、諸路大辟罪，獄既具而非理致罪死者，委糾察提點刑獄官察之。

又 天禧元年十一月，開封府言：左、右軍巡見禁勘罪人，今值冬寒，若不問輕重，須候結案，必恐淹延。欲望許除大辟罪依舊結案外，其餘流罪以下公事，止依在府勘事體例寫長狀，具劄子繳連錄問後，送法司定刑名斷遣。從之。

又〔天禧〕四年十二月，詔：自今每軍巡院禁繫情理兇惡重罪人數稍多，即從府司牒殿前或馬、步軍司，逐院選差兵士十五人，員僚、節級各一人，寅夜防護，候斷訖即放歸營。

又　仁宗天聖二年十一月二日，臣僚上言：御樓賜赦，見禁罪人並於樓前釋放，支賜綿袍、頭巾、麻鞋。今詳釋罪已是厚恩，望別定制。詔自今後所給衣物，須罪人在禁一月以上，委是貧不濟者即給。

又　〔天聖〕四年正月，糾察在京刑獄司言：左軍巡勘咸平縣賊薑則爲累行打劫，錄問並無翻異。其人手指凍落九指，欲乞今後令當職官吏躬親勒醫人子細看驗，如有疾患瘡病，鈐轄獄子、醫人看承醫療。從之。

又　〔天聖〕八年五月，詔：大辟公事，自今令長吏躬親問逐，然後押下所司點檢勘鞫，無致偏曲，出入人罪。若依前違慢，致有出入，信憑人吏擅行考決，當重行朝典。時感德軍司理楊若愚不申長吏，考決無罪人駱憲等，加石械上，若愚特追一官，典押、獄卒各刺配，因有是詔。六月，（詔）開封府言：准律，諸主守不覺失囚者，減囚罪二等；若囚拒捍走者，又減二等。皆聽一百日追捕。自來失囚，依條給限監捕，限滿不獲，方行決斷，內有減至杖罪者。若例行斷遣，又礙律文，須至一例給限。伏緣京畿諸縣亦有失囚，若不分重輕，一例監捕，頗復淹延。欲乞自今在京及府界諸縣應失囚，本非固縱，依律減至杖罪以下者，便行決遣，更不給限。所走罪人散行捕捉。從之。

又　〔天聖〕十年正月二十一日詔，諸州傳囚，若所過未差捕送，人住日續其口糧，不得過三日。

又　明道二年六月九日，中書門下言：天下配隸罪人禁奏待報者甚眾，既淹牢禁，亦煩裁決。宜委有司參酌，當取旨者減其等，著爲定法，以省奏請之煩。詔權御史中丞范諷、天章（問）〔閣〕待制王鬷、秘閣校理范仲淹與審刑院、大理寺主判官同詳定以聞。

又　景祐元年五月二十七日，左司諫姚仲孫言：天下郡縣禁囚，或稱繫死獄中者，請令逕報提刑、轉運省察。詔諸州軍刑獄禁罪內不因疾患、非理致死者，提刑常切體訪覺察，出榜曉示，許人陳告。委是故行殘虐，勘鞫事理不虛，告事人與支賞錢一百千，以係省錢充；公人與轉一資；同犯首告者與免罪，仍轉資、支賞。

又　慶曆七年三月七日，河東轉運司言：近年郡國刑獄中，罪人多是禁繫連月，飲食失所，及栲掠而死。上下隱庇，檢驗時秖以病患爲名。欲望令轉運、提刑司每巡歷至州縣，先入刑獄中詢問罪人，其有禁繫人身死，仰晝時具檢驗狀申二司點檢。如情理不明，有拷掠痕，立便取索公案，差官看詳，依公施行。從之。

又　皇祐二年三月二十六日，廣南東路提點刑獄席平言：准敕職制條：每（州）旬具本州及外縣禁繫，並隨銜門留、保管出外人數，開坐犯由、禁日，次第供提刑點檢。又斷獄條：諸縣每旬具禁數犯囚斷遣刑名、月日申州點檢。如可斷不斷，小事虛禁，淹延不實，並令舉劾，更不開坐諸縣人數。竊詳二條，職制則具州縣禁數，斷獄則不開發人數，未委如何遵守。詔付法寺，法寺言：欲依景德四年、景祐四年敕，每旬具本州字下去外縣字，餘如舊條施行。從之。

又　英宗治平二年二月七日，開封府言：軍巡院見禁杖瘡未損逃走軍人，乞責付所轄去處監防執役，依疾病之例，日給口食，內羸瘦未任功役者，亦與口食，委官司鈐轄如法造致供給將理，不得減剋。今後如此類，並乞准例。從之。

又　治平四年十二月二十二日，神宗已即位未改元詔：夫獄者，民命之所繫也。比聞有司歲考天下之奏，而瘐死者甚多，竊懼乎獄吏與奉法者旁緣爲姦，檢視或有不明，使吾元元橫罹其害，良可憫焉。其具爲令，應今後諸處軍巡、州司理院所禁罪人，一歲內在獄病死及兩人者，推司、獄子並從杖六十科斷。再增一名，加罪一等，至杖一百止。如係五縣，以〔上〕軍州，每院歲死及三人，開封府司、軍巡歲及七人，即依上項死兩人法科罪，加等亦如之。典獄之官如推獄經兩犯，即坐本官，仍從違制失。其縣獄亦依上條，若三萬戶以上，即依五縣以上州軍條。其有司若不依條貫者，自依本法。仍仰開封府及諸路提點刑獄，每歲終會聚死者之數以聞，委中書門下點檢。或死者過多，官吏雖不科斷，更加（點）〔黜〕責。

又　神宗熙寧元年六月三日，詔：今後四京及諸路州軍旬禁犯囚，並限一月申發，諸縣申本州者限十日。十月二日，詔：諸處禁繫罪人，並衲襖、手衣，權給與闕少衣服罪人。及所供飯食，無容司獄作弊，使囚人凍餒，以致疾患。仍委長吏逐時提舉。

又　哲宗元祐七年十二月四日，詔：應獄死罪人，歲終委提刑司，在京委御史臺取索，具姓名、罪犯報刑部，數多者申尙書省。

又　〔天祐〕八年二月五日，中書省〔言〕：　檢會元祐五年五月二十五日指揮，諸路、開封府界提刑司每歲終具諸獄瘐死人數，仍開析因依申刑部，內數多者申尚書省。在京禁繫委御史臺取索，報刑部看詳。上件朝旨即無許分別禁繫人數目。至元祐七年，諸路具到獄死人數，刑部遂分每禁二十人以上死一人者，更不開具。即是今後應繫囚處，歲禁二百人，許破十人獄死。深慮州縣獄官公然懈弛，甚非欽恤之意。詔刑部，今後更不得分禁繫人數，依元降朝旨，將瘐死人數多者申尚書省。

又　紹聖元年七月九日，(浙)江南東路計度轉運副使周之道言：　昨領刑部職事，竊見府界諸路刑獄司見勘命官等公事，自紹聖元年以前尚有二百餘件。乞下府界諸路提刑司具入禁年月日、見禁人數及未結絕者(依)申刑部，依條限舉催，有故留滯者許奏劾。詔令刑部立限，過限即奏劾，餘從之。

又　徽宗大觀二年十二月十八日，上批：　比閱刑書，因考案式，一事不備則案不如式。然罪有重輕，人有衆寡，人衆罪重，已該極刑，則其輕罪，不當追證。如會問逃軍之類，軍狀未至，餘人久繫，不得結斷，是以輕罪妨重罪，以重罪待輕罪。犴獄之繁，良以此歟，甚非先王欽恤之意。可自今勿俟輕罪，免其追證，庶無留獄。

又　〔大觀〕三年五月七日，中書省勘會：　正當時暑，竊慮刑獄淹延枝蔓。詔在京委刑部郎中及御史一員，京畿並諸路州軍令轉運、提刑、提舉常平司分頭點檢，催促結絕見禁罪人。內幹照人及事理輕者，先次斷訖奏。京畿徒以下罪，事狀分明，不該編配及合申奏公事，或雖小節不圓，不礙大情，並許一面結決斷訖奏。杖以下應禁者，並與責保知在。除在京外，有事故不能親行，即選官前去，仍具每到處及月日、事故因依徑申尚書省。

又　政和二年二月七日，臣僚上言：　竊聞遠方郡邑官吏多輕視獄囚，不盡書曆，雖在法有一百之罪，深(怨)〔恐〕未盡遵承。及門留、知在，亦多不書，致監司無由檢察，遂成留滯。欲乞州縣獄囚並門留、知在，敢不書曆者，除本罪外，量輕重立法，特行黜責。仍先委監司常切檢察，庶無留滯之弊。詔可令刑部疾速遍牒諸路監司鈐束所部，如有不法去處，即按劾奏。(作)〔仍〕檢舉申明行下。

又　〔政和〕三年七月二十三日，大理寺丞郭異求奏：　應刑獄官司寄禁無人供送飯食之人，依正禁人支破，或乞減半支給。詔減半支破。十二月八日，臣僚上言：　竊見遠方官吏於文法既疏，於職事亦怠，故刑罰失中，民不能無冤。積日累久，得無傷陰陽之和，虧仁厚之政！願委耳目之官，專一分錄所部見禁囚，遇有冤抑，先釋而後以聞，歲終較所釋多寡爲之殿最。其徼功故出有罪者，論(所)〔如〕法。詔依奏，仍令刑部立法。

又　〔政和〕四年八月十七日，權發遣京畿提點刑獄公事林箎奏：　乞應今後獄司取會獄事，其承受官司再催不報，故作不完者，並令獄司除申所屬官司施行外，在京徑申御史臺，在外申提刑司，依法案治。從之。十二月十四日，刑部郎中李緯奏：　諸路奏案，凡承勘、結絕、入遞，雖有程限，然州郡尚或因循，淹滯囚繫，至有結絕後數月方入遞者。欲乞今後諸路奏案，並令法寺點檢，如有稽留，摘其甚者上之朝廷，下之有司，依法勘劾施行。從之。

又　〔政和〕五年六月二十二日，開封尹盛章奏陳：　御筆：　時當大暑，應兩獄繫囚，催督限日近結絕。所有已未上朝廷斷遣公事，欲乞候案上，共限三日斷下。如有續上公事，亦乞依此。詔依奏，限三日斷下，無致鹵莽。

又　〔政和〕六年正月二十五日，刑部尚書慕容彥逢奏：　勘會奏案等專條，入遞後限一日，以申奏姓名、日時、引號牒進奏院。如承本院報未到者，別錄以聞，仍稱説再申奏事因入遞，牒會依上法。凡此以防遺滯，欲使繫囚早獲決遣。臣竊見諸州從前多不舉行上條，其未到進奏院，亦無文籍拘催。今欲乞諸州不依限牒會，依案申詳覆違限條科罪。仍令進奏院置籍，以時催促，候別錄到房許勾銷。庶幾有以檢察，不至留獄。從之。

又　〔政和六年〕閏正月二十三日，刑部員外郎李揆奏：　應縣鞫強盜追贓已至罪止，或別有重罪不礙刑名者，許先解州結斷，續追餘贓，庶獄無留滯。從之。

又　宣和元年二月六日，舒州言：　據從仕郎、司兵曹事兼管左推勘公事田泰靖言：　竊以禁囚有無人供食，在法許令官爲造給，其間有病患之人，理合改造粥食調理。緣請到官米多是經年陳次米斛，難以製造粥食，不免旋行兌換新色白米造食供給，仍監勒醫人用藥醫療，乃獲痊安。詢究得以前並不曾如此改造飲食，至於損失人命者，往往緣此。蓋條內別無許令改換別色飲食之文，遂致刑獄官司無以遵守，按部之官亦難檢察。今欲乞申明朝廷，應病不應責出而無人供食者，據應給米兌換新色白米，改換粥食，獄官躬親責給罪人食用。從之。

又〔宣和〕三年二月二十三日，詔：應江東、兩浙路諸州申奏到見禁待報公案，大理寺大案十日，中案、小案限五日，刑部大案限五日，中案、小案限三日上省，候賊平日依舊。其應已申奏公案干證無罪人，如官司違法留禁，仰監司點檢覺察，按劾施行。

又〔宣和〕四年六月八日，臣僚言：州縣刑禁，本以戢姦，而官吏或妄用以殺人。州郡猶以檢制，而縣令惟意所欲，淹留訊治，垂盡責出，不旋踵而死者，實官吏殺之也。乞依在京通用令，責出十日內死者驗覆，如法重者奏裁，輕者置籍歲考。其不應禁而致死者，亦奏裁。從之。十二月二十四日，詔：應在禁罪人，官司避免檢察官點檢，輒（私）〔移〕他所者，以違制論，許被禁之家越訴。仍委監司、廉訪使者覺察。

又〔宣和〕六年正月十二日，提點京東路刑獄公事孟特奏：准刑部符，承上項敕，本司係專一檢察刑獄稽違，如有情犯可疑，或事干非常，理合要見所犯情由檢察，未審合與不合隨時取會看詳，依條施行。大理寺參詳提刑司既係專行檢察刑獄，若實有情犯可疑，或事干非常，理合要見情由檢察，即合隨事取會。尚書省言：應干禁囚，監司並不合令聽候指揮結斷外，其不許令具情節，謂本司送下公事或干涉逐司妨礙。詔令刑部申明，遍牒施行。

又〔宣和〕七年四月十二日，尚書省言罷獄子等不行重祿，深惟獄吏切於囹圄，故立重法以馭姦猾。今緣小費，開其枉法，合復獄子重祿。罷諸囚在禁病死、歲終保明條不行，獄囚在禁而死，政和中以最多、最少立爲賞罰，囚不枉濫，合復囚禁歲終保明法。從之。

又高宗建炎三年四月八日赦文：應諸路見禁公事，除該今來赦合原放外，內有未結正者，限十日結絕了當。或有合申奏斷遣之人，亦仰疾速依條結案申奏，不得淹延刑禁。四年二月二十三日德音、紹興元年正月一日改元赦、九月十八日明堂赦、四年九月十五日明堂赦、七年九月二十二日明堂赦、九年正月五日新復河南州軍赦、十年九月十日明堂赦、十二年九月十三日徽宗梓宮還赦（內申奏下不得留滯。其經一年以上未結絕者，令提刑司限十日根究見住滯去處，申尚書省取旨施行）、十三年十二月八日南郊赦、十六年十一月十日南郊赦、十九年十一月十四日南郊赦、二十二年十一月十八日南郊赦、二十五年十一月十九日南郊赦、二十八年十一月十三日南郊赦、三十一年九月二日明堂赦，並同上制。

又〔建炎〕四年二月二十三日德音：三省、樞密院：淹延刑禁，可限德音到日，令提刑司關牒所部州軍照會，今後奏案並發往行在。同日德音：鞫獄干證人無罪，依條限當日責狀先放。訪聞州縣多將干證無罪人與正犯人一例禁繫，動經旬月，公然乞取。蓋緣當職官漫不覺察，致平民受弊。自今監司常切覺察按劾，無令蹈習前弊，違例條法。

又〔建炎〕十二月二十九日，江南西路轉運判官張滙言：乞將應係昨因蕃寇潰兵作過之時，若有乘時殺人放火、虜奪財物者，如首領人已經捉獲，依法斷罪外，其餘徒黨元係脅從、本無他意者，委州縣詳度虛實，方許受理。所有緣此見禁勘公事，既大情已正，小節未完，並許結斷。詔仍委提刑司專切點檢覺察，即不得將作過正賊妄作脅從之人，一例不行受理。其見禁公事，限半月結絕。

又紹興二年七月十五日，刑部言：據臣僚奏請，縣囚在禁病者，流罪以下情款已定，皆許如在京一司法，責保知在。緣依條犯罪徒以上送州，情款方定，即是在縣別無流、徒罪情款已定禁囚外。看詳在京法係謂病囚困重非兇惡者，許責保在外，損日追斷；紹興法，杖以下囚在禁病者，止係量病勢聽家人入侍，即無該載困重者許責保在外之文。今若依臣僚所乞，諸州病囚困重者，不問徒、流，並依在京法。緣在京病囚依法即時申所屬並刑部、御史臺，日具醫治加減文狀，困重者申所屬，差不干礙官押醫看驗有無他故，及責囚得病所由連報，雖犯徒、流罪而情款已定非兇惡者，方許責保在外，損日追斷。其在外州軍即別無關申所屬檢察去處，若不委官看驗，又慮別生姦弊。今欲乞諸州病囚比附在京法，即時申知、通，有監司處申監司，各常行檢察，日具醫治加減文狀，困重者仍即時申州，差不干礙官押醫驗有無他故，及責（困）〔囚〕得病所由連報，雖犯徒、流罪而情款已定非兇惡者，即行責保知在。州委元差押醫每三日一次看驗，如委實病損，即時申所屬，卻行勾追赴獄，聽候斷遣。從之。十二月二十六日，臣僚言：乞自今已後，令州縣月具繫囚存亡之數，長吏結罪保明申提刑司，歲終舉行斷罪之法。仍每路比較一州一縣死囚最多之數，具當職官吏姓名，取旨黜責，其最少處亦乞量行褒賞。詔令敕令所重別刪修增立刑名申尚書省。三年三月五日，敕令所增修到條法，已入《紹興重修敕令》及《重修斷獄令》。

又〔紹興〕四年三月六日，御史臺言：訪聞臨安府捉事使臣等多私置禁房，收繫罪人，一面追呼搔擾，非理鍛鍊，動經旬日。解所屬推治，又與當勘推獄等往還行賕，要從元初鍛鍊，規圖厚賞，致無辜之人枉被刑禁，深可矜恤。乞詔有司嚴立法禁，許人陳告。仍下臨安府檢察，如有私置禁房去處，責令日下去拆，其捉事人並推獄情弊，常切覺察，重作施行。從之。

又 〔紹興〕五年閏二月十二日，尚書省言：州縣治獄之吏專事慘酷，待其垂死，皆託以疾患殺之，亦未嘗依條視驗醫治。〔庶〕〔雖〕有歲終計分斷罪條法，並不奉行，理合申嚴。詔：諸路去年分合依條計數，至今未見具奏，除已行約束外，令諸路提刑司將管下諸州禁囚病死人數，遵依條敕計分斷罪。仍疾速比較聞奏，不得容庇違滯。仍候指揮到，限十日專差人賫赴行在。於是五年，宣州上收禁三百五十五人，即無病死人數，以最少去處，當職官各轉一官。婺州武義縣七十二人，雖死過四人，即不及六釐，最少處。衢州六百一十八人，不曾死過人數，内衢州當職官各轉一官。福州即無死損人數，當職官與轉一官。

又 〔紹興〕六年，江陰軍七十四人，病死過四人，最少。臨安府一千六百三十四人，病死無，臨安府當職官與轉一官。七年，福州六百八十二人，病死無，福州當職官與轉一官。五年，舒州宿松縣七人内一名病死，計死一分，當職官特降一官。惠州病死二分六釐以上，當職官特降一官。六年，洋州一百二十二人，病死一十二人，當職官特降一官。七年，汀州武平縣四十人，死損二人，紐及五釐，汀州武平縣當職官展一年磨勘。

又 〔紹興〕十二年九月十三日赦文：勘會禁囚貧乏，無家供送飲食，依法每名官給鹽菜錢五文。即今物貴，行在可增作二十文，外路增作一十五文。仍令當職官常切檢察，毋令減剋作弊。

又 〔紹興〕十三年十一月八日南郊赦：勘會禁囚無家，依法官給飲食。訪聞近來州縣多不預行樁備，取給公吏，因而掊剋，致多瘐損。仰逐州守臣斟量，每月預行樁備應副，毋得減剋作弊。

又 〔紹興〕十三年六月四日，詔：今後應諸官司送下見禁取會未完並患病罪人赴在城巡檢司知管，責保人，並與依臨安府見禁罪囚例支破飲食，内病患者差醫人醫治。尋詔諸路州軍依此。

又 〔紹興〕十四年五月二十九日，臣僚言：刑辟之間，禁繫爲重。其罪當禁者，有曆以書之，應書不書，具有成法。比來州縣或避滯留之責，更不附正曆，輒置單子以爲私記，使案察者無以稽察，淹抑者無所訴告。欲望申飭有司，檢坐前後條令，嚴行禁止。從之。

又 〔紹興〕二十一年三月二日，詔：今後命官犯罪逃亡，如勘得干繫人已供情犯分明，即據招先次結斷，案後根捉，候獲日依已斷干繫人數供具案申奏。以成都府路提點刑獄司有請，從刑部看詳。閏四月二十六日，臣僚言：紹興令，諸囚在禁病者，官給藥物醫治，大理寺醫官二員輪日宿獄。緣官中不曾支給藥物，又無合破官錢，或遇疾疫，名有醫而實無藥，法意幾爲虛設。望明詔有司，行下内外之獄，量支官錢，修合湯藥，所費甚微而所利甚大。上曰：可令戶部依紹興令措置，官給藥物，酌度合支錢數申尚書省。尋詔戶部措置到：每歲殿前、馬、步軍司各支錢五十貫文，大理寺一百貫文，京府、節鎮一百貫文，餘州六十貫文，大縣三十貫文，小縣二十貫文。置曆收支，若歲終餘剩錢數，即充次年支用。

又 〔紹興〕二十七年十一月二十七日，詔：諸路見禁公事，所犯人約係死罪，即仰州軍具單狀二本申提刑司檢察，本司繳連一本申刑部點檢勾銷。如後來勘得卻是大辟公事，亦具情節供申。其單狀並依旬具禁狀條式施行。熙寧四年七月，御史陳乞如上件，至是臣僚乞檢行故事，從之。

又 〔紹興〕二十八年十月二十三日南郊赦文：勘會在獄病囚，官給藥物醫治，病重責出，自有成憲。竊恐州縣循習苟簡，至有瘐死，誠可憐憫。仰諸路監司、守倅檢察，毋致違戾，即不得在職醫官糾差醫僧及貨賣藥人直獄，恣行追擾，啓倖生事，以致淹延。三十一年九月二日明堂赦同此制。

又 孝宗隆興元年十一月二十六日中書門下省言：勘會大理寺，臨安府獄囚近緣雪寒，已降指揮，除破糧食外，更給柴炭，貧者假以襖袴手衣之類，其外路州軍亦合一體施行。

又 〔隆興〕二年正月二十七日，尚書省言：福建諸州軍間有地震之處，已令本路帥臣、監司條具民間利病，措置賑恤。竊慮刑獄冤濫，禁繫淹延，理合催促。詔本路監司取索所部州縣見禁罪囚，一一推究所犯，以時結絕。如故作淹延，具守、令姓名申尚書省。

又 〔隆興〕六月八日，臣僚言：比來州縣獄囚率多死亡，蓋由禁繫猥眾，牢戶不清，當此蒸溽，易成疾疫。欲望嚴申敕守、令，將見禁罪囚除有罪犯深重速行勘結外，其餘所犯稍輕並枝蔓干證人，並日下決遣疏放。從之。

同日，臣僚言：訪聞州縣之獄，率多滯留不決，致前後死亡不一。伏望申敕諸路監司，察所部守、令，如有貪虐昏謬，尚敢故作淹延，以致在獄多死之人，即具姓名按劾，重寘典憲。從之。乾道元年正月一日大禮赦：勘會在獄病囚，官給藥物醫治，病重責出，自有成憲。竊恐州縣循習苟簡，致有瘐死，誠可憐憫。仰諸監司、守倅常切檢察，毋致違戾。三年十一月二日、六年十一月六日、九年十一月九日大禮赦，並同此制。同日赦：訪聞州縣多以私意將不應禁人寄獄，皆不書禁曆，或遇按察官到，盡責付公人在外看守，候按察官過，卻行收禁，動經歲月。雖有約束，竊慮尚循舊弊，仰監司覺察，按劾以聞，當議重寘典憲。十二月二十九日，新知潮州黄昭祖言：竊見潮州近奏，海陽縣見禁獄囚盜取獄內器仗奔逸。契勘州縣每獲盜賊，其贓、仗並寘獄內，以備估值定罪。歲月淹延，不復防閑，故時有投隙破械、直取器仗而出者。欲乞明敕州縣，自今遇獲兇盜，秖留贓物在獄照看，其器仗並寄收甲仗庫。從之。

又 隆興六年二月二十二日，左諫議大夫陳良翰言：竊見州縣囚禁，往往不即與決，非特有正禁之繫，又且有寄禁之濫，疫癘一作，多殞非命。契勘禁囚自有日限，具載甲令，不許淹延。欲乞特降指揮，應州縣之獄，仰守、令依限決遣。從之。十一月十六日，大理少卿周自強言：乞自今監司、郡守按察官吏，如遇差官勘鞫，內合有干證，止許追緊切人。或有泛濫追逮，淹延囚禁，致多瘐死者，並令提刑司按奏。從之。

又 〔隆興〕七年六月十日刑部言：准批下臣僚劄子，乞令諸州長吏每旬同當職官慮問州院、司理院禁囚，諸路監司每季親詣所部州縣，將見禁囚徒逐一慮問。照對上項申請，乾道重修令該載甚備，今乞申嚴行下。從之。

又 〔隆興〕八年五月一日，刑部侍郎鄭聞言：竊見州郡獄囚，方當盛暑，漸染時氣，或致疾病，雖有醫者療治，多不留意，遂致死亡相繼。乞下諸路提刑司，將州縣醫人姓名籍定，務在加意診視，不得滅裂。從之。十月九日，工部侍郎兼臨安府少尹莫濛言：乞自今將州郡徒以上囚人禁及三月者，令提刑司類申刑部置籍，立限催促。如或稽程，繩治如律。庶幾獄囚不致久繫。從之。

又 〔隆興〕九年三月二十二日，詔：刑部長貳、郎官並監察御史，每月通輪一員，分作兩日，往大理寺、臨安府親録囚徒，仍具名件聞奏。

又 淳熙元年正月八日，詔：諸路禁囚有不得其死或人數稍多，獄官、令佐、守倅悉坐其罪，不以去官赦原。以大理卿周自強言，廣西獄囚死於凍餒、笞掠者甚眾，故有是命。

又 〔淳熙〕三年四月二十七日，知潭州李椿言：乾道新書，諸強盜囚在禁，每火死及五分以上，依囚在禁病死、歲終通計及一分法，蓋防獲盜之人徼求功賞，誣執平人計數、坐獄身死之弊。然假如強盜二人，一名偶死，便成五分，坐一歲通比及分之罪，可謂不幸。敕令所看詳，欲於上條每火字下添入謂三人以上五字爲注文。如死及五分以上，合依強盜五分法科罪外，若強盜二人以下，在禁病死，止用諸囚在禁病死法，歲終通計分數科罪施行。從之。十一月十二日南郊赦：應諸色人犯罪在禁，雖已未結正，見得合該赦原，止因元係指揮準勘合具情犯申省，有司不敢一面原放，申會待報，可並直依今赦施行。六年、九年、十二年、十五年赦同。同日赦：見禁公事有合結正者，限十日結絕，有合申奏者，亦疾速申奏，不得淹延刑禁。在外委提刑司，在內委御史臺，常切覺察。六年、九年、十二年、十五年赦同。

又 〔淳熙〕八年五月二十三日，詔：縣獄如州兩獄例，以常平或義倉米支破糧食，歲上繫囚饑寒瘐死於獄者爲吏殿最。以臣僚言縣獄不支糧，多有飢死，故有是命。

又 〔淳熙〕十二年十一月二十二日南郊赦：州縣囚糧合以係省米充，訪〔問〕〔聞〕諸縣不即依時支撥，止取給於吏卒，可令監司常切覺察，毋致違戾。十五年明堂赦同。

又 〔淳熙〕十三年十月八日，前權知德慶府趙伯言：每遇盛暑之月，其守倅等點檢催促結絕刑禁，仍仰本路監司復行檢察，如滅裂違戾，按劾聞奏，而遠方州縣所謂慮囚者，實爲文具。守臣去郡獄不遠，尚有親臨決遣者，至於通判、職官，或畏冒暑，或憚遠涉，往往秖令人下縣取索，而供報上司，卻云某日某時躬親起離。諸路州縣如慮囚敢不親行，許令監司、守臣覺察，奏劾施行。從之。

又 紹熙元年七月十二日，臣僚言：州縣獄必有曆，凡有罪而入禁者，必書其月日，以時檢舉結絕，無致淹延，此法意也。往往不能仰體朝廷欽恤之意，疚心獄事。公事到官，付之吏手，不問曲直，將干連無辜之人一例收禁。獄犴常滿，不上禁曆，號爲寄收。乞取厭足，旋行疏放。乞申飭諸路提點刑獄常切覺察，自今後分上下半年，從本司印給赤曆，下州縣獄官，以時抄轉所禁罪人，不得別置寄收私曆。州委司法，縣委佐官，五日一申，隨即檢舉，催促結絕。巡曆所至，索曆稽考，如輒將干證無罪之人淹延收繫及隱落禁曆，不行抄上而別置曆者，按劾聞奏，官吏重寘典憲。從之。十月二十五日，臨安府言：已降指揮，依倣開封府，其三獄直司並錢塘、仁和兩縣公事所隸臺察，罪囚禁曆日申臺部，即無漏落，比之外郡隸提刑司事體不同。若一概從提刑司出給禁曆，委官檢舉，催促結絕，不唯禁曆在路恐有泄漏，兼慮委官一節於臺部實有相妨。乞遵從御史臺已降指揮施行。從之。

又 〔紹熙〕二年三月二十四日，刑部言：大理寺參詳臣僚奏請，州縣之間諸案知在人數多少、歲月久近莫得而知，乞委提刑分上下半年，從本司印給赤曆下州縣，凡逐時諸案知在之人，並令抄轉在曆，催促結絕。臨安府申，本府三獄直司及錢塘、仁和縣公事所隸臺察，令來令置知在人曆，其臨安府並錢塘、仁和兩縣難以從提刑司一概同外郡給曆。今看詳，欲委自本府詳照臣僚所奏，別給知在人曆，分上下半年印記發下三獄直司並錢塘、仁和兩縣，遵依已降指揮，將諸案應知在人抄轉施行。若臺部官每遇點檢刑獄，許從一就取索按驗。從之。十一月二十七日南郊赦：在獄病囚，官給藥物醫治，病重責出，自有成憲。深慮州縣循習苟簡，不與救療，及不照條責出，因致死亡，仰監司、知、通常切覺察。

又 〔紹熙〕四年七月二十五日，知臨安府袁說友言：遵承舊制，凡盜賊累犯，其人桀黠難制，與已斷逐而複回者，項筒永遠拘鎖外，縣寨日給糧食。惟是積日既久，拘囚數多，罪固可嫉，情亦可憫。在(發)〔法〕，羈管、編管各有年限，蓋未嘗終其身而拘囚也。乞將本府見行項筒拘鎖之人，如元係配隸者，即押回元配所；如有強壯者，即照已承指揮，與分刺屯駐軍；其餘分押出本府鄰州界。詔令臨安府將見管賊人各差人管押，分送外州軍牢固拘管，日具存亡申樞密院。

又 紹(興)〔熙〕五年九月十四日明堂赦：勘會在獄病囚，官給藥物醫治，病重責出，自有成憲。深慮州縣循習苟簡，不與救療，及不照條責出，因致死亡，仰監司、知、通常切覺察。自後郊赦並同。

又 慶元六年五月六日，詔令大理寺、臨安府並屬縣及三衙、諸路闕雨去處，見禁囚徒並仰即時點檢看視，其間稍有病患，即遵守見行條法施行，毋爲文具。

又 嘉泰元年正月七日，臣僚言：乞令諸路提刑司檢坐應禁、不應禁條法，出給版牓，大字書寫，行下逐州縣，委自通判、縣丞各於獄門釘掛曉示。被禁之人如因罪入獄，仰就取禁曆，書寫所犯並月日、姓名，著押曆上，以並新收，出獄日亦如之，以憑便銷落。其有不能書寫者，令同禁人或當日書鋪代書，親自押字。仰通判、縣丞逐時點檢，如遇月終申發禁曆赴提刑司，從提刑躬親檢察行下。內有不應禁而收禁者，提刑按劾守令以聞。仍許不應禁人或家屬經提刑司越訴，如提刑不爲受理，仰經刑部、御史臺越訴，乞從本臺覺察彈奏。仍乞更令提刑司每歲終檢察管下州縣獄空最多並禁人最少者一兩處，具申尚書省，取旨激勸。如因民訟見得不實，坐以妄申之罪。從之。

又 〔嘉泰〕三年十一月十一日南郊赦文：在法，禁囚應給飲食，合於轉運司錢內支；其病囚藥物，合於贓罰錢內支。訪聞州縣違戾，卻將合給禁囚飲食，止令獄子就街市打掠，或取給於吏卒，病囚藥物抑勒醫人陪備。是致禁囚飲食不充，飢餓致病，醫人無錢合藥，病囚無藥可服，多致死亡，誠可憐憫。可自今赦到日，應合給囚糧並仰守令於轉運司錢內分明取撥，置造飲食；病囚藥物並於贓罰錢內支破修合。各具赤曆收支，不得仍前再令獄子輒於街市打掠，及勒醫人陪備藥物。如違，仰監司按(勒)〔劾〕以聞，重寘典憲。自後郊祀、明堂赦文並同。

又 〔嘉泰〕四年正月六日，臣僚言：乞內委刑部，外委提刑，戒察獄司，應非事干人命及重害公事，勿許妄禁。從之。十八日，臣僚言：竊見縣獄苦無囚糧，而城下之邑尤甚。法許於運司錢內支，往往縣道不敢支破，例多倚辦於推獄，私取於役戶，分甘於同禁之人，簞食入獄，攫拏紛然，極可憐憫。乞從諸縣申州，就於常平米支撥，歲終州具實支數申提舉司出豁。從之。

又 開禧三年三月二十九日，詔：應州縣輒將病囚押下巡尉司以致死亡者，許被死之家直經刑部陳訴，仍令提刑司於歲終別項檢察，併行具申，將州縣官重作施行。以臣僚言：州縣之獄遇有病囚，多是不切醫治，聽其自愈。至疾勢稍篤，欲避免在禁死亡之數，則一切付巡尉司交管。彼巡尉司既無醫藥可療，又無飲食可給，拘繫空屋，困頓飢餓，往往至於死亡。故有是命。

又 嘉定三年四月二十六日，詔：諸路提刑司歲終擇一路獄囚瘐死最多者，必按劾以懲不職；擇一路醫療全活最多者，必薦舉以勸其勤。刑部則總覈之。從臣僚請也。

又 〔嘉定〕七年正月七日，詔：應州縣除事干人命及重害公事，許照條收禁，提刑司以州縣申到禁曆，須管躬親檢察，將不應禁及久囚去處嚴行責罰，毋爲文具。從臣僚請也。

又 〔嘉定〕八年六月十三日，臣僚言：夫州縣之獄凡爲民害者，朝廷因臣僚奏請，屢嘗戒飭，獨囚糧一事未見施行。獄戶沈鬱，易於生疾，一有乏食，病輒隨之。州縣但謂之獄瘟發動，而不知其端蓋在於此。江浙州郡皆有囚糧，遠州僻郡大率疏略，乞令僻遠之州皆視內郡，以見管食米正行支破，縣則以贓罰錢物收糴充數。仍令提刑司免其解發，别置循環曆二本，名曰囚糧曆，日具支破姓名，取其著押。不願支者，亦明書何人饋餉，俾隨禁曆月申提刑司，以備參考。仍乞行下提刑司，申嚴見行條法，歲終類申刑部，閱瘐死人數多者，將守、令量行責罰。從之。

又 〔嘉定〕十六年八月八日，大理司直朱藻言：乞行下諸路提刑司嚴戢諸縣，除附郭縣獄許通判寄收罪囚外，凡佐官遇有合收禁人，須具事因申解本縣，遵照條令書上禁曆。如擅自送獄，不許接受。詔送刑部看詳，申尚書省。已而刑部言：準都省批下朱藻奏，尋下刑寺看詳，今據本寺申愬：諸囚不應禁而禁者徒二年，當職官知情與同罪，失覺察者減二等，許被關留人越訴。看詳得州縣將不應禁人輒行收禁，自有見行條法指揮。其間縣佐寄收人，多是不曾書上禁曆，非理囚禁。今本官奏請，誠爲允當。本部欲從刑寺看詳到事理施行。從之。十一月六日，臣僚言：訪聞安邊所屬官多不稟命，使長輒將每日送下公事不問輕重，遇夜寄錢塘、仁和兩縣並諸廂尉司等處，淹繫日久，不即予決，拘囚囹圄，病痛相纏，前後死者不知其幾。乞行下兩縣等處，每日仰官吏具本所有無送下寄收公事申御史臺，以憑稽考。如或仍前違戾，許被寄禁人家屬直經本臺陳訴。訪聞得實，將當職官具申朝廷，重賜鐫責，公吏決配。從之。

《宋史·刑法志二》 各州每年開收編配羈管奴婢人及斷過編配之數，各置籍。各路提點刑獄司，歲具本路州軍斷過大辟申刑部，諸州申提刑司。其應書禁歷而不書，應申所屬而不申，奏案不依式，檢坐開具違令，回報不圓致妨詳覆，與提刑司詳覆大辟而稽留，失覆大辟致罪有出入者，各抵罪。知州兼統兵者，非出師臨陣，毋用重刑。州縣月具繫囚存亡之數申提刑司，歲終比較，死囚最多者，當職官黜責，其最少者，褒賞之。

又 〔紹興〕五年，歲終比較，宣州、衢州、福州無病死囚，當職官各轉一官。舒州病死及一分，惠州二分六厘，當職官各降一官。六年，令刑部體量公事，邵州、廣州、高州勘命官淹系至久不報，詔知州降一官，當職官展二年磨勘，當行吏永不收敘。德慶府勘封川縣令事，七月不報，詔知州、勘官各抵罪。九年，大理寺朱伯文廣西催斷刑獄，還言：雷州海賊兩獄，并系平人七人，內五人已死。帝惻然，詔本路提刑以下重致罰。十二年，御史臺點檢錢塘、仁和縣獄具，錢塘大杖，一多五錢半；仁和枷，一多一斤，一輕半斤，詔縣官各降一官。十三年，詔：禁囚無供飯者，臨安日支錢二十文，外路十五文。十六年，詔：諸鞫獄追到干證人，無罪遣還者，每程給米一升半，錢十五文。二十一年，詔官支病囚藥物錢。

又 諸重刑，皆申提刑司詳覆，或具案奏裁，即無州縣專殺之理，往往殺之而待罪。法無拘鎖之條，特州縣一時彈壓盜賊奸暴，罪不至配者，故拘鎖之，俾之省愆。或一月、兩月，或一季、半年，雖永鎖者亦有期限，有口食。是時，州縣殘忍，拘鎖者竟無限日，不支口食，淹滯囚系，死而后已。又以己私摧折手足，拘鎖尉砦。亦有豪強賂吏，羅織平民而囚殺之。甚至戶婚詞訟，亦皆收禁。有飲食不充，饑餓而死者；有無力請求，吏卒凌虐而死者；有爲兩詞賂遺，苦楚而死者。懼其發覺，先以病申，名曰監醫，實則已死；名曰病死，實則殺之。至度宗時，雖累詔切責而禁止之，終莫能勝，而國亡矣。

《宋史·刑法志三》 四方之獄，則提點刑獄統治之。官司之獄：在開封，有府司、左右軍巡院；在諸司，有殿前、馬步軍司及四排岸；外則三京府司、左右軍巡院，諸州軍院、司理院，下至諸縣皆有獄。諸獄皆置樓牖，設漿鋪席，持具沐浴，食令溫暖，寒則給薪炭、衣物，暑則五日一滌枷杻。郡縣則所職之官躬行檢視，獄敝則修之使固。

又 神宗即位初，詔曰：獄者，民命之所繫也。比聞有司歲考天下之奏，而多瘐死。深惟獄吏并緣爲奸，檢視不明，使吾元元橫罹其害。《書》不云乎：與其殺不辜，寧失不經。其具爲令：應諸州軍巡司院所禁罪人，一歲在獄病死及二人，五縣以上州歲死三人，開封府司、軍巡歲死七人，推吏、獄卒皆杖六十，增一人則加一等，罪止杖一百。典獄官如推獄，經兩犯即坐從違制。提點刑獄歲終會死者之數上之，中書檢察。死者過多，官吏雖已行罰，當更黜責。

《元典章·繫獄》 中統四年七月，中書省奏准條畫内一款：獄囚有親屬者，並食私糧；無親屬者，官給每名日支米一升，於雀鼠耗内支破；雖有親屬，若貧窮不能供備，或家屬在他處住坐未知者，糧亦官給。至元九年九月，中書戶部承奉中書省判送據御史臺備監察御史呈：今因錄囚，體知得大都路司獄司見禁囚人每日合用糧食，有司獄司官止於街市鋪戶處逐旋借了，鋪戶取要加耗，中間尅減石斗，在後卻於官倉内撥還。不惟如此，囚人隨時不得食用。合無令司獄司排日用印信文字驗罪囚實數，於合支倉分開坐，至月終通行計算，類報總管府轉申上司准除，乞照詳事。得此送戶部定擬，得依准，御史臺所呈，似爲相應，都省准呈。議得仍自今後無供給囚人，每名大例月支米二斗五升。奉此大德元年三月中書省咨御史臺呈，中統四年欽奉云云欽此。看詳司縣罪囚既係，事發到官，必須磨問取責，追勘明白，然後申解。其無家屬，或貧窮不能供給糧食者，亦照欽依元奉聖旨事意施行，具呈照詳，送刑部議得。隨路州府囚糧已有定例，據司縣罪囚，若有必須追勘事理，卒急不能申解，委無供送人等，欽依支破相應，都省除外，請依上施行。

又 中統四年七月，中書省奏准條畫内一款，隨路州府司縣牢房，須要分別輕重異處，不得參雜婦人，仍與男子別所。雖有已蓋房舍，若窄隘不能分揀，即仰別行添蓋，據合用材料價錢申覆宣慰司，委官覆實相同，就便於官錢内放支，關部照會。若全無設置牢房，仰創行起蓋卻不得，因而多破官錢，違錯如違究治施行。

又 至元二十二年四月，中書省契勘：刑罰之用，本爲禁幕止奸，重而誅夷，輕而笞杖，以信必期於不犯，而已近體知内外。有司凡有罪囚，不爲嚴切禁錮，以致獄卒因緣作弊，情僞多端，若不禁治，害政良深。都省擬：自今後，諸衙門罪囚成枷鎖散禁，須管明立案，驗委官一員不妨本職，專一提調，無致輕重縱肆透漏獄情，因而脫放。如違，除獄卒嚴行懲斷外，罪及提調官員。仰依上施行。

又 至元二十八年，行宣政院照得中書省條畫内一款：諸犯罪者，對問其間，分別輕重，然後監禁枷鎖，男女異處。今體知各處大小僧司衙門，凡有僧尼人等爲事，不問所犯輕重、被訴虛實，便行監禁枷鎖，及將僧尼混雜同禁，未便。使院合下，仰今後僧尼罪犯，奸盜徒罪以上，不得監收，止令召保隨衙。如有應監者，仍令異處，毋得混雜。若有不應監禁枷鎖僧尼，定將當該判署官吏究治施行。

《元典章·行臺》〔至元十四年〕諸罪囚枷、鎖監禁之例，各以所犯斟酌，干連人不關利害，及雖正犯而罪輕者，召保聽候，毋致非理死損。違者糾察。

《元典章·提牢》 元貞三年正月，行御史臺該據監察御史呈：江南府州司縣罪囚比江北爲多，重刑往往追會不完，未經結案而死，明正典刑者甚少。輕囚亦有監繫致死者，官司視以爲常，深恐中間枉直不辨，冤抑莫申。今後，嚴責各處官司，如有必合監禁之人，疾早追問斷決，勿致淹禁。遇有疾病，則罪輕者召保，罪重者令醫看治，仍令親屬入侍，期於痊愈。或有不幸身故，於月報内，明白開寫某人因犯何罪，自幾年月日收禁，追會其事未完，自其日因是何病症，是何醫工，對是何親屬及日申病症分數，身死月日，行移某處，官司初復檢驗，有無他故。如此備細，牒呈廉訪司一一照勘得，如有不應監收而監收，應疎決而不疎決，及非理死損者，嚴刑究治。仍每歲終，具死訖罪囚數目開申。

《元典章·雜例》 大德二年十月日，中書省咨：據御史臺呈廣西道廉訪司申：分司照刷廣西海鹽課都提舉司文卷，取會得本司狀申：各處元發罪囚一百四十六名，已到八十名，發下各場配役，並不曾支給口糧，及有身死人口等事。得此照得：此等囚徒所犯罪惡，已經刺斷，發下鹽司常川配役。一身別無營贍，官又不付給彼口糧。費力生受，饑餓身死，有傷聖朝好生之德。自古以來，徒罪止於五年爲滿。今後合無官支日食口糧，以及立滿限疎放。庶使人得改過自新，爲便事。都省照得：罪囚徒年，驗元犯輕重已有定例。日用口糧委無營贍，官爲支給。咨請依上施行。

元·張養浩《牧民忠告·慎獄·非縱囚》 古人縱囚省親，如期還獄者甚多，要不可以爲法也。夫法者，天子之所有而民或犯之，是犯天子之法也，而彼乃與期而縱之，是不幾於弄天子之法，以掠美市恩於下者乎？然出於朝廷則可，出於一己之私則不可。

元・張養浩《牧民忠告・慎獄・囚糧》　天地之德曰好生，聖元體之，以有天下諸在縲紲無家者，皆給之糧。惟縣獄不給也，意者縣非待報之官府，故令畧。詰其然而上之州，比見爲州者，往往爲吏之所欺，吹求不受，以致瘐死於縣獄。夫罪不至死，而以己私繆殺之，不仁甚矣。爲州若府者，尚深戒之。

《元史・刑法志》　諸部送囚徒，中路所次州縣，不寄囚於獄而監收旅舍，以致反禁而亡者，部送官笞二十七，還職本處，防護官笞四十七，就責捕賊，仍通記過名。諸有司各處遞至流囚，輒主意故縱者，杖六十七，解職，降先品一等敍，刑部記過。【略】

諸正蒙古人，除犯死罪，監禁依常法，有司毋得拷掠，仍日給飲食。犯眞姦盜者，解束帶佩囊，散收。餘犯輕重者，以理對證，有司勿執拘之，逃逸者監收。【略】

諸禁囚因械梏不嚴，致反獄者，直日押獄杖九十七，獄卒各七十七，司獄及提牢官皆坐罪，百日內全獲者不坐。諸罪在大惡，官吏受贓縱令私和者，罷之。諸司獄受財，縱犯姦囚人，在禁疏枷飲酒者，以枉法科罪，除名。【略】

諸郡縣佐貳及幕官，每月分番提牢，三日一親臨點視，其有枉禁及淹延者，即舉問。月終則具囚數牒次官，其在上都囚禁，從留守司提之。諸南北兵馬司，每月分番提牢，仍令提控案牘兼掌囚禁。諸鹽運司監收鹽徒，每月佐貳官分番董視，與有司同。【略】

諸獄囚，必輕重異處，男女異室，毋或參雜，司獄致其慎，獄卒去其虐，提牢官盡其誠。諸在禁囚徒，無親屬供給，或有親屬而貧不能給者，日給倉米一升，三升之中，給粟一升，以食有疾者。凡油炭席薦之屬，各以時具。其饑寒而衣糧不繼，疾患而醫療不時，致非理死損者，坐有司罪。諸各處司獄司看守囚徒，夜支清油一斤。諸路府州縣，但停囚去處，於鼠耗糧內放支囚糧。諸在禁無家屬囚徒，歲十二月至於正月，給羊皮爲披蓋，袴韈及薪草爲暖匣熏炕之用。諸獄訟，有必聽候歸對之人，召保知在，如無保識，有司給糧養濟，勿寄養於民家。諸流囚在路，有司日給米一升，有疾命食醫治之，疾愈隨時發遣。諸獄醫，囚之司命，必試而後用之，若有弗稱，坐掌醫及提調官之罪。諸獄囚病至二分，申報漸增至九分，爲死證，若以重爲輕，以急爲緩，誤傷人命者，究之。諸獄囚有病，主司驗實，給醫藥，病重者去枷鎖杻，聽家人入侍。聽事散官五品以上，聽二人入侍。犯惡逆以上，及強盜至死，奴婢殺主者，給醫藥而已。諸有司，在禁囚徒饑寒，衣食不時，病不督醫看候，不脫枷杻，不令親人入侍，一歲之內死至十人以上者，正官笞二十七，次官三十七，還職；首領官四十七，罷職別敍，記過。諸孕婦有罪，產後百日決遣，臨產之月，聽令召保，產後二十日，復追入禁。無保及犯死罪者，產時令婦人入侍。諸犯死罪，有親年七十以上，無兼丁侍養者，許陳請奏裁。諸有罪年七十以上、十五以下，及篤廢殘疾罰贖者，每笞杖一，罰中統鈔一貫。諸疑獄，在禁五年之上不能明者，遇赦釋免。【略】

諸已斷流囚，在禁未發，反獄毆傷禁子，已逃復獲者，處死；未出禁者杖一百七，發已擬流所。諸解發囚徒，經過州縣止宿，不寄收牢房，輒於逆旅監繫，以致脫監在逃者，長押官笞二十七，還役；防送官四十七，記過。諸囚徒反獄而逃，主守減犯人罪二等，提牢官又減主守四等。隨時捉獲及半以上者，罰俸一月。

《大明令・刑令》　凡各府司獄，專管囚禁。如有寃濫，許令檢舉申明。如有本府不准，直申憲司。各衙門不許差占。府、州、縣牢獄，仍委佐貳官一員提調。其男女罪囚，須要各另監禁，司獄官常切點視。州、縣無司獄去處，提牢官點視。若獄囚患病，即申提牢官驗實，給藥治療。除死罪枷、杻外，其餘徒、流、杖罪囚人病重者，開疏枷、杻，令親人入視。笞罪以下，保管在外醫治，病痊依律斷決。如事未完者，復收入禁，即與歸結。

《明實録・永樂六年》〔九月己酉〕刑科給事中張信劾奏：刑部都察院淹禁罪囚，致有瘐死獄中者。上惻然曰：朕數命法司無滯獄，即汝爲稱職。乃視人命如草芥。遂召尚書呂震切等切責之曰：汝坐享厚祿，而日飲酒，嘻嘻不事事，罪人無輕重，駢死獄中，汝不卹，汝不畏鬼罰，不畏朝典也。期三日，除大辟罪，餘雜犯死罪以下悉決，違者不宥。

《明實録・景泰元年》〔秋七月癸亥〕兵科給事中黃仕儁奏：各處有司強盜、人命重囚，往往久淹犴獄，因思脫出之計，遂成莫大之患。比者廣賊黃蕭養，初以強盜繫都司獄，因勘疑竟年不決，輒糾衆越獄，攻城亡去，遂脇無辜之良民，爲攻劫之兇盜，禍連官府，毒流生靈。究其所以，皆執法官狐疑不決以致之也，況今多事之秋，其各處問刑官，率因他務牽制，不暇理勘。誠恐積禍遺患，請如正統間恤刑例，慎選郎中御史等官，分行天下，會官審錄有疑即辯，當罪即決，如此則犴獄無淹滯之苦，官府免姦宄之患。奏下，時已用給事中于泰等言，勅鎮守、巡撫、巡按等官，會官審録，未報法司因議，遣辦事官馳驛趣其論報，從之。

《明實録·天啟三年》〔五月壬子〕刑部尚書孫瑋等奏言：獄囚衆多，囚糧不足，因餒告斃者相繼。臣等體皇上好生之心，爲皇上廣祥刑之澤，其自内犯官犯諸奉欽旨擬辟、擬戍者，仍禁貫城外，主有罪或擬辟擬戍而情有輕重時，有久近酌量清查，其在幾輔近地係某府、某州、某縣里籍，臣等委五城兵馬司押發本處府州縣爲監禁收管，照倒給糧，無致餓損。至熟審、朝審臣部按冊查其矜疑審決等情，與部監論囚一併上請，庶桎梏之衆散而易濟浩蕩之恩分，而實合上從之仍諭以一時權處，俟刑獄稍清照舊行。

明·申時行《明會典·提牢》 凡提牢，刑部每月箚委主事一員接管先五日舊提牢官，將提牢須知封送接管官看閲，至日將囚數，並一應煤米等項文簿，呈堂查驗，批發新提牢官管理。除朔望日陞堂，及有事稟堂外，餘日不得擅出，專一點視獄囚，關防出入。提督司獄司官吏，鈐轄獄卒，晝夜巡邏，稽查收支月糧煤油，修理獄具什物，查理病囚醫藥，禁革獄中一應弊端，每日仍會同巡風官點視封監。事例開後，其在外府州縣提牢事宜，亦附見焉。

洪武元年令，禁繫囚徒年七十以上，十五以下，廢疾散收，輕重不許混雜，枷杻常須洗滌，席薦常須鋪置，冬設暖匣，夏備涼漿，無家屬者，日給倉米一升，冬給棉衣一件，夜給燈油，病給醫藥，並令于本處有司係官錢糧内支破。獄司預期申明關給，毋致缺誤。有官者犯私罪，除死罪外，徒流鎖收，杖以下散禁。公罪自流以下，皆散收。司獄官常切拘鈐獄卒，不得苦楚囚人，提牢官，不時點視。違者，禁子嚴行斷罪，獄官申達上司究治。凡各府司獄，專管囚禁。如有寃濫，許令檢舉申明，如本府不准，直申憲司。各衙門不許差占府州縣牢獄，仍委佐貳官一員提調，其男女罪囚，須要各另監禁司獄官常切點視。州縣無司獄去處，提牢官點視。若獄囚患病即申提牢官驗實給藥治療，除死罪枷杻外，其餘徒流杖罪囚人，病重者，開疎枷杻，令親人入視。笞罪以下，保管在外醫治，病痊，依律斷決。如事未完者，復收入禁，即與歸結。二十六年定，凡刑部見問囚人，設置司獄司監禁，每月山東司案呈，差委主事一員，躬親提調一應牢獄，各部每夜。又各委官，各點本部囚數，應柙而柙，應枷杻而枷杻，應鎖鐐而鎖鐐，將監門牢固封鎖，其總提牢官，將鎖匙拘收，督令司獄，輪撥獄卒，直更提鈴，至天明。各提牢官，將監門鎖封看訖，令司獄於總提牢官處，關領鎖匙，眼同開鎖，照依各部取囚勘合内名數，點放出監。各該獄卒，管押赴部，問畢，隨即押回收監，頃刻不得摘離左右，務要内情不得外出，外情不得内入，使人知幽囚困苦之狀，以頓挫其頑心。又行提督司獄人等當加潔淨，不致刑具顛倒，獄囚飯食，以時接遞，毋得作弊刁蹬。其有寃抑不伸，及淹禁日久，不與決者，提牢官審察明白，呈堂整治，永樂元年，按月箚委主事一員，提調牢獄，每日公同本部巡風官，點視封監，督令司獄人等，嚴謹巡守，至明查照各司取囚票帖，判送司獄司，點付皁隸，押至該司，問畢送監。凡獄囚衣糧，洪武十五年令，獄囚貧不能自給者，人給米日一升，二十四年革去。正統十四年奏准，每囚仍日給米一升，及有贓罰破碎衣服，應該變賣者，分給穿用。成化十二年，令有司支給官銀，買辦藥餌，送部療治囚人，及令各處軍民藥局療治囚人。正德十四年題准，每月囚飯煤價銀四兩，獄中燈油銀三兩，療病藥材銀二兩五錢，司獄司修理刑具工食銀二兩，官倉關支囚糧腳銀一兩二錢，俱於入官贓物銀兩内，支送山東清吏司收給買辦。嘉靖二年題准，囚醫於太醫院原撥聽用醫士内，擇一人提牢廳診視，歲支贓罰銀一十二兩，充雇直月給本部倉米七斗，充飯食，六年滿日，送吏部奏授冠帶術疎，無行者，退出。其順天等府原撥送部醫生，革回當差。又題准，囚糧於刑部問該運灰等項有力罪囚，令折買糙粳米本部倉上納，每年約至五百石住收，如有支剩，准作下年之數，不足，再爲收補，年終收糧委官，造冊呈部查考。凡囚衣，於入官贓内，每年冬，令鋪家辦給綿襖綿袴各一件。凡囚糧，重囚每日七合，強盜三合，獄卒二次造飯給散。

明·申時行《明會典·歲報罪囚》 刑部問發罪囚，各照司分，通將所問囚數，不分死罪軍徒笞杖及供明隨審，共若干名口，内分北人若干，南人若干，通付送山東司呈堂奏聞，謂之歲報。若見監罪囚，每月將見在開除病故數目，呈堂奏聞，謂之月報。其做工運炭等項，則止開送工科，事例開後。

洪武二十六年定，凡刑部問發罪囚，每遇年終各該部分，開稱自洪武某年正月初一日爲始，至十二月終。本部通問發過囚人若干，内淩遲若干，斬若干，絞若干，斬罪免死終身工役若干，絞罪免死終身工役若干，流罪若干，徒罪若干，充軍若干，隨營若干，杖罪若干，笞罪若干，疎放寧家若干。俱付山東部通類如前，案呈本部，開坐奏聞。嘉靖七年題准，每月終，山東司行司獄司，通查將見在開除病故名數，具本開坐奏聞。近例凡刑部問過，送工部運灰運炭做工罪囚，每五日一次開報該科，填寫精微，每月終輪報一科。

明・申時行《明會典・相視》 凡刑部遇有病故囚犯，舊例逐日相視，後定以三六九日，若奉旨相視者，則不拘日期，洪武二十五年，令刑部原告病故，監察御史同錦衣衛官相視。都察院原告病故，刑部主事同錦衣衛官相視，取獲批單，附卷備照。如有欺弊，從相視官奏聞。弘治間定，刑部囚人病故，會同監察御史相視，都察院囚人病故，會同本部主事相視，錦衣衛官不預。若錦衣衛囚人病故，則用監察御史刑部主事同往相視。其奉有欽依相視者，次日早赴御前復命。凡本部各司所問罪囚，有在監病故，情重及曾經審允者，會各衙門相視，取獲批單，回照行令順天府大興縣宛平縣，應天府上元縣江寧縣委官帶領仵作人等，跟隨相視。身屍責令土工領埋，其情輕囚犯病故者，止許該縣委官相埋。各取具該縣委官人等結狀繳報，嘉靖七年題准，重囚病故，例該斬首梟令者，凡遇不係行刑時月，及聖旦等節，祭祀齋戒日期，所司照常相埋，待過節開齋不忌奏刑之日補奏。十三年奏准，法司監候例該梟首，重囚病故，除霜降以後，冬至以前及奉有特旨處決，俱照例梟首外，其餘時月，並雖在霜降以後，冬至以前，若遇聖節等節，及齋戒日期，俱照常相埋，具本奏知。

獄具之圖

名稱	說明
笞	大頭徑二分七釐，小頭徑一分七釐，長三尺五寸，以小荆條爲之，削去節目，用官降較板如法較勘，毋令觔膠、諸物裝釘，應決者用小頭臀受。
杖	大頭徑三分二釐，小頭徑二分二釐，長三尺五寸，以大荆條爲之，削去節目，用官降較板如法較勘，毋令觔膠、諸物裝釘，應決者用小頭臀受。
訊杖	大頭徑四分五釐，小頭徑三分五釐，長三尺五寸，以荆杖爲之，其犯重罪贓證明白，不服招承，明立文案，依法拷訊，臀腿分受。
枷	長五尺五寸，頭闊一尺五寸，以乾木爲之，死罪重二十五斤，徒流重二十斤，杖罪重十五斤，長短輕重刻誌其上。
杻	長一尺六寸，厚一寸，以乾木爲之，男子犯死罪者用杻，犯流罪以下及婦人犯死罪者不用。
索	長一丈，以鐵爲之，犯輕罪人用。
鐐	連環共重三斤，以鐵爲之，犯徒罪者帶鐐工作。

明・應檟《大明律釋義・斷獄・徒囚不應役》 凡鹽場鐵冶，拘役徒囚，應入役而不入役，及徒因因病給假，病已痊可，不令計日貼役者，過三日笞二十，每三日加一等，罪止杖一百。若徒囚年限未滿，監守之人故縱逃回，及容令雇人代替者，照依囚人應役月日，抵數徒役，並罪坐所由。受財者，計贓以枉法從重論。仍拘徒囚，依律論罪貼役。

釋義曰：應役，謂煎鹽炒鹽也。貼役，如病十日，貼補十日也。不入役，罪坐徒囚；不令計日貼役，罪坐監守之人；皆三日笞二十，每三日加一等，罪止杖一百。照依應役月日抵數徒役，謂以囚人未滿之月日，坐監守之人抵充也。罪坐所由，謂止坐故縱之人，不及其類也。依律論罪貼役，指徒囚而言，謂依律論其逃雇之罪，貼補其逃雇之役也。

明・應檟《大明律釋義・捕亡・獄囚脱監及反獄在(逃)》 凡犯罪被囚禁而脱監及解脱自帶枷鎖越獄在逃者，各於本罪上加二等。因而竊放他囚罪重者，與囚同罪，並罪止杖一百，流三千里。本犯應死者，依常律。若罪囚反獄在逃者，皆斬。同牢囚人不知情者不坐。

釋義曰： 由門而逃曰脫，踰牆而逃曰越。凡犯罪之人已被囚禁脫監而逃，或解脫自帶枷鎖越獄而逃，各於本罪上加二等。若越而未出，則依自脫枷鎖鈕肘論。因而竊放他囚罪重者，與囚同罪，蓋以竊放之囚罪罪之也。罪止杖一百，流三千里。若放囚罪輕，則止加等，不以其罪論。若所犯應死，則從其本律，又不在加等之限。反獄，謂逞兇作反，打開牢門，殺傷獄卒而逃也。故不分首從皆斬，同牢之人不知其反獄之情者，不坐。若知情，雖不助力，亦當坐斬。

明・應檟《大明律釋義・捕亡・主守不覺失囚》 凡獄卒不覺失囚者，減囚罪二等。若囚自內反獄在逃，又減二等。聽給限一百日追捕，限內能自捕得及他人捕得，若囚自死及自首，皆免罪。司獄官典減獄卒罪三等。其提牢官曾經躬親逐一點視罪囚枷鎖杻，俱已如法取責獄官獄卒牢固收禁文狀者，不坐。若不曾點視，以致失囚者，與獄官罪同。故縱者不給捕限，各與囚同罪。未斷之間能自捕得及他人捕得，若囚已死及自首，各減一等。受財者，計贓，以枉法從重論。若賊自外入劫囚，力不能敵者，免罪。若押解罪囚中途不覺失囚者，罪亦如之。

釋義曰： 獄卒，看守牢獄之人也。凡牢內罪囚走失而獄卒不知，及囚人自獄反出而逃，皆由其不能謹守而然。故不覺失囚者，減囚之罪二等。反獄者，又減二等。蓋總減囚之罪四等也。仍給限一百日，追捕不獲，然後坐以前罪也。若限內能捕得，或他人捕得，或囚已死，或囚自首，皆免其罪。司獄官典又減獄卒罪三等。如失囚則減囚罪五等，反獄則減囚罪七等，亦須限外不獲，然後坐之。提牢官，刑部月輪主事，都察院月輪御史，各一員提牢。今司府州縣牢獄委佐貳官一員提調，此在外之提牢官也。不曾點視以致失囚，責將誰諉，故與獄官同罪。故縱者不給捕限，惟於擬罪未斷之間，能自捕得及他人捕得，或囚自死，或囚自首，得減囚人之罪一等。受財故縱者以枉法論。若囚罪輕則從贓論，囚罪重則從囚論，故曰從重。劫囚者自外而入，力不能敵，故免罪。押解罪囚與上條發遣之囚不同，此蓋未經問擬之罪人也。中途不覺失走者，押解人減囚罪二等，押解官減押解人罪三等，故曰罪亦如之。司府州縣委佐貳官一員提調，見明令。

明・應檟《大明律釋義・斷獄・囚應禁而禁》 凡獄囚應禁而不禁，應枷鎖杻而不枷鎖杻，及脫去者，若囚該杖罪，笞三十，徒罪，笞四十，流罪，笞五十，死罪，杖六十。若應枷而鎖，應鎖而枷者，各減一等。若囚自脫去，及司獄官典獄卒私與囚脫去枷鎖杻者，罪亦如之。提牢官知而不舉者，與同罪，不知者，不坐。其不應禁而禁，及不應枷鎖杻而枷鎖杻者，各杖六十。若受財者，並計贓，以枉法從重論。令曰： 凡年七十以上十五以下廢疾，散收，輕重不許混雜。又曰： 有官者犯私罪，除死罪外，徒流鎖收，杖以下散收，公罪自流以下皆散收。

釋義曰： 原問官將獄囚應禁而不禁，應枷鎖杻而不枷鎖杻，已枷鎖杻之囚而與其脫去者，若囚該杖罪笞三十，徒罪笞四十，流罪笞五十，死罪杖六十。情重囚應枷而用鎖，情輕囚應鎖而用枷，則各減一等，杖罪囚笞二十，徒罪囚笞三十，流罪囚笞四十，死罪囚笞五十。若原問官已將囚枷鎖杻，而囚自脫去，司獄官獄典獄卒私與囚脫去者，若囚該杖罪則笞三十，徒罪笞四十，流罪笞五十，死罪杖六十，故曰罪亦如之。提牢官知其與囚脫去，杖八十，因而致死者，絞。提牢官及司獄官典獄卒知而不舉首者，與同罪。至死者減一等，不知者不坐。若因公事干連平人，在官無招，誤禁致死者，杖八十； 有文案應禁者，勿論。

若故勘平人者，杖八十，折傷以上依凡鬬傷論，因而致死者，斬。同寮官及獄卒知情共勘者，與同罪，至死者，減一等；不知情及依法拷訊者，不坐。若因公事干連平人，在官事須鞫問，及罪人贓狀證佐明白，不服招承，明立文案，依法拷訊，邂逅致死者，勿論。

釋義曰： 平人，無罪之人。勘，打也。官吏雖於民有所統攝，而懷挾私讎，非爲公矣，即同凡人故禁故勘平人，俱杖八十。因固禁而致死，絞。故勘至打傷以上，依凡鬬傷論。因而致死，即斬。其與凡殺罪無輕重，蓋官吏恃勢易於殺人，故防之者如此。禁掌於司獄官典獄卒，同僚有同署文案之規，獄卒行杖之人也，故司獄官典獄卒知其故禁之情而不舉首，同僚官獄卒知其故勘之情而與之共勘者，俱與官吏同罪，至死者照減一等，杖一百，流三千里。不知其故禁故勘之情，及依法拷訊者，則不坐。因公事干連平人，在官則非挾私讎者矣。故雖無招服而誤禁致死，止杖八十。若雖無罪而係緊關干對之人，難以保管，有成案應禁者，勿論禁死之罪。事當鞫問及罪人不服招承，明立文案，依法拷訊，邂逅致死者，勿論勘死之罪。

明・應檟《大明律釋義・斷獄・淹禁》 凡獄囚情犯已完，監察御史提刑按察司審錄無冤，別無追勘事理，應斷決者，限三日內斷決。應起發者，限一十日內起發。若限外不斷決，不起發者，當該官吏三日笞二十，每三日加一等，罪止杖六十。因而淹禁致死者，若囚該死罪，杖六十，流罪，杖八十，徒罪，杖一百，杖罪以下杖六十，徒一年。

釋義曰：斷決不獨笞杖，凡徒流亦有杖，該斷者死罪處決，亦曰決起，謂徒流既斷，當起解發，謂笞杖既決當發落也。疏議：斷決指笞杖，起發指徒流，恐非也。稽留囚徒條發遣，專指徒流遷徙言，此則兼五刑通言之也。

明・應櫃《大明律釋義・斷獄・凌虐罪囚》 凡獄卒非理在禁，凌虐毆傷罪囚者，依凡鬬傷論。剋減衣糧者，計贓，以監守自盜論。因而致死者，絞。司獄官典及提牢官知而不舉者，與同罪；至死者，減一等。

釋義曰：非理，謂不由理法也。獄卒將獄囚非理凌虐至毆傷者，以凡人鬬傷論。減剋官給之衣糧入己，以監守自盜論。或因其凌虐，或因其減剋而致死者，獄卒處絞。司獄官典及提牢官知而不舉，與同罪，至死者，得減一等。不言不知者，以同守獄無不知者也。

明・應櫃《大明律釋義・斷獄・與囚金刃解脫》 凡獄卒以金刃及他物可以自殺及解脫枷鎖之具而與囚者，杖一百；因而致囚在逃及自傷，或傷人者，並杖六十，徒一年。若囚自殺者，杖八十，徒二年；致囚反獄及殺人者，絞。其因在逃未斷之間能自捕得及他人捕得，若囚已死及自首者，各減一等。若常人以可解脫之物與人，及子孫與祖父母、父母，奴婢、雇工人與家長者，各減一等。若司獄官典及提牢官知而不舉者，與同罪；至死者，減一等。若受財者，計贓，以枉法從重論。若獄囚失於點檢，致囚自盡者，獄卒杖六十，司獄官典各笞五十，提牢官笞四十。

釋義曰：金之有鋒能傷物者，曰刃。他物如麻繩毒藥之類。解脫枷鎖之具，則斧鑿之類是也。獄卒所以守囚而以此與囚，豈非助惡者哉，故但與即杖一百。因而致囚在逃，或自傷，或傷人者，並杖六十，徒一年；或自殺者，杖八十，徒二年。因而致囚反獄及殺死他人者，處絞。獄卒能於問罪未斷之時捕得在逃之囚，及他人捕得，或囚已死，或囚自首，皆得減一等也。常人非掌牢獄之人也，而以可解脫之物與囚，子孫與祖父母、父母，奴婢雇工人與家長，減獄卒一等，杖九十。致囚在逃，或自傷、傷人減一等，杖一百。致囚自殺者，減一等，杖七十，徒一年半。反獄及殺人減一等，杖一百，流三千里。官典提牢官知獄卒、常人、子孫、奴婢雇工人與囚之情而不舉，與犯人同罪，至死者，減一等。受財，謂獄卒常人受囚人之財而與其金刃之物，或司獄官典提牢官受獄卒常人之財而故不舉首者，並計其入己之贓，以枉法論。從重，謂本罪輕於贓罪，則從贓罪，本罪重於贓罪，則從本罪也。失於檢點致囚自盡者，則非有故矣，獄卒杖六十，司獄官典各笞五十，提牢官笞四十。

明・應櫃《大明律釋義・斷獄・主守教囚反异》 凡司獄官典獄卒，教令罪囚反異變亂事情，及與通傳言語，有所增減其罪者，以故出入人罪論。外人犯者，減一等。若容縱外人入獄及走泄事情，於囚罪無增減者，笞五十。若受財者，並計贓，以枉法從重論。

釋義曰：反異，謂已招承之人反其前說也。變亂，謂變亂原招之事情也。通傳言語非一端，或通傳囚言於外，或通傳外人之言於囚，皆是也。有所增減其原得之罪，則官典卒以故出入人罪律論。外人無主守之責，故得減一等。容縱者，謂司獄官典卒容縱之也。受財，謂司獄官典卒或外人受因財物而教令通傳，及官典卒受外人財物，容令入監也，並計入己之贓，以枉法論。從重，謂贓罪重則從贓罪，本罪重則從本罪也。

明・王肯堂《王儀部先生箋釋・捕亡・主守不覺失囚》 第一節，獄卒主守罪囚。其有防範不嚴，致令脫監越獄在逃而不覺者，減囚罪二等，所失雖多，只就其囚罪之最重者減之耳。若囚自內反獄在逃，雖事起倉卒，非獄卒所能控制，然亦由失於防範以致之，故又減不覺之罪二等，通減四等。變自內作，故曰自內，以別於劫囚之自外人者耳。聽給限一百日追捕，限滿不獲，方以減等之罪坐之。若限內能自捕得，或他人捕得，若囚已死，及自首俱盡者，無論失反，皆得免罪。假如重囚已捕，已死、已首，而輕囚未獲，猶當依未獲輕囚之罪減二等、減四等科之。不得援捕獲一半，所獲重囚免罪之例。蓋主守與應捕不同，而在禁之囚，又與未到官之罪人不同故也。司獄官典，減獄卒罪三等。如失囚，則減囚罪五等，反獄，則減囚罪七等。亦須限外不獲，然後坐之。觀上文獄卒限內捕得，若已死及自首，皆得免罪，則司獄官典同得免罪可知矣。提牢官，即刑部月輪主事，都察院月輪御史，各一員提牢。今司府州縣，委佐貳官一員提調。此在外之提牢官也。若於罪囚不曾躬親逐一點視，枷鎖杻未必如法，又無取責獄官獄卒牢固收禁文狀為照，因致失囚，亦與獄官同罪。其曾點視等項俱備者不坐。以上皆自無心之失言之，若有心故縱者，不給捕限，各與囚同罪。各字，通指提牢司獄官典獄卒而言，謂罪坐所由，故不給捕限，與囚同罪。然未斷之間，能自捕得，及他人捕得，若囚已死及自首俱盡，則各減囚罪一等。此各字，亦指官役言。緣其故縱於先，故雖無遺於後，僅可寬其與囚同罪之一等也。此止言故縱，而不及於受財，若因受財而故縱者，則又不然，各計入己之贓，以枉法從其重者論罪。如贓重，以枉法科之，輕則仍以故縱科斷。至死者，絞。不減等，見名例稱與同罪條。

第二節，賊人自外入者，又非反獄之比，夫劫囚者必聚兇黨，持兇仗，非提牢官獄官典卒之力所能抵敵也。故免其失囚之罪。

第三節，若押解提問未斷決之罪囚，中途不覺失脫者，亦如上獄卒不覺失囚科斷，押解人減囚罪二等，長解減押解人三等。徒流人逃條，已有押解人不覺失囚之罪，而此又言之。前言一名杖六十，每一名加一等，罪止杖一百。此但言減囚罪二等，不言罪止，則囚罪有至死者減二等，有至滿徒者矣。蓋前之徒流人是已斷決者，其獄已成，其事已結，此押解罪囚中，或未經斷決，或猶未追正贓，或停囚待對，或案候歸結，且死罪重囚俱在內，實與起發已斷決徒流遷徙充軍之囚徒不同也。故同一押解不覺失囚，而坐罪攸異耳。此不言受財故縱者，至於受財故縱，則不拘所押解是何等罪囚，皆合與囚同罪。徒流人逃條已言之矣。此條與脫監反獄條，正是一事。

明・王肯堂《王儀部先生箋釋・斷獄・囚應禁而不禁》 釋曰：此律之目，應禁而不禁，不應禁而禁，應枷鎖杻而不枷鎖杻，不應枷鎖杻而枷鎖杻，應枷而鎖，應鎖而枷，脫去，囚自脫去，司獄官典獄卒私與脫去，各項俱要細看。首節言原問官之罪，次節言囚及獄官獄卒提牢官之罪，三四節總言問刑官吏獄官獄卒之罪。

第一節，男子犯徒以上，婦人犯姦，及死罪，皆應收禁。其在禁囚，徒以上應杻，充軍以上應鎖，死罪應枷。凡枷者兼鎖杻，凡鎖者兼杻，惟婦人不杻。官犯私罪杖以下，及公罪流以下，與民人罪輕者，老幼廢疾，皆散收在禁。若原問官吏，將應合收禁之囚而不收禁，應合枷鎖杻者而不枷鎖杻，及已枷鎖杻而與之脫去者，各隨囚人所犯輕重，論以笞杖罪名，所以懲寬縱也。枷鎖錯施雖不廢法，而亦非法之平，故減全不枷鎖之罪一等，杖罪笞二十，徒罪笞二十，流罪笞四十，死罪笞五十。不及笞者其罪輕，故其責薄也。

第二節，若已如法枷鎖杻而囚自脫去，及司獄官典獄卒。私與囚脫去枷鎖杻者，其罪亦如原問官司脫去之罪。提牢官知其自脫與脫之情而不舉者，亦與官典獄卒同罪，不知者不坐。

第三節，不應禁而禁，誤禁也。若故禁者，另有律。應禁而不禁猶可補禁也，不應禁而禁，則枉禁矣。應枷鎖杻而不枷鎖杻，猶可補枷鎖杻也，不應枷鎖杻而枷鎖杻，則枉枷鎖杻矣。倚法虐民，故各杖六十。不拘問刑官提牢官、獄官、獄卒，並罪坐所由。

第四節，受財，通承上數項而言。固有受罪囚之財，而不禁不枷鎖杻者，亦有受怨家之財，不應禁而禁，不應枷鎖杻而枷鎖杻者。提牢官知而不舉，亦或有受財之事，並計入己之贓，以枉法從重論。贓重者坐贓，贓輕者，從本罪也。此條當與囚金刃解脫條參看。

條例

釋曰：將罪輕人犯，枷傷致死者，問罪依違制。

明・王肯堂《王儀部先生箋釋・捕亡・獄囚脫監及反獄在逃》 第一節，從門出者，謂之脫監。踰垣出者，謂之越獄。犯罪被囚禁，而乘獄卒之不覺，私自脫監，及解脫自帶枷鎖而越獄各在逃者，是先已犯罪而又犯，故各於本罪上加二等，須出外乃坐。若解脫枷鎖，欲出未出，則依應禁不禁條自脫枷鎖科斷。如自行脫越，因而竊放同禁他囚罪重於己者，則以所竊放他囚之重罪罪之，故曰同罪。其輕若等者，止坐脫監越獄加等之罪。以上加罪同罪，並罪止杖一百，流三千里，不至於死。其本犯原罪應死者，或絞或斬，自依常律，無所用其加矣。

第二節，反獄者，恃衆恃強，或逞兇殺傷獄卒，公然奮擊奪門而出，與脫監越獄、乘人之不覺察者不同，猶盜之分強竊也。故不分首從，但謀助力者皆監候斬。同牢囚人，以此輩謀密必不走洩其機，故不知情者不坐。

此條不言獄卒之罪，在主守不覺失囚條。如無罪之人，被禁脫監，止問不應。越獄者，止問越官牆垣。若犯罪未決，起解中途在逃，及解脫自帶枷鎖在逃者，亦各於本罪上加二等。

條例

釋曰：府州縣衛所官，依提牢官不曾點視，以致失囚者，與獄官罪同。律失囚，減囚罪五等，反獄，減囚罪七等科斷。

明・王肯堂《王儀部先生箋釋・斷獄・獄囚衣糧》 釋曰： 此律專爲病囚言。

第一節，凡獄囚無家屬者，應請給衣糧。有疾病者，應請給醫藥。而獄官典卒不行請給，及有患病之囚，除死罪不開枷杻外，其餘應脱去枷鎖杻而不請脱去。犯笞罪者，應保管在外而不請保管，或應聽令家人入監看視而不聽者，雖非獄官典卒所主，罪其不爲申請上官，故並笞五十。獄囚因無衣糧醫藥，不疎保入視，以致痍死於獄中者，仍視囚罪之輕重，以爲獄員吏役之罪。若囚該死罪杖六十，流罪杖八十，徒罪杖一百，杖罪以下杖六十，徒一年。提牢官明知前項情弊，而故縱不舉者，與獄官典卒同罪。

第二節，若司獄官已將應給衣糧醫藥申稟上司，而上司官吏不即施行者，一日笞一十，每一日加一等，至四日之上，罪止笞四十。因而致死者，亦視囚罪之輕重，以爲上司官吏之罪，其罪一如前例。蓋各該堂上官支放錢糧者，即是司獄官典獄卒之上司，獄囚衣糧疾病不申稟則上司不知，故專罪獄官典卒。若已申稟而不即施行，其責不在獄員吏役，故專罪上司耳。

條例

第一條，此保管入視，皆指患病之囚言。疏議謂干證之人，應保管。功臣及五品以上，應入視，非也。除死罪枷杻外，其餘徒流杖罪囚人病重者，開疎枷杻。今律圖惟男子犯死罪者用杻，則是死罪患病亦疎枷杻也。依律爲是。

明・王肯堂《王儀部先生箋釋・斷獄・凌虐罪囚》 釋曰： 在獄之囚，各有應得之罪，非獄卒之所得欺凌，而亦獄卒之所易於欺凌者也。凌虐所該者廣，毆傷即凌虐中事。凡有損傷，俱依凡鬭毆傷論罪。剋減囚人官給衣糧，計贓，以監守自盗、不分首從論。因而致死者，不論囚罪應死不應死，並絞。監候，此承凌虐剋減二項而言。司獄官典及提牢官，知而不舉，與同罪，至死者，杖一百，流三千里。無不知不坐之文者，即不知亦問不應，以獄爲職，獄卒之弊，正所當覺察，不容其不知也。

條例

釋曰： 押解人非法亂打，搜檢財物，問求索逼致死傷，問故殺。或凌虐因而致死，受財故縱，贓輕問故縱本律，贓重問枉法。買求殺害，除枉法問謀殺人從而加功。

明・王肯堂《王儀部先生箋釋・斷獄・與囚金刃解脱》 第一節，金刃，金之有鋒刃者。他物，繩索鴆毒之類。解脱之具，如鎚鑿鎖匙等物。及字，承可以自殺來。凡獄卒以金刃及他物但可以使人自殺及可解脱枷鎖之具而與囚者，其囚雖未自殺，未致解脱而已有其具矣，故杖一百。其囚因得金刃他物等項，以致脱監越獄在逃，及於獄中自傷其身，或傷人者，獄卒並杖六十，徒一年。若囚自殺者，杖八十，徒二年。致囚反獄而逃，及在獄殺人者，獄卒處絞。監候，雖皆囚之所爲而原其所得爲者，皆由獄卒與之具也。若其囚在逃，獄卒已行問罪，未曾斷決之間，能自捕獲所失之囚，及他人捕得，若囚已自死，及囚自出首者，獄卒各減罪一等。各字，指在逃、自傷、傷人、自殺。殺人反獄言囚逃者，杖一百。反獄者，杖一百，流三千里。

第二節，常人，非係獄卒，兼平人與親屬言。子孫以下，又從其至親者言也。若常人非主守獄囚者，有以金刃及凡可解脱之物與囚，及子孫以之與祖父母父母奴婢僱工人以之與家長者，各減獄卒罪一等，未用者，杖九十。以致囚逃及自傷，或傷人者，杖一百。囚自殺者，杖七十，徒一年半。反獄及殺人者，杖一百，流三千里。其未斷之間，但能捕得，及自死自首者，又各減一等。

第三節，司獄官典。及提牢官明知獄卒常人及囚之子孫奴僱以可解脱之物與囚，而故縱不行舉問者，各與獄卒等同罪。至死者，杖一百，流三千里。無不知不坐之文，亦合問不應。

第四節，若獄卒常人因受囚人之財，而與以金刃等物，或提牢官司獄官典因受獄卒常人之財，而故縱不行舉問者，各計其入己之贓，以枉法從重論。贓重從贓論，贓輕從本罪論。

第五節，若提牢官司獄官典。獄卒。失於點檢防範，以致獄囚自盡而不覺，原無與以金刃他物之情者，獄卒杖六十，官典各笞五十，提牢官笞四十。夫有官典之罪，則督察密而有先事之防，有獄卒常人之罪，則獄禁嚴而無意外之變矣。

明・王肯堂《王儀部先生箋釋・斷獄・主守教囚反异》 第一節，反異之反，作翻，謂已招承而改口。又反其前説也。通傳言語，有兩意，謂通傳囚言於外，或通傳外言與囚，俱是。司獄官典與獄卒，但典守罪囚而已，乃敎令罪囚翻異成案，變亂所犯眞實事情，及與通傳言語，內外扶同，而有所增入他人，減去自己之罪者，並以故出入人罪論。增輕作重，坐以所增，減重作輕，坐以所減。若外人犯有教囚反異，及通傳增減者，減獄官典卒之罪一等。

第二節，獄卒官典有故縱容令外人入獄，及雖通傳言語。走泄事情，而於囚罪無所增減者，笞五十。此走泄事情與通傳言語二句，互文見義。乃就獄卒官典言之。外人，非守獄之人也。律不著外人擅入獄中之罪。或謂當減主守一等，亦合問不應笞罪。然縱人入獄，在主守且笞五十，況入者乎？若應聽家人入視者通傳走泄，於罪無增減，不坐。

第三節。若司獄官典獄卒。及外人接受罪囚之財，而教令反異，及通傳有所增減，或獄卒官典接受外人之財，而縱容入獄，通傳教令者，並計入已之贓，以枉法從重論。贓重從贓論，教令等項罪重者以本罪論。

按教令，及爲人書寫詞狀，罪無增減者勿論。若囚先自誣服，而主守教之反異伸寃理枉者，乃得事情之實，又非變亂可比矣。

明・王肯堂《王儀部先生箋釋・慎刑説・監禁》 囚犯奉有決章單，自當明正典刑。是以未決之先，貧者有囚糧，病者有醫藥。夏則灑掃以防瘟，冬常溫煗以禦寒。聖王豈不知其人之當誅哉。以爲既有臨時之死，且延一日之生。故曲加體卹如此耳。近日司牧疎於治獄，有獄卒要索不遂，凌虐致死者。有讐家買求獄卒，設計致死者。有夥盜通同獄卒，致死首犯以滅口者。有獄霸放債逞兇，滿監盡其驅使，專利坑貧，因而致死者。有無錢通賄，斷其供給，有疾病不報，待其垂死而遞病呈，或死後而補病呈者。倘係情眞罪當之囚，瘐死猶可，中間有抱寃待辯之人，株連未結之罪，一概死於獄中，所傷天理不細。以後獄囚有病，先取囚親告治結狀，調治不痊，後取屍親告領結狀，一併粘連，申詳上司，方准開除。無親人者，以里長甲首隣佑代之。其強盜失迷鄉貫，原無親族里長者，取刑房吏告治病呈，及醫生病案粘申。如此，庶免日後凌虐罪囚之論。有司錢糧原不寬綽，若囚糧一概全給，豈能人人均霑，年年常繼。今擬分爲三等，除罪大惡極死有餘辜者，宜量給。家不甚貧，有人供給者不准給外，有情稍輕而家極貧，或無家供給者，給與全糧。情稍輕而家次貧，日用不足者，給與半糧。至於新獲賊盜，眞假未分，果無供給，亦當有處。若監故未成招之囚，甚於奉單之罪，倘被告發，自罹故勘。

一朝之忿，斃人於頃刻，百年之悔，無由而改圖。此等死囚，情尤可憫，有一入獄而父母妻子不復得見者，有送飯到而不知誰接誰食者。昔人有念囚無嗣，不禁妻之出入，而令其有子者，此雖不可爲常。至於應聽家人入視而不聽，律有明條，故舊例有寬囚每月令家屬一對面，任從談叙家常。待其辭畢，方許收監。婦人臨決將產，百日而後行刑。聖王仁及囹圄，蓋如此有司若懷泣罪之心，行哀矜之政，使法不疎縱而情不鬱抑，豈患無術哉。第恐念不及此耳。

有司習於故套，拘攝人犯，動輒送監送倉。不知一人在禁，一家憂惶，或有老親而無妻室者，或有少婦而無子姪者，或家貧路遠不能供給者，或家有病人或自身抱病者，或冬寒而身無綿衣者，或空手枵腹無錢打點牢獄者，即使其人當死，亦應曲體其心。況於輕小事情，豈宜泛繫之獄。爲民父母，亟宜念茲。各府州縣衛衙門除死罪與充軍擺站人犯，及入官還官贓物，俱應收監追比外，其有力徒罪，及杖一百以下贖決等犯，止令干證保領，聽其寧家。轃辨，限期完納。雖係院司各道紙贖，俱不必倉羈正犯及濫將家屬監追。

監倉二簿，只宜掌印官一本，其佐貳首領官應送監倉犯人，俱要稟白堂上，同簿附名。掌印官每遇票日，便將二簿查閱一遍。某人某日監倉有無得所，應否釋放，何以處分。往見懶於問事，輕於聽信衙役者，拘到人犯皂快稟收監倉，即送監倉，甚者監倉皆滿，而送之冷鋪者。緣監倉二簿，經年不一過目，吏卒因循，不肯稟白。甚者催比錢糧，花戶坐倉以數百，不知令何人轃辨也。賢有司試一思之。

婦人非犯死罪，切勿繫獄，非犯姦情及不孝應出。爲舅姑夫男所訟，切勿拘喚。蓋男女有別，廉恥爲重，皂快一拘婦人，無窮之利。婦人一入公門，無限之辱，掏摸戲狎，無所不至，有因之而喪名節者。誰無婦女，豈應獨屈民情，至於死罪婦人，往往爲獄中吏卒所占，此最難防，須時時密察而重懲之。

七十以上老人，十五以下小兒，及身有疾病、家有新喪者，不係大案及重犯，不宜輒送監倉。

監中牆屋破壞，有司即申呈合干上司，估計修理。仍須蓋病房一處，凡遇一囚瘟疾，即送病房調理，毋令傳染。

司獄官、刑房吏、禁子等役，不稟白掌印官而擅打監倉人犯者，拏問重治。

反獄越獄，惟強盜與重囚爲然，而夜防尤要。近日有司常不下監，牢頭禁卒日久情熟，安心懈怠，夜間囚犯不上鐐杻。此輩算無生理，心懷百計，乘機脱逃虎兕出柙，非掌印官之過與。若使手足不得利便，精力不得壯強，出不測而夜爲查點，遇疎懶而重加創懲，時刻兢兢，豈有反獄、越獄之變哉。

明・卜世昌《皇明通紀述遺》〔嘉靖二年〕閏四月，刑部尚書林俊言廖鵬、齊佐、王巘、廖鎧，皆先朝巨蠹，罪惡貫盈，國人皆曰可殺，天變實其所召，請亟誅四凶，或先誅鵬、愷以快人心，回天意。上命仍禁于獄。

明・丘濬《大學衍義補・慎刑憲・明流贖之意》 司圜，官名掌收教罷民，凡害人者弗使冠飾，而加明刑焉。任之以事而收教之，能改者，上罪三年而舍，中罪二年而舍，下罪一年而舍。其不能改而出圜土獄城者殺，雖出，三年不齒。凡圜土之刑人也，不虧體；其罰人也，不虧財。

王昭禹曰：其刑人也不虧體，則加之以明刑，而已異於五刑之刑也，其罰人也不虧財，則罰之以職事之勞，而已異於五罰之出鍰者也。此謂收教歟？臣按：弗使冠飾，後世犯罪者去冠衣，其原始此。先王之於惡人，不徒威之以刑，而又愧之以禮，去衣冠以恥之，加明刑以警之，任事役以勞之。凡此，欲其省己愆以興善念也。上罪三年而舍，中罪二年而舍，下罪一年而舍，以罪之輕重而爲之遠近之期。能改即止，不能改，然後加之以刑。後世徒罪有年限本此，然惟恨其年而已。限滿，即出以爲平人，而無復古人冀其改惡之意，亦無復古人雖出不齒之教矣。

明・楊昱《牧鑑・刑罰》 西山眞氏曰：針芒刺手，茨棘傷足，舉體凜然，謂之痛苦。刑威之慘，百倍於此，其可以喜怒施之乎？虎豹在前，坑穽在後，號呼求救，惟恐不免。獄犴之苦，何異於此，其可使無罪者坐之乎？

又曰：獄者，生民之大命。苟非當坐刑名者，自不應收繫。爲知縣者，每每必須躬親，庶免枉濫。聞諸縣閒有輕賁人於囹圄，而付推鞫於吏手者，往往寫成草子，令其依樣供寫，及勒令立批出外。索錢稍不聽從，輒加箠楚，哀號慘毒，呼天莫聞。或囚糧減削，衣被單少，飢凍至於交道。或枷具過重，不與湯刷，頸項爲之潰爛。或屋瓦疎漏不脩，有風雨之侵。或牢床打併，不時有蟻蝨之苦。或坑廁在近，無所蔽障，有臭穢之薫。或囚病不蚤醫治，致其瘐死。或以輕罪與大辟同牢，若此者不可勝數。今請知縣以民命爲念，凡不當送獄公事，勿輕收禁。推問供責，一一親臨。飲食居處，時時檢察。嚴戢吏胥，毋使擅自拷掠，變亂情節，至於大辟，死生所關，豈容纖毫。或至枉濫，明有國憲，幽有鬼神，切宜究心，勿或少緩。

明・佚名《居官必要爲政便覽・刑類》 上司按臨審録時，謹防囚犯走失，須預行嚴禁。解囚人役不許受賄飲酒，及縱放脱去囚犯刑具。若縱放囚犯飲酒非爲，醉後多有仗酒將解人打傷而逃走者。雖將解人抵罪正法，亦于正官有礙，先須諭令巡捕官并刑房吏嚴行防範，如遇疎虞，責有攸歸，不可不慎。乃近日常有之事，非泛言也。

明・佚名《新官軌範・體立爲政事情》 差人遞送囚犯，量事輕重，可差那等之人遞送及可。用人多寡，亦要斟酌，不致疎虞。

又 發落罪囚及別樣輕罪犯人，招議停當，罪輕之人在外聽候，罪重之人監候申詳。夜晚遇閑，親去監内點查上視，封鎖罪人，不致疎虞。

明・呂坤《實政録・司獄官之職》 監中人犯，多非良民，縱是徒罪充軍，那非違條犯法。況頸上長枷，更是重刑，但係強賊，尤爲死鬼。朝思暮想，只求撞網脱籠；得便乘機，便分劫囚反獄。司獄官若肯用心關防，無縫鎖鎖在鐐頭，白日不消帶肘，密櫺柙柙住手脚，夜間更須輪防。縱在荒坡野地，豈能插翅騰空？

明・呂坤《實政録・解送軍囚》 監倉驛遞囚犯，獄政既詳之矣。夫死罪赦所不原，而遣戍下死一等，其人皆兇悍，其志在脱逃，即使力相敵，心同切者，爲關防，彼可以格鬭，可以劫奪。倘毆人至斃也，死罪無以加，毆人折傷也，軍罪無以加。解者每用孱懦之夫，或有轉雇之人，心不警惕，械不堅牢，及至虎兕出柙，止將解人坐贓擬抵，豈不簡便？如此心何將解者與所解者俱逃，又將誰坐也。款言其畧，有司詳之。

一、人命強盜遠路解審，或有親人計脱，或有夥盜強劫，一經失手，追捉便難。此等罪囚久當處決，幸生一日，天網已寬，發解之日，先將臀腿加刑，令其艱於奔走，若恐在道行遲，寧可早發數日。

一、律惟死刑帶扭，而徒罪以上，即著帶鐐。蓋人之奔走在足，一鐐其足，雖賁育不能自斷，非鐵匠不能爲斷，如是，即十賊一解，可無憂矣。宋孫覿上失獄疏謂：有髡首之重囚，無散足之徒配。今犯重罪者，發解之時，往往闊步逸足，不謹之罪，有司豈能辭耶？

一、解處決囚犯，人數衆多，所在州縣衛所差人護送，日暮止宿，所在收監。如監不便者，責令所在地方官吏尋覓嚴密處所，仍令街民夜間防範，庶無疎虞。

一、因飯責令本囚攢銀買造，務在齊止齊行，其飯止用粟米，不與酒肉麪食。

一、因經過家門亦不許入，但令親族就省，如餽酒肉，亦不必禁。余昔爲令雲中，囚犯董鴻儒以勸人不從，因而毆死，蓋士人子也，其父與伯父死，俱無嗣，止有鴻儒，且始娶無兒，葬及期，其母泣曰：夫將歸土，乞假鴻儒，使盡一日子道，願以其舅爲質。余憐而許之，不敢釋三木。余曰：執喪，明死者之有子也，若然，不如無往。枷杻鐐悉與脫之，但用四壯監押。巡道聞之，驚曰：是人豈可信耶，是豈有司所得專耶？萬一疎虞，何辭以解？余悔之，業有成言，不可食也，鴻儒主喪送葬，謝客凡七日，其母仍送還，幸無事。余所許者，不忍之心，巡道所驚者，老成之慮。彼兇狹人也，優恤可矣，若鴻儒事非法之常。余誠過哉。

一、五年一欽恤，主於求生，獄中囚犯盡數解審，悉聽懇乞，猶非得已。至於按院審録，主於理枉申寃，非爲死中求活，當通行州縣，有司親提獄囚，當面審問有寃無寃，欲辯不辯。如果囚不稱寃，造冊申文，徑詳按院云：除某人某人自謂不寃免行解審外，惟有某人以某事寃某人以某事寃，擬合解審，今將應辯審語備載冊中云云。如此則按院省無益之目力，一也；苦主干証無長途之費累，二也；解夫省脫逃代死之罪，三也；官省造冊護送之錢糧，四也；所在省寄監之無處，五也。或曰：審録有朴責，似不可已。嗟夫，以決不待時之人，寬一年之死，即多加箠杖，以洩死者之幽憤，法所宜然。向見霍思齋龐惺菴巡按河南，重囚常是八十，而今也純尚陰德矣。余見二三直指淩遲之罪，僅打二十，絞斬者十板十五板耳，且委官外責聽其寬嚴，不如不解囚犯，徑批該州縣官重加責治，不省往來數百里解繫之勞費乎？節財省事之君子可以思矣。

一、大奸巨惡，犯該充軍，有邊遠有煙瘴，犯人不足惜矣。惟是長解兩名，先僉宗族，宗族無人，則僉里甲，無，妻代爲取，妻無盤費代處盤費。至於長解往來遠者，常費數十金，收管纔回，兇犯隨至，再被清勾告發，依然又解一番。是兇犯不死而解夫往往累死，兇犯固貧而里族亦累以貧甚者。兇犯逃脫，長解即爲代戍，此懲大憝乎，虐無罪乎？民間之恨，此爲最深。昔有一人，百種貪暴，問發充軍，累死長解。其軍著伍即回。及至再發，死者之子爲解，中途又逃。解者既懷父恨，又見復逃，追回毆傷，因而致死，問官遂擬抵償，是父子二人死於一軍也，豈不悲哉？蓋充軍多強悍之惡人，而解夫無關防之慣習，甚者里族無人，老弱充數著伍足矣，而清軍道猶以收管過期問罪，哀哉！今後發解軍徒，改擬快手民壯同役貼錢，本犯項帶三尖小夾，以鐵錮之上，造充軍某人字樣。彼自卸不能，即逃易識。收伍之後，聽其開釋。快壯健卒又精防範，且係管役，自當聽差。盤費不足，寧令里族量爲津貼官定數目，是快壯雖稱苦差，較之里族，似便有司議行。

一、充軍及清勾軍犯到伍之日，該管衛所官員刁索錢財，經月不與收管。今後投文三日不收，犯人不與收管者，長解於所在上司聲寃告狀，依法重究，若不如此，累損遠人。

一、軍犯著伍，自有百戶總旗管隊貼隊營房聯絡，人居輳集，即便攜妻私逃，豈得掩人不見？見而速追，豈得便無行踪？其逃之故蓋有三焉。一則本管既不存恤，又加淩虐，勢難自存。二則本管收財名准給假討取衣鞋，其實相約歲有供給。三則戀舊懷歸，避差畏苦。此三逃者，官居二焉，乃因供給不至，便請部單清勾，及至騷擾原籍，又稱頃已回伍。彼冒月糧以養身家，安用此軍爲哉。催供給耳。是清軍臺司道府州縣，止催武弁供給之財，又甚紛紛郡邑之擾。今後衛所勾到新軍，若一年之內求索財物，因而逼累在逃，准照例指揮拾名千戶，鎮撫六名以上，百戶四名以上，各問罪降一級，每十名六名四名各照數遞降。若受戶財賣放贓至滿貫者，立功滿日，調衛差操。如此庶小民安生，貪官知戒。

一、近日軍差累苦，軍籍埋沒，誠亦有之。然有絕戶之民，豈無絕戶之軍哉？其缺伍三十年以上，五經清勾者，取具里隣保結，即與照例除豁，但有埋沒者，許諸人訐告，即將本犯與作弊之人名下，追銀十兩充賞。

明・呂坤《實政録・風憲約・監禁》 一、囚犯奉有決單，自當明正典刑。是以未決之先，貧者有囚糧，病者有醫藥，夏則灑掃以防瘟，冬常溫煖以禦寒。聖王豈不知其人之當誅哉。以爲既有臨時之死，且延一日之生，故曲加體悉如此耳。近日有司疎於治獄，有獄卒要索不遂，淩虐致死者；有讐家買求獄卒，設計致死者；有夥盗通同獄卒，致死首犯以滅口者；有獄霸放債逞兇，滿監盡其驅使，專利坑貧，因而致死者；有無錢通賄，斷其供給，有病不報，待其垂死而遞病呈，或死後而補病呈者。倘係眞情罪當之囚，瘐死猶可，中間有抱寃待辯之人、株連未結之罪，一概死於獄中，所傷天理不細。以後獄囚有病，先取囚親告治結狀，調治不痊，後取屍親告領結狀，一併粘連申詳本司，方准開除。無親人者，以里長甲首隣佑代之。其強盜失迷鄉貫，原無親族里長者，取刑房吏告治病呈及醫生病案粘申。如無，以淩虐罪囚論。

一、有司錢糧，原不寬綽，若囚糧一概全給，豈能人人均沾，年年常繼。今擬分爲三等，除罪大惡極死有餘辜者不准給，家不甚貧有人供應者不准給外，有情稍輕而家極貧，或無家供應者給與全糧。情稍輕而家次貧，日用不足者，給與半糧。至於新獲賊盜，眞假未分，果無供給，亦當有處。若監故未成之囚甚於奉單之罪，倘被告發，定擬故勘。

一、一朝之忿，斃人於頃刻，百年之悔，無由而改圖。此等死囚，情猶可憫。有一入獄而父母妻子不復得見者，有送飯到而不知誰接誰食者。昔人有念囚無嗣，不禁妻之出入而令其有子者。此雖不可爲常，至於應聽家人入視而不聽，律有明條。今三法司重囚，每月令家屬一對面，任從談叙家常，待其辭畢，方許收監。婦人臨決將產，滿月而後行刑。聖王仁及囹圄蓋如此，有司若懷泣罪之心，行哀矜之政，使法不疎縱而情不鬱抑，豈患無術哉？第恕念不及此耳。

一、有司習於故套，拘攝人犯，動送監倉。不知一人在禁，一家憂怕，或有老親而無妻室者，或有少婦而無子姪者，或家貧路遠不能供給者，或家有病人或身自抱病者，或冬寒而身無綿衣者，或空手枵腹無錢打點牢獄者，即使其人當死，亦應曲體其心，況於輕小事情，豈宜泛繫之獄。爲民父母，亟宜念兹。各該府州衛縣衙門，除死罪及充軍擺站人犯及入官還官贓物，俱應收禁追比外，其有力徒罪及杖一百以下贖決等犯，止令干証保領，聽其寧家輳辦，限期完納。雖係院司各道紙贖，俱不許倉拘正犯及濫將家屬監追。違者列之下考，致有獄死者，以酷刑參究罷斥。

一、監倉二簿，只宜掌印官一本，其佐貳首領官應送監倉犯人，俱要稟白堂上，同簿附名。掌印官每遇票日，便將二簿查閱一遍，某人某日監倉有無得所，應否釋放，何以處分。往見一縣令懶於問辭，輕於聽信，拘到人犯，皁快稟收監倉，即收監倉。佐貳首領各有監倉簿籍，要送監倉即送監倉，甚者監倉皆滿而送之冷鋪者，有燈節醉爭至除日猶繫獄者，緣二簿經年不一過目，吏卒因循不肯稟白，甚者催比錢糧。花戶坐倉以數百，不知令何人輳辦也。吁，可恨哉。賢有司試一思之。

一、婦人非犯死罪，切無繫獄，非犯姦情及不孝應出，爲舅姑夫男所訟，切勿拘喚。蓋男女有別，廉恥爲重。皁快一拘婦人，無窮之利；婦人一入公門，無限之辱。掏摸戲狎無所不至，有因之而喪名節者。居官誰無婦女，豈應獨忽民情。至於死罪婦人，往往爲獄中吏卒所占，此最難防，須時時密察而重懲之。

一、七十以上老人，十五以下小兒，及身有疾病家有新喪者，不係勘合及重犯不許輒送監倉。

一、監中牆屋破壞，有司即申呈，合干上司估計修理。仍須蓋病房一處，凡遇一囚瘟疾，即送病房調理，毋令傳染。

一、司獄官刑房吏禁子等役不稟白，掌印官而擅打監倉人犯者，拏問重治。

一、反獄越獄，惟強盜爲然，而夜防尤要。近日有司常不下監，牢頭禁卒日久情熟，安常心怠，夜間囚犯，既不入柙床，又不上鎖鐐。彼賊無一念生理，心懷百計脫逃，虎兕出柙，非掌印官之過與。若使手足不得利便，精力不得壯強，出不測而夜查監牢，遇一疎而重懲，典守時刻兢兢，豈有反獄越獄之變哉？以後但有疎虞，有司定照條格重究。

明·吕坤《實政録·獄政·倉犯》 一、古者，罪人無閒坐之理。城垣則令之修築，鬼薪則令之劈柴，倉痍則令之舂米。今以罪人拘繫在倉，猶有古之遺意，但倉犯原非重罪，充軍發站人犯雖送監，不妨笞杖及贖徒，令里族之長鄉甲之人保領在外，至聽訟之日，不悞聽問，申詳之後，不悞贖決可也。惟是隔縣關提，又當解審，無人保領及監追還官錢糧家屬不當保領者，然後送倉，能幾何人哉？近查幾處州縣，專聽皁快稟說，有錢者討保在外，無錢者不論罪情輕重，一概送倉。至於婦人收禁，惟有犯姦、死罪兩條，餘俱責付本夫收管，無夫者責付有服親屬隣里保管，隨衙聽候，並無雜犯送監倉之文。其監追錢糧，家屬併無婦女，雖盜賊捕限亦無監禁家屬之文，果其夫其父盜情已眞，倉禁妻子猶可，如招攀在逃無贓無証之人，而濫禁妻子已屬糊塗，甚者監其父母兄長，不亦孟浪之甚乎？余於風憲約概言之矣，再引律條試自檢查。

一、倉中亦須穿井，多備水桶幾隻，一則便於犯人自汲，一則可防不測火燭。近查得一倉久犯輪當火頭刁索，後來貧犯已經重究外，各州縣掌印官即處土作模，令犯人多托坯塹，擇於空便倉中作炕五七處，計可容百人者，厚織草苫五寸，大作籚蓆一，重又作火竈三五處，各從便攢食，再置麄碗碟百十個，箸百十雙，或照監中法官出薪米鹽菜。待出倉之日，貧者准開囚糧，不貧者照數補穀，其家火等項新舊斗級交代損失者本人賠補，但有火頭斗級人等多開飯錢，強當衣帽，及刁難犯人卧無蓆之地，忍有米之飢者，重行究治，仍枷號於本倉門首示衆。

一、監倉兩簿，掌印官每日點判，要見某人，某日送倉，緣何久禁某人，某佐貳送倉因何事情，仍令斗級每辰口報，倉犯有無飢寒病疾，其送飯之規務同監飯齊進，亦照監犯立爲簿籍，照序點名，親接倉犯家人，許徑進倉中，事畢放出，不許斗級攔阻。倉門之下亦置鼓一面，以備倉犯聲冤，即時喚審。

一、七十以上老人，及十五以下兒男，及大小女子，及身有疾病新遭重喪，不係謀反大逆，同居親屬俱不許擅拘倉禁。其隨衙婦人上堂，先問皂隸拘喚有無掏摸，衙門人等曾否調戲，如有指名稟出者，加倍重責革役。風憲約中言之矣，兹再申明。

一、拖欠錢糧止令限辦，入官財物止令限納，給主財物止令限還，紙穀罪贖止令限完，各令保人領催，不則稟拘責治。如家貧無辦，討保無人，即令倉死何益？如可以經營，有人保領，倉之反妨措處。至於審罪之時，便問干証人等，本犯果否有力，能否完納，方擬罪名。若果身家眞無虧充，自當減贓銀註無力既省比銷未完亦免累年倉比其罪惡深重之人，甯陸續多責及枷號示衆，亦足示懲。近見申詳徒杖好問，有稍等力甚至贓應給主，輒捏主無全在及非本主自告，名色俱改入官。不知此出何律。及允詳之後，卻乃倉追嚴比，淹禁歲月，甚者著落親族代納。如此作官，民生何以自存耶？

明・吕坤《實政録・獄政・驛犯》 一、驛遞之官雖卑，生死之權實重，諺云：活軍死徒。蓋發站之徒率有五等，一等，頗有身家，納贖既惜多費，擺站又怕辱名，到驛之日，官吏先行賄賂，保人圖得貨財，收管出門，犯人離驛。一等，奸頑積棍，無力贖徒，到驛之日，私查徒數，暗記官贓，挾制官吏，假取衣糧，驛遞不敢不放。此兩等人查盤官到，或保人代覓點站，或本人探聽親來，查盤既過，依舊回家。一等，供給無人，乞食不足，或不耐鎖押，買通押解之人，脱逃回家，驛官自歉多弊，明知不敢聲言，或差人需索步須，或眞是無處跟捉，點站之時反爲覓替。此三等人全不在驛，皆徒夫之奸頑者也。一等，才能可用，或圖衣食，私役於積年保歇之家；或求親幸，聽差於衙門奔走之事，甚有役滿之後依戀不歸者。一等，百事無長，一貧如洗，官吏要索不遂，捶楚常加；牢頭買免無錢，凌虐備至。飢寒無策，疾病不恤，及至死亡，只費報故紙一張耳。此等之人常居其半，守令首當注意者也。

一、驛遞有衝有次衝，有居民多至數百家者，有不及百家者，院道批發徒犯，率從就近地方。且如永寧一州三驛，玉亭附在州城，徒夫乞食爲便；青龍不及玉亭，然人烟頗稱輳集；惟是吴城一驛，夾在荒山，人家既少且貧，徒犯批發頗衆，解到之日，不脱逃則餓死，上司何由知之？除驛遞簡繁人家多少另行查報以便批發外，其在各驛遞囚犯，要見本驛居民若干家，見充徒犯若干人，以便量情改調。如官吏厭懼囚多，故捏監牆傾圮、店舍稀疎者，嚴實提問。

一、囚房狼狽傾頹，驛遞尤甚何者？丞使痛癢不關，守令耳目不及，錢糧無所措處，興作誰肯申呈，是以淺隘之房，卑溼之地，漏雨穿風，浸泥濡水，盛暑蒸溽，大寒凄冽，人非木石，安能二三年不病且死哉？查盤官點囚，多不下驛，入驛亦不看房。以後掌印官每年終，一報監倉驛遞養濟等房有無塌漏，應否修葺。果當興工，即於官路取木，徒夫托坯。或破壞寺廟，或人家廢房舊磚瓦門牕皆堪拆買，地基要高，門牕要厚，多作連炕，厚鋪苫蓆，再置鍋竈碗碟杓瓢盆箸鋼桶等器皿，令館夫收掌，交代每徒夫十人立火頭二人，專管汲水造飯，早間各喫粥一飡，飯後押令乞食。大率粥米三人一升，三十人纔用一斗，即令各夫攢造，如果不齊，亦聽情願。此輩罪人，非因做工缺食，尋常生計，不必官爲設處也。

一、病疾徒犯，法當保放回家，調理痊可，照日貼役。近來驛官放者。竟不追呼，不放者不恤疾病，甚爲壞法。其家遠身孤之囚，即日報知州縣，撥醫調理。但有延慢失調致令身死者，該驛官吏徑以凌虐罪囚提問。再擬其孤子親在篤疾，或親死無人殯塟者，報知州縣正官，准假事畢，照日補役。

一、發驛之後，或有黄腫、痞塊、癆瘵、衰羸、癱瘓、風痺、腳手殘疾、兩眼雙聲及役雖未滿年已七十者，驛遞官吏即呈州縣掌印官，當堂驗實，詳具年齒病狀，申報原批衙門，所有未滿日期不許拘役，並如律收贖釋放，但有需索刁難不與申報者，驛遞官提問。

一、州縣監倉，切近掌印正官，下情既易通聞，羣小猶知忌憚。驛遞之設，半不同城官與吏卒，情同貓鼠，不惟禁約爲難，亦且貪虐同術，籲天之聲，何由上達。又朝夕在其掌握，有冤亦不敢聞。以後發驛，徒夫除驛夫牢頭不許擅自毆打外，其驛官以法鈐束，應得責治者，不得過十板。如有需索見面節儀賣歇等錢，及私下非禮凌虐，奉承不到，將徒夫擅行敲樸者，許被害之人指實陳告以憑，重究革職。

一、徒犯本爲工作，律有拘役、入役、貼役之文，如煎鹽炒鐵運炭之類。近來有力買官者，盡行賣放；無錢覓保者，又懼私逃，晝則鎖押乞食，夜則禁錮囚房，甚非立法本意。律云：犯徒罪者，帶鐐做工。帶鐐正防其逃，做工正役其力，本司向以積兇大惡，到驛即逃，常發之遠驛，細思驛遠則供給爲難，無親則借助不便，不若改之本州縣驛遞，一則繫刑具以見鄉曲，激其愧悔之心；一則有同室爲之供給，不患饔飧之缺。責令托打坯墼、挑浚城壕、修理衙門、推水搬柴、守門巡夜帶鐐，雜於衆中辦一切事務，可省一夫工食。其無父母兄弟妻子又無親族供給者，比照囚糧事例量給米食，資其力量。如此，則既得以功贖罪之法，又無飢寒致死之虞。州縣去驛遞差遠者，有役不妨調用，晝則同夫押管，夜則收禁倉中，如有保人，聽從其便。

一、查得律例，徒夫做工與擺站原是兩事。擺站者，發驛遞擡損重勞之也，今徒犯既無供給，又懼辛苦，且奔走又難帶鐐，何以防其逃逸？及查損夫一站，雇人每日銀七八分，多者一錢。若以囚徒搭配額夫，夫八囚二，令之相羈，囚日得銀三分，飽食可以自存，而以八人防二人，亦可以免逃逸，庶幾稍得其用。至於初犯、再犯、刺字、竊盜，一無所用，又費關防，自有繫勞之役，令之帶鐐工作，勤苦三年，既消磨其驕逸之性，如果無人供給，亦量貼與米食。惟良有司調停之。

一、徒犯原非良民，奸暴固其常性，但驛官有過，遂被要挾，任其縱橫，不敢制伏，有凌奪同犯把持獄情者，有指稱打點科歛重囚者，有搶騙衣食擾害居民者，有傲侮官吏不遵約束者，有徑自逃回拘喚毆打公差者，諸惡不可盡指，俱許驛遞官指實申呈本管州縣究明。除重責枷號外，仍加役調驛，其因申而訐告驛官，雖實亦不准理。

一、公差人等拷嚇錢財，土豪棍徒奪騙良弱，及誣告重情分毫無實等犯，非徒罪不足示懲，其餘需索科歛，須審十分端的，如貫分已滿、未滿，便有應杖、應徒，所爭不過一錢半錢耳，原告之言豈得分毫不爽，告稱全誣、輕誣便有加罪、免罪，豈無一實半實乎？干証之語，安知一字無欺，低昂伸縮間，是在取供時斟酌之耳。至於一事告實，或重事告實，或輕事告實，或反坐所剩或未決收贖，或律該罪止，自有應得正條，豈容一概重擬。近有因指稱告助坐贓問徒者，不知婚喪等事，原有相助之文；宴會設席，豈無一錢之費。又有誣告人杖一百而加三等徒二年者，不看事情輕重，概與誣死同科。驛中徒犯甚多，皆緣問擬太易，不知納贖每傾人家，發驛或傷人命。今驛遞徒犯所在充濫，無容身處矣。如果情有可恨，法所當懲，甯多責枷號可也。

明·呂坤《實政録·獄政·關防八條》 一、柙床之制，極爲嚴密，頭上有掀頭鐶，項間有夾項鎖，胸前有攔胸鐵索，腹上有壓腹木梁，兩手有雙鐶鐵紐，兩脛有短索鐵鐐，兩足閘於柙欄，仍有號天板一葉，釘長三寸，密如蝟刺，利如狼牙，其板蓋於囚身，去面不及二寸，仍以梟木關閘，而禁卒卧於其上，以聽囚犯動靜。復有四面檽欄，狀如鳥籠，八縛在檻，四體如殭，手足不得屈伸，肩背不得輾轉。莫道蚤虱交攻，蚊虻爭嚼，縱使毒蛇螫身，餓鼠嚙足，蚰蜒入腦，大蛇纏頭，只須忍受，孰能寬之？此法司定式，天下所同，凡係重刑，皆當就柙，立法者豈如是以苦人哉？強盜姦殺截路，罪惡滔天，甚者夥盜劫囚，盡令解脫，須如此嚴，始無他慮。但吏卒不耐煩勞，或聽受買央，或忽爲無事，往往全不上切，率以爲常。假令止禁手足腹項四處，即強有力者未便能鬆，何至有越獄之患哉？廢法之罪，與賣放均。及至大盜奔逸，每以不覺減等，殊爲過寬。至於土豪積棍，大奸巨兇，不孝不仁，屢懲屢犯，謂發配如赴席，以充軍爲看景，蔑視紀法，淩奪善良，此等之人，不死不止。夫背癢不搔，心急無奈，彼身不入牢門，豈知世間有此不受用之卧處哉？當以盜柙嚴禁，困頓消磨，艱苦備嘗，但令不死。蓋與其永錮於當死之後，悔改無從，不若警懼於屢犯之時，死亡或免。各州縣宜作柙床一具，置於大門之外，令其聚觀，但有頑縱不悛者，不必枷號，晝則鎖於柙外，夜則切於柙床，待十分悔悟，多人保改者，始放，是亦不屑之教也。《書》云：象以典刑。《尚書大傳》曰：古之用刑者畫象而民不犯。今之世去古遠矣，而又不縣象以示民，惟其陷也而刑之，仁人忍如是乎？

一、監犯以疎虞爲第一，然長枷輕薄，不足防跳梁之奸，杻緊則手腫，鬆則手脫。且飲食便溺疾痛癢疴，手爲日用之資，杻豈常帶之物，不如止用麄大鐐鐲，嚴密鎖絆，除強盜枷杻兼用外，其餘重犯，只宜牢鐲。四時更換鞋韈之時，當堂先定手杻，然後開鐲。其鐲須置於脛骨之上，貼著皮骨，寧令韈縢穿破，決不可施於韈上，致令寬鬆易於脫足。且鐲鐐動則聲聞，舉足不便，但不開鬆，自難逃走。關防囚犯，此爲最良。每夜但鎖柙床亦可，必其無事，手便於動作，而足苦於羈縻，亦情法兩得之術也。

一、每歲決囚，大省不及十人。即決，先及強盜，強盜歲決尙不能盡，是以重囚自信老死獄中，越獄反速其斃，故脫監之念不萌。強盜自知必難久活，惟逃萬一得生，故反獄之心甚切。彼強盜者，情罪既眞，雖三木囊頭，八縛羈體，死於囹圄，首領猶全，爲幸已多。惟是夥盜未經捕獲，贓物未見分明，一有寃抑，是殺無罪，白日止宜帶鐐，夜間散上柙床。但免疎虞足矣，不可與眞盜一體嚴行禁錮。

一、獄中常置火砲數杆，以防囚盜出獄，先與守城人約，放砲四聲，先關四門，更夫登樓撞鐘無數，快壯人等護監牆，保甲街民攔巷道，各家閉門防盜入舍，壯男子執兵防盜跳牆。盜不拒捕格鬬者，只令投兵就縛，不可遽行打死。其獄中死罪、軍徒原未從賊出監者，不許玉石不分，一切捶斃，恐上司不信捕獲，死人何以驗辨？至於就捕還獄之後，不得遽加拷掠，待事定詳允，即令斃獄，不謂不仁。凡罪人越獄，便當擬死，況重囚再犯死罪乎。

一、夜巡之法，一更五更最緩，二三四更爲急，三更爲尤急。每更監中用禁子一人，鳴鑼走獄監外，外一人鳴梆，內一人提鈴，相約各十步一聲，先一聲鑼，次一聲鈴，次一聲梆，週而復始，不許斷續，亦不許鈴梆亂響，致令獄中動作不聞。其照監燈火，務須徹夜常明，庶奸謀不得乘便，大抵走更之法，惟陽明公所行爲妙。府州縣監原不大似不必，然其夜巡之人，如初一日巡一更者，初二日巡二更，初三日巡三更，週而復始以均勞逸。

一、監中須要有井及水桶三四隻，一防偶火，二便飲食，但汲水綆索晚間須要收藏，及一切杴钁等器，梯凳梁檁杆椽等木，切不可留在獄中。即有修造，朝帶而入，暮帶而出。其鎮牆棘茨，須用棗薪，仍二年一換，牆中仍用襯木縱橫下地三尺，以防穿穴。

一、監房門監院門各鎖鑰，俱掌印官收掌，內面不許上拴，蓋監禁防外不防內，其巡夜道路俱要流通，不得阻隔。凡查監時，正官親到，監門開鎖徑進，出其不意，但防範不如法者，即加重責，或半月一次，或五日一次，或一連三四次，莫有定時。獄吏不入監直宿者，重究三犯者，申革。

一、重犯通買禁卒醫生詐稱病故，掌印官相驗不親，委官亦惡兇穢，輒報眞死，及屍出而脫逃者，如臨縣武偉。至於異端邪教停息定脈，尤不可憑。凡驗囚屍，須要仵作，仍須通鼻無噓，勒指不紅，兩目下陷，徧身如冰者，方准搭結報死，如有扶同隱匿者，禁子仵作即與抵罪。乃有獄囚脫逃，妄以他屍充數，謬作捕獲，不數日而報監故如某縣者，則有司之疎也。此雖希事，不可不知。

明・汪天賜《官箴集要・牢獄》 牢獄之設，雖所以待惡人，蓋聖人不得已而用之也。常須點視牆壁堅完，牢房潔淨，枷杻密固，衣糧及時，遇有囚徒患病，隨即委付官入獄胗視，給與藥味，限日痊可。當防獄卒受托外人計囑，誣輕爲重，增添病證分數，回時虐害致死者，及防奸民猾吏探聽公事，走泄獄情，因而變亂番異者。獄卒疎去囚人枷杻，回而脫監在外，與夫求覓不滿而法外凌雪者，其應禁而不禁，不應禁而禁，應枷杻則不枷杻，不應枷杻而枷，應決斷而不決斷，應結解而不結解者，官吏各有罪。若枉勘平民，淹禁囚徒致死，罪尤重也。提牢官幷司獄尤所當謹。獄具笞杖，皆有分數，枷鎖杻械，並有斤兩，不得法外妄加。

明・汪天賜《官箴集要・勿濫禁》 牧民官有不論其罪之輕重，一概將人柙監，非惟吏典獄卒，得以竊放取財，其實枉禁平民致死。某知溫州府時，雖見問罪囚亦不發監省，令在外聽候。牢獄空虛，或曰此中風俗不同，不監必逃。某曰：惟強盜謀故殺人罪不可追，餘皆徒流罪，彼逃又可追尋。守令民之父母。父母何可束縛其子之嚴乎？一人入獄，又要一人送飯，飯食半所竊吃，飲食不得依時，夜眠不得淨處，穢氣逼人，豈不生病而死。然近年之間，亦無逃者。至於牧民者愼之。

《大清律例・刑律・獄囚脫監及反獄在逃》 一、各處監獄，俱分建內外兩處。強盜幷斬絞重犯俱禁內監。軍流以下，俱禁外監。再另置一室，以禁女犯。

一、獲犯到案幷解審發回之時，州縣官當堂細加搜檢。無有夾帶金刃等物，方許進監。幷嚴禁禁卒不許將磚石、樹木、銅鐵、器皿之類混行取入。如有買酒入監者，將禁卒嚴行責治。

一、凡殺人盜犯，及未殺人之首盜，與傷人之夥盜，原擬斬梟及斬決，若越獄脱逃被獲者，并于本地方斬決梟示。其未殺傷人之夥盜，原係擬斬免死發遣之犯，如越獄脱逃被獲者，于本地方擬斬立決。若因越獄殺傷兵役者，亦擬斬梟示。其外省越獄及在途脱逃盜犯，被別省拿獲，即令拿獲之地方官審報該撫具題，刑部查明原卷奏聞，行令拿獲之地方立決。其從部刺字發遣，在途用酒灌醉、用藥迷倒解差，乘間遠颺者，該地方官報部，亦行令拿獲之地方擬斬立決。若因脱逃殺傷兵役者，斬決梟示。其疏縱之該管官照例議處。刑書、禁卒有無賄縱與不嚴加肘鎖，少差兵役，及差非正身，以致中途脱逃者，地方官及兵役照例議處治罪。

一、拿獲越獄人犯，務究通綫與剃頭并代爲銷毀刺字情弊。通綫之人與囚同罪，至死者擬絞監候；其代爲剃頭并銷毀刺字之人，俱枷號兩個月，責四十板。

一、一人越獄，半年內自行投首者，仍照原擬罪名完結。如同夥越獄多人，有一人于限內投首，供出同夥于半年內盡行拿獲者，將自行投首之犯照原罪減一等發落。倘供出之同夥內尚有一二人未獲者，亦仍照原擬罪名完結。如係有服親屬拿首者，亦照本犯自首之例，分別完結。

一、在監斬絞人犯，如有強横不法及賭博等事，杖一百，仍嚴加鎖銬，俟秋審分別定擬。知情故縱之禁卒，照開局窩賭例，杖一百，徒三年。提牢官失于覺察，獄官故爲徇穩，交部分別議處。軍流等犯有犯，亦照此問擬。

續纂條例

一、斬絞重犯，如有越獄脱逃，將管獄官及有獄官即時題參，按例分別議處。不得同軍流等犯獄按照疏防定限扣參。

一、斬絞人犯，如有在監年久，自號牢頭，串通禁卒捕役，挾制同囚，嚇詐財物，教供誣陷，少不遂慾恣意凌虐，兇惡顯著者，審實即照死罪人犯在監行兇致死人命例，依原犯罪名擬以立決。其尋常過犯，酌量嚴懲示儆。

《大清律例·刑律·主守不覺失囚》 凡獄卒不覺失囚者，減囚原犯之罪二等。以囚罪之最重者爲坐。若囚自內反獄在逃又減不覺罪二等。聽給限一百日戴罪追捕，限內能自捕得，及他人捕得，若囚已死及自首，獄卒皆免罪，司獄官典，減獄卒罪三等。其提牢官曾經躬親逐一點視罪囚，鎖杻俱已如法，取責獄官、獄卒牢固收禁文狀者，不坐。若提牢官于該日不曾點視以致失囚反逃者，與獄官同罪。若提牢官、獄卒、官典故縱者不給捕限，官役各與囚同罪，至死減等；罪雖坐定，若未斷之間，能自捕得及他人捕得，若囚已死及自首，各減囚罪一等；受財故縱者，計贓，以枉法從重論。

若賊自外入獄劫囚，力不能敵者，官役各免罪。

若押解在獄罪囚，中途不覺失囚者，罪亦如之。如獄卒減二等，仍責限捕獲免罪；如有故縱及受財者，并與囚同罪；係劫者，免科。

條例

一、凡押解人犯中途脱逃者，短解及護送營兵俱照長解治罪。

一、凡發遣黑龍江、寧古塔等處人犯，沿途官員親身不行押解，交與兵丁解送，或不謹慎看守，以致罪人逃脱者，官交部嚴加議處，將兵丁照律治罪，再加枷號一個月。

一、枷號人犯脱逃，看守人役亦照律擬斷。

續纂條例

一、凡解審斬絞重犯，在途開放鎖鐐，以致脱逃，本犯未獲者，即將解役究審嚴行監禁。俟拿獲正犯之日，究明賄縱屬實，即將解役照所縱囚罪全科。如無賄縱情弊，審有違例僱替、托故潛回、無故先後散行、止任一人押解，以致脱逃者，亦照故縱律與囚同罪，不准照舊例減囚罪二等問擬。果係依法管解，偶致疏脱，審有確據者，除依律治罪外，仍勒限緝拿。他人捕得，亦不准依律寬免。僉差不慎之地方官，視解役所得之罪，分別從重議處。

《大清律例·刑律·囚應禁而不禁》 律

凡鞫獄官于獄囚應禁而不收禁，徒犯以上，婦人犯姦，收禁；官犯公私罪，軍民輕罪，老幼廢疾，散禁。應鎖杻而不用鎖杻，及囚本有鎖杻，而爲脱去者，各隨囚重輕論之。若囚該杖罪，當該官司，笞三十；徒罪，笞四十；流罪，笞五十；死罪，杖六十。若應杻而鎖，應鎖而杻者，各減不鎖杻罪一等。

若囚自脱去鎖杻，及司獄、官典、獄卒，私與囚脱去鎖杻者，罪亦如鞫獄官脱去之罪。提牢官知自脱，與脱之情而不舉者，與官典獄卒同罪；不知者，不坐。

其鞫獄官于囚之不應禁而禁，及不應鎖杻而鎖杻者，倚法虐民。各杖六十。

若鞫獄、司獄、提牢官典、獄卒，受財而故爲操縱輕重者，并計贓，以枉法，從重論。有錄人八十兩，律絞。

條例

一、凡枷號人犯，除例有正條，及催徵稅糧用小枷枷號、朝枷夜放外，敢有將輕罪人犯用大枷枷號，及用連根帶鬚竹板傷人者，交部議處。因而致死者，問發爲民。枷犯滿日責放。不許先責後枷。遇患病，即行保釋醫治，痊日補枷。若先責後枷，遇患病不即行保釋醫治，以致斃命者，交部嚴加議處。督撫不行察參，或經科道糾參，督撫司道一并議處。

一、侵欺錢糧數至一千兩以上、挪移錢糧至五千兩以上者，令該管官嚴行鎖禁監追。其侵欺不及一千兩、挪移不及五千兩者，散禁官房，嚴加看守，勒限一年催比。如逾限不完，即鎖禁監追。若應行監禁之犯不行監追，及失于防範以致自盡者，將該管之州縣官均照溺職例革職。其該管之上司官或徇隱，或失察，交部分別議處。

《大清律例·刑律·故禁故勘平人》 一、強、竊盜、人命及情罪重大案件正犯及干連有罪人犯，或證據已明，再三詳究不吐實情，或先已招認明白，後竟改供者，准夾訊外，其別項小事，概不許濫用夾棍。若將案內不應夾訊之人濫用夾棍，及雖係應夾之人因夾致死，并恣意疊夾致死者，將問刑官題參治罪。若有別項情弊，從重論。

一、內而法司、外而督撫、按察使、正印官，許酌用夾棍外，其餘大小衙門概不許擅用。若堂官發司，上司官批發，佐雜審理事件，呈請批准，方許刑審。若不呈請而擅用夾棍、拶指、掌嘴等刑，及佐貳并武弁衙門擅設夾棍、拶指等刑具者，督撫題參，交部議處。正印官亦照失察例處分。

一、凡內外大小問刑衙門設有監獄，除監禁重犯外，其餘干連并一應輕罪人犯，即令地保保候審理。如有不肖官員擅設倉鋪所店等名，私禁輕罪人犯及致淹斃者，該督撫即行指參，照律擬斷。

一、凡用刑衙門，凡一切刑具不照題定式樣造用，致有一、二、三號不等者，用刑官照酷刑例治罪。上司各官不即題參，照徇庇例治罪。

一、直隸各省督撫設立用刑印簿，分發問刑衙門。將某案某人因何事用刑訊，及用刑次數，逐細填注簿內，于年終申繳督撫查閱。如有濫用夾棍及用多報少情弊，即將用刑各官指參議處。并設立循環簿，將每日出入監犯名姓填注簿內，按月申送該府查封。如有濫行監禁，及懷挾私仇，故禁平人，照律擬罪。

一、承審官吏，凡遇一切命案、盜案，將平空無事并無名字在官之人，懷挾私仇，故行勘訊致死外，倘事實無干，或因其人家道殷實，勒詐不遂，暗行賄囑罪人誣扳，刑訊致死者，并照懷挾私仇，故勘平人致死律，擬斬監候。如有將干連人犯不應拷訊，誤執已見，刑訊致斃者，依決人不如法，因而致死律，杖一百。其有將干連人犯不應拷訊、任意疊夾致斃者，照非非毆打致死律，杖一百、徒三年。如有將徒、流人犯拷訊致斃二命者，照決人不如法加一等，杖六十、徒一年。三命以上，遞加一等。罪止杖一百、徒三年。其有將笞、杖人犯致斃二命者，照非法毆打致死律加一等，杖一百、流二千里。致斃三命以上者，遞加一等。罪止杖一百、流三千里。若因公事干連人犯，依法拷訊，邂逅致死，或受刑之後、因他病而死者，均照邂逅致死律，勿論。如有姦徒挾仇誣告平人，官吏知情受其囑託，因而拷訊致死者，本犯依誣告律，擬抵。官吏照爲從律，滿流。如有誣各平人，官吏不知情，依法拷訊致死者，將誣告之人擬抵，官吏交部議處。若被誣之人不肯招承，因而疊夾致斃，照非法毆打致死律定擬，均不得刪改律文內懷挾私仇字樣。混引故勘平人，概擬重辟。在外不按實具題，在內含糊照覆，照官司出入人罪律，分別治罪。

《大清律例·刑律·陵虐罪囚》 一、在內法司問發程遞人犯，在外問刑衙門程遞來京及遞解別省人犯。除原有杻鐐照舊外，其押解人役若擅加杻鐐，非法亂打，搜檢財物，剝脫衣服，逼致死傷，及受財故縱，并聽憑狡猾之徒買求殺害者，除實犯死罪外，徒罪以上，屬軍衛者，發邊衛充軍；屬有司者，發邊外爲民。

一、除強盜、十惡、謀、故殺重犯用鐵鎖杻鐐各三道，其餘鬥毆、人命等案罪犯以及軍流徒罪等犯，止用鐵鎖杻鐐各一道；笞杖等犯，止用鐵鎖一道。如獄官、禁卒將輕罪濫用重鎖，重罪私用輕鎖，及應三道而用九道，應九道而用三道，將獄官題參，禁卒革役。受賄者照枉法從重論。任意輕重者，照不應鎖杻而鎖杻律治罪。提牢官失于覺察，交部議處。

一、凡部發遞解及外省解部并解別省軍流徒罪發回安插人犯，僉差官員務選有家業正業解送。如解役在途教唆人犯通同搶奪者，俱照白晝搶奪律例治罪。中途患病者，原解即報明所在官司，親身驗明，出具印結，即著該地方官留養醫治。隨行親屬病者，亦准存留，候病痊起解。仍將患病日期報部。如不行留養致有病故，及受財囑託、捏病遲延者，將該地方官交部議處。其取結後犯人身死者，官役免議。若未取病結在途身死者，僉差官員交該部照例按名議處。一名解役，杖六十，徒一年。每一名加一等，罪止杖一百，徒三年。

一、凡官員擅取病呈，致死監犯者，依謀殺人造意律，斬監候。獄官、禁卒人等聽從指使下手者，依從而加功律，絞監候；未曾下手者，依不加功律，杖一百，流三千里。

一、凡問刑衙門，不許于獄内用柙床。違者，官革職，杖一百，流三千里；禁卒，杖一百，革役。

一、凡押解兵役驛夫人等，敢于中途姦污犯人妻女者，依姦囚婦律，杖一百，徒三年。押解官雖不知情，亦交該部嚴加議處。如押解官自犯姦污，及陵虐勒財者，交該部從重議罪。其被害犯人係流徙寧古塔等處者，許赴盛京戶部控告；係解京及解各省者，許赴刑部并所在官司控告。

一、凡獄卒有受罪人仇家賄囑，謀死本犯者，依謀殺人首從律治罪。

一、凡犯人出監之日，提牢官、司獄細加查問。如有禁卒人等陵虐需索者，計贓治罪。仍追贓，給還犯人。提審官、司獄不行查問，事發之日，亦照失察例議處。

一、徒罪以下人犯患病者，獄官報明承審官，即行赴監驗看。是實，行令該佐領驍騎校地方官取具的保，保出調治。俟病痊即送監審結。其外解人犯無人保出者，令其散處外監，加意調治。如獄官不即呈報，及承審官不即驗看、保釋者，俱照淹禁律治罪。若本犯無病，而串通獄官、醫生捏稱有病者，該犯并獄官、醫生俱照詐病避事律治罪。或病已痊愈，而該佐領驍騎校地方官不即送監審結者，將本犯及該佐領驍騎校地方官亦俱照詐病避事律治罪。若保出故縱者，將保人治以本犯應得之罪；疏脱者，減二等。仍將取保不的之該佐領驍騎校該地方官題參議處。若有受賄情弊，計贓，以枉法從重論。至督撫題報監斃人犯，將本犯所犯罪名、所患病癥、及有無陵虐、曾否保釋，逐一聲明。如有朦朧情弊，查出交部分別議處。

一、番役將盜犯及死罪人犯私拷取供者，枷號一個月，杖一百；將軍流以下等犯私拷取供者，各遞加一等治罪。如有逼索銀錢，計贓，以枉法從重論。該犯有誣指捏誣情弊，照誣告律治罪。該管官人察、故縱，交部分別議處。

一、秋審解省人犯，俟審畢發回後，方許薙髮。

《大清律例・刑律・與囚金刃解脱》 凡獄卒以金刃及他物，如毒藥之類。凡可以使人自殺及解脱鎖杻之具，而與囚者，杖一百。因而致囚在逃，及于獄中自傷或傷人者，并杖六十，徒一年。若致囚獄中自殺者，杖八十，徒二年；致囚反獄而逃，及在獄殺人者，絞監候。其囚脱越反獄在逃，獄卒於未斷罪之間，能自捕得，及他人捕得，若囚已死，及自首者，各減一等。

若常人非獄卒。以可解脱之物與囚人，及子孫與在獄之祖父母、父母，奴婢、僱工人與在獄之家長者，各減獄卒一等。

若司獄官典及提牢官，知而不舉者，與同罪；至死者，減一等。

若獄卒、常人及提牢、司獄官典受財者，計贓，以枉法，從重論。贓重，論贓；贓輕，論本罪。

若獄卒失于檢點防範，致囚自盡，原非縱與可殺之具者，獄卒，杖六十；司獄官典，各笞五十；提牢官，笞四十。

《大清律例・刑律・主守教囚反異》 凡司獄官典、獄卒，教令罪囚反異成案，變亂已經勘定之事情，及與通傳言語于外人，以致罪人扶同，有所增入他人減去自己之罪者，以故出入人罪論；外人犯教令、通傳，有所增減者，減主守一等。

若獄官典卒容縱外人入獄，及與囚傳通言語走洩事情，于囚罪無增減者，笞五十。

若獄官典卒、外人受財者，并計入己贓，以枉法，從重論。

條例

一、刑部乃總理刑名之地。如有閑雜人等擅自出入，及跟隨聽審人犯私入衙門窺探者，本犯及守門領催兵皁俱責治，于刑部門首枷號。官員犯者，交該部議處。

一、凡書辦皁隸及官員家僕人等，有擅自出入監所者，令提牢官、司獄、禁卒立拿回堂，將書隸革役，責四十板，遞回原籍；家人枷號一個月，責四十板；家人之主交部議處。若不行拘拿被查出者，提牢官、司獄俱以失察例議處。

一、步軍統領酌量派出番役，在刑部衙門處左近密行訪拿。若有探聽之徒，照私入刑部衙門例，枷號一個月，責三十板。係官交部議處。如有受賄通信教供情弊，察實，將書役并行賄之人均計贓從重治罪。

《大清律例・刑律・獄囚無糧》 一、凡解部及遞解外省各項犯人，有司官照支給囚糧之例按程給與口糧。如遇隆冬停遣，照重囚例，每名給與衣帽。倘有官侵吏蝕，照冒銷錢糧律治罪。

一、凡司獄吏目、典史，專管囚禁。如犯人果有冤濫，許管獄官據實申明。如府州縣不准，許即直申憲司各衙門提訊。

一、凡牢獄禁繫囚徒，年七十以上、十五以下、廢疾，散收，輕重不許混雜。鎖杻常須洗滌，席薦常須鋪置，冬設暖床，夏備涼漿。凡在禁囚犯，日給倉米一升，冬給絮衣一件，夜給燈油，病給醫藥。并令于本處有司在官錢糧內支放。獄官預期申明關給，毋致缺誤。有官者犯私罪，除死罪外，徒流鎖收，杖以下散禁；公罪，自流以下皆散收。

一、內外刑獄醫治罪囚，各選用醫生二名。每遇年底，稽考優劣。如醫治痊愈者多，照例俟六年已滿，在內咨授吏目，在外咨授典科、訓科。不能醫治，病死多者，即責革更換。

一、在監人犯，許令祖父母、父母、伯叔、兄弟、妻妾、子孫一月兩次入視。使役之人不越兩名。若有送飲食者，提牢官驗明，禁子轉送。其盜犯，妻子、家口不許放入監門探視。違者，妻子、家口枷號兩個月，責四十板，不准收贖。提牢司獄官吏參處。

一、刑部赴倉支領囚糧，每石給腳價銀五分。倘獄卒人等私行扣剋，照律嚴加治罪。獄官通同作弊，一體治罪。其失察之提牢官交部議處。

一、刑部南北兩監板棚，不許禁卒人等私相租賃。如有受賄頂租等弊，將獄卒人等從重治罪。

一、斬絞重犯及軍流遣犯在監及解審發配，俱着赭衣。

《大清律例・刑律・功臣應禁親人入視》：凡功臣及五品以上文武官，犯罪應禁者，許令服屬親人入視，犯徒流應發配者，并聽親人隨行。若在禁，及徒流已至配所，或中途病死者，在京原問官，在外隨處官司，開具在禁、在配、在途致死緣由，差人引領其入視隨行之親人詣闕，奏請發放。違者，杖六十。

《欽定理藩院則例・監禁》 各扎薩克等處有應擬徒罪以上人犯，一面報院，一面即派官兵解赴就近應禁地方官，暫令監禁。

《欽定理藩院則例・監禁》 一、察哈爾八旗游牧左翼四旗蒙古與民人交涉之案，在鑲黃旗地方犯事，附近張家口者，即歸張家口同知收禁。在正白旗地方犯事，附近獨石口者，即歸獨石口同知收禁。在鑲白、正藍二旗地方犯事，附近多倫諾爾者，歸多倫諾爾同知收禁。右翼四旗蒙古與民人關涉之案，在正黃旗地方犯事，附近張家口豐鎮者，即歸張家口同知、豐鎮同知收禁。在正紅旗地方犯事，附近豐鎮者，即歸豐鎮同知收禁。在鑲紅旗、鑲藍旗地方犯事，附近寧遠者，即歸寧遠通判收禁。

《欽定理藩院則例・監禁》 哲哩木所屬之科爾沁十旗應行寄監蒙古人犯，均歸昌圖廳寄監。昭烏達所屬之扎魯特二旗歸赤峰縣寄監。伊克照所屬之鄂爾多斯七旗及烏拉特東西中三旗附近靖邊、定邊、榆林、懷遠、神木、薩拉齊、清水河、托克托城河、曲偏關等處，各歸就近之該廳、州、縣寄監。其歸化城之土默特四子部落、達爾汗、貝勒茂明安、車臣汗等旗，均歸歸化城同知寄監。其餘各盟旗各于附近地方之廳、州、縣寄監。其寄監各案于定案後各將人犯解往何處，寄監之處于隨案報院文尾聲明，仍由寄監處將收到保處寄監人犯之處一并報院。俟奉到院復，發遣人犯視距京遠近，查照向例應解部轉發者，解部轉發。應徑行起解者，徑行起解。斬、絞監候人犯秋審時，均由各寄監處造冊徑送刑部立決。重犯應正法者，在寄監處正法。正法應梟示者，在犯事地方縣杆梟示。均由承辦處行知遵辦。辦結後報院備查。

清・嵇璜《清朝通志・刑法略》 雍正三年，定各省監獄高築牆垣，以資防範。其地勢低窪者，改造高阜，狹隘者酌量寬展。其枷示暫羈之處，亦必繕治完固，該管官不時稽察，毋令獄官、禁卒任意凌虐，弛懈疏防。

清・嵇璜《清朝通典・寬恕》 乾隆元年七月，定軍流人犯之妻老病不能隨行者，聽免其同遣。又定軍流身故，妻子願回籍者，計程遠近每名日給米一升。二年七月，部議一應杖責之犯，時遇熱審，於減等之中，仍照舊八折發落。三年九月，以奉天所屬旗民交涉案件送部審擬，道路往返，不無牽連滋累，諭令就近旗民官會同承審定擬，止將罪犯解部覆訊定案，其餘一切牽連對質之人，於審明之日即行省釋。四年十一月，定奉天獄囚綿衣、煤炭、藥餌、棺木等項，應於贓罰各項銀內給發，其解審人犯亦一體給發口糧。五年六月諭，向來九卿辦理秋審、朝審人犯，分別情實、緩決、可矜三等，而惟緩決之內情罪輕重不一。其果係所犯重大，實無可原，因係久緩不復處決者，雖終斃囹圄，本無足恤。其有一綫可原，尚在矜疑之例者，九卿承審時附入緩決之內，年復一年陳案日積，以致此等人犯久淹獄底，亦屬可憫。今秋審在即，九卿於秋審朝審招冊內，詳加分別，凡緩決之案，果係情有可原者，俱入於可矜條內，以招示罪疑惟輕，法外施仁之至意。七年四月諭，讞獄必依乎律，而其中情節不一，又當參酌核擬，期歸平允。朕於刑部所奏重犯，其中稍有一綫可原者，或降旨從寬末減，或交九卿定議，皆於法外原情，以示矜恤。但日理萬幾，恐披閱一時未周，照籤批發，雖論法不枉，而原情較疏矣。嗣後刑部進呈本章及秋審各案，著大學士詳閱其加有應中覆核者，即擬寫雙籤，並將情節聲明進呈，待朕酌量，則周密慎重，益可副朕哀矜庶獄之意。八年七月，定孀婦、孤子有犯戲殺、誤殺等案，如伊母守節已逾二十年，該督撫查明被殺之人並非孤子，取結聲明具題，法司核請留養，其鬬毆殺人者，審無謀、故別情，該犯之母守節二十年而又年逾五十者，亦准其照例聲明法事夾簽入本，恭候欽定。至軍、流、徒罪，即照例分別減等發落。十四年十月，廣東斬犯曾士標因鴨走入緦麻服叔曾會昌田內，被曾會昌次子曾朝芳打死，因與曾會昌爭論，曾士標以木桃挑抵格，致傷曾會昌身死，曾士標依律擬斬監候。嗣曾會昌之子曾朝宗在山砍柴，遇曾士標之子曾亞二，觸起前恨，用刀連砍，曾亞二殞命，曾朝宗亦依律斬候，俱入情實。奉諭：朕詳閱招冊，曾士標服制攸關，法無可貸，而曾朝宗則因報復父仇，情似可原，然兇犯已經擬抵，國法既彰，則私恨可洩，即使遇不共戴天之曾士標，亦祇應聽其服法就刑，不得擅肆殺害。何況其子並非下手又未加功，是無罪之人也，殺無罪之人，則但當治其故殺之罪，而不當原其復仇之心。果使有心復仇，亦但當於曾士標未擬罪之先，而不當於既擬結之後。若因此遽從寬典，則曾士標父子二命抵曾會昌一命，於法不得其平，且啓仇殺之端，殊非辟以止辟之道。曾朝宗亦無可貸，但曾朝宗情因痛父，曾士標子死非辜，各有情節，著俱改絞罪處決。又諭：向來辦理秋朝審案，每遇官犯，輒事寬縱，但於一次混入緩決，即爲成案，斷不復改，謂之老緩決。至辦理矜減如赦詔，及一綫可原，五次緩決之類，又斷不能邀恩，年復一年，不過令老死囹圄而已。果爾則國法所行，惟在閭里小民以及盜賊之輩，而宮犯僅止虛受罪名，倖全首領，是豈國家制刑之意哉？但此等人犯經歷年久，或曾經大赦，未便復改，爲情實。著大學士會同該部將所查各案再行詳悉斟酌，應可矜者，即入可矜，應緩決者，仍入緩決，近年以來所定之案有應改爲情實者，即改爲情實。其在乾隆八年以前者，既經漏網，亦不復加以顯戮，著改發黑龍江交該將軍嚴加管束，充當苦差。十五年正月，諭國家定有獨子留養之例，凡屬情輕，俱已邀免。惟是愚民無知，輕身鬬狠，不知留養爲格外之仁，或轉恃此爲倖免之路，以致罹於法紀。因於案情稍重，或理曲尋釁，金刃重傷，雖經督撫聲請，仍以原罪定擬，不准留養。固屬該犯罪所應得，但聲請之案不過尋常鬬毆等類，斷不致入於情實，徒使淹禁囹圄不得侍養，而窮老孤孀無所倚賴，深可軫惻。朕思此等罪犯，並非有謀故重情爲常赦所不原，既經定擬，拘繫逾時，已足馴其桀驚之氣，應量爲末減，俾得自新。上年秋審經九卿定議矜減者，止有二起，餘仍監候。著該部查明各犯祖父母、父母現存，果無次丁，俱以可矜減等請旨發落，嗣後獨子犯罪，未邀寬減者，該督撫於秋審、朝審冊內聲明，九卿覆核時照此辦理，以昭軫恤無告之意。十七年七月，上以天氣炎蒸，熱審減等，著展至處暑爲止，越旬日雨澤尚未霑足，復諭刑部仍行減等，俟雨足後照舊辦理。十九年正月，諭從前各省鬬毆情罪稍重之案，經部定議不准留養，嗣因此等人犯秋審時原不至入情實。乾隆十五年，特頒諭旨，令各省督撫秋審時另冊辦理。但十五年以前此等親老丁單之犯，間有原題內未經聲敘者，遂不得一例邀恩，情亦可憫。著各該督撫將從前未附聲明確有成招原案可憑者，准其一體入冊，量予末減，以示欽恤。二十五年八月，酌定斬絞監候婦女業經解勘一次，情罪顯然無可改擬者，下次即停其解審。其外省定擬可矜具題，經九卿會核絞決者，次年秋審核其無異，亦即停其解審，以昭矜恤。三十年三月，福清令程廷栻誤拏雲和縣民劉年學爲天臺縣逃匪丁欽顯，蒲城令夏秉衡誤拏山西民人張機爲江西逆犯胡中藻之子胡得玉，業經審係誤拏，分別結案，督撫蘇昌、明德等請將該縣交部議處。上以州縣官能不分畛域，緝拏鄰省逃犯，例得擢用議敘，若以偶爾錯誤，即因此獲咎，必皆自畏處分，概置鄰封於不問，特降旨寬免。復諭曰：歷來所辦盤獲案犯，皆未嘗一就拘執，即置重典，是惟在各督撫遇此等案件，詳悉根究，務得確情，使實者不致倖逃法網，虛者亦不至誤罹刑書。而有司隨時實心體訪，奮勉有爲，毋或稍懷膽瞻，庶吏治民生均有裨益。設有不肖州縣以毫無影響之事，羅織平民，妄希進取，一經審實，自取罪戾，又不得以閩陝二省之案藉口也。三十四年十月，奉上諭：本日勾到河南省情實招冊內，有徐庚一犯，因伊子徐國泰興立邪教，照大逆緣坐律問擬斬決，改爲監候。核之原案，該犯本不知情，特緣伊子坐罪，是以停其予勾，但思向來辦理逆案內。凡緣坐各犯，秋審時經九卿、三法司，均照例列入情實，而朕悉准罪人不孥之義，並予從寬免勾，固屬法外施仁，然其中酌理准情，亦當有所區別。如逆犯家屬內所有弟兄、妻子，自當按律緣坐，至本犯之父，則更較別項親屬不同。設使於伊子肆行悖逆之事，原係知情，是該犯之父教子不軌，即屬逆案正犯，不得謂之緣坐。倘伊子所犯平時實不知情，後並未同居無從覺察者，事發之日，遽行因子及親一概坐以大辟，於情既覺可憫，於義尤屬未協。嗣後遇有此等逆案，家屬應照大逆緣坐律治罪，而該犯之父實不知情者，應如何酌量定擬，明著爲令，俾可永遠遵循，著大學士九卿會同該部悉心議，具奏。尋議查律載：謀反及大逆，但共謀者，不分首從，已行未行，皆凌遲處死，祖父、父子、兄弟及同居之人，不分異姓及伯叔父兄弟之子，不限籍之同異，男十六以上皆斬，又母、女、妻、妾、姊妹等俱給付功臣之家爲奴。又律載謀叛，但共謀者不分首從皆斬，父母祖孫兄弟皆流二千里安置。各處等語，是反逆正犯，造謀非一時，號召非一人，該犯親屬無論籍之同異，不得謂無從覺察，故律內亦無知情與不知情之分，坐以駢首盡法究治，以快人心而昭常憲，此緣坐之條，准情酌理法無可貸。至于比照反逆之案，其正犯亦實係狂悖不法，爲風俗人心之害，不得不嚴加懲治，以警兇頑，而問刑衙門既用比照反逆定律，遂於該犯親屬亦照例緣坐，此相沿辦理之由也。兹蒙皇上天恩，諭及大逆緣坐之案，如該犯之父平日實不知情，並不同居無從覺察者，事發之日遽行，因子及親坐以大辟於情既覺可憫，於義尤屬未協，仰見我皇上好生之德，於法無可逭之中，寓格外矜全之意，伏查反逆正案罪大惡極，故於本犯寸磔之外，定有緣坐之條，如前經辦過謀反之黄教大逆之李懷林，其親屬仍應照律緣坐，毋庸另議外，其有人本愚妄或希圖誆騙財物，興立邪教名目，或因挾仇恨編造邪説煽惑人心，種種不法情罪可惡，律以凌遲實爲不枉，但究係比照反逆定罪，與實犯者有間，若該犯之父實不知情並不同居無從覺察，審有實據者，應請照謀叛之犯，父母流二千里之律酌改爲流三千里安置，至本犯之父母，既得蒙恩減等，則比照叛逆緣坐之祖父、及伯叔父似應確審分晰，亦一體減流以示矜全，如蒙俞允，所有徐庚一案，即照此例辦理，並載入例冊通行，各督撫一體遵行，至現在已結案人犯內，有似此蒙恩未勾者，悉令該督撫遵照分別辦理，奉旨依議。三十七年二月，奉諭據徐績奏軍犯李作良自配逃回利津原籍，經該犯之父李海赴縣首稟，例應如罪人自首免罪，但該犯屢犯竊案，在配又不能安分，殊屬玩法仍擬斬決等語，此等軍犯逃回原籍自屬怙過不悛之徒，本無足惜，但現經伊父首稟，於律既有如罪人自首之條，自可量從末減，李作良著從寬免死仍發原配地方。嗣後有如此者，俱照例行，但因首告而貸死，已屬法外之仁，祇可一次，若到配後仍不知懲，艾復敢脱逃，雖有父兄首告，亦不准其寬減，於情法更爲允協，著爲令。昨歲大學士舒赫德奏請查禁鳥鎗，意在戢暴安良，是以准其通行各省，然亦不過内地爲然，若口外蒙古地方本不當在禁止之例。昨據福隆安具奏，曾降旨將口外查禁鳥鎗之事，概行停止。今思内地鳥鎗亦不必查辦，即如深山防虎村莊，防盜民間，置鎗備用，亦不可無，若一旦概行收禁，則閭閻頓失自衛之資，轉多未便宜，且地方官奉行原亦不過有名無實，恐辦理不善胥吏因緣爲奸，需索滋擾弊且百出，是欲安民而適以累民，更何足取乎？況去歲山東逆犯王倫聚衆不法，並未挾有鳥鎗，是小民之守分與否，更不在鳥鎗之有無，又何必因此而施之屬禁乎？所有内地查禁鳥鎗之事，並著無庸辦理。四十一年七月，奉諭前據刑部議覆文綬奏審，擬投首逃兵彭士仁、汪國才照例即行斬決一案，朕以此等逃兵如在軍務未竣以前，聞拏投首，其人尚知畏法，若係大功告竣以後明知不復用兵，始行投首不可不申明軍律，俾營伍共知儆戒，因諭令文綬查明該二犯投到日期，據實奏聞。今據覆稱查明彭士仁係于上年十月十二日，在桐梁縣投到汪國才，于上年十一月初十日，在巴縣投到等語，此等兵丁在軍營潛行脱逃，原屬法無可逭，但既查明該二犯軍務未竣以前自行投首，尚屬心存畏法，較之撤兵以後妄冀倖免始行投到者，究屬有間，尚可格外施恩，於萬無可貸之中，宥其一死，著交刑部照從前例，減等發落，其大功告成以後投首者，不得復援此例。四十三年九月，奉諭刑部會同九卿秋讞已畢，當以次繕冊具題。聞今年各省情實人犯較上年多至一百八十餘人，其因金刃傷人擬入者較多，是否各督撫均未能深體朕意。朕上年明降諭旨以彼此鬬毆之案，若死者僅用手足而兇犯輒持金刃殺傷，此等好勇鬬狠之徒不可不嚴示懲儆，自當入于秋審情實，但不教而殺，朕尚不忍，因令各督撫遍行出示，咸使聞知，俾各畏法悛改，并予限一年，俟下屆秋審時，始行分别辦理，若教而不從，則是自取其死，情理俱無可恕矣。因思今年秋審案件俱在未奉諭旨以前，愚民尚未周知，若即行予勾，何以副朕前旨辟以止辟之意，所有今年秋審情實金刃傷人之案，著刑部於黄冊内夾簽聲明，其已經具題者，于進到時交行在刑部夾簽呈進，原可扣除不勾，但此等案犯情節加重，即不予勾，亦止應照情實未勾之犯辦理，不得援尋常緩決人犯之例，三年後即予減等，是于從寬之中已寓戒好勇鬭狠之意矣，恐僻壤窮鄉遽難家諭戶曉，著再予以五年之限，令各督撫將朕旨明白曉諭，實力勸導，務使人盡儆凜，以化其桀驁不馴之習，勿使輕罹刑網。若五年後，仍然怙終不悛，復有用金刃傷斃徒手之人者，則殺人者死，律合抵償，且屢訓不悛，法難更宥，即當概行予勾，無稍矜恤，各宜感悔省悟，毋負朕諄切教戒化民厲俗之至意，將此通諭中外知之。四十四年六月，奉諭據刑部奏殺死一家四命之兇犯余膺擬凌遲處死，其子余世聰、余世華、余世閏、余世榮俱照新例擬斬決。前降諭旨將殺死一家多人之犯，加重定律者，原以此等兇惡之徒將人全家殺害，實戾氣所鍾，不應復留餘孽，且恐兇徒明知法止其身，自拚一死逞其殘忍，殺害過多，以絶人之嗣，其妻子仍得倖免，於情理實未允協，自應改用重典以期辟以止辟。今此案余膺殺害熊士順一家四命，而余膺及其子余世聰等分別凌遲斬決者，共有五犯擬抵之人，浮於所殺之數，亦覺稍過，所有余膺之子余世聰、余世華、余世閏仍着照原擬斬決，其幼子余世榮著從寬免死，同兇犯之妻丁氏發伊犁給厄魯特爲奴，並著刑部嗣復如有殺一家四命以上之案，悉按其所殺人數將兇犯父子照數定罪，俾多寡相當，其有浮於所殺之數，或一人或二人均以其幼者，照此辦理，並令內外各問刑衙門知之，著爲令。四十六年二月，奉諭從前進剿金川所謂各省綠營官兵，曾在軍前潛逃者，即經降旨飭令各省督撫嚴拏，奏請正法，所以重軍法警將來也，現經文綬奏到川省未獲逃兵，尚有七百二十一名之多，但事隔多年，一經拿獲即予駢誅，朕心亦有不忍，玆特網開一面，嗣後此等未獲逃兵如有自行投首者，著加恩免其死，罪發遣伊犁等處，此實朕法外之仁，如尚有潛行竄匿不肯投首者，若經地方官盤獲，仍當即行正法，斷不能稍從末減，各該督撫等務俱仰體朕意，明晰曉諭，查照道里遠近分立限期，務使窮鄉僻壤家諭戶曉，副朕仁義兼盡之至意。五十年六月，奉諭向來刑部定律凡有私自淨身人犯，俱問擬斬候，因念此等人犯大抵因貧所致，是以加恩釋放，發在熱河當差。現有太監王成一名，朕面加詢問，伊係直隸安肅縣民，原報今年十六歲，實年方十三歲，前年因家中貧苦，父母爲之淨身，問擬斬罪在縣監禁一年，上年始發熱河當差，初次報縣時，該縣胥役因向伊父王二格需索不遂，曾將伊父一併收監四十餘日，後因窮不能給，始將王二格釋放，遂捏填王成年十五歲定擬詳報等語，此事經朕親向詢明，且看其身軀幼小並應對明白實無虛語，知縣爲親民之官，雖不至昧良無弊貪圖微利，若此此必胥役鄉約人等，因私自淨身有干例禁，希圖訛詐，又因索詐不遂爲之加增年歲，以入其罪，並將伊父無辜久羈，聞之殊覺惻然，而該縣竟漫無覺察，任憑胥役等勒索捏報，種種弊混亦難辭咎，現因各處當差太監乏人，尚在曉諭召充，且向例太監於投進當差時，祇賞給銀五兩，其每月所得分例亦不過一二兩，若未經投進之先，吏胥亦向其需索，則是得不償失，誰復肯將其子。弟充當太監者，近日進宮太監短少之故，必由於此況王成淨身年不過十一，自必係伊父母窮苦無聊遂爾將伊閹割，與伊何涉，乃擬以大辟，而復滋胥役索詐捏飾之端乎？此案着劉峩詳查參奏，因思私自淨身人犯律擬斬候者，雖爲慎重傷身起見，然一經閹割便成廢人，若非實在窮苦，孰肯甘心出此。今因有此律而轉致胥吏借端勒索，甚至加增年歲故入其罪，況此輩供奔走掃除之役，自古皆然，是宮闈在所必需，而反治之以罪，從前定例本未允協，所有私自淨身問擬斬候一條，竟應刪除。並着直隸總督、順天府尹嚴飭各屬州縣，嗣後如有並無他故自行淨身者，准其投內務府派撥當差，照例驗看，如有他故，內務府大臣再行文問之地方官，不得竟拘其家屬，致滋擾累，倘有從前需索滋擾者。即將該州縣等據實參奏，其現私自淨身問擬斬候已未招解，及在監羈禁查明釋放，解送內務府，分別當差。

清·嵇璜《清朝通典·囚繫》 臣等謹按：繫囚之繁減，關治道之盛衰。我朝肇基東土，俗厚風淳，爲牢以畫地而已。于後有內外監、女監之設，規制具備，而有司稽察未周，致病犯不無情弊。嗣經列祖暨我皇上釐剔奸欺，嚴逾限之禁，而案犯鮮有監斃。設記犯之簿，而濫禁不及平人。其縣案待質之犯，按時開釋，而囹圄爲之一空。然于劫監奪犯，疏防賄縱，則嚴治之法，俾無漏網。寬嚴得中，稽核以實，不慕縱囚泣罪之虛文，而犴狴之肅清，實前古所未有也。天聰三年五月以遣追土默特部落逃人諸臣中有不給馬匹，及未會集公署者，命畫地爲牢，禁飲食三日。

順治三年二月定死囚禁內監，軍流以下禁外監。婦人犯罪應禁者，別置一室，曰女監。十二年八月定地方官擅取監犯，病呈致死者，依謀殺人律擬斬。獄官禁卒聽從指使下手者，依從而加功律擬絞。十月諭每年六月內審定立決重犯，俟七月具題正決，永著爲例。

康熙二年五月，御史姚延啓奏江浙等省有獄卒苛索不遂，創爲木籠上下分數層，納囚其中不能屈伸，天時炎暑穢氣熏蒸，轉成疫癘多致監斃，請敕部嚴禁，從之。九年六月諭刑部監犯踰限不行速結，以致斃獄者甚多。各犯自有應得之罪，未死於法先死於獄，殊非慎刑之意。其作何嚴加，議處詳議定例具奏。尋議：凡承問官將正犯俱審取口供限内，監斃者免議。雖在限内並不審理取供遲延一案之内監斃一二人至三四人者，罰俸有差。五六人者，降一級留任。七八人者，降二級調用。九人以上革職。將牽連無干之人監斃一二人者，罰俸一年。三人者，降一級留任。四人者，降二級調用。五人者，革職。若上司不據實題奏者，降二級調用。至於取錄口供逾限不結致正犯監斃者，照限内不取口供致死之例處分。將牽連無干之人監斃一人者，降一級調用。二人者，降二級調用。三人以上，革職。上司不據實題奏者，降二級調用。若限内不能完結，再行展限，仍照限内監斃例處分。如在展限外死者，亦照逾限例處分，從之。二十八年十一月，諭流徒人犯遇有勢力者，每羈禁不嚴，及至發遣又展轉遷延，其貧苦無力營求者，即肆行凌虐瀕於死亡，著戶、刑二部堂官稽察，如有前項情弊，從重治罪。

雍正五年閏三月，部議監犯病斃，向例不分本犯情罪輕重，司獄官一例處分。誠爲未協，嗣後應將死罪軍流及杖徒以下分爲三等，按監斃人數分別議處，從之。七年九月，定行劫監囚，不論曾否得囚，有無傷人，將爲首之人擬斬立決，有傷人者將夥犯亦擬斬立決。如有殺人者，將殺人夥犯，及首犯俱擬以斬梟，其餘爲從未經殺傷人者，依律擬斬監候，在中途劫奪人犯因而殺人者，將爲首者擬斬立決，下手致命者，擬絞立決，餘仍照律分別坐罪。

乾隆元年十月，部議嗣後各省、各府設立循環監簿，飭令所屬州縣將每日出入監犯名姓填註，按月申送該府逐一查閱，其有不應收監而濫行監禁，及懷挾私仇故禁平人者，均照律擬罪，雖係應監人犯，如有吏卒借端需索者，以枉法從重治罪。該管官照失察衙役犯贓例議處，故縱者照縱役犯贓例革職。十八年二月，定斬、絞重犯在監行兇致斃人命者，照前後所犯斬、絞罪名，從重擬以立決。十月河南巡撫蔣炳奏，密縣禁卒賄縱重犯越獄，審擬絞，候奉諭禁卒、典、守，監獄乃於斬、絞重犯，受財故縱，此非尋常因事受財可比，自應按照本律與囚同罪，但則例又載有擬絞緩決，候逃囚捕獲審豁之條，未免法輕易犯，嗣後監獄脫逃，審出禁卒得賄情節，即視所縱囚罪，全律科斷。如本犯應入秋審情實者，亦入情實應絞決者，亦擬絞決。應斬決以上者，亦即擬以斬決，着爲例。二十五年四月，定解役開放鎖扭，致重犯脫逃未獲者，即將解役究審定擬，嚴行監禁，俟拏獲逃犯之日，究明賄縱情節，即照本犯罪名，一律全科。如果僅係疏脫並無別故，仍照例發落。五月部議押解斬絞重犯，除受賄狥情故縱依新例辦理外，其違例雇、替、托故潛回，無故先後散行止留一人押解者，改照故縱律與囚同罪，不准照舊例減囚罪二等問擬。果係依法管解偶致疏脫審有確據者，除依律治罪外，仍勒限緝拏，他人捕得亦不准寬免，從之。六月定獄囚衣制，凡斬、絞、軍、流、重犯羈禁在監，以及解審發遣俱給衣赭色布服，與鎖扭互爲標示。二十九年三月，部議禁卒將斬、絞重犯鬆放獄具以致脫逃者，將該禁卒嚴行監禁，俟拏獲正犯之日，究明賄縱屬實，照律全科。審無賄縱情弊，或係狥情或托故擅離，或倩人代守，以致潛逃者，亦照故縱律治罪，不准照舊例減囚罪二等問擬。五月定秋審屆期，督撫飭各屬酌量所屬人犯數目，遴選一二幹練佐雜，督同差役將重犯押解省城候審，審畢之後，仍著原委員役解回收禁。倘有人犯疏脫，及解役頂替短少等弊，即將委員參處。又滁州解役魏榮等遞解遣犯，過定遠縣池河司地方，該巡檢署無監獄，令原解押至飯店，次日查點僉送，因而脫逃，安撫托庸奏，欽奉二十七年上諭，嗣後凡解送發往回城罪犯人等，如有中途脫逃者，除將逃犯嚴拏外，將解送官兵人役問擬死罪，以俟緝獲逃犯若經拏獲者，再行釋放，治伊應得之罪。若經年不能拏獲，將正法之處奏聞，請旨即着爲例。遵例將解役等擬絞監候，部如其議并議解送人犯防範之處，其向未設有監獄地方，尤宜加謹。倘有疏虞，該管官必當嚴懲。伏查乾隆二十七年六月内遣犯張四等在巨流河脫逃一案，欽奉諭旨將因天晚難辨年貌借端推諉不肯收接，令解犯住宿店房致犯脫逃之外郎楊海嚴加治罪，其該地方官等俱經從重議處。在案今安省復有此事，恐各省亦有似此並無監獄地方，該管官推諉誤公亦未可定，請旨敕下各直省嚴飭所屬，嗣後如有藉詞推諉不收人犯以致疏脫者，該督撫即行嚴參，照巨流河一案交部從重議處。三十三年九月，湖南巡撫方世儁奏稱例載内外斬、絞監候之犯，每遇秋審時責令獄官監看薙髮一次，又秋審解省人犯，俟審畢發回後，方許薙髮各等語，蓋以秋審俱在夏月時，當向炎准令薙髮以示矜恤。今新例改令道府於冬春之間，親臨勘審維時尚未炎熱，似可毋庸拘泥。請嗣後監犯照依執審之期，每年於小滿後十日，今該州縣率同獄官監視薙髮一次，具文通報備核以恤罪囚，而符例意，從之。又奉上諭，向來各省應入秋審官犯，俱於各州縣獄中監禁勾決，本到轉行該地方正法辦理，尚未妥協，嗣後各官犯於定案時即在按察使衙門收禁，既與齊民犯罪者稍示區別，而臬司獄禁稽察更爲周密，亦可免疏虞替代諸弊，於防微杜漸之中，仍寓仁至義盡之意。秋讞大典更足以昭慎重，至勾本到省並着照刑部決囚之例，將情實官犯全行綁赴市曹，即令按察使監視行刑，奉到諭旨當場開讀，按照予勾之犯驗明處決，於體例既爲畫一，而省會之地共見共聞。如此立法森嚴並可使官寮共知儆惕，將此通諭知之，着爲令。十月奉上諭錢度奏賀縣疏縱逃軍熊俊越獄脫逃一案，請將典史謝霖革職拏問，而於知縣鄭之翀請革職留任，殊屬非是，該縣監禁脫逃匪犯既不上緊辦理，又不嚴密巡防，致要犯畜夜冤脫，非尋常疏縱監犯可比。自應將該縣即行革職，仍留該處協緝事理方爲允協。今錢度初到粵西輒爾心存寬縱，請將該縣留任使庸玩劣員仍得優遊戀棧，何足以示懲儆，明係錢度有意沽名沾染外省惡習，不知悛改，錢度著交部嚴加議處。鄭之翀着革職仍留該地方協緝，嗣後有似此者，均照此辦理，著爲令。至改發新疆積匪猾賊在配及中途脫逃情罪，甚爲可惡，一經拏獲，即應明正典刑，又何必關查原案，往返需時，致令匪犯在獄日久，得以乘間潛逃。辦理本屬未善，將來各省如盤獲此等要犯訊究明確，即行正法，毋致曠時貽悞，將此通諭各督撫知之。三十五年三月，奉上諭據熊學鵬奏應發新疆改發烟瘴之竊犯陸貴瓏在司監收禁越獄脫逃，現經拏獲正法。請將管獄官分別革職議處一摺，司獄華燦於司監所禁要犯，任其乘間脫逃，實屬有乖職守，罪應褫革，固不待言，至按察使爲通省刑獄總司，凡所屬囹圄並宜申嚴防禁，毋稍疏虞方爲無忝厥職。乃於專管之司監毫無防範致有越獄之犯，尚復成何事體，則其平時之闒冗玩公更可概見。曾日理向爲府道時，尚知黽勉，自擢任臬司以來，即意存滿足不肯實心出力，聞其近日辦事聲名甚屬平常，今復有此越獄之案，非尋常疏防可比，曾日理即着革職，熊學鵬等著交部分別議處，至摺內於禁卒定罪一節，援獄卒不覺失囚律有限內能自捕得，及他人捕得者皆免罪之語，殊屬未協，禁卒拘管獄囚理應嚴密防守，乃漫無檢束致監犯得以乘間潛逃，典守之職安在，即訊無賄縱情事，而其藐法誤公罪已難逭，設係限內自行捕獲猶得云情有可原，若他人獲犯與彼奚涉亦竟得邀寬免，何以杜弊懲頑，昨因解員中途失鞘之案，經地方官獲賊者，解員即予開復舊例，未爲公允，曾諭吏部改議。此獄卒失囚律，他人捕得免罪，其不當事理。與解員開復例何以異，著刑部另行核改，具奏此案，禁卒等即照新例辦理。其海寧縣知縣曾一貫於司監越獄之犯即能緝獲，自應量與議敘，該撫摺內竟未聲明亦屬疏漏，並着該部議奏。尋議嗣後如他人捕獲及囚已死、自首等情，均仍依律減囚罪二等治罪，不准寬免，其中途押解人不覺失囚者，如他人捕得，及自首等情，亦仍按本律科罪不准寬免。三十八年九月，順天府尹奏准嗣後凡各省遞回人犯無論初次、二次，即交原籍地方官逐一造冊收管，仍於每月朔望日期按冊點卯，如有臨點不到私行出境者，隨時申報該管衙門，及原犯事地方查拏，倘遞解後復行出境，該地方官并不申報，或被原犯事處盤獲，或又在他境犯案，除將本犯治罪外，其原籍不報之地方官，一併議處。十月奉上諭本日據薩哈岱鐘音奏，拏獲分發爲奴脫逃之俄羅斯費約多爾等三犯，因八月爲停刑之月，飭交該縣嚴行監禁，於九月初四日正法一摺。固屬照例辦理，但此等脫逃要犯自應決不待時，豈可拘於常格。況停止行刑月日原指尋常案犯而言，若遇緊要重犯應鞫應決者，均宜隨時審辦。設或拘泥舊文繫獄太久，難保無防守懈弛乘間越獄，自戕等事，致令倖逃法網，殊有關係，朕於讞獄用刑，權審至爲慎重，若遇罪無可貸者，即偶值令節慶辰亦諭法司按律訊治，從不稍存忌諱。而外省督撫等因向有違例行刑處分，懼干吏議，不亦昧于輕重之宜乎？嗣後除尋常案件仍照定例月日停刑外，其兇盜、逆犯干涉軍機應行立決，及當加刑鞫者，均即隨時辦理，聲明咨部。不得拘泥舊例，著爲令。四十五年定各廳、州、縣有離省遠者，遇秋審情實人犯，在監病故，令管獄官立即通詳該督撫，於接文日先行題報，該管道、府據報一面速派隣近之員前往驗訊明確，詳請咨部，總以一月爲限。四十六年六月，奉上諭，向來刑部及各省監獄凡在禁囚犯有夜給燈油之例，甚屬無謂，此等身繫囹圄者，俱係犯法之人罪由自取，如重囚給以衣食，因其爰書已定，必須明正典刑，不應復令其凍餒致斃，已屬國家法外之仁。至燈油一項，並非衣食可比，罪囚在獄夜間本無需燈火，且小民常時入夕寢息不留燈者居多，豈有犯罪繫獄轉徹夜予以燈照，雖矜恤亦不宜及此，並恐奸徒因有燈火，或致放火以圖越獄，尤非慎重。監獄之道，至獄官、禁卒稽查監口，原可各自攜燈照看，并無藉獄囚之有燈也，著傳諭刑部堂官，查明此項燈油因何給與，必係多年相沿陋例，如禁卒坐監看守自應酌給燈油，至獄囚則斷不宜與以燈火，著即行妥議具奏，尋議革除。四十八年刑部議覆陝西按察使王昶條奏：凡外省命盜案件州縣官一經定案，例應逐件解赴省城候臬司、督撫覆審，具題，其有情罪重大，秋審時應入情實，該督撫于成招定罪時，便可預定此等人犯，與其發回本縣監禁待秋審，又復解省審勘致多往返，并有意外疏脫之虞，莫若於招解到省定案後，即應留禁省城於臬司首府首縣均匀分撥禁錮，俟勾到部文到日，即在省城處決，其中或間有九卿改入情實者，爲數無多，仍令各督撫飭行各州縣照舊辦理，或有九卿由情實改入緩決者，即解回本縣監禁。尋奉上諭以情實人犯，如謀故殺行兇重犯及盜案，自當留于省城，至姦婦謀殺本夫及尋常鬬毆等案情節雖重尚不致有扯械脫逃之事，仍解回本州縣候部文到日，於該處正法示衆，俾知儆懼。嗣經刑部分別行兇重犯及竊賊滿貫之情重者，三十四條於犯案招解到省時，即留禁省監，其餘服制緣坐姦竊拐騙，尋常鬬毆、共毆及婦女老幼之犯，易於防範者，仍發回各州縣監禁，得旨允行。五十年二月部議向來命盜各案其中間有正犯已獲，而贓証未明，恐有枉抑，或正犯在逃，因餘犯一面之辭，恐有疏縱，不得不將到案各犯監禁，俟拏獲要犯質訊明確，始行定擬發落，其軍流杖徒以下，亦間有正犯在逃，暫行監禁者，惟是正犯兔脫雖屢經咨拏而弋獲無期，監候待質之犯有十餘年至二三十年不等，懸案莫結，其情罪之重者，既不免久稽顯戮，而罪之輕者，亦不免長縶囹圄，乾隆十九年特奉上諭查辦，自康熙年間以後，凡監候待質之犯，共五十七案，其斬絞重犯分別入于情實緩決軍、流、徒罪以下者，盡行照擬發落，奏明通行在案，今臣部辦理上年三項緩決減等後，本年減等各案檢查歷年現審案內，尚有朱依仁、李四閣、德俊、唐老四案俱因正犯未獲，案涉疑竇，監候待質，其所犯俱在年滿以下，此外並無斬、絞待質之犯，隨查各犯監禁或十六七年，或二十五六年不等，因案情未明雖累經恩赦不便查辦，臣等公同酌議，若正犯弋獲無期，徒令牢禁懸案不結，似非核實辦公之道，查各原案俱在軍、流、徒、杖以下，逐加核擬分別發落、保釋，庶各犯不至安坐囹圄，而庶獄益加清釐。再查自乾隆十七年以後，各省似此監禁待質之犯亦復不少，應令該督撫查明監禁候質已逾十年，正犯弋獲無期之案，分別辦理，以清刑獄，奉旨依議。

《清實録・康熙二十六年》 諭刑部： 時已入夏，天氣亢暘，雨澤尚爾愆期，農事似有可慮，或因刑名案件內無知罹法，審擬失當，情罪不符，致干天和，亦未可定。茲特遣勒德洪、佘國柱、達哈他、科爾坤、王日藻、徐廷璽等，會同三法司將已結重案見在監禁者，逐一詳加審鞫，如有罪可矜疑者，即與查明事由，開列具奏，務期情法允協，不致淹滯監斃，以副朕欽恤刑獄、感召休祥之至意。

又 諭刑部等衙門： 凡各省解送京城及京師解發各省人犯，有解役中途凌虐及教唆犯人於沿途搶奪者，甚至有將犯人拷打致死者，其所犯之罪不致於死，而凌虐拷打以致斃命，殊爲可惡。爾部會同督捕衙門定議條例以聞，尋議覆。凡解部及遞解外省各項犯人，遵恩詔，計程給與口糧。嗣後凡僉差官役，遣有家業正役押解。沿途官員詳查有無解役勒掯拷打之處，如或有之，地方官即將解役懲治。若拷打致死，地方官申報督撫嚴審從重治罪，如有解役唆教人犯通同搶奪者，以光棍例治之。其在中途患病者，原解即報地方，驗明出結，如未取患病印結途中死者，以死者之多寡名數，分別治罪，永著爲例。從之。

《清實録・康熙四十一年》〔十月甲申〕刑部遵旨議覆： 黑龍江寧古塔等處，發遣人犯逃者甚衆，皆由該管之人不行查察，應令各該將軍、打牲總管等，將發遣人數每月查明咨部，至年終該管將軍開明總數，具奏臣部勘對，如有發遣人犯逃走一名者，伊主官則罰俸三月，平民鞭責。至二三名者，計人數加罪。其該管將軍、副都統協領、佐領、驍騎校等，亦分別降罰。小撥什庫鞭責，打牲總管照協領治罪，副總管照佐領治罪。其發遣人犯逃走，若緝拏時有拒捕者，即行正法。又或拐賣人口，或爲竊盜等事發覺，臣部審明發與該將軍等，即行正法。其發遣之犯，應沿途官員親身押解，或不加防守，以致罪人脫逃者，官員降二級，調用兵丁枷號一個月，請著爲令。從之。

《清實録・康熙四十八年》〔九月丁亥〕刑部題： 京城民人重犯，例於刑部監內收禁，官飯官衣，按時給發，惟旗人犯罪者，交該旗門上收禁，刑部審問時，道路往返或遇雨水寒冷，感冒患病，受刑者不能動履，膝行而前，殊屬可憫。查督捕衙門業經歸并刑部，其督捕監禁之地與刑部衙門接壤，請嗣後旗下人犯停其分送各門收禁，即於督捕監中看守，以便審理，則犯人少往返之累，而審問之事亦易按期完結，從之。

《清實録・雍正三年》 丁亥，諭刑部： 凡強盜在監病故者，將管獄官俱行議處。但管獄官將強盜疏縱越獄，誠應議處。若監禁病故者，將管獄官議處。殊覺屈抑。嗣後監斃盜犯未經取供、其案未曾審明者，將管獄官照例議處。若已經取供審明後，並無別故，在監病故者，管獄官似可免其議處。爾部會同九卿，詳明分別，妥議具奏。尋議。嗣後管獄官，將監犯未經取供、案未審明，監斃及滅口致死者，仍照例議處。如已經取供審明後，管獄官並無致斃情事。在監病故四人以下者，免其議處。至將一案內盜犯，監斃五人以上者，罰俸一年。以儆疏玩，從之。

《清實録・雍正十一年》 諭內閣、直省州縣：重囚輕犯，例應分別監禁，不許混雜一處，具餘干連人犯，即令取保候審，不得濫行監禁，定例昭然。且朕屢降諭旨，嚴飭奉行，乃近聞州縣中，有將一切斬、絞、流、徒罪犯，混雜監禁，全無分別並將未經審結之笞、杖輕罪，與大案干連人犯，一概混行收禁，獄官禁卒，以流、徒、杖罪之人，不至於死，可無意外之虞，干連人犯，指日省釋，諒無脫逃之事。因而任其親屬餽送探望，又利其出入之賄賂，不爲嚴禁。此牽彼引，借探視輕犯爲由，代重囚傳遞消息，或密送挖牆斷鎖行兇之具，致令重犯越獄脫逃，種種弊端，總由輕重罪犯，混雜監禁所致。著各省督撫嚴飭府州縣等官，務將重囚輕犯，分別監禁，不許混雜致滋弊端。或間有州縣監獄，房屋甚少，不能分別者，酌量另造數間於監獄之外，以收禁流徒等犯，其杖罪以下，及干連人犯，仍遵照定例取保看守，毋得濫禁，如不肖州縣仍蹈前轍，即行參處。

《清實録・乾隆十三年》〔五月〕，刑部議准山西巡撫準泰疏，稱歸化城七處，協理通判，向未設有獄囚棉衣藥銀。善岱和林格爾、崑都崙、薩拉齊、清水河、托克托城等六處，請每年額給銀六兩，歸化城十二兩，不敷再行補給，餘剩留作下年之用。從之。

《清實録・乾隆四十四年》 並恐奸徒因有燈火，或致放火，以圖越獄，尤非慎重監獄之道。至獄官禁卒，稽查監口，原可各自攜燈照看，並無藉獄囚之有燈也。著傳諭刑部堂官，查明此項燈油因何給予，必係多年相沿陋例。如禁卒坐更看守，自應酌給燈油，至獄囚則斷不宜與以燈火，著即行妥議具奏，行知各省，一體遵照，尋奏查例載，凡在禁囚犯日給食米一升，冬給絮衣一件，夜給燈油等語。溯自雍正三年纂修黃冊，於此條下，即註有原條例字樣，是此條已屬相沿舊例，隨查臣部監獄房屋共十一處，每一處通連五間，懸設油燈三盞，禁卒四名，坐更看守，因同在一室，是以守犯禁役，即藉獄因燈油照察，本無另給之項。原例只稱禁囚夜給燈油，轉致禁卒之照看於不論，本未妥協，應請於例內夜給燈油之上，添載看犯支更禁卒六字，通行直省督撫等，飭有獄衙門，一體遵照，從之。

《清實録・乾隆四十八年》 又諭曰：李世傑奏秋審人犯離省寫遠，請責成該管道府審録一摺：前因各省秋審情實人犯散寄縣監，禁卒短少防範難周，易滋事故。業交刑部定議，嗣後各省人犯於招解定案時，覈其情節應入情實者，即留於省城司、府，及首縣各監，分派收禁。庶稽查防範，更爲嚴密，已經奏准行文。想該督尚未接到，故有此奏，此時必接奉遵照辦理矣。

《清實録・嘉慶二十二年》 又諭：御史周鳴鑾奏嚴防監獄以杜刁健一摺。刑部爲刑名總匯之地，監獄理宜嚴肅，凡有未經定案之犯，有訟師假託犯人親屬進監探視教供，以致案情多有翻易，人證反受拖累，不可不豫爲防範。其外省監獄亦當一律整飭，應如何嚴申例禁、加意慎密、及滿漢提牢廳輪流住宿之處，著交刑部妥議章程具奏。尋議，向例未經畫供定案人犯，親屬人等一概不准進監探視；其已經結案者，許親屬每月探視二次，誠恐奸徒冒稱已結案犯親屬入監，向現審案犯教供。應請申明舊例，除未結案者仍不准親屬探視外，其已結各案如有親屬進監，亦令定立號簿將某犯某親，逐一詳訊登記。並令嗣後滿漢提牢司員，每日輪流一人在外廳直宿，嚴行查察。如有捏稱犯屬入監舞弊情事，一經察覺，嚴拏究辦。至直省，司、州、縣監獄，亦應令各督撫申明例禁，並登記號簿，詳密稽察，從之。

《清實録・道光二年》 宗人府奏：宗室在監自縊，請將看守之皁役，並防範不嚴之筆帖式，交部會同訊辦。得旨，此案著交宗人府會同刑部嚴行覆訊，辦理看守空室之皁役高瑞。魏和等，著解送刑部究辦，主事善循筆帖式恆忠著解任聽候質訊，載銓、仁壽、綿偲、春山、綿岫，均有失察之咎，著交部議處。

《清實録・咸豐九年》 戊戌，諭內閣：御史鄂堃奏請慎刑獄，以召和甘等語。本年入春以來，雨澤稀少，疊經降旨，虔申祈禱，並親詣黑龍潭拈香，昨復降旨，再申虔禱，以冀渥沛甘霖。因思清理庶獄，亦感召和甘之一事，著刑部及步軍統領、問刑各衙門，將現審未結各案，細心推鞫，當罪者即行擬結，無辜者勿令久羈，其輕罪人犯及干連待質例應取保候審者立予清釐省釋，毋稍稽滯，以示矜恤而迓祥和。

《清實録・同治四年》 諭內閣：御史汪朝棨奏：雪澤稀少，請增修仁政一摺。據稱十一月間，刑部囚犯死者，每日至八九名之多，難保非禁卒人等尅扣衣糧，致令斃命。外省被兵新復地方骸骨縱横，未能收埋，請增修仁政，以感召天和各等語。朝廷明慎用刑，雖獄囚亦宜矜恤，至因案拖累，波及無辜，累月經年，株連無已，情尤可憫，著刑部堂官嚴諭提牢禁卒人等將獄囚妥爲看守，不得尅扣衣糧，致令飢寒受病。其一切因案牽累傳質待證無辜人犯，並著趕緊審結，以清庶獄。至被兵省分殉難士女骸骨縱横，無人埋葬，遂至抛棄河濱，塡積溝壑，殊堪憫惻，著軍務省分督撫及各路統兵大臣督飭地方官收埋暴露骸骨，用消沴癘而迓祥和。

《清實録・光緒四年》 諭內閣、都察院奏：京控案件，請飭各省於應押、應保人犯訊明案情，分别辦理等語。各省於交審京控案件，自應將原告、被告人犯訊明情節，方可定其虛實，分别收押取保。兹據該衙門所奏：湖北監生管炳奎控案，原呈內有湖北京控盡將原告管押，被告皆得取保之語，如果屬實，是一經交審，即豫爲區别，顯係示之以威。俾其視爲畏途，豫杜京控之門，殊非朝廷勤恤民隱之意。嗣後該省督撫於京控各案，務當虛衷研鞫，所有應押、應保人犯，均覈其情節輕重，分别辦理，毋得豫存成見。並著各直省督撫一體遵辦，以矜庶獄而照平允。

清・畢沅《續資治通鑑》卷二八 〔宋眞宗大中祥符二年〕衛尉卿、權判刑部愼從吉言：準淳化三年敕，諸州所奏獄空，須是司理院、州司、倚郭縣俱無繫囚；又準後敕，諸路自今獄空更不降詔奬諭。臣伏見提點刑獄司所奏獄空，多不應舊敕，外州妄覬奬飾，沽市虛名，近邠、滄二州勘鞫大辟囚，于詿誤數人，裁一夕即斬決。前代京師決獄尚五覆奏，蓋欲謹重大辟，豈宜一日之內便決死刑，恐有冤濫，但務獄空。欲望依準前詔，不行奬諭。從之。

清・畢沅《續資治通鑑》卷八八 〔宋徽宗熹寧三年〕丁亥，作圜土，以居强盜貸死者。

清・畢沅《續資治通鑑》卷一三〇 〔宋高宗紹興二十三年〕辛巳，詔：諸州編管、羈管人，在法止許月赴長吏呈驗。聞比來因禁鎖閉，甚於配隸，可令遵守成憲。如走失捉獲人，即具名申尚書省則遣。

清・畢沅《續資治通鑑》卷一五一 〔金太定二十七年〕丙申，金命：罪人在禁，許親屬入視。

清・畢沅《續資治通鑑》卷一五四 〔宋寧宗慶元二年〕五月，乙酉，申嚴獄囚瘐死之罰。

清・畢沅《續資治通鑑》卷一六四 〔宋理宗紹定二年〕辛卯，詔：諸路憲司每歲將州縣繫囚瘐死最多者，具獄官姓名以聞，重與鐫降。又詔：今後州縣催科，必遵常制。縣令非才，擇佐官可任者委之，仍不許差州官及寄居權攝。

清・李漁《新增資治新書全集・王望若〈申飭獄禁〉》 照得獄名犴狴，以防奸也。近且以養奸，輕繫情迫，不惜營脱之金。重犯機深，廣布賈扳之肆，是以在獄內者向獄外之人乞生路，而打點偏工。在獄外者，借獄內之人爲死穽，而唆誣最毒。內外交通，弊端百出，總緣防閑雖設，猶不設典守，有人若無人也。甚至常例入手，官吏且聽其指揮矣。豈囹圄果福堂而獄吏眞足貴哉？本廳職在理刑，稽察圜扉，實有耑責，爲此示仰司獄官，併提牢吏等：今後新犯與老囚，務須隔别，不許同居。門內與門外加謹戒嚴，不許通問。書愼封門，夜督巡邏，本廳且不時親臨清查閘點。如善容各犯親屬進監飲酒酣談，或藉送水飯傳遞機關，逗漏消息者，本廳訪知，定將該吏提究。本官申奪，職守所關，寧不凜凜。

清・李漁《新增資治新書全集・周計百〈清理獄囚〉》 照得囹圄之設，雖以懲奸錮惡，然天道好生，仁人惜命。斷蜉蝣一息，齊於龜鶴之年；護胎卵餘生，即致鳳麟之異，古謂福堂，全憑矜恤。已蒙上臺洞燭軫念，見奉頒發札諭，不啻告戒諄諄。本廳職司刑獄，素具婆心，分宜清理，况淫雨連綿，濕氣蒸鬱，蚊蠅蚋蠅，暑熱爲災，合行出示禁約。爲此除將重囚照舊監候，其餘罪犯遵奉上臺札諭，吊取監簿，逐一稽察，應釋者即爲釋放，應保者即應召保外，示仰提牢書吏及禁卒人等知悉：今後務要逐日灑掃監房，洗滌杻械，不許推積穢物在內，以致蒸鬱生災。如監犯遇病，即便赴稟，以憑撥醫調治。敢有閉人黑地，私自拷詐，杜絶家屬送飯等弊，察出定行重究不恕。

清・雅爾圖《雅公心政録・檄示》 清查監獄，凡州縣監獄中，或積案久羈人犯，或牽連繫累多人，或近因查拿盜賊而波及無辜，或久因疑案不明而終難出獄，應澈底清查，該超脱者即行超脱，當歸結者即行歸結，可取保者即行取保。至於現在獄中定案人犯，時屆隆冬，宜加周恤。

清・李璋煜《視已成事齋官書・通傷清理監獄札》 爲諄札通飭事。照得監獄之設，所以羈罪囚防疎脫也。在定罪之重犯，一日未正典刑，尚不可肆意凌虐，若輕罪待質之犯，罪不至死，更不可不加以體恤。無如胥役多半無良，而獄官又罔知留意，或靳其衣食，或積以污穢，尅扣索費，種種慘毒，實爲父母斯民者之所不忍言。本司下車伊始，合亟通飭，札到該府州廳縣官吏，即便遵照。嗣後凡遇人犯進監之始，照例分別重輕妥慎監禁。圍牆務必高厚，多加茨棘，獄門務必堅牢，重重下鎖。鐵鎖鐐銬，必驗明粗壯。每晚收風，必按名查點，外則多撥更夫，晝夜鳴鑼，內則多撥禁卒，輪流守夜。白日不許縱放閒人進內，一切應禁物件概不許傳遞入獄。如遇公出，及良時佳節，尤當嚴飭吏卒隨同獄官加謹稽查，小心防守。凡城內監厫重地，前後左右禁止演唱夜戲，免致疎防。仍嚴飭提牢書役禁卒人等勤加打掃，鐐銬不時洗刷，毋致穢污熏蒸。應給囚糧按時散給，鋪監陋規即行汰除，冬則酌賞綿衣，病則給予醫藥，於慎重之中，寓矜恤之意，亦有司官仁政所必先也。至自理案件，尤當隨到隨結，如有應質之處，儘可交給的保，傳審亦易，斷不可任聽差役濫行管押，致令瘐斃。本司爲清理囹圄，詳慎庶獄起見，該府州廳縣好善諒有同心，務須恪遵辦理，一則免失察凌虐之愆，一則種數世子孫之福，是尤所望於父母斯民者也。仍將遵辦緣由，限文到三日內稟覆。凜之慎之，毋違，特札。

清・佚名《告示集・嚴飭清理監獄》 爲嚴飭清查監獄以重民命事。照得繫獄重囚，雖孽由自作，而爲民上者，當存矜恤之心。是以朝廷設有囚糧鹽菜銀米，以資口食，病給藥餌，寒給棉衣，無非仰體上天好生之意。况監獄之中不盡應死之犯，若漫不留心，以致瘐斃，實干天和。豫省州縣，賢愚不一，每每將輕罪人犯混行監禁，亦有將命盜案內干連之人不行細訊即繫獄宣者，殊干濫禁之例。且不嚴查禁卒，任其需索凌虐，尅減口糧，污穢並不打掃，刑具並不洗滌。現據各屬報病報故之案，每日不下五六起，深可痛恨。本應參處，姑行嚴飭。爲此仰司官吏照牌事理，即便嚴飭各府州縣並司獄各官：嗣後枷杖人犯俱行取保，不得濫禁；徒流案件速行審結，命盜案內牽連之犯細加研審，如無重罪者，不得一概收禁。至于監房水溝廁屋等項，必須每日打掃潔凈，冬給草薦棉衣，夏予搭棚漿水，口糧鹽菜，按數散給，不得稍有扣尅。刑書禁卒，務令循分守法，毋許需索月規長例，私行吊打，或故將刑具緊扣，或故令不得坐卧，或令其居處暗室及潮濕之地。印獄各官，無分晝夜，出其不意，親往查驗，或令親信之人不時往查詢問。各犯如有前項情弊，即行嚴究，倘仍因循怠惰，濫禁拖累，以及刑書禁雜扣尅需索凌虐等事，本部院現在明查暗訪，一有實按，官則嚴參，役拏杖斃。此係民命攸關，本部院能不稍爲寬假也。慎之毋違。

清・佚名《告示集・諭門皂》 示諭把守邪門皂役及更夫人等知悉：照得衙門倉庫監獄具在，所係綦重，而邪門尤爲鎖鑰總關，每日務須常川看守，小心稽查。定更後即將大門鎖閉，毋得縱放一人出入。候發邪梆，稟請匙鑰，依時開啓，至本縣升堂時，尤不許閑雜人等擁擠探望。違者拏究。支更人役務要點數分明，梆鑼響喨，徹夜巡邏，不得酗酒賭博，亦不得怠惰偷安。致干察究。

清・鐵名《告示集・諭儀門》 示諭儀門人役知悉：照得刑名錢穀，本縣職所兼司。凡升堂之時，或審理詞訟，或比繳錢糧，雖頒堂規飭遵在案，但把守儀門，尤宜謹嚴，務使清肅。如敢縱放閑襍人等，擅立探聽。定行重處。

清・佚名《告示集・諭宅門》 示諭把守宅門人役如悉：照得宅門內外攸關咽喉重地，爾等專爲把守，不得片刻離開，凡有出入，隨時鎖閉，無論晝夜，不許喧嘩，各書役犯事呼喚，不許站立探听。如有公事應回，俱要高聲傳話，不許密語低言。事完即退。如各房書吏送進稿案公文及具單稟請案卷者，俱于縣斗傳觚。至閑襍人等，尤不許繳放一人在外窺探。如敢故違，先將把門人重責不貸。

清・佚名《告示集・諭禁雜示》 爲申禁監獄事。照得囹圄重地，干係非輕。爾等繁雜成司防守，每日清晨務須打掃潔凈，毋使穢氣薰人，致起疾病，如遇罪犯有病，即刻撥醫調治。犯人家屬往來，盤問的確，方許見面。至于一切違禁之物，不許藏混入內。尤不許凌虐犯人，索詐送飯犯屬。至晚鎖銬牢固，不得疎虞，務要內外巡邏，梆鑼響喨，不許酗酒熟睡，偷安悞事。敢有查點不到及雇替應役者，定行重責，概不輕恕，特示。

清・劉拱宸《居官慎刑録・乾隆十一年刑部議覆》 乾隆十一年刑部議覆河南道御史楊條條奏，嗣後用刑衙門所有枷號，俱照夾棍例，各呈上司驗烙，各照例圖定式。違者照例參處。其例內有特用重枷者，應聽臨時稟用，不得將重枷一併驗烙，以致輕犯重枷，轉難查察。

清・王又槐《錢穀備要・稽核人犯》 一、安置改遺軍流徒犯廠徒必須按照交冊，逐一查點是否實在，倘有疏脫，即應審明於何日脫逃、緣由詳報，俾免吏議。

監犯須按冊內年貌及犯案事由，逐一查點，一面即飭提牢獄卒每早打掃潔淨，恐有穢氣逼人，致有瘟疫。女監須另入一處，不可接近男監。男犯加以杻鐐，惟女犯不加手杻，以其飲食、便溺不可假手於人也。內外牆垣，多置荆棘，如不堅固，移催修葺，門戶鎖鑰不可缺少，蓋緣新舊任交代之際，囚犯更宜嚴密防範，庶免意外之虞。

前任枷號未滿及管押人犯，應逐名查點。其管押人犯倘非緊要，即行取保候訊。

清・趙舒翹《提牢備考》卷一 監內所需不一，惟囚糧爲大宗，叢弊亦惟囚糧最深。籠鳥待哺，較嗷嗷飛鴻，尤爲堪憫。獄囚口糧，律所以特立專條也，仁人君子宜於此先留意焉，輯《囚糧考》。

每次領囚糧三百石，付陝西司行文戶部赴內倉支領，每年領四五次不等。

近年犯數較少，每歲祇領三次已敷用。附錄陝西司近年稿底，以備考核。

陝西司呈爲關領事，光緒十一年三月二十日，據提牢廳呈據司獄等呈報，監所人犯，每日每名口用米一升。至光緒十年十月十六日止，結算餘下上年秋季分米五百零一石四斗七升三合。又領過上年冬季分米三百石，二項共米八百零一石四斗七升三合。自光緒十年十月十七日起，至本年二月十七日止，計四箇月，共用過囚糧倉斗老米二百八十四石零五升，寔存米五百七十石四斗二升三合，存米恐不敷用。今請領光緒十一年春季分囚糧倉斗老米三百石。伏乞呈請移咨戶部辦理給發等因。據此查該司獄等，並無冒領冒銷情弊，再腳價銀十三兩。若另行具稿，恐稽時日，即於囚糧稿內聲明付庫支領，庶無貽悞。相應付司查照等因前來，除腳價銀十三兩，移付大庫給發外，今應領光緒十一年春季分囚糧倉斗老米三百石，移咨戶部箚倉給發，可也。

領米時，派司獄一員，南北兩監頭役各一名。

翹在提牢任時，司獄每求派領米差使，疑其有弊，然求之，終不得。嗣定爲南北司獄輪流派往，以杜請託，而昭公允。

米領回時，由滿漢提牢各擇一殷實米鋪存放，陸續取用。

此係道光年間舊章，現在不知始自何任，專歸一張姓老米鋪承辦。此米鋪與吏役勾結年久，去之非易，且殷實知底米鋪，猝亦難得，設有關閉，反致周章。是以歷任均相沿用此米鋪。然須將前任所餘之米，己任所領之米，所餘之米，一一結算交代清楚，則弊不至日積日深，或亦因時補救之一端也。

每石粗米例作細米百斤外，有餘米三斤，由提牢辦公費用。

在倉領出粗米一石，總有一百三四十斤不等，舂成細米，約在一百一十斤上下，而向章祇作一百斤計算，立法極爲寬裕，無非使均有餘利可沾，庶不至剝削正項，而囚犯得食好米也。嗣因米鋪獲利過厚，於每石准作百斤外，另提出餘米三斤，作爲提牢辦公費用。同治初年，餘米係屬五斤，不知何任改爲三斤。以一年三次計之，可得餘米二千七百斤。翹在任時，以八百斤換作白麵，爲囚犯年節、端午節、中秋節作麵飯用，以一千五百斤換作粟米，爲冬三月添放粥湯，用以四百斤換作綦豆，作夏日放湯用。均係飭該米鋪承辦，一斤抵算一斤。以提牢自有之款，作提牢應辦之事，庶可經久。切望後任君子，固不必向該米鋪索添餘米，致涉刻薄，亦不必將此餘米視作無用，賞於吏役，以博小人之譽。蓋米鋪之餘利，吏役已索分矣，何必將前人已經提出者，徒飽彼無厭之谿壑哉！

又 每日與監犯煮飯用煤一百斤，付陝西司行交工部，按每月支取，折給銀伍兩七錢。

附錄近年稿底。陝西司呈爲關領事，光緒十一年三月二十日，據提牢廳呈據司獄司，司獄王朝堂等呈稱，查向例南北兩監與監犯做飯，每日用煤一百觔，炭十觔。今應領上年十二月大建分煤三千觔，炭三百觔。並本年正月大建分煤三千觔，炭三百觔，相應移付查辦等因前來查，先准工部咨稱，嗣後關領煤炭每煤一觔，折銀一厘五毫，每炭一觔，折銀四厘等語。今應領光緒十年十二月大建分煤三千觔，炭三百觔，並本年正月大建分煤三千觔，炭三百觔，共折銀十一兩四錢，相應移咨工部給發，可也。

每月添買煤炭煮飯銀二十兩，付飯銀處支領。現在犯數雖較前少數倍，亦總在二百人上下。一日兩餐，須用煤百斤，月計得三千斤，按時價算，需銀十二兩。工部例價不敷甚多，本署庫內津貼亦不能及時發給。故向以闔署牲畜所遺糞矢歸提牢更夫收掃，從前聞係歸司務聽收掃。代煤煮飯，化無用爲有用，實屬善法。加以庫內所發之款，即人數再多，亦無不足也。庫款係歸月例之項，放時雖遲早不定，年年必滿放也。

又　放晚飯後收到人犯，另給粥飯。步軍統領衙門，及五城送部人犯，先在司務廳打到，歸當月司驗收，迨交到廳，每在放晚飯以後。各犯於未送部之先，多已羈餒數日，今又過時不獲領飯，情殊堪憫。道光年間李玉泉先生任提牢時，曾捐粥以待飯後人犯，仁人用心實爲周到。後因定立章程，日以餘米數斤煮飯，散給飯後人犯，此法日久不行。推原其故，無非因飯後所收人犯，數目不能預知，或連日無一收者，或一日收一二名，或一日收十餘名，所煮飯非有餘，即不足。甚至飯頭將溲敗之餘飯，潛攙於次日大鍋飯內，諸多未便，故止不行。然慮小而失大，因噎而廢食，究屬未妥。翹思得一簡便良法，每日飭買饅首數斤，遇有收到人犯於在堂抽簽時，每名給與半斤，令其即食，不必另籌煤與水，犯已實惠均沾。即使是日無一收者，亦不至如飯之易敗也。行之終年，計用銀二十五兩有奇，所費者少，所全者多。人之好善，誰不如我，想後任君子，必永遠行之也。

早間開封後加放小米粥。前任徐亞陶寶謙於冬月曾捐放小米粥廷用，賓杰燕舜欽起烈又接以廳內餘米換作小米，冬季放粥。翹思此舉有數利，冷晨先喫稀粥，足以禦寒，一利也。司中如提犯早審，得此稍充饑腹，二利也。病犯如不能喫乾飯，食之足資調養，三利也。因而踵行，先以餘米換小米，從冬月放起，復以諸友助款捐放。至次歲四月底止，計費銀共四十餘金。每屋每日二斤，女監減半，屬委司獄監放，而司獄諸公，因係義舉，亦各盡心焉。近聞後任諸君子放粥一年不斷，甚盛德也。然須有常款，方可永久。除餘米抵放外，每年若得八十金，則此粥可終歲放矣。此係按二百人計算，如犯數增，須加米。囚糧本係放太倉老米，咸豐年間南糧不到，兩次改放粟米，亦囚糧中一大變革也。謹考其顛末如左。

清・趙舒翹《提牢備考》卷二　憲典昭垂，共宜遵守，出乎禮即入乎刑。君子持身之嚴，未嘗不視此爲法戒也。古人謂律爲八分書，良有深意。矧提牢責任煩劇，動關功過。可不曰兢兢歟？輯《條例》考。

凡各處獄卒於相應慣熟人內點差應役，令人代替者，笞四十。點差獄卒律

謹按：　獄卒即禁子也。刑部曰：　禁卒典囚，有主守之責，如有事故，當預報官，不得私令人代替。慎重監獄之意也。再禁卒頂充，向係頭役出結認保，由本廳付司務廳。近日禁卒人雜多，有爲匪不法情事，須於接充時提牢詳加查詢，並特立一冊，將某役係某頭役保充之處開明立案，此役如有犯爲匪不法重情，即將該頭役一體交司治罪。或者頭役畏累，不致濫引匪類也。

一、各處監獄俱分建內外兩處，強盜並斬絞重犯俱禁內監，軍流以下俱禁外監，再另置一室以禁女犯。

謹按：　此條係雍正七年九卿議定，刑部南北兩監各四屋，北監另置女監一所。

一、獲犯到案幷解審發回之時，州縣官當堂細加搜檢有無夾帶金刃等物，方許進監，並嚴禁禁卒，不許將磚石樹木銅鐵器皿之類混行取入，如有買酒入監者，將禁卒嚴行責治。

謹按：　此例亦係雍正七年定例內嚴行責治，並未指明何罪。

一、在監斬絞人犯，如有強橫不法及賭博等事，杖一百，仍嚴加鎖鐐，俟秋審分別定擬，知情故縱之禁卒照開局窩賭例杖一百，徒三年，提牢官失於覺察，獄官故爲徇隱，交部分別議處。軍流等犯有犯亦照此問擬。

謹按：　此條係雍正十一年定，乾隆五年修改。原例係照原犯即行正法，後改爲俟秋審分別定擬，又將知情故縱之禁卒僅照尋常窩賭例擬以滿徒，未免愈改愈輕矣。

一、斬絞人犯如有在監年久，自號牢頭，串通禁卒、捕役，挾制同囚，嚇詐財物，教供誣陷，少不遂欲，恣意淩虐，兇惡顯著者，審實，即照死罪人犯在監行兇致死人命例依原犯罪名，擬以立決，其尋常過犯，酌量嚴懲。示儆以上四條，俱見獄囚脫獄及反獄在逃門。

謹案：　此條係乾隆二十四年浙撫莊有恭條奏議定，應與上強橫不法一條參看，死罪人犯致死人命，本例在鬭毆及故殺人門內，既附見此條，故不另列。

凡獄卒不覺失囚者，提牢官曾經躬親逐一點視罪囚鎖杻，俱已如法取責獄官、獄卒牢固收禁文狀者，不坐，若不曾點視以致失囚者，與獄官同罪。主守不覺失囚律

按：　現在司獄，每日與提牢出，如法收禁甘結，雖係具文，每日亦應查究也。

一、監犯越獄，如獄卒果係依法看守，一時疏忽，偶致脱逃，並無賄縱情弊，審有確據者，依律減囚罪二等治罪，仍給限一百日，限內能自捕得，准其依律免罪，如他人捕獲或囚已死及自首，概不准免罪。其有將在監斬、絞重犯鬆放獄具，以致脱逃，將鬆放之該禁卒嚴行監禁，俟拏獲逃犯之日，究明賄縱屬實，即照所縱囚罪全科。本犯應入秋審情實者，亦入情實，應絞決者，亦擬絞決，應斬決以上者，亦即擬以斬決。如係徇情鬆放獄具或託故擅離，或倩人代守，防範疏懈，乘間潛逃者，亦照故縱律與囚同罪，至死減一等。不准照舊例減囚罪二等問擬。主守不覺失囚門

謹按：此例原係兩條，一乾隆十八年定、一二十八年定。嘉慶六年修，併十四年修，改專爲越獄之禁卒而言例，意頗覺嚴切。有關懲戒至各犯越獄及反獄後應如何治罪，與獄官無涉，即留緝。協緝各條，亦專爲外省而言，提牢不用，故均不交也。

凡獄囚應禁而不禁，應鎖杻而不用鎖杻及脱法者，若囚該杖罪，笞三十，徒罪笞四十，流罪笞五十，死罪杖六十若應杻而鎖，應鎖而杻者，各減一等。若囚自脱去及司獄官典獄卒私與囚脱去鎖杻者，罪亦如之。提牢官知而不舉者與同罪不知者不坐，不應禁而禁及不應鎖杻而鎖杻者各杖六十，若受財者，並計贓，以枉法從重論。

徒犯以上婦女犯姦收禁、官犯公私罪、軍民輕罪老幼廢疾散禁。以上二條囚應禁而不禁律

凡官吏懷挾私仇，故禁平人者，杖八十，因而致死者，絞。提牢官及司獄官典獄卒知而不舉首者與同罪，至死者，減一等，不知者不坐。故禁故勘平人律

與後獄囚衣糧門內犯人果有冤濫據實申明一條參看。

凡獄卒非理在禁凌虐毆傷罪囚者，依凡鬬傷論，尅減衣糧者，計贓以監守自盜論，因而致死者絞。司獄官典及提牢官知而不舉者，與同罪，至死者，減一等； 有不知，坐以不應。凌虐罪囚律

謹按：律言：不知，坐以不應，不言不知不坐者，以司獄提牢均以獄爲職，獄卒之弊，正所當覺察，不容不知也。

一、除強盜十惡謀故殺重犯用鐵鎖杻鐐各三道，其餘鬬毆人命等案罪犯以及軍流徒罪等犯止用鐵鎖杻鐐各一道； 笞杖等犯止用鐵鎖一道。如獄官禁卒將輕罪濫用重鎖，重罪私用輕鎖，及應三道而用九道，應九道而用三道，將獄官題參，禁卒革役，受賄者，照枉法從重論； 任意輕重者，照不應鎖杻而鎖杻律治罪。提牢官失於覺察，交部議處。

謹按：此條係康熙年間現行例，乾隆五年修改，似專爲提牢而設，其實通例也。禁卒革役後仍應照律治罪，例內未及。

一、凡官員擅取病呈，致死監犯者，依謀殺人造意律斬監候，獄官、禁卒聽從指使下手者，依從而加功律絞監候，未曾下手者，依不加功律杖一百，流三千里。

一、凡獄卒有受罪人仇家賄，囑謀死本犯者，依謀殺人首從律治罪。

謹按：以上二條，均係康熙年間例。

一、凡問刑衙門，不許於獄內用柙牀，違者官革職，杖一百，流三千里，禁卒杖一百，革役。

此概指獄官知情者而言，如官止失於覺察，禁卒私用者，治罪當不止滿杖，革役而已。

一、凡犯人出監之日，提牢官司獄細加查問，如有禁卒人等凌虐需索者，計贓治罪，仍追贓給還犯人。提牢官司獄不行查問，事發之日，亦照失察例議處。

謹按：此係雍正八年例，現在犯人出獄時，司獄仍照例一詢其實，稽察以平時爲要也。

一、凡內外斬絞監候之犯，每遇秋審時，責令獄官監看薙髮一次，軍流人犯每季薙髮一次，仍令留頂心一片。

謹按：此條係乾隆十一年湖南按察使周人驥條奏定例。

一、徒罪以下人犯患病者，獄官報明承審官，即行赴監驗看，是實行令該佐領驍騎校地方官取具的保保出調治，俟病痊即送監審結，其外解人犯無人保出者，令其散處外監，加意調治。如獄官不即呈報，及承審官不即驗看保釋者，俱照淹禁律治罪。若本犯無病而串通獄官、醫生揑稱有病者，該犯併獄官醫生俱照詐病避事律治罪。

謹按：此條係雍正初年定，例內所指徒罪以下人犯，似係指已經結案者而言，若尚未審出實情者，自難拘泥此例，然犯人有病，提牢、司獄總以速報速治爲要，其應交出與否，則責在各司也。

一、刑部監犯患病沈危，醫先呈報救治後，提牢官回堂移會滿漢查監御史，即日赴部查驗。如有監斃人犯，無論因病因刑及猝患暴病身死不及呈報救治者，均移會滿漢查監御史率領指揮一員，限一日內赴部會同刑部司官相驗。倘承審官有非法拷打及將不應刑訊之人濫刑致斃並禁卒有凌虐罪囚各情事，即嚴參究辦，至步軍統領都察院、順天府五城各衙門並各省送部之案，務將人犯是否患病及曾否刑訊受傷之處，於文內詳晰聲明，若送到人犯受有刑傷及病勢沈重者，刑部立即咨查監御史，亦於一日內赴部查驗立案。

謹按：此條係嘉慶十七年定，例內後一層最宜留神。

又　凡獄卒以金刃及他物可以自殺，及解脱鎖杻之具，而與囚者，杖一百。因而致囚在逃，及自傷，或傷人者，並杖六十，徒一年。若囚自殺者，杖八十，徒二年。致囚反獄，及殺人者，絞。其囚在逃未斷之間，能自捕得，及他人捕得，若囚已死，及自首者，各減一等。若常人以可解脱之物與囚人，及子孫與在獄之祖父母，父母。奴婢，雇工人與在獄之家長者，各減一等。若司獄官典及提牢官知而不舉者，與同罪，至死者減一等。若受財者，計贓以枉法從重論。若失於檢點防範，致囚自盡者，獄卒杖六十。司獄官，典各笞五十，提牢官，笞四十。與囚金刃解脱律。

謹按律內徒一年罪名，蓋指輕罪囚而言。若致重罪囚在逃，自有主守不覺失囚減二等之律，在何能止科徒一年也。

凡司獄官、典獄卒教令罪囚反異變亂事情，及與通傳言語，有所增減罪者，以故出入人罪論，外人犯者，減一等。若容縱外人入獄，及走泄事情於囚，罪無增減者，笞五十。若受財者，並計贓以枉法從重論。主守教囚反異律。

一、凡書辦、皂隸，及官員家朴人等，有擅自出入監所者，令提牢官，司獄禁、卒立拏回堂，將書隸革役，責四十板，遞回原籍。家人枷號一個月，責四十板，家人之主交部議處。若不行拘拏，被查出者，提牢官。司獄俱以失察例議處。見主守教囚反異門。

謹按此條係雍正二年纂定，書隸似亦應一律枷號。

凡獄囚應請給衣糧、醫藥而不請給，患病應脱去鎖杻而不脱去，應保管出外而不保管，應聽家人入視而不聽，司獄官、典、獄卒笞五十，因而致死者，若囚該死罪杖六十，流罪，杖八十，徒罪杖一百，杖罪以下杖六十徒一年。提牢官知而不舉者，與同罪。若已申稟上司不即施行者，一日笞一十，每一日加一等，罪止笞四十。因而致死者，若囚該死罪杖六十，流罪杖八十，徒罪杖一百，杖罪以下杖六十徒一年。獄囚衣糧律。

此係指一時疎忽者而言，如因尅減衣糧致死，自有淩虐本律，不能照此科斷。再此律係矜恤貧病罪囚之典，管獄者宜詳玩也。

一、凡司獄吏目，典史專管囚禁，如犯人果有冤濫，許管獄官據實申明，如府、州、縣不准許，即直申憲司各衙門提訊。

謹按：此條係明令。以司獄等官專管囚犯，知之最切，故設此例以伸冤抑。如訊出實情，其據實申明之司獄等官，似應予以議敘，方可誘之使言也。不然誰肯招上官之忌，而自生枝節乎？

一、刑部赴倉支領囚糧，每石給腳銀五分，倘獄卒人等私行扣尅，照律嚴加治罪，獄官通同作弊，一體治罪。其失察之提牢官，交部議處。

謹按：此條係雍正十一年纂定。

一、凡牢獄禁繫囚徒年七十以上，十五以下，廢疾散收，輕重不許混雜，鎖杻常須洗滌，蓆薦常須鋪置，冬設煖床，夏備涼漿。凡在監囚犯日給倉米一升，冬給絮衣一件，病給醫藥。看犯支更禁卒夜給燈油。並令於本處有司在官錢糧內支放，獄官預期申明關給，無致缺誤。有官者犯私罪，徒流鎖收，杖以下散禁，公罪自流以下皆散收。

謹按：此條係前明舊例，乾隆年間兩次修改。

一、內外刑獄醫治罪囚，各選用醫生二名，每遇年底，稽考優劣，如醫治痊愈者多，照例俟六年已滿，在內咨授吏目，在外咨授典科、訓科。不能醫治病死多者，責革更換。

謹按：此條係康熙年間現行例，勸懲並用，亦欽恤罪囚之意，提牢廳由太醫院咨送醫官二名，輪流進署當差，須加禮貌，最以令典飭其盡心醫治，如疲劣過甚，無妨咨回另取。

一、刑部南北兩監板棚，不許禁卒人等私相租賃，如有受賄頂租等弊，將獄卒人等從重治罪。

謹按：此條係雍正十一年纂定。

一、斬絞重犯，及軍流遣犯，在監及解審發配，俱著赭衣。

謹按：此係乾隆二十五年山東按察使沈廷芳條奏纂定，蓋恐其脱逃之意，現在值朝審時，斬絞犯尚著赭衣。上班先一日，堂泒員監放。

一、內外問刑衙門收禁人犯，如有禁卒人等私行傳遞，或代買鴉片烟與犯人吸食者，發極邊烟瘴充軍，贓重者，計贓以枉法從重論。失察之該管官交部議處。

謹按：此係道光十九年大學士軍機大臣會同議嚴禁鴉片一摺纂定。

又 一、刑部在監現審人犯除未結各案及監禁待質官常各犯均不准親屬探視外，其已結各案許令犯人祖父母父母伯叔兄弟妻妾子孫一月兩次入視。其隨從入視之使役人等，不越兩名提牢。司獄各官定立號簿，將某日、某案、某犯、某親屬入監探視逐一詳訊登記。每日滿漢提牢司員輪流一人，在外廳值宿司獄二員，在南北兩監內廳值宿。嚴行查察，如有捏稱犯屬入監，教供舞弊情事，一經察覺，嚴拏本犯究辦。將未能查出之提牢司獄各官，分別議處。自行查出，免議。若有送飲食者，提牢官驗明，禁子轉送至。各省司、府、州、縣監獄，責成司獄吏目、典史，專管於未經結案並待質監犯。嚴禁不許親屬探視，其已結各案犯屬入監探視，亦逐一登記號簿，一體詳密稽察。如有奸徒捏名入監舞弊，即據實分別拏究參處。其盜犯妻子家口均不許放入監門探視，違者，妻子家口枷號兩個月，責四十板。婦女照例收贖，提牢司獄等官吏參處。以上八條，俱見獄囚衣糧門。

謹按：此條係雍正七年纂定，嘉慶二十二年御史周鳴鑾條奏修改。提牢住班始於此例附錄，原奏嘉慶二十二年正月二十二日刑部奉上諭御史周鳴鑾奏嚴防監獄以杜刁健一摺，刑部爲刑名總匯之地，監獄理宜嚴肅。凡有未經定案之犯，有訟師假託人犯親屬進監探視，教供以致案情多有翻易，人證反受拖累，不可不預爲防範。其外省監獄亦當一律整飭，應如何嚴申例禁，加意慎密，及滿漢提牢廳輪流住宿之處，著交刑部妥議章程具奏，欽此。當經臣等查，臣部舊定章程凡現審未經畫供定案各犯，親屬人等一概不准進監看視。又南北二監，額設滿漢提牢官二員，滿漢司獄八員，每監分內外獄門二層，提牢司員總理兩監。向在外廳辦事，早晚放飯時，兩次入監查察。晚獄門封鎖後，始行散署司獄，每日輪流二員，在南北兩監內廳值班住宿。凡已經結案人犯，准令親屬每月探視兩次。至監禁待質，及未經定案之官常各犯，均不准親屬探視。惟人情變幻百出，已經結案人犯，向既准親屬探視，誠難保無奸詐之徒於各親屬入監探視時，藉端影射，冒稱已經結案犯屬入監，向現審案犯教供串揑，以致犯供翻易，於案犯罪名大有關繫。至司獄官夜間在內廳值宿，獄門封鎖後，其鎖鑰原即責成司獄收管，司其啓閉。惟外廳稽察無人，亦不足以資彈壓，而昭嚴肅。臣等公同酌議，應請申明舊例飭令提牢司獄各官，嚴密查察，所有現審案犯，除未結各案，仍不准親屬探視外，其已結各案，如有親屬進監探視，亦另定立號簿，將某日、某案、某犯、某親屬入監看視，逐一詳訊登記。並令嗣後滿漢提牢司員每日輪流一人在外廳值宿，嚴行查察。如有捏稱犯屬入監教供舞弊情事，一經察覺嚴拿本犯究辦。將未能查出之提牢司獄各官，分別議處，自行查出免議。

功臣及五品以上文武官犯罪，應禁者，准令親人入視。功臣應禁，親人入視律。

謹按：功臣有勳勞於國者，五品以上，亦班聯之尊者，故優恤特及也。

又 一、刑部監犯越獄，並在獄滋事之案，該禁卒等分別有無受財故縱治罪。除至死無可加外，餘各於本罪上加一等，流罪以上先於刑部門口枷號兩個月，徒罪以下枷號一個月。如有挾嫌設法陷害本官，情事，照惡棍設法詐官實在光棍擬斬例，分別首從嚴辦。如該提牢官知情徇隱故縱，照私罪嚴參革職。若止疏於防範，失於覺察，照公罪交部議處。以上九條，俱見淩虐罪囚門。

謹按：此例係同治二年御史胡慶源條奏纂定。從先嚴立提牢處分，無非防官作弊耳。孰知轉授其權於吏役也，自有此例，寬提牢之公罪，吏役始稍知斂迹，不敢十分挾官舞弊，乃刑獄一大轉關也。謹將原奏附錄，以備考核。

一、原奏內稱提牢之權太輕，而處分太重。稍一認眞，禁卒舞弊以逐其官，官聽令於禁卒之手，故禁卒有所挾制，爲非而官不敢問。請寬提牢之處分，而嚴定禁卒之罪等語。臣等查律載獄卒不覺失囚者，減二等。若囚自內反獄，又減二等。故縱者與同罪，受財者以枉法從重論。又受財故縱與同罪者，全科至死者，絞各等語。獄卒所犯之罪，不一定例各有專條，即以失囚而論，例以有無受財故縱，分別罪名輕重。蓋受財故縱者，係有心故犯，其罪綦重。不覺失囚者，係無心失誤，故其罪較輕。立法已極詳備。然參觀諸例有心故犯，與之同罪。而無心失誤，止減二等，已屬從嚴辦理。今該御史請寬提牢之處分，而嚴定禁卒之罪名。臣等竊思臣部提牢一官，管理兩監，額設夫役禁卒百數十名，收管人犯歲常數百人，責重事繁，彈壓撫馭均非易易。故一年任滿，例得優保，而一切處分，獨可從寬。固非所以示勸懲，惟處分公私。私罪，不可不嚴，而公罪則不宜過重，或迴護已前之處分，而故事因循，或瞻顧以後之考成，而苟安且夕，即爲其下者，亦以爲官之黜陟，操於伊手。將有所挾制，而敢於作奸犯法，故立法雖善，而奉行不力，致有名無實。此監獄積弊所由，不能盡除也。即如臣部監獄疏防各案按例，止應照公罪開參。嗣於道光十三年間，李相清越獄一案，將提牢改議從嚴。至今遵例辦理，竊思今昔情形不同，從前監犯無多，駕馭較易。今監獄之內收禁盜賊等犯，動至數百名，狡譎性成，愍不畏法，非提牢官破除情面，力挽頽風，難資整飭。且提牢與州縣同爲有獄之官，而州縣官疏防越獄處分，初參止於革職留任。而提牢竟至革職。不值班者，亦至降調，殊不足以示平允。今欲整飭監務，莫如嚴提牢私罪之處分，而寬其公罪之處分。俾得盡其所長，無所顧忌。極力整頓，以收實效。至禁卒人等，因緣爲奸，是其慣技，防範偶疏，骫法營私，弊端百出，實堪痛恨。應請嗣後刑部監獄滋事該禁卒等，仍照定例，分別有無受財故縱治罪。除死罪無可再加外，其餘罪名，各於應得本罪上酌加一等治罪。流罪以上，仍先於刑部門口，枷號兩個月，枷滿發配，以示嚴懲。如訊有挾嫌設法陷害本官情事，即照惡棍設法詐官實在光棍擬斬例，分別首從，從嚴懲辦。其提牢處分，如該提牢實有知情徇隱故縱等弊，即照私罪例，分別嚴參，革職治罪。若僅止疏於防範，或失於覺察，並無別項情弊者，即照公罪例，交部議處。惟處分輕重，向由吏部照例辦理。一切公罪處分，可否酌量減輕之處，應請飭下吏部，會同臣部再行妥議。章程奏明，畫一辦理等因同治二年五月二十八日奏，本日奉旨依議，欽此。

旋准吏部知照核議具奏原奏內稱：查道光十三年官犯李相清越獄脫逃一案，值宿提牢富海經刑部奏奉諭旨，著即革職。未經值宿之提牢黃丕範，於值宿提牢富海革職上減爲降三級調用，毋庸查加級議抵。道光十三年六月二十日，奉旨依議，欽此。欽遵在案嗣後即照此案一律辦理。歷查咸豐二年絞犯郭大越獄脫逃，咸豐七年絞犯汪長兒越獄脫逃，同治二年周六等反獄脫逃各案，值班之提牢奎福、葆謙、穆克登布等均係革職。未經值宿之提牢尹開勳桂迓衡、朱壽霖等，均於值班提牢革職上減爲降三級調用。不准抵銷歷經。辦理在案，今據刑部奏稱提牢與州縣同爲有獄之官，而州縣官疏防越獄處分初參止於革職留任，而提牢竟至革職，不值班者，亦至降調，殊不足以示平允，請將一切公罪處分酌量減輕等語。臣等查刑部爲刑名總匯之區，監獄重地，與外省監獄不同，况州縣官疏防越獄，初參雖止於革職留任，倘逾一年之限，分別未獲名數，議以降調革職，仍留於地方協緝。至刑部提牢並無留緝，亦無展參，與外省有獄之州縣官，情形迥異。是以該提牢任滿之日，議敘特優，而失事之時，處分亦重。惟既據刑部奏明，今昔情形不同，從前監犯無多，駕馭較易。今監獄之內收禁盜賊等犯，動至數百名，狡譎性成，愍不畏法，非提牢官破除情面，力挽頽風，難資整飭等語。自應量爲變通，以寬公過。臣等公同酌議，應請嗣後刑部監獄如有疏失，將值班之提牢，查照成案革職處分上減爲降三級調用，不值班者，提牢查照成案降三級調用處分上減爲降一級調用。均係公罪，仍將可否抵銷之處聲明請旨，恭候欽定，所有臣等核議緣由，理合恭摺具奏，同治二年七月二十一日，具奏。本日奉旨依議，欽此。

又　吏部處分則例，禁獄列有專門，謹逐條附錄，以備考核。

一、監獄儻有廢壞，立即修理，管獄官有獄官如不行親查，以致牆壁傾圮，管獄官降一級調用，有獄官罰俸一年。俱公罪

此係指外省而言，然本部監內如有要工，應即移付四川司，令其先行修理，方昭慎重。

一、凡應禁人犯一切鋪監使費，永行革除。如禁卒人等有藉端需索情事，將失察之管獄、有獄官照失察書役犯贓例議處，知情故縱者照縱役犯贓例革職。私罪書役犯贓例見後。

一、刑部監獄每日令滿漢提牢司員輪流一人在外廳值宿，司獄二員在南、北兩監內廳值宿。如有應議處之案，以司獄爲管獄官，提牢司員爲有獄官，堂官照督撫例處分。

一、刑部在監現審人犯，儻容未經結案並待質之犯人親屬及盜犯家口入監串供舞弊者，將失察之司獄等官照外人入獄，笞五十，公罪罰俸九個月，公罪受財者計贓從重論，自行查出究辦者免議。

一、各省監獄應給囚糧衣袴，醫藥等項，州縣官按數支給，覈實報銷，如有尅扣冒銷者，革職提問，私罪係失察刑書尅扣者，降一級調用，公罪因而凍餒致斃者革職。公罪若係管獄官尅扣冒銷及失察者，照此分別議處。

此係指外省而言，然提牢亦須知也。

一、獄卒陵虐罪囚因而致死，管獄、有獄官知而不舉，革職治罪，私罪不

知者，管獄官降三級調用，有獄官降二級調用。俱公罪如陵虐未致死，係知情故縱者，均革職，私罪失於覺察者，管獄官降一級調用，有獄官降一級留任。俱公罪自行查出究辦未致死者，免議，已致死者仍照例議處。

一、獄卒聽受賄囑謀死本犯，失察之管獄官革職，有獄官降三級調用。俱公罪

一、官員於獄內用榧牀者，革職治罪，私罪或將犯人拘禁地窨或以長木將各犯同繫，令其不能轉動者均革職。私罪

聞本部從前監中禁卒有以長木將各犯同繫之事，謂之鞭床應時時嚴查懲治。

一、官員失察監犯號充牢頭有陵虐罪囚情事者，將管獄有獄各官照獄卒陵虐罪囚例分別議處，如僅止私充牢頭，並無陵虐情事者，將管獄官照約束不嚴例降一級調用，有獄官降一級留任。俱公罪

一、署事官在署事期內有越獄之事，照現任官例處分，徒罪以下人犯有病而獄官不即呈報，照淹禁者杖六十，公罪律罰俸一年，公罪因而致死者治罪。如本犯無病而串通獄官揑稱有病者，將獄官降一級留任。私罪

一、刑部司獄官典於斬絞人犯一案內監斃三、四人者，罰俸一個月，五、六人者罰俸三個月，七、八人者罰俸六個月，九人、十人者罰俸九個月，十一人以上者罰俸一年，以上俱公罪軍流遣犯一案內監斃三、四人者罰俸三個月，五、六人者罰俸六個月，七、八人者罰俸一年，十一人以上者革職；以上俱公罪凌遲重犯及徒罪以下人犯一案內監斃三四人者，罰俸六個月，五、六人者罰俸九個月，七、八人者罰俸一年，九人以上者革職。以上俱公罪其非一案內人犯及同時監斃而罪名各異者，俱仍公案議處。

一、凌遲及斬絞立決人犯在監自盡者，管獄官革職，有獄官降三級調用；斬絞監候人犯自盡者，管獄官降三級調用，有獄官降二級調用，軍流以下人犯自盡者，管獄官降一級調用，有獄官降一級留任。俱公罪因病墜鍊身死之犯，照自盡例議處。

一、斬絞人犯在獄傷人，管獄官降一級調用，有獄官罰俸一年，軍流遣徒人犯在獄傷人，管獄官降一級留任，有獄官罰俸九個月；笞杖人犯與干連應質之人散寄外監傷人，管獄官罰俸一年，有獄官罰俸六個月。俱公罪其犯人在獄自傷，亦照此例議處，若因傷致死，即均照監犯自盡例議處。

一、凡永遠鎖錮之瘋犯在監墜鍊身死，管獄有獄各官照軍流以下人犯在監自盡之例議處。

一、內外大小衙門書役犯贓，除本犯照例治罪外，本管官如通同婪索，不論銀數多寡，皆革職提問，若縱令作弊得贓，亦不論銀數多寡，皆革職。私罪其止係失於覺察，如犯該杖徒者，本管官罰俸六個月，犯該軍流者，本管官罰俸一年，犯該斬絞者，本管官降一級留任。以上俱公罪俱以首犯之罪名爲斷。自行訪拿究辦者免議。

一、刑部監獄如有疎失，值班之提牢降三級調用，不值班之提牢減爲降一級調用。俱公罪將可否抵銷之處聲明，請旨。

此即同治二年所定新章也。

意外風波，自天主之；當前職分，自我主之。自問不作刻薄事，得失應聽之於天。瘡痍滿目，患拯救之無方，一年光陰又倏忽而易逝，何必以有用心力，戚戚於不可知之事哉？

清・丁日昌《撫吴公牘・通飭禁革各屬招解人犯承差陋規案》

爲通飭事。照得本部院訪聞江蘇各屬招解命盜雜案。院司道府及本管直隸州承差規費，每案多至四五十金。解役犯人盤纏飯食，尚不在內。當此清釐積牘之際，一案需五十金，十案即需五百金。若悉由州縣捐貼，已屬賠累難支，且恐此項或有向歸原差承應者。若輩無資可賠，勢必取辦於案中之被證，於是命案則串唆羅織，盜案則教供誣攀。本官知解費無出，不得不稍稍聽其所爲，流毒閭閻，關繫尤鉅。昨聞本轅茶號房得受太倉新陽婁縣三處端節犒賞，及本轅門皂得受秋審值堂陋規，業經提責斥革枷示，一面札行蘇州府。該府查辦在案，所有前項各衙門招解規費，亟應通行禁革，以肅紀網。合行札飭札到該司道府州，立即遵照。嗣後各屬招解人犯，所有一切陋規，永遠全行裁革。并通飭所屬，不准再行付給。儻敢陽奉陰違，私相授受，一經察出，與受同科。其解犯盤費口糧，統由州縣官捐給，不得責成原差承辦，致滋弊端。仍將遵辦緣由報查，切切。

清・郭嵩燾《郭嵩燾奏稿・請派員赴萬國刑罰監牢會片》 再，據瑞典國使臣愛達華達攏柏照會內稱：整理萬國刑罰監牢會今年在比利時國都城伯魯賽爾會議。明年八月在瑞典都斯多克火恩會議，應由其國預先通告各國；并稱瑞典主極盼中國國家派員往赴此會，乞將此情轉奏各等因。臣

因查詢此會之緣始，蓋前八十年間，英國有名侯爾德者，遍歷各處監牢，備悉其苦況，言之國家，定更制度，以次及法、奥、德、俄諸國，一皆獻議仿行。於是西洋各國公立此會，互相維持。臣去歲過香港、新嘉坡，遍視其系囚處，整齊清潔，嘆爲盡善。至倫敦，往觀莽敦威拉監牢，收系一千六百餘人，規模尤極闊大。大致以年分久暫定罪名輕重，而一皆制以教養之經。凡所收系，課以工藝，使其出而皆可以謀生，尤服其用意之深厚。至是始知其發端自侯爾德，而因以公會爲名，相與益致其情。度其會議，必多有可紀者。臣現奉使英國，距瑞典國爲近，應由臣處奏派一人前往。謹先將該使臣照會大旨，陳請聖裁。應如何辦理之處，當俟奉旨后開具參贊以下銜名，聽候簡派一員，屆時前赴瑞典國，以資與各國會議。理合附片陳明。謹奏。

光緒三年八月二十七日奉旨：該衙門議奏。

清・佚名《治浙成規・司獄等官赴省驗看酌委佐雜代理》 司獄典史、吏目等官有管理監獄之責，遇有俸滿來省，近者旬餘，遠者匝月，監獄要務未便久懸，經本司條稟，凡遇俸滿赴省候驗之員，飭令該府酌委佐雜代理。

署浙江布政使司事按察使徐謹稟大人閣下敬稟者：竊照司獄、典史等官有管理監獄之責，不可一日暫離職守，是以凡遇一切差委，向不派及，即遇有派委出差，亦必委員接署。惟屆六年俸滿之期，例應赴省驗看，緣爲時無幾，事屬因公，並不另委代理。本署司伏查：經歷照磨知事、州判、丞簿、巡檢等官，雖各有應辦公務，但無監獄重寄，即遇別項差委，於本任尚無貽誤。惟府屬之司獄、州屬之吏目、縣屬之典史三項，均係管理獄囚，責係綦重，一遇俸滿赴省候驗，往返程途近者旬餘，遠者匝月，監獄要務未便久懸，若不另派專員代爲管理，設有疎虞，咎將誰諉？所關似非淺鮮，本署司管見：應請嗣後司獄、吏目、典史等官俸滿赴省驗看，於該員起程之日，即令該管知府不拘府屬縣屬，就近酌委妥幹佐雜一員，前往暫爲代理，一面將代理銜名詳報。

督撫憲并藩臬兩司衙門備案，倘或代理之員稽查不力，致有疎防，即將該委員列揭詳參，以專責成，以重監獄。再查本年俸滿典史共計九員，內除新城縣典史萬希韜一員捐陞離任，毋庸甄別，又蕭山縣典史胡稼齡、餘杭縣典史柯日照、上虞縣典史汪大鏊三員業經詳驗外，尚有石門縣典史鹿宗文、仙居縣典史劉廷梅、淳安縣典史糜俊升、平陽縣典史李珍、遂昌縣典史劉焜五員現在，札催詳驗。如蒙憲允，即行通飭該府遵照辦理，俾缺有專員，而職無旁諉，似於督捕、監獄均有裨益。本署司辦理所及，理合具稟。是否有當，伏候憲臺察核批示遵行。除呈撫督憲外，並請萬安伏祈鈞鑒。本署司謹稟。

本年七月十五日奉兵部侍郎、浙江巡撫、部院世管佐領三批司獄、典史等官有防範之責，未便一日缺員，經管所稟，足徵慎重，官守仰即如稟通飭照辦。仍候督部堂批示。繳。

本年八月初三日奉太子少保、兵部尚書、閩浙總督、部堂世襲一等輕車都尉鍾批：司獄、典史等官自宜慎重，以專責成，所議甚爲允協。仰即會同臬司通飭遵照辦理。仍候撫部院批示。繳。

清・佚名《治浙成規・案犯在逃三月無獲即行詳明起限》 案犯在逃，如三個月內無獲，即行詳明起限，先就現犯審結。若實在難以先審，亦須屆期詳明請示，并輕罪人犯，囚糧不許短給。

浙江按察使司臺呈詳爲請定現在完結之章程以清刑獄事。竊照獄無大小，俱有定限，理應依限速辦，豈容藉詞懸宕。本司前因各屬積案甚多，業經稟明，勒限完結在案。今查各屬尚有未結之案，屢經嚴催，不過以空文搪覆，非曰逸犯未獲，則曰證佐未齊，玩不遵辦，以致現獲之犯久羈縲絏，淹斃囹圄者不可勝計。伏查名例內載二人共犯罪，現獲者稱逃犯爲首，則先決其從罪，又載犯罪事發在逃，衆證明白，即同獄成，不須對問，是先就現犯審結，律內本有明條，何可藉以逃犯未獲爲辭，任意拖延。近奉諭旨嚴飭監候待質之犯俱須速爲清理，今各屬每有內結之案，亦將現犯監禁，經年累月不爲速審，將來審題勢必難於扣限，豈不有費周章。至外結之案，雖非內結可比，但此等輕罪人犯向不准銷口糧，多係州縣自行捐給，每有私立小糧名色，每犯每日不過給米數合或錢數文，饘粥不充，饑寒交迫，是以報病報故者絡繹頻仍。雖伊等自罹法網，孽由自作，究無應死之罪。爲有司者膜視其死而不即清理，問心奚安？若不酌定章程，大加整頓，則任意闒茸，將何底止。應請通飭各屬，嗣後無論內結外結審案，獲犯到官供出在逃犯證應拘併審者，總定以三個月之期。如三個月內比緝無蹤，即行詳明院司起限。先就現犯審結，一面具詳即一面審解，如或逃犯實係應質要證或有贓跡未明之處，難以先就現犯審結者，亦須於三個月內詳明院司聽候察核批示，仍責成該管知府每月取造監犯冊一本，逐加細核，如有已屆三個月之期，既不詳請現犯審結又不將難以即審緣由詳明，有一二案者，即將該州縣分別詳記大過，提承究處。

若有三案以上，則闒茸廢弛，難以姑容，即行詳揭嚴行參處。如知府不行，查出揭報一併附參。再案既先就現犯結，則輕罪人犯不致久羈，即捐給口糧亦屬無幾。應嚴飭，自後務須照例每名每日給米一升鹽菜錢五文，其小糧名色永行革除，如仍有玩違短給，亦即嚴行參處。如此庶各州縣稍知警惕，刑獄可以肅清，案犯不致拖斃，似於吏治不無少裨。是否有當相應詳請憲臺察核批示遵行等情，於乾隆二十一年閏九月初八日詳奉巡撫部院楊批，如詳，通飭遵照該司仍不時稽查，務使法在必行，以挽積習。仍候督部堂批示繳。同日，又奉宫保督部堂喀批，如詳，通飭遵照，仍候撫部院批示。繳。

清・佚名《治浙成規・同城兩縣分别上下半月接遞人犯》 浙江按察使司李爲請定首縣遞解章程以免稽延事。竊照遞解人犯，接收轉遞，難容遲誤。向例：逐縣接遞，不得越站，但如仁、錢兩縣，近在同城鄰縣，解至仁和者，接收一日，轉遞一日，及至錢塘接收轉解，又須二日。是省城之内逗遛四日，糜費口糧，稽延時日。推之程安、山會兩縣附郭者，亦復如是。惟嘉、秀二縣及江省吴江、震澤二縣，俱分上下半月接遞，甚爲便捷，但事由解犯必須詳明立案，本司請將上半月内令仁和縣收發所有富陽、蕭山等縣之犯，經解至仁邑接收轉解，毋庸由錢塘接遞。下半月内令錢塘縣收發所有海甯、石門、德清等縣之犯，徑解至錢邑接收轉遞，毋庸由仁和接遞。如一時犯多者，仍聽通融收禁，不必拘泥。或有鄰邑來文舛錯，未經查塡上、下半月，應行收發。衙門亦即接收，不得駁回，致滋延累。其程安、山會等縣，亦即一體辦理。如蒙允准，本司再行通飭各屬如照，即以九月初一日爲始。庶永定章程，解犯不致遲滯。是否有當，擬合詳候憲臺察核批示等情。乾隆二十六年八月十二日，詳奉巡撫部院莊批：如詳通飭遵照，仍候督部堂批示。繳。十月十二日。又奉總督部堂楊批：據議甚屬妥協，即通飭遵照辦理，仍候撫部院批示。繳。

《大清法規大全・變通舊律例・法部奏議覆庫倫辦事大臣奏擬輕罪人犯變通辦理摺》 內閣抄出庫倫辦事大臣延祉等奏習藝所未立擬將輕罪人犯變通辦理一摺，光緒三十四年七月二十一日，奉硃批法部議奏，欽此。抄出到部，查原奏内稱庫倫款項奇絀，幾經籌辦，迄無端倪，而庫倫恰克圖兩處禁房，又復狹隘。若再開拓，不惟公款無項，商團亦難以集捐。自應籌有的款，次第興辦。惟現在應行監禁及習藝各犯，無處可以容留。而游民日衆，現審日多，若不預爲防範，將來釀成巨案，轉致諸多費手。查庫倫核擬罪犯，凡斬絞等罪，均解赴直隸。多倫廳監候，聽候部覆。歷經辦理在案，嗣後各項罪犯，除蒙古則例有專條者，仍照例辦理外，其應照新章監禁習藝各犯，擬請凡免解配者，一併發交該廳收。禁限滿發所習藝等因，具奏前來。臣等竊維創設習藝工所教養各項罪犯，係光緒二十九年四月間，核覆升任山西巡撫趙爾巽奏變通軍流徒摺内議定施行。嗣據廣東巡撫李興鋭電稱新章強盜搶奪，會匪棍徒等項，事在定章以前，是否到配監禁，咨請部示。經臣部以此項匪犯事犯在前，毋庸補禁；事犯在後，即由配所分别監禁，免其桿礅枷號。限滿再行收所工作。至原犯得免解配之犯即由犯事地方工作等因，奏奉諭旨允准，並通咨各省遵照在案。兹據該大臣等奏稱，庫倫款項奇絀，籌辦迄無端倪，禁房又復狹隘，自應籌有的款次，第興辦等語。查罪犯收所習藝，原以約束其身心，兼得自謀其生業，立法本極周詳。雖邊境究非内地可比，籌款又非旦夕可期，既據聲稱商團爲難各情，若必俟工所告成，轉恐人犯日積日多，辦理益形棘手。該大臣等擬請援照成案，將應行監禁及習藝各犯，發交直隸多倫廳收禁，自係力防擁擠起見，惟該廳獄舍是否能容，臣部無從懸揣。且據稱得免解配者，一概發往並未稍示區别。設將來該廳亦有人滿之憂，又將如何安置。是與其以鄰爲壑，仍費周章，何如因地制宜，略加補救。檢查本年七月間，臣部因順天府習藝工所難容，會同大理院議請將罪應收所習藝人犯，徒罪照舊充徒軍流分撥各該州縣暫行羈禁。仍一面迅將習藝所擴充等因具奏，奉旨依議，欽此。今庫倫情事大致相同，似亦可援案核辦，以示體恤臣等，公同商酌擬請，嗣後庫倫遇有各項罪犯，除蒙古則例有專條者，仍照例遵行外，其照章得免解配應行收所習藝人犯，徒罪即照舊定地充徒至配，責令拘役軍流等項，准令發交多倫廳暫行羈禁。至強盜、搶奪、會匪、棍徒，如在本地犯事者，自應定地發配。固不至有積聚之虞，其由各處發往庫倫之犯，計亦不至甚多，自不妨一律交廳寄禁，俾免疏虞。仍由該大臣迅將習藝所一面開辦，以維善政，而符奏章。如蒙諭允，臣部即行文該大臣等，暨直隸總督，一體遵照原奏文，稱罪止罰金者，擬請罰金。後由犯事地方遞解回籍，如無力完繳，核擬禁限，仍發該廳監禁等語，查笞杖係屬輕罪，折罰後即係無罪之人，儘可徑行釋放，其或恐有滋事别情由，該大臣等量予遞籍。尚無不可至無力完繳。各犯該處，即無工可作，即應按照作工日期，在本地酌量拘禁，似不必往返徒勞，轉形窒礙該大臣聲請解赴該廳監禁之處，應毋庸議，謹奏。光緒三十四年九月二十三日，奉旨依議，欽此。

《大清法規大全・習藝所・巡警部奏京師開辦習藝所酌擬試辦章程摺并清單》 竊查接管卷內光緒三十一年七月前管理工巡局事務大學士那桐奏，創設京師習藝所於神機營勝字隊操場舊基修築監舍工場，收取輕罪人犯並酌收貧民，使作工藝派臣毓朗兼監督該所事務。嗣後奏明開辦，並刊給木質關防自奉。命設立巡警部臣等復於奏定章程摺內聲明，習藝所歸臣部管轄，各等因均經欽奉。諭旨：允准在案查設立習藝所，本意重在懲罪囚以工作，教貧匄以技能俾生悔過遷善之心，皆有執業謀生之路，當此創辦方始，並無前緒可尋，舉凡釐定章程酌核辦法，固貴參各國之成式，尤必度時勢之所宜。臣等當於二月間委派候選，道前署內城廳丞朱啓鈐爲習藝所監督，飭令體察情形，悉心核議，茲據開具試辦章程呈請具。

奏：前來伏維周之圜土在聚罪民；漢之弛刑，兼隸將作，皆分職任用，嚴責成我。朝定制：徒流皆有應配役作。貧苦小民亦有以工代賑之法，管理則例及官員處分均極詳明良以恤囚養民，關係至重。京師習藝所自奏設以來，業經修建，房舍粗具規模，現於四月間開辦，已經收養貧民犯人入所習藝。該所外繫列邦之瞻聽，內示各省之標準，尤應明定章程，以資循守，雖限於經費，將來尚待擴充，而事屬創行，立法必宜詳審，現擬試辦章程，約分數端：一曰設所綱要，而遷入罪犯貧民及建設房舍之類隸之；二曰員司職任，而權限選用人員各辦法隸之；三曰籌給經費，而支給養廉糧餉等類隸之；四曰看守規則，而檢查教練休息等類隸之；五曰工藝製作，而製藝銷售及犯人貧民衣食賞罰之類隸之，務期職業攸分，而支用不濫鈐束有法，而技藝日良以仰副。朝廷明刑弼教正德厚生之至意，一俟經費略充，再當設法推廣。及試辦後，如有應行變通之處，隨時奏明辦理。再該所現既經隸臣部酌設，員缺擬請。飭下禮部，鑄造巡警部、習藝所，關防頒發鈐用，以昭信守，謹奏。光緒三十二年五月初九日奉。旨依議欽此。

《大清法規大全・習藝所・京師習藝所試辦章程》

一、設所綱要

第一章 總則

京師設立習藝所，以懲戒犯人，令習工藝，使之改過自新，藉收勞則思善之效。並分別酌收貧民，教以謀生之技能，使不至於爲非。現就西城皮庫胡同神機營舊基建設習藝所，先收內外城巡警廳、步軍統領衙門、內務府、慎刑司輕罪人犯入所學習，俟款項充裕，推廣房舍，再將輕、重罪犯，一律收入。章程爲辦事準繩，謹參考各國制度，斟酌地方情形，總期規制完全，以仰副朝廷弼教明刑之至意。

第二章 犯人入所出所

所內收入犯人，凡內外城巡警廳遇有判罰工作二月以上者，由各該廳移送本所收入習藝步軍統領衙門，及內務府慎刑司遇有輕罪犯人判罰工作三月以上者，由各該衙門咨送巡警部，由部發所習藝，每年三月至八月，早以八點鐘始，晚以五點鐘止，九月至二月早以九點鐘始，晚以四點鐘止，未及時，或遇時，皆不收入，釋放時刻，與收入同。

第三章 貧民入所出所

收納貧民分二種：一自請入所，一強迫入所。自請入所者，須其本身父兄呈請，或有圖片、鋪保強迫入所者，分二類：一沿街乞食有傷風俗者，二游手好閒形同匪類者，均須所學有成，可以自謀生計，然後准其出所。

第四章 房舍建設

習藝所房屋區分辦公室、講堂、監舍、工廠、貧民宿舍、接待室、探晤室、陳列場、看守宿室，守衛室、瞭望亭、診察室、檢身室、病室、傳染病室、工師宿室、儲物室、倉房寢室、食堂浴室、閣室廚茶室、各有定所，不相混雜。其有未備之處，均應次第建設，以求完全。

二、員司職任

第一章 設官權限

京師習藝所，設監督一員，總理該所事務，受臣部節制指揮考核，並官理全所官員人等，派員兼理不設專官照學部奏准設編譯、督學，各局長成案位視參議，設提調兼典獄官一員，受監督節制，指揮考核承辦一切事務，分判所官，二員輔助典獄官監察所屬，分稽五處二科事務所，官七員，分任各處科事務。醫官一員，診驗犯人、貧民身體，執行一切衛生事宜。總教習官一員，約束技節師，管理所中教務。看守長六名，輔助所官稽察所屬看守執行各項勤務。看守四十名，稽察犯人、貧民，執行各項勤務。分教習官一員，掌教授年幼犯人、貧民各項學科。教誨師一員，掌以言語教誡犯人，化導貧民。書記二名，繕寫方件，登記冊簿，製作圖表。技師八名，教授犯人、貧民工藝，將來監舍擴充，收入衆多，所內人員不敷照料，再行酌量加派，以重職守。

第二章　授職資格

提調兼典獄官一缺，應設專官作爲添設，巡警部警法司員外郎擬遴選警務學生，深明監獄學者，奏補分判所官二員，作爲添設巡警部警法司主事，亦歸奏補所官、教習官員缺，以巡警部書記官、警官，分別補充看守長。以看守及巡警中能通曉看守規則，及善書算者，充補看守長。如有異常勤奮才具出衆者，應准推升警官以資鼓勵。

第三章　分設五處二科

習藝所設文案、會計、考工、庶務、稽巡等五處，文案處掌往來文牘、製作圖表、保存案卷。會計處掌收款項，及豫算報銷。考工處掌考察工藝，及技師勤惰並出納物品。庶務處掌置辦保存各項雜件，約束所中夫役人等。稽巡處配置看守勤務，收發犯人，稽查看守長以下一切應行事宜。又設診治、教授兩科，診治科掌試驗身體，診治疾病，炮製藥料，教授科掌，宣講教誨等事。各員分定處所，各專責任，以資辦公，而免紛亂。

第四章　選取醫官

習藝所選取醫官，必兼通內外兩科，並曉西法者，方爲合格。非素經試驗，及得有卒業文憑者，不得充選。

第五章　選取教員

習藝所總教習官，由巡警部書記官內擇由學堂，畢業品行端粹，宅心仁厚之員，充補分教習官，以教年幼之犯人、貧民分讀書、寫字、習算、修身四科。教誨師專誘勸犯人，使知改悔。化導貧民，使能自立。均須事理通達，長於言語，能耐煩勞者，方能充選。

第六章　選用技師

招募技師分爲兩種：一由保薦。一由招募。均須按照所習工藝試驗，果優方能充選。

《大清法規大全・監獄・法部咨籌辦模範監獄將預算成立之期報部札提法司分行文宣統元年九月十九日》　宣統元年閏二月二十七日，本部具奏統籌司法行政事宜，九年應有辦法分期臚列一摺內，開第二年第一項籌辦京師模範監獄，嗣經憲政編查館於八月十四日奏核各衙門，九年籌備未盡事宜摺內。聲稱法部籌辦模範監獄僅及京師，恐各省相距遼遠，未能悉來取法，應酌定年限，令各省一律籌辦，以期周徧等因，查改良監獄一事，本部業於光緒三十三年七月議覆修律大臣沈奏請改良監獄摺內，臚舉大綱通行籌辦在案，故本部於九月初一日，奏陳第二年第一屆籌辦成績摺內，聲明奉天、湖北、兩江、雲貴等省業已建築，山東、廣東等省正在籌設，均先後咨部核定，其餘各省由本部通咨一律趕辦，以免延誤等因，奉旨憲政編查館，知道，欽此。查監獄之設，原以收禁犯罪之人，一則戢其桀驁弗馴之氣，而不與自由。一則道其悔艾遷善之心，而課以工作，此古代圜土聚教罷民之本義也。自禮義寖失，獄吏日尊，衛生之法與感化之方兩無所用，甚至私作非刑入於慘酷，犴狴深嚴，寃苦莫訴，良懦者因之痍斃，兇悍者遂思反獄。夫罪不至死，凌虐之使喪其生，是法外加刑也。罰已不赦，驅迫之使動於惡，是陷以速死也。今者憲政甫立，新律勢在必行，監獄一端，實與新律有隱相維繫之故。獄制一日不改，則新律萬不適用，而修訂法律爲無效，而況泰西自十七世紀以來，早經荷蘭倡議改良監獄，英之約翰，華爾德民繼之遂以牖起，今日萬國監獄之協議，我國長此不變，勢必貽人口實，而商改會審爲無效。前此通行已久，然據報改築者，尚居少數。本部爲司法總滙官，實行預備之期，既有籌議之權，即負督催之責，查各省省會商埠審判廳，既限明年一律成立，則此項監獄自應同時舉辦，以爲罪犯歸宿之地。惟各省財力有優絀之不同，風氣亦通塞之互異，若遽執一以相繩，深恐竭蹶從事，顧此失彼，不無敷衍塞責，轉使朝廷望治之意不克實行。故本部雖已通行於前，而籌備單內未將外省列入者，職是之故。然竟任各省，自謀不爲限制，或轉令誤會，將終以簡陋自安，殊非本部力求進步相與有成之意，誠如憲政編查館原奏，亟應酌分年限，以期一律。查明年爲新律頒布之始，監獄規則亦由本部於明年奏請頒布。是各該省建築模範監獄年內即須籌度，以期早日觀成，無論如何爲難，統須於宣統三年以前一律告竣，方不誤實行新律之期。此外府廳州縣舊有之監獄，應即以各該省新築之監獄爲模範，於單開推廣各該府、廳、州、縣審判廳，年限期內一併改良建造，自此次通咨之後，本部即以此爲考覈各該省成績之據，相應咨行該撫查照妥籌辦理，並希繪圖貼說，將預算成立之期。先行報部，以憑核奪，可也。

《大清法規大全・監獄・法部奏建築京城模範監獄籌款不敷請飭部撥

款添助興修摺》 奏爲建築京城模範監獄籌款不敷，謹將詳細辦法陳明請旨飭下，度支部撥款添助興修，以符憲政期限，恭摺仰祈聖鑒，事竊維方今獄政改良爲司法所特重，各省監獄疊經臣部奏催，先就省城改建爲模範，計至京城設立新監獄，尤模範中之模範。其規模不可不寬博，其教養不可不完全。良以省監所收，僅各府招解重囚。餘皆首府一處人犯耳。京城則地面既廣，各行省人衆莫不麕集鱗萃，良莠錯雜，犯法日夥，五方之所薈萃，斯萬國之所觀瞻，範圍視省城爲倍，宏建築遂視省城爲較費，是以臣等於九月初一日奏辦第二年成績摺內，首陳京師模範監獄地址，業經奉撥，惟所籌經費不敷尚多，聲明俟切實估工後，再行陳辦。在案兩月以來，督員討論將比年所採東西各國成法逐行考校妥繪詳圖，應先將詳細辦法爲我皇上陳之，查奉撥監地，總計東西九十丈，南北一百丈，擬築內外圍牆二層，牆以內窪地運土補塡，牆以外餘地挖河留道，爲第一入手工夫。該地局勢向東建屋，必自西而東略分前中後三區，一後區爲正式，監房分南北平列，各爲扇面形五道，有夜間分房，有晝夜分房，有八人雜居房，有十五人雜居房，其扇式兩柄處，各爲圓式大樓房，上爲瞭望樓，中爲教誨堂，下爲罰室看守書信等室。其西南、西北、正西扇口處，共爲工場三，正西工場之後，別爲橫闊長方之牆，以界之其中，以炊事場爲主，而浴場，而倉庫，而石炭等庫，而水井水槽，而機關，物置、消毒等室附焉，皆後區也。一中區爲中央事務所大，而典獄室、南北倉庫會議室、課員室、戒具室、高等應接室等小，而看守室、宿直室、書籍室、閱覽室、囚人接見所、調所、扣所等靡不畢具，此中區也。一前區中爲大門，門內中爲甬路，左爲品物陳列所，右爲看守教誨所，又其兩旁各爲看守臺、宿室，前區之北爲病監，有雜居病室，有分房病室，而醫診藥術等室，居其中，浴室、屍室、屍門居其外，前區之南爲幼年監監房，爲十字形，東西爲晝夜分房，南爲雜居房，北爲夜間分房，而虛其中爲看守所，闢其東南爲工場，幼年監與病監南北對峙，各自爲牆，以拱於大門以內，皆前區也。其餘如食堂、如工具置場，如運動場，如汽樓，如走廊，如更衣所，如便所，監內所在皆有。及一切名稱繁碎者，不復覼舉，凡此三區通共須築內外圍牆六百七十八丈八尺，病監、幼年監、炊事場圍牆一百九十八丈，通共須建房屋七百八十餘間，並先期墊補基地之土方、修挖河道之人工，召匠廣估駁核實需工料銀二十三萬一千二百餘兩正。此外工程之公所處，巡警更夫之牆外，頓舍圖畫之摹影，修改監工之薪水、火食，書役之紙張筆墨油燭津貼，計工兩年又約需銀二萬兩。除前奏原有南洋商人蘇秉樞、戴春榮等報効粤洋十三萬元折銀九萬一千兩，臣部特支項下，餘銀三千五百餘兩，已革科布多大臣，瑞洵案內銀四萬五千二百餘兩，三項實核，已有銀十三萬九千七百餘兩，尚不敷銀十一萬一千五百餘兩，臣等復於無可核減之中，再四籌商查前區擬設之幼年監一項，據現在各項罪犯中年未及十五歲者，尚不多見，擬先劃留地址，僅置圍牆，暫行緩設計，可省銀三萬餘兩。此外計共不敷銀八萬兩，臣部著名淸苦，實在無欵可籌，而當此水旱頻仍，司農仰屋，臣等忝權法政，忍弗統籌兼顧，重貽宵旰焦勞，然人心風會之所趨一，若不設司圜以收敎罷民，無以起隍阢而登衽席斯又不得不仰體欽恤，上乞恩施。查大理院奏修法庭及看守所用欵二十八萬兩，曾經度支部遵旨照撥有案，現臣部模範監獄工程不敷銀八萬兩，可否仰懇天恩，俯允飭下度支部如數撥付臣等，當酌派監督提調各員鳩工建築，實用實銷，以期工料堅固，款不虛糜，於臣部第二年憲政期限，庶免貽誤，至將來開辦經費常年經費兩項，需銀若干，一俟建築，略有成緒，即當公同商酌，另行奏請所有本屆建築不敷情形，理合陳明詳細辦法，據實請欵恭摺具陳是否有當，伏乞皇上聖鑒訓示施行，謹奏，宣統元年十一月十一日，奉旨依議，欽此。

《大清法規大全・習藝所待質所・刑部議覆護理晉撫趙奏請各省通設罪犯習藝所摺》 光緒二十八年十一月十五日，護理山西巡撫趙爾巽奏請各省通設罪犯習藝所一摺，硃批刑部核議具奏片，併發，欽此。欽遵抄出到部，臣等查閱原奏內稱，軍流徒等犯，罪名本意全失，流弊滋多，有不得不亟請釐定者。查定例軍流各犯，實係貧窮又無手藝，初到配所，按該犯本身，及妻室子女每名日照孤貧給與口糧，自到配日起，以一年爲止。於各州縣存儲倉穀項下，動用報銷。各州縣有馹遞之處，一切應用人夫酌派軍流中少壯無資財手藝人犯充當。給與應得工食，無馹遞之州縣，公用夫役均令一體充當，逐日給與工價。又徒犯不拘有馹無馹，均勻酌配各等語，詳繹例意，是軍流各犯，原有應當之差，應供之役，並非令其坐成游手，無業可營。今祗看守之科條。嚴逃亡之處分，州縣懼管束之不密，豈肯令充馹差，該各犯既無役可充，復何從給予工價。此失本意者，一也。又徒罪仿於周之圜土，漢之城旦，流則本宥衆投裔之文，軍則原補兵贖咎之意。今則徒罪並不執役，流犯均有定配省分，儘有優於故土，樂於本邦，已非徙邊之意。軍自衛所裁汰，雖多煙瘴，諸條便無執戟荷戈之事。即實力安置，亦不過爲地方添一罪人，爲州縣增一罣累。而於懲慝省愆之法，殊無所裨。此失本意者，二也。往昔界限嚴明，道途遼遠，戶籍清楚，逃人無從插足。故近者追蹤即得，遠者海捕無遺。不必多爲之備。自不慮有逃亡之犯。所以有軍流徒之法可行。今則海禁大開，輪船火車交通四達，游民貧丐隨處溷迹，徒以舊法繩之，循例追捕，即同銷案此失本意者，三也。三失之外，又有四弊。民僞日滋，犯法日衆，各省軍流徒，及發遣各犯逐漸增多。凡在衝途州縣每歲經過不下數百起，一獄之成，並護解各費計之耗於公利者，歲費遂成巨款。即爲州縣虧累之大宗。多糜一分無益之款，即少辦一分有益之事。此一弊也。軍流各犯現在上無差役可供，下無工藝可供，又無看管之地，工食之資，因之潛逃之案，層見迭出。緝獲之犯，什無二三。該各犯或罪由誤蹈，或本非良善，議配之初，未始無悔過畏罪之心，自定爰書，正名之曰徒、流充軍，復經歷各地監卡，所見所聞，無非囚繫廉恥漸喪，悔懼全無，不爲坦然忘自作之辜，更有自命爲官人之勢，纔登隸籍，即仰食於縣官，一著赭衣，便稱雄於亡命，一旦遊遁還鄉，益得彰其兇橫，罔知畏憚，鄰里畏其報復，而不發舉，豪滑引爲黨援，而生事端劣，書蠹文與之狼狽，而不肯查緝。甚至聚衆之匪，倡亂之民，每出於此，此又一弊也。軍流各犯其安於配所幸不逃者，州縣以其素習兇頑，難於驅役，或任開押自己，或靠商鋪攤供，遇有賽會婚喪，該各犯更以身係罪囚，恣意需索，徒長兇暴之風，絕無悛改之望，甚至串通盜賊，倚爲囊橐，包庇娼賭，流毒閭閻，以及唆訟抗官，各事亦多出其搆煽。昔投豺虎於四裔，今以稂莠易嘉禾，是因一罪人之導引，更爲流徒地方添無數罪人矣。此又一弊也。又或孱弱之軀。驟經播徙，愚柔之質，不慣營爲，非顛躓於道路，即死亡於異鄉，歸骨無望，鬼其餒而。朝廷本有貸死之恩，該犯反無貪生之樂，固由自取。而揆諸好生之德，必有惻然難安者，此又一弊也。竊維周重司寇，只列任收。漢易肉刑，不設流徙。梁陳以下，有歲刑及髠鉗。亦少徒流之制，近來東西各國，多以禁繫爲懲罪之科，工作爲示罰之辟。彼誠謂加以拘執，足啓悔心，責以工傭，更裨要務，執業足供所食。則上無耗費，收犯皆有定所。則下少逋逃，而侵染良民，滋長奸慝諸弊，更不禁而自止。揆之經訓定例，尚無剌謬，擬請仿漢時輸作之制，飭下各省通設罪犯習藝所，以後將命盜雜案，遣軍、流、徒各罪犯，審明定擬後，即在犯事地方收所習藝，不拘本省、外省，分別年限之多寡，以爲工役之輕重。精而鏤刻，鎔冶諸工，粗而布縷，縫織之末，皆分別勤惰，嚴定課程，其愚劣過甚者，令作舉重等項苦工，徒犯自半年至三年，加重至四年，軍流自非所犯常赦所不原者，似均可酌定年限，期滿察看作工分數，及有無悛悔，有無切保，再行釋放。流罪自五年至九年，軍罪自十年至二十年，皆令常帶刑鐐，在所工作，文弱不能工作者，即令服所中書記、司賬之役。桀驁不服約束，則加以鞭扑督責之刑。是有十益，拘繫本地，衆知儆惕，一也。管束有所不致逃亡，二也。見聞不廣，習染不深，三也。各營工役，使生善心，四也。力之所獲，足以自給，五也。與人隔絕，不滋擾害，六也。繫念鄉土，易於化導，七也。護解無庸，經費可省，八也。本籍保釋，的確可靠，九也。即或疾病死亡，仍獲首邱。法中有恩十也。惟設習藝所，雖不無所費，然較之原來招審遞解之費，外來寄監安置之費，所省已多。則挹彼注茲固，州縣所禱祀，以求者也。踴躍奉行，尤可操券。此外尚有鎖帶桿礅人犯，平日游行街市，多半以攫物訛人爲生活，及釋放之後，或尋報復，或犯別案，既釋重負轉能身輕步快，更難追捕。且該犯等恃帶有桿礅，需索以爲生產，久且私行逃避，翻得桿礅別售於人，滋累無已。種種流弊，皆爲地方之害，擬請此後此項人犯，亦併入習藝所內，一律辦理。懇請飭下政務處，會同刑部、修律大臣，妥議章程，行令各省，一律遵辦。又查片奏內稱光緒二十年，刑部續議軍、流、徒犯脫逃，新章有訊明願帶家室，地方官量爲咨送，及逃犯罪應加等，調發枷號鞭責，仍發原配者，均酌擬監禁年限各辦法，竊以爲欲逃之犯，必不願帶家室，且攜帶婦稚長途跋涉，於公款不免多耗，於私情尤非所便。至部定監禁章程，係指已逃就獲者而言，現擬入所習藝，則防之於未逃之先，且授之以謀生之術。似較部章尚爲周密。溯自九年以來，部中因各犯逃亡過衆，屢議更張，亦足爲法。窮當變之，證至疏脫軍、流、徒各犯，迭次通行均議。有加重處分，新定罪名。凡此後收所各犯疏脫者，地方官及看守兵丁一切處分罪名，均請仍照通行辦理，俾知儆惕，而免疏虞各等因奏，奉諭旨交臣部核議，具奏臣等查刑法之設，原爲禁暴戢奸，使小民知畏懼而不敢犯。所謂辟以止辟也。自流、徒列爲五刑之正，歷代遵行已千餘年。立法本極周密，至五軍沿自前明，雖邊衛裁，而名實未符。其初法令森嚴，流弊尚少。乃近來軍流徒各犯，在配不思守法，紛紛脫逃，是以臣部於光緒十一年間奏令各省督撫，就地方情形，妥籌安插之法。各該省所議，或爲籌給口糧，或責令學習手藝，或給資小貿營生，或分別罪犯之老壯、強、弱，妥爲安置，或撥給正佐文武衙門充當差役，及戍邊捕盜等事。當經臣部彙核議如所奏辦理，乃奉行不力，日久弊生。十餘年來，仍復逃亡纍纍，幾有不法窮當變，不可終日之勢。茲據該護撫奏稱，擬請各省通設罪犯習藝所，將命盜、雜案、遣、軍、流、徒各罪犯，審明定議後，即在犯事地方收所習藝，不拘本省外省，分別年限之多寡，以爲工役之輕重，徒犯自半年至三年，加重至四年。軍、流自非所犯常赦所不原者，均可酌定年限，流犯自五年至九年，軍犯自十年至二十年，皆令常帶刑鐐，在所工作。文弱不能工作者，即令服所中書記司賬之役。桀驁不服約束者，則加以鞭扑督責之刑等語。係爲因時制宜起見，惟變法原以救弊，名實尤不可稍乖，犯事各有不同，安置豈能歸一。致如徒流充役不出本省限滿即應釋回此項人犯即在犯事地方收所習藝，固屬可行，若如所奏軍流人犯亦概不解配，竊恐此後不法匪徒有恃無恐，益將肆行兇橫無所不爲。犯案到官，不過收所習藝而已，昔則投諸異域，今則萃處鄉關。有犯法之名，無遷徙之實，是立法適以長奸閭閻，愈將不靖如謂軍流發配。省分儘多優於故土，樂於本邦，並謂近日輪船火車交通四達，一經脫逃追捕不易，雖亦有此等情形，然不能因此一端，遂將情重軍流概行停遣。至謂一獄之成，並護解各費計之，耗於公利，歲成鉅款。即爲州縣虧累之大宗，在各州縣審解命盜重案，由府而司而院，所費固屬不少，若尋常遞解之犯，則自有公費不致累及州縣，亦不能惜此區區解囚經費，任令法紀蕩然。又如所稱鎖帶桿礅人犯，平日遊行街市，多半以攫物訛人爲生活，久且私行逃避，翻將桿礅別售於人等語，是此項人犯，在配尚不思守法，豈在籍反能工作耶？此遣軍、流人犯未可概就犯事地方收所習藝之顯而易見者也。片奏又以光緒二十年，臣部續議軍、流、徒犯脫逃，新章内訊明各犯願帶家室，地方官量爲資送一節，於公款不免多耗於私情，尤非所便。不知當日原因。陝甘總督奏稱檢查犯冊，從未見配所有家而逃者。是以臣部特議此權宜辦法，且軍、流妻妾皆從古法，如是欲其有家而安之也。故其時軍、流到配之後，亡者絕少。自僉遣例停事歸簡易，而逃亡者遂紛紛皆是，正可見古法之不可遽廢。今既不能歸復舊例，而本犯之情願攜帶家口者，由地方官酌量資送，情法兩得其便，公私並無所損，乃該護撫訾論，及此特未即此事之源流詳加考核耳。臣等總核該護撫所陳各節用意非不甚美，尚待參酌變通，方能推行盡利。且該護撫所議及者，僅在工作一端，臣等則謂居今日而欲變通軍、流、徒辦法工作之外，尚有足資懲勸者，曰監禁，曰罰贖，必三者相輔而行，乃能垂諸久遠。禁錮以濟工作之窮，罰鍰以開自新之路，稽諸國家憲典，復參以近日東西各國刑制，原可並行不悖，惟事關交通成例，不特圖始，尤貴要終。且必確有依據，庶與妄議更張者不同。查工作之罰，必以年限多寡分輕重，如徒役年限定例昭然，毋庸另議。軍流人犯應如何酌定工作年限，及應否照例發配，似以新犯是否常赦所不原爲斷。而經理此項工作，尤賴得人。夫聚羣不逞之徒於一處，倘非約束嚴明，難保不滋生事端。且昔能逃於配所者，今豈不能逃於工作。此又在各督撫嚴飭所屬認眞整頓，庶不致日久弊生。若監禁之法，既足消囚犯桀驁之氣，又禁錮之使不能逃。臣部從前奏定京城棍徒及天津鍋匪酌加監禁章程，行之已久，尚無窒礙。所有嗣後各省強盜、搶奪、會匪、棍徒等項，罪應軍流，及軍流由工所脫逃被獲各犯，擬仍仿照辦理。俾昭懲創，至金作罰，刑始於上古，現在收贖罪之例，銀數甚微，係專爲老幼廢疾及命婦官員正妻等項，有犯從寬，准其贖罪者而設。至乾隆八年、十七年，先後奉准官員貢監各平人捐贖免罪之條，在内由臣部奏請，在外由督撫奏請，必斟酌情形實非常赦所不原者，方准捐贖。查貢監犯笞罪贖銀一百兩，杖罪贖銀二百兩，徒罪贖銀八百兩，軍流罪贖銀一千二百兩。平人犯笞罪贖銀五十兩，杖罪贖銀二百兩，徒罪贖銀四百八十兩，軍流贖銀七百二十兩，爲數過鉅，虛懸一贖罪之典，而呈請贖罪之案，往往累歲不獲一見，未免有名無實，似應酌減銀數，俾貢監及平人偶蹈法網者，易於贖罪自新。勸懲之方，莫善於此。以上三端，必須釐訂章程，方足以資監守。臣等公同商議，軍流徒各項法制，不妨變通規畫，總期盡善，即據該護撫奏請，各省通設罪犯習藝所，係屬安插軍流徒第一良法，應如所奏辦理。擬請嗣後各省徒罪人犯，毋庸發配，概行收入習藝所，按照所犯徒罪、年限，責令工作，限滿釋放。如有脫逃被獲，從新收所工作。遣軍流罪各犯，如係強盜、搶奪、會匪、棍徒等項，仿照定例發配，罪應遣軍者到配加監禁十年，罪應擬流者到配加監禁五年，其有例内應鎖帶鐵桿石礅人犯既加監禁免其鎖帶桿礅，應加枷號者並免其枷號，候監禁限滿概行收入習藝所，皆令身帶重鐐充當折磨苦工，遣軍以二十年爲限，流犯以十年爲限，限滿分撥各州縣安置，聽其各自謀生，仍令官按月點卯嚴加管束。其非上項致罪而爲常赦所不原者，無論軍流，亦照定例發配，到配一律收所習藝，流二千里者限工作六年，流二千五百里者限工作八年，流三千里者限工作十年。軍犯即照滿流工作年限科斷，限滿即行釋放，聽其自謀生計，並准其在配所地方入籍爲民。若爲常赦所得原者，其罪既有減免之時，即其人終有釋回之日。無論軍流均無庸發配，即在本省收所習藝，軍流工作年限亦照前科斷，限滿即行釋放。至軍流徒犯如有在所不安工作復行滋事犯法，除罪應斬絞監候立決，仍照定例問擬，及犯該笞杖者，各照應得之數折責發落外，如徒罪人犯復犯徒罪，即照後犯罪名科斷，其軍流人犯復犯徒罪，原犯係強盜等項，加監禁五年，此外加監禁三年。復犯軍流原犯係強盜等項，加監禁十年，此外加監禁六年，限滿果能悔過，再行收所分別工作。倘怙惡不悛即令永遠監禁。如軍流脱逃被獲按例應加等調發者，仍照光緒二十年奏定章程，無論脱逃次數軍犯加監禁十年，流犯加監禁五年，係由配所脱逃者，仍發原配監禁，原犯得免解配者，即在犯事地方監禁，俟限滿，查看情形，如能悔過，再行收所從新分別工作。倘收所後仍怙惡不悛，即令永遠監禁。至疏脱收所各犯之專管官及看守兵役一切處分罪名，擬請照該護撫所擬，均照前例辦理。至笞杖徒流各犯捐贖之例，銀數過鉅，擬請酌量變通，除罪犯常赦所不原者，仍照前不准捐贖，及官員贖罪銀數毋庸議減外，凡貢監及平人犯罪呈請捐贖者，即照乾隆年間奏定贖罪銀數減半科算，仍按笞杖徒流罪名分別等數辦理，如貢監犯笞、杖定例，笞罪罰銀一百兩，酌減爲五十兩，杖罪贖銀二百兩酌減爲一百兩。按笞五等、杖五等，分作十成以十兩爲一等，凡貢監犯笞一十贖銀十兩，笞二十贖銀二十兩，至杖六十贖銀六十兩，以次遞加。平人犯笞、杖定例，笞罪贖銀五十兩，酌減爲二十五兩，杖罪贖銀一百兩，酌減爲五十兩。亦照前分作十成，以五兩爲一等，凡平人犯笞一十贖銀五兩，笞二十贖銀十兩，至杖六十贖銀三十兩，以次遞加。貢監犯徒罪定例贖銀八百兩，酌減爲四百兩，按徒五等，以二百兩起，每一等加五十兩，凡貢監犯杖六十徒一年贖銀二百兩，杖七十徒一年半贖銀二百五十兩以犯遞加。平人犯徒罪定例贖銀四百八十兩，酌減爲二百四十兩，按徒五等，以一百兩起，每一等加三十五兩，凡平人犯杖六十徒一年，贖銀一百兩，杖七十徒一年半，贖銀一百三十五兩，以次遞加。貢監犯軍流定例贖銀一千二百兩，酌減爲六百兩，按流三等，以四百六十兩起，每一等加七十兩，凡貢監犯流二千里贖銀四百六十兩，流二千五百里者贖銀五百三十兩，流三千里者贖銀六百兩，軍罪即照滿流銀數捐贖。平人犯軍、流定例贖銀七百二十兩，酌減爲三百六十兩，按流三等，以二百七十兩起，每一等加四十五兩，凡平人犯流二千里者贖銀二百七十兩，流二千五百里者贖銀三百十五兩，流三千里者贖銀三百六十兩，軍罪亦照滿流銀數捐輸。其緩決減等人犯仍照原議贖罪，其一體減半科算。此項贖銀暫由各省存儲，撥歸習藝所充用作正開銷，隨時彙案報部。仍令年終彙奏，俟各省習藝所出息稱豐足資用度，再行規復前制，辦理以上軍流徒各犯。事犯在未定新章以前，已經到配者，徒犯扣除役過年月，照章補足工作，限滿即行釋放。軍、流各犯無論新章應否解配，即由配所一律收所習藝工作，年限俱照新章科斷，限滿分別辦理。其事犯在新章以前之笞、杖、徒、流各犯，如有呈請贖罪者，即照新章辦理，以歸畫一。似此酌量變通，庶於因時制宜之中，仍寓分別差等之意，如蒙諭允臣部，即通咨各省督撫、將軍、都統、府尹，一體遵照。至直隸、熱河、奉天等省，向不安插軍流，此項罪犯非常赦所不原，免其解約之軍流各犯，應否即在該省收所工作，抑或仍照定例發配，由該督撫等體查情形，迅速奏明辦理。所有臣部現審案内，軍流各犯，應俟該督等具奏到日，再按新章核辦。再該護撫奏請各省通設此項，習藝所似係指一州一縣分設一所而言，此等辦法散漫無稽難收實效，原奏既稱精而鏤刻鎔冶諸工，粗而布縷縫線之末，分別勤惰，嚴定課程，是必設立工廠，募雇教習，購置器具。但使規模稍具，用費當必不貲。竊恐各州縣非籍口無款可籌，即相率虛應故事，原奏謂州縣禱祀以求踴躍，奉行恐亦未必盡然。且一州、一縣之中，向來安置軍流徒犯本屬無多，就令州縣實力奉行，工作之所雖成，而習藝之犯無幾，鋪張揚厲款項，究屬虛縻。且從前各省何嘗不以責令此項罪犯學習手藝爲詞，卒至徒託空言，有名無實。似不如先就省城並該管巡道各設罪犯習藝所一區，凡軍、流、徒犯不必分撥州縣，即在省城及巡道所駐地方收所習藝。俾專責成如此，則創辦尚不爲難收效，自當較易。惟各省情形不同，未便遙爲懸度，應由各該督撫等體查地方情形，議定開辦詳細章程，妥速奏明辦理。再臣部現在纂修則例，遂條均須詳細查核，如此次所擬章程以後遇有應行酌改之處，當隨時具奏請旨遵行，謹奏，光緒二十九年四月初三日，奉旨依議，欽此。

《大清法規大全・習藝所待質所・法部咨各省申明遣軍流犯到配收所

習藝定章文》 據安徽巡撫恩咨稱： 據按察司陳啓泰詳前奉刑部通行飭令，各省通設罪犯習藝所等因，查安廬道屬一區業經工竣，派員開辦，所有安、廬、滁、和四府州屬之到配軍流人犯應即一併解所責令工作。覆查奏定章程內載： 強盜、搶奪、會匪、棍徒等項事犯，到配在新章以前者，毋庸補行監禁，一律收所習藝工作等語，即此以觀，凡有到配在新章以前之各項軍流等犯，不論到配遲早，歷過年月多寡，概應收所工作。惟查閱原奏章程遣軍流罪各犯，如係強盜、搶奪、會匪、棍徒等項，到配後分別監禁，限滿收入習藝所，身帶重鐐充當折磨苦工，遣軍以二十年爲限，流罪以十年爲限，滿日分撥各州縣聽其自謀生計。其爲常赦所不原者，無論軍流到配後，一律收所習藝。流二千里限工作六年，二千五百里限工作八年，流三千里限工作十年，軍犯即照滿流工作年限科斷，即行釋放聽其自謀生計等語。其在配已逾工作年限者，是否仍應收所，按照定限補充工作章程內，未經議及第思在配年久罪犯，或娶有妻室，或小貿營生已與限滿釋放，自謀生計者，情無二致。若再一律收所其常赦所不原之地，尚無苦累，而強盜、搶奪、會匪、棍徒則須身帶重鐐充當折磨苦工，反覺重受拘縶。且此項罪犯早經論決，今復援照新章罰令工作，亦與重科無異，惟關係甚鉅，未便臆斷。所有新章以前到配已逾工作年限各項罪犯，應否再行收所從新習藝，其未滿工作年限者，應否扣除歷過年月，按照定限收所習藝，抑應如何酌量變通之處，自應咨請部示，以昭畫一，相應咨達等因前來查奏定章程，強盜、搶奪、會匪、棍徒等項事犯到配，在新章以前者，毋庸補行監禁，一律收所習藝工作。其原帶杆礅枷號未滿之犯，俟滿日再行收所工作，若事犯在新章以前，到配在後者，亦免其監禁，應否鎖帶杆礅枷號，仍照舊例辦理，均俟滿日收所工作，其事犯在新章以後者，即由配所督撫按照章程分別監禁，免其杆礅枷號。俟監禁限滿，再行收所工作，至原犯得免解配之犯，無論事犯在新章前後，但有未經起解者，即由犯事地方收所習藝工作各等語，是此項遣軍流罪各犯收所習藝，總應視其事犯在新章前後，分別核議。業已逐一叙明辦理，自無虞歧。誤至在配已逾工作年限，是否仍應按限補充，則凡按照舊例定擬業經論決之犯，其不能牽併在內可知。且新章內強盜等項事犯到配在前者，尚有毋庸補行監禁之文，則在配未滿工作年限者，即應將歷過年月扣除，自可隅反。茲據該撫咨稱： 在配年久罪犯，或娶有妻室，或小貿營生已與限滿釋放，自謀生計者，情無二致。若再一律收所工作，亦與重科無異，未免涉於誤會。應再申明定章，俾免紛歧而歸畫一。嗣後遣、軍、流罪等犯，所有到配已逾工作年限者，自毋庸再行收所從新習藝，其未滿工作年限者，亦應扣除歷過年月，係強盜、搶奪、會匪、棍徒，即按未滿之限，收所身帶重鐐接充折磨苦工。係尋常軍流罪犯，亦均一律扣限補行工作，以示體卹。再該省既經誤會咨請部示，恐他省亦所不免，相應咨復該撫，並通行各直省，一體遵照辦理，可也。

紀事

《六年琱生簋》銘文 隹六年四月甲子，王才葊，召伯虎告曰： 余告慶，曰，公厥稟貝，用獄諫（積），爲白（伯）又（有）祇又（有）成，亦我考幽姜令。余告慶，余以（與）邑訊有司，余典勿敢封，今余既訊有司曰： 厚令。余既一名典獻白（伯）氏則報璧。

《春秋左傳正義・莊公三十年》 楚公子元歸自伐鄭，而處王宮。鬬射師諫，則執而梏之。射師，鬬廉也，足曰桎手，曰梏。〔正義〕杜此注與譜並以射師與鬬廉爲一人，不知何據也。服虔云： 射師，若敖子鬬班也射師被梏，不言舍之，何以得殺子元也。知射師與班必非一人也。杜譜以爲鬬射師，若敖子鬬班言，敖孫周禮拿囚，上罪梏拲而桎，中罪桎梏，下罪梏梏，拲兵文拲施於手，知梏亦手也。鄭玄亦云在手曰梏，在足曰桎，是先儒同此說也。易大畜六四童牛之梏牛云，梏者，牛雖前足也。

《漢書・劉輔傳》 劉輔，河間宗室〔人〕也。舉孝廉，爲襄賁令。上書言得失，召見，上美其材，擢爲諫大夫。會成帝欲立趙倢伃爲皇后，先下詔封倢伃父臨爲列侯。輔上書言〈略〉書奏，上使侍御史收縛輔，繫掖庭祕獄，羣臣莫知其故。

《舊唐書・宦官傳》 希暹，出自戎伍，有膂力，形貌光偉，以騎射聞。朝恩用之爲神策都虞候，封交河郡王。善候朝恩意旨，深被委信。累遷至太僕卿，與兵馬使王駕鶴同掌禁兵，所爲不法。諷朝恩於北軍置獄，召坊市兇惡少年，羅織城內富人，誣以違法，捕置獄中，忍酷考訊，錄其家產，並沒於軍。或有舉選之士，財貨稍殷，客於旅舍，遇橫死者非一。坊市苦之，謂之入地牢。捕賊吏有賈明觀者，尤凶蠹，以屢置大獄，家產巨萬。希暹黨之，地在禁密，人無敢言者。朝恩死，上寬宥之。以素志非順，慮不見容，常自疑懼。與王駕鶴聯職，希暹辭多不遜。駕鶴純謹，上信任之，至是以希暹語上聞，乃誅之。

《新五代史・漢臣傳上・蘇逢吉傳》 然逢吉爲人貪詐無行，喜爲殺戮。高祖嘗以生日遣逢吉疏理獄囚以祈福，謂之静獄。逢吉入獄中閱囚，無輕重曲直悉殺之，以報曰：獄静矣。

高祖建號，拜逢吉中書侍郎、同中書門下平章事。是時，制度草創，朝廷大事皆出逢吉，逢吉以爲己任。然素不學問，隨事裁決，出其意見，是故漢世尤無法度，而不施德政，民莫有所稱焉。

宋・李昉《太平廣記・許誡言》 許誡言爲瑯邪太守。有囚縊死獄中。乃執去年修獄典鞭之。修獄典曰：小人主修獄耳。如牆垣不固，狴牢破壞，賊自中出，猶以修治日月久，可矜免。況囚自縊而終，修獄典何罪。誡言猶怒曰：汝胥吏，舉動自合笞，又何訴。

宋・王溥《五代會要・刑法・雜録》 〔後周顯德〕二年四月五日敕：應諸道見禁罪人，無家人供備喫食者，每人逐日破官米二升，不得信任獄子節級減消罪人口食。仍令不住供給水漿，掃灑獄内，每五日一度洗刷枷杻。如有病疾者，畫時差人看承醫療。

宋・司馬光《資治通鑑》卷一三五 〔南齊高帝建元二年〕十一月，戊寅，丹陽尹王僧虔上言：郡縣獄相承有上湯殺囚，名爲救疾，實行冤暴。因囚有時行瘟疫宜汗，遂上湯以蒸殺之。上，時掌翻。豈有死生大命，而潛制下邑！愚謂囚病必先刺郡，刺，謂州刺史；郡，謂郡守也。或曰：書病囚之姓名而白之於郡曰刺。求職司與醫對共診驗，職司，謂郡曹掌刑獄者。遠縣家人省視，然後處治。處治，謂處方治病也。省，悉景翻。處，昌呂翻。治，直之翻。上從之。

宋・李燾《續資治通鑑長編》卷八三 〔宋眞宗大中祥符七年十月〕河北提點刑獄司言博州獄空百三十九日。宰相言天下奏獄空者無虚月，唯此奏日數稍多，上特令降詔獎之。

宋・李心傳《建炎以來繫年要録》卷六一 〔紹興二年十二月〕壬子，尚書左司員外郎張綱請命郡邑月具禁囚存亡之數，結罪申提刑司，歲終較其多寡，量行賞罰。從之。

宋・李心傳《建炎以來繫年要録》卷九〇 〔紹興五年六月〕詔宣州當職官各轉一官，以江東提刑司言，本州去歲獄囚三百五十五人，無瘐死者，用二月乙卯詔書推恩也。時宿松縣囚七人，死一人，縣令坐降一資，然行之僅三年而止，蓋自趙鼎去位，遂不復舉行焉。宿松縣以七月己丑行遣，今併書之：今年六月丁卯，衢州當職官。八月戊辰，福州左司理院。十一月甲申，袁州司理院。六年九月丁丑，臨安府右司理院。七年七月丙寅，福州左司理院，並轉官。六年二月壬戌，洋州司理院，降一官。七年七月丙寅，汀州武寧縣展磨勘一年。

宋・李心傳《建炎以來繫年要録》卷九九 〔紹興六年三月〕詔命官諸色人捕獲凶惡強盜未經結録已前，在獄身死，更不理爲推賞人數，先是惠州獲盜四十二人，而獄死者三十四。憲司以爲吏受賕鍛煉，致脅從之人，拘囚至死。遂變換情詞，以爲正賊，乞今後未經結斷在禁身死者，二名當一名。吏部尚書孫近等言：如此恐貪冒賞典之人，計囑獄司，愈將平人，非理致死，其弊益深，故有是請。仍乞將惠州獄官貶秩衝替。自今強盜獄死及五分以上，官吏比附歲中禁死及一分科罪，不以併計失減。詔惠州元勘獄官貶秩衝替，餘從之。

宋・李心傳《建炎以來繫年要録》卷一五五 〔紹興十六年六月〕監察御史巫伋面對，請申嚴有司，所在刑獄，不得輒爲非法之具，如錢塘、仁和二邑所用浮匣、命繩之類，不得復用，違者抵罪。詔刑部禁止。

又 〔紹興十九年三月〕丙申，上語秦檜，聞諸郡奏獄空例，皆以禁囚於縣獄，或廂界寄藏，此風不可滋長。自今有奏獄空者，當令監司驗實，如有妄誕，即行按治。仍命御史臺察之，若不懲戒，則奏甘露芝草之類。崇虚飾誕，無所不至矣。

宋・李心傳《建炎以來繫年要録》卷一五九 〔紹興十九年五月〕丙申，大理少卿許大英面對，論監司守令以私己之怒，囚無辜於獄中，名曰寄禁。乞令憲臣稽察，詔申嚴行下。

又 〔紹興十九年六月〕刑部員外郎湯允恭面對，乞戒有司。凡制獄具，並依成式，長吏親閲用印，方得行使。詔申嚴行下。

宋・李心傳《建炎以來繫年要録》卷一六〇 〔紹興十九年七月〕庚子，監察御史陳夔面對，論囚多瘐死，望令諸路憲臣嚴責治獄之吏。凡無家者，官給之食。詔刑部措置。

宋・李心傳《建炎以來繫年要録》卷一六三 〔紹興二十二年八月〕大理

寺丞郭唐卿面對。論遠方州縣，獄具多不如式，望申嚴法禁。從之。

宋・李心傳《建炎以來繫年要録》卷一六四 〔紹興二十三年六月〕乙丑，大理寺丞丁仲京面對。乞以前後已行軫恤庶獄事理，撮其要語，揭示通衢，使天下之民瞻視鼓舞，遷善遠罪，而不忍犯。詔申嚴行下。

宋・李心傳《建炎以來繫年要録》卷一六七 〔紹興二十四年〕甲子大理寺丞郭唐卿面對，言枉法囚人，遇寒量支柴炭，貧者假以衣物，而州縣多不預辦，望申嚴法禁，詔刑部檢坐行下。

又 〔紹興二十四年十月〕冬十月，庚辰朔。大理寺丞孫敏修面對，論在法禁囚。徒罪以上方許枷禁，仍須立檢判押，其制不爲不嚴。而州縣官逐廳所行事，其干繫人往往在廳一面枷荷，遇夜即行寄禁，甚失國家立法本意。乞申嚴行下。詔可。仍令監司案察，御史臺彈劾。

宋・李心傳《建炎以來繫年要録》卷一六八 〔紹興二十五年正月〕丙子。大理寺丞郭唐卿面對，論遠方州縣推勘公事，聞有禁囚不書歷者，及監司巡歷，即移他所。望申嚴法禁。從之。

宋・李心傳《建炎以來繫年要録》卷一九〇 〔紹興三十一年五月〕大理寺言獄空。上謂宰執曰：大理寺臨安府在闕下，雖未敢謂刑措，然獄訟清簡，冤抑得伸，亦庶幾焉？惟是諸路憲臣或不得人，則吏強官弱，民無所措，卿等宜思革此弊。

《宋會要輯稿・刑法二》 〔淳熙二年〕八月十七日，臣僚言：臨安府前有人戶私置牢房，與公人通同作弊，專一鎖閉理對知在公事之人，號曰關留店，每夜不下一二十人，雖無腳匣，亦有門鎖。詔本府常切覺察，不得依前違戾。

《宋會要輯稿・刑法四》 〔淳熙〕五年二月一日，知廣州周自強言：諸路專委通判、簽判，縣專委令，各置籍，遇有傳到配軍，即時注籍，差人押往前路州縣，候取到交領，亦注於籍。有竄逸者，嚴責部送之人根捕。仍令通判常切覺察，每月本州交傳過人數有無截留走失，申本路帥司撿察。其諸州斷配過人，若計程應至配所而未有報到交收者，即時移文沿路州縣會問。若詢究得有截留役使之人，並申所屬帥司根治施行。從之。

《宋會要輯稿・刑法五》 紹熙元年十一月二十七日，臣僚言：縣獄之設，縣官任其責，小則決遣，大則申所屬州郡，非徒文具而已。比年以來，士大夫寓居多以外邑爲便，縣官甫下車則先詔問權要聲援詔問：疑誤。，往往循習諂媚，互相交結。其爲權要聲援者，因縣官之見知，遂假此以恐嚇齊民，或以私忿未決、債息未償，輒將小民拘送縣獄。縣官方承奉之不暇，乃俾老胥猾吏鍛鍊追考，有一人抵罪或至一戶蕩產，甚者根連逮捕以決權門之獄。雖其事可以立談判者，亦必拘囚月餘，如此則小民被虐者若何而申訴！乞行下諸郡屬縣，嚴行戒約，應小民有不因詞訟而輒相寄獄，郡守、監司不行覺察，許經臺省陳訴。從之。

《宋會要輯稿・刑法六》 〔太宗太平興國〕九年三月三日，詔：自今天下繫囚，依舊例十日一具所犯事因、收禁月日申奏。其間留寄禁店戶將養、保明出外知在，並同見禁人數，仍委刑部糾舉。如事理可斷及事有小虛，有禁繫者，本處官吏重行朝典，人吏仍勒停，配重處色役。奏禁人數不以實及淹延日月，當密行察訪，許人告。

又 雍熙三年二月十二日，左拾遺張素言：諸州縣繫囚動經旬月，迄令自今諸縣鎮禁繫不得過十日，仍令本州長吏察訪。從之。

又 國朝獄官令：禁繫皆輕重異處，囚家送飲食獄官檢視，即時付與，無使減節滯留。若囚死罪枷杻，劫贓在禁五人以上，別差軍人及將按日夕防守。婦人及流以下，去杻。婦人在禁，皆與男夫別所，仍以雜色婦人伴守。杖罪散禁，若隱情拒抗者，亦加訐。八十以上、十歲以下，及廢疾、懷妊、侏儒之類，雖犯死罪，亦散禁。

五年八月二十七日，詔四排岸司繫囚無親屬者，量給薪米，仍速裁斷。

景德三年七月一日，詔曰：應禁劾盜賊，委長吏鈐轄，無令妄引徒伴；以時飲食，有疾者醫治之。仍分輕重、男女，別房禁繫。時上封者言：盜賊多緣私憾，妄引無辜，官司因而追擾。又重禁者拳手，令小兒哺食，多受饑渴；不問所犯大小，同繫一牢。帝憫之，故詔誡諸道焉。

又 大中祥符四年十月三十日，詔：訪聞天下司理院、州院罪人獄死者，皆司理參軍與州曹官迭差檢驗，慮相庇蓋。自今須選差不干礙刑獄官，依公檢驗。

宋・佚名《名公書判清明集・官吏門・勸諭事件于後》 清獄犴

一、獄者，生民大命，苟非當坐刑名者，自不應收繫。爲知縣者每每必須躬親，庶免冤濫。訪聞諸縣間有輕寘人囹圄，而付推鞫於吏手者，往往寫成草子，令其依樣供寫，及勒令立批出外索錢，稍不聽從，輒加箠楚，哀號慘毒，呼天莫聞。或因糧減削，衣被單少，饑凍至於交迫。或枷具過重，不與湯刷，頸項爲之潰爛。或屋瓦疏漏不修，有風雨之侵。或牢床打併不時，有蟣蝨之苦。或坑廁在近，無所蔽障，有臭穢之薰。或因病不早醫治，致其瘐死。或以輕罪與大辟同牢。若此者不可勝數。今請知縣以民命爲念，凡不當送獄公事，勿輕收禁，推問供責，一一親臨，飯食處時時檢察，嚴戢胥吏，毋令擅自拷掠，變亂情節。至於大辟，死生所關，豈無纖毫或至枉濫，明有國憲，幽有鬼神，切宜究心，勿或少忽。

一、昨因臣僚申請，勘獄先經縣丞，蓋慮知縣事繁，不暇專意獄事，亦州郡先付獄官之意也。竊慮屬縣有悉付其事於丞，不復加意者，有縣丞憚於到獄，徑取上囚徒就廳鞫問者。凡此皆有失申明本指。今仰知縣以獄事爲重，專任其責，雖與縣丞同勘，即不許輒取罪囚出外，以致漏泄情款，引惹教唆。或丞老而病，且乏廉聲，亦不宜使之干預。

宋・佚名《名公書判清明集・官吏門・具析縣官不留意獄事》 伊尹謂一夫不獲時，予之辜，孔明謂匹夫有死，皆亮之罪。聖賢用心眞是如此，吾儕幼學壯行，果爲何事，而乃以獄事爲等閑，以六、七無辜之人纍纍然械繫於吏卒之手，淹時越月，押上押下，以飽誅求，以厭捶楚，仁人君子其忍之乎？ 于公治獄，恐不如是。帖權縣具因依狀申，併解承吏來。

宋・佚名《名公書判清明集・人品門・葺治厢牢》 當職今月二十五日親詣厢牢，點視屋宇，見得頽敗卑隘，上漏下濕，不可以居。連年疾疫薦臻，囚多夭閼，咎蓋在此。惟昔《周官》司寇，以圜土教罪民，凡害人者，置於其間而施職事焉，而加明刑焉，能改者，上罪三年而舍，中罪二年而舍，下罪一上而舍，其刑人也不虧體，其罪人也不虧財。先王之意，蓋欲使有罪之□於此焉，苦其心志，勞其筋骨，餓其體膚，動心忍性，增益其所不能，將復反於中國，齒之於平民也。豈遽俾之就死地哉！ 今敝陋如此，燥濕寒暑，無所乎避，是使罪止流竄，法不當死之人，野處穴居，竟至殞命，反不若受極刑速死之爲愈也，豈不有傷國家忠厚之澤哉！ 近雖嘗量罰官錢，付兩都吏監葺治，然亦不過因陋就簡，僅支目前之計，不足爲永遠之利。契勘有新衙，舊衙空閑日久，實爲無用，合行折毁，(一)改造厢牢，牒監修官遵照施行。

《元典章・縱囚・禁子受囚鈔縱囚在逃》 延祐四年四月二十八日，江西行省准中書省咨、江浙省咨福州路申司獄張守仁不爲用心鈐束見禁輕重罪囚，以致牢子謝伯高等受要在禁囚徒錢物，縱容罪囚林榮公等一十七名脱獄在逃，後將元逃賊徒全獲還禁等事，取訖本官招伏，罪遇聖旨原免。本省看詳司獄張守仁職專刑獄，不爲用心鈐束禁子，將見禁罪囚依條牢固收禁，以致牢子謝伯高等受訖在禁囚徒錢物，縱容重罪林榮公等一十七名脱獄在逃，俱已捉獲還禁。本官所招罪犯已擬笞決四十七下，解見任，别行求仕，今奉使宣撫卻以終無定例，罪遇赦免，改令張守仁還職。此與本省元行不同，别無遵守通例，咨請照詳。准此。送刑部。議得司獄張守仁所招，不合不爲用心鈐束，以致牢子謝伯高等受要在禁囚徒錢物，縱容重囚林榮公一十七名脱獄在逃，後將元逃賊徒全獲還禁。以此參詳張守仁所招，雖是不爲用心鈐束，卻緣本官患病在家，又兼脱獄囚徒全獲還禁，如是看來，别難議罪。又遇詔赦，擬合比例，令本人還職。今後主守不覺失囚者，減囚罪二等。若因反獄在逃，又減二等。皆聽給限一百日追捕，如限內能自捕得，或他人捕得，若囚已死及自首，皆合免罪。即限外捕得，及囚已死或自首者，各又減一等。提牢官各減主首罪三等。故縱者不給捕限，即以其罪罪之。其未斷決，能自捕得及它人捕得，若囚已死及自首，各減一等。如蒙准呈，遍行遵守，相應具呈照詳。得此。都省議得主守不覺失囚者，減囚罪三等。若囚反獄在逃，又減二等。提牢官各減主守罪四等。故縱者與囚同罪。若受贓多者，從重論，至死者一百七，徒三年。餘准部擬，咨請遍行，仰依上施行。

《元典章・脱囚》 至元三年八月，河間路爲强盗劉千奴劫獄在逃，押獄閻聚七十七下，牢子陳德、石聚各決六十七下，司獄劉義四十七，提調官罰俸兩月。

又 至元三年九月，東平路申：禁子張昇等失囚走訖，殺死王重四、賊人陳天佑，部擬斷禁子張昇、管平各七十七下，首領李旺、宋興各五十七下。

一起：大都路歸問得昌平縣祗候人劉順招伏：因爲監押信萬奴申來本縣，歸問打傷人民公事，沿途不爲用心，以致信萬奴自抹身死，欽遇赦恩，將本人疎放了當。部擬得信萬奴雖是自抹身死，蓋因劉順不爲用心監看，罪犯欽遇赦恩，别無定奪。外據被死營葬之資，擬於劉順名下鈔五十兩給付苦主。

《元史・拜降傳》 元貞間，兩浙鹽運司同知范某陰賊爲姦，州縣吏以賂咸聽驅役，由是數侵暴細民。民有珍貨腴田，必奪爲己有。不與，則朋結無賴，妄訟以羅織之，無不蕩破家業者。兇燄鑠人，人咸側目，里人欲殺之，不果，顧被誣訴逮繫者，亡慮數十人，俱死獄中。蘭溪州民葉一、王十四有美田宅，范欲奪之，不可，因誣以事，繫獄十年不決。事聞于省，省下理問所推鞫之，適拜降至官，寃遂得直。置范于刑，而七人者先瘐死矣，惟葉一、王十四得釋，時論多焉。

《明實録·宣德七年》〔四月甲寅〕行在刑科給事中李原縉言：各處遞運所遞送犯人，無問輕重，並加桎梏，逼索財物，奪其衣食，多有凍餓死者。乞命行在都察院出榜禁約，仍移文中外諸司：自今凡發回原告及起解罪人等，必須斟酌，果情犯深重，發遞運所防。解輕者，或本衙門差人押送，或送衛所府州縣遞送，又輕者給引照行，不許概送遞運，所庶不累死無辜，從之。

《明實録·正統八年》〔八月壬辰〕先是，刑部強盜越獄出走，尚書王質、左侍郎郭瑾劾奏：提獄主事王彰、巡風主事王儉、司獄王溫、張森等，不嚴巡督，原問官郎中唐璉、員外郎丁芹、主事羅瑛等，不早歸結所致。上曰：質等鈐束不嚴，罪亦難逭，俱下都察院鞫問，至是，獄具。上命杖彰、溫、森謫戍威遠，黜儉爲民，降質爲戶部右侍郎，瑾爲廣西潯州府知府，璉、芹、瑛俱降黜之。

《明實録·弘治三年》〔七月〕甲戌，下駙馬都尉馬誠於刑部獄。誠不朝參者二年，至是始具奏稱疾。命禮部驗究，禮部劾誠縱閒日久，僞稱有疾。命法司逮問如律。

《明實録·正德十三年》〔十二月〕癸巳，刑部重囚趙祥、申牢頭等反獄，隨捕獲之。刑科都給事中陳霑等劾奏，尚書張子麟并提牢巡風官主事喻義、張文魁等防禁不嚴，請治其罪。得旨，義等俱逮送錦衣獄掠問，并堂上官一併奏聞。

《明實録·正德十五年》〔七月丁酉〕初，河南謀反者胡文智、王得厚既伏誅，其黨馮端、揚浄和訴寃未決，而死于獄，至是籍其家屬財産。巡撫都御史沈冬魁因奏，端與浄和既以疑未決而死，其親屬宜從末減。乃俱發戍邊衛。

《明實録·天啟六年》〔閏六月己酉〕原任御史李應昇斃於獄。應昇直隸江陰人，萬曆丙辰進士，授南康推官，考遷授御史，疏糾忠賢十六事，竟逮死詔獄。後贈太僕寺卿，予祭葬，廕一子入監讀書。

明·卜世昌《皇明通紀述遺》 戊辰，正德三年正月，李夢陽下錦衣獄。夢陽代韓文草疏，瑾已謫出之，猶不快前忿，羅以他事。械至京，遂下之獄，將置之死。時翰林修撰康海與夢陽同有才名，各自負不相下。瑾慕海，嘗欲招致門下，而海不往。瑾恆先施，必欲其一。至海闞亡答之，竟不一入其門。至是，夢陽所親有左姓者詣獄，謂夢陽曰：子殆無生路矣。唯康子可以解之。夢陽曰：吾與康子素不相能，今臨死生之際乃始托之，獨不愧於心乎？吾寧死矣。左曰：不謂李子而爲匹夫之諒也。強之再三，以片紙請書數字。夢陽乃援筆曰：對山救我，唯對山爲能救我。餘無一言，對山者，海別號也。左持書詣海。海曰：是誠在我，我豈敢吝惡人之見，而不爲良友一辟咎也。遂詣瑾。瑾焚香迎海，延置上座，海不少遜。瑾曰：今日有何好風吹得先生來也？命左右設席。海曰：吾有言告公，公如聽吾言，當爲公留。不然吾且去矣。瑾曰：云何？海曰：昔唐明皇任高力士，寵冠羣臣，且爲李白脫靴，公能之乎？瑾曰：瑾即請爲先生脫之。海曰：不然。今李夢陽高於李白數倍，而海固萬不及一者也。下獄而公不爲之援，柰何欲爲白等脫靴哉？即奮衣起。瑾固褰而止之曰：此朝廷事，今聞命，即當幹旋之。海遂解帶與之痛飲，天明始別。夢陽遂得釋歸，而海自是與瑾往復，遂罹清議矣。

清·祝慶祺《刑案匯覽·刑律·獄囚衣糧》 雲督奏籌酌議給軍遣等犯口糧一摺。查：動撥銀兩事隸戶部，咨行戶部核議去後。茲據戶部以該督等原奏雖係籌給軍遣等犯口糧，惟所稱近年發滇人犯較多，是以酌增額數，其應否准其定額之處，事隸刑部等。因查軍遣等犯皆各省隨時解發，或多或少，本部並無額數可稽。該督原奏所稱軍犯應籌給口糧者，約計一千五百名，請動撥鹽課溢餘銀兩以爲口糧之用等語，自係就該省現在到配軍犯酌定額數，其應否定額及溢餘銀兩是否無關正款。此外有無閒款可籌，並作何報銷之處，均事隸戶部，應仍由戶部主稿，會同本部具奏。道光十二年。《說帖》。此案該省奏請將鹽課溢餘銀兩每年動用四千餘兩，以爲在配無可營生遣軍流犯口糧之用，見邸抄。

清·祝慶祺《刑案匯覽·刑律·鞫獄停囚待對》 刑部奏：竊臣部爲刑名總匯，凡各直背奏咨事件，皆當依限核覆。至現審各案，尤宜趕緊辦理，俾案犯不致久羈，無干得以早釋，且可免刁徒串結之弊節。經臣等嚴督，各司員將承審各案隨到隨辦。臣等留心逐一檢查，尚無遲延逾限之件，其限外未結之案，或因提犯未到，或因行查未覆，均非無故遲逾。惟查例載：在京衙門承審事件，限一個月審結，被證在外者，以到齊日爲始；內外移咨行察者，以文到爲始；催文至三次無回文者，題參。又，刑部現審事件應會三法司者，仍照定例限一個月完結；杖責等罪，限十日完結；發遣軍流等罪，限二十日完結。案內有應行提質及患病之犯，以提到及病愈之日爲始。仍將應行扣限及三法司會審日期，並於科道衙門註銷內聲明。倘該司員任意因循，或三法司不即會審，以致逾限，書役得以乘機作弊者，嚴加治罪。其承審司員及會審遲延之堂司官，幷交部分別議處各等語。是各衙門但扣提人行查之限，而於犯病日期並未扣除。臣部但扣犯病提人之限，而於行查日期又未扣展，原例本未畫一。且查鬭毆之案必俟傷痊平復方能傳訊，以定罪名之輕重，較之被證未到，尤關緊要。但其中有辜限未滿平復者，有辜限已逾傷未平復不能到案者，應責令各司員上緊嚴催，傷痊即行送案，起限毋任藉傷延宕。至於疑難重案，或案犯狡供，勢不能不遴員審辦，與外省州縣接審無異，自應一例扣限以專責成。其罪止杖笞及無罪可科之人，未便收禁，向俱分別旗民交該旗及司坊官等帶訊，每不能按照例限，即行傳送，亦應定立傳限，如傳人在三日內到案者，准其扣展。倘在三日以外，即照例附參，庶不致互相推諉。以上各情節，原例均未該備，各司員中賢否不一，其因循不振者，轉得以例無明文藉詞卸責，不可不防其漸。臣等公同商酌，應請嗣後在京衙門承審事件，限一個月完結；刑部現審事件，杖責等罪應十日完結，發遣軍流等罪應入彙題者，限二十日完結；命盜等案應會三法司審理者，限一個月完結；其鬭毆殺傷之案到案後，以傷經平復及因傷身死之日爲始；接審者以接審之日爲始；仍將應行扣限及三法司會審日期並於科道衙門註銷內聲明，倘該司員任意因循，或三法司不即會審以致逾限，書役得以乘機作弊者，將書役嚴加治罪，承審司員及會審遲延之堂司官，並交部分別議處。內外移咨行查如催文三次無回文者，照例題參，行文八旗內務府、五城順天府提人於文到三日內無故不行送部者，亦照例參處。如蒙俞允。臣部現值開館修例之時，即將原例修改遵行，并移咨吏兵二部查照辦理。該司員等倘有挪移例限，及推諉行查提解遲延，即由臣等分別輕重嚴行參處。再，例內祇言三法司會審之案，至宗人府會審之案例無明文。近來宗室犯事，每於傳審時不能即行到案，以致遲延難結，應移咨宗人府，亦即定立限期，分別辦理。道光十年奏准，已纂例。嗣經宗人府具奏，傳訊限期以接到會訊片文之日起，不准過五日。如屆限不到，即將該宗室帶赴宗人府重責三十板，承審司員及族長、學長不實力催傳，隨案咨部議處。

河南道御史遲奏：五城審案，除徒流等罪送部審辦外，所有承審枷、杖以下等罪，請照刑部現審杖責等罪，限十日之例完結等因一摺。道光十年十月初九日。奉上諭，御史慕維德奏請明定五城審案限期，按月報都察院註銷一摺。五城審辦案件，向例按三八日呈報都察院，每月兩次註銷。近來日久玩生，並不按期呈報核對註銷，以致稽查無憑，任意延宕。著通諭巡視五城御史：嗣後承審枷杖以下等罪，務遵定例，勒限十日完結，其有人證未齊、正犯患病及展限追欠追贓各情，俱隨案聲明，並註明收呈完案各日期，詳報都察院。每月按上半月、下半月定期註銷，比照各衙門註銷題奏例，於月終具題一次。如有無故逾限，及註銷遲誤匿飾者，即隨本聲明參處，以清訟獄而免拖累，欽此。邸抄。

清・祝慶祺《刑案匯覽・刑律・主守教囚反異》 浙撫咨：刑禁費致淮等，容縱差役教供。查：差役俞烺等，奉差承緝燒棺案內正賊無獲，慮受比責，賄囑舊匪俞瑞祥等承認，收禁後出入監門，教演燒棺供詞情形。費致淮等雖不知俞瑞祥有誣認情事，惟容縱俞烺等進監出入，教演以致情罪變亂，將費致淮等俱比照獄卒通傳言語有所增減，以故出入人罪論，故入者以全罪論因，未決放聽減一等律，於俞瑞祥軍罪上減一等，擬杖一百，徒三年。嘉慶二十一年案。

清・祝慶祺《刑案匯覽・刑律・獄囚誣指平人》 雲撫　題：監犯張用毆傷李春身死案內，禁卒高照聽囑誣囑誣證李春係被張用誤摔失跌墊傷身死一案。查律載：證佐不言實情故行誣證，致罪有出入者，減罪人罪二等。又過失殺人者，依律收贖各等語。此案：監犯張用因與禁卒李春爭毆，用木棍將李春毆傷撲跌身死。該犯畏罪央求高照捏報李春在欄杆邊站立，該犯背米經過誤摔其背上，李春撲跌摔斷欄杆，失跌下階被欄杆木墊傷身死，希圖輕減罪名，高照應允捏報。該省以高照誣證情節如果屬實，張用明知李春站立，雖摔出無心而耳目已有專注之人，應比照向城市施放槍銃致死例擬流。高照等故證并非全脫人罪，酌量於流罪上減二等，杖九十，徒二年半。並聲明證佐不言實情，並非實犯徒流，仍應折杖科罪，應請杖一百，餘罪收贖等語。查：張用誤摔李春撲跌墊傷身死如果屬實，張用既係摔出無心，即屬思慮不到，正與初無害人之意而偶致殺人之律註相符，應照過失殺人定擬，而過失殺人律得收贖，無罪可科。高照不言實情，即與出脫全罪無異自應於張用絞罪上減二等，擬以滿徒。該省以誣證情節，張用罪應擬流，將高照於流罪上減二等，已屬引斷未協，且徒罪折杖止杖一百，餘罪收贖之條，係誣告門內誣輕爲重之律，至證佐不言實情本律內並無折杖明文。該省聲明應杖一百，餘罪收贖更屬與律不符，自應按律更正。稿尾。查：張用誤摔李春撲跌墊傷身死如果屬實，張用既係無心誤摔，即屬思慮不到，正與初無害人之意而偶致殺人之律註相符，應照過失殺人定擬，而過失殺人律得收贖，無罪可科。高照不言實情，即與出脫全罪無異，自應於張用絞罪上減二等擬以滿徒。該省以高照誣證張用釀命情節，張用罪應擬流，將高照於流罪上減二等，已屬引斷未協，且徒罪折杖止杖一百，餘罪收贖之條，係誣告門內誣輕爲重之律至證佐不言實情本律內並無折杖明文。該省聲明應杖一百、餘罪收贖，更屬與律不符，自應按律更正。高照應改照證佐不言實情，減罪人罪二等律，於張用絞罪上減二等，杖一百徒三年。惟高照與擬杖之林向陽均在　恩詔以前，俱應准其免罪，仍革役。嘉慶二十五年說帖。

清・祝慶祺《刑案匯覽・刑律・婦人犯罪》　廣西撫題零花驚故殺期親伯母零韋氏，兇犯在監病故一案，又葉楊氏因姦謀殺本夫葉亞八在監病故一案，該司以例有婦人犯斬梟即擬斬決，免其梟示之文，梟示與戮屍同一。死後加刑之法，婦女監故應否仍戮其屍交館核定。查：嘉慶二十一年，河南省咨王庭臣謀殺一家三命，在監病故一案，未據聲明戮屍。當經議定：斬梟人犯戮屍示衆，凌遲人犯剉屍示衆等。因在案誠以罪干凌遲之犯，皆係惡逆不道之人，雖已先伏冥誅，究係倖逃憲典，故仍剉碎其屍盡本犯應受之常刑，並梟首示衆以儆將來之兇暴。未便以身故免議也是。常人罪犯凌遲在監病故，仍應剉屍，已有章程可循。又檢查：嘉慶二十一年，山東省咨武奇氏毒死本夫武泳昭，旋即自盡一案，該省將該氏仍照律戮屍。又本年四川省題羅宋氏毆死伊姑經李氏，在監病故一案，該省將該氏照例剉屍均經核覆在案。查：婦人罪犯凌遲與男子同一惡逆不道在監病故，自應一例剉屍，惟婦人犯斬梟仍擬斬決，免其梟示與男子辦理究有不同。且斬決與凌遲輕重相去一間，則罪犯凌遲在監病故，既已剉碎其屍明正憲典，似亦可毋庸梟示以示區別，所有零化驚葉楊氏之案應交司分別辦理，並傳各司查照畫一。道光六年說帖。

清・祝慶《刑法匯覽・刑律・與囚金刃解脱》　浙江司查上年二月間福建省奏：監犯宋抓孜因病發躁致傷同監人犯沈萬年身死一案。聲明禁卒周幅專司獄務，監內存有甎塊、鐵鉗，並不小心收藏，致宋抓孜先後拾取甎塊、鐵鉗，毆傷沈萬年身死，非尋常玩忽可比，將周幅比照獄卒以金刃他物與囚殺人，絞監候，律量減一等，擬杖一百，流三千里。經本部照擬核覆奏結在案。今浙省奏：監犯王起會在廁牆乞取石塊，挾嫌毆斃監犯潘阿瓏一案。該省以禁卒張瓏並不小心看守，以致王起會私取石塊毆斃同監囚犯，將張瓏比照以他物與囚殺人律，量減擬以滿流，核與宋抓孜之案情罪相同，似可照覆。嘉慶十五年說帖。

清・祝慶祺《刑案匯覽・刑律・陵虐罪囚》　直督咨沈繼宗因同姓不宗之沈補丁挾嫌放火，捉獲送縣羈禁，後商同張樹身等，將沈補丁謀毒身死一案。查例載：官員擅取病呈、致死監犯者，依謀殺人造意律，斬監候；獄官禁卒聽從下手，依從而加功律，絞監候；未曾下手者，依不加功，杖一百，流三千里。又，獄卒受罪人讐家賄囑，謀死本犯者，依謀殺人首從律治罪各等語。是官員致死監犯，及獄卒受人賄囑，謀殺監犯，皆不得以死者係屬罪犯，貸其謀殺本罪，則讐家謀死監內罪犯，豈能不以謀殺論？蓋犯罪之人未經到官爲罪人，已經到官收禁者，則爲罪囚。既已訟之於官，將罪人收禁，其應得罪名，自有國法處治，非讐家所能專主。若謂死者雖經送官監禁，究屬罪犯殺者，仍可擅殺論罪。設有殺人應抵正兇收禁在監，其被殺親屬挾讐亦可藉言報復，將兇犯謀死，此風一開，不獨辦理各案諸多掣肘，且兇惡陰險之徒挾其私忿，藐視王章，實不足以肅囹圄而杜讐殺。此案：前據該督以沈繼宗因沈補丁挾嫌放火燒其麥垜，當場捉獲，投知鄉約張樹身送官監禁。因沈補丁有回家報復之言，商允張樹身做成信餅，送進監內。沈補丁食畢，毒發斃命。因犯已羈禁，與未經送官者不同，應否將沈繼宗照擅殺擬絞，張樹身比例量減擬流，抑或將張樹身仍照平人謀殺律，分別加功、不加功，擬以絞流等因，咨請部示。經本部以此等罪人業已到官收禁，自應聽憑官斷治以國法，與僅就拘執，並未到官，尙得以擅殺科罪者不同。若於監獄重地潛肆陰謀，自未便仍從寬典，致滋輕縱。議令將該犯等照謀殺律，分別首從定擬去後，茲據議督咨稱：提訊沈繼宗因被燒麥垛約有小麥九石餘斗，慮及家口乏食，心生氣忿，並因沈補丁有回家殺害之言，愈加忿急，是其起意致死，即非專慮報復，亦無別有讐隙。沈補丁本屬放火兇徒，沈繼宗以被害之人商謀毒死擅殺原包謀故，爲首，罪止絞候爲從，悉屬餘人。第事在送官監禁以後，固未便仍照擅殺科斷，若竟照尋常謀殺定擬，則全置放火兇徒於不問，似亦情輕法重等因，復請部示。查：擅殺罪人一項，係指未經送官者而言，至既經送官監禁，未成招者，則謂之獄囚；已成招者，則謂之罪囚，均應聽從官斷，非被害之人所得專擅。沈補丁挾嫌放火，固屬罪人，沈繼宗如於未經送官以前，將其謀殺，則擅殺原包謀，故自應照擅殺例，擬以繯首。今既已送官監禁，則沈補丁係待決罪囚，在官員獄卒設計謀殺，尙應照謀殺律定擬，即未便將沈繼宗等科以擅殺。如謂被害之人不值爲放火兇徒擬抵，亦祇應於秋審時衡情辦理，定案時不得先爲遷就，致滋輕縱。應令查照前咨，仍將該犯等按凡人謀殺本律定擬。道光五年說帖。

又　福撫咨：禁卒蔡溪於監內存有缸片，並不留心檢除，除因犯林民拾取，毆死同監人犯。雖訊無鬆放刑具，應將蔡溪比照獄卒以金刃他物與囚，致因殺人絞候律上，量減一等，擬杖一百，流三千里；提牢林忠雖非看守之人，惟不隨時管束，應於蔡溪流罪上減一等，杖一百，徒三年；典史孟興業疎於防範，致釀人命，未便僅予革職，亦應於蔡溪流罪上減一等，杖一百，徒三年。解役王紅管解重囚，明知蚊煙係砒信拌製，服之堪以殺人，乃竟買點籠旁，以致林民取服斃命。王紅應比照獄卒以金刃他物與因致囚自殺律，擬杖八十，徒二年。嘉慶二十二年案○解役似可量減一等記彙比。

清・祝慶祺《續增刑案匯案・刑律・主守都囚反異》　安徽司奏：宗室恆年與伊弟瀛年等在刑部卡木內窺看，被門皂李太斥阻不服，瀛年輒將李太毆傷。經人勸散後，恆年復因被斥氣忿，起意同瀛年等逕入刑部肆行嚷鬧，欲見刑部堂官講理，迨經飭令查拏又自稱宗室太爺。誰敢鎖拏，顯係意圖挾制，將恆年依刁徒直入衙門挾制官吏例發近邊充軍，瀛年雖係恆年胞弟，惟先既將李太揪毆，嗣復幫同肆鬧未便以一家共犯論，應與隨同進門喧鬧之養育兵，連貴均於恆年軍罪上減一等，杖一百，徒三年，恆年、瀛年俱照例折圈連貴折枷鞭責。道光十二年案。

清・祝慶祺《續增刑案匯覽・刑律・陵虐罪囚》　浙撫咨劉元宏行竊劉明宏家，本係罪人捕役徐勤等將劉元宏拏獲，輒行私自鎖銬，又不小心押解赴縣，以致劉元宏在途帶銬脱逃，畏罪投水溺斃。固不便照罪囚因追逐窘迫而自殺之律勿論，亦未便僅科以不應鎖杻之罪，例無捕役拏獲在押脱逃之賊犯私行鎖銬復被脱逃自盡，作何治罪明文。應將徐勤等俱照不應重律杖八十，加枷號一個月。道光十年案。

又　東撫咨：皂役劉庭良因州民何百順用刀將龐庭泗砍傷，發交該犯看守，該犯因先被何百順在押用磚砍傷，繼又被其詈罵，起意糾邀衛役趙思海等將何百順用鍊鎖繫門檻，以致何百順因鍊緊氣閉殞命。雖訊明當日因天已黑暗，何百順項頸鍊緊。該犯等未經看明，並非有心致死，但不依法看守，輒將何百順揪跌倒地，私自用鍊鎖繫門檻，因鍊緊氣閉致死，實屬非理陵虐。將劉庭良比照獄卒非理陵虐毆傷罪囚因而致死律擬絞監候。業已病故應毋庸議，趙思海等均照爲從減一等擬以滿流。道光十一年案。

清・祝慶祺《續增刑案匯案・刑律・與囚金刃解脱》　河撫題獄囚張八砍死監犯葉敏一案，查獄卒戴泳寬攜取小刀進監切菜，並不隨時帶出，將刀遺忘桌上致被張八取去。雖非以金刃與囚，而張八之殺人實由該禁卒遺忘小刀所致，未便僅科以防範不嚴之罪，將戴泳寬比照獄卒以金刃與囚致囚殺人擬絞律量減一等，杖一百，流三千里，刑書司存義，僅管放封收封審無私鬆刑具情事應予免議。道光五年案。

清・祝慶祺《續增刑案匯覽・刑律》　南撫咨差役張羔、陳沾押解因鬬毆殺人罪應擬駁之姚秉太。查起兇器致犯乘間自刎身死。應比照獄卒失於防範致囚自盡律，各杖六十，革役。道光六年案。

清・潘文舫祺《新增刑案匯覽・刑律・凌虐罪囚》

皖撫題：蕪湖縣捕役楊升毆傷竊賊高小保身死一案。查律載：罪人已就拘執而擅殺者，以鬬殺論。又，鬬毆殺人者，不問手足、他物、金刃，並絞監候各等語。此案：楊升因賊犯高小保行竊事主胡勝標家衣物，捕獲毆傷，冒風身死。查：高小保犯竊被獲贓證確鑿，本係有罪之人。該犯身充捕役，即有應捕之責，雖高小保死由傷處冒風，惟所毆係骨碎重傷，僅越四日殞命，自應按律問擬。應如該撫所題：楊升合依罪人已就拘執而擅殺者，以鬬殺論。鬬毆殺人者，絞律，擬絞監候。事結在同治十一年正月初四日。恩旨：以前係擅殺罪人以鬬殺論擬絞，應入緩決，應准減爲杖一百、流三千里。案係擅殺，毋庸追取埋葬銀兩。周高氏將高小保屍身私埋，訊係顧惜顏面起見，一經該縣訪拏，即行投案，據實稟明，並無受賄私和情弊。婦女無知，應請免議。同治十一年説帖。

清・潘文舫《新增刑案匯覽・刑律・與囚金刃解脱》

鄂撫奏：黄安縣民婦樂劉氏與小功服兄樂雅椿並母家雇工周長慶先後通姦，聽從謀殺親夫。樂應生身死案內：解役鄧富、王愷奉差押解斬犯，投宿飯店，輒敢吸食洋烟，致樂雅椿竊服烟膏斃命。遍查律例，並無作何治罪明文，自應比律問擬。鄧富、王愷均應比照獄卒以金刃、他物與囚自殺者，杖八十、徒二年律，各擬杖八十、徒二年。俱已在押病故，應與訊無凌虐之看役均毋庸議。兵丁王必勝、李大發護解重犯，並不小心防守，致樂雅椿呑烟自盡，雖非該兵丁等意料所及，究屬失於檢點。王必勝、李大發均應比照獄卒失於檢點，致囚自盡者，獄卒杖六十律，各擬杖六十，分別折責革伍。光緒四年案。

《清代巴縣檔案匯編・人犯移解・乾隆四十九年閏三月遞解緊要木籠人犯文二則・二十四日重慶府札》 爲遵批檄行事。

乾隆四十九年閏三月十五日，奉代辦按察使司林札開，乾隆四十九年閏三月初一日奉總督部堂李批，據署綿州張令具稟，三臺縣接遞西充招審犯人何文學玩差縱放散行一案，疏虞於關系匪輕。卑職於三月二十日前赴州屬金山驛查驗馬匹，途次見三臺縣解來西充縣招審毆死小功堂兄木籠人犯何文學散行在外，并未關鎖籠內，長解護解各坐歇一邊吃茶，亦未緊隨犯左右。卑職當將膽玩各解役掌責，令將犯人仍行鎖固籠內，上緊小心押解到州收監。即於二十一日早驗明鐐肘，鎖固木籠，選撥兵役解交德陽縣前進□。

查卑州所屬，路當孔道，往來解犯絡繹不絶，知不妥慎簽差，必致易生怠忽。卑職現在札飭德陽、梓潼二縣，并移分駐州判，嗣後凡遇遞解緊要木籠人犯，務將木籠門鎖固，鎖口用硃標封，外加封條，用厚漿實貼，鎖匙封入短文內。其尋常一切散行人犯，項上鎖鏈俱拴在長解手上，亦用硃封口，并刻木戳記一個，於點解時，在長解獲解手臂上各打一戳記，內填寫該役姓名過硃，下站於收犯時查驗，以杜怠玩頂替諸弊。卑職仍不時留心稽查，□□□有懈馳，始勤終怠。再查大路遞犯，該解役不畏耳目，尚敢玩法，將要犯放出籠外閑游，□僻小道更難免不怠忽從事。卑職愚昧之見，應請憲臺通飭各屬，嗣後簽差，務各一體遵照遞犯章程，嚴諭解差不得任意玩忽，庶辦理可期盡等因。奉批：據稟實屬防範之道，仰按察司查核飭遵。并通飭各屬一體查照辦理。至三臺縣於此等毆死功兄重犯，一任差役縱放步行，且不緊隨管押，膽玩已極，即嚴飭三臺縣查明差役姓名，從重革究，并將該縣一并申飭。此稟仍繳。奉此，除行潼川府綿州遵照辦理外，合行札飭。爲此札仰府官吏查照札內奉批事理，即便轉飭所屬，一體遵照辦理，仍將遵辦緣由具稟本道查考毋違。等因。奉此，合就札行，爲此仰縣官吏查照札內奉批事理，即便遵照辦理，仍將遵辦緣由通稟查考毋違。此札。

右札巴縣准此

《清代巴縣檔案滙編・人犯移解・乾隆四十九年閏三月遞解緊要木籠人犯二則・閏三月二十七日巴縣申文》 爲遵批檄行事。

乾隆四十九年閏三月二十四日，奉憲臺憲札，本府信札，乾隆四十九年閏三月十五日，奉代辦按察使司林札開，乾隆四十九年三月初一日，奉總督部堂李批，據署綿州張令縣稟，三臺縣接遞西充招解犯人何文學全云，毋違，此札。等因。奉此，卑職遵照辦理。嗣後凡遇遞解緊要木籠人犯，務將木籠門鎖固，鎖口用硃標封，外加封條，用厚漿實貼，鎖匙封入短文內，其尋常一切散行人犯，項上鎖鏈俱拴在長解人手上，亦用硃封口并刻木戳記一個，於點解時在長解護解手臂上各打一戳記，內填寫該役姓名過硃，下站於收犯時查驗，以杜怠玩頂替諸弊。所有遵辦緣由，理合具文申報憲臺，俯賜查考，除徑報督部堂暨臬憲外，爲此備由，申乞照驗施行。須至折者。

右申督臬府全銜。

《清代巴縣檔案匯編・人犯管理・乾隆五十三年巴縣奉札修補卡房文一束・四月初二日刑書王正國稟狀》 爲稟明事。

情奉道憲修造卡房，人犯招解，必須收卡，以昭慎重。

書查：東路自巴縣遞解犯人，應在理民府收卡，至長壽系理民府修造。上由西路璧山、銅梁、合州，自城起遞解，必由高店子，原修有卡房一所現存，周圍垣牆丈尺不高，應宜補修。又至青木關，在璧山交界，前途係銅梁、璧山修造。縣正堂夾批：知會銅、璧二縣一體加修。至南路綦江，在六角場、界石場卡房各一所，亦應補修。至南川自城起解犯人至倒坐場卡房一所，又至豐盛場卡房一所，二處卡房應宜補修。

稟懇恩主，飭差喚各該處約保及地主場頭人等，來縣吩諭補修，俟完峻縣稟，以憑查勘。爲此稟乞太爺臺前俯准施行。

縣正堂批：着喚各約保、場頭到案吩諭加修。

《清代巴縣檔案滙編・人犯管理・乾隆五十三年巴縣奉札修補卡房文一束・四月三日巴縣稟重慶府文》 敬稟者。

案奉本府轉奉憲臺飭令遞解人犯，查明鄰封相距遠近，如一日行走不到，統於中途建造禁卡，仍將查辦情形及興工日期據實稟復，等因。

奉此，仰見憲臺關切屬員，防範周密之至意，卑職遵。卑縣地方爲附郭首邑，路當孔道，往來遞犯較多，自應查明道路遠近，設立禁卡房以昭慎重。查卑縣遞解人犯，東路則解至江北廳交替，止系一江之隔，毋庸修造外，正南至綦江馬家場界，距渝城一百一十里，中間有界石場，該處原設有卡房一所； 東南至南川白沙井界，距渝城一百六十余里，中間有倒坐場、豐盛場兩處，相距道路俱止五十六里，該二處舊設有卡房各一所； 西北至璧山青木關界，距渝城八十里，中間有高店子場，舊設卡房一所； 西南至江津雙和場界，距渝城甚近，該處京江津解犯必由之路，應歸江津修理。以上各處舊設卡房，圍牆柵籠均各堅固，但歷年已久，木料間有損壞之處。

今奉札飭，卑職遵照憲諭，擇於本月十二日捐俸再行，逐一照式補修。容俟補修完竣之日，出結具報，聽候查驗外，所有查辦情形，及興工日期，合先稟復憲臺，俯賜查考。除徑稟道憲外，卑職謹稟謹稟。

《清代巴縣檔案滙編・人犯管理・乾隆五十三年巴縣奉札修補卡房文一束・四月六日璧山趙鴻漸回書》 接奉來翰，承示青木關修理卡房一事，足征關照。

該處既係巴璧兩邑交界之所，自應兩處約保會同修造。弟已遵諭傳令約保赴彼查辦，祈□大哥即傳貴治約保赴彼，會同商籌修造爲禱。專此布復。順候

升安不一

愚弟　趙鴻漸

《清代巴縣檔案滙編・人犯管理・乾隆五十三年巴縣奉札修補卡房文一束・四月九日豐盛場鄉約張文升等稟狀》 爲遵喚稟明事

情蟻等甲內豐盛場，前年七月內被火回祿，鋪面卡房悉行燒毀。今蒙票喚蟻等加修卡房，但場內鋪面尚未修理，加修卡房必須木料、瓦角、工匠、繳費，此時木料稀少，無處策取，是以稟明，賞示遵辦，均沾。伏乞太爺臺前電稟施行。

縣正堂批：着即妥爲修理。其木料工食，本縣捐給一增，爾等場內派幫一半。工完之日，仍候驗看，不得草率了事。

《清代巴縣檔案滙編・人犯管理・乾隆五十三年巴縣奉札修補卡房文一束・四月九日書役鄒元一李榮稟狀》 爲稟明事。

情因巡憲札飭中途修理卡房，惟高店子卡房設立有年，書等於本月初七日奉票往彼查驗。其舊制卡房牆垣，前面牆高九尺，後面牆無石脚，牆只高四尺，橫長二丈一尺，外面無夾牆，左右牆垣俱抵官店正房，牆高九尺、長六尺。至於卡內地板，木杆多半損壞，而牆垣亦多傾頽，理合稟明。伏乞太爺臺前批示施行。

縣正堂批：着即買料興修，不得草率了事。

《清代巴縣檔案滙編・人犯管理・乾隆五十三年巴縣奉札修補卡房文一束・巴縣卡房設置圖說明》 東路自城至理民府收卡，至長壽，上由西路璧山、銅梁、合州，自城起必由高店子卡房三十里。高店子至青木關五十里，係巴、璧交界之處，卡房應修璧界。

南路自城至鹿角場卡房四十里，鹿角場至界石場卡房二十里，界石場至綦江界馬家場卡房六十里。

西自城起至倒坐場卡房四十里，倒坐場至木洞鎮五十里，木洞至豐盛場卡房三十里，豐盛場至南川界白沙井卡房六十里。

《清代巴縣檔案匯編・人犯管理・乾隆三十年十月十一日巴縣申冊》

爲請設囚糧事。

遵將卑縣乾隆三十一年□□□□至十二月底止，墊支給過監犯囚糧米石錢文及遞解秋審口糧造冊呈賫憲臺，察核奏銷。須至冊者。

計開： 梁仕剛係推跌伯母李氏身死斬犯。姚於添係毆死姚洪斬犯。杜朝卿係毆死劉添德絞犯。劉如緒係戳死趙任絞犯。汪維炳係毆死余國錦

絞犯。劉慈係毆死盧惠然絞犯。惠明章系毆死齊永彩絞犯。劉興瓏係毆死宋□□絞犯。八名俱報明事，正月初一日起至十二月底止，除小建不支外，實共支二千八百四十日，支米二十八石四斗，錢十四千二百文。

鄭復先係毆死賴勝踏絞犯。程其祥係推跌李朝玉身死絞犯。□□□□□死蔡仕堯絞犯。沈光明係挺傷王安民身死絞犯。袁沛蒼係戳死劉□□□。李良臣係戳死孫紹祿絞犯。孔貴係毆死王在國絞犯。雷倫安系毆死張□□□。蕭才秀係毆死陳價絞犯。楊在京係戳死李俸絞犯。饒子澤係毆死戴執中絞犯。十一名俱報明事，正月初一日起至十二月底止，除小建秋審不支外，實共在監三千四百六十五日，支米三十四石六斗五升，錢十七千三百二十五文。又秋審解璧山縣共計程一千一百里，支米二斗二升，錢一百一十文。

王玉林一名，爲稟明事，係拿獲廣東海康縣逃流，因在成都縣偷竊王必超沙金銀兩，在配脱逃，拿獲請咨，解至中途湖廣湘潭縣，仍復脱逃，又經拿獲，補配流犯。正月初一日起至二十一日發遣止，實在監二十日，支米二斗，錢一百文。

張順即張維正一名，爲稟明等事，系造賣紙牌軍犯。正月初一日起至二月初二日發遣止，實在監三十一日，支米三斗一升，錢一百五十五文。

南明耀係造賣紙牌軍犯。王奇昌係搶奪黄元斌銀兩擬絞秋審減等遣犯。蔣君用係戳傷伊妻劉氏身死擬絞秋審減等流犯。汪二即陳世俸係伙同楊昌遂謀死張十擬絞秋審減等遣犯。四名俱報明事，正月初一日起至三月十八日發遣止，陳小建不支外，實共在監三百零四日，支米三石零四升，錢一千二百五十文。

朱瓏、李珍、李奇三名，爲報明事，係行竊羅緒客船，打傷事主戴子恭、林樹漢跳河溺斃斬犯。正月初一日起至五月初二日處決止，除小建不支外，實共在監三百五十七日，支米三石五斗七升，錢一千七百八十五文。

蔣本勝一名，爲報明事，係毆傷江良臣身死擬絞秋審減等流犯。正月初一日起至五月初七日發遣止，除小建不支外，實在監一百二十四日，支米一石二斗四升，錢六百二十文。

向源清係毆傷張喜身死擬絞秋審減等流犯。劉仕祥係戳傷劉世華身死擬絞秋審減等流犯。吳梁山係戳傷王壓身死擬絞秋審減等流犯。三名俱報明事，正月初一日起至五月十五日發遣止，除小建不支外，實共在監三百九十六日，支米三石九斗六升，錢一千九百八十文。

《清代巴縣檔案匯編·人犯管理·乾隆五十九年三月四日節里二甲迎龍場江西民張隆仕稟狀》爲哀懇憲電，俾頂歸籍事。

情蟻江西民籍，先年入川，在恩治節里二甲迎龍場飯店生理，俯仰衣食無异。因乾隆四十二年，有前木洞司徐主路過，住宿蟻店，云稱其路道通交南邑，諭該場約客修理禁房，往來人犯投宿，以便收禁防範等語。合場公議，無地建修，暫借蟻鋪內左邊房圈一間，修設禁房。其路并非大道，自四十二年設立，并無招解遣犯游此路道。至五十三年，蟻經同本場四省貿民，理合另外置地拆修。

蟻係民房，并非公所，四省貿民立約限三載覓地拆修，限約據。殊知延今六載，否不覓地拆修。慘蟻年六十餘歲，孤獨在川，多病難以生貿。本年前月內，以此自置店房頂賣歸籍，得終餘年。因鋪內修有禁房，均畏不買。即蟻仍經四省魏天佑等理剖，令其拆修，俾蟻賣房得以歸籍。無如伊等支吾推延，老朽情急，仁憲明鏡，只得據實錄情，匍叩憲轅，哀懇作主，賞憐飭令拆修，俾蟻得售鋪房，□□兩便。頂祝伏乞。縣正堂批：所呈是否屬實，仰鄉約查明稟復。

執行總部

恤囚部

綜述

《禮記正義·月令》 是月也，安萌牙，養幼少，存諸孤。助生氣也。擇元日，命民社。社后土也。使民祀焉，神其農業也。祀社日用甲。命有司，省囹圄，去桎梏，毋肆掠，止獄訟。順陽寬也。省，減也。囹圄，所以禁守繫者，若今別獄矣。桎梏，今械也，在手曰梏，在足曰桎。肆謂死刑暴尸也。《周禮》曰：肆之三日。掠謂捶治人。〇〔疏〕是月至獄訟〇正義曰：此一節論助其生氣，止其獄刑，自玄鳥至之日至高禖之前。論天子親祭高禖，妃嬪從行之事，故更云是月也。自日夜分至正權，概論日夜既分，雷聲將發，婦人須戒其容止，度量須審正平均，故更云是月。自耕者少舍至以妨農事，論耕者少舍，脩理門闔，無爲大事，以致妨農，故更云是月。自毋竭川澤，云順陽養物至開冰釋菜習舞人學習樂。摠是助陽，鼓動其物，故更云是月。自祀不用犧牲以下，論季春犧牲騰合，與上事殊。故別云是月。各依文解之。〇注社后至用甲〇正義曰：后土者，五官之后土，即社神也。與左傳僖十五年云君履后土者別也。但句龍爲配社之人，又爲后土之官也。云祀社日用甲者，解經元日也。按，郊特牲云：祀社日用甲，用日之始也。召誥：戊午，乃社於新邑。用戊者，周公告營洛邑位成，非常祭也。〇注囹圄至治人〇正義曰：云囹圄所以禁守繫者若今別獄矣者。蔡云：囹，牢也。圄，止也。所以止出入，皆罪人所舍也。崇精問曰：獄，周曰圜土，殷曰羑里，夏曰均臺，囹圄何代之獄。焦氏荅曰：月令，秦書則秦獄名也。漢曰若盧，魏曰司空是也。云在手曰梏，在足曰桎者。按，掌囚云：上罪梏拲而桎拲爲在手，梏與拲連文，故知梏亦在手，則桎在足也。易大畜，六四，童牛之梏。冷剛問云：牛四足，何以稱梏。鄭荅云：牛無手，前足施梏也。云肆謂死刑暴尸者，肆，陳也，謂陳尸而暴之。故《周禮》鄉士、縣士皆肆之三日，然春陽既動，理無殺人，何得更有死尸而禁其陳肆者。蓋是大逆不孝，罪甚之徒，容得春時殺之，殺則埋之，故禁其陳肆。

《後漢書·章帝紀》 〔元和元年〕秋七月丁未，詔曰：律云：掠者唯得榜、笞、立。又令丙：箠長短有數。自往者大獄已來，掠考多酷，鑽鑽之屬，慘苦無極。念其痛毒，怵然動心。書曰：鞭作官刑，豈云若此？宜及秋冬理獄，明爲其禁。

又 〔元和二年〕秋七月庚子，詔曰：《春秋》於春每月書王者，重三正，慎三微也。律十二月立春，不以報囚。《月令》冬至之後，有順陽助生之文，而無鞠獄斷刑之政。朕咨訪儒雅，稽之典籍，以爲王者生殺，宜順時氣。其定律，無以十一月、十二月報囚。

《後漢書·殤帝紀》 〔永元十五年〕是歲，初令郡國以日北至案薄刑。

《後漢書·魯恭傳》 初，和帝末，下令麥秋得案驗薄刑，而州郡好以苛察爲政，因此遂盛夏斷獄。恭上疏諫曰：

臣伏見詔書，敬若天時，憂念萬民，爲崇和氣，罪非殊死，且勿案驗。進柔良，退貪殘，奉時令。所以助仁德，順昊天，致和氣，利黎民者也。

舊制至立秋乃行薄刑，自永元十五年以來，改用孟夏，而刺史、太守不深惟憂民息事之原，進良退殘之化，因以盛夏徵召農人，拘對考驗，連滯無已。司隸典司京師，四方是則，而近於春月分行諸部，託言勞來貧人，而無隱惻之實，煩擾郡縣，廉考非急，逮捕一人，罪延十數，上逆時氣，下傷農業。案《易》五月《姤》用事。經曰：后以施令誥四方。言君以夏至之日，施命令止四方行者，所以助微陰也。行者尚止之，況於逮召考掠，奪其時哉！

比年水旱傷稼，人飢流亢。今始夏，百穀權輿，陽氣胎養之時。自三月以來，陰寒不暖，物當化變而不被和氣。《月令》：孟夏斷薄刑，出輕繫。行秋令則苦雨數來，五穀不熟。又曰：仲夏挺重囚，益其食。行秋令則草木零落，人傷於疫。夫斷薄刑者，謂其輕罪已正，不欲令久繫，故時斷之也。臣愚以爲今孟夏之制，可從此令，其決獄案考，皆以立秋爲斷，以順時節，育成萬物，則天地以和，刑罰以清矣。

初，肅宗時，斷獄皆以冬至之前，自後論者互多駮異。鄧太后詔公卿以下會議，恭議奏曰：

夫陰陽之氣，相扶而行，發動用事，各有時節。若不當其時，則物隨而傷。王者雖質文不同，而茲道無變，四時之政，行之若一。《月令》，周世所造，而所據皆夏之時也，其變者唯正朔、服色、犧牲、徽號、器械而已。故曰：殷因於夏禮，周因於殷禮，所損益可知也。《易》曰：潛龍勿用。言十一月、十二月陽氣潛臧，未得用事。雖煦嘘萬物，養其根荄，而猶盛陰在上，地凍水冰，陽氣否隔，閉而成冬。故曰：履霜堅冰，陰始凝也。馴致其道，至堅冰也。言五月微陰始起，至十一月堅冰至也。

夫王者之作，因時爲法。孝章皇帝深惟古人之道，助三正之微，定律著令，冀承天心，順物性命，以致時雍。然從變改以來，年歲不熟，穀價常貴，人不寧安。小吏不與國同心者，率入十一月得死罪賊，不問曲直，便即格殺，雖有疑罪，不復讞正。一夫吁嗟，王道爲虧，況於衆乎？《易》十一月君子以議獄緩死。可令疑罪使詳其法，大辟之科，盡冬月乃斷。其立春在十二月中者，勿以報囚如故事。後卒施行。

《陳書·世祖紀》〔天嘉元年〕十二月乙未，詔曰：古者春夏二氣，不決重罪。蓋以陽和布澤，天秩是弘，寬網脊刑，義符含育，前王所以則天象地，立法垂訓者也。朕屬當澆季，思求民瘼，哀矜惻隱，念甚納隍，常欲式遵舊軌，用長風化。自今孟春訖于夏首，罪人大辟事已款者，宜且申停。

《唐律疏議·斷獄》諸婦人懷孕，犯罪應拷及決杖笞，若未產而拷、決者，杖一百；傷重者，依前人不合捶拷法；產後未滿百日而拷決者，減一等。失者，各減二等。

〔疏〕議曰：婦人懷孕，犯罪應拷及決杖笞，皆待產後一百日，然後拷、決。若未產而拷及決杖笞者，杖一百。傷重者，謂傷損之罪，重於杖一百者。依前人不合捶拷法，謂依上條：監臨之官，前人不合捶拷而捶拷者，以鬬殺傷論。若墮胎者，合徒二年。婦人因而致死者，加役流。限未滿而拷決者，減一等，謂減未產拷決之罪一等。失者，各減二等，謂未產而失拷、決，於杖一百上減二等；傷重，於鬬傷上減二等。若產後限未滿而拷決者，於杖九十上減二等；傷重者，於鬬傷上減三等。

《全唐文·唐懿宗〈恤刑敕〉》慎恤刑獄，大易格言。語曰：如得其情，即哀矜而勿喜。而獄吏苛刻，務在舞文，守臣因循，罕聞親事。以此械繫之輩溢於狴牢，追捕之徒繁於簡牘，實傷和氣，因致沴氛。況時屬熇蒸，化先茂育，並赦罪戾，式順生成。應天下所禁繫罪人，除十惡忤逆及故意殺人、合造毒藥、持仗行劫、開發墳墓外，餘並宜疏理釋放。如或信任人吏，多有生情繫留，續察訪得知，本道觀察使、判官、州府本曹官必加懲譴，以誡慢易。到後十日內速疏理分析聞奏。

《全唐文·唐文宗〈令刑官立限決囚詔〉》時屬亢陽，慮有冤繫。應諸州府囚徒，各委所在長吏疏理處分，務從寬降。其緣制獄未決遣者，委刑部、大理寺速立限奏覆。稍涉留滯者，仍令御史臺糾劾舉奏。

《全唐文·後唐明宗〈恤刑詔〉》朕臨御寰區，當明賞罰。刑既加於有罪，道貴洽於無私。將據親踈，宜分皂白，特行寬宥，俾釋憂疑。罪人元行欽、孔謙及。應犯法人田宅已從籍沒，其門人使下任從穩便，不詰罪尤。灼然有才能者，仍許所司錄任。

《全唐文·後唐明宗〈恤囚敕〉》方枉狴牢，又縈疾疹。在典刑之自別，顧醫藥以何妨？實可施行，足彰仁惻。宜下刑部、大理寺、御史臺及二京諸道州府，或有繫囚染患者，並令逐處醫博士及軍醫看候，於公廨錢內量支藥價。或事輕者，仍許家人看候。所有罪犯合據杖責，仍候痊損日科決。

《全唐文·後唐末帝〈禁滯獄詔〉》刑柄爲制禮之先，獄訟乃有國之重。一成共守，四海同文。咸符欽恤之言，乃致太平之道。以近及遠，列職分司，申明皆有其舊規，決斷各繇其所屬。惟理則罪疑可定，惟正則刑措可期。諒在舉行，方無壅滯。應三京、諸道，州府繫囚，據罪輕重，疾速斷遣。比來停滯，須奏取裁。不便區別，故爲留滯。今後凡有刑獄，據理斷遣。如有敕推按，理合奏聞，不在此限。

《全唐文·桑簡能〈請盛夏速斷冤獄封事〉》伏以天地育萬物，廣博厚之恩。帝王牧黎元，行寬大之令。是知恤刑緩獄，乃爲政之先，布德行惠，實愛民之本。今盛夏之月，農事方殷，是雷風長養之時，乃動植蕃廡之際。宜順時令，以宏至仁。竊以諸道州府都郡縣應見禁罪人，或有久在囹圄，稍滯區分，胥吏舞文，枝蔓及衆，捶楚之下，或陷無辜，縲絏之中，莫能自理。苟一人拘繫，則數人營財。物用既殫，功業亦罷。若此之類，實繁有徒。竊恐官吏因循，寖成斯弊。伏乞降詔，旨令所在刑獄，委長吏親自錄問，量罪疾速斷遣。務絕冤濫，勿得淹留。庶免虛禁平人，妨奪農力。冀召和氣，以慶明時。

《全唐文·崔琮〈請置病囚院疏〉》諸道獄囚恐不依法考掠，或不勝致斃，翻以病聞。請置病囚院，兼加醫藥。

《全唐文·張守吉〈請量減重囚封事〉》伏覩兩道興兵，所宜備慮，臣恐京師、天下州府所禁囚徒，獄戶不完，凶徒多狡，或踰垣破械，結黨連羣，或聚綠林，或奔逆壘，以此爲患，事狀非輕。臣望所禁重囚，除惡逆放火殺人外，可恕者，量減本罪一等斷遣。兼州縣近山澤，人烟闊遠處，量令州縣置舖警巡，以防聚集。

《唐文拾遺・後周世宗〈供給無家罪人水米敕〉》　應諸道見禁罪人無家人供備喫食者，每人逐日破官米二升，不得信任獄子節級減稍罪人口食。仍令不住供給水漿掃灑獄內，每五日一度洗刷枷杻。如有病疾者，晝時差人看承醫療。

宋・王欽若《册府元龜・帝王部・慎訓》　地節四年九月，詔曰：　令甲死者不可生，刑者不可息，此先帝之所重，而吏未稱。今繫者或以掠辜若饑寒，瘐死獄中，瘐，病也。因以飢寒而死曰瘐。何用心逆人道也？朕甚痛之。其令郡國，歲上繫囚，以掠笞若瘐死者所坐名縣爵里，丞相、御史課殿最以聞。

宋・王欽若《册府元龜・帝王部・慎刑》　敬宗寶曆元年四月制，如聞京城諸司，捕繫推鞫，動經旬時。每季御史巡囚，罕能舉劾，積成冤滯，爲弊頗深，宜重舉，明長慶元年七月十八日赦件聞奏。

文宗太和四年四月丁丑，詔曰：　如聞時稼，甚滋人心。望歲近者，時雨稍乏，憂懷載深。慮有留獄，致傷和氣。應京城諸司見禁囚徒，宜令御史臺選清强御史二人各就司疏決處分，具輕重以聞。

六月壬申，詔：　如聞御史臺、大理寺、京兆府及諸縣囚徒，近日訊鞫，例多停滯。自今已後，宜令所司速詳決處分，其諸司應推獄有稽緩稍甚，與奪或乖者，仍委尚書、左右丞及分察御史糾舉以聞。

十月，詔：　自今已後，有特決囚不令覆奏者，有司亦須準故事奏覆。先是命中人送敎坊樂官劉楚才等四人付京兆府，杖殺之，不令覆奏。又送宮人張等十人於西內處置。宰臣楊嗣復等奏，伶人賤類，出入宮禁，定刑議罪，有異平人。若不痛繩，即難簡肅。準宣。各決痛杖一處死，事亦相緣。宣下之事，未有正勑，府司準宣處置，又不覆奏，稍乖嘗例，有惑衆情。詔荅曰：　宣下之時，不令覆奏，稍乖舊制，良用慨然。遂有是詔。

五年二月丁丑，詔以方春用事，寒氣稍侵，京城見禁囚徒，慮有冤結。宜令御史兩人，各就本司，疏理以聞。七年正月壬子，詔曰：　議獄恤刑，前王攸重。苟有冤滯，即傷陽和。應在城諸司諸使有囚徒，限七月內處分，託奏聞。河南府、八州府勑到，準此處分。

宋・李昉《文苑英華・解桎判》　得甲送徒，道解桎梏，恣所過。御史糾訴。云：　尅期俱至，無違者。

對

法在安人，刑忌留獄。苟信不繼，則噬膚；　而莫懲，如得其情，則緩死而無逸。惟彼甲者，奉詔送徒，解其桎梏，遵大易之利用；　申。其甲庚，係小子，而且格承命爲信，義則乖於守官；　推誠於物，仁或昭其恤下，與其刑茲無赦，利武人之貞，曷若感而遂通，資文明以悅。且虞廷作法，人不敢欺；鍾離縱徒，尅期而至。有叶良吏，無瀆簡彝。欲依，騘馬之糾，恐越鵷鴒之法。

《新唐書・刑法志》　諸獄之長官，五日一慮囚。夏置漿飲，月一沐之；　疾病給醫藥，重者釋械，其家一人入侍，職事散官三品以上，婦女子孫二人入侍。

《舊五代史・唐書・明宗紀》　宜委諸州府長吏親問刑獄，省察冤濫，見禁囚徒，除死罪外，並放。

《舊五代史・唐書・末帝紀》　〔清泰二年春正月〕乙巳，中書門下奏：　遇千春節，凡刑獄公事奏覆，候次月施行。今後請重繫者即候次月，輕繫者即節前奏覆決遣。從之。【略】

〔五月〕乙巳，詔：　天下見禁囚徒，自五月十二日以前，除十惡五逆、放火燒舍、持仗殺人、官典犯贓、僞行印信、合造毒藥并見欠省錢外，罪無輕重，一切釋放。

《舊五代史・刑法志》　唐同光二年六月己巳，敕：　應御史臺河南府行臺馬步司左右軍巡院，見禁囚徒，據罪輕重，限十日內並須決遣申奏。仍委四京、諸道州府，見禁囚徒，速宜疏決，不得淹停，兼恐內外形勢官員私事寄禁，切要止絕，俾無冤滯。

三年五月己未，敕：　在京及諸道州府，所禁罪人，如無大過，速令疏決，不得淹滯。六月甲寅，敕：　刑以秋冬，雖關惻隱，罪多連累，翻慮滯淹。若或十人之中，止爲一夫抵死，豈可以輕附重，禁錮逾時。言念哀矜，又難全廢。其諸司囚徒，罪無輕重，並宜各委本司，據罪詳斷申奏，輕者即時疏理，重者候過立春，至秋分然後行法。如是事繫軍機，須行嚴令，或謀惡逆，或畜奸邪，或行劫殺人，難於留滯，並不在此限。

天成元年十一月庚申，敕：　應天下州使繫囚，除大辟罪以上，委所在長吏，速推勘決斷，不得傍追證對，經過食宿之地，除當死刑外，並仰釋放，兼不許徵治。

二年春，左拾遺李同上言：天下繫囚，請委長吏逐旬親自引問，質其罪狀眞虛，然後論之以法，庶無枉濫。從之。

六月，大理少卿王鬱上言：凡決極刑，合三覆奏，近年以來，全不守此。伏乞今後前一日令各一覆奏。奉敕宜依。

八月，西京奏：奉近敕，在京犯極刑者，令決前一日各一覆奏。緣當府地遠，此後凡有極刑，不審准條疏覆奏。奉敕旨：昨六月二十日所降敕文，祇爲應在洛京有犯極刑者覆奏，其諸道已降旨命，准舊例施行。今詳西京所奏，尚未明近敕，兼慮諸道有此疑惑，故令曉諭。

十月辛丑，德音：爲政之要，切在無私；聽訟之方，唯期不濫。天下諸州府官員，如有善推疑獄及曾雪冤濫兼有異政者，當具姓名聞奏，別加甄奬。

長興元年二月，制曰：欲通和氣，必在伸冤；將設公方，實資奬善。州縣官僚能雪冤獄活人生命者，許非時選，仍加階超資注官，與轉服色，已著緋者與轉兼官。

二年二月辛亥，敕：朕猥以眇躬，薦承鴻業，念彼疲瘵，勞於寐興。或慮官不得人，因成紊亂；或慮刑非其罪，遂至怨嗟。王化所興，獄訟爲本，苟無訓勵，必有滯淹。近日諸道百姓，或諸多違犯，或小可鬬爭。官吏曲縱胥徒，巧求瑕釁。初則滋張節目，作法拘囚；終則誅剝貨財，市恩出拔。外憑公道，內循私情，無理者轉務遷延，有理者卻思退縮。積成訛弊，漸失紀綱。自今後切委逐處官吏州牧縣宰等，深體余懷，各舉爾職。凡關推究，速與剸裁。如敢苟縱依違，遂成枉濫，或經臺訴屈，或投匭申冤，勘問不虛，其元推官典並當責罰，其逐處觀察使、刺史，別議朝典。宜令諸道州府，各依此處分，所管屬郡，委本道嚴切指揮。八月丁卯，敕：三京、諸道州府刑獄，近日訪問，依前禁繫人，多不旋決，諸道宜令所在各委長吏，專切推窮，不得有滯淹。

四月，前濮州錄事參軍崔琮上言：諸道獄囚，恐不依法拷掠，或不勝苦致斃，翻以病聞，請置病囚院，兼加醫藥。中書覆云：有罪當刑，仰天無恨；無病致斃，沒地銜冤。燃死灰而必在至仁，照覆盆而須資異鑑，《書》著欽哉之旨，《禮》摽惻也之文，因彰善於泣辜，更推恩於扇暍。所請置病囚院，望依，仍委隨處長吏，專切經心。或有病囚，當時遣醫人診候，治療後，據所犯輕重決斷。如敢故違，致病囚負屈身亡，本處官吏，並加嚴斷。兼每及夏至，五日一度，差人洗刷枷匣。

應順元年三月戊午，詔：應三京、諸道州府繫囚，據罪輕重，疾速斷遣。比來停滯，須奏取裁，不便區分，故爲留滯。今後凡有刑獄，據理斷遣。如有敕推按，理合奏聞，不在此限。

清泰元年五月丁丑，詔：在京諸獄及天下州府見繫罪人，正當暑毒之時，未免拘囚之苦，誠知負罪，特軫予懷。恐法吏生情，滯於決斷。詔至，所在長吏親自慮問，據輕重疾速斷遣，無淹滯。

又 晉天福二年八月，敕下刑部大理寺御史臺及三京、諸道州府：今後或有繫囚染疾者，並令逐處軍醫看候，於公廨錢內量支藥價，或事輕者，仍許家人看候。【略】〔晉天福四年九月〕其月庚午，詳定院奏：前守洪洞縣主簿盧粲進策雲：伏以刑獄至重，朝廷所難，尙書省分職六司，天下謂之會府，且諸道決獄，若關人命，即刑部不合不知。欲請州府凡斷大辟罪人訖，逐季具有無申報刑部，仍俱錄案款事節，幷本判官、馬步都虞候、司法參軍、法直官、馬步司判官名銜申聞，所貴或有案內情曲不圓，刑部可行覆勘。如此則天下遵守法律，不敢輕易刑書，非惟免有銜冤，抑亦勸其立政者。臣等參詳，伏以人命至重，國法須精，雖載舊章，更宜條理，誠爲允當，望賜施行。從之。十月，詔曰：刑獄之難，古今所重，但關人命，實動天心，或有冤魂，則傷和氣。應諸道州府，凡有囚徒，據推勘到案款，一一盡理，子細檢律令格敕。其或有疑者，準令又讞，問大理寺亦疑，申尙書省，省寺明有指歸，州府然后決遣。

五年三月丙子，詔曰：自大中六年已來，嫠耳稱冤，決杖流配，訴雖有理，不在申明。今后據其所陳，與爲勘斷，嫠耳之罪，準律別科。六年秋七月庚辰，詔曰：政教所切，獄訟惟先，推窮須察於事情，斷遣必遵於條法，用宏欽恤，以致和平。應三京、鄴都及諸道州府，見禁諸色人等，宜令逐處長吏，常切提撕，疾速決遣，每務公當，勿使復有滯淹。八年四月壬申，敕：朕自臨寰宇，思致和平，以四海爲家，慮有一物失所。每念狴牢之內，或多枉撓之人，屬此炎蒸，倍宜軫憫，冀絕滯淹之嘆，用資欽恤之人。應三京、鄴都及諸道州府見禁罪人等，宜令逐處長吏，嚴切指揮本推司及委本所判官，疾速結絕斷遣，不得淹延，及致冤濫，仍付所司。

又　開運二年五月壬戌，殿中丞桑簡能上封事曰：　伏以天地育萬物，廣博厚之恩；　帝王牧黎元，行寬大之令。是知恤刑緩獄，乃爲政之先；　布德行惠，實愛民之本。今盛夏之月，農事方殷，是雷風長養之時，乃動植蕃蕪之際。宜順時令，以宏至仁。竊以諸道州府都郡縣應見禁罪人，或有久在囹圄，稍滯區分，胥吏舞文，枝蔓乃衆。捶楚之下，或陷無辜；　縲紲之中，莫能自理。苟一人拘系，則數人營財，物用既殫，工業亦罷。若此之類，實繁有徒，切恐官吏因循，浸成斯弊。伏乞降詔旨，令據在刑獄，委長吏親自録問，量罪疾速斷遣，務絶冤濫，勿得淹留，庶免虛禁平人，妨奪農力，冀召和氣，以慶明時。敕曰：　囹圄之中，縲紲之苦，奸吏苟窮於枝蔓，平人用費於貨財，由兹滯淹，兼致屈塞。桑簡能體兹軫憫，專有敷陳，請長吏躬親，免獄官抑逼，深爲允當，宜再頒行。宜依。　十月甲子，秘書省著作郎邊玕上封事曰：　臣聞從諫如流，人君之令範；　極言無隱，臣子之常規。蓋欲表大國之任人，致萬邦之無事，前文備載，可舉而行。伏以皇帝陛下，德合上穹，運膺下武，旰食宵衣而軫念，好生惡殺以推仁，幾措典刑，固無冤枉。然以照臨之內，州郡尤多，若不再具舉明，伏恐漸成奸弊。臣竊見諸道刑獄，前朝曾降敕文，凡是禁系罪人，五日一度録問。但以年月稍遠，漸致因循。或長吏事煩，不暇躬親點檢；　或胥徒啓幸，妄要追領證明。慮有涉於淫刑，即恐傷於和氣。伏乞特降詔敕。自今后諸道并委長吏五日一度，當面同共録問，所冀處法者無幸，銜冤者獲伸。俾令四海九州，咸歌聖德；　五風十雨，永致昌期。敕曰：　人之命無以復生，國之刑不可濫舉。雖一成之典，務在公平；　而三覆其詞，所宜詳審。凡居法吏，合究獄情。邊玕近陟周行，俄陳讜議，更彰欽恤，宜允申明。【略】

三年十一月丁未，左拾遺竇儼上疏曰：　臣伏睹名例律疏雲：　死刑者，古先哲王，則天垂象，本欲生之，義期止殺，絞斬之坐，皆刑之極也。又準天成三年閏八月二十三日敕，行極法日，宜不舉樂，減常膳；　又刑部式，決重杖一頓處死，以代極法，斯皆人君哀矜不舍之道也。竊以蚩尤爲五虐之科，尚行鞭樸；　漢祖約三章之法，止有死刑。絞者筋骨相連，斬者頭頸异處，大辟之目，不出兩端，淫刑所興，近聞數等。蓋緣外地，不守通規，肆率情性，或以長釘貫簪人手足，或以短刀臠割人肌膚，乃至累朝半生半死，俾冤聲而上達，致和氣以有傷。將宏守位之仁，在峻惟行之令，欲乞特下明敕，嚴加禁斷者。敕曰：　文物方興，刑罰須當，有罪宜從於正法，去邪漸契於古風。竇儼所貢奏章，實裨理道，宜依所奏，準律令施行。

又　漢乾祐二年正月，敕：　政貴寬易，刑尚哀矜，慮滋蔓之生奸，寔軫傷而是念。今屬三元改候，四序履端，將冀和平，無如獄訟。應三京、鄴都、諸道州府見繫罪人，委逐處長吏躬親慮問，其於決斷，務在公平，但見其情，即爲具獄，勿令牽引，遂致淹停，無縱舞文，有傷和氣。

四月甲午，敕曰：　月戒正陽，候當小暑，乃挺重出輕之日，是恤刑議獄之辰，有罪者速就勘窮，薄罰者畫時疏決，用符時令，勿縱滯淹。三京、鄴都、諸道州府在獄見繫罪人，宜令所司疾速斷遣，無致淹滯枉濫。

五月辛未，勅：　政化所先，獄訟攸切，不唯枉撓，兼慮滯淹。適當長養之時，正屬熇蒸之候，累行條貫，俾速施行，靡不丁寧，未曾奏報，再頒告諭，無或因循。應三京、鄴都、諸道州府，詔至，宜具疏放已行未行申奏，無致逗留。

又　周廣順三年四月乙亥，敕：　朕以時當化育，氣屬炎蒸，乃思縲絏之人，是軫哀矜之念，慮其非所，案鞫淹延，或枉濫窮屈則未得伸宣，或饑渴疾病而無所控告。以罪當刑者，唯彼自召，法不可移；　非理受苦者，爲上不明，安得無慮。欽恤之道，夙宵靡寧。應諸道州府見繫罪人，宜令官吏疾速推鞫，據輕斷遣，不得淹滯。仍令獄吏，灑掃牢獄，當令虛歇；　洗滌杻械，無令蚤虱；　供給水漿，無令饑渴。如有疾患，令其家人看承，囚人無主，官差醫工診候，勿致病亡。循典法之成規，順長贏之時令，俾無淹滯，以致治平。又，賜諸州詔曰：　朕以敷政之勤，惟刑是重，既未能化人於無罪，則不可爲上而失刑。況時當長贏，事貴清適，念囹圄之閉固，復桎梏之拘縻，處於炎蒸，何異焚灼。在州及所屬刑獄見繫罪人，卿可躬親録問，省略區分，於入務不行者，令俟務開繫；　有理須伸者，速期疏決。俾皆平允，無至滯淹。又以獄吏逞任情之奸，囚人被非法之苦，宜加檢察，勿縱侵欺。常令淨掃獄房，洗刷杻匣，知其饑渴，供與水漿，有病者聽骨肉看承，無主者遣醫工救療，勿令非理致斃，以致和氣有傷。卿忠幹分憂，仁明蒞事，必能奉詔，體我用心，睠委於兹，興寐無已。餘從敕命處分。

顯德元年十一月，帝謂侍臣曰：　天下所奏獄訟，多追引證，甚致淹延，有及百餘日而未決者。其中有徒黨反告者，劫主陳訴者及妄遭牽引者，慮獄吏作倖遲留，致生人休廢活業，朕每念此，彌切疚懷。此後宜條貫所在藩郡，令選明幹僚吏，當其訴訟。如獄不滯留，人無枉撓，明具聞奏，量與甄奬。

宋・司馬光《司馬温公文集・論赦及疏決狀》 臣竊以赦者害多而利少，非國家之善政也。《虞書》曰：眚災肆赦，怙終賊刑。謂過誤有害則赦之，恃惡自終則殺之，非不擇罪之有無并赦之也。漢大司馬吳漢病篤，光武親臨，問所欲言。對曰：惟願陛下慎無赦而已。王符亦曰：今日賊良民之甚者，莫大於數赦贖。赦贖數，則惡人昌而善人傷矣。蜀人稱諸葛亮之賢，亦曰軍旅屢興，而赦不妄下。然則古之明君賢臣，未嘗以數赦爲美也。國家承順天心，子愛百姓，發號出令，必先至仁。然數赦之，弊猶未能去。又古之赦者，其出無常，嚴謹周密，不可前知，奸民猶抵冒以待之。況今國家三年一郊，未嘗無赦，每歲盛夏，皆有疏決。猾吏貪縱，大爲奸利，悍民暴横，侵侮善良。百千之中，敗無一二，幸而發露，率皆亡匿。不過周歲，必遇赦降，則晏然自出，復爲平人。往往指望謂之熱赦，使願愨之民，憤邑惴恐，凶狡之羣，志滿氣揚，豈爲民父母勸善沮惡之意哉？且疏決之名，本以盛暑之際，恐囹圄之中，有滯積冤結。有司不爲申理，使無所告愬，故天子臨軒，親加慮問，平其枉直，無辜則赦，有罪則誅。使久繫之人，一朝而決，故能消釋沴氣，迎致太和，非謂不問是非，一切縱之也。又祖宗之時，每歲不過一次疏決，死罪以下，皆遞降一等。近年以來，或至再三，自徒以下，一切赦之。今歲五月以前，疏決之令，已再行矣。此所以使百職墮慢，奸邪恣睢者也。今縱未能盡革前弊，伏望陛下特降指揮下中書，今後每歲疏決，不過一次，或早或晚，使外人不可預期。其徒罪仍依舊降，從杖或遇親祀南郊之歲，更不疏決，永爲定制。庶幾爲惡之人，不敢指以自寬有所戒懼。

宋・謝深甫《慶元條法事類・職制門》 諸州縣禁囚，監司每季親慮，不能偏詣及有妨礙者聽差官。若有冤抑，先疎放，訖具事因以聞。謂囚人本無罪而不應禁繫者。

《宋大詔令集・政事・刑法中・天慶節不得行刑詔》 朕以珍符疊委，景命無疆，紀辰並建於節名，率土咸修於醮席。仰祇元鑒，方奄受於福禧；俯念潔忠，宜暫停於刑罰。自今兩京諸路，遇天慶節，一日不得行刑。

《宋大詔令集・政事・刑法中・令大辟情理憫惻刑名疑慮申提刑司看詳附驛以聞詔大中祥符六年四月丙戌》 朕以綿區至廣，生齒實繁，憂庶獄之沉冤，遣輶軒而察視。其有自投罪罟，抵冒刑書，或疑似未分，難定一成之法；或事情可憫，合推三宥之恩，所宜具方牘以奏陳。自朝廷而詳讞，頗聞官屬，或恣因循慮舉駁之爲尤，率施行而自便，陷於重憲，頗用軫懷。特有申明，用符欽恤。宜令諸路，應大辟，情可憫惻及刑名疑慮者，並申提刑司看詳，詣實具案，附驛以聞，當付大理寺詳覆。

《宋大詔令集・政事・恩宥・天慶節五日内不得用刑詔大中祥符二年五月丙子》 朕君臨萬寓，子育兆民，每懷勵翼之心，冀臻清淨之治。皇穹降佑，寶籙騰文，爰紀鴻休，恭逮嘉節。設聖眞之清醮，洽士庶之多驩，用慶昌辰，著於甲令。載念百司之内，逮於九服之間，共樂福祥，宜停罪罰。自今兩京諸路，遇天慶節，五日内不得用刑。

《宋大詔令集・政事・刑法下・令劫殺等死罪十二月權住區斷詔天禧四年五月丙寅》 防邪禁暴，則有憲章。因事制宜，務存欽恤。朕君臨八表，子視羣氓。戒丹筆之申嚴，去秋荼之峻密。精擇官吏，外司讞詳。一日萬幾，克勤於聽斷；三覆五奏，庶辯於隱微。頗息繁文，漸符耻格，而搢紳之列，援古上言，以眇躬誕育之辰，乃陽律助生之月。冀遵時令，稍貸嚴科，爰詢造膝之謀，寔契納隍之慮，式參前訓，特緩重刑。再念青陸乘春，朱明肇夏，協二儀之茂毓，當萬物之蕃滋。或負釁之可矜，亦從寬而爲宥，俾申奏議，用達予聞，期於允中，適廣元化。自今天下犯十惡劫殺、謀殺、故殺、鬥殺、放火、強盜劫賊、官典正枉法贓、僞造符印、厭魅呪詛、造妖書言、夜聚明散、傳授妖術、合造毒藥、禁軍逃亡、諸爲盜罪至死者，每遇十二月，權住區斷，過正月天慶節，依舊行刑。自餘雜犯罪至死者，十二月内及春夏，逐處未得斷遣，依舊禁錮。速具案奏裁。

宋・李燾《續資治通鑑長編》卷十 〔宋太祖開寶二年五月〕是月，上以暑氣方盛，深念縲繫之苦。乃詔西京諸州，令長吏督掌獄掾五日一檢視，灑掃獄戶，洗滌杻械，貧困不能自存者給飲食，病者給藥，輕繫小罪即時決遣，無得淹滯。自是每歲仲夏，必申明是詔，以戒官吏焉。此詔以戊子日降，今移見於後。

宋・李燾《續資治通鑑長編》卷四八 〔宋眞宗咸平四年二月〕是月，從知黄州王禹偁之請，令諸路置病囚院，持仗劫賊徒流以上有疾者處之，餘悉責保於外。此從本志，與《實錄》不同。據《實錄》則去年四月已置病囚院。

宋・李燾《續資治通鑑長編》卷六三〔眞宗景德三年七月〕上封者言：盜賊多緣私憾，妄引無辜，官司因而追擾。又重禁者拲其手，令小兒哺其食，多受饑渴；不問所犯小大，同繫一牢。上憫之。秋七月辛丑朔，詔諸路州府應鞫盜賊，無令妄引徒伴，以時飲食，有疾者醫療之，仍分輕重繫別房。

又〔眞宗景德四年十二月〕初，青神縣民史光寶家爲盜所劫，耆保言是夕雷，延賦、延誼不宿本舍，縣尉即捕而訊之。縣吏王嗣等恣行拷掠，因而至死。有頃，州得劫光寶賊七人，乃叩賦、誼之冤。益州任中正具奏，戊戌，詔蠲賦、誼二戶三年田租，免其傜役。

宋・李燾《續資治通鑑長編》卷六七〔眞宗景德四年十二月〕丁酉，詔應大祠及大忌前一日，雖不奏刑殺文字，若輕罪不可稽留者，審刑院上之。

宋・李燾《續資治通鑑長編》卷八二〔眞宗大中祥符七年六月〕己未，詔兩京、諸路，繫囚死罪委長吏躬親詳鞫，徒、流降等決遣，杖以下釋之。時屬炎暑故也。

宋・李燾《續資治通鑑長編》卷八三〔眞宗大中祥符七年十二月〕詔：自今諸州部送罪人赴闕及往他州者，並所在爲券給以糧，仍令依程而行，不得非理縶撲，倍道進發。病者，牒所至州縣遣醫療治；死者，檢視無他故，即以公驗付部送吏，違者所在官司劾罪以聞。先是，淄州部送繫囚赴闕，道多死者，上憫之，特命條約。

宋・李燾《續資治通鑑長編》卷一〇六〔仁宗天聖六年十一月〕癸丑，太常博士、集賢校理聶冠卿言：天下奏狀，雖杖笞並申覆，而徒流非繫獄者，乃不以聞，非所以矜恤刑罰之意。請自今罷覆杖笞罪，自徒以上雖不繫獄亦附奏。

宋・李燾《續資治通鑑長編》卷二五五〔神宗熙寧七年八月〕詔：臣僚嘗被誣枉停廢，後辯訴復官者，當得俸賜。其非釐務，及奉朝請日，依分司官例給之。

宋・李燾《續資治通鑑長編》卷三一三〔神宗元豐元年二月〕開封府言：令文：諸老幼疾病犯罪應罰銅而孤貧無以入贖者，取保矜放。本府日決獄訟，應贖者多孤獨貧窮，又無鄰保，不免責廂巡狀，以便取保之文。自今乞從本府審察，貧乏直行放免。從之。

宋・李燾《續資治通鑑長編》卷四四三〔哲宗元祐五年六月〕先是，給事中范祖禹言：臣近準中書省錄黄節文：尙書省檢準元祐敕，獄暑月五日一次湯刷枷杻，其罪人以時沐浴。奉聖旨令刑部遍下諸路、開封府界，今後每歲暑月，依上條施行者。臣檢會祖宗舊制，每歲冬夏，降詔恤刑。自太宗皇帝雍熙三年以來，累聖遵行，未之有改。至熙寧三年，編修中書條例所奏委逐路提點刑獄司，每歲於四月、十月檢舉，牒逐州長吏訖奏。臣竊惟祖宗欽恤庶獄，特從朝廷降詔，蓋當盛暑、大冬之月，使溥天之下至於海隅，狴牢囹圄之中，皆知聖主深居九重，而憫念及之，此所以爲仁恩也。今令刑部遍下諸路，雖重於提刑司檢舉，然州縣奉承宣布，及書之史冊，猶未若恤刑之詔，臣竊惜之。欲乞依祖宗舊制，令學士院每歲冬夏降詔，仍自今年十月爲始，以副陛下仁恤刑獄之意。於是詔中書省每歲四月上旬檢舉降詔。祖禹以六月四日上言，二十六日從其請。

宋・李燾《續資治通鑑長編》卷四三八〔宋哲宗元祐五年二月〕丁未，疏決四京、府界諸縣繫囚，除常赦所不原外，雜犯死罪以下遞降一等，杖以下釋之。其後，又詔疏決應天下州、府、軍、監、縣等繫囚，從給事中范祖禹之言也。祖禹言：臣伏見陛下以久旱疏決在京及三京繫囚，聖心焦勞，欽恤庶獄。祖宗以來，赦過宥罪，多蒙嘉應，然今溥天不雨，旱災甚廣，恐刑獄冤滯，以傷和氣者，非止於四京。臣願陛下因推惠澤，以及四方，詔諸路轉運、提刑司官，疾速分詣所屬州縣，引問見禁罪人，疎理決遣；仍先徧行指揮，疾速結絕，無令淹延；深戒官吏，務察冤枉，使朝廷德意及遠，感動人心，庶可消弭災異。乞留中，特出聖意指揮。又祖宗時，遣使決獄，或詔逐路監司疎決，其例不一，欲乞參酌施行。

宋・李燾《續資治通鑑長編》卷四五九〔宋哲宗元祐六年六月〕詔：方盛暑，慮刑獄繫囚，除在京府界諸縣已降疏決，其諸路令監司除所住州府及鄰近州躬行分詣外，其餘州軍即選官催促結絕，事理輕者先次斷放。令監司鈐束，如違，并監司不切覺察，並取旨重斷。

宋・李燾《續資治通鑑長編》卷四六六〔宋哲宗元祐六年九月〕壬子，德音，降天下死罪囚徒流，釋徒罪以下。上清儲祥宮成故也。先是，詔問建祥源會靈觀、中太乙宮成有無德音赦降。王巖叟謂呂大防等曰：此事如何？大防曰：數赦固非美事，然聖意已發，人亦盡知。巖叟曰：天禧年祥源成，治平中醴泉成，皆無赦，何不用此例？大防欲少損之，止及三京或京師。巖叟曰：卻恐四方疑惑，妄意他事，軍中又生覬望。傅堯俞贊之。劉摯曰：赦文明言爲儲祥，何疑惑之有？巖叟曰：雖明言，遠方不知，妄意。巖叟以爲玉淸昭應宮、會靈觀、景靈宮，皆成於祥符，並有德音赦降，是時丁謂當國，方以邪道媚上，不可爲法，不敢察言，故但舉天禧、治平。及對，大防曰：數赦非國家美事，兼恐四方疑惑，并軍中覬望特支。巖叟曰：古人至有垂死諫君以願無赦而已者，此可見赦無益於聖治。』太皇太后曰：儲祥不得比會靈、太一，其中有三清。大防請止及三京。太皇太后曰：必及天下。至于再三，每曰有三清。摯曰：當如聖諭。大防遂曰：請今夕鎖學士院降制。從之。

宋·李燾《續資治通鑑長編》卷四八四 〔宋哲宗元祐八年五月〕刑部、大理寺言：諸獄皆置氣樓、涼窗，設漿飲，薦席，罪人以時沐浴，食物常令溫暖。遇寒量支柴炭，貧者假以衣物。其枷杻，暑月五日一濯。有獄州、縣當職官，半年一次躬行檢視修葺，務令堅固。從之。

宋·李燾《續資治通鑑長編》卷四九四 〔宋哲宗元符元年正月〕開封府言，今後外處逃軍，於京畿首獲，如依條合行牒送，有瘡病未可行者，並依本府敕犯徒應配之人，量輕重分送赤縣寄禁，候病損可行日，牒送前去。

宋·李心傳《建炎以來繫年要録》卷六六 〔紹興三年〕乙酉，詔以臨安獄多淹滯，命察官一員詣府監視決遣。事大者趣之。

宋·李心傳《建炎以來繫年要録》卷七〇 〔紹興三年十一月〕庚辰，詔諸州大辟應奏者，從提刑司具因依繳奏，申舊制也。時上既欽恤庶獄，而言者以爲州縣之吏，於罪無可矜者，類以疑讞上聞，冀幸寬貸，其意以爲失出之罰輕，陰德之報厚。姦胥猾吏，旁緣惟貨；元惡巨蠹，罔有悛心。望自今罪人情涉疑慮，並申憲司閱實。委有可憫，本州當職官與提刑司官連書具奏，事下刑寺。刑部言舊法已是詳備，若如所陳，反見迂狂，望坐條申嚴行下。從之。

宋·李心傳《建炎以來繫年要録》卷八九 〔紹興五年五月〕詔以盛暑命諸路監司分往所部慮囚。前二日，進呈行在疏決。上問外路如何。趙鼎曰：臣記每年夏熱時，令提刑司催決獄事，自渡江後，不曾舉行。上曰：大理等處禁繫無幾，當行之諸路，令無淹延刑禁，庶暑中不致罪人疾病也。自是遂爲永制。

宋·李心傳《建炎以來繫年要録》卷一一三 〔紹興七年七月〕戊子，刑部尚書胡交修言：諸州縣奏勘公事，稽滯甚多，乞責罰。上曰：大抵刑獄須當從寬。乃命本部開具稽滯尤甚三五處，申省取旨。

宋·李心傳《建炎以來繫年要録》 〔紹興二十年八月〕刑部員外郎章燾面對，乞申嚴法禁，病囚非凶惡者，召保責出，或聽家人入侍。從之。

宋·李心傳《建炎以來繫年要録》卷一六二 〔紹興二十一年六月〕辛巳，詔大理寺三衙及州縣歲支官錢，合藥以療病囚。先是大理寺丞謝邦彥面對有請，事下戶部。本部乞大理寺京府節鎮並支錢一百緡，餘州六十緡，三衙各五十緡，大縣三十緡，小縣二十緡，至是行下。

宋·李心傳《建炎以來繫年要録》卷一六七 〔紹興二十四年九月〕甲子，大理寺丞郭唐卿面對，言枉法囚人，遇寒，量支柴炭。貧者，假以衣物。而州縣多不預辦，望申嚴法禁。詔刑部檢坐行下。

宋·李心傳《建炎以來繫年要録》卷一六七 〔紹興二十四年〕冬十月庚辰朔，大理寺丞孫敏修面對，論在法禁囚，徒罪以上，方許枷禁，仍須立檢判押，其制不爲不嚴，而州縣官逐廳所行事，其干繫人，往往在廳一面枷荷，遇夜即行寄禁，甚失國家立法本意。乞申嚴行下。詔可。仍令監司案察，御史臺彈劾。

《宋會要輯稿·刑法一》 〔熙寧九年〕八月十六日，樞密使吳充言：檢會大中祥符五年十月赦書：應掌獄詳刑之官，累降詔條，務從欽恤。今後按鞫罪人，不得妄加逼迫，致有冤誣。其執法之官所定刑名必先平允，內有情輕法重、理合哀矜者，即仰審刑院、刑部、大理寺具事狀取旨，當議寬貸。治平四年九月，詔開封府、三司、殿前馬步軍司，今後逐處所斷刑名，內有情輕法重，許用赦書，取旨寬貸；《在京海行敕》諸犯流以上罪，若情重可爲懲戒及情理可務者，並奏裁。竊詳赦書之（易）〔意〕，初無中外之別，祇緣立文有礙，遂致推擇未均。何則？審刑院、大理寺、刑部等處若非於法應奏，無繇取旨從寬。雖是命官、使官等合奏公案，若有情輕法重，方得應用赦書施行，其餘一無該及。後來在京刑獄官司亦得換以取旨，其爲德澤不爲不厚。然天下至廣，囹圄實繁，豈無情輕法重之人，而官吏苟避不應奏之罪，一切以重法繩之，恐未副朝廷欽恤仁憫之意。甲乙二人所犯略同，甲以於法該奏，法寺得引情輕法重取旨寬貸，乙以於法不該奏，遂獲全罪，殆非均當，有幸不幸爾。甲乙二人至幸不幸爾原在恐未副下，作正文大字。原有眉批雲：甲乙二人至幸不幸爾應小注，今據以改爲小字注，並移於此。欲今後天下罪人犯徒流罪或該編配者，情輕法重，並許本處具犯狀申提點刑獄司看詳，委是依得赦書，即繳連以聞。所貴罪法相當，中外一體。如恐地遠淹繫，其川、廣、福建或乞委安撫、鈐轄司詳酌指揮，斷訖(間)〔聞〕奏。仍委中書、樞密院點檢。詔送重修編敕所詳定以聞。本所看詳：緣天下州郡日有該徒流及編配罪人，若更立情輕法重奏裁之法，不惟淹繫刑獄，兼恐案牘繁多，未敢立法，乞朝廷更賜指揮。

《宋會要輯稿・刑法三》〔紹興〕十六年三月一日，刑部言：宣和二年御筆，諸路州軍勘推公事，干照之人每程給米一升半、錢五文。紹興修書，即不該載。今欲檢照前項修立成法，諸鞫獄他處，追到干照人，若無罪合遣還而貧闕者，推鞫官司計程於囚糧內以錢米當官給之。又鞫獄他處追到無罪干照人合遣還而貧闕者，每程人給米一升半、錢一十五文。從之。

又　至道元年正月十一日，詔曰：朕君臨大寶，子育群生，漸致隆平，匪務煩劇，而禁者尚密，深用疚懷。諸州長(史)〔吏〕雖職在親民，而動多率意，恐致枉濫，須革因循。宜令轉運使申諭諸州，應勘鞫罪人，如情理別無枝蔓，杖罪以下長(史)〔吏〕與通判量罪區分，徒以上結正行遣。

又　〔政和四年〕十二月十八日，中書省言：檢承政和令，諸犯罪會恩或去官，應原免勿論，而特旨猶推，雖又會恩或去官，並奏取旨。勘會朝廷降指揮取勘聞奏，或具案申尚書省公事，後來遇赦降，係命官、將校如所犯合該恩原，依法合具事因申尚書省或樞密院，刑寺約法，上朝廷處分。其餘色人所犯，元係朝旨取勘，後來會恩非應結案者，若止從有司一面施行，慮其間所犯情理重輕不倫，亦合具情犯申取朝廷指揮。從之。

又　〔乾道六年〕六月三日，權刑部侍郎汪大猷言：大理寺擬斷案後收坐者不一，其間多有去官及經恩赦者。緣法有具事因申寺之文，故有司不敢但已，必候元勘官司取責逐官腳色、犯由申寺，方敢結絕。緣法有住居江浙而守官在福建，其事發卻在湖廣，亦有干連數十人者，必欲一一取責，方得圓結，遂致經隔數年，紛紛無已。今乞將案後收坐除不該赦及非自首、去官之人，及雖該赦亦合候結案取旨伏辨，自依本法外，其他所犯，令元勘官司於結案之後開具幹連名銜定斷。兼所具事因即是犯由，既真案已到，則所犯輕重亦可概見，不必一一取責。詔刑部看詳申尚書省。已而(刑部)〔部刑〕看詳，乞於《斷獄令》命官、將校犯罪自首、遇恩、去官，開具事因令文下，添入若因事干連者，元勘官司於正犯人結案後，限五日取幹連官名銜，聲說所犯因依，隨案供申。如不見得名銜，即具因依及所犯處地分、月日申刑部。從之。

《宋會要輯稿・刑法四》〔景德三年〕七月十七日，樞密院言：諸路部送罪人赴闕者，皆令軍頭司引對，頗爲煩細。望止令本司依例降配。帝曰：朕慮其間或有枉濫及情理可矜者，令銀臺司自今諸處送到罪人，並先取審狀，送樞密院進擬，付軍頭司施行。其情涉屈抑者，不須取狀，即令引見。

又　〔天聖元年〕八月十八日，詔：謀殺、故殺、劫殺人罪至死，用今月三日赦原者，諸州並依強劫 賊例配本城，情重不可宥者部送京師，自今用爲定式。

《宋會要輯稿・刑法五》〔哲宗元祐元年〕正月三日詔曰：久愆時雪，慮囚繫淹留，在京委刑部郎中、御史、開封府，略令提點司、諸路州軍，令監司摧促結絕。

又　〔哲宗元祐元年〕九月十七日，權知開封府謝景溫言：明堂大赦，乞差推官一員，將帶人吏及法司一名，與府界提刑分詣諸縣，催促決遣該赦不合原免公事。如內有久被禁繫，根究未見本末，證佐在遠證，所犯該徒以上罪，令申解赴府斷遣，杖已下即一面結絕。及乞今後每遇非次疏決並冬夏仲季月盛暑嚴寒，在京差官催促結絕之時，本府亦依此施行。從之。

又　〔哲宗元祐元年〕四月五日，以久不雨，詔疏決在京繫囚，雜犯死罪以下遞降一等，至杖釋之。十二日，詔：在京並開封府界諸縣見禁罪人內，有根究未見本末，或會問結絕未得者，在京差左司諫王巖叟，開封府界諸縣差監察御史孫升，親往分視獄囚，約法斷遣。右諫議大夫孫覺言：或有所在減降之恩，雖出聖意，然獄吏治囚，根究未見本末，或會問在遠州縣，候事畢議法，始引減降，得從輕坐。臣以爲在京左右軍巡、司錄司乞差兩制官一員，畿內諸縣差諫官、御史一員分視獄囚。故有是詔。

又　〔哲宗元祐二年〕二年六月十一日，權知開封府錢勰言：近制疏決，朝廷差臺官催促諸縣禁囚，慮諸縣懼見點檢，以不圓公事便行申解，遂差推判官將帶人吏及法司，與府界提刑分詣諸縣催促決遣。本府每遇非次疏決並盛暑嚴寒，在京差官催促結絕。畿內諸縣禁繫人數不多，近者朝廷添置提刑與提點司，係監司兩員逐時巡按，不容留滯。今本府事多，推判官每季差出，委有妨闕。欲請凡遇疏決，如不差御史，即本府輪官下縣如故。從之。

又 紹聖元年四月八日，詔：時雨稍愆，慮刑獄淹繫，在京委刑部郎官及御史一員，開封府界令提點刑獄，諸路令監司催結繫囚，事輕者先次斷放訖奏。府界徒以下罪人，罪狀顯著不該配及申奏者，雖小節不圓，並決訖以聞。十九日，以時雨稍愆，疏決四京並府界諸縣繫囚，如故事。

又 〔元祐〕六年六月十二日，詔：方盛暑，慮刑獄淹繫，除在京府界諸縣已降疏決，其諸路令監司除置司處及鄰近州分詣外，其餘州軍選官催促結絕，事理輕者先次斷放。

又 〔哲宗元祐四年三月〕二十七日，詔：諸路監司除近便州軍躬親外，餘各於轄下選官分詣諸州軍，將見禁公事與當職官逐一躬親引問，除死罪於法，合聽旨及重傷守辜外，餘並疾速斷訖以聞。

又 〔哲宗元祐〕四年三月二十二日，疏決在京繫囚，雜犯死罪以下遞降一等，至杖釋之。以時雨稍愆也。

又 元豐元年三月七日，詔諸路監司覺察巡按，結絕刑獄，毋令淹蔓。八日，遣檢正中書吏房公事王陟臣、檢正刑房公事范鏜，同三司、開封府吏了絕見禁獄，疑者申中書、樞密院。同知諫院黃履言：近遣官禱雨，今又降釋罪囚。聞三司罪人七十餘火而免者四，開封府百餘火而免者五。由二者推之，則淹延未決者蓋多矣。乞令隨其罪之輕重，立限結絕，庶乎被澤者眾矣。十二月四日詔，開封府界提點司諸路監司分決繫囚，內干照及事輕者先斷遣。

又 〔神宗熙寧〕九年五月十六日，中書門下言，在京左右軍巡院、司錄司、開封府祥符縣，當此暑月，應有刑獄淹延。詔遣檢正中書刑房公事張安國計會當職官，疾速結絕以聞。自是歲著爲例。

又 〔紹興〕二十八年四月二十七日，三省言：每歲三伏，內聖恩疏決慮囚，其外路委官旨揮同時行下，緣川廣等路去朝廷遙遠，旨揮到日已過盛暑，竊慮未稱矜恤之意。伏政和六年五月十四日聖旨，盛暑點檢囚禁，外路限四月下旬預行檢會。欲乞依政和例，預於四月檢會行下。有旨遵依施行。越三日，上復諭輔臣曰：疏決減降，蓋念盛暑囚禁，特施恩惠，固當依政和間指揮施行。至於慮囚，乃是祖宗成憲，似不當拘以時月，宜令有司各舉常職。乃詔諸路州軍，令提刑須於六月初躬親前去點檢，催促結絕見禁罪人。內幹照人及事理輕者，先次斷放。如提刑闕官，仰監司躬親分頭前去。內僻遠州縣，即州委守臣，縣委通判、職官。其所委官點檢催促過刑禁，並仰本路監司復行檢察，如斷放不當，滅裂違滯，即按劾聞奏。

又 〔淳熙〕十六年四月八日，中書門下省言：外路州軍每歲盛暑慮囚，除二廣、四川已降指揮外，詔餘路州軍令提刑須管於五月下旬躬親前去點檢，催促結絕見禁罪人。內干照人及事理輕者，先次斷放。如提刑闕官，仰監司躬親分頭前去。內僻遠州縣，即州委守臣，縣委通判、職官躬親分頭點檢催促，應所委官各具所到及點檢日時、已施行事件申尚書省。其守倅等點檢催促過刑禁，並仰本路監司復行檢察，如滅裂違滯，按劾奏聞，務在恪意奉行，不致冤濫。如奉行不虔，令御史臺覺察彈劾。自是歲以爲例。

又 〔淳熙〕十六年五月二十六日，中書門下省言：正當時暑，深慮囹圄淹延及追逮枝蔓，理合催促結絕。除諸路州軍已降指揮委官點檢外，詔行在委刑部郎官及御史各一員，臨安府屬縣令提刑躬親前去點檢結絕見禁人。內干照及事理輕者，先次斷放；徒已下罪事狀分明、不應編配及申奏公事，雖小節不圓，不礙大情，並許一面斷遣訖申奏；杖以下應禁者，並責保知在。如提刑已往別州慮囚，或闕官，即令漕臣一員前去，各具所到點檢日時、已施行訖事件申尚書省，務在恪意奉行，不致冤濫。如奉行不虔，令御史臺覺察彈劾。自是歲以爲例。

又 開禧二年三月十六日，殿中侍御史徐柟言：近年以來，州縣官吏以獄爲市，大辟之干連，強盜之證對，縲繫充斥，非法絣訊，任意鍛鍊，極其慘酷。每遇提刑巡歷，責寄廂保，及監司出境而囚繫如初。盛夏之月，恐其蒸鬱，故分遣疏決。至於隆冬寒凍，其苦甚於盛夏，良由監司雖於五月巡歷所部，平遣囚徒，殆與一時經過無異，足跡未嘗一登獄門，囚徒未嘗引問，案牘未嘗閱視，非法收禁者未嘗根究，赴訴責保者未嘗受理，宜乎州縣得以揣摩，罔知畏憚。乞令監司每歲十月下旬躬詣巡曆疏決，一遵盛夏五月下旬慮囚之法。從之。

又 嘉定五年六月二十日，臣僚言：祖宗立國，以恤刑爲急務。每遇祈寒隆暑，必令提刑司分委官於所部州縣慮囚。臣觀廣右州郡多號瘴鄉，司臬事者憚於衝寒冒暑、深入煙嵐，所委之官非州之倅則簽與推也。然廣右州軍有倅者未一二，而所委職官間有癃(者)〔老〕補攝之人，每得臺檄，更不起發，必遲之數月而後至，或有違命托故而規圖改差者，爲囚徒者將何以赴愬！乞(刑)〔行〕下本路提刑司，凡有慮囚決獄，如躬親所不及，必精擇所委，務得其人，無使癃老補攝之人得以淹囚留獄。從之。

又 〔嘉定〕六年七月十八日，臣僚言：乞行下諸路提刑，每遇諸郡疏決，先令兵官責實土牢見禁人數，或不測於未決獄之前，躬至土牢閱視之。其有不應拘繫以至死者，許其戚屬陳告，守與兵官皆當(生)〔坐〕罪。每委官下縣決獄，亦先令尉司吏級審責有無拘繫平民。有非法拘繫者，許人告首，痛懲一二。首以革其害，使斯民無抑扼誣告之患。從之。

又 〔嘉定〕十四年六月十七日，臣僚言：今後遇暑慮囚，命所差官將臨安府三獄見禁公事，除情理深重、常例所不得原者，自合聽候依法施行，其餘各隨輕重，盡行編排，減降決遣。大理寺、三衙、兩赤縣並照應一體斷決。其今年斷遣未盡者，截自未降停決指揮以前，行下所屬催促，速與減降裁斷，庶縲絏之囚亟拜實惠。從之。

《宋會要輯稿・刑法六》 〔雍熙三年〕四月四日，詔：諸道州府凡禁繫之所，並須灑掃牢獄，供給漿飲；械繫之具，皆令潔淨；疾者爲致醫藥，無家者官給口糧；小罪即決遣，大罪審鞫其情，無致淹延。(至)〔自〕是每歲首夏下詔書如此例。至(道)〔德〕三年二月，令京城諸司不得專械繫人。

又 太祖開寶二年五月十一日，詔曰：扇暍泣(等)辜，前王能事；恤刑緩獄，有國通規。朱夏既臨，溽暑方盛，睠茲縲繫，深用哀矜。宜令有司限詔到，其囚人枷械，囹圄戶庭，長吏每五日一次檢視，灑掃務在清潔。貧無所自給者供飲食，病者給醫藥，小罪即時(次)〔決〕遣，重繫無得淹滯。

又 太宗太平興國七年五月九日，知相州張仲容言：諸州兵馬監押、郎幕使臣等，或因小事，直送百姓、軍人赴所司禁繫，皆不牒報。欲望自今先具罪犯申本州，詳酌事理禁留。從之。

又 〔太平興國〕九年三月三日，詔：自今天下繫囚，依舊例十日一具所犯事因、收禁月日申奏。其間留寄禁店戶將養、保明出外知在，並同見禁人數，仍委刑部糾舉。如事理可斷及事有小虛，有禁繫者，本處官吏重行朝典，人吏仍勒停，配重處色役。奏禁人數不以實及淹延日月，當密行察訪，許人告。

又 雍熙三年二月十二日，左拾遺張素言：諸州縣繫囚動經旬月，迄令自今諸縣鎮禁繫不得過十日，仍令本州長吏察訪。從之。

四月四日，詔：諸道州府凡禁繫之所，並須灑掃牢獄，供給漿飲；械繫之具，皆令潔淨；疾者爲致醫藥，無家者官給口糧；小罪即決遣，大罪審鞫其情，無致淹延。(至)〔自〕是每歲首夏下詔書如此例。

又 至(道)〔德〕三年二月，令京城諸司不得專械繫人。

又 眞宗咸平三年六月十三日，詔曰：朕亭育萬方，哀矜庶獄。民或多僻，義在正刑，而方屬炎蒸，深憂繫滯。仍慮理直者不能自辯，情輕者苟或禁留，縲絏之中，飲食失所，時行告諭，當體朕懷。宜令兩京及諸路，見禁罪人有罪輕者，不得禁留，旋爲疏理；徒罪以上疾速勘斷，無致淹延。

又 〔眞宗咸平〕四年二月二十六日，知黃州王禹偁上言：病囚院每有患時疾者，互相浸染，或致死亡。請自今持仗劫賊徒流以上有疾，即於病牢將治，其訟、戶婚杖以下得情款，許在外責保看醫，俟痊日區分。從之。

又 〔咸平〕五年八月二十七日，詔四排岸司繫囚無親屬者，量給薪米，仍速裁斷。

又 景德三年七月一日，詔曰：應禁勘盜賊，委長吏鈐轄，無令妄引徒伴；以時飲食，有疾者醫治之。仍分輕重、男女，別房禁繫。時上封者言：盜賊多緣私憾，妄引無辜，官司因而追擾。又重禁者拳手，令小兒哺食，多受饑渴；不問所犯大小，同繫一牢。帝憫之，故詔誡諸道焉。

又 〔仁宗天聖〕四年正月，糾察在京刑獄司言：左軍巡勘咸平縣賊董則爲累行打劫，錄問並無翻異。其人手指凍落九指，欲乞今後令當職官吏躬親勒醫人子細看驗，如有疾患瘡病，鈐轄獄子、醫人看承醫療。從之。

又 紹興二年七月十五日，刑部言：據臣僚奏請，縣囚在禁病者，流罪以下情款已定，皆許如在京一司法，責保知在。緣依條犯罪徒以上送州，情款方定，即是在縣別無流、徒罪情款已定禁囚外。看詳在京法係謂病囚困重非兇惡者，許責保在外，損日追斷；紹興法，杖以下囚在禁病者，止係量病勢聽家人入侍，即無該載困重者許責保在外之文。今若依臣僚所乞，諸州病囚困重者，不問徒、流，並依在京法。緣在京病囚依法即時申所屬並刑部、御史臺，日具醫治加減文狀，困重者申所屬，差不幹礙官押醫看驗有無他故，及責囚得病所由連報，雖犯徒、流罪而情款已定非兇惡者，方許責保在外，損日追斷。其在外州軍即別無關申所屬檢察去處，若不委官看驗，又慮別生姦弊。今欲乞諸州病囚比附在京法，即時申知、通，有監司處申監司，各常行檢察，日具醫治加減文狀，困重者仍即時申州，差不干礙官押醫驗有無他故，及責(困)〔囚〕得病所由連報，雖犯徒、流罪而情款已定非兇惡者，即行責保知在。州委元差押醫每三日一次看驗，如委實病損，即時申所屬，卻行勾追赴獄，聽候斷遣。從之。

又 〔乾道〕六年二月二十二日，左諫議大夫陳良翰言：竊見州縣囚禁，往往不即與決，非特有正禁之繫，又且有寄禁之濫，疫癘一作，多殞非命。契勘禁囚自有日限，具載甲令，不許淹延。欲乞特降指揮，應州縣之獄，仰守、令依限決遣。從之。

又 〔乾道六年〕十一月十六日，大理少卿周自強言：乞自今監司、郡守按察官吏，如遇差官勘鞫，內合有幹證，止許追緊切人。或有泛濫追逮，淹延囚禁，致多瘐死者，並令提刑司按奏。從之。

又 〔乾道〕七年六月十日刑部言：准批下臣僚劄子，乞令諸州長吏每旬同當職官慮問州院、司理院禁囚，諸路監司每季親詣所部州縣，將見禁囚徒逐一慮問。照對上項申請，乾道重修令該載甚備，今乞申嚴行下。從之。

又 八年五月一日，刑部侍郎鄭聞言：竊見州郡獄囚，方當盛暑，漸染時氣，或致疾病，雖有醫者療治，多不留意，遂致死亡相繼。乞下諸路提刑司，將州縣醫人姓名籍定，務在加意診視，不得滅裂。從之。

又 十月九日，工部侍郎兼臨安府少尹莫濛言：乞自今將州郡徒以上囚人禁及三月者，令提刑司類申刑部置籍，立限催促。如或稽程，繩治如律。庶幾獄囚不致久繫。從之。

又 慶元六年五月六日，詔令大理寺、臨安府並屬縣及三衙、諸路闕雨去處，見禁囚徒並仰即時點檢看視，其間稍有病患，即遵守見行條法施行，毋爲文具。

《宋史·太宗紀》 〔雍熙四年夏四月〕乙未，詔：諸州郡暑月五日一滌囹圄，給飲漿，病者令醫治，小罪即決之。

《宋史·哲宗紀》 〔紹聖四年〕夏四月丁亥，令諸獄置氣樓涼窗，設漿飲薦席，枏械五日一浣，繫囚以時沐浴，遇寒給薪炭。

《宋史·刑法志一》 開寶二年五月，帝以暑氣方盛，深念縲系之苦，乃下手詔：兩京諸州，令長吏督獄掾，五日一檢視，灑掃獄戶，洗滌杻械。貧不能自存者給飲食，病者給醫藥，輕繫即時決遣，毋淹滯。自是，每仲夏申敕官吏，歲以爲常。帝每親錄囚徒，專事欽恤。

又 太宗在御，常躬聽斷，在京獄有疑者，多臨決之，每能燭見隱微。太平興國六年下詔曰：諸州大獄，長吏不親決，胥吏旁緣爲姦，逮捕證佐，滋蔓踰年而獄未具。自今長吏每五日一慮囚，情得者即決之。

又 初，殿中侍御史趙湘嘗建言：聖王行法，必順天道。漢制大辟之科，盡冬月乃斷。此古之善政，當舉行之。且十二月爲承天節，萬方祝頌之時，而大辟決斷如故。況十一月一陽始出，其氣尚微，議獄緩刑，所以助陽抑陰也。望以十一月、十二月內，天下大辟未結正者，更令詳覆，已結正者，未令決斷。所在厚加矜恤，掃除獄房，供給飲食、薪炭之屬，防護無致他故。情可憫者，奏聽敕裁。合依法者，盡冬月乃斷。在京大辟人，既當春孟之月，亦行慶施惠之時。伏望萬幾之暇，臨軒躬覽，情可憫者，特從末減，亦所以布聖澤於無窮。況愚民之抵罪未斷，兩月亦非淹延。若用刑順於陰陽，則四時之氣和，氣和則百穀豐實，水旱不作矣。帝覽奏曰：此誠嘉事！然古今異制，沿革不同，行之慮有淹滯，或因緣爲姦矣。

又 咸平四年，從黄州守王禹偁之請，諸路置病囚院，徒、流以上有疾者處之，餘責保於外。

《宋史·刑法志二》 在徽宗時，刑法已峻。雖嘗裁定笞、杖之制，而有司猶從重。比中興之初，詔用政和遞減法，自是迄嘉定不易。自蔡京當國，凡所請御筆以壞正法者，悉釐正之。諸獄具，令當職官依式檢校。枷以乾木爲之，輕重長短刻識其上，笞、杖不得留節目，亦不得釘飾及加筋膠之類，仍用官給火印。暑月，每五日一洗濯枷杻，刑、寺輪官一員，躬親監視。

《宋史·趙湘傳》 擢殿中侍御史，權判三司勾院，上言：漢章帝以《月令》冬至之後有順陽助生之文，而無鞫獄斷刑之政，遂定令毋以十一月、十二月報囚。今季冬誕聖之月而決大辟不廢。願詔有司，自仲冬留大辟弗決，俟孟春臨軒閱視，情可矜恤者貸之，他論如法。真宗曰：此固善矣，然慮繫囚益淹久，吏或因緣爲姦爾。

《金史·刑法志上》 〔金世宗〕二十五年二月，上以婦人在囚，輸作不便，而杖不分決，與殺無异，遂命免死輸作者，決杖二百而免輸作，以臀、背難治，至九分，爲死證。今據見申，終是未奉明文，復請照詳。准此照得至元三十一年六月初三日准撫建分司牒，准建昌路牒呈備達魯花赤關，該罪囚患病，今江南一分至三分之病方報，一分，四分之病方報二分，五分六分報作三分，七分報作四分，以此誤人性命。今後若依腹裏講究定體例，至七分爲重證，合古人治病之理，爲此行據官醫提舉司講究，得罪囚初病作二分申報，增至九分爲死證，緣係通例，牒請會議申奉行臺劄付移准御史臺咨，議得罪囚患病，理宜從實申報，咨請照驗施行。

《元典章・繫獄・罪囚衣絮》 大德六年三月，湖南道宣慰司爲各處見禁無家屬供送罪囚冬衣，潭州路每名支木絮紙被各一床，衡州路依孤貧人例每名支土布二十尺，并據桂陽路申照到江西省咨准，無依倚供送囚人每名支麄布二丈六尺，或造絮襖一領，於年銷錢內除破。終無定到每名各支則例，爲此具呈奉到湖廣行省劄付。照得近據本道呈，見禁無家屬供送重囚冬衣，照依江西行省例，每名支麄布二丈六尺，或造絮襖一領，於年銷錢內除破。爲此移准中書省照驗，及行下本道，依例應付。去後今准中書省咨該送刑部，照得大都路見禁罪囚冬衣合准行省所擬，依例應付，價鈔於年銷錢內除破。相應具呈照詳都省准呈咨，請照驗施行。

《元典章・繫獄・罪囚藥餌惠民局内給付》 大德七年九月日行臺准御史臺咨承奉中書省劄付來呈行臺咨備湖南道廉訪司申，隨路罪囚患病，今後莫若依舊令，當月醫人胗視，所患是何證候，合用藥餌，隨時於惠民藥局關領，外且不必重復支破官錢，誠爲良便。准本臺具呈照詳得此，照得近准江浙省咨福州路司獄司見禁罪囚患病數多，每上下半月，差到醫工胗治，別無官降藥錢，若於惠民局營到息錢，准復沒官贓罰錢內支付。本省看詳，若准福建道所擬，病囚合用藥餌，與貧病之人一體，與惠民藥局内請給，合該價錢，於本局營到利息錢內通行准除相應，然係通例。都省議得各路見禁罪囚，如遇患病，所用藥餌，依准本省所擬，斟酌於惠民局從實給付，合請價錢，於本局營到息錢內通行准除。外據司縣囚人徒罪以上，例解各路，其無家屬罪囚，依舊令醫人看治。戶部今據前因，仰照驗施行。

《元典章・繫獄・病囚者証醫藥》 至大二年二月江西廉訪司奉行臺劄付浙西廉訪司申，本道鄭僉事牒，爲罪囚病，則差醫看治。及照得江浙行省大德四年九月准中書省咨備千奴總管釐革事內一件，今後司縣，遇有重刑分決。

《元典章・擊繫獄・疾囚醫人看治》 中統四年七月，中書省奏准條畫內一款：囚病患，主司申提牢官驗實，於本處醫人內輪番應當看治，每月一替，若有死者，委官驗復有無他故，推治施行。

《元典章・繫獄・孕囚產後決罪》 中統四年七月，中書省奏准條畫內一款，婦人犯罪有孕，應拷及決杖笞者，須候產後百日決遣。臨產月者，召保聽候出產，二十日復追入禁。無保及犯死罪，產時令婦人入禁有侍。

《元典章・繫獄・罪囚暖匣》 至元二十九年十二月行臺據本臺照磨等呈會驗欽奉聖旨條畫內一款： 節該朝廷所行政令，承受官司稽緩不行，雖有施行，不復檢舉，致有弛廢者，糾察。欽此。切詳典獄之道，暑則灑掃滌盪枷杻匣床，冬則給以被絮暖匣。據諸處罪囚禦寒紙被暖匣柴薪，例皆有司應付。即目正是冬月，誠恐各處官司不爲用心措辦，致使囚徒失所，呈乞照驗施行。得此，照得中書省原行各路見禁罪囚，先欽奉聖旨，節該輕重異處，不得參雜，婦人仍與男子別所囚禁，無親屬，官給米糧，內有患病，醫人看治，在獄罪囚，皆委佐貳幕職分輪一員提控，夏月須管將牢房灑掃，冬月熅煖。如有不行，依前提控，或提控不嚴，及罪囚患病不即申報如法看治，除獄卒痛行斷罪外，據提控司獄官取招申省，輕者責罰，重者別議施行。

《元典章・繫獄・罪囚燈油》 至元三十年三月湖廣行省劄付據澧州路申爲支罪囚柴薪燈油等事。照得欽奉聖旨，節該所管州城，今後除重刑待報，其如詞訟公事就便斷決者，您府州司縣除此別有甚麼勾當。獄囚無親屬者，官給口糧，每名日支糧一升； 雖有親屬，若貧難不能供給，或家屬在他處住坐未知者，糧亦官給。 患病者，於本處醫人內輪差應當看治，每月一替，若有死者，委官檢驗有無他故，隨即推治施行。 及囚人造飯柴薪，驗無供送人數，從實支破。過夜燈油，日支一斤。外據囚人冬衣，俱於年銷錢內應付，欽此。今據見呈移准中書省咨送刑部照擬，得行省見禁無家屬供送飯食罪囚合用燒柴燈油，擬於年銷錢內應付。咨請照驗施行。

《元典章・繫獄・罪囚患疾分數》 大德四年二月，江西道廉訪司准瑞州路牒呈據醫提領所備奉官醫提舉司指揮爲病囚分數事，以二分作一分，爲初病，以十分作五分，爲死候。照得至元三十一年八月二十七日准分司牒，該官醫提舉司會集高醫，講究得病。囚初病，作二分申報，增至七分八分，爲問出本犯實情，干礙一切追會未完事件，并聽申路行移追勘，似望早得結案完備。送刑部議得，凡有重囚，司縣問定的實情款，卒急追會未完，依准所言解付本路總管府行移追會相應，都省准擬施行。近按治鎮江等路體知各處罪囚，雖有因疫病傳染死損，亦由淹禁不決，以致如此，其有庸醫用藥差誤，無從稽考，略行取會到鎮江路，自大德十一年正月二十二日以後，至至大元年十月終，計死損罪囚三十三起，一百六名，參詳理合遍行各處。今後巡尉但獲强竊盗賊，略問情由，晝時牒解所屬審責，已招的實，別無冤枉，照依前例，隨即解路追勘，輕者公同疾早疎決，重者結案申覆，當該佐貳幕職，欽依點視，若有枉禁及淹延不決者，即當咨舉推官前領官常加檢責，務要囚不冤滯。病則須差良醫胗視，如法治療，司獄獄卒並病囚親屬，常切看視湯藥飲食，仍取用過藥方品味，分兩製度，同六脈之數，治法源流，病勢增減，結罪文狀，儻遇死損，逐一開坐。令官醫提領醫學教授一同仔細考校，但胗脈處方用藥治療稍涉不如法者，隨事究問。如果精通方脈，治效經年，量囚多寡，保充醫職，仍每季依前備牒，官醫提舉司更爲考證，若有差錯，具由回報，如提舉司考驗不當，罪亦及之。夫如是，則枉禁淹延，訊其簿書；非理死損，考其治法。既有司官醫互相警懼，各知罪有所歸，庶使囚無冤滯，死不非理，照此考證醫藥係干通例，合行會議施行，准此乞照。詳憲臺相度隨路應革罪囚，廉訪司每季摘官審錄，已有定例。

《元典章·繫獄·匣禁》 延祐四年六月袁州路奉江西行省劄付。近據龍興路申：切謂刑罰，國之大柄，有功者賞，有罪者罰，理當然也。伏惟聖朝車書萬里，四海爲家，刑罰之制，理宜歸一。切見江南有司見禁重囚，晝杻雙手，匣其一足，夜則並匣雙足。未審腹裏重囚如何禁繫。如蒙明白定擬，使江南腹裏刑禁歸一，實爲平允。申乞照詳。得此移准中書省咨該送刑部，議得內郡江南諸處官府，在牢設置匣床，本爲防備所禁囚徒畏罪疎虞之患，然各處所得，事有不同，從來未有定制。况無死罪以下，或法重而情輕，或法輕而情重，晝夜桎梏，則恐致慘傷，姑息任情，則或生不測，似難一概定論。擬合令所在主司佐幕之官，臨事詳情，隨宜匣禁，如有挾私凌虐、私情故縱者，驗事輕重治罰。具呈照詳都省咨，請依上施行。

《元典章·提牢·提控見禁罪囚》 至元二十三年五月，御史臺咨奉中書省劄付會驗各路見禁罪囚，遇有患病，有司往往不給醫藥，止以虛申分數。病重者，應許親人入侍，及合疎枷鎖，召保者亦不拯治。至於冤滯不申，非理死傷者，其間不無。爲此，已經劄付欽依已降聖旨，事意令本處佐幕官依例提控牢獄。囚人病患亘時申官，即令良醫對證用藥看治，其加減分數次第，逐旋申報，其所用藥物，官爲應付。如藥餌不真，罪在醫工。夏月，須要將牢房掃灑涼淨。冬月溫暖將罪囚非理苦虐，如有不行，依前提控牢獄，或提控不嚴，及罪囚患病不即申報看治，除獄卒痛行斷罪，提控官司，獄官取招申部呈省，輕者責罰，重者別議施行。去後，都省議得目今。暑月切恐見禁罪囚，遇有患病不行，如法看治，或病後其醫工當監人等看循虛申，又所禁囚人枷鎖，不依法式，使囚人不能申訴，已劄付刑部移咨各處，中書省依已今事理施行。

《元典章·提牢·牢獄分輪提點》 大德九年八月，湖廣行省準中書省咨照得各處，見禁輕重罪囚數多即目。仲夏盛暑，恐牢獄不爲修治，穢氣蒸薰，致生病疫，有司不加醫療，因而死傷人命，誠可哀憫。今後委佐貳幕官分輪提點牢獄，及令推官督責獄卒，常加灑掃。每三日一次詣獄點視湯藥枷杻匣具，須要潔淨，仍備涼漿。若遇冬月，依例官給絮布暖匣薦蓆等物。病者，即給藥餌，令醫看治，毋致失所。都省咨請，依上施行。

《元典章·鞫獄》 〔元貞二年〕諸官府亦不差占，凡有罪囚，推官先行窮問實情，須待獄成，通審圓署，事須加刑，與同職官員問掌管刑名司吏，聽推官於見役人吏內選擇，具姓名申廉訪司照驗，同寮官不得阻當移換。路府長官通行提調長司首領官主管文案合追會者，常加檢舉，違者許推官直申省部，仍令各道廉訪司嚴加糾治。若推官承差，不即申上，輒離本職者，亦行治罪。其巡按官取具平反冤抑，在禁淹延，輕重起數，行移本路，候推官任滿，解由內開寫，以憑考其殿最，約量陞降。路府州縣佐官欽依元奉聖旨事意，分輪提控，須三日一次，親於牢內點視，若有淹延者，隨即咨舉。除外咨請，依上施行。

元·蘇天爵《元文類·恤刑》 不教而民從之，上也，以身教之也。教之而後從，次也，以言教之也。不教而強之從，下也，既不能以身，又不能以言，而以威迫之也。迫之而猶有弗從者焉，乃從而刑之。刑之而當，罪民固無憾。又從而虐之、苦之、誣之、抑之，飢而不爲之食，寒而不爲之衣，疾而不爲之藥，有罪無罪，同歸於非命而死，不亦大可哀乎！ 故書曰：欽哉，欽哉，惟刑之恤哉！作《恤刑篇》第十九。

《元史・成宗紀二》〔成宗大德六年〕八月甲子，詔御史臺凡有司婚姻、土田文案，遇赦依例檢覆。

明・應檟《大明律釋義・斷獄・獄囚衣糧》 凡獄囚，應請給衣糧醫藥而不請給，患病應脱去枷鎖杻而不脱去，應保管出外而不保管，應聽家人入視而不聽，司獄官、典獄卒笞五十。因而致死者，若囚該死罪，杖六十；流罪，杖八十；徒罪，杖一百；杖罪以下，杖六十，徒一年。提牢官知而不舉者，與同罪。若已申禀上司，不即施行者，一日笞一十，每一日加一等罪，止笞四十。因而致死者，若囚該死罪，杖六十；流罪，杖八十；徒罪，杖一百；杖罪以下，杖六十，徒一年。令曰：牢獄禁係囚徒，冬設煖床，夏設涼漿，無家屬者日給食米一升，冬給絮衣一件，夜給燈油，病給藥醫。並於本處有司係官錢糧内支散。獄司預期申明，關給毋致缺誤。又曰：囚患病，提牢官驗實，給藥治療，除死罪不開枷杻外，其餘徒、流、杖罪囚人，病重者開疏枷杻，令親人入視。笞罪以下，保管在外醫治，病痊，依律斷決。事未完者，復收入禁，即與歸結。釋義曰：由令之言觀之，則保管入視皆指患病之囚。疏議謂干證之人應保，候功臣及五品以上官入視，皆非也。衣糧醫藥及脱去枷杻保管入視之事，非司獄官典所得專行，必須申禀於上。若已申禀而上司不即施行，則罪在上矣，故一日笞一十，每一日加一等罪，止笞四十。因而致死者，若因該死罪，則杖六十；流罪，則杖八十；徒罪，則杖一百；杖罪以下，則杖六十，徒一年。此與司獄官典不申禀之罪一也。

明・應檟《大明律釋義・斷獄・婦人犯罪》 凡婦人犯罪，除犯姦及死罪收禁外，其餘雜犯，責付本夫收管。如無夫者，責付有服親屬鄰里保管，隨衙聽候，不許一概監禁，違者笞四十。若婦人懷孕犯罪應拷決者，依上保管，皆待産後一百日拷決。若未産而拷決，因而墮胎者，官吏減。凡鬭傷罪三等致死者，杖一百徒三年。産限未滿而拷決者，減一等。若犯死罪，聽令穩婆入禁看視，亦聽産後一百日乃行刑。未産而決者，杖八十，産訖限未滿而決者，杖七十，其過限不決者，杖六十。失者各減三等。釋義曰：婦人以失節爲耻，故犯罪聽令其夫及親屬保管，不許一概監禁，惟死罪不得不禁，犯奸者亦失身之人，故亦禁之。婦人産後一百日，血氣方全，故孕婦犯罪，必待産後百日拷決，雖死罪應禁，亦聽穩婆入視，亦待産後百日乃行刑，蓋恐傷其胎與其軀也。欽恤之意見矣。未産而拷決墮胎者減凡墮胎罪三等，杖一百；未至墮胎，則減凡鬭傷三等，笞一十。或謂未墮胎者，以違制論者，非也。失謂不應禁而禁，不應拷決而拷決，不應行刑而行刑，及應行刑而不行刑者，皆非出於有意，特不詳審以致然耳。

明・王肯堂《王儀部先生箋釋・斷獄・婦人犯罪》 釋曰：名例律婦人犯罪條，是發落之事，此條是收問之事。

第一節婦人犯罪，責付本夫，如無夫者，責付有服親屬，無親屬者，責付鄰里保管在外，隨衙聽候，不許官司一槩監禁，惟死罪法所當禁，犯姦係失身之人，故亦監之，違者笞四十夫不應禁而禁，律杖六十，此笞四十者，彼係無罪之人，此爲有罪之婦，故不同也。

第二節若婦人懷孕而犯罪者，鞫問之時，或應拷訊，發落之時，或應決打亦依上條責付本夫親屬鄰里，保管在外，皆待産後一百日，方許拷決若未産而輒加拷決，因而墮胎者，官吏減凡鬭傷墮胎之罪三等。該杖一百，若過期五十日子死，及胎九十日之内，未成形者，亦止從本毆傷法減等，致死者杖一百徒三年，産後一百日未滿而拷決者，減一等，謂傷者減凡鬭傷罪四等，因而致死者，杖九十，徒二年半，其未産而拷決不曾墮胎者，律無文，以不應論。

第三節，若孕婦犯該死罪者，聽令穩婆入禁看視，亦聽産後百日行刑。蓋孕婦雖應死，而所生之子無罪，亦待産後百日者，爲其子之失乳也。至百日之外，則可以哺食而存活，故乃行刑，仁之至也。若未産而決，既産未滿限而決，與過限不決者，各坐杖有差。

第四，節通上諸款而言，失於詳審而犯者，各減三等，如不應禁而禁，笞一十，懷孕不應拷決而拷決墮胎杖七十，致死者，杖七十，徒一年半，産限未滿而拷決致死者，杖六十，徒一年，若犯死罪，未産而決者，笞五十，産限未滿而決者，笞四十，過限不決者，笞三十。

明・呂本《皇明寶訓・洪武卷四・仁政》〔洪武二十年〕九月癸未，太祖諭左軍都督府臣曰：前所遣囚徒往往充遼東驛卒者，今天氣向寒，恐道途凍餒，此輩本宥之以全其生。若不免死，是徒有耳，且令就濟寧暫住，待春暖遣行。

明・呂本《皇明寶訓・洪武卷五・恤刑》〔洪武元年〕十一月己亥，中書參政傅瓛言：應天府有滯獄當斷決者。太祖曰：淹滯幾時矣？曰：逾半歲。太祖惕然，曰，京師而有滯獄，郡縣受枉者多矣，有司得人以時決遣，安得有此。瓛頓首曰：臣等不能統率庶寮，是臣罪也。太祖曰：吾非不愛其民，而民尚爾幽抑，近且如此，遠者何由能知？自今獄囚，審鞫明白，須依時決遣，毋使淹滯。

明・呂本《皇明寶訓・永樂卷五・恤刑》〔永樂六年〕十一月丁巳，刑部、都察院、大理寺言大辟囚三百餘人已覆訊，皆實，請處決。上令，行人持節諭之：有冤抑許自陳。又召五府六部及六科官諭之曰：三百餘人，未必人人皆得其實情，一有不實，則死者銜冤，爾等更從容審之，一日不盡，則二日，三日，便十日亦何害，必使其無冤。大抵人之實情難得，有言語便捷，輒駕虛詞掩實情者，有訥於言，雖懷情實而口不能發者；須詳悉以聽，亦不可以刑迫之，近有僧貼匿名榜，言縣官貪汙，法司推問疑，一吏與之有隙，遂極拷掠，吏不勝，即引服。僧之從者，憫吏無辜，赴官首其事，逮僧鞫之，果得實。向使僧之從者不言豈不枉殺此吏？法司以刑迫之，往往有此弊，今三百餘人，寧無一二人冤抑，爾等其詳審之。既而得釋者二十餘人。

又〔永樂九年〕十二月辛丑，敕刑部、都察院、大理寺臣曰：聖王治天下未嘗廢刑，亦未嘗毫髮不慎。朕屢諭爾等詳慎刑獄，非極惡重罪者，遇盛寒暑必存卹之。比聞徒流以下，往往有死於獄者，又蔽不以聞。夫殺一微物有陰禍，人命甚重，爾等怠肆如此，天鑒在上，其能免乎？已往之事姑宥不問，自今致勤夙夜，無循前過，苟復蹈之，國有明憲。

又〔永樂十年〕十月己未，敕刑部、都察院、大理寺出繫囚之輕者輸作贖罪，有病令順天府遣醫療之。因諭之曰：古人不得已而用刑，故常存矜恤，後世以治刑爲能事，則必留於刻，吏必爲朝廷斂怨於平民，卿等不宜有此，有此者宜速改之。

又〔永樂十一年四月〕癸酉，行在刑部奏決囚，其間有於律雖輕而論情則重者，請寘重法。上曰：律者法之平，今欲輕重之罰，雖當民弗信矣，其如律。

又 永樂十二年十一月甲辰，命法司及北京行部錄囚。上諭之曰：方今嚴冬，囹圄有罪者固難決，放無辜者並受幽繫，饑寒瘐死非德政也。爾等即具成獄，及所疑者進來，朕親閱之。

又 宣德三年七月甲戌，上御奉天門，諭行在刑部侍郎施禮等曰：京師人衆鬭毆罵詈，自是常事，兵馬司擒獲皆送法司，此等非有重罪，宜即剖斷發遣。今天氣炎熱，豈可久淹，或有因病而死，即爲枉殺無辜。卿等宜深存惻隱之心，毋枉人命。

又 永樂二年四月丁丑，上諭三法司官曰：天氣向熱，獄囚淹久必病，病無所仰給必死，輕罪而死，與枉殺何異？今令江府六部六科協助爾等，盡數日疏決，凡死罪獄成者，俟秋處決，輕罪即決遣。有連引待辨未能決者，皆令出獄，聽候復。諭之曰：古人治獄，每於死罪中求生道，今不可使罪無大小皆論於死地。刑罰公，則民畏刑；罰濫則民玩，不可不謹。

明・呂本《皇明寶訓・宣德卷五・審刑罰》 宣德二年五月丙午，上親慮囚，雜犯死罪皆減就徒，徒流笞杖論輕重罰工，因謂侍臣曰，與其殺不辜，寧失不經。彼能因事改過，即爲善良，若怙終不悛，終亦不免。又嘗曰：唐太宗號稱明君，除斷趾法，禁鞭背，而悔殺張蘊古，帝王用刑不可不慎。

又〔宣德五年〕十二月丙戌，行在大理寺奏：舊例凡犯偸盜攬納等罪皆充軍，按律盜官物者當絞斬，今例止罰役，請皆從充軍例。上曰：斷獄須論情實，若當重而輕，則人易犯，法當輕而重，則人謂不平，宜從一例。然尤須詳審，勿致失當。

明・呂本《皇明寶訓・宣德卷五・恤刑》 宣德二年七月丙申，上諭三法司官曰：今盛暑，朕與卿等深居靜處，猶覺可畏，罪囚駢首就繫，熏蒸煩鬱，寧得無病？宜即檢勘，有應罰役者，即時發遣，應奏者即具所犯來處置，勿令久淹。若或疾病死於無辜，足爲陰德之累，卿等宜體朕意。

明・呂本《皇明寶訓・正德卷二・弭盜》 正德元年四月癸丑，掌大理寺工部尚書楊守隨奏，每歲天氣暄熱會審罪囚，事例行於在京，而不行於南京五年一審錄，事例詳於在京，而略於在外，事體有偏，刑或不當，宜通行南京，審囚之時三法司一同會審，其在外審錄，亦照此例，會審具奏，庶事體無一偏之弊，刑罰合衆論之公。

上從之，且曰：人命至重，錄囚有狗情，稽滯窺伺者，令該科參究。

上命司禮監太監張永同三法司堂上官審錄罪囚，敕諭永曰：朕惟刑獄重事，自古帝王必致謹於斯，朕嗣承大統，仰體上天好生之心，特加愼重，茲當天氣炎熱，恐輕重罪囚或有冤抑，致傷和氣。特命爾同三法司堂上官從公審錄。死罪情眞者，候決；其情可矜疑，事無證佐并應枷號者，詳具以聞；徒流以下減等發落；笞者並釋之。於是永會三法司具以獄讞，前後得可矜疑者六十一人，俱減死充軍。其情重者仍杖之百而遣之；免枷號者，十有五人，依原擬發遣；以不孝告而有息詞者七人，杖之百，俾歸養；自首幷篤疾放免者，八人。

明・呂本《皇明寶訓・正統卷三・恤刑》 正統十三年四月辛巳，上以天氣向炎，囚繫可憫，敕三法司、錦衣衛錄見監一應囚犯杖罪以下，悉寬恤疎放。雜犯死罪以下，遞減三等，照例發落，不許淹滯。或有伸訴冤枉者，即與辯理，毋令被誣，其眞犯死罪，錄情詞以聞。

明・呂本《皇明寶訓・弘治卷三・恤刑》 弘治九年八月己亥，管理遵化鐵冶工部主事王鉉奏：炒鐵囚犯皆罪不至死，而經遞官夫人等多方凌虐逼取財物，卒至喪生，請嚴加禁止。其貧乏無依者多斃於凍餒，請月給口糧三斗。工部覆奏。上曰：囚犯罪不至死，而防夫人等乃以求索故斃之，甚非朝廷好生之意，其依擬行之。

明・呂本《皇明寶訓・嘉靖卷八・愼刑獄》 嘉靖五年六月戊辰，禮科右給事中謝蕡疏，請革嚴刑以全民命。上曰：人命至重，死者不可復生。邇來問刑官於罪輕宜用常刑者，率用酷刑，拷訊傷人，或因而致死，朕心甚惻。都察院其即以朕意示各撫按官令戒。諭：諸問刑者，自今務以寬卹爲念，有嚴刑死傷人者，降革如法，上官容隱不即參究者，罪如之。

明・呂本《皇明寶訓・隆慶卷二・愼刑罰》 隆慶四年七月庚午，刑部尙書葛守禮等言：皇上登極之初，大布恩赦，與民更生，以至停刑，有旨無審，有貸其所以憫念黎元者甚厚。而在外有司，無以奉承休德凡有訊鞫，不論輕重，動用酷刑。有問一事未竟而已斃一二命，到任甫期年而拷死數十人者，輕視人命若草菅。如汾州知州齊宗堯三年致死五十人，滎河知縣吳朝一年致死十七人，甚可駭也。請行各處撫按官，戒諭有司，如有仍前慘刻用刑者，照例革黜爲民；有故勘故禁故入平人致死者，依律抵死；容隱者，事發幷治。

上曰：近來有司官不遵律例，酷刑虐民，撫按官亦不禁察，任其所爲，負朕愛恤民命之意，其行撫按官嚴加體訪。如有仍前酷刑者，劾治之如或姑息容隱法司，該科一併叅奏。

明・何棟如《皇祖四大法・治法》〔洪武十五年九月〕八日，審刑罰一事，人命所係，不可不審，故書曰：與其殺不辜，寧失不經。欽哉，欽哉。惟刑之恤哉。蓋死者不可復生，刑者不可復贖，苟不欽恤而詳讞之，則傷人必多，傷人既多，必損和氣，非所以善治也。理刑之官，必擇公平正大仁厚之人，如漢之張釋之、于定國輩，親信而悉任之，則天下無寃民，而致刑措之效矣。

明・何棟如《皇明四大法・治法》〔洪武二十六年〕夏四月乙亥朔庚寅，上以天久不雨，必朝政有缺失，詔羣臣直陳時事，羣臣有言，請疏決罪囚，上以爲然，迺詔刑官，除十惡及殺人眞犯依律外，其餘雜犯死罪，令輸粟往北平以贖。徒流而下遞減，有差若犯者，已死有妻子拘在官者，釋之。其未經審錄者，刑部、都察院、大理寺即時會審，有未當者，許執法覆奏。阿旨奉行者，坐以其罪。

《明實録・洪武十七年》〔秋七月〕庚申，命刑部慮（囚），諭之曰：今秋暑方盛，獄囚不以時決，或致疾病，阽於死亡。輕者誤戕其生；重者幸以逃法。非所以明刑愼獄也。其以時決遣，毋更淹滯。

《明實録・洪武二十五年》〔正月〕辛丑，宥死囚，輸粟於邊。上謂刑官曰：先王法天道以修政令。方令春陽發生，萬物咸遂其性，而民乃有冒法禁至死者，朕爲惻然。若候時特處決，則繫縲之人死者必多，其見繫死囚悉貰其死，令還鄉里備貨輸粟北邊贖罪。於是重囚釋宥死者幾四百四十八人。

《明實録・永樂二年》〔十一月〕甲辰，上御奉天門録囚既多，所矜宥囚已皆出午門，尙慮有枉抑者，復召錦衣衛指揮程遠、鴻臚寺少卿鄒旃等，謂曰：囚皆久困於獄，而乍至朕前，久困於獄，則雖枉而不求辯，初至至朕前則畏威而不敢言，有此二者，則刑罰豈能皆當？爾等更以朕言從容審之，果其有辭，即來白。

《明實録・永樂九年》〔三月〕己卯，刑部奏：民有盜勸善書者，於律凡盜當黥發戍邊。上問：黥未，對曰：已黥。上曰：朕常命爾等罪當黥者，具所犯來白，若情可矜憫者，免之。蓋黥即爲棄人，欲改過無由矣，況盜勸善書原其心，在好善，但取之不以道耳，豈可比盜財者？槩黥之，宜免戍邊，又命錦衣衛去所黥字。

又〔十二月〕辛丑，勅刑部、都察院、大理寺臣曰，聖王治天下，未嘗廢刑，亦未嘗毫發不愼。朕屬諭爾等詳愼刑獄，非極惡重罪者？遇盛寒暑必存恤之。比聞徒流罪以下，往往有死于獄者，又蔽不以聞。夫殺一微物有陰禍，人命甚重，爾等怠肆如此，天鑒在上，其能免乎？已往之事姑不問。自今致勤夙夜，無蹈前過。苟復蹈之，國有明憲。

《明實録·永樂十一年》〔十月〕丙寅，遣副都御史李慶齎璽書命皇太子録南京獄囚。死罪情重者繫獄聽決，雜犯死罪以下，皆從贖罪例發遣。時天氣向寒，上慮獄囚淹滯，故有是命。

《明實録·永樂十七年》〔十二月〕庚辰，令自今在外繫囚當死者，悉送京師會官審録，無冤三覆而後決之。上諭法司曰：刑重人所慎，蓋輕者殘肌膚，重者戕性命，匹夫匹婦不得其死，有傷天地之和，召水旱之災，朕屢詔寛恤，然慮在外諸司，罔體朕意，濫及非辜，故令死罪咸送京師審録。爾等會審之際，猶須敬慎，不可輕忽。

《明實録·宣德元年》〔五月甲子〕諭三法司曰：古者，孟夏斷薄刑，出輕繫·仲夏拔重囚，益其食。所以順時令，重人命也。我祖宗之時，每遇隆寒盛暑，必命法司審録囚繫。卿等皆先朝舊臣，嘗所聞知者，朕體祖宗之心，敬慎刑獄，冀不枉民命，上格天心。今天氣鬱炎，不分輕重而悉繫之，非欽恤之道。古人謂：刑爲祥刑，以其用之。至當足以召和氣，福國家。卿等當體此心，即量情罪輕重，而區別之，務存平恕，毋致深刻。

《明實録·宣德二年》〔五月丙午〕三法司上輕重繫囚罪狀。上親閲之，批其奏牘曰：叛逆、强盗、殺人、子孫誣告父母、謀殺人造意，皆如律。雜犯死罪皆減就徒，徒、流、笞、杖論輕重罰工，凡決遣二千一百九十餘人。蓋上仁恕不嗜殺。犯罪者，必審録無冤，然後罪之。未嘗以喜怒爲輕重，隆寒盛暑必先勅所司決遣繫囚，或罰輸作贖罪，蓋從輕典者多有司屢執奏。上曰：典其殺不辜，寧失不經。彼能因事改過，即爲良善，若怙終不悛，終亦不免，又嘗曰：唐太宗號稱明君，除斷趾法，禁鞭背而悔殺張蘊。古帝王用刑，不可不慎。

又〔十二月甲戌〕行在大理寺右少卿王文貴等奏，比請決重囚，欽遵聖諭，再審録。今犯者伏辜遂上其情罪。上親閲之。命文貴等曰，其中情重者決如律。情可矜者，發戍遼東。如重罪臨決復有稱寃者，再鞫實以聞。若敗壞倫理，鞫得實，雖經赦，不宥。

《明實録·宣德三年》〔三月壬辰〕上閲行在三法司所上繫囚罪狀，諭之曰，凡人命及情罪重者，如律。其謀逆知情故縱及謀叛家屬，皆宥死，發戍遼東。婦人有夫與子者，隨往。無者，送浣衣局。盗內府財物與監守自盗，常人盗倉庫錢糧，官馬等物，追所盗物，俱宥死，發戍口外。受財枉法及犯榜例死罪，宥死，幷徒流以下論輕重如例，罰輸作。凡工匠流徒罪以下，各論年限輸作。是日決遣四百餘人。

又〔七月〕甲戌，上御奉天門，諭行在刑部侍郎施禮等曰：京師人衆，鬬毆，罵詈，自是常事。兵馬司擒獲皆送法司，此等非有重罪，宜即剖斷，發遣。今天氣炎熱，豈可久淹？或有因病而死，即爲枉殺無辜。卿等宜深存惻隱之心，毋枉人命。

《明實録·宣德四年》〔正月〕甲戌，勑行在刑部都察院大理寺曰，刑者，輔治之具，夫罪大惡極，寘之重典，理不容恤。然有詿誤干連，於法難免，而情實可矜者，朕夙夜在心，思所以寛恤之。今官吏軍民人等自雜犯死罪以下，其酌量等第，悉令於北京納米贖罪。爾等其會官定議以聞，務適公當，庶以副朕重刑恤人之意。

《明實録·正統二年》〔九月〕戊申四川按察使龔鐩奏：四川强賊繫三司者，不下三百，而番異者半之，而未獲者倍之，他如人命及各府衙諸重犯，其數尤多。夫所謂强賊，或因歲凶歉食，或因徭役頻繁，或因所司不能存恤，情實可憫，況獲之多非盗所有，搆於虚詞，有牽於仇怨，而其所徵賊仗又率民家常有器械，不足據信，往往情僞莫白，又所犯大抵在永樂宣德時，有正犯已死而後獲者，無自質理，所司嫌於出罪，不敢爲辯，長年淹禁，恐傷和氣，盗獄且然，況他獄乎；一方且然，況天下乎？乞勑廷臣會議，或分遣重臣，四出審録，於凡可疑者，即如詔釋之，或編爲卒伍，戍於邊方，其賊未獲與爲已獲所連者，俱如詔，勿捕。上是其言，即命法司議行之。

《明實録·正統六年》〔五月甲寅〕降行在兵部左侍郎于謙，爲行在大理寺左少卿。謙在河南、山西巡撫，擅自回朝，被劾，久禁錮。至是，右都御史陳智等，以暑盛讞囚，録謙名以進，遂降之。

又〔五月甲寅〕命行在刑部右侍郎何文淵、大理寺卿王文審在京刑獄；巡撫南直隸行在工部左侍郎周忱、行在刑科都給事中郭瑾審南京刑獄。賜之勅曰：朕恭嗣祖宗大位，夙夜惓惓，上體天心，以恤民爲務。凡一切科徵，悉皆停罷。至於蠲免逋賑給貧窶，恆如不及。然比年水旱蝗蝻屢爲民患，京畿尤甚。循省厥咎，致自朕躬，或刑罰之過，有傷陰陽之和歟？蓋囹圄之中，有淹禁三四年者，八九年者，遠有一二十年者，含抱冤抑，不爲伸理，天實鑒之。今特命爾等會同內官，審實在京諸司重獄。大抵刑罰務在當情。有情輕而議重者，有情過而論故者，有情法不相當者，有情罪可疑者，實覆得實，並具奏聞，朕爲處置合行之事，條示於後：一原問堂上官及該道、該司官吏，縱有故入失入等罪，悉已宥之不問，爾等不必糾舉，但於審實之際，不許干預。其該吊查案卷，各堂上官用印封識，遣首領官齎主來，亦不許其干預。一審實過罪犯當奏請者，陸續具奏，不必候齊。一爾等各於本衙門，選揀通曉文案精細勤慎監生或三名、或四名跟隨書寫，不許帶吏。一好生惡死，人人同情其有眞情。實犯之人，證佐已明，招承已定，議擬已當者，不許聽其捏詞妄訴。一獄囚有見照勘未至者，今夏暑方甚，令原問衙門暫脱其枷，仍固鎖鐐俟照勘至日發落。

《明實録・正統十三年》（四月）辛巳，上以天氣向炎，囚繫可憫，勑三法司、錦衣衛錄見監囚犯，杖罪以下悉寬恤疎放，雜犯死罪以下遞減三等，照例發落，不許淹滯。或有伸訴冤枉者，即與辦理，毋令被誣。其眞犯死罪錄情辭以聞。

《明實録・成化三年》（四月）乙巳，以天氣炎熱，命刑部、都察院審錄見監囚徒，從輕發遣。於是徒杖罪以下悉從末減，重囚情可矜疑者免死，謫戍邊衛。

《明實録・成化五年》（六月）辛酉，上諭法司臣曰：今天氣炎熱，兩法司幷錦衣衛見監問罪囚，凡徒流以下宜即時處治其罪。其罪犯深重情可矜疑，幷枷項示衆者，並具錄以聞。

《明實録・成化七年》（四月）己巳，以天氣炎熱，命兩法司幷錦衣衛見監徒流以下囚減等發落，重囚情可矜疑幷枷項示衆者，具實以聞。其順天、河間、永平眞保定五府被災地方見問囚，移文巡按御史會同賑濟郎中照例處置。

《明實録・弘治二年》（四月庚戌）上以天氣炎熱，命兩法司、錦衣衛將見監問罪囚笞罪無干證者，宥之。徒流以下者，減等發落。重罪情可矜疑幷枷號者，具奏以聞。於是免死充軍者五人，免死決杖發回養親者十人，免枷號者二十一人。

《明實録・弘治三年》（五月）甲子，上以天氣炎熱，命兩法司、錦衣衛，將見監囚犯笞罪無干證者，釋之。徒流以下減等發落。重罪情可矜疑幷枷號者，具奏以聞。於是免死充軍者八人，免死決杖發問養親者十四人，免枷號者二十三人。

《明實録・弘治五年》（四月）丁巳，上以天氣炎熱，命兩法司、錦衣衛將見監問罪囚笞罪無干證者，釋之。徒流以下者減等發落，重罪情可矜疑幷枷號者，具奏以聞。於是免枷號者五人。

《明實録・弘治六年》（四月庚申）上以天氣炎熱，命兩法司、錦衣衛將見監罪囚笞罪及無干者，皆釋之。徒流以下減等發落，重罪情可矜疑幷枷號者，具奏以聞。於是免枷號者二十三人，仍命行南京法司，一體寬恤。

《明實録・弘治七年》（四月）丁亥，上以天氣炎熱，命兩法司、錦衣衛將見監罪囚笞（罪）〔杖〕徒流以下無干證者，釋之。減等發落重罪，情可矜疑幷枷號者，具奏以聞。

《明實録・弘治十年》（四月辛丑）上以天氣炎熱，命兩法司、錦衣衛，將見監問罪囚，笞罪及無干證者，釋之。徒流以下，減等發落。重罪情可矜疑幷枷號者，具奏以問。於是，免死充軍者十五人，免枷號者二十四人，釋放寧家者二人。

《明實録・弘治十八年》（四月甲申）上以天氣炎熱，命兩法司幷錦衣衛，將見監問罪囚，笞罪無干證者，釋之。徒流以下減等發落。重罪情可矜疑幷枷號者，具奏以聞，仍移文南京法司，一體遵行。

《明實録・嘉靖元年》（四月）丙申，上以天氣暄熱，命法司錦衣衛見監笞罪無干證者，釋之。徒流以下減等，擬審發落。重囚情可矜疑幷應枷號者，疏名以請。疏上寬恤有差，自是歲以爲常。

又（十二月甲申）刑部覆南京、福建道試監察御史朱澆奏請行各巡按嚴飭司府州縣正官，務在哀矜罪囚，時其決遣而寬其罰贖，仍令按尋爲籍以進。其守巡官不得坐守一方，提人數百里之外，勞民動衆，違者罪之。上從其議，且命所司申明舊例，嚴加禁約。

《明實録・嘉靖二年》（四月丙子）刑部尚書林俊以史昇遵詔疏獄囚，死罪以下，發遣有差。軍官犯贓者，復職，以俸償官。

又（九月辛卯）刑部尚書金獻民等奏，會審過死囚篤疾懷孕者二人，情可原者五人，可矜疑者五人。得旨，篤疾并懷孕者依律監候，餘各免死，發遣釋放有差。

《明實録・嘉靖四年》〔二月乙卯〕監察御史王鼎言：帝王敬天勤民，順時行令，則陰陽節調，災咎不作。《禮・月令》仲春命有司省囹圄、去桎梏，兹其時也。臣觀今有司問刑者，往往不惜人命，如所犯笞、杖、徒、流、充軍等罪，獄既已具，仍淹繫經年，不即遣釋。侵欺借貸及諸姦贓有傾産不足償者，多以禁死諸所，連引及干證人未至，禁候未決，因而致死者甚衆。皆足以干天地之和，不可不恤。上是之，遂詔内外刑官：凡輕罪獄成各即放遣，其追贓勘委無産者，多則散羈營納，少則奏請裁奪，不許久禁，坐殺無辜，以干天和。違者罪之。

又〔四月己亥〕巡撫雲南右副都御史黄衷言，雲南地遠而多盜，幸捕獲具獄，則必拘例轉詳，停候經歲，往往瘐死，未獲顯戮，不足以爲奸宄之懲。其捕盜官軍又多用（賭）〔賄〕買閑，棄役逃匿，有司按治罪止立功罰俸或決杖而已。罰輕人無所畏，非所以明法紀而弭寇盜也。乞更定其至便。都察院議覆，雲南地果遠，自今所捕盜會訊情眞奏聞。得旨，許即依律處決，不俟轉詳，其哨堡官軍及里甲諸人有（賭）〔賄〕免或棄役者，官調邊衛守禦，旗軍人等枷號一月，發沿邊哨守。詔從之。

《明實録・嘉靖十一年》〔四月甲午〕以天氣暄熱，詔審兩法司及錦衣衛獄囚，釋放減等枷號如例。仍命南京法司一體行。

《明實録・嘉靖十六年》〔四月辛酉〕武定侯郭勛、大學士李時夏言，奉勑同三法司會鞫重囚，當矜疑者六十八人，俱免死，戍邊。勛等因言南京及各省南北直隸重囚，一體降勑令各該法司并各撫按官虚心鞫審，具招奏請定奪，以廣皇上恤刑之意。上從之。

《明實録・嘉靖二十三年》〔五月壬寅〕刑部都察院覆刑科給事中羅崇奎奏：每歲五六月間，笞罪應釋放，徒杖應減等發落者，宜如欽恤枷號例，亦暫蠲免，至六月終止，南京法司並如之報可。

《明實録・嘉靖二十六年》〔十一月〕丙午，是歲都察院發大（僻）〔辟〕囚，欽依決單，誤以陝西已奉旨辯釋者二人，矜疑發遣者三人，列名其中。巡按陝西御史盛唐以前後詔旨互異，遵行不便，陳狀以請。疏下刑部議，謂當從先旨審辯從輕者，因言今在外官司用意深刻，每遇審録官會審罪囚，偏執己見，惡其翻異，雖一時勉遵勑諭，無敢阻撓，及審過之後，或重加箠楚，或別生異議，間有奏奉明旨饒死者、減等者，悉依成案問發。或止據奉有決單，經年監候者，雖節經言官止陳、本部題覆，率應虚文，無改苛政。乞申飭各撫按官自今務逐一遵守，以副朝廷欽恤至意。得旨：各犯悉依前旨宥免，仍通諭各撫按官，凡經今次審録官審過罪囚，奏奉欽依饒死者，即遵照釋遣，毋得仍執決單故行奏擾。是時，陝西已將各犯審釋發遣矣，原非有意必殺，執決單爲詞者，刑部以失在都察院，不欲明言故支離其辭，諉罪於外如此。

《明實録・嘉靖二十七年》〔四月〕甲戌，以暄熱命兩京法司及錦衣衛審録繫囚，當出者，貰減有差。

《明實録・隆慶二年》〔三月〕辛酉，上御皇極殿，傳制冊，立皇子爲皇太子。【略】盛禮既成，普天同豫，肆頒渥澤，覃被多方，所有寬恤事宜。【略】

一、各處逃軍逃匠逃囚人等，在京限一月以裏赴通政司、在外限三月以裏赴所在官司具首，與免其罪。軍還原伍，匠仍當匠，民放寧家。

一、在京在外緝獲強盜妖言奸細等項，多有貪功網利及無賴書役妄拏拷打誣陷重罪。今後問刑衙門務要從實研審，約確有冤抑即與辨理，毋致虧枉。

一、朝廷設立問刑衙門，專爲處理冤濫。近來問刑官多有喜立聲名故爲深刻，逞私挾讎，誣陷良善。又有一種奸民，自知犯罪難免，故意牽連，干問人衆，以致經年不決，累死無辜之人。今後在内在外問刑官務要以矜恤存心，使刑協于中，罪當其情，毋得大致煅煉，以致冤抑。如有以誣枉訴者，務與虚心審勘，從公辨理。其所接受詞訟，除強盜人命例應檢驗及土田例應踏勘，俱各照舊外，其餘止許行提緊關人犯，作速問斷，不許一概拘禁。

一、凡政治得失、軍民利病，許諸人直言無隱。

《明實録・隆慶五年》〔九月辛未〕刑部覆刑科都給事中胡價等言，恤刑之官，人命所寄，當重其事權。勿爲有司之所撓阻，速其題覆，勿遲時日，以滋弊端，有所平反，務在秉公持平，原情據法，不以多寡爲限。則審録者既得以行其志，而希望者又無所容其奸，幽明均霑聖惠，而大典爲不負矣。從之。

《明實録・隆慶六年》〔六月甲子〕中都留守司河南山東都司軍職，止因班軍違誤，參奏降調別無贓私過犯者，自隆慶六年六月初十日以前，不分已未問結，悉從宥免。一内外各衙門，有問完官吏軍民人等罪犯，已經奏請來曾奉旨發落，應該宥免者，即行查照發落。其有監候行勘來報人犯，罪應宥免者，并正犯在逃監禁家屬證佐，不係事干謀反逆叛劇賊者，悉令保候歸結。一内外各衙門見監死罪重囚，曾經撫按恤刑衙門。奏請駁回再問者，詔書到日覆審明實，逕與奏請定奪，毋得淹滯。一内外各衙門，見監囚犯，該追贓物，除侵盗係官錢糧，銀五十兩，糧百石以上，併入官銀百兩以上，照舊監追外，其餘一應給主入官。還官銀糧不及數，蓋免追徵内應監追者，若正犯身死，拘禁家屬年久各勘無家產堪以變賣賠納，開具所犯情罪奏請定奪。其各處官攢人等，有因查盤糧草腐朽浥爛，及失火延燒虧折數多問罪監追者，果無役欺情弊，亦皆免追。一在京緝事衙門，緝獲強盗妖言姦細等項，多有無鞫番役貪功網利，妄拿拷打誣陷重罪。今後問刑衙門，如遇送到，務要從公研審的確。果有冤抑，即與辯理，毋致虧枉。

《明實録·萬曆三年》〔四月甲戌〕上以天氣暄熱，諭兩法司并錦衣衛，見監罪囚，笞罪無證者，釋放。徒流以下，減等發落。重囚，情可矜疑，及應枷號者，俱奏問。

《明實録·萬曆十年》〔四月庚子〕諭刑部：今天氣暄熱，兩法司及錦衣衛見監囚犯，笞罪無干證者譯之，徒流以下即減等，擬審發落。并開重囚情可矜疑及枷號者以聞尋以刑部開奏免枷號犯人案麗春等十三名。

《明實録·萬曆十二年》〔四月癸亥〕諭：今天氣暄熱，兩法司并錦衣衛見監罪囚，笞杖無干證者，釋之。徒流以下減等，擬審發落。重囚情可矜疑，并枷號者，備奏以聞。

《明實録·萬曆十五年》〔四月〕己巳，諭刑部：今天氣暄熱，兩法司并錦衣衛見在監罪囚，笞罪無干證的，俱釋放。徒流以下便減等，擬審發落。重囚情可矜疑，并枷號的，都寫來看。

《明實録·萬曆二十年》〔六月甲午〕江西巡按御史秦大夔題，恤刑推廣皇仁，情罪可矜疑者，多請免死充軍，但發邊衛承戍，往還萬里，解人中途累斃。是免死者未必得生，而無辜者已先喪命。新例許着伍子孫替役，不許行勾原籍。然或着伍無子，不免行勾，是貞紀罪止一身，而矜疑者及貽禍無窮。謂宜適行恤刑諸臣，非有決單，不必槩題，名數多寡，不必盈額。眞可矜疑者，該省爲問減釋一二，量擬充軍衛分必分南北，不出三千里内，以免長解之苦，不必永戍以兑勾補之累。刑部覆議，重囚罪雖未減，即使憫其勾解之艱，終難盡停邊永之例。惟當如御史言毋累長解，毋混勾補。從之。

《明實録·萬曆三十二年》〔六月〕丙戌，諭内閣：祖陵變異，朕心驚懼戰慄，連日調攝，尚未行切要實政。仰副仁愛之心，思得天下廣大，設官分職慎重，用賢圖治，國家第一要務。方今南北兩京大僚司屬并各處撫按及各省直方面官員，見缺數多，亟宜給補庶安民生。其三，法司并錦衣衛見監罪囚，除重罪及欽定人犯外，有情可矜疑牽連無辜者，宜當欽恤，用示好生。卿等傳示，便着各衙門從公推舉各堪任的及逐一開寫所犯招繇，通行具奏，以昭朕畏天敬祖警惕至誠。特諭。

又〔七月〕甲子，大學士沈一貫等言，昨日管鎮撫司李禎國來說，獄中房牆倒塌，積水成河，各囚死生難保，情實可憐。除死罪外，餘宜早與發遣發落。至於礦税犯人，原爲百姓得罪，倘至溘亡，益爲百姓所憐，干傷天和尤甚。伏乞將馮應京等特恩赦宥，或發刑部分别坐擬。其餘各犯，亦通發刑部擬罪奏請，庶罪人有所歸着，亦便工部修理。不報。

《明實録·萬曆三十三年》〔六月丁未〕以天氣暄熱，命兩法司及錦衣衛見監罪囚，笞杖無干證的，放了。徒流以下便減等，擬審發落。重囚情可矜疑及枷號的，都開寫來看。

《明實録·萬曆三十四年》〔五月戊寅〕夜，熒惑犯房，刑科左給事中宋一輯言：國家慮囚，以五年一大審。今歲又當期，夏季且半，蒸熱殊常，囚徒枕藉囹圄，勢難更緩。往慶典告成，諸囚且妄意法外之仁，况憲章具在，不免停閣。二十九年大審，未經舉行，人情惶惑，今不宜再有稽留。不報。

又〔五月甲申〕諭法司：天氣暄熱，兩法司并錦衣衛見監罪囚，無干證者，準釋放。徒流以下，減等廢落。重囚，情可矜疑併枷號者，俱開寫具奏。

《明實録·萬曆三十五年》〔五月辛未〕以盛暑命法司省刑。輕罪羈繫者俱釋放，徒流以下減等發落。

《明實録·萬曆三十七年》〔七月甲申〕刑科給事中杜士全言：數日之間，災報四至，如天鳴地震。山東之風旱，茂西之星變，無非至苦極冤，感傷和氣所致。其至苦孰有如侯憑教官，以及倉巡河驛等官者，極冤孰有如監犯之滿朝薦梁心以及卞孔時、王邦才、李獲陽等者，疏乞賜給發釋放。不省。

《**明實録・萬曆四十二年**》〔七月〕癸亥，上諭：如今天氣暄熱，兩法司并錦衣衛見監罪囚，笞罪無干證的，放了。徒流以下，便減等擬審發落。重囚情可矜疑并枷號的，都寫來看。

《**明實録・萬曆四十五年**》〔七月庚寅〕大學士方從哲申懇切要三事，【略】其一，傳停刑之旨。言邇歲當差官審決之時，率兇行刑，以是圜土纍囚，得少緩須臾之死，甚盛事也。惟是雲貴遠方，一時不能遽到，德音雖布，每至後期，虛負皇仁，深可惋惜，宜亟霈恩綸，俾率土均霑解澤。其一，允理刑之官。言鎮撫司之設，原爲鞫審欽發。人犯一經打問，便送法司擬罪。其無辜慘連者，立爲釋放，從未有合，有罪無罪之人，一概淹禁經年，累月而不得解脱者，且人多地窄，疾疫易生，癘氣所傳，死亡相繼，人命至重，奈何草菅視之。不報。

《**明實録・天啟二年**》〔九月乙卯〕上又諭内閣：今宮中有喜，且誕育伊邇，發億兆之祥。但刑獄重犯甚多，本當審決，今歲各省眞姑且暫免行刑。其逆叛、妖黨、強賊所犯，情眞的，宜應誅戮，不得姑息。

《**明實録・天啟三年**》〔十月〕甲戌，大學士葉向高等題：臣等昨者具揭，懇請停刑，伏蒙皇上鑒臣爲國爲民仰體好生之德。臣等恭誦温綸，不勝欣感。惟謂監犯中有大姦逆惡，情眞無赦應決的，不刑亦干天和，則臣等未知聖意之所在，何敢再瀆。惟是郊祀大典，在前代皆有特赦，良以上帝好生，雖極惡大罪，亦欲其延旦夕之命，以昭曠蕩之恩。不然，則凡麗刑書，皆有不赦之罪，而何獨寬宥於此時哉？故皇祖特旨：今歲朕初行郊典，暫免行刑。蓋不但以郊典爲重，而且以初行郊典爲最重也。夫當皇祖初年，亦豈無大姦逆惡，情眞無赦之輩，而猶從曲宥者？良以敬天之心，勝寧過於仁，無過於義耳。往時太常寺奏請郊祀皆在一月之前，其後改於五十日前，亦以典禮重大，當倍加誠敬。此五十日内，固無日不如上帝之降臨也。聖意或以去郊祀尚遠，猶不相妨，不知各省直之處決，正與郊祀同時。皇上方執圭幣以見上帝，而四海九州乃以其時而刑戮人，一段慘淡悲愁氣象，白日生寒，以此度之，帝心安乎，不安乎？昔皋陶爲士，將殺人，皋陶曰：殺之三。堯曰：宥之三。夫明允如皋陶而執以爲可殺，則其爲大姦逆惡可知。而堯猶必欲宥之，此萬古之稱堯者，以爲其仁如天也。今次會審，九卿諸臣無不謂郊祀之歲，必當停刑，而不敢上(情)〔請〕者，正欲以如天之仁，歸之皇上，如皋陶之於堯耳。即臣等亦豈敢骫皇上之法，以自愧於皋陶，但以法有當議，而今非其時，故敢因該科覆奏再上，而復竭其愚衷如此。

《**明實録・天啟五年**》〔四月庚子〕聖諭：如今天氣暄熱，兩法司并錦衣衛見監罪囚，笞罪無干證的放了，徒流以下便減等擬審發落，重囚情可矜疑并枷號的都寫來看。

又〔五月壬子〕刑科給事中周之綱疏言：熱審，重囚情可矜疑，無拘已成而以爲牢不可易，則意見宜平也。無因文致而以爲罪無剩情，則隱微當紥也。無畏彊禦而據聽揭辯之口，則執持宜公也。無徇情面而輕受請託之囑，則嫌疑當遠也。仍乞行各省直撫按一體申飭，除重罪外，凡徒流可矜，量行減釋，則内外一體，不待五年恤刑，而好生之德已滿天下矣。從之。

明・申時行《明會典・恤刑》 國朝慎恤刑獄，每年在京既有熱審，至五年又有大審之例，自成化間始。至期，刑部題請敕司禮監官，會同三法司審録，南京則命内守備，會法司舉行，其矜疑遺釋之數，恆倍於熱審。其在外，則遣部寺官，分投審録，北直隸一員，南直隸，江南北各一員，浙江、江西、湖廣、河南、山東、山西、陝西、四川、福建、廣東、廣西各一員，雲南、貴州共一員，各奉敕會同巡按御史行事，其例具後。

凡在京五年大審。天順四年，令法司將見在監累訴冤枉者，會同三法司堂上官，刑科給事中各一員審録。成化十七年，命司禮監太監一員，會同三法司堂上官，於大理寺審録，以後每五年一次著爲令。嘉靖四十三年題准，今後每遇五年熱審，將在監一應追贓軍徒人犯，各加詳審，除侵欺數多情重例當變賣家産與家産未盡，不及五年者，仍舊監併。其有坐贓不及百兩，監追已踰五年，節經行勘，果無家産者，免其監追，即定衛廠遣配。其有訪贓疑似，引例牽強，情或冤枉者，亦要勘酌辯理。

凡在外五年審録。洪武二十四年，差刑部官及監察御史，分行天下，清理獄訟。正統六年，令監察御史及刑部。大理寺官，分往各處，會同先差審囚官，詳審疑獄。十二年，差刑部大理寺官，往南北直隸，及十三布政司，會同巡按御史，三司官審録。死罪可矜可疑，及事無證佐可結正者，具奏處置徒流以下，減等發落。若御史別有公務，督同所在有司審録，原問官故入等罪，俱不追究。成化八年奏准，今後五年一次，請敕差官往兩直隸，各布政司録囚。嘉靖七年議准，僞造印信，並竊盜三犯者，審録官不得用可矜之例。

十五年，鑄審錄關防十五顆，給恤刑官。二十六年令，凡經審錄官奏審過重囚，奉有欽依饒死者，撫按官即遵照發遣，不許仍執決單，故行奏擾，二司官如有故違欽恤，敢爲番異，竟致人於死者，巡按御史指實具劾，本部察訪參奏。又題准，各該司府州縣，遇五年一次，刑部差官審錄。將充軍人犯，除已經解發著伍外，其餘不分曾否詳允，及雖經定衛，尚未起解者，逐一開送審錄。其經審錄官辯釋者，務要遵照發落，不許問官偏抑阻撓。四十四年題准，審錄官必候事完，方許陞遷。萬曆三年議准，各審錄官量地遠近，嚴立程限分爲四等，出京之後，北直隸限三箇月，山東、山西、陝西、河南限四箇月，江南、江北、浙江、江西、福建、湖廣限五箇月，四川、兩廣、雲貴限六箇月。入境以辭朝日爲始，復命以出境日爲始，俱先具不違揭帖，送部查考。如違前限，從重參究，堂上官仍不時體訪。如有不諳刑名，行事乖方者，即行參奏降黜。四年，勅審錄官，軍罪有不用全例，摘引例文，及不分首從濫坐者，如未發遣，即附入矜疑疏內，題請開釋。雜犯死罪，准徒五年者，並已徒而又犯徒，律該決訖所犯杖數，總徒四年者，各減去一年。例該枷號者，就便釋放，其餘徒流等罪，各減等擬審發落，笞罪放免。其贓犯除侵盜係官錢糧五十兩，糧一百石以上者，照舊監追。如還官銀不足五十兩，並入官給主百兩以上，各贓監追至五年。或正犯身故逮及子孫，勘無家產者，俱許審實具奏開豁。其各處查盤坐贓，追陪銀兩草束，亦聽查勘正犯存亡，家產有無，具奏裁奪。每一府事完，即便奏請，不必等候通完。五年，令各審錄官，候一省事完之日，通查前後所奏，已經覆議依准，改駁件數多寡，通行考覈。若刑名未諳，改駁數多者，照舊例參究降黜。十一年議准，在差官係員外者，得陞郎中。係寺副者，得陞寺正。令以陞職管原差事務，差滿通考。

明・陳子龍《明經世文編・徐陟〈奏爲懇乞天恩酌時事備法紀以善臣民以贊聖治事〉》 死罪孕婦，臣查婦人犯死罪懷孕者，產後百日行刑。蓋立法之意。以行法在百日之內，則其所生子女不得乳哺，必致喪失，故爲此限，誠不忍以一罪而傷二命。又計本婦所生百日之外，有翁姑父母兄弟等項，至親設法代哺，尚可全辜故也。臣常尋問送審干證諸人，探知死罪孕婦，但有出孤貧遺腹，別無翁姑父母兄弟等項至親依靠者，則其百日之後，將何所歸？又況幼小無人收買，必至遺棄，此不至併殺之已乎。我皇上體天地好生之德，北京每歲秋後三覆奏，重罪死囚，動以寬恩緩死，感賴再生大造，此等幼男何辜，因母之故，孤寡無依，而併喪其生耶。古人啓蟄不殺，方長不折，著爲美談，於物且然，況此幼孩，業已成人，不爲立法曲全，不幾於梗皇仁，而傷元氣乎。臣請爲定例，以補律之未著，今後凡死罪孕婦，如有親人可以付托所生者，俱依本律施行，若遇前項無夫，及無親人可托者，合無審究明實眞的寬限年月，待所生子女可以自行乞丐，然後行刑，庶可保全幼孩之生，其或假此欺弊者治罪，如此將見我皇上無疆之澤，覃敷於無告蟻類，而律法之未意，幷全矣。伏乞聖裁。

熱審恩例，臣三遇熱審之期，每切仰見我皇上好生之仁，萬物一體，無彼此厚薄。但地有遠近，而數有多寡，向來北京罪犯，德音甫降，即沾恩澤，計期至六月中止常兩月有餘；南京路遠三千里，必俟文書到日，始爲減免。亦以六月終爲限，比之北京，沾恩每少一月之數。南北之民，皆朝廷赤子，皇上之施行，亦非不欲均平也，地勢阻之耳。然地不可縮，而法則可以隨在而宜之，況南方暑熱，六七月之間正熾若不爲之議處，不幾於重虛皇上之恩，而徒使留都人民仰望之懸懸乎。臣請今後以不定之日數，議爲定例，北京自恩命渙頒之日，筭至六月終止，凡若干日，南京合無不拘六月終之限，以文書到日爲始，亦令筭足北京日數，俾得齊沾聖澤，庶乎加惠留都重地之民矣。

明・陳子龍《明經世文編・溫純〈慶典在即懇乞寬逮繫併停礦税疏〉》

臣等竊念國家內設三法司，外設撫按，及按察司多官，以刑罰關係民命，一不中則民無所措手足。故祖宗朝重之，未有中使之言，輕逮官民，亦未有以榷採之故，輕遣中使，令其威挾撫按有司者，又未有任中使之叅隨棍役竊弄權以漁獵小民者。今漁獵日益甚，而逮繫日益嚴，蓋諸棍徒爲中，使謀非多進以求皇上喜，則有不奉命之禍，而且無利，欲禍免而得利，即移禍於民不恤，又非阻撓之說激皇上怒，則權不重而無大利，欲權重而大得利則併禍官民亦不恤。今皇上果喜果怒，而利大半埽諸中使棍役矣。不然劉有源之萬六千，程守訓之數十萬從何自來而獨一劉有源一程守訓已耶，夫皇上之喜怒皇上之威福也，名雖竊於中使，實則落於棍役，內何有於法司，外何有於撫按。即撫按且數爲齮齕，不安於位，而守令佐幕舉人逮矣。生員逮至二三十名矣，何論軍民，或棄之江，或毒以刑，或掘其塚，或折其臂，或拶其乳，或坐視群棍奸戲者，不可勝數，此何法也，欲何爲也，無非用財貨也，財貨又大半入中使棍役也。近棍徒之外又爭請兵，或徑招兵，陳奉以千計，高淮陳增馬堂以百計，合各省不下萬餘，餉將安出倘未激變何以兵爲既激變矣。當罪激變者，以其得已而不已也，當寬爲變者，以爲不得已而不得已也，則民服而變自消，若但深求其不得已者，寬縱

明・陳子龍《明經世文編・孫丕揚〈歲清天下囹圄疏〉》 據浙江等司案呈，犯法愚民，何處不有，戾法冤民，亦何處不有。若非每歲清理，必待五年差官，冤抑之犯難免圜土，合無照兩京矜疑事例，歲酌一字，其於獄政裨補不小等因到部。臣惟國家典章，兩京冤犯，春秋時得荷德意而矜疑之，以都中含冤之夫，鮮不昭雪於天日者，惟是省直輕重繫囚，奚啻百倍京師也，乃君門萬里，獨不得偕郡人歲與天恩，非所語無私之聖治也。既經各司具呈相應酌處，臣查得成化二年萬曆十三年審錄之例，即曾通行天下，旋即報罷，豈非以省直地方，各有審錄御史在耶，顧御史職掌執法，原無歲例，即官御史時，亦不敢輕開釋者。臣請皇上施好生之德，擴解網之仁，始於邦畿，終於四海，令匹夫匹婦，無不被堯舜之澤，則惟有歲歲處處，開矜疑之例焉耳。蓋犯人之在獄也，情狀甚難，巡撫允而巡按不允者，恆獄於斯，巡按允而巡撫不允者，恆獄於斯赴理於藩臬守巡申詳於郡縣守令，不允者，恆獄於斯。夫大之人命強盜，或以贓證而遲疑，中之流徒軍犯，或亦以追贓而淹滯，小之贖金錢債，或無財而追比亦必恆獄於斯。近者動遲歲月，遠者或久禁縲絏不得歸結，合天下囹圄而總計之，蓋不知其幾千萬人已，此皆仰仗皇上照及覆盆則得生，不照則不得生者也。臣願皇上於巡按每歲審錄之外，再申澄清囹圄之法，師兩京會審之規，爲撫按會疏之例，方春時和也，每歲聽兩直隸十三省各撫按官會行所屬問刑衙門各審部內輕重囚犯有冤抑者，按察司居省會也即審省會之囚，守巡道有分土也。即審各道之囚，皆身親巡歷不得調審州縣，爲諸囚憂，亦不得委審守令，除情眞罪當，審無冤枉者，照舊監候外，中有死罪矜疑軍徒杖笞，情可原宥者，許各詳諸撫按會疏以請。第一列死罪之可矜可疑者，每人述哀矜之狀，其次列軍徒追贓之可遣可配者，每件述處分之由，又其次列笞杖之可保可釋者，令監禁之犯撫按疏期，勿過夏月爲率大都輕罪自發落，無致久羈，重罪仍聽部覆，恭候聖裁務使歲歲力行，處處清審，則天下郡縣，無一不清之囚，囹圄無一不清之罪，天下冤民庶幾漸少。皇上政舉刑清之化，豈不永賴於海隅蒼生也哉。

明・陳子龍《明經世文編・王廷相〈請辯憑恩罪狀疏〉》 嘉靖十四年四月十七日，該司禮監太監張欽傳奉聖旨，如今天氣暄熱，兩法司并錦衣衛見監囚犯，笞罪無干的放了，徒流以下，并減等詳審發落，重囚情可矜疑，并枷號的，都寫來看，欽此。欽遵，仰我皇上好生之德，與天同體，臣備員法司，敢不祗承休命，以奉宣德意乎。臣于去冬會同吏部尚書汪鋐等奉命審錄罪囚，審得刑部犯人馮恩，犯該上言大臣德政斬罪，臣與鋐等以本犯罪狀與律不類，情實可矜，擬以有詞再問，伏蒙聖旨依擬，今已數月矣，未見刑部再問明白擬奏，今者又奉欽恤之命，臣乃執法之官，若隱忍不言，致使皇上欽恤之仁，不被于下，厥罪深重，焉用執法爲哉。臣伏覩皇明祖訓有云，凡官員士庶人等，敢有上書陳言大臣德政者，務鞫問情由明白處斷，本註云如漢王莽爲相，操弄威福，平地以新野田二萬五千六百頃益封莽，莽不受，吏民上書頌莽功德者，前後四十八萬七千五百七十二人，遂至威權歸莽，傾移漢祚大明律條意亦同此。切惟聖祖垂訓制律之意，慮後世宰執奸邪，暗邀人心，以危社稷故耳。今馮恩所犯情狀，揆之于此。實不相類，何以言之。尚書汪鋐掌都察院之日，而恩曾挾私妄劾，及鋐轉陞吏部尚書，恩之意以鋐必害己，故先爲論列以制鋐不敢發，且波及一二輔臣以示其非私劾鋐，至於舉論尚書夏言王憲等之賢亦不過假藉言官論列之公，以濟其害鋐之私耳，比諸稱頌王莽功德，本不相類，臣與鋐等擬以有詞再問者此也。伏乞陛下矜憐之，臣又聞之前輩有云，我朝祖宗以來有三美政，皆前代所不及，不與夷虜和親一也，不使外戚與政，二也，不以論諫殺言官，三也。夫言官，人主耳目也，耳目聰明，不致蒙蔽，則人主洞燭奸邪，萬里畢照，社稷之福也。故古聖王之於言官，言善則行，言不善則優容之，所以廣聰明而鎮奸回也。言官至于殺戮，則臺諫之臣，括囊惜命矣。誰復敢犯危而言之，夫奸邪無種乘便乃生使言官畏禍而緘默以自保，此小人得志之秋也。蒙蔽奪其聰明，奸黨隱于肘腋，人主孤立而無聞見，豈不危哉。我祖宗以來，不殺言官大意以此。伏惟陛下鑒察之，且恩不足惜，關係朝政之大爲惜耳，伏望陛下再勅刑部擬辯律意，與恩所犯情罪，果合與否，再行具奏上，請定奪，則皇上欽恤之仁，不致遺漏而可矜之囚，亦得以破更生之澤矣。

明・談遷《國榷・成祖永樂元年》 〔六月〕庚戌，致仕戶部尚書王鈍言三事：曰囚人不分籍，但挨程安置；曰攢運冬衣布花，及時給邊卒；曰通州迤東驛；每站撥官馬十匹。悉從之。

明・吕坤《實政録・監禁》　囚犯奉有決單，自當明正典刑，是以未決之先，貧者有囚糧，病者有醫藥，夏則灑掃以防瘟，冬常溫煖以禦寒。聖王豈不知其人之當誅哉？以爲既有臨時之死，且延一日之生，故曲加體悉如此耳。近日有司，疎於治獄，有獄卒要索不遂，凌虐致死者；有讐家買求獄卒，設計致死者；有夥盗通同獄卒，致死首犯以滅口者；有獄霸放債逞兇，滿監盡其驅使，專利坑貧，因而致死者；有無錢通賄，斷其供給，有病不報，待其垂死而遞病呈，或死後而補病呈者。倘係眞情，罪當之。囚瘐死猶可，中間有抱冤待辯之人，株連未結之罪，一概死於獄中，所傷天理不細。以後獄囚有病，先取囚親告治，結狀調治，不痊，後取屍，親告領結狀，一併粘連，申詳本司，方准開除。無親人者，以里長、甲首、隣佑代之，其强盗失迷鄉貫，原無親族里長者，取刑房吏告治，病呈及醫生病案粘申，如無，以凌虐罪囚論。

明・吕坤《實政録・解送軍囚》　囚飯責令本囚攬銀買造，務在齊止齊行，其飯止用粟米，不與酒肉麪食。

明・吕坤《實政録・獄政・監犯》　優恤八條

一、强盗人命各有柙床，軍徒罪人往往地卧，須與壘打炕竈，上設苫席塊枕，令與重囚同牢，一則令見嚴刑，一則借以防範其在監囚犯。除久囚有穀及家屬有供者聽從其便外，其軍徒及寄監未解未發人犯無人供給者，每人每日計米一升，塩菜煤薪錢五文，直日刑吏記簿出監之日照數納穀上倉，其家貧者徑准開除，如有牢頭監霸輪作火頭，或以照面稀湯薰鼻壞飯不得半飽，多科飯錢，每日刑吏回風務要指實稟治，如刑吏受贓朦朧者，獄院置大鼓一面，許被害繫鼓十二聲以憑拏問重究刑吏坐贓革役。

一、監霸多係豪强之人，買通吏書役使禁卒。凡犯人入監無錢打點，伊即替多出，務滿需索之意，未出監門，利已加倍。或家中典賣田園，或臨時剝脫衣帽，伊且自待甚尊，奉身甚侈，獄中大小，皆其頤指氣使之人。凡欲短長皆得趁意遂心之便，甚者市恩報怨，捶楚號呼，每稱再殺一人只是添一叉字，教唆新犯變亂是非，就中取利，而豪無賴者又爲之羽翼焉。又有獄吏禁卒相與朋黨爲奸，爲害不可勝數。獄中之事，守令有意念不及，足跡不到者，其中苦樂不平，生死飲恨，誰則知之。有司數日一下監，或忽召數囚而細審之，必有得其情者。

一、盗情初係招攀，人命未分定執及監追家屬等項，情罪未明之前，內有供明者，有辨豁者，有止於徒杖者，名重故不得不送監，情疑故不可不分別。凡此等犯與轉詳未示已奉決單者不同，其飲食疾病須要萬分加意，若聽從禁卒刁難，衣食非理，凌辱及致身死，但稱偶得某病，撥醫調治不痊，某日身死，已經相驗等申文，俱不准，理應管官吏定以凌虐罪囚，從重究治。如近日楊勉平白誣執馬天紀、馬彦乾爲盗，僅踰七日，父子俱死於獄。及衆證知是良民，而楊勉亦擬重罪，何益於無辜者之含冤哉？凡獄中罪犯，聽其死生，略不經意，及死而曰：非我殺之。冥冥有知，當以孰爲罪魁耶？居官作子孫之孽，此爲第一。

一、獄房大抵多狹，故盛暑牢瘟可慮。除另造病房兩間，添設炕竈以便病者必以發熱不食，氣色異常，醫生稱病者，方准出柙，移房調理外，自四月以後，九月以前，每三日一掃除，房中但有腥臊蒸穢之氣，查係何人所作，便加懲治。房牆近簷之處，多加小孔數十，以引清風，以泄濁氣。軍徒等罪，足脛亦繫短鐐活鐲，夏月與禁子聽其露寢，惟直宿禁子不許出監至於溷廁，亦須五日放門一次，令園丁打掃，或時爇蒼術以避邪惡，多備天水散等藥以防暑瀉。

一、監門當改於二門之內，以便關防。獄囚以到監先後爲序，立簿籍二扇，監中一扇，堂上一扇，仍照犯人數目，各置短籤，大書名姓，囚家飯到，由一角門入，當堂唱名，掣吏搜檢畢，將籤名插之飯上，挨次到監門。監外置雲板一面，一吏引囚飯至監門擊板三聲，內吏執簿點名，强盗令禁卒挨次代領入監，竊盗及人命重囚禁子接置地下，各囚挨次親領，隨領隨拔籤，內吏交於送飯之人。犯人與家人許見面不許交手，許通言不許通字，其籤送飯人當堂親繳，如領飯不明，或有搶奪送飯人，口稟。卯時放飯牌出，辰時放飯牌入，一日一次，務不失時，以便遲蚤。常飯不禁肉果，惟大節及本犯家慶，許送黃酒一斤。病人用酒日半斤，餘日餘人俱不許用酒，至於燒酒，禁不許送。在官人等，但有搶奪監倉犯人杯酒片肉口湯塊餠者，重責枷號革役。

一、囚糧載於律令，大辟亦給，蓋有二義焉。絞斬重刑，凡以警惕黎庶，典刑明正，庶足償抵幽魂，不欲病死獄中，致逃法網，一也。應死罪囚，臨時首領既不得保全，平日肚腸又令之饑餓，憔悴當刑，情所不忍，二也。天下大辟，計囚糧每歲當不減數萬，饑饉連年，有死民，而無死囚，恩無乃溢乎？曰：此後世失立法者之意也。國初，法嚴而犯死者甚少，法信而刑成者不停，情罪既眞，遲者止於秋後，速者決不待時，一歲之囚，不出秋決。待秋，囚犯食糧幾何？是以囚應給糧而不給者，律笞，審錄無冤而故延不決者，律杖。萬曆庚寅，余錄山西囚案，已未奉決及情眞未詳者，千三百有奇，有五十五年不決者矣，三二十年無論也；有強盜三五年不決者矣，各犯絞斬無論也。如是而月月有糧，歲歲不死，袖手於不貲之房，役身於無差之地，悠悠日月，待盡天年，視祁寒暑雨早作夜勤之人，安閑不啻十百矣，何以懲奸戢暴，正三尺法紀，伸九地沉冤乎？然則囚糧可遽革乎，不敢也；囚犯可勝誅乎，不能也。是在司獄者處之耳。今監中惟有強盜尙在嚴防，其淩遲斬絞等犯，與牢禁人等日久天長，情通事熟，不帶枷扭，半作營生，雖於法未宜，然獄有之，人人知之矣。似當斟酌情法，略與通融，但令大鐐嚴鐲牢絆兩足，除打繩紡線木作等藝，不令習學外，其餘挑網巾、結草履、作布鞋，一切不礙關防生藝，初給半年囚糧，令作工本，待藝習頗通之日，令自爲生。其有應賣之物，待放飯之時，各付所親辨買，以資衣食。門禁驗明照出，不許刁難，如有公家之役獄中効勤，及年七十以上，百藝難習，又六親無人，法重情輕者，照常給與囚糧外。若能藝而不學，能勤而不效者，雖有飢寒，似難准給，如是則重囚不爲徒食，民膏不至濫竭，桎梏既無困苦，防範亦不疎虞。果否可行，有司議報當俟轉聞不然，徒犯無食，拘役死罪坐享衣糧，可乎？

一、獄囚請給衣糧醫藥，原無已成獄未成獄之別，近來有司不知何據，惟奉決及曾上長枷者照月給糧，而見審未成刑之人，牽連淹禁經三五年，少衣缺食，有病全不照管分毫，但報陸續病故，是仁於情眞應死之重犯，而不仁於情罪未明之生人也。是不曾看應請一應字及囚該死流徒杖一該字也。曰應者，有無人供衣食看視之類；曰該者，情罪重輕未定之詞；曰流曰徒曰杖，則請給衣糧醫藥者，又不但當死之人矣。凡在獄重輕囚犯，果貧身有策，供給有人自不當妄行申請；果飢寒迫身，疾病有指，自不當坐視艱危。仰體天地好生之心，聖王恤刑之意者，誠於律文一細讀之，如苦錢糧無處，則少禁幾人，權亦在我，何可草菅人命哉？

一、女監有犯姦及應該死罪婦人，此皆刑吏禁卒之妻妾也，死生自有常刑，男女豈得無別。但監守從來無人，致關防不能無弊。今擬養濟院中老婦，擇其稍精壯者二人，作爲伴妻，其犯婦接送飲食及門前呼喚應答，皆以伴妻代之，女監中水火鍋竈及宿止之處，亦須事事處分，紡花作履，聽從其便。伴妻除月糧布花照院支給外，每人每季再加鹽菜銀五錢，其門戶開關，仍以刑吏，夜巡仍屬大監，豈能必無邪行，要以成男女之體而已。

明・丘濬《大學衍義補・愼刑憲・順天時之令》 《禮記・月令》：仲春之月，命有司省囹牢也圄止也去桎在足梏在手毋肆陳尸也掠棰治也止獄訟。

陳澔曰：周曰圜土，殷曰羑里，夏曰鈞臺，囹圄，秦獄名也。

孟夏之月，斷薄刑，決小罪，出輕繫。

陳澔曰：刑者，上之所施。罪者，下之所犯。斷者，定其輕重而施刑也。人以小罪相告者，即決遣之，不收繫也。其有輕罪而在繫者，則直縱出之也。

仲夏之月，挺重囚，益其食。

陳澔曰：挺者拔出之義，重囚禁繫嚴密，故特加寬假。

明・丘濬《大學衍義補・愼刑憲・議當原之辟》 漢孝惠即位，制爵五大夫，吏六百石以上，及宦皇帝而知名者，謂仕宦而皇帝知其名有罪當盜逃也械者皆頌音鬆繫，民年七十以上，若不滿十歲，有罪當刑者，皆免之。

馬廷鸞曰：古者刑不上大夫，漢之待公卿大夫與士庶無等級，皆習秦氣象。蕭曹秦吏，習見不知改，而何亦身自當之。惠帝雖差立條式，然特以爲恩惠，不著法令。文帝時絳侯下獄，賈生極言以諫，然終不能變也。

明・丘濬《大學衍義補・愼刑憲・簡典獄之官》 《立政》：周公若曰：太史司寇蘇國名公，式敬爾由獄以長我王國，茲式有愼，以列用中罰。

蔡沈曰：此周公因言愼罰，而以蘇公敬獄之事告之。太史使其幷書以爲後世司獄之式也。《左傳》蘇忿生以溫爲司寇，周公告太史，以蘇忿生爲司寇，用能敬其所由之獄，培植基本，以長我王國，令於此取法而有謹焉，則能以輕重條列用其中，罰而無過差之患矣。

明・丘濬《大學衍義補・愼刑憲・存欽恤之心》 漢孝文帝，禁網疏濶，選釋之爲廷尉，罪疑者予民，是以刑罰太省，至於斷獄四百，有刑錯措同之風焉。

臣按：文帝用張釋之爲廷尉，罪疑者予民，是以刑罰太省，幾至刑措。噫，文帝用一張釋之而致於刑措，三代以下，稱仁厚之君必歸焉。中曰：爲政在人，取人以身。蓋必有禁網疏濶之君，然後其臣敢以其罪之疑者，而予民，故曰：有是君，則有是臣。

宣帝地節四年，詔曰：《令甲》死者不可生，刑者不可息，此先帝之所重，而吏未稱。今繫者，或以掠辜，若飢寒瘐死獄中，何用心逆人道也。朕甚痛之，其令郡國歲上繫囚，以掠笞若瘐死者，所坐名縣爵里，丞相御史課殿最以聞。

臣按：漢世人君，宣帝最爲苛急，然猶下此詔。且謂繫者，或以掠辜，若飢寒瘐死獄中，令郡國歲上繫囚，以掠笞者。瘐死者，所坐名縣爵里，以爲殿最。噫，居宮殿之中，而思囹圄之苦，處清閑之地，而念困阨之人，人君宅心如是，上天豈不祐之哉？漢去古不遠，所行多仁政，然當是時，趙蓋韓楊之不得其死，人皆歸咎於帝之苛急。及觀是年，及元康四年，念耆老之詔，則帝之心可知矣。有君如此，而于定國不能擴充其善心，而揆之當道，豈不可惜哉？

明・佚名《牧民政要・老幼勿監》 老幼可憐，律勿拷訊。置諸監禁，情法俱乖，必重大事情，乃間一加之耳。

明・佚名《新官軌範・體立爲政事情》 置立囚簿一扇在監，一應輕重囚犯，逐日令看監吏開寫實在若干名數，以便發落囚犯，不致淹禁。

清・嵇璜《續通志・刑法略二》 〔宋〕天禧四年，詔：天下犯十惡、劫殺、謀殺、故殺、鬭殺、放火、強劫、正枉法贓、僞造符印、厭魅咒詛、造妖書妖言、傳授妖術、合造毒藥、禁軍諸軍逃亡爲盜罪至死者，每遇十一月權住區斷，過天慶節即決之；餘犯至死者，十二月內及春夏未得區遣，禁錮奏裁。按過天慶節始決死刑條，咸平中殿中侍御史趙湘曾以爲言，故有是詔。

清・嵇璜《續通志・刑法略七》 宋赦宥之制，遇非常覃慶，則常赦所不原者，咸除之。其次釋雜犯死罪以下，皆謂之大赦。雜犯死減等，而餘罪釋之，流以下減等，杖笞釋之，皆謂之德音。亦有釋雜犯罪至死者，其恩霈所及，有止於京城兩京兩路一路數州一州之地者，則謂之曲赦。初，太祖乾德元年將祀南郊，詔兩京諸道：自後犯竊盜不得預郊祀之赦，所在長吏當告諭下民，毋令冒法。是後將祀郊丘必申此詔。開寶元年十一月南郊大赦改元，自是三年而郊必加恩肆赦，以爲常制。凡赦，十惡、殺人、官吏、受贓者皆不原。太宗太平興國三年郊，大赦，詔：自元年十二月二十二日以後，即登極赦。京朝幕府州縣官犯入己贓，除名配諸州者，縱逢恩赦，不在放還之限。六年十一月，因郊禮議赦。有秦再思者按：秦再思，《通考》作秦恩，今據《續通鑑》改正。上書，願勿赦，引諸葛亮相蜀數十年不赦之事以爲證。帝頗疑之。時趙普對曰：凡郊祀肆眚，聖朝彝典，其仁如天，堯舜之道也，若劉備區區一方，臣所不取。帝善其對，赦宥之議遂定。端拱元年正月大赦，少府監言：犯贓配役人郭晃等九人皆嘗任京朝官，會赦，當叙用。帝曰：晃等贓吏不可復齒仕版，止令釋遣之。眞宗咸平二年詔：如聞小民，知有恩赦，故爲盜劫，自今不在原免之限。景德二年十一月大理寺言：郊禮在近，諸州奏按多不精詳，冀於駁覆，延留以俟恩宥。請自今有侵損贓私，事狀明白，公然抗拒當駁退者，即具情實定斷，以絶僥倖。詔可。天禧元年正月上玉皇聖祖寶冊大赦時，江南提點刑獄范應辰上言：伏覩辛亥制書，常赦不原者咸除之，臣今所部州軍過誤而被宥者。雖多切害而蒙釋者亦衆，望自今應有知赦在近而故爲罪戾及赦後彰顯情理切害者，死罪以下遞減一等；赦前殺人剽財，赦後雖不復爲，因事捕獲，決配遠惡州軍，其殺人、放火、擄劫財貨已依赦配本城者，如更犯逃亡、飲博之罪，依禁軍例科斷；其重罪該原而情理切害者，所在長吏籍其犯由，若再黷憲綱，不以罪之大小，禁錮奏裁。其州縣官吏侮刑受賂，望止原其罪而削其官，以申警戒。帝覽而嘉之。仁宗天聖五年，馬亮上言：朝廷雖有詔，自十月後犯強竊盜者郊赦不原，而法官斷獄乃言，終是會赦多所寬貸，惠姦宄，失詔旨。遂詔已下約束，而犯劫盜及官典受贓，勿復奏，悉論如律。七年春，京師雨，彌月不止。仁宗謂輔臣曰：豈政事未當天心耶？因言向者大辟覆奏，州縣至於再，京師至於五，蓋重人命如此。其戒有司決獄議罪，毋或枉濫。又曰：赦不欲數，然舍是無以召和氣。遂命赦天下。寶元元年九月，詔：應祀事已受誓戒而失虔恭者，毋以赦原。至和二年八月赦京輔。先是正月已降德音，知諫院范鎮言：京輔歲一赦，而去歲再赦，今歲三赦，姑息之政，無甚於此。夫歲一赦者，細民謂之熱恩，以其必在五六月間也。姦猾爲過指以待免，況再赦三赦乎？請自今罷所謂歲一赦，以摧姦猾而使善良得以立也。時帝尤惡人告訐陰事，一時士大夫亦習爲惇厚，而小人乘間密上書疏人過失，又數按人赦前事。翰林學士張方平言：中外官多發人積年罪狀及奏劾事，輒請不以赦原減，快一時之小忿，失天下之大信。自今有類此者，請以故違制書坐之。其後御史呂誨復以爲言。詔曰：比者中外多上章言人過失，外託公言，內緣私忿，詆欺曖昧，苟陷善良。又赦令者，所以與天下更始，而有司多舉按赦前事，殆非愼命。令重刑罰，使人灑然自新之意也。自今有上章告人罪及言赦前事者，訊之。至於言事之官，宜務大體，非關朝政，自餘小過細故，勿須舉察。神宗即位，以中外臣僚多以赦前事招摭吏民，興起訟獄，詔內外言事按察官司，勿得依前舉劾具按取旨，否則糾違制之罪。知諫院司馬光上言：御史之職，本以繩按百辟，糾擿姦邪，固非一日所爲。國家素尚寬仁，數下赦令，或一歲之間至於再三。若赦前之事皆不得言，則其可言者無幾矣。萬一有姦邪之臣，朝廷不知，誤加進用，御史欲言則違今日之詔；若其不言，則陛下何從知之？臣恐因此，言者得以藉口偷安，姦邪得以放心不懼，此乃人臣之至幸，非國家之長利也。請追改前詔，刊去言事兩字。光論至再，帝諭以言者好以赦前事誣人。光曰：若言之得誠所欲聞，若其不實當罪言者。帝命光送詔於中書。熙寧七年二月，帝以旱，欲降赦，時已兩赦。王安石曰：湯旱以六事自責，曰政不節歟。若一歲三赦，是政不節，非所以弭災也，乃止。按洪邁《容齋隨筆》云：安石生平持論務與衆異，獨此說爲至公。近者六年之間再行覃霈。婺州富人盧助教以刻核起家，因至田僕之居，爲僕父子四人所執，投置杵臼內，搗碎其軀爲肉泥。既鞫治成獄，而遇己酉赦恩獲免。至復登盧氏之門，笑侮之曰：助教何不下莊收穀？茲事可爲冤憤，而州郡失於奏論。紹熙甲寅歲至四赦，凶盜殺人一切不死，惠姦長惡，何補於治哉？據此則赦雖寬典，然行之太數，其流弊有不可勝言者矣。八年，編定廢免人叙格常赦，則郡縣以格叙用。凡三期一叙，即期未滿而遇非次，赦者亦如之。元豐元年，青州民王贇父爲人毆死，贇幼未能復讎。幾冠，刺讎，斷支首祭父墓，自首，論當斬。帝以殺讎祭父，又自歸罪，其情可矜，詔貸死，刺配鄰州。六年郊赦，大理少卿劉袞言：赦書以赦降日昧爽以前爲限，非次恩霈，人難預期，請依德音例，以赦到日爲限。從之。哲宗元祐元年，門下省言：當官以職事曠隳，雖去官不免，猶可言，至於赦降大恩，與物更始，雖劫盜殺人亦蒙寬宥，豈可以一事差失，負罪終身？今刑部所修不以去官赦降原減條，按《宋史·刑志》此句官上脫去字。今據《文獻通考》增入所留尚多，所刪尚少。請更刪改存留。從之。六年，以上清儲祥宮成，將肆赦。樞密直學士王巖叟言：昔天禧中祥源成，治平中醴泉成，皆未嘗赦。古人有垂死諫君無赦者，此可見赦無益於聖治也。八年，門下侍郎韓維言：請自今每近郊赦令，刑部、大理寺、開封府並依當時決遣獄訟，不滅日限，其情重難釋者，別爲一等奏斷。從之。元符三年，中書省言：元祐編敕惟習妖教變幻之術及故盜決河堤堰，不以赦降原減，餘犯一再遇非次赦或兩經大禮者，聽從原免。元符新敕刪去，遂使犯法者無由自新。詔依元祐法。徽宗政和五年，知興仁府夏鯖言：諸路奏獄有因祖父母爲人所毆而子孫毆之以致死者，並坐，情理可憫奏裁，多免流配。若遇赦則不復奏裁，即作鬬殺情理減等流配。是不遇赦者爲幸，遇赦者爲不幸。請自今雖遇赦，亦令奏裁。從之。高宗建炎元年六月，尚書右僕射李綱上疏言：祖宗登極赦令皆有常式，前日赦書乃以張邦昌僞赦爲法，如赦惡逆及罪廢官，盡復官職，皆泛濫不可行。宜悉改正。詔班其議於朝。又皇長子生，大赦。李綱言：陛下登極，曠蕩之恩，獨遺河北河東及勤王之師，夫兩河爲朝廷堅守而赦令不及，人皆謂已棄之，何以慰忠臣義士之心。勤王之師在道路半年，擐甲荷戈，冒犯霜露，雖未效用亦已勞矣，加以疾病死亡，恩恤不及，後有急難，何以使人？願因今赦，廣示德意。帝從之。紹興二十五年郊赦，右正言淩哲言：陛下深念比年臣僚有緣誣告不測之罪，投竄遐裔，無路自明，迺因郊祀赦，曠然與之昭雪，或除罪籍，或復原官，冤憤既伸，萬物吐氣，甚盛德也。至於姦贓狼籍，已經按治，蹟狀顯著者，亦復巧飾詞理，咸以違忤權臣爲詞。今陛下方開公正之路，小人乃欲啓僥倖之門，此正清議之所不容也。又況此曹嗜利之人，未易悛革，倘再臨民社，其害將有甚於前日矣。請特詔有司，應自今陳雪過名之人並須檢會原犯事因，如係贓罪已經勘刻者，乞止依原斷條法施行。詔刑部看詳，本部言：命官犯罪，若原因論訴按發鞫勘贓證結錄別無番異者，並欲具原斷因依告示。其餘特放罪或因緣連坐之人，後來有司看詳，委有冤抑者，即行開具因依，申取朝廷指揮。從之。二十九年，中書舍人洪邁上言：請自今凡天下凶盜及雜犯殺人，罪應至死而赦之者，量地里遠近分配大軍，不惟可免逋亡異日生患，而此徒輕生好殺，既隸軍伍，知有洗心自新之路，稍加閱習，必樂爲用。孝宗淳熙九年，大理卿王尚之言：近以民間詞訟，官司按劾多有連及赦前事者，復送有司根勘。如此則與不曾經大赦無異，非所以示信也。請降指揮，應今後送所司推勘者，止合將大赦後罪犯依法結斷。若所犯在大赦前，苟非惡逆以上，並不許推究。從之。光宗紹熙二年，殿中侍御史張釜言：國家三歲一郊，霈曠蕩之澤，以幸天下，德至渥也，然赦文與令甲抵捂者有失參考，乞預飭省部令，將各按具到赦文內合行事件逐一比照見行條法，法意寬而條或從窄，則改定赦文，令舍窄而究寬；赦文本寬而法或從窄，則明載赦書，令舍法而從赦，毋令引法以沮赦，毋令因赦而傷恩。如此則國家曠蕩之澤不爲虛文。從之。五年五月肆赦。七月寧宗登極，九月宗祀明堂。尚書省契勘一歲之間三行赦放，誠恐有凶惡累犯之人指恩作過，内曾犯徒流罪，已經登極赦恩免罪後，再犯徒流，以情理深重者，未曾斷遣，别聽朝廷指揮。其指揮與赦文同降，但以白紙連書於黄牒前，蓋前所未有云。

清·嵇璜《續通志·刑法略八·赦宥》 遼太宗天顯五年三月，皇弟魯呼請赦宗室錫里郎君以罪繫囚者，詔從之。七年八月林牙德勒賓逸囚，復獲而鞫之，知其事本誣搆，釋之。會同三年九月邊將奏破吐谷渾，擒其長。詔：止誅首惡，餘並赦。世宗時，耶律吼有定策功，加採訪使，賚以寶貨。辭曰：臣位已高，敢復求富？臣從弟達魯諸子坐事籍沒，陛下哀而赦之，臣受賜多矣。帝曰：吼舍重賞，請赦族人，賢遠甚。從之。天祿三年正月，以蕭翰及公主阿布哩謀反，翰伏誅，阿布哩自死獄中。詔肆赦。景宗保寧五年二月，近侍薩喇勒誤觸神纛，法論死，杖而釋之。興宗重熙八年十一月，以皇太后行再生禮，大赦。按《禮志》再生儀十有二歲一舉行，蓋遼祖蘇爾威汗制此禮以發嗣君孝思而兹，則皇太后亦行之也。迨後二十年十二月皇太后又舉此制，詔赦天下。 默爾根達使酒殺人而逃，會永壽節自首，特赦其罪。十二年七月以樞密使蕭孝忠薨，特赦重囚。十五年十二月赦大辟以下罪，是日爲聖宗在時生辰。十六年十二月以皇太后疾愈，肆赦。雜犯死罪減一等論，徒以下免。十八年十二月有弟從兄爲强盗者，兄弟俱無子，特原其弟。道宗咸雍三年六月，有司奏新成縣民楊從謀反，僞署官吏。帝曰：小人無知，此兒戲耳。獨流其首惡，餘並釋之。太康九年六月詔：諸路檢括脱户，罪至死者，原之。十一月進封梁王延禧爲燕國王，大赦天下。大安四年十一月，興中府民張化法以父兄犯盗當死，請代，皆免。

又 金世宗大定二年二月詔：前戶部尚書梁球、戶部郎中耶律道，安撫山東百姓，招諭盗賊，凡避賦役在他所者，並令歸業，無問罪名輕重，悉與原免。三年五月，詔諭：契丹餘黨富色克等，如能自新，並釋其罪。五年二月，赦河南諸州罪囚，以被兵故也。四月，兩京留守壽王京謀反，獄成，特免死，杖之，除名嵐州安置。十年，尚書奏河中府張錦自言復父讐，法當死。帝曰：彼復父讐，又自言之，烈士也。以減死論。二十三年，大興府民趙某帶酒亂言父干捕告法，當死。帝曰：爲父不恤其子，而告捕之人所甚難，可特減死一等。章宗承安四年二月，監察御史姬端修以妄言下吏，赦其罪，令家居俟命。十一月亳州醫者孫士明擅用黄紙，大書敕賜神針先生等十二字，紙尾年月摹作寶樣朱篆青龍二字，以誑市人。有司捕治，款伏。值赦，大理寺議宜照僞造御寶，雖會赦不應原。參知政事賈鉉奏：天子八寶，其文各異，若照僞造御寶，非本法意。遂得赦原。宣宗興定元年五月，山東行帥府事蒙古綱擅械轉運使李秉鈞，法當決，秉鈞反詈綱應論贖。詔兩宥之。二年四月，伊爾必斯自潼關之敗逃居柘城，爲御史臺覺察，繫其家屬。帝令釋伊爾必斯之罪，伊爾必斯不自詣闕，遣子上書，請圖後效。臺臣力請誅之，以懲不忠。帝曰：中丞言是也，業已赦之矣。乃除名。三年四月，林州都統霍成以疑貳誣殺降人罪，當誅。元帥惟良請寬其罰，仍請立護送降民賞格以杜後患。帝爲之赦成，而命有司頒賞格焉。時有誣宗室蘇爾坦殺人者，太學生馬肩龍上書略曰：蘇爾坦有將帥材，少出其右者。臣一介書生，無益於用，願代蘇爾坦死，留爲天子將兵。帝問：汝與蘇爾坦交厚乎？對曰：臣知有蘇爾坦，蘇爾坦未嘗知臣。蘇爾坦冤，人不敢言。臣以死保之。乃赦蘇爾坦。哀宗正大元年正月，降德音於河南關陝山東諸路，罪無輕重，皆與蠲除。二年，陳和尚隨其兄色埒默在軍中以事笞萬宜翁，宜翁憤死，語其妻必報。妻以故殺其夫訴臺省，且積薪欲自焚。陳和尚繫獄者十有八月。色埒默入朝，帝諭以欲赦之意，尋以臺諫言復止。及聞色埒默卒，始馳赦之。且諭曰：有司奏汝以私忿殺人，汝兄死，失吾一名將，今以汝兄，故曲法赦汝，天下必有議我者。他日汝奮發立功名，始以我爲不妄赦矣。陳和尚且泣且拜，後死節於鈞州。天興元年七月，飛虎軍士申福蔡元擅殺北使唐慶等三十餘人於館，詔貰其罪。

又 元世祖中統元年五月，以額埒布格反，大赦天下。至元十年五月，詔：天下罪囚，殺人者待報，其餘一切疎放。限以八月内自詣大都，如期而至者，皆赦之。八月前，所釋諸路罪囚自至大都者，凡二十二人，並赦之。十三年以平宋，大赦天下。時監察御史趙天璘上策曰：赦者欲以蕩滌瑕穢，與民更始，以負罪者言之，則實莫大之洪恩；以致治者論之，則非太平之常事也。近世以來郊天、祀宗、建儲、立后，未有不肆赦者，僥倖之子逆知期會，能不啓匪濫之心哉？又況大赦之後，姦邪未嘗衰止，朝脱囹圄、夕攖縲絏，其不能承化自新，亦已明矣。今國家哀囚徒之孽苦，憫小民之庸騃，頻降原赦，此蓋朝廷不忍人之心形於外而不能自已也。推此以及良民，順天道以正生殺，則周文之治不難同矣。伏望陛下信賞決罰，無肆赦宥，使上下有紀，內外絕倖，則天下可運之掌上矣。成宗大德七年，左丞相達爾罕言：僧人修佛事畢必釋重囚，有殺人及妻妾殺夫者，皆指名赦之，生者苟免，死者負冤，於福何有？帝嘉納之。按元世西僧每歲爲佛事，必請釋輕重囚徒以爲福利，謂之都勒幹。成宗時用帝師奏，釋大辟三人及杖以下者七人。厥後豪民犯法者皆賄賂之，以求免。雖大臣有罪莫不假是逭其誅。迨仁宗朝，始以僧人作佛事命中書審察擇釋獄囚。又功德使額琳沁以佛事奏釋重囚，帝不允。時臺省亦疏上，請革其弊。然終元之世，故事相沿，迄不能革。仁宗延祐五年三月，晉寧民侯喜兒昆弟五人坐法當死。帝嘆曰：彼一家人不幸而有是事，其擇情輕者一人杖而宥之，俾養父母，毋絕其祀。英宗至治元年正月，廷臣或言祀事畢宜赦天下，帝曰：恩可常施，赦不可屢下。使殺人獲免，則死者何辜？遂命中書陳便宜行之。三年三月命僧誦經十萬部，尋敕諸寺作水陸佛事七晝夜，敕都功德使至京師，釋囚大辟二十一人，杖五十以上者六十九人。文宗天曆三年六月，以伊嚕特穆爾等罪詔告中外，赦天下。順帝元統時，布衣蘇天爵疏：自昔國家務明刑政，苟或赦宥之數行，必致紀綱之多紊。近歲以來赦宥太數，誠恐姦人貪吏，各懷僥倖，大爲姦利，非國家之福。世祖在位三十五年，肆赦者八。近自天曆改元至元統初歲，六年之中肆赦者九。蓋敷恩宣澤，雖出於朝廷之美意；然長姦惠惡，誠爲政者所當慎也。伏願自今以始，追法世祖皇帝之所行，使中外臣民洗心革慮，守法奉公，知非常之恩，不可復覬，天下幸甚。

清・畢沅《續資治通鑑》卷五 〔太祖開寶二年〕帝以暑氣方盛，深念縲絏之苦，乃詔：西京諸州令長吏督掌獄掾五日一至獄戶，檢視灑掃，洗滌杻械，貧困者給飯食，病者給藥，輕繫小罪即時決遣。自是每歲仲夏，必申明是詔以戒官吏。此詔自戊子日降，今移見於後。

清・畢沅《續資治通鑑》卷三六 〔宋仁宗天聖四年〕知益州薛田言：兩川犯罪人配隸他州，雖老疾得釋者，悉留不遣；自今請無拘停。帝曰：遠民無知犯法，而終身不得還鄉里，豈朕意乎！察其情有可矜者，聽遣還。

清・畢沅《續資治通鑑》卷一四六 〔宋孝宗淳熙八年〕丙子，詔：陰雨多日，大理寺、臨安府并屬縣及兩浙西路諸州縣見禁罪人，在內委臺官，在外委提刑，躬身檢察決遣；如路遠分委通判。杖已下并干繫等人，日下並行疏放。

清・畢沅《續資治通鑑》卷一六五 〔宋理宗紹定四年〕庚戌，詔：今後行在遇暑慮囚，所差官將臨安府三獄見禁公事，除情重不原外，餘隨輕重減降決遣。大理寺、三衙、兩赤縣一體裁決。

清・畢沅《續資治通鑑》卷一六九 〔宋理宗嘉熙〕六月，甲午，詔以盛暑，錄臨安府繫囚。常所不原者，俟約法，餘隨輕重裁決。大理寺、三衙門、二赤縣亦如之。著爲令。

清・畢沅《續資治通鑑》卷一九四 〔元成宗大德五年〕庚辰，詔遣官分道賑卹。凡獄囚禁繫累年疑不能決者，令廉訪司具其疑狀，申呈省臺詳讞，仍爲定例。各路被災重者，免其差稅一年，貧乏之家，計口賑卹，尤甚者優給之。小吏犯贓者，並罷不敍。

清・龍文彬《明會要・刑三》 洪武十五年，定制：獄囚貧不自給者，人給米日一升。功臣及五品已上官禁獄者，許令親人入侍。《通典》。

又 永樂四年十一月己卯，法司進月繫囚數，凡數百人，大辟十之一。成祖諭呂震曰：此等既非死罪，而久繫不決，天氣沍寒，必有聽其枉死者，誰之過耶？凡雜犯死罪下約二百，悉准贖發遣。

六年九月己酉，給事中張信劾奏刑部都察院淹禁罪囚，致有瘐死者。上召呂震等切責之。期三日，除大辟罪，餘雜犯死罪以下疏決。違者不宥。

九年十一月丙子，刑科曹潤等言：昔以天寒審釋輕囚。今囚或淹一年已上，且一月間瘐死者九百三十餘人。獄吏之毒，所不忍言。帝召法司切責。遂詔：徒流以下，三日內決放。重罪當繫者恤之，無令死於飢寒。

十年十月己未，勅三法司出繫囚之輕者，輸作贖罪。有病，令順天府遣醫療之。

又 正統二年，令：囚徒仍日給米一升。洪武二十四年革去。且令：有贓罰斂衣得分給。

六年，刑部郎中林厚奏言：辯過重囚，若依奏允，方與疎去枷杻，歷日既久，未免瘐死。乞將合奏者暫去枷杻，仍繫鎖鐐，俟奏允處之。各處有貪酷官員，或挾怨故禁勘平人，或受賕故入人死罪者，除軍職及文職五品已上官奏請外，其六品以下即彼逮問械京。從之。

清・龍文彬《明會要・刑三》 洪武元年，令禁繫囚徒，年七十以上、十五以下及廢疾，必散收，輕重不許混雜。

又 嘉靖四年二月乙卯，御史王鼎言：《禮·月令》：仲春命有司，省囹圄，去桎梏。今所犯笞、杖、徒、流罪，業已在獄淹繫經年，不即遣釋，多以禁死，足以干天地之和。上是之，詔內外理刑官，獄成者各即放遣，毋得久禁。違者罪之。

又 〔嘉靖六年〕是年，給事中周璵言：比者獄吏苛刻，犯無輕重，概加幽繫。案無新故，動引歲時。意喻色授之間，論奏未成，囚骨已糜。又況偏州下邑，督察不及。姦吏悍卒，倚獄爲市。或扼其飲食以困之，或徙之穢溷以苦之。備諸痛楚，十不一生。臣觀律令所載，凡逮繫囚犯，老疾必散收，輕重以類分，枷杻薦席必以時飭，涼漿暖匣必以時備，無家者給之衣服，有疾者予之醫藥，淹禁有科，疏決有詔。此祖宗良法美意，宜敕臣下同爲奉行。凡逮繫日月，并已竟、未竟、疾病、死亡者，各載文冊，申報長吏。較其結竟之遲速，病故之多寡，以爲殿最而黜陟之。帝深然其言。

又 嘉靖二十六年，命：凡經審錄官奏審過重囚，奉有欽依饒死者，撫按官即遵照發遣，不許仍報決單，故行奏擾。三司官如有故違欽恤，敢爲翻異，致人於死者，巡按御史指實具奏。

清·龍文彬《明會要·職官四》 萬曆中，刑部尚書孫丕揚以獄多滯囚，由公移牽制。議：刑部、大理各置籍。凡獄上刑部，次日即詳讞大理。大理審允，次日即還刑部。自是，囚無淹繫。尋奏：五歲方恤刑，恐冤獄無所訴。請敕天下撫按，方春時和，令監司按行州縣，大錄繫囚；按察使則錄會城囚。死罪矜疑及流徒以下可原者，撫按以達於朝。期毋過夏月。輕者立遣，重者仍聽部裁。歲以爲常。帝報從之。

《欽定理藩院則例·留養·蒙古犯罪分別准否留養》 凡內外扎薩克等處蒙古地方偷竊四項牲畜應擬死罪及發遣人犯，有聲明親老丁單，其祖父母、父母實係年逾六十，取具該族長及該管官印甘各結，俱准留養。將該犯枷號四十日，鞭一百。如再犯竊不准留養。

《欽定理藩院則例·留養·臺吉犯罪分別留養》 凡臺吉強劫罪至斬決者，雖親老丁單不准留養，若罪至斬絞監候以及發往鄰盟者，由該管扎薩克查明，實係親老丁單具結報院，准其留養一次，再犯不准留養。

《欽定理藩院則例·留養·喇嘛犯罪分別留養》 蒙古地方喇嘛等有犯偷竊等罪，聲明親老丁單授請留養之案，查明該犯親老屬實，平日在該旗當差，仍與老親同居籍以養贍者，方准照例留養。如從師居住廟宇不養老親者，概不准留養。

《欽定理藩院則例·留養·蒙古家奴犯罪留養》 蒙古家奴犯罪，查明實係親老丁單，均准一體照例留養。

《軍流人犯分別減等例冊》 刑部謹奏：爲欽奉恩詔，酌議軍流以下人犯，分別減等章程，恭摺具奏，仰祈聖鑒事。同治元年九月初一日，恭逢恩詔內開在京各省軍流以下人犯，分別減等發落，欽此。臣等恭查此次欽奉恩詔，所有軍流以下人犯，分別減等。與咸豐五年十月二十日，恩詔條款相符。自應參核舊章，酌定條款，通行遵辦。除情罪重大有關十惡各項，均不准其減等外，其尋常已未到配軍流以下官常各犯，凡不在不准減等之列者，俱准一體查辦，軍流減爲杖一百徒三年，徒罪減爲杖一百，准徒總徒俱遞減一年。已經到配決杖徒犯即行釋放。已經決杖逃徒並免緝拿。枷杖悉予寬免，逃軍逃流，審無行凶爲匪者，免其調發。應刺字者，免其刺字。應追贓者，仍行追贓。事犯在恩詔以前，到官在後者，概不准減。至發遣吉林、黑龍江、新疆等處，已未到配官常各犯，與內地軍、流人犯一體核減，歷經遵辦在案。此次恭逢恩詔，自應遵照辦理，除前經歷次恭逢恩赦，由臣部隨案核覆，不准援免各犯，毋庸造報查辦外，所有事犯到官，在本年九月初一日恩詔以前，各直省問擬軍、流徒已未到配之官常各犯，應令備錄全案聲明，准減，不准減，於文到一月內造冊報部，以憑核辦。其徒罪常犯，亦照向辦，令各直省查明。不在不准援減之列者，如已經到配決杖，即予省釋，仍彙冊報部查核。其不准減條款內軍流各犯，如年逾七十，及到配已逾十年者，另冊報部，如有條款不及賅載之案，應由臣部隨時酌量情節，另行核辦。至軍臺效力官犯，仍照向辦章程，由臣部移咨兵部核辦，謹將情罪重大，及有關十惡不准減等人犯，查照向辦條款，開列清單，恭呈御覽。伏候命下臣部，即將現審案內尚未起解遣軍流、徒人犯先行核辦，並飛咨各該督撫、將軍、都統、府尹一體欽遵辦理。等因。同治元年十月十五日奏。本日奉旨依議，欽此。又減等條款內開，同治元年九月初一日恭逢恩詔，查辦軍、流以下人犯，酌擬不准減等條款，並註明准減各條，開列於後。

計開

一、情罪重大，及有關十惡者：

一、大逆緣坐者；
一、搶竊罪在徒流以上者，枷杖者，准免，仍刺字。
一、強盜自首，及聞拿投首，應擬遣軍流罪者；
一、用藥迷拐子女，開窑誘賣爲從者；
一、凶惡棍徒擾害良人者，量減擬徒者，准減。
一、子孫妻妾過失傷祖父母、父母、夫，及奴婢過失傷家長，罪應擬徒者；
一、子貧不能養贍，致父母自盡，罪應擬流者；
一、卑幼逼迫本宗大功、小功緦麻尊長致死，罪應徒流者，外姻准減。
一、卑幼毆期親尊長，及毆傷本宗緦麻以上尊長，並謀殺尊長已行未傷，罪在徒流以上者。如係救親情切或尊長箴倫及迫干尊長之命，並誤傷情輕，審非無故干犯者，准減。
一、卑幼將期親以上尊長死屍圖賴人罪，在徒流以上者；
一、妻妾毆傷夫，妾毆傷正妻，罪在徒流以上者；
一、祖父母、父母、夫、家長被殺，子、孫、妻妾、奴婢賄和，罪應擬流者；
一、奴婢、雇工人毆傷家長之緦麻以上親，罪在徒流以上者。外姻、小功、緦麻親，准減。
一、贖身奴婢毆傷舊主，罪在徒流以上者；
一、毆傷同居繼父，罪應擬流者；
一、毆傷受業師，罪應徒流以上者，業師因挾別嫌非理凌虐弟子，被弟子毆傷，例以凡論者，准減。
一、毆傷宗室覺羅，罪在徒流以上，若宗室覺羅不繫黃紅帶入酒肆茶館，自取凌辱者，准減。
一、官吏毆傷制使，及軍、民、吏、卒毆傷本管官，罪在徒流以上者，制使非理凌辱官吏，及本管官不守官箴，自取侮辱者，准減。
一、奴及雇工人姦家長緦麻以上親，罪應擬流者，外姻、緦麻、小功准減。
一、卑幼因熏狐狸燒緦麻以上尊長屍，罪應擬流者，外姻、緦麻、小功准減。
一、發掘他人墳塚，罪應擬軍者；
一、盜未殯、未埋屍棺見屍，罪應擬軍者；
一、圖財害命案内，罪應軍流，無論已未得財者；
一、因風因火，乘危搶奪，罪在徒流以上者；
一、竊匪盜官物，及官錢、糧，罪在徒流以上者；
一、強竊盜窩主，罪在徒流以上者；
一、窩頓流娼、土妓，罪在徒流以上者；
一、略誘、略賣，及開窑誘取婦女，罪應軍流者，和誘者准減。
一、用藥迷人案内，罪在徒流以上者；
一、川省匪徒，及河南、安徽、湖北交界地方，並山東兖、沂、曹三府，江蘇徐、淮、海三府州，匪徒搶奪罪，應遣軍流者；
一、強奪民家妻女，尚未姦污，罪應擬流者；
一、用強求娶孀婦，逼受聘財，因而致死，罪應擬軍者；
一、私債准折人妻女，犯該徒罪以上者，尚未姦污者，准減。
一、因姦、因盜，致釀二命，罪在徒流以上者，一命者，准減。
一、強姦婦女，及強姦幼童幼女未成，罪應軍流者；
一、捏造姦贓，污人名節，罪應擬軍者；
一、受枉法贓罪，在徒流以上者；
一、侵盜倉庫錢糧入己，罪在徒流以上者，因公挪移者准減。
一、指稱各衙門打點使用名色，誆騙財物，罪應擬軍者；
一、漕船頭幫軍伍派歛私收多行勒索，罪應擬軍者；
一、大逆知情不首，及知情故縱，藏匿罪人，並獄卒解役賄縱罪囚，罪在徒流以上者，如罪人所犯准減，與同罪者亦准減。
一、獄卒、主守凌虐罪囚，罪在徒流以上者；
一、巡捕兵役，及各衙門書役，營私犯贓，索詐誣拿，罪在徒流以上者；
一、仵作得贓匿報傷痕，罪在徒流以上者；
一、聚衆結盟，及邪教爲從，罪在徒流以上者，被脅勉從，及非聚衆入非眞正邪教，案係比照定罪者，准減。
一、犯罪逃走拒捕毆傷捕人，及奪犯毆差，罪在徒流以上者，拒捕傷人案内爲從，未下手者，准減。
一、奸民煎，挖窩囤，興販硝磺，罪在徒流以上者；
一、商船漁船私帶違禁軍器、米穀、貨物，接濟外洋盜匪，罪在徒流以上者，如米穀，貨物，僅止圖利，無接濟盜匪情事者，准減。

一、奸徒揑陷平人，憑空訛詐，罪在徒流以上者；

一、誣告十人以上，審係全虛，罪應軍流者，全虛而非誣告多人，及誣告多人，而非全虛者，准減。

一、匿名文書告言人罪爲從，罪應擬流者；

一、誣告良民爲強盜，罪應充軍者；

一、誣竊，誣姦，致其父母自盡，罪應擬流者；

一、挾嫌貪賄，誣告平人，及坐罪應軍流者，無挾嫌貪賄情事者，准減。

一、教唆詞訟，罪應軍流者，一時、一事，尚非實在訟棍者，准減。

一、僞造盜用各衙門印信，及僞造官文書，冒差詐騙，並詐稱現在職官，罪在徒流以上者，假冒職員，並未造有憑劄，止圖鄉里光榮者，准減。

一、隨棚鎗手，罪應擬軍者，被騙之人，准減。

一、私鑄，及私造假鈔，案内罪應軍流以上者；

一、放火故燒人房屋，及積聚之物，罪應軍流者，失火延燒，雖係官物，亦應減。

一、謀殺人傷而未死，從而加功，罪應擬流者；

一、謀殺人從而不加功，罪應擬流者，並無挾嫌貪賄，因姦、因盜情事，及有抵人命之人，准減。

一、威迫案内致斃二命以上，罪應擬軍者；

一、鬭毆案内，及傷三人以上，及連毆二人成廢，罪在徒流以上者，理直准減。

一、毆人致篤疾，及剜瞎人眼睛，全抉人耳、鼻，罪應軍流者；

一、回民結夥行凶，執持器械，罪應擬軍者；

一、免死人犯，復又行凶，罪應軍流者；

一、事關貽悞軍機，罪在徒流以上者；

一、殺一家非死罪三人，採生折割人，並造畜蠱毒者，之妻子，及仝居家口，應行緣坐者；

一、興販私鹽聚衆十人以上，及雖不及十人帶有軍器，罪應軍流者，並無聚衆亦無凶器者，准減。

一、盜決河防因而淹沒居民田禾、廬舍，罪應軍徒者；

一、孀婦自願守志，夫家、母家親屬搶奪強嫁，因而自盡，及知情謀娶，罪應軍流者；

一、衝突儀仗妄行奏訴，罪應擬軍者，事係干己，實有急情者，准減。

一、白役詐贓逼命案内。正役罪應軍流徒者；

一、罪囚越獄脫逃，罪應軍流者；

一、子孫盜賣祖父母、父母墳塋、樹木、祀產，及知情謀買者；

以上各條款，其不准減等，軍流徒罪人犯在配脫逃，被獲軍流加等調發，徒罪從新拘役，如有在逃未獲，無論軍流徒罪，仍行緝拿。獲日調發拘役，其在准減之列者，軍流脫逃被獲，免其加等，調發仍發原配安置。未獲者，仍行嚴緝。徒罪在配脫逃者，免其緝拿，若中途脫逃緝獲之日，杖一百，折責發落。此外條款所未賅載者，仍隨時酌量辦理。

《大清法規大全·變通舊律例·法部奏秋審應入可矜人犯酌擬援照戲誤擅殺新章隨案分別減等摺》 竊臣部前准調任兩江總督周馥咨稱，准刑部咨遵旨會議現行律内虛擬死罪分別改爲流徒一摺。於光緒三十二年閏四月初八日具奏，奉旨依議，欽此。查原奏内稱戲殺、誤殺、擅殺，秋審例准緩決，一次減等各犯，均無庸虛擬死罪。將戲殺改爲杖一百，徒三年，因鬬誤殺旁人並擅殺，律例應擬絞候者，一律改爲杖一百，流三千里。不使人犯久羈囹圄，是變通之中兼寓矜恤之意。惟查現行律例應擬絞罪，秋審例應可矜一次，分別減擬徒流者，亦毋庸虛擬死罪。如毆故殺詈罵翁姑、不孝有據之妻者； 母犯姦，拒絕奸夫，復登門尋釁，其子一時義忿，拒毆致斃者； 妻犯姦，並未縱容及毆夫成傷，如無謀故重情者； 救親情切，而事非危急者； 爲父報讐，毆斃國法已伸正兇者； 被拉並未還手，回跌落河落崖兇犯，幸而得生者； 鬭毆之案，如被揪、被推，並未還手，死由自行栽跌或痰壅致斃，及因恐其栽跌向拉致令碰磕，實無鬭情者； 鬭毆之案，致命非重傷，越七八九日因風身死者； 非致命又非重傷，越四日因風身死者； 手足、他物傷不致命，傷輕死在八九日去限外，僅少一二日或數刻，因尚在限内者； 十五歲以下幼孩殺人之案，如死者恃長欺凌，理曲逞兇，力不能敵，回抵適傷者； 毆死姦夫之子、鬭殺定案兇犯之母與死者之父通姦，兇犯向母委曲理勸不聽，欲拏死者之父送究，復被死者惡語侮罵，將死者毆斃者，以上十三項亦屬虛擬死罪。 與戲、誤、擅殺同是一次減等，且可矜情，輕於緩決。 應否一律減擬，以昭持平。再以上各犯，如有親老丁單，須俟秋審時查辦留養。今犯已照章改擬，不入秋審，自應照尋常徒、流人犯，隨案查辦。等因。咨請部示。經臣部以秋審應入可矜人犯，雖與戲、誤、擅殺三項同，應一次減等，惟矜緩比較界限綦嚴，非臨時詳酌，不足以昭平恕而免枉縱。核與戲、誤、擅殺人犯，例內載明准減不減者，微有區別，是同一虛擬死罪，而矜、緩究差一間，自不得稍涉遷就，致滋流弊。事關變通成例，應由臣部悉心妥議，詳定章程，另行奏明辦理。至戲、誤、擅殺人犯，如有祖父母、父母老疾應侍，及孀婦、獨子伊母守節二十年者，向俱准隨案聲請留養。現既於例准一次減等之犯，改擬徒流，是遇有應行留養之處，自應准其一體查辦。其不准一次減等者，仍照向章辦理，以歸畫一。等因。先行咨覆去後，並通行各直省遵照在案，伏查秋讞之有可矜原，以待死罪情輕之犯。故臣部秋審條款列有矜緩比較一門，或奉列聖諭旨，或經臣部奏准，或由歷年成案編定其與各款相符者，子矜原，無不照章減等。惟是此項人犯擬罪，雖存環首之名，衡情均有可原之實。向來必俟秋朝審後，始行減入流、徒者，亦謂刑事不厭求詳，案犯之情節，非彙核比較不能妥定也。第自乾隆中業以還，節經審定條款，秋讞之或矜或緩，既有章程可循，則苟合乎可矜之條，附案分別減科，亦自無虞出入。况現在刑法節次減輕，臣部又有專任法之責。若以明明情可矜原、例得減等之犯，必待監禁年餘，始蒙矜宥，與戲、誤、擅殺各項辦理兩歧，實非所以廣皇仁而示體恤。茲據該督臚舉可矜十三項，擬請分別減擬流徒，係為矜恤庶獄起見。臣等公同商酌，除救親情切事，非危急及鬬毆之案，致命非重傷，越七八九日因風身死致命；又非重傷，越四日因風身死，並手足他物不致命傷輕，死在八九日去限外僅少一二日或數刻各條，核與現行例文稍有牴牾。又毆死姦夫之子，因兇犯之母與死者之父通姦，欲拏送究，復被死者惡語侮罵，將其毆斃，此等案不經見，均請暫從緩議外，其餘如毆故殺不孝有據之妻等項，均應如該督所咨辦理。至此外有條款所已載，該督未經議及，或條款所未載，衡情尚可矜原，似均應隨案減擬，以示情法之平。謹另行開列條款清單，加具案語，恭候欽定。合計應擬減等者八條共十四項，俱臣部向來應入可矜之案。如此量為變通，俾情可矜原，人犯亦得與戲、誤、擅殺之案均，不至久羈囹圄，則去其虛擬死罪之名，益足昭聖世寬仁之治。如蒙俞允，臣部通行內外問刑衙門，一體遵照辦理。其業經奏結應入明年秋審新事之犯，應由臣部開單奏請，未經核覆者，即由臣部扣除，仿照戲、誤、擅殺章程，每季彙奏一次。其應行留養者，亦一律准其隨案查辦，以歸簡易。至條款內未經賅載，及雖賅載而目前未能變通者，仍照向例歸入秋審核辦。謹奏。光緒三十二年十二月二十二日具奏。奉旨：依議。欽此。

謹將秋審應入可矜人犯共八條十四項均擬隨案減等分別開單，恭呈御覽。

一、毆故殺妻之案，如係詈罵及頂撞翁姑，不孝有據之妻，向俱問擬可矜，減二等發落。嘉慶四年奉諭旨：故殺妻可矜之案，毋庸再減一等。歷年欽遵辦理，如係毆殺，仍再減一等，至妻犯姦並未縱容及毆夫成傷者，如無謀故慘殺重情，亦可入矜，但不得與毆死不孝有據之妻，減二等辦理。臣等謹按：此條前一項係照例文編定。查乾隆二十七年原例：秋審可矜人犯內，如子婦不孝，詈毆翁姑，其夫忿激致斃者，照免死減等例再減一等發落。嗣嘉慶四年，復奉有故殺妻可矜之案，毋庸再減一等之旨。此後故殺減一等，毆殺減二等。歷經辦理無誤。惟條款所云不孝有據，向以取有屍翁姑及屍親人等供詞為憑，否則仍行入緩。至妻犯姦並未縱容，及毆夫成傷者，雖未便與毆死不孝之妻同論，衡情究有可原。既據該督於原咨內聲明，此三項隨案減等，似無窒礙，擬請嗣後毆殺詈罵及頂撞翁姑、不孝有據之妻，隨案減為徒三年，故殺者減為流三千里，如未取有屍翁姑及屍親人等供詞，或毆傷后牽詈翁姑及非因詈罵、頂撞翁姑起釁者，仍按律擬絞監候。至毆殺妻之案，如妻犯姦並未縱容及毆夫成傷者，隨案減為流三千里，若縱容妻犯姦併毆夫未經成傷，或案係謀故，亦仍依律擬絞監候。

一、母犯姦，拒絕姦夫，復登門尋釁，其子一時義忿，拒毆致斃者，應入可矜，照免死減等例再減一等發落。例有明文，應遵照辦理。

臣等謹按：此條係乾隆二十七年與毆、故殺不孝之妻同時奉旨纂定。註云：雖係謀故，亦與謀故、別項姦匪不同。不在奏明三次減流之限，當仍酌入可矜等語。是此等擅殺情輕人犯，謀故應減一等，毆殺應減二等。條款內均經分別詳叙，自應原情遞減。既據該督於原咨內聲明，隨案減等，似無窒礙。擬請嗣後母犯姦，拒絕姦夫，復登門尋釁，其子一時義忿，拒毆致斃者，減為徒三年。如係謀故殺，減為流三千里。至擅殺別項罪人，仍查照本年閏四月間臣部會同都察院奏定《戲誤擅殺分別減等章程》辦理。

一、被拉並未還手，同跌落水、落崖兇犯，幸而得生之案，應入可矜。

臣等謹按： 此條係照歷來成案編定，專指同跌幸生而言，以其並無鬬情，故矜之也。既據該督於原咨內聲明隨案減等，似無窒礙。請嗣後鬬毆之案，如被拉並未還手，同跌落水落崖，幸而得生者，減爲流三千里。若互拉致跌，已有爭鬬情形或理曲肇釁者，仍按律擬絞監候。

一、鬬殺之案，如被揪、被推並還手，死由自行栽跌或痰壅致斃，及因恐其栽跌向拉，致令捱磕，並無鬬毆情形者，俱應酌入可矜。

臣等謹按： 此條係照歷來成案編定，即例文所謂鬬殺情輕者也。既據該督於咨內聲明隨案減等，似無窒礙。擬請嗣後鬬殺之案，如被揪被推並未還手，死由自行栽跌，或痰壅致斃，及因恐其栽跌向拉，致令捱磕，並無鬬毆情形者，減爲流三千里。再鬬毆案件，有因被揪、被扭掙脱，致令跌斃者，此等情節亦輕，向有入矜成案。似應一體減流，以昭平允。

一、十五歲以下幼孩殺人之案，如死者年長四歲以上，恃長欺凌，理曲逞兇，力不能敵，回抵適傷者，酌擬可矜。

臣等謹按： 此條係乾隆三十二年奏定。其年長四歲以上之文，則因四十四年劉縻子案內諭旨增入。既據該督於原咨內聲明隨案減等，似無窒礙。擬請嗣後十五歲以下幼孩殺人之案，如死者年長四歲以上，恃長欺凌，力不能敵，回抵適傷者，減爲流三千里。若死亦幼孩及傷痕較多者，仍按律擬絞監候。再： 幼孩斃命如釁起護親，不論是否互鬬，向俱入矜。若護伯、叔、父、母、兄、姊並無互鬬情形者，亦有入矜成案。似均應一體減流，以昭平允。

一、鬬斃致死祖父母、父母，國法已伸正兇者，向入可矜。

臣等謹按： 此條款無文，惟向有似此入矜成案。平情而論，子孫復仇，謀故殺致死祖父母、父母，國法已伸正兇例，得入於緩決，永遠監禁。如案係毆殺，酌量入矜，自屬平允。既據該督於原咨內聲明，隨案減等，似無窒礙。擬請嗣後因他故起釁起意復仇毆斃致死祖父母、父母，國法已伸正兇者減爲流三千里。

一、篤疾殺人之案，如釁起理直，回毆適斃者，應入可矜。

臣等謹按： 此條係乾隆三十二年奏定。歷來俱遵照辦理，該督原咨雖未議及，衡情究可矜原。隨案減等，似無窒礙。擬請嗣後篤疾殺人之案，如釁起理直，回毆適斃者，減爲流三千里。若死亦篤疾，及理曲肇釁或傷痕較多者，仍按律擬絞監候。至老人斃命，乾隆條款本有可矜之文，後來亦有入矜成案，如衅起理直，毆情甚輕者，亦應仿篤疾之例，一體減流，以昭平允。

一、救親毆死有服卑幼之案，無論是否互鬬，概入可矜。

臣等謹按： 此條係照歷來成案編定。該督原咨雖未議及，衡情實可矜原。隨案減等，似無窒礙。擬請嗣後救親毆死有服卑幼之案，無論是否互鬬，俱減爲流三千里。

清・蔡方炳《廣治平略・赦宥篇・唐代赦宥》 唐制： 赦日，武庫令設金雞及鼓於宮城門外之右，勒集囚徒於闕前。撾鼓千聲訖，宣制放其赦書頒諸州。用絹寫行下。律曰： 曾赦及降者，盜者，徵枉法猶准； 正贓、餘贓，非見在收贖之物，限内未送者，並從赦降。原諸赦前當罪不斷者，若處輕爲重，宜改從輕。處重爲輕，即依輕法，其常赦所不免者依常律。諸以赦前事相告言者，以其罪罪之。官司受而爲理者，以故入人罪論，至死者，各加役流。若事須追究者，不用此律。太祖受隋禪，大赦改元，而王世充、竇建德餘黨尚有遠徙者。待御史孫伏伽請曰： 今玆入赦，既云常赦不原者皆赦，除非直赦其有罪，亦是與天下更新，因何既赦而復徙之。且世充尚蒙寬宥，況於餘黨，所宜縱釋。上從之。後黨仁宏爲廣州都督，坐贓當死。上以其入關時將兵有功，欲宥之。召五品以上謂曰： 法者，人君所受於天，不可以私。今朕私黨仁宏，而欲赦之，是自亂其法，上負於天，欲席藁南郊三日，日一進蔬食以謝罪。若高祖者可謂公而且慎者矣。太宗貞觀六年親錄囚徒，放死罪三百餘人歸於家，令明年秋來就刑。其後應期畢至，乃詔悉赦之。論者以爲立異以明高，逆情以干譽，非天下之常法也。高宗時，嘗謂侍臣曰： 凡赦，惟及不軌之輩，此小人之幸、君子之不幸也。夫小仁者，大仁之賊。故我有天下以來，不甚放赦。今四海安靜，禮義興行，數赦則愚人常冀僥倖，唯欲犯法，不能改過矣。武后時雖法令嚴酷，而赦則屢降。劉知幾上表言： 皇業權輿，天地開闢。君即位，黎元更始。則時藉非常之慶，以申再造之恩。今六合清晏，而赦令不息。近則一年再降，遠則每歲無遺。至於違法悖禮之徒，無賴不仁之輩，編戶則寇攘爲業，當官則贓賄是求。而元日之朝，指期天澤； 重陽之節，佇降皇恩。如期忖度，咸樂釋免。即或罪當斷決，竊行貨賄，方便覲求，故致稽延，畢霑寬宥。用使俗多頑悖，時罕廉隅，爲善者不預恩光，作惡者獨承徼幸。若乃方直正言之士，守善嫉惡之夫，每欲攬轡埋輪，效鷹鸇而報國；褰帷露冕，去蟊賊以安人，而遇赦無以效其功，閲恩無所施其巧。望今後頗節於赦，使黎民知禁，奸宄肅清。又海内具僚九品以上，每歲逢赦，必賜階勳。遂使緋服多於青衣，象板多於木笏。望稍息私恩，使有善者迎效忠勤，無才者或知勉勵。疏奏，太后頗嘉之。後肅宗克復兩京，赦天下，惟與安錄山同反及李林甫、王鉷、楊國忠子孫在不免例。德宗在奉天，將赦天下，以中書所撰赦文示陸贄。贄曰：動人以言，所感已淺。言又不切，人誰肯懷。上然之，乃更爲悔過引咎之詞，其略曰：李希烈等，咸以勳舊各守藩維，朕撫御乖方，致其疑懼，旨由上失其道，罹其災。朕實不君，人則可罪。宜并初管將吏等，一切待之如初。朱滔雖緣朱泚連坐，路遠必不同謀，如能效順，亦與維新。朱泚反易天常，盗竊名器，暴犯陵寢，獲罪祖宗，朕不敢赦。其脅從將吏百姓等，官軍未到以前，並從赦例。詔書所至，士卒皆爲感泣。德宗之末，十年不赦，羣臣微過譴逐者皆不復叙用。至順宗即位，赦天下，始得量移。嗣後凡即位改元，及上尊號、祀圜丘，皆頒赦如舊制焉。

清・蔡方炳《廣治平略・赦宥篇・漢代赦宥》 漢興，懲秦之虐，赦宥之詔屢下。高帝時，遣使者赦田横島中士。繫盧綰，赦民之去而來歸者。此誠闊達大度之所爲也。其後以立太子而赦，以立代王而赦，以都長安而赦，以豪傑未習法令故犯者而赦。及兵事畢，赦天下殊死以下。又征英布，赦天下死罪以下令從軍。後帝崩亦赦。惠帝時，以皇帝冠而赦。吕后臨朝稱制而赦。文帝以後，即位而赦，改元而赦，遂爲常典。其他如郊見五帝而赦，封禪而赦，郊泰畤而赦，日食而赦，地震而赦，甘泉産芝而赦，鳳凰集而赦，嘉瑞屢見而赦，白鶴館災而赦，與天下吏民勵精更始而赦，斬郅支而赦，立皇后而赦。赦太煩則不足以示恩，而適足以滋奸矣。故元帝時匡衡上疏曰：陛下躬聖德，開太平之路，憫愚吏民觸法抵禁，比年大赦，使百姓得改行自新，天下幸甚。臣竊見大赦之後，奸邪不爲衰止。今日大赦，明日犯法，相隨入獄。此殆遵之未得其務也。蓋保民者，陳之以德義，示之以好惡，觀其失而制其宜，故動之而和，綏之而安。今天下俗，貪財賤義，好聲色，尚侈靡，廉恥之節薄，淫僻之意縱，綱紀失序，疏者踰内，親戚之恩薄，婚姻之黨隆。苟合徼倖，以身設利，不改其原，雖歲赦之，刑猶難使措而不用也。然有司猶有理赦前事者。平帝即位詔曰：夫赦令者，將與天下更始，誠欲令百姓改行絜己，全其性命也。往者有司多舉奏赦前事，累增罪過，誅陷亡辜。殆非重信審刑、洗心自新之意也。自今有司毋得陳赦前事。上有不如詔書，爲虧恩以不道論，定著爲令，布告天下，使明知之。元和二年，大赦天下。繫囚減罪一等，勿笞，遣詣金城。而赦文不及亡命未發覺者。郭躬上封事曰：聖恩所以減死罪，使戍邊者，重人命也。今死罪亡命無慮萬人，又自赦以來捕得甚衆，而詔令不及，皆當重論。伏惟天恩莫不蕩宥，死罪已下，並蒙更生，而亡命捕得，獨不沾澤。臣以爲赦前犯罪死而繫在赦後者，可皆勿笞，詣金城以全人命，有益於邊。帝善之，即下詔赦焉。東漢時吳漢對光武曰：臣愚無所知識，願陛下慎勿赦而已。王符著《述赦篇》曰：凡爲國者，必先知民之所苦。禍之所起，然後爲之禁，故奸可塞而國可安也。今日賊良民之甚者莫大於數赦。數赦則惡人昌而善人傷矣。何以明之哉？夫謹敕之人，身不蹈非。又有爲吏正直，不避强禦，而奸猾之黨横加誣言者皆知赦之不久故也。善人君子被侵怨，而能至闕庭自明，萬無數人。數人之中得省問者，百不過一。既對尚書，而空遣去者復十六七矣。其輕薄姦軌，既蹈罪法怨毒之家，冀其辜戮，以解蓄憤，而反一概悉蒙赦釋。令惡人高曾而誇吒，老盗服臧而過門，孝子見讎而不得討，遭盗者覩物而不可取，痛莫甚焉。夫養稂莠者傷禾稼，惠奸宄者賊良民。《書》曰：文王作罰，刑兹無赦。先王之制刑法也，非好傷人肌膚、斷人壽命也，貴威奸懲惡、除人害也。惟古者始受命之君，承大亂之極，寇賊姦宄難爲法禁，故不得不有一赦，與之更新，頤育萬物，以成大化。非以養奸治罪，放縱大賊也。夫性惡之民，民之豺狼，雖得放宥之澤，終無改悔之心，旦脱重梏，夕還囹圄，嚴明令尹不能使其斷絶，何也？凡敢爲大姦者，才必有過於衆而能自媚於上者也。多散誕得之財，奉以諂諛之辭，以轉相驅。非有第五公之廉直，孰不謂顧哉？論者多曰：久不赦，則奸宄熾而吏不制。宜數肆眚，以解散之。此未昭亂之本原，不察禍福之所生也。後漢昭烈時，大司農孟光責大將軍費禕曰：夫赦者偏枯之物，非明世所宜有也。衰敝窮極，必不得已然後乃可權而行之耳。今主上仁賢，百僚稱職，何有旦夕之急而數施非常之恩，以惠奸宄之惡。禕謝之。初丞相亮時，有言丞相惜赦者，亮答曰：治世以大德，不以小惠，故匡衡、吳漢不願爲赦，若劉景升、季玉父子歲歲赦宥，何益於治。由是蜀人稱亮之賢而禕不及焉。

清・王又槐《刑錢必覽・緩決可矜比對條款》 一、秋審舊事緩決，內鬬毆情輕案。如止被毆回推，失跌致死，並無還毆情形者，改矜。

謹按：近年仍舊入緩，惟開單備商。

一、戲誤殺案。如一時失手，死由跌撞，並未爭鬬，入可矜。其事雖戲悞，而傷重立死，及悞殺婦女幼孩，應入緩。

謹按：悞殺旁人如實，係案外並非相爭者，親屬始以悞殺論，若以相爭者，親屬及夥伴仍論鬬殺。此二項，皆應於定罪時分別，至秋審，前項入矜，後項入緩。

一、救親案。如父已年老，不能拒敵，或被毆傷重勢危；或母被欺辱，不能脫身，負傷喊救，情急救護，以致毆傷身死，應入可矜。如事非危急，情似互毆，仍應入緩。

謹按：父子共毆之案，往往攙入救親，擬矜。若其子理曲起釁，累父被毆，子復逞兇斃命；或父先毆人成傷，子復助惡逞兇，皆應情實，餘概入緩。惟死者理曲情兇，父未還手，喊救情急，一傷至死者，方可入矜。

一、婦女毆殺男子。如事屬互鬬，毆有多傷，入緩。其被人欺逼，及被毆還抵，情非得已，入矜。

謹按：婦女力弱，如止一二傷，可以量減，若至三五處以上，有兇鬬之狀，仍照鬬毆，分別實緩。

一、幼孩互鬬。如被殺者，較兇犯更小，及毆有多傷并係金刃重傷，緩決。如被年長，欺毆情急，回毆致死，入矜。

謹按：此種案，須分有知心無知心，力強力弱，家富家貧，父母有無，酌核。

一、殘廢篤疾殺人。如被殺亦係殘篤，及情節兇狠，緩決。如被人欺毆情急，回毆適傷致死，入矜。

謹按：死者殘篤，則兇手從重；兇手殘篤，自應從寬，故向多入矜。惟瞽目牽羣逞兇，宜加詳酌，不可概寬。

一、擅殺姦盜罪人。如本夫捉姦，一時義忿，或竊賊攜贓逃走，追逐勢孤，毆傷適斃，及雖已獲住，反被辱罵挾制，畏忿毆傷致死入矜。其餘犯已就獲致死，入緩。

謹按：罪人之名不等，被殺之情形亦不一，總以強弱爲斷，惟殺姦盜，自屬可原，然未成之姦夫，與無贓之竊盜，及金刃慘惡，并難，入緩。

一、毆死妻。除毆詈翁姑有據，例應於可矜，案內減等外，其餘本夫理直，傷出不意，及先被毆，氣忿回毆，適傷致死，入矜。其逞忿毒毆，傷多情重，入緩。

謹按：毆妻之案，已詳前比較實緩條內，此指干名犯義，不孝淫悍者，方可入矜。其餘仍應入緩。

一、毆死卑幼。如係干犯尊長，不受訓誡，及頂撞氣忿，及爲匪者，入矜。其餘理曲，傷多情重者，入緩。

謹按：卑幼宜看服制之親疏，爲匪亦看何等之情罪。如不孝不悌，邪教姦盜，有關合族禍福顏面，尙可酌入可矜。若理曲情兇，入緩。設因圖財謀產，仍改情實。

一、鬬殺情輕。如被毆推拒失跌致死，並無回毆成傷，入矜。其餘互扭致跌，或首先動手，或背後力推，或於危險處所推跌，皆不便矜減。

謹按：凡鬬毆案，惟推跌之情最輕，本部向皆擬矜。然亦宜核向推有無爭鬬之情，并被推人之老幼，與被跌之地，如係山崖河岸，危險必死之區，則亦無可矜。此等案件，外省所擬不一。查因跌而死本不擬抵，其因推而跌死，定案時，則云死由跌傷，究因手推，仍擬絞候，至秋審則云用手向推，死因失跌，或緩或矜，各有成案。至四十四年，滇省劉文瓏一案，該撫以在高山險地，屍身跌爛，且係殘疾被推，列入情實。本部改爲緩決，并聲明向例在案，蓋不擬流而擬絞，即是治其手推之罪，雖擬絞，而仍入緩，所以原其因跌之情，是以歷年辦險地推跌之案，概不入可矜，亦不入情實也。

以上緩決可矜相比十條，右比對條款四十條，本部刊存，本署各司遵辦。乾隆三十年，蘇臬奏請頒行未准，蓋秋讞世輕世重，非律例一成不易者可比。此外尙有管見數條，附入備考。

一、新疆秋審，於乾隆三十八年九月，奉旨，刑部奏新疆緩決一摺，與各省一體核辦，未爲允協。向來因傷身死之案，不論是否交鬬，并兇犯獨自動手者，審無謀故，概科鬬殺，本未適情法之平。第內地案情，難於盡改，若新疆兵民雜處，此等兇犯，僅令繫獄數年，仍可減等，不足以昭炯戒，自不得與內地一例核擬。欽此。

歷年即停勾之年，新疆仍照常奏辦，是誠整肅內外之制，分別民夷之道，則凡川滇等省之苗猺回獞，皆宜倣此酌改，查此數種，外省仍照內地間以留養，聲請似可無庸。

一、父子共毆一命。外省有照鬭毆、照共毆多入緩決。近年倍加慎重，其中區別，如子先鬭毆，而父又加功斃命，其情較重； 如父先鬭毆，而子加功斃命，其情較輕，但將父先動手，子後殺人之案混引救父減流。或奉旨申飭，或經部改駁，最易錯悞，宜分三等觀之。

一、秋審緩實，有一定不移之成法，而又當合時地以相參，所謂惟齊非齊，並行不悖也。即如僧人殺人，與私鑄錢文二項，當三十三四年間，多入情實。不過三四年，犯者漸希，仍復入緩。又如回民之案，嚴於陝甘搶奪之案，嚴於嘓匪械鬭之案，嚴於八蠻牛馬之案，嚴於蒙古鬭殺之案，嚴於新疆近曰江海竊盜，嚴於粵省窩竊贖贓之案，皆因地制宜，久則必變，當推類詳審。

一、金刃重傷之案。如例載一二傷爲輕，此指尋常致傷而言，若洞胸斷嗓，何消兩下。此類正多不可拘泥。又，折人肢體，不死，罪止杖徒，既成命案，應以重論。

又腸出骨斷、骨碎，不皆致命之處，既成命案，應以重論。但腸出，多係金刃，骨傷，多係他物，勿俱混入金刃重傷門內。

凡傷在虛軟處，以深爲重，淺爲輕，堅實處，以寬長爲重，窄短爲輕，至骨損、見骨、至骨等字，亦有分別。如肩、臂、臀、腿皮肉深厚，傷至於骨，誠爲深重，然究非致命，亦不致死。若指節、膝蓋、臁肕、䐐脉，則皮破而骨立現，易斷而不斷，易碎而不碎，亦不得指爲重傷。

凡傷重者，必填曰： 深幾寸幾分。至難量分寸者，則填皮破透膜入內，血出，腸出，腸破等字。肉在皮內，膜在肉內，故分寸無幾，透膜重於皮破，而稍輕於入內，即入內一傷，亦不獨金刃，凡竹針木刺，皆能深入。外口雖寬，內孔不大，有死有不死，止可爲傷，不能定爲必死之傷。至肋脇、腰脇、虛軟淺薄，下手微重，雖無心，亦可入內出血，或腸亦擠出，故此四處，以入內腸出腸破爲重，若僅皮破，僅透膜，尚有不敢着力之意。律重誅心，正宜審度。每閱鬭毆稿案，各省鬭傷，徒杖咨文其金刃戳砍，深入重創，與毀折肢體，殘廢篤疾，倍劇於見骨至骨，透膜入內，而皆不死。又臨陣被傷員弁，有至穿肋洞脇而不死，然則是重傷，而非必死之傷，益信矣。

一、情理二字，並稱究宜分別。如愚魯不肖，未經敎訓，難以理論，而情則愚智同具，故情罔更重於理曲。若士夫案，又當以理法爲衡，不得原情。至於入仕者，更當加嚴。

清・王又槐《刑錢必覽・恩赦章程》 恩赦奉到詔旨後，自有部議章程，及各省歷次成規遵循，查辦。各項造冊申送宜早，勿致有稽。通案援免在配軍流，應俟奉有部覆再行解釋，若先解籍，恐干部駁，有情重不准援釋者，關提補配致多，未便徒犯，亦必俟上憲飭知解釋。至於應起解軍流徒犯，已知赦詔將到，其情罪實係應援赦者，即奉有上憲咨牌明文，可以緩解，免致前途在道會赦。

恩赦部議從前無常赦，不原一條內，亦有減等者。乾隆五十年，又增此一條，總以臨時所奉部議爲准。又如秋審內從斬、絞、減等，軍流之犯，從前以免死，減等，重犯不准再減。乾隆四十九年，恩赦案內前浙撫福核議毆妻致死擬絞，秋審減流之周物，啓不准減等，部議以情節尚輕，且又值五十年國壽，恩詔累減爲杖一百。其餘各省秋審案內，從斬、絞、減等軍流得邀減等者甚多，但部中意見，難以懸擬，有情輕議減之犯，須候部示，不可預行發放，致駁後掣肘，例內竊盜遇赦得免，併計之後，再行犯竊，復遇恩詔後犯案，到官審係再犯三犯，俱按照初次恩詔後所犯次數併計，照律科罪，此言得免併計一次後不准再免。然從前有得免併計後不准再行減免之議，今則得累減矣。蓋併計非不准減等也，是無論初次赦前已經發落，及未發落而遇赦減免，將第二次赦前應得何罪應分別減免，仍須刺字，以續後犯案可以稽查也。若如舊議，將初次赦前已經發落之案，作爲初犯，將再犯復遇恩赦之案減免，併免刺字，是續後再犯少一刺字，何足稽核耶？

一、部議內三犯竊盜擬絞，減流作一項看，言三犯之擬絞減流者也，若三犯不及十兩，擬流在減等之內，而擬絞減流之犯，上屆亦得酌核減等，從前之不准援減，係格外定議，非原議如此。至三犯贓在五十兩以上，及十兩以上，例應絞遣三犯到官，在赦後得免併計前二案而到官，在赦前者，反不得邀恩，原未平允。乾隆五十年，浙臬議將此等人犯，如第三犯到官，遇赦，將已論決之前二案免其併計。奉院批准亦可遵循也。然與部議前後，稍有互異，須看臨時司議耳。在配徒犯遇赦即行釋放，逃徒免緝，但亦有原犯情重之在配徒犯，不准援赦釋放者，須臨時細繹部文造冊詳司，聽候核示遵行。其在配脫逃軍流被獲，在恩詔以前，免其逃罪，改調仍發原配安置。其有應加徒役者，到配仍減爲杖一百。

一、應發新疆，及由新疆改發內地各條人犯，部議不准援減，但內中竊贓數多。罪應滿流一項，係指竊盜一百二十兩之首犯而言，是滿貫爲從之滿流及一百兩一百一十兩之流犯，均應減等，不可錯悞。

一、發遣黑龍江等處人犯，除部議指明強盜免死減等各款，不准援減外，其餘無論發遣、當差，以及由軍流量加，概予援減，部議除叛逆緣坐各款外，其餘軍流，概行減等。然亦有不減者，如竊盜擬徒逃後，復竊，擬流。勾通書吏舞弊，撞騙得贓，擬軍。姦拐緦麻親之妻女，擬軍。謀殺人，從，而加功之尊長，擬流。忤逆，擬軍。竊犯，擬流。在配復犯，擬軍。衙役詐贓十兩以上，擬軍。竊盜，問擬。流徒脫逃，復竊，悞傷事主，擬發黑龍江爲奴。強姦未成，擬流。姦緦麻以上親之妻女，致姦婦敗露自盡，因姦育同打胎致死，姦婦擬流。因事用強，毆打威逼人致死，擬軍。謀殺人傷而未死，擬流。搶奪，傷非金刃，傷輕平復，擬軍。官犯以贓入己，捏詳緝凶，常人詐贓，釀命犯竊，遣配，怙惡復竊，刑拷誣良，行竊拒捕，誣陷舞弊，恃刁控告，迫脅上盜，事後分贓，聽從略誘藏匿重犯，聽從強搶挾嫌誣竊，火器傷人，聽從尊長加功故殺大功弟妹，僞造印信，誆騙財物，偸竊蒙古四項牲畜，俱係歷屆成案內不減之犯，其餘不能枚舉，可以類推。逃軍逃流內亦有不准免其逃罪者，須酌核情節辦理。在配十年無過軍流，遇赦，造冊詳咨後，仍應靜候，奉到部覆釋放。若於造冊請釋後，不候部覆，私自潛回，即屬不法。未便照逃徒免緝，應令配所及原籍查拏，獲日照流犯在配脫逃，枷號。例於拏獲地方枷號，兩個月滿日，責四十板，再行釋放回籍。乾隆五十五年，奉到恩詔及部議酌定，軍流以下減等，及十年無過，省釋并累減各條，仍遵照乾隆十一年及四十三年，兩次章程辦理。

《清實録・康熙二十三年》　廣西道御史錢珏疏言：　請申刑具畫一之令。刑部議覆：　有司濫用酷刑，已經通禁，毋庸再議。得旨：　刑罰關係人命，凡審讞用刑，理應恪遵定制，精詳愼重，不得恣行酷虐，致滋冤濫。這本內事情，雖經條奏申飭，恐不肖官員日久玩忽，仍於法外妄用重刑，有負欽恤之意。爾部仍通行內外問刑各衙門，嚴加申飭。如有故違，即行指參，從重治罪。

《清實録・乾隆二十一年》　刑部等部議覆，山西按察使拕穆齊圖奏稱：　州縣承審命盜案件，例有定限。嗣經巡撫石麟奏准，案犯患病，許於原限內扣除。州縣藉有扣限，遷延不結，上司亦未便揭參。嗣後犯證於未解前患病，勒限兩月醫痊，統止展限三月等語。查患病輕重不同，若概予限三月，勢必以輕報重，已痊捏報未痊，轉延時日。應請案犯偶患輕病，委員驗實，責令隨愈隨解，不准扣限。倘病勢果重，將病起日期詳報，限一月內醫痊審解，仍不痊，方准展限，總不得逾三月。倘承審官稽遲，計違限月日，分別議處；如有捏報希圖扣展者，督撫據實嚴參。委驗官及上司扶同徇隱者，均照例議處，仍令該司將各州縣報病事件隨時稽察。如不上緊查催依限揭報者，照查參遲延例議處。從之。

又　又諭：　外省命盜案，多有捏稱犯人患病延挨時日者。今刑部議覆按察使拕穆齊圖條奏病犯勒限三個月，逾限揭參一案。該按察所云：　三月，朕猶以爲太寬，而刑部乃謂予以定限，則患病早愈者，竟得安然延待，限內未痊者，不免帶病起解。病之痊愈與否，究無實據。議令委員據實確驗，如有扶同捏飾，察出一併嚴參。夫委員確驗、嚴參等語，定例何嘗不載，而動至半載期年尚未審解，正坐無逾限處分耳，今不慮無限之多遲逾，而轉謂定限之有延待，似嚴而縱舞文習舊，豈不大謬乎？國家辦理一切政務，祇應准情酌理，期於平允，不可存絲毫成見，況刑章所係尤重？若事理本屬可行而必有心駁詰，殊非明罰敕法之道？昨因刑部議覆山西省周朝致死堂伯一案，辦理未協，朕已從寬，免其處分。今議覆此案，又復舛謬，殊屬不合。刑部堂官著交部察議，此本著發還另議。

《清實録・嘉慶元年》　諭內閣：　刑部奏軍、流、遣、戍各犯應否減免分別請旨一摺。此等共毆案內，訊無謀故重情擬絞之犯，既得援赦，而同案問擬軍流人犯情節較輕，轉不得一體邀免，自未平允。著即加恩將此等案內人犯，一律釋免。至新疆黑龍江人犯，除前經減徒之犯，既在赦前照例辦理外，其餘在配各犯，多係情重新事，年分尚淺，此時俱毋庸查辦，俟嗣後遇有恩施再行辦理，以示區別。

《清實録・嘉慶四年》　諭內閣：　前曾推皇考嘉惠士林至意，仍舉行鄉會恩科。今思祥刑之典，爲皇考九旬萬壽應沛殊恩，朕雖不獲申祝嘏悃忱，仍當仰體皇考法外之仁，停辦秋讞，俾得普霑遺澤。況雍正元年、乾隆元年，暨朕即位初元俱經停勾，所有本年情實各犯，著推恩停止勾決。

《清實録・同治八年》　辛丑，諭內閣：　御史宋邦僡奏天時亢旱，敬陳管見一摺。番役捕快，原准隨時躧緝，若如該御史所奏，該役等竟敢私立下處，拷訊偪供，實屬有違定例。著步軍統領順天府五城及各直省督撫嚴飭該役等，緝獲案犯，即日送官審訊，不准私立下處，偪供誣陷。儻有前項情事，即行從嚴究辦。禁卒陵虐囚犯，定例本嚴，近來漸就廢弛，並著內外有獄各衙門嚴加查察，如禁卒有需索陵虐等弊，即行按例嚴辦。每屆年終，將瘐斃囚犯若干名，申報該管官，以憑考覈。至各直省地方官濫刑斃命，本有定例。近因軍務初平，往往有借除暴爲名草菅人命者，實非欽恤用刑之道。著各直省，將軍、督撫、府尹等轉飭所屬，嚴行禁止。五城義冢原撥地畝，日久多無閒空，著五城御史妥爲辦理，其大宛兩縣，有無義冢官地，應否添置。並著順天府飭屬查辦。

清・劉拱宸《居官慎刑録・恤囚餘論》　於戲，爲政者可不思其本哉。夫人之子弟，幼而訓之孝悌揖讓，長而淑之禮樂詩書。上者廁身於賢士大夫，次亦不失爲良百姓。若幼而助其驕矜，長而昧其禮義，非流蕩於匪類，則身罹於憲網。此固子弟之不肖，亦父母之失教也。今吾人剖符州邑，莅官行政，潔己愛民，必先之以教養，使民知務農桑而足於衣食，知嫻敬讓而敦於風俗，然後勸之息訟以裕財，守法以保身，輸賦以急公。間有梗化不逞、魚肉吾民者，撻而誡之，俾其悔過而遷善，於是百姓享其康阜，習俗返於淳龐，豈不稱爲賢有司哉。若其操守不端，閭閻罔卹，祇知期會之爲急，日惟刑罰之獨嚴，於是奸頑以刁詐而逃法，良善爲豪横而相欺，告訐之風日甚，盜賊之衆愈滋，蚩蚩之氓羣胥入而陷於罪辟。爲之上者猶復怒其爲敗類，鞭笞而桎梏之，以至於死而不恤。嗚呼，此亦未思其本矣。昔者大禹見罪人則下車而泣，非哀罪人也，謂實上之不德、教化未備而使之至此也，是以泣也。陽膚爲士師，曾子冣之，如得其情則哀矜而勿喜。所謂哀矜者，亦矜其上之失道無以教之而使之至此也，與禹之泣罪其心一也。方今囹圄逮繫，雖三尺固所自干，而推其所以干之之故，非上之失教有以致之乎？追言及此，吾恐爲其上者雖美饌在前、錦衣在襲，有不能食之而甘、服之而暖者矣。孟子曰：以不忍人之心，行不忍人之政。孺子入井，匍匐救之，是不忍之所生也。若彼之縲紲纍纍，腐肉殘膚，饑餓且死，較之孺子不更慘耶？由是不忍之心而推之不忍之政，則除其慘毒，禁其謀害，潔其居處，賑其衣食，有不待辭之畢矣。雖然，此猶其末也。不觀孔子之言乎？曰：聽訟，吾猶人也，必也使無訟乎。夫無訟之本，在乎有以大畏服斯民之志，使無情者不得盡其辭。是無訟之本，操之在上而不係乎下也。然則，是豈孔子之空言乎？孔子爲中都宰，沈猶氏不敢朝飲其羊，公慎氏出其妻，慎潰氏越境而徙。男女異路，道不拾遺，三月而大治。此德教大行、化淳俗美之明驗矣，寧獨無訟而已哉。使魯當日盡諸邑皆孔子、周公、伯禽之封，雖與唐虞之代比隆，可也。成康、文景之刑措又安足數乎？嗚呼，吾先聖之德化美績彰彰具在，誠能奉而行之，中都之治可復見於今日。此即孔子知本之治也。而大禹之泣罪、曾子之哀矜，是皆有見於此乎？夫爲政者，亦思其本而已矣。

清・劉拱宸《居官慎刑録・周清原〈清獄省刑疏〉》　頃因京師春雨偶爾愆期，以致上厪聖懷，屢垂咨儆。臣再四思維，惟有刑獄一事，所係甚大，雖寬恤之典疊沛屢頒，而生命所關不嫌慎重。以臣所見數條，或令有歷久而漸弛，弊有相沿而未革者，似應於已禁已行之中再爲申明推廣。謹一一陳之：一、倉鋪之濫禁宜永革除也。凡內外問刑衙門設有監獄，原以羈禁重囚，其案內牽連人犯情罪稍輕者，准取的保，不得一概濫禁。定例無復可議矣。第查各府州縣於監獄之外，更設有倉、有鋪、有所、有柵、有店，各處地方名目不同。其名雖將犯人暫寄公所，實則高牆密禁、桎鎖巡防，與監獄絲毫無異。況監中重囚，經上司稽查，開放尚有定期。惟此羈禁倉鋪者，操縱全在本官，索詐任於胥役，至有淹繫數年、死而後已者。不肖官員凡遇殷實可啖之戶，及地方宿仇，或勢豪囑託，皆一切塡入，以爲恐嚇報復之地。倘遇廉明上司偶爾稽察，則詭以暫寄公所爲辭。違例虐民，莫此爲甚。臣愚以爲，嗣後各府州縣除監獄外，其一切私禁之處似應飭令盡行拆毁，庶貪酷之徒無所施其陷阱矣。一、枷杖之制宜飭畫一也。查例載竹板長五尺五寸，大頭闊二寸，小頭闊一寸五分，重不過二斤。枷重二十五斤。其杖一百者，折責至四十板而止。蓋謂此等情罪稍輕，原非徒流斬絞之比，不過使之痛辱知警而已。乃酷員逞刑立威，枷有重至百餘斤者，板有重至十餘斤、大頭闊四五寸、連根帶鬚者，且有任意敲樸至五六十板者，或連日疊責、責後即枷者，或枷後迫令跪立者，或輕小事情，枷至數月，或枷犯患病竟不開放醫治，膜視致斃者。此等受刑之人，狼狽之狀無異於徒流，性命之危更速於斬絞，而官直視爲常刑，毫不介意。臣愚以爲，嗣後大小衙門除例載某罪某枷仍照舊遵行，或免死減等諸犯仍酌用重枷遵照定例期限外，其平常所用枷杖，似宜飭令盡遵定制，不得逾越分毫。至於責杖之數，不得過四十。枷示之期，不得過一旬。責後三日內不得再責。應枷責者，俱於枷滿日的決，不得先責後枷。枷犯有病，即保釋醫治，不得膜視致斃。倘不遵式、逾限者，按照事情輕重，酌予處分，庶幾功令益信，而刑罰得平矣。一、夾棍之濫用宜申禁令也。查定例內惟謀反等十惡并眞犯死罪及命盜棍蠹應用夾棍，亦止許督撫、按察使及地方正印官酌用。蓋謂小事不可濫施，閒員不得擅用也。第查前項所犯，俱係情罪重大，在下屬既遇此等案件，即應通詳院司矣。無如州縣官相習成風，凡遇自理詞狀，不肯虛公推勘，輒用夾棍嚴訊，究以事情輕小，匿不通詳。又如學、鹽、關差俱非問刑衙門，其衙役多係市井膏粱，不諳用刑次第，每致受刑之人終身廢疾。又有一種殘酷印官，遇應夾事件，將犯人種種凌虐，或夾置階下，另理別事，且徑自退堂，終日不放者。併有明知律例，而恣行威福。或將一人連夾七八次，又夾及膝蓋者。凡此等類，皆屬非刑。臣愚以爲，嗣後似宜飭令地方印官，非遇通詳事件不許夾訊。其大小衙門應行夾訊之事，不許更於刑外加刑。至於學、鹽等官，遇有應夾事件，似宜應發問刑衙門審理。倘有違犯定議，作何處分，則殘忍之員有所顧忌，而小民不至橫罹荼毒矣。一、代刑之惡習宜嚴懲儆也。江浙財賦之區，有司專以錢糧爲重，其有事催科者，往往以敲樸從事。遂有一種無賴之徒，專以受僱代責。凡遇比較日期，輒呼朋引類，或頂冒催差，或代稱花戶，或機乘官長昏倦則易服重來，或暫委佐貳同徵則分頭受責。在有司以嚴比爲得計，而此輩反以多責作生涯。且民力有限，國課難寬，杖錢之費愈多，則正供之完愈少。至有奸胥玩役，恣意私收，惟恃僱人應比，延俟倖赦者。蠹國害民，莫此爲甚。臣愚以爲，此等惡習似宜嚴行禁止。第伊等代杖之人，若仍予樸責，非其所懼，伏請飭部定議，與出銀僱倩之人，一併嚴行治罪。其有司不行覺察者，併定處分。如此，則刑法不致混施，而頑民亦知警惕矣。

清・劉拱宸《居官愼刑録・道光十九年五月二十二日上諭》 上諭：御史陳光昌奏，嚴禁獄卒番役惡習一摺。獄卒凌虐人犯，例禁綦嚴。若如所奏，近來刑部收禁人犯，有罪尚未定而不免破家者，有身或無辜而幾至斃命者，需索凌虐，悍然不顧。必應嚴行禁止。着刑部堂官責成提牢司獄各員嚴行約束，總期有犯必懲，毋任藉端肆虐。仍着監察御史隨時細心查察，倘有前項情弊，即將管獄各官一併參處。至番役之設，原以緝抑奸宄。乃近番役之外，更有白役，往往消弭巨案，殘虐良民。又或拘拷小偷，必認匪徒。着步軍統領衙門查禁，毋稍迴護。着五城御史互爲究查，毋生瞻顧。又據奏，外省呼籲不聞，荼毒滋甚，箠楚之外，更用非刑；圜扉之外，另有私押。官未審理，見事生風；案已訊明，敲骨吸髓。種種情弊，亦所難免。着直省各督撫，分飭屬員，認眞查辦。如敢徇庇縱容，立即嚴參處，以懲蠹役而安閭閻。將此通諭知之。欽此。

清・劉拱宸《居官愼刑録・道光二十年三月二十五日題本》 雍正元年六月初二日，欽奉上諭刑部：熱審減等，國朝舊有定例。蓋念時當盛暑，囹圄之地倍覺炎蒸，笞杖所加更爲酷烈，故特予減等，以昭法外之仁。迨後日久弊生，罪人妄希巧脫，胥吏貪緣作奸，故延日期，致逃法網。是以停止熱審減等之例，以杜弊端。我聖祖仁皇帝如天好生，凡閱讞章，哀矜詳愼；秋審決囚，屢行停止；每歲夏月，必特沛恩綸，監候者寬其刑具，枷責者緩至秋涼。雖停熱審之例，仍寓減等之心，恩至渥也。朕仰體聖慈，時深欽卹。嗣後逢熱審之期，仍復減等舊例。其監禁重犯亦量加寬恤，至情罪可疑及牽連待質人等，暫予保釋，俟秋後再爲拘禁。凡內外讞獄衙門一體詳愼遵行，庶幾刑期無刑之至意。其有故意遲延，及蹈前弊、希圖漏網者，除本犯不准減等外，官吏嚴加治罪。欽此，欽遵。嗣經臣部疏稱，犯軍流罪者遇熱審竟得減等爲徒犯，徒罪者遇熱審竟得減其年限、杖責不特僥倖減免者不足以蔽其辜，即身受其害者亦不獲伸其冤抑。應請有犯軍流徒罪折枷號者不准減等外，其本犯枷號杖笞等輕罪人犯仍照例減等發落等因，具題，奉旨：這事情著九卿詹事科道會議具奏。欽此欽遵。九卿詹事科道照臣部所題，會議具奏，奉旨：依議。欽此。欽遵在案。又例載直隸各省熱審之先，審擬具題到部，而發落在熱審期內者，俱照減等發落。其審擬具題雖在熱審期內，若發落已逾熱審者，概不准減免。又例載每年小滿後十日起，至立秋前一日止各等語。今道光二十年四月二十日小滿，七月初十日立秋。應照例於小滿後十日起，至七月初九日止，除軍流徒罪並旗人犯軍流徒罪折枷號者不准減等外，其本犯枷杖輕罪人犯仍照例減等發落，笞罪寬免；監禁重犯，令提牢官員量加寬恤。其各省審擬具題，發落在熱審期內俱照例減等發落；若發落已逾熱審，不准減免。至臣部現審案件審明減等，照例彙題。其枷號人犯俱交該旗暫行保釋，候七月初十日送部照例補枷減等發落。如斬絞重犯內或情輕可矜可疑者，本部會同院寺另行請旨。倘內外讞獄衙門有故意遲延，恣行奸弊，人犯妄希巧脫者，除本犯不准減等外，其夤緣作奸之官吏嚴加治罪。俟命下之日，通行各直省督撫、將軍、府尹一體遵行，等因。道光二十年三月二十五日題。二十七日奉旨：依議。欽此。

清·劉拱宸《居官慎刑録·禁用椏牀》 凡問刑衙門官員於獄內用椏牀者革職，交刑部治罪。或拘禁地窖，或以長木將各犯同繫，令其不能轉動，凌虐罪囚者，亦革職。

清·劉拱宸《居官慎刑録·刑律條例》 管獄官監斃人犯，如係斬絞重犯，一案內監斃一人，罰俸一月；二人，罰俸三月；三人，罰俸半年；四人，罰俸九月；五人以上，罰俸一年。如係軍流罪犯，一案內監斃一人，罰俸三月；二人，罰俸半年；三人，罰俸九月；四人，罰俸一年；五人以上，革職。凌遲重犯及徒罪以下人犯，一案內監斃一人，罰俸半年；二人，罰九月；三人，罰俸一年；四人以上，革職。司獄官典監，斃斬絞重犯，一案內監斃三四人，罰俸一月；五六人，罰俸三月；七八人，罰俸半年；九、十人，罰俸九月；十一人以上，罰俸一年。軍流罪犯，一案內監斃三四人，罰俸三月；五六人，罰俸半年；七八人，罰俸九月；九、十人，罰俸一年；十一人以上革職。凌遲及徒罪以下，一案內監斃三四人者，罰俸半年；五六人，罰俸九月；七八人，罰俸一年；九人以上，革職。如一案內一時監斃重輕罪犯，照監斃各項人犯，分別議處。

奉派管押人犯，擅加鎖拷，致令墜鍊身死。比照獄卒凌虐罪囚因傷致死律，量減滿流。嘉慶二十四年安徽案。

差役妄拏無辜，因其子爭吵，復敢揪扭，朦稟，以致案情不服，鬧堂。比照衙役擅加扭鐐，非法亂打犯至徒罪以上例，枷號充軍。道光元年直隸案

差役獲賊，慮被脫逃，擅加鎖拷，致令墜鍊身死。比照押解人犯擅加鎖銬，逼致死傷例，枷號充軍。道光四年直隸案。

謀死送官監禁放火棍徒。既已到官收禁，其應得罪名自有國法，非讎家所能專主。應照平人謀殺本律，分別首從定擬。道光五年直隸司

遞解犯病留養，日給口糧八合三勺。乾隆二十四年例。

遞解軍流妻子，及在配軍流身故，妻子携骸回籍，均不准支給口糧。乾隆二十六年例。

如非七十以上、十五以下囚徒，每日給米八合三勺。各省囚糧口糧、棉衣、藥劑、棺木等項，按數支給，核實報銷。該管官尅扣冒銷者，革職提問。

清·劉拱宸《居官慎刑録·陵虐罪囚條例》 在內法司問發程遞人犯，在外問刑衙門程遞來京及遞解別省人犯，除原有杻鐐照舊外，其押解人役若擅加杻鐐，非法亂打，搜檢財物，剝脫衣服，逼致死傷及受財故縱并聽憑狡猾之徒買求殺害者，除實犯死罪外，徒罪以上俱枷號兩箇月，發烟瘴充軍。

一、除強盜、十惡、謀故殺重犯用鐵鎖、杻、鐐各三道，其餘鬭毆人命等案罪以及軍流徒罪等犯，止用鐵鎖、杻、鐐各一道；笞、杖等犯，止用鐵鎖一道。如獄官禁卒將輕罪濫用重鎖，重罪私用輕鎖及應三道而用九道，應九道而用三道，將獄官題參，禁卒革役，受賄者照枉法從重論，任意輕重者照不鎖杻而鎖杻治罪。提牢官失於覺察，交部議處。

一、凡官員擅取病呈致死監犯者，依謀殺人造意律斬監候。獄官禁卒人等，聽從指使下手者，依從而加功律絞監候。未曾下手者，依不加功律杖一百、流三千里。

一、凡問刑衙門不許於獄內用椏牀。違者，官革職，杖一百、流三千里；禁卒杖一百，革役。

一、刑部監犯患病沉危，醫生呈報救治後，提牢官回堂移會滿漢查監御史，即日赴部查驗。如有監斃人犯，無論因病、因刑及猝患暴病身死，不及呈報救治者，均移會滿漢查監御史率領指揮一員，限一月內赴部會同刑部司官相驗。倘承審官有非法拷打及將不應刑訊之人濫刑致斃，並禁卒有陵虐罪囚各情事，即嚴參究辦。至步軍統領都察院、順天府、五城各衙門並各省送部之案，務將人犯是否患病及曾否刑訊受傷之處，於交內詳晰聲明。若送到人犯受有刑傷，及病勢沉重者，刑部立即移咨查監御史，亦於一日內赴部查驗立案。嘉慶十九年續纂。

清·劉拱宸《居官慎刑録·婦人犯罪》 凡婦人犯罪，除犯姦及死罪收禁外，其餘雜犯，責付本夫收管。如無夫者，責付有服親屬鄰里保管，隨衙聽候，不許一概監禁。違者，笞四十。若婦人懷孕，犯罪應拷決者，依上保管，皆待產後一百日拷決。若未產而拷決，因而墮胎者，官吏減凡鬭傷罪二等。致死者，杖一百，徒三年。產限未滿而拷決致死者，減一等。若孕婦犯死罪，

聽令穩婆入禁看視，亦聽產後百日乃行刑。未產而決者，杖八十。產訖限未滿而決者，杖七十。其過限不決者，杖六十。失者夫於詳審而犯者各減三等。兼上文諸款而言。如不應禁而禁，笞一十。懷孕不應拷決而拷決墮胎，杖七十。致死者，杖七十，徒一年半。產限未滿而拷決致死者，杖六十，徒一年。及犯死罪不應刑而刑，未產而決者，笞五十。未滿限而決者，笞四十。過限不決者，笞三十。

條例

未產拷決不墮胎，及產限未滿拷決不致死者，依不應輕律。

婦女有犯姦盜、人命等重情，及別案牽連身係正犯，仍行提審。其餘小事牽連，提子姪兄弟代審。如遇虧空累賠，追贓搜查家產雜犯等案，將婦女提審永行禁止。違者，以違制治罪。雍正十三年例。

婦女除實犯死罪例應收禁者，另設女監羈禁外，其非實犯死罪者，承審官拘提錄供，即交親屬保領，聽候發落，不得一概羈禁。

凡擬徒收贖婦女，除係案內緊要證犯仍行轉解質審外，其經該州縣審訊明確毋庸解審者，即交親屬收管，聽候發落。乾隆八年例。

犯婦懷孕律應凌遲斬決者，除初審證據未確、案涉疑似，必須拷訊者，仍俟產後百日限滿審鞫。若初審證據已明，供認確鑿者，於產後一月起限審解。其罪應凌遲處死者，產後一月期滿，即按律正法。乾隆二十三年例。

斬絞監候婦女秋審解勘，經過地方，俱派撥官媒伴送。其業經解勘一次，情罪顯然，無可改擬者，下次即停其解審。如有外省定擬，情實可矜，具題經九卿會核改擬緩決者，次年秋審核准無異，亦即停其解審。乾隆二十五年例。

婦女犯該斬梟者，即擬斬立決，免其梟示。嘉慶十五年續纂。

清・劉拱宸《居官慎刑録・紹誡〈與河南諸郡伯書〉》 逕啓者查定例內載已結案件，每月兩次許令犯人家屬進監探視，實係朝廷法外之仁。在京刑部每月初二、十六，放犯人家口進監。獄中設有閒房，以爲犯人家屬入視之所，各省府、廳、州、縣，自應一體照辦。雖外省監獄狹窄，與京都南北牢情形不同，第已結重案獄囚亦屬無多，獄中如有隙地，酌添閒房數間，以便重囚家口入視坐歇。如或地非寬曠，無房可建，或於獄神廟旁，打掃潔靜，設法安置，似亦推廣皇仁之一端。仍不准該家屬在彼越宿，以昭愼重。閣下存心仁惠，弟所素知，即希轉飭各屬酌量情形，妥協辦理，惟不可藉端別滋弊竇耳。除另備公牘外，特此泐布，敬請勛安。不一。

清・彭鵬《古愚心言・欽恤牢獄示》 爲欽恤牢獄，仰體好生事。照得一人入獄，闔戶啼號。凡輕罪從不暫羈，婦女從不暫寄，囹圄空虛，吾願也。不幸而入，非盜犯則凶犯，一念之錯，一時之忿，法雖莫貸，情實哀矜，而況有疑案未招，有奉旨緩決乎？夫未招者，問官尚爲之求生，而緩決者，仁主不忍其即死。若使饑凍顛連，坐卧臭穢，致其瘐斃，何能少待？所以每日人給米八合，薪菜照常，着爾禁卒代爲炊爨，另給口糧，與爾酬勞。爾其冷熱隨時，毋虧毋忽，其柵欄內灑掃潔凈，盡行鋪石，防潮濕也。石上加板，夏覆以單蓆，冬溫以厚草，無襦給綿，染病延醫。本縣時詣查視，每於暑夜寒宵，坐土坑，談果報，苦口勸諭，無非欲汝從牢獄中猛省回頭，萬一逢恩肆赦，保全首領，將來遷善改過，得爲聖世良民，何幸？爾禁卒與三班值監各役，誰無婆心，同起聽聽，特示。

清・雅爾圖《雅公心政録・酌減杖刑》 查笞杖之罪，雖由自取，但時屆隆冬，貧民衣服單薄，受傷之處，易成凍瘡。念此輩類多愚民，情罪尚輕，各州縣於發落之時，酌其情罪，視其強弱，量爲輕減，俟來歲春融停止。

清・劉衡《庸吏庸言・勸諭書吏告示》 禁押枷號。各犯時加照料，大寒大暑尤宜加意。

清・朱奇政《同安紀略・修監諭》 照得牢獄重地，羈禁罪人，以待矜恤。朝廷爲生人設，非爲殺人設也。同邑監房湫隘潮濕，本縣憫之，酌費若干，付刑房從新修理。該房亟宜踴躍從事，以副委任，務令半文一錢，無使破冒，門壁必固，雨露勿侵，地隔以板，女別以房，剋日落成，使本縣食息以寧，夢寐稍安。本縣圭組趣冷，湖山興熱，萬一旦夕之間浩然而去，不能少待，致此善事未成，一念莫釋。該房不惟負本縣，不惟負神明，亦且自負不少也。一字一血，宜體悉，毋忽。

紀事

《後漢書・光武帝紀上》〔建武五年〕五月丙子，詔曰：久旱傷麥，秋種未下，朕甚憂之。將殘吏未勝，獄多冤結，元元愁恨，感動天氣乎？其令中都官、三輔、郡、國出繫囚，罪非犯殊死一切勿案，見徒免爲庶人。務進柔良，退貪酷，各正厥事焉。

《後漢書・光武帝紀上》〔建武〕七年春正月丙申，詔中都官、三輔、郡、國出繫囚，非犯殊死，皆一切勿案其罪。見徒免爲庶人。耐罪亡命，吏以文除之。

又〔建武十二年〕三月癸酉，詔隴、蜀民被略爲奴婢自訟者，及獄官未報，一切免爲庶人。

又〔永平〕九年春三月辛丑，詔郡國死罪囚減罪，與妻子詣五原、朔方占著，所在死者皆賜妻，父若男同産一人復終身；其妻無父兄獨有母者，賜其母錢六萬，又復其口筭。

又〔永平〕十五年春二月庚子，東巡狩。辛丑，幸偃師。詔亡命自殊死以下贖：死罪，縑四十匹；右趾至髡鉗城旦舂，十匹；完城旦至司寇五匹；犯罪未發覺，詔書到日自告者，半入贖。

又〔永平十六年〕九月丁卯，詔令郡國中都官死罪繫囚減死罪一等，勿笞，詣軍營，屯朔方、敦煌；妻子自隨，父母同産欲求從者，恣聽之；女子嫁爲人妻，勿與俱。謀反大逆無道不用此書。

又〔永平十七年〕秋八月丙寅，令武威、張掖、酒泉、敦煌及張掖屬國，繫囚右趾已下任兵者，皆一切勿治其罪，詣軍營。

《後漢書・章帝紀》〔建初六年九月〕辛卯，車駕還宮。詔天下繫囚減死一等，勿笞，詣邊戍；妻子自隨，占著所在，父母同産欲相從者，恣聽之；有不到者，皆以乏軍興論。及犯殊死，一切募下蠶室；其女子宮。繫囚鬼薪、白粲已上，皆減本罪各一等，輸司寇作。

《後漢書・和帝紀》〔永元十六年〕秋七月，旱。戊午，詔曰：今秋稼方穗而旱，云雨不霑，疑吏行慘刻，不宣恩澤，妄拘無罪，幽閉良善所致。其一切囚徒于法疑者勿決，以奉秋令。方察煩苛之吏，顯明其罰。

《後漢書・順帝紀》〔陽嘉〕三年春二月己丑，詔以久旱，京師諸獄無輕重皆且勿考竟，須得澍雨。

《後漢書・靈帝紀》〔熹平五年四月〕大雩，使侍御史行詔獄亭部，理冤枉，原輕繫，休囚徒。

《後漢書・獻帝紀》〔初平四年六月〕雨水，遣侍御史裴茂訊詔獄，原輕繫。

《後漢書・皇后紀上・和熹鄧太后》〔永初二年秋，和熹鄧〕太后諒闇既終，久旱，太后比三日幸洛陽，錄囚徒，理出死罪三十六人，耐罪八十人，其餘減罪死右趾已下至司寇。

《北齊書・廢帝紀》詔諸元良口配沒宮内及賜人者，並放免。甲辰，帝幸芳林園，親錄囚徒，死罪以下降免各有差。

《北史・魏本紀》〔魏承明二十年〕八月壬辰朔，幸華林園，親錄囚徒，咸降本罪二等決遣之。

《北史・魏本紀三》〔延興四年〕閏月丁亥，幸獸圈，親錄囚徒，輕者皆免之。

唐・杜佑《通典・刑法七》 大唐令曰：赦日，武庫令設金雞及鼓於宮城門外之右，勒集囚徒於闕前，撾鼓千聲訖，宣制放。其赦書頒諸州，用絹寫行下。律曰：會赦及降者，盜者准枉法猶徵正贓，餘贓非見在及收贖之物限內未送者，並從赦降原。

武德四年，王充、竇建德平，大赦天下。既而責其黨與，並令遷配。侍書侍御史孫伏伽諫曰：今月十三日發雷雨之制，既云常赦不免皆赦除之，此非直赦其有罪，亦是與天下斷當，許以更新。因何王充、建德部下赦後又欲遷之？此是陛下自違本心，欲遣下人若爲取則？如臣愚見，經赦合免責情欲遷配者，並請放之，則天下幸甚。

貞觀二年七月，上謂侍臣曰：凡赦，惟及不軌之輩。古語云：小人之幸，君子不幸，一歲再赦，婦女喑啞。凡養稂莠者，傷禾稼；惠奸凶者，賊良人。昔文王作罰，刑兹無赦。夫小仁者，大仁之賊。故我有天下以來，不甚放赦。今四海安寧，禮義興行，數赦則愚人常冀僥倖，惟欲犯法，不能改過，當須慎赦。

天寶十三載二月赦文：左降官承前遭憂，皆不得離任。孝行之道，所未弘通；情理之閒，深可哀恤。如有此類，宜並放歸，仍申省計至服滿日，准法處分。自今以後，編入常式。

《舊唐書・則天皇后紀》〔證聖元年〕秋九月，親祀南郊，加尊號天冊金輪聖神皇帝，大赦天下，改元爲天冊萬歲，大辟罪已下及犯十惡常赦所不原者，咸赦除之，大酺九日。

《舊唐書・玄宗紀》〔天寶六載正月〕戊子，親祀圜丘，禮畢，大赦天下，除絞、斬刑，但決重杖。【略】

自五月不雨至秋七月。乙酉，以旱，命宰相、臺寺、府縣録繫囚，死罪決杖配流，徒已下特免。庚寅始雨。

《舊唐書・睿宗紀》〔景雲二年〕兵部尚書郭元振從上御承天門樓，大赦天下，自大辟罪已下，無輕重咸赦除之。翌日，太上皇誥曰：朕將高居無爲，自今後軍國刑政一事以上，並取皇帝處分。

《舊五代史・梁書・太祖紀》〔開平二年五月〕壬辰夜，火星犯月，太史奏，災合在荆楚。乃令設武備，寬刑罰，恤人禁暴以禳之。【略】六月辛亥，以亢陽，慮時政之闕，乃詔曰：邇者下民喪禮，法吏舞文，銓衡既失於選求，州鎮又無其舉刺，風俗未厚，獄訟實繁，職此之由，上遭天譴。至是，決遣囚徒及戒勵中外。丙寅，月犯角宿，帝以其分野在兖州，乃令長吏治戎事，設武備，省獄訟，恤疲病，祈福禳災，以順天戒。

《舊五代史・唐書・明宗紀》〔天成二年春正月〕左拾遺李同上言：天下繫囚，請委長吏逐旬親自引問，質其罪狀眞虚，然後論之以法，庶無枉濫。從之。

宋・王溥《唐會要・君臣慎恤》三年三月五日，大理少卿胡演進每月囚帳，上覽焉。問曰：其間罪亦有情或可矜，何容皆以律斷？對曰：原情宥過，非臣下所敢。上謂侍臣：古人曰：鬻棺之家，欲歲之疫，非惡於人，而利於棺。故今之法司，覆理一獄，必求深刻，欲成其考。今作何法，得使平允？王珪奏曰：但選良善平恕人，斷獄允當者賞之，卽姦僞自息。上曰：古者斷獄，必訊於三槐、九棘之官，今三公九卿卽其職也。自今天下大辟罪，皆令中書門下四品已上及尚書議之。至三月十七日，大理引囚過次，到岐州刺史鄭善果。上謂胡演曰：鄭善果等官位不卑，縱令犯罪，不可與諸囚同列。自今三品已上犯罪，不須將身過朝堂，聽進止。四年十一月十七日制：決罪人不得鞭背。初，太宗以暇日閱《明堂孔穴圖》，見五臟之系咸附于背，乃嘆曰：夫箠，五刑之最輕者也，豈容以最輕之刑而或致之死。古帝王不悟，不亦悲夫！卽日遂下此詔。

宋・王溥《唐會要・君上慎恤》其貞觀五年十一月九日勅：前勅在京決死囚日，進蔬食。自今已後，決外州囚第三日，亦進蔬食。因謂三品已上曰：今曹司未能奉法，在下仍多犯罪。數行刑戮，使朕數食空飯，公等豈不爲媿？宜各存心，以盡匡救。

《新唐書・崔仁師傳》崔仁師，定州安喜人。武德初擢制舉，調管州録事參軍。陳叔達薦仁師才任史官，遷右武衛録事參軍，與脩梁、魏史。貞觀初，改殿中侍御史。時青州有男子謀逆，有司捕支黨，纍係塡獄，詔仁師按覆。始至，悉去囚械，爲具食，飲湯瀋，以情訊之，坐止魁惡十余人，它悉原縱。大理少卿孫伏伽謂曰：原雪者衆，誰肯讓死？就決而事變，奈何？仁師曰：治獄主仁恕，故諺稱「殺人刖足，亦皆有禮。」豈有知枉不申，爲身謀哉？使吾以一介易十囚命，固吾願也！及敕使覆訊，諸囚咸叩頭曰：崔公仁恕，必無枉者。舉無異辭。由是知名。

《新唐書・酷吏傳》至載初，右臺御史周矩諫后曰：凶人告訐，遂以爲常，推劾之吏，以崄責痛詆爲功，鑿空投隙，相矜以殘，泥耳籠首，枷楔兼暴，拉脅籤爪，縣髮熏目，號曰獄持。晝禁食，夜禁寐，敲撲撼搖，使不得暝，號曰宿囚。人苟賖死，何求不得？陛下不諒，試取告牒判無驗者，使推其情，有司必上下其手，希合盛旨。今舉朝脅息，謂陛下朝與爲密，夕與爲讎，一羅攝逮，便與妻子決。且周用仁昌，秦用刑亡。惟陛下察之。后寤，獄乃稍息，而酷吏寖以罪去。

《新唐書・呂元膺傳》嘗録囚，囚或白：父母在，明日歲且不得省爲恨。因泣，元膺惻然，悉釋械歸之，而戒還期。吏白不可，答曰：吾以信待人，人豈我違？如期而至。自是羣盜感愧，悉避境去。

《新唐書・唐臨傳》有輕囚久繫，方春，農事興，臨說令可且出囚，使就畎畝。不許。臨曰：有所疑，丞執其罪。令移疾，臨悉縱歸，與之約，囚如期還。

宋・李燾《續資治通鑑長編》卷一七〔宋太祖開寶九年十月〕甲寅，太宗即位，羣臣謁見萬歲殿之東楹，帝號慟殞絕。乙卯，大赦天下，常赦所不原者咸除之。令緣邊禁戢戍卒，毋得侵撓外境。羣臣有所論列，並許實封表疏以聞，必須面奏者，閤門使即時引對。風化之本，孝弟爲先，或不順父兄，異居別籍者，御史臺及所在糾察之。先皇帝創業垂二十年，事爲之防，曲爲之制，紀律已定，物有其常，謹當遵承，不敢踰越，咨爾臣庶，宜體朕心。

宋・李燾《續資治通鑑長編》卷四三〔宋眞宗咸平元年〕夏四月己丑

朔，詔諸州長吏潔除牢獄，疏理淹繫，有疾病及貧乏者療治資給之。

宋・李燾《續資治通鑑長編》卷六一　〔宋眞宗景德二年九月〕上閲開封府囚帳，日繫二百餘人，憫其苛留。命給事中董儼、直昭文館韓國華與知府張雍慮問，情輕者卽決之，事須證佐者促成之。

宋・李燾《續資治通鑑長編》卷七三　〔宋眞宗大中祥符三年二月〕三司使丁謂請承天節禁刑罰、屠宰，從之。

宋・李燾《續資治通鑑長編》卷七四　〔宋眞宗大中祥符三年八月〕江南旱，詔轉運、提點刑獄官疏理所部繫囚。

宋・李燾《續資治通鑑長編》卷七七　〔宋眞宗大中祥符三年三月〕癸巳，詔天慶節禁刑七日，天貺節一日，著於令。

宋・李燾《續資治通鑑長編》卷八〇　〔宋眞宗大中祥符六年五月〕辛卯朔，上御崇政殿親錄繫囚，流罪以下遞降一等。

宋・李燾《續資治通鑑長編》卷八三　〔宋眞宗大中祥符七年十月〕詔自今天慶、天貺、先天、降聖節，有司勿進刑殺文字。

宋・李燾《續資治通鑑長編》卷九三　〔宋眞宗天禧三年正月〕己卯，詔自今罪人當令衆在冬月者，免之。

宋・李燾《續資治通鑑長編》卷九七　〔宋眞宗天禧五年五月〕乙亥朔，上御崇政殿，親錄京城繫囚，死罪已下並減一等。遂詔諸路州軍亦如之，惟十惡及官典犯贓、僞造符印、放火刼盜不赦。

宋・李燾《續資治通鑑長編》卷九八　〔宋眞宗乾興元年五月〕乙亥，御崇政殿錄繫囚，雜犯死罪以下遞降一等，杖以下釋之，仍命樞密使覆視乃行。

宋・李燾《續資治通鑑長編》卷一一〇　〔宋仁宗天聖九年二月〕詔眞宗忌前後各禁刑二日，宜如天慶節，杖以下情理輕者釋之。

宋・李燾《續資治通鑑長編》卷一一八　〔宋仁宗景祐三年五月〕丙申，御崇政殿錄繫囚，帝又廣其恩，流已下罪皆得釋。因詔有司自今罪覺被逮，逮未至者，同見繫原減之；逃亡軍士免刺面。

宋・李燾《續資治通鑑長編》卷一二〇　〔宋仁宗景祐四年五月〕庚戌，美人俞氏生皇子，上以諭輔臣，王隨等皆再拜稱賀。遂御崇政殿錄繫囚，雜犯死罪降徒流，流以下釋之。

宋・李燾《續資治通鑑長編》卷一二二　〔宋仁宗寶元元年五月〕乙巳，御崇政殿，錄繫囚，雜犯死罪降從流，情罪重者刺配五百里外牢城，流以下遞降一等，杖以下釋之。三京畿內特遣官，諸路令轉運使副、提點刑獄疏決之。

宋・李燾《續資治通鑑長編》卷一三六　〔宋仁宗慶曆二年五月〕詔開封府界盜賊未捕獲者六百九十餘人，其非傷殺事主及元謀之人，聽百日歸業，除其罪。

宋・李燾《續資治通鑑長編》卷一四一　〔宋仁宗慶曆三年五月〕庚午，御崇政殿錄繫囚，命侍御史沈邈等分詣京畿及三京，其諸路卽委轉運使、提點刑獄官親行疏決，雜犯死罪以下遞降一等，杖以下釋之。

宋・李燾《續資治通鑑長編》　〔宋仁宗皇祐三年五月〕五月庚戌朔，詔恩、冀等州旱，其令長吏精虔禱雨，決繫囚無或淹滯，仍令轉運司體量今年夏稅以聞。

宋・李燾《續資治通鑑長編》卷二二四　〔宋神宗熙寧四年六月〕丙寅，錄繫囚，雜犯死罪以下第降一等，杖以下釋之。時雨愆亢故也。時雨愆亢，據《御集》。《林希野史》云：趙子幾以司農旨諭諸縣陞降等第，以就助役。東明民二百詣丞相訴，又訴御史，上聞之驚，安石亦惶恐。上手批付中書：民之不願出錢者仍舊供役。內外歡然，以此解訴者。中丞綰、諫官洙猶以爲非便，而助役之議直可罷也。而布、綰言於安石曰：助役爲衆所搖，不可成矣。安石悔，又納御批而不行，疑東明令賈蕃誘民來訴。蕃已移官，乃遣子幾至邑詢其陞降民戶，因捃蕃嘗以同天節宴取外界，猶如此者數事。子幾奏之。安石大喜，置獄劾之。言者以爲訴而發其事非體當然。又蕃已去官，上亦寢，又批付中書：但案其陞降不當，餘皆勿問。中外聞之，慶上之仁聖。安石不悅，又懷於上前納之。又辛亥六月十三日，上御崇政殿決罪人，曹佾家奴盜金當徒二年半，降從杖，上目馮京曰：横門決杖二十，已宣閤門使。安石曰：不可，但當決十八。再三言之，上終不能遏。自四年以來，手批多不行矣。按希云安石屢納御批，今附注此，當考。孫洙自諫院出知海州，在五月二十二日，蓋從洙所乞，不聞洙論助役當罷，并合考詳。

宋・李燾《續資治通鑑長編》卷二六三　〔宋神宗熙寧八年閏四月〕御史陳睦言：方盛夏時，願嚴敕諸道監司分行郡邑，察冤獄，決繫囚。吏不足使治獄與輒苛禁亡罪、侵害善良，卽按劾之。

宋・李燾《續資治通鑑長編》卷二八一　〔宋神宗熙寧十年三月〕辛未，錄繫囚，雜犯死罪降從流，流以下第降一等，杖以下釋之。其雜犯死罪情理重，并鬭殺情理輕者，皆降決刺配千里外牢城。

宋・李燾《續資治通鑑長編》卷二八八　〔宋神宗元豐元年三月〕辛巳，

《宋會要輯稿・刑法三》〔乾道元年〕五月十四日，刑部言：據舒州申，本州諸縣犴獄淹延，動涉歲月。蓋由淮南之人多自浙江遷徙，在法合于本貫會問三代有無官蔭，及祖父母、父母有無年老應留侍丁，及非犯罪事發見行追捕之人。若數人共犯，則自東徂西，皆合會問，道途往返，少亦不下數千里。竊謂住及七年以上者，自可以見住州縣爲本貫，庶幾官司易勘爲結。本部今契勘，如犯死罪及徒以上并合用蔭人，根勘官司自合依條逐處會問，所有其餘罪犯欲從本州申請施行。從之。

《宋會要輯稿・刑法五》〔端拱二年〕五月十九日以旱御崇政，殿錄在京諸司繫囚，多所寬宥。分命常參官四十二人決天下獄。時自季春不雨，帝乃臨軒親決庶獄，是夜雨足。

又〔元豐〕七年十一月八日，中書言：開封府大理寺禁繫甚苦。詔令監察御史與刑部郎官速往點檢，催促結絶。

又〔哲宗元祐二年〕十一月二十八日，詔以雪寒促決見囚。

又〔眞宗咸平〕元年二月六日，帝御崇政殿，錄在京諸司繫囚並減等，情理可恕者，並釋之。以詔西京及諸路繫囚限勑到日，長史盡時決斷，如有冤濫，即與申理，限三日内具畢聞奏。追證未圓候對欵者，亦速爲結絶。老幼疾患不任科責者，流徒罪，準律收罰杖已下，釋之，時以彗星見也。

又〔眞宗咸平〕三年二月二十日，以京畿闕雨，御崇政殿，錄在京諸司繫囚，多所原宥。

又〔眞宗咸平〕四年二月十一日，以京畿闕雨，御崇政殿，錄在京諸司繫囚死罪者詳覆之，餘悉從輕，杖已下釋之。

又〔眞宗咸平〕六年十一月一日，以萬安太后疾，御崇政殿，錄在京諸司繫囚，徒已上遞減一等，杖已下並釋之。

又〔大中祥符〕元年五月十七日，御崇政殿，錄在京諸司繫囚，流已下遞減一等，笞杖釋原之。

又〔大中祥符〕二年五月十二日，御崇政殿，錄在京諸司繫囚，死罪從流，流從徒，徒從杖，其下並釋之，殺人者依法。民有戶絶而妻鬻產適他族者，至是事發而估錢已費用有司，議準法產業當沒官，帝令以產業給見主納佑錢者存之。

又〔大中祥符〕三年五月十七日，御崇政殿，錄在京諸司繫囚。唯彊盜疏決繫囚，雜犯死罪以下第降一等，杖以下釋之。令諸路監司覺察逃案，結絶刑獄，毋令淹蔓。

宋・李燾《續資治通鑑長編》卷三四一〔宋神宗元豐六年十一月〕三班奉職皇甫旦言：初爲三班借職，累立戰功。至如京副使、秦州第四將。駐階州時，將下兵級孫化等謀叛，臣於將司劾實斬之，亦自劾專殺之罪。有司論臣雖爲監臨主司，於法不應決獄，以鬬殺論當杖死。蒙恩貸配沙門島，復蒙恩許臣效用立功，然累從偏師，不得一當陣敵。今李憲遣臣將命董氈、阿里骨，呼致達靼等赴闕，乞賜敘理。詔特以遠使幹辦，遷一官。

宋・李燾《續資治通鑑長編》卷四〇八〔宋哲宗元祐三年正月〕甲戌，疏決在京及府界繫囚，雜犯死罪以下遞降一等，至杖釋之，以久陰不解也。

宋・李心傳《建炎以來繫年要録》卷五四〔紹興二年五月〕壬申，以霖雨不止，命刑部郎官及諸路憲臣窮督獄訟。

宋・李心傳《建炎以來繫年要録》卷六七〔紹興三年〕丙子。詔諸路監司分按州縣，親録囚徒，以察冤滯。以久旱用工部員外郎臨海朱締奏也。

又〔紹興三年〕己巳，詔：以久旱，令兩浙憲臣行所部慮囚。左司諫唐煇乞令憲臣所至親自引問，庶冤枉獲伸。從之。

宋・李心傳《建炎以來繫年要録》卷一〇三〔紹興六年七月〕戊子，侍御史周祕乞諸路疏放干繫人，如命官犯贓，合用供證者，本身雖無收坐之罪，亦聽暫時勒留對證，其淹延妄禁者，令憲臣按劾。從之。初，上既從朱震王、縉之請，命諸路釋拘繫之人。而祕謂命官犯罪，先推干證，今一概釋之，恐獄吏舞文，縱釋贓吏，故有是請。後數日，中書舍人董弁復言：諸路見勘命官公事二百二十四，其間姦贓不法等罪，爲數百二十有一，有及三四年未決者，干連禁繫，死於狴犴，不知其幾何人。望令諸路憲臣詳加檢察，按其滯繫，以副陛下欽恤之意。乃命刑部申嚴下行。

宋・李心傳《建炎以來繫年要録》卷一〇三〔紹興十一年七月〕庚子，上以臨安旱，蔬食請禱，決滯獄，出繫囚。後二十四日，大雨。

宋・佚名《中興兩朝聖政》卷五五〔淳熙四年十月〕丙子，詔陰雨多日，大理寺、臨安府幷屬縣及兩浙西路諸州、縣見禁罪人，在內委臺官，在外委提刑，即時躬身前去檢察決遣。如路遠去處，分委通判。杖罪已下并繫等人，日下並行疎放，仍將已斷放過，名件逐一開具聞奏。

準法，餘死罪降從流，流徒並降從杖，流仍配隸，杖已下釋之，凡五百五十九人。

又〔大中祥符〕四年五月十四日，御崇政殿，錄在京諸司繫囚。殺人者死，自餘死及徒流遞減一等，杖已下釋之。

又〔大中祥符〕四年閏五月二十七日，御崇政殿，錄在京諸司繫囚，多所原減。

又〔眞宗大中祥符〕五年五月十三日、六年五月一日、八年五月十四日，天禧三年五月十五日、四年六月九日，並同此制。七年正月十四日，御崇政殿，錄在京諸司繫囚，多所原減，以車駕行幸故。

又〔大中祥符〕五年五月二十二日，御崇政殿，錄在京諸司繫囚，死罪至徒流遞減，杖已下釋之。

又〔英宗治平〕三年三月十四日，帝親錄在京繫囚，除十惡四殺官典犯贓監主自盜僞造符印放火不降，餘罪死降從流，流已下遞降之。降在流而情重，及鬬殺可憫者，依降決配五百里外牢城，強刼盜罪死者。沙門島，流者。廣南牢城，杖已下放。命尚書屯田郎中徐總、館閣校勘劉瑾、祕閣校理錢藻與開封府界提點分詣諸縣疏決。

又〔英宗治平〕三年六月二十六日，帝親錄在京繫囚，除十惡四殺官典犯贓監主自盜僞造符印放火依法外，死罪降流，情理重并鬬殺可憫者，各刺配五百里外州軍牢城，強竊盜罪死者配沙門島，流者配廣南牢城，餘罪遞一等，杖已下釋之。命都官郎中張公度、屯田郎中范道卿與開封府界提點分詣諸縣疏決。

又〔英宗治平〕四年神宗即位未改元四月十九日，上親錄在京繫囚，除十惡四殺官典犯贓監主自盜僞造符印放火依法施行外，應雜犯死罪並降從流，內情理并鬬殺情理可憫者依減降決訖，各配五百里外牢城，強刼該死賊人亦依減降決訖，配沙門島，罪至流依減降刺配廣南牢城，其餘流罪降從徒，徒罪降從杖，杖罪已下並釋之。仍命集賢校理劉瑾孫洙往開封府界諸縣依在京指揮疏決。

又〔哲宗元祐〕三年八月二十八日，錄繫囚，雜犯死罪已下遞降一等，杖以下釋之，開封府界及三京準此。

又〔哲宗元祐〕五年二月十二日，疏決四京府罪諸縣繫囚，除常赦所不原外，雜犯死罪以下遞降一等，杖以下釋之。其後又詔疏決應天下州府軍監縣等繫囚。

又〔神宗熙寧〕二年三月二十八日，上親錄在京繫囚，命官往諸縣疏決。

又〔神宗元豐〕三年四月十四日詔，開封府界京東西河北陝西等路久苦旱災，近雖霑潤，未至優渥，深慮刑獄或有冤留，上干和氣。可令諸路分委監司在京遣中書刑房檢正督遣囚。

又〔淳化三年〕六月十六日，以暑甚，御崇政殿，錄在京諸司繫囚數百人，流罪以下悉與原赦。

又〔明道二年〕五月十四日御崇政殿錄在京諸司繫囚，減重罪事輕罪，仍詔疏決其前諸罪人逮未至，須到吳欸進疏決施行，若疑獄及死罪者，聽奏取旨，在籍逃亡能自歸，若獲者更不刺面，許還本所。自後每疏決，悉用此制。景祐二年五月十九日御崇政殿錄在京諸司繫囚，死罪從流，流已下原之。七月二十五日帝已五月疏決罪人，有事發未追合該降釋，遂詔刑部應三京畿縣見禁罪人，除刼謀故鬬並爲已殺人者，並十惡官與正枉法贓、監主自盜、僞造符印、放火，依法外雜犯死罪並降從徒，情理重及鬬殺情可閔者，依減降決配五百里外牢城，其餘流罪降徒杖已下並放。先是詔疑罪奏裁，故始立爲定法。

又 四年五月九日御崇政殿錄在京諸司繫囚，帝謂宰臣王隨曰：今旦皇子誕生，疏決固宜寬貸。隨等拜賀。是日死罪降從流配，嶺南牢城者五人，流罪配近郡軍籍者五人，徒十三人，杖笞三十一人，並釋之。

又 寶元二年四月二十五日開封府言今後疏放前有罪人稱祖父告勑在外，及婦人稱有娠，乞且送知在，如無官告、娠孕不與原免。從之。

又 天禧元年五月十三日，御崇政殿，錄在京諸司繫囚死罪情理輕者，流海島；徒流遞減一等；杖已下釋之。五年五月一日，御崇政殿，錄在京諸司繫囚死罪，降從流；流從杖已下釋之。乾興元年五月七日仁宗即位，未改元，帝御崇政殿錄在京諸司繫囚各從原降。仁宗天聖元年三月九日御崇政殿錄在京諸司繫囚，既原減訖，又出軍頭司所錄刑名，示中書樞密院，再令看詳，始符外施行。二年五月九日御崇政殿錄在京諸司繫囚，雜犯死罪；已下遞減一等，杖已下釋之。

又　〔天聖〕七年五月十五日，御崇政殿，録在京諸司繫囚，減原者四十三人，軍卒亡命限一月首露，送所管依例原減；　至死者奏裁，仍詔今日已前諸處送到及已追未致諸邑人，候勘到所犯情罪，仰依踈決例斷訖奏聞；　有疑慮者奏裁；　其逃走軍人更不刺面，依舊收管，及踈決已前軍人犯死罪者，並奏取旨。十年四月六日減降死罪，原減亡命軍卒同此制。

又　〔景德三年〕九月二十六日詔：　陝西諸州納質院戎人並放遣之。競是蕃落每爲寇盜，既經和解，所在慮其復叛，因置此院，收其子弟，有壯年禁錮至白首者。帝聞而憐之。時有是命。

又　〔紹興〕五年九月十四日，明堂赦勘會在獄病囚，官給藥物醫治，病重責出自有成憲，深慮州縣循習苟簡，不與救療，及不照條責出，因致死亡，仰監司知通常切覺察。自後郊赦並同。

《宋會要輯稿·刑法六》　〔神宗元豐〕二年六月三日，命權御史臺推直官盛南仲權檢正中書刑房公事王修同催促結絶在京繫囚。

又　〔乾道九年〕九年三月二十二日，詔刑部長貳郎官并監察御史每月通輪一員，分作兩日，往大理寺臨安府親録囚徒，仍具名件聞奏。

又　〔大中祥符〕六年十一月四日詔，諸州所供禁囚犯由其命官居禁及責保參對者，悉以所犯别狀申奏。初，諸道通爲一奏，至有命官犯輕讞同於重獄者，帝以非便，命刑寺議，故有是詔。

又　〔仁宗天聖〕二年十一月二日，臣僚上言：　御樓賜赦，見禁罪人並於樓前釋放，支賜綿袍頭巾麻鞵，今詳釋罪已是厚恩，望别定制。詔：　自今後所給衣物須罪人在禁一月以上，委是貧不濟者即給。

《宋史·真宗紀》　〔大中祥符二年五月〕丁卯，遣使陝西決獄，流罪以下減一等，死罪情可者上請。

《宋史·刑法志》　乾興以前，州軍長吏，往往擅配罪人。仁宗即位，首下詔禁止，且令情非巨蠹奏待報。又詔諸路按察官，取乾興赦前配隸兵籍者，列所坐罪狀以聞。自是赦書下，輒及之。

《宋史·刑法志》　理宗起自民間，具知刑獄之弊。初即位，即詔天下恤刑，又親制審刑銘以警有位。每歲大暑，必臨軒慮囚。自謀殺、故殺、鬥殺已殺人者，僞造符印、會子，放火，官員犯入己贓，將校軍人犯枉法外，自除死罪，情輕者降從流，流降從徒，徒從杖，杖已下釋之。大寒慮囚，及祈晴祈雪及災祥，亦如之。有一歲凡數疏決者。後以建康亦先朝駐蹕之地，罪人亦得視臨安減降之法。

元·葉留《爲政善報事類·讞疑别尋》　宋張逸知益州，日華陰縣鄉長殺人，誣道傍者，縣吏愛財，獄具，乃令殺人者守囚。逸曰：　囚色冤，守者氣不直，豈守者殺人乎。因始敢言，而守者果服，立誅之。蜀人以爲神。逸後凡四，守益州子岣巘亦有顯名於世，巘之孫即端明殿學士澄也。

《元史·順帝紀六》　〔至正十四年十一月乙酉〕皇太子修佛事，釋京師死罪以下囚。

《元史·泰定帝紀二》　〔泰定三年十二月〕丙戌，以回回陰陽家言天變，給鈔二千錠，施有道行者及乞人、繫囚，以禳之。丁亥，寧夏路地震，有聲如雷，連震者四。庚寅，赦天下。召江浙行省右丞趙簡爲集賢大學士，領經筵事。

《明實録·洪武七年》　〔正月〕壬午，廣平府成安縣丞唐詢浛事（適）〔甫〕三月，以細故禁繫二年，自獄中上書陳情。上曰：　非大故而繫獄二年，若不幸而死，詢何辜？　即命釋之，勅問其官吏之淹禁者。

《明實録·洪武二十四年》　〔十二月〕甲寅，青州益都縣民以縣官遺失案牘，連逮繫都察院獄，皆誣服大理審録其冤，詔釋之，人給鈔二錠，遣還。

《明實録·洪武二十五年》　〔正月〕甲辰，天策衛卒吴英父得罪繫獄，英詣闕陳情，願没入爲官奴以贖父罪。上諭英曰：　汝之情固有可矜，但汝平時何不勸諫汝父，使不犯法，今罪不可貸。然念汝愛父之至，特屈法宥之。汝自今凡遇父有不善，當即諫止，若不聽，必再三言之，使不陷於非義，斯爲孝也。又顧謂侍臣曰，此卒非知書者，能如此，亦可謂難矣，故特屈法以宥其父，將以勵天下之爲人子者。

《明實録·永樂五年》　〔九月〕庚子，刑部、都察院、大理寺請録囚。上命惡逆强盜謀故殺人，故勘平人致死者不宥，餘死罪皆貸之，發戍極北，南人戍極南，流罪以下姑釋之，使改過自新。

《明實録·永樂七年》　〔閏四月〕丙辰，行在刑部都察院奏請録囚。上諭侍郎吴盛等曰：　古人制刑斷罪，必出主公，謂之欽恤者，欲其敬慎惻怛，使有罪者不幸免，無罪者不濫誅，一歸至當而已。後來之弊，如楚伯州犂高下其手，以教繫囚，漢張湯舞文巧詆，操縱任心，是非失實，杜直倒置，此皆死有餘罪。卿等宜用爲戒，務存公道。今輕罪已有定例發遣，重者，必須五覆奏，庶合古人欽恤之意。

《明實録・宣德六年》〔十月〕己丑，敕三法司、錦衣衛曰：今天氣嚴寒，囹圄中尤當矜卹。爾等即審究，凡情有可憫者，悉從輕典，速爲斷遣。若體勘待對者，令知在出外，庶免淹滯而死。如眞犯死罪不可生者，亦宜存恤待及時而決。上帝之德好生而已，朕與卿等皆須體此，不可怠忽。

《明實録・宣德九年》〔八月乙卯〕福建都司、布政司、按察司及巡按監察御史奏：監候强盗五十名當處決，家屬發廣西邊衛充軍。上敕三司及御史曰：必再會審，果無冤，則決之。若稍有辭不伏罪者，與之伸理。若家屬例應發遣，其男子不成丁而無依者，發南京錦衣衛習匠藝，婦人無夫及年六十不願隨行者，釋之。

《明實録・宣德十年》〔五月庚辰〕行在刑部、都察院以旱澇奉詔恤刑，會廷臣審覆死獄以聞。上閱其情可矜者一百十九人，悉宥死戍邊。

《明實録・天順元年》〔四月丙午〕命内外法司審録罪囚。時大理寺言去冬無雪，今年又不雨，恐刑獄不當致傷和氣，乞敕刑部、都察院堂上官會臣等及刑科給事中一人審録在京繫囚。有冤抑及可矜疑者白之，仍行南京三法司及各處三司、巡按御史一體審録，且敕各衙門條奏彌災事宜，庶副皇上拳拳敬天勤民之意。上是其言，故有是命。

《明實録・成化元年》〔十月甲午〕上命三法司，見監輕重罪囚，具録以聞。刑部以萬壽聖節在邇，請先將輕囚贖放，從之。

《明實録・成化二年》〔十月己酉〕大寧都司都指揮常廣，爲部下千戸所奏，廣欵都指揮趙瑄嗾之，亦奏瑄諸不法事，下巡按御史按治，盡得廣賦汚狀罪，當立功五年。瑄所坐，但聽堂違式，亦當逮治。奏上，詔從所擬。辛亥三法司會多官審録重囚，是歲刑部見監死罪重囚一百六十六人，都察院三十三人。會公、侯、伯、五府、六部、通政司、大理寺、科道官於朝門詳審，得其情眞，罪當決者，刑部六十人，都察院二十四人，其餘情可矜疑並從末減或重鞫之。

《明實録・成化四年》〔四月〕丁巳，上以天旱不雨，特降旨法司：監間囚犯，恐有冤枉，宜從寬恤。遂命司禮監太監徐洛，公同三法司堂上官詳審之。其重囚并情罪有可矜疑及見枷號者，命具録來聞。徒流以下減等，就便發落。於是，罪當死而情可矜疑者枷號，而期限未滿者皆得充軍。徒杖以下皆遞減一等，即放遣之。

《明實録・成化二十年》〔四月〕戊午，上諭三法司曰：今天氣暄熱，兩法司、錦衣衛見監囚犯，笞罪無干證者釋之，徒流以下減等處治，重囚情可矜疑并枷項示衆者，俱録獄辭以聞。於是刑部奏死罪可矜者二十八人，子婦不孝父母告之而後息詞者十四人。都察院奏死罪可矜者五人，枷項者六人。得旨貰死充邊軍者總三十五人，爲民口外者二人，杖之俾歸養者十一人，惟强盗二人、不孝情重者三人不宥。

又〔五月〕甲午，上復諭三法司曰：見監重囚，累訴冤枉者，再照例多官會審，果情罪有可矜疑者，毋（據）〔拘〕成案，開具來聞。還移文南京法司，一體審録。至是刑部、都察院，會公侯駙馬伯五府六部〔等〕官審録，得情可矜疑者二十九人，又十二人屢審情眞而訴冤有至二十四章者，又六人父母告其不孝而復息詞者，皆以具獄上請。得旨減死充軍者二十人，留獄重鞫者十七人，不孝六人，各於其家門枷項，滿一月，杖之百，俾歸養。婦人以姦罪當死者四人，釋之。

又〔六月戊寅〕徽王府校尉李還政等，從承奉李佑指使，毆人至死。佑以其人故自殺啓王，王爲奏於朝，命刑部郎中同錦衣衛官往會（官）〔同〕鞫問，實還政殺之。王信佑前語，復奏言所問非實，狀下巡撫都御史重鞫不誣。得旨：還政依律處決，李佑并長史俱令巡按御史逮治其罪。於是王復上奏請貸還政死，并請免承奉長史罪，都察院具本末覆奏。有旨：既王奏請寬恤各犯，李還政減死重杖一百，發陝西榆林衛充軍。李佑聽王從重處治。長史董彝、嚴良能各停俸二月。

《明實録・成化二十一年》〔四月〕戊辰，上以天氣炎熱，命兩京法司、錦衣衛見監問罪囚，自徒流以下遞減一等發遣，重囚情罪有可矜疑、及枷項示衆者，悉具奏以聞。

《明實録・成化二十二年》〔四月〕戊寅，上以天氣暄熱，詔兩京法司并錦衣衛見問罪囚，情輕者減等發落，情（重）〔罪〕有可矜疑者，具録以問。

《明實録・成化二十三年》〔四月〕庚辰，上以天時暄熱，命兩法司、錦衣衛，將見監囚犯笞罪無干證者即釋之，徒流以下減等發落，重囚情可矜疑并枷項者，具録以聞。

又〔十月癸巳〕都察院言：近會官審錄重囚，問擬死罪情眞者三十三人，請如律處決。上曰：各犯既情眞，罪當弗可原，但宅憂中未忍行刑，姑繫之。既而刑部亦具死罪情眞者四十八人以請，復命繫之。

《明實録・弘治元年》〔四月〕甲寅，上以天氣炎熱，命兩法司、錦衣衛將見監問罪囚，笞罪無干證者釋之，徒流以下減等發落，重罪情可矜疑幷枷號者，具奏以聞。於是免死充軍者十四人，免死決杖發回養親者十人，免枷號者四十三人。

又〔九月丙戌〕金吾左衛副千戶徐璜，以父亨坐罪應死，上(曰)〔書〕請代，且言祖父忠年八十餘，自亨之囚，思念成疾，母亦悲泣不食。亨若伏法，必當俱死，請以一身就死，易三人之命。命下其奏於所司。

《明實録・弘治八年》〔四月〕壬午，上以天氣炎熱，命兩法司、錦衣衛將見監罪囚，(公)〔笞〕罪無干證者釋之，徒流以下減等發落，重罪情可矜疑幷枷號者具奏以聞。於是免死者五人，免枷號者二十五人。

《明實録・弘治九年》〔四月丙午〕上以天氣炎熱，命兩法司、錦衣衛，將見監問罪囚，笞罪無干證者釋之，徒流以下者減等發落，重罪情可矜疑幷枷號者，具奏以聞。

《明實録・弘治十一年》〔四月辛卯〕上以天氣炎熱，命兩法司幷錦衣衛，將見監問罪囚情輕者，減等發落，情重可矜疑者，具疏以聞。於是，免枷號發遣者三十三人，免監追發充軍者二十六人，發炒鐵者二人，杖一百發充軍者三人，杖八十發養親者一人。

《明實録・弘治十二年》〔四月丙辰〕上以天氣炎熱，命兩法司、錦衣衛，將見監罪囚，笞罪無干證者釋之，徒流以下減等發落，重罪情可矜疑幷枷號者，具奏以聞。於是免枷號者二十九人，釋杖者三百九人。

《明實録・弘治十三年》〔四月庚戌〕上以天氣炎熱，命兩法司、錦衣衛將見監罪囚，笞罪無干證者釋之，徒流以下減等發落，重罪情可矜疑、幷枷號者具奏以聞。于是，免死充軍者六人，杖而釋者九十一人，免枷號者三十人，釋放者二百八十三人。

《明實録・弘治十四年》〔四月甲辰〕上以天氣炎熱，命兩法司、錦衣衛，將見監罪囚笞罪無干證者釋之，徒流以下減等發落，重罪情可矜疑幷枷號者具奏以聞。於是，免死充軍者二十人，免死杖而釋者十五人，充淨軍者一人。

《明實録・弘治十五年》〔四月〕乙丑，上以天氣炎熱，命兩法司、錦衣衛，將見監罪囚笞罪無干證釋之，徒流以下減等發落，得罪情可矜疑幷枷號者具奏以聞。于是，免死充軍者四人，杖而遣者三人，杖而釋者二人，減等發落者六百九十三人，釋放者二百五十八人。

《明實録・弘治十六年》〔四月乙丑〕上以天氣炎熱，命兩法司及錦衣衛，將見監問罪囚，笞罪無干證者釋之，徒流以下(咸)〔減〕等發落，重罪情可矜疑幷枷號(者)具奏以聞。於是，免死充軍者六(十)，杖而釋者二人，免枷號者四十八人，釋放者五百七十五人。

《明實録・弘治十七年》〔閏四月〕己丑，上以天氣炎熱，命兩法司及錦衣衛，將見監罪囚笞罪無干證者釋之，徒流以下減等發落，重罪情可矜疑幷枷號者具奏以聞。於是，免充軍者十二人，免枷號者六十六人，減等發遣五百二十八人，釋放二百七十九人。惟任亮、薛紀等五人，以攬納布絹情重，仍枷號畢改發極邊衛分充軍。

又〔六月辛巳〕刑部、都察院、大理寺覆奏，南京吏部侍郎楊守等所言欽恤民命、保全大體二事，謂各處司刑之官，多不以人命爲重，請通行內外問刑官司，毋令淹滯獄囚，以致無辜瘐死。違者俱照酷刑事例，罷黜爲民。又成化間都察院奏准，凡犯人訐告原問官司者，須覈究得實，然後逮問。今南京巡倉監察御史王良臣，因按指揮周憻等怙勢黷賄，各官畏罪，越奏良臣諸不根事，輒下南京法司逮繫會鞫，似與舊章不合。請今後官吏軍民奏訴，但係牽援別事摭拾原問官者，照例立案不行，所奏事未結於原問官無干者，仍令問結，其匿情奏礙原問官者，行隔別官司覈治，如有虛詐，照例發遣爲民充軍，若果爲問官所枉，指實參(奏)〔劾〕。從之。

《明實録・正德十一年》〔八月丁卯〕南京守備太監黃偉奏，奉旨會同三法司尚書戈瑄等審錄罪囚，以情可矜疑者奏請，得減死充軍者十人，婦人杖而釋之者二人，免枷號名，三十三人。

《明實録・正德十二年》〔十月〕辛酉，刑部會官于承天門外審錄罪囚，如常例情眞者，不宥。其不孝而父母舅姑有息詞者，十有八人，自宮坐死者六人，強盜及殺人生死者七人，情可矜擬者六人，俱以請。得旨，不孝及自宮者姑繫之，姦盜賊人者處決，可矜疑者謫戍邊衛。

《明實録・正德十六年》〔六月乙未〕命法司審録繫囚，自宸濠、錢寧、江彬之獄，被累詿誤者亡慮數百人，會暑兩疫癘大作，瘐死者甚衆。給事中許復禮、御史陳克宅咸以爲言，故有是命。于是法司録上無辜，得釋者二百四十四人。

又〔七月壬戌〕赦死罪以下強義等四十二人。

《明實録・嘉靖四年》〔五月己未〕以天氣暄熱，命法司寬恤罪囚，於是法司奏上釋放笞罪并減等發落三百二十八人。復疏重罪可矜疑者七人，以請詔免罪戍邊。尤重者杖而遣之，已有釋追贓年遠未完者十六人，發遣者二十二人。

又〔八月乙丑〕南京法司奉詔審囚，奏減大辟可矜者共四人。

又〔十月乙巳〕法司議上減死罪囚十七人，竊盜論死者七人，詔俱從減戍邊。

《明實録・嘉靖十二年》〔十一月〕丁未，詔今歲暫免行刑。

《明實録・嘉靖十四年》〔十月〕乙巳，刑部録上重囚百五十人，奏請行刑。上曰：爾等官稱執法，專市私恩，大廢公義，去歲以郊祀不遠三旬，故免行刑，如何又俟此時方會審請旨？來年以霜降之後，即爲奏請，今且暫免，俱嚴加禁錮。

《明實録・嘉靖二十二年》〔五月甲子〕刑部上死罪三人，決不特(時)〔赦〕者。上以重囚本當速刑，但朕方以天降時霖，恐傷和氣，仍繫獄至秋以聞。

《明實録・嘉靖二十五年》〔十二月〕甲午，上諭禮部：冬至雖雪，雜以霜霧，物厲人災，仍求正瑞，朕自十一日至二十日爲民祈福于洪應殿，諸司停刑禁屠如例，毋得怠褫。

《明實録・嘉靖三十一年》〔十二月癸亥〕法司上是歲天下恤刑官論囚矜疑之數，北直隸八十四人，南直隸江南七十二人，河南十九人，山東二十六人，山西二十九人，陝西十四人，四川十五人，湖廣二十三人，廣西十八人，福建三十七人，江西十七人，浙江十六人，雲南、貴州八人，詔俱免死發戍。

《明實録・嘉靖三十五年》〔五月〕乙卯，以五年審録屆期，命司禮監太監黃錦、南京守備太監郭璈同兩京三法司録囚，貰減有差。

《明實録・嘉靖三十七年》〔十二月丁未〕法司上是歲天下恤刑官讞矜疑重囚之數：南直隸江南六十三人，江北八十八人，河南一百一人，山東九十六人，山西五十一人，陝西七十三人，四川一百八十三人，湖廣二十五人，廣東七十一人，廣西二十九人，福建八十三人，浙江五十八人，江西六十四人，雲南貴州一百二人。俱命減死戍邊。

《明實録・隆慶四年》〔四月庚子〕刑科給事中舒化等以熱審屆期，請釋繫獄尚寶司丞鄭履淳、內官李芳等，章下刑部議，履淳淹繫逾時，已是示警，芳等二十五人已瘐死其六，玆後餒瘠者半，宜矜釋。詔釋履淳、馬民芳、陳鈿、楊義、楊添爵、喬朗發充南京淨軍，李智、王進、鞏貞、寧春、李珍還鍾鼓司應役，餘繫如故。

《明實録・隆慶五年》〔正月甲戌〕刑部覆右給事中張書等所奏恤刑事宜，請令録囚。諸臣奉勅行事，無避嫌怨，以推廣德意爲主，有司以私意阻撓者，許劾奏。其徒流以下及枷號者，遵例開釋，以入境日爲始，出境乃止，如兩京熱審事例。從之。

又〔五月丁丑〕命司禮監太監陳洪及刑部尚書劉自強等審録獄囚，情可矜疑及事無左驗者，以輕重釋減有差。凡死罪發邊衛充軍者三十六人，釋者一人，徒罪減一年者二百七十七人，徒杖減等者十六人，笞罪及例應枷號者皆釋免。

《明實録・萬曆四年》〔九月丙申〕刑科部給事中嚴用和言：矜疑罪囚，謂其情可矜罪可疑耳。乃五月大審，情罪既確，豈半年未及，又可矜疑？諸有詞罪囚咸謂斷擬未確，執不輸服，例得再問。若事久屢問，罪無可出，仍作有詞，則前問竟成虛文，後審能無更易？且謂獄久痼廢，朦瞽損傷，得以篤疾奏釋，囚因有擦損其目，輙圖漏網者。皇上登極，免刑至再，上年復以初行郊典免刑，德意已深，若有罪不誅，雖堯舜不能治天下，而王者之民亦惟曰殺之而不怨，未聞以不殺爲無冤。朝審既畢，情眞罪犯乞分別行刑。下法司覆，如用和言，許之。

《明實録・萬曆六年》〔四月壬辰〕以天氣暄熱，命法司并錦衣衛獄囚笞罪無佐驗者釋之，徒以下即從末減，重囚情可矜疑并枷號者，具録以聞。

又〔七月戊午〕以天氣暄熱，免南京刑部罪囚論死發遣者四人，免追贓者七人。

《明實録・萬曆七年》〔四月辛未〕以天氣暄熱，命審釋在獄無辜，凡徒流以下俱減等發審發落，仍卹及重囚可矜疑者。

《明實録・萬曆八年》〔閏四月甲子〕以朝審屆期，命法司録繫囚罪輕及情可矜疑者，釋放減擬如例。

《明實録・萬曆四十三年》〔七月庚申〕宥免犯人王常等枷號，以刑部奏矜恤也。

又〔甲戌〕刑部請差官往關内等處處決重囚，上曰：今歲各省直暫免行刑，都着牢固監候。

《明實録・天啓三年》〔十月〕辛未，大學士葉向高題：昨刑部朝審，疏臣等已照舊例擬上。中外人情咸以今載郊祀，乃皇上昭事上帝、感格天心之第一義，其所以受蒼穹之明貺，享萬事之丕基，皆在於此。且以登極之三事肇舉，又與皇祖符合。皇祖之歷年多而享國久，誠三代以下所僅見。而郊祀停刑，殊有深意。良以肅殺之典，不可先於明禮之儀，呼號之聲，非敢聞於上帝之聽。合四海之歡心，以成一人之感格，其虔恭愼重之至，蓋如此也。皇上仁孝性生，踐祚以來，凡事無非敬天法祖，至于戚時享祀，尤極其祗肅。今方内漸安，凶逆稍戢，雖神謨獨運，廟算無遺，意者冥漠於昭之中，亦有陰隲而默助者。故停刑之舉，稽之舊事，質之輿論，似亦今日之必不容已者。臣等極知聖心惻怛，無待懇祈。但三覆在邇，萬一舉筆之間，未暇細詳，臣等雖欲謁請，勢且無及，必自悔其言之不早矣。故不敢不預達聖聽，用虔大典，若以臣等爲封疆失事諸犯藉此救解，則諸犯已嚴錮獄中，與死何異？寬戚月之生，以成覆載之德，諒亦聖慈所不靳者，而奚用臣等之贅陳哉。得旨：覽卿等奏，今戚郊祀首舉，亟祈停刑，具見爲國爲民，仰體朕欽恤好生之德，朕心喜悅。但刑獄監犯衆多，踈縱貌法。其中大奸逆惡，情眞無赦應決的，不刑亦干天和，若不正法，何以警奸？卿等還遵前旨行。

《明實録・天啓五年》〔六月〕丙戌，差刑部郎中汪喬年往江西，主事李作義往江北，員外富起能往山東，王事白昭忠往江南，員外閔謹往湖廣，評事李遵往福建，各恤刑。

《明實録・天啟六年》〔四月〕壬寅三法司接出聖諭：如今天氣暄熱，爾法司併錦衣衛見監罪囚，笞罪無干證的放了，徒流以下，便減等擬審發落。重囚情可矜疑并枷號的，都寫來看。

明・談遷《國榷・成祖永樂六年》〔十一月〕丁巳，法司論囚三百餘人。上恐有冤，令行人持節論，得自訴。又許讞釋二十餘人。

明・卜世昌《皇明通紀述遺》卷一〔嘉靖三年〕五月，吏部尚書喬宇言邇者修撰吕柟、編修鄒守益各以言事下獄。茲天氣炎蒸，法司罪人俱蒙釋減，若此文學侍從之臣，必在矜恤疏入報聞。

明・卜世昌《皇明通紀述遺》卷一〔嘉靖三十六年〕四月，有事於郊廟社稷，詔天下。二十二日舉祀高玄大典，止封停刑。

清・查繼佐《罪惟録・神宗紀》〔萬曆三十二年〕五月癸酉，雷火焚長陵明樓。六月丙戌，以陵災，命補闕官恤刑獄。

清・查繼佐《罪惟録・神宗紀》〔萬曆十三年〕夏四月丙午，大雩。戊申，以旱詔中外理冤抑，釋鳳陽輕犯及禁錮年久罪宗。戊午，步禱於南郊，面諭大學士等曰：天旱，雖由朕不德，亦天下有司貪婪，剝害小民，以致上干天和，今後宜愼選有司。蠲天下被災田租一年。

清・畢沅《續資治通鑑》卷二〇〔宋眞宗咸豐元年〕乙未，慮囚，老幼、疾病流以下聽贖，杖以下釋之。詔諸州長吏平決獄訟，申理冤濫。

清・畢沅《續資治通鑑》卷四一〔遼重熙七年〕丁亥，遼主録囚，非故殺者減科。南面侍御壯古哩舊作壯骨里，今改。詐取女直貢物，罪應死，以其有吏能，黥而流之。

清・畢沅《續資治通鑑》卷四九〔遼重熙六年〕甲寅，遼主入〔録〕囚，以南院大王耶律信寧故匿重囚及侍婢贓污，命撻以劍脊而奪其官。都監坐阿附及侍婢罪，皆論死，詔貸之。丙辰，以信寧爲西南路招討使。

清・畢沅《續資治通鑑》卷五〇〔遼重熙十八年〕己卯，遼録囚，有弟從兄爲盜者，兄弟俱無子，特原其弟。

清・畢沅《續資治通鑑》卷一三一〔宋高宗紹興二十六年〕戊申，詔曰：太史言彗出東方，朕甚懼之，已避殿減膳，側身省愆。尚慮朝政有闕失，民間有疾苦，刑獄有冤濫，官吏有貪殘，致傷和氣，上天垂象。可令士庶實封陳言，詣登聞檢院投進；仍令諸路監司、郡守，條具便民、寬卹合行事件聞奏；提點刑獄官躬詣屬州縣，詳慮〔決〕遣，將枝蔓干連之人，日下疎放，務使施實惠以盡應天之實。

清・畢沅《續資治通鑑》卷一九五〔元成宗大德十一年〕敕內廷作佛事毋釋重囚，以輕囚釋之。

清・嵇璜《續通志・刑法略二》　開寶二年五月，帝以暑氣方盛，詔令兩京諸州令長吏督獄掾五日一檢視，灑掃獄戶，洗滌杻械，貧者給飲食，病者給醫藥，輕繫小罪即時決遣，自是歲以爲常。

又　〔宋咸平〕四年，從黄州守王禹偁之請，諸路置病囚院，持杖劫賊徒流以上有疾者，處之餘，責保於外。按病囚院之設，《通考》在咸平四年，《宋史》在元年，今從《通考》。

又　大中祥符中，詔御史臺開封府及在京，凡有刑案之處，特置司糾察決杖，令衆者舊十日減爲三日，半月以上勿過五日，暑月免之。

又　〔遼開泰八年〕始置大理寺少卿及正主覆奏，猶慮其未盡，而親爲錄囚，數遣使詣諸道錄囚。五院部民有自壞鎧甲者，其長杖殺之。帝怒其用法太峻，詔奪官，以故不敢酷撻。五院部民偶遺火延及木葉山兆域，法當死，杖而釋之，因著爲法。

清・嵇璜《清朝通典・赦宥》　順治元年十月，定鼎京師，頒詔中外，大赦天下。十二月，赦僞官、土寇前罪。二年正月，飭內外刑官毋得淹滯獄犯。四月，以陝西平定，詔赦該省罪犯。五月，定盜賊分別免罪。六月，以江寧平定，詔赦河南、江南、江北等處罪犯。十二月，定爭訟小事毋濫行監禁。三年十二月，以四川平定，詔赦該省罪犯。四年正月，以浙、閩平定，詔赦兩省罪犯。七月，以廣東平定，詔赦該省罪犯。五年十月，恭奉太祖高皇帝配天，並追尊四祖，禮成，詔赦天下，定矜恤獄囚之例。八年正月，上親政，詔赦天下。十年五月，詔赦士賊等能自投誠者，盡赦前罪。十一年六月，以大婚禮成，恭上皇太后徽號，詔赦天下，增定熱審減等之例，凡各省在熱審之時具題到部者，雖過熱審之期，亦准減等發落。十一月，上以災異修省，詔赦天下。十二年七月，停止秋決。十三年七月，以乾清宮成，詔赦天下。十月，停在京秋決至明年。九月，上諭內外刑辟，宜同一視，各省秋決亦暫停一次，定滿州、蒙古、漢軍官員有祖父、伯、叔、兄弟陣亡，及身出征負重傷者，皆免死一次，餘罪折贖。十二月，以冊封皇貴妃禮成，詔赦天下，除十惡不赦外，其餘死罪皆減等，軍罪以下咸赦除之。十四年三月，恭奉太宗文皇帝配天禮成，詔赦天下。十五年正月，以皇太后聖體康豫，詔赦天下。十七年正月，以地震歲祲，上省躬，詔赦天下。十一月，命監候各犯概從減等，停止秋決。十二月，定赦罪減等例，凡犯罪者，各照定例減等。十八年正月，上大漸，諭京城內除十惡外，其餘死罪以下悉行放釋。二月，聖祖仁皇帝御極，詔赦天下。七月，命刑部審擬，案內凡係現任官員應援赦者，交吏、兵二部議奏，着爲例。九月，命凡有被擄下海後投誠者，俱免死罪。康熙二年正月，免海賊案內罪犯。四年二月，詔赦廣東地方官罪。時廣東逆賊蘇利反叛，地方官多呈罪戾，上以亂起倉卒，與外來賊寇失於防禦者不同，凡大小各官之罪，俱邀寬免。三月，以星變地震，上省躬，詔赦天下。六年七月，上親政，詔赦天下。十一月，恭奉世祖章皇帝配天，並加上太皇太后皇太后徽號，禮成，詔赦天下。九年二月，凡軍罪遇熱審亦准減等，軍流以下已經具題未奉旨發落者，皆准減等。五月，孝康章皇后升祔太廟，詔赦天下。七月，定各衛軍犯赦後到配所者，察明放釋，在途遇赦者，即行題請定徒罪援赦例，刑部奏准旗人犯徒罪，枷號日期未滿遇赦，即行釋放。其民人徒犯已到配所遇赦者，亦免徒釋放。定流徒人犯，六月及十月、正月，俱停發遣例。十年四月，以天旱，命刑部清理現禁現審人犯，如有可矜疑者，即予減等發落，尋赦斬絞人犯死罪十一人。十二年十二月，詔赦逆賊吳三桂屬下散處直隸各省不知逆情官員、親族人等罪，並敕刑部將逆案干連人等，情罪稍可矜疑者，概行省釋。十三年四月，詔赦逆賊孫延齡所管人員、親族人等罪。五月，詔赦逆賊耿精忠屬下現任直隸各省文武官員罪。十五年六月，詔赦逆賊尚之信親族及屬下人員罪。十六年七月，以冊立皇后大禮將行，命停秋決。十八年四月，詔赦吳逆案內滇、黔各省從逆人員罪。二十年十二月，以吳逆蕩平，詔赦天下。二十一年三月，命山海關以外及寧古塔等處人犯，死罪減等，軍流以下赦免。四月，特赦流犯回籍。六月，省釋拘禁人員。時以天旱，科道等官遵諭會議，請暫釋江西出兵官拘禁者，俟大兵還日議罪，上曰：省釋拘禁人員亦寬政之一端也。俱令暫釋。十月，停止秋決，並敕部將可矜人犯免死減等。二十二年十二月，命刑部存恤獄囚。時部題在獄病故四十餘人，上諭大學士等曰：人命重大，無辜枉死，上干天和，朕念獄中罪犯恐死於非命，曾經命御醫給與藥物療治有疾之人。今歲獄囚患病者多，何故不將現給醫藥療治？此皆該部怠忽之故！爾等傳諭刑部，嚴加申飭，令伊等不時巡視，仍令該管官員加意存恤，無致監斃。二十三年九月，停止秋決。十二月，諭軍流人犯甫離刑獄一綫僅存嚴寒，發去恐致死亡之患，朕心不忍，嗣後著過嚴寒之時發遣。二十六年五月，以天旱，詔赦天下。十一月，命內外現監重犯，除十惡及貪官、光棍外，概予減等。先是，本年停止內外秋審，至是太皇太后聖躬違和，因有此旨。二十七年，停止內外秋審。二十八年二月，上南巡，詔赦山東、江南、浙江經過地方死罪以下人犯，除十惡外，餘悉寬釋，停止秋決。二十九年四月，以天旱，命釋拘禁枷號人犯。九月，停止秋決情可矜疑者，照例具奏。三十一年八月，諭：朕閱秋審冊內，各省情實人犯甚少，除可矜者，照例減等發落。其情實各犯，今年停其正法。十月，酌減陝西秋審人犯罪。三十二年十一月，停止秋決。三十四年十一月，詔赦天下停止秋決。三十五年六月，停止朝審、秋審。三十六年七月，以平定噶爾丹，値太和殿成，詔赦天下。三十七年九月，命停止烏拉及盛京應決人犯。上以親臨烏拉，諭大學士會同將軍查明罪犯應正法者，停其處決。可緩決者，仍監候。可矜者，即行完結。並諭至盛京時，亦照此例行。三十八年三月，赦山東、江南、浙江三省死罪以下人犯。七月，免茶陵叛賊黃明案內爲從人犯九十六人死罪，發往黑龍江，寬免監禁緩決人犯死罪。諭監禁緩決人犯甚多，今又增一年人犯，秋審、朝審亦甚冗劇，若久禁囹圄，死者必多，皆從寬免死，各枷三月，鞭一百，分別發黑龍江當差。四十一年九月，停止秋決。四十二年三月，以萬壽聖節四海奠安，河工告成，詔赦天下。八月，停止秋審。以本年三月已奉恩詔所有罪犯無幾，因有是旨寬恤罪犯。因親老廢疾者，准其留養。四十四年四月，赦福建、浙江、江南、山東等省死罪以下人犯。十月，命停決朝審，情實罪犯可矜疑者，照例減等。四十五年十月，諭刑部緩決人犯至三四次者，免死減等。十二月，命免直省緩決人犯死罪。時刑部歷年緩決人犯凡二百二十五人，俱免死減等，並着通行各省照例行。四十六年六月，以各省重犯甚少，命停秋審。四十七年九月，停止秋決，緩決者減等；矜疑者照例發落。四十八年十月，命停止江南、浙江秋決，以兩省歲祲疾疫故也。四十九年六月，停審情實人犯。五十年三月，免喀喇沁盜賊逃人罪五百六十餘人。四月，酌減刨參人犯罪。五月，免海賊死罪五十餘人。九月，停止秋決。五十二年三月，以萬壽聖節，詔赦天下。五月，停止朝審、秋審。五十三年二月，停止秋審，可矜疑者減等。並諭：現審人犯罪不至死者，亦減等發落。十月，矜恤命盜案內牽連人犯。五十四年十一月，停止秋決。五十五年十月，停止秋決。五十六年十一月，命停決情實人犯，緩決者仍監禁，可矜疑者減等。五十七年六月，命刑部減釋枷鎖人犯。十月，停止秋決。十一月，命各省緩決人犯分別減等完結。五十八年六月，停止朝審、秋審。五十九年十月，停止秋決。六十年閏六月，命暫釋枷鎖人犯，停止秋決。六十一年八月，停止秋決。十一月，世宗憲皇帝御極，詔赦天下。

又　乾隆四十一年二月，奉上諭：茲當金川全境蕩平，告功孔廟，蹕途所經之地，業已疊沛恩施。第以武功耆定，兵氣永銷，並宜式措祥刑，益敷愷澤，所有直隸省現在軍流以下人犯，著加恩，悉予減等發落，用昭行慶肆眚之至意。五月，恭奉恩詔，各省軍流以下人犯，分別減等發落。十月，奉上諭：向來秋朝審人犯，內有業經緩決三次以上，人數積多者，每屆數年，敕令刑部量爲減等，以示法外之仁。

乾隆三十九年五月，因祈雨清理刑獄，曾降旨將三十八年以前緩決一二次以上各犯，概予減等，幾於圜空。今自查辦之後，計至本年秋讞，擬入緩決者，又積有六千餘名，其數已爲不少，著刑部將本年秋、朝審緩決至三次各犯，逐一查明，各按所犯情節照例分別減等發落，以昭矜恤。

四十二年四月，奉上諭：今歲京師及近畿地方，春霖雖獲優霑，入夏以來，尚未得雨。現在將屆芒種，農田需澤甚殷，朕心深爲廑念，因思清理庶獄，亦足感霑甘膏。著刑部查明軍流以下等情節，即分別減等發落，其因事牽涉拘繫候質者，亦速行訊明省釋。至尋常案件，並著即爲完結，均毋得稽延留滯。其直隸省並交周元理一體遵照查辦。五月，恭奉恩詔，各省軍流以下人犯，分別減等發落。

四十三年正月，奉上諭：前經降旨，直省軍流人犯，內已過十年者，查明省釋回籍。今自乾隆十一年查辦之後，歷時已久，各省到配人犯所積漸多，自應再沛恩施，用昭矜恤。況近年以來，屢命將秋、朝審緩決至三次各犯，概予減等，而此項軍流人犯，其從前情罪本屬稍輕，轉未得仰邀曠典，亦殊可憫。著交各省督撫查明，各該地方從前軍流人犯，內已過十年，安分守法，別無過犯者，分別咨部照十一年之例核議奏請省釋。其有在配年久，自能謀生不願回籍者，仍聽其自便。四月，奉上諭，河南省開封、彰德、衛輝、懷慶、河南五府，屬今春雨澤愆期節，經降旨酌借口糧籽種，並將本年地丁錢糧及上年出借未完倉穀概予停緩。又令查明該五府極貧下戶，加恩酌給月糧，俾窮黎不至一夫失所。現在該省設壇祈禱，尚未據報得有透雨，朕心深爲廑念，因思清理庶獄，亦感召天和之一端，著該撫將開封等五府所有軍流以下人犯，查明分別減等發落。其因事牽連拘繫者，亦即審明省釋，至尋常案件並著速爲完結，毋得稍有稽延。又以京師雨澤愆期，命減釋軍流以下人犯，並交直隸督臣周元理一體遵辦。八月，上諭：盛京等處俗厚風淳，獄訟衰息，惟因五方雜處，良莠不齊，其無知而蹈法網者，亦復不免。朕恭謁祖陵，禮成行慶，業經疊沛恩膏，並宜式措祥刑，益敷愷澤，所有奉天、吉林、黑龍江等處軍民人等，除十惡死罪及秋審情實各犯外，其餘已結、未結一應死罪，俱著減等發落，軍流以下悉予寬免，用昭肆眚施惠至意。

四十五年正月，恭奉恩詔：各直省軍流以下人犯，俱著減等發落。

四十七年十一月，奉上諭：向年秋、朝審人犯，內有業經緩決三次以上，人數積多，每屆數年，敕令刑部量爲查奏減等，以示法外之仁。今自乾隆四十四年十一月查辦之後，至今秋讞擬入緩決者，又積有八千五百餘名，其數已爲不少，著刑部將本年秋、朝審緩決至三次各犯，照前次查辦之例，逐一查明，各按所犯情節分別減等發落，以昭矜恤。

四十八年五月，以京師雨澤愆期，命減釋軍流以下人犯，並交直隸督臣袁守侗一體遵辦。九月，奉上諭：盛京等處俗厚風淳，獄訟衰息，惟因五方雜處，良莠不齊，其無知而蹈法網者，亦復不免，朕恭謁祖陵，禮成行慶，業經疊沛恩膏，並宜式措祥刑，益敷愷澤，所有奉天、吉林、黑龍江等處軍民人等，除十惡死罪及秋審情實各犯外，其餘已結、未結一應死罪，俱著減等發落，軍流以下悉予寬免，用昭肆眚施惠至意。

四十九年二月，上巡幸江浙，命減釋江蘇、安徽、浙江軍流以下人犯。四月，奉諭：朕巡幸江浙，慶典覃敷，於庶獄尤深矜恤，業已降旨照歷次南巡之例，將江、浙二省軍流人犯減等發落，但念山東、直隸二省現在缺雨，農田望澤維殷，清理庶獄，亦可感召天和，所有該二省軍流以下人犯，亦著一體加恩，各予減等發落。十一月，奉諭：向來秋、朝審人犯，內有業經緩決三次以上，人數積多，每屆數年，敕令刑部量爲查奏減等，以示法外之仁。今自乾隆四十七年十一月查辦之後，至今秋讞擬入緩決者，又積有六千三百四十八起，人犯六千三百七十二名，其數已爲不少，著刑部將本年秋、朝審緩決至三次各犯，照前次查辦之例，逐一查明，各按所犯情節分別減等發落，以昭矜恤。

五十年正月，恭奉恩詔：各直省軍流以下人犯，俱著減等發落。三月奉上諭：本年舉行千叟宴盛典，官民耆老咸得普被恩施，用彰錫福。其直省軍流以下人犯，亦於恩詔內概予減等發落，惟罪犯斬絞情節不至予勾，或本擬緩決者，俱應牢固監禁，該犯等因身罹重辟，雖年已老邁，仍不免羈禁囹圄，未得一體邀恩，朕心深爲惻然。著刑部於朝審、秋審情實未勾，并原擬緩決斬絞人犯內，詳加查核，除近年新事及舊案年未及七十者，仍牢固監禁外，其餘年七十以上未經予勾及本擬緩決之犯者，加恩分別減免釋放，其應如何辦理之處，著該部詳悉妥議具奏，候朕另降諭旨。七月，奉旨：此案王金等糾衆多人，拒傷兵役，焚劫村莊，情罪重大，非尋常聚衆抗差可比。李二等六十七犯曾分受王金等所搶財物，被誘同行持械助勢，均係黨惡，本應依擬即行正法，但念豫省民風素稱淳樸，李二等俱係鄉曲愚民，被王金等誘逼入夥，於官兵前往查拏時，王金等給與器械，喝令抵拒，該犯等畏懼，祇在胡家庄助勢，並未拒傷官兵，較之王金等公然抗拒官兵者，尚屬有閒。且此案先經官兵殲斃者五十八名，拏獲後凌遲斬梟者九十六名，今問擬斬決之李二等又有六十餘名之多，若概令駢首就戮，雖屬該犯等孽由自造，而朕心究用惻然。除戴從仲一犯係要犯，戴文興之子應歸入緣坐案內核辦外，其李二等六十七犯，俱著從寬免死，發往伊犁及黑龍江等處爲奴。此係朕仰體上天好生之德，於法外施仁，予以一綫生路，並著該撫畢沅遍示通衢，詳悉曉諭闔省民人，不可因李二等之倖邀寬典，罔知儆惕，務宜安靜守分，共爲良善，以副朕矜恤好生仁愛斯民之至意。

清・嵇璜《清朝通典・詳讞》 乾隆元年四月，定委驗屍傷州縣官實能往驗輒委佐貳等官者議處例。三年三月，以天旱，命刑部將拘禁枷號人犯分別詳審。四月，命王大臣會同刑部詳審不赦罪囚及屢經緩決人犯。四年八月，禁州縣訟詞不得混行批委鄉地查覆。十月，諭河南秋審各案九卿從該撫所擬情實內改入緩決者十六起，可矜內改入緩決者十五起。夫讞獄貴得其平，必合乎人心之同，方不愧明允之義，雖其閒所犯情罪不一，彼此輕重之閒亦有介於疑似者，內外大臣意見不能一轍，然一省改輕改重者至三十餘起，則非人心之大同可見矣。可傳諭：尹會一向後辦理刑名，必揆情度理，務期允當，以成信讞。五年三月，定承審官失出失入，經上司駁回，按律改正，免其糾參。若固執原擬，另委別員審出，或已經咨題完結，後復查出，照例議處。如委員逢迎遷就，後經發覺，亦照例議處。九月，諭盜賊中狡猾者，多平日窩夥，不肯實供。每誣扳素封之家及向有嫌隙之人以圖陷害，而捕役素詐，弊端百出，縱審出誣扳實情，准予省釋，而被拘候審，已不勝擾累矣！各省臬司爲刑名總匯，當檄行所屬：凡盜賊供扳窩夥，必先訊有確據，方可拘拏，隨到隨審。如係誣扳，立即省釋，並將誣良之盜賊先行重懲，以免再有誣扳。七年九月，諭節烈之婦祀於其鄉，所以旌善端化樹之風聲也。其致死本婦之犯，法無可貸。是以乾隆五年，福建秋審蕭充一案，該撫擬情實，九卿改爲緩決，朕曾降旨申飭。蓋以烈婦之死，由於該犯之調戲，若輕入緩決，非所以重名教而端民俗也。今值九卿秋審之時，其在蕭充以前定爲緩決之案，此番無庸改爲情實。其在乾隆五年以後此等案件，各省多入情實，九卿執法自不得輕擬。但強姦未成，本婦因調戲而羞忿自盡，其中情形不一，朕辦理勾到之時，自有權衡。如果有一綫可寬，仍當免勾，既經一次勾到之後，下年即可改爲緩決。如係停止勾決之年，入情實者下年不得即改緩決。十一月，諭：今年朝審、秋審，情實案件因兩年停刑，是以勾決者較往時爲多，此皆九卿公同議定之成讞。朕於刑部進招冊之後，逐加詳閱。及勾到時，又與大學士、刑部堂官等再三推究，凡有一綫可生者，姑且從緩，必求其生而不得，然後置之於法。在朕心惟期至當至平，並非有意從嚴，但恐外省督撫見今年勾決之人稍多，遂妄臆朕意，在嚴承辦刑獄，相率而趨於苛核，則大違朕之本懷。若見此諭，或見以朕意在寬，相率而流於姑息，則更非明允之道。特頒此旨，諭各省督撫知之。八年七月，定熱審人犯臨期稱冤，即改正具題，令法司再行確勘之例。十二年八月，諭：貪婪侵盜之員，上侵國帑，下朘民脂，實屬法所難宥。是以國家定制，擬以斬絞重罪，使其知儆惕因。律內載有分年減等逾限不完，仍照原擬監追之語，至秋審時概入緩決。外而督撫，內而法司，習爲當然，初不計二限已滿，既入秋審，自當擬以本罪。在本犯亦恃其斷不擬入情實，以致心無顧忌。不知立限減等，原屬法外之仁，至限滿不完，則是明知不死，更欲保其身家。此等藐法無耻之徒，即應照原擬明正其罪。嗣後此等二限已滿，照原擬監追之犯，九卿於秋審時核其情罪。應入情實者即入於情實案內，以彰國法。朕於勾到日再爲酌奪。十四年十月，改定秋審三覆奏之例，又定審職官罪案另冊進呈之例。十六年十月，九卿會核湖廣秋審本內斬犯滕有伯，原擬情實，以其救母情切，改入緩決。奉諭：滕有伯棍格致斃大功服兄，從前三法司按律擬斬立決，經朕降旨改爲監候。是該犯救母情切之處已邀格外寬典矣。若於秋審時復擬緩決，僅處予以重辟罪名，久且入於輕減之列，是乃輕視倫紀，豈明刑弼教之意？此端一開，將使挾讐干犯者轉以父母爲起釁之由，得肆其毒手。愚民益無畏懼，嗣後由立決改擬監候人犯，俱應入於情實，勾到時即或原情免勾，下次亦應仍入情實。或情節果輕免勾數次之後，遇特旨寬減則可耳。十七年二月，廣東巡撫蘇昌審題曲江縣民陳茂昌戳傷小功服叔陳丙林身死，擬斬立決，聲明該犯救母情切，致傷服叔，刑部照例夾籤請旨。奉諭：陳茂昌著即處斬。此案陳丙林與陳氏互毆，已受多傷，該犯勢非危急，託言救護，輒將服叔戳斃，前經降旨，以父毆叔而子助父以斃叔不得謂救父，此正母毆叔而子助母以斃叔不得謂之救母也。蘇昌率請聲叙，著交部察議。又刑部查奏命盜等案，因贓跡未明，監候待質者共五十七案。奉諭：嗣後內外問刑衙門，各宜迅速辦理，應緝拏者上緊緝拏，應定擬者即行定擬，勿致塵案日積。若本非難結之案，承審各官不能審出實情，惟以監候待質爲遷延時日之計，且冀得邀免處分，希冀錄叙，該堂官督撫察出，即嚴行參處。九月，諭各省由立決改監候人犯，均係服制攸關。其改擬監候已屬原情酌減，若秋審時入於緩決，則減之又減，殊非慎重倫常明刑弼教之意。是以上年降旨，令概入情實，此其中情節多端，但散在各省招冊中。有勾決者，有未勾決者，或未悉朕輕重權衡，反滋疑議，著該部將此等案犯彙爲一冊，先期進呈，候勾其有應宥者，亦可即予減等發落。十八年五月，敕：法司讞獄，迹涉兩是者，不妨各抒所見，候朕酌奪。九月，命大學士會同刑部覆勘歷次秋審情實未勾案情。十月，諭：向來外省辦理刑名，每存姑息之見，即有關倫常，亦多遷就，率謂釁由死者，或作兇徒以無心架格，或兩相湊合用力過猛，此婦寺之仁。究之，展轉達部，仍歸按律定擬。即如山西省陸三傑因受分田宅蕩賣無餘，乘父病垂危仍索分田地，伊叔陸應唐忿責，用小刀扎傷陸三傑額顱，陸三傑奪刀回扎，致斃胞叔陸應唐，悖倫滅理，莫此爲甚。乃該撫本內所叙案情則云：陸三傑用刀恐嚇，陸應唐搶刀勢猛，以致扎殺等語。是陸應唐反爲應死之人矣。承辦之府縣臬司及該撫豈不知陸三傑罪在不宥，而習慣自然。以書吏取供故套爲當然，不知改正，則實有可矜情節者將致魚目不明矣。著嚴飭行，嗣後如仍有似此者，從重議處。臣等謹按：刑所以弼教，況人倫之至大者乎？若託以救母情急之說，即得邀末減，誠有如聖諭所云此端一開，將使挾讐干犯者轉以父母爲起釁之由，得以肆其毒手，愚民益無畏懼矣。我皇上維持風化，凡有關於倫常之案，若藉詞巧飾，如十七年陳丙林一案，則立正典刑。有亦涉於情急救護，如十六年滕有伯一案則改爲緩決而入於秋審情實。又以此中情節多端，散見各省招冊中，或予勾，或停勾，恐未悉輕重權衡，反滋疑惑。特諭部臣於秋審時將各省似此類者彙寫一冊，先期進呈，候勾其有可宥者，即減等發落。至是復敕示中外嚴遷就迴護處分書吏取供故套，於人心風俗之源，弼教明刑之意，至詳且備矣。十九年閏四月，定重罪案犯未准部覆一體入秋審之例。又兩廣總督班第奏擬私雕假印之犯照光棍爲首例斬決。奉諭：私雕假印，固屬藐法，但所犯止於撞騙財物，按律斬候，已足蔽辜。乃照光棍爲首例擬斬立決，存心觀望，大失輕重之宜，著嚴行申飭。二十二年六月，諭：律載鬬毆殺人，均應擬絞，而案情輕重迥異，如係彼此互毆致斃，正與鬬毆律意相符，若其人並未還毆，而逞兇肆毆以至殞命，其去故殺一閒耳。即如刑部審擬李四毆傷張氏身故，緣張氏索欠詈罵，該犯拳毆跌地，復連踢重傷致死。張氏索欠不與而罵，人之常情，並未與鬬，而李四直不欲償其宿逋，毒毆斃命，即謂釁起一時，情非故謀，安得謂之鬬毆殺乎？嗣後如遇有此等情節較重者，秋審時俱當擬入情實。或有類此而情輕者，即量從寬典，亦祇可歸入緩決，斷不應在可矜、可疑之例，庶兇徒知儆，正辟以止辟之意。九月，諭：嗣後官犯，無論情實、緩決，概行粘簽聲明。十二月部議：官犯李春明因買地葬親，發掘義塚應擬絞監候，補入本年秋審情實。奉旨情實官犯令補入本年秋審，此專指貪酷、敗檢、侵虧、狼藉及有心狡詐不盡臣職者而言。若此等尋常私罪，非法難姑待者，可比李春明著監候，以俟明年秋審。嗣後有似此者，該部照此辦理，著爲例。二十五年五月，部議題覆江蘇巡撫陳宏謀審擬故殺小功服母姨之蔣汝才斬候，不足蔽辜，並未將該撫原擬駁回另審，遽行改擬斬決完結。奉諭：朕憶前因法司改輕改重之條，曾經分別降旨，該部於此案所辦，殊未合例。如前旨云：督撫等擬罪過輕而部議應從重者，自應駁令再審。今該部以該犯既竊其衣，復害其命，與竊賊臨時殺死事主者同科，罪應斬決，而該撫僅擬斬候，不足蔽辜，正與由輕適重應行駁審之旨脗合無疑。至後條所云：如擬罪過重而部議從輕者，若情節顯然，該部所見既確，即改擬題覆，不必駁審。是乃專指由重適輕而言，使其中有情節未明者，固當駁回另審，且此等非謀逆大案不容姑待者，比即俟另審題覆，亦未爲遲。此本著照例駁審。十月，諭：秋審情實招冊內有案犯定讞，時已逾該省熱審之期，而九卿秋審即提入本年冊內請勾者，此雖該犯情罪重大，法無可緩，但朕詳閱招冊，見其中情罪等差，尚有應行區別者。如一人連斃二命暨妖言惑衆、傳習符咒並官員侵漁帑項、勒斂民財之類，非殘忍已極，即有關於民俗，官方自不得不早正典刑，以昭炯戒。至尋常謀故等案，定案限期適在秋審後，此亦時會偶值，自可令其幸延一年之生，何必亟亟爲也？朕辦理庶政，從不預存成見，惟斟酌情理，期適當於協中之治而已。十一月，酌定秋審緩決人犯解審二次後，如情罪無可更定者，止敘由詳報具題，不必復行提審，其曾擬情實未經勾決之犯及前擬情實并緩決人犯內情可矜疑者，仍照例三次飭提解省。二十六年九月，法司會審廣西省命犯陳布統案內之從犯，陳父悔，部議改入情實，副都御史竇光鼐以陳父悔毆傷鄧亞弄，實非有心致死，簽商紛駁，且欲將故殺之陳布統概入緩決，刑部以立意兩擬，經大學士遵旨詳核秉公定擬，具奏。得旨：陳布統雖防竊起釁，而一聞黃父亦放火燒村之語，有意連戳斃。實屬故殺，其應情實。何疑？至陳父悔之加毆鄧亞弄骨折，其傷雖重，要非有心致死，即令改入情實，朕亦不即予勾。刑部所議，原未免過當，乃竇光鼐因欲爭一緩決，輙轉輾自生枝節，以會讞大典，不肯平心商確，徒用筆舌相攻，任意謾罵，不特有乖政體而分門樹幟之風，尤不可不防其漸。尋奉旨交部嚴察議奏刑部堂官並察議。

清・劉拱宸《居官慎刑録・道光十九年五月十三日刑部題本》 刑部謹奏：爲欽奉恩旨，謹將五次查辦江蘇、河南、山東等省緩決三次以上各犯，分別准減、不准減，開單具奏事。道光十八年十二月二十二日，奉上諭：向來秋審、朝審人犯，內緩決三次以上者人數積多，每屆數年，諭令刑部查明奏請，分別減等，以示法外之仁。今自道光十六年查辦之後，至本年秋讞，入緩決者又積有一萬一千六百餘名。著刑部將本年秋審、朝審緩決三次以上各犯，照節次查辦之例，逐一查明所犯情節奏明，分別減等發落，以昭矜恤。該部即遵諭行。欽此。當經臣部酌議奏請，將緩決三次以上者，查照節次減等章程，核其情罪輕重，擬以准減、不准減及應減之犯，分別軍流外遣各項條款。如有條款不及賅載之處，隨案酌核辦理，並聲明按照省分遠近，各繕清單，分爲六次陸續進呈，等因。於十八年十二月二十四日具奏。奉旨 依議。欽此。欽遵辦理。隨查明新疆等省秋審暨朝審緩決已至三次以上應行查辦人犯，共計五千八百九十餘名口，謹遵旨分爲六次，先將新疆、雲南、貴州、廣東、廣西、四川、福建、奉天、陝西、甘肅、浙江、湖廣、江西、安徽等省緩決三次以上人犯，分別准減、不准減，繕列清單，四次奏，奉諭旨遵行在案。茲查江蘇、河南、山東三省緩決三次以上人犯共九百二十二名口，遵照原奏條款，詳加查核。內有江蘇省斬犯豐沅湖一名，係依故殺律擬斬。訊因無服族姪誆騙伊子錢文，又竊取伊同院族人衣物，該犯忿極，將其致斃。因係親屬相盜，例不照擅殺科斷，乃依本律問擬。似應比照故殺激於義忿條款，減發近邊充軍。又斬犯劉幗保一名，係聽從謀殺大功兄擬斬。核其情節：死者行竊爲匪，該犯迫於尊長之命，下手加功，尙非無故逞兇。干犯似應比照毆死期功尊長情輕條款，減等發極邊充軍。又絞犯李欣一名，先因聽從行劫發遣，釋回，復犯搶奪婦女爲從，擬絞。似應酌量減實發烟瘴充軍，加枷號三箇月。又絞犯張一一一名，先因迭竊擬軍監禁，越獄脫逃，被獲擬絞。似應照原犯減實發烟瘴充軍，酌加枷號三箇月。又河南省斬犯李汝明一名，係故殺小功弟妻擬斬。訊因死者欺夫雙瞽，屢次私逃。該犯因其不守婦道，忿激致斃。似應比照故殺激於義忿條款，減發近邊充軍。及斬犯李芳、方五二名，均依謀殺律擬斬。訊因男子拒姦起釁，似均應比照謀殺激於義忿條款，減發近邊充軍。又絞犯甘雨民一名，先因犯竊擬流在配，脫逃，復犯鬬殺擬絞，似應照原犯酌量加等，減發邊遠充軍。又絞犯劉四一名，先因犯罪擬軍，脫逃被獲，加等擬邊遠充軍監禁，越獄脫逃被獲，擬絞。似應照原犯加等減發極邊充軍。又絞犯蔣月一名，先因夥竊拒傷差役，擬軍，脫逃被獲，改發極邊烟瘴充軍監禁，越獄脫逃被獲，擬絞，似應照原犯加等減實發烟瘴充軍。又山東省絞犯孫兆及一名，係因肩負竹銃赴坡打雀，在途與人口角，因被追毆絆跌，震動火機，致斃人命。與有心施放不同，仍依鬬殺律擬絞。似應比照鳥鎗殺人情輕條款，減發極邊充軍。又絞犯胡玉海一名，先犯棍徒擾害，擬極邊充軍在配，復犯鬬殺擬絞。似應照原犯加等，減發極邊烟瘴充軍。又絞犯李世亭一名，先因犯竊擬極邊烟瘴充軍，脫逃，仍發原配，行至中途，密囑伊子糾人將伊搶逃，被獲。案依聚衆奪犯未傷人爲首例擬絞。似應照原犯加等減實發烟瘴充軍。通計江蘇、河南、山東等省，應減滿流者七百三十一名口，應減近邊、邊遠、極邊並極邊烟瘴、實發烟瘴充軍者九十六名口，又擬以不准減等者九十五名口。謹按照省分，繕寫犯名事由，分別准減、不准減，開列清單，恭呈御覽，伏候命下，臣部飛行各督撫，將應減人犯遵照發配。其應減實發烟瘴充軍人犯，查照十七年奏定調劑章程，分別辦理。應待質者仍行待質，應收贖留養及應追埋葬銀兩者，各照律例辦理。駐防旂下正身，照例折枷發落。苗民、夷民等類准減之犯應行折枷遷徙者，俱照例辦理。其不准減各犯，仍牢固監禁。內河南等省張有句等九名，均係瘋病殺人，按原奏條款，不准減等。惟該犯等，恭逢道光十一年恩詔查辦減等時聲明，行令各該省查驗該犯等瘋病。是否不復舉發，再行核辦，應有令查明，分別辦理。至山西等省秋審緩決三次以上人犯，臣等仍遵旨逐案詳核，再行具奏，合併陳明，爲此謹奏請旨等因。道光十九年五月十三日奏，十五日奉旨依議。欽此。

清・祝慶祺《刑案匯覽・刑律》

江西撫咨因姦毒死本夫之犯婦劉杜氏現懷身孕，咨部展限一案。奉諭：應否由本部核覆，知照吏部交館查核。職等查犯婦懷孕，准其展限之例，係乾隆二十三年廣西按察使條奏定例，經本部核議奏准，載入例冊，遵行在案。今劉杜氏因孕展限之處，該撫原咨內聲明，咨明刑部展限，自應由本部核議咨覆，仍知照吏部，乾隆五十四年。《說帖》。

又

川督奏川省所屬各廳州縣距司道寫遠，請將積匪猾賊解審章程量爲變通一摺。查向例遣軍流犯於州縣審明定擬之後，均應由府解司審轉，詳報督撫，咨部完結。嗣於道光七年經山東巡撫因東省竊盜繁多，奏請將該省審辦竊盜案件，計贓計次計人數治罪，各犯概免解省等因。具奏。奉旨允准在案。茲據川督奏稱：川民遊惰者多，始而呼朋引類，繼則結夥爲匪。或暮夜肆竊，或逢場絡竊，一經獲案，無不任意狡展。迨至招解到司到道，該匪等又復狡翻，或發回質訊，或提人證委審，不特事主人等跋涉守候，滋累無窮。且川省幅幀遼闊，由司道審轉之各廳州縣，長途僉差，往返賠累。因而犯雖供認查無事主贓據之案，不敢列入具詳者，勢所必有，既失嚴懲之道，轉開倖免之端。請將積匪猾賊解審章程酌量變通等因，係爲因時制宜整頓地方起見，自應如所奏辦理。惟查各省情形雖有不同，而辦理章程宜歸畫一，近來積匪猾賊爲害閭閻之案日漸繁多，不獨四川一省爲然。若必拘泥成例，責令招解，不特往復查傳，拖累不少，抑且長途僉遞，疏脫堪虞，甚至有州縣慮恐解費賠累，相率而諱不匿辦者，於戢盜安民之道，殊無裨益。伏思積匪猾賊擬軍一項，原係計次定罪，一經供認確鑿，則罪狀顯然毫無疑義，與別項軍流人犯，情僞百出，必須再三推求，方可定讞者不同，况由州縣審明定擬之後，復經申解該管各府州覈轉具詳，自可無虞枉縱。卽使解司覆審，亦不過照供勘報，是覆審僅屬具文，招解反致紛擾，似不妨將各省辦理舊章，一併酌量變通，以歸簡易。臣等公同酌議，應請嗣後各省審辦積匪猾賊擬軍之案，除係直隸州所屬向例由道審轉者，仍由該管各道審轉，毋庸解司。及各道所轄直隸州離道較遠，仍照舊章徑行解司外，其餘各廳州縣概將人犯解該管府應廳州審轉具詳，由司覆核專案請咨，毋庸轉解司道勘轉。倘犯供翻異，卽由該管府廳州就近查提質訊，或發回另審。若內有關係拒捕干礙參處之案，仍照舊分別解司解道，以昭詳愼。倘承辦之員有故勘及揑飾情弊以致案犯申訴冤抑，仍令各督撫嚴行究參，提省審辦。道光十三年奏准通行已纂例。

清・潘文舫《新增刑案匯覽・刑律》　刑部奏再：臣部辦理各省秋審，於每年開印後卽遵照向章，督飭承辦司官逐起批核。臣等仍反覆詳議，惟恐寬嚴失中，有負委任。無如各省積習相沿，於情傷較重各案率行入於緩決。經臣部歷年照案改實，總不下三、四十起。迭奉諭旨，嚴行申飭，終惑於救生不救死之說，一味從寬，不特情無可原者必曲爲開脫，卽例應入實者亦率行議緩。臣等伏思，用刑之道固不宜有意從嚴，若以金刃傷多且重及情兇近故情同拒捕之案，亦復格外從寬，似此年復一年行見，刁惡之徒罔知儆畏，地方犯法者必日加多。且死者冤抑不伸，每致釀成厲氣，更非所以感召天和。臣等公同酌議，核辦本年秋審略爲加嚴，改擬情實者較往歲稍多，以期力破積習。而情重之案仍改不勝改，除由臣部照例刷印招冊會同九卿審定具題外，理合先行奏明，並請旨飭下各省將軍、督撫：嗣後遇有秋審大典，擬實緩總須認眞辦理，寬嚴得中，以仰副聖朝明刑弼教至意。光緒八年通行。

又　刑部咨奏：光緒七年五月十四日，欽奉恩詔，查辦在京軍流以下人犯分別減等，當經臣部酌議章程，奏准通行各省，令於接到部文之日飛飭所屬，迅將軍流徒罪人犯備錄案由，分別准減、不准減，彙造清冊，除去往返程途，限一月內題咨到部等因。去後數月之久，未據報部，復經咨催，僅據浙江、安徽巡撫，順天府尹，荊州、杭州、西安、吉林、黑龍江將軍，涼州、青州副都統，陝甘總督，彙冊報部，其餘直隸等省仍未據造報。推原其故，年終彙報之例既經停止，所有軍流徒罪人犯不特臣部，因散在十七司，並無一定年月，無從查考。卽配所督撫，亦因各犯在各州縣散漫無稽，驟難造冊，將來到齊，難保不在二三年之後。在不准援減各犯，尙無出入；其准減各犯，毋論徒罪已屆限滿，曠典致成虛設，卽軍流各犯，其先經造冊到部者，遞籍充徒，又將屆滿未經到部者，久羈戍所。沐恩無期，殊不足以昭公溥。溯查舊例，載各省軍流人犯定地發配，及到配安置，俱專咨報部，仍於年終逐案摘叙簡明事由，並聲明何司案呈分報，彙冊報部等語，係嘉慶二十四年御史蔣雲寬奏准定例。原因遇有軍流減等恩旨，外省往往遲至經年，不能造冊報部，甚者或有遺漏，不若逐年彙報一次，遇有減等恩旨，卽可由刑部核定，以期迅速。平素遇有案件牽涉發配之犯，刑部亦免輾轉行查躭延時日起見，嗣經臣部通行各省，令將徒犯亦於年終一體造冊報部。立法本極周密。至道光二年，御史朱爲弼因各省彙造六部冊籍，日積日多，往往名實不符，俱成具文等因，奏奉諭旨，著六部堂官各將外省造送該衙門冊籍逐一查明，應存應刪，開單奏明請旨。經臣部查各省軍流遺犯，起解到配，既已專咨報部，復令年終彙報，似乎重複。奏明將軍流徒犯年終彙報冊籍停止，以歸簡易。從此軍流徒犯在臣部散漫無稽，遇有查辦減等，必待外省造冊。外省亦因散漫無稽，遲延遺漏，往往不免。臣等公同酌議，與其圖簡易而致延誤，莫若歸周密以期妥速。擬請嗣後仍復舊例，令各省將遺軍流犯定地發配及到配安置，除專咨報部外，俱年終逐案摘叙簡明事由，並聲明何司案呈，造冊彙報，其徒罪人犯亦於年終一體辦理。如蒙俞允，臣部通行各省督撫將軍都統府尹一體遵照，並纂入例冊遵行，庶遇有案件牽涉發配之犯，臣部按冊可稽，免延時日。將來遇有恩旨查辦減等，卽由臣部核定應減不應減各犯，飛咨各省遵照，其有病故脫逃等項，臣部所未及知者，由各該省咨部扣除更正，庶如天之仁，得以迅速徧及，而立法益爲周密。仍請旨，飭下各省督撫將軍都統府尹，嚴飭各屬查照。光緒七年六月初一日，臣部奏定章程，迅卽備錄各犯事由，分別官常犯准減不准減，彙造清冊，並造具花名總冊，聲叙共犯若干名口，趕緊題咨報部，以憑核辦；其已造報各省有應行補報之犯，亦一體迅速造報，毋得再行稽延。光緒七年十二月十二日，內閣奉上諭：刑部奏各省軍流徒人犯，請仍復年終彙報舊例一摺，各省軍流徒人犯向係年終彙報，嗣經停止，現在查辦減等，散漫無稽，各省未經造報者甚多，殊屬遲延，且恐有遺漏情事，非所以溥仁施而昭周密。其有因案牽涉之犯，亦以輾轉行查辦理需時。嗣後著各省督撫將軍都統府尹等，仍照舊例，將遺軍流犯定地發配及到配安置，除專咨報部外，均於年終逐案摘叙事由，並聲明何司案呈，造冊彙報，徒罪人犯一體辦理，該部卽纂入例冊遵行。並著各該省查照本年六月部定章程，迅卽備錄各犯案由，分別官常犯准減不准減造冊，聲叙名口統數，趕緊題咨報部；其已報各省有應行補報之犯，亦著一體迅速造報，毋再稽延。欽此。

光緒八年章程。

又　刑部咨奏：爲恭逢恩詔，請將監禁暨永遠枷號兩項人犯，循照舊章酌量辦理，恭摺具奏，仰祈聖鑒事。竊照乾隆元年欽奉恩詔：所有因瘋殺人之犯監禁一年，驗明病愈，卽予釋放。嗣於乾隆二十七年，經臣部奏准定例，將此項人犯永遠監禁。嘉慶元年，復欽奉恩詔：據原任山東巡撫伊江阿題請，將因瘋殺人永遠監禁之犯與各犯死罪人犯一體查辦。經臣部將瘋病殺人之犯請議以二十年爲斷，其監禁已逾二十年而年逾七十、精力就衰者，令各督撫確加提驗，實係病久痊愈，再由臣部分別核情，釋放在案。迨嘉慶五年四月二十一日，奉上諭：前因清理庶獄，令刑部將各省軍、流分別減等發落。今思刑部及各省監獄內尚有永遠監禁並永遠枷號各犯，亦宜推廣仁施，一體查辦等因。欽此。復經臣部題明，除永遠枷號人犯照例由大理寺開單具奏外，將瘋病殺人已逾二十年，驗明病已愈痊各犯，照例釋放；其監禁未滿二十年及別項永遠監禁官常各犯，摘叙案由，開單請旨。奉旨將瘋病殺人病已痊愈、在監已逾五年者，均予釋放；其別項人犯按其情節輕重，分別准釋、不准釋。內有爲父復仇永遠監禁之犯，甫及三年，亦蒙恩釋放。嗣於嘉慶二十五年，復欽奉恩詔，將永遠監禁官常各犯及永遠枷號人犯，仍照舊章辦理。奉恩詔經臣部奏明，將永遠監禁官常各犯及永遠枷號人犯仍照舊章辦理。奉旨依議，欽此。欽遵各在案。誠以因瘋殺人之犯，總由瘋發無知，其情節無甚輕重可分，是以監禁已逾五年，病愈概予釋放。其別項永遠監禁之犯，仍分別情節酌核辦理，並不拘定年限，於慎重之中寓矜恤之意。此次恭逢恩詔，凡死罪人犯，俱仰沐殊恩，而此等永遠監禁人犯，若任其瘐斃囹圄，殊非推廣皇仁之道。臣等公同酌議，所有永遠監禁瘋病殺人及爲父復仇等項人犯，自應遵照道光三十年舊章辦理。除因瘋殺人監禁未逾五年及雖逾五年病未痊愈者毋庸查辦外，其監禁已逾五年病已痊愈之瘋犯及別項永遠監禁官常各犯，臣部飛咨各督撫、將軍、府尹，查明監禁年分並各犯現在年歲，其瘋病殺人之犯是否實已痊愈，造具清冊，並飭令該地方官出具不致滋事，切實印結送部。臣部俟題咨到日，卽將監禁已逾五年病已痊愈之瘋犯，開單奏請釋放；其別項永遠監禁官常各犯，無論年限，摘叙案由，核其情節輕重，分別應釋、不應釋，酌核開單請旨。至永遠枷號人犯，仍照向例歸大理寺自行具奏。所有臣等循照舊章分別辦理緣由，恭摺具奏。咸豐十一年十一月十二日奏。本日奉旨依議。欽此。

又　刑部議奏：將監禁取保二犯王澐等解回歸案辦理，嗣後各省監禁人犯，均不准擅行札調來營。查近來軍務省分往往因賊氛逼近，防剿需人，又以監獄重地，恐致疎虞，查明監犯中有技藝嫺熟者調赴隨征出力，事後奏明分別減等，原屬一時權宜之計，並未著有定例。至監禁罪囚經軍營調往緝捕，臣部檢查，向無辦過似此成案。恭查道光二十六年八月，欽奉上諭：賀長齡奏軍犯奮力效誠，請援照回疆遣勇將功贖罪成案，准其釋回等語，所奏甚屬謬妄。內地與回疆情形迥不相同，在配軍犯自應嚴加管束，不得藉端遽請免罪，致使妄生希冀。該督總制兩省營伍，不惟雲南之兵歸其統轄，卽貴州各營亦無難隨時檄調。此次辦理麼磨回匪，何至必藉一軍犯之力練勇相助耶？所請著不准不行等因，欽此。欽遵在案。又，查咸豐七年伊犁將軍宗室扎拉芬泰奏請調劑新疆遣犯戴罪從軍一條，經軍機大臣會同臣部，查此等遣犯獷悍性成，難責以敵愾同仇之義，臨陣則逃竄堪虞，在營則強梗難馴，雖事勢急迫，時調遣得人，間或一收其效，究未便預設成例，致啓奸徒倖免之心等語，具奏。奉旨依議。欽此。欽遵亦在案。是在配軍犯，尚不得以奮力效誠，戴罪從軍，遽准藉端倖免，何況罪犯應死，囚禁在監。茲據該署督奏稱大臣勝保札飭將擬絞請留監犯王澐交委員會同地方官帶往緝捕等因，已遵照將該犯王澐提交委員帶往。再，此外有疑竊用腰刀砍傷張中元身死，審明例應擬絞之李濱一犯，亦先由大臣勝保咨會提禁，派人伴送大營。惟此等情事，屢據請示到司，鮮所適從。嗣後遇有奉提斬、絞軍、流、徒罪人犯，應否悉行提給，抑或仍歸本案分別辦理，請飭部查核示覆等因。具奏。臣等查王澐係宣化縣捕役，因高全得搶奪事主武滿倉衣服，查知捕拏，用刀格殺高全得身死。前據該督將該犯審，依直隸省捕役奉票踩緝盜賊，經事主喊指捕拏，捕毆致死，依擅殺科斷，擅殺罪人以鬭殺論，鬭殺者絞律，擬絞監候，應入本年秋審。該犯恭逢咸豐十一年正月十三日恩旨，係擅殺罪人在准減之列。現在彙辦，尚未具奏。再查：李濆一犯先據該督咨稱，經軍營札提將該犯派人伴送大營，並聲明該犯係鹽店標丁，因路遇張中元喝阻車輛，嚇稱前邊道路不靖，意欲護送。該犯疑係賊人，用腰刀將張中元砍傷身死。審依疑賊致斃人命，照鬭殺律擬絞監候。據供母老丁單，將來秋審時應予查辦留養。正案尚未具題到部，現據該署督奏，稱該二犯先後經大臣勝保咨會提送大營，並札提帶往緝捕。臣等詳核：該犯等原案一係擅殺罪人，一係疑賊斃命，情節雖輕，惟查此等在監人犯，未必皆奇技藝能，堪供器使。今王澐等均係擬絞監候罪囚，該大臣何由知其長于緝捕及技藝嫻熟，遽行札調，恐啓貪緣奔競之弊。此端一開，倘各營效尤，紛紛札調，不特爲已罹法者開巧避之門，卽未犯法者亦且以身試法，希冀苟免。始則猶以緝捕爲事，調往者或以巧而贖罪；繼則直以緝捕爲名，以情托、以賄囑，不必有功而亦無不免罪，作奸犯科，藉軍營作護身之符，肆無忌憚，視憲典爲弁髦，以刑章爲虛設。在國家無此政體，亦非所以禁暴而除奸也。伏查該大臣督辦直隸、山東軍務，標下將師兵弁足資驅策，萬一事當吃緊，兩省營兵無難檄調，聽其指揮，必請地方緝捕，反藉兩絞犯之力。竊意軍中乏人，不至若是之甚。臣等公同酌議：此等監禁罪囚，例內既無准軍營調交委員會同地方官帶往緝捕明文，自未便遽行議准，以致廢法。應令該大臣將王澐、李潰二犯速行解回，仍歸本案分別辦理，毋令逗遛延宕。嗣後各省監禁、斬、絞、軍、流、徒罪人犯，均不准各該大臣擅行札調，以杜徼倖之門，庶兇頑者咸知懲儆，而刑章益昭嚴肅矣。同治元年通行。

《武定土司檔案・超免入監事》 雍正二年四月十一日，武定軍民府和曲州監生那德洪呈。爲懇恩轉達超免入監事。情因監生係和曲州籍，由俊秀于康熙五十七年四月十六日遵積貯天下等事，赴澄江府路南州常平倉捐納京斗穀四百石，准作監生，領執路字第十號，實收一張給有部照，未經到監考職，在籍肄業。今奉牌嚴催入監演習禮儀，理宜趨赴，無奈監生染病在身，肄難行走。又有七旬老母在堂，只有德洪一子，并無次弟養老送終，監生朝夕不能遠離，勢難進京，伏乞天星賞賜轉達超免入監，頂恩無既矣。今將年貌三代履歷開報于後：

一、年貌：二十二歲，面黃無鬚，係武定府和曲州民籍。

一、三代：曾祖備未仕故，祖天寵未仕故，父魁未仕故。

一、左右鄰：沙應華、吳俊。

一具呈本州大宗師臺前。

雍正二年四月十一日具呈監生那德洪。

批准據轉。

具結狀人沙應華、吳俊係那德洪左右鄰。今于本州老爺臺前依奉當堂結得那德洪年二十二歲，于康熙五十七年四月十六日捐納澄江府路南州常平倉京斗穀四百石，准作監生。今染病在身，又有七旬老母在堂，并無次弟，中間不致冒結，如違，查出甘罪無辭。結狀是實。

雍正二年四月十一日具結狀人：沙應華、吳俊。

批：准結。

清・沈家本《叙雪堂故事・恤刑之年内外俱停秋决》 本年八月初一日，准刑部咨稱，該部題爲暫停秋决之期等事。奉旨：是。今歲著暫停秋决。欽此。仰見我皇上慎獄明刑，軫恤民命之盛心，凡待秋决重囚，莫不欣沾浩蕩矣。查刑部原題云：恐恤刑官未至，各省督撫循例行刑，合無暫停今歲秋决。似專指在外者而言。臣等竊謂内外奉行畫一，更足廣昭德意。伏思秋决各犯，其定罪情由較之立决重囚原有差等，故每歲朝審，多所減豁。及至臨刑，仍有免决留回者。此泣罪緩死之仁，正於無可生全中，惜其須臾之命也。往例秋决之時，如遇是年有大喜大赦及偶有災異，率多停止。今皇上欽恤之澤既已徧播海内，而在内各犯尤近在輦轂照臨之下，似宜一體邀恩。嗣後每遇恤刑之年，内外俱暫停秋决，著爲定例。庶皇仁普被而遠近獲均矣。奉聖旨：是。以後每遇恤刑之年，内外俱暫停秋决，著爲定例。三法司知道。龔端毅鼎玆奏疏。

清・沈家本《叙雪堂故事删賸・恩赦》 乾隆十九年九月十二日奉旨：自山海關以外及寧古塔等處官吏軍民人等，除十惡死罪外，其餘已結、未結一應死罪，俱著減等發落，軍流以下悉予寬免。欽此。

又，十三日奉旨：今年秋審情實人犯，著停止勾决。

二十三年四月二十七日奉上諭：京師三月以前連得雨澤，麥秋可望豐稔。入夏以來，雖得有微雨，未能霑透。現據方觀承奏，直屬未得透雨之處，麥秋收數頗減，而大田此時業已播種，待澤孔殷，朕心彌切軫念，已降旨令該督雩申祈禱。因思清理刑獄亦求雨澤之一端，著刑部堂官照乾隆十年、十五年之例，將徒罪以下等罪查明情節，或應釋放，或應減等者，即行具奏發落。

其尋常案件亦著速爲完結，毋得稽延滋累，并行令直隸總督一體辦理。

三十九年四月二十九日奉上諭：京師及近畿地方，春霖未獲優霑，入夏以來亦尚未得有透雨，現在時交芒種，已敕禮部雯申祈禱。因思清理庶獄亦足感霈甘膏，著刑部堂官查明軍流以下等罪情節，分別減等發落。其因事牽涉拘繫候質者，亦速行訊明省釋。至尋常案件并著即爲完結，毋得稽延留滯。其直隸省著周元理一體遵照查辦，該部即遵諭行。

四十一年一月二十七日奉上諭：向來秋、朝審人犯内有業經緩決三次以上人數積多者，每屆數年敕令刑部量爲減等，以示法外之仁。乾隆三十九年五月因祈雨清理刑獄，曾降旨將三十八年以前緩決一、二次以上各犯概予減等，幾於囹圄一空。今自查辦之後計至本年，秋讞擬入緩決者又積有六千餘名，其數已不爲少。著刑部堂官將本年秋、朝審緩決至三次各犯逐一查明，各按所犯情節照例分別減等發落，以昭矜恤。

四十三年正月初二日奉上諭旨：前經降旨直省軍、流人犯已過十年者，查明釋放回藉。今自乾隆十一年查辦之後，歷時已久，各省到配人犯所積漸多，自應再沛恩施，用昭矜恤。況近年以來，屢命將秋、朝讞緩決至三次各犯概予減等，而此項軍、流人犯，其從前情罪本屬稍未得仰邀曠典，亦殊可憫。著交各省督撫查明，各該地方從前軍、流人犯内，已過十年、安分守法別無過犯者，分別咨部，照十一年之例核議，奏請省釋。其有在配年久，自爲謀生，不欲回籍，仍聽其自便。

又，四月初十日奉上諭：京師及畿輔春膏未渥，昨雖有微雨，不成分寸。現在已交夏令，高下田畝待澤維殷，朕心益增顒望。因思清理庶獄亦足感召天和，著刑部堂官查明軍流以下等罪，分別減等發落。其因事牽涉拘繫質訊者，亦速行訊明省釋。至尋常案件並著即爲完結，毋得稽延留滯。直隸省并交周元理一體遵照查辦，該部即遵諭行。

又，四月二十一日奉諭旨：令河南巡撫將該省軍、流以下等罪通行查明減等。

四十八年九月十一日奉上諭旨：盛京等處俗厚風淳，獄訟衰息。惟因五方雜處，良莠不齊，其無知而蹈法網者亦復不免。朕謁祖陵禮成行慶，業經賚沛恩膏，益宜式措祥刑并敷愷澤，所有奉天、吉林、黑龍江等處軍民人等，除十惡死罪及秋審情實各犯外，其餘已結、未結一應死罪俱著減等發落，軍流以下悉予寬免，用昭肆眚施惠至意。

四十九年二月二十二日奉上諭：朕清蹕巡方，順時行慶，而矜卹庶獄，廑念尤深，宜沛德音，式敷愷澤，江蘇、安徽、浙江三省軍流以下人犯俱着加恩，各予減等發落，用昭肆眚施惠之至意。

五十年上諭：本年舉行千叟宴盛典，官民耆老咸得普被恩施，用彰錫福。其直省軍流以下人犯亦於恩昭内概予減等發落。惟罪犯斬、絞情節不至予勾，或本擬緩決者，俱應牢固監緊，該犯等因身罹重辟，雖年已老邁，仍不免羈禁囹圄，未得一體邀恩，朕心深用惻然。著刑部堂官於朝審、秋審情實未勾并本擬緩決斬、絞人犯内詳加查核，除近年新事及舊事年未及七十者仍牢固監禁外，其餘年七十以上情實未勾及本擬緩決之犯，著加恩分別減免釋放，其應如何辦理之處，著該部詳細妥議具奏，候朕另降諭旨。經刑部查，秋審官犯并無七十以上之人。惟常犯原擬情實數次未勾及緩決二次以上監禁已久者，有年八十以上者四名，請予釋放；年七十以上者二十名同情實數次未勾四名，減發近邊充軍；原擬緩決二次以上十六名，減爲杖一百流三千里，均照例收贖。朝審内常犯并無七十以上之人。惟官犯情實内有三全一名，年七十六歲，七次未勾；阿爾善一名，年七十三歲，二次未勾，可否減等納贖，恭候欽定。再，秋審内有緩決一次、年屆七十以上者九名，究屬新事，未便一體減免等因。四月初三日奉旨：三全、阿爾善俱著加恩准予減等，照律納贖。曲聲有、孔珍詩、李廷棟雖止緩決一次，核其情節尚輕，并著加恩准予一體減等收贖，餘依議。

三十六年五月初三日奉上諭：昨以京師及近畿甘霖未沛，農田待澤甚殷。因命刑部將軍流以下等罪分別減等發落。今思秋審冊犯内有曾經三次緩決者，其情罪俱尚可原，今歲恭逢萬壽慶典，此等人犯亦當在恩詔寬減之例，又何必令其久繫囹圄。著交刑部堂官將秋審緩決三次人犯逐一查明，酌量所犯情節，分別減等具奏，以清庶獄而召和甘。

引用書目

書名	年代	作者	版本	備注
尚書正義	漢、唐	孔安國傳、孔穎達正義	十三經注疏中華書局一九八〇年影印本	
尚書今古文注疏	清	孫星衍	中華書局一九八六年點校本	
今文尚書考證	清	皮錫瑞	中華書局一九八九年點校本	
周易義海撮要	宋	李衡	景印文淵閣四庫全書本	
周禮注疏	漢、唐	鄭玄注、賈公彥疏	十三經注疏中華書局一九八〇年影印本	
禮記正義	漢、唐	鄭玄注、孔穎達正義	十三經注疏中華書局一九八〇年影印本	
禮記集解	清	孫希旦	中華書局一九八九年點校本	
春秋左傳正義	晉、唐	杜預注、孔穎達正義	十三經注疏中華書局一九八〇年影印本	
國語	不詳	佚名	上海古籍出版社一九七八年點校本	
越絕書	不詳	佚名	叢書集成初編中華書局一九八三年本	
老子	春秋	老子	諸子集成中華書局一九五四年本	
論語	春秋戰國	孔門弟子編	十三經注疏中華書局一九八〇影印本	
孔子家語	不詳	佚名	叢書集成初編中華書局一九八三年本	
孟子	戰國	孟軻	中華書局一九八〇年版十三經注疏本	
荀子	戰國	荀況	諸子集成中華書局一九五四年	
管子	戰國	管子	諸子集成中華書局一九五四年	
墨子	戰國	墨子	諸子集成中華書局一九五四年	
慎子	戰國	慎到	諸子集成中華書局一九五四年	
商君書	戰國	商鞅	諸子集成中華書局一九五四年	

晏子春秋	戰國	晏子	諸子集成中華書局一九五四年
呂氏春秋	戰國	呂不韋	諸子集成中華書局一九五四年
韓非子	戰國	韓非	諸子集成中華書局一九五四年
睡虎地秦墓竹簡	秦	佚名	文物出版社一九七八年
史記	漢	司馬遷	中華書局一九五九年點校本
漢書	漢	班固	中華書局一九六二年點校本
漢紀	漢	荀悦	四部叢刊初編商務印書館一九二六年版
吳越春秋	漢	趙曄	叢書集成初編中華書局一九八三年本
春秋繁露	漢	董仲舒	新編諸子集成中華書局一九九二年
揚子法言	漢	揚雄	諸子集成中華書局一九五四年
風俗通義	漢	應劭	四部叢刊初編商務印書館一九二六年版
新語	漢	陸賈	諸子集成中華書局一九五四年
淮南子	漢	劉安	諸子集成中華書局一九五四年
鹽鐵論	漢	桓寬	四部叢刊初編商務印書館一九二六年版
論衡	漢	王充	四部叢刊初編商務印書館一九二六年版
潛夫論	漢	王符	四部叢刊初編商務印書館一九二六年版
政論	漢	崔寔	上海人民出版社一九七六年版
申鑒	漢	荀悦	諸子集成中華書局一九五四年
新論	漢	桓譚	四部叢刊初編商務印書館一九二六年版
三國志	晉	陳壽	中華書局一九八三點校本
抱朴子	晉	葛洪	諸子集成中華書局一九五四年
後漢書	南朝宋	范曄	中華書局一九六五年點校本
宋書	南朝梁	沈約	中華書局一九八三年點校本
南齊書	南朝梁	蕭子顯	中華書局一九八三年點校本

魏書	北齊	魏收	中華書局一九八三年點校本
劉子	北齊	劉晝	景印文淵閣四庫全書本
晉書	唐	房玄齡	中華書局一九八三年點校本
梁書	唐	姚思廉	中華書局一九八三年點校本
陳書	唐	姚思廉	中華書局一九八三年點校本
北齊書	唐	李百藥	中華書局一九八三年點校本
周書	唐	令狐德	中華書局一九八三年點校本
南史	唐	李延壽	中華書局一九八三年點校本
北史	唐	李延壽	中華書局一九八三年點校本
隋書	唐	魏徵	中華書局一九七三年點校本
唐律疏議	唐	官修	中華書局一九八三年版
唐大詔令集	宋	宋敏求輯	學林出版社一九八二年版
唐六典	唐	李林甫等	中華書局一九八二年版
通典	唐	杜祐	中華書局一九八八年點校本
群書治要	唐	魏徵等	四部叢刊本
貞觀政要	唐	吳兢	上海古籍出版社一九七八年點校本
陳子昂集	唐	陳子昂	中華書局一九六二年點校本
韓昌黎文集	唐	韓愈	上海古籍出版社一九八六年校注本
柳河東集	唐	柳宗元	上海人民出版社一九七四年版
白居易集	唐	白居易	中華書局一九七九年版
呂衡州集	唐	呂溫	四部叢刊初編商務印書館一九二六年版
初學記	唐	徐堅	中華書局一九六二年點校本
龍筋鳳髓判	唐	張鷟	景印文淵閣四庫全書本
朝野僉載	唐	張鷟	景印文淵閣四庫全書本

隋唐嘉話	唐	劉束	中華書局一九七九年點校本	
舊唐書	後晉	劉昫	中華書局一九七五年點校本	
舊五代史	五代	薛居正等	中華書局一九七六年點校本	
疑獄集	五代	和凝等	復旦大學出版社一九八八年版	
北夢瑣言	五代	孫光憲	上海古籍出版社一九八三年點校本	
新唐書	宋	歐陽修	中華書局點校本	
唐鑒	宋	范祖禹	上海古籍出版社一九八四年版	
唐語林	宋	王讜	中華書局一九五八年點校本	
唐會要	宋	王溥	上海古籍出版社一九九一年點校本	
五代會要	宋	王溥	中華書局一九五七年點校本	
新五代史	宋	歐陽修	中華書局點校本	
文苑英華	宋	李昉等	中華書局一九八二年影印本	
太平御覽	宋	李昉等	中華書局一九六〇年影印本	
冊府元龜	宋	王欽若等	中華書局一九六〇年影印本	
玉海	宋	王應麟	江蘇廣陵古籍刻印社影印本	
宋大詔令集	宋	宋綬後人編	中華書局一九六二年點校本	
慶元條法事類	宋	謝深甫等	中國書店一九九〇年影印本	
宋刑統	宋	竇儀等	中華書局一九八四年點校本	重詳定刑統
資治通鑑	宋	司馬光等	中華書局一九五六年點校本	
續資治通鑑長編	宋	李燾	上海古籍出版社一九八六年影印本	
通志	宋	鄭樵	中華書局一九八七年影印本	
太宗皇帝實錄	宋	錢若水等	上海古籍出版社一九五七年版	
宋會要輯稿	清	徐松輯	中華書局一九五七年影印本	
中興兩朝聖政	南宋	佚名	宛委別藏本	

建炎以來繫年要錄	宋	李心傳	中華書局一九五六年影印本
中興小記	宋	熊克	福建出版社一九八五年點校本
朝野類要	宋	趙升	中華書局一九八五年影印本
四朝聞見錄	宋	葉紹翁	中華書局一九八九年點校本
揮麈錄	宋	王明清	中華書局一九六一年點校本
邵氏見聞錄	宋	邵伯溫	中華書局一九八三年點校本
錢塘遺事	宋	劉一清	上海古籍出版社一九八五年影印本
卻掃編	宋	徐度	景印文淵閣四庫全書本
焚椒錄	宋	王鼎	叢書集成初編中華書局一九八三年本
刑書釋名	宋	王鍵	說郛明末刻清初刻本
刑法叙略	宋	劉筠	學海類編清道光十一年六安晁氏活字本
百官箴	宋	許月卿	景印文淵閣四庫全書本
晝簾緒論	宋	胡太初	百川學海景刊宋咸淳本
作邑自箴	宋	李元弼	民國二十三年商務印書館四部叢刊景刊宋淳熙本
黄文肅公文集	宋	黄榦	元刊延佑二年本
西山文集	宋	眞德秀	景印文淵閣四庫全書本
黄氏日抄	宋	黄震	景印文淵閣四庫全書本
端明集	宋	蔡襄	景印文淵閣四庫全書本
洗冤集錄	宋	宋慈	群衆出版社一九八〇年校譯本
蘇東坡全集	宋	蘇軾	中國書店一九八六年版
二程集	宋	程顥、程頤	中華書局一九八一年點校本
朱子文集大全類編	宋	朱熹	清雍正八年朱玉重刊本
朱子語類	宋	黎靖德	中華書局一九八六年點校本
名公書判清明集	宋	佚名	中華書局一九八七年點校本

折獄龜鑒	宋	鄭克	上海古籍出版社一九八八年版
州縣提綱	宋	陳襄	中華書局一九八五年影印本
鐵圍山叢談	宋	蔡絛	中華書局一九八三年點校本
辛巳雜識	宋	周密	中華書局一九八八年點校本
夢溪筆談	宋	沈括	中華書局一九八三年點校本
齊東野語	宋	周密	中華書局一九八三年點校本
老學庵筆記	宋	陸游	中華書局一九七九年點校本
容齋隨筆	宋	洪邁	上海古籍一九七八年點校本
元典章	元	佚名	中華書局一九五七年合刻本
通制條格	元	敕修	浙江古籍出版社一九八六年點校本
宋史	元	脱脱等	中華書局一九七四年點校本
遼史	元	脱脱等	中華書局一九七四年點校本
金史	元	脱脱等	中華書局一九七四年點校本
爲政忠告	元	張養浩	民國上海涵芬樓景刊元刻本
爲政善報事類	元	葉留	陳相注民國五年商務印書館景刊宛委別藏過錄元刻本
文獻通考	元	馬端臨	中華書局一九八六年影印本
元文類	元	蘇天爵	四部叢刊本
秋澗全書	元	王惲	中華書局本
紫山大全集	元	胡祗	四庫全書本
湛然居士文集	元	耶律楚材	中華書局一九八六年點校本
揭文安公文集	元	揭溪斯	上海古籍出版社一九八三年點校本
元史	明	李善長	中華書局一九七六年點校本
大明律	明	官修	遼沈出版社一九八九年版
明實錄	明	官修	臺灣中央研究院歷史所一九六一年影印本

教民榜文	明	明太祖欽定	明萬曆七年張鹵刻皇明制書本
皇明祖訓	明	呂本	明萬曆七年張鹵刻皇明制書本
皇祖四大法	明	何棟如輯	明萬曆七年張鹵刻皇明制書本
皇明疏鈔	明	孫旬輯	明萬曆十二年兩浙都轉運鹽使刻本
皇明通紀	明	陳建	明刻本
皇明通紀拾遺	明	卜世昌等輯	臺灣學生書局影印萬曆三十三年刻本
皇明條法事類纂	明	戴金輯	中國珍稀法律典籍集成本科學出版社一九九四年
皇明世法錄	明	陳仁錫	明刻本
明會典	明	申時行等	中華書局一九八九年影印本
刑臺法律	明	沈應文	中國書店一九八五年影印本
折獄明珠	明	佚名	清康熙六十年刻本
國榷	明	談遷	中華書局一九五八年點校本
典故紀聞	明	余繼登	中華書局一九八一年點校本
萬曆野獲編	明	沈德符	清扶荔山房刻本
大學衍義補	明	丘濬	景印文淵閣四庫全書本
明經世文編	明	陳子龍等	中華書局一九六二年影印本
明太祖集	明	朱元璋	黄山書社一九九一年點校本
實政錄	明	呂坤	萬曆十六年刻本
鄉甲約	明	呂坤	明萬曆二十六年趙文炳刻本
張太岳集	明	張居正	上海古籍出版社一九八四年版
弇山堂別集	明	王世貞	中華書局一九八五年點校本
文溫州集	明	文林	明刻本
海瑞集	明	海瑞	清康熙十八年邱氏可繼堂重刊邱海二公文集合編本
漆園卮言	明	莊起元	明萬曆刻本

榷政紀略	明	堵胤錫	明崇禎刻本
十家牌法	明	王守仁	明崇禎八年刻本
大明律釋義	明	應檟	明嘉靖二十八年濟南知府李遷重刻本
王儀部先生箋釋	明	王肯堂	清康熙三十年顧鼎刻本
御制官箴	明	朱瞻基	國朝典故本
官箴集要	明	汪天賜	明嘉靖二十四年刻本
居官水鏡	明	劉時俊	明萬曆刻本
治譜	明	佘自強	明崇禎十二年呈祥館重刻本
居官格言	明	佚名	明崇禎金陵書坊唐氏刻官常政要本
居官必要爲政便覽	明	佚名	明崇禎金陵書坊唐氏刻官常政要本
初仕錄	明	吳遵	明崇禎金陵書坊唐氏刻官常政要本
璞山蔣公政訓	明	蔣廷璧	明崇禎金陵書坊唐氏刻官常政要本
新官軌範	明	佚名	明崇禎金陵書坊唐氏刻官常政要本
牧民政要	明	佚名	明崇禎金陵書坊唐氏刻官常政要本
牧鑒	明	楊昱	清道光十年得月簃刻本
讞獄稿	明	應檟	中國書店影印本
明史	清	張廷玉等	中華書局一九七四年點校本
大清律例	清	刑部纂修	乾隆三年刻本
大清律例纂修條例	清	刑部纂修	嘉慶十九年本
兵部處分則例	清	明亮等	道光十三年敕
戶部則例	清	潘祖蔭等	同治十三年刻本
刑部現行則例	清	刑部奉敕編	沈厚鐸家藏康熙十九年抄本
工部則例	清	福長安等	光緒十年刻本
理藩院則例	清		光緒三十四年刻本

蒙古律例	清	佚名	全國圖書館文獻縮微復制中心一九八八年版
回疆則例	清	佚名	全國圖書館文獻縮微復制中心一九八八年版
大清法規大全	清	憲政編查館輯	宣統三年上海政學社刻本
清會典	清	官修	同治十一年湖北崇文書局影印
治浙成規	清	佚名	清刻本
續通典	清	嵇璜等	萬有文庫本
續通志清	清	嵇璜等	萬有文庫本
續文獻通考	清	嵇璜等	萬有文庫本
續資治通鑒	清	畢沅	中華書局一九五七年點校本
讀例存疑	清	薛允升	光緒三十一年北京琉璃廠翰茂齋刻本
清朝通典	清	嵇璜等	萬有文庫本
清朝文獻通考	清	嵇璜等	萬有文庫本
清實錄	清	官修	中華書局一九八六年版
罪惟錄	清	查繼佐	江古籍出版社一九八六年版
全唐文	清	董浩等編	中華書局一九八二年版
日知錄	清	顧炎武	上海古籍出版社一九八五年版
皇清奏議	清	琴川居士	清末刻本
林則徐集	清	林則徐	中華書局一九六五年點校本
來山堂文鈔	清	程可式	乾隆十三年刻本
歷代刑法考	清	沈家本	中華書局二〇〇六年版
寄簃文存	清	沈家本	中國書店一九八五年版
叙雪堂故事	清	沈家本	中國珍稀法律典籍集成本科學出版社一九九四年
叙雪堂故事刪賸	清	沈家本	中國珍稀法律典籍集成本科學出版社一九九四年
左文襄公全集	清	左宗棠	光緒十六年刻本

郭嵩燾奏稿	清	郭嵩燾	岳麓書社一九八三年校補本
方望溪先生全集	清	方苞	四部叢刊影印咸豐戴民重刻本
嚴復集	清	嚴復	中華書局一九八六年版
得一錄	清	余治	光緒九年刻本
京控十三案	清	佚名	光緒年間抄本
撫吳公牘	清	丁日昌	光緒二年刻本
刑案匯覽三編	清	祝慶祺等編	光緒十六年紫英山房刻本
定例成案合鈔	清	孫丹書	清康熙刻本
比引成案新編	清	李馥堂	道光十四年刻本
兩岐成案新編	清	李馥堂	道光十三年刻本
撫江集	清	蔡士英	清順治刻本
新增資治新書全集	清	李漁	清康熙刻本
于山奏牘	清	于成龍	清康熙二十二年刻本
理信存稿	清	黎士弘	清康熙刻本
四此堂稿	清	魏際瑞	清康熙刻本
李文襄公別錄	清	李之芳	清康熙刻本
南沙文集	清	洪若皐	清康熙刻本
牧愛堂稿	清	趙吉士	清康熙刻本
古愚心言	清	彭鵬	清康熙愚齋刻本
日知堂文集	清	鄭端	清康熙刻本
憑山閣增輯留青新集	清	陳枚	清康熙刻本
平閩記	清	楊捷	清康熙二十二年世澤堂刻本
莅蒙平政錄	清	陳朝君	清康熙二十八年刻本
莅鳳簡言	清	劉澤霖	清康熙五十二年重刻本

覆甕集	清	張我觀	清雍正四年刻本
趙公毅公自治官書類集	清	趙申喬	清雍正五年何祖柱懷策堂刻本
撫豫宣化錄	清	田文鏡	清雍正五年自刻本
同安紀略	清	朱奇政	清雍正十三年刻本
思誠堂集	清	吳碘	清乾隆三十四年太平趙熟典刻本
雅公心政錄	清	雅爾圖	清乾隆六年刻本
天台治略	清	戴兆佳	清嘉慶九年活字重印本
紀慎齋先生全集	清	紀大奎	清嘉慶十三年刻本
講求共濟錄	清	張五緯	清嘉慶十五年刻本
念宛齋官書	清	左輔	清道光刻本
潤經堂自治官書	清	李彥章	清道光刻本
宋州從政錄	清	王鳳生	請道光六年刻本
保甲書	清	徐棟輯	清道光二十八年李煒刻本
視已成事齋官書	清	李璋煜	清道光末刻本
庸吏庸言	清	劉衡	清同治三年四川藩屬刻本
谿州官牘	清	張修府	清同治四年刻本
中復堂全集	清	姚瑩	清同治六年姚瑞濬昌安福縣署刻本
現行鄉約	清	佚名	清同治年間刻本
鄉守輯要合鈔	清	許乃釗	清咸豐年間刻本
保甲章程	清	佚名	清末刻本
告示集	清	佚名	清末抄本
滿文老檔		中國第一歷史檔案館、社科院歷史研究所譯注	中華書局一九九〇年

三姓副都統衙門滿文檔案譯編　遼寧省檔案館等　遼沈書社一九八四年版
清初內國史院滿文檔案譯編　關孝廉　光明日報出版社一九九〇年版
盛京刑部原檔　群衆出版社一九八五年版
清代巴縣檔案匯編　四川檔案館編　檔案出版社一九九一年
兩周金文辭大系圖錄考釋　郭沫若　科學出版社二〇〇二年版

《中華大典》辦公室

主　　任：于永湛

副 主 任：伍　傑

　　　　　姜學中

編　　審：趙含坤

　　　　　崔望雲

秘　　書：宋　陽

裝幀設計：章耀達

《中華大典》四川編纂處

主　　任：段志洪

副 主 任：馮　杰

《中華大典·法律典·訴訟法分典》

項目負責人：馮　杰

　　　　　　徐慶豐

項目組成員：王大厚　李　嘉

　　　　　　況正兵　謝正强

　　　　　　白亞輝

圖書在版編目（CIP）數據

中華大典·法律典·訴訟法分典/朱勇、郭成偉主編. —成都：巴蜀書社，2011.7

ISBN 978-7-80752-788-6

Ⅰ. 中…　Ⅱ. ①朱…②郭…　Ⅲ. ①百科全書—中國②訴訟法—法典　Ⅳ. Z227　D925

中國版本圖書館 CIP 數據核字（2011）第 050792 號

中華大典·法律典·訴訟法分典

編纂：《中華大典》工作委員會
《中華大典》編纂委員會

責任編輯：徐慶豐　況正兵

出版：巴蜀書社
（四川省成都市槐樹街二號　郵政編碼　六一〇〇三一）
西南師範大學出版社
（重慶市北碚區天生路二號　郵政編碼　四〇〇七一五）

印刷：成都東江印務有限公司
（四川省成都市溫江區湧泉街道辦事處共耕工業園 H-12
電話：〇二八-八二六〇一五五一　郵政編碼　六一一一三〇）

經銷：新華書店

成品尺寸：一八五毫米×二六〇毫米　印張：九三·七五　字數：三〇〇〇千

二〇一一年七月第一版　二〇一一年七月第一次印刷

定價（全二册）：陆佰貳拾圓

本書如有印裝質量問題請與工廠聯繫調換

書號：ISBN 978-7-80752-788-6

ISBN 978-7-80752-788-6

9 787807 527886 >